Limmer
Handbuch der Unternehmensumwandlung
6. Auflage

Limmer

Handbuch der Unternehmensumwandlung

Herausgegeben von

Prof. Dr. Peter Limmer
Notar, Honorarprofessor an der Julius-Maximilians-Universität Würzburg

Bearbeitet von

Andrea Bilitewski, Dr. Holger Dietrich, Ralf Knaier, Prof. Dr. Peter Limmer, Dr. Astrid Pohlmann-Weide, Werner Tiedtke

6. Auflage

Carl Heymanns Verlag 2019

Zitiervorschlag: Limmer/*Bearbeiter*, Handbuch der Unternehmensumwandlung Teil 1 Rn. 1

Bibliografische Information der Deutschen Nationalbibliothek

Die Deutsche Nationalbibliothek verzeichnet diese Publikation in der Deutschen Nationalbibliografie; detaillierte bibliografische Daten sind im Internet über http://dnb.d-nb.de abrufbar.

ISBN 978-3-452-29098-4

www.wolterskluwer.de
www.carl-heymanns.de

Alle Rechte vorbehalten.
© 2019 Wolters Kluwer Deutschland GmbH, Luxemburger Straße 449, 50939 Köln.
Das Werk einschließlich aller seiner Teile ist urheberrechtlich geschützt. Jede Verwertung außerhalb der engen Grenzen des Urheberrechtsgesetzes ist ohne Zustimmung des Verlages unzulässig und strafbar. Das gilt insbesondere für Vervielfältigungen, Übersetzungen, Mikroverfilmungen und die Einspeicherung und Verarbeitung in elektronischen Systemen.

Verlag und Autor übernehmen keine Haftung für inhaltliche oder drucktechnische Fehler.

Umschlagkonzeption: Martina Busch, Grafikdesign, Homburg Kirrberg
Satz: mediaTEXT Jena GmbH, Jena
Druck und Weiterverarbeitung: Williams Lea & tag GmbH, München

Gedruckt auf säurefreiem, alterungsbeständigem und chlorfreiem Papier.

Vorwort

Die vorliegende sechste Auflage des Handbuchs der Unternehmensumwandlung führt die grundlegenden Konzeption des Werkes fort: Dem Leser soll eine kompakte, praxisorientierte, aber auch wissenschaftlich vertiefte Darstellung des Umwandlungsrechts an die Hand gegeben werden. Es soll allen Angehörigen der rechts-, steuer- und wirtschaftsberatenden Berufe, den Gerichten und Notaren, aber auch allen anderen an der Materie Interessierten bei der Gestaltung und Durchführung von Umwandlungen fundierte Hilfestellung leisten. Neben dem monographischen Teil, der die verschiedenen Umwandlungsformen für alle Gesellschafts- und Rechtsträgerformen erläutert, wurden Checklisten, Übersichten und eine Vielzahl von Vertragsmustern aufgenommen. Hierdurch soll dem Praktiker die Arbeit mit dieser aufgrund der komplizierten Verweisungstechnik des Umwandlungsgesetzes nicht ganz einfachen Materie erleichtert werden. Der Aufbau des Handbuchs – Checklisten, systematische Erläuterungen samt wissenschaftlichen Hinweisen mit anschließenden Vertragsmustern – soll eine kritische Prüfung der nachfolgenden Muster ermöglichen und verhindern, dass die Muster und Formulare, die nur als Formulierungsvorschläge gedacht sind, und im Einzelfall an die Besonderheiten des Falles, aber auch an registerrechtliche Usancen angepasst werden müssen, unkritisch, ohne Berücksichtigung der Einzelfallumstände übernommen werden.

Die Neuauflage berücksichtigt unter anderem:
- Die Aktienrechtsnovelle 2016 vom 22.12.2015;
- Das Gesetz vom 23.06.2017 zur Umsetzung der Vierten EU-Geldwäscherichtlinie, zur Ausführung der EU-Geldtransferverordnung und zur Neuorganisation der Zentralstelle für Finanztransaktionsuntersuchungen mit Einführung des Transparenzregisters;
- Gesetz vom 09.06.2017 zur Neuordnung der Aufbewahrung von Notariatsunterlagen und zur Einrichtung des Elektronischen Urkundenarchivs bei der Bundesnotarkammer sowie zur Änderung weiterer Gesetze, insbes. Neuregelung in § 378 FamFG;
- Gesetz zum Bürokratieabbau und zur Förderung der Transparenz bei Genossenschaften vom 17.07.2017;
- EU Richtlinienentwürfe vo 25.04.2018 zur grenzüberschreitenden Mobilität von Unternehmen sowie zur Digitalisierung des europäischen Gesellschaftsrechts, sog. »EU Company Law Package 2018«;
- Referentenentwurf des Bundesministeriums der Justiz und für Verbraucherschutz vom 03.09.2018 zum Vierten Gesetz zur Änderung des Umwandlungsgesetzes, sog. »Brexit-Gesetz«;
- die neueste EuGH-Rechtsprechung (insbes. Polbud-Entscheidung vom 25.10.2017) und die damit verbundenen Neuerungen im Bereich des grenzüberschreitenden Formwechsels mit Sitzverlegung.

Diese und andere Änderungen aus der Gesetzgebung sowie neuere Erkenntnisse aus Rechtsprechung, Wissenschaft und Praxis waren bei der Neuauflage zu berücksichtigen.

Herr Achim Ahrendt ist aus dem Autorenteam leider ausgeschieden. Die europarechtlichen und grenzüberschreitenden Aspekte der Umwandlung sind bearbeitet worden von Herrn Ralf Knaier, Wissenschaftlicher Mitarbeiter am Lehrstuhl für Bürgerliches Recht, Deutsches und Europäisches Handels- und Gesellschaftsrecht an der Universität Würzburg, der neu zum Autorenteam hinzugekommen ist.

Die Autoren hoffen auch für die Neuauflage, dass das Handbuch der Unternehmensumwandlung bei der Konzipierung und Gestaltung der Umwandlungsvorgänge verlässliche Dienste erweist. Für Hinweise und Anregungen sind wir auch zukünftig dankbar.

Würzburg, im November 2018   Prof. Dr. Peter Limmer

Bearbeiterverzeichnis

Andrea Bilitewski
Steuerberaterin/Wirtschaftsprüferin, Hamburg

Dr. Holger Dietrich
Rechtsanwalt/Steuerberater, Bonn

Ralf Knaier
Diplom-Jurist Univ., Europajurist (Univ. Würzburg), Wissenschaftlicher Mitarbeiter Lehrstuhl für Bürgerliches Recht, Deutsches und Europäisches Handels- und Gesellschaftsrecht an der Julius-Maximilians-Universität Würzburg

Prof. Dr. Peter Limmer
Notar, Honorarprofessor an der Julius-Maximilians-Universität Würzburg

Dr. Astrid Pohlmann-Weide
Rechtsanwältin, Hamburg

Werner Tiedtke
Notariatsoberrat i.R., München

Im Einzelnen haben bearbeitet

Teil 1	Grundlagen	Limmer/Pohlmann-Weide
Teil 2	Verschmelzung	Limmer/Knaier/Pohlmann-Weide
Teil 3	Spaltung	Limmer
Teil 4	Formwechsel	Limmer
Teil 5	Sonderfragen	Limmer
Teil 6	Grenzüberschreitende Umwandlungen	Limmer/Knaier
Teil 7	Steuerrechtliche und bilanzrechtliche Aspekte des Umwandlungsrechts	Dietrich/Bilitewski
Teil 8	Kostenrechtliche Behandlung von Umwandlungsvorgängen nach dem UmwG	Tiedtke

Inhaltsübersicht

Vorwort V
Bearbeiterverzeichnis VII
Im Einzelnen haben bearbeitet IX
Literaturverzeichnis XXIX
Abkürzungsverzeichnis XXXIX

Teil 1 Grundlagen 1

Kapitel 1 Einleitung 2
Kapitel 2 Grundfragen des Umwandlungsrechts in der Praxis – Überblick 35

Teil 2 Verschmelzung 72

Kapitel 1 Grundlagen der Verschmelzung 73
Kapitel 2 Einzelfälle der Verschmelzung 312

Teil 3 Spaltung 547

Kapitel 1 Grundlagen der Spaltung 548
Kapitel 2 Einzelfälle der Spaltung 699

Teil 4 Formwechsel 879

Kapitel 1 Grundlagen des Formwechsels 880
Kapitel 2 Einzelfälle des Formwechsels 996

Teil 5 Sonderfragen 1152

Kapitel 1 Firmenrecht und Umwandlung 1153
Kapitel 2 Umwandlungen vor und in der Insolvenz 1166
Kapitel 3 Umwandlung und Euroumstellung 1211
Kapitel 4 Kapitalmarktrecht und Umwandlungsrecht, Transparenzregister 1223

Teil 6 Grenzüberschreitende Umwandlungen 1228

Kapitel 1 Überblick und Grundlagen 1229
Kapitel 2 Grenzüberschreitende Verschmelzung nach den §§ 122a ff. UmwG 1280
Kapitel 3 Grenzüberschreitende Verschmelzung auf der Grundlage der EuGH-Rechtsprechung 1342
Kapitel 4 Grenzüberschreitende Sitzverlegung in der EU 1350

Inhaltsübersicht

Kapitel 5	Grenzüberschreitende Spaltungen in der EU	1388
Kapitel 6	Grenzüberschreitende Umwandlungen bei supranationalen Rechtsträgern	1398
Kapitel 7	Grenzüberschreitende Umwandlungen von Personengesellschaften	1405
Kapitel 8	Muster	1412

Teil 7	**Steuerrechtliche und bilanzrechtliche Aspekte des Umwandlungsrechts**	**1424**
Kapitel 1	Steuerrecht	1425
Kapitel 2	Bilanzrecht	1568

Teil 8	**Kostenrechtliche Behandlung von Umwandlungsvorgängen nach dem UmwG**	**1662**
Kapitel 1	Verschmelzung	1663
Kapitel 2	Spaltung	1685
Kapitel 3	Ausgliederung	1692
Kapitel 4	Vermögensübertragung	1695
Kapitel 5	Formwechsel	1696
Kapitel 6	Kosten der elektronischen Registeranmeldung	1704
Kapitel 7	Registerabrufgebühren	1706
Kapitel 8	Grundbuchberichtigungsanträge	1707
Kapitel 9	Berichtigung des Handelsregisters	1708
Kapitel 10	Umschreibung von Vollstreckungsklauseln	1709
Kapitel 11	Gebühren für die Eintragung in das Handelsregister	1710

Stichwortverzeichnis 1711

Inhaltsverzeichnis

Vorwort	V
Bearbeiterverzeichnis	VII
Im Einzelnen haben bearbeitet	IX
Literaturverzeichnis	XXIX
Abkürzungsverzeichnis	XXXIX

Teil 1 Grundlagen ... 1

Kapitel 1 Einleitung ... 2
- A. Entstehungsgeschichte ... 2
  - I. Anlass und Ziele der Reform ... 2
  - II. Gemeinschaftsrechtliche Grundlagen ... 3
  - III. Verlauf des Gesetzgebungsverfahrens ... 4
  - IV. Entwicklung seit 1995 ... 6
  - V. Perspektiven des Umwandlungsrechts ... 19
- B. Überblick über den Aufbau des UmwG ... 21
  - I. Verschiedene Umwandlungsarten ... 21
  - II. Ablauf des Umwandlungsverfahrens ... 23
  - III. Grenzüberschreitende Verschmelzungen von Kapitalgesellschaften (§§ 122a bis 122l UmwG) ... 23
  - IV. Weitere Regelungen ... 28
- C. Umwandlungsmöglichkeiten ... 28
  - I. Tabelle 1: Verschmelzungen (innerstaatlich und grenzüberschreitend) ... 29
  - II. Tabelle 2: Spaltung ... 31
  - III. Tabelle 3: Vermögensübertragung ... 32
  - IV. Tabelle 4: Formwechsel ... 33

Kapitel 2 Grundfragen des Umwandlungsrechts in der Praxis – Überblick ... 35
- A. Wirtschaftlicher Hintergrund der Umwandlung ... 36
  - I. Betriebswirtschaftliche Bedeutung der Unternehmensorganisation ... 36
  - II. Wirtschaftliche Anforderungen an ein modernes Umwandlungsrecht ... 37
  - III. Umwandlungsrecht als Bindeglied zwischen der Vielfalt der Gesellschaftsformen ... 38
  - IV. Funktion des Umwandlungsrechts ... 39
- B. Dogmatik der Umwandlung ... 39
  - I. Frühere Rechtslage ... 39
  - II. Neuregelung im Umwandlungsbereinigungsgesetz v. 01.01.1995 ... 40
  - III. Allgemeine und partielle Gesamtrechtsnachfolge ... 41
- C. Analoge Anwendung des UmwG auf Umstrukturierungen außerhalb des UmwG ... 43
- D. Schutzprobleme des Umwandlungsrechts ... 45
  - I. Gläubigerschutz ... 45
  - II. Minderheitenschutz ... 51
- E. Arbeitsrechtliche Aspekte im UmwG ... 53
  - I. Übergang der Arbeitsverhältnisse (§ 324 UmwG) ... 54
  - II. Beteiligung und Information der Arbeitnehmervertretungen bei der Umwandlung ... 61
  - III. Arbeitsrechtliche Folgen der Umwandlung ... 62
- F. Einsatz des UmwG in der Praxis ... 67
  - I. Allgemeines ... 67
  - II. Einzelfälle ... 68

Teil 2 Verschmelzung ... 72

Kapitel 1 Grundlagen der Verschmelzung ... 73
- A. Einführung ... 78
  - I. Grundsatz ... 78
  - II. Begriff und Wesenselemente der Verschmelzung ... 79

	III.	Kettenumwandlung	84
	IV.	»Wirtschaftliche« Verschmelzung	90
	V.	Verschmelzungsfähige Rechtsträger	90
B.	Checkliste für die Verschmelzung von Rechtsträgern nach dem UmwG	95
C.	Verschmelzungsvertrag	98
	I.	Allgemeines	98
	II.	Form	100
	III.	Vertragsabschluss	105
	IV.	Bedingungen, Aufhebung und Vertragsänderungen	107
	V.	Mehrseitige Verschmelzungsverträge bei Beteiligung von mehreren Rechtsträgern/alternative Verschmelzungsverträge	108
	VI.	Beteiligung Minderjähriger bei Verschmelzung	111
	VII.	Notwendiger Vertragsinhalt	113
	VIII.	Tochter-Mutter-Verschmelzung	151
	IX.	Verschmelzung durch Neugründung	152
	X.	Verschmelzungsvertrag bei Mischverschmelzungen	152
	XI.	Möglicher weiterer Vertragsinhalt	154
D.	Verschmelzung zur Aufnahme und Verschmelzung zur Neugründung	155
	I.	Allgemeines	155
	II.	Entstehung einer Vorgesellschaft bei Verschmelzung, Spaltung und Ausgliederung zur Neugründung	155
	III.	Verschmelzung zur Aufnahme und Kapitalerhöhung beim übernehmenden Rechtsträger	158
	IV.	Bare Zuzahlungen	183
	V.	Verschmelzung zur Neugründung	184
E.	Verschmelzungsbericht	195
	I.	Verschmelzungsbericht durch Vertretungsorgane	196
	II.	Inhalt des Verschmelzungsberichts	197
	III.	Erweiterung der Berichtspflicht bei verbundenen Unternehmen	200
	IV.	Erweiterte Unterrichtungspflicht über Vermögensveränderungen nach § 64 Abs. 1 Satz 2 UmwG n. F.	200
	V.	Einschränkung der Berichtspflicht	202
	VI.	Verzicht auf den Verschmelzungsbericht bzw. Konzernverschmelzung	202
F.	Verschmelzungsprüfung und Unternehmensbewertung	204
	I.	Notwendigkeit der Verschmelzungsprüfung	204
	II.	Keine Prüfung bei Verzicht oder Konzernverschmelzung	206
	III.	Bestellung und Auswahl der Verschmelzungsprüfer	208
	IV.	Prüfungsgegenstand	210
	V.	Prüfungsbericht	211
	VI.	Unternehmensbewertung bei der Verschmelzung	212
G.	Vorbereitung der Gesellschafter- bzw. Hauptversammlung	221
	I.	Überblick über die verschiedenen Informations- und Auslegungspflichten	221
	II.	Geltung der allgemeinen Vorschriften	223
H.	Verschmelzungsbeschlüsse	223
	I.	Zuständigkeiten	223
	II.	Wirkung der Verschmelzungsbeschlüsse	224
	III.	Versammlung der Anteilsinhaber	225
	IV.	Durchführung der Versammlung der Anteilseigner und Informationsrecht	225
	V.	Beschlussmehrheiten	227
	VI.	Satzungsregelung zur Beschlussmehrheit	229
	VII.	Stimmberechtigung	230
	VIII.	Besondere Zustimmungserfordernisse	233
	IX.	Notarielle Beurkundung der Versammlung der Anteilsinhaber	234
	X.	Sachliche Beschlusskontrolle	240
	XI.	Beschlussanfechtung	242
I.	Minderheitenschutz und Schutz von Inhabern besonderer Rechte im Verschmelzungsrecht	249
	I.	Schutz der Mitgliedschaft im Verschmelzungsrecht	249
	II.	Informationen der Anteilseigner	251
	III.	Beschlussmehrheiten	252

	IV.	Zustimmung von Sonderrechtsinhabern	252
J.	Austritts- und Abfindungsrechte	263
	I.	Voraussetzungen des Widerspruchsrechts und des Abfindungsanspruchs	264
	II.	Rechtsfolgen	269
K.	Spruchverfahren	277
L.	Registerverfahren	277
	I.	Überblick	277
	II.	Stellung des Registergerichts	278
	III.	Anmeldungen	280
	IV.	Wirkungen der Verschmelzung	295
	V.	Besonderheiten bei der Verschmelzung durch Neugründung	310

Kapitel 2 Einzelfälle der Verschmelzung — 312

A.	Verschmelzung von Personengesellschaften	318
	I.	Checkliste	318
	II.	Verschmelzungsvertrag bei der Verschmelzung durch Aufnahme	319
	III.	Verschmelzungsvertrag bei der Verschmelzung durch Neugründung	334
	IV.	Verschmelzungsbericht	335
	V.	Vorbereitung der Gesellschafterversammlung	336
	VI.	Verschmelzungsbeschluss	337
	VII.	Verschmelzungsprüfung	343
	VIII.	Handelsregisteranmeldung	344
	IX.	Muster	344
B.	Verschmelzung von Partnerschaftsgesellschaften	374
	I.	Checkliste	374
	II.	Verschmelzungsvertrag bei Verschmelzung durch Aufnahme	375
	III.	Verschmelzungsvertrag bei Verschmelzung durch Neugründung	377
	IV.	Verschmelzungsbericht	377
	V.	Vorbereitung der Gesellschafterversammlung	377
	VI.	Verschmelzungsbeschluss	378
	VII.	Verschmelzungsprüfung	378
	VIII.	Handelsregisteranmeldung	378
	IX.	Muster	379
C.	Verschmelzung von GmbH und Unternehmergesellschaften	382
	I.	Checkliste	382
	II.	Besonderheiten bei der Unternehmergesellschaft	382
	III.	Verschmelzungsvertrag bei Aufnahme	384
	IV.	Verschmelzung durch Neugründung	391
	V.	Verschmelzungsbericht	394
	VI.	Verschmelzungsprüfung	395
	VII.	Vorbereitung der Gesellschafterversammlung	396
	VIII.	Zustimmungsbeschluss zur Verschmelzung	398
	IX.	Besondere Zustimmungserfordernisse	401
	X.	Kapitalerhöhungsbeschluss bei Verschmelzung zur Aufnahme	403
	XI.	Handelsregisteranmeldung	404
	XII.	Muster	410
D.	Verschmelzung von AG	431
	I.	Checkliste	431
	II.	Verschmelzungsvertrag bei Verschmelzung durch Aufnahme	432
	III.	Verschmelzungsbericht	434
	IV.	Verschmelzungsprüfung	434
	V.	Bekanntmachung des Verschmelzungsvertrages (§ 61 UmwG)	435
	VI.	Vorbereitung der Hauptversammlung	437
	VII.	Zustimmungsbeschluss zur Verschmelzung	441
	VIII.	Zustimmung von Sonderrechtsinhabern	458
	IX.	Anwendung der Vorschriften über die Nachgründung	458
	X.	Kapitalerhöhung bei Verschmelzung zur Aufnahme	460
	XI.	Bestellung eines Treuhänders und Umtausch von Aktien	467
	XII.	Verschmelzung zur Neugründung	469

	XIII.	Handelsregisteranmeldung	473
	XIV.	Muster	473
E.		Verschmelzung von Genossenschaften	491
	I.	Checkliste	491
	II.	Anteilsgewährungspflicht bei der Verschmelzung von Genossenschaften	492
	III.	Neuregelungen der Kapitalverhältnisse der übernehmenden Genossenschaft bei der Verschmelzung zur Aufnahme	493
	IV.	Verschmelzungsvertrag	499
	V.	Verschmelzungsbericht	501
	VI.	Gutachten des Prüfungsverbandes	502
	VII.	Verschmelzungsbeschluss	504
	VIII.	Vorbereitung der Generalversammlung	505
	IX.	Durchführung der Generalversammlung	506
	X.	Sonderrechtsinhaber	511
	XI.	Besonderes Ausschlagungsrecht	511
	XII.	Verschmelzung durch Neugründung	512
	XIII.	Handelsregisteranmeldung	513
	XIV.	Muster	514
F.		Verschmelzung von Vereinen	518
	I.	Checkliste	518
	II.	Verschmelzungsfähige Vereine	519
	III.	Verschmelzungsvertrag	520
	IV.	Verschmelzungsbericht	521
	V.	Verschmelzungsprüfung	522
	VI.	Vorbereitung der Mitgliederversammlung	523
	VII.	Zustimmungsbeschluss zur Verschmelzung	525
	VIII.	Ablauf der Versammlung	526
	IX.	Verschmelzung zur Neugründung	528
	X.	Registeranmeldung	528
	XI.	Wirkung der Verschmelzung	530
	XII.	Muster	531
G.		Verschmelzung von Kapitalgesellschaften mit dem Vermögen eines Alleingesellschafters	539
	I.	Checkliste	539
	II.	Allgemeines	539
	III.	Übertragende und übernehmende Rechtsträger	540
	IV.	Besonderheiten des Verschmelzungsvertrages	541
	V.	Sonstiger Ablauf des Verschmelzungsverfahrens	541
	VI.	Muster	542

Teil 3 Spaltung 547

Kapitel 1 Grundlagen der Spaltung 548

A.		Einführung	551
	I.	Bedeutung der Spaltung	551
	II.	»Wirtschaftliche« Spaltung	555
	III.	Besonderheiten bei Ausgliederung	556
	IV.	Betriebsaufspaltung	559
	V.	Abwägung	559
	VI.	Spaltung nach dem UmwG	559
	VII.	Spaltungsfähige Rechtsträger	562
B.		Checkliste für die Spaltung von Rechtsträgern nach dem UmwG	564
C.		Spaltungsvertrag und Spaltungsplan	568
	I.	Spaltungsvertrag bei der Abspaltung und Aufspaltung zur Aufnahme	568
	II.	Spaltungsplan bei der Abspaltung und Aufspaltung zur Neugründung	625
	III.	Ausgliederungsplan oder Ausgliederungsvertrag bei der Ausgliederung	626
	IV.	Mischformen der Spaltung	627

D.	Spaltung bzw. Ausgliederung zur Aufnahme und Kapitalerhöhung beim übernehmenden Rechtsträger	627
	I. Erleichterte Kapitalerhöhung bei der Spaltung	628
	II. Festlegung des Kapitalerhöhungsbetrages	634
	III. Kapitalerhöhungsverbote und Kapitalerhöhungswahlrechte	636
	IV. Prüfung der Kapitalaufbringung durch das Registergericht	641
	V. Besonderheiten bei der Ausgliederung und Kapitalerhöhung	642
E.	Besonderheiten bei der Spaltung und Ausgliederung zur Neugründung	642
	I. Gesellschaftsvertrag und Spaltungsplan	642
	II. Kapitalaufbringung	647
	III. Bardeckungspflicht (gemischte Bar-, Sachkapitalgründung)	648
	IV. Organbestellung	648
	V. Entstehung einer Vorgesellschaft	649
	VI. Zustimmungsbeschlüsse zum Gesellschaftsvertrag und zur Organbestellung	649
	VII. Sachgründungsbericht bzw. Gründungsbericht und Gründungsprüfung	649
	VIII. Anmeldung der neuen Rechtsträger im Handelsregister	651
F.	Kapitalerhaltung und Kapitalherabsetzung bei der übertragenden Gesellschaft (GmbH und AG)	651
	I. Versicherungspflicht bzw. vereinfachte Solidaritätsprüfung	651
	II. Notwendigkeit der Kapitalherabsetzung	654
	III. Durchführung der Kapitalherabsetzung	655
G.	Spaltungsbericht	658
	I. Spaltungsbericht durch Vertretungsorgane	658
	II. Inhalt des Spaltungsberichts	658
	III. Erweiterung der Berichtspflicht bei verbundenen Unternehmen	659
	IV. Erweiterte Unterrichtungspflicht über Vermögensveränderungen nach §§ 125, 64 Abs. 1 UmwG bei Beteiligung von AG	659
	V. Einschränkung der Berichtspflicht	660
	VI. Verzicht auf den Spaltungsbericht bzw. Konzernspaltung	661
H.	Spaltungsprüfung	661
I.	Vorbereitung der Gesellschafter- bzw. Hauptversammlung	662
J.	Spaltungsbeschlüsse	664
	I. Zuständigkeit	664
	II. Wirkung der Spaltungsbeschlüsse	664
	III. Versammlung der Anteilsinhaber	665
	IV. Informationsrecht	665
	V. Beschlussmehrheiten	666
	VI. Zustimmung von Vorzugs- und Sonderrechtsinhabern	666
	VII. Zustimmung bei nicht verhältniswahrender Spaltung (§ 128 UmwG)	666
	VIII. Notarielle Beurkundung der Gesellschafterversammlung	668
K.	Minderheitenschutz und Schutz von Inhabern besonderer Rechte	668
L.	Austritts- und Abfindungsrechte	669
M.	Besonderheiten bei der Ausgliederung	669
	I. Ausgliederungsplan, Ausgliederungsbericht	671
	II. Keine Ausgliederungsprüfung	672
	III. Vorbereitung der Gesellschafter- bzw. Hauptversammlungen	672
	IV. Ausgliederungsbeschlüsse	672
	V. Zustimmung von Vorzugs- und Sonderrechtsinhabern	673
	VI. Keine Abfindungsansprüche	673
	VII. Ausgliederung zur Aufnahme und Kapitalerhöhung bei dem übernehmenden Rechtsträger	673
	VIII. Ausgliederung zur Neugründung	675
N.	Registerverfahren bei der Spaltung	675
	I. Überblick	675
	II. Prüfung des Registergerichts	677
	III. Anmeldungen zum Handelsregister	677
O.	Beschlussanfechtung und Eintragung trotz Beschlussanfechtung	686
P.	Wirkungen der Spaltung	686

Inhaltsverzeichnis

	I.	Zeitpunkt	686
	II.	Vermögensübergang	686
	III.	Gläubigerschutz	695
Q.	Sonderfragen		696
	I.	Spaltung bzw. Ausgliederung auf eine GmbH & Co. KG	696
	II.	Ausgliederung zur Neugründung auf eine Personenhandelsgesellschaft	697
Kapitel 2	**Einzelfälle der Spaltung**		**699**
A.	Spaltung von Personenhandelsgesellschaften		702
	I.	Checkliste	702
	II.	Spaltungsvertrag bzw. Spaltungsplan	703
	III.	Spaltungsbericht	704
	IV.	Vorbereitung der Gesellschafterversammlung	704
	V.	Spaltungsbeschluss	704
	VI.	Spaltungsprüfung	705
	VII.	Handelsregisteranmeldung	705
	VIII.	Muster	705
B.	Spaltung von Partnerschaftsgesellschaften		712
	I.	Checkliste	712
	II.	Spaltungsvertrag bzw. Spaltungsplan	712
	III.	Spaltungsbericht	712
	IV.	Vorbereitung der Gesellschafterversammlung	713
	V.	Spaltungsbeschluss	713
	VI.	Spaltungsprüfung	713
	VII.	Handelsregisteranmeldung	713
C.	Spaltung von GmbH und Unternehmergesellschaften		713
	I.	Checkliste	713
	II.	Besonderheiten bei der Unternehmergesellschaft	714
	III.	Spaltungsvertrag bzw. Spaltungsplan	718
	IV.	Spaltungsbericht	718
	V.	Spaltungsprüfung	718
	VI.	Vorbereitung der Gesellschafterversammlung	718
	VII.	Zustimmungsbeschluss zur Spaltung	718
	VIII.	Zustimmung von Sonderrechtsinhabern	718
	IX.	Kapitalerhöhung	719
	X.	Kapitalherabsetzung bei der übertragenden GmbH	719
	XI.	Spaltung zur Neugründung	722
	XII.	Handelsregisteranmeldung	723
	XIII.	Muster	725
D.	Spaltung von AG		789
	I.	Checkliste	789
	II.	Spaltungsvertrag und Spaltungsplan	790
	III.	Spaltungsbericht	790
	IV.	Spaltungsprüfung	791
	V.	Bekanntmachung des Spaltungsvertrages bzw. -plans	791
	VI.	Vorbereitung der Hauptversammlung	791
	VII.	Zustimmungsbeschluss zur Spaltung	796
	VIII.	Zustimmung von Sonderrechtsinhabern	797
	IX.	Keine Spaltung während der Nachgründungsfristen (2-jährige Sperrfrist, § 141 UmwG)	798
	X.	Kapitalerhöhung bei Spaltung zur Aufnahme	799
	XI.	Bestellung eines Treuhänders und Umtausch von Aktien	800
	XII.	Kapitalherabsetzung	800
	XIII.	Spaltung zur Neugründung	804
	XIV.	Handelsregisteranmeldung	804
	XV.	Muster	805
E.	Spaltung von Genossenschaften		838
	I.	Checkliste	838
	II.	Spaltungsvertrag bzw. Spaltungsplan	838

	III.	Neuregelung der Kapitalverhältnisse einer übernehmenden Genossenschaft bei der Spaltung zur Aufnahme	840
	IV.	Spaltungsbericht	840
	V.	Gutachten des Prüfungsverbandes	840
	VI.	Vorbereitung der Generalversammlung	840
	VII.	Durchführung der Generalversammlung	840
	VIII.	Besonderes Ausschlagungsrecht	840
	IX.	Spaltung zur Neugründung	841
F.	Spaltung von Vereinen		846
	I.	Checkliste	846
	II.	Allgemeines	846
	III.	Muster	848
G.	Ausgliederung aus dem Vermögen eines Einzelkaufmanns		853
	I.	Checklisten	853
	II.	Allgemeines	854
	III.	Ausgliederungsplan und Ausgliederungsvertrag	856
	IV.	Ausgliederung zur Aufnahme und Kapitalerhöhung beim übernehmenden Rechtsträger	857
	V.	Ausgliederungsbericht	859
	VI.	Ausgliederungsprüfung	859
	VII.	Ausgliederungsbeschluss	859
	VIII.	Ausgliederung zur Neugründung	860
	IX.	Handelsregisteranmeldung	862
H.	Ausgliederung von öffentlichen Unternehmen aus Gemeinden und Landkreisen und sonstigen Gebietskörperschaften		867
	I.	Einführung	867
	II.	Möglichkeiten der Ausgliederung	868
	III.	Verhältnis zum öffentlichen Recht, ausgliederungsfähige Rechtsträger	868
	IV.	Gegenstand der Ausgliederung	869
	V.	Zuständiges Organ für Ausgliederungsplan	871
	VI.	Sachgründungsbericht	872
	VII.	Anmeldung der Ausgliederung	872
	VIII.	Ausgliederungsbericht	873
	IX.	Ausgliederungsbeschluss	873
	X.	Muster	874

Teil 4 Formwechsel 879

Kapitel 1 Grundlagen des Formwechsels 880

A.	Einführung		883
	I.	Entwicklung/Arten des Formwechsels	883
	II.	Dogmatik des UmwG 1995	885
	III.	Gesetzessystematik	900
	IV.	Beseitigung der sog. Umwandlungssperre	900
	V.	Einsatz des Formwechsels in der Praxis	901
	VI.	Alternative Gestaltungsmöglichkeiten	903
B.	Formwechselfähige Rechtsträger		904
	I.	Grundsatz	904
	II.	Die Unternehmergesellschaft im Formwechsel	904
C.	Checkliste für den Formwechsel von Rechtsträgern nach dem UmwG		905
D.	Umwandlungsbericht		908
	I.	Umwandlungsbericht durch Vertretungsorgan	909
	II.	Inhalt des Umwandlungsberichts	910
	III.	Erweiterung der Berichtspflicht bei verbundenen Unternehmen	913
	IV.	Einschränkung der Berichtspflicht	914
	V.	Verzicht auf den Umwandlungsbericht	914
	VI.	Beifügung einer Vermögensaufstellung	914
E.	Formwechselprüfung		916

		I.	Grundsatz: Keine Formwechselprüfung	916
		II.	Prüfung bei Barabfindung	916
		III.	Gründungsprüfung beim Formwechsel in AG und KGaA	916
	F.	Vorbereitung der Gesellschafter- bzw. Hauptversammlungen		916
	G.	Durchführung der Gesellschafter- bzw. Hauptversammlungen		917
		I.	Zuständigkeiten	917
		II.	Durchführung der Versammlung der Anteilseigner und Informationsrecht	918
		III.	Beschlussmehrheiten	919
		IV.	Satzungsregelungen zur Beschlussmehrheit	922
		V.	Stimmberechtigung	923
		VI.	Stellvertretung beim Formwechselbeschluss	923
	H.	Inhalt des Umwandlungsbeschlusses		925
		I.	Neue Rechtsform	927
		II.	Name oder Firma des neuen Rechtsträgers	927
		III.	Angabe der Beteiligung der bisherigen Anteilsinhaber an dem neuen Rechtsträger	927
		IV.	Unbekannte Aktionäre	928
		V.	Zahl, Art und Umfang der Anteile oder Mitgliedschaftsrechte an der neuen Rechtsform	930
		VI.	Sonder- und Vorzugsrechte	942
		VII.	Angebot auf Barabfindung	942
		VIII.	Folgen des Formwechsels für die Arbeitnehmer	944
		IX.	Formwechselstichtag	944
	I.	Feststellung der Satzung bzw. des Gesellschaftsvertrages des neuen Rechtsträgers		945
		I.	Grundsatz	945
		II.	Ausgestaltung der Satzung bzw. des Gesellschaftsvertrages	946
		III.	Kapitalfestsetzung der neuen Gesellschaft	948
		IV.	Formwechsel als Sachgründung und besondere Angaben in der Satzung beim Formwechsel	950
	J.	Form des Umwandlungsbeschlusses und der Zustimmungserklärungen		954
		I.	Notarielle Beurkundung	954
		II.	Anwendbares Verfahren	956
	K.	Sachliche Beschlusskontrolle		957
	L.	Minderheitenschutz und Schutz von Inhabern besonderer Rechte		958
		I.	Schutz der Mitgliedschaft im Recht des Formwechsels	958
		II.	Information der Anteilseigner	959
		III.	Beschlussmehrheiten	959
		IV.	Zustimmung von Sonderrechtsinhabern	959
		V.	Austritts- und Abfindungsrechte (Angebot auf Barabfindung)	963
		VI.	Freiwilliges Kaufangebot des Mehrheitsaktionärs	967
	M.	Gründungsvorschriften und Kapitalschutz beim Formwechsel		967
		I.	Anwendung der Gründungsvorschriften	969
		II.	Kapitalschutz	970
		III.	Anwendbarkeit der Gründungsvorschriften auf den Formwechsel: Besonderheiten bei der AG	971
		IV.	Bestellung der ersten Organe beim Formwechsel	973
	N.	Information des Betriebsrats		978
	O.	Handelsregisteranmeldung		978
		I.	Zuständiges Gericht	979
		II.	Inhalt der Anmeldung	981
		III.	Versicherungen	982
		IV.	Anmeldepflichtige Personen	983
		V.	Beizufügende Unterlagen	984
	P.	Wirkungen des Formwechsels		985
		I.	Erhaltung der Identität des Rechtsträgers	985
		II.	Kontinuität der Mitgliedschaft	990
		III.	Dingliche Surrogation	992
		IV.	Heilung von Mängeln des Umwandlungsbeschlusses	992
		V.	Weitere Wirkungen	993
	Q.	Schutz der Gläubiger beim Formwechsel		993

	I.	Grundsatz	993
	II.	Anwendung des Gründungsrechts	993
	III.	Schadensersatzhaftung der Organe	994
	IV.	Erhaltung der Haftungsmasse	994
	V.	Sicherheitsleistung	994
	VI.	Fortdauer der Haftung in besonderen Fällen	994

Kapitel 2 Einzelfälle des Formwechsels 996

- A. Formwechsel von Personenhandelsgesellschaften und Partnerschaftsgesellschaften 1001
  - I. Allgemeine Fragen . . . 1001
  - II. Umwandlungsbericht . . . 1004
  - III. Vorbereitung der Gesellschafterversammlung . . . 1004
  - IV. Umwandlungsbeschluss . . . 1006
  - V. Inhalt des Umwandlungsbeschlusses . . . 1010
  - VI. Feststellung der Satzung des neuen Rechtsträgers . . . 1020
  - VII. Bestellung der ersten Organe . . . 1023
  - VIII. Zustimmungspflichten . . . 1026
  - IX. Gründungsrecht und Kapitalschutz, Nachgründung . . . 1027
  - X. Handelsregisteranmeldung . . . 1030
  - XI. Muster . . . 1033
- B. Formwechsel von Kapitalgesellschaften . . . 1041
  - I. Checkliste . . . 1041
  - II. Grundlagen . . . 1041
  - III. Einzelfälle des Formwechsels von Kapitalgesellschaften . . . 1047
  - IV. Muster . . . 1092
- C. Formwechsel von Genossenschaften . . . 1117
  - I. Checkliste . . . 1117
  - II. Einführung . . . 1118
  - III. Umwandlungsbericht . . . 1119
  - IV. Gutachten des Prüfungsverbandes . . . 1119
  - V. Vorbereitung der Generalversammlung . . . 1120
  - VI. Durchführung der Generalversammlung . . . 1121
  - VII. Inhalt des Umwandlungsbeschlusses . . . 1123
  - VIII. Feststellung der Satzung oder des Gesellschaftsvertrages der neuen Gesellschaft . . . 1126
  - IX. Bestellung der ersten Organe . . . 1127
  - X. Gründungsvorschriften und Kapitalschutz beim Formwechsel einer Genossenschaft in eine Kapitalgesellschaft . . . 1127
  - XI. Handelsregisteranmeldung . . . 1128
  - XII. Wirkung des Formwechsels . . . 1129
  - XIII. Muster . . . 1130
- D. Formwechsel rechtsfähiger Vereine . . . 1134
  - I. Checkliste . . . 1134
  - II. Allgemeines . . . 1134
  - III. Umwandlungsbericht . . . 1135
  - IV. Vorbereitung der Mitgliederversammlung . . . 1136
  - V. Durchführung der Mitgliederversammlung . . . 1137
  - VI. Inhalt des Umwandlungsbeschlusses . . . 1138
  - VII. Feststellung der Satzung eines Gesellschaftsvertrages der neuen Gesellschaft bzw. der Satzung der Genossenschaft . . . 1141
  - VIII. Bestellung der ersten Organe . . . 1141
  - IX. Gründungsvorschriften und Kapitalschutz beim Formwechsel eines Vereins in eine Kapitalgesellschaft . . . 1141
  - X. Handelsregisteranmeldung . . . 1142
  - XI. Muster . . . 1142

Teil 5 Sonderfragen ... 1152

Kapitel 1 Firmenrecht und Umwandlung ... 1153
- A. Überblick ... 1153
- B. Verschmelzung ... 1154
  - I. Überblick ... 1154
  - II. Einzelfragen ... 1155
- C. Spaltungen ... 1159
  - I. Überblick ... 1159
  - II. Neufirmierung und Beibehaltung der Firma des aufnehmenden Rechtsträgers ... 1160
  - III. Firmenfortführung bei Aufspaltung ... 1160
  - IV. Abspaltung und Ausgliederung ... 1160
- D. Formwechsel ... 1163

Kapitel 2 Umwandlungen vor und in der Insolvenz ... 1166
- A. Einführung ... 1167
  - I. Sanierung und Reorganisation vor und in der Insolvenz nach der InsO ... 1167
  - II. Kein Vorrang der InsO, Umwandlung trotz Überschuldung ... 1169
  - III. Überblick über die Sanierung durch Fortführungsgesellschaften und die Bedeutung der gesellschaftsrechtlichen Umstrukturierung ... 1169
- B. Verschmelzung ... 1173
  - I. Sanierungsfusion zur Aufnahme und Probleme der Kapitalerhöhung ... 1173
  - II. Wirkungen der Sanierungsfusion ... 1186
  - III. Sanierungsfusion auf den Alleingesellschafter ... 1186
- C. Einsatz des Spaltungsrechts zu Sanierungszwecken ... 1187
  - I. Einsatz der Spaltung/Ausgliederung zu Sanierungszwecken ... 1187
  - II. Kapitalerhaltung bei Spaltung und Ausgliederung ... 1187
  - III. Wirkungen der Spaltung ... 1191
- D. Formwechsel zu Sanierungszwecken ... 1192
  - I. Allgemeines ... 1192
  - II. Sanierungsumwandlung einer Personengesellschaft in eine Kapitalgesellschaft und Probleme der Kapitalaufbringung ... 1193
  - III. Formwechsel von Kapitalgesellschaften untereinander bei Überschuldung ... 1194
- E. Besonderheiten der Sanierungsumwandlung nach Eröffnung des Insolvenzverfahrens ... 1196
  - I. Zulässigkeit der Umwandlung nach Eröffnung des Insolvenzverfahrens ... 1196
  - II. Bedeutung des Insolvenzplans i. R. d. Umwandlung ... 1200
- F. Umwandlung von aufgelösten Rechtsträgern außerhalb des Insolvenzverfahrens ... 1207
  - I. Überblick ... 1207
  - II. Umwandlung von aufgelösten Gesellschaften außerhalb des Insolvenzverfahrens ... 1207
  - III. Sanierungsverschmelzung einer aufgelösten überschuldeten Gesellschaft ... 1209

Kapitel 3 Umwandlung und Euroumstellung ... 1211
- A. Euroumstellung bei der Umwandlung unter Beteiligung einer GmbH ... 1211
  - I. Allgemeine Fragen der Euroanpassung ... 1211
  - II. Einzelfragen bei der Euroumstellung ... 1212
  - III. Umwandlungen und Euroumstellung ... 1213
  - IV. Beispiel ... 1215
- B. Euroumstellung bei der AG ... 1216
  - I. Allgemeine Frage der Euroanpassung ... 1216
  - II. Euroumstellung ... 1217
  - III. Besonderheiten bei der Umwandlung ... 1218
  - IV. Beispiel ... 1219
- C. Besonderheiten beim Formwechsel ... 1219
- D. Besonderheiten bei Personengesellschaften ... 1220
- E. Besonderheiten bei Genossenschaften ... 1220

Kapitel 4 Kapitalmarktrecht und Umwandlungsrecht, Transparenzregister ... 1223
- A. Übernahmerecht ... 1223
- B. Mitteilungspflichten nach § 21 WpHG ... 1225
- C. Transparenzregister ... 1225

Teil 6   Grenzüberschreitende Umwandlungen 1228

Kapitel 1   Überblick und Grundlagen 1229
A. Entwicklung des unionalen Umwandlungsrechts 1237
    I. Verordnungs- und Richtlinienrecht 1238
    II. Rechtsprechung des EuGH 1248
B. Unionsrechtliche Prägung nationalen Rechts 1263
    I. Umsetzungsakte zu unionalem Sekundärrecht 1263
    II. Durch unional beeinflusste Gegebenheiten geschaffenes Recht 1263
C. Unionsrechtliche Prägung nationaler Rechtsprechung 1269
    I. Anerkennung der Gründungstheorie für EU-Gesellschaften 1269
    II. Grenzüberschreitende Umwandlungsvorgänge in der Rechtsprechung. . . 1271
D. Unternehmensumwandlungen in EWR-Staaten 1277
E. Unternehmensumwandlungen in Drittstaaten 1277

Kapitel 2   Grenzüberschreitende Verschmelzung nach den §§ 122a ff. UmwG 1280
A. Allgemeines 1281
    I. Unionsrechtliche Grundlagen 1281
    II. Abgrenzung zur Umwandlung aufgrund Niederlassungsfreiheit. 1283
    III. Regelungstechnik 1284
    IV. Definition grenzüberschreitender Verschmelzung, Verschmelzungsarten. . 1285
    V. Anwendbare Vorschriften, Verfahren 1286
    VI. Verschmelzungsfähige Rechtsträger 1288
B. Verschmelzungsverfahren 1294
    I. Checkliste: Ablauf des Verschmelzungsverfahrens bei grenzüberschreitenden Verschmelzungen 1294
    II. Verschmelzungsplan 1295
    III. Abfindungsangebot im Verschmelzungsplan (§ 122i UmwG) 1311
    IV. Bekanntmachung des Verschmelzungsplans (§ 122d UmwG) 1312
    V. Unterrichtung des Betriebsrates 1314
    VI. Verschmelzungsbericht (§ 122e UmwG) 1315
    VII. Zuleitung Verschmelzungsbericht an Betriebsrat/Arbeitnehmer 1319
    VIII. Verschmelzungsprüfung (§ 122f UmwG) 1319
    IX. Vorbereitung der Gesellschafterversammlungen 1321
    X. Verschmelzungsbeschlüsse 1322
    XI. Vorabbescheinigung und Registerverfahren 1323
    XII. Gläubigerschutz 1330
C. Mitbestimmung nach dem Gesetz über die Mitbestimmung der Arbeitnehmer bei einer grenzüberschreitenden Verschmelzung (MgVG) 1332
    I. Grundlagen 1332
    II. Gesetz über die Mitbestimmung der Arbeitnehmer bei einer grenzüberschreitenden Verschmelzung (MgVG). 1334

Kapitel 3   Grenzüberschreitende Verschmelzung auf der Grundlage der EuGH-Rechtsprechung 1342
A. Abgrenzung zur Verschmelzung aufgrund der Richtlinienumsetzung 1342
B. Anwendungsfelder und Problemstellungen der grenzüberschreitenden Verschmelzung auf Grundlage der Niederlassungsfreiheit 1343
    I. Personengesellschaften 1343
    II. Problemfall Herausverschmelzung. 1344
C. Verfahren einer grenzüberschreitenden Verschmelzung auf Grundlage der »SEVIC«-Entscheidung 1344
    I. Anwendbares Recht 1344
    II. Verschmelzungsfähigkeit. 1345
    III. Verschmelzungsverfahren 1346

Kapitel 4   Grenzüberschreitende Sitzverlegung in der EU 1350
A. Überblick und Grundlagen. 1351
B. Grenzüberschreitende Verlegung des Verwaltungssitzes 1352
    I. Herausverlegung des Verwaltungssitzes 1352

	II.	Hineinverlegung des Verwaltungssitzes	1357
C.	Grenzüberschreitende Verlegung des Satzungssitzes		1358
	I.	Überblick und Grundlagen	1359
	II.	Formwechselfähige Rechtsträger	1365
	III.	Verlegungsplan	1369
	IV.	Verlegungsbericht	1372
	V.	Verlegungsprüfung	1373
	VI.	Verlegungsbeschluss	1375
	VII.	Abschluss der Sitzverlegung und Rechtswirkungen	1376
	VIII.	Schutzvorschriften zugunsten bestimmter Gruppen	1383
D.	Verlegung der Geschäftsanschrift		1387

Kapitel 5 Grenzüberschreitende Spaltungen in der EU ... 1388
- A. Überblick und Grundlagen ... 1388
- B. Spaltungsfähige Rechtsträger ... 1391
- C. Spaltungsplan ... 1392
- D. Spaltungsbericht ... 1393
- E. Spaltungsprüfung ... 1394
- F. Spaltungsbeschluss ... 1395
- G. Abschluss der Spaltung und Rechtswirkungen ... 1395
- H. Arbeitnehmerschutz und Arbeitnehmermitbestimmung ... 1397

Kapitel 6 Grenzüberschreitende Umwandlungen bei supranationalen Rechtsträgern 1398
- A. Überblick und Grundlagen ... 1398
- B. Grenzüberschreitende Umwandlungen bei einer SE ... 1398
  - I. Grenzüberschreitende Verschmelzung als Gründungsform der SE ... 1399
  - II. Beteiligung einer bestehenden SE an Umwandlungsvorgängen ... 1399
  - III. Grenzüberschreitende Sitzverlegung bei der SE ... 1402
- C. Grenzüberschreitende Umwandlungen bei einer EWIV ... 1404
- D. Grenzüberschreitende Umwandlungen bei einer SCE ... 1404

Kapitel 7 Grenzüberschreitende Umwandlungen von Personengesellschaften ... 1405
- A. Überblick und Grundlagen ... 1405
- B. Grenzüberschreitende Sitzverlegung ... 1405
  - I. Bestimmung des Sitzes bei Personengesellschaften ... 1406
  - II. Verlegung des Verwaltungssitzes ... 1407
  - III. Verlegung des Satzungssitzes ... 1409
- C. Grenzüberschreitende Verschmelzung ... 1409
- D. Grenzüberschreitende Spaltung ... 1411

Kapitel 8 Muster ... 1412
- A. Verschmelzungsplan einer holländischen BV auf eine deutsche GmbH zur Aufnahme ... 1412
- B. Verschmelzungsplan einer britischen Ltd. auf eine deutsche GmbH zur Aufnahme ... 1414
- C. Verschmelzungsbeschluss der deutschen GmbH ... 1418
- D. Handelsregisteranmeldung der übernehmenden deutschen GmbH bei Verschmelzung zur Aufnahme ... 1419
- E. Klausel zum Abfindungsangebot nach § 122i UmwG ... 1420
- F. Handelsregisteranmeldung bei grenzüberschreitendem Formwechsel auf eine deutsche GmbH ... 1420
- G. Verlegungsplan einer deutschen Gesellschaft ins EU-Ausland ... 1421

Teil 7 Steuerrechtliche und bilanzrechtliche Aspekte des Umwandlungsrechts ... 1424

Kapitel 1 Steuerrecht ... 1425
- A. Grundlagen ... 1427
  - I. Einleitung ... 1427
  - II. Aufbau des UmwStG ... 1429
- B. Verschmelzung von Körperschaften auf Personengesellschaften oder natürliche Personen ... 1434
  - I. Einleitung ... 1434
  - II. Wertansätze in der steuerlichen Schlussbilanz der übertragenden Körperschaft ... 1435

	III.	Besteuerung der übernehmenden Personengesellschaft sowie der Gesellschafter der übertragenden Körperschaft.................................	1446
	IV.	Gewinnerhöhung durch Vereinigung von Forderungen und Verbindlichkeiten (sog. Konfusionsgewinn/-verlust)................................	1460
	V.	Umwandlung von einer Kapital- in eine Personengesellschaft beim Unternehmenskauf?	1461
	VI.	Vermögensübertragung von einer Kapital- auf eine Personengesellschaft mit Auslandsberührung...	1462
	VII.	Steuerliche Rückwirkung..	1467
	VIII.	Formwechsel einer Kapitalgesellschaft in eine Personengesellschaft.........	1471
C.	Verschmelzung von Körperschaften auf Körperschaften......................		1472
	I.	Verschmelzung von zwei inländischen Kapitalgesellschaften ohne Auslandsberührung.	1473
	II.	Inlandsverschmelzung von zwei inländischen Kapitalgesellschaften mit Auslandsberührung...	1497
	III.	Verschmelzung von zwei ausländischen Kapitalgesellschaften mit Inlandsvermögen...	1499
	IV.	Hinausverschmelzung einer inländischen Körperschaft auf eine ausländische Körperschaft...	1500
	V.	Hereinverschmelzung...	1505
	VI.	Steuerliche Rückwirkung..	1507
D.	Spaltung von Körperschaften..		1507
	I.	Aufspaltung, Abspaltung und Teilübertragung auf andere Körperschaften......	1509
	II.	Aufspaltung oder Abspaltung auf eine Personengesellschaft................	1521
	III.	Gewerbesteuer..	1522
E.	Einbringungsvorgänge..		1522
	I.	Einbringung von Betrieben, Teilbetrieben oder Mitunternehmeranteilen in Kapitalgesellschaften..	1522
	II.	Anteilstausch..	1551
	III.	Einbringung in eine Personengesellschaft.............................	1558
	IV.	Formwechsel einer Personengesellschaft in eine Kapitalgesellschaft.........	1565
F.	Grunderwerbsteuer...		1565

Kapitel 2 Bilanzrecht.. 1568
A.	Allgemeines...		1569
	I.	Einleitung...	1569
	II.	Erforderliche Bilanzen...	1570
	III.	Relevante Stichtage im Handels- und Steuerrecht.......................	1571
B.	Bilanzierungs- und Bewertungsvorschriften.................................		1581
	I.	Handelsrechtliche Schlussbilanz des übertragenden Rechtsträgers nach § 17 UmwG..	1581
	II.	Handelsbilanz des übernehmenden Rechtsträgers nach § 24 UmwG.........	1590
	III.	Besondere Bilanzierungsprobleme in Spaltungsfällen....................	1626
	IV.	Besonderheiten in den Fällen des Formwechsels........................	1634
	V.	Bilanzierung in der Handelsbilanz der Gesellschafter....................	1638
C.	Fallbeispiele...		1639
	I.	Verschmelzung von Kapitalgesellschaften auf Personengesellschaften........	1639
	II.	Verschmelzung von Kapitalgesellschaften auf Kapitalgesellschaften.........	1646

Teil 8 Kostenrechtliche Behandlung von Umwandlungsvorgängen nach dem UmwG.. 1662

Kapitel 1 Verschmelzung... 1663
A.	Verschmelzung durch Aufnahme...		1663
B.	Verschmelzung durch Neugründung......................................		1664
C.	Bilanz..		1665
D.	Höchstwert, Mehrheit von Verschmelzungen, Mindestwert....................		1666
	I.	Höchstwert..	1666
	II.	Mindestwert...	1667
	III.	Mehrheit von Verschmelzungen...................................	1667
E.	Gebühr...		1668
F.	Zustimmungsbeschluss (Verschmelzungsbeschluss)..........................		1668

Inhaltsverzeichnis

G. Verzichtserklärungen, Zustimmungserklärungen 1670
H. Nebentätigkeiten 1671
   I. Grundsätze 1671
   II. Gebührenfreie Nebentätigkeiten 1672
   III. Gebührenpflichtige Vollzugs- und Betreuungstätigkeiten, Beratungs- und Entwurfstätigkeiten 1673
I. Registeranmeldungen 1678
   I. Übertragender Rechtsträger 1678
   II. Aufnehmender (bestehender) Rechtsträger 1678
   III. Aufnehmender (neu gegründeter) Rechtsträger 1679
J. Höchstwert 1679
K. Bescheinigte Gesellschafterliste gem. § 40 Abs. 2 GmbHG 1679
L. Fall: Verschmelzung durch Aufnahme mit Zustimmungsbeschlüssen 1681
M. Checkliste für die Bewertung der Registeranmeldungen 1683
N. Besonderheiten bei grenzüberschreitenden Verschmelzungen 1684

Kapitel 2 Spaltung 1685
A. Aufspaltung/Abspaltung zur Aufnahme 1685
B. Aufspaltung/Abspaltung zur Neugründung 1687
C. Höchstwert 1687
D. Mehrheit von Rechtsträgern 1687
   I. Aufspaltung 1688
   II. Abspaltung 1688
   III. Kettenspaltungen 1688
E. Gebühr 1688
F. Zustimmungsbeschluss (Spaltungsbeschluss) 1688
G. Verzichtserklärungen, Zustimmungserklärungen 1689
H. Registeranmeldungen 1689
I. Bescheinigte Gesellschafterliste gem. § 40 Abs. 2 GmbHG 1689
J. Fall: Spaltungsplan 1690

Kapitel 3 Ausgliederung 1692
A. Allgemeines 1692
B. Registeranmeldungen 1693
C. Nebentätigkeiten (Spaltungen, Ausgliederungen) 1693
   I. Grundsätze 1693
   II. Gebührenfreie Nebentätigkeiten 1693
   III. Gebührenpflichtige Nebentätigkeiten 1693
D. Checkliste für die Bewertung einer Spaltung oder Ausgliederung 1693

Kapitel 4 Vermögensübertragung 1695

Kapitel 5 Formwechsel 1696
A. Umwandlungsbeschluss 1696
B. Verzichtserklärungen, Zustimmungserklärungen 1697
C. Ermäßigung bei Umwandlung nach §§ 301 ff. UmwG 1697
D. Vorvertragliche Verpflichtungen zu Umwandlungsmaßnahmen 1698
E. Grenzüberschreitende Sitzverlegung gem. Art. 8 SE-VO 1698
F. Beschluss und gebührenpflichtige Betreuungstätigkeiten, Beratungstätigkeiten . . 1698
G. Checkliste für die Bewertung von Umwandlungsbeschlüssen 1700
H. Registeranmeldungen 1700
I. Fall: Bewertung von Formwechselbeschluss, Verzichtserklärungen 1702

Kapitel 6 Kosten der elektronischen Registeranmeldung 1704
A. Fertigen elektronisch beglaubigter Abschriften (§ 39a BeurkG) 1704
   I. Einscannen und Dokumentenpauschale 1704
   II. Beglaubigungsgebühr für die elektronische Beglaubigung? 1704
B. Erzeugen von XML-Strukturdaten 1705

Kapitel 7 Registerabrufgebühren 1706
A. Zugang zu den Eintragungen des Registerblatts 1706
B. Zugang zu den Dokumenten des Registerordners 1706

Kapitel 8 Grundbuchberichtigungsanträge	1707
Kapitel 9 Berichtigung des Handelsregisters	1708
Kapitel 10 Umschreibung von Vollstreckungsklauseln	1709
A. Allgemein	1709
B. Formwechsel	1709
Kapitel 11 Gebühren für die Eintragung in das Handelsregister	1710
Stichwortverzeichnis	1711

Literaturverzeichnis

Adler/Düring/Schmaltz,	Rechnungslegung und Prüfung der Unternehmen, 7. Aufl. 2011
Altmeppen/Roth,	GmbHG, 8. Aufl. 2015;
Ammon/Görlitz,	Die kleine AG, 1995;
Armbrüster/Preuß/Renner,	BeurkG, 7. Aufl. 2015;
Ascheid/Preis/Schmidt,	Kündigungsrecht, 5. Aufl. 2017;
Autenrieth,	Umwandlung mittelständischer GmbH in Personengesellschaften – Gestaltungsüberlegungen, Bericht über die IDW-Fachtagung am 27./28.10.1994, 463;
Bauer,	Die GmbH in der Krise, 5. Aufl. 2016
Baumbach/Hopt,	Handelsgesetzbuch, 38. Aufl. 2018;
Baumbach/Hueck,	Kurzkommentar zum GmbHG, 21. Aufl. 2017;
beck-online.Großkommentar/UmwG	Habersack/Wicke (Hrsg.), Stand 2018
beck-online.Großkommentar/GmbHG	Ziemons/Jäger (Hrsg.), Stand 2018
Beck'scher Bilanz-Kommentar,	11. Aufl. 2018;
Beck'sches Handbuch der GmbH,	hrsg. von Prinz./Winkeljohann, 5. Aufl. 2014;
Beck'sches Notar-Handbuch,	Heckschen/Herrler/Starke (Hrsg.), 6. Aufl. 2015;
Beck'sche Steuerkommentare,	Umwandlungssteuergesetz, Haritz/Menner (Hrsg.), 4. Aufl. 2015;
Beck/Depré,	Praxis der Insolvenz, 3. Aufl. 2017;
Benz/Rosenberg,	Das SEStEG (2007), 2007;
Berliner Kommentar zum Genossenschaftsgesetz,	Hillebrandt/Kessler (Hrsg.), 3. Aufl. 2017;
Beuthien,	Genossenschaftsgesetz: GenG; 16. Aufl. 2018;
Bieber/Ingendoh,	Geschäftsraummiete, 2008;
Bilitewski/Jorde,	Checkliste Unternehmensumwandlung, Praxisleitfaden für den Berater, 2000;
Binz/Sorg,	Die GmbH & Co. KG, 12. Aufl. 2018;
Blasche	Umwandlungsmöglichkeiten bei Auflösung, Überschuldung oder Insolvenz eines der beteiligten Rechtsträger, GWR 2010, 441;
Blaurock,	Handbuch der stillen Gesellschaft, 8. Aufl. 2016;
Blümich (Hrsg.),	EStG, KStG, GewStG, Loseblatt-Kommentar, 140. Aufl. 2018;
Boecken,	Unternehmensumwandlungen und Arbeitsrecht, 1996;
Böhringer	Der Minderjährige als Beteiligter an Umwandlungen nach dem UmwG, NotBZ 2014, 121
Bokelmann,	Das Recht der Firmen- und Geschäftsbezeichnungen, 5. Aufl. 2000;
Borchers,	Beteiligungscontrolling in der Management-Holding, 2002;
Bork,	Einführung in das Insolvenzrecht, 8. Aufl. 2017;
Bork/Schäfer,	GmbHG, 4. Aufl. 2018;
Borman/Diehn/Sommerfeldt,	Gesetz über die Kosten der freiwilligen Gerichtsbarkeit für Gerichte und Notare, 2. Aufl. 2016;

Literaturverzeichnis

Bracker/Dehn,	Gemeindeordnung für Schleswig-Holstein, 15. Aufl. 2018;
Brete/Thomsen	Die Auffanggesellschaft, NJOZ 2008, 4159;
Bub/Treier,	Handbuch der Geschäfts- und Wohnraummiete, 5. Aufl. 2018;
Budde/Förschle/Winkeljohan (Hrsg.),	Sonderbilanzen, 5. Aufl. 2016;
Bühner,	Betriebswirtschaftliche Organisationslehre, 11. Aufl. 2015;
ders.,	Der Gläubigerschutz im Umwandlungsrecht, 2001;
ders.,	Die Managementholding, 1992;
ders.,	Management-Holding – Unternehmensstruktur der Zukunft, 2. Aufl. 1992
ders.	Management-Holding in der Praxis, DB 1993, 285;
Bürgers/Körber,	Aktiengesetz, 4. Aufl. 2017;
Bullinger/Spath/Warnecke/Westkämper,	Handbuch Unternehmensorganisation: Strategien, Planung, Umsetzung,
Buth/Herrmanns,	Restrukturierung, Sanierung, Insolvenz, 4. Aufl. 2014;
Cramer,	Die Übernahme des Gründungsaufwandes durch die GmbH, NZG 2015, 373
Dauner-Lieb/Simon,	Kölner Kommentar zum Umwandlungsgesetz, 2009;
Dehmer,	Die Schranken mitgliedschaftlicher Stimmrechtsmacht bei privatrechtlichen Personenverbänden, 1963;
ders.,	Gesellschaftsrecht, 2. Aufl. 1991,;
ders.,	(Hrsg.), Umwandlungsgesetz, 3. Aufl. 2004;
ders.,	Umwandlungsgesetz, Umwandlungssteuerrecht, 1. Aufl. München 1994/2.Aufl. München 1996;
ders.,	Umwandlungssteuererlass 1998 – Erläuterungsbuch für die Steuerpraxis, 1998;
ders.,	Verschmelzung und Einbringung, 1993;
Deutsche Börse (Hrsg.),	Praxishandbuch Börsengang, 2006;
Diehn,	Notarkosten, 2017;
ders.,	Notarkostenberechnungen, 4. Aufl. 2017;
Dötsch/Jost/Pung/Witt,	Die Körperschaftsteuer, Loseblatt, 73. Ergänzungslieferung (Stand 2018);
Dötsch/Patt/Pung/Möhlenbrock,	Umwandlungssteuerrecht, 85. Erg. 2015;
Drukarczyk/Schüler,	Unternehmensbewertung, 7. Aufl. 2015;
Ebenroth/Boujong/Joost/Strohn,	HGB, 3. Aufl. 2014;
Ehlers/Jurcher,	Der Börsengang von Mittelstandsunternehmen, 1999;
Eickhoff,	Die Praxis der Gesellschafterversammlung bei GmbH und GmbH & Co. KG, 4. Aufl. 2006;
Ek,	Praxisleitfaden für die Hauptversammlung, 3. Aufl. 2017;
Emmerich/Habersack,	Aktien- und GmbH-Konzernrecht, 7. Aufl. 2013;
Emmerich/Sonnenschein,	Miete, 11. Aufl. 2014;
Ensthaler/Füller/Schmidt,	GmbHG, 2. Aufl. 2009;
Erfurter Kommentar zum Arbeitsrecht,	16. Aufl. 2015;
Erman,	Handkommentar zum Bürgerlichen Gesetzbuch, 18. Aufl. 2018;
Eylmann/Vassen,	BNotO, BeurkG, 4. Aufl. 2016;

Literaturverzeichnis

Faden,	Das Pflichtangebot nach dem Wertpapiererwerbs- und Übernahmegesetz, 2008;
Fandrich/Graef/Bloehs,	Die Verschmelzung von Genossenschaften in der Praxis, 2005;
Fedke	Auswirkungen von konzerninternen Verschmelzungsvorgängen auf bestehende Unternehmensverträge, Der Konzern 2008, 533;
Flik	Die Gesellschafterliste bei einer Verschmelzung mit Kapitalerhöhung, NZG 2010, 170;
Frege/Keller/Riedel,	Insolvenzrecht, 8. Aufl. 2015;
Frotscher/Maas,	Kommentar zum Körperschaft- und Umwandlungssteuergesetz, Loseblatt (Stand: 2018);
Ganske,	Der Weg vom Diskussionsentwurf zum Referentenentwurf eines Gesetzes zur Bereinigung des Umwandlungsrechts, in: Reform des Umwandlungsrechts – Institut der Wirtschaftsprüfer, 1993; ders., Die Reform des Umwandlungsrechts, in: Wassermeyer (Hrsg.), Grundfragen der Unternehmensbesteuerung, 1994;
ders.,	Umwandlungsrecht, 2. Aufl. 2000;
Geibel/Süssmann/Angerer,	Wertpapiererwerbs- und Übernahmegesetz: WpÜG, 3. Aufl. 2017;
Gelhausen	Handelsrechtliche Zweifelsfragen der Abwicklung von Ergebnisabführungsverträgen in Umwandlungsfällen, NZG 2005, 775
Gern,	Sächsisches Kommunalrecht, 2. Aufl. 2000;
Geßler/Hefermehl/Eckhardt/Kropff,	Aktiengesetz, 1993;
Godin/Wilhelmi,	Aktiengesetz, 4. Aufl. 1971;
Goette/Habersack,	Das MoMiG in Wissenschaft und Praxis, 2009;
Gottwald,	Insolvenzrechts-Handbuch, 5. Aufl. 2015
Goutier/Knopf/Tulloch,	Kommentar zum Umwandlungsrecht, 1996;
Gontschar,	Umwandlungsmaßnahmen im Insolvenzplanverfahren, 2017;
Grigoleit,	AktG 2013
Groß,	Sanierung durch Fortführungsgesellschaften, 2. Aufl. 1988;
Großfeld,	Unternehmens- und Anteilsbewertung im Gesellschaftsrecht, 4. Aufl. 2002;
Gude,	Strukturänderungen und Unternehmensbewertung zum Börsenkurs, 2003;
Gutheil,	Die Auswirkungen von Umwandlungen auf Unternehmensverträge nach §§ 291, 292 AktG und die Rechte außenstehender Aktionäre, 2001;
Habersack/Koch/Winter (Hrsg.),	Die Spaltung im neuen Umwandlungsrecht und ihre Rechtsfolge, 1999;
Hachenburg (Hrsg.),	Großkommentar zum GmbH-Gesetz, 8. Aufl. 1992;
Hamburger Kommentar zum Insolvenzrecht,	A. Schmidt (Hrsg.) 6. Aufl. 2017;
Happ/Groß,	Aktienrecht, 4. Aufl. 2014;
Haritz/Menner,	Umwandlungssteuergesetz, 4. Aufl. 2015;
Hartmann,	Kostengesetze, 48. Aufl. 2018;
Heckschen,	Das MoMiG in der notariellen Praxis, 2009;
ders.,	Verschmelzung von Kapitalgesellschaften, 1989;
Heckschen/Heidinger,	Die GmbH in der Gestaltungs- und Beratungspraxis, 4. Aufl. 2018;
Heckschen/Simon,	Umwandlungsrecht, 2002;
Heidelberger Kommentar zur Insolvenzordnung,	Kreft (Hrsg.), 7. Aufl. 2014;

Literaturverzeichnis

Heidinger/Limmer/Holland/Reul,	Gutachten zum Umwandlungsrecht – Deutsches Notarinstitut, 1998;
Hennrichs,	Formwechsel und Gesamtrechtsnachfolge bei Umwandlung, 1995;
Hense,	Umwandlungssymposium, 1992;
Henssler/Strohn,	Gesellschaftsrecht, 3. Aufl. 2016;
Herfs,	Einwirkung Dritter auf den Willensbildungsprozess der GmbH, 1994;
Herlinghaus,	Forderungsverzicht und Besserungsvereinbarungen zur Sanierung von der Kapitalgesellschaft, 1994;
Hering,	Unternehmensbewertung, 3. Aufl. 2014;
Herzig,	Neues Umwandlungssteuerrecht, 1996;
ders.,	Steuerorientierte Umstrukturierung von Unternehmen, 1996;
Hess/Fechner,	Sanierungshandbuch, 6. Aufl. 2013;
Hess/Obermülle/Reill-Ruppe/Roth,	Insolvenzplan, Restschuldbefreiung und Verbraucherinsolvenz, 4. Aufl. 2015;
Heß/Schnitger,	Reform des Umwandlungssteuerrechts, 2007;
Hesselmann/Tillmann/Mueller-Thuns,	Handbuch der GmbH & Co. KG, 21. Aufl. 2016;
Hettrich/Pöhlmann,	Genossenschaftsgesetz, 4. Aufl. 2012
Heymann (Hrsg.),	Handelsgesetzbuch, 2. Aufl. 1999;
Hirte,	Bezugsrechtsausschuß und Konzernbildung, 1986;
Hölters/Deilmann/Buchta,	Die kleine Aktiengesellschaft, 2. Aufl. 2002;
Hohmut,	Die Kapitalherabsetzung bei der GmbH, 2007;
Hopt/Merkt,	Bilanzrecht, 2010;
Hopt/Wiedemann (Hrsg.),	Aktiengesetz, 5. Aufl. 2015;
Huber,	Vermögensanteil, Kapitalanteil und Gesellschaftsanteil, 1970;
Hübner,	Interessenkonflikt und Vertretungsmacht, 1977;
Hüffer/Koch,	Aktiengesetz, 13. Aufl. 2018;
Hügel,	Verschmelzung und Einbringung, 1991;
Immenga,	Die personalistische Kapitalgesellschaft, 1971;
Institut der Wirtschaftsprüfer (Hrsg.),	Reform des Umwandlungsrechts, 1992;
Institut der Wirtschaftsprüfer (Hrsg.),	WP-Handbuch, 15. Aufl. 2016;
Jaeger,	Insolvenzordnung, 1. Aufl. 2004 ff.;
Jakob,	Unternehmensorganisation, 1980;
Jansen,	Beurkundungsgesetz, 1971;
Kahletr/Gerke,	ESUG macht es möglich: Ausgliederung statt Asset Deal im Insolvenzplanverfahren, DStR 2013, 97;
Kallmeyer,	Umwandlungsgesetz, 6. Aufl. 2017;
Katschinski,	Die Verschmelzung von Vereinen, 1999;
Kautz,	Die gesellschaftsrechtliche Neuordnung der GmbH mit künftigen Insolvenzrecht, 1995;
Keil,	Der Verschmelzungsbericht nach § 340a AktG, 1990;
Keller,	Unternehmensführung mit Holdingkonzepten, 1993;
Kessler/Kühnberger,	Umwandlungsrecht, 2009;
Kiem,	Die Eintragung der angefochtenen Verschmelzung, Köln 1991;

Kiem,	Unternehmensumwandlung, 2. Aufl. 2009;
Kirchhof/Eidenmüller/Stürner (Hrsg.),	Münchener Kommentar zur Insolvenzordnung, 3. Aufl. 2013
Killian/Richter/Hendrik Trapp (Hg.:	Ausgliederung und Privatisierung in Kommunen. Empirische Befunde zur Struktur kommunaler Aufgabenwahrnehmung, 2006
Kley,	Die Rechtsstellung der außenstehenden Aktionäre bei der vorzeitigen Beendigung von Unternehmensverträgen, 1986;
Knecht/Hommel/Wohlenberg	Handbuch Unternehmensrestrukturierung, 2006;
Kölner Kommentar zum Aktiengesetz,	Zöllner/Noack (Hrsg.), 3. Aufl. 2009 ff. (zitiert als: KK-AktG);
Kölner Kommentar zum Umwandlungsgesetz,	Dauner-Lieb/Simon (Hrsg.), 1. Aufl. 2009 (zitiert als KK-UmwG);
Kölner Kommentar zum WpÜG,	Hirte/Bülow (Hrsg.), 2. Aufl. 2010, (zitiert als: KK-WpÜG);
Kölner Schrift zur Insolvenzordnung,	3. Aufl. 2009;
Koller/Roth/Morck,	HGB, 8. Aufl. 2015;
Kopp/Heidinger,	Notar und Euro, 2. Aufl. 2001;
Korintenberg,	Gerichts- und Notarkostengesetz: GNotKG, 20. Aufl. 2017;
Krafka/Kühn,	Registerrecht, 10. Aufl. 2016;
Kreft (Hrsg.),	Insolvenzordnung (Heidelberger Kommentar), 9. Aufl. 2018;
Krüger,	Zweckmäßige Wahl der Unternehmensform, 7. Aufl. 2002;
Kübler/Prütting/Bork,	InsO, Kommentar zur Insolvenzordnung, 76. Ergänzungslieferung (Stand 2018);
Küffer,	Der Gang eines mittelständischen Unternehmens an die Börse – Motive, Durchführung, Folgen, 1989;
Küting/Weber,	Handbuch der Rechnungslegung, Loseblatt, Stand: 07/2015;
Lang/Weidmüller,	Genossenschaftsgesetz, 38. Aufl. 2016;
Lange/Bilitewski,	Personengesellschaften im Steuerrecht, 9. Aufl. 2015;
Limmer,	Umwandlungsrecht, 1995;
Lühn,	Quantitative internationale Konzernsteuerplanung, 2009;
Lupp,	Die Auswirkungen einer Umwandlung auf Anstellungsverhältnisse von Vorständen und GmbH-Geschäftsführern, 2002;
ders., (Hrsg.),	Kölner Umwandlungsrechtstage (Verschmelzung, Spaltung, Formwechsel nach neuem Umwandlungsrecht und Umwandlungssteuerrecht), Köln 1995;
Lutter	Umwandlungsgesetz, 5. Aufl. 2014;
Lutter/Hommelhoff,	GmbH-Gesetz, 13. Aufl. 1991 (enthält Kommentierung des alten KapErhG)/19. Aufl. 2016;
Lutter/Bayer	Holding-Handbuch,. 5. Aufl. 2015;
Masson/Samper/Bauer/Böhle/Ecker	Bayerische Kommunalgesetze, Loseblatt, (Stand: 02/2014);
J. Mayer,	Führungsinformationssysteme für die internationale Management-Holding, 1999;
Mayer/Vossius,	Spaltung und Kapitalneufestsetzung nach dem SpTrUG und dem DMBilG, 1991;
D. Mayer	Praxisfragen des verschmelzungsrechtlichen Squeeze-out-Verfahrens NZG 2012, 561;

Literaturverzeichnis

Melchior,	Zuzug einer GmbH aus einem anderen EU-Mitgliedsstaa nach Deutschland – leicht gemacht?, GmbHR 2014, R 305;
Meister	Übergang von Unternehmensverträgen bei der Spaltung der herrschenden Gesellschaft, DStR 1999, 1741;
Mertens,	Umwandlung und Universalsukzession, 1993;
Metz/Werhahn,	Die Generalversammlung und die Vertreterversammlung der Genossenschaft, 8. Aufl. 2010;
Metzner,	Gaststättengesetz, 6. Aufl. 2002;
Meyer-Landrut,	GmbH-Gesetz, 7. Aufl. 1987;
Michalski/Heidinger/Leible/Schmidt	GmbHG, 3. Aufl. 2017;
Miras,	Die neue Unternehmergesellschaft, 2. Aufl. 2011;
Mohrbutter/Ringstmeier,	Handbuch der Insolvenzverwaltung, 9. Aufl. 2014;
Müller,	Handbuch der Unternehmensbesteuerung, 1991;
Müller, H.F.,	Der Verband in der Insolvenz, 2002;
Müller, K.,	Genossenschaftsgesetz, Kommentar, 2. Aufl. 1998;
Münchener Anwaltshandbuch Sanierung und Insolvenz,	Nerlich/Kreplin (Hrsg.), 2. Aufl 2012;
Münchener Handbuch des Gesellschaftsrechts,	Bd. 2 – Kommanditgesellschaft, Stille Gesellschaft, 5. Aufl. 2018; Bd. 3 – Gesellschaft mit beschränkter Haftung, 5. Aufl. 2018; Bd. 4 – Aktiengesellschaft, 4. Aufl. 2018; Band 6 – Internationales Gesellschaftsrecht, Grenzüberschreitende Umwandlungen,. Aufl. 2015
Münchener Kommentar zum Aktiengesetz,	Bd. 1: §§ 1–75, hrsg. v. Goette/Habersack, 4. Aufl. 2016;
Münchener Kommentar zum Bürgerlichen Gesetzbuch,	7. Aufl. 2017 f.;
Münchener Kommentar zum Gesetz betreffend die Gesellschaften mit beschränkter Haftung,	hrsg. v. Fleischer/Goette, 3. Aufl. 2018;
Münchener Kommentar zum Handelsgesetzbuch,	Bd. 1, 4. Aufl. 2016;
Münchener Kommentar zur Insolvenzordnung,	Kirchhof/Eidenmüller/Stürner (Hrsg), 3. Aufl 2013 ff.
Münchener Kommentar zur Zivilprozessordnung,	Bd. 1, §§ 1–510c, hrsg. v. Rauscher/Wax/Wenzel, 5. Aufl. 2016;
Münchener Vertragshandbuch,	Bd. 1, Gesellschaftsrecht, Heidenhain/Meister (Hrsg.), 8. Aufl. 2018;
Müther,	Das Handelsregister in der Praxis, 2. Aufl. 2008;
Naraschewski,	Stichtage und Bilanzen bei der Verschmelzung, 2001;
Nerlich/Römermann	Insolvenzordnung, 36. Aufl. 2018
Neye,	Umwandlungsgesetz, Umwandlungssteuergesetz, 2. Aufl. 1995;
Nitschke,	Die körperschaftlich strukturierte Personengesellschaft, 1970;
NK-UmwR	Böttcher/Habighorst/Schulte, Umwandlungsrecht, NomosKommentar, 2015;
Notarkasse München,	Streifzug durch das GNotK, 12. Aufl. 2017;
Obermüller//Butzke,	Die Hauptversammlung der Aktiengesellschaft, 5. Aufl. 2011;
Oelmann,	Handels- und steuerrechtliche Bilanzierungsprobleme bei Verschmelzungen, 1993;

Ohlmeyer/Kuhn/ Philipowski/Tischbein,	Verschmelzung von Genossenschaften, 7. Aufl. 2004;
Olfert,	Organisation, 15. Aufl. 2009;
Palandt,	BGB, 78. Aufl. 2018;
Peter/Crezelius (Hrsg.),	Gesellschaftsverträge und Unternehmensformen, 6. Aufl. 1994;
Petersen,	Der Gläubigerschutz im Umwandlungsrecht, 2001;
Picot,	Unternehmenskauf und Restrukturierung, 4. Aufl. 2013;
Piltz,	Die Unternehmensbewertung in der Rechtsprechung, 3. Aufl. 1994;
Pohl,	Handelsbilanzen bei der Verschmelzung von Kapitalgesellschaften, 1995;
Pöhlmann/Fandrich/ Bloehs,	Genossenschaftsgesetz: GenG, 4. Aufl. 2012;
Priester,	Umwandlung mittelständischer GmbH in Personengesellschaften, Zivilrechtliche Probleme, Bericht über IDW-Fachtagung am 27./ 28.10.1994;
Priester,	Personengesellschaften im Umwandlungsrecht – Praxisrelevante Fragen und offene Posten, DStR 2004, 788;
PricewaterhouseCoopers AG (Hrsg.),	Reform des Umwandlungssteuerrechts, 2007;
Pyszka	Steuerliche Aspekte bei Kettenumwandlungen, DStR 2013, 1462
Rädler/Raupach/ Bezzenberger,	Vermögen in der ehemaligen DDR, Loseblatt, Stand: 33. Lieferung 2003);
Redeke,	Entlastungslücken nach einer Verschmelzung von Kapitalgesellschaften, 2007;
Reichert,	GmbH & Co. KG, 7. Aufl. 2015;
Reichert,	Handbuch des Vereins- und Verbandsrecht, 13. Aufl. 2016;
Renner/Otto/Heinze,	Leipziger Gerichts- & Notarkosten Kommentar (GNotKG), 2. Aufl. 2016;
Reul,	Das Konzernrecht der Genossenschaften, 1997;
Reul/Heckschen/ Wienberg,	Insolvenzrecht in der Gestaltungspraxis, 2. Aufl. 2018
Robinsky/Sprenger-Richter,	Gewerberecht, 2. Aufl. 2002;
Rödder/Herlinghaus/van Lishaut,	UmwStG, 3. Aufl. 2015;
Röhricht,	Die Anwendung der gesellschaftsrechtlichen Gründungsvorschriften bei Umwandlungen, 2009;
Röhricht/Graf von Westphalen,	Handelsgesetzbuch: HGB, 4. Aufl. 2014;
Rohs/Wedewer,	GNotK, Loseblatt (Stand: 2018);
Roitzsch,	Der Minderheitenschutz im Verbandsrecht, 1981;
Roth/Altmeppen,	GmbHG, 8. Aufl. 2015;
Rowedder/Schmidt-Leithoff,	Gesetz betreffend die Gesellschaften mit beschränkter Haftung (GmbHG), Kommentar, 6. Aufl. 2017;
Rubner/Fischer	Möglichkeiten einer nicht-verhältniswahrenden Spaltung von Kapitalgesellschaften im Lichte des § 128 UmwG, NZG 2014, 761;
Rudolph,	Unternehmensfinanzierung und Kapitalmarkt, 2006;
Saenger/Inhester,	GmbHG, 3. Aufl. 2016;
Ruof/Beutel,	Die ertragsteuerliche Behandlung von nichtverhältniswahrenden Auf- und Abspaltungen von Kapitalgesellschaften, DStR 2015, 609;

Literaturverzeichnis

Sagasser/Bula/Brünger,	Umwandlungen: Verschmelzung – Spaltung – Formwechsel -Vermögensübertragung, 5. Aufl. 2017;
Sauter/Schweyer/Waldner,	Der eingetragene Verein, 20. Aufl. 2016;
Schaaf,	Praxis der Hauptversammlung, 4. Aufl. 2018;
Schanz,	Börseneinführung, 4. Aufl. 2012;
Scherrer/Heni,	Liquidationsrechnungslegung, 3. Aufl. 2009;
Schindhelm,	Der Gegenstand der Ausgliederung bei einer Privatisierung nach dem UmwG, DB 1999, 1375
Schlarb,	Die Verschmelzung eingetragener Genossenschaften, 1978;
Schlegelberger/Geßler/Hefermehl,	Handelsgesetzbuch, 5. Aufl. 1973/86;
Schmidt K.,	InsO, 19. Aufl. 2016
Schmidt K.,	Gesellschaftsrecht, 4. Aufl. 2004;
ders.,	Liquidationsbilanzen und Konkursbilanzen, 1989;
Schmidt/Sikora/Tiedtke,	Praxis des Handelsregister- und Kostenrechts, 6. Aufl. 2011;
Schmidt/Uhlenbruck,	Die GmbH in Krise, Sanierung und Insolvenz, 5. Aufl. 2016;
Schmitt/Hörtnagl/Stratz,	Umwandlungsgesetz, Umwandlungssteuergesetz: UmwG, UmwStG, 8.Aufl. 2018;
Scholz (Hrsg.),	GmbH-Gesetz, 11. Aufl. 2012 ff.;
Schöne,	Die Spaltung unter Beteiligung von GmbH gem. §§ 123 ff. UmwG, Grundlagen, Anteilsgewährung, Beschlußfassung, Informationspflichten, 1998;
Schöner/Stöber,	Grundbuchrecht, 16. Aufl. 2019;
Schrader,	Die Besserungsabrede, 1995;
Schreyögg,	Organisation, Grundlagen moderner Organisationsgestaltung, 6. Aufl. 2016;
Schubert/Steder,	Genossenschafts-Handbuch, Stand 2018;
Schumacher,	Beteiligungscontrolling in der Management-Holding, 2005;
Schwarte,	Das Pflichtangebot im Anschluss an Verschmelzung und Spaltung, 2006;
Schwedhelm,	Die Unternehmensumwandlung, 8. Aufl. 2016;
Seibert/Köster/Kiem,	Die Kleine AG, 3. Aufl. 1996;
Semler/Stengel,	Umwandlungsgesetz, 4. Aufl. 2017;
Semler/Volhardt/Reichert,	Arbeitshandbuch für die Hauptversammlung, 4. Aufl. 2018 (zitiert als HVHdb.);
Sikora,	DAI-Skript Elektronischer Rechtsverkehr, 2. Aufl. 2006;
Simon/Merkelbach	Gesellschaftsrechtliche Strukturmaßnahmen im Insolvenzplanverfahren nach dem ESUG, NZG 2012, 121)
Soergel,	Bürgerliches Gesetzbuch mit Einführungsgesetz und Nebengesetzen, Bd. 20, Familienrecht 4, §§ 1741–1921, 13. Aufl. 2012;
Sommer,	Die sanierende Kapitalherabsetzung bei der GmbH, 1993;
Spies,	Unternehmergesellschaft (haftungsbeschränkt): Verfassung – Gläubigerschutz – Alternativen, 2010;
Spindler/Stilz,	AktG, 3. Aufl. 2015;
Staub,	Handelsgesetzbuch, Bd. 3, §§ 105–160, 5. Aufl. 2009;
Staudinger,	Bürgerliches Gesetzbuch, 15. Aufl. 2009 ff.;
Steinmann/Schreyögg,	Management, 7. Aufl. 2013;
Stöber/Otto,	Handbuch zum Vereinsrecht, 11. Aufl. 2016;

Literaturverzeichnis

Strümpell,	Die übertragende Sanierung innerhalb und außerhalb der Insolvenz, 2006;
Teller,	Rangrücktrittsvereinbarung, 3. Aufl. 2003;
Thiel/Eversberg/van Lishaut/Neumann,	Umwandlungssteuer-Erlass, 1998;
Thiele/König,	Die Anforderungen an die Bezeichnung der zu übertragenden Gegenstände des Aktiv- und Passivvermögens gem. § 126 I Nr. 9 UmwG, NZG 2015, 178;
Thole,	Gesellschaftsrechtliche Maßnahmen in der Insolvenz, 2014,
Tiedtke/Diehn,	Notarkosten im Grundstücksrecht, 3. Aufl. 2011;
Timm,	Die AG als Konzernspitze, 1980;
Uhlenbruch/Hirte/Vallender	InsO, 15. Aufl. 2018
Uhlenbruck,	Das neue Insolvenzrecht, 1994;
ders.,	Die GmbH & Co. KG in Krise, Konkurs und Vergleich, 2. Aufl. 1988;
ders.,	Gläubigerberatung in der Insolvenz, 1983;
Ulmer/Habersack/Winter,	GmbHG, Großkommentar, 2. Aufl. 2014;
Veil,	Umwandlung einer AG in eine GmbH, 1996;
Wachter,	Handbuch des Fachanwalts für Handels- und Gesellschaftsrecht, 4. Aufl. 2018;
Wassermeyer (Hrsg.),	Grundfragen der Unternehmensbesteuerung, 1994;
Weitnauer,	Wohnungseigentumsgesetz, 10. Aufl. 2019;
Werhahn,	Die Generalversammlung und die Vertreterversammlung der Genossenschaft, 1993;
Wessel/Zwernemann/Kögel,	Die Firmengründung, 7. Aufl. 2001;
Wicke,	GmbHG, 3. Aufl. 2016;
Widmann/Mayer,	Umwandlungsrecht, UmwG, UmwStG, 150. Ergänzungslieferung 2018;
Widtmann/Grasser,	Bayerische Gemeindeordnung, 28. Aufl. 2016;
Wiedemann,	Gesellschaftsrecht, Bd. 1, 1980;
Willemsen/Hohenstatt/Schweibert/Seibt,	Umstrukturierung und Übertragung von Unternehmen, Arbeitsrechtliches Handbuch, 4. Aufl. 2011;
Winkeljohann/Fuhrmann,	Handbuch Umwandlungssteuerrecht, 2007;
Winkler,	Beurkundungsgesetz, 17. Aufl. 2013;
Wirth,	Spaltung einer eingetragenen Genossenschaft, 1998;
Wolf/Eckert/Ball,	Handbuch des gewerblichen Miet-, Pacht- und Leasingrechts, 11. Aufl. 2017;
Zacharias,	Börseneinführung mittelständischer Unternehmen, 2000;
Zeiss,	Die Management-Holding: Anspruch, Wirklichkeit und Weiterentwicklung, 2006;
Zöllner,	Die Schranken mitgliedschaftlicher Stimmrechtsmacht bei privatrechtlichen Personenverbänden, 1963;
Zöllner/Noack (Hrsg.),	Kölner Kommentar zum Aktiengesetz, 3. Aufl. 2004 ff. (zitiert als: KKAktG).

Abkürzungsverzeichnis

a. A.	andere Ansicht
a. a. O.	am angegebenen Ort
Abl.	Amtsblatt
Abs.	Absatz
abzgl.	abzüglich
AcP	Archiv für die civilistische Praxis (Zs.)
a. F.	alte Fassung
AfA	Absetzung für Abnutzung
AG	Aktiengesellschaft/Amtsgericht/Die Aktiengesellschaft (Zs.)
AiB	Arbeitsrecht im Betrieb (Zs.)
AktG	Aktiengesetz
Alt.	Alternative
Anm.	Anmerkung
AnwBl.	Anwaltsblatt (Zs.)
AO	Abgabenordnung
AP	Arbeitsrechtliche Praxis (Nachschlagewerk des BAG)
ArbG	Arbeitsgericht
ArbGG	Arbeitsgerichtsgesetz
Art.	Artikel
AStG	Außensteuergesetz
AuA	Arbeit und Arbeitsrecht (Zs.)
Aufl.	Auflage
AuR	Arbeit und Recht (Zs.)
AV	Anlagevermögen
BAG	Bundesarbeitsgericht
BAGE	Entscheidungen des Bundesarbeitsgerichts
BAnZ	Bundesanzeiger
BayGemO	Bayerische Gemeindeordnung
BayObLG	Bayerisches Oberstes Landesgericht
BB	Betriebs-Berater (Zs.)
BBK	Betrieb und Rechnungswesen (Zs.)
Bd.	Band
Beschl.	Beschluss
BetrAV	Betriebliche Altersversorgung (Zs.)
BetrAVG	Gesetz zur Verbesserung der betrieblichen Altersversorgung (Betriebsrentengesetz)
BetrVG	Betriebsverfassungsgesetz
BFH	Bundesfinanzhof
BFHE	Sammlung der Entscheidungen des BFH
BGB	Bürgerliches Gesetzbuch
BGBl.	Bundesgesetzblatt
BGH	Bundesgerichtshof
BGHZ	Entscheidungen des Bundesgerichtshofes in Zivilsachen
BMF	Bundesministerium der Finanzen
BMJ	Bundesministerium der Justiz
BNotK	Bundesnotarkammer
BRD	Bundesrepublik Deutschland
BR-Drucks.	Bundesrats-Drucksache
bspw.	beispielsweise
BStBl.	Bundessteuerblatt
BT-Drucks.	Bundestags-Drucksache
Buchst.	Buchstabe
BVerfG	Bundesverfassungsgericht

Abkürzungsverzeichnis

BWNotZ	Mitteilungen aus der Praxis. Zeitschrift für die Notariate in Baden-Württemberg
bzgl.	bezüglich
bzw.	beziehungsweise
ca.	circa
CD	Compact-Disk
CD-ROM	Compact-Read Only Memory
CR	Computer und Recht (Zs.)
dass.	dasselbe
DB	Der Betrieb (Zs.)
DBA	Doppelbesteuerungsabkommen
ders.	derselbe
d. h.	das heißt
dies.	dieselben
DiskE	Diskussionsentwurf
DM	Deutsche Mark
DNotI	Deutsches Notar Institut
DNotZ	Deutsche Notar Zeitschrift
D spezial Ost	Deutschland spezial Ost (Zs.)
DStR	Deutsches Steuerrecht (Zs.)
DStZ	Deutsche Steuer-Zeitung
DZWiR	Deutsche Zeitschrift für Wirtschaftsrecht
e. G.	eingetragene Genossenschaft
EG	Europäische Gemeinschaft
EGInso	Einführungsgesetz zur Insolvenzordnung
EHUG	Gesetz über elektronische Handelsregister und Genossenschaftsregister sowie das Unternehmensregister
e. K.	eingetragener Kaufmann/Einzelkaufmann
EK	Eigenkapital
EL	Ergänzungslieferung
ErfK	Erfurter Kommentar
EstG	Einkommensteuergesetz
EstR	Einkommensteuer-Richtlinien
etc.	et cetera
EU	Europäische Union
EuGH	Europäischer Gerichtshof
EuZW	Europäische Zeitschrift für Wirtschaftsrecht (Zs.)
e.V.	eingetragener Verein
EV	Einigungsvertrag
EWIV	Europäische Wirtschaftliche Interessenvereinigung
f.	folgende
ff.	fortfolgende
FG	Finanzgericht
FGG	Gesetz betreffend die freiwillige Gerichtsbarkeit
FinMin	Finanzminister
Fn.	Fußnote
FR	Finanz-Rundschau (Zs.)
FS	Festschrift
GBO	Grundbuchordnung
GbR	Gesellschaft Bürgerlichen Rechts
gem.	gemäß
GemO	Gemeindeordnung
GenG	Gesetz betreffend die Erwerbs- und Wirtschaftsgenossemschaften

GewStG	Gewerbesteuergesetz
ggf.	gegebenenfalls
GK+Z	Gebietskörperschaften und deren Zusammenschlüsse
GKG	Gerichtskostengesetz
GmbH	Gesellschaft mit beschränkter Haftung
GmbHG	Gesetz betreffend die Gesellschaften mit beschränkter Haftung
GmbHR	GmbH-Rundschau (Zs.)
grds.	grundsätzlich
GS	Gedächtnisschrift
Halbs.	Halbsatz
HGB	Handelsgesetzbuch
h. L.	herrschende Lehre
h. M.	herrschende Meinung
HRA	Handelsregister Abteilung A
HRB	Handelsregister Abteilung B
HRefG	Handelsrechtsreformgesetz
Hrsg.	Herausgeber
HypBankG	Hypothekenbankgesetz
i. a. R.	in aller Regel
i. d. R.	in der Regel
IDW	Institut der Wirtschaftsprüfer
i. H. d.	in Höhe der/des
i. H. v.	in Höhe von
insbes.	insbesondere
InsO	Insolvenzordnung
i. R. d.	im Rahmen der/des/dieser
i. S. d.	im Sinne der/des
i. S. v.	im Sinne von
i. Ü.	im Übrigen
i.V. m.	in Verbindung mit
JbFfStR	Jahrbuch der Fachanwälte für Steuerrecht (Zs.)
JR	Juristische Rundschau (Zs.)
JuMiG	Justizmitteilungen und Gesetz zur Änderung kostenrechtlicher Vorschriften und andere Gesetze
JurBüro	Das juristische Büro (Zs.)
JZ	Juristen-Zeitung
KapErhG	Kapitalerhöhungsgesetz
KG	Kammergericht/Kommanditgesellschaft
KGaA	Kommanditgesellschaft auf Aktien
KK	Kölner Kommentar
KO	Konkursordnung
KÖSDI	Kölner Steuerdialog (Zs.)
KostO	Kostenordnung
KSchG	Kündigungsschutzgesetz
KStG	Körperschaftsteuergesetz
KStR	Körperschaftsteuer-Richtlinien
LAG	Landesarbeitsgericht
LG	Landgericht
LPG	Landwirtschaftliche Produktionsgenossenschaft
LwAnpG	Landwirtschaftsanpassungsgesetz
max.	maximal
MDR	Monatsschrift für Deutsches Recht (Zs.)

Abkürzungsverzeichnis

m. E.	meines Erachtens
MgVG	Gesetz über die Mitbestimmung der Arbeitnehmer bei einer grenzüberschreitenden Verschmelzung
Mio.	Million
MitbestG	Mitbestimmungsgesetz
MittBayNot	Mitteilungen der Bayerischen Notarkammer
MittBl.	Mitteilungsblatt
MittRhNotK	Mitteilungen der Rheinischen Notarkammer
Mm.	Mindermeinung
MoMiG	Gesetzes zur Modernisierung des GmbH-Rechts und zur Bekämpfung von Missbräuchen
Mrd.	Milliarde
MünchKomm	Münchener Kommentar
m.w. N.	mit weiteren Nachweisen
NaStraG	Gesetz zur Namensaktie und zur Erleichterung der Stimmrechtsausübung
n. F.	neue Fassung
NJW	Neue Juristische Wochenschrift (Zs.)
NJW-RR	NJW-Rechtsprechungsreport Zivilrecht
NotBZ	Zeitschrift für die notarielle Beratungs- und Beurkundungspraxis
Nr.	Nummer
n. v.	nicht veröffentlicht
NVwZ	Neue Zeitschrift für Verwaltungsrecht
NWB	Neue Wirtschaftsbriefe (Zs.)
NZA	Neue Zeitschrift für Arbeits- und Sozialrecht
NZG	Neue Zeitschrift für Gesellschaftsrecht
o. Ä.	oder Ähnliches
OFD	Oberfinanzdirektion
o. g.	oben genannt/e/er/es
OHG	Offene Handelsgesellschaft
OLG	Oberlandesgericht
o.V.	ohne Verfasser
PGH	Produktionsgenossenschaft des Handwerks
RefE	Referentenentwurf
RegE	Regierungsentwurf
RGZ	Entscheidungen des Reichsgerichts in Zivilsachen
RIW	Recht der Internationalen Wirtschaft (Zs.)
Rn.	Randnummer
Rpfleger	Der Deutsche Rechtspfleger (Zs.)
Rspr.	Rechtsprechung
s.	siehe
S.	Satz/Seite
s. a.	siehe auch
SA	Société Anonyme
SchiffsGB	Schiffsbankgesetz
SchlHOLG	Schleswig-Holsteinisches Oberlandesgericht
SEEG	Gesetz zur Einführung der Europäischen Gesellschaft
SEStEG	Gesetz über steuerliche Begleitmaßnahmen zur Einführung der Europäischen Gesellschaft und zur Änderung weiterer steuerrechtlicher Vorschriften
SLFB	Jahrbuch der Steuerberater
s. o.	siehe oben
sog.	sogenannte/es/er
SpTrUG	Gesetz über die Spaltung der von der Treuhandanstalt verwalteten Unternehmen (Spaltungsgesetz) v. 05.04.1991

Stbg	Die Steuerberatung (Zs.)
st. Rspr.	ständige Rechtsprechung
StMBG	Mißbrauchsbekämpfungs- und Steuerbereinigungsgesetz
str.	strittig
StW	Steuer Warte (Zs.)
s. u.	siehe unten
Tz.	Teilziffer
u. a.	unter anderem
UmwBerG	Umwandlungsbereinigungsgesetz
UmwG	Umwandlungsgesetz
UmwStG	Umwandlungssteuergesetz
UR.Nr.	Urkunden-Nummer
Urt.	Urteil
usw.	und so weiter
u. U.	unter Umständen
UV	Umlaufvermögen
v.	vom
v. a.	vor allem
VAG	Versicherungsaufsichtsgesetz
Vers.-AG	Versicherungs-Aktiengesellschaft
v. g.	vorne genannt/e/er/es
VGH	Verwaltungsgerichtshof
vgl.	vergleiche
VIZ	Zeitschrift für Vermögens- und Investitionsrecht
VO	Verordnung
VVaG	Versicherungsverein auf Gegenseitigkeit
WiB	Wirtschaftsrechtliche Beratung (Zs.)
WM	Wertpapier-Mitteilungen (Zs.)
WPg	Die Wirtschaftsprüfung (Zs.)
WPrax	Wirtschaftsrecht und Praxis (Zs.)
wirtschaftl.	wirtschaftlich/e/er
ZAP	Zeitschrift für die Anwaltspraxis
z. B.	zum Beispiel
ZEV	Zeitschrift für Erbrecht und Vermögensnachfolge
ZfgG	Zeitschrift für das gesamte Genossenschaftswesen
ZGR	Zeitschrift für Unternehmens- und Gesellschaftsrecht
ZHR	Zeitschrift für das gesamte Handelsrecht und Wirtschaftsrecht
ZIAS	Zeitschrift für ausländisches und internationales Arbeits- und Sozialrecht
Ziff.	Ziffer
ZInsO	Zeitschrift für das gesamte Insolvenzrecht
ZIP	Zeitschrift für Wirtschaftsrecht
ZKF	Zeitschrift für Kommunalfinanzen
ZNotP	Zeitschrift für die Notarpraxis
ZPO	Zivilprozessordnung
Zs.	Zeitschrift
z. T.	zum Teil
zzgl.	zuzüglich
z.Zt.	zur Zeit

Teil 1 Grundlagen

Kapitel 1 Einleitung

Übersicht

	Rdn.
A. Entstehungsgeschichte	1
I. Anlass und Ziele der Reform	1
II. Gemeinschaftsrechtliche Grundlagen	6
III. Verlauf des Gesetzgebungsverfahrens	8
IV. Entwicklung seit 1995	18
1. Erstes Gesetz zur Änderung des UmwG	18
2. Folgeänderungen des UmwG aufgrund anderer gesellschaftsrechtlicher Reformgesetze aus der 13. Legislaturperiode	22
a) Stückaktiengesetz	23
b) Handelsrechtsreformgesetz	25
c) Euro-Einführungsgesetz	29
3. Folgeänderungen des UmwG aufgrund anderer Gesetze aus der 14. Legislaturperiode	31
4. Zweites Gesetz zur Änderung des UmwG	34
5. Weitere Änderungen im UmwG in der 15. und 16. Legislaturperiode	57
6. Drittes Gesetz zur Änderung des UmwG	63
7. Änderungen im UmwG in der 17., 18. und 19. Legislaturperiode	89
V. Perspektiven des Umwandlungsrechts	92
B. Überblick über den Aufbau des UmwG	95
I. Verschiedene Umwandlungsarten	95
1. Verschmelzung	99
2. Spaltung	100
3. Vermögensübertragung	101
4. Formwechsel	102
II. Ablauf des Umwandlungsverfahrens	103
III. Grenzüberschreitende Verschmelzungen von Kapitalgesellschaften (§§ 122a bis 122l UmwG)	104
1. Anwendungsbereich und Begriffsbestimmungen (§§ 122a, 122b UmwG)	105
2. Verschmelzungsplan (§ 122c UmwG)	108
3. Bekanntmachung (§ 122d UmwG)	112
4. Verschmelzungsbericht (§ 122e UmwG)	113
5. Verschmelzungsprüfung (§ 122f UmwG)	114
6. Zustimmung der Anteilsinhaber (§ 122g UmwG)	116
7. Schutz von Minderheitsgesellschaftern	117
a) Verbesserung des Umtauschverhältnisses (§ 122h UmwG)	117
b) Abfindungsangebot im Verschmelzungsplan (§ 122i UmwG)	119
8. Gläubigerschutz (§ 122j UmwG)	121
9. Verschmelzungsbescheinigung (§ 122k UmwG)	124
10. Eintragung, Bekanntmachung und Wirksamwerden (§ 122l UmwG)	127
IV. Weitere Regelungen	130
C. Umwandlungsmöglichkeiten	132
I. Tabelle 1: Verschmelzungen (innerstaatlich und grenzüberschreitend)	135
II. Tabelle 2: Spaltung	136
III. Tabelle 3: Vermögensübertragung	137
IV. Tabelle 4: Formwechsel	138

A. Entstehungsgeschichte

I. Anlass und Ziele der Reform

1 Die 1994 vollendete Gesamtreform des Umwandlungsrechts ging zurück auf einen Auftrag des Deutschen Bundestages aus dem Jahr 1980. Bei der Beratung der GmbH-Novelle 1980 stellte der Rechtsausschuss u. a. fest:

»... der Rechtsausschuss hält es außerdem für erforderlich, die Verschmelzung und Umwandlung aller in Betracht kommenden Unternehmensformen in einem Gesetz zu regeln und bei dieser Gelegenheit inhaltlich und formal zu überprüfen.«.[1]

Hintergrund dieses Reformauftrages war die starke **Zersplitterung** und **Unübersichtlichkeit** des früheren Rechts. Die Einzelregelungen waren verteilt auf **verschiedene Gesetze**:
- UmwG 1969,
- Aktiengesetz,
- Gesetz über die Kapitalerhöhung aus Gesellschaftsmitteln und über die Verschmelzung von GmbH,
- Genossenschaftsgesetz,
- Versicherungsaufsichtsgesetz.

Die Bestimmungen waren in vielen Punkten **uneinheitlich**. Auch die Gesetzestechnik variierte. Der sich daraus ergebende Rechtszustand war unübersichtlich und für die Betroffenen unbefriedigend. Vor diesem Hintergrund bestand Veranlassung für eine grundlegende Rechtsbereinigung in einem neuen Gesetz. Zugleich sollten die im bis 1994 geltenden Umwandlungsrecht bestehenden **Lücken geschlossen** werden. Dies betraf einmal die Eröffnung der Umwandlung für Rechtsformen, die bisher gar nicht oder nicht generell von diesen Möglichkeiten Gebrauch machen konnten (vgl. dazu auch die tabellarischen Übersichten, Teil 1 Rdn. 135 ff.).

Folgende **Fallgruppen** sind hierzu nennen:
- Umwandlung von Personenhandelsgesellschaften in Kapitalgesellschaften und umgekehrt,
- Formwechsel von Kapitalgesellschaften in Genossenschaften,
- Umwandlung von rechtsfähigen Vereinen in Kapitalgesellschaften und Genossenschaften,
- Umwandlung von Stiftungen in Kapitalgesellschaften.

Ferner wurde in das deutsche Recht erstmals allgemein die Möglichkeit der **Spaltung** von Rechtsträgern eingeführt. Zuvor waren dafür Hilfskonstruktionen nötig. Häufig musste der umständliche und kostenträchtige Weg der Einzelübertragung gewählt werden. Für den Sonderbereich der wirtschaftlichen Umstrukturierung in den neuen Ländern waren Spaltungsregelungen bereits einige Jahre vorher im Landwirtschaftsanpassungsgesetz[2] und im Gesetz über die Spaltung der von der Treuhandanstalt verwalteten Unternehmen[3] eingeführt worden.

II. Gemeinschaftsrechtliche Grundlagen

Anstöße zu Rechtsänderungen im Bereich des Umwandlungsrechts kamen auch aus dem Bereich der Europäischen Gemeinschaft, allerdings beschränkt auf die Rechtsform der AG. So verpflichtete die **Dritte gesellschaftsrechtliche Richtlinie**[4] die Mitgliedstaaten zur Angleichung ihrer Regeln für die **Verschmelzung**. Die **Sechste Richtlinie**[5] betraf die **Spaltung**. Sie erlegte den Mitgliedstaaten zwar nicht die Einführung von Spaltungsregeln auf. Die Staaten, die bereits Spaltungsvorschriften hatten, waren aber gehalten, diese entsprechend den Vorgaben der Richtlinie anzupassen. In Deutschland waren seinerzeit entsprechende Regeln noch nicht eingeführt worden. Schließlich enthielt bereits Art. 13 der **Zweiten Richtlinie**[6] die Verpflichtung für die Mitgliedstaaten, bei Umwandlung einer Gesellschaft einer anderen Rechtsform in eine AG grundlegende Kapitalschutzgarantien zu erfüllen.

---

1 Vgl. BT-Drucks. 8/3908, S. 77 zu Art. 1 Nr. 27.
2 I. d. F. der Bekanntmachung v. 03.07.1991, BGBl. 1991 I, S. 1418.
3 V. 05.04.1991, BGBl. 1991 I, S. 854.
4 V. 09.10.1978, ABl. EG Nr. L 295 v. 20.10.1978.
5 V. 10.12.1982, ABl. EG Nr. L 378 v. 31.12.1982.
6 V. 13.12.1976, ABl. EG Nr. L 26 v. 31.01.1977.

7 Entsprechend einer neueren Praxis wurde auf die genannten Richtlinien bei der Verkündung des neuen Umwandlungsrechts im Bundesgesetzblatt in einer **Fußnote** hingewiesen.[7]

III. Verlauf des Gesetzgebungsverfahrens

8 Nach umfangreichen internen Vorarbeiten legte das BMJ im Jahr 1988 einen ersten **DiskE** vor.[8] Dieser war Gegenstand ausführlicher Erörterung mit Vertretern aus Wissenschaft und Praxis.[9] Zahlreiche Anregungen wurden bei der Überarbeitung des Entwurfs berücksichtigt, die sich wegen vordringlicher Gesetzgebungsaufgaben aus Anlass der Herstellung der deutschen Einheit allerdings länger als zunächst geplant hinzog.

9 Erst im Jahr 1992 konnte ein **RefE** vorgelegt werden.[10] Auch dieser wurde mit konstruktiver Kritik aufgenommen.[11]

10 Nach erneuter Überarbeitung durch das BMJ wurde Ende Januar 1994 vom Bundeskabinett der **Entwurf eines Gesetzes zur Bereinigung des Umwandlungsrechts** verabschiedet.[12] Der Kabinettbeschluss ließ fast ein halbes Jahr auf sich warten, weil innerhalb der Bundesregierung und in der sie tragenden Regierungskoalition unterschiedliche Auffassungen zu der Frage bestanden, welche Auswirkungen Umwandlungsvorgänge auf die Rechte der Arbeitnehmer der betroffenen Unternehmen, insb. auf die **Mitbestimmung im Aufsichtsrat** haben können. Es wurde intensiv darüber diskutiert, ob es nötig sei, in den Entwurf mitbestimmungssichernde Regeln aufzunehmen für den Fall, dass nach einer Umwandlung die gesetzlichen Voraussetzungen für die Unternehmensmitbestimmung entfielen. Letztlich wurde im RegE auf solche Vorschriften verzichtet.

11 Um vor dem Hintergrund der zu Ende gehenden Legislaturperiode die Beratungen in den gesetzgebenden Körperschaften zu beschleunigen, wurde der Gesetzentwurf parallel auch als **Fraktionsinitiative** von der CDU/CSU und der FDP eingebracht.[13]

12 Der **Bundesrat** schlug in seiner Stellungnahme[14] eine Reihe von Änderungen vor. Sie hatten überwiegend das Ziel, die gerichtlichen Verfahren bei Umwandlungen zu beschleunigen und die Gerichte möglichst zu entlasten. Daneben fand aber auf Veranlassung des Ausschusses für Arbeit und Sozialpolitik auch die bereits bekannte Forderung Aufnahme in das Bundesratsvotum, besondere Mitbestimmungsregeln vorzusehen. Insb. zu dieser Problematik führte der **Rechtsausschuss** des Deutschen Bundestages eine Anhörung durch, in der sich namhafte Hochschullehrer und Vertreter der wirtschaftlichen Spitzenverbände gegen Vertreter der Gewerkschaften, aber für mitbestimmungssichernde Vorschriften aussprachen. Auch im Rechtsausschuss blieb die Frage zwischen der Regierungskoalition und den SPD-Vertretern streitig. Der Ausschuss verzichtete in seiner **Beschlussempfehlung**[15] auf Mitbestimmungsvorschriften. I. Ü. wurde die Grundkonzeption des Entwurfs beibehalten, aber in Einzelpunkten abgeändert. Insb. fanden die verfahrens-

---

7 Vgl. BGBl. 1994 I, S. 3210.
8 Veröffentlicht als Beilage Nr. 214a zum BAnz v. 15.11.1988; vgl. hierzu Ganske, DB 1992, 125.
9 Vgl. insb. Goerdeler/Hommelhoff/Lutter, Die Reform von Umwandlung und Fusion. 7. Symposion der ZGR am 19./20.01.1990 in Glashütten-Oberems [Taunus], ZGR 1990, 391.
10 Veröffentlicht als Beilage Nr. 112a zum BAnz v. 20.06.1992 mit einer ausführlichen Einleitung von Ganske; vgl. auch Ganske, WM 1993, 1117.
11 Vgl. das IDW-Umwandlungssymposion im Oktober 1992, dokumentiert in: Reform des Umwandlungsrechts, 1993; ferner die Vorschläge des von Lutter angeregten Arbeitskreises Umwandlungsrecht und die Einzelbeiträge von Zöllner, Bork, Karsten Schmidt, Teichmann, Schulze-Osterloh und Hommelhoff, ZGR 1993, 321.
12 Vgl. BR-Drucks. 75/94.
13 Vgl. BT-Drucks. 12/6699, sachlich gleichlautend mit dem RegE in der BT-Drucks. 12/7265.
14 Vgl. BT-Drucks. 12/7265, Anlage 2.
15 Vgl. BT-Drucks. 12/7850.

A. Entstehungsgeschichte

rechtlichen Vorschläge des Bundesrates Berücksichtigung. Ihnen hatte bereits die Bundesregierung in ihrer **Gegenäußerung** zur Stellungnahme des Bundesrates zugestimmt.[16]

Auf der Grundlage des Votums des Rechtsausschusses verabschiedete der **Deutsche Bundestag** das Gesetz in zweiter und dritter Lesung am 16.06.1994.,[17] Ebenfalls verabschiedet wurde das flankierende Gesetz zur Änderung des **Umwandlungsteuerrechts**[18] das im Wesentlichen die gesellschaftsrechtlichen Änderungen für den Bereich des Steuerrechts nachvollzieht.

Eine weitere Verzögerung des Gesetzgebungsverfahrens ergab sich, als am 08.07.1994 der **Bundesrat** beiden Gesetzen die Zustimmung verweigerte. Anlass war im Wesentlichen erneut die Forderung nach Aufnahme von mitbestimmungssichernden Vorschriften in das neue UmwG. Für die Empfehlung des Ausschusses für Arbeit und Sozialpolitik, diesbezüglich den Vermittlungsausschuss anzurufen,[19] kam allerdings keine Mehrheit zustande. In dieser Schwebesituation rief die Bundesregierung ihrerseits den **Vermittlungsausschuss** an, um den angesichts des nahenden Endes der Legislaturperiode und der wahlkampfbedingten Konfrontation mutigen Versuch zu wagen, das Gesetzgebungsverfahren doch noch zu einem erfolgreichen Abschluss zu bringen. Was wegen zunächst unversöhnlich erscheinender gegensätzlicher Standpunkte kaum noch jemand zu hoffen wagte, geschah: Im **Vermittlungsausschuss** kam am 31.08.1994 eine einstimmige Beschlussempfehlung für eine **Kompromisslösung** zustande.

Neben einigen kleineren Änderungen bei den arbeitsrechtlichen Schlussvorschriften des neuen UmwG (vgl. Teil 1 Rdn. 198) verständigte man sich bei dem zentralen Streitpunkt **Mitbestimmung** auf folgende Regelung:[20]

»Mitbestimmte Unternehmen, bei denen durch Abspaltung oder Ausgliederung die in den Mitbestimmungsgesetzen als Schwellenwerte festgelegte Arbeitnehmerzahl unterschritten wird, unterliegen regelmäßig noch fünf Jahre lang den zuvor geltenden Mitbestimmungsregeln. Dies gilt allerdings dann nicht, wenn bei der betreffenden Gesellschaft die Zahl der Arbeitnehmer auf weniger als 1/4 der im Mitbestimmungsrecht vorgeschriebenen Mindestzahl sinkt. Damit soll verhindert werden, dass auch ein Kleinunternehmen noch weiter über einen vielköpfigen mitbestimmten Aufsichtsrat verfügen muss, dessen Größe in keinem Verhältnis mehr zu dem Unternehmen selbst steht.«

Für den Bereich der **betrieblichen Mitbestimmung** wurde die sich weitgehend schon aus dem geltenden Recht und der Rechtsprechung des BAG[21] ergebende Rechtslage für Betriebsspaltungen ausdrücklich festgeschrieben, wonach durch Betriebsvereinbarung oder Tarifvertrag die Fortgeltung der Rechte und Beteiligungsrechte des Betriebsrats vereinbart werden kann, auch wenn sie an sich durch den Spaltungsvorgang entfallen sind. So kann z. B. vereinbart werden, dass wie im bisherigen Umfang weiterhin Arbeitnehmer für den Betriebsrat freigestellt werden, obwohl die in § 38 Abs. 1 BetrVG genannten Schwellenwerte nicht mehr erreicht sind.

In seiner Sitzung v. 06.09.1994 beschloss der Deutsche Bundestag die **Änderung des Gesetzes zur Bereinigung des Umwandlungsrechts** nach Maßgabe der Vorschläge des Vermittlungsausschusses.[22] Am 23.09.1994 schließlich stimmte auch der Bundesrat nunmehr dem gesellschaftsrechtlichen ebenso wie dem steuerrechtlichen Reformgesetz zu.[23] Beide Gesetze sind am 28.10.1994 im Bundesgesetzblatt verkündet worden[24] und am 01.01.1995 in Kraft getreten.

---

16 Vgl. BT-Drucks. 12/7265, Anlage 3.
17 Vgl. BR-Drucks. 599/94.
18 Vgl. BR-Drucks. 587/94.
19 Vgl. BR-Drucks. 599/1/94.
20 Vgl. BT-Drucks. 12/8415 = BR-Drucks. 843/94.
21 Vgl. BAG, AP Nr. 23 zu § 77 BetrVG 1972; BAG, AP Nr. 53 zu § 99 BetrVG.
22 Vgl. Plenarprotokoll 12/241, S. 21288 C.
23 Vgl. BR-Drucks. 843/94 [Beschluss] und 814/94 [Beschluss].
24 Vgl. BGBl. 1994 I, S. 3210 mit Berichtigung in BGBl. 1995 I, S. 428 und BGBl. 1994 I, S. 3267.

IV. Entwicklung seit 1995

1. Erstes Gesetz zur Änderung des UmwG

18 In der Endphase der Arbeiten an der Reform des Umwandlungsrechts wurde in der 12. Legislaturperiode recht kurzfristig die neue Rechtsform der **Partnerschaftsgesellschaft** in das deutsche Recht eingeführt. Grundlage war das Gesetz zur Schaffung von Partnerschaftsgesellschaften.[25] Seit Inkrafttreten dieses Gesetzes am 01.07.1995 können die Angehörigen freier Berufe Partnerschaftsgesellschaften gründen, um ihren Beruf in dieser Form auszuüben. Im Entwurf des UmwG konnte die neue Rechtsform seinerzeit nicht mehr berücksichtigt werden. Dieses wegen der Mitbestimmungsproblematik bis zuletzt vom Scheitern bedrohte Vorhaben sollte durch umfangreiche Ergänzungen nicht unnötig verzögert werden. Zudem erschien es ratsam, zunächst die Resonanz der **Praxis** auf die Neuschöpfung des Gesetzgebers abzuwarten.

Die neue Gesellschaftsform ist in der Praxis sehr gut angenommen worden. Mit zunehmender Verbreitung ist auch ein Bedürfnis entstanden, solche Gesellschaften in eine andere **Rechtsform** umwandeln zu können. Die verschiedensten Konstellationen sind hier denkbar. Wenn eine Freiberufler-Gesellschaft expandiert und dadurch erhöhter Kapitalbedarf entsteht, kann dies Veranlassung geben, in die Rechtsform der AG oder der GmbH zu wechseln. Umgekehrt kann sich ein Interesse ergeben, ein bisher in einer anderen Rechtsform geführtes Unternehmen in eine Partnerschaftsgesellschaft zu überführen. So mögen steuerliche Gründe und die Geltung bestimmter Rechnungslegungsvorschriften Anlass geben, bspw. eine GmbH in eine Partnerschaftsgesellschaft umzuwandeln. Die Zusammenarbeit zwischen verschiedenen Freiberuflern oder die Erfordernisse überörtlicher Kooperation können den Zusammenschluss von Partnerschaftsgesellschaften miteinander oder mit Rechtsträgern einer anderen Rechtsform zweckmäßig machen.

19 Auch für die **Teilnahme an Spaltungsvorgängen** ist ein Bedürfnis vorstellbar. Bereits in der Begründung zum Partnerschaftsgesellschaftsgesetz wurde seinerzeit darauf hingewiesen, dass die »Aufspaltung« in eine Kapitalgesellschaft (als Besitzgesellschaft) und eine Partnerschaftsgesellschaft (als Berufsausübungsgesellschaft) eine denkbare Gestaltungsalternative sei.[26]

In dem »**Entwurf eines Ersten Gesetzes zur Änderung des UmwG**«[27] hat die Bundesregierung daher vorgeschlagen, den Partnerschaftsgesellschaften, als »Schwesterfiguren« zu den Personenhandelsgesellschaften, im Wesentlichen dieselben Umwandlungsmöglichkeiten einzuräumen wie jenen. Neben den für die Aufnahme der Partnerschaftsgesellschaft in die Reihe der umwandlungsfähigen Rechtsträger notwendigen Regelungen enthielt der Entwurf einige weitere Änderungen anderer Bestimmungen des UmwG mit überwiegend klarstellendem Charakter. Betroffen sind die **Minderheitsschutzvorschriften** der §§ 29, 33 und 211 UmwG. Ferner war die Regelung über die **Mehrheitsumwandlung** von Personenhandelsgesellschaften in den §§ 43 und 217 UmwG an die Rechtslage bei den anderen Rechtsformen anzupassen. **Weitere Änderungen** wurden für die §§ 46, 80, 99, 104, 126, 131, 270, 282, 290 und 300 UmwG vorgeschlagen. Die Beteiligung des Bundesrates am Gesetzgebungsverfahren führte lediglich zu zwei die Registergerichte betreffenden Änderungsanregungen, denen die Bundesregierung in ihrer Gegenäußerung ohne Weiteres zustimmen konnte.[28]

20 Nach der **ersten Lesung im Deutschen Bundestag** am 13.11.1997 verzögerte sich die Beratung im Rechtsausschuss wegen zahlreicher anderer dort zur Beratung anstehender Gesetzgebungsvorhaben. Bei der Beschlussfassung am 27.05.1998 nahm der Ausschuss die Änderung des UmwG

---

25 Und zur Änderung anderer Gesetze; v. 25.07.1994, BGBl. I, S. 1744.
26 Vgl. BT-Drucks. 12/6152, S. 8.
27 Vgl. BT-Drucks. 13/8808.
28 Vgl. BT-Drucks. 13/8808, Anlagen 2 und 3.

schließlich noch zum Anlass, bei dieser Gelegenheit das Partnerschaftsgesellschaftsgesetz in zwei Punkten zu ergänzen:[29]
- Zum einen wurde in § 1 PartGG eine **Definition des Freien Berufs** eingeführt. In einer Typusbeschreibung wird dieser als solcher umschrieben, ohne auf den einzelnen Berufsangehörigen abzustellen. Entscheidendes Charakteristikum der **Freiberuflichkeit** ist die Zugehörigkeit zu bestimmten Tätigkeitsgruppen, die nach der Verkehrsanschauung als freiberuflich verstanden werden. Für den konkreten persönlichen Anwendungsbereich des PartGG soll es bei dem bisherigen Katalog in § 1 des Gesetzes bleiben.
- Zum anderen wurde die bisher gem. § 8 Abs. 2 PartGG nur vertraglich zu vereinbarende **Haftungsbeschränkung** auf den Handelnden **zum gesetzlichen Regelfall** erhoben.

Der Deutsche Bundestag hat den Gesetzentwurf am 18.06.1998 mit geänderter Überschrift als »**Gesetz zur Änderung des UmwG, des Partnerschaftsgesellschaftsgesetzes und anderer Gesetze**« in Zweiter und Dritter Lesung verabschiedet.[30] Nach der abschließenden Billigung durch den Bundesrat am 10.07.1998[31] ist das Gesetz am 29.07.1998 verkündet worden[32] und **am 01.08.1998 in Kraft getreten**. 21

2. Folgeänderungen des UmwG aufgrund anderer gesellschaftsrechtlicher Reformgesetze aus der 13. Legislaturperiode

Neben den Erweiterungen durch das Gesetz zur Änderung des UmwG, des Partnerschaftsgesellschaftsgesetzes und anderer Gesetze hat das UmwG zahlreiche weitere Änderungen erfahren, die sich als Folge verschiedener gesellschaftsrechtlicher Reformgesetze ergeben, welche der Gesetzgeber ebenfalls 1998 erlassen hat. 22

a) Stückaktiengesetz

Durch das Gesetz über die Zulassung von Stückaktien (**Stückaktiengesetz – StückAG**) v. 25.03.1998 sind im deutschen Recht nennbetragslose Aktien zugelassen worden. Als Folgeänderung musste durch Art. 2 dieses Gesetzes im UmwG der Begriff des Nennbetrags oder Gesamtnennbetrags überall dort, wo er sich auf Aktien und nicht auf Anteile an anderen Gesellschaftsformen wie z. B. einer GmbH bezieht, durch eine allgemeine Formulierung ersetzt werden, die auch den auf die nennwertlose Aktie rechnerisch entfallenden anteiligen Betrag des Grundkapitals mit umfasst. Zugleich konnte die bereits durch das **Zweite Finanzmarktförderungsgesetz** v. 26.07.1994[33] eingeführte Absenkung des Aktienmindestnennbetrags auf 5,00 DM im UmwG nachvollzogen werden. Die Änderungen betreffen im Einzelnen folgende Vorschriften des UmwG: § 15 Abs. 1 Halbs. 2, § 46 Abs. 1 Satz 2, § 51 Abs. 2, § 67 Abs. 2, § 68 Abs. 1 und 3, § 69 Abs. 1 Satz 1, § 241 Abs. 1 Satz 1, § 242, § 243 Abs. 3, § 258 Abs. 2, § 263 Abs. 2 und 3, § 267 Abs. 1 Satz 1, § 269 Abs. 1 Satz 1, § 273, § 276 Abs. 2 Satz 2, § 291 Abs. 2, § 294 Abs. 2 und Abs. 3. 23

Das Stückaktiengesetz ist am 31.03.1998 im Bundesgesetzblatt verkündet worden[34] und am **01.04.1998 in Kraft getreten**. 24

b) Handelsrechtsreformgesetz

Durch das Gesetz zur Neuregelung des Kaufmanns- und Firmenrechts und zur Änderung anderer handels- und gesellschaftsrechtlicher Vorschriften (Handelsrechtsreformgesetz – HRefG) 25

---
29 Vgl. Beschlussempfehlung und Bericht des Rechtsausschusses, BT-Drucks. 13/10955.
30 Vgl. BR-Drucks. 585/98.
31 Vgl. BR-Drucks. 585/98 [Beschluss].
32 Vgl. BGBl. 1998 I, S. 1878.
33 BGBl. I, S. 1749.
34 Vgl. BGBl. I, S. 590.

v. 22.06.1998 sind u. a. die strengen **Vorschriften über die Firmenbildung wesentlich liberalisiert** worden.

26 Durch Art. 7 dieses Gesetzes sind die Lockerungen auch bei den **firmenrechtlichen Regelungen des UmwG** (vgl. §§ 18, 200) eingeführt worden.

27 Ferner wurde in § 122 Abs. 2 UmwG eine wichtige **Klarstellung für den Fall der Verschmelzung** einer Kapitalgesellschaft auf ihren selbst nicht eintragungsfähigen Alleingesellschafter aufgenommen. In diesem Fall soll die Wirksamkeit der Verschmelzung durch die nach § 19 Abs. 1 UmwG vorgeschriebene Eintragung im Register des Sitzes des übertragenden Rechtsträgers herbeigeführt werden. Dies entspricht einer schon bisher ganz überwiegend vertretenen Auffassung in Rechtsprechung und Literatur. In einer aufgrund einer Vorlage des OLG Celle ergangenen Entscheidung[35] hat auch der BGH noch vor Wirksamwerden der gesetzlichen Neuregelung diese Lösung befürwortet.

28 Die Änderungen sind am 26.06.1998 im Bundesgesetzblatt verkündet worden[36] und **am 01.07.1998 in Kraft getreten**.

c) Euro-Einführungsgesetz

29 Durch Art. 3 des **Gesetzes zur Einführung des Euro** (Einführungsgesetz – EuroEG) v. 09.06.1998 soll mit Beginn der dritten Stufe der Wirtschafts- und Währungsunion die Umstellung von Gesellschaftsverträgen auf Euro und die Verwendung des Euro bei der Gründung von Gesellschaften ermöglicht werden. Als Folge der Einführung des Euro müssen in den Bestimmungen des UmwG die bisher auf DM lautenden Betragsangaben auf Euro umgestellt werden. Durch Übergangsvorschriften wird gewährleistet, dass während der **Übergangszeit** auch bei Umwandlungen weiterhin die Angaben in DM möglich sind. Die entsprechenden Änderungen betreffen § 46 Abs. 1 Satz 3, § 54 Abs. 3 Satz 1, § 55 Abs. 1 Satz 2, § 258 Abs. 2, § 263 Abs. 3 Satz 1, § 273 sowie § 318 UmwG.

30 Das Euro-Einführungsgesetz ist am 15.06.1998 im Bundesgesetzblatt verkündet worden[37] und in den hier maßgeblichen Teilen **am 01.01.1999 in Kraft getreten**.

3. Folgeänderungen des UmwG aufgrund anderer Gesetze aus der 14. Legislaturperiode

31 In der laufenden Legislaturperiode haben sich **weitere Änderungen des UmwG** ergeben, die hier kurz erwähnt werden sollen.

Durch Art. 5 des **Namensaktiengesetzes** v. 18.01.2001 ist die Euro-Umstellung des UmwG vervollständigt worden. Betroffen ist § 316 Abs. 1 Satz 2 UmwG. Das Gesetz ist einen Tag nach seiner Verkündung[38] **am 25.01.2001 in Kraft getreten**.

32 Durch Art. 3 des **Gesetzes zur Reform des Betriebsverfassungsgesetzes** v. 23.07.2001 sind die Vorschriften in § 321 und § 322 Abs. 1 UmwG über das Übergangsmandat des Betriebsrats bei einer Spaltung aufgehoben worden, weil entsprechende Regelungen jetzt im Betriebsverfassungsgesetz[39] enthalten sind. Das Gesetz ist ebenfalls einen Tag nach seiner Verkündung[40] **am 28.01.2001 in Kraft getreten**.

---

35 DB 1998, 1607.
36 Vgl. BGBl. I, S. 1474.
37 Vgl. BGBl. I, S. 1242.
38 Vgl. BGBl. I, S. 123.
39 Vgl. § 21a BetrVG.
40 Vgl. BGBl. I, S. 1852.

Schließlich hat sich auch das **Gesetz zur Anpassung der Formvorschriften des Privatrechts und anderer Vorschriften an den modernen Rechtsgeschäftsverkehr** v. 13.07.2001 auf das UmwG ausgewirkt. Durch Art. 26 dieses Gesetzes ist in § 89 Abs. 2, § 182 Satz 1, § 216, § 230 Abs. 1, § 256 Abs. 3, § 260 Abs. 1 Satz 1 und § 267 die sog. Textform eingeführt worden. Das Gesetz ist **am 01.08.2001 in Kraft getreten**.[41] — 33

4. Zweites Gesetz zur Änderung des UmwG

Am 15.12.2005 ist die **Richtlinie 2005/56/EG** über die Verschmelzung von Kapitalgesellschaften aus verschiedenen Mitgliedstaaten in Kraft getreten.[42] Damit hat ein wichtiges Harmonisierungsvorhaben, das die Organe der Gemeinschaft lange Zeit beschäftigt hat, einen erfolgreichen Abschluss gefunden. — 34

Nach ihrem Art. 19 muss die Richtlinie 2005/56/EG innerhalb von 2 Jahren nach ihrem Inkrafttreten von den Mitgliedstaaten umgesetzt werden. In Deutschland erfolgt dies zum einen durch das besondere Gesetz zur Umsetzung der Regelungen über die **Mitbestimmung der Arbeitnehmer** bei einer Verschmelzung aus verschiedenen Mitgliedstaaten,[43] i. Ü. durch eine **Ergänzung des UmwG**. Dazu hat das BMJ bereits am 17.02.2006 einen entsprechenden **RefE** vorgelegt. Nach eingehender Beteiligung der Länder und der betroffenen Verbände ist dieser weiterentwickelt und am 09.08.2006 vom Kabinett als **RegE**[44] verabschiedet worden. Zu diesem hat der Bundesrat am 22.09.2006 seine Stellungnahme abgegeben und eine Reihe überwiegend rechtstechnischer Änderungen angeregt.[45] Die Bundesregierung ist den Änderungswünschen des Bundesrates in ihrer Gegenäußerung[46] im Wesentlichen entgegengetreten. Entsprechend dem Votum des Rechtsausschusses[47] verabschiedete der Deutsche Bundestag den Gesetzentwurf in zweiter und dritter Lesung mit nur wenigen Änderungen am 01.02.2007.[48] Nach der abschließenden Behandlung im Bundesrat am 09.03.2007 wurde das Gesetz am 24.04.2007 im Bundesgesetzblatt verkündet[49] und ist am folgenden Tag **in Kraft getreten**. — 35

Um die an anderer Stelle (vgl. unten Teil 1 Rdn. 104 ff.) näher erläuterte Umsetzung in das deutsche Recht verständlicher zu machen, sollen nachfolgend die **wesentlichen gesellschaftsrechtlichen Regelungen** der Richtlinie im Überblick dargestellt werden, soweit sie für das deutsche Recht von Bedeutung sind. — 36

Nach Art. 1 Richtlinie 2005/56/EG gilt die Richtlinie für **Verschmelzungen von Kapitalgesellschaften**, die nach dem Recht eines Mitgliedstaats gegründet worden sind und ihren satzungsmäßigen Sitz, ihre Hauptverwaltung oder ihre Hauptniederlassung in der Gemeinschaft haben, sofern mindestens zwei von ihnen dem Recht verschiedener Mitgliedstaaten unterliegen. — 37

Die Definition der **Verschmelzung** in Art. 2 Abs. 2 Richtlinie 2005/56/EG folgt im Grundsatz derjenigen in Art. 2 Buchst. a) der steuerlichen Fusionsrichtlinie.[50] — 38

Anders als noch im früheren Vorschlag von 1985 vorgesehen ist die Richtlinie nicht nur auf AG, sondern auf »Kapitalgesellschaften« anwendbar. Dies sind nach der Definition in Art. 2 Abs. 1 — 39

---

41 Vgl. BGBl. I, S. 1542.
42 Veröffentlicht im ABl. EU v. 25.11.2005 Nr. L 310 S. 1 ff.
43 V. 21.12.2006, BGBl. I, S. 3332.
44 BR-Drucks. 548/06.
45 Vgl. BR-Drucks. 548/06 [Beschluss] = Anlage 2 zur BT-Drucks. 16/2919.
46 Anlage 3 zur BT-Drucks. 16/2919.
47 Vgl. BT-Drucks. 16/4193.
48 Vgl. BR-Drucks. 95/07.
49 BGBl. I, S. 542.
50 Richtlinie 90/434/EWG, geändert durch die Richtlinie 2005/19/EG v. 17.02.2005, ABl. EU Nr. L 58 S. 19 ff.

Richtlinie 2005/56/EG zunächst ausdrücklich alle Gesellschaften, die in der Publizitätsrichtlinie[51] aufgeführt sind, also neben AG auch GmbH sowie KG**aA**, und damit die Rechtsformen, die praktisch im Recht aller Mitgliedstaaten bekannt und weitgehend ähnlich strukturiert sind.

40 Darüber hinaus werden aber ganz generell auch Gesellschaften erfasst, wenn es sich bei diesen um **juristische Personen** handelt, **die über Haftkapital verfügen**, und für sie **Publizitätsvorschriften gelten**. Mit diesen Kriterien werden in einigen Mitgliedstaaten über den Bereich der in der Publizitätsrichtlinie erwähnten »klassischen« Kapitalgesellschaften hinaus auch andere Rechtsformen, insb. Genossenschaften, einbezogen. Um den von verschiedenen Delegationen bei den Verhandlungen in Brüssel geäußerten Bedenken Rechnung zu tragen, räumt die Richtlinie den Mitgliedstaaten aber in Art. 3 Abs. 2 Richtlinie 2005/56/EG das Recht ein, sie **nicht auf Genossenschaften** anzuwenden, selbst wenn die genannten Kriterien für die Definition der Kapitalgesellschaft erfüllt sein sollten (**opt-out-Lösung**). Eine weitere Ausnahme findet sich in Art. 3 Abs. 3 Richtlinie 2005/56/EG für die sog. **OGAW** (Organismen für gemeinsame Anlagen in Wertpapieren) i. S. d. Art. 1 Richtlinie 85/611/EWG.[52]

41 Art. 4 Richtlinie 2005/56/EG schreibt den Grundsatz fest, dass auf grenzüberschreitende Verschmelzungen soweit wie möglich das jeweils für die beteiligten Gesellschaften geltende **nationale Recht** maßgeblich ist. So sollen grenzüberschreitende Verschmelzungen nur zwischen solchen Rechtsformen möglich sein, die auch innerstaatlich verschmelzen können. Die Verschmelzungsmöglichkeiten sollen durch die neue Richtlinie also nicht erweitert werden. Auch für das Verfahren gelten primär die nationalen Vorschriften. Art. 4 Abs. 2 Richtlinie 2005/56/EG nennt zur Verdeutlichung insb. die Beschlussfassung über die Verschmelzung und den Schutz der Gläubiger, Gesellschafter und Arbeitnehmer der beteiligten Gesellschaften. Soweit notwendig, sind die Mitgliedstaaten allerdings berechtigt, **besondere Vorschriften zum Schutz von Minderheitsgesellschaftern** zu erlassen, die der Verschmelzung widersprochen haben.

42 Die Art. 5 ff. Richtlinie 2005/56/EG enthalten den Teil der Richtlinie, der **spezielle Regelungen** für grenzüberschreitende Verschmelzungen enthält (vgl. dazu Eingangssatz in Art. 4 Richtlinie 2005/56/EG: »*Sofern diese Richtlinie nicht etwas anderes bestimmt*, [...]«).

43 Die Bestimmungen zum Inhalt des **Verschmelzungsplans** folgen zwar weitgehend den Vorbildern in Art. 5 der Dritten Richtlinie[53] und Art. 20 SE-Verordnung.[54] Im Vergleich zu diesen Vorschriften schreibt Art. 5 Richtlinie 2005/56/EG aber **drei zusätzliche Angaben** für den Verschmelzungsplan vor.

44 Zunächst sind nach Art. 5 Buchst. d) Richtlinie 2005/56/EG die voraussichtlichen Auswirkungen auf die **Beschäftigung** darzustellen. Einem Wunsch des Europäischen Parlaments entsprechend sind die Leitungen der beteiligten Gesellschaften gehalten, schon im Verschmelzungsplan zu künftigen Entwicklungen Stellung zu nehmen, die sich aus der Verschmelzung für die Beschäftigten ergeben können. Auf eine Initiative der französischen Delegation geht zurück die Einfügung des Art. 5 Buchst. k) Richtlinie 2005/56/EG (Angaben zur **Bewertung** der übertragenen Aktiva und Passiva) und des Art. 5 Buchst. l) Richtlinie 2005/56/EG (**Bilanzstichtage**), die zu einer größeren Transparenz schon im Verschmelzungsplan führen sollen.

45 Nach Art. 6 Abs. 1 Richtlinie 2005/56/EG ist der Verschmelzungsplan wie in den jeweiligen nationalen Vorschriften vorgesehen **bekannt zu machen**. Art. 6 Abs. 2 Richtlinie 2005/56/EG entspricht der Regelung in Art. 21 der SE-Verordnung und verlangt zusätzlich die ausdrückliche Bekanntmachung der **folgenden Angaben**:

---

51 68/151/EWG; ABl. EG Nr. L 65 v. 14.03.1968 S. 8 ff., geändert durch die Richtlinie 2003/58/EG, ABl. EU Nr. L 221 S. 13 ff.
52 ABl. EG Nr. L 375 v. 31.12.1985 S. 3 ff.
53 78/855/EWG, ABl. EG v. 20.10.1978 Nr. L 295 S. 36 ff.
54 VO [EG] Nr. 2157/2001, ABl. EU Nr. L 294 S. 1 ff.

- Rechtsform, Firma und Sitz der verschmelzenden Gesellschaften,
- die für sie zuständigen Register und die Nummern der dort vorgenommenen Eintragungen dieser Gesellschaften,
- Hinweise zu den Rechten der Gläubiger und Minderheitsgesellschafter.

Nach Art. 7 Richtlinie 2005/56/EG ist der **Verschmelzungsbericht**, der in erster Linie für die Unterrichtung und Meinungsbildung der Gesellschafter bestimmt ist, in derselben Frist wie diesen auch den Vertretern der Arbeitnehmer oder – in Ermangelung von Vertretern – den Arbeitnehmern selbst zur Verfügung zu stellen, damit sie möglichst frühzeitig und zum selben Zeitpunkt wie die Gesellschafter umfassend unterrichtet werden. 46

In Anlehnung an eine Regelung in Art. 9 Abs. 5 Satz 3 der Übernahmerichtlinie[55] ist zusätzlich vorgesehen, dass dem Verschmelzungsbericht eine **Stellungnahme der Arbeitnehmervertreter** beizufügen ist, wenn das jeweilige nationale Recht die Abgabe einer solchen Stellungnahme vorsieht und diese rechtzeitig vorliegt.

Art. 8 Richtlinie 2005/56/EG betrifft die bereits aus der Dritten Richtlinie und der SE-Verordnung bekannte **Prüfung durch unabhängige Sachverständige**. Diese können für jede Gesellschaft gesondert oder nach gerichtlicher Bestellung auch gemeinsam tätig werden und den vorgeschriebenen Bericht gemeinsam erstellen. Prüfung und Bericht sind entbehrlich, wenn alle Gesellschafter aller beteiligten Gesellschaften darauf verzichten. Dies kann bei Einigkeit unter den Gesellschaftern Kosten sparen und das Verfahren erleichtern. 47

Nach Art. 9 Richtlinie 2005/56/EG müssen grds. die **Gesellschafterversammlungen** aller beteiligten Unternehmen der Verschmelzung zustimmen. Entsprechend der allgemeinen Verweisung in Art. 4 Abs. 1 Buchst. b) Richtlinie 2005/56/EG richten sich die Einberufungsmodalitäten und die Beschlussmehrheiten nach dem jeweiligen nationalen Recht. Wie auch schon in Art. 23 Abs. 2 Satz 2 SE-Verordnung vorgesehen, kann nach Art. 9 Abs. 2 Richtlinie 2005/56/EG das Zustimmungserfordernis ausdrücklich auf die Modalitäten der **Mitbestimmung** erstreckt werden. Damit bleibt den Gesellschaftern das Letztentscheidungsrecht insb. darüber, ob sie mit einer gem. Art. 16 Richtlinie 2005/56/EG zwischen den Unternehmensleitungen und den Arbeitnehmervertretern ausgehandelten Mitbestimmungsvereinbarung einverstanden sind. 48

Nach dem Vorbild der Art. 24 und 25 SE-Verordnung ist auch in der Verschmelzungsrichtlinie in den Art. 10 und 11 eine zweistufige **Rechtmäßigkeitskontrolle** vorgesehen. Diese wird entsprechend der Regelung im jeweiligen Mitgliedstaat durch ein Gericht, einen Notar oder eine zuständige Behörde durchgeführt. 49

Im Sitzstaat der übertragenden Gesellschaften wird zunächst v. a. geprüft, ob der gemeinsame Verschmelzungsplan wie vorgeschrieben aufgestellt und publiziert worden ist. Darüber wird gem. Art. 10 Abs. 2 Richtlinie 2005/56/EG eine entsprechende Bescheinigung ausgestellt. Auf der zweiten Stufe wird diese Bescheinigung im Sitzstaat der **übernehmenden** (oder **neuen**) **Gesellschaft** der dort jeweils zuständigen Stelle vorgelegt, die gem. Art. 11 Richtlinie 2005/56/EG insb. prüft, ob alle Gesellschaften einem gleichlautenden Verschmelzungsplan zugestimmt haben und ob eine Mitbestimmungsvereinbarung abgeschlossen wurde. 50

Auf Wunsch von Deutschland und Österreich ist in Art. 10 Abs. 3 Richtlinie 2005/56/EG eine Regelung nach dem Vorbild von Art. 25 Abs. 3 SE-Verordnung enthalten. Damit ist gemeinschaftsrechtlich sichergestellt, dass das in diesen beiden Staaten bekannte und bewährte **gerichtliche Verfahren zur Überprüfung** von Zuzahlungen und Barabfindungen bei Umstrukturierungen von Gesellschaften (in Deutschland: Spruchverfahren nach dem Spruchverfahrensgesetz) zugunsten der Gesellschafter übertragender Gesellschaften aus diesen Staaten Anwendung finden kann, 51

---

55 2004/25/EG, ABl. EU Nr. L 142 v. 30.04.2004 S. 12 ff.

wenn die Gesellschafter der Gesellschaften aus anderen Mitgliedstaaten, deren Recht ein solches Verfahren nicht kennt, dem zugestimmt haben.

52 Der **Zeitpunkt**, an dem die **grenzüberschreitende Verschmelzung wirksam** wird, richtet sich gem. Art. 12 Richtlinie 2005/56/EG nach dem nationalen Recht, dem die übernehmende oder neue Gesellschaft unterliegt. Voraussetzung für das Wirksamwerden ist in jedem Fall, dass die Rechtmäßigkeitskontrolle nach Art. 11 Richtlinie 2005/56/EG abgeschlossen wurde. In aller Regel tritt die Wirksamkeit mit der **konstitutiven Registereintragung** ein. Zu diesem Zeitpunkt erfolgen gem. Art. 14 Richtlinie 2005/56/EG der Vermögensübergang, der Gesellschafterwechsel und das Erlöschen der übertragenden Gesellschaften.

53 Auch die **Offenlegung der Verschmelzung** erfolgt gem. Art. 13 Richtlinie 2005/56/EG nach dem jeweiligen innerstaatlichen Recht, das für die verschiedenen beteiligten Gesellschaften gilt. Aus Gründen der Rechtssicherheit ist eine gegenseitige Unterrichtungspflicht der nationalen Register vorgesehen. Die Löschung im bisherigen Register darf erst erfolgen, wenn das neue Register mitgeteilt hat, dass dort die aus der Verschmelzung hervorgehende Gesellschaft eingetragen worden ist.

54 Auch insoweit den Vorbildern der Dritten Richtlinie und der SE-Verordnung folgend werden in Art. 15 Richtlinie 2005/56/EG für die Aufnahme einer 100 %igen bzw. 90 %igen Tochtergesellschaft bestimmte **Verfahrenserleichterungen** eingeräumt.

55 So sind im ersten Fall (Art. 15 Abs. 1 Richtlinie 2005/56/EG) die **Angaben zum Umtausch der Gesellschaftsanteile** im Verschmelzungsplan (Art. 5 Abs. 1 Buchst. b), c und e Richtlinie 2005/56/EG) **entbehrlich**, da ein Anteilstausch nicht stattfindet. Demgemäß bedarf es auch keiner Prüfung durch Sachverständige nach Art. 8 Richtlinie 2005/56/EG. Ebenso wenig vollzieht sich der in Art. 14 Abs. 1 Buchst. b) Richtlinie 2005/56/EG vorgesehene Gesellschafterwechsel.

Beträgt die **Beteiligung** zwar nicht 100 %, aber **mindestens 90 %** (Art. 15 Abs. 2 Richtlinie 2005/56/EG), sind die Prüfungsberichte der Sachverständigen nach Art. 8 Richtlinie 2005/56/EG und die Vorlage der Unterlagen für die Rechtmäßigkeitskontrolle nur erforderlich, soweit dies nach dem für die beteiligten Gesellschaften jeweils geltenden nationalen Recht vorgesehen ist.

56 Anlässlich der Umsetzung der Richtlinie 2005/56/EG sind auch eine Reihe von **Änderungsvorschlägen**, die aus der Praxis zu anderen Vorschriften des UmwG geäußert wurden, aufgegriffen worden. Im Wesentlichen betreffen sie **folgende Punkte**:
– Die im Gesetz zur Unternehmensintegrität und Modernisierung des Anfechtungsrechts (UMAG) erstmals eingeführte **Drei-Monats-Frist** für die gerichtliche Entscheidung im sog. **Freigabeverfahren** zur Durchsetzung der Eintragung einer gesellschaftsrechtlichen Maßnahme trotz erhobener Anfechtungsklage wurde auf Umstrukturierungsfälle ausgedehnt (§ 16 UmwG).
– Die Aktionäre einer AG, die an der Börse notiert ist und auf eine **nicht börsennotierte** Gesellschaft **verschmolzen** wird, haben künftig die Möglichkeit, gegen Abfindung aus der Gesellschaft auszuscheiden (§ 29 UmwG).
– Die Bezeichnung **unbekannter Aktionäre** in Umwandlungsverfahren wurde praxisgerechter geregelt (§§ 35, 213 UmwG).
– Zur Erleichterung der Verschmelzung von Schwestergesellschaften im Konzern, deren Anteile zu 100 % von der Muttergesellschaft gehalten werden, ist eine **Ausnahme** von der grds. Anteilsgewährungspflicht geschaffen worden (§§ 54, 68 UmwG).
– Die Verschmelzungsmöglichkeit für **genossenschaftliche Prüfungsverbände** wurde erweitert (§ 105 UmwG).
– Die für Spaltungen immer wieder als Hindernis kritisierte Regelung in **§ 132 UmwG** ist beseitigt worden.
– Das **generelle Spaltungsverbot** in der Nachgründungsphase (§ 141 UmwG) wurde gelockert.
– Beim Formwechsel wird künftig auf die Beifügung einer **Vermögensaufstellung** zum Umwandlungsbericht verzichtet (§ 192 UmwG).

Aufgrund der **Beratungen im BT-Rechtsausschuss**[56] sind noch die folgenden Punkte hinzugekommen:
– Die Rechtsprechung des BGH,[57] wonach im Freigabeverfahren die **Rechtsbeschwerde ausgeschlossen** ist, wird in § 16 Abs. 3 UmwG gesetzlich festgeschrieben.
– Die **Enthaftungsfrist** in § 133 UmwG wird für vor dem Wirksamwerden einer Spaltung begründete Versorgungsverpflichtungen aufgrund des Betriebsrentengesetzes von 5 auf 10 Jahre verdoppelt.

5. Weitere Änderungen im UmwG in der 15. und 16. Legislaturperiode

Durch das **Gesetz zur Neuordnung des gesellschaftsrechtlichen Spruchverfahrens** v. 12.06.2003 (BGBl. I, S. 838) ist das besondere gerichtliche Verfahren zur Überprüfung der Angemessenheit von Ausgleichs- und Abfindungsleistungen im Anschluss an Umstrukturierungen von Unternehmen einheitlich in dem neuen Spruchverfahrensgesetz geregelt worden. Durch Art. 4 dieses Gesetzes wurden die früher in den §§ 305 ff. UmwG enthaltenen Vorschriften zum **Spruchverfahren** aufgehoben sowie weitere Bestimmungen angepasst (vgl. §§ 10, 15, 34, 60, 196 und 212 UmwG). 57

Durch Art. 14 des **Gesetzes zur Einführung der Europäischen Genossenschaft** und zur Änderung des Genossenschaftsrechts v. 14.08.2006[58] sind zahlreiche die Rechtsform der **Genossenschaft** betreffende Vorschriften des UmwG an die neue Terminologie des Genossenschaftsrechts (v. a. Ersetzung der Begriffe »Genosse« durch »Mitglied« und »Statut« durch »Satzung«) angepasst worden. 58

Durch Art. 8 des **Gesetzes über elektronische Handelsregister und Genossenschaftsregister sowie das Unternehmensregister** (EHUG) v. 10.11.2006[59] sind alle **Bekanntmachungsvorschriften** im UmwG entsprechend der sich aus der Einführung der elektronischen Registerführung zum 01.01.2007 ergebenden neuen Rechtslage umgestellt worden. 59

Durch Art. 17 des **Gesetzes zur Modernisierung des GmbH-Rechts und zur Bekämpfung von Missbräuchen** (MoMiG) v. 23.10.2008[60] sind zahlreiche die Rechtsform der **GmbH** betreffende Vorschriften des UmwG an das geänderte GmbH-Recht angepasst worden. 60

Durch Art. 73 des **Gesetzes zur Reform des Verfahrens in Familiensachen und in den Angelegenheiten der freiwilligen Gerichtsbarkeit** (FGG-RG) v. 17.12.2008[61] sind einige **Folgeänderungen** zur FGG-Reform im UmwG nachvollzogen worden. 61

Durch Art. 4 des **Gesetzes zur Umsetzung der Aktionärsrechterichtlinie** (ARUG) v. 30.07.2009 (BGBl. I, S. 2479) ist neben einigen Änderungen beim **Freigabeverfahren** in § 16 UmwG v. a. die Möglichkeit, zur Vorbereitung von Gesellschafterbeschlüssen **Informationen elektronisch** zur Verfügung zu stellen, in Parallele zum AktG auch im Umwandlungsrecht eingeführt worden. Teilweise wurden dabei auch Regelungen antizipiert, die erst durch die dem Dritten Gesetz zur Änderung des UmwG zugrunde liegende EU-Richtlinie europarechtlich verbindlich vorgeschrieben wurden (vgl. dazu Teil 1 Rdn. 64). 62

6. Drittes Gesetz zur Änderung des UmwG

Am 02.10.2009 ist die **Richtlinie 2009/109/EG** des Europäischen Parlaments und des Rates v. 16.09.2009 über die Änderung der Richtlinien 77/91/EWG, 78/855/EWG und 82/891/EWG 63

---

56 Vgl. BT-Drucks. 16/4193.
57 Vgl. BGHZ 168, 48.
58 BGBl. I, S. 1911.
59 BGBl. I, S. 2553.
60 BGBl. I, S. 2026.
61 BGBl. I, S. 2586.

des Rates sowie der Richtlinie 2005/56/EG hinsichtlich der Berichts- und Dokumentationspflicht bei Verschmelzungen und Spaltungen (im Folgenden: Änderungs-richtlinie) im Amtsblatt der EU L 259 v. 02.10.2009, S. 14 ff. veröffentlicht worden und am 22.10.2009 in Kraft getreten. Sie war gemäß ihrem Art. 6 bis zum 30.06.2011 umzusetzen. Dies machte eine erneute Änderung des **UmwG** erforderlich.

Die geänderten Richtlinien betreffen die **Verschmelzung** und **Spaltung** unter Beteiligung von AG sowie – im Fall der grenzüberschreitenden Verschmelzung – auch unter Beteiligung von **Kommanditgesellschaften auf Aktien** und GmbH.

64 Bestimmten Vorgaben trug das deutsche Recht aber bereits Rechnung, sodass insoweit **keine** Umsetzung nötig war. Dies betrifft insb. drei Punkte:
– Hinsichtlich der **Offenlegung** des Verschmelzungsvertrages bleibt es bei der in § 61 UmwG und für grenzüberschreitende Fälle in § 122d UmwG getroffenen Regelung. Die Einreichung des Vertrags oder seines Entwurfs beim Registergericht wird als Hinweis bekannt gemacht. Dies erfolgt einerseits entsprechend § 10 HGB mittels der von den Landesjustizverwaltungen bestimmten **elektronischen** Informations- und Kommunikationssysteme. Darüber hinaus ist der Vertrag über die **Internetseite** des Unternehmensregisters zugänglich (§ 8b Abs. 2 Nr. 1 HGB). Letzteres entspricht der Form der Veröffentlichung über die zentrale elektronische Plattform, die die Mitgliedstaaten gem. Art. 6 Abs. 3 Satz 1 der Dritten Richtlinie i. V. m. Art. 3 Abs. 4 der Ersten Richtlinie vorsehen können.
– Art. 11 Abs. 4 der geänderten Dritten Richtlinie **befreit** von der Pflicht zur Auslegung von Unterlagen, wenn sie während eines Zeitraums von einem Monat vor der Hauptversammlung fortlaufend auf den Internetseiten der Gesellschaft veröffentlich sind. In diesem Fall müssen den Aktionären auch keine Abschriften zur Verfügung gestellt werden. Diesen gemeinschaftsrechtlichen Vorgaben hat man durch die **§§ 62 Abs. 3 Satz 7, 63 Abs. 4** UmwG Rechnung getragen, die bereits im Jahr 2009 durch das Gesetz zur Umsetzung der Aktionärsrichtlinie (ARUG) eingeführt worden sind (vgl. Teil 1 Rdn. 62).
– Das in Art. 13 Abs. 2 der Dritten Richtlinie geregelte Recht der Gesellschaftsgläubiger, eine **Sicherheitsleistung** zu verlangen, ist um die Pflicht der Mitgliedstaaten erweitert worden, ein behördliches oder gerichtliches Verfahren zu gewährleisten. Dem wird **§ 22** UmwG bereits gerecht, wobei sich das gerichtliche Verfahren nach allgemeinen Grundsätzen richtet.

65 Zur Umsetzung der noch nicht berücksichtigten Vorgaben der Änderungsrichtlinie hat das BMJ im März 2010 einen entsprechenden **RefE** vorgelegt. Nach eingehender Beteiligung der Länder und der betroffenen Verbände ist dieser weiterentwickelt und am 07.07.2010 vom Kabinett als **RegE**[62] verabschiedet worden. In seiner am 24.09.2010 abgegebenen Stellungnahme hat der Bundesrat keinerlei inhaltliche Änderungen vorgeschlagen.[63] Die sonst übliche Gegenäußerung der Bundesregierung war daher entbehrlich.

Entsprechend dem einstimmig abgegebenen Votum des Rechtsausschusses[64] verabschiedete der Deutsche Bundestag den Gesetzentwurf in zweiter und dritter Lesung mit einigen Änderungen am 26.05.2011.[65] Nach der abschließenden Behandlung im Bundesrat am 17.06.2011 wurde das Gesetz am 14.07.2011 im Bundesgesetzblatt verkündet[66] und ist am folgenden Tag **in Kraft** getreten.

Die Änderungen des UmwG betreffen im Wesentlichen drei Bereiche:
– Vereinfachungen bei der Vorbereitung der Hauptversammlung,

---

62 BR-Drucks. 485/10 = BT-Drucks. 17/3122.
63 Vgl. BR-Drucks. 485/10 [Beschluss].
64 Vgl. BT-Drucks. 17/5930.
65 Vgl. BR-Drucks. 287/11.
66 BGBl. I, S. 1338.

A. Entstehungsgeschichte

– Modifikationen im Bereich der Konzernverschmelzung,
– sonstige Punkte.

Bei herkömmlicher Auslegung von Unterlagen im **Vorfeld einer Hauptversammlung** wird das Recht des Aktionärs auf Erteilung von Abschriften durch die Möglichkeit der Übermittlung auf dem Wege **elektronischer** Kommunikation ergänzt (§§ 62 Abs. 3 Satz 7, 63 Abs. 3 Satz 2 UmwG). Dem liegen Art. 11 Abs. 3 Unterabs. 2 der Dritten Richtlinie und Art. 9 Abs. 3 Unterabs. 2 der Sechsten Richtlinie zugrunde. Die für das deutsche Recht gewählte Formulierung ist aus § 128 Abs. 1 Satz 2 AktG übernommen. Anstelle einer Papierkopie können die Dokumente zukünftig in ein druckfähiges Dateiformat (z. B. PDF) umgewandelt und als Anhang einer E-Mail versandt werden. 66

Zur Vorbereitung der Hauptversammlung ist grds. eine **Zwischenbilanz** zu erstellen und zugänglich zu machen, falls das Geschäftsjahr des letzten Jahresabschlusses mehr als 6 Monate vor Abschluss des Verschmelzungsvertrages abgelaufen ist (§ 63 Abs. 1 Nr. 3, Abs. 2 UmwG). Der deutsche Gesetzgeber hat von der in der Änderungsrichtlinie eingeräumten Option für die Mitgliedstaaten Gebrauch gemacht, einen **Verzicht** der Aktionäre auf die Zwischenbilanz zu erlauben. Aus der Verweisung in § 63 Abs. 2 Satz 5 UmwG auf § 8 Abs. 3 UmwG ergibt sich danach, dass eine Zwischenbilanz nicht erforderlich ist, wenn alle Anteilsinhaber aller beteiligten Rechtsträger auf ihre Aufstellung verzichten. Die Verzichtserklärungen sind angesichts der Bedeutung der Zwischenbilanz notariell zu beurkunden. 67

Ferner ist als weitere Erleichterung vorgesehen, dass Gesellschaften, die innerhalb des bereits erwähnten 6-Monatszeitraums einen **Halbjahresfinanzbericht** nach § 37w WpHG erstellt haben, diesen anstelle der Zwischenbilanz zugänglich machen können (§ 63 Abs. 2 Satz 6 und 7 UmwG). Diese Neuregelung wird durch Art. 11 Abs. 1 Unterabs. 2 der Dritten Richtlinie ermöglicht, der wiederum auf Art. 5 der Transparenzrichtlinie (2004/109/EG) Bezug nimmt. 68

§ 62 UmwG trägt jetzt die Überschrift »**Konzernverschmelzungen**«. Damit sind die Fälle der Verschmelzung einer Tochtergesellschaft auf die Muttergesellschaft bei mindestens 90 %iger Beteiligung gemeint (»**upstream merger**«). Die Muttergesellschaft muss die Rechtsform einer AG oder KGaA (§ 78 UmwG) aufweisen. Als Tochtergesellschaft kommen alle Formen der Kapitalgesellschaft in Betracht. 69

Bei der Konzernverschmelzung gibt es verschiedene Neuerungen: 70

Schon bisher war bei der übernehmenden AG ein Verschmelzungsbeschluss der Hauptversammlung entbehrlich, sofern nicht eine **Minderheit von 5 %** der Aktionäre eine Beschlussfassung verlangt (§ 62 Abs. 1 und 2 UmwG). Auf diese Weise wurde in Deutschland schon in der Vergangenheit Art. 27 der Dritten Richtlinie umgesetzt, der jetzt aber von einer Option zu einer zwingenden Regelung geworden ist.

Auch Art. 25 der Dritten Richtlinie wurde in eine für die Mitgliedstaaten zwingende Vorschrift umgewandelt. Er betrifft die Fälle der Verschmelzung einer **100 %igen Tochtergesellschaft** auf das Mutterunternehmen und sieht einen Verzicht auf den Verschmelzungsbeschluss auch bei der übertragenden Tochtergesellschaft vor. Von der bisherigen Option hatte das deutsche Recht keinen Gebrauch gemacht. Das geänderte Gemeinschaftsrecht zwang aber zu einer Durchbrechung der in Deutschland üblichen Kompetenzverteilung bei wichtigen Umstrukturierungsmaßnahmen. 71

§ 62 Abs. 4 UmwG erklärt daher einen Verschmelzungsbeschluss bei einer 100 %igen Tochtergesellschaft nicht mehr für erforderlich. Bei einer Verschmelzung handelt es sich folglich in diesem Fall um eine bloße **Geschäftsleitungsmaßnahme** des Vorstandes bzw. der Geschäftsführer der Tochtergesellschaft. Freilich müssen die Rechte der Aktionäre der Muttergesellschaft gewahrt bleiben. Daher bleibt § 62 Abs. 3 UmwG anwendbar, den § 62 Abs. 4 Satz 3 UmwG nun aber mit gewissen Modifikationen versieht.

Hinsichtlich der Auslegung bzw. des Zugänglichmachens der Unterlagen knüpft die **Monatsfrist** an den Abschluss des Verschmelzungsvertrages an. Gleiches gilt für die Bekanntmachung in den 72

Gesellschaftsblättern, für die Einreichung des Vertrages oder seines Entwurfs beim Register sowie für den Hinweis auf das Minderheitenrecht nach § 62 Abs. 2 UmwG.

73 Durch § 62 Abs. 4 Satz 4 UmwG wird zusätzlich sichergestellt, dass die Pflicht zur Zuleitung des Verschmelzungsvertrages an die Betriebsräte der beteiligten Gesellschaften, die gem. § 5 Abs. 3 UmwG im Normalfall an die Gesellschafterversammlung anknüpft, auch dann fristgerecht erfüllt wird, wenn im Rahmen einer Konzernverschmelzung weder beim übernehmenden noch beim übertragenden Rechtsträger eine Versammlung der Anteilsinhaber stattfindet. Keiner zusätzlichen Regelung bedurfte es dagegen für den Fall, dass die Versammlung lediglich bei dem übernehmenden Rechtsträger entfällt. Insoweit erscheint die bisherige Handhabung der Praxis, für die Berechnung der Frist zur Erfüllung der Zuleitungsverpflichtung ggü. dem zuständigen Betriebsrat des übernehmenden Rechtsträgers an den Tag der Versammlung beim übertragenden Rechtsträger anzuknüpfen, nach wie vor sachgerecht.

74 Über § 125 Satz 1 UmwG gilt die Neuregelung auch für **Spaltungen** zur Aufnahme, bei denen die übernehmende AG alle Anteile an der sich spaltenden Kapitalgesellschaft hält. Bei dieser entfällt die Notwendigkeit eines Spaltungsbeschlusses.

75 Die wichtigste Neuregelung betrifft den sog. **umwandlungsspezifischen Squeeze-out** in § 62 Abs. 5 UmwG, durch den Art. 28 der Dritten Richtlinie umgesetzt wurde. Diese früher nur als Option ausgestaltete Vorschrift hatte der deutsche Gesetzgeber seinerzeit nicht übernommen. Nun ist sie durch die Änderungsrichtlinie aber zu einer verbindlichen Regelung geworden.

76 In Art. 28 der Dritten Richtlinie geht es um die Verschmelzung einer mindestens **90 %igen Tochtergesellschaft** auf das Mutterunternehmen. In diesem Fall sind der Verschmelzungsbericht, die Verschmelzungsprüfung und die Auslegung von Unterlagen entbehrlich, wenn im nationalen Recht bestimmte Bedingungen erfüllt sind.

Eine solche Voraussetzung bestand bislang, wenn von der Option des Art. 28 der Dritten Richtlinie Gebrauch gemacht werden sollte. Wie bereits erwähnt ist dies nunmehr obligatorisch. Zweck dieser Regelung ist es, einem mindestens mit 90 % beteiligten Mutterunternehmen zu ermöglichen, eine **100 %ige Beteiligung** zu erlangen und die Verschmelzung sodann unter **erleichterten** Bedingungen zu vollziehen.

Hierzu bietet der umgestaltete Art. 28 der Dritten Richtlinie dem nationalen Gesetzgeber zwei Möglichkeiten: Grds. sieht sein Abs. 1 in den Buchst. a) bis c) ein **Andienungsrecht** der Minderheitsaktionäre vor. Alternativ befreit der neu eingeführte Abs. 2 von der Umsetzungspflicht, wenn das nationale Recht eine **Ausschlussmöglichkeit** zugunsten des Hauptaktionärs vorsieht. Diese Vorschrift muss im Zusammenhang mit Art. 27 der Dritten Richtlinie (Abs. 2 verweist auf Abs. 1, der wiederum »eine Verschmelzung i. S. d. Art. 27« erwähnt) gesehen werden, meint also eine Übernahmemöglichkeit bei einem Anteil des Hauptaktionärs schon von 90 %.

77 Gegen die Einführung eines Andienungsrechts sprach zum einen, dass ein solches – abgesehen von der kapitalmarktrechtlichen Spezialregelung in § 39c WpÜG – im deutschen Gesellschaftsrecht **nicht bekannt** ist und erst hätte geschaffen werden müssen. Dies erschien insb. unter dem Gesichtspunkt der mit der Änderungsrichtlinie bezweckten Deregulierung nicht sachgerecht.

78 Ferner hätte auch ein gerichtliches Verfahren eingeführt werden müssen, um im Streitfall den Ankaufspreis bestimmen zu können. Zwar hätte man hier auf das Spruchverfahren zurückgreifen können. Dennoch hätten sich schwer lösbare **rechtspraktische Probleme** ergeben. Im Streitfall wäre der Vollzug der Verschmelzung so lange gehemmt, wie nicht geklärt ist, ob und in welchem Umfang das Tochterunternehmen noch über Minderheitsgesellschafter verfügt.

79 Der deutsche Gesetzgeber hat sich daher im Grundsatz für die zweite nach Art. 28 zulässige Lösung entschieden. Allerdings sollte **keine generelle Absenkung** der in § 327a Abs. 1 AktG vorgesehenen Schwelle erfolgen. Dies erschien – abgesehen von den damit verbundenen verfassungsrechtlichen Fragen – weder geboten noch rechtspolitisch durchsetzbar.

Der in § 62 Abs. 5 UmwG beschrittene »Mittelweg« bettet die Absenkung der Schwelle für den Squeeze-out in die Konzernverschmelzung ein und begründet neben § 12 Abs. 3 Nr. 1, Abs. 4 FMStBG einen weiteren **Sondertatbestand**.

80

Der zwangsweise Ausschluss der Minderheit soll einer mit 90 % beteiligten Muttergesellschaft nur dann möglich sein, wenn er in **sachlichem und zeitlichem Zusammenhang** mit der Konzernverschmelzung erfolgt, sich also als Teil eines weiter gehenden Konzernumbaus darstellt. Um diese Verknüpfung verfahrensmäßig abzusichern und damit einen Missbrauch des erleichterten Squeeze-out zu verhindern, sieht das Gesetz verschiedene Regelungen vor:

81

– Zum einen muss der Squeeze-out-Beschluss der Hauptversammlung des Tochterunternehmens innerhalb von **3 Monaten** nach Abschluss des Verschmelzungsvertrages bzw. der Aufstellung des Entwurfs erfolgen. Diese Frist ist an § 39a Abs. 4 WpÜG angelehnt.
– Ferner hat der Verschmelzungsvertrag über § 5 Abs. 1 UmwG hinaus einen **Hinweis** auf den beabsichtigten Ausschluss der Minderheitsaktionäre zu enthalten. Diese Aktionäre erhalten von der geplanten Konzernverschmelzung – und damit den besonderen Voraussetzungen des § 62 Abs. 5 UmwG – spätestens **Kenntnis**, wenn der Verschmelzungsvertrag oder sein Entwurf mit den sonstigen in § 327c Abs. 3 AktG genannten Unterlagen ausgelegt wird bzw. zugänglich ist.
– Bei der Anmeldung des Squeeze-out zum Handelsregister (§ 327e Abs. 1 AktG) ist außerdem der **Verschmelzungsvertrag** als Ausfertigung oder Abschrift bzw. sein Entwurf vorzulegen. Auf diese Weise wird ggü. dem Handelsregister nachgewiesen, dass der Squeeze-out abweichend von § 327a Abs. 1 AktG erfolgt und insb. auch die Dreimonatsfrist beachtet worden ist.
– Auf Vorschlag des Rechtsausschusses wurde (im Anschluss an eine eingehende Erörterung mit Praktikern) schließlich zusätzlich noch geregelt, dass der Squeeze-out erst gleichzeitig mit der Verschmelzung wirksam wird. Dem dient ein entsprechender **Hinweisvermerk** bei der Eintragung des Übertragungsbeschlusses. Trotz der erst später eintretenden Wirksamkeit ist schon vorher keine Beschlussfassung bei der Tochtergesellschaft mehr erforderlich (§ 62 Abs. 4 Satz 2 UmwG).

Eine Muttergesellschaft, die ohnehin bereits mit **95 %** oder mehr an einer anderen AG beteiligt ist, kann den Ausschluss der Minderheitsaktionäre dagegen mit einer Konzernverschmelzung verknüpfen, ohne an § 62 Abs. 5 UmwG gebunden zu sein. Insoweit bewegt sich die praktische Bedeutung der Neuregelung im Bereich zwischen den beiden Schwellenwerten von 90 % und 95 %.

82

Für **Spaltungen** enthält die Sechste Richtlinie keine dem Art. 28 der Dritten Richtlinie entsprechenden Vorgaben. Die Sonderregelung hätte bei Spaltungen schwierige Fragen aufgeworfen und musste daher im deutschen Recht auf Verschmelzungen beschränkt bleiben.

83

Nach der Systematik des UmwG wurde deshalb § 62 Abs. 5 UmwG in den Katalog der Vorschriften aufgenommen, die § 125 Satz 1 UmwG für nicht anwendbar erklärt. Auf- oder Abspaltungen zur Aufnahme mit Vermögensübertragungen auf eine mit 90 % oder mehr beteiligte Mutter-AG ermöglichen demnach keinen umwandlungsspezifischen Squeeze-out.

Weitere Änderungen im UmwG betreffen insb. die Nachunterrichtungspflicht bei Vermögensveränderungen, die Gründungs- und Sacheinlagenprüfung sowie Erleichterungen bei der verhältniswahrenden Spaltung zur Neugründung.

84

Die **Erläuterungs- und Berichtspflicht** des Vorstands in der Hauptversammlung wurde gem. § 64 Abs. 1 UmwG auf wesentliche Veränderungen des Vermögens ausgedehnt, die zwischen dem Abschluss des Verschmelzungsvertrages bzw. der Aufstellung des Entwurfs und der Beschlussfassung nach § 13 UmwG eintreten. Eine solche Pflicht war früher nur für Spaltungen unter Beteiligung einer AG vorgesehen (früher geregelt in § 143 UmwG). Die Änderung hat den neu eingefügten Art. 9 Abs. 2 der Dritten Richtlinie umgesetzt. Die erweiterte Berichtspflicht auf **alle Arten der Umwandlung** und für **alle Rechtsträger** zu erstrecken, wie dies der RegE durch die Aufnahme in § 8 UmwG vorgeschlagen hatte, hielt der BT-Rechtsausschuss nicht für angezeigt.

Der Bericht über Vermögensveränderungen ist unter denselben Voraussetzungen entbehrlich wie der ursprüngliche Verschmelzungsbericht. Dies ergibt sich aus dem Verweis auf § 8 Abs. 3 UmwG.

85 Die Kapitalrichtlinie 77/91/EWG ist insoweit geändert worden, als sie eine **Gründungs- und Einlagenprüfung** durch Sachverständige vorschreibt. Im deutschen Recht betrifft dies die §§ 33 ff. und 183 Abs. 3 AktG. Hier ergab sich für die Mitgliedstaaten durch die neu gestalteten Art. 10 Abs. 5 und Art. 27 Abs. 3 der Zweiten Richtlinie eine gestufte Option, wenn die Gründung durch Verschmelzung oder Spaltung bzw. die Kapitalerhöhung zur Durchführung einer Verschmelzung oder Spaltung erfolgt.

Entweder kann die in der Zweiten Richtlinie vorgesehene Prüfung ganz entfallen, wenn bereits ein Verschmelzungs- oder Spaltungsprüfer tätig werden muss, oder die Prüfung kann zumindest durch personenidentische Sachverständige erfolgen. Die Mitgliedstaaten sind allerdings nicht gezwungen, von den genannten Erleichterungen Gebrauch zu machen.

86 In §§ 69 Abs. 1 Satz 4, 75 Abs. 1 Satz 4 UmwG ist vorgesehen, dass der oder die Verschmelzungsprüfer auch mit der nach dem AktG erforderlichen Prüfung beauftragt werden können. Damit kann **ein und derselbe Sachverständige** tätig werden und es ergibt sich Einsparpotenzial für die beteiligten Unternehmen. Auf die Gründungs- und Einlagenprüfung völlig zu verzichten, erschien dagegen nicht sachgerecht, weil sie bekanntlich anderen Zwecken dienen als die Verschmelzungsprüfung.

87 An der in § 143 UmwG frei gewordenen Stelle ist die Umsetzung des Art. 22 Abs. 5 der Sechsten Richtlinie erfolgt. Diese Vorschrift war früher als Option ausgestaltet und vom deutschen Gesetzgeber nicht übernommen worden. Nunmehr gilt sie verbindlich und verlangt bei **verhältniswahrenden Aufspaltungen zur Neugründung** einen Verzicht auf den Spaltungsbericht, die Spaltungsprüfung und die Zwischenbilanz. Das gleiche gilt gem. Art. 25 der Sechsten Richtlinie bei verhältniswahrenden **Abspaltungen** zur Neugründung. Daher stellt der neue § 143 UmwG beide Formen von den Erfordernissen nach den §§ 8 bis 12, 63 Abs. 1 Nr. 3 bis 5 UmwG frei.

88 Aus Gründen der Rechtssicherheit ist in § 321 Abs. 3 UmwG ausdrücklich klargestellt, dass die wesentlichen Neuregelungen nur auf Umwandlungsfälle Anwendung finden, bei denen der entsprechende Vertrag **nach Inkrafttreten** des Änderungsgesetzes geschlossen wurde.

7. Änderungen im UmwG in der 17., 18. und 19. Legislaturperiode

89 Am 01.03.2012 ist das Gesetz zur weiteren Erleichterung der Sanierung von Unternehmen[67] in Kraft getreten, mit dem die Fortführung von sanierungsfähigen Unternehmen erleichtert werden soll. Für Unternehmensumwandlungen hat das ESUG eine bedeutende Prinzipienänderung mit sich gebracht. Die überwiegende Meinung ging früher davon aus, dass Sinn und Zweck des § 3 Abs. 3 bzw. § 191 Abs. 3 UmwG verlangt, dass während eines Insolvenzverfahrens eine Umwandlung nicht möglich sei.:[68] Das ESUG hat hier eine neue Lage geschaffen: Nach § 217 Satz 2 InsO gilt: »Ist der Schuldner keine natürliche Person, so können auch die Anteils- oder Mitgliedschaftsrechte der am Schuldner beteiligten Personen in den Plan einbezogen werden.« § 225a Abs. Absatz 2 InsO konkretisiert dies wie folgt: »Im gestaltenden Teil des Plans kann vorgesehen werden, dass Forderungen von Gläubigern in Anteils- oder Mitgliedschaftsrechte am Schuldner umgewandelt werden. Eine Umwandlung gegen den Willen der betroffenen Gläubiger ist ausgeschlossen. Insbesondere kann der Plan eine Kapitalherabsetzung oder -erhöhung, die Leistung von Sacheinlagen, den Ausschluss von Bezugsrechten oder die Zahlung von Abfindungen an ausscheidende Anteilsinhaber vorsehen.« § 225a InsO bestimmt weiter: »Im Plan kann jede Regelung

---

67 ESUG; BGBl. I, S. 2582, vgl. zum Entwurf BT-Drucks. 17/5712 v. 04.05.2011, BR-Drucks. 127/11.
68 So Heckschen, DB 2005, 2283, 2284; ders., ZInsO 2008, 824, 825; Lutter/Drygala, 4. Aufl. § 3 UmwG Rn. 10.

getroffen werden, die gesellschaftsrechtlich zulässig ist, insbesondere die Fortsetzung einer aufgelösten Gesellschaft oder die Übertragung von Anteils- oder Mitgliedschaftsrechten.« Damit sind auch die Gesellschafter einer insolventen Gesellschaft planunterworfen, die Rechtsstellung der Gesellschafter kann in dem Insolvenzplan gegen ihren Willen geändert werden.[69] Möglich ist damit alles was gesellschaftsrechtlich zulässig ist[70] Somit kann die Fortsetzung im Plan beschlossen werden[71] und dies genügt um die Umwandlungsfähigkeit wieder herzustellen, damit sind dann – zumindest für den übertragenden insolventen Rechtsträger – grundsätzlich alle Formen der Umwandlung für den insolventen Rechtsträger als Ausgangsrechtsträger möglich: Verschmelzung, Spaltung; Ausgliederung Formwechsel, nicht jedoch Ausgliederung aus dem Vermögen eines Einzelkaufmanns.[72]

Mit Inkrafttreten des Gesetzes zur Einführung einer Partnerschaftsgesellschaft mit beschränkter Berufshaftung und zur Änderung des Berufsrechts der Rechtsanwälte, Patentanwälte, Steuerberater und Wirtschaftsprüfer am 19. Juli 2013[73] wurde im Partnerschaftsgesellschaftsgesetz durch Einfügen der §§ 4 Abs. 3 und 8 Abs. 5 sowie der Neufassung des § 7 Abs. 5 die PartG mbB geschaffen. 90

Durch Art. 5 des Gesetzes zum Bürokratieabbau und zur Förderung der Transparenz bei Genossenschaften vom 17.07.2017[74] wurde zur Vereinfachung der Vorbereitung einer Generalversammlung, die gemäß § 13 Abs. 1 über die Zustimmung zum Verschmelzungsvertrag beschließen soll, in § 82 Abs. 3 UmwG vorgesehen, dass die in Abs. 1 bestimmten Auslegungspflichten entfallen, wenn die in Abs. 1 Satz 1 bezeichneten Unterlagen für denselben Zeitraum über die Internetseite der Genossenschaft zugänglich sind. In § 260 Abs. 3 UmwG wurde Vergleichbares für das Prüfungsgutachten bestimmt. 91

V. Perspektiven des Umwandlungsrechts

Das deutsche Umwandlungsrecht ist ebenso wie die Praxis der Unternehmensumwandlung seit langem nicht mehr eine rein nationale Thematik, sondern wird mehr und mehr von unionsrechtlichen Vorgaben bestimmt (ausführlich Teil 6). Neben Vorgaben des EuGH zur Unternehmensumwandlung auf Grundlage der Niederlassungsfreiheit (ausführlich Teil 6 Rdn. 15 ff.) wurde der unionale Normgeber mit mehreren Richtlinien und Verordnungen tätig (ausführlich Teil 6 Rdn. 3 ff.). Am 25.04.2018 stellte die Europäische Kommission mit dem »Company Law Package«[75] (Teil 6 Rdn. 12 ff.) ihr bisher umfangreichstes Maßnahmenpaket im unionalen Gesell- 92

---

69 Vgl. Eidenmüller in: MünchKom/InsO, § 225a Rn. 1 f., 17 ff.; Hirte in: Uhlenbruch/Hirte/Vallender, § 225a InsO, Rn. 1 ff.; zu diesem Paradigmenwechsel vgl. ausführlich Eidenmüller/Engert, ZIP 2009, 541, 544 ff.
70 Eidenmüller in: MünchKom/InsO, § 225a Rn. 23; Hirte in: Uhlenbruch/Hirte/Vallender, § 225a InsO, Rn. 40 f.
71 Eidenmüller in: MünchKom/InsO, § 225a Rn. 84 ff.
72 Widmann/Mayer/Heckschen, § 1 UmwG, Rn. 80.1; Heckschen in: Beck'sches Notar-Handbuch, DIV Rn. 136; Lutter/Drygala, § 3 UmwG Rn. 27; Madaus, ZIP 2012, 2134; Simon/Merkelbach, NZG 2012, 121, 128; Eidenmüller in: MünchKom/InsO, § 225a Rn. 97 ff.; Hirte in: Uhlenbruch/Hirte/Vallender, § 225a InsO, Rn. 44; Wellensiek/Schluck-Amend in: Römermann, Münchener Anwaltshandbuch GmbH-Recht, § 23 Rn. 337 ff.; Thies in: A. Schmidt: Hamburger Kommentar zum Insolvenzrecht, § 225a InsO, Rn. 50; speziell zur Ausgliederung KahlertKahlert/Gerke, DStR 2013, 975; Simon/Brünkmans, ZIP 2014, 657; Becker, ZInsO 2013, 1885; Kahlert/Gehrke, DStR 2013, 975; Rattunde, AnwBl. 2012 146, 148.
73 BGBl. I S. 2386.
74 BGBl. I 2434.
75 Das gesamte Paket ist in englischer Originalfassung abrufbar unter https://ec.europa.eu/info/publications/company-law-package_de (Stand: 25.05.2018). Die in diesem Teil gewählten Begrifflichkeiten sind weitgehend der englischen Sprachfassung entlehnt und nicht amtlich. Zwischenzeitlich wurde eine deutsche Übersetzung des Vorschlags betreffend grenzüberschreitende Umwandlungen, Verschmelzungen und Spaltungen veröffentlicht, abrufbar unter: https://ec.europa.eu/transparency/regdoc/rep/1/2018/DE/COM-2018–241-F1-DE-MAIN-PART-1.PDF (Stand: 25.05.2018).

schaftsrecht vor. Neben einem Vorschlag zum Einsatz digitaler Technologien im Gesellschaftsrecht[76] soll die grenzüberschreitende Mobilität von Gesellschaften im Binnenmarkt durch Vorschläge zur grenzüberschreitenden Sitzverlegung und zur grenzüberschreitenden Spaltung sowie durch eine Novellierung der bestehenden Verschmelzungsrichtlinie[77] gefördert werden (Teil 6 Rdn. 12 ff.). Dabei schlägt die Kommission keine neuen selbstständigen Richtlinien vor, sondern beabsichtigt eine Ergänzung der erst im vergangenen Jahr konsolidierten Richtlinie über bestimmte Aspekte des Gesellschaftsrechts (Teil 6 Rdn. 11). Eine neue Zählung der Artikel dieser Richtlinie erfolgt jedoch nicht. Die neuen Vorschriften sollen stattdessen an geeigneter Stelle eingefügt werden. Dies erschwert den Umgang mit der Richtlinie und verschlechtert deren Übersichtlichkeit. Gestützt wird der Regelungsvorschlag auf Art. 50 Abs. 1 u. 2 AEUV.[78] Speziell gibt die Kommission an, dass Art. 50 Abs. 2 lit. f eine schrittweise Aufhebung der Beschränkungen der Niederlassungsfreiheit und Art. 50 Abs. 2 lit. g Koordinierungsmaßnahmen zum Schutz der Interessen von Unternehmen und anderen Interessengruppen vorsieht.[79] Der Kommissionsvorschlag wird als nächstes im sog. ordentlichen Gesetzgebungsverfahren der Union nach Art. 294 AEUV[80] behandelt werden. Als erstes wird sich daher nun der zuständige Rechtsausschuss des Europäischen Parlaments mit dem Kommissionsentwurf befassen und ggf. Änderungen vorschlagen, über die dann das Plenum abstimmt. In der Vergangenheit verliefen ordentliche Gesetzgebungsverfahren gerade im Gesellschaftsrecht nicht reibungslos, so dass man sich voraussichtlich auf eine längere Verhandlungsphase einstellen muss (siehe auch Teil 6 Rdn. 14). Sollten die Verfahren zu einem erfolgreichen Abschluss gebracht werden, wird der deutsche Gesetzgeber die Vorgaben der geänderten Richtlinie umsetzen müssen, was bspw. nach Vorbild der Umsetzung der Verschmelzungsrichtlinie geschehen könnten, indem im dritten Buch des UmwG eine Erweiterung für grenzüberschreitende Spaltungen und im fünften Buch des UmwG eine Erweiterung für den grenzüberschreitenden Formwechsel eingefügt wird.

93 Die Verschmelzungsrichtlinie (mittlerweile konsolidiert in Art. 118 – 134 RL [EU] 2017/1132) bietet bereits eine kodifizierte Möglichkeit grenzüberschreitende Verschmelzungen durchzuführen. Die Regelungen führten zu einem signifikanten Anstieg grenzüberschreitender Verschmelzungen in der EU.[81] Dennoch sah die Kommission Überarbeitungsbedarf, besonders im Hinblick auf die Harmonisierung von Gläubiger- und Gesellschafterschutz.[82] Der Vorschlag sieht daher eine Harmonisierung der Gläubiger- und Gesellschafterrechte insbesondere im Verschmelzungsplan vor. Dennoch bleibt es den Mitgliedstaaten überlassen, z.B. die Zahlung von Steuern oder Sozialversicherungsbeiträgen auf einem höheren Schutzniveau zu sichern.[83] Der Vorschlag sieht auch

---

76 Vorschlag für eine Richtlinie des Europäischen Parlaments und des Rates zur Änderung der Richtlinie (EU) 2017/1132 im Hinblick auf den Einsatz digitaler Werkzeuge und Verfahren im Gesellschaftsrecht, COM(2018) 241 final; Überblick hierzu bei Knaier, GmbHR 2018, R148; Knaier, GmbHR 2018, 560; J. Schmidt, Der Konzern 2018, 229; Wachter, GmbH-StB 2018, 214 und 263; Lieder, NZG 2018, 1081; Noack, DB 2018, 1324; Bock, DNotZ 2018, 643.
77 Vorschlag für eine Richtlinie des Europäischen Parlaments und des Rates zur Änderung der Richtlinie (EU) 2017/1132 in Bezug auf grenzüberschreitende Umwandlungen, Verschmelzungen und Spaltungen COM(2018) 241 final; Überblick hierzu bei Knaier, GmbHR 2018, R148; ausführlich Knaier, GmbHR 2018, 607; J. Schmidt, Der Konzern 2018, 229, 235 ff. und 273; Wachter, GmbH-StB 2018, 283 und 317; Noack/Kraft, DB 2018, 1577; Schollmeyer, NZG 2018, 977; Bungert/Wansleben, DB 2018, 2094.
78 COM(2018) 241 final, S. 12.
79 COM(2018) 241 final, S. 12.
80 S. zum konkreten Ablauf ausführlich Kluth, in: Calliess/Ruffert, EUV/AEUV, Art. 294 AEUV Rn. 4 ff.; Krajewski/Rösslein, in: Grabitz/Hilf/Nettesheim, Das Recht der Europäischen Union, Art. 294 AEUV, Rn. 13 ff.
81 COM[2018] 241 final, S. 5.
82 COM[2018] 241 final, S. 5 f.
83 COM[2018] 241 final, S. 6 f.).

den Einsatz digitaler Mittel während des gesamten grenzüberschreitenden Verschmelzungsverfahrens vor. Zudem wird der Informationsaustausch durch die Verknüpfung der Register gefördert.

Die Folgen des Limited-Booms, den der EuGH ermöglichte (dazu die Entscheidungen in Teil 6 Rdn. 16 ff.) stellen die kontinetnalteuropäischen Rechtsordnungen angesichts des »Brexit« vor neue Herausforderungen. Nach Wirksamwerden eines »harten« Brexit gilt die unionsrechtlich garantierte Niederlassungsfreiheit der Art. 49, 54 AEUV nicht weiter zu Gunsten britischer Gesellschaften.[84] In der Folge würden die Grundsätze der Rechtsprechung des EuGH, die vor allem in den Entscheidungen Daily Mail (Teil 6 Rdn. 17), Centros[85], Überseering (Teil 6 Rdn. 20) und Inspire Art (Teil 6 Rdn. 21) entwickelt wurden, nicht weiter für Gesellschaften mit Satzungssitz in Großbritannien und Verwaltungssitz in Deutschland gelten, was fatale Folgen für die in Deutschland ansässigen britischen Gesellschaften hätte (dazu genauer Teil 6 Rdn. 47 ff.). Mit dem Referentenentwurf eines Vierten Gesetzes zur Änderung des Umwandlungsgesetzes[86] versucht der Bundesgesetzgeber, den in Deutschland tätigen britischen Gesellschaften mit Satzungssitz in Großbritannien nun eine weitere, rasch durchzuführende Rettungsmöglichkeit vor den mit dem Brexit verbundenen Rechtsfolgen zu bieten (zu den Gestaltungsalternativen für vom »Brexit« betroffene Gesellschaften siehe auch Teil 6 Rdn. 49).[87] Geplant ist eine Ergänzung der Vorschriften über die grenzüberschreitende Verschmelzung in den §§ 122a ff. UmwG.[88] Insbesondere soll der Katalog verschmelzungsfähiger Rechtsträger erweitert werden (dazu Teil 6 Rdn. 92). Zudem sollen verfahrensrechtliche Anpassungen durchgeführt werden, die auf die besonderen Gegebenheiten einer grenzüberschreitenden Verschmelzung im Zusammenhang mit dem Brexit bzw. unter Beteiligung einer Personengesellschaft einhergehen (dazu im Detail die Hinweise in Teil 6 Rdn. 74 ff.).

94

B. Überblick über den Aufbau des UmwG

I. Verschiedene Umwandlungsarten

In einer Eingangsvorschrift – systematisch als Erstes Buch bezeichnet – werden zunächst die folgenden **möglichen Umwandlungsarten** aufgeführt:
– Verschmelzung,
– Spaltung mit den Unterfällen Aufspaltung, Abspaltung und Ausgliederung,
– Vermögensübertragung und
– Formwechsel.

95

---

84 Dazu Teichmann/Knaier, IWRZ 2016, 243, 244 ff.; Süß, ZIP 2018, 1277, 1277 f.; Zwirlein/Großerichter/Gätsch, NZG 2017, 1041, 1042; Seeger, DStR 2016, 1817, 1817 ff.; Armour/Fleischer/Knapp/Winner, EBOR 18 (2017), 225, 232 ff.; Basedow, ZEuP 2016, 567, 569; Bronger/Scherer/Söhnchen, EWS 2016, 131, 134 f.; Freitag/Korch, ZIP 2016, 1361; Lehmann/Zetsche, JZ 2017, 62, 67 ff.; Leible/Galneder/Wißling, RIW 2017, 718; Hess, IPRax 2016, 409, 417 f.; Kumpan/Pauschinger, EuZW 2017, 327, 331 f.; Lieder/Bialluch, NotBZ 2017, 165, 169 ff.; Schall, ZfPW 2016, 407; Schall, GmbHR 2017, 25; siehe zur Behandlung von EU-Auslandsgesellschaften durch deutsche Gerichte auch Dostal, in: MAH-GmbHR, 4. Aufl. 2018, § 26 Rn. 161 ff.
85 S. zum konkreten Ablauf ausführlich Kluth, in: Calliess/Ruffert, EUV/AEUV, Art. 294 AEUV Rn. 4 ff.; Krajewski/Rösslein, in: Grabitz/Hilf/Nettesheim, Das Recht der Europäischen Union, Art. 294 AEUV, Rn. 13 ff.
86 Abrufbar unter https://www.bmjv.de/SharedDocs/Gesetzgebungsverfahren/Dokumente/RefE_Umwandlungsgesetz.pdf?blob=publicationFile&v=1 (Stand: 15.09.2018).
87 Eingehend zum Verfahren einer grenzüberschreitenden Hineinverschmelzung nach Deutschland unter Berücksichtigung des Referentenentwurfs Knaier, ZNotP 2018, 341.
88 Siehe zum Ganzen J. Schmidt, GmbHR 2018, R292; Knaier, ZNotP 2018, 341; siehe auch die Stellungnahme des DNotV, abrufbar unter: https://www.dnotv.de/stellungnahmen/viertes-gesetz-zur-aenderung-des-umwandlungsgesetzes-referentenentwurf/(Stand: 24.09.2018).

96 Diese Aufzählung ist entsprechend dem **gesellschaftsrechtlichen Typenzwang** abschließend. Sonstige Umwandlungen sind nach § 1 Abs. 2 UmwG nur aufgrund anderweitiger ausdrücklicher gesetzlicher Regelung zugelassen (sog. **Analogieverbot**).

97 Als **mögliche Umwandlungsobjekte** erfasst sind ausdrücklich nur **Rechtsträger mit Sitz im Inland**. Ob von diesen ein Unternehmen im betriebswirtschaftlichen und rechtlichen Sinn betrieben wird, ist nicht entscheidend. Angeknüpft wird vielmehr daran, dass eine im Rechtsverkehr auftretende juristische Einheit an einem Umwandlungsvorgang beteiligt ist. Für die Einbeziehung grenzüberschreitender Vorgänge, die nicht durch einen Staat einseitig in seinen Rechtsvorschriften geregelt werden können, fehlt es bisher insb. im Bereich der EU an der notwendigen Rechtsvereinheitlichung als Basis.

98 Die **einzelnen Umwandlungsmöglichkeiten** werden im Zweiten bis Fünften Buch näher geregelt. Um den Aufbau übersichtlicher zu gestalten und die praktische Anwendung zu erleichtern, werden zunächst für jede Umwandlungsart die für alle Rechtsformen geltenden Vorschriften in einem **Allgemeinen Teil** zusammengefasst. Der nachfolgende **Besondere Teil** enthält jeweils abweichende und spezielle Regelungen, die nur für einzelne Rechtsformen von Bedeutung sind. Sind Rechtsträger verschiedener Rechtsform an einem Umwandlungsvorgang beteiligt, finden nach dieser »**Baukastentechnik**« die Vorschriften des Allgemeinen Teils und die für jede Rechtsform geltenden Regelungen des Besonderen Teils nebeneinander Anwendung.

1. Verschmelzung

99 Der im Zweiten Buch geregelte Vorgang der **Verschmelzung** ist sachlich nicht neu. Dabei übertragen ein oder mehrere Rechtsträger unter Auflösung ohne Abwicklung ihr Vermögen als Ganzes auf einen anderen schon bestehenden oder bei dieser Gelegenheit neu gegründeten Rechtsträger gegen Gewährung von Anteilen oder Mitgliedschaften dieses Rechtsträgers an die Anteilsinhaber der übertragenden Rechtsträger (vgl. § 2 UmwG).

2. Spaltung

100 Im Dritten Buch wird erstmals allgemein die Möglichkeit der **Spaltung** im deutschen Recht vorgesehen. Sie ist in **drei Formen** möglich (vgl. § 123 UmwG):
– Bei der **Aufspaltung** teilt ein übertragender Rechtsträger unter Auflösung ohne Abwicklung sein gesamtes Vermögen auf und überträgt im Wege der Sonderrechtsnachfolge die Vermögensteile auf mindestens zwei andere schon bestehende oder neu gegründete Rechtsträger. Als Gegenleistung werden Anteile der übernehmenden oder neuen Rechtsträger an die Anteilsinhaber des übertragenden Rechtsträgers gewährt.
– Bei der **Abspaltung** bleibt der übertragende Rechtsträger bestehen. Er überträgt nur einen Teil seines Vermögens, i. d. R. einen Betrieb oder mehrere Betriebe, auf einen anderen oder mehrere andere, bereits bestehende oder neue Rechtsträger, wiederum gegen Gewährung von Anteilen an die Anteilsinhaber des übertragenden Rechtsträgers.
– Wie bei der Abspaltung geht auch bei der **Ausgliederung** nur ein Teil des Vermögens eines Rechtsträgers auf andere Rechtsträger über. Ein wesentlicher Unterschied liegt aber darin, dass die als Gegenwert gewährten Anteile der übernehmenden oder der neuen Rechtsträger in das Vermögen des übertragenden Rechtsträgers selbst, nicht an seine Anteilsinhaber gelangen.

3. Vermögensübertragung

101 Im Vierten Buch wird die **Vermögensübertragung** geregelt. Sie ist in zwei Varianten möglich (vgl. § 174 UmwG):
– als **Vollübertragung** in Anlehnung an die Verschmelzung oder
– als **Teilübertragung** nach dem Vorbild der Spaltung.

Der sachliche Unterschied zu diesen Umwandlungsformen besteht darin, dass die **Gegenleistung** für Anteile an den übertragenden Rechtsträgern nicht in Anteilen an den übernehmenden Rechtsträgern, sondern in anderer Form – etwa durch Geldleistung – erbracht wird. Dies hat seinen Grund darin, dass teilweise die Struktur der beteiligten Rechtsträger (Öffentliche Hand, öffentlich-rechtliche Versicherungsunternehmen) einen Anteilstausch nicht zulässt.

4. Formwechsel

Beim **Formwechsel** nach dem Fünften Buch findet anders als bei den übrigen Umwandlungsarten **kein Übertragungsvorgang** statt. Vielmehr besteht die rechtliche und wirtschaftliche Identität eines Rechtsträgers in diesem Fall fort (vgl. § 190 UmwG). Es ändern sich lediglich seine Rechtsform und die rechtliche Struktur.

II. Ablauf des Umwandlungsverfahrens

Das **Verfahren** vollzieht sich bei allen Umwandlungsvorgängen im Wesentlichen in **drei Hauptschritten**:

---

1. Schritt:
Als **rechtsgeschäftliche Grundlage** für die Übertragung des Vermögens ist zunächst von den beteiligten Rechtsträgern ein **Vertrag** abzuschließen.
Wenn bei einer Spaltung erst neue Rechtsträger entstehen sollen, tritt an die Stelle des Vertrages ein **Spaltungsplan** als einseitiges Rechtsgeschäft.
Beim Formwechsel, wo es ebenfalls an einem Vertragspartner fehlt, wird diese vorbereitende Funktion durch den **Entwurf des Umwandlungsbeschlusses** erfüllt.
Für alle genannten Rechtsakte wird jeweils ein bestimmter **Mindestinhalt** vorgeschrieben.

2. Schritt:
Die Anteilsinhaber der beteiligten Rechtsträger sind grds. durch einen besonderen **Bericht** über die Einzelheiten der geplanten Umwandlung zu unterrichten.
Dem Schutz ihrer Interessen dient i.Ü. die – generell oder unter bestimmten Voraussetzungen – vorgeschriebene **Prüfung** durch unabhängige **Sachverständige**.
Auf der Grundlage der erhaltenen Informationen beschließen die Anteilsinhaber über die Umwandlung, i.d.R. mit der für Satzungsänderungen vorgeschriebenen Mehrheit. Für den **Beschluss** ist generell die notarielle Beurkundung vorgeschrieben.

3. Schritt:
Die Wirksamkeit der Umwandlung, insbes. der Vermögensübertragung bzw. beim Formwechsel das Fortbestehen in der neuen Rechtsform, wird durch die **Eintragung** im zuständigen Register herbeigeführt.
Für die Anteilsinhaber, die Inhaber von Sonderrechten und die Gläubiger der beteiligten Rechtsträger sind jeweils besondere **Schutzmechanismen**, insbes. auch Schadensersatz- und Haftungsvorschriften vorgesehen.

III. Grenzüberschreitende Verschmelzungen von Kapitalgesellschaften (§§ 122a bis 122l UmwG)

Zur gesellschaftsrechtlichen Umsetzung der Richtlinie 2005/56/EG (vgl. oben Teil 1 Rdn. 34 ff.) wurde ein neuer **Zehnter Abschnitt** über die grenzüberschreitende Verschmelzung von Kapitalgesellschaften (§§ 122a bis 122l) in das neue UmwG eingefügt worden.

Im Einzelnen handelte es sich um **folgende Änderungen**:

1. Anwendungsbereich und Begriffsbestimmungen (§§ 122a, 122b UmwG)

105 Als grenzüberschreitende Verschmelzungen gelten Verschmelzungen, bei denen mindestens eine der beteiligten Gesellschaften dem Recht eines anderen Mitgliedstaats der **EU** oder (im Hinblick auf die erfolgte Ausdehnung der Richtlinie nach dem **EWR-Abkommen**) eines anderen Vertragsstaats dieses Abkommens unterliegt.

106 An einer grenzüberschreitenden Verschmelzung können nur **Kapitalgesellschaften** beteiligt sein. In Deutschland sind dies die in § 3 Abs. 1 Nr. 2 UmwG genannten Gesellschaften, d. h. GmbH, AG und KGaA sowie Europäische Gesellschaften (SE) mit Sitz in Deutschland (vgl. Art. 9 Abs. 1 Buchst. c) ii) der VO [EG] Nr. 2157/2001, ABl. EG Nr. L 294 v. 10.11.2001 S. 1 ff.). Auf ihre Beteiligung an einer grenzüberschreitenden Verschmelzung finden grds. die für Kapitalgesellschaften einschlägigen Vorschriften über die innerstaatliche Verschmelzung Anwendung. Diese werden durch die Vorschriften des Zehnten Abschnitts über die grenzüberschreitende Verschmelzung ergänzt und teilweise ersetzt.

107 Die genannten deutschen Kapitalgesellschaften können sich mit ausländischen Kapitalgesellschaften verschmelzen, sofern diese **nach dem Recht eines Mitgliedstaats der EU gegründet** worden sind und ihren satzungsmäßigen Sitz, ihre Hauptverwaltung oder ihre Hauptniederlassung in einem Mitgliedstaat der EU oder einem EWR-Staat haben. Für die Begriffsbestimmung der Kapitalgesellschaft wird auf Art. 2 Richtlinie 2005/56/EG verwiesen. Allerdings wird von der Möglichkeit Gebrauch gemacht, die Umsetzung der Richtlinie **nicht auf Genossenschaften zu erstrecken**. **Genossenschaften** können an einer grenzüberschreitenden Verschmelzung i. S. d. neu geschaffenen Vorschriften des UmwG folglich nicht beteiligt sein. Dies gilt auch dann, wenn sie nach ihrem Heimatrecht als Kapitalgesellschaften anzusehen sind. Ebenfalls in Übereinstimmung mit der Richtlinie vom Anwendungsbereich ausgenommen sind sog. Organismen zur gemeinsamen Anlage in Wertpapieren (**OGAW**) i. S. d. Art. 1 Richtlinie 85/611/EWG.

2. Verschmelzungsplan (§ 122c UmwG)

108 Grundvoraussetzung einer grenzüberschreitenden Verschmelzung ist die Aufstellung eines **gemeinsamen Verschmelzungsplans** durch die beteiligten Gesellschaften. Die Verpflichtung zur Aufstellung kann im UmwG nur für die deutschen beteiligten Gesellschaften geregelt werden; dem trägt die Formulierung in § 122c Abs. 1 UmwG Rechnung.

109 Die **Anforderungen an den Inhalt des Verschmelzungsplans** sind so weit wie möglich wörtlich aus der Richtlinie 2005/56/EG (vgl. Teil 1 Rdn. 34) übernommen worden, um insofern einen Gleichlauf mit den Umsetzungsvorschriften in anderen Mitgliedstaaten zu gewährleisten. Die Mehrzahl der Angaben entspricht ohnehin der bei einer innerstaatlichen Verschmelzung für den **Verschmelzungsvertrag vorgeschriebenen Liste**. Zusätzlich sind im Verschmelzungsplan die Satzung der übernehmenden oder neuen Gesellschaft (§ 122c Abs. 2 Nr. 9 UmwG), Angaben zur Bewertung des übertragenen Aktiv- und Passivvermögens (§ 122c Abs. 2 Nr. 11 UmwG), die Bilanzstichtage der beteiligten Gesellschaften (§ 122c Abs. 2 Nr. 12 UmwG) sowie ggf. Angaben zu einem Verfahren zur Festlegung der Arbeitnehmermitbestimmung in der übernehmenden oder neuen Gesellschaft (§ 122c Abs. 2 Nr. 10 UmwG) aufzunehmen.

110 Befinden sich alle Anteile der übertragenden Gesellschaft in der Hand der übernehmenden Gesellschaft, können die **Angaben über das Umtauschverhältnis der Anteile** und ggf. die Höhe der baren Zuzahlung, über die Einzelheiten der Übertragung der Anteile und über den Zeitpunkt, ab dem die Anteile deren Inhabern das Recht auf Gewinn gewähren, **entfallen**. Dies entspricht auch der allgemeinen Regelung für Verschmelzungen (vgl. § 5 Abs. 2 UmwG).

111 Wie der Verschmelzungsvertrag (vgl. § 6 UmwG) ist auch der Verschmelzungsplan bei der grenzüberschreitenden Verschmelzung **notariell zu beurkunden**.

3. Bekanntmachung (§ 122d UmwG)

Der Verschmelzungsplan ist spätestens einen Monat vor der Gesellschafterversammlung, die über die Zustimmung beschließt, zum Register einzureichen. Die **Bekanntmachung** erfolgt gem. § 10 HGB und damit ab 01.01.2007 **elektronisch**. Sie muss neben dem Hinweis darauf, dass der Verschmelzungsplan beim Handelsregister eingereicht worden ist, zusätzlich die durch Art. 6 Abs. 2 der Richtlinie 2005/56/EG (vgl. Teil 1 Rdn. 45) vorgegebenen Angaben enthalten.

112

4. Verschmelzungsbericht (§ 122e UmwG)

Die Vertretungsorgane der deutschen beteiligten Gesellschaft müssen einen **Verschmelzungsbericht** erstellen. Die für die innerstaatliche Verschmelzung geltenden Vorschriften finden grds. entsprechende Anwendung. Eine **zusätzliche Regelung** enthält § 122e UmwG Danach sind im Verschmelzungsbericht auch die Auswirkungen der grenzüberschreitenden Verschmelzung auf die Gläubiger und Arbeitnehmer der an der Verschmelzung beteiligten Gesellschaften zu erläutern. Der Verschmelzungsbericht ist spätestens einen Monat vor der Versammlung der Anteilseigner, die über die Zustimmung zum Verschmelzungsplan entscheidet, den Anteilseignern, aber auch dem zuständigen Betriebsrat oder – falls es keinen Betriebsrat gibt – den Arbeitnehmern direkt zur Verfügung zu stellen. Dies entspricht den Vorgaben der Richtlinie 2005/56/EG (vgl. Teil 1 Rdn. 46). Die Regelung in § 8 Abs. 3 UmwG, wonach der Verschmelzungsbericht nicht erforderlich ist, wenn alle Anteilsinhaber aller beteiligten Gesellschaften auf ihn verzichten oder sich alle Anteile der übertragenden Gesellschaft bereits in der Hand der übernehmenden Gesellschaft befinden, kann nicht entsprechend angewandt werden, da die Richtlinie keine entsprechende Ausnahme vorsieht.

113

5. Verschmelzungsprüfung (§ 122f UmwG)

Wie der Verschmelzungsvertrag bei einer innerstaatlichen Verschmelzung ist auch der Verschmelzungsplan bei einer grenzüberschreitenden Verschmelzung gem. §§ 9 bis 12 UmwG durch einen oder mehrere **sachverständige Prüfer** zu prüfen. Ausdrücklich für unanwendbar erklärt wird dagegen § 48 UmwG, der für GmbH vorsieht, dass eine Verschmelzungsprüfung nur auf Verlangen eines ihrer Gesellschafter durchzuführen ist. Eine solche fakultative Verschmelzungsprüfung würde nicht den Vorgaben der Richtlinie 2005/56/EG (vgl. Teil 1 Rdn. 47) entsprechen.

114

Die **Bestellung eines gemeinsamen Verschmelzungsprüfers** ist möglich. Der Prüfungsbericht muss spätestens einen Monat vor der Versammlung der Anteilseigner, die über die Zustimmung zum Verschmelzungsplan entscheidet, vorliegen. Die Gesellschafter aller beteiligten Gesellschaften können auf die Verschmelzungsprüfung und den Prüfungsbericht verzichten.

115

6. Zustimmung der Anteilsinhaber (§ 122g UmwG)

Auf die **Zustimmung der Anteilsinhaber** der deutschen beteiligten Gesellschaft zum **gemeinsamen Verschmelzungsplan** finden grds. die Vorschriften über die Zustimmung zu einem Verschmelzungsvertrag entsprechende Anwendung. Bei einer grenzüberschreitenden Verschmelzung können die Anteilsinhaber ihre Zustimmung zusätzlich davon abhängig machen, dass die Regelung der Mitbestimmung der Arbeitnehmer in der übernehmenden oder neuen Gesellschaft ausdrücklich von ihnen bestätigt wird.

116

Die **Zustimmung** der Anteilsinhaber ist **nicht erforderlich**, wenn sich alle Anteile der übertragenden Gesellschaft ohnehin bereits in der Hand der übernehmenden Gesellschaft befinden. Dies ist eine zusätzliche verfahrensmäßige Erleichterung für grenzüberschreitende Verschmelzungen.

7. Schutz von Minderheitsgesellschaftern

a) Verbesserung des Umtauschverhältnisses (§ 122h UmwG)

117 Diese Regelung macht von der Ermächtigung des Art. 10 Abs. 3 Richtlinie 2005/56/EG Gebrauch (vgl. Teil 1 Rdn. 51). Die Anteilsinhaber einer deutschen übertragenden Gesellschaft können daher eine **Verbesserung des Umtauschverhältnisses** ihrer Anteile entsprechend § 14 Abs. 2 und § 15 UmwG nur unter den von der Richtlinie vorgesehenen Bedingungen verlangen. Voraussetzung ist, dass die Rechtsordnung, der die beteiligten ausländischen Gesellschaften jeweils unterliegen, ebenfalls ein solches Verfahren zur Kontrolle und Änderung des Umtauschverhältnisses kennt oder dass die Anteilsinhaber dieser Gesellschaften einem solchen Verfahren im Verschmelzungsbeschluss ausdrücklich zustimmen. Liegt keine dieser Voraussetzungen vor, verbleibt es für die Anteilsinhaber der deutschen Gesellschaft bei der Möglichkeit, den Verschmelzungsbeschluss auch mit der Begründung anzufechten, dass das Umtauschverhältnis nicht angemessen ist.

118 § 122h Abs. 2 UmwG n. F. eröffnet den Anteilsinhabern einer übertragenden **ausländischen Gesellschaft** die Möglichkeit, ein **Spruchverfahren zur Verbesserung des Umtauschverhältnisses** vor deutschen Gerichten einzuleiten oder sich an einem solchen zu beteiligen. Voraussetzung ist, dass die Rechtsordnung, der die ausländische Gesellschaft unterliegt, ebenfalls ein solches Verfahren kennt (wie bspw. Österreich) und dass die deutschen Gerichte international zuständig sind (aufgrund einer Gerichtsstandsvereinbarung oder nach der Verordnung [EG] Nr. 44/2001 v. 22.12.2001, ABl. EG Nr. L 12 S. 1 ff.). Durch diese Regelung, die dem Vorbild in § 6 Abs. 4 Satz 2 SE-Ausführungsgesetz[89] folgt, sollen Doppelarbeit und sich widersprechende Entscheidungen deutscher und ausländischer Gerichte vermieden werden.

b) Abfindungsangebot im Verschmelzungsplan (§ 122i UmwG)

119 Ebenso wie bei Gründung einer SE[90] wird auch bei der grenzüberschreitenden Verschmelzung den Minderheitsgesellschaftern ein **Austrittsrecht** gewährt, wenn die aus der grenzüberschreitenden Verschmelzung hervorgegangene Gesellschaft nicht dem deutschen Recht unterliegt. Dem liegt der Gedanke zugrunde, dass kein Anteilsinhaber gezwungen sein soll, die mit dem Wechsel in eine ausländische Rechtsform verbundene Änderung seiner Rechte und Pflichten hinnehmen zu müssen. **Europarechtliche Grundlage** der Regelung in § 122i Abs. 1 UmwG ist Art. 4 Abs. 2 Satz 2 Richtlinie 2005/56/EG (vgl. Teil 1 Rdn. 41), wonach jeder Mitgliedstaat für seinem Recht unterliegende Gesellschaften Vorschriften zum Schutz derjenigen Minderheitsgesellschafter erlassen kann, die sich gegen die Verschmelzung ausgesprochen haben.

120 Die Minderheitsgesellschafter einer deutschen beteiligten Gesellschaft können die Angemessenheit eines **Abfindungsangebots unter den Voraussetzungen des Art. 10 Abs. 3 Richtlinie 2005/56/EG** (s. o. Teil 1 Rdn. 51) in einem Spruchverfahren überprüfen lassen. Liegen diese Voraussetzungen nicht vor, verbleibt es bei der Möglichkeit, den Verschmelzungsbeschluss aus diesem Grund anzufechten. Für ein Spruchverfahren vor deutschen Gerichten durch die Gesellschafter einer ausländischen übertragenden Gesellschaft gelten die Hinweise unter Teil 1 Rdn. 118 entsprechend.

8. Gläubigerschutz (§ 122j UmwG)

121 Der neue Zehnte Abschnitt enthält eine **gesonderte Vorschrift zum Gläubigerschutz**, da die Vorschriften des UmwG für innerstaatliche Verschmelzungen lediglich einen Gläubigerschutz nach Eintragung der Verschmelzung gewähren. Wenn die aus der Verschmelzung hervorgehende Gesellschaft ihren Sitz im Ausland hat oder einer anderen Rechtsordnung unterliegt, wird ein nachgeordneter Schutz den Interessen der Gläubiger jedoch möglicherweise nicht immer gerecht.

---

89 BGBl. 2004 I, S. 3675 ff.
90 Vgl. § 7 SE-Ausführungsgesetz.

Die Gläubiger einer deutschen übertragenden Gesellschaft können daher bereits **binnen 2 Monaten nach der Bekanntmachung des Verschmelzungsplans** ihren Anspruch dem Grund und der Höhe nach schriftlich anmelden und Sicherheitsleistung verlangen. Das Recht auf **Sicherheitsleistung** bezieht sich auf Forderungen, die vor oder bis zu 15 Tagen nach Offenlegung des Verschmelzungsplans entstanden sind. Dieser Anspruch steht den Gläubigern allerdings nur zu, wenn sie nicht Befriedigung verlangen können. Sie müssen weiterhin glaubhaft machen, dass durch die Verschmelzung die Erfüllung ihrer Forderungen gefährdet ist. Mit dieser Einschränkung wird dem Umstand Rechnung getragen, dass nicht bei jeder grenzüberschreitenden Verschmelzung automatisch von einer Gefährdung der Gläubigerinteressen ausgegangen werden kann. Dies gilt auch dann, wenn die übernehmende oder neue Gesellschaft ihren Sitz in einem anderen Mitgliedstaat der EU oder des EWR hat oder ausländischem Recht unterliegt.

▶ Hinweis:

§ 122j UmwG n. F. ist den Bestimmungen zum Gläubigerschutz bei Gründung einer Europäischen Gesellschaft (SE) nachgebildet. Ebenfalls nach dem Vorbild des SE-Ausführungsgesetzes sind die Regelungen in § 122k Abs. 1 Satz 2 UmwG und § 314a UmwG gestaltet, wonach bei Beantragung einer Verschmelzungsbescheinigung eine **strafbewehrte Versicherung** zum Gläubigerschutz abzugeben ist.

9. Verschmelzungsbescheinigung (§ 122k UmwG)

Bei deutschen übertragenden Gesellschaften ist für die Ausstellung der **Verschmelzungsbescheinigung** das Register am Sitz der Gesellschaft zuständig. Dort hat das Vertretungsorgan der übertragenden Gesellschaft das Vorliegen der sie betreffenden Voraussetzungen zur Eintragung anzumelden. Es hat die in § 17 UmwG geforderten Unterlagen vorzulegen und eine Negativerklärung nach § 16 Abs. 2 UmwG sowie eine Erklärung zum Gläubigerschutz abzugeben.

Die **Nachricht über die Eintragung in das Register** gilt sodann als Verschmelzungsbescheinigung. Das Vertretungsorgan der übertragenden Gesellschaft hat diese Verschmelzungsbescheinigung binnen 6 Monaten zusammen mit dem gemeinsamen Verschmelzungsplan der zuständigen Stelle des Staates vorzulegen, in dem die übernehmende oder neue Gesellschaft eingetragen wird.

Die Einführung einer Verschmelzungsbescheinigung für grenzüberschreitende Verschmelzungen schafft eine **wesentliche Verfahrenserleichterung**. Die übertragende Gesellschaft muss sich lediglich an das für sie ohnehin zuständige Register wenden, um die Voraussetzungen der Verschmelzung nachzuweisen. Für die Eintragung der Durchführung der Verschmelzung in einem ausländischen Register reicht die Vorlage der Verschmelzungsbescheinigung. Hierdurch werden aufwendige administrative Doppelprüfungen vermieden.

10. Eintragung, Bekanntmachung und Wirksamwerden (§ 122l UmwG)

Die **Eintragung** einer aus der grenzüberschreitenden Verschmelzung hervorgegangenen Gesellschaft, die deutschem Recht unterliegt, wird in § 122l UmwG geregelt. Bei der Prüfung der Eintragungsvoraussetzungen erfolgt dabei die von der Richtlinie 2005/56/EG vorgesehene **zweite Stufe der Rechtmäßigkeitskontrolle** (vgl. Teil 1 Rdn. 49). Zuständig ist das Register am Sitz der übernehmenden oder neuen Gesellschaft.

Die **Anmeldung** ist bei einer Verschmelzung durch Aufnahme von dem Vertretungsorgan der deutschen übernehmenden Gesellschaft und bei Neugründung von den Vertretungsorganen der deutschen und ausländischen übertragenden Gesellschaften vorzunehmen. Diese haben den gemeinsamen Verschmelzungsplan und die höchstens 6 Monate alten Verschmelzungsbescheinigungen aller übertragenden Gesellschaften vorzulegen sowie die sonstigen Eintragungsvoraussetzungen nach deutschem Recht nachzuweisen. Für die übertragenden Gesellschaften nicht anzuwenden sind § 16 Abs. 2 und Abs. 3 und § 17 UmwG, da für die übertragenden deutschen und ausländischen Gesellschaften das Vorliegen der Voraussetzungen für eine grenzüberschreitende Verschmelzung bereits in der Verschmelzungsbescheinigung dokumentiert ist.

129 **Vor der Eintragung** prüft das Registergericht insb., ob die Gesellschafter aller an der grenzüberschreitenden Verschmelzung beteiligten Gesellschaften einem gemeinsamen Verschmelzungsplan zugestimmt haben und ob ggf. eine Vereinbarung über die Beteiligung der Arbeitnehmer geschlossen worden ist. Die **Bekanntmachung** der Eintragung und das **Wirksamwerden** richten sich nach den allgemeinen Vorschriften des UmwG zur Verschmelzung (vgl. §§ 19 ff. UmwG).

IV. Weitere Regelungen

130 Das Sechste Buch enthält eine Reihe von **Strafvorschriften** und eine Bestimmung über die **Festsetzung von Zwangsgeld** zur Ahndung von Gesetzesverstößen.

131 Im Siebenten Buch werden schließlich die erforderlichen **Übergangs- und Schlussvorschriften** zusammengefasst. An dieser Stelle finden sich auch die arbeitsrechtlichen Vorschriften (vgl. Teil 1 Rdn. 15).

C. Umwandlungsmöglichkeiten

132 Die **Umwandlungsmöglichkeiten** sind für die Vorgänge der Verschmelzung, der Spaltung, der Vermögensübertragung und des Formwechsels **in den folgenden Tabellen** getrennt überblickartig aufgeführt. Sofern eine Umwandlungsmöglichkeit nicht besteht, wird dies durch einen Strich gekennzeichnet.

133 Paragrafen bezeichnen die zur Durchführung des jeweiligen Vorgangs sowohl für den übertragenden als auch für den übernehmenden oder neuen Rechtsträger anzuwendenden Vorschriften der jeweiligen **Besonderen Teile** des Zweiten bis Fünften Buches. Die bei jedem Vorgang stets ebenfalls zu beachtenden Vorschriften der **Allgemeinen Teile** dieser Bücher (Verschmelzung: §§ 4 bis 38 UmwG; Spaltung: §§ 126 bis 137 UmwG; Vermögensübertragung: §§ 174, 175 UmwG; Formwechsel: §§ 192 bis 213 UmwG) sind aus Gründen der besseren Lesbarkeit **nicht aufgeführt**. Soweit im tabellarischen Überblick über die **Spaltungsmöglichkeiten** nichts anderes ausdrücklich aufgeführt wird, sind die dort zitierten Vorschriften gleichermaßen für Vorgänge der Aufspaltung, der Abspaltung und der Ausgliederung anwendbar.

Aus den Tabellen kann auch ermittelt werden, ob an einem Vorgang mehrere übertragende Rechtsträger unterschiedlicher Rechtsformen beteiligt sein können und welche Vorschriften hierauf anzuwenden sind.

▶ Beispiel:

134 Die gleichzeitige Verschmelzung einer GmbH und einer Genossenschaft zur Aufnahme durch eine AG ist möglich; hierauf sind aus dem Besonderen Teil die §§ 46 bis 59 UmwG, 60 bis 77 UmwG und 79 bis 98 UmwG anzuwenden. Demgegenüber sind die gleichzeitige Abspaltung von einer GmbH und Ausgliederung aus einer rechtsfähigen Stiftung zur Neugründung einer Personenhandelsgesellschaft nicht möglich, da die Ausgliederung aus der rechtsfähigen Stiftung nur zur Aufnahme durch eine Personenhandelsgesellschaft zulässig ist.

C. Umwandlungsmöglichkeiten

I. Tabelle 1: Verschmelzungen (innerstaatlich und grenzüberschreitend)

135

Rechtsträger übertragender	übernehmender oder neuer									
	PGH	Partnerschaftsgesellschaft*	GmbH	AG	KGaA	e. G.	e. V./ wirtschaftl. Verein	Genossenschaftliche Prüfungsverbände	VVaG	natürliche Personen
PGH	A/N §§ 39 bis 45 **neu**	–	A/N §§ 39 bis 45, 46 bis 59 **neu**	A/N §§ 39 bis 45, 60 bis 77 **neu**	A/N §§ 39 bis 45, 78 **neu**	A/N §§ 39 bis 45, 79 bis 98 **neu**	–	–	–	–
Partnerschaftsgesellschaft *	A/N §§ 39 bis 45, 45a bis 45e **neu**	A/N §§ 45a bis 45e **neu**	A/N §§ 45a bis 45e, 46 bis 59 **neu**	A/N §§ 45a bis 45e, 60 bis 77 **neu**	A/N §§ 45a bis 45e, 60 bis 77, 78 **neu**	A/N §§ 45a bis 45e, 79 bis 98 **neu**	–	–	–	–
GmbH	A/N §§ 39 bis 45, 46 bis 59	A/N §§ 45a bis 45e, 49 bis 59 Dtsch_ Arztebl_ Int-108–27	A/N §§ 46 bis 59 grenzüberschreitend §§ 122a bis 122l **neu**	A/N §§ 46 bis 59, 60 bis 77 grenzüberschreitend §§ 122a bis 122l **neu**	A/N §§ 46 bis 59, 78 grenzüberschreitend §§ 122a bis 122l **neu**	A/N §§ 46 bis 59, 79 bis 98 **neu**	–	–	–	§§ 120 bis 122 i. V. m. §§ 46 bis 59
AG	A/N §§ 39 bis 45, 60 bis 77 **neu**	A/N §§ 45a bis e, 60 bis 77 **neu**	A/N §§ 46 bis 59, 60 bis 77	A/N §§ 60 bis 77 grenzüberschreitend §§ 122a bis 122l **neu**	A/N §§ 60 bis 77, 78 grenzüberschreitend §§ 122a bis 122l **neu**	A/N §§ 60 bis 77, 79 bis 98	–	–	–	§§ 120 bis 122 i. V. m. §§ 60 bis 77
KGaA	A/N §§ 39 bis 45, 78	A/N §§ 45a bis 45e, 60 bis 77, 78 **neu**	A/N §§ 46 bis 59, 78 grenzüberschreitend §§ 122a bis 122l **neu**	A/N §§ 60 bis 77, 78 grenzüberschreitend §§ 122a bis 122l **neu**	A/N § 78 grenzüberschreitend §§ 122a bis 122l **neu**	A/N §§ 78, 79 bis 98 **neu**	–	–	–	§§ 120 bis 122 i. V. m. § 78

Rechtsträger übertragender	übernehmender oder neuer									
	PGH	Partnerschaftsgesellschaft*	GmbH	AG	KGaA	e. G.	e. V./wirtschaftl. Verein	Genossenschaftliche Prüfungsverbände	VVaG	natürliche Personen
e. G.	A/N §§ 39 bis 45, 79 bis 98 **neu**	A/N §§ 45a bis 45e, 79 bis 98 **neu**	A/N §§ 46 bis 59, 79 bis 98 **neu**	A/N §§ 60 bis 77, 79 bis 98 **neu**	A/N §§ 78, 79 bis 98 **neu**	A/N §§ 79 bis 98 **neu**	–	–	–	–
e. V./wirtschaftl. Verein	A/N §§ 39 bis 45, 99 bis 104a **neu**	A/N §§ 45a bis 45e, 99 bis 104a **neu**	A/N §§ 46 bis 59, 99 bis 104a **neu**	A/N §§ 60 bis 77, 99 bis 104a **neu**	A/N §§ 78, 99 bis 104a **neu**	A/N §§ 79 bis 98, 99 bis 104a **neu**	A/N §§ 99 bis 104a **neu**	A §§ 99 bis 104a, 105 bis 108 **neu**	–	–
Genossenschaftliche Prüfungsverbände	–	–	–	–	–	–	–	A/N §§ 105 bis 108 **neu**	–	–
VVaG	–	–	–	A/N nur Versicherungs-AG §§ 60 bis 77, 109 bis 119 **neu**	–	–	–	–	A/N §§ 109 bis 119	–
natürliche Personen	–	–	–	–	–	–	–	–	–	–

Erläuterungen:

– **A**: Vorgang ist nur **zur Aufnahme** durch einen übernehmenden Rechtsträger (obere waagerechte Spalte) möglich.
– **N**: Vorgang ist nur **zur Neugründung** eines neuen Rechtsträgers (obere waagerechte Spalte) möglich.
– **neu**: Vorgang war nach früher geltendem Recht nicht möglich.

*Alle Anteilsinhaber der übertragenden Rechtsträger müssen natürliche Personen und Freiberufler sein.

C. Umwandlungsmöglichkeiten

II. Tabelle 2: Spaltung

Rechtsträger übertragender	PGH	Partner-schaftsge-sellschaft*	GmbH	AG/KGaA	e.G	e. V.	Genossen-schaftli-che Prü-fungsverbände	VVaG
PGH	A/N	A/N	A/N	A/N	A/N	–	–	–
	§§ 125, 135	§§ 125, 135	§§ 125, 135; 138 bis 140	§§ 125, 135; 141 bis 146	§§ 125, 135; 147, 148			
Partner-schaftsge-sellschaft*	A/N	A/N	A/N	A/N	A/N	–	–	–
	§§ 125, 135	§§ 125, 135	§§ 125, 135; 138 bis 140	§§ 125, 135; 141 bis 146	§§ 125, 135; 147, 148			
GmbH	A/N	A/N	A/N	A/N	A/N	–	–	–
	§§ 125, 135; 138 bis 140	§§ 125, 135; 138 bis 140	§§ 125, 135; 138 bis 140	§§ 125, 135; 138 bis 140; 141 bis 146	§§ 125, 135; 138 bis 140; 147, 148			
AG/KGaA	A/N	A/N	A/N	A/N	A/N	–	–	–
	§§ 125, 135; 141 bis 146	§§ 125, 135; 141 bis 146	§§ 125, 135; 138 bis 140; 141 bis 146	§§ 125, 135; 141 bis 146	§§ 125, 135; 141 bis 146; 147, 148			
e. G.	A/N	A/N	A/N	A/N	A/N	–	–	–
	§§ 125, 135; 147, 148	§§ 125, 135; 147, 148	§§ 125, 135; 138 bis 140; 147, 148	§§ 125, 135; 141 bis 146; 147, 148	§§ 125, 135; 147, 148			
e. V./ wirtschaftl. Verein	A/N	A/N	A/N	A/N	A/N	–	–	–
	§§ 125, 135	§§ 125, 135	§§ 125, 135; 138 bis 140	§§ 125, 135; 141 bis 146	§§ 125, 135; 147, 148			
Genossen-schaftliche Prüfungs-verbände	–	–	nur Ausgliede-rung A/N §§ 125, 135; 141 bis 146; 150	nur Aus-gliederung A/N §§ 125, 135; 141 bis 146; 150	–	–	–A §§ 125; 150	–
VVaG	–	–	nur Ausgliede-rung, keine Übertragung von Versiche-rungsverträgen A/N §§ 125, 135; 141 bis 146; 151	nur Vers.-AG nur Auf-/Abspal-tung A/N §§ 125, 135; 141 bis 146; 151	–	–	–	nur Auf-/Abspal-tung A/N §§ 125, 135; 151

Teil 1 Kapitel 1 — Einleitung

Rechtsträger übertragender	PGH	Partner-schaftsge-sellschaft*	GmbH	übernehmender oder neuer AG/KGaA	e.G	e.V.	Genossen-schaftliche Prüfungs-verbände	VVaG
Einzel-kaufmann	nur Ausgliederung A §§ 125; 152 bis 157	–	nur Ausgliederung A/N * §§ 125, 135; 138 bis 140; 152 bis 160	nur Ausgliederung A/N * §§ 125, 135; 141 bis 146; 152 bis 160	nur Ausgliederung A/N * §§ 125; 147, 148; 152 bis 157	–	–	–
Stiftungen	nur Ausgliederung A §§ 125; 161 bis 167	–	nur Ausgliederung A/N §§ 125, 135; 138 bis 140; 161 bis 167	nur Ausgliederung A/N §§ 125, 135; 141 bis 146; 161 bis 167	–	–	–	–
Gebietskör-perschaft(en)	nur Ausgliederung A §§ 125; 168 bis 173	–	nur Ausgliederung A/N * §§ 125, 135; 138 bis 140; 168 bis 173	nur Ausgliederung A/N * §§ 125, 135; 141 bis 146; 168 bis 173	nur Ausgliederung A/N §§ 125; 147, 148; 168 bis 173	–	–	–

Erläuterungen:
- nur bei den * gekennzeichneten Modalitäten war dieser Vorgang schon nach früherem Recht möglich.
- **A**: Vorgang ist nur zur Aufnahme durch einen übernehmenden Rechtsträger (obere waagerechte Spalte) möglich.
- **N**: Vorgang ist nur zur Neugründung eines neuen Rechtsträgers (obere waagerechte Spalte) möglich.

*Alle Anteilsinhaber der übertragenden Rechtsträger müssen natürliche Personen und Freiberufler sein. Ausnahme möglich bei nicht Verhältnis wahrender Spaltung. Eine Ausgliederung auf eine Partnerschaftsgesellschaft ist nicht möglich.

III. Tabelle 3: Vermögensübertragung

Rechtsträger übertragender		übernehmender Öffentliche Hand	VVaG	öffentl.-rechtl. Versi-cherungsun-ternehmen	Vers.-AG
GmbH	Vollübertragung	§§ 175 Nr. 1, 176 **neu**	–	–	–
	Teilübertragung	§§ 175 Nr. 1, 177 **neu**	–	–	–
AG/KGaA	Vollübertragung	§§ 175 Nr. 1, 176	–	–	–
	Teilübertragung	§§ 175 Nr. 1, 177 **neu**	–	–	–

C. Umwandlungsmöglichkeiten   Teil 1 Kapitel 1

Rechtsträger übertragender		übernehmender Öffentliche Hand	VVaG	öffentl.-rechtl. Versicherungsunternehmen	Vers.-AG
Versicherungs-AG	Vollübertragung	–	§§ 175 Nr. 2 Buchst. a), 178	§§ 175 Nr. 2 Buchst. a), 178 **neu**	–
	Teilübertragung	–	§§ 175 Nr. 2 Buchst. a), 179 **neu**	§§ 175 Nr. 2 Buchst. a), 179 **neu**	–
VVAG	Vollübertragung	–	–	§§ 175 Nr. 2 Buchst. b), 180 bis 183, 185 bis 187	§§ 175 Nr. 2 Buchst. b), 180 bis 183, 185 bis 187
	Teilübertragung	–	–	§§ 175 Nr. 2 Buchst. b), 184 bis 187 **neu**	§§ 175 Nr. 2 Buchst. b), 184 bis 187 **neu**
öffentl.-rechtl. Versicherungsunternehmen	Vollübertragung	–	§§ 175 Nr. 2 Buchst. c), 188	–	§§ 175 Nr. 2 Buchst. c), 188 **neu**
	Teilübertragung	–	§§ 175 Nr. 2 Buchst. c), 189 **neu**	–	§§ 175 Nr. 2 Buchst. c), 189 **neu**

Erläuterungen:
– **neu**: Vorgang war nach früher geltendem Recht nicht möglich.

IV. Tabelle 4: Formwechsel

138

Rechtsträger formwechselnder	neue Rechtsform						
	GbR	PGH	Partnerschaftsgesellschaft*	GmbH	AG	KGaA	e. G.
PGH	§ 190 Abs. 2	§ 190 Abs. 2	–	§§ 214 bis 25	§§ 214 bis 225	§§ 214 bis 225	§§ 214 bis 225
Partnerschaftsgesellschaft*	–	–	–	§§ 225a bis 225c **neu**	§§ 225a bis 225c **neu**	§§ 225a bis 225c **neu**	§§ 225a bis 225c **neu**
GmbH	§§ 226, 228 bis 237	§§ 226, 228 bis 237	§§ 226, 228 bis 237 **neu**	–	§§ 226, 238 bis 250	§§ 226, 238 bis 250	§§ 226, 251 bis 257 **neu**
AG	§§ 226, 228 bis 237	§§ 226, 228 bis 237	§§ 226, 228 bis 237 **neu**	§§ 226, 238 bis 250	–	§§ 226, 238 bis 250	§§ 226, 251 bis 257 **neu**

Rechtsträger formwechselnder	neue Rechtsform GbR	PGH	Partnerschafts-gesellschaft*	GmbH	AG	KGaA	e. G.
KGaA	§§ 226 bis 237	§§ 226, 228 bis 237	§§ 226 f., 228 bis 237	§§ 226, 227, 238 bis 250	§§ 226, 227, 238 bis 250	–	§§ 226, 227, 251 bis 257 **neu**
e. G.	–	–	–	§§ 258 bis 271 **neu**	§§ 258 bis 271	§§ 258 bis 271	–
e. V./ wirtschaftl. Verein	–	–	–	§§ 272 bis 290 **neu**	§§ 272 bis 290 **neu**	§§ 272 bis 290 **neu**	§§ 272, 283 bis 290 **neu**
VVaG	–	–	–	–	nur größere VVaG §§ 291 bis 300	–	–
Körperschaft/ Anstalten des öffentl. Rechts	–	–	–	§§ 301 bis 304	§§ 301 bis 304	§§ 301 bis 304	–

Kapitel 2 Grundfragen des Umwandlungsrechts in der Praxis – Überblick

Übersicht	Rdn.
A. Wirtschaftlicher Hintergrund der Umwandlung	141
I. Betriebswirtschaftliche Bedeutung der Unternehmensorganisation	141
II. Wirtschaftliche Anforderungen an ein modernes Umwandlungsrecht	144
III. Umwandlungsrecht als Bindeglied zwischen der Vielfalt der Gesellschaftsformen	146
IV. Funktion des Umwandlungsrechts	147
B. Dogmatik der Umwandlung	148
I. Frühere Rechtslage	148
II. Neuregelung im Umwandlungsbereinigungsgesetz v. 01.01.1995	153
III. Allgemeine und partielle Gesamtrechtsnachfolge	155
C. Analoge Anwendung des UmwG auf Umstrukturierungen außerhalb des UmwG	159
D. Schutzprobleme des Umwandlungsrechts	164
I. Gläubigerschutz	165
1. Grundsatz	165
2. Anwendung des Gründungsrechts	168
3. Gläubigerschutz durch Kapitalerhöhung – Dogma der Anteilgewährungspflicht	172
4. Schadensersatzhaftung der Organe	182
5. Erhaltung der Haftungsmasse	183
6. Sicherheitsleistung	185
II. Minderheitenschutz	188
1. Grundsatz	188
2. Information der Anteilseigner	189
3. Beschlussmehrheiten	191
4. Ausscheiden und Abfindung	193
5. Verbesserung des Umtauschverhältnisses und Spruchverfahren	196
E. Arbeitsrechtliche Aspekte im UmwG	198
I. Übergang der Arbeitsverhältnisse (§ 324 UmwG)	200
1. Betriebsübergang nach § 613a BGB	201
a) Betriebsübergang	202
b) Rechtsfolgen	207
c) Unterrichtspflicht	213
d) Widerspruchsrecht	217
e) Zulässigkeit von Kündigungen	218
2. Besonderheiten: Springer, Querschnittsbereiche	221
II. Beteiligung und Information der Arbeitnehmervertretungen bei der Umwandlung	226
III. Arbeitsrechtliche Folgen der Umwandlung	232
1. Kündigungsrechtliche Stellung	233
a) Grundsatz: § 323 Abs. 1 UmwG	234
b) Ausnahme: Gemeinsamer Betrieb	237
2. Betriebsverfassungsrecht	241
a) Übergangsmandat des Betriebsrats	242
b) Gesamtbetriebsrat	246
c) Wirtschaftsausschuss	247
d) Sprecherausschuss	248
e) Fortbestand der Rechte der Betriebsräte	249
3. Mitbestimmungsrecht	252
F. Einsatz des UmwG in der Praxis	257
I. Allgemeines	257
II. Einzelfälle	258
1. Betriebswirtschaftlich motivierte Umwandlungen	258
2. Betriebswirtschaftliche Organisation der Konzernstruktur	259
3. Gesellschaftsrechtlich motivierte Umstrukturierung	260
4. Steuerorientierte Umstrukturierung	262
5. Einsatz des Umwandlungsrechts zur Lösung von Gesellschafterkonflikten	264
6. Einsatz des Umwandlungsrechts zu Sanierungszwecken	265

139 Das Umwandlungsrecht stellt sich zunächst als technische Materie dar, durch die Gesellschaften und sonstigen Rechtsformen die Möglichkeit gegeben werden soll, **im Wege der Gesamtrechtsnachfolge die Rechtsform zu ändern**. Es hat daher in erster Linie eine dienende Funktion und soll den Rechtsrahmen vorgeben, innerhalb dessen die Änderung der Rechtsform möglich ist. Dieser technische Aspekt der Umwandlung darf allerdings nicht den Blick auf die rechtlichen Grundfragen verstellen, die bei der Umwandlung eine erhebliche Rolle spielen.

140 Die bisherigen Erfahrungen zeigten, dass das Umwandlungsrecht aus dem Jahr 1995 zu einem **Umwandlungsschub** geführt hat. Das neue Gesetz wurde in der Praxis sehr gut aufgenommen, es entsprach einem Bedürfnis. Auch die wissenschaftliche Durchdringung hat seit Inkrafttreten des UmwG im Jahr 1995 deutlich zugenommen. Das UmwG hat eine Vielzahl von Einzelfragen geregelt, dennoch hat die Erfahrung in der täglichen Praxis gezeigt, dass eine Reihe von dogmatischen Grundfragen nur ansatzweise oder nicht geregelt waren, sodass eine wissenschaftliche Ergänzung notwendig war. Der nachfolgende Überblick gibt eine erste Übersicht über die Dogmatik und Praxisprobleme der Umwandlung.

A. Wirtschaftlicher Hintergrund der Umwandlung

I. Betriebswirtschaftliche Bedeutung der Unternehmensorganisation

141 Die Aufgabe der **betriebswirtschaftlichen Organisationslehre** wird v. a. darin gesehen, die komplexen Zusammenhänge unternehmerischen Wirkens durch Bildung von Organisationseinheiten, d. h. die Zusammenfassung von personellen und sachlichen Mitteln eines Teils des Unternehmens zu einer abgegrenzten Einheit, nach rationalen Kriterien aufzuspalten, sodass sich die Aufgabenerfüllung als arbeitsteiliger, optimaler Prozess darstellt.[91] Während man in früheren Jahren davon ausging, dass die Organisation eines Unternehmens von großer Dauerhaftigkeit, ja von Ewigkeit sein kann, haben die Erkenntnisse der modernen Organisationslehre gezeigt, dass **eine aktive Unternehmensführung** ein **ständiges organisatorisches Anpassen** voraussetzt. Wie verschiedene betriebswirtschaftliche Untersuchungen gezeigt haben, hängt die Effizienz der Unternehmensorganisation von den jeweiligen Markt- und Umweltbedingungen ab. Jede Änderung dieser Umweltbedingungen bedarf daher zumindest einer Überprüfung hinsichtlich ihrer Auswirkungen auf die Organisationsstruktur. Insb. Zeiten tief greifenden Strukturwandels zwangen die Unternehmen zu einschneidenden Änderungen der Unternehmensstrategie und der Unternehmensstruktur. Im betriebswirtschaftlichen Schrifttum wurde daher auf die ständige Notwendigkeit einer strategischen und organisatorischen Änderung aufmerksam gemacht, die insb. auch der Einsatz neuer Technologien erfordert. Als Merkmal technologieorientierter Unternehmen werden die ständige Suche nach Fortschrittsfeldern und eine fortwährende Anpassung an neue Marktbedürfnisse und technische Entwicklungen gesehen. Eine solche strategische Flexibilität setzt Unternehmensstrukturen voraus, die diesem Wandel folgen können, also strukturelle Flexibilität. Schlanke Aufbaustrukturen, flache Hierarchien und kurze Entscheidungswege führen zudem zu Kostenvorteilen und einer schnellen Marktanpassung, die in Zeiten moderner Informationstechnologien, der Digitalisierung und einer ständig beschleunigten Wirtschaft unabdingbar sind.

142 Die Betriebswirtschaftslehre fordert also die ständige Anpassung des Unternehmens an gewandelte wirtschaftliche Bedürfnisse, insb. an sich verändernde Umwelt-, Technologie- und Internationalisierungsbedingungen. Durch die Beschleunigung des Wettbewerbs und Verkürzung der Produktionszyklen lässt sich die Unternehmensorganisation nicht mehr als festes Datum verstehen, sondern die Organisation verlangt nach einer **ständigen Gestaltungsaufgabe**. Die Themen »Digitalisierung« und »Industrie 4.0«, d.h. die digitale Transformation führt zu weiterem organisa-

---

91 Vgl. zu diesen Aufgaben der Umschreibung der Organisationslehre Bühner, Betriebswirtschaftliche Organisationslehre, S. 5, 61 ff.; Jakob, Unternehmensorganisation, S. 106 ff.; Steinmann/Schreyögg, Management, S. 412 ff.; Schreyögg, Organisation, Grundlagen moderner Organisationsgestaltung, S. 25 ff.; Olfert, Organisation, S. 23 ff.

torischen Anpassungsbedarf. Das wichtigste Instrument, um das Handeln der Mitarbeiter im Sinne der Unternehmensziele im Hinblick auf Digitalisierung zu koordinieren, ist die Organisation.[92] Die betriebswirtschaftliche Organisationslehre hat daher insb. in den letzten Jahrzehnten eine Vielzahl von Organisationsmodellen und Gestaltungsmodellen entwickelt, die den unterschiedlichen Bedürfnissen der Unternehmen Rechnung tragen sollen und die durch eine hohe Flexibilität gekennzeichnet sind. Flexibilität bezeichnet die Fähigkeit, schnell auf veränderte Umweltbedingungen reagieren zu können. Flexibilität schafft die Voraussetzung, um wirtschaftliche Chancen wahrnehmen zu können und Risiken zu vermeiden. Die letzten Jahre waren daher ohne Zweifel von teilweise grds. unterschiedlichen Organisationsentwicklungen der Wirtschaft gekennzeichnet.

In den 80er Jahren des letzten Jahrhunderts sprach man vor einer »**Fusionswelle**«. Die Unternehmen gingen dazu über, eine Vielzahl von unterschiedlichen Produktionsbereichen zu betreiben und erwarben zu diesem Zweck Gesellschaften. Zur Organisation dieser Mischkonzerne wurde die sog. **Geschäftsbereichsorganisation** eingeführt. Dies war der Trend zu einem teilweise unkritischen Streben nach Größen- und Synergievorteilen. Im Gegensatz hierzu fand insb. in den ausgehenden 80ern und Anfang der 90er Jahre eine grundlegende Umorientierung der Organisation hin zu kleinen Einheiten statt. Mit einer weltweiten Verschärfung des Wettbewerbs war auch eine grundlegende Neuausrichtung der Unternehmensstrategie und -organisation notwendig. In der betriebswirtschaftlichen Wissenschaft wurden daher **moderne Organisationsformen** wie die »Management-Holding«[93] oder auch »Lean-Production« entwickelt, die zeigen, dass im Organisationsbereich der Trend zu flexibleren kleineren Einheiten anhielt. Mittlerweile haben eine Vielzahl von Großunternehmen die ursprünglich stark hierarchisch und bürokratisch eingerichtete Unternehmensstruktur durch flexible Formen wie die Management-Holding ersetzt, die zu wirtschaftlich kleineren, rechtlich selbstständigen Einheiten führte. Derzeit spricht die Organisationstheorie von der Notwendigkeit permanenten Wandels oder lernenden Organisationen, um den technologischen Entwicklungen und den Globalisierungsbedingungen gerecht werden zu können. Die Digitalisierung wird auch in Zukunft zu weiteren Veränderungen der Unternehmensorgansiation führen.[94] In der Betriebswirtschaftslehre werden diese neuartigen Anforderungen, die eine kontinuierliche Unternehmensanpassung fordern, unter dem Begriff »Change-Management« diskutiert.[95] Organisationsveränderungen können dabei evolutorisch, manchmal aber auch disruptiv und radikal erfolgen, vor allem zur Bewältigung von Krisenzeiten.

II. Wirtschaftliche Anforderungen an ein modernes Umwandlungsrecht

Die Organisationsentwicklung der deutschen Industrie zeigt, dass ein erheblicher Bedarf besteht, Unternehmen **ohne große bürokratische Hemmnisse** grundlegend umzustrukturieren. In den letzten Jahren wurden darüber hinaus auch die Zusammenhänge zwischen rechtlicher Unternehmensorganisation und betriebswirtschaftlicher Organisation herausgearbeitet. Insb. betriebswirtschaftliche Untersuchungen haben gezeigt, dass die betriebswirtschaftliche Organisationsstruktur und die rechtliche Unternehmensstruktur keineswegs selbstständig nebeneinander bestehen. Im Gegenteil, es bestehen vielfältige Interdependenzen, ohne deren Beachtung eine sinnvolle Gestaltung des Unternehmens gar nicht möglich ist.[96] Bleicher spricht davon, dass die Unternehmensverfassung als Gesamtheit der das Unternehmen rechtlich umgebenden Normen sich als »Grund-

---

92 Dazu Lippold, Marktorientierte Unternehmensführung und Digitalisierung, 2017, S. 420 ff.
93 V. a. Bühner, Management-Holding, Unternehmensstruktur der Zukunft.
94 Vgl. Lippold, Marktorientierte Unternehmensführung und Digitalisierung, 2017, S. 425.
95 Vgl. Doppler/Lauterburg, Change Management, 12. Aufl. 2008 Claßen, Change Management aktiv gestalten, 2. Aufl. 2013; von der Reith/Wimmer Organisationsentwicklung und Change-Management, in: Wimmer/Meissner/Patricia Wolf, Hrsg. Praktische Organisationswissenschaft, 2. Aufl. 2014, S. 139 ff.; Rank/Scheinpflug, Hrsg., Change Management in der Praxis, 2. Aufl. 2010.
96 Vgl. Bleicher, ZfO 1979, 243; von Werder, ZfbF 38 [1986] 586 ff.; ders., ZfO 1988, 104 ff.

satzentscheidung über die gestaltete Ordnung« des Unternehmens sehen lässt.[97] In der Tat setzt die gesellschaftsrechtliche Rahmenordnung den betriebswirtschaftlichen Organisationsentscheidungen Grenzen, die nur durch eine Veränderung der Rechtsform überwunden werden können.

145 Das Beispiel, auf welche Weise eine Management-Holding gestaltet werden kann, zeigt, welche Bedeutung hierbei das Umwandlungsrecht hat.[98] Die Management-Holding kann reine Finanzholding, strategische (z. B. Metro-Gruppe) oder operative Holding (z. B. BMW) sein. So werden etwa in einem Einheitsunternehmen oder Stammhauskonzern die Geschäfte zur Einführung einer Management-Holding meist grundlegend neu geordnet. Hierfür sind Maßnahmen notwendig, die gleichartige Geschäfte zusammenfassen und die **Selbstständigkeit der Geschäftsbereiche** erhöhen. Bühner weist darauf hin, dass der Weg vom Einheitsunternehmen oder Stammhauskonzern mit gewachsener Geschäftsbereichsorganisation zur Management-Holding über gesellschaftsrechtliche Maßnahmen führt. Dabei gehe es um eine **Neuordnung der im Unternehmensverbund vorhandenen und neu zu erwerbenden Ressourcen**. Die Neuordnung erfordert unter Beachtung der unternehmensstrategischen und organisatorischen Ziele eine oder mehrere der folgenden Maßnahmen:
– Ausgliederung operativer Unternehmensteilbereiche,
– Ausgründung der Obergesellschaft,
– Neuordnung der unternehmerischen Teilbereiche und
– Unternehmenskauf.

Dass hier dem Umwandlungsrecht, als dem Recht der Unternehmensneuorganisation eine große Bedeutung zukommt, ist offensichtlich. In vielen Fällen lässt sich eine grundlegende Neuorganisation des Unternehmens nur erreichen, wenn auch eine rechtliche Umstrukturierung stattfindet, etwa durch Ausgliederung und rechtlicher Verselbstständigung bestimmter Teilbereiche, Verschmelzung anderer zu einheitlichen Unternehmensbereichen etc. Das **Umwandlungsrecht** stellt daher ohne Zweifel ein **wichtiges Gestaltungselement** der unternehmerischen Organisationsgestaltung dar und sollte demgemäß möglichst flexibel, unbürokratisch und kostenminimierend einsetzbar sein.

III. Umwandlungsrecht als Bindeglied zwischen der Vielfalt der Gesellschaftsformen

146 Das deutsche Gesellschaftsrecht bietet eine Vielfalt von unterschiedlichen Rechtsformen für Unternehmen an, die sich durch grundlegende Unterschiede kennzeichnen. Es herrscht ein numerus clausus der Gesellschaftsformen. Zulässig sind nur die Rechtsformen, die der Gesetzgeber den Unternehmen zur Verfügung stellt. Diese unterschiedlichen Rechtsformen haben auch unterschiedliche wirtschaftliche Bedeutung. Während etwa die **Personengesellschaften** in erster Linie für Unternehmer geeignet sind, bei denen das personenbezogene Element im Vordergrund steht, ist die AG nach ihrem Modell für Unternehmen geeignet, in denen der kapitalistische Aspekt im Vordergrund steht und bei denen es in erster Linie auf die Möglichkeit der Sammlung von Fremdkapital ankommt. Selbstverständlich gibt es eine Reihe von **Grundtypenvermischungen**, etwa kapitalistische Personengesellschaften oder personalistische AG. Dennoch stellen die rechtlich vorgegebenen Rahmenbedingungen eine Grenze dar, die innerhalb der einzelnen Gesellschaftsformen nur schwer zu überschreiten ist. Es entsteht daher im Lauf der Entwicklung eines Unternehmens unabhängig von der oben dargestellten Anpassung der betriebswirtschaftlichen Organisationsstruktur immer die Frage einer grundlegenden rechtlichen Neuorientierung des Unternehmens. Insb. im Zuge des internen Wachstums des Unternehmens kann etwa bei einer Personengesellschaft das Bedürfnis bestehen, dem **Unternehmen eine körperschaftsrechtliche**

---

97 Bleicher, Organisation: Strategien – Strukturen – Kulturen, 2. Aufl. 1991, S. 15.
98 Vgl. hierzu Bühner, Die Management-Holding, S. 81 ff.; ders., Betriebswirtschaftliche Organisationslehre, S. 143 ff.; ders., DB1993, 285; Schumacher, Beteiligungscontrolling in der Management-Holding, S. 74 ff.; J. Mayer, Führungsinformationssysteme für die internationale Management-Holding, S. 3 ff.

Organisation zu geben, wie sie nur die Kapitalgesellschaft bietet. Die Gründe hierfür können höchst unterschiedlich sein: etwa Generationswechsel, die Notwendigkeit der Aufnahme neuer Gesellschafter etc. Als weitere Gründe für einen Wechsel der Rechtsform sind auch die unterschiedlichen rechtlichen Rahmenbedingungen entscheidend, etwa die Frage der Haftungsbeschränkung, die Möglichkeit, Kapital über die Börse zu beschaffen etc. Auch diesen rechtlichen Entwicklungsmöglichkeiten muss durch ein Umwandlungsrecht Rechnung getragen werden.

IV. Funktion des Umwandlungsrechts

Diese relative Vielzahl der Rechtsformen für Unternehmen und die immer größer werdende Notwendigkeit, die Rechtsform im Lauf der Unternehmensentwicklung mehrmals zu wechseln, macht die Aufgabe des Umwandlungsrechts deutlich. Da der Wechsel innerhalb der Gesellschaftsform beschränkt ist, bliebe, das Fehlen eines Umwandlungsrechts unterstellt, im Einzelfall immer nur die Liquidation der bisherigen Gesellschaft und anschließende Neugründung der gewünschten Gesellschaftsform. Dass dieser Weg der **Liquidation und Neugründung** kosten- und zeitaufwendig ist, ist offensichtlich. Nach dem Grundsatz der Einzelübertragung müsste jeder Vermögensgegenstand auf die neue Gesellschaft übertragen werden, was z. B. im Bereich der §§ 414 ff. BGB grds. auch die Zustimmung der Gläubiger voraussetzt. Steuerrechtlich führt die Liquidation zur Auflösung stiller Reserven, wodurch im Einzelfall sogar die Existenz des Unternehmens beeinträchtigt werden kann. Die grundlegende Aufgabe des Umwandlungsrechts besteht also darin, den Unternehmen die Möglichkeit zu geben, ohne diese Nachteile der Einzelübertragung die Rechtsform für Unternehmen flexibel und unbürokratisch zu ändern. Umwandlungsrecht kann daher auch als **Rechtsformänderungsrecht** bezeichnet werden.

B. Dogmatik der Umwandlung

I. Frühere Rechtslage

Das bis 1995 geltende Umwandlungsrecht war gekennzeichnet durch eine **Dreiteilung der Umwandlungsarten**:
– die gesetzliche Umwandlung,
– die formwechselnde Umwandlung und
– die übertragende Umwandlung.[99]

Im Recht der Personengesellschaft ist darüber hinaus der **identitätswahrende Wechsel** zwischen den Rechtsformen der GbR, der OHG und der KG zu nennen. Es handelt sich hierbei, im Gegensatz zur Umwandlung im engeren Sinn, um eine **gesetzliche Umwandlung**, die eintritt, wenn die bestimmten Voraussetzungen für die Rechtsform nicht mehr vorliegen. So kann insb. kraft Gesetzes ein Wechsel von der GbR in die OHG stattfinden, wenn eine bisher kein Gewerbe betreibende und auch nicht im Handelsregister eingetragene GbR einen Gewerbebetrieb i. S. d. § 1 Abs. 2 HGB betreibt. Darüber hinaus ist durch das **Handelsrechtsreformgesetz**[100] die Möglichkeit gegeben, dass kleingewerbliche Personengesellschaften, die nach früherem Handelsrecht lediglich als BGB-Gesellschaften am Rechtsverkehr teilnehmen konnten, durch Eintragung im Handelsregister in die Rechtsform einer OHG oder einer KG wechseln und hieraus durch Löschung wieder in die GbR zurück Form wechseln können (§ 105 Abs. 2, 1. Alt. HGB, sog. Kann-OHG bzw. Kann-KG). Das HRefG hat damit die Möglichkeit der gesetzlichen Umwandlung noch ausgeweitet, auch § 105 Abs. 2, 2. Alt. HGB ermöglicht die Option der Umwandlung

---

99 Zur Dogmatik der Umwandlung allgemein vgl. Widmann/Mayer/Mayer, Umwandlungsrecht, Einf. UmwG Rn. 75 ff.; K. Schmidt, ZGR 1990, 580; ders., in: IDW, S. 42 ff.; ders., AcP 1991, 495; Zöllner, ZGR 1993, 334; Lutter, ZGR 1990, 392; Mertens, AG 1994, 66; Hennrichs, Formwechsel und Gesamtrechtsnachfolge bei Umwandlungen, 1995; ders., ZIP 1995, 794; K. Schmidt, in: FS für Ulmer, 2003, S. 557 ff.
100 BGBl. 1998 I, S. 1474 ff.; »HRefG«.

in eine OHG oder KG durch Eintragung im Handelsregister auch für solche Gesellschaften, die nur eigenes Vermögen verwalten.[101] Ebenfalls in den Bereich der gesetzlichen Umwandlung fällt die Umwandlung einer Personengesellschaft in eine Einzelperson, wenn alle Gesellschafter bis auf einen aus der Gesellschaft austreten.

150 Diese gesetzlichen Änderungen des Rechtskleides einer Gesellschaft können allerdings auch bewusst zur **Vertragsgestaltung** eingesetzt werden. So wird z. B. die Umwandlung einer GmbH & Co. KG auf ihre Komplementär-GmbH Wege des sog. **Anwachsungsmodells** vorgenommen.[102] Um Umwandlungen im engeren Sinn handelte es sich jedoch bei diesen Änderungen nicht. Hierunter werden in erster Linie solche Umwandlungen verstanden, die aufgrund eines rechtsgeschäftlichen Aktes entstehen. Die Dogmatik des bis 1995 geltenden Umwandlungsrechts war gekennzeichnet durch die **Zweiteilung in formwechselnde und übertragende Umwandlung**.[103] Als **Umwandlung im technischen Sinn** wurde die Veränderung der Rechtsform eines Unternehmens ohne Liquidation und ohne Einzelübertragung, d. h. im Wege der **Universalsukzession des Vermögens** verstanden.

151 Bei einer **formwechselnden Umwandlung** ändert sich allein die äußere Form der Gesellschaft, die Identität der Gesellschaft als Verband bleibt unberührt. Von der **übertragenden Umwandlung** unterscheidet sich diese Form der Umwandlung dadurch, dass kein Rechtsträgerwechsel und auch keine Vermögensübertragung stattfindet; die Gesellschaft ändert nur bei gleichbleibender Identität ihre Rechtsform. Eine derartige formwechselnde Umwandlung war etwa nach dem bis 1995 geltenden Umwandlungsrecht bei der Umwandlung einer AG in eine GmbH (§ 372 AktG a. F.) oder einer GmbH in eine AG (§ 381 AktG a. F.) gegeben. Das alte Gesetz hat diese formwechselnde Umwandlung nur da zugelassen, wo alte und neue Rechtsform strukturähnlich sind.

152 Bei der **übertragenden Umwandlung** wurde im vor 1995 geltenden Recht die übertragende Gesellschaft liquidiert und das Vermögen auf eine neue Gesellschaft übertragen, und zwar nicht im Wege der Einzelrechtsnachfolge, sondern im Wege der **Gesamtrechtsnachfolge**. Eine weitere Besonderheit der errichtenden Umwandlung war, dass auf die **Liquidation der Altgesellschaft** verzichtet wurde. Das bis 1995 geltende Umwandlungsrecht unterschied außerdem zwischen der sog. **errichtenden Umwandlung**, bei der der neue Rechtsträger, auf den umgewandelt wird, erst mit der Umwandlung gegründet wurde, und der **verschmelzenden Umwandlung**, bei der das Vermögen der umzuwandelnden Gesellschaft auf eine bereits bestehende Gesellschaft umgewandelt wurde. Die Besonderheit dieser übertragenen Umwandlung war, dass es sich im Grunde hierbei um eine **vereinfachte Form der Sachgründung** (errichtende Umwandlung) **oder Sachkapitalerhöhung** (verschmelzende Umwandlung) handelt. Deshalb waren auch bei dieser Form der Umwandlung die Gründungsvorschriften für den neuen Rechtsträger einzuhalten.

II. Neuregelung im Umwandlungsbereinigungsgesetz v. 01.01.1995

153 K. Schmidt bezeichnete den **identitätswahrenden Formwechsel** als die reifste, technisch perfekte Lösung des Umwandlungsrechts.[104] Wie dargelegt, war allerdings nach dem alten Recht die formwechselnde Umwandlung nur zwischen strukturähnlichen Gesellschaftsrechtsformen erlaubt. Das UmwG hat die **frühere Zweiteilung aufgegeben** und einheitlich in § 202 Abs. 1 Nr. 1 geregelt:

---

101 Vgl. allgemein zum HRefG Frenz, ZNotP 1998, 178 ff.; Gustavus, GmbHR 1998, 17 ff.; K. Schmidt, ZIP 1997, 909 ff.; Giehl, MittBayNot 1998, 293 ff.
102 Vgl. dazu Binz/Sorg, Die GmbH & Co. KG, 12. Aufl. 2018, Rn. 47 ff. zum sog. einfachen Anwachsungsmodell, Rn. 64 ff. zum erweiterten Anwachsungsmodell; Widmann/Mayer/Heckschen, Umwandlungsrecht, § 1 UmwG Rn. 368 ff.; OLG Frankfurt am Main, DB 2003, 2327 = RNotZ 2004, 97; Ege/Klett, DStR 2010, 2463 ff.; Schmid/Dietl, DStR 2008, 529 ff.; Nelißen, NZG 2010, 1291 ff.; v. Proff, DStR 2016, 2227.
103 Vgl. K. Schmidt, Gesellschaftsrecht, S. 292 ff.
104 ZGR 1990, 594.

»Der formwechselnde Rechtsträger besteht in der in dem Umwandlungsbeschluss bestehenden Rechtsform weiter.«

Das UmwG verzichtet damit darauf, die übertragende Umwandlung zwischen Personen- und Kapitalgesellschaften aufrechtzuerhalten und ersetzt diese durch **einen einheitlichen Ansatz**: Die formwechselnde Umwandlung, mit der im Ergebnis auf die grds. Zweiteilung des deutschen Gesellschaftsrechts in juristische Person und Gesamthandsgemeinschaften für den Bereich des Umwandlungsrechts verzichtet wird.[105] Die Umwandlung nach dem UmwG ist somit einheitlich für alle Rechtsformen – Kapitalgesellschaften und Personengesellschaften – **identitätswahrend**.

154

III. Allgemeine und partielle Gesamtrechtsnachfolge

Es ist die **wichtigste Aufgabe des Umwandlungsrechts**, die Veränderung der Rechtsform und die Übertragung des vorhandenen Gesellschaftsvermögens zu erleichtern. Wichtigstes Instrument des Umwandlungsrechts stellt die Gesamtrechtsnachfolge dar. Im bis 1995 geltenden Recht war diese Gesamtrechtsnachfolge nur für den Fall der übertragenden Umwandlung und der Verschmelzung vorgesehen und im Teilbereich des **Spaltungsrechts der neuen Bundesländer**. Im Bereich der identitätswahrenden Umwandlung ist wegen der Beibehaltung der Rechtszuständigkeit grds. keine Vermögensübertragung notwendig und damit auch keine Gesamtrechtsnachfolge. Demgemäß ist durch den **Wegfall der errichtenden Umwandlung** die Frage der Gesamtrechtsnachfolge nur noch für die Fälle von Bedeutung, in denen der bisherige Unternehmensträger neben der neuen Gesellschaft fortbestehen soll. Eine der wesentlichen Wirkungen der Verschmelzung ist nach § 20 Abs. 1 Nr. 1 UmwG der **Übergang des Vermögens sämtlicher übertragender Rechtsträger** einschl. Verbindlichkeiten auf den übernehmenden Rechtsträger. Mit der Eintragung der Verschmelzung im Register des übernehmenden Rechtsträgers tritt die Gesamtrechtsnachfolge ein. Es ist dabei **nicht möglich, einzelne Vermögensobjekte** eines übertragenden Rechtsträgers im Verschmelzungsvertrag **von diesem Übergang auszunehmen**.[106] Die Gesamtrechtsnachfolge ist auch dadurch gekennzeichnet, dass das gesamte Vermögen im umfassenden Sinn ohne Einzelübertragung auf den aufnehmenden Rechtsträger übergeht. Die Rechtsänderung tritt kraft Gesetzes mit der Handelsregistereintragung ohne besonderen Übertragungsakt ein.[107] Sollten einzelne Vermögensgegenstände ausgenommen sein, so müssen diese vor Wirksamwerden der Verschmelzung mit dinglicher Wirkung aus dem Vermögen des übertragenden Rechtsträgers ausgeschieden sein.[108] Register und Grundbuch sind lediglich zu berichtigen, da die Eintragung deklaratorischer, nicht konstitutiver Natur ist. **Kennzeichen einer Universalsukzession** ist der Verzicht auf die Einhaltung der Vorschriften der Einzelübertragung, wobei in der Tendenz eine Vermögensgesamtheit oder zumindest ein Vermögensteil übertragen wird. Der letzte Teil der Definition wird allerdings durch die Möglichkeit der Spaltung verändert, da auch die Übertragung eines einzelnen Gegenstandes zugelassen wird.[109]

155

Durch die **Einführung der Spaltung** hat der Gesetzgeber der Universalsukzession aber einen erheblich weiteren Anwendungsbereich eröffnet. Die Besonderheit der Gesamtrechtsnachfolge bei

156

---

105 So Lutter/Bayer/Lutter, UmwG, Einleitung Rn. 52; Lutter, ZGR 1990, 395; Semler/Stengel in: Semler/Stengel, UmwG, Einleitung A Rn. 58 ff.; K. Schmidt, ZGR 1990, 595; ders., AcP 1991, 506 f.; vgl. auch ders., in: FS für Ulmer, 2003, S. 557 ff.
106 Lutter/Grunewald, UmwG, § 20 Rn. 7 f.; Widmann/Mayer/Vossius, Umwandlungsrecht, § 20 UmwG Rn. 26 ff.; Kübler in: Semler/Stengel, § 20 UmwG Rn. 8; Heidinger in: Henssler/Strohn, § 20 UmwG Rn. 7.
107 Vgl. auch Heidinger/Limmer/Holland/Reul, Gutachten zum Umwandlungsrecht, S. 102.
108 Lutter/Grunewald, UmwG, § 20 Rn. 8; Kübler in: Semler/Stengel, § 20 UmwG Rn. 8; Heidinger in: Henssler/Strohn, § 20 UmwG Rn. 7.
109 Vgl. auch K. Schmidt, in: FS für Ulmer, 2003, S. 557 ff.

der Spaltung ist, dass es sich um eine **partielle Gesamtrechtsnachfolge** handelt, die bis zum Jahr 1995 nur in Teilbereichen verwirklicht war.

▶ Beispiel:

157   § 58 UmwG a. F.

Zentrale Norm der Spaltung oder Ausgliederung ist **§ 131 Abs. 1 Nr. 1 UmwG**. Danach gehen zum Zeitpunkt der Eintragung in das Handelsregister des Sitzes des übertragenden Rechtsträgers sämtliche ausgegliederten Teile des Vermögens im Wege der **partiellen Gesamtrechtsnachfolge** auf den aufnehmenden oder neu gegründeten Rechtsträger über.[110] Auch bei der Ausgliederung findet also – wie bei der Verschmelzung nach § 20 UmwG – ein **umfassender Rechtsübergang** bzgl. der im Ausgliederungsplan bzw. Ausgliederungsvertrag bezeichneten Vermögensgegenstände statt.[111] Bzgl. des Eigentumsübergangs an einem betroffenen Grundstück gelten nach § 131 UmwG für die Ausgliederung die gleichen Grundsätze wie für die Verschmelzung nach § 20 UmwG.[112] Diesbezüglich ist unbestritten, dass Grundstücke und grundstücksgleiche Rechte ohne Weiteres auf die Übernehmerin übergehen.[113] Der Eigentumserwerb erfolgt außerhalb des Grundbuchs. Das Grundbuch, in dem noch die Überträgerin eingetragen ist, wird unrichtig und ist zu berichtigen.[114]

158   Unklar war lange Zeit die **Bedeutung der einschränkenden Vorschrift des § 132 UmwG**, der die Beachtung allgemeinen Rechts forderte und damit einen Gegensatz zur partiellen Gesamtrechtsnachfolge postulierte. Mit dem **Zweiten Gesetz zur Änderung des UmwG** vom 19.04.2007[115] wurde § 132 UmwG ersatzlos gestrichen und damit die partielle Gesamtrechtsnachfolge aufgrund Spaltung der Gesamtrechtsnachfolge aufgrund Verschmelzung vollständig gleichgestellt. Die **Begründung zum RegE**[116] erläutert diese weitere Vereinfachung und Gleichstellung zur echten Gesamtrechtsnachfolge wie folgt:

> »Bei der grundlegenden Reform des Umwandlungsrechts im Jahr 1994 war erstmals die Möglichkeit der Spaltung von Rechtsträgern eingeführt worden. Vor dem Hintergrund der damals noch fehlenden Erfahrung mit diesem neuen Rechtsinstitut hatte der Gesetzgeber in § 132 eine Vorschrift über den generellen Vorrang der Übertragungsverbote nach allgemeinem Recht aufgenommen. Eine gewisse Rolle spielte dabei auch die latente Befürchtung, Spaltungen könnten dazu missbraucht werden, die bei einer Einzelrechtsübertragung bestehenden Beschränkungen zu umgehen. Bei der praktischen Anwendung der Regelung zeigten sich dann aber erhebliche Schwierigkeiten. Versuche, diesen durch Auslegung zu begegnen, blieben vielfach ohne Erfolg. Dies führte letztlich zu Rechtsunsicherheit. Wissenschaft und Praxis beurteilen die Regelung als »**Spaltungsbremse**«.[117] Es wird daher vorgeschlagen § 132 aufzuheben und damit die Gesamtrechtsnachfolge bei Verschmelzung und Spaltung künftig denselben Grundsätzen zu unterwerfen. Danach bleiben von der Rechtsnachfolge nur höchstpersönliche Rechte und Pflichten ausgenommen. Ob und inwieweit ein durch den Rechtsübergang betroffener Dritter, der sich durch die Gesamtrechtsnachfolge einem neuen Vertragspartner gegenübersieht, diesen Zustand akzeptieren muss oder sich dagegen

---

110 K. Schmidt, AcP 191, 1991, 475, 510; Lutter/Teichmann, UmwG, § 123 Rn. 6; § 131 Rn. 2; Widmann/Mayer/Vossius, Umwandlungsrecht, § 131 UmwG Rn. 21 ff.; Schmitt/Hörtnagl/Stratz, UmwG, UmwStG, § 131 Rn. 4.
111 Vgl. Schmitt/Hörtnagl/Stratz, § 20 Rn. 18 für die Verschmelzung.
112 S. der Verweis bei Widmann/Mayer/Vossius, Umwandlungsrecht, § 131 UmwG Rn. 105 auf § 20 UmwG.
113 Vgl. ausführlich Teil 3 Rn. 76 ff.; Widmann/Mayer/Vossius, Umwandlungsrecht, § 131 UmwG Rn. 105 ff.
114 Vgl. ausführlich Teil 3 Rn. 367 ff.; LG Ellwangen, RPfleger 1996, 154; Böhringer, RPfleger 2001, 59 ff., Widmann/Mayer/Vossius, Umwandlungsrecht, § 131 UmwG Rn. 38; Kübler in: Semler/Stengel, § 20 UmwG Rn. 8.
115 BGBl I, S. 542.
116 BT-Drucks. 16/2919, S. 19.
117 Vgl. jüngst wieder Heidenhain, ZHR 2004, 468 ff.

durch Kündigung, Rücktritt, Berufung auf den Wegfall der Geschäftsgrundlage o. Ä. wehren kann, ergibt sich aus den insoweit geltenden allgemeinen Vorschriften.«

C. Analoge Anwendung des UmwG auf Umstrukturierungen außerhalb des UmwG

Nach Einführung des UmwG 1995 mit erheblicher Erweiterung der Verschmelzung, Spaltung und Formwechselarten, ist in der Literatur eine heftige Diskussion entstanden, inwieweit das Umwandlungsrecht **Auswirkungen auf Umwandlungen durch Einzelrechtsnachfolge** hat. Wie beschrieben, sind die Umwandlungen auf der Grundlage des UmwG u. a. dadurch gekennzeichnet, dass die Vermögensübertragung im Wege der allgemeinen oder partiellen Gesamtrechtsnachfolge stattfindet und es keiner Einzelübertragung nach allgemeinen Vorschriften bedarf. Das Umwandlungsrecht will die Vermögensübertragung in seinem Anwendungsbereich erheblich erleichtern und es den Beteiligten ersparen, Vermögensgegenstände einzeln nach den für sie geltenden Vorschriften zu übertragen und Schulden zu übernehmen.[118]

159

Es besteht Einigkeit, dass der **Numerus clausus der Umwandlungsarten**, den das UmwG in § 1 abschließend beschreibt, es nicht ausschließt, dass die Umwandlung außerhalb des UmwG unter Einsatz der allgemeinen Übertragungsvorschriften stattfindet, die Vermögensgegenstände also im Wege der Einzelrechtsnachfolge übertragen werden.[119] Insofern bleibt es grds. den Beteiligten unbenommen, anstelle des Einsatzes der spezifischen Umwandlungsarten des UmwG mit der Gesamtrechtsnachfolge die Umwandlung dadurch zu erreichen, dass die Vermögensgegenstände im Wege der Einzelrechtsübertragung auch neu gegründet oder bestehende Rechtsträger übertragen werden. Die Übertragung kann entweder gegen Gewährung von Gesellschaftsanteilen oder im Wege des Verkehrsgeschäftes erfolgen.[120]

160

Dennoch ist in der Literatur die Frage diskutiert worden, inwieweit bei vergleichbaren wirtschaftlichen Übertragungssituationen das **UmwG** mit seinen Institutionen insgesamt oder zumindest teilweise **entsprechend anzuwenden** ist.[121] Die Frage wurde insb. im Hinblick auf die **Ausgliederung** durch **Einzelrechtsnachfolge** diskutiert.

161

Das OLG Stuttgart hatte in der sog. »Modow-Meter«-Entscheidung keinen Umgehungsfall darin gesehen, dass – anstelle einer Verschmelzung – die Auflösung der AG und die anschließende Übertragung ihres gesamten Vermögens auf eine zuvor gegründete Tochtergesellschaft beschlossen wurde.[122] Das LG Hamburg hatte im Fall »Wünsche« eine Erstreckung der Schutzmechanismen des UmwG auf einen Fall der Ausgliederung durch Einzelrechtsnachfolge verneint, in dem die beklagte Gesellschaft ihre sämtlichen Beteiligungen in drei Holding-Gesellschaften im Wege der Einzelübertragung ausgegliedert hatte.[123] Demgegenüber war das LG Karlsruhe in der Entschei-

162

---

118 Vgl. Kallmeyer/Kallmeyer, UmwG, § 1 Rn. 3; Lutter/Drygala, UmwG, § 2 Rn. 13.
119 Vgl. Kallmeyer, ZIP 1994, 1747; Schmidt, in: Lutter, Kölner Umwandlungsrechtstage, S. 59, 65 f.; ders., in: Habersack/Koch/Winter, Die Spaltung im neuen Umwandlungsrecht und ihre Rechtsfolgen, S. 11; Lutter/Drygala, UmwG, § 1 Rn. 51; Widmann/Mayer/Heckschen, Umwandlungsrecht, § 1 UmwG Rn. 20, 393 ff.; J. Semler in: Semler/Stengel, § 1 UmwG Rn. 57, 59.
120 Vgl. im Einzelnen dazu unter Teil 3 Rdn. 13 ff.; Widmann/Mayer/Heckschen, Umwandlungsrecht, § 1 UmwG Rn. 20, 393 ff.
121 Vgl. K. Schmidt, in: FS für Ulmer, 2003, S. 557, 574 f.; Lutter/Bayer/Lutter, UmwG, Einleitung Rn. 57 f.; Kallmeyer, in: FS für Lutter, 2000, S. 1245 ff.; Schnorbus, DB 2001, 165; J. Semler in: Semler/Stengel, § 123 UmwG Rn. 4; Widmann/Mayer/Mayer, Umwandlungsrecht, Anhang 5 Einbringung Rn. 913 ff.; Widmann/Mayer/Heckschen, § 1 UmwG Rn. 397 ff., 407 ff.; Hörtnagl in: Schmitt/Hörtnagl/Stratz, § 123 UmwG Rn. 24; Kallmeyer/Sickinger/Kallmeyer § 123 Rn 2; Kölner Komm UmwG/Simon § 123 Rn 12; NK-UmwR/Fischer § 123 Rn 5.
122 Vgl. OLG Stuttgart, ZIP 1995, 1515; zustimmend Henze, ZIP 1995, 1473.
123 AG 1997, 238; krit. Veil, EWiR, § 119 AktG, 3/97.

dung »Badenwerk«[124] anderer Auffassung. In diesem Fall hatte die Hauptversammlung mit einer Mehrheit von fast 100 % der Einzelübertragung des nahezu gesamten unmittelbar unternehmerisch genutzten Vermögens der Gesellschaft auf drei zu diesem Zweck gegründeten Tochtergesellschaften zugestimmt. In einer Kostenentscheidung nach § 91a ZPO bejahte das LG Karlsruhe eine analoge Anwendung der Regelung des UmwG und entschied, dass es analog § 127 UmwG eines Spaltungsberichts und analog § 63 Abs. 2 Nr. 3 UmwG i. V. m. § 125 UmwG einer Zwischenbilanz bedurft hätte. Das LG Frankfurt am Main hatte im Fall »**Altana Milupa**«[125] für den Fall eines Zustimmungsbeschlusses der Hauptversammlung zur Veräußerung des gesamten Vermögens einer Tochtergesellschaft und der Beendigung einer Sparte des Konzerns das Erfordernis, einen Strukturbericht zu stellen, in der Hauptversammlung auszulegen und den Aktionären auf Wunsch zu übersenden, auch auf Bestimmung des UmwG gestützt. Eine weitere Entscheidung stammt vom BayObLG im Fall »**Magna media Verlag-AG Gruppe**«.[126] In diesem Fall wollte die Magna media AG, an der die WEKA KG zu mehr als 97 % beteiligt war, mit dieser einen Kauf- und Übertragungsvertrag schließen, nachdem das gesamte Gesellschaftsvermögen der AG vorbehaltlich der Zustimmung der Hauptversammlung gegen einen Kaufpreis von 150.000.000,00 DM auf die KG übergehen sollte. Die Hauptversammlung stimmte dem Kaufvertrag zu und beschloss die Auflösung der Gesellschaft. Das BayObLG war der Auffassung, dass kein Fall der Umwandlung nach dem UmwG vorliege. In Auseinandersetzung mit der teilweise eine andere Auffassung vertretenen Literatur, insb. der Entscheidung des LG Karlsruhe, lehnt es eine analoge Anwendung der Vorschriften des UmwG – insb. §§ 29, 34 UmwG ab –, da keine planwidrige Unvollständigkeit des Gesetzes vorliege, sondern allenfalls ein Fehler in rechtspolitischer Hinsicht. Das BayObLG weist zwar auf den Wertungswiderspruch hin, der darin liegt, dass das gleiche wirtschaftliche Ergebnis ohne Schutz des UmwG erreicht werden kann. Auch das BVerfG[127] hatte festgestellt, dass es verfassungsrechtlich unbedenklich ist, wenn der Mehrheitsanteilseigner eines Rechtsträgers, anstelle der Verschmelzung den Weg der sog. übertragenden Auflösung wählt. Es müsse nur gesichert sein, dass dem Anteilseigner eine volle Entschädigung gewährt wird. Dass sich im Einzelfall aus allgemeinen gesellschaftsrechtlichen Grundsätzen Einschränkungen ähnlich den Schutzmechanismen des UmwG ergeben können, hat der BGH in den Entscheidungen »**Gelantine I**«[128] und »**Gelantine II**«[129] unter Anwendung der Grundsätze des »**Holzmüller-Urteils**«[130] festgestellt und ungeschriebene Mitwirkungsbefugnisse der Hauptversammlung bei Umstrukturierungen außerhalb des UmwG festgestellt. Auch das »**Macotron**«-Urt. v. 25.11.2002 des BGH[131] deutete an, dass die **Vorschriften des UmwG nur eingeschränkt analogiefähig** seien. Im Urteil »**Macotron II**« oder »**Frosta**« vom 8.10.2013[132] hat der BGH entschieden, dass bei einem Widerruf der Zulassung der Aktie zum Handel im regulierten Markt auf Veranlassung der Gesellschaft die Aktionäre keinen Anspruch auf eine Barabfindung analog § 207 UmwG haben.[133] Auf Frosta folgte eine Vielzahl von Delistings, die sich auf Kosten privater Kleinanleger oder unter Verkaufsdruck stehender institutioneller Anleger vorteilhaft für die Großaktionäre auswirkten.[134] Im Gesetz vom v. 19.4.2007[135] hat der Gesetzgeber für das so genannte

---

124 ZIP 1998, 385.
125 ZIP 1997, 1698.
126 AG 1999, 185.
127 DB 2000, 1905.
128 NZG 2004, 575.
129 DStR 2004, 922.
130 BGHZ 83, 122.
131 ZIP 2003, 387; Vorinstanz OLG München ZIP 2001, 700.
132 AG 2013, 877 = ZIP 2013, 2254 = DB 2013, 2672.
133 So auch Drygala/Staake, ZIP 2013, 905, 912; anders Wackerbarth, WM 2012, WM 2012, 2078; Kiefner/Gillessen, AG 2012 Seite 645, 653.
134 Bayer, NZG 2015, 1169, 1171; Zimmer/von Imhoff, NZG 2016, 1056.
135 BGBl. I S. 542.

kalte Delisting die Abfindungspflicht in § 29 Abs. 1 Satz 1 Alt. 2 UmwG erweitert und stellte somit die mit einem Börsenrückzug verknüpfte Verschmelzung mit der bereits bislang abfindungspflichtigen rechtsformübergreifenden Verschmelzung sowie dem abfindungspflichtigen Formwechsel gleich.[136]

Auch in der Literatur wird die Frage heftig diskutiert, von einer herrschenden Meinung kann zurzeit kaum gesprochen werden.[137]

D. Schutzprobleme des Umwandlungsrechts

Insb. die Diskussion um das Umwandlungsrecht von 1994 hat gezeigt, dass eine Reihe von **zentralen Schutzanliegen** berücksichtigt werden müssen. Im Wesentlichen handelt es sich um folgende Aspekte:
– Gläubigerschutz,
– Minderheitenschutz und
– Schutz der Arbeitnehmer.

I. Gläubigerschutz

1. Grundsatz

Unter **Gläubigerschutz** versteht man im Gesellschaftsrecht den Interessenschutz derjenigen Personen, die der Gesellschaft Kredite gewähren oder denen der Verband aus besonderen Gründen zur Leistung verpflichtet ist.[138] Der Gläubigerschutz verlangt, dass die **Haftungs- und Vermögensstruktur der Gesellschaft** so eingerichtet ist, dass ein **angemessener Interessenschutz** gewährleistet ist. Gläubigerschutz gehört zu den Grundprinzipien des deutschen Gesellschaftsrechts und findet sich in den verschiedensten Ausformungen verwirklicht.

Da bei den einzelnen **unterschiedlichen Gesellschaftsformen** der **Gläubigerschutz unterschiedlich ausgestaltet** ist, können sich bei der Umwandlung Probleme ergeben. Insb. bei den Personengesellschaften ist der Gläubigerschutz in erster Linie durch eine persönliche Haftung gewährleistet, während dieser bei Kapitalgesellschaften durch Grundsätze der Kapitalaufbringung und Kapitalerhaltung garantiert wird. Es ist einsichtig, dass ein **Wechsel innerhalb der Gesellschaftsformen** zu **Friktionen mit dem Gläubigerschutz** führen kann. Aufgabe eines Umwandlungsrechts ist es daher, diese unterschiedlichen Gläubigerschutzbestimmungen im Umwandlungsvorgang angemessen zu berücksichtigen und einen **Ausgleich** vorzunehmen.

Eines der **Grundanliegen des Umwandlungsbereinigungsgesetzes** war demgemäß auch der Gläubigerschutz.[139] Das UmwG sichert den Gläubigerschutz durch eine Reihe unterschiedlicher Instrumente.

---

136 So Bayer NZG 2015, 1169.
137 Vgl. die Diskussionsbeiträge von Aha, AG 1997, 345; Lutter/Drygala, in: FS für Kropp, 1997, S. 191 ff.; Lutter/Leinekugel, ZIP 1998, 225; Emmerich, AG 1998, 151; Heckschen, DB 1998, 1385; Bungert, NZG 1998, 367; sowie die verschiedenen Beiträge im Tagungsband Habersack/Koch/Winter, Die Spaltung im neuen Umwandlungsrecht und ihre Rechtsfolgen; Lutter/Bayer/Lutter, UmwG, Einleitung Rn. 57 ff.; K. Schmidt, in: FS für Ulmer, 2003, S. 557, 574 f.; Kallmeyer, in: FS für Lutter, 2000, S. 1245 ff.; Schnorbus, DB 2001, 165; Weißhaupt, AG 2004, 585 ff.; Widmann/Mayer/Mayer, Umwandlungsrecht, Anhang 5 Einbringung Rn. 913 ff.; Kallmeyer/Kallmeyer/Sickinger Rn 2; Kölner Komm UmwG/Simon § 123 Rn 12; NK-UmwR/Fischer § 123 Rn. 5.
138 Vgl. Wiedemann, Gesellschaftsrecht, Bd. I, S. 514 f.
139 Vgl. Niederleithinger, DStR 1991, 879, 881; K. Schmidt, in: IDW, S. 47 f.; Ganske, WM 1993, 1117, 1125; K. Schmidt, ZGR 1993, 366 ff.; zum Gläubigerschutz bei Verschmelzung vgl. Kalss, ZGR 2009, 74 ff.; eingehend Petersen, Gläubigerschutz im Umwandlungsrecht, 2001; Widmann/Mayer/Heckschen, Umwandlungsrecht, Einf. UmwG Rn. 166 ff.

2. Anwendung des Gründungsrechts

168 In den Fällen, in denen es zur Neugründung von Gesellschaften kommt, ist zusätzlich zu den speziellen Umwandlungsvorschriften das **individuelle Gründungsrecht des zu gründenden Rechtsträgers** anzuwenden. Das UmwG stellt dies durch eine Reihe von **Verweisungsvorschriften** sicher:

§ 36 Abs. 2 UmwG   Verschmelzung durch Neugründung,
§ 135 Abs. 2 UmwG Spaltung zur Neugründung und
§ 197 UmwG   Formwechsel.

Durch diese Gesamtverweisung wird erreicht, dass die gesamten **Kapitalschutzvorschriften** des Gründungsrechts der jeweiligen Gesellschaft anzuwenden sind.

169 Der Gesetzgeber hat damit die bisher unterschiedlichen Regelungen bei den verschiedenen Umwandlungsformen durch eine **Pauschalverweisung** auf das jeweilige Gründungsrecht vereinheitlicht.

▶ Beispiele:

170 Vgl. früher § 41 Abs. 2, § 47 Abs. 2, § 51 Abs. 1 UmwG a. F.

Dies auch dann, wenn bei einzelnen Umwandlungsformen im früheren Recht lediglich einige Gründungsvorschriften anwendbar waren.

▶ Beispiele:

171 Vgl. dazu etwa § 353 Abs. 4 AktG a. F., § 32 Abs. 3 KapErhG a. F.

Bei der Gründung einer neuen Gesellschaft im Wege der Umwandlung, d. h. im Wege der Verschmelzung, Spaltung oder des Formwechsels handelt es sich um eine Sachgründung durch Leistung von Sacheinlagen, wobei die Sacheinlage das Vermögen der übertragenden Gesellschaft darstellt. Es sind daher insb. die **Vorschriften über die Sachgründung** zu berücksichtigen.

3. Gläubigerschutz durch Kapitalerhöhung – Dogma der Anteilgewährungspflicht

172 Die Erfahrungen in der Praxis haben die Diskussion aufgeworfen, inwieweit die bei der Verschmelzung und Spaltung notwendige **Kapitalerhöhung** zur Schaffung der an die Gesellschafter der übertragenden Gesellschaft zu gewährenden Anteile **auch Gläubigerschutzgesichtspunkte** erfüllt. Grds. sind den Gesellschaftern der übertragenden Gesellschaft als Ersatz für den Verlust ihrer Anteile an der übertragenden Gesellschaft Anteile an der übernehmenden Gesellschaft sowohl bei der Spaltung als auch bei der Verschmelzung zu gewähren (§ 2 und § 123 UmwG). Im Regelfall werden diese Anteile bei der Verschmelzung durch Aufnahme durch eine Kapitalerhöhung geschaffen (vgl. dazu unten Teil 2 Rdn. 256 ff.). Die Kapitalerhöhung hat insofern Gläubigerschutzwirkung, als das im Umfang der Kapitalerhöhung bei der aufnehmenden Gesellschaft nach § 27 AktG bzw. § 30 GmbHG den Kapitalbindungsregeln unterliegendes gebundenes Kapital geschaffen wird, welches dann Gläubigerschutzfunktion hat.

▶ Hinweis:

In der **Praxis** ist daher die Frage entstanden, **ob und in welcher Höhe eine Kapitalerhöhung bei der aufnehmenden Gesellschaft** durchgeführt werden muss.[140]

173

Die Verpflichtung, bei der Durchführung einer Verschmelzung Anteile zu gewähren, war bisher genauso wenig ausdrücklich im UmwG geregelt, wie die Möglichkeit, allgemein auf eine Anteilsgewährung zu verzichten. In § 2 UmwG wird aber für die Verschmelzung festgestellt, dass Rechtsträger »**gegen Gewährung von Anteilen oder Mitgliedschaften**« verschmolzen werden. Eine gleiche Formulierung findet sich in § 123 Abs. 1, Abs. 2 und Abs. 3 UmwG für alle Arten der Spaltung. Damit unterscheiden sich diese beiden Umwandlungsarten wesensmäßig von der Vermögensübertragung, die »gegen Gewährung einer Gegenleistung, die nicht in Anteilen oder Mitgliedschaften besteht«, erfolgt (vgl. § 174 Abs. 1 UmwG) und von dem Formwechsel, bei dem die bisherigen Anteilsinhaber an dem neuen formgewechselten Rechtsträger nach den neuen Vorschriften beteiligt bleiben (vgl. § 202 Abs. 1 Nr. 2 UmwG).

Als **wesentlicher Bestandteil eines Verschmelzungsvertrages** wird in § 5 Abs. 1 Nr. 2 UmwG die Aufnahme der Vereinbarung über die Übertragung des Vermögens jedes übertragenden Rechtsträgers »gegen Gewährung von Anteilen oder Mitgliedschaften« verlangt. In Nr. 3 bis Nr. 5 des § 5 Abs. 1 UmwG sind **weitere Angaben über die gewährten Anteile** genannt. § 20 Abs. 1 Nr. 3 Satz 1 UmwG bestimmt, dass die Anteilsinhaber der übertragenden Rechtsträger Anteilsinhaber des übernehmenden Rechtsträgers werden. Für die Spaltung finden sich entsprechende Regelungen in § 126 Abs. 1 Nr. 2 bis 5 und § 131 Abs. 1 Nr. 3 Satz 1 UmwG. Daraus wird allgemein darauf geschlossen, dass der Gesetzgeber sowohl bei der Verschmelzung, als auch bei der Spaltung grds. von einer **Anteilsgewährungspflicht** ausgegangen ist.[141]

Heftig **umstritten** war die **Anteilsgewährungspflicht bei Schwestergesellschaften**.[142] Obwohl der Gesetzgeber im Gesetzgebungsverfahren des Jahres 1994 den Vorschlag, die Schwester-Fusion von der Anteilsgewährungspflicht auszunehmen, bewusst nicht im UmwG aufgegriffen hat, vertrat zunächst ein beachtlicher Teil der Literatur[143] die Ansicht, dass eine Anteilsgewährungspflicht bei der Verschmelzung von Schwestergesellschaften entbehrlich ist oder zumindest sein sollte. Entge-

---

140 Vgl. zur Diskussion Naraschewski, GmbHR 1998, 356; DNotI, Gutachten zum Umwandlungsrecht, S. 126 ff.; Limmer, in: FS für Schippel, 1996, S. 415; Korte, WiB 1997, 953; Petersen, Gläubigerschutz im Umwandlungsrecht, S. 210; ders., GmbHR 2004, 728 ff.; Lutter, in: FS für Wiedemann, 2002, S. 1097, 1102 f.; Winter, in: FS für Lutter, 2000, S. 1279, 1284; Ihrig, ZHR 160, 1996, 317, 321; zu den Streitfragen nach der Neuregelung durch das **Zweite Gesetz zur Änderung des UmwG** Mayer/Weiler, DB 2007, 1235, 1239; Weiler, NZG 2008, 527 ff.; Kallmeyer, GmbHR 2006, 418 ff.; Drinhausen, BB 2006, 2313, 2315 ff.; Bayer/Schmidt, NZG 2006, 841; Roß/Drögemüller, DB 2009, 580 ff.; Keller/Klett, DB 2010, 1220 ff.; Krumm, GmbHR 2010, 24 ff.; Widmann/Mayer/Heckschen, Umwandlungsrecht, Einf. UmwG Rn. 34 ff.; Heckschen/Gassen, GWR 2010, 101; Stengel in: Semler/Stengel, § 2 UmwG Rn. 40 ff.; vgl. auch Simon, Der Konzern 2004, 191 ff.; Maier-Reimer, GmbHR 2004, 1128 ff.; Rodewald, GmbHR 2005, 515; eingehend die Monografie Huber, Anteilsgewährungspflicht im Umwandlungsrecht, 2005.
141 Vgl. Huber, Anteilsgewährungspflicht im Umwandlungsrecht, 2005; Heidinger/Limmer/Holland/Reul, Gutachten des Deutschen Notarinstitutes, Bd. IV, Gutachten zum Umwandlungsrecht, Nr. 18, S. 126 ff. zur Verschmelzung von Personengesellschaften sowie Nr. 39, S. 290 ff. zur Ausgliederung aus dem Vermögen einer Gebietskörperschaft, jeweils m. w. N. auch der Gegenmeinung; Widmann/Mayer/Mayer, Umwandlungsrecht, § 5 UmwG Rn. 20, der von einem Dogma der Anteilsgewährungspflicht spricht; Lutter/Drygala, UmwG, § 5 Rn. 17 ff.; Schröer in: Semler/Stengel, § 5 UmwG, Rn. 11; Heckschen/Gassen, GWR 2010, 101; Stengel in: Semler/Stengel, § 2 UmwG Rn. 40 ff.; Reichert in: Semler/Stengel, § 54 UmwG Rn. 19 ff.; s. dazu auch ausführlich Limmer, in: FS für Schippel, 1996, S. 415 ff.
142 Vgl. zuletzt Roß/Drögemüller, DB 2009, 580 ff.; Krumm, GmbHR 2010, 24 ff. insb. auch zu den steuerlichen Fragen.
143 Kallmeyer, GmbHR 1996, 80; Ihrig, ZHR 1996, 317 ff.; Lutter/Winter, UmwG, § 54 Rn. 5 ff.; Bayer, ZIP 1997, 1613 ff., 1615; Baumann, BB 1998, 2321.

gen erster Instanzgerichtsurteile[144] haben sich die Obergerichte für die Anteilsgewährungspflicht ausgesprochen. Zwei obergerichtliche Entscheidungen[145] stellen ausdrücklich klar, dass auch die Verschmelzung zur Aufnahme gem. § 2 Nr. 1 UmwG von Schwestergesellschaften »gegen Gewährung von Anteilen« erfolgt. Das KG stellt darauf ab, dass die Gewährung von Anteilen die Gegenleistung für die Übertragung des Vermögens des übertragenden Rechtsträgers ist. Sie sei wesentlicher Vertragsbestandteil und zwingendes Wesensmerkmal der Verschmelzung. Da sie auch öffentlichen Interessen des Kapitalschutzes diene, könne nicht auf sie verzichtet werden.

174 Der Gesetzgeber hat im Zweiten Gesetz zur Änderung des UmwG den **Grundsatz der Anteilsgewährung** bestätigt, indem er in § 54 und § 68 UmwG n. F. eine Ausnahme durch Verzicht festlegt.[146]

175 Noch weiter gehend wurde in der Literatur behauptet, das gebundene Kapital der übernehmenden Gesellschaft müsse zwingend um den Nennbetrag des gebundenen Kapitals der übertragenen Gesellschaft erhöht werden, um eine »**kalte Kapitalherabsetzung**« durch Verschmelzung zu verhindern.[147] Die überwiegende Auffassung in der Literatur ging aber davon aus, dass die Anteilsgewährung nicht wertentsprechend, also nicht mindestens in der Höhe des Stammkapitals der übertragenden Gesellschaft durchgeführt werden muss.[148]

176 Der Gesetzgeber hat im **Zweiten Gesetz zur Änderung des UmwG** aus dem Jahr 2007 diese herrschende Meinung bestätigt, indem er in den §§ 54 und 68 UmwG n. F. eine Ausnahme durch Verzicht festlegt.[149] **§ 54 Abs. 1 Satz 3 UmwG** (für die GmbH) bzw. **§ 68 Abs. 1 Satz 3 UmwG** (für die AG) bestimmt, dass die Kapitalerhöhung bei der übernehmenden Kapitalgesellschaft zur Disposition **aller Anteilsinhaber des übertragenden Rechtsträgers** steht. Verzichten diese in notarieller Urkunde auf die Anteilsgewährung, darf die übernehmende Gesellschaft von der Anteilsgewährung absehen. Die Begründung zum RegE[150] weist darauf hin, dass von der grds. nach § 2 UmwG bestehenden Anteilsgewährungspflicht eine Ausnahme möglich sein solle, wenn alle Anteilsinhaber eines übertragenden Rechtsträgers, denen die Anteile zu gewähren wären, in notariell beurkundeter Form darauf verzichteten. Bedeutung habe dies insb. bei der Verschmelzung von Schwestergesellschaften innerhalb eines Konzerns, deren sämtliche Anteile von der Muttergesellschaft gehalten werden. Der Verzicht auf die grds. Erfordernisse des Verschmelzungsberichts und einer Prüfung durch Sachverständige, die in diesem Fall keinen Sinn machen, sei bereits nach geltendem Recht (§§ 8 und 9 UmwG) möglich. I. Ü. finde bei einer GmbH gem. § 48 UmwG eine Prüfung ohnehin nur auf Verlangen eines Gesellschafters statt. Bei der Verschmelzung im Konzern sei ein solches Verlangen der Muttergesellschaft nicht denkbar. Die Begründung bezieht sich auf die Verschmelzung von Schwestergesellschaften, nach dem klaren Gesetzeswortlaut ist der Verzicht aber in allen Fällen möglich. Mit dieser Verzichtsregelung hat der

---

144 LG München, GmbHR 1999, 35 für die Verschmelzung von Schwestergesellschaften ohne Kapitalerhöhung; LG Konstanz, ZIP 1998, 1226 für die Spaltung einer GmbH zu Null mit Begründung über § 128 UmwG, der eine Quoten abweichende Spaltung zulässt; LG Saarbrücken, DNotI-Report 1999, 163 für die nicht kapitalmäßig beteiligte Komplementär-GmbH der übertragenden GmbH & Co. KG.
145 KG und OLG Frankfurt am Main, DNotZ 1999, 154 ff. m. Anm. Heidinger.
146 Vgl. BR-Drucks. 548/06, S. 27 die Regierungsbegründung nennt den Grundsatz.
147 Sog. »**Summengrundsatz**«; vgl. Petersen, Gläubigerschutz im Umwandlungsrecht, S. 210; ders., GmbHR 2004, 728 ff.; Winter, in: FS für Lutter, 2000, S. 1279, 1284; Ihrig, ZHR 160, 1996, 317, 321; dagegen Simon, Der Konzern 2004, 191 ff.; Maier-Reimer, GmbHR 2004, 1128 ff.; Rodewald, GmbHR 2005, 515.
148 Vgl. Lutter/Drygala, UmwG, § 5 Rn. 24; Kowalski, GmbHR 1996, 158, 159; Limmer, in: FS für Schippel, 1996, S. 415, 427; Widmann/Mayer/Mayer, Umwandlungsrecht, § 5 UmwG Rn. 46 f.; Reichert, in: Semler/Stengel, § 54 UmwG Rn. 27 ff.; ausführlich Ihrig, ZHR 1996, 317; Lutter, in: FS für Wiedemann, 2002, S. 1097 ff.; Tillmann, GmbHR 2003, 740, 743 ff.; Kalss, ZGR 2009, 74 ff.
149 Vgl. BR-Drucks. 548/06, S. 27.
150 BT-Drucks. 16/2919.

Gesetzgeber m. E. klargestellt, dass die **Anteilsgewährungspflicht keine gläubigerschützende Funktion** hat, sodass die doch teilweise sehr strengen Erwägungen der Literatur keine Grundlage mehr haben.[151] Der Gläubigerschutz im Rahmen von Verschmelzung und Umwandlung wird nur über die spezifischen Gläubigerschutzbestimmungen wie z. B. § 22 UmwG gewährleistet.

Zu kritisieren ist an dieser an sich erfreulichen Klarstellung, dass sie aufgrund der systematischen Stellung **nur für Verschmelzung auf die AG und GmbH** gilt,[152] obwohl bei der Personengesellschaft oder anderen Rechtsträgern ähnliche Fragestellungen bestehen (vgl. Teil 2 Rdn. 759 ff. zur Personengesellschaft und Teil 2 Rdn. 1194 ff. zur Genossenschaft). M. E. kann man aber aus der gesetzlichen Neuregelung allgemein den Schluss ziehen, dass der **Anteilsgewährungsgrundsatz bei allen Rechtsträgern disponibel** ist, wenn alle Anteilsinhaber der übertragenden Rechtsträger darauf verzichten, denn was bei Kapitalgesellschaften gilt, muss erst recht bei Personengesellschaften oder bei einem anderen Rechtsträger mit geringeren Kapitalbindungen gelten.[153] Solange der umfassende Verzicht nicht höchstrichterlich geklärt ist, empfiehlt es sich für die Praxis davon nur nach Rücksprache mit dem Registergericht davon Gebrauch zu machen. Ebenfalls klargestellt wurde dadurch, dass der Anteilsgewährungsgrundsatz keine gläubigerschützende Funktion hat. Daher kann das vorher bei der übertragenden Gesellschaft gebundene Kapital nach der Verschmelzung ohne Weiteres ausgeschüttet werden, wenn keine wertentsprechende Kapitalerhöhung erfolgt. 177

▶ Beispiel:

Zwei GmbH mit jeweils einem Stammkapital von 50.000,00 € sollen verschmolzen werden. Bei der aufnehmenden B-GmbH soll keine wertentsprechende Erhöhung des Stammkapitals um 50.000,00 €, sondern um 25.000,00 € erfolgen. Die Gesellschafter der übertragenden Gesellschaft sind damit einverstanden. Nach der überwiegenden Literaturauffassung ist diese nicht wertentsprechende Kapitalerhöhung zulässig. Ungeklärt ist, ob bei der aufnehmenden GmbH nach der Verschmelzung das Kapital i. H. v. 25.000,00 €, das nicht mehr den Bindungen des § 30 GmbHG unterliegt, ohne Weiteres ausgeschüttet werden kann, oder ob die Regeln über das Sperrjahr entsprechend anzuwenden sind. 178

Offenbleibt, wie Aspekte des **Minderheitenschutzes** bei **Übertragung negativen Vermögens** auf der Ebene der übernehmenden Gesellschaft verwirklicht werden, da es nur auf den Verzicht der Gesellschafter der übertragenden Gesellschaft ankommt. Mangels Anteilsgewährung und damit einhergehender Kapitalerhöhung entfällt der bisherige Schutz durch registergerichtliche Kontrolle.[154] Vgl. dazu ausführlich auch Teil 2 Rdn. 100 ff. 179

---

151 Auf Widersprüche der Summentheorie hat bereits Lutter hingewiesen in: FS für Wiedemann, 2002, S. 1097 ff.; vgl. zur Neuregelung Widmann/Mayer/Heckschen, Umwandlungsrecht, Einf. UmwG Rn. 34 ff.; Widmann/Mayer/Mayer, Umwandlungsrecht, § 5 UmwG Rn. 41 ff.; Lutter/Drygala, UmwG, § 5 Rn. 24; Mayer/Weiler, DB 2007, 1235, 1239; Weiler, NZG 2008, 527 ff.; Kallmeyer, GmbHR 2006, 418 ff.; Drinhausen, BB 2006, 2313, 2315 ff.; Bayer/Schmidt, NZG 2006, 841; Roß/Drögemüller, DB 2009, 580 ff.; Keller/Klett, DB 2010, 1220 ff.; Krumm, GmbHR 2010, 24 ff.; Kalss, ZGR 2009, 74, 80 ff.
152 Vgl. auch Widmann/Mayer/Mayer, Umwandlungsrecht, UmwG Einf. Rn. 37 f.; Mayer/Weiler, DB 2007, 1235, 1238, die zu Recht §§ 54 und 68 UmwG n. F. als falschen Regelungsort ansehen.
153 A. A. Widmann/Mayer/Mayer, Umwandlungsrecht, UmwG Einf. Rn. 37 f.; Widmann/Mayer/Mayer, Umwandlungsrecht, § 5 UmwG Rn. 22 f.; Widmann/Mayer/Fronhöfer, Umwandlungsrecht, § 80 UmwG Rn. 18.1, der einen Verzicht bei der Genossenschaft ablehnt.
154 Krit. auch Mayer/Weiler, DB 2007, 1235, 1238 f., vgl. zum Streitstand Verse in: beck-online Großkomm, § 123 UmwG, Rn. 86 Kallmeyer/Sickinger § 123 UmwG, Rn. 1; Schmitt/Hörtnagl/Stratz/Hörtnagl § 126 Rn. 50; Semler/Stengel/Schwanna § 123 UmwG, Rn. 6; krit. LG Hamburg BeckRS 2005, 30986786; Wessels ZIP 2010, 1417, 1421.

180 Zu beachten ist, dass § 125 Satz 1 UmwG für die **Ausgliederung** nicht auf die §§ 54, 68 UmwG verweist, sodass es bei der Ausgliederung beim Grundsatz der Anteilsgewährungspflicht ohne Verzichtsmöglichkeit verbleibt.[155]

▶ Hinweis:

181 Steuerrechtlich ist zu beachten, dass ein Verzicht auf Anteilsgewährung bei Verschmelzung von Personengesellschaften auf Kapitalgesellschaft nach § 20 Abs. 1 UmwStG zum Wegfall der Buchwertfortführung führt; danach ist eine **Buchwertfortführung** nur möglich, wenn die Gesellschafter der übertragenden Gesellschaft, neue Anteile an der aufnehmenden Kapitalgesellschaft erhalten. Im Bereich der Verschmelzung von Kapitalgesellschaften geht die überwiegende Meinung davon aus, dass nach § 11 Abs. 2 Satz 1 UmwStG eine steuerneutrale Verschmelzung auch bei Verzicht auf die Anteilsgewährung durchgeführt werden kann. Verlustvorträge der übertragenden Kapitalgesellschaft gehen allerdings unter.[156]

4. Schadensersatzhaftung der Organe

182 Das Kapitalschutzrecht des Gründungsrechts wird flankiert durch eine **Schadensersatzhaftung der Verwaltungsträger der übertragenden Rechtsträger**:

§§ 25 ff. UmwG	Verschmelzung,
§ 125 i. V. m. §§ 25 ff. UmwG	Spaltung,
§§ 205 f. UmwG	Formwechsel.

5. Erhaltung der Haftungsmasse

183 Beim Formwechsel und der Verschmelzung wird allein durch die Gesamtrechtsnachfolge, die auch die Verbindlichkeiten erfasst, gewährleistet, dass die **ursprüngliche Haftungsmasse den Gläubigern erhalten** bleibt. Da dies bei der Spaltung nicht möglich ist, waren besondere **Schutzvorschriften im Bereich der Spaltung** notwendig.[157] Der Gesetzgeber hat sich hierbei in § 133 UmwG für eine **gesamtschuldnerische Haftung** ausgesprochen. Für die Verbindlichkeiten des übertragenden Rechtsträgers, die vor dem Wirksamwerden der Spaltung begründet worden sind, haften die an der Spaltung beteiligten Rechtsträger als Gesamtschuldner.

▶ Hinweis:

184 Durch diese gesamtschuldnerische Haftung soll Missbräuchen des neuen Rechtsinstituts der Spaltung, etwa durch Zuweisung der Aktiva an einen und der Passiva an einen anderen übernehmenden Rechtsträger, vorgebeugt werden. Darüber hinaus wird mit dieser Regelung zugleich die volle Parallele zur Verschmelzung hergestellt, bei der der übernehmende Rechtsträger auch kraft Gesamtrechtsnachfolge für Verbindlichkeiten der übertragenen Rechtsträger einzustehen hat.

---

155 Widmann/Mayer/Mayer, Umwandlungsrecht, UmwG Einf. Rn. 37 f.
156 Vgl. FG Berlin-Brandenburg, GmbHR 2009, 331; Dötsch/Jost/Pung/Witt, UmwStG, § 12 Rn. 32; Ley/Bodden, FR 2007, 265, 273; Schmitt, in: Schmitt/Hörtnagl/Stratz, UmwStG, § 12 Rn. 44; Mayer/Weiler, DB 2007, 1235, 1239; Haritz/von Wolff, GmbHR 2006, 340 345; Krumm, GmbHR 2010, 24 ff.; Widmann/Mayer/Mayer, Umwandlungsrecht, UmwG Einf. Rn. 39 f.
157 Vgl. hierzu die Diskussion vor Verabschiedung des UmwG zur »richtigen« Lösung, Kleindiek, ZGR 1992, 513 ff.; Teichmann, ZGR 1993, 396, 403 ff.; K. Schmidt, ZGR 1993, 383 ff.; Ihrig, GmbHR 1995, 622 ff.

6. Sicherheitsleistung

Ergänzt wird schließlich der Gläubigerschutz im neuen UmwG durch das **Institut der Sicherheitsleistung**: 185

§ 22 UmwG	Verschmelzung,
§§ 125, 133 Abs. 1, 22 UmwG	Spaltung,
§§ 204, 22 UmwG	Formwechsel.

Nach der Grundvorschrift des § 22 UmwG ist den **Altgläubigern** der an der Umwandlung beteiligten Rechtsträgern **Sicherheit zu leisten**, sofern sie innerhalb von 6 Monaten nach dem Wirksamwerden der Umwandlung ihren Anspruch anmelden und glaubhaft machen, dass durch den Formwechsel die Erfüllung ihrer Forderung gefährdet wird. 186

Die **Vorschriften über die Sicherheitsleistung** sind § 347 AktG i. d. F. vor 1995 nachgebildet, wobei allerdings nicht mehr der Nachweis, sondern nur noch die **Glaubhaftmachung der Gefährdung des Anspruchs** notwendig ist.[158] 187

II. Minderheitenschutz

1. Grundsatz

Auch der **Minderheitenschutz** ist eines der Grundprinzipien des deutschen Gesellschaftsrechts.[159] Der Minderheitenschutz wird v. a. als **Gegenstück zum Grundsatz der Mehrheitsherrschaft** im Gesellschaftsrecht angesehen. Im Grunde geht es um die Fragen der Begrenzung formaler Herrschaftsmacht in der Gesellschaft. Ebenso wie der Gläubigerschutz kann allerdings der Minderheitenschutz lediglich als allgemeiner Programmsatz des Gesellschaftsrechts verstanden werden, konkrete Ableitungen lassen sich aus diesem allgemeinen Grundsatz nicht finden. Das deutsche Gesellschaftsrecht ist vielmehr dadurch gekennzeichnet, dass es eine Vielzahl unterschiedlicher Instrumentarien zum Schutz der Minderheit vorsieht. 188

Umwandlung, Verschmelzung und Spaltung sind Strukturmaßnahmen der Gesellschaft, die die Interessen der Gesellschafter erheblich beeinträchtigen können. Es ist für einen Gesellschafter von großem Interesse, ob er an einer Personen- oder Kapitalgesellschaft beteiligt ist, denn die Mitbestimmungs- und Minderheitenrechte unterscheiden sich teilweise erheblich. Die Änderung der Rechtsform kann daher einen **qualitativen Verlust an Rechten für Minderheitsgesellschafter** zur Folge haben. Eine weitere Zielsetzung des Umwandlungsrechts ist es daher, durch ein Geflecht von unterschiedlichen Maßnahmen den notwendigen Minderheitenschutz zu gewährleisten. Der Gesetzgeber hatte bei der Bereinigung des Umwandlungsrechts aber auch die umgekehrte Problematik vor Augen: Ein zu weit getriebener Minderheitenschutz kann die Umwandlung verhindern oder erschweren,[160] insb. die Frage der missbräuchlichen Anfechtungsklage macht die Problematik deutlich. Auch hier hat der Gesetzgeber durch ein Geflecht unterschiedlicher Instrumente versucht, diesen **Interessengegensatz zwischen Minderheitenschutz und Effektivität des Umwandlungsrechts** zu lösen.[161]

---

158 Vgl. allgemein zur Sicherheitsleistung Jaeger, DB 1996, 1069; Naraschewski, GmbHR 1998, 356; Schröer, DB 1999, 317.
159 Vgl. Wiedemann, Gesellschaftsrecht, Bd. I, S. 404 ff.; Roitzsch, Der Minderheitenschutz im Verbandsrecht, 1981; K. Schmidt, Gesellschaftsrecht, § 16 Abs. 3.
160 Zu Recht Niederleithinger, DStR 1991, 879, 881.
161 Vgl. auch Widmann/Mayer/Heckschen, Umwandlungsrecht, Einf. UmwG Rn. 160 ff.

2. Information der Anteilseigner

189 Zur Vorbereitung und Information der Gesellschafter ist in allen Fällen die Vorlage eines Berichts vorgesehen. Die Vorschriften verlangen, dass die Leitungsorgane der an der Umwandlung beteiligten Rechtsträger ausführlich einen **Bericht über die Umwandlung** zu erstatten haben:

§ 8 UmwG	Verschmelzungsbericht,
§ 127 UmwG	Spaltungsbericht,
§ 162 UmwG	Ausgliederungsbericht,
§ 176 UmwG	Übertragungsbericht,
§ 192 UmwG	Umwandlungsbericht.

190 Ergänzt wird diese Pflicht zur Aufstellung eines Umwandlungsberichts durch die **Pflicht zur Information der Anteilsinhaber**.[162] Je nach Art der Gesellschaft sind entweder der Umwandlungsvertrag oder der Umwandlungsbericht zuzusenden oder zumindest Umwandlungsvertrag, Umwandlungsbericht und ggf. Prüfungsbericht in den Geschäftsräumen und später auch in der Hauptversammlung zur Einsichtnahme auszulegen und zu Beginn der Versammlung mündlich zu erläutern.

3. Beschlussmehrheiten

191 Die Umwandlung bedarf in allen Fällen eines **Beschlusses der Gesellschafter der beteiligten Rechtsträger**. Die Mehrheiten sind allerdings nicht generell festgelegt, sondern unterschiedlich geregelt und entsprechen i. d. R. den **Mehrheiten für Satzungsänderungen**:
– bei Personenhandelsgesellschaften bedarf es im Grundsatz eines einstimmigen Beschlusses,
– bei den Kapitalgesellschaften muss ein Beschluss mit mindestens einer 3/4-Mehrheit vorliegen.

192 In bestimmten Fällen schreibt das Gesetz darüber hinaus die **Zustimmung bestimmter einzelner Gesellschafter** vor, so wenn die Abtretung der Anteile eines übertragenden Rechtsträgers von der Zustimmung bestimmter Anteilsinhaber abhängt (§ 13 Abs. 2 UmwG). Nach § 65 Abs. 2 UmwG bedarf der Beschluss der Hauptversammlung zu einer Verschmelzung oder Spaltung der Zustimmung der stimmberechtigten Aktionäre jeder Gattung, wenn mehrere Gattungen von Aktien vorhanden sind. Über die Zustimmung haben die Aktionäre jeder Gattung einen Sonderbeschluss zu fassen.[163]

4. Ausscheiden und Abfindung

193 Die Minderheitenrechte werden ergänzt durch das Recht jedes Gesellschafters aus der Gesellschaft gegen Abfindung auszuscheiden. Ein solcher **Anspruch auf Barabfindung** entsteht bspw., wenn sich infolge der Umwandlung die Rechtsform ändert und damit das Beteiligungsrecht verändert wird. Ein solches **Recht zum Ausscheiden** ist vorgesehen bei:

§§ 29 ff. UmwG	Verschmelzung in andere Rechtsformen,
§ 125 i. V. m. §§ 29 ff. UmwG	Spaltung auf einen Rechtsträger anderer Rechtsform,
§ 207 UmwG	Barabfindung bei Formwechsel.

194 Voraussetzung für den Anspruch auf Abfindung ist, dass der Anteilsinhaber gegen den Umwandlungsbeschluss **Widerspruch zur Niederschrift der Versammlung** erklärt hat.

---

162 Vgl. Engelmeyer, BB 1998, 330; Schöne, GmbHR 1995, 325; zum alten § 340a AktG vgl. Keil, Der Verschmelzungsbericht nach § 340a AktG; Mertens, AG 1990, 20.
163 Vgl. hierzu Widmann/Mayer/Rieger, Umwandlungsrecht, § 65 UmwG Rn. 13 ff.; Reichert, GmbHR 1995, 176; Naraschewski, DB 1997, 1653; Kiem, ZIP 1997, 1627.

Das **Abfindungsangebot** muss bereits im Verschmelzungsvertrag, Spaltungsvertrag bzw. -plan vorgesehen sein. Die **Angemessenheit der Abfindung** wird auch geprüft und unterliegt ebenfalls der gerichtlichen Nachprüfung im Spruchverfahren.[164]

5. Verbesserung des Umtauschverhältnisses und Spruchverfahren

Die Gesellschafter des übertragenden Rechtsträgers haben die Möglichkeit, das Umtauschverhältnis der Anteile auf die **Angemessenheit** hin überprüfen zu lassen:

§ 15 UmwG	bare Zuzahlung bei Verschmelzung,
§ 125 i. V. m. § 15 UmwG	bare Zuzahlung bei Spaltung,
§ 176 i. V. m. § 15 UmwG	bare Zuzahlung bei Vermögensübertragung,
§ 196 UmwG	bare Zuzahlung bei Umwandlung.

Das **Spruchverfahren** richtet sich einheitlich nach dem SpruchG. Der Antrag auf gerichtliche Entscheidung ist binnen einer Frist von 2 Monaten nach dem Bekanntwerden der Umwandlung zu stellen, über ihn entscheidet das LG am Sitz des Rechtsträgers im **Verfahren der Freiwilligen Gerichtsbarkeit** (§ 1 Abs. 2 Spruch G). In diesem Spruchverfahren, das aus dem alten Umwandlungsrecht übernommen worden ist (§ 325c AktG, § 31a KapErhG, §§ 30 ff. UmwG a. F.), kann geltend gemacht werden, dass das Umtauschverhältnis nicht angemessen bzw. eine höhere Barabfindung zu zahlen ist. Wegen dieser Mängel kann dann eine **Klage gegen den Umwandlungsbeschluss** nicht erhoben werden.[165]

E. Arbeitsrechtliche Aspekte im UmwG

Das UmwG enthält in seinem Schlussteil (Achtes Buch) einige **arbeits- und mitbestimmungsrechtliche Vorschriften.**,[166] Diese sind im Rahmen gesellschaftsrechtlicher Regelungen **an sich systemfremd**. Durch ihre Aufnahme in das Gesetz wollte der Gesetzgeber den Arbeitnehmerbelangen bei Umwandlungsvorgängen besonders Rechnung tragen. Die »unzureichende Verzahnung mit dem allgemeinen Arbeitsrecht«[167] welches neben den Spezialnormen des UmwG anwendbar bleibt, hat die Rechtspraxis vor Probleme gestellt, deren Brisanz aber abgenommen hat. Allgemein bleibt die Kritik, dass zumindest Teile des Arbeitsrechts auf Veränderungen eines »lebendigen« Unternehmens, das sich wandelnden Wettbewerbsbedingungen anpasst, die wirtschaftlich notwendige Flexibilität zeigt und daher Rechtsform und Organisationsstrukturen überprüft, nicht angemessen reagieren.

Der arbeitsrechtliche Begriff des Betriebs ist von den umwandlungsrechtlichen Begriffen Unternehmen und Rechtsträger zu unterscheiden. Der Begriff »Betrieb« wird in diversen arbeitsrechtlichen Normen benutzt, aber jeweils unterschiedlich definiert. Die ursprüngliche Definition als organisatorische Einheit, innerhalb derer ein Arbeitgeber mithilfe von personellen, sächlichen und immateriellen Mitteln bestimmte arbeitstechnische Zwecke fortgesetzt verfolgt,[168] ist zumindest für den hier maßgeblichen § 613a BGB durch Rechtsprechung des EuGH überholt. Abzustellen ist auf die wirtschaftliche Einheit (s. u. Rdn. 202 ff.). Im Unterschied zum Unternehmen kann

---

164 Vgl. allgemein zum Ausscheiden und Abfinden bei Umwandlungsmaßnahmen Widmann/Mayer/Wälzholz, Umwandlungsrecht, § 29 UmwG Rn. 4 ff.; Grunewald, in: FS für Boujong, 1996, S. 175; Schöne, GmbHR 1995, 325; Liebscher, AG 1996, 455; Reichert, GmbHR 1995, 176.
165 § 14 Abs. 2 UmwG; vgl. zum Spruchverfahren Simon, SpruchG, 2007.
166 Vgl. ausführlich Willemsen/Hohenstatt/Schweibert/Seibt, Umstrukturierung und Übertragung von Unternehmen – Arbeitsrechtliches Handbuch; Simon/Zerres, Unternehmensspaltung und Arbeitsrecht, in: FS für Leinemann.
167 Willemsen, NZA 1996, 791, 792.
168 S.BAG, NJW 1987, 2036.

dieses einerseits mehrere Betriebe unterhalten und ein Betrieb kann andererseits von mehreren Unternehmen geführt werden.

I. Übergang der Arbeitsverhältnisse (§ 324 UmwG)

200 Im Zuge der Neuordnung eines Unternehmens bei Umwandlungsvorgängen, insb. bei Spaltungen, sind die betroffenen Arbeitsverhältnisse den jeweiligen Rechtsträgern zuzuordnen. I. R. d. **Zuweisungsfreiheit** steht es den beteiligten Unternehmen grds. frei, welchem Rechtsträger die einzelnen Vermögensbestandteile zugeordnet werden (s. zur Zuordnung der Vermögensgegenstände Teil 3 Rdn. 50 ff.). Bei der Zuordnung der einzelnen Arbeitsverhältnisse sind die Parteien dagegen an § 324 UmwG i. V. m. § 613a BGB gebunden: Die Arbeitsverhältnisse gehen mit dem Betrieb oder Betriebsteil über, dem sie zugeordnet sind (s. sogleich Teil 1 Rdn. 207 ff.). Problematisch ist die Zuordnung bei sog. **Springern**, die in mehreren Betrieben tätig sind, oder bei Arbeitnehmern, die in sog. **Querschnittsbereichen** (z. B. Verwaltung) beschäftigt sind (s. sogleich Teil 1 Rdn. 221 ff.).

1. Betriebsübergang nach § 613a BGB

201 Trotz der etwas unklaren Formulierung der »Unberührtklausel« ist mit § 324 UmwG gesetzlich klargestellt, dass § 613a Abs. 1 und Abs. 4 bis Abs. 6 BGB bei Betriebsübergängen im Wege der **Gesamtrechtsnachfolge** nach dem UmwG uneingeschränkt Anwendung findet.[169] **Ausgenommen** ist nur der **Formwechsel**, da dieser keinen Wechsel des Rechtsträgers mit sich bringt. Die Anwendung von § 613a BGB hat zunächst zur Konsequenz, dass die an der Umwandlung beteiligten Rechtsträger nur frei sind in der Entscheidung, welche Betriebe oder Betriebsteile anderen Rechtsträgern zuzuordnen sind, wobei der »Betrieb« nicht zwingend identisch ist mit dem übertragenen Rechtsträger oder den übertragenen Vermögensbestandteilen.[170] Die Zuordnung der Arbeitsverhältnisse zu den Rechtsträgern richtet sich dagegen nach § 613a BGB: Die Arbeitsverhältnisse folgen per Gesetz mit allen Rechten und Pflichten den Betrieben oder Betriebsteilen, denen sie bisher zugeordnet waren. Einer Zustimmung der Arbeitnehmer bedarf es nicht. § 324 UmwG ist **Rechtsgrundverweisung**, sodass bei jedem Umwandlungsvorgang zu prüfen ist, ob ein Betriebsübergang i. S. d. § 613a BGB vorliegt.[171]

a) Betriebsübergang

202 Ein **Betriebsübergang** i. S. d. § 613a BGB ist der rechtsgeschäftliche Übergang eines Betriebs oder Betriebsteiles auf einen anderen Inhaber unter Wahrung der Identität der betreffenden wirtschaftlichen Einheit. § 324 UmwG stellt klar, dass auch die Gesamtrechtsnachfolge nach dem UmwG ein **rechtsgeschäftlicher Übergang** i. d. S. ist. **Wirtschaftliche Einheit** bedeutet dabei die organisatorische Gesamtheit von Personen und Sachen zur auf Dauer angelegten Ausübung einer wirtschaftlichen Tätigkeit mit eigener Zielsetzung.[172] Kein Betriebsübergang ist ein Wechsel auf Gesellschafterebene.[173] Es muss ein tatsächlicher Übergang der Leitungsmacht unter Wahrung der wirtschaftlichen Identität vorliegen.[174]

203 Es muss eine **Gesamtbeurteilung folgender Faktoren** erfolgen:
– Art des Unternehmens,
– Übergang der materiellen Betriebsmittel,
– Wert der immateriellen Aktiva,

---

169 S. nur BAG, NJW 1999, 812.
170 S. a. Kallmeyer/Willemsen, UmwG, § 324 Rn. 11.
171 BAG, NJW 2018, 885; BAG, ZIP 2000, 1630.
172 S. nur BAG, NJW 2018, 885; ZInsO 2012, 1851; st. Rspr. seit EuGH, ZIP 1997, 516 »Ayse Süzen«.
173 Sog. »share deal«; BAG, ZInsO 2017, 1799.
174 BAG, ZInsO 2007, 1229; ZIP 1999, 1496; s.a. EuGH, NJW 1999, 1697.

- Übernahme der Belegschaft,
- Übergang der Kundschaft,
- Ähnlichkeit der Tätigkeit und
- Dauer der Unterbrechung der Betriebstätigkeit.

Die **Gewichtung der einzelnen Merkmale** hängt von der Art des Unternehmens ab.[175] Die Rechtsprechung teilt die Betriebe hierbei in **betriebsmittelgeprägte** und **betriebsmittelarme** ein.[176] In Letzteren, in denen es im Wesentlichen auf die **menschliche Arbeitskraft** und/oder das Know-how ankommt, kann für einen Betriebsübergang die Übernahme der Arbeitsverhältnisse genügen.[177] Hiervon abzugrenzen ist die **reine Funktionsnachfolge bzw. Auftragsnachfolge**, also die Übernahme derselben Aufgabe durch ein anderes Unternehmen, aber mit anderem Personal.[178] Allerdings soll bei einer Neuvergabe eines Auftrags nach dem EuGH ein Betriebsübergang vorliegen, wenn die für die Ausführung der Dienstleistung unabdingbare Ausrüstung übernommen wird.[179] Auch ein sog. **Betriebsführervertrag** soll nicht zum Betriebsübergang führen, wenn der übertragende Rechtsträger den arbeitsrechtlichen Betrieb weiterhin im eigenen Namen, nun aber für Rechnung des übernehmenden Rechtsträgers führt.[180] In **betriebsmittelgeprägten Betrieben** kommt es dagegen im Wesentlichen auf den Übergang von Produktionsmitteln an. Hier kann ein Betriebsübergang einerseits sogar ohne Übernahme von Personal vorliegen.[181] Andererseits liegt kein Betriebsübergang vor, wenn das Personal getrennt von den Betriebsmitteln übernommen und sodann im Wege der nicht gewerbsmäßigen Arbeitnehmerüberlassung an den Übernehmer der Betriebsmittel verliehen wird.[182] Bei der Übernahme sächlicher Betriebsmittel ist es ausreichend, wenn der Erwerber sie aufgrund einer Nutzungsvereinbarung (Pacht, Nießbrauch o.Ä.) für seine Betriebstätigkeit einsetzen kann.[183] Umgekehrt ist eine reine Sicherungsübereignung kein Betriebsübergang.[184]

204

Ausreichend ist der **Übergang eines Betriebsteils**. Ein Betriebsteil i. d. S. ist eine organisatorische Untergliederung, mit der innerhalb des betriebstechnischen Gesamtzwecks ein Teilzweck verfolgt wird. Die übernommenen Betriebsmittel müssen bereits beim übertragenden Unternehmen die Qualität eines Betriebsteils gehabt haben.[185] Nicht erforderlich ist, dass der verbleibende Restbetrieb noch lebensfähig ist. Entscheidend ist die **Wahrung der Identität des Betriebsteils beim übernehmenden Rechtsträger**.[186] Die Identität ist gewahrt, wenn der Übernehmer die funktionelle Verknüpfung zwischen den übertragenen Produktionsmitteln beibehält und er einer gleichartigen wirtschaftlichen Tätigkeit nachgeht, selbst wenn der Betriebsteil vollständig in die Organisationsstruktur des übernehmenden Unternehmens eingegliedert wird.[187] Auch liegt dann ein (Teil-) Betriebsübergang vor, wenn ein ausgegliedertes Unternehmen als Leiharbeitsunternehmen seine Arbeitskräfte ausschließlich an den früheren Arbeitgeber verleiht, damit diese dort die ursprünglichen Funktionen erfüllen.[188]

205

---

175 BAG, NJW 2015, 973; ZInsO 2012, 1851; ZInsO 2007, 1229.
176 S. nur BAG, ZIP 2009, 1976; BAG, ZIP 2010, 849.
177 St. Rspr. seit EuGH, ZIP 1997, 516, »Ayse Süzen«; s. a. BAG, ZInsO 2014, 1904; DB 2013, 1556.
178 S. nur BAG, ZInsO 2012, 1851; BAG, ZIP 2008, 801; s. a. EuGH, NJW 1999, 1697.
179 EuGH, ZInsO 2018, 124, »Securitas«.
180 Kallmeyer/Willemsen, UmwG, § 324 Rn. 15 f.
181 BAG ZIP 2010, 849.
182 BAG, ZInsO 2011, 344.
183 BAG, ZInsO 2008, 572; BAG, ZIP 1998, 663.
184 BAG, ZIP 2008, 239.
185 BAG, ZInsO 2011, 2194; BAG, NJW 2010, 1689; BAG, ZInsO 2003, 1010.
186 BAG, NJW 2018, 885; BAG, ZInsO 2011, 2194; so schon: BAG, ZInsO 2002, 1198.
187 EuGH »Klarenberg«, NJW 2009, 2029; s. a. BAG, ZInsO 2016, 48; BAG, NJW 2010, 1689.
188 BAG, NZA 2009, 144.

206 **Maßgeblicher Zeitpunkt** ist der Wechsel des Betriebsinhabers, d. h. die tatsächliche Weiterführung oder Wiederaufnahme der Geschäftstätigkeit durch den übernehmenden Rechtsträger.[189] I. d. R. ist dies der Zeitpunkt der **Eintragung der Umwandlung** in das Handelsregister. Bei der Übernahme sächlicher Betriebsmittel ist es aber bspw. ausreichend, wenn der übernehmende Rechtsträger sie aufgrund einer Nutzungsvereinbarung (Pacht, Nießbrauch o. Ä.) für seine Betriebstätigkeit einsetzen kann.[190] Daher kann ein Betriebsübergang auch bereits vor dem gesellschaftsrechtlichen Vollzug der Umwandlung erfolgen.[191]

b) Rechtsfolgen

207 Primäre Rechtsfolge bei einem Betriebsübergang i. S. d. § 613a BGB ist der **Übergang der Arbeitsverhältnisse**, die im Zeitpunkt des Übergangs in dem Betrieb bestehen, auf den Rechtsträger, der den Betrieb übernimmt. Es kommt zu einem Wechsel des Arbeitgebers.

208 Hiervon ausgenommen sind wegen ihrer besonderen Stellung die **Anstellungsverhältnisse der Organträger**.[192] Bei der Verschmelzung gehen diese Dienstverhältnisse gem. § 20 Abs. 1 Nr. 1 UmwG auf den übernehmenden Rechtsträger über.[193] Bei der Spaltung verbleiben sie beim bisherigen Rechtsträger, da eine Übertragung ohne Zustimmung des Organmitglieds nicht möglich ist.[194] In der Praxis sollte die Zuordnung der betroffenen Anstellungsverhältnisse der Organmitglieder also vertraglich und unter deren Mitwirkung geregelt werden.

209 Die Arbeitsverhältnisse gehen mit dem Inhalt über, wie sie beim übertragenden Rechtsträger bestanden, mit **allen Rechten und Pflichten**, einschl. etwaiger Versorgungsanwartschaften.[195] Ein Erlassvertrag kann wegen Umgehung des § 613a Abs. 1 BGB gem. § 134 BGB nichtig sein, wenn er allein abgeschlossen wird, um den Übergang von bestehenden Pflichten zu verhindern[196] oder ein neues Arbeitsverhältnis mit dem Erwerber konkret in Aussicht gestellt wird.[197] Die Fortgeltung von **Betriebsvereinbarungen oder Tarifverträgen** bestimmt § 613a Abs. 1 Satz 2 bis Satz 4 BGB ausdrücklich.[198] Diese Regelungen können vom übernehmenden Unternehmen i. d. R. erst nach Ablauf eines Jahres geändert werden. Die Weitergeltung erfolgt auf **individualrechtlicher** – nicht auf kollektivrechtlicher – Grundlage (sog. **Transformation**). Allerdings behalten die transformierten Normen ihren kollektivrechtlichen Charakter bei, sodass bspw. eine zeitliche Befristung oder Kündigung des Tarifvertrags auch beim Erwerber gilt.[199]

Es ist der Stand zum Zeitpunkt des Betriebsübergangs maßgebend, spätere Änderungen des Tarifvertrages bleiben unberücksichtigt.[200] Eine in einer statisch weiter geltenden Norm angelegte Dynamik bleibt aber erhalten.[201] Die Fortgeltung nach § 613a Abs. 1 Satz 2 BGB kann – bspw. nach einer Verschmelzung – zu unterschiedlichen Arbeitsbedingungen der Arbeitnehmer führen.

---

189 BAG, NZA 2008, 825; BAG, ZIP 1999, 589.
190 BAG, ZIP 2006, 1917; BAG, ZIP 1998, 663.
191 BAG, ZIP 2000, 1630; s. a. Kallmeyer/Willemsen, UmwG, § 324 Rn. 14.
192 BAG, NJW 2003, 2473.
193 BAG, NJW 2003, 2473; Semler/Stengel/Simon, UmwG, § 20 Rn. 56; Lutter/Grunewald, UmwG, § 20 Rn. 28.
194 Semler/Stengel/Simon, UmwG, § 131 Rn. 57.
195 S. ausführlich Willemsen/Hohenstatt/Schweibert/Seibt, Umstrukturierung und Übertragung von Unternehmen, Teil J.
196 BAG, NJW 2009, 3260.
197 BAG, ZInsO 2012, 793.
198 S.ausf. Müller-Bonanni/Mehrens, ZIP 2012, 1217 ff.
199 Ausf. zum rechtlichen Charakter der transformierten Normen BAG, ZIP 2009, 2461; krit. ErfK-Preis, § 613a BGB Rn. 112.
200 BAG, ZIP 2010, 2068; BAG, ZIP 2002, 721.
201 BAG, ZIP 2010, 2068.

E. Arbeitsrechtliche Aspekte im UmwG

Dies stellt keinen Verstoß gegen den **Gleichbehandlungsgrundsatz** dar.[202] Die alten Bedingungen gelten gem. § 613a Abs. 1 Satz 3 BGB dagegen nicht weiter, wenn **derselbe Gegenstand** bei dem übernehmenden Rechtsträger in einem Tarifvertrag oder einer Betriebsvereinbarung geregelt ist oder wird und – für Tarifverträge – beide Parteien tarifgebunden sind.[203] Diese Regelung hat auch dann Vorrang, wenn sie für den Arbeitnehmer nachteilig ist.[204] Abweichende ungünstigere Regelungen in einer Betriebsvereinbarung des übernehmenden Rechtsträgers können dagegen gem. § 613a Abs. 1 Satz 2 BGB transformierte tarifliche Bestimmungen nicht ablösen.[205]

§ 613a Abs. 1 Satz 2 bis Satz 4 BGB ist **Auffangnorm** und greift nicht, wenn Tarifverträge oder Betriebsvereinbarungen bereits auf **kollektivrechtlicher** Basis fortgelten.[206] So gilt ein **Tarifvertrag** fort, wenn der neue Arbeitgeber ebenfalls an diesen Tarifvertrag gebunden ist, denn maßgeblich ist die **Verbandszugehörigkeit des übernehmenden Rechtsträgers**. Eine anderweitige Verbandszugehörigkeit des übertragenden Rechtsträgers geht wegen der negativen Koalitionsfreiheit nicht im Wege der Gesamtrechtsnachfolge auf den übernehmenden Rechtsträger über.[207] Unterliegt der übernehmende Rechtsträger keiner Tarifbindung, gelten die Tarifbedingungen des übertragenden Rechtsträgers im Wege der **Nachwirkung** analog § 4 Abs. 5 TVG fort.[208] Zugleich gilt für die Arbeitnehmer ein **befristeter Verschlechterungsschutz** nach § 324 UmwG i. V. m. § 613a Abs. 1 Satz 2 BGB. Eine **individualvertraglich** vereinbarte dynamische Verweisung auf einen Tarifvertrag gehört dagegen zu den nach § 613a Abs. 1 Satz 1 BGB übergehenden Rechten und Pflichten, selbst wenn der Erwerber nicht tarifgebunden ist.[209] 210

Die Weitergeltung von **Firmentarifverträgen** wird im Spaltungs- bzw. Übernahmevertrag geregelt oder ergibt sich bei der Verschmelzung aus § 20 UmwG.[210] Entsteht eine Konkurrenzsituation, geht ein Firmentarifvertrag einem Verbandstarifvertrag als speziellere Norm vor. Endet der Firmentarifvertrag aber, bspw. durch Kündigung oder Zeitablauf, gilt jedenfalls dann wieder der Verbandstarifvertrag, wenn wegen Wegfalls des Arbeitgebers im Zuge der Umwandlung ein Neuabschluss des Firmentarifvertrags unmöglich ist.[211] Fehlt eine Regelung im Spaltungsvertrag bleibt allein der übertragende Rechtsträger Vertragspartei, es kommt nicht zur »Duplizierung« der Vertragsparteien.[212] **Betriebsvereinbarungen** behalten Gültigkeit, wenn der **Betrieb seine Identität bewahrt**.[213] Letzteres gilt auch für Gesamtbetriebsvereinbarungen. Werden nur einzelne Betriebe (identitätswahrend) ausgegliedert, gilt eine Gesamtbetriebsvereinbarung als Einzelbetriebsvereinbarung weiter.[214] 211

Der **übernehmende Rechtsträger haftet** gem. § 613a Abs. 1 BGB für die bestehenden und zukünftigen Ansprüche der Arbeitnehmer, deren Arbeitsverhältnisse auf ihn übergehen, insb. also für Löhne und Gehälter. Die Haftung der übrigen an der Spaltung beteiligten Rechtsträger, insb. des **übertragenden Rechtsträgers,** richtet sich wegen der fehlenden Verweisung auf § 613a Abs. 2 212

---

202 BAG, ZIP 2005, 2225; zur Zulässigkeit konkurrierender Tarifverträge [»Tarifpluralität«] im Betrieb grdl. BAG ZIP 2010, 1618.
203 BAG, ZIP 2010, 2068; BAG, ZIP 2005, 1889.
204 Sog. **Ablösefunktion**, s. ausführlich Kallmeyer/Willemsen, UmwG, § 324 Rn. 26 ff.; s. a. LAG Baden-Württemberg, ZInsO 2017, 1040; BAG, BB 2010, 1787; BAG, ZIP 2005, 1889.
205 Verneinung der sog. »Überkreuzablösung«, s. BAG, ZIP 2010, 2068.
206 BAG, NZA 2010, 238; BAG, ZIP 2008, 611, 614; s. ausführlich Kallmeyer/Willemsen, UmwG, § 324 Rn. 24 f.; krit. ErfK-Preis, § 613a BGB Rn. 113.
207 BAG, ZIP 1998, 2180.
208 BAG, NZA 1995, 479.
209 BAG, NJW 2018, 1040; BAG, NJW 2010, 1831; BAG, BB 2010, 2245.
210 BAG, NZA 2010, 51; BAG, ZIP 2008, 611.
211 BAG, ZIP 2008, 611.
212 BAG, ZIP 2013, 994; a. A. Semler/Stengel/Simon, § 131 Rn. 52.
213 BAG, ZIP 2003, 1059.
214 BAG, ZIP 2003, 1059; krit. Lutter/Joost, UmwG, § 324 Rn. 44 f.; ErfK-Preis, § 613a BGB Rn. 115.

BGB dagegen nach Umwandlungsrecht, also nach §§ 133, 134 UmwG.[215] Hiernach haften die an der Spaltung beteiligten Rechtsträger für die Verbindlichkeiten des übertragenden Rechtsträgers, die vor dem Wirksamwerden der Spaltung begründet worden sind, als Gesamtschuldner. Ansprüche aus Arbeitsverhältnissen sind mit Abschluss des Vertrages begründet i. d. S., auf die spätere Entstehung kommt es nicht an.[216] Daher haftet bspw. auch ein abgespaltener Rechtsträger für Ansprüche aus Arbeitsverhältnissen, die beim abspaltenden Rechtsträger verblieben sind, sofern sie im Zeitpunkt der Spaltung bereits bestanden.[217] Enthaftung tritt fünf Jahre nach der Spaltung ein, § 133 Abs. 3, Satz 1 UmwG. Für vor dem Wirksamwerden der Spaltung begründete Versorgungsverpflichtungen auf Grund des Betriebsrentengesetzes beträgt die Frist zehn Jahre, § 133 Abs. 3 Satz 2 UmwG.[218]

c) Unterrichtungspflicht

213 Der bisherige und der neue Arbeitgeber sind als Gesamtschuldner verpflichtet, jeden einzelnen Arbeitnehmer vor dem Übergang über die Einzelheiten des Übergangs gem. § 613a Abs. 5 BGB **in Textform zu unterrichten**.[219] Bei der Unterrichtung handelt es sich nicht nur um eine bloße Obliegenheit, sondern um eine **echte Rechtspflicht**, sodass bei fehlerhafter Unterrichtung ein Schadensersatzanspruch gem. § 280 BGB entstehen kann.[220]

▶ Hinweis:

214 Nicht ausreichend ist dabei die Wiederholung des Gesetzeswortlauts, sondern die Unterrichtung muss in einer für juristische Laien verständlichen Sprache unter Berücksichtigung etwaiger Besonderheiten des Arbeitsverhältnisses erfolgen (BAG, ZIP 2006, 2050).

215 Der übernehmende Betrieb ist mit Firma und Anschrift zu nennen. Ist die übernehmende Gesellschaft noch nicht gegründet, ist dies mitzuteilen.,[221] Bei Konzernen ist darauf zu achten, genau den Rechtsträger zu benennen, der den Betrieb übernimmt und dessen Stellung im Konzern darzulegen.[222] Als **Grund des Betriebsübergangs** ist zunächst der Rechtsgrund zu nennen, wie bspw. die Verschmelzung oder Spaltung. Darüber hinaus müssen dem Arbeitnehmer jene unternehmerischen Gründe für den Betriebsübergang zumindest schlagwortartig mitgeteilt werden, die sich im Fall seines Widerspruchs auf den Arbeitsplatz auswirken können[223] insb. also, ob nach dem Betriebsübergang Beschäftigungsmöglichkeiten beim übertragenden Rechtsträger verbleiben.

216 Zu den anzugebenden **rechtlichen Folgen** gehört unmittelbar der Eintritt des Übernehmers in die Rechte und Pflichten aus dem bestehenden Arbeitsverhältnis (§ 613a Abs. 1 Satz 1 BGB). Das gesamte Haftungssystem ist juristisch korrekt darzustellen.[224] Bei einer Verschmelzung, Aufspaltung oder Vermögensübertragung ist darauf hinzuweisen, dass der übertragende Rechtsträger erlischt und bei diesem damit weder Beschäftigungsmöglichkeiten bestehen noch eine Haftung eintreten kann. Bei einer Abspaltung oder Ausgliederung richtet sich die gesamtschuldnerische Nachhaftung des Veräußerers für die bis zum Betriebsübergang begründeten Verbindlichkeiten

---

215 Kallmeyer/Willemsen, UmwG, § 324 Rn. 22; Semler/Stengel/Simon, UmwG, § 324 Rn. 38; Lutter/Joost, UmwG, § 324 Rn. 77 ff.; ErfK-Oetker, §324 UmwG Rn. 5.
216 BGH, NJW 2015, 3373 (Ausgleichsanspruch des Handelsvertreters); BAG, NZA 2015, 106; Semler/Stengel/Maier-Reimer/Seulen, § 133 Rn. 12 f. 22.
217 LAG Schleswig-Holstein, Urt. v. 25.9.2012, Az. 1 Sa 488/11.
218 S. a. BAG, NZA 2015, 106.
219 S. ausführlich BAG, NZA 2015, 866; BAG, ZIP 2014, 839; BAG, ZIP 2006, 2050; ErfK-Preis § 613a BGB Rn. 85 ff.; s. a. Grau/Schaut, NZA 2018, 216.
220 BAG, NZA 2008, 1297, 1301; BAG, ZIP 2005, 1978; ErfK-Preis § 613a BGB Rn. 94.
221 BAG, ZIP 2010, 46; zu etwaigen Nach-Unterrichtungspflichten s. Göpfert/Winzer, ZIP 2008, 761.
222 BAG, ZIP 2010, 46 »Siemens/BenQ«.
223 BAG, ZIP 2010, 46 »Siemens/BenQ«.
224 BAG, ZIP 2010, 46.

nach §§ 133, 134 UmwG, deren Inhalt für einen Laien verständlich darzulegen ist. Ferner ist darüber zu unterrichten, welche Tarifverträge und/oder Betriebsvereinbarungen nach dem Betriebsübergang beim übernehmenden Rechtsträger Anwendung finden (s. hierzu oben Teil 1 Rdn. 209 ff.). Sofern Kündigungen im Raum stehen, ist auf die kündigungsrechtliche Situation hinzuweisen.[225] Zu unterrichten ist über eine Sozialplanprivilegierung gem. § 112a Abs. 2 BetrVG. Dieser Mangel ist mit Ablauf des Privilegierungszeitraums von vier Jahren kraft Gesetzes geheilt.[226] Als **wirtschaftliche Folge** soll mitzuteilen sein, ob Vermögenswerte von erheblichem Wert, bspw. das Grundvermögen, beim Veräußerer verbleiben und somit die Haftungsmasse beim Übernehmer signifikant geringer ist. Über die wirtschaftliche und finanzielle Lage des Übernehmers muss aber nicht im Einzelnen unterrichtet werden.[227] Diese Rechtsprechung zeigt die trotz oder vielleicht gerade wegen der zahlreichen Urteile zum Umfang der Unterrichtungspflicht weiterhin bestehenden Unsicherheiten. Es bleibt unklar, ob und in welchem Umfang über die wirtschaftliche Situation des Übernehmers unterrichtet werden muss. Bei der klassischen Betriebsaufspaltung in eine Besitz- und eine Betriebsgesellschaft wird jedenfalls über diese Aufteilung der Vermögensgegenstände zu unterrichten sein.

d) Widerspruchsrecht

Innerhalb eines Monats nach Zugang dieser Unterrichtung kann der Arbeitnehmer dem Übergang des Arbeitsverhältnisses ohne sachlichen Grund schriftlich **widersprechen**.[228] Bei einer nicht ordnungsgemäßen Unterrichtung besteht das Widerspruchsrecht bis zur Grenze der Verwirkung unbefristet.[229] Das Umstandsmoment liegt vor, wenn der Arbeitnehmer trotz Erhalt der grundlegenden Informationen über den Betriebsübergang beim Erwerber weiterarbeitet. Als Zeitmoment hält das BAG sieben Jahren für angemessen.[230] Widerspricht der Arbeitnehmer, wird das Arbeitsverhältnis mit dem bisherigen Arbeitgeber fortgesetzt (vgl. nur BAG, NJW 1993, 3156). **Erlischt**, wie bei der Verschmelzung, der Aufspaltung oder der Vermögensübertragung, **der übertragende Rechtsträger**, besteht nach Auffassung des BAG kein Widerspruchsrecht. Das Arbeitsverhältnis geht über und ein ggf. erklärter Widerspruch entfaltet keine Wirkung. Die Berufsfreiheit des Arbeitnehmers gem. Art. 12 GG, welche die freie Wahl des Arbeitgebers umfasst, wird durch das Recht zur außerordentlichen Kündigung gem. § 626 BGB gewahrt.[231]

217

e) Zulässigkeit von Kündigungen

Kündigungen des alten und des neuen Arbeitgebers wegen des Betriebsüberganges sind gem. § 613a Abs. 4 BGB **unwirksam**, wenn der Betriebsübergang nicht nur der Anlass, sondern **der tragende Grund** für die Kündigung ist.[232] Zulässig sind dagegen Kündigungen, die der Veräußerer ausspricht, um den Betrieb »**verkaufsfähig**« zu machen.[233] Kündigungen erfolgen dann **nicht wegen des Betriebsübergangs**, wenn sie mit anderen betriebsbedingten Gründen zu rechtfertigen sind, also Sanierungskonzepte umgesetzt werden.

218

Widerspricht der Arbeitnehmer dem Betriebsübergang, kann der bisherige Arbeitgeber dem Arbeitnehmer häufig aus **betriebsbedingten Gründen** kündigen, da bei ihm kein Arbeitsplatz mehr vorhanden ist. § 613a Abs. 4 BGB steht einer Kündigung nicht entgegen, da der Arbeitneh-

219

---

225 S. ausführlich BAG, ZIP 2006, 2050.
226 BAG, ZIP 2017, 1129.
227 BAG, NZA 2017, 783; BAG, ZIP 2008, 987; s. a. krit. Reinhard, NZA 2009, 63.
228 § 613a Abs. 6 BGB; zur Zulässigkeit kollektiver Widersprüche BAG, ZIP 2010, 46.
229 BAG, ZInsO 2018, 409; BAG, NJW 2010, 1302; BAG, NZA 2008, 1294.
230 BAG, ZInsO 2018, 409.
231 BAG, ZIP 2008, 1296 m. N. zur a. A.
232 S. nur BAG, ZIP 2007, 595; BAG, ZIP 2003, 1671.
233 BAG, ZIP 2007, 595; BAG, ZIP 1996, 2028.

mer seinen Schutz durch den Widerspruch verbraucht hat.[234] Eine Kündigung ist auch nicht allein wegen **unzureichender Unterrichtung** unwirksam.[235]

220 **Aufhebungsverträge** sind grds. zulässig. Eine Umgehung des § 613a Abs. 4 BGB stellen sie – wie auch Kündigungen – nur dann dar, wenn lediglich die Kontinuität des Arbeitsverhältnisses unterbrochen werden soll und dem Arbeitnehmer konkret ein Arbeitsplatz (zu schlechteren Konditionen) bei dem übernehmenden Unternehmen angeboten wird. Führt der Aufhebungsvertrag zum endgültigen Ausscheiden des Arbeitnehmers, liegt kein Verstoß gegen § 613a BGB vor.[236]

2. Besonderheiten: Springer, Querschnittsbereiche

221 Schwierigkeiten bereiten in Umwandlungsvorgängen Arbeitnehmer, die einzelnen Betrieben nicht eindeutig zugeordnet werden können. Soweit sie **in mehreren Betrieben oder Betriebsteilen** tätig sind (sog. Springer), sollten sie im Spaltungs- oder Übernahmevertrag dem Betrieb zugeteilt werden, in dem sie hauptsächlich beschäftigt sind. Diese, an objektiven Kriterien orientierte Zuordnung vollzieht sich dann nicht außerhalb des § 613a BGB, sondern in Ergänzung und Ausfüllung dieser Norm.[237]

222 Arbeitnehmer in **Querschnittsbereichen/Stabsfunktionen** können dagegen häufig keinem Betrieb zugeordnet werden, da sie übergreifende Aufgaben **für andere Betriebe bzw. Betriebsteile** wahrnehmen, z. B. Personalverwaltung, Buchhaltung o. Ä. Ein Übergang gem. § 613a BGB findet dann statt, wenn die entsprechende Abteilung auf einen neuen Rechtsträger übergeht. Ein Übergang mit dem Betrieb oder Betriebsteil für den der Arbeitnehmer tätig ist, erfolgt nicht.[238]

▶ Beispiel:

223 Das Arbeitsverhältnis eines Buchhalters geht auf den neuen Rechtsträger über, wenn die gesamte Buchhaltungsabteilung dort eingegliedert wird. Sein Arbeitsverhältnis geht aber nicht über, nur weil der Buchhalter aufgrund der internen Aufteilung in der Buchhaltung die Bücher für den ausgegliederten Betriebsteil geführt hat und die Buchhaltungsabteilung i. Ü. bei dem ausgliedernden Rechtsträger verbleibt.

Sollen diese Arbeitsverhältnisse trotzdem einem anderen Rechtsträger zugeteilt werden, erfolgt der Übergang außerhalb des § 613a BGB und bedarf gem. § 613 Satz 2 BGB der **Zustimmung der betroffenen Arbeitnehmer.**[239] Eine Übertragung des Arbeitsverhältnisses im Einvernehmen mit dem Arbeitnehmer ist stets zulässig.

224 Bei Zweifelsfällen empfiehlt sich die Vereinbarung eines **Interessenausgleichs** mit dem Betriebsrat, in dem mittels einer Namensliste die Zuordnung der Arbeitsverhältnisse geregelt wird. Ein solcher ist bei einer Verschmelzung, Spaltung oder Vermögensübertragung gem. § 323 Abs. 2 UmwG nur beschränkt arbeitsgerichtlich nachprüfbar. § 323 Abs. 2 UmwG hat sein Vorbild in § 125 InsO und der Gedanke wurde im allgemeinen Arbeitsrecht in § 1 Abs. 5 KSchG aufgenommen. Voraussetzung ist das Vorliegen einer Betriebsänderung i. S. d. § 111 BetrVG.[240]

---

234 BAG, NJW 1997, 410.
235 BAG, ZIP 2005, 1978.
236 Stichwort: »Risikogeschäft«; BAG, ZIP 2011, 2426; BAG, NJW 2006, 938.
237 S. a. Kallmeyer/Willemsen, UmwG, § 324 Rn. 54 f.; nach a. A. ist bei Zweifelsfällen nicht § 613a BGB anwendbar, sondern die Zuordnung erfolgt frei nach Umwandlungsrecht, wobei gem. § 613 Satz 2 BGB die Zustimmung der betroffenen Arbeitnehmer erforderlich ist, Boecken, ZIP 1994, 1087, 1091, 1093; nach a. A. findet überhaupt kein Übergang statt, wenn der Arbeitnehmer keinem Betrieb objektiv zugeordnet werden kann, Lutter/Joost, UmwG, § 323 Rn. 28 f.
238 BAG, NZA 2013, 669; BAG, NJW 1998, 1883; s. a. ErfK-Preis § 613a BGB Rn. 72.
239 BAG, NJW 2018, 885; Kallmeyer/Willemsen, UmwG, § 324 Rn. 57; Lutter/Joost, UmwG, § 323 Rn. 30 f.
240 S. u. Teil 1 Rdn. 229; Kallmeyer/Willemsen, UmwG, § 324 Rn. 58; Lutter/Joost, UmwG, § 323 Rn. 33; a. A. Semler/Stengel/Simon, UmwG, § 323 Rn. 20.

Beschränkte Nachprüfbarkeit bedeutet, dass der Arbeitnehmer bei Abschluss eines Interessenausgleichs im Kündigungsschutzprozess für die »grobe Fehlerhaftigkeit« der Zuordnung beweispflichtig ist. **Grob fehlerhaft** ist eine Zuweisung, wenn ein Arbeitsverhältnis entgegen der eindeutigen Zuordnungsregel des § 613a BGB einem anderen Betrieb zugeordnet wird[241] oder es einem »Spaltprodukt« zugeordnet wird, das keine übergangsfähige wirtschaftliche Einheit bildet.[242] Lediglich bei Zweifelsfällen haben die Betriebsparteien tatsächlich eine freie Wahl, die nur dann grob fehlerhaft ist, wenn es für sie keinen, an § 613a BGB orientierten, sachlichen Grund gibt, der die Zuordnung wenigstens vertretbar erscheinen lässt.[243]

II. Beteiligung und Information der Arbeitnehmervertretungen bei der Umwandlung

Neben den umwandlungsrechtlichen Beteiligungs- und Informationsrechten der Arbeitnehmer und ihrer Vertretungen, s. hierzu Teil 2 Rdn. 193 ff., sind die allgemeinen Normen des **BetrVG** zu beachten.[244] Deren Voraussetzungen sind eigenständig zu prüfen. Bei Umwandlungen sind insb., ggf. kumulativ, einschlägig:

§§ 99 ff. BetrVG	die erforderliche Zustimmung des Betriebsrats bei personellen Einzelmaßnahmen (Einstellung, Eingruppierung, Umgruppierung und Versetzung),
§ 102 BetrVG	die Anhörung des Betriebsrats bei Kündigungen,
§§ 111 ff. BetrVG	die Unterrichtung des Betriebsrats vor Betriebsänderungen.

In Betrieben mit i. d. R. mehr als 20 wahlberechtigten Arbeitnehmern hat der Arbeitgeber vor jeder **personellen Einzelmaßnahme** den Betriebsrat zu unterrichten, der dann der Maßnahme zustimmen muss. Er kann die Zustimmung aus den in § 99 Abs. 2 BetrVG aufgeführten Gründen verweigern. Dann muss der Arbeitgeber die Ersetzung der Zustimmung beim ArbG einklagen.

Vor jeder Kündigung ist der Betriebsrat gem. § 102 BetrVG zu hören. Der Betriebsrat hat bei Vorliegen einer der Gründe des § 102 Abs. 3 BetrVG ein Widerspruchsrecht, das als solches aber die Wirksamkeit der Kündigung nicht berührt. Erhebt der Arbeitnehmer Kündigungsschutzklage, hat er im Fall des Widerspruchs des Betriebsrats einen Weiterbeschäftigungsanspruch für die Dauer des Kündigungsschutzprozesses (§ 102 Abs. 5 BetrVG).

Vor der Durchführung von **Betriebsänderungen** i. S. d. § 111 BetrVG ist der Betriebsrat zu unterrichten. Betriebsänderungen sind hiernach:
- Einschränkung und Stilllegung des ganzen Betriebs oder von wesentlichen Betriebsteilen,
- Verlegung des ganzen Betriebs oder von wesentlichen Betriebsteilen,
- Zusammenschluss mit anderen Betrieben oder die Spaltung von Betrieben,
- grundlegende Änderungen der Betriebsorganisation, des Betriebszwecks oder der Betriebsanlagen, oder
- Einführung grundlegend neuer Arbeitsmethoden und Fertigungsverfahren.

Besteht **im Zeitpunkt der unternehmerischen Entscheidung** über die Betriebsänderung ein Betriebsrat, so ist dieser über die geplante Betriebsänderung zu **unterrichten** und der Arbeitgeber muss mit ihm aktiv **über den Abschluss eines Interessenausgleichs verhandeln**.[245] In einem Interessenausgleich werden die konkreten Modalitäten der Betriebsänderung vereinbart, insb. sollen wirtschaftliche Nachteile für die Arbeitnehmer vermieden oder zumindest abgemildert werden. Die Unterrichtung des Betriebsrats muss den Umfang und die zu erwartenden Auswirkungen der geplanten Maßnahme sowie die Gründe für deren Zweckmäßigkeit erkennen lassen. Kommt

---
241 Kallmeyer/Willemsen, UmwG, § 324 Rn. 60; Lutter/Joost, UmwG, § 323 Rn. 40.
242 BAG, NJW 2018, 885.
243 Kallmeyer/Willemsen, UmwG, § 324 Rn. 60 m. w. N.
244 S. a. Scharff, BB 2016, 437 ff.
245 S. a. BAG, ZIP 2004, 235.

keine Einigung zustande, kann nach § 112 Abs. 2 BetrVG zunächst der Vorstand der Bundesagentur für Arbeit um Vermittlung ersucht werden und ist auch dies erfolglos, ist die Einigungsstelle anzurufen.

▶ Hinweis:

231 Bei Umwandlungen ist zu beachten, dass die Betriebsänderung, also die Veränderung in der organisatorischen und personellen Zusammensetzung des Betriebs, zeitlich von der gesellschaftsrechtlichen Neuordnung abweichen kann und der Versuch des Abschlusses eines Interessenausgleichs **vor Beginn der Betriebsänderung** erfolgen muss. Wird das Verfahren nicht ordnungsgemäß eingehalten, der Betriebsrat überhaupt nicht beteiligt oder weicht der Unternehmer von einem vereinbarten Interessenausgleich ohne zwingenden Grund nachträglich ab, drohen **Nachteilsausgleichsansprüche** der Arbeitnehmer nach § 113 BetrVG. Bei der Frage, ob der Betriebsrat im einstweiligen Rechtsschutz **Unterlassungsverfügungen** erwirken kann, ist die Rechtsprechung uneinheitlich.[246]

III. Arbeitsrechtliche Folgen der Umwandlung

232 Wie aufgezeigt, besteht das Arbeitsverhältnis zwischen dem Arbeitnehmer und dem neuen Rechtsträger grds. mit dem bisherigen Inhalt fort. Umwandlungsvorgänge können sich aber auf den Kündigungsschutz auswirken (s. sogleich Teil 1 Rdn. 233 ff.) und Folgen für die betriebsverfassungsrechtliche Ordnung (s. Teil 1 Rdn. 241 ff.) sowie das Mitbestimmungsrecht (s. Teil 1 Rdn. 252 ff.) haben.

1. Kündigungsrechtliche Stellung

233 Die **Anwendung des KSchG**, dem wesentlichen Kündigungsschutzrecht, hängt von der Dauer der Betriebsangehörigkeit und der Anzahl der im Betrieb beschäftigten Arbeitnehmer ab: Das Arbeitsverhältnis muss in demselben Betrieb oder Unternehmen ohne Unterbrechung länger als 6 Monate bestanden haben (§ 1 Abs. 1 KSchG) und in dem Betrieb müssen i. d. R. mehr als zehn (für nach dem 31.12.2003 begonnene Arbeitsverhältnisse) bzw. fünf (für vor dem 31.12.2003 begonnene Arbeitsverhältnisse) Arbeitnehmer beschäftigt werden (§ 23 Abs. 1 KSchG). Teilzeitbeschäftigte Arbeitnehmer mit einer regelmäßigen wöchentlichen Arbeitszeit von nicht mehr als 20 Std. werden mit 0,5 und mit nicht mehr als 30 Std. mit 0,75 berücksichtigt. Insb. die Spaltung kann daher mittelbar Folgen für das Arbeitsverhältnis haben, wenn sich die Betriebsgröße verändert.

a) Grundsatz: § 323 Abs. 1 UmwG

234 Für eine Übergangszeit von 2 Jahren nach dem Wirksamwerden der Spaltung oder Teilübertragung eines Rechtsträgers soll sich nach § 323 Abs. 1 UmwG die **kündigungsrechtliche Stellung eines Arbeitnehmers nicht verschlechtern**. Über die Tragweite dieser Vorschrift hat sich eine wissenschaftliche Diskussion entwickelt, deren praktische Relevanz aber gering ist, da in den maßgeblichen Punkten weitgehend identische Ergebnisse erzielt werden. Nach einer weiten, am Wortlaut orientierten Ansicht sollen auch einzelvertragliche oder tarifliche Regelungen über den Ausschluss ordentlicher Kündigungen oder entsprechend vereinbarte günstigere Kündigungsfristen beim neuen Arbeitgeber weiter gelten.[247] Nach einer restriktiven, vorzugswürdigen Ansicht sind

---

246 Bejahend: LAG Hamm, NZA-RR 2004, 80; Hess. LAG, NZA-RR 2010, 187; LAG München, BB 2010, 896; Thüringer LAG, ZIP 2004, 1118; LAG Hamburg, ZIP 1997, 2205; verneinend: LAG Köln, ZInsO 2010, 591; LAG Nürnberg, BB 2009, 1917; LAG München, NZA-RR 2004, 536; LAG Düsseldorf, DB 1997, 1286; LAG Baden-Württemberg, BB 1986, 1015; LAG Schleswig-Holstein, BB 1992, 1788; LAG Rheinland-Pfalz, NZA 1989, 863; s. a. ErfK-Kania § 111 BetrVG Rn. 27 f.
247 Wlotzke, DB 1995, 40, 44; Lutter/Joost, UmwG, § 323 Rn. 9.

E. Arbeitsrechtliche Aspekte im UmwG

lediglich solche negativen Statusveränderungen für die Dauer von 2 Jahren gehemmt, die **unmittelbar** bereits mit dem Wirksamwerden der Spaltung entstehen.[248] Namentlich soll sich die kündigungsrechtliche Stellung eines Arbeitnehmers nicht dadurch verschlechtern, dass bei dem neuen Rechtsträger die für die Anwendbarkeit kündigungsrechtlicher Regelungen notwendige **Beschäftigtenzahl** nicht erreicht wird, insb. § 23 Abs. 1 KSchG.[249] Außerdem wird die beim alten Arbeitgeber abgeleistete **Beschäftigungszeit** bei der Mindestbeschäftigungsdauer von 6 Monaten, § 1 Abs. 1 KSchG, mitgerechnet.

▶ Hinweis:

Dies bedeutet für die **Praxis**, dass nach einer Spaltung (Teilübertragung) zwar auch dann die Normen des KSchG weiterhin Anwendung finden, wenn in dem abgespaltenen Betrieb die maßgeblichen Beschäftigtenzahlen nicht erreicht werden, sich die **Art und Weise** der Anwendung aber ausschließlich nach den **tatsächlichen und rechtlichen Verhältnissen** richtet, wie sie sich nach der Spaltung darstellen.[250] So findet bspw. die Sozialauswahl nur unter den noch in dem abgespaltenen Betrieb Beschäftigten statt oder ein Betriebsratsmitglied genießt zwar den Kündigungsschutz des § 15 KSchG, aber sein Mandat gilt nicht wegen § 323 Abs. 1 UmwG fort. 235

Da § 323 Abs. 1 UmwG den **individuellen Schutz** betrifft, gelten **betriebsverfassungsrechtliche Normen** nicht weiter, auch wenn sie Kündigungen betreffen, wie bspw. § 95 BetrVG (Auswahlrichtlinie), § 99 BetrVG (Änderungskündigung), §§ 102, 103 BetrVG (Anhörung des Betriebsrats bei Kündigungen), §§ 111, 112, 112a BetrVG (Interessenausgleich/Sozialplan bei Betriebsänderung oder Massenentlassung) oder §§ 17, 18 KSchG (Massenentlassungsanzeige als arbeitsmarktpolitische Norm).[251] Die Fortgeltung von Regelungen in **Tarifverträgen** oder **Betriebsvereinbarungen** zu Kündigungsmodalitäten, wie Kündigungsfristen oder Unkündbarkeitsvereinbarungen, richtet sich ausschließlich nach § 613a Abs. 2 BGB (s. o. Teil 1 Rdn. 207 ff.). Die befristete Bestandsgarantie des § 323 Abs. 1 UmwG greift nicht.[252] 236

b) Ausnahme: Gemeinsamer Betrieb

Ausnahmsweise bleiben sämtliche kündigungsrechtlichen Normen anwendbar, wenn trotz der Spaltung oder Teilübertragung ein gemeinsamer Betrieb bestehen bleibt. Häufig wird bei der Spaltung oder Teilübertragung eines Rechtsträgers zwar formal der Betrieb aufgeteilt und die Betriebsteile werden rechtlich verselbstständigt, jedoch bleibt die bisherige **Betriebsorganisation** unangetastet. Während die Spaltung des Rechtsträgers z. B. aus Gründen des Steuerrechts oder des Wettbewerbs erfolgt, wird die **arbeitsorganisatorische Einheit** »Betrieb« beibehalten, um auch weiterhin die arbeitstechnischen Vorteile eines langjährigen, eingespielten Betriebes nutzen zu können. 237

In der **Rechtsprechung des BAG** war seit jeher anerkannt, dass mehrere Unternehmen einen einheitlichen Betrieb gemeinsam führen können.[253] Entscheidend ist, dass die beteiligten Rechtsträger eine **einheitliche Führung** des Betriebs einrichten.[254] Die hierfür grds. geforderte **rechtliche Vereinbarung** (a. A. Lutter/Joost, UmwG, § 322 Rn. 11) muss nicht in einer ausdrücklichen 238

---

248 Kallmeyer/Willemsen, UmwG, § 323 Rn. 2 ff. m. w. N.; s. a. BAG, ZIP 2006, 631.
249 S. a. BAG, ZIP 2007, 1227.
250 BAG, ZIP 2006, 631; Kallmeyer/Willemsen, UmwG, § 323 Rn. 10 und Rn. 12 ff. zu einzelnen Normen; so auch die Gegenansicht, s. Lutter/Joost, UmwG, § 323 Rn. 17.
251 So auch Lutter/Joost, UmwG, § 323 Rn. 19.
252 Kallmeyer/Willemsen, UmwG, § 323 Rn. 16; Semler/Stengel/Simon, UmwG, § 323 Rn. 16; a. A. Lutter/Joost, UmwG, § 323 Rn. 24, jeweils m. w. N.
253 Vgl. z. B. BAG, NJW 1987, 2036.
254 S. BAG, NZA 2017, 1003; ErfK-Koch § 1 BetrVG Rn. 13 ff.

vertraglichen Abmachung bestehen, sondern kann aus den tatsächlichen Umständen gefolgert werden.[255]

239 Für den Kündigungsschutz bestimmt **§ 322 UmwG**, dass bei Vorliegen eines gemeinsamen Betriebs dieser als Betrieb i. S. d. Kündigungsschutzrechts gilt, auch wenn die Arbeitsverhältnisse auf zwei oder mehr eigenständige Rechtsträger verteilt sind. So ist bspw. im Fall einer betriebsbedingten Kündigung für die Ermittlung der Arbeitnehmerzahlen gem. § 23 Abs. 1 KSchG, die Prüfung einer anderweitigen Beschäftigungsmöglichkeit oder bei der Sozialauswahl auf die **Verhältnisse des gemeinsamen Betriebes** abzustellen. § 322 UmwG dient nur der **Klarstellung**, da die Grundsätze des einheitlichen Betriebs auch außerhalb des UmwG Anwendung finden.[256] Dem **Arbeitnehmer** obliegt die **Darlegungs- und Beweislast** für das Vorliegen eines gemeinsamen Betriebs, da die Vermutungsregel des § 1 Abs. 2 Nr. 2 BetrVG im Bereich des Kündigungsschutzrechts nicht gilt.[257]

▶ Hinweis:

240 Jedoch können **keine strengen Maßstäbe an die Darlegungslast des Arbeitnehmers** gestellt werden, weil er regelmäßig nur unzureichende Kenntnis von dem Inhalt der zwischen den beteiligten Unternehmen getroffenen vertraglichen Vereinbarungen haben dürfte. Der Arbeitnehmer wird seiner Darlegungslast genügen, wenn er die äußeren Umstände schlüssig darlegt, die für die Führung eines gemeinsamen Betriebs sprechen. Zu diesen Umständen gehören z. B. die gemeinsame Nutzung der technischen und immateriellen Betriebsmittel, die gemeinsame räumliche Unterbringung, die personelle, technische und organisatorische Verknüpfung der Arbeitsabläufe oder das Vorhandensein einer unternehmensübergreifenden Leitungsstruktur zur Durchführung der arbeitstechnischen Zwecke, insb. zur Wahrnehmung der sich aus dem Direktionsrecht des Arbeitgebers ergebenden Weisungsbefugnisse.[258]

2. Betriebsverfassungsrecht

241 Die betriebsverfassungsrechtlichen Folgen einer Umwandlung richten sich grds. nach dem BetrVG. Entscheidend sind die Verhältnisse in den Betrieben, wie sie sich nach der Umwandlung darstellen. Maßgebend ist hierbei der arbeitsrechtliche Betriebsbegriff (s. o. Teil 1 Rdn. 199). Ändert sich die **betriebliche Organisation** trotz der Umwandlung nicht, bleiben die bestehenden Betriebsräte mit gleichen Rechten und Pflichten im Amt. Dies ist regelmäßig bei einem Formwechsel der Fall. Aber auch, wenn nach einer Spaltung oder Vermögens(teil)übertragung die betriebsorganisatorische Einheit »Betrieb« unverändert bleibt, wird für die Anwendung des BetrVG gem. § 1 Abs. 2 Nr. 2 BetrVG **widerlegbar vermutet**, dass die an der Spaltung beteiligten Rechtsträger den zuvor einheitlichen Betrieb nunmehr als **gemeinsamen Betrieb** weiterführen (s. a. oben Teil 1 Rdn. 237 ff.).

a) Übergangsmandat des Betriebsrats

242 Führt die Umwandlung zu einer **Aufteilung oder Auflösung von Betrieben**, können die bisherigen Betriebsräte ihr Amt verlieren, weil bspw. in den neu gebildeten Betrieben die Anzahl der Mitglieder des Betriebsrats sinkt, vgl. § 9 BetrVG oder der Betriebsrat (die konkrete Person) einem anderen Betrieb angehört, § 8 BetrVG. Damit würden die betroffenen Arbeitnehmer gerade in der kritischen Übergangsphase bei einer Umstrukturierung den durch die Beteiligungsrechte des Betriebsrates bestehenden Schutz verlieren. Daher sehen die §§ 21a, 21b BetrVG ein **Übergangs-**

---

[255] S. nur BAG, NZA 2002, 1349.
[256] Vgl. grundlegend BAG, ZIP 1986, 730; BAG, DB 1999, 965.
[257] Kallmeyer/Willemsen, UmwG, § 322 Rn. 14 f.; Semler/Stengel/Simon, UmwG, § 322 Rn. 7; a. A. Lutter/Joost, UmwG, § 322 Rn. 13.
[258] Vgl. BAG, ZIP 1990, 1363.

bzw. **Restmandat** des Betriebsrats vor. Geht ein Betrieb unter, behält der Betriebsrat ein **Restmandat** gem. § 21b BetrVG zur Wahrnehmung der Mitwirkungs- und Mitteilungsrechte im Zuge der Umwandlung (hierzu s. o. Teil 1 Rdn. 226 ff.).

Wird der **Betrieb aufgespalten**, führt der bisherige Betriebsrat die Geschäfte für die ihm bis zu der Spaltung zugeordneten Betriebsteile als **Vollmandat** gem. § 21a BetrVG fort.[259] Die übertragenen Betriebsteile müssen **betriebsratsfähig** gem. § 1 Abs. 1 Satz 1 BetrVG sein, d. h. über mindestens fünf ständige wahlberechtigte Arbeitnehmer, von denen drei wählbar sind, verfügen. Ferner dürfen sie nicht in einen Betrieb eingegliedert werden, in dem ein Betriebsrat besteht, denn dann ist die Wahrung der Arbeitnehmerinteressen gesichert.

Hauptaufgabe des Betriebsrates während der Übergangszeit ist – neben der Ausübung der Beteiligungsrechte für alle Arbeitnehmer – die Vorbereitung von **Neuwahlen in den abgespaltenen Betriebsteilen**. Um die zügige Durchführung der Neuwahlen zu gewährleisten, endet das Übergangsmandat **spätestens 6 Monate nach der Spaltung**. Das Übergangsmandat endet bereits vor Ablauf der Sechsmonatsfrist, wenn in den Betriebsteilen ein neuer Betriebsrat gewählt und das Wahlergebnis bekannt gegeben ist, § 21a Abs. 1 Satz 3 BetrVG. Es kann durch Tarifvertrag oder Betriebsvereinbarung um weitere 6 Monate verlängert werden, § 21a Abs. 1 Satz 4 BetrVG.[260]

Wenn anlässlich einer Spaltung Betriebe oder einzelne Betriebsteile, die bisher zu verschiedenen Betrieben gehörten, **zu einem Betrieb zusammengefasst** werden, wird nach § 21a Abs. 2 Satz 1 BetrVG das Übergangsmandat von dem Betriebsrat wahrgenommen, dem vorher der nach der Zahl der wahlberechtigten Arbeitnehmer größte Betriebsteil zugeordnet war. Ist der nach der Arbeitnehmeranzahl größte Betriebsteil ohne Betriebsrat, übernimmt der Betriebsrat das Übergangsmandat, der bisher die größte Arbeitnehmerzahl repräsentiert hat.[261] Das Mandat bezieht sich auf den gesamten, neu gebildeten Betrieb, sodass auch solche Arbeitnehmer vertreten werden, die bislang ohne Vertretung waren.[262]

b) Gesamtbetriebsrat

Ob und inwieweit Gesamtbetriebsräte bestehen bleiben oder neu zu bilden sind, richtet sich nach den betrieblichen Verhältnissen nach der Umwandlung nach den allgemeinen Vorschriften der §§ 47 ff. BetrVG. Demnach ist ein Gesamtbetriebsrat aus den Einzelbetriebsräten zu bilden, wenn **in einem Unternehmen mehrere Betriebsräte** bestehen. Bleibt die **betriebsverfassungsrechtliche Identität** gewahrt, wie regelmäßig bei einem Formwechsel, führt die Umwandlung zu keinen Änderungen. Bestand vor einer Umwandlung kein Gesamtbetriebsrat, sondern sowohl bei dem übertragenden als auch bei dem übernehmenden Rechtsträger nur ein Einzelbetriebsrat, liegen die Voraussetzungen für die Bildung eines Gesamtbetriebsrates vor, wenn die bestehenden Betriebseinheiten nicht verändert werden. Wird ein Betrieb **ausgegliedert oder abgespalten**, ist der bisherige Gesamtbetriebsrat nicht mehr für diesen zuständig.[263]

c) Wirtschaftsausschuss

Auch für einen evtl. bestehenden Wirtschaftsausschuss (§§ 106 ff. BetrVG) sind die **Verhältnisse nach der Umwandlung** maßgeblich. Erreicht bspw. bei einer Verschmelzung der übernehmende

---

259 ErfK-Koch § 21a BetrVG Rn. 3; s. a. Rieble, NZA 2002, 233 ff.
260 Zur konkreten personellen Zusammensetzung s. Kallmeyer/Willemsen, UmwG, vor § 322 Rn. 37 ff.
261 Kallmeyer/Willemsen, UmwG, vor § 322 Rn. 30 ff. unter Verweis auf die Richtlinie 2001/23/EG [Betriebsübergangsrichtlinie]; a. A. Rieble, NZA 2002, 233, 237 f.
262 Kallmeyer/Willemsen, UmwG, vor § 322 Rn. 28 ff.
263 Ausführlich s. Willemsen/Hohenstatt/Schweibert/Seibt, Umstrukturierung und Übertragung von Unternehmen, Rn. D 97 ff.

Rechtsträger erstmals eine Zahl von 100 Arbeitnehmern, ist ein Wirtschaftsausschuss einzurichten.[264]

d) Sprecherausschuss

248 **Leitende Angestellte** sind keine Arbeitnehmer i. S. d. BetrVG, § 5 Abs. 3 BetrVG, sondern organisieren sich in Sprecherausschüssen gem. SprAuG. Inwieweit diese von der Umwandlung berührt werden, richtet sich wie beim Betriebsrat nach den betrieblichen Verhältnissen nach Vollzug der Umwandlung. Denkbar ist im Rahmen von Verschmelzungen, dass durch die Zusammenlegung von Betrieben erstmals die **notwendige Mindestzahl von zehn leitenden Angestellten** erreicht wird.[265]

e) Fortbestand der Rechte der Betriebsräte

249 Führt die Spaltung oder Teilübertragung zu einer Betriebsspaltung im betriebsverfassungsrechtlichen Sinn, kann gem. **§ 325 Abs. 2 UmwG** durch Betriebsvereinbarung oder Tarifvertrag die **Fortgeltung der bisherigen Rechte** der Betriebsräte geregelt werden.[266] Dies gilt aber gem. § 325 Abs. 2 Satz 2 UmwG nicht für die Bestimmung der Größe der Betriebsräte (§ 9 BetrVG) und das Recht zur Bildung eines Betriebsausschusses (§ 27 BetrVG). Auch müssen die einzelnen Betriebe betriebsratsfähig i. S. d. § 1 Abs. 1 BetrVG sein.

▶ Hinweis:

250 Bedeutung können Fortgeltungsvereinbarungen v. a. dann erlangen, wenn beim bisherigen Rechtsträger die Mitbestimmungs- und Informationsrechte des Betriebsrats bei personellen Einzelmaßnahmen oder Betriebsänderungen gem. §§ 99 und 111 BetrVG zur Anwendung kommen, nach der Spaltung in den neuen Betrieben der hierfür erforderliche Schwellenwert (mehr als 20 wahlberechtigte Arbeitnehmer) jedoch verfehlt wird.

251 **Zuständig** für den Abschluss einer solchen Betriebsvereinbarung ist der jeweilige Betriebsrat der entstandenen Betriebe. Der Betriebsrat des übertragenden Rechtsträgers kann nach zutreffender Auffassung mit Wirkung für den übernehmenden Rechtsträger nur dann eine Vereinbarung abschließen, wenn ihm ein Übergangsmandat gem. § 21a BetrVG (s. o. Teil 1 Rdn. 242 ff.) zusteht.[267]

3. Mitbestimmungsrecht

252 Die Mitbestimmung der Arbeitnehmer ist in folgenden Gesetzen geregelt: DrittelbeteiligungsG, MitbestimmungsG, Montan-MitbestimmungsG und Montan-Mitbestimmungs-ErgG sowie im Gesetz über die Mitbestimmung der Arbeitnehmer bei einer grenzüberschreitenden Verschmelzung (MgVG). Da über deren Anwendung die **Rechtsform** (i. d. R. Kapitalgesellschaften, s. § 1 Abs. 1 MitbestG, § 1 Abs. 1 DrittelbG) und die **Anzahl der Arbeitnehmer** (i. d. R. mind. mehr als 500 bis 2.000 Arbeitnehmer, s. § 1 Abs. 1 DrittelbG, § 1 Abs. 1 MitbestG) entscheidet, können alle Umwandlungsfälle Auswirkungen auf die Arbeitnehmermitbestimmung haben.

253 Grds. sind für die weitere Mitbestimmung die **Verhältnisse nach der Umwandlung** maßgebend: Reduziert sich die Arbeitnehmerzahl eines Rechtsträgers bspw. von 2.200 auf 1.500 ist der Aufsichtsrat nicht mehr zur Hälfte nach § 7 MitbestG, sondern nur zu einem Drittel nach § 4 DrittelbG mit Arbeitnehmern zu besetzen. Einer Neubesetzung hat das **Statusverfahren** gem.

---

264 Ausführlich s. Willemsen/Hohenstatt/Schweibert/Seibt, Umstrukturierung und Übertragung von Unternehmen, Rn. D 214 ff.
265 Ausführlich s. Willemsen/Hohenstatt/Schweibert/Seibt, Umstrukturierung und Übertragung von Unternehmen, Rn. D 205 ff.
266 Einzelheiten s. Semler/Stengel/Simon, UmwG, § 325 Rn. 27 ff.
267 Kallmeyer/Willemsen, UmwG, § 325 Rn. 16; Semler/Stengel/Simon, UmwG, § 325 Rn. 36.

§§ 97 ff. AktG vorauszugehen. **Erlischt der übertragende Rechtsträger**, erlöschen auch die **Ämter** der Mitglieder von Leitungsorganen, also auch von Aufsichtsräten. Führt ein **Formwechsel** dagegen zu keiner Veränderung der maßgeblichen mitbestimmungsrechtlichen Vorschriften bleiben die bisherigen Aufsichtsratsmitglieder im Amt.[268]

Für die Abspaltung und die Ausgliederung, § 123 Abs. 2 und Abs. 3 UmwG, bestimmt § 325 Abs. 1 UmwG zwingend die **5-jährige Fortgeltung** der bestehenden, gesetzlichen Mitbestimmungsvorschriften beim **übertragenden Rechtsträger**. Dies gilt nicht, wenn die Anzahl der Arbeitnehmer auf weniger als ein Viertel der gesetzlichen Mindestzahl sinkt oder der Betrieb erstmals der **Tendenzbindung** nach § 1 Abs. 4 MitbestG unterfällt.[269] Damit soll verhindert werden, dass Kleinunternehmen noch weiter über einen vielköpfigen, mitbestimmten Aufsichtsrat verfügen müssen, dessen Größe in keinem Verhältnis zu dem Unternehmen selbst steht. Eine analoge Anwendung auf andere Umwandlungsarten scheidet aus. Die Schutznorm greift nur, wenn sich allein aufgrund der Abspaltung oder Ausgliederung die Mitbestimmungsrechte verschlechtern. Rationalisierungsmaßnahmen nach der Umwandlung können dagegen zum sofortigen Verlust der Mitbestimmungsrechte führen.[270]

254

Soweit die Mitbestimmungsgesetze **eigene Fortgeltungsregelungen** enthalten (§ 1 Abs. 3 MontanMitbestG, § 16 Abs. 2 MontanMitbestGErgG) sind dies die ggü. § 325 UmwG spezielleren Normen.[271] Die Mitbestimmung kann auch aufgrund von **Konzernzurechnungsbestimmungen** erhalten bleiben (vgl. § 5 MitbestG, §§ 1, 2 Abs. 2 DrittelbG).

255

Für Verschmelzungen mit **Bezug zu Mitgliedsländern der EU** ist im MgVG (Gesetz über die Mitbestimmung der Arbeitnehmer bei einer grenzüberschreitenden Verschmelzung in Umsetzung des Art. 16 der Richtlinie 2005/56/EG über die Verschmelzung von Kapitalgesellschaften aus verschiedenen Mitgliedsstaaten[272] die Fortgeltung der Mitbestimmung geregelt. Das MgVG erklärt das Mitbestimmungsrecht des Sitzstaates für anwendbar und bestimmt ein Verfahren, nach dem die Betriebsparteien die weitere Geltung von Mitbestimmungsrechten vereinbaren können, falls die Verschmelzung zu Nachteilen für die Arbeitnehmermitbestimmung führt. Es wird aber auch vertreten, dass das MgVG derzeit die Möglichkeit bietet, die unternehmerische Mitbestimmung durch eine grenzüberschreitende Verschmelzung ohne Verhandlungen mit den Arbeitnehmervertretungen auf dem bestehenden Maß einzufrieren.[273]

256

F. Einsatz des UmwG in der Praxis

I. Allgemeines

Die Motive für den Einsatz des UmwG sind in der Praxis vielfältig und lassen sich nicht abschließend beschreiben. Vielfältige Einflüsse des Wirtschafts- und Rechtslebens führen dazu, dass Unternehmen im größeren Maße als früher Umwandlungsvorgängen unterworfen sind. Sieht man von Einzelfällen ab, lassen sich im Wesentlichen **folgende Schwerpunktmotivationen** finden, die mit dem Einsatz des Umwandlungsrechts verwirklicht werden sollen:
– Anpassung der betriebswirtschaftlichen Organisationsstruktur,

257

---

268 **Grundsatz der Amtskontinuität**, § 203 UmwG, s. a. Leßmann/Glattfeld, ZIP 2013, 2390 ff.
269 Kallmeyer/Willemsen, UmwG, § 325 Rn. 7; Semler/Stengel/Simon, UmwG, § 325 Rn. 13; a. A. Widmann/Mayer/Wißmann, Umwandlungsrecht, § 325 UmwG Rn. 23.
270 Kallmeyer/Willemsen, UmwG, § 325 Rn. 8; Lutter/Joost, UmwG, § 325 Rn. 23; Semler/Stengel/Simon, UmwG, § 325 Rn. 11; differenzierend Widmann/Mayer/Wißmann, Umwandlungsrecht, § 325 UmwG Rn. 17.
271 Kallmeyer/Willemsen, UmwG, § 325 Rn. 9; s. a. Widmann/Mayer/Wißmann, Umwandlungsrecht, § 325 UmwG Rn. 41 ff.
272 ABl. EG Nr. L 310 S. 1) vgl. auch Teil 6 Rdn. 192 ff.
273 S. Brandes, ZIP 2008, 2193.

- Organisation des Konzerns unter Berücksichtigung betriebswirtschaftlicher Notwendigkeiten,
- steuerorientierte Umstrukturierungen,
- gesellschaftsrechtlich motivierte Umwandlungen,
- Umwandlung zur Lösung von Gesellschafterkonflikten.

II. Einzelfälle

1. Betriebswirtschaftlich motivierte Umwandlungen

258 Die Aufgabe der betriebswirtschaftlichen Organisationslehre wird v. a. darin gesehen, die komplexen Zusammenhänge unternehmerischen Wirkens durch Bildung von Organisationseinheiten, d. h. die Zusammenfassung von personellen und sächlichen Mitteln eines Teilunternehmens zu einer abgegrenzten Einheit, nach rationalen Kriterien aufzuspalten, sodass die Aufgabenerfüllung sich als **arbeitsteiliger, optimaler Prozess** darstellt.[274]

Die wirtschaftlichen Entwicklungen haben gezeigt, dass eine aktive Unternehmensführung ein ständiges organisatorisches Anpassen voraussetzt. Wie verschiedene betriebswirtschaftliche Untersuchungen gezeigt haben, hängt die Effizienz der Unternehmensorganisation von dem jeweiligen Markt und den Umweltbedingungen ab. Jede Änderung dieser Umweltbedingungen führt daher zumindest zu einer Überprüfung hinsichtlich der Auswirkungen auf die Organisationsstruktur. Insb. Jahre des tief greifenden Strukturwandels, eine ständige beschleunigte technologische, gesellschaftliche und globale Entwicklung zwingen die Unternehmen zu ständigen einschneidenden **Änderungen der Unternehmensstrategie und der Unternehmensstruktur**. Im betriebswirtschaftlichen Schrifttum wurde daher auf die ständige Notwendigkeit der strategischen und organisatorischen Änderung aufmerksam gemacht.[275] Die Betriebswirtschaftslehre fordert also die ständige Anpassung des Unternehmens an gewandelte wirtschaftliche Bedürfnisse. Durch die **Beschleunigung des Wettbewerbs** und die Verkürzung der Produktzyklen lässt sich die Unternehmensorganisation nicht mehr als festes Datum verstehen, sondern die Organisation verlangt nach ständiger Gestaltungsaufgabe. Die Organisationsentwicklung der letzten Jahre hat gezeigt, dass ein erheblicher Bedarf besteht, Unternehmen ohne große bürokratische Hemmnisse grundlegend umzustrukturieren. Mittlerweile spricht die Organisationstheorie von der Notwendigkeit permanenten Wandels oder lernenden Organisationen, um den technologischen Entwicklungen und den Globalisierungsbedingungen gerecht werden zu können.

In den 90er Jahren wurden darüber hinaus auch die **Zusammenhänge zwischen rechtlicher Unternehmensorganisation und betriebswirtschaftlicher Organisation** herausgearbeitet. Untersuchungen haben gezeigt, dass die betriebswirtschaftliche Organisationsstruktur und die rechtliche Unternehmensstruktur keineswegs nebeneinander bestehen, im Gegenteil, es bestehen vielfältige Interdependenzen, ohne deren Beachtung eine sinnvolle Gestaltung des Unternehmens nicht möglich ist.[276] Die Beispiele der letzten Jahre haben verdeutlicht, dass Unternehmen vermehrt dazu übergehen, uneffiziente oder zur Produktstruktur nicht passende Unternehmensteile abzuspalten und zu veräußern, umgekehrt dem Unternehmenskonzept entsprechende Gesellschaften und Unternehmen im Wege des Unternehmenskaufes zu erwerben. Dieser Prozess des An- und Verkaufs von Unternehmenseinheiten betrifft nicht nur Großunternehmen, sondern auch die mittelständische Wirtschaft. Dass hierzu der Einsatz des Umwandlungsrechts erforderlich ist, ist offensichtlich. Die Digitalisierung wird auch in Zukunft zu weiteren Veränderungen der Unter-

---

274 Vgl. zu diesen Aufgaben der Umschreibung der Organisationslehre Bühner, Betriebswirtschaftliche Organisationslehre, S. 91 ff.; Jakob, Unternehmensorganisation, S. 106 ff.; Steinmann/Schreyögg, Management, S. 412 ff.; Schreyögg, Organisation, Grundlagen moderner Organisationsgestaltung, S. 25 ff.; Olfert, Organisation, S. 23 ff.
275 Vgl. Bühner, DB 1986, 2341; ders., BFuP 1987, 249.
276 Vgl. von Warda, ZfO 1988, 104.

nehmensorgansiation führen.[277] In der Betriebswirtschaftslehre werden diese neuartigen Anforderungen, die eine kontinuierliche Unternehmensanpassung fordern, unter dem Begriff »Change-Mangement« diskutiert.[278] Organisationsveränderungen können dabei evolutorisch, manchmal aber auch disruptiv und radikal erfolgen, vor allem zur Bewältigung von Krisenzeiten.

2. Betriebswirtschaftliche Organisation der Konzernstruktur

Eng mit den Ausführungen zur allgemeinen betriebswirtschaftlichen Organisationslehre hängen die **Überlegungen zur Gestaltung eines Konzerns** zusammen. Auch die mittelständische Industrie beschränkt sich grds. nicht darauf, unternehmerische Aktivitäten nur in einer Rechtsform wahrzunehmen. I. d. R. haben auch kleinere und mittlere Unternehmen eine Konzernstruktur, die es ebenfalls häufig anzupassen gilt. Insb. das **Holdingkonzept** wurde in den letzten Jahren als Instrument zur erfolgreichen Neuausrichtung von Unternehmen diskutiert.[279] Die Management-Holding kann reine Finanzholding, strategische (z. B. Metro-Gruppe) oder operative Holding (z. B. BMW) sein. 259

Das **Holdingkonzernkonzept** hat zum einen den Vorteil der Haftungstrennung der Betriebsteile eines Unternehmens und zum anderen aber auch die Flexibilität und größere Innovationskraft bei rechtlicher Selbstständigkeit der Organisationseinheiten.[280] Darüber hinaus ermöglicht die rechtliche Selbstständigkeit von Produktionseinheiten die einfache Abtrennung einer Sparte »en bloc« durch Verkauf der rechtlichen Teileinheit. Schließlich fördert die rechtliche Selbstständigkeit die Kooperationsmöglichkeiten der Einzelsparten mit anderen Unternehmen. **Ziel** dieser Holdingstruktur ist, dass sie die Obergesellschaft ausschließlich auf das Halten der Beteiligungen an den Tochtergesellschaften beschränkt und die strategische Ausordnung des Konzerns vorgibt. Am Markt tätig sind allein die Tochtergesellschaften.[281]

3. Gesellschaftsrechtlich motivierte Umstrukturierung

Entwicklungen im allgemeinen Gesellschaftsrecht führen weiter dazu, dass Gesellschaften ihr Rechtskleid ändern wollen. Grund hierfür ist zum einen die Tatsache, dass das einmal gewählte Rechtskleid nicht mehr dem unternehmerischen Konzept entspricht. Besonders prägnantes Beispiel die Umwandlung in die AG zur Vorbereitung von Börsengängen.[282] Gerade die Zahl der Neuemissionen in den letzten Jahren hat gezeigt, dass für innovative kleine Unternehmen der Börsengang erhebliche Möglichkeiten zur Kapitalsammlung bietet, sodass bei vielen derartigen Unternehmen das Bestreben des Going-Public besteht. Häufig erfolgt der Formwechsel aus der GmbH oder aus der GmbH & Co. KG in die AG zur Vorbereitung des Börsengangs. 260

Unabhängig vom Börsengang bietet die AG schließlich im Vergleich zu anderen Rechtsformen die besten Möglichkeiten zur Mitarbeiterbeteiligung. Beteiligungsmodelle für Mitarbeiter wirken motivationsfördernd und stellen daher für Unternehmen im Bereich mit hoch spezialisierten 261

---

277 Vgl. Lippold, Marktorientierte Unternehmensführung und Digitalisierung, 2017, S. 425.
278 Vgl. Doppler/Lauterburg, Change Management, 12. Aufl. 2008; Claßen, Change Management aktiv gestalten, 2. Aufl. 2013; von der Reith/Wimmer Organisationsentwicklung und Change-Management, in: Wimmer/Meissner/Patricia Wolf, Hrsg. Praktische Organisationswissenschaft, 2. Aufl. 2014, S. 139 ff.; Rank/Scheinpflug, Hrsg., Change Management in der Praxis, 2. Aufl. 2019.
279 Vgl. dazu Lutter/Bayer, Holding-Handbuch, 5. Aufl. 2015; Keller, Unternehmensführung mit Holdingkonzepten, 2002; Lettel, DStR 1996, 2020; Bühner, Die Managementholding, 1992; Schumacher, Beteiligungscontrolling in der Management-Holding, S. 74 ff.
280 Vgl. Bühner, DB 1986, 2341; ders., ZfO 1989, 223, 229.
281 Vgl. Keller, Unternehmensführung mit Holdingkonzept; ders., DB 1991, 1633 ff.
282 Vgl. hierzu Ehlers/Jurcher, Der Börsengang von Mittelstandsunternehmen; Steg, AG 1998, 460; Küffer, Der Gang eines mittelständischen Unternehmens an die Börse – Motive, Durchführung, Folgen; Ziegenhain/Helm, WM 1998, 1417; dies., AG 1998, 480; Deutsche Börse, Praxishandbuch Börsengang, S. 45 ff.

Arbeitnehmern eine wichtige Möglichkeit zur Mitarbeiterförderung dar. Umgekehrt wird das UmwG aber auch für den anderen Weg des sog. kaltes **Delisting** eingesetzt, d. h. der Beendigung der Notierung eines zum Börsenhandel zugelassenen Unternehmens, sog. **Going-Private**.[283] Die Verschmelzung der börsennotierten Gesellschaft oder die Umwandlung in eine GmbH stellte eine interessante Alternative zum regulären Going-Private im Wege des Delisting dar. Im Gesetz vom v. 19.4.2007[284] hat der Gesetzgeber für das so genannte kalte Delisting allerdings die Abfindungspflicht in § 29 Abs. 1 Satz 1 Alt. 2 UmwG erweitert und stellte somit die mit einem Börsenrückzug verknüpfte Verschmelzung mit der bereits bislang abfindungspflichtigen rechtsformübergreifenden Verschmelzung sowie dem abfindungspflichtigen Formwechsel gleich.[285]

4. Steuerorientierte Umstrukturierung

262 Besonders wichtig für die Praxis ist die sog. **steuerorientierte Umstrukturierung**.[286] Ziel derartiger Maßnahmen ist eine möglichst steuergünstige Gestaltung von Konzernstrukturen oder des Unternehmenskaufes. Häufig geht es darum den **Verlustabzug**, der bei einer Gesellschaft entstanden ist, unter Einsatz des Umwandlungsrechts **zu nutzen**. Die durch das UmwG und UmwStG eingeräumten Kombinationsmöglichkeiten von Gesamt- und Sonderrechtsnachfolge mit und ohne Übertragung von Verlustverträgen ermöglichen die optimale Nutzung der Verluste innerhalb einer Unternehmensgruppe. Im Einzelfall werden in der Praxis zur Optimierung der Verlustnutzung Verschmelzungs- und Spaltungssequenzen angeboten.[287] Der Gesetzgeber hat allerdings durch einige Korrekturen des UmwStG in den letzten Jahren die Verlustverwertung eingeschränkt (vgl. dazu unten Teil 7 Rdn. 263 ff.).

▶ Hinweis:

263 Auch beim **Ankauf oder Verkauf eines Unternehmens** wird das Umwandlungsrecht als Gestaltungsmöglichkeit zur steuergünstigen Gestaltung unter Berücksichtigung der Interessen des Käufers und Verkäufers eingesetzt.[288]

5. Einsatz des Umwandlungsrechts zur Lösung von Gesellschafterkonflikten

264 Insb. das Spaltungsrecht wurde in der Praxis als **Mittel zur Trennung von Familienstämmen** eingesetzt.[289] Bereits in der Gesetzesbegründung zum UmwG 1995 findet sich der Hinweis, dass als Anlass für die Spaltung u. a. die Möglichkeit der Auseinandersetzung unter Mitinhabern wie Aktionärsgruppen oder Familienstämmen notwendig ist.[290]

---

283 Vgl. dazu Steg, AG 1998, 460; Semler/Stengel/Ihrig UmwG § 226 Rn. 11; Hüffer/Koch AktG § 119 Rn. 40.
284 BGBl. I S. 542.
285 So Bayer NZG 2015, 1169.
286 Vgl. dazu Krebs, BB 1998, 1609; ders., BB 1998, 1771; Köster/Prinz, GmbHR 1997, 336; Herzig, Steuerorientierte Umstrukturierung von Unternehmen, 1997; Breithecker/Sava, Unternehmensumstrukturierung und Besteuerung, 2005; Brähler, Steuerlich optimale Gestaltungen von grenzüberschreitenden Umstrukturierungen, 2006; Lühn, Quantitative internationale Konzernsteuerplanung, S. 42 ff.; Sistermann/Beutel/Ruoff/Schönhaus/Dietrich in: Lüdicke/Sistermann, Unternehmensteuerrecht, § 11 Interne Unternehmensumstrukturierung bei Kapitalgesellschaften 2008; Pfaar/Schimmele in: Kessler/Kröner/Köhler, Konzernsteuerrecht, § 4 Konzernstruktur und Umstrukturierung Rn. 200 ff; 2. Aufl. 2008.
287 Vgl. dazu Köster/Prinz, GmbHR 1997, 336.
288 Vgl. Schaumburg, in: Herzig, Steuerorientierte Umstrukturierung von Unternehmen, S. 113.
289 Vgl. dazu Wirth, AG 1997, 455; Armbrüster, GmbHR 1997, 60; Walpert, WiB 1996, 44.
290 Vgl. BR-Drucks. 75/94, S. 74.

6. Einsatz des Umwandlungsrechts zu Sanierungszwecken

Ebenfalls Bedeutung erlangt hat das Umwandlungsrecht i. R. d. **Unternehmenssanierung**.[291] Dabei wird die Unternehmenssanierung durch Instrumentarien der **InsO** gefördert.[292] Besonders zu nennen sind die Beseitigung der Haftung des Vermögensübernehmers nach § 419 BGB und die Einführung der vereinfachten Kapitalherabsetzung bei der GmbH durch die §§ 58a ff. GmbHG. Von besonderer Bedeutung ist dabei, dass die Durchführung der Insolvenz **auf drei** vom Gesetzgeber als **gleichrangig erachteten Wegen** erfolgen kann, nämlich:

265

– Liquidation,
– Sanierung und
– Übertragung der Sanierung.

Das Instrument des Insolvenzplans soll die Sanierung erleichtern. Der Einsatz des Umwandlungsrechts, insb. bei der Gestaltung von sog. **Sanierungsgesellschaften**, **Betriebsübernahmegesellschaften** oder **Auffanggesellschaften** spielt in der Praxis eine große Rolle (vgl. im Einzelnen dazu unten Teil 5 Rdn. 35 ff.).

---

291 Vgl. dazu eingehend Teil 5 Rdn. 35 ff.; Limmer, in: Kölner Schrift zur InsO, 3 Aufl. 2009, S. 859 ff.
292 Vgl. Begründung zum RegE, BT-Drucks. 12/2443, S. 75.

Teil 2 Verschmelzung

Kapitel 1 Grundlagen der Verschmelzung

Übersicht   Rdn.
A. Einführung 1
I.   Grundsatz 1
II. Begriff und Wesenselemente der Verschmelzung 3
     1. Überblick 3
     2. Einzelfragen 6
        a) Gesamtrechtsnachfolge 6
        b) Liquidationslose Vollbeendigung des übertragenden Rechtsträgers ... 10
        c) Anteilsgewährungspflicht 12
     3. Identitätsgrundsatz 14
III. Kettenumwandlung 21
IV. »Wirtschaftliche« Verschmelzung 40
V.   Verschmelzungsfähige Rechtsträger 42
B. Checkliste für die Verschmelzung von Rechtsträgern nach dem UmwG 51
C. Verschmelzungsvertrag 52
I.   Allgemeines 52
     1. Rechtliche Charakterisierung des Vertrages 52
     2. Systematik 56
     3. Verschmelzungsvertrag und Zustimmungsbeschluss 57
        a) Bedeutung 57
        b) Zeitliche Reihenfolge von Vertrag und Zustimmungen 58
           aa) Zustimmungsbeschluss vor Vertragsabschluss 59
           bb) Vertragsabschluss vor Zustimmungsbeschluss 60
II. Form 61
III. Vertragsabschluss 69
IV. Bedingungen, Aufhebung und Vertragsänderungen 74
     1. Bedingungen 74
     2. Kündigungs- und Rücktrittsrechte 77
     3. Aufhebung und Abänderungen 78
V.   Mehrseitige Verschmelzungsverträge bei Beteiligung von mehreren Rechtsträgern/alternative Verschmelzungsverträge 79
VI. Beteiligung Minderjähriger bei Verschmelzung 88
     1. Vormundschafts-/familiengerichtliche gerichtliche Genehmigung bei der Kapitalerhöhung .. 88
     2. Vormundschafts-/familiengerichtliche Genehmigung für den Verschmelzungsbeschluss 90
     3. Ergänzungspfleger bei der Verschmelzung 93
VII. Notwendiger Vertragsinhalt 96
     1. Angaben zu den Vertragsparteien (§ 5 Abs. 1 Nr. 1 UmwG) 97
     2. Vermögensübertragung (§ 5 Abs. 1 Nr. 2 UmwG) 98
     3. Anteilsgewährung (§ 5 Abs. 1 Nr. 2 UmwG) 100
        a) Grundsatz 100
        b) Ausnahmen von der Anteilsgewährungspflicht, Verzicht (§§ 20 Abs. 1 Nr. 3, 54, 68 UmwG) ... 110
           aa) Verschmelzung Tochter- auf Muttergesellschaft (up-stream-merger) 111
           bb) Übertragender Rechtsträger hält eigene Anteile 114
           cc) Verschmelzung von der Mutter- auf die Tochtergesellschaft (down-stream-merger) . 116
           dd) Verschmelzung bei Schwestergesellschaften 125
           ee) Verschmelzung Enkelgesellschaft auf Muttergesellschaft 129
           ff) Verzicht auf Anteilsgewährung 132
        c) Höhe der zu gewährenden Anteile (Umtauschverhältnis) 137
        d) Erfüllung der Anteilsgewährungspflicht 141
        e) Personenidentität 143
        f) Art der Anteile 144
        g) Bezeichnung der Kapitalerhöhung, eigene Anteile 145
        h) Teilbarkeit, Nennbeträge, mehrere Geschäftsanteile 149
        i) Mehrere übertragende Rechtsträger 150

			Rdn.
	j) Euroumstellung		153
	4. Umtauschverhältnis und bare Zuzahlung (§ 5 Abs. 1 Nr. 3 UmwG)		154
		a) Umtauschverhältnis	154
		b) Bare Zuzahlungen	160
		c) Angaben über die Mitgliedschaft	161
	5. Einzelheiten über die Übertragung der Anteile und den Erwerb von Mitgliedschaften (§ 5 Abs. 1 Nr. 4 UmwG)		163
	6. Zeitpunkt und Besonderheiten des Gewinnanspruchs (§ 5 Abs. 1 Nr. 5 UmwG)		168
	7. Festlegung des Verschmelzungsstichtages (§ 5 Abs. 1 Nr. 6 UmwG)		172
		a) Allgemeines/Rechnungslegung	172
		b) Verhältnis der Stichtage	178
		c) Zukünftiger Verschmelzungsstichtag	183
		d) Zukünftiger Stichtag bei Genossenschaften	185
		e) Beweglicher Stichtag	187
	8. Sonderrechte (§ 5 Abs. 1 Nr. 7 UmwG)		189
	9. Vorteile für sonstige Beteiligte (§ 5 Abs. 1 Nr. 8 UmwG)		191
	10. Folgen der Verschmelzung für Arbeitnehmer und ihre Vertretungen sowie insoweit vorgesehene Maßnahmen		193
		a) Allgemeines	193
		b) Folgen und Maßnahmen bzgl. der Arbeitnehmer	206
		c) Folgen und Maßnahmen bzgl. der Arbeitnehmervertretungen	207
	11. Unterrichtung des Betriebsrates		208
		a) Unterrichtung des Betriebsrates (§ 5 Abs. 3 UmwG)	208
		b) Folgen der fehlenden oder unvollständigen oder falschen Angaben im Verschmelzungsvertrag nach § 5 Abs. 1 Nr. 9 UmwG	218
		c) Formulierungsbeispiel: Verschmelzung im Konzern – Folgen der Verschmelzung für die Arbeitnehmer und ihre Vertretungen	223
		d) Formulierungsbeispiel: Verschmelzung ohne umfangreiche Änderungen für Arbeitnehmer	224
	12. Weitere Angaben		225
		a) Abfindungsangebot	225
		b) Besonderheiten bei den einzelnen Rechtsformen	226
VIII.	Tochter-Mutter-Verschmelzung		227
IX.	Verschmelzung durch Neugründung		229
X.	Verschmelzungsvertrag bei Mischverschmelzungen		232
	1. Rechtsstellung in der aufnehmenden Gesellschaft		234
	2. Barabfindung		238
	3. Verschmelzung auf eine GmbH & Co. KG		239
XI.	Möglicher weiterer Vertragsinhalt		241
	1. Abfindungsangebote		241
	2. Kündigungsrechte, Bedingungen		242
	3. Änderungen der Firma		245
D.	**Verschmelzung zur Aufnahme und Verschmelzung zur Neugründung**		246
I.	Allgemeines		246
II.	Entstehung einer Vorgesellschaft bei Verschmelzung, Spaltung und Ausgliederung zur Neugründung		250
	1. Problem		250
	2. Handlungen im Vorgriff auf die Eintragung der Umwandlung		253
	3. »Umgründung« der Vorgesellschaft ohne vorherige Eintragung		255
III.	Verschmelzung zur Aufnahme und Kapitalerhöhung beim übernehmenden Rechtsträger		256
	1. Anteilsgewährungspflicht		256
		a) Grundsatz	256
		b) Zweifelsfragen	259
		c) Differenzhaftung	261
		d) (Höhe der Anteile) Umtauschverhältnis	262

		Rdn.

    2. Erleichterte Kapitalerhöhung 263
        a) Kapitalerhöhung bei der GmbH............................. 270
        b) Kapitalerhöhung bei der AG................................ 279
    3. Festlegung des Kapitalerhöhungsbetrages 290
        a) Verbot der Überbewertung 290
        b) Zulässigkeit einer Unterbewertung 294
    4. Prüfung durch Registergericht................................... 298
    5. Bardeckung 305
    6. Kapitalerhöhungsverbote 307
        a) Übernehmer besitzt Anteile an der übertragenden Gesellschaft (sog. up-stream-merger) . 311
        b) Übertragende Gesellschaft hält eigene Anteile 315
        c) Übertragende Gesellschaft hält nicht voll einbezahlte Anteile der Übernehmerin . 317
        d) Treuhänderisch gehaltene Anteile 319
    7. Kapitalerhöhungswahlrechte 320
    8. Anteile Dritter 324
    9. Verschmelzung von Schwestergesellschaften/Verzicht auf Kapitalerhöhung. 325
    10. Sonstige Einzelfragen der Anteilsgewährungspflicht................ 329
        a) Beteiligung mehrerer übertragender Rechtsträger............ 329
        b) Anteilsgewährung und Kapitalerhöhung bei der Verschmelzung einer Mutter- auf die Tochtergesellschaft (sog. down-stream-merger)............... 331
    11. Verschmelzung von überschuldeten Gesellschaften 334
IV. Bare Zuzahlungen 335
V. Verschmelzung zur Neugründung.................................... 338
    1. Überblick 338
    2. Zeitpunkt der Entstehung der neuen Gesellschaft bzw. des neuen Rechtsträgers . 340
    3. Verschmelzungsvertrag und Gesellschaftsvertrag 342
        a) Satzung bzw. Gesellschaftsvertrag als Inhalt des Verschmelzungsvertrages........ 342
        b) Inhalt der Satzung 346
        c) Beteiligung Dritter während der Verschmelzung 357
    4. Kapitalaufbringung bei der neu gegründeten Gesellschaft 359
    5. Organbestellung 362
    6. Zustimmungsbeschlüsse zum Gesellschaftsvertrag und zur Organbestellung.... 368
    7. Sachgründungsbericht bzw. Gründungsbericht und Gründungsprüfung... 370
        a) GmbH.. 370
        b) AG... 374
    8. Handelsregisteranmeldung der neuen Gesellschaft 379
E. **Verschmelzungsbericht**... 380
I. Verschmelzungsbericht durch Vertretungsorgane..................... 385
II. Inhalt des Verschmelzungsberichts 386
III. Erweiterung der Berichtspflicht bei verbundenen Unternehmen 397
IV. Erweiterte Unterrichtungspflicht über Vermögensveränderungen nach § 64 Abs. 1 Satz 2 UmwG n. F. 398
V. Einschränkung der Berichtspflicht 402
VI. Verzicht auf den Verschmelzungsbericht bzw. Konzernverschmelzung..... 404
F. **Verschmelzungsprüfung und Unternehmensbewertung**................ 409
I. Notwendigkeit der Verschmelzungsprüfung.......................... 409
II. Keine Prüfung bei Verzicht oder Konzernverschmelzung.............. 420
III. Bestellung und Auswahl der Verschmelzungsprüfer 422
    1. Bestellung 422
    2. Auswahl 425
    3. Rechte, Pflichten und Verantwortlichkeit der Verschmelzungsprüfer 427
IV. Prüfungsgegenstand.. 429
V. Prüfungsbericht.. 434
VI. Unternehmensbewertung bei der Verschmelzung 440
G. **Vorbereitung der Gesellschafter- bzw. Hauptversammlung**............. 449
I. Überblick über die verschiedenen Informations- und Auslegungspflichten..... 450

		Rdn.
II.	Geltung der allgemeinen Vorschriften	459
H.	**Verschmelzungsbeschlüsse.**	**461**
I.	Zuständigkeiten	461
II.	Wirkung der Verschmelzungsbeschlüsse	464
III.	Versammlung der Anteilsinhaber	466
IV.	Durchführung der Versammlung der Anteilseigner und Informationsrecht	470
V.	Beschlussmehrheiten	479
	1. Personengesellschaften	480
	2. Partnerschaftsgesellschaften	481
	3. GmbH	482
	4. AG	483
	5. Genossenschaft und Verein	485
VI.	Satzungsregelung zur Beschlussmehrheit	486
	1. 3/4-Mehrheit als Mindestmehrheit	486
	2. Zusätzliche satzungsmäßige Anforderung	487
VII.	Stimmberechtigung	488
	1. Stimmberechtigung bei Kettenverschmelzung	489
	2. Vertretung bei Stimmabgabe	492
	3. Beteiligung Dritter	494
VIII.	Besondere Zustimmungserfordernisse	496
	1. Personengesellschaften	499
	2. GmbH	500
	3. Allgemeiner Zustimmungstatbestand	501
IX.	Notarielle Beurkundung der Versammlung der Anteilsinhaber	502
	1. Schutzzweck	502
	2. Niederschrift des Notars	505
X.	Sachliche Beschlusskontrolle	509
XI.	Beschlussanfechtung	514
	1. Anfechtungsmöglichkeiten	514
	2. Eintragung trotz Beschlussanfechtung	522
	a) Voraussetzungen	522
	b) Verfahrensregeln	537
	c) Kosten und Gebühren	539
	d) Schadensersatzanspruch	541
	e) Auswirkungen auf das Klageverfahren gegen die Wirksamkeit eines Verschmelzungsbeschlusses	544
I.	**Minderheitenschutz und Schutz von Inhabern besonderer Rechte im Verschmelzungsrecht**	**545**
I.	Schutz der Mitgliedschaft im Verschmelzungsrecht	545
II.	Informationen der Anteilseigner	552
III.	Beschlussmehrheiten	555
IV.	Zustimmung von Sonderrechtsinhabern	557
	1. Frühere Rechtslage	557
	2. Überblick über die Regelung im UmwG	558
	3. Verlust von Herrschafts- oder Sonderrechten	562
	a) Zustimmungspflicht bei Genehmigungsbedürftigkeit der Anteilsabtretung	562
	aa) Zustimmung bei Anteilsvinkulierung	563
	bb) Sonstige Fälle	567
	b) Verwässerungsschutz	568
	c) Zustimmungspflichten bei Verlust von Sonderrechten und Minderheitsrechten bei Beteiligung von GmbH	574
	d) Sonderbeschlüsse bei Vorhandensein mehrerer Aktiengattungen	578
	e) Individualzustimmung bei Wegfall von Nebenpflichten im Fall der Umwandlung GmbH in AG	579
	4. Beeinträchtigung des Vermögenswertes der Mitgliedschaft	580

			Rdn.

5. Zustimmungspflichten bei Haftungsverschärfungen 582
    a) Zustimmungspflicht bei Bestehen nicht voll eingezahlter Anteile einer übernehmenden oder übertragenden GmbH (§ 51 Abs. 1 UmwG) 582
        aa) Nicht eingezahlte Anteile bei der übernehmenden GmbH (§ 51 Abs. 1 Satz 1 und 2 UmwG) 582
        bb) Nicht eingezahlte Anteile bei der übertragenden GmbH (§ 51 Abs. 1 Satz 3 UmwG) 583
        cc) Besondere Erklärung bei Anmeldung 584
    b) Zustimmungspflichten bei persönlicher Haftung 585

J. Austritts- und Abfindungsrechte 586
  I. Voraussetzungen des Widerspruchsrechts und des Abfindungsanspruchs 590
    1. Mischverschmelzung, Delisting 590
    2. Einführung statutarischer Verfügungsbeschränkungen 594
    3. Allgemeines Verschlechterungsverbot? 598
    4. Widerspruch 601
    5. Nicht zugelassene Gesellschafter oder nicht ordnungsgemäß einberufene Versammlung oder Bekanntmachung der Beschlussfassung 602
  II. Rechtsfolgen 603
    1. Abfindungsangebot 603
    2. Verzicht auf Abfindungsangebot 605
    3. Inhalt des Abfindungsangebots 607
    4. Ausschlussfrist für die Annahme des Angebots 609
    5. Ablauf des Anteilserwerbs durch die Gesellschaft 611
        a) Allgemeines 611
        b) Anteilsübertragung 613
        c) Kapitalschutz 614
            aa) AG 614
            bb) GmbH 615
    6. Abfindungsangebot ohne Anteilserwerb 617
    7. Inhalt des Anspruchs auf Barabfindung und Prüfung der Barabfindung und Verzicht 619
    8. Ausschluss von Klagen gegen den Verschmelzungsbeschluss 623
    9. Anderweitige Veräußerung 624

K. Spruchverfahren 629

L. Registerverfahren 633
  I. Überblick 633
  II. Stellung des Registergerichts 636
  III. Anmeldungen 640
    1. Beteiligte Rechtsträger 640
    2. Form, Frist, elektronisches Handelsregister, Prüfvermerk 641
    3. Anmeldeberechtigte Personen 644
        a) Allgemeines 644
        b) Besonderheiten bei der Genossenschaft 649
    4. Inhalt der Anmeldung 650
        a) Einzutragende Angaben 650
        b) Ausschluss einer Klage gegen die Wirksamkeit des Zustimmungsbeschlusses 653
            aa) Negativerklärung der Vertretungsorgane 655
            bb) Verzichtserklärung der Anteilsinhaber 664
            cc) Beschluss des Prozessgerichts 666
    5. Sonstige Erklärungen 672
    6. Anlagen 673
    7. Schlussbilanz des übertragenden Rechtsträgers (§ 17 Abs. 2 UmwG) 675
        a) Begriff der Schlussbilanz 676
        b) Bilanzstichtag und Verhältnis zum Verschmelzungsstichtag 682
        c) Frist, Nachreichung von Unterlagen 684
        d) Prüfung der Bilanz 685
        e) Bilanz bei noch nicht existierendem Rechtsträger 687

	Rdn.
8. Bilanzvorlage beim Register des aufnehmenden Rechtsträgers	690
IV. Wirkungen der Verschmelzung	693
1. Zeitpunkt	693
2. Gesamtrechtsnachfolge	694
a) Allgemeines	694
b) Einzelne Rechtsverhältnisse	697
aa) Grundstücke und dingliche Rechte	697
bb) Beteiligung	700
cc) Unternehmensverträge, stille Beteiligungen	703
dd) Rechtsverhältnisse der Geschäftsführer, Vorstands- und Aufsichtsratsmitglieder	707
ee) Vollmachten und Verwalterstellungen	708
ff) Tarifverträge	710
gg) Öffentlich-rechtliche Befugnisse und Genehmigungen	711
hh) Prozesse und rechtskräftige Titel	712
ii) Sonstige Rechtsverhältnisse	714
jj) Ausländisches Vermögen	715
3. Erlöschen der übertragenden Rechtsträger	716
4. Anteilserwerb	719
a) Direkterwerb	719
b) Ausnahme	721
c) Dingliche Surrogation	723
5. Gläubigerschutz	726
6. Heilung von Formmängeln, sonstige Mängel	733
V. Besonderheiten bei der Verschmelzung durch Neugründung	738
1. Anmeldung der Verschmelzung	741
a) Anmeldeberechtigte Personen	741
b) Inhalt der Anmeldung	742
c) Anlagen	743
2. Anmeldung des neugegründeten Rechtsträgers	744
a) Anmeldeberechtigte Personen	744
b) Inhalt der Anmeldung	746
c) Anlagen	747

A. Einführung

I. Grundsatz

1 Wie bereits dargelegt, folgt das UmwG dem Prinzip vom Allgemeinen zum Besonderen. Demgemäß sind die Bücher über die einzelnen Umwandlungsarten in einen allgemeinen Teil und einen besonderen Teil aufgeteilt. In dem **allgemeinen Teil** sind, wie im Bürgerlichen Recht, gleichsam vor die Klammer gezogene allgemeine Vorschriften enthalten, die für alle Rechtsträger gelten, während im **besonderen Teil** die für die einzelnen Gesellschaftsformen und Rechtsträger spezifischen Regelungen enthalten sind. Den Vorschriften über die Verschmelzung kommt hierbei eine besondere Funktion zu. Sie sind gleichsam der allgemeine Teil des Umwandlungsrechts. Hier ist eine Reihe von für jede Umwandlung grundlegenden Rechtsfragen geregelt, auf die dann bei den anderen Umwandlungsarten verwiesen wird.

▶ Beispiel:

2 Frage der Anfechtung der Verschmelzung (§ 14 UmwG).

II. Begriff und Wesenselemente der Verschmelzung

1. Überblick

§ 2 UmwG definiert in Einklang mit den bis 1995 geltenden Verschmelzungsvorschriften den Begriff der Verschmelzung.:[1] Folgende Elemente sind die **Strukturmerkmale der Verschmelzung**[2]
– Übertragung des Vermögens der übertragenen Gesellschaft im Wege der Gesamtrechtsnachfolge auf die übernehmende Gesellschaft,
– liquidationslose Vollbeendigung der übertragenen Gesellschaft,
– Abfindung der Gesellschafter der übertragenen Gesellschaft durch Anteile an der übernehmenden Gesellschaft.

Dabei unterscheidet § 2 UmwG die **Verschmelzung durch Aufnahme** (§ 2 Nr. 1 UmwG) und die **Verschmelzung durch Neubildung** (§ 2 Nr. 2 UmwG). Bei der Verschmelzung durch Aufnahme erfolgt die Übertragung des Vermögens eines Rechtsträgers als Ganzes auf einen anderen Rechtsträger gegen Gewährung von Anteilen dieses Rechtsträgers. Der übertragende Rechtsträger geht als Rechtsperson unter, die Mitgliedschaften erlöschen und das Vermögen, einschließlich der Verbindlichkeiten, geht im Wege der Gesamtrechtsnachfolge auf die Übernehmerin über. In dem bis 1995 geltenden Recht war die Verschmelzung zur Übertragung allerdings unterschiedlich definiert (vgl. einerseits § 19 KapErhG, andererseits § 339 AktG a. F.). Bei der GmbH war zum alten Recht umstritten, ob die Verschmelzung zur Übertragung die Beteiligung von mehr als einem übertragenden Rechtsträger zulässt.[3] § 2 UmwG lehnt sich eng an die bisherige Definition in § 339 AktG a. F. an, nach der eine Verschmelzung im Wege der Aufnahme auch durch Übertragung des Vermögens mehrerer Rechtsträger auf einen anderen Rechtsträger erfolgen kann.

Die zweite vom UmwG 1995 vorgesehene Variante ist die Möglichkeit einer **Verschmelzung durch Neubildung**. Durch diese Art der Verschmelzung gehen die übertragenden Rechtsträger als Rechtspersonen unter. Mitgliedschaftsrechte an ihnen erlöschen, ihr Vermögen einschließlich Verbindlichkeiten gehen im Wege der Gesamtrechtsnachfolge auf die neu gebildete Gesellschaft über. Beteiligt sein können an der Verschmelzung durch Neubildung, bei der eine neue Gesellschaft gegründet wird, mehrere Rechtsträger.

2. Einzelfragen

a) Gesamtrechtsnachfolge

§ 20 Abs. 1 Nr. 1 UmwG ergänzt das in § 2 UmwG zum Ausdruck kommende Prinzip und Wesensmerkmal der Verschmelzung: die **Gesamtrechtsnachfolge** (vgl. dazu auch unten Teil 2 Rn. 626 ff.). Die Vorschrift bestimmt, dass das Vermögen der übertragenden Rechtsträger einschließlich der Verbindlichkeiten auf den übernehmenden Rechtsträger übergeht. Zeitpunkt des Vermögensübergangs ist nach § 20 Abs. 1 UmwG die Eintragung der Verschmelzung in das Register des Sitzes des übernehmenden Rechtsträgers. Die Gesamtrechtsnachfolge ist dadurch geprägt, dass das gesamte Vermögen, also alle Aktiva und Passiva, kraft Gesetzes auf den aufnehmenden Rechtsträger übergehen und es einer Einzelübertragung (z. B. nach § 929 BGB, Auflassung § 925 BGB, Abtretung, § 398 BGB) und auch der Genehmigung der Gläubiger nach §§ 414 ff. BGB nicht bedarf. Auch die für die Einzelübertragung etwa notwendigen öffentlich-rechtlichen und

---

1 Vgl. vorher § 339 AktG, § 19 KapErhG, §§ 93a, 93s GenG, § 44a Abs. 1 VAG a. F.
2 Vgl. hierzu eingehend Hügel, Verschmelzung und Einbringung, S. 28 ff.; Widmann/Mayer/Fronhöfer, Umwandlungsrecht, § 2 UmwG Rn. 1 ff.; Lutter/Drygala, UmwG, § 2 Rn. 28 ff.; Kallmeyer/Marsch-Barner, UmwG, § 2 Rn. 8 ff.; Stengel in: Semler/Stengel, § 2 UmwG Rn. 34 ff.; OLG Celle, WM 1988, 1375; BayObLG, NJW 1984, 1693.
3 Vgl. Röllenberg, DNotZ 1988, 643; Lutter/Hommelhoff, GmbHG, 13. Aufl., § 19 KapErhG Rn. 9.

sonstigen **Genehmigungserfordernisse** bestehen bei der Gesamtrechtsnachfolge nicht.,[4] Die Eintragung im Handelsregister ist konstitutiv,[5] sodass keine weiteren Schritte zur Rechtsübertragung nötig sind.

7   Die an sich bei der Einzelübertragung **notwendige Registereintragung**, bspw. im Grundbuch, ist bei der Gesamtrechtsnachfolge nicht erforderlich; der Rechtsübergang findet außerhalb des Grundbuchs bzw. Registers statt. Die anschließende Grundbucheintragung ist nur noch eine Grundbuchberichtigung und deklaratorischer Natur.[6] Im Grundbuch ist die Rechtsnachfolge durch Vorlage des beglaubigten Handelsregisterauszuges der übernehmenden Gesellschaft oder durch Verweisung auf das am gleichen Gericht geführte Register zu führen (§ 22 GBO).

8   Wegen des Prinzips der Gesamtrechtsnachfolge ist es auch nicht möglich, **einzelne Vermögensgegenstände** eines übertragenden Rechtsträgers im Verschmelzungsvertrag von dem Übergang auf den übernehmenden Rechtsträger **auszunehmen**.[7] Eine etwaige Vereinbarung wäre nichtig. Entweder muss der entsprechende Vermögensgegenstand vorher aus dem Vermögen des übertragenden Rechtsträgers mit dinglicher Wirkung ausgeschieden sein oder es muss nicht die Verschmelzung, sondern eine Spaltung eingesetzt werden.

▶ Hinweis:

9   Allerdings kann es vom Prinzip der Gesamtrechtsnachfolge Ausnahmen geben, nämlich dann, wenn aufgrund anderer gesetzlicher Vorschriften eine Übertragung des Vermögensgegenstandes nicht mehr möglich ist (vgl. dazu unten Teil 2 Rdn. 694 ff.).

b) Liquidationslose Vollbeendigung des übertragenden Rechtsträgers

10   Nach § 20 Abs. 1 Nr. 2 UmwG erlischt der übertragende Rechtsträger; einer besonderen Auflösung bedarf es nicht. Auch dies ist ein allgemeines Wesensmerkmal des Verschmelzungsrechts: die **liquidationslose Vollbeendigung** des oder der übertragenden Rechtsträger. Weiterhin ist der Untergang des übertragenden Rechtsträgers zwingend, sein Fortbestand kann nicht wirksam vereinbart werden.[8] Ist der Fortbestand des übertragenden Rechtsträgers gewünscht, so muss der Weg der Spaltung gewählt werden, die auch zur Übertragung des wesentlichen Vermögens durchgeführt werden kann. Zum Fortbestand muss allerdings ein das Stammkapital vorhandenes **Mindestvermögen** beim übertragenden Rechtsträger vorhanden bleiben (vgl. dazu Teil 3 Rdn. 56).

11   Mit dem Erlöschen des übertragenden Rechtsträgers erlischt auch dessen **Firma**.[9]

c) Anteilsgewährungspflicht

12   Durch Untergang des übertragenden Rechtsträgers verlieren die Gesellschafter bzw. Anteilsinhaber am übertragenden Rechtsträger ihre vermögenswerten Mitgliedschaftsrechte. Eines der Wesens-

---

4   Vgl. zur Gesamtrechtsnachfolge Widmann/Mayer/Vossius, Umwandlungsrecht, § 20 UmwG Rn. 26; Lutter/Grunewald, UmwG, § 20 Rn. 7; Lutter/Drygala, UmwG, § 2 Rn. 29; Kallmeyer/Marsch-Barner, UmwG, § 20 Rn. 8 ff.; Stengel in: Semler/Stengel, § 2 UmwG Rn. 35 f.; BeckOGK/Drinhausen/Keinath UmwG § 2 Rn. 14, zur Entwicklung vgl. K. Schmidt, AcP 191, 1991, 495, 502 ff.
5   Vgl. BGH, NJW 1996, 659.
6   Vgl. dazu auch unten Teil 2 Rn. 628 ff.; Widmann/Mayer/Vossius, Umwandlungsrecht, § 20 UmwG Rn. 56, 217; Schöner/Stöber, Grundbuchrecht, Rn. 995a; Lutter/Grunewald, UmwG, § 20 Rn. 9; Kübler in: Semler/Stengel, § 20 UmwG Rn. 8; BeckOGK/Rieckers/Cloppenburg UmwG § 20 Rn. 5 ff.
7   Widmann/Mayer/Vossius, Umwandlungsrecht, § 20 UmwG Rn. 32; Lutter/Grunewald, UmwG, § 20 Rn. 8; Kallmeyer/Marsch-Barner, UmwG, § 2 Rn. 9; Kübler in: Semler/Stengel, § 20 UmwG Rn. 8; BeckOGK/Rieckers/Cloppenburg UmwG § 20 Rn. 7.
8   Lutter/Drygala, UmwG, § 2 Rn. 33; Widmann/Mayer/Vossius, Umwandlungsrecht, § 20 UmwG Rn. 325 ff.; Kübler in: Semler/Stengel, § 20 UmwG Rn. 73; Semler in: Semler/Stengel, § 2 UmwG Rn. 37: BeckOGK/Drinhausen/Keinath UmwG § 2 Rn. 15.
9   Widmann/Mayer/Vossius, Umwandlungsrecht, § 20 UmwG Rn. 329.

merkmale der Verschmelzung ist daher die **Gewährung von Geschäftsanteilen bzw. Anteilen am übernehmenden Rechtsträger** an die Gesellschafter bzw. Anteilsinhaber des übertragenden Rechtsträgers. Nach herrschender Meinung ist die Anteilsgewährungspflicht zur Abfindung der Gesellschafter bzw. Anteilsinhaber der übertragenden Gesellschaft ein **Strukturmerkmal** der Verschmelzung. Sie ist **Gegenleistung** für den Übergang des Vermögens der übertragenden Gesellschaft.[10] Allerdings sieht das Gesetz selbst in verschiedenen Vorschriften (§§ 54, 68 UmwG) eine Reihe von Ausnahmen vor. In der Literatur war im Einzelnen umstritten, inwieweit darüber hinausgehend – z. B. bei der Verschmelzung von Schwestergesellschaften – ebenfalls eine **Ausnahme** von der Anteilsgewährungspflicht besteht (vgl. dazu Teil 2 Rdn. 125 ff.; 325 f.). Der Gesetzgeber hat im **Zweiten Gesetz zur Änderung des UmwG** v. 25.04.2007[11] in den §§ 54 und 68 UmwG n. F. – allerdings nur für AG und GmbH – eine Ausnahme durch Verzicht festgelegt:[12] § 54 Abs. 1 Satz 3 UmwG n. F. (für die GmbH) bzw. § 68 Abs. 1 Satz 3 UmwG n. F. (für die AG) bestimmt nunmehr, dass die Kapitalerhöhung bei der übernehmenden Kapitalgesellschaft zur Disposition **aller Anteilsinhaber des übertragenden Rechtsträgers** steht. **Verzichten alle Anteilsinhaber des übertragenden Rechtsträgers** in notarieller Urkunde auf die Anteilsgewährung, darf die übernehmende Gesellschaft von der Anteilsgewährung absehen.[13] Unklar ist inwieweit diese Sonderregelungen auf andere Rechtsträger, z.B. Personengesellschaften anwendbar sind.

§ 20 Abs. 1 Nr. 3 UmwG bestimmt, dass mit der Eintragung der Verschmelzung in das Register des Sitzes des übernehmenden Rechtsträgers die Anteilsinhaber der übertragenden Rechtsträger Anteilsinhaber des übernehmenden Rechtsträgers werden, und zwar wie im Verschmelzungsvertrag festgelegt. Dies gilt allerdings nicht, soweit der übernehmende Rechtsträger oder ein Dritter, der im eigenen Namen jedoch für Rechnung dieses Rechtsträgers handelt, Anteilsinhaber des übertragenden Rechtsträgers ist oder der übertragende Rechtsträger eigene Anteile innehat oder ein Dritter, der im eigenen Namen, jedoch für Rechnung dieses Rechtsträgers handelt, dessen Anteilsinhaber ist. Auch dieser Wechsel in der Anteilsinhaberschaft erfolgt kraft Gesetzes, eines einzelnen Vollzugsaktes, der an sich zur einzelnen Übertragung erforderlich wäre (§ 15 GmbHG etc.), bedarf es nicht.

3. Identitätsgrundsatz

In der wissenschaftlichen Diskussion ist seit Inkrafttreten des UmwG 1995 umstritten, inwieweit dem Umwandlungsrecht der Grundsatz der **Kontinuität der Mitgliedschaft** zugrunde liegt. Bei allen Umwandlungsarten, insb. beim **Formwechsel** (vgl. dazu unten Teil 4 Rdn. 16 ff.) stellt sich die Frage, inwieweit ein Wechsel des Gesellschafterbestandes vor und nach der Umwandlung erreicht werden kann. Die wohl herrschende Meinung im Schrifttum steht auf dem Standpunkt, dass der Gesellschafterbestand des Ausgangsrechtsträgers **identisch** sein muss mit dem Gesellschaf-

---

10 Vgl. im Einzelnen unter Teil 1 Rdn. 172 ff.; Teil 2 Rdn. 100 ff.; sowie Hügel, Verschmelzung und Einbringung, S. 46; Widmann/Mayer/Fronhöfer, Umwandlungsrecht, § 2 UmwG Rn. 38 ff.; Widmann/Mayer/Mayer, Umwandlungsrecht, § 5 UmwG Rn. 15 ff.; Lutter/Drygala, UmwG, § 2 Rn. 31; Kallmeyer/Marsch-Barner, UmwG, § 2 Rn. 12; Heckschen/Gassen, GWR 2010, 101; Stengel in: Semler/Stengel, § 2 UmwG Rn. 40 ff.; Reichert in: Semler/Stengel, § 54 UmwG Rn. 19 ff.
11 BGBl. I, S. 542.
12 Vgl. BR-Drucks. 548/06, S. 27.
13 Zu den Fragen nach der Neuregelung Widmann/Mayer/Heckschen, Umwandlungsrecht, Einf. UmwG Rn. 34 ff.; Lutter/Drygala, UmwG, § 2 Rn. 31; Mayer/Weiler, DB 2007, 1235, 1239; Weiler, NZG 2008, 527 ff.; Kallmeyer, GmbHR 2006, 418 ff.; Drinhausen, BB 2006, 2313, 2315 ff.; Bayer/Schmidt, NZG 2006, 841; Roß/Drögemüller, DB 2009, 580 ff.; Keller/Klett, DB 2010, 1220 ff.; Krumm, GmbHR 2010, 24 ff.; Heckschen/Gassen, GWR 2010, 101; Stengel in: Semler/Stengel, § 2 UmwG Rn. 40 ff.; Reichert in: Semler/Stengel, § 54 UmwG Rn. 19 ff.

terbestand des Zielrechtsträgers, wenn das Gesetz wie bei der Spaltung keine ausdrückliche Ausnahme zulässt. Allerdings wird dieser Grundsatz v. a. beim Formwechsel diskutiert.[14]

15 I. R. d. Verschmelzung stellt sich aber auch das Problem, ob Gesellschafter, die am übertragenden Rechtsträger beteiligt sind, auf den ihnen an sich zustehenden Anteil an der aufnehmenden Gesellschaft verzichten können mit der Folge, dass sie nach Eintragung der Verschmelzung und Untergang ihrer Mitgliedschaft am übertragenden Rechtsträger ausscheiden und auch nicht am neuen Rechtsträger beteiligt sind. Umgekehrt bleibt die Frage, inwieweit i. R. d. Verschmelzung **Dritte** dergestalt beteiligt werden können, dass sie nachfolgend am neuen oder aufnehmenden Rechtsträger beteiligt sind, obwohl sie vorher an keinem der beteiligten Rechtsträger Anteile innehatten. Die Frage wurde v. a. im Zusammenhang eines Formwechsels zwischen GmbH und GmbH & Co. KG diskutiert,[15] sie betrifft allerdings ein **allgemeines Prinzip des Umwandlungsrechts**. Der gesetzliche Wortlaut des § 20 Abs. 1 Nr. 3 UmwG legt den Schluss nahe, dass bei der Verschmelzung der **Kreis der Anteilsinhaber** aller übertragenden und des übernehmenden Rechtsträgers vor dem Wirksamwerden der Verschmelzung mit dem Kreis der Anteilsinhaber des übernehmenden oder neuen Rechtsträgers ab Wirksamkeit der Verschmelzung notwendigerweise **identisch** ist.[16]

16 In der **Literatur** ist eine auf **K. Schmidt** zurückgehende[17] Auffassung entwickelt worden, die eine Kombination des Umwandlungsrechts mit den allgemeinen Rechtsinstituten der **Anteilsübertragung** zulassen will.[18] Die Literaturauffassung erkennt den Grundsatz der Identität des Mitgliederkreises im Zeitpunkt des Wirksamwerdens der Umwandlungsmaßnahmen grds. an.[19] Durch die Umwandlung – unabhängig davon, ob es sich um eine Verschmelzung, Spaltung oder einen Formwechsel handelt – soll keiner eintreten oder ausscheiden. Die Literaturauffassung weist allerdings darauf hin, dass das UmwG selbst für die Frage des Ein- und Austritts keinerlei Vorschriften, auch keine negativen, vorsieht. Es lässt im Gegenteil die Anwendung allgemeinen Zivilrechts zu und ermöglicht daher ohne Zweifel den Ein- und Austritt vor oder nach Wirksamwerden der Umwandlungsmaßnahme. Umstritten ist nur die Frage der Kombinierbarkeit beider Maßnahmen, d. h. des **Ein- und Austritts im Umwandlungszeitpunkt**.

I. R. d. Verschmelzung stellt sich dabei die Frage, inwieweit etwa der Beitritt eines Dritten dadurch erreicht werden kann, dass Anteile an der übernehmenden oder neuen Gesellschaft im Verschmelzungsvertrag nicht allein den Gesellschaftern der übertragenden Gesellschaft, sondern auch dem Dritten zugeteilt werden.[20] Nach der bisher herrschenden Meinung ist dies unzulässig.[21] Die den Identitätsgrundsatz leugnende Auffassung will dies dadurch erreichen, dass unter Zustimmung des beitretenden Dritten und aller betroffenen Anteilsinhaber eine abweichende

---

14 Vgl. dazu Teil 4 Rdn. 14; Lutter/Decher, UmwG, § 202 Rn. 13 ff. m. w. N. in Fn. 20; Widmann/Mayer/Vossius, Umwandlungsrecht, § 228 UmwG Rn. 95; Kübler in: Semler/Stengel, § 202 UmwG Rn. 19; BeckOGK/Simons UmwG § 202 Rn. 35 ff.; Kallmeyer/Meister/Klöcker § 202 Rn. 29, § 194 Rn. 22: »tragender Grundsatz des Formwechselrechts«; Priester, DNotZ 1995, 449; Decher, in: Lutter, Kölner Umwandlungsrechtstage, S. 214; Sigel, GmbHR 1998, 1208, 1210; Bärwaldt/Schabacker, ZIP 1998, 1293, 1294 f.; Heckschen, DB 1998, 1385, 1397; Usler, MittRhNotK 1998, 21, 55 f.; vgl. auch Heckschen, DB 2008, 2122 ff.; Baßler, GmbHR 2007, 1252 ff.
15 Vgl. K. Schmidt, GmbHR 1995, 593; Kallmeyer, GmbHR 1996, 80; Priester, DB 1997, 560.
16 So die Interpretation der wohl überwiegenden Literatur Lutter/Decher, UmwG, § 202 Rn. 16, 18; ders., in: Lutter, Kölner Umwandlungsrechtstage, S. 214; Osten, GmbHR 1995, 438, 439; Widmann/Mayer/Vossius, Umwandlungsrecht, § 228 UmwG Rn. 95.
17 GmbHR 1995, 693; ders., ZIP 1998, 181, 186.
18 Zustimmend auch Priester, DB 1997, 560; Kallmeyer, GmbHR 1996, 80; vgl. auch Bayer, ZGR-Sonderheft 14, 1998, 22, 41.
19 Vgl. ausdrücklich Priester, DB 1997, 562.
20 So Priester, DB 1997, 566.
21 Heidenhain, NJW 1995, 2873, 2878; Mayer, DB 1995, 861, 863.

Zuteilung im Verschmelzungsvertrag möglich sein soll. Das Gleiche gilt für das Ausscheiden im Zeitpunkt der Umwandlungsmaßnahme. Die von der Literatur vorgetragenen Argumente, die gegen den Identitätsgrundsatz in seiner strengen Form sprechen und die die Möglichkeit der Kombination des Umwandlungsrechts mit den allgemeinen Ein- und Austritts- bzw. Anteilsübertragungsvorschriften befürworten, sind überzeugend. Es sprechen weder Gläubiger- noch Minderheitenschutzgesichtspunkte gegen den Ein- und Austritt im Umwandlungszeitpunkt, sofern die Zustimmung aller betroffenen Beteiligten vorliegt.

▶ **Hinweis:**

Für die Praxis ist allerdings darauf hinzuweisen, dass bis zur höchstrichterlichen Klärung der Ein- oder Austritt in der Umwandlungszeit äußerst riskant ist. 17

Die **Rechtsprechung** hat bisher die Frage noch nicht entschieden.[22] Lediglich in einem Urteil des BGH v. 17.05.1999[23] lehnt der BGH die Literaturauffassung nicht von vornherein ab und weist darauf hin, dass zwar dem UmwG das Prinzip der Kontinuität der Mitgliedschaft bei der umgewandelten Gesellschaft zugrunde liege, dass diesem Prinzip zwar nicht entgegenstehen möge, »dass im Zuge des Formwechsels ein Gesellschafter neu hinzutritt«. Im konkreten Fall lässt der BGH die Frage allerdings offen, da es in keinem Fall mit einer identitätswahrenden Umwandlung in Form des Formwechsels vereinbar sei, dass 512 Mitglieder nur noch mittelbar über einen Treuhandgesellschafter an der aufnehmenden Gesellschaft beteiligt sein sollten. Die Entscheidung erging allerdings zu dem Sonderproblem der LPG-Umwandlung in den neuen Bundesländern. Auch das BayObLG hat im Beschl. v. 04.11.1999[24] die Frage offen gelassen. 18

Immer noch nicht völlig geklärt ist, welche Rechtsfolgen aus dem **BGH-Urt. v. 09.05.2005**[25] zu ziehen sind. Die Entscheidung befasste sich im Kern mit der Stellung von Minderheitsgesellschaftern bei Umstrukturierungen durch Formwechsel. In einem obiter dictum hat der BGH aber festgestellt: 19

»Der Umwandlungsbeschluss entsprach inhaltlich dem aus §§ 194 Abs. 1 Nr. 3, 202 Abs. 1 Nr. 2 Satz 1 UmwG abzuleitenden Gebot der Kontinuität der Mitgliedschaft bei der umgewandelten Gesellschaft. Aus diesem Prinzip folgt lediglich, dass Berechtigte, die zum Zeitpunkt der Eintragung des Formwechsels Anteilsinhaber sind, auch Mitglieder des Rechtsträgers neuer Rechtsform werden. Dabei ist es für den Formwechsel der AG in eine GmbH & Co. KG ausreichend, wenn die Hauptversammlung, wie hier, mit einer Stimmenmehrheit von 3/4 einen der bisherigen Aktionäre – oder sogar einen im Zuge des Formwechsels neu hinzutretenden Gesellschafter[26] – mit dessen Zustimmung zum Komplementär der formgewechselten zukünftigen KG wählt und die Aktionäre i. Ü. Kommanditisten werden.«

Der BGH scheint also den Identitätsgrundsatz in erster Linie als Minderheitsschutzelement zu sehen: Die Gesellschafter haben das Recht Mitglieder des neuen oder bei der Verschmelzung des aufnehmenden Rechtsträgers zu werden.

Umgekehrt kann man m. E. daraus folgern, dass mit deren Zustimmung der Grundsatz aufhebbar ist, also **Veränderungen im Gesellschafterbestand zulässig sind.**,[27] Die auf **K. Schmidt** zurück-

---

22 Vgl. allerdings LG Konstanz, DB 1998, 1177; LG Essen, ZIP 2002, 853.
23 BB 1999, 1450.
24 DNotI-Report 2000, 7 = MittBayNot 2000, 124.
25 NZG 2005, 722 dazu Simon/Leuering NJW-Spezial 2005, 459; Decher, Der Konzern 2005, 621 ff.; Heckschen, DNotZ 2007, 451; ders., DB 2008, 2122 ff.; Baßler, GmbHR 2007, 1252 ff.
26 Vgl. dazu BGHZ 142, 1, 5.
27 Eine größere Meinung in der Literatur unterstützt dies: vgl. K. Schmidt, GmbHR 1995, 693, 695; ders., ZIP 1998, 181, 186; Priester, DB 1997, 565, 566; Kallmeyer, GmbHR 1996, 80, 82; Heckschen, DNotZ 2007, 451; ders.; DB 2008, 2122 ff.; Decher, in: Lutter, UmwG, § 202 Rn. 15; Stratz, in: Schmitt/Hörtnagl/Stratz, UmwG/UmwStG, § 226 Rn. 3; Baßler GmbHR 2007, 1252, 1254; wohl auch BeckOGK/Simons UmwG § 202 Rn. 39.

gehende These[28] die eine **Kombination des Umwandlungsrechts mit den allgemeinen Rechtsinstituten der Anteilsübertragung** zulassen will, ist durch dieses Urteil gestützt worden. Unklar bleibt allerdings die Frage, mit welcher Mehrheit der Ein- und Austritt erfolgen kann.[29] Der BGH scheint die allgemeine Mehrheitsentscheidung und die Zustimmung des aus- oder eintretenden Gesellschafters als ausreichend anzusehen. Demgegenüber verlangt Heckschen[30] die Zustimmung aller Gesellschafter. Es bleibt aber letztendlich bis zur Klärung eine nicht unerhebliche Unsicherheit für die Praxis.

20 Diese Gestaltungsfreiheit ist auch durch das **Zweite Gesetz zur Änderung des UmwG** bestätigt worden, indem der Gesetzgeber in den §§ 54 und 68 UmwG n. F. eine Ausnahme von der sog. Anteilsgewährungspflicht durch Verzicht festlegt:[31] § 54 Abs. 1 Satz 3 UmwG n. F. (für die GmbH) bzw. § 68 Abs. 1 Satz 3 UmwG n. F. (für die AG) bestimmen nunmehr, dass die Kapitalerhöhung bei der übernehmenden Kapitalgesellschaft zur Disposition **aller Anteilsinhaber des übertragenden Rechtsträgers** steht. Verzichten diese in notarieller Urkunde auf die Anteilsgewährung, darf die übernehmende Gesellschaft von der Anteilsgewährung absehen. Daraus lässt sich das grds. **Prinzip der Vertragsfreiheit im Umwandlungsrecht** ableiten: Mit Zustimmung der betroffenen Gesellschafter kann auf die Schutzvorschriften – Identitätsgrundsatz und Anteilsgewährung – verzichtet werden. Wie der BGH feststellte, haben diese Grundsätze nur Schutzcharakter ggü. den Anteilsinhabern, es sind aber keine verzichtbaren oder drittschützenden Grundsätze.

III. Kettenumwandlung

21 In der Praxis ist häufig eine **Kombination verschiedener Umwandlungsarten** gewünscht.[32]

▶ Beispiel:

22 Die A- und B-GmbH sollen unter Neugründung der C-GmbH verschmolzen werden. Diese soll dann zur Vorbereitung eines Börsenganges in eine AG umgewandelt werden. Da zum einen ein baldiger Börsengang geplant ist und zum anderen die 8-Monats-Frist des § 17 UmwG für die erforderlichen Bilanzen eingehalten werden soll, sollen die Beurkundung des Verschmelzungsvertrages, der Zustimmungsbeschlüsse und des anschließenden Formwechselbeschlusses möglichst zeitnah aufeinanderfolgen. Wegen der vergleichsweise langen Registereintragungszeiten befürchten die Gesellschafter, dass ein Vollzug der Verschmelzung zu erheblichen Verzögerungen des Gesamtplans führen würde.

23 In derartigen Fällen stellt sich die Frage, inwieweit bereits vor Vollzug des ersten Schrittes (bspw. Verschmelzung der Gesellschaften) der zweite Schritt (Formwechselbeschluss) beurkundet werden kann. Das UmwG selbst regelt diese **Frage der Kettenumwandlung** nicht. Die Verkettung kann bei allen Arten der Umwandlung auftreten auch bei der Verschmelzung. Die Kettenverschmelzung beschreibt als gesetzlich nicht definierter Begriff die Verschmelzung von drei oder mehr Rechtsträgern, wobei vor Wirksamwerden der ersten Verschmelzung der übernehmende Rechtsträger im Rahmen eines weiteren Verschmelzungsvorganges als übertragender Rechtsträger einen Verschmelzungsvertrag mit einem dritten übernehmenden Rechtsträger abschließt.[33] Die Möglichkeit einer sog. Kettenumwandlung, bei der mehrere Umwandlungsvorgänge aufeinanderfolgend gestaffelt

---

28 GmbHR 1995, 693; ders., ZIP 1998, 181, 186.
29 Vgl. Heckschen, DB 2008, 2122 ff.
30 DB 2008, 2122 ff.
31 Vgl. BR-Drucks. 548/06, S. 27.
32 Vgl. auch Gutachten DNotI-Report 2012, 124; Stengel in: Semler/Stengel/Stengel UmwG § 1 Rn. 69 ff.; Kallmeyer/Marsch-Barner, in: Kallmeyer § 1, Rn. 21; zu den steuerlichen Aspekten bei Kettenumwandlungen vgl. Pyszka DStR 2013, 1462.
33 Vgl. Gutachten DNotI-Report 2012, 124; Sagasser/Luke, in: Sagasser/Bula/Brünger, Umwandlungen, § 9 Rn. 379 ff.; Widmann/Mayer/Mayer, Umwandlungsrecht, § 5 UmwG Rn. 235.6; Schröer in: Semler/Stengel, § 5 UmwG Rn. 11.

werden, ist mittlerweile in Rechtsprechung und Literatur grundsätzlich anerkannt.[34] Zu beachten sind allerdings die steuerlichen Aspekte der Kettenumwandlung.[35]

Ähnliche Fragen stellen sich im Zusammenhang mit anderen **Strukturänderungsmaßnahmen**, z. B. Satzungsänderungen, Kapitalerhöhungen etc., die zu ihrer Wirksamkeit der Eintragung im Handelsregister bedürfen. Die Problematik liegt darin, dass erst mit der Handelsregistereintragung die dinglichen Wirkungen der Verschmelzung bzw. allgemein der Umwandlung eintreten, sodass erst zu diesem Zeitpunkt der Rechtsträger in neuer Rechtsform oder als aufnehmender Rechtsträger das Vermögen des übertragenden Rechtsträgers erlangt. Erst mit der Eintragung sind damit die Voraussetzungen gegeben, die für die weitere Umwandlung nach dem Recht des neuen Rechtsträgers erforderlich sind.

▶ Beispiel:

Die A-GmbH soll in die A-AG umgewandelt werden, anschließend soll ein Teilbetrieb auf eine neu zu gründende B-GmbH abgespalten werden. Auch hier stellt sich die Frage, ob bereits der Spaltungsplan aufgestellt werden kann, bevor der Umwandlungsbeschluss wirksam ist. Weitere Frage ist, ob das Spaltungsrecht der GmbH oder der AG anzuwenden ist. 24

Auch i. R. d. Kettenverschmelzung stellt sich die Frage, inwieweit Kapitalerhöhungswahlrechte oder Kapitalerhöhungsverbote zu beachten sind, wenn **vorrangige Verschmelzungen** durchgeführt werden müssen. 25

▶ Beispiel:

Die A-AG ist die 100 %ig Muttergesellschaft der B-GmbH und der C-GmbH. Die C-GmbH ist 100 %ig Muttergesellschaft der D-GmbH. Zunächst soll die C-GmbH auf die B-GmbH verschmolzen werden. Im Anschluss daran soll die Tochtergesellschaft der C-GmbH, die mit Eintragung der Verschmelzung zur 100 %ig Tochter der B-GmbH wird, auf die B-GmbH verschmolzen werden. Es stellt sich die Frage, ob im Zusammenhang mit der zweiten Verschmelzung der D-GmbH auf die B-GmbH das Kapital der B-GmbH erhöht werden muss. Wäre zuvor die Verschmelzung C auf B im Handelsregister eingetragen, bestünde ein Kapitalerhöhungsverbot gem. § 54 Abs. 1 Satz 1 Nr. 1 UmwG. 26

Erstes Problem in diesem Zusammenhang ist, ob eine **Verknüpfung aufeinanderfolgender gesellschaftsrechtlicher Akte** durch echte Bedingungen zulässig ist. Die herrschende Meinung in der Umwandlungsrechtsliteratur ist der Auffassung, dass der Verschmelzungsvertrag unter eine aufschiebende Bedingung gestellt werden kann. Dies ergibt sich bereits aus § 7 Satz 1 UmwG.[36] Das Gleiche gilt i. Ü. für Spaltungsverträge. Die Zustimmungsbeschlüsse zu derartigen durch die 27

---

34 Gutachten DNotI-Report 2012, 124; OLG Hamm DNotZ 2006, 378; Mayer, in: Widmann/Mayer, Umwandlungsrecht, § 5 UmwG Rn. 235.4 ff.; Heckschen/Simon, Umwandlungsrecht, § 5 Rn. 137 ff.; KölnKommUmwG/Simon, § 2 Rn. 205 ff.; Stoye- Benk/Cutura, Handbuch Umwandlungsrecht, Kap. 2, Rn. 26; Happ/Richter, Konzern- und Umwandlungsrecht, Muster 7.06, Rn. 1.3 ff.; Sagasser/Luke, in: Sagasser/Bula/Brünger, Umwandlungen, § 9 Rn. 379 ff.; Schlösser, in: Sagasser/Bula/Brünger, § 11 Rn. 35 ff.; Stengel in: Semler/Stengel/Stengel UmwG § 1 Rn. 69 ff.; Kallmeyer/Marsch-Barner, in: Kallmeyer § 1, Rn. 21; Kallmeyer/Zimmermann, UmwG, § 13 Rn. 4, 8; Heidinger, in: Fachanwaltshandbuch Handels- und Gesellschaftsrecht, Teil 2, Kap. 6, § 1 Rn. 155; Ulrich/Böhle, GmbHR 2006, 64; BeckOGK/Wicke UmwG § 5 Rn. 136.
35 Vgl. Pyszka, DStR 2013, 1462,; Maier/Funke, DStR 2015, 2703.
36 Vgl. OLG Hamm DNotZ 2005, 379 = GmbHR 2006, 255; OLG Düsseldorf NJW-RR 1999, 399; Zimmermann in Kallmeyer UmwG § 13 Rn. 4, 8; Kallmeyer/Marsch-Barner, UmwG, § 2 Rn. 4; Lutter/Drygala, UmwG, § 7 Rn. 3; Widmann/Mayer/Mayer, Umwandlungsrecht, § 5 UmwG Rn. 235.9.1; Widmann/Mayer/Heckschen, Umwandlungsrecht, § 7 UmwG Rn. 17 ff.; Schröer in: Semler/Stengel, § 5 UmwG Rn. 11; Schlösser/Reichl/Rapp, in: Sagasser/Bula/Brünger, § 11 Rn. 39; ausführlich Körner/Rodewald, BB 1999, 853; Kiem, ZIP 1999, 173, 177 ff.

Voreintragung des ersten Umwandlungsvorganges bedingten Umwandlungsverträgen können dann unbedingt erfolgen, da diese sich auf den aufschiebend bedingt abgeschlossenen Verschmelzungsvertrag beziehen. Weiteres Problem ist, ob der Nachweis über den Eintritt der Bedingung ggü. dem Registergericht i. R. d. Frist des § 17 Abs. 2 Satz 4 UmwG erfolgen muss.[37] Hängt die Erfüllung der Frist von dem eigenen Tätigwerden des Registergerichts oder eines anderen Registergerichts ab, dann dürfte allein der Vertrauensschutzaspekt dagegen sprechen, dies zulasten des Anmeldenden auswirken zu lassen, sodass auch ein Überschreiten der Frist des § 17 Abs. 2 UmwG unschädlich ist.[38]

28 Die gleichen Erwägungen wird man auch beim Formwechsel annehmen müssen, wenn zuvor andere Umwandlungsakte eingetragen werden müssen. Auch der Formwechselbeschluss kann aufschiebend bedingt auf den Zeitpunkt des Wirksamwerdens der vorher einzutragenden Verschmelzung beschlossen werden. In diesem Zusammenhang stellt sich weiter die Frage der Mitwirkungsrechte der Gesellschafter des ersten übertragenden Rechtsträgers i. R. d. zweiten oder weiteren Verschmelzung. Dabei wird grds. angenommen, dass eine Beteiligung der Gesellschafter der ersten übertragenden Gesellschaft am zweiten Verschmelzungsvorgang nicht erforderlich ist. Vielmehr ergibt sich aus dem UmwG (§ 50 UmwG), dass es für die ordnungsgemäße Beschlussfassung allein auf die im Zeitpunkt der Versammlung der Gesellschaft angehörigen Anteilseigner ankommt. Eine Beteiligung zukünftiger Anteilseigner ist nicht vorgesehen..[39] Eine Ausnahme wird nur diskutiert, wenn die Verschmelzungen gleichzeitig beschlossen werden und sie durch entsprechende Bedingungen im Verschmelzungsvertrag verknüpft werden. Dann sollen die Gesellschafter der übertragenden ersten Gesellschaft bereits am Verschmelzungsbeschluss der übertragenden zweiten Gesellschaft beteiligt werden.[40] In anderen Fällen ist die künftige Gesellschafterin der übertragenden GmbH auch vor dem Hintergrund der Grundsätze einer Kettenumwandlung nicht am Verschmelzungsbeschluss zu beteiligen. Z.T. wird allerdings angenommen, dass sich aus dem Verschmelzungsvertrag Treuepflichten ergeben, die die Anteilsinhaber des übernehmenden Rechtsträgers durch eine die Anteilsinhaber des übertragenden Rechtsträgers beeinträchtigende zweite Verschmelzung verletzen können.[41]

29 Ist der erste Umwandlungsschritt eine Verschmelzung oder Spaltung zur Neugründung, bleibt das weitere Problem, inwieweit bei einer Verschmelzung oder Spaltung eine **Vorgesellschaft** beteiligt sein kann,[42] Die Frage stellt sich insb. in dem Zusammenhang, in dem eine sog. **verschmelzende Spaltung**[43] d. h. die Spaltung und Verschmelzung in einem Schritt unter Beteiligung mehrerer Rechtsträger auf beiden Seiten, erreicht werden soll. Nach der herrschenden Meinung ist eine Kombination von Verschmelzung und Spaltung, bei denen sowohl auf Überträger- als Übernehmerseite mehrere Rechtsträger beteiligt sein sollen, in einem Rechtsakt nach § 3 Abs. 4 und § 174 Abs. 4 UmwG nicht möglich.[44] In diesen Fällen müssen die Schritte nacheinander vollzogen werden.[45]

---

37 Vgl. dazu Widmann/Mayer/Heckschen, Umwandlungsrecht, § 7 UmwG Rn. 19.
38 So im Ergebnis auch Widmann/Mayer/Heckschen, Umwandlungsrecht, § 7 Rn. 20.
39 Vgl. Sagasser/Luke, in: Sagasser/Bula/Brünger, Umwandlungen, § 9 Rn. 368 ff.; Schlösser/Reichl/Rapp, in: Sagasser/Bula/Brünger, § 11 Rn. 39 ff.; Widmann/Mayer/Mayer, Umwandlungsrecht, § 5 UmwG Rn. 235.6; Zimmermann in Kallmeyer § 13 Rn. 4, 8; vgl. auch Lutter/Grunewald, § 65 Rn. 3; Widmann/Mayer/Heckschen § 13 UmwG Rn. 68.1; Simon in: Heckschen/Simon, Umwandlungsrecht, s. 141 ff.; Schröer in: Semler/Stengel, § 5 UmwG Rn. 117.
40 Widmann/Mayer/Mayer, Umwandlungsrecht, § 5 UmwG Rn. 235.6.
41 Sagasser/Luke, in: Sagasser/Bula/Brünger, Umwandlungen, § 9 Rn. 368.
42 Zur Entstehung bei Verschmelzung vgl. Teil 2 Rdn. 250 ff.; bei Spaltung Teil 3 Rdn. 411 ff.
43 Vgl. zum Begriff Mayer, DB 1991, 1609; Priester, DB 1991, 2373; Weimar, ZIP 1991, 769, 776; BeckOGK/Verse UmwG § 123 Rn. 93.
44 Vgl. dazu Widmann/Mayer/Fronhöfer, Umwandlungsrecht, § 3 UmwG Rn. 84; Kallmeyer/Marsch-Barner, UmwG, § 3 Rn. 30; Lutter/Drygala, UmwG, § 3 Rn. 41.
45 BeckOGK/Verse UmwG § 123 Rn. 93.

A. Einführung

▶ Beispiel:

> Die A-GmbH und die B-GmbH wollen jeweils Teile ihres Unternehmens auf eine neue C-GmbH abspalten. Da die verschmelzende Spaltung unter Beteiligung mehrerer abspaltender Gesellschaften nach herrschender Meinung nicht zulässig ist, muss zunächst die A-GmbH auf die A1-GmbH eine Spaltung zur Neugründung vornehmen, das Gleiche die B-GmbH auf die B1-GmbH. Anschließend sind die durch Neugründung entstandenen A1- und B1-GmbH wiederum zu verschmelzen.

30

In diesen Fällen stellt sich die Frage, ab welchem **Zeitpunkt** bereits die **Verschmelzungsverträge geschlossen** werden können. Bei der Abspaltung zur Neugründung handelt es sich um eine Sachgründung, sodass mit Abschluss des Spaltungsplans und Vorliegen des Zustimmungsbeschlusses eine Vor-GmbH entsteht. Nach richtiger Auffassung kann bereits die Vorgesellschaft an einer Verschmelzung beteiligt sein.[46] Einigkeit besteht allerdings auch bei den Kritikern dieser Auffassung, dass die Vorgesellschaft in jedem Fall schon Vorbereitungshandlungen für eine Verschmelzung nach ihrem Entstehen treffen kann, wenn die rechtliche Wirkung erst nach Entstehung, d. h. Eintragung der Spaltung zur Neugründung eintritt.[47] Bei diesen Umwandlungen im Vorgriff auf eine andere Eintragung[48] müssen allerdings beide Vorgänge angemeldet und nacheinander im Register eingetragen werden.[49]

31

Die Entscheidung des **BayObLG** v. 04.11.1999[50] befasst sich für den Rahmen des Formwechsels mit der Frage des **Zeitpunktes**, zu dem die **gesetzlichen Voraussetzungen für die Umwandlung vorliegen müssen**. In dieser Entscheidung ging es um den Formwechsel einer GmbH in eine GmbH & Co. KG. Zum Zeitpunkt des Formwechselbeschlusses war die zukünftige Komplementär-GmbH noch nicht an der formwechselnden GmbH beteiligt. Die zukünftige Komplementär-GmbH hatte zwar dem Umwandlungsbeschluss zugestimmt, wurde aber erst nach Fassung des Umwandlungsbeschlusses und vor Handelsregistereintragung Gesellschafterin der formwechselnden GmbH. Das **Registergericht verweigerte die Eintragung** mit der Begründung, dass die zukünftige Komplementär-GmbH z.Zt. der Beschlussfassung noch nicht Gesellschafterin gewesen sei.

32

Das BayObLG ist großzügiger und steht auf dem Standpunkt, dass allgemein im Verfahren der freiwilligen Gerichtsbarkeit **allein der Zeitpunkt der Handelsregistereintragung maßgebend** ist. Auch im Registerverfahren seien grds. die tatsächlichen Verhältnisse zugrunde zu legen, die z.Zt. der Entscheidung über die Handelsregistereintragung gelten. Sogar Veränderungen der Sachlage im Beschwerdeverfahren müssten noch Berücksichtigung finden. Auch der Schutzzweck des § 233 Abs. 2 Satz 3 UmwG verlange nicht, dass der zukünftige persönlich haftende Gesellschafter der KG bereits z.Zt. der Fassung des Umwandlungsbeschlusses Gesellschafter der GmbH sei. Es genüge, wenn dieser zur Verhinderung des aufgedrängten Haftungsrisikos dem Umwandlungsbeschluss bis zur Eintragung zustimmt.

33

Das BayObLG entschied **über den konkreten Fall hinausgehend**, dass für die Umwandlungen allgemein der **Zeitpunkt der Handelsregistereintragung** für die Beurteilung der Eintragungsgrundlagen maßgebend ist, sodass bis zu diesem Zeitpunkt die gesetzlichen Voraussetzungen noch erfüllt werden können. Dies dürfte auch für alle anderen Fragen der nachgeschobenen Tatbe-

---

46 So zu Recht Bayer, ZIP 1997, 1613, 1614; K. Schmidt, ZGR 1990, 580, 592; Widmann/Mayer/Fronhöfer, Umwandlungsrecht, § 3 UmwG Rn. 74 ff.; Heckschen, DB 1998, 1385, 1388; Stengel in: Semler/Stengel, § 3 UmwG Rn. 48; ausführlich auch K. Schmidt, in: FS für Zöllner, 1999, S. 521, 527 f.; er spricht von der vorweggenommenen Verschmelzung; a. A. Lutter/Drygala, UmwG, § 3 Rn. 7; Marsch-Barner, in: Kallmeyer, § 3 UmwG Rn. 10.
47 So ausdrücklich Lutter/Drygala, UmwG, § 3 Rn. 7.
48 So K. Schmidt, in: FS für Zöllner, 1999.
49 K. Schmidt, in: FS für Zöllner, 1999, S. 521, 527 f., 528.
50 BayObLGZ 1999 Nr. 73 = MittBayNot 2000, 124.

standsvoraussetzungen gelten. Nach heute ganz überwiegender Auffassung kommt es für die Eintragung einer Umwandlungsmaßname hinsichtlich der materiellen Voraussetzungen nicht auf den Zeitpunkt der Anmeldung, sondern auf den Zeitpunkt unmittelbar vor Eintragung an: So ist etwa bei einer Verschmelzung ausreichend, aber auch erforderlich, dass im Zeitpunkt der Eintragung sämtliche gesetzlichen Voraussetzungen dieser Umwandlungsmaßnahme erfüllt sind.[51]

34 Das **OLG Hamm** hat im Urt. v. 19.12.2005[52] ebenfalls die Kettenumwandlung zugelassen: Ein Verschmelzungsvertrag könne unter der **aufschiebenden Bedingung** geschlossen werden, dass ein früherer Verschmelzungsvertrag, an dem die nunmehr übertragende Gesellschaft als aufnehmender Rechtsträger beteiligt ist, **durch Eintragung im Handelsregister wirksam wird**. In einem solchen Vertrag müsse die übertragende Gesellschaft entsprechend ihrer gegenwärtigen Eintragung im Handelsregister ohne Berücksichtigung einer im Zusammenhang mit der Erstfusion vorgenommenen, erst mit deren Eintragung im Handelsregister wirksam werdenden Firmenänderung bezeichnet werden. Dabei sind bestimmte **Berichtspflichten** zu beachten. So sind die Gesellschafter über die Gesamtmaßnahme zu informieren.[53]

35 Bei einer Kettenumwandlung stellt sich ferner die Frage, welches Recht auf die einzelnen Umwandlungsvorgänge anwendbar ist.[54] So kommt es nach allgemeiner Meinung für die Wirksamkeit und Rechtmäßigkeit der gefassten Beschlüsse hinsichtlich der zu beteiligenden Anteilsinhaber allein auf diejenigen Anteilsinhaber an, die der Gesellschaft im Zeitpunkt der Beschlussfassung angehören.[55] Gleiches gilt im Hinblick auf die formellen Anforderungen an die Beschlussfassung.[56] Demgegenüber kommt es im Hinblick auf die materiell-rechtlichen Voraussetzungen der nachgelagerten Umwandlungsvorgänge (Vorliegen einer Konzernkonstellation, Erfordernis von Sonderbeschlüssen bei mehreren Aktiengattungen gem. § 65 Abs. 2 UmwG, Möglichkeit des Verzichts auf die Gewährung von Geschäftsanteilen/Aktien §§ 54 Abs. 1 Satz 3, 68 Abs. 1 Satz 3 UmwG etc.) auf den Zeitpunkt des Wirksamwerdens der betreffenden vorgelagerten Umwandlung durch ihre Eintragung in das Handelsregister an.[57] Denn eine Kettenumwandlung zeichnet sich gerade dadurch aus, dass durch Vereinbarung von aufschiebenden Bedingungen oder durch rein tatsächliche Steuerung der Handelsregistereintragungen sichergestellt wird, dass die vorgelagerte Umwandlung vor der nachgelagerten Umwandlungsvorgängen wirksam wird.[58]

Bei Kettenumwandlungen ist ferner die Abstimmung der Stichtage wichtig.[59] Dabei stellt sich die Frage, ob eine Schlussbilanz zulässig ist, wenn der **beteiligte Rechtsträger zum Stichtag noch**

---

51 Semler/Stengel/Maier-Reimer, UmwG, § 120 Rn. 40; allgemein zum Handelsregisterrecht: Ebenroth/Boujong/Joost/Strohn/Schaub, HGB, § 12 Rn. 142.
52 DNotZ 2006, 378 = RNotZ 2006, 127.
53 Lutter/Grunewald, UmwG, § 65 Rn. 3.
54 Vgl. Gutachten DNotI-Report 2012, 124; Widmann/Mayer/Mayer, Umwandlungsrecht, § 5 UmwG Rn. 235.10 f.; Simon, in: KölnerKomm § 2 UmwG Rn. 207 ff.
55 Gutachten DNotI-Report 2012, 124; Stoye-Benk/Cutura, Kap. 2, Rn. 26; Heckschen/Simon, § 5 Rn. 104; Happ/Richter, Muster 7.06, Rn. 1.12; Sagasser/Luke, in: Sagasser/Bula/Brünger, Umwandlungen, § 9 Rn. 368 ff.; Schlösser/Reichl/Rapp, in: Sagasser/Bula/Brünger, § 11 Rn. 39 ff.; Widmann/Mayer/Mayer, Umwandlungsrecht, § 5 UmwG Rn. 235.6; Zimmermann in Kallmeyer § 13 Rn. 4, 8; vgl. auch Lutter/Grunewald, § 65 Rn. 3; Widmann/Mayer/Heckschen § 13 UmwG Rn. 68.1; Simon in: Heckschen/Simon, Umwandlungsrecht, s. 141 ff.; Schröer in: Semler/Stengel, § 5 UmwG Rn. 117.
56 Form und Frist der Ladung, Bekanntmachungspflichten, Erfordernis der Beschlussfeststellung u. Ä., vgl. Stoye-Benk/Cutura, Kap. 2, Rn. 26; Heckschen/Simon, § 5 Rn. 103; KölnKommUmwG/Simon, § 2 Rn. 212; Mayer, § 5 UmwG Rn. 235.4; Happ/Richter, Muster 7.06, Rn. 1.12 mit Verweis auf Muster 7.04, Rn. 1.8.
57 So zu Recht Gutachten DNotI-Report 2012, 124.
58 So Gutachten DNotI-Report 2012, 124; Mayer, § 5 UmwG Rn. 235.4; Stoye-Benk/Cutura, Kap. 2, Rn. 26; Heckschen/Simon, § 5 Rn. 86 f.; KölnKommUmwG/Simon, § 2 Rn. 210.
59 S. allgemein unten Teil 2 Rdn. 172 ff. und insb. Teil 2 Rdn. 687; vgl.dazu Pyszka, DStR 2013, 1462; Maier/Funke, DStR 2015, 2703.

A. Einführung

gar nicht existiert. M. E. ist es zulässig, dass auch die Schlussbilanz rückwirkend auf einen Zeitpunkt erstellt wird, zu dem die zu verschmelzenden Rechtsträger noch nicht in umwandlungsfähiger Form existierten.[60] Dass der Verschmelzungsstichtag von der gesetzlichen Konzeption her gesehen grds. nicht davon abhängig ist, dass zu seinem Zeitpunkt schon ein entsprechender Rechtsträger gesellschaftsrechtlich existiert, zeigt die ganz allgemein anerkannte Möglichkeit der Verschmelzung zur Neugründung mit bis zu achtmonatiger Rückwirkung. Der hierdurch neu entstehende Rechtsträger entsteht nach §§ 19, 20, 36 UmwG erst mit seiner Eintragung im Handelsregister. Dennoch wird seine Existenz mit obligatorischer und handelsrechtlicher Wirkung zwischen den Beteiligten auf einen bis zu 8 Monate vor der Anmeldung der Verschmelzung liegenden Zeitpunkt **fingiert**. Zu diesem Zeitpunkt kann der durch Verschmelzung durch Neugründung erst entstehende aufnehmende Rechtsträger aber überhaupt nicht existieren. Der genaue Zeitpunkt, wann generell die Voraussetzungen für eine zulässige Umwandlung vorliegen müssen, ist derzeit noch streitig. Eine immer stärker werdende Ansicht in der Literatur, die durch das zum Gesellschafterbestand beim Formwechsel ergangene Urteil des BayObLG[61] bestärkt wird, stellt auf den Eintragungszeitpunkt im Handelsregister ab. Daher ist es ausreichend, dass verschmelzungsfähige Rechtsträger zum Zeitpunkt des Abschlusses des Verschmelzungsvertrages bzw. der Zustimmungsbeschlüsse vorhanden ist. Teilweise wird die Möglichkeit einer Schlussbilanz für den noch nicht existenten Rechtsträger allerdings verneint, da der zum Stichtag noch nicht existente Rechtsträger nicht buchführungsfähig sei.[62]

Bei Kettenumwandlungen stellt sich ferner die Problematik des zum **Zeitpunkt des Umwandlungsstichtages noch nicht bestehenden Rechtsträgers**. 36

▶ Beispiel:

Der im Handelsregister eingetragene Kaufmann K hat mit Urkunde v. 12.08.2017 das gesamte Firmenvermögen auf eine von ihm dadurch gegründete GmbH durch Ausgliederung übertragen. Der Ausgliederung lag die Bilanz des Einzelunternehmens zum 31.05.2017 (Schlussbilanz) zugrunde. Die Übertragung des Vermögens des einzelkaufmännischen Unternehmens auf die dadurch neu gegründete GmbH erfolgte zum 01.06.2017 (Ausgliederungsstichtag). Die GmbH wurde am 18.11.2014 eingetragen, die Ausgliederung beim Einzelunternehmen am 30.11.2017. Mit Urkunde v. 01.12.2017 wurde die vorgenannte GmbH auf ihre Muttergesellschaft (100 %) übertragen, die die Anteile vom Einzelkaufmann in der Zwischenzeit erworben hatte. Verschmelzungsstichtag ist der 01.06.2017. Als Bilanz wurde die Bilanz der GmbH zum 31.05.2017 zugrunde gelegt. 37

Ob eine **rückwirkende Vereinbarung des Stichtages** möglich ist, wenn der aufnehmende Rechtsträger zum Zeitpunkt des fingierten Ausgliederungsstichtages noch nicht existiert, ist in der Rechtsprechung noch nicht erörtert worden. Von Heckschen/Simon[63] wird dies angezweifelt, da noch keine Buchführungspflicht bestehe. Mayer[64] bejaht demgegenüber die Zulässigkeit. Diese Auffassung ist m. E. zutreffend, da eine derartige rückwirkende Vereinbarung das UmwG bei der Verschmelzung oder Spaltung zur Neugründung ausdrücklich vorsieht. Dementsprechend dürfte nichts anderes gelten bei einer Ausgliederung auf einen zwar gegründeten, aber noch nicht eingetragenen Rechtsträger. Mayer weist zu Recht darauf hin, dass eine Verschmelzung oder Spaltung 38

---

60 Widmann/Mayer/Mayer, Umwandlungsrecht, § 5 UmwG Rn. 235.8 ff.; Stoye-Benk/Cutura, Handbuch Umwandlungsrecht, Kap. 2 Rn. 26; Gutachten DNotI-Report 2012, 124; Pyszka, DStR 2013, 1462 ff.; Maier/Funke, DStR 2015, 2703 ff.; vgl. auch mit Beispielen Schmitt/Hörtnagl/Stratz/Hörtnagl UmwStG § 2 Rn. 27.
61 ZIP 2000, 230, 231.
62 KölnKommUmwG/Simon, § 2 Rn. 224.
63 UmwG, § 5 Rn. 157 ff.
64 Widmann/Mayer/Mayer, Umwandlungsrecht, § 5 UmwG Rn. 235.39 ff.; Steuerfachausschuss zum Entwurf eines Einführungsschreibens zum UmwStG 1995, WiP 1997, 439, 442 ff.

zur Aufnahme auf einen übernehmenden Rechtsträger durchgeführt werden kann, der handelsrechtlich am steuerlichen Übertragungsstichtag bzw. Umwandlungsstichtag noch nicht existent war. Entscheidend sei, dass die beteiligten Rechtsträger zum Zeitpunkt des rechtsgeschäftlichen Umwandlungsvorgangs (Vertragsschluss, Umwandlungsbeschluss, Registeranmeldung etc.) existent sind, denn erst dann muss ein beteiligungsfähiger Rechtsträger i. S. v. § 3 UmwG vorhanden sein.

39 Auch im **Umwandlungsteuererlass Tz. 2.08** wird festgestellt, dass die steuerliche Rückwirkungsfiktion des § 2 Abs. 1 UmwStG nicht voraussetzt, dass auch die gesellschaftsrechtlichen Voraussetzungen am steuerlichen Übertragungsstichtag vorliegen. So sei z. B. eine rückwirkende Verschmelzung durch Aufnahme möglich, auch wenn die aufnehmende Gesellschaft am steuerlichen Übertragungsstichtag zivilrechtlich noch nicht bestehe.

IV. »Wirtschaftliche« Verschmelzung

40 Das UmwG lässt neben der Verschmelzung im Wege der Gesamtrechtsnachfolge die sog. »wirtschaftliche« Verschmelzung zu, wenn zwar **keine Verschmelzung nach dem UmwG** durchgeführt wird, aber mithilfe anderer Rechtsinstitute des allgemeinen Gesellschaftsrechts **dasselbe wirtschaftliche Ergebnis** erzielt wird.

41 Folgende **Möglichkeiten der wirtschaftlichen Verschmelzung** eröffnen sich hierbei:
   – Eine Gesellschaft kann ihr Vermögen im Wege der Einzelrechtsnachfolge auf eine andere Gesellschaft gegen Gewährung von Geschäftsanteilen an dieser Gesellschaft übertragen. Es handelt sich hierbei um die **Einbringung von Vermögensgegenständen im Wege der Sachkapitalerhöhung** nach allgemeinen gesellschaftsrechtlichen Grundsätzen. Die Vermögensübertragung geschieht in Erfüllung der Sacheinlageverpflichtung.

   Der **Unterschied zur Verschmelzung** liegt allerdings darin, dass die Anteile nicht den Gesellschaftern der übertragenen Gesellschaft gewährt werden, sondern der übertragenden Gesellschaft selbst. Es entsteht also ein Konzernverhältnis. Die übertragende Gesellschaft geht im Zuge der Einbringung nicht unter. Dieses Ergebnis könnte man nur durch eine Liquidation der übertragenen Gesellschaft erreichen.
   – Eine andere Möglichkeit der wirtschaftlichen Verschmelzung liegt darin, dass die Gesellschafter der übertragenden Gesellschaft ihre Anteile in die übernehmende Gesellschaft gegen Gewährung von Anteilen an der übernehmenden Gesellschaft einbringen. Bei diesem Modell ist aber zur Erzielung des wirtschaftlichen Ergebnisses einer Verschmelzung die **Liquidation der übertragenden Gesellschaft** und die **Auskehrung ihres Betriebsvermögens an die übernehmende Gesellschaft** erforderlich.
   – Eine weitere Form der Verschmelzung im wirtschaftlichen Sinne liegt vor, wenn eine **Personenhandelsgesellschaft** mit Betriebsvermögen infolge **Ausscheidens aller übrigen Gesellschafter** als alleiniger Gesellschafter dieser Personenhandelsgesellschaft übrig bleibt. Die Personenhandelsgesellschaft erlischt dadurch und ihr Vermögen wächst der Gesellschaft der Handelsgesellschaft nach § 738 BGB, §§ 105 Abs. 2, 142 HGB an.

V. Verschmelzungsfähige Rechtsträger

42 Die **verschmelzungsfähigen Rechtsformen** werden im Gesetz abschließend aufgezählt. Grds. ohne Einschränkung an Verschmelzungen können als übertragende, übernehmende oder neue Rechtsträger beteiligt sein (§ 3 Abs. 1 UmwG):

A. Einführung

– Personenhandelsgesellschaften;[65] seit 01.08.1998 auch Partnerschaftsgesellschaften;[66] mit Inkrafttreten des Gesetzes zur Einführung einer Partnerschaftsgesellschaft mit beschränkter Berufshaftung und zur Änderung des Berufsrechts der Rechtsanwälte, Patentanwälte, Steuerberater und Wirtschaftsprüfer am 19. Juli 2013[67] wurde im PartGG durch Einfügen der §§ 4 Abs. 3 und 8 Abs. 5 sowie der Neufassung des § 7 Abs. 5 die PartGmbB geschaffen. Das OLG Nürnberg[68] hat klargestellt, dass es sich dabei nicht um eine eigene Rechtsform, sondern nur eine Rechtsformvariante einer Partnerschaftsgesellschaft nach dem PartGG handelt und nicht um eine andere Rechtsform;[69]
– Kapitalgesellschaften (AG, KGaA, GmbH); diese können auch an grenzüberschreitenden Verschmelzungen teilnehmen (vgl. § 122a Abs. 2 UmwG n. F.);
– Unternehmergesellschaft: Bei der durch das am 01.11.2008 in Kraft getretene Gesetz zur Modernisierung des GmbH-Rechts und zur Bekämpfung von Missbräuchen (MoMiG) neu eingeführten Unternehmergesellschaft handelt es sich nicht um die neue Rechtsform einer Kapitalgesellschaft, sondern um eine Variante der GmbH, die mit Ausnahme der Sonderregelung des § 5a GmbHG allen Vorschriften des gesamten deutschen Rechts, die die GmbH betreffen, unterliegt.[70] Da somit auf die Unternehmergesellschaft die für die GmbH geltenden Rechtsvorschriften Anwendung finden und lediglich die sich aus § 5a GmbHG ergebenden Besonderheiten zu beachten sind, können grds. auch die Vorschriften des UmwG auf die UG Anwendung finden. Deshalb ist sie auch wie die GmbH grds. umwandlungsfähig, obwohl sie nicht ausdrücklich im UmwG genannt ist.[71] Als **übertragender Rechtsträger** kann die UG grds. wie die GmbH an einer Verschmelzung beteiligt sein.[72] Anders ist es für die UG als **Zielrechtsträger**: Bei dieser Variante ergeben sich deutliche **Einschränkungen aus der Vorschrift des § 5a Abs. 2 Satz 2 GmbHG**, die viele Umwandlungsvarianten mit der UG als Zielrechtsträger verhindert.[73] Dort ist ausdrücklich bestimmt, dass bei der UG Sacheinlagen ausgeschlossen sind (zu den Konsequenzen vgl. Erläuterungen bei Teil 2 Rdn. 911 ff.); die Neugründung einer Unternehmergesellschaft durch Verschmelzung oder Abspaltung verstößt z.B. gegen das Sacheinlagenverbot.[74] Das Sacheinlagenverbot gilt allerdings für eine den Betrag des Mindestkapitals erreichende oder übersteigende Erhöhung des Stammkapitals einer Unternehmergesellschaft nicht,[75] so dass bei einer Sachkapitalerhöhung, die zur Erreichung

---

65 OHG, KG, dazu zählen auch GmbH & Co., vgl. Begründung des RegE, BT-Drucks. 12/6699, S. 97; abgedruckt in: Neye, UmwG, UmwStG, S. 171 f.
66 Diese Rechtsform wurde in das UmwG aufgenommen durch Art. 1 des Gesetzes zur Änderung des UmwG, des Partnerschaftsgesellschaftsgesetzes und anderer Gesetze v. 22.07.1998, BGBl. I, S. 1878; vgl. Teil 1 Rdn. 18 ff.
67 BGBl. I S. 2386.
68 FGPrax 2014, 127 = DNotZ 2014, 468 = RNotZ 2014, 390.
69 Ebenso Schäfer in: MünchKomm-BGB, § 8 PartGG Rn. 41, 42.
70 Vgl. BT-Drucks. 16/6140, S. 31 und BT-Drucks. 16/9737, S. 95.
71 Vgl. Kallmeyer/Marsch-Barner, § 3 UmwG Rn. 9; Lutter/Drygala, UmwG, § 3 Rn. 11; Widmann/Mayer/Heckschen, § 1 UmwG Rn. 48.1 ff.; Stengel, in: Semler/Stengel, § 3 UmwG Rn. 20a; Stratz, in: Stratz/Schmitt/Hörtnagl, § 3 UmwG Rn. 18; Bormann, GmbHR 2007, 897, 899; Freitag/Riemenschneider, ZIP 2007, 1485, 1491; Veil, GmbHR 2007, 1080, 1084; Berninger, GmbHR 2010, 63; Hennrichs, NZG 2009, 1161; Heinemann, NZG 2008, 820; Meister, NZG 2008, 767; Gasteyer, NZG 2009, 1364, 1367.
72 Kallmeyer/Marsch-Barner, § 3 UmwG Rn. 9; Lutter/Drygala, UmwG, § 3 Rn. 12; Stengel, in: Semler/Stengel, § 3 UmwG Rn. 20a; Stratz, in: Stratz/Schmitt/Hörtnagl, § 3 UmwG Rn. 18; Wicke, GmbHG, § 5a Rn. 16; Freitag/Riemenschneider, ZIP 2007, 1485, 1491; Lutz, notar 2014, 210, 212.
73 Vgl. Lutter/Drygala, UmwG, § 3 Rn. 12; BeckOGK/Brellochs UmwG § 138 Rn. 34.
74 BGH NJW 2011, 1883; Lutz, notar 2014, 210, 212; Baumbach/Hueck/Fastrich, GmbHG, § 5a Rn 17; Michalski/Miras,GmbHG, Bd. 1, 2. Aufl. 2010, § 5a Rn 13; Wachter, EWiR 2010, 707 ff.; Heckschen/Strnad, in: Heckschen/Heidinger, Die GmbH in der Gestaltungs- und Beratungspraxis, Kap. 5 Rn 139.
75 BGH DNotZ 2011, 705 = NJW 2011, 1881.

oder Überschreitung der Mindeststammkapitalgrenze führt, eine bestehende UG übernehmender Rechtsträger sein kann, sofern die eingebrachten Vermögensgegenstände zusammen mit dem zuvor bestehenden Stammkapital der UG mindestens 25.000 Euro wert sind.[76] In gleicher Weise kann eine UG an einer Verschmelzung oder Spaltung als Zielrechtsträger beteiligt sein, wenn eine Kapitalerhöhung nicht erfolgt.[77]
- Genossenschaften und genossenschaftliche Prüfungsverbände;
- eingetragene Vereine;
- Versicherungsvereine auf Gegenseitigkeit.

43 Als Handelsgesellschaft, auf die nach § 1 des Gesetzes zur Ausführung der EWG-Verordnung über die Europäische wirtschaftliche Interessenvereinigung[78] die Vorschriften für eine OHG entsprechend anzuwenden sind, ist die **EWIV** in den Kreis der verschmelzungsfähigen Rechtsträger einbezogen.

44 Gleiches gilt für die Europäische Gesellschaft (**SE**). Aufgrund ihrer Gleichstellung mit einer deutschen AG[79] kann sie an innerstaatlichen und grenzüberschreitenden Verschmelzungen teilnehmen. Dies gilt allerdings nur, soweit dadurch nicht eine neue SE gegründet wird. Denn die Gründung einer SE durch Verschmelzung wird in der SE-Verordnung abschließend geregelt.

45 Eine aufgrund der Verordnung Nr. 1435/2003/EG[80] gegründete Europäische Genossenschaft (**SCE**) kann im Hinblick auf die Gleichstellung mit einer deutschen Genossenschaft (vgl. Art. 9 der SCE-Verordnung) ebenfalls an einer innerstaatlichen Verschmelzung beteiligt sein, sofern dies nicht zur Gründung einer neuen SCE führt, weil auch hier die Gründungsmöglichkeiten durch das europäische Recht abschließend geregelt sind.

46 Eingeschränkte Möglichkeiten bestehen für **wirtschaftliche Vereine** und **natürliche Personen** als Alleingesellschafter einer Kapitalgesellschaft. Wirtschaftliche Vereine können nur **übertragende** Rechtsträger sein (§ 3 Abs. 2 Nr. 1 UmwG). Dagegen können sie nicht andere Rechtsträger im Wege einer Verschmelzung aufnehmen oder selbst aus einer Verschmelzung als neue Rechtsträger hervorgehen. Hinter dieser rechtspolitischen Entscheidung des Gesetzgebers steht die Erkenntnis, dass sich wirtschaftliche Vereine von den anderen Unternehmensträgern, insb. von den Handelsgesellschaften, in wesentlichen Punkten **unterscheiden**:[81]
- eingeschränkte Rechnungslegungspflicht nur nach dem Publizitätsgesetz,
- im Vereinsrecht keine Vorschriften über Kapitalaufbringung und -erhaltung,
- Kontrolle des Vorstandes durch die Mitglieder schwächer ausgestaltet,
- keine Anwendung der Mitbestimmungsgesetze.

47 Als **Sonderfall der Konzernverschmelzung** können **natürliche Personen** als Alleingesellschafter einer Kapitalgesellschaft deren Vermögen übernehmen.[82]

48 Wie nach dem bis 1994 geltenden Umwandlungsrecht ist auch die **Verschmelzung bereits aufgelöster Rechtsträger** zulässig, wenn ihre Fortsetzung beschlossen werden könnte.[83] Wesentliche Voraussetzung dafür ist, dass noch nicht mit der Verteilung des Vermögens an die Anteilsinhaber

---

76 BeckOGK/Brellochs UmwG § 138 Rn. 34; Lutz, notar 2014, 210, 212; Heckschen/Strnad, in: Heckschen/Heidinger, Die GmbH in der Gestaltungs- und Beratungspraxis, Kap. 5 Rn. 139.
77 Lutz, notar 2014, 210, 213; Heckschen/Strnad, in: Heckschen/Heidinger, Die GmbH in der Gestaltungs- und Beratungspraxis, Kap. 5 Rn 140.
78 BGBl. 1988 I, S. 514.
79 Vgl. Art. 9 Abs. 1 Buchst. c) ii) und Art. 10 der Verordnung (EG) Nr. 2157/2001, ABl. EG Nr. L 294 v. 10.11.2001, S. 1 ff.
80 ABl. EG Nr. L 207 v. 18.08.2003, S. 1 ff.
81 Vgl. Begründung zu § 3 UmwG, BT-Drucks. 12/6699 = BR-Drucks. 75/94, jeweils S. 81, abgedruckt auch bei Neye, UmwStG, S. 116.
82 Früher geregelt in § 15 UmwG 1969.
83 § 3 Abs. 3 UmwG; vgl. dazu auch unten Teil 5, Rdn. 125 ff., Gutachten DNotI-Report 2014, 11.

A. Einführung

begonnen worden ist.[84] Nach ganz überwiegender Meinung ist nämlich ein Rechtsträger, der ohne Fortsetzungsmöglichkeit aufgelöst wurde, nicht mehr verschmelzungsfähig.[85]

Zu der im Gesetz nicht geregelten Frage der **Verschmelzung auf einen aufgelösten Rechtsträger**[86] wird in der Rechtsprechung und auch in der Literatur die Auffassung vertreten, bei diesem müsse gleichzeitig die Fortsetzung beschlossen werden.[87] Die Literatur ist der Meinung, dass es genügt, wenn die Fortsetzung beschlossen werden **könnte**,[88] wobei die Literatur der Auffassung ist, dass der Verschmelzungsbeschluss zugleich einen zumindest konkludenten Fortsetzungsbeschluss enthält.[89] Aus Vorsichtsgründen wird deshalb für den aufgelösten übernehmenden Rechtsträger empfohlen, die Fortsetzung unmittelbar vor der Verschmelzung zu beschließen.[90] Die Möglichkeiten aufgelöster Personenhandels- und Partnerschaftsgesellschaften als übertragende Rechtsträger an einer Verschmelzung beteiligt zu sein, werden durch § 39 bzw. § 39 iVm. § 45e UmwG beschränkt. Danach kann eine aufgelöste Personenhandelsgesellschaft sich nicht als übertragender Rechtsträger an einer Verschmelzung beteiligen, wenn die Gesellschafter nach § 145 HGB eine andere Art der Auseinandersetzung als die Abwicklung oder als die Verschmelzung vereinbart haben. Unabhängig von der Auflösung stellt sich die Frage, ob ein **überschuldeter Rechtsträger** an einer Verschmelzung teilnehmen kann.[91] Dies wird zu Recht bejaht.[92] Auch im Konzern steht die Überschuldung des übertragenden Rechtsträgers einer Verschmelzung nicht entgegen.[93] Zur Verschmelzung **insolventer Rechtsträger** hat das ESUG eine Neuerung gebracht.[94] Für Unternehmensumwandlungen hat das ESUG eine bedeutende Prinzipienänderung mit sich gebracht. Die überwiegende Meinung ging früher davon aus, dass Sinn und Zweck des § 3 Abs. 3 bzw. § 191 Abs. 3 UmwG verlangt, dass während eines Insolvenzverfahrens eine Umwandlung nicht möglich sei.[95] Das ESUG hat hier eine neue Lage geschaffen: Nach § 217 Satz 2 InsO gilt: »Ist der Schuldner keine natürliche Person, so können auch die Anteils- oder Mitgliedschaftsrechte der am Schuldner beteiligten Personen in den Plan einbezogen werden.«

49

---

84 Vgl. § 274 Abs. 1 AktG, § 79a GenG; allgemeine Meinung auch für die GmbH, vgl. Lutter/Hommelhoff, GmbHG, § 60 Rn. 29; Stengel in: Semler/Stengel, § 3 UmwG Rn. 36 ff.; Heckschen, Rpfleger 1999, 357, 358; ders., DB 1998, 1368 f.; nach K. Schmidt, Gesellschaftsrecht, S. 323, handelt es sich um ein allgemeines verbandsrechtliches Prinzip, das auch für Personenhandelsgesellschaften Anwendung findet.

85 KG DNotZ 1999, 148; Gutachten DNotI-Report 2014, 11; Widmann/Mayer/Fronhöfer, Umwandlungsrecht, § 3 UmwG Rn. 70; Lutter/Drygala, UmwG, § 3 Rn. 31; Semler/Stengel/Stengel UmwG § 3 Rn. 37; Kallmeyer/Marsch-Barner, § 3 Rn. 26; s. auch BayObLG DNotZ 1999, 145 m. Anm. Limmer; krit. hierzu Heckschen, in: Heckschen/Simon, Umwandlungsrecht, 2003, § 2 Rn. 6.

86 Vgl. dazu auch unten Teil 5, Rdn. 125 ff., Gutachten DNotI-Report 2014, 11.

87 Vgl. AG Erfurt, GmbHR 1996, 373; bestätigt durch OLG Naumburg, GmbHR 1997, 1152; Lutter/Drygala, § 31 Rn. 31; krit. dazu Heckschen, DB 1998, 1385, 1387; vgl. auch Bayer, EWiR 1997, 807.

88 Stengel in: Semler/Stengel, § 3 UmwG Rn. 37, 43; Kallmeyer/Marsch-Barner § 3 UmwG Rn. 24; Widmann/Mayer/Fronhöfer, Umwandlungsrecht, § 3 UmwG Rn. 45; BeckOGK/Drinhausen/Keinath UmwG § 3 Rn. 27 ff.

89 Lutter/Drygala, § 3 UmwG Rn. 26; Kallmeyer/Marsch-Barner, § 3 UmwG Rn. 26 m. w. N. in Fn. 4; KölnKommUmwG/Simon, § 3 UmwG Rn. 58; Schmitt/Hörtnagl/Stratz § 3 UmwG Rn. 48: »naheliegender Gedanke«.

90 Widmann/Mayer/Fronhöfer § 3 Rn. 73; Kallmeyer/Marsch-Barner § 3 UmwG Rn. 26; Wachter, NZG 2015, 858, 861.

91 Schwetlik GmbHR 2011, 130.

92 OLG Stuttgart, DB 2005, 2681 = GmbHR 2006, 380; Blasche GWR 2010, 441 ff.; Kallmeyer/Marsch-Barner § 3 Rn. 22; Schmitt/Hörtnagl/Stratz§ 3UmwG Rn. 50; Heidinger in: Henssler/Strohn GesR, UmwG § 3 Rn. 19.

93 Vgl LG Leipzig DB 2006, 885 m. Anm. Scheunemann.

94 ESUG; BGBl. I, S. 2582.

95 So Heckschen, DB 2005, 2283, 2284; ders., ZInsO 2008, 824, 825; Lutter/Drygala, 4. Aufl. § 3 UmwG Rn. 10.

§ 225a Abs. 2 InsO konkretisiert dies wie folgt: »Im gestaltenden Teil des Plans kann vorgesehen werden, dass Forderungen von Gläubigern in Anteils- oder Mitgliedschaftsrechte am Schuldner umgewandelt werden. Eine Umwandlung gegen den Willen der betroffenen Gläubiger ist ausgeschlossen. Insbesondere kann der Plan eine Kapitalherabsetzung oder -erhöhung, die Leistung von Sacheinlagen, den Ausschluss von Bezugsrechten oder die Zahlung von Abfindungen an ausscheidende Anteilsinhaber vorsehen.« § 225a InsO bestimmt weiter: »Im Plan kann jede Regelung getroffen werden, die gesellschaftsrechtlich zulässig ist, insbesondere die Fortsetzung einer aufgelösten Gesellschaft oder die Übertragung von Anteils- oder Mitgliedschaftsrechten.« Damit sind auch die Gesellschafter einer insolventen Gesellschaft planunterworfen, die Rechtstellung der Gesellschafter kann in dem Insolvenzplan gegen ihren Willen geändert werden.[96] Möglich ist damit alles was gesellschaftsrechtlich zulässig ist.[97] Somit kann die Fortsetzung im Plan beschlossen werden[98] und dies genügt um die Umwandlungsfähigkeit wieder herzustellen, damit sind dann – zumindest für den übertragenden insolventen Rechtsträger – grundsätzlich alle Formen der Umwandlung für den insolventen Rechtsträger als Ausgangsrechtsträger möglich: Verschmelzung, Spaltung; Ausgliederung Formwechsel, nicht jedoch Ausgliederung aus dem Vermögen eines Einzelkaufmanns.[99]

Zu den Einzelheiten der Umwandlung insolventer Rechtsträger vgl. Teil 5 Rdn. 35 ff.

50 Nicht gesetzlich geregelt ist auch die Frage, ob auch eine **Vorgesellschaft** (Vor-GmbH, Vor-AG) einen Verschmelzungsvertrag abschließen kann (vgl. zur Vorgesellschaft bei Kettenumwandlung auch oben Teil 2 Rdn. 29). Für die AG stellt § 76 Abs. 1 UmwG eine Grenze dar. Für die GmbH muss man diese Möglichkeit aus allgemeinen Rechtsgründen zulassen.[100] Nach richtiger Auffassung kann bereits die Vorgesellschaft an einer Verschmelzung beteiligt sein.[101] Einigkeit besteht allerdings auch bei den Kritikern dieser Auffassung, dass die Vorgesellschaft in jedem Fall schon Vorbereitungshandlungen für eine Verschmelzung nach ihrem Entstehen treffen kann, wenn die rechtliche Wirkung erst nach Entstehung, d. h. Eintragung der Spaltung zur Neugründung eintritt.[102] Bei diesen Umwandlungen im Vorgriff auf eine andere Eintragung[103] müssen allerdings beide Vorgänge angemeldet und nacheinander im Register eingetragen werden.[104]

---

96 Vgl. Eidenmüller in: MünchKomm/InsO, § 225a Rn. 1 f., 17 ff.; Hirte in: Uhlenbruch/Hirte/Vallender, § 225a InsO, Rn. 1 ff.; zu diesem Paradigmenwechsel vgl. ausführlich Eidenmüller/Engert, ZIP 2009, 541, 544 ff.
97 Eidenmüller in: MünchKomm/InsO, § 225a Rn. 23; Hirte in: Uhlenbruch/Hirte/Vallender, § 225a InsO, Rn. 40 f.
98 Eidenmüller in: MünchKomm/InsO, § 225a Rn. 84 ff.
99 Widmann/Mayer/Heckschen, § 1 UmwG, Rn. 80.1; Heckschen in: Beck'sches Notar-Handbuch, DIV Rn. 136; Lutter/Drygala, § 3 UmwG Rn. 27; Madaus, ZIP 2012, 2134; Simon/Merkelbach, NZG 2012, 121, 128; Eidenmüller in: MünchKomm/InsO, § 225a Rn. 97 ff.; Hirte in: Uhlenbruch/Hirte/Vallender, § 225a InsO, Rn. 44; Wellensiek/Schluck-Amend in: Römermann, Münchener Anwaltshandbuch GmbH-Recht, § 23 Rn. 337 ff.; Thies in: A. Schmidt: Hamburger Kommentar zum Insolvenzrecht, § 225a InsO, Rn. 50; speziell zur Ausgliederung KahlertKahlert/Gerke, DStR 2013, 975; Simon/Brünkmans, ZIP 2014, 657; Becker, ZInsO 2013, 1885; Kahlert/Gehrke, DStR 2013, 975; Rattunde, AnwBl. 2012 146, 148.
100 Vgl. auch K. Schmidt, ZGR 1990, 592.
101 So zu Recht Bayer, ZIP 1997, 1613, 1614; K. Schmidt, ZGR 1990, 580, 592; Widmann/Mayer/Fronhöfer, Umwandlungsrecht, § 3 UmwG Rn. 74 ff.; Heckschen, DB 1998, 1385, 1388; Stengel in: Semler/Stengel, § 3 UmwG Rn. 48; ausführlich auch K. Schmidt, in: FS für Zöllner, 1999, S. 521, 527 f.; er spricht von der vorweggenommenen Verschmelzung; a. A. Lutter/Drygala, UmwG, § 3 Rn. 7; Marsch-Barner, in: Kallmeyer, § 3 UmwG Rn. 10.
102 So ausdrücklich Lutter/Drygala, UmwG, § 3 Rn. 7.
103 So K. Schmidt, in: FS für Zöllner, 1999.
104 K. Schmidt, in: FS für Zöllner, 1999, S. 521, 527 f., 528.

B. Checkliste für die Verschmelzung von Rechtsträgern nach dem UmwG

▶ **Verschmelzungsart** 51

- durch Aufnahme → § 2 Nr. 1
- durch Neugründung → § 2 Nr. 2

Verschmelzungsmöglichkeiten unter Beteiligung folgender Rechtsträger

- Offene Handelsgesellschaft (OHG) und Kommanditgesellschaft (KG) → §§ 3 Abs. 1 Nr. 1, 39
- Partnerschaft → §§ 3 Abs. 1 Nr. 1, 45a
- Gesellschaft mit beschränkter Haftung (GmbH) → § 3 Abs. 1 Nr. 2
- Grenzüberschreitend → § 122a Abs. 2
- Aktiengesellschaft (AG) → § 3 Abs. 1 Nr. 2
- Grenzüberschreitend → § 122a Abs. 2
- Kommanditgesellschaft auf Aktien (KGaA) → § 3 Abs. 1 Nr. 2
- Grenzüberschreitend → § 122a Abs. 2
- Eingetragene Genossenschaft (e. G.) → §§ 3 Abs. 1 Nr. 3, 79
- Eingetragener Verein (e. V.) → §§ 3 Abs. 1 Nr. 4 und Abs. 2, 99
- Genossenschaftliche Prüfungsverbände → §§ 3 Abs. 1 Nr. 5, 105
- Versicherungsvereine auf Gegenseitigkeit (VVaG) → §§ 3 Abs. 1 Nr. 6, 109
- Wirtschaftlicher Verein → §§ 3 Abs. 2 Nr. 1, 99
- Natürliche Personen als Alleingesellschafter einer Kapitalgesellschaft → §§ 3 Abs. 2 Nr. 2, 120

Abschluss eines Verschmelzungsvertrages (Verschmelzung zur Aufnahme; Verschmelzung zur Neugründung) oder Aufstellung eines Entwurfs

- Mindestinhalt sowie zusätzlich bei → §§ 5, 29 Abs. 1 Satz 1, 35, 36, 37
    - OHG, KG → § 40
    - Partnerschaft → § 45b
    - GmbH → §§ 46, 56
    - e. G. → §§ 80, 96
    - VVaG → §§ 110, 114
- Grenzüberschreitend zusätzlich → § 122i
- Notarielle Beurkundung → §§ 6, 36
- Kündigung des Vertrages → §§ 7, 36
- Zuleitung des Verschmelzungsvertrages an den Betriebsrat → §§ 5 Abs. 3, 36
- Grenzüberschreitend: **Aufstellung eines Verschmelzungsplans oder eines Entwurfs**
- Mindestinhalt, notarielle Beurkundung → § 122c

Unterrichtungs- und Bekanntmachungspflichten betreffend den Verschmelzungsvertrag oder den Entwurf

- OHG, KG → § 42
- Partnerschaft → § 45c
- GmbH → §§ 47, 56
- AG → §§ 61, 73
- KGaA → § 78 i. V. m. §§ 61, 73
- VvaG → §§ 111, 114
- Natürliche Personen → § 121 i. V. m. § 61
- Grenzüberschreitend → § 122d

Erstattung eines Verschmelzungsberichts

- § 8
- Grenzüberschreitend zusätzlich → § 122e

- sowie zusätzlich bei OHG, KG → § 41
- Partnerschaft → § 45c

Prüfung des Umtauschverhältnisses durch Verschmelzungsprüfer

- §§ 9 bis 12, 36 sowie zusätzlich bei
  - OHG, KG → § 44
  - Partnerschaft → § 45e i. V. m. § 44
  - GmbH → §§ 48, 56
  - AG → §§ 60, 73
  - KGaA → § 78 i. V. m. §§ 60, 73
  - e. G. → §§ 81, 96 (Gutachten des Prüfungsverbandes)
  - e. V. → § 100
  - wirtschaftlicher Verein → § 100
- Grenzüberschreitend zusätzlich → § 122f

Vorbereitung des Verschmelzungsbeschlusses durch Unterrichtungspflichten

- GmbH → §§ 49, 56
- AG → §§ 61, 63, 73
- KGaA → § 78 i. V. m. §§ 61, 63, 73
- e. G. → §§ 82, 96
- e. V. → § 101
- genossenschaftliche Prüfungsverbände → § 106 i. V. m. § 101
- VVaG → §§ 112, 114
- wirtschaftlicher Verein → § 101

Durchführung der Versammlung der Anteilsinhaber

- AG → §§ 64, 73
- KGaA → § 78 i. V. m. §§ 64, 73
- e. G. → §§ 83, 96
- e. V. → § 102
- genossenschaftliche Prüfungsverbände → § 106 i. V. m. § 102
- VVaG → §§ 112, 114
- wirtschaftlicher Verein → § 102

Beschluss der Anteilsinhaber, notariell beurkundet

- §§ 13, 36 sowie zusätzlich bei
  - OHG, KG → § 43
  - Partnerschaft → § 45d
  - GmbH → §§ 50, 56, 59
  - AG → §§ 65, 73 sowie §§ 62, 76
  - KGaA → § 78 i. V. m. §§ 65, 73 sowie §§ 62, 76
  - e. G. → §§ 84, 96
  - e. V. → § 103
  - genossenschaftliche Prüfungsverbände → § 106 i. V. m. § 103
  - VVaG → §§ 112, 116
  - wirtschaftlicher Verein → § 103
- Grenzüberschreitend zusätzlich → § 122g

Zustimmungserklärungen einzelner Anteilsinhaber, notariell beurkundet

- § 13 Abs. 2 und Abs. 3, § 36 sowie zusätzlich bei
  - GmbH → § 50 Abs. 2, §§ 51, 56
  - KGaA → § 78 Satz 3

Klage gegen Wirksamkeit des Verschmelzungsbeschlusses

§§ 14, 36

Anmeldung der Verschmelzung bei den zuständigen Registern

- §§ 16, 35, 38 sowie zusätzlich bei
  - GmbH → § 52
- Grenzüberschreitend zusätzlich → § 122k

Anlagen der Anmeldung

- § 17 sowie zusätzlich bei
  - e. G. → § 86

Eintragung und Bekanntmachung der Verschmelzung in den zuständigen Registern

- §§ 19, 36 sowie zusätzlich bei
  - GmbH → § 53
  - AG → §§ 66, 77
  - KGaA → § 78 i. V. m. §§ 66, 77
  - VVaG → §§ 117, 118, 119
- Grenzüberschreitend zusätzlich → § 122l

Wirksamwerden und Wirkungen der Verschmelzung

§§ 20, 21 sowie zusätzlich bei
- e. G. → §§ 87, 88, 96

Eröffnungsbilanzen nach der Verschmelzung

- § 24

Beachte ferner:

Schutz der Anteilsinhaber

- Nachbesserung des Umtauschverhältnisses sowie zusätzlich bei → § 15
  - e. G. → § 85
  - VVaG → § 113
- Grenzüberschreitend zusätzlich → § 122h
- Barabfindung bei Wechsel der Beteiligungsart sowie zusätzlich bei → §§ 29 bis 31, 34, 36
  - KGaA → § 78 Satz 4
  - e. G. → §§ 90 bis 94 (Ausschlagungsrecht)
  - e. V. → § 104a
- Grenzüberschreitend zusätzlich → § 122i
- Schadensersatzansprüche
  - gegen Mitglieder der Vertretungs- und Aufsichtsorgane → §§ 25 bis 27, 70
  - gegen Verschmelzungsprüfer → § 11 Abs. 2

Schutz der Inhaber von Sonderrechten (»Verwässerungsschutz«)

- § 23

Schutz der Gläubiger

- Sicherheitsleistung sowie zusätzlich bei → § 22
  - OHG, KG → § 45
  - Partnerschaft → §§ 45e i. V. m. § 45
  - e. G. → §§ 95, 96
- Grenzüberschreitend zusätzlich → § 122j

- Schadensersatzansprüche gegen Mitglieder der Vertretungs- und Aufsichtsorgane → §§ 25 bis 27, 70

Schutz des Rechtsverkehrs (Kapitalschutz)

- Anwendung des Gründungsrechts sowie zusätzlich bei → § 36 Abs. 2
  - GmbH → § 58
  - AG → §§ 67, 75
  - KGaA → § 78 i. V. m. §§ 67, 75
- im Fall von Kapitalerhöhungen bei
  - GmbH → §§ 53 bis 56
  - AG → §§ 66, 68, 69, 73
  - KGaA → § 78 i. V. m. §§ 66, 68, 69, 73

Schutz der Arbeitnehmer

- Betriebsübergang → § 324

C. Verschmelzungsvertrag

I. Allgemeines

1. Rechtliche Charakterisierung des Vertrages

52 Der Verschmelzungsvertrag bildet die Grundlage für die beabsichtigte Vermögensübertragung. Er ist ein **Organisationsakt**, der die Struktur und auch die Beteiligungen an den beteiligten Rechtsträgern ändert.[105] Bzgl. dieser organisationsrechtlichen Strukturwirkung ist er vergleichbar mit anderen Strukturentscheidungen im Gesellschaftsrecht: Satzungsänderung, Abschluss von Unternehmensverträgen, etc. Der Verschmelzungsvertrag ist die Grundlage für die Umstrukturierung und legt fest, wie sich die Rechtsverhältnisse der Gesellschafter und Anteilsinhaber untereinander und ggü. der Gesellschaft bzw. Rechtsträger ändern.[106]

Die im Verschmelzungsvertrag vorgesehenen **Rechtswirkungen** treten mit Eintragung der Verschmelzung ein, es bedarf grds. **keiner weiteren Vollzugsakte**, etwa der Übertragung der im Verschmelzungsvertrag vorgesehenen Geschäftsanteile. Die einzelnen Regelungen und Wirkungen ergeben sich aus den in § 5 UmwG genannten Elementen, die im Verschmelzungsvertrag genannt sein müssen. Bei der **Verschmelzung zur Neugründung** hat der Verschmelzungsvertrag auch den **Gesellschaftsvertrag** des neu zu gründenden Rechtsträgers zum Inhalt (§ 37 UmwG).

53 Darüber hinausgehend kommen ihm auch **schuldrechtliche Wirkungen** zu, da mit dem Organisationsakt auch Ansprüche der Gesellschafter und der Gesellschaften begründet werden.[107] Unmittelbar **dingliche Wirkung** hat der Verschmelzungsvertrag nicht, sondern erst die Handelsregistereintragung; er ist aber notwendige Voraussetzung hierfür.[108]

---

105 Vgl. Lutter/Drygala, UmwG, § 4 Rn. 4; Widmann/Mayer/Mayer, Umwandlungsrecht, § 4 UmwG Rn. 21 ff., 25; Kallmeyer/Marsch-Barner, UmwG, § 4 Rn. 2; Stratz, in: Schmitt/Hörtnagl/Stratz, § 4 UmwG Rn. 7 ff.; BeckOGK/Wicke UmwG § 4 Rn. 5; Henssler/Strohn/Heidinger § 4 UmwG Rn. 3; Kölner KommUmwG/Simon Rn. 4; HK-UmwG/Maulbetsch Rn. 6 f.
106 Lutter/Drygala, UmwG, § 4 Rn. 4; Widmann/Mayer/Mayer, Umwandlungsrecht, § 4 UmwG Rn. 21 ff., 25; Kallmeyer/Marsch-Barner, UmwG, § 4 Rn. 2; Stratz, in: Schmitt/Hörtnagl/Stratz, § 4 UmwG Rn. 7 ff.; BeckOGK/Wicke UmwG § 4 Rn. 5.
107 Lutter/Drygala, UmwG, § 4 Rn. 5; Kallmeyer/Marsch-Barner, UmwG, § 4 Rn. 3; Stratz, in: Schmitt/Hörtnagl/Stratz, § 4 UmwG Rn. 9; BeckOGK/Wicke UmwG § 4 Rn. 6.
108 Lutter/Drygala, UmwG, § 4 Rn. 6; Widmann/Mayer/Mayer, Umwandlungsrecht, § 4 UmwG Rn. 26; Stratz, in: Schmitt/Hörtnagl/Stratz, § 4 UmwG Rn. 8; BeckOGK/Wicke UmwG § 4 Rn. 7; Semler/Stengel/Schröer Rn. § 4 Rn. 3.

Trotz der organisationsrechtlichen Einordnung bleibt zu berücksichtigen, dass er auch vertrags- 54
rechtliche Elemente hat und damit auch auf vertraglicher Grundlage beruht, sodass auch die
allgemeinen Vorschriften des Vertragsrechts für den Verschmelzungsvertrag gelten.[109]

Die **Auslegung von Verschmelzungs- und auch Spaltungsverträgen** ist noch nicht vollständig 55
geklärt.[110] Ob diese objektiv oder subjektiv auszulegen sind, hat der BGH im Jahr 2004[111] offen
gelassen, in einer Entscheidung aus dem Jahr 2008[112] zu einem Abspaltungsvertrag spricht er sich
im Grunde für eine subjektiven Auslegung aus.[113] In der Literatur wird z.T. eher objektive Auslegung befürwortet.[114] Ein Teil der Literatur schlägt eine differenzierende Lösung vor: Bei der
Auslegung des Verschmelzungsvertrags sei vom subjektiven Verständnis der Vertragsparteien auszugehen und in einem zweiten Schritt einschränkend zu überprüfen, ob dadurch Interessen der
Anteilsinhaber, Gläubiger oder sonstiger Dritte, wie insbesondere der Arbeitnehmer berührt
seien.[115]

2. Systematik

Der Verschmelzungsvertrag ist auch **Vorbild für das Grundlagengeschäft i. R. d. Spaltung**: dem 56
Spaltungsvertrag oder dem Spaltungsplan. Bei der Spaltung gilt die Besonderheit, dass bei der
Spaltung zur Neugründung oder Ausgliederung nur ein Rechtsträger beteiligt ist, sodass es sich
nicht um einen Vertrag, sondern um ein einseitiges Rechtsgeschäft handelt.[116] Dennoch gelten
die allgemeinen Grundsätze des Verschmelzungsvertrages auch für dieses einseitige Rechtsgeschäft.
Der Verschmelzungsvertrag hat Vorbildcharakter für den Spaltungsvertrag bzw. Spaltungsplan,
sodass die allgemeinen Grundsätze auch hier gelten.

3. Verschmelzungsvertrag und Zustimmungsbeschluss

a) Bedeutung

Nach § 13 Abs. 1 UmwG wird der Verschmelzungsvertrag nur wirksam, wenn die Anteilsinhaber 57
der beteiligten Rechtsträger ihm durch Beschluss (**Verschmelzungsbeschluss**) zustimmen. Auch
diese Regelung macht deutlich, dass der Verschmelzungsvertrag ein die Grundlagen der beteiligten
Rechtsträger betreffendes Rechtsgeschäft ist, das ebenso wie andere Grundlagenregelungen der
Zustimmung der Beschlussorgane (Gesellschafterversammlung, Hauptversammlung, etc.) bedarf.
Die satzungsmäßige Übertragung der Zuständigkeit auf andere Organe wie Beirat oder die Vertretungsorgane ist nach allgemeiner Meinung nicht möglich.[117] Auch die **allgemeine Ermächtigung
des Vertretungsorgans**, einen – unbestimmten – Verschmelzungsvertrag abzuschließen, ist nicht
zulässig. Deshalb bestimmt § 4 Abs. 2 UmwG, dass, wenn der Vertrag noch nicht abgeschlossen
ist, zwar der Zustimmungsbeschluss vor dem Vertragsabschluss erfolgen kann, diesem Beschluss
aber ein schriftlicher Entwurf des Vertrages zugrunde liegen muss. Die Versammlung muss dabei

---

109 Vgl. Lutter/Drygala, UmwG, § 4 Rn. 2; Widmann/Mayer/Mayer, Umwandlungsrecht, § 4 UmwG
Rn. 21; Stratz, in: Schmitt/Hörtnagl/Stratz, § 4 UmwG Rn. 10; Körner/Rodewald BB 1999, 853;
BeckOGK/Wicke UmwG § 4 Rn. 8 f.
110 Vgl. Grunewald, ZGR 2009, 647 ff.
111 ZNotP 2004, 65 = MittBayNot 2004, 285 = NotBZ 2003, 471 = NJW-RR 2004, 12.
112 ZIP 2008, 600, dazu Grunewald, ZGR 2009, 647, 658.
113 Zustimmend wohl Stratz, in: Schmitt/Hörtnagl/Stratz, § 4 UmwG Rn. 10.
114 Kallmeyer/Marsch-Barner, UmwG, § 4 Rn. 10; Schröer, in: Semler/Stengel, UmwG, § 5 Rn. 4; offen
gelassen in KG, Der Konzern 2004, 749, 759; zur Spaltung Priester, in: Lutter/Winter, UmwG, § 126
Rn. 14; Schröer, in: Semler/Stengel, UmwG, § 126 Rn. 25.
115 Lutter/Drygala § 5 Rn. 6; Widmann/Mayer/Mayer, UmwG, § 5 Rn. 15; Kölner KommUmwG/Simon
§ 5 Rn. 6; BeckOGK/Wicke UmwG § 4 Rn. 7.
116 Lutter/Drygala, UmwG, § 4 Rn. 2.
117 Lutter/Drygala, UmwG, § 13 Rn. 4; Widmann/Mayer/Heckschen, Umwandlungsrecht, § 13 UmwG
Rn. 42; Grunewald, AG 1990, 133; Stratz, in: Schmitt/Hörtnagl/Stratz, § 13 UmwG Rn. 15.

b) Zeitliche Reihenfolge von Vertrag und Zustimmungen

58 Die erforderlichen **Zustimmungsbeschlüsse** können dem Abschluss des Vertrages vorausgehen oder nachfolgen (vgl. § 4 Abs. 2 UmwG). Zu beachten ist allerdings, dass bei dem durch das 3.UmwÄndG 2011 für AG eingeführten verschmelzungsrechtlichen Squeeze-out (vgl. dazu unten Rdn. 1096 ff.) die Hauptversammlung den Übertragungsbeschluss nur auf Grund eines bereits abgeschlossenen Verschmelzungsvertrages fassen kann (§ 62 Abs. 5 Satz 1 UmwG). Der Verschmelzungsvertrag muss daher in diesem Fall spätestens im Zeitpunkt der Beschlussfassung vorliegen.[119]

aa) Zustimmungsbeschluss vor Vertragsabschluss

59 Ergeht zuerst der Zustimmungsbeschluss, ist sehr sorgfältig darauf zu achten, dass der **abgeschlossene Vertragstext identisch** ist mit dem Text, der die **Beschlussgrundlage für die Zustimmung** gebildet hat. Inhaltlich muss der Entwurf bereits vollständig sein, also nicht nur die nach § 5 UmwG und den rechtsformspezifischen Spezialvorschriften notwendigen Bestandteile, sondern auch alle weiteren Elemente (einschließlich Anlagen) enthalten.[120] Die **Vertretungsmacht** der für die Rechtsträger beim Vertragsabschluss handelnden Vertreter ist nach herrschender Meinung (s. u. Teil 2 Rdn. 464) durch das Erfordernis der Zustimmungsbeschlüsse eingeschränkt. Bei **fehlender Identität** von Entwurf und beurkundetem Vertragstext müssen daher **nachträglich ergänzende Zustimmungsbeschlüsse** ergehen.

bb) Vertragsabschluss vor Zustimmungsbeschluss

60 Wird zunächst der Vertrag abgeschlossen, so ist er **schwebend unwirksam**. Er wird wirksam, wenn bei allen beteiligten Rechtsträgern die Zustimmungsbeschlüsse vorliegen. Ein Rechtsträger ist an den Vertrag erst ab dem Zeitpunkt gebunden, zu dem auf seiner Seite der Zustimmungsbeschluss abgegeben ist; er wird aus seiner Bindung frei, wenn die Zustimmung bei den anderen Rechtsträgern nicht in **angemessener Frist** erteilt wird.[121] Vor dem Zustimmungsbeschluss können daher von den Vertretungsorganen noch Änderungen verlangt werden. Eine Änderung oder Aufhebung eines Zustimmungsbeschlusses nach Vertragsabschluss hat auf den Bestand des Vertrages keinen Einfluss.[122]

II. Form

61 Der Verschmelzungsvertrag als statusändernder Akt bedarf der **notariellen Beurkundung** (§ 6 UmwG). Die Gesetzesbegründung zu § 13 UmwG[123] rechtfertigt das Beurkundungserfordernis im Umwandlungsrecht mit **folgenden Erwägungen**:
– Die Einhaltung der Form diene für die Zustimmungsbeschlüsse der Rechtssicherheit, die durch die Kontrolle des Notars erreicht werde, der die Verantwortung für den ordnungsgemäßen Ablauf der Versammlung übernimmt.

---

118 Widmann/Mayer/Heckschen, Umwandlungsrecht, § 13 UmwG Rn. 42; Kallmeyer/Zimmermann, UmwG, § 13 Rn. 7; Lutter/Drygala, UmwG, § 13 Rn. 4; Stratz, in: Schmitt/Hörtnagl/Stratz, § 13 UmwG Rn. 15.
119 Vgl. Bungert/Wettich, DB 2011, 1500, 1502; Austmann, NZG 2011, 684, 687.
120 BeckOGK/Wicke UmwG § 4 Rn. 20.
121 Widmann/Mayer/Mayer, Umwandlungsrecht, § 4 UmwG Rn. 9.
122 Kallmeyer, ZIP 1994, 1746 ff., 1754; Lutter/Drygala, UmwG, § 4 Rn. 26; Widmann/Mayer/Mayer, Umwandlungsrecht, § 4 UmwG Rn 10.
123 Abgedruckt in: Limmer, Umwandlungsrecht, S. 281.

– Soweit einzelne Anteilsinhaber zustimmen müssen, erfülle die Form zusätzlich eine Warnfunktion.
– Außerdem werde dem Registerrichter die Überprüfung erleichtert, ob alle Voraussetzungen der Umwandlung erfüllt sind.

Da es sich beim Verschmelzungsvertrag um Austausch von Willenserklärungen handelt, ist die Beurkundung nach den Vorschriften der §§ 8 ff. BeurkG durchzuführen. Ein bloßes Tatsachenprotokoll (§§ 36 f. BeurkG) ist nicht ausreichend.[124] 62

§ 8 BeurkG verlangt eine Niederschrift über die Verhandlung. Die Verhandlung ist das Ergebnis, das rechtsgeschäftlich niedergelegt werden soll. Die notarielle Urkunde ist eine öffentliche Urkunde i.S. von § § 415 ZPO. Solche Urkunden erbringen vollen Beweis darüber, dass die Erklärung mit dem niedergelegten Inhalt so, wie beurkundet, abgegeben wurde.[125] Darüber hinaus besteht für die über ein Rechtsgeschäft aufgenommenen Urkunden nach der ständigen Rechtsprechung des BGH die Vermutung der Vollständigkeit und Richtigkeit.[126] Die Verhandlung hat den Zweck (unter Einhaltung der Verfahrensgarantien), die öffentliche Urkunde zu errichten. Grds. obliegt es dem verantwortungsvollen Ermessen des Notars, wie er die Verhandlung durchführt, wie er den Urkundentext aufbaut, welche Belehrungen er abgibt und welche Belehrungsvermerke er aufnimmt, er muss sich dabei nach den Vorgaben des BeurkG, den Grundsätzen der notariellen Vertragskunst sowie den dienstrechtlichen Vorgaben richten; i.Ü. ist er bei der Gestaltung des Verfahrens frei, solange der grundsätzliche Zweck des Beurkundungsverfahrens und der Verhandlung eingehalten wird: Schaffung einer mit besonderer Beweiskraft ausgestatteten öffentlichen Urkunde in einem förmlichen, auf Interessenausgleich gerichteten Verfahren. 63

Im BeurkG sind u.a. folgende Amtspflichten des Notars bei der Beurkundung von Willenserklärungen geregelt:[127] 64
• Bezeichnung des Notars und der Beteiligten sowie die Erklärungen der Beteiligten (§ 9 Abs. 1 BeurkG),
• Ort und Tag der Verhandlung (§ 9 Abs. 2 BeurkG),
• Identitätsfeststellung der Beteiligten (§ 10 BeurkG),
• Feststellung der Geschäftsfähigkeit und evtl. schwerer Krankheiten (§ 11 BeurkG),
• Prüfung der Nachweise der Vertretungsberechtigung (§ 12 BeurkG),
• Vorlesung, Genehmigung und Unterschrift der Niederschrift (§ 13 BeurkG),
• Übersetzung der Niederschrift (§ 16 BeurkG),
• Prüfungs- und Belehrungspflichten (§ 17 BeurkG),
• Hinweise über Genehmigungserfordernisse (§ 18 BeurkG),
• Hinweis auf Unbedenklichkeitsbescheinigung (§ 19 BeurkG),
• Hinweis auf gesetzliche Vorkaufsrechte (§ 20 BeurkG),
• Unterrichtung über Grundbuchinhalt (§ 21 BeurkG),
• Besondere Vorschriften bei Beteiligung von behinderten Personen (§§ 22 ff. BeurkG).

Die Beurkundung erfüllt vielfältige Zwecke, die auch im Umwandlungsrecht grundlegende Bedeutung haben.[128] Die notarielle Beurkundung hat den Zweck, den Erklärenden vor übereilter 65

---

124 Vgl. Henssler/Strohn/Heidinger, Gesellschaftsrecht, § 6 UmwG Rn. 2; Semler/Stengel/Schröer, UmwG, 3. Aufl. 2012, § 6 Rn. 1.
125 Vgl. BGH WM 1965, 868, 870; BGH DNotZ 2017, 48 = ZNotP 2016, 360.
126 BGH DNotZ 2017, 48 = ZNotP 2016, 360.
127 Vgl. dazu Limmer in: Würzburger Notarhandbuch, Rn. 50 ff.
128 Vgl. allgemein Winkler, BeurkG, Einl. Rn. 19; BGHZ 58, 386, 394; Heldrich, AcP 147, 1947, 91 ff.; Winkler, NJW 1971, 402. Staudinger/Hertel, BGB, Vorbem. zu §§ 127a, 128 BeurkG Rn. 7 ff.; Eylmann/Vaasen/Eylmann, BNotO/BeurkG, Einleitung BeurkG Rn. 3; Armbrüster/Preuß/Renner/Armbrüster/Preuß/Renner, BeurkG/DONot, Einl. Rn. 14 ff.; Griziwotz/Heinemann/Griziwotz, § 1 BeurkG Rn. 7 ff.; Frenz, in: FG für Weichler, 1997, S. 175 ff.; Bohrer, DNotZ 2002, 579 ff.

Bindung bei besonders riskanten oder besonders bedeutsamen Geschäften zu schützen (Überlegungssicherung bzw. Warnfunktion). Die notarielle Urkunde und das Formerfordernis bezwecken, das beurkundete Rechtsgeschäft seinem gesamten Inhalt nach deutlich zu kennzeichnen und den Inhalt samt aller Nebenabreden klar, eindeutig und abschließend festzustellen. Eine ordnungsgemäß erstellte öffentliche Urkunde begründet vollen Beweis der in ihr bezeugten Tatsachen; die Beweiskraft ist nicht nur auf den Inhalt der rechtsgeschäftlichen Erklärungen beschränkt (formelle Beweiswirkung). Über reine Belehrungspflicht hinausgehend hat der BGH auf der Grundlage des § 17 BeurkG mittlerweile eine Pflicht zur »richtigen« Vertragsgestaltung entwickelt. So hat der BGH entschieden, dass der Notar eine umfassende, ausgewogene und interessengerechte Vertragsgestaltung und Belehrung über alle entscheidenden Punkte schuldet.[129] Der Gesetzgeber hat aber durch die notarielle Beurkundung außerdem sichergestellt, dass schon im Vorfeld Notare in das Registrierungssystem des Hendsregisters eingeschaltet sind. Er hat also als Grundlage für Eintragungen in diese Register eine bestimmte Form der Urkunde vorgeschrieben und damit einen Teil der Verantwortung für den Inhalt des Registers auf den Notar verlagert. Die Notare sind daher Teil des einheitlichen Registrierungsverfahrens und nehmen hierbei eigene öffentliche Aufgaben wahr, die letztendlich der Registereintragung und damit auch dem Staatsinteresse dienen. Dadurch, dass der Notar eine Legalitätskontrolle nach § 14 Abs. 2 BNotO vornimmt, notarielle Urkunden eine erhöhte Beweissicherung bewirken und durch die Belehrung und Verpflichtung zur gerechten Vertragsgestaltung wird auch eine höhere inhaltliche Bestandskraft der Urkunden erreicht. Dadurch, dass der Notar die Beteiligten über die rechtliche Wirksamkeit des Rechtsgeschäfts unterrichten und dafür sorgen muss, dass der Rechtsordnung entsprechende wirksame Urkunden errichtet werden, werden die Gerichte deutlich von unwirksamen oder der Rechtsordnung widersprechenden Urkunden entlastet.[130] Durch die Einbindung des Notars in die staatliche Organisation, durch die staatliche Aufsicht und die strikte Bindung an Recht und Gesetz erreicht der Gesetzgeber, dass bestimmte Rechtsgeschäfte einer zuverlässigen staatlichen Kontrolle unterworfen werden können. Zum einen wird gewährleistet, dass die Einschaltung des Notars eine behördliche Überwachung des Rechtsgeschäfts möglich macht, die aus verschiedenen fiskalischen oder sonstigen öffentlich-rechtlichen Interessen geboten ist.[131] Die Beteiligten sind, wenn sie ein wirksames Rechtsgeschäft errichten wollen, gezwungen, den Notar zu konsultieren und eine notarielle Urkunde zu errichten. Der Notar wiederum ist aufgrund seiner Amtspflichten verpflichtet, den staatlichen Mitteilungsgeboten Rechnung zu tragen. Hierdurch werden im Grunde die Beteiligten gezwungen, bei bestimmten Rechtsgeschäften den Staat bzw. bestimmten Behörden über dieses Rechtsgeschäft, das den Anknüpfungspunkt für fiskalische oder öffentlich-rechtliche Verwaltungsverfahren darstellt, in Kenntnis zu setzen.

66 Wegen dieser besonderen mit der Beurkundung verbundenen Richtigkeitsgewähr, dem Schutzanliegen und auch dem Schutz des Registergerichts kann jedenfalls für den Bereich der Verschmelzung die Auslandsbeurkundung nicht zulässig sein.[132] Dem Notar obliegt bei der Beurkundung des Verschmelzungsvertrages und der Zustimmungsbeschlüsse eine Vielzahl von Schutzaufgaben, die originär im deutschen Recht begründet sind und die genaue Kenntnis des deutschen Rechts

---

129 BGH, NJW 1994, 2283; BGH, NJW 1995, 330.
130 Gerichtsentlastungsfunktion oder Filterfunktion vgl. Staudinger/Hertel, BGB, Vorbem. zu §§ 127a, 128 BeurkG Rn. 23, 25 ff.; Limmer, in: Eylmann/Vaasen, BNotO/BeurkG, § 1 BeurkG Rn. 8; ders., in: Gesell/Herresthal, Vollharmonisierung im Privatrecht, 2009, S. 188, 20; Keim, MittBayNot 1994, 2, 5.
131 Vgl. Reithmann, Vorsorgende Rechtspflege, S. 129.
132 So Lutter/Drygala, UmwG, § 13 Rn. 18; Widmann/Mayer/Heckschen, Umwandlungsrecht, § 13 UmwG Rn. 230; ausführlich Gutachten DNotI-Report 2016, 93 ff.; Kallmeyer/Zimmermann, § 6 UmwG Rn. 110 f.; Widmann/Mayer/Heckschen, § 6 UmwG Rn. 70; Mayer, in: Widmann/Mayer, § 122c UmwG Rn. 183; Wilken, EWiR 1996, 937, 938; Winkler, BeurkG Einl. Rn. 96; wohl auch Henssler/Strohn/Heidinger, § 6 UmwG Rn. 6.

und die Verantwortlichkeit für diese Tätigkeit voraussetzen.[133] Dies macht die Begründung zum RegE[134] deutlich. Angesichts der erheblichen Bedeutung der Verschmelzung für alle beteiligten Gesellschaften und Rechtsträger und deren Anteilsinhaber muss die Beurkundung durch eine Amtsperson erfolgen, die zum einen die Verantwortung für die Übereinstimmung mit dem deutschen Recht übernimmt und zum anderen auch den aufsichtsrechtlichen Befugnissen der deutschen Staatsaufsicht unterliegt.[135] Im Gesellschaftsrecht ist die Auffassung herrschend, dass die Vorgänge, die die Struktur der Gesellschaft betreffen, zwingend den Formvorschriften des Wirkungsstatuts unterliegen, also sich nach dem Recht richten, dem die Gesellschaft selbst untersteht.[136] Für die Einschränkung der Anknüpfung der Formvorschriften im Gesellschaftsrecht auf das Wirkungsstatut spricht die Tatsache, dass insb. öffentliche Interessen durch die Formvorschriften des Wirkungsstatuts geschützt werden, nämlich Rechtssicherheit, Verkehrsschutz und Richtigkeitsgewähr öffentlich-rechtlicher Register. Gerade bei Kapitalgesellschaften haben Strukturänderungen wie Gründung, Satzungsänderung, Abschluss eines Unternehmensvertrages, Verschmelzung, Spaltung, Umwandlung etc. nicht nur für die unmittelbar an dem Vorgang beteiligten Personen erheblichen Einfluss, sondern für Dritte (Gläubiger, zukünftige Gesellschafter), den öffentlichen Rechtsverkehr und die Rechtssicherheit allgemein. Die Einhaltung der Form des Wirkungsstatuts, also die notarielle Beurkundung durch einen deutschen Notar, sichert nicht nur die Richtigkeit der Registereintragung, sondern umfassenden Verkehrsschutz durch »strukturelle« Richtigkeitsgewähr im Gesellschaftsrecht.

Umstritten ist allerdings, inwieweit auch ein ausländischer Notar die inländische Form der notariellen Beurkundung erfüllen kann. Diese Frage lässt sich nicht einheitlich beantworten, sondern

---

133 Vgl. Limmer, in: FS Rheinisches Notariat, S. 15 ff.; Winkler, BeurkG, Einl. Rn. 19 ff.; Basty, in: FS für Schippel, S. 571 ff.; Staudinger/Hertel, BGB, Vorbem. zu §§ 127a, 128 BeurkG, Rn. 14 ff.; Armbrüster/Renner, in: Armbrüster/Preuß/Renner, BeurkG, Einl. Rn. 29 ff.; Frenz, in FG für Weichler, 1997, S. 175 ff.; Krafka, DNotZ 2002, 677, 679 ff.
134 Vgl. BR-Drucks. 75/94, S. 86, abgedruckt in: Limmer, Umwandlungsrecht, S. 281.
135 Vgl. allgemein zur Frage der Beurkundung im Ausland im Gesellschaftsrecht Staudinger/Großfeld, Int. Gesellschaftsrecht, Rn. 427 ff. nach Art. 10 Rn. 215 ff.; Heckschen, DB 1990, 161; AG Köln, DB 1989, 2014 für die Verschmelzung, allerdings aufgehoben durch LG Köln, DB 1989, 2214 mit unzureichenden Erwägungen; ebenso AG Fürth, GmbHR 1991, 24, aufgehoben durch LG Nürnberg-Fürth, WM 1992, 950; Priester, ZGR 1990, 446; Spellenberg, in: MünchKomm, Art. 11 EGBGB Rn. 87 ff.; Hertel, in: Staudinger, Vorbemerkungen zu §§ 127a und 128 BeurkG Rn. 926 ff.; v. Mohrenfels, in: Staudinger, Art. 11 EGBGB Rn. 285 ff; Kropholler, ZHR 140 (1976), 394 ff.; Bredthauer, BB 1986, 1464; Meyer-Reimer, BB 1974, 1280; Winkler, NJW 1974, 1032 ff.; Wolfsteiner, DNotZ 1978, 532 ff.; Schervier, NJW 1992, 593, Landbrecht/Becker, BB 2013, 1290, 1292; Mankowski, NZG 2010, 201, 203; Mayer, DNotZ 2008, 403, 411; Müller, RIW 2010, 591, 597 f.; Peters, DB 2010, 97, 99; U. H.Schneider, GmbHR 2009, 393, 396;Vossius, DB 2007, 2299, 2304. Bayer, GmbHR 2013, 897, 911 f.; Süß, DNotZ 2011, 414, 424; Wicke, DB 2011, 1037, 1041; ders., DB 2013, 1099, 1101.
136 Gesellschaftsstatut, so BGH, NJW 2014, 2026; KG ZIP 2018, 323 = RNotZ 2018, 267; OLG Düsseldorf, DNotZ 2011, 447; OLG Hamm, NJW 1974, 1057; OLG Karlsruhe, RIW 1979, 567; AG Köln, RIW 1989, 991; AG Fürth, MittBayNot 1991, 30; LG Augsburg, MittBayNot 1996, 318; LG Mannheim BWNotZ 2000, 150; AG Berlin-Charlottenburg GmbHR 2016, 223 = RNotZ 2016, 119; Baumbach/Hueck/Fastrich, GmbHG, § 2 Rn. 9; MünchKomm-AktG/Pentz, § 23 Rn. 30, Schervier, NJW 1992, 593; Ebenroth/Wilken, JZ 1991, 1064; Goette, in: FS für Boujong, 1996, S. 137; v. Randenbergh, GmbHR 1996, 909; Wolff, ZIP 1995, 1491; Winkler, BeurkG, Einl. Rn. 61 ff.; Großfeld/Berndt, RIW 1996, 630; Scholz/Westermann. GmbHG, Einl. Rn. 93; Bayer, in: Lutter/Hommelhoff, GmbHG, § 2 Rn. 18; Kindler, AG 2007, 721, 725; Gutachten DNotI-Report 1995, 219; Gutachten DNotI-Report 2016, 93, 94; Staudinger/Hertel, BGB, Vorbem. zu §§ 127a, 128 BeurkG, Rn. 726; Heckschen, DB 2018, 685; a. A. Erman/Hohloch, Art. 11 EGBGB Rn. 27; Palandt/Thorn, Art. 11 EGBGB Rn. 13.

es kommt auf den spezifischen Schutzzweck der Formvorschrift an.[137] Bei der Auslegung der Formvorschrift muss entschieden werden, inwieweit die Beurkundung durch einen ausländischen Notar der inländischen gleichwertig ist.[138] Nach der Rechtsprechung des BGH zum Gesellschaftsrecht, nach der die notarielle Beurkundung die materielle Richtigkeitsgewähr garantiert[139] kann m.E. eine Auslandsbeurkundung von sog. statusbegründenden Akten, die die Verfassung der Gesellschaft betreffen, wie die Gründung, Satzungsänderung, Spaltung, Umwandlung oder Verschmelzung nicht mehr ausreichend sein.[140] Das KG[141] hat dies zwar für die Gründung einer GmbH durch einen Notar aus Bern zugelassen, die Entscheidung ist m.E. aber abzulehnen, da sie verkennt, dass ein ausländischer Notar, der keiner Kontrolle durch den deutschen Staat unterworfen ist und der dementsprechend auch nicht den Pflichten, die der deutsche Notar erfüllen muss, nachkommen muss, nicht die mit der Beurkundung verfolgten Zwecke erfüllen kann. Diese liegen, wie z.B. Schutz und Belehrung, nicht nur im Interesse der Beteiligten, sondern dienen auch ordnungspolitischen Aufgaben, z.B. im Bereich des Steuerrechts (§ 54 EStDV) oder der Geldwäsche.

67 Das Formerfordernis umfasst **alle Vereinbarungen**, die nach dem Willen auch nur einer Partei eine **rechtliche Einheit mit der Verschmelzung** bilden.[142] **Nicht beurkundete Nebenabreden** können nach § 20 Abs. 1 Nr. 4 UmwG mit der Eintragung im Register des übernehmenden Rechtsträgers geheilt werden. Ist der Verschmelzungsvertrag als solcher nicht beurkundet, hat der Richter die Eintragung abzulehnen. Eine **Heilung** nach § 20 Abs. 1 Nr. 4 UmwG dürfte folglich in diesen Fällen eine eher theoretische Möglichkeit darstellen. Wegen der Auslegung im Einzelnen

---

137 Vgl. Winkler, Einl. BeurkG Rn. 54; Reithmann, Urkundenrecht Rn. 573 ff.; Armbrüster/Preuß/Renner/Armbrüster BeurkG § 1 Rn. 5766 ff.; Staudinger/Hertel Vorb. zu §§ 127a, 128 BeurkG Rn. 723 ff.; Staudinger/Winkler v. Mohrenfels EGBGB Art 11 Rn 285 ff, 293 f.; MünchKommBGB/Spellenberg EGBGB Art 11 Rn 77 ff.; 86 ff.
138 Substitution vgl. BGH NJW 2014, 2026 = DNotZ 2014, 457 = MittBayNot 2014, 256; KG ZIP 2018, 323 = RNotZ 2018, 267; OLG Düsseldorf, DNotZ 2011, 447; OLG Hamm, NJW 1974, 1057; OLG Karlsruhe, RIW 1979, 567; AG Köln, RIW 1989, 991; AG Fürth, MittBayNot 1991, 30; LG Augsburg, MittBayNot 1996, 318; LG Mannheim BWNotZ 2000, 150; AG Berlin-Charlottenburg GmbHR 2016, 223 = RNotZ 2016, 119; dazu Küller, NJW 2014, 1994; Heckschen, BB 2014, 462; ders. DB 2018, 685 f.; Tebben DB 2014, 585; Herrler GmbHR 2014, 225; Wicke DB 2013, 1099; Lieder/Ritter, notar 2014, 187; Bayer, GmbHR2013, 897, 911; BGHZ 80, 76; OLG Stuttgart IPRspr 1981 Nr. 10a; OLG Düsseldorf RIW 1989, 225; OLG München RIW 1998, 148; Reithmann, Urkundenrecht Rn. 573; Reithmann NJW 2003, 185 ff.; Armbrüster/Preuß/Renner/Armbrüster BeurkG § 1 Rn. 5766 ff.; Staudinger/Hertel Vorb. zu §§ 127a, 128 BeurkG Rn. 723 ff.; Kröll ZGR 2000, 111 ff.; Reithmann/Martiny/Reithmann, Internationales Vertragsrecht Rn. 5.318 ff. Rn. 573; Staudinger/Großfeld IntGesR Rn. 431; MünchKommBGB/Spellenberg EGBGB Art. 11 Rn. 47; Wolfsteiner DNotZ 1978, 532; Kropholler, ZHR 140 (1976) 394, 410; Bokelmann NJW 1975, 1625; Mann, ZHR 138 (1974) 448, 453 ff.; MünchKommBGB/Spellenberg EGBGB Art. 11 Rn. 77 ff.; 86 ff.; sehr ausführlich mit Darstellung auch der Entwicklung und des heutigen Standes und mit umfassenden Nachw. Staudinger/Winkler/v. Mohrenfels EGBGB Art. 11 Rn. 285 ff., 293 f.
139 So BGHZ 105, 324 = GmbHR 1989, 25.
140 So eingehend Goette, in: FS für Boujong, 1996, S. 131 ff. = DStR 1996, 109; vgl. Goette, MittRhNotK 1997, 1; Widmann/Mayer/Heckschen, UmwG, § 13 Rn. 221 ff.; Wicke, ZIP 2006, 977 ff.; Kallmeyer/Zimmermann, UmwG, § 6 Rn. 10 ff.; LG Augsburg, DB 1998, 1666; ähnlich Schervier, NJW 1992, 597 ff.; Brechthauer, BB 1986, 1864; Staudinger/Großfeld, Gesellschaftsrecht, Rn. 427; vgl. auch OLG Hamburg, NJW-RR 1993, 317; vgl. auch die zusammenfassende Darstellung DNotI-Report 1995, 219 ff. und 2016, 93 ff.; Heckschen, DB 2018, 685, 687.
141 ZIP 2018, 323 = RNotZ 2018, 267.
142 § 139 BGB; Widmann/Mayer/Heckschen, Umwandlungsrecht, § 6 UmwG Rn. 19 ff.; Kallmeyer/Zimmermann, UmwG, § 6 Rn. 1, 7; Schröer, in:, Semler/Stengel, UmwG, § 6 Rn. 5; Lutter/Drygala, UmwG, § 6 Rn. 4; Stratz, in: Schmitt/Hörtnagl/Stratz, § 6 UmwG Rn. 3 f.; KölnerKommUmwG/Simon; § 6 Rn. 2; BeckOGK/Wicke § 6 Rn. 7; Henssler/Strohn/Heidinger Rn. UmwG § 6 Rn. 2.

kann auf die Rechtsprechung zu § 311b BGB Bezug genommen werden.[143] Beurkundungsbedürftig sind daher alle Vereinbarungen, aus denen sich nach dem Willen wenigstens eines Beteiligten der Vertrag zusammensetzt.[144]

Sowohl der **Verschmelzungsvertrag** als auch der **Zustimmungsbeschluss** können **in einer Urkunde** beurkundet werden. Dabei ist allerdings zu beachten, dass der Verschmelzungsvertrag nach §§ 8 ff. BeurkG beurkundet werden muss, da es um die Beurkundung von Willenserklärungen geht. Für die Beurkundung eines Zustimmungsbeschlusses würde an sich eine Tatsachenbeurkundung nach §§ 36 ff. BeurkG genügen. 68

Ein **wichtiger Anwendungsbereich** der Niederschrift nach § 37 BeurkG sind **Gesellschafterversammlungen**. Es handelt sich dabei nicht um die Beurkundung von Willenserklärungen, sondern um die Beurkundung von sonstigen Tatsachen. Ein Beschluss in einer Gesellschafterversammlung ist ein mehrseitiges, aber nicht vertragliches Rechtsgeschäft eigener Art, das auf die Stimmabgabe der Gesellschafter beruht und auf eine verbindliche Willensbildung gerichtet ist.[145] Bei der Beurkundung von Versammlungsbeschlüssen wird daher der tatsächliche Hergang der erfolgten Abstimmung als gesellschaftsrechtlicher Gesamtakt beurkundet.[146] Es besteht aber Einigkeit, dass die Beurkundungsform nach §§ 8 ff. BeurkG die strengere ist und damit anstelle einer Beurkundung nach § 36 BeurkG erfolgen kann. Insofern können Versammlungsbeschlüsse auch nach den §§ 8 ff. BeurkG beurkundet werden.[147]

III. Vertragsabschluss

Vertragspartner des Vertrages sind die **beteiligten Rechtsträger**, nicht deren Anteilsinhaber oder Gesellschafter.[148] Für die beteiligten Rechtsträger haben deren **Vertretungsorgane** beim Vertragsabschluss zu handeln (§ 4 Abs. 1 Satz 1 UmwG), und zwar in **vertretungsberechtigter Zahl** entsprechend den satzungsmäßigen Bestimmungen. 69

Prokuristen haben nur im Rahmen einer satzungsmäßigen vorgesehenen unechten Gesamtvertretung, z. B. neben einem Geschäftsführer einer GmbH, Abschlusskompetenz.[149] Aufgrund einer Prokura kann der Prokurist allein keinen Verschmelzungsvertrag abschließen, da dies nicht zum Betrieb eines Handelsgewerbes i. S. d. § 49 Abs. 1 HGB gehört.[150] 70

---

143 Widmann/Mayer/Heckschen, Umwandlungsrecht, § 6 UmwG Rn. 20; Lutter/Drygala, UmwG, § 6 Rn. 2.
144 Vgl. zu § 311b BGB BGHZ 63, 359, 361; BGHZ 39, 266, 268; BGHZ 74, 346, 348; BGH, NJW 1981, 222; NJW 1981, 565; ausführlich Keim, DNotZ 2001, 827 ff.; Widmann/Mayer/Heckschen, Umwandlungsrecht, § 6 UmwG Rn. 19 ff.; Kallmeyer/Zimmermann, UmwG, § 6 Rn. 1, 7; Schröer, in: Semler/Stengel, UmwG, § 6 UmwG Rn. 5; Lutter/Drygala, UmwG, § 6 Rn. 4; Stratz, in: Schmitt/Hörtnagl/Stratz, § 6 UmwG Rn. 3 f.; KölnerKommUmwG/Simon; § 6 UmwG Rn. 2; BeckOGK/Wicke UmwG § 6 Rn. 7; Henssler/Strohn/Heidinger Rn. UmwG § 6 Rn. 2.
145 Vgl. BGH, NJW 1976, 49.
146 Vgl. Jansen, BeurkG, § 37 Rn. 8; Eylmann/Vaasen/Limmer, BNotO, BeurkG, § 37 Rn. 11.
147 Vgl. OLG München, DNotZ 2011, 142 m. Anm. Priester; Röll, DNotZ 1979, 644, 650; Preuß, in: Armbrüster/Preuß/Renner, BeurkG/DONot, § 36 BeurkG Rn. 7; Limmer, in: Eylmann/Vaasen, BNotO/BeukG, § 36 BeurkG Rn. 1; Scholz/Priester, GmbHG, § 53 Rn. 70, der darauf hinweist, dass gerade bei der Beurkundung von Gesellschafterbeschlüssen die Praxis i. d. R. die Vorschriften über die Beurkundung von Willenserklärungen anwendet.
148 Lutter/Drygala, UmwG, § 4 Rn. 7; Widmann/Mayer/Mayer, Umwandlungsrecht, § 4 UmwG Rn. 32.
149 Vgl. Lutter/Drygala, UmwG, § 4 Rn. 8 f.; Widmann/Mayer/Mayer, Umwandlungsrecht, § 4 UmwG Rn. 35; Stratz, in: Schmitt/Hörtnagl/Stratz, § 4 UmwG Rn. 14.
150 Kallmeyer/Marsch-Barner, UmwG, § 4 Rn. 5; Widmann/Mayer/Mayer, Umwandlungsrecht, § 4 UmwG Rn. 39; Schröer, in: Semler/Stengel, UmwG, § 4 UmwG Rn. 8; Lutter/Drygala, UmwG, § 4 Rn. 8; Stratz, in: Schmitt/Hörtnagl/Stratz, § 4 UmwG Rn. 14.

71 Nach allgemeiner Meinung können sich die Vertretungsorgane der beteiligten Gesellschaften und Rechtsträger durch **rechtsgeschäftlich Bevollmächtigte** vertreten lassen.[151] I. d. R. wird der Vollmacht eine Spezialvollmacht zugrunde liegen. Generalvollmachten bei Gesellschaften können dann problematisch sein, wenn sie organvertretend sind.[152] Nach § 167 BGB bedarf die Vollmacht grds. nicht der für das Grundgeschäft notwendigen **Form**.[153] Etwas anderes gilt allerdings bei der Verschmelzung zur Neugründung, da i. R. d. Verschmelzungsvertrages auch die Satzung des neuen Rechtsträgers festgestellt wird, sodass die besonderen Formvorschriften für die Satzungsfeststellung gelten.[154] Bei der Verschmelzung zur Aufnahme ist für die Vollmacht grdsl. keine Form erforderlich, auch nicht nach § 55 Abs. 1 GmbHG, da keine Übernehmerklärung erforderlich ist.[155] Auch das Grundbuchamt kann nicht im Rahmen der Berichtigung des Grundbuches nach Verschmelzung oder Spaltung für die Vollmacht die Form des § 29 GBO verlangen.[156] Zulässig ist auch der Abschluss des Verschmelzungsvertrages durch einen vollmachtlosen Vertreter mit nachträglicher Genehmigung.[157] Der von einem vollmachtlosen Vertreter abgeschlossene formbedürftige Vertrag kann formlos genehmigt werden,[158] umstritten ist, ob notarielle Beglaubigung der Genehmigung erforderlich ist, wenn es sich um eine Verschmelzung zur Neugründung handelt. Ein Teil der Literatur lehnt dies mit Hinweis auf den eindeutigen Wortlaut des § 182 Abs. 2 BGB und die Entscheidung des BGH v. 25.02.1994[159] ab.[160]

72 **§ 181 BGB** gilt auch bei der Vertretung i. R. d. Verschmelzung, sodass, wenn auf beiden Seiten des Verschmelzungsvertrages dieselben Personen als Vertreter unterschiedlicher Gesellschaften tätig sind, ein unzulässiges Insichgeschäft vorliegt, wenn nicht die Befreiungsmöglichkeit von § 181 BGB in der Satzung der entsprechenden Gesellschaften vorgesehen und dann durch entsprechenden Befreiungsbeschluss konkretisiert wurde; dies gilt nach h. M. auch beim Verschmelzungsbeschluss, da dieser satzungsändernden Charakter hat.[161]

---

151 Vgl. ausführlich zu Vollmachts- und Vertretungsfällen Heidinger/Blath FS Spiegelberger, 2009, S. 692 ff.; Melchior GmbHR 199, 520 ff.; Lutter/Drygala, UmwG, § 4 Rn. 9; Kallmeyer/Marsch-Barner, UmwG, § 4 Rn. 5; Widmann/Mayer/Mayer, Umwandlungsrecht, § 4 UmwG Rn. 40; Schröer, in, Semler/Stengel, UmwG, § 4 UmwG Rn. 9; Stratz, in: Schmitt/Hörtnagl/Stratz, § 4 UmwG Rn. 15; BeckOGK/Wicke UmwG § 4 Rn. 13.
152 Vgl. ausführlich DNotI-Report 1996, 76; BGH, NJW 1977, 199; Baumbach/Hueck/Zöllner, GmbHG, § 35 Rn. 36a; im Einzelnen str.: Lutter/Hommelhoff, GmbHG, § 35 Rn. 1.
153 BeckOGK/Wicke UmwG § 4 Rn. 13.
154 § 37 i. V. m. §§ 2 Abs. 2 GmbHG, 28 Abs. 1 Satz 2 AktG: notarielle Beglaubigung vgl. Lutter/Drygala, UmwG, § 4 Rn. 9; Kallmeyer/Marsch-Barner, UmwG, § 4 Rn. 5; Widmann/Mayer/Mayer, Umwandlungsrecht, § 4 UmwG Rn. 41; Schröer, in:, Semler/Stengel, UmwG, § 4 UmwG Rn. 6; BeckOGK/Wicke UmwG § 4 Rn. 13.
155 Widmann/Mayer/Mayer, Umwandlungsrecht, § 4 UmwG Rn. 41.
156 OLG Hamm FGPrax 2014, 239; BeckOGK/Wicke UmwG § 4 Rn. 13; Kallmeyer/Zimmermann § 6 Rn. 3.
157 Vgl. Widmann/Mayer/Mayer, Umwandlungsrecht, § 4 UmwG Rn. 41; Lutter/Drygala, UmwG, § 4 Rn. 10; Stratz, in: Schmitt/Hörtnagl/Stratz, § 4 UmwG Rn. 15.
158 BGHZ 125, 218 = DNotZ 1994, 764; Widmann/Mayer/Mayer, Umwandlungsrecht, § 4 UmwG Rn. 41.
159 NJW 1994, 1344.
160 Widmann/Mayer/Mayer, Umwandlungsrecht, § 4 UmwG Rn. 41; Schröer, in: Semler/Stengel, UmwG, § 4 UmwG Rn. 16; Lutter/Drygala, UmwG, § 4 Rn. 10; BeckOGK/Wicke UmwG § 4 Rn. 14; Kölner KommUmwG/Simon § 4 Rn. 17; a. A. bei der GmbH-Gründung Lutter/Hommelhoff/Bayer, GmbHG § 2 Rn. 17.
161 Vgl. zum Ganzen Widmann/Mayer/Mayer, Umwandlungsrecht, § 4 UmwG Rn. 36 ff., § 50 UmwG Rn. 15 f.; Lutter/Winter/Vetter, § 50 UmwG Rn. 26; BayObLG, DB 1984, 1517; OLG Köln, GmbHR 1993, 37; Hachenburg/Mertens, GmbHG, § 35 Rn. 227; zur vergleichbaren Situation bei Satzungsänderung BGH ZIP 1988, 1047; Lutter/Hommelhoff/Bayer, GmbHG § 53, Rn. 9; Baumbach/Hueck/Zöllner, § 55 GmbHG Rn. 60.

C. Verschmelzungsvertrag

▶ Hinweis:

Sieht die Satzung des übertragenden oder übernehmenden Rechtsträgers die Mitwirkung weiterer Organe bei Abschluss des Verschmelzungsvertrages vor (z. B. Beirat), so ist auch deren Mitwirkung erforderlich, diese wirkt allerdings nur für das Innenverhältnis.[162]

IV. Bedingungen, Aufhebung und Vertragsänderungen

1. Bedingungen

Nach § 7 UmwG kann der Verschmelzungsvertrag unter einer **aufschiebenden Bedingung** abgeschlossen werden. Der Eintritt der Bedingung ist dann Voraussetzung für die Registereintragung und ggf. dem Registergericht nachzuweisen. In der Praxis sind derartige Bedingungen häufig: z. B. Regelungen, dass die Verschmelzung nicht wirksam wird, wenn die Versammlung der Gesellschafter des einen oder anderen Rechtsträgers nicht bis zu einem bestimmten Zeitpunkt der Verschmelzung zugestimmt hat.[163]

Ein **besonderes Kündigungsrecht** sieht der Gesetzgeber in § 7 Satz 1 UmwG vor, wonach im Fall einer aufschiebenden Bedingung jeder Teil den Vertrag nach 5 Jahren mit halbjähriger Frist kündigen kann, wenn die aufschiebende Bedingung binnen 5 Jahren nach Abschluss des Vertrages nicht eingetreten ist. Im Verschmelzungsvertrag kann für dieses Kündigungsrecht auch eine kürzere Zeit als 5 Jahre vereinbart werden.

Unklar ist, ob der **Nachweis** über den Eintritt der aufschiebenden Bedingung ggü. dem Registergericht **i. R. d. 8-Monats-Frist nach § 17 Abs. 2 Satz 4 UmwG** erfolgen muss. Die Literatur differenziert z. T. danach, ob die Bedingung in der Hand des Registergerichts oder außerhalb seines Bereiches liegt.[164] Bedingungen, die nicht im Zuständigkeitsbereich des Registergerichts liegen, müssen nach dieser Auffassung bis zum Ablauf der 8-Monats-Frist vorliegen, wobei die Nachweise auch nach der Anmeldung nachgereicht werden können. Handelt es sich um eine Bedingung, deren Eintritt vom Registervollzug bei dem oder einem anderen Registergericht abhängt, so genügt es, dass dem Registergericht das Herbeiführen dieser Bedingung möglich war.[165] Ein Teil der Literatur widerspricht dieser Auffassung. Denn das bedingte Rechtsgeschäft sei tatbestandlich vollendet und voll gültig, nur seine Rechtswirkungen seien bis zum Eintritt der Bedingung in der Schwebe. Dementsprechend genügt es nach dieser Auffassung, wenn die Bedingung später eintritt.[166]

Dies spielt vor allen Dingen eine Rolle bei den **Kettenumwandlungen** (vgl. oben Teil 2 Rdn. 21 ff.; 250 ff.), wenn für einen nachfolgenden Umwandlungsakt Bedingung die Voreintragung eines anderen Umwandlungsaktes (z. B. eines Formwechsels) sein soll. Dann liegt es in der Hand des Registergerichts, etwaige Verzögerungen dürfen nicht zulasten der Beteiligten gehen, sodass es auch genügt, wenn die registergerichtlich bedingte Bedingung auch nach der 8-Monats-Frist eintritt. Das Gleiche gilt auch für die vom Gesetz vorgesehene Rechtsbedingung für die **Eintragung der Verschmelzung** bei dem übertragenden Rechtsträger, dass die vorherige Eintragung einer bei dem übernehmenden Rechtsträger erforderlichen Kapitalerhöhung durchgeführt ist.[167]

---

162 Widmann/Mayer/Mayer, Umwandlungsrecht, § 4 UmwG Rn. 41; Lutter/Drygala, UmwG, § 4 Rn. 13.
163 Widmann/Mayer/Heckschen, Umwandlungsrecht, § 7 UmwG Rn. 17 ff, Lutter/Drygala, UmwG, § 4 Rn. 34 f.; Lutter/Drygala, UmwG, § 7 Rn. 2; ausführlich Körner/Rodewald, BB 1999, 853 ff.
164 Widmann/Mayer/Heckschen, Umwandlungsrecht, § 7 UmwG Rn. 19.
165 So zu Recht Widmann/Mayer/Heckschen, Umwandlungsrecht, § 7 UmwG Rn. 20.
166 Stratz, in: Schmitt/Hörtnagl/Stratz, § 7 UmwG Rn. 6; ähnlich auch OLG Frankfurt, DNotZ 1999, 154 = NZG 1999, 649.
167 Widmann/Mayer/Heckschen, Umwandlungsrecht, § 7 UmwG Rn. 23.

2. Kündigungs- und Rücktrittsrechte

77 Auch **Kündigungsrechte und Rücktrittsrechte** können nach allgemeiner Meinung in den Verschmelzungsvertrag aufgenommen werden.[168] Ein gesetzliches Kündigungsrecht sieht bereits § 7 UmwG vor. Allerdings gilt auch hier die Regelung, dass die Ausübung eines vertraglich vereinbarten Kündigungsrechts bzw. Rücktrittsrechts nur solange möglich ist, wie die Verschmelzung noch nicht in das Handelsregister eingetragen ist.[169] Die überwiegende Meinung geht davon aus, dass die Kündigung oder die Rücktrittserklärung vom Vertretungsorgan **ohne Zustimmungsbeschluss der Anteilsinhaber** wirksam ausgeübt werden kann.[170] Ein Teil der Literatur verlangt allerdings aus Gründen des Schutzes der Anteilsinhaber deren Zustimmung.[171]

3. Aufhebung und Abänderungen

78 **Nach Eintragung** ist die Verschmelzung vollzogen, Änderungen sind nicht mehr möglich.[172] **Vor der Eintragung** kann der Vertrag aufgehoben oder abgeändert werden. Bzgl. der Abschlusskompetenz für derartige Maßnahmen ist zu unterscheiden, ob bereits ein Zustimmungsbeschluss vorliegt oder nicht. Nach Zustimmung der Gesellschafter bedürfen auch Aufhebungen und Änderungen der Zustimmung mit der gleichen Mehrheit.[173]

V. Mehrseitige Verschmelzungsverträge bei Beteiligung von mehreren Rechtsträgern/alternative Verschmelzungsverträge

79 Das Gesetz geht im Ansatz von der **zweiseitigen Regelung** aus, d. h. der Verschmelzung eines Rechtsträgers auf einen anderen zur Aufnahme oder zur Neugründung. Abstimmungsfragen können entstehen, wenn mehrere beteiligte Rechtsträger auf einen Rechtsträger zur Aufnahme oder zur Neugründung verschmolzen werden sollen. Dann stellt sich die Frage, inwieweit die einzelnen Rechtsverhältnisse voneinander abhängig sind und ob auch Regelungen möglich sind, wonach nur die Rechtsträger verschmolzen werden, deren Anteilsinhaber zustimmen.

80 Im Gegensatz zur Rechtslage beim bis 1995 geltenden Umwandlungsrecht hat der Gesetzgeber in § 2 Nr. 1 und Nr. 2 UmwG und § 3 Abs. 4 UmwG ausdrücklich die **Beteiligung mehrerer übertragender Rechtsträger** an ein und demselben Verschmelzungsvorgang **zugelassen**. Damit soll nach der Gesetzesbegründung eine möglichst große Regelungsfreiheit in das Recht der Unternehmensumstrukturierung eingeführt werden.

81 Es besteht Einigkeit, dass, wenn mehrere übertragende Rechtsträger verschmolzen werden, die Verschmelzung nach § 3 Abs. 4 UmwG gleichzeitig durch einen **mehrseitigen Verschmelzungsvertrag** i. V. m. den jeweiligen Verschmelzungsbeschlüssen erfolgen kann. § 3 Abs. 4 UmwG regelt **zwei voneinander zu trennende Fragenkreise**:

---

168 Vgl. Widmann/Mayer/Heckschen, Umwandlungsrecht, § 7 UmwG Rn. 33 ff.; Stratz, in: Schmitt/Hörtnagl/Stratz, § 7 UmwG Rn. 28; Körner/Rodewald, BB 1999, 855.
169 Widmann/Mayer/Heckschen, Umwandlungsrecht, § 7 UmwG Rn. 33; Stratz, in: Schmitt/Hörtnagl/Stratz, § 7 UmwG Rn. 4; Körner/Rodewald, BB 1999, 856; Lutter/Drygala, UmwG, § 4 Rn. 35; Kallmeyer/Marsch-Barner, UmwG, § 4 Rn. 24.
170 Kallmeyer/Marsch-Barner, UmwG, § 7 Rn. 4; Lutter/Drygala, UmwG, § 7 Rn. 7; Stratz, in: Schmitt/Hörtnagl/Stratz, § 7 UmwG Rn. 29.
171 So Widmann/Mayer/Heckschen, Umwandlungsrecht, § 7 UmwG Rn. 42 ff.; ders., in: FG für Weichler, 1997, S. 27 ff.
172 Widmann/Mayer/Mayer, Umwandlungsrecht, § 4 UmwG Rn. 64; Schröer, in: Semler/Stengel, UmwG, § 4 UmwG Rn. 30; Stratz, in: Schmitt/Hörtnagl/Stratz, § 4 UmwG Rn. 19; a. A. Lutter/Drygala, UmwG, § 4 Rn. 28, der auch nach der Eintragung unter bestimmten Umständen eine Änderung zulässt.
173 Kallmeyer/Marsch-Barner, UmwG, § 4 Rn. 17; Lutter/Drygala, UmwG, § 4 Rn. 19.

- zum einen, inwieweit mehrere Rechtsträger desselben Rechts an einer Verschmelzung beteiligt sein können (**Mehrfachverschmelzung**) und
- zum anderen die Frage der **Mischverschmelzung**.

Das **Gesetz** geht nach der Formulierung des § 3 Abs. 4 UmwG und auch des § 2 UmwG i. d. R. davon aus, dass, wenn mehrere übertragende Rechtsträger an einer Verschmelzung beteiligt sind, diese Verschmelzung auch in einem einheitlichen Vorgang stattfindet. Das Gesetz hat die Frage nicht ausdrücklich geregelt, ob die Verschmelzung auch sukzessiv durch jeweils gesonderte Verträge erfolgen kann.

Die **Literatur**, soweit sie sich mit dieser Frage befasst, ist allerdings der Auffassung, dass, wenn mehrere Rechtsträger verschmolzen werden sollen, dies auch durch mehrere getrennte Verschmelzungen in Form von Einzelverschmelzungen erfolgen kann;[174] allerdings wird die Frage i. d. R. nur bei der Verschmelzung zur Aufnahme erörtert.[175] Hier lassen sich ohne Weiteres auch getrennte Verschmelzungsverträge mit dem übertragenden Rechtsträger auf der einen Seite und dem aufnehmenden Rechtsträger auf der anderen Seite durchführen. **Marsch-Barner**[176] meint, dass die gemeinsame Verschmelzung bedeute, dass mit der Eintragung der Verschmelzung bei übernehmenden Rechtsträgern alle Verschmelzungen zur selben Zeit wirksam werden. Mehrere Einzelverschmelzungen würden dagegen unabhängig voneinander wirksam. Durch Vereinbarung entsprechender Bedingungen, können sie aber in einer bestimmten Reihenfolge wirksam werden. Andererseits sagt er nicht, dass nicht auch bei einer Einheitsverschmelzung eine getrennte Behandlung der verschiedenen Verschmelzungsvorgänge erfolgen kann. Schließlich weist er darauf hin, dass die gleichzeitige Beteiligung mehrerer Gesellschaften zur Komplizierung des Verschmelzungsverfahrens führen könnte.[177] Erforderlich seien außerdem die Verschmelzungsbeschlüsse aller beteiligten Rechtsträger, wobei die jeweils geltenden allgemeinen und besonderen Vorschriften zu beachten seien. Komme nur ein Verschmelzungsbeschluss nicht zustande, wirke sich dies auf die Verschmelzung insgesamt aus. Eine Verschmelzung unter Beteiligung von mehr als zwei Rechtsträgern dürfe deshalb nur bei einer überschaubaren Anzahl von Anteilsinhabern und einheitlichem Interesse in Betracht kommen. Als Alternative bleibe die Möglichkeit, mehrere Verschmelzungen zeitlich nacheinander durchzuführen. M. E. sind diese Schlussfolgerungen allerdings nicht zwingend. Gerade bei der Verschmelzung zur Neugründung zeigt sich, dass die nacheinander geschaltete Einzelverschmelzung relativ schwierig zu bewerkstelligen ist.

▶ Beispiel:

Es müsste also zunächst etwa die Gesellschaft A mit der Gesellschaft B eine Verschmelzung zur Neugründung durchführen. Mit der Eintragung der neu gegründeten Gesellschaft C könnten dann weitere Verschmelzungen durchgeführt werden. Eine derartige Aufspaltung in Einzelverträge ist bei der Verschmelzung zur Neugründung nicht unbedingt sachgerecht. Auch der Schluss von der Einheitsverschmelzung auf die einheitliche Beschlussfassung mit der Notwendigkeit der Zustimmung aller beteiligten Rechtsträger scheint nicht zwingend. Das Gesetz spricht nur allgemein davon, dass die Einheitsverschmelzung zulässig ist, und zwar auch zur Neugründung. Allgemein gilt, dass der Gesetzgeber große Vertragsfreiheit im Verschmelzungsrecht geschaffen hat, um insb. auch Misch- und Mehrfachverschmelzungen zu ermöglichen. Dass hieraus dann die zwingende Einheitlichkeit des Verschmelzungsvorganges folgt, lässt sich dem Gesetz so nicht ohne Weiteres entnehmen.

Von Vossius wird demgegenüber eine differenziertere Auffassung vertreten. **Vossius**[178] weist zu Recht darauf hin, dass, wenn mehrere Überträgerinnen verschmolzen werden, dies gleichzeitig

---

174 Vgl. Kallmeyer/Marsch-Barner, UmwG, § 2 Rn. 4.
175 Kallmeyer/Marsch-Barner, UmwG, § 2 Rn. 4.
176 Kallmeyer/Marsch-Barner, UmwG, § 2 Rn. 4.
177 Kallmeyer/Marsch-Barner, UmwG, § 3 Rn. 29.
178 Widmann/Mayer/Vossius, Umwandlungsrecht, § 20 UmwG Rn. 14.

durch einen mehrseitigen Verschmelzungsvertrag und die jeweiligen Verschmelzungsbeschlüsse erfolgen könne. Auch in diesem Fall sei die Eintragung des Gesamtvorgangs in das Handelsregister der Übernehmerin maßgebend. I. R. d. Vertragsgestaltung seien aber die Folgen zu regeln, die sich aus der Versagung der Zustimmung bei einer Überträgerin für den Gesamtvorgang ergeben. Eine derartige Regelung entspricht eher dem Rechtsgedanken, der allgemein im Vertragsrecht gilt und in § 139 BGB seinen Ausdruck gefunden hat. Fehlt eine Regelung, so ist im Zweifel der Gesamtvorgang nach dem Rechtsgedanken des § 139 BGB nichtig. Kommt im Vertrag allerdings eine andere Regelung zum Ausdruck, nämlich die, dass der Vertrag auch bei Teilunwirksamkeit i. Ü. aufrechterhalten werden soll, so führt m. E. etwa der fehlende Zustimmungsbeschluss eines Rechtsträgers nicht zur Unwirksamkeit des gesamten Vorganges.

Heckschen[179] hat zu Recht darauf hingewiesen, dass der Verschmelzungsvertrag nur mit **Zustimmung der Anteilseigner** wirksam werden kann, dass der Verschmelzungsvertrag alle Abreden, die die Beteiligten im untrennbaren rechtlichen Zusammenhang mit der Verschmelzung treffen, beinhalten muss. Als Beispiel führt er an, dass bei parallel zueinander erfolgenden mehreren Verschmelzungen auf ein Unternehmen zu untersuchen sei, ob diese Verschmelzungsvorgänge miteinander stehen und fallen sollen. Sei dies zu bejahen, so seien die Verschmelzungsvorgänge in einem einheitlichen Verschmelzungsvertrag niederzulegen. Etwas anderes gelte, wenn gerade die eine Verschmelzung unabhängig von einer anderen Wirksamkeit erlangen soll und könne. Dann seien im Verschmelzungsbericht und i. R. d. Erläuterung während der Versammlung der Anteilseigner Erklärungen abzugeben. Von **Heckschen** wird auch die Frage untersucht, ob alternative Verschmelzungsverträge zulässig seien, damit diese den Anteilseignern zur Beschlussfassung vorgelegt werden.[180] Von **besonderer praktischer Relevanz** sei die Problematik, wenn die Zustimmung eines der beteiligten Rechtsträger ungewiss sei, die anderen beteiligten Rechtsträger aber dem Verschmelzungsvertrag auch in der einen oder anderen Variante zustimmen würden. Der Gesetzeswortlaut und der Sinn und Zweck des Gesetzes schließe es nicht aus, auch alternative Verschmelzungsverträge/-entwürfe dem Verschmelzungsvorgang zugrunde zu legen. Voraussetzung sei, dass die Arbeitnehmer oder ihre Vertretungen über die Alternativen jeweils vollumfänglich unterrichtet seien und die Informationspflichten ggü. den Anteilseignern hinsichtlich der hier geplanten Alternativen im vollen Umfang erfüllt werden. Die Alternativentwürfe müssten vollständig durchformulierte Vertragswerke sein. Dem ist m. E. zu folgen.

84 Zu beachten ist, dass nach dem **Wortlaut des § 13 Abs. 1 Satz 1 UmwG** der Verschmelzungsvertrag nur wirksam wird, wenn die Anteilsinhaber der beteiligten Rechtsträger ihm durch **Beschluss** zustimmen. Die Vorschrift scheint dem Wortlaut nach von einer **einheitlichen Zustimmung** auszugehen. Andererseits enthält die Vorschrift nur die Grundlage der Zustimmungspflicht: Ohne Zustimmung kann ein Verschmelzungsvertrag nicht wirksam werden. Noch nicht gesagt ist damit, dass nicht ein mehrseitiger Verschmelzungsvertrag zumindest bzgl. einiger Verschmelzungspartner wirksam wird, wenn deren Gesellschafterversammlungen zustimmen. Im Grunde handelt es sich dann um alternative Verschmelzungsverträge, nämlich die Alternative, dass nicht alle geplanten Rechtsträger zustimmen, sondern nur ein Teil. Wenn man die Möglichkeit von alternativen Verschmelzungsentwürfen zulässt, dann wird man auch die Alternative in die Richtung zulassen müssen, dass nur ein Teil der geplanten Rechtsträger die Zustimmung erhalten.

85 Sachlich spricht dafür, dass u. U. ein Anteilsinhaber die Entscheidung der Zustimmung davon abhängig macht, dass auch die anderen Rechtsträger zustimmen würden. Würde nun in der Versammlung der Vertrag so vorgelegt werden, dass nur ein einheitlicher Vertrag mit Zustimmung aller zustande kommt, könnte insofern eine **Fehlvorstellung entstehen**. Insofern spricht einiges dafür, dass, wenn man die Gestaltung zulässt, dies jedenfalls nur dann möglich ist, wenn dem

---

179 Widmann/Mayer/Heckschen, Umwandlungsrecht, § 13 UmwG Rn. 64.1 f.
180 Widmann/Mayer/Heckschen, Umwandlungsrecht, § 13 UmwG Rn. 53, 3 ff.

Verschmelzungsvertrag klar zu entnehmen ist, dass die Verschmelzung auch dann wirksam sein soll, wenn nicht alle beteiligten Rechtsträger die Zustimmung erlangen.

Dabei wäre weiter zu berücksichtigen, dass dann auch die **Frage der Mitgliedschaft an dem neuen Rechtsträger** anders ausgestattet sein kann, als wenn nur ein Teil zustimmt. Insofern sind die Fragen der Zuteilung der Mitgliedschaft im Verschmelzungsvertrag u. U. alternativ zu regeln. Bei Kapitalgesellschaften wäre die Frage klarer, da hier weniger Vermögen übertragen würde, als wenn alle Rechtsträger ihr Vermögen übertragen, sodass hier Alternativen bzgl. der zu gewährenden Anteile notwendig wären. Bei Vereinen ist dies weniger der Fall, da keine echte kapitalmäßige mitgliedschaftliche Beteiligung besteht, sondern nur eine Mitgliedschaft zugebilligt wird.

▶ Hinweis:
Zusammenfassend ist zu beachten, dass gerade bei der Verschmelzung zur Neugründung einiges dafür spricht, dass die Gestaltung zulässig ist, dass bei einem einheitlichen Verschmelzungsvertrag mit mehreren beteiligten Rechtsträgern die Regelung getroffen wird, dass die Verschmelzung auch dann wirksam werden soll, wenn nicht alle beteiligten Rechtsträger zustimmen. Weder der Sinn und Zweck noch der gesetzliche Wortlaut sprechen gegen diese Auslegung. Der Rechtsgedanke des § 139 BGB legt eher die Möglichkeit der Vertragsgestaltung in dieser Hinsicht nahe.[181] Gerade bei der Verschmelzung zur Neugründung wären Einzelverschmelzungen wesentlich komplizierter und in ihrer Einheitlichkeit kaum konzipierbar, sodass auch sachliche Gründe für die Lösung sprechen.

VI. Beteiligung Minderjähriger bei Verschmelzung

1. Vormundschafts-/familiengerichtliche gerichtliche Genehmigung bei der Kapitalerhöhung

Die Frage, ob die Beteiligung von Minderjährigen an einer Kapitalerhöhung bei einer GmbH der **vormundschafts-/familiengerichtlichen Genehmigung** bedarf, ist höchst umstritten.[182] Die überwiegende Meinung neigt eher dazu, dass keine vormundschafts-/**familiengerichtlichen** Genehmigung erforderlich ist, wenn der Minderjährige bereits Gesellschafter des Rechtsträgers war. Dies ist jedoch im Hinblick auf die mögliche Ausfallhaftung des Minderjährigen für die Kapitalerbringung der anderen Gesellschafter bedenklich (vgl. unten Rdn. 90 ff.).

Andererseits begründet **Priester**[183] seine Ablehnung des Erfordernisses einer vormundschafts-/familiengerichtlichen Genehmigung im Wesentlichen nicht damit, dass bereits einmal eine vormundschaftsgerichtliche Kontrolle stattgefunden hat, sondern damit, dass die evtl. Ausfallhaftung aus der Kapitalerhöhung nicht aufgrund der Kapitalerhöhung sondern aufgrund der Gesellschafterstellung des Minderjährigen entsteht.

2. Vormundschafts-/familiengerichtliche Genehmigung für den Verschmelzungsbeschluss

Für die Mitwirkung eines Minderjährigen **an dem reinen Verschmelzungsbeschluss** ohne Kapitalerhöhung wird danach differenziert ob es sich um eine Verschmelzung zur Aufnahme oder zur Neugründung handelt.[184]

---

181 Sowohl auch Widmann/Mayer/Vossius, Umwandlungsrecht, § 20 UmwG Rn. 14.
182 Vgl. Bürger, RNotZ 2006, 156, 160 ff.; Pluskat, FamRZ 2004, 677, 678 f.; Hohaus/Eickmann, BB 2004, 1707, 1708.
183 Scholz/Priester, GmbHG, § 55 Rn. 106.
184 Widmann/Mayer/Heckschen, Umwandlungsrecht, § 13 UmwG Rn. 138 ff.

91 Bei der **Verschmelzung zur Aufnahme** stellt die Literatur darauf ob, den Minderjährigen eine Ausfallhaftung treffen kann.[185] Übernimmt der minderjährige Gesellschafter bei dem Umwandlungsvorgang eine Verbindlichkeit, für die im Innenverhältnis zu ihm der bisherige Schuldner haftet und ersatzpflichtig ist, so ist die Umwandlung nach § 1643 Abs. 1, § 1822 Nr. 10 BGB genehmigungsbedürftig. Ein solcher Fall liegt z. B. vor, wenn bei einer aufnehmenden OHG oder KG ein Minderjähriger unbeschränkt haftender Gesellschafter wird.[186] Auch Winter/Vetter will § 1822 Nr. 10 BGB im Hinblick auf die im Zuge der Verschmelzung drohende Ausfallhaftung gem. § 24 GmbHG nur anwenden, soweit der andere an der Verschmelzung beteiligte Rechtsträger eine GmbH ist, bei der noch nicht sämtliche Einlagen geleistet sind.[187] Letztlich sei eine vormundschafts-/familiengerichtliche Genehmigung also nur im Anwendungsbereich des § 51 Abs. 1 UmwG erforderlich. Aber auch **Heckschen**[188] bemerkt, dass eine vormundschaftsgerichtliche Genehmigung des Zustimmungsbeschlusses über §§ 1629 Abs. 2 Satz 1, 1795, 1821 Nr. 5 BGB nicht erforderlich sei. Beim übernehmenden Rechtsträger stehe die Stimmabgabe für den Minderjährigen nur dann unter einem Genehmigungsvorbehalt entsprechend § 1822 Nr. 3 BGB, wenn den Minderjährigen als Rechtsfolge der Verschmelzung eine persönliche Inanspruchnahme als Anteilsinhaber treffen könnte. Dies treffe wegen § 51 Abs. 1 Satz 3 UmwG zu, wenn die übertragende Gesellschaft eine GmbH sei und bei dieser nicht alle zu leistenden Einlagen bewirkt seien.[189] Auch **Zimmermann**[190] meint, dass gesetzliche Vertreter bei Verschmelzung zur Aufnahme keiner vormundschaftsgerichtlichen Genehmigung nach § 1822 Abs. 3 BGB bedürfen, es sei denn, bei Aufnehmen der Gesellschaft drohe z. B. unbeschränkte Haftung bei übernehmender Personenhandelsgesellschaft (vgl. § 40) oder Ausfallhaftung bei GmbH wegen nicht voll eingezahlter Anteile (§ 24 GmbHG). In letzterem Fall sei eine Genehmigung nach § 1822 Nr. 10 BGB erforderlich.[191] Stratz ist allerdings der Meinung, dass bei der Verschmelzung zur Aufnahme eine familien-/vormundschaftsgerichtliche Genehmigung gem. § 1643 BGB hingegen nicht erforderlich sei. Weder § 1822 Nr. 3 BGB (Abschluss eines Gesellschaftsvertrages) noch § 1822 Nr. 10 BGB (Übernahme einer fremden Verbindlichkeit) treffe zu.[192]

92 Bei der **Verschmelzung zur Neugründung** ist nach überwiegender Meinung stets eine vormundschafts-/familiengerichtliche Genehmigung erforderlich, da den Minderjährigen die Gründerhaftung treffen kann.[193]

3. Ergänzungspfleger bei der Verschmelzung

93 Gem. §§ 1629 Abs. 2 Satz 1, 1795 Abs. 2, 181 BGB sind den gesetzlichen Vertretern **Insichgeschäfte** verboten. Der gesetzliche Vertreter ist an der Vornahme eines Rechtsgeschäfts verhindert, wenn er auf beiden Seiten desselben beteiligt ist. Ausgeschlossen ist die Vertretung folglich u. a. beim Geschäft der gesetzlichen Vertreter im Namen der minderjährigen Kinder mit sich im eigenen Namen.[194]

---

185 Ausführlich Böhringer NotBZ 2014, 121, 123 ff.
186 Böhringer NotBZ 2014, 121, 124.
187 Winter/Vetter in: Lutter, UmwG § 50 Rn. 30, ebenso Böhringer, NotBz 2014, 121, 124.
188 Widmann/Mayer/Heckschen, Umwandlungsrecht, § 13 UmwG Rn. 138.
189 Widmann/Mayer/Heckschen, Umwandlungsrecht, § 13 UmwG Rn. 140.
190 Kallmeyer/Zimmermann, UmwG, § 43 Rn. 18.
191 Kallmeyer/Zimmermann, UmwG, § 13 Rn. 15. Stratz in: Schmitt/Hörtnagl/Stratz, § 13 UmwG Rn. 52.
192 Stratz in: Schnitt/Hörtnagl/Stratz, § 13 UmwG Rn 52, ebenso Böhringer, NotBZ 2014, 121, 123.
193 Widmann/Mayer/Heckschen, Umwandlungsrecht, § 13 UmwG Rn. 141; Stratz, in: Schmitt/Hörtnagl/Stratz, § 13 UmwG Rn. 53; Lutter/Winter/Vetter, § 59 UmwG Rn. 10; Kallmeyer/Zimmermann, § 59 UmwG Rn. 5; Böhringer, BNotBZ 2014, 121, 123.
194 MünchKomm-BGB/Schwab, § 1795 Rn. 3.

Auf Gesellschafterbeschlüsse, die auf die **Bestellung eines mitstimmenden Gesellschafters zum Geschäftsführer** gerichtet sind, findet § 181 BGB nach heute wohl überwiegender Meinung auch Anwendung.[195]

Zwar ist mit einer Verschmelzung durch Aufnahme nicht notwendig eine **Änderung der Satzung des übernehmenden Rechtsträgers** verbunden. Da Verschmelzungsbeschlüsse als Grundlagenbeschlüsse mit vertragsändernder Wirkung den formellen Satzungsänderungen gleichzustellen, mit der Folge, dass § 181 BGB auch auf Verschmelzungsbeschlüsse Anwendung findet, geht die Literatur ganz einhellig davon aus, dass bei dem Zustimmungsbeschluss zur Verschmelzung für die mitwirkenden minderjährigen Gesellschafter ein Ergänzungspfleger zu bestellen ist.[196] Die Vertretung eines Mitgesellschafters ist daher nur bei Befreiung von den Beschränkungen des § 181 BGB möglich.

94

95

VII. Notwendiger Vertragsinhalt

§ 5 UmwG enthält einen **Katalog von Mindestangaben** für den Vertragsinhalt, der je nach Verschmelzungsfall anzupassen, insb. um weitere Inhalte zu ergänzen ist (s. u. Teil 2 Rdn. 241 ff.). Es empfiehlt sich, den **Wortlaut der Mindestangaben** genau nach den gesetzlichen Vorgaben zu formulieren.

96

1. Angaben zu den Vertragsparteien (§ 5 Abs. 1 Nr. 1 UmwG)

Die Rechtsträger sind mit ihrem Namen (bspw. bei Vereinen) bzw. ihrer Firma und unter Angabe ihres Sitzes (§ 5 Abs. 1 Nr. 1 UmwG) anzugeben. Dies folgt beurkundungsverfahrensrechtlich bereits aus § 10 BeurkG. Soweit die Rechtsträger in Vereins- oder Handelsregistern oder sonstigen Registern eingetragen sind, sollte über den Wortlaut von § 5 Abs. 1 Nr. 1 UmwG hinaus auch ihre Registerbezeichnung angegeben werden. **Fehler oder Abweichungen bei der Bezeichnung** der Rechtsträger können zur Anfechtbarkeit des Zustimmungsbeschlusses führen.[197] Fragen der Firmierung und Firmenfortführung sind unten behandelt (s. Teil 5 Rdn. 1 ff.).

97

2. Vermögensübertragung (§ 5 Abs. 1 Nr. 2 UmwG)

Der **Vertragswortlaut** muss die Übertragung des Vermögens als Ganzes auf den übernehmenden Rechtsträger gegen Gewährung von Anteilen oder Mitgliedschaften an dem übernehmenden Rechtsträger enthalten, also die Tatbestandsmerkmale der Verschmelzung[198] nennen (§ 5 Abs. 1 Nr. 2 UmwG).

98

---

195 BGH, ZIP 1991, 25, aber für die GbR; Scholz/Winter, GmbHG, § 15 Rn. 202, ausdrücklich für die Fälle der elterlichen Sorge; Palandt/Heinrichs, BGB, § 181 Rn. 11 mit Verweis auf BGHZ 51, 213; Hübner, Interessenkonflikt und Vertretungsmacht, S. 281; Böhringer, NotBZ 2014, 121, 122; anders wohl grds. noch BGHZ 51, 209, 217, wonach ein mehrere Geschäftsanteile verwaltender Testamentsvollstrecker bei seiner Wahl zum Geschäftsführer gem. § 181 BGB nur deswegen ausgeschlossen sei, weil ihm der mitgliedschaftliche Bezug zu der Gesellschaft fehlte.
196 Böhringer, NotBZ 2014, 121, 122; Widmann/Mayer/Heckschen, Umwandlungsrecht, § 13 UmwG Rn. 98.1; 50 UmwG Rn. 15 f.; Lutter/Winter/Vetter, § 50 UmwG Rn. 26; Reichert in: Semler/Stengel, § 50 UmwG Rn. 17; Stratz, in: Schmitt/Hörtnagl/Stratz, § 13 UmwG Rn. 52; Kallmeyer/Zimmermann, § 43 UmwG Rn. 19; Rust, DStR 2005, 1992, 1994; vgl. auch Erman/Holzhauer, BGB, § 1795 Rn 7; Soergel/Zimmermann, BGB, § 1822 Rn 26; MünchKomm-BGB/Wagenitz, § 1822 Rn 28; Pluskat, FamRZ 2004, 677, 680 ff.; zur vergleichbaren Situation bei Satzungsänderung BGH ZIP 1988, 1047; Lutter/Hommelhoff/Bayer, GmbHG § 53, Rn. 9; Baumbach/Hueck/Zöllner, § 55 GmbHG Rn. 60.
197 LG Wiesbaden, AG 1999, 189.
198 Widmann/Mayer/Mayer, Umwandlungsrecht, § 5 UmwG Rn. 12 f.; Lutter/Drygala, UmwG, § 5 Rn. 14.

99 Die Formulierung »*Übertragung des Vermögens als Ganzes*«, soll zum Ausdruck bringen, dass es sich nicht um eine Einzelaktübertragung, sondern um eine **Gesamtrechtsnachfolge** handelt, die mit der Eintragung im Register des übernehmenden Rechtsträgers wirksam wird (§ 20 Abs. 1 Nr. 1 UmwG). Für eine Abwicklung des übertragenden Rechtsträgers ist daher kein Raum. Der übertragende Rechtsträger erlischt vielmehr mit dem vorgenannten Zeitpunkt des Vermögensübergangs auf den übernehmenden Rechtsträger (§ 20 Abs. 1 Nr. 2 UmwG).

3. Anteilsgewährung (§ 5 Abs. 1 Nr. 2 UmwG)

a) Grundsatz

100 Vgl. zunächst allgemein zur Anteilsgewährungspflicht oben Teil 1 Rdn. 172 ff. Teil 2 Rdn. 100 ff.

101 Nach § 5 Abs. 1 Nr. 2 UmwG erfolgt die Vereinbarung über die Übertragung des Vermögens jedes übertragenden Rechtsträgers als Ganzes **gegen die Gewährung von Anteilen oder Mitgliedschaften** an dem übernehmenden Rechtsträger. Ergänzt wird diese Vorschrift durch § 5 Abs. 1 Nr. 3 UmwG, wonach genauere Angaben über die Anteile zu machen sind. Damit normiert der Gesetzgeber einen **Wesensgrundsatz des Verschmelzungsrechts**: Vermögensübertragung gegen Anteilsgewährung. Die herrschende Meinung geht daher auch grds. davon aus, dass bei allen Formen der Verschmelzung und auch bei der Spaltung eine sog. **Anteilsgewährungspflicht** besteht. Den Gesellschaftern der übertragenden Gesellschaft sind für das Vermögen der übertragenden Gesellschaft Anteile an der aufnehmenden Gesellschaft zu gewähren. Ohne die Gewährung von Anteilen soll eine Verschmelzung nicht vorliegen, ein gleichwohl geschlossener Verschmelzungsvertrag wegen Fehlens einer der Wesensmerkmale der Verschmelzung nichtig sein.[199] Auch das OLG Frankfurt am Main[200] und das KG[201] bejahten auch für die umstrittene Schwesterfusion von Kapitalgesellschaften die vom Gesetzgeber vorgesehene Anteilsgewährungspflicht.

102 Zur Problematik und Zustimmungspflichten bei **nicht voll eingezahlten Geschäftsanteilen** vgl. unten Teil 2 Rdn. 582 ff.

103 Die Verpflichtung, bei der Durchführung einer Verschmelzung Anteile zu gewähren, war früher genauso wenig ausdrücklich im UmwG geregelt wie die **Möglichkeit, allgemein auf eine Anteilsgewährung zu verzichten**.[202] In § 2 UmwG wird allerdings für die Verschmelzung festgestellt, dass Rechtsträger »*gegen Gewährung von Anteilen oder Mitgliedschaften*« verschmolzen werden; eine gleiche Formulierung findet sich in § 123 Abs. 1, Abs. 2 und Abs. 3 UmwG bei allen Arten der Verschmelzung. Damit unterscheiden sich diese beiden Umwandlungsarten wesensmäßig von der Vermögensübertragung, die »*gegen Gewährung einer Gegenleistung (...), die nicht in Anteilen oder Mitgliedschaften besteht*«, erfolgt (vgl. § 174 Abs. 1 UmwG), und von dem Formwechsel, bei dem die bisherigen Anteilsinhaber an dem neuen formgewechselten Rechtsträger nach den neuen Vorschriften beteiligt bleiben (vgl. § 202 Abs. 1 Nr. 2 UmwG).

104 Eine **Befreiung von der Anteilsgewährungspflicht** war im Gesetz nur für die Fälle der Verschmelzung oder Verschmelzung einer Tochter auf ihre Muttergesellschaft vorgesehen, da hierbei im Gesellschaftsrecht allgemein gerade auch unter Gläubigerschutzgesichtspunkten unerwünschte

---

199 Vgl. zum früheren Umwandlungsrecht, BayObLG, DB 1989, 1558; BayObLG, DB 1984, 91; zum neuen Umwandlungsrecht, Limmer, in: FS für Schippel, 1996, 415; Korte, WiB 1997, 953; Widmann/Mayer/Mayer, Umwandlungsrecht, § 5 UmwG Rn. 15 ff.; Lutter/Drygala, UmwG, § 5 Rn. 17 ff.; Kallmeyer/Marsch-Barner, UmwG, § 2 Rn. 12; Baumann, BB 1998, 2321 ff.; D. Mayer, DB 1998, 913 ff.; Heidinger/Limmer/Holland/Reul, Gutachten des DNotI, Bd. IV, Gutachten zum Umwandlungsrecht, S. 126 ff.
200 DNotZ 1999, 154 m. Anm. Heidinger.
201 DNotZ 1999, 157.
202 Heidinger, m. Anm. zu OLG Frankfurt am Main, DNotZ 1999, 154 ff. und KG, DNotZ 1999, 157 ff.

eigene Anteile der aufnehmenden Muttergesellschaft entstehen würden (vgl. §§ 5 Abs. 2, 20 Abs. 1 Nr. 3 Satz 1 Halbs. 2, 20 Abs. 1 Nr. 3 Satz 1 Halbs. 2 UmwG).

Umstritten war insb., ob die Anteilsgewährungspflicht auch bei der **Verschmelzung von Schwestergesellschaften** gilt.[203] Insoweit vertrat ein beachtlicher Teil der Literatur[204] trotz der Tatsache, dass der Gesetzgeber im Gesetzgebungsverfahren den Vorschlag, die Schwesterfusion von der Anteilsgewährungspflicht auszunehmen, bewusst nicht im UmwG aufgegriffen hat, die Ansicht, dass eine Anteilsgewährungspflicht bei der Verschmelzung von Schwestergesellschaften entbehrlich sei oder zumindest sein sollte.

Auch **erste Instanzgerichtsurteile**[205] hatten sich von der Anteilsgewährungspflicht distanziert. Dabei setzte sich das **LG München**[206] ausdrücklich über die entgegenstehende Gesetzesbegründung zu § 54 UmwG (für Notwendigkeit der Kapitalerhöhung bei Schwesterverschmelzungen) hinweg. Demgegenüber hatten die **obergerichtlichen Entscheidungen**[207] ausdrücklich klargestellt, dass auch die Verschmelzung zur Aufnahme gem. § 2 Nr. 1 UmwG von Schwestergesellschaften »gegen Gewährung von Anteilen« erfolgen müsse. Das KG stellte darauf ab, dass **die Gewährung von Anteilen die Gegenleistung für die Übertragung des Vermögens des übertragenden Rechtsträgers sei; sie sei wesentlicher Vertragsbestandteil und zwingendes Wesensmerkmal der Verschmelzung. Da sie auch öffentlichen Interessen des Kapitalschutzes** diene, könne nicht auf sie verzichtet werden. Auch bei der Schwesterfusion bestehe die Pflicht zur Anteilsgewährung als zwingende gesetzliche Voraussetzung. In diesem Zusammenhang verweisen beide Obergerichte insb. auf die Gründe des Kapitalschutzes und die ebenfalls darauf abstellende Regierungsbegründung zu § 54 UmwG. Dem gefolgt ist auch das **OLG Hamm**,[208] und hat die Anteilsgewährungspflicht auch bei der **Verschmelzung von Schwestergesellschaften** angenommen.[209]

Noch weiter gehend wurde in der **neueren Literatur** behauptet, das gebundene Kapital der übernehmenden Gesellschaft müsse zwingend um den Nennbetrag des gebundenen Kapitals der übertragenen Gesellschaft erhöht werden, um eine »kalte Kapitalherabsetzung« durch Verschmelzung zu verhindern (sog. Summengrundsatz).[210] Die überwiegende Auffassung in der Literatur ging aber davon aus, dass die Anteilsgewährung nicht wertentsprechend, also nicht mindestens in der Höhe des Stammkapitals der übertragenden Gesellschaft durchgeführt werden muss.[211]

---

203 Roß/Drögemüller, DB 2009, 580 ff.; Krumm, GmbHR 2010, 24 ff. insb. auch zu den steuerlichen Fragen.
204 Kallmeyer, GmbHR 1996, 80; Ihrig, ZHR 1996, 317 ff.; Lutter/Winter, UmwG, § 54 Rn. 5 ff.; Bayer, ZIP 1997, 1613 ff., 1615; Baumann, BB, 1998, 2321.
205 LG München, GmbHR 1999, 35, für die Verschmelzung von Schwestergesellschaften ohne Kapitalerhöhung; LG Konstanz, ZIP 1998, 1226, für die Spaltung einer GmbH zu Null mit Begründung über § 128 UmwG, der eine quotenabweichende Spaltung zulässt.
206 GmbHR 1999, 35.
207 OLG Frankfurt am Main, DNotZ 1999, 154 ff.; KG, DNotZ 1999, 157 ff.
208 Der Konzern 2004, 805.
209 Vgl. zusammenfassend Tillmann, GmbHR 2003, 740 ff.; Petersen, Der Gläubigerschutz im Umwandlungsrecht, S. 197 ff.; ders., GmbHR 2004, 728 ff.
210 Vgl. Petersen, Gläubigerschutz im Umwandlungsrecht, S. 210; Winter, in: FS für Lutter, 2000, S. 1279, 1284; Ihrig, ZHR 160, 1996, 317, 321.
211 Vgl. Kowalski, GmbHR 1996, 158, 159; Limmer, in: FS für Schippel, 1996, S. 415, 427; Widmann/Mayer/Mayer, Umwandlungsrecht, § 5 UmwG Rn. 46; ausführlich Ihrig, ZHR 1996, 317; Lutter, in: FS für Wiedemann, 2002, S. 1097 ff.; Lutter/Winter/Vetter, § 54 UmwG Rn. 21; Reichert, in: Semler/Stengel, § 54 UmwG Rn. 27 ff.; Tillmann, GmbHR 2003, 740, 743 ff.; Kalss, ZGR 2009, 74 ff.

107 Der Gesetzgeber hat im **Zweiten Gesetz zur Änderung des UmwG** v. 25.04.2007[212] in den §§ 54 und 68 UmwG n. F. eine Ausnahme durch Verzicht festgelegt:[213] § 54 Abs. 1 Satz 3 UmwG n. F. (für die GmbH) bzw. § 68 Abs. 1 Satz 3 UmwG n. F. (für die AG) bestimmt nunmehr, dass die Kapitalerhöhung bei der übernehmenden Kapitalgesellschaft zur Disposition **aller Anteilsinhaber des übertragenden Rechtsträgers** steht. **Verzichten alle Anteilsinhaber des übertragenden Rechtsträgers** in notarieller Urkunde auf die Anteilsgewährung, darf die übernehmende Gesellschaft von der Anteilsgewährung absehen. Zu kritisieren ist an dieser an sich erfreulichen Klarstellung, dass sie aufgrund der systematischen Stellung nur für Verschmelzung auf die AG und GmbH gilt, obwohl bei der Personengesellschaft oder anderen Rechtsträgern ähnliche Fragestellungen bestehen. M. E. kann man aber aus der gesetzlichen Neuregelung allgemein den Schluss ziehen, dass der Anteilsgewährungsgrundsatz disponibel ist, wenn alle Anteilsinhaber der übertragenden Rechtsträger darauf verzichten, denn was bei Kapitalgesellschaften gilt muss erst recht bei Personengesellschaften gelten. Ebenfalls dadurch klargestellt wurde m. E., dass der Anteilsgewährungsgrundsatz keine gläubigerschützende Funktion hat, denn sonst dürfte er nicht verzichtbar sein. Damit sind eine Reihe von Streitfragen und Praxisproblemen vom Gesetzgeber gelöst worden.[214] Der Gläubigerschutz im Rahmen von Verschmelzung und Umwandlung wird nur über die spezifischen Gläubigerschutzbestimmungen wie z. B. § 22 UmwG gewährleistet.

108 Offen bleibt, wie Aspekte des Minderheitenschutzes bei Übertragung negativen Vermögens auf der Ebene der übernehmenden Gesellschaft verwirklicht werden, da es nur auf den Verzicht der Gesellschafter der übertragenden Gesellschaft ankommt. Mangels Anteilsgewährung und damit einhergehender Kapitalerhöhung entfällt der bisherige Schutz durch registergerichtliche Kontrolle.[215]

109 Auch bei der Verschmelzung von Personengesellschaften, Genossenschaften und Vereinen ist davon auszugehen, dass aus dem allgemeinen Grundsatz die Pflicht zur Gewährung von Anteilen an die Mitglieder des übertragenden Rechtsträgers besteht.[216] Bei **Personengesellschaften** ist aber **der Grundsatz der Einheitlichkeit der Beteiligung** zu beachten. Es besteht das Verbot der Mehrfachbeteiligung einer Personengesellschaft, sodass einem Gesellschafter einer Personengesellschaft, der bereits an der aufnehmenden Gesellschaft beteiligt ist, kein weiterer selbstständiger Anteil gewährt werden kann. M. E. muss auch bei diesen Rechtsträgern analog §§ 54 Abs. 1 Satz 3, 68 Abs. 1 Satz 3 UmwG n. F. ein Verzicht möglich sein.[217] Solange die Frage aber nicht gerichtlich geklärt ist, empfiehlt es sich für die Praxis von der Anteilsgewährungspflicht auch insoweit auszugehen.

b) Ausnahmen von der Anteilsgewährungspflicht, Verzicht (§§ 20 Abs. 1 Nr. 3, 54, 68 UmwG)

110 Geregelt sind die **Ausnahmen in § 20 Abs. 1 Nr. 3 UmwG**. Außerdem gelten bei der Verschmelzung unter Beteiligung von GmbH und AG die sog. **Kapitalerhöhungsverbote und -wahlrechte** nach §§ 54, 68 UmwG. In den Fällen, in denen danach also Kapitalerhöhungsverbote bestehen

---

212 BGBl. I, S. 542.
213 Vgl. BR-Drucks. 548/06, S. 27.
214 Auf Widersprüche der Summentheorie hat bereits Lutter hingewiesen in: FS für Wiedemann 2002, S. 1097 ff.; zu den Streitfragen nach der Neuregelung Widmann/Mayer/Heckschen Umwandlungsrecht, Einf. UmwG Rn. 34 ff.; Mayer/Weiler, DB 2007, 1235, 1239; Weiler, NZG 2008, 527 ff.; Kallmeyer, GmbHR 2006, 418 ff.; Drinhausen, BB 2006, 2313, 2315 ff.; Bayer/Schmidt, NZG 2006, 841; Roß/Drögemüller, DB 2009, 580 ff.; Keller/Klett, DB 2010, 1220 ff.; Krumm, GmbHR 2010, 24 ff.
215 Vgl. dazu Keller/Klett, DB 2010, 1220 ff.
216 Heidinger/Limmer/Holland/Reul, Gutachten des DNotI, Bd. IV, Gutachten zum Umwandlungsrecht, S. 130.
217 Zustimmend Lutter/Drygala, UmwG, § 2 Rn. 31; a. A. aber Widmann/Mayer/Fronhöfer, Umwandlungsrecht, § 80 UmwG Rn. 18.1, der den Verzicht bei der Genossenschaft ablehnt.

und nach § 20 Abs. 1 Nr. 3 Satz 1 UmwG die Anteilsinhaber des übertragenden Rechtsträgers nicht Gesellschafter des übernehmenden werden können, besteht auch eine Ausnahme von der Anteilsgewährungspflicht. In diesen Fällen müssen also keine Anteile gewährt werden.

aa) Verschmelzung Tochter- auf Muttergesellschaft (up-stream-merger)

Aus § 20 Abs. 1 Nr. 3 UmwG folgt, dass bei der Verschmelzung Ausnahmen von der Anteilsgewährungspflicht bestehen, soweit der **übernehmende Rechtsträger Anteilsinhaber des übertragenden Rechtsträgers** ist. Für GmbH und AG wird diese Ausnahme von der Anteilsgewährungspflicht durch das sog. Kapitalerhöhungsverbot bestätigt (§ 54 Abs. 1 Satz 1 Nr. 1, § 68 Abs. 1 Satz 1 Nr. 1 UmwG). Insofern besteht auch in der Literatur Einigkeit, dass in diesen Fällen keine Anteilsgewährungspflicht besteht, diese sogar verboten ist, da sich sonst der übertragende Rechtsträger eigene Anteile gewähren müsste. Außerdem besteht Einigkeit, dass die Ausnahme auch für andere Gesellschaftsformen (Personengesellschaft, Verein, Genossenschaft) gilt.[218] Nach § 5 Abs. 2 UmwG entfallen bei 100 %iger Beteiligung sogar die Angaben über den Umtausch der Anteile, nach §§ 8 Abs. 3, 9 Abs. 3 UmwG auch Verschmelzungsberichte und Verschmelzungsprüfung (vgl. dazu Teil 2 Rdn. 420 f.). Die Verschmelzung der Tochter-GmbH auf ihre Mutter-GmbH auch bei nicht voll eingezahlten Geschäftsanteilen der Tochter-GmbH zulässig. Einer gesonderten Zustimmung aller Gesellschafter der Mutter- GmbH nach § 51 Abs. 1 Satz 3 UmwG bedarf es nicht.[219]

111

▶ Beispiel: 100 %ige Konzernkonstellation

Die A-GmbH ist zu 100 % an der B-GmbH beteiligt. Die B-GmbH verschmilzt auf die A-GmbH. Anteile dürfen nicht gewährt werden (§ 54 Abs. 1 Satz 1 Nr. 1 UmwG i. V. m. § 125 Satz 1 UmwG).

112

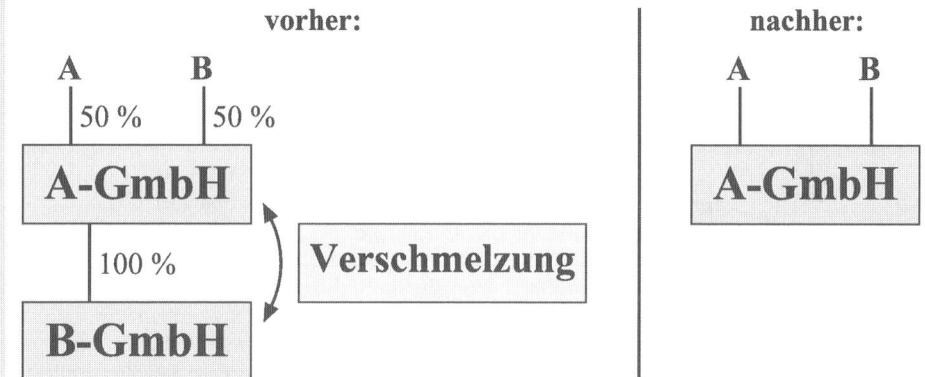

Damit ist nicht nur der Fall geregelt, dass sich **alle Anteile** eines übertragenden Rechtsträgers in **der Hand des übernehmenden Rechtsträgers** befinden, sondern auch der Fall der teilweisen Beteiligung des übernehmenden Rechtsträgers am übertragenden Rechtsträger.[220]

113

---

218 Vgl. bereits BayObLG, DB 1984, 285; Limmer, in: FS für Schippel, 1996, S. 415, 429; Widmann/Mayer/Mayer, Umwandlungsrecht, § 5 UmwG Rn. 30 ff.; Lutter/Drygala, UmwG, § 5 Rn. 23; Lutter/Grunewald, UmwG, § 20 Rn. 63 ff.; Kallmeyer/Marsch-Barner, UmwG, § 5 Rn. 5 ff.; BeckOGK/Wicke UmwG § 5 Rn. 16 ff.; Baumann, BB 1998, 2321, 2322; Korte, WiB 1997, 953, 961; KG, DNotZ 1999, 157; Knott, DB 1996, 2423; Ihrig, ZHR 1996, 317, 326; Gutachten DNotI-Report, 2015, 171.
219 Vgl. Gutachten-DNotI-Report 2015, 171.
220 Widmann/Mayer/Mayer, Umwandlungsrecht, § 5 UmwG Rn. 30, § 54 UmwG Rn. 14; Reichert, in: Semler/Stengel, § 54 UmwG Rn. 5; Kallmeyer/Kocher, § 55 UmwG Rn. 5 ff.; Limmer, in: FS für Schippel, 1996, S. 415, 429; Lutter/Priester, UmwG, § 126 Rn. 21; Ittner, MittRhNotK 1997, 108.

bb) Übertragender Rechtsträger hält eigene Anteile

114 Der **zweite Fall einer Ausnahme** von der Anteilsgewährungspflicht nach § 20 Abs. 1 Nr. 3 Satz 1 und §§ 54 Abs. 1 Satz 1 Nr. 2, 68 Abs. 1 Satz 1 Nr. 2 UmwG besteht, soweit der übertragende Rechtsträger eigene Anteile innehat. Auch in diesen Fällen ist eine Anteilsgewährungspflicht und damit auch eine Kapitalerhöhung verboten, soweit die übertragende Gesellschaft eigene Anteile innehat.[221]

▶ Beispiel:

115 Die B-GmbH soll auf die A-GmbH verschmolzen werden. Die B-GmbH hält 30 % eigene Anteile. Hierfür dürfen keine Anteile an der A-GmbH gewährt werden. Die Anteile der B-GmbH gehen insoweit ersatzlos unter. Soll eine Wertverschiebung vermieden werden, müssen die eigenen Anteile vorher eingezogen werden.[222]

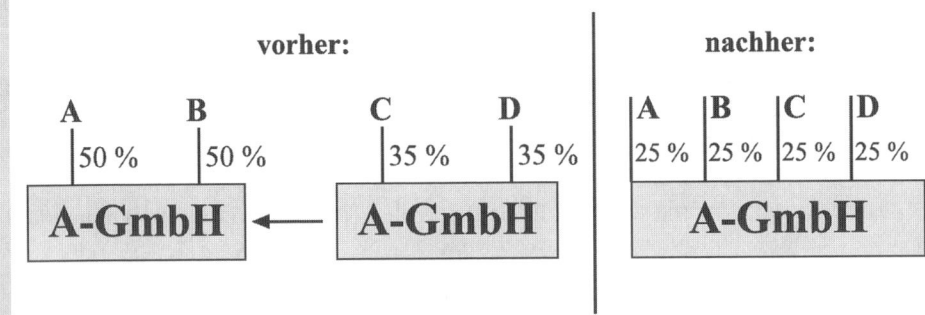

cc) Verschmelzung von der Mutter- auf die Tochtergesellschaft (down-stream-merger)

116 Schwieriger zu beurteilen ist die Situation, wenn die **Mutter- auf die Tochtergesellschaft verschmolzen** wird.[223] Dieser Fall ist bei den Kapitalgesellschaften in § 54 Abs. 1 Satz 1 Nr. 3 UmwG und § 54 Abs. 1 Satz 2 Nr. 2 UmwG für die GmbH bzw. § 68 Abs. 1 Satz 1 Nr. 3, Abs. 1 Satz 2 Nr. 2 UmwG für die AG behandelt. Hat ein übertragender Rechtsträger Geschäftsanteile an der aufnehmenden Gesellschaft, auf welche die Einlagen bereits in voller Höhe bewirkt sind, braucht der aufnehmende Rechtsträger sein **Stammkapital insoweit nicht zu erhöhen** (§§ 54 Abs. 1 Satz 2 Nr. 2, 68 Abs. 1 Satz 2 Nr. 2 UmwG). Grund hierfür ist, dass in diesem Fall die übernehmende Gesellschaft die vorhandenen Anteile als Gegenleistung verwenden kann, sie muss dies aber nicht. Insofern stellt diese Vorschrift ein **Kapitalerhöhungswahlrecht** dar. Nach herrschender Meinung bleibt in diesen Fällen allerdings die Anteilsgewährungspflicht bestehen.[224]

---

221 Limmer, in: FS für Schippel, 1996, S. 415, 429 ff.; Widmann/Mayer/Mayer, Umwandlungsrecht, § 54 UmwG Rn. 19 ff.; Lutter/Winter/Vetter, § 54 UmwG Rn. 22 ff.; Reichert, in: Semler/Stengel, § 54 UmwG, Rn 7, Lutter/Drygala, UmwG, § 5 Rn. 23; Lutter/Grunewald, UmwG, § 20 Rn. 68; Kallmeyer/Marsch-Barner, UmwG, § 5 Rn. 5; Kallmeyer/Kocher, § 54 UmwG Rn. 8 f.; Korte, WiB 1997, 953, 961; Knott, DB 1996, 2423.

222 Korte, WiB 1997, 961.

223 Vgl. dazu auch Teil 2 Rdn. 331 f. und vgl. dazu Widmann/Mayer/Mayer, Umwandlungsrecht, § 5 UmwG Rn. 35 ff.; Lutter/Winter/Winter/Vetter, § 54 UmwG Rn. 53 ff.; Heckschen, GmbHR 2008, 802 ff.; Enneking/Heckschen, DB 2006, 1099 ff.; Mertens, AG 2005, 1099 ff.; Klein/Stephanblome, ZGR 2007, 369 ff.; Reichert, in: Semler/Stengel, § 54 UmwG Rn. 15; aus steuerlicher Sicht Rödder/Schumacher, DStR 2007, 369 ff.; BeckOGK/Wicke UmwG § 5 Rn. 7.

224 Widmann/Mayer/Mayer, Umwandlungsrecht, § 5 UmwG Rn. 36 ff.; Korte, WiB 1997, 955, Ittner, MittRhNotK 1987, 108; ausführlich auch Middendorf/Stegmann, DStR 2005, 1082 ff.; vgl. auch Lutter/Priester, UmwG, § 126 Rn. 21.

Der aufnehmende Rechtsträger kann daher nur entscheiden, ob er die Anteile im Wege der Kapitalerhöhung neu schafft oder die vorhandenen des übertragenden Rechtsträgers verwendet.

▶ **Beispiel: 100 %iges Mutter-Tochter-Verhältnis**

Die A-GmbH ist zu 100 % an der B-GmbH beteiligt. Die A-GmbH soll auf ihre Tochter, die B-GmbH verschmolzen werden. In diesem Fall hat die B-GmbH das Wahlrecht: Entweder kann sie ihr Stammkapital erhöhen und den Gesellschaftern der A-GmbH neue Geschäftsanteile ausgeben. Es besteht aber auch die Möglichkeit, dass die A-GmbH ihre an der B-GmbH gehaltenen Anteile an ihre eigenen Gesellschafter im Wege der Verschmelzung ausgibt (Kapitalerhöhungswahlrecht).

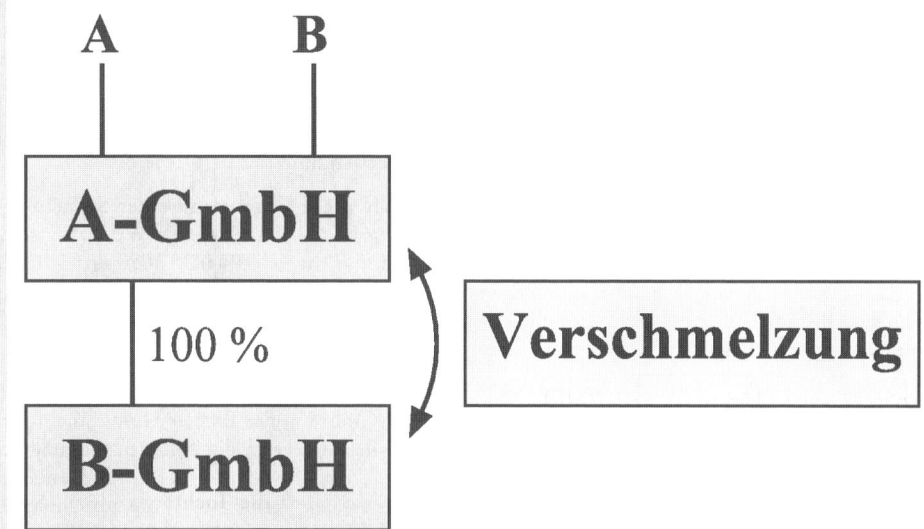

Eine Ausnahme sieht § 54 Abs. 1 Satz 1 Nr. 3 UmwG bzw. § 68 Abs. 1 Satz 1 Nr. 3 UmwG vor. Sind die Einlagen auf die **Geschäftsanteile**, die die Muttergesellschaft an der Tochtergesellschaft hält, **nicht in voller Höhe bewirkt**, dürfen sie nach §§ 54 Abs. 1 Satz 2 Nr. 2, 68 UmwG nicht für den Anteilstausch verwendet werden, außerdem besteht insoweit ein **Kapitalerhöhungsverbot**. Dann müssen neue Anteile im Wege der Kapitalerhöhung geschaffen werden. Es handelt sich dabei nach herrschender Meinung nicht um eine Ausnahme von der Anteilsgewährungspflicht, da die Vorschrift in § 20 Abs. 1 Nr. 3 UmwG keine Entsprechung hat.[225] Soll auch in Höhe dieser Anteile eine Kapitalerhöhung durchgeführt werden, muss entweder die Einlage noch vollständig erbracht werden oder der Geschäftsanteil einem Dritten veräußert werden.[226]

Es bedarf dabei **keiner Einzelrechtsübertragung der Anteile** durch Geschäftsanteilsabtretung oder Übertragung der Aktien. Es genügt, dass im Verschmelzungsvertrag die Anteile der Tochtergesellschaft an die Gesellschafter der Muttergesellschaft zugewiesen werden. Mit der Eintragung der Verschmelzung erwerben dann die Gesellschafter der Muttergesellschaft diese Anteile ohne

---

225 Widmann/Mayer/Mayer, Umwandlungsrecht, § 54 UmwG Rn. 35 ff.; Kallmeyer/Kocher, § 54 UmwG Rn. 10; Lutter/Winter/Vetter, § 54 UmwG Rn. 51 ff.; Reichert, in: Semler/Stengel, § 54 UmwG, Rn 8; Lutter/Winter, § 54 UmwG Rn. 9.

226 Widmann/Mayer/Mayer, Umwandlungsrecht, § 54 UmwG Rn. 35 ff.; Kallmeyer/Kocher, § 54 UmwG Rn. 10; Reichert, in: Semler/Stengel, § 54 UmwG, Rn 8; Lutter/Winter/Vetter, § 54 UmwG Rn. 54 ff.

120 Unklar ist, ob aus den §§ 30, 31 GmbHG bzw. § 57 AktG oder Gründen des Minderheitenschutzes **weitere Schranken** bei der Mutter-Tochter-Verschmelzung (down-stream-merger) aus Kapitalerhaltungsgrundsätzen folgen.[229]

▶ Beispiel:

121 Die A-GmbH, deren Stammkapital 50.000,00 € beträgt, ist an der B-GmbH, deren Stammkapital 12 Mio. € beträgt, mit einem Geschäftsanteil von 9.600.000,00 € beteiligt. Der Alleingesellschafter der A-GmbH hat dieser Gesellschaft Darlehen i. H. v. 5 Mio. € gewährt, was zu einem bilanziellen Fehlkapital dieser Gesellschaft i. H. v. 1.500.000,00 € geführt hat. Eine Überschuldung im insolvenzrechtlichen Sinn liegt bei der A-GmbH indessen nicht vor, da die Beteiligung an der B-GmbH stille Reserven beinhaltet, bei deren Berücksichtigung der wahre Wert des Nettovermögens das bilanzielle Fehlkapital übersteigt.

Nach obigen Ausführungen kann bzgl. der an der Tochter gehaltenen Anteile entweder die Anteilsgewährung durch Kapitalerhöhung oder durch Verwendung dieser Anteile erfolgen.

122 Im Fall der Kapitalerhöhung gilt aber, dass eigene **Anteile nicht Gegenstand einer Sacheinlage** sein können.[230] Sind keine das Stammkapital übersteigende Eigenmittel vorhanden, so steht schon § 33 Abs. 2 GmbHG einer Einlage entgegen. Verfügt die Gesellschaft über ausreichende Rücklagen, die für eine Kapitalerhöhung genutzt werden können, so scheidet die Verwendung von eigenen Anteilen zur Kapitalerhöhung aus, da im wirtschaftlichen Ergebnis eine Kapitalerhöhung aus Gesellschaftsmitteln vorliegen würde.[231]

123 Bestünde das einzige **Aktiva** der übertragenden Mutter-GmbH in der **Beteiligung an der Tochter-GmbH**, so würde durch die Einbringung der Mutter-GmbH in die Tochter-GmbH der Tochter-GmbH kein neues Vermögen zugeführt. Denn die stillen Reserven, die in der Beteiligung der Mutter-GmbH enthalten sind, resultieren gerade daraus, dass in der Tochter-GmbH entsprechende stille Reserven vorhanden sind. Ein echter Zufluss neuen Vermögens in die aufnehmende Tochter-GmbH findet nicht statt. Würde in diesem Fall zusätzlich zu der Gewährung der Anteile, die der Mutter-GmbH und der Tochter-GmbH bereits zustehen, durch die Einbringung der Mutter-GmbH eine Kapitalerhöhung aufgrund der stillen Reserven der Beteiligung zugelassen werden, so würden sich dadurch auch die Anteilsverhältnisse an der Tochter-GmbH zulasten der anderen Gesellschafter verschieben.

---

227 Widmann/Mayer/Mayer, Umwandlungsrecht, § 5 UmwG Rn. 38; Korte, WiB 1997, 955; Lutter/Grunewald, UmwG, § 20 Rn. 61; Lutter/Winter/Vetter, § 54 UmwG Rn. 52; Kallmeyer/Kocher, § 54 UmwG Rn. 11; Middendorf/Stegmann, DStR 2005, 1082; Reichert, in: Semler/Stengel, § 54 UmwG Rn. 15; Stratz, in: Schmitt/Hörtnagl/Stratz, § 20 UmwG Rn. 109; Kallmeyer/Marsch-Barner, § 20 UmwG Rn. 29.
228 Widmann/Mayer/Mayer, Umwandlungsrecht, § 5 UmwG Rn. 38.
229 Vgl. zu diesen Fragen Heckschen, GmbHR 2008, 802 ff.; Widmann/Mayer/Mayer, Umwandlungsrecht, § 5 UmwG Rn. 40.1 ff.; Enneking/Heckschen, DB 2006, 1099 ff.; Mertens, AG 2005, 1099 ff.; Klein/Stephanblome, ZGR 2007, 369 ff.; Moszka, in: Semler/Stengel, § 24 UmwG Rn. 48; Stratz, in: Schmitt/Hörtnagl/Stratz, § 54 UmwG Rn. 11; Lutter/Winter/Vetter, § 54 UmwG Rn. 53 ff.; Lutter/Winter/Vetter, § 54 UmwG Rn. 55; Lutter/Priester, § 24 UmwG Rn. 62; Priester, in: FS Spiegelberger, 2009, S. 890 ff.
230 Lieder, in: MünchKommGmbH, § 56 Rn. 16; Baumbach/Hueck/Zöllner, § 56 GmbHG Rn. 7; Lutter/Hommelhoff, § 56 GmbHG Rn. 5; Michalski/Hermanns, § 56 GmbHG Rn. 40; Roweder/Schmidt-Leithoff/Zimmermann Rn. 7; Scholz/Priester, § 56 GmbHG Rn. 19.
231 Lutter/Hommelhoff, § 56 GmbHG Rn. 5; Scholz/Priester, § 56 GmbHG Rn. 19.

C. Verschmelzungsvertrag

Auch wenn insoweit keine Kapitalerhöhung durchgeführt wird, würde i. R. d. Verschmelzung **nur negatives Vermögen** übertragen und den Gesellschaftern dafür Anteile gewährt. Das wäre nur zulässig, wenn die Kapitalerhaltungsvorschriften im konkreten Fall eingehalten sind.[232] 124

Eine weitere Schranke kann sich ergeben, wenn im Zuge einer Verschmelzung nur Verbindlichkeiten übergehen, wie dies z. B. bei fremdfinanzierten Unternehmenskäufen mit anschließender Verschmelzung der Fall sein kann.[233] Es darf dabei zu keiner bilanziellen Überschuldung kommen. Nach einer Literaturmeinung kann dieser Vorgang »wirtschaftlich« als unzulässige Rückzahlung aus dem Gesellschaftsvermögen der aufnehmenden Tochtergesellschaft an die Gesellschafter der übertragenden Gesellschaft angesehen werden.[234] In der Literatur wird daher empfohlen, vor der Verschmelzung Maßnahmen zu treffen, die die Verletzung der §§ 30, 31 GmbHG von vornherein ausschließen.[235]

Auch aus Gründen des Minderheitenschutzes der übernehmenden Tochtergesellschaft können sich Einschränkungen ergeben. Die Literatur wiest zu Recht darauf hin, dass Minderheitsgesellschafter die Entwertung ihrer Beteiligung als Folge der Zuführung negativen Vermögens nicht hinnehmen müssen.[236] Sie könnten den Zustimmungsbeschluss zum down-stream-Verschmelzungsvertrag wegen Unangemessenheit des Umtauschverhältnisses anfechten (§ 14 Abs. 2 UmwG). Unabhängig von einem Verstoß gegen Kapitalerhaltungsgrundsätze begründe in einem solchen Fall die Einbringung von Vermögen mit einem negativen Wert im Wege der Verschmelzung einen Treuepflichtverstoß und einen Sondervorteil zugunsten des Mehrheitsgesellschafters und zu Lasten der aufnehmenden Gesellschaft und ihrer Minderheitsgesellschafter analog § 243 Abs. 2 AktG.[237]

dd) Verschmelzung bei Schwestergesellschaften

Auf die Problematik bei Schwestergesellschaften wurde bereits hingewiesen (vgl. Teil 1 Rdn. 173, Teil 2 Rdn. 105). Es war früher umstritten, ob bei Schwestergesellschaften **auf die Anteilsgewährungspflicht verzichtet** werden kann, wenn alle einverstanden sind.[238] 125

Die wohl **herrschende Meinung in der Literatur** hatte sich im Grundsatz insb. im Anschluss an die Regierungsbegründung zu § 54 UmwG für eine Anteilsgewährungspflicht auch bei Schwesterverschmelzungen zumindest bei Kapitalgesellschaften ausgesprochen.[239] 126

---

232 Vgl. Widmann/Mayer/Mayer, Umwandlungsrecht, § 5 UmwG Rn. 40.1 ff.; Heckschen, GmbHR 2008, 802 ff.; Enneking/Heckschen, DB 2006, 1099 ff.; Mertens, AG 2005, 1099 ff.; mit weiteren Beispielen Klein/Stephanblome, ZGR 2007, 369 ff.; Moszka, in: Semler/Stengel, § 24 UmwG Rn. 48; Stratz, in: Schmitt/Hörtnagl/Stratz, § 54 UmwG Rn. 11; Lutter/Priester, § 24 UmwG Rn. 62; Priester, in: FS Spiegelberger, 2009, S. 890 ff.
233 Leverage buy out vgl. dazu Heckschen, GmbHR 2008, 802, 803.
234 Heckschen, GmbHR 2008, 802 ff.; Enneking/Heckschen, DB 2006, 1099 ff.; Mertens, AG 2005, 1099 ff.; Klein/Stephanblome, ZGR 2007, 369 ff.; vgl. auch Sauer ÖNotZ 1995, 169, 173.
235 Heckschen, GmbHR 2008, 802, 803.
236 Lutter/Winter/Vetter, § 54 UmwG Rn. 58; vgl. auch Weiler, NZG 2008, 527, 530 ff.; Marsch-Barner, in: Kallmeyer, § 3 Rn. 22.
237 Ausf. dazu Weiler, NZG 2008, 527, 530 ff.; ebenso Marsch-Barner, in: Kallmeyer, § 3 Rn. 22.
238 Vgl. zusammenfassend Tillmann, GmbHR 2003, 740 ff.; vgl. Widmann/Mayer/Mayer, Umwandlungsrecht, § 5 UmwG Rn. 41 ff.; zuletzt Roß/Drögemüller, DB 2009, 580 ff.; Krumm, GmbHR 2010, 24 ff. insb. auch zu den steuerlichen Fragen.
239 Vgl. Teil 1 Rdn. 172, Teil 2 Rdn. 105; Limmer, in: FS für Schippel, 1996, S. 415; Schwedhelm, Die Unternehmensumwandlung, Rn. 1311; Widmann/Mayer/Mayer, Umwandlungsrecht, § 5 UmwG Rn. 15 ff.; Heidinger, DNotZ 2000, 161 ff.; so schon Heidinger/Limmer/Holland/Reul, Gutachten des DNotI, Bd. IV, Gutachten zum Umwandlungsrecht 1998, Nr. 18, S. 26 ff.; Lutter/Drygala UmwG, § 5 Rn. 9.

127 Auch die **obergerichtliche Rechtsprechung**[240] stellte ausdrücklich klar, dass auch die Verschmelzung zur Aufnahme gem. § 2 Nr. 1 UmwG von Schwestergesellschaften »gegen Gewährung von Anteilen« zu erfolgen hat. Das KG stellte darauf ab, dass die Gewährung von Anteilen die Gegenleistung für die Übertragung des Vermögens des übertragenden Rechtsträgers ist. Sie sei wesentlicher Vertragsbestandteil und zwingendes Wesensmerkmal der Verschmelzung. Da sie auch öffentlichen Interessen des Kapitalschutzes diene, könne nicht auf sie verzichtet werden. Auch bei der Schwesterfusion bestehe die Pflicht zur Anteilsgewährung als zwingende gesetzliche Voraussetzung[241]. Demgegenüber hatten sich Instanzgerichtsurteile[242] ausdrücklich beim Fall der Schwesterverschmelzung vom Grundsatz der Anteilsgewährungspflicht distanziert.[243] Dabei setzte sich das LG München ausdrücklich über die entgegenstehende Gesetzesbegründung zu § 54 UmwG zur Notwendigkeit der Kapitalerhöhung bei Schwesterverschmelzungen hinweg.

128 Um die Anteilsgewährung und eine deshalb u. U. erforderliche Kapitalerhöhung bei der Schwesterverschmelzung zu vermeiden, blieb vor der Gesetzesnovelle aus dem Jahr 2007 **im Zweiten Gesetz zur Änderung des UmwG** nur der Ausweg vor der Verschmelzung ein Mutter-Tochter-Verhältnis durch Anteilsübertragung herzustellen.[244] Auf diese Gestaltungsmöglichkeit wurde sogar ausdrücklich von der obergerichtlichen Rechtsprechung[245] hingewiesen. Der Gesetzgeber hat im Zweiten Gesetz zur Änderung des UmwG eine Erleichterung geschaffen, indem er in den §§ 54 und 68 UmwG n. F. eine Ausnahme durch Verzicht festlegt:[246] § 54 Abs. 1 Satz 3 UmwG n. F. (für die GmbH) bzw. § 68 Abs. 1 Satz 3 UmwG n. F. (für die AG) bestimmt nunmehr, dass die Kapitalerhöhung bei der übernehmenden Kapitalgesellschaft zur Disposition **aller Anteilsinhaber des übertragenden Rechtsträgers** steht. Verzichten diese in notarieller Urkunde auf die Anteilsgewährung, darf die übernehmende Gesellschaft von der Anteilsgewährung absehen (vgl. Teil 2 Rdn. 132 ff.). Die Zustimmung der Gesellschafter der übernehmenden Gesellschaft ist nach dem klaren Wortlaut nicht erforderlich.

ee) Verschmelzung Enkelgesellschaft auf Muttergesellschaft

129 Bei der Verschmelzung einer Enkelgesellschaft auf die Muttergesellschaft, bei der z. B. die Anteile an der Enkelgesellschaft von einer 100 %igen Tochter der Muttergesellschaft gehalten werden, ergeben sich **zwei Probleme**:[247]
- Zunächst stellt sich die Frage, in **welchem Rahmen** bei einer derartigen Verschmelzung eine Kapitalerhöhung durchgeführt werden darf oder muss oder ob in entsprechender Anwendung von §§ 54 Abs. 1 Satz 1 Nr. 1 i. V. m. Abs. 2 und 68 Abs. 1 Satz 1 Nr. 1 i. V. m. Abs. 2 UmwG eine Kapitalerhöhung zwingend ausgeschlossen ist.
- Daneben stellt sich bei AG die Frage, ob eine ggf. nach dem UmwG zulässige bzw. gebotene Kapitalerhöhung bei AG auch im Hinblick auf § 71d Satz 2 AktG und § 71 Abs. 1 AktG **aktienrechtlich** im Hinblick auf das Verbot wechselseitiger Beteiligung zulässig ist. Bei GmbH ist die Frage des Verbotes wechselseitiger Beteiligung vor dem Hintergrund der analogen **Anwendung des § 33 GmbHG** zu diskutieren.[248]

---

240 Insb. KG, DNotZ 1999, 257 und OLG Frankfurt am Main, DNotZ 1999, 154 m. Anm. Heidinger; OLG Hamm, Der Konzern 2004, 805.
241 Heidinger, DNotZ 1999, 163.
242 LG München, GmbHR 1999, 35.
243 Vgl. auch LG Konstanz, ZIP 1998, 1226 für die Spaltung einer GmbH mit Begründung über § 128 UmwG, der eine quotenabweichende Spaltung zulässt.
244 Vgl. dazu ausführlich Widmann/Mayer/Mayer, Umwandlungsrecht, § 5 UmwG Rn. 55.
245 OLG Frankfurt am Main, BB 1998, 970.
246 Vgl. BR-Drucks. 548/06, S. 27.
247 Vgl. Widmann/Mayer/Mayer, Umwandlungsrecht, § 5 UmwG Rn. 56; BeckOGK/Wicke UmwG § 5 Rn. 16; Kallmeyer/Marsch-Barner § 20 Rn. 30.
248 Vgl. Lutter/Hommelhoff, GmbHG § 33 Rn. 21; Emmerich, NZG 1998, 622 ff.; Baumbach/Hueck/Fastrich, GmbHG § 33 Rn. 16.

Teilweise wird in der Literatur[249] eine **100 %ige Tochtergesellschaft** auch als Dritte i. S. d. § 20 Abs. 1 Nr. 3 Satz 1 Halbs. 2 UmwG angesehen, der **keine Anteile gewährt werden dürfen**.[250] Nach anderer wohl überwiegender Auffassung[251] steht der verdeckten Anteilsinhaberschaft i. S. v. § 54 Abs. 2 UmwG der Besitz von Geschäftsanteilen der übernehmenden GmbH durch ein abhängiges oder ein im Mehrheitsbesitz der GmbH stehendes Unternehmen nicht gleich, sodass **kein Kapitalerhöhungsverbot** besteht. Damit bleibt es auch in dieser Konstellation bei der Pflicht zur Gewährung von Anteilen, soweit nicht ein Verzicht erklärt wird.[252] Dies wird insb. durch den Vergleich mit § 71d Satz 2 AktG deutlich. Grund für die Sonderregelung könnte der Schutz der außenstehenden Gesellschafter des abhängigen Unternehmens sein, in deren Vermögenssphäre für den Fall eines ersatzlosen Untergangs der Anteile im Fall der Verschmelzung eingegriffen würde.

130

Unabhängig von diesen umwandlungsrechtlichen Vorgaben, geht die herrschende Meinung davon aus, dass das aktienrechtliche Schutzsystem der §§ 71a bis d AktG bzw. bei der GmbH § 33 GmbHG analog dennoch auch bei den durch Verschmelzung erworbenen Aktien bzw. Geschäftsanteilen der Muttergesellschaft in der Hand der Zwischengesellschaft eingreift.[253] Erwirbt ein abhängiges oder ein in Mehrheitsbesitz der übernehmenden AG stehendes Unternehmen aufgrund der Verschmelzung Aktien an der übernehmenden AG, so sei dies nur unter den Voraussetzungen des § 71d Satz 2 AktG zulässig.[254] § 71 Abs. 1 Nr. 5 AktG kommt dabei nicht zum Tragen, weil der Anteilserwerb durch das abhängige bzw. in Mehrheitsbesitz befindliche Unternehmen nicht im Wege der Gesamtrechtsnachfolge erfolge. Ist der **Anteilserwerb nach § 71d Satz 2 AktG nicht zulässig**, so ergibt sich daraus eine Veräußerungs- bzw. Einziehungspflicht.

131

ff) Verzicht auf Anteilsgewährung

Der Gesetzgeber hat im **Zweiten Gesetz zur Änderung des UmwG** v. 25.04.2007 in §§ 54 und 68 UmwG n. F. eine Ausnahme durch Verzicht festlegt:[255] § 54 Abs. 1 Satz 3 UmwG n. F. (für die GmbH) bzw. § 68 Abs. 1 Satz 3 UmwG n. F. (für die AG) bestimmt nunmehr, dass die Kapitalerhöhung bei der übernehmenden Kapitalgesellschaft zur Disposition **aller Anteilsinhaber des übertragenden Rechtsträgers** steht. **Verzichten alle Anteilsinhaber des übertragenden Rechtsträgers** in notarieller Urkunde auf die Anteilsgewährung, darf die übernehmende Gesellschaft von der Anteilsgewährung absehen. Zu kritisieren ist an dieser an sich erfreulichen Klarstellung, dass sie aufgrund der systematischen Stellung nur für Verschmelzung auf die AG und GmbH gilt, obwohl bei der Personengesellschaft oder anderen Rechtsträgern ähnliche Fragestellungen bestehen. M. E. kann man aber aus der gesetzlichen Neuregelung allgemein den Schluss ziehen, dass der Anteilsgewährungsgrundsatz disponibel ist, wenn alle Anteilsinhaber der übertragenden Rechtsträger darauf verzichten, denn was bei Kapitalgesellschaften gilt muss erst recht

132

---

249 Kallmeyer/Marsch-Barner UmwG, § 20 Rn. 30.
250 Anders aber offenbar ders. bei § 68 Rn. 10.
251 Vgl. Widmann/Mayer/Mayer, Umwandlungsrecht, § 5 UmwG Rn. 56 und § 54 Rn. 70; Widmann/Mayer/Rieger, Umwandlungsrecht, § 68 Rn. 20; Lutter/Winter/Vetter, UmwG, § 54 Rn. 110; Lutter/Grunewald, UmwG, § 20 Rn. 67; Diekmann in: Semler/Stengel, UmwG, § 68 Rn. 17 f.; Reichert in: Semler/Stengel, UmwG, § 54 Rn. 34; Stratz, in Schmitt/Hörtnagl/Stratz, § 54 UmwG Rn. 16; BeckOGK/Wicke UmwG § 5 Rn. 16.
252 BeckOGK/Wicke UmwG § 5 Rn. 16.
253 Widmann/Mayer/Mayer, Umwandlungsrecht, § 5 UmwG Rn. 56; Widmann/Mayer/Rieger, Umwandlungsrecht, § 68 Rn. 21; BeckOGK/Wicke UmwG § 5 Rn. 16.
254 Widmann/Mayer/Rieger, Umwandlungsrecht, § 68 Rn. 20.
255 Vgl. BR-Drucks. 548/06, S. 27.

bei Personengesellschaften oder Genossenschaften gelten.[256] Zu dem aus Gläubigerschutzsicht entstehenden Problem vgl. oben Teil 1 Rdn. 173 ff.[257]

▶ Hinweis:

133 Aus steuerrechtlicher Sicht ist zu beachten, dass eine Anteilsgewährung zur Buchwertfortführung erforderlich sein kann.[258]

134 Nach § 54 Abs. 1 Satz 3 UmwG n. F. (für die GmbH) bzw. § 68 Abs. 1 Satz 3 UmwG n. F. (für die AG) ist erforderlich, dass alle Anteilsinhaber eines übertragenden Rechtsträgers in **notariell beurkundeter Verzichtserklärung** verzichtet haben, nicht erforderlich ist der Verzicht der Gesellschafter des übernehmenden Rechtsträgers.[259] Umstritten ist, ob von der Anteilsgewährung nur abgesehen werden kann, wenn alle Anteilsinhaber des übertragenden Rechtsträgers verzichten oder ob auch ein Verzicht durch einzelne Anteilsinhaber ausreicht, so dass nur diesbezüglich keine Anteilen gewährt werden. Dabei ist str., ob zumindest eine Zustimmung alle Anteilsinhaber zu dem Verzicht notwendig ist.[260] Nach anderer Ansicht ist dies nicht notwendig, auch teilweise Verzichte sind danach möglich.[261] Überwiegend wohl als zulässig angesehen wird der Teilverzicht, d. h. dass nur eine teilweise Kapitalerhöhung erfolgt; auch ein Verzicht der Anteilsinhaber eines Rechtsträgers bei mehreren übertragenden Rechtsträgern.[262] Zum Schutz der Anteilsinhaber sollen die Verzichtserklärungen notariell beurkundet werden. Die Beurkundung muss nach den Vorschriften über die Beurkundung von Willenserklärungen (§§ 8 ff. BeurkG) erfolgen; eine Beurkundung nach den §§ 36 ff. BeurkG genügt nicht.[263] Es reicht aus, wenn die Verzichtserklärungen spätestens bei der Anmeldung zum Handelsregister vorliegen, wobei die Erklärung auch noch nachgereicht werden kann (vgl. Teil 2 Rdn. 684).[264] Ein genereller Verzicht, etwa bei Gründung der Gesellschaft, ist nicht ausreichend, eine Verzichtsbestimmung in der Satzung der Gesellschaft nicht zulässig.[265]

135 Der Verzicht ist als **Gestaltungsrecht bedingungsfeindlich** und kann nicht mehr einseitig zurückgenommen werden.[266] Die Verzichtserklärungen müssen nicht in einer gesonderten Urkunde erklärt werden, vielmehr können die Verzichtserklärungen aller Gesellschafter in einer

---

256 Ebenso Lutter/Drygala, § 2 UmwG Rn. 31; a. A. Widmann/Mayer/Fronhöfer, Umwandlungsrecht, § 80 UmwG Rn. 18, 1.
257 Vgl. auch zu den Streitfragen nach der Neuregelung Mayer/Weiler, DB 2007, 1235, 1239; Weiler, NZG 2008, 527 ff.; Kallmeyer, GmbHR 2006, 418 ff.; Drinhausen, BB 2006, 2313, 2315 ff.; Bayer/Schmidt, NZG 2006, 841; Keller/Klett, DB 2010, 1220 ff.; Krumm, GmbHR 2010, 24 ff.; Roß/Drögemüller, DB 2009, 580 ff.; Keller/Klett, DB 2010, 1220 ff.
258 Vgl. oben Teil 1 Rdn. 181; Mayer/Weiler, DB 2007, 1235, 1239; Krumm, GmbHR 2010, 24 ff.; Roß/Drögemüller, DB 2009, 580 ff.; Keller/Klett, DB 2010, 1220 ff.
259 Lutter/Winter/Vetter, § 54 UmwG Rn. 64.
260 So Widmann/Mayer/Mayer, § 54 UmwG Rn. 51.2; Widmann/Mayer/Rieger Umwandlungsrecht, § 68 UmwG Rn. 37.2; Heckschen, DB 2008, 1363, 1366.
261 Lutter/Winter/Vetter, § 54 UmwG Rn. 95; Kallmeyer/Kocher, § 54 UmwG Rn. 21.
262 Lutter/Winter/Vetter, § 54 UmwG Rn. 90 f.; Kallmeyer/Kocher, § 54 UmwG Rn. 21; Diekmann in: Semler/Stengel, UmwG, § 68 Rn. 16.
263 Vgl. zum vergleichbaren Fall des Verzichts nach § 8 UmwG Priester, DNotZ 1995, 427, 433; Widmann/Mayer/Mayer, Umwandlungsrecht, § 8 UmwG Rn. 58; Stratz, in Schmitt/Hörtnagl/Stratz, § 8 UmwG Rn. 71.
264 OLG Brandenburg NotBZ 2018, 381; Lutter/Decher § 13 UmwG Rn. 13; Widmann/Mayer/Mayer, Umwandlungsrecht, § 8 UmwG Rn. 60; Kallmeyer/Marsch-Barner, UmwG, § 8 Rn. 38.
265 Stratz, in Schmitt/Hörtnagl/Stratz, § 8 UmwG Rn. 68; Lutter/Drygala, § 8 UmwG, Rn. 52; Simon in Kölner Komm., § 8 UmwG Rn. 61.
266 Widmann/Mayer/Mayer, Umwandlungsrecht, § 8 Rn. 58; Widmann/Mayer/Rieger Umwandlungsrecht, § 68 Rn. 37.4; Stratz, in Schmitt/Hörtnagl/Stratz, § 8 UmwG Rn. 71; Lutter/Drygala, § 8 UmwG, Rn. 55.

Urkunde i. R. d. Beschlussfassung niedergelegt werden, sofern die Vorschriften über die Beurkundung von Willenserklärungen nach §§ 8 ff. BeurkG eingehalten sind und insb. das Protokoll von allen Gesellschaftern unterzeichnet wird.[267] **Stellvertretung** ist zulässig. Der Verzicht kann auch in der Versammlung erklärt und protokolliert werden, die über die Verschmelzung beschließt.[268] Dies kann aber nur für eine Vollversammlung, bei der sämtliche Anteilsinhaber anwesend sind, gelten.

Fraglich war, ob Dritte, die Rechte an den Anteilen der übertragenden Gesellschaft haben (z. B. Sicherungsrechte, Pfandrecht, Nießbrauch etc.) den Verzicht verhindern können. Soweit Rechte Dritter an den Anteilen oder Mitgliedschaften des übertragenden Rechtsträgers bestehen, findet dingliche Surrogation statt. Diese Rechte setzen sich an den Anteilen am übernehmenden Rechtsträger fort, die an die Stelle der Anteile am übertragenden Rechtsträger treten.[269] Daraus wird z. T. gefolgert, dass beim Anteilsverzicht auch diese Dritten zustimmen müssen, z. T. dass deshalb eine Negativerklärung analog § 16 Abs. 2 UmwG bei Handelsregister abgegeben werden müsse.[270] Dem kann nicht gefolgt werden.[271] Das UmwG sieht an keiner Stelle einen solchen Drittschutz vor. Auch in den anderen vom Gesetz vorgesehenen Fällen, in denen keine Anteile gewährt werden, tritt dieses Ergebnis ein, ohne dass der Gesetzgeber Zustimmungspflichten statuiert hat.[272] Deshalb kann bei § 54 Abs. 1 Satz 3 UmwG nichts anderes gelten. Der Schutz muss über andere Instrumente, insbesondere Schadensersatz erfolgen.[273] Pfändungsgläubiger und Nießbraucher eines Anteils müssen daher nicht zustimmen.[274]

c) Höhe der zu gewährenden Anteile (Umtauschverhältnis)

Das Gesetz geht davon aus, dass eine **wertentsprechende Anteilsgewährung** stattfindet.[275] Die Vermögensgegenstände, die im Wege der Verschmelzung übertragen werden, sind mit den in den Anteilen verkörperten Vermögensgegenständen des aufnehmenden Rechtsträgers zu vergleichen und es ist ein angemessenes Wertverhältnis zu finden. Dazu ist grds. eine Unternehmensbewertung notwendig. Die gewährten Anteile müssen den Wert des übertragenden Vermögens entsprechen (vgl. zur Unternehmensbewertung Teil 2 Rdn. 440 ff.). Die Festlegung des **Bewertungsstichtag** ist streitig. Nach einem Teil der Literatur ist dies der Tag des Verschmelzungsbeschlusses.[276] Nach a. A. kann der Bewertungsstichtag von den Parteien frei gewählt werden, er müsse allerdings vor der Beschlussfassung liegen, so könne z. B. auf den Verschmelzungsstichtag abgestellt werden.[277] Dieses Leitbild entspricht dem **Minderheitenschutz**, da die Gesellschafter der übertragenden

---

267 Widmann/Mayer/Mayer, Umwandlungsrecht, § 8 UmwG Rn. 58.
268 Lutter/Drygala, UmwG, § 8 Rn. 55; Stratz, in Schmitt/Hörtnagl/Stratz, § 8 UmwG Rn. 71; Decher, in: Lutter, Kölner Umwandlungsrechtstage, S. 201 und 209 in Bezug auf den Formwechsel; ebenso: Priester, IDW Fachtagung 1994, S. 419 und 426.
269 Vgl. Lutter/Grunewald, § 20 UmwG Rn. 71; Kübler, in: Semler/Stengel, § 20 UmwG Rn. 80; Stratz, in Schmitt/Hörtnagl/Stratz, § 20 UmwG Rn 19; Rieder/Ziegler ZIP 2004, 481; Teichmann FS Lutter, 2000, 1275 ff.
270 Kallmeyer/Kocher § 54 UmwG Rn. 20; Köln/Komm/Simon/Nießen § 54 UmwG Rn. 47.
271 Ebenso Lutter/Winter/Vetter, § 46 UmwG Rn. 24, § 54 UmwG Rn. 105.
272 Lutter/Grunewald, § 20 UmwG Rn. 71; Kübler, in: Semler/Stengel, § 20 UmwG Rn. 80; Kallmeyer/Marsch-Barner, § 20 UmwG Rn. 31; Stratz, in Schmitt/Hörtnagl/Stratz, § 20 UmwG Rn. 115.
273 Vgl. auch Lutter/Grunewald, § 20 UmwG Rn. 71; Kübler, in: Semler/Stengel, § 20 UmwG Rn. 80; Lutter/Winter/Vetter, § 46 UmwG Rn. 24, § 54 UmwG Rn. 105.
274 So Kallmeyer/Zimmermann § 13 UmwG Rn. 35; Widmann/Mayer/Heckschen, § 13 UmwG Rn. 121 ff.; BeckOGK/Temme UmwG § 43 Rn. 39.
275 Vgl. OLG Rostock MittBayNot 2017, 414= DStR 2016, 2980 = NotBZ 2016, 351.
276 Widmann/Mayer/Mayer, Umwandlungsrecht, § 5 UmwG Rn. 131; Schröer, in: Semler/Stengel, § 5 UmwG Rn. 59; Bayer, AG 1989, 323, 329; Priester, BB 1992, 1594, 1596.
277 Lutter/Drygala, § 5 UmwG Rn. 32, ähnlich wohl Stratz, in Schmitt/Hörtnagl/Stratz, § 5 UmwG Rn. 29.

Gesellschaft bzw. die Mitglieder des übertragenden Rechtsträgers in ihren Rechten geschmälert werden, wenn sie keine wertentsprechenden Anteile erhalten würden. Wie bereits dargelegt (vgl. oben Teil 1 Rdn. 172 ff.; Teil 2 Rdn. 100 ff.), hat der Gesetzgeber keine unverzichtbaren Pflichten zur wertentsprechenden Anteilsgewährung vorgesehen. Die ganz herrschende Meinung ist daher der Auffassung, dass die Höhe der Kapitalerhöhung und der gewährten Anteile **in das Belieben der Parteien** gestellt ist.

138 Bei der Spaltung ergibt **die Gesetzesbegründung zu § 139 UmwG**,[278] dass bei Verschmelzung oder Ausgliederung auf eine Kapitalgesellschaft mit einem erheblich niedrigeren Stamm- oder Grundkapital, eine Festsetzung abweichend vom Nennkapital bzw. des den abgespaltenen oder ausgegliederten Teils entsprechenden Teil des Nennkapitals möglich ist. Hinzu kommt, dass auch auf Rechtsträger verschmolzen werden kann, für die keine gesetzlich normierten Kapitalaufbringungsvorschriften bestehen, wie etwa auf Personenhandelsgesellschaften.[279]

139 Zur **Milderung der von der Praxis ungeliebten Kapitalerhöhungsverpflichtung** bei Verschmelzungen wurde vor dem Zweiten Gesetz zur Änderung des UmwG aus dem Jahr 2007 daher von der ganz herrschenden Meinung in der Literatur[280] vertreten, dass die Höhe der Kapitalerhöhung ins Belieben der Parteien gestellt ist. Danach soll es ausreichen, dass die Minimalkapitalerhöhung zur Schaffung eines zu gewährenden Geschäftsanteils i. H. v. damals 100,00 € ausreicht. Dabei wird mit der ausreichenden Sicherstellung der Gläubiger nach § 22 UmwG argumentiert.

140 Diese herrschende Meinung stieß jedoch auch dann auf Bedenken, wenn sie zum »**Wegverschmelzen« geschützten Stammkapitals** i. V. m. einer kurzfristigen späteren Ausschüttung beim aufnehmenden Rechtsträger führt:[281] Ein Teil der Literatur wollte die Frage nur de lege ferenda lösen.[282] Z. T. wurde überlegt, in einem solchen Fall die für die Kapitalherabsetzung bestehende Ausschüttungssperre analog anzuwenden. Ein Teil der Literatur schlug vor, in diesem Zusammenhang die frei gewordenen Verträge in eine **zeitlich gebundene Rücklage** bei der aufnehmenden Gesellschaft einzustellen.[283] Der Gesetzgeber hat jetzt auch im **Zweiten Gesetz zur Änderung des UmwG** diese herrschende Meinung bestätigt, indem er in den §§ 54 und 68 UmwG n. F. eine Ausnahme durch Verzicht festlegt[284] § 54 Abs. 1 Satz 3 UmwG n. F. (für die GmbH) bzw. § 68 Abs. 1 Satz 3 UmwG n. F. (für die AG) bestimmt nunmehr, dass die Kapitalerhöhung bei der übernehmenden Kapitalgesellschaft zur Disposition **aller Anteilsinhaber des übertragenden Rechtsträgers** steht. Verzichten diese in notarieller Urkunde auf die Anteilsgewährung, darf die übernehmende Gesellschaft von der Anteilsgewährung absehen. Dies bestätigt, dass der Gesetzgeber auch von der Freiheit der Kapitalerhöhung ausgeht, wenn alle Gesellschafter damit einverstanden sind.

d) Erfüllung der Anteilsgewährungspflicht

141 Bei der **Planung der Verschmelzung** sind grds. **zwei Fragen** zu klären:
– Besteht im konkreten Fall die Anteilsgewährungspflicht?
– Wie ist die Anteilsgewährungspflicht zu erfüllen?

---

278 BT-Drucks. 75/94, abgedruckt bei Limmer, Umwandlungsrecht, S. 320.
279 Vgl. Limmer, in: FS für Schippel, 1996, S. 425; Kowalski, GmbHR 1996, 158, 159 ff.; Ittner, MittRhNotK 1997, 109; Widmann/Mayer/Mayer, Umwandlungsrecht, § 126 UmwG Rn. 70 f.; Baumann, BB 1998, 2321, 2324; Rodewald, GmbHR 1997, 19, 21; a. A. allerdings für die Verschmelzung Priester, DNotZ 1995, 429, 441; zweifelnd auch Bayer, ZIP 1997, 1615 in Fn. 39.
280 Widmann/Mayer/Mayer, Umwandlungsrecht, § 5 UmwG Rn. 47; Kowalski, GmbHR 1996, 158, 159 ff.; Lutter/Winter, UmwG, § 54 Rn. 20; a. A. Priester, DNotZ 1995, 427, 441.
281 Vgl. Heidinger, DNotZ 1999, 164.
282 Mayer, DNotZ 1998, 177; vgl. auch Heckschen, DB 1998, 1385, 1389 unter Hinweis auf Goette, in der Podiumsdiskussion zum 25. Deutschen Notartag, DNotZ 1998, 207.
283 So Naraschewski, GmbHR 1998, 356, 360.
284 Vgl. BR-Drucks. 548/06, S. 27.

C. Verschmelzungsvertrag

Für die zweite Frage sind bei GmbH und AG die §§ 54 bzw. 68 UmwG zu beachten, die Kapitalerhöhungsverbote und Kapitalerhöhungswahlrechte enthalten. Es ist dann zu prüfen, wie die notwendigen Anteile geschaffen werden. **Folgende Wege** sind daher unter Beachtung der Kapitalerhöhungsverbote und -wahlrechte **zu berücksichtigen**:[285]   142
– die Anteile werden durch Kapitalerhöhung neu geschaffen (vgl. Teil 2 Rdn. 256 ff.),
– der übernehmende Rechtsträger verfügt bereits über eigene Anteile, die gewährt werden können (= Kapitalerhöhungswahlrechte der §§ 54 Abs. 1 Satz 2 Nr. 1 und 68 Abs. 1 Satz 2 Nr. 1 UmwG; vgl. Teil 2 Rdn. 110 ff., Teil 2 Rdn. 307 ff.),
– der übertragende Rechtsträger verfügt über voll eingezahlte Anteile an der übernehmenden Gesellschaft, die auf diesen übergehen und daher von ihm gewährt werden können (Kapitalerhöhungswahlrechte der §§ 54 Abs. 1 Satz 2 Nr. 2, 68 Abs. 1 Satz 2 Nr. 2 UmwG; vgl. Teil 2 Rdn. 320 ff.),
– Dritte übertragen Anteile (vgl. Teil 2 Rdn. 324).

e) Personenidentität

Weiter ist bei der Regelung der Anteilsgewährung im Verschmelzungsvertrag der **Grundsatz der**   143
Personenidentität zu beachten. Dieser Grundsatz besagt, dass i. R. d. Verschmelzung grds. kein Anteilsinhaber oder Gesellschafter neu hinzutreten oder ausscheiden darf (vgl. im Einzelnen und zu den Ausnahmen Teil 2 Rdn. 14 ff., Teil 4 Rdn. 54 ff.). Keine Anteilsgewährungspflicht besteht für eigene Anteile einer übertragenden Gesellschaft und solche des übernehmenden Rechtsträgers an einer übertragenden Gesellschaft (§§ 20 Abs. 1 Nr. 3 Satz 1, 54 Abs. 1 Nr. 1 und Nr. 2, 68 Abs. 1 Nr. 1 und Nr. 2 UmwG).

f) Art der Anteile

Die **Art der zu gewährenden Anteile** richtet sich nach dem Recht des aufnehmenden Rechtsträgers. Inhaber von Sonderrechten sind nach § 23 UmwG geschützt (vgl. dazu unten Teil 2 Rdn. 568 ff.). Bei der **Mischverschmelzung** besteht außerdem die Möglichkeit des Austritts über ein Abfindungsangebot (§ 29 Abs. 1 Satz 1 UmwG). Das Gleiche gilt, wenn bei einer Verschmelzung von Rechtsträgern derselben Rechtsform die Anteile an dem übernehmenden Rechtsträger Verfügungsbeschränkungen unterworfen sind. Bei der Verschmelzung von AG stellt sich die Frage, **ob bei unterschiedlichen Aktiengattungen dieselben Aktiengattungen zu gewähren** sind. Nur § 23 UmwG bestimmt, dass für den Inhabern von Rechten in einem übertragenden Rechtsträger, die kein Stimmrecht gewähren, insbesondere den Inhabern von Anteilen ohne Stimmrecht, von Wandelschuldverschreibungen, von Gewinnschuldverschreibungen und von Genußrechten, gleichwertige Rechte in dem übernehmenden Rechtsträger zu gewähren sind. Das Gesetz regelt diese Frage im Übrigen aber nicht. Die überwiegende Meinung geht davon aus, dass es nicht erforderlich sei, dass die Gegenleistung in Aktien derselben Gattung erfolgt, wie sie die Aktionäre der übertragenden Gesellschaft besitzen.[286] Es könnten vielmehr grds. Aktien jeder denkbaren Gattung gewährt werden, sofern dies nicht dem gesellschaftsrechtlichen Gleichheitsgrundsatz widerspricht.[287] Unbedenklich ist daher die Ausgabe von Inhaber- statt Namensaktien oder umgekehrt.[288] Die Gewährung von Stammaktien gegen stimmrechtslose Vorzugsaktien bei der über-   144

---

285 Vgl. dazu oben Teil 2 Rdn. 111 ff., unten Teil 2 Rdn. 307 ff. und Widmann/Mayer/Mayer, Umwandlungsrecht, § 5 UmwG Rn. 56.1 ff.; Ittner, MittRhNotK 1997, 105, 109; BeckOGK/Wicke UmwG § 5 Rn. 24 ff.
286 BeckOGK/Wicke UmwG § 5 Rn. 25; Kölner KommUmwG/Simon § 2 Rn. 114; Widmann/Mayer/Mayer § 5 UmwG Rn. 71.
287 Widmann/Mayer/Mayer, Umwandlungsrecht, § 5 UmwG Rn. 71 f.; Kallmeyer/Marsch-Barner, § 5, Rn. 11; Lutter/Drygala, § 5 UmwG Rn. 19.
288 Lutter/Drygala, § 5 UmwG Rn. 19; Widmann/Mayer/Mayer, Umwandlungsrecht, § 5 UmwG Rn. 73; Kallmeyer/Marsch-Barner, UmwG, § 5, Rn. 13.

nehmenden AG ist problematisch und dann unzulässig, wenn den Aktionären nicht weitestgehend die vermögens- und herrschaftsmäßige Stellung erhalten bleibt, die sie vorher innehatten.[289] Auch die **Ausgabe von Stammaktien für Vorzugsaktien** der übertragenden Gesellschaft ist in den Einzelheiten umstritten. Ein Teil der Literatur verlangt einen Sonderbeschluss der betroffenen Vorzugsaktionäre nach § 141 AktG.[290] Der wohl überwiegende Teil lehnt dies ab.[291] Dieser Meinung ist zu folgen.

g) Bezeichnung der Kapitalerhöhung, eigene Anteile

145 In vielen Fällen ist zur Schaffung der zu gewährenden Anteile eine **Kapitalerhöhung** erforderlich (§§ 5 f., 68 ff. UmwG). Es ist umstritten, ob diese Kapitalerhöhung im Verschmelzungsvertrag erwähnt werden muss.[292] Zu beachten ist, dass jedenfalls bei der Verschmelzung unter Beteiligung von GmbH dann Angaben zu machen sind, wenn die zu gewährenden Geschäftsanteile im Wege der Kapitalerhöhung geschaffen und mit anderen Rechten und Pflichten als sonstige Geschäftsanteile der übernehmenden GmbH ausgestattet werden. Darüber hinausgehend verlangt ein Teil der Literatur, dass im Verschmelzungsvertrag eine zur Durchführung der Verschmelzung notwendige Kapitalerhöhung vorgesehen und für jeden Anteilsinhaber der Nennbetrag der ihm zuzuteilenden jungen Anteile festgesetzt wird.[293]

▶ Hinweis:

146 In der Praxis dürfte es sich aus Sicherheitsgründen empfehlen, die Kapitalerhöhung zu erwähnen.

147 Sollen Anteilsinhaber eines übertragenden Rechtsträgers schon vorhandene Geschäftsanteile einer übernehmenden Gesellschaft erhalten, so müssen die Anteilsinhaber und die Nennbeträge der Geschäftsanteile, die sie erhalten sollen, **im Verschmelzungsvertrag besonders bestimmt** werden (§ 46 Abs. 3 UmwG). Im Verschmelzungsvertrag muss daher angegeben werden, ob es sich bei den zum Anteilstausch verwendeten vorhandenen Anteile um eigene Anteile der übernehmenden GmbH (§ 54 Abs. 1 Nr. 2 UmwG), vom übertragenden Rechtsträger gehaltene (§ 54 Abs. 1 Satz 2 Nr. 2 UmwG) oder von einem Dritten bereitgestellte Geschäftsanteile (vgl. dazu unten Teil 2 Rdn. 324 ff.) handelt.

148 Bei **Personenhandelsgesellschaften** muss der Verschmelzungsvertrag für jeden Gesellschafter bestimmen, ob er bei der übernehmenden Gesellschaft die Stellung eines Komplementärs oder Kommanditisten erhalten soll (§ 40 Abs. 1 UmwG). Bei einer Komplementärstellung ist dies nur mit Zustimmung möglich (§ 40 Abs. 2 Satz 2 UmwG).

h) Teilbarkeit, Nennbeträge, mehrere Geschäftsanteile

149 Für die Anteilsgewährung sind die jeweiligen Vorschriften des aufnehmenden Rechtsträgers zu beachten, insb. die Vorschriften über Mindestnennbetrag und Teilbarkeit. Insofern bestehen allerdings Teilbarkeitserleichterungen. In § 54 Abs. 3 UmwG ist geregelt, dass die **Stückelungsvorschriften des § 5 GmbHG** insoweit unbeachtlich sind, als sie sonst bei der Teilung von Geschäfts-

---

289 Ausführlich Lutter, in: FS für Mestmäcker, 1996, S. 943 ff.; Lutter/Drygala, UmwG, § 5 Rn. 20; Widmann/Mayer/Mayer, Umwandlungsrecht, § 5 UmwG Rn. 74.
290 Kiem, ZIP 1997, 1627, 1629.
291 Lutter/Drygala, UmwG, § 5 Rn. 21; Kallmeyer/Marsch-Barner, UmwG, § 5 Rn. 13; Widmann/Mayer/Mayer, Umwandlungsrecht, § 5 UmwG Rn. 75.
292 Ablehnend Kallmeyer/Marsch-Barner, UmwG, § 5 Rn. 16; Stratz, in Schmitt/Hörtnagl/Stratz, § 46 UmwG Rn. 4; Reichert in: Semler/Stengel, UmwG, § 46 Rn. 16; a. A. Lutter/Winter/Vetter, UmwG, § 46 Rn. 12, 47 ff.; für eine Mittellösung: entweder im Vertrag oder in Verschmelzungsbeschluss Widmann/Mayer/Mayer, Umwandlungsrecht, § 46 UmwG Rn. 23.1.
293 So Lutter/Winter/Vetter, UmwG, § 46 Rn. 48; a. A. Streck/Mack/Schwedhelm, GmbHR 1995, 163.

anteilen gem. § 17 Abs. 4 GmbHG einzuhalten wären; jedoch muss der Nennbetrag jedes Teils der Geschäftsanteile auf volle Euro lauten. Zweck der Stückelungserleichterung ist es, möglichst jedem Inhaber des übertragenden Rechtsträgers die Möglichkeit zur Beteiligung an dem übernehmenden Rechtsträger zu eröffnen und nichtbeteiligungsfähige Spitzen weitgehend zu vermeiden. Nach § 46 Abs. 1 Satz 3 UmwG i. d. F. durch das MoMiG v. 23.10.2008[294] muss der Nennbetrag auf volle Euro lauten. Die überwiegende Meinung geht zu Recht davon aus, dass in dem Fall, in dem ein Gesellschafter des übertragenden Rechtsträgers mehrere Anteile hat, ihm die gleiche Anzahl von Anteilen an der übernehmenden Gesellschaft zu gewähren ist. Da § 5 Abs. 2 GmbHG i. d. F. durch das MoMiG es zulässt, dass ein Gesellschafter mehrere Geschäftsanteile übernehmen kann, stehen dem auch keine Beschränkungen des GmbHG entgegen.[295] Die herrschende Meinung geht zu Recht davon aus, dass, wenn dem Anteilsinhaber der übertragenden Gesellschaft mehrere Anteile gehören, diesem die entsprechende Anzahl Anteile an der übernehmenden Gesellschaft zu gewähren sind; nur mit seiner Zustimmung wäre eine Zusammenlegung der Anteile i. R. d. Verschmelzung zulässig.[296]

i) Mehrere übertragende Rechtsträger

150 Unklar ist die Vorgehensweise bei der **Beteiligung mehrerer übertragender Rechtsträger**.[297] Bei der Gestaltung der Übertragung mehrerer übertragender Rechtsträger auf einen aufnehmenden Rechtsträger bestehen **zwei verschiedene Möglichkeiten** (vgl. auch Teil 2 Rdn. 79 ff. zu mehrseitigen Verschmelzungsverträgen bei Beteiligung mehrerer Rechtsträger):
– Entweder schließt man zwischen jeder einzelnen übertragenden Gesellschaft und aufnehmenden Gesellschaft einen gesonderten Verschmelzungsvertrag, wobei die verschiedenen Verschmelzungsverträge jeweils mit aufschiebender Bedingung mit der Eintragung der anderen Verschmelzung im Handelsregister miteinander verknüpft werden können oder aber
– man nutzt die Möglichkeit, die das UmwG bietet, einen einheitlichen Verschmelzungsvertrag mit mehreren übertragenden Gesellschaften abzuschließen. Dabei handelt es sich jedoch um einen mehrseitigen Verschmelzungsvertrag über einen einheitlichen Verschmelzungsvorgang.

151 Handelt es sich um übertragende Gesellschaften **mit unterschiedlichen Gesellschaftern**, so ist i. R. d. Kapitalerhöhung entsprechend den obigen Grundsätzen jedem Gesellschafter ein bestimmter Anteil zuzuordnen. Schwieriger und umstritten ist diese Frage, bei der Verschmelzung von Gesellschaften mit voll- oder zumindest teilweise **identischem Gesellschafterbestand**. In diesem Fall ist zu fragen, ob ein Geschäftsanteil an den gemeinsamen Gesellschafter der übertragenden Rechtsträger oder als Ersatz für den Verlust jeder der Beteiligungen an den mehreren übertragenden Rechtsträgern jeweils ein Geschäftsanteil gewährt werden muss. Das OLG Frankfurt am Main[298] verlangt unter Berufung auf § 5 Abs. 1 Nr. 1 und Nr. 3 und § 46 Abs. 1 Satz 1 UmwG, dass bei einer Schwesterfusion, bei der die übernehmende Gesellschaft eine GmbH ist, der Verschmelzungsvertrag für jeden übertragenden Rechtsträger die Angaben über die Gewährung von Anteilen enthalten muss. Insofern sei zwingend, bei der übernehmenden GmbH eine Kapitalerhöhung durchzuführen und für jeden Rechtsträger, der übertragen wird, einen Anteil an der übernehmenden Gesellschaft zu gewähren.

---

294 BGBl. I 2008, S. 2026.
295 Lutter/Winter/Vetter, UmwG, § 46 Rn. 31; Widmann/Mayer/Mayer, Umwandlungsrecht, § 5 UmwG Rn. 88.
296 Widmann/Mayer/Mayer, Umwandlungsrecht, § 5 UmwG Rn. 88; Stratz, in Schmitt/Hörtnagl/Stratz, § 46 UmwG Rn. 9 f.; Kallmeyer/Kocher, UmwG, § 46 Rn. 6.
297 Vgl. Tillmann, BB 2004, 673 ff.; Widmann/Mayer/Mayer, Umwandlungsrecht, § 5 UmwG Rn. 56.6 ff.
298 DNotZ 1999, 154.

152 Die überwiegende **Literatur** hat dem widersprochen.[299] Dieser Widerspruch verdient Zustimmung, da keine sachlichen Gründe für die Gewährung mehrerer Geschäftsanteile an die gleichen Gesellschafter ersichtlich sind. Hinzu kommt, dass auch das allgemeine GmbH-Recht die Gewährung mehrerer Anteile an den gleichen Gesellschafter im Zuge einer einheitlichen Kapitalerhöhung nicht zulässt.[300] Dementsprechend kann auch negatives Vermögen durch positives der anderen Rechtsträger kompensiert werden.[301]

j) Euroumstellung

153 Sind an der Verschmelzung Rechtsträger beteiligt, deren Stammkapital und Geschäftsanteile noch in DM ausgewiesen sind, so ist immer die **Frage der Euroumstellung** zu prüfen. Die Einzelheiten sind bei Teil 5 Rdn. 129 ff. ausführlich dargestellt. Bei Kapitalgesellschaften sind die spezifischen Sondervorschriften des allgemeinen Gesellschaftsrechts für die Euroanpassung zu beachten.

4. Umtauschverhältnis und bare Zuzahlung (§ 5 Abs. 1 Nr. 3 UmwG)

a) Umtauschverhältnis

154 Anzugeben ist nach § 5 Abs. 1 Nr. 3 UmwG weiterhin das **Umtauschverhältnis der Anteile**. Der Gesetzgeber hatte dabei wohl in erster Linie die Publikumsgesellschaften im Auge, bei deren Verschmelzung häufig nicht die einzelnen Gesellschafter namentlich erwähnt oder erwähnt werden können und auch eine konkrete Zuordnung der neuen Anteile ausscheidet, sodass abstrakt das Verhältnis des Austausches der Anteile an dem übernehmenden Rechtsträger gegen Anteile an den übertragenden Rechtsträger formuliert werden muss. Umtauschverhältnis meint nach dem Wortlaut den **abstrakten Maßstab** der angibt, wie viel Anteile des Übernehmers die Anteilsinhaber der Übertrager als Gegenleistung erhalten.[302] Es genügt aber auch, wenn der Verschmelzungsvertrag die Beteiligungsverhältnisse offen legt, aus denen sich das Umtauschverhältnis ergibt, dann ist dies das Umtauschverhältnis.[303] Das Umtauschverhältnis ist daher auch im **Verschmelzungsbericht** nach § 8 Abs. 1 UmwG zu erläutern.

155 Die Festlegung des Umtauschverhältnisses ist bei Publikumsgesellschaften »*das prinzipiell delikateste*«[304] an der Verschmelzung, da im Grunde das Umtauschverhältnis die Wertrelationen und damit auch die Gegenleistung die jeder Gesellschafter der übertragenden Gesellschaft erhält, bestimmt. Während bei Austauschverträgen dieses Verhältnis zwischen Leistung und Gegenleistung im Wege des freien Aushandelns bestimmt wird, ist bei der Verschmelzung die Bestimmung des Umtauschverhältnisses zunächst in die Hand der Verwaltungsorgane gelegt, die i. R. d. Verschmelzungsvertrages dieses Umtauschverhältnis bestimmen müssen. Erst im zweiten Schritt stimmen die Anteilsinhaber, deren wirtschaftliche Position dadurch betroffen wird, über dieses Umtauschverhältnis und seine Richtigkeit ab. So wundert es daher nicht, dass das Gesetz dem Umtauschverhältnis einen großen Stellenwert einräumt. Ermittelt werden muss das Umtauschverhältnis durch die Unternehmensbewertung sämtlicher beteiligter Rechtsträger, also durch die Ermittlung des inneren (wirtschaftlichen) Wertes der getauschten Geschäftsanteile (vgl. im Einzelnen zur Bewertung unten Teil 2 Rdn. 431). Für die Bewertung aller beteiligten Rechtsträger ist

---

299 Heckschen, DB 1998, 1385; Mayer, DB 1998, 913; Neye, EWiR § 46 UmwG 1/98, S. 517; Heidinger, DNotZ 1999, 165; Tillmann, BB 2004, 673; Reichert, in: Semler/Stengel, §§ 46 Rn. 3 und § 55 UmwG Rn. 9; Schröer in: Semler/Stengel UmwG § 5 Rn. 26; Stratz, in: Schmitt/Hörtnagl/Stratz, § 46 UmwG Rn. 8; Lutter/Winter, § 46 UmwG Rn. 6; Widmann/Mayer/Mayer, Umwandlungsrecht, § 5 UmwG Rn. 56, 11 f.; Kallmeyer/Müller, § 5 UmwG Rn. 19.
300 Ausführlich Widmann/Mayer/Mayer, Umwandlungsrecht, § 5 UmwG Rn. 56, 6 ff.
301 Tillmann, BB 2004, 673 ff.
302 Z. B. 1:10, 5:3, 1:2; vgl. Widmann/Mayer/Mayer, Umwandlungsrecht, § 5 UmwG Rn. 95; Lutter/Drygala, UmwG, § 5 Rn. 26; Kallmeyer/Lanfermann, UmwG, § 5 Rn. 17 ff.
303 So zu Recht Widmann/Mayer/Mayer, Umwandlungsrecht, § 5 UmwG Rn. 94.
304 Priester, DNotZ 1995, 427, 438; Lutter/Drygala, UmwG, § 5 Rn. 25.

von einem für alle Rechtsträger gleichen Stichtag (sog. Bewertungsstichtag) auszugehen, welcher vom Gesetz nicht vorgegeben ist.[305] Fraglich ist, ob der Bewertungsstichtag frei – allerdings vor dem Verschmelzungsbeschluss – festgelegt werden kann[306] oder ob dies der Tag ist, an dem die Anteilsinhaber des übertragenden Rechtsträgers dem Verschmelzungsvertrag zustimmen.[307] Andere empfehlen, die Unternehmenswerte für die Bestimmung des Umtauschverhältnisses jeweils auf den Zeitpunkt des Abschluss des Verschmelzungsvertrages oder auf den Verschmelzungsstichtag zu ermitteln.[308] Die verschiedenen Methoden zur Ermittlung der Werte der beteiligten Rechtsträger und damit des Umtauschverhältnisses werden unten im Einzelnen erläutert (vgl. unten Teil 2 Rdn. 440 ff.).

Das Gesetz geht allerdings davon aus, dass **alle Gesellschafter** eine wertentsprechende Verschmelzung verlangen. Dies ist das gesetzliche Leitbild, da kein Anteilsinhaber durch die Verschmelzung wirtschaftlich benachteiligt werden soll. Dieser Grundsatz folgt aus der **Eigentumsgarantie des Art. 14 GG**. Dies schließt aber nicht aus, dass die Anteilsinhaber aller beteiligten Gesellschafter ein nicht angemessenes Umtauschverhältnis unter Zustimmung aller Gesellschafter akzeptieren können.[309] Deshalb ist das Umtauschverhältnis **nicht Gegenstand der registerrechtlichen Prüfung**, sondern liegt in der Hand der Anteilsinhaber und Gesellschafter.[310]

156

Gegenstand des Verschmelzungsvertrages sind weder die angewandten Methoden, noch die Gründe für ihre Anwendung und ein bestimmtes Umtauschergebnis. Im Verschmelzungsvertrag selbst ist nur das Umtauschergebnis in seiner abstrakten Definition festzulegen. Auf die Gründe und die Methoden ist vielmehr im Verschmelzungsbericht und ggf. auch in der Verschmelzungsprüfung einzugehen.

157

Ausgehend von den Unternehmenswerten aller beteiligten Rechtsträger wird ein Verhältnis zwischen den nominalen Kapitalanteilen, den sie repräsentierenden inneren (wirtschaftlichen) Werten zu denen der anderen beteiligten Rechtsträger gebildet. Aus dem Wertverhältnis der auf den gleichen Nennbetrag berechneten Anteile aller beteiligten Rechtsträger ergibt sich dann das Umtauschverhältnis.[311]

158

Befinden sich alle Anteile eines übertragenden Rechtsträgers in der Hand eines übernehmenden Rechtsträgers (100 %iges Mutter-Tochterverhältnis), so entfallen nach § 5 Abs. 2 UmwG die Angaben über den Umtausch der Anteile. Unklar ist dabei, auf welchen Zeitpunkt es dafür ankommt. Die Frage wird insb. bei § 62 UmwG und den Konzernerleichterungen bei AG diskutiert (vgl. dazu Teil 2 Rdn. 1098 ff.). In diesem Zusammenhang hat sich insb. die sog. »zweistufige« Konzernverschmelzung als strittig erwiesen.[312] Mit der wohl überwiegenden Meinung wird man auch i. R. d. § 5 UmwG der Meinung sein, dass es genügt wenn das **maßgebliche Beteiligungsverhältnis zum Zeitpunkt der Eintragung** der Verschmelzung vorliegt.[313]

159

---

305 Lutter/Drygala, UmwG, § 5 Rn. 32; Widmann/Mayer/Mayer, Umwandlungsrecht, § 5 UmwG Rn. 131; Stratz, in: Schmitt/Hörtnagl/Stratz, § 5 UmwG Rn. 27.
306 So Lutter/Drygala, UmwG, § 5 Rn. 32.
307 So Widmann/Mayer/Mayer, Umwandlungsrecht, § 5 UmwG Rn. 131.
308 Stratz, in: Schmitt/Hörtnagl/Stratz, § 5 UmwG Rn. 29.
309 Lutter/Drygala, UmwG, § 5 Rn. 20; Lutter/Grunewald, UmwG, § 20 Rn. 6.
310 Widmann/Mayer/Mayer, Umwandlungsrecht, § 5 UmwG Rn. 94; Widmann/Mayer/Fronhöfer, Umwandlungsrecht, § 19 UmwG Rn. 26; Lutter/Grunewald, UmwG, § 20 Rn. 6; Stratz, in: Schmitt/Hörtnagl/Stratz, § 19 UmwG Rn. 24.
311 Lutter/Drygala, UmwG, § 5 Rn. 27 ff.; Widmann/Mayer/Mayer, Umwandlungsrecht, § 5 UmwG Rn. 97 ff.
312 Vgl. dazu Teil 2 Rdn. 1098 ff.; Henze, AG 1993, 341; vgl. auch Habersack, FS Horn, 2006, S. 337 ff.
313 So Schröer, in: Semler/Stengel, § 5 Rn. 129; Widmann/Mayer/Mayer, Umwandlungsrecht, § 5 UmwG Rn. 213; Kallmeyer/Marsch-Barner, § 5 UmwG Rn. 70; vgl. auch BayObLG, ZIP 2000, 230 beim Formwechsel; a. A. Lutter/Drygala, § 5 UmwG Rn. 141, der auf den Zeitpunkt der Beschlussfassung abstellt.

b) Bare Zuzahlungen

160 Nach § 5 Abs. 1 Nr. 3 UmwG ist »*ggf. die Höhe der baren Zuzahlung*« anzugeben. Bare Zuzahlungen sollen es – neben weiteren Erleichterungen bei der Anteilsfestlegung – ermöglichen, einen rechnerisch exakten Ausgleich zu gewähren. Nach allgemeiner Meinung sind bare Zuzahlungen in allen Fällen der Anteilsgewährung im Zuge der Verschmelzung zur Aufnahme oder Neugründung zulässig.[314] Bare Zuzahlungen sind Leistungen der übernehmenden Gesellschaft, die zusätzlich zu den gewährten Geschäftsanteilen, Mitgliedschaftsrechten oder Aktien gewährt werden.

Umstritten ist, ob bare Zuzahlungen, wie der Begriff bereits sagt, nur zulässig sind, wenn auch Anteile gewährt werden[315] oder ob auch eine reine Barabfindung, insb. für Inhaber von **Kleinstbeteiligungen**, erfolgen kann. Die mittlerweile im Vordringen befindliche **Literaturauffassung** lässt zu Recht eine Barabfindung auch dann zu, wenn trotz Ausnutzung der Teilbarkeits- und Stückelungsregelungen ein Anteilsinhaber nicht den gesetzlichen Mindestnennbetrag für einen Anteil an der aufnehmenden Gesellschaft erreicht; er ist dann auf eine Barabfindung als ultima ratio zu verweisen.[316]

I. Ü. gilt aber der Grundsatz, dass bare Zuzahlungen nur zulässig sind, wenn auch Anteile gewährt werden. Als bare Zuzahlungen sind nur **Geldleistungen** zulässig, nicht dagegen die Hingabe von Sachwerten, auch nicht die Begründung von Darlehensverbindlichkeiten der GmbH ggü. den Anteilsinhabern des übertragenden Rechtsträgers.[317] Z. T. wird allerdings eine Sachleistung bei allseitigem Einverständnis zugelassen.[318] Kontrovers diskutiert wird, ob eine Ausnahme vom Sachleistungsverbot für die Gewährung von Darlehen besteht.[319] In der Literatur wird mittlerweile eine Ausnahme befürwortet, wenn die Anteilsinhaber zustimmen.[320] Z. T. wird dies generell abgelehnt.[321] M. E. kann der zulassenden Ansicht gefolgt werden. Zu berücksichtigen ist weiter, dass für die GmbH, die AG und die Genossenschaft als aufnehmender Rechtsträger **Höchstbeträge** von **10 % des gesamten Nennbetrags** der gewährten Gesellschaftsrechte oder Geschäftsanteile gelten.[322] Für Personenhandelsgesellschaften als aufnehmende Gesellschaft gelten keine Höchstgrenzen.[323]

c) Angaben über die Mitgliedschaft

161 Nach § 5 Abs. 1 Nr. 3 UmwG sind entweder Angaben über das Umtauschverhältnis oder »*Angaben über die Mitgliedschaft bei dem übernehmenden Rechtsträger*« zu machen. Damit hat der Gesetzgeber die Fälle geregelt, in denen es nicht zu einem Umtausch von Anteilen an Gesellschaften, sondern zu dem Erlöschen einer Mitgliedschaft und dem gleichzeitigen Erwerb einer neuen Mitgliedschaft kommt, wie dies z. B. bei **Genossenschaften** und **Vereinen** der Fall ist. Denn die

---

314 Vgl. Widmann/Mayer/Mayer, Umwandlungsrecht, § 54 UmwG Rn. 55; Lutter/Winter/Vetter, UmwG, § 54 Rn. 125 f.; Semler/Stengel/Schröer UmwG § 5 Rn. 25; BeckOGK/Wicke UmwG § 5 Rn. 33.
315 So Kallmeyer/Kocher, UmwG, § 54 Rn. 27 sowie die früher herrschende Meinung Lutter/Hommelhoff, 13. Aufl., § 23 KapErhG Rn. 5.
316 So Lutter/Winter/Vetter, UmwG, § 54 Rn. 132 ff.; Winter, in: Lutter, Kölner Umwandlungsrechtstage, S. 48 ff.; Widmann/Mayer/Mayer, Umwandlungsrecht, § 50 UmwG Rn. 118.
317 Lutter/Winter/Vetter, UmwG, § 54 Rn. 142 ff.; Widmann/Mayer/Mayer, Umwandlungsrecht, § 54 UmwG Rn. 64; Reichert, in: Semler/Stengel, § 54 Rn. 42; BeckOGK/Wicke UmwG § 5 Rn. 34; vgl. auch Mayer, DB 1995, 861, 863.
318 Stratz, in: Schmitt/Hörtnagl/Stratz, § 5 UmwG Rn. 66.
319 Vgl. Lutter/Winter/Vetter, UmwG, § 54 Rn. 144.
320 So Lutter/Winter/Vetter, UmwG, § 54 Rn. 144 ff.; Stratz, in: Schmitt/Hörtnagl/Stratz, § 5 UmwG Rn. 66.
321 Widmann/Mayer/Mayer, Umwandlungsrecht, § 54 UmwG Rn. 64; Mayer, DB 1995, 861, 863.
322 §§ 54 Abs. 4, 68 Abs. 3, 87 Abs. 2 UmwG; vgl. BeckOGK/Wicke UmwG § 5 Rn. 34.
323 Kölner KommUmwG/Simon § 2 Rn. 32; Kallmeyer/Lanfermann Rn. 22; Lutter/Schmidt § 40 Rn. 18; Widmann/Mayer/Vossius § 40 Rn. 13.1; BeckOGK/Wicke UmwG § 5 Rn. 34.

Verschmelzung von Vereinen, Genossenschaften untereinander führt nicht zu einem Umtausch von Anteilen, sondern zum Erlöschen einer Mitgliedschaft und dem gleichzeitigen Erwerb einer neuen Mitgliedschaft. Das Umtauschverhältnis bei der Verschmelzung von Idealvereinen und Genossenschaften ist daher i. d. R. vom Grundsatz der Einheit der Mitgliedschaft vorgegeben, bei der Genossenschaft gelten allerdings auch Abweichungen. Bei der Verschmelzung von Vereinen kann den Mitgliedern des übertragenden Vereins immer nur eine neue Mitgliedschaft an dem übernehmenden Verein für den Verlust ihrer alten eingeräumt werden. Die Angabe des Umtauschverhältnisses im Verschmelzungsvertrag ist daher bei Verschmelzung von Vereinen überhaupt nicht und bei Genossenschaften nur in bestimmten Fällen erforderlich. Vielmehr sind hier nach § 5 Abs. 1 Nr. 3, 2. Alt. UmwG Angaben über die Mitgliedschaft bei dem übernehmenden Rechtsträger aufzunehmen. Sie sollen es den Mitgliedern des übertragenden Rechtsträgers ermöglichen, zu überprüfen, ob sich durch die Verschmelzung ihre Rechtsposition verschlechtert.[324]

Bei der Genossenschaft ist darüber hinausgehend § 80 UmwG zu berücksichtigen, der die zwingenden Angaben zum Umtauschverhältnis dahin gehend modifiziert, ob die Satzung der aufnehmenden eG nur eine Beteiligung mit jeweils einem Geschäftsanteil oder eine Beteiligung mit mehreren Geschäftsanteilen zulässt (vgl. dazu unten Teil 2 Rdn. 1198 ff.).

5. Einzelheiten über die Übertragung der Anteile und den Erwerb von Mitgliedschaften (§ 5 Abs. 1 Nr. 4 UmwG)

Nach § 5 Abs. 1 Nr. 4 UmwG sind für die Verschmelzung »*Einzelheiten für die Übertragung der Anteile des übernehmenden Rechtsträgers oder über den Erwerb der Mitgliedschaft bei dem übernehmenden Rechtsträger*« in den Vertrag aufzunehmen. Die Vorschrift steht auch im engen Verhältnis zu § 5 Abs. 1 Nr. 2 UmwG, in dem allgemein die Anteilsgewährung geregelt ist. Da die Regelung ursprünglich für AG vorgesehen war (§ 340 Abs. 2 Nr. 4 AktG i. d. F. vor 1995), steht dem Gesetzgeber wohl die Regelung des Aktienrechts vor Augen, wo Angaben des Treuhänders für den Empfang der zu gewährenden Aktien erforderlich sind (§§ 71, 73, 78 UmwG). Der Verschmelzungsvertrag muss daher diesen Treuhänder genau bezeichnen. Nicht erforderlich sind die weiteren Angaben über den Aktientausch und die Einzelheiten des Umtauschverfahrens.[325]

Entsprechendes gilt für die **Verschmelzung unter Beteiligung von GmbH**; hier wurde bereits oben (Teil 2 Rdn. 141) dargelegt, dass geregelt werden sollte, wie die zu gewährenden Geschäftsanteile geschaffen werden: Kapitalerhöhung, eigene Anteile oder Anteile Dritter. Sowohl bei der Schaffung neuer Geschäftsanteile durch Kapitalerhöhung als auch bei der Verwendung von eigenen Geschäftsanteilen der Gesellschaft geschieht die dingliche Übertragung dieser Anteile durch Eintragung der Verschmelzung i. V. m. dem Verschmelzungsvertrag, ohne dass es einer dinglichen Übertragung nach § 15 GmbHG bedarf.[326] Auch wenn es sich um Anteile handelt, die vor der Verschmelzung dem übertragenden Rechtsträger gehörten, so erwirbt sie der Anteilsinhaber **ohne Durchgangserwerb** des übernehmenden Rechtsträgers. Mit der Eintragung der Verschmelzung erwerben dann die Gesellschafter diese Anteile ohne Einzelrechtsübertragung.[327] Nach der Neu-

---

324 Vgl. im Einzelnen Katschinski, Die Verschmelzung von Vereinen, S. 82 f. sowie unten Teil 2 Rdn. 1306 ff.
325 Widmann/Mayer/Mayer, Umwandlungsrecht, § 5 UmwG Rn. 138; Kallmeyer/Marsch-Barner, UmwG, § 5 Rn. 24; Lutter/Drygala, UmwG, § 5 Rn. 65; Schröer, in: Semler/Stengel, § 5 Rn. 37; Stratz, in: Schmitt/Hörtnagl/Stratz, § 5 UmwG Rn. 68.
326 Vgl. § 20 Abs. 1 Nr. 3 UmwG; vgl. Lutter/Grunewald, UmwG, § 20 Rn. 61; Kallmeyer/Marsch-Barner, UmwG, § 20 Rn. 29.
327 Widmann/Mayer/Mayer, Umwandlungsrecht, § 5 UmwG Rn. 38; Korte, WiB 1997, 955; Lutter/Grunewald, UmwG, § 20 Rn. 61; Middendorf/Stegmann, DStR 2005, 1082; Reichert, in: Semler/Stengel, § 54 UmwG Rn. 15; Stratz, in: Schmitt/Hörtnagl/Stratz, § 54 UmwG Rn. 11; vgl. auch oben Teil 2 Rdn. 700 ff.

fassung des § 126 Abs. 1 Nr. 10 UmwG und § 131 Abs. 1 Nr. 3 Satz 1 UmwG besteht daran kein Zweifel mehr.[328]

165 Etwas anderes gilt, wenn – was nach allgemeiner Meinung zulässig ist – **Dritte ihre Geschäftsanteile zur Verfügung stellen**; dann gilt § 20 Abs. 1 Nr. 3 UmwG bezogen auf diese nicht an der Verschmelzung beteiligten Personen nicht. In diesem Fall sollte die Angabe in den Verschmelzungsvertrag aufgenommen werden, dass die Geschäftsanteile durch Abtretung von den Dritten an die übernehmende Gesellschaft erfolgt, sodass sich anschließend ein Anteilserwerb gem. § 20 Abs. 1 Nr. 3 UmwG vollziehen kann.[329] Man wird es wohl auch mit der überwiegenden Meinung in der Literatur zulassen müssen, dass der Dritte seine Anteile aufschiebend bedingt unmittelbar an die Anteilsinhaber des übertragenden Rechtsträgers überträgt, der diese Anteile letztendlich erhalten soll.[330]

166 Handelt es sich bei dem übernehmenden Rechtsträger um eine **Personenhandelsgesellschaft**, so wird man keine zusätzlichen Anforderungen für einen Beteiligungserwerb aufstellen können. Eine besondere Übertragung der Gesellschaftsanteile entfällt, anzugeben ist vielmehr die künftige Rechtsstellung der übertragenden Gesellschafter an der aufnehmenden Gesellschaft.[331]

167 Sind aufnehmende Rechtsträger **Genossenschaften** und **Vereine**, so ist der Grundsatz zu berücksichtigen, dass hier kein echter Anteilstausch stattfindet, sondern die Anteile an dem übertragenden Rechtsträger erlöschen; an dem neuen Rechtsträger wird eine neue Mitgliedschaft erworben. Deshalb sind alternativ in diesen Fällen nach § 5 Abs. 1 Nr. 4 UmwG die Einzelheiten über den Erwerb der Mitgliedschaft anzugeben.

6. Zeitpunkt und Besonderheiten des Gewinnanspruchs (§ 5 Abs. 1 Nr. 5 UmwG)

168 Festzusetzen ist der Zeitpunkt, von dem an die gewährten Anteile zum Gewinnbezug berechtigten (§ 5 Abs. 1 Nr. 5 UmwG). Regelmäßig ist dies der **Beginn des Geschäftsjahres des übernehmenden Rechtsträgers**, das auf den Stichtag der letzten Jahresbilanz des übertragenden Rechtsträgers folgt.[332] Enthält der Vertrag keine ausdrückliche Festlegung des Zeitpunktes des Gewinnanspruches, so kann man ihn dahingehend auslegen, dass dies der Übertragungsstichtag ist.

▶ Hinweis:

169 Da der Zeitpunkt des Wirksamwerdens der Verschmelzung nicht mit der erforderlichen Zuverlässigkeit vorausberechnet werden kann, kann sich eine gestaffelte Stichtagsregelung empfehlen, die den Beginn des Bezugsrechts von der Eintragung der Verschmelzung im Handelsregister des übernehmenden Rechtsträgers abhängig macht.[333] Der BGH hat die Möglichkeit des variablen Stichtages zugelassen.[334]

---

328 Widmann/Mayer/Mayer, Umwandlungsrecht, § 5 UmwG Rn. 38.
329 Vgl. unten Teil 2 Rdn. 582 ff.; Lutter/Grunewald, UmwG, § 20 Rn. 61; Kallmeyer/Marsch-Barner, UmwG, § 5 Rn. 25; Widmann/Mayer/Mayer, Umwandlungsrecht, § 5 UmwG Rn. 56, 3 f.
330 So Widmann/Mayer/Mayer, Umwandlungsrecht, § 5 UmwG Rn. 56, 5; Lutter/Winter, UmwG, § 54 Rn. 61; Kallmeyer, UmwG, § 54 Rn. 8; Reichert, in: Semler/Stengel, § 54 UmwG Rn. 18.
331 Kallmeyer/Marsch-Barner, UmwG, § 5 Rn. 26.
332 Vgl. Lutter/Drygala, UmwG, § 5 Rn. 68.
333 Vgl. Lutter/Drygala, UmwG, § 5 Rn. 69; Widmann/Mayer/Mayer, Umwandlungsrecht, § 5 UmwG Rn. 146, Schröer, in: Semler/Stengel, § 5 UmwG Rn. 47; Kallmeyer/Marsch-Barner, UmwG, § 5 Rn. 29; krit. Kiem, ZIP 1999, 173, 179.
334 BGH AG 2013, 165 = DB 2013, 334.

Denkbar ist aber auch, dass der Beginn des Gewinnbezugsrechts **auf einen späteren Zeitpunkt verschoben** wird, weil Gewinnerwartungen bei der Festlegung des Austauschverhältnisses vorweggenommen wurden.[335]

170

Bis zu diesem Zeitpunkt behalten die Anteilsinhaber ihren **Gewinnanspruch** gegen den übertragenden Rechtsträger. Jedenfalls bis zum Verschmelzungsbeschluss ist der übertragende Rechtsträger durch den Verschmelzungsvertrag (oder seinen Entwurf) bei seinem Ergebnisbeschluss nicht gebunden. Zu Recht geht aber die herrschende Meinung davon aus, dass nach einer Verschmelzungszustimmung für die Gewinnverwendung so zu verfahren ist, als sei die Verschmelzung bereits durchgeführt,[336] da anderenfalls der Berechnung für das Umtauschverhältnis die Grundlage entzogen wäre.

171

7. Festlegung des Verschmelzungsstichtages (§ 5 Abs. 1 Nr. 6 UmwG)

a) Allgemeines/Rechnungslegung

Anzugeben ist der Zeitpunkt, von dem an die Handlungen des übertragenden Rechtsträgers als für Rechnung des übernehmenden Rechtsträgers vorgenommen gelten (sog. Verschmelzungsstichtag, § 5 Abs. 1 Nr. 6 UmwG). Mit dem Verschmelzungsstichtag geht die **Rechnungslegung** auf den übernehmenden Rechtsträger über (vgl. Art. 5 Abs. 2e der Verschmelzungsrichtlinie). Mit dem Begriff des Übergehens der Rechnungslegung ist gemeint, dass ab dem Verschmelzungsstichtag die Geschäfte des übertragenden Rechtsträgers auf fremde Rechnung geführt werden.[337] Die **Rechnungslegungspflicht** als solche des übertragenden Rechtsträgers bleibt grds. bis zur Eintragung der Verschmelzung bestehen.[338] Der übernehmende Rechtsträger hat also bis zur Eintragung der Umwandlung handelsrechtlich ohne Berücksichtigung des künftigen Vermögensübergangs Rechnung zu legen. Mit der Eintragung der Umwandlung bzw. zum Zeitpunkt des Übergangs des wirtschaftlichen Eigentums[339] wären an sich alle Geschäftsvorfälle seit dem Verschmelzungsstichtag nachzubuchen. Da die übertragenden Rechtsträger aber ohnehin alle Geschäftsvorfälle erfassen, ist es nicht zu beanstanden, wenn die **Buchung der Jahresverkehrszahlen in einem Akt erfolgt**.[340]

172

Priester[341] differenziert diesbezüglich genauer. Die **Rechnungslegungspflicht** der übertragenden Gesellschaft bleibe grds. **bis zur Eintragung der Verschmelzung** bestehen. Dabei sei eine Erfassung ihrer Geschäftsvorfälle auch in Gestalt eines besonderen Buchungskreises beim übernehmenden Rechtsträger möglich.[342] Gleichwohl stelle die Schlussbilanz regelmäßig den letzten Abschluss der übertragenden Gesellschaft dar. Eine Bilanzierung auf den Eintragungstag sei nämlich nicht mehr vorzunehmen, da ihre Geschäfte ab Verschmelzungsstichtag als für Rechnung der übernehmenden Gesellschaft geführt gelten. Anders sehe es nur dann aus, wenn die an dem nächsten ordentlichen Bilanzierungszeitpunkt der übertragenden Gesellschaft, also bei Ablauf ihres Geschäftsjahres noch nicht eingetragen sei. Dann müsse die übertragende Gesellschaft weiterhin

---

335 Vgl. Widmann/Mayer/Mayer, Umwandlungsrecht, § 5 UmwG Rn. 144; Lutter/Drygala, UmwG, § 5 Rn. 69 ff.; Schröer, in: Semler/Stengel, § 5 UmwG Rn. 35; Kallmeyer/Marsch-Barner, UmwG, § 5 Rn. 28; zur Festlegung des Bezugszeitpunktes s. Hoffmann-Becking, in: FS für Fleck, 1988, S. 105 ff.
336 Barz, AG 1972, 1, 4.
337 Kallmeyer/Lanfermann, UmwG, § 5 Rn. 33; Widmann/Mayer/Mayer, Umwandlungsrecht, § 5 UmwG Rn. 153; Lutter/Drygala, UmwG, § 5 Rn. 74; Lutter/Priester, UmwG, § 24 Rn. 27; Schröer, in: Semler/Stengel, § 5 UmwG Rn. 51; Stratz, in: Schmitt/Hörtnagl/Stratz, § 5 UmwG Rn. 73.
338 Vgl. auch IDW, WPg 1996, 536, 537; vgl. Stellungnahme HFA 2/1997, Tz. 12; abgedruckt WPg 1997, 235, 236; W. Lanfermann, WPg 1996, 857, 861; Widmann/Mayer/Mayer, Umwandlungsrecht, § 5 UmwG Rn. 153; Stratz, in: Schmitt/Hörtnagl/Stratz, § 5 UmwG Rn. 76.
339 Vgl. IDW HFA 1/97, 622.
340 Schmitt/Hörtnagl/Stratz, § 5 UmwG Rn. 76.
341 In: Lutter, UmwG, § 24 Rn. 26.
342 Verweis auf Budde/Förschle/Winkeljohann/Zerwas, Sonderbilanzen, Rn. H 50.

einen Jahresabschluss nach den für Sie maßgeblichen Regeln aufstellen.[343] Die Vermögensgegenstände und Verbindlichkeiten der übertragenden Gesellschaft können jedoch bei der übernehmenden Gesellschaft erfasst werden, wenn diese bereits **wirtschaftliches Eigentum** erlangt hat.[344] Ab dem Stichtag können daher die Geschäftsvorfälle des übertragenden Rechtsträgers auch in Gestalt eines gesonderten Buchungskreises beim übernehmenden Rechtsträger erfasst werden.

173 Dinglich wird die Verschmelzung erst mit der Eintragung im Handelsregister wirksam (§ 20 Abs. 1 Nr. 1 UmwG), insofern ist der Verschmelzungsstichtag eine **obligatorische Regelung** zwischen den Beteiligten. Er legt den Zeitpunkt fest, von dem ab die Verschmelzung obligatorisch, d. h. im Innenverhältnis zwischen den beteiligten Rechtsträgern und ihren Anteilsinhabern oder Gesellschaftern wirkt.[345] Der wegen der Regelung des 17 Abs. 2 Satz 4 UmwG bis zu 8 Monate vor der Anmeldung der Umwandlung mögliche Umwandlungsstichtag i. S. d. § 5 Abs. 1 Nr. 6 stellt nur eine **Fiktion** dergestalt dar, dass von diesem Tag an die Handlungen des übertragenden Rechtsträgers als für Rechnung des übernehmenden Rechtsträgers vorgenommen gelten. Meist wird dieser Stichtag auch als Tag definiert, zu dem die Rechnungslegung von dem übertragenden auf den übernehmenden Rechtsträger übergeht.[346]

Zu beachten ist, dass § 17 Abs. 2 UmwG vorschreibt, dass der Handelsregisteranmeldung eine Schlussbilanz des übertragenden Rechtsträgers beizufügen ist, wobei diese höchstens auf einen 8 Monate vor der Anmeldung liegenden Stichtag aufgestellt worden sein darf. Insofern geht das Gesetz auch von einem **Schlussbilanzstichtag** aus.

▶ Hinweis:

174 In den meisten Fällen stimmt der Stichtag der Schlussbilanz nach § 17 Abs. 2 UmwG mit dem Verschmelzungsstichtag überein. Allerdings geht aus bilanzrechtlichen Gründen der Stichtag der Schlussbilanz dem Verschmelzungsstichtag unmittelbar vor.[347]

▶ Beispiel:

175 Verschmelzungsstichtag 01.01., Schlussbilanzstichtag 31.12.

176 Eine weitere Stichtagsregelung ergibt sich aus dem **Zeitpunkt der Gewinnberechtigung** (vgl. dazu oben Teil 2 Rdn. 168 ff.). In der Praxis stimmt der Zeitpunkt der Gewinnberechtigung nach § 5 Abs. 1 Nr. 5 UmwG mit dem Verschmelzungsstichtag überein. Zwingend ist dies allerdings nicht.[348]

177 Zur Problematik des Stichtages, in dem der **Rechtsträger noch nicht existiert** s. o. Teil 2 Rdn. 21 ff. zur Kettenumwandlung.

b) Verhältnis der Stichtage

178 Das materielle Umwandlungsrecht selbst sieht überhaupt keine Umwandlungsbilanz vor. Erst bei der Anmeldung ist nach § 17 Abs. 2 UmwG eine **Schlussbilanz** vorzulegen. Das Registergericht darf die Verschmelzung nur eintragen, wenn die Bilanz auf einen höchstens 8 Monate vor der Anmeldung liegenden Stichtag aufgestellt worden ist.

179 Die Rechtsprechung hat sich zur Frage des Verhältnisses dieses **Schlussbilanzstichtages** und dem **Verschmelzungsstichtag** bisher noch nicht geäußert. Allerdings hat die Finanzverwaltung im

---

343 OLG Hamm DB 1992, 417.
344 Lutter/Priester, UmwG 24 Rn. 28; IDW HFA 2/1997, Abschn. 22a, WPg 1997, 235, wo die genauen Voraussetzungen festgelegt sind.
345 Lutter/Drygala, UmwG, § 5 Rn. 74; Kallmeyer/Lanfermann, UmwG, § 5 Rn. 31; Schröer, in: Semler/Stengel, § 5 UmwG Rn. 51 ff.; Stratz, in: Schmitt/Hörtnagl/Stratz, § 5 UmwG Rn. 36.
346 Krit. dazu Kallmeyer/Lanfermann, UmwG, § 5 Rn. 33 m. w. N. zu dieser h. M.
347 Vgl. IDW, Wirtschaftsprüfung 1997, 235.
348 Kallmeyer/Lanfermann, UmwG, § 5 Rn. 35.

Umwandlungssteuererlass Stellung genommen.[349] Danach soll es nicht genügen, dass sowohl der Verschmelzungsstichtag als auch der Stichtag der Schlussbilanz innerhalb der 8-Monats-Frist des § 17 Abs. 2 UmwG vor der Anmeldung zum Handelsregister liegen. Vielmehr vertritt die Finanzverwaltung die Auffassung, dass der Stichtag der Schlussbilanz zwingend auf den dem Verschmelzungsstichtag vorangehenden Tag fallen muss (z. B. Schlussbilanz: 31.12., Verschmelzungsstichtag 01.01.). Ein Teil der Literatur[350] weist allerdings darauf hin, dass dies auch bedeutet, dass bei Verwendung des 01.01. als Verschmelzungsstichtag die steuerlichen Folgen der Verschmelzung sich noch in dem vorangegangenen Veranlagungszeitraum auswirken. Will man also eine solche Rückwirkung in dem vergangenen Veranlagungszeitraum vermeiden, wird man den 02.01. eines Jahres als Verschmelzungsstichtag wählen müssen.[351]

Mayer[352] weist darauf hin, dass die **Verknüpfung zwischen dem Stichtag der Schlussbilanz** und dem Verschmelzungsstichtag zweckmäßig und üblich sein mag, zwingend sei es jedoch nicht. Auch die Gesetzesbegründung weist darauf hin, dass der Verschmelzungsstichtag von den Vertragsbeteiligten frei bestimmt werden kann. Mayer weist zu Recht darauf hin, dass eine irgendwie geartete zivilrechtliche Bindung zwischen Verschmelzungsstichtag und Stichtag der Schlussbilanz nicht erkennbar sei. Insb. die Sonderregelung für Genossenschaften in § 80 Abs. 2 UmwG, nach der der Stichtag der Schlussbilanz im Verschmelzungsvertrag gesondert anzugeben sei, wäre bei einer Identität vom Verschmelzungsstichtag und Stichtag der Schlussbilanz unverständlich. Mayer ist also der Auffassung, dass keine zwingende Übereinstimmung zwischen Verschmelzungsstichtag und Stichtag der Schlussbilanz besteht. Auch Lanfermann[353] weist darauf hin, dass nach dem Wortlaut und dem Sinn der Bestimmung der Verschmelzungsstichtag jedenfalls zeitlich vor dem Stichtag der Schlussbilanz nach § 17 Abs. 2 UmwG liegen könne. Fraglich sei, ob der Verschmelzungsstichtag auch zeitlich nach dem Stichtag der Schlussbilanz liegen dürfe und diese Frage sei zu bejahen.

Demgegenüber ist ein **anderer Teil der Literatur** der Auffassung, dass der Verschmelzungsstichtag mit dem Stichtag der Schlussbilanz übereinstimmen müsse, weil der Termin im Innenverhältnis der Rechtsträger die Überleitung der Rechnungslegung betreffe:[354] Allerdings ergibt sich weder aus dem Gesetz noch aus dem Sinn und Zweck der Vorschrift eine zwingende Übereinstimmung. Das Verhältnis von Verschmelzungsstichtag und besonders der steuerlichen Schlussbilanz kann genutzt werden, um bestimmte steuerliche Effekte zu erzielen, wie auch die Ausführungen von Mayer deutlich machen. Man könnte allerdings dieses Ergebnis auch dadurch erzielen, dass eine von der Steuerbilanz abweichende Handelsbilanz aufgestellt wird, die dann nach § 17 UmwG der Anmeldung beigefügt wird. An sich müssten nämlich **drei Übertragungszeitpunkte** unterschieden werden[355]
– der Verschmelzungsstichtag,
– der steuerliche Übertragungsstichtag in der steuerlichen Schlussbilanz und
– der Stichtag der handelsrechtlichen Schlussbilanz.

180

Andererseits ist das Verhältnis von Schlussbilanzstichtag und steuerlichen Übertragungsstichtag nach § 2 Abs. 1 Satz 2 UmwStG zwingend danach geregelt, dass der Stichtag der handelsrechtlichen Schlussbilanz mit der steuerlichen Übertragungsbilanz übereinstimmt. Insofern bleibt steuer-

181

---

349 Vgl. BMF-Schreiben v. 25.03.1998, GmbHR 1998, 444 ff., Tz. 0203.
350 Widmann/Mayer/Mayer, Umwandlungsrecht, § 5 UmwG Rn. 158; Kallmeyer/Lanfermann, UmwG, § 5 Rn. 34.
351 Vgl. Widmann/Mayer/Mayer, Umwandlungsrecht, § 5 UmwG Rn. 158; Schröer, in: Semler/Stengel, § 5 UmwG Rn. 57.
352 Widmann/Mayer/Mayer, Umwandlungsrecht, § 5 Rn. 159.
353 Kallmeyer/Lanfermann, UmwG, 1997, § 5 Rn. 33 ff.
354 So Lutter/Drygala, UmwG, § 5 Rn. 74; zum alten Recht Hoffmann-Becking, in: FS für Fleck, 1988, S. 105, 111.
355 So zu Recht Widmann/Mayer/Mayer, Umwandlungsrecht, § 5 UmwG Rn. 158.

rechtlich eine zwingende Übereinstimmung erforderlich. Handelsrechtlich ergibt sich aber weder aus dem Gesetz noch aus dem Sinn und Zweck der Vorschrift die zwingende Verknüpfung von Verschmelzungsstichtag und Schlussbilanzstichtag.

▶ Hinweis:

182 Zusammenfassend ist also festzustellen, dass die Frage in der Literatur sehr umstritten ist. M. E. spricht einiges dafür, dass der Auffassung zu folgen ist, die keine zwingende Identität zwischen Verschmelzungs- und steuerlichem Schlussbilanzstichtag vorsieht. Die Frage ist allerdings bisher in der Rechtsprechung noch nicht entschieden, sodass erhebliche Rechtsunsicherheit besteht.

c) Zukünftiger Verschmelzungsstichtag

183 Die ganz herrschende Meinung in der Literatur hält es allgemein für möglich, dass der Abschluss eines Verschmelzungsvertrages und die diesbezüglichen Zustimmungsbeschlüsse dem **Stichtag der Schlussbilanz und dem Verschmelzungsstichtag** vorangehen und diese daher beim Beschluss noch gar nicht vorliegen[356] will es entgegen der herrschenden Meinung darüber hinaus zulassen, dass der Verschmelzungsstichtag zeitlich vor dem Stichtag der Schlussbilanz nach § 17 Abs. 2 UmwG liegt. Bilanziell seien dann die Geschäfte des übertragenden Rechtsträgers wie ganz gewöhnliche Fremdrechnungsgeschäfte zu behandeln. Insofern könnte der Bilanzstichtag zum 31.12.1998 nach dieser Ansicht einen Umwandlungsstichtag schon vor dem 31.12.1998 ermöglichen. Letzteres ist aber äußerst umstritten. **Gewisse Einschränkungen** will man allgemein für die Wahl eines zukünftigen Umwandlungsstichtages machen, auch wenn er gleichlaufend mit dem Bilanzstichtag gewählt wird.[357] Da gesellschaftsrechtliche Vorgänge nicht von einer ungewissen Zukunftsentwicklung abhängig gemacht werden dürften, werde man nach dessen Ansicht fordern müssen, dass der Umwandlungsstichtag nicht mehr als einen Monat nach der maßgebenden Eintragung liege. Damit bringt Widmann m. E. zum Ausdruck, dass er sogar einen Umwandlungsstichtag nach Eintragung der Verschmelzung im Handelsregister zulassen würde.

184 Auch zur **Rechtslage** vor dem Jahr 1995 wurde wohl einheitlich die Vereinbarung eines zukünftigen Verschmelzungsstichtages zugelassen.[358] Darüber hinaus hatte § 341 AktG in dem dort geregelten Spezialfall ausdrücklich die Verschmelzung mit Wirkung für einen späteren Zeitpunkt zugelassen. Auch bei der Verschmelzung von Genossenschaften wurde der Abschluss eines Verschmelzungsvertrages und dessen Genehmigung durch die General- bzw. Vertreterversammlungen, dem eine Schlussbilanz mit einem späteren Stichtag zugrunde gelegt wurde, unproblematisch für zulässig gehalten.[359] Für diesen Fall wurde es jedoch für besonders wichtig gehalten, dass die Genossenschaften bis zum Stichtag der Schlussbilanz und weiter bis zum tatsächlichen Geschäftsübergang keine Verbindlichkeiten eingehen oder Geschäfte tätigen, die außerhalb des üblichen Geschäftsbetriebs liegen oder die nicht abgesprochen wurden.

d) Zukünftiger Stichtag bei Genossenschaften

185 Streitig ist die Zulässigkeit eines künftigen Verschmelzungsstichtages bei den **Genossenschaften**, da bei diesen der Schlussbilanz eine besondere Bedeutung für die Genossen bei der Beschlussfas-

---

356 Eingehend Heidinger, NotBZ 1998, 223; ders., NotBZ 2002, 86 ff.; Lutter/Drygala, UmwG, § 5 Rn. 74 f. mit Verweis auf Ihrig, GmbHR 1995, 622, 628; GK-AktG/Schilling, § 345 Anm. 7a; Hoffmann-Becking, in: FS für Fleck, 1988, S. 105, 117; Widmann/Mayer/Mayer, § 5 UmwG Rn. 163, § 24 Rn. 174; Schröer, in: Semler/Stengel, § 5 UmwG Rn. 45; Naraschewski, Stichtage und Bilanzen bei der Verschmelzung, S. 80 f.). Lanfermann (Kallmeyer/Lanfermann, UmwG, § 5 Rn. 34.
357 Widmann/Mayer/Mayer, Umwandlungsrecht, § 24 UmwG Rn. 174.
358 So z. B. GK-AktG/Schilling, § 345 Anm. 7a; Hoffmann-Becking, in: FS für Fleck, 1988, S. 107, 117.
359 Vgl. nur Ohlmeyer/Philipowski, Verschmelzung von Genossenschaften, S. 79.

sung zukommt.[360] Für die Zulässigkeit auch eines zukünftigen Verschmelzungsstichtags bei Genossenschaften plädiert aus der umwandlungsrechtlichen Literatur lediglich Scholderer.[361] Auch ein Urteil des LG Kassel[362] hat den zukünftigen Verschmelzungsstichtag auch bei der Genossenschaftsverschmelzung für zulässig gehalten. Der wesentliche Unterschied in der Argumentation liegt darin, dass die umwandlungsrechtliche Literatur bei der Verschmelzung von Genossenschaften aufgrund der ausdrücklichen Regelung in §§ 80, 83 UmwG der Schlussbilanz eine besondere Bedeutung für die betroffenen Genossen zubilligt, sodass kein Zustimmungsbeschluss zur Verschmelzung aufgrund einer noch nicht vorhandenen Schlussbilanz zulässig ist. Nach dieser Meinung wäre davon auszugehen, dass es **bei der Verschmelzung von Genossenschaften nicht möglich** ist, einen **Zustimmungsbeschluss** bereits vor einem erst zukünftigen Verschmelzungsstichtag und **ohne Vorlage der entsprechenden Schlussbilanz** zu fassen. Zwar gelten nach dieser Meinung für die Verschmelzung der Genossenschaft weitestgehend auch die allgemeinen Regelungen für die Verschmelzung. Jedoch ist in den Sondervorschriften der §§ 79 bis 98 UmwG der Schlussbilanz bei Verschmelzung von Genossenschaften eine gesteigerte Bedeutung zuerkannt.[363]

Über die Aussage des § 17 Abs. 2 UmwG hinaus, dass der Anmeldung der Verschmelzung eine Bilanz beizulegen ist, die auf einen höchstens 8 Monate vor der Anmeldung liegenden Stichtag aufgestellt worden ist, finden sich bei Verschmelzung von Genossenschaften **Sonderregelungen für die Schlussbilanz**. Danach ist nach § 87 Abs. 3 UmwG zur Berechnung des Umtauschverhältnisses bei der Verschmelzung das Geschäftsguthaben der Genossen maßgeblich. Für die Berechnung des Geschäftsguthabens, das den Genossen bei einer übertragenden Genossenschaft zugestanden hat, wird aber deren Schlussbilanz herangezogen. Ebenso wird nach § 93 Abs. 1 Satz 3 UmwG auf die Schlussbilanz der übertragenden Genossenschaft als maßgeblich verwiesen für die Auseinandersetzung der übernehmenden Genossenschaft mit einem wegen Ausschlagung nach § 90 Abs. 2 UmwG ausscheidenden Genossen der übertragenden Genossenschaft. Der ausscheidende Genosse kann die Auszahlung des Geschäftsguthabens, das er bei der übertragenden Genossenschaft hatte, verlangen. Die Funktion der Schlussbilanz erschöpft sich also nicht nur darin, die bisherigen Jahresabschlüsse der übertragenden Genossenschaft abzuschließen und den Übergang zu den Jahresbilanzen des übernehmenden Rechtsträgers darzustellen. Ohne Kenntnis der für den Umwandlungsstichtag maßgeblichen Schlussbilanz lassen sich weder von den Anteilsinhabern noch vom Prüfungsverband in der ihm nach § 81 UmwG obliegenden gutachterliche Äußerung die grundlegenden Feststellungen überprüfen.[364] Denn das **Gutachten des Prüfungsverbandes** soll sich v. a. auf die Fragen des Anteilstausches und der Abfindung ausscheidender Genossen beziehen.[365] Die Schlussbilanz muss daher Gegenstand des Verschmelzungsvertrages und damit auch des Verschmelzungsbeschlusses sein. Dies erfordert, dass sie spätestens im Zeitpunkt der General- oder Vertreterversammlung vorliegen muss.[366] Eine Beschlussfassung über die Verschmelzung ohne Vorliegen einer Schlussbilanz ist daher nicht möglich.[367]

---

360 Für die Zulässigkeit weitgehend die genossenschaftsrechtliche Literatur Beuthien/Wolff, BB 2001, 2126; Bonow, Rpfleger 2002, 506; Röhrich, in: Hettrich/Pöhlmann/Gräser/Röhrich, GenG, § 80 UmwG Rn. 2; Beuthien, GenG §§ 2 ff. UmwG Rn. 55; dagegen die umwandlungsrechtliche Literatur Lutter/Bayer, UmwG, § 80 Rn. 27 f.; Widmann/Mayer/Fronhöfer, Umwandlungsrecht, § 80 UmwG Rn. 61 ff.; Heidinger, NotBZ 1998, 223; ders., NotBZ 2002, 86.
361 In: Semler/Stengel, Umwandlungsrecht, § 80 UmwG Rn. 48.
362 Rpfleger 2007, 668.
363 Vgl. Heidinger, NotBZ 1998, 223; Widmann/Mayer/Fronhöfer, Umwandlungsrecht, § 80 UmwG Rn. 61 ff.
364 So auch Widmann/Mayer/Fronhöfer, Umwandlungsrecht, § 80 UmwG Rn. 15.
365 Widmann/Mayer/Fronhöfer, Umwandlungsrecht, § 81 UmwG Rn. 11.
366 Lutter/Bayer, UmwG, § 80 Rn. 26; Widmann/Mayer/Fronhöfer, Umwandlungsrecht, § 80 UmwG Rn. 15.
367 Lutter/Bayer, UmwG, § 80 Rn. 26.

> Hinweis:

186 Wegen der Funktion der Schlussbilanz für die Anteilsinhaber kann auch nicht einfach die Schlussbilanz des Vorjahres zum Gegenstand des Verschmelzungsbeschlusses gemacht werden. Denn diese hat keinerlei Aussagekraft mehr für die wirtschaftlichen Verhältnisse zum Zeitpunkt des Umwandlungsstichtages ein ganzes Jahr später.

e) Beweglicher Stichtag

187 Als zulässig angesehen wird, auch für den Verschmelzungsstichtag einen **beweglichen Termin** festzulegen.[368] Damit könne dem Fall Rechnung getragen werden, dass die Eintragung der Verschmelzung und damit deren Wirksamkeit sich erheblich verzögert.[369] Dann ist allerdings dies bei der **Kapitalerhöhung** auch zu berücksichtigen. Auch der BGH hat die Möglichkeit des variablen Stichtages zugelassen.[370]

> Formulierungsbeispiel: Variabler Verschmelzungsstichtag

188 Falls die Verschmelzung nicht bis zum 31.12....... in das Handelsregister in der übernehmenden Gesellschaft eingetragen wird, gilt abweichend von Abs. 1 der 31.12. des (laufenden Jahrs) als Stichtag der Schlussbilanz und abweichend von Abs. 2 der Beginn des 01.01. des (Folgejahres) als Verschmelzungsstichtag. Bei einer weiteren Verzögerung des Wirksamwerdens der Verschmelzung über den 31.12. des Folgejahres hinaus verschieben sich der Stichtag der Schlussbilanz und der Verschmelzungsstichtag entsprechend um ein weiteres Jahr.

Im Fall der Verschiebung des Verschmelzungsstichtages nach vorstehenden Vorschriften sind die Parteien i. R. d. rechtlich zulässigen verpflichtet, nachhaltige Veränderungen des dem Umtauschverhältnis zugrunde gelegten Unternehmenswertes beider Gesellschaften zu vermeiden.

8. Sonderrechte (§ 5 Abs. 1 Nr. 7 UmwG)

189 In den Verschmelzungsvertrag sind schließlich Sonderrechte aufzunehmen, die der übertragende Rechtsträger einzelnen Anteilsinhabern oder den Inhabern besonderer Rechte gewährt oder die für diese Personen vorgesehenen Maßnahmen.

> Beispiele:

190 Besondere Rechte nach § 5 Abs. 1 Nr. 7 UmwG wie Anteile ohne Stimmrecht, Vorzugsaktien, Mehrstimmrechtsaktien, Schuldverschreibungen oder Genussrechte.

Die Angaben sollen es den nicht begünstigten Anteilsinhabern ermöglichen, die ihnen gewährten Vorteile mit denjenigen, die für andere Anteilsinhaber vorgesehen sind, zu vergleichen, um die **Einhaltung des gesellschaftsrechtlichen Gleichbehandlungsgrundsatzes** überprüfen zu können.[371]

Die Formulierung des Gesetzes entspricht § 340 Abs. 2 Nr. 7 AktG a. F. Zu den **Sonderrechten** können Vorrechte, die etwa die Geschäftsführungsbefugnis, die Stimmrechte, die Vererbung, die Übertragung oder den Gewinnbezug betreffen, ferner statutarisch festgelegte Rechte, die die

---

368 Lutter/Drygala, UmwG, § 5 Rn. 75; Widmann/Mayer/Mayer, Umwandlungsrecht, § 5 UmwG Rn. 164 f.; Kallmeyer/Lanfermann, UmwG, § 5 Rn. 36; krit. dazu Schütz/Fett, DB 2002, 2696.
369 Widmann/Mayer/Mayer, Umwandlungsrecht, § 5 UmwG Rn. 164.
370 BGH AG 2013, 165 = DB 2013, 334.
371 Lutter/Drygala, UmwG, § 5 Rn. 76 ff.; Kallmeyer/Marsch-Barner, UmwG, § 5 Rn. 40 und § 21; Widmann/Mayer/Mayer, § 5 UmwG Rn. 167 ff.; Schröer, in: Semler/Stengel, § 5 UmwG Rn. 49; Goutier/Knopf/Bermel/Hannappel, Umwandlungsrecht, § 5 UmwG Rn. 61.

9. Vorteile für sonstige Beteiligte (§ 5 Abs. 1 Nr. 8 UmwG)

In den Vertrag sind alle **besonderen Vorteile** aufzunehmen, die einem Vertretungs- oder Aufsichtsorgan der beteiligten Rechtsträger, dem geschäftsführenden Gesellschafter, oder Partner einem Abschlussprüfer oder einem Verschmelzungsprüfer gewährt werden (§ 5 Abs. 1 Nr. 8 UmwG). Die Regelung will die Unterrichtung der Anteilsinhaber über Umstände sicherstellen, die die **erforderliche Objektivität der handelnden Personen** berühren.[372] Dies betrifft z. B. **Abfindungszahlungen**, die einem ausscheidenden Organmitglied geleistet werden sollen, nicht aber übliche Honorare der Verschmelzungs- oder Abschlussprüfer.[373] Nach Grunewald[374] ist die Aufnahme solcher Leistungen in den Vertrag Voraussetzung für die Wirksamkeit der getroffenen Zusagen. Dafür spricht, dass nur bei einer solchen Unwirksamkeitssanktion die Unterrichtung der Anteilsinhaber sichergestellt ist. Wird ein Sondervorteil nicht angegeben, so wird überwiegend zu Recht von der Nichtigkeit ausgegangen.[375] Ein anderer Teil geht davon aus dass die zivilrechtliche Wirksamkeit der Vergünstigung nicht berührt wird, da es an einer Regelung wie in § 26 Abs. 3 AktG fehlt, nur der Verschmelzungsbeschluss sei anfechtbar.[376]

191

Umstritten ist, inwieweit **Zusagen über Organfunktionen im übernehmenden Rechtsträger** Gegenstand einer Zusage in einem **Verschmelzungsvertrag** sein können. Nach richtiger Ansicht obliegen solche Entscheidungen allein den gesetzlich und satzungsmäßig bestimmten Gremien, die durch Vorgaben im Vertrag nicht gebunden sind.[377] Sie als unverbindliche Willenserklärung aufzunehmen erscheint nicht besonders sinnvoll. Stimmen etwa die Anteilsinhaber dem Vertrag zu, folgen aber nicht den vertraglichen Erklärungen über die Organbesetzungen, könnte die Wirksamkeit der Zustimmung selbst zweifelhaft werden.

192

10. Folgen der Verschmelzung für Arbeitnehmer und ihre Vertretungen sowie insoweit vorgesehene Maßnahmen

a) Allgemeines

Nach § 5 Abs. 1 Nr. 9 UmwG sind zwingender Vertragsbestandteil Angaben zu den Folgen der Verschmelzung für die Arbeitnehmer und ihre Vertretungen und die insoweit vorgesehenen Maßnahmen. Ergänzt wird diese Regelung durch § 5 Abs. 3 UmwG. Hiernach ist der Vertrag oder sein Entwurf in vollständiger Fassung spätestens einen Monat vor den Versammlungen, auf denen der Verschmelzungsbeschluss gefasst werden soll, den **zuständigen Betriebsräten** (bei Unternehmen mit mehreren Betrieben dem Gesamtbetriebsrat, ansonsten dem (Einzel-) Betriebsrat) zuzuleiten (Teil 2 Rdn. 215). Findet bei Verschmelzungen innerhalb eines Konzerns nach § 62 Abs. 4 UmwG in keiner der beteiligten Gesellschaften eine Versammlung der Anteilseigner statt (s. hierzu Teil 2 Rdn. 1096 ff.), beginnt die Monatsfrist an dem Tag, an dem der Vorstand der übernehmenden Gesellschaft den Hinweis auf die bevorstehende Verschmelzung in der in § 62 Abs. 3 Satz 2 UmwG vorgesehenen Form veröffentlicht, § 62 Abs. 4 Satz 4 UmwG (s. hierzu Teil 2 Rdn. 1102).

193

---

372 Lutter/Drygala, UmwG, § 5 Rn. 79 ff.; Widmann/Mayer/Mayer, § 5 UmwG Rn. 171; Schröer, in: Semler/Stengel, § 5 UmwG Rn. 52.
373 Lutter/Drygala, UmwG, § 5 Rn. 80; Kallmeyer/Marsch-Barner, UmwG, § 5 Rn. 46; Widmann/Mayer/Mayer, § 5 UmwG Rn. 173 ff.; Stratz, in: Schmitt/Hörtnagl/Stratz, § 5 UmwG Rn. 86.
374 In: Lutter, Kölner Umwandlungsrechtstage, S. 22 ff.
375 LAG Nürnberg, EWiR § 5 UmwG 1/05; 48 Fn. 9; Lutter/Drygala, UmwG, § 5 Rn. 82; Widmann/Mayer/Mayer, § 5 UmwG Rn. 175; Schröer, in: Semler/Stengel, § 5 UmwG Rn. 74.
376 Vgl. Kallmeyer/Marsch-Barner, UmwG, § 5 Rn. 46a.
377 Lutter/Drygala, UmwG, § 5 Rn. 81; Kallmeyer/Marsch-Barner, UmwG, § 5 Rn. 44.

Gleiches gilt gemäß § 62 Abs. 5 UmwG, wenn nach einem Squeeze-out im Konzern kein Verschmelzungbeschluss bei der übernehmenden Gesellschaft gefasst werden muss (s. hierzu Teil 2 Rdn. 1109 ff.). Der **Nachweis** (Empfangsbestätigung) über die erfolgte Zuleitung ist der Anmeldung als Anlage beizufügen (§ 17 Abs. 1 UmwG). Das Gesetz enthält keine Regelung darüber, wie der Nachweis zu führen ist (s. Teil 2 Rdn. 215).

194 Die **Unterrichtungspflichten** über die Verschmelzung bestehen auch dann, wenn arbeitsrechtliche Auswirkungen nicht gegeben sind. Die Angaben gehören zwar sachlich eher in den Verschmelzungsbericht, sind aber **zum zwingenden Vertragsgegenstand »erhoben«** worden, um über §§ 5 Abs. 3, 17 Abs. 1 UmwG die Unterrichtung des Betriebsrates sicherzustellen, da auf die Erstellung eines Verschmelzungsberichts verzichtet werden kann.

195 Nach der Gesetzesbegründung soll durch die Regelung eine **möglichst frühzeitige Information der Arbeitnehmervertretungen** im Interesse des sozialen Friedens erreicht werden, um bereits im Vorfeld eine sozial verträgliche Durchführung der Verschmelzung zu erleichtern. Geschützt werden soll daher – wie auch § 5 Abs. 3 UmwG verdeutlicht – das **Mitbestimmungsrecht des Betriebsrates** und nicht etwa des einzelnen Arbeitnehmers, Interessen der Gesellschafter werden ohnehin nicht berührt.[378] Das **Fehlen eines Betriebsrats** entbindet aber nicht von der Verpflichtung, die Folgen der Verschmelzung für die Arbeitnehmer und ihre Vertretungen und die insoweit vorgesehenen Maßnahmen in dem Verschmelzungsvertrag aufzunehmen. Sind in keinem der beteiligten Rechtsträger Arbeitnehmer beschäftigt, sollte diese Tatsache kurz im Verschmelzungsvertrag angegeben werden. Richtigerweise ist über die Folgen für Arbeitsverhältnisse, die im **Ausland** angesiedelt sind, nicht zu berichten.[379]

196 Über den **Umfang der Angaben** hat sich ein Meinungsstreit in der Literatur herausgebildet. Rechtsprechung hierzu gibt es kaum, sodass die Praxisrelevanz dieses Streits durchaus infrage gestellt werden kann.[380] Dies gilt umso mehr, als dass unzureichende Angaben im Verschmelzungsvertrag im Grunde nicht sanktioniert werden (hierzu s. u. Teil 2 Rdn. 202 f.).

197 Nach einer **engen Auffassung** sind nur die unmittelbaren Folgen der Verschmelzung anzugeben.[381]

Nach einer **weiten Auffassung** sind auch die mittelbaren Folgen anzugeben, welche die betriebsverfassungsrechtlichen Strukturen betreffen oder konkrete Auswirkungen auf die Arbeitsverhältnisse haben.[382]

198 Zu den **unmittelbaren Folgen** gehören die durch den Umwandlungsvorgang direkt ausgelösten Veränderungen wie z. B. die Geltung von Tarifverträgen, der Wegfall oder die Neubildung eines mitbestimmten Aufsichtsrates, die Auswirkungen auf den Betriebsrat bzw. den Gesamtbetriebsrat. Zu den **mittelbaren Folgen** zählen z. B. Angaben über beabsichtigte Reduzierungen des Personalbestandes, Änderung der betrieblichen Strukturen, Umbesetzungen oder die sozialverträgliche Ausgestaltung dieser Maßnahmen (Abfindungen).

---

378 Joost, ZIP 1995, 976, 978 f.
379 S. Bungert/Leyendecker-Langner, ZIP 2014, 1112 ff.
380 Zu Beispielen aus der Praxis s. Semler/Stengel/Simon, UmwG, § 5 Rn. 82 Fn. 214.
381 So ausdrücklich Lutter/Drygala, § 5 Rn. 103 ff.; Dzida/Schramm, NZG 2008, 521; ähnlich: Hohenstatt/Schramm, in: FS zum 25-jährigen Bestehen der Arbeitsgemeinschaft Arbeitsrecht im Deutschen Anwaltverein, S. 629, 632 f.; Kreßel, BB 1995, 925, 926; Widmann/Mayer/Mayer, Umwandlungsrecht, § 5 UmwG Rn. 182 ff.
382 Hjort, NJW 1999, 750; Joost, ZIP 1995, 976, 979; Kallmeyer/Willemsen, UmwG, § 5 Rn. 55; Semler/Stengel/Simon, UmwG, § 5 Rn. 83 f.; Wlotzke, DB 1995, 40, 45; Gaul, DB 1995, 2265, 2266; Mayer, DB 1995, 861, 864.

In der **Rechtsprechung** tendiert das OLG Düsseldorf zu einer weiten Auslegung.[383] Jedenfalls sei ein schlichter Verweis darauf, dass sich die Folgen nach dem UmwG und § 613a BGB richten, nicht ausreichend und die Angabepflicht bestehe auch, wenn nur ein beteiligter Betrieb Arbeitnehmer hat und kein Betriebsrat besteht.[384] Nach dem LG Stuttgart ist dagegen eine restriktive Auslegung von § 5 Abs. 1 Nr. 9 UmwG dann geboten, wenn die Gesellschafter der übertragenden und der aufnehmenden Gesellschaft identisch seien und beide Gesellschaften keinen Betriebsrat hätten, da keine schützenswerten Adressaten vorhanden seien.[385]

199

Die **enge Auffassung** hat die besseren Argumente auf ihrer Seite.[386] Das Wortlautargument der weiten Auffassung, § 5 Abs. 1 Nr. 9 UmwG spreche nicht nur von Folgen, sondern auch von vorgesehenen **Maßnahmen**, ist nicht zwingend. § 194 Abs. 1 Nr. 7 UmwG enthält für den Formwechsel dieselbe Formulierung, obwohl durch einen reinen Rechtsträgerwechsel mittelbare Folgen für die Arbeitnehmer überhaupt nicht denkbar sind.[387] Eine Ausweitung des notwendigen Inhalts des Verschmelzungsvertrages würde diesen zudem überfrachten.[388] Für eine restriktive Auslegung spricht weiterhin, dass die arbeitsrechtlichen Informationspflichten der Nr. 9 im gesellschaftsrechtlichen Verschmelzungsvertrag schlicht systemfremd sind[389] und der Gesetzgeber sicherlich kein Beteiligungsrecht eigener Art schaffen wollte.[390]

200

Einigkeit herrscht darüber, dass die **allgemeinen arbeitsrechtlichen Informations- und Mitwirkungsrechte** der Arbeitnehmer und ihrer Vertretungen neben § 5 Abs. 1 Nr. 9 UmwG zu beachten sind und dass die Angaben im Verschmelzungsvertrag reinen Berichtscharakter haben.[391]

201

Die **Rechtsfolgen** fehlender oder unvollständiger Angaben im Verschmelzungsvertrag sind im Gesetz nicht geregelt. Das **Registergericht** hat bei der Eintragung der Umwandlung lediglich ein formelles Prüfungsrecht, hinterfragt also die materielle Richtigkeit der Angaben nicht. Lediglich, wenn die Angaben offensichtlich unzureichend sind, es an jeder nachvollziehbaren Darstellung der arbeitsrechtlichen Folgen fehlt, kann das Registergericht die Eintragung ablehnen.[392]

202

▶ Hinweis:

In der Praxis sollte daher auch in einer sog. **Negativerklärung** angegeben werden, dass die Verschmelzung keine Auswirkung auf die Arbeitnehmer und ihre Vertretungen hat.[393]

203

Wegen des Berichtscharakters gilt bei unrichtigen Angaben das **objektive Recht**. Der Verschmelzungsvertrag ist bei unrichtigen, fehlenden oder unvollständigen Angaben **weder nichtig noch anfechtbar**.[394]

204

---

383 ZIP 1998, 1190.
384 OLG Düsseldorf, ZIP 1998, 1190.
385 LG Stuttgart, WIB 1996, 994.
386 S. ausführlich Lutter/Lutter/Drygala, UmwG, § 5 Rn. 105 ff.
387 Lutter/Lutter/Drygala, UmwG, § 5 Rn. 106.
388 Lutter/Lutter/Drygala, UmwG, § 5 Rn. 107; Hohenstatt/Schramm, in: FS zum 25-jährigen Bestehen der Arbeitsgemeinschaft Arbeitsrecht im Deutschen Anwaltverein, S. 629, 633.
389 So auch Vertreter der a. A. Semler/Stengel/Simon, UmwG, § 5 Rn. 76; Kallmeyer/Willemsen, UmwG, § 5 Rn. 47.
390 Widmann/Mayer/Mayer, Umwandlungsrecht, § 5 UmwG Rn. 183.
391 S. nur Lutter/Lutter/Drygala, UmwG, § 5 Rn. 108 ff.; Semler/Stengel/Simon, UmwG, § 5 Rn. 80; Kallmeyer-Willemsen, § 5 Rn. 48 f.
392 OLG Düsseldorf, ZIP 1998, 1190; s. a. Joost, ZIP 1995, 976, 986.
393 OLG Düsseldorf, ZIP 1998, 1190; s. a. OLG Frankfurt, ZIP 2011, 2408; Kallmeyer/Willemsen, UmwG, § 5 Rn. 59.
394 Ausführlich Semler/Stengel/Simon, § 5 Rn. 97 f.; Hohenstatt/Schramm, in: FS zum 25-jährigen Bestehen der Arbeitsgemeinschaft Arbeitsrecht im Deutschen Anwaltverein, S. 642; Bungert/Leyendecker-Langner, ZIP 2014, 1112, 1116; a. A. Anfechtungsklage der Anteilseigner gem. § 243 AktG [analog]: Engelmeyer, DB 1996, 2542, 2544.

▶ Hinweis:

205 Für die Praxis empfiehlt sich zur Wahrung des sozialen Friedens, mit dem Betriebsrat bereits vor Durchführung der Umwandlung einen **Interessenausgleich** und ggf. einen Sozialplan zu vereinbaren. Auf diesen kann dann im Verschmelzungsvertrag verwiesen werden. I. Ü. sollten zur Sicherheit im Verschmelzungsvertrag neben den sogleich aufgeführten unmittelbaren Folgen zumindest solche Maßnahmen aufgeführt werden, die Auswirkungen für die Arbeitnehmer und/oder ihre Vertretungen haben und die bereits konkret geplant sind, wie bspw. Kündigungen, Umsetzungen, Zusammenlegung von Betrieben, Standortverlagerungen etc.

b) Folgen und Maßnahmen bzgl. der Arbeitnehmer

206 An dieser Stelle werden die notwendigen Angaben zu einzelnen Punkten dargestellt, wobei auch Spaltungsverträge und Verträge über Formwechsel im Interesse einer kompakten Darstellung miteinbezogen werden:

Arbeitsverhältnisse	Gem. § 324 UmwG i. V. m. **§ 613a BGB** gehen die Arbeitsverhältnisse eines Betriebs automatisch mit dem Betrieb auf den neuen Rechtsträger über. Bei einer **Verschmelzung** tritt der übernehmende Rechtsträger anstelle des übertragenden Rechtsträgers in die Rechte und Pflichten aus den zum Zeitpunkt der Eintragung der Verschmelzung im Handelsregister bestehenden Arbeitsverhältnissen ein. Bei einer **Spaltung** ist entscheidend, welchem Rechtsträger der Betrieb zugeordnet wird. Bei einem **Formwechsel** findet kein Betriebsübergang i. S. d. § 613a BGB statt, da die Rechtsträgerschaft des Arbeitgebers bestehen bleibt (s. a. oben Teil 1 Rdn. 207 ff.). Im Umwandlungsvertrag ist anzugeben, welcher Betrieb welchem Rechtsträger zugeordnet wird und unter Verweis auf § 613a BGB darzustellen, dass die Arbeitsverhältnisse mit dem jeweiligen Betrieb übergehen. Konkret geplante **Betriebsstilllegungen, Entlassungen, Versetzungen und Umgruppierungen** sind nach der weiten Ansicht als mittelbare Folgen ebenfalls anzugeben.[395]
Betriebsvereinbarungen	Im Umwandlungsvertrag ist zu erläutern, dass Betriebsvereinbarungen entweder kollektivrechtlich oder individualrechtlich (§ 613a Abs. 1 Satz 2 bis 4 BGB) fortgelten, soweit sie nicht im Einzelfall durch vorrangige Regelungen beim übernehmenden Rechtsträger abgelöst werden. Durch eine Umwandlung werden Betriebsvereinbarungen nur berührt, wenn die **Identität der Betriebseinheit** betroffen ist (s. o. Teil 1 Rdn. 211). Nach der Umwandlung durchzuführende Änderungen auf Betriebsebene und deren Folgen für die Geltung von Betriebsvereinbarungen sind nur nach der weiten Auffassung anzugeben.
Tarifrecht	Anzugeben ist, ob und welcher Tarifvertrag nach der Verschmelzung gilt. Grds. geht die **Verbandszugehörigkeit** des übertragenden Rechtsträgers nicht auf den übernehmenden Rechtsträger über, sondern dessen Tarifbindung ist entscheidend. **Individualvertraglich** können die tariflichen Regelungen gem. § 613a Abs. 1 Satz 2 bis Satz 4 BGB im Wege der Transformation fortgelten. Ein **Firmentarifvertrag** geht im Wege der Gesamtrechtsnachfolge über (s. o. Teil 1 Rdn. 211). Hierauf und auf die ggf. anzuwendenden Grundsätze der Tarifkonkurrenz ist hinzuweisen.

c) Folgen und Maßnahmen bzgl. der Arbeitnehmervertretungen

207
Betriebsrat	Auswirkungen auf den Betriebsrat können sich aus der Umwandlung nur ergeben, wenn die **Betriebe i. S. d. BetrVG geändert** werden (s. o. Teil 1

---

[395] Semler/Stengel/Simon, § 5 Rn. 86.

C. Verschmelzungsvertrag

Rdn. 241). Sind daher Änderungen bzgl. der Betriebe vorgesehen, müssen die entsprechenden Angaben nach der weiten Auffassung in den Vertrag aufgenommen werden. Gleiches gilt, wenn sich durch vorgesehene Änderungen der Betriebe Auswirkungen auf **Beteiligungs- und Informationsrechte** ergeben, etwa weil in dem nach der Neustrukturierung verbleibenden Restbetrieb nicht mehr zwanzig Arbeitnehmer tätig sind (vgl. § 99 BetrVG, ausführlich s. o. Teil 1 Rdn. 241 ff.). Das Gesetz enthält Sonderregelungen insoweit für Spaltungen und Teilübertragungen (§ 325 Abs. 2 UmwG), nicht aber für Verschmelzungen (s. a. oben Teil 1 Rdn. 249 ff.).

Gesamtbetriebsrat Auf Gesamtbetriebsräte kann die Umwandlung direkte Auswirkungen haben, die dann auch im Umwandlungsvertrag anzugeben sind. Besteht bisher kein Gesamtbetriebsrat, sondern sowohl bei dem übertragenden als auch bei dem übernehmenden Rechtsträger nur ein Betriebsrat, liegen mit der Verschmelzung die **zwingenden Voraussetzungen für die Bildung eines Gesamtbetriebsrates** vor, wenn die bestehenden Betriebseinheiten nicht verändert werden (vgl. § 47 BetrVG). Der Fall, dass bisher schon für beide Rechtsträger Gesamtbetriebsräte bestanden, ist im Gesetz nicht ausdrücklich geregelt. Man wird die vorgenannten Grundsätze entsprechend anzuwenden haben.

Wirtschaftsausschuss Wird durch die Verschmelzung bei dem übernehmenden Rechtsträger erstmals eine Zahl von 100 Arbeitnehmern erreicht, ist nach § 106 BetrVG ein Wirtschaftsausschuss einzurichten. Die vorgesehene Einrichtung muss im **Verschmelzungsvertrag** angegeben werden.

Sprecherausschuss Anders als beim Wirtschaftsausschuss ist nach SprAuG nicht auf das Unternehmen, sondern auf die Betriebseinheiten abzustellen, sodass Angaben im Umwandlungsvertrag nur nach der weiten Auffassung erforderlich sind. Denkbar ist im Rahmen von Verschmelzungen, dass durch die Zusammenlegung von Betriebseinheiten erstmals die **notwendige Mindestzahl von zehn leitenden Angestellten** erreicht wird.

Vertretung in Unternehmensorganen Hat die Umwandlung Einfluss auf die Vertretungsrechte der Arbeitnehmer in Unternehmensorganen, ist dies im Verschmelzungsvertrag anzugeben. Erlischt der übertragende Rechtsträger im Zuge der Umwandlung, erlöschen auch die mitbestimmten Organe und die Organpositionen. Auswirkungen hat insb. die Verschmelzung, wenn erstmals die nach den Mitbestimmungsgesetzen **erforderliche Mindestzahl von Arbeitnehmern** erreicht wird (mindestens 501, § 1 Abs. 1 DrittelbG, mindestens 1001, § 1 Abs. 2 MontanMitbestG, mind. 2001 Arbeitnehmer, § 1 Abs. 1 MitbestG), s. a. oben Teil 1 Rdn. 252 ff. Daneben können Mitbestimmungsrechte entfallen, wenn etwa eine nach dem MitbestG mitbestimmte Kapitalgesellschaft (§ 1 Abs. 1 MitbestG) auf eine Personengesellschaft verschmolzen wird. Die Sonderregeln des § 325 UmwG für die Mitbestimmungsbeibehaltung gelten ausdrücklich nicht für Verschmelzungen.

11. Unterrichtung des Betriebsrates

a) Unterrichtung des Betriebsrates (§ 5 Abs. 3 UmwG)

Nach § 5 Abs. 3 UmwG ist der Vertrag oder sein Entwurf spätestens **einen Monat vor dem Tag der Versammlung** der Anteilsinhaber jedes beteiligten Rechtsträgers, die über die Zustimmung zum Verschmelzungsvertrag beschließen soll, dem zuständigen Betriebsrat dieses Rechtsträgers zuzuleiten.[396] Nach § 17 Abs. 1 UmwG ist i. R. d. Handelsregisteranmeldung ein Nachweis über die rechtzeitige Zuleitung des Verschmelzungsvertrages und seines Entwurfs an den zuständigen Betriebsrat beizufügen.

---

[396] Vgl. Dzida, GmbHR 2009, 459 ff.; Blechmann, NZA 2005, 1143 ff.

▶ Hinweis:

209 Zu beachten ist, dass die Vorschrift neben die arbeitsrechtlichen **Informations- und Unterrichtungspflichten** tritt und diese unberührt bleiben. So bestehen z. B. Mitbestimmungsrechte bei Unternehmensumstrukturierungen i. S. v. §§ 87, 99 BetrVG. Außerdem bestimmt § 111 BetrVG, dass bei Betriebsänderungen, wozu auch Umwandlungen gehören, der Betriebsrat rechtzeitig und umfassend zu unterrichten ist und die geplanten Betriebsänderungen mit dem Betriebsrat zu beraten sind. Nach der Rechtsprechung des BAG resultieren aus dieser Regelung Informations-, aber auch Verhandlungspflichten i. R. d. Betriebsverfassungsgesetzes, die auch zu Unterlassungsansprüchen des Betriebsrates führen können.[397]

210 Die Vorlagepflicht nach § 5 Abs. 3 UmwG umfasst den **gesamten Vertrag** und nicht etwa nur die Angaben nach § 5 Abs. 1 Nr. 9 UmwG.[398] Zu den **beizufügenden Anlagen** eines Verschmelzungsvertrages oder Spaltungsvertrages wird z. T. allerdings auf den Sinn und Zweck der Zuleitungspflicht abgestellt. Danach sollen diese nur mit zuzuleiten sein, wenn der Inhalt dieser Anlagen »Ausstrahlungswirkung« auf die Rechte der Arbeitnehmer hat.[399] Es sei nicht erforderlich, dass dem Entwurf des Verschmelzungsvertrages sämtliche Anlagen beigefügt werden.[400] Dies gelte jedenfalls für Anlagen, die im Zeitpunkt der Zuleitung noch nicht vorliegen und – wie regelmäßig – keine Auswirkungen auf die Unternehmensstruktur für die Arbeitnehmer haben. Dabei wird mit den Erwägungen wie bei der nachträglichen Änderung des Entwurfs argumentiert. Hierbei wird nur für den Fall einer auf die Arbeitnehmer wirkenden Änderung eine erneute Zuleitung an den Betriebsrat gefordert.[401]

Strenger formuliert demgegenüber **Heckschen**.[402] Seiner Ansicht nach ist zu beachten, dass nur durch die Zuleitung vollständiger und wirksamer Verträge/Vertragsentwürfe der Informationsanspruch des Betriebsrates erfüllt wird. Auch wenn einzelne Bestandteile des Vertragsteiles fehlen bzw. unwirksam sind, die die Interessen der Arbeitnehmer nicht tangieren, sei die Zuleitungspflicht nicht erfüllt. In diesem Sinne hat auch das **OLG Naumburg** im Beschl. v. 17.03.2003[403] entschieden. Danach kann hinsichtlich des Erfordernisses, dass Verschmelzungsverträge einen Monat vor Beschlussfassung der Gesellschafter der beteiligten Gesellschaften dem Betriebsrat zugeleitet worden sein müssen, nicht zwischen wichtigen und unwichtigen Bestandteilen der Urkunde unterschieden werden. Vielmehr sei alles, was Gegenstand der Anmeldung zur Eintragung sein soll, dem Betriebsrat zuzuleiten. Das LG Essen[404] hat entschieden, dass es nicht schädlich sei, wenn solche Anlagen nicht zugeleitet wurden, die auf die Bewertung durch den Betriebsrat keinen Einfluss haben können.

211 Wird nach der Zuleitung nach § 5 Abs. 3 UmwG der **Verschmelzungsvertrag geändert**, so löst dies nach herrschender Meinung eine erneute Zuleitungspflicht nur aus, wenn es sich um wesentliche Änderungen handelt, d. h. solche, die nicht rein rechtstechnischer oder redaktioneller Natur sind und die Interessen der Arbeitnehmer und ihrer Vertretung berühren können; andere, die die Belange der Arbeitnehmer nicht berühren sind nicht zuleitungspflichtig.[405]

---

397 BAG, AP Nr. 2 zu § 113 BetrVG 72.
398 Kallmeyer/Willemsen, UmwG, § 5 Rn. 74; Simon in: Semler/Stengel, § 5 UmwG Rn. 140.
399 Widmann/Mayer/Mayer, Umwandlungsrecht, § 5 UmwG Rn. 251; Simon, in: Semler/Stengel, § 5 UmwG Rn. 141; LG Essen ZIP 2002, 893; ähnlich Blechmann, NZA 2005, 1143, 1148.
400 Simon in: Semler/Stengel, UmwG, § 5 Rn. 18.
401 OLG Naumburg, DB 1997, 466; Schmitt/Hörtnagl/Stratz, § 5 UmwG, Rn. 53; zustimmend Lanfermann, DB 1997, 713, 714; Willemsen, RdA 1998, 32, 33.
402 Heckschen/Simon, Umwandlungsrecht, § 2 Rn. 34.
403 GmbHR 2003, 1433.
404 NZG 2002, 736.
405 OLG Naumburg, DB 1997, 466 = NZA-RR 1997, 177; Blechmann, NZA 2005, 1143, 1148 Kallmeyer/Willemsen, UmwG § 5 Rn. 77; Widmann/Mayer/Mayer, Umwandlungsrecht, § 5 UmwG Rn. 260; Simon, in: Semler/Stengel, § 5 UmwG Rn. 147.

Das Gesetz regelt nicht, **welcher Betriebsrat** zuständig ist, dies wird durch das BetrVG bestimmt.[406] Im Einzelnen ergibt sich die Zuständigkeit aus den §§ 50, 58 BetrVG. Hat der beteiligte Rechtsträger nur einen **Einzelbetriebsrat**, so ist der Vertrag ihm zuzuleiten. Hat der Rechtsträger mehrere Einzelbetriebsräte, etwa wegen verschiedener Betriebsstätten, ist in diesem Fall der Vertrag jedem Einzelbetriebsrat gesondert zuzuleiten.[407] § 50 Abs. 1 BetrVG bestimmt, dass der **Gesamtbetriebsrat** dann zuständig ist, wenn die jeweilige Maßnahme des Unternehmens nicht nur einen Einzelbetrieb betrifft und wenn die Angelegenheit nicht durch die Einzelbetriebsräte geregelt werden kann. Das liegt i. d. R. bei der Verschmelzung vor, sodass der Verschmelzungsvertrag in diesen Fällen nur dem Gesamtbetriebsrat zugeleitet werden muss.[408] Bei Verschmelzung im Konzern stellt sich die Frage, ob auch der **Konzernbetriebsrat** den Vertrag erhalten muss. Diese Frage ist umstritten. In der Literatur besteht allerdings weitgehend Einigkeit, dass i. d. R. der Konzernbetriebsrat nicht zuständig ist, sodass im Regelfall nur die Einzelbetriebsräte den Vertrag erhalten müssen.[409] Allenfalls dann, wenn ein herrschendes Unternehmen als übertragender Rechtsträger an der Verschmelzung beteiligt ist, könnte sich eine Zuständigkeit des Konzernbetriebsrates ergeben, der dann zusätzlich den Verschmelzungsvertrag erhalten sollte.[410]

212

Nach allgemeiner Meinung entfällt das **Zuleitungserfordernis**, wenn es bei dem betroffenen Rechtsträger oder bei der betroffenen Gesellschaft **keinen Betriebsrat** gibt.[411] I. R. d. Handelsregisteranmeldung genügt dann eine entsprechende Erklärung ggü. dem Registergericht oder auch ein gesondertes Schreiben der Vertretungsorgane der beteiligten Rechtsträger.[412] Überwiegend abgelehnt wird zu Recht die Entscheidung des AG Duisburg, wonach das Fehlen des Betriebsrates durch eine eidesstattliche Versicherung des anmeldenden Vertretungsorgans glaubhaft gemacht werden muss.[413]

213

Umstritten ist, ob bei **Fehlen eines Betriebsrates** auch die **arbeitsrechtlichen Folgen** im Verschmelzungsvertrag nach § 5 Abs. 1 Nr. 9 UmwG entbehrlich sind.[414]

214

---

406 Lutter/Drygala, UmwG, § 5 Rn. 144; Widmann/Mayer/Mayer, Umwandlungsrecht, § 5 UmwG Rn. 252; Müller, DB 1997, 713, 715; Dzida, GmbHR 2009, 459.
407 Widmann/Mayer/Mayer, Umwandlungsrecht, § 5 UmwG Rn. 252; Joost, ZIP 1995, 976; Müller, DB 1997, 715; Lutter/Drygala, UmwG, § 5 Rn. 144; Stratz, in: Schmitt/Hörtnagl/Stratz, § 5 UmwG Rn. 99; Simon, in: Semler/Stengel, § 5 UmwG Rn. 142.
408 Widmann/Mayer/Mayer, Umwandlungsrecht, § 5 UmwG Rn. 252 f.; Lutter/Drygala, UmwG, § 5 Rn. 144; Müller, DB, 1997, 714, 715; Simon, in: Semler/Stengel, § 5 UmwG Rn. 142; Kallmeyer/Willemsen, § 5 UmwG Rn, 75.
409 Lutter/Drygala, UmwG, § 5 Rn. 144; Joost, ZIP 1995, 985; Widmann/Mayer/Mayer, Umwandlungsrecht, § 5 UmwG Rn. 254; Kallmeyer/Willemsen, UmwG, § 5 Rn. 75; Stratz, in: Schmitt/Hörtnagl/Stratz, § 5 UmwG Rn. 99; Simon, in: Semler/Stengel, § 5 UmwG Rn. 142; Blechmann, NZA 2005, 1148; a. A. allerdings Melchior, GmbHR 1996, 833, 835, Joost, ZIP 1995, 976, 985.
410 So Müller, DB 1997, 713, 715.
411 Dzida, GmbHR 2009, 459, 460; Kallmeyer/Willemsen, UmwG, § 5 Rn. 78; Lutter/Drygala, UmwG, § 5 Rn. 145; Widmann/Mayer/Mayer, Umwandlungsrecht, § 5 UmwG Rn. 262 ff.; Simon, in: Semler/Stengel, § 5 UmwG Rn. 148; Stratz, in: Schmitt/Hörtnagl/Stratz, § 5 UmwG Rn. 97; Müller, DB 1997, 716; Joost, ZIP 1995, 976, 985; Stohlmeier, BB 1999, 1394, 1395; im Ergebnis auch LG Stuttgart, WiB 1996, 994.
412 Widmann/Mayer/Mayer, Umwandlungsrecht, § 5 UmwG Rn. 263; Simon, in: Semler/Stengel, § 5 UmwG Rn. 148; Stratz, in: Schmitt/Hörtnagl/Stratz, § 5 UmwG Rn. 97.
413 AG Duisburg, GmbHR 1996, 372; ablehnend Kallmeyer/Willemsen, UmwG, § 5 Rn. 78; Heckschen, DB 1998, 1388; Pfaff, BB 2002, 1604, 1609; Dehmer, DB 1998, 1385, 1388; Widmann/Mayer/Mayer, Umwandlungsrecht, § 5 UmwG Rn. 263; Bungert, NZG 1998, 733.
414 Für Entbehrlichkeit Widmann/Mayer/Mayer, Umwandlungsrecht, § 5 UmwG Rn. 262; Simon, in: Semler/Stengel, § 5 UmwG Rn. 148; Stratz, in: Schmitt/Hörtnagl/Stratz, § 5 UmwG Rn. 97; Stohlmeier, BB 1999, 1394, 1395; Joost, ZIP 1995, 976, 985; LG Stuttgart, WiB 1996, 994; LG Stuttgart DNotZ 1996, 701; für Angabepflicht: Lutter/Drygala, § 5 Rn. 145; Kallmeyer/Willemsen, UmwG, § 5 Rn. 79; Pfarr, BB 2002, 1604; Engelmayer, DB 1996, 2542, 2544.

215 Die Zuleitungsfrist beträgt einen Monat, sie hat nach § 5 Abs. 3 UmwG »*spätestens einen Monat vor dem Tag*« zu erfolgen, an dem die Versammlung der Anteilsinhaber des Rechtsträgers den Verschmelzungsbeschluss fassen soll. Für die **Fristberechnung** gelten die allgemeinen Vorschriften der §§ 186 ff. BGB, wobei »rückwärts«, d. h. ab dem Datum der Versammlung als Frist auslösendes Ereignis zu rechnen ist; dieser Tag ist gem. § 187 Abs. 1 BGB für die Fristberechnung nicht mit zu zählen. Der letzte Tag, an dem die Zuleitung zu bewirken ist, ist daher der Tag des Vormonats, dessen Zahl dem Tag vor der Versammlung entspricht.[415] Die rechtzeitige Zuleitung ist dem Register nach § 17 Abs. 1 UmwG nachzuweisen. Der Nachweis wird in der Praxis dadurch geführt, dass die erfolgte Zuleitung von dem jeweiligen Betriebsratsvorsitzenden durch **Empfangsbekenntnis** bestätigt wird, andere Nachweise sind allerdings möglich.[416]

216 Die Nichtbeachtung der Zuleitungspflicht und deren Frist führt zu einem **Eintragungshindernis**.[417] Vom Gesetz nicht geregelt und unklar ist, ob die **Überschreitung der Frist** oder auch das Fehlen der Zuleitung oder ein sonstiger Verstoß gegen die Zuleitungspflicht dadurch geheilt werden kann, dass der Betriebsrat auf sein Informationsrecht verzichtet oder zumindest einen Verzicht auf die Rechtzeitigkeit erklärt. Z. T. wird nur der Verzicht auf die Monatsfrist zugelassen.[418] z. T. der generelle Verzicht auf die Zuleitung.[419] Berücksichtigt man den **Schutzzweck der Vorschrift**, nämlich die Wahrung der Arbeitnehmerinteressen, dann muss der Betriebsrat generell auf diesen Schutz verzichten können.[420]

▶ Hinweis:

217 In der Praxis könnte es sich empfehlen, die Zuleitung nachzuholen und nur den Verzicht auf die Frist vorzusehen, was der überwiegenden Meinung wohl entspricht.

Das LG Stuttgart[421] und auch das OLG Naumburg[422] haben hat zu Recht entschieden, dass der Betriebsrat ggü. dem Handelsregister auf die **Einhaltung der Monatsfrist verzichten kann**.[423] Streitig ist, ob er auf die Zuleitung als solche verzichten kann.[424]

---

415 Im Einzelnen str., vgl. eingehend Lutter/Drygala, UmwG, § 5 Rn. 102.; Kallmeyer/Willemsen, UmwG § 5 Rn. 76; Stratz, in: Schmitt/Hörtnagl/Stratz, § 5 UmwG Rn. 104; Simon in: Semler/Stengel, § 5 UmwG Rn. 144; vgl. im Einzelnen zur Fristberechnung des § 5 Abs. 3 UmwG Krause, NJW 1999, 1448.
416 Lutter/Drygala, UmwG, § 5 Rn. 147; Widmann/Mayer/Mayer, Umwandlungsrecht, § 5 Rn. 258; Simon, in: Semler/Stengel, § 5 UmwG Rn. 141.
417 Widmann/Mayer/Mayer, Umwandlungsrecht, § 5 UmwG Rn. 264; Lutter/Drygala, UmwG, § 5 Rn. 150.
418 So Müller, DB 1997, 717; Melchior, GmbHR 1996, 833, 836.
419 So Widmann/Mayer/Mayer, Umwandlungsrecht, § 5 UmwG Rn. 266.
420 Einzelheiten allerdings str., vgl. OLG Naumburg, GmbHR 2003, 1443; LG Stuttgart, GmbHR 2000, 622; LG Giesen Der Konzern 2004, 633; Lutter/Drygala, UmwG, § 5 Rn. 150; Kallmeyer/Willemsen, UmwG § 5 Rn. 77; Widmann/Mayer/Mayer, Umwandlungsrecht, § 5 UmwG Rn. 266; Simon, in: Semler/Stengel, § 5 UmwG Rn. 145 ff.; Stratz, in: Schmitt/Hörtnagl/Stratz, § 5 UmwG Rn. 103; Stohlmeier, BB 1999, 1394, 1395; vgl. auch Heidinger/Limmer/Holland/Reul, Gutachten des DNotI, Bd. IV, Gutachten zum Umwandlungsrecht, S. 67 f.
421 GmbHR 2000, 622.
422 FGPrax 2003, 275.
423 Ebenso die h. M. Kallmeyer/Willemsen, UmwG, § 5 Rn. 76; Widmann/Mayer/Mayer, Umwandlungsrecht, § 5 UmwG Rn. 259, 266; Melchior, GmbHR 1996, 836 f.; Müller, DB 1997, 713, 717; Lutter/Drygala, UmwG, § 5 Rn. 148; Simon, in: Semler/Stengel, § 5 UmwG Rn. 145 f.; Stratz, in: Schmitt/Hörtnagl/Stratz, § 5 UmwG Rn. 103.
424 Bejahend Widmann/Maier/Maier, Umwandlungsrecht, § 5 Rn. 259, 266; Stohlmeier, BB 1999, 1396; verneinend Lutter/Drygala, UmwG, § 5 Rn. 148; Kallmeyer/Willemsen, UmwG § 5 Rn. 76; ders., RdA 1998, 23, 33; Pfaff, DB 2002, 686.

b) Folgen der fehlenden oder unvollständigen oder falschen Angaben im Verschmelzungsvertrag nach § 5 Abs. 1 Nr. 9 UmwG

Nach Auffassung von **Grunewald**[425] begründen mangelhafte Angaben im Verschmelzungsvertrag ein **Anfechtungsrecht der Gesellschafter** der beteiligten Rechtsträger. Diese Auffassung ist abzulehnen, da die Angabepflicht nicht im Interesse der Gesellschafter, sondern der Arbeitnehmer aufgestellt worden ist.[426]

Ebenfalls umstritten ist, ob ein **Prüfungsrecht des Registergerichtes** bzgl. der Angaben i. S. d. § 5 Abs. 1 Nr. 9 UmwG besteht und welche Rechtsfolgen falsche oder unvollständige Angaben haben.[427]

Zu Recht wird in der Literatur angenommen, dass **kein materielles Prüfungsrecht des Registergerichtes** besteht, da die Vorschrift in erster Linie dem Schutz der Arbeitnehmer dient.[428] Aus dem Informationszweck und dem rein deskriptiven Charakters dieser arbeitsrechtlichen Angaben ist daher zu folgern, dass das Registergericht bei der Prüfung der Anmeldung zum Handelsregister lediglich allgemein das Vorhandensein der Angaben als solche im Verschmelzungsvertrag festzustellen (formelles Prüfungsrecht), nicht jedoch den Inhalt und die Richtigkeit und Vollständigkeit nachzuprüfen hat. Das Registergericht ist weder fachlich vorgebildet, noch im Ergebnis in der Lage, sich mit den schwierigen tarifrechtlichen Fragen auseinanderzusetzen.[429] Das OLG Düsseldorf war der Auffassung, dass dem Registergericht nur ein **formelles eingeschränktes Prüfungsrecht** zusteht. Der Registerrichter könne die Eintragung wegen unzureichender Angaben ablehnen, wenn es an jeder nachvollziehbaren Darstellung der arbeitsrechtlichen Folgen fehle.[430]

Arbeitnehmervertretungen, wie bspw. der Betriebsrat, haben kein gesellschaftsrechtliches Anfechtungsrecht wegen fehlender Angaben.[431] Umstritten ist, ob die Gesellschafter selbst die Anfechtung wegen fehlerhafter oder unvollständiger Angaben erklären können.[432] Die überwiegende Meinung lehnt ein Anfechtungsrecht auch aus Schutzzweckerwägungen ab.[433]

Hinsichtlich der **Heilungsmöglichkeiten** gilt das Gleiche wie oben (Teil 2 Rdn. 216), sodass fehlende oder unvollständige Angaben auch nach Ablauf der 8-Monats-Frist des § 17 Abs. 2 UmwG durch einen Verzicht oder durch die Nachholung und einen Verzicht auf die Frist geheilt werden können.[434]

c) Formulierungsbeispiel: Verschmelzung im Konzern – Folgen der Verschmelzung für die Arbeitnehmer und ihre Vertretungen

▶ Formulierungsbeispiel: Verschmelzung im Konzern – Folgen der Verschmelzung für die Arbeitnehmer und ihre Vertretungen

(1) Die Folgen der Verschmelzung für die Arbeitnehmer…… und der…… ergeben sich aus §§ 20 Abs. 1 Nr. 1 und 2, 324 UmwG sowie § 613a Abs. 1 und Abs. 4 BGB.

---

425 In: Lutter, Kölner Umwandlungsrechtstage, S. 22 f.
426 Widmann/Mayer/Mayer, Umwandlungsrecht, § 5 UmwG Rn. 205; Simon, in: Semler/Stengel, § 5 UmwG Rn. 80; Kallmeyer/Willemsen, UmwG § 5 Rn. 57; Priester, DNotZ 1995, 427, 435; D. Mayer, DB 1995, 861, 864.
427 Vgl. die Übersicht über den Meinungsstand bei Heidinger/Limmer/Holland/Reul, Gutachten des DNotI, Bd. IV, Gutachten zum Umwandlungsrecht, S. 55.
428 So Widmann/Mayer/Mayer, Umwandlungsrecht, § 5 UmwG Rn. 205; Simon, in: Semler/Stengel, § 5 UmwG Rn. 95 f.; Bungert, DB 1997, 2209, 2212; Willemsen, NZA 1996, 791, 796.
429 So auch Joost, ZIP 1995, 976.
430 OLG Düsseldorf, DB 1998, 1399.
431 OLG Naumburg, DB 1997, 466; Widmann/Mayer/Mayer, Umwandlungsrecht, § 5 UmwG Rn. 204.
432 So Grunewald, in: Kölner Umwandlungsrechtstage, S. 23.
433 Widmann/Mayer/Mayer, Umwandlungsrecht, § 5 UmwG Rn. 204; Priester, DNotZ 1995, 435; Bungert, DB 1997, 2212; Stratz, in: Schmitt/Hörtnagl/Stratz, § 5 UmwG Rn. 49.
434 Widmann/Mayer/Mayer, Umwandlungsrecht, § 5 UmwG Rn. 206; German, GmbHR 1999, 591 ff.

(2) Die im Zeitpunkt des Wirksamwerdens der Verschmelzung (Eintragung in das Handelsregister der......) bei der...... bestehenden Arbeitsverhältnisse gehen gem. § 324 UmwG i. V. m. § 613a Abs. 1 BGB auf die...... über. Die...... tritt in die Rechte und Pflichten aus diesen Arbeitsverhältnissen ein.

(3) Die Betriebseinheiten von...... und...... bleiben durch die Verschmelzung unberührt.

(4) Gem. § 324 UmwG i. V. m. § 613a Abs. 4 Satz 1 BGB erfolgen keine betriebsbedingten Kündigungen aus Anlass der Verschmelzung von Arbeitnehmern, deren Arbeitsverhältnisse gem. § 8 Abs. 1 dieses Vertrages auf die...... übergehen. Maßnahmen gem. § 613a Abs. 4 Satz 2 BGB sind nicht geplant.

(5) Die...... ist Mitglied des Arbeitgeberverbandes der Bauwirtschaft. Für die derzeitigen Arbeitnehmer der...... gilt auch nach Wirksamwerden der Verschmelzung der zwischen den Gewerkschaften...... und...... mit dem Arbeitgeberverband abgeschlossene Tarifvertrag.

(6) Die für die übergehenden Arbeitsverhältnisse geltenden Betriebsvereinbarungen und sonstigen kollektivrechtlichen betrieblichen Vereinbarungen gelten auch nach Wirksamwerden der Verschmelzung fort. Gleiches gilt für Betriebsvereinbarungen und sonstigen kollektivrechtlichen betrieblichen Vereinbarungen für die derzeitigen bestehenden Arbeitsverhältnisse.

(7) Folgen für bestehende Vertretungen der Arbeitnehmer und deren Gremien (Betriebsräte, Konzernbetriebsrat, Wirtschaftsausschüsse und Sprecherausschüsse) treten durch die Verschmelzung nicht ein.

(8) Der Betriebsrat der...... hat – wie derzeit nach Wirksamwerden der Verschmelzung entsprechend § 47 BetrVG-Mitglieder in den bereits bestehenden Gesamtbetriebsrat zu entsenden, der sich aus Mitgliedern der Einzelbetriebsräte der Unternehmen des...... Konzerns zusammensetzt. Die Ämter der Mitglieder des Aufsichtsrats der......, der derzeit gem. Mitbestimmungsgesetz von 1976 paritätisch mitbestimmt ist, erlöschen mit Wirksamwerden der Verschmelzung.

(9) Mit Wirksamwerden der Verschmelzung wird die......, bei der derzeit ein nach §§ 95, 96 AktG, § 76 Abs. 1 BetrVG 1952, drittelmitbestimmter Aufsichtsrat besteht, mehr als 8.000 Arbeitnehmer beschäftigen. Der Aufsichtsrat der...... ist dann nach den Regeln des Mitbestimmungsgesetzes von 1976 paritätisch mitbestimmt zusammenzusetzen. Die erforderlichen Maßnahmen werden gem. §§ 97 ff. AktG unverzüglich eingeleitet.

d) Formulierungsbeispiel: Verschmelzung ohne umfangreiche Änderungen für Arbeitnehmer

▶ Formulierungsbeispiel: Verschmelzung ohne umfangreiche Änderungen für Arbeitnehmer

224 (1) Die Folgen der Verschmelzung für die Arbeitnehmer der A-GmbH ergeben sich aus §§ 20 Abs. 1 Nr. 1 und 2, 324 UmwG sowie § 613a Abs. 1 und 4 BGB.

(2) Die im Zeitpunkt des Wirksamwerdens der Verschmelzung (Eintragung in das Handelsregister der......) bei der...... bestehenden Arbeitsverhältnisse gehen gem. § 324 UmwG i. V. m. § 613a Abs. 1 BGB auf die B-GmbH über. Die B-GmbH tritt in die Rechte und Pflichten aus diesen Arbeitsverhältnissen ein.

(3) Weitere arbeitsrechtliche Auswirkungen ergeben sich nicht. Bei beiden Gesellschaften bestehen keine Betriebsräte und auch keine tarifrechtliche Bindung. Weitere infolge der Verschmelzung sich ergebende arbeitsrechtliche Maßnahmen sind nicht vorgesehen.

12. Weitere Angaben

a) Abfindungsangebot

225 Bei der sog. **Mischverschmelzung** (Verschmelzung eines Rechtsträgers im Wege der Aufnahme durch einen Rechtsträger anderer Rechtsform) und bei der Verschmelzung, bei der die Anteile oder Mitgliedschaften an dem übernehmenden Rechtsträger **Verfügungsbeschränkungen** unter-

C. Verschmelzungsvertrag

worfen sind, ist nach § 29 Abs. 1 UmwG zwingend ein sog. Abfindungsangebot zu machen. Die Einzelheiten werden unten dargestellt (vgl. unten Teil 2 Rdn. 586 ff.).

b) Besonderheiten bei den einzelnen Rechtsformen

Weiter zu berücksichtigen ist, dass bei der Verschmelzung der unterschiedlichen Rechtsformen **spezialgesetzliche Sonderregelungen** zu beachten sind: 226

AG, KGaA	Nennung unbekannter Aktionäre (vgl. unten Teil 2 Rdn. 1119),
GmbH	Angabe des Nennbetrags des Geschäftsanteils (§ 46 UmwG),
Personenhandelsgesellschaften	Bestimmung, ob den Anteilsinhabern des übertragenden Rechtsträgers die Stellung als persönlich haftender Gesellschafter oder Kommanditist gewährt wird. Dabei ist der Betrag der Einlage jedes Gesellschafters festzusetzen (§ 40 UmwG),
Genossenschaften	Sonderangaben über Geschäftsanteile (§ 80 UmwG),
Partnerschaftsgesellschaften	Angabe des Namens und des Vornamens, des ausgeübten Berufes und des Wohnortes jedes Partners (§ 45b UmwG).

VIII. Tochter-Mutter-Verschmelzung

Für die Verschmelzung einer 100 %igen Tochter auf ihre Mutter sieht § 5 Abs. 2 UmwG **Erleichterungen für den Vertragsinhalt** vor: Die Angaben über die Umtauschanteile entfallen, d. h. die Angaben nach § 5 Abs. 1 Nr. 2 bis 5. Für die Anwendung der Ausnahmeregelung ist unerheblich, wie lange sich die Anteile in der Hand der Muttergesellschaft befinden. Der Anteilserwerb kann in der Absicht erfolgen, die Erleichterungen von § 5 Abs. 2 UmwG auszunutzen. Die Anteile müssen direkt gehalten werden, ein Zurechnung nach § 16 Abs. 4 AktG erfolgt nicht.[435] Unklar ist dabei, auf welchen Zeitpunkt es dafür ankommt. Die Frage wird insb. bei § 62 UmwG und den Konzernerleichterungen bei AG diskutiert (vgl. dazu Teil 2 Rdn. 1098 ff.). In diesem Zusammenhang hat sich insb. die sog. »**zweistufige**« **Konzernverschmelzung** als strittig erwiesen.[436] Mit der wohl überwiegenden Meinung wird man auch i. R. d. § 5 UmwG der Meinung sein, dass es genügt wenn das **maßgebliche Beteiligungsverhältnis zum Zeitpunkt der Eintragung** der Verschmelzung vorliegt.[437] 227

Die Vorschrift differenziert nicht zwischen den Rechtsformen, sodass auch bei **Personenhandelsgesellschaften** die Vorschrift ausgenutzt werden kann. Da allerdings eine Einmann-Personenhandelsgesellschaft nicht denkbar ist, scheidet eine Anwendung aus, wenn die Personenhandelsgesellschaft Tochtergesellschaft sein sollte; dies gilt nach der überwiegenden Meinung auch bei der Verschmelzung einer GmbH & Co. KG mit ihrer Kommanditistin, und zwar auch dann, wenn die Komplementär-GmbH nicht am Gesellschaftsvermögen beteiligt ist.[438] Bei der Verschmelzung der GmbH auf die KG innerhalb der GmbH & Co. KG gilt § 5 Abs. 2 UmwG nur im Fall der 228

---

435 Widmann/Mayer/Mayer, Umwandlungsrecht, § 5 UmwG Rn. 211; Kallmeyer/Marsch-Barner, § 5 UmwG Rn. 69.
436 Vgl. dazu Teil 2 Rdn. 1098 ff.; Henze, AG 1993, 341; vgl. auch Habersack, in: FS für Horn, 2006, S. 337 ff.
437 So Schröer in: Semler/Stengel, § 5 Rn. 129 und § 55 UmwG Rn. 9; Widmann/Mayer/Mayer, Umwandlungsrecht, § 5 UmwG Rn. 213; Kallmeyer/Marsch-Barner, § 5 UmwG Rn. 70; vgl. auch BayObLG ZIP 2000, 230 beim Formwechsel; a. A. Lutter/Drygala, § 5 UmwG Rn. 141, der auf den Zeitpunkt der Beschlussfassung abstellt.
438 Widmann/Mayer/Mayer, Umwandlungsrecht, § 5 UmwG Rn. 208.1.

Einheits-KG, wenn die GmbH Tochtergesellschaft der KG ist, also die KG sämtliche Anteile an ihrer eigenen Komplementär-GmbH hält.[439]

Nicht direkt anwendbar ist die Vorschrift dagegen bei der **Verschmelzung von Schwestergesellschaften**.[440] Der Gesetzgeber hat allerdings im Zweiten Gesetz zur Änderung des UmwG v. 25.04.2007[441] in den §§ 54 und 68 UmwG n. F. – allerdings nur für AG und GmbH – eine Ausnahme durch Verzicht festgelegt:[442] § 54 Abs. 1 Satz 3 UmwG n. F. (für die GmbH) bzw. § 68 Abs. 1 Satz 3 UmwG n. F. (für die AG) bestimmt, dass die Kapitalerhöhung bei der übernehmenden Kapitalgesellschaft zur Disposition aller Anteilsinhaber des übertragenden Rechtsträgers steht. Verzichten alle Anteilsinhaber des übertragenden Rechtsträgers in notarieller Urkunde auf die Anteilsgewährung, darf die übernehmende Gesellschaft von der Anteilsgewährung absehen.[443] In diesen Fällen sollte auch § 5 Abs. 2 UmwG analog angewendet werden, da Angaben über die Nichtanteilsgewährung überflüssig sind.[444]

IX. Verschmelzung durch Neugründung

229 Für alle im Gesetz genannten Rechtsformen ist die Möglichkeit einer Verschmelzung durch Neugründung eines Rechtsträgers eröffnet. Dabei finden nach § 36 Abs. 1 UmwG die Vorschriften über die **Verschmelzung durch Aufnahme** entsprechende Anwendung, ausgenommen sind nur § 16 Abs. 1 UmwG (Anmeldung s. dazu unter Teil 2 Rdn. 738 ff.) und § 27 UmwG (Schadensersatzpflicht der Verwaltungsträger des übernehmenden Rechtsträgers). Auf den neu zu gründenden Rechtsträger finden die für ihn geltenden Gründungsvorschriften entsprechende Anwendung (§ 36 Abs. 2 Satz 1 UmwG). Ausnahmen sind bei den einzelnen Verschmelzungsfällen geregelt und sollen auch dort erörtert werden (s. u. Teil 2 Rdn. 738 ff.).

230 Eine nach dem für den neu gegründeten Rechtsträger geltende **Mindestzahl der Gründer** ist unbeachtlich (§ 36 Abs. 2 Satz 3 UmwG).

231 Der **Gesellschaftsvertrag** oder die **Satzung** des neuen Rechtsträgers muss zum **Gegenstand des Verschmelzungsvertrages** gemacht und damit **mitbeurkundet** werden.

X. Verschmelzungsvertrag bei Mischverschmelzungen

232 Nach dem UmwG sind in größerem Maße als vor 1995 auch Mischverschmelzungen möglich, bei denen **Rechtsträger unterschiedlicher Rechtsformen** verschmolzen werden. Für jeden der beteiligten Rechtsträger gelten in diesen Fällen neben den allgemeinen Vorschriften die für seine Rechtsform vorgesehenen besonderen Bestimmungen.

▶ Beispiel:

233 Bei der Verschmelzung einer GmbH auf eine Personengesellschaft durch Aufnahme sind die für die GmbH geltenden Vorschriften (§§ 46 ff. UmwG) anzuwenden, soweit die GmbH

---

439 Lutter/Drygala, UmwG, § 5 Rn. 139; Widmann/Mayer/Mayer, Umwandlungsrecht, § 5 UmwG Rn. 208.1.
440 Lutter/Drygala, UmwG, § 5 Rn. 140.
441 BGBl. I, S. 542.
442 Vgl. BR-Drucks. 548/06, S. 27.
443 Zu den Fragen nach der Neuregelung Widmann/Mayer/Heckschen, Umwandlungsrecht, Einf. UmwG Rn. 34 ff.; Lutter/Drygala, UmwG, § 2 Rn. 31; Mayer/Weiler, DB 2007, 1235, 1239; Weiler, NZG 2008, 527 ff.; Kallmeyer, GmbHR 2006, 418 ff.; Drinhausen, BB 2006, 2313, 2315 ff.; Bayer/Schmidt, NZG 2006, 841; Roß/Drögemüller, DB 2009, 580 ff.; Keller/Klett, DB 2010, 1220 ff.; Krumm, GmbHR 2010, 24 ff.; Heckschen/Gassen, GWR 2010, 101; Stengel in: Semler/Stengel, § 2 UmwG Rn. 40 ff.; Reichert in: Semler/Stengel, § 54 UmwG Rn. 19 ff.
444 Lutter/Drygala, UmwG, § 5 Rn. 140.

C. Verschmelzungsvertrag   Teil 2 Kapitel 1

betroffen ist, und die für die Personengesellschaften bestehenden Regelungen (§§ 39 ff. UmwG) soweit die Personengesellschaft betroffen ist.

Im Folgenden soll auf einige **Besonderheiten** aufmerksam gemacht werden, und zwar **anhand der Verschmelzung einer GmbH auf eine Personenhandelsgesellschaft**.

1. Rechtsstellung in der aufnehmenden Gesellschaft

Da die **Gesellschafter der GmbH** bisher nicht in unbeschränkter Höhe solidarisch hafteten, ist ihnen nach § 40 Abs. 2 Satz 1 UmwG die **Stellung von Kommanditisten** einzuräumen. Handelt es sich bei der aufnehmenden Gesellschaft um eine OHG, so würde sie somit zu einer KG werden. Der Inhalt der notwendigen Änderungen des Gesellschaftsvertrages der aufnehmenden Personenhandelsgesellschaft ist gesetzlich nicht vorgegeben (vgl. unten bei Teil 2 Rdn. 499) und daher möglicherweise Anlass zu Streitigkeiten, die die Verschmelzung scheitern lassen können. 234

Die **Einräumung der Kommanditistenstellung** ist grds. nach § 40 Abs. 2 Satz 1 UmwG **zwingend**. Wird entgegen dieser Bestimmung für den **GmbH-Gesellschafter** in der aufnehmenden Personenhandelsgesellschaft die **Stellung eines Komplementärs** vorgesehen, ist eine solche Regelung nur wirksam, wenn der betroffene Anteilsinhaber dem Verschmelzungsbeschluss zustimmt (§ 40 Abs. 2 Satz 2 UmwG). Soll daher bei der Verschmelzung einer GmbH auf eine OHG gewährleistet sein, dass kein GmbH-Gesellschafter Kommanditist wird, ist der Verschmelzungsvertrag nicht nur unter die aufschiebende Bedingung eines (mehrheitlich möglichen) Zustimmungsbeschlusses zu stellen, sondern unter die Bedingung, dass alle GmbH-Gesellschafter zustimmen. 235

Sieht der **GmbH-Gesellschaftsvertrag** für einen Gesellschafter das **Sonderrecht der Geschäftsführung** für die Gesellschaft vor (vgl. § 50 Abs. 2 UmwG), ergeben sich weitere Probleme. Nach § 40 Abs. 2 Satz 1 UmwG wäre ihm ohne seine Zustimmung zwingend die Stellung eines Kommanditisten einzuräumen. Da aber der **Kommanditist** von der **Außengeschäftsführung** ausgeschlossen ist, bedarf die Verschmelzung wiederum, diesmal nach § 50 Abs. 2 UmwG, seiner Zustimmung. 236

Bei der **aufnehmenden Personengesellschaft** bedarf der **Zustimmungsbeschluss** grds. der Zustimmung aller Gesellschafter (§ 43 Abs. 1 UmwG). Ist gesellschaftsvertraglich eine Mehrheitsentscheidung vorgesehen, so kann auch ein bisher persönlich haftender Gesellschafter Widerspruch nach § 43 Abs. 2 Satz 3 Halbs. 2 UmwG zur Niederschrift erklären, mit der Folge, dass ihm ebenfalls in der aufnehmenden Gesellschaft die Stellung eines Kommanditisten einzuräumen ist. Soll dies vermieden werden, ist trotz der möglichen Mehrheitsentscheidung zur Bedingung des Verschmelzungsvertrages zu machen, dass die persönlich haftenden Gesellschafter der Verschmelzung zustimmen. 237

2. Barabfindung

Bei allen Fällen der Misch-Verschmelzung kann nach § 29 Abs. 1 Satz 1 UmwG durch **Erklärung eines Widerspruchs zur Niederschrift über den Zustimmungsbeschluss** die Aufnahme eines Abfindungsangebotes verlangt werden. Grundlage dieses Widerspruchs ist (anders als beim Widerspruch nach § 29 Abs. 1 Satz 2 UmwG) ausschließlich der Tatbestand der Misch-Verschmelzung (vgl. ausführlich Teil 2 Rdn. 586 ff.). 238

3. Verschmelzung auf eine GmbH & Co. KG

An der Verschmelzung kann sich auch eine Personenhandelsgesellschaft beteiligen, deren **Komplementär eine Kapitalgesellschaft** ist.[445] 239

---

445 Vgl. Gesetzesbegründung, abgedruckt in: Limmer, Umwandlungsrecht, S. 293.

240 Erreicht werden kann im Wege der Verschmelzung etwa einer GmbH auf eine GmbH & Co. KG aber nur, dass die Gesellschafter der übertragenden GmbH Gesellschafter (Kommanditisten) in der KG werden. Damit ist nicht verbunden, dass sie eine Gesellschaftsbeteiligung an der Komplementär-GmbH erlangen. Hierzu bedarf es vielmehr **ergänzender Abtretungen vorhandener Geschäftsanteile** oder **Zulassung zur Übernahme von Anteilen** aus einer Kapitalerhöhung bei der Komplementär-GmbH. Dabei ist gleichzeitig sicherzustellen, dass
– die Gesellschafter mit Wirksamkeit der Verschmelzung Gesellschafter der Komplementär-GmbH werden,
– sie keine Gesellschafter der Komplementär-GmbH werden, wenn die Verschmelzung nicht wirksam wird.

XI. Möglicher weiterer Vertragsinhalt

1. Abfindungsangebote

241 Bei bestimmten Verschmelzungs-Konstellationen ist nach § 29 UmwG in den Vertrag bzw. seinen Entwurf ein **Abfindungsangebot** aufzunehmen (s. hierzu unter Teil 2 Rdn. 586 ff.).

2. Kündigungsrechte, Bedingungen

242 Denkbar ist die **Vereinbarung von Kündigungsrechten**, etwa für den Fall, dass die Zustimmungsbeschlüsse bis zu einem bestimmten Zeitpunkt vorliegen (vgl. ausführlich Teil 2 Rdn. 74 ff.). Ist z. B. bei einem Rechtsträger die Zustimmung bereits geklärt und damit der abgeschlossene Vertrag für ihn bindend, kann er sich durch eine vorbehaltene Kündigung von seiner Bindung wieder befreien. Möglich ist auch eine Regelung, die die Wirksamkeit des Vertrages unter die **aufschiebende Bedingung** stellt, dass die erforderlichen Zustimmungen bis zu einem bestimmten Zeitpunkt für beide Rechtsträger vorliegen müssen. Z. T. werden auch **auflösende Bedingungen** für möglich erachtet (vgl. oben Teil 2 Rdn. 76 m. w. N.). Hält man sie für zulässig, kann ihr Eintritt jedenfalls nur bis zum Vollzug der Verschmelzung im Handelsregister erfolgen. Ihr Nichteintritt muss bei der Anmeldung zum Handelsregister feststehen.[446]

243 Unabhängig von **vertraglichen Kündigungsrechten** gilt nach § 7 UmwG ein **gesetzliches Kündigungsrecht**, wenn eine vertraglich vorgesehene Bedingung nicht binnen 5 Jahren nach Abschluss des Vertrages eingetreten ist.

▶ Hinweis:

244 Regelungsbedürftig ist bei allen Kündigungsrechten oder Bedingungslösungen die **Kostentragung**. Auch wenn i. Ü. die Vertretungsmacht der handelnden Organe von den Zustimmungsbeschlüssen abhängig ist, so gilt dies nicht für die Vereinbarung darüber, wer bei einem Scheitern der Verschmelzung die Kosten zu tragen hat.

3. Änderungen der Firma

245 **Gegenstand des Verschmelzungsvertrages** kann die Änderung der Firma des übernehmenden Rechtsträgers sein. Nach § 18 Abs. 1 Satz 1 UmwG kann der übernehmende Rechtsträger die Firma des übertragenen, untergehenden Rechtsträgers fortführen und zwar **mit oder ohne Nachfolgezusatz** (vgl. ausführlich zur Firmenbildung Teil 5 Rdn. 3 ff.).

---

[446] Lutter/Drygala, UmwG, § 4 Rn. 21; Widmann/Mayer/Heckschen, Umwandlungsrecht, § 7 UmwG Rn. 18.

D. Verschmelzung zur Aufnahme und Verschmelzung zur Neugründung

I. Allgemeines

Das UmwG hat aus dem geltenden Recht die Zweiteilung der Verschmelzungsformen übernommen: die Verschmelzung durch Aufnahme und die Verschmelzung durch Neugründung (§ 2 UmwG). Bei der **Verschmelzung durch Aufnahme** geht das Vermögen der übertragenden Gesellschaft als Ganzes auf eine andere bereits bestehende Gesellschaft über. Den Gesellschaftern der übertragenden Gesellschaft werden bei der Verschmelzung zur Aufnahme Geschäftsanteile oder Mitgliedschaften der übernehmenden Gesellschaft gewährt. Die übertragende Gesellschaft geht ohne Liquidation als Rechtsperson unter, Mitgliedschaftsrechte an ihr erlöschen.

Bei der **Verschmelzung durch Neubildung** geht das Vermögen der zwei oder mehreren sich verschmelzenden Gesellschaften jeweils als Ganzes auf eine i. R. d. Verschmelzung neu gegründete Gesellschaft über. Die Gesellschafter der sich verschmelzenden Gesellschaften erhalten Geschäftsanteile oder Mitgliedschaftsrechte an der neuen Gesellschaft (§ 2 Nr. 2 UmwG). Auch hier gehen die übertragenden Gesellschaften als Rechtspersonen unter, Mitgliedschaftsrechte an diesen erlöschen.

§ 2 UmwG hat die aus dem bis 1995 geltenden Recht bekannten **Begriffsbestimmungen** der beiden Arten der Verschmelzung übernommen (vgl. § 339 AktG, § 19 KapErhG, §§ 93a, 93s GenG, § 44a Abs. 1 VAG i. d. F. vor dem Jahr 1995). Die Vorschriften stellen darüber hinaus nunmehr klar, dass an einer Verschmelzung nicht nur zwei Gesellschaften, sondern mehrere auch **unterschiedliche Rechtsformen** beteiligt sein können. Nach altem Recht war die Verschmelzung durch Aufnahme mehrerer Gesellschafter nur für die AG zulässig (§ 339 Abs. 1 AktG) nicht hingegen für die GmbH (§ 19 Abs. 1 KapErhG). § 339 Abs. 1 AktG war nicht für analogiefähig gehalten worden.[447]

Die grds. vorzunehmenden Schritte sind sowohl bei der Verschmelzung zur Übertragung als auch bei der Verschmelzung zur Neugründung dieselben. Allerdings bedingt allein die Tatsache, dass bei der einen Form der Verschmelzung eine neue Gesellschaft gegründet wird, ergänzende Regelungen. Das Gesetz hat dem Rechnung getragen, indem es für die Verschmelzung durch Neugründung **ergänzende Vorschriften** in den §§ 36 bis 38 UmwG aufstellt.

II. Entstehung einer Vorgesellschaft bei Verschmelzung, Spaltung und Ausgliederung zur Neugründung

1. Problem

Ein für die Praxis der Verschmelzung, Spaltung oder Ausgliederung zur Neugründung wichtiges Problem ist das der **Vorgesellschaft**. Das Problem stellt sich, wenn die in der Verschmelzung oder Spaltung neu gegründete Gesellschaft schon Rechtshandlungen (etwa auch weitere Umwandlungen, z. B. Kettenumwandlungen vgl. dazu oben Teil 2 Rdn. 21 ff.) oder Kapitalmaßnahmen (z. B. Kapitalerhöhungen) durchführen will.

Für die Verschmelzung zur Neugründung verweist § 36 Abs. 2 UmwG, für die Spaltung zur Neugründung § 135 Abs. 2 UmwG auf die Geltung der für die jeweilige Rechtsform des neuen Rechtsträgers bestehenden **Gründungsvorschriften**, soweit sich aus dem UmwG nichts anderes ergibt. So kann man aus dieser Formulierung des Gesetzgebers folgern, dass nicht schon mit der Beurkundung des Verschmelzungsvertrages und des Verschmelzungsbeschlusses bzw. mit der Beurkundung des Spaltungsplans und des Spaltungsbeschlusses, sondern erst wenn dieser Vertrag wirksam ist, also wenn die Zustimmungsbeschlüsse der Anteilsinhaber vorliegen, davon auszugehen ist, dass eine Vorgesellschaft entsprechend den allgemeinen Regeln zur Gründung einer Kapitalgesellschaft bis zur Eintragung der Spaltung/Ausgliederung oder Verschmelzung zur Neugrün-

---

[447] Vgl. Heckschen, Verschmelzung von Kapitalgesellschaften, S. 11; LG München I, DNotZ 1988, 642.

dung im Handelsregister existiert.[448] Einigkeit besteht also, dass bei der Verschmelzung oder Spaltung zur Neugründung die Vorgesellschaft frühestens in dem Zeitpunkt entsteht, in dem der Vertrag (und die darin enthaltene Satzungsfeststellung) wirksam wird und die Vertragsparteien bindet, sodass die Zustimmungsbeschlüsse vorliegen müssen. Der Abschluss des Spaltungsplans oder der des Verschmelzungsvertrages soll nicht genügen.[449]

Auch die **gesellschaftsrechtliche Literatur**, soweit sie sich mit diesen Fragen befasst, ist der Auffassung, dass im Fall der Umwandlung zu unterscheiden sei: der Formwechsel eines Rechtsträgers in die Rechtsform der GmbH lasse keine Vorgesellschaft entstehen. Anderes gelte für die Überführung eines Gesellschaftsvermögens auf eine als Rechtsträger neu entstehende Kapitalgesellschaft im Fall der Verschmelzung oder Spaltung zur Neugründung, denn dies sei der Sache nach eine vereinfachte Sachgründung.[450] Die Frage ist allerdings insofern nicht ganz einfach zu beurteilen, da das Bedürfnis für die Anerkennung eines Rechtsträgers vor Eintragung der neuen Kapitalgesellschaften in den Umwandlungsfällen weniger offensichtlich ist als bei einer »normalen« Neugründung, weil die übertragenden Rechtsträger bis zur Eintragung der Umwandlung im Handelsregister als Zurechnungsobjekt existieren und die von diesem abgeschlossenen Rechtsgeschäfte mit der Eintragung der Verschmelzung oder Spaltung im Wege der Gesamtrechtsnachfolge auf die neue Kapitalgesellschaft übergehen können.[451] **Wilken**[452] hat daher einschränkende Hinweise vorgebracht. Er weist darauf hin, dass der neue Rechtsträger bei der Spaltung zur Neugründung in das Handelsregister unter dem Registervorbehalt i. S. d. §§ 135 Abs. 1, 130 Abs. 1 Satz 2 UmwG eingetragen werde und dieser Registervorbehalt habe zur Folge, dass der neu eingetragene Rechtsträger bis zur Eintragung der Spaltung als nicht eingetragen gelte. Daher stehe fest, dass aufgrund der isolierten Eintragung des neuen Rechtsträgers weder ein vermögens- und subjektloser Rechtsträger noch eine Vorgesellschaft im herkömmlichen Sinne entstehe. Aufgrund seiner **Eintragung** erwerbe der neue Rechtsträger auch keinen Einlageanspruch, sondern er erwerbe das ihm zugewiesene Vermögen erst mit der konstitutiven Eintragung der Spaltung in das Handelsregister des übertragenden Rechtsträgers. Daraus folge zugleich, dass der neue Rechtsträger vor diesem Zeitpunkt kein Sondervermögen bilden könne. Ein Teil der Literatur lehnt daher wegen der Fähigkeit, Haftungsvermögen bis zur Eintragung der Spaltung zu bilden, jegliche Handlungs- und Verpflichtungsfähigkeit des neuen Rechtsträgers bis zur Eintragung der Spaltung oder Verschmelzung ab[453] weist daher zu Recht auf Folgendes hin:

> »Da die Vorgesellschaft zunächst überhaupt kein Vermögen hat, spricht viel dafür, ein Handeln für die Vorgesellschaft generell als unzulässig bzw. gar – mangels Vertretungsmacht – als unmöglich anzusehen.«

In der Rechtsprechung hat bisher der **BGH** nur in einem Sonderfall der Umwandlung nach dem Treuhandgesetz und der Umwandlungsverordnung der DDR Folgendes festgestellt:[454]

> »... ist dem jedenfalls für den hier in Betracht kommenden Fall einer aufgrund übertragender Umwandlung entstandenen Einmann-Vorgesellschaft nicht zu folgen. Bei dieser besteht nämlich die Besonderheit,

---

448 So D. Mayer, DB 1995, 862; Ihrig, GmbHR 1995, 633, 636; Kallmeyer/Zimmermann, UmwG, § 59 Rn. 3; Widmann/Mayer/Mayer, Umwandlungsrecht, § 59 UmwG Rn. 12; Lutter/Drygala, UmwG, § 4 Rn. 24; eingehend auch K. Schmidt, in: FS für Zöllner, 1999, S. 521 ff.; Schröer, in: Semler/Stengel, § 4 Rn 26; Reichert, in: Semler/Stengel, § 59 Rn. 6.
449 So ausdrücklich Lutter/Drygala, UmwG, § 4 Rn. 24; Widmann/Mayer/Mayer, Umwandlungsrecht, § 59 UmwG Rn. 12; Ihrig, GmbHR 1995, 622, 633.
450 So auch Scholz/K. Schmidt, GmbHG, § 11 Rn. 22; bereits früher K. Schmidt, GmbHR 1987, 79.
451 Lutter/Winter/Vetter/Vetter, UmwG, § 56 Rn. 7 ist daher zweifelnd, stimmt aber jetzt der hM zu.
452 DStR 1999, 677; ders., ZIP 1999, 969.
453 So ausführlich Wilken, DStR 1999, 678; ähnlich auch Ihrig, GmbHR 1995, 622, 637; Lutter/Karollus, UmwG, § 159 Rn. 20, 30). **Karollus** (Lutter/Karollus, UmwG, § 159 Rn. 20.
454 BGH, NJW-RR 1999, 1554, 1555.

dass die Vorgesellschaft nicht bereits Unternehmensträger sein kann, weil das Vermögen des umzuwandelnden Rechtsträgers erst im Zeitpunkt der Eintragung – in welchem die Umwandlung wirksam wird – auf den Rechtsnachfolger übergeht (…) Werden deshalb schon vor der Eintragung Rechtsgeschäfte abgeschlossen, so wird daraus – auch wenn bereits mit der Bezeichnung der Gründungsgesellschaft gehandelt wird – nach den Grundsätzen des betriebsbezogenen Geschäfts… grds. der wirkliche Betriebsinhaber, mithin der ursprüngliche Unternehmensträger, berechtigt und verpflichtet.«

▶ Hinweis:

Diese in der Literatur vorgetragenen Bedenken könnten daher den Schluss nahelegen, dass, selbst wenn man von einer Vorgesellschaft der neu zu gründenden Kapitalgesellschaft ausgeht, jedenfalls noch keine Handlungsfähigkeit mangels separaten Vermögens gegeben ist. Man muss allerdings berücksichtigen, dass die einschränkenden Stellungnahmen v. a. die rechtsgeschäftlichen Handlungen des neu gegründeten Rechtsträgers betreffen. So weist z. B. **Wilken**[455] darauf hin, dass, wenn nicht im Namen des künftigen neuen Rechtsträgers gehandelt werde, die §§ 177 ff. BGB Anwendung finden. Die Literatur will also insb. die Problematik der rechtsgeschäftlichen Handlung für die jetzige Vorgesellschaft ausschließen. 252

2. Handlungen im Vorgriff auf die Eintragung der Umwandlung

Davon zu unterscheiden ist die Frage, inwieweit für die zukünftige neu entstehende Kapitalgesellschaft gehandelt werden kann. Diese Frage ist wiederum zu trennen von der Frage der Handlungsfähigkeit der Vorgesellschaft selber. Insofern wird die These von der Unfähigkeit, i. R. d. Umwandlung entstehende Vorgesellschaftsrechtsgeschäfte abzuschließen, dadurch bestätigt, dass die durch Spaltung oder Verschmelzung u. U. entstehende Vorgesellschaft selbst nicht verschmelzungs- oder spaltungsfähig ist. In der Literatur ist streitig, inwieweit auch die **Vorgesellschaft** bereits **verschmelzungs- oder spaltungsfähiger Rechtsträger** ist. Ein Teil lehnt dies ab.[456] Nach anderer Auffassung kann bereits die Vorgesellschaft an einer Verschmelzung beteiligt sein.[457] Zum Zeitpunkt der Eintragung müssen allerdings die beteiligten Rechtsträger eingetragen sein.[458] 253

Dies betrifft aber nur die Frage, ob die Verschmelzung oder Spaltung mit einer Vor-GmbH durchgeführt werden kann. Davon differenziert die Literatur wiederum die Frage, ob ein **noch nicht verschmelzungsfähiger Rechtsträger** schon **Vorbereitungshandlungen** für eine Verschmelzung oder Spaltung nach Entstehen treffen kann.[459] So ist die Literatur der Auffassung, dass dem nichts entgegenstehen dürfte, da die rechtliche Wirkung erst nach Entstehung eintritt.[460] Dies betrifft jedoch nur die Frage, ob die Verschmelzung bzw. Spaltung durch Eintragung auch schon wirksam werden kann, bevor aus der aufnehmenden Vor-GmbH eine GmbH geworden ist. In der Literatur wird daher zu Recht angenommen, dass der Verschmelzungsvertrag oder Spaltungsplan und der Zustimmungsbeschluss der Anteilsinhaber der beteiligten Vor-GmbH

---

455 ZIP 1999, 969.
456 So Lutter/Drygala, UmwG, § 3 Rn. 7; Stratz in: Schmitt/Hörtnagl/Stratz, § 3 UmwG Rn. 23; Kallmeyer/Marsch-Barner, UmwG, § 3 Rn. 10.
457 So Bayer, ZIP 1997, 1613, 1614; K. Schmidt, ZGR 1990, 580, 592; Widmann/Mayer/Fronhöfer, Umwandlungsrecht, § 3 UmwG Rn. 74 ff.; Heckschen, DB 1998, 1385, 1388; Stengel in: Semler/Stengel, § 3 UmwG Rn. 48; ausführlich auch K. Schmidt, in: FS für Zöllner, 1999, S. 521, 527 f.; er spricht von der vorweggenommenen Verschmelzung.
458 Stengel in: Semler/Stengel, § 3 UmwG Rn. 48.
459 Widmann/Mayer/Fronhöfer, Umwandlungsrecht, § 3 UmwG Rn. 74.
460 Lutter/Drygala, UmwG, § 3 Rn. 5; Widmann/Mayer/Fronhöfer, Umwandlungsrecht, § 3 UmwG Rn. 75.

bereits in diesem Stadium geschlossen bzw. gefasst werden kann.[461] Voraussetzung ist aber dann die Registereintragung beider Vorgänge nacheinander: Entstehung der Gesellschaft durch Verschmelzung zur Neugründung, zweiter Umwandlungsvorgang.[462]

254 **Mayer**[463] schlägt in diesem Fall ausdrücklich vor, dass der Verschmelzungsvertrag und der Zustimmungsbeschluss von der Vor-GmbH aufschiebend bedingt auf den Zeitpunkt der Entstehung der GmbH durch Eintragung in das Handelsregister abgeschlossen werden sollte. Diesbezüglich erscheint es unproblematisch, dass der Verschmelzungsvertrag selbst unter einer Bedingung gefasst wird (vgl. § 125 i. V. m. § 7 UmwG). Bedingte Satzungsänderungsbeschlüsse sind dagegen bei der GmbH im Grundsatz unzulässig.[464] Der hier infrage stehende **Zustimmungsbeschluss zu einer Verschmelzung oder Spaltung** hat aber satzungsändernden Charakter. Daher sind im Grundsatz auch die Zustimmungsbeschlüsse zur Spaltung bedingungsfeindlich. Allgemein für zulässig gehalten werden, aber sog. Rechtsbedingungen. Im vorliegenden Fall könnte man die Entstehung der GmbH als Zulässigkeitsvoraussetzung für die Spaltung oder Verschmelzung als Rechtsbedingung dergestalt interpretieren, dass die Wirksamkeit der Spaltung davon abhängig ist, dass die GmbH zunächst als Rechtsträger eingetragen wird. Somit könnte der hier infrage stehende Zustimmungsbeschluss von dieser Bedingung abhängig gemacht werden. Allerdings dürfte im Ergebnis auch genügen, nur den infrage stehenden Verschmelzungs- oder Spaltungsvertrag aufschiebend bedingt zu schließen und die Zustimmungsbeschlüsse unbedingt zu fassen.

3. »Umgründung« der Vorgesellschaft ohne vorherige Eintragung

255 K. Schmidt[465] ist – soweit ersichtlich – als Einziger der Auffassung, dass auch eine Vorgesellschaft selbst mit sofortiger Wirkung umgewandelt werden kann, und zwar ohne Zwischeneintragung. Ob sich diese Auffassung in der **Praxis** durchsetzen wird, ist abzuwarten.

III. Verschmelzung zur Aufnahme und Kapitalerhöhung beim übernehmenden Rechtsträger

1. Anteilsgewährungspflicht

a) Grundsatz

256 Eines der Merkmale der Verschmelzung ist die **Gewährung von Geschäftsanteilen** an der übernehmenden Gesellschaft an die Gesellschafter der übertragenden Gesellschaft.

Zur Anteilsgewährungspflicht und den Ausnahmen vgl. eingehend oben Teil 2 Rdn. 100 ff.

Die Gewährung von Anteilen zur Abfindung der Gesellschafter der übertragenden Gesellschaft für den Verlust ihrer Anteile an der übertragenen Gesellschaft ist auch ein Strukturmerkmal

---

461 K. Schmidt, in: FS für Zöllner, 1999, S. 527 ff.; Lutter/Drygala, UmwG, § 3 Rn. 7; Stratz in: Schmitt/Hörtnagl/Stratz, § 3 UmwG Rn. 23; Kallmeyer/Marsch-Barner, UmwG, § 3 Rn. 10; Widmann/Mayer/Fronhöfer, Umwandlungsrecht, § 3 UmwG Rn. 75; Kallmeyer/Marsch-Barner, UmwG, § 3 Rn. 9; Widmann/Mayer/Mayer, Umwandlungsrecht, § 46 UmwG Rn. 83; Widmann/Mayer/Heckschen, Umwandlungsrecht, § 168 UmwG Rn. 88, der ausdrücklich ausführt, dass anders als die Vorgründungs-GmbH ein in Gründung befindlicher Rechtsträger, wie die Vor-GmbH oder die Vor-AG tauglicher aufnehmender Rechtsträger sein kann.
462 K. Schmidt, in: FS für Zöllner, 1999, S. 528.
463 Widmann/Mayer/Mayer, Umwandlungsrecht, Vor §§ 46 bis 59 UmwG Rn. 83.
464 Scholz/Priester, GmbHG, § 54 Rn. 57.
465 In: FS für Zöllner, 1999, S. 529 ff.

der Verschmelzung:⁴⁶⁶ Die **Anteilsgewährung** ist dabei gleichsam die **Gegenleistung für die Übertragung des Vermögens der übertragenden Gesellschaft**, insofern stellt die Verschmelzung ein gegenseitiges Austauschgeschäft dar. Die Gewährung von Geschäftsanteilen gehört daher zu den unabdingbaren Voraussetzungen der Verschmelzung. Der Gesetzgeber hat im **Zweiten Gesetz zur Änderung des UmwG** in den §§ 54 und 68 UmwG n. F. eine Ausnahme durch Verzicht festlegt:⁴⁶⁷ § 54 Abs. 1 Satz 3 UmwG n. F. (für die GmbH) bzw. § 68 Abs. 1 Satz 3 UmwG n. F. (für die AG) bestimmt nunmehr, dass die Kapitalerhöhung bei der übernehmenden Kapitalgesellschaft zur Disposition **aller Anteilsinhaber des übertragenden Rechtsträgers** steht. **Verzichten alle Anteilsinhaber des übertragenden Rechtsträgers** in notarieller Urkunde auf die Anteilsgewährung, darf die übernehmende Gesellschaft von der Anteilsgewährung absehen.⁴⁶⁸ Zu kritisieren ist an dieser an sich erfreulichen Klarstellung, dass sie aufgrund der systematischen Stellung nur für Verschmelzung auf die AG und GmbH gilt, obwohl bei der Personengesellschaft oder anderen Rechtsträgern ähnliche Fragestellungen bestehen. M. E. kann man aber aus der gesetzlichen Neuregelung allgemein den Schluss ziehen, dass der Anteilsgewährungsgrundsatz disponibel ist, wenn alle Anteilsinhaber der übertragenden Rechtsträger darauf verzichten, denn was bei Kapitalgesellschaften gilt muss erst recht bei Personengesellschaften gelten. Solange dies allerdings nicht durch die Rechtsprechung bestätigt ist, empfiehlt es sich von dieser Möglichkeit nur nach Absprache mit dem zuständigen Registergericht Gebrauch zu machen.

Eine **weitere Ausnahme** vom Gebot der Anteilsgewährungspflicht stellt die Möglichkeit der **baren** 257 **Zuzahlungen** dar, diese dürfen aber nach § 68 Abs. 3 UmwG den 10. Teil des gesamten Nennbetrages der gewährten Aktien der übernehmenden Gesellschaft bzw. nach § 54 Abs. 4 UmwG der gewährten Geschäftsanteile der übernehmenden Gesellschaft nicht übersteigen (vgl. ausführlich oben Rdn. 154 ff.). Abgesehen von dieser Ausnahmevorschrift können allein Aktien bzw. Geschäftsanteile der übernehmenden oder der neu gebildeten Gesellschaft Gegenleistungen sein, Geschäftsanteile anderer Unternehmen kommen ebenso wenig infrage wie eine Entschädigung in Geld oder durch Sachleistungen.

Bei der Verschmelzung zur Aufnahme stellt sich daher immer die Frage, **welche Geschäftsanteile** 258 an die Gesellschafter der übertragenden Gesellschaft zu gewähren sind. Es muss geprüft werden, ob diese Geschäftsanteile erst im Wege der Kapitalerhöhung neu gebildet werden müssen oder ob eigene Anteile zur Verfügung stehen, die den Gesellschaftern der übertragenden Gesellschaft im Austausch gewährt werden können. Daraus folgt, dass die übernehmende Gesellschaft nicht zwangsläufig eine **Kapitalerhöhung** durchführen müsste.⁴⁶⁹ Hält sie jedoch keine eigenen Geschäftsanteile oder eigene Aktien, die sie den Anteilsinhabern der übertragenen Gesellschaft zum Austausch übertragen kann, so muss der zu leistende Geschäftsanteil oder die Aktien im

---

466 Vgl. hierzu Hügel, Verschmelzung und Einbringung, S. 46; BayObLG, DB 1989, 1558 = DNotZ 1980, 127; OLG Frankfurt am Main, GmbHR 1998, 542 = DNotZ 1999, 154; KG, DNotZ 1999, 157 m. Anm. Heidinger; Widmann/Mayer/Fronhöfer, Umwandlungsrecht, § 2 UmwG Rn. 38 ff.; Widmann/Mayer/Mayer, Umwandlungsrecht, § 5 UmwG Rn. 15 ff.; Lutter/Drygala, UmwG, § 2 Rn. 31; Kallmeyer/Marsch-Barner, UmwG, § 2 Rn. 12; Heckschen/Gassen, GWR 2010, 101; Stengel in: Semler/Stengel, § 2 UmwG Rn. 40 ff.; Reichert in: Semler/Stengel, § 54 UmwG Rn. 19 ff.; Heidinger/Limmer/Holland/Reul, Gutachten des IDW, Bd. IV, Gutachten zum Umwandlungsrecht, S. 127; Limmer, in: FS für Schippel, 1996, S. 415, 417.
467 Vgl. BR-Drucks. 548/06, S. 27.
468 Zu den Fragen nach dieser Regelung vgl. oben Rdn. 132 ff. und Widmann/Mayer/Heckschen, Umwandlungsrecht, Einf. UmwG Rn. 34 ff.; Lutter/Drygala, UmwG, § 2 Rn. 31; Mayer/Weiler, DB 2007, 1235, 1239; Weiler, NZG 2008, 527 ff.; Kallmeyer, GmbHR 2006, 418 ff.; Drinhausen, BB 2006, 2313, 2315 ff.; Bayer/Schmidt, NZG 2006, 841; Roß/Drögemüller, DB 2009, 580 ff.; Keller/Klett, DB 2010, 1220 ff.; Krumm, GmbHR 2010, 24 ff.; Heckschen/Gassen, GWR 2010, 101; Stengel in: Semler/Stengel, § 2 UmwG Rn. 40 ff.; Reichert in: Semler/Stengel, § 54 UmwG Rn. 19 ff.
469 Vgl. Limmer, in: FS für Schippel, 1996, S. 415, 418 ff.; RGZ 124, 279, 394: »Die Kapitalerhöhung ist nicht wesentliches Tatbestandsmerkmal der Fusion als solcher«.

Wege der Kapitalerhöhung bei der Verschmelzung zur Aufnahme geschaffen werden. Das Problem der Schaffung der Anteile durch Kapitalerhöhung stellt sich allerdings nur bei Kapitalgesellschaften als übernehmende Gesellschaft, nicht hingegen, wenn die übernehmende Gesellschaft eine Personengesellschaft ist.

b) Zweifelsfragen

259 Die **Rechtsprechung** und auch die **Literatur** gehen immer noch vom Grundsatz der Anteilsgewährungspflicht aus.[470]

Die Frage der Anteilsgewährung gehörte zu den umstrittensten des UmwG (vgl. eingehend oben Teil 1 Rdn. 172 ff., Teil 2 Rdn. 100 ff.).

260 Der Gesetzgeber hat im **Zweiten Gesetz zur Änderung des UmwG** in den §§ 54 und 68 UmwG eine Ausnahme durch Verzicht festlegt:[471] § 54 Abs. 1 Satz 3 UmwG (für die GmbH) bzw. § 68 Abs. 1 Satz 3 UmwG (für die AG) bestimmt nunmehr, dass die Kapitalerhöhung bei der übernehmenden Kapitalgesellschaft zur Disposition **aller Anteilsinhaber des übertragenden Rechtsträgers** steht. **Verzichten alle Anteilsinhaber des übertragenden Rechtsträgers** in notarieller Urkunde auf die Anteilsgewährung, darf die übernehmende Gesellschaft von der Anteilsgewährung absehen.[472]

c) Differenzhaftung

261 Umstritten ist, ob bei der Anteilserhöhung bei der Verschmelzung zur Aufnahme eine **Differenzhaftung** z. B. nach § 9 GmbHG bzw. §§ 188 Abs. 2, 36a AktG **bei fehlender Werthaltigkeit** des übergehenden Vermögens besteht.:[473] Auch das OLG München war bei der Verschmelzung von AG ablehnend:[474] Stelle sich nach der Verschmelzung zweier AG mit Kapitalerhöhung heraus, dass der Wert der übertragenden Gesellschaft hinter dem geringsten Ausgabebetrag der dafür ausgegebenen Aktien der übernehmenden Gesellschaft zurückgeblieben sei, seien die Aktionäre der übertragenden Gesellschaft nicht verpflichtet, die Wertdifferenz in bar einzuzahlen. Für eine entsprechende Anwendung der §§ 56 Abs. 2, 9 Abs. 1 GmbHG auf diesen Fall sei kein Raum. Die Begründung von (Nach-)zahlungspflichten für Aktionäre durch Mehrheitsentscheidungen in der Hauptversammlung, die in der Satzung keine Grundlage finden, sei dem Recht der AG fremd[475] Der BGH hat mit Urt. v. 12.03.2007 für die AG entschieden, dass bei einer Verschmelzung von AG die Aktionäre der beteiligten Rechtsträger im Fall einer Überbewertung des Vermögens des übertragenden Rechtsträgers **keine Differenzhaftung** trifft. Der BGH lehnt die Übertra-

---

470 BayObLG, DNotZ 1990, 127; OLG Frankfurt am Main, DNotZ 1999, 154; KG, DNotZ 1999, 157; Widmann/Mayer/Fronhöfer, Umwandlungsrecht, § 2 UmwG Rn. 38 ff.; Widmann/Mayer/Mayer, Umwandlungsrecht, § 5 UmwG Rn. 15 ff.; Lutter/Drygala, UmwG, § 2 Rn. 31; Kallmeyer/Marsch-Barner, UmwG, § 2 Rn. 12; Heckschen/Gassen, GWR 2010, 101; Stengel in: Semler/Stengel, § 2 UmwG Rn. 40 ff.; Reichert in: Semler/Stengel, § 54 UmwG Rn. 19 ff.
471 Vgl. BR-Drucks. 548/06, S. 27.
472 Vgl. eingehend oben Teil 2 Rdn. 132 ff. und zu den Fragen nach der Neuregelung Lutter/Drygala, UmwG, § 2 Rn. 31; Mayer/Weiler, DB 2007, 1235, 1239; Heckschen/Gassen, GWR 2010, 101; Stengel in: Semler/Stengel, § 2 UmwG Rn. 40 ff.; Reichert in: Semler/Stengel, § 54 UmwG Rn. 19 ff.; Widmann/Mayer/Heckschen, Umwandlungsrecht, Einf. UmwG Rn. 34 ff.; Mayer/Weiler, DB 2007, 1235, 1239; Weiler, NZG 2008, 527 ff.; Kallmeyer, GmbHR 2006, 418 ff.; Drinhausen, BB 2006, 2313, 2315 ff.; Bayer/Schmidt, NZG 2006, 841; Roß/Drögemüller, DB 2009, 580 ff.; Keller/Klett, DB 2010, 1220 ff.; Krumm, GmbHR 2010, 24 ff.
473 Ablehnend für AG Lutter/Grunewald, UmwG § 69, Rn. 28; Kallmeyer/Marsch-Barner, § 69 UmwG Rn. 18; bejahend Wälzholz, AG 2006, 469 ff.; Ihrig, GmbHR 1995, 622, 642.
474 OLG München, ZIP 2005, 2108 = AG 2006, 209 = EWiR § 69 UmwG 1/06.
475 BGH DNotZ 2007, 854 = ZNotP 2007, 272 = NotBZ 2007, 256 = DB 2007,1241 = DStR 2007, 1049, zustimmend Grunewald, EwiR § 69 UmwG 1/06, ablehnend Wälzholz, AG 2006, 469 ff.).

gung der Differenzhaftungsgrundsätze auf die Verschmelzung ab; der Zustimmungsbeschluss enthalte keine Kapitaldeckungszusage. § 69 Abs. 1 Satz 1 UmwG bestimme ausdrücklich, dass u. a. § 188 Abs. 2 AktG nicht anzuwenden ist. Damit entfällt auch dessen Verweisung auf § 36a Abs. 2 Satz 3 AktG als Grundlage für eine Differenzhaftung. Des Weiteren schließe § 69 Abs. 1 Satz 1 UmwG die Anwendung des § 185 AktG aus. Diese Vorschrift betreffe den Zeichnungsschein, der Grundlage für eine Einlageverpflichtung des zeichnenden Aktionärs ist. Der Ausschluss der beiden Vorschriften trage dem Umstand Rechnung, dass die Gesellschafter des übertragenden Rechtsträgers ihre Mitgliedschaft in der übernehmenden AG – anders als bei einer »normalen« Kapitalerhöhung – nicht durch Zeichnung der neuen Aktien, sondern durch den Verschmelzungsvertrag erlangen (§ 20 Abs. 1 Nr. 3 UmwG), und dass sie insb. auch keine Leistungspflicht hinsichtlich der »Sacheinlage« i. S. v. § 36a Abs. 2 AktG übernehmen. Sachinferent und Partner des Verschmelzungsvertrages mit der übernehmenden Gesellschaft sei vielmehr der übertragende Rechtsträger (§ 4 UmwG). Der BGH hat ausdrücklich offen gelassen, ob diese Beurteilung auch für Verschmelzungen unter Beteiligung von Gesellschaften mit beschränkter Haftung gilt. In der Literatur wird trotzdem z. T. argumentiert, dass die Entscheidung des BGH nicht auf die GmbH übertragbar sei und daher eine Differenzhaftung der Gesellschafter der übertragenden GmbH bestehe, z. T. wird rechtspolitisch auf das fehlende Spruchverfahren für die Anteilsinhaber der übernehmenden Gesellschaft hingewiesen.[476] Thoß verlangt, dass aus Gründen des Gläubigerschutzes eine Differenzhaftung erforderlich sei, wenn der Wert der Einlage den Nennbetrag der Geschäftsanteile nicht erreiche. Dass der übertragende Rechtsträger und nicht die Anteilseigner die Einlage schuldet, könne dem nicht entgegengehalten werden, da letztere die Anteile am übernehmenden Rechtsträger erhalten.[477] Sowohl im GmbH- als auch im AG-Recht ist allerdings Rechtsgrundlage der Bardeckungspflicht des Sacheinlegers dessen individuelle Übernahmeerklärung, so dass mE diese Haftungsgrundsätze nicht angewendet werden können.[478]

d) (Höhe der Anteile) Umtauschverhältnis

Das Gesetz geht im Grundsatz davon aus, dass eine wertentsprechende Anteilsgewährung stattfindet (vgl. dazu bereits Teil 2 Rdn. 137 ff.). Die Vermögensgegenstände, die im Wege der Verschmelzung übertragen werden, sind mit den in den Anteilen verkörperten Vermögensgegenständen des aufnehmenden Rechtsträgers zu vergleichen und es ist ein angemessenes Wertverhältnis zu finden. Dazu ist grds. eine Unternehmensbewertung notwendig. Die gewährten Anteile müssen dem Wert des übertragenden Vermögens entsprechen..[479] Dieses Prinzip wird aber nur aus Gründen des entspr. Minderheitenschutzes aufgestellt, da die Gesellschafter der übertragenden Gesellschaft bzw. die Mitglieder des übertragenden Rechtsträgers in ihren Rechten geschmälert werden, wenn sie keine wertentsprechenden Anteile erhalten würden. Wie bereits dargelegt (vgl. oben Teil 2 Rdn. 100 ff., Teil 1 Rdn. 172 ff.), hat der Gesetzgeber keine unverzichtbaren Pflichten zur wertentsprechenden Anteilsgewährung vorgesehen. Die ganz herrschende Meinung ist daher der Auffassung, dass die Höhe der Kapitalerhöhung und der gewährten Anteile in das Belieben der Parteien gestellt ist.

262

---

476 Eingehend Lutter/Winter/Vetter, UmwG § 55 Rn. 42 ff.; Kallmeyer/Kocher, § 55 UmwG Rn. 13; Stratz in: Schmitt/Hörtnagl/Stratz, § 5 UmwG Rn. 5; Kallmeyer GmbHR 2007, 1121; Reichert in: Semler/Stengel, § 55 UmwG Rn. 8, 11; Thoß NZG 2006, 376; Wälzholz AG 2006, 469; vgl. auch Wälzholz, AG 2006, 469 ff.; Ihrig, GmbHR 1995, 622, 642.
477 Thoß NZG 2006, 376.
478 Ebenso Heckschen, in: Beck'sche Notarhandbuch, Abschnitt D.IV. Umwandlung, Rn. 130.
479 Zur Unternehmensbewertung vgl. Teil 2 Rdn. 440 ff., vgl. auch OLG Rostock MittBayNot 2017, 414 = NZG 2017, 61.

2. Erleichterte Kapitalerhöhung

263 Da sich die Problematik der Notwendigkeit einer Kapitalerhöhung bei der Verschmelzung zur Aufnahme nur bei Kapitalgesellschaften stellt, ist sie auch nur für Kapitalgesellschaften in den besonderen Vorschriften der Kapitalerhöhung geregelt. § 53 UmwG sieht daher für die GmbH, § 66 UmwG für die AG vor, dass im Fall der Kapitalerhöhung die Verschmelzung erst eingetragen werden darf, nachdem die Durchführung der Erhöhung des Grundkapitals im Register eingetragen worden ist. Zur Erleichterung sieht das Gesetz ein **vereinfachtes Verfahren** zur Erhöhung des Stammkapitals vor: § 55 UmwG für die GmbH, § 69 UmwG für die AG.

264 Dies bedeutet zum einen, dass die **Kapitalerhöhung nur im Zusammenhang mit der Verschmelzung** und der dadurch begründeten Anteilsgewährungspflicht durchgeführt werden darf.[480] Die Erleichterungen der §§ 55 bzw. 69 UmwG gelten daher nur, soweit die Kapitalerhöhung zur Durchführung der Verschmelzung erfolgt. Wird das Kapital nicht zu diesem Zweck erhöht, so sind die allgemeinen Kapitalerhöhungsvorschriften anzuwenden, die Besonderheiten der vereinfachten Kapitalerhöhung hingegen nicht. Voraussetzung ist also für die vereinfachte Kapitalerhöhung, dass die neuen Anteile für die Gesellschafter der alten Gesellschaft zur Verfügung gestellt werden und nicht für die bisherigen Gesellschafter.

265 Die wohl überwiegende Meinung geht davon aus, dass die Kapitalerhöhung für die Verschmelzung ebenso wie die **Verschmelzung für die Kapitalerhöhung Wirksamkeitsvoraussetzung** ist.[481] Die Frage ist dann von Bedeutung, wenn die Verschmelzung fehlschlägt, etwa weil eine Anfechtungsklage vorliegt. Es stellt sich dann die Frage, ob die Kapitalerhöhung auch ohne Verschmelzung im Handelsregister eingetragen werden darf oder nicht. Die Anhänger, die davon ausgehen, dass für die Kapitalerhöhung die Verschmelzung nicht Voraussetzung ist, sind daher der Auffassung, dass die Kapitalerhöhung auch ohne die Verschmelzung eingetragen werden kann.[482] Demgegenüber ist die überwiegende Meinung der Auffassung, dass bei Scheitern der Verschmelzung die Kapitalerhöhung nicht im Handelsregister eingetragen werden darf und ein dennoch gestellter Antrag abzulehnen ist.[483]

266 Bei der Kapitalerhöhung nach § 55 bzw. § 69 UmwG handelt es sich um eine **Kapitalerhöhung gegen Sacheinlage**, die Einlagepflicht wird erfüllt durch Übertragung des Vermögens der übertragenden Gesellschaft.[484] Grds. ist für die Höhe der notwendigen Kapitalerhöhung der Wert der übertragenden Gesellschaft maßgebend.[485] Für die Kapitalerhöhung zur Durchführung der Verschmelzung gilt das Gebot der realen Kapitalaufbringung. Der Unternehmenswert des übertragenden Rechtsträgers muss mindestens die Höhe des Nennbetrages erreichen. Zur Prüfung der Kapitaldeckung ist der wahre Wert des Vermögens des übertragenden Rechtsträgers entscheidend. Betreibt dieser ein Unternehmen ist der nach allgemeinen Grundsätzen ermittelte Unternehmenswert maßgeblich. Der wahre Wert ist danach grundsätzlich der Ertragswert zuzüglich des Verkehrswertes des nicht betriebsnotwendigen Vermögens.[486]

---

480 Widmann/Mayer/Mayer, Umwandlungsrecht, § 55 UmwG Rn. 10; Lutter/Winter/Vetter, UmwG, § 55 Rn. 8 ff.; Stratz, in: Schmitt/Hörtnagl/Stratz, § 55 UmwG Rn. 3.
481 Kallmeyer/Kocher, UmwG, § 55 Rn. 1 f.; Widmann/Mayer/Mayer, Umwandlungsrecht, § 55 UmwG Rn. 108; Lutter/Winter/Vetter, UmwG, § 55 Rn. 8 ff.; Lutter/Hommelhoff, GmbHG, 13. Aufl., § 20 KapErhG Rn. 3.
482 So noch zum alten Recht Kraft, in: KK-AktG, § 343 Rn. 25.
483 So Widmann/Mayer/Mayer, Umwandlungsrecht, § 55 UmwG Rn. 111; Lutter/Winter/Vetter, UmwG, § 55 Rn. 8 f.; Kallmeyer/Kocher, UmwG, § 55 Rn. 1.
484 Vgl. etwa Lutter, DB 1980, 1318, 1319; Widmann/Mayer/Mayer, Umwandlungsrecht, § 55 UmwG Rn. 12; Lutter/Winter/Vetter, UmwG, § 55 Rn. 24; Kallmeyer//Kocher, UmwG, § 55 Rn. 2; Stratz, in: Schmitt/Hörtnagl/Stratz, § 55 UmwG Rn. 3; Reichert, in: Semler/Stengel, § 55 UmwG Rn. 7.
485 OLG Rostock MittBayNot 2017, 414 = NZG 2017, 61.
486 OLG Rostock MittBayNot 2017, 414 = NZG 2017, 61.

Da nach § 5 Abs. 1 Nr. 4 UmwG die Einzelheiten für die Übertragung der Anteile bereits im Verschmelzungsvertrag zu regeln sind, sollte bereits im Verschmelzungsvertrag geregelt werden, **ob und in welcher Weise die übernehmende Gesellschaft ihr Stammkapital zur Durchführung der Verschmelzung erhöht**. Es ist allerdings umstritten, ob diese Kapitalerhöhung im Verschmelzungsvertrag erwähnt werden muss.[487] Zu beachten ist, dass jedenfalls bei der Verschmelzung unter Beteiligung von GmbH dann nach § 46 Abs. 2 UmwG Angaben zu machen sind, wenn die zu gewährenden Geschäftsanteile im Wege der Kapitalerhöhung geschaffen und mit anderen Rechten und Pflichten als sonstige Geschäftsanteile der übernehmenden GmbH ausgestattet werden. Darüber hinausgehend verlangt ein Teil der Literatur, dass im Verschmelzungsvertrag eine zur Durchführung der Verschmelzung notwendige Kapitalerhöhung vorgesehen und für jeden Anteilsinhaber der Nennbetrag der ihm zuzuteilenden jungen Anteile festgesetzt wird.[488] Vgl. zu den Einzelheiten oben Teil 2 Rdn. 144 ff.

Die Literatur ist überwiegend der Meinung, dass keine bestimmte Reihenfolge vorgeschrieben ist, **ob der Kapitalerhöhungsbeschluss den Zustimmungsbeschlüssen vorauszugehen hat** oder umgekehrt.[489]

▶ Hinweis:

In der Praxis werden allerdings i. d. R. der Kapitalerhöhungsbeschluss und der Zustimmungsbeschluss zusammen in einer Gesellschafter- oder Hauptversammlung gefasst. Die Kapitalerhöhung i. R. d. Verschmelzung ist grds. eine Kapitalerhöhung gegen Sacheinlage nach allgemeinen Regeln. Die §§ 55, 69 UmwG sehen allerdings eine Reihe von Erleichterungen vor.

a) Kapitalerhöhung bei der GmbH

Bei der GmbH gelten nicht die **§§ 55 Abs. 1, 56a, 57 Abs. 2, Abs. 3 Nr. 1 GmbHG**.[490] Das bedeutet, dass die nach § 55 Abs. 1 GmbHG erforderliche **Übernahmeerklärung entfällt**. Der Übernahmevertrag und die Übernahmeerklärung werden durch die Angaben des Verschmelzungsvertrages und die Zustimmungsbeschlüsse ersetzt. Die bei der GmbH geltenden Vorschriften über die Sicherung der Sacheinlage nach §§ 56a, 7 GmbHG gelten ebenfalls nicht, da durch die Gesamtrechtsnachfolge die Vorschriften über die Leistung der Einlage entbehrlich sind. Deshalb sind auch die **entsprechenden Erklärungen in der Anmeldung** der Kapitalerhöhung **entbehrlich**. Auch die **Versicherung des Geschäftsführers nach § 57 Abs. 2 und Abs. 3 Nr. 1 GmbHG** ist **nicht notwendig**.

I. Ü. bleibt es allerdings bei den allgemeinen Vorschriften des § 55 GmbHG, sodass **folgende Schritte bei der GmbH erforderlich** sind:[491]

---

487 Ablehnend Kallmeyer/Marsch-Barner, UmwG, § 5 Rn. 16; Kallmeyer/Kocher § 46 UmwG Rn. 3; Stratz, in: Schmitt/Hörtnagl/Stratz, § 46 UmwG Rn. 4; Reichert, in: Semler/Stengel, § 46 UmwG Rn. 16; a. A. Lutter/Winter/Vetter, UmwG, § 46 UmwG Rn. 48, der verlangt, dass im Verschmelzungsvertrag die Kapitalerhöhung und für jeden Anteilsinhaber der Nennbetrag der ihm zuzuteilenden Geschäftsanteile festzusetzen sei; vgl. auch Widmann/Mayer/Mayer, Umwandlungsrecht, § 46 UmwG Rn. 23.1, der Angaben im Verschmelzungsvertrag oder zumindest im Verschmelzungsbeschluss verlangt.
488 So Lutter/Winter/Vetter, UmwG, § 46 Rn. 48; a. A. Streck/Mack/Schwedhelm, GmbHR 1995, 163.
489 Widmann/Mayer/Mayer, Umwandlungsrecht, § 55 UmwG Rn. 4; Reichert, in: Semler/Stengel, § 55 UmwG Rn. 3.
490 Vgl. Widmann/Mayer/Mayer, Umwandlungsrecht, § 55 UmwG Rn. 41 ff.; Lutter/Winter/Vetter, UmwG, § 55 Rn. 50 ff.; Reichert, in: Semler/Stengel, § 55 UmwG Rn. 14 ff.; Stratz, in: Schmitt/Hörtnagl/Stratz, § 55 UmwG Rn. 8 f.; Gerold, MittRhNotK 1997, 205, 225.
491 Vgl. Lutter/Bayer/Hommelhoff, GmbHG, § 55 Rn. 3; Widmann/Mayer/Mayer, Umwandlungsrecht, § 55 UmwG Rn. 20 ff.; 84 ff.; Reichert, in: Semler/Stengel, § 55 UmwG Rn. 3 ff., 23; Stratz, in: Schmitt/Hörtnagl/Stratz, § 55 UmwG Rn. 4 f.; Lutter/Winter/Vetter, UmwG, § 55 Rn. 14 ff.

- **Satzungsändernder Erhöhungsbeschluss** mit einer Mehrheit von 3/4 der abgegebenen Stimmen, der Beschluss muss zum Inhalt haben, dass das Stammkapital der übernehmenden GmbH zur Durchführung der Verschmelzung erhöht werden soll und zwar in bestimmter Höhe; die Höhe der neuen Geschäftsanteile und die Namen der Gesellschafter müssen nicht angegeben werden, wenn sie im Verschmelzungsvertrag benannt sind;
- **Anmeldung** der Kapitalerhöhung durch sämtliche Geschäftsführer zum Handelsregister (§§ 57, 78 GmbHG);
- **Eintragung** der Kapitalerhöhung im Handelsregister;
- **Bekanntmachung** der Eintragung (§ 57b GmbHG).

272 Da der Erhöhungsbeschluss **Satzungsänderung** ist, muss durch ihn die Höhe der Kapitalveränderung und die neue Ziffer des Stammkapitals festgelegt und der Wortlaut der bisherigen Satzung entsprechend korrigiert werden.[492] Im Beschluss ist weiter anzugeben, dass die Mittel für die Kapitalerhöhung durch die Verschmelzung, d. h. durch den Übergang des Vermögens der übertragenden Gesellschaft aufgebracht werden.[493]

273 In § 54 Abs. 3 UmwG ist geregelt, dass die **Stückelungs- und Teilungserschwerungsvorschriften des Gesellschaftsvertrages** für die Kapitalerhöhung zur Verschmelzung unbeachtlich sind; jedoch muss der Nennbetrag jedes Teils der Geschäftsanteile auf volle Euro lauten. Zweck der Stückelungserleichterung ist es, möglichst jedem Inhaber des übertragenden Rechtsträgers die Möglichkeit zur Beteiligung an dem übernehmenden Rechtsträger zu eröffnen und nichtbeteiligungsfähige Spitzen weitgehend zu vermeiden. Nach § 46 Abs. 1 Satz 3 UmwG i. d. F. durch das MoMiG v. 23.10.2008[494] muss der Nennbetrag auf volle Euro lauten.

274 Das Gesetz geht davon aus, dass neue Anteile im Wege der Kapitalerhöhung gebildet werden. Ist ein Gesellschafter der übertragenden Gesellschaft bereits Gesellschafter der aufnehmenden GmbH, kann mit seiner Zustimmung auch eine **Aufstockung** seines Geschäftsanteils bei der übernehmenden GmbH erfolgen.[495] Voraussetzung dafür ist nach allgemeiner Auffassung, dass eine »Vormännerhaftung« nicht in Betracht kommt, weil die alten Anteile entweder voll eingezahlt sind und eine Nachschusspflicht nicht besteht oder sie sich noch in der Hand der Gründer befinden.[496] Die Aufstockung muss allerdings im Kapitalerhöhungsbeschluss ausdrücklich festgestellt werden, weil es sonst bei der Regelung des § 55 Abs. 3 GmbHG, d. h. des Erwerbs eines zusätzlichen Anteils, verbleibt.[497] Bei einer **verschmelzungsbedingten Kapitalerhöhung** besteht nach allgemeiner Meinung kein Bezugsrecht in Anlehnung an § 186 AktG.[498]

---

492 Lutter/Hommelhoff, GmbHG, § 55 Rn. 8 f.; Widmann/Mayer/Mayer, Umwandlungsrecht, § 55 UmwG Rn. 31 ff. Stratz, in: Schmitt/Hörtnagl/Stratz, § 55 UmwG Rn. 4 f.; BeckOGK/v. Hinden UmwG § 55 Rn. 18 ff.
493 Vgl. Widmann/Mayer/Mayer, Umwandlungsrecht, § 55 UmwG Rn. 36; Reichert, in: Semler/Stengel, § 55 UmwG Rn. 7; Stratz, in: Schmitt/Hörtnagl/Stratz, § 55 UmwG Rn. 3; Lutter/Winter/Vetter, UmwG, § 55 Rn. 24; BeckOGK/v. Hinden UmwG § 55 Rn. 18 ff.
494 BGBl. I 2008, 2026.
495 Widmann/Mayer/Mayer, Umwandlungsrecht, § 5 UmwG Rn. 90, § 46 Rn. 12; Lutter/Winter/Vetter, UmwG, § 46 Rn. 34; Reichert, in: Semler/Stengel, § 46 UmwG Rn. 9b; Stratz, in: Schmitt/Hörtnagl/Stratz, § 46 UmwG Rn. 7; BeckOGK/v. Hinden UmwG § 55 UmwG Rn. 22; Kölner KommUmwG/Simon/Nießen § 55 UmwG Rn. 18.
496 Vgl. Scholz/Priester, GmbHG, § 55 Rn. 25; Lutter/Bayer/Hommelhoff, GmbHG, § 55 Rn. 15; Widmann/Mayer/Mayer, Umwandlungsrecht, § 5 UmwG Rn. 90, § 46 Rn. 12; Lutter/Winter/Vetter, UmwG, § 46 Rn. 34; Reichert, in: Semler/Stengel, § 46 UmwG Rn. 9b; Stratz, in: Schmitt/Hörtnagl/Stratz, § 46 UmwG Rn. 7.
497 Scholz/Priester, GmbHG, Rn. 26; Widmann/Mayer/Mayer, Umwandlungsrecht, § 5 UmwG Rn. 90, § 46 Rn. 12; Lutter/Winter/Vetter, UmwG, § 46 Rn. 34; Reichert, in: Semler/Stengel, § 46 UmwG Rn. 9b; Stratz, in: Schmitt/Hörtnagl/Stratz, § 46 UmwG Rn. 7.
498 Lutter/Winter/Vetter, UmwG, § 55 Rn. 58; Widmann/Mayer/Mayer, Umwandlungsrecht, § 55 UmwG Rn. 51; Reichert, in: Semler/Stengel, § 55 UmwG Rn. 20.

Die **Anmeldung der Kapitalerhöhung** samt der damit verbundenen Satzungsänderung bei der 275
übernehmenden Gesellschaft ist neben der Verschmelzung gesondert vorzunehmen. Die Anmeldung der Kapitalerhöhung kann aber mit der Anmeldung der Verschmelzung durch die übernehmende GmbHG verbunden werden.[499] Die gesamte Anmeldung ist dann von sämtlichen Geschäftsführern der übernehmenden GmbH (nicht lediglich in vertretungsberechtigter Zahl) zu unterzeichnen (§ 78 GmbHG).

Die Eintragung der Verschmelzung ist aber erst zulässig, wenn die **Kapitalerhöhung eingetragen** 276
ist (§ 53 UmwG). Anmeldepflichtig sind **alle Geschäftsführer** der übernehmenden GmbH (§ 78 GmbHG). Mit der Anmeldung ist der Erhöhungsbetrag mit der Angabe des neuen Stammkapitals (Satzungsänderung) anzumelden sowie die Tatsache, dass es sich um eine Kapitalerhöhung zur Durchführung der Verschmelzung von bestimmten Gesellschaften handelt. Die Anmeldung des Erhöhungsbetrages mit der Angabe des neuen Stammkapitals genügt, dennoch empfiehlt sich eine **umfassende Formulierung, die auch die Tatsache der Satzungsänderung erfasst** (»[...] *der Gesellschaftsvertrag ist in § 3 [Stammkapital] geändert.*«).

Umstritten ist, ob die an sich nach § 57 Abs. 3 Nr. 2 und 3 GmbHG erforderliche **Liste der Übernehmer und die Einbringungsverträge** der Anmeldung beigefügt werden müssen, oder ob diesem Erfordernis durch Vorlage des Verschmelzungsvertrages Genüge getan ist.[500] Sind die Übernehmer im Verschmelzungsvertrag genannt, ist nach einer Meinung eine Liste der Übernehmer überflüssig.[501] Nach a. A. wird die **Übernehmerliste** nicht durch die Angaben im Vertrag ersetzt.[502] Die nach § 57 Abs. 3 Nr. 3 GmbHG erforderlichen Verträge, die der Festsetzung der Sacheinlage zugrunde liegen, sind nicht notwendig.[503]

Nach § 55 Abs. 2 UmwG i. V. m. § 57 Abs. 3 Nr. 2 und Nr. 3 GmbHG sind der **Anmeldung** 277
der Kapitalerhöhung zum Register folgende Unterlagen – elektronisch beglaubigt – beizufügen:
– elektronisch beglaubigte Abschrift des Verschmelzungsvertrages,
– elektronisch beglaubigte Abschriften der Zustimmungsbeschlüsse der übertragenden und der übernehmenden Gesellschaften,
– elektronisch beglaubigte Abschrift des Beschlusses über Erhöhung des Stammkapitals und entsprechende Änderung der Satzung,
– elektronisch beglaubigte Abschriften der Schlussbilanz der übertragenden Gesellschaft,[504]
– elektronisch beglaubigte Abschriften der bescheinigten Neufassung der Satzung gem. § 54 GmbHG,

---

499 So Widmann/Mayer/Mayer, Umwandlungsrecht, § 55 UmwG Rn. 84 ff.; Lutter/Winter/Vetter, UmwG, § 55 Rn. 60; BeckOGK/v. Hinden UmwG § 55 Rn. 38; Henssler/Strohn GesR/Haeder UmwG § 55 Rn. 6 ff.; Goutier/Knopf/Bermel, Umwandlungsrecht, § 55 UmwG Rn. 23.
500 So Lutter/Winter/Vetter, UmwG, § 55 Rn. 64; Kallmeyer/Marsch-Barner, UmwG, § 55 Rn. 4.
501 So Lutter/Winter/Vetter, UmwG, § 55 Rn. 64; Stratz, in: Schmitt/Hörtnagl/Stratz, § 55 UmwG Rn. 25.
502 Widmann/Mayer/Mayer, Umwandlungsrecht, § 55 UmwG Rn. 91; Reichert, in: Semler/Stengel, § 53 UmwG Rn. 6, § 55 UmwG Rn. 22; KallmeyerKocher, UmwG, § 55 Rn. 9; BeckOGK/v. Hinden UmwG § 55 Rn. 41.
503 H. M. Lutter/Winter/Vetter, UmwG, § 55 Rn. 65; Kallmeyer/Kocher, UmwG, § 55 Rn. 4; Widmann/Mayer/Mayer, Umwandlungsrecht, § 55 UmwG Rn. 92; Stratz, in: Schmitt/Hörtnagl/Stratz, § 55 UmwG Rn. 25; Reichert, in: Semler/Stengel, § 55 UmwG Rn. 22.
504 Ergibt sich nicht aus UmwG, wohl aber aus Werthaltigkeitsprüfung durch Registergericht, vgl. Widmann/Mayer/Mayer, Umwandlungsrecht, § 55 UmwG Rn. 75; Lutter/Winter/Vetter, UmwG, § 55 Rn. 69; Kallmeyer/Zimmermann, § 53 UmwG Rn. 14; Reichert, in: Semler/Stengel, § 53 UmwG Rn. 9.

– Gesellschafterliste, bescheinigt nach § 40 Abs. 2 Satz 1 GmbHG durch den Notar,
– Liste der Übernehmer der neuen Stammeinlagen.[505]

Durch das MoMiG v. 23.10.2008[506] wurde die Bedeutung der Gesellschafterliste nach § 40 GmbHG erweitert. Nach § 40 Abs. 2 GmbHG ist der Notar, der an der Veränderung in den Personen der Gesellschafter oder des Umfangs ihrer Beteiligung gem. § 40 Abs. 1 GmbHG mitgewirkt hat, verpflichtet, unverzüglich nach Wirksamwerden der Veränderungen eine Gesellschafterliste zu unterschreiben, mit einer Bescheinigung zu versehen und beim Handelsregister einzureichen.[507] Das gilt auch bei einer Kapitalerhöhung. Das OLG München hat im Beschl. v. 07.07.2010 entschieden, dass die Beurkundung des Beschlusses zur Kapitalerhöhung eine solche Mitwirkung darstellt. In diesem Fall obliege dem Notar auch die Bescheinigungspflicht nach § 40 Abs. 2 Satz 2 GmbHG.[508] Dies gilt demnach auch bei einer Verschmelzung mit Kapitalerhöhung.[509] Zwar besteht die notarielle Pflicht zur Einreichung einer aktualisierten Gesellschafterliste erst nach Wirksamwerden der beurkundeten Veränderungen (hier: der Kapitalerhöhung); der Notar ist aber nach wohl überwiegender Meinung nicht gehindert, die aktualisierte Liste bereits vor Wirksamwerden der Veränderungen zu erstellen und mit der erforderlichen Notarbescheinigung zu versehen.[510] Streitig ist, ob der Notar die Gesellschafterliste erst dann beim Handelsregister einreichen darf, wenn die Veränderung wirksam geworden ist, also nach Eintragung der Kapitalerhöhung im Handelsregister. In der Literatur wird jedoch teilweise die Auffassung vertreten, der Notar sei zumindest berechtigt[511] schon mit der Anmeldung der Kapitalerhöhung eine Gesellschafterliste mit dem Stand nach der angemeldeten Kapitalerhöhung einzureichen. Z. T. wird dies abgelehnt.[512] Davon zu trennen ist die Liste bei Tochtergesellschaften: Fraglich ist, ob der Notar eine berichtigte Gesellschafterliste bei Tochter-GmbH-Beteiligungen der übertragenden Gesellschaft einzureichen hat (vgl. dazu Teil 2 Rdn. 1026). Durch das Gesetz zur Umsetzung der Vierten EU-Geldwäscherichtlinie, zur Ausführung der EU-Geldtransferverordnung und zur Neuorganisation der Zentralstelle für Finanztransaktionsuntersuchungen vom 23.06.2017[513] wurde der Inhalt der Gesellschafterliste nochmals erweitert: Es ist nunmehr eine Liste der Gesellschafter zum Handelsregister einzureichen, aus welcher Name, Vorname, Geburtsdatum und Wohnort derselben sowie die Nennbeträge und die laufenden Nummern der von einem jeden derselben übernommenen Geschäftsanteile sowie die durch den jeweiligen Nennbetrag eines Geschäftsanteils vermittelte jeweilige prozentuale Beteiligung am Stammkapital zu entnehmen sind. Ist ein Gesellschafter selbst eine Gesellschaft, so sind bei eingetragenen Gesellschaften in die Liste deren Firma, Satzungssitz, zuständiges Register und Registernummer aufzunehmen, bei nicht eingetragenen Gesellschaften deren jeweilige Gesellschafter unter einer zusammenfassenden Bezeichnung mit Name, Vorname, Geburtsdatum und Wohnort. Hält ein Gesellschafter mehr als einen Geschäftsanteil, ist in der Liste der Gesellschafter zudem der

---

505 Str., ob durch Angaben im Verschmelzungsvertrag ersetzt; vgl. Teil 2 Rdn. 276 und Widmann/Mayer/Mayer, Umwandlungsrecht, § 55 UmwG Rn. 91; Reichert, in: Semler/Stengel, § 53 UmwG Rn. 6, § 55 UmwG Rn. 22; Kallmeyer/Zimmermann, § 55 UmwG Rn. 4; Lutter/Winter/Vetter, UmwG, § 55 Rn. 64; Stratz, in: Schmitt/Hörtnagl/Stratz, § 55 UmwG Rn. 25.
506 BGBl. I 2008, S. 2026.
507 Vgl. dazu Mayer DNotZ 2008, 403 ff.; Herrler, DNotZ 2008, 203 ff.; Tebben, RNotZ 2008, 441 ff.; Wachter, ZNotP 2009, 378 ff.
508 DB 2010, 1983 = DNotZ 2011, 63 = DStR 2010, 1537, zustimmend Mayer, MittBayNot 2014, 114, 120.
509 Vgl. Flik, NZG 2010, 170 ff.; MünchKommGmbHG/Heidinger, § 40 Rn. 160.
510 OLG Jena DNotZ 2011, 64 = RNotZ 2010, 662; Link, RNotZ 2009, 193; Hasselmann, NZG 2009, 468, 491; Herrler, DNotZ 2008, 903, 910.
511 Herrler, DNotZ 2008, 903, 910 f., 915; Gustavus, Handelsregisteranmeldung, 7. Aufl. 2009, A 108, S. 109) oder gar verpflichtet (Wicke, GmbHG, § 57 Rn. 5.
512 Mayer, MittBayNot 2014, 114, 121.
513 BGBl. I S. 1822.

Gesamtumfang der Beteiligung am Stammkapital als Prozentsatz gesondert anzugeben.[514] Weitere Vorgaben (z.B. Veränderungsspalte) ergeben sich aus der Gesellschafterlistenverordnung.[515]

Ein **Sachgründungsbericht** ist nicht erforderlich (vgl. Teil 2 Rdn. 301 f.). 278

b) Kapitalerhöhung bei der AG

Eine ähnliche **vereinfachte Kapitalerhöhung** im Zuge der Verschmelzung sieht § 69 UmwG für 279
die AG vor. Nach § 69 Abs. 1 UmwG sind insb. folgende Vorschriften über die Kapitalerhöhung des AktG nicht anzuwenden: § 182 Abs. 4 AktG, wonach das Grundkapital nicht erhöht werden soll, solange noch ausstehende Einlagen erlangt werden können; § 184 Abs. 1 S. 2 AktG, der die entsprechende Regelung bei der Anmeldung enthält. Ebenfalls **ausgeschlossen** sind die Vorschriften über die Zeichnung der neuen Aktien, **das Bezugsrecht** und das **vorrangige Bezugsrecht der Aktionäre** (§§ 185, 186, 187 Abs. 1 AktG). Schließlich sind auch nicht § 188 Abs. 3 Nr. 1 AktG anzuwenden, der die Beifügung der Zweitschriften der Zeichnungsscheine bei der Anmeldung vorsieht und § 188 Abs. 2 AktG mit seiner Verweisung auf die §§ 36 Abs. 2, 36a, 37 Abs. 1 AktG. I. Ü. sind die allgemeinen Vorschriften der §§ 182 ff. AktG bei der Kapitalerhöhung anzuwenden.[516]

Da es sich auch bei der AG um eine **Kapitalerhöhung gegen Sacheinlagen** handelt, findet insb. 280
§ 183 AktG Anwendung. Eine **Prüfung der Sacheinlagen** durch einen vom Gericht nach §§ 183 Abs. 3, 33 Abs. 3 AktG nach Anhörung der IHK zu bestellenden Prüfer im Wege der externen Prüfung der Sacheinlage findet allerdings gem. § 69 Abs. 1 UmwG nur statt, soweit der übertragende Rechtsträger die Rechtsform einer Personenhandelsgesellschaft, einer Partnerschaftsgesellschaft oder eines rechtsfähigen Vereins hat, wenn die Vermögensgegenstände in der Schlussbilanz eines der übertragenden Gesellschaft höher bewertet worden sind, als in dessen letzter Jahresbilanz oder wenn die in der Schlussbilanz angesetzten Werte nicht als Anschaffungskosten in den Jahresbilanzen der übernehmenden Gesellschaft angesetzt werden oder wenn das **Gericht Zweifel** hat, ob der Wert der Sacheinlage den geringsten Ausgabebetrag der dafür zu gewährenden Aktien erreicht.[517] Die Sacheinlageprüfung in diesem Fall beruht auf der Erwägung, dass in diesen Fällen stets die **Gefahr einer Aushöhlung des Grundkapitals** und damit einer **Verletzung des Verbots der unter-pari-Emission** besteht, weil das Vermögen der übertragenden Personenhandelsgesellschaft, Partnerschaftsgesellschaft oder des Vereins erst zu prüfen ist, um seinen Wert festzustellen, oder weil die neue Bewertung so hoch ausfallen kann, dass der reale Wert des bewerteten Anteils der Sacheinlage nicht mit dem Nennwert der für sie neu begebenen Aktien entspricht. Die Vorschrift berücksichtigt ferner den nach § 24 UmwG möglichen Fall, dass die übernehmende Gesellschaft die Buchwerte aus der Schlussbilanz des übertragenden Rechtsträgers nicht fortführt, sondern die übernommenen Wirtschaftsgüter neu bewertet. Auch hier soll einer zu hohen Bewertung durch eine Sacheinlagenprüfung vorgebeugt werden.[518] Durch das 3. UmwÄndG vom 11.07.2011[519] wurde in § 69 Abs. 1 Satz 4 geregelt, dass zum Prüfer in diesem Sinne auch der Verschmelzungsprüfer bestellt werden kann. Die Begründung zum Gesetzentwurf weist darauf hin, dass die differenzierte Regelung zur Notwendigkeit einer Sacheinlagenprüfung beibehalten werde. Zum Zwecke der Vereinfachung solle jedoch von der Option Gebrauch gemacht werden,

---

514 Vgl. dazu Böhringer, BWNotZ 2017, 61; Engel, NZG 2018, 175; Punte/Stefanik, GWR 2018, 131; Longree/Pesch, NZG 2017, 1081.
515 Vgl. BR-Drucks. 105/18.
516 Vgl. Widmann/Mayer/Rieger, Umwandlungsrecht, § 69 UmwG Rn. 3; Stratz, in: Schmitt/Hörtnagl/Stratz, § 69 UmwG Rn. 5; Lutter/Grunewald, § 69 UmwG Rn. 3 ff.
517 Vgl. Lutter/Grunewald, § 69 UmwG Rn. 7 ff.
518 Vgl. Widmann/Mayer/Rieger, Umwandlungsrecht, § 69 UmwG Rn. 22 ff.; Lutter/Grunewald, § 69 UmwG Rn. 10; Kallmeyer/Marsch-Barner, § 69 UmwG Rn. 5; Diekmann, in: Semler/Stengel, § 69 UmwG Rn. 10; Bermel in: Goutier/Knopf/Tulloch, Umwandlungsrecht, § 69 UmwG Rn. 21 ff.
519 BGBl. I, S. 1338.

die durch Art. 1 Nr. 3 der Änderungsrichtlinie in Art. 27 Abs. 3 Unterabs. 3 der Richtlinie 77/91/EWG eingeführt wurde. Sie gestatte die Prüfung der Sacheinlagen und des Verschmelzungsvertrages durch dieselben Sachverständigen. Für die Auswahl der Prüfer gelten in diesem Fall § 11 Abs. 1 UmwG, § 319 Abs. 1 bis 4 und § 319a Abs. 1 HGB.[520]

281 Grds. ist daher das Verfahren der Kapitalerhöhung bei der Verschmelzung das Gleiche wie bei der **Kapitalerhöhung gegen Sacheinlagen**.[521] Die **Einberufung der Hauptversammlung** hat nach § 123 Abs. 1 AktG mindestens 30 Tage vor dem Tag der Versammlung zu erfolgen, sofern die Satzung keine andere Frist vorschreibt, und hat die Angaben nach § 121 AktG zu enthalten. Da die Verschmelzung eine Sacheinlage darstellt, sind in die **Tagesordnung** aufzunehmen und bekannt zu machen (§§ 183 Abs. 1, 124 Abs. 2 AktG): Wortlaut der vorgeschlagenen Satzungsänderung (Grundkapital und Erhöhungsbetrag, Zahl der neuen Aktien, Ausgabebetrag, Gattung und Art), Kapitalerhöhung zur Durchführung der Verschmelzung, übertragende Gesellschaft mit genauem Namen, Wert des Vermögens der übertragenden Gesellschaft und deren Grundkapital, der Nennbetrag, bzw. bei Stückaktien die Zahl der als Gegenleistung zu gewährenden Aktien sowie die Höhe etwaiger barer Zuzahlungen. Die Einberufung ist nach § 121 Abs. 4 AktG in den Gesellschaftsblättern bekannt zu machen. Sie muss die Firma, den Sitz der Gesellschaft, Zeit und Ort der Hauptversammlung angeben. Zudem ist die Tagesordnung anzugeben und bei börsennotierten Gesellschaften die in § 121 Abs. 3 Satz 2 AktG genannten Angaben (Voraussetzungen der Teilnahme an der Hauptversammlung und die Ausübung des Stimmrechts, ggf. Nachweisstichtag, Verfahren für Stimmabgabe bestimmter Rechte der Aktionäre, Nr. 3, Internetseite der Gesellschaft, Nr. 4). Sind die Aktionäre der Gesellschaft namentlich bekannt, so kann nach § 121 Abs. 4 AktG die Hauptversammlung mit eingeschriebenem Brief einberufen werden. Sind mehrere Gattungen von stimmberechtigten Aktien vorhanden, hat die Einladung auch die Bekanntmachung des Erfordernisses von Sonderbeschlüssen anzukündigen.

282 **Umstritten** ist, ob die Festsetzung eines Mindestausgabebetrages der neuen Aktien i. S. v. § 182 Abs. 3 möglich und sogar erforderlich ist.[522] Der Kapitalerhöhungsbeschluss ist nach § 69 Abs. 1 UmwG wegen der Nichtanwendbarkeit des § 182 Abs. 4 AktG unabhängig davon zulässig, ob noch Einlagen auf das bisherige Grundkapital ausstehen und noch erlangt werden können.[523] Der **Kapitalerhöhungsbeschluss** hat den Inhalt der normalen Kapitalerhöhung, nach § 182 Abs. 1 AktG ist eine **Mehrheit**, die mindestens 3/4 des bei der Beschlussfassung vertretenen Grundkapitals umfasst, erforderlich. Der Beschlussinhalt entspricht den Angaben der Tagesordnung.

283 Existieren **zwei oder mehr stimmberechtigte Aktiengattungen**, so wird der Kapitalerhöhungsbeschluss nach § 182 Abs. 2 AktG nur wirksam, wenn die Aktionäre jeder Gattung in Form eines Sonderbeschlusses zustimmen (vgl. auch § 65 Abs. 2 AktG zu den Sonderbeschlüssen der Zustimmung zur Verschmelzung).

284 § 186 AktG ist nach § 69 Abs. 1 Satz 1 UmwG nicht anwendbar, sodass die **Altaktionäre kein Bezugsrecht** haben.[524]

---

520 BT-Drucks. 17/3122, S. 17.
521 Vgl. Widmann/Mayer/Rieger, Umwandlungsrecht, § 69 UmwG Rn. 14 ff.; Lutter/Grunewald, UmwG, § 69 Rn. 7 ff.
522 Vgl. Widmann/Mayer/Rieger, Umwandlungsrecht, § 69 UmwG Rn. 17; Lutter/Grunewald, § 69 UmwG Rn. 6; Diekmann, in: Semler/Stengel, § 69 UmwG Rn. 5.
523 Ihrig, GmbHR 1995, 622, 640; Widmann/Mayer/Rieger, Umwandlungsrecht, § 69 UmwG Rn. 6; Lutter/Grunewald, § 69 UmwG Rn. 5; Kallmeyer/Marsch-Barner, § 69 UmwG Rn. 5; Diekmann, in: Semler/Stengel, § 69 UmwG Rn. 10; Stratz, in: Schmitt/Hörtnagl/Stratz, § 69 UmwG Rn. 6.
524 Vgl. Diekmann, in: Semler/Stengel, § 69 UmwG Rn. 15; Lutter/Grunewald, § 69 UmwG Rn. 17; Kallmeyer/Marsch-Barner, § 69 UmwG Rn. 12; Stratz, in: Schmitt/Hörtnagl/Stratz, § 69 UmwG Rn. 10.

Da bei der Kapitalerhöhung zur Durchführung einer Verschmelzung die Zeichner im Verschmelzungsvertrag und Verschmelzungsbeschluss genannt werden, erfolgt keine Zeichnung neuer Aktien.[525] § 185 AktG ist nach § 69 Abs. 1 Satz 1 UmwG ausdrücklich ausgeschlossen. Grds. ist bei der **Anmeldung der Kapitalerhöhung** zum Handelsregister zu unterscheiden zwischen der Anmeldung der Kapitalerhöhung nach § 69 Abs. 1 Satz 1 UmwG i. V. m. § 184 Abs. 1 AktG, der Anmeldung der Durchführung der Kapitalerhöhung (§ 69 Abs. 1 Satz 1 UmwG i. V. m. § 188 Abs. 1 AktG) und der Anmeldung der Verschmelzung (§ 16 UmwG). Diese werden zweckmäßigerweise verbunden.[526] Die Kapitalerhöhung ist durchgeführt, wenn der Verschmelzungsvertrag und die Verschmelzungsbeschlüsse vorliegen.[527]

285

Nach § 69 Abs. 2 UmwG i. V. m. § 188 Abs. 3 Nr. 2 bis Nr. 4 AktG sind der Anmeldung der Kapitalerhöhung zum **Register folgende Unterlagen** – elektronisch beglaubigt – beizufügen:
– der Verschmelzungsvertrag,
– die Niederschriften der Verschmelzungsbeschlüsse (einschließlich eventueller Sonderbeschlüsse), in Ausfertigung oder öffentlich beglaubigter Abschrift,
– alle die Höhe der Gegenleistung betreffenden Nebenvereinbarungen (§ 188 Abs. 3 Nr. 2 AktG),
– eine Aufstellung aller der Übernehmerin durch die Ausgabe der neuen Aktie entstehenden Kosten (§ 188 Abs. 3 Nr. 3 AktG),
– ggf. der Prüfungsbericht der Sacheinlagen, wenn erforderlich (§ 69 Abs. 1 Satz 1 Halbs. 2 UmwG, § 183 Abs. 3 AktG),
– Schlussbilanz der übertragenden Gesellschaft, wegen Werthaltigkeitsprüfung.[528]

286

Die **Anmeldung** erfolgt durch den Vorstand – in vertretungsberechtigter Zahl – und den Vorsitzenden des Aufsichtsrats.[529] Die Anmeldung und Eintragung von Kapitalerhöhungsbeschluss und Durchführung der Kapitalerhöhung können nach § 188 Abs. 4 AktG verbunden werden. Mit der **Anmeldung** kann und sollte man darüber hinaus die Anmeldung der Verschmelzung verbinden.[530]

287

Möglich ist auch die Durchführung einer **bedingten Kapitalerhöhung**. Dies ist dann sinnvoll, wenn die Zahl der zu gewährenden Aktien noch nicht festgelegt werden kann und daher eine gewöhnliche Kapitalerhöhung gegen Sacheinlagen unmöglich ist. Soll die Kapitalerhöhung bereits in einem frühen Stadium zur Vorbereitung der Verschmelzung erfolgen und steht die Zahl der Aktien noch nicht fest, dann kommt auch eine bedingte Kapitalerhöhung in Betracht. Ein anderer Anwendungsfall ist die Verschmelzung mehrerer Gesellschaften. Die wohl überwiegende Meinung geht davon aus, dass die bedingte Kapitalerhöhung nach § 192 Abs. 2 Nr. 2 AktG auch für die Verschmelzung anwendbar ist.[531] Die bedingte Kapitalerhöhung findet i. d. R. statt, wenn die Kapitalerhöhung vor Abschluss des Verschmelzungsvertrages beschlossen werden soll.[532]

288

---

525 Vgl. Diekmann, in: Semler/Stengel, § 69 UmwG Rn. 14; Widmann/Mayer/Rieger, Umwandlungsrecht, § 69 UmwG Rn. 36; Lutter/Grunewald, § 69 UmwG Rn. 16; Stratz, in: Schmitt/Hörtnagl/Stratz, § 69 UmwG Rn. 9.
526 Kallmeyer/Marsch-Barner, § 69 UmwG Rn. 19.
527 Lutter/Grunewald, § 69 UmwG Rn. 21; Kallmeyer/Marsch-Barner, § 69 UmwG Rn. 23; Bayer, WM 1989, 121, 124.
528 Vgl. Widmann/Mayer/Rieger, Umwandlungsrecht, § 69 UmwG Rn. 39.
529 § 184 Abs. 1 AktG; vgl. Diekmann, in: Semler/Stengel, § 69 UmwG Rn. 13.
530 Diekmann in: Semler/Stengel, § 69 UmwG Rn. 25; Widmann/Mayer/Mayer, Umwandlungsrecht, § 69 UmwG Rn. 42; Lutter/Grunewald, § 69 UmwG Rn. 22.
531 Vgl. Widmann/Mayer/Rieger, Umwandlungsrecht, § 69 UmwG Rn. 49; Lutter/Grunewald, UmwG, § 69 Rn. 25; Diekmann in: Semler/Stengel, § 69 UmwG Rn. 21; Kallmeyer/Marsch-Barner, § 69 UmwG Rn. 15; Stratz, in: Schmitt/Hörtnagl/Stratz, § 69 UmwG Rn. 27.
532 Widmann/Mayer/Rieger, Umwandlungsrecht, § 69 UmwG Rn. 49; Diekmann, in: Semler/Stengel, § 69 UmwG Rn. 21, Kallmeyer/Marsch-Barner, § 69 UmwG Rn. 15.

Auf die bedingte Kapitalerhöhung werden daher die **§§ 192 ff. AktG** ohne Weiteres angewendet. Es bestand allerdings auch zum alten § 343 AktG Einigkeit, dass in Analogie zu § 343 Abs. 1 die nicht passenden Vorschriften der §§ 198, 200, 201 AktG nicht anzuwenden sind.[533] Der Gesetzgeber hat diese Frage in § 69 nicht ausdrücklich geregelt, es besteht aber Einigkeit, dass auch hier § 69 UmwG anzuwenden ist und die genannten Erleichterungen gelten.[534]

▶ Hinweis:

289 Auch **genehmigtes Kapital** kann zur Durchführung der Verschmelzung genutzt werden.[535] Allerdings muss in der Ermächtigung vorgesehen sein, dass die Aktien gegen Sacheinlagen ausgegeben werden dürfen (§ 205 Abs. 1 AktG), da die Verschmelzung eine Kapitalerhöhung gegen Sacheinlagen darstellt.[536] Weiter ist zu beachten, dass die Erhöhung des Grundkapitals oftmals auch eine **Änderung des Aufsichtsrates** erforderlich macht, wenn die Satzung die Zahl der Aufsichtsratsmitglieder an § 95 AktG ausrichtet.[537]

3. Festlegung des Kapitalerhöhungsbetrages

a) Verbot der Überbewertung

290 Wie bereits dargelegt, handelt es sich bei der Kapitalerhöhung zur Verschmelzung um eine **Kapitalerhöhung gegen Sacheinlage**. Die Einlagepflicht wird durch Übertragung des Gesamtvermögens der übertragenden Gesellschaft erfüllt. Es gelten daher die gleichen Grundsätze wie bei jeder Kapitalerhöhung gegen eine Sacheinlage. Aus Gründen des Gläubigerschutzes ist daher sowohl bei der AG als auch bei der GmbH im Grundsatz eine **Überbewertung bzw. eine Unter-pari-Emission verboten**.[538]

291 Dem **Registergericht** obliegt die **Prüfung**, ob eine Überbewertung des eingebrachten Vermögens im Wege der Verschmelzung vorliegt und damit gegen das Verbot der sog. Unter-pari-Emission verstoßen wurde.[539] Das MoMiG hat den Prüfungsstandard des Registergerichts bei der GmbH allerdings in Anlehnung an § 38 Abs. 2 Satz 2 AktG verringert. Nach dem neuen § 9c Abs. 1 GmbHG beschränkt sich die Prüfungspflicht des Registergerichts nunmehr auf »nicht unwesentliche« Überbewertungen der Sacheinlage. Unwesentliche Überbewertungen bleiben außer Betracht.[540] Mit dem Begriff »nicht unwesentlich« soll den Bewertungsschwierigkeiten Rechnung getragen werden.[541]

---

533 Vgl. KK-AktG/Kraft, § 343 Rn. 34.
534 Vgl. Lutter/Grunewald, UmwG, § 69 Rn. 25; Stratz, in: Schmitt/Hörtnagl/Stratz, § 69 UmwG Rn. 27.
535 Widmann/Mayer/Rieger, Umwandlungsrecht, § 69 UmwG Rn. 52; Lutter/Grunewald, UmwG, § 69 Rn. 24; Kallmeyer/Marsch-Barner, § 69 UmwG Rn. 15; Stratz, in: Schmitt/Hörtnagl/Stratz, § 69 UmwG Rn. 19; Diekmann, in: Semler/Stengel, § 69 UmwG Rn. 19.
536 Vgl. Lutter/Grunewald, UmwG. § 69 Rn. 24; Widmann/Mayer/Rieger, Umwandlungsrecht, § 69 UmwG Rn. 52; Kallmeyer/Marsch-Barner, § 69 UmwG Rn. 14; Stratz, in: Schmitt/Hörtnagl/Stratz, § 69 UmwG Rn. 120.
537 Vgl. Heckschen, Verschmelzung von Kapitalgesellschaften, S. 34.
538 Vgl. § 9 Abs. 1 AktG bzw. §§ 9c, 57a GmbHG; vgl. BGHZ 68, 191; Widmann/Mayer/Mayer, Umwandlungsrecht, § 55 UmwG Rn. 12; Lutter/Winter/Vetter, UmwG § 55 Rn. 26; Reichert, in: Semler/Stengel, § 55 UmwG Rn. 7; Kallmeyer/Kocher, § 55 UmwG Rn. 10; Stratz, in: Schmitt/Hörtnagl/Stratz, § 55 UmwG Rn. 9, 14, 27; ausführlich Korte, WiB 1997, 955, 957; § 69 Rn. 13; Ihrig, GmbHR 1995, 622; Limmer, in: FS für Schippel, 1996, S. 426; vgl. auch Lutter/Bayer, § 9c GmbHG Rn. 15.
539 Vgl. unten Teil 2 Rdn. 298 und Stratz, in: Schmitt/Hörtnagl/Stratz, § 55 UmwG Rn. 27.
540 Lutter/Hommelhoff/Bayer, § 9c GmbHG Rn. 17; Baumbach/Hueck/Fastrich, § 9c GmbHG Rn. 7a.
541 Hüffer/Koch, § 38 AktG Rn. 9.

Grds. ist für die Höhe der notwendigen Kapitalerhöhung der **Wert der übertragenden Gesell-** 292
schaft maßgebend.[542] Für die Kapitalerhöhung zur Durchführung der Verschmelzung gilt das
Gebot der realen Kapitalaufbringung. Der Unternehmenswert des übertragenden Rechtsträgers
muss mindestens die Höhe des Nennbetrages erreichen. Zur Prüfung der Kapitaldeckung ist der
wahre Wert des Vermögens des übertragenden Rechtsträgers entscheidend. Betreibt dieser ein
Unternehmen ist der nach allgemeinen Grundsätzen ermittelte Unternehmenswert maßgeblich.
Der wahre Wert ist danach grundsätzlich der Ertragswert zuzüglich des Verkehrswertes des nicht
betriebsnotwendigen Vermögens.[543]

Bei der Bestimmung des Umtauschverhältnisses im Verschmelzungsvertrag erfolgt eine Festlegung
der wahren Werte der beiden verschmolzenen Gesellschaften. Alle an der Verschmelzung beteiligten Unternehmen sind daher nach denselben betriebswirtschaftlichen Methoden i. d. R. in der
Hinsicht auf ihren Ertragswert zu bewerten. Maßgebend für die Werte sind die wahren Werte,
stille Reserven müssen aufgedeckt, auch der Firmenwert berücksichtigt werden.[544] Die Höhe der
Kapitalerhöhung hängt damit vom Verhältnis des Wertes der übertragenden Gesellschaft zum
Wert der übernehmenden Gesellschaft ab.[545] **Bewertungsstichtag** ist der Tag des Verschmelzungsbeschlusses.[546]

▶ Beispiel:

A-GmbH übertragende Gesellschaft:		293
Stammkapital	50.000,00 €	
A:	25.000,00 €	
B:	25.000,00 €	
Wahrer Wert der A-GmbH ermittelt nach Ertrags- wertverfahren:	50.000,00 €	
B-GmbH aufnehmende Gesellschaft:		
Stammkapital:	100.000,00 €	
Wahrer Wert:	200.000,00 €	
Kapitalerhöhungs(-betrag)	=Wert A	
Stammkapital B + Kapitalerhöhung	Wert A + Wert B	
Kapitalerhöhung	**=50.000,00 €**	
100.000,00 € + Kapitalerhöhung	250.000,00 €	
Kapitalerhöhungsbetrag	= 25.000,00 €	

b) Zulässigkeit einer Unterbewertung

Wenn im Grundsatz die wahren Werte für die Kapitalerhöhung ausschlaggebend sind, bleibt 294
fraglich, ob nicht eine **Unterbewertung des Vermögens der übertragenen Gesellschaft zulässig
ist**. Hierbei ist zu berücksichtigen, dass eine Unterbewertung in die **Rechte des einzelnen Gesellschafters** eingreift, wenn sie nicht in gleicher Weise und gleicher Relation auch beim Wertansatz
der übernehmenden Gesellschaft geschieht.[547] Sieht man allerdings in der Unterbewertung – mit

---

542 OLG Rostock MittBayNot 2017, 414 = NZG 2017, 61.
543 OLG Rostock MittBayNot 2017, 414 = NZG 2017, 61.
544 Vgl. zur Bewertung; Widmann/Mayer/Mayer, Umwandlungsrecht, § 55 UmwG Rn. 60 ff.; Lutter/
Winter/Vetter, UmwG, § 55 Rn. 26 ff.; Reichert, in: Semler/Stengel, § 55 UmwG Rn. 8 ff.; Kallmeyer/
Kocher, § 55 UmwG Rn. 10; Stratz, in: Schmitt/Hörtnagl/Stratz, § 55 UmwG Rn. 26.
545 Vgl. Widmann/Mayer/Mayer, Umwandlungsrecht, § 55 UmwG Rn. 60 ff.
546 Str., Widmann/Mayer/Mayer, Umwandlungsrecht, § 5 UmwG Rn. 131; Schröer, in: Semler/Stengel,
§ 5 UmwG, Rn. 59; Bayer, AG 1989, 323, 329; Priester, BB 1992, 1594, 1596; a. A. Lutter/Drygala,
§ 5 UmwG Rn. 32, der auf den Verschmelzungsstichtag abstellt.
547 Lutter/Hommelhoff, GmbHG, 13. Aufl. 1991, § 21 KapErhG Rn. 7; Widmann/Mayer/Mayer,
Umwandlungsrecht, § 55 UmwG Rn. 61.

der Folge geringer Anteilsgewährung – nur ein **Problem des Minderheitenschutzes**, dann muss eine solche zulässig sein, wenn alle Gesellschafter der Unterbewertung zustimmen. Allerdings haben das OLG Hamm[548] bei der **Verschmelzung von Schwestergesellschaften** die Auffassung vertreten, dass ein Interesse der Gläubiger bestehe, dass das Stammkapital der übertragenden Gesellschaft weiterhin der Kapitalbindung unterliegen müsse, sodass auf die Kapitalerhöhung nicht verzichtet werden könne. Auf der Grundlage dieser Überlegungen müsste man folgerichtig das Stammkapital der aufnehmenden Gesellschaft mindestens i. H. d. Stammkapitals der übertragenden Gesellschaft erhöhen, bei einer übertragenden AG sogar i. H. d. Verkehrswerte.[549]

295 Diese Folgerung findet allerdings im Gesetz keine Stütze, da auch das neue UmwG keine Verpflichtung vorsieht, den Wert des Vermögens der übertragenden Gesellschaft in Haftkapital der übernehmenden zu binden, sodass auch eine geringere Stammkapitalerhöhung zulässig ist.[550]

296 Die Frage der wertentsprechenden Kapitalerhöhung oder auch der **Zulässigkeit einer Unterbewertung** steht im engen Zusammenhang mit der oben behandelten Frage der **Anteilsgewährungspflicht** und der Zulässigkeit eines Verzichts, da es im Grunde bei der Unterbewertung um einen partiellen Verzicht der Gesellschafter der übertragenden Gesellschaft geht (vgl. im Einzelnen oben Teil 1 Rdn. 172 ff., Teil 2 Rdn. 100 ff.). Anders als bei der Frage des Verzichts ging auch vor dem Zweiten Gesetz zur Änderung des UmwG die überwiegende Literaturauffassung davon aus, dass bei einer Kapitalerhöhung der Erhöhungsbetrag von den beteiligten Rechtsträgern nach freiem Ermessen festgelegt werden kann.[551] Die von einigen Registergerichten verlangte Mindestkapitalerhöhung i. H. v. 30 % des Stammkapitals der übertragenden Gesellschaft findet im Gesetz keine Stütze. Durch die in §§ 54 und 68 UmwG n. F. geregelte Verzichtsmöglichkeit (vgl. Teil 2 Rdn. 132 ff.) ist nunmehr klar bestimmt, dass bei Zustimmung der Anteilsinhaber des übertragenden Rechtsträgers ohne Weiteres eine Unterbewertung zulässig ist.

▶ Hinweis:

297 Findet eine Unterbewertung statt, dann ist der Mehrbetrag des Reinvermögens der übertragenden Gesellschaft in die freien Rücklagen einzustellen, eine Gutschrift als Darlehen ist nicht zulässig, und zwar auch nicht i. R. d. 10 %-Grenze des § 54 Abs. 4 UmwG, denn darin würde ein Verstoß gegen die ausschließliche Anteilsgewährungspflicht liegen (vgl. Teil 2 Rdn. 160).[552] Ein Teil der Literatur will aber in der 10 %-Grenze die Darlehensgewährung zulassen.[553]

4. Prüfung durch Registergericht

298 Da es sich bei der Verschmelzung mit Kapitalerhöhung im Grundsatz um eine Sacheinlage handelt, stellt sich die weitere Frage, welche **Prüfungsbefugnis der Registerrichter** im Hinblick auf die Verschmelzung hat. Aus diesem Grund bestimmt auch § 69 Abs. 1 Satz 1 Halbs. 2 UmwG, dass eine **formalisierte externe Gründungsprüfung bei einer aufnehmenden AG** durch einen vom Gericht zu bestellenden Gründungsprüfer unter folgenden **Voraussetzungen** stattfindet:
– der übertragende Rechtsträger hat die Rechtsform einer **Personenhandelsgesellschaft**, einer Partnerschaftsgesellschaft oder eines **rechtsfähigen Vereins**;

---

548 BB 1988, 1411) und das BayObLG (BB 1989, 1779).
549 Vgl. Fischer, DB 1995, 485, 490.
550 So auch Kowalski, GmbHR 1996, 158, 159 ff.; Limmer, in: FS für Schippel, 1996, S. 415, 427; Hügel, Verschmelzung und Einbringung, S. 663; Heckschen, DB 1989, 1561.
551 Vgl. Widmann/Mayer/Mayer, Umwandlungsrecht, § 5 UmwG Rn. 47; Kowalski, GmbHR 1996, 158; Lutter/Winter, UmwG, § 54 Rn. 72 ff.; Limmer, in: FS für Schippel, 1996, S. 415 ff.
552 So Widmann/Mayer/Mayer, Umwandlungsrecht, § 5 UmwG Rn. 67, § 55 UmwG Rn. 67; Reichert, in: Semler/Stengel, § 55 UmwG Rn. 42; Lutter/Winter/Vetter, UmwG, § 54 Rn. 35; vgl auch OLG München DNotZ 2012, 308 = DStR 2012, 142, das diesen Grundsatz bestätigt, für die Ausgliederung aber eine Ausnahme zulässt.
553 Simon/Nüssen in: KölnKom § 54 UmwG Rn. 74.

- Vermögensgegenstände in der Schlussbilanz eines übertragenden Rechtsträgers werden **höher bewertet** als in dessen letzter Jahresbilanz;
- die in der Schlussbilanz angesetzten Werte werden **nicht als Anschaffungskosten** in die Jahresbilanzen der übernehmenden Gesellschaft angesetzt;
- das **Gericht hat Zweifel**, ob der Wert der Sacheinlage den Nennbetrag der dafür zu gewährenden Aktien erreicht.

Die **Begründung zum RegE**[554] weist darauf hin, dass diese Möglichkeit der Gründungsprüfung auf der Erwägung beruht, dass in diesen Fällen stets die Gefahr einer Aushöhlung des Grundkapitals und damit der Verletzung des Verbots der unter-pari-Emission besteht, weil das Vermögen der übertragenden Personenhandelsgesellschaft oder des Vereins erst zu prüfen ist, um seinen Wert festzustellen, oder weil die neue Bewertung so hoch ausfallen kann, dass der reale Wert des bewerteten Teils der Sacheinlagen nicht mehr den Nennwert der für sie neu begebenen Aktien entspricht. Die Vorschrift berücksichtigt ferner den nunmehr nach § 24 UmwG möglichen Fall, dass die übernehmende Gesellschaft die Buchwerte aus der Schlussbilanz des übertragenden Rechtsträgers nicht fortführt, sondern die übernommenen Wirtschaftsgüter neu bewertet. Auch hier muss einer zu hohen Bewertung durch eine Sacheinlagenprüfung vorgebeugt werden. 299

Bei der **aufnehmenden AG** hat der Gesetzgeber dem **Registergericht** also **weitgehende Prüfungsbefugnisse** schon im Gesetz zugebilligt. Bereits wenn es Zweifel hat, ob der Wert der Sacheinlage den Nennbetrag der Kapitalerhöhung erreicht, kann eine zusätzliche Gründungsprüfung gem. § 33 Abs. 3 bis Abs. 5, § 34 Abs. 2 und Abs. 3 und § 35 AktG notwendig werden. 300

Für die **GmbH** sieht § 55 UmwG ausdrücklich keine vergleichbaren Befugnisse vor. Dies ist allerdings nicht nötig, da auf die Kapitalerhöhung mit Ausnahme der in § 55 Abs. 1 UmwG genannten Vorschriften die **allgemeinen Vorschriften der GmbHG über Kapitalerhöhung** anwendbar sind, und damit auch die §§ 57a, 9c GmbHG. Dementsprechend hat das Gericht auch Ablehnungsrecht und -pflicht, wenn Sacheinlagen überbewertet worden sind.[555] Das MoMiG hat den Prüfungsstandard des Registergerichts bei der GmbH allerdings in Anlehnung an § 38 Abs. 2 Satz 2 AktG verringert. Nach dem neuen § 9c Abs. 1 GmbHG beschränkt sich die Prüfungspflicht des Registergerichts nunmehr auf »nicht unwesentliche« Überbewertungen der Sacheinlage. Unwesentliche Überbewertungen bleiben außer Betracht.[556] Mit dem Begriff »nicht unwesentlich« soll den Bewertungsschwierigkeiten Rechnung getragen werden.[557] 301

Daher ist auch bei der Verschmelzung das Prüfungsrecht und die Prüfungspflicht des Registergerichts die gleiche, wie bei einer Gründung einer GmbH nach § 9c GmbHG. Bei der Sacheinlage hat das Registergericht den Wert zu prüfen. Da allerdings ein **Sachkapitalerhöhungsbericht** bei der Kapitalerhöhung gegen Sacheinlagen nicht vorgesehen ist, auch nicht bei der Verschmelzung, stellt sich die Frage, ob dennoch das Registergericht einen solchen in **Analogie zu § 5 Abs. 4 Satz 2 GmbHG** verlangen kann. Diese Frage ist bei der Kapitalerhöhung umstritten. Einige Autoren halten einen solchen Bericht schlechthin nicht für erforderlich.[558] Demgegenüber ist der wohl überwiegende Teil der Literatur und auch die Rechtsprechung der Auffassung, dass das Registergericht zwar keinen Sachgründungsbericht, aber zumindest im Einzelfall entsprechende

---

554 BT-Drucks. 75/94, S. 104, abgedruckt in: Limmer, Umwandlungsrecht, S. 299.
555 § 9c Satz 2 GmbHG; Widmann/Mayer/Mayer, Umwandlungsrecht, § 55 UmwG Rn. 75 ff.; Lutter/Winter/Vetter, UmwG, § 55 Rn. 26; Kallmeyer/Zimmermann, § 53 UmwG Rn. 15; Stratz, in: Schmitt/Hörtnagl/Stratz, § 55 UmwG Rn. 5 ff.
556 Lutter/Hommelhoff/Bayer, § 9c GmbHG Rn. 17; Baumbach/Hueck/Fastrich, § 9c GmbHG Rn. 7a.
557 Hüffer/Koch, § 38 AktG Rn. 9.
558 So Happ, BB 1985, 1927.

Darlegungen verlangen kann.⁵⁵⁹ Nach einer anderen Auffassung ist wiederum die Vorlage eines Sachkapitalerhöhungsberichts in jedem Fall notwendig.⁵⁶⁰ Das OLG Stuttgart⁵⁶¹ war der Auffassung, dass das Registergericht im Rahmen seiner Amtsermittlungspflicht befugt und im Allgemeinen gehalten ist, einen Sachkapitalerhöhungsbericht zu verlangen. Das OLG Jena⁵⁶² stellt auf den Einzelfall ab.

302 Bei der Verschmelzung zur Aufnahme kann § 58 Abs. 2 UmwG analog angewendet werden mit der Folge, dass in jedem Fall ein **Sachgründungsbericht nicht erforderlich** ist, soweit eine Kapitalgesellschaft oder eine eingetragene Genossenschaft übertragender Rechtsträger ist. I. Ü. wird man wohl im Einzelfall entsprechende Darlegungen verlangen können, wenn das Registergericht Zweifel hat, ob das Kapital erreicht wird. Man wird sich hier wohl auch an § 69 Abs. 1 Satz 1 Halbs. 2 UmwG orientieren müssen.⁵⁶³ Standardmäßig kann kein solcher Bericht verlangt werden.⁵⁶⁴

303 Aus der Prüfungspflicht und dem Prüfungsrecht des Registergerichts bei der Kapitalerhöhung gegen Sacheinlage folgt allerdings die überwiegende Meinung, die Notwendigkeit, der **Anmeldung** auch **Unterlagen beizufügen**, die eine Prüfung ermöglichen. Als geeignete Unterlage kommt etwa die **Schlussbilanz** der übertragenden Gesellschaft in Betracht.⁵⁶⁵

▶ Hinweis:

304 In der Praxis jedenfalls empfiehlt sich bei der Einbringung im Wege der Verschmelzung hinsichtlich der Ordnungsmäßigkeit der Wertansätze eine »**bescheinigte**« **Schlussbilanz** der übertragenden Gesellschaft, die durch einen Angehörigen der wirtschaftsprüfenden oder steuerberatenden Berufe, also nicht notwendig durch einen Wirtschaftsprüfer zu erteilen ist.⁵⁶⁶ Dabei ist nicht Voraussetzung, dass die **Einbringung zu Buchwerten** erfolgt. Allerdings muss ggf. die **Aufdeckung stiller Reserven** dargelegt werden, was den Richter veranlassen kann, insofern ein spezielles Gutachten zu verlangen.⁵⁶⁷ Werden die Wertansätze der Schlussbilanz fortgesetzt, kann dann wohl i. d. R. davon ausgegangen werden, dass Wertdeckung erreicht ist. Lediglich bei Aufdeckung stiller Reserven wird das Registergericht erhöhte Prüfungsanforderungen stellen können.⁵⁶⁸

---

559 So OLG Köln, GmbHR 1996, 684; OLG Thüringen, GmbHr 1994, 710; Lutter/Hommelhoff/Lutter, GmbHG, § 56 Rn. 7; Bock, MittRhNotK 1981, 3; Ulmer/Ulmer, § 56 GmbHG Rn. 57; Baumbach/Hueck/Zöllner, GmbHG, § 56 Rn. 17; Michalski/Hermanns, § 56 GmbHG Rn. 64.
560 So Priester, DNotZ 1980, 526; Scholz/Priester, GmbHG, § 56 Rn. 90; Timm, GmbHR 1980, 290; Ehlke, GmbHR 1985, 290.
561 GmbHR 1982, 112.
562 GmbHR 1994, 710.
563 Vgl. ausführlich Heidinger/Limmer/Holland/Reul, Gutachten des DNotI, Bd. IV, Gutachten zum Umwandlungsrecht, S. 134 ff.
564 Lutter/Winter/Vetter, UmwG, § 55 Rn. 72.
565 Vgl. Goutier/Knopf/Bermel, Umwandlungsrecht, § 55 UmwG Rn. 28; Widmann/Mayer/Mayer, Umwandlungsrecht, § 55 UmwG Rn. 75; Lutter/Winter/Vetter, UmwG, § 55 UmwG Rn. 69; Kallmeyer/Zimmermann, § 53 UmwG Rn. 14; Reichert, in: Semler/Stengel, § 55 UmwG Rn. 9; allgemein zur Kapitalerhöhung Scholz/Priester, GmbHG, § 57a Rn. 6.
566 Vgl. Lutter/Winter/Vetter, UmwG, § 55 Rn. 70; Reichert, in: Semler/Stengel, § 55 UmwG Rn. 24; Kallmeyer/Zimmermann, § 55 UmwG Rn. 15.
567 Scholz/Priester, GmbHG, § 57a Rn. 21, Ulmer/Ulmer, § 57 GmbHG Rn. 17; Lutter/Hommelhoff/Lutter, GmbHG, § 57 Rn. 14.
568 So auch Lutter/Hommelhoff, GmbHG, 13. Aufl., § 22 KapErhG Rn. 4; Widmann/Mayer/Mayer, Umwandlungsrecht, § 55 UmwG Rn. 77; Lutter/Winter/Vetter, UmwG, § 55 Rn. 29.

5. Bardeckung

Früher war umstritten, welche Möglichkeiten bestehen, wenn i. R. d. Verschmelzung das übertragene Vermögen den Wert des Kapitalerhöhungsbetrages nicht erreicht. Bei der Sachgründung oder bei der Kapitalerhöhung außerhalb des UmwG besteht die Möglichkeit, dass der Einleger, d. h. die Gesellschafter der übertragenden Gesellschaft, die **Wertdifferenz in Form einer Bareinlage** ausgleicht.[569] Ob sich diese Regelung auf die Verschmelzung übertragen lässt, wird bzgl. GmbH und AG unterschiedlich beantwortet. Problematisch hierbei ist, dass Einleger die übertragende Gesellschaft ist, die mit Wirksamwerden des Verschmelzungsvertrages aber nicht mehr besteht. Für die **GmbH** wurde zum alten vor 1995 geltenden Umwandlungsrecht die Auffassung vertreten, dass eine **Nachschusspflicht der GmbH-Gesellschafter** besteht.[570] Demgegenüber wurde für das alte **Aktienrecht** die Auffassung vertreten, dass **keine Bardeckungspflicht** infrage kommt. Der Aktionär der übertragenden Gesellschaft habe auf die Bewertung des Gesellschaftsvermögens keinen Einfluss und stehe auch der Gesellschaft ferner als der GmbH-Gesellschafter. Aus diesem Grund wäre eine Bardeckungspflicht bei der AG nicht akzeptabel, da sie auch die überstimmten Gesellschafter treffen müsste.[571] Für die aktienrechtliche Verschmelzung hat der BGH allerdings entschieden, dass die Aktionäre einer übertragenden AG keine Differenzhaftung trifft, wenn der Wert des Vermögens der übertragenden AG hinter dem Nennbetrag der Kapitalerhöhung zur Durchführung der Verschmelzung zurückbleibt.[572] Davon zu unterscheiden ist die Frage, ob die Gesellschafter die Differenz freiwillig ausgleichen können, um z.B. eine Beanstandung durch das Registergericht zu verhindern. Die zum UmwG 1995 wohl herrschende Meinung geht davon aus, dass bei einer Verschmelzung die Verbindung einer Sacheinlage mit einer Bareinlage zugelassen werden müsse, um den erforderlichen, aber noch bei den abgespalteten Vermögensgegenständen fehlenden Wert der übernommenen Einlagen aufzufüllen.[573] Auch zum alten Umwandlungsrecht hat die ganz herrschende Meinung eine solche »bare Zuzahlung« im Zusammenhang mit der Sachkapitalerhöhung oder Sachgründung bei der Umwandlung durch Vermögensübertragung angenommen.[574]

Im **Steuerrecht** kann dies allerdings zur Aufdeckung stiller Reserven führen (s. u. Teil 7 Rdn. 728 ff.).

6. Kapitalerhöhungsverbote

Wie im bis 1995 geltenden Recht (§ 23 KapErhG, § 344 Abs. 1 AktG a. F.) sind für bestimmte Fälle **Kapitalerhöhungsverbote** und **Kapitalerhöhungswahlrechte** vorgesehen (§ 54 UmwG für die GmbH, § 68 UmwG für die AG). Diese Vorschriften sollen die Entstehung eigener Geschäftsanteile verhindern und den Abbau von derartigen Beständen erleichtern. § 54 Abs. 1 bzw. § 68 Abs. 1 UmwG nennt die Fälle, in denen eine Kapitalerhöhung grds. unzulässig ist. Die Vorgängervorschriften – § 23 KapErhG, § 346 AktG – beruhen auf dem Verschmelzungsrichtlinie-Gesetz.[575]

Die Vorschriften über Kapitalerhöhungsverbote und Kapitalerhöhungswahlrechte sind auch im Hinblick auf **§ 20 Abs. 1 Nr. 3 UmwG** zu beurteilen. Diese Vorschrift ergänzt die §§ 54 bzw. 68 UmwG. In § 20 UmwG ist allgemein geregelt, dass die Gesellschafter der übertragenden Gesell-

---

569 Vgl. Baumbach/Hueck, GmbHG § 5 Rn. 14; Scholz/Priester, GmbHG, § 57a Rn. 12.
570 So Scholz/Priester, GmbHG, 7. Aufl., Anh. Umwandlung, § 22 KapErhG Rn. 11.
571 So Grunewald, in: Geßler/Hefermehl, AktG, § 344 Rn. 20.
572 BGH DNotZ 2007, 854; vgl. oben Rdn. 261.
573 Suppliet, NotBZ 1997, 141 ff., 146; Widmann/Mayer § 55 UmwG Rn. 79.1; Widmann/Mayer/Vossius, § 20 UmwG Rn. 52; Kallmeyer/Kocher, § 55 UmwG Rn. 10 ff.; Lutter/Winter/Vetter, UmwG, § 55 Rn. 73; Reichert, in: Semler/Stengel, § 55 UmwG Rn. 10.
574 OLG Oldenburg, DB 1994, 88; Priester, BB 1978, 1291.
575 BGBl. 1982 I, S. 1425.

schaft durch die Verschmelzung entsprechend dem Verschmelzungsvertrag Gesellschafter der übernehmenden Gesellschaft werden. Dies gilt jedoch nicht, soweit der übernehmende Rechtsträger Anteilsinhaber des übertragenden Rechtsträgers ist oder der übertragende Rechtsträger eigene Anteile innehat. In diesem Fall würde die Gesamtrechtsnachfolge zur Entstehung von Anteilen der übernehmenden Gesellschaft an sich selbst führen, was der Gesetzgeber zum alten Recht für die AG für unzulässig erachtete und für die GmbH nun als unerwünscht ansieht. Auch wenn im GmbH-Recht im Gegensatz zum Aktienrecht der Erwerb eigener Anteile nicht verboten ist, so soll diesem rechtspolitisch unerwünschten Vorgang, durch den das Stammkapital der GmbH ausgehöhlt wird, jedenfalls nicht durch eine Verschmelzung Vorschub geleistet werden. Deshalb hat der Gesetzgeber in den Fällen, in denen durch den Anteilstausch aufgrund einer Verschmelzung **eigene Geschäftsanteile** entstehen können, wie im Aktienrecht den **Anteilstausch ausgeschlossen**.[576]

309 Es ist daher konsequent, dass in diesen Fällen auch die **Anteilsgewährungspflicht entfällt** und dementsprechend auch ein **Kapitalerhöhungsverbot** in § 54 Abs. 1 Nr. 1 und Nr. 2 bzw. § 68 Abs. 1 Nr. 1 und Nr. 2 UmwG vorgesehen ist.

310 Darüber hinaus enthält § 54 Abs. 1 Satz 2 UmwG ein sog. **Kapitalerhöhungswahlrecht**. In diesen Fällen muss die übernehmende Gesellschaft ihr Stammkapital nicht erhöhen, kann dies aber, wenn sie dies wünscht (vgl. allgemein auch oben Teil 2 Rdn. 110 ff.).

a) Übernehmer besitzt Anteile an der übertragenden Gesellschaft (sog. up-stream-merger)

311 Es handelt sich zunächst um den Fall, dass die **übernehmende Gesellschaft Anteile an der übertragenen Gesellschaft besitzt** (§ 54 Abs. 1 Satz 1 Nr. 1 UmwG, § 68 Abs. 1 Satz 1 UmwG). In dem Fall, in dem die aufnehmende Gesellschaft selbst zu den Gesellschaftern der übertragenden Gesellschaft gehört, würde sie sowohl Schuldnerin als auch Gläubigerin des Anspruchs auf Gewährung der Anteile an der neuen Gesellschaft sein, sodass der Anspruch in einer Person zusammentrifft. Insofern besteht daher kein Bedürfnis zur Schaffung neuer Geschäftsanteile. Die übernehmende Gesellschaft würde durch eine solche Neuschaffung nur eigene Geschäftsanteile erwerben.[577] Die Verschmelzung der Tochter-GmbH auf ihre Mutter-GmbH ist auch bei nicht voll eingezahlten Geschäftsanteilen der Tochter-GmbH zulässig. Einer gesonderten Zustimmung aller Gesellschafter der Mutter-GmbH nach § 51 Abs. 1 Satz 3 UmwG bedarf es nicht.[578]

312 Der Gesetzgeber hat diesen Fall als Kapitalerhöhungsverbot ausgestaltet, um die – unerwünschte – **Schaffung eigener Anteile zu verhindern**.[579] Dieses Verbot korrespondiert mit der Regelung in § 20 Abs. 1 Nr. 3 UmwG, dass in diesem Fall auch kein Anteilstausch stattfindet und auch demgemäß keine Anteilsgewährungspflicht besteht. Nach § 54 Abs. 2 UmwG gilt die Vorschrift entsprechend, wenn die Anteile treuhänderisch von einem Dritten für die übernehmende Gesellschaft gehalten werden.

313 Der Fall des § 54 Abs. 1 Satz 1 Nr. 1 UmwG kann bei der Berechnung der Kapitalerhöhung bei der Übernehmerin allerdings Probleme bereiten. Nach §§ 54 bzw. 68 UmwG darf die übernehmende Gesellschaft zur Durchführung der Verschmelzung ihr Stammkapital nicht erhöhen **soweit sie Anteile am übertragenden Rechtsträger innehat**. Die herrschende Meinung zum alten Recht

---

576 Vgl. Begründung zum RegE, BR-Drucks. 75/94, S. 91, abgedruckt in: Limmer, Umwandlungsrecht, S. 286.
577 Vgl. BayObLG, AG 1984, 22 = BB 1984, 91; Korte, WiB 1997, 953, 961; Kallmeyer/Kocher, § 54 UmwG Rn. 5 f.; Widmann/Mayer/Mayer, Umwandlungsrecht, § 54 UmwG Rn. 12 ff.; Widmann/Mayer/Rieger Umwandlungsrecht, § 68 UmwG Rn. 9; Lutter/Winter/Vetter, UmwG, § 54 Rn. 17 ff.
578 Vgl. Gutachten-DNotI-Report 2015, 171.
579 Vgl. KallmeyerKocher, § 54 UmwG Rn. 5 f.; Widmann/Mayer/Mayer, Umwandlungsrecht, § 5 UmwG Rn. 35 ff., § 54 UmwG Rn. 12 ff.; Widmann/Mayer/Rieger Umwandlungsrecht, § 68 UmwG Rn. 9; Lutter/Winter/Vetter, UmwG, § 54 Rn. 17 ff.

war daher der Auffassung, dass der Wortlaut und die gesetzgeberische Wertung auch bei der Berechnung der Kapitalerhöhung berücksichtigt werden müssen. Sie darf nicht dazu führen, dass die Gesellschafter der übernehmenden Gesellschaft einen nominell höheren Geschäftsanteil erhalten und auf diese Weise ein Ausgleich für den Anteil der übernehmenden Gesellschaft an der übertragenden Gesellschaft erfolgen würde, was aber rechtlich nicht zulässig ist.[580] Es muss also hierbei berücksichtigt werden, dass die Kapitalerhöhung nur in der Höhe erfolgen darf, die der Wertrelation der Anteile an der übertragenden Gesellschaft im Verhältnis zum Wert der übernehmenden Gesellschaft entspricht, die nicht im Eigentum der übernehmenden Gesellschaft stehen.

▶ Beispiel:

Die A-GmbH hat ein Stammkapital von 100.000,00 €, ihr wahrer Wert ist 200.000,00 €. Die B-GmbH soll auf die A-GmbH verschmolzen werden, die B-GmbH hat ein Stammkapital von 100.000,00 €, ihr Wert entspricht auch 100.000,00 €. An der B-GmbH ist die A-GmbH mit 50.000,00 € beteiligt. Einen weiteren Anteil i. H. v. 50.000,00 € erhält der Gesellschafter B. Bei gleicher Wertigkeit der Kapitalerhöhung darf daher das Kapital bei der A-GmbH nur um 25.000,00 € erhöht werden. Diesen Anteil i. H. v. 25.000,00 € würde B als Ausgleich für den Verlust seines Anteils an der B-GmbH erhalten.

314

b) Übertragende Gesellschaft hält eigene Anteile

Der zweite Fall (§§ 54 Abs. 1 Satz 1 Nr. 2, 68 Abs. 1 Nr. 2 UmwG) betrifft die Konstellationen, in denen die **übertragende Gesellschaft eigene Anteile** besitzt. Auch in diesen Fällen ist eine Kapitalerhöhung insofern verboten, soweit die übertragende Gesellschaft diese eigenen Geschäftsanteile innehat. Eigene Anteile der übertragenden Gesellschaft gehen mit der Verschmelzung ersatzlos unter. Da auch insoweit keine Geschäftsanteile der übernehmenden Gesellschaft als Gegenleistung zu gewähren sind, würde eine Kapitalerhöhung bei der übernehmenden Gesellschaft zum Entstehen eigener – neugeschaffener – Anteile führen. Auch dies soll durch die Vorschrift verhindert werden.[581] Die Vorschrift ergänzt § 20 Abs. 1 Nr. 3 UmwG, da in diesem Fall kein Anteilstausch stattfindet und daher auch keine Anteilsgewährungspflicht besteht.

315

▶ Beispiel:

Die A-GmbH hat ein Stammkapital von 100.000,00 €. Ihr wahrer Wert beträgt 200.000,00 €. Die B-GmbH soll auf die A-GmbH verschmolzen werden. Die B-GmbH hat ein Stammkapital von 100.000,00 € und eigene Anteile i. H. v. 50.000,00 €. Auch hier darf wiederum eine Kapitalerhöhung bei der A-GmbH nur um 25.000,00 € erfolgen. Der neu geschaffene Anteil darf nur an den einzigen Gesellschafter der B-GmbH ausgegeben werden. I. Ü. gehen die Eigenanteile der B-GmbH mit der Verschmelzung ersatzlos unter.

316

c) Übertragende Gesellschaft hält nicht voll einbezahlte Anteile der Übernehmerin

Nach §§ 54 Abs. 1 Satz 1 Nr. 3, 68 Abs. 1 Satz 1 Nr. 3 UmwG ist schließlich auch eine Kapitalerhöhung nicht zulässig, **soweit die übertragende Gesellschaft Geschäftsanteile an der übernehmenden Gesellschaft besitzt, auf die die Einlagen nicht in voller Höhe bewirkt sind** (vgl. oben Teil 2 Rdn. 118). Auch in diesem Fall erwirbt die übernehmende Gesellschaft mit dem Vermögen der übertragenden Gesellschaft die in diesem Vermögen befindlichen eigenen Anteile. Die Vorschrift ist dahin gehend zu verstehen, dass die restliche Einlageforderung dann durch Konfusion erlöschen würde und damit eine Kapitalaufbringung insoweit nicht stattfinden würde.

317

---

580 Widmann/Mayer/Mayer, Umwandlungsrecht, § 54 UmwG Rn. 17.
581 Kallmeyer/Kocher, § 54 UmwG Rn. 8 f.; Widmann/Mayer/Mayer, Umwandlungsrecht, § 54 UmwG Rn. 19 ff.; Widmann/Mayer/Rieger Umwandlungsrecht, § 68 UmwG Rn. 12 ff.; Lutter/Winter/Vetter, § 54 UmwG Rn. 22; Reichert, in: Semler/Stengel, § 54 UmwG, Rn. 7.

Würde man es in einem solchen Fall zulassen, dass die übernehmende GmbH neue Anteile schafft und sie den Gesellschaftern der übertragenden Gesellschaft zur Verfügung stellt, werden die neuen Anteile i. H. d. ausstehenden Alteinlagen nicht gedeckt.[582] Als Grund für diesen Ausschluss wird ausgeführt, dass ansonsten durch Konfusion wegen der Gesamtrechtsnachfolge die Einlageforderungen untergehen und damit ein Verstoß gegen § 33 Abs. 1 GmbHG vorliegen würde.[583] Es handelt sich dabei nach herrschender Meinung **nicht um eine Ausnahme von der Anteilsgewährungspflicht**, da die Vorschrift in § 20 Abs. 1 Nr. 3 UmwG keine Entsprechung hat.[584] Es sind also Anteile zu gewähren.

318 Soll auch in Höhe dieser Anteile eine Kapitalerhöhung durchgeführt werden, muss entweder die Einlage noch vollständig erbracht werden oder der Geschäftsanteil einem Dritten veräußert werden.[585] Ein Teil der Literatur lässt die Gewährung nicht voll eingezahlter Anteile auch dann zu, wenn der empfangende Gesellschafter des übertragenden Rechtsträgers ausdrücklich zustimmt.[586] Dem ist mE zu folgen. Die Zustimmung erfolgt dann analog §§ 8 Abs. 3 Satz 2, 9 Abs. 3, 13 Abs. 3, 54 Abs. 1 Satz 3 UmwG.

d) Treuhänderisch gehaltene Anteile

319 Die Kapitalerhöhungsverbote bestehen auch dann, wenn ein **Dritter treuhänderisch für die übernehmende Gesellschaft einen Anteil an der übertragenden Gesellschaft hält** oder wenn der Dritte treuhänderisch für die übertragende Gesellschaft Anteile an der übertragenden Gesellschaft oder nicht voll eingezahlte Anteile an der übernehmenden Gesellschaft hält (§ 54 Abs. 2, 1. Alt. UmwG).

7. Kapitalerhöhungswahlrechte

320 Die §§ 54 Abs. 1 Satz 2, 68 Abs. 1 Satz 2 UmwG sehen Kapitalerhöhungswahlrechte vor, soweit die übernehmende Gesellschaft eigene Anteile bzw. Aktien besitzt oder eine übertragende Gesellschaft Geschäftsanteile dieser Gesellschaft innehat, auf welche die Einlagen bereits in voller Höhe bewirkt sind. Dieses Wahlrecht beruht auf der Erwägung, dass **von einer Kapitalerhöhung abgesehen werden** kann, wenn und soweit die übernehmende Gesellschaft den Gesellschaftern der übertragenden Gesellschaft entweder eigene Geschäftsanteile oder voll einbezahlte eigene Geschäftsanteile der übertragenden Gesellschaft an der übernehmenden Gesellschaft gewähren kann.[587] Im ersten Fall sind die eigenen Geschäftsanteile bereits im Vermögen der aufnehmenden Gesellschaft, im zweiten Fall werden sie durch die Gesamtrechtsnachfolge von der übernehmenden Gesellschaft erworben. Im Ergebnis stehen sie dann aber zur Verfügung, um den Gesellschaftern an der übertragenden Gesellschaft als Gegenleistung gewährt werden zu können. In beiden Fällen kann die übernehmende Gesellschaft diese Geschäftsanteile für die Gegenleistung verwen-

---

582 So Widmann/Mayer/Mayer, Umwandlungsrecht, § 54 UmwG Rn. 23 ff.; Kallmeyer/Kocher, § 54 UmwG Rn. 10 Lutter/Winter/Vetter, § 54 UmwG Rn. 25 ff.; Reichert, in: Semler/Stengel, § 54 UmwG, Rn. 8; Lutter/Winter/Vetter, § 54 UmwG Rn. 9 f.
583 Lutter/Winter/Vetter, UmwG, § 54 Rn. 8.
584 Widmann/Mayer/Mayer, Umwandlungsrecht, § 54 UmwG Rn. 23 ff.; Kallmeyer/Kocher, § 54 UmwG Rn. 10; Lutter/Winter/Vetter, § 54 UmwG Rn. 26; Reichert, in: Semler/Stengel, § 54 UmwG Rn. 8; kritisch zur Vorschrift Widmann/Mayer/Rieger Umwandlungsrecht, § 68 UmwG Rn. 15 ff.
585 Widmann/Mayer/Mayer, Umwandlungsrecht, § 54 UmwG Rn. 25; Kallmeyer/Kocher, § 54 UmwG Rn. 10; Reichert, in: Semler/Stengel, § 54 UmwG, Rn. 10; Lutter/Winter/Vetter, § 54 UmwG Rn. 40; Stratz, in: Schmitt/Hörtnagl/Stratz, § 54 UmwG Rn. 5.
586 Kallmeyer/Kocher, § 54 UmwG Rn. 9; Lutter/Winter/Vetter, § 54 UmwG Rn. 39; KölnKomm/Simon/Nießen, § 54 UmwG Rn. 29.
587 Vgl. Kallmeyer/Kocher, § 54 UmwG Rn. 11; Reichert, in: Semler/Stengel, § 54 UmwG, Rn. 12; Lutter/Winter/Vetter, § 54 UmwG Rn. 45 ff.; Korte, WiB 1997, 962; Widmann/Mayer/Mayer, Umwandlungsrecht, § 54 UmwG Rn. 43; Heckschen, GmbHR 2008, 802, 803.

den, muss dies aber nicht. Eine **Kapitalerhöhung zur Durchführung der Verschmelzung** ist daher in diesem Fall trotzdem **zulässig**. Diese Frage war allerdings unter altem vor 1995 geltenden Recht nicht ganz unstreitig, die neue Gesetzesformulierung »(…) braucht ihr Stammkapital nicht zu erhöhen« hat diesen Streit i. S. d. früher herrschenden Meinung entschieden.[588] Die Vorschrift gilt auch für die **Unternehmergesellschaft** nach § 5a GmbHG.[589] Die Literatur weist allerdings zu Recht darauf hin, dass die vorhandenen Anteile zur Gewährung nicht verwendet werden können, wenn diese mit Rechten Dritter belastet sind.[590] Denn die Anteilsinhaber des übertragenden Rechtsträgers haben Anspruch auf unbelastete Anteile. Etwas anderes gilt mE, wenn der empfangende Gesellschafter des übertragenden Rechtsträgers ausdrücklich zustimmt. Die Zustimmung erfolgt dann analog §§ 8 Abs. 3 Satz 2, 9 Abs. 3, 13 Abs. 3, 54 Abs. 1 Satz 3 UmwG.

Der aufnehmenden Gesellschaft steht es daher frei im genannten Rahmen, ob sie in diesen Fällen ihr Stammkapital erhöht oder ob sie die eigenen Anteile verwendet, um der **Anteilsgewährungspflicht** nachzukommen. Sie kann die Anteile auch als Eigenbestand weiterhin behalten und zur Schaffung der neuen Anteile eine Kapitalerhöhung durchführen.[591] In diesem Bereich hat also der Gesetzgeber die weitere Konsequenz nicht gezogen, dass die Kapitalerhöhung in diesen Fällen nicht durchgeführt werden darf. Er lässt also die Entstehung von eigenen Anteilen bzw. die Beibehaltung von Eigenanteilen zu. Dies ergibt sich aus § 20 Abs. 1 Nr. 3 UmwG, der diesen Fall des Kapitalerhöhungswahlrechts nicht regelt und für diesen Fall den Anteilstausch ebenfalls nicht verbietet. 321

Sollen Gesellschafter der übertragenden Gesellschaft eigene Anteile der übernehmenden Gesellschaft als Gegenleistung erhalten, so muss dies allerdings im **Verschmelzungsvertrag** festgelegt werden. 322

Ebenso wie beim sonstigen Anteilstausch in den Fällen der Verschmelzung findet auch gem. § 20 Abs. 1 Nr. 3 UmwG bei der Verwendung von eigenen Anteilen ohne Weiteres **mit der Eintragung** der Verschmelzung der **Anteilstausch** statt. Mit der Eintragung der Verschmelzung werden die Gesellschafter der übertragenden Gesellschaft Anteilsinhaber der Anteile der übernehmenden Gesellschaft, die im Verschmelzungsvertrag für sie vorgesehen wurde. Waren dies nach dem Verschmelzungsvertrag eigene Anteile, dann werden sie automatisch mit der Eintragung Inhaber dieser Anteile, die vorher der übertragenden Gesellschaft als eigene Anteile zustanden.[592] 323

Der **Wechsel der Aktionärsstellung bei der AG** vollzieht sich ebenfalls **unabhängig von der Übertragung der Aktienurkunde**.[593] Es ist hier belanglos, ob die gewährten Aktien oder Geschäftsanteile bereits zuvor bestanden haben, wie im Fall der eigenen Anteile, oder über die Kapitalerhöhung anlässlich der Verschmelzung erst gebildet werden. Auch bei der GmbH bedarf es daher in diesen Fällen keiner besonderen dinglichen Abtretung der Geschäftsanteile. Der Gesellschafterwechsel ist Wirkung der Verschmelzung.

---

588 Vgl. Widmann/Mayer/Mayer, Umwandlungsrecht, § 54 UmwG Rn. 43; Kallmeyer/Kocher, UmwG, § 54 Rn. 11; Lutter/Winter/Vetter, § 54 UmwG Rn. 47.
589 Heinemann, NZG 2008, 820, 822; Kallmeyer/Kocher, UmwG, § 54 Rn. 11.
590 Lutter/Winter/Vetter, § 54 UmwG Rn. 48; Kallmeyer/Kocher, UmwG, § 54 Rn. 12.
591 Vgl. Reichert, in: Semler/Stengel, § 54 UmwG, Rn. 12; Lutter/Winter/Vetter, § 54 UmwG Rn. 47; Widmann/Mayer/Mayer, Umwandlungsrecht, § 54 UmwG Rn. 43 f.; Stratz, in: Schmitt/Hörtnagl/Stratz, § 54 UmwG Rn. 11.
592 Widmann/Mayer/Mayer, Umwandlungsrecht, § 5 UmwG Rn. 38; Korte, WiB 1997, 955; Lutter/Grunewald, UmwG, § 20 Rn. 60 f.; Middendorf/Stegmann, DStR 2005, 1082; Reichert, in: Semler/Stengel, § 54 UmwG, Rn. 15; Stratz, in: Schmitt/Hörtnagl/Stratz, § 54 UmwG Rn. 11; Kallmeyer/Marsch-Barner, § 20 UmwG, Rn. 29.
593 Korte, WiB 1997, 955; Lutter/Grunewald, UmwG, § 20 Rn. 60 f.; Kallmeyer/Marsch-Barner, § 20 UmwG, Rn. 29.

8. Anteile Dritter

324 Bereits zum vor 1995 geltenden Umwandlungsrecht nicht geregelt war die Frage, ob auch Anteile eines Dritten verwendet werden können, um der **Anteilsgewährungspflicht** nachzukommen. Die zum alten Recht herrschende Meinung war der Auffassung, dass in den Fällen auf eine Kapitalerhöhung verzichtet werden kann, wenn die Anteile eines Dritten an der übernehmenden Gesellschaft, die dieser zur Verfügung stellt, den Gesellschaftern der übertragenden Gesellschaft übertragen werden. Voraussetzung war nach altem Recht allerdings, dass sich die Anteile spätestens bei Wirksamwerden der Verschmelzung im Vermögen der übernehmenden Gesellschaft befinden, damit ihr Übergang auf die – im Verschmelzungsvertrag namentlich festgelegten – Gesellschafter der übertragenden Gesellschaft sichergestellt war.[594] Die herrschende Meinung hält diesen Weg auch nach dem UmwG 1995 für zulässig, da er kein Verstoß gegen grundsätzliche Regelungen des Verschmelzungsrechts darstellt und nur ein Verfahren beinhaltet, die Anteile im Vorfeld zu erwerben und anschließend zur Übertragung zu verwenden.[595] Die Sicherstellung der Übertragung nach der herrschenden Meinung kann zum einen dadurch geschehen, dass die übernehmende Gesellschaft die Anteile vor der Verschmelzung selbst erwirbt, wobei allerdings § 33 GmbHG berücksichtigt werden muss. Als zulässig erachtet werden sollte auch die Möglichkeit, dass der Dritte die Anteile direkt an die Gesellschafter der übertragenden Gesellschaft abtritt.[596]

9. Verschmelzung von Schwestergesellschaften/Verzicht auf Kapitalerhöhung

325 In der Literatur war umstritten, ob bei der **Fusion von sog. Schwestergesellschaften** ebenfalls auf das Erfordernis einer Kapitalerhöhung verzichtet werden kann. Es handelt sich also um den Fall, in dem ein Dritter – i. d. R. eine Konzernobergesellschaft – 100 % der Anteile an zwei Konzernuntergesellschaften hält und diese miteinander verschmelzen will. Die früher vor 1995 herrschende Rspr. ging davon aus, dass in diesen Fällen eine **Kapitalerhöhung notwendig** ist.[597]

326 Die Begründung zum RegE[598] weist darauf hin, dass in diesem Fall nicht auf das Erfordernis einer Kapitalerhöhung verzichtet werden kann. Der Verzicht auf eine Kapitalerhöhung bei der übernehmenden GmbH oder AG würde zu Problemen beim **Kapitalschutz** führen: Würde eine GmbH mit einem verhältnismäßig niedrigen Stammkapital eine andere GmbH mit hohem Stammkapital durch Verschmelzung aufnehmen, ohne dass die übernehmende GmbH ihr niedriges Kapital zur Übernahme des hohen Stammkapitals erhöhte, so würde das Rückzahlungsverbot des § 30 Abs. 1 GmbHG nach der Verschmelzung nur für das alte niedrige Stammkapital der übernehmenden GmbH gelten, während die Summe des alten hohen Stammkapitals der übertragenden GmbH nicht mehr unter § 30 Abs. 1 GmbHG fiele, also für eine Auszahlung an die Gesellschafter zur Verfügung stünde und damit den Gläubigern als Haftungsmasse entzogen würde. Deshalb könne auf das Erfordernis einer Kapitalerhöhung bei der übernehmenden GmbH über die geltende Regelung hinaus vom Gesetz nicht verzichtet und auch ein Verzicht durch die Beteiligten nicht ermöglicht werden. Zulässig ist aber eine nur geringfügige Kapitalerhöhung.[599]

---

594 So Scholz/Priester, GmbHG, Anh. Umwandlung, § 23 KapErhG Rn. 6; Lutter/Hommelhoff, GmbHG, 13. Aufl., Anh. Verschmelzung, § 23 KapErhG Rn. 3.
595 So Goutier/Knopf/Bermel, Umwandlungsrecht, § 5 UmwG Rn. 56.5; § 54 UmwG Rn. 18; Widmann/Mayer/Mayer, Umwandlungsrecht, § 54 UmwG Rn. 46; Kallmeyer/Kocher UmwG, § 54 Rn. 17; Lutter/Winter/Vetter, UmwG, § 54 Rn. 61; Reichert, in: Semler/Stengel, § 54 UmwG Rn. 18.
596 So Widmann/Mayer/Mayer, Umwandlungsrecht, § 54 UmwG Rn. 47; Kallmeyer/Kocher, UmwG, § 54 Rn. 17; Lutter/Winter/Vetter, UmwG, § 54 Rn. 62; Reichert, in: Semler/Stengel, § 54 UmwG Rn. 18; a. A. Lutter/Grunewald UmwG § 20 Rn. 61.
597 BayObLG, WM 1989, 1930; Lutter/Hommelhoff, GmbHG, 13. Aufl., § 23 KapErhG Rn. 2; a. A. Krieger, ZGR 1990, 522; Heckschen, DB 1989, 1561.
598 BT-Drucks. 75/74, S. 101; abgedruckt in: Limmer, Umwandlungsrecht, S. 296.
599 Vgl. oben Teil 1 Rdn. 172, Teil 2 Rdn. 125 ff.; vgl. auch Kowalski, GmbHR 1996, 158 ff.

Der Gesetzgeber hat die Frage durch die Neuregelung im **Zweiten Gesetz zur Änderung des** 327
UmwG v. 25.04.2007[600] den Verzicht auf die Kapitalerhöhung in den §§ 54 und 68 UmwG n.
F. zugelassen (vgl. ausführlich oben Teil 1 Rdn. 172, Teil 2 Rdn. 132 ff.).

▶ Hinweis:

Bei der Verschmelzung von Schwestergesellschaften aber auch in anderen Fällen kann daher 328
auf die Kapitalerhöhung verzichtet werden, wenn die Anteilsinhaber des übertragenden Rechtsträgers verzichten.[601]

10. Sonstige Einzelfragen der Anteilsgewährungspflicht

a) Beteiligung mehrerer übertragender Rechtsträger

In der Praxis ist die Frage entstanden, ob bei der **Beteiligung mehrerer übertragender Rechtsträger**, insb. bei der Verschmelzung mehrerer Schwestergesellschaften auf eine aufnehmende Schwestergesellschaft für jede einzelne übertragende Gesellschaft die Gegenleistung im Verschmelzungsvertrag festzusetzen ist und demzufolge auch der Kapitalerhöhungsbetrag in einzelne Geschäftsanteile aufgesplittert werden muss oder ob der Vorgang als einheitlicher Verschmelzungsvorgang betrachtet werden kann, sodass ein einheitlicher Geschäftsanteil i. R. d. Kapitalerhöhung geschaffen wird, wenn derselbe Gesellschafter an den übertragenden Gesellschaften beteiligt ist.[602] 329

Das **OLG Frankfurt am Main**[603] hatte folgenden Fall zu entscheiden: Es sollten sieben Schwester-GmbHs auf eine weitere GmbH verschmolzen werden. Alleingesellschafterin aller Gesellschaften war eine G-AG. Dieser gewährte der übernehmenden Gesellschaft als Gegenleistung für die Übertragung des Vermögens der anderen Gesellschaften einen einheitlichen neuen Geschäftsanteil i. H. v. 4,8 Mio. €, der durch eine Kapitalerhöhung bei der übernehmenden Gesellschaft um denselben Betrag geschaffen wurde. Das OLG Frankfurt am Main war der Auffassung, dass bei einer Schwesterfusion bei der übernehmenden Gesellschaft der Verschmelzungsvertrag für jeden übertragenden Rechtsträger die Angaben nach den §§ 5 Abs. 1 Nr. 1 bis Nr. 3, 46 Abs. 1 Satz 1 UmwG enthalten muss und dementsprechend zwingend bei der übernehmenden GmbH eine Kapitalerhöhung durchzuführen und für jeden Rechtsträger, der übertragen wird, einen gesonderten Anteil an der übernehmenden Gesellschaft zu gewähren ist. Diese Entscheidung ist abzulehnen, da dem Gesetz an keiner Stelle zu entnehmen ist, dass nicht ein einheitlicher Geschäftsanteil gewährt werden kann. Die Anteilsgewährungspflicht besteht allenfalls als Wertanspruch, nicht aber als Anspruch auf eine bestimmte Anzahl von Anteilen. Dies lässt sich im Gesetz nirgends entnehmen.[604] Die überwiegende **Literatur** hat dem widersprochen.[605] Dieser Widerspruch verdient Zustimmung, da keine sachlichen Gründe für die Gewährung mehrerer Geschäftsanteile an die gleichen Gesellschafter ersichtlich sind. Hinzu kommt, dass auch das allgemeine GmbH-Recht die Gewährung mehrerer Anteile an den gleichen Gesellschafter im Zuge einer einheitlichen 330

---

600 BGBl. I, S. 542.
601 Tillmann, GmbHR 2003, 740 ff. vgl. Lutter/Winter/Vetter, UmwG, § 54 Rn. 63 ff.; Widmann/Mayer/Mayer, Umwandlungsrecht, § 5 UmwG Rn. 41 ff.; Kallmeyer/Kocher, UmwG, § 54 Rn. 18 ff.; Stratz, in: Schmitt/Hörtnagl/Stratz, § 54 UmwG Rn. 12 ff.; Widmann/Mayer/Rieger Umwandlungsrecht, § 68 UmwG Rn. 33 ff.; Roß/Drögemüller, DB 2009, 580 ff.; Krumm, GmbHR 2010, 24 ff. insb. auch zu den steuerlichen Fragen.
602 Vgl. dazu Widmann/Mayer/Mayer, Umwandlungsrecht, § 5 UmwG Rn. 56.6 ff.; dies., DB 1998, 913.
603 DB 1998, 917 = DNotZ 1999, 154 m. Anm. Heidinger.
604 So zu Recht Widmann/Mayer, DB 1998, 913; ebenfalls Neye, EWiR, § 46 UmwG, 1/98, 518.
605 Heckschen, DB 1998, 1385; Mayer, DB 1998, 913; Neye, EWiR § 46 UmwG 1/98, S. 517; Heidinger, DNotZ 1999, 165; Tillmann, BB 2004, 673; Reichert, in: Semler/Stengel, § 46 Rn. 3 und § 55 UmwG Rn. 9; Stratz, in: Schmitt/Hörtnagl/Stratz, § 46 UmwG Rn. 8; Lutter/Winter/Vetter, § 46 UmwG Rn. 23; Widmann/Mayer/Mayer, Umwandlungsrecht, § 5 UmwG Rn. 56.11 f.

Kapitalerhöhung nicht zulässt.⁶⁰⁶ Dementsprechend kann auch negatives Vermögen durch positives der anderen Rechtsträger kompensiert werden.⁶⁰⁷ Insofern ist es zutreffend, dass nicht zwingend für jede Übertragung auch ein Geschäftsanteil gewährt werden muss, vielmehr können verschiedene Übertragungen bei gleichen Gesellschaftern zusammengefasst werden.⁶⁰⁸

b) Anteilsgewährung und Kapitalerhöhung bei der Verschmelzung einer Mutter- auf die Tochtergesellschaft (sog. down-stream-merger)

331 Bei der Verschmelzung einer Mutter- auf ihre Tochtergesellschaft⁶⁰⁹ besteht grds. eine Anteilsgewährungspflicht, § 54 UmwG sieht keine Ausnahme vor.⁶¹⁰ Die Gegenleistung an die Gesellschafter der Muttergesellschaft kann allerdings bei einem 100 %igen Mutter-Tochter-Verhältnis allein mit den Geschäftsanteilen erfolgen, die der Muttergesellschaft an der übernehmenden Tochtergesellschaft zustehen. Dies folgt aus § 54 Abs. 1 Satz 2 Nr. 2 UmwG, wonach die übernehmende GmbH von einer Kapitalerhöhung absehen kann, soweit der übertragenden Gesellschaft Geschäftsanteile an der übernehmenden Gesellschaft gehören, sofern die Einlagen bereits in voller Höhe geleistet sind.⁶¹¹ Der Übergang der Geschäftsanteile an der übernehmenden Tochter von der übertragenden Mutter auf die Gesellschafter der Mutter-GmbH erfolgt von Gesetzeswegen nach § 20 Abs. 1 Nr. 3 Satz 1 automatisch nach den Bestimmungen des Verschmelzungsvertrages ohne Durchgangserwerb bei der GmbH.⁶¹² Soweit die eigenen Anteile zur Gewährung an die Anteilsinhaber nicht ausreichen, muss zusätzlich eine Kapitalerhöhung durchgeführt werden.⁶¹³

332 Fraglich ist, ob dies auch im vollen Umfang gilt, wenn **kein 100 %iges Mutter-Tochter-Verhältnis** zwischen den an der Verschmelzung beteiligten Gesellschaften besteht. § 54 Abs. 1 Satz 2 Nr. 2 UmwG lässt das Kapitalerhöhungswahlrecht nur zu, soweit der übertragende Rechtsträger Geschäftsanteile dieser Gesellschaft innehat. Hieraus folgert Mayer müssen, dass bei nicht 100 %igen Mutter-Tochter-Verhältnissen eine Kapitalerhöhung durchgeführt werden muss.⁶¹⁴ Er will über die Verpflichtung zur Kapitalerhöhung gewährleisten, dass der Minderheitsgesellschafter gegen Übertragung von nur negativen Vermögens geschützt ist (zu dieser Problematik vgl. ausführlich Teil 2 Rdn. 120 ff.). M. E. ist kann auch in diesem Fall, der nicht 100 %-igen Beteiligung auf die Kapitalerhöhung verzichtet werden, wenn die vorhandenen Anteile als Gegenleistung gewährt werden. Aufgabe der Kapitalerhöhung ist nicht der Schutz der Minderheitsgesellschafter der aufnehmenden Gesellschaft, zumal der Gesetzgeber durch die Neuregelung im **Zweiten Gesetz zur Änderung des UmwG** v. 25.04.2007⁶¹⁵ den Verzicht auf die Kapitalerhöhung in den

---

606 Ausführlich Widmann/Mayer/Mayer, Umwandlungsrecht, § 5 UmwG Rn. 56. 6 ff.
607 Tillmann, BB 2004, 673 ff.
608 Ebenso Mayer, DB 1998, 913; Neye, EWiR, § 46 UmwG, 1/98, 518.
609 Vgl. zunächst Teil 2 Rdn. 116 ff.; ausführlich auch Middendorf/Stegmann, DStR 2005, 1082 ff.; auch aus steuerrechtlicher Hinsicht, ferner Widmann/Mayer/Mayer, Umwandlungsrecht, § 5 UmwG Rn. 35 ff.; Heckschen, GmbHR 2008, 802 ff.; Enneking/Heckschen, DB 2006, 1099 ff.; Mertens, AG 2005, 1099 ff.; Klein/Stephanblome, ZGR 2007, 369 ff.; Reichert, in: Semler/Stengel, § 54 UmwG, Rn. 15; aus steuerlicher Sicht Rödder/Schumacher, DStR 2007, 369 ff.
610 A. A. allerdings Klein/Stephanblome, ZGR 2007, 35 ff.
611 Vgl. Widmann/Mayer/Mayer, Umwandlungsrecht, § 5 UmwG Rn. 37; Lutter/Winter/Vetter, UmwG, § 54 Rn. 53 ff.; Middendorf/Stegmann, DStR 2005, 1082 ff.; vgl. auch Petersen, GmbHR 2004, 728 ff.; ders., Der Konzern 2004, 185, 188 ff.; Heidinger, in: Würzburger Notarhandbuch, 4. Aufl. 2015, Teil 5 Kap. Rn. 104.
612 Vgl. Widmann/Mayer/Mayer, Umwandlungsrecht, § 5 UmwG Rn. 38; Kallmeyer/Kocher, UmwG, § 54 Rn. 13 ff.; Lutter/Grunewald, UmwG, § 20 Rn. 53; Lutter/Winter/Vetter, UmwG, § 54 Rn. 53 ff.
613 Reichert, in: Semler/Stengel, UmwG, 3. Aufl. 2012, § 54 Rn. 13; M. Winter/J. Vetter, § 54 Rn. 45; Stratz, in: Schmitt/Hörtnagl/Stratz, UmwG, 6. Aufl. 2012, § 54 Rn. 11.
614 Widmann/Mayer/Mayer, Umwandlungsrecht, § 5 UmwG Rn. 38.
615 BGBl. I, S. 542.

§§ 54 und 68 UmwG n. F. zugelassen hat. Der Minderheitenschutz muss hier auf andere Weise gewährleistet werden.[616]

Ob nicht aus den §§ 30, 31 GmbHG bzw. § 57 AktG weitere Schranken bei der Mutter-Tochter-Verschmelzung (down-stream-merger) aus Kapitalerhaltungsgrundsätzen folgen, wurde bereits erörtert.[617]

11. Verschmelzung von überschuldeten Gesellschaften

Die Verschmelzung von Gesellschaften, bei denen eine oder sogar beide Gesellschaften eine **Unterbilanz** haben oder gar **überschuldet sind**, hat das Gesetz ausdrücklich nicht geregelt. Die Frage wird in einem gesonderten Kapitel i. R. d. Verschmelzung zu Sanierungszwecken behandelt (vgl. dazu unten Teil 5 Rdn. 30 ff.).

IV. Bare Zuzahlungen

§§ 54 Abs. 4 bzw. 68 Abs. 3 UmwG bestimmen, dass im Verschmelzungsvertrag **festgesetzte bare Zuzahlungen** nicht den zehnten Teil des Gesamtnennbetrages der gewährten Geschäftsanteile bzw. Aktien der übernehmenden Gesellschaft übersteigen dürfen. Die Vorschrift gilt nur für bare Zuzahlungen, die im Verschmelzungsvertrag festgesetzt sind, also nicht für spätere Erhöhungen oder Neufestsetzungen durch das Gericht aufgrund des § 15 UmwG (vgl. ausführlich Teil 2 Rdn. 160 ff.).

Bare Zuzahlungen sind Leistungen der übernehmenden Gesellschaft zusätzlich zu den gewährten Geschäftsanteilen. Sie haben die Aufgabe, Differenzen bei der Festsetzung des Umtauschverhältnisses der Geschäftsanteile die nicht ausgleichbaren Spitzenbeträge bei der Gegenleistung auszugleichen. Für die Zulässigkeit nach § 54 Abs. 4 bzw. § 68 Abs. 3 UmwG kommt es allerdings nicht darauf an, ob die baren Zuzahlungen im Einzelfall tatsächlich notwendig sind.[618] Die Zuzahlungen dürfen jedoch nicht 10 % des Gesamtnennbetrages der gewährten Geschäftsanteile der übernehmenden Gesellschaft übersteigen. Die baren Zuzahlungen dürfen immer nur Zuzahlungen in Geld nicht in Sachleistung oder Darlehensgewährung sein, denn die Zuzahlungen sind ein Geldausgleich, der zum gewährten Anteil tritt, diesen aber weder ersetzt, noch in der Beteiligung der Gesellschaft erscheint.[619] Der **10 %-Satz** bemisst sich nach dem Gesamtbetrag aller vorhandenen Anteile der übernehmenden Gesellschaft, die sie tatsächlich zu gewähren hat. Die baren Zuzahlungen dürfen nicht zu einer Unterpari-Emission führen.[620]

Im Steuerrecht kann dies allerdings zur **Aufdeckung stiller Reserven** führen (s. u. Teil 7 Rdn. 728).

---

616 So wohl auch Kallmeyer/Kocher, § 53 UmwG Rn. 13 ff.; vgl. zu diesem Problem Rdn. 333 und Teil 2 Rdn. 120 ff.
617 Vgl. zunächst Teil 2 Rdn. 120 ff.; vgl. zu diesen Fragen auch Heckschen, GmbHR 2008, 802 ff.; Widmann/Mayer/Mayer, Umwandlungsrecht, § 5 UmwG Rn. 40.1 ff.; Enneking/Heckschen, DB 2006, 1099 ff.; Mertens, AG 2005, 1099 ff.; Klein/Stephanblome, ZGR 2007, 369 ff.; Moszka, in: Semler/Stengel, § 24 UmwG Rn. 48; Stratz, in: Schmitt/Hörtnagl/Stratz, § 54 UmwG Rn. 11; Lutter/Winter/Vetter, § 54 UmwG Rn. 53 ff.; Lutter/Winter/Vetter, § 54 UmwG Rn. 55; Lutter/Priester, § 24 UmwG Rn. 62; Priester, in: FS Spiegelberger, 2009, S. 890 ff.
618 Vgl. Widmann/Mayer/Mayer, Umwandlungsrecht, § 54 UmwG Rn. 55; Kallmeyer/Kocher, UmwG, § 54 Rn. 20; Lutter/Winter/Vetter, § 54 UmwG Rn. 34; Reichert, in: Semler/Stengel, § 54 UmwG Rn. 40.
619 Widmann/Mayer/Mayer, Umwandlungsrecht, § 54 UmwG Rn. 60; Kallmeyer/Kocher, UmwG, § 54 Rn. 27; Lutter/Winter/Vetter, UmwG, § 54 Rn. 124; Reichert, in: Semler/Stengel, § 54 UmwG Rn. 42.
620 Goutier/Knopf/Bermel, Umwandlungsrecht, § 54 UmwG Rn. 26; Kallmeyer, UmwG, § 54 Rn. 28 f.; Lutter/Winter/Vetter, UmwG, § 54 Rn. 128; a. A. Ihrig, GmbHR 1995, 641.

V. Verschmelzung zur Neugründung

1. Überblick

338 Bei der Verschmelzung durch Neugründung wird das Vermögen von zwei oder mehreren übertragenden Gesellschaften auf eine neugegründete Gesellschaft übertragen und den Gesellschaftern der übertragenden Gesellschaft Anteile an dieser neuen Gesellschaft gewährt (§ 2 Nr. 2 UmwG). Die aufnehmende Gesellschaft wird dabei erst mit der Verschmelzung errichtet, wobei das Vermögen der verschmelzenden Rechtsträger auf die neue Gesellschaft übergeht. Bei der Verschmelzung zur Neugründung gründen die übertragenden Gesellschaften eine neue übernehmende Gesellschaft. Die übertragenden Gesellschaften und nicht deren Gesellschafter sind daher die Gründer der neuen Gesellschaft.[621] Die **Gründung** erfolgt im **Verschmelzungsvertrag**. Das UmwG sieht in den §§ 36 bis 38 UmwG ergänzende Vorschriften für die Verschmelzung zur Neugründung vor, verweist aber in § 36 Abs. 1 UmwG insgesamt auf die Vorschriften des Zweiten Abschnittes, die die Verschmelzung zur Aufnahme regeln. Darüber hinaus sieht § 36 Abs. 2 UmwG vor, dass auf die Gründung der neuen Gesellschaft die für dessen Rechtsform geltenden Gründungsvorschriften anzuwenden sind, soweit nicht besondere Vorschriften etwas anderes vorsehen.

Das Gesetz wählt damit **einen anderen Ansatz als die vor 1995 geltende Vorschrift** über Verschmelzung, die lediglich auf einzelne Vorschriften des jeweiligen Gründungsrechts der betroffenen Gesellschaft verwiesen (§ 353 AktG, § 32 KapErhG). Auch nach dem vor 1995 geltenden Recht war die Literatur der Auffassung, dass die Verweisungen »versehentlich unvollständig« waren und neben den ausdrücklich für anwendbar erklärten Vorschriften eine größere Zahl weiterer Vorschriften des jeweiligen Gründungsrechts anzuwenden waren, weil es sonst zu erheblichen Lücken bei den Gründungsvorgängen käme.[622]

339 Die Regierungsbegründung weist darauf hin, dass bereits nach altem Recht die Praxis der Unternehmen die Gründungsvorschriften jeweils in vollem Umfang bei der Verschmelzung beachtete, soweit nicht bestimmte Erfordernisse ausgeschlossen waren.[623] Deshalb solle die im UmwG befolgte Methode der allgemeinen Verweisung auf die Gründungsvorschriften bei den jeweils betroffenen Rechtsformen gewählt werden. Diese Verweisung ist in § 36 Abs. 2 Satz 1 UmwG enthalten. Soweit nicht die Besonderheiten des Verschmelzungsrechts etwas anderes ergeben, ist somit neben dem Verschmelzungsrecht das **gesamte Gründungsrecht des neuen Rechtsträgers anzuwenden**.[624]

2. Zeitpunkt der Entstehung der neuen Gesellschaft bzw. des neuen Rechtsträgers

340 Ähnlich wie bei der Gründung einer Gesellschaft bzw. eines neuen Rechtsträgers ist der **Ablauf einer Verschmelzung** zur Neugründung ein Prozess in mehreren Schritten:
- Abschluss des Verschmelzungsvertrages,
- Zustimmungsbeschlüsse,
- Handelsregisteranmeldung,
- Eintragung im Register des Sitzes der übertragenden Rechtsträger (§ 19 Abs. 1 UmwG),
- Eintragung im Register des Sitzes des neu zu gründenden Rechtsträgers (§ 36 Abs. 1 i. V. m. § 19 Abs. 1 UmwG).

341 Mit Eintragung in den Registerbesitz des neuen Rechtsträgers treten die **Wirkungen der Verschmelzung** ein, der neue Rechtsträger erlangt Rechtsfähigkeit. Da nach § 37 UmwG im Ver-

---

621 § 36 Abs. 2 Satz 2 UmwG; vgl. Bärwaldt, in: Semler/Stengel, § 36 UmwG Rn. 68; Lutter/Grunewald, § 36 UmwG, Rn. 14.
622 Vgl. Lutter/Hommelhoff, GmbHG, 13. Aufl., Anh. Verschmelzung § 32 Rn. 14.
623 Vgl. BR-Drucks. 75/94, S. 6 abgedruckt in: Limmer, Umwandlungsrecht, S. 291.
624 Vgl. Begründung zum RegE BR-Drucks. 75/94, S. 96; abgedruckt in: Limmer, Umwandlungsrecht, S. 291; vgl. auch Widmann/Mayer/Mayer, Umwandlungsrecht, § 36 UmwG Rn. 4 ff.; Kallmeyer/Marsch-Barner, UmwG, § 36 Rn. 8.

schmelzungsvertrag auch der Gesellschaftsvertrag, die Satzung des neuen Rechtsträgers enthalten oder festgestellt werden muss, ist der Verschmelzungsvertrag im Zusammenhang mit den Zustimmungsbeschlüssen (§ 59 Satz 1 UmwG) vergleichbar mit der Feststellung, dass, nach § 59 Satz 1 UmwG der Gesellschaftsvertrag der neuen Gesellschaft nur wirksam wird, wenn ihm die Anteilsinhaber jedes der übertragenden Rechtsträger des Verschmelzungsbeschlusses zustimmen, in diesem Zeitpunkt auch der Verschmelzungsvertrag wirksam wird und damit die neu zu gründende Gesellschaft als **Vorgesellschaft** entstanden ist.[625] Die Besonderheit im Vergleich zur Vorgesellschaft bei der Gründung einer Gesellschaft ist allerdings, dass wegen der Gesamtrechtsnachfolge i. R. d. Verschmelzung an sich kein Bedarf für die Regeln der Vorgesellschaft besteht, wenn Rechtsgeschäfte im Zeitpunkt zwischen Verschmelzungsvertrag, Zustimmungsbeschluss und Registereintragung getätigt werden sollen. Insofern ist der Literatur zuzustimmen, die empfiehlt, dass der normale Geschäftsbetrieb und Verträge, die in diesem Zusammenhang geschlossen werden, besser von den noch existenten übertragenden Rechtsträgern abgeschlossen werden sollten.[626] Etwas anderes gilt nur, wenn Geschäftsabschlüsse getätigt werden, die erst für den **Zeitpunkt nach Eintragung der Spaltung** gelten sollen. Dies ist insb. i. R. d. Kettenverschmelzung und -umwandlung von Bedeutung (vgl. dazu oben Teil 2 Rdn. 21 ff.).

3. Verschmelzungsvertrag und Gesellschaftsvertrag

a) Satzung bzw. Gesellschaftsvertrag als Inhalt des Verschmelzungsvertrages

Vor 1995 war umstritten, ob der Gesellschaftsvertrag zum notwendigen Inhalt des Verschmelzungsvertrages zählt.[627] § 37 UmwG regelt diese Frage klar dahin gehend, dass in dem Verschmelzungsvertrag der Gesellschaftsvertrag, Partnerschaftsvertrag oder die Satzung des neuen Rechtsträgers enthalten oder festgestellt werden muss. Hiermit ist klargestellt, dass der Gesellschaftsvertrag bzw. die **Satzung Teil des Verschmelzungsvertrages** ist und damit auch **durch die Vorstände bzw. Geschäftsführer der verschmelzenden Gesellschaften/Rechtsträger festgestellt** wird. Diese **verschmelzenden Gesellschaften/Rechtsträger** sind somit Gründer der neuen Gesellschaft.[628] 342

Da die Satzung der neuen Gesellschaft Bestandteil des Verschmelzungsvertrages ist, bedarf sie ebenso wie diese der **notariellen Beurkundung**. Dabei genügt es, wenn die Vertretungsorgane der beteiligten Gesellschaften zunächst den schriftlichen Entwurf eines Verschmelzungsvertrages mit dem Entwurf einer Satzung anfertigen, über denen dann die Gesellschafterversammlung oder Hauptversammlung der beteiligten Gesellschaften entscheidet. Sodann können Verschmelzungsvertrag und Satzung notariell beurkundet werden.[629] 343

Als **Inhalt des Verschmelzungsvertrages** ist anzugeben, dass die vereinigenden Gesellschaften zu einer neuen Gesellschaft, die neu gebildet wird, verschmolzen werden sollen. 344

Die **Beifügung des Gesellschaftsvertrages zum Verschmelzungsvertrag** gilt auch für Personengesellschaften, Genossenschaften und Vereine. Bei der Neugründung dieser Rechtsträger bedarf daher auch der Gesellschaftsvertrag bzw. die Satzung als Teil des Verschmelzungsvertrages der 345

---

625 So Widmann/Mayer/Mayer, Umwandlungsrecht, § 59 UmwG Rn. 12; Kallmeyer/Zimmermann, UmwG, § 59 Rn. 3; Reichert, in: Semler/Stengel, 59 UmwG Rn. 6; Ihrig, GmbHR 1995, 633; Heidenhain, NJW 1995, 2873; Bruski, AG 1997, 17, 19; krit. Wilken, DStR 1999, 677.
626 Vgl. Wilken, DStR 1999, 678 f.
627 Vgl. Lutter/Hommelhoff, GmbHG, 13. Aufl., § 32 KapErhG Rn. 5; KK-AktG/Kraft, § 353 Rn. 10.
628 Widmann/Mayer/Mayer, Umwandlungsrecht, § 36 UmwG Rn. 46; Kallmeyer/Marsch-Barner, UmwG, § 37 Rn. 2; Stratz, in: Schmitt/Hörtnagl/Stratz, § 37 UmwG Rn. 2; Lutter/Grunewald, § 36 UmwG, Rn. 14; Bärwaldt, in: Semler/Stengel, § 36 UmwG Rn. 68.
629 Vgl. Lutter/Grunewald, UmwG, § 37 Rn. 5; vgl. Goutier/Knopf/Bermel, Umwandlungsrecht, § 37 UmwG Rn. 4.

notariellen Beurkundung.[630] Zulässig ist es, den Gesellschaftsvertrag in eine Anlage nach § 9 BeurkG zur Beurkundungsniederschrift aufzunehmen, auf die in der Niederschrift verwiesen und die dieser beigefügt wird.[631]

b) Inhalt der Satzung

346 Bei der Abfassung des Gesellschaftsvertrages bzw. der Satzung ist bei den Kapitalgesellschaften darauf zu achten, dass es sich bei Verschmelzung zur Neugründung um eine **Sachgründung** handelt, sodass das Stammkapital durch das eingebrachte Vermögen der verschmelzenden Gesellschaft erbracht wird. Dies ist in der Satzung auszuweisen.[632] Im Gesellschaftsvertrag sind daher insb. anzugeben, der Betrag der Stammeinlage und die Tatsache, dass die Sacheinlage durch Verschmelzung des Vermögens der übertragenen Gesellschaft erbracht wird. Zur **Berechnung der Stammeinlagen** bei der neu gegründeten Gesellschaft gelten die **gleichen Grundsätze wie bei der Kapitalerhöhung bei der Verschmelzung zur Aufnahme** (vgl. oben Teil 2 Rdn. 290 ff.).

347 Es gilt auch hier das **Verbot der unter-pari-Emission**, sodass eine **Überbewertung** des Vermögens der sich verschmelzenden Gesellschaften **nicht zulässig** ist. Die Sacheinlagen, d. h. das Vermögen der übertragenden Gesellschaften, müssen daher die Stammeinlagen der neu gebildeten Gesellschaft decken.[633] Der Unternehmenswert des übertragenden Rechtsträgers muss mindestens die Höhe des Nennbetrages erreichen. Zur Prüfung der Kapitaldeckung ist der wahre Wert des Vermögens des übertragenden Rechtsträgers entscheidend. Betreibt dieser ein Unternehmen ist der nach allgemeinen Grundsätzen ermittelte Unternehmenswert maßgeblich. Der wahre Wert ist danach grundsätzlich der Ertragswert zuzüglich des Verkehrswertes des nicht betriebsnotwendigen Vermögens.[634]

348 Weiter ist zu berücksichtigen, dass **bare Zuzahlungen** den Wert des eingebrachten Vermögens vermindern und daher bei der Berechnung der Deckung abgezogen werden müssen.[635] Bare Zuzahlungen dürfen nicht den zehnten Teil des gesamten Nennbetrags der gewährten Gesellschaftsanteile oder Aktien der neuen Gesellschaft übersteigen.

349 Bei der Festlegung der Höhe des Stammkapitals gilt allerdings auch hier wieder der Grundsatz, dass eine Unterbewertung nicht unzulässig ist, wenn sie für alle verschmelzenden Gesellschaften gleichmäßig erfolgt. Das **Stammkapital der neuen Gesellschaft** muss nicht der Summe der Stammkapitalien der übertragenden Gesellschaften entsprechen.[636] I. d. R. wird allerdings auch hier der innere Wert der sich verschmelzenden Gesellschaften bestimmt und hieraus das Stammkapital gebildet.

---

630 Widmann/Mayer/Mayer, Umwandlungsrecht, § 37 UmwG Rn. 26; Lutter/Grunewald, UmwG, § 37 Rn. 5; Kallmeyer/Marsch-Barner, UmwG, § 37 Rn. 2; Schröer, in: Semler/Stengel, § 37 UmwG Rn. 4; Stratz, in: Schmitt/Hörtnagl/Stratz, § 37 UmwG Rn. 3; BeckOGK/Benz/Weiß UmwG § 37 Rn. 6 f.
631 BeckOGK/Benz/Weiß UmwG § 37 Rn. 6 f.
632 Widmann/Mayer/Mayer, Umwandlungsrecht, § 36 UmwG Rn. 78; Stratz, in: Schmitt/Hörtnagl/Stratz, § 36 UmwG Rn. 25; Bärwaldt, in: Semler/Stengel, § 36 UmwG, Rn. 35; Kallmeyer/Marsch-Barner, UmwG, § 36 Rn. 10; vgl. auch Ihrig, GmbHR 1995, 622, 624.
633 Ihrig, GmbHR 1995, 626 ff.; Kallmeyer/Marsch-Barner, UmwG, § 36 Rn. 11; Stratz, in: Schmitt/ Hörtnagl/Stratz, § 36 UmwG Rn. 8; Widmann/Mayer/Mayer, Umwandlungsrecht, § 36 UmwG Rn. 28 ff. m. Beispielen.
634 OLG Rostock MittBayNot 2017, 414 = NZG 2017, 61.
635 Vgl. Widmann/Mayer/Mayer, Umwandlungsrecht, § 36 UmwG Rn. 28; Ihrig, GmbHR 1995, 622, 631; Kallmeyer/Marsch-Barner, UmwG, § 74 Rn. 1; Diekmann in: Semler/Stengel, § 74 UmwG Rn. 4; Lutter/Grunewald, UmwG, § 74 Rn. 4; Goutier/Knopf/Bermel, Umwandlungsrecht, § 36 UmwG Rn. 9.
636 Widmann/Mayer/Mayer, Umwandlungsrecht, § 36 UmwG Rn. 59, Lutter/Grunewald, § 74 UmwG Rn. 4; vgl. auch oben Teil 2 Rdn. 294 ff.

Auch i. Ü. ergibt sich der **notwendige Inhalt der Satzung** aus den allgemeinen Vorschriften des GmbHG bzw. des AktG (§§ 3 ff. GmbHG, § 23 AktG) bzw. des GenG oder des BGB für den Verein.

350

Der **Inhalt der Satzung** sieht also bei der AG (§ 23 AktG) und der GmbH (§ 3 GmbHG) wie folgt aus:

AG Firma, Sitz, Gegenstand des Unternehmens, Höhe des Grundkapitals, ob Nennbetrags- oder Stückaktien ausgegeben werden; bei Nennbetragsaktien, Nennbeträge der einzelnen Aktien und Zahl der Aktien jedes Nennbetrages, ggf. Aktiengattungen, ob Inhaber- oder Namensaktien ausgegeben werden, die Zahl der Vorstandsmitglieder oder die Regelung über die Festlegung dieser Zahl und die Form der Bekanntmachung der Gesellschaft.

GmbH Firma und Sitz der Gesellschaft, Gegenstand des Unternehmens, die Zahl und die Nennbeträge der Geschäftsanteile, die jeder Gesellschafter gegen Einlage auf das Stammkapital (Stammeinlage) übernimmt.

Darüber hinaus sind nach § 57 UmwG (für die GmbH) bzw. § 74 UmwG (für die AG) in die Satzung die **Festsetzungen über**
- **Sondervorteile,**
- **Gründungsaufwand,**
- **Sacheinlagen** und
- **Sachübernahmen,** die in den Gesellschaftsverträgen, Partnerschaftsverträgen, Satzungen oder Statuten der übertragenden Rechtsträger enthalten waren,

zu übernehmen.

351

Fehlen diese Bestimmungen über die Festsetzungen der alten Gesellschaftsverträge oder Sondervorteile, Gründungsaufwand und Sacheinlagen, so gehen auf solchen Bestimmungen beruhende Rechte unter.[637]

Außerdem müssen zusätzlich bei der Verschmelzung auch **neu begründete Sondervorteile** und der aus dem Vermögen der neuen Gesellschaft zu zahlende Gründungsaufwand in die Satzung aufgenommen werden. Schließlich muss die in der Verschmelzung liegende Sacheinlage gesondert in die Satzung aufgenommen werden, da auf § 27 AktG bzw. § 5 Abs. 4 GmbHG durch § 36 Abs. 2 UmwG verwiesen wird.[638]

352

Sowohl im Verschmelzungsrecht, als auch bei der Spaltung zur Neugründung wird – wie dargelegt – auf das gesamte Gründungsrecht des neuen Rechtsträgers verwiesen. Sowohl bei GmbH als auch bei AG wird aus Gründen der **Satzungspublizität** verlangt, dass bei Sacheinlagen der Gegenstand der Sacheinlage und der Betrag der Stammeinlage, auf die sich die Sacheinlage bezieht, im Gesellschaftsvertrag bzw. der Satzung selbst festgesetzt werden müssen (§ 5 Abs. 4 GmbHG, § 27 Abs. 1 AktG). Für die GmbH hat der BGH dies im Urt. v. 24.07.2000[639] dahin gehend konkretisiert, dass der Gegenstand der einzubringenden Sacheinlage im Gesellschaftsvertrag so genau bestimmt werden muss, dass über seine Identität kein Zweifel besteht. Gegenstand des Verfahrens war allerdings die Einbringung eines Unternehmensteils im Wege der Einzelrechtsübertragung. Er weist darauf hin, dass in diesen Fällen aus dem Gesellschaftsvertrag ersichtlich sein müsste, um welche konkreten Vermögensgegenstände es gehe; auch auf eine Vermögensaufstellung könne Bezug genommen werden. Eine Spezifizierung der zu übernehmenden Vermögensgegenstände sei nur entbehrlich, wenn sämtliche Aktiva und Passiva übernommen worden wären.

353

---

637 So Widmann/Mayer/Mayer, Umwandlungsrecht, § 57 UmwG Rn. 14; 11; Stratz, in: Schmitt/Hörtnagl/Stratz, § 57 UmwG Rn. 2, Kallmeyer/Kocher, UmwG, § 58; Rn. 5; differenzierend Lutter/Winter/Vetter, UmwG, § 57 Rn. 20 ff.
638 Widmann/Mayer/Mayer § 36 Rn. 78, 175; § 57 UmwG Rn. 13; Kallmeyer/Marsch-Barner, UmwG, § 36 Rn. 10; Stratz, in: Schmitt/Hörtnagl/Stratz, § 36 UmwG Rn. 25.
639 DB 2000, 2260 = DNotI-Report 2000, 186.

354 In der Literatur besteht weitgehend Einigkeit, dass sowohl bei der Verschmelzung als auch bei der Spaltung zur Neugründung diese Vorschriften ebenfalls gelten.[640] Insofern genügt daher die **Festsetzung der Sacheinlage** im Verschmelzungs- oder Spaltungsvertrag nicht, sondern auch in der Satzung ist sie festzusetzen, und zwar nach Gegenstand der Sacheinlage und dem Wert, mit dem die i. R. d. Verschmelzung oder Spaltung übertragene Sacheinlage auf die Stammeinlage angerechnet wird. Nach allgemeiner Meinung genügt allerdings die allgemeine Angabe, dass das Stammkapital der Gesellschaft dadurch erbracht wurde, dass sich das Vermögen der übertragenden Rechtsträger entgegen der Verschmelzung auf die Gesellschaft übertragen wird.[641]

▶ Hinweis:

355 Damit ist allerdings noch offen, mit welcher Genauigkeit die Festsetzungen zu erfolgen haben. Legt man die BGH-Entscheidung zugrunde, dann dürfte zumindest bei der Verschmelzung genügen, dass die Sacheinlage dadurch erbracht wird, dass das gesamte Vermögen der übertragenden Rechtsträger im Wege der Verschmelzung auf den aufnehmenden Rechtsträger übergeht und damit die Sacheinlage erfüllt. Während im GmbH-Recht dabei umstritten ist, ob eine Formulierung wie »alle Aktiva und Passiva« genügt, wenn die Firma und die Handelsregisternummer angegeben werden[642] oder ob zusätzlich auch die letzte Bilanz beigefügt werden muss.[643] Bei der Verschmelzung wird man jedenfalls auf die Vorlage der Bilanz für die Satzung verzichten können, da keine Einzelrechtsübertragung, sondern eine Gesamtrechtsnachfolge stattfindet, sodass keine Zweifel an der hinreichenden Identität des übertragenen Vermögens besteht.

▶ Formulierungsbeispiel: Festsetzung der Sacheinlage

356 Das Stammkapital wird dadurch erbracht, dass die A-GmbH und die B-GmbH jeweils ihr Vermögen als Ganzes mit allen Rechten und Pflichten unter Ausschluss der Abwicklung im Wege der Verschmelzung durch Neugründung nach § 2 Nr. 2 UmwG nach Maßgabe des Verschmelzungsvertrages vom…… übertragen.

c) Beteiligung Dritter während der Verschmelzung

357 In der Literatur ist umstritten, ob **Dritte an der neu gegründeten Gesellschaft beteiligt** werden können, ob also gleichzeitig mit der Verschmelzung durch Neubildung weitere Sach- und Bareinlagen Dritter möglich sind, die nicht an den verschmelzenden Gesellschaften beteiligt sind. Die herrschende Meinung lehnte dies bisher ab.[644] Nach der BGH-Entscheidung v. 09.05.2007[645] scheint bei Zustimmung eine Veränderung der Anteilsinhaber zulässig zu sein.[646]

▶ Hinweis:

358 Zulässig ist daher nach der BGH-Entscheidung, dass Anteilseigner in der Verschmelzung beioder austreten können (vgl. Teil 2 Rdn. 19 f.).

---

640 Vgl. Widmann/Mayer/Mayer, Umwandlungsrecht, § 36 UmwG Rn. 78; 175; § 57 UmwG Rn. 13; § 135 UmwG Rn. 44; Kallmeyer/Marsch-Barner, UmwG, § 36 Rn. 10; Ittner, MittRhNotK 1997, 105, 117 f.; Stratz, in: Schmitt/Hörtnagl/Stratz, § 36 UmwG Rn. 25; Bärwaldt, in: Semler/Stengel, § 36 UmwG Rn. 48.
641 Vgl. Kallmeyer/Marsch-Barner, UmwG, § 36 Rn. 10; Lutter/Winter/Vetter, UmwG, § 56 Rn. 38.
642 So Baumbach/Hueck/Fastrich, GmbHG, § 5 Rn. 45; Ulmer/Ulmer, GmbHG, § 5 UmwG Rn. 140; Hüffer/Koch, § 27 AktG Rn. 24; Lutter/Hommelhoff/Bayer, § 5 GmbHG Rn. 31; ausführlich Scholz/H. Winter/H. P. Westermann, § 5 GmbHG Rn. 88 mit Beispiel.
643 Lutter/Hommelhoff, in der 16. Aufl., GmbHG, § 5 Rn. 27, aufgegeben in der 17. Aufl.
644 Kallmeyer/Marsch-Barner, § 36 UmwG Rn. 14; Widmann/Mayer/Mayer, Umwandlungsrecht, § 36 UmwG Rn. 179 ff.; § 59 UmwG Rn. 13 ff.; vgl. allgemein zum Identitätsprinzip Teil 2 Rdn. 14 ff.
645 NZG 2005, 722.
646 Vgl. Teil 2 Rdn. 14 ff.; so Heckschen, DB 2008, 2122 ff.; Baßler, GmbHR 2007, 1252 ff.; Bärwaldt in: Semler/Stengel, § 36 UmwG Rn. 70; Lutter/Grunewald, § 36 UmwG Rn. 15.

4. Kapitalaufbringung bei der neu gegründeten Gesellschaft

Handelt es sich bei einer Verschmelzung zur Neugründung bei der neu gegründeten Gesellschaft um eine Kapitalgesellschaft, gelten i. R. d. Anwendung der Gründungsvorschriften auch die **Kapitalaufbringungsgrundsätze**. Es muss also bei der Verschmelzung zur Neugründung sichergestellt sein, dass das **gesetzliche Mindestkapital** oder das darüber hinausgehend vereinbarte Stammkapital durch das übergehende Nettovermögen gedeckt ist. I. Ü. bestehen allerdings keinerlei Einschränkungen im Hinblick auf die Festsetzung des Stamm- bzw. des Grundkapitals bei der einzelnen neu entstehenden GmbH oder AG. Ebenso wie bei der Verschmelzung zur Aufnahme der Kapitalerhöhungsbetrag vom übergehenden Nettovermögen unterschritten werden kann, kann auch die Kapitalziffer bei der Verschmelzung zur Neugründung im Hinblick auf die Kapitalziffern der sich verschmelzenden Gesellschaften nach unten abweichen.[647]

359

Umgekehrt gilt aber der **Kapitalaufbringungsgrundsatz** bei **Sachgründungen**. Bei der Verschmelzung zur Neugründung handelt es sich, wie bereits dargelegt, um eine Sachgründung, sodass die allgemeinen Kapitalaufbringungsvorschriften des GmbH- bzw. Aktienrechts gelten. Die Bewertung findet also ihre Grenze im Verbot der unter-pari-Emission.[648] Der Unternehmenswert des übertragenden Rechtsträgers muss mindestens die Höhe des Nennbetrages erreichen. Zur Prüfung der Kapitaldeckung ist der wahre Wert des Vermögens des übertragenden Rechtsträgers entscheidend. Betreibt dieser ein Unternehmen ist der nach allgemeinen Grundsätzen ermittelte Unternehmenswert maßgeblich. Der wahre Wert ist danach grundsätzlich der Ertragswert zuzüglich des Verkehrswertes des nicht betriebsnotwendigen Vermögens.[649] Dem **Registergericht** obliegt die **Prüfung**, ob eine Überbewertung des eingebrachten Vermögens im Wege der Verschmelzung vorliegt und damit gegen das Verbot der sog. Unter-pari-Emission verstoßen wurde.[650] Das MoMiG hat den Prüfungsstandard des Registergerichts bei der GmbH allerdings in Anlehnung an § 38 Abs. 2 Satz 2 AktG verringert. Nach dem neuen § 9c Abs. 1 GmbHG beschränkt sich die Prüfungspflicht des Registergerichts nunmehr auf »nicht unwesentliche« Überbewertungen der Sacheinlage. Unwesentliche Überbewertungen bleiben außer Betracht[651]. Mit dem Begriff »nicht unwesentlich« soll den Bewertungsschwierigkeiten Rechnung getragen werden[652]. Grds. ist für die Höhe der notwendigen Kapitalerhöhung der Wert der übertragenden Gesellschaft maßgebend. Bereits bei der Bestimmung des Umtauschverhältnisses im Verschmelzungsvertrag erfolgt eine Festlegung der wahren Werte der beiden verschmolzenen Gesellschaften. Alle an der Verschmelzung beteiligten Unternehmen sind daher nach denselben betriebswirtschaftlichen Methoden i. d. R. in der Hinsicht auf ihren Ertragswert zu bewerten. Maßgebend für die Werte sind die wahren Werte, stille Reserven müssen aufgedeckt, auch der Firmenwert berücksichtigt werden.[653] Bei Überbewertung darf die neue Gesellschaft nicht in das Handelsregister eingetragen werden. Geschieht dies dennoch, so haftet der betreffende Gesellschafter auf die Differenz gem. § 9 GmbHG. **Höchstpreis bei der Bewertung** ist der **Zeitwert**. Weiter ist zu berücksichti-

360

---

647 Vgl. oben Teil 2 Rdn. 294 ff. und Mayer, DB 1995, 861, 862 zur Spaltung; Widmann/Mayer/Mayer, Umwandlungsrecht, § 36 UmwG Rn. 59 ff.
648 Vgl. Widmann/Mayer/Mayer, Umwandlungsrecht, § 36 UmwG Rn. 163 ff.; Kallmeyer/Marsch-Barner, UmwG, § 36 Rn. 11; Ihrig, GmbHR 1995, 626 ff.; Kallmeyer/Marsch-Barner, UmwG, § 36 Rn. 11; Stratz, in: Schmitt/Hörtnagl/Stratz, § 36 UmwG Rn. 8; Widmann/Mayer/Mayer, Umwandlungsrecht, § 36 UmwG Rn. 28 ff.
649 OLG Rostock MittBayNot 2017, 414 = NZG 2017, 61.
650 Vgl. unten Teil 2 Rdn. 298, Ihrig, GmbHR 1995, 626 ff.; OLG Düsseldorf, DB 1995, 1392; BayObLG, NJW 1995, 1971.
651 Lutter/Hommelhoff/Bayer, § 9c GmbHG Rn. 17; Baumbach/Hueck/Fastrich, § 9c GmbHG Rn. 7a.
652 Hüffer/Koch, § 38 AktG Rn. 9.
653 Vgl. zur Bewertung; Widmann/Mayer/Mayer, Umwandlungsrecht, § 55 UmwG Rn. 60 ff.; Lutter/Winter/Vetter, UmwG, § 55 Rn. 26; Reichert, in: Semler/Stengel, § 55 UmwG Rn. 8 ff.; Kallmeyer/Kocher, § 55 UmwG Rn. 3; Stratz, in: Schmitt/Hörtnagl/Stratz, § 55 UmwG Rn. 26.

gen, dass bare Zuzahlungen den Wert des eingebrachten Vermögens vermindern und daher bei der Berechnung der Deckung abgezogen werden müssen.[654]

361 Unklar ist, ob in der Satzung festgelegt werden kann, dass eine etwaige Unterbewertung den Gesellschaftern in Form eines **Darlehensanspruchs** eingeräumt werden kann. Es stellt sich hier die Frage, ob eine derartige Darlehensgewährung durch die Vorschrift des § 54 Abs. 4 UmwG (10 %-Grenze der baren Zuzahlung) Grenzen gesetzt sind und damit nur eine Zufügung des Mehrbetrages in die Rücklagen in Betracht kommt. Dies ist nicht möglich (vgl. Teil 2 Rdn. 296).

5. Organbestellung

362 Die **Gründer der neu errichteten Gesellschaft** bei der Verschmelzung durch Neubildung sind **die sich vereinigenden Gesellschaften** und nicht deren Gesellschafter.[655] Sowohl die Feststellung des Gesellschaftsvertrages als auch die Bestellung der Organe in der neuen Gesellschaft erfolgen somit durch die vertretungsberechtigten Organe – Geschäftsführer oder Vorstände – der übertragenden Gesellschaften.

▶ Hinweis:

363 Zweckmäßigerweise wird daher auch gleichzeitig mit dem Abschluss des Gesellschaftsvertrages der neuen Gesellschaft die **Bestellung der ersten Geschäftsführer bzw. des Vorstandes** der neu gegründeten Gesellschaft vorgenommen. Da die Anmeldung zur Eintragung der neu gegründeten Gesellschaft in das Handelsregister auch durch die Geschäftsführer der sich vereinigenden Gesellschaften erfolgt, benötigt man allerdings zu diesem Zeitpunkt noch nicht die Geschäftsführer bzw. Vorstände der neuen Gesellschaft. Die Bestellung kann daher, muss aber nicht, sogleich mit dem Gesellschaftsvertrag der neuen Gesellschaften vorgenommen werden, sie kann auch später in der Gesellschafterversammlung vorgenommen werden. In der Praxis erfolgt dies allerdings bereits – vorbehaltlich der Zustimmung der Gesellschafterversammlungen – im Verschmelzungsvertrag.[656]

364 Für die **Bestellung des ersten Aufsichtsrates** gilt nach § 36 Abs. 2 i. V. m. §§ 30, 31 AktG Folgendes:[657] Da Unternehmen in die neue Gesellschaft eingebracht werden, sollen möglichst bald die nach dem **Mitbestimmungsgesetz** und **Betriebsverfassungsgesetz** vorgesehenen Arbeitnehmervertreter in den Aufsichtsrat kommen. Deshalb bestellen die Gründer, nicht wie bei einer Bargründung alle Mitglieder des Aufsichtsrats, sondern hier nur so viele Aufsichtsratsmitglieder, wie nach den gesetzlichen Vorschriften von der Hauptversammlung ohne Bindung an Wahlvorschläge zu wählen sind, jedoch mindestens drei.

Gem. **§ 76 Abs. 2 Satz 2 UmwG** muss außerdem die Gesellschafter- bzw. Hauptversammlung jeder übertragenden Gesellschaft »*durch Verschmelzungsbeschluss*« der Bestellung des Aufsichtsrats der neuen Gesellschaft zustimmen. I. d. R. wird dieser Zustimmungsbeschluss mit dem Beschluss über die Zustimmung zur Verschmelzung und zur Satzung der neuen Gesellschaft gemeinsam gefasst. Umstritten ist, ob die Bestimmung im Verschmelzungsvertrag erfolgen muss.[658]

---

654 Vgl. Widmann/Mayer/Mayer, Umwandlungsrecht, § 36 UmwG Rn. 164; Ihrig, GmbHR 1995, 631.
655 Widmann/Mayer/Mayer, Umwandlungsrecht, § 36 UmwG Rn. 146; Kallmeyer/Marsch-Barner, § 36 UmwG Rn. 8; Lutter/Grunewald, UmwG, § 36 Rn. 14; Bärwaldt, in: Semler/Stengel, § 36 UmwG Rn. 68.
656 Vgl. Widmann/Mayer/Mayer, Umwandlungsrecht, § 36 UmwG Rn. 77.
657 Vgl. Widmann/Mayer/Mayer, § 36 UmwG Rn. 176; Widmann/Mayer/Rieger, § 76 UmwG Rn. 18; Lutter/Grunewald, UmwG, § 76 Rn. 8 f.; Kallmeyer/Zimmermann, UmwG, § 76 Rn. 6; Hüffer/Koch § 31 AktG Rn. 1; Bärwaldt, in: Semler/Stengel, § 36 UmwG Rn. 50.
658 So Kallmeyer/Zimmermann, UmwG, § 76 Rn. 7; Diekmann in: Semler/Stengel, § 76 UmwG Rn. 12, anders Widmann/Mayer/Rieger, § 76 UmwG Rn. 18.

Die Bestellung des ersten Aufsichtsrates durch die Gründer bedarf nach § 30 Abs. 1 Satz 2 AktG 365
der **notariellen Beurkundung**.[659] In die Urkunde sind aufzunehmen:
- Anwesenheit der Gründer und jeweils auf sie entfallende Aktiennennbeträge;
- Inhalt ihrer Erklärungen und die Namen der Gewählten.[660]

Nach § 31 Abs. 1 AktG haben die Gründer **nur so viele Aufsichtsratmitglieder** zu bestellen, wie nach den gesetzlichen Vorschriften, die nach ihrer Ansicht nach der Einbringung oder Übernahme für die Zusammenrechnung des Aufsichtsrates maßgebend sind, von der Hauptversammlung ohne Bindung an Wahlvorschläge zu wählen sind, mindestens jedoch drei Aufsichtsratmitglieder. Die Vorschrift will sicherstellen, dass die Arbeitnehmer im Aufsichtsrat baldmöglichst vertreten sind. Demnach können die Gründer nicht, sofern es sich um einen mitbestimmten Aufsichtsrat handelt, alle Mitglieder des ersten Aufsichtsrates nach § 30 AktG bestellen, sondern nur so viele, wie nach den mitbestimmungsrechtlichen Vorschriften von der Hauptversammlung der neuen AG ohne Bindung an Wahlvorschläge zu wählen wären, mindestens jedoch drei Aufsichtsratmitglieder. Im Anschluss folgt dann das Verfahren nach § 31 Abs. 3 AktG. Finden Mitbestimmungsgesetze Anwendung, wird der Aufsichtsrat durch Wahl der Arbeitnehmervertreter nach Maßgabe des jeweiligen Aufsichtsratssystems ergänzt.

▶ Hinweis:

In der Praxis empfiehlt es sich, die Bestellung der Mitglieder des ersten Aufsichtsrates, soweit 366
er durch die Gründer bestellt werden kann, bereits im Verschmelzungsvertrag vorzusehen, da dann das Beurkundungserfordernis gewahrt wird.[661] Werden die Verschmelzungsbeschlüsse vor Beurkundung des Verschmelzungsvertrages gefasst, wird die Bestellung des ersten Aufsichtsrates erst mit Beurkundung des Verschmelzungsvertrages wirksam.[662]

Nach § 76 Abs. 2 Satz 2 UmwG bedarf die Aufsichtsratsbestellung der **Zustimmung der Anteils-** 367
inhaber jeder der übertragenden Rechtsträger. Für die Bekanntmachung der Tagesordnung zur Zustimmung zur Bestellung der Aufsichtsratsmitglieder gelten gem. § 76 Abs. 2 Satz 3 UmwG die Bestimmungen des § 124 Abs. 3 Satz 1 und 3 AktG;[663] d. h. der Name, der Beruf und der Wohnort der Aufsichtsratsmitglieder sind anzugeben.

6. Zustimmungsbeschlüsse zum Gesellschaftsvertrag und zur Organbestellung

Gem. § 59 UmwG (für die GmbH) bzw. § 76 Abs. 2 UmwG (für die AG) bedarf die Satzung 368
bzw. der Gesellschaftsvertrag der neu gegründeten Gesellschaft zu seiner Wirksamkeit der Zustimmung der Gesellschafter jeder der übertragenden Gesellschaften durch **Verschmelzungsbeschluss**. Das Gesetz spricht davon, dass der **Zustimmungsbeschluss** zum Gesellschaftsvertrag »**durch Verschmelzungsbeschluss**« erfolgen muss. Hierdurch wird wohl klargestellt, dass die Sondervorschriften, die für den Verschmelzungsbeschluss gelten, auch für den Zustimmungsbeschluss zum Gesellschaftsvertrag Anwendung finden. Insb. sind die besonderen Mehrheiten des Verschmelzungsbeschlusses, die Sondervorschriften über die Einberufung und die Formvorschriften anzuwenden. Der Beschluss bedarf der notariellen Beurkundung. Der Gesellschaftsvertrag ist ihm als Anlage i. S. d. § 9 Abs. 1 Satz 2 BeurkG beizufügen. d. h. auf den Gesellschaftsvertrag ist zu verweisen und er ist mit zu verlesen. I. d. R. erfolgen Zustimmungsbeschluss zur Verschmelzung

---

659 Widmann/Mayer/Rieger, § 76 UmwG Rn. 18; Lutter/Grunewald, UmwG, § 76 Rn. 8 f.; Kallmeyer/Zimmermann, UmwG, § 76 Rn. 6.
660 Vgl. Hüffer/Koch, AktG, § 30 Rn. 3.
661 Vgl. Widmann/Mayer/Mayer, Umwandlungsrecht, § 36 UmwG Rn. 177; Widmann/Mayer/Rieger, § 76 UmwG Rn. 18.
662 Diekmann in: Semler/Stengel, § 76 UmwG Rn. 11; Lutter/Grunewald, UmwG, § 76 Rn. 8; Widmann/Mayer/Rieger, § 76 UmwG Rn. 18 unter Aufgabe der Meinung, dass ein Aufsichtsrat nur bestellt werden kann, wenn zumindest eine Vor-AG entstanden war.
663 Widmann/Mayer/Rieger, Umwandlungsrecht, § 76 UmwG Rn. 15.

und Zustimmungsbeschluss zum neuen Gesellschaftsvertrag in einer Gesellschafter- bzw. Hauptversammlung.

369 Bei der AG darf die Verschmelzung nach § 76 Abs. 1 UmwG nur beschlossen werden, wenn sie und jede andere übertragende AG bereits **2 Jahre im Handelsregister eingetragen** war. Der Zustimmung bedarf ebenfalls die Bestellung der Mitglieder des Aufsichtsrates der neuen Gesellschaft, soweit diese von den Anteilsinhabern der übertragenden Rechtsträger zu wählen sind.

7. Sachgründungsbericht bzw. Gründungsbericht und Gründungsprüfung

a) GmbH

370 § 58 UmwG bestimmt für die GmbH, dass grds. ein Sachgründungsbericht bei der Sachgründung im Wege der Verschmelzung erforderlich ist. Allerdings ist nach § 58 Abs. 2 ein **Sachgründungsbericht nicht erforderlich**, soweit eine Kapitalgesellschaft oder eine eingetragene Genossenschaft übertragender Rechtsträger ist. Das Gesetz unterscheidet daher bei der Verschmelzung zur Neugründung dahin gehend, ob im jeweiligen Organisationsrecht der übertragenden Gesellschaft eine Kapitalsicherung im Wege der Prüfung durch Sachverständige oder Gericht vorgesehen ist. Bei der Verschmelzung durch Neugründung unter Beteiligung einer Personenhandelsgesellschaft oder eines Vereins ist dies nicht der Fall, deshalb wird im Interesse des Gläubigerschutzes in diesen Fällen der Sachgründungsbericht vorgeschrieben.

371 Der Sachgründungsbericht nach § 5 Abs. 4 Satz 2 GmbHG hat die Aufgabe, plausibel zu machen, welche Überlegungen für den Einlagewert sprechen. Durch ihn soll die **Werthaltigkeit des zu verschmelzenden Unternehmens** im Hinblick auf das Stammkapital nachgewiesen werden.[664]

▶ Beispiele:

372 Markt- und Börsenpreise, bei Grundstücken die Unterlagen des gemeindlichen Gutachterausschusses, sonstige Gutachten, Schätzungen etc.

Da es sich bei der Verschmelzung um den Übergang eines Unternehmens handelt, sind auch nach § 5 Abs. 4 GmbHG die **Jahresergebnisse der beiden letzten Geschäftsjahre** anzugeben. Darüber hinaus ist nach § 58 Abs. 1 UmwG auch der **Geschäftsverlauf und die Lage** der übertragenden Rechtsträger darzulegen. Die in diesem Zusammenhang darzustellenden Tatsachen entsprechen denen beim Lagebericht nach § 289 HGB, dessen wesentliche Angaben auch hier gelten: Die Darstellung muss ein den tatsächlichen Verhältnissen entsprechendes Bild vermitteln. Der Bericht bedarf nur der **Schriftform**, aber der **Unterzeichnung durch alle Gründer persönlich**. Da bei der Verschmelzung die sich verschmelzenden Gesellschaften Gründer sind (§ 36 Abs. 2 Satz 2 UmwG), muss der Sachgründungsbericht von deren Organen abgegeben werden, wobei **umstritten** ist ob dort **alle Mitglieder** unterzeichnen müssen[665] oder ob zu Recht **vertretungsberechtigte Zahl** genügt.[666]

373 Das Gesetz verzichtet auf einen Sachgründungsbericht, wenn und soweit schon bei den übertragenen Rechtsträgern, also bei Kapitalgesellschaften, ein ausreichender Gläubigerschutz durch Maßnahmen sichergestellt ist, die der Aufbringung und Erhaltung des Unternehmenskapitals und des Unternehmensvermögens dienen. **Der Sachgründungsbericht** ist daher zum einen nach § 58 Abs. 2 UmwG **entbehrlich**, wenn die **übertragenen Rechtsträger Kapitalgesellschaften** sind, denn bei diesen sind gesetzliche Sicherungen zur Substanzerhaltung der Einlage vorgesehen. Zum anderen findet bei **Genossenschaften** nach § 11 Abs. 2 Nr. 3 GenG eine Prüfung der wirtschaftli-

---

664 Vgl. Lutter/Hommelhoff/Bayer, GmbHG, § 5 Rn. 33 ff.; BeckOGK/Benz/Weiß UmwG § 58 Rn. 5 ff.
665 So Widmann/Mayer/Mayer, Umwandlungsrecht, § 58 UmwG Rn. 5; Lutter/Winter/Vetter, § 58 UmwG Rn. 6; Reichert, in: Semler/Stengel, § 58 UmwG Rn. 5.
666 So Kallmeyer/Kocher § 58 UmwG Rn. 1; Stratz, in: Schmitt/Hörtnagl/Stratz, § 8 UmwG 7; BeckOGK/Benz/Weiß UmwG § 58 Rn. 5.

D. Verschmelzung zur Aufnahme und Verschmelzung zur Neugründung

chen Verhältnisse durch einen Prüfungsverband und nach § 11a Abs. 2 GenG durch das Registergericht statt. Auch in diesem Fall ist ein Sachgründungsbericht entbehrlich.

b) AG

Eine vergleichbare Vorschrift ist für die AG vorgesehen. Dort wird in § 75 UmwG bestimmt, dass grds. ein **Gründungsbericht** (§ 32 AktG) und eine **Gründungsprüfung** nach § 33 Abs. 2 AktG erforderlich sind, es sei denn, eine **Kapitalgesellschaft** oder eine **eingetragene Genossenschaft** ist als übertragende Rechtsträgerin beteiligt (§ 75 Abs. 2 UmwG). Ein Gründungsbericht und eine Gründungsprüfung sind also nicht erforderlich, soweit eine Kapitalgesellschaft oder eine eingetragene Genossenschaft übertragender Rechtsträger ist. In dem Gründungsbericht nach § 32 AktG sind auch der Geschäftsverlauf und die Lage des übertragenden Rechtsträgers darzustellen.

374

Ist ein Gründungsbericht durch die Geschäftsführer der verschmelzenden Gesellschaften erforderlich, sind die wesentlichen Umstände darzulegen, von denen die Angemessenheit der Leistungen für die Sacheinlagen abhängt. Der **Gründungsbericht** ist nach § 32 Abs. 1 AktG schriftlich über den Hergang der Gründung zu erstatten. Auch der Gründungsbericht bei der AG ist von den Gründern **persönlich** zu erstatten. Da nach § 36 Abs. 2 Satz 2 UmwG die übertragenden Rechtsträger Gründer sind, muss der Gründungsbericht von den vertretungsberechtigten Organen der übertragenden Rechtsträger persönlich unterzeichnet werden. Zum **Hergang der Gründung** gehören zunächst die

375

– allgemeinen Angaben, die für die Entstehung der AG maßgeblich sind;[667]
– Angaben zur Errichtung der AG (Tag der Satzungsfeststellung, Grundkapital, dessen Zerlegung in Nennbetrags- oder Stückaktien; Zahl der von jedem Gründer übernommenen Aktien, Zusatzangaben nach § 23 Abs. 2 Nr. 2 AktG, Tag der Wahl der ersten Organe nach §§ 30, 31 AktG) sowie
– Angaben zu Mitgliedern des Aufsichtsrates und des Vorstandes.

Außerdem sind nach § 32 Abs. 2 Satz 1 AktG auch die Umstände darzulegen, die für die Beurteilung der Angemessenheit des Vermögens der übertragenden Gesellschaften zur Erbringung des Stammkapitals erforderlich sind. Diese allgemeine Pflicht wird durch § 32 Abs. 2 Satz 2 Nr. 1 bis 3 AktG konkretisiert. Anzugeben sind die vorangegangenen Geschäfte, die auf den Erwerb der Sacheinlage durch die AG hingezielt haben. Schließlich sind auch die Anschaffungs- und Herstellungskosten aus den beiden letzten Jahren sowie die Betriebserträge aus den letzten beiden Geschäftsjahren zu benennen. Zusätzlich zu dem in § 32 AktG vorgesehenen Inhalt sind im Gründungsbericht nach § 76 Abs. 1 UmwG auch der Geschäftsverlauf und die Lage der übertragenden Rechtsträger darzustellen.

Die **Gründungsprüfung** erfolgt nach § 33 Abs. 1 und Abs. 2 AktG durch die Mitglieder des Vorstandes und des Aufsichtsrates und, da eine Gründung mit Sacheinlage vorliegt, durch einen oder mehrere **vom Gericht zu bestellende Gründungsprüfer**. Gem. § 34 Abs. 2 AktG ist über jede Prüfung schriftlich zu berichten. Vorstand und Aufsichtsrat können allerdings in einer gemeinsamen Urkunde berichten. Nach § 34 Abs. 1 AktG hat sich die Gründungsprüfung insb. darauf zu erstrecken, ob die Angaben der Gründer über die Übernahme der Aktien, über die Einlagen auf das Grundkapital und die Festsetzungen nach §§ 26, 27 AktG richtig und vollständig sind und ob der Wert der Sacheinlage den geringsten Ausgabebetrag, der dafür zu gewährenden Aktien oder den Wert der dafür zu gewährenden Leistungen erreicht.[668] Nach § 34 Abs. 2 Satz 2 AktG ist in dem Bericht der Gegenstand der Sacheinlage zu beschreiben sowie anzugeben, welche Bewertungsmethoden bei der Ermittlung des Wertes angewandt worden sind. Die **externen Gründungsprüfer** nach § 33 Abs. 2 AktG werden vom Gericht nach § 33 Abs. 3 AktG nach Anhörung der IHK bestellt. Zuständig ist das AG des Gesellschaftssitzes, das auf Antrag tätig

376

---

667 Vgl. Hüffer/Koch, AktG, § 32 Rn. 3; MünchKomm-AktG/Penz, § 32 Rn. 12.
668 Vgl. allgemein Schiller, AG 1992, 20.

wird. Antragsberechtigt sind Gründer und Vorstand.[669] Durch das 3. UmwÄndG vom 11.07.2011[670] wurde in § 75 Abs. 1 Satz 2 UmwG geregelt, dass zum Prüfer in diesem Sinne auch der Verschmelzungsprüfer bestellt werden kann.[671] Die Begründung zum Gesetzentwurf weist darauf hin, dass die differenzierte Regelung zur Notwendigkeit einer gesonderten Prüfung beibehalten werde. Zum Zwecke der Vereinfachung solle jedoch von der Option Gebrauch gemacht werden, die durch Art. 1 Nr. 3 der Änderungsrichtlinie in Art. 27 Abs. 3 Unterabs. 3 der Richtlinie 77/91/EWG eingeführt wurde. Sie gestatte die Prüfung der Sacheinlagen und des Verschmelzungsvertrages durch dieselben Sachverständigen. Für die Auswahl der Prüfer gelten in diesem Fall § 11 Abs. 1 UmwG, § 319 Abs. 1 bis 4 und § 319a Abs. 1 HGB.[672]

377 Nach § 37 Abs. 4 AktG i. V. m. § 36 Abs. 2 UmwG sind bei der **Anmeldung der Verschmelzung** zur Neugründung der Gründungsbericht nach § 32 AktG, der Prüfungsbericht der Mitglieder des Vorstandes und des Aufsichtsrates nach § 33 Abs. 1 AktG sowie der Bericht der Gründungsprüfer nach § 33 Abs. 2 AktG beizufügen. Nach § 75 Abs. 2 UmwG sind ein Gründungsbericht und eine Gründungsprüfung nicht erforderlich, soweit eine Kapitalgesellschaft oder eine eingetragene Genossenschaft übertragender Rechtsträger ist. Findet eine Mischverschmelzung statt, bei der z. B. Personengesellschaften und Kapitalgesellschaften zu einer AG zur Neugründung verschmolzen werden, so sind, wie der Wortlaut der Vorschrift deutlich macht (»*insoweit*«) Gründungsbericht und Gründungsprüfung nur bzgl. der nicht von § 75 Abs. 2 UmwG freigestellten Rechtsträger erforderlich, i. Ü. aber entbehrlich.[673]

▶ Hinweis:

378 Zu beachten ist, dass gem. § 75 Abs. 2 UmwG bei den genannten Rechtsträgern nur auf den Gründungsbericht und die externe Gründungsprüfung nach § 33 Abs. 2 AktG verzichtet wird, nicht aber auf die interne Gründungsprüfung durch die Mitglieder des Vorstandes und des Aufsichtsrates der neuen AG nach § 33 Abs. 1 AktG.[674] Die **interne Gründungsprüfung** durch Vorstand und Aufsichtsrat ist in allen Fällen bei der Verschmelzung erforderlich.

8. Handelsregisteranmeldung der neuen Gesellschaft

379 Nach § 38 Abs. 1 UmwG haben die **Vertretungsorgane** jedes der übertragenden Rechtsträger die Verschmelzung zur Eintragung in das Register des Sitzes ihres Rechtsträgers anzumelden. Darüber hinaus haben nach § 38 Abs. 2 UmwG die Vertretungsorgane aller übertragenen Rechtsträger die neue Gesellschaft bei dem Gericht, in dessen Bezirk sie ihren Sitz haben sollen, zur Eintragung in das Register anzumelden. Grds. bleibt es daher bei den allgemeinen Vorschriften über die Anmeldung der Verschmelzung zur Aufnahme. Durch § 38 Abs. 2 UmwG soll v. a. sichergestellt werden, dass der neue Rechtsträger zur Eintragung angemeldet wird. Anders als bei der Verschmelzung zur Aufnahme ist bei der Verschmelzung durch Neubildung die neue Gesellschaftseintragung anzumelden. Anzumelden ist also dabei, dass eine neue Gesellschaft im Zuge der Verschmelzung von anderen Gesellschaften durch Neubildung errichtet wurde. Zum Registerverfahren vgl. ausführlich Teil 2 Rdn. 633 ff.

---

669 Vgl. Hüffer/Koch, AktG, § 33 Rn. 3; MünchKomm-AktG/Penz, § 33 Rn. 64.
670 BGBl. I, S. 1338.
671 Vgl. Simon/Merkelnach, DB 2011, 1317, 1318; Diekmann, in: Semler/Stengel, § 75 UmwG Rn. 1.
672 BT-Drucks. 17/3122, S. 17.
673 Vgl. Widmann/Mayer/Rieger, Umwandlungsrecht, § 75 UmwG Rn. 10; Kallmeyer/Marsch-Barner, UmwG, § 75 Rn. 4.
674 Widmann/Mayer/Mayer, Umwandlungsrecht, § 75 UmwG Rn. 11; Kallmeyer/Marsch-Barner, UmwG, § 75 Rn. 6; Diekmann in: Semler/Stengel, § 75 UmwG Rn. 7.

E. Verschmelzungsbericht

Nach § 8 UmwG haben die Vertretungsorgane jedes der an der Verschmelzung beteiligten Rechtsträger einen **ausführlichen schriftlichen Bericht** zu erstatten, in denen die **Verschmelzung**, der **Verschmelzungsvertrag** oder sein Entwurf im Einzelnen und insb. das **Umtauschverhältnis der Anteile** oder die **Angaben über die Mitgliedschaft** bei dem übernehmenden Rechtsträger sowie die **Höhe einer anzubietenden Barabfindung** rechtlich und wirtschaftlich erläutert und begründet werden. Nach dem bis zum Jahr 1995 geltenden Recht waren ein solcher Verschmelzungsbericht der Leitungsorgane nach den §§ 340a, 354 Abs. 2, 355 Abs. 3, 356 Abs. 2 AktG nur für AG, KGaA und für solche GmbHs erforderlich, die mit einer AG oder mit einer KGaA verschmolzen werden sollten. Das Gesetz geht davon aus, dass an einer ausführlichen Vorabinformation jedoch auch die Anteilsinhaber einer jeden Gesellschaft ohne Rücksicht auf deren Rechtsform ein berechtigtes Interesse haben. Grds. hat das Gesetz den Verschmelzungsbericht für alle Verschmelzungsvorgänge vorgesehen. Allerdings ist bei der Verschmelzung von Personenhandelsgesellschaften in § 41 UmwG und bei der Verschmelzung unter Beteiligung von Partnergesellschaften in § 45c UmwG geregelt, dass ein Verschmelzungsbericht nicht erforderlich ist, wenn alle Gesellschafter zur Geschäftsführung berechtigt sind bzw. bei der Partnergesellschaft ein Verschmelzungsbericht nur erforderlich ist, wenn ein Partner gem. § 6 Abs. 2 PartGG von der Geschäftsführung ausgeschlossen ist. Durch das 3. UmwÄndG vom 11.07.2011[675] wurde die bisher nur in § 143 UmwG bei Spaltungen von AG vorgesehene **erweiterte Unterrichtungspflicht über Vermögensveränderungen** nun allgemein bei Verschmelzung und Spaltung (nach §§ 125, 127 UmwG) durch § 8 Abs. 3 UmwG n. F. eingeführt (vgl. dazu unten Teil 2 Rdn. 398 ff.).

380

Der Verschmelzungsbericht soll die Informationsmöglichkeiten der Gesellschafter über die geplante Verschmelzung verbessern. Die Begründung zum RegE weist darauf hin, dass ein solches formalisiertes Informationsrecht einen größeren Wert habe als die allgemeinen Unterrichtungs- und Einsichtsrechte nach dem Recht der jeweiligen Gesellschaften.[676] Darüber hinaus dient der Verschmelzungsbericht als Grundlage für die Prüfung der Verschmelzung durch die **Verschmelzungsprüfer**.[677]

381

Der Verschmelzungsbericht für die AG in § 340a AktG a. F. wurde durch das **Verschmelzungsrichtliniengesetz** v. 25.10.1982 eingeführt, das auf der dritten Richtlinie des Rates der Europäischen Gemeinschaften zur Koordinierung des Gesellschaftsrechts beruhte. Im früheren Recht der Verschmelzung von AG führten eine Reihe von Gerichtsverfahren zur Konkretisierung der Anforderungen an den Verschmelzungsbericht. Die durch das 3. UmwÄndG vom 11.07.2011[678] vorgesehene **erweiterte Unterrichtungspflicht über Vermögensveränderungen** nach § 8 Abs. 3 UmwG n. F. beruht auf Art. 2 Nr. 4 der Richtlinie 2009/109/EG des Europäischen Parlaments und des Rates v. 16.09.2009.[679]

382

▶ Hinweis:

Die Gerichte haben die **Anforderungen an den Verschmelzungsbericht** hoch angesiedelt. Bei der Abfassung des Verschmelzungsberichts ist daher große Sorgfalt anzuwenden, damit der Bericht nicht zu einem »*Stolperstein für das gesamte Verschmelzungsverfahren*«[680] wird.

383

---

675 BGBl. I, S. 1338.
676 BR-Drucks. 75/94, S. 83 abgedruckt in: Limmer, Umwandlungsrecht, S. 278.
677 Vgl. Ganske, DB 1981, 1551, 1553.
678 BGBl. I, S. 1338.
679 ABl. EU L 259 v. 02.10.2009, S. 14.
680 So Heckschen, WM 1990, 381.

384 Dem Gesetz liegt nach Auffassung des OLG Stuttgart[681] für die Verschmelzung ein Vertrags- oder Verhandlungsmodell zugrunde.[682] Das Wertverhältnis ist Markt- und Verhandlungsfrage; Geltungsgrund der Angemessenheitsgewähr ist das Vertrauen darauf, dass die Unternehmensorgane aus Sicht ihres Unternehmens den Wert bestmöglich ausgehandelt haben.[683] Die verhandlungsführenden Vorstände haben pflichtgemäß auf ein Umtauschverhältnis hinzuwirken, das v. a. die Interessen der Anteilseigner des eigenen Unternehmens wahrt und auch zum verständigen Ausgleich mit denjenigen der Gegenseite bringt. Jedes der an der Verhandlung beteiligten Organmitglieder muss versuchen, die Interessen des von ihm vertretenen Unternehmens und seiner Anteilseigner bestmöglich durchzusetzen[684] andernfalls liegt ein Pflichtverstoß vor,[685] der eine Haftung nach § 25 UmwG auslösen kann.[686] Das so gewonnene und im Bericht dokumentierte Verhandlungsergebnis unterliege zudem der Kontrolle durch den gerichtlich bestellten Verschmelzungsprüfer §§ 9 ff. UmwG). Auch dies diene dem Präventivschutz der Anteilsinhaber, und zwar der Anteilsinhaber des übertragenden wie des aufnehmenden Rechtsträgers. Der Verschmelzungsbericht und seine Prüfung seien einander ergänzende Maßnahmen zum Schutz der Anteilseigner, weil sich die Prüfung auf die Plausibilität der Annahmen und Festsetzungen im Verschmelzungsbericht, dabei insb. auch auf die Frage des Umtauschverhältnisses, erstrecke.[687]

I. Verschmelzungsbericht durch Vertretungsorgane

385 Zur vor 1995 geltenden Regelung war noch umstritten, ob ein **gemeinsamer Bericht** aller an der Verschmelzung beteiligten Vertretungsorgane zulässig ist.[688] **Berichtspflichtig** sind nach § 8 Abs. 1 UmwG **die Vertretungsorgane** jedes der an der Verschmelzung beteiligten Rechtsträger, d. h. der **Vorstand** bzw. die **Geschäftsführer** oder geschäftsführenden Gesellschafter **in ihrer Gesamtheit**. Umstritten ist allerdings, ob der Bericht von allen Mitgliedern des Geschäftsführungsorgans zu unterzeichnen ist[689] oder ob **Unterzeichnung in vertretungsberechtigter Zahl** genügt.[690] M. E. muss vertretungsberechtigte Zahl genügen. Wortlaut und Normzweck fordern m. E. lediglich die schriftliche Abfassung, nicht aber dessen Unterzeichnung, sodass vertretungsbe-

---

681 AG 2011, 49 = NZG 2011, 30 = ZIP 2010, 2404; AG 2006, 421, 423 f.
682 Vgl. Wiedemann, ZGR 1978, 477, 490 zum früheren Verschmelzungsrecht; Gude, Strukturänderungen und Unternehmensbewertung zum Börsenkurs, S. 349 ff.; Paschos, ZIP 2003, 1017, 1023; Wilsing/Kruse, DStR 2001, 991, 992, 993 f.; Mertens, AG 1990, 20, 25 f.; Günther, AG 1968, 98, 101; Baums in Gedächtnisschrift Schindhelm, 2009, S. 63, 95; vgl. auch J. Vetter, ZHR 168 (2004), 8, 26 f.; aus betriebswirtschaftlicher Sicht z. B. Böcking in Festschrift Moxter, 1994, S. 1407, 1427 f.; Nonnenmacher, AG 1982, 153.
683 Reuter, AG 2007, 890; Martens in Festschrift Röhricht, S. 987, 990 f.
684 Piltz, ZGR 2001, 185, 207; Mertens, AG 1990, 20, 25 f.; Decher in Festschrift Wiedemann, 2002, S. 789, 803, 804; Paschos, ZIP 2003, 1018, 1023; Wiedemann, ZGR 1978, 477, 490; Günther, AG 1968, 98, 99 ff.
685 Vgl. dazu Wiedemann, ZGR 1978, 477, 490; Mertens AG 1990, 20, 25 f.; Decher, in: FS für Wiedemann, 2002, S. 789, 803, 804, S. 803, 804; Veil, in FS für Raiser, 2005, S. 453, 457; Hoffmann-Becking, in FS für Fleck, 1988, S. 105, 115; Kiem, ZGR 2007, 542, 545; Hüffer, ZHG 172 (2008), 572, 579.
686 Dazu Schnorbus, ZHR 167 (2003), 682; vgl. auch Baums, in Gedächtnisschrift Schindhelm, 2009, S. 63, 95, S. 88; Lutter/Grunewald § 25 UmwG Rn. 13 ff.
687 OLG Stuttgart AG 2006, 421, 424; OLG Düsseldorf NZG 2004, 429, 430; BGH ZIP 1989, 980, 982; vgl. auch Martens, in: FS für Röhricht, S. 987, 990 f., S. 1002.
688 Ablehnend OLG Karlsruhe, WM 1989, 1134; dagegen LG Frankenthal, WM 1989, 1854; Mertens, AG 1990, 20; Heckschen, WM 1990, 381.
689 So Kallmeyer/Marsch-Barner, UmwG, § 8 Rn. 2; Gehling, in: Semler/Stengel, UmwG § 8 Rn. 5.
690 Stratz, in: Schmitt/Hörtnagl/Stratz, UmwG, § 8 Rn. 7; Lutter/Drygala, UmwG, § 8 Rn. 6; Widmann/Mayer/Mayer, Umwandlungsrecht, § 8 UmwG Rn. 13 f.; Müller, NJW 2000, 2001; OLG Düsseldorf, WM 2005, 652 zum Bericht nach § 327c Abs. 2 AktG.

rechtigte Zahl genügen muss.⁶⁹¹ Das KG hat festgestellt, dass für die Meinung, nach der vertretungsberechtigte Zahl genügt, Sinn und Zweck der Regelung sprechen. Dem Verschmelzungsbericht komme v. a. eine umfassende Informationsfunktion zu: Er soll die Verschmelzung und den Verschmelzungsvertrag im Einzelnen, insb. das Umtauschverhältnis der Anteile, rechtlich und wirtschaftlich erläutern und begründen. Weil dem geschriebenen Wort eine größere Präzision, Nachvollziehbarkeit und Überprüfbarkeit zukommt, soll der Bericht schriftlich vorliegen und nicht lediglich mündlich vorgetragen werden. Dass bei Unterzeichnung des Berichts durch Organmitglieder nur in vertretungsberechtigter Zahl etwa die Gefahr bestünde, der Bericht entspreche nicht dem Willen der Mehrheit des Organs, erscheine lebensfremd: Eine solche Manipulation könne nicht verborgen bleiben, weil der Verschmelzungsbericht in der Hauptversammlung – zumeist, mündlich erläutert und erörtert werde. Eine **rechtgeschäftliche Vertretung** ist allerdings unzulässig.⁶⁹² Der BGH hat die Frage im Urt. v. 21.07.2007⁶⁹³ offengelassen, allerdings der Mm. zugeneigt. Er wies darauf hin, dass für die zuletzt genannte Mm. nachtaltig Sinn und Zweck der Regelung sprechen. Dem Verschmelzungsbericht gem. § 8 Abs. 1 Satz 1 UmwG komme v. a. eine umfassende Informationsfunktion zu: Er soll die Verschmelzung und den Verschmelzungsvertrag im Einzelnen, insb. das Umtauschverhältnis der Anteile, rechtlich und wirtschaftlich erläutern und begründen. Weil dem geschriebenen Wort eine größere Präzision, Nachvollziehbarkeit und Überprüfbarkeit zukommt, soll der Bericht schriftlich vorliegen und nicht lediglich mündlich vorgetragen werden. Dass bei Unterzeichnung des Berichts durch Organmitglieder nur in vertretungsberechtigter Zahl etwa die Gefahr bestünde, der Bericht entspreche nicht dem Willen der Mehrheit des Organs, erscheine lebensfremd: Eine solche Manipulation könnte nicht verborgen bleiben, weil der Verschmelzungsbericht in der Hauptversammlung – zumeist, so auch hier, in Anwesenheit aller Vorstandsmitglieder – mündlich erläutert und erörtert werde.

II. Inhalt des Verschmelzungsberichts

Inhaltlich wurde die Vorschrift § 340a AktG i. d. F. vor 1995 nachgebildet, wobei allerdings der Inhalt zur Erhöhung der Rechtssicherheit im Hinblick auf die Rechtsprechung präzisiert wurde. **Ziel des Verschmelzungsberichts** ist der Schutz der Anteilsinhaber. Diese sollen ausführlich vor der Zustimmung zur Verschmelzung unterrichtet werden. Im Hinblick auf die Regelung des Bezugsrechts in § 186 Abs. 4 Satz 2 AktG wurde die Berichtspflicht erweitert. Die Leitungsorgane sollen auch darlegen, welche rechtlichen und wirtschaftlichen Gründe die Verschmelzung als das geeignete Mittel zur Verfolgung des Unternehmenszwecks erscheinen lassen. Daneben sollen die Bestimmungen des Verschmelzungsvertrages im Einzelnen erläutert werden. Die Folgen, die sich aus der Verschmelzung für die Beteiligungen der Anteilseigner ergeben können, sollen ebenfalls dargelegt werden, da mit einer Verschmelzung i. d. R. eine Änderung der Beteiligungsquote verbunden ist. Die **Begründungspflicht** soll sich auch auf die Höhe der Barabfindung erstrecken, falls eine solche nach § 29 UmwG anzubieten ist. Damit soll den **Verschmelzungsprüfern** auch für diese zusätzliche Prüfung eine Unterlage an die Hand gegeben werden. **Zweck des Verschmelzungsberichts** ist die möglichst umfassende Information der Gesellschafter, damit diese eine sachgerechte Entscheidung treffen können.⁶⁹⁴

386

---

691 So KG, DB 2004, 2746 = AG 2005, 205; Fuhrmann, AG 2004, 135 ff.; Vossius, NotBZ 2007, 368). Im Beschl. v. 21.05.2007 hat der BGH (AG 2007, 625 = BB 2007, 1977 = DNotZ 2008, 143 = DStR 2007, 1688 = NJW-RR 2007, 1409 = NotBZ 2007, 361.
692 Vgl. Stratz, in: Schmitt/Hörtnagl/Stratz, UmwG § 8 Rn. 8; Goutier/Knopf/Bermel, Umwandlungsrecht, § 8 UmwG Rn. 4; Widmann/Mayer/Mayer, Umwandlungsrecht, § 8 UmwG Rn. 14; Kallmeyer/Marsch-Barner, UmwG, § 8 Rn. 2; Lutter/Drygala § 8 UmwG Rn. 7; Gehling, in: Semler/Stengel, § 8 UmwG Rn. 5.
693 BB 2007, 1977 = DNotZ 2008, 143 = NJW-RR 2007, 1409.
694 BGH, NJW 1990, 2747; LG Essen, AG 1999, 329; Engelmeyer, BB 1998, 320, 333.

Im Einzelnen muss also der **Verschmelzungsbericht** zu folgenden Punkten Stellung nehmen:[695]
- zur Verschmelzung,
- zum Verschmelzungsvertrag,
- zur Mitgliedschaft beim übernehmenden Rechtsträger,
- über die Höhe der anzubietenden Barabfindung.

387 Die Erläuterung muss die **rechtlichen und wirtschaftlichen Verhältnisse** betreffen. Darüber hinaus ist auf **besondere Schwierigkeiten bei der Bewertung** der Rechtsträger sowie auf die **Folgen für die Beteiligung der Anteilsinhaber** hinzuweisen.

388 Der **BGH** hat in mehreren Urteilen entschieden, dass sich die Erläuterung nicht auf die Darlegung der Grundsätze, nach denen das Umtauschverhältnis der Anteile ermittelt wurde, beschränken darf. Die Kenntnis der Bewertungsgrundsätze ermögliche dem Gesellschafter noch nicht die Beurteilung, ob das Umtauschverhältnis sachlich angemessen ist.[696] Die bisherigen Entscheidungen der OLG gingen davon aus, dass der Verschmelzungsbericht jedenfalls Zahlenmaterial enthalten müsse, das den Aktionären ermögliche, das vorgeschlagene **Umtauschverhältnis** einer **Plausibilitätskontrolle** zu unterziehen.[697] Das OLG Karlsruhe war der Auffassung, dass die Wertverhältnisse der beteiligten Gesellschaften insoweit dargelegt werden müssen, dass das insgesamt vorhandene Material eine Stichhaltigkeitskontrolle der vorgesehenen Umtauschwerte erlaubt. Hierzu ist es nicht erforderlich, dem Aktionär eine Tatsachenvielfalt zu unterbreiten, die es ihm erlauben würde, kraft eigener Sachkunde oder unter Heranziehung eines Sachverständigen ein Gutachten über die Unternehmenswerte erstellen zu lassen, wohl aber muss er in die Lage versetzt werden, eine **Stichhaltigkeitsprüfung** durchzuführen, ggf. unter Heranziehung eines Sachverständigen. Dazu ist es i. d. R. nötig, dass die **Bewertungsergebnisse**, also die nach der Bewertungsmethode ermittelten **Unternehmenswerte**, mitgeteilt werden. Darüber hinaus wird es erforderlich sein, aussagekräftige Einzelplanzahlen kundzutun.[698]

389 Anzugeben ist auch, auf welchen **Stichtag** die Bewertung erfolgt ist. Das Gesetz bestimmt nur für eine evtl. Barabfindung, nicht aber für das Umtauschverhältnis, dass die Verhältnisse im **Zeitpunkt der Beschlussfassung des übertragenden Rechtsträgers** maßgebend ist.[699] Da das UmwG diesen Zeitpunkt nicht definiert, geht die herrschende Meinung zu Recht davon aus, dass auch ein früherer Zeitpunkt z. B. der Stichtag der Schlussbilanz festgelegt werden kann, wenn diese Werte auf den Tag der Beschlussfassung aufgezinst werden und über etwaige wertverändernde Ereignisse in der Versammlung berichtet und der Verschmelzungsbericht ergänzt wird.[700]

390 Neben den einzelnen Bestimmungen des Verschmelzungsvertrages sind darüber hinaus die **wirtschaftlichen Hintergründe** der durchzuführenden Verschmelzung ausführlich zu erläutern, sodass sich ein Aktionär ein Bild über die wirtschaftliche Zweckmäßigkeit der Verschmelzung machen kann.[701]

391 Vorgesehen ist nach § 8 UmwG in Anlehnung an § 186 Abs. 4 Satz 2 AktG die Berichtspflicht über die rechtlichen und wirtschaftlichen Gründe, die die Verschmelzung als geeignetes Mittel

---

695 Vgl. Stratz, in: Schmitt/Hörtnagl/Stratz, UmwG § 8 Rn. 11 ff.; Widmann/Mayer/Mayer, Umwandlungsrecht, § 8 UmwG Rn. 17 ff.; Kallmeyer/Marsch-Barner, UmwG, § 8 Rn. 6; Lutter/Drygala § 8 UmwG Rn. 11 ff.; Gehling, in: Semler/Stengel, § 8 UmwG Rn. 9 ff.
696 BGH, WM 1990, 140 = ZIP 1990, 168.
697 OLG Karlsruhe, WM 1989, 1134; OLG Hamm, ZIP 1988, 1051.
698 OLG Karlsruhe, WM 1989, 1134 = ZIP 1989, 988.
699 Kallmeyer/Marsch-Barner, UmwG, § 8 Rn. 21.
700 Lutter/Drygala, UmwG, § 8 Rn. 30 f.; Widmann/Mayer/Mayer, Umwandlungsrecht, § 5 UmwG Rn. 131; Kallmeyer/Marsch-Barner, UmwG, § 8 Rn. 21; Seetzen, WM 1999, 565, 569.
701 BGHZ 107, 296, 303; LG Essen, AG 1999, 329; Widmann/Mayer/Mayer, Umwandlungsrecht, § 8 UmwG Rn. 19 ff.; Ossadnik/Maus, DB 1995, 105 ff.; Lutter/Drygala, UmwG § 8 Rn. 15; Gehling, in: Semler/Stengel, § 8 UmwG Rn. 17; Stratz, in: Schmitt/Hörtnagl/Stratz, UmwG § 8 Rn. 16.

E. Verschmelzungsbericht

zur Verfolgung des Unternehmenszwecks erscheinen lassen. Der Gesetzgeber hat damit zusätzliche Kriterien vorgegeben, die allerdings bereits nach der Auffassung des OLG Hamm und des OLG Karlsruhe berichtspflichtig waren: nämlich **die Verschmelzung als solche**.[702] Man wird also daher in Anlehnung an die Rechtsprechung zum Bezugsrechtsausschluss **sachliche Kriterien für die Verschmelzung** als solche verlangen müssen. Es ist daher darzulegen, welche Interessen die Verschmelzung als solche rechtfertigen und welche weiter gehenden Unternehmensziele hiermit verfolgt werden sollen. Es wird dabei ebenfalls zu erörtern sein, ob die Verschmelzung das geeignete, erforderliche und verhältnismäßige Kriterium für die Erreichung der damit verbundenen Unternehmensziele darstellt.[703] Das OLG Saarbrücken hat im Beschl. v. 07.12.2010[704] entschieden, dass der Normzweck des § 8 Abs. 1 UmwG es gebiete, den Anteilsinhabern einen möglichst umfassenden Einblick zu gewähren, um diesen ein geschlossenes Bild der rechtlichen und wirtschaftlichen Bedeutung und der Wirkung der Verschmelzung zu vermitteln. Diesem Zweck werde ein Verschmelzungsbericht nur dann gerecht, wenn er die rechtlichen und wirtschaftlichen Konsequenzen ausführlich und transparent erläutere. Primärer Gegenstand der Erläuterungen sei demnach der Vorgang der Verschmelzung selbst. Der Verschmelzungsbericht müsse Informationen dazu liefern, weshalb gerade die Verschmelzung das geeignete Mittel zur Verfolgung des Unternehmenszwecks sei. Unter diesem Aspekt stehen neben der technischen Erläuterung der Verschmelzung als solcher insb. Synergieeffekte, marktspezifische Besonderheiten, steuerliche Vorteile oder Haftungsgesichtspunkte im Vordergrund der Berichtspflicht. Darüber hinaus seien die Rechtswirkungen der vollzogenen Verschmelzung für Dritte ebenfalls zu erläutern.[705] Demgegenüber sei es nicht Funktion des Verschmelzungsberichts, den Aktionären einen so detaillierten Einblick in den Verschmelzungsvorgang zu verschaffen, um diesen bis in alle Einzelheiten nachzuvollziehen. Eine Kontrolle der inhaltlichen Richtigkeit der Verschmelzung, insb. die korrekte und angemessene Bewertung des Umtauschverhältnisses, sei dem Verschmelzungsprüfer zugewiesen.[706]

▶ Hinweis:

Im Ergebnis geht es also darum, im Verschmelzungsbericht die Zweckmäßigkeit der wirtschaftlichen Maßnahme in Abgrenzung zu anderen unternehmensstrukturellen Maßnahmen darzulegen. Für die Frage der wirtschaftlichen Zweckmäßigkeit bedeutet dies, dass nicht nur die Vorteile einer Verschmelzung, sondern auch ihre Nachteile dargestellt werden müssen.

392

Schließlich sind auch die **besonderen Schwierigkeiten bei der Bewertung** im Bericht zu nennen, soweit solche tatsächlich aufgetreten sind. Ein allgemeiner Hinweis auf Schwierigkeiten jeder Unternehmensbewertung reicht allerdings nicht aus,[707] vielmehr ist das konkrete Bewertungsproblem zu nennen und die gewählte Problemlösung zu erläutern.[708]

393

---

[702] OLG Hamm, DB 1988, 1843; OLG Karlsruhe, DB 1989, 1617; Widmann/Mayer/Mayer, Umwandlungsrecht, § 8 UmwG Rn. 19.1; Lutter/Drygala, § 8 UmwG Rn. 13 ff.; Gehling, in: Semler/Stengel, § 8 UmwG Rn. 17 ff.; Kallmeyer/Marsch-Barner, UmwG, § 8 Rn. 7; Stratz, in: Schmitt/Hörtnagl/Stratz, UmwG § 8 Rn. 15 ff.
[703] Vgl. Kallmeyer/Marsch-Barner, UmwG, § 8 Rn. 7; Widmann/Mayer/Mayer, Umwandlungsrecht, § 8 UmwG Rn. 19 ff.; Lutter/Drygala, § 8 UmwG Rn. 13 ff.; Gehling, in: Semler/Stengel, § 8 UmwG Rn. 17; vgl. zu diesem allgemeinen Sachkontrollansatz Lutter, ZGR 1981, 171, 174; BGHZ 103, 184, 189; Kort, ZIP 1990, 294.
[704] AG 2011, 343 = ZIP 2011, 46.
[705] Schmitt/Hörtnagl/Stratz, UmwG, UmwStG, § 8 Rn. 11 ff.
[706] OLGR Jena 2009, 788; vgl. OLG Hamm, ZIP 1999, 798 OLG Düsseldorf, ZIP 1999, 793.
[707] Priester, NJW 1983, 1461.
[708] LG Essen, AG 1999, 329; Widmann/Mayer/Mayer, Umwandlungsrecht, § 8 UmwG Rn. 24 ff.; Kallmeyer/Marsch-Barner, UmwG, § 8 Rn. 11 f.

394 Es lassen sich zwar **keine generellen Maßstäbe** für den Verschmelzungsbericht angeben, da er den Einzelfallumständen entsprechen muss. I. d. R. sollten **allerdings folgende Faktoren** besprochen werden:[709]
- die Feststellung der Ertragswerte der Unternehmen und deren Begründung,
- die Darstellung aller Faktoren, die bei der »Ergebnisbereinigung« i. R. d. Ertragswertermittlung einbezogen worden sind,
- die nachvollziehbare Begründung der Geheimhaltungsbedürftigkeit weiter gehender Einzelzahlen,
- die plausible Darstellung der Faktoren, die für die zukünftigen Ertragsüberschüsse maßgeblich sein werden,
- die Erläuterungen zum nicht betriebsnotwendigen Vermögen und seine Bewertung.

395 Auch die **Höhe einer Barabfindung** muss im Umwandlungsbericht plausibel erläutert werden, das hat das KG im Fall »**aqua putzke Werke AG**«[710] bestätigt.

396 Als **Muster eines besonders gelungenen Verschmelzungsberichts** hatte Timm den Bericht der Vorstände über die Verschmelzung der Pfälzischen Hypothekenbank mit der Deutschen Hypothekenbank angesehen.[711]

III. Erweiterung der Berichtspflicht bei verbundenen Unternehmen

397 § 8 Abs. 1 Satz 3 und Satz 4 UmwG erweitern für den Fall verbundener Unternehmen die Berichtspflicht im Verschmelzungsbericht sowie die Auskunftspflichten in den Versammlungen der Gesellschafter. Hierdurch soll es den Anteilsinhabern vor ihrer Beschlussfassung über die Verschmelzung ermöglicht werden, sich auch über diejenigen Angelegenheiten verbundener Rechtsträger zu unterrichten, die für die Verschmelzung wesentlich sind.

IV. Erweiterte Unterrichtungspflicht über Vermögensveränderungen nach § 64 Abs. 1 Satz 2 UmwG n. F.

398 Durch das 3. UmwÄndG vom 11.07.2011[712] wurde die bisher nur in § 143 UmwG bei Spaltungen von AG vorgesehene erweiterte Unterrichtungspflicht über Vermögensveränderungen bei Verschmelzung und Spaltung (nach §§ 125, 127 UmwG) allgemein bei der Verschmelzung von AG und KGaA durch § 64 Abs. 1 Satz 2 UmwG n. F. eingeführt.[713]

Danach hat der Vorstand den Verschmelzungsvertrag oder seinen Entwurf zu Beginn der Hauptversammlung mündlich zu erläutern und über jede wesentliche Veränderung des Vermögens der Gesellschaft zu unterrichten, die seit dem Abschluss des Verschmelzungsvertrages oder der Aufstel-

---

[709] Vgl. Timm, ZIP 1990, 270; Widmann/Mayer/Mayer, Umwandlungsrecht, § 8 UmwG Rn. 19 ff.; Lutter/Drygala, § 8 UmwG Rn. 11 ff.; Gehling in: Semler/Stengel, § 8 UmwG Rn. 17 ff.; Kallmeyer/Marsch-Barner, UmwG, § 8 Rn. 7 ff.; Stratz, in: Schmitt/Hörtnagl/Stratz, UmwG § 8 Rn. 11 ff.
[710] AG 1999, 126.
[711] ZIP 1990, 270; vgl. zu dem in dieser Sache im Anfechtungsverfahren abgeschlossenen Vergleich: ZIP 1990, 1033 sowie das Urteil des LG Frankenthal, WM 1989, 1854 und das Gutachten von Mertens, AG 1990, 20; Muster finden sich ferner bei Walz: in Herfs/Schwander, Beck'sches Formularbuch Zivil-, Wirtschafts- und Unternehmensrecht, 3. Aufl. 2014, S. 877, Rawert, in: Hoffmann-Becking/Rawert, Beck'sches Formularbuch Bürgerliches, Handels- und Wirtschaftsrecht, 11. Aufl. 2013, S. 2444 zur grenzüberschreitenden Verschmelzung.
[712] BGBl. I, S. 1338.
[713] Vgl. dazu Neye/Jäckel, AG 2010, 237 ff.; Diekmann, NZG 2010, 489 ff.; Wagner, DStR 2010, 1629 ff.; Heckschen, NZG 2010, 1041 ff.; Leitzen, DNotZ 2011, 526, 528 f.; Simon/Merkelbach, DB 2011, 1317, 1318; Bayer/J. Schmidt, ZIP 2010, 953 ff.; Sandhaus, NZG 2009, 41 ff.). Grundlage ist Art. 2 Nr. 4 der Richtlinie 2009/109/EG des Europäischen Parlaments und des Rates v. 16.09.2009 (ABl. EU L 259 v. 02.10.2009, S. 14.

lung des Entwurfs eingetreten ist. Der Vorstand hat über solche Veränderungen auch die Vertretungsorgane der anderen beteiligten Rechtsträger zu unterrichten; diese haben ihrerseits die Anteilsinhaber des von ihnen vertretenen Rechtsträgers vor der Beschlussfassung zu unterrichten. Ursprünglich wollte der Regierungsentwurf die Unterrichtungspflicht rechtsformübergreifend in § 8 Abs. 3 UmwG regeln. Das Gesetz ist jetzt auf die Vorgaben der Richtlinie zurückgegangen; die Unterrichtungspflicht gilt nur für Beteiligung von AG und KGaA.[714]

Die Vorschrift gilt für **alle Verschmelzungen und Spaltungen** (nach §§ 125, 127 UmwG) bei Beteiligung von AG und KGaA. Die Unterrichtungspflicht entfällt nicht schon allein deshalb, weil bei Konzernverschmelzungen ein Verschmelzungsbeschluss der übernehmenden AG nicht erforderlich ist (§ 62 Abs. 1 UmwG). Denn zum einen sollen die Aktionäre auch anhand der Unterrichtung über Vermögensveränderungen entscheiden können, ob sie von dem in § 62 Abs. 2 UmwG geregelten Minderheitenrecht Gebrauch machen.[715] Zum anderen besteht die Unterrichtungspflicht ggü. dem Vertretungsorgan der Tochtergesellschaft und mittelbar ggü. deren Minderheitsaktionären auch bei einer Beteiligung von 90 %.[716]   399

Voraussetzung ist eine »**wesentliche Veränderung des Vermögens** des Rechtsträgers, die zwischen dem Abschluss des Verschmelzungsvertrags oder der Aufstellung des Entwurfs und dem Zeitpunkt der Beschlussfassung eingetreten ist.« Der Begriff ist relativ unscharf, sodass die Praxis im Zweifel eher zu viel als zu wenig berichten sollte. In § 143 UmwG wurde dieses Tatbestandsmerkmal dahin gehend ausgelegt, dass es sich um eine Veränderung handeln muss, die für die Unternehmensbewertung – und damit für das Umtauschverhältnis der Anteile bzw. die Höhe der Abfindung (§ 29 UmwG) – relevant ist, d. h. diese berühren oder betreffen kann.[717] Wenn dieser Umstand vorliegt, so soll daraus auch die Wesentlichkeit folgen.[718] Es ist aber nicht erforderlich, dass die Veränderung tatsächlich zu einer anderen Bewertung führt; vielmehr genügt, dass sie Anlass zur Überprüfung der früheren Bewertung gibt.[719] Gegenstand der Bewertung muss das »Vermögen« sein, worunter auch das Passivvermögen fällt. Andere Veränderungen, die für die Verschmelzung ebenfalls relevant sein können, z. B. das wirtschaftliche Umfeld, Konkurrenzsituation, spielen keine Rolle, wobei natürlich solche Änderungen auf das Vermögen durchschlagen können.   400

Zu informieren sind die **Aktionäre vor der Beschlussfassung** und nach § 64 Abs. 1 Satz 3 UmwG n. F. auch **die Vertretungsorgane der anderen Rechtsträger**, die an der Verschmelzung beteiligt sind. Diese haben ihrerseits ihre Anteilsinhaber vor der Beschlussfassung zu informieren. Ungeregelt ist wie die Information zu erfolgen hat. Zu § 143 UmwG war ein Teil der Literatur der Meinung, dass ein schriftlicher Nachtragsbericht zum Spaltungsbericht notwendig sei.[720] Nach anderer Meinung genügt eine mündliche Information der Anteilseigner in der Gesellschafterversammlung.[721] Da das Gesetz keine Vorgaben enthält, muss m. E. die schwächste Form   401

---

714 Vgl. Leitzen, DNotZ 2011, 526, 528 f.; Simon/Merkelbach, DB 2011, 1317, 1318.
715 Vgl. Simon/Merkelbach, DB 2011, 1317, 1318.
716 Begr. RegE, BT-Drucks. 17/3122, S. 11.
717 Leitzen, DNotZ 2011, 526, 528 f.; Simon/Merkelbach, DB 2011, 1317, 1318; KK-UmwG/Simon, § 143 Teil 1 Rn. 10.
718 Kallmeyer/Sickinger in Kallmeyer, UmwG, § 143 Teil 1 Rn. 2; KK-UmwG/Simon, § 143 Teil 1 Rn. 11.
719 Leitzen, DNotZ 2011, 526, 528 f.; Simon/Merkelbach, DB 2011, 1317, 1318; KK-UmwG/Simon, § 143 Teil 1 Rn. 10.
720 Kallmeyer/Sickinger UmwG, § 143 Teil 1 Rn. 2; Lutter/Schwab, UmwG, § 143 Teil 1 Rn. 15 ff.; ebenso zu § 8 UmwG Keller/Klett, GWR 2010, 308122; Diekmann, NZG 2010, 489; Lutter/Drygala, § 8 UmwG Rn. 31.
721 Hauptversammlung, so Leitzen, DNotZ 2011, 526, 530 f.; Wagner, DStR 2010, 1629, 1632; Heckschen, NZG 2010, 1041, 1042.

genügen.[722] **Der Verschmelzungsvertrag muss nicht geändert werden.**[723] **Auf die Nachtragsberichterstattung können die Anteilsinhaber nach § 64 Abs. 1 Satz 4 UmwG n. F. verzichten. Der Verzicht** muss § 64 Abs. 1 Satz 4 UmwG n. F. notariell beurkundet werden.[724]

V. Einschränkung der Berichtspflicht

402 In der früheren Literatur und Rechtsprechung war umstritten, ob in den Verschmelzungsbericht auch für die Gesellschaft **schädliche Informationen** aufgenommen werden müssen. Unstreitig war jedoch, dass nähere Angaben zur Erläuterung des Umtauschverhältnisses nicht mit pauschalem Hinweis auf die **Wahrung von Betriebsgeheimnissen** und die Schädlichkeit der Publizität verweigert werden durften.[725] Es bestand aber Einigkeit, dass analog § 131 Abs. 3 Nr. 1 AktG im Einzelfall diejenigen Bewertungsfaktoren nicht mitgeteilt zu werden brauchen, deren Offenlegung die Wettbewerbsfähigkeit der beteiligten Gesellschaften gefährden könnte.[726]

403 § 8 Abs. 2 UmwG schließt an diese Rechtsprechung an und bestimmt, dass in den Bericht Tatsachen nicht aufgenommen zu werden brauchen, deren Bekanntwerden geeignet ist, einen der beteiligten Rechtsträger oder einem verbundenen Unternehmen einen **nicht unerheblichen Nachteil zuzufügen**. In diesem Fall sind in diesem Bericht die Gründe darzulegen, warum die Tatsachen nicht aufgenommen worden sind. Die Vorschrift knüpft dabei an die **aktienrechtlichen Regelungen des Auskunftsverweigerungsrechts** in § 131 Abs. 3 Nr. 1 AktG an und berücksichtigt die hierzu ergangene höchstrichterliche Rechtsprechung hinsichtlich der **Darlegung der Verweigerungsgründe**.[727] Ein Verweigerungsrecht wird regelmäßig bei künftigen Vertragsprognosen oder den Planungen für das künftige Ausschüttungsverhalten gegeben sein, da aus diesen Daten Rückschlüsse auf die künftige Unternehmenspolitik möglich sind.[728] Die Darlegung der **Gründe für das Geheimhaltungsinteresse** muss wiederum so konkret sein, dass eine **Plausibilitätskontrolle** möglich ist.[729]

VI. Verzicht auf den Verschmelzungsbericht bzw. Konzernverschmelzung

404 Nach § 8 Abs. 4 UmwG ist der Bericht und die Nachtragsberichterstattung nach § 64 Abs. 1 Satz 4 UmwG nicht erforderlich, wenn entweder alle Anteilsinhaber in **notariell beurkundeter Verzichtserklärung** auf die Erstellung verzichtet haben oder sich alle Anteile des übertragenen Rechtsträgers in der Hand des übernehmenden Rechtsträgers befinden (100 %iges Mutter-Tochter-Verhältnis). Der Verzicht auf den Verschmelzungsbericht und die weiter gehende Unterrichtung nach Abs. 3 soll sowohl alternativ als auch kumulativ möglich sein.[730]

405 Hierdurch wird zum einen der Tatsache Rechnung getragen, dass der Verschmelzungsbericht ausschließlich dem Schutz der Anteilsinhaber dient, damit diese sich vor ihrer Entscheidung ein ausreichendes Bild über die tatsächliche Grundlage für die Ermittlung des angemessenen Umtauschverhältnisses machen können. Der Gesetzgeber ging daher davon aus, dass der Bericht für den Fortgang der Verschmelzung ohne Belang ist, wenn **sämtliche Anteilsinhaber auf ihn verzichten**. Zum Schutz der Anteilsinhaber sollen allerdings die Verzichtserklärungen notariell

---

722 Ähnlich zum vergleichbaren Problem bei § 64 Abs. 1 UmwG vgl. Lutter/Grunewald UmwG, § 64 Rn. 6; Kallmeyer/Marsch-Barner, UmwG, § 64 Teil 1 Rn. 4.
723 Heckschen, NZG 2010, 1041, 1042; Leitzen, DNotZ 2011, 526, 530 f.
724 Vgl. Leitzen, DNotZ 2011, 526, 532.
725 BGH, WM 1990, 2073.
726 OLG Hamm, DB 1981, 1842 = WM 1988, 1164; KK-AktG/Kraft, § 340a Rn. 16.
727 BGHZ 107, 296, 305 f.; BGHZ, ZIP 1990, 168, 169; 1990, 1560.
728 LG Frankfurt am Main, WM 1987, 559.
729 BGH, WM 1990, 2073; vgl. auch Kallmeyer/Marsch-Barner, UmwG, § 8 Rn. 30 ff.; Widmann/Mayer/Mayer, Umwandlungsrecht, § 8 UmwG Rn. 47 ff.
730 BegrRegE BT-Drucks. 17/3122, S. 14.

beurkundet werden, um dem Registergericht eine sichere Nachprüfung zu ermöglichen. Darüber hinaus hat die Beurkundung auch die ihr sonst eigene Warnfunktion.[731] Die Beurkundung muss nach den Vorschriften über die Beurkundung von Willenserklärungen (§§ 8 ff. BeurkG) erfolgen; eine Beurkundung nach den §§ 36 ff. BeurkG genügt nicht.[732] Es reicht aus, wenn die Verzichtserklärungen spätestens bei der Anmeldung zum Handelsregister vorliegen, wobei diese auch nachgereicht werden können (vgl. Teil 2 Rdn. 684).[733]

Der **Verzicht** muss von allen Anteilsinhabern aller beteiligten Rechtsträger erklärt werden; der Verzicht der Anteilsinhaber eines Rechtsträgers, bezogen auf den diesem zu erstattenden Verschmelzungsbericht genügt also nicht.[734] Ein genereller Verzicht, z. B. in der Satzung ist nicht ausreichend.[735] Der Verzicht ist als **Gestaltungsrecht bedingungsfeindlich** und kann nicht mehr einseitig zurückgenommen werden.[736] Die Verzichtserklärungen müssen nicht in einer gesonderten Urkunde erklärt werden, vielmehr können die Verzichtserklärungen aller Gesellschafter in einer Urkunde i. R. d. Beschlussfassung niedergelegt werden, sofern die Vorschriften über die Beurkundung von Willenserklärungen nach §§ 8 ff. BeurkG eingehalten sind, insb. das Protokoll von allen Gesellschaftern unterzeichnet wird.[737] **Stellvertretung** ist zulässig.[738] Fraglich ist die Form der Vollmacht, wenn gleichzeitig Verzichtserklärungen nach § 8 Abs. 3 UmwG abgegeben werden. Die Frage, ob Verzichtserklärungen nach § 8 Abs. 3 UmwG aufgrund privatschriftlicher Vollmacht möglich sind oder die Vollmacht ebenfalls der jeweils für die Abgabe der Verzichtserklärungen vorgeschriebenen Form bedarf, ist umstritten.[739] Die Vollmacht bedarf m.E. nach § 167 Abs. 2 BGB nicht der notariellen Form.[740] Eine Vertretung ohne Vertretungsmacht ist bei einer einseitigen Erklärubg nach §§ 174, 180 BGB nicht zulässig.[741] Bei **Publikumsgesellschaften** ist der Verzicht i. d. R. wegen dieser Anforderungen an die Individualität der Erklärung nicht möglich. Der Verzicht kann auch in der Versammlung, die über die Verschmelzung beschließt, erklärt und protokolliert werden.[742] Dies kann aber nur für eine Vollversammlung, bei der sämtliche Anteilsinhaber anwesend sind, gelten. Die Beurkundung muss dann nach den Vorschriften über

406

---

731 Vgl. BR-Drucks. 75/94, S. 84, abgedruckt in: Limmer, Umwandlungsrecht, S. 279.
732 Vgl. Priester, DNotZ 1995, 427, 433; Widmann/Mayer/Mayer, Umwandlungsrecht, § 8 UmwG Rn. 58; Stratz, in: Schmitt/Hörtnagl/Stratz, UmwG § 8 Rn. 36; Semler/Stengel/Gehling UmwG § 8 Rn. 71.
733 OLG Brandenburg NotBZ 2018, 681; Lutter/Decher § 17 UmwG rd. 13; Widmann/Mayer/Mayer, Umwandlungsrecht, § 8 UmwG Rn. 60; Kallmeyer/Marsch-Barner, UmwG, § 8 Rn. 38; Goutier/Knopf/Bermel, Umwandlungsrecht, § 8 UmwG Rn. 49, str.
734 Kallmeyer/Marsch-Barner, UmwG, § 8 Rn. 38; Widmann/Mayer/Mayer, Umwandlungsrecht, § 8 UmwG Rn. 57; Lutter/Drygala, UmwG, § 8 Rn. 53.
735 Gehling in: Semler/Stengel, § 8 UmwG Rn. 68; Lutter/Drygala, UmwG, § 8 Rn. 56; Kallmeyer/Marsch-Barner, UmwG, § 8 Rn. 38; Stratz, in: Schmitt/Hörtnagl/Stratz, UmwG § 8 Rn. 36.
736 Widmann/Mayer/Mayer, Umwandlungsrecht, § 8 UmwG Rn. 58.
737 Widmann/Mayer/Mayer, Umwandlungsrecht, § 8 UmwG Rn. 58; Stratz, in: Schmitt/Hörtnagl/Stratz, UmwG § 8 Rn. 36.
738 Widmann/Mayer/Mayer, Umwandlungsrecht, § 8 UmwG Rn. 58.; Gehling in: Semler/Stengel, § 8 UmwG Rn. 71.
739 Vgl. Suttmann, notar 2016, 317 ff.
740 Widmann/Mayer/Mayer, Umwandlungsrecht, § 8 UmwG Rn. 58; Gehling in: Semler/Stengel, § 8 UmwG Rn. 71.
741 Widmann/Mayer/Mayer, Umwandlungsrecht, § 8 UmwG Rn. 58.
742 Widmann/Mayer/Mayer, Umwandlungsrecht, § 8 UmwG Rn. 59; Gehling in: Semler/Stengel, § 8 UmwG Rn. 71; Lutter/Drygala, UmwG, § 8 Rn. 55 mit Verweis auf Decher, in: Lutter, Kölner Umwandlungsrechtstage, S. 201, 209 in Bezug den Formwechsel; ebenso: Priester, in: IDW Fachtagung, S. 419, 426.

die Beurkundung von Willenserklärungen (§§ 8 ff. BeurkG) erfolgen; eine Beurkundung nach den §§ 36 ff. BeurkG genügt nicht.[743]

407 Darüber hinaus wurde im Gesetzgebungsverfahren die im Entwurf nicht vorgesehene Erleichterung der Konzernverschmelzung aufgenommen. Befinden sich alle Anteile der übertragenen Gesellschaft in der Hand der übernehmenden Gesellschaft, so bedarf es ebenfalls keines Berichts. Dies gilt allerdings nur bei einer 100 %igen Tochtergesellschaft.

408 Für **Personengesellschaften** sieht außerdem § 41 UmwG eine Erleichterung vor: Ist an der Verschmelzung eine Personenhandelsgesellschaft beteiligt, so muss für diese ein Verschmelzungsbericht nicht erstellt werden, wenn **alle Gesellschafter zur Geschäftsführung** berechtigt sind. Bei der Partnerschaftsgesellschaft ist der Verschmelzungsbericht nur erforderlich, wenn ein Partner von der Geschäftsführung ausgeschlossen ist. Es ist umstritten, ob diese Vorschrift analog bei der GmbH gilt.[744]

F. Verschmelzungsprüfung und Unternehmensbewertung

I. Notwendigkeit der Verschmelzungsprüfung

409 § 9 UmwG sieht die **Prüfung des Verschmelzungsvertrages** vor. Nach § 12 Abs. 2 UmwG sind dabei insb. das **Umtauschverhältnis**, die Bewertungsmethoden und auch die Frage, welches Umtauschverhältnis sich bei der Anwendung verschiedener Bewertungsmethoden ergeben würde, zu prüfen.

410 Gesetzestechnisch hat der Gesetzgeber allerdings nicht für alle Fälle die Verschmelzungsprüfung vorgesehen, sondern **nur für bestimmte Gesellschaften und Rechtsträger**. Das Rechtsinstitut der Verschmelzungsprüfung wird allgemein in den §§ 9 ff. UmwG erläutert, die Verpflichtung zur Prüfung ergibt sich jedoch jeweils im Besonderen Teil des UmwG bei den einzelnen Gesellschaften und Rechtsträgern.

411 Danach ist eine **Prüfung erforderlich** bei:
– Verschmelzung von AG und KGaA (§§ 60, 78 UmwG),
– Verschmelzung von wirtschaftlichen Vereinen (§ 100 UmwG): Bei einem eingetragenen Verein ist diese Prüfung nur erforderlich, wenn mindestens 10 % der Mitglieder sie schriftlich verlangen,
– GmbH auf Verlangen eines Gesellschafters (§ 48 UmwG),
– Personenhandelsgesellschaften, wenn ein Mehrheitsbeschluss vorliegt und ein Gesellschafter die Prüfung verlangt (§ 44 UmwG),
– eingetragenen Vereinen auf Verlangen von 10 % der Mitglieder (§ 100 UmwG),
– eingetragenen Genossenschaften, hier allerdings Ersatz der Umwandlungsprüfung durch die Prüfung des genossenschaftlichen Prüfungsverbandes (§ 81 UmwG),
– Abfindungen (§ 30 Abs. 2 UmwG),
– Partnerschaften auf Verlangen, wenn Mehrheitsbeschluss zulässig ist und vorliegt (§§ 45e, 45d Abs. 2, 44 UmwG),
– grenzüberschreitenden Verschmelzungen von Kapitalgesellschaften unabhängig von einem Verlangen (§ 122f UmwG): § 48 UmwG ist nicht anzuwenden, der Prüfungsbericht muss spätestens einen Monat vor der Versammlung der Anteilsinhaber, die nach § 13 UmwG über die Zustimmung zum Verschmelzungsplan beschließen soll, vorliegen.

---

743 Vgl. Priester, DNotZ 1995, 427, 433; Widmann/Mayer/Mayer, Umwandlungsrecht, § 8 UmwG Rn. 58; Stratz, in: Schmitt/Hörtnagl/Stratz, UmwG § 8 Rn. 36; Semler/Stengel/Gehling UmwG § 8 Rn. 71.
744 Befürwortend Lutter/Drygala, § 8 UmwG Rn. 58; Gehling in: Semler/Stengel, § 8 UmwG Rn. 75; ablehnend Bayer, ZIP 1997, 1613, 1620; Lutter/H. Schmidt, § 41 UmwG Rn. 3; Ihrig in Semler/Stengel § 41 UmwG Rn. 3; zweifelnd Kallmeyer, § 47 UmwG Rn. 2.

F. Verschmelzungsprüfung und Unternehmensbewertung

In den Fällen (Personen-, Partnerschaftsgesellschaft und GmbH sowie Vereinen) in denen ein Verlangen nach Verschmelzungsprüfung erforderlich ist, war unklar, welche **Frist für das Verlangen des Minderheitsgesellschafters bzw. Anteilsinhabers** besteht. Da das Gesetz keine ausdrückliche Frist für das Prüfungsverlangen enthielt, ging man davon aus, dass ein derartiges Verlangen bis zur Gesellschafterversammlung zulässig ist, sodass bei Zweifelsfällen in der Praxis von vornherein eine Prüfung empfohlen wurde.[745] Ebenfalls unklar war, ob eine **Fristsetzung** möglich war. Teilweise wurde das Verlangen einer Verschmelzungsprüfung auch nach Fassung bzw. Wirksamwerden des Verschmelzungsbeschlusses für zulässig erachtet.[746] Diese Problematik ist allerdings durch das **Zweite Gesetz zur Änderung des UmwG** bei GmbH und Personengesellschaft und Partnerschaftsgesellschaft, nicht aber bei Vereinen, insofern entschärft worden, als das **Prüfungsverlangen innerhalb einer Frist von einer Woche gestellt werden muss**, nachdem die Unterlagen zur Einberufung der Versammlung empfangen wurden (§§ 44, 48 UmwG). Bei Vereinen bleibt die Problematik, dass das Prüfungsverlangen im Prinzip noch in der Mitgliederversammlung gestellt werden kann. Unklar ist, ob es auf den tatsächlichen Zugang ankommt oder auf den Tag, an dem der Zugang unter normalen Umständen zu erwarten ist. Letzteres sollte maßgeblich sein.[747]

412

Bei der **Mischverschmelzung** ist für jeden Rechtsträger gesondert zu prüfen, ob und unter welchen Voraussetzungen eine Verschmelzungsprüfung erforderlich ist. Wird etwa eine Personenhandelsgesellschaft und GmbH verschmolzen, so gilt für die Personenhandelsgesellschaft § 44 UmwG und für die GmbH § 48 UmwG.

413

Nach § 30 Abs. 2 UmwG bedarf es **stets der Prüfung des Abfindungsangebots nach Maßgabe von § 29 UmwG**. Eine Verschmelzungsprüfung ist in diesem Fall nur entbehrlich, **wenn alle Berechtigten zur notariellen Urkunde darauf verzichten (§ 9 Abs. 3 iVm § 8 Abs. 3 UmwG)**. Da es erst im Verlauf der Versammlung über den Verschmelzungsbeschluss feststeht, ob ein Barabfindungsangebot erforderlich ist, wird in solchen Fällen empfohlen, eine präventive Prüfung durchzuführen.[748]

414

▶ Hinweis:

Zu beachten ist, dass die Verschmelzungsprüfung eine **eigenständige Prüfung** ist, die selbstständig neben den i. R. d. Verschmelzung möglichen Prüfungen auf anderer Rechtsgrundlage, insb. den Sacheinlageprüfungen, steht.[749]

415

Die Verschmelzungsprüfung dient allein dem Schutz der Anteilsinhaber, die Sacheinlageprüfung dient Gläubigerinteressen unter Sicherung der Kapitalaufbringung. Dementsprechend können **neben einer Verschmelzungsprüfung** folgende **Sacheinlageprüfungen** erforderlich sein:[750]
– **Gründungsprüfung** bei Verschmelzung durch eine AG durch Neugründung, es sei denn, der übertragende Rechtsträger ist eine Kapitalgesellschaft oder eine eingetragene Genossenschaft (§ 33 Abs. 2 AktG i. V. m. § 75 UmwG; vgl. Teil 2 Rdn. 374 ff.), wobei die interne Gründungsprüfung nach § 33 Abs. 1 UmwG immer erforderlich ist;

416

---

745 Widmann/Mayer/Vossius, Umwandlungsrecht, § 44 UmwG Rn. 16; Kallmeyer/Lanfermann, UmwG, § 44 Rn. 8.
746 Widmann/Mayer/Vossius, Umwandlungsrecht, § 44 UmwG Rn. 17; Kallmeyer/Lanfermann, UmwG, § 44 Rn. 1.
747 So Mayer/Weiler, DB 2007, 1237.
748 Lutter/Drygala, UmwG, § 9 Rn. 20; Stratz, in: Schmitt/Hörtnagl/Stratz, UmwG § 8 Rn. 12 f.; Kallmeyer/Lanfermann, UmwG, § 9 Rn. 7.
749 Vgl. Kallmeyer/Lanfermann, UmwG, § 9 Rn. 4; Zeidler in: Semler/Stengel, § 9 UmwG Rn. 4.
750 Kallmeyer/Lanfermann, UmwG, § 9 Rn. 4; Zeidler in: Semler/Stengel, § 9 UmwG Rn. 4.

- **Nachgründungsprüfung**, wenn die aufnehmende Gesellschaft eine AG ist, auf die die Voraussetzungen des § 52 AktG zutreffen (§ 67 UmwG);
- **Kapitalerhöhungsprüfung**, wenn der aufnehmende Rechtsträger eine AG ist und die Voraussetzungen des § 69 Abs. 1 UmwG gegeben sind.

Durch das 3. UmwÄndG vom 11.07.2011[751] wurde in § 69 Abs. 1 und § 75 Abs. 1 Satz 2 UmwG geregelt, dass zum Prüfer in diesem Sinne auch der Verschmelzungsprüfer bestellt werden kann. Die Begründung zum Gesetzentwurf weist darauf hin, dass die differenzierte Regelung zur Notwendigkeit einer gesonderten Prüfung beibehalten werde. Zum Zwecke der Vereinfachung solle jedoch von der Option Gebrauch gemacht werden, die durch Art. 1 Nr. 3 der Änderungsrichtlinie in Art. 27 Abs. 3 Unterabs. 3 der Richtlinie 77/91/EWG eingeführt wurde. Sie gestatte die Prüfung der Sacheinlagen und des Verschmelzungsvertrages durch dieselben Sachverständigen. Für die Auswahl der Prüfer gelten in diesem Fall § 11 Abs. 1 UmwG, § 319 Abs. 1 bis 4 und § 319a Abs. 1 HGB.[752]

417 Durch den Prüfungsbericht, der den Gesellschaftern im Fall der Prüfungspflicht vor der Beschlussfassung über die Verschmelzung zugänglich zu machen ist, sollen diese in die Lage versetzt werden, in Kenntnis aller für die Verschmelzung, insb. für das vorhergesehene Umtauschverhältnis der Anteile, wesentlichen Umstände kommen zu können.

▶ Hinweis:

418 In der Praxis der deutschen AG hatte es sich schon vor der Verabschiedung der dritten gesellschaftlichen EG-Richtlinie eingebürgert, den Aktionären vor der Beschlussfassung über die Verschmelzung ein Sachverständigengutachten über die Angemessenheit des Umtauschverhältnisses der Aktien zur Verfügung zu stellen. Dieser **Präventivschutz durch verbesserte Informationen** ist wie in § 340b Abs. 1 AktG i. d. F. vor 1995 nunmehr auch grds. im Verschmelzungsrecht nach dem UmwG 1995 aufgenommen worden. Die Interessenlage der betroffenen Gesellschafter ist im Grundsatz bei jeder anderen Ausgestaltung der Verschmelzung, also unabhängig von der Rechtsform der beteiligten Rechtsträger, dieselbe. Die Anteilsinhaber können stets ein Interesse daran haben, dass insb. das Umtauschverhältnis der Anteile und dessen Angemessenheit von unabhängigen Sachverständigen geprüft und ggf. bestätigt wird.[753]

419 Die **Einschaltung des Verschmelzungsprüfers** soll Gewähr dafür bieten, dass der Verschmelzungsvertrag vollständig ist, die in ihm enthaltenen Angaben zutreffen und die Bewertung des Unternehmens sowie das Umtauschverhältnis angemessen sind. Die Verschmelzungsprüfung dient daher nur den **Interessen der Gesellschafter**, nicht den Gläubigern, diese werden durch die Kapitalerhaltungs- und die Anwendung der Gründungsvorschriften geschützt.[754]

II. Keine Prüfung bei Verzicht oder Konzernverschmelzung

420 Nach § 9 Abs. 2 UmwG **entfällt eine Verschmelzungsprüfung**, wenn sich alle Anteile eines übertragenen Rechtsträgers in der Hand des übernehmenden Rechtsträgers befinden (**100 %iger Anteilsbesitz**). Eine Prüfung der Verschmelzung, die das Umtauschverhältnis bewerten soll, ist in diesem Fall entbehrlich, weil es nicht zu einem Umtausch von Anteilen kommt. Sind an der Verschmelzung weitere Rechtsträger beteiligt, die diese Voraussetzungen nicht erfüllen, ist für

---

751 BGBl. I, S. 1338.
752 BT-Drucks. 17/3122, S. 17.
753 So die Begründung zum RegE; BR-Drucks. 75/94, S. 84; abgedruckt in: Limmer, Umwandlungsrecht, S. 279.
754 Ganske, WPg 1994, 157, 159; Widmann/Mayer/Mayer, Umwandlungsrecht, § 9 UmwG Rn. 15; Kallmeyer/Lanfermann, UmwG, § 9 Rn. 2 ff.; Lutter/Drygala, UmwG, § 9 Rn. 3 f.; Stratz, in: Schmitt/Hörtnagl/Stratz, UmwG § 8 Rn. 1 f.

F. Verschmelzungsprüfung und Unternehmensbewertung

diese und den übernehmenden Rechtsträger die Prüfung erforderlich.[755] Die Verschmelzung der **Mutter auf die Tochter** oder von **Schwestergesellschaften** bleibt prüfungspflichtig.[756]

Darüber hinaus verweist § 9 Abs. 3 auf § 8 Abs. 3 UmwG und wiederholt damit zum einen die in § 9 Abs. 2 UmwG ausdrücklich angesprochene Ausnahme für die Konzernverschmelzung, darüber hinaus aber auch die Möglichkeit, dass durch **notariell beurkundete Erklärung aller Gesellschafter/Anteilsinhaber** auf die Prüfung verzichtet werden kann. Auch hier gilt der Grundsatz, dass die Verschmelzungsprüfung dem Schutz der Gesellschafter dient. Die Prüfung ist daher für den Fortgang der Verschmelzung ohne Belang, wenn sämtliche Gesellschafter auf den Bericht verzichten (vgl. oben Teil 2 Rdn. 404 ff.). Zum Schutz der Anteilsinhaber sollen allerdings die Verzichtserklärungen notariell beurkundet werden, um dem Registergericht eine sichere Nachprüfung zu ermöglichen. Darüber hinaus hat die Beurkundung auch die ihr sonst eigene Warnfunktion.[757] Die Beurkundung muss nach den Vorschriften über die Beurkundung von Willenserklärungen (§§ 8 ff. BeurkG) erfolgen; eine Beurkundung nach den §§ 36 ff. BeurkG genügt nicht.[758] Es reicht aus, wenn die Verzichtserklärungen spätestens bei der Anmeldung zum Handelsregister vorliegen, wobei diese auch nachgereicht werden können (vgl. Teil 2 Rdn. 684).[759] Fraglich ist die Form der Vollmacht, wenn gleichzeitig Verzichtserklärungen nach § 8 Abs. 3 UmwG abgegeben werden. Die Frage, ob Verzichtserklärungen nach § 8 Abs. 3 UmwG aufgrund privatschriftlicher Vollmacht möglich sind oder die Vollmacht ebenfalls der jeweils für die Abgabe der Verzichtserklärungen vorgeschriebenen Form bedarf, ist umstritten.[760] Die Vollmacht bedarf m.E. nach § 167 Abs. 2 BGB nicht der notariellen Form.[761] Eine Vertretung ohne Vertretungsmacht ist bei einer einseitigen Erklärung nach §§ 174, 180 BGB nicht zulässig.[762] Bei Publikumsgesellschaften ist der Verzicht i. d. R. wegen dieser Anforderungen an die Individualität der Erklärung nicht möglich. Der Verzicht kann auch in der Versammlung, die über die Verschmelzung beschließt, erklärt und protokolliert werden.[763] Dies kann aber nur für eine Vollversammlung, bei der sämtliche Anteilsinhaber anwesend sind, gelten. Die Beurkundung muss dann nach den Vorschriften über die Beurkundung von Willenserklärungen (§§ 8 ff. BeurkG) erfolgen; eine Beurkundung nach den §§ 36 ff. BeurkG genügt nicht.[764]

421

---

755 Kallmeyer/Lanfermann, UmwG, § 9 Rn. 40; Widmann/Mayer/Mayer, Umwandlungsrecht, § 9 UmwG Rn. 35; Lutter/Drygala § 9 UmwG Rn. 16.
756 Kallmeyer/Lanfermann, UmwG, § 9 Rn. 40; Widmann/Mayer/Mayer, Umwandlungsrecht, § 9 UmwG Rn. 35; Lutter/Drygala § 9 UmwG Rn. 17 ff.; Zeidler in: Semler/Stengel, § 9 UmwG Rn. 50.
757 Vgl. BR-Drucks. 75/94, S. 84, abgedruckt in: Limmer, Umwandlungsrecht, S. 279.
758 Vgl. Priester, DNotZ 1995, 427, 433; Widmann/Mayer/Mayer, Umwandlungsrecht, § 8 UmwG Rn. 58; Stratz, in: Schmitt/Hörtnagl/Stratz, UmwG § 8 Rn. 36; Semler/Stengel/Gehling UmwG § 8 Rn. 71.
759 OLG Brandenburg NotBZ 2018, 381; Lutter/Decher § 17 UmwG Rn. 13; Widmann/Mayer/Mayer, Umwandlungsrecht, § 8 UmwG Rn. 60; Kallmeyer/Marsch-Barner, UmwG, § 8 Rn. 38; Goutier/Knopf/Bermel, Umwandlungsrecht, § 8 UmwG Rn. 49, str.
760 Vgl. Suttmann, notar 2016, 317 ff.
761 Widmann/Mayer/Mayer, Umwandlungsrecht, § 8 UmwG Rn. 58; Gehling in: Semler/Stengel, § 8 UmwG Rn. 71.
762 Widmann/Mayer/Mayer, Umwandlungsrecht, § 8 UmwG Rn. 58.
763 Widmann/Mayer/Mayer, Umwandlungsrecht, § 8 UmwG Rn. 59; Gehling in: Semler/Stengel, § 8 UmwG Rn. 71; Lutter/Drygala, UmwG, § 8 Rn. 55 mit Verweis auf Decher, in: Lutter, Kölner Umwandlungsrechtstage, S. 201, 209 in Bezug auf den Formwechsel; ebenso: Priester, in: IDW Fachtagung, S. 419, 426.
764 Vgl. Priester, DNotZ 1995, 427, 433; Widmann/Mayer/Mayer, Umwandlungsrecht, § 8 UmwG Rn. 58; Stratz, in: Schmitt/Hörtnagl/Stratz, UmwG § 8 Rn. 36; Semler/Stengel/Gehling UmwG § 8 Rn. 71.

III. Bestellung und Auswahl der Verschmelzungsprüfer

1. Bestellung

422 § 10 UmwG i. d. F. bis zum Jahr 2003 sah ursprünglich vor, dass die Bestellung der Verschmelzungsprüfer entweder durch das Vertretungsorgan oder auf dessen Antrag durch das Gericht erfolgte. Durch das Spruchverfahrensneuordnungsgesetz[765] ist diese **Zuständigkeit vollständig auf das Gericht übertragen** worden: Die Verschmelzungsprüfer werden jetzt auf Antrag des Vertretungsorgans **vom Gericht ausgewählt und bestellt**.[766] Sie können auf gemeinsamen Antrag der Vertretungsorgane für mehrere oder alle beteiligten Rechtsträger gemeinsam bestellt werden. Dadurch soll eine verfahrensmäßige Gleichstellung mit der aktienrechtlichen Vertragsprüfung nach § 193c AktG und der Prüfung beim squeeze out nach § 327c Abs. 2 AktG hergestellt werden. Bereits die Regierungsbegründung zum UmwG 1995 wies darauf hin, dass die Erfahrungen im sog. Spruchverfahren bei der Nachprüfung von Abfindungen im Konzernrecht gezeigt haben, dass sich Beteiligte mit dem Gutachten eines gerichtlich bestellten Sachverständigen eher zufriedengeben als mit dem eines von einer privaten Stelle bestellten Prüfers. Die Möglichkeit, einen Verschmelzungsprüfer durch das Gericht bestellen zu lassen, kann also der Vermeidung späterer Streitigkeiten über den Prüfungsbericht und die vom Prüfer attestierten Unangemessenheit des Umtauschverhältnisses dienen.[767] Dieser Gedanke ist nun durch die ausschließliche Zuständigkeit des Gerichts verstärkt worden.

423 Das Verfahren wird durch einen **Antrag des Vertretungsorgans** in Gang gesetzt. Es handeln der Vorstand bzw. die Geschäftsführer bzw. geschäftsführende Gesellschafter in vertretungsberechtigter Zahl. Dem Antrag ist eine Sachverhaltsdarstellung sowie eine Abschrift des Verschmelzungsvertrages oder seines Entwurfs beizufügen.[768] Der Antrag kann einen Vorschlag oder eine Anregung zur Person des Prüfers enthalten, dies bindet das Gericht nicht.[769] Nach § 10 Abs. 1 Satz 2 UmwG können auf gemeinsamen Antrag der Vertretungsorgane für mehrere oder alle beteiligten Rechtsträger die Prüfer gemeinsam bestellt werden. Die **Zahl der Prüfer** steht **im Ermessen**. § 60 Abs. 2 UmwG a. F. sah bei der Verschmelzung unter Beteiligung von AG vor, dass für jede AG mindestens ein Verschmelzungsprüfer bestellt werden muss (Ausnahme: § 60 Abs. 3 UmwG). Dies ist ebenfalls durch das Spruchverfahrensneuordnungsgesetz[770] geändert worden: Die Vorschrift verweist jetzt auch für die AG einheitlich auf §§ 9 bis 12 UmwG.

424 Nach § 10 Abs. 2 UmwG ist für die Bestellung der Prüfer das **LG zuständig**, in dessen Bezirk einer der übertragenden Rechtsträger seinen Sitz hat. Ungeregelt ist die Frage der örtlichen Zuständigkeit, wenn mehrere übertragende Rechtsträger vorhanden sind und ein gemeinsamer Prüfer bestellt werden soll. In diesem Fall besteht ein Wahlrecht, welches Gericht die Bestellung vornehmen soll.[771] § 10 Abs. 4 UmwG ermächtigt die Landesregierungen zu einer **Zuständigkeitskonzentration**.

---

765 V. 16.12.2003, BGBl. I, S. 838.
766 Stratz, in: Schmitt/Hörtnagl/Stratz, UmwG § 10 Rn. 7; Kallmeyer/Lanfermann, UmwG, § 10 Rn. 1; Widmann/Mayer/Fronhöfer, Umwandlungsrecht, § 10 UmwG Rn. 35; Lutter/Drygala § 10 UmwG Rn. 8 ff.
767 BR-Drucks. 75/94, S. 85; abgedruckt in: Limmer, Umwandlungsrecht, S. 280.
768 Lutter/Drygala, UmwG, § 19 Rn. 9 f.; Stratz, in: Schmitt/Hörtnagl/Stratz, UmwG § 10 Rn. 7.
769 Stratz, in: Schmitt/Hörtnagl/Stratz, UmwG § 10 Rn. 7; Kallmeyer/Lanfermann, UmwG, § 10 Rn. 13; Widmann/Mayer/Fronhöfer, UmwG § 10 Rn. 11.5; Lutter/Drygala § 10 UmwG Rn. 10; Zeidler in: Semler/Stengel, § 10 UmwG Rn. 6.
770 V. 16.12.2003, BGBl. I, S. 838.
771 Vgl. Kallmeyer/Lanfermann, UmwG, § 10 Rn. 8; Bungert, BB 1995, 1399; Widmann/Mayer/Fronhöfer, Umwandlungsrecht, § 10 UmwG Rn. 6: Wahlgerichtsstand.

Davon Gebrauch gemacht haben:[772]
– Baden-Württemberg: LG Mannheim und LG Stuttgart;
– Bayern: LG München I und LG Nürnberg;
– Hessen: LG Frankfurt am Main;
– Mecklenburg-Vorpommern: LG Rostock;
– Niedersachsen: LG Hannover;
– Nordrhein-Westfalen: LG Dortmund, LG Düsseldorf und LG Köln und
– Sachsen: LG Leipzig.

2. Auswahl

Für die Auswahl der Verschmelzungsprüfer und das Auskunftsrecht der Verschmelzungsprüfer verweist § 11 Abs. 1 UmwG auf die Vorschriften des HGB über die Auswahl von Abschlussprüfer. Verschmelzungsprüfer können danach **Wirtschaftsprüfer** und **Wirtschaftsprüfungsgesellschaften** sein (§ 319 Abs. 1 HGB). Im Rechtsausschuss wurde ergänzend zum RegE bestimmt, dass, soweit Rechtsträger betroffen sind, für die keine Pflicht zur Prüfung des Jahresabschlusses besteht, § 11 Abs. 1 Satz 1 UmwG entsprechend gilt, wobei § 267 Abs. 1 bis Abs. 3 HGB für die **Umschreibung der Größenklassen** entsprechende Anwendung findet. Hierdurch soll klargestellt werden, dass der in § 319 Abs. 1 HGB benannte Personenkreis auch für solche kleinen oder mittelgroßen Rechtsträger als Umwandlungsprüfer tätig sein kann, für die eine Jahresabschlussprüfung gesetzlich nicht vorgeschrieben ist.[773] Abschlussprüfer nach § 319 Abs. 1 Satz 2 HGB können daher für mittelgroße Gesellschaften auch **vereidigte Buchprüfer** und **Buchprüfungsgesellschaften** sein.[774] Maßgebend für die Größenklassen ist dann § 267 Abs. 1 bis Abs. 3 HGB.

425

Wirtschaftsprüfer und Wirtschaftsprüfungsgesellschaften können **grds. alle Rechtsformen** prüfen.

Von **Buchprüfern** und Buchprüfungsgesellschaften können geprüft werden:
– kleine AG,
– mittelgroße GmbH,
– mittelgroße Personenhandelsgesellschaften,
– kleine und mittelgroße Rechtsträger, für die eine Jahresabschlussprüfung gesetzlich nicht vorgeschrieben ist.

Ausschlussgründe für die Bestellung zum Verschmelzungsprüfer sind in § 319 Abs. 2 und Abs. 3 HGB festgehalten.

426

3. Rechte, Pflichten und Verantwortlichkeit der Verschmelzungsprüfer

Zur Erfüllung ihrer Prüfungspflicht haben die Prüfer das erforderliche **Auskunftsrecht**. Auch hierfür verweist § 11 Abs. 1 UmwG auf die Vorschriften über das Auskunftsrecht der Abschlussprüfer nach § 320 Abs. 1 Satz 2, Abs. 2 HGB. Danach haben die gesetzlichen Vertreter der Gesellschaften dem Abschlussprüfer den **Jahresabschluss** und den **Lagebericht** unverzüglich nach der Aufstellung vorzulegen. Sie haben ihm zu gestatten, die Bücher und Schriften der Kapitalgesellschaft sowie die Vermögensgegenstände und Schulden, namentlich die Kasse und die Bestände an Wertpapieren und Waren, zu prüfen. Nach § 320 Abs. 2 HGB kann der Abschlussprüfer von den gesetzlichen Vertretern alle die Aufklärung und Nachweise verlangen, die für eine sorgfältige Prüfung notwendig sind. § 11 Abs. 1 Satz 2 UmwG erweitert dieses Auskunftsrecht auf alle an

427

---

[772] Kallmeyer/Lanfermann, UmwG, § 10 Rn. 7; Widmann/Mayer/Fronhöfer, Umwandlungsrecht, § 10 UmwG Rn. 8 ff.
[773] Insb. kleine Kapitalgesellschaften, Personengesellschaften und Vereine; vgl. Bericht des Rechtsausschusses, BT-Drucks. 12/7850 v. 13.06.1994, abgedruckt in: Limmer, Umwandlungsrecht, S. 527.
[774] Vgl. Kallmeyer/Lanfermann, UmwG, § 11 Rn. 2.

der Verschmelzung beteiligten Gesellschaften, auf Konzernunternehmen sowie auf abhängige und herrschende Unternehmen aus, um den Verschmelzungsprüfern die Erfüllung ihrer gesetzlichen Aufgabe zu erleichtern.

428 Die Pflicht der Umwandlungsprüfer besteht darin, die Prüfung sorgfältig durchzuführen. Das Gesetz legt hierfür allerdings keine besonderen Maßstäbe fest. Grds. gilt aber, dass die Verschmelzungsprüfer eine **gewissenhafte und unparteiische Prüfung** schulden. Die Verletzung dieser Pflicht führt zum **Schadensersatzanspruch**. Die Haftung besteht nicht nur ggü. der beauftragenden Gesellschaft, sondern vielmehr ggü. den beteiligten Gesellschaften und deren Gesellschafter (§ 11 Abs. 2 UmwG i. V. m. § 323 HGB).

IV. Prüfungsgegenstand

429 Prüfungsgegenstand ist nach § 9 Abs. 1 UmwG der **Verschmelzungsvertrag** oder sein **Entwurf, nicht hingegen der Verschmelzungsbericht**.[775] Die Einschaltung unabhängiger Sachverständiger soll Gewähr dafür bieten, dass der Verschmelzungsvertrag **vollständig ist**, d. h. die in § 5 UmwG geforderten Angaben enthalten sind, dass diese Angaben richtig sind und – v. a. – dass das **Umtauschverhältnis der Geschäftsanteile angemessen** ist.[776] Im Zentrum der Prüfung steht, wie sich aus § 12 Abs. 2 UmwG ergibt, die **Überprüfung des Umtauschverhältnisses der Geschäftsanteile**. Zum Umtauschverhältnis gehört auch die Höhe der baren Zuzahlungen und die Angemessenheit einer anzubietenden Barabfindung in den Fällen des § 29 UmwG.[777] Auf diesen umfassenden Gegenstand der Prüfung hat sich der Inhalt des Prüfungsberichts zu beziehen, wobei allerdings nicht über den Verlauf, sondern nur über das Ergebnis der Prüfung Bericht zu erstatten ist.

▶ Hinweis:

430 Dies bedeutet allerdings nicht, dass sich der Prüfungsbericht, was das Umtauschverhältnis angeht, auf ein **Testat über die Angemessenheit der Quoten** beschränken darf. Der Leser des Berichts wäre in diesem Fall auf eine Wertung angewiesen, deren Stichhaltigkeit ihm verborgen bliebe.

431 Die 3. Verschmelzungsrichtlinie des Rates der EG und das UmwG haben den **Aktionärsschutz** bei der Verschmelzung nicht nur dahin **erweitert**, dass eine Prüfung durch Sachverständige eingeführt wurde. Die zulässige Schaffung der Berichtspflicht ggü. den Gesellschaftern zeigt, dass diese nicht schlechthin darauf verwiesen sein sollen, auf Sachkunde und Unabhängigkeit der Prüfer zu vertrauen. Sie sollen vielmehr darüber hinaus im gewissen Umfang in die Lage versetzt werden, sich selbst ein Bild über das Ergebnis der Prüfung zu machen. Hierzu gehört i. d. R. die Mitteilung, aufgrund welcher tatsächlichen, von den Prüfern getroffenen, Feststellungen die Prüfer zu der Überzeugung gelangt sind, dass das Umtauschverhältnis angemessen ist. Grds. ist daher auch den Aktionären Tatsachenmaterial im Prüfungsbericht anzugeben.[778]

---

[775] Stratz, in: Schmitt/Hörtnagl/Stratz, § 9 UmwG, Rn. 5; IDW, Wpg 1989, 42; Kallmeyer/Lanfermann, UmwG, § 9 Rn. 10; Zeidler in: Semler/Stengel, § 9 UmwG Rn. 18; Lutter/Drygala, UmwG, § 9 Rn. 13 f.; a. A. Bayer ZIP 1997, 1613, 1621; Priester, ZGR 1990, 420, 430.
[776] Vgl. BGH, NJW 1989, 2689; OLG Karlsruhe, DB 1989, 1616 = ZIP 1989, 988; Widmann/Mayer/Fronhöfer, Umwandlungsrecht, § 9 UmwG Rn. 25 ff.; Kallmeyer/Lanfermann, UmwG, § 9 Rn. 16 ff.
[777] Kallmeyer/Lanfermann, UmwG; § 9 Rn. 15; Lutter/Drygala, UmwG, § 9 Rn. 9 ff.; Stratz, in: Schmitt/Hörtnagl/Stratz, § 9 UmwG, Rn. 5 ff.
[778] So OLG Karlsruhe, DB 1989, 1616 = ZIP 1989, 988; Widmann/Mayer/Fronhöfer, Umwandlungsrecht, § 9 UmwG Rn. 25 ff.; Bayer, AG 1988, 323, 328; weniger weitgehend allerdings OLG Hamm, DB 1988, 1842 = AG 1989, 31.

F. Verschmelzungsprüfung und Unternehmensbewertung

Im Mittelpunkt steht die Beurteilung der **Angemessenheit des Umtauschverhältnisses**.[779] Zu achten hat der Prüfer dabei hauptsächlich darauf,
- nach welchen Methoden das vorgeschlagene Umtauschverhältnis ermittelt worden ist;
- aus welchen Gründen die Anwendung dieser Methoden angemessen ist;
- welches Umtauschverhältnis sich bei verschiedenen Bewertungsmethoden ergeben würde und
- wie diese Methoden gewichtet wurden.

Der Verschmelzungsprüfer führt nicht selbst eine Unternehmensbewertung durch. Es bleibt lediglich zu prüfen, ob die angewandten Methoden den **Grundsätzen zur Durchführung von Unternehmensbewertungen** entsprechen, die zugrunde gelegten Daten fachgerecht abgeleitet wurden und die Zukunftseinschätzungen plausibel erscheinen.

432

Die Prüfung erstreckt nicht auf die wirtschaftliche Zweckmäßigkeit der geplanten Verschmelzung und auch nicht darauf, ob die rechtlichen und wirtschaftlichen Interessen der Aktionäre im Verschmelzungsvertrag angemessen gewahrt sind. Die Beurteilung dieser Frage obliegt allein den Aktionären. Die Verschmelzungsprüfer üben also nur eine **Richtigkeits-, nicht aber eine Zweckmäßigkeitskontrolle** aus.[780]

433

V. Prüfungsbericht

§ 12 UmwG regelt im Einzelnen, **welche Ergebnisse im Prüfungsbericht** darzulegen sind.[781] Nach § 12 Abs. 1 UmwG haben die Verschmelzungsprüfer über das Ergebnis der Prüfung **schriftlich** zu berichten. Die Erstellung des Verschmelzungsberichts und des Prüfungsberichts können zeitgleich erfolgen.[782] Es ist jedoch darauf zu achten, dass der gerichtlich bestellte Prüfer nicht an der Aufstellung des Verschmelzungsberichts mitwirkt.[783] Im Zentrum des Berichts steht nach § 12 Abs. 2 UmwG die Erklärung darüber, ob das vorgeschlagene Umtauschverhältnis der Anteile, ggf. die Höhe der baren Zuzahlung als Gegenwert angemessen ist. § 12 Abs. 2 UmwG schreibt daher einen **Mindestinhalt** vor. Es ist dabei anzugeben, nach welchen **Methoden** das vorgeschlagene Umtauschverhältnis ermittelt worden ist, aus welchen **Gründen** die Anwendung dieser Methoden angemessen ist und **welches Umtauschverhältnis** oder welcher Gegenwert sich bei der Anwendung verschiedener Methoden, sofern mehrere angewandt worden sind, jeweils ergeben würde.[784] Zugleich ist dabei darzulegen, welches Gewicht den verschiedenen Methoden bei der Bestimmung des vorgeschlagenen Umtauschverhältnisses oder des Gegenwerts und der ihnen zugrunde liegenden Werte beigemessen worden ist und welche besonderen Schwierigkeiten bei der Bewertung der Rechtsträger aufgetreten sind. Insb. ist anzugeben, welche Methode der Unternehmensbewertung angewendet wurde.[785] Der Bericht ist mit einem **Testat** abzuschließen. Dem Gesetz liegt nach Auffassung des OLG Stuttgart[786] für die Verschmelzung ein Vertrags- oder Verhandlungsmodell zugrunde (vgl. oben Teil 2 Rdn. 384). Das gewonnene und im Bericht dokumentierte Verhandlungsergebnis unterliege zudem der Kontrolle durch den gerichtlich bestellten Verschmelzungsprüfer (§§ 9 ff. UmwG). Auch dies diene dem Präventivschutz der Anteilsinhaber, und zwar der Anteilsinhaber des übertragenden wie des aufnehmenden Rechtsträgers. Der Ver-

434

---

779 Widmann/Mayer/Mayer, § 9 UmwG Rn. 25 ff.; Kallmeyer/Lanfermann, UmwG, § 9 Rn. 22 ff.; Lutter/Drygala, UmwG, § 9 Rn. 9 ff., § 12 Rn. 3 ff.; Stratz, in: Schmitt/Hörtnagl/Stratz, § 9 UmwG, Rn. 5 ff., § 12 UmwG, Rn. 7; Friese-Dormann/Rothenfußer, AG 2008, 243.
780 Vgl. Priester, NJW 1983, 1459, 1462; Widmann/Mayer/Mayer, Umwandlungsrecht, § 9 UmwG Rn. 23.
781 Vgl. Widmann/Mayer/Mayer, § 12 UmwG Rn. 10 ff.; Lutter/Drygala, UmwG, § 9 Rn. 9 ff., Stratz, in: Schmitt/Hörtnagl/Stratz, § 12 UmwG, Rn. 3 ff.
782 OLG Köln, NZG 2005, 931; OLG Düsseldorf, ZIP 2005, 293.
783 OLG Düsseldorf, AG 2005, 654, 656.
784 OLG Frankfurt am Main, ZIP 2000, 1928.
785 Vgl. BayObLG, AG 2006, 41; OLG Hamm, DB 2005, 1956; LG Düsseldorf, EWiR 2006, 27.
786 AG 2011, 49 = NZG 2011, 30 = ZIP 2010, 2404; AG 2006, 421, 423 f.

schmelzungsbericht und seine Prüfung seien einander ergänzende Maßnahmen zum Schutz der Anteilseigner, weil sich die Prüfung auf die Plausibilität der Annahmen und Festsetzungen im Verschmelzungsbericht, dabei insb. auch auf die Frage des Umtauschverhältnisses, erstrecke.[787]

435 Das UmwG hat für die **Ausgestaltung des Berichts** im Einzelnen keine gesetzlichen Vorgaben gemacht, sondern dies der Praxis überlassen. In der Praxis wird i. d. R. den **Empfehlungen des Instituts der Wirtschaftsprüfer** gefolgt. Der zuständige Hauptfachausschuss hat darin empfohlen, in einer **einleitenden Klausel** darauf hinzuweisen, dass die Vollständigkeit und Richtigkeit des Verschmelzungsberichts nicht Gegenstand der Prüfung war.[788] Der Prüfer muss über das **Ergebnis der Prüfung** berichten, braucht also nicht die geprüften Tatbestände im Einzelnen mitzuteilen.

436 Als Muster für eine **beispielhafte Gliederung eines Verschmelzungsberichts** kommt folgende in Betracht:

▶ Formulierungsbeispiel: Gliederung des Verschmelzungsberichts

437 A. Auftrag und Auftragsdurchführung

B. Prüfung des (Entwurfs eines) Verschmelzungsvertrages

I. Vollständigkeit und Richtigkeit des Verschmelzungsvertrages

II. Methodik zur Ermittlung des vorgeschlagenen Umtauschverhältnisses

– Beschreibung –

III. Angemessenheit der angewandten Bewertungsmethode

– Begründung –

– Alternative Umtauschverhältnisse und Gewichtung bei der Anwendung verschiedener Bewertungsmethoden

– Besondere Schwierigkeiten bei der Bewertung –

C. Erklärung zur Angemessenheit des vorgeschlagenen Umtauschverhältnisses

438 Das **IDW**[789] empfiehlt für das **Testat** das folgende Formulierungsbeispiel:

▶ Formulierungsbeispiel: Testat

439 Nach unserer Feststellung ist aus den dargelegten Gründen das vorgeschlagene Umtauschverhältnis, nach dem die Aktionäre der...... für...... Aktien ihre Gesellschaft im Nennbetrag von...... € Aktien der...... im Nennbetrag von...... € erhalten, unter Berücksichtigung des unterschiedlich hohen Grundkapitals, auf der Grundlage der Verschmelzungswertrelation zum...... angemessen.

Nach § 12 Abs. 3 i. V. m. § 8 Abs. 3 UmwG ist der **Prüfungsbericht nicht erforderlich**, wenn alle Anteilsinhaber aller Rechtsträger auf seine Erstattung **verzichten**, und zwar in notarieller Form.

VI. Unternehmensbewertung bei der Verschmelzung

440 Das Umtauschverhältnis der Anteile gibt an, wie viel Anteile an der übernehmenden Gesellschaft die umtauschberechtigten Gesellschafter der übertragenden Gesellschaft als Gegenleistung erhal-

---

787 OLG Stuttgart, AG 2006, 421, 424; OLG Düsseldorf, NZG 2004, 429, 430; BGH, ZIP 1989, 980, 982; vgl. auch Martens, in: FS für Röhricht, 2005, S. 1002.
788 Vgl. Stellungnahme des IDW, WPg 1989, 43; vgl. auch Praxisbeispiel in ZIP 1990, 270; Stratz, in: Schmitt/Hörtnagl/Stratz, § 12 UmwG, Rn. 7; Widmann/Mayer/Mayer, UmwG, § 12 Rn. 12 ff.; Kallmeyer/Lanfermann, UmwG, § 12 Rn. 7 ff.
789 WPg 1989, 44; WP-Handbuch 2014, Bd. II D Rn. 64 ff.

F. Verschmelzungsprüfung und Unternehmensbewertung

ten. Grds. richtet sich dieses Verhältnis nach dem inneren Wert der umzutauschenden Anteile und dem inneren Wert, der als Gegenleistung zu gewährenden Anteile der übernehmenden Gesellschaft. Für die Kapitalerhöhung zur Durchführung der Verschmelzung gilt ebenfalls das Gebot der realen Kapitalaufbringung. Der Unternehmenswert des übertragenden Rechtsträgers muss mindestens die Höhe des Nennbetrages erreichen. Zur Prüfung der Kapitaldeckung ist der wahre Wert des Vermögens des übertragenden Rechtsträgers entscheidend. Betreibt dieser ein Unternehmen ist der nach allgemeinen Grundsätzen ermittelte Unternehmenswert maßgeblich. Der wahre Wert ist danach grundsätzlich der Ertragswert zuzüglich des Verkehrswertes des nicht betriebsnotwendigen Vermögens.[790] Hierzu sind alle an der Verschmelzung beteiligten Unternehmen zu bewerten. Hier besteht erfahrungsgemäß der meiste Streit. Dies ist insb. auch dadurch bedingt, dass die Betriebswirtschaftslehre **unterschiedliche Modelle der Unternehmensbewertung** kennt und der Gesetzgeber auch im neuen Umwandlungsrecht keine Regelung vorgesehen hat, die sich unmittelbar auf die Festlegung des inneren Wertes der verschmelzenden Gesellschaften bezieht. Folgende Modelle werden in der Betriebswirtschaftstheorie erörtert:[791]

– **Ertragswertmethode:** Die Rechtsprechung und herrschende Meinung wenden in erster Linie zur Bewertung ganzer Unternehmen die sog. Ertragswertmethode an.[792] Im Beschl. v. 22.09.2009 hat das OLG Stuttgart[793] dies zusammengefasst: Die zur Ermittlung des Umtauschverhältnisses durchgeführte Bewertung beider Unternehmen anhand des Ertragswertverfahrens begegne keinen methodischen Bedenken. Die Ertragswertmethode sei als eine geeignete Methode der Unternehmensbewertung anerkannt,[794] verfassungsrechtlich unbedenklich.[795] Nach der Ertragswertmethode seien die zukünftigen Erträge beider Unternehmen zu schätzen und jeweils mit dem Kapitalisierungszinssatz abzuzinsen.[796]

441

Auch der BGH hat festgestellt, dass der wirkliche Wert der Beteiligung an einem Gesellschaftsunternehmen nicht dem Ergebnis der Addition von Buchwerten und der auf die Beteiligung entfallenden stillen Reserven entspreche. Nach der ständigen Rechtsprechung des BGH ist der Beteiligungswert auf der Grundlage des wirklichen Werts des lebenden Unternehmens zu errechnen (einschließlich der stillen Reserven und des good-will des Unternehmens). Dieser ergibt sich im Allgemeinen aus dem Preis, der bei einem Verkauf des Unternehmens als Einheit erzielt würde.[797] Auch in einer Entscheidung v. 09.11.1998[798] hat der BGH entschieden, dass i. d. R. die Bewertung des Vermögens eines Unternehmens nach der Ertragswertmethode zu erfolgen habe. Nach diesen Regeln sei das Unternehmen nach dem Grundsatz der wirtschaftlichen Unternehmenseinheit als »organisierte Kombination von materiellen und immateriellen Faktoren in seiner Funktion

---

790 OLG Rostock MittBayNot 2017, 414 = NZG 2017, 61.
791 Vgl. Großfeld, Unternehmens- und Anteilsbewertung im Gesellschaftsrecht, S. 31 ff.; Piltz, Die Unternehmensbewertung in der Rechtsprechung, S. 16 ff.; Kallmeyer/Marsch-Barner, § 8 UmwG Rn. 14; Marten, in: FS für Röhricht, S. 987, 1003; Gude, Strukturänderungen und Unternehmensbewertung zum Börsenkurs, S. 60; Hering, Grundlagen der Unternehmensbewertung, S. 85 ff.; Drukarczyk/Schüler, Unternehmensbewertung, 2007, S. 25 ff.; Kuhner, AG 2006, 713 ff.; Wüstemann, BB 2010, 1715 ff. zur neueren Rspr.; zur Unternehmensbewertung bei der grenzüberschreitenden Verschmelzung Kiem, ZGR 2007, 54 ff.
792 Vgl. Großfeld, Unternehmens- und Arbeitsbewertung im Gesellschaftsrecht, S. 30 ff.; Piltz, Die Unternehmensbewertung in der Rechtsprechung, S. 16 ff.; Seetzen, WM 1994, 45 ff.; Dörschell/Francken, DB 2005, 2257; Kunowski, DStR 2005, 569; Reuter/Lenz, DB 2006, 1689 ff.; Großfeld/Stöber/Tonnes, BB-Special 7/2005, Unternehmensbewertung, S. 2.
793 AG 2010, 42 = BB 2010, 1716 = ZIP 2010, 283.
794 BGH, NJW 2003, 3272, 3273; OLG Stuttgart, NZG 2007, 112; BayObLG, NJW-RR 1996, 1125, 1126; BayObLG, NZG 2006, 156; Hüffer/Koch, AktG, § 305 Rn. 19.
795 BVerfG, NJW 1999, 3769, 3771.
796 Ebenso OLG München, WM 2009, 1848 = ZIP 2009, 2339; OLG Karlsruhe, AG 2009, 47; OLG Koblenz, OLGR Koblenz 2009, 608.
797 Vgl. BGH, NJW 1955, 1025; BGH, WM 1971, 1450; BGH, NJW 1985, 193.
798 BGH, AG 1999, 122.

insgesamt« zu bewerten. Der Ertragswert schließe dann auch den Geschäfts- bzw. Firmenwert ein. Zwar sei der Unternehmenswert, der von dem Barwert der zukünftigen Überschüsse der Einnahmen über die Ausgaben gebildet werde und theoretisch den richtigen Wert des Unternehmens darstelle, zukunftsbezogen. Um ein tragfähiges Fundament für diese Zukunftsschätzung zu erhalten, gehe man bei der Bestimmung der Ertragsgrundlagen – unter Auswertung von Vergangenheitsergebnissen – allerdings von den Verhältnissen am Bewertungsstichtag aus. Auch zukünftig nachweisbare Erfolgschancen können durch die Bewertung der Ertragskraft im Regelfall nur dann gestützt werden, wenn die Voraussetzungen für die Nutzung dieser Chance bereits im Ansatz geschaffen seien.

Auch das BayObLG war im Fall »**EU/März**«[799] der Auffassung, dass die Ertragswertmethode i. d. R. anzuwenden sei. Die Ertragswertmethode beruhe auf der Überlegung, dass sich der Wert eines Unternehmens in erster Linie danach bestimme, welche Erträge es in Zukunft erwirtschaften könne. Diese Erträge würden auf den Bewertungsstichtag abgezinst und dadurch zum Ertragswert kapitalisiert.[800]

Unklar war die Frage, inwieweit der **Börsenkurs einer Aktie** für die Unternehmensbewertung heranzuziehen ist. Die Rechtsprechung hatte es früher abgelehnt, den Börsenkurs der Aktie für die Unternehmensbewertung heranzuziehen.[801] Zu beachten ist allerdings, dass das BayObLG in der Entscheidung »EU/März« in einem Verfahren nach §§ 304, 305, 306 AktG diese Auffassung teilweise aufgab. Es weist darauf hin, dass die Aktie heute ein in weiten Bevölkerungsschichten verbreitetes Wertpapier sei, das i. d. R. den Verkehrswert mindestens ebenso zutreffend angebe, wie eine langwierige Berechnung des Unternehmenswertes durch Sachverständige nach der Ertragswertmethode. Das BayObLG hält eine Heranziehung des Börsenkurses jedenfalls dann für geboten, wenn andere Möglichkeiten zur Feststellung des Unternehmenswertes ausscheiden. Das OLG Zweibrücken[802] war allerdings entgegen der Entscheidung des BayObLG der Auffassung, dass der Börsenkurs den Wert des Unternehmens nicht wiedergebe. Das **BVerfG** hat sodann im Beschl. v. 27.04.1999 entschieden, dass der Wert nicht ohne Rücksicht auf den **Börsenkurs** festgesetzt werden dürfe.[803] Das BVerfG hat darin entschieden, dass die »angemessene Abfindung« i. S. d. Bestimmung die volle Abfindung betreffe, der ausscheidende Aktionär also das erhalten müsse, was seine gesellschaftliche Beteiligung an dem arbeitenden Unternehmen wert sei.[804] Soweit ein Börsenkurs besteht, ergibt dieser die **Untergrenze der anzubietenden Abfindung**.[805] Das BVerfG hat ferner festgehalten, es sei nicht notwendig auf den Börsenkurs zum Bewertungsstichtag abzustellen, weil sonst die Möglichkeit bestünde, den Kurs in die Höhe zu treiben. Deshalb könne etwa auf einen Durchschnittskurs im Vorfeld der Bekanntgabe des Unternehmensvertrags zurückgegriffen werden. In dem Beschl. v. 29.11.2006[806] hat das BVerfG bekräftigt, dass es von Verfassungswegen nicht zu beanstanden sei, entsprechend der Rechtsprechung des BGH einen Referenzzeitraum von 3 Monaten vor der Hauptversammlung heranzuziehen. Ob stattdessen ein anderer Referenzzeitraum, etwa 3 Monate vor Bekanntgabe der Maßnahme, maßgeblich sein soll, sei von den Fachgerichten auf einfachrechtlicher Ebene zu entscheiden.[807]

---

799 AG 1999, 43.
800 Vgl. auch BayObLG, AG 1996, 177.
801 Vgl. BGH, AG 1967, 264; BGHZ 71, 40, 51; BayObLG, AG 1996, 127, 128; BayObLG, AG 1996, 176; OLG Düsseldorf, AG 1995, 85.
802 EWiR 1999, 485.
803 BVerfG, NJW 1999, 3769 = DB 1999, 1693 = BVerfGE 100, 289 = AG 1999, 566 m. Anm. Vetter.
804 BVerfGE 14, 263, 294; BVerfGE 100, 289, 304; BGHZ 108, 115; BayObLG, ZIP 2001, 1999, 2000, KK-AktG/Koppensteiner, § 305 Rn. 50; MünchKomm-AktG/Grunewald, § 327b Rn. 9; MünchKomm-AktG/Bilda, § 305 Rn. 58 ff.; Hüffer/Koch, AktG, § 305 Rn. 18, § 327b Rn. 5.
805 BVerfGE 100, 289, 309 = NJW 1999, 3769; Hüffer/Koch, AktG, § 327b Rn. 5; KK-AktG/Koppensteiner, § 305 Rn. 52.
806 ZIP 2007, 175 = AG 2007, 119.
807 BVerfG v. 29.11.2006, ZIP 2007, 175 [177 f.] = AG 2007, 119.

Das OLG Stuttgart,[808] das KG[809] und schließlich auch der BGH[810] waren daher der Auffassung, dass der Verkehrswert und damit der gemittelte Börsenkurs der letzten 3 Monate maßgeblich sei.[811] Der **BGH** hatte im Anschluss an den Beschluss des BVerfG v. 27.04.1999 – zu entscheiden; In der **DAT/Altana-Entscheidung** hat er es abgelehnt, auf den Kurs zu einem Stichtag abzustellen und als Referenzzeitraum für einen Durchschnittswert die letzten 3 Monate vor dem Hauptversammlungsbeschluss herangezogen.[812] Die **Instanzgerichte** haben sich dem BGH überwiegend angeschlossen.[813] Die Gerichte sind in den zu entscheidenden Fällen teilweise zu dem Ergebnis gelangt, dass der nach dem Ertragswertverfahren zu bestimmende Abfindungsbetrag höher ist als der nach der Vorgabe des BGH bestimmte Börsenkurs, wobei nicht immer ersichtlich ist, ob ein anderer Referenzzeitraum dazu geführt hätte, dass der sich nach dem Ertragswertverfahren ergebende Betrag überschritten wird.[814] Z. T. haben sich aber die Gerichte auch auf einen den Ertragswert übersteigenden höheren Börsenwert gestützt.[815]

In der Praxis hat der Stichtag der BGH-Entscheidung Schwierigkeiten bereitet, da sogar der Kurs am Hauptversammlungstag selbst berücksichtigt werden sollte, der aber während der Hauptversammlung allenfalls mit Mühe festgestellt werden kann und durch die Bekanntgabe der Maßnahme Spekulationen unterlag.,[816] Im grundlegenden **Stollwerck-Beschluss** v. 19.07.2010 hat nun der BGH seine Rechtsprechung, wonach der einer angemessenen Abfindung als Untergrenze zugrunde zu legende Börsenwert der Aktie grds. dem Durchschnittskurs der 3 Monate unmittelbar vor der Hauptversammlung entsprechen muss, teilweise aufgegeben.[817] Der BGH entscheidet, dass die angemessene Abfindung nach dem höheren Börsenwert der Aktie zu bestimmen sei, da dieser über dem nach dem Ertragswertverfahren ermittelten Schätzwert liege und keine Marktenge bestand. Der Börsenwert sei grds. aufgrund eines nach Umsatz gewichteten Durchschnittskurses innerhalb einer 3-monatigen Referenzperiode vor der Bekanntmachung der Maßnahme zu ermitteln. Soweit der Senat bisher vertreten habe, der Referenzzeitraum sei auf den Tag der Hauptversammlung als dem Stichtag, an dem die Maßnahme beschlossen wird, zu beziehen[818] gibt er seine Auffassung auf. Der BGH stellt fest, dass der Tag der Hauptversammlung zwar besonders nahe liege an dem für die Bewertung maßgebenden Tag, er sein aber als Stichtag des Referenzzeitraums nicht geeignet, weil der Börsenkurs in dem Zeitraum davor regelmäßig von den erwarteten

---

808 DB 2000, 709.
809 KG-Report 2000, 245.
810 NJW 2001, 2080 = BB 2001, 1053.
811 Vgl. auch Bungert, BB 2001, 1163 ff. sowie LG München I, ZIP 2000, 1055 = DB 2000, 1016.
812 BGH v. 12.03.2001, NJW 2001, 2080 [2082] = BGHZ 147, 108 = AG 2001, 417; bestätigt durch BGH v. 21.07.2003, BGHZ 156, 57 = NJW 2003, 3272 [3273] = AG 2003, 627.
813 OLG Hamburg v. 12.10.2001, NZG 2002, 189 [190] = AG 2002, 89; v. 07.08.2002, AG 2003, 583 = NZG 2003, 89 [90]; OLG Düsseldorf v. 31.01.2003, NZG 2003, 588 [590]; OLG Stuttgart v. 01.10.2003, AG 2004, 43; OLG Karlsruhe v. 05.05.2004, AG 2005, 45 [47]; OLG München v. 11.07.2006, ZIP 2006, 1722 [1723]; LG Frankfurt am Main v. 22.06.2005, AG 2005, 930 [933 f.]; v. 17.01.2006, AG 2006, 757 [758 f.]; v. 13.06.2006, NZG 2006, 868 [869].
814 OLG Stuttgart v. 01.10.2003, AG 2004, 43; LG Frankfurt am Main v. 13.06.2006, NZG 2006, 868 [869].
815 OLG Düsseldorf v. 31.01.2003, NZG 2003, 588 [590]; dezidiert gegen eine Vorverlagerung OLG Hamburg v. 07.08.2002, AG 2003, 583 = NZG 2003, 89 [90] und OLG München v. 11.07.2006, ZIP 2006, 1722 [1725]; so wohl auch OLG Hamburg v. 12.10.2001, NZG 2002, 189 [190]; OLG Karlsruhe v. 05.05.2004, AG 2005, 45 [48].
816 Vgl. Wasmann, ZGR 2011, 83, 85; ders., BB 2007, 680.
817 DNotZ 2011, 224 = AG 2010, 629 = BB 2010, 1941 m. Anm. Müller-Michaels = DB 2010, 1693 = DStR 2010, 1635 m. Anm. Goette = NJW 2010, 2657; NZG 2010, 939, vgl. Vorinstanzen OLG Stuttgart, WM 2010, 654; OLG Frankfurt am Main, NZG 2010, 664; OLG Düsseldorf, ZIP 2009, 2055; vgl. zu dieser Entscheidung Wasmann, ZGR 2011, 83 ff.; Bungert/Wettich, BB 2010, 2227 ff.; Decher, ZIP 2010, 1673 ff.
818 BGHZ 147, 108 ff.

Abfindungswerten wesentlich bestimmt werde und weil mit einer Bemessung nach dieser Referenzperiode nicht mehr der Verkehrswert der Aktie entgolten werde. Den Minderheitsaktionären sei das zu ersetzen, was sie ohne die zur Entschädigung verpflichtende Intervention des Hauptaktionärs oder die Strukturmaßnahme bei einem Verkauf des Papiers erlöst hätten. Maßgeblich sei stattdessen nunmehr grds. der nach Umsatz gewichtete Durchschnittskurs innerhalb einer **3-monatigen Referenzperiode vor der Bekanntmachung der Strukturmaßnahme**. Nur wenn zwischen der Bekanntgabe der Maßnahme und dem Tag der Hauptversammlung ein längerer Zeitraum verstreiche und die Entwicklung der Börsenkurse eine Anpassung geboten erscheinen lasse, soll der Börsenwert entsprechend der allgemeinen oder branchentypischen Wertentwicklung unter Berücksichtigung der seitherigen Kursentwicklung hochzurechnen sein.

Das **BayObLG**[819] war der Meinung, es sei bei der Verschmelzung nicht geboten das Verhältnis der Börsenkurse zum ausschlaggebenden Maßstab zu machen. Bei der Verschmelzung einer börsennotierten mit einer nicht börsennotierten Gesellschaft will auch das OLG Karlsruhe[820] aus Gleichbehandlungsgründen den Börsenkurs nicht berücksichtigen.

Auch das **OLG Karlsruhe hat im Beschluss »SEN/KHS«**[821] darauf hingewiesen, dass zur Ermittlung der Verschmelzungswert-Relation jedes Unternehmen nach der Ertragswertmethode bewertet werden muss. Dazu sei der Ertragswert aus der Sicht des Stichtages zu prognostizieren (**sog. Wurzeltheorie**). Bei der Bewertung sei von dem Grundsatz der Vollausschüttung auszugehen. Das OLG Karlsruhe lässt offen, ob bei einer Verschmelzung vom Ertragswert an dem Tag auszugehen ist, auf den die Verschmelzung nach dem Verschmelzungsvertrag vorgenommen wurde. Bei der Ertragswertmethode geht es im Kern um eine **Schätzung der künftigen Überschüsse**, die dann auf den Bewertungszeitpunkt abgezinst werden. Entsprechend für den Ertragswert sind die auf den Bewertungsstichtag abgezinsten erwarteten zukünftigen Gewinne des Unternehmens. Nach dem Ertragswertverfahren wird dabei auf den Stichtag bezogen, unter Berücksichtigung der Vergangenheitsergebnisse mithilfe einer Investitionsrechnung, der Barwert, d. h. die in Zukunft zu prognostizierenden Erfolge des Unternehmens, errechnet. Der zukünftige Ertrag ergibt sich dabei aus dem Saldo von Erträgen und Aufwendungen.[822] Im Einzelnen besteht allerdings auch hier eine **Reihe von Zweifelsfragen**, die insb. darin begründet liegen, dass die Zukunftsprognose durchaus unsicher ist. Ausgesondert wird bei der Ertragswertmethode nach der wohl überwiegenden Meinung das sog. neutrale oder nicht betriebsnotwendige Vermögen.[823] Zum neutralen Vermögen eines Unternehmens zählen alle Gegenstände, deren Vorhandensein den Ertragswert nicht oder nicht wesentlich beeinflusst, deren Vermögenswert jedoch bedeutsam ist. Es handelt sich um alle Gegenstände, die sich ohne Schaden für den Ertrag aus dem Unternehmen herausnehmen lassen, wenn sich so ein höherer Wert als i. R. d. Ertragswert ergibt. Die nicht betriebsnotwendige Substanz ist Überschuss- oder Ergänzungssubstanz.[824] Das nicht notwendige Betriebsvermögen ist grds. zum Liquidationswert zu bewerten.

Weiterhin umstritten ist schließlich die Frage des **Kapitalisierungszinses**.[825] Hier wird üblicherweise vom landesüblichen Zinssatz als sog. Basiszinsfuß ausgegangen. Er entspricht dem durch-

---

819 NZG 2003, 483 dazu ablehnend Weiler/Meyer, NZG 2003, 669; Bungert, BB 2003, 699 ff.
820 AG 2006, 463.
821 AG 1998, 288.
822 Vgl. zur Ertragswertmethode in der Rspr. BGH, WM 1992, 264; OLG Karlsruhe, AG 1998, 188; OLG Zweibrücken, WM 1995, 980; BayObLG, BB 1996, 687; BayObLG, WM 1995, 1580; OLG Hamm, FamRZ 1998, 235; vgl. auch Piltz, Die Unternehmensberatung in der Rechtsprechung, S. 17.
823 Vgl. BayObLG, BB 1996, 688; Piltz, Die Unternehmensberatung in der Rechtsprechung, S. 30.
824 Vgl. auch OLG Düsseldorf, AG 1992, 200, 203.
825 Vgl. Wiese/Gampenrieder zur Ermittlung von Zinssätzen bei der Unternehmensbewertung, BB 2008, 1722.

schnittlichen Zinssatz für öffentliche Anleihen oder langfristige verzinsliche Wertpapiere.[826] Dieser Basiszinssatz ist aber nach der überwiegenden Meinung in Rechtsprechung und Literatur durch Abschläge und Zuschläge zu korrigieren. Im Einzelnen sind allerdings auch diese Abschläge umstritten. Üblich ist z. B. ein Abschlag für das Inflationsrisiko.[827] Ebenfalls umstritten ist die Frage, ob ein Zuschlag für das Unternehmerrisiko gerechtfertigt ist. Die Rechtsprechung schwankt hier zwischen völliger Ablehnung eines Risikozuschlages[828] und Risikozuschlägen, die sich wohl zwischen 0,5 % und 1,5 % befinden[829] hat im Beschl. v. 14.07.2009 entschieden, dass für die Berechnung des Kapitalisierungszinssatzes der Basiszinssatz um einen Risikozuschlag erhöht werden müsse. Dadurch werde berücksichtigt, dass sich der Basiszinssatz auf für sicher gehaltene festverzinsliche Anleihen ohne Liquidationsrisiko beziehe, der Markt aber demgegenüber für die Investition in Unternehmensbeteiligungen, die in ihrer Wertentwicklung unsicher seien, einen Zusatznutzen (Prämie, Zuschlag) erwarte, der dieses Risiko ausgleiche.[830] Nach der Konzeption des IDW S 1 wird nicht mehr (wie nach dem früheren Standard HFA 2/1983) zwischen unternehmensspeziellen und allgemeinen Risiken unterschieden, sondern das gesamte Unternehmerrisiko ausschließlich im Kapitalisierungszinssatz berücksichtigt. Der unternehmensspezifische Risikozuschlag soll sowohl das operative Risiko aus der betrieblichen Tätigkeit als auch das vom Verschuldungsgrad beeinflusste Finanzierungsrisiko abdecken.[831]

Nach den **nicht bindenden Vorgaben des IDW S1** des Instituts der Wirtschaftsprüfer wird der Unternehmenswert, als Zukunftserfolgswert verstanden.[832] Es handelt sich um zukünftige Ertrags- und Zahlungsströme, die mit einem adäquaten Kapitalisierungszinssatz bewertet werden. Inhaltlich handelt es sich um einen Vergleich mit der besten dem Bewertungsadressaten zustehenden Alternativanlage. Im Einzelnen sind sowohl Discounted-Cash-Flow-Verfahren (DCF) als auch Ertragswertverfahren (EW) zweckadäquat. Letztere sind (auch höchstrichterlich) vielfach bestätigt worden.[833] Die fachtechnischen Normen (IDW S1 [2000]), die als nicht als bindender Rechtsmaßstab anzusehen sind (Selbstregulierungsverbot), schreiben eine **Berücksichtigung des Börsenkurses** nunmehr fest: Dessen Bedeutung liegt hierbei in der »Plausibilitätsbeurteilung« der ermittelten Unternehmenswerte: »Bei einigen speziellen Unternehmensbewertungsanlässen (…) ist der Verkehrswert von börsennotierten Aktien nach der höchstrichterlichen Rechtsprechung nicht ohne Rücksicht auf den Börsenkurs zu ermitteln. Das BVerfG hat die Ertragswertmethode jetzt auch im Beschl. v. 07.11.2006 als geeignetes Verfahren zur Ermittlung des Betriebswertes angesehen.«.[834]

Ein **neuer Aspekt** wurde vom **OLG Stuttgart** im Beschl. v. 08.05.2006[835] eingeführt: Nach der allgemein anerkannten »Ertragswertmethode« werde der Unternehmenswert durch die Diskontierung der künftig den Unternehmenseignern, hier also den Aktionären, zufließenden finanziellen Überschüsse ermittelt. Diese Zukunftserträge werden auf der Grundlage der Ergebnisse der früheren Jahre und der internen Planung des Unternehmens prognostiziert. Dieser Prognose komme eine hohe Bedeutung für die Unternehmensbewertung zu; sie sei deshalb in vielen Bewertungsverfahren besonders umstritten. Bei einer Verschmelzung zweier zuvor voneinander unabhängiger

---

826 Vgl. OLG Hamm, FamRZ 1998, 235.
827 So BayObLG, BB 1996, 688.
828 OLG Celle, DB 1979, 1031; OLG Zweibrücken, WM 1995, 980, 984.
829 OLG Düsseldorf, AG 1992, 200, 204). Das OLG München (WM 2009, 1848 = ZIP 2009, 2339.
830 Vgl. OLG Stuttgart, AG 2007, 128/133 m. w. N.; BayObLG, AG 2006, 41/43.
831 Vgl. IDW S 1 i. d. F. v. 28.06.2000 Nr. 6.2; WP-Handbuch 2002 A Rn. 209, vgl. auch OLG Karlsruhe, AG 2009, 47.
832 Vgl. IDW, Grundsätze zur Durchführung der Unternehmensbewertung: IDW S1, WPg 2005, 1303.
833 Z. B. BVerfGE 100, 289.
834 Vgl. allgemein zum Ertragswertverfahren Dörschell/Francken, DB 2005, 2257; Kunowski, DStR 2005, 569; Reuter/Lenz, DB 2006, 1689 ff.; Großfeld/Stöber/Tonnes, BB-Special 7/2005, Unternehmensbewertung, S. 2.
835 Der Konzern 2006, 447.

Konzerne sei der Verschmelzungsvertrag das Ergebnis einer freien Verhandlung und Vereinbarung durch die jeweiligen Vorstände. Derartige Vertragsverhandlungen seien naturgemäß davon geprägt, dass die Interessen aller Aktionäre einer jeden Seite auf ein möglichst günstiges Umtauschverhältnis gerichtet seien. Klein- und Großaktionäre eines Unternehmens sitzen deswegen aufgrund ihrer gleichgerichteten wirtschaftlichen Interessen »in einem Boot«. Damit unterscheide sich nach Auffassung des Gerichts eine solche Verschmelzung unabhängiger Gesellschaften wesentlich von regelmäßig auftretenden Fallgestaltungen in anderen Spruchverfahren, in denen es etwa um Abfindungen für Minderheitsaktionäre geht, die aus Eigeninteresse eines Großaktionärs im Wege des »Squeeze-Out« aus der Gesellschaft ausgeschlossen werden. In solchen Verfahren sei es die Funktion des Spruchverfahrens, einen angemessenen Interessenausgleich zwischen den Aktionären einer Gesellschaft herzustellen. Demgegenüber bestehe bei einem vertragsautonom ausgehandelten und von der Aktionärsmehrheit gebilligten Verschmelzungsvertrag eine höhere Gewähr dafür, dass die Vorstände die wirtschaftlichen Interessen der Anteilseigner ihres jeweiligen Unternehmens hinreichend berücksichtigt und durchgesetzt haben. Deshalb sei in solchen Fällen die gerichtliche Prüfung des Umtauschverhältnisses eingeschränkt. Sie habe sich darauf zu konzentrieren, ob bei der Unternehmensbewertung rechtliche Bestimmungen eingehalten und Tatsachen richtig zugrunde gelegt worden seien.

Dagegen sei es grds. nicht die Aufgabe des Gerichts, i. R. d. Unternehmensbewertung eigene Wertungen an die Stelle der Wertentscheidungen der Verhandlungsführer zu setzen, wenn diese unternehmerischen Entscheidungen vertretbar seien.

442 – **Substanzwertmethode:** Zur Ermittlung des Substanzwertes werden die Wirtschaftsgüter mit ihren einzelnen Wiederbeschaffungskosten bewertet unter Abzug der Passiva.[836] Hier besteht allerdings Einigkeit, dass diese Methode zumindest für die Unternehmensbewertung allein nicht ausreichend ist, da sich ein potenzieller Käufer eines Unternehmens nicht am Substanz-, sondern am Ertragswert orientiert.[837]

443 – **Mittelwertmethode:** Die Mittelwertverfahren, oder auch Praktikerverfahren genannt, gehen grds. vom Ertragswert aus, berücksichtigen allerdings auch den Substanzwert in einem gewissen Verhältnis zum Ertragswert.[838] Das Verhältnis zwischen Substanzwert und Ertragswert beträgt daher teilweise 2:1 oder 1:1.

444 – **Liquidationswertmethode:** Der Liquidationswert stellt auf die Prämisse ab, dass keine Fortführung des Unternehmens geplant ist. Dies unterscheidet ihn vom Substanzwert, bei dem eine Fortführung angenommen wird und daher auch die Wiederbeschaffungskosten maßgebend sind. Der Liquidationswert geht von der Einzelveräußerung der Vermögensgegenstände aus. Nach Abzug der Schulden und der Liquidationskosten ergibt sich der Liquidationsnettowert.[839] Die herrschende Meinung geht davon aus, dass die Vermögenssubstanz zu Liquidationszwecken für die Bewertung maßgebend ist, um zu prüfen, ob der Substanzwert unter Liquidationsbedingungen den Ertragswert so erheblich übersteigt, dass die verbleibende Gesellschaft selbst bei einer Liquidation unter Auflösung der stillen Reserven höhere Werte als die sog. Liquidationswerte erzielen würde, als auf der Grundlage des Fortführungswertes. Der Liquidationswert ist daher Wertuntergrenze und er ist Mindestwert des Unternehmens.[840]

---

836 Vgl. im Einzelnen Piltz, Die Unternehmensbewertung in der Rechtsprechung, S. 36 ff.
837 Vgl. BGH, NJW 1985, 192; OLG Düsseldorf, DB 1990, 13959.
838 Vgl. Großfeld, Unternehmens- und Anteilsbewertung im Gesellschaftsrecht, S. 25 ff.; Piltz, Die Unternehmensbewertung in der Rechtsprechung, S. 38 f.
839 Vgl. Großfeld, Unternehmens- und Anteilsbewertung im Gesellschaftsrecht, S. 99; Piltz, Die Unternehmensbewertung in der Rechtsprechung, S. 31.
840 BGH, NJW 1973, 509; LG Dortmund, DB 1993, 916; Großfeld, Unternehmens- und Anteilsbewertung im Gesellschaftsrecht, S. 100.

F. Verschmelzungsprüfung und Unternehmensbewertung

Die wohl herrschende Meinung geht zu Recht bei der Ermittlung des Umtauschverhältnisses grds. vom **Ertragswert, korrigiert durch das betriebsneutrale Vermögen**, aus.[841] Lediglich bei der Verschmelzung eines Unternehmens, bei dem eine selbstständige Fortführung nicht mehr möglich wäre, bildet der Liquidationswert die Untergrenze.[842] Im Beschl. v. 19.03.2008 hat das OLG Stuttgart[843] nochmals darauf hingewiesen, dass das Ertragswertverfahren als eine mögliche – und verfassungsrechtlich nicht zu beanstandende[844] – Methode zur Unternehmensbewertung anerkannt sei.[845] Es habe sich in der obergerichtlichen Rechtsprechung und betriebswirtschaftlichen Praxis zur Unternehmensbewertung durchgesetzt.[846] I. R. d. Tatsachenfeststellung zur Unternehmensbewertung seien die in die Zukunft gerichteten Planungen der Unternehmen und die darauf aufbauenden Prognosen ihrer Erträge ohnehin nur eingeschränkt überprüfbar. Sie seien in erster Linie ein Ergebnis der jeweiligen unternehmerischen Entscheidung der für die Geschäftsführung verantwortlichen Personen. Diese Entscheidungen haben auf zutreffenden Informationen und daran orientierten, realistischen Annahmen aufzubauen; sie dürfen zudem nicht in sich widersprüchlich sein. Kann die Geschäftsführung auf dieser Grundlage vernünftigerweise annehmen, ihre Planung sei realistisch, darf diese Planung nicht durch andere – letztlich ebenfalls nur vertretbare – Annahmen des Gerichts ersetzt werden.[847]

445

Das **OLG Stuttgart** hat im Beschl. v. 16.02.2007[848] die Frage dem BGH zur Entscheidung vorgelegt und neue Maßstäbe für die Berechnung des Unternehmenswerts in Spruchverfahren (hier DaimlerChrysler-Konzern) eingefordert. Das OLG Stuttgart möchte von der bisherigen Rechtsprechung des BGH zur Berechnung des Börsenwerts eines Unternehmens abweichen. Das OLG Stuttgart hatte in einem Spruchverfahren den Wert eines dem DaimlerChrysler-Konzern zugehörigen Unternehmens festzustellen, nachdem dort die Minderheitsaktionäre ausgeschlossen worden waren. Das von den ausgeschlossenen Aktionären angerufene LG Stuttgart hatte die angebotene Abfindung als angemessen bezeichnet und eine Erhöhung abgelehnt. Dagegen ist Beschwerde zum OLG eingelegt worden. Das OLG ist der Überzeugung, dass der bisherigen Rechtsprechung zur Feststellung des Unternehmenswerts in einem für die Entscheidung erheblichen Punkt nicht zu folgen sei. Der BGH hatte im Jahr 1999 im Anschluss an das BVerfG grundlegend entschieden, dass der Unternehmenswert in solchen Fällen nicht nur nach betriebswirtschaftlichen Methoden (z. B. nach der sog. Ertragswertmethode) zu berechnen sei. Untergrenze dessen, was einer Entschädigung zugrunde zu legen sei, sei vielmehr **ein aus Börsenkursen abzuleitender Wert**. Dies hat in der Rechtsprechung und Literatur breite Gefolgschaft gefunden und wird auch vom OLG Stuttgart nicht infrage gestellt. Der BGH hatte allerdings auch im Einzelnen festgelegt, wie aus den Börsenkursen ein Wert abzuleiten sei. Nach seiner Vorstellung war dabei im Wesentlichen der Durchschnittskurs zugrunde zu legen, der sich in den 3 Monaten

446

---

841 Großfeld, Unternehmens- und Anteilsbewertung im Gesellschaftsrecht, S. 30; KK-AktG/Koppensteiner, § 305 Rn. 35; BGH, NJW 1985, 192; OLG Stuttgart, AG 2008, 510 = ZIP 2008, 2020; OLG Frankfurt am Main, DB 1989, 469; OLG Düsseldorf, ZIP 1988, 155; LG Mannheim, ZIP 1988, 773; KG, KG-Report 2000, 245; BayObLG, AG 1996, 127; OLG Zweibrücken, AG 1995, 421.
842 Vgl. auch LG Mannheim, ZIP 1988, 773, 776.
843 AG 2008, 510 = ZIP 2008, 2020.
844 Vgl. BVerfGE 100, 289.
845 BGHZ 156, 57; OLG Stuttgart, NZG 2007, 112, 114; 2000, 744, 745; OLGR 2004, 6, 8 f.; BayObLGZ 2002, 400, 403 f.; NZG 2006, 156; NJW-RR 1996, 1125, 1126; OLG Celle, NZG 1998, 987; Emmerich, in: Emmerich/Habersack, Aktien- und GmbH-Konzernrecht, 5. Aufl. § 305 Rn. 52b; Hüffer/Koch, AktG, § 305 Rn. 19; Großfeld, Unternehmens- und Anteilsbewertung, S. 152.
846 Vgl. OLG Stuttgart OLGR 2004, 6, 8; Krieger, in: Münchener Handbuch des Gesellschaftsrechts, Bd. IV, § 70 Rn. 108 ff.; Emmerich, in: Emmerich/Habersack, Aktien- und GmbH-Konzernrecht, 5. Aufl., § 305 Rn. 52b ff.
847 OLG Stuttgart, AG 2007, 596, 597 f.; AG 2007, 705, 706; NZG 2007, 112, 114; AG 2006, 420, 425.
848 AG 20007, 209.

vor der Beschlussfassung über die fragliche Maßnahme gebildet hatte. Während die seitdem veröffentlichten Entscheidungen der Instanzgerichte dem weitgehend folgten, erntete diese Rechtsprechung in der Literatur Widerspruch. Das OLG Stuttgart hat diesen Widerspruch nunmehr aufgegriffen und sich zueigen gemacht. Zu den maßgeblichen Gründen dafür gehört, dass eine solche Wertfindung auf eine Art **Zirkelschluss** hinauslaufen kann. Denn lange vor dem Beschluss über die fragliche Maßnahme muss diese bereits angekündigt werden. Mit dem Bekanntwerden der Maßnahme, v. a. mit der Bekanntgabe der vorgesehenen Abfindung, beginnen aber u. a. Abfindungsspekulationen um den Kursverlauf zu bestimmen. Zudem müsste das Unternehmen einen Abfindungsbetrag bekannt geben, dessen Angemessenheit erst später unter Berücksichtigung des nach der Bekanntgabe eingetretenen Börsengeschehens festgestellt werden kann. Das OLG hält es aus solchen Gründen für notwendig, auf einen Kurs abzustellen, der sich vor der Bekanntgabe der Maßnahme gebildet hat. Dabei sei auch nicht der (ungewichtete) Durchschnitt der Tagesendkurse zu berechnen; die Kurse müssten vielmehr nach Maßgabe der Umsätze gewichtet werden. Schließlich hat das OLG auch **Fragen zur Berechnung des Ertragswerts** aufgeworfen. Dazu gehört das Problem, ob weiterhin bei der Feststellung der angenommenen Jahresüberschüsse und bei einzelnen Faktoren des Kapitalisierungszinses auf eine Nachsteuerbetrachtung abzustellen sei. Dieser deutsche Sonderweg bereite in dem zunehmend globalisierten Wirtschaftsgeschehen Schwierigkeiten. Zudem könne für die Vielzahl in- und ausländischer, oft institutionalisierter Anleger kaum ein vernünftiger pauschaler Steuersatz gefunden werden.

447 Vom Gesetz nicht geregelt ist die Frage, **auf welchen Stichtag** die Bewertung zu erfolgen hat. Das Gesetz bestimmt nur für eine evtl. Barabfindung, nicht aber für das Umtauschverhältnis, dass die Verhältnisse im **Zeitpunkt der Beschlussfassung des übertragenden Rechtsträgers** maßgebend sind. Da das UmwG diesen Zeitpunkt nicht definiert, geht die herrschende Meinung zu Recht davon aus, dass auch ein früherer Zeitpunkt wie z. B. der Stichtag der Schlussbilanz festgelegt werden kann, wenn diese Werte auf den Tag der Beschlussfassung aufgezinst werden und über etwaige wertverändernde Ereignisse in der Versammlung berichtet und der Verschmelzungsbericht ergänzt wird.[849]

448 Der BGH hat erst aktuell dazu festgestellt, dass die Ertragswertmethode im Regelfall geeignet sei, um zur Bemessungsgrundlage für den Wert einer Unternehmensbeteiligung zu gelangen:[850] Im Rahmen der Ertragswertmethode werde die Summe aller zukünftigen Erträge des fortgeführten Unternehmens ermittelt (Zukunftserfolgswert), und zwar durch eine Rückschau auf die Erträge des Unternehmens in den letzten Jahren. Auf dieser Grundlage werde eine Prognose zur Ertragslage der nächsten Jahre erstellt. Damit werde das Unternehmen in seiner Gesamtheit bewertet. Der Wert der einzelnen Gegenstände sei insoweit ohne Bedeutung. Der Ertragswert eines Unternehmens sei nach betriebswirtschaftlichen Grundsätzen allein aus seiner Eigenschaft abzuleiten, nachhaltig ausschüttbare Überschüsse zu produzieren. Diese werden kapitalisiert und auf den Bewertungsstichtag bezogen. Verbindliche Regelungen darüber, welcher Zeitraum bei der Unternehmensbewertung zugrunde zu legen sei, gebe es nicht. Der Durchschnittsertrag werde in der Regel auf Basis der letzten drei bis fünf Jahre ermittelt, wobei die jüngeren Erträge stärker gewichtet werden können als die älteren.[851] Auch das OLG Rostock[852] hat im Rahmen der Verschmelzung festgestellt, dass der wahre Wert grundsätzlich der Ertragswert zuzüglich des Verkehrswertes des nicht betriebsnotwendigen Vermögens sei. Im Rahmen des Kapitalaufbringungsrechts bedeute dies, dass Unternehmen bei Sachanlagen regelmäßig nicht nach dem Substanz- oder (Bilanz-)Buchwert, sondern nach der sogenannten modifizierten Ertragsmethode zu bestimmen seien. Die Erträge müssen zunächst geschätzt und dann auf den Bewertungsstichtag abgezinst

---

849 Lutter/Drygala, UmwG § 8 Rn. 28; Widmann/Mayer/Mayer, Umwandlungsrecht, § 5 UmwG Rn. 131; Kallmeyer/Marsch-Barner, UmwG, § 8 Rn. 21; Seetzen, WM 1999, 565, 569.
850 BGH NJW 2018, 61; BGH NJW 2014, 294.
851 BGH NJW-RR 2016, 1217.
852 MittBayNot 2017, 414= DStR 2016, 2980 = NotBZ 2016, 351.

und dadurch zum Ertragswert kapitalisiert werden. Der so bestimmte Ertragswert sei, wenn vorhanden, um den Wert des nicht betriebsnotwendigen Vermögens zu erhöhen.

G. Vorbereitung der Gesellschafter- bzw. Hauptversammlung

Bei den besonderen Vorschriften über die einzelnen Gesellschafts- und Rechtsträgerformen ist durch unterschiedliche Regelungen vorgesehen, dass vor der Gesellschafter- oder Hauptversammlung die Gesellschafter über die Verschmelzung und ihre Einzelheiten zu unterrichten sind. 449

I. Überblick über die verschiedenen Informations- und Auslegungspflichten

§ 42 UmwG sieht bei der **Verschmelzung unter Beteiligung von Personenhandelsgesellschaften** vor, dass der Verschmelzungsvertrag oder sein Entwurf und der Verschmelzungsbericht den Gesellschaftern, die von der Geschäftsführung ausgeschlossen sind, spätestens zusammen mit der Einberufung der Gesellschafterversammlung zu übersenden sind. Die Vorschrift konkretisiert das Kontrollrecht der von der Geschäftsführung ausgeschlossenen Gesellschafter einer **OHG**. Für die Kommanditisten einer **KG** wird dadurch für die Fusion ein selbstständiges Auskunftsrecht geschaffen, das ihre Stellung stärkt und ihnen eine Grundlage für ihre Entscheidung gibt. Da es für die Einberufung der Gesellschafterversammlung einer Personenhandelsgesellschaft keine gesetzlichen Fristen gibt, wurde davon abgesehen, eine bestimmte Frist für die Übersendung der Verschmelzungsunterlagen vorzuschreiben. Für **Personengesellschaften** sieht allerdings § 41 UmwG eine Erleichterung vor: Ist an der Verschmelzung eine Personenhandelsgesellschaft beteiligt, so muss für diese ein Verschmelzungsbericht nicht erstellt werden, wenn **alle Gesellschafter zur Geschäftsführung** berechtigt sind. Bei der Partnerschaftsgesellschaft ist der Verschmelzungsbericht nur erforderlich, wenn ein Partner von der Geschäftsführung ausgeschlossen ist. 450

Bei der Verschmelzung von **Partnerschaftsgesellschaften** sind von der Geschäftsführung ausgeschlossene Partner nach § 45c Satz 2 UmwG und § 42 UmwG wie bei der Personengesellschaft zu unterrichten. 451

Bei der **GmbH** sieht zum einen § 47 UmwG die **Unterrichtung der Gesellschafter** dadurch vor, dass ebenfalls der Verschmelzungsvertrag oder sein Entwurf und der Verschmelzungsbericht den Gesellschaftern spätestens zusammen mit der Einberufung der Gesellschafterversammlung zu übersenden ist. Auch hier konkretisiert die Vorschrift das allgemeine Auskunfts- und Einsichtsrecht des GmbH-Gesellschafters nach § 51a GmbHG für den Vorgang der Verschmelzung. Die **Frist für die Übersendung der Verschmelzungsunterlagen** ist an die allgemeine Frist von mindestens einer Woche nach § 51 Abs. 1 GmbHG angepasst worden. Es ist umstritten, ob § 41 UmwG analog bei der GmbH gilt**:** Für **Personengesellschaften** sieht § 41 UmwG eine Erleichterung vor: Ist an der Verschmelzung eine Personenhandelsgesellschaft beteiligt, so muss für diese ein Verschmelzungsbericht nicht erstellt werden, wenn **alle Gesellschafter zur Geschäftsführung** berechtigt sind. Bei der Partnerschaftsgesellschaft ist der Verschmelzungsbericht nur erforderlich, wenn ein Partner von der Geschäftsführung ausgeschlossen ist. Es ist umstritten, ob diese Vorschrift analog bei der GmbH gilt.[853] 452

Darüber hinaus ist nach § 49 Abs. 1 UmwG **in der Einberufung der Gesellschafterversammlung** die **Verschmelzung als Gegenstand der Beschlussfassung** anzukündigen, um die Gesellschafter ausdrücklich auf diesen wichtigen Vorgang aufmerksam zu machen. Nach § 49 Abs. 2 sind von der Einberufung an in dem Geschäftsraum der Gesellschaft die Jahresabschlüsse und die Lageberichte der an der Verschmelzung beteiligten Rechtsträger für die letzten 3 Geschäftsjahre zur Einsicht durch die Gesellschafter auszulegen. 453

---

853 Befürwortend Lutter/Drygala, § 8 UmwG Rn. 58; Gehling in: Semler/Stengel, § 8 UmwG Rn. 75; ablehnend Bayer, ZIP 1997, 1613, 1620; Lutter/H. Schmidt, § 41 UmwG Rn. 3; Ihrig in Semler/Stengel § 41 UmwG Rn. 3; jetzt wohl auch Kallmeyer/Kocher, § 47 UmwG Rn. 7.

454 Das formalisierteste Verfahren der Unterrichtung der Gesellschafter ist für die **AG in § 61 und § 63 UmwG** geregelt. Nach § 61 UmwG ist der **Verschmelzungsvertrag** oder sein Entwurf vor der Einberufung der Hauptversammlung, die über die Verschmelzung beschließt, zum Register einzureichen. Das Gericht hat in der Bekanntmachung nach § 10 HGB in seinem elektronischen Informationssystem[854] einen Hinweis darauf bekannt zu machen, dass der Vertrag oder sein Entwurf beim Handelsregister eingereicht worden ist.

455 § 63 UmwG regelt die **Offenlegungspflicht des Vorstandes einer AG**. Von der Einberufung der Hauptversammlung an, die gemäß § 13 Abs. 1 über die Zustimmung zum Verschmelzungsvertrag beschließen soll, sind in dem Geschäftsraum der Gesellschaft zur Einsicht der Aktionäre auszulegen
1. der Verschmelzungsvertrag oder sein Entwurf;
2. die Jahresabschlüsse und die Lageberichte der an der Verschmelzung beteiligten Rechtsträger für die letzten drei Geschäftsjahre;
3. falls sich der letzte Jahresabschluß auf ein Geschäftsjahr bezieht, das mehr als sechs Monate vor dem Abschluß des Verschmelzungsvertrags oder der Aufstellung des Entwurfs abgelaufen ist, eine Bilanz auf einen Stichtag, der nicht vor dem ersten Tag des dritten Monats liegt, der dem Abschluß oder der Aufstellung vorausgeht (Zwischenbilanz);
4. die nach § 8 erstatteten Verschmelzungsberichte;
5. die nach § 60 in Verbindung mit § 12 erstatteten Prüfungsberichte.

Jeder Aktionär kann nach § 63 Abs. 3 UmwG eine kostenlose Abschrift dieser Unterlagen verlangen. Durch das Gesetz zur Umsetzung der Aktionärsrechterichtlinie (ARUG) G. v. 30.07.2009[855] wurde eine Vereinfachung in § 63 Abs. 4 UmwG geschaffen: Die Verpflichtungen nach den Abs. 1 und 3 entfallen, wenn die in Abs. 1 bezeichneten Unterlagen für denselben Zeitraum über die **Internetseite** der Gesellschaft zugänglich sind. Durch das 3. UmwÄndG wurde § 63 Abs. 2 Satz 5 UmwG dadurch ergänzt, dass zum einen § 8 Abs. 3 Satz 1 erste Alternative und Satz 2 UmwG anwendbar sind, sodass eine Zwischenbilanz nicht erforderlich ist bei entsprechenden notariell zu beurkundenden Verzichtserklärungen aller Anteilseigner aller beteiligten Rechtsträger (§ 8 Abs. 3 Satz 1 erste Alternative). Die Zwischenbilanz muss nach § 63 Abs. 2 Satz 5 UmwG auch dann nicht aufgestellt werden muss, wenn die Gesellschaft seit dem letzten Jahresabschluss einen Halbjahresfinanzbericht gem. § 37w WpHG veröffentlicht hat. Der Halbjahresfinanzbericht tritt zum Zwecke der Vorbereitung der Hauptversammlung an die Stelle der Zwischenbilanz. Außerdem wurde § 63 Abs. 3 UmwG wie folgt ergänzt: Die nach § 63 zu übermittelnden Unterlagen können dem Aktionär mit dessen Einwilligung auf dem Wege elektronischer Kommunikation übermittelt werden. Nach dieser Vorschrift, die ihrer Systematik nach nur dann anwendbar ist, wenn übernehmender Rechtsträger eine AG (oder KGaA oder SE) ist[856] und die Voraussetzungen des Abs. 1 vorliegen, können die im Vorfeld der Hauptversammlung zu übermittelnden Unterlagen zur Verschmelzung dem Aktionär mit dessen Einwilligung auf dem Wege elektronischer Kommunikation übermittelt werden. »Einwilligung« ist die vorherige Zustimmung nach § 183 Satz 1 BGB. Diese muss weder in einer bestimmten Form noch ausdrücklich erklärt werden.[857] Da der durch das ARUG eingeführte § 62 Abs. 3 Satz 7 UmwG aber anstelle der Auslegung bzw. Übermittlung die Veröffentlichung und Zugänglichkeit des Umwandlungsberichts über die Internetseite der Gesellschaft genügen lässt, wird sich die praktische Bedeutung der Neuregelung auf Nicht-Publikumsgesellschaften beschränken.[858]

---

854 www.handelsregister.de.
855 BGBl. I S. 2479.
856 Leitzen, DNotZ 2011, 526, 532 f.; Simon/Merkelbach, DB 2011, 1317 f.
857 Wagner, DStR 2010, 1629; Leitzen, DNotZ 2011, 526, 532 f.; Simon/Merkelbach, DB 2011, 1317 f.
858 So Leitzen, DNotZ 2011, 526, 533.

Bei der **Genossenschaft** bestimmt § 82 Abs. 1 UmwG, dass von der Einberufung der Generalversammlung an, die gemäß § 13 Abs. 1 über die Zustimmung zum Verschmelzungsvertrag beschließen soll, auch in dem Geschäftsraum jeder beteiligten Genossenschaft die in § 63 Abs. 1 Nr. 1 bis 4 bezeichneten Unterlagen sowie die nach § 81 erstatteten Prüfungsgutachten zur Einsicht der Mitglieder auszulegen sind. Auch hier ist jedem Genossen auf dessen Verlangen unverzüglich eine kostenlose Abschrift dieser Unterlagen zu übersenden. Nach § 82 Abs. 3 UmwG entfallen die Verpflichtungen, wenn die Unterlagen für denselben Zeitraum über die Internetseite der Genossenschaft zugänglich sind. 456

Bei der **Verschmelzung unter Beteiligung rechtsfähiger Vereine** sind die gleichen Unterlagen in dem Geschäftsraum des Vereins sowie ein nach § 100 UmwG erforderlicher Prüfungsbericht zur Einsicht der Mitglieder auszulegen (§ 101 UmwG). 457

Dieser Überblick über die **verschiedenen Informations- und Auslegungspflichten** zeigt, dass das Gesetz die Information der Anteilseigner sehr wichtig nimmt. Die Einreichungs- und Auslegungspflichten treffen die Geschäftsführungsorgane. 458

II. Geltung der allgemeinen Vorschriften

I. Ü. gelten allerdings für die Einberufung der Gesellschafterversammlung oder Hauptversammlung die **allgemeinen Vorschriften**, d. h. für die GmbH die §§ 49 ff. GmbHG und für die AG die §§ 121 ff. AktG (vgl. im Einzelnen unten Teil 2 Rdn. 981 ff.; Teil 2 Rdn. 1069 ff.). 459

Bei der GmbH wird die Versammlung der Gesellschafter durch die Geschäftsführer nach § 49 Abs. 1 GmbHG einberufen.[859] 460

H. Verschmelzungsbeschlüsse

I. Zuständigkeiten

§ 13 Abs. 1 UmwG bestimmt, dass der Verschmelzungsvertrag nur wirksam wird, wenn die Anteilsinhaber der beteiligten Rechtsträger ihm durch Beschluss zustimmen. Der Beschluss kann nur in einer **Versammlung der Anteilsinhaber** gefasst werden. Die Vorschrift schreibt also das **zwingende Beschlusserfordernis** sowohl bei allen übertragenden Gesellschaften als auch bei der übernehmenden Gesellschaft vor. Der Verschmelzungsbeschluss stellt die **Billigung des Verschmelzungsvertrages** durch die Gesellschafter dar. Er ist notwendig, da die Vertretungsmacht der Geschäftsführer bzw. des Vorstandes im Hinblick auf die Verschmelzung beschränkt ist. Die Vorstände oder Geschäftsführer allein könnten einen Verschmelzungsvertrag nicht wirksam abschließen. Deswegen ist es auch nicht möglich, dass die Gesellschafter die Geschäftsführer zum Abschluss eines Verschmelzungsvertrages nach eigenem Ermessen ermächtigen. Auch eine **Übertragung des Entscheidungsrechts** über die Verschmelzung auf ein anderes Organ, etwa einen Beirat oder Aufsichtsrat, ist nicht möglich.[860] 461

Grds. kann die Zustimmung zum konkreten Verschmelzungsvertrag sowohl als Einwilligung vor als auch durch Genehmigung nach Abschluss des Verschmelzungsvertrages erfolgen. Im ersten Fall genügt als Beschlussgrundlage der vollständige, aber noch nicht beurkundete Vertragsentwurf. Dies ist in § 13 Abs. 3 Satz 3 UmwG vorgesehen. Die herrschende Meinung geht davon aus, dass die **Vertretungsmacht der Geschäftsführer oder des Vorstandes**, die durch die Satzung grds. 462

---

859 Vgl. dazu eingehend Wicke, notar 2017, 235 ff.
860 Gehling, in: Semler/Stengel, § 13 UmwG Rn. 10, 14; Stratz, in: Schmitt/Hörtnagl/Stratz, § 13 UmwG Rn. 11; Widmann/Mayer/Heckschen, Umwandlungsrecht, § 13 UmwG Rn. 42; Kallmeyer/Zimmermann, UmwG, § 13 Rn. 3; Lutter/Drygala, UmwG, § 13 Rn. 4.

nicht einschränkbar ist, durch das zwingende Beschlusserfordernis **kraft Gesetzes sachlich beschränkt** ist.[861]

463 Bei der **Verschmelzung unter Beteiligung von AG** bestimmt allein § 62 UmwG eine **Ausnahme von der Notwendigkeit des Verschmelzungsbeschlusses**. Gem. **§ 62 Abs. 1 UmwG** ist ein Verschmelzungsbeschluss der übernehmenden AG nicht erforderlich, wenn sich mindestens 9/10 des Stammkapitals oder des Grundkapitals einer übertragenden Kapitalgesellschaft in der Hand der übernehmenden AG befinden. Die Konzernverschmelzung, bei der die aufnehmende AG also mit mindestens 90 % an der übertragenden Gesellschaft beteiligt ist, bedarf bei der aufnehmenden AG keiner Zustimmung. Durch das 3. UmwÄndG wurde ein § 62 Abs. 4 UmwG neu eingeführt, der bestimmt, dass, wenn sich das **gesamte Stamm- oder Grundkapital** einer übertragenden Kapitalgesellschaft in der Hand einer übernehmenden AG befindet, ein Verschmelzungsbeschluss des Anteilsinhabers der übertragenden Kapitalgesellschaft nicht erforderlich ist. § 62 Abs. 4 UmwG n. F. regelt damit als »Gegenstück« zu Abs. 1 auch die Entbehrlichkeit eines Verschmelzungsbeschlusses auf Seiten der übertragenden Kapitalgesellschaft. Bei einer 100 %igen Mutter-Tochterkonstellation ist es nun daher möglich die Verschmelzung ganz ohne Zustimmungsbeschluss durchzuführen.[862]

II. Wirkung der Verschmelzungsbeschlüsse

464 Diese Beschränkung der Vertretungsmacht hat insb. für die Bindungswirkung des Verschmelzungsvertrages Bedeutung. Haben die Gesellschafter dem Verschmelzungsvertrag zugestimmt, ist er für die Gesellschafter untereinander und für die Geschäftsführer verbindlich. Die **Bindungswirkung** des Verschmelzungsvertrages tritt also erst mit den **Zustimmungsbeschlüssen** ein.[863] Von dieser Bindungswirkung ist allerdings die **Wirksamkeit der Verschmelzung** zu unterscheiden, diese tritt erst mit der **Eintragung der Verschmelzung** ein.[864] Heckschen weist darauf hin, dass nach **Zustimmung der einen Gesellschaft** ein **mit den Rechtsfolgen des Angebots vergleichbarer Zustand** vorliegt. Die Gesellschaft, die bereits zugestimmt hat, ist gebunden.[865] Es wird daher i. d. R. empfohlen, durch entsprechende Fristen, Bedingungen oder Rücktrittsrechte im Verschmelzungsvertrag sicherzustellen, dass auf die Entscheidung der anderen Gesellschaft nicht über Gebühr lang gewartet werden muss.[866] Fehlt eine solche Klausel, kommt eine **Kündigung**, allenfalls in Analogie zu §§ 108 Abs. 2, 177 Abs. 2 BGB infrage.[867]

465 Der Verschmelzungsbeschluss hat aber darüber hinausgehend **innergesellschaftliche Wirkung**. Er bindet auch die Gesellschafter untereinander und die Geschäftsführer. Die Geschäftsführer sind den Gesellschaftern ggü. verpflichtet, die Verschmelzung durchzuführen.[868] Liegt den Verschmelzungsbeschlüssen lediglich ein Entwurf zugrunde, so tritt allerdings im Außenverhältnis noch keine Bindung ein. Diese setzt den Abschluss des Verschmelzungsvertrages voraus.

---

861 Vgl. Widmann/Mayer/Mayer, Umwandlungsrecht, § 13 UmwG Rn. 1 ff.; Kallmeyer/Zimmermann, UmwG, § 13 Rn. 2; Gehling, in: Semler/Stengel, § 13 UmwG Rn. 12.
862 Vgl. Leitzen, DNotZ 2011, 526, 533 f.; Simon/Merkelbach, DB 2011, 1319 f.
863 Vgl. Gehling in: Semler/Stengel, § 13 UmwG Rn. 64; Lutter/Drygala, UmwG, § 13 Rn. 24; Stratz, in: Schmitt/Hörtnagl/Stratz, § 13 UmwG Rn. 8 ff.
864 Vgl. Heckschen, MittRhNotK 1989, 75; Widmann/Mayer/Heckschen, Umwandlungsrecht, § 13 UmwG Rn. 1 ff.; § 4 UmwG Rn. 55 ff.
865 Vgl. Heckschen, MittRhNotK 1989, 75.
866 So Heckschen, MittRhNotK 1989, 75.
867 Widmann/Mayer/Mayer, Umwandlungsrecht, § 7 UmwG Rn. 44 ff.
868 Vgl. Kallmeyer/Zimmermann, UmwG, § 13 Rn. 17; Gehling in: Semler/Stengel, § 13 UmwG Rn. 64; Lutter/Drygala, UmwG, § 13 Rn. 24; Stratz, in: Schmitt/Hörtnagl/Stratz, § 13 UmwG Rn. 8 ff.

III. Versammlung der Anteilsinhaber

Nach § 13 Abs. 1 Satz 2 UmwG kann der Verschmelzungsbeschluss nur in einer **Versammlung der Anteilsinhaber** gefasst werden. Dies ergibt sich für die meisten Unternehmensformen bereits aus den Vorschriften über die Versammlung der Anteilsinhaber. Der Gesetzgeber wollte dies jedoch im Interesse der Klarheit als allgemeinen Grundsatz der Verschmelzung ausdrücklich regeln.[869]

466

Die herrschende Meinung geht davon aus, dass diese **Vorschrift zwingend** ist, sodass eine andere Form der Beschlussfassung, z. B. schriftliches Beschlussverfahren, nicht zulässig ist.[870] Eine andere **delegierende Satzungsregelung** ist nicht möglich.

467

Deswegen ist für die Frage der Stimmberechtigung allein entscheidend, ob die Mehrheit in der Versammlung erreicht wurde. Außerhalb der Versammlung abgegebene Zustimmungserklärungen können nicht hinzugerechnet werden.[871] In welcher zeitlichen Reihenfolge die Verschmelzungsbeschlüsse bei den einzelnen Rechtsträgern gefasst werden, ist unerheblich.

468

▶ Hinweis:

> Zu beachten ist, dass bei der Durchführung der Versammlung neben dem Beschluss über den Verschmelzungsvertrag auch weitere Beschlüsse erforderlich sein können, i. d. R. Kapitalerhöhungsbeschlüsse, z. T. auch andere, z. B. Feststellung der Schlussbilanz, Änderung der Firma etc.

469

IV. Durchführung der Versammlung der Anteilseigner und Informationsrecht

Für die Durchführung der Hauptversammlung bzw. der Gesellschafterversammlung oder einer sonstigen Versammlung der Anteilsinhaber sehen die Vorschriften des Besonderen Teils für die einzelnen Rechtsformen **Besonderheiten im Vergleich zu den sonstigen Gesellschafterversammlungen** bzw. Hauptversammlungen vor. Neben den allgemeinen, etwa in §§ 121 ff. AktG bzw. §§ 51 ff. GmbHG vorgesehenen Regularien hat der Gesetzgeber zunächst die Auskunftspflicht und das Informationsrecht ggü. den allgemeinen Vorschriften deutlich erweitert.

470

Bei **Personenhandelsgesellschaften** und **Partnerschaftsgesellschaften** (§ 45c Satz 2 UmwG) wird dem Informationsbedürfnis durch die **Verpflichtung zur Unterrichtung** über den Verschmelzungsvertrag und den Verschmelzungsbericht vor der Einberufung der Gesellschafterversammlung in § 42 UmwG geregelt. Für die Versammlung selbst sieht das Gesetz keine Besonderheiten vor.

471

Bei der **GmbH** ist zum einen die **Pflicht zur Unterrichtung** der Gesellschafter nach § 47 UmwG und die der Auslegung der Jahresabschlüsse und der Lageberichte der an der Verschmelzung beteiligten Rechtsträger in den Geschäftsräumen der Gesellschaft vorgesehen. Nach § 49 Abs. 3 UmwG haben die Geschäftsführer jedem Gesellschafter auf Verlangen jederzeit Auskunft auch über alle für die Verschmelzung wesentlichen Angelegenheiten der anderen beteiligten Rechtsträger zu geben (§ 49 Abs. 3 UmwG). Die Pflicht der eigenen GmbH zur Auslegung und Erläuterung der wirtschaftlichen und rechtlichen Bedeutung des Verschmelzungsvertrages ergibt sich

472

---

869 Vgl. Begründung zum RegE BR-Drucks. 75/94, S. 85 f., abgedruckt in: Limmer, Umwandlungsrecht, S. 280 f.
870 So; Lutter/Drygala, UmwG, § 13 Rn. 19; Widmann/Mayer/Heckschen, Umwandlungsrecht, § 13 UmwG Rn. 2, 79; Kallmeyer/Zimmermann, UmwG, § 13 Rn. 10 f.; Gehling in: Semler/Stengel, § 13 UmwG Rn. 14; Stratz, in: Schmitt/Hörtnagl/Stratz, § 13 UmwG Rn. 14.
871 Widmann/Mayer/Mayer, Umwandlungsrecht, § 50 UmwG Rn. 32; Lutter/Drygala, UmwG, § 13 Rn. 14; Kallmeyer/Zimmermann, UmwG, § 13 Rn. 10; Gehling in: Semler/Stengel, § 13 UmwG Rn. 14.

bereits aus § 51a GmbHG.[872] § 49 Abs. 3 UmwG erweitert allerdings wie früher § 20 Abs. 5 KapErhG das Auskunftsrecht des Gesellschafters auf die anderen beteiligten Gesellschaften. Umstritten ist allerdings, ob über dem Wortlaut des § 49 Abs. 3 (»auf Verlangen«) eine Pflicht der Geschäftsführer besteht, von sich aus über alle für die Verschmelzung wesentlichen Angelegenheiten der anderen Gesellschaften zu berichten. Die mittlerweile herrschende Meinung lehnt dies zu Recht ab.[873]

Die Auskunft bezieht sich sowohl auf die wirtschaftlichen als auch auf die gesellschaftlichen Verhältnisse der anderen Gesellschaften.

473 Am weitesten ausgeprägt sind **Informations- und Offenlegungspflichten** bei der **AG**. Neben den in § 63 UmwG geregelten Pflichten zur vorbereiteten Auslegung oder Bereitstellung im Internet (§ 63 Abs. 4 UmwG) bestimmter, für die Verschmelzung wichtiger Unterlagen und der Pflicht, jedem Aktionär kostenlos eine Abschrift dieser Unterlagen – i. R. d. § 63 Abs. 3 letzter Satz UmwG in elektronischer Form – zu erteilen (§ 63 Abs. 3 UmwG), sieht § 64 Abs. 1 UmwG vor, dass in der **Hauptversammlung** folgende **Unterlagen zugänglich zu machen** sind:
- der Verschmelzungsvertrag oder sein Entwurf,
- die Jahresabschlüsse und die Jahresberichte der an der Verschmelzung beteiligten Rechtsträger für die letzten 3 Geschäftsjahre, falls sich der letzte Jahresabschluss auf ein Geschäftsjahr bezieht, das mehr als 6 Monate vor dem Abschluss des Verschmelzungsvertrages abgelaufen ist, eine Zwischenbilanz bzw. im Fall des neuen § 63 Abs. 2 Satz 5 UmwG des Halbjahresfinanzbericht gem. § 37w WpHG,
- die Verschmelzungsberichte,
- die Verschmelzungsprüfungsberichte.

474 Darüber hinaus hat der Vorstand den Verschmelzungsvertrag oder seinen Entwurf zu Beginn der Verhandlung **mündlich zu erläutern**. Durch diese **Zugänglichmachung während der gesamten Dauer der Hauptversammlung** soll den Aktionären, die diese Unterlagen nicht in dem Geschäftsraum der Gesellschaft eingesehen oder keine Abschrift verlangt haben, die Möglichkeit eröffnet werden, sich noch in der Hauptversammlung zu informieren. Durch das Gesetz zur Umsetzung der Aktionärsrechterichtlinie (ARUG) v. 30.07.2009[874] wurde in § 64 Abs. 1 UmwG der Begriff des »Auslegens« durch »zugänglich machen« ersetzt. Damit soll auch die Publikation über das Internet möglich sein, wobei allerdings während der Hauptversammlung die Möglichkeit gewährleistet sein muss, über Monitore die Unterlagen einzusehen.[875]

Bei physischer Auslegung, sollten die Unterlagen in ausreichender Zahl ausliegen.[876] Die Vorschriften entsprechen § 340d Abs. 5 und 6 AktG a. F. Die Erläuterungspflicht dient ebenfalls dem Informationsbedürfnis. Zur Erläuterung gehört zum einen die Darstellung des Vertragsinhalts, v. a. aber auch die wirtschaftlichen und rechtlichen Zusammenhänge der Verschmelzung, die sachli-

---

872 So Widmann/Mayer/Mayer, Umwandlungsrecht, § 49 UmwG Rn. 21; vgl. auch Reichert, in: Semler/Stengel, § 49 UmwG Rn. 10; Lutter/Winter/Vetter, § 49 Rn. 11 ff., 44 ff.
873 So Widmann/Mayer/Mayer, Umwandlungsrecht, § 49 UmwG Rn. 26.1 unter Aufgabe der früheren Meinung; Reichert, in: Semler/Stengel, § 49 UmwG Rn. 11; Lutter/Winter/Vetter, § 49 Rn. 46.
874 BGBl. I, S. 2479.
875 Lutter/Grunewald, UmwG, § 64 Rn. 2 ff.; Kallmeyer/Marsch-Barner, § 64 UmwG Rn. 1; J. Schmidt, NZG 2008, 734, 735.
876 So Lutter/Grunewald, UmwG, § 64 Rn. 2 ff.; Widmann/Mayer/Rieger, Umwandlungsrecht, § 64 UmwG Rn. 28; Diekmann in: Semler/Stengel, § 64 UmwG Rn. 5; Stratz, in: Schmitt/Hörtnagl/Stratz, § 64 UmwG Rn. 2, enger Kallmeyer/Marsch-Barner, § 64 UmwG Rn. 1, wonach ein Exemplar genügt.

chen Gründe für die Verschmelzung, die Angaben über die Angemessenheit des Umtauschverhältnisses und auch die Zukunftsaussichten.[877]

Nach § 64 Abs. 2 UmwG ist darüber hinaus neben dem allgemeinen Auskunftsrecht in § 131 AktG ein **Sonderauskunftsrecht** wie bisher vorgesehen: Jedem Aktionär ist auf Verlangen in der Hauptversammlung Auskunft auch über alle für die Verschmelzung wesentlichen Angelegenheiten der **anderen** beteiligten Rechtsträger zu geben. Hier gilt Gleiches wie bei der GmbH. Die Auskunftspflicht hinsichtlich der eigenen Gesellschaft ergibt sich bereits aus § 131 AktG, die hinsichtlich der anderen Gesellschaften aus § 64 UmwG.

▶ Hinweis:

Um der Erläuterungspflicht soweit als nötig nachzukommen, wird in der Praxis empfohlen, die Vorstände bzw. Geschäftsführer bzw. deren Hilfspersonen der anderen beteiligten Gesellschaften zur Hauptversammlung hinzuzuziehen.[878]

Die **Sonderauskunftsrechte der Aktionäre** nach § 64 Abs. 2 UmwG **und der GmbH-Gesellschafter** nach § 49 Abs. 3 UmwG unterstehen den Einschränkungen und Bedingungen des allgemeinen Auskunftsrechts nach § 51a GmbHG bzw. § 131 AktG.[879] Auch die Regierungsbegründung weist darauf hin, dass das Gesetz durch dieses Sonderauskunftsrecht nicht in die allgemeinen Vorschriften des Aktienrechts über das Recht auf Auskunftsverweigerung nach § 131 Abs. 3 AktG eingreift.[880] Dies bedeutet, dass zum einen die Auskunft den Grundsätzen einer gewissenhaften und getreuen Rechenschaft zu entsprechen hat (§ 131 Abs. 2 AktG) und zum anderen nur in den Fällen des § 131 Abs. 3 verweigert werden kann. Bei Streitigkeit ist sowohl § 132 AktG bzw. § 51b GmbHG anzuwenden. Besonders die **Verweigerungsrechte** nach § 51a Abs. 2 GmbHG bzw. § 131 Abs. 2 AktG spielen eine große Rolle. Auch hier bestehen die Grenzen, wenn **Geheimhaltungsinteressen** beeinträchtigt werden, insb. das Bekanntwerden der Tatsachen einem der beteiligten Rechtsträger einen nicht unerheblichen Nachteil zufügen würde. Dieser Grundsatz ist auch für das Umwandlungsrecht nunmehr in § 8 Abs. 2 ausdrücklich festgeschrieben und dürfe daher als Sondervorschrift den allgemeinen Vorschriften des § 51a Abs. 2 GmbHG bzw. § 131 Abs. 3 AktG vorgehen.

Auskunftspflichtig sind nur die Geschäftsführer bzw. der Vorstand der eigenen Gesellschaft, nicht aber die der anderen beteiligten Gesellschaften.

V. Beschlussmehrheiten

Die Beschlussmehrheiten sind ebenfalls bei den einzelnen Rechtsformen im Besonderen Teil des Verschmelzungsrechts geregelt.

---

877 Vgl. Widmann/Mayer/Rieger, Umwandlungsrecht, § 64 UmwG Rn. 5 ff.; Diekmann, in: Semler/Stengel, § 64 UmwG Rn. 7; Lutter/Grunewald, § 64 UmwG Rn. 5 ff.; Kallmeyer/Marsch-Barner, § 64 UmwG Rn. 3, KK-AktG/Kraft, § 340d Rn. 14; Becker, AG 1988, 229; Heckschen, MittRhNotK 1989, 75.
878 Widmann/Mayer/Rieger, Umwandlungsrecht, § 64 UmwG Rn. 13; Diekmann in: Semler/Stengel, § 64 UmwG Rn. 18; Lutter/Grunewald, § 64 UmwG Rn. 11 ff.; Kallmeyer/Marsch-Barner § 64 UmwG Rn. 7; Stratz, in: Schmitt/Hörtnagl/Stratz, § 64 UmwG Rn. 8; Barz, AG 1972, 1, 6.
879 So Widmann/Mayer, Umwandlungsrecht, § 49 UmwG Rn. 25; Widmann/Mayer/Rieger, Umwandlungsrecht, § 64 UmwG Rn. 16; Kallmeyer/Marsch-Barner, UmwG, § 64 Rn. 6; Diekmann in: Semler/Stengel, § 64 UmwG Rn. 21; Lutter/Grunewald, § 64 UmwG Rn. 13; Stratz, in: Schmitt/Hörtnagl/Stratz, § 64 UmwG Rn. 8; Bayer, AG 1988, 323, 329.
880 Vgl. Begründung zum RegE BR-Drucks. 75/94, S. 103, abgedruckt in: Limmer, Umwandlungsrecht, S. 298.

1. Personengesellschaften

480 Bei Personenhandelsgesellschaft bedarf nach § 43 Abs. 1 UmwG der Verschmelzungsbeschluss der **Zustimmung aller anwesenden Gesellschafter** in der Gesellschafterversammlung, auch die **nicht erschienenen Gesellschafter** müssen zustimmen. Nach § 43 Abs. 2 UmwG kann der Gesellschaftsvertrag allerdings eine Mehrheitsentscheidung der Gesellschaft vorsehen. Die Mehrheit muss **mindestens 3/4 der Stimmen der Gesellschafter** betragen. Widerspricht ein Anteilsinhaber eines übertragenden Rechtsträgers, der für dessen Verbindlichkeiten persönlich unbeschränkt haftet, der Verschmelzung, so ist ihm in der übernehmenden oder der neuen Personenhandelsgesellschaft die Stellung eines Kommanditisten zu gewähren. Es gilt bei der Änderung der Beschlussmehrheit durch Gesellschaftsvertrag der Bestimmtheitsgrundsatz, d. h. die Klausel im Gesellschaftsvertrag muss sich ausdrücklich auf den Beschluss über die Verschmelzung beziehen.

2. Partnerschaftsgesellschaften

481 Bei Partnerschaftsgesellschaften bedarf nach § 45d Abs. 1 UmwG der Verschmelzungsbeschluss der **Zustimmung aller anwesenden Partner** in der Gesellschafterversammlung, auch nicht erschienene Gesellschafter müssen zustimmen. Nach § 45d Abs. 2 UmwG kann der Partnerschaftsvertrag allerdings eine Mehrheitsentscheidung der Partner vorsehen. Die Mehrheit muss mindestens 3/4 der abgegebenen Stimmen betragen.

3. GmbH

482 Für die GmbH sieht § 50 Abs. 1 UmwG vor, dass der Verschmelzungsbeschluss einer **Mehrheit von mindestens 3/4 der abgegebenen Stimmen** bedarf. Der Gesellschaftsvertrag darf eine größere Mehrheit und weitere Erfordernisse bestimmen. Es ist also eine 3/4-Mehrheit der in der Gesellschafterversammlung anwesenden Gesellschafter notwendig. Zustimmungserklärungen, die außerhalb der Gesellschafterversammlung abgegeben werden, können die in der Gesellschafterversammlung selbst nicht erreichte Mehrheit nicht auffüllen.[881] Auf die Gesamtzahl der Gesellschafter kommt es nicht an. Ebenfalls dürfen Stimmenthaltungen bei der Errechnung der Stimmenmehrheit nicht mitgezählt werden, die Mehrheit ist nur nach der Zahl der abgegebenen Ja- und Neinstimmen zu berechnen.[882]

4. AG

483 Für die AG sieht § 65 UmwG vor, dass der Verschmelzungsbeschluss einer Mehrheit bedarf, die mindestens **3/4 des bei der Beschlussfassung vertretenen Grundkapitals** umfasst. Darunter ist eine **doppelte Mehrheit** zu verstehen.[883] Die Vorschrift verlangt zum einen die einfache Mehrheit der abgegebenen Stimmen i. S. d. § 133 AktG, wobei Mehrstimmrechtsaktien mit ihrer Stimmenmacht zählen. Darüber hinaus erfordert sie eine Kapitalmehrheit von 3/4 des bei der Beschlussfassung vertretenen Grundkapitals.

484 Nach § 65 Abs. 2 UmwG bedarf der Beschluss, wenn mehrere Gattungen von Aktien vorhanden sind, zu seiner Wirksamkeit der Zustimmung der Aktionäre jeder Gattung. Über die Zustimmung haben die Aktionäre jeder Gattung einen Sonderbeschluss zu fassen. Nach § 65 Abs. 1 Satz 2 UmwG kann die Satzung eine größere Kapitalmehrheit und weitere Erfordernisse bestimmen. Sie

---

881 So Widmann/Mayer/Mayer, Umwandlungsrecht, § 50 UmwG Rn. 32; Kallmeyer/Zimmermann, UmwG, § 13 Rn. 10; Lutter/Drygala, UmwG, § 13 Rn. 14; Gehling in: Semler/Stengel, § 13 UmwG Rn. 14.
882 BGH, DB 1989, 523; Lutter/Hommelhoff, GmbHG, 13. Aufl., § 20 KapErhG Rn. 6.
883 RGZ 125, 356, 359; Kallmeyer/Zimmerman, UmwG, § 65 Rn. 5; Hüffer/Koch, § 179 AktG Rn. 14; Lutter/Grunewald, UmwG, § 65 Rn. 2 f.; Widmann/Mayer/Rieger, Umwandlungsrecht, § 65 UmwG Rn. 4; Diekmann in: Semler/Stengel, § 65 UmwG Rn. 11 f.

5. Genossenschaft und Verein

Für die **Genossenschaft** sieht § 84 UmwG vor, dass der Verschmelzungsbeschluss einer **Mehrheit von 3/4 der abgegebenen Stimmen** bedarf, für **rechtsfähige Vereine** gilt § 103 UmwG. Hier ist eine **Mehrheit von 3/4 der erschienenen Mitglieder** notwendig. Für **Versicherungsvereine auf Gegenseitigkeit** bestimmt § 112 Abs. 3 UmwG, dass eine **3/4-Mehrheit der abgegebenen Stimmen** notwendig ist. 485

VI. Satzungsregelung zur Beschlussmehrheit

1. 3/4-Mehrheit als Mindestmehrheit

Die 3/4-Mehrheit ist bei allen Gesellschaftsformen als **Mindestmehrheit** zwingend. Weder die Satzung der Kapitalgesellschaften noch der Gesellschaftsvertrag der Personengesellschaften oder Partnerschaftsgesellschaften kann bestimmen, dass eine geringere Mehrheit für den Zustimmungsbeschluss zum Verschmelzungsvertrag genügt.[884] 486

2. Zusätzliche satzungsmäßige Anforderung

Nach früher herrschender Meinung kann die Satzung zusätzliche Anforderungen festlegen, z. B. **höhere Mehrheiten** oder gar **Einstimmigkeit** oder die **Zustimmung einzelner Gesellschafter** zur Verschmelzung.[885] Dies ist im Gesetz **ausdrücklich geregelt** (vgl. §§ 50 Abs. 1, 65 Abs. 1; 84, 103 UmwG). 487

Schwieriger zu beantworten ist die Frage, wenn die Satzung nicht speziell die Verschmelzung regelt, sondern **erhöhte Anforderungen** – etwa höhere Mehrheiten, Einstimmigkeit oder die Zustimmung einzelner Gesellschafter – **ganz allgemein bei Satzungsänderungen** vorsieht. Es stellt sich dann die Frage, die auch zum vor 1995 geltenden Recht umstritten war, ob sich diese **allgemeinen Satzungsänderungserfordernisse auch auf den Verschmelzungsbeschluss** erstrecken. Dies war zum bis 1995 geltenden Recht nach der herrschenden Meinung der Fall und gilt nach herrschender Meinung auch zum UmwG 1995 ebenso, da die Verschmelzung eine zumindest gleichwertige Änderung der Grundlagen der Gesellschaft zur Folge hat wie eine Satzungsänderung.[886] Etwas anderes kann man nur dann annehmen, wenn die Satzung für die Verschmelzung **besondere Bestimmungen** vorsieht, nicht aber besondere Beschlussmehrheiten. Das Gleiche muss gelten, wenn die Satzung zwar nicht für alle Satzungsänderungen qualifizierte Beschlussmehrheiten vorsieht, dies aber für die Änderung einzelner Bestimmungen anordnet, wenn diese Bestimmungen durch die Verschmelzung aufgehoben oder wesentlich verändert werden.[887]

---

884 H. M.: Widmann/Mayer/Mayer, Umwandlungsrecht, § 65 UmwG Rn. 6; § 50 Rn. 41; Diekmann in: Semler/Stengel, § 65 UmwG Rn. 13; Lutter/Grunewald, § 65 UmwG Rn. 5; Kallmeyer/Zimmerman, UmwG, § 65 Rn. 6.
885 Vgl. Widmann/Mayer/Mayer, Umwandlungsrecht, § 65 UmwG Rn. 6; § 50 Rn. 41; Diekmann in: Semler/Stengel, § 65 UmwG Rn. 13; Lutter/Grunewald, § 65 UmwG Rn. 5; Kallmeyer/Zimmerman, UmwG, § 65 Rn. 6; Widmann/Mayer/Mayer, Umwandlungsrecht, § 50 UmwG Rn. 41 ff.; § 63 Rn. 6 ff.; Kallmeyer/Zimmermann, UmwG, § 50 Rn. 8.
886 So zum bis 1995 geltenden Recht Lutter/Hommelhoff, GmbHG, 13. Aufl., § 20 KapErhG Rn. 5; Heckschen, Die Verschmelzung von Kapitalgesellschaften, S. 29; Rowedder/Zimmermann, GmbHG, § 77 Anh. Rn. 407; Hachenburg/Schilling/Zutt, GmbHG, § 77 Anh. II, § 20 KapErhG Rn. 8; zum neuen Recht so auch Reichert, GmbHR 1995, 176, 185; Reichert, in: Semler/Stengel, § 50 UmwG Rn. 9; Widmann/Mayer/Mayer, Umwandlungsrecht, § 50 UmwG Rn. 42; § 13 Rn. 70 ff.; Kallmeyer/Zimmermann, UmwG, § 50 Rn. 9; Lutter/Winter/Vetter, UmwG, § 50 Rn. 35.
887 So zu Recht Reichert, GmbHR 1995, 185.

VII. Stimmberechtigung

488 Stimmberechtigung bei der Beschlussfassung haben **grds. alle Gesellschafter** und **Aktionäre**. Mehrstimmrechtsaktien üben ihre volle Stimmacht aus, stimmrechtslose Vorzugsaktien oder sonstige Inhaber stimmrechtsloser Aktien haben keine Stimme. Umstritten ist die Frage, ob die übernehmende Gesellschaft bei der Beschlussfassung über die Verschmelzung in der Versammlung der übertragenden Gesellschaft vom **Stimmrechtsausschluss** etwa nach § 47 Abs. 4 GmbHG betroffen ist. Ein Teil der Literatur ist der Auffassung, dass eine übernehmende AG mit den ihr gehörenden Geschäftsanteilen beim Verschmelzungsbeschluss der GmbH nach § 47 Abs. 4 GmbHG nicht stimmen darf, weil der Beschluss die Verschmelzung und damit auch die Vornahme eines Rechtsgeschäfts mit ihr betrifft.[888] Demgegenüber ist die herrschende Meinung der Auffassung, dass wegen des organisationsrechtlichen Charakters der Verschmelzung kein Stimmverbot bei der GmbH besteht.[889] Da es im AktG keine vergleichbare Vorschrift wie in § 47 Abs. 4 GmbHG gibt, kann die aufnehmende AG bei der übertragenden AG mitstimmen, wenn sie Aktien an dieser Gesellschaft hält.[890]

1. Stimmberechtigung bei Kettenverschmelzung

489 Schwieriger zu beurteilen ist die Stimmberechtigung bei sog. **Kettenverschmelzungen** oder Kettenumwandlungen (vgl. bereits oben Teil 2 Rdn. 21 ff.).

▶ Beispiel:

490 Die A-GmbH soll zunächst auf die B-AG verschmolzen werden, sodann soll die B-AG auf die C-AG verschmolzen werden.

491 In diesen Fällen stellt sich die Frage ob, wenn der Zustimmungsbeschluss der Verschmelzung der B-AG auf die C-AG bereits vor Eintragung der Verschmelzung der A-GmbH auf die B-AG gefasst werden soll, die Gesellschafter der A-GmbH beteiligt und stimmberechtigt sind. Wie bereits dargelegt, kann der Verschmelzungsvertrag der Stufe 2 auch vor Eintragung der Stufe 1 im Handelsregister geschlossen werden (vgl. oben Teil 2 Rdn. 27 ff.). Zu beachten ist allerdings, dass erst mit der Eintragung der Stufe 1 die Gesellschafter der übertragenden A-GmbH nach § 20 UmwG Gesellschafter der aufnehmenden Gesellschaft, d. h. hier der B-AG, werden. Erst zu diesem Zeitpunkt sind sie Gesellschafter und damit auch stimmberechtigt. Die herrschende Meinung geht daher davon aus, dass bei Kettenverschmelzungen die Anteilsinhaber des übertragenden Rechtsträgers in der Versammlung des übernehmenden Rechtsträgers am Verschmelzungsbeschluss zu dessen Verschmelzung der Stufe 2 mit einem aufnehmenden Rechtsträger erst zu beteiligen und stimmberechtigt sind, wenn sie Anteilsinhaber des übernehmenden Rechtsträgers der Stufe 1 geworden sind.[891]

---

888 So KK-AktG/Kraft, § 355 Rn. 13; Immenga, Die personalistische Kapitalgesellschaft, S. 244.
889 So Widmann/Mayer/Heckschen, Umwandlungsrecht, § 13 UmwG Rn. 116 ff.; Widmann/Mayer/Mayer, Umwandlungsrecht, § 50 UmwG Rn. 38; Kallmeyer/Zimmermann, UmwG, § 50 Rn. 14; Lutter/Drygala, UmwG, § 13, Rn. 27; Reichert, in: Semler/Stengel, § 50 UmwG Rn. 15; LG Arnsberg, ZIP 1994, 537; zum alten Recht vgl. Scholz/Priester, GmbHG, Anh. UmwG, § 20 KapErhG, Rn. 6; Lutter/Hommelhoff, GmbHG, 13. Aufl., Anh. Verschmelzung, § 20 KapErhG Rn. 7; Timm, AG 1982, 93, 103 ff.; Heckschen, WM 1990, 384.
890 So OLG Düsseldorf, AG 1957, 279; KK-AktG/Kraft § 355 Rn. 13; Heckschen, WM 1984, 384; Widmann/Mayer/Heckschen, Umwandlungsrecht, § 13 UmwG Rn. 120.
891 So Widmann/Mayer/Heckschen, Umwandlungsrecht, § 13 UmwG Rn. 68 ff.; Lutter/Grunewald, UmwG, § 65 Rn. 3; Kallmeyer/Zimmermann, UmwG, § 13 Rn. 4; Heckschen/Simon, Umwandlungsrecht, S. 141 ff.

2. Vertretung bei Stimmabgabe

Die Zulässigkeit der **Vertretung bei der Stimmabgabe** richtet sich nach dem jeweiligen Recht, das auf die Gesellschafterversammlung anwendbar ist.[892] Bei Personengesellschaften und Partnerschaftsgesellschaften ist i. d. R. wenn nicht der Gesellschaftsvertrag etwas anderes vorsieht, eine Vertretung nicht zulässig; es sei denn, alle Gesellschafter sind einverstanden.[893] Bei GmbH und AG ist die Stellvertretung bei der Stimmabgabe zulässig (§ 47 Abs. 3 GmbHG, § 134 Abs. 3 AktG). Beim Verein kann die Stimmrechtsvollmacht nur erteilt werden, wenn die Satzung die Bevollmächtigung ausdrücklich zulässt.[894] Bei der Genossenschaft ist die **Stimmrechtsvollmacht** nach § 43 Abs. 5 Satz 1 UmwG zulässig. Die Beschränkung des § 43 Abs. 5 Satz 3 GenG ist allerdings zu beachten. Vorbehaltlich abweichender Satzungsregelungen bedürfen Stimmrechtsvollmachten bei GmbH, AG, KGaA und SE der Textform (§ 47 Abs. 3 GmbHG, § 134 Abs. 3 Satz 3 AktG, § 278 Abs. 3 AktG, Art. 9 Abs. 1 lit. c Ziff. ii SE-VO). In der Literatur ist weiter umstritten, ob in allen Fällen wegen § 13 Abs. 3 UmwG zumindest die **notarielle Beglaubigung** erforderlich ist.[895] Zumindest bei der Neugründung ergibt sich i. d. R. aus den Vorschriften für die Gründung eine spezifische Form, so verlangt § 2 Abs. 2 GmbHG die notarielle Beglaubigung einer Vollmacht bei der Verschmelzung zur Neugründung.[896] Nach a. A. gilt dieses Formvorschrift nicht für den Verschmelzungsbeschluss zur Neugründung.[897] Generell muss man aber vom Grundsatz des § 167 BGB ausgehen, sodass keine Formvorschrift gilt, wenn nicht Spezialgesetze etwas anderes fordern. Nach Sondervorschriften ist wie erwähnt Textform erforderlich (zB § 47 Abs. 3 GmbHG; § 134 Abs. 3 Satz 3 AktG iVm § 126b BGB).

§ 181 BGB gilt auch bei der Vertretung i. R. d. Verschmelzungsbeschlusses, da dieser satzungsändernden Charakter hat.[898] Die Vertretung eines Mitgesellschafters ist daher nur bei Befreiung von den Beschränkungen des § 181 BGB möglich.

492

---

892 Vgl. Widmann/Mayer/Heckschen, Umwandlungsrecht, § 13 UmwG Rn. 106 ff.; Gehling in: Semler/Stengel, § 13 UmwG Rn. 15 f.; Kallmeyer/Zimmermann, UmwG, § 13 Rn. 13; Lutter/Drygala, UmwG, § 13, Rn. 9; Stratz, in: Schmitt/Hörtnagl/Stratz, § 13 UmwG Rn. 45 ff.; BeckOGK/Rieckers/Cloppenburg UmwG § 13 Rn. 54.
893 BGHZ 65, 93, 99; RGZ 123, 289, 300; Heymann/Emmerich, HGB, § 119 Rn. 14; Baumbach/Hopt, § 119 HGB Rn. 5, 21 f.; BGHZ 65, 93, 99; GroßkommHGB/Schäfer HGB § 119 Rn. 59; Henssler/Strohn/Heidinger UmwG § 13 Rn. 13; Kallmeyer/Zimmermann § 43 Rn. 17; Kölner KommUmwG/Dauner-Lieb/Tettinger § 43 Rn. 15; Lutter/H. Schmidt § 43 Rn. 8; MünchKommHGB/Enzinger HGB § 119 Rn. 19; Schmitt/Hörtnagl/Stratz/Stratz § 43 Rn. 8; Semler/Stengel/Ihrig § 43 Rn. 13; Widmann/Mayer/Vossius UmwG § 43 Rn. 29.
894 BeckOGK/Rieckers/Cloppenburg UmwG § 13 Rn. 54.
895 So Widmann/Mayer/Heckschen, Umwandlungsrecht, § 13 UmwG Rn. 106 ff.; a. A. die hM Gehling in: Semler/Stengel, § 13 UmwG Rn. 15 f.; Kallmeyer/Zimmermann, UmwG, § 13 Rn. 13; Lutter/Drygala, UmwG, § 13, Rn. 9; § 193 Rn. 4; Stratz, in: Schmitt/Hörtnagl/Stratz, § 13 UmwG Rn. 47; BeckOGK/Rieckers/Cloppenburg UmwG § 13 Rn. 54; vgl. eingehend zur Vertretung bei Umwandlungsfällen Heidinger/Blath, Die Vertretung im Umwandlungsrecht, in: FS für Spiegelberger, 2009, S. 692 ff.
896 So wohl h.M. Widmann/Mayer/Heckschen, Umwandlungsrecht, § 13 UmwG Rn. 106; Stratz, in: Schmitt/Hörtnagl/Stratz, § 13 UmwG Rn. 45 ff.; Bergjan/Klotz ZIP 2016 2300, 2303; Heidinger/Blath FS Spiegelberger, 2009, 692, 700.
897 Lutter/Drygala, § 13 UmwG Rn. 9; Kallmeyer/Zimmermann, UmwG, § 13 Rn. 13; BeckOGK/Rieckers/Cloppenburg UmwG § 13 Rn. 57.
898 Vgl. zum Ganzen Widmann/Mayer/Mayer, Umwandlungsrecht, § 50 UmwG Rn. 15 f.; Lutter/Winter/Vetter, § 50 UmwG Rn. 26; Reichert in: Semler/Stengel, § 50 UmwG Rn. 17; BayObLG, DB 1984, 1517; OLG Köln, GmbHR 1993, 37; Hachenburg/Mertens, GmbHG, § 35 Rn. 227; zur vergleichbaren Situation bei Satzungsänderung BGH ZIP 1988, 1047; Lutter/Hommelhoff/Bayer, GmbHG § 53, Rn. 9; Baumbach/Hueck/Zöllner, § 55 GmbHG Rn. 60.

493 Sofern nach dem Recht des Rechtsträgers eine vollmachtlose Vertretung vorbehaltlich Genehmigung zulässig ist, gilt dies auch für die Fassung des Verschmelzungsbeschlusses.[899] Die Vertretung durch einen Vertreter ohne Vertretungsmacht ist zulässig bei der GmbH[900] und bei Personenhandelsgesellschaften. Nicht zulässig ist eine vollmachtlose Vertretung dagegen bei AG, KgaA, SE und Genossenschaft.[901]

3. Beteiligung Dritter

494 Weiter zu prüfen i. R. d. Stimmrechtsfrage ist die evtl. **Zustimmungspflicht Dritter**, z. B. von Pfändungsgläubigern, Nießbrauchsberechtigten etc.[902] und die Zustimmungspflicht eines Ehegatten nach § 1365 BGB. Auch die Eröffnung eines Insolvenzverfahrens führt dazu, dass spezifische Zuständigkeiten zu berücksichtigen sind, insb. der Übergang der Verfügungsmacht auf den Insolvenzverwalter nach § 80 Abs. 1 InsO (vgl. zum Ganzen unten Teil 5 Rdn. 48 ff.). Fraglich war, ob Dritte, die Rechte an den Anteilen der übertragenden Gesellschaft haben (z. B. Sicherungsrechte, Pfandrecht, Nießbrauch etc.), den Verzicht verhindern können. Soweit Rechte Dritter an den Anteilen oder Mitgliedschaften des übertragenden Rechtsträgers bestehen, findet dingliche Surrogation statt. Diese Rechte setzen sich an den Anteilen am übernehmenden Rechtsträger fort, die an die Stelle der Anteile am übertragenden Rechtsträger treten.[903] Daraus wird z. T. gefolgert, dass beim Anteilsverzicht auch diese Dritten zustimmen müssen, z. T. dass deshalb eine Negativerklärung analog § 16 Abs. 2 UmwG bei Handelsregister abgegeben werden müsse.[904] Dem kann nicht gefolgt werden.[905] Das UmwG sieht an keiner Stelle einen solchen Drittschutz vor. Auch in den anderen vom Gesetz vorgesehenen Fällen, in denen keine Anteile gewährt werden, tritt dieses Ergebnis ein, ohne dass der Gesetzgeber Zustimmungspflichten statuiert hat.[906] Deshalb kann bei § 54 Abs. 1 Satz 3 UmwG nichts anderes gelten. Der Schutz muss über andere Instrumente, insbesondere Schadensersatz erfolgen.[907] Pfändungsgläubiger und Nießbraucher eines Anteils müssen daher nicht zustimmen.[908]

495 Gesetzliche Vertreter **minderjähriger Gesellschafter** unterliegen den Beschränkungen der §§ 1629 Abs. 2, 1795 BGB. In diesen Fällen bedarf es eines Ergänzungspflegers. Eine familienge-

---

[899] Vgl. Kallmeyer/Zimmermann UmwG § 13 Rn. 14; Kölner KommUmwG/Simon Rn. 18; Lutter/Drygala UmwG § 13 Rn. 9; Semler/Stengel/Gehling UmwG § 13 Rn 15.

[900] Lutter/Hommelhoff/Bayer GmbHG § 47 Rn. 26; Scholz/K. Schmidt GmbHG § 47 Rn. 87; Widmann/Mayer/Heckschen UmwG § 13 Rn. 102; Baumbach/Hueck/Zöllner GmbHG § 47 Rn. 56.

[901] Vgl. zur AG: Grigoleit/Herrler AktG § Rn 25; Heidinger/Blath FS Spiegelberger, 2009, 692, 703; Kallmeyer/Zimmermann UmwG § 13 Rn. 13; K. Schmidt/Lutter/Spindler AktG § 134 Rn. 50; MünchKommAktG/Schröer § 134 Rn.52; Spindler/Stilz/Rieckers AktG § 134 Rn. 69; Widmann/Mayer/Heckschen UmwG § 13 Rn. 103.1; zur Genossenschaft: Beuthien GenG § 43 Rn. 35; Heidinger/Blath FS Spiegelberger, 2009, 692, 703; Widmann/Mayer/Heckschen UmwG § 13 Rn. 104.

[902] Vgl. eingehend Widmann/Mayer/Heckschen, Umwandlungsrecht, § 13 UmwG Rn. 121 ff.; Herfs, Einwirkung Dritter auf den Willensbildungsprozess der GmbH, S. 88 ff.

[903] Vgl. Lutter/Grunewald, § 20 UmwG Rn. 71; Kübler, in: Semler/Stengel, § 20 UmwG Rn. 80; Stratz, in Schmitt/Hörtnagl/Stratz, § 20 UmwG Rn 19; Rieder/Ziegler ZIP 2004, 481; Teichmann FS Lutter, 2000, 1275 ff.

[904] Kallmeyer/Kocher § 54 UmwG Rn. 20; Köln/Komm/Simon/Nießen § 54 UmwG Rn. 47.

[905] Ebenso Lutter/Winter/Vetter, § 46 UmwG Rn. 24, § 54 UmwG Rn. 105.

[906] Lutter/Grunewald, § 20 UmwG Rn. 71; Kübler, in: Semler/Stengel, § 20 UmwG Rn. 80; Kallmeyer/Marsch-Barner, § 20 UmwG Rn. 31; Stratz, in Schmitt/Hörtnagl/Stratz, § 20 UmwG Rn. 115.

[907] Vgl. auch Lutter/Grunewald, § 20 UmwG Rn. 71; Kübler, in: Semler/Stengel, § 20 UmwG Rn. 80; Lutter/Winter/Vetter, § 46 UmwG Rn. 24, § 54 UmwG Rn. 105.

[908] So Kallmeyer/Zimmermann § 13 UmwG Rn. 35; Widmann/Mayer/Heckschen, § 13 UmwG Rn. 121 ff.; BeckOGK/Temme UmwG § 43 Rn. 39.

VIII. Besondere Zustimmungserfordernisse

Ausführlich s. u. Teil 2 Rdn. 557 ff. 496

Das Gesetz sieht bei einzelnen Rechtsträgern **besondere Zustimmungserfordernisse oder Widerspruchsrechte** vor, wenn einem oder mehreren Gesellschaftern der übertragenden Gesellschaft Vorzugs- oder Sonderrechte eingeräumt sind.[910] Das Erfordernis der Zustimmung eines Sonderrechtsinhabers ergibt sich aus dem Umstand, dass mit Abschluss der Verschmelzung der übertragende Rechtsträger erlischt, damit also auch die besonderen Rechte untergehen. Bei einigen Rechtsträgern hat der Gesetzgeber den allgemeinen Schutz von Vermögensrechten, wie er in § 23 UmwG zum Ausdruck gelangt, durch Zustimmungserfordernisse ergänzt. 497

Sieht das Gesetz eine **individuelle Zustimmungserklärung bestimmter Anteilsinhaber** vor, so können diese Zustimmungserklärungen auch außerhalb der Gesellschafterversammlung erklärt werden. Sie sind nach § 13 Abs. 3 Satz 1 UmwG notariell zu beurkunden.[911] Die Beurkundung muss nach den Vorschriften über Willenserklärungen gem. §§ 8 ff. BeurkG erfolgen. Wem eine solche außerhalb der Gesellschafterversammlung abzugebende Zustimmungserklärung ggü. abgegeben werden muss – den Gesellschaftern oder den Geschäftsführern – ist umstritten; zutreffend ist, dass der Zugang bei den Geschäftsführern als Vertreter der Gesellschaft genügt.[912] Nach a. A. kann die notarielle Urkunde nur mit der Erklärung entweder der Gesellschafterversammlung oder der GmbH, diese vertreten durch den Geschäftsführer, zugestellt werden.[913] Der Verschmelzungsbeschluss ist solange, bis nicht alle Zustimmungserklärungen zugegangen sind, schwebend unwirksam.[914] 498

1. Personengesellschaften

Für die Personenhandelsgesellschaften sieht § 43 Abs. 2 Satz 3 UmwG ein **besonderes Widerspruchsrecht** vor, wenn der Gesellschaftsvertrag die Verschmelzung der Mehrheitsentscheidung unterwirft. In diesem Fall muss, wenn ein Gesellschafter einer übertragenden Personenhandelsgesellschaft, der unbeschränkt haftet, der Verschmelzung widerspricht, ihm in der übernehmenden oder der neuen Personenhandelsgesellschaft die **Stellung eines Kommanditisten** gewährt werden. Hierdurch soll ein bisher schon persönlich unbeschränkt haftender Gesellschafter einer übertragenden Gesellschaft, der bei einer Mehrheitsentscheidung überstimmt wird, nicht gezwungen werden können, für die Verbindlichkeiten des übernehmenden Rechtsträgers weiterhin persönlich unbeschränkt zu haften, wenn ihm die Schuldenlast oder die Erfolgsaussichten des übernehmenden Rechtsträgers der Fusion bedenklich erscheinen. Deshalb muss ihm die Stellung des nur beschränkt haftenden Kommanditisten eingeräumt werden. 499

---

909 Z. B. OHG, GmbH nach § 24 GmbHG; vgl. Widmann/Mayer/Heckschen, Umwandlungsrecht, § 13 UmwG Rn. 138 ff.; Kallmeyer/Zimmermann, UmwG, § 13 Rn. 15; Stratz, in: Schmitt/Hörtnagl/Stratz, § 13 UmwG Rn. 52 f.
910 Widmann/Mayer/Mayer, Umwandlungsrecht, § 13 UmwG Rn. 232; § 50 Rn. 63 ff.; Kallmeyer/Zimmermann, UmwG, § 50 Rn. 27; Stratz, in: Schmitt/Hörtnagl/Stratz, § 50 UmwG Rn. 8 ff.
911 Widmann/Mayer/Mayer, Umwandlungsrecht, § 13 UmwG Rn. 232; § 50 Rn. 66; Kallmeyer/Zimmermann, UmwG, § 50 Rn. 27; Lutter/Winter/Vetter, UmwG, § 50 Rn. 68; Stratz, in: Schmitt/Hörtnagl/Stratz, § 50 UmwG Rn. 13.
912 Widmann/Mayer/Mayer, Umwandlungsrecht, § 50 UmwG Rn. 70; Lutter/Winter/Vetter, UmwG, § 50 Rn. 65; Reichert in: Semler/Stengel, § 50 UmwG Rn. 47.
913 Kallmeyer/Zimmermann, UmwG, § 50 Rn. 27.
914 Widmann/Mayer/Mayer, Umwandlungsrecht, § 75 UmwG Rn. 72; Kallmeyer/Zimmermann, UmwG, § 13 Rn. 29; Stratz, in: Schmitt/Hörtnagl/Stratz, § 13 UmwG Rn. 38.

2. GmbH

500 Für die GmbH sieht § 50 Abs. 2 UmwG Zustimmungspflichten für die Gesellschafter vor, die bei der übertragenden Gesellschaft **besondere Minderheitsrechte** oder Geschäftsführungssonderrechte wie Bestellungsrechte und Vorschlagsrechte für die Geschäftsführung haben (s. ausführlich dazu Teil 2 Rdn. 574 ff.).

Nach § 51 Abs. 1 UmwG ist ein weiteres Zustimmungserfordernis bei nicht einbezahlten Geschäftsanteilen vorgesehen (s. ausführlich dazu Teil 2 Rdn. 582 ff.).

3. Allgemeiner Zustimmungstatbestand

501 § 13 Abs. 2 UmwG normiert einen **allgemeinen Zustimmungstatbestand**, wenn die Abtretung der Anteile eines übertragenden Rechtsträgers von der **Genehmigung** bestimmter einzelner Anteilsinhaber abhängig ist (vgl. eingehend unten Teil 2 Rdn. 562 ff.). Auch diese Vorschrift ist Ausdruck des allgemeinen Rechtsgedankens, dass Sonderrechte eines Gesellschafters nicht ohne dessen Zustimmung beeinträchtigt werden dürfen. Die Vorschrift gilt jedoch nicht, wenn die Abtretung der Anteile von der Zustimmung der Gesellschaft selbst und nicht vom Gesellschafter abhängig ist. Es geht also auch hier insb. um den Schutz von Sonderrechten, die nicht ohne Zustimmung beeinträchtigt werden sollen.

IX. Notarielle Beurkundung der Versammlung der Anteilsinhaber

1. Schutzzweck

502 Nach § 13 Abs. 3 UmwG bedürfen der **Verschmelzungsbeschluss** und die **notwendigen Zustimmungserklärungen von Sonderrechtsinhabern** der notariellen Beurkundung. Der Gesetzgeber weist darauf hin, dass die vorgesehene notarielle Beurkundung des Verschmelzungsbeschlusses der **Rechtssicherheit durch die Kontrolle des Notars** dient, der die Verantwortung dafür übernimmt, dass die Versammlung der Anteilsinhaber ordnungsgemäß abgewickelt wird. Dieses Formerfordernis wird auch auf Beschlüsse der Personen- oder Partnerschaftsgesellschaften und der Generalversammlung einer Genossenschaft sowie der Mitgliederversammlung wirtschaftlicher Vereine ausgedehnt, da es sich beim Verschmelzungsbeschluss auch für diese Fälle um einen wirtschaftlich und rechtlich sehr bedeutsamen Vorgang handelt, da er beim übertragenden Rechtsträger zur Auflösung, beim übernehmenden Rechtsträger zur Übernahme von u. U. erheblichen Verbindlichkeiten führt. Die Regierungsbegründung weist daher zu Recht darauf hin, dass die Überwachung dieses Beschlusses durch den Notar allgemein wünschenswert und sachgerecht ist.[915] Darüber hinausgehend haben notarielle Urkunden gerichtsentlastende Funktion. Dies gilt im besonderen Maße im Gesellschaftsrecht und besonders im komplexen Aktienrecht. So hat die zwingende Einschaltung des Notars im Vorfeld einer Registereintragung eine deutliche Gerichtsentlastung dadurch zur Folge, dass der Notar eine Legalitätskontrolle nach § 14 Abs. 2 BNotO vornimmt, notarielle Urkunden eine erhöhte Beweissicherung bewirken und durch die Belehrung und Verpflichtung zur gerechten Vertragsgestaltung auch eine höhere inhaltliche Bestandskraft der Urkunden erreicht wird. Register sind in erster Linie Publizitätsmittel, die die Sicherheit des Rechtsverkehrs dadurch garantieren, dass wichtige Informationen kundgegeben werden, die im Interesse der Öffentlichkeit und auch zum Schutz der am Wirtschaftsleben teilnehmenden Personen jedermann zugänglich sind. Durch das Gesetz zur Neuordnung der Aufbewahrung von Notariatsunterlagen und zur Einrichtung des Elektronischen Urkundenarchivs bei der Bundesnotarkammer sowie zur Änderung weiterer Gesetze vom 01.06.2017[916] wurden in § 378 Abs. 3 FamFG neue Prüfungs- und Einreichungspflichten im Grundbuch- und Registerverkehr einge-

---

915 Vgl. Begründung zum RegE, BR-Drucks. 75/94, S. 86, abgedruckt in: Limmer, Umwandlungsrecht, S. 281.
916 BGBl. 2017, 1396.

führt, die diese Kontroll- und Filterfunktion durch den Notar gesetzlich festlegen.[917] Danach sind sämtliche Anmeldungen in Registersachen mit Ausnahme der Genossenschafts- und Partnerschaftsregistersachen vor ihrer Einreichung für das Registergericht von einem Notar auf Eintragungsfähigkeit zu prüfen. Somit ist der Notar verpflichtet, dafür Sorge zu tragen, dass nur sachgerecht abgefasste und vollständige Anmeldungen beim Registergericht eingereicht werden. Auch die Gesetzesbegründung macht die Funktion deutlich: »Durch die Regelungen soll die Sicherstellung eines funktionierendes Grundbuch- und Registerwesen gewährleistet werden. Die Überprüfung von Anmeldungen in Registersachen auf Grundlage der dem Notar zur Verfügung stehenden Erkenntnismittel wird mit dem vorgeschlagenen § 378 Abs. 3 FamFG nunmehr unabhängig von der Beurkundung oder Beglaubigung ausdrücklich als notarielle Amtspflicht und registerrechtliche Verfahrensvorschrift geregelt. Durch die Regelung wird die faktische Filter- und Entlastungsfunktion des Notars im Interesse der Sicherung der hohen Qualität, Schnelligkeit und Effizienz der registergerichtlichen Eintragungsverfahren gesetzlich verankert.« Als Verfahrensvorschrift ist der vorgeschlagene § 378 Abs. 3 FamFG zugleich formelle Voraussetzung im Eintragungsverfahren. Dadurch wird sichergestellt, dass in allen Fällen vorab die Prüfung der Anmeldung auf Eintragungsfähigkeit erfolgt und die Registergerichte ausschließlich sachgerecht formulierte Anmeldungen erhalten.

Auch die **zum Schutz besonderer Gesellschafter und Anteilsinhaber notwendigen Zustimmungserklärungen** müssen notariell beurkundet werden. Auch dies soll den Schutz der Anteilsinhaber verstärken und dem Registergericht, dem die Zustimmungserklärung nach § 17 Abs. 1 UmwG vorzulegen ist, die Prüfung erleichtern, ob alle Erfordernisse der Umwandlung erfüllt sind. Dies ist wie bei den Verschmelzungsbeschlüssen umso notwendiger, als nach der Eintragung der Verschmelzung deren Wirksamkeit nicht angegriffen werden kann, der Schutz der Beteiligten des Rechtsverkehrs also vor dem Zeitpunkt der Eintragung verstärkt werden muss.[918]

Wegen dieser besonderen mit der Beurkundung verbundenen Richtigkeitsgewähr, dem Schutzanliegen und auch dem Schutz des Registergerichts kann jedenfalls für den Bereich der Verschmelzung die **Auslandsbeurkundung nicht zulässig** sein.[919] Dem Notar obliegt bei der Beurkundung des Verschmelzungsvertrages und der Zustimmungsbeschlüsse eine Vielzahl von Schutzaufgaben, die originär im deutschen Recht begründet sind und die genaue Kenntnis des deutschen Rechts und die Verantwortlichkeit für diese Tätigkeit voraussetzen.[920] Dies macht die Begründung zum RegE[921] deutlich. Angesichts der erheblichen Bedeutung der Verschmelzung für alle beteiligten Gesellschaften und Rechtsträger und deren Anteilsinhaber muss die Beurkundung durch eine Amtsperson erfolgen, die zum einen die Verantwortung für die Übereinstimmung mit dem deutschen Recht übernimmt und zum anderen auch den aufsichtsrechtlichen Befugnissen der deut-

503

---

917 Vgl. dazu Attenberger, MittBayNot 2017, 335, 336; Diehn/Rachlitz, DNotZ 2017, 487, 489 f.; Gutachten, DNotI-Report 2017, 89, 90.
918 Vgl. Begründung zum RegE, BR-Drucks. 75/94, S. 86, abgedruckt in: Limmer, Umwandlungsrecht, S. 281.
919 So Lutter/Drygala, UmwG, § 13 Rn. 18; Widmann/Mayer/Heckschen, Umwandlungsrecht, § 13 UmwG Rn. 230; ausführlich Gutachten DNotI-Report 2016, 93 ff.; Kallmeyer/Zimmermann, § 6 UmwG Rn. 110 f.; Widmann/Mayer/Heckschen, § 6 UmwG Rn. 70; Mayer, in: Widmann/Mayer, § 122c UmwG Rn. 183; Wilken, EWiR 1996, 937, 938; Winkler, BeurkG Einl. Rn. 96; wohl auch Henssler/Strohn/Heidinger, § 6 UmwG Rn. 6.
920 Vgl. Limmer, in: FS Rheinisches Notariat, S. 15 ff.; Winkler, BeurkG, Einl. Rn. 19 ff.; Basty, in: FS für Schippel, S. 571 ff.; Staudinger/Hertel, BGB, Vorbem. zu §§ 127a, 128 BeurkG, Rn. 14 ff.; Armbrüster/Renner, in: Armbrüster/Preuß/Renner, BeurkG, Einl. Rn. 29 ff.; Frenz, in FG für Weichler, 1997, S. 175 ff.; Krafka, DNotZ 2002, 677, 679 ff.
921 Vgl. BR-Drucks. 75/94, S. 86, abgedruckt in: Limmer, Umwandlungsrecht, S. 281.

schen Staatsaufsicht unterliegt.[922] Im **Gesellschaftsrecht** ist die Auffassung herrschend, dass die Vorgänge, die die Struktur der Gesellschaft betreffen, zwingend den Formvorschriften des Wirkungsstatuts unterliegen, also sich nach dem Recht richten, dem die Gesellschaft selbst untersteht.[923] Für die Einschränkung der Anknüpfung der Formvorschriften im Gesellschaftsrecht auf das Wirkungsstatut spricht die Tatsache, dass insb. öffentliche Interessen durch die Formvorschriften des Wirkungsstatuts geschützt werden, nämlich Rechtssicherheit, Verkehrsschutz und Richtigkeitsgewähr öffentlich-rechtlicher Register. Gerade bei Kapitalgesellschaften haben Strukturänderungen wie Gründung, Satzungsänderung, Abschluss eines Unternehmensvertrages, Verschmelzung, Spaltung, Umwandlung etc. nicht nur für die unmittelbar an dem Vorgang beteiligten Personen erheblichen Einfluss, sondern für Dritte (Gläubiger, zukünftige Gesellschafter), den öffentlichen Rechtsverkehr und die Rechtssicherheit allgemein. Die Einhaltung der Form des Wirkungsstatuts, also die notarielle Beurkundung durch einen deutschen Notar, sichert nicht nur die Richtigkeit der Registereintragung, sondern umfassenden Verkehrsschutz durch »strukturelle« Richtigkeitsgewähr im Gesellschaftsrecht.

504 Umstritten ist allerdings, inwieweit auch ein ausländischer Notar die inländische Form der notariellen Beurkundung erfüllen kann. Diese Frage lässt sich nicht einheitlich beantworten, sondern es kommt auf den spezifischen Schutzzweck der Formvorschrift an.[924] Bei der Auslegung der Formvorschrift muss entschieden werden, inwieweit die Beurkundung durch einen ausländischen

---

922 Vgl. allgemein zur Frage der Beurkundung im Ausland im Gesellschaftsrecht Staudinger/Großfeld, Int. Gesellschaftsrecht, Rn. 427 ff. nach Art. 10 Rn. 215 ff.; Heckschen, DB 1990, 161; AG Köln, DB 1989, 2014 für die Verschmelzung, allerdings aufgehoben durch LG Köln, DB 1989, 2214 mit unzureichenden Erwägungen; ebenso AG Fürth, GmbHR 1991, 24, aufgehoben durch LG Nürnberg-Fürth, WM 1992, 950; Priester, ZGR 1990, 446: Spellenberg, in: MünchKomm, Art. 11 EGBGB Rz 87 ff.; Hertel, in: Staudinger, Vorbemerkungen zu §§ 127a und 128 BeurkG Rn. 926 ff.; Winkler von Mohrenfels, in: Staudinger, Art. 11 EGBGB Rz. 285 ff; Kropholler, ZHR 140 (1976), 394 ff.; Bredthauer, BB 1986, 1464; Meyer-Reimer, BB 1974, 1280; Winkler, NJW 1974, 1032 ff.; Wolfsteiner, DNotZ 1978, 532 ff.; Schervier, NJW 1992, 593, Landbrecht/Becker, BB 2013, 1290, 1292; Mankowski, NZG 2010, 201, 203; Mayer, DNotZ 2008, 403, 411; Müller, RIW 2010, 591, 597 f.; Peters, DB 2010, 97, 99; U. H.Schneider, GmbHR 2009, 393, 396;Vossius, DB 2007, 2299, 2304. Bayer, GmbHR 2013, 897, 911 f.; Süß, DNotZ 2011, 414, 424;58; Wicke, DB 2011, 1037, 1041; ders., DB 2013, 1099, 1101.

923 **Gesellschaftsstatut,** so BGH, NJW 2014, 2026; KG ZIP 2018, 323 = RNotZ 2018, 267; OLG Düsseldorf, DNotZ 2011, 447; OLG Hamm, NJW 1974, 1057; OLG Karlsruhe, RIW 1979, 567; AG Köln, RIW 1989, 991; AG Fürth, MittBayNot 1991, 30; LG Augsburg, MittBayNot 1996, 318; LG Mannheim BWNotZ 2000, 150; AG Berlin-Charlottenburg GmbHR 2016, 223 = RNotZ 2016, 119; Baumbach/Hueck/Fastrich, GmbHG, § 2 Rn. 9; MünchKomm-AktG/Pentz, § 23 Rn. 30, Schervier, NJW 1992, 593; Ebenroth/Wilken, JZ 1991, 1064; Goette, in: FS für Boujong, 1996, S. 137; v. Randenbergh, GmbHR 1996, 909; Wolff, ZIP 1995, 1491; Winkler, BeurkG, Einl. Rn. 61 ff.; Großfeld/Berndt, RIW 1996, 630; Scholz/Westermann. GmbHG, Einl. Rn. 93; Bayer, in: Lutter/Hommelhoff, GmbHG, § 2 Rn. 18; Kindler, AG 2007, 721, 725; Gutachten DNotI-Report 1995, 219; Gutachten DNotI-Report 2016, 93, 94; Staudinger/Hertel, BGB, Vorbem. zu §§ 127a, 128 BeurkG, Rn. 726; Heckschen, DB 2018, 685; a. A. Erman/Hohloch, Art. 11 EGBGB Rn. 27; Palandt/Thorn, Art. 11 EGBGB Rn. 13.

924 Vgl. Winkler, Einl. BeurkG Rn. 54; Reithmann, Urkundenrecht Rn. 573 ff. Armbrüster/Preuß/Renner/ Armbrüster BeurkG § 1 Rn. 5766 ff.; Staudinger/Hertel Vorb. zu §§ 127a, 128 BeurkG Rn. 723 ff.; Staudinger/Winkler v. Mohrenfels EGBGB Art 11 Rn 285 ff, 293 f.; MünchKommBGB/Spellenberg EGBGB Art 11 Rn 77 ff.; 86 ff.

Notar der inländischen gleichwertig ist.[925] Nach der Rechtsprechung des BGH zum Gesellschaftsrecht, nach der die notarielle Beurkundung die **materielle Richtigkeitsgewähr** garantiert[926] kann m.E. eine Auslandsbeurkundung von sog. statusbegründenden Akten, die die Verfassung der Gesellschaft betreffen, wie die Gründung, Satzungsänderung, Spaltung, Umwandlung oder Verschmelzung nicht ausreichend sein.[927] Das KG[928] hat dies zwar für die Gründung einer GmbH durch einen Notar aus Bern zugelassen, die Entscheidung ist m.E. aber abzulehnen, da sie verkennt, dass ein ausländischer Notar, der keiner Kontrolle durch den deutschen Staat unterworfen ist und der dementsprechend auch nicht den Pflichten, die der deutsche Notar erfüllen muss, nachkommen muss, nicht die mit der Beurkundung verfolgten Zwecke erfüllen kann. Diese liegen, wie z.B. Schutz und Belehrung, nicht nur im Interesse der Beteiligten, sondern dienen auch ordnungspolitischen Aufgaben, z.B. im Bereich des Steuerrechts (§ 54 EstDV) oder der Geldwäsche.

2. Niederschrift des Notars

Da der Beschluss der Anteilsinhaber einen sonstigen Vorgang i. S. d. **§ 36 BeurkG** betrifft, ist eine Niederschrift erforderlich, die neben der Bezeichnung des beurkundenden Notars den Bericht über seine Wahrnehmung bei dem Beschluss enthalten, und von ihm eigenhändig unterschrieben sein muss.[929] Der Vertrag oder sein Entwurf ist dem **Beschlussprotokoll** gem. § 13 Abs. 3 Satz 2 UmwG als Anlage beizufügen, damit er auch noch nach der Hauptversammlung oder Gesellschafterversammlung beim Registergericht eingesehen werden kann und das Registergericht in der Lage ist, die Identität des bei der Anmeldung der Verschmelzung eingereichten Vertrages mit dem Vertrag, dem die Gesellschafter- bzw. Hauptversammlung zugestimmt hat, zu überprüfen.[930] Eine

505

---

925 **Substitution** vgl. BGH NJW 2014, 2026 = DNotZ 2014, 457 = MittBayNot 2014, 256; KG ZIP 2018, 323 = RNotZ 2018, 267; OLG Düsseldorf, DNotZ 2011, 447; OLG Hamm, NJW 1974, 1057; OLG Karlsruhe, RIW 1979, 567; AG Köln, RIW 1989, 991; AG Fürth, MittBayNot 1991, 30; LG Augsburg, MittBayNot 1996, 318; LG Mannheim BWNotZ 2000, 150; AG Berlin-Charlottenburg GmbHR 2016, 223 = RNotZ 2016, 119; dazu Küller, NJW 2014, 1994; Heckschen, BB 2014, 462; ders. DB 2018, 685 f.; Tebben DB 2014, 585; Herrler GmbHR 2014, 225; Wicke DB 2013, 1099; Lieder/Ritter, notar 2014, 187; Bayer, GmbHR2013, 897, 911; BGHZ 80, 76; OLG Stuttgart IPRsp 1981 Nr. 10a; OLG Düsseldorf RIW 1989, 225; OLG München RIW 1998, 148; Reithmann, Urkundenrecht Rn. 573; Reithmann NJW 2003, 185 ff.; Armbrüster/Preuß/Renner/Armbrüster BeurkG § 1 Rn. 5766 ff.; Staudinger/Hertel Vorb. zu §§ 127a, 128 BeurkG Rn. 723; Kröll ZGR 2000, 111 ff.; Reithmann/Martiny/Reithmann, Internationales Vertragsrecht Rn. 5.318 ff. Rn. 573; Staudinger/Großfeld IntGesR Rn. 431; MünchKommBGB/Spellenberg EGBGB Art. 11 Rn. 47; Wolfsteiner DNotZ 1978, 532; Kropholler, ZHR 140 (1976) 394, 410; Bokelmann NJW 1975, 1625; Mann, ZHR 138 (1974) 448, 453 ff.; MünchKommBGB/Spellenberg EGBGB Art. 11 Rn. 77 ff.; 86 ff.; sehr ausführlich mit Darstellung auch der Entwicklung und des heutigen Standes und mit umfassenden Nachw. Staudinger/Winkler/v. Mohrenfels EGBGB Art. 11 Rn. 285 ff., 293 f.
926 So BGHZ 105, 324 = GmbHR 1989, 25.
927 So eingehend Goette, in: FS für Boujong, 1996, S. 131 ff. = DStR 1996, 109; vgl. Goette, MittRhNotK 1997, 1; Widmann/Mayer/Heckschen, UmwG, § 13 Rn. 221 ff.; Wicke, ZIP 2006, 977 ff.; Kallmeyer/Zimmermann, UmwG, § 6 Rn. 10 ff.; LG Augsburg, DB 1998, 1666; ähnlich Schervier, NJW 1992, 597 ff.; Brechthauer, BB 1986, 1864; Staudinger/Großfeld, Gesellschaftsrecht, Rn. 427; vgl. auch OLG Hamburg, NJW-RR 1993, 317; vgl. auch die zusammenfassende Darstellung DNotI-Report 1995, 219 ff. und 2016, 93 ff.; Heckschen, DB 2018, 685, 687.
928 ZIP 2018, 323 = RNotZ 2018, 267.
929 Vgl. auch OLG Celle NZG 2017, 422 = ZIP 2017, 1623, dazu Nordholtz/Hupka, DNotZ 2018, 404 ff.; Eylmann/Vaasen/Limmer, § 37 BeurkG Rn. 11 ff.; BeckOGK/Reul UmwG § 103 Rn. 16; Grigoleit/Herrler AktG § 130 Rn. 24.
930 Vgl. Lutter/Drygala, UmwG, § 13 Rn. 19; Gehling, in: Semler/Stengel, § 13 UmwG Rn. 54; Kallmeyer/Zimmermann, UmwG, § 13 Rn. 39; Stratz, in: Schmitt/Hörtnagl/Stratz, § 13 UmwG Rn. 72; BeckOGK/Rieckers/Cloppenburg UmwG § 13 Rn. 130 f.

unbeglaubigte Abschrift genügt.⁹³¹ Wird der Vertrag nicht als Anlage beigefügt, ist der Verschmelzungsbeschluss nicht unwirksam. Der Nachweis, dass sich der Verschmelzungsbeschluss auf den Verschmelzungsvertrag bezieht, der mit Anmeldung der Verschmelzung zur Eintragung in das Handelsregister überreicht wird, kann auch anders geführt werden, etwa dadurch, dass der Verschmelzungsbeschluss die Nummer der Urkundenrolle des den Vertrag beurkundenden Notars bezeichnet.⁹³² Der Vertrag muss grds. nicht verlesen werden, da nicht der Vertrag, sondern die Zustimmung der Anteilsinhaber beurkundet wird.⁹³³ Etwas anderes gilt natürlich, wenn in der Urkunde der Vertrag beurkundet wird und in derselben Urkunde auch der Beschluss aufgenommen wird.⁹³⁴ In der Niederschrift muss weiter angegeben werden, dass es sich um einen Gesellschafterversammlungsbeschluss handelt, das Abstimmungsergebnis und ggf. die Feststellung des Versammlungsleiters. Weiterhin sind nach § 36 Abs. 2 BeurkG die Angabe von Ort und Tag der Beschlussfassung und der Errichtung der Urkunde anzugeben. Eine Verlesung ist nicht erforderlich. Es handelt sich dabei nicht um die Beurkundung von Willenserklärungen, sondern um die **Beurkundung von sonstigen Tatsachen.**⁹³⁵ Der Beschluss selbst ist ein Rechtsgeschäft, keine Willenserklärung. Nur die Stimmabgaben der Aktionäre/Gesellschafter/Anteilsinhaber i. R. d. Beschlussfassung sind Willenserklärungen.⁹³⁶ Bei der Stimmabgabe selbst handelt es sich um eine einseitige zugangsbedürftige Willenserklärung. Bei der Beurkundung des Versammlungsbeschlusses handelt es sich nicht um eine Beurkundung der Stimmabgaben der einzelnen Gesellschafter, sondern um die Beurkundung des rechnerischen Ergebnisses aus der Addition für oder gegen einen Beschluss abgegebener Stimmen bzw. der Stimmenthaltungen. Der Versammlungsbeschluss wird in der Niederschrift daher lediglich nach Art eines tatsächlichen Vorganges erfasst. Aus diesem Grunde bedarf es auch nicht der sonst vorgeschriebenen Verlesung der Niederschrift. Des Weiteren ist auch nicht die Personenfeststellung durch Vorlegung amtlicher Ausweise für die dem Notar nicht persönlich bekannten Teilnehmer notwendig. Auch muss die Niederschrift von keiner weiteren Person als der Urkundsperson unterschrieben werden.⁹³⁷ Dies alles gilt jedoch nur insofern, als Gang und Ergebnisse der Versammlung Gegenstand der Beurkundung sind. Wenn in der Versammlung auch rechtsgeschäftliche Erklärungen abgegeben werden, so sind die Vorschriften des zweiten Abschnitts über die Beurkundung von Willenserklärungen anwendbar, insb. über Verlesung, Genehmigung und Unterzeichnung. Zu beachten ist, dass bei der Hauptversammlung einer AG die besonderen Vorschriften des § 130 AktG bei der Niederschrift einzuhalten sind.

506 Die §§ 36 ff. BeurkG gelten für die Beurkundung von **anderen Erklärungen** als Willenserklärungen sowie sonstigen Tatsachen oder Vorgängen.⁹³⁸ Für Willenserklärungen gelten die §§ 8 ff. BeurkG. Das in den §§ 36, 37 BeurkG vorgeschriebene Verfahren unterscheidet sich von den Beurkundungsverfahren über Willenserklärungen auch dadurch, dass § 13 Abs. 1 BeurkG hier

---

931 Lutter/Drygala, UmwG, § 13 Rn. 19; Gehling, in: Semler/Stengel, § 13 UmwG Rn. 54; Kallmeyer/Zimmermann, UmwG, § 13 Rn. 39; BeckOGK/Rieckers/Cloppenburg UmwG § 13 Rn. 130; Kölner KommUmwG/Simon Rn. 80; Limmer in Limmer HdB Unternehmensumwandlung Teil 2 Kap. 1 Rn. 499; Lutter/Drygala UmwG § 13 Rn. 19; strenger Widmann/Mayer/Heckschen, UmwG, § 13 Rn. 233: beglaubigte Abschrift oder Ausfertigung.
932 Gehling, in: Semler/Stengel, § 13 UmwG Rn. 54; Kallmeyer/Zimmermann, UmwG, § 13 Rn. 39.
933 Gehling, in: Semler/Stengel, § 13 UmwG Rn. 54; Kallmeyer/Zimmermann, UmwG, § 13 Rn. 39.
934 Gehling, in: Semler/Stengel, § 13 UmwG Rn. 54; Kallmeyer/Zimmermann, UmwG, § 13 Rn. 39.
935 Vgl. Preuß, in: Armbrüster/Preuß/Renner, § 36 BeurkG Rn. 9; Limmer, in: Eylmann/Vaasen, § 39 BeurkG Rn. 2; Lerch, BeurkG, § 36 Rn; 1 ff.; Winkler, BeurkG, § 36 Rn. 3; OLG Celle NZG 2017, 422 = ZIP 2017, 1623, dazu Nordholtz/Hupka, DNotZ 2018, 404 ff.
936 Vgl. BGH, NJW 1976, 49; BGH, WM 1979, 71; Eylmann/Vaasen/Limmer, § 37 BeurkG Rn. 11 ff.; BeckOGK/Reul UmwG § 103 Rn. 16; Grigoleit/Herrler AktG § 130 Rn. 24.
937 Vgl. Jansen, BeurkG, § 37 Rn. 8; Wicke in: Spindler/Stilz, § 130 AktG Rn. 23 ff.
938 Vgl. auch OLG Celle NZG 2017, 422 = ZIP 2017, 1623, dazu Nordholtz/Hupka, DNotZ 2018, 404 ff.; BeckOGK/Reul UmwG § 103 Rn. 16; Grigoleit/Herrler AktG § 130 Rn. 24; Eylmann/Vaasen/Limmer, § 37 BeurkG Rn. 11 ff.

nicht anwendbar ist. Die Niederschrift muss daher nicht in Gegenwart des Notars den Beteiligten vorgelesen werden, von ihnen genehmigt und eigenhändig unterschrieben werden. Vielmehr genügt gem. § 37 Abs. 3 i. V. m. § 13 Abs. 3 Satz 1 BeurkG die eigenhändige Unterschrift des Notars. Maßgebliches Abgrenzungskriterium dafür, ob eine Niederschrift nach den §§ 8 ff. BeurkG oder den §§ 36 ff. BeurkG durchzuführen ist, ist, ob es sich bei der beurkundeten Tatsache um eine **Willenserklärung** handelt oder nicht. Das OLG Celle hat zu Recht zur Beurkundung der Satzungsänderung einer GmbH festgestellt, dass diese nach §§ 36 ff. BeurkG erfolgen kann. Bei der Satzungsänderung einer GmbH handele es sich um die formbedürftige Niederschrift über die Beurkundung eines Versammlungsbeschlusses, die als klassischer Anwendungsfall der Beurkundung einer anderen Erklärung als einer Willenserklärung im Sinne des Beurkundungsgesetzes angesehen wird.[939] Der Notar kann allerdings anstelle der einfachen Form für Beurkundungen i. R. d. dritten Abschnitts auch die strengere Form der Beurkundung von Willenserklärungen nach den §§ 8 ff. BeurkG wählen. Dann muss die Urkunde allerdings den Vorgaben der §§ 8 ff. BeurkG genügen (Verlesen, Feststellungen; Genehmigung, Unterschrift usw.). Die Beurkundungen sind wirksam, da die strengere Form die Einfachere enthält. Es ist dabei dem Ermessens des Notars überlassen, welche Form er wählt, eine Amtspflicht, generell die strengere Form zu wählen, existiert nicht, sonst wären die §§ 36 ff. BeurkG überflüssig.[940] Nach § 37 Abs. 1 BeurkG muss z. B. eine Niederschrift über einen Gesellschafterbeschluss nur die Bezeichnung des Notars sowie den Bericht über seine Wahrnehmung enthalten. Es muss insb. nicht die Urkunde vorgelesen und von den Beteiligten unterzeichnet werden; nur der Notar muss die Urkunde unterzeichnen. Es handelt sich dabei um die sog. **einfache Niederschrift**. Es besteht aber diesbezüglich Einigkeit, dass der Notar anstelle der einfachen Form für die Beurkundung einer Gesellschafterversammlung auch die strengere Form der Beurkundung von Willenserklärungen nach den §§ 8 ff. BeurkG wählen kann. In der Praxis wird bei kleineren Gesellschaften häufig auch das **Verfahren nach §§ 8 ff. BeurkG** gewählt, was nicht unschädlich ist, da es sich hierbei um die strengere Form handelt.[941] Die **Beifügung des Verschmelzungsvertrages als Anlage** bedeutet nicht, dass § 9 Abs. 1 Satz 2 BeurkG anzuwenden ist, d. h. der Verschmelzungsvertrag muss nicht verlesen werden.[942]

Zustimmungserklärungen von Sonderrechtsinhabern oder Verzichtserklärungen nach § 8 Abs. 3, 9 Abs. 3 UmwG u.ä.u. Ä. sind allerdings **als Willenserklärungen** nach §§ 8 ff. BeurkG (vgl. oben Teil 2 Rdn. 404 ff.) zu beurkunden; eine Beurkundung nach den §§ 36 ff. BeurkG genügt nicht.[943] Umstritten ist, ob in einer Urkunde die Verfahren nach §§ 36 f. und §§ 8 ff BeurkG gemischt werden können. Inwieweit in einer einheitlichen Niederschrift einerseits die Zustimmungs- und Verzichtserklärungen in der Form der Beurkundung von Willenserklärungen, die übrigen Vorgänge aber in der Form einer Tatsachenprotokollierung beurkundet werden können, ist daher streitig. Dies wird zum Teil bejaht, wenn sofern aufgrund des Urkundstextes erkennbar ist, welche Teile zur Niederschrift iSv § 36 f. BeurkG gehören und welche die zu beurkundenden

---

[939] Vgl. OLG Celle NZG 2017, 422; auch Nordholtz/Hupka, DNotZ 2018, 404 ff.
[940] H. M. Grziwotz, in: Grziwotz/Heinemann, § 37 BeurkG Rn. 6; Preuß, in: Armbrüster/Preuß/Renner, § 36 BeurkG Rn. 9; Limmer, in: Eylmann/Vaasen, § 39 BeurkG Rn. 2; Lerch, BeurkG, § 36 Rn. 1 ff.; Winkler, BeurkG, § 36 Rn. 3; Nordholtz/Hupka, DNotZ 2018, 404 ff.
[941] Vgl. Röll, DNotZ 1979, 644, 650; Kallmeyer/Zimmermann, UmwG, § 13 Rn. 37; Preuß, in: Armbrüster/Preuß/Renner, BeurkG/DONot, § 36 BeurkG Rn. 9; Limmer, in: Eylmann/Vaasen, BNotO/BeurkG, § 36 BeurkG Rn. 3; Lerch, BeurkG, § 36 Rn. 7; Winkler, BeurkG § 39 Rn. 8; Grziwotz, in: Grziwotz/Heinemann, § 37 BeurkG Rn. 6.
[942] Sandweg, BWNotZ 1984, 101; Widmann/Mayer/Mayer, Umwandlungsrecht, § 13 UmwG Rn. 226, Kallmeyer/Zimmermann, UmwG, § 13 Rn. 39.
[943] Vgl. Priester, DNotZ 1995, 427, 433; Widmann/Mayer/Mayer, Umwandlungsrecht, § 8 UmwG Rn. 58; Stratz, in: Schmitt/Hörtnagl/Stratz, UmwG § 8 Rn. 36; Semler/Stengel/Gehling UmwG § 8 Rn. 71; BeckOGK/Reul UmwG § 103 Rn. 17.

Willenserklärungen darstellen.[944] Nach anderer Ansicht gelten in einem solche Fall jedoch die strengeren Vorschriften der §§ 8 ff. BeurkG für die gesamte Niederschrift, sodass die Urkunde insgesamt, dh auch die Beschlüsse zu verlesen sind.[945] In der Praxis ist bis zur höchstrichterlichen Klärung der Frage eine getrennte Beurkundung in gesonderten Urkunden zu empfehlen.[946]

507 Bei der **Hauptversammlung** ist weiterhin § 130 AktG zu beachten.

508 Wird, wenn dies notwendig ist, in der Gesellschafterversammlung bzw. Hauptversammlung das Kapital zum Zweck der Verschmelzung erhöht, so sind die weiteren Voraussetzungen über die Kapitalerhöhung, d. h. die §§ 55 ff. GmbHG bzw. § 186 AktG zu berücksichtigen (vgl. im Einzelnen Teil 2 Rdn. 263).

X. Sachliche Beschlusskontrolle

509 Das Gesetz hat die umstrittene Frage einer **materiellen Beschlusskontrolle** nicht geregelt, sondern diese Frage bewusst offengelassen.[947] Es bleibt daher weiterhin die Entwicklung in der Rechtsprechung und Literatur abzuwarten. Es ist **in der Literatur str.**, ob die Wirksamkeit von Beschlüssen, die die grundlegende Strukturänderung von Gesellschaften zum Gegenstand haben, nicht nur davon abhängt, dass die erforderliche Mehrheit zugestimmt hat, sondern ob darüber hinaus eine inhaltliche Kontrolle notwendig ist, d. h. ob die **Strukturänderung** auch einer **sachlichen Rechtfertigung** bedarf.[948] Im Einzelnen sind allerdings die wissenschaftlichen Ansätze hinsichtlich der Sachkontrolle von Mehrheitsbeschlüssen im Gesellschaftsrecht nicht einheitlich. Während **Wiedemann**[949] und **Martens**[950] alle Beschlüsse einer Sachkontrolle unterwerfen wollen mit dem Ziel, ob sie mit dem Verbandszweck und den Unternehmenszielen im Einklang stehen, wurde von **Lutter**[951] ein differenziertes Kontrollverfahren vorgeschlagen. Es sollen nur die Beschlüsse einer positiven sachlichen Rechtfertigung bedürfen, die weder vom Gesetz noch ihrem Inhalt nach von der Sachkontrolle freigestellt sind. Freigestellte Beschlüsse sollen z. B. sein der Auflösungsbeschluss, da er nie dem Gesellschaftszweck entspricht, oder solche, bei denen bereits das Gesetz die Interessenabwägung getroffen hat. Lutter war auch weiter der Auffassung, dass Gleiches für die Mehrheitsumwandlung, die Eingliederung, die Verschmelzung und den Abschluss von Organschaftsverträgen gilt. **Hirte**[952] will zwar Umwandlung, Eingliederung, Liquidation und den Abschluss von Unternehmensverträgen, nicht aber die Verschmelzung von der Inhaltskontrolle freistellen. **Timm**[953] hat einen ausschließlichen konzernrechtlichen Ansatz entwickelt: Eine Sachkontrolle sei vornehmlich dort erforderlich, wo Entscheidungen des Unternehmensgesellschafters infrage stehen. Es sei die wichtigste Aufgabe einer Sachkontrolle, die Abhängigkeitsbegründung einer sachlichen Rechtfertigung zu unterwerfen. Abhängigkeitsverstärkende Beschlüsse seien nur dann einer inhaltlichen Kontrolle zu unterwerfen, wenn mit ihnen sich weitere Eingriffe

---

944 So Widmann/Mayer/Heckschen § 13 UmwG Rn. 223; Grigoleit/Herrler AktG § 130 Rn. 24.
945 Winkler, BeurkG, Vor § 36 Rn 16 mwN; Röll, DNotZ 1979, 644, 646; BeckOGK/Reul UmwG § 103 Rn. 17.
946 So auch Grigoleit/Herrler AktG § 130 Rn. 24.
947 Vgl. Begründung zum RegE, BT-Drucks. 75/94, S. 86; abgedruckt in: Limmer, Umwandlungsrecht, S. 281.
948 Vgl. Hommelhoff, ZGR 1993, 452, 458, Hofman/Krolop, AG 2005, 866 ff.; Hügel, Verschmelzung und Einbringung, S. 119 ff.; Widmann/Mayer/Heckschen, Umwandlungsrecht, § 13 UmwG Rn. 163.11.; Hüffer/Koch § 243 AktG Rn. 25 ff.
949 ZGR 1980, 147, 156 f.
950 ZGR 1979, 493, 496 ff.
951 ZGR 1981, 171, 174 ff.; vgl. auch ders., JZ 1980, 665, 666 f.; auch Timm, Die AG als Konzernspitze, S. 106 ff.
952 Bezugsrechtsausschluss und Konzernbildung, 1986, S. 70 ff. und 140 ff.
953 ZGR 1987, 403, 421 ff.

in die Rechte der Gesellschafterminderheit verbinden. Timm entwickelt hier aus der Sachkontrolle einen »konzernrechtlichen Präventivschutz«.⁹⁵⁴

Der **BGH** hat einen einheitlichen Ansatz bisher noch nicht gewählt, geht aber im Grunde von der **Notwendigkeit einer Sachkontrolle in Einzelfällen** aus. In der »**Kali und Salz**«-**Entscheidung**⁹⁵⁵ hatte er eine Sachkontrolle beim Bezugsrechtsausschluss vorgenommen. Da ein solcher Ausschluss ein Eingriff in die Mitgliedschaft darstellt, ist er nach der Rechtsprechung des BGH gegen den Willen der Minderheit nur zulässig, wenn er im Interesse der GmbH erforderlich, geeignet und angemessen ist, d. h. durch kein weniger hartes Mittel ersetzt werden kann.⁹⁵⁶ In der »**Linotype**«-**Entscheidung** machte der BGH seine Position deutlich.⁹⁵⁷ Eine Sachkontrolle von Mehrheitsbeschlüssen werde grds. anerkannt, ein Beschluss über die Auflösung der Gesellschaft hingegen ist keiner sachlichen Kontrolle zugänglich. 510

Wie diese Frage bei Unternehmensstrukturmaßnahmen wie der Verschmelzung, der Spaltung oder Umwandlung zu beurteilen ist, hat der BGH bisher noch nicht entschieden. In der Literatur besteht mehrheitlich wohl die Auffassung, dass Verschmelzung oder andere Umgründungsmaßnahmen **keiner materiellen Inhaltskontrolle** unterliegen, solange kein Umgehungsfall vorliegt.⁹⁵⁸ Der österreichische OGH hat im Urt. v. 19.05.1998 entschieden, dass keine Inhaltskontrolle bei Umwandlungsbeschlüssen bestehe.⁹⁵⁹ Umwandlungsbeschlüsse tragen ebenso wie Auflassungsbeschlüsse die Rechtfertigung in sich und würden damit nicht kontrollierbar sein. Das LG Hamburg war im Urt. v. 25.02.1999⁹⁶⁰ der Auffassung, dass der Ausgliederungsbeschluss keine besonderen sachlichen Rechtfertigungen bedürfe. 511

Wie ausgeführt, hat der Gesetzgeber im Umwandlungsrecht diese **Frage ausdrücklich offengelassen**. Andererseits findet sich in § 8 Abs. 1 UmwG die Pflicht der Vertretungsorgane, im Verschmelzungsbericht die Verschmelzung als solche, d. h. die Zweckmäßigkeit und Wirtschaftlichkeit zu erläutern.⁹⁶¹ Man könnte hieraus zumindest folgern, dass die Verschmelzung nicht vollständig von einer materiellen Beschlusskontrolle freigestellt ist. Auch die übrigen Bestimmungen des UmwG, die den Zweck haben, die Minderheitsgesellschafter gegen sachfremde und ihre Interessen beeinträchtigende Entscheidungen zu schützen, wird man dahin gehend interpretieren dürfen, dass auch eine inhaltliche Prüfung in Einzelfällen zulässig sein muss. Diese Prüfung wird sich allerdings auf Ermessensmissbrauch und schwere Fehlentscheidungen beschränken müssen. 512

Zur Frage der **sachlichen Rechtfertigung einer Verschmelzung** hat bisher nur das OLG Stuttgart zur Verschmelzung Daimler-Benz AG-MAH entschieden, dass eine Treuepflichtverletzung ausscheide, wenn der Beschluss bei gebührender Berücksichtigung der Folgen der Aktionäre durch sachliche Gründe im Interesse der Gesellschaft gerechtfertigt ist.⁹⁶² In der Obergerichtlichen Rechtsprechung wird die sachliche Beschlusskontrolle weitgehend abgelehnt.⁹⁶³ 513

---

954 Vgl. Lutter/Timm, NJW 1982, 409.
955 BGHZ 71, 40.
956 BGHZ 71, 40 und 83, 321.
957 BGHZ 103, 284, 289 ff.; vgl. hierzu Lutter, ZGR 153, 1989, 446 ff.
958 So Hügel, Verschmelzung und Einbringung, S. 135 f.; Lutter, ZGR 1981, 180; Lutter/Drygala, § 13 UmwG Rn. 38 ff.; Kallmeyer/Zimmermann, UmwG, § 13 Rn. 12; ausführlich Widmann/Mayer/Heckschen, Umwandlungsrecht, § 13 UmwG Rn. 214 ff.; a. A. allerdings Hirte, Bezugsrechtsausschluss und Konzernbildung, S. 148; offengelassen Priester, NJW 1983, 1464.
959 AG 1999, 142.
960 AG 1999, 239.
961 Vgl. auch KK-AktG/Kraft, § 340a Rn. 14.
962 OLG Stuttgart, WM 1995, 1355; Vorinstanz LG Stuttgart, GmbHR 1994, 567.
963 OLG Frankfurt am Main, AG 2008, 167; OLG Frankfurt am Main, Konzern 2010, 180; OLG Düsseldorf, AG 2003, 578.

XI. Beschlussanfechtung

1. Anfechtungsmöglichkeiten

514 § 14 UmwG geht von der **gerichtlichen Nachprüfbarkeit** rechtsfehlerhafter Verschmelzungsbeschlüsse als allgemeinen Grundsatz aus.[964] Erfasst werden dabei zunächst die **gesetzlich geregelten Fälle der Anfechtungs- und Nichtigkeitsklagen** bei der **AG** (§ 246 AktG), bei der **Genossenschaft** (§ 51 GenG) und beim **VVaG** (§ 36 VAG i. V. m. § 246 AktG). Die herrschende Meinung erkennt auch bei der **GmbH** trotz fehlender gesetzlicher Regelung die Möglichkeit der Anfechtungsklage an.[965] Dagegen sieht die herrschende Meinung in der Rechtsprechung und im Schrifttum Klagen gegen die Wirksamkeit von Beschlüssen bei **Personenhandelsgesellschaften** und **Vereinen** nicht als Anfechtungsklagen an.[966] Die Nichtigkeit von Beschlüssen der Gesellschafterversammlung einer Personengesellschaft ist vielmehr durch Feststellungsklage gegen die Mitgesellschafter festzstelen, wenn nicht der Gesellschaftsvertrag bestimmt, dass der Streit mit der Gesellschaft auszutragen ist.[967] Daher wird auch nicht angenommen, dass im Umwandlungsrecht die Klage gegen die Gesellschaft zu richten ist.[968]

515 Vor diesem Hintergrund spricht § 14 UmwG ganz allgemein von Klagen gegen die Wirksamkeit eines Verschmelzungsbeschlusses. Durch diese Formulierung sind **alle Klagetypen** erfasst, mit denen die Nichtigkeit, Unwirksamkeit oder Anfechtbarkeit eines Verschmelzungsbeschlusses der Anteilsinhaber geltend gemacht werden kann.[969]

516 Für solche Klagen, deren Zulässigkeit sich i. Ü. nach den ausdrücklichen Regelungen in den für die einzelnen Rechtsformen geltenden Gesetzen bzw. nach allgemeinen Grundsätzen richtet, normiert § 14 UmwG **zwei besondere Voraussetzungen**:
- Entsprechend der für Anfechtungsklagen gegen einen Hauptversammlungsbeschluss geltenden Regelung in § 246 Abs. 1 AktG muss die **Klage innerhalb eines Monats** nach der Fassung des Verschmelzungsbeschlusses erhoben werden.[970]
- Sachlich wird das **Klagerecht eingeschränkt**. Mit der Klage kann nicht geltend gemacht werden, das Umtauschverhältnis der Anteile sei zu niedrig oder die Mitgliedschaft bei dem übernehmenden Rechtsträger sei kein ausreichender Gegenwert für die Anteile oder die Mitgliedschaft bei dem übertragenden Rechtsträger.

517 Wegen der zulässigen **Mischverschmelzung** unter Beteiligung verschiedener Rechtsformen ist auch das Verhältnis Anteile/Mitgliedschaft erwähnt, das z. B. bei der Verschmelzung einer Kapitalgesellschaft mit einer Genossenschaft eine Rolle spielt.

518 **Zweck der Vorschrift** ist die Vermeidung eines Streits über die Wirksamkeit der Verschmelzung mit der Begründung, die Abfindung sei zu niedrig bemessen.

519 Stattdessen haben die Anteilsinhaber eines übertragenden Rechtsträgers das Recht, die Angemessenheit ihrer Abfindung in dem sog. **Spruchverfahren** gerichtlich nachprüfen zu lassen, das im SpruchG einheitlich geregelt ist.

520 Der **beschränkte Klageausschluss** in § 14 Abs. 2 UmwG betrifft ausdrücklich **nur Beschlüsse übertragender Rechtsträger**. Die verschiedentlich geäußerte Anregung, diese Regelung auch auf

---

964 Vgl. Lutter/Drygala, § 14 UmwG Rn. 1 ff.
965 Vgl. Lutter/Hommelhoff/Bayer, GmbHG, Anh. § 47 Rn. 38 m. w. N.
966 Vgl. die Hinweise bei K. Schmidt, Gesellschaftsrecht, S. 453 f. und S. 702.
967 BGH NJW 195, 1218; BGH, NJW 2006, 2854; Goette, in: Ebenroth/Boujong/Joost/Strohn, HGB, § 119 Rn. 77; Lutter/Drygala, § 14 UmwG Rn. 6; Stratz, in: Schmitt/Hörtnagl/Stratz, § 14 UmwG Rn. 23; Baumbach/Hopt HGB § 119 Rn 31.
968 Stratz, in: Schmitt/Hörtnagl/Stratz, § 14 UmwG Rn. 24.
969 Lutter/Drygala, § 14 UmwG Rn. 6; Gehling, in: Semler/Stengel, § 14 UmwG Rn. 22; Kallmeyer/Marsch-Barner UmwG, § 14 Rn. 6; Stratz, in: Schmitt/Hörtnagl/Stratz, § 14 UmwG Rn. 6.
970 Krit. Schöne, DB 1995, 1317.

H. Verschmelzungsbeschlüsse   Teil 2 Kapitel 1

übernehmende Rechtsträger auszudehnen, hat der Gesetzgeber nicht aufgegriffen. In der **Gesetzesbegründung**[971] heißt es dazu:

»Sie (die Anregung) entspringt im wesentlichen der Befürchtung, die Verschmelzung werde durch die Erhebung solcher gelegentlich auch mißbräuchlicher Klagen verzögert oder gar verhindert. Dieser Befürchtung soll jedoch durch die in § 16 Abs. 3 vorgesehene Regelung begegnet werden. Völlig ausräumen ließe sich diese Befürchtung bei der Verschmelzung von Kapitalgesellschaften aber nur dann, wenn auch Klagen gegen die Wirksamkeit eines Beschlusses zur Kapitalerhöhung bei der übernehmenden Gesellschaft ausgeschlossen würden. Dies wäre jedoch ein zu tiefer Eingriff in das allgemeine Gesellschaftsrecht.

Ferner würden sich bei einem Barausgleich zugunsten der Aktionäre einer übernehmenden AG Probleme wegen des Verbots der Rückgewähr von Einlagen (§ 57 Abs. 1 AktG) ergeben können, in geringerem Maße möglicherweise auch bei einer übernehmenden GmbH (vgl. § 30 Abs. 1 GmbHG). Schließlich könnte auch die Bereitstellung der für die Verschmelzung erforderlichen Mittel schwierig werden, wenn auch sämtlichen Anteilsinhabern des übernehmenden Rechtsträgers ein Nachbesserungsanspruch gewährt würde.«

Schon im Schrifttum zum früher geltenden Recht wurde die **Frage kontrovers beurteilt**.[972]   521

2. Eintragung trotz Beschlussanfechtung

a) Voraussetzungen

Grds. darf die Eintragung der Verschmelzung nur erfolgen, wenn die sog. **Negativerklärung**   522
abgegeben wurde (**Registersperre**). Dies ist in Übereinstimmung mit der früheren Rechtsprechung[973] im UmwG geregelt. Die Vertretungsorgane der beteiligten Rechtsträger müssen bei der Anmeldung erklären, dass eine Klage gegen die Wirksamkeit des Verschmelzungsbeschlusses nicht oder nicht fristgerecht erhoben, rechtskräftig abgewiesen oder zurückgenommen worden ist (§ 16 Abs. 2 Satz 1 UmwG). Entsprechend der ganz herrschenden Meinung zum vor 1995 geltenden Recht[974] wird man es ausreichen lassen, dass die Negativerklärung innerhalb einer vom Registergericht gesetzten Frist nachgereicht wird.[975] Wurde die Erklärung bereits bei der Anmeldung abgegeben, so müssen nachträgliche Änderungen dem Gericht ebenfalls mitgeteilt werden (§ 16 Abs. 2 Satz 1 Halbs. 2 UmwG). Die Erklärung muss vom Vertretungsorgan in **vertretungsberechtigter Zahl** abgegeben werden.[976] Die in § 16 Abs. 2 Satz 1 UmwG geforderte Negativerklärung der Vertretungsorgane kann wirksam erst nach Ablauf der für Klagen bestimmten Monatsfrist abgegeben werden.[977]

---

971 Vgl. BR-Drucks. 75/94, S. 87.
972 Vgl. Grunewald, in: Geßler/Hefermehl, AktG, § 352c AktG Rn. 8; KK-AktG/Kraft, § 352c Rn. 3 und 7, jeweils m. w. N.; auch zum neuen Recht krit. Kallmeyer/Marsch-Barner, UmwG, § 14 Rn. 16; Widmann/Mayer/Heckschen, Umwandlungsrecht, § 14 UmwG Rn. 49 f.; Fritzsche/Dreier, BB 2003, 737 ff.; Stratz, in: Schmitt/Hörtnagl/Stratz, § 14 UmwG Rn. 31.
973 Vgl. BGHZ 112, 9.
974 Vgl. BGHZ 112, 9; Grunewald, in: Geßler/Hefermehl, AktG, § 345 Rn. 9 m. w. N.
975 Ebenso Lutter/Decher, UmwG, § 16 Rn. 20; Kallmeyer/Marsch-Barner, UmwG, § 16 Rn. 25; Widmann/Mayer/Fronhöfer, Umwandlungsrecht, § 16 UmwG Rn. 96; Stratz, in: Schmitt/Hörtnagl/Stratz, § 16 UmwG Rn. 27; Goutier/Knopf/Bermel, UmwG, § 16 Rn. 23.
976 Lutter/Decher, UmwG, § 16 Rn. 13; Kallmeyer/Marsch-Barner, UmwG, § 16 Rn. 22; Widmann/Mayer/Fronhöfer, Umwandlungsrecht, § 16 UmwG Rn. 85; Stratz, in: Schmitt/Hörtnagl/Stratz, § 16 UmwG Rn. 20; Vossius, NotBZ 2007, 363.
977 So BGH, AG 2006, 934 = DNotZ 2007, 54 = DStR 2007, 357 = NJW 2007, 224; OLG Hamm, NZG 2014, 1430; OLG Karlsruhe, NJW-RR 2001, 1326, 1327 = DB 2001, 1483, 1484; Kallmeyer/Marsch-Barner, UmwG, § 16 Rn. 26; Lutter/Decher, UmwG, § 16 Rn. 18; Lutter/Decher, § 198 UmwG Rn. 35; Widmann/Mayer/Fronhöfer, Umwandlungsrecht, § 16 UmwG Rn. 73.

523 Wie in § 14 UmwG sind hier nicht nur Anfechtungsklagen, sondern **alle Klagen** gemeint, mit denen Mängel eines Verschmelzungsbeschlusses geltend gemacht werden können.

524 Von diesem Grundsatz gibt es **zwei Ausnahmen**:
- Abgabe einer **Verzichtserklärung** der klageberechtigten Anteilsinhaber in notariell beurkundeter Form (§ 16 Abs. 2 Satz 2 UmwG); dies ist auch schon vor Ablauf der Klagefrist möglich und kann insb. die Verschmelzung bei einem nur kleinen Kreis von Anteilsinhabern beschleunigen.
- Ersetzung der Negativerklärung im Verfahren nach § 16 Abs. 3 UmwG.

525 Mit der Regelung in § 16 Abs. 3 UmwG soll das Problem **missbräuchlicher Anfechtungsklagen** eingedämmt werden.[978] Die Rechtsprechung hatte schon früher die Möglichkeit bejaht, dass das Registergericht die Verschmelzung trotz einer anhängigen Klage eintragen kann, wenn die Klage offensichtlich keine Aussicht auf Erfolg hat.[979] Dieser Grundsatz wird durch die neue gesetzliche Regelung aufgegriffen und erweitert.

526 In § 16 Abs. 3 UmwG ist ein eigenständiges **neues Rechtsbehelfsverfahren** normiert. In diesem Verfahren sind die Rollen der Beteiligten vertauscht. Antragsteller ist der Rechtsträger, gegen dessen Verschmelzungsbeschluss eine Klage anhängig ist. Antragsgegner ist der Anteilsinhaber, der gegen die Wirksamkeit des Verschmelzungsbeschlusses Klage erhoben hat.

527 Der Antrag ist erst nach Erhebung dieser Klage statthaft.

528 Sachlich zuständig ist nach § 16 Abs. 3 Satz 7 UmwG i. d. F. des Gesetzes zur Umsetzung der Aktionärsrechterichtlinie (ARUG) v. 30.07.2009[980] ausschließlich ein Senat des **OLG**, in dessen Bezirk die Gesellschaft ihren Sitz hat. Diese Verkürzung des Rechtsweges sollte das Freigabeverfahren beschleunigen.[981]

529 Eine **rechtskräftige Entscheidung des** zuständigen **OLG** in diesem Rechtsbehelfsverfahren **bindet das Registergericht**. Dieses darf die beantragte Eintragung nicht unter Hinweis auf die erhobene Klage gegen die Wirksamkeit des Verschmelzungsbeschlusses oder des Fehlens der Negativerklärung ablehnen. Seine Zuständigkeit zur **Prüfung der sonstigen Eintragungsvoraussetzungen** bleibt aber unberührt.[982]

530 Sachlich hat der **Beschluss** folgende alternative **Voraussetzungen**:
- die Klage unzulässig oder
- offensichtlich unbegründet oder
- der Kläger hat nicht binnen einer Woche nach Zustellung des Antrags durch Urkunden nachgewiesen hat, dass er seit Bekanntmachung der Einberufung einen anteiligen Betrag von mindestens 1.000,00 € hält oder
- bei einer Interessenabwägung erscheint die Eintragung vorrangig, weil die vom Antragsteller dargelegten wesentlichen Nachteile für die an der Verschmelzung beteiligten Rechtsträger und ihre Anteilsinhaber nach freier Überzeugung des Gerichts die Nachteile für den Antragsgegner überwiegen, es sei denn, es liegt eine besondere Schwere des Rechtsverstoßes vor.

Mit dem Gesetz zur Umsetzung der Aktionärsrechterichtlinie (ARUG) v. 30.07.2009[983] wurde § 16 Abs. 3 UmwG in Anlehnung an § 246a und § 319 AktG geändert, u. a. auch mit dem Ziel

---

978 Vgl. Kiem, AG 1992, 420; Hirte, DB 1993, 77; Bork, ZGR 1993, 343, 356 ff.; ders., in: Lutter, Kölner Umwandlungsrechtstage, S. 261 f.
979 Vgl. BGHZ 112, 9.
980 BGBl. I, S. 2479.
981 Vgl. BT-Drucks. 16/13098, S. 59.
982 Vgl. nur Widmann/Mayer/Fronhöfer, Umwandlungsrecht, § 16 UmwG Rn. 207; Kallmeyer/Marsch-Barner, § 16 UmwG Rn. 36.
983 BGBl. I, S. 2479.

H. Verschmelzungsbeschlüsse

rechtsmissbräuchliche Anfechtungsklagen einzuschränken, deshalb wurde die Interessenabwägungsklausel neu gefasst.[984] Dabei wurde in das Freigabeverfahren außerdem ein Bagatellquorum eingeführt. Dieses Quorum schneidet nicht die Klagebefugnis der Aktionäre ab, sondern beschränkt lediglich die Möglichkeit des Kleinstaktionärs, eine Freigabe zu verhindern.[985]

Die ersten beiden Voraussetzungen entsprechen den Grundsätzen, die die **Rechtsprechung** schon früher aufgestellt hatte.[986]

In der bisherigen Praxis hatte sich aber zunächst gezeigt, dass die Fälle eher selten sind, in denen das Prozessgericht ohne nähere Beweiserhebung die Unzulässigkeit oder offensichtliche Unbegründetheit einer Klage feststellen kann. Häufig machte der betreffende Kläger Rechtsverletzungen geltend, deren Rüge nicht ohne Weiteres als unzulässig oder offensichtlich unbegründet bewertet werden konnte. Offensichtlich unbegründet war eine Anfechtungsklage dann, wenn sich mit hoher Sicherheit die Unbegründetheit der Klage auch unter Berücksichtigung des weiteren Instanzenzugs vorhersagen lässt. Für kursorische Rechtsprüfungen war nach Auffassung der Obergerichte zunächst auch im summarischen Verfahren kein Raum. Deshalb setzte die Annahme offensichtlicher Unbegründetheit voraus, dass die Prüfung ergab, dass ein anderes Ergebnis nicht oder kaum vertretbar war.:[987] Das Merkmal der »offensichtlichen Unbegründetheit« findet sich auch in der Erläuterung der Regierungsbegründung zum UMAG[988]

> »Für die Freigabekriterien gilt bei allen Freigabeverfahren folgendes: Bei der Auslegung des Kriteriums »offensichtlich unbegründet« kommt es nicht darauf an, welcher Prüfungsaufwand erforderlich ist, um die Unbegründetheit der Anfechtungsklage festzustellen. Maßgeblich ist das Maß an Sicherheit, mit der sich die Unbegründetheit der Anfechtungsklage unter den Bedingungen des Eilverfahrens prognostizieren lässt. Offensichtlich unbegründet ist eine Anfechtungsklage dann, wenn sich mit hoher Sicherheit die Unbegründetheit der Klage vorhersagen lässt, der für diese Prognose erforderliche Prüfungsaufwand des Prozessgerichts ist nicht entscheidend.« Das OLG München hatte entschieden, dass auch im Freigabeverfahren eine vollständige rechtliche Würdigung zu erfolgen habe.[989] Nur wenn das Gericht bei umfassender rechtlicher Prüfung des gesamten Sachverhalts und der glaubhaft gemachten Tatsachen eine andere Beurteilung für nicht oder kaum vertretbar halte, sei von einer offensichtlichen Unbegründetheit auszugehen. Die Offensichtlichkeit beziehe sich folglich nicht auf den Prüfungsaufwand, sondern auf sein Ergebnis. In die Abwägung sind alle nicht vernachlässigenswerten wirtschaftlichen Nachteile einzubeziehen. Hierunter fallen auch wirtschaftliche Vorteile, die sich aus der Verschmelzung ergeben, im Falle einer verzögerten oder verhinderten Eintragung aber unterbleiben würden.[990]

Mit dem Gesetz zur Umsetzung der Aktionärsrechterichtlinie (ARUG) v. 30.07.2009[991] wurde in § 16 Abs. 3 Nr. 2 UmwG ein **Bagatellquorum** eingeführt. Dieses Quorum schneidet nicht die Klagebefugnis der Aktionäre ab, sondern beschränkt lediglich die Möglichkeit des Kleinstaktionärs, eine Freigabe zu verhindern.[992] Danach muss der Kläger binnen einer Woche nach Zustel-

531

532

533

---

984 Vgl. Seibert, ZIP 2008, 2145, 2153; allgemein Habersack/Stilz, ZGR 2010, 710 ff.
985 Begründung zum RegE, BT-Drucks. 16/11642 v. 21.01.2009, S. 42.
986 Vgl. BGHZ 107, 296; BGH, NJW-RR 1990, 350; BGH, ZIP 1990, 1560.
987 So OLG Düsseldorf, AG 2007, 363; OLG Düsseldorf, ZIP 2001, 1717 ff.; KG, KGR 2000, 386; OLG München, AG 2006, 296; OLG Stuttgart, DB 2003, 33; OLG Stuttgart, ZIP 2003, 2363; OLG Hamburg, AG 2003, 696; OLG Hamburg, ZIP 2003, 1344; OLG Köln, ZIP 2004, 760; OLG Düsseldorf, ZIP 2004, 359; Kallmeyer/Marsch-Barner, § 16 UmwG Rn. 41; Hüffer/Koch, § 319 AktG Rn. 18; Stratz, in: Schmitt/Hörtnagl/Stratz, § 16 UmwG Rn. 43 ff; a. A. Lutter/Decher, § 16 UmwG, Rn. 43.
988 BT-Drucks. 15/5092, S. 29.
989 OLG München, NZG 2013, 622.
990 OLG Hamm, NZG 2014, 581; OLG Hamm, AG 2011, 624.
991 BGBl. I, S. 2479.
992 Begründung zum RegE, BT-Drucks. 16/11642 v. 21.01.2009, S. 42.

lung des Antrags durch Urkunden nachweisen, dass er seit Bekanntmachung der Einberufung einen anteiligen Betrag von mindestens 1.000,00 € hält. Unklar ist, ob diese Schwelle nur für AG und KGaA, SE oder auch für GmbH und andere Rechtsformen gilt. Z. T. soll die Vorschrift nur für die AG/SE und KGaA gelten[993] nach anderer Auffassung gilt sie auch für die GmbH, da auch dort eine kapitalmäßige Beteiligung besteht.[994] Dieser Meinung ist zu folgen, da der Wortlaut und auch der Sinn und Zweck eine Differenzierung bei den Kapitalgesellschaften nicht rechtfertigt. Maßgebend ist nach dem eindeutigen Wortlaut auf den Nominalwert der Beteiligung.[995] Noch unklarer ist die Anwendung auf andere Rechtsträger wie Personengesellschaften, eG, Verein, überwiegend wird dies abgelehnt.[996]

534 In der Praxis am wichtigsten ist die Interessenabwägung. Dabei wird es dem Prozessgericht nach § 16 Abs. 3 UmwG Nr. 3 außerdem ermöglicht, eine **Interessenabwägung** vorzunehmen. Bei dieser soll das Interesse des Klägers, die Eintragung einer vorgeblich rechtsfehlerhaften Verschmelzung zu verhindern, dem Interesse der an der Verschmelzung beteiligten Rechtsträger und ihrer übrigen Anteilsinhaber, die mit der Verschmelzung erstrebten wirtschaftlichen Vorteile möglichst bald herbeizuführen, gegenübergestellt werden.

535 Mit dem Gesetz zur Umsetzung der Aktionärsrechterichtlinie (ARUG) v. 30.07.2009[997] wurde insb. in § 16 Abs. 3 Nr. 3 UmwG mit dem Ziel rechtsmissbräuchliche Anfechtungsklagen einzuschränken die Interessenabwägungsklausel neu gefasst.[998] Danach darf ein Freigabebeschluss ergehen, wenn bei einer Interessenabwägung die Eintragung vorrangig erscheint, weil die vom Antragsteller dargelegten wesentlichen Nachteile für die an der Verschmelzung beteiligten Rechtsträger und ihre Anteilsinhaber nach freier Überzeugung des Gerichts die Nachteile für den Antragsgegner überwiegen, es sei denn, es liegt eine besondere Schwere des Rechtsverstoßes vor.[999] Der Vorteil dieser Klarstellung ist nach Meinung des Gesetzgebers, dass eine Abwägung zwischen dem Interesse des Klägers einerseits und den wirtschaftlichen Interessen der Gesellschaft und ihrer übrigen Aktionäre andererseits vorzunehmen sei. Die Formulierung mache aber zugleich klar, dass eine Freigabe selbst bei überwiegendem Interesse der Gesellschaft und ihrer Aktionäre dann dennoch nicht erfolgen darf, wenn der mit der Klage geltend gemachte Rechtsverstoß besonders schwer ist. Dabei sei abzustellen auf die Bedeutung der verletzten Norm und das Ausmaß der Rechtsverletzung. Für die Bedeutung der Norm sei die Unterscheidung des Gesetzgebers zwischen nichtigen, anfechtbaren, durch Eintragung heilbaren und bestätigungsfähigen Beschlüssen zu beachten. Für das Ausmaß des Verstoßes sei etwa zu fragen, ob es sich um einen gezielten Verstoß handelt, der den Kläger im Vergleich zu der Mehrheit ungleich trifft. Zu denken sei auch daran, ob der Kläger schwerwiegende wirtschaftliche Nachteile erleidet, die sich nicht auf andere Weise, etwa durch Schadensersatzansprüche ausgleichen lassen. Ganz allgemein kann es sich auch um einen Verstoß handeln, der so krass rechtswidrig ist, dass eine Eintragung und damit Durchführung »unerträglich« wäre.[1000] Umgekehrt könne eine besondere Schwere des Verstoßes auch dann abzulehnen sein, wenn ein Nichtigkeitsgrund anzunehmen sei. Nicht jeder Nichtigkeitsgrund wegen eines kleinen formalen Fehlers führt nach Meinung des Gesetzgebers zu einer besonderen

---

993 Kallmeyer/Marsch-Barner, § 16 UmwG Rn. 41a; Lutter/Decher, § 16 UmwG, Rn. 52.
994 Widmann/Mayer/Fronhöfer, Umwandlungsrecht, § 16 UmwG Rn. 156.2 ff.
995 Widmann/Mayer/Fronhöfer, Umwandlungsrecht, § 16 UmwG Rn. 156.6.
996 Vgl. Widmann/Mayer/Fronhöfer, Umwandlungsrecht, § 16 UmwG Rn. 156.2 ff.; Kallmeyer/Marsch-Barner, § 16 UmwG Rn. 41a; Lutter/Decher, § 16 UmwG, Rn. 52 f. Stratz, in: Schmitt/Hörtnagl/Stratz, § 16 UmwG Rn. 74.
997 BGBl. I, S. 2479.
998 Vgl. Seibert, ZIP 2008, 2145, 2153; Widmann/Mayer/Fronhöfer, Umwandlungsrecht, § 16 UmwG Rn. 159; Schwanna in: Semler/Stengel, § 16 UmwG Rn. 31 ff.; Lutter/Decher, § 16 UmwG, Rn. 59 ff. Stratz, in: Schmitt/Hörtnagl/Stratz, § 16 UmwG Rn. 77 ff.
999 Vgl. dazu Begründung zum RegE, BT-Drucks. 16/11642 v. 21.01.2009, S. 42.
1000 Begründung zum RegE, BT-Drucks. 16/11642 v. 21.01.2009, S. 42.

Schwere des Verstoßes. Die Darlegungslast für die besondere Schwere des Verstoßes trägt der Antragsgegner.[1001]

Durch diese abgestufte Regelung kann verhindert werden, dass Aktionäre mit sehr geringer Beteiligung durch den Vortrag von weniger bedeutenden Verstößen wichtige unternehmensstrukturelle Maßnahmen der Gesellschaft blockieren können. Diese Aktionäre, die mit ihrem Vorgehen auch keinen Rückhalt bei den übrigen Aktionären haben, da der Beschluss ansonsten nicht von der Hauptversammlung gefasst worden wäre, werden dadurch aber nicht rechtlos gestellt, sondern können die Rechtswidrigkeit des Hauptversammlungsbeschlusses weiter verfolgen, aber nur noch mit dem Ziel auf Schadensersatz. Diese Regelung ist daher nach Meinung des Gesetzgerbers sehr viel schonender als eine Versagung des Anfechtungsrechts insgesamt.[1002] Zugleich aber bietet diese gestufte Regelung auch Kleinaktionären, die jedenfalls die Bagatellschwelle überschreiten, weiterhin die Möglichkeit, bei schweren Verletzungen des Rechts doch eine Anfechtungsklage zu erheben und die Umsetzung eines Beschlusses zu verhindern. Der Gesetzgeber hatte bei der Schaffung des Freigabeverfahrens dieses als ein spezielles Eilverfahren konzipiert und deshalb Regelungen getroffen, die der Verfahrensbeschleunigung dienen. Mit den durch das ARUG geschaffenen Änderungen wollte der Gesetzgeber dieser Intention durch weitere Erleichterungen bei den Verfahrensregelungen erhöhte Wirkung verleihen.[1003] Entsprechend heißt es in der amtlichen Begründung zum RegE, dass die Gesellschaft nunmehr das Freigabeverfahren zügiger vorbereiten kann. In der konkreten Umsetzung zeigt sich dieser Wille des Gesetzgebers in besonderen Verfahrensvorgaben. Dazu gehört nicht zuletzt die dem Gericht auferlegte Zeitvorgabe, innerhalb von 3 Monaten eine abschließende Entscheidung zu treffen sowie die Konzentration der Zuständigkeit beim OLG, verbunden mit einer Verkürzung des Instanzenzuges, da gegen dessen Entscheidung ein Rechtsmittel nicht möglich ist.[1004]

Damit wurde der **Schwerpunkt der Prüfung** verlagert. Bis zur Neuregelung wurde das Vollzugsinteresse an der Schwere der vom Kläger geltend gemachten Rechtsverletzung gemessen, nun ist zunächst in einer ersten Stufe nur noch auf die Nachteile auf beiden Seiten einzugehen.[1005] Rechtliche Erwägungen spielen in der ersten Stufe keine Rolle.[1006]

In der ersten Stufe der Prüfung ist nur das wirtschaftliche Interesse des Klägers, nicht das der Aktionärsgesamtheit, gegen die Unternehmensnachteile abzuwägen.[1007] Die konkrete Nachteilsschwelle bestimmt das Gericht. Es kann sich an der Systematik – etwa an § 148 Abs. 1 Satz 1 oder § 122 Abs. 2 AktG – orientieren, sich aber auch von diesen Orientierungspunkten entfernen.[1008] Die konkrete Schwelle kann und soll nach der Begründung zum Gesetzentwurf unterschiedlich angesetzt werden. Der gewerbliche Opponent mit Kleinstanteilen hat danach einen besonders schweren Rechtsverstoß vorzutragen, darzulegen und zu beweisen. Der Begriff ist eng und zielt auf Verstöße, bei denen ein Eilantrag mit Bestandsschutz »unerträglich« wäre. Die Freigabe zu verweigern muss auch angesichts der Nachteilsfolgen für Betrieb und Volkswirtschaft angemessen sein. Eine besondere Schwere fordert meist ein besonderes Ausmaß des Verstoßes. In

---

1001 Begründung zum RegE, BT-Drucks. 16/11642 v. 21.01.2009, S. 42.
1002 Begründung zum RegE, BT-Drucks. 16/11642 v. 21.01.2009, S. 42.
1003 OLG München, AG 2010, 170 = BB 2010, 340; OLG Hamm, NZG 2014, 581; OLG Hamm, AG 2011, 624.
1004 OLG München AG 2010, 170 = BB 2010, 340.
1005 OLG Hamm, AG 2011, 136; Florstedt, AG 2009, 456, 470; Widmann/Mayer/Fronhöfer, Umwandlungsrecht, § 16 UmwG Rn. 159 f.; Lutter/Decher, § 16 UmwG, Rn. 59; Stratz, in: Schmitt/Hörtnagl/Stratz, § 16 UmwG Rn. 78.
1006 Reul, ZNotP 2010, 44, 58.
1007 OLG Hamm, AG 2011, 136; Florstedt, AG 2009, 456, 470; Widmann/Mayer/Fronhöfer, Umwandlungsrecht, § 16 UmwG Rn. 159 f.; Lutter/Decher, § 16 UmwG, Rn. 59; Stratz, in: Schmitt/Hörtnagl/Stratz, § 16 UmwG Rn. 78.
1008 Reul, ZNotP 2010, 44, 58.

der Gesetzesbegründung sind gezielte Ungleichbehandlung oder schwerwiegende, wirtschaftlich nicht durch Sekundäransprüche kompensierbare Nachteile als Beispiele genannt. Erst auf einer zweiten Stufe ist die Frage eines Rechtsverstoßes zu erörtern. Nur bei einer besonderen Schwere des Rechtsverstoßes ergeht kein Freigabebeschluss. Die Schwere des Rechtsverstoßes ist nicht in die Interessenabwägung einzustellen, sondern außerhalb dieser Interessenabwägung zu berücksichtigen.[1009]

b) Verfahrensregeln

537 Für das Verfahren nach § 16 Abs. 3 UmwG gelten die Vorschriften der ZPO.[1010] § 16 Abs. 3 Satz 2 UmwG hat klargestellt: Auf das Verfahren sind § 247 AktG, die §§ 82, 83 Abs. 1 und 84 ZPO sowie die im ersten Rechtszug für das Verfahren vor den Landgerichten geltenden Vorschriften der ZPO entsprechend anzuwenden, soweit nichts Abweichendes bestimmt ist. Regelmäßig ergeht der Beschluss aufgrund einer **mündlichen Verhandlung**.[1011] Nur in dringenden Fällen – die in der Praxis selten sein dürften[1012] – kann die Entscheidung im schriftlichen Verfahren ergehen. Aus Gründen der Verfahrensbeschleunigung reicht die **Glaubhaftmachung** der von den Parteien vorgebrachten Tatsachen; eine Beweisaufnahme, die nicht sofort erfolgen kann, ist nicht statthaft (§ 294 ZPO). Die Regelung, dass nur die **sofortige Beschwerde** gegen den Beschluss statthaft ist, dient ebenfalls der Beschleunigung des Verfahrens. Der Beschluss soll spätestens nach § 16 Abs. 3 Satz 5 UmwG 3 Monate nach Antragstellung ergehen; Verzögerungen der Entscheidung sind durch unanfechtbaren Beschluss zu begründen.

538 I. Ü. gelten die **Vorschriften der ZPO**, da es sich um ein Verfahren der ordentlichen Gerichtsbarkeit handelt, das nicht dem FamFG-Verfahren unterworfen wird.[1013]

c) Kosten und Gebühren

539 Für die Gerichtsgebühren gilt Nr. 1641 der Anlage 1 zu § 3 Abs. 2 GKG. Die **Wertberechnung** ist grds. in das Ermessen des Gerichts gestellt.[1014]

Dabei ist in Satz 2 jedoch eine Obergrenze vorgesehen, die der Regelung in § 247 Abs. 1 Satz 2 AktG für Anfechtungsklagen gegen Hauptversammlungsbeschlüsse von AG vergleichbar ist.

540 Für die **Rechtsanwaltsgebühren** sieht Nr. 3325 der Anlage 1 zu § 2 Abs. 2 RVG eine 0,75-Gebühr vor.

d) Schadensersatzanspruch

541 Mit der besonderen **Schadensersatzregelung** in § 16 Abs. 3 Satz 10 UmwG wurde ein weiteres Defizit des bis 1995 geltenden Rechts beseitigt. Früher konnten die Anteilsinhaber gegen den die Eintragung trotz anhängiger Klage betreibenden Rechtsträger keine Schadensersatzansprüche geltend machen, falls sich die Klage letztlich doch als begründet erwies. Dieser unbefriedigende

---

1009 Reul, ZNotP 2010, 44, 58.
1010 Kallmeyer/Marsch-Barner, § 16 UmwG Rn. 47; Widmann/Mayer/Fronhöfer, Umwandlungsrecht, § 16 UmwG Rn. 110 ff.; Schwanna in: Semler/Stengel, § 16 UmwG Rn. 24; Lutter/Decher, § 16 UmwG, Rn. 79 ff.; Stratz, in: Schmitt/Hörtnagl/Stratz, § 16 UmwG Rn. 36 ff.
1011 Kallmeyer/Marsch-Barner, § 16 UmwG Rn. 48; Widmann/Mayer/Fronhöfer, Umwandlungsrecht, § 16 UmwG Rn. 127, 133; Lutter/Decher, § 16 UmwG, Rn. 84; Stratz, in: Schmitt/Hörtnagl/Stratz, § 16 UmwG Rn. 41.
1012 Vgl. aber z. B. OLG Frankfurt am Main, ZIP 1996, 379; OLG Frankfurt am Main, NJW-RR 1999, 334; OLG München ZIP 2004, 237, 238.
1013 Kallmeyer/Marsch-Barner, § 16 UmwG Rn. 47; Widmann/Mayer/Fronhöfer, Umwandlungsrecht, § 16 UmwG Rn. 110 ff.
1014 Widmann/Mayer/Fronhöfer, Umwandlungsrecht, § 16 UmwG Rn. 203 Lutter/Decher, § 16 UmwG, Rn. 81, 88.

Zustand wurde im UmwG 1995 beseitigt. Dem Antragsgegner ist der **Schaden zu ersetzen**, der ihm aus einer auf dem Beschluss des Prozessgerichts beruhenden Eintragung der Verschmelzung erwachsen ist. Im Schrifttum[1015] wird die Auffassung vertreten, ein solcher Schaden sei nur schwer vorstellbar. Zugleich wird aber das durchaus denkbare Beispiel angeführt, dass ein Unternehmen nach einer Verschmelzung insolvent wird, während es ohne die Verschmelzung am Markt gute Überlebenschancen gehabt hätte. Die Darlegung eines konkreten Schadens wird in der Tat nicht immer ganz einfach sein.

Dabei ist allerdings die **Naturalrestitution** durch Rückgängigmachung der Verschmelzung gesetzlich **ausgeschlossen**.[1016] Es kommt also nur Schadensersatz in Geld in Betracht. 542

Auch wenn der Eintragungsbeschluss von einem übertragenden Rechtsträger erwirkt worden ist, der nach § 20 Abs. 1 Nr. 2 UmwG mit der Eintragung der Verschmelzung erloschen ist, kann der Schadensersatzanspruch noch gegen diesen geltend gemacht werden, da er insoweit gem. § 25 Abs. 2 UmwG **als fortbestehend gilt**. Die Regelung entspricht den Vorschriften des bis 1995 geltenden Rechts.[1017] 543

e) Auswirkungen auf das Klageverfahren gegen die Wirksamkeit eines Verschmelzungsbeschlusses

Es fragt sich, ob durch den Ausschluss der Rückgängigmachung der Verschmelzung für Anfechtungs- und gleichartige Klagen eine **Erledigung in der Hauptsache** eintritt. Dabei wird zu unterscheiden sein:[1018] Die Heilung formeller Mängel (vgl. Teil 2 Rdn. 733 ff.) wie das Fehlen der vorgeschriebenen notariellen Beurkundung durch die Eintragung der Verschmelzung gem. § 20 Abs. 1 Nr. 4 UmwG führt zur Erledigung. Hinsichtlich anderer Mängel[1019] tritt keine Heilung ein, sondern sie verhindern nach § 20 Abs. 2 UmwG nicht den Vollzug der Verschmelzung. Ein Rechtschutzbedürfnis wird man gleichwohl noch bejahen müssen, weil nach § 16 Abs. 3 Satz 10 UmwG der Ausgang des Anfechtungsprozesses Grundlage der Schadensersatzklage gegen den Rechtsträger ist, der die Eintragung erwirkt hat. 544

I. Minderheitenschutz und Schutz von Inhabern besonderer Rechte im Verschmelzungsrecht

1. Schutz der Mitgliedschaft im Verschmelzungsrecht

Der **Minderheitenschutz** ist eines der **Grundprinzipien des deutschen Gesellschaftsrechts**.[1020] Der Minderheitenschutz wird v. a. als Gegenstück zum Grundsatz der Mehrheitsherrschaft im Gesellschaftsrecht angesehen. Im Grunde geht es um die Frage der Begrenzung formaler Herrschaftsmacht in der Gesellschaft. Ebenso wie andere Grundprinzipien des Gesellschaftsrechts, wie etwa der Gläubigerschutz oder der Schutz der Arbeitnehmer, kann der Minderheitenschutz lediglich als allgemeiner Programmsatz des Gesellschaftsrechts verstanden werden, konkrete Ableitun- 545

1015 Vgl. Bork, in: Lutter, Kölner Umwandlungsrechtstage, S. 272, Fn. 22.
1016 OLG Frankfurt am Main, ZIP 203, 1607; Sosnitza, NZG 1999, 965, 973; Lutter/Decher, § 16 UmwG Rn. 93 ff.; Kallmeyer/Marsch-Barner, § 16 UmwG Rn. 52; Widmann/Mayer/Fronhöfer, Umwandlungsrecht, § 16 UmwG Rn. 216.
1017 § 349 AktG; § 28 KapErhG; § 93 GenG; vgl. dazu nur Grunewald, in: Geßler/Hefermehl, AktG, § 349 Rn. 18 ff.
1018 Vgl. Bork, in: Lutter, Kölner Umwandlungsrechtstage, S. 267 f.
1019 Vgl. dazu nur Lutter/Grunewald, UmwG, § 20 Rn. 81 ff.
1020 Vgl. Wiedemann, Gesellschaftsrecht, Bd. 1, S. 404 ff.; Roitzsch, Der Minderheitenschutz im Verbandsrecht; K. Schmidt, Gesellschaftsrecht, § 16 Abs. 3; Lutter, AcP 180, 1980, 84, 120 ff., 128 f.; Lutter, ZHR 162, 1998, 164 ff.; Winter, ZGR 1994, 570 ff.; Kalss, ZGR 2003, 593 ff.; Bohlker/Sprenger, DB 2010, 263 ff.

gen lassen sich aus diesem allgemeinen Grundsatz nicht finden. Das deutsche Gesellschaftsrecht ist vielmehr dadurch gekennzeichnet, dass es eine Vielzahl unterschiedlicher Instrumentarien zum Schutz der Minderheit und der Mitgliedschaft vorsieht. Umwandlung, Verschmelzung und Spaltung sind Strukturmaßnahmen der Gesellschaft, die die Interessen der Gesellschaft durchaus erheblich beeinträchtigen können. Es ist für einen Gesellschafter von großem Interesse, ob er an einer Personen- oder Kapitalgesellschaft beteiligt ist, denn die Mitbestimmungs- und Minderheitenrechte unterscheiden sich teilweise erheblich. Die Änderung der Rechtsform kann daher einen qualitativen Verlust an Rechten für Minderheitsgesellschafter zur Folge haben. Das Umwandlungsrecht hat daher die Aufgabe, durch ein Geflecht von unterschiedlichen Maßnahmen den notwendigen Minderheitenschutz zu gewährleisten.

546 Der Gesetzgeber hatte bei der Bereinigung des Umwandlungsrechts aber auch die umgekehrte Problematik vor Augen. Ein zu weit getriebener Minderheitenschutz könnte die Umwandlung verhindern oder erschweren, insb. die Frage der missbräuchlichen Anfechtungsklage macht die Problematik deutlich.[1021] Auch hier hat der Gesetzgeber durch unterschiedliche Instrumente versucht, diesen Interessengegensatz zwischen Minderheitenschutz und Effektivität des Umwandlungsrechts zu lösen.

547 Minderheitenschutz kann hinsichtlich der Zielrichtung in **zwei unterschiedliche Schutzaspekte** differenziert werden:[1022]
– der individuell-konkrete Minderheitenschutz
– und der mitgliedschaftsbezogene Minderheitenschutz.

548 Der Erstere, weiter gehende beinhaltet einen Schutz auch der privaten, nicht mitgliedschaftlichen vermittelten Interessen der Minderheitsgesellschafter. Solche **persönlichen Belange eines Gesellschafters** sind nur in Ausnahmefällen schutzwürdig, nämlich wenn sie in ein Interesse der Gesellschaft umschlagen, z. B. an störungsfreier Zusammenarbeit. Zielrichtung des Schutzes durch das Umwandlungsrecht ist dieser **individuell-konkrete Minderheitenschutz** i. d. R. nicht. Dessen Minderheitenschutz kann sich nur an den **mitgliedschaftlichen Interessen** orientieren.

549 Diese Interessen lassen sich ebenfalls zweiteilen:
– Zum einen bestehen **Rücksichtspflichten der Gesellschaft und der Mehrheit ggü. dem einzelnen Mitglied in Bezug auf seine mitgliedschaftlichen Interessen**. Es geht dabei um das Interesse des Einzelnen an seiner Mitgliedschaft und ihre konkrete Ausgestaltung. Typisch für diese Konfliktbereiche sind z. B. die Frage des Bezugsrechtsausschlusses[1023] oder des Ausschlusses des Mitglieds aus der Gesellschaft.[1024] Hier liegt der **Kernbereich des Minderheitenschutzes** durch Umwandlungsrecht. Denn durch Strukturänderung kann sich die Mitgliedschaft qualitativ verändern. Darüber hinaus kann der Inhaber von Sonderrechten beeinträchtigt werden.
– Von diesem mitgliedschaftsbezogenen Minderheitenschutz, um den es in erster Linie beim Umwandlungsrecht geht, ist der Minderheitenschutz zu unterscheiden, der das **eigene Interesse der Gesellschaft** zum Gegenstand hat. Die Mitgliedschaft ist untrennbar mit dem Schicksal des Verbandes verknüpft. Sie wird daher entscheidend vom **Eigeninteresse** der Gesellschaft bestimmt. Verschmelzungen und Strukturänderungen können auch diesen Bereich der Mitgliedschaft beeinträchtigen. Die Strukturänderung bewirkt eine grundlegende Änderung des Investments, häufig wird dies auch einer Änderung des Unternehmensgegen-

---

1021 Vgl. Niederleithinger, DStR 1993, 879, 881.
1022 Vgl. Lutter, AcP 180, 1980, 84, 120 ff.; 128 f.; Lutter, ZHR 162, 1998, 164 ff.; Winter, ZGR 1994, 570 ff.; Zöllner, Die Schranken mitgliedschaftlicher Stimmrechtsmacht bei privatrechtlichen Personenverbänden, S. 341, 349; Hommelhoff, ZGR 1986, 426.
1023 BGHZ 71, 40 ff.
1024 Vgl. Lutter, AcP 180, 84, 120 ff.; Lutter, ZHR 162, 1998, 164 ff.; Winter ZGR 1994, 570 ff.; Lutter/Hommelhoff/Bayer, § 14 GmbHG Rn. 24 ff.

standes gleichkommen. Der bisher durch zwei oder mehrere Gesellschaften teilweise unterschiedlich verwirklichte Gesellschaftszweck soll durch eine Verschmelzung nunmehr durch eine einheitliche verschmolzene Gesellschaft verwirklicht werden. Dass hierdurch das Eigeninteresse der verschmolzenen Gesellschaft beeinträchtigt werden kann, ist offensichtlich. Der Vorgang der Verschmelzung kann daher Auswirkungen auf den Aktienkurs haben. Das Schicksal der verschmolzenen Gesellschaft ist untrennbar mit dem der aufnehmenden Gesellschaft verknüpft. Das eigene Interesse der Gesellschaft wird durch die Verschmelzung erheblich beeinträchtigt.

In dem Bereich der mitgliedschaftsbezogenen Minderheitenschutzproblematik gehören die Nachteile, die zu Eingriffen in die rechtliche Struktur der Mitgliedschaft führen.[1025] Die Mitgliedschaft kann beeinträchtigt sein, wenn das Anteilsrecht an der übernehmenden Gesellschaft keinen gleichwertigen Ersatz für das Anteilsrecht an der übertragenden Gesellschaft darstellt. Das Gesetz muss Vorsorge schaffen, dass der Verlust von Sonderrechten verhindert oder kompensiert wird. Besondere Probleme können entstehen bei der Verschmelzung von Gesellschaften unterschiedlicher Rechtsformen oder bei der Umwandlung in eine andere Rechtsform. Hierdurch wird die Rechtsform der Mitgliedschaft an der Gesellschaft der übertragenen Gesellschaft erheblich geändert. Informations- und Mitgliedschaftsrechte der Gesellschafter können erheblich eingeschränkt werden. Die Umwandlung einer GmbH in eine AG macht dies deutlich. Der Einfluss der Gesellschafter in der AG ist im Vergleich zu der in der GmbH wesentlich geringer. Auch die Informationsrechte des Aktionärs bleiben hinter jenen des GmbH-Gesellschafters erheblich zurück.

Ein weiteres Problem ist die mit der Verschmelzung verbundene **Minderung des Stimmrechtsanteils** (**Stimmrechtsverwässerung**), weil die prozentuale Beteiligung jedes Gesellschafters aufgrund der Erhöhung der Zahl der Gesellschafter sinkt.

II. Informationen der Anteilseigner

Zur **Vorbereitung und Information** der Gesellschafter ist in allen Fällen die Vorlage eines Berichts vorgesehen. Die Vorschriften verlangen, dass die Leitungsorgane der an der Umwandlung beteiligten Rechtsträger **ausführlich Berichte über die Umwandlung** zu erstatten haben:

§ 8 UmwG	Verschmelzungsbericht,
§ 127 UmwG	Verwaltungsbericht,
§ 162 UmwG	Ausgliederungsbericht,
§§ 175, 176 UmwG	Übertragungsbericht,
§ 192 UmwG	Umwandlungsbericht.

Ergänzt wird diese Pflicht zur Aufstellung eines Umwandlungsberichts durch die **Pflicht zur Information der Anteilsinhaber**. Je nach Art der Gesellschafter sind entweder der Umwandlungsvertrag oder der Umwandlungsbericht zuzusenden oder zumindest Umwandlungsvertrag, Umwandlungsbericht und ggf. Prüfungsbericht in den Geschäftsräumen und später auch in der Hauptversammlung zur Einsichtnahme auszulegen und zu Beginn der Versammlung mündlich zu erläutern.

Durch diese unterschiedlichen Informationspflichten soll die **Kenntnis der Gesellschafter** und Anteilsinhaber über die geplante Strukturänderung **verbessert** und ihnen eine effektive Vorbereitung auf die bevorstehende Beschlussfassung ermöglicht werden. Das Gesetz bezweckt auf diese Weise eine sorgfältige Vorbereitung der Gesellschafter und will sie in die Lage versetzen, eine sachgerechte Entscheidung zu treffen. Diese Vorschriften stellen daher den ersten Schritt des Minderheitenschutzes durch Information dar.

1025 Vgl. hierzu Hügel, Verschmelzung und Einbringung, S. 79 ff.

III. Beschlussmehrheiten

555 Die Umwandlung bedarf in allen Fällen eines Beschlusses der Gesellschafter der beteiligten Gesellschaften und Rechtsträger. Die **Mehrheiten** sind allerdings nicht generell festgelegt, sondern unterschiedlich geregelt:

Personenhandelsgesellschaft (§ 43 UmwG)	Zustimmung aller Gesellschafter; der Gesellschaftsvertrag kann allerdings eine Mehrheitsentscheidung vorsehen von mindestens 3/4 der Gesellschafter;
Partnerschaftsgesellschaft (§ 45d UmwG)	Zustimmung aller Partner, der Partnerschaftsvertrag kann eine 3/4-Mehrheitsentscheidung vorsehen;
GmbH (§ 50 UmwG)	3/4-Mehrheit der abgegebenen Stimmen;
AG (§ 65 UmwG)	3/4-Mehrheit des bei der Beschlussfassung vertretenen Grundkapitals;
Genossenschaft (§ 84 UmwG)	3/4-Mehrheit der abgegebenen Stimmen;
rechtsfähige Vereine (§ 103 UmwG)	3/4 der erschienenen Mitglieder;
VVaG (§ 112 Abs. 3 UmwG)	3/4 der abgegebenen Stimmen.

556 Diese Übersicht zeigt, dass mit Ausnahme von Personengesellschaften, der Gesetzgeber das Mehrheitsprinzip weitgehend einheitlich verwirklicht hat. Erforderlich ist allerdings in allen Fällen eine **qualifizierte Mehrheit**. Die Mehrheiten sind weitgehend an die **Satzungsänderungskompetenz** angeglichen. In einigen Bereichen hat der Gesetzgeber allerdings im Vergleich zur früheren Regelung die Mehrheitserfordernisse gemindert. § 33 Abs. 3 KapErhG sah etwa für die Verschmelzung einer AG auf eine GmbH vor, dass alle Aktionäre zustimmen müssen (§ 33 Abs. 3 KapErhG i. V. m. § 369 Abs. 2 AktG) oder zumindest eine Mehrheit von 9/10 des Grundkapitals notwendig ist (§ 33 Abs. 3 KapErhG i. V. m. § 369 Abs. 3 AktG). Der Gesetzgeber weist darauf hin, dass die für diese strenge Voraussetzung früher angeführten Gründe – geringerer Gläubigerschutz, insb. infolge schwacher Publizitätserfordernisse und geringerer Minderheitenschutz bei der übernehmenden GmbH – nach dem neuen Recht nicht mehr zutreffen würden. Darüber hinaus sei der Minderheitenschutz auch im GmbH-Recht durch die Novelle von 1980 wesentlich stärker entwickelt. Schließlich ist im Verschmelzungsrecht selbst der Schutz des einzelnen Aktionärs verstärkt worden. Dies rechtfertige es, starre Sonderregelungen aufzuheben und den Unternehmen in der Rechtsform der AG die Umstrukturierung auch in diesen Fällen zu erleichtern.[1026]

IV. Zustimmung von Sonderrechtsinhabern

1. Frühere Rechtslage

557 Das vor 1995 geltende Recht kannte keinen gesetzlich ausgeprägten Grundsatz, dass Eingriffe in Sonderrechte nur mit Zustimmung des betroffenen Gesellschafters zulässig sind. Dennoch war die herrschende Meinung der Auffassung, dass Inhaber von Vorzugs- und Sonderrechten dem Verschmelzungsvertrag zustimmen müssen, da deren Rechte mit der untergehenden Gesellschaft erlöschen.[1027] Daher war der Austausch von Aktien, die mit Vorrechten ausgestaltet sind, gegen vorzugslose Aktien der übernehmenden Gesellschaft ohne Zustimmung der Aktionäre der übertragenen Gesellschaft unzulässig. Dies galt auch für die Abfindung von Stammaktionären mit stimmrechtslosen Vorzugsaktien. Auch andere Sonderrechte, wie etwa zur Entsendung von Aufsichtsratsmitgliedern, auf Vorzüge bei der Gewinnverteilung oder bei der Verteilung des Liquidationsüberschusses war nach herrschender Meinung mehrheitsfest.[1028] Bei der GmbH war

---

[1026] Vgl. Begründung zum RegE, BR-Drucks. 75/94, S. 103; abgedruckt in: Limmer, Umwandlungsrecht, S. 298.
[1027] Vgl. Lutter/Hommelhoff, GmbHG, 13. Aufl., Anh. Verschmelzung, § 20 KapErhG Rn. 8; Timm, AG 1982, 105; KK-AktG/Kraft, § 339 Rn. 53.
[1028] Vgl. Hügel, Verschmelzung und Einbringung, S. 83; KK-AktG/Kraft, § 339 Rn. 52.

die herrschende Meinung der Auffassung, dass Gesellschafter der Verschmelzung zustimmen müssen, denen Vorzugsrechte eingeräumt sind, da durch die Verschmelzung die Vorzugsrechte erlöschen.[1029] Darüber hinaus bestand Einigkeit, dass, wenn die Abtretung der Geschäftsanteile beim übertragenden Unternehmen nach dessen Satzung von der Genehmigung einzelner Gesellschafter abhängig war, auch deren Zustimmung erforderlich ist. Dieser Grundsatz wurde aus § 376 Abs. 2 Satz 2 AktG abgeleitet, wonach bei der formwechselnden Umwandlung einer GmbH in eine AG Geschäftsanteile durch fungible Aktien ersetzt werden.[1030]

2. Überblick über die Regelung im UmwG

Das UmwG hat eine **Vielzahl von besonderen Zustimmungspflichten** vorgesehen, die sich allerdings einem einheitlichen Grundsatz entziehen und eine Vielzahl von Einzelsituationen regeln. Abgesehen von Sonderregelungen besteht kein allgemeiner Zustimmungsvorbehalt zugunsten von Sonderrechtsinhabern. Im Einzelnen handelt es sich hierbei um folgende **Zustimmungspflichten**:[1031]

558

§ 13 Abs. 2 UmwG (§ 193 Abs. 2 UmwG)	Zustimmung bei Genehmigungsvorbehalt
§ 23 UmwG (i. V. m. § 204 UmwG)	allgemeiner Verwässerungsschutz
§ 51 Abs. 1 UmwG	Zustimmung bei nicht voll eingezahlten Anteilen der beteiligten Gesellschaft
§ 51 Abs. 2 UmwG (§ 242 UmwG)	Zustimmung bei Fehlen anteilsproportionaler Beteiligungsmöglichkeit
§ 65 Abs. 2 UmwG	Sonderbeschluss nach Aktiengattungen
§ 241 Abs. 3 UmwG	Individualzustimmung bei Wegfall von Nebenpflichten im Fall der Umwandlung GmbH in AG
§§ 43 Abs. 2, 233 UmwG	Zustimmungspflicht bei Entstehen einer persönlichen Haftung
§ 50 Abs. 2, 1. Alt. UmwG (§§ 233 Abs. 2, 241 Abs. 2 UmwG)	Zustimmung bei Verlust von Minderheitsrechten
§ 50 Abs. 2, 2. Alt. UmwG (§§ 233 Abs. 2, 241 Abs. 2 UmwG)	Zustimmung bei Verlust von bestimmten Sonderrechten bzgl. Geschäftsführung und Bestellungs- und Vorschlagsrechte für die Geschäftsführung

Ungeregelt bleibt in diesem Geflecht von Zustimmungen ein **genereller Grundsatz beim Verlust sonstiger Sonderrechte**, etwa von erhöhten Stimmrechten.[1032] Abgesehen von den Sonderrechten in Bezug auf die Geschäftsführung, die durch § 50 Abs. 2 i. V. m. §§ 233 Abs. 2, 241 Abs. 2 UmwG geschützt werden, sieht das Gesetz eine Zustimmungsnotwendigkeit bei anderen Sonderrechtsverlusten nicht vor.

559

Das UmwG enthält ebenfalls keine Regelung für den Fall, der nach der Literatur früher eine Zustimmungspflicht auslöste, in dem nämlich der **Gesellschaftsvertrag der übernehmenden Gesellschaft zusätzliche Pflichten** vorsieht, etwa ein Wettbewerbsverbot oder Nachschusspflichten. Die Begründung zum RegE weist darauf hin, dass eine Übernahme der Rechtsgedanken, die in § 180 Abs. 1 AktG (Auferlegung von Nebenpflichten) und in § 53 Abs. 3 GmbHG (Vermehrung obliegender Leistungen) enthalten seien, nicht zweckmäßig sei, weil dadurch Verschmelzun-

560

1029 Lutter/Hommelhoff, GmbHG, 13. Aufl., Anh. Verschmelzung, § 20 KapErhG Rn. 8.
1030 Vgl. Scholz/Priester, GmbHG, Anh. Umwandlung, § 20 KapErhG Rn. 8; Rowedder/Zimmermann, GmbHG, § 77 Anh. Rn. 411.
1031 Vgl. auch Widmann/Mayer/Heckschen, Umwandlungsrecht, § 13 UmwG Rn. 164 ff.
1032 Vgl. Priester, ZGR 1990, 420, 441.

gen häufig verhindert würden. Diesen Besonderheiten solle bei der Bestimmung des Umtauschverhältnisses und bei dessen gerichtlicher Nachprüfung Rechnung getragen werden.[1033]

Das Gesetz stellt damit im Grunde einen Rückschritt hinter die Regelung vor dem alten UmwG dar, wo nach herrschender Meinung auch in diesen Fällen die Zustimmungspflicht gegeben war (vgl. oben Teil 2 Rdn. 288). **Hügel**[1034] weist darauf hin, dass diese Regelung einige Zweifelsfragen aufwerfen dürfte. Es erscheine höchst bedenklich, die Auferlegung zusätzlicher Verpflichtungen durch Mehrheitsbeschluss zuzulassen. Insb. im Hinblick auf etwaige Nachschusspflichten stellt in der Tat das Mehrheitsprinzip ohne Zustimmungspflichten der betroffenen Gesellschafter ein erhebliches Problem dar. **Priester**[1035] will auch in diesen Fällen eine Zustimmungspflicht der Gesellschafter der übertragenden Gesellschaft im Anschluss an die bisher herrschende Meinung annehmen. Dies ergebe sich aus dem Belastungsverbot. Ähnlich liege es bei einer Anteilsvinkulierung in der übernehmenden Gesellschaft, wenn es eine solche in der übertragenden nicht gab. Denn die nachträgliche Einführung bedürfe nach dem Grundsatz des § 180 Abs. 2 AktG der Zustimmung der Betroffenen. Priester will daher über die Einzelfälle, die im Gesetz ausdrücklich geregelt sind, einen allgemeinen Grundsatz dahin gehend formulieren, dass eine Individualzustimmung notwendig sei bei Verlusten von Sonderrechten in der übertragenden und bei zusätzlichen Pflichten in der übernehmenden Gesellschaft. Z. T. wird daher angenommen, dass die **Zustimmung aller Anteilsinhaber erforderlich sei**, wenn im Gesellschaftsvertrag des übernehmenden Rechtsträgers höhere Pflichten als bisher auferlegt werden.[1036] In diesem Zusammenhang stellt sich die Frage, ob Nebenleistungspflichten der Gesellschafter beim aufnehmenden Rechtsträger ggf. einer Verschmelzung entgegenstehen. Dabei ist § 53 Abs. 3 GmbHG bzw. § 180 AktG zu berücksichtigen. Daraus schließt ein Teil der Literatur, dass ein Zustimmungsbeschluss zu einer Verschmelzung der Zustimmung sämtlicher Gesellschafter bedarf, wenn die Satzung des aufnehmenden Rechtsträgers Regelungen enthält, deren nachträgliche Einführung durch Satzungsänderung nach den vorgenannten Regelungen der Zustimmung aller Gesellschafter bedürfte.[1037] Nachdem es eine ausdrückliche gesetzliche Regelung diesbezüglich im UmwG 1995 nicht gibt, dieses vielmehr nur Einzelfälle z. B. in § 50 Abs. 2, 51 UmwG geregelt hat, wird man keinen derartigen allgemeinen – unbestimmten – Zustimmungsgrundsatz aufstellen können.[1038]

561 Die **im Gesetz geregelten Zustimmungsvorbehalte** lassen sich mit Hügel[1039] in **drei Gruppen** unterscheiden:
– Fälle des Verlustes von Herrschafts- oder Sonderrechten,
– Beeinträchtigung des Vermögenswertes der Mitgliedschaft,
– Fälle der Haftungsverschärfung.

3. Verlust von Herrschafts- oder Sonderrechten

a) Zustimmungspflicht bei Genehmigungsbedürftigkeit der Anteilsabtretung

562 § 13 Abs. 2 UmwG bestimmt, dass, wenn die Abtretung der Anteile eines übertragenden Rechtsträgers von der Genehmigung bestimmter einzelner Anteilsinhaber abhängig ist, der Verschmel-

---

[1033] Vgl. Begründung zum RegE, BR-Drucks. 75/94, S. 86; abgedruckt in: Limmer, Umwandlungsrecht, S. 281.
[1034] Verschmelzung und Einbringung, S. 86.
[1035] ZGR 1990, 411.
[1036] Kallmeyer/Zimmermann, UmwG, § 13 Rn. 26; Lutter/Drygala, UmwG § 13 Rn. 35 ff.
[1037] Kallmeyer/Zimmermann, UmwG, § 13 Rn. 26; Lutter/Drygala, UmwG § 13 Rn. 35 ff.; Lutter/Winter/Vetter, § 51 UmwG Rn. 38 ff.; Gehling in: Semler/Stengel § 13 UmwG Rn. 44.
[1038] Ebenso Widmann/Mayer/Mayer, Umwandlungsrecht, § 50 UmwG Rn. 115 ff.; Widmann/Mayer/Heckschen, Umwandlungsrecht, § 13 UmwG Rn. 184 ff.; Wälzholz, DStR 2006, 236, 238 ff.; die in der Vorauflage noch angedeutete andere Auffassung wird ausdrücklich aufgegeben.
[1039] Verschmelzung und Einbringung, S. 86.

zungsbeschluss dieses Rechtsträgers zu seiner Wirksamkeit der Zustimmung bedarf. Im Recht der alten Umwandlung fand sich die Ausprägung dieses Grundsatzes nur in § 376 Abs. 2 Satz 2 AktG bei der Umwandlung einer GmbH in eine AG. Die Regierungsbegründung weist darauf hin, dass die Interessenlage der Gesellschafter bei der Verschmelzung dieselbe sei, sodass dieser Grundsatz auch in das Verschmelzungsrecht aufgenommen werden solle.[1040] § 193 Abs. 2 UmwG übernimmt diesen Grundsatz des Verschmelzungsrechts in das Recht des Formwechsels. Auch dort bedarf der Formwechsel der Zustimmung der Gesellschafter, deren Zustimmung zu der Übertragung des Anteils notwendig wäre.

aa) Zustimmung bei Anteilsvinkulierung

Zunächst fallen hier ohne Weiteres die Fälle darunter, in denen die Anteilsübertragung wegen einer satzungsmäßigen Bestimmung der Zustimmung des betroffenen Gesellschafters oder aller Gesellschafter bedarf. Für die **AG** ist allerdings eine solche Vinkulierung nicht zulässig, sodass eine AG als übertragende Gesellschaft sich dieser Frage der Zustimmung nicht stellen kann. Vinkulierte Namensaktien sind kein Fall des § 13 Abs. 2 UmwG.[1041]

563

Für die Anwendung des § 13 Abs. 2 UmwG ist allerdings zu beachten, dass die entsprechende Satzungsklausel genau überprüft werden muss, ob es sich tatsächlich um ein **Zustimmungserfordernis des einzelnen Gesellschafters** handelt. Für die Anwendung des § 13 Abs. 2 UmwG ist es unerheblich, ob die Zustimmung eines bestimmten einzelnen, mehrerer einzelner oder einer Gruppe von Gesellschaftern vorgesehen ist.[1042] Schwieriger zu beurteilen ist die Frage, ob § 13 Abs. 2 UmwG auch eingreift, wenn die Satzung die Zustimmung aller Gesellschafter voraussetzt. Hier wird man wohl die Anwendung des § 13 Abs. 2 bzw. § 193 Abs. 2 UmwG annehmen müssen, da der Schutzzweck der gleiche ist.[1043]

564

Die Begründung zum RegE weist allerdings darauf hin, dass keine Zustimmungsbedürftigkeit besteht, wenn die Übertragung von Geschäftsanteilen von der Zustimmung der Gesellschaft selbst abhängig ist.[1044] Gleiches wird man annehmen müssen, wenn die Satzung ein Zustimmungserfordernis der Gesellschafterversammlung als Organ oder eines Beirates oder Aufsichtrates vorsieht.[1045] Das Gleiche gilt beim Zustimmungserfordernis des Beirats oder des Aufsichtsrats. Ebenfalls keine Zustimmungsbedürftigkeit begründen Vorkaufs- oder Ankaufsrechte.[1046]

565

Unklar ist der Anwendungsbereich des § 13 Abs. 2 UmwG, wenn die **Satzung keinen Zustimmungsvorbehalt** zur Abtretung von Geschäftsanteilen enthält, sondern die Abtretung generell ausschließt, wie dies bei der GmbH möglich ist. Die Frage hat wohl die größte Bedeutung für **Personengesellschaften**, da hier i. d. R. Unübertragbarkeit der Geschäftsanteile gegeben ist. In

566

1040 Vgl. BR-Drucks. 75/94, S. 86; abgedruckt in: Limmer, Umwandlungsrecht, S. 281.
1041 Vgl. Lutter/Drygala, UmwG, § 13 Rn. 28; Kallmeyer/Zimmermann, UmwG, § 13 Rn. 23; Bermel/Lanfermann, NZG 1998, 331, 333.
1042 So Reichert, GmbHR 1995, 176, 179.
1043 So Kallmeyer/Zimmermann, UmwG, § 13 Rn. 23; GmbHR 1995, 176, 179; Widmann/Mayer/Heckschen, Umwandlungsrecht, § 13 UmwG Rn. 166; Stratz, in: Schmitt/Hörtnagl/Stratz, § 13 UmwG Rn. 60; Gehling, in: Semler/Stengel § 13 UmwG Rn. 39 f.; aA Lutter/Drygala, UmwG, § 13 Rn. 32.
1044 Vgl. BR-Drucks. 75/94, S. 86, abgedruckt in: Limmer, Umwandlungsrecht, S. 281.
1045 So Hügel, Verschmelzung und Einbringung, S. 87; Grunewald, GmbHR 1995, 176, 179; Lutter/Drygala, § 13 UmwG Rn. 30; Stratz, in: Schmitt/Hörtnagl/Stratz, § 13 UmwG Rn. 62; Kallmeyer/Zimmermann, UmwG, § 13 Rn. 23 f.; Reichert, GmbHR 1995, 180; Widmann/Mayer/Heckschen, Umwandlungsrecht, § 13 UmwG Rn. 169 ff.
1046 Kallmeyer/Zimmermann, UmwG, § 13 Rn. 24; Reichert, GmbHR 1995, 180; Widmann/Mayer/Heckschen, Umwandlungsrecht, § 13 UmwG Rn. 174.

solchen Fällen wird ein **Mehrheitsbeschluss** wohl nur möglich sein, wenn die **Unübertragbarkeit der Gesellschaftsanteile** auch bei der aufnehmenden Gesellschaft gewahrt bleibt.[1047]

bb) Sonstige Fälle

567 Dem Gesetzeswortlaut lässt sich die in der Regierungsbegründung genannte Problematik, dass Sonderrechte eines Anteilsinhabers nicht ohne dessen Zustimmung beeinträchtigt werden dürfen, nicht eindeutig entnehmen. Die Regierungsbegründung nennt § 13 Abs. 2 UmwG als Ausdruck dieses allgemeinen Rechtsgedankens, der auch schon früher Geltung hatte.[1048] Unklar ist, ob nicht nur die Fälle einer Anteilsvinkulierung gemeint sind, sondern ganz generell der früher vertretene Grundsatz in § 13 Abs. 2 UmwG festgeschrieben werden soll, dass alle Formen der Sonderrechte i. S. d. § 35 BGB durch § 13 Abs. 2 UmwG geschützt werden und daher die Zustimmung des betroffenen Rechtsinhabers erforderlich ist. § 13 Abs. 2 UmwG bietet daher die Möglichkeit, die vom Wortlaut her eher eng formulierte Vorschrift erweiternd i. S. e. allgemeinen **Sonderrechtsschutzes** auszulegen. Freilich bleibt dann unklar, welche Bedeutung spezialgesetzlich Sonderrechtsschutzvorschriften haben, wie etwa § 50 Abs. 2, 2. Alt UmwG.

b) Verwässerungsschutz

568 § 23 UmwG schafft neben der Zustimmungspflicht des § 13 Abs. 2 UmwG generell für das Verschmelzungsrecht den sog. **Verwässerungsschutz**, wie früher § 347a AktG, und dehnt ihn für die Verschmelzung von Rechtsträgern aller Rechtsformen aus. Danach sind nach § 23 UmwG den Inhabern von Rechten in einem übertragenden Rechtsträger, die kein Stimmrecht gewähren, insb. den Inhabern von Anteilen ohne Stimmrecht, von Wandelschuldverschreibungen, von Gewinnschuldverschreibungen und von Genussrechten, gleichwertige Rechte an dem übernehmenden Rechtsträger zu gewähren.

569 Die **Inhaber von diesen stimmrechtslosen Rechten**, die von einer Überträgerin ausgegeben wurden, sollen vor einer Verwässerung ihrer Rechte durch die Verschmelzung geschützt werden. Diesen Gläubigern sind Rechte einzuräumen, die den ursprünglich von einer übertragenden Gesellschaft gewährten Rechten gleichwertig sind.[1049] Nach § 23 gilt dieser Grundsatz für **Verschmelzungen** und **Spaltungen**, § 204 dehnt diesen Grundsatz auf den **Formwechsel** aus.

570 Die Regierungsbegründung weist darauf hin, dass dieser Schutz auch erforderlich sei, weil die Rechtsstellung der »*Inhabern von Rechten in einem Rechtsträger*« einerseits über die nur schuldrechtliche Gläubigereigenschaft hinausgehen, andererseits den hier genannten Rechtsinhabern die Möglichkeit fehle, durch Ausübung des Stimmrechts auf die Verschmelzung Einfluss zu nehmen.[1050]

571 Welche Rechte zu den Sonderrechten i. S. v. § 23 UmwG gehören, geht aus dem Gesetz nicht genau hervor. Während in der Überschrift von Sonderrechten die Rede ist, erwähnt § 23 UmwG in seinem Wortlaut die Inhaber solcher Rechte in einem Unternehmen, die kein Stimmrecht gewähren. Beispielhaft – im Gegensatz zur früheren abschließenden Aufzählung des § 347a AktG a. F. – zählt § 23 UmwG stimmrechtslose Anteile, Wandelschuldverschreibungen, Gewinnschuldverschreibungen und Genussrechte auf. Die aufgezählten Beispiele lassen sich in **zwei Fallgrup-**

1047 So Reichert, GmbHR 1995, 181; Lutter/Drygala, § 13 UmwG Rn. 33; a. A. Widmann/Mayer/Heckschen, Umwandlungsrecht, § 13 UmwG Rn. 172 f.
1048 Vgl. Lutter/Hommelhoff, GmbHG, 13. Aufl., § 20 KapErhG Rn. 8; Semler/Grunewald, in: Geßler/Hefermehl, AktG, § 376 Rn. 21.
1049 Vgl. Schürnbrand, ZHR 2009, 689 ff.; Hüffer, in: FS für Lutter, 2000, S. 1227; Kiem, ZIP 1997, 1627 ff.; Stratz, in: Schmitt/Hörtnagl/Stratz, § 23 UmwG Rn. 1; Kallmeyer/Marsch-Barner, UmwG, § 23 Rn. 1 f.; Feddersen/Kiem, ZIP 1994, 1082; Widmann/Mayer/Vossius, Umwandlungsrecht, § 23 UmwG Rn. 1.
1050 Vgl. BR-Drucks. 75/94, S. 92 f.; abgedruckt in: Limmer, Umwandlungsrecht, S. 287 f.

pen unterteilen. Zum einen gehören hierzu die Inhaber von **stimmrechtslosen Anteilen mit Vorzugsrechten**. Zum anderen zählen zu den Sonderrechten **schuldrechtliche Rechte**, die ihrem Inhaber wie Wandelschuldverschreibungen, Gewinnschuldverschreibungen und Genussrechte mitgliedschaftsähnliche Rechtsposition gewähren, seien sie vermögensrechtlicher Natur – wie die Gewinnbeteiligung – oder aber Herrschaftsrechte – wie etwa Geschäftsführungs-, Entsende- oder Informationsrechte.[1051] Letztere Fallgruppe ist von normalen Gläubigerrechten, wie Darlehensansprüchen, Ansprüchen aus Lieferung und Leistung und Dauerschuldverhältnissen abzugrenzen.[1052]

Für eine **weite Auslegung des Begriffes Sonderrecht** tritt Bermel[1053] ein. Er will § 23 UmwG auf jede Form von gewinnabhängigen Rechten anwenden, wie partiarischen Rechtsverhältnissen, Tantiemevereinbarungen und stille Gesellschaftsbeteiligungen. Man wird auch z. B. sog. Besserungsscheine als Fälle des § 23 UmwG ansehen müssen. **Besserungsscheine** sind verbriefte Schuldversprechen mit dem Inhalt, Gläubigern, die auf ihre Forderung ggü. der Gesellschaft verzichtet haben, die erlassene Schuld aus zukünftigen Gewinnen zurückzuzahlen.[1054] Der überwiegende Teil der Literatur, der vorzugswürdig ist, will gesellschaftliche Annexrechte nicht als Sonderrechte ansehen, z. B. Mehrstimmrecht, Recht auf Organbestellung, Vetorecht, sondern nur **Vermögensrechte**.[1055] Umstritten ist, ob **stille Beteiligungen** in den Anwendungsbereich fallen.[1056] Ein Teil der Literatur lehnt dies ab, da diese keinen Anteil am Gesellschaftsvermögen vermitteln.[1057] Nach a. A. soll § 23 UmwG wegen der starken Stellung des stillen Gesellschafters anwendbar sein.[1058] Ähnlich ist die Diskussion bei **partiarischen Rechtsverhältnissen**.[1059]

Das Gesetz ordnet an, dass »*gleichwertige Rechte*« an der übernehmenden Gesellschaft zu gewähren sind. Nach herrschender Meinung bedeutet gleichwertig nicht formalrechtlich, sondern **wirtschaftliche Gleichwertigkeit**.[1060] So muss etwa bei Wandelschuldverschreibungen das Umtausch- oder Bezugsverhältnis nicht dem ursprünglichen bei der Überträgerin entsprechen, bei Gewinnschuldverschreibungen muss eine prozentuale Koppelung an die Dividende nicht exakt beibehalten werden. Vielmehr muss der wirtschaftliche Inhalt der Gläubigerrechte an die durch die Verschmelzung veränderten Verhältnisse angepasst werden.[1061] Der Wortlaut lässt allerdings offen, ob die Vorschrift den **Umtausch in Rechte gleicher Art** verlangt. Die wohl überwiegende Literatur geht davon aus, dass man dies unter Berücksichtigung der gesetzgeberischen Absicht anneh-

572

1051 Vgl. Goutier/Knopf/Bermel, Umwandlungsrecht, § 23 UmwG Rn. 5.
1052 Vgl. Kallmeyer/Marsch-Barner, UmwG, § 23 Rn. 3; Stratz, in: Schmitt/Hörtnagl/Stratz, § 23 UmwG Rn. 4.
1053 Goutier/Knopf/Bermel, Umwandlungsrecht, § 23 UmwG Rn. 10.
1054 Vgl. Baumbach/Hueck, GmbHG, § 29 Rn. 88.
1055 So Widmann/Mayer/Vossius, Umwandlungsrecht, § 23 UmwG Rn. 10; Kallmeyer/Marsch-Barner, UmwG, § 23 Rn. 2; Lutter/Grunewald, § 23 UmwG Rn. 2 f.; Kalss, in: Semler/Stengel § 23 UmwG Rn. 8; Hüffer, in: FS für Lutter, 2000, S. 1227, 1233.
1056 Vgl. Hüffer, FS Lutter 2000, S. 1227, 1236 f.
1057 Widmann/Mayer/Vossius, Umwandlungsrecht, § 23 UmwG Rn. 10; Kallmeyer/Marsch-Barner, UmwG, § 23 Rn. 3; Hüffer, in: FS für Lutter, 2000, S. 1227, 1233; Feddersen/Kiem, ZIP 1997, 1994, 1082.
1058 So Lutter/Grunewald § 23 UmwG Rn. 20; Kalss, in: Semler/Stengel § 23 UmwG Rn. 7; Stratz, in: Schmitt/Hörtnagl/Stratz, § 23 UmwG Rn. 8; Westermann, in: FS für Ulmer, 2003, S. 670.
1059 Vgl. Kallmeyer/Marsch-Barner, UmwG, § 23 Rn. 3; Lutter/Grunewald § 23 UmwG Rn. 21; Kalss, in: Semler/Stengel § 23 UmwG Rn. 7.
1060 Vgl. Kallmeyer/Marsch-Barner, UmwG, § 23 Rn. 8; Lutter/Grunewald § 23 UmwG Rn. 5 f.; Kalss, in: Semler/Stengel § 23 UmwG Rn. 12; Stratz, in: Schmitt/Hörtnagl/Stratz, § 23 UmwG Rn. 9.
1061 Widmann/Mayer/Vossius, Umwandlungsrecht, § 23 UmwG Rn. 29; Kallmeyer/Marsch-Barner, UmwG, § 23 Rn. 8.

men muss.[1062] Es müssen also z. B. für Wandelanleihen wieder Wandelanleihen, für Optionsanleihen wieder Optionsanleihen gewährt werden. Kennt allerdings die aufnehmende Gesellschaft die Form des Sonderrechts nicht, genügt es, wenn ein rechtlich der neuen Gesellschaftsform entsprechendes Sonderrecht gewährt wird. Es muss daher geprüft werden, ob die neue Rechtsform **vergleichbare Sonderrechte** zulässt. Ist dies nicht der Fall, muss ein Recht gewährt werden, dass dem alten rechtlich und wirtschaftlich am ehesten entspricht.[1063] Ist dies nicht möglich, stellt sich die Frage der Rechtsfolgen. So könnte man annehmen, dass in diesem Fall die Verschmelzung nur mit Zustimmung des Sonderrechtsinhabers zulässig ist, da er sein Recht ersatzlos verlieren würde. Eine andere Möglichkeit besteht darin, den Verlust wirtschaftlich in anderer Weise zu kompensieren, etwa durch eine höhere Zuteilung von Mitgliedschaftsrechten an dem neuen Rechtsträger. Vorzugswürdig ist die zweite Lösung. Die Ausgestaltung der gewährten Rechte ist im Verschmelzungsvertrag zu beschreiben.[1064]

573 Nach herrschender Meinung kann § 23 UmwG **im Verschmelzungsvertrag nicht abbedungen** werden. Darüber hinaus schafft die Vorschrift ein klagbares Recht, das mit einer Leistungsklage verwirklicht werden kann.[1065]

c) Zustimmungspflichten bei Verlust von Sonderrechten und Minderheitsrechten bei Beteiligung von GmbH

574 Für Verschmelzungen unter Beteiligung von GmbH sieht § 50 Abs. 2 UmwG eine Sonderzustimmungspflicht vor, wenn durch die Verschmelzung auf dem Gesellschaftsvertrag **beruhende Minderheitsrechte** eines einzelnen Gesellschafters einer übertragenden Gesellschaft oder die einzelnen Gesellschafter einer solchen Gesellschaft nach dem Gesellschaftsvertrag zustehenden **besonderen Rechte in der Geschäftsführung der Gesellschaft, bei der Bestellung der Geschäftsführer oder hinsichtlich eines Vorschlagsrechts der Geschäftsführung** beeinträchtigt werden. Man muss also bei § 50 Abs. 2 UmwG **zwei Alternativen** unterscheiden:
– die Beeinträchtigung von Minderheitsrechten,
– den Verlust von Geschäftsführungssonderrechten.

575 § 233 Abs. 2 und § 241 Abs. 2 UmwG dehnen diesen Grundsatz des Zustimmungserfordernisses ebenfalls für die Fälle des **Formwechsels einer GmbH** oder einer AG oder KGaA in eine Personenhandelsgesellschaft oder einer GmbH in eine AG aus.

576 Es handelt sich zunächst nach § 50 Abs. 2, 2. Alt. UmwG um Sonderrechte, wobei sich das Gesetz allerdings auf Geschäftsführungsrechte sowie Bestellungs- und Vorschlagsrecht für die Geschäftsführung beschränkt. Schwierig zu definieren sind die in § 50 Abs. 2, 1. Alt. UmwG genannten Minderheitsrechte. Die Regierungsbegründung weist darauf hin, dass es sich auch hier um **Individualrechte** handeln muss, also nicht um Rechte, die sich wie z. B. bei § 50 GmbHG erst ab einer bestimmten Beteiligungsquote ergeben, denn eine solche Quote wird durch eine Verschmelzung i. d. R. vermindert.[1066] Ihre Berücksichtigung als zustimmungsbegründendes Element würde zahlreiche Verschmelzungen verhindern. Die Begründung weist weiterhin darauf hin,

---

1062 Kallmeyer/Marsch-Barner, UmwG, § 23 Rn. 8; Lutter/Grunewald, § 23 UmwG Rn. 5 f.; Kalss, in: Semler/Stengel § 23 UmwG Rn. 12; Stratz, in: Schmitt/Hörtnagl/Stratz, § 23 UmwG Rn. 10 ff.
1063 Feddersen/Kiem, ZIP 1994, 1082.
1064 Kallmeyer/Marsch-Barner, UmwG, § 23 Rn. 9; Kalss, in: Semler/Stengel § 23 UmwG Rn. 12; Stratz, in: Schmitt/Hörtnagl/Stratz, § 23 UmwG Rn. 9.
1065 Vgl. Kallmeyer/Marsch-Barner, UmwG, § 23 Rn. 9; Kalss, in: Semler/Stengel § 23 UmwG Rn. 3; Stratz, in: Schmitt/Hörtnagl/Stratz, § 23 UmwG Rn. 15; Lutter/Grunewald, § 23 UmwG Rn. 25; Widmann/Mayer/Vossius, Umwandlungsrecht, § 23 UmwG Rn. 2.
1066 Vgl. Winter, in: Lutter, Kölner Umwandlungsrechtstage, S. 43; Widmann/Mayer/Mayer, Umwandlungsrecht, § 50 UmwG Rn. 84; Kallmeyer/Marsch-Barner, UmwG, § 50 Rn. 21; Stratz, in: Schmitt/Hörtnagl/Stratz, § 50 UmwG Rn. 12; Lutter/Winter/Vetter, § 50 UmwG Rn. 51 ff.

dass die Abgrenzung dieser Minderheitsindividualrechte zu Beteiligungselementen, die bei der Bemessung des Umtauschverhältnisses zu berücksichtigen sind, wie z. B. Gewinnvorzüge, im Einzelnen der Rechtsprechung überlassen bleiben.[1067] Es bleibt also im Einzelnen offen, welche Minderheitsrechte der Gesetzgeber im Auge hat. In erster Linie wird es hierbei um etwa das Recht zur Einberufung einer Gesellschafterversammlung (§ 50 GmbHG), die Legitimation zur Erhebung der Auflösungsklage (§ 61 Abs. 2 GmbHG) und die Antragslegitimation im Fall der Bestellung von Liquidatoren durch das Gericht (§ 66 Abs. 2 GmbHG) gehen.

Hügel ist darüber hinaus der Auffassung, dass, immer dann, wenn die mit der Verschmelzung oder Spaltung verbundene Stimmrechtsverwässerung zum Verlust dieser Minderheitsrechte führt, die Zustimmung des betroffenen Gesellschafters erforderlich sei.[1068] Vorerwerbsrechte und Vorkaufsrechte unterfallen § 50 Abs. 2 UmwG, wenn es sich um Satzungsbestandteile handelt und sie als Individualrechte ausgestaltet sind.[1069]

Für die **AG** hat der Gesetzgeber ein derartiges Schutzrecht für Minderheitsrechte und derartige Sonderrechte nicht berücksichtigt. Die Regierungsbegründung weist darauf hin, dass die Beteiligung an einer GmbH anders als die Aktie keine beliebig verwertbare Vermögenslage sei, sodass der GmbH-Gesellschafter stärker als der Aktionär geschützt werden müsse.[1070] Das bedeutet, dass in der AG der Verlust von derartigen Rechten offenbar bei der Festlegung des Umtauschverhältnisses stattfinden muss.[1071]

d) Sonderbeschlüsse bei Vorhandensein mehrerer Aktiengattungen

§ 65 Abs. 2 UmwG bestimmt, dass der Beschluss der Hauptversammlung für den Fall des Vorhandenseins mehrerer Gattungen von Aktien zu seiner Wirksamkeit die **Zustimmung der Aktionäre jeder Gattung** bedarf. § 233 Abs. 2 UmwG dehnt dies auf den Formwechsel aus.

Während zum bis 1995 geltenden Umwandlungsrecht die Rechtsfrage streitig war, ob und unter welchen Voraussetzungen Sonderbeschlüsse der Aktionäre verschiedener Aktiengattungen erforderlich war, schrieb § 340c Abs. 3 AktG dies seit dem Verschmelzungsrichtlinien-Gesetz v. 25.10.1982 zwingend vor, unabhängig davon, ob diese Rechte durch die Verschmelzung beeinträchtigt werden. Für den Sonderbeschluss gilt § 65 Abs. 1 UmwG (3/4-Mehrheit).

e) Individualzustimmung bei Wegfall von Nebenpflichten im Fall der Umwandlung GmbH in AG

§ 241 Abs. 3 UmwG bestimmt, dass bei der Umwandlung einer GmbH in eine AG die Zustimmung der betroffenen Gesellschafter für den Fall erforderlich ist, dass **Nebenleistungspflichten der GmbH-Gesellschafter** durch die Umwandlung erlöschen. Das GmbHG lässt viel weitergehendere Nebenleistungspflichten im Gesellschaftsvertrag zu, als das AktG (§ 55 AktG). Die Vorschrift ist allerdings als solche nicht recht verständlich, weil der vom Wegfall einer Nebenleistungspflicht betroffene Gesellschafter durch die Befreiung regelmäßig keinen Nachteil erfahren wird.[1072] Der Gedanke dieser Regelung liegt allerdings darin, dass die Nebenleistungspflicht mit entsprechenden Rechten des Gesellschafters verbunden ist. Stehen daher bei einer Nebenleistung Vor- und Nachteile für den Gesellschafter ggü., ist seine Zustimmung zur Umwandlung erforderlich. Eine

---

1067 Vgl. BR-Drucks. 75/94, S. 94; abgedruckt in: Limmer, Umwandlungsrecht, S. 295.
1068 Hügel, Verschmelzung und Einbringung, S. 87.
1069 Reichert, GmbHR, 1995, 184; Kallmeyer/Zimmermann, UmwG, § 50 Rn. 21; Reichert, in: Semler/Stengel § 50 UmwG Rn. 32; Stratz, in: Schmitt/Hörtnagl/Stratz, § 23 UmwG Rn. 15; Lutter/Winter/Vetter, § 50 UmwG Rn. 61.
1070 Vgl. BR-Drucks. 75/94, S. 94.
1071 So Hügel, Verschmelzung und Einbringung, S. 88.
1072 So zu Recht Stratz, in: Schmitt/Hörtnagl/Stratz, § 241 UmwG Rn. 10.

Zustimmung ist daher nicht erforderlich, wenn der Gesellschafter durch die Umwandlung ausschließlich begünstigt wird.[1073]

4. Beeinträchtigung des Vermögenswertes der Mitgliedschaft

580 § 51 Abs. 2 UmwG bestimmt, dass bei einer Verschmelzung einer GmbH durch Aufnahme einer AG oder KGaA die **Zustimmung betroffener Aktionäre** notwendig ist, wenn die Beteiligung des Aktionärs an der GmbH infolge der Festsetzung eines abweichenden Nennbetrages der Geschäftsanteile gemindert wird. Hierdurch sollen Aktionäre in dem Sonderfall geschützt werden, wenn deren neuer Geschäftsanteil nicht dem Gesamtnennbetrag ihrer Aktien entspricht. Die Vorschrift schafft damit einen Schutz gegen **wertmäßige Beeinträchtigungen der Mitgliedschaft** aus Anlass einer Umwandlung, der über den wertmäßigen Ausgleich durch Verbesserung des Umtauschverhältnisses nach § 15 UmwG hinausgeht.[1074] Voraussetzung für die **Zustimmungspflicht** ist, dass der Nennbetrag der Geschäftsanteile abweichend vom Nennbetrag der Aktien festgesetzt wird. Diese Bestimmung hat dann praktische Bedeutung, wenn es Aktionäre gibt, die mit ihren Aktien den für die GmbH geforderten Mindestnennbetrag nicht erreichen.[1075]

581 Das Zustimmungserfordernis entfällt jedoch, wenn die abweichende Festsetzung des Nennbetrages auf den **Vorschriften über den Mindestbetrag der Stammeinlage** beruht. § 46 Abs. 1 Satz 3 UmwG schreibt allerdings einen Mindestnennbetrag von nur 1,00 € vor.[1076]

§ 242 UmwG dehnt dieses Prinzip beim Formwechsel einer AG oder KGaA auf eine GmbH aus.

5. Zustimmungspflichten bei Haftungsverschärfungen

a) Zustimmungspflicht bei Bestehen nicht voll eingezahlter Anteile einer übernehmenden oder übertragenden GmbH (§ 51 Abs. 1 UmwG)

aa) Nicht eingezahlte Anteile bei der übernehmenden GmbH (§ 51 Abs. 1 Satz 1 und 2 UmwG)

582 § 51 Abs. 1 Satz 1 UmwG schützt durch eine Zustimmungspflicht die Gesellschafter einer übertragenden Gesellschaft für den Fall einer Verschmelzung ihrer Gesellschaft mit einer GmbH, auf deren Geschäftsanteile noch nicht alle Leistungen bewirkt sind, weil mit der Verschmelzung gem. § 24 GmbHG die Verpflichtung entsteht, die restlichen Leistungen zu erbringen.[1077] In diesem Fall bedarf der Beschluss der Zustimmung **aller bei der Beschlussfassung anwesenden Gesellschafter**. Stimmenthaltungen verhindern einen positiven Beschluss, sie beinhalten keine Zustimmung.[1078]

Dieser Schutzgedanke soll durch § 51 Abs. 1 Satz 2 UmwG auch für andere Fälle der Mischverschmelzung ausgedehnt werden. Ist der übertragende Rechtsträger eine **Personenhandelsgesellschaft, eine Partnerschaftsgesellschaft oder eine GmbH**, so bedarf der Verschmelzungsbeschluss **auch der Zustimmung der nicht erschienenen Gesellschafter**, es müssen also alle Gesellschafter

---

1073 So zum alten Recht Semler/Grunewald, in: Geßler/Hefermehl, AktG, § 376 Rn. 21; vgl. auch Stratz, in: Schmitt/Hörtnagl/Stratz, § 241 UmwG Rn. 10; Kallmeyer/Dirksen § 241 UmwG Rn. 7.
1074 Vgl. Hügel, Verschmelzung und Einbringung, S. 89; Widmann/Mayer/Mayer, Umwandlungsrecht, § 51 UmwG Rn. 26 ff.; Lutter/Winter/Vetter, § 51 UmwG Rn. 59 ff.; Stratz, in: Schmitt/Hörtnagl/Stratz, § 51 UmwG Rn. 11; Kallmeyer/Zimmermann, UmwG, § 51 Rn. 9.
1075 Vgl. Grunewald, in: Geßler/Hefermehl, AktG, § 369 Rn. 57.
1076 Kallmeyer/Zimmermann, UmwG, § 51 Rn. 10.
1077 **Ausfallhaftung**, vgl. Kallmeyer/Kocher, UmwG, § 51 Rn. 2; Widmann/Mayer/Mayer, Umwandlungsrecht, § 51 UmwG Rn. 9; Lutter/Winter/Vetter, § 51 UmwG Rn, 16 ff.; Stratz, in: Schmitt/Hörtnagl/Stratz, § 51 UmwG Rn. 3.
1078 Kallmeyer/Kocher, UmwG, § 51 Rn. 2; Widmann/Mayer/Mayer, Umwandlungsrecht, § 51 UmwG Rn. 11.

zustimmen.[1079] Bei der Mischverschmelzung nach § 51 Abs. 1 Satz 2 UmwG ist die **AG als übertragender Rechtsträger** allerdings nicht genannt. Die Zustimmung der in der Versammlung nicht anwesenden Gesellschafter der übertragenden Personenhandelsgesellschaft, Partnerschaftsgesellschaft oder GmbH bedarf nach § 13 Abs. 1 Satz 1 UmwG der notariellen Beurkundung.[1080] Die Beifügung des Vertragstextes zur Zustimmungsurkunde als Anlage ist nicht zwingend erforderlich.[1081]

bb) Nicht eingezahlte Anteile bei der übertragenden GmbH (§ 51 Abs. 1 Satz 3 UmwG)

Die Vorschrift wurde durch das **Zweite Gesetz zur Änderung des UmwG** klargestellt. Durch § 51 Abs. 1 Satz 3 UmwG wird der Schutzgedanke des Satzes 1 auch auf den Fall ausgedehnt, dass bei einer Verschmelzung zwei GmbH miteinander verschmolzen werden sollen und die Einlageverpflichtung bei der **übertragenden GmbH** nicht in voller Höhe bewirkt ist. Denn auch in diesem Fall besteht das Risiko der Ausfallhaftung nach § 24 GmbHG, auch wenn die Einlagen bei der übernehmenden GmbH voll erfüllt sind.[1082] Zunächst kann aus § 51 UmwG der Schluss gezogen werden, dass einer Verschmelzung die Tatsache nicht entgegensteht, dass die Geschäftsanteile an der übertragenden Tochter-GmbH nicht voll eingezahlt sind. Diese zeigt, dass der Gesetzgeber grds. davon ausgeht, dass auch eine **Verschmelzung einer GmbH mit nur teilweise eingezahlten Geschäftsanteilen möglich** ist.

583

Gläubigerschützende Regelungen für diese Konstellation hat der Gesetzgeber nicht aufgenommen. Nach § 20 Abs. 1 Nr. 1 UmwG gehen im Zeitpunkt der Eintragung der Verschmelzung sämtliche Forderungen der übertragenden GmbH auf die übernehmende GmbH über. Hiervon ist nach allgemeiner Meinung auch die Forderung gegen den Gesellschafter der übernehmenden GmbH auf Einzahlung der offenen Stammeinlage erfasst. Bei der Verschmelzung auf den Alleingesellschafter geht die Forderung allerdings durch Konfusion unter. Die ganz herrschende Meinung ging auch vor der Novelle davon aus, dass § 51 Abs. 1 Satz 3 UmwG, der die entsprechende Anwendung des § 51 Abs. 1 Satz 1 und Satz 2 UmwG anordnet, so zu verstehen ist, dass in diesem Fall nur sämtliche Gesellschafter der übernehmenden Gesellschaft, auch soweit sie in der Verschmelzungsversammlung nicht anwesend waren, dem Verschmelzungsvertrag zustimmen müssen.[1083] Durch das Zweite Gesetz zur Änderung des UmwG hat der Gesetzgeber klargestellt, dass der **Beschluss der (nur) Zustimmung aller Gesellschafter der übernehmenden Gesellschaft bedarf**.[1084] Die Begründung zum RegE stellt dazu fest: Die angeordnete entsprechende Anwendung der Sätze 1 und 2 im bisherigen Text des § 51 Abs. 1 Satz 3 habe für den dort angesprochenen Fall in der Praxis Anlass zu Missverständnissen hinsichtlich der Beschlussmehrheit gegeben. Durch die neue Formulierung werde ausdrücklich klargestellt, dass dem Verschmelzungsbeschluss alle Gesellschafter der übernehmenden Gesellschaft zustimmen müssen.[1085]

1079 Kallmeyer/Kocher, UmwG, § 51 Rn. 3; Widmann/Mayer/Mayer, Umwandlungsrecht, § 51 UmwG Rn. 14; Lutter/Winter/Vetter, § 51 UmwG Rn, 24 ff.; Stratz, in: Schmitt/Hörtnagl/Stratz, § 51 UmwG Rn. 6.
1080 Widmann/Mayer/Mayer, Umwandlungsrecht, § 51 UmwG Rn. 18; Lutter/Winter/Vetter, § 51 UmwG Rn, 26; Stratz, in: Schmitt/Hörtnagl/Stratz, § 51 UmwG Rn. 6.
1081 Widmann/Mayer/Mayer, Umwandlungsrecht, § 51 UmwG Rn. 18; Lutter/Winter/Vetter, § 51 UmwG Rn, 26.
1082 Kallmeyer/Zimmermann, UmwG, § 51 Rn. 5; Widmann/Mayer/Mayer, Umwandlungsrecht, § 51 UmwG Rn. 22; Lutter/Winter/Vetter, § 51 UmwG Rn. 16 ff.
1083 Lutter/Winter/Vetter, UmwG, § 51 Rn. 16 ff.; Goutier/Knopf/Tulloch/Bermel, Umwandlungsrecht, § 51 UmwG Rn. 9; Widmann/Mayer/Mayer, Umwandlungsrecht, § 51 UmwG Rn. 25; a. A. insofern Stratz, in: Schmitt/Hörtnagl/Stratz, UmwG, UmwStG, § 51 UmwG Rn. 9, der auf die Zustimmung der Gesellschafter bei der übertragenden GmbH abstellen will.
1084 Vgl. Widmann/Mayer/Mayer, Umwandlungsrecht, § 51 UmwG Rn. 25; Kallmeyer/Zimmermann, UmwG, § 51 Rn. 6; Heckschen, DNotZ 2007, 445, 449.
1085 BT-Drucks. 16/2919, S. 13.

Ein Teil der Literatur[1086] hält eine **analoge Anwendung des § 51 Abs. 1 Satz 3 UmwG** für eine nicht reine GmbH-Verschmelzung nicht für möglich, da sich die Geschäftsführer gem. § 52 Abs. 1 UmwG in der Anmeldung über das Vorliegen der erforderlichen Individualzustimmung zu erklären haben und falsche Versicherungen nach § 313 Abs. 2 UmwG strafbewehrt sind.[1087] Die Gründe für die Beschränkung des Anwendungsbereichs in § 51 Abs. 1 Satz 3 UmwG des Gesetzgebers seien unklar. Entweder nehme der Gesetzgeber an, dass für Einlageforderungen eines übertragenden Rechtsträgers, der nicht GmbH ist, trotz ihres Übergangs auf die übernehmende GmbH im Wege der Gesamtrechtsnachfolge deren Gesellschafter nicht nach § 24 GmbHG haften oder der Gesetzgeber gehe davon aus, das Schutzbedürfnis der Gesellschafter einer übernehmenden GmbH sei bei Verschmelzungen mit einem Rechtsträger anderer Rechtsform, bei dem noch nicht alle Einlagen geleistet sind, geringer als bei der reinen GmbH-Verschmelzung. Für die Gesellschafter der übertragenden AG erscheint das **Schutzbedürfnis** sogar noch größer, da ursprünglich bei ihrer AG gerade mangels einer mit § 24 GmbHG vergleichbaren Norm überhaupt keine Mithaftung für offene Einlagen der Mitaktionäre bestand, diese aber nach der Verschmelzung nach § 24 GmbHG neu entsteht. Daher befürwortet ein anderer Teil der Literatur[1088] eine analoge Anwendung des § 51 Abs. 1 Satz 3 UmwG.[1089]

cc) Besondere Erklärung bei Anmeldung

584 Bei der Anmeldung der Verschmelzung zur Eintragung in das Register haben die Vertretungsorgane der an der Verschmelzung beteiligten Rechtsträger im Fall des § 51 Abs. 1 UmwG auch zu erklären, dass dem Verschmelzungsbeschluss jedes der übertragenden Rechtsträger, alle bei der Beschlussfassung anwesenden Anteilsinhaber dieses Rechtsträgers und, sofern der übertragende Rechtsträger eine Personenhandelsgesellschaft, eine Partnerschaftsgesellschaft oder eine GmbH ist, auch die nicht erschienenen Gesellschafter dieser Gesellschaft zugestimmt haben. § 52 UmwG, der für alle in § 51 Abs. 1 UmwG geregelten Fälle die **Vorlage der Zustimmungserklärung** der Gesellschafter des übertragenden Rechtsträgers vorsieht, war für den Fall des § 51 Abs. 1 Satz 3 UmwG vollends missglückt: Die wortlautgemäße Interpretation hatte nämlich zur Folge, dass dem Registergericht die Zustimmungserklärungen aller Gesellschafter der übertragenden GmbH vorgelegt werden müssten, obwohl doch materiell die Zustimmung aller Gesellschafter der übernehmenden Gesellschaft erforderlich ist.

Durch das **Zweite Gesetz zur Änderung des UmwG** wurde folgender Satz angefügt:

> »Wird eine GmbH, auf deren Geschäftsanteile nicht alle zu leistenden Einlagen bewirkt sind, von einer GmbH durch Verschmelzung aufgenommen, so ist auch zu erklären, dass aller Gesellschafter dieser Gesellschaft dem Beschluss zugestimmt haben.«

Damit ist nunmehr klargestellt, dass es bei der Verschmelzung einer GmbH, auf deren Geschäftsanteile nicht alle zu leistende Einlagen in voller Höhe bewirkt sind, auf eine andere GmbH der Zustimmung der Gesellschafter dieser übernehmenden GmbH bedarf und dass (nur) diese Zustimmung auch dem Registergericht nachzuweisen ist.[1090]

b) Zustimmungspflichten bei persönlicher Haftung

585 Eine **Individualzustimmung** ist auch dort erforderlich, wo eine **Erweiterung der Haftung** für den betroffenen Gesellschafter eintritt, wie dies der Fall sein kann bei Verschmelzung von Perso-

---

1086 Widmann/Mayer/Mayer, Umwandlungsrecht, § 51 UmwG Rn. 22.
1087 Ebenso Lutter/Winter/Vetter, UmwG, § 51 Rn. 36 f.
1088 Bayer, ZIP 1997, 1613, 1623; Reichert, in: Semler/Stengel § 51 UmwG Rn. 19; Stratz, in: Schmitt/Hörtnagl/Stratz, § 51 UmwG Rn. 10.
1089 A. A. jedoch wiederum Schöne, Die Spaltung unter Beteiligung von GmbH, S. 205.
1090 Vgl. BT-Drucks. 16/2919, S. 13.

nenhandelsgesellschaften oder bei Mischverschmelzungen zwischen Personenhandels- und Kapitalgesellschaften. § 40 Abs. 2 Satz 2 UmwG bestimmt daher die Zustimmungspflicht, wenn die übernehmende Gesellschaft eine Personenhandelsgesellschaft ist und die Aktionäre, GmbH-Gesellschafter, Genossen oder Mitglieder von Vereinen für die Verbindlichkeiten der übernehmenden oder der neuen OHG als Gesellschafter gem. §§ 130, 128 HGB unbeschränkt persönlich haften sollen.

§ 233 UmwG bestimmt Entsprechendes für die Umwandlung einer Kapitalgesellschaft in eine OHG.

J. Austritts- und Abfindungsrechte

Austrittsrechte haben dort Bedeutung, wo die **Minderheit den Verschmelzungsbeschluss nicht verhindern** kann, weil eine Mehrheitsentscheidung vorgesehen und eine Zustimmung des Minderheitsgesellschafters nicht notwendig ist.[1091] Im Verhältnis zum Erfordernis einer Einzelzustimmung, wie sie im UmwG an verschiedenen Stellen vorgesehen ist, die im Ergebnis die Verschmelzung verhindert, bedeutet ein Austrittsrecht einen **Minderheitenschutz geringerer Intensität**. Das Austritts- und Abfindungsrecht sichert die Vermögensinteressen der widersprechenden Gesellschafter, nicht aber deren Erwerbsinteresse an der bestehenden Gesellschaft. Es wird nur ein vermögensmäßiger Schutz des Status quo erreicht, nicht aber ein wirtschaftlicher. Das Abfindungsrecht stellt daher ein Institut des gesellschaftsrechtlichen Interessenausgleichs dar und einen Kompromiss zwischen dem Interesse der Gesellschaft oder Gesellschaftermehrheit an der Verschmelzung und den Belangen widersprechender Minderheitsgesellschafter.[1092]

586

Das bis 1995 geltende Umwandlungs- und Verschmelzungsrecht gewährte in § 375 AktG das **Austrittsrecht nur für den Fall** der Umwandlung einer AG in eine GmbH und in § 33 Abs. 3 KapErhG für die Verschmelzung einer AG auf eine GmbH. Ferner enthielt § 93k GenG ein Austrittsrecht für die Verschmelzung von Genossenschaften. Im Fall der Umwandlung einer GmbH in eine AG bestand nach § 383 AktG ein Preisgaberecht. Der widersprechende Gesellschafter konnte der Gesellschaft seine Aktien zur Verfügung stellen, mit der Maßgabe, dass sie die Aktien für seine Rechnung zu verwerten hatten. Schließlich war in §§ 12, 13 UmwG eine Barabfindung ausscheidender Aktionäre oder GmbH-Gesellschafter bei der Umwandlung einer AG, KGaA oder GmbH in eine Personengesellschaft durch Mehrheitsbeschluss vorgesehen. Hier handelte es sich allerdings nicht um ein Austrittsrecht, sondern um ein zwangsweises Ausscheiden, da nur die zustimmenden Gesellschafter an der Personengesellschaft beteiligt waren (§ 19 Abs. 1 UmwG a. F.).

587

§ 29 Abs. 1 UmwG übernimmt den Schutz, der früher in § 375 Abs. 1 AktG für die Umwandlung einer AG oder KGaA in eine GmbH galt und dehnt ihn auf alle **Fälle der Mischverschmelzung** aus. Die bis 1995 in §§ 375 AktG, 33 Abs. 3 KapErhG enthaltene Regelung, wurde als allgemeine Regelung für alle Fälle der Mischverschmelzung oder der **Umwandlung eines frei veräußerbaren Anteils in einen vinkulierten Anteil** erweitert. Danach haben widersprechende Gesellschafter bei Mischverschmelzung oder bei Einführung der Vinkulierung, gleichgültig welche Rechtsträger daran beteiligt sind, ein **Wahlrecht** auf Anteile an der übernehmenden Gesellschaft oder angemessene Barabfindung. Dieses Wahlrecht steht auch nicht erschienenen Gesellschaftern zu, die zu der Gesellschafterversammlung zu Unrecht nicht zugelassen worden sind (§ 29 Abs. 2, 1. Alt. UmwG) oder wenn die Versammlung nicht ordnungsgemäß einberufen oder der Gegen-

588

[1091] Vgl. allgemein Reichert, GmbHR 1995, 176 ff.; Schaub, NZG 1998, 626 ff.; Grunewald, in: FS für Boujong, 1996, S. 176 ff.; Grunewald, ZIP 2004, 542 ff.; Burg/Braun, AG 1009, 22 ff.; Burg, Der Konzern 2009, 214 ff.; Widmann/Mayer/Wälzholz, Umwandlungsrecht, § 29 UmwG Rn. 4 ff.; Kallmeyer/Marsch-Barner, § 29 UmwG Rn. 1.
[1092] Vgl. Priester, ZGR 1990, 420, 443; Wiedemann, Gesellschaftsrecht, Bd. 1, S. 468 ff.; ders., ZGR 1978, 477 ff.

stand der Beschlussfassung nicht ordnungsgemäß bekannt gemacht worden ist (§ 29 Abs. 2, 2. Alt UmwG). Durch das **Zweite Gesetz zur Änderung des UmwG** wurde die Barabfindung beim **sog.** »**Kaltes Delisting**« (Verschmelzung einer börsennotierten AG auf eine nichtbörsennotierte) in § 29 Abs. 1 Satz 1 UmwG aufgenommen.

589 Im Fall des § 29 UmwG hat die übernehmende Gesellschaft dem Gesellschafter den Erwerb des neuen Anteils gegen **angemessene Barabfindung** anzubieten. Ist der Anteilserwerb rechtstechnisch nicht möglich, etwa bei einer Personengesellschaft als Übernehmerin, ist die Barabfindung gegen Ausscheiden zu gewähren.

I. Voraussetzungen des Widerspruchsrechts und des Abfindungsanspruchs

1. Mischverschmelzung, Delisting

590 Voraussetzung für die Pflicht zu einem Abfindungsangebot ist nach § 29 Abs. 1 Satz 1 UmwG, dass bei der Verschmelzung im Wege der Aufnahme der **aufnehmende Rechtsträger eine andere Rechtsform hat als der übertragende**. Es handelt sich also um die sog. **Mischverschmelzung**, die durch § 3 Abs. 4 UmwG allgemein eingeführt worden ist. Erfolgt die Verschmelzung auf eine Gesellschaft bzw. einen Rechtsträger gleicher Rechtsform, besteht kein Austritts- und Abfindungsrecht. Unklar ist, ob die Vorschrift auch anwendbar ist bei der Verschmelzung einer OHG auf eine KG oder umgekehrt.[1093]

591 Die mittlerweile überwiegende Meinung steht auf dem Standpunkt, dass auch **OHG und KG** unterschiedliche Rechtsformen sind, sodass auch in diesem Fall ein Abfindungsgebot erforderlich wäre.[1094] Im Fall der Verschmelzung einer KG auf eine OHG muss nach § 40 Abs. 2 UmwG jeder Gesellschafter zustimmen, sodass kein Abfindungsangebot erforderlich ist, da dies nur für widersprechende Gesellschafter besteht. AG und KGaA sind dagegen nicht Rechtsträger unterschiedlicher Rechtsformen, sodass es in diesen Fällen keines Abfindungsgebotes bedarf.[1095]

592 Nach Sonderregelungen besteht bei der Mischverschmelzung **kein Austrittsrecht**:
– Genossen einer übertragenden Genossenschaft (§ 90 Abs. 1 UmwG),
– Verschmelzung eines eingetragenen gemeinnützigen Vereins (§ 104 UmwG).

593 Der Gesetzgeber hat im Zweiten Gesetz zur Änderung des UmwG den Fall des Austritts wegen Mischverschmelzung auch auf den Fall der Verschmelzung einer börsennotierten AG auf eine nicht börsennotierte AG (»kaltes Delisting«) ausgedehnt.[1096] Die Begründung zum RegE[1097] weist darauf hin, dass bei der Verschmelzung einer börsennotierten AG auf einen nichtbörsenfähigen Rechtsträger anderer Rechtsform die widersprechenden Aktionäre dieser Gesellschaft das Recht hätten, gegen Barabfindung auszuscheiden. Gleichgestellt werden solle der Fall der Verschmelzung auf eine nicht börsennotierte AG. Der Verlust der Börsennotierung erschwere zwar nicht rechtlich aber faktisch die Veräußerungsmöglichkeit der Anteile, sodass die Anwendbarkeit des § 29 UmwG sachlich gerechtfertigt erscheine. Diese Gesetzesänderung setzt die Macotron-Entscheidung des

---

1093 Vgl. Grunewald, in: FS für Boujong, 1996, S. 176 f.; bejahend Widmann/Mayer/Wälzholz, Umwandlungsrecht, § 29 UmwG Rn. 12; Kallmeyer/Marsch-Barner, UmwG, § 29 Rn. 4; Lutter/Grunewald, § 29 UmwG Rn, 2; Stratz, in: Schmitt/Hörtnagl/Stratz, § 51 UmwG Rn. 8; Kalss, in: Semler/Stengel, UmwG, § 29 Rn. 6.
1094 So Lutter/Grunewald, UmwG, § 29 Rn. 2; Widmann/Mayer/Wälzholz, Umwandlungsrecht, § 29 UmwG Rn. 12; Kallmeyer/Marsch-Barner, UmwG, § 29 Rn. 4; Stratz, in: Schmitt/Hörtnagl/Stratz, § 51 UmwG Rn. 8; Kalss, in: Semler/Stengel, UmwG, § 29 Rn. 6.
1095 Vgl. Kallmeyer/Marsch-Barner, UmwG, § 29 Rn. 4.
1096 Vgl. Lutter/Grunewald, UmwG, § 29 Rn. 3; Widmann/Mayer/Wälzholz, Umwandlungsrecht, § 29 UmwG Rn. 15; Kallmeyer/Marsch-Barner, UmwG, § 29 Rn. 4a ff.; Stratz, in: Schmitt/Hörtnagl/Stratz, § 29 UmwG Rn. 9; Kalss, in: Semler/Stengel, UmwG, § 29 Rn. 6 ff.
1097 BT-Drucks. 16/2619, S. 13.

BGH v. 25.11.2002[1098] um. Die Vorschrift wird entsprechend anzuwenden sein, wenn eine KGaA oder SE beteiligt ist.[1099] Umstritten ist dabei die Frage, ob das Barabfindungsangebot bei Verschmelzung zwischen börsennotierter und nicht börsennotierter Gesellschaft nur dann unterbleiben darf, wenn die Börsennotierung bereits besteht oder ob das Barabfindungsangebot auch dann unterbleiben darf, wenn die Börsennotierung der übernehmenden Gesellschaft nur geplant ist und später nachfolgen soll.[1100] Aufgrund des Wortlaut des Gesetzes und auch der mit dem Gesetz verbundenen Schutzaspekte kann es m. E. nur darauf ankommen, ob eine Börsennotierung vorliegt oder nicht, Planungen können insoweit keine Rolle spielen.[1101] Es genügt daher nur, wenn das Börsenzulassungsverfahren bis zur Handelsregistereintragung der Verschmelzung erfolgreich durchgeführt worden ist und die Börsenzulassungsstelle im Wege eines Vorbescheides den Beginn des Börsenhandels zu dem auf der Eintragung folgenden Börsenhandelstag zusichert.[1102] Maßgebender Zeitpunkt zur Beurteilung der Börsennotierung ist nicht der Tag des Abschlusses des Verschmelzungsvertrages oder der Beschlussfassung, sondern der Tag des Wirksamwerdens der Verschmelzung durch Handelsregistereintragung.[1103]

2. Einführung statutarischer Verfügungsbeschränkungen

Der **Abfindungsanspruch besteht auch**, wenn durch die Verschmelzung von Rechtsträgern derselben Rechtsform Anteile an dem übertragenden Rechtsträger durch Anteile an dem übernehmenden Rechtsträger ersetzt werden, die Verfügungsbeschränkungen unterworfen sind (§ 29 Abs. 2 Satz 2 UmwG). Die **Verpflichtung zur Abfindung** entsteht also auch in den Fällen, wenn kein Fall der Mischverschmelzung vorliegt, aber aus einem frei veräußerbaren Anteil ein vinkulierter Anteil wird.[1104]

594

Der **Hauptfall** dürfte eine Verschmelzung sein, bei der eine AG mit Inhaberaktien von einer AG mit vinkulierten Namensaktien aufgenommen wird oder eine GmbH ohne Vinkulierung mit einer GmbH mit vinkulierten Geschäftsanteilen verschmolzen wird. Die Regierungsbegründung weist darauf hin, dass bei derartigen Vorgängen ebenfalls in die Verfügungsbefugnis des Anteilsinhabers in so erheblichem Maße eingegriffen werde, dass ihm der Austritt aus dem Unternehmen ermöglicht werden müsse.[1105]

Das UmwG 1995 bestimmte ursprünglich, dass das **Abfindungsangebot nur notwendig** ist, wenn die Vinkulierung »durch Gesellschaftsvertrag oder der Satzung des übernehmenden Rechtsträgers« vorgesehen ist, sodass nach dem Wortlaut eine gesetzliche Verfügungsbeschränkung wie z. B. die notwendige Zustimmung aller anderen Gesellschafter einer Personenhandelsgesellschaft zur Übertragung eines Gesellschaftsanteils (§§ 717, 719 BGB) kein Abfindungsangebot auslöst.

595

1098 BGHZ 153, 47 = NJW 2003, 1032 = DB 2003, 544.
1099 Mayer/Weiler, DB 2007, 1235, 1236; Widmann/Mayer/Wälzholz, Umwandlungsrecht, § 29 UmwG Rn. 13; Kallmeyer/Marsch-Barner, UmwG, § 29 Rn. 4a; Stratz, in: Schmitt/Hörtnagl/Stratz, UmwG, UmwStG, § 29 UmwG Rn. 9.
1100 Vgl. Drinhausen, BB 2006, 2313 f.; Widmann/Mayer/Wälzholz, § 29 UmwG Rn. 14.
1101 So Widmann/Mayer/Wälzholz, § 29 UmwG Rn. 14; Kallmeyer/Marsch-Barner, UmwG, § 29 Rn. 4c; Stratz, in: Schmitt/Hörtnagl/Stratz, § 29 UmwG Rn. 9; Lutter/Grunewald, UmwG, § 29 Rn. 3 f.; a. A. Drinhausen, BB 2006, 2313; vgl. auch OLG Stuttgart, AG 2006, 420.
1102 Widmann/Mayer/Wälzholz, § 29 UmwG Rn. 14.
1103 Widmann/Mayer/Wälzholz § 29 UmwG Rn. 14.
1104 Vgl. Lutter/Grunewald, UmwG, § 29 Rn. 5 ff.; Widmann/Mayer/Wälzholz, Umwandlungsrecht, § 29 UmwG Rn. 15; Kallmeyer/Marsch-Barner, UmwG, § 29 Rn. 5 ff.; Stratz, in: Schmitt/Hörtnagl/Stratz, § 29 UmwG Rn. 10 ff.; Kalss, in: Semler/Stengel, UmwG, § 29 Rn. 8 ff.
1105 Vgl. Begründung zum RegE, BR-Drucks. 75/94, S. 94; abgedruckt in: Limmer, Umwandlungsrecht, S. 289.

Dies wurde bereits in der Literatur kritisiert[1106]. Der Gesetzgeber hat i. R. d. Änderung des UmwG diese Beschränkung auf vertragliche Verfügungsbeschränkungen **aufgehoben**.[1107]

Dementsprechend ist es ohne Belang, **auf welcher Grundlage** die Verfügungsbeschränkung beruht, auch gesetzliche Verfügungsbeschränkungen lösen daher den Abfindungsanspruch aus.[1108] Ebenfalls ohne Belang ist, **welchen Inhalt die Beschränkung hat**, z. B. Zustimmungspflicht der Gesellschaft eines Einzelnen, Übertragbarkeit nur auf bestimmte Personen etc.[1109] Eine Verfügungsbeschränkung liegt auch dann vor, wenn die Verfügung an bestimmte Eigenschaften des Erwerbers gebunden ist.[1110] Umstritten ist, ob auch die Übernahme bestimmter Verpflichtungen durch den Erwerber oder die Anerkennung bestimmter Verkaufs- oder Vorerwerbspflichten oder Vor- oder Ankaufsrechte sowie die Vereinbarung eines automatischen oder rechtsgeschäftlich bewirkten Über- oder Untergangs des Anteils Verfügungsbeschränkungen in diesem Sinne darstellen.[1111] M. E. sollten nur den Verkehr belastende aber nicht verhindernde Vorkaufsrechte und Ankaufsrechte nicht der Vorschrift unterfallen.

596 In der Literatur ist auch umstritten, ob **nur dinglich wirkende Verfügungsbeschränkungen** oder auch schuldrechtlich verpflichtend wirkende Verfügungsbeschränkungen von der Vorschrift erfasst sind.[1112] Verfügungsbeschränkungen, die aus schuldrechtlichen Absprachen außerhalb der Satzung resultieren, sind von der Vorschrift nicht erfasst. Nach der Neuregelung liegt eine gesetzliche Verfügungsbeschränkung auch dann vor, wenn auf eine Personenhandelsgesellschaft verschmolzen wird, die sich nach dem HGB richtet.[1113] Formvorschriften, Nebenleistungspflichten, Wettbewerbsverbote und Einziehungsklauseln sind daher von der Vorschrift nicht erfasst, ebenso nicht Vererblichkeitsbeschränkungen.[1114]

597 Streitig ist, ob ein **Abfindungsangebot erforderlich** ist, wenn bei beiden Gesellschaften oder Rechtsträgern identische Verfügungsbeschränkungen bestehen. Die gleiche Frage stellt sich, wenn an die Stelle einer nichtübertragbaren Mitgliedschaft im Verein wiederum eine **nicht übertragbare Mitgliedschaft im Verein** tritt. Die Frage ist in der Literatur umstritten. Nach allgemeiner Meinung ist ohne Bedeutung, ob die bisherigen Anteile des übertragbaren Rechtsträgers bereits Verfügungsbeschränkungen unterworfen waren. Die Literatur lässt allenfalls dann eine Ausnahme zu, wenn es sich bei beiden Gesellschaften um absolut identische Verfügungsbeschränkungen handelt, was aber z. B. bei der Verschmelzung von Personenhandelsgesellschaften nie der Fall sein soll.[1115] In der Praxis sollte daher hiervon nur zurückhaltend Gebrauch gemacht werden.

1106 Grunewald, in: FS für Boujong, 1996, S. 178d.; Lutter/Grunewald, UmwG, § 29 Rn. 5.
1107 Vgl. Neye, ZIP 1997, 722, 724 f.
1108 Lutter/Grunewald, UmwG, § 29 Rn. 8; Stratz, in: Schmitt/Hörtnagl/Stratz, § 29 UmwG Rn. 11.
1109 Vgl. auch Kallmeyer/Marsch-Barner, UmwG, § 29 Rn. 7.
1110 Reichert, GmbHR 1995, 176, 188; Kallmeyer/Marsch-Barner, UmwG, § 29 Rn. 7; Lutter/Grunewald, UmwG, § 29 Rn. 5.
1111 Generell bejahend Reichert, GmbHR 1995, 176, 188; differenzierend nach Außenwirkung Kalss, in: Semler/Stengel, § 29 UmwG Rn. 8; generell ablehnend Widmann/Mayer/Wälzholz, Umwandlungsrecht, § 29 UmwG Rn. 19 f. – anders Vollrath in der Vorauflage; Stratz, in: Schmitt/Hörtnagl/Stratz, § 29 UmwG Rn. 11; Lutter/Grunewald, § 29 UmwG Rn. 6 f.
1112 Bejahend Reichert, GmbHR 1995, 176, 188; a. A. Widmann/Mayer/Wälzholz, Umwandlungsrecht, § 29 UmwG Rn. 20; Grunewald, in: FS für Boujong, 1996, S. 175, 181; Lutter/Grunewald, UmwG, § 29 Rn. 6 ff.; Kalss, in: Semler/Stengel, § 29 UmwG Rn. 8.
1113 Lutter/Grunewald, UmwG, § 29 Rn. 4.
1114 Widmann/Mayer/Wälzholz, Umwandlungsrecht, § 29 UmwG Rn. 20; Lutter/Grunewald, UmwG, § 29 Rn. 7 ff.; Kalss, in: Semler/Stengel, § 29 UmwG Rn. 8.
1115 Vgl. Widmann/Mayer/Wälzholz, Umwandlungsrecht, § 29 UmwG Rn. 18; Lutter/Grunewald, UmwG, § 29 Rn. 9; Kallmeyer/Marsch-Barner, UmwG, § 29 Rn. 9 f.; Reichert, GmbHR 1995, 176, 188; Stratz, in: Schmitt/Hörtnagl/Stratz, § 29 UmwG Rn. 10.

3. Allgemeines Verschlechterungsverbot?

§ 29 Abs. 1 Satz 2 UmwG nennt nur die Einführung einer Verfügungsbeschränkung der neuen Anteile. Nicht geregelt ist, ob über § 29 Abs. 1 Satz 2 im Wege der Analogie ein **allgemeines Verschlechterungsverbot** eingeführt werden kann. 598

Wie bereits oben dargelegt (vgl. Teil 2 Rdn. 274) besteht eine ähnliche Problematik der grundlegenden Veränderung der Gesellschaftsbeteiligung, wenn mit den neuen Anteilen **andere Formen der Verschlechterung** verbunden sind: Wenn entweder die Gesellschafter der übernehmenden Gesellschaft höhere Verpflichtungen eingegangen waren als die Gesellschafter der übertragenden Gesellschaft. Nach § 53 Abs. 3 GmbHG ist bei einer Satzungsänderung, aus der höhere Verpflichtungen resultieren, die Zustimmung aller beteiligten Gesellschafter erforderlich. Eine gleiche Problemlage besteht, wenn der Gesellschaftsvertrag der übernehmenden Gesellschaft eine Nachschusspflicht vorsieht oder der Geschäftsanteil mit einem Wettbewerbsverbot, das im Gesellschaftsvertrag der übernehmenden Gesellschaft verankert ist, belastet ist. Wie schon gesagt, könnte diese Problematik entweder in Analogie zu § 13 Abs. 2 UmwG (vgl. oben Teil 2 Rdn. 287) durch ein Zustimmungserfordernis erfasst werden.[1116] Man könnte die Problematik aber auch durch ein Austritts- und Abfindungsrecht in Analogie zu § 29 Abs. 1 Satz 2 UmwG lösen. Dieser Ansatz hätte den Vorteil, dass die Verschmelzungsfreiheit weniger stark eingeschränkt wäre, als bei der Annahme eines Verfügungsverbotes und dürfte daher eher der Konzeption des Gesetzes entsprechen, dass im Grundsatz eine weitgehende Strukturänderungsfreiheit möglich ist. 599

Ebenfalls ungeklärt ist, ob ein **über die gesetzliche Regelung hinaus bestehendes Austrittsrecht** mit Barabfindung besteht, wenn sich durch die Verschmelzung zwar nicht die Rechtsform, aber die Verhältnisse der Gesellschaft grundlegend ändern. Ein derartiger Fall könnte etwa gegeben sein, wenn früher ein enger personaler Zusammenschluss zwischen den Gesellschaftern bestand, bei der aufnehmenden Gesellschaft hingegen eine anonyme Struktur mit vielen Gesellschaftern vorzufinden ist. In der Literatur wurde in diesen grundlegenden Veränderungsfällen die Auffassung vertreten, dass dem überstimmten Minderheitsgesellschafter ausnahmsweise ein Austritts- und Abfindungsrecht zusteht.[1117] 600

4. Widerspruch

Voraussetzung für die Pflicht, ein Abfindungsangebot zu machen, ist ein **Widerspruch der Gesellschafter gegen die Verschmelzung** (§ 29 Abs. 1 Satz 1 UmwG). Der Gesellschafter, der einen Abfindungsanspruch geltend macht, muss also gegen die Verschmelzung Widerspruch **zur Niederschrift des Notars** abgeben. Mit diesem Widerspruch bringt der Gesellschafter zum Ausdruck, dass er nicht Gesellschafter der aufnehmenden Gesellschaft werden möchte und dass er sich die Geltendmachung des ihm kraft Gesetzes zustehenden Abfindungsanspruchs vorbehält.[1118] Der Widerspruch setzt voraus, dass der Gesellschafter zur Niederschrift des Notars in der Hauptversammlung oder Gesellschafterversammlung, in der der Zustimmungsbeschluss beurkundet wird, eindeutig erklärt, dass er mit dem gefassten Beschluss nicht einverstanden ist. Auf die Wortwahl kommt es – sofern der Wille eindeutig zum Ausdruck gebracht wird – nicht an. Eine Begründung des Widerspruchs ist nicht notwendig.[1119] 601

1116 Vgl. zum alten Recht Dehmer, UmwG, UmwStG, § 20 KapErhG Anm. 4d; Hügel, Verschmelzung unter Einbringung, S. 84 f.; Lutter/Hommelhoff, 13. Aufl., GmbHG, Anh. Verschmelzung, § 20 KapErhG Rn. 8.
1117 So Lutter, DB 1980, 1323; Lutter/Hommelhoff, GmbHG, 13. Aufl., § 21 KapErhG Rn. 16; Timm, AG 1982, 107.
1118 BGH, NJW 1989, 2693; OLG München, DNotZ 2011, 142 m. Anm. Priester; OLG Stuttgart, NZG 2004, 1162, 1164; Widmann/Mayer/Wälzholz, Umwandlungsrecht, § 29 UmwG Rn. 30; Lutter/Grunewald, UmwG, § 29 Rn. 12; Kallmeyer/Marsch-Barner, UmwG, § 29 Rn. 11.
1119 Vgl. Lutter/Grunewald, UmwG, § 29 Rn. 13; Stratz, in: Schmitt/Hörtnagl/Stratz, § 29 UmwG Rn. 15 ff.; Schaub, NZG 1998, 626, 628.

Da der widersprechende Gesellschafter nach Sinn und Zweck der gesetzlichen Regelung zunächst versuchen muss, die Umwandlung als solche zu verhindern, entsteht ein **Barabfindungsanspruch** nur, wenn der Gesellschafter in der Gesellschafterversammlung anwesend oder vertreten war und auch gegen die Verschmelzung gestimmt hat.[1120] Umgekehrt ersetzt die zusätzlich erforderliche Stimmabgabe gegen den Verschmelzungsbeschluss den Widerspruch nicht.[1121]

5. Nicht zugelassene Gesellschafter oder nicht ordnungsgemäß einberufene Versammlung oder Bekanntmachung der Beschlussfassung

602 § 29 Abs. 2 UmwG stellt eine **Reihe von Tatbeständen** dem Widerspruch zur Niederschrift gleich. Es sind dies Fälle, in denen ein Gesellschafter zu einem Widerspruch ohne eigenes Verschulden nicht in der Lage war. Diese Gleichstellung entspricht einem **allgemeinen Grundsatz des Anfechtungsrechts**, der hier auf das Abfindungsverfahren übertragen wurde (vgl. § 51 Abs. 2 Satz 1, § 93k Abs. 1 Nr. 2 GenG). Gleichgestellt sind die Fälle, in denen ein nichterschienener Gesellschafter zur Versammlung zu Unrecht nicht zugelassen worden ist oder die Versammlung nicht ordnungsgemäß einberufen oder der Gegenstand der Beschlussfassung nicht ordnungsgemäß bekannt gemacht worden ist.[1122] Zu § 375 AktG a. F. hatte der BGH offengelassen, ob dem Widerspruch die Fälle gleichgestellt werden, in denen die Aktionäre der Umwandlung mangels rechtzeitiger Kenntnis nicht zugestimmt haben.[1123] Das Gesetz regelt nun diese Gleichstellung in den drei genannten Fällen. Es bleibt abzuwarten, ob es auf andere **Fälle des unverschuldeten Nichterscheinens** im Wege der **Analogie** ausgedehnt werden kann. Es spricht einiges dafür, dass man in § 29 Abs. 2 UmwG einen allgemeinen Grundsatz des schuldhaften Unterlassens des Widerspruchs sehen könnte. In der Literatur wird die Auffassung vertreten, dass ein Widerspruch auch dann entbehrlich sei, wenn der Gesellschafter aufgrund von Umständen, die in der Sphäre der Gesellschaft ihren Grund hätten, am Widerspruch gehindert sei.[1124] Das OLG München[1125] weist zu Recht darauf hin, dass es fraglich sein ob dem in dieser Allgemeinheit gefolgt werden kann. § 29 Abs. 2 UmwG setze zunächst voraus (ebenso wie der inhaltsgleiche § 245 Nr. 2 AktG für das Anfechtungsrecht), dass der Anteilsinhaber in der Versammlung nicht erschienen sei (d. h. weder selbst anwesend noch vertreten ist) und deshalb eine Erklärung des Widerspruchs zur Niederschrift tatsächlich nicht abgeben könne, und nennt dann die Sachverhalte – unberechtigte Nichtzulassung, Einberufungs- und Bekanntmachungsmängel – in denen seine Abwesenheit nicht vom Anteilsinhaber, sondern von der Gesellschaft zu verantworten sei. Sei aber der Anteilsinhaber trotz eines Einberufungsmangels erschienen, bleibe sein Widerspruch erforderlich.[1126] Die gemeinsame Voraussetzung der drei Fallgruppen des § 29 Abs. 2 UmwG liege somit wie bei § 245 Nr. 2 AktG darin, dass der Anteilsinhaber in der Versammlung nicht erschienen ist. Eine entsprechende Anwendung dieser Vorschrift kann folglich in Betracht gezogen werden für Fallge-

---

1120 Zum alten Recht § 375 AktG a. F. – vgl. BGH, NJW 1989, 2693; Widmann/Mayer/Wälzholz, Umwandlungsrecht, § 29 UmwG Rn. 30.; Lutter/Grunewald, UmwG, § 29 Rn. 13; Stratz, in: Schmitt/Hörtnagl/Stratz, § 29 UmwG Rn. 15 ff.; Schaub, NZG 1998, 626, 628, KK-AktG/Zöllner, § 375 Rn. 5; Grunewald, in: FS für Boujong, 1996, S. 183; a. A. Kallmeyer/Marsch-Barner, UmwG, § 29 Rn. 13.
1121 OLG München, DNotZ 2011, 142 m. Anm. Priester; Kalss, in: Semler/Stengel, § 29 UmwG Rn. 22; Stratz, in: Schmitt/Hörtnagl/Stratz, § 29 UmwG Rn. 15 f.
1122 Widmann/Mayer/Wälzholz, Umwandlungsrecht, § 29 UmwG Rn. 32 ff.; Lutter/Grunewald, UmwG, § 29 Rn. 14; Stratz, in: Schmitt/Hörtnagl/Stratz, § 29 UmwG Rn. 17.
1123 BGH, NJW 1989, 2963.
1124 Lutter/Grunewald, UmwG, § 29 Rn. 15; Stratz, in: Schmitt/Hörtnagl/Stratz, § 29 UmwG Rn. 17; Schaub, NZG 1998, 626, 628.
1125 DNotZ 2011, 142, 143.
1126 Vgl. OLG Stuttgart AG 2007, 596/597; Lutter/Grunewald § 29 Rn. 14; zu § 245 AktG vgl. Hüffer/Koch, AktG, 8. Aufl., § 245 Rn. 17; MünchKomm-AktG/Hüffer/Koch, 2. Aufl., § 245 Rn. 37; GK-AktG/Schmidt, 4. Aufl., § 245 Rn. 24; Bürgers/Körber, AktG § 245 Rn. 13.

staltungen, in denen es dem Aktionär wie bei seinem Nichterscheinen tatsächlich unmöglich sei, einen Widerspruch zur Niederschrift zu erklären, und dies der Gesellschaft zuzurechnen ist. Das könne etwa bei unberechtigtem Saalverweis der Fall sein[1127] oder bei einem überstürzten Abbruch der Versammlung.[1128] Es erscheint nach Auffassung des OLG München dagegen zweifelhaft, ob über derartige, den gesetzlich geregelten vergleichbare Fallgestaltungen hinaus eine entsprechende Anwendung des § 29 Abs. 2 UmwG auf Sachverhalte geboten ist, in denen der Anteilsinhaber in der Versammlung erschienen war und auch tatsächlich Gelegenheit zur Erklärung des Widerspruchs hatte, diese jedoch – etwa aufgrund von Fehlinformationen über die Notwendigkeit des Widerspruchs – nicht genutzt hat.[1129]

II. Rechtsfolgen

1. Abfindungsangebot

§ 29 UmwG begründet nicht wie etwa § 375 AktG a. F. kraft Gesetzes einen Abfindungsanspruch, sondern nur eine **Verpflichtung der Gesellschaft, das Abfindungsangebot in den Verschmelzungsvertrag aufzunehmen**. Es besteht also kein Abfindungsanspruch, sondern nur eine Pflicht, ein Abfindungsangebot zu machen. Der Gesetzgeber will hierdurch offensichtlich erreichen, dass das Austritts- und Abfindungsrecht bereits frühzeitig allen Beteiligten bekannt wird. Denn, wenn es Teil des Verschmelzungsvertrages sein muss, unterliegt es auch dem gesamten Instrumentarium der Informationspflichten hinsichtlich des Verschmelzungsvertrages (vgl. hierzu oben Teil 2 Rdn. 281 ff.). Bis zum Jahr 1995 war in § 33 Abs. 3 KapErhG i. V. m. § 369 Abs. 4 AktG a. F. diesem Informationsbedürfnis dadurch Rechnung getragen, dass das Angebot zur Barabfindung bereits in der Einberufung zur Hauptversammlung, in welcher der Verschmelzungsbeschluss gefasst werden soll, bekannt gemacht werde. Wegen dieser Regelung sahen die Vertragsmuster meist bereits auch eine Aufnahme in den Verschmelzungsvertrag vor. Dieses Praxisverfahren, das die frühzeitige Information der Gesellschafter und Anteilsinhaber sicherstellen soll, hat der Gesetzgeber nunmehr als gesetzliche Regelung aufgenommen.

603

Die Folge hiervon ist allerdings, dass in den Fällen der Mischverschmelzung oder in den Fällen, in denen eine Vinkulierung der Anteile eintritt, bereits der Verschmelzungsvertrag ein Abfindungsangebot enthalten muss. Bei der **Abfassung des Verschmelzungsvertrages** wird daher insb. auf die Fälle der Vinkulierungspflicht größere Sorgfalt verwendet werden müssen, damit nicht unwirksame Verschmelzungsverträge abgeschlossen werden.

604

2. Verzicht auf Abfindungsangebot

Im Gesetz nicht normiert ist die Frage, ob ein **vorheriger Verzicht auf das Abfindungsangebot** möglich ist. Lediglich in § 30 Abs. 3 Satz 3 UmwG ist geregelt, dass durch notariell beurkundete Verzichtserklärung auf die Prüfung des Abfindungsangebots verzichtet werden kann. Da das Abfindungsangebot ebenso wie andere Schutzvorschriften den Individualschutz der Beteiligten bezwecken, spricht viel für eine analoge Anwendung der §§ 8 Abs. 3, 12 Abs. 3, 30 Abs. 2 UmwG auch für das Abfindungsangebot. Da aufgrund entsprechender Verzichtserklärung der Anteilsinhaber schon vor der Fassung des Verschmelzungsbeschlusses feststeht, dass kein Anteilsinhaber austreten will, so erübrigt sich ein solches Angebot, dass dann nur überflüssig ist und unnötige Kosten verursacht; Anteilsinhaber des übertragenden Rechtsträgers können daher vorab ausdrücklich auf

605

1127 Vgl. MünchKomm-AktG/Hüffer, § 245 Rn. 40.
1128 Vgl. GK-AktG/Schmidt, § 245 Rn. 22; MünchKomm-AktG/Hüffer, § 245 Rn. 33; Schmidt/Lutter, § 245 Rn. 15 a. E.; Noack, AG 1989, 78/81.
1129 Bejahend Widmann/Mayer/Wälzholz, § 29 UmwG Rn. 35 a. E.; Schmitt/Hörtnagl/Stratz, § 29 Rn. 17 a. E.; Lutter/Grunewald, § 29 Rn. 15; Kallmeyer/Marsch-Barner, UmwG, § 29 Rn. 30; Schaub, NZG 1998, 626, 628). Priester folgt demgegenüber der Literaturauffassung (Priester, DNotZ 2011, 147.

das Barabfindungsrecht verzichten.[1130] Umstritten ist, ob der Verzicht analog §§ 8 Abs. 3, 12 Abs. 3, 30 Abs. 2 UmwG der notariellen Beurkundung bedarf.[1131] Aus Gründen der Rechtssicherheit und des Belehrungsschutzes spricht viel für die analoge Anwendung.[1132]

606 Bei der **Verschmelzung einer 100 %igen Tochtergesellschaft auf die Muttergesellschaft** findet kein Anteilstausch statt (§ 54 Abs. 1 Satz 1 Nr. 1; § 68 Abs. 1 Satz 1 Nr. 1 UmwG, § 5 Abs. 2 UmwG), sodass in diesen Fällen kein Abfindungsangebot erforderlich ist.

3. Inhalt des Abfindungsangebots

607 Aus dem Wortlaut des § 29 UmwG ergibt sich nicht, ob es sich bei den zu erwerbenden Anteilen um die des übertragenden oder des übernehmenden Rechtsträgers handelt. Die herrschende Meinung geht zu Recht davon aus, dass es um die **Anteile oder Mitgliedschaften des übernehmenden Rechtsträgers** geht, da Voraussetzung für die Entstehung des Abfindungsanspruchs nach § 31 UmwG die Rechtswirksamkeit der Verschmelzung ist.[1133] Beim Inhalt des Abfindungsangebots ist danach zu unterscheiden, ob der übernehmende Rechtsträger eigene Anteile oder Mitgliedschaften erwerben kann (GmbH, AG, KGaA) oder ob der Erwerb eigener Anteile nicht möglich ist (Personenhandelsgesellschaften, Verein, Genossenschaft):
– Ist der Erwerb eigener Anteile möglich, so richtet sich das Abfindungsangebot auf den Erwerb dieser Anteile gegen eine angemessene Barabfindung (§ 29 Abs. 1 Satz 1 UmwG).
– Ist der Erwerb eigener Anteile nicht möglich, so ist die Barabfindung für den Fall anzubieten, dass der Anteilsinhaber sein Ausscheiden aus dem Rechtsträger erklärt (§ 29 Abs. 1 Satz 3 UmwG).

608 Mit der Annahme des Angebots nach § 31 UmwG kommt der Vertrag zustande, der eine Art **Vorvertrag** darstellt. Die Vorschrift erhält nur die Verpflichtung zur Abgabe des schuldrechtlichen Angebots nicht zum dinglichen Abtretungsvertrag.[1134]

4. Ausschlussfrist für die Annahme des Angebots

609 Nach § 31 UmwG kann das Angebot im Verschmelzungsvertrag auf Barabfindung nur **innerhalb von 2 Monaten** nach dem Tag angenommen werden, an dem die Eintragung der Verschmelzung in das Register des Sitzes der übernehmenden Gesellschaft nach § 19 Abs. 3 UmwG als bekannt gemacht gilt. Das ist der Tag, an dem jeweils das letzte der die Bekanntmachung enthaltenden Blätter (elektronischer Bundesanzeiger oder ein anderes Blatt) erschienen ist. Die Vorschrift entspricht weitgehend § 375 Abs. 1 Satz 3 AktG a. F. Man wird daher auch hier davon ausgehen müssen, dass es sich um eine Ausschlussfrist handelt. Wird sie versäumt, steht dem Aktionär **keine Wiedereinsetzungsmöglichkeit** und **kein sonstiger Rechtsbehelf** zur Verfügung.[1135] Die **Fristberechnung** erfolgt nach §§ 187 Abs. 2, 188 Abs. 2 BGB.[1136]

610 Nach § 31 Abs. 1 Satz 2 UmwG beginnt die Ausschlussfrist von 2 Monaten für den Fall, dass ein **Antrag auf gerichtliche Bestimmung der Barabfindung** gestellt worden ist, erst an dem Tag,

---

1130 So auch Grunewald, in: FS für Boujong, 1996, S. 175, 185; Lutter/Grunewald, UmwG, § 29 Rn. 18; Kallmeyer/Marsch-Barner, UmwG, § 29 Rn. 17; Schaub, NZG 1998, 626, 629; Widmann/Mayer/Wälzholz, Umwandlungsrecht, § 29 UmwG Rn. 53; Kalss, in: Semler/Stengel, § 29 UmwG Rn. 26; BeckOGK/Rieder UmwG § 29 Rn. 23.
1131 Ablehnend Lutter/Grunewald Rn. 19; BeckOGK/Rieder UmwG § 29 Rn. 23; aA Schaub NZG 1998, 626, 629; Kölner KommUmwG/Simon Rn. 39; Widmann/Mayer/Wälzholz Rn. 53.
1132 Wohl auch Kallmeyer/Marsch-Barner § 29 UmwG Rn. 17.
1133 Widmann/Mayer/Wälzholz, Umwandlungsrecht, § 29 UmwG Rn. 36 ff.; Lutter/Grunewald, UmwG, § 29 Rn. 24.
1134 Widmann/Mayer/Wälzholz, Umwandlungsrecht, § 29 UmwG Rn. 47 ff.
1135 So Widmann/Mayer/Wälzholz, Umwandlungsrecht, § 31 UmwG Rn. 4.3; Lutter/Grunewald, UmwG, § 31 Rn. 2; Kallmeyer/Marsch-Barner, UmwG, § 31 Rn. 3.
1136 Widmann/Mayer/Wälzholz, Umwandlungsrecht, § 31 UmwG Rn. 4.

an dem die gerichtliche Entscheidung im Bundesanzeiger bekannt gemacht worden ist. Entscheidend ist, dass gem. § 33 Satz 2 UmwG die **Ausschlussfrist** mit der Bekanntmachung der Entscheidung im elektronischen Bundesanzeiger **erneut zu laufen beginnt**. Es kommt nicht darauf an, ob der widersprechende Aktionär selbst das gerichtliche Verfahren betrieben hat. Allein maßgebend ist die Tatsache, dass überhaupt ein Antrag auf Bestimmung der angemessenen Barabfindung beim zuständigen Gericht gestellt wurde.

5. Ablauf des Anteilserwerbs durch die Gesellschaft

a) Allgemeines

Nach § 29 Abs. 1 Satz 1 UmwG muss der **Verschmelzungsvertrag bereits das Angebot** zum Erwerb der Anteile oder der Mitgliedschaftsrechte gegen die Barabfindung des widersprechenden Gesellschafters **enthalten**.[1137] Im Verschmelzungsvertrag muss somit ein Angebot auf Abschluss eines Geschäftsanteilsübertragungsvertrages enthalten sein, durch das ein Anteilsübertragungsvertrag mit der Annahme durch den Gesellschafter geschlossen wird. Auch nach § 375 Abs. 1 Satz 1 AktG a. F. wurde die Barabfindung in der Gestalt realisiert, dass die übernehmende Gesellschaft den Geschäftsanteil oder die Aktie erwarb. Dies geschah regelmäßig durch einen Anteilsübertragungsvertrag. Verweigerte bei § 375 AktG a. F. die Gesellschaft die Mitwirkung an diesem Rechtsgeschäft, konnte der widersprechende Aktionär auf Mitwirkung beim Vertragsabschluss klagen, die **Vollstreckung** erfolgte dann gem. § 894 ZPO.[1138] Dieses Verfahren wurde dahin gehend abgeändert, dass bereits der Verschmelzungsvertrag das Angebot enthalten muss, das durch eine bloße rechtsgeschäftliche Annahmeerklärung den Vertrag aktualisiert.

611

Unklar bleibt, ob im Verschmelzungsvertrag aufgrund dieser Regelung der gesamte Anteilsübertragungsvertrag **mit allen notwendigen Erklärungen** enthalten sein muss. Dies wird allerdings praktisch kaum möglich sein, da dann im Verschmelzungsvertrag z. B. bei der Verschmelzung von GmbH alle Geschäftsanteile hinreichend bestimmt bezeichnet werden müssten. Dies kann sicherlich nicht Sinn des Gesetzes sein. Man wird § 29 Abs. 1 UmwG wohl dahin gehend interpretieren müssen, dass ein **allgemein gehaltenes Abfindungsangebot im Verschmelzungsvertrag** enthalten sein muss, das etwa dem Angebot auf Abschluss eines Vorvertrages entspricht. Auch beim Abfindungsangebot im Verschmelzungsvertrag wird der Erwerb der Geschäftsanteile wohl weiterer vertraglicher Abwicklungen bedürfen, etwa des Abschlusses eines Geschäftsanteilsübertragungsvertrages, der dann die genaue Bestimmung des betroffenen Geschäftsanteils und auch die notwendigen Abwicklungserklärungen enthält. Mit der Annahme des im Verschmelzungsvertrag enthaltenen Abfindungsangebots wird wohl nur eine Art Vorvertrag auf Abschluss eines Hauptgeschäftsanteilsübertragungsvertrages verbunden sein.

612

b) Anteilsübertragung

Eine besondere Form für die Annahme des Angebots ist nicht vorgesehen. Nach allgemeiner Meinung reicht es daher aus, dass der Wille zur Annahme des Angebots aber auch nur der **Wille zum Austritt hinreichend deutlich** wird.[1139] Der **weitere Vollzug des Anteilserwerbs** richtet sich nach Annahme dieses vorvertraglichen Angebotes im Verschmelzungsvertrag nach dem jeweiligen Recht, dem die übertragende Gesellschaft angehört. Ist die übertragende Gesellschaft etwa eine GmbH, richtet sich der Erwerb des Anteils durch die Gesellschaft nach dem GmbH-Recht, d. h. erforderlich ist der **Abschluss eines Geschäftsübertragungsvertrages** gem. § 15 GmbHG.[1140] Danach verliert der Gesellschafter seine Mitgliedschaft erst mit der formwirksamen

613

1137 Vgl. Widmann/Mayer/Wälzholz, Umwandlungsrecht, § 29 UmwG Rn. 47 ff.
1138 KK-AktG/Zöllner, § 375 Rn. 15.
1139 Lutter/Grunewald, UmwG, § 31 Rn. 3; Kallmeyer/Marsch-Barner, UmwG, § 31 Rn. 4.
1140 Widmann/Mayer/Wälzholz, Umwandlungsrecht, § 31 UmwG Rn. 3; Lutter/Grunewald, UmwG, § 31 Rn. 3; Kallmeyer/Marsch-Barner, UmwG, § 31 Rn. 6.

Übertragung des Anteils auf die Gesellschaft. Hat der Anteilsinhaber an dem übertragenen Rechtsträger mehrere Anteile, kann er nach überwiegenden Meinung auch nur bzgl. eines Teils seiner Anteile das Abfindungsangebot annehmen.[1141]

c) Kapitalschutz

aa) AG

614 Die Pflicht zur Abgabe des Abfindungsangebot gegen Erwerb der Anteile oder Mitgliedschaften besteht bei einer übernehmenden **AG** oder **KGaA** auch dann, wenn durch die Annahme aller Angebote Verpflichtungen zum Erwerb eigener Aktien entstehen würden, die den Bestand an eigenen Aktien der übernehmenden AG oder KGaA entgegen § 71 Abs. 2 AktG über die Grenze von 10 % des Grundkapitals hinaus ansteigen lassen würden. Dem Schutz widersprechender Gesellschafter der übertragenden Gesellschaft soll bei § 29 UmwG der Vorrang eingeräumt werden, um die Verschmelzung nicht zu erschweren.[1142] Im Zuge des UmwG wurde daher auch § 71 Abs. 1 Nr. 3 AktG durch Art. 6 des Umwandlungsbereinigungsgesetzes neu gefasst; ein eigener Anteilserwerb bei AG ist daher auch zulässig, wenn der Erwerb geschieht, um Aktionäre nach § 29 Abs. 1 UmwG oder § 125 Satz 2 i. V. m. § 29 Abs. 1, 2 abzufinden. Der Erwerb eigener Aktien zur Durchführung von Umwandlungen und Verschmelzungen ist daher zulässig. In § 29 Abs. 1 Satz 1 Halbs. 2 UmwG ist außerdem konsequenterweise auch vorgesehen, dass § 71 Abs. 4 Satz 2 AktG insoweit nicht anzuwenden ist.

Die in § 71 Abs. 4 Satz 2 AktG vorgesehene **Sanktion**, nämlich die Nichtigkeit des schuldrechtlichen Grundgeschäfts über den Aktienerwerb, wird daher hierdurch ausgeschlossen. Allerdings sind die § 71 AktG vorgesehenen **Grenzen** zu beachten. Die eigenen Aktien dürfen zusammen mit anderen Aktien der Gesellschaft, welche die Gesellschaft bereits erworben hat und noch besitzt, nicht mehr als 10 % des Grundkapitals betragen (§ 71 Abs. 2 Satz 1 AktG). Der Erwerb ist nach § 71 Abs. 2 Satz 2 AktG nur zulässig, wenn die AG die nach § 272 Abs. 4 HGB vorgeschriebene Rücklage für eigene Anteile aus freien Mitteln bilden kann.[1143] Nach § 29 Abs. 1 Satz 1 Halbs. 2 UmwG i. V. m. § 71 Abs. 4 Satz 2 AktG ist allerdings ein Verstoß gegen diese Grenzen **kein Nichtigkeitsgrund**, führt aber wohl zur Rechtswidrigkeit eines Beschlusses.[1144] § 29 UmwG beseitigt also die Nichtigkeitssanktion bei Verstoß gegen die 10 % Grenze oder die Verpflichtung zur Rücklagenbildung. Das schuldrechtliche Geschäft bleibt damit nach § 29 Abs. 1 UmwG wirksam, das dingliche ist bereits nach § 71 Abs. 4 Satz 1 AktG wirksam. Damit wird die aufnehmende AG konditionsfest Inhaber eigener Aktien. § 29 UmwG erlaubt und fordert den Erwerb eigener Aktien auch wenn dies nur unter Verstoß gegen die 10 %-Grenze oder die Verpflichtung zur Rücklagenbildung möglich ist.[1145] Allerdings ist § in § 71c AktG geregelt, dass wenn die Gesellschaft eigene Aktien unter Verstoß gegen § 71 Abs. 1 oder Abs. 2 AktG erworben hat, diese innerhalb eines Jahres nach ihrem Erwerb veräußert werden müssen. Entfallen auf die Aktien, welche die Gesellschaft nach § 71 Abs. 1 AktG in zulässiger Weise erworben hat und noch besitzt, mehr als 10 % des Grundkapitals, so muss der überschießende Teil der Aktien, innerhalb von 3 Jahren nach dem Erwerb der Aktien veräußert werden. Sind eigene Aktien innerhalb der in den § 71c Abs. 1 und Abs. 2 AktG vorgesehenen Fristen nicht veräußert worden,

---

1141 Lutter/Grunewald, UmwG, § 31 Rn. 3; Kallmeyer/Marsch-Barner, UmwG, § 29 Rn. 19; a. A. Goutier/Knopf/Tulloch/Bermel, Umwandlungsrecht, § 29 UmwG Rn. 35; vgl. auch Widmann/Mayer/Wälzholz, Umwandlungsrecht, § 29 UmwG Rn. 47 ff., der eine rechtsgeschäftliche Einschränkung der teilweisen Annahme zulassen will.
1142 Vgl. Begründung zum RegE, BR-Drucks. 75/94, S. 94; abgedruckt in: Limmer, Umwandlungsrecht, S. 289.
1143 Vgl. Hüffer/Koch, AktG, § 71 Rn. 21.
1144 Vgl. Lutter/Grunewald, UmwG, § 29 Rn. 27; Widmann/Mayer/Wälzholz, Umwandlungsrecht, § 29 UmwG Rn. 37; Kalss, in: Semler/Stengel, UmwG, § 29 Rn. 32.
1145 So zu Recht Lutter, in: FS für Wiedemann, 2002, S. 1106.

so sind sie nach § 237 einzuziehen (§ 71c Abs. 3 AktG). Die Anwendung dieser Vorschriften auf aufgrund von § 29 UmwG erworbenen Aktien ist ebenfalls umstritten. Z. T. wird die Vorschrift uneingeschränkt angewendet.[1146] M.E ist die Auffassung von Lutter vorzugswürdig, der einheitlich für eine analoge Anwendung des § 71c Abs. 2 AktG mit der 3-jährigen Veräußerungsfrist plädiert.[1147]

bb) GmbH

Unklar ist allerdings, inwieweit § 33 GmbHG dem Erwerb eigener Anteile bei der **GmbH** entgegensteht. § 375 Abs. 1 Satz 5 AktG a. F. bestimmte, dass § 33 GmbHG einem Erwerb von Geschäftsanteilen i. R. d. Abfindungsverfahrens nicht entgegensteht. Auch diese Frage ist nunmehr in § 33 GmbHG direkt geregelt. Durch Art. 4 Umwandlungsbereinigungsgesetzes wurde § 33 GmbHG ein neuer Abs. 3 hinzugefügt, der bestimmt, dass der Erwerb eigener Geschäftsanteile ferner zur Abfindung von Gesellschafter nach § 29 Abs. 1, § 125 Satz 1 i. V. m. § 29 Abs. 1, § 207 Abs. 1 Satz 1 UmwG und § 122i Abs. 1 Satz 2 zulässig ist, sofern der Erwerb binnen 6 Monaten nach dem Wirksamwerden der Umwandlung oder nach der Rechtskraft einer gerichtlichen Entscheidung erfolgt und die GmbH die nach § 272 Abs. 1a und 4 HGB vorgeschriebene Rücklage für eigene Anteile für den Erwerb bilden kann, ohne das Stammkapital oder eine nach dem Gesellschaftsvertrag zu bildende Rücklage zu mindern, die nicht zur Zahlung an die Gesellschaft verwandt werden darf. Durch diese Ergänzung des § 33 GmbHG wurde die Möglichkeit erweitert, eigene Geschäftsanteile einer GmbH zu erwerben.[1148] Die 6-Monats-Frist stellt allerdings ebenfalls eine Ausschlussfrist dar. 615

Auch bei Erwerb **eigener Anteile bei der GmbH** gelten daher grds. **ähnliche Grundsätze wie bei der AG**.[1149] § 33 Abs. 3 GmbHG, der neu gefasst wurde durch das BilMoG v. 20.05.2009[1150] bestimmt daher: Der Erwerb eigener Geschäftsanteile ist zulässig zur Abfindung von Gesellschaftern nach § 29 Abs. 1, und § 122i Abs. 1 Satz 2, § 125 Satz 1 i. V. m. § 29 Abs. 1, § 207 Abs. 1 Satz 1 des UmwG, sofern der Erwerb binnen 6 Monaten nach dem Wirksamwerden der Umwandlung oder nach der Rechtskraft der gerichtlichen Entscheidung erfolgt und die Gesellschaft die nach § 272 Abs. 1a und 4 HGB vorgeschriebene Rücklage für eigene Anteile für den Erwerb bilden kann, ohne das Stammkapital oder eine nach dem Gesellschaftsvertrag zu bildende Rücklage zu mindern, die nicht zu Zahlungen an die Gesellschafter verwandt werden darf. Voraussetzung ist daher wie bei der AG, dass die Gesellschaft die Rücklage nach § 272 Abs. 1a und 4 HGB im Zeitpunkt des Erwerbs bilden kann, ohne Beeinträchtigung des Stammkapitals oder Zugriff auf gesellschaftsvertraglich zu bildende Rücklage.[1151] Zeigt sich bereits bei der Abfassung eines Verschmelzungsbeschlusses, dass die Schranken des § 33 GmbHG nicht eingehalten werden können, wäre ein gefasster Verschmelzungsbeschluss zwar rechtswidrig, die überwiegende Meinung ist aber zu Recht der Auffassung, dass ähnlich wie bei der AG damit keine Unwirksamkeitssanktion verbunden und § 33 Abs. 2 Satz 3 GmbHG einschränkend auszulegen ist.[1152] 616

1146 Widmann/Mayer/Wälzholz, Umwandlungsrecht, § 29 UmwG Rn. 37; Kallmeyer/Marsch-Barner, UmwG, § 29 Rn. 26.
1147 Lutter, in: FS für Wiedemann, 2002, S. 1107 ff.
1148 Widmann/Mayer/Wälzholz, Umwandlungsrecht, § 29 UmwG Rn. 39.
1149 Vgl. Lutter/Hommelhoff, GmbHG § 33 Rn. 21; Emmerich, NZG 1998, 622 ff.; Baumbach/Hueck/Hueck/Fastrich, GmbHG § 33 Rn. 16; vgl. oben Teil 2 Rdn. 614 ff.
1150 BGBl. I, 1102.
1151 Vgl. Zeidler in: Semler/Stengel, § 29 UmwG Rn. 34.
1152 Lutter/Grunewald, UmwG, § 29 Rn. 29; Kallmeyer/Marsch-Barner, UmwG, § 29 Rn. 27; Widmann/Mayer/Wälzholz, Umwandlungsrecht, § 29 UmwG Rn. 39 spricht vom Redaktionsversehen.

6. Abfindungsangebot ohne Anteilserwerb

617 § 29 Abs. 1 Satz 3 UmwG sieht eine Regelung für den Fall vor, in dem die aufnehmende Gesellschaft nach ihrem Gesellschaftsrecht den **Erwerb eigener Anteile oder Mitgliedschaftsrechte ausschließt**. Dies ist etwa bei Personengesellschaften, Vereinen oder Genossenschaften der Fall. Hier muss im Verschmelzungsvertrag eine Barabfindung für den Fall angeboten werden, dass der widersprechende Gesellschafter sein Ausscheiden aus der Gesellschaft erklärt. Es steht also der Abfindung »als Gegenleistung« nicht der Erwerb der Anteile, sondern das Ausscheiden aus dem übernehmenden Rechtsträger ggü.

618 In der Literatur umstritten ist in diesem Fall, ob schon die Annahme des Barabfindungsgebotes direkt zum Ausscheiden des Anteilsinhabers und damit zum Erlöschen der Mitgliedschaftsrechte und Pflichten führt oder ob noch eine gesonderte **Austrittserklärung** erfolgen muss.[1153]

7. Inhalt des Anspruchs auf Barabfindung und Prüfung der Barabfindung und Verzicht

619 Nach § 30 Abs. 1 UmwG muss die Barabfindung die **Verhältnisse des übertragenden Rechtsträgers im Zeitpunkt der Beschlussfassung** über die Verschmelzung berücksichtigen. § 15 Abs. 2 UmwG ist entsprechend anzuwenden, d. h., die bare Zuzahlung ist nach Ablauf des Tages, an dem die Eintragung der Verschmelzung in das Register des Sitzes des übernehmenden Rechtsträgers nach § 19 Abs. 3 UmwG als bekannt gemacht gilt, mit **jährlich 5 Prozentpunkten über dem Basiszinssatz nach § 247 BGB zu verzinsen**.[1154]

620 § 30 UmwG übernimmt in Abs. 1 aus dem vor 1995 geltenden Umwandlungsrecht die Regelungen über die **Angemessenheit einer Barabfindung**. Entsprechende Vorschriften waren früher in §§ 305 Abs. 3 Satz 2, 320 Abs. 5 Satz 5 und 6, 375 Abs. 1 Satz 1 AktG zu finden. Da es sich danach um einen allgemeinen Grundsatz für die Bemessung einer Barabfindung handelt, soll dieser in die allgemeinen Vorschriften über die Verschmelzung eingestellt werden. Allerdings soll nicht die Berücksichtigung bestimmter Bewertungsmethoden vorgeschrieben werden. Die Regierungsbegründung weist darauf hin, dass sich dies nicht bewährt habe, weil die Berücksichtigung und die Gewichtung der verschiedenen Methoden je nach Natur und Gegenstand des Unternehmens verschieden sein könne. Deshalb beschränke sich die Vorschrift darauf, den für die Bemessung der Barabfindung entscheidenden Zeitpunkt festzulegen.[1155]

621 Der Anspruch auf Barabfindung richtet sich **gegen die Gesellschaft**.[1156] Im Unterschied zu der Abfindung nach § 320 AktG a. F. ist die Barabfindung nach § 30 UmwG allerdings eine Gegenleistung für eine rechtsgeschäftlich vorzunehmende Anteilsübertragung.[1157] Für die Angemessenheit der Barabfindung gelten die gleichen Grundsätze wie bei der Bemessung des Umtauschverhältnisses.[1158] Der Ausscheidende soll eine Abfindung erhalten, die den wirklichen Wert seiner Beteiligung am übertragenden Unternehmen entspricht. **Grundlage der Berechnung** ist der Anteil am Wert des lebenden Unternehmens. § 30 Abs. 1 Satz 1 UmwG trägt diesem Gedanken Rechnung, indem er auf den Zeitpunkt der Beschlussfassung abstellt.

622 Nach § 30 Abs. 3 UmwG ist die Angemessenheit einer anzubietenden Barabfindung stets durch **Verschmelzungsprüfer** zu prüfen.[1159] Dies gilt auch bei Personengesellschaften und GmbH aus-

---

[1153] Vgl. Widmann/Mayer/Wälzholz, Umwandlungsrecht, § 29 UmwG Rn. 58; Kallmeyer/Marsch-Barner, UmwG, § 29 Rn. 28.
[1154] Vgl. Kallmeyer/Marsch-Barner, UmwG, § 15 Rn. 9; Kamanabrou, BB 2005, 449 ff.
[1155] Vgl. Begründung zum RegE, BR-Drucks. 75/94, S. 94, abgedruckt in: Limmer, Umwandlungsrecht, S. 289.
[1156] Vgl. zum früheren Recht Semler/Grunewald, in: Geßler/Hefermehl, AktG, § 375 Rn. 21.
[1157] KK-AktG/Zöllner, § 375 Rn. 18.
[1158] Vgl. ausführlich Widmann/Mayer/Wälzholz, Umwandlungsrecht, § 30 UmwG Rn. 6 ff.
[1159] Vgl. Lutter/Grunewald, UmwG, § 30 Rn. 5 ff.

nahmslos. Die §§ 10 bis 12 UmwG sind entsprechend anzuwenden. Möglich ist allerdings der **Verzicht durch notariell beurkundete Verzichtserklärung,** d. h. nach § 30 Abs. 2 S. 3 können die Berechtigten auf **die Prüfung oder den Prüfungsbericht** verzichten.[1160] Die Regierungsbegründung weist für diese Prüfung darauf hin, dass die Barabfindung für austrittsberechtigte Gesellschafter von ebenso großer Bedeutung wie das Umtauschverhältnis für die im Unternehmen verbleibenden Anteilsinhaber sei. Deshalb soll die Barabfindung ebenfalls einer Prüfung durch unabhängige Sachverständige unterworfen werden. Diese Prüfung soll jedoch, anders als die nicht immer erforderliche Prüfung des Umtauschverhältnisses, stets stattfinden, weil der Austritt aus einem Unternehmen ein für den Anteilsinhaber besonders schwerwiegender Vorgang sei.[1161] Für die Verzichtserklärung solle es jedoch anders als bei dem Verschmelzungsbericht und der Verschmelzungsprüfung nur auf den Willen der Berechtigten, als derjenigen ankommen, die aus dem Unternehmen ausscheiden wollen, weil die quotenmäßige Beteiligung anderer Anteilsinhaber am Rechtsträger durch das Ausscheiden nicht vermindert werden könne. Eines Verzichts bedarf es allerdings nicht, wenn alle Anteile an dem übertragenen Rechtsträger sich in der Hand des aufnehmenden Rechtsträgers befinden, da dann kein Widerspruch, der nach § 29 UmwG erforderlich wäre, erklärt werden kann.[1162] Die notarielle Verzichtserklärung muss erfolgen durch die »Berechtigten«. Dies sind die Berechtigten des Abfindungsanspruchs, also nur diejenigen Gesellschafter des übertragenden Rechtsträgers, die Widerspruch gegen den Verschmelzungsbeschluss eingelegt und gegen diesen gestimmt haben.[1163] Da allerdings erst nach der Beschlussfassung feststeht, wer dies ist, ist in der Praxis i. d. R. der Verzicht aller potenziell Berechtigten erforderlich. Nach herrschender Meinung besteht keine Verpflichtung des Vertretungsorgans, den Prüfungsbericht den Gesellschaftern des übertragenden Rechtsträgers vorab zugänglich zu machen, d. h. zu übersenden oder diesen in der Versammlung auszulegen.[1164] Es genüge danach die Pflicht zur Information in der Gesellschafterversammlung.

8. Ausschluss von Klagen gegen den Verschmelzungsbeschluss

Wie § 14 UmwG bestimmt § 32 UmwG, dass eine **Klage** gegen die Wirksamkeit des Verschmelzungsbeschlusses **nicht darauf gestützt werden** kann, dass das Barabfindungsangebot zu niedrig bemessen oder dass die Barabfindung im Verschmelzungsvertrag nicht oder nicht ordnungsgemäß angeboten worden ist. Hierfür sieht § 34 UmwG die gerichtliche Nachprüfung der Abfindung vor. Die Vorschrift entspricht den früheren Vorschriften des § 33 Abs. 3 KapErhG i. V. m. § 375 Abs. 1 Satz 1, Abs. 2 und Abs. 3 AktG. Anders als § 29 UmwG betrifft sie den Fall, dass dem Anteilsinhaber des übertragenden Unternehmens das Angebot der Barabfindung zu niedrig erscheint, er es also nicht annehmen will. Hier steht ihm innerhalb derselben Frist, die er für die Annahme des Angebots hatte, der Antrag auf gerichtliche Bestimmung der angemessenen Barabfindung offen (§ 305 UmwG). Das angerufene **LG** hat dann auch zu entscheiden, wenn eine Barabfindung von vornherein nicht oder nicht ordnungsgemäß angeboten wurde (zum Spruchverfahren vgl. Teil 2 Rdn. 629 ff.).

623

9. Anderweitige Veräußerung

§ 33 UmwG eröffnet dem der Verschmelzung Widersprechenden auch die Möglichkeit, seine **Beteiligung an Dritte zu veräußern**. Dabei sollen bis zum Ablauf der von § 31 UmwG bestimmten Frist Verfügungsbeschränkungen bei den beteiligten Rechtsträgern nicht entgegenstehen. Auch

624

1160 Lutter/Grunewald, UmwG, § 30 Rn. 8; Stratz, in: Schmitt/Hörtnagl/Stratz, § 30 UmwG Rn. 14.
1161 Vgl. Begründung zum RegE; abgedruckt in: Limmer, Umwandlungsrecht, S. 289 f.
1162 Widmann/Mayer/Wälzholz, § 30 UmwG Rn. 46; Kallmeyer/Lanfermann, § 30 UmwG Rn. 16.
1163 Vgl. oben Teil 2 Rdn. 601 f. und Widmann/Mayer/Wälzholz, § 30 UmwG Rn. 47; Stratz, in: Schmitt/Hörtnagl/Stratz, § 31 UmwG Rn. 11; Lutter/Grunewald, UmwG, § 31 Rn. 8 f.
1164 BGH, NJW 2001, 1428; Lutter/Grunewald § 30 UmwG Rn. 6; Widmann/Mayer/Wälzholz, § 30 UmwG Rn. 51; Kallmeyer/Lanfermann, § 30 UmwG Rn. 19.

§ 33 ist durch das Gesetz zur Änderung des UmwG[1165] neu geregelt worden. Die Vorschrift stellt genauso wenig wie § 29 UmwG nicht mehr auf Verfügungsbeschränkungen aufgrund Gesellschaftsvertrags, sondern allgemein auf Verfügungsbeschränkungen ab. Darüber hinaus regelte früher § 33 UmwG vor 1995, dass Verfügungsbeschränkungen des übertragenden Rechtsträgers nicht entgegenstehen, jetzt lautet die Formulierung »bei den beteiligten Rechtsträgern«. Das ist sachgerecht, da eine Verfügungsbeschränkung bei einem übertragenden Rechtsträger dann keinen Sinn machte, wenn der übertragende Rechtsträger vor dem Wirksamwerden der Verschmelzung, also vor der Annahme des Abfindungsgebotes, erlischt. Jetzt ist die Vorschrift allgemein gefasst, sodass es keine Rolle spielt, ob die Verfügungsbeschränkungen für die Anteile eines übertragenden oder eines übernehmenden Rechtsträgers gelten.[1166]

625 **Allgemeine Voraussetzung** ist aber, dass nur die Anteilseigner, die Widerspruch erklärt und gegen die Verschmelzung gestimmt hatten, die erweiterten Verfügungsmöglichkeiten nutzen können.[1167]

626 Wie § 375 Abs. 4 AktG a. F. bestimmt § 33 UmwG generell, dass eine anderweitige Veräußerung des Anteils durch den Anteilsinhaber **innerhalb der 2-Monats-Frist** erfolgen kann. Dieser Veräußerung steht eine Verfügungsbeschränkung im Gesellschaftsvertrag oder der Satzung des übertragenden Rechtsträgers nicht entgegen. Die Frage, ob eine Beteiligung überhaupt veräußert werden kann und welche Vorschriften dabei zu beachten sind, richtet sich nach dem Gesellschaftsrecht des übertragenden Rechtsträgers. Die Vorschrift macht deutlich, dass es dem widersprechenden Anteilseigner unbenommen bleibt, seinen Geschäftsanteil anderweitig zu veräußern. Er ist nicht darauf angewiesen, die Barabfindung in Anspruch zu nehmen. Er ist auch nicht dazu gehalten, der Gesellschaft den Anteilserwerb vorrangig – etwa vergleichbar einem Vorkaufsrecht – anzubieten.[1168] Auch diese Vorschrift betrifft die Anteilseigner, die Widerspruch gegen die Niederschrift des Notars erklärt haben oder aus anderen Gründen einem Widersprechenden nach § 29 Abs. 2 UmwG gleichstehen.[1169]

627 Ursprünglich ging die herrschende Meinung davon aus, dass die Vorschrift nur **von Verfügungsbeschränkungen** aufgrund Gesellschaftsvertrag, Satzung oder Satzung der übertragenden Rechtsträger **befreit**. Beschränkungen, die sich aus dem Gesetz ergeben, wie z. B. das Erfordernis der Zustimmung aller Mitgesellschafter bei der Anteilsveräußerung in eine Personengesellschaft, sollten unberührt bleiben.[1170] Das Gesetz zur Bereinigung des UmwG hat diesbezüglich klargestellt, dass von jedweden Verfügungsbeschränkungen befreit wird.[1171] Angesichts des damit verbundenen Eingriffs in teilweise personenbezogene Gesellschaftsstrukturen wurde in der Literatur Kritik laut. In der Literatur wird daher überwiegend vertreten, dass bei nichtveräußerlichen Gesellschaftsrechten § 33 UmwG nicht eingreife, da in diesen Fällen auch eine anderweitige Veräußerung ausgeschlossen sei. Im Ergebnis würden damit Personengesellschaften vom Wegfall der Veräußerungssperre nach § 33 UmwG ausgenommen sein. Dies spricht aber gegen die deutliche Intention des Gesetzgebers im Gesetz v. 22.07.1998.

1165 BGBl. I, S. 1998, 1878; dazu Neye, ZIP 1997, 722, 725.
1166 Lutter/Grunewald, UmwG, § 33 Rn. 9; Widmann/Mayer/Wälzholz, Umwandlungsrecht, § 33 UmwG Rn. 7.
1167 Str., vgl. Lutter/Grunewald, UmwG, § 33 Rn. 5; Kallmeyer/Marsch-Barner, UmwG, § 33 Rn. 5; Widmann/Mayer/Wälzholz, Umwandlungsrecht, § 33 UmwG Rn. 6; Kalss in: Semler/Stengel, UmwG, § 33 Rn. 12.
1168 Vgl. Widmann/Mayer/Wälzholz, Umwandlungsrecht, § 33 UmwG Rn. 4 ff.
1169 Vgl. BGH, DB 1989, 1862; str., vgl. Lutter/Grunewald, UmwG, § 33 Rn. 6; Kallmeyer/Marsch-Barner, UmwG, § 33 Rn. 5; Widmann/Mayer/Wälzholz, Umwandlungsrecht, § 33 UmwG Rn. 6; Kalss, in: Semler/Stengel, UmwG, § 33 Rn. 12.
1170 Vgl. Kallmeyer/Marsch-Barner, UmwG, § 33 Rn. 4; Reichert, GmbHR 1995, 176, 190.
1171 Neye, ZIP 1997, 722, 725; teilweise in der Literatur Kritik über die Abgrenzung im Einzelnen vgl. Lutter/Grunewald, UmwG, § 33 Rn. 3 f.; Widmann/Mayer/Wälzholz, Umwandlungsrecht, § 33 UmwG Rn. 15; Kalss, in: Semler/Stengel, UmwG, § 33 Rn. 7.

Die Veräußerbarkeit soll ab dem Zeitpunkt der Registereintragung oder Verschmelzung möglich sein, obwohl ab diesem Zeitpunkt der übertragende Rechtsträger nicht mehr existiert. Die Vorschrift wurde daher z. T. **berichtigend ausgelegt**, dass die Anteile ab Beschlussfassung veräußert werden können.[1172] 628

K. Spruchverfahren

Im bis 1995 geltenden Recht waren die **Vorschriften für das Verfahren**, in dem Anteilsinhaber eines Rechtsträgers Anträge auf gerichtliche Nachprüfung des Umtauschverhältnisses der Anteile sowie auf Gewährung oder Verbesserung einer Barabfindung stellen konnten, in verschiedenen Gesetzen geregelt.[1173] 629

Entsprechend der Grundkonzeption des UmwG, vergleichbare Fälle einheitlich und systematisch nur an einer Stelle zu behandeln, war das sog. Spruchverfahren oder Spruchstellenverfahren zunächst für alle Umwandlungsfälle im **Sechsten Buch** (§§ 305 bis 312 UmwG) geregelt. Seit 01.09.2003 sind anstelle dieser Vorschriften jetzt einheitlich und rechtsgebietsübergreifend die Regelungen des Spruchverfahrensgesetzes[1174] getreten. 630

Sinn des Spruchverfahrens ist es, den Anteilsinhabern die Verfolgung ihrer Interessen in den Fällen zu ermöglichen, in denen die Anfechtung eines Umwandlungsbeschlusses wegen nicht ausreichender Entschädigung der Anteilsinhaber oder wegen Nichtgewährung von Abfindungen ausgeschlossen ist. 631

Die Regelung erfasst **alle Umwandlungsarten**, bei denen ein Anteilstausch oder ein Wechsel der Mitgliedschaft stattfindet. In der Ausgestaltung entspricht sie dem konzernrechtlichen Spruchverfahren nach den Vorschriften des AktG (vgl. §§ 305 ff. AktG). 632

Die einzelnen **Fälle**, in denen ein **Antrag auf gerichtliche Entscheidung** gestellt werden kann, sind in § 1 Nr. 4 SpruchG definiert: die Zuzahlungen der Anteilsinhaber oder der Barabfindung von Anteilsinhabern anlässlich der Umwandlung von Rechtsträgern. Im Einzelnen sind dies:
– Anspruch auf Verbesserung des Umtauschverhältnisses bei einer Verschmelzung (§ 15 UmwG);
– Anspruch auf Gewährung oder Verbesserung einer Barabfindung für ausscheidende Anteilsinhaber in den von § 29 UmwG erfassten Verschmelzungsfällen (Mischverschmelzung unter Beteiligung verschiedener Rechtsformen, Tausch nicht vinkulierter gegen vinkulierte Anteile, Ausschluss des Erwerbs eigener Anteile) gem. § 34 UmwG;
– für die Aufspaltung und die Abspaltung gelten über § 125 die §§ 15 und 34 UmwG entsprechend;
– Anspruch auf Barabfindung bei Vermögensübertragungen (§§ 176 bis 181, 184, 186 UmwG);
– Anspruch auf Verbesserung des Beteiligungsverhältnisses beim Formwechsel (§ 196 UmwG);
– Anspruch auf Barabfindung für ausscheidende Anteilsinhaber beim Formwechsel (§ 212 UmwG).

Wegen der weiteren Einzelheiten wird auf die einschlägige Literatur zum SpruchG verwiesen.

L. Registerverfahren

I. Überblick

Die Verschmelzung wird erst wirksam mit ihrer **Eintragung im Register des übernehmenden Rechtsträgers** (§ 20 Abs. 1 Satz 1 UmwG). I. R. d. Registerverfahrens sind hierfür folgende **Schritte** notwendig, die vom Notar parallel beantragt werden können: 633

1172 Grunewald, in: Lutter, Kölner Umwandlungsrechtstage, S. 57; Goutier/Knopf/Bermel, Umwandlungsrecht, § 34 UmwG Rn. 3; Reichert, GmbHR 1995, 189.
1173 Vgl. § 352c AktG, § 31a KapErhG, §§ 30 bis 37 UmwG 1969.
1174 V. 12.06.2003, BGBl. I 2003, S. 838.

Teil 2 Kapitel 1 Grundlagen der Verschmelzung

---

1. Schritt:
Anmeldung der Verschmelzung bei den Registern der übertragenden Rechtsträger,

2. Schritt:
Eintragung der Verschmelzung bei den Registern der übertragenden Rechtsträger mit dem Vermerk, dass die Verschmelzung erst wirksam wird mit Eintragung im Register des übernehmenden Rechtsträgers (§ 19 Abs. 2 UmwG),

3. Schritt:
Bekanntmachung der Eintragungen bei Schritt 2 im elektronischen Bundesanzeiger und einem weiteren Veröffentlichungsblatt,

4. Schritt:
Anmeldung der Verschmelzung beim Register des übernehmenden Rechtsträgers,

5. Schritt:
Eintragung der Verschmelzung im Register des übernehmenden Rechtsträgers,

6. Schritt:
Bekanntmachung der Eintragung bei Schritt 5 im elektronischen Bundesanzeiger und einem Veröffentlichungsblatt.

---

634 Wird für die Durchführung der Verschmelzung eine Kapitalerhöhung vorgenommen, ist vor der Verschmelzung zunächst die Kapitalerhöhung **beim Register** des übernehmenden Rechtsträgers **anzumelden** und einzutragen (§§ 53, 66 UmwG).

▶ Hinweis:

635 Aus der registergerichtlichen Praxis wurde darauf hingewiesen, dass aufgrund entsprechender Absprachen zwischen den zur Eintragung Zuständigen bei den Registergerichten häufig für alle beteiligten Rechtsträger eine tagggleiche Eintragung der Verschmelzung erreicht werden könne. In diesem Fall bedürfe es nicht der Eintragung des nach § 19 Abs. 1 Satz 2 UmwG grds. vorgeschriebenen Wirksamkeitsvorbehalts. Der Gesetzgeber hat daher im Zweiten Gesetz zur Änderung des UmwG diese Praxisanregung aufgegriffen.

II. Stellung des Registergerichts

636 Die in das UmwG aufgenommene Sonderbestimmung in § 16 Abs. 3 UmwG zur Regelung rechtsmissbräuchlicher Anfechtungsklagen (vgl. dazu Teil 2 Rdn. 629 ff.) hat offensichtlich zu Fehleinschätzungen der **Prüfungskompetenz des Registergerichts** geführt. Bei Streck/Mack/

Schwedhelm[1175] heißt es, das Registergericht habe eine inhaltliche Prüfung der Anlagen zur Anmeldung – also auch des Verschmelzungsvertrages – nicht durchzuführen. Dem ist nur mit Einschränkungen zu folgen.

Die Prüfungskompetenz des Gerichts folgt aus der **Kontrollfunktion des Eintragungsverfahrens**.[1176] Es entspricht ganz herrschender Meinung, dass das Registergericht die Anmeldung grds. in formeller und eingeschränkt in materieller Hinsicht zu prüfen hat.[1177] 637

Das Registergericht hat daher die **Ordnungsmäßigkeit der Anmeldung** zu prüfen.[1178] Dazu gehören etwa die Zuständigkeit des Gerichts, die Einhaltung der Anmeldeform, die Anmeldebefugnis der Anmelder, die Vollständigkeit der Anmeldung selbst, die inhaltliche Richtigkeit der angemeldeten Eintragungen, das Vorliegen sonstiger Erklärungen (z. B. Negativerklärungen nach § 16 Abs. 2 Satz 1 UmwG oder eines nach § 16 UmwG zugelassenen »Ersatzes«), die Vollständigkeit der erforderlichen Anlagen. 638

Das Gericht hat ferner zu prüfen, ob die **angemeldeten Eintragungen** sich mit den **überreichten Anlagen** decken. Wie weit die **inhaltliche Prüfungskompetenz** geht, ist umstritten, wobei allerdings außer Streit steht, dass sie nicht die Zweckmäßigkeit der abgegebenen Erklärungen umfasst. Die ganz herrschende Meinung unterscheidet für die **Prüfung von Gesellschafterbeschlüssen** zwischen unwirksamen, nichtigen und anfechtbaren Beschlüssen und lehnt die Eintragungsfähigkeit von (schwebend) unwirksamen und nichtigen Beschlüssen ab.[1179] 639

Bei **anfechtbaren Beschlüssen** unterscheidet die wohl herrschende Meinung[1180] zwischen Anfechtungsgründen, die auch im Interesse der Gläubiger oder der Öffentlichkeit bestehen – in solchen Fällen besteht danach eine Prüfungskompetenz des Gerichts – und solchen Verstößen, die ausschließlich das interne Verhältnis der Anteilseigner betreffen, deren Geltendmachung daher den Anteilsinhabern selbst durch Anfechtungsklagen überlassen wird. An diesen Grundsätzen ist auch für das UmwG festzuhalten. Insb. kann aus der Regelung in § 16 Abs. 3 UmwG nicht geschlossen werden, dass damit jede inhaltliche Prüfung etwa des Verschmelzungsvertrages entfallen würde. Der dort vorgesehene **Beschluss des Prozessgerichts** ersetzt nur die erforderliche **Negativerklärung** nach § 16 Abs. 2 Satz 1 UmwG, nicht aber die Prüfung durch das Registergericht. Schließlich führt auch die Abgabe der Negativerklärung nicht zum Wegfall der Prüfung durch das Gericht. § 16 Abs. 2 UmwG begründet daher eine **Eintragungssperre**, nicht aber eine Eintragungspflicht ohne Rücksicht auf etwa vorhandene Mängel, die nicht ausschließlich das inhaltliche Verhältnis zwischen den Anteilsinhabern betreffen.[1181] Soweit allerdings die Mängel Gegenstand des Beschlusses nach § 16 Abs. 3 UmwG sind, ist das Registergericht an den Beschluss gebunden[1182] mit der Folge, dass insoweit auch eine etwaige Amtshaftung des Registergerichts entfällt. Das wurde durch das Gesetz zur Umsetzung der Aktionärsrechterichtlinie

---

1175 GmbHR 1995, 161 ff., 166.
1176 Vgl. Lutter, NJW 1969, 1873, 1875.
1177 Vgl. BGH NZG 2011, 907 = GmbHR 2011, 925 = FGPrax 2011, 238; Hüffer/Koch, AktG, § 181 Rn. 12; Bockelmann, DB 1994, 1341 ff. m. w. N.; Krafka/Kühn, Registerrecht, Rn. 153 ff.
1178 Widmann/Mayer/Fronhöfer, Umwandlungsrecht, § 19 UmwG Rn. 12 ff.; Kallmeyer/Zimmermann, § 19 UmwG Rn. 3; Krafka/Kühn, Registerrecht, Rn. 153 ff.
1179 Vgl. nur Bockelmann, DB 1994, 1341 ff.; Scholz/Priester, GmbHG, § 54 Rn. 36.
1180 Lutter/Hommelhoff/Bayer, GmbHG, § 54 Rn. 9; Hüffer/Koch, AktG, § 181 Rn. 14; Decher, in: Lutter, Kölner Umwandlungsrechtstage, S. 261 ff., 265.
1181 So zu Recht auch Bockelmann, DB 1994, 1341 ff.
1182 Ebenso Lutter/Decher, UmwG, § 16 Rn. 89 ff.; Widmann/Mayer/Fronhöfer, Umwandlungsrecht, § 16 UmwG Rn. 207; Kallmeyer/Marsch-Barner, § 16 UmwG Rn. 36; Schwanna, in: Semler/Stengel, § 16 UmwG Rn. 49; Stratz, in: Schmitt/Hörtnagl/Stratz, § 16 UmwG Rn. 45; a. A. Bockelmann, DB 1994, 1341 ff.

(ARUG) v. 30.07.2009[1183] nochmals klargestellt, indem eine Zuständigkeitskonzentration auf das OLG geschaffen wurde.

III. Anmeldungen

1. Beteiligte Rechtsträger

640 Anzumelden ist die Verschmelzung als solches; anzugeben ist dabei auch die Art der Verschmelzung (zur Aufnahme oder zur Neugründung) unter Angabe von Firma und Sitz der beteiligten Rechtsträger.[1184] Anmeldungen haben für **alle übertragenden Rechtsträger** und den **übernehmenden Rechtsträger** zu erfolgen, und zwar bei dem AG, an dem der jeweilige Rechtsträger seinen Sitz hat. Befindet sich in dem im Wege der Verschmelzung übertragenen Vermögen ein Personengesellschaftsanteil, z. B. Kommanditanteil, führt – wenn die Übertragung möglich ist (vgl. Teil 2 Rdn. 701 f.) dies zu einem Kommanditistenwechsel. Er ist ebenfalls zum Handelsregister anzumelden (§ 161 Abs. 2 i. V. m. § 107 HGB). Unklar ist, ob die Anmeldung zum Handelsregister, wie bei Personenhandelsgesellschaften grundsätzlich vorgeschrieben, von sämtlichen Gesellschaftern zu bewirken (§ 108 Satz 1 HGB) ist. M. E. muss es genügen, wenn der ausscheidende Kommanditist die Anmeldung unterzeichnet.[1185] Die Praxis der Registergerichte ist allerdings uneinheitlich.

2. Form, Frist, elektronisches Handelsregister, Prüfvermerk

641 Die Anmeldung bedarf der **öffentlichen Beglaubigung** (§ 12 Abs. 1 HGB, § 5 Abs. 2 PartGG § 157 GenG, § 77 BGB). Diese wird durch die Beurkundung ersetzt. Dies gilt auch für etwaige Vollmachten zur Anmeldung. § 16 UmwG sieht an sich keine Anmeldefrist vor. Aus der Bilanzfrist des § 17 UmwG folgt allerdings mittelbar die **8-Monats-Frist** bezogen auf den Stichtag der Verschmelzung (vgl. dazu unten Teil 2 Rdn. 684). Da bei der **übernehmenden Gesellschaft keine Bilanz** eingereicht werden muss, kann dort die Anmeldung auch nach der 8-Monats-Frist erfolgen.[1186]

642 Durch das **Gesetz über elektronische Handelsregister und Genossenschaftsregister sowie das Unternehmensregister**[1187] ist ab 01.01.2007 nur noch eine **elektronische Einreichung beim Registergericht** zulässig. Das Erfordernis öffentlicher Beglaubigung für Handelsregisteranmeldung bleibt unverändert. Die Einreichung von Unterlagen zum Handelsregister ist zwingend in elektronischer Form vorzunehmen (§ 12 Abs. 2 HGB). Einreichungen in Papierform sind nicht mehr zulässig. Auch die in einigen Ländern bestehenden Übergangsvorschriften sind abgelaufen. Die Beglaubigung erfolgt als einfaches elektronisches Zeugnis gem. § 39a BeurkG. Auch die der Eintragung zugrunde liegenden Dokumente sind elektronisch einzureichen (§ 12 Abs. 2 Satz 1 HGB). Die Übermittlung einer elektronischen Aufzeichnung genügt in den Fällen, in denen eine Urschrift oder eine einfache Abschrift einzureichen oder für das Dokument die Schriftform bestimmt ist (§ 12 Abs. 2 Satz 2 Halbs. 1 HGB). Ein mit einem einfachen elektronischen Zeugnis (§ 39a BeurkG) versehenes Dokument ist zu übermitteln, wenn gesetzlich zwingend – wie etwa im Fall des § 130 Abs. 5 Halbs. 1 AktG oder des § 199 Halbs. 1 UmwG – ein notariell beurkundetes Dokument oder eine öffentlich beglaubigte Abschrift einzureichen ist (§ 12 Abs. 2 Satz 2 Halbs. 2 HGB). Die zum Handelsregister einzureichenden Dokumente, insbes. Registeranmeldungen, werden im ersten Schritt in Papierform – unter Beachtung der Vorschriften des BeurkG – durch den Notar errichtet, d. h. bei der Handelsregisteranmeldung wird der Anmeldungstext von

---

[1183] BGBl. I, S. 2479.
[1184] Kallmeyer/Zimmermann § 16 UmwG Rn. 12; Schwanna in: Semler/Stengel § 16 UmwG Rn. 3.
[1185] So zu Recht Rawert/Endres, ZIP 2016, 1609 ff.
[1186] LG Frankfurt am Main, GmbHR 1996, 543; Kallmeyer/Zimmermann, UmwG, § 16 Rn. 11; Bartovics, GmbHR 1996, 514; vgl. auch BayObLG, ZIP 1999, 968.
[1187] V. 15.11.2006, BGBl. 2006 I, S. 2553.

den Beteiligten unterzeichnet und der Notar fügt seine Unterschriftsbeglaubigung ebenfalls in Papierform an. Damit unterscheidet sich die Urschrift nicht von anderen Urkunden. Erst im zweiten Schritt erfolgt die Elektronisierung: Die notariellen Papierdokumente sind in eine elektronische Form zu übertragen. Dies geschieht durch die Herstellung elektronischer beglaubigter Abschriften gem. § 39a BeurkG. Der Beglaubigungsvermerk ist eine öffentliche Urkunde und muss daher gem. § 39a BeurkG eine qualifizierte elektronische Signatur des Notars einschließlich des Nachweises seiner Notareigenschaft enthalten. Hierzu wird eine eigene Signaturdatei erzeugt, die untrennbar mit der zu signierenden Datei, der Abschrift, verbunden ist. Bei der von einem Notarvertreter erstellten Urkunde erfolgt dieser Nachweis z. B. regelmäßig durch eine elektronische beglaubigte Abschrift der Bestellungsurkunde.[1188] Gem. § 39a Satz 2 BeurkG muss die elektronische Datei eine qualifiziert elektronische Signatur tragen. Die Signatur nach dem soll die eindeutige Zuordnung eines elektronischen Dokuments ermöglichen und die Sicherheit des Inhalts vor nachträglichen Verfälschungen gewährleisten. Diese ist das Äquivalent der eigenhändigen Unterschrift des Notars und des Dienstsiegels. Hierdurch werden die Unterschrift des Notars und dessen Dienstsiegel ersetzt. Die Notareigenschaft ist Bestandteil der qualifiziert elektronischen Signatur des Notars.[1189] In den §§ 126 Abs. 3, 126a BGB hat der Gesetzgeber diese Funktionsäquivalenz begründet. Bei der elektronischen Signatur wird in einem Zertifizierungsverfahren ein Signaturschlüssel nachweislich einer bestimmten Person durch den Zertifizierungsanbieter zugewiesen und auf einer sicheren Signatureinheit (Signaturkarte) gespeichert. Durch Eingabe des PIN wird die elektronische Signatur erzeugt. Gesetzliche Voraussetzung ist die Verwendung einer Signaturkarte mit Nachweis der Notareigenschaft, wie sie von der BNotK als Zertifizierungsstelle angeboten wird.[1190] Die Zertifizierungsstelle stellt die Signaturkarte nur aus, wenn sie sich zuvor über die Identität des Antragstellers und dessen Amtsträgereigenschaft Gewissheit verschafft hat. Für die elektronische Urkunde nach § 39a BeurkG gelten grds. dieselben rechtlichen Regeln wie für die papiergebundene Vermerkurkunde. § 39a BeurkG macht aufgrund des anders gearteten Mediums nur nähere Vorgaben zur Ausgestaltung der elektronischen Urkunde. Hinsichtlich der Frage des Inhalts der vom Notar zu erstellenden Urkunde sind die Generalnormen des § 39 BeurkG und § 39a BeurkG jedoch deckungsgleich. Grds. kann daher jede Vermerkurkunde, die bislang in papiergebundener Form erzeugt wurde, auch in elektronischer Form dargestellt werden. Konsequenz daraus ist, dass die weiteren Vorschriften der §§ 39 ff. BeurkG, die nähere Vorgaben zum Inhalt der Vermerkurkunde machen, auch auf die elektronische Urkunde Anwendung finden müssen, sofern sie nicht – wie bei der Unterschriftsbeglaubigung (§ 40 BeurkG) – zwingend eine papiergebundene Form voraussetzen. Das OLG Brandenburg[1191] stellte fest, dass § 42 Abs. 1 BeurkG, wonach bei der Beglaubigung der Abschrift einer Urkunde festgestellt werden soll, ob die Urkunde eine Urschrift, eine Ausfertigung, eine beglaubigte oder einfache Abschrift ist, auch für das elektronische Zeugnis nach § 39aBeurkG gilt. Das habe zur Folge, dass der Beglaubigungsvermerk nicht nur die Übereinstimmung der elektronischen Aufzeichnung mit dem Papierdokument zu bezeugen, sondern auch die in § 42 Abs. 1 BeurkG genannten Auskünfte zu geben habe. In der Praxis werden die Dokumente zunächst eingescannt, dabei erhält das Dokument das TIFF-Format. Eine andere Möglichkeit ist die Verwendung der elektronischen Datei, die um Unter-

---

1188 Vgl. im Einzelnen zu den technischen Vorgängen: Apfelbaum/Bettendorf, RNotZ 2007, 90; Gassen, RNotZ 2007, 142; Weikart, NotBZ 2007, 75; vgl. zum elektronischen Rechtsverkehr Fritzsche/Malzer, DNotZ 1995, 3 ff.; Erber-Faller, MittBayNot 1995, 182; BNotK (Hrsg.), Elektronischer Rechtsverkehr, Digitales Signaturverfahren und Rahmenbedingungen; Malzer, DNotZ 1998, 96; Schippel, in: FS für Odersky, S. 657 ff.; Kindl, MittBayNot 1999, 29 ff.; Weickart, NotBZ 2007, 73 ff.
1189 Vgl. Püls, notar 2011, 75; Hähnchen, NJW 2001, 2831; zu technischen und rechtlichen Rahmenbedingungen vgl. Schmittner, BWNotZ 2001, 111; Bertsch/Fleisch/Michel, DuD 2/2002, 69 ff., 72; Hänichen/Hockenholz, Praxisprobleme der elektronischen Signatur, JurPC 2008, Web-Dok. 39/2008; zur Wirksamkeit der Urkunde; Bormann/Apfelbaum, RNotZ 2007, 15.
1190 www.notarnet.de.
1191 OLG Brandenburg, notar 2011, 30.

schriften und Siegel ergänzt wird. Das letztere Verfahren ist wohl das in der Praxis weniger gebräuchlichere, weil fehleranfälliger und auch nicht ganz unumstritten. Sodann erfolgt die Erzeugung einer qualifizierten Signatur. Hierzu ist ein spezielles Programm notwendig. In der Praxis wird das von der NotarNet GmbH entwickelte Programm »Signotar« verwendet.[1192] Spezielle Datenprogramme helfen bei der Erstellung und Bearbeitung der elektronischen Signaturen und Anmeldungen, insbes. zur Erzeugung von für das Registergericht kompatiblen Datenstrukturen im XML-Format. Die Vorbereitung von Handelsregisteranmeldungen erfolgt in der Praxis verbreitet mit dem durch die NotarNet GmbH entwickelten Programm »XNotar«.[1193] Neben der Übermittlung der Handelsregisteranmeldung und ihrer Anlagen besteht künftig für den Notar eine Notwendigkeit zur Einreichung der später im Registerblatt zu verlautbarenden Eintragungsdaten in strukturierter Form. Für die Aufnahme der Strukturdaten ist das Format XML zu verwenden. Ziel ist es, dadurch künftig den Erfassungsaufwand beim Registergericht zu vermeiden und so den Eintragungsvorgang zu beschleunigen. Letztlich handelt es sich bei den Strukturdaten um eine zusätzliche – mit welchem Programm auch immer zu erzeugende – Datei im XML-Format, die zusätzlich an das Registergericht zu übermitteln ist. Die Notwendigkeit zur Einreichung von Strukturdaten ergibt sich aus den, von allen Landesjustizverwaltungen erlassenen Rechtsverordnungen für den elektronischen Rechtsverkehr, in denen insbes. auf der Grundlage von § 8a Abs. 2 HGB i. d. F. des EHUG nähere Vorgaben über die elektronische Einreichung der Dokumente getroffen werden. Danach wird regelmäßig die Möglichkeit einer automatisierten Weiterverarbeitung durch den Empfänger, also durch das Registergericht, in einem strukturierten Datenformat vorausgesetzt. Diese elektronischen Daten werden über das Elektronische Gerichts- und Verwaltungspostfach der Justiz, das sog. EGVP, an das Handelsregister geleitet.[1194] Die Handelsregisteranmeldung und ihre Anlagen werden in Form von sog. OSCI-Nachrichten an das Registergericht übertragen. Es handelt sich hierbei um einen E-Government-Standard für die sichere und vertrauliche Übermittlung von Nachrichten, wobei auch Funktionen der qualifizierten elektronischen Signatur integriert sind. Technisch werden die einzelnen zu versendenden Dateien, also die Handelsregisteranmeldung, ihre Anlagen und die XML-Datei, in einem virtuellen »Briefumschlag« zusammengefasst, auf den sich die Signatur bezieht. Auch bei diesem elektronischen Versand der Handelsregisteranmeldung wird der elektronische Schlüssel verwendet, der sich auf der Signaturkarte des Notars befindet. Die Signatur ist Ausdruck der Übernahme der Gesamtverantwortung für den Inhalt der Nachricht und für die Richtigkeit der Strukturdaten. Zugleich sagt die Signatur aus, dass die Nachricht mit dem Willen des Notars an das Registergericht gelangt.

643 Durch das Gesetz zur Neuordnung der Aufbewahrung von Notariatsunterlagen und zur Einrichtung des Elektronischen Urkundenarchivs bei der Bundesnotarkammer sowie zur Änderung weiterer Gesetze vom 01.06.2017[1195] wurden in § 378 Abs. 3 FamFG neue Prüfungs- und Einreichungspflichten im Registerverkehr eingeführt.[1196] Danach sind sämtliche Anmeldungen in Registersachen mit Ausnahme der Genossenschafts- und Partnerschaftsregistersachen vor ihrer Einreichung für das Registergericht von einem Notar auf Eintragungsfähigkeit zu prüfen. Somit ist der Notar verpflichtet, dafür Sorge zu tragen, dass nur sachgerecht abgefasste und vollständige Anmeldungen beim Registergericht eingereicht werden. Auch die Gesetzesbegründung macht die Funktion deutlich:[1197] »Durch die Regelungen soll die Sicherstellung eines funktionierenden Grundbuch- und Registerwesens gewährleistet werden. Die Überprüfung von Anmeldungen in

---

1192 Vgl. www.notarnet.de.
1193 Vgl. www.notarnet.de.
1194 Vgl. www.egvp.de.
1195 BGBl. 2017, 1396.
1196 Vgl. dazu Weber, RNotZ 2017, 427; Eickelberg, FGPrax 2017, 14; Krafka, NZG 2017, 889 5; Attenberger, MittBayNot 2017, 335, 336; Diehn/Rachlitz, DNotZ 2017, 487, 489 f.; Ott, BWNotZ 2017, 146; Zimmer, NJW 2017, 1909; Gutachten, DNotI-Report 2017, 89, 90; BeckOK FamFG/Otto FamFG § 378.
1197 BT-Drucks. 18/10607, S. 108 ff.

Registersachen auf Grundlage der dem Notar zur Verfügung stehenden Erkenntnismittel wird mit dem vorgeschlagenen § 378 Absatz 3 FamFG nunmehr unabhängig von der Beurkundung oder Beglaubigung ausdrücklich als notarielle Amtspflicht und registerrechtliche Verfahrensvorschrift geregelt. Durch die Regelung wird die faktische Filter- und Entlastungsfunktion des Notars im Interesse der Sicherung der hohen Qualität, Schnelligkeit und Effizienz der registergerichtlichen Eintragungsverfahren gesetzlich verankert.« Als Verfahrensvorschrift ist der vorgeschlagene § 378 Abs. 3 FamFG zugleich formelle Voraussetzung im Eintragungsverfahren. Dadurch wird sichergestellt, dass in allen Fällen vorab die Prüfung der Anmeldung auf Eintragungsfähigkeit erfolgt und die Registergerichte ausschließlich sachgerecht formulierte Anmeldungen erhalten. Der Vermerk ist damit formelle Eintragungsvoraussetzung.[1198]

3. Anmeldeberechtigte Personen

a) Allgemeines

644 Die Anmeldung ist vorzunehmen durch die **Vertretungsorgane der beteiligten** Rechtsträger (§ 16 Abs. 1 Satz 1 UmwG). Dabei ist das Vertretungsorgan des übernehmenden Rechtsträgers berechtigt, die Verschmelzung auch bei den Registern der übertragenen Rechtsträger anzumelden (§ 16 Abs. 1 Satz 2 UmwG).

645 Die Anmeldungen müssen **nicht durch alle Mitglieder des Vertretungsorgans** vorgenommen werden, sondern nur in vertretungsberechtigter Zahl.[1199]

▶ Beispiel:

646 Ist etwa der Geschäftsführer einer beteiligten GmbH allein vertretungsbefugt, kann er die Anmeldung allein vornehmen. Ist er nur gemeinsam mit einem weiteren Geschäftsführer oder einem Prokuristen vertretungsberechtigt, genügt die Abgabe durch ihn und den Prokuristen.[1200] Unechte Gesamtvertretung der Geschäftsführer mit einem Prokuristen (§ 78 Abs. 3 Satz 1 AktG, § 125 Abs. 3 Satz 1 HGB) ist zulässig, sofern nach der Satzung vorgesehen.[1201]

Eine Anmeldung kann aber nicht durch **Prokuristen** allein erfolgen, weil sie keine Vertretungsorgane sind.[1202] Die Anmeldung kann dabei auch aufgrund einer **rechtsgeschäftlichen Vertretungsmacht** erfolgen.[1203] Eine gewillkürte Stellvertretung scheidet jedoch aus, sofern höchstpersönliche Erklärungen in der Handelsregisteranmeldung abgegeben werden müssen, z. B. Negativerklärung nach § 16 UmwG.[1204] Dies ist nach herrschender Ansicht jedenfalls der Fall, sofern der Inhalt der Erklärung strafrechtlich gegen unrichtige Angaben geschützt ist. Bei der

---

1198 Zum Grundbuch OLG Schleswig FGPrax 2017, 210; OLG Celle FGPrax 2018, 5.
1199 Goutier/Knopf/Bermel, Umwandlungsrecht, § 16 UmwG Rn. 8; Widmann/Mayer/Fronhöfer Umwandlungsrecht, § 16 UmwG Rn. 22; Lutter/Decher, UmwG, § 16 Rn. 5; Kallmeyer/Zimmermann, UmwG, § 16 Rn. 4; Schwanna, in: Semler/Stengel, § 16 UmwG Rn. 7; Stratz, in: Schmitt/Hörtnagl/Stratz, § 16 UmwG Rn. 6 f.; BeckOGK/Rieckers/Cloppenburg UmwG § 16 Rn. 13.
1200 Kallmeyer/Zimmermann, UmwG, § 16 Rn. 4.
1201 Widmann/Mayer/Fronhöfer, Umwandlungsrecht, § 16 UmwG Rn. 23; Kallmeyer/Zimmermann, UmwG, § 16 Rn. 4; Lutter/Decher, UmwG, § 16 Rn. 5; BeckOGK/Rieckers/Cloppenburg UmwG § 16 Rn. 13.
1202 Widmann/Mayer/Fronhöfer, Umwandlungsrecht, § 16 UmwG Rn. 23; Kallmeyer/Zimmermann, UmwG, § 16 Rn. 4; Lutter/Decher, UmwG, § 16 Rn. 5; BeckOGK/Rieckers/Cloppenburg UmwG § 16 Rn. 13.
1203 Krafka/Willer/Kühn, Registerrecht, Rn. 114; Schwanna, in: Semler/Stengel/Vollhardt, UmwG, § 16 Rn. 7; Lutter/Decher, § 16 Rn. 5; Kallmeyer/Zimmermann, UmwG, § 16 Rn. 4; BeckOGK/Rieckers/Cloppenburg UmwG § 16 Rn. 13.
1204 Vgl. BGHZ 116, 190; BayObLG, DB 1987, 215; BayObLG, NJW 1987, 136; Lutter/Decher, § 16 Rn. 5; Krafka/Willer/Kühn, Registerrecht, Rn. 115; BeckOGK/Rieckers/Cloppenburg UmwG § 16 Rn. 13.

Anmeldung der Verschmelzung kann eine Erklärung gem. § 16 Abs. 2 Satz 1 UmwG abgegeben werden. Obgleich eine falsche Erklärung nach § 16 Abs. 2 Satz 1 UmwG keine strafrechtliche Relevanz besitzt, geht die Literatur davon aus, dass die Abgabe der entsprechenden Erklärung durch einen Bevollmächtigten nicht möglich ist.[1205] Bei Genossenschaften ist die Vertretung nicht möglich (§ 6 Abs. 3 Satz 1 GenRegVO).

647 Die **Anmeldung einer Kapitalerhöhung** bei dem übernehmenden Rechtsträger ist allerdings von allen Mitgliedern des Vertretungsorgans – und des Aufsichtsratsvorsitzenden – vorzunehmen (§ 78 GmbHG, § 188 Abs. 1 AktG), bei der AG, KgaA, SE neben dem Vorstand/persönlich haftenden Gesellschafter (in vertretungsberechtiger Zahl) zusätzlich der Vorsitzende des Aufsichtsrats.[1206]

648 Die **Anmeldebefugnis** nach § 16 Abs. 1 Satz 2 UmwG (Vertretungsorgan des übernehmenden Rechtsträgers) umfasst über die eigentliche Anmeldung der eintragungspflichtigen Tatsachen auch die Abgabe der sonstigen nach dem Gesetz erforderlichen Erklärungen.

b) Besonderheiten bei der Genossenschaft

649 Nach § 157 GenG i. d. F. vor dem 18.08.2006 waren Anmeldungen bei der Genossenschaft **durch den gesamten Vorstand** abzugeben. Unklar war, ob § 16 UmwG als spätere und speziellere Regelung diese allgemeine Anmeldepflicht verdrängt oder ob § 157 GenG vorgeht. Es sprach zwar einiges für einen Vorrang der für das Umwandlungsrecht spezielleren Vorschrift des § 16 UmwG, sodass an sich ein Handeln in vertretungsberechtigter Zahl genügen müsste, dennoch war die Literatur – ohne weitere Begründung – der Auffassung, dass die Anmeldung – ungeachtet der satzungsmäßigen Vertretungsregelung – gem. § 24 Abs. 1 GenG durch den gesamten Vorstand einschließlich Stellvertreter gem. § 25 GenG zu erfolgen hat.,[1207] Im gleichen Sinn regelte auch § 6 Abs. 2 Nr. 6 der Verordnung über das Genossenschaftsregister i. d. F. v. 10.12.1973[1208] dass die Anmeldung der Verschmelzung von Genossenschaften durch sämtliche Mitglieder des Vorstandes zu erfolgen hat. Das **Gesetz zur Einführung der europäischen Genossenschaft** und zur Änderung des Genossenschaftsrechts v. 18.08.2006[1209] hat § 157 GenG dahin gehend geändert, dass nur noch die Anmeldung zur Neugründung nach § 11 GenG durch alle Vorstandsmitglieder abzugeben ist, i. Ü. genügt die Anmeldung in vertretungsberechtigter Zahl. Die Verschmelzung kann daher in vertretungsberechtigter Zahl angemeldet werden.[1210] § 6 Abs. 2 Nr. 6 Genossenschaftsregisterverordnung i. d. F. der Bekanntmachung v. 16.10.2006[1211] sieht daher dies auch nicht mehr vor.

4. Inhalt der Anmeldung

a) Einzutragende Angaben

650 Nach dem Gesetzeswortlaut (§ 16 Abs. 1 Satz 1 UmwG) genügt als eigentlicher Anmeldungsinhalt die **Anmeldung der Verschmelzung**. Dies gilt aber nicht ohne **Ausnahmen**: Erfolgt etwa

---

1205 Widmann/Mayer/Fronhöfer Umwandlungsrecht, § 16 UmwG Rn. 27; Schaub, MittBayNot 1999, 539, 542; Melchior, GmbHR 1999, 520; Krafka/Willer/Kühn, Registerrecht, Rn. 109, 114 ff.; Schwanna in Semler/Stengel/Vollhardt, UmwG, § 16 Rn. 7.
1206 Vgl. Kallmeyer/Zimmermann, UmwG, § 16 Rn. 5; BeckOGK/Rieckers/Cloppenburg UmwG § 16 Rn. 13.
1207 Lutter/Bayer, UmwG, 2. Aufl. § 86 Rn. 2; Hettrich/Pöhlmann, GenG, 2. Aufl. 2001, § 86 UmwG Rn. 1.
1208 BGBl. I, S. 1894.
1209 BGBl. I, S. 2230.
1210 Lutter/Bayer, UmwG, § 86 Rn. 2; Scholderer, in: Semler/Stengel § 86 UmwG Rn. 4; Beuthien/Wolff, GenG §§ 2 ff. UmwG Rn. 51; KölnerKommUmwG/Schöpflin, § 86 UmwG Rn 3; Stratz, in: Schmitt/Hörtnagl/Stratz, § 86 UmwG Rn. 1.
1211 BGBl. I, S. 2268.

eine Verschmelzung durch Aufnahme in eine bestehende Personengesellschaft, ist darüber hinaus anzumelden, welche Gesellschafter (unter Angabe von Geburtsdatum und Wohnort) in die Gesellschaft eingetreten sind. Handelt es sich bei dem neu eintretenden Gesellschafter um einen Kommanditisten, ist zudem seine Haftsumme anzuführen.

Wird zur Durchführung der Verschmelzung das **Kapital des übernehmenden Rechtsträgers erhöht**, muss auch die Kapitalerhöhung und die dadurch bedingte Änderung der Satzung angemeldet werden (zur Kapitalerhöhung bei GmbH und AG vgl. Teil 2 Rdn. 263 ff.). Die Eintragung der Verschmelzung kann zwar erst nach Eintragung der Kapitalerhöhung erfolgen (§§ 53, 66 UmwG), dies hindert aber nicht, die Kapitalerhöhung und die Verschmelzung in einer Anmeldung zu verbinden. Dabei ist allerdings klarzustellen, dass der Antrag auf Eintragung der Kapitalerhöhung vorrangig gestellt wird. Möglich ist auch die Aufnahme einer Vollmacht in der Anmeldung auf den abwickelnden Notar, Anträge aus der Anmeldung getrennt zu stellen (zu den Besonderheiten bei Verschmelzungen durch Neugründung s. Teil 2 Rdn. 459 ff.). 651

Soweit sich im Zuge der Verschmelzung Änderungen eintragungspflichtiger Tatsachen bei dem übernehmenden Rechtsträger ergeben (z. B. Änderung der Firma und – bei Kapitalgesellschaften – dadurch bedingte Änderung des Gesellschaftsvertrages) sind auch diese Änderungen anzumelden. 652

b) Ausschluss einer Klage gegen die Wirksamkeit des Zustimmungsbeschlusses

Vgl. zum Folgenden auch oben Teil 2 Rdn. 629 ff. 653

Eine Verschmelzung wird grds. nur eingetragen, wenn kein Berechtigter gegen die Wirksamkeit des Zustimmungsbeschlusses **Rechtsmittel** eingelegt hat. Um dies sicherzustellen, sieht § 16 Abs. 2 Satz 1 UmwG vor, dass die Vertretungsorgane in der Anmeldung eine sog. **Negativerklärung** abgeben, also erklären, dass eine Klage nicht oder nicht fristgerecht erhoben wurde oder dass eine Klage rechtskräftig abgewiesen oder zurückgenommen wurde. Einer Erklärung bedarf es nicht, wenn alle klageberechtigten Anteilsinhaber in **notariell beurkundeten Erklärungen** auf ihr Klagerecht gegen die Wirksamkeit verzichtet haben. Die Erhebung einer Klage gegen die Wirksamkeit steht ausnahmsweise einer Eintragung dann nicht entgegen, wenn durch Gerichtsbeschluss festgestellt wird, dass die Klage unzulässig, offensichtlich unbegründet oder das Interesse an der Durchführung der Verschmelzung vorrangig erscheint (§ 16 Abs. 3 UmwG).

Erforderlich sind also entweder: 654
– eine Negativerklärung der Vertretungsorgane (§ 16 Abs. 2 Satz 1 UmwG),
– eine Verzichtserklärung der Anteilsinhaber (§ 16 Abs. 2 Satz 2 UmwG) oder
– ein Beschluss des OLG im Freigabeverfahren (§ 16 Abs. 3 UmwG).

aa) Negativerklärung der Vertretungsorgane

Eine **Klage gegen den Zustimmungsbeschluss** kann nur binnen eines Monats nach Beschlussfassung erhoben werden. Maßgeblicher Zeitpunkt ist somit die Einreichung der Klageschrift bei dem für die Gesellschaft zuständigen Gericht. 655

Nach § 14 Abs. 2 UmwG kann die Klage gegen den Beschluss übertragender Rechtsträger **nicht auf eine zu niedrige Bemessung des Umtauschverhältnisses** oder die Ungleichwertigkeit von Mitgliedschaften gestützt werden. Diese Einschränkung ist aber für die Erklärung nach § 16 Abs. 2 Satz 1 UmwG im Anmeldeverfahren unerheblich. Wenn eine fristgemäße Klage vorliegt, die mit einem unzureichenden Umtauschverhältnis begründet wird, kann die Erklärung nach § 16 Abs. 2 Satz 1 UmwG nicht abgegeben werden. Es verbleibt nur die Möglichkeit, einen Beschluss nach § 16 Abs. 2 UmwG herbeizuführen. 656

Unerheblich ist auch, ob es sich um eine Anfechtungs- oder Feststellungsklage handelt. Alle **Klagetypen**, mit denen Mängel eines Verschmelzungsbeschlusses geltend gemacht werden können, werden erfasst. 657

658 **Eintragungshindernd** sind nur fristgerecht erhobene Klagen. Ist eine Klage nach Ablauf der Frist von einem Monat erhoben worden, ist in der Anmeldung zu erklären, dass zwar eine Klage erhoben wurde, aber nicht innerhalb der gesetzlich vorgesehenen Frist.

659 Die **Monatsfrist** nach § 14 Abs. 1 UmwG ist nach §§ 187 Abs. 1, 188 Abs. 2 BGB zu bestimmen.

660 Ist eine erhobene Klage später zurückgenommen worden, kann sich die Erklärung nicht darauf beschränken, dass eine Klage nicht erhoben wurde, vielmehr ist anzugeben, dass zunächst eine Klage erhoben, später aber zurückgezogen wurde.

661 Abzugeben sind die Erklärungen immer nur von dem Vertretungsorgan für den Rechtsträger, den sie vertreten, nicht etwa für alle beteiligten Rechtsträger. Die Negativerklärung kann wirksam erst nach Ablauf der Frist für die Erhebung einer Klage gegen die Wirksamkeit des Umwandlungsbeschlusses abgegeben werden. Vor dieser Erklärung darf die **Umwandlung**, sofern die klageberechtigten Anteilsinhaber nicht auf die Klage verzichtet haben, **nicht eingetragen werden: Registersperre**.[1212]

662 Im Fall von § 16 Abs. 1 Satz 2 UmwG umfasst die Anmeldebefugnis wohl auch die **Abgabe durch die Vertretungsorgane** des übernehmenden Rechtsträgers für die übertragenen Rechtsträger.

663 Die Klagefrist nach § 14 Abs. 1 UmwG löst **keine Anmeldesperre** aus. Die Anmeldungen können daher auch schon vor Ablauf der Frist vorgenommen werden[1213] Die Negativerklärung muss dann ggf. nachgereicht werden.[1214]

bb) Verzichtserklärung der Anteilsinhaber

664 Keiner Erklärung über Klageerhebungen bedarf es, wenn die klageberechtigten Anteilsinhaber **in notariell beurkundeten Erklärungen** auf eine Klage gegen die Wirksamkeit **verzichten**.[1215] Diese Möglichkeit wurde geschaffen, um insb. bei Rechtsträgern mit einem kleinen Kreis von Anteilsinhabern die Eintragung zu beschleunigen.[1216]

665 Die Verzichtserklärungen sind in beglaubigter Abschrift oder Ausfertigung der Anmeldung **als Anlagen** beizufügen. Umstritten ist, ob es einem Verzicht gleichsteht, wenn alle Anteilsinhaber dem Verschmelzungsbeschluss zugestimmt haben; dies ist mE zu bejahen.[1217]

cc) Beschluss des Prozessgerichts

666 Die Erhebung einer Klage gegen die Wirksamkeit des Beschlusses stellt grds. ein **Eintragungshindernis** dar. Diese entsprach schon lange der Rechtsprechung des BGH,[1218] ist aber auch gesetzlich

---

1212 So BGH, Urt. v. 05.10.2006, ZNotP 2007, 103; OLG Karlsruhe, NJW-RR 2001, 1326, 1327 = DB 2001, 1483, 1484; Kallmeyer/Marsch-Barner, § 16 Rn. 25; Lutter/Decher, UmwG, § 16 Rn. 11; Lutter/Decher, UmwG, § 198 Rn. 36, 38; Widmann/Mayer/Fronhöfer, Umwandlungsrecht, § 16 UmwG Rn. 73; Stratz, in: Schmitt/Hörtnagl/Stratz, § 16 UmwG Rn. 21; abweichend Goutier/Knopf/Tulloch/Bermel, Umwandlungsrecht, § 16 UmwG Rn. 24.
1213 Kallmeyer/Marsch-Barner, § 16 Rn. 25; Lutter/Decher, UmwG § 16 Rn. 12; Widmann/Mayer/Fronhöfer, Umwandlungsrecht, § 16 UmwG Rn. 32; OLG Hamm, WM 1983, 943; BGH, WM 1990, 1372.
1214 Kallmeyer/Marsch-Barner, § 16 Rn. 25; Lutter/Decher, UmwG § 16 Rn. 12; Stratz, in: Schmitt/Hörtnagl/Stratz, § 16 UmwG Rn. 6 f.
1215 Vgl. Stratz, in: Schmitt/Hörtnagl/Stratz, § 16 UmwG Rn. 26; Lutter/Decher, UmwG § 16 Rn. 22.
1216 Gesetzesbegründung, abgedruckt in: Limmer, Umwandlungsrecht, S. 283.
1217 So LG Dresden, GmbHR 1997, 175; Widmann/Mayer/Fronhöfer, Umwandlungsrecht, § 16 UmwG Rn. 91; Lutter/Decher, UmwG § 16 Rn. 23; Schwanna, in: Semler/Stengel § 16 UmwG Rn. 20; Kallmeyer/Marsch-Barner, § 16 Rn. 29.
1218 Vgl. BGHZ 112, 9.

in § 16 Abs. 2 Satz 2 UmwG klargestellt. Allerdings galt auch vor dieser Klarstellung schon, dass trotz Klageerhebung eine Eintragung der Verschmelzung erfolgen konnte, wenn die Klage offensichtlich keine Aussicht auf Erfolg hatte.[1219]

Grundsatz und Ausnahme haben unter dem bis 1995 geltenden Recht zu verschiedenen Vorschlägen geführt, die sich um eine **sachgerechte Differenzierung** bemühen zwischen notwendiger Sicherung der Anteilsinhaber vor einem praktisch nicht mehr rückgängig zu machenden Rechtsverlust durch Vollzug der Verschmelzung und unzulässigem Abkaufverlangen von Klagemöglichkeiten. Der Gesetzgeber hat dieses Problem, das nicht zuletzt von den unterschiedlichen Zuständigkeiten von Registergericht und Prozessgericht geprägt war, durch § 16 Abs. 3 UmwG zu regeln gesucht. Im Einzelnen gilt danach Folgendes: 667

Ist fristgerecht Klage gegen die Wirksamkeit des Verschmelzungsbeschlusses erhoben worden, kann der betroffene Rechtsträger beim Prozessgericht einen Beschluss beantragen, in dem festgestellt wird, dass die Erhebung der Klage der Eintragung nicht entgegensteht. Der rechtskräftig gewordene Beschluss ersetzt die Negativerklärung nach § 16 Abs. 2 Satz 1 Halbs. 1 UmwG, sog. **Unbedenklichkeitsverfahren** (vgl. § 16 Abs. 3 Satz 1 UmwG). 668

Der **Beschluss** kann nur unter folgenden **Voraussetzungen** ergehen (§ 16 Abs. 3 Satz 2 UmwG): 669
– die Klage ist unzulässig oder
– offensichtlich unbegründet oder
– der Kläger hat nicht binnen einer Woche nach Zustellung des Antrags durch Urkunden nachgewiesen, dass er seit Bekanntmachung der Einberufung einen anteiligen Betrag von mindestens 1.000,00 € hält oder
– bei einer Interessenabwägung erscheint die Eintragung vorrangig, weil die vom Antragsteller dargelegten wesentlichen Nachteile für die an der Verschmelzung beteiligten Rechtsträger und ihre Anteilsinhaber nach freier Überzeugung des Gerichts die Nachteile für den Antragsgegner überwiegen, es sei denn, es liegt eine besondere Schwere des Rechtsverstoßes vor.

Mit dem Gesetz zur Umsetzung der Aktionärsrechterichtlinie (ARUG) v. 30.07.2009[1220] wurde § 16 Abs. 3 UmwG in Anlehnung an § 246a und § 319 AktG geändert, u. a. auch mit dem Ziel, rechtsmissbräuchliche Anfechtungsklagen einzuschränken; deshalb wurde die Interessenabwägungsklausel neu gefasst.[1221] Dabei wurde in das Freigabeverfahren außerdem ein Bagatellquorum eingeführt. Dieses Quorum schneidet nicht die Klagebefugnis der Aktionäre ab, sondern beschränkt lediglich die Möglichkeit des Kleinstaktionärs, eine Freigabe zu verhindern.[1222]

Wegen der weiteren Einzelheiten vgl. Teil 2 Rdn. 522 ff. 670

Ergeht der beantragte Beschluss nicht, verbleibt es bei der Eintragungssperre nach § 16 Abs. 2 Satz 2 UmwG. 671

5. Sonstige Erklärungen

Das Erfordernis, **weitere Erklärungen abzugeben**, kann sich ergeben, wenn an der Verschmelzung eine GmbH beteiligt ist, bei der die Stammeinlagen noch nicht in voller Höhe erbracht sind (§ 52 Abs. 1 UmwG); ferner, wenn eine AG als übernehmender Rechtsträger beteiligt ist und ein Antrag nach § 62 Abs. 2 UmwG auf Einberufung einer Hauptversammlung möglich ist (§ 63 Abs. 3 Satz 5 UmwG). 672

1219 Vgl. BGHZ 112, 9.
1220 BGBl. I, S. 2479.
1221 Vgl. Seibert, ZIP 2008, 2145, 2153; allgemein Habersack/Stilz, ZGR 2010, 710 ff.
1222 Begründung zum RegE, BT-Drucks. 16/11642, v. 21.01.2009, S. 42.

6. Anlagen

673 § 17 UmwG enthält einen umfangreichen **Katalog der der Anmeldung beizufügenden Anlagen**. Danach sind **immer** der Anmeldung elektronisch beizufügen:
- beglaubigte Abschrift oder Ausfertigung des notariell beurkundeten Verschmelzungsvertrages;
- beglaubigte Abschrift oder Ausfertigung der Niederschriften über die Zustimmungsbeschlüsse einschließlich etwa erforderlicher Zustimmungen nicht erschienener Anteilsinhaber; vorzulegen sind die Zustimmungen aller beteiligten Rechtsträger zu jeder Anmeldung, also auch die Zustimmung des übertragenden Rechtsträgers bei der Anmeldung zum übernehmenden Rechtsträger und umgekehrt, da das Vorliegen der Zustimmungsbeschlüsse Wirksamkeitsvoraussetzung für den Verschmelzungsvertrag ist;[1223]
- Verschmelzungsbericht bzw. beglaubigte Abschriften oder Ausfertigung der Niederschrift über die Verzichtserklärungen, jeweils zu allen Anmeldungen von allen Anteilsinhabern;[1224]
- Verschmelzungsprüfungsbericht bzw. beglaubigte Abschriften oder Ausfertigungen der Niederschrift über die Verzichtserklärungen, jeweils zu allen Anmeldungen von allen Anteilsinhabern;[1225]
- Nachweis über die Zuleitung des Entwurfs bzw. einer Abschrift des Vertrages an einen etwa bestehenden Betriebsrat;[1226] umstritten ist ob dies zu allen beteiligten Rechtsträgern erfolgen muss[1227] oder jeweils nur bezogen auf den Rechtsträger, für den die Anmeldung erfolgt,[1228] letztere Auffassung dürfte nach dem Sinn und Zweck der Vorschrift vorzugswürdig sein. Besteht kein Betriebsrat, entfällt das Zuleitungserfordernis. Es stellt sich jedoch das Problem, wie dem Registergericht nachzuweisen ist, dass kein Betriebsrat besteht. Das AG Duisburg[1229] hält die bloße Behauptung der Vertretungsorgane nicht für ausreichend. Grds. bedürfe diese Behauptung der registergerichtlichen Nachprüfung. Dabei reiche für die richterliche Überzeugungsbildung i. d. R. die Glaubhaftmachung durch eine eidesstattliche Versicherung der beteiligten gesetzlichen Vertreter aus. Dieses Urteil ist in der Literatur zu Recht auf Ablehnung gestoßen.;[1230] Das Gesetz sieht eine formalisierte und sogar strafbewehrte eidesstattliche Versicherung nicht vor. Deshalb genügt eine entsprechende Versicherung der Vertretungsorgane der beteiligten Rechtsträger i. R. d. Anmeldung der Verschmelzung oder auch durch ein gesondertes Schreiben[1231]

1223 Widmann/Mayer/Fronhöfer, Umwandlungsrecht, § 17 UmwG Rn. 3; Lutter/Decher, UmwG § 17 Rn. 4; Schwanna, in: Semler/Stengel § 17 UmwG Rn. 2; Kallmeyer/Zimmermann, § 17 UmwG Rn. 2; Stratz, in: Schmitt/Hörtnagl/Stratz, § 17 UmwG Rn. 5; a. A. Goutier/Knopf/Bermel, Umwandlungsrecht, § 17 UmwG Rn. 5.
1224 OLG Bamberg, FGPrax 2012, 209; Widmann/Mayer/Fronhöfer, Umwandlungsrecht, § 17 UmwG Rn. 18; Lutter/Decher, UmwG § 17 Rn. 4; Schwanna, in: Semler/Stengel § 17 UmwG Rn. 2; Kallmeyer/Zimmermann, § 17 UmwG Rn. 2; Stratz, in: Schmitt/Hörtnagl/Stratz, § 17 UmwG Rn. 5 f.
1225 Widmann/Mayer/Fronhöfer, Umwandlungsrecht, § 17 UmwG Rn. 20; Lutter/Decher, UmwG § 17 Rn. 4; Schwanna, in: Semler/Stengel § 17 UmwG Rn. 2; Kallmeyer/Zimmermann, § 17 UmwG Rn. 2; Stratz, in: Schmitt/Hörtnagl/Stratz, § 17 UmwG Rn. 5 f.
1226 Vgl. dazu ausführlich Teil 2 Rdn. 208 ff. sowie Lutter/Decher, UmwG § 17 Rn. 4; Schwanna, in: Semler/Stengel § 17 UmwG Rn. 2; Kallmeyer/Zimmermann, § 17 UmwG Rn. 2; Stratz, in: Schmitt/Hörtnagl/Stratz, § 17 UmwG Rn. 5 f.
1227 So Kallmeyer/Zimmermann, UmwG, § 17 Rn. 3.
1228 So Widmann/Mayer/Fronhöfer, Umwandlungsrecht, § 17 UmwG Rn. 31 f.
1229 GmbHR 1996, 372.
1230 Widmann/Mayer, UmwG, § 5 Rn. 263; Widmann/Mayer/Fronhöfer, Umwandlungsrecht, § 17 UmwG Rn. 3; Kallmeyer/Zimmermann, UmwG, § 17 Rn. 3; Hörtnagl, in: Schmitt/Hörtnagl/Stratz, § 17 UmwG Rn. 6; Lutter/Decher, § 17 UmwG Rn. 4.
1231 Widmann/Mayer/Mayer, Umwandlungsrecht, § 5 UmwG Rn. 263; Kallmeyer/Zimmermann, UmwG, § 17 Rn. 3; BeckOGK/Rieckers/Cloppenburg UmwG § 17 Rn. 25; Hörtnagl, in: Schmitt/Hörtnagl/Stratz, § 17 UmwG Rn. 6; Lutter/Decher, § 17 UmwG Rn. 2.

- etwa erforderliche staatliche Genehmigungen sind nicht mehr vorzulegen, aber einzuholen;[1232] das ursprünglich vorgesehene Erfordernis, der Anmeldung etwaige Genehmigungsurkunden beizufügen, sofern die Verschmelzung der staatlichen Genehmigung bedarf, wurde durch das ARUG v. 30.7.2009[1233] mit Wirkung zum 1.9.2009 aufgehoben;
- Schlussbilanz des übertragenden Rechtsträgers, die auf einen Stichtag höchstens 8 Monate vor der Anmeldung aufgestellt sein darf, einzureichen bei dem Register des übertragenden Rechtsträgers (siehe Rdn. 615);
- Ggf. Anzeige des Treuhänders über den Empfang der Aktien/baren Zuzahlungen (§§ 71 Abs. 1 Satz 2, 78 UmwG).

▶ Hinweis:

Je nachdem, welcher Rechtsträger an der Verschmelzung beteiligt ist, kann sich das Erfordernis einer **Vorlage weiterer Anlagen** ergeben (s. dazu die Erläuterungen bei den Einzelfällen). 674

7. Schlussbilanz des übertragenden Rechtsträgers (§ 17 Abs. 2 UmwG)

Nach § 17 Abs. 2 UmwG ist der Anmeldung zum Register des Sitzes **jedes der übertragenden Rechtsträger** (nicht der übernehmenden) eine Bilanz dieses Rechtsträgers beizufügen. Dies ist die sog. Schlussbilanz. Für diese Bilanz gelten die Vorschriften über die Jahresbilanz und deren Prüfung entsprechend. Sie brauchen nicht bekannt gemacht zu werden. Das Registergericht darf die Verschmelzung nur eintragen, wenn die Bilanz auf einen höchstens 8 Monate vor der Anmeldung liegenden Stichtag aufgestellt worden ist. 675

a) Begriff der Schlussbilanz

§ 17 Abs. 2 UmwG hat den Zweck der Sicherung der **Bilanzkontinuität**, da die in der Schlussbilanz angesetzten Werte nach § 24 UmwG in den Jahresbilanzen des übernehmenden Rechtsträgers als Anschaffungskosten angesetzt werden können.[1234] Außerdem sollen sich die Gläubiger durch Einblick in eine aktuelle Bilanz ein Bild über die Vermögensverhältnisse machen können.[1235] Nicht notwendig ist die Vorlage der Gewinn- und Verlustrechnung, da nicht die Vorlage des Jahresabschlusses verlangt wird, zu dem nach § 242 Abs. 3 HGB auch die Gewinn- und Verlustrechnung gehört.[1236] Das HGB kennt den Ausdruck Jahresbilanz nicht, sondern nur den des Jahresabschlusses. Mit § 17 Abs. 2 Satz 2 UmwG gemeint sind daher die Vorschriften, die sich auf den Jahresabschluss beziehen, soweit sie die Bilanz betreffen, also insb. die §§ 242 bis 245, 246 bis 251, 264 bis 274a, 279 bis 283 HGB.[1237] 676

Wird die Schlussbilanz auf einen anderen Stichtag als den des vorausgehenden Jahresabschlusses abgestellt, so handelt es sich um eine **Zwischenbilanz**, i. Ü. kann die Schlussbilanz die übliche 677

1232 Widmann/Mayer/Fronhöfer, Umwandlungsrecht, § 17 UmwG Rn. 7; Kallmeyer/Zimmermann, UmwG, § 17 Rn. 3; Hörtnagl, in: Schmitt/Hörtnagl/Stratz, § 17 UmwG Rn. 6; Lutter/Decher, § 17 UmwG Rn. 2.
1233 BGBl. 2009 I 2479.
1234 Vgl. Kallmeyer/Lanfermann, UmwG, § 17 Rn. 11, 14; Lutter/Decher, UmwG, § 17 Rn. 7; Hörtnagl, in: Schmitt/Hörtnagl/Stratz, § 17 UmwG Rn. 10.
1235 BayObLG GmbHR 1999, 295; KG NJW-RR 1999, 186; OLG Hamm GmbHR 2005, 255, 257; Kallmeyer/Lanfermann, UmwG, § 17 Rn. 11, 14; Lutter/Decher, UmwG, § 17 Rn. 7; Hörtnagl, in: Schmitt/Hörtnagl/Stratz, § 17 UmwG Rn. 10; Schwanna, in: Semler/Stengel § 17 UmwG Rn. 13.
1236 LG Stuttgart, DNotZ 1996, 701; LG Dresden, GmbHR 1998, 1086; Widmann/Mayer/Mayer, Umwandlungsrecht, § 24 UmwG Rn. 35; Kallmeyer/Lanfermann, UmwG, § 17 Rn. 18; Hörtnagl, in: Schmitt/Hörtnagl/Stratz, § 17 UmwG Rn. 14; Lutter/Decher, § 17 UmwG Rn. 8; Lutter/Priester, UmwG, § 24 Rn. 12; Blasche, RnotZ 2014, 464, 465; a. A. Aha, BB 1996, 2559.
1237 Widmann/Mayer/Mayer, Umwandlungsrecht, § 24 UmwG Rn. 49; Lutter/Decher, UmwG, § 17 Rn. 8.

Jahresbilanz sein.[1238] Umstritten ist, ob diese **Bilanz festgestellt** werden muss. Die Feststellung ist von der Aufstellung zu unterscheiden: Die Aufstellung bedeutet nur die inhaltliche Erstellung der Bilanz, enthält gleichsam einen Entwurf der Jahresbilanz. Die Feststellung ist die Genehmigung durch das zuständige Organ und damit die rechtsverbindliche In-Geltung-Setzung. Die Feststellungskompetenz liegt im GmbH-Recht bei den Gesellschaftern (§ 46 Nr. 1 GmbHG), das Gleiche gilt für die Personengesellschaften. Im Aktienrecht sind Vorstand und Aufsichtsrat zur Abschlussfeststellung berufen (§ 172 Satz 1 AktG).

678 Ein Teil der Literatur ist der Auffassung, dass eine **Feststellung der Schlussbilanz** nicht erforderlich sei, wenn es sich um eine Zwischenbilanz handelt.[1239] Die wohl überwiegende Meinung hält auch für die Schlussbilanz nach § 17 UmwG immer eine Feststellung für erforderlich.[1240] Allerdings kann das Registergericht keinen Nachweis über die Feststellung des Jahresabschlusses verlangen, der Beschluss darüber ist insb. nicht formbedürftig. Allerdings ist es zweckmäßig, die Schlussbilanz in der Gesellschafterversammlung festzustellen, in der auch der Verschmelzungsbeschluss gefasst wird, wenn nicht bereits vorher eine Feststellung stattgefunden hat.[1241]

679 Die Schlussbilanz ist von sämtlichen **Geschäftsführern** bei GmbH bzw. Vorständen bei AG, bei OHG allen Gesellschaftern, bei KG den Komplementären, bei Genossenschaft allen Vorständen **unter Angabe des Datums zu unterzeichnen**. Dies folgt nach allgemeiner Meinung z. B. bei der GmbH aus § 41 GmbHG, wonach die Geschäftsführer für die ordnungsgemäße Buchhaltung Verantwortung tragen.[1242] Die Unterzeichnung kann erst erfolgen, wenn die Gesellschafterversammlung die Bilanz festgestellt hat, da die Unterzeichnung durch die Geschäftsführer zugleich die Feststellung enthält, dass es sich um eine festgestellte Bilanz handelt. Die Unterzeichnung ist an sich nur eine öffentlich-rechtliche Pflicht, die eine Ordnungswidrigkeit zur Folge hat (§ 334 Abs. 1 Nr. 1a HGB) und hat bloße Beweisfunktion. Ihr Fehlen macht den Jahresabschluss nicht unwirksam.[1243] Bei Personenhandelsgesellschaften haben nach § 145 HGB alle persönlich haftenden Gesellschafter den Jahresabschluss zu unterzeichnen. Bei einer – versehentlich – nicht unterzeichneten Bilanz kann man aber die Unterschrift auch nach Ablauf der Acht-Monats-Frist nachholen.[1244]

680 Nach dem klaren **Wortlaut des § 17 Abs. 2 UmwG** ist die Schlussbilanz des übertragenden Rechtsträgers nur der Anmeldung zum Register des Sitzes der übertragenden Rechtsträger beizufügen. Dem Register der übernehmenden Gesellschaft muss die Bilanz nicht vorgelegt werden. Das bedeutet, dass dieses Registergericht das Alter der Bilanz überhaupt nicht eigenständig prüfen

---

1238 Widmann/Mayer/Widmann, Umwandlungsrecht, § 24 UmwG Rn. 46; Kallmeyer/Lanfermann, UmwG, § 17 Rn. 16 ff.; Lutter/Priester, UmwG, § 24 Rn. 13; Lutter/Decher, § 17 UmwG Rn. 10; Blasche, RNotZ 2014, 464, 465; BeckOGK/Rieckers/Cloppenburg UmwG § 17 Rn. 73; Kölner KommUmwG/Simon § 17 Rn. 33.
1239 Müller, WPG 1996, 857, 861; Kallmeyer/Lanfermann, UmwG, § 17 Rn. 19; BeckOGK/Rieckers/Cloppenburg UmwG § 17 Rn. 73.
1240 LG Kempten, Rpfleger 2001, 433; Widmann/Mayer/Widmann, Umwandlungsrecht, § 24 UmwG Rn. 51; Blasche, RNotZ 2014, 464, 465; BeckOGK/Rieckers/Cloppenburg UmwG § 17 Rn. 73; Widmann/Mayer/Frohnhöfer, § 17 UmwG Rn. 74; Hörtnagl, in: Schmitt/Hörtnagl/Stratz, § 17 UmwG Rn. 18; wohl auch Lutter/Priester, UmwG, § 24 Rn. 12; 78 ff.; offen gelassen Gassner, in: FS für Widmann, 2000, S. 343, 346.
1241 So Widmann/Mayer/Mayer, Umwandlungsrecht, § 24 UmwG Rn. 57.
1242 Vgl. Widmann/Mayer/Frohnhöfer, § 17 UmwG Rn. 78; Widmann/Mayer/Widmann, § 24 UmwG Rn. 83; Heidinger/Limmer/Holland/Reul, Gutachten des DNotI, Bd. IV, Gutachten zum Umwandlungsrecht, S. 93; Blasche, RNotZ 2014, 464, 465; BeckOGK/Rieckers/Cloppenburg UmwG § 17 Rn. 73; Kölner KommUmwG/Simon § 17 Rn. 33; Lutter/Decher § 17 UmwG Rn. 10; Schmitt/Hörtnagl/Stratz/Hörtnagl § 17 Rn. 18.
1243 OLG Frankfurt am Main, BB 1989, 395.
1244 Heidinger/Limmer/Holland/Reul, Gutachten des DNotI, Bd. IV, Gutachten zum Umwandlungsrecht, S. 95.

kann und muss, dies liegt in der alleinigen Zuständigkeit des Registers des übertragenden Rechtsträgers.[1245]

681 Umstritten ist, ob auch solche Rechtsträger, die nicht bilanzierungspflichtig sind, wie z. B. eingetragene Vereine, allein zum Zweck der Umwandlung eine Bilanz nach § 17 Abs. 2 Satz 4 UmwG erstellen müssen. Dies wird zu Recht von der überwiegenden Meinung verneint.[1246] Diese Rechtsträger müssen deshalb **nur ihre bisherigen Rechnungsunterlagen** z. B. eine Einnahmen- oder Ausgabenrechnung und einen Vermögensstatus innerhalb der 8-Monats-Frist **vorlegen** (vgl. im Einzelnen unten Teil 2 Rdn. 1352).

b) Bilanzstichtag und Verhältnis zum Verschmelzungsstichtag

682 Zum Verhältnis der verschiedenen Stichtage vgl. oben (s. Teil 2 Rdn. 172 ff.).

Bei Kettenumwandlungen stellt sich häufig das Problem einer Schlussbilanz des **noch nicht existierenden übertragenden Rechtsträgers**.

▶ Beispiel:

683 Der im Handelsregister eingetragene Kaufmann K hat das gesamte Firmenvermögen auf eine von ihm gegründete GmbH durch Ausgliederung übertragen. Der Ausgliederung lag die Bilanz des Einzelunternehmers zum 31.05.2015 (Schlussbilanz) zugrunde. Die Übertragung des Vermögens auf die neugegründete GmbH erfolgt zum 01.06.2015 (Ausgliederungsstichtag). Die GmbH wurde am 18.11.2015 in das Handelsregister eingetragen. Mit Urkunde v. 01.12.2015 wurde die vorgenannte GmbH auf eine Muttergesellschaft übertragen, die die Anteile in der Zwischenzeit erworben hatte. Verschmelzungsstichtag soll ebenfalls der 01.06.2015 sein. Als Schlussbilanz wird die Bilanz der GmbH zum 31.05.2015 zugrunde gelegt.

Weder der Zweck des § 17 Abs. 2 UmwG noch Gläubigerschutzgesichtspunkte sprechen dagegen, die Bilanz auf den Stichtag vor der eigenen Entstehung aufstellen zu können. Die Schlussbilanz, die auf den Umwandlungsstichtag innerhalb der Acht-Monats-Frist für den übertragenden Rechtsträger erstellt wurde, stellt dessen Vermögenslage für den Gläubiger hinreichend dar, auch wenn der übertragende Rechtsträger selbst zu diesem Zeitpunkt noch nicht existiert. Allein entscheidend ist, ob die Vermögenslage richtig wiedergegeben wird. Insofern besteht keine zwingende Notwendigkeit, die Schlussbilanz erst ab dem Zeitpunkt aufzustellen, zu dem die übertragende GmbH bereits existiert.

c) Frist, Nachreichung von Unterlagen

684 Nach § 17 Abs. 2 Satz 4 UmwG darf die Verschmelzung nur eingetragen werden, wenn die Bilanz auf einen höchstens 8 Monate vor der Anmeldung liegenden **Stichtag** aufgestellt worden ist. Der Zeitraum berechnet sich nach §§ 186 ff. BGB.[1247] Umstritten ist dabei, ob die §§ 187, 188 BGB

1245 BayObLG DB 1998, 968 = ZIP 1998, 474; LG Frankfurt am Main, GmbHR 1996, 542; GmbHR 1999, 591; Bartovics, GmbHR 1996, 514; Kallmeyer/Lanfermann, UmwG, § 17 Rn. 13; Hörtnagl, in: Schmitt/Hörtnagl/Stratz, § 17 UmwG Rn. 15 f.; Lutter/Decher, § 17 UmwG Rn. 7; Widmann/Mayer/Widmann, § 24 UmwG Rn. 154; Heckschen, NotBZ 1997, 132.
1246 Widmann/Mayer/Mayer, Umwandlungsrecht, § 24 UmwG Rn. 34; Hörtnagl, in: Schmitt/Hörtnagl/Stratz, UmwG, UmwG § 17 Rn. 17; Lutter/Decher, § 17 UmwG Rn. 9; Kallmeyer/Lanfermann, UmwG, § 17 Rn. 12 f.; German, GmbHR 1999, 591, 592; Schwanna, in: Semler/Stengel, UmwG, § 17 Rn. 3; Katschinski, in: Semler/Stengel, UmwG, § 99 Rn. 15; Scheunemann, DB 2006, 797; vgl. auch Hadding/Henrichs, in: FS für Boujong, 1996, S. 203 ff.
1247 BayObLG DB 2000, 811; Lutter/Decher, UmwG, § 17 Rn. 14; OLG Köln, GmbHR 1998, 1085; Widmann/Mayer/Widmann Umwandlungsrecht, § 24 UmwG Rn. 69; Hörtnagl, in: Schmitt/Hörtnagl/Stratz, § 17 UmwG Rn. 44 ff.; Kallmeyer/Lanfermann, UmwG, § 17 Rn. 26 ff.; Blasche RNotZ 2014, 464 ff.

unmittelbar oder nur entsprechend anwendbar sind und ob eine Vorwärtsrechnung in direkter Anwendung der §§ 187, 188 BGB zu erfolgen hat oder eine Rückrechnung analog den genannten Vorschriften.[1248] Bei direkter Anwendung, d. h. bei einer Vorwärtsrechnung, ist fristauslösendes Ereignis i. S. d. § 187 Abs. 1 BGB der Stichtag; das Fristende ist gem. § 188 Abs. 2 BGB der Ablauf des Tages des letzten Monats, der in seiner Zahl dem Tag entspricht, in den das fristauslösende Ereignis fällt.[1249] Die wohl überwiegende Ansicht in der Literatur rechnet analog den §§ 187 Abs. 1, 188 Abs. 2 BGB zurück. Hiernach ist für den Fristbeginn der Anmeldetag entscheidend. Das Fristende fällt auf den Beginn (00:00 Uhr) des Tages, der dem Anmeldetag entspricht. Fehlt der Anmeldetag im Monat des Fristablaufs, tritt an dessen Stelle der letzte Tag des Monats.[1250] Unklar ist ferner wie streng die Vorschrift auszulegen ist. Literatur und Rechtsprechung gehen davon aus, dass die 8-Monats-Frist als solche für die Anmeldung strikt einzuhalten ist und das Registergericht die Verschmelzung auch bei geringfügigen Überschreitungen nicht eintragen darf.[1251]

Fraglich ist, in welchem Rahmen **Ergänzungen oder fehlende Unterlagen** nachgereicht werden können: In der jüngeren Literatur wird dieser z. T. zu Recht großzügiger gesehen.[1252] Sofern bei der Anmeldung einer Verschmelzung beim Handelsregister des übertragenden Rechtsträgers eine Schlussbilanz unter Einhaltung dieser Frist eingereicht wird und sich die Eintragung der Verschmelzung hinzieht, (z. B. aufgrund einer Anfechtungsklage), so ist die Frist gewahrt.[1253] Daher ist es auch für den Stichtag unerheblich, wenn bei der Anmeldung Unterlagen fehlen, die noch nachgereicht werden können.[1254] Nach überwiegender Meinung muss allerdings **die Verschmelzung als solche wenigstens beschlossen** sein und es müssen wenigstens der Verschmelzungsvertrag und die Verschmelzungsbeschlüsse vorliegen.[1255] Das OLG Brandenburg[1256] hat zu Recht entschieden, dass nach Ablauf der Frist des § 17 Abs. 2 UmwG noch solche Unterlagen nachgereicht werden dürfen, die die Wirksamkeit des Umwandlungsvorgangs als solchen nicht berühren. Verzichtserklärungen können daher z.B. noch nachgereicht werden.

1248 Zum Streit vgl. Kallmeyer/Lanfermann, UmwG, § 17 Rn. 27; Gutachten DNotI-Report 2014, 34.
1249 So OLG Köln GmbHR 1998, 1085 = MittBayNot 1999, 87; Hörtnagl, in: Schmitt/Hörtnagl/Stratz, UmwG/UmwStG, § 17 UmwG Rn. 43.
1250 So Gutachten DNotI-Report 2014, 34, 35; Widmann/Mayer/Fronhöfer, Umwandlungsrecht, § 17 UmwG Rn. 89; Semler/Stengel/Schwanna, UmwG, § 17 Rn. 17; KölnKommUmwG/Simon, 2009, § 17 Rn. 40; Kallmeyer/Lanfermann UmwG, § 17 Rn. 27; Henssler/Strohn/Heidinger, Gesellschaftsrecht, § 17 UmwG Rn. 25; Lutter/Decher, UmwG, § 17 Rn. 12; vgl. auch MünchKommBGB/Grothe, 6. Aufl. 2012, § 187 Rn. 4.
1251 OLG Köln, GmbHR 1998, 1085; Heidinger, DNotZ 1999, 165; Lutter/Decher, UmwG, § 17 Rn. 6; Widmann/Mayer/Mayer, Umwandlungsrecht, § 24 UmwG Rn. 69; Hörtnagl, in: Schmitt/Hörtnagl/Stratz, UmwG, UmwG Rn. 44 ff.; Kallmeyer/Lanfermann, UmwG, § 17 Rn. 26; Blasche, RNotZ 2014, 464, 468.
1252 Vgl. nur Hörtnagl, in: Schmitt/Hörtnagl/Stratz, UmwG, UmwStG, § 17 UmwG Rn. 46; Widmann/Mayer/Widmann, Umwandlungsrecht, § 24 UmwG Rn. 68; Kallmeyer/Lanfermann, UmwG, § 17 Rn. 26; Lutter/Decher, UmwG, § 17 Rn. 6, 13; Heckschen, Rpfleger 1999, 357, 363 und NotBZ 1997, 132; Blasche RNotZ 2014, 464, 468; strenger Germann, GmbHR 1999, 591, 593; Mayer, in: Münchener Handbuch des Gesellschaftsrechts, Bd. III, § 73 Rn. 230; in dieser Richtung auch Gerold, MittRhNotK 1997, 205; Heidinger, DNotZ 1999, 165.
1253 Widmann/Mayer/Widmann, Umwandlungsrecht, § 24 UmwG Rn. 74; Kallmeyer/Lanfermann, UmwG, § 17 Rn. 24; Hörtnagl, in: Schmitt/Hörtnagl/Stratz, UmwG, UmwG § 17 Rn. 46; Lutter/Decher, UmwG, § 17 Rn. 13.
1254 LG Frankfurt am Main, GmbHR 1998, 380; German, GmbHR 1999, 591; Lutter/Decher, UmwG, § 17 Rn. 6, 13, einschränkend allerdings KG, NJW-RR 1999, 186; LG Dresden, NotBZ 1997, 138; dagegen Heckschen, NotBZ 1997, 132.
1255 OLG Brandenburg, GmbHR 2018, 523 = NotBZ 2018, 381; Kallmeyer/Zimmermann, UmwG, § 17 Rn. 8; Heckschen, Rpfleger 1999, 357, 362; Lutter/Decher, UmwG, § 17 Rn. 6.
1256 GmbHR 2018, 523 = NotBZ 2018, 381.

Ob die **Schlussbilanz selbst innerhalb der Frist** mit eingereicht sein muss, ist unklar. Z. T. wurde vertreten, dass die einzureichende Bilanz bereits im vom Gesetz vorgegebenen Zeitraum von 8 Monaten aufzustellen und der Anmeldung mit beizufügen oder zumindest innerhalb der Acht-Monats-Frist nachzureichen ist.[1257] Zunehmend wird allerdings vertreten, die Schlussbilanz selbst müsse nicht mit eingereicht sein.[1258] **Einzelne Instanzgerichte**[1259] verlangen die strenge Wahrung der Achtmonatsfrist auch für die Einreichung der Schlussbilanz. Andere Instanzgerichte[1260] wollen das Nachreichen der Schlussbilanz auch nach Ablauf von 8 Monaten jedenfalls dann zulassen, wenn die Bilanz nur versehentlich nicht mit eingereicht wurde, aber innerhalb der 8-Monats-Frist zumindest erstellt war. In diese Richtung tendiert auch das OLG Zweibrücken[1261] in einem Haftpflichtprozess gegen einen Notar. Auch hat das OLG Jena[1262] ausdrücklich festgestellt, dass die durch § 17 Abs. 2 Satz 4 UmwG geforderte Bilanz nicht bereits der Verschmelzungsanmeldung beiliegen müsse. Sie könne im Anschluss an die wirksame, wenn auch nicht sofort vollziehbare Anmeldung nachgereicht werden. Dieser großzügigeren Meinung ist m. E. zu folgen, da sie den Zwecken der Bilanzkontinuität und des Gläubigerschutzes genügt. Generell gilt daher, dass fehlende Unterlagen nachgereicht werden können, auch die Schlussbilanz selbst.[1263]

d) Prüfung der Bilanz

Die Frage, ob es sich bei der Bilanz um eine **geprüfte Bilanz** handeln muss, ist nicht im UmwG geregelt, sondern im jeweiligen Sonderrecht des einschlägigen Rechtsträgers. Indem der Gesetzgeber auf die Vorschriften über die Jahresbilanz und deren Prüfung verweist, entscheidet allein das für den Rechtsträger einschlägige Gesetz, ob die Jahresbilanz geprüft werden muss.[1264] 685

Dies ist der Fall bei
– Kapitalgesellschaften, die keine kleinen i. S. d. § 267 Abs. 1 HGB sind (§ 316 Abs. 1 HGB),
– Genossenschaften (§ 53 Abs. 2 GenG),
– Kreditinstituten (§ 340k HGB) und
– Versicherungsunternehmen (§ 341k HGB).

Eine **Prüfung ist nicht erforderlich** bei Personengesellschaften und bei eingetragenen Vereinen, sofern sie nicht unter das Publizitätsgesetz fallen (§§ 1, 6 Publizitätsgesetz). 686

e) Bilanz bei noch nicht existierendem Rechtsträger

Bei **Kettenumwandlungen** stellt sich die Problematik des zum Zeitpunkt des Umwandlungsstichtages noch nicht bestehenden Rechtsträgers (vgl. oben Teil 2 Rdn. 35 ff.). 687

▶ Beispiel:
Der im Handelsregister eingetragene Kaufmann K hat mit Urkunde v. 12.08.2015 das gesamte Firmenvermögen auf eine von ihm dadurch gegründete GmbH durch Ausgliederung übertra- 688

1257 So Heidinger/Limmer/Holland/Reul, Gutachten des DNotI, Bd. IV, Gutachten zum Umwandlungsrecht, Nr. 36, S. 263 ff.
1258 OLG Jena, NJW-RR 2003, 99, 100; OLG Zweibrücken, GmbHR 2003, 118; LG Frankfurt am Main, GmbHR 1998, 379 = NotBZ 1998, 36; Heckschen, Rpfleger 1999, 357, 363; Lutter/Decher, UmwG, § 17 Rn. 13; Widmann/Mayer/Widmann Umwandlungsrecht, § 24 UmwG Rn. 68: eine zum Zeitpunkt der Anmeldung noch nicht geprüfte Schlussbilanz sei ausreichend; Schwanna, in: Semler/Stengel, UmwG, § 17 Rn. 20.
1259 Vgl. LG Dresden, GmbHR 1998, 1086; LG Kempten, Rpfleger 2001, 433 für die Genossenschaft.
1260 Z. B. LG Frankfurt am Main, NotBZ 1998, 36 = GmbHR 1998, 380.
1261 RNotZ 2002, 516.
1262 NotBZ 2003, 76 m. Anm. Berger = NJW-RR 2003, 99 =NZG 2003, 43.
1263 Blasche, RNotZ 2014, 464, 468.
1264 Kallmeyer/Lanfermann, UmwG, § 17 Rn. 36; Lutter/Decher, UmwG, § 17 Rn. 9; Hörtnagl, in: Schmitt/Hörtnagl/Stratz, UmwG, UmwStG, § 17 UmwG Rn. 20; LG Dresden, MittBayNot 1998, 271 = GmbHR 1998, 1086.

gen. Der Ausgliederung lag die Bilanz des Einzelunternehmens zum 31.05.2015 (Schlussbilanz) zugrunde. Die Übertragung des Vermögens des einzelkaufmännischen Unternehmens auf die dadurch neugegründete GmbH erfolgte zum 01.06.2015 (Ausgliederungsstichtag). Die GmbH wurde am 18.11.2015 eingetragen. Die Ausgliederung beim Einzelunternehmen am 30.11.2015. Mit Urkunde v. 01.12.2015 wurde die vorgenannte GmbH auf ihre Muttergesellschaft (100 %) übertragen, die die Anteile vom Einzelkaufmann in der Zwischenzeit erworben hatte. Verschmelzungsstichtag ist der 01.06.2015. Als Bilanz wurde die Bilanz der GmbH zum 31.05.2015 zugrunde gelegt.

689 Ob eine **rückwirkende Vereinbarung des Stichtages** möglich ist, wenn der aufnehmende Rechtsträger zum Zeitpunkt des fingierten Ausgliederungsstichtages noch nicht existiert, ist in der Rechtsprechung noch nicht erörtert worden. Von Heckschen/Simon[1265] wird dies angezweifelt, da noch keine Buchführungspflicht bestehe. Mayer[1266] bejaht demgegenüber die Zulässigkeit. Diese Auffassung ist m. E. zutreffend, da eine derartige rückwirkende Vereinbarung das UmwG bei der Verschmelzung oder Spaltung zur Neugründung ausdrücklich vorsieht. Dementsprechend dürfte nichts anderes gelten bei einer Ausgliederung auf einen zwar gegründeten, aber noch nicht eingetragenen Rechtsträger. Mayer weist zu Recht darauf hin, dass eine Verschmelzung oder Spaltung zur Aufnahme auf einen übernehmenden Rechtsträger durchgeführt werden kann, der handelsrechtlich am steuerlichen Übertragungsstichtag bzw. Umwandlungsstichtag noch nicht existent war. Entscheidend sei, dass die beteiligten Rechtsträger zum Zeitpunkt des rechtsgeschäftlichen Umwandlungsvorgangs (Vertragsschluss, Umwandlungsbeschluss, Registeranmeldung etc.) existent sind, denn erst dann muss ein beteiligungsfähiger Rechtsträger i. S. v. § 3 UmwG vorhanden sein.

8. Bilanzvorlage beim Register des aufnehmenden Rechtsträgers

690 § 17 Abs. 2 UmwG verlangt nur die **Beifügung der Schlussbilanz** zum Register **des übertragenden Rechtsträgers**, nicht aber beim aufnehmenden Rechtsträger.[1267] Dennoch kann sich aus allgemeinen Vorschriften die Notwendigkeit ergeben, dass bei der Anmeldung der Verschmelzung zum Sitz des aufnehmenden Rechtsträgers ebenfalls eine Bilanz beizufügen ist.

691 Bei der Verschmelzung zur Aufnahme ist in den meisten Fällen eine **Kapitalerhöhung** bei der aufnehmenden Gesellschaft **erforderlich** (vgl. Teil 2 Rdn. 263 ff.). Dann gelten zusätzlich die Vorschriften über die Kapitalerhöhung, sodass das Registergericht der aufnehmenden Gesellschaft auch die Kapitalerhöhung prüfen kann und muss. Zwar wird nach allgemeiner Meinung ein Sachkapitalerhöhungsbericht bei der Kapitalerhöhung gegen Sacheinlagen nicht angenommen, dennoch ist nach überwiegender Meinung das Registergericht berechtigt, im Einzelfall entsprechende Unterlagen zum **Nachweis der Werthaltigkeit** zu verlangen. Aus der Prüfungspflicht und dem Prüfungsrecht des Registergerichts bei der Kapitalerhöhung gegen Sacheinlagen folgert daher die überwiegende Meinung die Notwendigkeit, der Anmeldung auch Unterlagen beizufügen, die eine Prüfung ermöglichen. Als geeignete Unterlagen kommt etwa die Schlussbilanz der übertragenden Gesellschaft in Betracht.[1268] Der Nachweis kann aber auch durch andere Unterlagen geführt werden. Hier gelten die allgemeinen Vorschriften des Kapitalerhöhungsrechts.

1265 UmwG, § 5 Rn. 157 ff.
1266 Widmann/Mayer/Mayer, Umwandlungsrecht, § 5 UmwG Rn. 235.8.1; Steuerfachausschuss zum Entwurf eines Einführungsschreibens zum UmwStG 1995, WiP 1997, 439, 442 ff.
1267 BayObLG, DB 1998, 968 = ZIP 1998, 474; LG Frankfurt am Main, GmbHR 1996, 542; GmbHR 1999, 591; Bartovics, GmbHR 1996, 514; Kallmeyer/Lanfermann, UmwG, § 17 Rn. 26; Hörtnagl, in: Schmitt/Hörtnagl/Stratz, § 17 UmwG Rn. 15 f.; Lutter/Decher § 17 UmwG Rn. 7; Widmann/Mayer/Widmann, § 24 UmwG Rn. 154; Heckschen, NotBZ 1997, 132.
1268 Vgl. LG Frankfurt am Main, GmbHR 1998, 379.

Bei der Verschmelzung zur Neugründung ist unter bestimmten Voraussetzungen bei der GmbH nach § 58 UmwG ein **Sachgründungsbericht erforderlich**. Das BayObLG hat allerdings entschieden, dass bei der Ausgliederung zur Neugründung es nicht erforderlich ist, eine auf einen höchstens 8 Monate vor der Anmeldung liegenden Stichtag aufgestellte Schlussbilanz des übertragenden Rechtsträgers vorzulegen.[1269] Davon unabhängig sei es dem Registergericht des neuen Rechtsträgers im Rahmen seiner Prüfungspflicht nach den allgemeinen Vorschriften, etwa gem. § 9c GmbHG, nicht verwehrt, sich die Bilanz des übertragenden Rechtsträgers vorlegen zu lassen, da auch auf die Anmeldung des neuen Rechtsträgers die Vorschriften Anwendung fänden, die für eine Gründung der entsprechenden Gesellschaftsform gelten. Die Einhaltung der Frist des § 17 Abs. 2 Satz 4 UmwG könne aber nicht gefordert werden.

692

IV. Wirkungen der Verschmelzung

1. Zeitpunkt

Maßgeblich ist immer der **Zeitpunkt der Eintragung der Verschmelzung** bei dem übernehmenden Rechtsträger (§ 20 Abs. 1 UmwG).

693

2. Gesamtrechtsnachfolge

a) Allgemeines

Eine der **wesentlichen Wirkungen der Verschmelzung** ist nach § 20 Abs. 1 Nr. 1 UmwG der Übergang des Vermögens sämtlicher übertragender Rechtsträger einschließlich Verbindlichkeiten auf den übernehmenden Rechtsträger. Mit der Eintragung der Verschmelzung im Register des übernehmenden Rechtsträgers tritt die Gesamtrechtsnachfolge ein. Es ist dabei **nicht möglich, einzelne Vermögensobjekte** eines übertragenden Rechtsträgers im Verschmelzungsvertrag **von diesem Übergang auszunehmen**.[1270] Die Gesamtrechtsnachfolge ist auch dadurch gekennzeichnet, dass das gesamte Vermögen im umfassenden Sinn ohne Einzelübertragung auf den aufnehmenden Rechtsträger übergeht. Die Rechtsänderung tritt kraft Gesetzes mit der Handelsregistereintragung ein ohne besondere Übertragungsakte.[1271] Sollten einzelne Vermögensgegenstände ausgenommen sein, so müssen diese vor Wirksamwerden der Verschmelzung mit dinglicher Wirkung aus dem Vermögen des übertragenden Rechtsträgers ausgeschieden sein.[1272] Register und Grundbuch sind lediglich zu berichtigen, die Eintragung ist deklaratorischer, nicht konstitutiver Natur. Ein wesentliches Element der Gesamtrechtsnachfolge ist, dass die **Vorschriften über Einzelrechtsnachfolge** wie z. B. §§ 929, 873, 398 BGB oder der **Vertrags- oder Schuldübernahmen** (§§ 414 ff. BGB) nicht eingehalten werden müssen, ebenfalls nicht erforderlich sind **Zustimmungen Dritter, sei es öffentlich-rechtliche oder privatrechtliche Zustimmungen oder Genehmigungen**.[1273] Ausgenommen vom Rechtsübergang sind nur höchstpersönliche Rechte oder Befugnisse, z. B. öffentlich-rechtlicher Art. Umstritten war die Frage, ob ein rechtsgeschäftlich vereinbartes Abtretungsverbot nach § 399 2. Alt. BGB den Übergang der betroffenen Forderung

694

1269 ZIP 1999, 968 = MittRhNotK 1999, 63.
1270 Lutter/Grunewald, UmwG, § 20 Rn. 8; Widmann/Mayer/Vossius § 20 UmwG Rn. 26, 32; Kallmeyer/Marsch-Barner, UmwG, § 20 Rn. 4; Stratz, in: Schmitt/Hörtnagl/Stratz, § 20 UmwG Rn. 24; Kübler in: Semler/Stengel, § 20 UmwG Rn. 8; BeckOGK/Rieckers/Cloppenburg UmwG § 20 Rn. 5 ff.
1271 Vgl. auch Heidinger/Limmer/Holland/Reul, Gutachten zum Umwandlungsrecht, S. 102; Lutter/Grunewald, UmwG, § 20 Rn. 7 ff.; Widmann/Mayer/Vossius, § 20 UmwG Rn. 26; Kallmeyer/Marsch-Barner, UmwG, § 20 Rn. 4; Stratz, in: Schmitt/Hörtnagl/Stratz, § 20 UmwG Rn. 3; Kübler in: Semler/Stengel, § 20 UmwG Rn. 8; Lieder/Scholz, ZIP 2015, 1705 ff.
1272 Lutter/Grunewald, UmwG, § 20 Rn. 8; Stratz, in: Schmitt/Hörtnagl/Stratz, § 20 UmwG Rn. 24.
1273 Vgl. Widmann/Mayer/Vossius, Umwandlungsrecht, § 20 UmwG Rn. 26; Kallmeyer/Marsch-Barner, UmwG § 20 Rn. 4; Kübler in: Semler/Stengel, § 20 UmwG Rn. 8; Lutter/Grunewald, UmwG, § 20 Rn. 7 ff.; Stratz, in: Schmitt/Hörtnagl/Stratz, § 20 UmwG Rn. 23 ff.

des übertragenden Rechtsträgers auf den übernehmenden Rechtsträger aufgrund der gemäß § 20 Abs. 1 Nr. 1 UmwG für die Verschmelzung angeordnete Gesamtrechtsnachfolge entgegensteht. Zum Teil werden die Vorschriften über die Einzelrechtsübertragung von Forderungen für den Fall einer Gesamtrechtsnachfolge insgesamt für nicht anwendbar gehalten.[1274] Demgegenüber wurde die Anwendbarkeit des § 399 2. Alt. BGB auf den Vermögensübergang bei Verschmelzung zum Teil ohne Einschränkung bejaht.[1275] Andere Stimmen in der Literatur halten eine differenzierte Betrachtung im Einzelfall für erforderlich.[1276] Der BGH hat im Urteil vom 22. 9. 2016[1277] entschieden, dass das in einem Bauvertrag vereinbarte Abtretungsverbot nach § 399 2. Alt. BGB dem Übergang der dem Auftragnehmer gegen den Auftraggeber zustehenden Zahlungsansprüche auf die übernehmende Gesellschaft aufgrund der in § 20 Abs. 1 Nr. 1 UmwG angeordneten Gesamtrechtsnachfolge anlässlich einer Verschmelzung des Auftragnehmers auf die übernehmende Gesellschaft nicht entgegensteht.

▶ Hinweis:

695 Aus steuerlicher Hinsicht ist jedoch bei Personengesellschaften zu beachten, dass Sonderbetriebsvermögen, das nicht im juristischen Eigentum der übertragenden Gesellschaft steht, nicht übergeht. Das kann zur Aufdeckung stiller Reserven führen.[1278] Sonderbetriebsvermögen einzelner Gesellschafter ist daher nur dann an der Gesamtrechtsnachfolge beteiligt, wenn es vor der Verschmelzung dem Rechtsträger durch Rechtsgeschäft übertragen wurde.[1279]

696 Die Gesamtrechtsnachfolge bewirkt nach herrschender Meinung jedoch nicht, dass der Übernehmer umfassend in sämtliche Rechte und Rechtsverhältnisse des Übertragers eintritt. Es gilt, dass die **Vorschriften über Einzelrechtsnachfolge** wie z. B. §§ 929, 873, 398 BGB oder der **Vertrags- oder Schuldübernahmen** (§§ 414 ff. BGB) nicht eingehalten werden müssen, ebenfalls nicht erforderlich sind **Zustimmungen Dritter, sei es öffentlich-rechtliche oder privatrechtliche Zustimmungen oder Genehmigungen**.[1280] Ausgenommen vom Rechtsübergang sind nur höchstpersönliche Rechte oder Befugnisse, z. B. öffentlich-rechtlicher Art.[1281] Die Gesamtrechtsnachfolge bewirkt nach herrschender Meinung jedoch nicht, dass der Übernehmer umfassend in sämtliche Rechte und Rechtsverhältnisse des Übertragers eintritt. Einzelne Rechtspositionen können vom Übergang ausgeschlossen werden, wenn die Rechtsposition unübertragbar ist oder aus sonstigen Gründen die Gesamtrechtsnachfolge andere Auswirkungen als den Übergang hat.[1282]

1274 Vgl. RGZ 136, 313, 315 f.; Lutter/Grunewald, UmwG, § 20 Rn. 32; Henssler/Strohn/Heidinger, Gesellschaftsrecht, § 20 UmwG Rn. 5; Semler/Stengel/Kübler, UmwG, § 20 Rn. 13; Stratz in: Schmitt/Hörtnagl/Stratz, Umwandlungsgesetz, Umwandlungssteuergesetz, § 20 UmwG Rn. 27; KK-UmwG/Simon, § 2 Rn. 47, 54; BeckOK BGB/Rohe, § 412 Rn. 1; Kallmeyer/Marsch-Barner, § 20 Rn. 8; Palandt/Grüneberg, BGB, § 412 Rn. 1; Müller, BB 2000, 365, 366; Rieble, ZIP 1997, 301, 308; Heidenhain, ZIP 1995, 801; Hennrichs, Formwechsel und Gesamtrechtsnachfolge bei Umwandlungen, 1995, S. 45 f.; Lieder/Scholz, ZIP 2015, 1705, 1706 f.
1275 Vgl. OLG Oldenburg, OLGR 2000, 65, 66 f.
1276 Vgl. MünchKommBGB/Roth/Kieninger § 412 Rn. 15; Staudinger/Busche, § 412 Rn. 9; Rosch in: jurisPK-BGB, § 412 Rn. 35.
1277 BGHZ 212, 90 = DNotZ 2017, 52 = NJW 2017, 71.
1278 Schmitt in: Schmitt/Hörtnagl/Stratz, Umwandlungsgesetz, Umwandlungssteuergesetz, § 24 UmwStG Rn. 98.
1279 Stratz in: Schmitt/Hörtnagl/Stratz, Umwandlungsgesetz, Umwandlungssteuergesetz, § 20 UmwG Rn. 24.
1280 Vgl. OLG Hamm RNotZ 2014, 507 = NZG 2014, 783; OLG Hamm, DStR 2010, 991 = NJW 2010, 2591; OLG Karlsruhe, NZG 2009, 315 = GmbHR 2008, 1219; Widmann/Mayer/Vossius, Umwandlungsrecht, § 20 UmwG Rn. 26, 247; Kallmeyer/Marsch-Barner, UmwG, § 20 Rn. 4 ff.; Stratz in Schmitt/Hörtnagl/Stratz, UmwG, § 20 UmwG Rn. 26; Gaiser DB 2000, 361.
1281 Vg. OLG Hamm RNotZ 2014, 507 = NZG 2014, 783.
1282 Vgl. Lutter/Grunewald, UmwG, § 20 Rn. 13; Heidinger/Limmer/Holland/Reul, Gutachten des DNotI, Bd. IV, Gutachten zum Umwandlungsrecht, S. 102.

L. Registerverfahren

b) Einzelne Rechtsverhältnisse

aa) Grundstücke und dingliche Rechte

Grundstücke, grundstücksgleiche Rechte und sonstige dingliche Rechte, wie Reallast und Grundpfandrechte, gehen ohne weiteren Übertragungsakt auf den übernehmenden Rechtsträger über.[1283] Das Grundbuch wird mit der Eintragung der Verschmelzung unrichtig. Der Nachweis der Unrichtigkeit nach § 22 GBO wird durch die Vorlage eines beglaubigten Handelsregisterauszuges der übernehmenden Gesellschaft oder Verweisung auf das beim gleichen AG geführten Register geführt.[1284] Aus dem Handelsregisterauszug muss sich der Zeitpunkt der Eintragung der Verschmelzung sowie Firma und Sitz der Überträgerin ergeben.[1285] Ferner ist eine **Unbedenklichkeitsbescheinigung des Finanzamtes** – Grunderwerbsteuerstelle – für die Eigentumsberichtigung erforderlich.[1286]

Nießbrauch, beschränkt persönliche Dienstbarkeiten und nicht übertragbare dingliche Vorkaufsrechte gehen nur i. R. d. gesetzlichen Vorschriften (§§ 1059a Abs. 1 Nr. 1, Abs. 2, 1092, Abs. 2, 1093 Abs. 3 BGB) über. Allerdings gibt es Sondervorschriften unter denen ausnahmsweise die Übertragung dieser dinglichen Rechte unter bestimmten Fallkonstellationen zulässig ist (§§ 1059a Nr. 1, 1059c, 1092 Abs. 2, 1098 Abs. 3 BGB), wenn das Recht einer juristischen Person und einer Personengesellschaft zusteht, die rechtsfähig ist und »*das Vermögen auf dem Weg der Gesamtrechtsnachfolge auf einen anderen Rechtsträger übergeht*«.[1287]

Aus dem Wesen der Gesamtrechtsnachfolge folgt nach ganz herrschender Meinung, dass einzelne Übertragungen nicht erforderlich sind und demgemäß auch die für die Einzelübertragung etwa erforderliche Zustimmung Dritter oder Genehmigungen ebenfalls nicht erforderlich sind.[1288] Dies gilt auch etwa für die in den neuen Bundesländern notwendige GVO-Genehmigung bei der Übertragung von Grundstücken.[1289] Soweit Erbbaurechte oder Wohnungseigentum betroffen sind, ist keine Zustimmung nach § 5 ErbbauVO bzw. § 12 WEG erforderlich.

bb) Beteiligung

Anteile an Kapitalgesellschaften gehen auf den übernehmenden Rechtsträger über. Auch eine **Vinkulierung** hindert nach überwiegender Meinung die Gesamtrechtsnachfolge nicht.[1290] Auch das OLG Hamm hat mit Urteil vom 16.4.2014[1291] entschieden, dass bei einer Spaltung von **vinkulierten Geschäftsanteilen** diese auch ohne Zustimmung der zustimmungsbetroffenen Gesellschafter übergehen, obwohl dies bei einer Einzelübertragung nicht möglich wäre. Fraglich ist, ob der Notar eine berichtigte Gesellschafterliste bei Tochter-GmbH-Beteiligungen der übertra-

---

1283 Widmann/Mayer/Vossius, Umwandlungsrecht, § 20 UmwG Rn. 217; Lutter/Grunewald, UmwG, § 20 Rn. 9; Kallmeyer/Marsch-Barner, UmwG, § 20 Rn. 6; Stratz, in: Schmitt/Hörtnagl/Stratz, § 20 UmwG Rn. 77; Schöner/Stöber, Grundbuchrecht, Rn. 995b; Böttcher in: Meikel, Grundbuchrecht § 22 GBO Rn. 47; ausführlich Gärtner, DB 2000, 409; eingehend Böhringer, Rpfleger 2001, 59 ff.
1284 Vgl. eingehend Böhringer, Rpfleger 2001, 59 ff., Gärtner, DB 2000, 409 ff.
1285 Widmann/Mayer/Vossius, Umwandlungsrecht, § 20 UmwG Rn. 58; Schöner/Stöber, Grundbuchrecht, Rn. 995a.
1286 Vgl. Schöner/Stöber, Grundbuchrecht, Rn. 995i; Götz, GmbHR 2001, 277; eingehend Böhringer, Rpfleger 2001, 59 ff.; Kahlfeld, BWNotZ 1999, 142.
1287 Vgl. Stratz, in: Schmitt/Hörtnagl/Stratz, § 20 UmwG Rn. 81; Lutter/Grunewald, UmwG, § 20 Rn. 14.
1288 Widmann/Mayer/Vossius, UmwG, § 20 Rn. 26.
1289 Vgl. Heidinger/Limmer/Holland/Reul, Gutachten des DNotI, Bd. IV, Gutachten zum Umwandlungsrecht, S. 108.
1290 Lutter/Grunewald, UmwG, § 20 Rn. 17; Kallmeyer/Marsch-Barner, UmwG, § 20 Rn. 7; zur Spaltung vgl. Aha, AG 1997, 345, 351; Kübler, in: Semler/Stengel, § 20 UmwG Rn. 8; Widmann/Mayer/Vossius, Umwandlungsrecht, § 20 UmwG Rn. 156; Lieder/Scholz, ZIP 2015, 1705, 1707.
1291 OLG Hamm RNotZ 2014, 507 = NZG 2014, 783; dazu Sickinger DB 2014, 1976.

genden Gesellschaft einzureichen hat. Umstritten ist, ob ein Mitwirken des Notars im Sinne des § 40 Abs. 2 Satz 1 GmbHG vorliegt, wenn die Anteilsveränderung nur eine mittelbare Folge der notariellen Urkunde ist.[1292] Das OLG Hamm hat entschieden, dass auch im Fall einer nur mittelbaren Mitwirkung des Notars – weil sich der Gesellschafterbestand der beteiligten GmbH durch Verschmelzung geändert hat – der Notar die Liste einzureichen hat, zumindest dann, wenn er über interne Vorgänge der Beteiligten bestens informiert ist.[1293] Z. T. wird in der Literatur darauf abgestellt, ob der beurkundende Notar, zum Beispiel aufgrund der vorgelegten Schlussbilanz, sichere Kenntnis von der Beteiligung des übertragenden Rechtsträgers an der GmbH hat.[1294] Teilweise wird eine Mitwirkung des Notars auch nur dann in Betracht gezogen, wenn der übertragende Rechtsträger über eine 100 %ige Beteiligung an der GmbH verfügt.[1295] Gegen die Verpflichtung bei einer »mittelbaren« Mitwirkung als ungeschriebene Tatbestandsvariante spricht, dass eine klare Abgrenzung zwischen unmittelbarer und mittelbarer notarieller Mitwirkung vielfach kaum möglich ist.[1296] D. Mayer empfiehlt bis zur höchstrichterlichen Klärung bei der Beurkundung von Umwandlungsvorgängen die Rechtslage vorsorglich mit den Beteiligten zu erörtern und auf die gesetzliche Pflicht zur Einreichung einer neuen Gesellschafterliste hinzuweisen. Gehört zum Vermögen des übertragenden Rechtsträgers die Beteiligung an einer GmbH, so sollte ggf. geregelt werden, dass die Gesellschafterliste von der Geschäftsführung der betreffenden GmbH zu erstellen ist und der Notar beauftragt wird, die ihm übermittelte Gesellschafterliste ebenfalls zu unterzeichnen und mit einer Notarbescheinigung nach § 40 Abs. 2 Satz 2 GmbHG zu versehen und sodann elektronisch zum Handelsregister einzureichen.[1297] Das Registergericht muss also eine gemeinsam unterzeichnete Liste unverzüglich im Handelsregister aufnehmen, wenn die Liste sowohl die inhaltlichen Voraussetzungen für eine von der Geschäftsführung zu erstellende als auch eine notarbescheinigte Gesellschafterliste erfüllt. Diese Ansicht hat auch das OLG Hamm[1298] bestätigt und die Doppelunterschrift unter einer Gesellschafterliste akzeptiert.[1299]

701 **Beteiligungen an Personengesellschaften** gehen nach überwiegender Meinung nicht ohne Weiteres über; die Übertragung bedarf der Zustimmung aller Gesellschafter, es sei denn die Übertragbarkeit ist bereits im Gesellschaftsvertrag zugelassen. Die wohl überwiegende Meinung differenziert bei § 20 UmwG dahin gehend, ob der Gesellschaftsvertrag den Übergang zulässt oder nicht; nur im Falle der Zulassung geht der Gesellschaftsanteil über.[1300]

702 Nach anderer Auffassung ist nach der Neuregelung durch das Handelsrechtsreformgesetz eine andere Sichtweise notwendig.[1301] Nach der Neufassung von § 139 Nr. 4 HGB, nach der der Tod eines OHG-Gesellschafters grds. zum Ausscheiden dieses Gesellschafters und nicht mehr zur Auflösung der Gesellschaft führe, werde man davon ausgehen können, dass die entsprechenden

---

1292 Roth, RNotZ 2014, 470 ff.; Löbbe, GmbHR 2012, 7, 11 ff; Lutter/Bayer, § 40 GmbHG Rdnr. 25; Mayer, MittBayNot 2014, 114, 116; Ising, NZG 2010, 812.
1293 OLG Hamm, DNotZ 2010, 214 = GmbHR 2010, 205 m. zust. Anm. Wachter; zust. auch Omlor, EWiR 2010, 251, und Herrler/Blath, ZIP 2010, 129, 130.
1294 Vossius, DB 2007, 2299, 2304; Apfelbaum, notar 2008, 160, 170.
1295 Vossius, DB 2007, 2299, 2304.
1296 So zu Recht Roth, RNotZ 2014, 470, 474; Ising, DNotZ 2012 384, 389, ablehnend auch Mayer, MittBayNot 2014, 114, 116.
1297 So der Vorschlag von Mayer, MittBayNot 2014, 114, 116.
1298 NZG 2010, 475 = BB 2010, 985.
1299 Vgl. auch Heckschen/Heidinger, § 13 GmbHG Rn. 328, 341.
1300 Lutter/Grunewald, UmwG, § 20 Rn. 18 ff.; Heidinger/Limmer/Holland/Reul, Gutachten des DNotI, Bd. IV, Gutachten zum Umwandlungsrecht, S. 102 f.; Kallmeyer/Marsch-Barner, UmwG, § 20 Rn. 7; Stratz, in: Schmitt/Hörtnagl/Stratz, § 20 UmwG Rn. 64; Kübler in: Semler/Stengel, § 20 UmwG Rn. 23; Riegger, in: FS für Bezzenberger, 2000, S. 379, 384; Stratz, in: Schmitt/Hörtnagl/Stratz, § 20 UmwG Rn. 64; vgl. Lieder/Scholz, ZIP 2015, 1705, 1798 f.; Rawert/Endres, ZIP 2016, 1609 ff.
1301 So Kiem, Unternehmensumwandlung, S. 23.

Beteiligungen der übertragenden Gesellschaft auch auf die übernehmende Gesellschaft übergehen. Diese Auffassung übersieht allerdings, dass auch nach der Neuregelung für die Möglichkeit des Erwerbes einer Beteiligung an einer Personengesellschaft eine Nachfolgeklausel erforderlich ist, die den Anteil vererblich stellt. Anderenfalls würde im Fall des Todes des Gesellschafters der Gesellschafter aus der Gesellschaft ausscheiden.[1302] Diese Regelung wird man dann wohl auch für die OHG oder den Komplementär der KG annehmen müssen. Etwas anderes gilt, wenn eine abweichende Regelung im Gesellschaftsvertrag vorgesehen ist. Ist der übertragende Rechtsträger Kommanditist oder stiller Gesellschafter, so ist die Gesamtrechtsnachfolge zulässig, sodass dies auch für die Verschmelzung gilt.[1303] Befindet sich in dem im Wege der Verschmelzung übertragenen Vermögen ein Kommanditanteil, führt dies zu einem Kommanditistenwechsel. Er ist zum Handelsregister anzumelden (§ 161 Abs. 2 i. V. m. § 107 HGB). Unklar ist, ob die Anmeldung zum Handelsregister, wie bei Personenhandelsgesellschaften grundsätzlich vorgeschrieben, von sämtlichen Gesellschaftern zu bewirken (§ 108 Satz 1 HGB) ist. M. E. muss es genügen, wenn der ausscheidende Kommanditist die Anmeldung unterzeichnet.[1304] Die Praxis der Registergerichte ist allerdings uneinheitlich.

cc) Unternehmensverträge, stille Beteiligungen

Bzgl. bestehender Unternehmensverträge gilt nach herrschender Auffassung Folgendes:[1305]
– Werden die Parteien eines Unternehmensvertrages miteinander verschmolzen, so erlischt der Unternehmensvertrag in diesem Fall mit dem Wirksamwerden der Verschmelzung durch Konfusion;[1306]
– ein Unternehmensvertrag, den die übertragende Gesellschaft mit einem Dritten als abhängige Gesellschaft abgeschlossen hat, erlischt gleichfalls. Eine Rechtsnachfolge nach § 20 Abs. 1 UmwG tritt nicht ein;[1307]
– hat die übertragende Gesellschaft einen Unternehmensvertrag als herrschendes Unternehmen mit einem Dritten abgeschlossen, geht dieser auf den übernehmenden Rechtsträger als herrschendem Unternehmen über; eines Beschlusses der Gesellschafter des abhänhgigen Rechtsträ-

---

1302 So zu Recht Lutter/Grunewald, UmwG, § 20 Rn. 19; vgl. auch Kallmeyer/Marsch-Barner, UmwG, § 20 Rn. 7; Stratz, in: Schmitt/Hörtnagl/Stratz, § 20 UmwG Rn. 64.
1303 Vgl. RGZ 123, 289, 296 f.; Kallmeyer/Marsch-Barner § 20 UmwG Rn. 7; Lutter/Grunewald, § 20 Rn. 20; vgl. Lieder/Scholz, ZIP 2015, 1705, 1798 f.; Rawert/Endres, ZIP 2016, 1609 ff.
1304 So zu Recht Rawert/Endres, ZIP 2016, 1609 ff.
1305 Vgl. Fedke, Der Konzern 2008, 533; Gutachten, DNotI-Report 2009, 158; Gelhausen, NZG 2005, 775; Lutter/Grunewald, UmwG, § 20 Rn. 36 ff.; Kallmeyer/Marsch-Barner, UmwG, § 20 Rn. 19; Widmann/Mayer/Vossius, Umwandlungsrecht, § 20 UmwG Rn. 287; ausführlich Vossius, in: FS für Widmann, 2000, S. 133; Schröer, in: Semler/Simon, UmwG, § 131 Rn. 28; Kübler in: Semler/Stengel, § 20 UmwG Rn. 29 ff.; Stratz, in: Schmitt/Hörtnagl/Stratz, UmwG, § 20, Rn. 55 ff.; Müller, BB 2002, 157 ff.; Fedke, Der Konzern 2008, 533 ff.; Gelhausen/Heinz, NZG 2005, 775 zu den Abrechnungsfragen.
1306 OLG Hamm, AG 1989, 31; Emmerich, in: Emmerich/Habersack, Aktien- und GmbH-Konzernrecht, § 297 Rn. 39; Lutter/Grunewald, UmwG, § 20 Rn. 45; Stratz, in: Schmitt/Hörtnagl/Stratz, UmwG, § 20, 55; Kallmeyer/Marsch-Barner, UmwG, § 20 Rn. 21; Gelhausen, NZG 2005, 775; Naraschewski, DB 1997, 1653; Schubert, DB 1998, 761; Fedke, Der Konzern 2008, 533, 534; Müller, BB 2002, 157; a. A. Vossius, FS Widmann S. 133, 138 es bestehe nur ein Kündigungsrecht.
1307 Heckschen/Simon, UmwG, § 12 Rn. 65; OLG Karlsruhe, AG 1995, 139; Krieger, in: Münchener Handbuch des Gesellschaftsrechts, Bd. IV, § 70 Rn. 173; Lutter/Grunewald, UmwG, § 20 Rn. 38; Gelhausen, NZG 2005, 775; Emmerich, in: Emmerich/Habersack, Aktien- und GmbH-Konzernrecht § 297 Rn. 40; Fedke, Der Konzern 2008, 533, 534; LG Mannheim, AG 1995, 89 = ZIP 1994, 1024; a. A. Kley, Die Rechtsstellung der außenstehenden Aktionäre bei der vorzeitigen Beendigung von Unternehmensverträgen, S. 136 ff.

gers bedarf es nicht;[1308] u.U kann dem abhängigen Unternehmen ein Recht zur Kündigung aus wichtigem Grund unter den Voraussetzungen von § 297 I AktG zustehen.[1309]
– ist der Unternehmensvertrag von der übernehmenden Gesellschaft als herrschendem Unternehmen abgeschlossen worden, so besteht er fort und wird von der Verschmelzung im Regelfall nicht berührt;[1310] die Kündigung wirkt allerdings nur ex nunc;
– ist der Unternehmensvertrag von der übernehmenden Gesellschaft als abhängiges Unternehmen abgeschlossen worden, so besteht er ebenfalls fort.[1311]

704 Nach herrschender Meinung ist im Fall der Verschmelzung eine **Anmeldung der Beendigung** des Unternehmensvertrages nach § 298 AktG **entbehrlich**. Die Anmeldung der Verschmelzung nach § 16 UmwG soll schon deshalb genügen, weil die übertragende Gesellschaft als Normadressat des § 298 AktG mit der Eintragung der Verschmelzung gem. § 20 Abs. 1 Nr. 2 UmwG erlischt[1312] und die Bestimmungen des UmwG die Funktion des § 298 erfüllen.[1313] Die Anmeldung der Verschmelzung schließt jedoch Anmeldung der Beendigung ein, weil sie notwendige Verschmelzungsfolge ist. Beendigung ist daher auch in diesem Fall einzutragen und bekanntzumachen.[1314]

705 Der Wechsel des herrschenden Rechtsträgers ist zum **Handelsregister beim abhängigen Unternehmen anzumelden**.[1315] Allerdings hat die unterlassene Anmeldung keine Auswirkungen auf die Wirksamkeit des Rechtsübergangs, das Umwandlungsrecht mit der Gesamtrechtsnachfolge geht hier vor.[1316]

706 Problematisch sind dabei **stille Beteiligungen**, die als Teilgewinnabführungsverträge anzusehen sind. Die Literatur geht fast einhellig davon aus, dass bei der Verschmelzung der verpflichteten

---

1308 Lutter/Grunewald, UmwG, § 20 Rn. 40; Widmann/Mayer/Vossius, Umwandlungsrecht, § 20 Rn. 293; Stratz, in: Schmitt/Hörtnagl/Stratz, UmwG, § 20, 55; Kallmeyer/Marsch-Barner, UmwG, § 20 Rn. 20; Priester, ZIP 1992, 293 ff., 301; Fedke, Der Konzern 2008, 533, 534; Goutier/Knopf/Bermel, Umwandlungsrecht, § 20 Rn. 29; LG Bonn, GmbHR 1996, 774; OLG Karlsruhe, ZIP 1991, 101, 104; OLG Köln ZIP 2010, 519; Kübler in: Semler/Stengel/Kübler § 20 Rn 30; Vossius FS Widmann, 2000, 133; aA Bayer ZGR 1993, 599, der § 295 AktG anwenden will.
1309 Lutter/Grunewald, UmwG, § 20 Rn. 40; Widmann/Mayer/Vossius, Umwandlungsrecht, Stand: Juni 2002, § 20 Rn. 293; Stratz, in: Schmitt/Hörtnagl/Stratz, UmwG, § 20, 55; Kallmeyer/Marsch-Barner, UmwG, § 20 Rn. 20; LG Bonn, GmbHR 1996, 774; Kübler in: Semler/Stengel/Kübler § 20 UmwG Rn 30.
1310 BayObLG AG 2004, 99; Lutter/Grunewald, UmwG, § 20 Rn. 37; Kübler in: Semler/Stengel/Kübler § 20 UmwG Rn 29; Stratz, in: Schmitt/Hörtnagl/Stratz, UmwG, § 20, Rn. 59; Kallmeyer/Marsch-Barner, UmwG, § 20 Rn. 20); u. U. steht der beherrschten Gesellschaft ein außerordentl Kündigungsrecht zu (Lutter/Grunewald, UmwG, § 20 Rn. 37; Hörtnagl, in: Schmitt/Hörtnagl/Stratz, UmwG, § 20, 59.
1311 BayObLG AG 2004, 99; Lutter/Grunewald, UmwG, § 20 Rn. 38; Kübler in: Semler/Stengel/Kübler § 20 UmwG Rn 29; Stratz, in: Schmitt/Hörtnagl/Stratz, UmwG, § 20, 59; Kallmeyer/Marsch-Barner, UmwG, § 20 Rn. 20.
1312 Hüffer/Koch, AktG, § 298 Rn. 3; MünchKomm-AktG/Altmeppen, § 298 Rn. 4; Krieger, in: Münchener Handbuch des Gesellschaftsrechts, Bd. IV, § 70 Rn. 135; Hohner, DB 1973, 1487, 1491.
1313 A. A. Emmerich, in: Emmerich/Habersack, Aktien- und GmbH-Konzernrecht, § 298 Rn. 3.
1314 So Hüffer/Koch, AktG, § 298 Rn. 3; MünchKomm-AktG/Altmeppen, § 298 Rn. 4; Emmerich, in: Emmerich/Habersack, Aktien- und GmbH-Konzernrecht, § 298 Rn. 3.
1315 Emmerich/Habersack, Aktien- und GmbH-Konzernrecht, § 295 AktG Rn. 36; Hüffer/Koch, AktG, § 295 Rn. 9; Semler, in: FS für Werner, 1984, S. 855, 871; KK-AktG/Koppensteiner, § 295 Rn. 27; Fedke, Der Konzern 2008, 533, 538.
1316 KK-AktG/Koppensteiner, § 294 Rn. 39; Fedke, Der Konzern 2008, 533, 539.

Gesellschaft der Teilgewinnabführungsvertrag nach § 20 Abs. 1 Nr. 1 UmwG auf die Übernehmerin übergeht.[1317]

Es ist jedoch auch anerkannt, dass mit der Verschmelzung der verpflichteten Gesellschaft auf eine dritte Gesellschaft das i. R. d. stillen Beteiligung zu führende Handelsgeschäft i. d. R. grundlegend nach Größe, Zusammensetzung und Ausrichtung verändert wird. Dies beeinflusst erheblich den vertraglichen Zweck und somit den Vertragsgegenstand. Es besteht daher Einigkeit, dass die Übertragung **nicht ohne Inhaltsänderungen** erfolgen kann.[1318] Zur Frage, wie die Anpassung zu erfolgen hat, bestehen unterschiedliche Meinungen: **Vossius**[1319] will eine Vertragsanpassung nach den Grundsätzen des Wegfalls der Geschäftsgrundlage vornehmen. Die verpflichtete AG hat demnach einen Anspruch auf Neuverhandlung. **Gutheil**[1320] meint, dass bei einem unternehmensbezogenen Teilgewinnabführungsvertrag die für die Bemessung der Gegenleistung zugrunde gelegten Kriterien gegenstandslos werden, wenn nunmehr die gesamte übernehmende Gesellschaft zur Abführung des quotenmäßigen festgelegten Gewinnanteils verpflichtet wäre. Die Angemessenheit der Gegenleistung wäre damit nicht mehr gewährleistet, was im Fall der Beteiligung des berechtigten Vertragsteils an der verpflichteten AG zu einem Verstoß gegen die §§ 57, 58, 60 AktG führen könnte. Daher seien von nun an nur die schon vor der Verschmelzung von dem Teilgewinnabführungsvertrag betroffenen Betriebe in den Teilgewinnabführungsvertrag einzubeziehen. Der unternehmensbezogene Teilgewinnabführungsvertrag wandele sich in einen betriebsbezogenen Teilgewinnabführungsvertrag um. Neben der Anpassung des Teilgewinnabführungsvertrages wird in der Literatur aber auch darauf hingewiesen, dass allen Beteiligten jedenfalls die Möglichkeit der Vertragskündigung aus wichtigem Grund bleibe.[1321]

dd) Rechtsverhältnisse der Geschäftsführer, Vorstands- und Aufsichtsratsmitglieder

Mit dem Erlöschen des übertragenden Rechtsträgers gehen zugleich die **Organstellungen von Vorstand und Geschäftsführer unter**.[1322] Von der Beendigung der Organstellung der Mitgliederleitungsorgane zu unterscheiden ist jedoch das der Organstellung zugrunde liegende Anstellungsverhältnis. Im Wege der Gesamtrechtsnachfolge gehen die Anstellungsverträge auf den übernehmenden Rechtsträger über. Sie bleiben mithin von der Verschmelzung unberührt, werden aber

707

1317 Widmann/Mayer/Vossius, Umwandlungsrecht, § 20 UmwG Rn. 291; Vossius, in: FS für Widmann, 2000, S. 133, 146 ff.; Kallmeyer/Marsch-Barner, UmwG, § 20 Rn. 7; Gutheil, Die Auswirkungen von Umwandlungen auf Unternehmensverträge nach §§ 291, 292 AktG, S. 202 ff.; Lutter/Grunewald, UmwG, § 20 Rn. 20; Emmerich, in: Emmerich/Habersack, Aktien- und GmbH-Konzernrecht, § 297 Rn. 41; MünchKomm-AktG/Altmeppen, § 297 Rn. 132; Kübler in: Semler/Stengel, § 20 UmwG Rn. 23.
1318 Lutter/Grunewald, UmwG, § 23 Rn. 20; Gutheil, Die Auswirkungen von Umwandlungen auf Unternehmensverträge nach §§ 291, 292 AktG, S. 203 ff.; Vossius, in: FS für Widmann, 2000, S. 147; MünchKomm-AktG/Altmeppen; Emmerich, in: Emmerich/Habersack, Aktien- und GmbH-Konzernrecht, § 297 Rn. 41.
1319 In: FS für Widmann, 2000, S. 147.
1320 Die Auswirkungen von Umwandlungen auf Unternehmensverträge nach §§ 291, 292 AktG, S. 202.
1321 MünchKomm-AktG/Altmeppen, § 297 Rn. 132; KK-AktG/Koppensteiner, § 297 Rn. 22; Vossius, in: FS für Widmann, 2000, S. 147; a. A. möglicherweise Emmerich, in: Emmerich/Habersack, Aktien- und GmbH-Konzernrecht, § 297 Rn. 41, der die Möglichkeit einer Kündigung zumindest nicht ausdrücklich erwähnt.
1322 Widmann/Mayer/Vossius, Umwandlungsrecht, § 20 UmwG Rn. 330; Lutter/Grunewald, UmwG, § 20 Rn. 28; Kallmeyer/Marsch-Barner, UmwG, § 20 Rn. 13; Kübler in: Semler/Stengel, § 20 UmwG Rn. 20; Stratz, in: Schmitt/Hörtnagl/Stratz, UmwG, § 20, Rn. 45, Hoffmann-Becking, in: FS für Ulmer, 2003, S. 244 ff.; Wulff/Buchner, ZIP 2007, 314 ff.

nicht zu Arbeitsverhältnissen, sondern bleiben freie Dienstverhältnisse.[1323] Die Vorstände und Geschäftsführer behalten daher ihren Vergütungsanspruch aus diesen Verträgen bis zu deren Beendigung durch Zeitablauf oder Kündigung. Umstritten ist, ob eine Entlastung möglich ist und wer z. B. für Entlastungsbeschlüsse der Organe der übertragenden Rechtsträger zuständig ist. Gleiches gilt für andere Fragestellungen, wie bspw. Kündigung der Anstellungsverträge etc..[1324]

In der Praxis stellt sich die Frage, wer die **Entlastung des Vertretungsorgans** des übertragenden Rechtsträgers durchführen kann.[1325] Aufgrund der Wirkung des § 20 Abs. 1 Nr. 2 Satz 1 UmwG ist Folge, dass die Vertretungsorgane des übertragenden Rechtsträgers nach dem in § 20 Abs. 1 UmwG genannten Zeitpunkt nicht mehr von dem zuständigen Organ des übertragenden Rechtsträgers entlastet werden können.[1326] Damit können ab dem Zeitpunkt, in dem der neu gegründete Rechtsträger in das Register eingetragen wird, die Vertretungsorgane der übertragenden Rechtsträger nicht mehr von der bisherigen Mitgliederversammlung entlastet werden. Über die Entlastung der bisherigen Vertretungsorgane können die Mitgliederversammlungen der übertragenden Rechtsträger nur bis zu dem Zeitpunkt entscheiden, in die Verschmelzung wirksam wird. Die Literatur steht überwiegend auf dem Standpunkt, dass die Entlastung nach Eintragung der Verschmelzung gem. § 20 Abs. 1 UmwG nunmehr durch das jeweils zuständige Organ des übernehmenden Rechtsträgers ausgesprochen werden kann.[1327] Die gegenteilige Auffassung vertritt in der Literatur **Grunewald**;[1328] sie ist der Meinung, dass nach Eintragung der Verschmelzung die ehemaligen Geschäftsleiter und Aufsichtsratsmitglieder nicht mehr entlastet werden können. Dieser Auffassung hat sich jedenfalls für eine Verschmelzung unter Beteiligung von AG das OLG München mit Urt. v. 15.11.2000[1329] angeschlossen.

ee) Vollmachten und Verwalterstellungen

708 Soweit der übertragende Rechtsträger **selbst von einem Dritten bevollmächtigt** worden ist, gilt nach überwiegender Ansicht für den Übergang der Vollmacht auf den übernehmenden Rechtsträger § 168 BGB.[1330] Die Frage, ob die Vollmacht erlischt, bestimmt sich daher nach der ihrer Erteilung zugrunde liegenden Rechtsverhältnis. Nach § 673 BGB erlischt dabei ein Auftrag im Zweifel durch den Tod des Beauftragten, hier also durch den Verlust der eigenen Rechtsfähigkeit infolge der Verschmelzung. Etwas anderes – nämlich dass die Vollmacht nicht endet – gilt, wenn sie gerade im Interesse des Bevollmächtigten erteilt wurde, d. h. der Vollmachtgeber im Kern ein für ihn neutrales Geschäft betreibt.[1331] Hat der übertragende Rechtsträger dagegen seinerzeit

---

1323 BGH ZIP 2007, 910, 911 = GmbHR 2007, 606 beim Formwechsel; BGH, NJW 1989, 1928; Lutter/Grunewald, UmwG, § 20 Rn. 28; Kübler in: Semler/Stengel, § 20 UmwG Rn. 20; Stratz, in: Schmitt/Hörtnagl/Stratz, UmwG, § 20, Rn. 45; BAG DB 2000, 813 = NZA 2000, 376; BAG GmbHR 2003, 766; Wulff/Buchner, ZIP 2007, 314.
1324 Vgl. OLG München, AG 2001, 197 »HypoBank«; Martens, AG 1986, 57 ff.; Vossius, in: FS für Widmann, 2000, S. 133 ff.; Hoffmann-Becking, in: FS für Ulmer, 2003, S. 243 ff.
1325 Vgl. Redeke, Entlastungslücken nach einer Verschmelzung von Kapitalgesellschaften?, 2007; Hoffmann-Becking, in: FS für Ulmer, 2003, S. 247 ff.
1326 OLG München, AG 2001, 197 = DB 2001, 524, 525 = OLG-Report 2001, 54 = NZG 2001, 616; Lutter/Grunewald, § 20 Rn. 30; Kallmeyer/Marsch-Barner, UmwG, § 20 Rn. 17; Stratz, in: Schmitt/Hörtnagl/Stratz, UmwG/UmwStG, § 20 UmwG Rn. 8; Martens, AG 1986, 57, 58 f.
1327 So Vossius, in: Widmann/Mayer, UmwG, § 20 Rn. 330; Kallmeyer/Marsch-Barner, UmwG, § 20 Rn. 17; Stratz, in: Schmitt/Hörtnagl/Stratz, UmwG § 20 Rn. 8; Martens, AG 1986, 57, 58 f.
1328 In: Lutter, UmwG, § 20 Rn. 30.
1329 AG 2001, 197 = DB 2001, 524 = OLG-Report 2001, 54 = NZG 2001, 616.
1330 RGZ 150, 289; OLG Düsseldorf, MittRhNotK 1985, 103; LG Koblenz, MittRhNotK 1997, 321; Lutter/Grunewald, UmwG, § 20 Rn. 25.
1331 LG Koblenz, MittRhNotK 1997, 321.

jemanden bevollmächtigt, so ist die Rechtslage unsicher. Z. T. wird § 168 BGB angewendet.[1332] Im Zweifel gehen Vollmacht und Auftrag über.[1333]

▶ Hinweis:

Ebenfalls ist in der Praxis fraglich, ob der Übergang einer Verwalterstellung nach WEG durch Gesamtrechtsnachfolge bei Verschmelzung oder Spaltung stattfindet. Die obergerichtliche Rechtsprechung hat dies weitgehend abgelehnt.[1334] Da die Verwalterstellung nicht höchstpersönlich ist, sollte man m. E. einen Übergang zulassen. Nach der überwiegenden Auffassung der Rechtsliteratur gehen Verwaltervertrag und Organstellung unabhängig von der Rechtsform des übertragenden Verwalters auf den übernehmenden Rechtsträger über. Das Umwandlungsgesetz enthalte mit der Gesamtrechtsnachfolge eine spezielle Regelung für die Verschmelzung.[1335] Der BGH hat im Urteil vom 21.02.2014[1336] entschieden, dass der Verwaltervertrag jedenfalls bei der Verschmelzung von juristischen Personen auf den übernehmenden Rechtsträger übergeht; nichts anderes gelte für die Organstellung des Verwalters. Ob die Verschmelzung durch Aufnahme im Wege der Neugründung erfolge, sei nicht von Bedeutung. Die Verschmelzung der Verwalterin einer Wohnungseigentumsanlage stelle zwar als solche auch keinen wichtigen Grund dar, der eine vorzeitige Kündigung eines Verwaltervertrages rechtfertige; an die erforderlichen besonderen Umstände, die die Fortführung der Verwaltung durch den übernehmenden Rechtsträger für die Wohnungseigentümer unzumutbar machen, seien aber keine hohen Anforderungen zu stellen. Ob Gleiches auch für die Umwandlung von Personenhandelsgesellschaften oder einzelkaufmännische Unternehmen gilt, lässt der BGH ausdrücklich offen. Der BGH stellt entscheidend darauf ab, ob der Verwaltervertrag aus umwandlungsrechtlicher Sicht als höchstpersönliches Rechtsverhältnis anzusehen ist. Das sei jedenfalls dann zu verneinen, wenn der bisherige Verwalter eine juristische Person ist; dann stehte nämlich in aller Regel nicht die Ausführung der Dienstleistungen durch bestimmte natürliche Personen im Vordergrund. Hierauf haben die Wohnungseigentümer rechtlich gesehen auch keinen Einfluss; sie könnten weder die Auswechslung von Gesellschaftern oder Geschäftsführern verhindern[1337] noch die Personalauswahl bestimmen. Mit diesem Argument spricht auch vieles dafür diese Grundsätze auch auf die Spaltung der juristischen Person zu übertragen, so dass auch hier eine Übertragung möglich sein müsste.[1338] Das OLG München[1339] hat die Übertragung der Verwalterstellung durch Spaltung allerdings vor der BGH-Entscheidung abgelehnt.

709

1332 Lutter/Grunewald, UmwG, § 20 Rn. 26; Kübler, in: Semler/Stengel, § 20 UmwG Rn. 16.
1333 Eingehend K. Schmidt, DB 2001, 1019 ff.
1334 OLG München, DNotZ 2014, 523 m. Anm. Krampen-Lietzke; BayObLGZ 1990, 173; BayObLG, MDR 1997, 727; BayObLG, NJW-RR 2002, 732; LG Frankfurt, ZWE 2013, 30; OLG Köln, OLGR 2004, 49, LG Frankfurt/Oder, ZMR 2013, 981 ff.; LG München I, ZWE 2013, 415 f. Zajonz/Nachtwey, ZfIR 2008 Heft 20, 701.
1335 Stratz in Schmitt/Hörtnagl/Stratz, UmwG, § 20 Rn. 86; Vossius in Mayer/Widmann, UmwG, § 20 Rn. 322 f.; Lutter/Grunewald, UmwG, § 20 Rn. 24, Fußn. 4; Staudinger/Martinek, BGB § 673 Rn. 7; Erman/Grziwotz, BGB, § 26 WEG Rn. 1; Armbrüster, NZM 2012, 369, Wicke/Menzel, Mitt-BayNot 2009, 203, 206; Lücke, ZfIR 2002, 469, 470 f.; Becker in Festschrift für Merle, 2010, 51, 59 ff.
1336 DNotZ 2014, 51 m. Anm. Krampen-Lietzke = NotBZ 2014, 250 = ZNotP 2014, 145 = BB 2014, 462 m. Anm. Heckschen.
1337 Vgl. auch BayObLGZ 1987, 54, BayObLGZ 2002, 26.
1338 Ebenso Heckschen, in: Beck'sches Notarhandbuch, D IV Rn. 175.
1339 DNotZ 2014, 523 m. Anm. Krampen-Lietzke = RNotZ 2014, 254 = GWR 2014, 238 m. Anm. Heckschen.

ff) Tarifverträge

710 Das BAG[1340] hat entschieden, dass ein **Firmentarifvertrag** zu den Verbindlichkeiten i. S. d. § 20 Abs. 1 Nr. 1 UmwG gehört und daher bei einer Unternehmensverschmelzung auf den neuen Unternehmensträger übergehe.[1341] Für die Anwendung der §§ 324 UmwG, 613a Abs. 1 Satz 2 BGB bleibe in einem solchen Fall kein Raum. Die Fortgeltung des Flächentarifvertrages hängt davon ab, ob der übernehmende Rechtsträger demselben Arbeitgeberverband angehört.[1342]

gg) Öffentlich-rechtliche Befugnisse und Genehmigungen

711 Bei **öffentlich-rechtlichen Erlaubnissen** ist im Grundsatz danach zu unterscheiden, ob sie höchstpersönlich, rechtsformbezogen (z. B. § 7 VAG, § 2a KWG) oder rechtsnachfolgefähig sind.[1343] Personenbezogene Rechtspositionen verbleiben bei Abspaltungen und Ausgliederungen beim übertragenden Rechtsträger, bei einer Aufspaltung erlöschen sie.[1344] **Höchstpersönlich** ist eine Rechtsbeziehung, die sich nicht von der Person ihres Trägers lösen lässt.[1345] Die Erlaubnis zum Betrieb einer Gaststätte wird – wie die meisten Genehmigungen nach dem Gewerberecht (z. B. auch §§ 34a bis c GewO, § 3 PBefG, § 11 GüKG) – für eine Person erteilt und ist an diese Person gebunden.[1346] Eine Erlaubnis des § 34c GewO ist eine solche höchstpersönliche Genehmigung, da sie an die gewerberechtliche Zuverlässigkeit des übertragenden Rechtsträgers anknüpft. Z. T. sollen allerdings öffentlich-rechtliche Erlaubnisse, die an persönliche Voraussetzungen gebunden sind, übergehen, wenn die Person, auf deren Voraussetzungen die öffentlich-rechtliche Rechtsposition beruht, in dem übernehmenden Rechtsträger eine entsprechende Rechtsposition erhält.[1347] Eine Erlaubnis des § 34c GewO ist eine solche höchstpersönliche Genehmigung, da sie an die gewerberechtliche Zuverlässigkeit des übertragenden Rechtsträgers anknüpft. Daher geht diese Erlaubnis nicht auf den übernehmenden Rechtsträger über.[1348] Z. T. sollen allerdings öffentlich-rechtliche Erlaubnisse, die an persönliche Voraussetzungen gebunden sind, übergehen, wenn die Person, auf deren Voraussetzungen die öffentlich-rechtliche Rechtsposition beruht, in dem übernehmenden Rechtsträger eine entsprechende Rechtsposition erhält.[1349]

1340 GmbHR 1998, 1234; NZA 2008, 307.
1341 Vgl. Kallmeyer/Marsch-Barner, UmwG, § 20 Rn. 12.
1342 BAG, NZA 2008, 307.
1343 Vgl. Kallmeyer/Marsch-Barner, UmwG, § 20 Rn. 26; Stratz, in: Schmitt/Hörtnagl/Stratz, § 20 UmwG Rn. 88 ff.; Lutter/Grunewald, UmwG § 20 Rn. 13; Geißer, DB 2000, 361, 363; Odenthal, GewArch 2005, 132; Bremer GmbHR 2000, 865; a. A. Zeppezauer, DVBl. 2007, 599, der darauf hinweist, dass die Mehrzahl der Genehmigungen sich nicht mehr eindeutig insoweit zuordnen lassen und daher für einen unterschiedslosen Genehmigungsübergang ist; vgl. auch zum vergleichbaren Problem bei der Spaltung: Hörtnagl, in: Schmitt/Hörtnagl/Stratz, § 131 UmwG Rn. 85; Lutter/Teichmann, UmwG, § 131 Rn. 79; Semler, in: Semler/Simon, UmwG, § 131, Rn. 43.
1344 Hörtnagl, in: Schmitt/Hörtnagl/Stratz, § 131 UmwG Rn. 85; Lutter/Teichmann, UmwG, § 131 Rn. 79; Rubel/Sandhaus Der Konzern 2009, 327, 335.
1345 Vgl. BVerwGE 64, 105.
1346 Vgl. Hörtnagl, in: Schmitt/Hörtnagl/Stratz, § 131 UmwG Rn. 85; Lutter/Teichmann, UmwG, § 131 Rn. 79; Semler, in: Semler/Simon, UmwG, § 131, Rn. 43; Geißer, DB, 2000, 361, 363; Metzner, GastG, § 8 Rn. 30; Pauly, in: Robinsky/Sprenger-Richter, Gewerberecht, N Rn. 65; Bremer GmbHR 2000, 865, 866.
1347 Lutter/Grunewald, UmwG, § 20 Rn. 8; Zeppezauer, DVBl. 2007, 599.
1348 Stratz, in: Schmitt/Hörtnagl/Stratz, UmwG, UmwStG, § 20 UmwG Rn. 68; Widmann/Mayer/Vossius, Umwandlungsrecht, § 20 UmwG Rn. 251; Gaiser, DB 2000, 361, 363; Kallmeyer/Marsch-Barner, UmwG, § 20 Rn. 26.
1349 Lutter/Grunewald, UmwG, § 20 Rn. 8; Zeppezauer, DVBl. 2007, 599.

hh) Prozesse und rechtskräftige Titel

Für **schwebende Prozesse** des übertragenden Rechtsträgers gelten nach herrschender Meinung die §§ 239, 246 ZPO analog. Das Erlöschen des übertragenden Rechtsträgers wird also mit dem Tod einer natürlichen Person gleichgesetzt. Der Prozess wird unterbrochen, die Übernehmerin ist verpflichtet, den unterbrochenen Rechtsstreit wieder aufzunehmen.[1350] Nach einer anderen Auffassung passen diese Vorschriften nicht. Es sei daher davon auszugehen, dass der übernehmende Rechtsträger automatisch ohne Unterbrechungen in den Prozess einrückt, es sei von einem gesetzlichen Parteiwechsel auszugehen.[1351]

712

Titel für und gegen den übertragenden Rechtsträger können im Klauselumschreibungsverfahren nach § 727 ZPO auf den aufnehmenden Rechtsträger umgeschrieben werden.[1352] Zum Nachweis der Rechtsnachfolge, der nur durch öffentliche Urkunden nach § 729 ZPO geführt werden kann, genügt ein beglaubigter Registerauszug, aus dem der Tag der Eintragung der Verschmelzung in das Handelsregister der Übernehmerin sowie Firma und Sitz der Überträgerin ersichtlich ist.[1353]

713

ii) Sonstige Rechtsverhältnisse

Im Wege der Gesamtrechtsnachfolge gehen auch alle Rechtspositionen, die der übertragende Rechtsträger ggü. Dritten hatte, auf den übernehmenden Rechtsträger über. Wie schon nach dem bis 1995 geltenden Recht (§ 346 Abs. 3 Satz 2 AktG a. F., § 25 Abs. 2 Satz 2 KapErhG) besteht nach § 21 UmwG für alle Verschmelzungsfälle bei noch nicht vollständig erfüllten Vertragsverhältnissen, also insb. bei Dauerschuldverhältnissen, u. U. ein **Anspruch auf Vertragsanpassung**.[1354] Voraussetzung hierfür ist, dass es sich um Abnahme-, Lieferungs- oder ähnliche Verpflichtungen handelt, die entweder unvereinbar sind oder die beide zu erfüllen eine schwere Unbilligkeit für den übernehmenden Rechtsträger bedeuten würde. An sich ist die Verschmelzung kein Grund für eine fristlose Kündigung,[1355] u. U. kann diese aber einen wichtigen Grund darstellen, wenn eine Fortsetzung unzumutbar ist.[1356] Auch Bürgschaftsverpflichtungen für Dauerschuldverhältnisse, z. B. Mietbürgschaft gehen im Wege der Gesamtrechtsnachfolge über, u. U. kann ein Anspruch auf Anpassung bestehen.[1357]

714

jj) Ausländisches Vermögen

Die Gesamtrechtsnachfolge bei »Umwandlungsvorgängen« umfasst im Grundsatz ohne Weiteres auch das **im Ausland befindliche Vermögen** des übertragenden Rechtsträgers.[1358] Hinsichtlich

715

1350 Vgl. BGH ZIP 2004, 1047, BGH ZIP 2004, 92; OLG Hamburg MDR 2010, 1479 = ZIP 2010, 2264; OLG München, DB 1989, 1918; Widmann/Mayer/Vossius, Umwandlungsrecht, § 20 UmwG Rn. 258; Kallmeyer/Marsch-Barner, UmwG, § 20 Rn. 25; Stöber, NZG 2004, 547 ff.; Decher/Jacoby, ZHR 167 [2003], S. 440, 444 ff.; Mayer, JR 2007, 133 ff.
1351 So Lutter/Grunewald, UmwG, § 20 Rn. 44; MünchKomm-ZPO/Feiberl, § 239 Rn. 17; Kübler in: Semler/Stengel, § 20 UmwG Rn. 66.
1352 OLG München, DB 1989, 1918; Widmann/Mayer/Vossius, Umwandlungsrecht, § 20 UmwG Rn. 60; Kallmeyer/Marsch-Barner, UmwG, § 20 Rn. 25; Lutter/Grunewald, UmwG, § 20 Rn. 44; Stratz, in: Schmitt/Hörtnagl/Stratz, UmwG, § 20, Rn. 41.
1353 Vgl. Widmann/Mayer/Vossius, Umwandlungsrecht, § 20 UmwG Rn. 61.
1354 Vgl. Kallmeyer/Marsch-Barner, UmwG, § 21 Rn. 1 ff.; Lutter/Grunewald, UmwG, § 21 Rn. 1 ff.; Stratz, in: Schmitt/Hörtnagl/Stratz, UmwG, § 21, Rn. 1 ff.
1355 OLG Jena, NJ 2002, 43.
1356 OLG Karlsruhe, DB 2001, 1548.
1357 Vgl. Eusani, WM 2004, 866.
1358 Vgl. Kusserow/Prüm, WM 2005, 633 ff.; Racky, DB 2003, 923 ff.; Bungert, in: FS für Heldrich, 2005, S. 527 ff.; Lutter/Grunewald § 20 UmwG Rn. 11; Kallmeyer/Marsch-Barner, UmwG, § 20 Rn. 5; Stratz, in: Schmitt/Hörtnagl/Stratz, UmwG § 20 Rn. 33; Kübler in: Semler/Stengel/Kübler § 20 UmwG Rn. 10; Reithmann NZG 2005, 873; Kusserow/Prüm WM 2005, 633; Kollmorgen/Feldhaus BB 2007, 2189.

des Auslandsvermögens ist jedoch stets zu prüfen, ob der Belegenheitsstaat den Übergang des Vermögens im Wege der Gesamtrechtsnachfolge nach deutschem Recht anerkennt. Dies hat v. a. Bedeutung für Grundstücke, für deren Übertragung regelmäßig zusätzlich die Regeln des Belegenheitsstaates zu berücksichtigen sind.

3. Erlöschen der übertragenden Rechtsträger

716 Die übertragenden Rechtsträger **erlöschen kraft Gesetzes** (§ 20 Abs. 1 Nr. 2 UmwG), ohne dass es einer besonderen Löschung bedürfte. Eine Abwicklung findet wegen der mit der Verschmelzung verbundenen Gesamtrechtsnachfolge nicht statt.

717 Mit dem Erlöschen enden auch die **Vertretungsbefugnisse** von Geschäftsführern, Prokuristen und Handlungsbevollmächtigten der übertragenden Rechtsträger (vgl. oben Rdn. 645).

718 Lediglich für **Ansprüche für und gegen Vertretungsorgane oder Aufsichtsorgane** eines übertragenden Rechtsträgers gilt der übertragende Rechtsträger als fortbestehend (§ 25 Abs. 2 UmwG). Eine **Konfusion** findet insoweit nicht statt (§ 25 Abs. 2 Satz 2 UmwG). Die Geltendmachung solcher **Schadensersatzansprüche** ist besonders geregelt (vgl. § 26 UmwG).

4. Anteilserwerb

a) Direkterwerb

719 Nach § 20 Abs. 1 Nr. 3 UmwG werden die Anteilsinhaber der übertragenden Rechtsträger entsprechend den Festsetzungen des Verschmelzungsvertrages Anteilsinhaber des übernehmenden Rechtsträgers. Dieser Erwerb der Mitgliedschaft erfolgt kraft Gesetzes mit der Eintragung im Handelsregister, ohne dass es etwaiger Übertragungsakte bedarf.[1359] Dies gilt sowohl für die Anteile, die durch Kapitalerhöhung beim aufnehmenden Rechtsträger neu geschaffen werden, als auch für solche Anteile, die der aufnehmende Rechtsträger bereits als eigene Anteile besitzt. Nach herrschender Meinung gilt es auch für die Fälle, in denen die Anteile vor der Verschmelzung dem übertragenden Rechtsträger gehörten. Auch in diesem Fall erwirbt der Anteilsinhaber diese Anteile **ohne Durchgangserwerb** beim übernehmenden Rechtsträger.[1360]

720 Etwas anderes gilt, wenn – was nach allgemeiner Meinung zulässig ist – **Dritte ihre Geschäftsanteile zur Verfügung stellen**. Dann gilt § 20 Abs. 1 Nr. 3 UmwG bezogen auf diese nicht an der Verschmelzung beteiligten Personen nicht. In diesem Fall sollte im Verschmelzungsvertrag klargestellt werden, dass die Geschäftsanteile durch die Abtretung von den Dritten an die übernehmende Gesellschaft erworben werden, sodass sich anschließend ein Anteilstausch gem. § 20 Abs. 1 Nr. 3 UmwG vollziehen kann.[1361] Zulässig ist auch, dass der Dritte seine Anteile aufschiebend bedingt unmittelbar an den Anteilsinhaber des übertragenden Rechtsträgers überträgt, da dieser den Anteil letztendlich erhalten soll.[1362]

b) Ausnahme

721 § 20 Abs. 1 Nr. 3 UmwG sieht allerdings eine **Ausnahme vom Anteilserwerb** vor, nämlich dann, soweit der übernehmende Rechtsträger oder ein Dritter, der im eigenen Namen, jedoch auf Rechnung dieses Rechtsträgers handelt, Anteilsinhaber des übertragenden Rechtsträgers ist oder der

---

[1359] Lutter/Grunewald, UmwG, § 20 Rn. 60 ff.; Kallmeyer/Marsch-Barner, UmwG, § 20 Rn. 29; Stratz, in: Schmitt/Hörtnagl/Stratz, § 20 UmwG Rn. 109 ff.
[1360] Lutter/Grunewald, UmwG, § 20 Rn. 60 ff.; Kallmeyer/Marsch-Barner, UmwG, § 20 Rn. 29; Stratz, in: Schmitt/Hörtnagl/Stratz, § 20 UmwG Rn. 109 ff.
[1361] Vgl. unten Teil 2 Rdn. 582 ff.; Lutter/Grunewald, UmwG, § 20 Rn. 61; Lutter/Winter/Vetter, UmwG, § 54 Rn. 61; Kallmeyer/Marsch-Barner, UmwG, § 5 Rn. 25, § 54 Rn. 17; Widmann/Mayer/Mayer, Umwandlungsrecht, § 54 UmwG Rn. 46.
[1362] Vgl. oben Teil 2 Rdn. 324; Lutter/Winter/Vetter, UmwG, § 54 Rn. 61.

übertragende Rechtsträger eigene Anteile innehat oder ein Dritter, der im eigenen Namen, jedoch auf Rechnung dieses Rechtsträgers handelt, dessen Anteilsinhaber ist. Die Vorschrift gilt allgemein und betrifft nicht nur AG und GmbH.[1363] Ausgenommen sind also **zwei Fallgruppen**:
- der übernehmende Rechtsträger ist Anteilsinhaber des übertragenden Rechtsträgers,
- der übertragende Rechtsträger hat eigene Anteile.

Die **Vorschrift wird ergänzt** durch §§ 54 Abs. 1 Satz 1 Nr. 1, 2 bzw. 68 Abs. 1 Satz 1 Nr. 1, 2 UmwG, wonach in diesen Fällen eine Kapitalerhöhung nicht erfolgen darf (vgl. dazu Teil 2 Rdn. 307 ff.). 722

c) Dingliche Surrogation

Rechte Dritter an den Anteilen oder Mitgliedschaften der übertragenden Rechtsträger bestehen nach § 20 Abs. 1 Nr. 3 Satz 2 UmwG an den an ihre Stelle getretenen Anteilen oder Mitgliedschaften des übernehmenden Rechtsträgers weiter. Es handelt sich dabei um einen Fall dinglicher **Surrogation**. Dies gilt nach ganz einheitlicher Meinung auch für dingliche Pfandrechte.[1364] Aufgrund dieser sog. »**dinglichen Surrogation**« müssen die Rechte Dritter also nicht neu gebildet werden. Nur sofern für die alten Anteile keine neuen ausgegeben werden oder an diesen ein entsprechendes Recht eines Dritten nicht entstehen kann, fallen die Rechte Dritter weg.[1365] 723

Die Vorschrift gilt nicht unmittelbar für **schuldrechtliche Absprachen**. 724

▶ Beispiele:

Treuhandverträge, Vorkaufsrechte etc.

Hier soll durch ergänzende Vertragsauslegung ermittelt werden, ob die Vereinbarung auch für die neuen Anteile gelten sollen. Nach der überwiegenden Meinung ist dies regelmäßig nicht der Fall.[1366] 725

5. Gläubigerschutz

Das **System des Gläubigerschutzes** ist wie folgt konzipiert: 726

Ein **Anspruch auf Sicherheitsleistung** besteht nur, wenn der Gläubiger glaubhaft machen kann, dass durch die Verschmelzung die Erfüllung seiner Forderung gefährdet wird (§ 22 Abs. 1 UmwG). Dies kann nur bei schuldrechtlichen Ansprüchen der Fall sein, bei dinglichen Ansprüchen besteht nach überwiegender Meinung daher kein Anspruch auf Sicherheitsleistung.[1367] Der Anspruch muss bis zum Wirksamwerden der Verschmelzung entstanden sein. Gleichgültig ist, ob der übernehmende oder der übertragende Rechtsträger Schuldner ist, ebenso ob der Anspruch auflösend bedingt oder von einer Gegenleistung abhängig ist.

Die **Höhe der Sicherheitsleistung** ist abhängig vom Schutzbedürfnis des Gläubigers.[1368] Bei Dauerschuldverhältnissen (z. B. Miete) kann auf der einen Seite nicht auf die während der Restlaufzeit des Vertrages fällig werdenden Ansprüche abgestellt werden, auf der anderen Seite bildet 727

1363 Vgl. Widmann/Mayer/Vossius, Umwandlungsrecht, § 20 UmwG Rn. 355 ff.; Lutter/Grunewald, UmwG, § 20 Rn. 563 ff.
1364 Vgl. nur Widmann/Mayer/Vossius, Umwandlungsrecht, § 20 UmwG Rn. 359; Semler/Stengel/Kübler, UmwG, § 20 Rn. 80.
1365 Lutter/Grunewald, UmwG, § 20 Rn. 71; Schmitt/Hörtnagl/Stratz, UmwG, UmwStG, § 20 UmwG Rn. 19 ff.
1366 Kallmeyer/Marsch-Barner, UmwG, § 20 Rn. 31; Lutter/Grunewald, UmwG, § 20 Rn. 72.
1367 Str. so Kallmeyer/Marsch-Barner, UmwG, § 22 Rn. 2; Widmann/Mayer/Vossius, § 222 UmwG Rn 17; Stratz, in: Schmitt/Hörtnagl/Stratz, § 22 UmwG Rn. 5; Maier-Reimer/Seulenin: Semler/Stengel/Kübler § 22 UmwG Rn. 7; a. A. Lutter/Grunewald, § 22 UmwG Rn. 4.
1368 BGH, WM 1996, 816 ff., 817.

nach Ansicht des BGH der dreifache Jahresbetrag der Miete bei einer Restdauer von 20 Jahren die untere Grenze der Sicherheitsleistung.[1369] Auch bei **aufschiebend oder auflösend bedingten oder befristeten Ansprüchen** besteht ein Sicherungsanspruch.[1370] **Versorgungsanwartschaften** begründen keinen Anspruch auf Sicherheitsleistung[1371] **bestehende Rentenansprüche aus betrieblicher Altersversorgung** ebenfalls nicht, sofern die Voraussetzungen nach §§ 7 ff. BetrAVG vorliegen, da insoweit Sicherheit durch die Ausfallhaftung des Pensionssicherungsvereins besteht. Ist der Anspruch des Gläubigers bereits fällig geworden, scheidet Sicherheitsleistung ebenfalls aus, der Gläubiger muss vielmehr Befriedigung suchen. Keinen Anspruch auf Befriedigung haben Gläubiger, die im **Insolvenzfall** durch andere gesetzliche Vorschriften abgesichert sind. Dabei handelt es sich um Inhaber von Pfandbriefen einer Hypothekenbank (§ 35 HypBankG), von Schiffspfandbriefen (§ 36 SchiffsBG) und die Gläubiger von Ansprüchen aus Lebens- oder Unfallversicherungen (§§ 77, 79, VAG).

728 Die Erfüllungsgefährdung ist **glaubhaft zu machen**, der Nachweis der Gefährdung (so noch § 347 Abs. 1 Satz 2 AktG a. F.) wird nicht mehr verlangt.

729 Der Anspruch besteht nur, wenn er fristgerecht angemeldet wird. Die **Frist** beträgt 6 Monate und beginnt nach dem Tag, an dem die Bekanntmachung der Verschmelzung für den schuldenden Rechtsträger als erfolgt gilt, also dem Tag, an dem die letzte Bekanntmachung der Eintragung für den betroffenen Rechtsträger erfolgt ist (§ 19 Abs. 3 Satz 2 UmwG). Auf den Anspruch auf Sicherheitsleistung ist in der Bekanntmachung hinzuweisen. Die Frist beginnt aber auch, wenn der Hinweis unterblieb. Sie ist i. Ü. eine gesetzliche Ausschlussfrist[1372] und beginnt daher unabhängig von einer Kenntnis des Gläubigers.

730 Die Anmeldung muss **schriftlich** erfolgen und Anspruchsgrund und -höhe umfassen.

731 Die **Abwicklung der Sicherheitsleistung** bestimmt sich nach §§ 232 ff. BGB.

732 Mit dem Erlöschen des übertragenden Rechtsträgers gehen auch die bei ihm bestehenden **Mitgliedschaftsrechte** unter. Dazu gehören eigene Anteile des übertragenden Rechtsträgers ebenso wie Anteile des übernehmenden an dem übertragenden Rechtsträger und zwar auch dann, wenn diese Anteile treuhänderisch von einem Dritten gehalten wurden (§ 20 Abs. 1 Nr. 3 Halbs. 2 UmwG). Dingliche Rechte Dritter an den untergehenden Anteilen sollen ebenfalls wegfallen.[1373] Pflichten der Anteilsinhaber an der übertragenden Gesellschaft (z. B. auf Einlageleistung) gehen auf den übernehmenden Rechtsträger über.

6. Heilung von Formmängeln, sonstige Mängel

733 Die Eintragung heilt eine **fehlende oder fehlerhafte notarielle Beurkundung** des Verschmelzungsvertrages oder erforderliche Zustimmungs- oder Verzichtserklärungen (§ 20 Abs. 1 Nr. 4 UmwG). Nicht beurkundete Nebenabreden werden folglich mit der Eintragung wirksam.

734 **Sonstige Mängel** lassen die Eintragungswirkungen unberührt (§ 20 Abs. 2 UmwG). Dies bedeutet, dass sonstige Mängel, sei es im Verschmelzungsvertrag, bei den Zustimmungsbeschlüssen oder das Fehlen anderer Eintragungsvoraussetzungen, auch bei Kapitalerhöhungen, die in § 21 Abs. 1 UmwG genannten Rechtsfolgen gleichwohl eintreten lassen.

1369 BGH, WM 1996, 818.
1370 Kallmeyer/Marsch-Barner, UmwG, § 22 Rn. 4; Widmann/Mayer/Vossius, § 22 UmwG Rn 20; Stratz, in: Schmitt/Hörtnagl/Stratz, § 22 UmwG Rn. 5; Maier-Reimer/Seulenin: Semler/Stengel/Kübler § 22 UmwG Rn. 9; Lutter/Grunewald, § 22 UmwG Rn. 7.
1371 Allgemeine Meinung, vgl. Widmann/Mayer/Mayer, Umwandlungsrecht, § 20 UmwG, Rn. 2407.
1372 Kallmeyer/Marsch-Barner, UmwG, § 22 Rn. 5; Widmann/Mayer/Vossius, § 22 UmwG Rn 20; Stratz, in: Schmitt/Hörtnagl/Stratz, § 22 UmwG Rn. 12; Maier-Reimer/Seulenin: Semler/Stengel/Kübler § 22 UmwG Rn. 39; Lutter/Grunewald, § 22 UmwG Rn. 21.
1373 Vgl. Widmann/Mayer/Mayer, Umwandlungsrecht, § 20 UmwG Rn. 2346.

Die dingliche Bestandskraft der Eintragung besteht unabhängig davon, ob Rechtshandlungen i. R. d. Umwandlungsverfahrens mit Mängeln behaftet sind und wie schwer diese Mängel wiegen.[1374] Ob es sich um Mängel des Verschmelzungsvertrages handelt, die eine Anfechtungsklage rechtfertigen, oder ob die Mängel ihre Rechtfertigung in den Regelungen des allgemeinen Zivilrechts finden, ist mithin für die konstitutive Wirkung der Eintragung irrelevant.[1375] Das gilt unabhängig von der Art und Schwere etwaiger Mängel des Umwandlungsaktes, also auch bei Unwirksamkeit des Verschmelzungsbeschlusses.[1376] Weder eine erfolgreiche Anfechtung von Umwandlungsbeschlüssen wegen eines Rechtsverstoßes bei der Beschlussfassung noch z. B. wegen Missbrauchs des Stimmrechts oder wegen Verstoßes gegen zwingende Vorschriften des Gesellschaftsrechts vermögen die Bestandsfestigkeit der eingetragenen Umwandlung infrage zu stellen.[1377] Anfechtungs- und Nichtigkeitsklagen können nach der Rechtsprechung des BGH (vgl. BGH, NJW 2007, 224) auch nach der Eintragung der Umwandlung (fort-) geführt werden.,[1378] Die Eintragung hat keine »Heilungswirkung« in Bezug auf fehlerhafte Rechtshandlungen im Zusammenhang mit der Umwandlung. Die Registereintragung soll lediglich unabhängig von Beschluss- und Verfahrensmängeln stets bestandsfest sein.[1379] Dies hat zur Folge, dass Klagen gegen die Wirksamkeit des Formwechsels (Anfechtungsklagen, Nichtigkeitsklagen oder allgemeine Feststellungsklagen) durch Anteilsinhaber grds. nicht mehr zur Beseitigung der Wirksamkeit des Formwechsels führen können[1380] ändert aber an der auch nach Eintragung der Umwandlung bestehenden Möglichkeit, die richterliche Klärung der Mangelhaftigkeit des Gesellschafterbeschlusses herbeizuführen, nichts.

735

Eine **Entschmelzung** scheidet ebenfalls aus.[1381] Es verbleiben nur Ansprüche auf Schadensersatz.[1382] Die dingliche Bestandskraft der Verschmelzung führt allerdings nicht dazu, dass mit der Eintragung auch eine Heilung aller mit der Verschmelzung zusammenhängenden Rechtshandlungen verbunden ist. Dies legt schon die Differenzierung des Wortlautes in § 20 Abs. 1 Nr. 4 UmwG einerseits und § 20 Abs. 2 UmwG andererseits nahe, denn dort wird zwischen einer Heilung der Mängel und einem die Mängel der Verschmelzung »Unberührt- Sein-Lassen« differenziert.[1383]

736

Ein Mangel im Eintragungsverfahren kann auch nicht mehr zur Grundlage eines Amtslöschungsverfahrens nach § 394 FamFG gemacht werden.[1384] Auch in Extremfällen soll nach überwiegender Auffassung von diesem Grundsatz keine Ausnahme gemacht werden können.[1385]

737

1374 Lutter/Grunewald, § 20 UmwG Rn. 76 ff.; Stratz, in: Schmitt/Hörtnagl/Stratz, UmwG, § 20 Rn. 122 und 127; Marsch-Barner, § 20 UmwG Rn. 39, 40 und 47, die als Mängel des Verschmelzungsvertrages ausdrücklich Vorschriften des allg. Zivilrechts anführen; BayObLG, AG 2000, 130, 131.
1375 OLG Frankfurt am Main, DNotZ 2009, 227.
1376 BGH, NZG 1999, 785, 786; Lutter/Grunewald, § 20 UmwG Rn. 81.
1377 OLG München, AG 2010, 458 = GmbHR 2010, 531 = ZIP 2010, 927; Kort, AG 2010, 230.
1378 OLG München, AG 2010, 458 = GmbHR 2010, 531 = ZIP 2010, 927.
1379 Vgl. Hörtnagl, in: Schmitt/Hörtnagl/Stratz, UmwG, § 131 Rn. 124.
1380 OLG München, AG 2010, 458 = GmbHR 2010, 531 = ZIP 2010, 927; Lutter/Grunewald, § 20 UmwG Rn. 81; Kallmeyer, UmwG, § 202 Rn. 59.
1381 OLG Frankfurt am Main, DNotZ 2009, 227.
1382 OLG Frankfurt am Main, DNotZ 2009, 227; Begründung des Gesetzentwurfes der Bundesregierung: BT-Drucks. 9/1065, S. 20.
1383 OLG Frankfurt am Main, DNotZ 2009, 227; Marsch-Barner, in: Kallmeyer, UmwG, § 20 Rn. 34; Stratz, in: Schmitt/Hörtnagl/Stratz, UmwG, § 20 Rn. 124.
1384 OLG Hamburg, RNotZ 2008, 37; OLG Frankfurt am Main, DNotZ 2003, 638, OLG Hamm, ZIP 2001, 569; BayObLG, DNotZ 2000, 232; Lutter/Grunewald, UmwG, § 20 Rn. 73; Semler/Stengel/Kübler, UmwG, § 20 Rn. 91; Schaub, DStR 2003, 849; vgl. auch BVerfG, WM 2004, 2354; einschränkend Kort, DStR 2004, 185 ff.
1385 Stratz, in: Schmitt/Hörtnagl/Stratz, UmwG, UmwStG, § 20 UmwG Rn. 125.

V. Besonderheiten bei der Verschmelzung durch Neugründung

738 Auch für das Registerverfahren gilt die in § 36 UmwG enthaltene **Verweisung** auf die **Vorschriften zur Verschmelzung durch Aufnahme**, wobei an die Stelle des übernehmenden Rechtsträgers der neugegründete Rechtsträger tritt und jeder der gründenden Rechtsträger als übertragender Rechtsträger gilt. Zu fertigen sind daher immer **mindestens drei Anmeldungen**. Von der Verweisung ausgenommen ist § 16 Abs. 1 UmwG. Inhalt der Anmeldung und die anmeldeberechtigten Personen ergeben sich stattdessen aus § 38 UmwG.

739 Für den **Ablauf des Eintragungsverfahrens** gilt über § 36 Abs. 1 Satz 2 UmwG auch § 19 UmwG, sodass zunächst die Anmeldung der Verschmelzung und dann erst die Anmeldung des neugegründeten Rechtsträgers zu erfolgen hat.

740 Die weitere Verweisung in § 36 Abs. 2 Satz 1 UmwG auf die für den neu gebildeten Rechtsträger geltenden **Gründungsvorschriften** umfasst auch die jeweiligen Bestimmungen für das Registerverfahren.

1. Anmeldung der Verschmelzung

a) Anmeldeberechtigte Personen

741 Die Anmeldung erfolgt **durch die Vertretungsorgane** der gründenden Rechtsträger – in vertretungsberechtigter Zahl – bei dem jeweiligen Registergericht des beteiligten Rechtsträgers.

b) Inhalt der Anmeldung

742 Anzumelden ist nur die Verschmelzung. Abzugeben ist ferner die **Negativerklärung** nach § 16 Abs. 2 Satz 1 UmwG. Ansonsten sind die zugelassenen Ersatzmittel vorzulegen (§ 16 Abs. 2 Satz 2, Abs. 3 UmwG, s. hierzu Teil 2 Rdn. 640 ff.).

c) Anlagen

743 Insoweit gelten die Ausführungen zur Verschmelzung durch Aufnahme entsprechend (s. o. Teil 2 Rdn. 673 ff.).

2. Anmeldung des neugegründeten Rechtsträgers

a) Anmeldeberechtigte Personen

744 Die Anmeldung erfolgt nach § 38 Abs. 2 UmwG nicht durch die Vertretungsorgane des neuen Rechtsträgers, sondern durch die **Vertretungsorgane** – jeweils in vertretungsberechtigter Zahl – **der gründenden Rechtsträger**.

745 Die Anmeldebefugnis erstreckt sich aber nicht auf in der Anmeldung abzugebende Erklärungen, bei denen auch i. Ü. keine Vertretung zulässig ist, etwa die Erklärung über erbrachte Einlagen. Die Anmeldebefugnis nach § 38 Abs. 2 UmwG umfasst ferner nicht die Vornahme von etwa erforderlichen Namenszeichnungen.

b) Inhalt der Anmeldung

746 Der **Inhalt der Anmeldung** richtet sich zunächst nach den jeweils einschlägigen Gründungsbestimmungen (vgl. dazu die einzelnen Fallgestaltungen). Besonderheiten, die aus der Verschmelzung als Gründungsvorgang resultieren, ergeben sich aus der Negativerklärung nach § 16 Abs. 2 Satz 1 UmwG und den zugelassenen Ersatzmitteln (§ 16 Abs. 2 Satz 2 und Abs. 3 UmwG).

c) Anlagen

Insoweit gelten zunächst die Ausführungen zur Verschmelzung durch Aufnahme (Teil 2 Rdn. 673). Die Anlagen, die danach der Anmeldung für den übernehmenden Rechtsträger beizufügen sind, müssen in gleicher Weise für die Anmeldung der Neugründung vorgelegt werden. Weitere Anforderungen können sich aus den jeweiligen **Gründungsvorschriften** ergeben (s. u. Teil 2 Rdn. 748 ff. bei den Ausführungen zu den Einzelfällen).

747

Kapitel 2 Einzelfälle der Verschmelzung

Übersicht

	Rdn.
A. Verschmelzung von Personengesellschaften	748
I. Checkliste	748
II. Verschmelzungsvertrag bei der Verschmelzung durch Aufnahme	750
1. Zulässigkeit der Verschmelzung	750
2. Form und Abschlusskompetenz	754
3. Inhalt des Verschmelzungsvertrages	755
a) Notwendiger Vertragsinhalt	755
b) Anteilsgewährung bei der Personengesellschaft	759
aa) Allgemeines	759
bb) Durchführung der Anteilsgewährung	763
(1) Ausweisung zusätzlicher Kapitalanteile	766
(2) Neufestlegung der Kapitalanteile	768
cc) Haftsumme	772
dd) Stellung des Anteilsinhabers	777
ee) Weitgehende Gestaltungsfreiheit, Kapitalkonten bei der Personengesellschaft	784
ff) Verschmelzung von GmbH & Co. KG	793
gg) Ausgestaltung der Kommanditistenstellung	797
hh) Abfindungsangebot	800
(1) Voraussetzungen	801
(2) Ausgestaltung des Angebots	808
(3) Weitere Rechtsfolgen	815
c) Möglicher Vertragsinhalt	820
aa) Bedingungen, Kündigungsrechte	820
bb) Änderung der Firma	823
III. Verschmelzungsvertrag bei der Verschmelzung durch Neugründung	824
IV. Verschmelzungsbericht	826
V. Vorbereitung der Gesellschafterversammlung	830
VI. Verschmelzungsbeschluss	836
1. Gesellschafterversammlung	836
2. Durchführung der Gesellschafterversammlung	838
3. Beschluss	840
a) Einstimmigkeit	842
b) Mehrheitsbeschluss	845
4. Widerspruchsrecht	853
5. Zustimmungspflichten	855
a) Allgemeine Zustimmungspflicht nach § 13 Abs. 2 UmwG	855
b) Erstmalige Übernahme der persönlichen Haftung (§ 40 Abs. 2 UmwG)	856
c) Weitere Zustimmungspflichten bei Mischverschmelzung	857
6. Notarielle Beurkundung der Gesellschafterversammlung	858
VII. Verschmelzungsprüfung	859
VIII. Handelsregisteranmeldung	862
IX. Muster	866
1. Verschmelzung von OHG zur Aufnahme	866
a) Verschmelzungsvertrag von zwei OHG zur Aufnahme ohne Abfindungsangebot	866
b) Verschmelzungsvertrag von zwei OHG zur Aufnahme mit Abfindungsangebot	867
c) Einberufung der Gesellschafterversammlung einer OHG	868
d) Zustimmungsbeschluss bei der übernehmenden Gesellschaft (B-OHG) bei Verschmelzung zur Aufnahme, Verzichtserklärungen	869
e) Zustimmungsbeschluss der übertragenden Gesellschaft (A-OHG) bei Verschmelzung zur Aufnahme, Verzichtserklärungen	870
f) Anmeldung für die übertragende Personenhandelsgesellschaft (A-OHG) bei Verschmelzung zur Aufnahme	871
g) Anmeldung für die übernehmende Personenhandelsgesellschaft (B-OHG) bei Verschmelzung zur Aufnahme	872

Einzelfälle der Verschmelzung | Teil 2 Kapitel 2

Rdn.

 2. Verschmelzung von zwei OHG bei Neugründung einer OHG 873
  a) Verschmelzungsvertrag 873
  b) Anmeldung für eine übertragende Personenhandelsgesellschaft bei Verschmelzung zur Neugründung 874
  c) Anmeldung für die neu gegründete Personenhandelsgesellschaft bei Verschmelzung zur Neugründung 875
 3. Verschmelzung von KG auf GmbH & Co. KG zur Aufnahme 876
  a) Verschmelzungsvertrag 876
  b) Zustimmungsbeschluss bei der übernehmenden Gesellschaft (B-GmbH & Co. KG) bei Verschmelzung zur Aufnahme, Verzichtserklärungen 877
  c) Zustimmungsbeschluss der übertragenden Gesellschaft (A-KG) bei Verschmelzung zur Aufnahme, Verzichtserklärungen. 878
  d) Anmeldung zum Handelsregister für die übertragende A-KG 879
  e) Anmeldung für die übernehmende KG bei Verschmelzung zur Aufnahme (B-GmbH & Co. KG) 880
 4. Verschmelzung von GmbH auf GmbH & Co. KG zur Aufnahme 881
  a) Verschmelzungsvertrag 881
  b) Zustimmungsbeschluss bei der übernehmenden Gesellschaft (B-GmbH & Co. KG) bei Verschmelzung zur Aufnahme, Verzichtserklärungen 882
  c) Zustimmungsbeschluss der übertragenden Gesellschaft (A-GmbH) bei Verschmelzung zur Aufnahme, Verzichtserklärungen 883
  d) Anmeldung zum Handelsregister für die übertragende A-GmbH 884
  e) Anmeldung für die übernehmende KG bei Verschmelzung zur Aufnahme (B-GmbH & Co. KG) 885
 5. Verschmelzung Tochter-GmbH (100 %) auf Mutter-GmbH & Co. KG zur Aufnahme (sog. up-stream-merger) 886
  a) Verschmelzungsvertrag 886
  b) Zustimmungsbeschluss bei der übernehmenden Gesellschaft (B-GmbH & Co. KG) bei Verschmelzung zur Aufnahme, Verzichtserklärungen 887
  c) Zustimmungsbeschluss der übertragenden Gesellschaft (A-GmbH) bei Verschmelzung zur Aufnahme, Verzichtserklärungen 888
  d) Anmeldung zum Handelsregister für die übertragende A-GmbH 889
  e) Anmeldung für die übernehmende KG bei Verschmelzung zur Aufnahme (B-GmbH & Co. KG) 890
B. **Verschmelzung von Partnerschaftsgesellschaften** 891
I. Checkliste 891
II. Verschmelzungsvertrag bei Verschmelzung durch Aufnahme 892
 1. Zulässigkeit der Verschmelzung 892
 2. Form und Abschlusskompetenz 893
 3. Inhalt des Verschmelzungsvertrages 894
III. Verschmelzungsvertrag bei Verschmelzung durch Neugründung 899
IV. Verschmelzungsbericht. 900
V. Vorbereitung der Gesellschafterversammlung 902
VI. Verschmelzungsbeschluss 903
VII. Verschmelzungsprüfung 905
VIII. Handelsregisteranmeldung 906
IX. Muster 907
 1. Verschmelzungsvertrag von zwei Partnerschaften zur Aufnahme ohne Abfindungsangebot . . . 907
 2. Handelsregisteranmeldung bei der Verschmelzung von zwei Partnerschaften zur Aufnahme . . 908
  a) Anmeldung für die übertragende Partnerschaftsgesellschaft bei der Verschmelzung zur Aufnahme 908
  b) Anmeldung für die übernehmende Partnerschaft – Auszug – 909
C. **Verschmelzung von GmbH und Unternehmergesellschaften** 910
I. Checkliste 910
II. Besonderheiten bei der Unternehmergesellschaft 911

Limmer   313

					Rdn.
III.	Verschmelzungsvertrag bei Aufnahme				914
	1.	Form und Abschlusskompetenz			914
	2.	Inhalt des Verschmelzungsvertrages			915
		a)	Notwendiger Vertragsinhalt		915
			aa)	Durchführung der Anteilsgewährung	916
				(1) Herkunft der zu gewährenden Anteile	917
				(2) Anteilsgewährung durch Kapitalerhöhung	918
				(a) Kapitalerhöhungsverbote	920
				(b) Kapitalerhöhungswahlrechte	922
				(c) Berechnung der Kapitalerhöhung	924
				(d) Angaben im Verschmelzungsvertrag	925
				(e) Verzicht auf Anteilsgewährung	929
				(3) Verwendung eigener Anteile oder Anteile der übertragenden Gesellschaft	930
				(4) Anteile Dritter	933
				(5) Bare Zuzahlungen	937
				(6) Gleichbehandlung	938
			bb)	Abfindungsangebot	939
			cc)	Tochter-Mutter-Verschmelzungen (up-stream-merger)	943
		b)	Möglicher Vertragsinhalt		945
	3.	Nicht voll eingezahlte Geschäftsanteile – Zustimmungspflichten			946
IV.	Verschmelzung durch Neugründung				947
	1.	Beschlusskompetenz und Form			950
	2.	Inhalt des Verschmelzungsvertrages			951
		a)	Notwendiger Vertragsinhalt		951
			aa)	Beteiligte Rechtsträger	952
			bb)	Vermögensübertragung	953
			cc)	Umtauschverhältnis und Anteilsgewährung	954
			dd)	Satzung der neuen GmbH	966
		b)	Möglicher Vertragsinhalt		970
		c)	Organbestellung		972
V.	Verschmelzungsbericht				973
VI.	Verschmelzungsprüfung				976
VII.	Vorbereitung der Gesellschafterversammlung				981
	1.	Einberufung der Gesellschafterversammlung			981
	2.	Auslegungspflichten			988
	3.	Auskunftsanspruch			989
VIII.	Zustimmungsbeschluss zur Verschmelzung				991
	1.	Gesellschafterversammlung			991
	2.	Durchführung der Gesellschafterversammlung und Informationsrechte			992
	3.	Beschlussmehrheiten			1000
IX.	Besondere Zustimmungserfordernisse				1004
	1.	Sonderrechtsinhaber (§ 50 Abs. 2 UmwG)			1004
	2.	Vinkulierte Anteile (§ 13 Abs. 2 UmwG)			1006
	3.	Nicht eingezahlte Anteile bei der übertragenden oder übernehmenden GmbH (§ 51 Abs. 1 UmwG)			1007
		a)	Nicht eingezahlte Anteile bei der übernehmenden GmbH (§ 51 Abs. 1 Satz 1 und 2 UmwG)		1007
		b)	Nicht eingezahlte Anteile bei der übertragenden GmbH (§ 51 Abs. 1 Satz 3 UmwG)		1008
		c)	Besondere Erklärung bei Anmeldung		1009
X.	Kapitalerhöhungsbeschluss bei Verschmelzung zur Aufnahme				1010
	1.	Notwendigkeit und Zulässigkeit der Kapitalerhöhung			1010
	2.	Durchführung der Kapitalerhöhung			1012
XI.	Handelsregisteranmeldung				1015
	1.	Anmeldung der Verschmelzung			1016
	2.	Erklärung über Gesellschafterzustimmung bei nicht voll eingezahlten Anteilen (§§ 51, 52 UmwG)			1019

	Rdn.
3. Gesellschafterliste	1026
4. Anmeldung der Kapitalerhöhung	1027
5. Anmeldung der Satzungsänderung	1029
6. Beizufügende Unterlagen	1030
7. Verschmelzung zur Neugründung	1031
XII. Muster	1034
1. Verschmelzungsvertrag zweier GmbH ohne wechselseitige Beteiligungen	1034
2. Verschmelzungsvertrag bei Verschmelzung einer 100 %igen Tochter-GmbH auf die Mutter-GmbH (sog. up-stream-merger)	1035
3. Verschmelzungsvertrag bei Neugründung	1036
4. Zustimmungen der Gesellschafterversammlungen zur Verschmelzung durch Aufnahme	1037
a) Zustimmung bei der übernehmenden Gesellschaft	1037
b) Zustimmungsbeschluss der übertragenden Gesellschaft	1038
5. Handelsregisteranmeldungen	1039
a) Anmeldung für die übertragende GmbH bei Verschmelzung durch Aufnahme	1039
b) Anmeldung für die übernehmende GmbH bei Verschmelzung durch Aufnahme	1040
c) Anmeldung für eine übertragende GmbH bei Verschmelzung durch Neugründung	1041
d) Anmeldung für die neu gegründete GmbH bei Verschmelzung durch Neugründung	1042
6. Verschmelzung von GmbH & Co. KG auf GmbH zur Aufnahme	1043
a) Verschmelzungsvertrag	1043
b) Zustimmungsbeschluss bei der übertragenden Gesellschaft (B-GmbH & Co. KG) bei Verschmelzung zur Aufnahme, Verzichtserklärungen	1044
c) Zustimmungsbeschluss bei der übernehmenden Gesellschaft (A-GmbH)	1045
d) Anmeldung zum Handelsregister für die übertragende B-GmbH & Co. KG	1046
e) Anmeldung für die übernehmende A-GmbH bei Verschmelzung durch Aufnahme	1047
D. Verschmelzung von AG	**1048**
I. Checkliste	1048
II. Verschmelzungsvertrag bei Verschmelzung durch Aufnahme	1049
1. Form und Abschlusskompetenz	1050
2. Notwendiger Vertragsinhalt	1051
III. Verschmelzungsbericht	1057
IV. Verschmelzungsprüfung	1059
V. Bekanntmachung des Verschmelzungsvertrages (§ 61 UmwG)	1064
VI. Vorbereitung der Hauptversammlung	1069
1. Einberufung der Hauptversammlung	1069
2. Auslegungspflicht	1079
VII. Zustimmungsbeschluss zur Verschmelzung	1081
1. Gesellschafterversammlung	1081
2. Durchführung der Hauptversammlung und Informationsrechte	1082
a) Notarielle Beurkundung	1082
b) Inhalt der Niederschrift	1083
c) Informationsrechte (Auslegungs-, Erläuterungs- und Auskunftspflichten)	1086
aa) Auslegung von Unterlagen	1086
bb) Erläuterungspflicht	1087
cc) Auskunftsansprüche	1088
3. Beschlussmehrheiten	1089
a) 3/4-Mehrheit	1089
b) Abweichende Satzungsbestimmungen	1090
c) Stimmberechtigung	1092
d) Sonderbeschlüsse bei Aktien verschiedener Gattung	1093
4. Besonderheiten der Verschmelzung im Konzern – verschmelzungsspezifischer Squeeze-out	1096
a) Überblick	1096
b) Entbehrlichkeit des Zustimmungsbeschlusses bei der übernehmenden AG (§ 62 Abs. 1 UmwG)	1097
c) Zustimmungsbeschluss auf Verlangen der Aktionäre (§ 62 Abs. 2 UmwG)	1101
d) Informationspflichten (§ 62 Abs. 3 UmwG)	1102

			Rdn.
	e)	Entbehrlichkeit des Zustimmungsbeschlusses bei der übertragenden Kapitalgesellschaft (§ 62 Abs. 4 UmwG)	1106
	f)	Verschmelzungsrechtlicher Squeeze-out (§ 62 Abs. 5 UmwG)	1109
		aa) Überblick	1109
		bb) Erfasste Rechtsträger	1110
		cc) Schwellenwert	1111
		dd) Sachlicher Zusammenhang mit Verschmelzung	1112
		ee) Zeitlicher Zusammenhang zwischen Verschmelzungsvertrag und Beschluss	1113
		ff) Hinweis auf Squeeze-out im Verschmelzungsvertrag	1114
		gg) Informationspflichten	1115
		hh) Weiteres Verfahren nach §§ 327a ff. AktG	1116
	5. Unbekannte Aktionäre (§ 35 UmwG)		1117
VIII.	Zustimmung von Sonderrechtsinhabern		1119
IX.	Anwendung der Vorschriften über die Nachgründung		1122
X.	Kapitalerhöhung bei Verschmelzung zur Aufnahme		1127
	1. Durchführung der Kapitalerhöhung		1133
	2. Kapitalerhöhungsverbote		1151
	3. Kapitalerhöhungswahlrechte		1155
	4. Verzicht auf Anteilsgewährung		1156
XI.	Bestellung eines Treuhänders und Umtausch von Aktien		1157
XII.	Verschmelzung zur Neugründung		1162
	1. Allgemeines		1162
	2. Zweijährige Sperrfrist (§ 76 Abs. 1 UmwG)		1164
	3. Verschmelzungsvertrag und Satzung der neu zu gründenden AG		1165
	a) Satzung als Inhalt des Verschmelzungsvertrages		1165
	b) Inhalt der Satzung		1166
	4. Gründungsbericht und Gründungsprüfung		1170
	5. Organbestellung		1171
XIII.	Handelsregisteranmeldung		1175
XIV.	Muster		1178
	1. Verschmelzungsvertrag bei Verschmelzung durch Aufnahme		1178
	a) Verschmelzungsvertrag		1178
	b) Verschmelzungsbericht		1179
	c) Zustimmungsbeschluss bei der übernehmenden Gesellschaft		1180
	d) Zustimmungsbeschluss bei der übertragenden Gesellschaft		1181
	e) Handelsregisteranmeldungen		1182
		aa) Anmeldung für die übertragende AG bei Verschmelzung durch Aufnahme	1182
		bb) Anmeldung für die übernehmende AG bei Verschmelzung durch Aufnahme	1183
	2. Mischverschmelzung von GmbH und AG durch Aufnahme bei 100 %igem Mutter-Tochterverhältnis		1184
	a) Verschmelzung		1184
	b) Zustimmung der Gesellschafterversammlung der übertragenden Gesellschaft (B-GmbH)		1185
	c) Bekanntmachung nach § 62 Abs. 3 UmwG bei der aufnehmenden AG (A-AG)		1186
	d) Handelsregisteranmeldung für die übertragende GmbH		1187
	e) Handelsregisteranmeldung für die aufnehmende AG		1188
	3. Verschmelzungsvertrag einer GmbH auf eine AG mit Gegenleistung, aber ohne Kapitalerhöhung (Verschmelzung zur Aufnahme)		1189
	4. Verschmelzungsvertrag AG auf AG unter Ausnutzung genehmigten Kapitals (Verschmelzung zur Aufnahme); variabler Verschmelzungsstichtag		1190
	5. Mischverschmelzung einer Genossenschaft auf eine AG durch Aufnahme		1191
	6. Verschmelzungsrechtlicher Squeeze-out		1192
E.	**Verschmelzung von Genossenschaften**		1193
I.	Checkliste		1193
II.	Anteilsgewährungspflicht bei der Verschmelzung von Genossenschaften		1194

Einzelfälle der Verschmelzung Teil 2 Kapitel 2

Rdn.

III. Neuregelungen der Kapitalverhältnisse der übernehmenden Genossenschaft bei der Verschmelzung zur Aufnahme	1198
1. Regelung von Hafthöhe und Haftart	1198
2. Regelung bzgl. Geschäftsanteil	1201
3. Höchstzahl der zu erwerbenden Anteile	1203
4. Feststellung des Umtauschverhältnisses	1207
5. Satzungsanpassungen bei der übernehmenden Genossenschaft	1215
IV. Verschmelzungsvertrag	1218
1. Form	1219
2. Abschlusskompetenz	1220
3. Inhalt des Verschmelzungsvertrages	1221
a) Notwendiger Vertragsinhalt	1221
b) Möglicher Vertragsinhalt	1232
aa) Anpassung der Satzung	1232
bb) Sonstige Vereinbarungen	1233
4. Verschmelzungsstichtag, Schlussbilanz	1235
V. Verschmelzungsbericht	1238
VI. Gutachten des Prüfungsverbandes	1242
1. Inhalt des Gutachtens	1247
2. Anspruch auf ein Gutachten	1249
VII. Verschmelzungsbeschluss	1250
VIII. Vorbereitung der Generalversammlung	1252
1. Einberufung der Generalversammlung	1252
2. Auszulegende Unterlagen	1257
IX. Durchführung der Generalversammlung	1260
1. Auslegungs- und Erläuterungspflicht	1260
2. Ablauf	1262
3. Eingangskontrollen	1268
4. Beschlussmehrheit	1270
5. Notarielle Beurkundung	1277
X. Sonderrechtsinhaber	1286
XI. Besonderes Ausschlagungsrecht	1288
XII. Verschmelzung durch Neugründung	1291
1. Verschmelzungsvertrag und Satzung der neuen Genossenschaft	1292
a) Satzung als Inhalt des Verschmelzungsvertrages	1292
b) Inhalt der Satzung	1293
2. Organbestellung	1295
XIII. Handelsregisteranmeldung	1297
XIV. Muster	1300
1. Verschmelzungsvertrag bei Verschmelzung durch Aufnahme	1300
2. Zustimmungsbeschluss bei der übernehmenden Genossenschaft	1301
3. Registeranmeldung	1302
a) Registeranmeldung für die übertragende Genossenschaft	1303
b) Registeranmeldung für die übernehmende Genossenschaft	1304
F. Verschmelzung von Vereinen	**1305**
I. Checkliste	1305
II. Verschmelzungsfähige Vereine	1306
III. Verschmelzungsvertrag	1312
1. Form und Abschlusskompetenz	1312
2. Inhalt des Verschmelzungsvertrages	1313
IV. Verschmelzungsbericht	1323
V. Verschmelzungsprüfung	1324
VI. Vorbereitung der Mitgliederversammlung	1326
1. Einberufung der Mitgliederversammlung	1326
2. Auslegungspflicht	1328

	Rdn.
VII. Zustimmungsbeschluss zur Verschmelzung	1333
1. Mitgliederversammlung	1333
2. Durchführung der Mitgliederversammlung und Informationsrechte	1335
a) Notarielle Beurkundung	1335
b) Inhalt der Niederschrift	1336
VIII. Ablauf der Versammlung	1340
1. Beschlussmehrheiten	1341
2. Auslegungspflichten in der Mitgliederversammlung	1344
3. Besondere Zustimmungserfordernisse	1345
IX. Verschmelzung zur Neugründung	1346
X. Registeranmeldung	1351
XI. Wirkung der Verschmelzung	1356
XII. Muster	1357
1. Verschmelzungsvertrag bei Aufnahme	1357
2. Zustimmungsbeschluss bei dem übernehmenden Verein	1358
3. Registeranmeldung	1359
a) Anmeldung für den übertragenden Verein	1360
b) Anmeldung für den übernehmenden Verein	1361
4. Verschmelzungsvertrag bei Verschmelzung zur Neugründung	1362
a) Verschmelzungsvertrag	1362
b) Anmeldung für einen übertragenden Verein zum Vereinsregister	1363
c) Anmeldung des neu gegründeten Vereins zum Vereinsregister	1364
G. Verschmelzung von Kapitalgesellschaften mit dem Vermögen eines Alleingesellschafters	1365
I. Checkliste	1365
II. Allgemeines	1366
III. Übertragende und übernehmende Rechtsträger	1368
IV. Besonderheiten des Verschmelzungsvertrages	1373
V. Sonstiger Ablauf des Verschmelzungsverfahrens	1376
VI. Muster	1381
1. Verschmelzung einer GmbH auf den Alleingesellschafter	1381
2. Handelsregisteranmeldung der GmbH	1382
3. Handelsregisteranmeldung der Einzelfirma als aufnehmender Rechtsträger	1383
4. Handelsregisteranmeldung, der übertragenden GmbH, wenn keine Einzelfirma als aufnehmender Rechtsträger besteht	1384

A. Verschmelzung von Personengesellschaften

I. Checkliste

748 ▶ Beim **Ablauf des Verschmelzungsverfahrens bei Personengesellschaften** sind folgende Punkte zu beachten:
- ❏ Verschmelzungsvertrag (§§ 4 bis 6, 40 UmwG),
- ❏ Verschmelzungsbericht: nicht erforderlich, wenn alle Gesellschafter zur Geschäftsführung berechtigt sind (§§ 8, 41 UmwG),
- ❏ Zuleitung des Verschmelzungsvertrages an Betriebsrat (§ 5 Abs. 3 UmwG),
- ❏ Unterrichtung der Gesellschafter (§ 42 UmwG),
- ❏ Verschmelzungsprüfung auf Verlangen eines Gesellschafters (§§ 9 bis 12, 44 UmwG),
- ❏ Verschmelzungsbeschluss der beteiligten Gesellschaften (§§ 13, 43 UmwG),
- ❏ Notwendige Zustimmungserklärungen (§§ 13 Abs. 2, 40 Abs. 2 UmwG),
- ❏ Zustimmungserklärung nach § 51 UmwG bei Verschmelzung auf GmbH,
- ❏ Kapitalerhöhung, nur wenn die aufnehmende Gesellschaft eine Kapitalgesellschaft ist,
- ❏ Anmeldung zum Handelsregister bei der übertragenden Gesellschaft und bei der übernehmenden Gesellschaft (§§ 16, 17 UmwG),

❏ Eintragung der Verschmelzung, zunächst in das Register des Sitzes jedes der übertragenen Gesellschaft, sodann in das Register des Sitzes der übernehmenden Gesellschaft (§§ 19, 20 UmwG).

▶ Hinweis:

Aus steuerlicher Hinsicht ist bei Personengesellschaften zu beachten, dass Sonderbetriebsvermögen, das nicht im juristischen Eigentum der übertragenden Gesellschaft steht, nicht übergeht. Das kann zur Aufdeckung stiller Reserven führen.[1386] Sonderbetriebsvermögen einzelner Gesellschafter ist daher nur dann an der Gesamtrechtsnachfolge beteiligt, wenn es vor der Verschmelzung dem Rechtsträger durch Rechtsgeschäft übertragen wurde.[1387]

749

II. Verschmelzungsvertrag bei der Verschmelzung durch Aufnahme

1. Zulässigkeit der Verschmelzung

Die Verschmelzung ist **für alle Formen der Personenhandelsgesellschaften** eröffnet, also auch für Personenhandelsgesellschaften, an denen eine juristische Person als persönlich haftender Gesellschafter beteiligt ist. Das früher bis 1995 geltende Verbot der Verschmelzung auf eine GmbH & Co. KG ist wegen der bestehenden Umgehungsmöglichkeiten aufgegeben worden.[1388] Nicht verschmelzungsfähig ist die GbR.

750

Allerdings kann sich eine **aufgelöste Personenhandelsgesellschaft** dann nicht als übertragender Rechtsträger an einer Verschmelzung beteiligen, wenn statt Abwicklung oder Verschmelzung die Gesellschafter eine andere Art der Auseinandersetzung vereinbart haben (§ 39 UmwG). Daneben ist § 3 Abs. 3 UmwG zu beachten, wonach die Verschmelzung bereits aufgelöster Rechtsträger nur zulässig ist, wenn ihre Fortsetzung beschlossen werden könnte (vgl. dazu Teil 2 Rdn. 48 ff.).

751

Eine andere Art der Auseinandersetzung als die Abwicklung oder die Verschmelzung i. S. d. § 39 UmwG liegt etwa darin, wenn ein **Übernahmerecht** nach § 145 HGB, die Realteilung oder die Einbringung in einen anderen Rechtsträger **vereinbart** ist.[1389] Die andere Art der Auseinandersetzung kann im Gesellschaftsvertrag enthalten sein oder durch Gesellschafterbeschluss geschaffen werden.[1390] Nach seinem Wortlaut ist § 39 UmwG nur auf den übertragenen Rechtsträger anzuwenden. In der Literatur wird eine analoge Anwendung auf den übernehmenden Rechtsträger teilweise bejaht, weil durch die Verschmelzung die Struktur der aufgelösten Gesellschaft verändert werde.[1391] Das ist m.E. abzulehnen. Die im Gesellschaftsvertrag vereinbarte andere Art der Auseinandersetzung kann auch nach Auflösung der Gesellschaft durch einen Gesellschafterbeschluss wieder aufgehoben werden.[1392] Der entgegen § 39 UmwG gefasste Verschmelzungsbeschluss ist nichtig, wird aber durch Eintragung nach § 20 Abs. 2 UmwG geheilt.[1393]

752

1386 Schmitt in: Schmitt/Hörtnagl/Stratz, Umwandlungsgesetz, Umwandlungssteuergesetz, § 24 UmwStG Rn. 98.
1387 Stratz in: Schmitt/Hörtnagl/Stratz, Umwandlungsgesetz, Umwandlungssteuergesetz, § 20 UmwG Rn. 24.
1388 Vgl. Gesetzesbegründung, abgedruckt in: Limmer, Umwandlungsrecht S. 293.
1389 Vgl. OLG Frankfurt am Main, DB 2003, 2327; Widmann/Mayer/Vossius, Umwandlungsrecht, § 39 UmwG Rn. 46; Lutter/H. Schmidt, UmwG, § 39 Rn. 16; Stratz, in: Schmitt/Hörtnagl/Stratz, § 39 UmwG Rn. 2; Baumbach/Hopt HGB § 145 Rn. 10; BeckOGK/Temme UmwG § 39 Rn. 16.
1390 Lutter/H. Schmidt, UmwG, § 39 Rn. 17; Stratz, in: Schmitt/Hörtnagl/Stratz, § 39 UmwG Rn. 2; Kallmeyer/Kocher UmwG § 39 Rn. 4; BeckOGK/Temme UmwG § 39 Rn. 16.
1391 Kallmeyer/Kocher UmwG § 39 Rn. 9.
1392 Lutter/H. Schmidt, UmwG, § 39 Rn. 20; Stratz, in: Schmitt/Hörtnagl/Stratz, § 39 UmwG Rn. 18; Kallmeyer/Kocher UmwG § 39 Rn. 46; BeckOGK/Temme UmwG § 39 Rn. 20.
1393 Lutter/H. Schmidt, UmwG, § 39 Rn. 17; Stratz, in: Schmitt/Hörtnagl/Stratz, § 39 UmwG Rn. 2; Kallmeyer/Kocher UmwG § 39 Rn. 8; BeckOGK/Temme UmwG § 39 Rn. 21.

753 Ungeklärt war die Frage, ob bei einer Einmann GmbH & Co. KG – d. h. einer KG mit einem Kommanditisten, der zugleich Alleingesellschafter der Komplementär-GmbH ist – die Komplementärin auf die KG verschmolzen werden kann. Nach Auffassung des OLG Hamm im Beschl. v. 24.06.2010[1394] kann eine Komplementär-GmbH nicht auf ihre KG mit nur einem Kommanditisten, der zudem auch einziger Gesellschafter der GmbH ist, verschmolzen werden.[1395] Ein solches Vorgehen führe zu einer sofortigen Beendigung der KG bei gleichzeitiger Anwachsung des Vermögens auf den einstigen Kommanditisten. Grund hierfür sei, dass das UmwG (§§ 2, 20 UmwG) voraussetze, dass der übernehmende Rechtsträger, hier die KG, fortbestehe. Wenn aber die Eintragung der Verschmelzung zum direkten Erlöschen des übernehmenden Rechtsträgers, also der KG, führe, sei diese Voraussetzung nicht mehr gegeben und das Handelsregister mit der Eintragung sofort unrichtig. Unzulässig seien deshalb aber nicht die im Ergebnis gleichen Konstellationen einer liquidationslosen Beendigung der KG, wie z. B., dass die Komplementär-GmbH auf ihren Alleingesellschafter verschmolzen werde oder dass die Komplementär-GmbH aus ihrer KG austrete.[1396] In der Literatur wird der Beschluss des OLG Hamm ganz **überwiegend abgelehnt**.[1397] Die ablehnende Literatur weist darauf hin, dass zwar der typische Ablauf einer Verschmelzung zunächst vom Fortbestand des übernehmenden Rechtsträgers ausgehe. Jedoch spreche ein idealtypisches Leitbild allein noch nicht gegen die Zulässigkeit hiervon abweichender Gestaltungen.[1398] Unzutreffend sei insb. der Ansatz des OLG Hamm, dass das UmwG bei der Verschmelzung zwingend den Fortbestand des übernehmenden Rechtsträgers voraussetze.[1399] Das Erlöschen der KG erfolge in diesem Fall nicht durch die Verschmelzung selbst, sondern aufgrund allgemeiner gesellschaftsrechtlicher Prinzipien, nach denen der Wegfall eines Gesellschafters bei einer zweigliedrigen Personengesellschaft zwangsläufig zum Erlöschen der Gesellschaft führe. Dies geschehe erst eine juristische Sekunde nach der Verschmelzung und damit außerhalb der – dann in sich widerspruchsfreien – Rechtsfolgenanordnung des § 20 Abs. 1 UmwG.[1400] Erst mit dem Erlöschen der Komplementär-GmbH (also erst eine juristische Sekunde nach Eintragung der Verschmelzung) komme es zur Anwachsung des Vermögens beim verbleibenden Kommanditisten. Denklogisch setzt dies das Wirksamwerden der Verschmelzung voraus, weil erst dann die Komplementär-GmbH als übertragender Rechtsträger erlösche.[1401] Dem OLG Hamm ist daher nicht zu folgen. Dennoch sollte in der Praxis bis zu einer höchstrichterlichen Klärung dieser Weg vermieden werden. Für solche Fälle sollte deshalb ein anderer Weg gewählt werden. Die eine Möglichkeit besteht darin, dass die Komplementär-GmbH aus der KG ausscheidet. Nach ganz herrschender Ansicht erlischt dadurch die KG und es tritt Gesamtrechtsnachfolge beim verbleibenden Gesellschafter ein.[1402] Eine Einmann GmbH & Co. KG kann weiter dadurch aufgelöst werden, dass die Komplementär-GmbH nach den §§ 120 ff. UmwG auf ihren Alleingesellschafter verschmolzen wird. Zu Recht wird auch darauf hingewiesen, dass jedenfalls nach einer Eintragung **im Handelsregister** auch bei einer derartigen Verschmelzung **Heilung nach § 20 Abs. 2 UmwG eintritt**.[1403]

1394 NZG 2010, 130= GmbHR 2010, 985 = DNotZ 2011, 230 m. Anm. Gössel.
1395 So auch Lutter/H. Schmidt, UmwG, § 39 Rn. 19; Stengel in: Semler/Stengel, § 39 UmwG Rn. 37a.
1396 Zustimmend Lutter/H. Schmitt, UmwG, § 39 Rn. Rn. 19, Stengel in: Semler/Stengel, § 39 UmwG Rn. 37a; Gössel, DNotZ 2011, 230.
1397 Gutachten, DNotI-Report 2011, 81, 82; Nelißen, NZG 2010, 1291; Schlüter, EWiR 2010, 799; Ege/Klett, DStR 2010, 2463; Weiler, notar 2011, 117, 126; D. Mayer, DAI-Skript, 9. Gesellschaftsrechtliche Jahresarbeitstagung, 01./02.04.2011 in Hamburg, S. 88; zustimmend nur Gößl, DNotZ 2011, 230, 231 ff.
1398 Nelißen, NZG 2010, 1291, 1292; Gutachten, DNotI-Report 2011, 81, 82.
1399 D. Mayer, DAI-Skript, S. 88.
1400 Gutachten, DNotI-Report 2011, 81, 82; Nelißen, NZG 2010, 1291, 1292; Ege/Klett, DStR 2010, 2463, 2465 f.; D. Mayer, DAI-Skript, S. 88.
1401 D. Mayer, DAI-Skript, S. 89.
1402 Vgl. Gössel, DNotZ 2011, 230 ff.
1403 Gutachten, DNotI-Report 2011, 81, 82 f.

2. Form und Abschlusskompetenz

Insoweit gelten keine Besonderheiten (vgl. daher oben unter Teil 2 Rdn. 69 ff.). 754

3. Inhalt des Verschmelzungsvertrages

a) Notwendiger Vertragsinhalt

Der **notwendige Inhalt des Verschmelzungsvertrages** unter Beteiligung von Personengesellschaften ergibt sich zunächst aus der allgemeinen Vorschrift des § 5 Abs. 1 UmwG. Es kann daher auf die allgemeinen Ausführungen oben verwiesen werden (vgl. oben Teil 2 Rdn. 96 ff.). 755

Ergänzend gilt **§ 40 UmwG**, der folgende Regelungen trifft: 756
- Der Verschmelzungsvertrag hat zusätzlich für jeden Anteilsinhaber/Gesellschafter des übertragenden Rechtsträgers zu bestimmen, ob ihm in der Personenhandelsgesellschaft die Stellung eines persönlich haftenden Gesellschafters oder eines Kommanditisten gewährt wird. Dabei ist der **Betrag der Einlage jedes Gesellschafters** festzusetzen (§ 40 Abs. 1 Satz 2 UmwG).
- Anteilsinhaber eines übertragenden Rechtsträgers, die für dessen Verbindlichkeiten nicht als Gesamtschuldner unbeschränkt haften, ist die Stellung eines Kommanditisten zu gewähren. Abweichende Bestimmungen sind nur wirksam, wenn die betroffenen Gesellschafter dem Verschmelzungsbeschluss des übertragenden Rechtsträgers zustimmen § 40 Abs. 2 Satz 1 UmwG.

Die **gesetzlichen Vorgaben** für den Inhalt des Verschmelzungsvertrages leiden darunter, dass sie allzu sehr an der Verschmelzung von Kapitalgesellschaften orientiert sind und Besonderheiten, die sich aus der Struktur des Personengesellschaftsrechts ergeben, zu wenig Rechnung tragen. Erschwerend kommt hinzu, dass die Verschmelzung von Personengesellschaften im alten Umwandlungsrecht weitgehend unbekannt war. Dies führt in einigen Fällen zu **Anwendungsproblemen**, die nicht immer mit der erforderlichen Eindeutigkeit gelöst werden können. 757

Im Folgenden soll nur auf solche Inhaltsanforderungen eingegangen werden, die ggü. den **allgemeinen Anforderungen** nach § 5 Abs. 1 UmwG (dazu oben Teil 2 Rdn. 96 ff.) **Besonderheiten** aufweisen.[1404] 758

b) Anteilsgewährung bei der Personengesellschaft

aa) Allgemeines

Wie bereits dargelegt geht die herrschende Meinung von der grds. **zwingenden Pflicht** aus, den Gesellschaftern der übertragenden Gesellschaft **Gesellschaftsanteile zu gewähren** (vgl. oben Teil 1 Rdn. 172 ff., Teil 2 Rdn. 100 ff., Teil 2 Rdn. 256 ff.). Die Diskussion bezieht sich dabei allerdings – insb. aus Gläubigerschutzgesichtspunkten – auf Kapitalgesellschaften. Für Kapitalgesellschaften hat darüber hinausgehend der Gesetzgeber in den §§ 54, 55 bzw. 68, 69 UmwG Einzelheiten zur Frage der Kapitalerhöhung und damit auch zur Frage der Anteilsgewährung geregelt. 759

Für die Verschmelzung und Spaltung von Personenhandelsgesellschaften fehlen derartige Regelungen, sodass sich dem Gesetz nicht entnehmen lässt, ob und in welcher Höhe die Gesellschafter der übertragenden Gesellschaft als Gegenleistung an der übernehmenden Gesellschaft erhalten müssen. Zu beachten ist dabei, dass die allgemeinen Vorschriften des § 5 Abs. 1 Nr. 3 UmwG davon ausgehen, dass Anteile gewährt werden. 760

Der Gesetzgeber hat im **Zweiten Gesetz zur Änderung des UmwG v. 25.04.2007**[1405] in den §§ 54 und 68 UmwG für GmbH und AG eine Ausnahme durch Verzicht festlegt:[1406] § 54 Abs. 1 761

1404 Vgl. auch Priester, DStR 2005, 788.
1405 BGBl. I, S. 542.
1406 Vgl. BR-Drucks. 548/06, S. 27.

Satz 3 UmwG n. F. (für die GmbH) bzw. § 68 Abs. 1 Satz 3 UmwG n. F. (für die AG) bestimmt nunmehr, dass die Kapitalerhöhung bei der übernehmenden Kapitalgesellschaft zur Disposition **aller Anteilsinhaber des übertragenden Rechtsträgers** steht. **Verzichten alle Anteilsinhaber des übertragenden Rechtsträgers** in notarieller Urkunde auf die Anteilsgewährung, darf die übernehmende Gesellschaft von der Anteilsgewährung absehen. Zu kritisieren ist an dieser an sich erfreulichen Klarstellung, dass sie aufgrund der systematischen Stellung nur für Verschmelzung auf die AG und GmbH gilt, obwohl bei der Personengesellschaft oder anderen Rechtsträgern ähnliche Fragestellungen bestehen. M. E. kann man aber aus der gesetzlichen Neuregelung allgemein den Schluss ziehen, dass der Anteilsgewährungsgrundsatz disponibel ist, wenn alle Anteilsinhaber der übertragenden Rechtsträger darauf verzichten, denn was bei Kapitalgesellschaften gilt muss erst recht bei Personengesellschaften gelten, sodass viele Argumente, die für eine strenge Anteilsgewährung sprachen überholt sind. Der Grundsatz der Anteilsgewährung kann daher nur noch dann Bestand haben, wenn dies aus Minderheitenschutzgründen erforderlich ist, nicht aber wenn alle Anteilsinhaber darauf verzichten. Die Frage ist allerdings bisher noch nicht durch die Rechtsprechung geklärt, sodass in der Praxis es sich empfiehlt Anteile zu gewähren. I. Ü. ist aus steuerlichen Gründen meist eine Gewährung von Anteilen notwendig (vgl. oben Teil 1 Rdn. 172 ff., Teil 2 Rdn. 100 ff., Teil 2 Rdn. 256 ff.).

762 Bei der Personengesellschaft ist zusätzlich der **Grundsatz der Einheitlichkeit der Beteiligung** zu beachten. Es besteht nach allgemeiner Meinung ein Verbot der Mehrfachbeteiligung an einer Personengesellschaft, sodass einem Gesellschafter einer Personengesellschaft, der bereits an der aufnehmenden Gesellschaft beteiligt ist, kein weiterer – neuer Anteil gewährt werden darf.[1407] Möglich ist natürlich die Aufstockung des vorhandenen Anteils (vgl. nachstehend Rdn. 763 ff.).

bb) Durchführung der Anteilsgewährung

763 Eine Regelung, wie die Anteilsgewährung durchzuführen ist, fehlt im Gesetz. § 40 Abs. 1 Satz 2 UmwG schreibt lediglich vor, dass der Betrag der Einlage festzusetzen ist, wobei nicht recht deutlich ist, ob hierunter nur die im Handelsregister einzutragende **Haftsumme** oder auch die im Verhältnis zu den Gesellschaftern zu übernehmende **Einlageverpflichtung** oder die **bedungene Einlage** gemeint ist. Aus **steuerlichen Gründen** kann sich allerdings die Notwendigkeit ergeben, das Festkapitalkonto zu erhöhen, weil nur dann eine Übertragung gegen Gesellschaftsrechte vorliegt.

764 **Ausgeschlossen** ist eine Anteilsgewährung durch eigene Anteile der zu übernehmenden Personengesellschaften, da solche nicht denkbar sind.

765 Immer muss die Anteilsgewährung in der Aufnahme als Mitgesellschafter des übernehmenden Rechtsträgers bestehen. Wie dies geschieht, hängt vorrangig von den bestehenden gesellschaftsrechtlichen Regelungen im **Gesellschaftsvertrag** der übernehmenden Personengesellschaft ab. Denkbar sind danach im Wesentlichen folgende **Möglichkeiten**:

(1) Ausweisung zusätzlicher Kapitalanteile

766 Waren bisher feste Kapitalanteile vereinbart, so können **zusätzliche Kapitalanteile** ausgewiesen werden. Ihre Höhe ist zum einen abhängig von dem Wertverhältnis zwischen aufnehmendem

---

[1407] Vgl. Priester, DStR 2005, 788, 790; K. Schmidt in: MünchKom/HGB, § 105 Rn. 77; Heidinger/Limmer/Holland/Reul, Gutachten des DNotI, Bd. IV, Gutachten zum Umwandlungsrecht, S. 130; Widmann/Mayer/Vossius, Umwandlungsrecht, Vor § 39 UmwG Rn. 75; Kallmeyer/Kocher, UmwG, § 40 Rn. 4; BeckOGK/Temme UmwG § 40 Rn. 7; BGHZ 24, 106, 108 f.; Priester DB 1998, 55; Esch BB 1993, 664, 666 ff.; 1996, 1621, 1622 ff.; Lüttge NJW 1994, 5, 10 f.; Kanzleiter, FS Weichler, 1997, S. 39, 42 ff.; Priester DB 1998, 55, 56 ff.; Baumann BB 1998, 225, 228 ff.; K. Söring, Die Zulässigkeit der Mehrfachbeteiligung an einer Personengesellschaft, 1997; Lamprecht, Die Zulässigkeit der mehrfachen Beteiligung an einer Personengesellschaft, 2002, S. 107 ff., 131, 175 ff., 270 ff.

und übertragendem Rechtsträger und zum anderen von der Beteiligungsquote der Anteilsinhaber an dem übertragenden Rechtsträger. Geht man davon aus, dass die nach § 40 Abs. 1 Satz 2 UmwG erforderliche Angabe der Einlage auch die bedungene Einlage meint, so ist die Festsetzung des Einlagebetrages entsprechend der Bezifferung des Kapitalanteils der neu aufzunehmenden Gesellschafter vorzunehmen.

▶ Beispiel:

Die A & B-OHG soll auf die X & Y-OHG verschmolzen werden. Für die A & B-OHG wird ein Wert von 1.000.000,00 € festgestellt, für die X & Y-OHG ein Wert von 500.000,00 €. Bei der A & B-OHG sind feste Kapitalanteile vereinbart, wobei die alleinigen Gesellschafter A und B über jeweils einen Kapitalanteil i. H. v. 100.000,00 € verfügen. X und Y sind an der X & Y-OHG jeweils zu 50 % beteiligt. Die Anteilsgewährung kann in der Art und Weise geschehen, dass X und Y ein Kapitalanteil von jeweils 50.000,00 € eingeräumt wird.

(2) Neufestlegung der Kapitalanteile

Möglich ist aber auch, die Kapitalanteile unter Beibehaltung der bisherigen Gesamtkapitalgröße neu festzulegen, wobei die Neufestlegung unter Berücksichtigung des nach Verschmelzung sich ergebenden Gesamtvermögens zu erfolgen hat.

▶ Beispiel:

Abweichend von dem vorherigen Beispiel ist bei der A & B-OHG ein Gesamtkapital von 100.000,00 € festgelegt, an dem A und B jeweils mit 50.000,00 € beteiligt sind. Bei den genannten Wertigkeiten werden die Kapitalanteile in der Weise neu festgelegt, dass A und B jeweils über einen Kapitalanteil i. H. v. 30.000,00 € und die neu aufzunehmenden Gesellschafter X und Y über einen Kapitalanteil i. H. v. jeweils 20.000,00 € verfügen.

In jedem Fall bedarf es hierzu – über den Verschmelzungsvertrag hinaus – einer **Änderung des Gesellschaftsvertrages** durch die übernehmende Gesellschaft.

Wie der **Erwerb der Mitgliedschaft** zu erfolgen hat, ist gesetzlich wiederum nicht vorgegeben. Wenn bei dem Erwerb von GmbH-Anteilen einer übernehmenden GmbH unstreitig ein besonderer Übertragungsvertrag trotz § 15 GmbHG bzw. eine Übernahmeerklärung (vgl. § 55 Abs. 1 Satz 1 UmwG) nicht erforderlich sind (vgl. oben Teil 2 Rdn. 270 ff.), die Anteile vielmehr mit der Wirksamkeit der Verschmelzung übergehen, wird man, von einer notwendig werdenden Änderung des Gesellschaftsvertrages einmal abgesehen, auch für den Erwerb der Mitgliedschaft in einer übernehmenden Personengesellschaft keine weiteren Anforderungen stellen dürfen.

cc) Haftsumme

Soweit der Anteilsinhaber des übertragenden Rechtsträgers Kommanditist im übernehmenden Rechtsträger wird, ist auch seine im Handelsregister einzutragende **Haftsumme** zu bestimmen. Dabei ist der **Gleichbehandlungsgrundsatz** einzuhalten. Im Einzelnen ergibt sich danach Folgendes:

Handelt es sich bei dem übernehmenden Rechtsträger um eine **KG**, sind zunächst die dortigen gesellschaftsvertraglichen Regelungen maßgebend. Ist in diesem Gesellschaftsvertrag die Höhe der Haftsumme abweichend von der Höhe der Einlage festgelegt, muss eine entsprechende Bestimmung der Haftsumme des neuen Kommanditisten erfolgen, wobei die Haftsumme nach dem Verhältnis zwischen der Beteiligung und der Haftsumme der bereits bestehenden Gesellschafter des übernehmenden Rechtsträgers zugrunde zu legen ist.

▶ Beispiel:

Im Gesellschaftsvertrag der A & B-KG ist vereinbart, dass die Einlageverpflichtung eines jeden Kommanditisten sich auf 200.000,00 € beläuft, seine Haftsumme aber auf 100.000,00 €.

Dementsprechend ist auch im Verhältnis 2:1 für die Kommanditisten der übertragenden X & Y-KG die Haftsumme festzulegen.

775 Ist **im Gesellschaftsvertrag** der übernehmenden KG **keine Regelung** enthalten, entspricht die Haftungssumme regelmäßig dem Betrag, der als Einlage für den Kommanditisten festgesetzt wird. Gleiches gilt, wenn es sich bei dem übernehmenden Rechtsträger bisher nicht um eine KG handelte.

776 In keinem Fall aber darf – wegen des Gleichbehandlungsgrundsatzes – die Haftsumme höher sein als der Betrag, der für den Kommanditisten bisher als Haftsumme eingetragen war.

dd) Stellung des Anteilsinhabers

777 In dem Verschmelzungsvertrag ist über die Anforderung nach § 5 Abs. 1 UmwG hinaus festzulegen, ob dem Anteilsinhaber des übertragenden Rechtsträgers die Stellung eines Kommanditisten oder die eines persönlich haftenden Gesellschafters eingeräumt wird.

778 Haftete der Anteilsinhaber bisher nicht persönlich unbeschränkt, ist ihm die Stellung eines Kommanditisten zu verschaffen (§ 40 Abs. 2 Satz 1 UmwG). Eine hiervon **abweichende Festsetzung** ist nur möglich, wenn der betroffene Anteilsinhaber dem Verschmelzungsbeschluss zustimmt.[1408] Streitig ist, ob Zustimmung zum Verschmelzungsvertrag allein genügt.[1409] Die Zustimmung bedarf nach § 13 Abs. 3 Satz 1 UmwG der notariellen Form und zwar als Willenserklärung nach §§ 8 ff. BeurkG.[1410]

779 Nach § 43 Abs. 2 UmwG kann ein bisheriger persönlich haftender Gesellschafter des übernehmenden oder übertragenden Rechtsträgers verlangen, dass ihm die **Stellung eines Kommanditisten** im übernehmendem Rechtsträger eingeräumt wird. Voraussetzung ist aber immer, dass der Vertrag der Gesellschaft, an der der persönlich haftende Gesellschafter beteiligt ist, für den Verschmelzungsbeschluss eine Mehrheitsentscheidung zulässt und der persönlich haftende Gesellschafter bei der Beschlussfassung der Verschmelzung widerspricht (§ 43 Abs. 2 UmwG). Der **Widerspruch** ist den vertretungsberechtigten Gesellschaftern oder dem Leiter der Versammlung gegenüber zu erklären.[1411] Streitig ist, ob der Widerspruch im Protokoll wiederzugeben ist.[1412] Umstritten ist ferner, ob das Widerspruchsrecht ausdrücklich erklärt werden muss oder auch eine konkludente Erklärung ausreicht, indem der betroffene Gesellschafter gegen den Verschmelzungsbeschluss stimmt.[1413] Der Zeitpunkt, bis zu welchem der Widerspruch erklärt werden kann, ist ebenfalls umstritten.[1414]

1408 § 40 Abs. 2 Satz 2 UmwG; vgl. Kallmeyer/Kocher § 40 UmwG Rn. 11 f.; Widmann/Mayer/Vossius, Umwandlungsrecht, § 40 UmwG Rn. 49 f.; Lutter/H. Schmidt, UmwG, § 40 Rn. 10; Stratz, in: Schmitt/Hörtnagl/Stratz, § 40 UmwG Rn. 7.

1409 So Stratz, in: Schmitt/Hörtnagl/Stratz, § 40 UmwG Rn. 8; Lutter/H. Schmidt § 40 UmwG Rn. 11; Priester, DStR 2005, 790; BeckOGK/Temme UmwG § 40 Rn. 21; a. A. Widmann/Mayer/Vossius, Umwandlungsrecht, § 40 UmwG Rn. 49; Ihrig, in: Semler/Stengel § 40 UmwG Rn. 21.

1410 Lutter/H. Schmidt § 40 UmwG Rn. 11; BeckOGK/Temme UmwG § 40 Rn. 20; KocherKallmeyer/Kocher § 40 UmwG Rn. 14; Semler/Stengel/Ihrig UmwG § 40 Rn. 23.

1411 Ihrig in: Semler/Stengel, § 43 UmwG Rn. 38; Kallmeyer/Zimmermann, § 43 UmwG Rn. 25; Lutter/H. Schmidt § 43 UmwG Rn. 18; BeckOGK/Temme UmwG § 43 Rn. 42.

1412 Ablehnend Ihrig in: Semler/Stengel, § 43 UmwG Rn. 38; Kallmeyer/Zimmermann, § 43 UmwG Rn. 25; a. A. Widmann/Mayer/Vossius, Umwandlungsrecht, § 43 UmwG Rn. 135; BeckOGK/Temme UmwG § 43 Rn. 42.

1413 Für ausdrückliche Erklärung Widmann/Mayer/Vossius UmwG § 43 Rn. 135, dagegen Ihrig in: Semler/Stengel, § 43 UmwG Rn. 38; Kallmeyer/Zimmermann, § 43 UmwG Rn. 24; Lutter/H. Schmidt § 43 UmwG Rn. 38; BeckOGK/Temme UmwG § 43 Rn. 43.

1414 Vgl. Ihrig in: Semler/Stengel, § 43 UmwG Rn. 39; Kallmeyer/Zimmermann, § 43 UmwG Rn. 26; BeckOGK/Temme UmwG § 43 Rn. 44.

Irgendwelche Vorgaben zu der dann notwendigen **Ausgestaltung der einzuräumenden Kommanditistenstellung** sind dem UmwG nicht zu entnehmen.

780

Handelt es sich bei der **aufnehmenden Gesellschaft** um eine **KG**, bestimmt sich die Rechtsstellung des ehemaligen persönlich haftenden Gesellschafters nach den für die anderen Kommanditisten geltenden Bestimmungen.

781

Wird **von einer OHG eine KG aufgenommen**, sind die dort geltenden gesellschaftsvertraglichen Regelungen beizubehalten. Dies setzt eine Änderung des Gesellschaftsvertrages der übernehmenden Gesellschaft voraus, deren Durchführung zur Bedingung des Verschmelzungsvertrages zu machen ist.

782

Problematisch ist der Fall, wenn eine **OHG auf eine OHG verschmolzen** wird, die erst durch den Widerspruch des persönlich haftenden Gesellschafters zu einer KG wird. Es liegt nahe, in diesem Fall auf das Regelungskonzept nach § 139 HGB zurückzugreifen, wonach der zugelassene Erbe eines OHG-Gesellschafters die Einräumung einer Kommanditisten-Stellung und die Anerkennung der auf ihn entfallenden Einlage des Erblassers als Kommanditeinlage verlangen kann. Die Folgerungen, die sich daraus für Fälle nach § 139 HGB ergeben, sind im Einzelnen strittig.[1415] In jedem Fall handelt es sich um eine **Änderung des Gesellschaftsvertrages**, die von den Gesellschaftern der übernehmenden Gesellschaft zu beschließen ist und als Bedingung zum Gegenstand des Verschmelzungsvertrages gemacht werden sollte.[1416] Ist die Beurkundung bereits erfolgt, bedarf es einer Nachtragsbeurkundung.[1417]

783

ee) Weitgehende Gestaltungsfreiheit, Kapitalkonten bei der Personengesellschaft

Aus der fehlenden gesetzlichen Regelung hat man auch vor der gesetzlichen Neuregelung trotz der grds. Anerkennung einer Anteilsgewährungspflicht eine **weitgehende Gestaltungsfreiheit** bei der Verschmelzung von Personengesellschaften angenommen.[1418] Der Gesetzgeber hat die Frage, in welcher Form die Anteilsgewährung bei der Personengesellschaft zu erfolgen hat, nicht geregelt, sodass er sich damit für eine weitgehende Gestaltungsfreiheit ausgesprochen hat, die bei Personen- und Handelsgesellschaften auch sinnvoll ist.

784

Der Gesetzgeber hat im **Zweiten Gesetz zur Änderung des UmwG** durch die Änderungen in den §§ 54 und 68 UmwG für GmbH und AG eine Ausnahme durch Verzicht festlegt.[1419] Der Grundsatz der Anteilsgewährung kann daher nur noch dann Bestand haben, wenn dies aus Minderheitsschutzgründen erforderlich ist, nicht aber wenn alle Anteilsinhaber darauf verzichten. Auch dies bestätigt die bisherige Annahme weitreichender Gestaltungsfreiheit. Diese Frage ist aber noch ungeklärt.

Wie bereits dargelegt, können daher **zusätzliche Kapitalanteile** ausgewiesen werden; möglich ist aber auch, die Kapitalanteile unter Beibehaltung der bisherigen Kapitalgröße neu festzulegen, sodass insgesamt die Kapitalanteile aller Gesellschafter verändert werden. Eine Erhöhung der Gesamtsumme der bisher beim übernehmenden Rechtsträger gebildeten Kapitalanteile kann, muss aber nicht erfolgen; möglich ist auch die Neuverteilung unter Beibehaltung der Gesamtkapi-

785

1415 Vgl. Schlegelberger/K. Schmidt, HGB, § 139 Rn. 66 ff.; Baumbach/Hopt/Hopt, § 139 HGB Rn. 3 ff.; Lutter/H. Schmidt § 40 UmwG Rn. 13.
1416 Vgl. Ihrig in: Semler/Stengel, § 43 UmwG Rn. 41; Kallmeyer/Zimmermann, § 43 UmwG Rn. 27; Widmann/Mayer/Vossius, Umwandlungsrecht, § 43 UmwG Rn. 141 ff.
1417 Ihrig in: Semler/Stengel, § 43 UmwG Rn. 41; Kallmeyer/Zimmermann, § 43 UmwG Rn. 27; Beck-OGK/Temme UmwG § 43 Rn. 45.
1418 Widmann/Mayer/Vossius, Umwandlungsrecht, Vor § 39 UmwG Rn. 79 ff.; Kallmeyer/Kocher, UmwG, § 40 Rn. 3 ff.; Lutter/H. Schmidt § 40 UmwG Rn. 15 ff.; Ihrig in: Semler/Stengel, § 43 UmwG Rn. 10 ff.
1419 Vgl. BR-Drucks. 548/06, S. 27.

talgröße.[1420] Es muss auch nicht zwingend die Hafteinlage erhöht werden. Es genügt, wenn die vorhandene Gesellschaftsbeteiligung irgendwie »aufgestockt« wird. Dabei sind die Parteien grds. frei in der Wahl der Höhe dieser Aufstockung. Nach ganz allgemeiner Meinung ist auch keine Erhöhung der im Handelsregister eingetragenen Haftsumme der einzelnen Kommanditisten erforderlich. Der etwa erforderliche Ausgleich unter den Gesellschaftern kann vielmehr über eine »schlichte Erhöhung« der Festkapitalkonten erfolgen.[1421]

786 Bei der **Gestaltung der Anteilsgewährung** wird sich auch die Frage stellen, auf welchem Kapitalkonto die i. R. d. Verschmelzung übertragenen Vermögensgegenstände gebucht werden. Im Handels- und Gesellschaftsrecht finden sich die unterschiedlichsten Gestaltungen bzgl. der Gesellschafterkonten.[1422] Abweichend von der gesetzlichen Regelung des § 120 HGB wird gesellschaftsrechtlich häufig ein Kapitalanteil als feste Größe vereinbart, der sich an der Höhe der Einlage orientiert. Daneben gibt es in der **Vertragspraxis** unterschiedlichste weitere Konten, etwa Rücklagenkonten, Privatkonten, Darlehenskonten, teilweise auch als Kapitalkonto II und III etc. Der Gesellschaftsanteil umfasst aus dem Inbegriff der mitgliedschaftlichen Rechte die gesamte Beteiligung des Gesellschafters.[1423] Er repräsentiert die Mitgliedschaft in der Gesamthands-Personengesellschaft. Einen OHG-Gesellschafter sowie gleichermaßen einen Komplementär der KG ohne Gesellschaftsanteil gibt es nicht. Auch derjenige, der vermögensmäßig nicht an der Gesellschaft beteiligt ist und z. B. im Liquidationsfall nichts aus dem Gesellschaftsvermögen erhält, hat einen Gesellschaftsanteil. Das HGB definiert den Begriff des Kapitalanteils nicht, setzt ihn vielmehr in § 120 Abs. 2 HGB voraus. An den Kapitalanteil knüpfen die Bestimmungen in den §§ 121 HGB (Gewinnverteilung), 122 HGB (Entnahmerecht), 155 HGB (Auseinandersetzung), 167 HGB (Gewinnverteilung und Verlustverteilung bei der KG) und 169 HGB (Gewinnauszahlung bei Einlageminderung des Kommanditisten) sowie 172 HGB (Haftungsfolgen bei unbefugter Gewinnentnahme in der KG) an. Das HGB enthält keine ausdrücklichen Bestimmungen darüber, welche Konten für die einzelnen Gesellschafter einer KG zu führen sind. Für den persönlich haftenden Gesellschafter ergibt sich jedoch aus den §§ 161 Abs. 1, 120 Abs. 2 HGB, dass sein Kapitalanteil variabel sein soll. Dem entspricht die Führung eines einzigen Kapitalkontos, auf dem Gewinne, Verluste, Einlagen und Entnahmen verbucht werden.[1424] Gesellschafterkonten können gesellschaftsrechtlicher Natur (dann sind sie »Eigenkapital«) oder schuldrechtlicher Natur (dann haben sie Darlehenscharakter und sind »Fremdkapital«) sein. Die Abgrenzung von Eigenkapital und Fremdkapital ist auch steuerrechtlich von Bedeutung, z. B. im Zusammenhang mit § 15a EStG.[1425]

787 Nach § 167 Abs. 2 HGB gilt für den **Kommanditisten** von Gesetzes wegen anderes: Sein Kapitalanteil und damit sein Kapitalkonto ist nach oben begrenzt. Wenn durch Beiträge und Gewinne die Pflichteinlage erbracht ist, werden weitere Gewinne dem Kapitalkonto nicht mehr zugeschrieben. Für den Kommanditisten ist daher ein zweites Konto zu eröffnen, auf dem die Gewinne von nun an zu verbuchen sind. Entnahmen sind dem zweiten Konto zu belasten – ein Guthaben auf

---

1420 So auch Lutter/H. Schmidt, UmwG, § 40 Rn. 15; Heidinger/Limmer/Holland/Reul, Gutachten des DNotI, Bd. IV, Gutachten zum Umwandlungsrecht, S. 130; Widmann/Mayer/Vossius, Umwandlungsrecht, § 40 UmwG Rn. 13; Priester, DStR 2005, 790; Ihrig in: Semler/Stengel, § 40 UmwG Rn. 10.
1421 Widmann/Mayer/Mayer, Umwandlungsrecht, § 126 UmwG Rn. 124; Lutter/Schmidt, UmwG, § 40 Rn. 15; Kallmeyer/Kocher, UmwG, § 40 Rn. 3.
1422 Vgl. dazu ausführlich unten Rdn. 788 ff. und die Übersicht bei Oppenländer, DStR 1999, 939; Röhricht/v. Westphalen/v. Gerkan, HGB, § 120 Rn. 11 ff.; Baumbach/Hopt, HGB, § 120 Rn. 3 ff.
1423 Vgl. Huber, Vermögensanteil, Kapitalanteil und Gesellschaftsanteil, S. 11.
1424 Vgl. Huber, Vermögensanteil, Kapitalanteil und Gesellschaftsanteil, S. 11; Leitzen, ZNotP 2009, 255, 257; Wälzholz, DStR 2011, 1815 ff.
1425 Vgl. Leitzen, ZNotP 2009, 255 ff.; Doege, DStR 2006, 489 ff.; Ley, DStR 2009, 613 ff.; Kempermann, DStR 2008, 1917 ff.; Oppenländer, DStR 1999, 939 ff.; Rodewald, GmbHR 1998, 521 ff.; BMF, Schreiben v. 30.05.1997, BStBl. I, S. 627 ff. und v. 26.11.2004, BStBl. I, S. 1190 ff.

dem zweiten Konto kann grds. jederzeit entnommen werden. Demgegenüber ist der Kapitalanteil eine Rechengröße, die bilanzmäßig den aktuellen Stand der Einlagen der Gesellschafter wiedergibt und Aufschluss über die Vermögensbeteiligung des Gesellschafters geben soll. Der Kapitalanteil ist i. d. R. maßgeblich für die Gewinnbeteiligung, das Entnahmerecht und das Auseinandersetzungsguthaben eines Gesellschafters.

Im HGB wird von einem **variablen Kapitalanteil** ausgegangen. Dieses ist in der Praxis allerdings unpraktisch und i. d. R. unerwünscht. In der Praxis ist es i. d. R. üblich, mindestens ein festes Kapitalkonto zu bilden, auf dem die Einlagen der Gesellschafter verbucht werden, die die Beteiligung an der Gesellschaft darstellen. Dieses Kapitalkonto ist unveränderlich. Darüber hinaus werden häufig ein oder mehrere variable Konten gebildet, über die die sonstigen Ein- und Auszahlungen gebucht werden. Bei einfachem Sachverhalt genügt ein variables Privatkonto. Sollen auch Rücklagen gebildet werden, empfiehlt sich weiterhin ein Rücklagenkonto. Das Kapitalkonto eines Gesellschafters repräsentiert die absolute Höhe der Beteiligung am Eigenkapital der Gesellschaft. Das Kapitalkonto stellt damit auch die Grundlage für die Ermittlung der prozentualen Beteiligungsquote dar. Regelmäßig wird das Kapitalkonto in Form von wenigstens zwei Unterkonten – einem »festen« Kapitalkonto I und einem »variablen« Kapitalkonto II – geführt. Auf dem festen Kapitalkonto I wird die ursprüngliche Eigenkapitaleinlage eines Gesellschafters verbucht und grds. in unveränderter Höhe weitergeführt. Dieses Konto zeigt unmittelbar die individuelle Beteiligungsquote (Kapitalkonto I: Summe des gezeichneten Eigenkapitals). Auf dem variablen Kapitalkonto II werden die im Zeitablauf anfallenden Gewinn- und Verlustanteile des Anlegers erfasst. Zur besseren Übersichtlichkeit kann das variable Kapitalkonto II auch in Form eines separaten Gewinn- und eines Verlustkontos geführt werden. Aus steuerlicher Sicht ist das Kapitalkonto des Kommanditisten einer KG oder GmbH & Co. KG (bzw. die Summe der einzelnen Unterkonten) für die Ermittlung der sofort ausgleichsfähigen Verlustanteile sowie für die aufgrund der Verlustausgleichsbeschränkung des § 15a des EStG lediglich verrechenbaren, d. h. vortragsfähigen Verlustanteile von Bedeutung. Auf einen Kommanditisten entfallende Verluste sind nur insoweit sofort und unmittelbar steuerlich ausgleichsfähig, als durch diesen Verlustanteil kein negatives Kapitalkonto des Gesellschafters entsteht oder ein bereits negativer Saldo auf dem Kapitalkonto erhöht wird. Für Kommanditisten sieht das Gesetz nur zwei Gesellschafterkonten vor. Auch der Kommanditist hat ein bewegliches Kapitalkonto i. S. d. § 120 HGB. Sein Kapitalanteil ist jedoch durch § 167 Abs. 2 HGB auf den Betrag der vertraglich festgesetzten Einlage (Haft- und ggf. Pflichteinlage) beschränkt. Soweit er seine Einlage erbracht hat, werden daher weitere Gewinne einem zweiten Konto gutgeschrieben. Dieses Konto weist eine jederzeit fällige Forderung des Kommanditisten gegen die Gesellschaft aus. Das gilt unabhängig davon, ob die Entnahmen beschränkt sind[81]. Dieses zweite Konto ist zu unterscheiden von dem nachstehend beschriebenen variablen »Kapitalkonto II«, das nach der Vertragspraxis üblich ist, weil das Einlagekonto (Kapitalkonto I) als festes Konto geführt werden soll. In der Praxis sind verschiedene Modelle im Einsatz:[1426]

– **Zwei-Konten-Modell**

Es wird ein festes Konto (Kapitalkonto I) geführt, auf dem die vereinbarte Einlage verbucht wird. Daneben wird ein variables Konto geführt. Auf ihm werden Gewinnanteile, Verluste und Entnahmen gebucht. Das führt bei Kommanditisten dazu, dass entgegen § 167 Abs. 2 HGB Gewinne aus den Vorjahren mit Verlusten verrechnet werden. Bei diesem Konto handelt es sich um ein Kapitalkonto. Das versteht sich für den persönlich haftenden Gesellschafter von selbst,

---

1426 Leitzen, ZNotP 2009, 255, 257 ff.; Wälzholz, DStR 2011, 1815 ff.; Doege, DStR 2006, 489 ff.; Ley, DStR 2009, 613 ff.; Kempermann, DStR 2008, 1917 ff.; Oppenländer, DStR 1999, 939 ff.; Rodewald, GmbHR 1998, 521 ff.; BMF-Schreiben v. 30.05.1997, BStBl. I, S. 627 ff. und v. 26.11.2004, BStBl. I, S. 1190 ff.

gilt aber wegen der Möglichkeit, dass Vorjahresgewinne durch Verluste aufgezehrt werden, auch für Kommanditisten.
– **Drei-Konten-Modell**
Beim Kommanditisten widerspricht die »Haftung« stehen gelassener Gewinne durch spätere Verluste eigentlich der Konzeption dieser Gesellschaftsform. Daher wird ein drittes Konto (Darlehenskonto) eingerichtet, das die entnahmefähigen Gewinnanteile aufnimmt und zur Verbuchung sonstiger Einlagen sowie von Entnahmen dient. Das Kapitalkonto II erfasst dagegen nur die nicht entnahmefähigen Gewinne sowie die Verluste; es ist ein Unterkonto zum Kapitalkonto I und hat daher Eigenkapitalcharakter. Dagegen weist das (passivische) Darlehenskonto eine unentziehbare Forderung des Kommanditisten aus.
– **Vier-Konten-Modell**
Zusätzlich zu den 3 Konten des Drei-Konten-Modells wird ein Verlustverrechnungskonto eingerichtet. Damit soll erreicht werden, dass Verluste nicht primär mit stehen gelassenen Gewinnen, sondern, wie in § 169 Abs. 1 Satz 2 Halbs. 2 HGB vorgesehen, mit künftigen Gewinnen verrechnet werden. Damit stellt sich letztlich das im Gesetz vorgesehene Ergebnis wieder ein, nur dass die beiden dort vorgesehenen Konten geteilt werden. Danach handelt es sich bei dem (passivischen) »Darlehenskonto« – wie beim Drei-Konten-Modell auch – um ein Forderungskonto. Für das »Kapitalkonto II« gilt an sich das Gleiche, sofern der Gesellschaftsvertrag nicht vorsieht, dass das Verlustvortragskonto als Unterkonto zum Kapitalkonto II geführt wird oder das Kapitalkonto II als Rücklagenkonto spätere Verluste abdecken soll.

Für die steuerrechtlichen Einordnungen der Kapitalkonten i. R. d. § 15a EStG ist das grundlegende BFH-Urt. v. 16.10.2008 zu beachten.[1427]

789 Bei der Verschmelzung unter Beteiligung von Personenhandelsgesellschaften stellen sich daher **zwei Fragen**:
– welche Konten in die Berechnung des Umtauschverhältnisses miteinbezogen werden und
– auf welchem Konto eine Verbuchung des übertragenden Vermögens zu erfolgen hat.

790 Die Frage der **Berechnung des Umtauschverhältnisses** unterliegt nach Gestaltungsfreiheit der freien Vereinbarung im Verschmelzungsvertrag.[1428] Letztendlich sind für die Bewertung des übertragenden Vermögens die allgemeinen Bewertungsgrundsätze heranzuziehen, hiervon können die Gesellschafter allerdings einstimmig abweichen (vgl. dazu oben Teil 2 Rdn. 294). Bei der Frage der »Verbuchung« ist wiederum zu differenzieren, ob die Situation von Schwestergesellschaften mit identischem Personenbestand vorliegt oder ob i. R. d. Verschmelzung bei der aufnehmenden Gesellschaft neue Gesellschafter – nämlich die der übertragenden Gesellschaft – beteiligt werden. In den Fällen außerhalb der Schwesterverschmelzung folgt aus der Verpflichtung zur Anteilsgewährung und dem Gleichbehandlungsgrundsatz die Verpflichtung, die neuen Gesellschafter den alten Gesellschaftern entsprechend gleichzubehandeln und die Kapitalkonten gleich zu verteilen.

▶ Hinweis:

791 Dabei ist zu berücksichtigen, dass die in den Gesellschaften vorgesehenen unterschiedlichen Konten auch unterschiedliche Funktion haben können. Es ist nämlich die Frage zu klären, ob ein Konto ein Privatkonto darstellt oder ob ihm die Funktion eines Kapitalkontos mit Eigenkapitalcharakter zukommt. Aus der Pflicht zur Anteilsgewährung und der Pflicht zur Gewährung von Mitgliedschaftsrechten folgt daher der Grundsatz, dass eine Verbuchung nur auf Kapitalkonten infrage kommt, die **Eigenkapitalcharakter** haben.

1427 BFHE 223, 149 = BStBl. II 2009, 272 = GmbHR 2009, 274 = DStR 2009, 212; dazu Leitzen, ZNotP 2009, 255 ff.; Doege, DStR 2006, 489 ff.; Ley, DStR 2009, 613 ff.; Kempermann, DStR 2008, 1917 ff.
1428 So auch Widmann/Mayer/Vossius, Umwandlungsrecht, Vor § 39 UmwG Rn. 80.

Es stellt sich allerdings die Frage, ob mit Zustimmung der Betroffenen und insb. bei der Verschmelzung von Schwestergesellschaften hiervon abgewichen werden kann und die Freiheit besteht, eine **Verbuchung auf Privatkonten** vorzunehmen. Reine Privatkonten, die etwa auch als Darlehenskonto bezeichnet werden, stellen Fremdkapital dar und wären vergleichbar der Gewährung eines Darlehens. **Mayer**[1429] vertritt die Ansicht, dass selbst die Erhöhung des Privatkontos genügt.

Steuerrechtlich ist zu berücksichtigen, dass dann wohl keine Gewährung von Gesellschaftsanteilen i. S. d. UmwStG vorliegt, sodass eine Verbuchung auf Privatkonten dazu führen kann, dass keine steuerneutrale Übertragung möglich ist. Die Frage muss steuerlich sehr genau berücksichtigt werden. Gesellschaftsrechtlich besteht – wie bereits dargelegt (vgl. oben Teil 2 Rdn. 103 ff.; Teil 2 Rdn. 294) – keine Verpflichtung, eine wertentsprechende Anteilsgewährung vorzunehmen, wenn alle Gesellschafter damit einverstanden sind und diesen Nachteil in Kauf nehmen. Diese bei den Kapitalgesellschaften geltenden Grundsätze müssen bei Personengesellschaften erst recht gelten, sodass mit Zustimmung aller Beteiligten zumindest eine teilweise Verbuchung auf Privatkonto zulässig ist.[1430]

ff) Verschmelzung von GmbH & Co. KG

Sollen zwei GmbH & Co. KG miteinander verschmolzen werden, so ist der **Grundsatz der Personenidentität** zu beachten (vgl. oben Teil 2 Rdn. 14 ff.). Früher war herrschende Meinung, dass i. R. d. Verschmelzung keine der beiden Komplementär-GmbH austreten könne. Dies müsse entweder vor oder nach der Verschmelzung geschehen. Dennoch wurde vertreten, dass im Verschmelzungsvertrag bestimmt werden könne, dass die GmbH der übertragenden GmbH & Co. KG auch an der aufnehmenden GmbH & Co. KG keinen Kapitalanteil erhalte.[1431] Dennoch wird sie zumindest für eine juristische Sekunde ebenfalls Komplementärin der aufnehmenden GmbH & Co. KG, da eine Mitgliedschaft (ohne Kapitalanteil) zugewiesen werden muss. Die Grundsätze der Anteilsgewährung gelten, wenn kein Verzicht vorliegt, grds. auch für die Komplementär-GmbH, die sowohl an der übertragenden als auch an der aufnehmenden KG beteiligt ist.[1432] Auch wenn die Komplementär-GmbH bei der übertragenden GmbH & Co. KG kapitalmäßig nicht an dieser beteiligt ist, ist sie jedoch Inhaberin einer Mitgliedschaft. Dafür müsste ihr bei der aufnehmenden KG, wenn sie nicht schon Komplementärin wäre, eine Gesellschafterstellung eingeräumt werden.[1433] Dabei wäre es ausreichend, ihr eine Komplementärstellung mit Null-Kapitalbeteiligung zu gewähren.

Es genügt allerdings, wenn eine schon vorhandene Null-Kapital-Komplementärbeteiligung an der aufnehmenden Gesellschaft besteht; eine Aufstockungsverpflichtung wäre nicht systemgemäß.[1434] Durch die Neuregelung im **Zweiten Gesetz zur Änderung des UmwG** in den §§ 54 und 68 UmwG für GmbH und AG, die erst recht bei Personengesellschaften gelten, kann aber zukünftig auf derartige formale Gestaltungen verzichtet werden.

Aus dem **BGH-Urt. v. 09.05.2005**[1435] kann man m. E. aber auch für die Verschmelzung den Schluss ziehen, dass mit Zustimmung die Komplementär-GmbH i. R. d. Verschmelzung ausschei-

---

1429 Widmann/Mayer/Mayer, Umwandlungsrecht, § 5 UmwG Rn. 24.2; Mayer, in: Münchener Handbuch des Gesellschaftsrechts, Bd. III, § 73 Rn. 63 ff.
1430 So auch Widmann/Mayer/Mayer, Umwandlungsrecht, § 126 UmwG Rn. 124.
1431 So auch Lutter/H. Schmidt, UmwG, § 40 Rn. 19; Ihrig in: Semler/Stengel, § 40 UmwG Rn. 10.
1432 Widmann/Mayer/Mayer, Umwandlungsrecht, § 5 UmwG Rn. 24.3.
1433 So ausdrücklich auch Widmann/Mayer/Mayer, Umwandlungsrecht, § 5 UmwG Rn. 24.3; a. A. insofern aber LG Saarbrücken, DNotI-Report 1999, 163.
1434 So auch Widmann/Mayer/Mayer, Umwandlungsrecht, § 5 UmwG Rn. 24.3.
1435 NZG 2005, 722, dazu Simon/Leuering, NJW-Spezial 2005, 459; Heckschen, DNotZ 2007, 451; ders., DB 2008, 2122 ff.; Baßler, GmbHR 2007, 1252 ff.; Decher, Der Konzern 2005, 621 ff.

den kann (vgl. zum **Identitätsgrundsatz** eingehend oben Teil 2 Rdn. 14 ff.). Die Entscheidung befasste sich zwar im Kern mit der Stellung von Minderheitsgesellschaftern bei Formwechsel. Der BGH scheint aber den Identitätsgrundsatz in erster Linie als Minderheitschutzelement zu sehen: Die Gesellschafter haben das Recht Mitglieder des neuen oder bei der Verschmelzung des aufnehmenden Rechtsträgers zu werden. Umgekehrt kann man m. E. daraus folgern, dass mit deren Zustimmung der Grundsatz aufhebbar ist, also Veränderungen im Gesellschafterbestand – Zustimmung vorausgesetzt – zulässig sind. Die auf **K. Schmidt** zurückgehende These,[1436] die eine Kombination des Umwandlungsrechts mit den allgemeinen Rechtsinstituten der **Anteilsübertragung** zulassen will, ist durch dieses Urteil gestützt worden.

796 Diese Gestaltungsfreiheit ist auch durch das Zweite Gesetz zur Änderung des UmwG bestätigt worden, indem der Gesetzgeber in den §§ 54 und 68 UmwG eine Ausnahme von der sog. Anteilsgewährungspflicht durch Verzicht festlegt:[1437] § 54 Abs. 1 Satz 3 UmwG n. F. (für die GmbH) bzw. § 68 Abs. 1 Satz 3 UmwG n. F. (für die AG) bestimmt nunmehr, dass die Kapitalerhöhung bei der übernehmenden Kapitalgesellschaft zur Disposition **aller Anteilsinhaber des übertragenden Rechtsträgers** steht. Verzichten diese in notarieller Urkunde auf die Anteilsgewährung, darf die übernehmende Gesellschaft von der Anteilsgewährung absehen. Daraus lässt sich das **grundsätzliche Prinzip der Vertragsfreiheit** im Umwandlungsrecht ableiten: Mit Zustimmung der betroffenen Gesellschafter kann auf die Schutzvorschriften – Identitätsgrundsatz und Anteilsgewährung – verzichtet werden. Wie der BGH feststellte, haben diese Grundsätze nur Schutzcharakter ggü. den Anteilsinhabern, es sind aber keine verzichtbaren oder drittschützenden Grundsätze.

gg) Ausgestaltung der Kommanditistenstellung

797 Vorgaben zu der **notwendigen Ausgestaltung der Kommanditistenstellung** ergeben sich aus dem UmwG nicht. Wie bereits dargelegt, besteht grds. eine weitgehende Gestaltungsfreiheit bei der Ausgestaltung der Mitgliedschaft bei der aufnehmenden Personenhandelsgesellschaft. Dies gilt dann auch für die Kommanditistenstellung. Es besteht insb. nicht die zwingende Verpflichtung bei der Verschmelzung von Kapitalgesellschaften auf Personengesellschaften, das bisher gebundene Stammkapital auch als Hafteinlage auszuweisen.[1438]

798 Dennoch gilt allerdings, dass für den Kommanditisten im Verschmelzungsvertrag nicht nur sein Kapitalanteil, der das Innenverhältnis regelt, sondern auch eine **Hafteinlage bestimmt** werden muss. Dabei gilt zumindest der Grundsatz, dass das Vermögen der übertragenden Gesellschaft insoweit die festgesetzte Hafteinlage decken muss.[1439] Eine Unterbewertung hingegen ist zulässig. Wird die Haftsumme des Kommanditisten mit einem höheren Wert festgesetzt, als es den Wert seiner Beteiligung an dem übertragenden Rechtsträger entspricht, dann ist die Einlage nicht vollständig erbracht.

799 Bei der Gewährung von Mitgliedschaften an einer Personengesellschaft an Gesellschafter oder Mitglieder einer übertragenden Gesellschaft ist allerdings zu berücksichtigen, dass grds. eine **wertentsprechende Anteilsgewährung** stattzufinden hat (vgl. oben Teil 2 Rdn. 137 ff.). Die beteiligten Unternehmen sind nach allgemeinen Maßstäben zu bewerten, sodann sind entsprechende Mitgliedschaften zu gewähren. Nur wenn alle Gesellschafter zustimmen, kann von diesem verhältnismäßigen Maßstab abgewichen werden. Grds. wird daher auch ein Anspruch bestimmt, ein entsprechendes Kapitalkonto an der aufnehmenden Gesellschaft zu erhalten, das den Wert verhältnismäßig widerspiegelt.

1436 GmbHR 1995, 693 und ZIP 1998, 181, 186.
1437 Vgl. BR-Drucks. 548/06, S. 27.
1438 So Heidinger/Limmer/Holland/Reul, Gutachten des DNotI, Bd. IV, Gutachten zum Umwandlungsrecht, S. 130; Lutter/H. Schmidt, UmwG, § 40 Rn. 19; Ihrig in: Semler/Stengel, § 40 UmwG Rn. 9.
1439 Widmann/Mayer/Vossius, Umwandlungsrecht, § 40 UmwG Rn. 18 ff.

hh) Abfindungsangebot

Zum Abfindungsangebot vgl. allgemein Teil 2 Rdn. 586 ff. 800

(1) Voraussetzungen

§ 29 UmwG regelt **zwei Widerspruchsfälle**, in denen der Verschmelzungsvertrag ein Abfindungsangebot enthalten muss: 801
– Widerspruch eines Anteilsinhabers, wenn der übernehmende Rechtsträger eine andere Rechtsform als der übertragende Rechtsträger hat (§ 29 Abs. 1 Satz 1 UmwG) und
– Widerspruch bei gleicher Rechtsform, wenn die zu gewährenden Anteile Verfügungsbeschränkungen unterworfen sind (§ 29 Abs. 1 Satz 2 UmwG).

Eine Mischverschmelzung liegt auch vor bei Verschmelzung einer KG auf eine OHG oder umgekehrt.[1440] 802

S. i. Ü. zum Abfindungsangebot allgemein oben unter Teil 2 Rdn. 586 ff.

Die Regelungen zum Abfindungsangebot nach **§ 29 Abs. 1 Satz 2 UmwG** sind auf Kapitalgesellschaften zugeschnitten. Bezeichnenderweise ist auch in der **Gesetzesbegründung** mit keinem Wort von Personengesellschaften die Rede.[1441] 803

Ein Abfindungsangebot ist aufzunehmen, wenn i. R. d. Beschlussfassung zur Verschmelzung **Widerspruch gegen die Verschmelzung** erklärt wird (zum Verhältnis zwischen einem Widerspruch nach § 43 Abs. 2 Satz 2 UmwG und dem Widerspruch nach § 29 Abs. 1 UmwG s. u. Teil 2 Rdn. 853 ff.). Es ist ferner aufzunehmen, wenn ein Anteilsinhaber zu dem Widerspruch nicht in der Lage war, weil er zu Unrecht zur Versammlung nicht zugelassen wurde, die Versammlung nicht ordnungsgemäß einberufen oder die Beschlussgegenstände nicht ordnungsgemäß bekannt gemacht worden sind (§ 29 Abs. 2 UmwG). Ein Widerspruchsrecht nach § 29 Abs. 1 Satz 2 UmwG besteht, wenn der zu gewährende Anteil des übernehmenden Rechtsträgers »Verfügungsbeschränkungen unterworfen« – so der Gesetzeswortlaut – ist. 804

Da grds. nach § 40 Abs. 1 UmwG für den Verschmelzungsbeschluss bei Personengesellschaften Einstimmigkeit erforderlich ist, kann das Widerspruchsrecht nur dann relevant werden, wenn entsprechend § 40 Abs. 2 UmwG gesellschaftsvertraglich ein **Mehrheitsbeschluss** genügt. 805

Eine **Verfügungsbeschränkung** i. S. v. § 29 UmwG liegt nach allgemeiner Meinung auch dann vor, wenn auf eine Personenhandelsgesellschaft verschmolzen wird, bei der nach der gesetzlichen Regelung das HGB keine freie Verfügbarkeit besteht. Dies war vor der Neuregelung durch das Gesetz zur Änderung des UmwG aus dem Jahr 1998[1442] umstritten, ist aber durch die gesetzliche Regelung, nach der auch Verfügungsverbote kraft Gesetzes genügen, klargestellt.[1443] Die überwiegende Meinung ist allerdings allgemein der Auffassung, dass ein Austrittsrecht nicht besteht bei der Verschmelzung von Gesellschaften mit absolut identischer Ausgestaltung der Verfügungsbeschränkung.[1444] Ob hieraus dann der Schluss zu ziehen ist, dass bei der Verschmelzung von Personenhandelsgesellschaften, die den gesetzlichen Regelungen unterliegen, kein Abfindungsge- 806

1440 Str., so Lutter/Grunewald, UmwG, § 29 Rn. 2; Kallmeyer/Marsch-Barner, UmwG, § 29 Rn. 4; Widmann/Mayer/Wälzholz, Umwandlungsrecht, § 29 UmwG Rn. 4; Grunewald, in: FS für Boujong, 1996, S. 176 f.; Kalss, in: Semler/Stengel, UmwG, § 29 Rn. 6; Kölner KommUmwG/Simon § 29 Rn. 12; BeckOGK/Rieder UmwG § 29 Rn. 9; a. A. Goutier/Knopf/Bermel, Umwandlungsrecht, § 29 UmwG Rn. 7.
1441 Vgl. Gesetzesbegründung, abgedruckt in: Limmer, Umwandlungsrecht, S. 289.
1442 BGBl. 1998 I, S. 1878.
1443 Vgl. Lutter/Grunewald, UmwG, § 29 Rn. 4; bereits vor der Neuregelung Widmann/Mayer/Wälzholz, Umwandlungsrecht, § 29 UmwG Rn. 17.
1444 Lutter/Grunewald, UmwG, § 29 Rn. 6; Kallmeyer/Marsch-Barner, UmwG, § 29 Rn. 10; vgl. auch Reichert, GmbHR 1995, 176, 188; ablehnend wohl BeckOGK/Rieder UmwG § 29 Rn. 11–12.

bot erforderlich ist, erscheint allerdings fraglich.[1445] In der Praxis dürfte es sich aus Sicherheitsgründen empfehlen, ein Abfindungsangebot aufzunehmen.[1446]

807 Fraglich ist, ob unter **Verfügungsbeschränkungen** nur **lebzeitige** oder auch **erbrechtliche** Verfügbarkeit zu verstehen sind.[1447] Da ansonsten Verfügungsbeschränkungen und Vinkulierungen immer gleichgesetzt werden, dürfte eine Veränderung bzgl. der Vererblichkeit von Anteilen ebenso wenig wie Vorkaufsrechte, Options- oder Ausschlussklauseln zu einem Widerspruchsrecht führen.

(2) Ausgestaltung des Angebots

808 Wird bei der Beschlussfassung Widerspruch gegen die Verschmelzung nach § 29 Abs. 1 Satz 2 UmwG erklärt, muss in den Entwurf des Verschmelzungsvertrages ein Abfindungsangebot aufgenommen werden. Ist der Verschmelzungsvertrag bereits abgeschlossen, muss er entsprechend geändert werden. Zur Vermeidung zusätzlicher Kosten sollte daher tunlichst im Vorfeld geklärt werden, ob mit einem Widerspruch zu rechnen ist.

809 Da eine Personengesellschaft keine eigenen Anteile erwerben kann, ist dem Widersprechenden eine **Barabfindung** für den Fall anzubieten, dass er sein Ausscheiden aus der Gesellschaft erklärt (§ 29 Abs. 1 Satz 3 UmwG; vgl. oben Teil 2 Rdn. 6177 ff.). Zu erklären ist der Austritt nicht etwa aus der übertragenden Gesellschaft, sondern aus der übernehmenden Gesellschaft. Das Angebot wird erst wirksam, wenn auch der Verschmelzungsvertrag i. Ü. wirksam wird, also mit der **Eintragung im Register** des übernehmenden Rechtsträgers. Vorher kann das Angebot auch nicht angenommen werden. Zu diesem Zeitpunkt ist aber der übertragende Rechtsträger bereits untergegangen. Ein Austritt ginge also ins Leere.

810 Der **Widersprechende** wird somit zunächst **Mitgesellschafter der übernehmenden Gesellschaft** und scheidet erst mit seiner Austrittserklärung aus der Gesellschaft aus. Inhaltlich ist das Angebot so zu gestalten, dass die **Annahmeerklärung nur wirksam** ist, **wenn zugleich der Austritt erklärt wird**. Da ein Austritt nur ggü. allen Gesellschaftern erklärt werden kann, dürfte es sich weiter empfehlen, in das Angebot eine Bevollmächtigung eines Mitgesellschafters zur Entgegennahme der Austrittserklärung für die übrigen Gesellschafter aufzunehmen.

811 Aufgrund des Umstandes, dass der Widersprechende zunächst Mitgesellschafter wird, ist er auch bei der Anmeldung zum **Handelsregister** der Verschmelzung aufzuführen. In der an Kapitalgesellschaften, wo sich dieses Problem nicht stellt, orientierten Gesetzesfassung ist nicht berücksichtigt, dass der Austritt des Widersprechenden auch zum Handelsregister angemeldet werden muss, wenn auch der Eintragung nur deklaratorische Bedeutung zukommt. Denkbar wäre, das Angebot auch davon abhängig zu machen, dass der Widersprechende in öffentlich beglaubigter Form seinen Austritt zum Handelsregister anmeldet. Die **Kosten der Anmeldung** wären »Übertragungskosten« i. S. d. § 29 Abs. 1 Satz 1 UmwG und daher von der übernehmenden Gesellschaft zu tragen. Andererseits ginge die Verknüpfung des Angebots mit der Anmeldung des Austritts zum Handelsregister über den Wortlaut des Gesetzes hinaus, sodass fraglich erscheint, ob das Angebot in dieser Weise abhängig gemacht werden kann.

812 Anzubieten ist eine **angemessene Barabfindung** (§ 29 Abs. 1 Satz 1 UmwG), wobei die Verhältnisse des übertragenden Rechtsträgers zum Zeitpunkt der Beschlussfassung über die Verschmelzung zu berücksichtigen sind (§ 30 Abs. 1 Satz 1 UmwG). Eine bestimmte Methode für die Bewertung ist gesetzlich nicht mehr vorgegeben.[1448] Ab Bekanntmachung des Wirksamwerdens der Verschmelzung (Eintragung im Register des übernehmenden Rechtsträgers) ist die **Abfindung** mit **jährlich 5 Prozentpunkten über dem jeweiligen Basiszinssatz nach § 247 BGB** zu verzin-

---

1445 Ablehnend auch Lutter/Grunewald, UmwG, § 29 Rn. 6.
1446 Vgl. auch BeckOGK/Rieder UmwG § 29 Rn. 11.
1447 Offengelassen auch bei Reichert, GmbHR 1995, 176, 188.
1448 Vgl. Gesetzesbegründung, abgedruckt in: Limmer, Umwandlungsrecht, S. 289.

sen, ohne dass die **Geltendmachung weiteren Schadens** ausgeschlossen wäre (§ 30 Abs. 1 Satz 2 UmwG i. V. m. § 15 Abs. 2 UmwG).

Die **Angemessenheit der Abfindung** ist durch **Verschmelzungsprüfer** zu prüfen (§ 30 Abs. 2 Satz 1 UmwG). Für ihre Bestellung, Verantwortlichkeit und den von ihnen zu erstellenden Bericht gelten die §§ 10 bis 12 UmwG entsprechend (vgl. hierzu oben Teil 2 Rdn. 409 ff., 622). Die Berechtigten können auf die Prüfung und/oder die Erstellung des Prüfungsberichts verzichten. Der **Verzicht** bedarf der **notariellen Beurkundung** (§ 30 Abs. 2 Satz 3 UmwG). 813

Das Angebot kann von dem Widersprechenden in einer **Ausschlussfrist von zwei Monaten** nach dem Tage der Bekanntmachung der Handelsregistereintragung der Verschmelzung beim Register des übernehmenden Rechtsträgers angenommen werden. Eine **Formbedürftigkeit** der Annahmeerklärung ergibt sich nicht aus dem UmwG. Der Widersprechende kann nach § 34 UmwG gerichtlich überprüfen lassen, ob die Abfindung angemessen und ihm ordnungsgemäß angeboten worden ist (§ 34 UmwG). In diesem Fall beträgt die Annahmefrist 2 Monate nach Bekanntmachung der Entscheidung im elektronischen Bundesanzeiger (§ 31 Satz 2 UmwG). Die **Annahmefristen** ergeben sich unmittelbar aus dem Gesetz. Sie müssen nicht zum Bestandteil des Angebots gemacht werden. 814

(3) Weitere Rechtsfolgen

Der Widersprechende ist **nicht verpflichtet**, das Angebot anzunehmen. Er kann statt der Annahme als Gesellschafter in dem übernehmenden Rechtsträger verbleiben. 815

§ 33 UmwG eröffnet ihm darüber hinaus die Möglichkeit, seine Beteiligung am übernehmenden Rechtsträger an Dritte zu veräußern. Dabei stehen Verfügungsbeschränkungen bis zum Ablauf der in § 31 UmwG bestimmten Frist nicht entgegen. Die Bedeutung dieser gesetzlich angeordneten **Nichtgeltung von Verfügungsbeschränkungen** ist dunkel.[1449] 816

Zunächst dürften bei Personengesellschaften immer **Zustimmungserfordernisse** und damit Verfügungsbeschränkungen für eine Übertragung der Beteiligten bestehen. Dies folgt aus dem personalistischen Charakter des Gesellschaftstyps. Die gesetzliche Bestimmung hat ihr Vorbild in § 375 Abs. 4 AktG a. F. Die Vorgängerregelung betraf den Fall der Verschmelzung einer AG auf eine GmbH. Bei einer solchen Verschmelzung ist es gerechtfertigt, einen Gesellschafter, der als Aktionär nicht in seiner Verfügung beschränkt war, vor etwa in der GmbH bestehenden Verfügungsbeschränkungen zu schützen. Diese **Interessenkonstellation** besteht bei einer Verschmelzung von zwei Personengesellschaften nicht. Zudem: Gemeint waren nach § 375 Abs. 4 AktG a. F. immer nur Verfügungsbeschränkungen bei der GmbH, auf die die AG verschmolzen wurde, in der Terminologie des UmwG, also des übernehmenden Rechtsträgers. 817

§ 33 UmwG ist durch das Gesetz zur Änderung des UmwG aus dem Jahr 1998[1450] neu geregelt worden. Die Vorschrift stellt genauso wenig wie § 29 UmwG nicht mehr auf Verfügungsbeschränkungen aufgrund des Gesellschaftsvertrags, sondern allgemein auf Verfügungsbeschränkungen ab. Darüber hinaus regelte früher § 33 UmwG, dass Verfügungsbeschränkungen des übertragenden Rechtsträgers nicht entgegenstehen, jetzt lautet die Formulierung »bei den beteiligten Rechtsträgern«. Das ist sachgerecht, da eine Verfügungsbeschränkung bei einem übertragenden Rechtsträger dann keinen Sinn machte, wenn der übertragende Rechtsträger vor dem Wirksamwerden der Verschmelzung, also vor der Annahme des Abfindungsangebotes, erlischt. Jetzt ist die Vorschrift allgemein gefasst, sodass es keine Rolle spielt, ob die Verfügungsbeschränkung für die Anteile an dem übertragenden oder an den übernehmenden Rechtsträger gelten.[1451]

1449 Vgl. ausführlich oben Teil 2 Rdn. 624 ff.; ebenso Reichert, GmbHR 1995, 186 ff., 189; Kallmeyer/Marsch-Barner § 33 UmwG Rn. 4 ff.
1450 BGBl. 1998 I, S. 1878, dazu Neye, ZIP 1997, 725.
1451 Lutter/Grunewald, UmwG, § 33 Rn. 9.

818 Die **Bedeutung des § 33 UmwG** für Personengesellschaften ist umstritten. Die Vorschrift bestimmt, dass einer anderweitigen Veräußerung des Anteils durch den Anteilsinhaber nach Fassung des Verschmelzungsbeschlusses bis zum Ablauf der in § 31 UmwG bestimmten Frist Verfügungsbeschränkungen bei den beteiligten Rechtsträgern nicht entgegenstehen. Einigkeit besteht, dass zum Schutze des Personenbezuges der Personengesellschaft § 33 UmwG nicht ohne Weiteres zur Übertragbarkeit von Personengesellschaftsanteile führt. Streitig ist dabei, ob bei Personengesellschaften die anderweitige Veräußerung überhaupt nicht in Betracht kommt[1452] oder ob eine Veräußerbarkeit dann nach § 33 UmwG gegeben ist, wenn der Gesellschaftsvertrag generell die Veräußerbarkeit vorsieht, wenn auch unter Zustimmung der übrigen Gesellschafter.[1453]

819 Teilweise wird die Auffassung vertreten (zu § 375 AktG i. d. F. vor 1995), die Verfügungsbeschränkungen würden schon **ab dem Zeitpunkt des Verschmelzungsbeschlusses entfallen**.[1454] Diese Auffassung ist abzulehnen, da zu diesem Zeitpunkt noch keineswegs geklärt ist, ob die Verschmelzung wirksam wird. Nur die wirksam gewordene Verschmelzung aber rechtfertigt den Abfindungsanspruch nach § 29 UmwG.

c) Möglicher Vertragsinhalt

aa) Bedingungen, Kündigungsrechte

820 Zu den Möglichkeiten, das Wirksamwerden der Verschmelzung von Bedingungen abhängig zu machen, vgl. die Ausführungen oben bei Teil 2 Rdn. 74 ff.

821 Die **Vereinbarung aufschiebender Bedingungen** wird regelmäßig notwendig sein, um die Beschlussfassung der erforderlichen Änderungen des Gesellschaftsvertrages des übernehmenden Rechtsträgers sicherzustellen. Dabei sind die Änderungen der Gesellschaftsverträge wiederum unter die Bedingung zu stellen, dass die Verschmelzung entsprechend den Vereinbarungen des Verschmelzungsvertrages wirksam wird.

822 Denkbar wäre die Aufnahme einer Bedingung auch, um ein besonderes, sich nur bei den Personengesellschaften ergebendes Problem zu lösen: Bei den **Kapitalgesellschaften** ist den Handelsregister-Eintragungen und den Registerakten zu entnehmen, welches der geltende **Gesellschaftsvertrag** ist. Gesellschaftsverträge bei Personengesellschaften und ihre Änderungen sind weder eintragungsbedürftig noch -fähig. Andererseits ist aber im UmwG nicht vorgesehen, dass die Gesellschafter der übernehmenden Gesellschaft i. R. d. Verschmelzung über den Gesellschaftsvertrag der übernehmenden Gesellschaft informiert werden oder dass hierüber irgendwelche Zusicherungen gemacht werden. Eine Möglichkeit, den Gesellschaftern der übertragenden Gesellschaft insoweit Gewissheit zu verschaffen, könnte darin bestehen, dass über die ohnehin notwendig werdenden Änderungen des Gesellschaftsvertrages hinaus eine Neufassung des Gesellschaftsvertrages mit dem dann geltenden Wortlaut zur Bedingung des Verschmelzungsvertrages gemacht wird.

bb) Änderung der Firma

823 Vgl. dazu Teil 5 Rdn. 1 ff.

III. Verschmelzungsvertrag bei der Verschmelzung durch Neugründung

824 **Besondere Vorschriften** für eine Verschmelzung von Personengesellschaften im Wege der Neugründung bestehen nicht. Nach § 36 Abs. 1 UmwG finden daher die Vorschriften über die Ver-

---

[1452] So Widmann/Mayer/Wälzholz, Umwandlungsrecht, § 33 UmwG Rn. 7 ff.; Goutier/Knopf/Bermel, Umwandlungsrecht, § 33 UmwG Rn. 4.
[1453] So Lutter/Grunewald, UmwG, § 33 Rn. 3; Kallmeyer/Marsch-Barner, UmwG, § 33 Rn. 4; Kalls in: Semler/Stengel UmwG § 33 Rn. 6.
[1454] Grunewald, in: FS für Boujong, 1996, S. 175 ff.; ebenso Reichert, GmbHR 1995, 176 ff., 189 in dem Bemühen, dem Gesetzeswortlaut einen Sinn zu geben.

schmelzung durch Aufnahme entsprechende Anwendung (vgl. daher auch die vorstehenden Ausführungen Teil 2 Rdn. 14 ff.). Die bestehenden Personengesellschaften gelten dabei als übertragende Rechtsträger, die neu zu gründende Gesellschaft als übernehmender Rechtsträger.

Findet eine Verschmelzung zur Neugründung auf eine **GmbH & Co. KG** statt, so gelten die allgemeinen Vorschriften für die KG. Ist die Komplementär-GmbH bereits existent, so ergeben sich keine Besonderheiten. Ist die Komplementär-GmbH noch nicht gegründet, so besteht das Problem der Personenidentität, das oben bereits behandelt wurde (vgl. oben Teil 2 Rdn. 14 ff.). Der Gesellschaftsvertrag ist als Gegenstand des Verschmelzungsvertrages mit zu beurkunden (vgl. § 37 UmwG). 825

IV. Verschmelzungsbericht

Nach § 41 UmwG ist ein Verschmelzungsbericht für eine an der Verschmelzung beteiligte Personenhandelsgesellschaft **nicht erforderlich, wenn alle Gesellschafter dieser Gesellschaft zur Geschäftsführung berechtigt sind**. Der Zweck dieser Einschränkung liegt darin, dass der Verschmelzungsbericht nach § 8 UmwG der Unterrichtung der Gesellschafter dient, denen es nicht möglich ist, an der Geschäftsführung teilzunehmen und sich damit selbst über alle Vorgänge, insb. über den Wert der verschmelzungsbereiten Rechtsträger zu unterrichten. Das Gesetz geht davon aus, dass der Bericht entbehrlich ist, wenn alle Gesellschafter geschäftsführungsberechtigt sind und deshalb die Möglichkeit haben, alle Unterlagen einzusehen und bei der Vorbereitung der Verschmelzung mitzuwirken.[1455] 826

Bei der **Verschmelzung unter Beteiligung von Personenhandelsgesellschaften** ist daher der Gesellschaftsvertrag daraufhingehend zu überprüfen, ob alle Gesellschafter an der Geschäftsführung beteiligt sind oder nicht. Bei einer **OHG** kann etwa der Gesellschaftsvertrag die Geschäftsführungsbefugnis einzelnen Gesellschaftern übertragen, dann sind die übrigen Gesellschafter gem. § 114 Abs. 2 HGB von der Geschäftsführung ausgeschlossen. Enthält der OHG-Gesellschaftsvertrag keine derartige Regelung, dann sind nach § 114 Abs. 1 HGB alle Gesellschafter zur Geschäftsführung berechtigt und verpflichtet, sodass dann ein Verschmelzungsbericht nicht erforderlich ist. 827

Bei der **KG** wird im Regelfall ein Verschmelzungsbericht erforderlich sein, da nach § 164 HGB die Kommanditisten nach der gesetzlichen Kompetenzverteilung von der Führung der Geschäfte ausgeschlossen sind. Nach herrschender Meinung ist allerdings diese Kompetenzverteilung des § 164 HGB auch für die KG nicht zwingend.[1456] Der Gesellschaftsvertrag kann hiervon abweichen und den Kommanditisten Geschäftsführungsrechte verleihen.[1457] Auch hier ist daher zu prüfen, ob alle Kommanditisten Geschäftsführungsbefugnis haben. 828

Darüber hinaus kann selbstverständlich der Bericht nach den **allgemeinen Vorschriften** entfallen, insb. wenn gem. § 8 Abs. 3 UmwG alle Anteilsinhaber in notariell beurkundeter Verzichtserklärung auf die Erstellung verzichtet haben. Es genügt m. E. allerdings, wenn nur Verzichtserklärungen der Gesellschafter vorliegen, die von der Geschäftsführung ausgeschlossen sind.[1458] Nach a. A. genügt dies nicht, da das UmwG eine Kombination der Verzichtsmöglichkeit nach § 8 Abs. 3 UmwG und der Entbehrlichkeit nach § 41 UmwG nicht vorsehe.[1459] 829

1455 So Begründung zum RegE, BR-Drucks. 74/95, S. 98; vgl. Limmer, Umwandlungsrecht, S. 293.
1456 Vgl. K. Schmidt, Gesellschaftsrecht, § 53 Abs. 3 Satz 2.
1457 Vgl. BGH, BB 1976, 526.
1458 So Widmann/Mayer/Vossius, Umwandlungsrecht, § 41 UmwG Rn. 13; Dauner-Lieb/Tettinger, Köln-Kom/UmwG § 42 Rn. 10; Kallmeyer/Kocher, § 41 UmwG Rn. 3.
1459 So Lutter/H. Schmitt, § 41 UmwG Rn. 6; Ihrig in: Semler/Stengel, § 41 UmwG Rn. 6.

V. Vorbereitung der Gesellschafterversammlung

830 Auch die **Unterrichtungspflicht** knüpft an die Frage der Geschäftsführungsbefugnis an. Nach § 42 UmwG ist der Verschmelzungsvertrag oder sein Entwurf und ggf. der Verschmelzungsbericht den Gesellschaftern, die von der Geschäftsführung ausgeschlossen sind, spätestens zusammen mit der Einberufung der Gesellschafterversammlung zu übersenden.

831 Diese Vorschrift konkretisiert das kraft Gesetz bestehende **Kontrollrecht** der von der Geschäftsführung ausgeschlossenen Gesellschafter einer OHG (§ 118 HGB). Für die Kommanditisten einer KG wird durch diese Vorschrift für die Fusion ein selbstständiges Auskunftsrecht geschaffen, da nach § 166 Abs. 2 HGB das Kontrollrecht dem von der Geschäftsführung angeschlossenen Gesellschafter nicht einem Kommanditisten zusteht. Die **Regierungsbegründung** weist darauf hin, dass hierdurch die Stellung der Kommanditisten gestärkt und ihnen eine Grundlage für ihre Entscheidung gegeben wird.[1460]

832 Da es im Recht der Personengesellschaften für die **Einberufung der Gesellschafterversammlung** keine gesetzliche Frist gibt, sieht auch das Umwandlungsrecht davon ab, eine bestimmte Frist für die Übersendung der Verschmelzungsunterlagen vorzuschreiben. Die Übersendungspflicht ist allerdings an die Einberufung gekoppelt, sodass der späteste Zeitpunkt der der Einberufung ist. Hierdurch wird erreicht, dass gesellschaftsvertragliche Einberufungsfristen auch für die Unterrichtungspflicht Geltung erlangen.

833 Da nach § 13 UmwG die Verschmelzung nur in einer Gesellschafterversammlung beschlossen werden kann, gilt, auch wenn der Gesellschaftsvertrag hierzu keine Regelungen enthält, dass sie einberufen werden muss. Zwar sehen das Gesetz und die Rechtsprechung **keine ausdrücklichen Formalien und Fristen** vor. Es besteht allerdings Einigkeit, dass Ort, Zeit und Art der Vorbereitung der Versammlung es allen Teilnehmern ermöglichen müssen, an der Versammlung teilzunehmen. Die Literatur geht daher davon aus, dass die Ladung der Gesellschafterversammlung mit ausreichender Frist und Ankündigung der Verhandlungsgegenstände erfolgen muss.[1461] Hierbei ist insb. zu beachten, dass Beschlüsse, die auf Gesellschafterversammlungen gefasst werden, zu denen nicht ordnungsgemäß alle Gesellschafter geladen worden sind, grds. nichtig sind, außer wenn ihnen alle Gesellschafter tatsächlich zustimmen.[1462] Etwas anderes gilt für Publikumsgesellschaften, wenn eindeutig feststeht, dass der Beschluss nicht auf diesem Mangel beruht.[1463]

834 Im Gesetz nicht geregelt ist die Frage, ob, wenn an sich eine **Unterrichtungspflicht** besteht, die **Gesellschafter darauf verzichten** können. Die Literatur weist zu Recht darauf hin, dass dies aus § 8 Abs. 3 UmwG zumindest für den Verschmelzungsbericht folgt, aber auch für den Verschmelzungsvertrag(-vertragsentwurf) aus allgemeinen Grundsätzen gelten muss.[1464] Umstritten ist, ob es der notariellen Form für diesen Verzicht bedarf: Z. T. wird angenommen, dass es genügt, wenn der betreffende Gesellschafter in der Gesellschafterversammlung erscheint und die Verletzung der Informationsrechte nicht rügt.[1465] Z. T. wird die notarielle Form gefordert.[1466] In der Literatur wird im Hinblick auf die Amtsermittlung durch das Handelsregister empfohlen, den Verzicht bzw. eine Empfangsbestätigung aller nicht geschäftsführenden Gesellschafter in das notarielle Versammlungsprotokoll beim Verschmelzungsbeschluss aufzunehmen.[1467]

1460 Vgl. BR-Drucks. 75/94, S. 98; abgedruckt in: Limmer, Umwandlungsrecht, S. 293.
1461 Vgl. Baumbach/Hopt, HGB, § 119 Anm. 3b; Heymann/Emmerich, HGB, § 119 Rn. 8.
1462 Vgl. Heymann/Emmerich, HGB, § 119 Rn. 8.
1463 Vgl. BGH, WM 1987, 425; 1987, 927.
1464 Vgl. Widmann/Mayer/Vossius, Umwandlungsrecht, § 42 UmwG Rn. 18 ff.; Lutter/H. Schmidt, UmwG, § 42 Rn. 3; Ihrig in: Semler/Stengel, § 42 UmwG Rn. 14.
1465 Widmann/Mayer/Vossius, Umwandlungsrecht, § 42 UmwG Rn. 20.
1466 Dauner-Lieb/Tettinger in: KölnKom/UmwG § 42, Rn. 14.
1467 Widmann/Mayer/Vossius, Umwandlungsrecht, § 42 UmwG Rn. 21; Kallmeyer/Kocher, UmwG, § 42 Rn. 7; Ihrig in: Semler/Stengel, § 42 UmwG Rn. 14.

A. Verschmelzung von Personengesellschaften

Der Nachweis der Übersendung der Verschmelzungsunterlagen nach § 42 UmwG ist nicht vom Handelsrecht zu prüfen.[1468] 835

VI. Verschmelzungsbeschluss

1. Gesellschafterversammlung

Im Recht der **Personengesellschaften** sind **Beschlüsse grds. formfrei**. Beschlüsse können daher in einer Gesellschafterversammlung, aber auch außerhalb, etwa schriftlich oder gar konkludent, gefasst werden.[1469] Etwas anderes gilt, wenn der Gesellschaftsvertrag die Beschlussfassung in einer Gesellschafterversammlung vorschreibt. 836

Für die Verschmelzung von Personengesellschaften gilt allerdings auch § 13 Abs. 1 Satz 2 UmwG, der bestimmt, dass der Verschmelzungsbeschluss **nur in einer Gesellschafterversammlung** gefasst werden kann. Man muss daher davon ausgehen, dass diese Vorschrift auch für die Personengesellschaft zwingend ist, sodass eine andere Form der Beschlussfassung auch nicht satzungsmäßig vorgesehen werden kann. 837

2. Durchführung der Gesellschafterversammlung

Bzgl. der Durchführung der Gesellschafterversammlung sieht das UmwG **keine Besonderheiten** vor, sodass das allgemeine Recht gilt. Auch das HGB sieht für die Durchführung einer Gesellschafterversammlung keine Förmlichkeiten vor. 838

Unklar ist, welchen Pflichten **geschäftsführende Gesellschafter** den nichtgeschäftsführenden ggü. im Hinblick auf den Verschmelzungsbericht unterliegen. Anders als etwa in § 64 Abs. 2 UmwG für die AG ist für Personengesellschaften keine besondere Auskunftspflicht den nichtgeschäftsführungsberechtigten Gesellschaftern ggü. vorgesehen. Auch die allgemeinen Vorschriften regeln eine solche besondere **Auskunftspflicht** nicht. Für die OHG dürfte eine derartige Erläuterungspflicht direkt aus § 118 HGB folgen. Auch Kommanditisten haben nach herrschender Meinung über das gesetzlich geregelten Einsichtsrecht nach § 166 Abs. 1 HGB hinausgehend einen Anspruch gegen die geschäftsführenden Gesellschafter auf sachlich gebotene ergänzende Auskünfte.[1470] Das Gleiche muss auch für die Verschmelzung gelten und folgt wohl aus der allgemeinen Unterrichtungspflicht nach § 42 UmwG. Man wird die Vorschrift wohl dahin gehend erweitern müssen, dass die von Geschäftsführung ausgeschlossenen Gesellschafter auch Anspruch auf ergänzende Auskünfte und Erläuterungen des Verschmelzungsvertrages und des Verschmelzungsberichts innerhalb der Gesellschafterversammlung haben. 839

3. Beschluss

Im Recht der Personengesellschaften besteht der Grundsatz, dass das Stimmrecht höchstpersönlich ist, sodass es grds. nicht durch Vertreter ausgeübt werden kann, sofern nicht der Gesellschaftsvertrag oder im Einzelfall die Gesellschafter eine Vertretung zulassen.[1471] 840

Ist im Einzelfall eine rechtsgeschäftliche **Vertretung** zulässig, so bedarf die Vollmacht bei einer Verschmelzung zur Neugründung einer Kapitalgesellschaft zumindest der notariellen Beglaubi- 841

[1468] Lutter/Schmidt, UmwG, § 42 Rn. 11.
[1469] Vgl. Baumbach/Hopt, HGB, § 119 Rn 26 ff.; Schlegelberger/Martens, HGB, § 119 Rn. 5.
[1470] Vgl. Heymann/Horn, HGB, § 166 Rn. 11.
[1471] Vgl. BGHZ 65, 93, 99; RGZ 123, 289, 300; Heymann/Emmerich, HGB, § 119 Rn. 14; Baumbach/Hopt, § 119 HGB Rn. 5, 21 f.; GroßkommHGB/Schäfer HGB § 119 Rn. 59; Henssler/Strohn/Heidinger UmwG § 13 Rn. 13; Kallmeyer/Zimmermann § 43 Rn. 17; Kölner KommUmwG/Dauner-Lieb/Tettinger § 43 Rn. 15; Lutter/H. Schmidt § 43 Rn. 8; MünchKommHGB/Enzinger HGB § 119 Rn. 19; Schmitt/Hörtnagl/Stratz/Stratz § 43 Rn. 8; Semler/Stengel/Ihrig § 43 Rn. 13; Widmann/Mayer/Vossius UmwG § 43 Rn. 29.

gung (§ 23 Abs. 1 Satz 2 AktG, § 2 Abs. 2 GmbHG). Darüber hinaus ist in der Literatur umstritten, inwieweit die Vollmacht in anderen Fällen, etwa bei der Verschmelzung zur Aufnahme **notarieller Beglaubigung** bedarf.

In der Literatur ist umstritten, ob in allen Fällen wegen § 13 Abs. 3 UmwG zumindest die **notarielle Beglaubigung** erforderlich ist.[1472] Zumindest bei der Neugründung ergibt sich i. d. R. aus den Vorschriften für die Gründung eine spezifische Form, so verlangen § 2 Abs. 2 GmbHG und § 23 Abs. 1 Satz 2, § 280 Abs. 1 Satz 3 AktG die notarielle Beglaubigung einer Vollmacht bei der Verschmelzung zur Neugründung.[1473] Nach a. A. gilt dieses Formvorschrift nicht für den Verschmelzungsbeschluss zur Neugründung, sondern nur für den Abschluss des Verschmelzungsvertrages.[1474] Generell muss man aber vom Grundsatz des § 167 BGB ausgehen, sodass keine Formvorschrift gilt, wenn nicht Spezialgesetze etwas anderes fordern.

a) Einstimmigkeit

842 § 43 Abs. 1 UmwG bestimmt, dass der Verschmelzungsbeschluss der Gesellschafterversammlung bei einer Personengesellschaft sowohl der Zustimmung aller anwesenden Gesellschafter als auch der Zustimmung der nicht erschienenen Gesellschafter bedarf. Ebenso wie das HGB geht auch das UmwG vom **Einstimmigkeitsprinzip als Regel** aus. Die Begründung zum RegE weist darüber hinaus darauf hin, dass für eine übertragene Personengesellschaft dies der Regel bei der Auflösung entspreche, für eine übernehmende Gesellschaft sei die Einstimmigkeit erforderlich, weil deren Gesellschafter nunmehr auch für die Verbindlichkeiten des übertragenden Rechtsträgers haften oder doch stark davon betroffen seien. Überdies sei die Einstimmigkeit insb. in einer konzernverbundenen Personengesellschaft das wirksamste, oft auch das einzige wirksame Mittel zum Schutz der Minderheitsgesellschafter.[1475]

843 Hieraus folgt insb., dass jeder Gesellschafter, also nicht nur die auf der Gesellschafterversammlung anwesenden Gesellschafter ihre **Zustimmung erklären** müssen. Auch Krankheit und sonstige Abwesenheitsgründe befreien ebenso wenig von diesem Grundsatz der Einstimmigkeit wie Gefahr im Verzug.[1476] **Beschlussberechtigt** sind alle Gesellschafter, auch Kommanditisten.[1477] Die Zustimmung kann auch außerhalb der Gesellschafterversammlung erteilt werden, auch später.[1478] Die Zustimmungserklärung muss notariell beurkundet sein.[1479] Streitig ist, ob nicht erschienenen Gesellschaftern eine angemessene Frist gesetzt werden kann mit der Folge, dass nach Ablauf der Frist die Nichterteilung der Zustimmung als Ablehnung angesehen wird.[1480]

1472 Vgl. oben Teil 2 Rdn. 492, so Widmann/Mayer/Heckschen, Umwandlungsrecht, § 13 UmwG Rn. 106 ff.; a. A. Kallmeyer/Zimmermann, UmwG, § 13 Rn. 13; Lutter/Decher, UmwG, § 13 Rn. 9; § 193 Rn. 4; vgl. eingehend zur Vertretung bei Umwandlungsfällen Heidinger/Blath, Die Vertretung im Umwandlungsrecht, in: FS für Spiegelberger, 2009, S. 692 ff.
1473 So Widmann/Mayer/Heckschen, Umwandlungsrecht, § 13 UmwG Rn. 106; Stratz, in: Schmitt/Hörtnagl/Stratz, § 13 UmwG Rn. 24; Bergjan/Klotz ZIP 2016 2300, 2303; Heidinger/Blath FS Spiegelberger, 2009, 692, 700.
1474 Lutter/Drygala, § 13 UmwG Rn. 9; Kallmeyer/Zimmermann, UmwG, § 13 Rn. 13; Kallmeyer/Zimmermann § 4 Rn. 5; BeckOGK/Rieckers/Cloppenburg UmwG § 13 Rn. 57.
1475 Vgl. BR-Drucks. 74/95, S. 98; abgedruckt in: Limmer, Umwandlungsrecht, S. 293.
1476 So Schlegelberger/Mertens, HGB, § 119 Rn. 14.
1477 OLG Zweibrücken, OLGZ 75, 402.
1478 Vgl. Stratz, in: Schmitt/Hörtnagl/Stratz, § 43 UmwG Rn. 6; H. Schmidt, in: Lutter, Kölner Umwandlungsrechtstage, S. 78; Kallmeyer/Zimmerman, § 43 UmwG Rn. 7; Widmann/Mayer/Vossius, Umwandlungsrecht, § 43 UmwG Rn. 52 f.; 62 f.; Lutter/H. Schmidt, UmwG, § 43 Rn. 10; Ihrig in: Semler/Stengel, § 42 UmwG Rn. 23 ff.
1479 § 13 Abs. 3 UmwG, vgl BeckOGK/Temme UmwG § 43 Rn. 34.
1480 So Semler/Stengel/Ihrig UmwG § 43 Rn 24; Lutter/H. Schmidt UmwG § 43 Rn. 10; aA Widmann/Mayer/Vossius UnwG § 43 Rn. 57.

▶ Hinweis:

Zu beachten ist allerdings, dass nach der herrschenden Meinung in bestimmten Fällen die 844
Gesellschafter aufgrund ihrer **Treuepflicht** verpflichtet sein können, einem Beschluss zuzustimmen. Ob diese **Zustimmungspflicht** allerdings soweit reicht, dass einer Verschmelzung zugestimmt werden muss, bleibt fraglich.[1481]

b) Mehrheitsbeschluss

§ 43 Abs. 2 UmwG bestimmt, dass der **Gesellschaftsvertrag** eine Mehrheitsentscheidung der 845
Gesellschafter vorsehen kann. Die Mehrheit muss mindestens 3/4 der Stimmen der Gesellschafter betragen.

Erforderlich ist danach eine **Bestimmung des Gesellschaftsvertrages**, die den Fall der Verschmelzung regelt. Nicht ausreichend sein dürfte, wenn der Gesellschaftsvertrag allgemein für die Auflösung die Mehrheitsentscheidung vorsieht, erforderlich ist, dass der Fall der Verschmelzung ausdrücklich genannt wird.[1482] Der **Bestimmtheitsgrundsatz** im Recht der Personengesellschaften verlangt, dass die Einführung des Mehrheitsgrundsatzes nur zulässig ist, wenn die der Mehrheitsentscheidungen unterliegenden Entscheidungsgegenstände im Gesellschaftsvertrag klar bezeichnet sind und auch von der Minderheit eine antizipierte Zustimmung erfahren haben.[1483] Weiter entwickelt wird diese Lehre durch die sog. **Kernbereichslehre**, die bestimmt, dass Mehrheitsentscheidungen nicht in unentziehbare Mitgliedschaftsrechte oder ihn gleichstehende Vertragsgrundlagen eingreifen dürfen.[1484] Im sog. Otto-Urt. v. 15.01.2008[1485] hat der BGH grundlegend entschieden, dass eine die Abweichung vom personengesellschaftsrechtlichen Einstimmigkeitsprinzip legitimierende Mehrheitsklausel dem Bestimmtheitsgrundsatz entsprechen muss. Dieser verlange nicht eine Auflistung der betroffenen Beschlussgegenstände, Grund und Tragweite der Legitimation für Mehrheitsentscheidungen können sich vielmehr auch durch Auslegung des Gesellschaftsvertrages ergeben. Ob der konkrete Mehrheitsbeschluss wirksam getroffen worden sei, sei auf einer zweiten Stufe zu prüfen. Es genüge, wenn sich aus dem Gesellschaftsvertrag – sei es auch durch dessen Auslegung – eindeutig ergebe, dass der infrage stehende Beschlussgegenstand einer Mehrheitsentscheidung unterworfen sein solle. Ohnehin reiche die Eindeutigkeit einer vertraglichen Regelung – und selbst eine ausdrückliche Spezifizierung im Gesellschaftsvertrag – nicht in allen Fällen aus, um eine Mehrheitsentscheidung zu legitimieren. Diese unterliege vielmehr auf einer zweiten Stufe einer inhaltlichen Wirksamkeitsprüfung. Im Urteil vom 21.10.2014 hat der BGH allerdings eine Entschärfung des Bestimmtheitsgrundsatzes unter Beibehaltung der Kernbereichslehre im Otto-Urteil vorgenommen:[1486] Dem früheren Bestimmtheitsgrundsatz kommt nach der Entscheidung für die formelle Legitimation einer Mehrheitsentscheidung keine Bedeutung mehr zu. Er sei bei der Auslegung auch nicht in Gestalt einer Auslegungsregel des Inhalts

---

1481 Vgl. allgemein Heymann/Emmerich, HGB, § 119 Rn. 16 ff.; Schlegelberger/Martens, HGB, § 119 Rn. 43 ff.; zur Verschmelzung Widmann/Mayer/Vossius, Umwandlungsrecht, § 43 UmwG Rn. 65 ff.
1482 So ausdrücklich Begründung zum RegE, BR-Drucks. 75/94, S. 98; abgedruckt in: Limmer, Umwandlungsrecht, S. 293; ebenso Kallmeyer/Zimmermann, UmwG, § 43 Rn. 8; Widmann/Mayer/Vossius, Umwandlungsrecht, § 43 UmwG Rn. 114; Stratz, in: Schmitt/Hörtnagl/Stratz, § 43 UmwG Rn. 9.
1483 Staub/Ulmer, HGB, § 119 Rn. 34 ff.; Baumbach/Hopt, HGB, § 119, Rn. 37 f.; Holler, DB 2008, 2067 ff.; Priester, DStR 2008, 1386 ff.; Giedinghagen/Fahl, DStR 2007, 1965 ff.; Schmidt, ZGR 2008, 1 ff.; Bohlken/Sprenger, DB 2010, 263 ff.
1484 BGH, NJW 1996, 1678 ff.
1485 BGHZ 170, 283 = NJW 2007, 1685 = ZIP 2007, 475; dazu K. Schmidt, ZGR 2008, 1 ff.; Haar, NZG 2007, 601; Wertenbruch, ZIP 2007, 798; fortgeführt von BGH, DB 2008, 2017.
1486 DStR 2014, 2403 = NJW 2015, 859 = DNotZ 2015, 65; vgl. Wertenbruch DB 2014, 2640; Schäfer; NZG 2014, 1401; Altmeppen NJW 2015, 2065 ff.; Weber ZfPW 2015, 123 ff.; Risse/Höfling NZG 2017, 1131 ff.; Goette/Goette DStR 2016, 74; Heckschen/Bachmann NZG 2015, 537; Priester NZG 2015, 529.

zu berücksichtigen, dass eine allgemeine Mehrheitsklausel restriktiv auszulegen sei oder sie jedenfalls dann, wenn sie außerhalb eines konkreten Anlasses vereinbart wurde, Beschlussgegenstände, die die Grundlagen der Gesellschaft betreffen oder ungewöhnliche Geschäfte beinhalten, regelmäßig nicht erfasse. Den neuen Kriterien ist jedenfalls hinreichend Rechnung getragen, wenn sich der Gesellschaftsvertrag allgemein auf Umwandlungen oder Umstrukturierungen bezieht, spezielle Angaben wie »Verschmelzungen« oder »Spaltungen« sind für den Mehrheitsgrundsatz nicht erforderlich.[1487] Es besteht Einigkeit, dass bei **Publikumspersonengesellschaften** die Anforderungen an die Zulässigkeit von Mehrheitsklauseln geringer sind; der BGH wendet den Bestimmtheitsgrundsatz in diesen Fällen nicht an.[1488] Die Literatur schränkt daher auch § 43 Abs. 2 Satz 2 UmwG dahin gehend ein, dass es bei Publikumsgesellschaften genügt, wenn generell ein Mehrheitsbeschluss zugelassen wird, ohne dass Umwandlungen ausdrücklich genannt werden.[1489]

▶ Hinweis:

847   Zu beachten ist allerdings, dass auch bei der Publikumsgesellschaft die vertraglich vorgesehene Mehrheit mindestens 3/4 der Stimmen der Gesellschafter beträgt. Der Vertrag kann also keine geringere Mehrheit vorsehen. Es spricht einiges dafür, Mehrheitsklauseln, die dagegen verstoßen, zumindest insofern aufrechtzuerhalten, dass in ihnen zumindest eine 3/4 Mehrheit enthalten ist.[1490]

848   Wenn der Gesellschaftsvertrag das Mehrheitsprinzip eingeführt hat, sollte er i. d. R. auch die Fragen der Feststellung der jeweils erforderlichen Mehrheit regeln. In der Regelung der Förmlichkeiten dieser Gesellschafterversammlung ist allerdings der Gesellschaftsvertrag frei, auch wenn sich i. d. R. eine möglichst enge Anlehnung an die Vorschriften für die AG empfiehlt.[1491]

849   Die Begründung zum RegE weist für die Feststellung der notwendigen Mehrheit darauf hin, dass es entsprechend der Vertragspraxis bei Personenhandelsgesellschaften auf die Zahl der Stimmen, nicht auf die Zahl der Gesellschafter ankomme.[1492]

850   Unklar war, auf welche Weise die **3/4-Mehrheit** nach § 43 Abs. 2 UmwG erreicht werden muss. Müssen 3/4 der Stimmen aller Gesellschafter erreicht werden, oder genügt die 3/4-Mehrheit der auf der Gesellschafterversammlung anwesenden Gesellschafter? Die gesetzliche Regelung bestimmt, dass bei **Mehrheitsklauseln** auf die 3/4-Mehrheit der bei der Beschlussfassung in der Gesellschafterversammlung **abgegebenen Stimmen** abzustellen ist.[1493] Stimmenthaltungen werden bei der Errechnung nicht mitgezählt.

851   Sofern für die Formalitäten des Ablaufs der Gesellschafterversammlung im Gesellschaftsvertrag keine besonderen Regelungen vorgesehen sind, gelten die Regularien entsprechend dem Leitbild einer aktienrechtlichen Hauptversammlung, soweit diese passen.[1494]

1487 Widmann/Mayer/Vossius, Umwandlungsrecht, § 43 UmwG Rn. 114; Lutter/H. Schmidt, UmwG, § 43 Rn. 14 f.;Kallmeyer/Zimmermann, UmwG, § 43 Rn. 9; Stratz, in: Schmitt/Hörtnagl/Stratz, § 43 UmwG Rn. 9.
1488 BGHZ 71, 53, 58; BGHZ 85, 351, 358.
1489 Lutter/Schmidt, UmwG, § 43 Rn. 16; Kallmeyer/Zimmermann, UmwG, § 43 Rn. 9.
1490 So Kallmeyer/Zimmermann, UmwG, § 43 Rn. 10.
1491 Vgl. Heymann/Emmerich, HGB, § 119 Rn. 6.
1492 RegE, BT-Drucks. 75/94, S. 98; abgedruckt in: Limmer, Umwandlungsrecht, S. 293.
1493 Vgl. Ihrig in: Semler/Stengel, § 43 UmwG Rn. 28; Lutter/H. Schmidt, UmwG, § 43 Rn. 13; Schmidt, in: Lutter, Kölner Umwandlungsrechtstage, S. 79; Widmann/Mayer/Vossius, Umwandlungsrecht, § 43 UmwG Rn. 129; Kallmeyer/Zimmermann, UmwG, § 43 Rn. 13; BeckOGK/Temme UmwG § 43 Rn. 33; vgl. auch Priester, DNotZ 1995, 440.
1494 So Schlegelberger/Martens, HGB, § 119 Rn. 6; Nitschke, Personengesellschaft, S. 197 ff.

A. Verschmelzung von Personengesellschaften

▶ Hinweis:

I. d. R. empfiehlt es sich, die Zweifelsregelung des § 119 Abs. 2 HGB im Gesellschaftsvertrag so zu regeln, dass sich die **Mehrheit nach Anteilen am festen Kapital** bestimmt und ein bestimmter Kapitalanteil eine bestimmte Stimme beinhaltet.

852

4. Widerspruchsrecht

§ 43 Abs. 2 Satz 2 UmwG sieht ein Widerspruchsrecht für den Fall vor, dass ein **Gesellschafter einer übertragenden Gesellschaft** für die Verbindlichkeiten **persönlich unbeschränkt haftet**. In diesem Fall ist ihm in der übernehmenden oder neuen Personenhandelsgesellschaft die Stellung eines Kommanditisten zu gewähren. Das Gleiche gilt für einen Gesellschafter der übernehmenden Personengesellschaft, der für deren Verbindlichkeit persönlich unbeschränkt haftet, wenn er der Verschmelzung widerspricht. Der Gesetzgeber will hiermit verhindern, dass ein bisher schon persönlich unbeschränkt haftender Gesellschafter, der bei einer Mehrheitsentscheidung überstimmt wird, gezwungen würde, für die Verbindlichkeiten der übernehmenden Gesellschaft weiterhin persönlich unbeschränkt zu haften. Deshalb muss ihm die Stellung des nur beschränkt haftenden Kommanditisten eingeräumt werden. Dies kann für die Aufnahme einer OHG, KG oder KGaA durch eine OHG oder KG Bedeutung erlangen. Wegen der vergleichbaren Risiken soll diese Regelung auch zugunsten der unbeschränkt haftenden Gesellschafter der übernehmenden Personenhandelsgesellschaft gelten.

853

Da neben dem Widerspruchsrecht nach § 43 Abs. 2 Satz 2 UmwG auch die Widerspruchsmöglichkeiten nach § 29 Abs. 1 UmwG besteht, muss der widersprechende Gesellschafter deutlich machen – auch ggü. dem Notar – **auf welche Vorschrift er sich beruft**. Der **Widerspruch** ist den vertretungsberechtigten Gesellschaftern oder dem Leiter der Versammlung gegenüber zu erklären.[1495] Der Widerspruch bedarf keiner **Form**. Ist er allerdings bei der Gesellschafterversammlung anwesend, so hat er den Widerspruch zum Protokoll der Versammlung zu erklären; ist er nicht anwesend, so hat er den Widerspruch unverzüglich zu erklären, sobald er vom Verschmelzungsbeschluss Kenntnis erlangt.[1496] Streitig ist, ob der Widerspruch im Protokoll wiederzugeben ist.[1497] Umstritten ist ferner, ob das Widerspruchsrecht ausdrücklich erklärt werden muss oder auch eine konkludente Erklärung ausreicht, indem der betroffene Gesellschafter gegen den Verschmelzungsbeschluss stimmt.[1498] Der Zeitpunkt, bis zu welchem der Widerspruch erklärt werden kann, ist ebenfalls umstritten.[1499]

854

Der Widerspruch hat nur **interne Wirkung**, muss daher nicht dem Registergericht nachgewiesen werden und bedarf auch keiner Form.[1500] Der Widerspruch nach § 43 Abs. 2 UmwG begründet kein Abfindungs- und Austrittsrecht, sondern nur einen Anspruch auf Änderung des Verschmel-

---

1495 Ihrig in: Semler/Stengel, § 43 UmwG Rn. 38; Kallmeyer/Zimmermann, § 43 UmwG Rn. 25; Lutter/H. Schmidt, UmwG, § 43 Rn. 18.
1496 Widmann/Mayer/Vossius, Umwandlungsrecht, § 43 UmwG Rn. 135; Kallmeyer/Zimmermann, UmwG, § 43 Rn. 26; Lutter/H. Schmidt, § 43 UmwG Rn. 17; Ihrig, in: Semler/Stengel § 43 UmwG Rn. 39.
1497 Ablehnend Ihrig in: Semler/Stengel, § 43 UmwG Rn. 38; Kallmeyer/Zimmermann, § 43 UmwG Rn. 25; a. A. Widmann/Mayer/Vossius, Umwandlungsrecht, § 43 UmwG Rn. 135; BeckOGK/Temme UmwG § 43 Rn. 42.
1498 Für ausdrückliche Erklärung Widmann/Mayer/Vossius UmwG § 43 Rn. 135, dagegen Ihrig in: Semler/Stengel, § 43 UmwG Rn. 38; Kallmeyer/Zimmermann, § 43 UmwG Rn. 24; Lutter/H. Schmidt § 43 UmwG Rn. 38; BeckOGK/Temme UmwG § 43 Rn. 43.
1499 Vgl. Ihrig in: Semler/Stengel, § 43 UmwG Rn. 39; Kallmeyer/Zimmermann, § 43 UmwG Rn. 26; BeckOGK/Temme UmwG § 43 Rn. 44.
1500 Kallmeyer/Zimmermann, UmwG, § 43 Rn. 27, a. A. allerdings KölnKom/Dauner-Lieb/Tettinger § 43 UmwG Rn. 50: Nichtigkeit bzw. Anfechtbarkeit des Beschlusses.

zungsvertrages bzw. die Verschmelzung in der vorgesehen Form unterbleibt.[1501] In der Praxis empfiehlt es sich, wenn unklar ist, ob ein Gesellschafter vom Widerspruchsrecht Gebrauch macht, im Verschmelzungsvertrag die Beteiligung alternativ zu regeln. Fehlt es an einer derartigen Alternativregelung, so muss bei einem bereits beurkundeten Verschmelzungsvertrag eine Nachtragsbeurkundung mit anschließender erneuter Beschlussfassung stattfinden.[1502] In der Praxis dürfte sich daher bei Unsicherheit empfehlen, den Verschmelzungsvertrag alternativ auszugestalten.

5. Zustimmungspflichten

a) Allgemeine Zustimmungspflicht nach § 13 Abs. 2 UmwG

855 Es ist die allgemeine Zustimmungspflicht nach § 13 Abs. 2 UmwG zu beachten. Ist eine **Mehrheitsentscheidung** vorgesehen, kann dennoch eine Zustimmungspflicht nach § 13 Abs. 2 UmwG bestehen. Die Vorschrift bestimmt, dass, wenn die Abtretung der Anteile einer übertragenden Gesellschaft von der Genehmigung bestimmter einzelner Gesellschafter abhängig ist, der Verschmelzungsbeschluss bei dieser Gesellschaft zu seiner Wirksamkeit der Zustimmung dieser Gesellschafter bedarf (vgl. hierzu oben Teil 2 Rdn. 562 ff.). Diese Vinkulierungsregelung schützt Sonderrechtsinhaber, sodass die Vorschrift in jedem Fall anwendbar ist, wenn der Gesellschaftsvertrag für die Anteilsübertragung die Zustimmung bestimmter einzelner, im Gesellschaftsvertrag bestimmter Gesellschafter verlangt.[1503] Lässt der Gesellschaftsvertrag einer Personenhandelsgesellschaft die Verschmelzung mit Mehrheitsbeschluss zu, trifft aber keine Regelung zur Anteilsübertragung, so wäre an sich die Zustimmung aller Gesellschafter für die Anteilsübertragung erforderlich. Dennoch ist die Literatur zu Recht der Auffassung, dass es sich in diesem Fall nicht um ein Sonderrecht i. S. d. § 13 Abs. 2 UmwG handelt, sodass es keiner Zustimmung der übrigen Gesellschafter bedarf.[1504] Enthält der Gesellschaftsvertrag eine Mehrheitsklausel und verlangt ausdrücklich zur Übertragung der Anteile die Zustimmung aller übrigen Gesellschafter, so ist die Zustimmung nach § 13 Abs. 2 UmwG erforderlich.[1505]

b) Erstmalige Übernahme der persönlichen Haftung (§ 40 Abs. 2 UmwG)

856 Sieht der Verschmelzungsvertrag vor, dass bisher nur beschränkt haftende Gesellschafter nach der Verschmelzung unbeschränkt haften, müssen die betroffenen Gesellschafter dem Verschmelzungsbeschluss des übertragenden Rechtsträgers nach § 40 Abs. 2 UmwG zustimmen. Die Vorschrift gilt nicht nur bei der Verschmelzung einer KG, sondern auch, wenn die Gesellschafter im Rahmen einer Kapitalgesellschaft überhaupt nicht unbeschränkt haften und in der neuen Gesellschaft eine persönliche Haftung übernehmen sollen. In der übertragenden Gesellschaft beschränkt haftenden Gesellschaftern muss daher bei der Verschmelzung auf eine Personengesellschaft entweder die Stellung eines Kommanditisten gewährt werden oder diese müssen zustimmen.[1506] Dies sollte bereits bei der Gestaltung des Verschmelzungsvertrages berücksichtigt werden. Nach überwiegender Meinung ist die Zustimmungserklärung nach § 13 Abs. 3 Satz 1 UmwG notariell – als Wil-

---

[1501] Widmann/Mayer/Vossius, Umwandlungsrecht, § 43 UmwG Rn. 141; Kallmeyer/Zimmermann, UmwG, § 43 Rn. 27; Lutter/H. Schmidt, § 43 UmwG Rn. 19; Ihrig, in: Semler/Stengel § 43 UmwG Rn. 41.
[1502] Widmann/Mayer/Vossius, Umwandlungsrecht, § 43 UmwG Rn. 143; wohl auch Kallmeyer/Zimmermann, UmwG, § 43 Rn. 27.
[1503] Reichert, GmbHR 1995, 179; Schöne, GmbHR 1995, 331; Lutter/H. Schmidt, UmwG, § 43 Rn. 23.
[1504] Lutter/H. Schmidt, UmwG, § 43 Rn. 23; Widmann/Mayer/Heckschen, Umwandlungsrecht, § 13 UmwG Rn. 173; Kallmeyer/Zimmermann, UmwG, § 43 Rn. 32.
[1505] Lutter/H. Schmidt, UmwG, § 43 Rn. 24; Reichert, GmbHR 1995, 180; a. A. Schöne, GmbHR 1995, 332.
[1506] Kallmeyer/Marsch-Barner, UmwG, § 40 Rn. 11; Stratz, in: Schmitt/Hörtnagl/Stratz, § 40 UmwG Rn. 8.

lenserklärung – zu beurkunden.[1507] Umstritten ist, ob sie konkludent erteilt wird, wenn der Gesellschafter dem Verschmelzungsvertrag zustimmt.[1508]

c) Weitere Zustimmungspflichten bei Mischverschmelzung

Handelt es sich um eine Mischverschmelzung, so sind die **spezifischen Zustimmungspflichten** für die einzelnen Rechtsträger zu beachten, etwa bei der GmbH § 51 UmwG (vgl. im Einzelnen oben Teil 2 Rdn. 545 ff.). 857

6. Notarielle Beurkundung der Gesellschafterversammlung

Da bei allen Gesellschaften die allgemeinen Vorschriften der §§ 2 ff. UmwG gelten, ist auch § 13 Abs. 3 UmwG anzuwenden, sodass der Verschmelzungsbeschluss der Personengesellschafter und auch evtl. erforderliche Zustimmungserklärungen **notariell beurkundet** werden müssen (vgl. hierzu oben Teil 2 Rdn. 502 ff.). 858

VII. Verschmelzungsprüfung

Eine Verschmelzungsprüfung ist im Recht der Personengesellschaft nach § 44 UmwG **nur in zwei Fällen erforderlich**: Zum einen ist eine Verschmelzungsprüfung erforderlich, wenn der Gesellschaftsvertrag eine **Mehrheitsentscheidung** vorsieht und **ein Gesellschafter die Verschmelzungsprüfung verlangt**. Darüber hinaus ist allerdings auch § 30 Abs. 2 UmwG zu beachten, danach ist eine Verschmelzungsprüfung auch im Recht der Personengesellschaften immer erforderlich, wenn der Verschmelzungsvertrag ein **Barabfindungsangebot** entsprechend § 29 UmwG enthält. Die Angemessenheit der anzubietenden Barabfindung ist stets durch Verschmelzungsprüfer zu prüfen (§ 30 Abs. 2 UmwG), also auch bei Personengesellschaften. 859

Die Verschmelzungsprüfung bei Mehrheitsentscheidung und Verlangen soll eventuelle **Informationsdefizite** der Minderheitsgesellschafter **ausgleichen**. Der Gesetzgeber geht davon aus, dass mit § 44 UmwG die Information der Minderheitsgesellschafter in diesen Fällen verbessert werden soll: Jeder Gesellschafter soll die Möglichkeit haben, die Verschmelzung und insb. das Umtauschverhältnis der Anteile durch unabhängige Sachverständige prüfen zu lassen. Diese Möglichkeit soll insb. die Kommanditisten einer Publikums-KG schützen, weil diese auf das Schicksal ihres Rechtsträgers i. d. R. keinen Einfluss nehmen können.[1509] 860

Unklar war, welche **Frist für das Verlangen des Minderheitsgesellschafters** besteht. Da eine gesetzliche Frist fehlte, wurde davon ausgegangen, dass das Verlangen der Mitglieder zeitlich vor oder sogar noch während der Mitgliederversammlung gestellt werden kann.[1510] Teilweise wurde das Verlangen einer Verschmelzungsprüfung auch nach Fassung bzw. Wirksamwerden des Verschmelzungsbeschlusses für zulässig erachtet.[1511] Ebenfalls unklar war, ob eine **Fristsetzung** möglich ist. Dies war wohl aus allgemeinen Grundsätzen zu bejahen.[1512] Diese Problematik ist allerdings durch das **Zweite Gesetz zur Änderung des UmwG** bei GmbH und Personengesellschaft 861

1507 Widmann/Mayer/Vossius, Umwandlungsrecht, § 40 UmwG Rn. 50; Kallmeyer/Marsch-Barner, UmwG, § 40 Rn. 11; Stratz, in: Schmitt/Hörtnagl/Stratz, § 40 UmwG Rn. 8.
1508 So Lutter/H. Schmidt, UmwG, § 48 Rn. 8; Priester DStR 2005, 790; Stratz, in: Schmitt/Hörtnagl/Stratz, § 40 UmwG Rn. 8; ablehnend zu Recht Widmann/Mayer/Vossius, Umwandlungsrecht, § 40 UmwG Rn. 50; Kallmeyer/Marsch-Barner, UmwG, § 40 Rn. 11.
1509 Vgl. Begründung zum RegE, BT-Drucks. 75/94, S. 98; abgedruckt in: Limmer, Umwandlungsrecht, S. 293 f.
1510 Widmann/Mayer/Vossius, Umwandlungsrecht, § 44 UmwG Rn. 16; Kallmeyer/Müller, UmwG § 44 Rn. 8; Stratz, in: Schmitt/Hörtnagl/Stratz, § 40 UmwG Rn. 8.
1511 Widmann/Mayer/Mayer, Umwandlungsrecht, § 44 UmwG Rn. 17.
1512 So H. Schmidt, in: Lutter, Kölner Umwandlungsrechtstage, S. 76; Lutter/H. Schmidt, UmwG, § 44 Rn. 8; Goutier/Knopf/Bermel, Umwandlungsrecht, § 44 UmwG Rn. 8.

und Partnerschaftsgesellschaft, nicht aber bei Vereinen, insofern entschärft worden, als das **Prüfungsverlangen innerhalb einer Frist von einer Woche gestellt werden muss**, nachdem die Unterlagen zur Einberufung der Versammlung empfangen wurden (§ 44 UmwG).

VIII. Handelsregisteranmeldung

862 Vgl. zunächst die Ausführungen zu Teil 2 Rdn. 633 ff. Im Folgenden soll nur auf **Besonderheiten** eingegangen werden.

863 **Anzumelden** ist die Verschmelzung für beide Rechtsträger. Darüber hinaus ist der mit der Verschmelzung verbundene Eintritt der Gesellschafter der übertragenden Personengesellschaft anzumelden, bei Kommanditisten unter Angabe ihrer Haftsumme. **Anmeldeberechtigt** sind nur die Vertretungsorgane der beteiligten Rechtsträger (§ 16 Abs. 1 UmwG), mehrere in vertretungsberechtigter Zahl; dies gilt entgegen § 108 HGB auch für die OHG.[1513] Ist an der Verschmelzung eine KG beteiligt, können und müssen daher abweichend von § 108 Abs. 1 HGB die Kommanditisten bei der Anmeldung nicht mitwirken.[1514]

864 Abzugeben sind die **Negativerklärungen** nach § 16 Abs. 2 Satz 1 UmwG.

865 Für eine geänderte Firmierung des übernehmenden Rechtsträgers und für die Firma einer durch Verschmelzung neugegründeten Personenhandelsgesellschaft ist § 18 UmwG zu beachten (s. dazu Teil 5 Rdn. 1 ff.).

IX. Muster

1. Verschmelzung von OHG zur Aufnahme

a) Verschmelzungsvertrag von zwei OHG zur Aufnahme ohne Abfindungsangebot

▶ Muster: Verschmelzungsvertrag von zwei OHG zur Aufnahme ohne Abfindungsangebot

866 UR.Nr. für......

Verhandelt zu......

am......

Vor dem unterzeichnenden

…..

Notar mit dem Amtssitz in......

erschienen:
1. Herr und Herr (je Name, Geburtsdatum Adresse) hier handelnd als persönlich haftende Gesellschafter der B-OHG mit dem Sitz in......, eingetragen im Handelsregister des Amtsgerichts...... unter HRA......,
2. Frau und Herr (je Name, Geburtsdatum Adresse), handelnd als persönlich haftende Gesellschafter der A-OHG mit dem Sitz in......, eingetragen im Handelsregister des Amtsgerichts...... unter HRA.......
Die Erschienenen wiesen sich dem Notar gegenüber aus durch Vorlage ihrer amtlichen Lichtbildausweise.

Die Erschienenen ließen folgenden

Verschmelzungsvertrag

[1513] Kallmeyer/Zimmermann, UmwG, § 16 Rn. 4; BeckOGK/Rieckers/Cloppenburg UmwG § 16 Rn. 13; Kölner KommUmwG/Simon § 16 UmwG Rn. 5, 21; Lutter/Decher § 16 UmwG Rn. 5; Widmann/Mayer/Fronhöfer § 16 UmwG Rn. 22.

[1514] Goutier/Knopf/Bermel, Umwandlungsrecht, § 16 UmwG Rn. 9; Widmann/Mayer/Mayer, Umwandlungsrecht, § 16 UmwG Rn. 9.1.1; BeckOGK/Rieckers/Cloppenburg UmwG § 16 Rn. 13.

beurkunden und erklärten, handelnd wie angegeben:

I. Vermögensübertragung

Die A-OHG überträgt ihr Vermögen als Ganzes mit allen Rechten und Pflichten unter Ausschluss der Abwicklung auf die B-OHG im Wege der Verschmelzung durch Aufnahme. Zum Ausgleich räumt die B-OHG den Gesellschaftern der A-OHG Beteiligungen an der B-OHG ein.

II. Gegenleistung

1. Die B-OHG räumt den Gesellschaftern der A-OHG als Gegenleistung für die Übertragung des Vermögens die Stellung als persönlich haftende Gesellschafter mit folgenden Beteiligungen an der B-OHG ein:
   a) dem Gesellschafter X einen festen Kapitalanteil i. H. v....... €, (ggf. weitere Gegenleistung auf Kapitalkonto 2)
   b) dem Gesellschafter Y einen festen Kapitalanteil i. H. v....... €,(ggf. weitere Gegenleistung auf Kapitalkonto 2)

Die Beteiligungen werden kostenfrei und mit Gewinnberechtigung ab...... gewährt.

2. Die Kapitalanteile der bisherigen Gesellschafter der B-OHG bleiben unverändert.

3. Alle Gesellschafter der A-OHG werden persönlich haftende Gesellschafter der B-OHG.

4. Das Umtauschverhältnis der Beteiligungen beträgt......

III. Bilanzstichtag

Der Verschmelzung wird die Bilanz der A-OHG zum 31.12..... als Schlussbilanz zugrunde gelegt.

IV. Verschmelzungsstichtag

Die Übernahme des Vermögens der A-OHG erfolgt im Innenverhältnis mit Wirkung zum Ablauf des 31.12..... Vom 01.01..... an gelten alle Handlungen und Geschäfte der A-OHG als für Rechnung der B-OHG vorgenommen.

V. Besondere Rechte

Besondere Rechte i. S. v. § 5 Abs. 1 Nr. 7 UmwG bestehen bei der B-OHG nicht. Einzelnen Anteilsinhabern werden i. R. d. Verschmelzung keine besonderen Rechte gewährt.

VI. Besondere Vorteile

Besondere Vorteile i. S. v. § 5 Abs. 1 Nr. 8 UmwG werden weder einem Mitglied eines Vertretungs- oder Aufsichtsorgans, noch dem Abschlussprüfer oder dem Verschmelzungsprüfer gewährt.

VII. Folgen der Verschmelzung für Arbeitnehmer und ihrer Vertretungen

Für die Arbeitnehmer der A-OHG ergeben sich aus der Verschmelzung folgende Auswirkungen:......

Für die Arbeitnehmer der B-OHG ergeben sich aus der Verschmelzung folgende Auswirkungen:......

Bei beiden Gesellschaften existiert ein Betriebsrat. Insoweit ergeben sich aus der Verschmelzung folgende Auswirkungen:......

Folgende Maßnahmen sind vorgesehen:......

VIII. Änderung der Firma

Die Firma der B-OHG wird geändert in:

»A & B-OHG«

IX. Bedingungen

Der Verschmelzungsvertrag steht unter der aufschiebenden Bedingung, dass
   a) die formgerechten Zustimmungsbeschlüsse der Gesellschafterversammlungen beider Gesellschaften bis zum...... vorliegen,

b) die Gesellschafterversammlung der B-OHG i. R. d. Zustimmungsbeschlusses die Neufassung des Gesellschaftsvertrages in der Fassung, wie er sich aus der Anlage zu dieser Urkunde ergibt, beschließt, wobei der Beschluss unter der Bedingung des Wirksamwerdens der Verschmelzung bis zum...... erfolgen kann.

X. Kosten

Die durch diesen Vertrag und seine Durchführung bei beiden Gesellschaften entstehenden Kosten trägt B-OHG. Sollte die Verschmelzung nicht wirksam werden, tragen die Kosten dieses Vertrages die Gesellschaften zu gleichen Teilen, alle übrigen Kosten die jeweils betroffene Gesellschaft allein.

Diese Niederschrift wurde den Erschienenen vom Notar vorgelesen, von ihnen genehmigt und von ihnen und dem Notar eigenhändig, wie folgt, unterschrieben:

......

b) Verschmelzungsvertrag von zwei OHG zur Aufnahme mit Abfindungsangebot

▶ Muster: Verschmelzungsvertrag von zwei OHG zur Aufnahme mit Abfindungsangebot

867 UR.Nr. für......

Verhandelt zu......

am......

Vor dem unterzeichnenden

......

Notar mit dem Amtssitz in......

erschienen:

1. Herr und Herr (Name, Geburtsdatum Adresse), hier handelnd als persönlich haftende Gesellschafter der B-OHG mit dem Sitz in......, eingetragen im Handelsregister des Amtsgerichts...... unter HRA......,
2. Frau und Herr (Name, Geburtsdatum Adresse), handelnd als persönlich haftende Gesellschafter der A-OHG mit dem Sitz in......, eingetragen im Handelsregister des Amtsgerichts...... unter HRA

......

Die Erschienenen weisen sich dem Notar gegenüber aus durch Vorlage ihrer amtlichen Lichtbildausweise.

Die Erschienenen ließen folgenden

Verschmelzungsvertrag

beurkunden und erklärten, handelnd wie angegeben:

I. Vermögensübertragung

Die A-OHG überträgt ihr Vermögen als Ganzes mit allen Rechten und Pflichten unter Ausschluss der Abwicklung auf die B-OHG im Wege der Verschmelzung durch Aufnahme. Zum Ausgleich räumt die B-OHG den Gesellschaftern der A-OHG Beteiligungen an der B-OHG ein.

II. Gegenleistung

1. Die B-OHG räumt den Gesellschaftern der A-OHG als Gegenleistung für die Übertragung des Vermögens als persönlich haftende Gesellschafter mit folgenden Beteiligungen an der B-OHG ein:
   a) dem Gesellschafter X einen festen Kapitalanteil i. H.v...... €,
   b) dem Gesellschafter Y einen festen Kapitalanteil i. H.v...... €,
   c) dem Gesellschafter Z einen festen Kapitalanteil i. H.v...... €. Die Beteiligungen werden kostenfrei und mit Gewinnberechtigung ab...... gewährt.

2. Die Kapitalanteile der bisherigen Gesellschafter der B-OHG bleiben unverändert.

3. Alle Gesellschafter der A-OHG werden persönlich haftende Gesellschafter der B-OHG.
4. Das Umtauschverhältnis der Beteiligungen beträgt……

III. Bilanzstichtag
Der Verschmelzung wird die Bilanz der A-OHG zum 31.12….. als Schlussbilanz zugrunde gelegt.

IV. Verschmelzungsstichtag
Die Übernahme des Vermögens der A-OHG erfolgt im Innenverhältnis mit Wirkung zum Ablauf des 31.12….. Vom 01.01….. an gelten alle Handlungen und Geschäfte der A-OHG als für Rechnung der B-OHG vorgenommen.

V. Besondere Rechte
Besondere Rechte i. S. v. § 5 Abs. 1 Nr. 7 UmwG bestehen bei der B-OHG nicht. Einzelnen Anteilsinhabern werden i. R. d. Verschmelzung keine besonderen Rechte gewährt.

VI. Besondere Vorteile
Besondere Vorteile i. S. v. § 5 Abs. 1 Nr. 8 UmwG werden weder einem Mitglied eines Vertretungs- oder Aufsichtsorgans, noch dem Abschlussprüfer oder dem Verschmelzungsprüfer gewährt.

VII. Folgen der Verschmelzung für Arbeitnehmer und ihrer Vertretungen
Für die Arbeitnehmer der A-OHG ergeben sich aus der Verschmelzung folgende Auswirkungen:……

Für die Arbeitnehmer der B-OHG ergeben sich aus der Verschmelzung folgende Auswirkungen:……

Bei beiden Gesellschaften existiert ein Betriebsrat. Insoweit ergeben sich aus der Verschmelzung folgende Auswirkungen:……

Folgende Maßnahmen sind vorgesehen:……

VIII. Abfindungsangebot
Für den Fall, dass ein Gesellschafter bei der Beschlussfassung der A-OHG gemäß § 29 Abs. 1 Satz 2 UmwG seinen Widerspruch gegen Verschmelzung zur Niederschrift erklärt, macht die B-OHG ihm schon jetzt folgendes Abfindungsangebot:
– Die B-OHG verpflichtet sich, an Herrn X einen Barbetrag i. H. v. €…… zu zahlen, sofern Herr X seinen Austritt aus der B-OHG erklärt.
– Die B-OHG verpflichtet sich, an Herrn Y einen Barbetrag i. H. v. €……. zu zahlen, sofern Herr Y seinen Austritt aus der B-OHG erklärt.
– Die B-OHG verpflichtet sich, an Herrn Z einen Barbetrag i. H. v. €…… zu zahlen, sofern Herr Z seinen Austritt aus der B-OHG erklärt.

Die Kosten der Übertragung trägt die aufnehmende Gesellschaft.

IX. Änderung der Firma
Die Firma der B-OHG wird geändert in:

»A & B-OHG«

X. Bedingungen
Der Verschmelzungsvertrag steht unter der aufschiebenden Bedingung, dass
a) die formgerechten Zustimmungsbeschlüsse der Gesellschafterversammlungen beider Gesellschaften bis zum…… vorliegen,
b) die Gesellschafterversammlung der B-OHG i. R. d. Zustimmungsbeschlusses die Neufassung des Gesellschaftervertrages in der Fassung, wie er sich aus der Anlage zu dieser Urkunde ergibt, beschließt, wobei der Beschluss unter der Bedingung des Wirksamwerdens der Verschmelzung bis zum…… erfolgen kann.

XI. Kosten

Die durch diesen Vertrag und seine Durchführung bei beiden Gesellschaften entstehenden Kosten trägt die B-OHG. Sollte die Verschmelzung nicht wirksam werden, tragen die Kosten dieses Vertrages die Gesellschaften zu gleichen Teilen, alle übrigen Kosten die jeweils betroffene Gesellschaft allein.

Diese Niederschrift wurde den Erschienenen vom Notar vorgelesen, von ihnen genehmigt und von ihnen und dem Notar eigenhändig, wie folgt, unterschrieben:

.....

c) Einberufung der Gesellschafterversammlung einer OHG

▶ Muster: Einberufung der Gesellschafterversammlung einer OHG

868 A-OHG

Geschäftsführung

An Herrn

.....

Einladung zur Gesellschafterversammlung

Wir laden unsere Gesellschafter zu einer außerordentlichen Gesellschafterversammlung unserer Gesellschaft

am......, den......, 9.00 Uhr

in......

ein.

Tagesordnung:

1. Zustimmung zum Verschmelzungsvertrag zwischen der A-OHG als übertragende Gesellschaft und der B-OHG als aufnehmende Gesellschaft. Der Verschmelzungsvertrag wurde am...... geschlossen und ist in beglaubigter Abschrift dieser Einladung beigefügt.

2. Da nach dem Gesellschaftsvertrag unserer Gesellschaft die Verschmelzung durch Mehrheitsentscheidung beschlossen werden kann, darf ich Sie bitten, der Geschäftsführung bis zum...... mitzuteilen, ob sie eine Verschmelzungsprüfung gemäß § 44 UmwG wünschen. Die Kosten dieser Prüfung würde die Gesellschaft tragen. Wird kein fristgemäßer Antrag auf Prüfung gestellt, unterbleibt diese.

3. Änderung des Gesellschaftsvertrages § 1 (Firma), § 3 (Einlage).

Der Inhalt des Beschlusses ist in der Anlage beigefügt.

Mit freundlichen Grüßen

.....

Anlagen:
– Verschmelzungsvertrag vom......
– Jahresbilanz vom......
– Verschmelzungsbeschluss und Änderungsbeschluss des Gesellschaftsvertrages

d) Zustimmungsbeschluss bei der übernehmenden Gesellschaft (B-OHG) bei Verschmelzung zur Aufnahme, Verzichtserklärungen

▶ Muster: Zustimmungsbeschluss bei der übernehmenden Gesellschaft (B-OHG) bei Verschmelzung zur Aufnahme, Verzichtserklärungen

869 **Niederschrift über eine Gesellschafterversammlung**

Heute, den......, erschienen vor mir, dem unterzeichnenden Notar......, mit Amtssitz in......, an der Amtsstelle in......:

A. Verschmelzung von Personengesellschaften　　　　　　　　**Teil 2　Kapitel 2**

1. Herr A, Kaufmann, wohnhaft in......,
2. Herr B, Kaufmann, wohnhaft in......,
3. Herr C, Kaufmann, wohnhaft in......

Die Beteiligten sind mir, dem Notar, persönlich bekannt.

Auf Antrag beurkunde ich den vor mir abgegebenen Erklärungen gemäß Folgendes:

A. Sachstand

Die Erschienenen erklären: Wir sind Gesellschafter der B-OHG, eingetragen im Handelsregister des Amtsgerichts X-Stadt unter......

Die Kapitalanteile verteilen sich unter die Gesellschafter wie folgt:
– A:...... €,
– B:...... €,
– C:...... €

B. Gesellschafterversammlung

Die Erschienenen erklärten: Wir sind die alleinigen Gesellschafter der B-OHG mit Sitz in......, unter Verzicht auf alle durch Gesetz oder Gesellschaftsvertrag vorgeschriebenen Formen und Fristen halten wir hiermit eine Gesellschaftervollversammlung der B-OHG ab und beschließen einstimmig, was folgt:

I. Verschmelzung

Dem Verschmelzungsvertrag zwischen der A-OHG und der B-OHG – Urkunde des Notars......, in......, vom......, UR.-Nr....... – wird mit allen Stimmen vorbehaltlos zugestimmt. Er ist der Niederschrift als Anlage beigefügt.

II. Änderung des Gesellschaftsvertrages der B-OHG:

§ 1

Firma

Die Firma wird geändert in A & B-OHG.

§ 3

Einlagen

An der Gesellschaft sind die Gesellschafter wie folgt beteiligt:
– A mit einem Kapitalanteil von...... €,
– B mit einem Kapitalanteil von...... €,
– C mit einem Kapitalanteil von...... €,
– X mit einem Kapitalanteil von...... €,
– Y mit einem Kapitalanteil von...... €,
– Z mit einem Kapitalanteil von...... €.

Die Gesellschafter A, B und C hatten ihre Kapitalanteile durch Bareinlagen bei Abschluss des Gesellschaftsvertrages der B-OHG erbracht. Die Gesellschafter X, Y, Z haben aufgrund Verschmelzungsvertrag vom...... das bisher von der A-OHG betriebene Unternehmen in die B-OHG im Wege der Verschmelzung eingebracht. Der Einbringung wurde die Bilanz zum...... zugrunde gelegt. Der Einlagewert ist das in der Jahresbilanz vom 31.12..... ausgewiesene Eigenkapital des eingebrachten Unternehmens. Hieran sind die Gesellschafter entsprechend ihrer Einlageleistung beteiligt gewesen. Eine Auflösung stiller Reserven oder ein Ansatz des Geschäftswertes erfolgte nicht.

Der beurkundende Notar wies die Gesellschafter darauf hin, dass jeder von Ihnen die Erteilung einer Abschrift der Niederschrift über diese Gesellschafterversammlung und des Verschmelzungsvertrages verlangen kann. Die Kosten einschließlich der Durchführung dieses Beschlusses trägt die übernehmende Gesellschaft als Aufwand.

C. Verzichtserklärungen

Die Erschienen erklären weiter zu Protokoll folgende Erklärungen: Alle Gesellschafter verzichten, soweit erforderlich,

- auf Prüfung der Verschmelzung und Erstellung eines Verschmelzungsprüfungsberichts,
- auf Erstattung eines Verschmelzungsberichts,
- Anfechtung dieses Zustimmungsbeschlusses.

Der Notar hat über die Bedeutung dieser Verzichte belehrt.

Vorgelesen vom Notar, von den Erschienenen genehmigt und eigenhändig unterschrieben.

......

e) *Zustimmungsbeschluss der übertragenden Gesellschaft (A-OHG) bei Verschmelzung zur Aufnahme, Verzichtserklärungen*

▶ Muster: Zustimmungsbeschluss der übertragenden Gesellschaft (A-OHG) bei Verschmelzung zur Aufnahme, Verzichtserklärungen

870 **Niederschrift über eine Gesellschafterversammlung**

Heute, den......, erschienen vor mir, dem unterzeichnenden Notar......, mit Amtssitz in......, an der Amtsstelle in......:
1. Herr X, Kaufmann, wohnhaft in......,
2. Herr Y, Kaufmann, wohnhaft in......,
3. Herr Z, Kaufmann, wohnhaft in......

Die Beteiligten sind mir, Notar...... persönlich bekannt.

Auf Antrag beurkunde ich den vor mir abgegebenen Erklärungen gemäß Folgendes:

A. Sachstand

Die Erschienenen erklären: Wir sind Gesellschafter der **A-OHG**, eingetragen im Handelsregister des Amtsgerichts X-Stadt unter HRA...... Gesellschafter dieser Gesellschaft sind nach Angabe
- Herr X mit einem Kapitalanteil von...... €,
- Herr Y mit einem Kapitalanteil von...... €,
- Herr Z mit einem Kapitalanteil von...... €

B. Gesellschafterversammlung

Die vorgenannten Gesellschafter halten eine Gesellschafterversammlung der vorgenannten Gesellschaft unter Verzicht auf alle Frist- und Formvorschriften ab und stellen fest, dass die Gesellschafterversammlung als Vollversammlung beschlussfähig ist.

Die Gesellschaft beschließt mit allen Stimmen Folgendes:

Dem Verschmelzungsvertrag zwischen der **A-OHG** und der **B-OHG** mit Sitz in...... vom......, UR.-Nr.:...... des amtierenden Notars wird mit allen Stimmen vorbehaltlos zugestimmt.

Der Verschmelzungsvertrag ist dieser Urkunde als Anlage beigefügt.

C. Verzichtserklärungen

Die Erschienenen erklären weiter zu Protokoll folgende Erklärungen:

Alle Gesellschafter verzichten, soweit erforderlich,
- auf Prüfung der Verschmelzung und Erstellung eines Verschmelzungsprüfungsberichts,
- auf Erstattung eines Verschmelzungsberichts,
- Anfechtung dieses Zustimmungsbeschlusses.

Der Notar hat über die Bedeutung dieser Verzichte belehrt.

D. Sonstiges

Die Kosten dieser Urkunde trägt die Gesellschaft.

Vorgelesen vom Notar, von den Erschienenen eigenhändig genehmigt und unterschrieben.

......

A. Verschmelzung von Personengesellschaften

f) Anmeldung für die übertragende Personenhandelsgesellschaft (A-OHG) bei Verschmelzung zur Aufnahme

▶ Muster: Handelsregisteranmeldung für übertragende Personenhandelsgesellschaft (A-OHG) bei Verschmelzung zur Aufnahme

An das

Amtsgericht

– Handelsregister A –

durch elektronische Übermittlung

Betrifft: HRA...... – A-OHG

Wir, die unterzeichnenden Gesellschafter der A-OHG, überreichen in der Anlage:
1. elektronisch beglaubigte Abschrift des Verschmelzungsvertrages vom...... – UR.Nr....... des beglaubigenden Notars –,
2. elektronisch beglaubigte Abschrift des Zustimmungsbeschlusses der Gesellschafter der A-OHG vom...... – UR.Nr....... des beglaubigenden Notars –, samt Verzichtserklärungen aller Gesellschafter auf Erstellung eines Verschmelzungsberichts, Durchführung einer Verschmelzungsprüfung und Erstellung eines Verschmelzungsprüfungsberichts sowie Anfechtung des Zustimmungsbeschlusses,
3. elektronisch beglaubigte Abschrift des Zustimmungsbeschlusses der Gesellschafter der B-OHG vom...... – UR.Nr....... des beglaubigenden Notars –, samt Verzichtserklärungen aller Gesellschafter auf Erstellung eines Verschmelzungsberichts, Durchführung einer Verschmelzungsprüfung und Erstellung eines Verschmelzungsprüfungsberichts sowie Anfechtung des Zustimmungsbeschlusses – UR.Nr....... des beglaubigenden Notars –,
4. elektronisch beglaubigte Abschrift der festgestellten Schlussbilanz der A-OHG zum Verschmelzungsstichtag,
5. elektronisch beglaubigte Abschrift des Nachweises über die rechtzeitige Zuleitung zum Betriebsrat,

und melden zur Eintragung in das Handelsregister an:

Die A-OHG ist auf die B-OHG als übernehmende Gesellschaft im Wege der Verschmelzung durch Aufnahme verschmolzen.

Wir erklären, dass weder der Verschmelzungsbeschluss der Gesellschafter der A-OHG noch der Verschmelzungsbeschluss der Gesellschafter der B-OHG angefochten worden ist.

ggf. weitere Angaben (z. B. Geschäftsanschrift usw.)

....., den......

(Beglaubigungsvermerk)

g) Anmeldung für die übernehmende Personenhandelsgesellschaft (B-OHG) bei Verschmelzung zur Aufnahme

▶ Muster: Handelsregisteranmeldung für übernehmende Personenhandelsgesellschaft (B-OHG) bei Verschmelzung zur Aufnahme

An das

Amtsgericht

– Handelsregister A –

durch elektronische Übermittlung

Betrifft: HRA....... – B-OHG

In der Anlage überreichen wir, die unterzeichnenden Gesellschafter der B-OHG:
1. elektronisch beglaubigte Abschrift des Verschmelzungsvertrages, vom...... – UR.Nr....... des beglaubigenden Notars –,

2. elektronisch beglaubigte Abschrift des Zustimmungsbeschlusses der Gesellschafter der A-OHG vom…… – UR.Nr.…… des beglaubigenden Notars –, samt Verzichtserklärungen aller Gesellschafter auf Erstellung eines Verschmelzungsberichts, Durchführung einer Verschmelzungsprüfung und Erstellung eines Verschmelzungsprüfungsberichts sowie Anfechtung des Zustimmungsbeschlusses,
3. elektronisch beglaubigte Abschrift des Zustimmungsbeschlusses der Gesellschafter der B-OHG vom…… – UR.Nr.…… des beglaubigenden Notars –, samt Verzichtserklärungen aller Gesellschafter auf Erstellung eines Verschmelzungsberichts, Durchführung einer Verschmelzungsprüfung und Erstellung eines Verschmelzungsprüfungsberichts sowie Anfechtung des Zustimmungsbeschlusses. – UR.Nr.…… des beglaubigenden Notars –,
4. elektronisch beglaubigte Abschrift des Nachweises über die rechtzeitige Zuleitung zum Betriebsrat

und melden zur Eintragung in das Handelsregister an:
1. Die A-OHG ist im Wege der Verschmelzung auf die B-OHG verschmolzen.
2. Die Gesellschafter der A-OHG, nämlich
    a) (Name, Vorname), (Geburtsdatum), (Wohnort),
    b) (Name, Vorname), (Geburtsdatum), (Wohnort),
    sind i. R. d. Verschmelzung als neue persönlich haftende Gesellschafter in die B-OHG eingetreten. Jeder der neuen Gesellschafter ist berechtigt, die Gesellschaft einzeln zu vertreten (konkrete Verfügungsbefugnis).
3. Die Firma der Gesellschaft ist geändert in

A & B-OHG

Die inländische Geschäftsanschrift und die Geschäftsräume befinden sich unverändert in (Ort, Straße).

Wir erklären weiter, dass weder der Verschmelzungsbeschluss der Gesellschafter der A-OHG noch der Verschmelzungsbeschluss der B-OHG angefochten worden ist.

ggf. weitere Angaben (z. B. Geschäftsanschrift usw.)

….., den……

(Beglaubigungsvermerk)

2. Verschmelzung von zwei OHG bei Neugründung einer OHG

a) Verschmelzungsvertrag

▶ Muster: Verschmelzungsvertrag bei Verschmelzung von zwei OHG bei Neugründung einer OHG

873 UR.Nr. für……

Verhandelt zu……

am……

Vor dem unterzeichnenden

…..

Notar mit dem Amtssitz in……

erschienen:
1. Herr (Name, Geburtsdatum Adresse),
hier handelnd als persönlich haftender Gesellschafter der B-OHG mit dem Sitz in……, eingetragen im Handelsregister des Amtsgerichts…… unter HRA……,
2. Frau (Name, Geburtsdatum Adresse),
handelnd als persönlich haftende Gesellschafterin der A-OHG mit dem Sitz in……, eingetragen im Handelsregister des Amtsgerichts…… unter HRA…….

Die Erschienenen wiesen sich dem Notar gegenüber aus durch Vorlage ihrer amtlichen Lichtbildausweise.

Die Erschienenen ließen folgenden

Verschmelzungsvertrag

beurkunden und erklärten, handelnd wie angegeben:

I. Vermögensübertragung

Die B-OHG und die A-OHG übertragen ihr Vermögen als Ganzes mit allen Rechten und Pflichten unter Ausschluss der Abwicklung auf die neu zu gründende A & B-OHG mit dem Sitz in...... im Wege der Verschmelzung durch Neugründung. Zum Ausgleich räumt die neu zu gründende A & B-OHG den Gesellschaftern der B-OHG und der A-OHG Beteiligungen an der A & B-OHG ein.

II. Gegenleistung

1. Alleinige persönlich haftende Gesellschafter der A & B-OHG werden die bisherigen Gesellschafter der übertragenden Gesellschaften, und zwar:
a)   der Gesellschafter T mit einem festen Kapitalanteil i. H. v....... €,
b)   der Gesellschafter X mit einem festen Kapitalanteil i. H. v....... €,
c)   der Gesellschafter Y mit einem festen Kapitalanteil i. H. v....... €,
d)   der Gesellschafter Z mit einem festen Kapitalanteil i. H. v....... €.

Die Beteiligungen werden kostenfrei und mit Gewinnberechtigung ab...... gewährt.

2. Alle Gesellschafter der A-OHG werden persönlich haftende Gesellschafter der A & B-OHG.

3. Das Umtauschverhältnis der Beteiligungen beträgt......

III. Bilanzstichtag

Der Verschmelzung werden die Bilanzen der B-OHG und der A-OHG zum...... als Schlussbilanzen zugrunde gelegt.

IV. Verschmelzungsstichtag

Die Übernahme des Vermögens der beiden Gesellschaften erfolgt im Innenverhältnis mit Wirkung zum Ablauf des...... Vom...... an gelten alle Handlungen und Geschäfte B-OHG und der A-OHG als für Rechnung der A & B-OHG vorgenommen.

V. Besondere Rechte

Besondere Rechte i. S. v. § 5 Abs. 1 Nr. 7 UmwG bestehen bei der A & B-OHG nicht. Einzelnen Anteilsinhabern werden i. R. d. Verschmelzung keine besonderen Rechte gewährt.

VI. Besondere Vorteile

Besondere Vorteile i. S. v. § 5 Abs. 1 Nr. 8 UmwG werden weder einem Mitglied eines Vertretungs- oder Aufsichtsorgans, noch dem Abschlussprüfer oder dem Verschmelzungsprüfer gewährt.

VII. Folgen der Verschmelzung für Arbeitnehmer und ihrer Vertretungen

Für die Arbeitnehmer der A-OHG ergeben sich aus der Verschmelzung folgende Auswirkungen:......

Für die Arbeitnehmer der B-OHG ergeben sich aus der Verschmelzung folgende Auswirkungen:......

Bei beiden Gesellschaften existiert ein Betriebsrat. Insoweit ergeben sich aus der Verschmelzung folgende Auswirkungen:......

Folgende Maßnahmen sind vorgesehen:......

VIII. Bedingungen

Der Verschmelzungsvertrag steht unter der aufschiebenden Bedingung, dass die formgerechten Zustimmungsbeschlüsse der Gesellschafterversammlungen beider Gesellschaften bis zum...... vorliegen.

IX. Kosten

Die durch diesen Vertrag und seine Durchführung bei beiden Gesellschaften entstehenden Kosten trägt die A & B-OHG. Sollte die Verschmelzung nicht wirksam werden, tragen die Kosten dieses Vertrages die Gesellschaften zu gleichen Teilen, alle übrigen Kosten die jeweils betroffene Gesellschaft allein.

X. Gesellschaftsvertrag

Die hier vertretenen Gesellschaften, handelnd gemäß § 36 Abs. 2 Satz 2 UmwG für die Gründer der neu zu errichtenden A & B-OHG mit dem Sitz in......, stellen vorbehaltlich der Zustimmungsbeschlüsse der vertretenen Gesellschaften für die A & B-OHG den als Anlage zu dieser Niederschrift genommenen Gesellschaftsvertrag fest. Auf die Anlage wird verwiesen.

Diese Niederschrift nebst der Anlage wurde den Erschienenen vom Notar vorgelesen, von ihnen genehmigt und von ihnen und dem Notar eigenhändig, wie folgt, unterschrieben:

.....

b) Anmeldung für eine übertragende Personenhandelsgesellschaft bei Verschmelzung zur Neugründung

▶ Muster: Handelsregisteranmeldung für eine übertragende Personenhandelsgesellschaft, Verschmelzung zur Neugründung

An das

Amtsgericht

– Handelsregister A –

durch elektronische Übermittlung

Betrifft: HRA...... B-OHG

Wir, die unterzeichnenden Gesellschafter der B-OHG, überreichen in der Anlage:
1. elektronisch beglaubigte Abschrift des Verschmelzungsvertrages, vom...... – UR.Nr....... des beglaubigenden Notars –,
2. elektronisch beglaubigte Abschrift des Zustimmungsbeschlusses der Gesellschafter der A-OHG vom...... – UR.Nr....... des beglaubigenden Notars –, samt Verzichtserklärungen aller Gesellschafter auf Erstellung eines Verschmelzungsberichts, Durchführung einer Verschmelzungsprüfung und Erstellung eines Verschmelzungsprüfungsberichts sowie Anfechtung des Zustimmungsbeschlusses,
3. elektronisch beglaubigte Abschrift des Zustimmungsbeschlusses der Gesellschafter der B-OHG vom...... – UR.Nr....... des beglaubigenden Notars –, samt Verzichtserklärungen aller Gesellschafter auf Erstellung eines Verschmelzungsberichts, Durchführung einer Verschmelzungsprüfung und Erstellung eines Verschmelzungsprüfungsberichts sowie Anfechtung des Zustimmungsbeschlusses. – UR.-Nr....... des beglaubigenden Notars –,
4. elektronisch beglaubigte Abschrift des Nachweises über die rechtzeitige Zuleitung zum Betriebsrat,
5. elektronisch beglaubigte Abschrift der Schlussbilanz der B-OHG zum Verschmelzungsstichtag

und melden zur Eintragung in das Handelsregister an:

Die B-OHG ist im Wege der Verschmelzung durch Neugründung auf die neu gegründete A & B-OHG mit dem Sitz in...... verschmolzen.

Wir erklären, dass der Verschmelzungsbeschluss der Gesellschafter der B-OHG nicht angefochten worden ist.

(ggf. weitere Angaben, z. B. Geschäftsanschrift usw.)

....., den......

(Beglaubigungsvermerk)

A. Verschmelzung von Personengesellschaften   Teil 2 Kapitel 2

c) Anmeldung für die neu gegründete Personenhandelsgesellschaft bei Verschmelzung zur Neugründung

▶ Muster: Handelsregisteranmeldung für die neu gegründete Personenhandelsgesellschaft bei Verschmelzung zur Neugründung

An das

875

Amtsgericht

– Handelsregister A –

durch elektronische Übermittlung

Betrifft: Neugründung der A & B-OHG

In der Anlage überreichen wir, die unterzeichnenden Gesellschafter der A-OHG – HRA...... des dortigen Amtsgerichts – und der B-OHG – HRA...... des dortigen Amtsgerichts –:
1. elektronisch beglaubigte Abschrift des Verschmelzungsvertrags, vom...... – UR.Nr....... des beglaubigenden Notars –,
2. elektronisch beglaubigte Abschrift des Zustimmungsbeschlusses der Gesellschafter der A-OHG vom...... – UR.Nr....... des beglaubigenden Notars –, samt Verzichtserklärungen aller Gesellschafter auf Erstellung eines Verschmelzungsberichts, Durchführung einer Verschmelzungsprüfung und Erstellung eines Verschmelzungsprüfungsberichts sowie Anfechtung des Zustimmungsbeschlusses.
3. elektronisch beglaubigte Abschrift des Zustimmungsbeschlusses der Gesellschafter der B-OHG vom...... – UR.Nr....... des beglaubigenden Notars –, samt Verzichtserklärungen aller Gesellschafter auf Erstellung eines Verschmelzungsberichts, Durchführung einer Verschmelzungsprüfung und Erstellung eines Verschmelzungsprüfungsberichts sowie Anfechtung des Zustimmungsbeschlusses. – UR.Nr....... des beglaubigenden Notars –,
4. elektronisch beglaubigte Abschrift des Nachweises über die rechtzeitige Zuleitung zum jeweiligen Betriebsrat,

und melden zur Eintragung in das Handelsregister an:

Die A-OHG und die B-OHG haben im Wege der Verschmelzung durch Neugründung unter der Firma

»A & B-OHG«

eine offene Handelsgesellschaft errichtet.

Sitz der Gesellschaft ist (Ort).

Die Geschäftsräume und die inländische Geschäftsanschrift der Gesellschaft befinden sich in (Ort, Straße).

Gegenstand des Unternehmens ist......

Gesellschafter sind:
a) (Name, Vorname), (Geburtsdatum), (Wohnort),
b) (Name, Vorname), (Geburtsdatum), (Wohnort),
c) (Name, Vorname), (Geburtsdatum), (Wohnort),
d) (Name, Vorname), (Geburtsdatum), (Wohnort).

Abstrakte Vertretungsbefugnis:

Jeder Gesellschafter vertritt die Gesellschaft einzeln.

Konkrete Vertretungsbefugnis:

Die Gesellschafter A, B, C, D vertreten die Gesellschaft jeweils einzeln.

Wir erklären, dass kein Verschmelzungsbeschluss der beteiligten Gesellschaften angefochten worden ist.

(ggf. weitere Angaben)

....., den......

(Beglaubigungsvermerk)

3. Verschmelzung von KG auf GmbH & Co. KG zur Aufnahme

a) Verschmelzungsvertrag

▶ Muster: Verschmelzungsvertrag bei der Verschmelzung von KG auf GmbH & CO. KG zur Aufnahme

UR.Nr....... für......

Verhandelt zu......

am......

Vor dem unterzeichnenden

.....

Notar mit dem Amtssitz in......

erschienen:
1. Herr (Name, Geburtsdatum Adresse),
hier handelnd als alleinvertretungsberechtigter Geschäftsführer der B-Verwaltungs GmbH (Sitz, eingetragen im Handelsregister des Amtsgerichts...... unter HRB......), diese wiederum handelnd als alleinige persönlich haftende Gesellschafterin der B-GmbH & Co. KG mit dem Sitz in......, eingetragen im Handelsregister des Amtsgerichts...... unter HRA......,
2. Frau (Name, Geburtsdatum Adresse),
handelnd als alleinige persönlich haftende Gesellschafterin der A-KG mit dem Sitz in......, eingetragen im Handelsregister des Amtsgerichts...... unter HRA......
– Vertretungsbescheinigung –

Die Erschienenen wiesen sich dem Notar gegenüber aus durch Vorlage ihrer amtlichen Lichtbildausweise.

A. Präambel, Sachstand

Die Beteiligten erklären:
1. Die A-KG hat ein Festkapital von...... €.

Die Kapitalanteile verteilen sich auf die Gesellschafter wie folgt:
a) Persönlich haftender Gesellschafter:
Frau A mit einem Kapitalanteil von...... €.
b) Kommanditisten:
Herr B mit einem Kapitalanteil von...... €,

Herr C mit einem Kapitalanteil von...... €.
2. Die B-GmbH & Co. KG hat ein Festkapital von...... €.

An der Gesellschaft sind die Gesellschafter wie folgt beteiligt, die Kapitalanteile verteilen sich auf die Gesellschafter wie folgt:
a) Persönlich haftende Gesellschafterin:
B-Verwaltungs GmbH ohne Kapitalanteil.
b) Kommanditisten:
X:...... €,

Y:...... €.

Die Festkapitalanteile der Kommanditisten entsprechen den im Handelsregister eingetragenen Hafteinlagen. Die Hafteinlagen sind nach Angabe vollständig erbracht.

Die Erschienenen ließen sodann folgenden

B. Verschmelzungsvertrag

beurkunden und erklärten, handelnd wie angegeben:

I. Vermögensübertragung

Die A-KG überträgt ihr Vermögen als Ganzes mit allen Rechten und Pflichten unter Ausschluss der Abwicklung auf die B-GmbH & Co. KG im Wege der Verschmelzung durch Aufnahme.

Zum Ausgleich räumt die B-GmbH & Co. KG den Gesellschaftern der A-KG Beteiligungen an der B-GmbH & Co. KG ein.

II. Gegenleistung
1. Die B-GmbH & Co. KG räumt allen Gesellschaftern der A-KG als Gegenleistung für die Übertragung des Vermögens die Stellung als Kommanditisten mit folgenden Beteiligungen an der B-GmbH & Co. KG ein:
   a) dem Gesellschafter A einen festen Kapitalanteil i. H. v. ...... €,
   b) dem Gesellschafter B einen festen Kapitalanteil i. H. v. ...... €,
   c) dem Gesellschafter C einen festen Kapitalanteil i. H. v. ...... €.
   Die Kapitalanteile stellen gleichzeitig die in das Handelsregister einzutragende Hafteinlage der neuen Kommanditisten dar.
   Die Beteiligungen werden kostenfrei und mit Gewinnberechtigung ab ...... gewährt.
2. Durch den Eintritt der neuen Kommanditisten wird das Festkapital der B-GmbH & Co. KG von ...... € um ...... € auf ...... € erhöht.
3. Die Kapitalanteile der bisherigen Gesellschafter der B-GmbH & Co. KG bleiben unverändert.
4. Das Umtauschverhältnis der Beteiligungen beträgt ......

III. Bilanzstichtag
Der Verschmelzung wird die Bilanz der A-KG zum ...... als Schlussbilanz zugrunde gelegt.

IV. Verschmelzungsstichtag
Die Übernahme des Vermögens der A-KG erfolgt im Innenverhältnis mit Wirkung zum Ablauf des 31.12. ...... Vom 01.01. ...... an gelten alle Handlungen und Geschäfte der A-KG als für Rechnung der B-GmbH & Co. KG vorgenommen.

V. Besondere Rechte
Besondere Rechte i. S. v. § 5 Abs. 1 Nr. 7 UmwG bestehen bei der B-GmbH & Co. KG nicht. Einzelnen Anteilsinhabern werden i. R. d. Verschmelzung keine besonderen Rechte gewährt.

VI. Besondere Vorteile
Besondere Vorteile i. S. v. § 5 Abs. 1 Nr. 8 UmwG werden weder einem Mitglied eines Vertretungs- oder Aufsichtsorgans, noch dem Abschlussprüfer oder dem Verschmelzungsprüfer gewährt.

VII. Folgen der Verschmelzung für Arbeitnehmer und ihrer Vertretungen
Für die Arbeitnehmer der A-KG ergeben sich aus der Verschmelzung folgende Auswirkungen: ......

Für die Arbeitnehmer der B-GmbH & Co. KG ergeben sich aus der Verschmelzung folgende Auswirkungen: ......

Bei beiden Gesellschaften existiert ein Betriebsrat. Insoweit ergeben sich aus der Verschmelzung folgende Auswirkungen: ......

Folgende Maßnahmen sind vorgesehen: ......

VIII. Abfindungsangebot
Für den Fall, dass ein Gesellschafter der A-KG bei der Beschlussfassung seinen Widerspruch gegen Verschmelzung zur Niederschrift erklärt, macht die B-GmbH & Co. KG ihm schon jetzt folgendes Abfindungsangebot: Die B-GmbH & Co. KG verpflichtet sich, an jeden Gesellschafter für je 100,00 € Festkapitalanteil einen Barbetrag i. H. v. ...... € zu zahlen, sofern der Gesellschafter seinen Austritt aus der B-GmbH & Co. KG erklärt. Die Kosten der Abfindung trägt die B-GmbH & Co. KG. Folgende Abfindungsbeträge werden somit angeboten:
- Gesellschafter A: ...... €,
- Gesellschafter B: ...... €,
- Gesellschafter C: ...... €.

IX. Bedingungen

Der Verschmelzungsvertrag steht unter der aufschiebenden Bedingung, dass die formgerechten Zustimmungsbeschlüsse der Gesellschafterversammlungen beider Gesellschaften bis zum...... vorliegen.

X. Kosten

Die durch diesen Vertrag und seine Durchführung bei beiden Gesellschaften entstehenden Kosten trägt die B-GmbH & Co. KG. Sollte die Verschmelzung nicht wirksam werden, tragen die Kosten dieses Vertrages die Gesellschaften zu gleichen Teilen, alle übrigen Kosten die jeweils betroffene Gesellschaft allein.

Diese Niederschrift wurde den Erschienenen vom Notar vorgelesen, von ihnen genehmigt und von ihnen und dem Notar eigenhändig, wie folgt, unterschrieben:

......

b) Zustimmungsbeschluss bei der übernehmenden Gesellschaft (B-GmbH & Co. KG) bei Verschmelzung zur Aufnahme, Verzichtserklärungen

▶ Muster: Zustimmungsbeschluss bei der übernehmenden Gesellschaft (B-GmbH & Co. KG) bei Verschmelzung zur Aufnahme, Verzichtserklärungen

877 **Niederschrift über eine Gesellschafterversammlung**

Heute, den......, erschienen vor mir, dem unterzeichneten Notar......, mit Amtssitz in......, an der Amtsstelle in......:
1. Herr X, geb. am..., wohnhaft in......,
2. Herr Y, geb. am..., wohnhaft in......,
3. Herr Z, geb. am..., wohnhaft in......,
hier nicht im eigenen Namen, sondern handelnd als alleinvertretungsberechtigter Geschäftsführer der B-Verwaltungs GmbH (Sitz, eingetragen im Handelsregister des Amtsgerichts...... unter HRB......),

– Vertretungsbescheinigung –

Auf Antrag beurkunde ich den vor mir abgegebenen Erklärungen gemäß Folgendes:

A. Sachstand

Die Erschienenen erklären:

Wir sind die alleinigen Gesellschafter der B-GmbH & Co. KG, eingetragen im Handelsregister des Amtsgerichts X-Stadt unter......

Die B-GmbH & Co. KG hat ein Festkapital von...... €.

An der Gesellschaft sind die Gesellschafter wie folgt beteiligt, die Kapitalanteile verteilen sich auf die Gesellschafter wie folgt:
a) Persönlich haftende Gesellschafterin:
B-Verwaltungs GmbH ohne Kapitalanteil
b) Kommanditisten:
X:...... €,
Y:...... €.

B. Gesellschafterversammlung

Die Erschienenen erklären: Wir sind die alleinigen Gesellschafter der B-GmbH & Co. KG mit Sitz in......, unter Verzicht auf alle durch Gesetz oder Gesellschaftsvertrag vorgeschriebenen Formen und Fristen halten wir hiermit eine Gesellschafterversammlung der B-GmbH & Co. KG ab und beschließen einstimmig Folgendes:

I. Verschmelzung

Dem Verschmelzungsvertrag zwischen der A-KG und der B-GmbH & Co. KG – Urkunde des Notars......, in......, vom......, UR.-Nr....... – wird mit allen Stimmen vorbehaltlos zugestimmt. Er ist der Niederschrift als Anlage beigefügt.

II. Gegenleistung

Zur Durchführung der Verschmelzung treten die Gesellschafter der A-KG, A, B, C als Kommanditisten der B-GmbH & Co. KG bei. Sie erhalten die nachfolgend beschriebenen Festkapitalanteile, die als Gegenleistung für die Verschmelzung gewährt werden:

A einen Kapitalanteil von...... €,

B einen Kapitalanteil von...... €,

C einen Kapitalanteil von...... €.

Die Kapitalanteile sind zugleich die im Handelsregister einzutragende Hafteinlage.

III. Änderung des Gesellschaftsvertrages der B-GmbH & Co. KG

Der Gesellschaftsvertrag der B-GmbH & Co. KG wird wie folgt geändert:

§ 3

Einlagen

An der Gesellschaft sind als Kommanditisten wie folgt beteiligt:

A mit einem Kapitalanteil von...... €,

B mit einem Kapitalanteil von...... €,

C mit einem Kapitalanteil von...... €,

X mit einem Kapitalanteil von...... €,

Y mit einem Kapitalanteil von...... €.

Die B-Verwaltungs GmbH ist ohne Kapitalanteil als persönlich haftende Gesellschafterin an der Gesellschaft beteiligt.

Die Gesellschafter hatten X, Y ihre Kapitalanteile durch Bareinlagen bei Abschluss des Gesellschaftsvertrages der B-GmbH & Co. KG erbracht. Die Gesellschafter A, B und C haben aufgrund Verschmelzungsvertrag vom...... das bisher von der A-KG betriebene Unternehmen in die B-GmbH & Co. KG im Wege der Verschmelzung eingebracht. Der Einbringung wurde die Bilanz zum...... zugrunde gelegt. Der Einlagewert ist das in der Jahresbilanz vom 31.12..... ausgewiesene Eigenkapital des eingebrachten Unternehmens. Hieran sind die Gesellschafter entsprechend ihrer Einlageleistung beteiligt gewesen. Eine Auflösung stiller Reserven oder ein Ansatz des Geschäftswertes erfolgte nicht.

Der beurkundende Notar wies die Gesellschafter darauf hin, dass jeder von Ihnen die Erteilung einer Abschrift der Niederschrift über diese Gesellschafterversammlung und des Verschmelzungsvertrages verlangen kann. Die Kosten einschließlich der Durchführung dieses Beschlusses trägt die übernehmende Gesellschaft als Aufwand.

Die dieser Urkunde beigefügte Anlage bildet einen wesentlichen Bestandteil dieser Urkunde.

C. Verzichtserklärungen

Die Erschienenen erklären weiter zu Protokoll folgende Erklärungen:

Alle Gesellschafter verzichten (soweit erforderlich)
- auf Prüfung der Verschmelzung und Erstellung eines Verschmelzungsprüfungsberichts,
- auf Erstellung eines Verschmelzungsberichts,
- Anfechtung dieses Zustimmungsbeschlusses.

Der Notar hat über die Bedeutung dieser Verzichte belehrt.

Vorgelesen vom Notar, von den Erschienenen genehmigt und eigenhändig unterschrieben.

.....

c) Zustimmungsbeschluss der übertragenden Gesellschaft (A-KG) bei Verschmelzung zur Aufnahme, Verzichtserklärungen

▶ Muster: Zustimmungsbeschluss der übertragenden Gesellschaft (A-KG) bei Verschmelzung zur Aufnahme, Verzichtserklärungen

878 **Niederschrift über eine Gesellschafterversammlung**

Heute, den......, erschienen vor mir, dem unterzeichneten Notar......, mit Amtssitz in......, an der Amtsstelle in......:
1. Frau A, geb. am..., wohnhaft in......,
2. Herr B, geb. am..., wohnhaft in......,
3. Herr C, geb. am..., wohnhaft in......
Die Beteiligten sind mir, Notar...... persönlich bekannt.

Auf Antrag beurkunde ich den vor mir abgegebenen Erklärungen gemäß Folgendes:

A. Sachstand

Die Erschienenen erklären: Wir sind die alleinigen Gesellschafter der **A-KG**, eingetragen im Handelsregister des Amtsgerichts X-Stadt unter HRA......

Die A-KG hat ein Festkapital von...... €.

Die Kapitalanteile verteilen sich auf die Gesellschafter wie folgt:
a) Persönlich haftender Gesellschafter:
Frau A mit einem Kapitalanteil von...... €.
b) Kommanditisten:
Herr B mit einem Kapitalanteil von...... €,

Herr C mit einem Kapitalanteil von...... €.

B. Gesellschafterversammlung

Die vorgenannten Gesellschafter halten eine Gesellschafterversammlung der vorgenannten Gesellschaft unter Verzicht auf alle Frist- und Formvorschriften ab und stellen fest, dass die Gesellschafterversammlung als Vollversammlung beschlussfähig ist.

Die Gesellschaft beschließt mit allen Stimmen Folgendes:

Dem Verschmelzungsvertrag zwischen der **A-KG** und der B-GmbH & Co. KG mit Sitz in...... vom......, UR.Nr....... des amtierenden Notars wird mit allen Stimmen vorbehaltlos zugestimmt.

Der Verschmelzungsvertrag ist dieser Urkunde als Anlage beigefügt.

C. Verzichtserklärungen

Die Erschienenen erklären weiter zu Protokoll folgende Erklärungen:

Alle Gesellschafter verzichten vorsorglich oder soweit erforderlich
- auf Prüfung der Verschmelzung und Erstellung eines Verschmelzungsprüfungsberichts,
- auf Erstellung eines Verschmelzungsberichts,
- auf Anfechtung dieses Zustimmungsbeschlusses.

Der Notar hat über die Bedeutung dieser Verzichte belehrt.

D. Sonstiges

Die Kosten dieser Urkunde trägt die Gesellschaft.

Vorgelesen vom Notar, von den Erschienenen eigenhändig genehmigt und unterschrieben.

.....

A. Verschmelzung von Personengesellschaften Teil 2 Kapitel 2

d) Anmeldung zum Handelsregister für die übertragende A-KG

▶ Muster: Handelsregisteranmeldung für übertragende A-KG

An das 879

Amtsgericht

– Handelsregister A –

durch elektronische Übermittlung

Betrifft: HRA…… – A-KG

Ich, die unterzeichnende alleinvertretungsberechtigte Komplementärin der A-KG, überreiche in der Anlage:
1. elektronisch beglaubigte Abschrift des Verschmelzungsvertrages vom…… UR. Nr.…… des beglaubigten Notars,
2. elektronisch beglaubigte Abschrift des Zustimmungsbeschlusses der Gesellschafter der A-KG vom…… UR. Nr.…… des beglaubigten Notars, samt Verzichtserklärungen der Gesellschafter der A-KG auf Erstellung eines Verschmelzungsberichts und Verschmelzungsprüfung und Erstellung eines Verschmelzungsprüfungsberichts sowie Verzicht auf Anfechtung des Zustimmungsbeschlusses,
3. elektronisch beglaubigte Abschrift des Zustimmungsbeschlusses der Gesellschafter UR. Nr.…… des beglaubigten Notars, samt Verzichtserklärungen der Gesellschafter der B-GmbH & Co. KG auf Erstellung eines Verschmelzungsberichts und Verschmelzungsprüfung und Erstellung eines Verschmelzungsberichts sowie Verzicht auf Anfechtung des Zustimmungsbeschlusses,
4. elektronisch beglaubigte Abschrift des Nachweises über die rechtzeitige Zuleitung des Verschmelzungsvertrages zum Betriebsrat,
5. elektronisch beglaubigte Abschrift der festgestellte Schlussbilanz der A-KG zum Verschmelzungsstichtag und melde zur Eintragung ins Handelsregister an:

Die A-KG ist auf die B-GmbH & Co. KG als übernehmende Gesellschaft im Wege der Verschmelzung durch die Aufnahme verschmolzen. Die A-KG ist erloschen.

Ich erkläre, dass weder der Verschmelzungsbeschluss der Gesellschafter der A-KG noch der Verschmelzungsbeschluss der Gesellschafter der B-GmbH & Co. KG angefochten worden ist und wegen der von allen Gesellschaftern abgegebenen Verzichtserklärungen nicht angefochten werden kann.

(ggf. weitere Angaben, z. B. Geschäftsanschrift usw.)

….., den……

(Beglaubigungsvermerk)

e) Anmeldung für die übernehmende KG bei Verschmelzung zur Aufnahme (B-GmbH & Co. KG)

▶ Muster: Handelsregisteranmeldung für übernehmende KG bei Verschmelzung zur Aufnahme (B-GmbH & Co. KG)

An das 880

Amtsgericht

– Handelsregister A –

durch elektronische Übermittlung

Betrifft: HRA…… – B-GmbH & Co. KG

In der Anlage überreiche ich, der unterzeichnende alleinvertretungsberechtigte Geschäftsführer der Verwaltungs-GmbH, handelnd als alleiniger Komplementär der B-GmbH & Co. KG:
1. elektronisch beglaubigte Abschrift des Verschmelzungsvertrages, vom…… – UR.Nr.…… des beglaubigten Notars –,

2. elektronisch beglaubigte Abschrift des Zustimmungsbeschlusses der Gesellschafter der A-KG vom...... – UR. Nr....... des beglaubigenden Notars, samt Verzichtserklärungen der Gesellschafter der A-KG auf Erstellung eines Verschmelzungsberichts und Verschmelzungsprüfung und Erstellung eines Verschmelzungsprüfungsberichts sowie Verzicht auf Anfechtung des Zustimmungsbeschlusses,
3. elektronisch beglaubigte Abschrift des Zustimmungsbeschlusses der Gesellschafter der B-GmbH & Co. KG vom......, UR. Nr....... des beglaubigten Notars, samt Verzichtserklärungen der Gesellschafter der B-GmbH & Co. KG auf Erstellung eines Verschmelzungsberichts und Verschmelzungsprüfung und Erstellung eines Verschmelzungsberichts sowie Verzicht auf Anfechtung des Zustimmungsbeschlusses,
4. elektronisch beglaubigte Abschrift des Nachweises über die rechtzeitige Zuleitung des Verschmelzungsvertrages zum Betriebsrat,

und melde zur Eintragung in das Handelsregister an:
1. Die A-KG ist auf die B-GmbH & Co. KG im Wege der Verschmelzung durch Aufnahme verschmolzen. Die A-KG ist erloschen.
2. Die Gesellschafter der A-KG sind i. R. d. Verschmelzung in die B-GmbH & Co. KG als neue Kommanditisten eingetreten und erhalten folgende Gesellschafterstellungen mit den nachfolgenden Maßgaben:
   a) Frau A (Name, Vorname, Geburtsdatum, Wohnort),
      die Stellung als Kommanditistin mit einer Hafteinlage i. H. v....... €,
   b) Herr B (Name, Vorname, Geburtsdatum, Wohnort),
      die Stellung als Kommanditist mit einer Hafteinlage i. H. v....... €,
   c) Herr C (Name, Vorname, Geburtsdatum, Wohnort)
      die Stellung als Kommanditist mit einer Hafteinlage i. H. v....... €.

Konkrete Vertretungsbefugnis:

Die genannten neuen Kommanditisten sind nicht zur Vertretung der Gesellschaft berechtigt.

Die inländische Geschäftsanschrift und die Geschäftsräume befinden sich unverändert in (Ort, Straße).

Ich erkläre, dass weder der Verschmelzungsbeschluss der Gesellschafter der A-KG noch der Verschmelzungsbeschluss der Gesellschafter der B-GmbH & Co. KG angefochten worden sind und wegen der von allen Gesellschaftern abgegebenen Verzichtserklärungen nicht angefochten werden kann.

(ggf. weitere Angaben, z. B. Geschäftsanschrift usw.)

....., den......

(Beglaubigungsvermerk)

4. Verschmelzung von GmbH auf GmbH & Co. KG zur Aufnahme

a) Verschmelzungsvertrag

▶ Muster: Verschmelzungsvertrag bei der Verschmelzung von GmbH auf GmbH & Co. KG

881   UR.Nr. für......

Verhandelt zu......

am......

Vor dem unterzeichnenden

.....

Notar mit dem Amtssitz in......

erschienen:
1. Herr (Name, Geburtsdatum Adresse),
   hier handelnd als alleinvertretungsberechtigter Geschäftsführer der B-Verwaltungs GmbH (Sitz, eingetragen im Handelsregister des Amtsgerichts...... unter HRB......), diese wiederum han-

delnd als alleinige persönlich haftende Gesellschafterin der B-GmbH & Co. KG mit dem Sitz in……, eingetragen im Handelsregister des Amtsgerichts…… unter HRA……,
2. Herr (Name, Geburtsdatum Adresse),
handelnd als alleinvertretungsberechtigter Geschäftsführer der A-GmbH mit dem Sitz in……, eingetragen im Handelsregister des Amtsgerichts…… unter HRB……

– Vertretungsbescheinigung –

Die Erschienenen wiesen sich dem Notar gegenüber aus durch Vorlage ihrer amtlichen Lichtbildausweise.

A. Sachstand

Die Beteiligten erklären:
1. Die A-GmbH hat ein Stammkapital von…… €. Das Stammkapital ist voll eingezahlt.

An der A-GmbH sind beteiligt:

Herr A mit einem Geschäftsanteil von…… €,

Herr B mit einem Geschäftsanteil von…… €,

Herr C mit einem Geschäftsanteil von…… €.
2. Die B-GmbH & Co. KG hat ein Festkapital von…… €.

An der Gesellschaft sind die Gesellschafter wie folgt beteiligt, die Kapitalanteile verteilen sich auf die Gesellschafter wie folgt:
a) Persönlich haftende Gesellschafterin:
B-Verwaltungs GmbH ohne Kapitalanteil
b) Kommanditisten:
X:…… €,

Y:…… €.

Die Festkapitalanteile der Kommanditisten entsprechen den im Handelsregister eingetragen Hafteinlagen. Die Hafteinlagen sind nach Angabe vollständig erbracht.

Die Erschienenen ließen sodann folgenden

B. Verschmelzungsvertrag

beurkunden und erklärten, handelnd wie angegeben:

I. Vermögensübertragung

Die A-GmbH überträgt ihr Vermögen als Ganzes mit allen Rechten und Pflichten unter Ausschluss der Abwicklung auf die B-GmbH & Co. KG im Wege der Verschmelzung durch Aufnahme. Zum Ausgleich räumt die B-GmbH & Co. KG den Gesellschaftern der A-GmbH Beteiligungen an der B-GmbH & Co. KG ein.

II. Gegenleistung
1. Die B-GmbH & Co. KG räumt allen Gesellschaftern der A-GmbH als Gegenleistung für die Übertragung des Vermögens die Stellung als Kommanditisten mit folgenden Beteiligungen an der B-GmbH & Co. KG ein:
   a) dem Gesellschafter A einen festen Kapitalanteil i. H. v.…… €,
   b) dem Gesellschafter B einen festen Kapitalanteil i. H. v.…… €,
   c) dem Gesellschafter C einen festen Kapitalanteil i. H. v.…… €.
   Die Kapitalanteile stellen gleichzeitig die in das Handelsregister einzutragende Hafteinlage der neuen Kommanditisten dar.
   Die Beteiligungen werden kostenfrei und mit Gewinnberechtigung ab…… gewährt.
2. Durch den Eintritt der neuen Kommanditisten wird das Festkapital der B-GmbH & Co. KG von…… € um…… € auf…… € erhöht.
3. Die Kapitalanteile der bisherigen Gesellschafter der B-GmbH & Co. KG bleiben unverändert.
4. Das Umtauschverhältnis der Beteiligungen beträgt……

III. Bilanzstichtag
Der Verschmelzung wird die Bilanz der A-GmbH zum...... als Schlussbilanz zugrunde gelegt.

IV. Verschmelzungsstichtag
Die Übernahme des Vermögens der A-GmbH erfolgt im Innenverhältnis mit Wirkung zum Ablauf des 31.12...... Vom 01.01...... an gelten alle Handlungen und Geschäfte der A-GmbH als für Rechnung der B-GmbH & Co. KG vorgenommen.

V. Besondere Rechte
Besondere Rechte i. S. v. § 5 Abs. 1 Nr. 7 UmwG bestehen bei der B-GmbH & Co. KG nicht. Einzelnen Anteilsinhabern werden i. R. d. Verschmelzung keine besonderen Rechte gewährt.

VI. Besondere Vorteile
Besondere Vorteile i. S. v. § 5 Abs. 1 Nr. 8 UmwG werden weder einem Mitglied eines Vertretungs- oder Aufsichtsorgans, noch dem Abschlussprüfer oder dem Versicherungsprüfer gewährt.

VII. Folgen der Verschmelzung für Arbeitnehmer und ihrer Vertretungen
Für die Arbeitnehmer der A-GmbH ergeben sich aus der Verschmelzung folgende Auswirkungen:......

Für die Arbeitnehmer der B-GmbH & Co. KG ergeben sich aus der Verschmelzung folgende Auswirkungen:......

Bei beiden Gesellschaften existiert ein Betriebsrat. Insoweit ergeben sich aus der Verschmelzung folgende Auswirkungen:......

Folgende Maßnahmen sind vorgesehen:......

VIII. Abfindungsangebot
Für den Fall, dass ein Gesellschafter der A-GmbH bei der Beschlussfassung seinen Widerspruch gegen Verschmelzung zur Niederschrift erklärt, macht die B-GmbH & Co. KG ihm schon jetzt folgendes Abfindungsangebot: Die B-GmbH & Co. KG verpflichtet sich, an jeden Gesellschafter für je 100,00 € Geschäftsanteil einen Barbetrag i. H. v....... € zu zahlen, sofern der Gesellschafter seinen Austritt aus der B-GmbH & Co. KG erklärt. Die Kosten der Abfindung trägt die B-GmbH & Co. KG. Folgende Abfindungsbeträge werden somit angeboten:
- Gesellschafter A:...... €,
- Gesellschafter B:...... €.
- Gesellschafter C:...... €.

IX. Bedingungen
Der Verschmelzungsvertrag steht unter der aufschiebenden Bedingung, dass die formgerechten Zustimmungsbeschlüsse der Gesellschafterversammlungen beider Gesellschaften bis zum...... vorliegen.

X. Kosten
Die durch diesen Vertrag und seine Durchführung bei beiden Gesellschaften entstehenden Kosten trägt die B-GmbH & Co. KG. Sollte die Verschmelzung nicht wirksam werden, tragen die Kosten dieses Vertrages die Gesellschaften zu gleichen Teilen, alle übrigen Kosten die jeweils betroffene Gesellschaft allein.

Diese Niederschrift wurde den Erschienenen vom Notar vorgelesen, von ihnen genehmigt und von ihnen und dem Notar eigenhändig, wie folgt, unterschrieben:

.....

b) Zustimmungsbeschluss bei der übernehmenden Gesellschaft (B-GmbH & Co. KG) bei Verschmelzung zur Aufnahme, Verzichtserklärungen

▶ Muster: Zustimmungsbeschluss bei der übernehmenden Gesellschaft (B-GmbH & Co. KG) bei Verschmelzung zur Aufnahme, Verzichtserklärungen

Niederschrift über eine Gesellschafterversammlung 882

Heute, den……, erschienen vor mir, dem unterzeichnenden Notar……, mit Amtssitz in……, an der Amtsstelle in……:
1. Herr X, Kaufmann, wohnhaft in……,
2. Herr Y, Kaufmann, wohnhaft in……,
3. Herr Z, Kaufmann, wohnhaft in……,

letzterer hier nicht im eigenen Namen, sondern handelnd als alleinvertretungsberechtigter Geschäftsführer der der B-Verwaltungs GmbH (Sitz, eingetragen im Handelsregister des Amtsgerichts…… unter HRB……),

diese wiederum handelnd als alleinige persönlich haftende Gesellschafterin der B-GmbH & Co. KG mit dem Sitz in……, eingetragen im Handelsregister des Amtsgerichts…… unter HRA……

– Vertretungsbescheinigung –

Die Beteiligten sind mir, dem Notar, persönlich bekannt.

Auf Antrag beurkunde ich den vor mir abgegebenen Erklärungen gemäß Folgendes:

A. Sachstand

Die Erschienenen erklären:

Wir sind die alleinigen Gesellschafter der B-GmbH & Co. KG, eingetragen im Handelsregister des Amtsgerichts X-Stadt unter……

Die B-GmbH & Co. KG hat ein Festkapital von…… €.

An der Gesellschaft sind die Gesellschafter wie folgt beteiligt, die Kapitalanteile verteilen sich auf die Gesellschafter wie folgt:
a) Persönlich haftende Gesellschafterin:
B-Verwaltungs GmbH ohne Kapitalanteil
b) Kommanditisten:
X:…… €,

Y:…… €.

B. Gesellschafterversammlung

Die Erschienenen erklärten: Wir sind die alleinigen Gesellschafter der B-GmbH & Co. KG mit Sitz in……, unter Verzicht auf alle durch Gesetz oder Gesellschaftsvertrag vorgeschriebenen Formen und Fristen halten wir hiermit eine Gesellschafterversammlung der B-GmbH & Co. KG ab und beschließen einstimmig Folgendes:

I. Verschmelzung

Dem Verschmelzungsvertrag zwischen der A-GmbH und der B-GmbH & Co. KG (Urkunde des Notars……, in……, vom……, UR.Nr……) wird mit allen Stimmen vorbehaltlos zugestimmt. Er ist der Niederschrift als Anlage beigefügt.

II. Gegenleistung

Zur Durchführung der Verschmelzung treten die Gesellschafter der A-GmbH, die Herren A, B, C als Kommanditisten der B-GmbH & Co. KG bei. Sie erhalten die nachfolgend beschriebenen Festkapitalanteile, die als Gegenleistung für die Verschmelzung gewährt werden:
– A einen Kapitalanteil von…… €,
– B einen Kapitalanteil von…… €,
– C einen Kapitalanteil von…… €.

Die Kapitalanteile sind zugleich die im Handelsregister einzutragende Hafteinlage.

III. Änderung des Gesellschaftsvertrages der B-GmbH & Co. KG

Der Gesellschaftsvertrag der B-GmbH & Co. KG wird wie folgt geändert:

§ 3

Einlagen

An der Gesellschaft sind als Kommanditisten wie folgt beteiligt:
- A mit einem Kapitalanteil von...... €,
- B mit einem Kapitalanteil von...... €,
- C mit einem Kapitalanteil von...... €,
- X mit einem Kapitalanteil von...... €,
- Y mit einem Kapitalanteil von...... €.

Die B-Verwaltungs GmbH ist ohne Kapitalanteil als persönlich haftende Gesellschafterin an der Gesellschaft beteiligt.

Die Gesellschafter X, Y hatten ihre Kapitalanteile durch Bareinlagen bei Abschluss des Gesellschaftsvertrages der B-GmbH & Co. KG erbracht. Die Gesellschafter A, B und C haben aufgrund Verschmelzungsvertrag vom...... das bisher von der A-GmbH betriebene Unternehmen in die B-GmbH & Co. KG im Wege der Verschmelzung eingebracht. Der Einbringung wurde die Bilanz zum...... zugrunde gelegt. Der Einlagewert ist das in der Jahresbilanz vom 31.12..... ausgewiesene Eigenkapital des eingebrachten Unternehmens. Hieran sind die Gesellschafter entsprechend ihrer Einlageleistung beteiligt gewesen. Eine Auflösung stiller Reserven oder ein Ansatz des Geschäftswertes erfolgte nicht.

Der beurkundende Notar wies die Gesellschafter darauf hin, dass jeder von Ihnen die Erteilung einer Abschrift der Niederschrift über diese Gesellschafterversammlung und des Verschmelzungsvertrages verlangen kann. Die Kosten einschließlich der Durchführung dieses Beschlusses trägt die übernehmende Gesellschaft als Aufwand.

Die dieser Urkunde beigefügte Anlage bildet einen wesentlichen Bestandteil dieser Urkunde.

C. Verzichtserklärungen

Die Erschienenen erklären weiter zu Protokoll folgende Erklärungen:

Alle Gesellschafter verzichten (vorsorglich soweit erforderlich)
- auf Prüfung der Verschmelzung und Erstellung eines Verschmelzungsprüfungsberichts,
- auf Erstellung eines Verschmelzungsberichts,
- auf Anfechtung dieses Zustimmungsbeschlusses.

Der Notar hat über die Bedeutung dieser Verzichte belehrt.

Vorgelesen vom Notar, von den Erschienenen genehmigt und eigenhändig unterschrieben.

......

c) Zustimmungsbeschluss der übertragenden Gesellschaft (A-GmbH) bei Verschmelzung zur Aufnahme, Verzichtserklärungen

▶ Muster: Zustimmungsbeschluss der übertragenden Gesellschaft (A-GmbH) bei Verschmelzung zur Aufnahme, Verzichtserklärungen

883 **Niederschrift über eine Gesellschafterversammlung**

Heute, den......, erschienen vor mir, dem unterzeichnenden Notar......, mit Amtssitz in......, an der Amtsstelle in......:
1. Herr A, Kaufmann, wohnhaft in......,
2. Herr B, Kaufmann, wohnhaft in......,
3. Herr C, Kaufmann, wohnhaft in......,
Die Beteiligten sind mir, Notar......, persönlich bekannt.

Auf Antrag beurkunde ich den vor mir abgegebenen Erklärungen gemäß Folgendes:

A. Sachstand

Die Erschienenen erklären:

Wir sind die alleinigen Gesellschafter der **A-GmbH**, eingetragen im Handelsregister des Amtsgerichts X-Stadt unter HRB……

Die A-GmbH hat ein Stammkapital von…… €. Das Stammkapital ist voll eingezahlt.

An der A-GmbH sind beteiligt

Herr A mit einem Geschäftsanteil von…… €,

Herr B mit einem Geschäftsanteil von…… €,

Herr C mit einem Geschäftsanteil von…… €.

B. Gesellschafterversammlung

Die vorgenannten Gesellschafter halten eine Gesellschafterversammlung der vorgenannten Gesellschaft unter Verzicht auf alle Frist- und Formvorschriften ab und stellen fest, dass die Gesellschafterversammlung als Vollversammlung beschlussfähig ist.

Die Gesellschaft beschließt mit allen Stimmen Folgendes:

Dem Verschmelzungsvertrag zwischen der **A-GmbH** und der B-GmbH & Co. KG mit Sitz in…… vom……, UR.Nr……. des amtierenden Notars wird mit allen Stimmen vorbehaltlos zugestimmt.

Der Verschmelzungsvertrag ist dieser Urkunde als Anlage beigefügt.

C. Verzichtserklärungen

Die Erschienenen erklären weiter zu Protokoll folgende Erklärungen:

Alle Gesellschafter verzichten (vorsorglich soweit erforderlich)
- auf Prüfung der Verschmelzung und Erstellung eines Verschmelzungsprüfungsberichts,
- auf Erstellung eines Verschmelzungsberichts,
- auf Anfechtung dieses Zustimmungsbeschlusses.

Der Notar hat über die Bedeutung dieser Verzichte belehrt.

D. Sonstiges

Die Kosten dieser Urkunde trägt die Gesellschaft.

Vorgelesen vom Notar, von den Erschienenen eigenhändig genehmigt und unterschrieben.

……

d) Anmeldung zum Handelsregister für die übertragende A-GmbH

▶ Muster: Handelsregisteranmeldung für übertragende A-GmbH

An das

Amtsgericht

– Handelsregister A –

Durch elektronische Übermittlung

Betrifft: HRB…… – A-GmbH

Ich, der unterzeichnende alleinvertretungsberechtigte Geschäftsführer der A-GmbH, überreiche in der Anlage:
1. elektronisch beglaubigte Abschrift des Verschmelzungsvertrages vom…… UR.Nr……. des beglaubigten Notars,
2. elektronisch beglaubigte Abschrift des Zustimmungsbeschlusses der Gesellschafter der A-GmbH vom…… UR.Nr……. des beglaubigenden Notars, samt Verzichtserklärungen der Gesellschafter der A-GmbH auf Erstellung eines Verschmelzungsberichts und Verschmel-

zungsprüfung und Erstellung eines Verschmelzungsprüfungsberichts sowie Verzicht auf Anfechtung des Zustimmungsbeschlusses,
3. elektronisch beglaubigte Abschrift des Zustimmungsbeschlusses der Gesellschafter der B-GmbH & Co. KG vom…… UR.Nr.…… des beglaubigenden Notars, samt Verzichtserklärungen der Gesellschafter der B-GmbH & Co. KG auf Erstellung eines Verschmelzungsberichts und Verschmelzungsprüfung und Erstellung eines Verschmelzungsprüfungsberichts sowie Verzicht auf Anfechtung des Zustimmungsbeschlusses,
4. elektronisch beglaubigte Abschrift des Nachweises über die rechtzeitige Zuleitung des Verschmelzungsvertrages zum Betriebsrat,
5. elektronisch beglaubigte Abschrift der festgestellte Schlussbilanz der A-GmbH zum Verschmelzungsstichtag

und melde zur Eintragung ins Handelsregister an:

Die A-GmbH ist auf die B-GmbH & Co. KG als übernehmende Gesellschaft im Wege der Verschmelzung durch die Aufnahme verschmolzen.

Ich erkläre, dass weder der Verschmelzungsbeschluss der Gesellschafter der A-GmbH noch der Verschmelzungsbeschluss der Gesellschafter der B-GmbH & KG angefochten worden sind und wegen der von allen Gesellschaftern abgegebenen Verzichtserklärungen nicht angefochten werden kann.

(ggf. weitere Angaben, z. B. Geschäftsanschrift usw.)

….., den……

(Beglaubigungsvermerk)

e) Anmeldung für die übernehmende KG bei Verschmelzung zur Aufnahme (B-GmbH & Co. KG)

▶ Muster: Handelsregisteranmeldung für die übernehmende KG bei Verschmelzung zur Aufnahme (B-GmbH & Co. KG)

An das

Amtsgericht

– Handelsregister A –

(elektronische Übermittlung)

Betrifft: HRA…… – B-GmbH & Co. KG

In der Anlage überreiche ich, der unterzeichnende alleinvertretungsberechtigte Geschäftsführer handelnd für die alleinige Komplementärin der B-GmbH & Co. KG:
1. elektronisch beglaubigte Abschrift des Verschmelzungsvertrages vom…… UR.Nr.…… des beglaubigenden Notars,
2. elektronisch beglaubigte Abschrift des Zustimmungsbeschlusses der Gesellschafter der A-GmbH vom…… UR.Nr.…… des beglaubigenden Notars, samt Verzichtserklärungen der Gesellschafter der A-KG auf Erstellung eines Verschmelzungsberichts und Verschmelzungsprüfung und Erstellung eines Verschmelzungsprüfungsberichts sowie Verzicht auf Anfechtung des Zustimmungsbeschlusses,
3. elektronisch beglaubigte Abschrift des Zustimmungsbeschlusses der Gesellschafter der B-GmbH & Co. KG vom…… UR.Nr.…… des beglaubigenden Notars, samt Verzichtserklärungen der Gesellschafter der B-GmbH & Co. KG auf Erstellung eines Verschmelzungsberichts und Verschmelzungsprüfung und Erstellung eines Verschmelzungsprüfungsberichts sowie Verzicht auf Anfechtung des Zustimmungsbeschlusses,
4. elektronisch beglaubigte Abschrift des Nachweises über die rechtzeitige Zuleitung des Verschmelzungsvertrages zum Betriebsrat,
und melde zur Eintragung in das Handelsregister an:
a) Die A-GmbH ist auf die B-GmbH & Co. KG im Wege der Verschmelzung durch Aufnahme verschmolzen.

b) Die Gesellschafter der A-GmbH sind i. R. d. Verschmelzung in die B-GmbH & Co. KG als neue Kommanditisten eingetreten und erhalten folgende Gesellschafterstellungen mit den nachfolgenden Maßgaben:

Herr A (Name, Vorname, Geburtsdatum, Wohnort)

die Stellung als Kommanditist mit einer Hafteinlage i. H. v....... €,

Herr B (Name, Vorname, Geburtsdatum, Wohnort)

die Stellung als Kommanditist mit einer Hafteinlage i. H. v....... €,

Herr C (Name, Vorname, Geburtsdatum, Wohnort)

die Stellung als Kommanditist mit einer Hafteinlage i. H. v....... €.

Konkrete Vertretungsbefugnis:

Die Gesellschafter A, B, C sind als Kommanditisten nicht zur Vertretung der Gesellschaft berechtigt.

Die inländische Geschäftsanschrift und die Geschäftsräume befinden sich unverändert in (Ort, Straße).

Ich erkläre, dass weder der Verschmelzungsbeschluss der Gesellschafter der A-KG noch der Verschmelzungsbeschluss der Gesellschafter der B-GmbH & Co. KG angefochten worden sind und wegen der von allen Gesellschaftern abgegebenen Verzichtserklärungen nicht angefochten werden kann.

(ggf. weitere Angaben)

....., den......

(Beglaubigungsvermerk)

5. Verschmelzung Tochter-GmbH (100 %) auf Mutter-GmbH & Co. KG zur Aufnahme (sog. up-stream-merger)

a) Verschmelzungsvertrag

▶ Muster: Verschmelzungsvertrag bei der Verschmelzung Tochter-GmbH (100 %) auf Mutter-GmbH & Co. KG zur Aufnahme (sog. up-stream-merger)

UR.Nr. für......   886

Verhandelt zu......

am......

Vor dem unterzeichnenden

.....

Notar mit dem Amtssitz in......

erschienen:

1. Herr (Name, Geburtsdatum Adresse),

hier handelnd als alleinvertretungsberechtigter Geschäftsführer der B-Verwaltungs GmbH (Sitz, eingetragen im Handelsregister des Amtsgerichts...... unter HRB......), diese wiederum handelnd als alleinige persönlich haftende Gesellschafterin der B-GmbH & Co. KG mit dem Sitz in......, eingetragen im Handelsregister des Amtsgerichts...... unter HRA......,

2. Herr (Name, Geburtsdatum Adresse),

handelnd als alleinvertretungsberechtigter Geschäftsführer der A-GmbH...... mit dem Sitz in......, eingetragen im Handelsregister des Amtsgerichts...... unter HRB......

– Vertretungsbescheinigung –

Die Erschienenen wiesen sich dem Notar gegenüber aus durch Vorlage ihrer amtlichen Lichtbildausweise.

A. Sachstand

Die Beteiligten erklären:
1. Die A-GmbH hat ein Stammkapital von...... €. Das Stammkapital ist voll eingezahlt.

An der A-GmbH ist als alleinige Gesellschafterin die B GmbH & Co. KG beteiligt.
2. Die B-GmbH & Co. KG hat ein Festkapital von...... €.

An der Gesellschaft sind die Gesellschafter wie folgt beteiligt, die Kapitalanteile verteilen sich auf die Gesellschafter wie folgt:
a) Persönlich haftende Gesellschafterin:
B-Verwaltungs GmbH ohne Kapitalanteil
b) Kommanditisten:
X:...... €,
Y:...... €.

Die Festkapitalanteile der Kommanditisten entsprechen den im Handelsregister eingetragenen Hafteinlagen. Die Hafteinlagen sind nach Angabe vollständig erbracht.

Die Erschienenen ließen sodann folgenden

B. Verschmelzungsvertrag

beurkunden und erklärten, handelnd wie angegeben:

I. Vermögensübertragung

Die A-GmbH überträgt ihr Vermögen als Ganzes mit allen Rechten und Pflichten unter Ausschluss der Abwicklung auf die B-GmbH & Co. KG im Wege der Verschmelzung durch Aufnahme.

II. Gegenleistung

Da die A-GmbH 100 %ige Tochtergesellschaft der B-GmbH & Co. KG ist und sich somit alle Anteile an der übertragenden Gesellschaft in der Hand der übernehmenden Gesellschaft befinden, entfallen nach § 5 Abs. 2 UmwG alle Angaben über eine Gegenleistung oder einen Umtausch der Anteile.

III. Bilanzstichtag

Der Verschmelzung wird die mit dem uneingeschränkten Bestätigungsvermerk des Wirtschaftsprüfers...... in...... versehene Bilanz der A-GmbH zum...... als Schlussbilanz zugrunde gelegt.

IV. Verschmelzungsstichtag

Die Übernahme des Vermögens der A-GmbH erfolgt im Innenverhältnis mit Wirkung zum Ablauf des 31.12...... Vom 01.01...... an gelten alle Handlungen und Geschäfte der A-GmbH als für Rechnung der B-GmbH & Co. KG vorgenommen.

V. Besondere Rechte

Besondere Rechte i. S. v. § 5 Abs. 1 Nr. 7 UmwG bestehen bei der B-GmbH & Co. KG nicht. Einzelnen Anteilsinhabern werden i. R. d. Verschmelzung keine besonderen Rechte gewährt.

VI. Besondere Vorteile

Besondere Vorteile i. S. v. § 5 Abs. 1 Nr. 8 UmwG werden weder einem Mitglied eines Vertretungs- oder Aufsichtsorgans, noch dem Abschlussprüfer oder dem Verschmelzungsprüfer gewährt.

VII. Folgen der Verschmelzung für Arbeitnehmer und ihrer Vertretungen

Für die Arbeitnehmer der A-KG ergeben sich aus der Verschmelzung folgende Auswirkungen:......

Für die Arbeitnehmer der B-GmbH & Co. KG ergeben sich aus der Verschmelzung folgende Auswirkungen:......

Bei beiden Gesellschaften existiert ein Betriebsrat. Insoweit ergeben sich aus der Verschmelzung folgende Auswirkungen:......

Folgende Maßnahmen sind vorgesehen:......

VIII. Kosten

Die durch diesen Vertrag und seine Durchführung bei beiden Gesellschaften entstehenden Kosten trägt die B-GmbH & Co. KG. Sollte die Verschmelzung nicht wirksam werden, tragen die Kosten dieses Vertrages die Gesellschaften zu gleichen Teilen, alle übrigen Kosten die jeweils betroffene Gesellschaft allein.

Diese Niederschrift wurde den Erschienenen vom Notar vorgelesen, von ihnen genehmigt und von ihnen und dem Notar eigenhändig, wie folgt, unterschrieben:

.....

b) *Zustimmungsbeschluss bei der übernehmenden Gesellschaft (B-GmbH & Co. KG) bei Verschmelzung zur Aufnahme, Verzichtserklärungen*

▶ Muster: Zustimmungsbeschluss bei der übernehmenden Gesellschaft (B-GmbH & Co. KG) bei Verschmelzung zur Aufnahme, Verzichtserklärungen

Niederschrift über eine Gesellschafterversammlung   887

Heute, den......, erschienen vor mir, dem unterzeichneten Notar......, mit Amtssitz in......, an der Amtsstelle in......:
1. Herr X, Kaufmann, wohnhaft in......,
2. Herr Y, Kaufmann, wohnhaft in......,
3. Herr Z, Kaufmann, wohnhaft in......
letzterer hier nicht im eigenen Namen, sondern handelnd als alleinvertretungsberechtigter Geschäftsführer der der B-Verwaltungs GmbH (Sitz, eingetragen im Handelsregister des Amtsgerichts...... unter HRB......)

– Vertretungsbescheinigung –

Die Beteiligten sind mir, dem Notar, persönlich bekannt.

Auf Antrag beurkunde ich den vor mir abgegebenen Erklärungen gemäß Folgendes:

A. Sachstand

Die Erschienenen erklären:

Wir sind die alleinigen Gesellschafter der B-GmbH & Co. KG, eingetragen im Handelsregister des Amtsgerichts X-Stadt unter......

Die B-GmbH & Co. KG hat ein Festkapital von...... €.

An der Gesellschaft sind die Gesellschafter wie folgt beteiligt, die Kapitalanteile verteilen sich auf die Gesellschafter wie folgt:
a) Persönlich haftende Gesellschafterin:
B-Verwaltungs GmbH ohne Kapitalanteil
b) Kommanditisten:
X:...... €,

Y:...... €.

B. Gesellschafterversammlung

Die Erschienenen erklärten: Wir sind die alleinigen Gesellschafter der B-GmbH & Co. KG mit Sitz in......, unter Verzicht auf alle durch Gesetz oder Gesellschaftsvertrag vorgeschriebenen Formen und Fristen halten wir hiermit eine Gesellschafterversammlung der B-GmbH & Co. KG ab und beschließen einstimmig Folgendes:

Dem Verschmelzungsvertrag zwischen der A-GmbH und der B-GmbH & Co. KG (Urkunde des Notars......, in......, vom......, UR.Nr.......) wird mit allen Stimmen vorbehaltlos zugestimmt. Er ist der Niederschrift als Anlage beigefügt.

C. Verzichtserklärungen

Die Erschienenen erklären weiter zu Protokoll folgende Erklärungen:

Alle Gesellschafter verzichten (teilweise auch vorsorglich)
- auf Prüfung der Verschmelzung und Erstellung eines Verschmelzungsprüfungsberichts,
- auf Erstellung eines Verschmelzungsberichts,
- auf Anfechtung dieses Zustimmungsbeschlusses.

Der Notar hat über die Bedeutung dieser Verzichte belehrt.

Vorgelesen vom Notar, von den Erschienenen genehmigt und eigenhändig unterschrieben.

.....

c) *Zustimmungsbeschluss der übertragenden Gesellschaft (A-GmbH) bei Verschmelzung zur Aufnahme, Verzichtserklärungen*

▶ Muster: Zustimmungsbeschluss der übertragenden Gesellschaft (A-GmbH) bei Verschmelzung zur Aufnahme, Verzichtserklärungen

Niederschrift über eine Gesellschafterversammlung

Heute, den......, erschienen vor mir, dem unterzeichneten Notar......, mit Amtssitz in...... an der Amtsstelle in......:

Herr (Name, Geburtsdatum Adresse),

hier handelnd als alleinvertretungsberechtigter Geschäftsführer der B-Verwaltungs GmbH (Sitz, eingetragen im Handelsregister des Amtsgerichts...... unter HRB......), diese wiederum handelnd als alleinige persönlich haftende Gesellschafterin der B-GmbH & Co. KG

mit dem Sitz in......, eingetragen im Handelsregister des Amtsgerichts...... unter HRA......

Der Beteiligte ist mir, Notar...... persönlich bekannt.

Auf Antrag beurkunde ich den vor mir abgegebenen Erklärungen gemäß Folgendes:

A. Sachstand

Der Erschienene erklärt: Die A-GmbH hat ein Stammkapital von...... €. Das Stammkapital ist voll eingezahlt.

An der A-GmbH ist als alleinige Gesellschafterin die B GmbH & Co. KG beteiligt.

B. Gesellschafterversammlung

Die vorgenannte Alleingesellschafterin hält eine Gesellschafterversammlung der vorgenannten A-GmbH unter Verzicht auf alle Frist- und Formvorschriften ab und stellt fest, dass die Gesellschafterversammlung als Vollversammlung beschlussfähig ist.

Die Gesellschaft beschließt mit allen Stimmen Folgendes:

Dem Verschmelzungsvertrag zwischen der **A-GmbH** und der B-GmbH & Co. KG mit Sitz in...... vom......, UR.Nr....... des amtierenden Notars wird mit allen Stimmen vorbehaltlos zugestimmt.

Der Verschmelzungsvertrag ist dieser Urkunde als Anlage beigefügt.

C. Verzichtserklärungen

Die Erschienene erklären weiter zu Protokoll folgende Erklärungen:

Als Gesellschafter verzichtet die B-GmbH & Co. KG (teilweise vorsorglich)
- auf Prüfung der Verschmelzung und Erstellung eines Verschmelzungsprüfungsberichts,

- auf Erstellung eines Verschmelzungsberichts,
- auf Anfechtung dieses Zustimmungsbeschlusses.

Der Notar hat über die Bedeutung dieser Verzichte belehrt.

D. Sonstiges

Die Kosten dieser Urkunde trägt die Gesellschaft.

Vorgelesen vom Notar, von den Erschienenen eigenhändig genehmigt und unterschrieben.

.....

d) Anmeldung zum Handelsregister für die übertragende A-GmbH

▶ Muster: Handelsregisteranmeldung für übertragende A-GmbH

An das

Amtsgericht

– Handelsregister A –

(elektronische Übermittlung)

Betrifft: HRB...... – A-GmbH

Ich, der unterzeichnende alleinvertretungsberechtigte Geschäftsführer der A-GmbH, überreiche in der Anlage:
1. elektronisch beglaubigte Abschrift des Verschmelzungsvertrages vom......, UR.Nr....... des beglaubigten Notars,
2. elektronisch beglaubigte Abschrift des Zustimmungsbeschlusses der Gesellschafterin der A-GmbH vom...... UR.Nr....... des beglaubigenden Notars, samt Verzichtserklärungen der Gesellschafterin der A-GmbH auf Erstellung eines Verschmelzungsberichts und Verschmelzungsprüfung und Erstellung eines Verschmelzungsprüfungsberichts sowie Verzicht auf Anfechtung des Zustimmungsbeschlusses,
3. elektronisch beglaubigte Abschrift des Zustimmungsbeschlusses der Gesellschafter der B-GmbH & Co. KG vom...... UR.Nr....... des beglaubigenden Notars, samt Verzichtserklärungen der Gesellschafter der B-GmbH & Co. KG auf Erstellung eines Verschmelzungsberichts und Verschmelzungsprüfung und Erstellung eines Verschmelzungsprüfungsberichts sowie Verzicht auf Anfechtung des Zustimmungsbeschlusses,
4. elektronisch beglaubigte Abschrift des Nachweises über die rechtzeitige Zuleitung des Verschmelzungsvertrages zum Betriebsrat,
5. elektronisch beglaubigte Abschrift der festgestellte Schlussbilanz der A-GmbH zum Verschmelzungsstichtag

und melde zur Eintragung ins Handelsregister an:

Die A-GmbH ist auf die B-GmbH & Co. KG als übernehmende Gesellschaft im Wege der Verschmelzung durch die Aufnahme verschmolzen.

Ich erkläre, dass weder der Verschmelzungsbeschluss der Gesellschafter der A-GmbH noch der Verschmelzungsbeschluss der Gesellschafter der B-GmbH & Co. KG angefochten worden sind und wegen der von allen Gesellschaftern abgegebenen Verzichtserklärungen nicht angefochten werden kann.

(ggf. weitere Angaben, z. B. Geschäftsanschrift usw.)

....., den......

(Beglaubigungsvermerk)

e) Anmeldung für die übernehmende KG bei Verschmelzung zur Aufnahme (B-GmbH & Co. KG)

▶ Muster: Handelsregisteranmeldung für übernehmende KG bei Verschmelzung zur Aufnahme (B-GmbH & Co. KG)

890 An das

Amtsgericht

– Handelsregister –

(elektronische Übermittlung)

Betrifft: H RA...... – B-GmbH & Co. KG

In der Anlage überreiche ich, der unterzeichnende alleinvertretungsberechtigte Geschäftsführer handelnd als alleiniger Komplementär der B-GmbH & Co. KG:
1. elektronisch beglaubigte Abschrift des Verschmelzungsvertrages vom......, UR.Nr....... des beglaubigenden Notars,
2. elektronisch beglaubigte Abschrift des Zustimmungsbeschlusses der Gesellschafter der A-KG vom...... UR.Nr....... des beglaubigten Notars, samt Verzichtserklärungen der Gesellschafter der A-KG auf Erstellung eines Verschmelzungsberichts und Verschmelzungsprüfung und Erstellung eines Verschmelzungsprüfungsberichts sowie Verzicht auf Anfechtung des Zustimmungsbeschlusses,
3. elektronisch beglaubigte Abschrift des Zustimmungsbeschlusses der Gesellschafter der B-GmbH & Co. KG vom...... UR.Nr....... des beglaubigten Notars, samt Verzichtserklärungen der Gesellschafter der B-GmbH & Co. KG auf Erstellung eines Verschmelzungsberichts und Verschmelzungsprüfung und Erstellung eines Verschmelzungsprüfungsberichts sowie Verzicht auf Anfechtung des Zustimmungsbeschlusses,
4. elektronisch beglaubigte Abschrift des Nachweises über die rechtzeitige Zuleitung des Verschmelzungsvertrages zum Betriebsrat,

und melde zur Eintragung in das Handelsregister an:

Die A-GmbH ist auf die B-GmbH & Co. KG im Wege der Verschmelzung durch Aufnahme verschmolzen.

Die inländische Geschäftsanschrift und die Geschäftsräume befinden sich unverändert in (Ort, Straße).

Ich erkläre, dass weder der Verschmelzungsbeschluss der Gesellschafter der A-KG noch der Verschmelzungsbeschluss der Gesellschafter der B-GmbH & Co. KG angefochten worden sind und wegen der von allen Gesellschaftern abgegebenen Verzichtserklärungen nicht angefochten werden kann.

....., den......

(Beglaubigungsvermerk)

B. Verschmelzung von Partnerschaftsgesellschaften

I. Checkliste

891 ▶ Beim Ablauf des **Verschmelzungsverfahrens bei Partnerschaftsgesellschaften** sind folgende Punkte zu beachten:
- ❏ Verschmelzungsvertrag (§§ 4 bis 6, 45b UmwG),
- ❏ Verschmelzungsbericht: Nur erforderlich, wenn ein Partner gem. § 6 Abs. 2 PartGG von der Geschäftsführung ausgeschlossen ist (§§ 8, 45c UmwG),
- ❏ Zuleitung des Verschmelzungsvertrages an den Betriebsrat (§ 5 Abs. 3 UmwG),
- ❏ Unterrichtung der von der Geschäftsführung ausgeschlossenen Partner nach § 45c, 42 UmwG,
- ❏ Verschmelzungsprüfung auf Verlangen eines Partners (§§ 9 bis 12, 44, 45e UmwG),
- ❏ Verschmelzungsbeschluss der beteiligten Partnerschaften (§§ 13, 45d UmwG),

❑ notwendige Zustimmungserklärungen (§ 13 Abs. 2 UmwG),
❑ Anmeldung zum Handels- oder Partnerschaftsregister bei der übertragenden Gesellschaft oder Partnerschaft und bei der übernehmenden Gesellschaft oder Partnerschaft (§§ 16, 17 UmwG),
❑ Eintragung der Verschmelzung, zunächst in das Register des Sitzes der übertragenden Gesellschaft oder Partnerschaft, sodann an das Register des Sitzes der übernehmenden Gesellschafter oder Partnerschaft (§§ 19, 20 UmwG).

II. Verschmelzungsvertrag bei Verschmelzung durch Aufnahme

1. Zulässigkeit der Verschmelzung

Durch das Gesetz zur Änderung des UmwG v. 22.07.1998[1515] wurde auch der **Partnerschaft die Möglichkeit der Verschmelzung** eröffnet. In § 3 Abs. 1 Nr. 1 UmwG ist die Partnerschaftsgesellschaft ausdrücklich als verschmelzungsfähiger Rechtsträger genannt. Mit Inkrafttreten des Gesetzes zur Einführung einer **Partnerschaftsgesellschaft mit beschränkter Berufshaftung** und zur Änderung des Berufsrechts der Rechtsanwälte, Patentanwälte, Steuerberater und Wirtschaftsprüfer am 19. Juli 2013[1516] wurde im Partnerschaftsgesellschaftsgesetz durch Einfügen der §§ 4 Abs. 3 und 8 Abs. 5 sowie der Neufassung des § 7 Abs. 5 die PartG mbB geschaffen. Das OLG Nürnberg[1517] hat klargestellt, dass es sich dabei nicht um eine eigene Rechtsform, sondern nur eine Rechtsformvariante einer Partnerschaftsgesellschaft nach dem PartGG handelt und nicht um eine andere Rechtsform,[1518] so dass im Grundsatz keine Besonderheiten bestehen.[1519]

892

Die Partnerschaft kann sowohl übertragender, als auch aufnehmender Rechtsträger sein.[1520] Die Partnerschaft als übertragender Rechtsträger kann auf Personenhandelsgesellschaften, andere Partnerschaftsgesellschaften, Kapitalgesellschaften und Genossenschaften, nicht aber eingetragener Verein (§ 99 Abs. 2 UmwG) verschmolzen werden. Als aufnehmender Rechtsträger oder neuer Rechtsträger bei der Verschmelzung zur Neugründung steht die Partnerschaft für Personenhandelsgesellschaften, Partnerschaftsgesellschaften, Kapitalgesellschaften, Genossenschaften und Vereine zur Verfügung.[1521] Zu beachten ist allerdings, dass nach § 45a UmwG eine Verschmelzung auf eine Partnerschaftsgesellschaft nur möglich ist, wenn im Zeitpunkt des Wirksamwerdens der Verschmelzung alle Anteilsinhaber übertragender Rechtsträger **natürliche Personen sind, die einen freien Beruf** ausüben. § 45a UmwG soll das rechtspolitisch unerwünschte und das nach § 1 Abs. 1 Satz 3 PartGG untersagte Eindringen juristischer Personen oder Personengesellschaften sowie Partnerschaftsgesellschaften in den Kreis der Gesellschafter einer Partnerschaft verhindern.[1522] Fraglich ist die Anwendung des § 45a UmwG bei der Verschmelzung einer 100 %igen Tochter-GmbH auf ihre Mutter-Partnerschaftsgesellschaft, wenn die übertragende Tochter-GmbH als einzige Gesellschafterin die Partnerschaftsgesellschaft und keine natürliche Person hat. In diesem Fall besteht die Gefahr eines Verstoßes gegen § 1 Abs. 1 Satz 3 PartGG aber schon rechtstechnisch nicht. Denn dabei ist nach § 5 Abs. 2, § 20 Abs. 1 Nr. 3 UmwG eine Anteilsge-

---

1515 BGBl. I, S. 1878.
1516 BGBl. I S. 2386.
1517 FGPrax 2014, 127 = DNotZ 2014, 468 = RNotZ 2014, 390.
1518 Ebenso Schäfer in: MünchKomm-BGB, § 8 PartGG Rn. 41, 42; Leitzen, DNotZ 2013, 597; Posegga, DStR 2012, 612.
1519 Lutter/H. Schmidt, § 45a UmwG Rn. 3; Kallmeyer/Kocher, § 45a UmwG Rn. 1; BeckOGK/Temme UmwG § 45a Rn. 3; Heckschen NotBZ 2018, 81, 88.
1520 Lutter/H. Schmidt, § 45a UmwG Rn. 3; Kallmeyer/Kocher, § 45a UmwG Rn. 1.
1521 Vgl. Neye, ZIP 1997, 722.
1522 Vossius, in Widmann/Mayer, UmwG, § 45a Rn. 41; Dauner-Lieb/Tettinger, in: KK-UmwG, § 45a Rn. 2; Lutter/H. Schmitt, § 45a UmwG Rn. 8; BeckOGK/Temme UmwG § 45a Rn. 2; Kallmeyer/Kocher, § 45a UmwG Rn. 3.

währung untersagt. Die Gesellschafterin der Tochter-GmbH (hier Partnerschaftsgesellschaft) könnte also durch die Verschmelzung gar nicht Gesellschafterin der aufnehmenden Partnerschaftsgesellschaft werden. Daher spricht viel für eine **teleologische Reduktion** der Norm des § 45a UmwG dergestalt, dass sie auf die hier vorliegende Fallkonstellation nicht anwendbar ist. Auch **Ihrig**[1523] schlägt in anderem Zusammenhang eine einschränkende Auslegung des § 45a UmwG bei der Verschmelzung durch Aufnahme auf eine Partnerschaftsgesellschaft vor, wenn es um die Anforderungen an die Freiberuflerqualität wie im Fall der Neugründung einer Partnerschaftsgesellschaft geht.

Ferner sind die Beschränkungen des jeweiligen Berufsrechtes zu beachten, die bestimmte interdisziplinäre Partnerschaftskombinationen verbieten können.[1524]

2. Form und Abschlusskompetenz

893 Insoweit gelten **keine Besonderheiten** (vgl. daher oben unter Teil 2 Rdn. 52 ff.).

3. Inhalt des Verschmelzungsvertrages

894 Auch bei der Partnerschaft ergibt sich der **notwendige Inhalt des Vertrages** zunächst aus § 5 Abs. 1 UmwG.

895 Auch bei der Partnerschaft sind den Gesellschaftern oder Partnern der übertragenden Gesellschaft oder Partnerschaft Anteile an der übernehmenden Gesellschaft zu gewähren. Ähnlich wie bei der **GbR** ist bei einer Partnerschaftsgesellschaft, anders als bei Kapitalgesellschaften, grds. ein festes Gesellschaftskapital nicht vorgeschrieben, aber häufig aus Klarheitsgründen üblich. Besteht keine Regelung, sind die Partner nach § 1 Abs. 4 PartGG i. V. m. § 706 BGB zu gleichen Anteilen beteiligt. Bei der Verschmelzung ist daher zu prüfen, welche Regelung der Gesellschaftsvertrag einer aufnehmenden Partnerschaftsgesellschaft vorsieht, ob etwa ein fester Kapitalanteil oder eine prozentuale Beteiligung oder Ähnliches vorgesehen ist.

▶ Hinweis:

896 In der Praxis ist daher bei der Verschmelzung zu prüfen, ob nicht feste Kapitalanteile bei der Partnerschaftsgesellschaft eingeführt werden sollen, die die Anteilsgewährung vereinfachen. I. Ü. gilt für die Durchführung der Anteilsgewährung das Gleiche wie bei Personengesellschaften (vgl. oben Teil 2 Rdn. 748 ff.).

897 § 45b UmwG bestimmt als Besonderheit, dass der Verschmelzungsvertrag zusätzlich für jeden Anteilsinhaber eines übertragenden Rechtsträgers den **Namen und den Vornamen sowie den in der übernehmenden Partnerschaft ausgeübten Beruf und den Wohnort** jedes Partners enthalten muss. Diese Vorschrift will sicherstellen, dass die Voraussetzungen des § 45a, dass im Zeitpunkt des Wirksamwerdens alle Anteilsinhaber des übertragenden Rechtsträgers natürliche Personen sind, die einen festen Beruf ausüben, im Zeitpunkt des Wirksamwerdens der Verschmelzung eindeutig erfüllt sind. Deshalb müssen diejenigen Angaben zu den zukünftigen Partnern gemacht werden, die § 3 Abs. 2 Nr. 2 PartGG für den Partnerschaftsvertrag vorschreibt.[1525] I. Ü. kann wegen der weiteren Angaben des Verschmelzungsvertrages auf die Ausführungen zur Verschmelzung von Personengesellschaften verwiesen werden (vgl. oben Teil 2 Rdn. 748 ff.).

898 Bei Mischverschmelzungen ist ein **Abfindungsangebot** aufzunehmen.

1523 In: Semler/Stengel, UmwG, § 45a Rn. 9.
1524 Vgl. § 45a Satz 2 UmwG iVm § 1 Abs. 3 PartGG, dazu Kallmeyer/Kocher, § 45a UmwG Rn. 1; BeckOGK/Temme UmwG § 45a Rn. 11; Lutter/H. Schmidt § 45a UmwG Rn. 13; Semler/Stengel/Ihrig § 45a UmwG Rn. 11.
1525 Vgl. Begründung zum RegE, BR-Drucks. 609/97, S. 25; Neye, ZIP 1997, 722, 723; Lutter/H. Schmitt, § 45b UmwG Rn. 3.

III. Verschmelzungsvertrag bei Verschmelzung durch Neugründung

Besondere Vorschriften für eine Verschmelzung einer Partnerschaftsgesellschaft im Wege der Neugründung bestehen nicht. Nach § 36 Abs. 1 UmwG finden daher die Vorschriften über die Verschmelzung durch Aufnahme entsprechende Anwendung. Die bestehenden Gesellschaften gelten dabei als übertragende Rechtsträger, die neu zu gründende Partnerschaft als übernehmender Rechtsträger. Der Partnerschaftsvertrag muss sich nach dem PartGG richten, insb. § 3 PartGG. Der Partnerschaftsvertrag muss daher enthalten (§ 3 Abs. 2 PartGG): 899
– den Namen und den Sitz der Partnerschaft,
– den Namen und den Vornamen sowie
– den in der Partnerschaft ausgeübten Beruf und den Wohnort jedes Partners (d. h. der Gesellschafter der übertragenden Gesellschaft oder Partnerschaft) und
– den Gegenstand der Partnerschaft.

Er ist als Gegenstand des Verschmelzungsvertrages **mit zu beurkunden** (vgl. § 37 UmwG). Da nach dem Verschmelzungsvertrag mitgeteilt werden muss, welche Anteile die Gesellschafter der übertragenden Gesellschaft bzw. Partner der übertragenden Partnerschaft erhalten, muss auch der Partnerschaftsvertrag Ausführungen zur Anteilsverteilung enthalten.

IV. Verschmelzungsbericht

Nach § 45c UmwG ist ein **Verschmelzungsbericht** für eine an der Verschmelzung beteiligte Partnerschaftsgesellschaft **nur erforderlich**, wenn ein Partner gem. § 6 Abs. 2 PartGG von der Geschäftsführung ausgeschlossen ist. Der Zweck dieser Einschränkung liegt darin, dass der Verschmelzungsbericht nach § 8 UmwG der Unterrichtung der Partner dient, denen es nicht möglich ist, an der Geschäftsführung teilzunehmen und sich damit selbst über die Vorgänge zu unterrichten.[1526] Die Vorschrift schränkt daher die Verpflichtung zur Erstellung eines Verschmelzungsberichts nur für die Fälle ein, in denen es solche von der Geschäftsführung ausgeschlossene Partner gibt. 900

Nach § 45c Satz 2 UmwG sind die von der Geschäftsführung ausgeschlossenen Partner entsprechend § 42 UmwG **zu unterrichten**. Ihnen ist daher durch Zusendung von Verschmelzungsvertrag und -bericht die Möglichkeit zu geben, sich über die Einzelheiten einer geplanten Verschmelzung umfassend zu informieren.[1527] Darüber hinaus kann der Bericht nach allgemeinen Vorschriften entfallen, insb., wenn gem. § 8 Abs. 3 UmwG alle Anteilsinhaber in notariell beurkundeter Verzichtserklärung auf die Erstellung verzichtet haben. Man wird es hier, ähnlich wie bei der Personengesellschaft – genügen lassen, wenn nur Verzichtserklärungen des Partners vorliegen, die von der Geschäftsführung ausgeschlossen sind.[1528] Z. T. verlangt die Literatur allerdings, dass der Verzicht von allen Anteilsinhabern erklärt werden muss, der Verzicht der von der Geschäftsführung ausgeschlossenen Anteilsinhabern genügt danach nicht.[1529] 901

V. Vorbereitung der Gesellschafterversammlung

Auch die Unterrichtungspflicht knüpft an die Frage der **Geschäftsführungsbefugnis** an. Nach § 45c Satz 2 UmwG sind von der Geschäftsführung ausgeschlossene Partner entsprechend § 42 UmwG durch Übersendung des Verschmelzungsvertrages und ggf. eines Verschmelzungsberichts zu unterrichten. I. Ü. kann auf die Vorschriften für Personengesellschaften verwiesen werden (vgl. oben Teil 2 Rdn. 830 ff.). 902

1526 Vgl. Lutter/H. Schmitt, § 45c UmwG Rn. 1; Ihrig in: Semler/Stengel, § 45c UmwG Rn 1.
1527 Vgl. Lutter/H. Schmitt, § 45c UmwG Rn. 5 ff.; Ihrig in: Semler/Stengel, § 45c UmwG Rn 8 ff.
1528 Vgl. oben Teil 2 Rdn. 826; so auch BeckOGK/Temme UmwG § 45c Rn. 5.
1529 So Lutter/H. Schmitt, § 45c UmwG Rn. 4; Ihrig in: Semler/Stengel, § 45c UmwG Rn. 7.

VI. Verschmelzungsbeschluss

903 Ähnlich wie bei Personengesellschaften bestimmt § 45d UmwG, dass der Verschmelzungsbeschluss der Gesellschafterversammlung bei der Partnerschaftsgesellschaft der **Zustimmung aller anwesenden Partner** bedarf; ihm müssen auch die nicht erschienenen Partner zustimmen. Es gelten die gleichen Ausführungen wie bei der Personengesellschaft (vgl. oben Teil 2 Rdn. 836 ff.).

904 Nach § 45d Abs. 2 UmwG kann der Partnerschaftsvertrag eine **Mehrheitsentscheidung** der Partner vorsehen. Die Mehrheit muss mindestens 3/4 der abgegebenen Stimmen betragen. Auch hier gelten die Ausführungen zum Personengesellschaftsrecht (vgl. oben Teil 2 Rdn. 836 ff.). Anders als bei Personenhandelsgesellschaften kann ein Schutz widersprechender Minderheitsgesellschafter allerdings nicht wie nach § 43 UmwG durch Gewährung einer Kommanditistenstellung nach Widerspruch erfolgen (vgl. oben Teil 2 Rdn. 836 ff.). Da es bei der Partnerschaftsgesellschaft etwas Vergleichbares nicht gibt, wird hier der Minderheitenschutz durch die allgemeinen Vorschriften, insb. das Austrittsrecht gem. § 29 UmwG und das Veräußerungsrecht nach § 33 UmwG gewährleistet.[1530] Der Beschluss ist, wie bei der Personengesellschaft, notariell zu beurkunden (§ 13 Abs. 3 UmwG).

VII. Verschmelzungsprüfung

905 Für die Verschmelzungsprüfung verweist § 45e UmwG auf § 44 UmwG, sodass die **Vorschriften über Personengesellschaften entsprechend** gelten (vgl. oben Teil 2 Rdn. 859 ff.).

VIII. Handelsregisteranmeldung

906 Es gelten die allgemeinen Ausführungen (vgl. oben Teil 2 Rdn. 633 ff.). Anzumelden ist die Verschmelzung für alle Rechtsträger. Darüber hinaus ist der mit der Verschmelzung verbundene Eintritt neuer Partner der übertragenden Gesellschaft oder Partnerschaft anzumelden, wobei sich die Anmeldung nach dem PartGG und der Partnerschaftsregisterverordnung[1531] richtet. Nach § 3 Abs. 1 PRV ist in der Anmeldung der Partnerschaft die **Zugehörigkeit jedes Partners zu dem freien Beruf**, den er in der Partnerschaft ausübt, anzugeben. Bedarf die Berufsausübung der staatlichen Zulassung oder der staatlichen Prüfung, so sollen die Urkunden über die Zulassung oder das Zeugnis über die Befähigung zu diesem Beruf in Urschrift, elektronisch beglaubigte Abschrift oder öffentlich beglaubigter Abschrift vorgelegt werden. Besteht für die Tätigkeit keine anerkannte Ausbildung oder ist dies zweifelhaft, können die anmeldenden Partner die Ausübung freiberuflicher Tätigkeit auf sonstige Weise, notfalls auch durch schlichte Erklärung, darlegen. Schließlich sollen die Partner nach § 3 Abs. 2 PRV eine Erklärung darüber abgaben, dass die Vorschriften über einzelne Berufe, insb. solche über die Zusammenarbeit von Angehörigen verschiedener freier Berufe, einer Eintragung nicht entgegenstehen. Besteht für einen in der Partnerschaft ausgeübten Beruf eine Berufskammer, so soll der anmeldende Partner nach § 3 PRV dem Gericht mit der Anmeldung mitteilen, ob und welche Berufskammern für die in der Partnerschaft ausgeübten Berufe bestehen und auch die Anschriften angeben. Abzugeben ist schließlich auch die Negativerklärung nach § 16 Abs. 2 Satz 1 UmwG. Der Anmeldung einer Partnerschaft mit beschränkter Berufshaftung nach § 8 Abs. 4 PartGG muss eine Versicherungsbescheinigung gemäß § 113 Abs. 2 VVG beigefügt sein.

1530 Vgl. Neye, ZIP 1997, 724.
1531 PRV; BGBl. 1995 I, S. 808.

IX. Muster

1. Verschmelzungsvertrag von zwei Partnerschaften zur Aufnahme ohne Abfindungsangebot

▶ **Muster: Verschmelzungsvertrag von zwei Partnerschaften zur Aufnahme ohne Abfindungsangebot**

UR.Nr....... 907

Verhandelt zu......

am......

Vor dem unterzeichnenden

.....

Notar mit dem Amtssitz in......

erschienen:
1. Herr (Name, Geburtsdatum, Adresse),
hier handelnd für die A-Partnerschaft mit dem Sitz in......, eingetragen im Partnerschaftsregister des Amtsgerichts...... unter......,
2. Herr (Name, Geburtsdatum Adresse),
handelnd für die B-Partnerschaft mit dem Sitz in......, eingetragen im Partnerschaftsregister des Amtsgerichts...... unter......

Die Erschienenen wiesen sich dem Notar gegenüber aus durch Vorlage ihrer amtlichen Lichtbildausweise.

Die Erschienenen ließen folgenden

Verschmelzungsvertrag

beurkunden und erklärten, handelnd wie angegeben:

I. Vermögensübertragung

Die A-Partnerschaft überträgt ihr Vermögen als Ganzes mit allen Rechten und Pflichten unter Ausschluss der Abwicklung auf die B-Partnerschaft im Wege der Verschmelzung durch Aufnahme. Zum Ausgleich räumt die B-Partnerschaft den Partnern der A-Partnerschaft Anteile ein.

II. Angabe der neuen Partner nach § 45b UmwG

An der übertragenden Partnerschaft sind folgende Personen beteiligt, die folgende Berufe in der übernehmenden Partnerschaft ausüben:

Herr X (Vor-, Nachnahme, Wohnort), ausgeübter Beruf......

Herr Y (Vor-, Nachnahme, Wohnort), ausgeübter Beruf......

III. Gegenleistung
1. Die B-Partnerschaft räumt den Partnern der A-Partnerschaft als Gegenleistung für die Übertragung des Vermögens Beteiligungen/Anteile ein, und zwar
   a) dem Partner X einen festen Kapitalanteil i. H. v....... €
   b) dem Partner Y einen festen Kapitalanteil i. H. v....... €
2. Die Beteiligungen werden kostenfrei und mit Gewinnberechtigung ab...... gewährt.
3. Die Kapitalanteile der bisherigen Partner der B-Partnerschaft bleiben unverändert.

Das Umtauschverhältnis der Beteiligungen beträgt......

IV. Bilanzstichtag

Der Verschmelzung wird die Bilanz der A-Partnerschaft zum...... als Schlussbilanz zugrunde gelegt.

V. Verschmelzungsstichtag

Die Übernahme des Vermögens der A-Partnerschaft erfolgt im Innenverhältnis mit Wirkung zum Ablauf des...... Vom...... an gelten alle Handlungen und Geschäfte der A-Partnerschaft auf für Rechnung der B-Partnerschaft vorgenommen.

VI. Besondere Rechte

Besondere Rechte i. S. v. § 5 Abs. 1 Nr. 7 UmwG bestehen bei der B-Partnerschaft nicht. Einzelnen Anteilsinhabern werden i. R. d. Verschmelzung keine besonderen Rechte gewährt.

VII. Besondere Vorteile

Besondere Vorteile i. S. v. § 5 Abs. 1 Nr. 8 UmwG werden weder einem Mitglied eines Vertretungs- oder Aufsichtsorgans, noch dem Abschlussprüfer oder dem Versicherungsprüfer gewährt.

VIII. Folgen der Verschmelzung für Arbeitnehmer und ihre Vertretungen

Für die Arbeitnehmer der A-Partnerschaft ergeben sich aus der Verschmelzung folgende Auswirkungen:

.....

Für die Arbeitnehmer der B-Partnerschaft ergeben sich aus der Verschmelzung folgende Auswirkungen:

.....

Bei beiden Gesellschaften existiert kein Betriebsrat.

Folgende Maßnahmen sind vorgesehen:.......

IX. Kosten

Die durch diesen Vertrag und seine Durchführung bei beiden Gesellschaften entstehenden Kosten trägt die B-Partnerschaft. Sollte die Verschmelzung nicht wirksam werden, tragen die Kosten dieses Vertrages die Gesellschaften zu gleichen Teilen, alle übrigen Kosten die jeweils betroffene Gesellschaft allein.

Diese Niederschrift nebst der Anlage wurde den Erschienenen vom Notar vorgelesen, von ihnen genehmigt und von ihnen und dem Notar eigenhändig wie folgt, unterschrieben:

.....

2. Handelsregisteranmeldung bei der Verschmelzung von zwei Partnerschaften zur Aufnahme

a) Anmeldung für die übertragende Partnerschaftsgesellschaft bei der Verschmelzung zur Aufnahme

▶ Muster: Handelsregisteranmeldung für die übertragende Partnerschaftsgesellschaft bei Verschmelzung zur Aufnahme

An das

Amtsgericht – Partnerschaftsregister –

Durch elektronische Übermittlung

Betrifft: A-Partnerschaft

Wir, die unterzeichnenden Partner der A-Partnerschaft, überreichen in der Anlage:
1. elektronisch beglaubigte Abschrift des Verschmelzungsvertrages vom...... UR.Nr....... des beglaubigten Notars-,
2. elektronisch beglaubigte Abschrift des Zustimmungsbeschlusses der Partner der A-Partnerschaft vom...... – UR.Nr....... des beglaubigenden Notars –,
3. elektronisch beglaubigte Abschrift des Zustimmungsbeschlusses der Partner der B-Partnerschaft vom...... – UR.Nr....... des beglaubigenden Notars –,
4. elektronisch beglaubigte Abschrift der Verzichtserklärungen der Partner der A- und der B-Partnerschaft auf Erstellung eines Verschmelzungsberichts und auf Prüfung vom...... – UR.Nr....... des beglaubigenden Notars –,
5. Schlussbilanz der A-Partnerschaft zum Verschmelzungsstichtag

und melden zur Eintragung in das Partnerschaftsregister an:

Die A-Partnerschaft wird auf die B-Partnerschaft als übernehmende Gesellschaft im Wege der Verschmelzung durch Aufnahme verschmolzen.

Wir erklären, dass weder der Verschmelzungsbeschluss der A-Partnerschaft, noch der Verschmelzungsbeschluss der B-Partnerschaft angefochten worden ist.

Ein Betriebsrat ist nicht vorhanden.

Ggf. bei Partnerschaft mit beschränkter Berufshaftung nach § 8 Abs. 4 PartGG Versicherungsbescheinigung gemäß § 113 Abs. 2 VVG

(ggf. weitere Angaben)

….., den……

b) *Anmeldung für die übernehmende Partnerschaft – Auszug –*

▶ Muster: Handelsregisteranmeldung für die übernehmende Partnerschaft – Auszug

(….) 909

Wir melden zur Eintragung in das Handelsregister an:
1. Die A-Partnerschaft ist im Wege der Verschmelzung auf die B-Partnerschaft verschmolzen.
2. Die Partner der A-Partnerschaft sind i. R. d. Verschmelzung als neue Partner in die B-Partnerschaft eingetreten:
a) (Vorname, Name, in der Partnerschaft ausgeübter Beruf, Geburtsdatum, Wohnort),
b) (Vorname, Name, in der Partnerschaft ausgeübter Beruf, Geburtsdatum Wohnort).

Abstrakte Vertretungsbefugnis:

Zur Vertretung der Partnerschaft sind alle Partner einzeln berechtigt.

Konkrete Vertretungsbefugnis:

Die Partner A, B, C sind zur Vertretung der Partnerschaft einzeln berechtigt.

Die anmeldenden Partner erklären, dass Vorschriften über einzelne Berufe, insbes. das Berufsrecht, der…… dem Beitritt und der Eintragung der neuen Partner nicht entgegenstehen.

Für die in der Partnerschaft ausgeübten Berufe der neuen Partner bestehen folgende Berufskammern:…… (Bezeichnung und Anschrift der Berufskammer).

Die inländische Geschäftsanschrift und die Geschäftsräume befinden sich unverändert in (Ort, Straße).

Wir versichern die Zugehörigkeit des eintretenden Partners zu dem freien Beruf, den er in der Partnerschaft ausübt und die bisherige Ausübung dieses Berufs. Als Nachweis legen wir vor……

Wir erklären, dass weder der Verschmelzungsbeschluss der A-KG noch der Verschmelzungsbeschluss der B-KG angefochten worden ist.

Ein Betriebsrat ist nicht vorhanden.

Ggf. bei Partnerschaft mit beschränkter Berufshaftung nach § 8 Abs. 4 PartGG Versicherungsbescheinigung gemäß § 113 Abs. 2 VVG

(ggf weitere Angaben)

….., den……

(Beglaubigungsvermerk)

C. Verschmelzung von GmbH und Unternehmergesellschaften

I. Checkliste

910 ▶ Beim Ablauf des **Verschmelzungsverfahrens bei GmbH** sind nach dem UmwG folgende Punkte zu beachten:
- ❏ Verschmelzungsvertrag (§§ 4 bis 6, 46 UmwG),
- ❏ Verschmelzungsbericht (§ 8 UmwG),
- ❏ Verschmelzungsprüfung, auf Verlangen eines Gesellschafters (§§ 9 bis 12, 48 UmwG),
- ❏ Unterrichtung der Gesellschafter (§ 47 UmwG),
- ❏ Zuleitung des Verschmelzungsvertrags oder seines Entwurfes zum zuständigen Betriebsrat (§ 5 Abs. 3 UmwG),
- ❏ Verschmelzungsbeschlüsse der Gesellschafterversammlungen (§§ 13, 49, 50 UmwG),
- ❏ Notwendige Zustimmungserklärungen (§ 13 Abs. 2, § 50 Abs. 2, § 51 UmwG),
- ❏ Kapitalerhöhung, soweit erforderlich (§§ 54, 55 UmwG),
- ❏ Anmeldung zum Handelsregister bei der übertragenden Gesellschaft und bei der übernehmenden Gesellschaft (§§ 16, 17, 52 UmwG),
- ❏ Eintragung der Kapitalerhöhung (§ 53 UmwG),
- ❏ Eintragung der Verschmelzung, zunächst in das Register des Sitzes jeder der übertragenden Gesellschaften, sodann in das Register des Sitzes der übernehmenden Gesellschaft. Die Eintragung im Register der übertragenden Gesellschaft ist mit dem Vermerk zu versehen, dass die Verschmelzungen mit Eintragung im Register der übernehmenden wirksam wird (§§ 19, 20 UmwG).

II. Besonderheiten bei der Unternehmergesellschaft

911 Bei der durch das am 01.11.2008 in Kraft getretene Gesetz zur Modernisierung des GmbH-Rechts und zur Bekämpfung von Missbräuchen (MoMiG) neu eingeführten Unternehmergesellschaft handelt es sich nicht um die neue Rechtsform einer Kapitalgesellschaft, sondern um eine Variante der GmbH, die mit Ausnahme der Sonderregelung des § 5a GmbHG allen Vorschriften des gesamten deutschen Rechts, die die GmbH betreffen, unterliegt.[1532] Da somit auf die Unternehmergesellschaft die für die GmbH geltenden Rechtsvorschriften Anwendung finden und lediglich die sich aus § 5a GmbHG ergebenden Besonderheiten zu beachten sind, können grds. auch die Vorschriften des UmwG auf die UG Anwendung finden. Deshalb ist sie auch wie die GmbH grds. umwandlungsfähig, obwohl sie nicht ausdrücklich im UmwG genannt ist.[1533]

Als **übertragender Rechtsträger** kann die UG grds. wie die GmbH an einer Verschmelzung beteiligt sein.[1534]

912 Anders ist es für die UG als **Zielrechtsträger**: Bei dieser Variante ergeben sich deutliche **Einschränkungen aus der Vorschrift des § 5a Abs. 2 Satz 2 GmbHG**, die viele Umwandlungsvarianten mit der UG als Zielrechtsträger verhindert. Dort ist ausdrücklich bestimmt, dass bei der

---

[1532] Vgl. BT-Drucks. 16/6140, S. 31 und BT-Drucks. 16/9737, S. 95.
[1533] Vgl. Kallmeyer/Marsch-Barner, § 3 UmwG Rn. 9; Lutter/Drygala, UmwG, § 3 Rn. 12; Stengel, in: Semler/Stengel, § 3 UmwG Rn. 20a; Stratz, in: Stratz/Schmitt/Hörtnagl, § 3 UmwG Rn. 18; Bormann, GmbHR 2007, 897, 899; Freitag/Riemenschneider, ZIP 2007, 1485, 1491; Veil, GmbHR 2007, 1080, 1084; Berninger, GmbHR 2010, 63; Hennrichs, NZG 2009, 1161; Heinemann, NZG 2008, 820; Meister, NZG 2008, 767; Gasteyer, NZG 2009, 1364, 1367.
[1534] Lutter/Drygala, UmwG, § 3 Rn. 12; Stengel, in: Semler/Stengel, § 3 UmwG Rn. 20a; Stratz, in: Stratz/Schmitt/Hörtnagl, § 3 UmwG Rn. 19; Kallmeyer/Marsch-Barner, § 3 UmwG Rn. 9; Wicke, GmbHG, § 5a Rn. 16; Freitag/Riemenschneider, ZIP 2007, 1485, 1491; Lutz, notar 2014, 210, 212; Heckschen/Strnad, in: Heckschen/Heidinger, Die GmbH in der Gestaltungs- und Beratungspraxis, Kap. 5 Rn. 131.

UG Sacheinlagen ausgeschlossen sind. Aus dem dort verankerten Verbot von Sacheinlagen bei der Gründung einer UG folgt nach einer, der wohl überwiegenden Meinung, dass eine **Verschmelzung zur Neugründung mit einer UG** als übernehmender Gesellschaft kraft Gesetzes ausgeschlossen ist, weil insoweit zwingend die Gründungsvorschriften und damit auch § 5a Abs. 2 Satz 2 GmbHG anwendbar sind.[1535] Denn bei einer durch Verschmelzung neu gegründeten Gesellschaft erfolgt die Erbringung des Stammkapitals für den neuen Rechtsträger zwingend durch eine Vermögensübertragung des übertragenden Rechtsträgers. Bei dieser rechtlichen Konstruktion handelt es sich um die Einbringung einer Sacheinlage. Allerdings wird teilweise die Auffassung vertreten, es sei eine einschränkende Auslegung des § 5a Abs. 2 Satz 2 GmbHG geboten, da hierdurch nur eine Vereinfachung der Gründung bezweckt werde, die die Sonderregelungen für Umwandlungen aber unberührt lasse.[1536]

Bei der **Verschmelzung zur Aufnahme** muss in vielen Fällen eine Sachkapitalerhöhung durchgeführt werden (vgl. dazu und den Ausnahmen Teil 1 Rdn. 172 ff.; Teil 2 Rdn. 100 ff.; Teil 2 Rdn. 256 ff.; Teil 2 Rdn. 916 ff.). Zwar ist es im Detail noch streitig, wie weit das Verbot der Sachkapitalerhöhung bei der Unternehmergesellschaft überhaupt reicht.[1537] In der Literatur wird teilweise undifferenziert angenommen, dass die UG generell nicht aufnehmender Gesellschafter im Rahmen einer Verschmelzung oder Spaltung sein kann.[1538] Nach richtiger Ansicht steht das Sacheinlageverbot der Verwendung einer Unternehmergesellschaft haftungsbeschränkt als Zielrechtsträger dann nicht entgegen, wenn keine Anteilsgewährung durch die UG als Zielrechtsträger stattfindet und damit eine Verschmelzung nach § 54 UmwG **ohne Kapitalerhöhung** durchgeführt werden soll.[1539] Das Sacheinlageverbot in § 5a Abs. 2 Satz 2 GmbHG soll die Gründung und Kapitalerhöhung erleichtern und beschleunigen, die UG aber nicht darüber hinaus in ihrer Entwicklung beschränken. Schließlich besteht die Möglichkeit, dass die UG zur GmbH nach § 5a Abs. GmbHG zur normalen GmbH aufsteigt, dazu wäre aber vor der Verschmelzung eine Kapitalerhöhung auf 25.000,00 € notwendig. Denn in diesem Fall finden die Abs. 1 bis 4 des § 5a GmbHG keine Anwendung, die Firma darf aber beibehalten werden. Z. T. wird auch generell gefolgert, dass das Verbot der Sachgründung kein Verbot der Sachkapitalerhöhung bein-

913

[1535] OLG Frankfurt am Main, DStR 2010, 2093 = GmbHR 2010, 920 = ZIP 2010, 1798; Lutter/Drygala, UmwG, § 3 Rn. 12; Stengel, in: Semler/Stengel, § 3 UmwG Rn. 20a; Stratz, in: Stratz/Schmitt/Hörtnagl, § 3 UmwG Rn. 20; Kallmeyer/Marsch-Barner, § 3 UmwG Rn. 9; zum vergleichbaren Fall der Spaltung vgl. ferner Römermann/Passarge, ZIP 2009, 1497, 1500 f.; Gasteyer, NZG 2009, 1364/1368; Weber, BB 2009, 842, 847; Heckschen, DStR 2009, 166; Tettinger, Der Konzern 2008, 75; Meister, NZG 2008, 767/768; Berninger, GmbHR 2010, 63; Heinemann NZG 2008, 820; Lutter/Priester, UmwG, § 138 Rn. 3; Baumbach/Hueck, GmbHG, § 5a Rn. 17; Miras, Die neue Unternehmergesellschaft, Rn. 21; BGH NJW 2011, 1883; Lutz, notar 2014, 210, 212; Baumbach/Hueck/Fastrich, GmbHG, § 5a Rn 17; Michalski/Miras,GmbHG, Bd. 1, 2. Aufl. 2010, § 5a Rn 13; Wachter, EWiR 2010, 707 ff.; Heckschen/Strnad, in: Heckschen/Heidinger, Die GmbH in der Gestaltungs- und Beratungspraxis, Kap. 5 Rn 139.
[1536] So Lutter/Lutter, UmwG, Einl. I Rn. 52 Fußnote 2; Lutter/Hommelhoff/Kleindiek, GmbHG, § 5a Rn. 33; Röhricht, Die Anwendung der gesellschaftsrechtlichen Gründungsvorschriften bei Umwandlungen, S. 95 ff.
[1537] S. zum Meinungsstand MünchKomm-GmbHG/Rieder, 2010, § 5a Rn. 25; DNotI-Gutachten Nr. 96024.
[1538] Tettinger, Der Konzern 2008, 75; Heinemann, NZG 2008, 820, 822.
[1539] Lutter/Drygala, UmwG, § 3 Rn. 13; Stengel, in: Semler/Stengel, § 3 UmwG Rn. 20a; Stratz, in: Stratz/Schmitt/Hörtnagl, § 3 UmwG Rn. 19, Rieder, in: MünchKomm-GmbHG, § 5a Rn. 51; Lutz, notar 2014, 210, 213; Heckschen/Strnad, in: Heckschen/Heidinger, Die GmbH in der Gestaltungs- und Beratungspraxis, Kap. 5 Rn 140; Römermann/Passarge, ZIP 2009, 1497, 1450; Meister, NZG 2008, 767; KK-UmwG/Simon, § 3 Rn. 21; Lutter, in: Lutter/Hommelhoff, GmbHG, § 5a Rn. 33.

halte.[1540] Im Beschluss vom 19.4.2011 hat der BGH[1541] entschieden, dass das Sacheinlagenverbot nach § 5a Abs. 2 S. 2 GmbHG bei der Kapitalerhöhung gem. § 5a Abs. 5 HS 1 GmbHG nicht mehr eingreift, wenn die UG ihr Stammkapital durch die Sachkapitalerhöhung so erhöht, dass es den Betrag des Mindeststammkapitals nach § 5 Abs. 1 GmbHG in Höhe von 25.000,– € erreicht oder übersteigt und die UG so zur GmbH wird.[1542]

III. Verschmelzungsvertrag bei Aufnahme

1. Form und Abschlusskompetenz

914 Insoweit gelten **keine Besonderheiten** (vgl. daher oben Teil 2 Rdn. 52 ff.).

2. Inhalt des Verschmelzungsvertrages

a) Notwendiger Vertragsinhalt

915 Der **notwendige Inhalt** folgt zunächst aus § 5 Abs. 1 UmwG. Erleichterungen können bestehen nach § 5 Abs. 2 UmwG, wenn es sich um die Verschmelzung einer 100 %igen Tochtergesellschaft auf die Muttergesellschaft handelt (dazu oben Teil 2 Rdn. 111 f.). Im Folgenden soll nur auf **Besonderheiten ggü. den allgemeinen Anforderungen nach § 5 Abs. 1 UmwG** (vgl. dazu oben Teil 2 Rdn. 52 ff.) eingegangen werden.

aa) Durchführung der Anteilsgewährung

916 Vgl. allgemein oben Teil 1 Rdn. 172 ff., Teil 2 Rdn. 100 ff., Teil 2 Rdn. 256 ff. Der Gesetzgeber hat im **Zweiten Gesetz zur Änderung des UmwG** in den §§ 54 und 68 eine Ausnahme durch Verzicht festlegt:[1543] § 54 Abs. 1 Satz 3 UmwG n. F. (für die GmbH) bestimmt nunmehr, dass die Kapitalerhöhung bei der übernehmenden Kapitalgesellschaft **zur Disposition aller Anteilsinhaber des übertragenden Rechtsträgers** steht. **Verzichten alle Anteilsinhaber des übertragenden Rechtsträgers** in notarieller Urkunde auf die Anteilsgewährung, so entfällt diese.

(1) Herkunft der zu gewährenden Anteile

917 Die zu gewährenden Anteile können aus **fünf Quellen** stammen (vgl. oben Teil 2 Rdn. 141 ff.):
– die neuen Anteile werden im Wege einer Kapitalerhöhung gebildet;
– die übernehmende Gesellschaft verfügt über eigene Anteile;
– die übertragende Gesellschaft verfügt über voll geleistete Anteile an der übernehmenden Gesellschaft;
– Gesellschafter der übernehmenden Gesellschaft übertragen Anteile auf Anteilsinhaber der übertragenden Gesellschaft;
– Dritte stellen Anteile zur Verfügung.

1540 Kallmeyer/Marsch-Barner § 3 UmwG Rn. 9; Lutter/Winter/Vetter, UmwG, § 46 Rn. 8.
1541 BGHZ 189, 254 = DNotZ 2011, 405, anders noch die Vorinstanz OLG München, ZIP 2010, 1991, 1992.
1542 So auch die überwiegende Literatur Roth/Altmeppen, GmbHG, 6. Aufl., § 5a Rn. 26; Schäfer in Hennsler/Strohn, Gesellschaftsrecht, § 5a GmbHG Rn. 17; Schäfer, ZIP 2011, 53, 56; H. P. Westermann in Scholz, GmbHG, 10. Aufl., § 5a Rn. 18; Wicke, GmbHG, § 5a Rn. 7; Berninger, GmbHR 2010, 63, 65 f.; Freitag/Riemenschneider, ZIP 2007, 1485, 1491; Gasteyer, NZG 2009, 1364, 1367; Heinemann, NZG 2008, 820, 821; Klose, GmbHR 2009, 294, 295 f.; Lange, NJW 2010, 3686, 3687 f.; Meister, NZG 2008, 767 f.; Priester, ZIP 2010, 2182, 2184; Schreiber, DZWiR 2009, 492, 496 f.; Waldenberger/Sieber, GmbHR 2009, 114, 11; BeckOGK/Brellochs UmwG § 138 Rn. 34; Lutz, notar 2014, 210, 212; Heckschen/Strnad, in: Heckschen/Heidinger, Die GmbH in der Gestaltungs- und Beratungspraxis, Kap. 5 Rn. 139.
1543 Vgl. BR-Drucks. 548/06, S. 27.

C. Verschmelzung von GmbH und Unternehmergesellschaften

(2) Anteilsgewährung durch Kapitalerhöhung

Vgl. hierzu ausführlich oben bei Teil 2 Rdn. 256 ff. 918

Inwieweit die zu gewährenden Anteile im Wege einer Kapitalerhöhung gebildet werden dürfen, ergibt sich aus § 54 UmwG. Allerdings ist zu beachten, dass aus § 54 UmwG nicht nur zu entnehmen ist, ob eigene Anteile der beteiligten Rechtsträger und wechselseitige Beteiligungen für die Anteilsgewährung, also als Gegenleistung für die Vermögensübertragung, verwendet werden dürfen. Vielmehr ist der Vorschrift zugleich zu entnehmen, in welchen Fällen eine **Ausnahme von der Verpflichtung zur Anteilsgewährung** besteht.[1544] 919

(a) Kapitalerhöhungsverbote

Im Einzelnen gilt bzgl. der Kapitalerhöhungsverbote Folgendes (vgl. zunächst oben Teil 2 Rdn. 271 ff.): 920

– Eine Kapitalerhöhung ist ausgeschlossen, soweit die **übernehmende Gesellschaft an der übertragenden Gesellschaft beteiligt** ist (§ 54 Abs. 1 Satz 1 Nr. 1 UmwG, vgl. ausführlich Teil 2 Rdn. 111 ff.; 311 ff.). Der Grund hierfür liegt darin, dass der Anspruch der übertragenden Gesellschaft auf Anteilsgewährung und die Verpflichtung zur Anteilsgewährung seitens der übernehmenden Gesellschaft sich durch die mit Wirksamkeit der Verschmelzung eintretende Gesamtrechtsnachfolge in einer Hand vereinigen und durch Konfusion untergehen würden. I. Ü. ist das Entstehen eigener Anteile nach den gesetzlichen Wertungen grds. unerwünscht.[1545] Dieses Verbot korrespondiert mit der Regelung in § 20 Abs. 1 Nr. 3 UmwG, dass in diesem Fall auch kein Anteilstausch stattfindet und auch demgemäß keine Anteilsgewährungspflicht besteht. Die Verschmelzung der Tochter-GmbH auf ihre Mutter-GmbH auch bei nicht voll eingezahlten Geschäftsanteilen der Tochter-GmbH ist zulässig. Einer gesonderten Zustimmung aller Gesellschafter der Mutter-GmbH nach § 51 Abs. 1 Satz 3 UmwG bedarf es nicht.[1546]

– Aus den gleichen Gründen ist eine Kapitalerhöhung ferner nach § 54 Abs. 1 Nr. 2 UmwG ausgeschlossen, soweit die **übertragende Gesellschaft eigene Anteile** hält.[1547] Die Vorschrift ergänzt § 20 Abs. 1 Nr. 3 UmwG, da in diesem Fall kein Anteilstausch stattfindet und daher auch keine Anteilsgewährungspflicht besteht.

– Die **Gesellschaft besitzt Anteile an der übernehmenden Gesellschaft**, auf die die **geschuldeten Einlagen noch nicht vollständig geleistet** sind.[1548] Auch in diesem Fall erwirbt die übernehmende Gesellschaft mit dem Vermögen der übertragenden Gesellschaft die in diesem Vermögen befindlichen eigenen Anteile. Die Vorschrift ist dahin gehend zu verstehen, dass die restliche Einlageforderung dann durch Konfusion erlöschen würde und damit eine Kapitalaufbringung insoweit nicht stattfinden würde. Würde man es in einem solchen Fall zulassen, dass die übernehmende GmbH neue Anteile schafft und sie den Gesellschaftern der übertragenden Gesellschaft zur Verfügung stellt, werden die neuen Anteile i. H. d. ausstehenden

---

[1544] Vgl. Lutter/Winter/Vetter, UmwG, § 54 Rn. 3 ff.; Kallmeyer/Kocher, UmwG, § 54 Rn. 6; Widmann/Mayer/Mayer, § 54 UmwG Rn. 12, 19; Reichert, in: Semler/Stengel, § 54 UmwG Rn. 47). Die Vorschrift ist in Zusammenhang mit § 20 Abs. 1 Nr. 3 Satz 1 UmwG zu interpretieren (Kallmeyer/Kocher, UmwG, § 54 Rn. 1; Widmann/Mayer/Mayer, § 54 UmwG Rn. 12, 19.

[1545] Vgl. Lutter/Winter/Vetter, UmwG, § 54 Rn. 17 ff.; Kallmeyer/Kocher, UmwG, § 54 Rn. 6 ff.; Widmann/Mayer/Mayer, § 54 UmwG Rn. 12.

[1546] Vgl. Gutachten-DNotI-Report 2015, 171.

[1547] Vgl. oben Teil 2 Rdn. 115, 315 und Kallmeyer/Kocher, § 54 UmwG Rn. 6 f.; Widmann/Mayer/Mayer, Umwandlungsrecht, § 54 UmwG Rn. 19 ff.; Lutter/Winter/Vetter, § 54 UmwG Rn. 22 ff.; Reichert, in: Semler/Stengel, § 54 UmwG, Rn 7.

[1548] § 54 Abs. 1 Satz 1 Nr. 3 UmwG; vgl. oben Teil 2 Rdn. 116, Teil 2 Rdn. 317.

Alteinlagen nicht gedeckt.¹⁵⁴⁹ Es handelt sich dabei nach herrschender Meinung **nicht um eine Ausnahme von der Anteilsgewährungspflicht**, da die Vorschrift in § 20 Abs. 1 Nr. 3 UmwG keine Entsprechung hat.¹⁵⁵⁰ Es sind also Anteile zu gewähren. Als Grund für diesen Ausschluss wird ausgeführt, dass ansonsten durch Konfusion wegen der Gesamtrechtsnachfolge die Einlageforderungen untergehen und damit ein Verstoß gegen § 33 Abs. 1 GmbHG vorliegen würde.¹⁵⁵¹ Soll auch in Höhe dieser Anteile eine Kapitalerhöhung durchgeführt werden, muss entweder die Einlage noch vollständig erbracht werden oder der Geschäftsanteil einem Dritten veräußert werden.¹⁵⁵² Ein Teil der Literatur lässt die Gewährung nicht voll eingezahlter Anteile auch dann zu, wenn der empfangende Gesellschafter des übertragenden Rechtsträgers ausdrücklich zustimmt.¹⁵⁵³ Dem ist mE zu folgen. Die Zustimmung erfolgt dann analog §§ 8 Abs. 3 Satz 2, 9 Abs. 3, 13 Abs. 3, 54 Abs. 1 Satz 3 UmwG.

– Die Kapitalerhöhungsverbote bestehen auch dann, wenn ein **Dritter treuhänderisch für die übernehmende Gesellschaft einen Anteil an der übertragenden Gesellschaft hält** oder wenn der Dritte treuhänderisch für die übertragende Gesellschaft Anteile an der übertragenden Gesellschaft oder nicht voll eingezahlte Anteile an der übernehmenden Gesellschaft hält (§ 54 Abs. 2, 1. Alt. UmwG).

921 Die Kapitalerhöhungsverbote gelten nur, **soweit** die beschriebenen Beteiligungsverhältnisse vorliegen. Genügen daher z. B. die Anteile der übernehmenden Gesellschaft an der übertragenden Gesellschaft nicht für die vorzunehmende Anteilsgewährung, kann i. Ü. eine Kapitalerhöhung durchgeführt werden.

(b) Kapitalerhöhungswahlrechte

922 Vgl. dazu oben Teil 2 Rdn. 320 ff.

§ 54 Abs. 1 Satz 2 UmwG sieht Kapitalerhöhungswahlrechte vor, soweit die übernehmende Gesellschaft eigene Anteile besitzt oder eine übertragende Gesellschaft Geschäftsanteile dieser Gesellschaft innehat, auf welche die Einlagen bereits in voller Höhe bewirkt sind. Dieses Wahlrecht beruht auf der Erwägung, dass **von einer Kapitalerhöhung abgesehen werden** kann, wenn und soweit die übernehmende Gesellschaft den Gesellschaftern der übertragenden Gesellschaft entweder eigene Geschäftsanteile oder voll einbezahlte eigene Geschäftsanteile der übertragenden Gesellschaft an der übernehmenden Gesellschaft gewähren kann.¹⁵⁵⁴ Im ersten Fall sind die eigenen Geschäftsanteile bereits im Vermögen der aufnehmenden Gesellschaft, im zweiten Fall werden sie durch die Gesamtrechtsnachfolge von der übernehmenden Gesellschaft erworben. Im Ergebnis stehen sie dann aber zur Verfügung, um den Gesellschaftern an der übertragenden Gesellschaft als Gegenleistung gewährt werden zu können. In beiden Fällen kann die übernehmende Gesell-

---

1549 So Widmann/Mayer/Mayer, Umwandlungsrecht, § 54 UmwG Rn. 23 ff.; Kallmeyer/Kocher, § 54 UmwG Rn. 9; Lutter/Winter/Vetter, § 54 UmwG Rn. 25 ff.; Reichert, in: Semler/Stengel, § 54 UmwG, Rn 8; Lutter/Winter/Vetter, § 54 UmwG Rn. 9.

1550 Widmann/Mayer/Mayer, Umwandlungsrecht, § 54 UmwG Rn. 23 ff.; Kallmeyer/Kocher, § 54 UmwG Rn. 9; Lutter/Winter/Vetter, § 54 UmwG Rn. 33; Reichert, in: Semler/Stengel, § 54 UmwG, Rn 8; Lutter/Winter/Vetter, § 54 UmwG Rn. 33.

1551 Lutter/Winter/Vetter, UmwG, § 54 Rn. 30 ff.

1552 Widmann/Mayer/Mayer, Umwandlungsrecht, § 54 UmwG Rn. 25; Kallmeyer/Kocher, § 54 UmwG Rn. 9; Reichert, in: Semler/Stengel, § 54 UmwG, Rn 8; Lutter/Winter/Vetter, § 54 UmwG Rn. 42; Stratz, in Schmitt/Hörtnagl/Stratz, § 54 UmwG Rn. 5.

1553 Kallmeyer/Kocher, § 54 UmwG Rn. 9; Lutter/Winter/Vetter, § 54 UmwG Rn. 39; KölnKomm/Simon/Nießen, § 54 UmwG Rn. 29.

1554 Vgl. Kallmeyer/Kocher, § 54 UmwG Rn. 11; Reichert, in: Semler/Stengel, § 54 UmwG, Rn 12; Lutter/Winter/Vetter, § 54 UmwG Rn. 45 ff.; Korte, WiB 1997, 962; Stratz, in Schmitt/Hörtnagl/Stratz, § 54 UmwG Rn. 10 f.; Widmann/Mayer/Mayer, Umwandlungsrecht, § 54 UmwG Rn. 43; Heckschen, GmbHR 2008, 802, 803.

schaft diese Geschäftsanteile für die Gegenleistung verwenden, muss dies aber nicht. Eine **Kapitalerhöhung zur Durchführung der Verschmelzung** ist daher in diesem Fall trotzdem **zulässig**. Diese Frage war allerdings unter altem vor 1995 geltenden Recht nicht ganz unstreitig, die neue Gesetzesformulierung »(...) braucht ihr Stammkapital nicht zu erhöhen« hat diesen Streit i. S. d. früher herrschenden Meinung entschieden.[1555] Die Vorschrift gilt auch für die **Unternehmergesellschaft** nach § 5a GmbHG.[1556] Der aufnehmenden Gesellschaft steht es daher frei, ob sie in diesen Fällen ihr Stammkapital erhöht oder ob sie die eigenen Anteile verwendet, um der **Anteilsgewährungspflicht** nachzukommen. Sie kann die Anteile auch als Eigenbestand weiterhin behalten und zur Schaffung der neuen Anteile eine Kapitalerhöhung durchführen.[1557] In diesem Bereich hat also der Gesetzgeber die weitere Konsequenz nicht gezogen, dass die Kapitalerhöhung in diesen Fällen nicht durchgeführt werden darf. Er lässt also die Entstehung von eigenen Anteilen bzw. die Beibehaltung von Eigenanteilen zu. Dies ergibt sich aus § 20 Abs. 1 Nr. 3 UmwG, der diesen Fall des Kapitalerhöhungswahlrechts nicht regelt und für diesen Fall den Anteilstausch ebenfalls nicht verbietet. Sollen Gesellschafter der übertragenden Gesellschaft eigene Anteile der übernehmenden Gesellschaft als Gegenleistung erhalten, so muss dies allerdings im **Verschmelzungsvertrag** festgelegt werden.

I. Ü. kann zur Anteilsgewährung **auf eigene Anteile** der übernehmenden Gesellschaft oder voll eingezahlte Anteile der übertragenden Gesellschaft von der übernehmenden Gesellschaft **zurückgegriffen** werden (§ 54 Abs. 1 Satz 2 UmwG), ohne dass hierfür eine Verpflichtung besteht. Dies gilt auch dann, wenn die Anteile treuhänderisch von einem Dritten für eine der Gesellschaften gehalten werden (§ 54 Abs. 2, 2. Alt. UmwG). Die Literatur weist allerdings zu Recht darauf hin, dass die vorhandenen Anteile zur Gewährung nicht verwendet werden können, wenn diese mit Rechten Dritter belastet sind.[1558] Denn die Anteilsinhaber des übertragenden Rechtsträgers haben Anspruch auf unbelastete Anteile. Etwas anderes gilt mE, wenn der empfangende Gesellschafter des übertragenden Rechtsträgers ausdrücklich zustimmt. Die Zustimmung erfolgt dann analog §§ 8 Abs. 3 Satz 2, 9 Abs. 3, 13 Abs. 3, 54 Abs. 1 Satz 3 UmwG.

Werden die voll geleisteten Anteile der übertragenden Gesellschaft an der übernehmenden Gesellschaft nicht zur Anteilsgewährung verwendet, gehen sie als eigene Anteile der übernehmenden Gesellschaft im Wege der **Gesamtrechtsnachfolge** mit Wirksamwerden der Verschmelzung über. 923

(c) Berechnung der Kapitalerhöhung

Das Gesetz geht davon aus, dass eine wertentsprechende Anteilsgewährung stattfindet.[1559] Die Vermögensgegenstände, die im Wege der Verschmelzung übertragen werden, sind mit den in den Anteilen verkörperten Vermögensgegenständen des aufnehmenden Rechtsträgers zu vergleichen und es ist ein angemessenes Wertverhältnis zu finden. Dazu ist grds. eine Unternehmensbewertung notwendig. Die gewährten Anteile müssen den Wert des übertragenden Vermögens entsprechen (vgl. zur Unternehmensbewertung Teil 2 Rdn. 440 ff.; vgl. ausführlich oben Teil 2 Rdn. 307 ff.; vgl. i. Ü. die Berechnungsbeispiele bei Teil 2 Rdn. 292 ff.). 924

1555 Vgl. Widmann/Mayer/Mayer, Umwandlungsrecht, § 54 UmwG Rn. 43; Kallmeyer/Kocher, UmwG, § 54 Rn. 11.
1556 Heinemann, NZG 2008, 820, 822; Kallmeyer/Kocher, UmwG, § 54 Rn. 11.
1557 Vgl. Reichert, in: Semler/Stengel, § 54 UmwG, Rn 12; Lutter/Winter/Vetter, § 54 UmwG Rn. 47; Widmann/Mayer/Mayer, Umwandlungsrecht, § 54 UmwG Rn. 43 f.; Stratz, in Schmitt/Hörtnagl/Stratz, § 54 UmwG Rn. 10.
1558 Lutter/Winter/Vetter, § 54 UmwG Rn. 48; Kallmeyer/Kocher, UmwG, § 54 Rn. 12.
1559 Vgl. OLG Rostock MittBayNot 2017, 414= DStR 2016, 2980 = NotBZ 2016, 351.

(d) Angaben im Verschmelzungsvertrag

925 Vgl. ausführlich oben Teil 2 Rdn. 145 ff.

926 Soweit die Anteilsgewährung im Wege der Kapitalerhöhung erfolgt, ist dies im Verschmelzungsvertrag anzugeben, und zwar unter **Angabe des Kapitalerhöhungsbetrages** und des auf den jeweiligen Gesellschafter entfallenden Anteils, die bloße Angabe des Beteiligungsverhältnisses genügt nicht.

927 Hält ein Gesellschafter der übertragenden GmbH **mehrere Anteile**, sind ihm auch an der übernehmenden GmbH mehrere Anteile einzuräumen. Die Kapitalerhöhung selbst erfolgt durch Beschluss der Gesellschafterversammlung der übernehmenden Gesellschaft, regelmäßig mit dem Verschmelzungsbeschluss.

928 Einer **Übernahmeerklärung** bedarf es nicht (§ 55 Abs. 1 Satz 1 UmwG). Die Anteile gehen vielmehr mit Wirksamwerden der Verschmelzung ohne weitere Übertragungsaspekte auf die Gesellschafter über. Nach § 55 Abs. 4 i. V. m. § 5 GmbHG müssen die **Nennbeträge** der neu gebildeten Geschäftsanteile jeweils auf volle und mindestens 1,00 € betragen.[1560]

(e) Verzicht auf Anteilsgewährung

929 Vgl. zunächst oben Teil 2 Rn. 113 ff. Der Gesetzgeber hat im **Zweiten Gesetz zur Änderung des UmwG** in den §§ 54 und 68 UmwG eine Ausnahme durch Verzicht festlegt:[1561] § 54 Abs. 1 Satz 3 UmwG n. F. (für die GmbH) bzw. § 68 Abs. 1 Satz 3 UmwG n. F. (für die AG) bestimmt, dass die Kapitalerhöhung bei der übernehmenden Kapitalgesellschaft zur Disposition **aller Anteilsinhaber des übertragenden Rechtsträgers** steht.[1562] **Verzichten alle Anteilsinhaber des übertragenden Rechtsträgers** in notarieller Urkunde auf die Anteilsgewährung, darf die übernehmende Gesellschaft von der Anteilsgewährung absehen. Nach § 54 Abs. 1 Satz 3 UmwG n. F. ist erforderlich, dass alle Anteilsinhaber eines übertragenden Rechtsträgers in **notariell beurkundeter Verzichtserklärung** verzichtet haben. Zum Schutz der Anteilsinhaber sollen allerdings die Verzichtserklärungen notariell beurkundet werden. Die Beurkundung muss nach den **Vorschriften über die Beurkundung von Willenserklärungen** (§§ 8 ff. BeurkG) erfolgen; eine Beurkundung nach den §§ 36 ff. BeurkG genügt nicht.[1563] Es reicht aus, wenn die Verzichtserklärungen spätestens bei der Anmeldung zum Handelsregister vorliegen, wobei diese auch nachgereicht werden können (vgl. Teil 2 Rdn. 684).[1564]

(3) Verwendung eigener Anteile oder Anteile der übertragenden Gesellschaft

930 Soweit eine Verwendung eigener Anteile der übernehmenden Gesellschaft oder voll geleisteter Anteile der übertragenden Gesellschaft an der übernehmenden Gesellschaft geboten (§ 54 Abs. 1 Satz 1 UmwG) oder möglich (§ 54 Abs. 1 Satz 2 UmwG) ist, bestehen **Teilungserleichterungen**: Teilungsbeschränkungen, die sich aus dem Gesellschaftsvertrag der übernehmenden Gesellschaft ergeben, sind unbeachtlich. Der Nennbetrag jedes Teils der Geschäftsanteile muss auf volle Euro lauten (§ 54 Abs. 3 Satz 1 UmwG).

1560 Vgl.. Lutter/Winter/Vetter, § 54 UmwG Rn. 54.
1561 Vgl. BR-Drucks. 548/06, S. 27.
1562 Vgl. Tillmann, GmbHR 2003, 740 ff.; vgl. Widmann/Mayer/Mayer, Umwandlungsrecht, § 5 UmwG Rn. 41 ff.; zuletzt Roß/Drögemüller, DB 2009, 580 ff.; Krumm, GmbHR 2010, 24 ff. insb. auch zu den steuerlichen Fragen.
1563 Vgl. zum vergleichbaren Fall des Verzichts nach § 8 UmwG: Priester, DNotZ 1995, 427, 433; Widmann/Mayer/Mayer, Umwandlungsrecht, § 8 UmwG Rn. 58.
1564 OLG Brandenburg NotBZ 2018, 681; Lutter/Decher § 17 UmwG Rn. 13; Widmann/Mayer/Mayer, Umwandlungsrecht, § 8 UmwG Rn. 60; Kallmeyer/Marsch-Barner, UmwG, § 8 Rn. 38; Goutier/Knopf/Bermel, Umwandlungsrecht, § 8 Rn. UmwG 49, str.

C. Verschmelzung von GmbH und Unternehmergesellschaften   Teil 2 Kapitel 2

Dass dies selbstverständlich auch gilt, wenn die **Anteile treuhänderisch durch einen Dritten gehalten** werden, ist gesetzlich klargestellt (§ 54 Abs. 3 Satz 2 UmwG). 931

I. Ü. ist auch in diesem Fall die Anteilsgewährung im Verschmelzungsvertrag anzugeben, welcher Gesellschafter welche Anteile erhält. Der **Erwerb** erfolgt ohne weitere Übertragungsakte mit Wirksamwerden der Verschmelzung. 932

(4) Anteile Dritter

Möglich ist schließlich, dass die Anteilsgewährung durch Abtretung von Anteilen der Gesellschafter der übernehmenden Gesellschaft an die Gesellschafter der übertragenden Gesellschaft erfolgt (vgl. oben Teil 2 Rdn. 324). Diese Möglichkeit der Anteilsgewährung wird **im UmwG zwar nicht ausdrücklich erwähnt**, sie ist aber **nach geltendem Recht anerkannt**.[1565] Es ist kein Anhaltspunkt ersichtlich, dass der Gesetzgeber diesen Weg ausschließen wollte. Da zudem ausdrücklich die Anteilsgewährung auch bei Treuhandverhältnissen geregelt ist (vgl. § 54 Abs. 2 UmwG), muss i. Ü. daraus geschlossen werden, dass offensichtlich der Gesetzgeber auch diesen Weg der Anteilsgewährung zulassen wollte. Soweit bei Treuhandverhältnissen nach § 54 Abs. 1 Satz 1 UmwG eine Kapitalerhöhung ausgeschlossen ist, ist nicht zugleich vorgeschrieben, dass vor Wirksamwerden der Verschmelzung die Anteile im Wege der Aufhebung des Treuhandverhältnisses auf den Treugeber übertragen werden. 933

Eine Anteilsgewährung kann aber nur erfolgen, wenn sichergestellt ist, dass die Anteile auch tatsächlich auf die Erwerber übergehen. Dies ist nicht nur dann der Fall, wenn die Anteile vor Wirksamwerden der Verschmelzung auf die übernehmende Gesellschaft übertragen werden.[1566] Möglich ist vielmehr eine Sicherstellung auch durch Aufnahme einer Bedingung in den Verschmelzungsvertrag, wonach Wirksamkeitsvoraussetzung für den Verschmelzungsvertrag die Abgabe eines notariell beurkundeten Abtretungsangebots mit festzulegendem Inhalt ist; dabei ist das Angebot wiederum unter die Bedingung des Wirksamwerdens der Verschmelzung zu stellen.[1567] 934

Für diesen Weg der unmittelbaren Anteilsgewährung, also ohne Durchgangserwerb der übernehmenden Gesellschaft, **gelten** aber **weder die Befreiung** von gesellschaftsvertraglichen Teilungsbeschränkungen nach § 54 Abs. 3 Satz 1 UmwG, **noch die** dort geregelten **Teilungserleichterungen**. I. Ü. erfolgt der Anteilserwerb nicht »automatisch« mit dem Wirksamwerden der Verschmelzung, vielmehr bedarf es hierzu einer **notariell beurkundeten Annahmeerklärung** seitens des Erwerbers.[1568] 935

Wird dieser Weg gewählt, muss ebenfalls im **Verschmelzungsvertrag** angegeben werden, welcher Gesellschafter hierdurch welche Geschäftsanteile erhalten soll. 936

(5) Bare Zuzahlungen

Vgl. Teil 2 Rdn. 335 ff. 937

Bare Zuzahlungen zum Ausgleich von Spitzenbeträgen sind nur zulässig, soweit sie nicht den zehnten Teil des gesamten Nennbetrages der gewährten Geschäftsanteile an der übernehmenden

---

[1565] Widmann/Mayer/Mayer, Umwandlungsrecht, § 54 UmwG Rn. 47; Kallmeyer/Kocher, UmwG, § 54 Rn. 17; Lutter/Winter/Vetter, UmwG, § 54 Rn. 61.
[1566] So zu Recht Widmann/Mayer/Mayer, Umwandlungsrecht, § 54 UmwG Rn. 47; Lutter/Winter/Vetter, UmwG, § 54 Rn. 15; a. A. Scholz/Priester, GmbHG, 7. Aufl., Anh. Umwandlung Rn. 6.
[1567] Vgl. Widmann/Mayer/Mayer, Umwandlungsrecht, § 54 UmwG Rn. 47; Kallmeyer/Kocher, UmwG, § 54 Rn. 17; Lutter/Winter/Vetter, UmwG, § 54 Rn. 18; Reichert, in: Semler/Stengel, § 54 UmwG Rn. 18; a. A. Lutter/Grunewald UmwG § 20 Rn. 61.
[1568] Kallmeyer/Kocher, UmwG, § 54 Rn. 17; Widmann/Mayer/Mayer, Umwandlungsrecht, § 54 UmwG Rn. 47.

Limmer

Gesellschaft übersteigen (§ 54 Abs. 4 UmwG). Der Gesamtnennbetrag ergibt sich aus den dem jeweiligen Gesellschafter im Wege der Kapitalerhöhung und/oder auf einem anderen der genannten Wege übertragenen Geschäftsanteilen.

(6) Gleichbehandlung

938 Sind die zu gewährenden Anteile **mit anderen Rechten ausgestattet** als andere Anteile (also anders als auch nur ein anderer Anteil!) der übernehmenden Gesellschaft, muss dies im Verschmelzungsvertrag festgehalten werden. Das Gesetz steht einer entsprechenden Verpflichtung zwar nur für den Fall der Kapitalerhöhung vor (§ 46 Abs. 2 UmwG). Werden andere Wege der Anteilsgewährung beschritten, kann aber schon wegen des **Gleichbehandlungsgrundsatzes** nichts anderes gelten.

bb) Abfindungsangebot

939 Vgl. zunächst die Ausführungen zum Abfindungsangebot allgemein (Teil 2 Rdn. 586 ff.) und bei der Verschmelzung unter Personengesellschaften (Teil 2 Rdn. 801 ff.).

940 Ein Abfindungsangebot ist nur erforderlich, wenn eine Mischverschmelzung erfolgt oder die Anteile an dem übernehmenden Rechtsträger Verfügungsbeschränkungen unterworfen sind und ein Gesellschafter bei der Beschlussfassung seinen **Widerspruch** erklärt.

941 Ein danach zu unterbreitendes Abfindungsangebot hat zum Inhalt, dass die übernehmende Gesellschaft den Geschäftsanteil des widersprechenden Gesellschafters erwirbt. Um den **Erwerb auch nicht voll eingezahlter Geschäftsanteile** zu ermöglichen, ist durch Art. 4 Umwandlungsbereinigungsgesetz § 33 GmbHG um einen Abs. 3 ergänzt worden, wonach auch nicht voll eingezahlte Geschäftsanteile von der Gesellschaft erworben werden können, wenn der Erwerb binnen 6 Monaten nach dem Wirksamwerden der Umwandlung oder der Rechtskraft der gerichtlichen Entscheidung erfolgt und die Gesellschaft die nach § 272 Abs. 4 HGB vorgeschriebene Rücklage für eigene Anteile bilden kann ohne das Stammkapital oder eine nach dem Gesellschaftsvertrag vorgesehene Rücklage zu mindern.

942 Macht der widersprechende Gesellschafter von dem Angebot Gebrauch, so bedarf die **Annahme** nach herrschender Meinung **keiner besonderen Form**.[1569] Die dingliche Übertragung des Geschäftsanteils zur Erfüllung dieser Verpflichtung bedarf nach § 15 Abs. 3 GmbHG notarieller Beurkundung. Der Gesellschafter ist allerdings nicht verpflichtet, das Angebot anzunehmen. Nimmt er es nicht an, wird er trotz seines Widerspruchs Gesellschafter der übernehmenden Gesellschaft.

cc) Tochter-Mutter-Verschmelzungen (up-stream-merger)

943 Vgl. Teil 2 Rdn. 111 ff.; 227 ff.

Ist die übernehmende GmbH alleinige Gesellschafterin der übertragenen Gesellschaft, entfallen die durch § 5 Abs. 1 Nr. 2 bis 5 UmwG vorgesehenen Angaben (§ 5 Abs. 2 UmwG), da ein **Anteilstausch** nicht stattfindet.

944 Diese Erleichterung gilt nicht für die **Verschmelzung von Schwester-Gesellschaften**, da nach der Vorstellung des Gesetzgebers in diesen Fällen eine Anteilsgewährung erfolgen muss, es besteht aber die Möglichkeit des Verzichtes nach § 54 Abs. 1 Satz 3 UmwG.[1570]

1569 Kallmeyer/Marsch-Barner, UmwG, § 31 Rn. 4; Lutter/Grunewald, UmwG, § 31 Rn. 3.
1570 Vgl. oben Teil 1 Rdn. 179, Teil 2 Rdn. 132 ff.; Teil 2 Rdn. 325 ff.; vgl. Tillmann, GmbHR 2003, 740 ff.; vgl. Widmann/Mayer/Mayer, Umwandlungsrecht, § 5 UmwG Rn. 41 ff.; zuletzt Roß/Drögemüller, DB 2009, 580 ff.; Krumm, GmbHR 2010, 24 ff. insb. auch zu den steuerlichen Fragen.

b) Möglicher Vertragsinhalt

Soweit die Anteilsgewährung nicht im Wege der Kapitalerhöhung, sondern durch Abtretung von Anteilen eines Gesellschafters der übernehmenden Gesellschaft erfolgen soll, kann eine **aufschiebende Bedingung** aufgenommen werden, wonach zum Wirksamwerden des Verschmelzungsvertrages das Vorliegen eines entsprechenden, notariell beurkundeten Angebots erforderlich ist, wobei das Angebot wiederum unter die Bedingung des Wirksamwerdens der Verschmelzung gestellt werden kann. Soweit zur Übertragung des Geschäftsanteils gesellschaftsvertraglich oder gesetzlich (§ 17 Abs. 1 GmbHG) weitere Erfordernisse gegeben sein müssen, ist auch das Vorliegen dieser Voraussetzung zur Bedingung des Vertrages zu machen. 945

Zum sonstigen möglichen Vertragsinhalt s. o. Teil 2 Rdn. 96 ff.

3. Nicht voll eingezahlte Geschäftsanteile – Zustimmungspflichten

Einer Verschmelzung steht die Tatsache, dass die Geschäftsanteile an der übertragenden Tochter-GmbH nicht voll eingezahlt sind, nicht entgegen.[1571] Hierfür findet sich in § 51 UmwG eine **ausdrückliche Regelung**. Diese zeigt, dass der Gesetzgeber grds. davon ausgeht, dass auch eine Verschmelzung einer GmbH mit nur teilweise eingezahlten Geschäftsanteilen möglich ist. Gläubigerschützende Regelungen für diese Konstellation hat der Gesetzgeber nicht aufgenommen. Vielmehr beinhaltet § 51 UmwG nur zum Schutz der betroffenen Gesellschafter Zustimmungserfordernisse (vgl. dazu Teil 2 Rdn. 583). 946

IV. Verschmelzung durch Neugründung

Vgl. allgemein oben Teil 2 Rdn. 338 ff. 947

Nach § 36 Abs. 1 UmwG sind im Grundsatz die **Vorschriften über die Verschmelzung durch Aufnahme** entsprechend anzuwenden. Dies bedeutet zugleich, dass jede der bestehenden GmbH als übertragende Gesellschaft und die neu entstehende GmbH als übernehmende Gesellschaft gilt. 948

Ausgenommen von der Geltung der Bestimmungen über die Verschmelzung durch Aufnahme sind – soweit der Verschmelzungsvertrag betroffen ist – (§ 56 UmwG): 949

§ 54 Abs. 1 bis Abs. 3 UmwG	Verschmelzung unter Verwendung bestehender Anteile der beteiligten Rechtsträger;
§ 55 UmwG	Kapitalerhöhung zur Durchführung der Verschmelzung.

1. Beschlusskompetenz und Form

Insoweit gelten keine Besonderheiten (vgl. daher Teil 2 Rdn. 52 ff.). 950

2. Inhalt des Verschmelzungsvertrages

a) Notwendiger Vertragsinhalt

Der notwendige Inhalt ergibt sich aus §§ 5 bis 7, § 24, §§ 36, 37 und §§ 56, 57 UmwG (vgl. zunächst allgemein oben Teil 2 Rdn. 52 ff. zu § 5 UmwG). Im Folgenden wird nur auf **Besonderheiten** eingegangen. 951

aa) Beteiligte Rechtsträger

Beteiligte Rechtsträger sind sowohl die bestehende GmbH als übertragende Rechtsträger und die neu zu gründende GmbH als übernehmender Rechtsträger (§ 5 Abs. 1 Nr. 1 UmwG). Alle 952

1571 Vgl. Gutachten-DNotI-Report 2015, 171.

Gesellschaften sind unter Ernennung ihrer (vorgesehenen) Firma und ihres (vorgesehenen) Sitzes anzugeben.

bb) Vermögensübertragung

953 Übertragen wird das Vermögen der bestehenden GmbH auf die noch zu gründende Gesellschaft gegen Gewährung von Geschäftsanteilen an der neuen GmbH (§ 5 Abs. 1 Nr. 2 UmwG).

cc) Umtauschverhältnis und Anteilsgewährung

954 Aufzunehmen in den Vertrag ist das **Umtauschverhältnis** (§ 5 Abs. 1 Nr. 2 und Nr. 3 UmwG; vgl. oben Teil 2 Rdn. 154 ff.).

955 Das **Stammkapital der neuen GmbH** darf den tatsächlichen Gesamtwert des Gesamtvermögens der verschmolzenen GmbH nicht übersteigen, da die neue Gesellschaft im Wege der Sachgründung gebildet wird.[1572]

956 Die **Höhe des Stammkapitals** kann errechnet werden nach dem **Gesamtwert der übertragenden Gesellschaften**. Maßgebend ist, dass das Stammkapital der neu gegründeten GmbH durch den Nettowert des gesamten Vermögens aller übertragenden Gesellschafter gedeckt ist, eine Saldierung ist zulässig.[1573]

▶ Beispiel:

957 A-GmbH
Stammkapital: 50.000,00 €
wirklicher Wert: 100.000,00 €
Gesellschafter: X, Y,
jeweils mit einem Geschäftsanteil von 25.000,00 €

B-GmbH
Stammkapital: 150.000,00 €
wirklicher Wert: 250.000,00 €
Gesellschafter: C, D, E, F, G
jeweils mit einem Geschäftsanteil i. H. v. 30.000,00 €

Stammkapital der neuen GmbH: 350.000,00 €
Gesellschafter X, Y erhalten Anteile i. H. v. jeweils 50.000,00 €
Gesellschafter C, D, E, F, G erhalten ebenfalls Anteile i. H. v. jeweils 50.000,00 €

958 Möglich ist aber auch, das **Stammkapital auf einen geringeren Betrag als den Gesamtwert** festzusetzen (vgl. oben Teil 2 Rdn. 294 ff.):

▶ Beispiel:

959 A-GmbH und B-GmbH wie im obigen Beispiel.

Das Stammkapital der neuen GmbH wird auf 140.000,00 € festgesetzt. Die Gesellschafter A, B, C, D, E, F und G erhalten jeweils Anteile i. H. v. 20.000,00 €.

Das Stammkapital und die Geschäftsanteile sind in **Euro** festzusetzen.

960 Fraglich ist, wie das Stammkapital festzusetzen ist, wenn **bare Zuzahlung** oder **Abfindungszahlungen** nach § 29 Abs. 1 UmwG zu leisten sind. In beiden Fällen ist Zahlungsverpflichtete die neue zu gründende GmbH, deren Vermögen von vornherein um die entsprechenden Beträge

---

[1572] Kallmeyer/Marsch-Barner, UmwG, § 36 Rn. 10; Ihrig, GmbHR 1995, 622, 624 f.; vgl. auch oben Teil 2 Rdn. 359 ff.
[1573] Widmann/Mayer/Mayer, Umwandlungsrecht, § 36 UmwG Rn. 31.

belastet ist. Mit guten Gründen vertritt daher **Ihrig**[1574] die Auffassung, dass bei Zugrundelegung des Gesamtvermögens zur Berechnung des Stammkapitals solche Verpflichtungen als Abzugsposten zu berücksichtigen sind, nicht aber Ausgleichszahlungen nach § 15 UmwG.

Anzugeben sind im Verschmelzungsvertrag die Gesellschafter und die auf sie entfallenden Nennbeträge der Anteile. 961

Hatte ein Gesellschafter bisher mehrere Anteile, so sind ihm – schon wegen des **Gleichbehandlungsgrundsatzes** – bei der neu zu gründenden GmbH gleich viele Anteile zu gewähren, wobei das Verhältnis der Nennbeträge dem Verhältnis der bisher gehaltenen Anteile entsprechen muss.[1575] 962

Vor 1995 war streitig, ob abweichend von § 5 Abs. 1 GmbHG bei Verschmelzung durch Neugründungen die Nennbeträge der zu gewährenden Anteile auf geringere Beträge als dort vorgeben lauten dürfen und ob bare Zuzahlungen möglich sind. 963

Der Streit ist für das UmwG durch § 54 Abs. 3 UmwG entschieden: Die **Nennbeträge** müssen auf volle Euro lauten. Auch findet nach § 56 UmwG auf die Verschmelzung durch Neugründung § 54 Abs. 4 UmwG Anwendung. Folglich sind bare Zuzahlungen möglich. Sie dürfen aber nicht mehr als 10 % des Nennbetrages, der dem jeweiligen Gesellschafter gewährten Anteile betragen. Hält ein Gesellschafter mehrere Anteile, ist, ohne dass dies im Gesetz klargestellt wäre, der Gesamtnennbetrag maßgebend. 964

Bei der Verschmelzung durch Aufnahme ergibt sich durch § 55 UmwG, dass es einer **Übernahmeerklärung** für die durch Kapitalerhöhung zu gewährenden Anteile **nicht bedarf**. § 55 UmwG gilt aber nicht bei einer Verschmelzung durch Neugründung (vgl. den Wortlaut von § 56 UmwG). Eine Übernahmeerklärung ist gleichwohl nicht erforderlich. Der Anteilserwerb erfolgt vielmehr kraft Gesetzes mit dem Wirksamwerden der Verschmelzung (§ 20 Abs. 1 Nr. 3 UmwG). 965

dd) Satzung der neuen GmbH

Die Satzung der neu zu gründenden GmbH ist nach § 37 UmwG **zum Bestandteil des Verschmelzungsvertrages** zu machen und folglich mit zu beurkunden. 966

Soweit in den bisherigen Satzungen der übertragenden GmbH **Festsetzungen über Sondervorteile**, Gründungsaufwand, Sacheinlagen und Sachübernahmen enthalten sind, sind sie in den Gesellschaftsvertrag der neuen GmbH zu übernehmen (§ 57 UmwG). § 57 UmwG verlangt die Übernahme »historischer« Festsetzungen aus den Satzungen der übertragenden Rechtsträger, die nach den jeweiligen Vorschriften der übertragenden Rechtsträger über einen längeren Zeitraum fortgeschrieben werden müssen (vgl. §§ 26, 27 AktG bzw. § 5 GmbHG). 967

Die von den Sondergesetzen vorgeschriebenen **Beibehaltungsfristen** (§ 26 AktG) beginnen allerdings nicht neu, sondern richten sich nach dem ursprünglichen Fristbeginn. Enthält die Satzung eines übertragenen Rechtsträgers Festsetzungen, für die die maßgebliche Beibehaltungsfrist abgelaufen ist, müssen sie nicht in die Satzung der neuen GmbH übernommen werden.[1576] 968

Davon zu unterscheiden ist die Verpflichtung, die i. R. d. Verschmelzung geleistete Sacheinlage des gesamten Vermögens des übertragenden Rechtsträgers in die Satzung der neuen Gesellschaft aufzunehmen. Diese folgt nicht aus § 57 UmwG, sondern aus deren § 36 Abs. 2 UmwG vorgeschriebenen Anwendung des GmbH-Gründungsrechts (§ 5 Abs. 4 Satz 1 GmbHG). Nach allgemeiner Meinung genügt allerdings die allgemeine Angabe, dass das Stammkapital der Gesellschaft 969

1574 GmbHR 1995, 622 ff., 630 ff.
1575 Lutter/Winter/Vetter, UmwG, § 54 Rn. 120; Reichert, in: Semler/Stengel, § 54 UmwG Rn. 37; Stratz, in: Schmitt/Hörtnagl/Stratz, § 54 UmwG Rn. 15.
1576 Lutter/Winter/Vetter, UmwG, § 57 Rn. 7; Hüffer/Koch/Koch, § 26 AktG Rn. 1, 10.

dadurch erbracht wurde, dass sich das Vermögen der übertragenden Rechtsträger entgegen der Verschmelzung auf die Gesellschaft übertragen wird.[1577]

b) Möglicher Vertragsinhalt

970 Vgl. zunächst oben unter Teil 2 Rdn. 52 ff.

971 In den Gesellschaftsvertrag kann die **Bestellung der Geschäftsführer** aufgenommen werden. Notwendig ist dies nicht. Auch wenn die Anmeldung der neuen GmbH nur durch die Vertretungsorgane der übertragenden Gesellschaften zu erfolgen hat (vgl. §§ 56, 38 Abs. 2 UmwG), ist jedenfalls bei der Anmeldung der neuen GmbH ein Beschluss über die Geschäftsführerbestellung vorzulegen und mit an zu melden. Da nach § 36 Abs. 2 Satz 2 UmwG die übertragenden Rechtsträger den Gründern gleichstehen, können die Vertretungsorgane außerhalb des von ihnen abgeschlossenen Verschmelzungsvertrages die Bestellung der Vertretungsorgane der neuen GmbH beschließen. Der Satzung ist nach § 59 UmwG durch Verschmelzungsbeschluss zuzustimmen.

c) Organbestellung

972 Vgl. zunächst Teil 2 Rdn. 362 ff. Auch ein **eventueller Aufsichtsrat** ist nach § 59 Satz 2 UmwG durch Verschmelzungsbeschluss zu bestellen. Sehr umstritten ist die Frage, ob ein mitbestimmter Aufsichtsrat bei der GmbH vor der Eintragung ins Handelsregister zu bilden ist.[1578] Das BayObLG hat dies im Beschl. v. 09.06.2000[1579] abgelehnt.

V. Verschmelzungsbericht

973 Vgl. zunächst allgemein oben Teil 2 Rdn. 380 ff.

974 Anders als bei Personenhandelsgesellschaften ist ein Verschmelzungsbericht **bei der Beteiligung von GmbH immer erforderlich. Berichtspflichtig** sind bei GmbH gem. § 8 UmwG die Geschäftsführer in ihrer Gesamtheit (str., vgl. oben Teil 2 Rdn. 381 ff.). Nach § 8 Abs. 1 Satz 1 UmwG ist ein gemeinsamer Bericht aller an der Verschmelzung beteiligter Vertretungsorgane zulässig. Hinsichtlich des Inhaltes gelten die allgemeinen Grundsätze des § 8 UmwG, d. h. es muss die Verschmelzung, der Verschmelzungsvertrag oder sein Entwurf und insb. das Umtauschverhältnis der Anteile sowie die Höhe der anzubietenden Barabfindung rechtlich und wirtschaftlich erläutert und begründet werden. Auf besondere Schwierigkeiten bei der Bewertung der Gesellschaften sowie auf die Folgen für die Beteiligung der Anteilsnehmer ist hinzuweisen (vgl. eingehend oben Teil 2 Rdn. 380 ff.). Zum Verzicht vgl. Teil 2 Rdn. 404 ff.

▶ Hinweis:

975 Nach § 8 Abs. 3 UmwG ist der Bericht allerdings nicht erforderlich, wenn entweder alle Gesellschafter in notariell beurkundeter **Verzichtserklärung** auf die Erstellung verzichtet haben oder sich **alle Geschäftsanteile** der übertragenden GmbH in der Hand des übernehmenden Rechtsträgers befinden. Insb. bei personalistischen GmbH wird i. d. R. ein Bericht deswegen nicht erforderlich sein, weil die Gesellschafter hierauf verzichtet haben. Dies sollte ggf. im Vorstadium geklärt werden.

1577 Vgl. Kallmeyer/Marsch-Barner, UmwG, § 36 Rn. 10 ff.; Bärwaldt, in: Semler/Stengel, § 36 UmwG Rn. 35; Lutter/Winter/Vetter, UmwG, § 56 Rn. 40.
1578 Vgl. Hahn, BB 2000, 1849 m. w. N.
1579 BB 2000, 1538.

VI. Verschmelzungsprüfung

Vgl. Teil 2 Rdn. 409 ff.

976

Eine Prüfung des Verschmelzungsvertrages ist für die GmbH nur notwendig, **wenn ein Gesellschafter dies verlangt** (§ 48 UmwG). Die Kosten trägt dann die Gesellschaft. Diese Vorschrift ist an § 355 Abs. 2 Satz 2 AktG i. d. F. vor 1995 angelehnt. Bei der alten Verschmelzung war für die Verschmelzung einer GmbH mit einer AG in dieser Vorschrift vorgesehen, dass der Verschmelzungsvertrag und das Umtauschverhältnis der Anteile wie bei einer Verschmelzung von AG geprüft werden müssen. Dabei war aber die Bestellung eines eigenen Prüfers für die übertragende GmbH nur erforderlich, falls ein GmbH-Gesellschafter dies verlangte. Die Regierungsbegründung weist darauf hin, dass die Interessenlage bei jeder anderen Ausgestaltung der Verschmelzung, also bei reinen GmbH-Verschmelzungen und bei der Beteiligung von Rechtsträgern anderer Rechtsformen, dieselbe ist. Ein GmbH-Gesellschafter kann stets ein Interesse daran haben, dass das Umtauschverhältnis der Anteile von unabhängigen Sachverständigen geprüft wird. Dies gilt insb. für die Gesellschaft mit einem großen Kreis von Gesellschaftern, von denen jedenfalls der größere Teil dem Geschäftsleben der GmbH fernsteht und deren Unternehmenswert aus eigener Anschauung nicht beurteilt werden kann. Das gilt auch für Minderheitsgesellschafter kleiner GmbH. Deshalb wurde im UmwG den Gesellschaftern allgemein das Recht eingeräumt, eine Prüfung der bisherigen Verschmelzung zu verlangen, falls sie Zweifel haben, ob ihre wirtschaftliche und rechtliche Stellung angemessen berücksichtigt worden ist.[1580] Der Antrag ist gegenüber der Gesellschaft zu stellen, diese wird vertreten durch die Geschäftsführerin vertretungsberechtigter Zahl. Eine Abgabe gegenüber einem Prokuristen ist grundsätzlich nicht ausreichend, ausgenommen bei unechter Gesamtvertretung.[1581]

Unklar war, welche **Frist für das Verlangen** besteht. Da dem UmwG bis zum **Zweiten Gesetz zur Änderung des UmwG** v. 25.04.2007[1582] eine gesetzliche Frist fehlte, wurde davon ausgegangen, dass das Verlangen zeitlich vor oder sogar noch in der Mitgliederversammlung gestellt werden kann.[1583] Teilweise wurde das Verlangen einer Verschmelzungsprüfung auch nach Fassung bzw. Wirksamwerden des Verschmelzungsbeschlusses für zulässig erachtet.[1584] Ebenfalls unklar war, ob eine **Fristsetzung** möglich ist. Dies war wohl aus allgemeinen Grundsätzen zu bejahen.[1585] Diese Problematik ist allerdings durch das **Zweite Gesetz zur Änderung des UmwG** bei GmbH und Personengesellschaft und Partnerschaftsgesellschaft, nicht aber bei Vereinen, insofern entschärft worden, als das **Prüfungsverlangen innerhalb einer Frist von einer Woche gestellt werden muss**, nachdem die Unterlagen zur Einberufung der Versammlung empfangen wurden.[1586]

977

Hierbei ist allerdings zu berücksichtigen, dass nach **§ 30 Abs. 2 UmwG** eine **Prüfung immer durchzuführen ist**, und dies unabhängig von dem Verlangen eines Gesellschafters, wenn der Verschmelzungsvertrag eine **Barabfindung** enthält. Die Angemessenheit einer anzubietenden Barabfindung ist stets durch Verschmelzungsprüfer zu prüfen.

978

1580 Vgl. Begründung zum RegE, BR-Drucks. 74/95, S. 99; abgedruckt in: Limmer, Umwandlungsrecht, S. 294 f.
1581 BeckOGK/v. Hinden UmwG § 48 Rn. 17; Lutter/Winter/Vetter § 48 UmwG Rn. 23.
1582 BGBl. I, S. 542.
1583 Widmann/Mayer/Mayer, Umwandlungsrecht, § 48 UmwG Rn. 9; Kallmeyer/Müller, UmwG § 48 Rn. 5.
1584 Widmann/Mayer, UmwG § 48 Rn. 17; Stratz, in Schmitt/Hörtnagl/Stratz, 4. Aufl., § 44 UmwG Rn. 4, § 48 Rn. 4.
1585 So H. Schmidt, in: Lutter, Kölner Umwandlungsrechtstage, S. 76; Goutier/Knopf/Bermel, Umwandlungsrecht, § 44 UmwG Rn. 8.
1586 § 48 UmwG, vgl. Drinhausen, BB 2006, 2313 f.; Widmann/Mayer/Vossius, Umwandlungsrecht, § 48 UmwG Rn. 9; Lutter/Winter/Vetter, § 48 UmwG Rn. 25 ff.; Kallmeyer/Müller, UmwG § 48 Rn. 5.

979 Das **Verfahren zur Bestellung der Verschmelzungsprüfer**, ihre Stellung und Verantwortlichkeit und der Inhalt des Prüfungsberichts sind auch für die GmbH im Allgemeinen Teil in den §§ 9 bis 12 UmwG geregelt (vgl. oben Teil 2 Rdn. 422 ff.).

980 Für die **Auswahl der Verschmelzungsprüfer** gilt § 11 UmwG, der auf § 319 Abs. 1 bis 3 HGB Bezug nimmt. Danach können Abschlussprüfer nur Wirtschaftsprüfer oder Wirtschaftsprüfungsgesellschaften sein, für sog. mittelgroße GmbH jedoch auch vereidigte Buchprüfer. Maßgeblich für die Frage, ob bei einer mittelgroßen GmbH vereidigte Buchprüfer tätig werden können, ist daher § 267 HGB.

VII. Vorbereitung der Gesellschafterversammlung

1. Einberufung der Gesellschafterversammlung

981 Für die Einberufung der Gesellschafterversammlung gelten die allgemeinen Grundsätze des GmbH-Rechts. Die Versammlung ist daher nach § 49 Abs. 1 GmbHG durch die Geschäftsführer einzuberufen. Die **Einberufungskompetenz** liegt nach allgemeiner Meinung selbst bei mehreren Geschäftsführern bei jedem einzelnen Geschäftsführer und zwar selbst dann, wenn die Geschäftsführer zur Gesamtvertretung berechtigt sind.[1587]

982 Nach § 51 Abs. 1 GmbHG erfolgt die Einberufung der Versammlung durch **Einladung der Gesellschafter** mittels eingeschriebenem Brief. Sie ist mit einer **Frist von mindestens einer Woche** zu bewirken. Nach herrschender Meinung muss die Einladung auch den Einberufenden ausweisen.[1588] Zur Sicherheit sollte der Einberufende persönlich unterschreiben mit ausdrücklichem Hinweis, aus dem sich die Einberufungsbefugnis ergibt.

983 In der Einladung sind die Gesellschafter unter Angabe von Ort und Tag zur Gesellschafterversammlung einzuladen. Die **Tagesordnung** soll nach § 51 Abs. 2 GmbHG angegeben werden. Die Wochenfrist berechnet sich nach §§ 187 Abs. 1, 188, 193 BGB. D. h., die Frist läuft an demselben Wochentag ab, an dem die Einladung in der vorhergehenden Woche bewirkt wurde.

984 § 47 UmwG ergänzt die allgemeinen Vorschriften der Einberufung dahin gehend, dass der **Verschmelzungsvertrag** oder sein Entwurf und der **Verschmelzungsbericht** den Gesellschaftern spätestens zusammen mit der Einberufung der Versammlung zu übersenden ist. Diese Vorschrift **konkretisiert das allgemeine Auskunfts- und Einsichtsrecht** der GmbH-Gesellschafter nach § 51a GmbHG für den Vorgang der Verschmelzung. Die Regierungsbegründung weist darauf hin, dass die Verschmelzung für eine GmbH so wesentlich ist, dass den Gesellschaftern diejenigen Unterlagen, die für ihre Zustimmung die größte Bedeutung haben, rechtzeitig vor der Beschlussfassung zur Verfügung gestellt werden müssten.

985 Streitig ist ob eine Verpflichtung zur **Übersendung eines Verschmelzungsprüfungsberichts** besteht.[1589] Umstritten ist dabei ebenfalls, ob § 41 UmwG analog anzuwenden ist, d. h. ob die Versendungspflicht entfällt, wenn alle Gesellschafter zur Geschäftsführung berechtigt sind.[1590]

[1587] Vgl. OLG Frankfurt am Main, GmbHR 1976, 110; OLG Düsseldorf, NZG 2004, 916, 921; BayObLG, NZG 1999, 1063; Baumbach/Hueck/Zöllner § 49 GmbHG Rn. 3; Lutter/Hommelhoff/Bayer, GmbHG, § 49 Rn. 1.

[1588] Vgl. Lutter/Hommelhoff/Bayer, GmbHG, § 51 Rn. 16; Baumbach/Hueck/Zöllner § 51 GmbHG Rn. 16; Scholz/K. Schmidt, GmbHG, § 51 Rn. 13.

[1589] Bejahend Reichert, in Semler/Stengel, § 47 UmwG Rn. 8; Kallmeyer/Kocher, UmwG, § 47 Rn. 1; Lutter/Winter/Vetter, UmwG, § 47 Rn. 10; Stratz, in Schmitt/Hörtnagl/Stratz, § 47 UmwG Rn. 1; Hommelhoff, ZGR 1993, 462; BeckOGK/v. Hinden UmwG § 47 Rn. 8; zu Recht ablehnend Widmann/Mayer/Mayer, Umwandlungsrecht, § 47 UmwG Rn. 4.

[1590] Befürworten Lutter/Drygala, § 8 UmwG Rn. 54; ablehnend Ihrig, in: Semler/Stengel § 41 UmwG Rn. 3; Lutter/H. Schmidt, UmwG, § 41 Rn. 3; vgl. auch Kallmeyer/Kocher, UmwG, § 47 Rn. 7.

Anders als § 24 Abs. 2 UmwG i. d. F. vor 1995, der eine zweiwöchige Einberufungsfrist für die Umwandlung vorsah, enthält § 47 UmwG keine Sondervorschrift für die Einberufungsfrist. Damit gilt die allgemeine Einberufungsfrist von mindestens einer Woche nach § 51 Abs. 1 GmbHG.[1591] Z. T. wird diese Frist als unzureichend empfunden.[1592]

§ 49 Abs. 1 UmwG konkretisiert den Inhalt der Einberufung dahin gehend, dass die Geschäftsführer in der Einberufung die Verschmelzung als **Gegenstand der Beschlussfassung** anzukündigen haben. Da dies bereits aus dem allgemeinen GmbH-Recht folgt, dürfte es sich hierbei um eine ausdrückliche Klarstellung handeln, um die Gesellschafter ausdrücklich auf diesen wichtigen Vorgang aufmerksam zu machen.[1593] Anzukündigen ist nur »die Verschmelzung«. Der Wortlaut des Verschmelzungsvertrages und des Verschmelzungsberichts müssen in der Einberufung nicht wiedergegeben werden.[1594]

2. Auslegungspflichten

Ergänzend zur Absicherung des Informationsrechts der GmbH-Gesellschafter bestimmt § 49 Abs. 2 UmwG, dass von der Einberufung an im Geschäftsraum der Gesellschaft die **Jahresabschlüsse** und die **Lageberichte** der an der Verschmelzung beteiligten Gesellschaften und Rechtsträger **für die letzten 3 Geschäftsjahre** zur Einsicht durch die Gesellschafter auszulegen sind. Diese Vorschrift lehnt sich an § 340d Abs. 2 Nr. 2 AktG i. d. F. vor 1995 an. Sie soll es den Gesellschaftern erleichtern, den Vorschlag der Geschäftsleitung zu beurteilen. Diese Unterlagen dienen der Information der Gesellschafter. Sie sollen dadurch in die Lage versetzt werden, die mitgeteilten Daten in Ruhe zur Kenntnis zu nehmen und zu prüfen, um sich auf diese Weise ein eigenes Bild von der geplanten Verschmelzung und der Information durch die Geschäftsführung zu machen.[1595] Der Vorlagezeitraum ist nicht auf die zeitlich letzten 3 Geschäftsjahre vor der Anteilseignerversammlung zu beziehen, sondern auf die Geschäftsjahre, für die bereits ein festgestellter Jahresabschluss vorliegt oder nach den bilanzrechtlichen Vorschriften hätte vorliegen müssen.[1596]

3. Auskunftsanspruch

Vgl. zunächst allgemein oben Teil 2 Rdn. 470 ff.

§ 49 Abs. 3 UmwG bestimmt, dass die Geschäftsführer jeden Gesellschafter auf Verlangen **jederzeit Auskunft** auch über alle für die Verschmelzung wesentlichen Angelegenheiten der anderen beteiligten Gesellschaften und Rechtsträger **zu geben haben**. Diese Vorschrift erweitert das allgemeine Auskunftsrecht nach § 51a GmbHG auf die anderen beteiligten Gesellschaften. Der Auskunftsanspruch hinsichtlich der eigenen Gesellschaft ergibt sich somit direkt aus § 51a GmbH. Darüber hinausgehend wird der Auskunftsanspruch über die Belange der eigenen Gesellschaft hinaus auf die der anderen beteiligten Gesellschaften erweitert. Der Informationsanspruch richtet sich damit auf die gesellschaftlichen und wirtschaftlichen Angelegenheiten der anderen Gesellschaften. Als Minimalanforderung ist die Auskunft darüber zu erteilen, ob die Einlagen bei der

---

1591 Widmann/Mayer/Mayer, Umwandlungsrecht, § 47 UmwG Rn. 6.
1592 Reichert, in Semler/Stengel, § 47 UmwG Rn. 14; Lutter/Winter/Vetter, UmwG, § 47 Rn. 20; vgl. auch Kallmeyer/Kocher, UmwG, § 47 Rn. 5.
1593 So Begründung zum RegE, BR-Drucks. 74/95, S. 100; abgedruckt in: Limmer, Umwandlungsrecht, S. 295.
1594 BeckOGK/v. Hinden UmwG § 49 Rn. 9.
1595 Vgl. Widmann/Mayer/Mayer, Umwandlungsrecht, § 49 UmwG Rn. 12.
1596 So zu § 327c Abs. 3 AktG OLG Hamburg, NZG 2003, 539 = DB 2003, 1499 = ZIP 2003, 1344; Lutter/Winter/Vetter, § 49 UmwG Rn. 22 ff.; Kallmeyer/Kocher, § 49 UmwG Rn. 2; Stratz, in Schmitt/Hörtnagl/Stratz, § 47 UmwG Rn. 7 f.; vgl. auch zur Parallelvorschrift: Diekmann, in Semler/Stengel, § 63 UmwG Rn. 12.

übernehmenden Gesellschaft voll bewirkt sind, wie sich die wirtschaftliche Lage aktuell darstellt und welche konkreten Zukunftsaussichten bestehen.[1597] Der Anspruch besteht nur ggü. den eigenen Geschäftsführern, die sich ggf. bei den anderen kundig machen müssen.

VIII. Zustimmungsbeschluss zur Verschmelzung

1. Gesellschafterversammlung

991 Nach § 13 Abs. 1 Satz 2 UmwG kann der Verschmelzungsbeschluss nur in einer Versammlung der Gesellschaft gefasst werden. Eine **schriftliche Stimmabgabe**, wie sie § 48 Abs. 2 GmbHG vorsieht, ist daher bei Verschmelzungsbeschlüssen nicht zulässig.

2. Durchführung der Gesellschafterversammlung und Informationsrechte

992 Vgl. allgemein oben Teil 2 Rdn. 470 ff.

993 Zunächst gilt das **Informationsrecht nach § 49 Abs. 3 UmwG** auch für die Gesellschafterversammlung.[1598]

994 Vgl. zur Beurkundung des Beschlusses Teil 2 Rdn. 505 ff.

Nach § 13 Abs. 3 UmwG bedarf der Verschmelzungsbeschluss für alle Gesellschaften der **notariellen Beurkundung** (vgl. oben Teil 2 Rdn. 502 ff.). Hinsichtlich der Durchführung der GmbH-Gesellschafterversammlung hat das GmbHG keine Vorgaben gemacht. So ist etwa auch ein **Versammlungsleiter** nicht erforderlich,[1599] in vielen Fällen allerdings zweckmäßig. Auch ist nicht wie in § 129 AktG eine **Anwesenheitsfeststellung** vorgeschrieben, bei größeren Versammlungen i. d. R. ebenfalls sachgerecht. Sie erfolgt nach Bestimmung des Versammlungsleiters, bei Versammlungen ohne Vorsitzenden durch Umlauf einer Liste.

995 Da der Gesellschafterbeschluss einen sonstigen Vorgang i. S. d. **§ 36 BeurkG** betrifft, ist eine Niederschrift erforderlich, die neben der Bezeichnung des beurkundenden Notars den Bericht über seine Wahrnehmung bei dem Beschluss enthalten, und von ihm eigenhändig unterschrieben sein muss. In der Niederschrift muss weiter angegeben werden, dass es sich um einen Gesellschafterversammlungsbeschluss handelt, das Abstimmungsergebnis und ggf. die Feststellung des Versammlungsleiters. Weiterhin sind nach § 36 Abs. 2 BeurkG die Angabe von Ort und Tag der Beschlussfassung und der Errichtung der Urkunde anzugeben. Eine Verlesung ist nicht erforderlich. Es handelt sich dabei nicht um die Beurkundung von Willenserklärungen, sondern um die **Beurkundung von sonstigen Tatsachen**.[1600] Der Beschluss selbst ist ein Rechtsgeschäft, keine Willenserklärung. Nur die Stimmabgaben der Aktionäre i. R. d. Beschlussfassung sind Willenserklärungen. Bei der Stimmabgabe selbst handelt es sich um eine einseitige zugangsbedürftige Willenserklärung. Bei der Beurkundung des Versammlungsbeschlusses handelt es sich nicht um eine Beurkundung der Stimmabgaben der einzelnen Gesellschafter, sondern um die Beurkundung des rechnerischen Ergebnisses aus der Addition für oder gegen einen Beschluss abgegebener Stimmen bzw. der Stimmenthaltungen. Der Versammlungsbeschluss wird in der Niederschrift daher lediglich nach Art eines tatsächlichen Vorganges erfasst. Aus diesem Grunde bedarf es auch nicht der sonst vorgeschriebenen Verlesung der Niederschrift. Des Weiteren ist auch nicht die Personenfeststellung durch Vorlegung amtlicher Ausweise für die dem Notar nicht persönlich bekannten Teil-

---

1597 So Lutter/Winter/Vetter § 49 UmwG Rn. 44 ff.; Kallmeyer/Kocher § 49 UmwG Rn. 3; Widmann/Mayer/Mayer, Umwandlungsrecht, § 47 UmwG Rn. 27 ff.
1598 Vgl. Reichert in: Semler/Stengel § 49 UmwG Rn. 12.
1599 Vgl. BGHZ 76, 156; Lutter/Hommelhoff/Bayer, § 48 GmbHG Rn. 15; Ulmer/Hüffer/Koch, GmbHG, § 48 Rn. 29; Wiester, GmbHR 2008, 189, 191.
1600 Vgl. OLG Celle NZG 2017, 422; Preuß in: Armbrüster/Preuß/Renner, § 36 BeurkG Rn. 9; Limmer in: Eylmann/Vaasen, § 39 BeurkG Rn. 2; Lerch, BeurkG, § 36 Rn; 1 ff.; Winkler, BeurkG, § 36 Rn. 3; Nordholtz/Hupka, DNotZ 2018, 404 ff.

nehmer notwendig. Auch muss die Niederschrift von keiner weiteren Person als der Urkundsperson unterschrieben werden. Dies alles gilt jedoch nur insofern, als Gang und Ergebnisse der Versammlung Gegenstand der Beurkundung sind. Wenn in der Versammlung auch rechtsgeschäftliche Erklärungen abgegeben werden, so sind die Vorschriften des zweiten Abschnitts über die Beurkundung von Willenserklärungen anwendbar, insb. über Verlesung, Genehmigung und Unterzeichnung. Die **notwendigen Feststellungen** sind im GmbHG nicht geregelt, ergeben sich allerdings aus § 13 UmwG: Angegeben werden muss danach der Beschlussgegenstand, ferner dass es sich um einen Gesellschafterversammlungsbeschluss handelt und das Abstimmungsergebnis (Zahl der abgegebenen und bejahenden Stimmen) sowie dessen etwaige Feststellung durch einen Versammlungsleiter, sofern einer vorhanden ist. Zweckmäßig sind nach herrschender Meinung darüber hinaus weitere Angaben, insb. über erschienene Gesellschafter bzw. Vertreter.[1601]

▶ Hinweis:

In der **Praxis** werden häufig anstelle der Beurkundung nach §§ 36, 37 BeurkG die Vorschriften über die Beurkundung von Willenserklärungen gem. §§ 8 ff. BeurkG mit genauer Angabe der Beteiligten und ihrer Erklärungen sowie verlesene Niederschrift und Unterzeichnung durch alle erschienenen Beteiligten angewendet. Das ist ohne Zweifel zulässig.[1602]

996

Eine **förmliche Feststellung des Beschlussergebnisses** ist im GmbHG im Gegensatz zum Aktienrecht (§ 130 Abs. 2 AktG) nicht Wirksamkeitserfordernis des Beschlusses.[1603] Im Regelfall empfiehlt sich dies allerdings, da die förmliche Feststellung und Verkündigung des Abstimmungsergebnisses den Beschlussinhalt verbindlich festlegt.[1604] Die Feststellung des Beschlussergebnisses kann auch dem beurkundenden Notar übertragen werden.[1605]

997

Stimmberechtigung bei der Beschlussfassung über den Verschmelzungsbeschluss haben grds. alle Gesellschafter. Umstritten ist die Frage, ob die übernehmende Gesellschaft bei der Beschlussfassung über die Verschmelzung in der Versammlung der übertragenden Gesellschaft vom Stimmrechtsausschluss nach § 47 Abs. 4 GmbHG betroffen ist. Die wohl überwiegende Meinung lehnt dies ab, da es sich hierbei um einen organisationsrechtlichen Akt handelt, bei dem kein Stimmverbot besteht (vgl. Nachweise oben Teil 2 Rdn. 489 ff.).

998

Nach § 13 Abs. 3 Satz 2 UmwG ist der Verschmelzungsvertrag oder sein Entwurf der notariellen Urkunde über den Zustimmungsbeschluss **als Anlage beizufügen**, damit er auch noch nach der Hauptversammlung oder Gesellschafterversammlung beim Registergericht eingesehen werden kann und das Registergericht in der Lage ist, die Identität des bei der Anmeldung der Verschmelzung eingereichten Vertrages mit dem Vertrag, dem die Gesellschafter- bzw. Hauptversammlung zugestimmt hat, zu überprüfen.[1606] Der Vertrag ist Anlage im untechnischen Sinn, nur Identifizierungsbehelf, sodass er nicht Teil des Beschlusses ist und daher auch nicht mitverlesen werden

999

1601 Vgl. Eylmann/Vaasen/Limmer, BeurkG, § 37 Rn. 17 f.; Eickhoff, Die Praxis der Gesellschafterversammlung bei GmbH und GmbH & Co. KG, Rn. 283 ff.; Röll, DNotZ 1979, 647; Scholz/Priester, GmbHG, § 53 Rn. 69.
1602 Vgl. OLG Köln, BB 1993, 318; Röll, DNotZ 1979, 646; Scholz/Priester, GmbHG, § 53 Rn. 70; Nordholtz/Hupka, DNotZ 2018, 404 ff.
1603 BGHZ 76, 156.
1604 OLG Stuttgart, NJW-RR 1994, 811; Eickhoff, Die Praxis bei der Gesellschafterversammlung bei GmbH und GmbH & Co. KG, Rn. 283; Scholz/K. Schmidt, GmbHG, § 48 Rn. 58.
1605 Baumbach/Hueck/Zöllner, GmbHG, § 53 Rn. 36.
1606 Vgl. Gehling in: Semler/Stengel, § 13 UmwG Rn. 54; Kallmeyer/Zimmermann, UmwG, § 13 Rn. 39.

muss; auch dann nicht, wenn das Beurkundungsverfahren nach §§ 8 ff. BeurkG gewählt wird.[1607] Eine unbeglaubigte Abschrift genügt.[1608]

3. Beschlussmehrheiten

1000 § 50 Abs. 1 UmwG bestimmt, dass der Verschmelzungsbeschluss einer **Mehrheit von mindestens 3/4 der abgegebenen Stimmen** bedarf. Der Gesellschaftsvertrag darf keine größere Mehrheit und weitere Erfordernisse bestimmen. Es ist also eine 3/4-Mehrheit der in der Gesellschafterversammlung anwesenden Gesellschafter notwendig. Der Gesellschaftsvertrag darf allerdings nach § 50 Abs. 1 Satz 1 UmwG eine größere Mehrheit und weitere Erfordernisse bestimmen.

1001 Die notwendige 3/4-Mehrheit bedeutet, dass **genau 75 % ausreichend** sind, es brauchen also nicht mehr als 75 % zu sein.[1609] Die Mehrheit bestimmt sich nach der Nominalgröße der Geschäftsanteile. Gezählt werden nur die **abgegebenen Stimmen** der Gesellschafter, die sich nach § 16 GmbHG angemeldet haben und anwesend oder wirksam vertreten sind.[1610] Eine Kapitalmehrheit wird daher nicht verlangt. Es zählen also nur die Stimmen der Gesellschafter, die sich an der Abstimmung beteiligen, Stimmenthaltungen gelten als nicht abgegeben, sie zählen bei der Feststellung nicht mit, das Gleiche gilt für ungültige Stimmen.[1611]

1002 Stehen der Gesellschaft **eigene Anteile zu**, ruht das Stimmrecht aus diesen Geschäftsanteilen.[1612]

1003 Die **Satzung** kann allerdings **Abweichendes** bestimmen, wie dies auch § 50 Abs. 1 Satz 2 UmwG ausdrücklich für den Verschmelzungsbeschluss vorsieht. So kann etwa eine Mindestanzahl anwesender Stimmen oder Kapitalanteile (**Quorum**) von der Satzung verlangt werden. Fraglich ist, ob eine höhere Mehrheit auch dann erforderlich ist, wenn die Satzung allgemein für satzungsändernde Beschlüsse besondere Erfordernisse oder Mehrheiten vorsieht. Schwieriger zu beantworten ist die Frage, wenn die Satzung nicht speziell die Verschmelzung regelt, sondern erhöhte Anforderungen – etwa höhere Mehrheiten, Einstimmigkeit oder die Zustimmung einzelner Gesellschafter – ganz allgemein bei Satzungsänderungen vorsieht. Es stellt sich dann die Frage, ob sich diese allgemeinen Satzungsänderungserfordernisse auch auf den Verschmelzungsbeschluss erstrecken (vgl. oben Teil 2 Rdn. 487). Die wohl überwiegende Meinung bejaht dies.[1613] Etwas anderes kann man nur annehmen, wenn die Satzung für die Verschmelzung selbst besondere Bestimmungen vorsieht, nicht aber besondere Beschlussmehrheiten.[1614] Gesellschaftsvertragliche Bestimmungen über die Auflösung der Gesellschaft erfassen nicht ohne Weiteres auch die Verschmelzung, wenn sich nicht durch Auslegung ausdrücklich etwas anderes ergibt.[1615]

Zu den weiteren Fragen vgl. auch oben Teil 2 Rdn. 486 ff.

1607 Vgl. Widmann/Mayer/Heckschen, Umwandlungsrecht, § 13 UmwG Rn. 226; Kallmeyer/Zimmermann, UmwG, § 50 Rn. 17.
1608 Gehling in: Semler/Stengel, § 13 UmwG Rn. 54; Kallmeyer/Zimmermann, UmwG, § 13 Rn. 39; strenger Widmann/Mayer/Heckschen, UmwG, § 13 Rn. 233: beglaubigte Abschrift oder elektronisch beglaubigte Abschrift.
1609 So Scholz/Priester, GmbHG, § 53 Rn. 78.
1610 Vgl. Lutter/Hommelhoff/Bayer, GmbHG, § 47 Rn. 7; Scholz/Priester, GmbHG, § 53 Rn. 83; Lutter/Winter/Vetter § 50 UmwG Rn. 21.
1611 Vgl. BGHZ 74, 154, 158, BGHZ 80, 212, 215; Scholz/Priester, GmbHG, § 53 Rn. 83; Lutter/Hommelhoff/Bayer, GmbHG, § 47 Rn. 7; Widmann/Mayer/Mayer, Umwandlungsrecht, § 50 UmwG Rn. 31 ff., 34.
1612 Vgl. BGH, NJW 1995, 1027 = DNotZ 1995, 963.
1613 Widmann/Mayer/Mayer, Umwandlungsrecht, § 50 UmwG Rn. 42; Kallmeyer/Zimmermann, UmwG, § 50 Rn. 9; Lutter/Winter/Vetter, UmwG, § 50 Rn. 35; Reichert, GmbHR 1995, 176, 185; Reichert, in: Semler/Stengel, § 50 UmwG Rn. 9; BeckOGK/v. Hinden UmwG § 50 Rn. 40.
1614 Vgl. Reichert, GmbHR 1995, 185.
1615 So zu Recht Widmann/Mayer/Mayer, Umwandlungsrecht, § 50 UmwG Rn. 46.

IX. Besondere Zustimmungserfordernisse

1. Sonderrechtsinhaber (§ 50 Abs. 2 UmwG)

§ 50 Abs. 2 UmwG sieht Zustimmungspflichten für die Gesellschafter vor, die bei der übertragenden Gesellschaft besondere Minderheitsrechte oder Geschäftsführungssonderrechte, wie Bestellungsrechte und Vorschlagsrechte für die Geschäftsführung haben (vgl. oben Teil 2 Rdn. 557 ff.). Werden durch die Verschmelzung auf dem Gesellschaftsvertrag beruhende Minderheitsrechte eines einzelnen Gesellschafters einer übertragenden Gesellschaft oder die einzelnen Gesellschaftern zustehenden besonderen Rechte an der Geschäftsführung beeinträchtigt, bedarf der Verschmelzungsbeschluss nach § 50 Abs. 2 UmwG ihrer Zustimmung.

1004

Nach der Regierungsbegründung werden von dieser Vorschrift **zwei Gruppen besonderer Rechte** erfasst:
- einmal Geschäftsführungssonderrechte sowie Bestellungsrechte und Vorschlagsrechte für die Geschäftsführung aufgrund des Gesellschaftsvertrages
- und zum anderen auf dem Gesellschaftsvertrag beruhende Minderheitenrechte. Es muss sich bei Letzteren um Individualrechte handeln, also nicht um Rechte, die sich wie z. B. bei § 50 GmbHG erst bei einer bestimmten Beteiligungsquote ergeben (vgl. im Einzelnen oben Teil 2 Rdn. 574 ff.).

1005

2. Vinkulierte Anteile (§ 13 Abs. 2 UmwG)

Darüber hinaus bestimmt § 13 Abs. 2 UmwG, dass, wenn die Abtretung der Anteile der übertragenden GmbH von der Genehmigung bestimmter einzelner Gesellschafter abhängig ist, der Verschmelzungsbeschluss dieser GmbH ebenfalls der Zustimmung dieses Gesellschafters bedarf (**Zustimmungserfordernis bei Anteilsvinkulierung**; vgl. oben Teil 2 Rdn. 562 ff.).

1006

3. Nicht eingezahlte Anteile bei der übertragenden oder übernehmenden GmbH (§ 51 Abs. 1 UmwG)

a) Nicht eingezahlte Anteile bei der übernehmenden GmbH (§ 51 Abs. 1 Satz 1 und 2 UmwG)

§ 51 Abs. 1 Satz 1 UmwG schützt durch eine Zustimmungspflicht die Gesellschafter einer übertragenden Gesellschaft für den Fall einer Verschmelzung ihrer Gesellschaft mit einer GmbH, auf deren Geschäftsanteile **noch nicht alle Leistungen bewirkt sind**, weil mit der Verschmelzung gem. § 24 GmbHG die Verpflichtung entsteht, die restlichen Leistungen zu erbringen.[1616] In diesem Fall bedarf der Beschluss der Zustimmung **aller bei der Beschlussfassung anwesenden Gesellschafter**. Stimmenthaltungen verhindern einen positiven Beschluss, sie beinhalten keine Zustimmung.[1617] Dieser Schutzgedanke soll durch § 51 Abs. 1 Satz 2 UmwG auch für andere Fälle der Mischverschmelzung ausgedehnt werden. Ist der übertragende Rechtsträger eine **Personenhandelsgesellschaft, eine Partnerschaftsgesellschaft oder eine GmbH**, so bedarf der Verschmelzungsbeschluss **auch der Zustimmung der nicht erschienenen Gesellschafter**, es müssen also alle Gesellschafter zustimmen.[1618] Bei der Mischverschmelzung nach § 51 Abs. 1 Satz 2 UmwG ist die **AG als übertragender Rechtsträger** allerdings nicht genannt. Die Zustimmung der in der Versammlung nicht anwesenden Gesellschafter der übertragenden Personenhandelsgesellschaft, Partnerschaftsgesellschaft oder GmbH bedarf nach § 13 Abs. 1 Satz 1 UmwG der nota-

1007

1616 **Ausfallhaftung**, vgl. Teil 2 Rn. 520, Kallmeyer/Kocher, UmwG, § 51 Rn. 2; Widmann/Mayer/Mayer, Umwandlungsrecht, § 51 UmwG Rn. 9; Lutter/Winter/Vetter, § 51 UmwG Rn, 16; Stratz, in: Schmitt/Hörtnagl/Stratz, § 51 UmwG Rn. 3.
1617 Kallmeyer/Kocher, UmwG, § 51 Rn. 2; Widmann/Mayer/Mayer, Umwandlungsrecht, § 51 UmwG Rn. 11.
1618 Kallmeyer/Kocher, UmwG, § 51 Rn. 3; Widmann/Mayer/Mayer, Umwandlungsrecht, § 51 UmwG Rn. 14.

riellen Beurkundung.[1619] Die Beifügung des Vertragstextes zur Zustimmungsurkunde als Anlage ist nicht zwingend erforderlich.[1620]

b) Nicht eingezahlte Anteile bei der übertragenden GmbH (§ 51 Abs. 1 Satz 3 UmwG)

1008 Vgl. auch Teil 2 Rn. 521. Durch § 51 Abs. 1 Satz 3 UmwG wird der Schutzgedanke des Satzes 1 auch auf den Fall ausgedehnt, dass bei einer Verschmelzung zwei GmbH miteinander verschmolzen werden sollen und die Einlageverpflichtung bei der **übertragenden GmbH** nicht in voller Höhe bewirkt ist. Denn auch in diesem Fall besteht das Risiko der Ausfallhaftung nach § 24 GmbHG, auch wenn die Einlagen bei der übernehmenden GmbH voll erfüllt sind.[1621] Durch das Zweite Gesetz zur Änderung des UmwG hat der Gesetzgeber klargestellt, dass der **Beschluss (nur) Zustimmung aller Gesellschafter der übernehmenden Gesellschaft bedarf**.[1622] Die Begründung zum RegE stellt dazu fest: Die angeordnete entsprechende Anwendung der Sätze 1 und 2 im bisherigen Text des § 51 Abs. 1 Satz 3 habe für den dort angesprochenen Fall in der Praxis Anlass zu Missverständnissen hinsichtlich der Beschlussmehrheit gegeben. Durch die neue Formulierung werde ausdrücklich klargestellt, dass dem Verschmelzungsbeschluss alle Gesellschafter der übernehmenden Gesellschaft zustimmen müssen.[1623]

c) Besondere Erklärung bei Anmeldung

1009 Bei der Anmeldung der Verschmelzung zur Eintragung in das Register haben die Vertretungsorgane der an der Verschmelzung beteiligten Rechtsträger im Fall des § 51 Abs. 1 UmwG auch zu erklären, dass dem Verschmelzungsbeschluss jedes der übertragenden Rechtsträger, alle bei der Beschlussfassung anwesenden Anteilsinhaber dieses Rechtsträgers und, sofern der übertragende Rechtsträger eine Personenhandelsgesellschaft, eine Partnerschaftsgesellschaft oder eine GmbH ist, auch die nicht erschienenen Gesellschafter dieser Gesellschaft zugestimmt haben. § 52 UmwG, der für alle in § 51 Abs. 1 UmwG geregelten Fälle die **Vorlage der Zustimmungserklärung** der Gesellschafter des übertragenden Rechtsträgers vorsieht, war für den Fall des § 51 Abs. 1 Satz 3 UmwG vollends missglückt: Die wortlautgemäße Interpretation hatte nämlich zur Folge, dass dem Registergericht die Zustimmungserklärungen aller Gesellschafter der übertragenden GmbH vorgelegt werden müssten, obwohl doch materiell die Zustimmung aller Gesellschafter der übernehmenden Gesellschaft erforderlich ist.

Durch das **Zweite Gesetz zur Änderung des UmwG** wurde folgender Satz angefügt:

> »Wird eine GmbH, auf deren Geschäftsanteile nicht alle zu leistenden Einlagen bewirkt sind, von einer GmbH durch Verschmelzung aufgenommen, so ist auch zu erklären, dass aller Gesellschafter dieser Gesellschaft dem Beschluss zugestimmt haben.«

Damit ist nunmehr klargestellt, dass es bei der Verschmelzung einer GmbH, auf deren Geschäftsanteile nicht alle zu leistende Einlagen in voller Höhe bewirkt sind, auf eine andere GmbH der Zustimmung der Gesellschafter dieser übernehmenden GmbH bedarf und dass (nur) diese Zustimmung auch dem Registergericht nachzuweisen ist.[1624]

1619 Widmann/Mayer/Mayer, Umwandlungsrecht, § 51 UmwG Rn. 18; Lutter/Winter/Vetter, § 51 UmwG Rn, 26; Stratz, in: Schmitt/Hörtnagl/Stratz, § 51 UmwG Rn. 6.
1620 Widmann/Mayer/Mayer, Umwandlungsrecht, § 51 UmwG Rn. 18; Lutter/Winter/Vetter, § 51 UmwG Rn, 26.
1621 Kallmeyer/Kocher, UmwG, § 51 Rn. 5; Widmann/Mayer/Mayer, Umwandlungsrecht, § 51 UmwG Rn. 22; Lutter/Winter/Vetter § 51 UmwG Rn. 5.
1622 Vgl. Widmann/Mayer/Mayer, Umwandlungsrecht, § 51 UmwG Rn. 25; Kallmeyer/Zimmermann, UmwG, § 51 Rn. 6; BeckOGK/v. Hinden UmwG § 51 Rn. 27; Heckschen, DNotZ 2007, 445, 449.
1623 BT-Drucks. 16/2919 S. 13.
1624 Vgl. BT-Drucks. 16/2919 S. 13.

X. Kapitalerhöhungsbeschluss bei Verschmelzung zur Aufnahme

1. Notwendigkeit und Zulässigkeit der Kapitalerhöhung

Vgl. zunächst die Ausführungen bei Teil 2 Rdn. 256 ff. 1010

Ist eine GmbH übernehmende Gesellschaft, stellt sich stets die **Frage der Kapitalerhöhung**, damit die Geschäftsanteile, die den Gesellschaftern der übertragenden Gesellschaft gewährt werden müssen, geschaffen werden können. Es muss also geprüft werden, ob diese Geschäftsanteile erst im Wege der Kapitalerhöhung neu gebildet werden müssen oder ob eigene Anteile zur Verfügung stehen, die den Gesellschaftern der übertragenden Gesellschaft an der aufnehmenden GmbH im Austausch gewährt werden können (vgl. im Einzelnen oben Teil 2 Rdn. 256 ff.). Über die Kapitalerhöhung muss die Gesellschafterversammlung beschließen. Grds. ist für die Höhe der notwendigen Kapitalerhöhung der Wert der übertragenden Gesellschaft maßgebend.[1625] Für die Kapitalerhöhung zur Durchführung der Verschmelzung gilt das Gebot der realen Kapitalaufbringung. Der Unternehmenswert des übertragenden Rechtsträgers muss mindestens die Höhe des Nennbetrages erreichen. Zur Prüfung der Kapitaldeckung ist der wahre Wert des Vermögens des übertragenden Rechtsträgers entscheidend. Betreibt dieser ein Unternehmen ist der nach allgemeinen Grundsätzen ermittelte Unternehmenswert maßgeblich. Der wahre Wert ist danach grundsätzlich der Ertragswert zuzüglich des Verkehrswertes des nicht betriebsnotwendigen Vermögens.[1626] 1011

2. Durchführung der Kapitalerhöhung

Bei der GmbH gelten nicht die §§ 55 Abs. 1, 56a, 57 Abs. 2, Abs. 3 Nr. 1 GmbHG. Das bedeutet, dass die nach § 55 Abs. 1 GmbHG erforderliche **Übernahmeerklärung entfällt**. Der Übernahmevertrag und die Übernahmeerklärung werden durch die Angaben des Verschmelzungsvertrages und die Zustimmungsbeschlüsse ersetzt. Die bei der GmbH geltenden Vorschriften über die Sicherung der Sacheinlage nach §§ 56a, 7 GmbHG gelten ebenfalls nicht, da durch die Gesamtrechtsnachfolge die Vorschriften über die Leistung der Einlage entbehrlich sind. Deshalb sind auch die **entsprechenden Erklärungen in der Anmeldung der Kapitalerhöhung entbehrlich**. Auch die **Versicherung des Geschäftsführers** nach § 57 Abs. 2 und Abs. 3 Nr. 1 GmbHG ist **nicht notwendig**. 1012

I. Ü. bleibt es allerdings bei den allgemeinen Vorschriften des § 55 GmbH, sodass **folgende Schritte** bei der GmbH **erforderlich** sind:[1627] 1013
- **Satzungsändernder Erhöhungsbeschluss**, mit einer Mehrheit von 3/4 der abgegebenen Stimmen (soweit im Gesellschaftsvertrag keine höhere Mehrheit verlangt ist): Der Beschluss muss zum Inhalt haben, dass das Stammkapital der übernehmenden GmbH zur Durchführung der Verschmelzung erhöht werden soll und zwar in bestimmter Höhe;
- **Anmeldung** der Kapitalerhöhung durch sämtliche Geschäftsführer zum Handelsregister (§§ 57, 78 GmbHG);
- **Eintragung** der Kapitalerhöhung im Handelsregister;
- **Bekanntmachung** der Eintragung (§ 57b GmbHG).

Da der Erhöhungsbeschluss **Satzungsänderung** ist, muss durch ihn die Höhe der Kapitalveränderung und die neue Ziffer des Stammkapitals festgelegt und der Wortlaut der bisherigen Satzung entsprechend korrigiert werden.[1628] Im Beschluss ist weiter anzugeben, dass die Mittel für die Kapitalerhöhung durch die Verschmelzung, d. h. durch den Übergang des Vermögens der übertra- 1014

1625 OLG Rostock MittBayNot 2017, 414 = NZG 2017, 61.
1626 OLG Rostock MittBayNot 2017, 414 = NZG 2017, 61.
1627 Vgl. Lutter/Hommelhoff/Lutter, GmbHG, § 55 Rn. 3; BeckOGK/v. Hinden UmwG § 55 Rn. 18 ff.
1628 Lutter/Hommelhoff, GmbHG, § 55 Rn. 8 f.; Widmann/Mayer/Mayer, Umwandlungsrecht, § 55 UmwG Rn. 31 ff.

genden Gesellschaft aufgebracht werden.[1629] In § 55a GmbHG ist das **genehmigte Kapital** geregelt: Der Gesellschaftsvertrag kann die Geschäftsführer für höchstens fünf Jahre nach Eintragung der Gesellschaft ermächtigen, das Stammkapital bis zu einem bestimmten Nennbetrag durch Ausgabe neuer Geschäftsanteile gegen Einlagen zu erhöhen. Der Nennbetrag des genehmigten Kapitals darf die Hälfte des Stammkapitals, das zur Zeit der Ermächtigung vorhanden ist, nicht übersteigen. Die Kapitalerhöhung zur Verschmelzung kann daher auch aus genehmigten Kapital erfolgen, sofern die Ermächtigung für das genehmigte Kapital eine Kapitalerhöhung gegen Sacheinlagen vorsieht.[1630] Auch bei der Kapitalerhöhung zur Durchführung einer Verschmelzung ist eine »Bis-zu-Kapitalerhöhung« zulässig, wonach das Stammkapital der übernehmenden GmbH bis zu einer bestimmten Höchstziffer erhöht wird.[1631]

In § 54 Abs. 3 UmwG ist geregelt, dass die **Stückelungsvorschriften des § 5 GmbHG** insoweit unbeachtlich sind, als sie sonst bei der Teilung von Geschäftsanteilen gem. § 17 Abs. 4 GmbHG einzuhalten wären; jedoch muss der Nennbetrag jedes Teils der Geschäftsanteile auf volle Euro lauten. Zweck der Stückelungserleichterung ist es, möglichst jedem Inhaber des übertragenden Rechtsträgers die Möglichkeit zur Beteiligung an dem übernehmenden Rechtsträger zu eröffnen und nichtbeteiligungsfähige Spitzen weitgehend zu vermeiden. Nach § 46 Abs. 1 Satz 3 UmwG i. d. F. durch das MoMiG v. 23.10.2008[1632] muss der Nennbetrag auf volle Euro lauten. Das Gesetz geht davon aus, dass neue Anteile im Wege der Kapitalerhöhung gebildet werden. Ist ein Gesellschafter der übertragenden Gesellschaft bereits Gesellschafter der aufnehmenden GmbH, kann mit seiner Zustimmung auch eine **Aufstockung** seines Geschäftsanteils bei der übernehmenden GmbH erfolgen.[1633] Voraussetzung dafür ist nach allgemeiner Auffassung, dass eine »Vormännerhaftung« nicht in Betracht kommt, weil die alten Anteile entweder voll eingezahlt sind und eine Nachschusspflicht nicht besteht oder sie sich noch in der Hand der Gründer befinden.[1634] Die Aufstockung muss allerdings im Kapitalerhöhungsbeschluss ausdrücklich festgestellt werden, weil es sonst bei der Regelung des § 55 Abs. 3 GmbHG, d. h. des Erwerbs eines zusätzlichen Anteils, verbleibt (Scholz/Priester, GmbHG, Rn. 26; Widmann/Mayer/Mayer, Umwandlungsrecht, § 5 UmwG Rn. 90). Bei einer **verschmelzungsbedingten Kapitalerhöhung** besteht nach allgemeiner Meinung kein Bezugsrecht in Anlehnung an § 186 AktG.[1635]

XI. Handelsregisteranmeldung

1015 Bei der Verschmelzung von GmbH sind **zwei Handelsregisteranmeldungen** zu unterscheiden:
– Anmeldung der Verschmelzung,
– Anmeldung einer etwa notwendigen Kapitalerhöhung.

Es ist zunächst auf die allgemeinen Ausführungen zu Teil 2 Rdn. 633 ff. hinzuweisen. Im Folgenden soll auf Besonderheiten eingegangen werden.

[1629] Vgl. Widmann/Mayer/Mayer, Umwandlungsrecht, § 55 UmwG Rn. 36; Reichert, in: Semler/Stengel, § 55 UmwG Rn. 7; Stratz, in: Schmitt/Hörtnagl/Stratz, § 55 UmwG Rn 3; Lutter/Winter/Vetter, UmwG, § 55 Rn. 24.
[1630] § 55a Abs. 3 GmbHG, vgl. Lutter/Winter/Vetter § 55 Umw G, Rn. 20 ff.; Kallmeyer/Zimmermann § 53 UmwG Rn. 4; BeckOGK/v. Hinden UmwG § 55 Rn. 23.
[1631] Kallmeyer/Kocher § 55 UmwG Rn. 5; Kölner KommUmwG/Simon/Nießen § 55 UmwG Rn. 9; BeckOGK/v. Hinden UmwG § 55 Rn. 23; Lutter/Winter/Vetter § 55 UmwG Rn. 16 ff.; Schmitt/Hörtnagl/Stratz/Stratz § 55 UmwG Rn. 12; Widmann/Mayer/Mayer § 55 UmwG Rn. 32.
[1632] BGBl. I 2008, 2026.
[1633] Widmann/Mayer/Mayer, Umwandlungsrecht, § 5 UmwG Rn. 90; Reichert, in: Semler/Stengel, § 46 UmwG Rn. 9; Stratz, in: Schmitt/Hörtnagl/Stratz, § 46 UmwG Rn. 7; BeckOGK/v. Hinden UmwG § 55 Rn. 22.
[1634] Vgl. Scholz/Priester, GmbHG, § 55 Rn. 25; Widmann/Mayer/Mayer, Umwandlungsrecht, § 5 UmwG Rn. 90.
[1635] Lutter/Winter/Vetter, UmwG, § 55 Rn. 58; Widmann/Mayer/Mayer, Umwandlungsrecht, § 55 UmwG Rn. 51; Reichert, in: Semler/Stengel, § 55 UmwG Rn. 20.

C. Verschmelzung von GmbH und Unternehmergesellschaften   Teil 2 Kapitel 2

1. Anmeldung der Verschmelzung

Für die Anmeldung der Verschmelzung gelten zunächst die **allgemeinen Vorschriften** der §§ 16, 17 UmwG. Die Vertretungsorgane jedes der an der Verschmelzung beteiligten Rechtsträger haben die Verschmelzung zur Eintragung in das Register des Sitzes ihres Rechtsträgers anzumelden. Es genügt die Anmeldung durch ein Vertretungsorgan in vertretungsberechtigter Zahl (vgl. oben Teil 2 Rdn. 644). Bei der Anmeldung ist die Negativerklärung nach § 16 Abs. 2 UmwG erforderlich. 1016

Folgende Anlagen sind nach § 17 UmwG vorzulegen: 1017
– Verschmelzungsvertrag,
– Niederschriften der Verschmelzungsbeschlüsse,
– etwa erforderliche Zustimmungserklärungen oder Verzichtserklärungen,
– Verschmelzungsbericht,
– Prüfungsbericht,
– Nachweis über die rechtzeitige Zuleitung des Verschmelzungsvertrages zum Betriebsrat,
– eventuelle Genehmigungsurkunden,
– bei der Anmeldung zum Register des Sitzes des übertragenden Rechtsträgers auch festgestellte Schlussbilanz (§ 17 Abs. 2 UmwG).

Vertretung ist bei der Anmeldung der Verschmelzung zulässig (vgl. oben Teil 2 Rdn. 644). 1018

2. Erklärung über Gesellschafterzustimmung bei nicht voll eingezahlten Anteilen (§§ 51, 52 UmwG)

Nach § 52 Abs. 1 UmwG haben im **Sonderfall des § 51 Abs. 1 UmwG** (vgl. oben Teil 2 Rdn. 584) die Vertretungsorgane der an der Verschmelzung beteiligten Rechtsträger zu erklären, dass dem Verschmelzungsbeschluss jedes übertragenden Rechtsträgers alle bei der Beschlussfassung anwesenden Anteilsinhaber dieses Rechtsträgers und, sofern der übertragende Rechtsträger eine Personenhandelsgesellschaft, eine Partnerschaftsgesellschaft oder eine GmbH ist, auch die nicht erschienenen Gesellschafter dieser Gesellschaft zugestimmt haben. Wird eine Gesellschaft mit beschränkter Haftung, auf deren Geschäftsanteile nicht alle zu leistenden Einlagen in voller Höhe bewirkt sind, von einer Gesellschaft mit beschränkter Haftung durch Verschmelzung aufgenommen, so ist auch zu erklären, dass alle Gesellschafter dieser Gesellschaft dem Verschmelzungsbeschluss zugestimmt haben. 1019

Die Vorschrift sichert die **Notwendigkeit einer Gesellschafterzustimmung** nach § 51 Abs. 1 UmwG bei Vorhandensein nicht voll eingezahlter Geschäftsanteile (vgl. dazu oben Teil 2 Rdn. 580). 1020

Die Erklärung der Vertretungsorgane, dass diese Zustimmungen bei ihrem Rechtsträger vorliegen, tritt **neben die Pflicht zur Vorlage der Zustimmungsbeschlüsse** oder Erklärungen, die daneben noch vorzulegen sind.[1636] 1021

Die Versicherung der Geschäftsführer nach § 52 Abs. 1 UmwG ist nach § 313 Abs. 2 UmwG sogar **strafbewehrt**. Es genügt nicht, dass diese Versicherung von Organmitgliedern in vertretungsberechtigter Zahl abgegeben wird, sondern sie muss von allen Mitglieder des Vertretungsor- 1022

[1636] Lutter/Winter/Vetter, UmwG, § 52 Rn. 4; Kallmeyer/Zimmermann, UmwG, § 52 Rn. 4; Widmann/Mayer/Mayer § 52 UmwG Rn. 4.

gans abgeben werden.¹⁶³⁷ Eine Stellvertretung ist im Hinblick auf die Straferklärung nicht zulässig.¹⁶³⁸

1023 Umstritten war, ob die Vorschrift nur die Erklärung über die Zustimmung aller bei der Beschlussfassung anwesenden Anteilsinhaber – bei GmbH und Personengesellschaft auch der nicht anwesenden – des übertragenden Rechtsträgers verlangt¹⁶³⁹ oder ob entgegen dem Wortlaut auch eine Erklärung über die Zustimmung der Gesellschafter der übernehmenden GmbH abzugeben ist, da auch hier die Ausfallhaftung nach § 24 GmbHG drohen kann.¹⁶⁴⁰ § 52 UmwG, der für alle in § 51 Abs. 1 UmwG geregelten Fälle die Vorlage der Zustimmungserklärung der Gesellschafter des **übertragenden Rechtsträgers** vorsieht, war für den Fall des § 51 Abs. 1 Satz 3 UmwG vollends missglückt: Die wortlautgemäße Interpretation hatte nämlich zur Folge, dass dem Registergericht die Zustimmungserklärungen aller Gesellschafter der übertragenden GmbH vorgelegt werden müssten, obwohl doch materiell die Zustimmung aller Gesellschafter der übernehmenden Gesellschaft erforderlich ist.

Durch das **Zweite Gesetz zur Änderung des UmwG** wurde folgender Satz angefügt:

> »Wird eine GmbH, auf deren Geschäftsanteile nicht alle zu leistenden Einlagen bewirkt sind, von einer GmbH durch Verschmelzung aufgenommen, so ist auch zu erklären, dass alle Gesellschafter dieser Gesellschaft dem Beschluss zugestimmt haben.«

Damit ist nunmehr klargestellt, dass es bei der Verschmelzung einer GmbH, auf deren Geschäftsanteile nicht alle zu leistende Einlagen in voller Höhe bewirkt sind, auf eine andere GmbH der Zustimmung der Gesellschafter dieser übernehmenden GmbH bedarf und dass (nur) diese Zustimmung auch dem Registergericht nachzuweisen ist.

1024 Die Erklärung ist **bei der Anmeldung abzugeben**, nicht in der Anmeldung und kann daher auch außerhalb der Anmeldung ohne besondere Formerfordernisse erklärt werden.¹⁶⁴¹

1025 Bei der Verschmelzung durch Neugründung gilt **§ 52 Abs. 1 UmwG** nicht (§ 56 UmwG).

3. Gesellschafterliste

1026 Nach § 52 Abs. 2 UmwG a. F. war in Ergänzung zu § 40 GmbHG a. F. bei der Anmeldung zum Register des Sitzes der übernehmenden Gesellschaft eine von den Geschäftsführern in vertretungsberechtigter Zahl **unterschriebene Gesellschafterliste** beizufügen. Diese Gesellschafterliste muss den Gesellschafterbestand ausweisen, den die übernehmende GmbH mit Wirksamwerden der Verschmelzung hat.¹⁶⁴² Für die Liste gilt § 40 Abs. 1 GmbHG: Aufzunehmen sind darin die neuen Gesellschafter mit ihrem Namen, Vornamen, Geburtsdatum und Wohnort sowie die Nennbeträge und die laufenden Nummern der von den Gesellschaftern übernommenen Geschäftsanteile. Durch das Gesetz zur Umsetzung der Vierten EU-Geldwäscherichtlinie, zur Ausführung der EU-Geldtransferverordnung und zur Neuorganisation der Zentralstelle für Finanztransaktionsuntersuchungen vom 23.06.2017¹⁶⁴³ wurde der Inhalt der Gesellschafterliste nochmals erweitert: Es

---

1637 So Lutter/Winter/Vetter, UmwG, § 52 Rn. 14; Widmann/Mayer/Mayer, Umwandlungsrecht, § 52 UmwG Rn. 5; Kallmeyer/Zimmermann, UmwG, § 52 Rn. 5; Reichert, in: Semler/Stengel § 52 UmwG Rn. 6; BeckOGK/v. Hinden UmwG § 52 Rn. 10–11.
1638 Lutter/Winter/Vetter, UmwG, § 52 Rn. 14; Widmann/Mayer/Mayer, Umwandlungsrecht, § 52 UmwG Rn. 5; Kallmeyer/Zimmermann, UmwG, § 52 Rn. 5; Reichert, in: Semler/Stengel § 52 UmwG Rn. 6.
1639 So Kallmeyer/Zimmermann, UmwG, § 52 Rn. 3.
1640 So Lutter/Winter/Vetter, UmwG, § 52 Rn. 13.
1641 So Kallmeyer/Zimmermann, UmwG, § 52 Rn. 5.
1642 Lutter/Winter/Vetter, UmwG, § 53 Rn. 23 ff.
1643 BGBl. I S. 1822.

ist nunmehr eine Liste der Gesellschafter zum Handelsregister einzureichen, aus welcher Name, Vorname, Geburtsdatum und Wohnort derselben sowie die Nennbeträge und die laufenden Nummern der von einem jeden derselben übernommenen Geschäftsanteile sowie die durch den jeweiligen Nennbetrag eines Geschäftsanteils vermittelte jeweilige prozentuale Beteiligung am Stammkapital zu entnehmen sind. Ist ein Gesellschafter selbst eine Gesellschaft, so sind bei eingetragenen Gesellschaften in die Liste deren Firma, Satzungssitz, zuständiges Register und Registernummer aufzunehmen, bei nicht eingetragenen Gesellschaften deren jeweilige Gesellschafter unter einer zusammenfassenden Bezeichnung mit Name, Vorname, Geburtsdatum und Wohnort. Hält ein Gesellschafter mehr als einen Geschäftsanteil, ist in der Liste der Gesellschafter zudem der Gesamtumfang der Beteiligung am Stammkapital als Prozentsatz gesondert anzugeben.[1644] Weitere Vorgaben (z.B. Veränderungsspalte) ergeben sich aus der Gesellschafterlistenverordnung.[1645]

Durch das MoMiG v. 23.10.2008[1646] wurde die Bedeutung der Gesellschafterliste nach § 40 GmbHG erweitert. Nach § 40 Abs. 2 GmbHG ist der Notar, der an der Veränderung in den Personen der Gesellschafter oder des Umfangs ihrer Beteiligung gem. § 40 Abs. 1 GmbHG mitgewirkt haben, verpflichtet, unverzüglich nach Wirksamwerden der Veränderungen eine Gesellschafterliste zu unterschreiben, mit einer Bescheinigung zu versehen und beim Handelsregister einzureichen.[1647] Findet bei der aufnehmenden Gesellschaft eine Anteilsveränderung statt, so hat der Notar also die bescheinigte Liste einzureichen. Das gilt auch bei einer **Kapitalerhöhung**. Das OLG München hat im Beschl. v. 07.07.2010 entschieden, dass die Beurkundung des Beschlusses zur Kapitalerhöhung eine solche Mitwirkung darstellt. In diesem Fall obliege dem Notar auch die Bescheinigungspflicht nach § 40 Abs. 2 Satz 2 GmbHG.[1648] § 52 Abs. 2 UmwG wurde durch das 3. UmwÄndG vom 11.07.2011[1649] gestrichen und dadurch klargestellt, dass § 40 Abs. 2 GmbHG bzgl. der Einreichung einer neuen Gesellschafterliste Vorrang hat, so dass ausschließlich der Notar zuständig ist.[1650] Zwar besteht die notarielle Pflicht zur Einreichung einer aktualisierten Gesellschafterliste erst nach Wirksamwerden der beurkundeten Veränderungen (hier: der Kapitalerhöhung); der Notar ist aber nach wohl überwiegender Meinung nicht gehindert, die aktualisierte Liste bereits vor Wirksamwerden der Veränderungen zu erstellen und mit der erforderlichen Notarbescheinigung zu versehen.[1651] Streitig ist, ob der Notar die Gesellschafterliste erst dann beim Handelsregister einreichen darf, wenn die Veränderung wirksam geworden ist, also nach Eintragung der Kapitalerhöhung im Handelsregister. In der Literatur wird jedoch teilweise die Auffassung vertreten, der Notar sei zumindest berechtigt[1652] oder gar verpflichtet,[1653] schon mit der Anmeldung der Kapitalerhöhung eine Gesellschafterliste mit dem Stand nach der angemeldeten Kapitalerhöhung einzureichen. Z. T. wird dies abgelehnt.[1654]

1644 Vgl. dazu Böhringer, BWNotZ 2017, 61; Engel, NZG 2018, 175; Punte/Stefanik, GWR 2018, 131; Longree/Pesch, NZG 2017, 1081.
1645 Vgl. BR-Drucks. 105/18.
1646 BGBl. I 2008, S. 2026.
1647 Vgl. dazu Mayer, DNotZ 2008, 403 ff.; Herrler, DNotZ 2008, 203 ff.; Tebben, RNotZ 2008, 441 ff.; Wachter, ZNotP 2009, 378 ff.; Roth, RNotZ 2014, 470 ff.; Löbbe, GmbHR 2012, 7, 11 ff; Lutter/Bayer, § 40 GmbHG Rn. 25; Mayer, MittBayNot 2014, 114 ff.; Ising, NZG 2010, 812.
1648 DB 2010, 1983 = DNotZ 2011, 63 = DStR 2010, 1537, zustimmend Mayer, MittBayNot 2014, 114, 120.
1649 BGBl. I, S. 1338.
1650 Vgl. Leitzen, DNotZ 2011, 530, 542; vgl. zum Streit vor der Neuregelung Reichert in: Semler/Stengel, § 52 UmwG Rn. 12a; Flik, NZG 2010, 170.
1651 OLG Jena DNotZ 2011, 64 = RNotZ 2010, 662; Link, RNotZ 2009, 193; Hasselmann, NZG 2009, 468, 491; Herrler, DNotZ 2008, 903, 910.
1652 Herrler, DNotZ 2008, 903, 910 f., 915; Gustavus, Handelsregisteranmeldung, 7. Aufl. 2009, A 108, S. 109.
1653 Wicke, GmbHG, 57 Rn. 5.
1654 Mayer, MittBayNot 2014, 114, 121.

Davon zu trennen ist die Lister bei **Tochtergesellschaften:** Fraglich ist, ob der Notar eine berichtigte Gesellschafterliste bei Tochter-GmbH-Beteiligungen der übertragenden Gesellschaft einzureichen hat. Umstritten ist, ob ein Mitwirken des Notars im Sinne des § 40 Abs. 2 Satz 1 GmbHG vorliegt, wenn die Anteilsveränderung nur eine **mittelbare Folge** der notariellen Urkunde ist.[1655] Das OLG Hamm hat entschieden, dass auch im Fall einer nur mittelbaren Mitwirkung des Notars – weil sich der Gesellschafterbestand der beteiligten GmbH durch Verschmelzung geändert hat – der Notar die Liste einzureichen hat, zumindest dann, »wenn er über interne Vorgänge der Beteiligten bestens informiert ist«.[1656] Z. T. wird in der Literatur darauf abgestellt, ob der beurkundende Notar, zum Beispiel aufgrund der vorgelegten Schlussbilanz, sichere Kenntnis von der Beteiligung des übertragenden Rechtsträgers an der GmbH hat.[1657] Teilweise wird eine Mitwirkung des Notars auch nur dann in Betracht gezogen, wenn der übertragende Rechtsträger über eine 100 %ige Beteiligung an der GmbH verfügt.[1658] Gegen die Verpflichtung bei einer »mittelbaren« Mitwirkung als ungeschriebene Tatbestandsvariante spricht, dass eine klare Abgrenzung zwischen unmittelbarer und mittelbarer notarieller Mitwirkung vielfach kaum möglich ist.[1659] D. Mayer empfiehlt bis zur höchstrichterlichen Klärung bei der Beurkundung von Umwandlungsvorgängen die Rechtslage vorsorglich mit den Beteiligten zu erörtern und auf die gesetzliche Pflicht zur Einreichung einer neuen Gesellschafterliste hingewiesen werden. Gehört zum Vermögen des übertragenden Rechtsträgers die Beteiligung an einer GmbH, so sollte ggf. geregelt werden, dass die Gesellschafterliste von der Geschäftsführung der betreffenden GmbH zu erstellen ist und der Notar beauftragt wird, die ihm übermittelte Gesellschafterliste ebenfalls zu unterzeichnen und mit einer Notarbescheinigung nach § 40 Abs. 2 Satz 2 GmbHG zu versehen und sodann elektronisch zum Handelsregister einzureichen.[1660] Das Registergericht muss also eine gemeinsam unterzeichnete Liste unverzüglich im Handelsregister aufnehmen, wenn die Liste sowohl die inhaltlichen Voraussetzungen für eine von der Geschäftsführung zu erstellende als auch eine notarbescheinigte Gesellschafterliste erfüllt. Diese Ansicht hat auch das OLG Hamm[1661] bestätigt und die Doppelunterschrift unter einer Gesellschafterliste akzeptiert.[1662]

4. Anmeldung der Kapitalerhöhung

1027 Erhöht die übernehmende Gesellschaft zur Durchführung der Verschmelzung ihr Stammkapital, so darf die Verschmelzung erst eingetragen werden, nachdem die Erhöhung des Stammkapitals im Register eingetragen worden ist (§ 53 UmwG). Dies hindert aber nicht, die Anmeldung der Kapitalerhöhung und der Verschmelzung in einer Urkunde zu verbinden.[1663] Die Anmeldung über die Kapitalerhöhung ist **von allen Geschäftsführern** zu unterzeichnen (§§ 78, 55 UmwG). Eine Vertretung ist zulässig, da bei der Verschmelzung die nach § 57 Abs. 2 GmbHG an sich notwendige Einlagenversicherung nach § 55 Abs. 1 UmwG bei der Kapitalerhöhung i. R. d.

1655 Roth, RNotZ 2014, 470 ff.; Löbbe, GmbHR 2012, 7, 11 ff; Lutter/Bayer, § 40 GmbHG Rn. 25; D. Mayer, MittBayNot 2014, 114, 116; Ising, NZG 2010, 812; Vossius, DB 2007, 2299, 2304; Apfelbaum, notar 2008, 160, 170.
1656 OLG Hamm, DNotZ 2010, 214 = GmbHR 2010, 205 m. zust. Anm. Wachter; zust. auch Omlor, EWiR 2010, 251, und Herrler/Blath, ZIP 2010, 129, 130.
1657 Vossius, DB 2007, 2299, 2304; Apfelbaum, notar 2008, 160, 170.
1658 Vossius, DB 2007, 2299, 2304.
1659 So zu Recht Roth, RNotZ 2014, 470, 474; Ising, DNotZ 2012 384, 389, ablehenend auch D. Mayer, MittBayNot 2014, 114, 116.
1660 So der Vorschlag von Mayer, MittBayNot 2014, 114, 116.
1661 NZG 2010, e 475 = BB 2010, 985.
1662 Vgl. auch Heckschen/Heidinger, § 13 GmbHG Rn. 328, 341.
1663 Kallmeyer/Zimmermann, UmwG, § 53 Rn. 2; Widmann/Mayer/Mayer, Umwandlungsrecht, § 55 UmwG Rn. 84 ff.; Lutter/Winter/Vetter, UmwG, § 55 Rn. 18.

Verschmelzung nicht abzugeben ist.[1664] Mit der Anmeldung der Kapitalerhöhung ist der **Erhöhungsbetrag** mit der Angabe des neuen Stammkapitals anzumelden sowie die Tatsache, dass es sich um eine Kapitalerhöhung zur Durchführung der Verschmelzung von bestimmten Gesellschaften handelt.[1665] Die Anmeldung des Erhöhungsbetrages mit der Angabe des neuen Stammkapitals genügt, dennoch empfiehlt sich eine umfassende Formulierung, die auf der Tatsache Satzungsänderung (»*der Gesellschaftsvertrag ist in § 3 [Stammkapital] geändert*«) beinhaltet.

Umstritten ist, ob die an sich nach § 57 Abs. 3 Nr. 2 und 3 GmbHG erforderliche Liste der Übernehmer und die Einbringungsverträge der Anmeldung beigefügt werden müssen, oder ob diesem Erfordernis durch Vorlage des Verschmelzungsvertrages Genüge getan ist.[1666] Sind die Übernehmer im Verschmelzungsvertrag genannt, ist nach einer Meinung eine Liste der Übernehmer überflüssig.[1667] Nach a. A. wird die Übernehmerliste nicht durch die Angaben im Vertrag ersetzt.[1668] Die nach § 57 Abs. 3 Nr. 3 GmbHG erforderlichen Verträge, die der Festsetzung der Sacheinlage zugrunde liegen, sind nicht notwendig.[1669]

Ein **Sacherhöhungsbericht** ist nach allgemeiner Meinung nicht erforderlich.[1670]   1028

5. Anmeldung der Satzungsänderung

Wegen Änderung der Stammkapitalziffer enthält die Kapitalerhöhung auch eine **Satzungsänderung**, die ebenfalls anzumelden ist.[1671]   1029

6. Beizufügende Unterlagen

Nach § 55 Abs. 2 UmwG sind der Anmeldung der Kapitalerhöhung samt Satzungsänderung zum Register der übernehmenden GmbH **folgende Unterlagen beizufügen**:[1672]   1030

– Kapitalerhöhungsbeschluss und Beschluss über die Änderung der Stammkapitalziffer in der Satzung in elektronisch beglaubigte Abschrift,
– Verschmelzungsvertrag in elektronisch beglaubigte Abschrift,
– Zustimmungsbeschlüsse der übertragenden und übernehmenden Gesellschaften in elektronisch beglaubigte Abschrift,
– Bescheinigte Neufassung der Satzung gem. § 54 GmbHG,
– Liste der Übernehmer der neuen Stammeinlagen (str.),
– berichtigte Gesellschafterliste nach § 52 Abs. 2 UmwG,
– Nachweis der Werthaltigkeit des übertragenden Vermögens (etwa durch Schlussbilanz der übertragenden Gesellschaft).

1664 Lutter/Winter/Vetter, UmwG, § 55 Rn. 18; allgemein zur Frage der Vertretung bei der Anmeldung der Kapitalerhöhung BayObLG, DB 1986, 1532; OLG Köln, DNotZ 1987, 244; BGH, DNotZ 1992, 584.
1665 Widmann/Mayer/Mayer, Umwandlungsrecht, § 55 UmwG Rn. 88; Kallmeyer/Kocher, UmwG, § 55 Rn. 4.
1666 So Lutter/Winter/Vetter, UmwG, § 55 Rn. 64; vgl. Kallmeyer/Kocher, UmwG, § 55 Rn. 9.
1667 So Lutter/Winter/Vetter, UmwG, § 55 Rn. 64; Stratz, in: Schmitt/Hörtnagl/Stratz, § 55 UmwG Rn. 25.
1668 Widmann/Mayer/Mayer, Umwandlungsrecht, § 55 UmwG Rn. 91; Reichert, in: Semler/Stengel, § 53 UmwG Rn. 6, § 55 UmwG Rn. 22; Kallmeyer/Kocher, UmwG, § 55 Rn. 9.
1669 H. M. Lutter/Winter/Vetter, UmwG, § 55 Rn. 65; Kallmeyer/Kocher, UmwG, § 55 Rn. 9; Widmann/Mayer/Mayer, Umwandlungsrecht, § 55 UmwG Rn. 92; Stratz, in: Schmitt/Hörtnagl/Stratz, § 55 UmwG Rn. 25; Reichert, in: Semler/Stengel, § 55 UmwG Rn. 22.
1670 Vgl. Kallmeyer/Zimmermann, UmwG, § 53 Rn. 12.
1671 Vgl. nur Lutter/Hommelhoff/Lutter, § 57 GmbHG Rn. 4; Kallmeyer/Zimmermann, UmwG, § 53 Rn. 5.
1672 Vgl. auch BeckOGK/v. Hinden UmwG § 55 Rn. 41.

7. Verschmelzung zur Neugründung

1031 Bei der Verschmelzung zur Neugründung haben nach § 38 Abs. 1 UmwG die Vertretungsorgane jedes der übertragenden Rechtsträger die Verschmelzung **zur Eintragung in das Register** ihres Sitzes **anzumelden**. Darüber hinaus haben nach § 38 Abs. 2 die Vertretungsorgane aller übertragenden Rechtsträger den neuen Rechtsträger bei dem Gericht, in dessen Bezirk er seinen Sitz haben soll, zur Eintragung in das Register anzumelden.

1032 Bei den übertragenden Rechtsträgern ist also die **Tatsache der Verschmelzung**, beim neuen Rechtsträger der Rechtsträger als solcher und nicht die Verschmelzung anzumelden.[1673] Neuer Rechtsträger wird von den Vertretungsorganen aller beteiligten übertragenden Rechtsträger, die in vertretungsberechtigter Zahl handeln, angemeldet. Eine Bevollmächtigung ist zulässig.[1674] In der Anmeldung sind nach § 8 Abs. 4 UmwG ferner anzugeben: eine **inländische Geschäftsanschrift** und **Art und Umfang der Vertretungsbefugnis** der Geschäftsführer (konkret und abstrakt). Die nach Abs. 4 Nr. 2 erforderliche Angabe hat für jeden Geschäftsführer zu ergeben, ob er einzel- oder gesamtvertretungsbefugt ist.[1675]

1033 **Zusätzlich zu** den in § 16 Abs. 2 bzw. § 17 UmwG **genannten Unterlagen** und Erklärungen (vgl. dazu oben Teil 2 Rdn. 673 ff.) sind die Anlagen beizufügen, die nach dem Gründungsrecht des GmbHG für die Gründung verlangt werden. Das sind:
– Beschluss über die Bestellung der Geschäftsführer,
– Gesellschafterliste,
– Schlussbilanzen aller übertragenden Rechtsträger als Wertnachweis oder andere Nachweise (§ 8 Abs. 5 GmbHG),
– Versicherung der Geschäftsführer gem. § 8 Abs. 3 GmbHG,
– Sachgründungsbericht. Dieser ist nach § 58 Abs. 2 UmwG entbehrlich, wenn übertragender Rechtsträger eine Kapitalgesellschaft oder eine eingetragene Genossenschaft ist. Ist ein Sachgründungsbericht erforderlich, ist über § 5 Abs. 4 GmbHG hinausgehend auch eine Darlegung zum Geschäftsverlauf und zur Lage des übertragenden Rechtsträgers erforderlich.

Staatliche Genehmigungen müssen seit dem MoMiG nicht mehr beigefügt werden.[1676]

XII. Muster

1. Verschmelzungsvertrag zweier GmbH ohne wechselseitige Beteiligungen

▶ Muster: Verschmelzungsvertrag zweier GmbH ohne wechselseitige Beteiligungen

1034 UR.Nr. für……

Verhandelt zu……

am……

Vor dem unterzeichnenden

…..

Notar mit dem Amtssitz in……

erschienen:

1. a) Herr (Name, Geburtsdatum, Adresse),

[1673] Widmann/Mayer/Fronhöfer, Umwandlungsrecht, § 38 UmwG Rn. 19; Kallmeyer/Zimmermann, UmwG, § 38 Rn. 4.
[1674] Widmann/Mayer/Fronhöfer, Umwandlungsrecht, § 38 UmwG Rn. 12; Kallmeyer/Zimmermann, UmwG, § 38 Rn. 4.
[1675] Lutter/Hommelhoff/Bayer, § 8 GmbHG Rn. 21.
[1676] Lutter/Hommelhoff/Bayer, § 8 GmbHG Rn. 7.

C. Verschmelzung von GmbH und Unternehmergesellschaften

b) Frau (Name, Geburtsdatum, Adresse),
beide handelnd nicht im eigenen Namen, sondern als gemeinsam vertretungsberechtigte Geschäftsführer der A-GmbH mit dem Sitz in......, eingetragen im Handelsregister des Amtsgerichts unter HRB......,
2. Herr (Name, Geburtsdatum, Adresse),
handelnd nicht im eigenen Namen, sondern als alleinvertretungsberechtigter Geschäftsführer der B-GmbH mit dem Sitz in...... eingetragen im Handelsregister des Amtsgerichts...... unter HRB......

Die Erschienenen wiesen sich dem Notar gegenüber aus durch Vorlage ihrer amtlichen Lichtbildausweise.

Die Erschienenen ließen folgenden

Verschmelzungsvertrag

beurkunden und erklärten, handelnd wie angegeben:

I. Vermögensübertragung

Die B-GmbH überträgt ihr Vermögen als Ganzes mit allen Rechten und Pflichten unter Ausschluss der Abwicklung auf die A-GmbH im Wege der Verschmelzung durch Aufnahme. Die A-GmbH gewährt als Ausgleich hierfür den Gesellschaftern der B-GmbH Geschäftsanteile an der A-GmbH.

II. Gegenleistung

1. Die A-GmbH gewährt folgende Anteile:
   a) dem Gesellschafter X einen Geschäftsanteil im Nennbetrag von...... €,
   b) dem Gesellschafter Y einen Geschäftsanteil im Nennbetrag von...... €.
   Die Geschäftsanteile werden kostenfrei und mit Gewinnberechtigung ab dem...... gewährt.
2. Zur Durchführung der Verschmelzung wird die A-GmbH ihr Stammkapital von bislang...... € um...... € auf...... € erhöhen, und zwar durch Bildung eines Geschäftsanteils Nr.... im Nennbetrag von...... € und eines weiteren Geschäftsanteils im Nennbetrag von...... €. Als bare Zuzahlung erhält...... einen Betrag von...... € und....... einen Betrag von...... €.
3. Das Umtauschverhältnis beträgt......

III. Bilanzstichtag

Der Verschmelzung wird die Bilanz der B-GmbH zum...... als Schlussbilanz zugrunde gelegt.

IV. Verschmelzungsstichtag

Die Übernahme des Vermögens der B-GmbH erfolgt im Innenverhältnis mit Wirkung zum Ablauf des...... Vom...... an gelten alle Handlungen und Geschäfte der B-GmbH als für Rechnung der A-GmbH vorgenommen.

V. Besondere Rechte

Besondere Rechte i. S. v. § 5 Abs. 1 Nr. 7 UmwG bestehen bei der A-GmbH nicht. Einzelnen Anteilsinhabern werden i. R. d. Verschmelzung keine besonderen Rechte gewährt.

VI. Besondere Vorteile

Besondere Vorteile i. S. v. § 5 Abs. 1 Nr. 8 UmwG werden weder einem Mitglied eines Vertretungs- oder Aufsichtsorgans, noch dem Abschlussprüfer oder dem Verschmelzungsprüfer gewährt.

VII. Folgen der Verschmelzung für Arbeitnehmer und ihre Vertretungen

Für die Arbeitnehmer der Gesellschaften und ihre Betriebsräte ergeben sich folgende Auswirkungen......

Folgende Maßnahmen sind vorgesehen......

VIII. Änderung der Firma

Die Firma der A-GmbH wird geändert in:

A & B-GmbH

IX. Bedingungen

Der Verschmelzungsvertrag steht unter der aufschiebenden Bedingung, dass
1. die formgerechten Zustimmungsbeschlüsse der Gesellschafterversammlungen beider Gesellschaften bis zum...... vorliegen und
2. die Gesellschafter der A-GmbH im Zustimmungsbeschluss die vorstehende Kapitalerhöhung und die vorstehende Änderung der Firma der A-GmbH beschließen.

X. Kosten

Die durch diesen Vertrag und seiner Durchführung bei beiden Gesellschaften entstehenden Kosten trägt die A-GmbH. Sollte die Verschmelzung nicht wirksam werden tragen die Kosten dieses Vertrages die Gesellschaften zu gleichen Teilen; alle übrigen Kosten trägt die jeweils betroffene Gesellschaft allein.

Diese Niederschrift wurde den Erschienenen vom Notar vorgelesen, von ihnen genehmigt und von ihnen und dem Notar eigenhändig, wie folgt, unterschrieben:

......

2. Verschmelzungsvertrag bei Verschmelzung einer 100 %igen Tochter-GmbH auf die Mutter-GmbH (sog. up-stream-merger)

▶ Muster: Verschmelzungsvertrag bei Verschmelzung einer 100 %igen Tochter-GmbH auf die Mutter-GmbH (sog. up-stream-merger)

1035

UR.Nr. für......

Verhandelt zu......

am......

Vor dem unterzeichnenden

......

Notar mit dem Amtssitz in......

erschienen:

1. a) Herr (Name, Geburtsdatum, Adresse),
   b) Frau (Name, Geburtsdatum, Adresse),
   beide handelnd nicht im eigenen Namen, sondern als gemeinsam vertretungsberechtigte Geschäftsführer der A-GmbH mit dem Sitz in......, eingetragen im Handelsregister des Amtsgerichts...... unter HRB......,
2. Herr (Name, Geburtsdatum, Adresse),
handelnd nicht im eigenen Namen, sondern als alleinvertretungsberechtigter Geschäftsführer der B-GmbH mit dem Sitz in......, eingetragen im Handelsregister des Amtsgerichts...... unter HRB......

Die Erschienenen wiesen sich dem Notar gegenüber aus durch Vorlage ihrer amtlichen Lichtbildausweise.

Die Erschienenen ließen folgenden

Verschmelzungsvertrag

beurkunden und erklärten, handelnd wie angegeben:

I. Vermögensübertragung

Die B-GmbH überträgt ihr Vermögen als Ganzes mit allen Rechten und Pflichten unter Ausschluss der Abwicklung auf die A-GmbH im Wege der Verschmelzung durch Aufnahme. Ein Ausgleich durch Gewährung von Geschäftsanteilen erfolgt nicht, da die A-GmbH alleinige Gesellschafterin der B-GmbH ist.

II. Bilanzstichtag

Der Verschmelzung wird die Bilanz der B-GmbH zum…… als Schlussbilanz zugrunde gelegt.

III. Verschmelzungsstichtag

Die Übernahme des Vermögens der B-GmbH erfolgt im Innenverhältnis mit Wirkung zum Ablauf des…… Vom…… an gelten alle Handlungen und Geschäfte der B-GmbH als für Rechnung der A-GmbH vorgenommen.

IV. Besondere Rechte

Besondere Rechte i. S. v. § 5 Abs. 1 Nr. 7 UmwG bestehen bei der A-GmbH nicht. Einzelnen Anteilsinhabern werden i. R. d. Verschmelzung keine besonderen Rechte gewährt.

V. Besondere Vorteile

Besondere Vorteile i. S. v. § 5 Abs. 1 Nr. 8 UmwG werden weder einem Mitglied eines Vertretungs- oder Aufsichtsorgans, noch dem Abschlussprüfer oder dem Verschmelzungsprüfer gewährt.

VI. Folgen der Verschmelzung für Arbeitnehmer und ihrer Vertretungen

Für die Arbeitnehmer der Gesellschaften und ihre Betriebsräte ergeben sich folgende Auswirkungen……

Folgende Maßnahmen sind vorgesehen……

VII. Änderung der Firma

Die Firma der A-GmbH wird geändert in:

A & B-GmbH

VIII. Kosten

Die durch diesen Vertrag und seiner Durchführung bei beiden Gesellschaften entstehenden Kosten trägt die A-GmbH.

Diese Niederschrift wurde den Erschienenen vom Notar vorgelesen, von ihnen genehmigt und von ihnen und dem Notar eigenhändig, wie folgt, unterschrieben:

……

3. Verschmelzungsvertrag bei Neugründung

▶ Muster: Verschmelzungsvertrag bei Neugründung

UR.Nr. für……

1036

Verhandelt zu……

am……

Vor dem unterzeichnenden

……

Notar mit dem Amtssitz in……

erschienen:

1. a) Herr (Name, Geburtsdatum, Adresse),
   b) Frau (Name, Geburtsdatum, Adresse),
   beide handelnd nicht im eigenen Namen, sondern als gemeinsam vertretungsberechtigte Geschäftsführer der A-GmbH mit dem Sitz in……, eingetragen im Handelsregister des Amtsgerichts…… unter HRB……,
2. Herr (Name, Geburtsdatum, Adresse),
   handelnd nicht im eigenen Namen, sondern als alleinvertretungsberechtigter Geschäftsführer der B-GmbH mit dem Sitz in……, eingetragen im Handelsregister des Amtsgerichts…… unter HRB……

Die Erschienenen wiesen sich dem Notar gegenüber aus durch Vorlage ihrer amtlichen Lichtbildausweise.

Die Erschienenen ließen folgenden

Verschmelzungsvertrag

beurkunden und erklärten, handelnd wie angegeben:

I. Vermögensübertragung

Die A-GmbH und die B-GmbH übertragen ihr Vermögen als Ganzes mit allen Rechten und Pflichten unter Ausschluss der Abwicklung auf die neu zu gründende C-GmbH mit dem Sitz in...... im Wege der Verschmelzung durch Neugründung. Die C-GmbH gewährt als Ausgleich hierfür den Gesellschaftern der A-GmbH und der B-GmbH Geschäftsanteile an der C-GmbH.

II. Gegenleistung

1. Die C-GmbH gewährt den Gesellschaftern der A-GmbH und der B-GmbH von ihrem Stammkapital i. H. v. insgesamt...... €,
    a) dem Gesellschafter T einen Geschäftsanteil mit der Nr....im Nennbetrag von...... €,
    b) dem Gesellschafter X einen Geschäftsanteil mit der Nr....im Nennbetrag von...... €,
    c) dem Gesellschafter Y einen Geschäftsanteil mit der Nr....im Nennbetrag von...... €,
    d) dem Gesellschafter Z einen Geschäftsanteil mit der Nr....im Nennbetrag von...... €.
2. Das Umtauschverhältnis beträgt......
3. Die Geschäftsanteile werden kostenfrei mit Gewinnberechtigung ab...... gewährt.

III. Bilanzstichtag

Der Verschmelzung werden die Bilanzen der A-GmbH und der B-GmbH zum...... als Schlussbilanzen zugrunde gelegt.

IV. Verschmelzungsstichtag

Die Übernahme des Vermögens der beiden Gesellschaften erfolgt im Innenverhältnis mit Wirkung zum Ablauf des...... Vom...... an gelten alle Handlungen und Geschäfte der B-GmbH als für Rechnung der A-GmbH vorgenommen.

V. Besondere Rechte

Besondere Rechte i. S. v. § 5 Abs. 1 Nr. 7 UmwG bestehen bei der C-GmbH nicht. Einzelnen Anteilsinhabern werden i. R. d. Verschmelzung keine besonderen Rechte gewährt.

VI. Besondere Vorteile

Besondere Vorteile i. S. v. § 5 Abs. 1 Nr. 8 UmwG werden weder einem Mitglied eines Vertretungs- oder Aufsichtsorgans, noch dem Abschlussprüfer oder dem Verschmelzungsprüfer gewährt.

VII. Folgen der Verschmelzung für Arbeitnehmer und ihrer Vertretungen

Für die Arbeitnehmer und ihre Vertretungen bei den beteiligten Gesellschaften ergeben sich folgende Auswirkungen......

Folgende Maßnahmen sind vorgesehen......

VIII. Bedingungen

Der Verschmelzungsvertrag steht unter der aufschiebenden Bedingung, dass die formgerechten Zustimmungsbeschlüsse der Gesellschafterversammlungen beider Gesellschaften bis zum...... vorliegen.

IX. Gründung

Die A-GmbH und die B-GmbH, handelnd als Gründer gemäß § 36 Abs. 2 Satz 2 UmwG erklären, vorbehaltlich der Zustimmungsbeschlüsse der Gesellschafterversammlungen:
1. Die Gesellschafter der A-GmbH und der B-GmbH errichten unter der Firma C-GmbH mit dem Sitz in...... eine Gesellschaft mit beschränkter Haftung. Für das Gesellschaftsverhältnis gilt der als Anlage zu dieser Niederschrift genommene Gesellschaftsvertrag.

2. In der hiermit abgehaltenen Gesellschafterversammlung wird beschlossen:
Zum Geschäftsführer der C-GmbH wird Herr (Name, Beruf, Wohnort) bestellt.
Er ist stets einzeln vertretungsberechtigt.

X. Kosten

Die durch diesen Vertrag und seiner Durchführung bei beiden Gesellschaften entstehenden Kosten trägt die C-GmbH. Sollte die Verschmelzung nicht wirksam werden, tragen die Kosten dieses Vertrages die Gesellschaften zu gleichen Teilen; alle übrigen Kosten trägt die jeweils betroffene Gesellschaft allein.

Diese Niederschrift nebst der Anlage wurde den Erschienenen vom Notar vorgelesen, von ihnen genehmigt und von ihnen und dem Notar eigenhändig, wie folgt, unterschrieben:

.....

Anlage 1 zur Urkunde vom...... UR.Nr.......

Satzung der C-GmbH

§ 1

Firma und Sitz

Die Firma der Gesellschaft lautet C-GmbH. Sitz der Gesellschaft ist......

§ 2

Gegenstand des Unternehmens

Gegenstand des Unternehmens ist...... Die Gesellschaft kann darüber hinaus alle Geschäfte betreiben, die dem Gesellschaftszweck dienen, insbes. auch den Handel und den Vertrieb mit....

Die Gesellschaft darf andere Unternehmen gleicher oder ähnlicher Art übernehmen, vertreten und sich an solchen Unternehmen beteiligen. Sie darf Zweigniederlassungen errichten.

§ 3

Stammkapital und Stammeinlagen

Das Stammkapital der neugegründeten GmbH beträgt...... € auf welches als Gesellschafter übernehmen:
a) der Gesellschafter D einen Geschäftsanteil mit der Nr....im Nennbetrag von...... €,
b) der Gesellschafter X einen Geschäftsanteil mit der Nr.... im Nennbetrag von...... €,
c) der Gesellschafter Y einen Geschäftsanteil mit der Nr....im Nennbetrag von...... €,
d) der Gesellschafter Z einen Geschäftsanteil i mit der Nr....m Nennbetrag von...... €.

Das Stammkapital wurde dadurch erbracht, dass die A-GmbH und die B-GmbH jeweils ihr Vermögen als Ganzes mit allen Rechten und Pflichten unter Auflösung ohne Abwicklung nach § 2 Nr. 2 UmwG im Wege der Verschmelzung durch Neugründung nach Maßgabe des Verschmelzungsvertrages vom...... übertragen.

§ 4

Geschäftsjahr

Das Geschäftsjahr ist das Kalenderjahr.

Das erste Geschäftsjahr ist ein Rumpfgeschäftsjahr; es beginnt mit der Eintragung der Gesellschaft in das Handelsregister und endet am darauffolgenden 31.12.

§ 5

Geschäftsführung, Vertretung

Die Gesellschaft hat einen oder mehrere Geschäftsführer. Ist nur ein Geschäftsführer bestellt, so vertritt er die Gesellschaft allein.

Sind mehrere Geschäftsführer bestellt, wird die Gesellschaft durch zwei Geschäftsführer gemeinschaftlich oder durch einen Geschäftsführer und einen Prokuristen gemeinschaftlich vertreten.

Die Gesellschafterversammlung kann unabhängig von der Zahl der bestellten Geschäftsführer und Liquidatoren jederzeit einem, mehreren oder allen Geschäftsführern oder Liquidatoren Einzelvertretungsbefugnis und Befreiung von den Beschränkungen des § 181 BGB erteilen.

§ 6

Wettbewerbsverbot

Kein Gesellschafter darf der Gesellschaft während seiner Vertragszeit mittelbar oder unmittelbar, direkt oder indirekt, gelegentlich oder gewerbsmäßig im Geschäftszweig der Gesellschaft Konkurrenz machen oder sich an Konkurrenzunternehmen beteiligen.

Durch Gesellschafterbeschluss können einzelne oder alle Gesellschafter vom Wettbewerbsverbot befreit werden. Sie sind dann berechtigt, unmittelbar oder mittelbar, direkt oder indirekt im eigenen oder fremden Namen mit der Gesellschaft in den Wettbewerb zu treten oder sich an Konkurrenzunternehmen zu beteiligen. Die Befreiung kann auf bestimmte Bereiche beschränkt werden.

§ 7

Gesellschafterversammlungen

Die Einberufung einer Gesellschafterversammlung erfolgt durch die Geschäftsführer mit eingeschriebenem Brief an jeden Gesellschafter unter Mitteilung der Tagesordnung. Das Einladungsschreiben ist mindestens drei Wochen vor dem Versammlungstermin per Einschreiben zur Post zu geben. Für die Fristberechnung zählt der Tag der Absendung und der Tag der Versammlung nicht mit. Der Ort der Versammlung ist der Sitz der Gesellschaft, soweit nicht durch die Gesellschafter einstimmig anderes beschlossen wird.

Die Gesellschafterversammlung ist beschlussfähig, wenn 3/4 des Stammkapitals vertreten sind. Ist eine Gesellschafterversammlung nicht beschlussfähig, so ist durch den oder die Geschäftsführer innerhalb von einer Woche eine neue Gesellschafterversammlung mit der gleichen Tagesordnung einzuberufen. Diese Versammlung ist ohne Rücksicht auf die Zahl der vertretenen Stimmen beschlussfähig; hierauf ist in der Einladung hinzuweisen.

Die Gesellschafter können einstimmig auf die Einhaltung der Form- und Fristvorschriften verzichten.

Die Gesellschafter können sich in der Gesellschafterversammlung durch einen Bevollmächtigten vertreten und das Stimmrecht durch ihn ausüben lassen. Die Vertretungsvollmacht ist schriftlich nachzuweisen. Die Gesellschafterversammlung ist mindestens einmal jährlich als ordentliche Versammlung innerhalb der ersten Monate nach Beginn eines neuen Geschäftsjahres einzuberufen; außerordentliche Versammlungen sind bei wichtigen Gründen zulässig.

Die Versammlung wird durch den Vorsitzenden geleitet, der von den anwesenden Gesellschaftern mit einfacher Mehrheit zu wählen ist.

§ 8

Gesellschafterbeschlüsse

Gesellschafterbeschlüsse werden in Gesellschafterversammlungen gefasst. Beschlüsse außerhalb von Versammlungen können – soweit nicht zwingendes Recht eine besondere Form vorschreibt – auch telefonisch, schriftlich, per E-Mail oder in einer anderen vergleichbaren elektronischen Form gefasst werden, wenn alle Gesellschafter mit diesem Verfahren einverstanden sind. Auch kombinierte Beschlussfassungen sind zulässig. Wird die Gesellschafterversammlung nicht notariell beurkundet, so ist eine schriftliche Niederschrift anzufertigen, die vom Vorsitzenden zu unterzeichnen ist und die Beschlussgegenstände und den Inhalt des Beschlusses protokollieren muss. Jeder Gesellschafter hat Anspruch auf Übersendung einer Abschrift und notarielle Beurkundung der Gesellschafterversammlung.

Abgestimmt wird in der Gesellschafterversammlung nach Geschäftsanteilen. Je 1,00 € eines Gesellschaftsanteils gewähren eine Stimme.

Gesellschafterbeschlüsse werden mit der einfachen Mehrheit der abgegebenen Stimmen gefasst, soweit nicht die Satzung oder das Gesetz eine höhere Mehrheit vorschreiben.

Beschlüsse der Gesellschafterversammlung können nur innerhalb von einer Frist von zwei Monaten seit der Beschlussfassung angefochten werden. Die Anfechtungsfrist ist nur gewahrt, wenn innerhalb dieser Frist die Klage erhoben wird. Zur Erhebung der Klage ist jeder Gesellschafter und Geschäftsführer berechtigt.

§ 9

Jahresabschluss und Gewinnverteilung

Die Bilanz mit Gewinn- und Verlustrechnung, Anhang und – soweit erforderlich – der Lagebericht sind nach Beendigung des Geschäftsjahres von den Geschäftsführern innerhalb der gesetzlichen Frist nach den gesetzlichen Bestimmungen aufzustellen.

Die Feststellung des Jahresabschlusses erfolgt durch die Gesellschafterversammlung.

§ 10

Gewinnverwendung

Für die Gewinnverwendung gilt die Regelung des § 29 GmbHG. Die Gesellschafterversammlung beschließt über die Gewinnverwendung, insbes. die Frage der Einstellung in die Rücklagen und der Ausschüttung.

§ 11

Verfügung über Geschäftsanteile

Die Geschäftsanteile können nur mit Zustimmung der Gesellschaft abgetreten und belastet werden.

§ 12

Einziehung von Geschäftsanteilen

Die Gesellschafterversammlung kann die Einziehung von Gesellschaftsanteilen mit Zustimmung des betroffenen Gesellschafters beschließen.

Die Einziehung des Geschäftsanteils ist ohne Zustimmung des Gesellschafters zulässig, wenn
– über das Vermögen des Gesellschafters das Insolvenzverfahren eröffnet ist oder die Eröffnung mangels Masse abgelehnt wird;
– die Zwangsvollstreckung aufgrund eines nicht nur vorläufig vollstreckbaren Titels in den Geschäftsanteil vorgenommen wird und diese Maßnahme nicht innerhalb von drei Monaten, spätestens bis zur Verwertung des Anteils, wieder aufgehoben wird;
– in der Person eines Gesellschafters ein wichtiger Grund vorliegt, insbes. wenn der Gesellschafter die Interessen der Gesellschafter grob verletzt hat und den übrigen Gesellschaftern eine weitere Zusammenarbeit nicht mehr zuzumuten ist;

Steht ein Geschäftsanteil mehreren Gesellschaftern gemeinschaftlich zu, so genügt es, wenn der Grund bei einem Gesellschafter vorliegt.

Bei einem Beschluss über die Einziehung hat der betroffene Gesellschafter kein Stimmrecht. Mit Beschlussfassung ruhen alle Gesellschafterrechte.

Statt der Einziehung kann die Gesellschafterversammlung beschließen, dass der Geschäftsanteil ganz oder geteilt an die Gesellschaft selbst, an einen oder mehrere Gesellschafter oder von der Gesellschaft zu benennende Dritte zu gleichen Bedingungen übertragen wird.

Der ausgeschlossene Gesellschafter ist mit dem Wert seines Geschäftsanteils, der gemäß den Bestimmungen dieses Vertrages zu bestimmen ist, abzufinden.

§ 13

Erbfolge

Im Fall des Todes eines Gesellschafters treten die Erben an die Stelle des verstorbenen Gesellschafters. Sind mehrere Erben vorhanden, so haben die Erben einen gemeinschaftlichen Vertreter zu bestimmen. Solange der Vertreter nicht bestimmt ist, ruhen die Gesellschafterrechte.

§ 14

Bewertung von Geschäftsanteilen und Abfindungen

Die Abfindung bemisst sich nach dem tatsächlichen Wert des Geschäftsanteils. Zu dessen Ermittlung ist eine Auseinandersetzungsbilanz aufzustellen. Maßgeblicher Zeitpunkt ist der Tag des Ausscheidens.

Im Fall der Einziehung des Geschäftsanteils nach § 12 beträgt der zu zahlende Abfindungsbetrag nur 60 % dieses Wertes.

Die Abfindungsforderung des ausgeschiedenen Gesellschafters ist wie folgt zu erfüllen: Die Abfindungsraten sind in fünf gleichen Halbjahresraten an den ausgeschiedenen Gesellschafter zu zahlen, erstmals am auf das Ausscheiden folgenden 31.12. Der ausstehende Betrag ist mit 4 % zu verzinsen.

§ 15

Dauer der Gesellschaft

Die Dauer der Gesellschaft ist unbestimmt.

Die Gesellschaft kann von jedem Gesellschafter mit jährlicher Frist zum Ende des Geschäftsjahres gekündigt werden, frühestens zum 31.12. Die Kündigung hat durch eingeschriebenen Brief an die Geschäftsführung zu erfolgen.

Die Gesellschaft wird durch Kündigung nicht aufgelöst. Sie wird nach Ausscheiden des betroffenen Gesellschafters von den übrigen Gesellschaftern fortgesetzt. Der ausscheidende Gesellschafter ist verpflichtet, seinen Geschäftsanteil nach Wahl der Gesellschaft ganz oder teilweise an die Gesellschaft, an einen oder mehrere Gesellschafter oder an einen von der Gesellschaft zu benennenden Dritten abzutreten oder die Einziehung des Geschäftsanteils zu dulden.

Falls der Geschäftsanteil des ausscheidenden Gesellschafters nicht bis zum Ablauf der Kündigungsfrist von einem anderen übernommen oder eingezogen wird, tritt die Gesellschaft in Liquidation.

Der Anteil des ausscheidenden Gesellschafters ist mit dem Wert des Geschäftsanteils zu vergüten, der sich nach § 14 Abs. 1 ergibt. Das Recht der fristlosen Kündigung wird jedoch nicht berührt.

§ 16

Liquidation

Im Fall der Auflösung der Gesellschaft erfolgt deren Abwicklung durch den oder die Geschäftsführer als Liquidatoren, soweit nicht durch Gesellschafterbeschluss andere Liquidatoren bestellt werden.

§ 17

Bekanntmachungen

Die Bekanntmachungen der Gesellschaft erfolgen im elektronischen Bundesanzeiger.

§ 18

Sonstiges

Die Unwirksamkeit einzelner Bestimmungen dieses Vertrages lässt die Wirksamkeit des Vertrages i. Ü. unberührt. In einem solchen Fall ist die ungültige Bestimmung durch eine Regelung zu ergänzen, die dem gewünschten wirtschaftlichen Ergebnis in rechtsgültiger Weise am nächsten kommt.

§ 19

Gründungskosten

Die Kosten für den durch die Verschmelzung zur Neugründung entstehenden Gründungsaufwand trägt die Gesellschaft. Dieser Gründungsaufwand wird übereinstimmend mit...... € angesetzt.

Gemäß § 57 UmwG werden die Festsetzungen über den Gründungsaufwand aus der Satzung der übertragenden Gesellschaften wie folgt übernommen:...... (*Anm.:* hier den Text aus den Satzungen der A-GmbH und der B-GmbH einfügen).

4. Zustimmungen der Gesellschafterversammlungen zur Verschmelzung durch Aufnahme

a) Zustimmung bei der übernehmenden Gesellschaft

▶ Muster: Zustimmungsbeschluss der Gesellschafterversammlungen zur Verschmelzung durch Aufnahme

Niederschrift über eine Gesellschafterversammlung

1037

Heute, den......, erschienen vor mir, dem unterzeichnenden Notar...... mit dem Amtssitz, an der Amtsstelle in......
1. Herr W, Kaufmann, wohnhaft in......,
2. Herr Z, Kaufmann, wohnhaft in......
Beide Beteiligten sind mir, Notar, persönlich bekannt.

Auf Antrag beurkunde ich den vor mir abgegebenen Erklärungen gemäß Folgendes:

I. Sachstand

Die Erschienenen sind Gesellschafter der A-GmbH, eingetragen im Handelsregister des Amtsgerichts München unter HRB......, mit einem Stammkapital von...... €.

Herr W hält einen Geschäftsanteil i. H. v....... €.

Herr Z hält einen Geschäftsanteil i. H. v....... €.

Die Gesellschafter erklären, dass alle Stammeinlagen voll einbezahlt sind, sodass keine Zustimmungspflicht nach § 51 UmwG besteht.

II. Gesellschafterversammlung

Die vorgenannten Gesellschafter halten unter Verzicht auf alle Frist- und **Formvorschriften** eine Gesellschafterversammlung ab und stellen fest, dass die Gesellschafterversammlung als Vollversammlung beschlussfähig ist.

Die Gesellschafter beschließen mit allen Stimmen Folgendes:

§ 1

Zustimmung zum Verschmelzungsvertrag

Dem Verschmelzungsvertrag, Urkunde des Notars......, in......, vom...... UR.Nr., wird mit allen Stimmen vorbehaltlos zugestimmt. Er ist dieser Niederschrift als Anlage beigefügt.

§ 2

Kapitalerhöhung
1. Das Stammkapital der Gesellschaft i. H.v....... € wird um...... € auf...... € zur Durchführung der Verschmelzung gemäß § 55 UmwG erhöht. Die Kapitalerhöhung erfolgt zum Zwecke der Durchführung der unter § 1 beschlossenen Verschmelzung.
2. Es werden zwei neue Geschäftsanteile i. H. v. je...... € gebildet. Diese Geschäftsanteile werden jeweils an Herrn X und Herrn Y, bisherige Gesellschafter der übertragenden GmbH als Gegenleistung für die Übertragung des Vermögens der B-GmbH ausgegeben.
3. Sie leisten ihre Einlage auf den jeweiligen Geschäftsanteil durch die Übertragung des Vermögens der B-GmbH nach Maßgabe des unter § 1 genannten Verschmelzungsvertrages. Der Übertragung des Vermögens liegt die dieser Urkunde als Anlage 2 beigefügte Verschmelzungsbilanz der B-GmbH zum 31.12..... zugrunde.
4. Die neuen Geschäftsanteile sind ab 01.01..... gewinnbezugsberechtigt.
5. Mit der Durchführung der Verschmelzung sind die Einlagen auf die neuen Geschäftsanteile in voller Höhe bewirkt.

§ 3

Satzungsänderung

1. Der Gesellschaftsvertrag der A-GmbH wird in § 3 (Stammkapital) wie folgt geändert:
»Das Stammkapital der Gesellschaft beträgt...... € (in Worten:...... Euro)«.
2. Außerdem wird § 1 (Firma) des Gesellschaftsvertrages wie folgt geändert:
»Die Firma lautet: A & B-GmbH«.

III. Verzichtserklärungen, Sonstiges

Alle Gesellschafter verzichten auf eine Prüfung der Verschmelzung, auf Erstattung eines Verschmelzungsberichts und eines Verschmelzungsprüfungsberichts und auf eine Klage gegen die Wirksamkeit des Verschmelzungsbeschlusses.

Alle Gesellschafter erklären, dass der Verschmelzungsvertrag ihnen spätestens zusammen mit der Einberufung der Gesellschafterversammlung übersendet wurde.

Der beurkundende Notar wies die Gesellschafter darauf hin, dass jeder von Ihnen die Erteilung einer Abschrift der Niederschrift über diese Gesellschafterversammlung und des Verschmelzungsvertrages verlangen kann und dass ihnen ein Anspruch gegen die Geschäftsführer auf Auskunft auch über alle für die Verschmelzung wesentlichen Angelegenheiten durch anderen beteiligten Gesellschaften zusteht.

Vorgelesen vom Notar, von den Erschienenen genehmigt und eigenhändig unterschrieben.

......

b) *Zustimmungsbeschluss der übertragenden Gesellschaft*

▶ Muster: Zustimmungsbeschluss der übertragenden Gesellschaft

1038 **Niederschrift über eine Gesellschafterversammlung**

Heute, den......, erschienen vor mir, dem unterzeichnenden Notar......, mit Amtssitz in...... an der Amtsstelle in......
1. Herr X, Kaufmann, wohnhaft in......,
2. Herr Y, Kaufmann, wohnhaft in......
Die Beteiligten sind mir, Notar......, persönlich bekannt.

Auf Antrag beurkunde ich den vor mir abgegebenen Erklärungen gemäß Folgendes:

I. Sachstand

Im Handelsregister des Amtsgerichts......, ist in Abteilung B unter Nr....... die Firma B-GmbH mit Sitz in...... eingetragen.

Gesellschafter dieser Gesellschaft sind nach Angabe:

Herr X, mit einem Gesellschaftsanteil i. H. v....... €

Herr Y, mit einem Gesellschaftsanteil i. H. v....... €.

Das Stammkapital der Gesellschaft beträgt...... €.

Die Stammeinlagen sind voll einbezahlt, sodass keine Zustimmungspflicht nach § 51 UmwG besteht.

II. Gesellschafterversammlung

Die vorgenannten Gesellschafter halten eine Gesellschafterversammlung der vorgenannten Gesellschaft unter Verzicht auf alle Frist- und Formvorschriften ab und stellen fest, dass die Gesellschafterversammlung als Vollversammlung beschlussfähig ist.

Die Gesellschafter beschließen mit allen Stimmen Folgendes:

§ 1
Zustimmung zum Verschmelzungsvertrag

Dem Verschmelzungsvertrag vom……, UR.Nr……. des amtierenden Notars wird mit allen Stimmen vorbehaltlos zugestimmt.

Der Verschmelzungsvertrag ist dieser Urkunde als Anlage 1 beigefügt.

§ 2
Kosten, Abschriften

Die Kosten dieser Urkunden trägt die Gesellschaft.

III. Sonstiges

Alle Gesellschafter verzichten auf eine Prüfung der Verschmelzung und auf Anfechtung des Beschlusses sowie auf Erstattung eines Verschmelzungsberichts und Verschmelzungsprüfungsberichts.

Alle Gesellschafter erklären, dass der Verschmelzungsvertrag ihnen spätestens zusammen mit der Einberufung der Gesellschafterversammlung übersendet wurde.

Der beurkundende Notar wies die Gesellschafter darauf hin, dass jeder von Ihnen die Erteilung einer Abschrift der Niederschrift über diese Gesellschafterversammlung und des Verschmelzungsvertrages verlangen kann und dass ihnen ein Anspruch gegen die Geschäftsführer auf Auskunft **auch über** alle für die Verschmelzung wesentlichen Angelegenheiten der anderen beteiligten Gesellschafter zusteht.

Die Kosten und etwaigen Verkehrssteuern der Kapitalerhöhung einschließlich der Durchführung trägt die übernehmende Gesellschaft als Aufwand.

Vorgelesen vom Notar, von den Erschienenen genehmigt und eigenhändig unterschrieben.

……

5. Handelsregisteranmeldungen

a) Anmeldung für die übertragende GmbH bei Verschmelzung durch Aufnahme

▶ Muster: Handelsregisteranmeldung für die übertragende GmbH bei Verschmelzung durch Aufnahme

An das

Amtsgericht

– Handelsregister B –

Elektronisch übermittelt

Betrifft: HRB…… B-GmbH

In der Anlage überreiche ich:
1. elektronisch beglaubigte Abschrift des Verschmelzungsvertrages vom…… – UR.Nr……. des beglaubigenden Notars –,
2. elektronisch beglaubigte Abschrift des Zustimmungsbeschlusses der Gesellschafter der A-GmbH vom…… – UR.Nr……. des beglaubigenden Notars –, samt Verzichtserklärungen der Gesellschafter der A-GmbH auf Erstellung eines Verschmelzungsberichts und Verschmelzungsprüfung und Erstellung eines Verschmelzungsprüfungsberichts sowie Verzicht auf Anfechtung des Zustimmungsbeschlusses,
3. elektronisch beglaubigte Abschrift des Zustimmungsbeschlusses der Gesellschafter der B-GmbH vom…… – UR.Nr……. des beglaubigenden Notars –, samt Verzichtserklärungen der Gesellschafter der B-GmbH auf Erstellung eines Verschmelzungsberichts und Verschmelzungsprüfung und Erstellung eines Verschmelzungsprüfungsberichts sowie Verzicht auf Anfechtung des Zustimmungsbeschlusses,

4. elektronisch beglaubigte Abschrift des Nachweises über die Zuleitung des Entwurfs des Verschmelzungsvertrages an den Betriebsrat der B-GmbH,
5. elektronisch beglaubigte Abschrift der Schlussbilanz der B-GmbH zum Verschmelzungsstichtag

und melde zur Eintragung in das Handelsregister an:

Die B-GmbH ist auf die A-GmbH als übernehmende Gesellschaft im Wege der Verschmelzung durch Aufnahme verschmolzen.

Ich erkläre, dass weder der Verschmelzungsbeschluss der Gesellschafter der A-GmbH noch der Verschmelzungsbeschluss der Gesellschafter der B-GmbH angefochten worden ist.

Ggf. weitere Angaben, z. B. inländische Geschäftsanchrift usw.

….., den……

(Beglaubigungsvermerk)

b) *Anmeldung für die übernehmende GmbH bei Verschmelzung durch Aufnahme*

▶ Muster: Handelsregisteranmeldung für die übernehmende GmbH bei Verschmelzung durch Aufnahme

1040   An das

Amtsgericht

– Handelsregister B –

Elektronisch übermittelt

Betrifft: HRB…… A-GmbH

In der Anlage überreichen wir, die unterzeichnenden alleinigen Geschäftsführer der o. a. GmbH
1. elektronisch beglaubigte Abschrift des Verschmelzungsvertrages vom…… – UR.Nr.…… des beglaubigenden Notars –,
2. elektronisch beglaubigte Abschrift des Zustimmungsbeschlusses der Gesellschafter der A-GmbH vom…… – UR.Nr.…… des beglaubigenden Notars –, samt Verzichtserklärungen der Gesellschafter der A-GmbH auf Erstellung eines Verschmelzungsberichts und Verschmelzungsprüfung und Erstellung eines Verschmelzungsprüfungsberichts sowie Verzicht auf Anfechtung des Zustimmungsbeschlusses,
3. elektronisch beglaubigte Abschrift g des Zustimmungsbeschlusses der Gesellschafter der B-GmbH vom…… – UR.Nr.…… des beglaubigenden Notars –, samt Verzichtserklärungen der Gesellschafter der B-GmbH auf Erstellung eines Verschmelzungsberichts und Verschmelzungsprüfung und Erstellung eines Verschmelzungsprüfungsberichts sowie Verzicht auf Anfechtung des Zustimmungsbeschlusses,
4. elektronisch beglaubigte Abschrift des Nachweises über die Zuleitung des Entwurfs des Verschmelzungsvertrages an den Betriebsrat der A-GmbH,
5. elektronisch beglaubigte Abschrift des vollständigen Satzungswortlautes nebst notarieller Übereinstimmungsbescheinigung,
6. elektronisch beglaubigte Abschrift der Liste der Übernehmer,
7. elektronisch beglaubigte Abschrift der berichtigten und bestätigten Gesellschafterliste,
8. elektronisch beglaubigte Abschrift der Schlussbilanz der B-GmbH zum 31.12…..

und melden zur Eintragung in das Handelsregister an:
1. Die B-GmbH ist im Wege der Verschmelzung durch Aufnahme auf die A-GmbH verschmolzen.
2. Das Stammkapital der A-GmbH ist zum Zweck der Durchführung der Verschmelzung von…… € um…… €

auf…… € erhöht worden. Dementsprechend ist § 3 des Gesellschaftsvertrages – Stammkapital – geändert und neu gefasst worden.
3. Die Firma der B-GmbH ist geändert in:
»A und B-GmbH«.

C. Verschmelzung von GmbH und Unternehmergesellschaften   Teil 2 Kapitel 2

Dementsprechend ist der Gesellschaftsvertrag in § 1 – Firma – geändert.

Wir erklären, dass weder der Verschmelzungsbeschluss der Gesellschafter der A-GmbH noch der Verschmelzungsbeschluss der Gesellschafter der B-GmbH angefochten worden ist.

Wir beantragen, die Kapitalerhöhung (Ziff. 2.) zunächst zu vollziehen und erst danach die Verschmelzung und die Änderung der Firma (Ziff. 1. und Ziff. 3.).

Die inländische Geschäftsanschrift und die Geschäftsräume befinden sich unverändert in (Ort, Straße).

(*Anm.:* Bei unterschiedlichen Handelsregistergerichten lautet die Formulierung wie folgt:

Wir werden sodann zur Vervollständigung der Anmeldung der Verschmelzung einen beglaubigten Handelsregisterauszug der B-GmbH einreichen, aus dem sich die Eintragung der Verschmelzung in das Handelsregister des Sitzes der B-GmbH ergibt).

....., den......

(Beglaubigungsvermerk)

c) Anmeldung für eine übertragende GmbH bei Verschmelzung durch Neugründung

▶ Muster: Handelsregisteranmeldung für die übertragende GmbH bei Verschmelzung durch Neugründung

An das   1041

Amtsgericht

– Handelsregister B –

Elektronisch übermittelt

Betrifft: HRB...... A-GmbH

In der Anlage überreiche ich:
1. elektronisch beglaubigte Abschrift des Verschmelzungsvertrages vom...... – UR.Nr....... des beglaubigenden Notars –,
2. elektronisch beglaubigte Abschrift des Zustimmungsbeschlusses der Gesellschafter der A-GmbH vom...... – UR.Nr....... des beglaubigenden Notars –, samt Verzichtserklärungen der Gesellschafter der A-GmbH auf Erstellung eines Verschmelzungsberichts und Verschmelzungsprüfung und Erstellung eines Verschmelzungsprüfungsberichts sowie Verzicht auf Anfechtung des Zustimmungsbeschlusses,
3. elektronisch beglaubigte Abschrift des Zustimmungsbeschlusses der Gesellschafter der B-GmbH vom...... – UR.Nr....... des beglaubigenden Notars –, samt Verzichtserklärungen der Gesellschafter der B-GmbH auf Erstellung eines Verschmelzungsberichts und Verschmelzungsprüfung und Erstellung eines Verschmelzungsprüfungsberichts sowie Verzicht auf Anfechtung des Zustimmungsbeschlusses,
4. elektronisch beglaubigte Abschrift des Nachweises über die Zuleitung des Entwurfs des Verschmelzungsvertrages an den Betriebsrat der A-GmbH,
5. elektronisch beglaubigte Abschrift der Schlussbilanz der A-GmbH zum Verschmelzungsstichtag

und melde zur Eintragung in das Handelsregister an:

Die A-GmbH ist im Wege der Verschmelzung durch Neugründung auf die A & B-GmbH verschmolzen.

Ich erkläre, dass weder der Verschmelzungsbeschluss der Gesellschafter der A-GmbH noch der Verschmelzungsbeschluss der Gesellschafter der B-GmbH angefochten worden ist.

Ggf. weitere Angaben, z. B. inländische Geschäftsanschrift.

....., den......

(Beglaubigungsvermerk)

d) Anmeldung für die neu gegründete GmbH bei Verschmelzung durch Neugründung

▶ Muster: Handelsregisteranmeldung für die neu gegründete GmbH bei Verschmelzung durch Neugründung

1042

An das

Amtsgericht

– Handelsregister B –

Elektronisch übermittelt

Betrifft: Neugründung der A- & B-GmbH mit dem Sitz in……

In der Anlage überreichen wir, die unterzeichnenden Geschäftsführer der A-GmbH – dortiges Handelsregister HRB…… – und der B-GmbH – dortiges Handelsregister HRB…… –:
1. elektronisch beglaubigte Abschrift des Verschmelzungsvertrages nebst Gesellschaftsvertrag vom…… – UR.Nr.…… des beglaubigenden Notars –,
2. elektronisch beglaubigte Abschrift der Zustimmungsbeschlüsse der Gesellschafter der A-GmbH vom…… – UR.Nr.…… und…… des beglaubigenden Notars –, samt Verzichtserklärungen der Gesellschafter der A-GmbH auf Erstellung eines Verschmelzungsberichts und Verschmelzungsprüfung und Erstellung eines Verschmelzungsprüfungsberichts sowie Verzicht auf Anfechtung des Zustimmungsbeschlusses,
3. elektronisch beglaubigte Abschriften des Zustimmungsbeschlusses der Gesellschafter der B-GmbH…… – UR.Nr.…… des beglaubigenden Notars –, samt Verzichtserklärungen der Gesellschafter der B-GmbH auf Erstellung eines Verschmelzungsberichts und Verschmelzungsprüfung und Erstellung eines Verschmelzungsprüfungsberichts sowie Verzicht auf Anfechtung des Zustimmungsbeschlusses,
4. elektronisch beglaubigte Abschrift der Nachweise über die Zuleitung des Entwurfs des Verschmelzungsvertrages an den Betriebsrat der A-GmbH und den Betriebsrat der B-GmbH,
5. elektronisch beglaubigte Abschrift der Gesellschafterliste,
6. elektronisch beglaubigte Abschrift der Schlussbilanzen der A- und B-GmbH (als Wertnachweis),

ein Sachgründungsbericht ist nach § 58 UmwG nicht erforderlich,

und melden zur Eintragung in das Handelsregister an:

Die A-GmbH und die B-GmbH haben im Wege der Verschmelzung durch Neugründung unter der Firma »A & B-GmbH« eine Gesellschaft mit beschränkter Haftung gegründet.

Sitz der Gesellschaft ist……

Abstrakte Vertretungsbefugnis:

Die Gesellschaft hat einen oder mehrere Geschäftsführer. Ist nur ein Geschäftsführer bestellt, vertritt dieser die Gesellschaft allein. Sind mehrere Geschäftsführer bestellt, wird die Gesellschaft durch zwei Geschäftsführer gemeinsam oder durch einen Geschäftsführer in Gemeinschaft mit einem Prokuristen vertreten. Durch Gesellschafterbeschluss kann einzelnen Geschäftsführern die Befugnis zur Einzelvertretung sowie die Befreiung von den Beschränkungen des § 181 BGB erteilt werden.

Zum ersten Geschäftsführer der Gesellschaft wurde bestellt:

(Name), (Geburtsdatum), (Wohnort).

Konkrete Vertretungsbefugnis:

Er ist berechtigt, die Gesellschaft einzeln zu vertreten und von den Beschränkungen des § 181 BGB befreit.

Der mitunterzeichnende Geschäftsführer erklärt: Ich, [»Name:«, versichere, dass keine Umstände vorliegen, die meiner Bestellung zum Geschäftsführer nach § 6 Abs. 2 GmbH-Gesetz entgegenstehen.

Der Geschäftsführer der Gesellschaft versichert insbesondere,

C. Verschmelzung von GmbH und Unternehmergesellschaften   Teil 2 Kapitel 2

– dass er nicht wegen einer oder mehrerer vorsätzlicher Straftaten
a) des Unterlassens der Stellung des Antrags auf Eröffnung des Insolvenzverfahrens (Insolvenzverschleppung),
b) §§ 283–283d StGB (Insolvenzstraftaten),
c) der falschen Angaben nach § 82 GmbHG oder § 399 AktG,
d) der unrichtigen Darstellung nach § 400 AktG, § 331 HGB, § 313 UmwG oder § 17 PublizitätsG,
e) nach den §§ 263 StGB (Betrug), § 263a StGB (Computerbetrug), § 264 StGB (Kapitalanlagebetrug) § 264a (Subventionsbetrug), den §§ 265b StGB (Kreditbetrug), §§ 265c bis e (Sportwettbetrug und Manipulation von berufssportlichen Wettbewerben) oder den §§ 265b StGB (Kreditbetrug), § 266 StGB (Untreue) bis § 266a StGB (Vorenthalten und Veruntreuen von Arbeitsentgelt – Nichtabführung von Sozialversicherungsbeiträgen) zu einer Freiheitsstrafe von mindestens einem Jahr
verurteilt worden ist, und
– dass ihm weder durch gerichtliches Urteil noch durch die vollziehbare Entscheidung einer Verwaltungsbehörde die Ausübung eines Berufes, eines Berufszweiges, eines Gewerbes oder eines Gewerbezweiges ganz oder teilweise untersagt wurde, und
– auch keine vergleichbaren strafrechtlichen Entscheidungen ausländischer Behörden oder Gerichte gegen ihn vorliegen, und
– dass er über die uneingeschränkte Auskunftspflicht gegenüber dem Gericht durch den Notar belehrt wurde.

Die inländische Geschäftsanschrift und die Geschäftsräume befinden sich in (Ort, Straße).

Die Geschäftsführer der übertragenden Gesellschaft versichern, dass weder der Verschmelzungsbeschluss der Gesellschafter der A-GmbH noch der Verschmelzungsbeschluss der Gesellschafter der B-GmbH angefochten worden ist.

….., den……

(Beglaubigungsvermerk)

6. Verschmelzung von GmbH & Co. KG auf GmbH zur Aufnahme

a) Verschmelzungsvertrag

▶ Muster: Verschmelzungsvertrag von GmbH & Co. KG auf GmbH zur Aufnahme

UR.Nr. für……   1043

Verhandelt zu……

am……

Vor dem unterzeichnenden

…..

Notar mit dem Amtssitz in……

erschienen:
1. Herr (Name, Geburtsdatum Adresse),
hier handelnd als alleinvertretungsberechtigter Geschäftsführer der B-Verwaltungs GmbH (Sitz, eingetragen im Handelsregister des Amtsgerichts…… unter HRB……), diese wiederum handelnd als alleinige persönlich haftende Gesellschafterin der B-GmbH & Co. KG mit dem Sitz in……, eingetragen im Handelsregister des Amtsgerichts…… unter HRA……,
2. Herr (Name, Geburtsdatum Adresse),
handelnd als alleinvertretungsberechtigter Geschäftsführer der A-GmbH mit dem Sitz in……, eingetragen im Handelsregister des Amtsgerichts……, unter HRB……

– Vertretungsbescheinigung –

Die Erschienenen weisen sich dem Notar gegenüber aus durch Vorlage ihrer amtlichen Lichtbildausweise.

Limmer

A. Sachstand

Die Beteiligten erklären:
1. Die A-GmbH hat ein Stammkapital von…… €. Das Stammkapital ist voll eingezahlt.

An der A-GmbH sind beteiligt
- Herr A mit einem Geschäftsanteil von…… € Nr.,
- Herr B mit einem Geschäftsanteil von…… € Nr.,
- Herr C mit einem Geschäftsanteil von…… € Nr.
2. Die B-GmbH & Co. KG hat ein Festkapital von…… €.

An der Gesellschaft sind die Gesellschafter wie folgt beteiligt, die Kapitalanteile verteilen sich auf die Gesellschafter wie folgt:
a) Persönlich haftende Gesellschafterin:
B-Verwaltungs GmbH ohne Kapitalanteil
b) Kommanditisten:
X:…… €,

Y:…… €.

Die Festkapitalanteile der Kommanditisten entsprechen den im Handelsregister eingetragen Hafteinlagen. Die Hafteinlagen sind nach Angabe vollständig erbracht.

Die Erschienenen ließen sich sodann folgenden

B. Verschmelzungsvertrag

beurkunden und erklärten, handelnd wie angegeben:

I. Vermögensübertragung

Die B-GmbH & Co. KG überträgt ihr Vermögen als Ganzes mit allen Rechten und Pflichten unter Ausschluss der Abwicklung auf die A-GmbH im Wege der Verschmelzung durch Aufnahme. Zum Ausgleich räumt die A-GmbH den Gesellschaftern der B-GmbH & Co. KG Beteiligungen an der A-GmbH ein.

II. Gegenleistung
1. Die A-GmbH gewährt folgende Anteile:
   a) dem Gesellschafter X einen Geschäftsanteil Nr.… im Nennbetrag von…… €,
   b) dem Gesellschafter Y einen Geschäftsanteil Nr.… im Nennbetrag von…… €,
   c) der B-GmbH ein Kleinstanteil im Nennbetrag Nr.… von…… €.
   Die Geschäftsanteile werden kostenfrei und mit Gewinnberechtigung ab dem…… gewährt.
2. Zur Durchführung der Verschmelzung wird die A-GmbH ihr Stammkapital von bislang…… € um…… € auf…… € erhöhen, und zwar durch Bildung von die Geschäftsanteilen von……
3. Das Umtauschverhältnis beträgt……

III. Bilanzstichtag

Der Verschmelzung wird die Bilanz der B-GmbH & Co. KG zum…… als Schlussbilanz zugrunde gelegt.

IV. Verschmelzungsstichtag

Die Übernahme des Vermögens der B-GmbH & Co. KG erfolgt im Innenverhältnis mit Wirkung zum Ablauf des 31.12.…… Vom 01.01.…… an gelten alle Handlungen und Geschäfte der B-GmbH & Co. KG als für Rechnung der A-GmbH vorgenommen.

V. Besondere Rechte

Besondere Rechte i. S. v. § 5 Abs. 1 Nr. 7 UmwG bestehen bei der A-GmbH nicht. Einzelnen Anteilsinhabern werden i. R. d. Verschmelzung keine besonderen Rechte gewährt.

VI. Besondere Vorteile

Besondere Vorteile i. S. v. § 5 Abs. 1 Nr. 8 UmwG werden weder einem Mitglied eines Vertretungs- oder Aufsichtsorgans, noch dem Abschlussprüfer oder dem Versicherungsprüfer gewährt.

VII. Folgen der Verschmelzung für Arbeitnehmer und ihrer Vertretungen

Für die Arbeitnehmer der A-GmbH ergeben sich aus der Verschmelzung folgende Auswirkungen:……

Für die Arbeitnehmer der B-GmbH & Co. KG ergeben sich aus der Verschmelzung folgende Auswirkungen:……

Bei beiden Gesellschaften existiert ein Betriebsrat. Insoweit ergeben sich aus der Verschmelzung folgende Auswirkungen:……

Folgende Maßnahmen sind vorgesehen:……

VIII. Abfindungsangebot

Für den Fall, dass ein Gesellschafter der B-GmbH & Co. KG bei der Beschlussfassung seinen Widerspruch gegen Verschmelzung zur Niederschrift erklärt, macht die A-GmbH ihm schon jetzt folgendes Abfindungsangebot: Die A-GmbH verpflichtet sich, an jeden Gesellschafter für je 100,00 € Kapitalanteil einen Barbetrag i. H. v.…… € zu zahlen, sofern der Gesellschafter seinen Austritt aus der A-GmbH erklärt. Die Kosten der Abfindung trägt die A-GmbH. Folgende Abfindungsbeträge werden somit angeboten:
– Gesellschafter X:…… €,
– Gesellschafter Y:…… €,
– B-GmbH:…… €.

IX. Bedingungen

Der Verschmelzungsvertrag steht unter der aufschiebenden Bedingung, dass die formgerechten Zustimmungsbeschlüsse der Gesellschafterversammlungen beider Gesellschaften bis zum…… vorliegen.

X. Kosten

Die durch diesen Vertrag und seine Durchführung bei beiden Gesellschaften entstehenden Kosten trägt die A-GmbH. Sollte die Verschmelzung nicht wirksam werden, tragen die Kosten dieses Vertrages die Gesellschaften zu gleichen Teilen, alle übrigen Kosten die jeweils betroffene Gesellschaft allein.

Diese Niederschrift nebst der Anlage wurde den Erschienenen vom Notar vorgelesen, von ihnen genehmigt und von ihnen und dem Notar eigenhändig, wie folgt, unterschrieben:

……

b) *Zustimmungsbeschluss bei der übertragenden Gesellschaft (B-GmbH & Co. KG) bei Verschmelzung zur Aufnahme, Verzichtserklärungen*

▶ Muster: Zustimmungsbeschluss bei der übertragenden Gesellschaft (B-GmbH & Co. KG) bei Verschmelzung zur Aufnahme, Verzichtserklärungen

Niederschrift über eine Gesellschafterversammlung   1044

Heute, den……, erschienen vor mir, dem unterzeichnenden Notar…… mit Amtssitz in…… an der Amtsstelle in……:
1. Herr X, Kaufmann, wohnhaft in……,
2. Herr Y, Kaufmann, wohnhaft in……,
3. Herr Z, Kaufmann, wohnhaft in……
hier nicht im eigenen Namen, sondern handelnd als alleinvertretungsberechtigter Geschäftsführer der B-Verwaltungs GmbH (Sitz, eingetragen im Handelsregister des Amtsgerichts…… unter HRB……),

diese wiederum handelnd als alleinige persönlich haftende Gesellschafterin der B-GmbH & Co. KG

mit dem Sitz in……, eingetragen

im Handelsregister des Amtsgerichts……

unter HRA......,

– Vertretungsbescheinigung –

Die Beteiligten sind mir, dem Notar, persönlich bekannt.

Auf Antrag beurkunde ich den vor mir abgegebenen Erklärungen gemäß Folgendes:

A. Sachstand

Die Erschienenen erklären:

Wir sind die alleinigen Gesellschafter der B-GmbH & Co. KG, eingetragen im Handelsregister des Amtsgerichts X-Stadt unter......

Die B-GmbH & Co. KG hat ein Festkapital von...... €.

An der Gesellschaft sind die Gesellschafter wie folgt beteiligt, die Kapitalanteile verteilen sich auf die Gesellschafter wie folgt:
a) Persönlich haftende Gesellschafterin: B-Verwaltungs GmbH ohne Kapitalanteil
b) Kommanditisten,
   X:...... €,
   Y:...... €.

B. Gesellschafterversammlung

Die Erschienenen erklärten: Wir sind die alleinigen Gesellschafter der B-GmbH & Co. KG mit Sitz in......, unter Verzicht auf alle durch Gesetz oder Gesellschaftsvertrag vorgeschriebenen Formen und Fristen halten wir hiermit eine Gesellschafterversammlung der B-GmbH & Co. KG ab und beschließen einstimmig Folgendes:

Dem Verschmelzungsvertrag zwischen der A-GmbH und der B-GmbH & Co. KG (Urkunde des Notars......, in......, vom......, UR.Nr......) wird mit allen Stimmen vorbehaltlos zugestimmt. Er ist der Niederschrift als Anlage beigefügt.

C. Verzichtserklärungen

Die Erschienenen erklären weiter zu Protokoll folgende Erklärungen:

Alle Gesellschafter verzichten
– auf Prüfung der Verschmelzung und Erstellung eines Verschmelzungsprüfungsberichts,
– auf Erstellung eines Verschmelzungsberichts,
– Anfechtung dieses Zustimmungsbeschlusses.

Der Notar hat über die Bedeutung dieser Verzichte belehrt.

Vorgelesen vom Notar, von den Erschienenen genehmigt und eigenhändig unterschrieben.

.....

c) Zustimmungsbeschluss bei der übernehmenden Gesellschaft (A-GmbH)

▶ Muster: Zustimmungsbeschluss bei der übernehmenden Gesellschaft (A-GmbH)

Niederschrift über eine Gesellschafterversammlung

Heute, den......, erschienen vor mir, dem unterzeichnenden Notar...... mit dem Amtssitz, an der Amtsstelle in......
1. Herr W, Kaufmann, wohnhaft in......,
2. Herr Z, Kaufmann, wohnhaft in......
Beide Beteiligten sind mir, Notar, persönlich bekannt.

Auf Antrag beurkunde ich den vor mir abgegebenen Erklärungen gemäß Folgendes:

A. Sachstand

Die Erschienenen erklären: Wir sind die alleinigen Gesellschafter der A-GmbH, eingetragen im Handelsregister des Amtsgerichts...... unter HRB...... mit einem Stammkapital von...... €.

Herr W. hält einen Geschäftsanteil i. H. v....... €,

Herr Z. hält einen Geschäftsanteil i. H. v....... €.

Die Stammeinlagen sind nach Angabe volleingezahlt, sodass keine Zustimmungspflichten nach § 51 UmwG bestehen.

B. Gesellschafterversammlung

Die vorgenannten Gesellschafter halten unter Verzicht auf alle Frist- und Formvorschriften eine Gesellschafterversammlung ab und stellen fest, dass die Gesellschafterversammlung als Vollversammlung beschlussfähig ist.

Die Gesellschafter beschließen mit allen Stimmen Folgendes:

§ 1

Zustimmung zum Verschmelzungsvertrag

Dem Verschmelzungsvertrag, Urkunde des Notars......, in......, vom...... UR.Nr., wird mit allen Stimmen vorbehaltlos zugestimmt. Er ist dieser Niederschrift als Anlage beigefügt.

§ 2

Kapitalerhöhung

1. Das Stammkapital der Gesellschaft i. H. v....... € wird um...... € auf...... € zur Durchführung der Verschmelzung gemäß § 55 UmwG erhöht. Die Kapitalerhöhung erfolgt zum Zweck der Durchführung der unter § 1 beschlossenen Verschmelzung.
2. Es werden drei Geschäftsanteile i. H. v....... € gebildet. Diese Geschäftsanteile werden jeweils Herrn X und Herrn Y und der B-GmbH, bisherige Gesellschafter der übertragenden B-GmbH & Co. KG, als Gegenleistung für die Übertragung des Vermögens i. R. d. Verschmelzung ausgegeben.
3. Sie leisten ihre Einlage auf die Geschäftsanteile durch die Übertragung des Vermögens der B-GmbH & Co. KG nach Maßgabe des unter § 1 genannten Verschmelzungsvertrages. Der Übertragung des Vermögens liegt die dieser Urkunde als Anlage 2 beigefügte Verschmelzungsbilanz der B-GmbH zum 31.12..... zugrunde.
4. Die neuen Geschäftsanteile sind ab 01.01...... gewinnbezugsberechtigt.
5. Mit der Durchführung der Verschmelzung sind die neuen Stammeinlagen in voller Höhe bewirkt.

§ 3

Satzungsänderung

Der Gesellschaftsvertrag der A-GmbH wird in § 3 (Stammkapital) wie folgt geändert: »Das Stammkapital der Gesellschaft beträgt...... € (in Worten:...... Euro)«.

C. Verzichtserklärungen

Die Erschienenen erklären weiter zu Protokoll folgende Erklärungen:

Alle Gesellschafter verzichten
- auf Prüfung der Verschmelzung und Erstellung eines Verschmelzungsprüfungsberichts
- auf Erstellung eines Verschmelzungsberichts
- Anfechtung dieses Zustimmungsbeschlusses.

Der Notar hat über die Bedeutung dieser Verzichte belehrt.

Vorgelesen vom Notar, von den Erschienenen genehmigt und eigenhändig unterschrieben.

.....

d) Anmeldung zum Handelsregister für die übertragende B-GmbH & Co. KG

▶ Muster: Handelsregisteranmeldung für die übertragende B-GmbH & Co. KG

An das

Amtsgericht

– Handelsregister A –

Elektronisch beglaubigt

Betrifft: HRA B-GmbH & Co. KG

In der Anlage überreiche ich, der unterzeichnende alleinvertretungsberechtigte Geschäftsführer handelnd als alleinige Komplementärin der B-GmbH & Co. KG:
1. elektronisch beglaubigte Abschrift des Verschmelzungsvertrages vom…… UR.Nr.…… des beglaubigenden Notars,
2. elektronisch beglaubigte Abschrift des Zustimmungsbeschlusses der Gesellschafter der A-GmbH vom…… UR.Nr.…… des beglaubigenden Notars, samt Verzichtserklärungen der Gesellschafter der A-GmbH auf Erstellung eines Verschmelzungsberichts und Verschmelzungsprüfung und Erstellung eines Verschmelzungsprüfungsberichts sowie Verzicht auf Anfechtung des Zustimmungsbeschlusses,
3. elektronisch beglaubigte Abschrift des Zustimmungsbeschlusses der Gesellschafter der B-GmbH & Co. KG vom…… UR.Nr.…… des beglaubigenden Notars, samt Verzichtserklärungen der Gesellschafter der B-GmbH & Co. KG auf Erstellung eines Verschmelzungsberichts und Verschmelzungsprüfung und Erstellung eines Verschmelzungsprüfungsberichts sowie Verzicht auf Anfechtung des Zustimmungsbeschlusses,
4. elektronisch beglaubigte Abschrift des Nachweises über die rechtzeitige Zuleitung des Verschmelzungsvertrages zum Betriebsrat,
5. elektronisch beglaubigte Abschrift der festgestellten Schlussbilanz der B-GmbH & Co. KG zum Verschmelzungsstichtag

und melde zur Eintragung ins Handelsregister an:

Die B-GmbH & Co. KG ist auf die A-GmbH als übernehmende Gesellschaft im Wege der Verschmelzung durch die Aufnahme verschmolzen. Die B-GmbH & Co. KG ist erloschen.

Ich erkläre, dass weder der Verschmelzungsbeschluss der Gesellschafter der A-GmbH noch der Verschmelzungsbeschluss der Gesellschafter der B-GmbH & KG angefochten worden sind und wegen der von allen Gesellschaftern abgegebenen Verzichtserklärungen nicht angefochten werden kann.

Ggf. weitere Angaben, z. B. inländische Geschäftsanschrift.

….., den……

(Beglaubigungsvermerk)

e) *Anmeldung für die übernehmende A-GmbH bei Verschmelzung durch Aufnahme*

▶ **Muster: Handelsregisteranmeldung für die übernehmende A-GmbH bei Verschmelzung durch Aufnahme**

1047 An das

Amtsgericht

– Handelsregister B –

Elektronisch übermittelt

Betrifft: HRB…… A-GmbH

In der Anlage überreichen wir, die unterzeichnenden alleinigen Geschäftsführer der o. a. GmbH
1. elektronisch beglaubigte Abschrift des Verschmelzungsvertrages vom…… – UR.Nr.…… des beglaubigenden Notars –,
2. elektronisch beglaubigte Abschrift des Zustimmungsbeschlusses der Gesellschafter der A-GmbH vom…… – UR.Nr.…… des beglaubigenden Notars –, samt Verzichtserklärungen der Gesellschafter der A-GmbH auf Erstellung eines Verschmelzungsberichts und Verschmelzungsprüfung und Erstellung eines Verschmelzungsprüfungsberichts sowie Verzicht auf Anfechtung des Zustimmungsbeschlusses,
3. elektronisch beglaubigte Abschrift des Zustimmungsbeschlusses der Gesellschafter der B-GmbH & Co. KG vom…… – UR.Nr.…… des beglaubigenden Notars –, samt Verzichtserklä-

rungen der Gesellschafter der B-GmbH & Co. KG auf Erstellung eines Verschmelzungsberichts und Verschmelzungsprüfung und Erstellung eines Verschmelzungsprüfungsberichts sowie Verzicht auf Anfechtung des Zustimmungsbeschlusses,
4. elektronisch beglaubigte Abschrift des Nachweises über die Zuleitung des Entwurfs des Verschmelzungsvertrages an den Betriebsrat der A-GmbH,
5. elektronisch beglaubigte Abschrift der vollständigen Satzungswortlaut nebst notarieller Übereinstimmungsbescheinigung,
6. elektronisch beglaubigte Abschrift der Liste der Übernehmer,
7. elektronisch beglaubigte Abschrift der berichtigten Gesellschafterliste,
8. elektronisch beglaubigte Abschrift der Schlussbilanz der B-GmbH & Co. KG zum 31.12. (als Wertnachweis)

und melden zur Eintragung in das Handelsregister an:
1. Die B-GmbH & Co. KG ist im Wege der Verschmelzung durch Aufnahme auf die A-GmbH verschmolzen.
2. Das Stammkapital der A-GmbH ist zum Zweck der Durchführung der Verschmelzung von…… € um…… € auf…… € erhöht worden. Dementsprechend ist § 3 des Gesellschaftsvertrages – Stammkapital – geändert und neu gefasst worden.

Wir erklären, dass weder der Verschmelzungsbeschluss der Gesellschafter der A-GmbH noch der Verschmelzungsbeschluss der Gesellschafter der B-GmbH angefochten worden ist.

Wir beantragen, die Kapitalerhöhung (Ziff. 2.) zunächst zu vollziehen und erst danach die Verschmelzung und die Änderung der Firma (Ziff. 1. und Ziff. 3.).

Die inländische Geschäftsanschrift und die Geschäftsräume befinden sich unverändert in (Ort, Straße).

(*Anm.:*Bei unterschiedlichen Handelsregistergerichten lautet die Formulierung wie folgt:

Wir werden sodann zur Vervollständigung der Anmeldung der Verschmelzung einen beglaubigten Handelsregisterauszug der B-GmbH einreichen, aus dem sich die Eintragung der Verschmelzung in das Handelsregister des Sitzes der B-GmbH ergibt).

….., den……

(Beglaubigungsvermerk)

D. Verschmelzung von AG

I. Checkliste

▶ Beim Ablauf des **Verschmelzungsverfahrens bei AG** sind nach dem UmwG folgende Punkte zu beachten: 1048
- ❏ Verschmelzungsvertrag (§§ 4 bis 6 UmwG),
- ❏ Verschmelzungsbericht (§ 8 UmwG),
- ❏ Verschmelzungsprüfung (§§ 9 bis 12, 60 UmwG),
- ❏ Bekanntmachung des Verschmelzungsvertrages (§ 61 UmwG),
- ❏ Zuleitung des Verschmelzungsvertrages oder seines Entwurfs zum zuständigen Betriebsrat (§ 5 Abs. 3 UmwG),
- ❏ Vorbereitung der Hauptversammlung durch Auslage bestimmter Dokumente zur Einsicht der Aktionäre (§ 63 UmwG),
- ❏ Beachtung der Nachgründungsvorschriften (§ 67 UmwG),
- ❏ Verschmelzungsbeschluss der Beschlussorgane der beteiligten Gesellschaften (§§ 13, 65 UmwG), Auslegung von Unterlagen in Hauptversammlung (§ 84 UmwG), soweit keine Ausnahme nach § 62 UmwG vorliegt.
- ❏ Notwendige Zustimmungserklärungen,
- ❏ Kapitalerhöhung soweit erforderlich (§§ 68, 69 UmwG),
- ❏ Anmeldung zum Handelsregister bei der übertragenden Gesellschaft und bei der übernehmenden Gesellschaft (§§ 16, 17 UmwG),
- ❏ Eintragung der Kapitalerhöhung (§ 66 UmwG),

❑ Eintragung der Verschmelzung, zunächst in das Register des Sitzes jeder der übertragenden Gesellschaften, sodann in das Register des Sitzes der übernehmenden Gesellschaft. Die Eintragung im Register der übertragenden Gesellschaft ist mit dem Vermerk zu versehen, dass die Verschmelzung erst mit der Eintragung im Register der übernehmenden wirksam wird (§§ 19, 20 UmwG).
❑ Umtausch von Aktien (§§ 71, 72 UmwG).

II. Verschmelzungsvertrag bei Verschmelzung durch Aufnahme

1049 Anzuwendende Vorschriften sind §§ 60 ff. UmwG. Vgl. zunächst zum Vertragsinhalt die allgemeinen Ausführungen oben unter Teil 2 Rdn. 52 ff. Im Folgenden wird nur auf **Besonderheiten** eingegangen, die bei der Verschmelzung von AG zu beachten sind.

1. Form und Abschlusskompetenz

1050 Insoweit gelten keine Besonderheiten. Vgl. daher oben Teil 2 Rdn. 52 ff.

2. Notwendiger Vertragsinhalt

1051 **Gegenstand des Vertrages** ist die Übertragung des Vermögens der übertragenden AG gegen Gewährung von Aktien an der übernehmenden AG (§ 5 Abs. 1 Nr. 2 UmwG).

Anzugeben ist das **Umtauschverhältnis der Aktien** und etwaiger barer **Zuzahlungen** (§ 5 Abs. 1 Nr. 3 UmwG). Nicht erforderlich ist – anders als bei der GmbH – eine Zuordnung der zu gewährenden Aktien zu einzelnen Aktionären.

1052 Die Streitfrage, ob **Aktien gleicher Gattung** gewährt werden müssen oder ob auch Aktien anderer Gattung (z. B. stimmrechtslose Vorzugsaktien gegen Stammaktien) ausreichen, ist durch das UmwG nicht entschieden worden. Bestehen bei einer AG verschiedene Aktiengattungen (z. B. Vorzugsaktien ohne Stimmrecht), so stellt sich die Frage, wie die zu gewährenden Aktien ausgestattet sein müssen. Das Gesetz regelt diese Frage ausdrücklich nur für Anteile ohne Stimmrecht, für die nach § 23 UmwG gleichwertige Rechte in dem übernehmenden Rechtsträger zu gewähren sind.[1677] Die Gewährung vinkulierter Anteile ist, wie § 29 Abs. 1 Satz 2 UmwG festlegt, zulässig, begründet aber eine Abfindungspflicht.[1678] Für alle übrigen Anteile enthält das Gesetz keine näheren Vorgaben, so dass grds. Anteile mit jeder zulässigen Ausstattung gewährt werden können.[1679] Die h. M. geht im Grunde daher davon aus, dass keine Pflicht zur vollständigen Gattungsidentität besteht.[1680] Es könnten vielmehr grds. Aktien jeder denkbaren Gattung gewährt werden, sofern dies nicht dem gesellschaftsrechtlichen Gleichheitsgrundsatz widerspricht.[1681] Unbedenklich ist daher die Ausgabe von Inhaber- statt Namensaktien oder umgekehrt.[1682] Die Gewährung von Stammaktien gegen stimmrechtslose Vorzugsaktien bei der übernehmenden AG ist problematisch und dann unzulässig, wenn den Aktionären nicht weitestgehend die vermögens- und herrschaftsmäßige Stellung erhalten bleibt, die sie vorher innehatten.[1683] Auch die Ausgabe

---

[1677] Vgl. Kalss in: Semler/Stengel, § 23 UmwG Rn. 4.
[1678] Vgl. Kallmeyer/Marsch-Barner § 5 UmwG Rn. 6.
[1679] Widmann/Mayer/Mayer § 5 UmwG Rn. 72.
[1680] Kallmeyer/Marsch-Barner § 5 UmwG Rn. 12; Schröer in Semler/Stengel, § 5 UmwG Rn. 19 ff.; Beck-OGK/Wicke UmwG § 5 Rn. 25; Kölner KommUmwG/Simon § 2 Rn. 114; Widmann/Mayer/Mayer § 5 UmwG Rn. 71.
[1681] Widmann/Mayer/Mayer, Umwandlungsrecht, § 5 UmwG Rn. 71 f.; Kallmeyer/Marsch-Barner, UmwG, § 5 Rn. 11; Lutter/Drygala, § 5 UmwG Rn. 19.
[1682] Lutter/Drygala, § 5 UmwG Rn. 19; Widmann/Mayer/Mayer, Umwandlungsrecht, § 5 UmwG Rn. 73; Kallmeyer/Marsch-Barner, UmwG, § 5, Rn. 13.
[1683] Ausführlich Lutter, in: FS für Mestmäcker, 1996, S. 943 ff.; Lutter/Drygala, UmwG, § 5 Rn. 20; Widmann/Mayer/Mayer, Umwandlungsrecht, § 5 UmwG Rn. 74.

von Stammaktien für Vorzugsaktien der übertragenden Gesellschaft ist in den Einzelheiten umstritten. Ein Teil der Literatur verlangt einen Sonderbeschluss der betroffenen Vorzugsaktionäre nach § 141 AktG.[1684] Der wohl überwiegende Teil lehnt dies ab.[1685] Dieser Meinung ist zu folgen. Allerdings besteht Einigkeit, dass stimmrechtslose Vorzugsaktien an bisher stimmberechtigte Aktionäre nur ausgegeben werden dürfen, wenn diese zustimmen oder wenn stimmrechtslose Vorzugsaktien bei der übernehmenden AG lediglich entsprechend den dort vorhandenen Gattungsverhältnissen und zu deren Wahrung ausgegeben werden.[1686] Durch das Gesetz zur Änderung des Aktiengesetzes[1687] vom 22.12.2015 wurde die Ausgabe **von Inhaberaktien erheblich eingeschränkt.** Inhaberaktien dürfen danach nur noch ausgegeben werden, wenn die Gesellschaft börsennotiert ist oder der Anspruch auf Einzelverbriefung ausgeschlossen ist und die Sammelurkunde bei einer der folgenden Stellen hinterlegt wird: a) einer Wertpapiersammelbank im Sinne des § 1 Abs. 3 Satz 1 DepotG, b) einem zugelassenen Zentralverwahrer oder einem anerkannten Drittland-Zentralverwahrer gemäß der Verordnung (EU) Nr. 909/2014 des Europäischen Parlaments und des Rates vom 23. Juli 2014 zur Verbesserung der Wertpapierlieferungen und -abrechnungen in der Europäischen Union und über Zentralverwahrer sowie zur Änderung der Richtlinien 98/26/EG und 2014/65/EU und der Verordnung (EU) Nr. 236/2012[1688] oder c) einem sonstigen ausländischen Verwahrer, der die Voraussetzungen des § 5 Abs. 4 Satz 1 DepotG erfüllt. Inhaberaktien bleiben daher auch bei nicht börsennotierten Gesellschaften zulässig, in jedem Fall muss jedoch der Anspruch auf Einzelverbriefung ausgeschlossen und die Sammelurkunde bei einer in § 10 Abs. 1 Nr. 2 lit. a-c AktG genannten Stelle verwahrt sein.[1689] Die Ausgabe von mehr als einer Sammelurkunde bleibt zulässig, sofern diese Sammelurkunden sämtliche bestehenden Inhaberaktien erfassen.

1053 Zur Frage, inwieweit die zu gewährenden Aktien durch **Kapitalerhöhung** geschaffen werden können, s. o. Teil 2 Rdn. 100 ff., 256 ff. und unten Teil 2 Rdn. 1127 ff.

1054 Die übertragende AG hat einen **Treuhänder** für die zu gewährenden Aktien und baren Zuzahlungen zu bestellen (§ 71 Abs. 1 Satz 2 UmwG; unten Teil 2 Rdn. 1157 f.). Die Bestellung erfolgt zweckmäßigerweise im Verschmelzungsvertrag. Mit dem Treuhänder ist außerhalb des Verschmelzungsvertrages ein gesonderter Vertrag abzuschließen. In Betracht kommen als Treuhänder Banken, Treuhandgesellschaften, Notare. Regelungsbedürftig sind auch die mit dem **Aktienumtausch** verbundenen **Kosten**.

1055 Aufzunehmen ist ferner unter den Voraussetzungen von § 29 Abs. 1 Satz 2 UmwG ein **Abfindungsangebot** (vgl. dazu oben Teil 2 Rdn. 586 ff.), etwa wenn von einer AG mit vinkulierten Namensaktien eine AG mit Inhaberaktien aufgenommen wird[1690] oder ein sog. Delisting vorliegt (vgl. oben Teil 2 Rdn. 588).

1056 Zur Problematik der Anwendung der **Vorschriften über die Nachgründung** nach § 67 UmwG, wenn der Verschmelzungsvertrag in den ersten 2 Jahren seit Eintragung der übernehmenden AG ins Register geschlossen wird.[1691]

1684 Kiem, ZIP 1997, 1627, 1629.
1685 Lutter/Drygala, UmwG, § 5 Rn. 21; Kallmeyer/Marsch-Barner, UmwG, § 5 Rn. 13; Widmann/Mayer/Mayer, Umwandlungsrecht, § 5 UmwG Rn. 75.
1686 So Kallmeyer/Marsch-Barner § 5 UmwG Rn. 12; Schröer in Semler/Stengel, § 5 UmwG Rn. 2; Lutter/Drygala, § 5 UmwG Rn. 20 f.
1687 Aktienrechtsnovelle 2016, BGBl. 2015 I, 2565.
1688 ABl. 2014 L 257, 1 vom 28.8.2014.
1689 Vgl.dazu Wälzholz/Wolffskeel, MittBayNot 2016, 197, 199; Ihrig/Wandt, BB 2016, 6, 7.
1690 Vgl. Gesetzesbegründung BR-Drucks. 74/95, S. 94, abgedruckt in: Limmer, Umwandlungsrecht, S. 289.
1691 Vgl. unten Teil 2 Rdn. 1122; Lutter/Ziemuns, ZGR 1999, 479.

III. Verschmelzungsbericht

1057 Ebenso wie bei der GmbH ist ein Verschmelzungsbericht bei der Beteiligung von AG immer erforderlich. **Berichtspflichtig** ist bei der AG gem. § 8 Abs. 1 UmwG der Vorstand in seiner Gesamtheit. Nach § 8 Abs. 1 Satz 1 UmwG ist ein gemeinsamer Bericht aller an der Verschmelzung beteiligten Vertretungsorgane zulässig. Hinsichtlich des Inhaltes gelten die allgemeinen Grundsätze des § 8 UmwG, d. h., es muss die Verschmelzung, der Verschmelzungsvertrag oder sein Entwurf und insb. das Umtauschverhältnis der Anteile sowie die Höhe der anzubietenden Barabfindung rechtlich und wirtschaftlich erläutert und begründet werden. Auf besondere Schwierigkeiten bei der Bewertung der Gesellschaft sowie auf die Folgen für die Beteiligung der Anteilsnehmer ist hinzuweisen (vgl. eingehend oben Teil 2 Rdn. 380 ff.). Durch das 3. UmwÄndG vom 11.07.2011[1692] wurde die bisher nur in § 143 UmwG bei Spaltungen von AG vorgesehene **erweiterte Unterrichtungspflicht über Vermögensveränderungen** nun allgemein bei Verschmelzung und Spaltung (nach §§ 125, 127 UmwG) von AG und KGaA durch § 64 Abs. 1 Satz 2 UmwG n. F. eingeführt (vgl. dazu Teil 2 Rdn. 398 ff.).

1058 Nach § 8 Abs. 4 UmwG ist der Bericht und die Nachtragsberichterstattung nach Abs. 3 nicht erforderlich, wenn entweder alle Anteilsinhaber in **notariell beurkundeter Verzichtserklärung** auf die Erstellung verzichtet haben oder sich alle Anteile des übertragenen Rechtsträgers in der Hand des übernehmenden Rechtsträgers befinden (100 %iges Mutter-Tochter-Verhältnis). Der Verzicht auf den Verschmelzungsbericht und die weiter gehende Unterrichtung nach Abs. 3 soll sowohl alternativ als auch kumulativ möglich sein.[1693] Bei der AG wird der Verzicht in den meisten Fällen kaum zu erreichen sein, allenfalls bei einer personalistischen AG.

IV. Verschmelzungsprüfung

1059 Vgl. zunächst allgemein oben Teil 2 Rdn. 409 ff.

1060 Gem. § 60 UmwG ist eine Verschmelzungsprüfung bei AG ohne Rücksicht darauf, ob ein **Aktionär** dies verlangt, durchzuführen. Gem. § 60 Abs. 2 UmwG muss von jeder AG mindestens ein **Verschmelzungsprüfer** bestellt werden. Die Prüfer werden jeweils vom Vorstand der Gesellschaft bestellt.

1061 Das **Verfahren zur Bestellung** der Verschmelzungsprüfer, ihrer Stellung und Verantwortlichkeit und der Inhalt des Prüfungsberichts ist i. Ü. auch für die AG im Allgemeinen Teil in den §§ 9 bis 12 UmwG geregelt (vgl. oben Teil 2 Rdn. 409 ff.).

1062 § 10 UmwG i. d. F. bis zum Jahr 2003 sah ursprünglich vor, dass die Bestellung der Verschmelzungsprüfer entweder durch das Vertretungsorgan oder auf dessen Antrag durch das Gericht erfolgte. Durch das Spruchverfahrensneuordnungsgesetz[1694] ist diese **Zuständigkeit vollständig auf das Gericht übertragen** worden: Die Verschmelzungsprüfer werden auf Antrag des Vertretungsorgans **vom Gericht ausgewählt und bestellt**.[1695] Sie können auf gemeinsamen Antrag der Vertretungsorgane für mehrere oder alle beteiligten Rechtsträger gemeinsam bestellt werden. Dadurch soll eine verfahrensmäßige Gleichstellung mit der aktienrechtlichen Vertragsprüfung nach § 193c AktG und der Prüfung beim squeeze out nach § 327c Abs. 2 AktG hergestellt werden. Bereits die Regierungsbegründung zum UmwG 1995 wies darauf hin, dass die Erfahrungen im sog. Spruchverfahren bei der Nachprüfung von Abfindungen im Konzernrecht gezeigt haben, dass sich Beteiligte mit dem Gutachten eines gerichtlich bestellten Sachverständigen eher zufrie-

---

[1692] BGBl. I 2011, S. 1338.
[1693] BegrRegE BT-Drucks. 17/3122, S. 14.
[1694] V. 16.12.2003, BGBl. I, S. 838.
[1695] Kallmeyer/Müller, UmwG, § 10 Rn. 1; Widmann/Mayer/Fronhöfer, Umwandlungsrecht, § 10.1 UmwG Rn. 35; Lutter/Drygala § 10 UmwG Rn. 8 ff.; Zeidler in Semler/Stengel, § 10 UmwG Rn. 4 ff.

dengeben als mit dem eines von einer privaten Stelle bestellten Prüfers. Die Möglichkeit, einen Verschmelzungsprüfer durch das Gericht bestellen zu lassen, kann also der Vermeidung späterer Streitigkeiten über den Prüfungsbericht und die vom Prüfer attestierten Unangemessenheit des Umtauschverhältnisses dienen.[1696] Dieser Gedanke ist nun durch die ausschließliche Zuständigkeit des Gerichtes umgesetzt worden. Das Verfahren wird durch einen **Antrag des Vertretungsorgans** in Gang gesetzt. Es handeln der Vorstand bzw. die Geschäftsführer bzw. geschäftsführende Gesellschafter in vertretungsberechtigter Zahl. Dem Antrag ist eine Sachverhaltsdarstellung sowie eine Abschrift des Verschmelzungsvertrages oder seines Entwurfs beizufügen.[1697] Der Antrag kann einen Vorschlag oder eine Anregung zur Person des Prüfers enthalten, dies bindet das Gericht nicht.[1698] Nach § 10 Abs. 1 Satz 2 UmwG können auf gemeinsamen Antrag der Vertretungsorgane für mehrere oder alle beteiligten Rechtsträger die Prüfer gemeinsam bestellt werden. Die **Zahl der Prüfer** steht **im Ermessen**. § 60 Abs. 2 UmwG a. F. sah bei der Verschmelzung unter Beteiligung von AG vor, dass für jede AG mindestens ein Verschmelzungsprüfer bestellt werden muss (Ausnahme: § 60 Abs. 3 UmwG). Dies ist ebenfalls durch das Spruchverfahrensneuordnungsgesetz[1699] geändert worden: Die Vorschrift verweist jetzt auch für AG einheitlich auf §§ 9 bis 12 UmwG.

Nach § 10 Abs. 2 UmwG ist für die Bestellung der Prüfer das **LG zuständig**, in dessen Bezirk einer der übertragenden Rechtsträger seinen Sitz hat. Ungeregelt ist die Frage der örtlichen Zuständigkeit, wenn mehrere übertragende Rechtsträger vorhanden sind und ein gemeinsamer Prüfer bestellt werden soll. In diesem Fall besteht ein Wahlrecht, welches Gericht die Bestellung vornehmen soll.[1700] § 10 Abs. 4 UmwG ermächtigt die Landesregierungen zu einer **Zuständigkeitskonzentration**. 1063

Davon Gebrauch gemacht haben:
– Baden-Württemberg: LG Mannheim und LG Stuttgart;
– Bayern: LG München I und LG Nürnberg;
– Hessen: LG Frankfurt am Main;
– Mecklenburg-Vorpommern: LG Rostock;
– Niedersachsen: LG Hannover;
– Nordrhein-Westfalen: LG Dortmund, LG Düsseldorf und LG Köln
– Rheinland-Pfalz: LG Koblenz, LG Frankenthal und
– Sachsen: LG Leipzig.[1701]

V. Bekanntmachung des Verschmelzungsvertrages (§ 61 UmwG)

Zur Vorbereitung der Hauptversammlung und Bekanntmachung des Verschmelzungsvertrages ist in § 61 UmwG ein formalisiertes Verfahren vorgesehen. Danach ist der **Verschmelzungsvertrag oder sein Entwurf vor der Einberufung der Hauptversammlung zum Registergericht einzureichen**. Das Gericht hat in der Bekanntmachung nach § 10 HGB in seinem elektronischen Informations- und Kommunikationssystem[1702] einen Hinweis darauf bekannt zu machen, dass der Vertrag oder sein Entwurf beim Handelsregister eingereicht worden ist. Unklar ist, welche 1064

1696 BR-Drucks. 75/94, S. 85; abgedruckt in: Limmer, Umwandlungsrecht, S. 280.
1697 Lutter/Drygala, UmwG, § 10 Rn. 12.
1698 Kallmeyer/Müller, UmwG, § 10 Rn. 13; Widmann/Mayer/Fronhöfer, § 10 UmwG Rn. 11.5; Lutter/Drygala § 10 UmwG Rn. 10; Zeidler in: Semler/Stengel, § 10 UmwG Rn. 8.
1699 V. 16.12.2003, BGBl. I, S. 838.
1700 Vgl. Kallmeyer/Müller, UmwG, § 10 Rn. 8; Bungert, BB 1995, 1399; Widmann/Mayer/Fronhöfer, Umwandlungsrecht, § 10 UmwG Rn. 6: Wahlgerichtsstand.
1701 Vgl. die Nachweise bei Kallmeyer/Müller, UmwG, § 10 Rn. 7 Widmann/Mayer/Fronhöfer, Umwandlungsrecht, § 10 UmwG Rn 8 ff.; BeckOGK/Fromholzer UmwG § 10 Rn. 17.1.
1702 www.handelsregister.de.

Rechtsfolgen aus der Nichtbeachtung der Bekanntmachungspflicht resultieren.[1703] M. E. kann das Registergericht bei einem Verstoß gegen § 61 UmwG die Eintragung der Verschmelzung nicht ablehnen.[1704] In der Literatur wird die unterlassene Einreichung allerdings teilweise als Eintragungshindernis angesehen, nicht aber die verspätete, sofern die Einreichung vor der Hauptversammlung erfolgt.[1705]

1065 **Weitere Unterlagen**, z. B. Verschmelzungsbericht oder Verschmelzungsprüfungsbericht, sind nicht zum Handelsregister einzureichen.

1066 **Weitere Fristangaben** enthält die Vorschrift nicht, allein entscheidend ist, dass der Vertrag vor Einberufung der Hauptversammlung eingereicht wurde. Die Einberufung erfolgt entweder durch Bekanntmachung in den Gesellschaftsblättern (§ 121 Abs. 4 Satz 1, AktG) oder unter bestimmten Voraussetzungen durch eingeschriebenen Brief (§ 121 Abs. 4 Satz AktG). Es gilt der Tag des Erscheinens der Gesellschaftsblätter bzw. der Tag der Absendung (§ 121 Abs. 4 Satz 2 AktG) des eingeschriebenen Briefs als Tag der Bekanntmachung. Dementsprechend muss sichergestellt sein, dass der Vertrag bzw. sein Entwurf spätestens an diesem Tag beim Register vorliegt.[1706] Nach a. A. muss die Einreichung des Vertrages bzw. Entwurfes spätestens **am Tag vor** der Bekanntmachung der Einladung zur Hauptversammlung erfolgen.[1707]

1067 Dem Gesetz lässt sich nicht entnehmen, inwieweit diese **Einreichungsverpflichtung verzichtbar ist**.

1068 Da der Gesetzgeber durch das Gesetz für kleine AG und zur Deregulierung des Aktienrechts v. 02.08.1994[1708] die **Möglichkeit einer fristlosen Vollversammlung** in § 121 Abs. 6 AktG geschaffen hat, wird man auch im Fall der Vollversammlung einen **Verzicht auf die Einhaltung der Frist des § 61 UmwG** annehmen können, d. h. es genügt, wenn der Vertrag zu irgendeinem Zeitpunkt vor der Hauptversammlung eingereicht wurde.[1709] Einen **generellen Verzicht auf die Einreichung** lässt die Literatur bisher nicht zu. Man kann allerdings m. E. aus § 121 Abs. 6 AktG auch die Möglichkeit eines allgemeinen Verzichts auf die Einreichung ableiten, da die Vorschrift nur den Aktionärsinteressen und nicht den Interessen der Gläubiger dient.[1710] Die Literatur tendiert m. E. zu Recht dazu, dass die Aktionäre auf Einreichung und Bekanntmachung verzichten können.[1711] Diese unterstellen, dass die Norm einzig dem Schutz der Aktionäre dient und sie daher auch darüber disponieren können. Ein solches Verständnis der Norm widerspricht auch nicht Art. 6 der 3. Richtlinie, da auch EU-Recht einer dem Schutzzweck entsprechenden Normenauslegung nicht entgegensteht. Aus der Gesamtschau der im UmwG enthaltenen Verzichtsregelungen und auch der Neuregelung in § 54 Abs. 1 Satz 3 UmwG ist eine notarielle Beurkundung des Verzichts erforderlich.[1712] **Rieger**[1713] sieht in der Vorschrift auch Gläubigerschutzas-

---

1703 Vgl. ausführlich Heidinger/Limmer, Reul, Gutachten des DNotI, Bd. IV, Gutachten zum Umwandlungsrecht, S. 158 ff. m. w. N.
1704 Ebenso Lutter/Grunewald, § 61 Rn. 10; Kallmeyer/Marsch-Barner § 61 UmwG Rn. 3; BeckOGK/Habersack UmwG § 61 Rn. 15; Kölner KommUmwG/Simon § 61 Rn. 25.
1705 So Widmann/Mayer/Rieger, Umwandlungsrecht, § 61 UmwG Rn. 16; Diekmann, in: Semler/Stengel, § 61 UmwG Rn. 19 ff.
1706 Widmann/Mayer/Rieger, Umwandlungsrecht, § 61 UmwG Rn. 7; Lutter/Grunewald, UmwG, § 61 Rn. 3; Diekmann, in: Semler/Stengel, § 61 UmwG Rn. 11.
1707 Diekmann in Semler/Stengel, § 61 UmwG Rn. 14.
1708 BGBl. I, S. 1961.
1709 Vgl. Widmann/Mayer/Rieger, Umwandlungsrecht, § 61 UmwG Rn. 7.1; Kallmeyer/Marsch-Barner, UmwG, § 61 Rn. 2.
1710 A. A. offenbar Widmann/Mayer/Rieger, Umwandlungsrecht, § 61 UmwG Rn. 7).
1711 So Kallmeyer/Marsch-Barner, UmwG, § 61 Rn. 1 f.; Lutter/Grunewald, UmwG, § 61 Rn. 7; Diekmann, in: Semler/Stengel, UmwG, § 61 Rn. 17; BeckOGK/Habersack UmwG § 61 Rn. 13.
1712 Semler/Stengel/Diekmann, UmwG, § 61 Rn. 17; a. A. Lutter/Grunewald, § 61 Rn. 7.
1713 Widmann/Mayer/Rieger, Umwandlungsrecht, § 61 UmwG Rn. 10.1.

pekte und ist daher gegen die Verzichtsmöglichkeit. Erforderlich ist, wenn man den Verzicht für zulässig hält, ein Verzicht aller Aktionäre (auch der Vorzugsaktionäre) der an der Verschmelzung beteiligten Gesellschaften. Entsprechend § 8 Abs. 3 Satz 2 UmwG ist notarielle Beurkundung der Verzichtserklärung erforderlich.[1714]

VI. Vorbereitung der Hauptversammlung

1. Einberufung der Hauptversammlung

Für die Einberufung der Hauptversammlung gelten die allgemeinen Grundsätze des Aktienrechts (§§ 121 ff. AktG). Gem. § 121 Abs. 2 AktG wird die Hauptversammlung durch den **Vorstand** einberufen, der darüber in einfacher Mehrheit beschließt. Die Einberufung ist gem. § 121 Abs. 4 AktG in den **Gesellschaftsblättern** bekannt zu machen. Das ist der Bundesanzeiger.[1715] Durch das Gesetz zur Änderung des Aktiengesetzes[1716] vom 22.12.2015 wurde § 25 Satz 2 AktG gestrichen. Satz 2 sah die Möglichkeit weiterer Blätter oder elektronischer Informationsmedien als Gesellschaftsblätter vor. Dies ist jetzt geändert worden. Die Begründung zum RegE[1717] weist als Begründung auf folgendes hin: dass bisher umstritten war, zu welchem Zeitpunkt eine Bekanntmachung bewirkt war, wenn die Veröffentlichung im Bundesanzeiger und dem oder den weiteren Gesellschaftsblättern an unterschiedlichen Tagen erfolgte. Nach der Übergangsregelung in § 26h Abs. 3 EGAktG bleiben entsprechende Angaben in Altsatzungen, deren Satzung vor dem Inkrafttreten der Aktienrechtsnovelle 2016, d.h. vor dem 31.12.2015 durch notarielle Beurkundung festgestellt wurde, auch weiterhin wirksam. Bei einer entsprechenden Satzungsregelung muss die Pflichtbekanntmachung also auch künftig in den in der Satzung vorgesehenen Medien veröffentlicht werden. An diese weitere Veröffentlichung werden allerdings keine Rechtsfolgen mehr geknüpft.[1718]

1069

Die Einberufung muss die Firma, den Sitz der Gesellschaft sowie Zeit und Ort der Hauptversammlung enthalten. Zudem ist die Tagesordnung anzugeben. Bei börsennotierten Gesellschaften hat der Vorstand oder, wenn der Aufsichtsrat die Versammlung einberuft, der Aufsichtsrat in der Einberufung ferner anzugeben:
– die Voraussetzungen für die Teilnahme an der Versammlung und die Ausübung des Stimmrechts sowie ggf. den Nachweisstichtag nach § 123 Abs. 2 Satz 3 AktG und dessen Bedeutung;
– das Verfahren für die Stimmabgabe durch einen Bevollmächtigten unter Hinweis auf die Formulare, die für die Erteilung einer Stimmrechtsvollmacht zu verwenden sind, und auf die Art und Weise, wie der Gesellschaft ein Nachweis über die Bestellung eines Bevollmächtigten elektronisch übermittelt werden kann sowie durch Briefwahl oder im Wege der elektronischen Kommunikation gem. § 118 Ans. 1 Satz 2 AktG, soweit die Satzung eine entsprechende Form der Stimmrechtsausübung vorsieht;
– die Rechte der Aktionäre nach § 122 Abs. 2, 126 Abs. 1, §§ 127, 131 Abs. 1 AktG; die Angaben können sich auf die Fristen für die Ausübung der Rechte beschränken, wenn in der Einberufung i. Ü. auf weiter gehende Erläuterungen auf der Internetseite der Gesellschaft hingewiesen wird;
– die Internetseite der Gesellschaft, über die die Informationen nach § 124a AktG zugänglich sind.

1070

1714 So BeckOGK/Habersack UmwG § 61 Rn. 13; Semler/Stengel/Diekmann § 61 UmwG Rn. 17; aA Kölner KommUmwG/Simon § 61 UmwG Rn. 19; Lutter/Grunewald § 61 UmwG Rn. 7.
1715 www.bundesanzeiger.de, vgl. Hüffer/Koch/Koch, § 121 AktG Rn. 11a.
1716 Aktienrechtsnovelle 2016, BGBl. 2015 I 2565.
1717 BT-Drucks. 18/4349, S. 18; vgl. auch Hüffer/Koch/Koch § 121 AktG Rn. 1.
1718 Begr. RegE, BT-Drucks. 18/4349, 19; Hölters/Solveen § 121 AktG Rn. 7; Wälzholz/Wolffskeel, MittBayNot 2016, 197, 200.

1071 Bei börsennotierten Gesellschaften müssen nach § 124a AktG alsbald nach der Einberufung der Hauptversammlung über die Internetseite der Gesellschaft zugänglich sein:
– der Inhalt der Einberufung;
– eine Erläuterung, wenn zu einem Gegenstand der Tagesordnung kein Beschluss gefasst werden soll;
– die der Versammlung zugänglich zu machenden Unterlagen;
– die Gesamtzahl der Aktien und der Stimmrechte im Zeitpunkt der Einberufung, einschließlich getrennter Angaben zur Gesamtzahl für jede Aktiengattung;
– ggf. die Formulare, die bei Stimmabgabe durch Vertretung oder bei Stimmabgabe mittels Briefwahl zu verwenden sind, sofern diese Formulare den Aktionären nicht direkt übermittelt werden.

1072 Bei börsennotierten Gesellschaften, die nicht ausschließlich Namensaktien ausgegeben haben und die Einberufung den Aktionären nicht unmittelbar nach § 121 Abs. 4 Satz 2 und 3 AktG übersenden, ist die Einberufung gem. § 121 Abs. 4a AktG spätestens zum Zeitpunkt der Bekanntmachung solchen Medien zur Veröffentlichung zuzuleiten, bei denen davon ausgegangen werden kann, dass sie die Information in der gesamten EU verbreiten.

1073 Für börsennotierte AG ist die Einberufung der Hauptversammlung im elektronischen Bundesanzeiger nach § 30b Abs. 1 Nr. 1 WpHG zwingend. Zusätzlich zu den Angaben nach §§ 121, AktG muss die Veröffentlichung nach § 30b Abs. 1 Nr. 1 WpHG Angaben über die Gesamtzahl der Aktien und Stimmrechte im Zeitpunkt der Einberufung der Hauptversammlung enthalten.

1074 Nach § 125 Abs. 1 AktG hat der Vorstand mindestens 21 Tage vor der Versammlung den Kreditinstituten und den Vereinigungen von Aktionären, die in der letzten Hauptversammlung Stimmrechte für Aktionäre ausgeübt oder die die Mitteilung verlangt haben, die Einberufung der Hauptversammlung mitzuteilen. Der Tag der Mitteilung ist nicht mitzurechnen. In der Mitteilung ist auf die Möglichkeiten der Ausübung des Stimmrechts durch einen Bevollmächtigten, auch durch eine Vereinigung von Aktionären, hinzuweisen. Bei börsennotierten Gesellschaften sind einem Vorschlag zur Wahl von Aufsichtsratsmitgliedern Angaben zu deren Mitgliedschaft in anderen gesetzlich zu bildenden Aufsichtsräten beizufügen; Angaben zu ihrer Mitgliedschaft in vergleichbaren in- und ausländischen Kontrollgremien von Wirtschaftsunternehmen sollen beigefügt werden. Die gleiche Mitteilung hat der Vorstand nach § 125 Abs. 2 AktG den Aktionären zu machen, die es verlangen oder zu Beginn des 14. Tages vor der Versammlung als Aktionär im Aktienregister der Gesellschaft eingetragen sind.

1075 Durch das Gesetz für kleine AG und zur Deregulierung des Aktienrechts v. 02.08.1994[1719] wurde die Möglichkeit der **Einberufung durch eingeschriebenen Brief** in § 121 Abs. 4 Satz 2 AktG geschaffen: Sind die Aktionäre der Gesellschaft namentlich bekannt, kann die Hauptversammlung mit eingeschriebenem Brief einberufen werden. Der Tag der Absendung gilt als Tag der Bekanntmachung. Unproblematisch kann die Einberufung durch eingeschriebenen Brief bei Namensaktion erfolgen.[1720] Bei **Inhaberaktien** scheidet die Einberufung durch eingeschriebenen Brief i. d. R. aus, es sei denn, es besteht ein kleiner überschaubarer Aktionärskreis, bei dem der Vorstand relativ sicher davon ausgehen kann, dass Personenkenntnis besteht.[1721] Da die Inhaber solcher Inhaberaktien jedoch in keinem Aktienregister verzeichnet sind und eine entsprechende gesetzliche Vermutungswirkung wie nach § 67 Abs. 2 AktG nicht besteht, auch wenn die Aktionäre untereinander durch Abschluss schuldrechtlicher Vereinbarungen über Anmeldeverpflichtungen oder durch die Etablierung eines sonstigen gesellschaftsinternen Informationssystems Vorkehrungen dafür getroffen haben, dass der Gesellschaft ihre jeweiligen Aktionäre bekannt sind, kommt

---

1719 BGBl. I, S. 1961.
1720 Vgl. Hüffer/Koch, AktG, § 121 Rn. 11b.
1721 Im Einzelnen str., vgl. Gutachten DNotI-Report 2003, 130 ff.; Lutter, AG 1994, 429, 438; Hüffer/Koch/Koch, AktG, § 121 Rn. 11d; Hoffmann-Becking, ZIP 1995, 1, 6.

D. Verschmelzung von AG

es hier letztlich auf die Kenntnis des einberufenden Organs von Name und Anschrift der Aktionäre an.[1722] Wegen des Risikos einer zwischenzeitlichen Übertragung der Inhaberaktien auf einen anderen Eigentümer und der Tatsache, dass ein Einberufungsmangel nach § 241 Nr. 1 AktG grds. zur Nichtigkeit der in der Hauptversammlung gefassten Beschlüsse führt, wird in der aktienrechtlichen Literatur allerdings empfohlen, bei Inhaberaktien im Zweifel die Einberufung der Hauptversammlung immer öffentlich bekannt zu machen.[1723]

Streitig ist bei dieser Art der Einberufung noch, ob ein **Einwurf-Einschreiben** genügt oder ob stets ein Übergabe-Einschreiben erforderlich ist. Da auch ein Einwurf-Einschreiben letztlich ein Einschreiben i. S. d. Zustellvorschriften der Post darstellt, erscheint dies i. R. d. § 121 Abs. 4 AktG für ausreichend.[1724]

Gem. § 123 Abs. 1 AktG beträgt die **Einberufungsfrist** mindestens 30 Tage vor dem Tag der Versammlung. Der Fristbeginn richtet sich nach der Bekanntmachung im Bundesanzeiger (§ 25 AktG). Maßgeblich ist das Erscheinungsdatum.[1725] Die Frist wird nach §§ 187 Abs. 1, 188 Abs. 2 BGB berechnet. Fristen, die von der Hauptversammlung zurückrechnen, sind nach § 123 Abs. 4 AktG jeweils vom nicht mitzählenden Tage der Versammlung zurückzurechnen; fällt das Ende der Frist auf einen Sonntag, einen am Sitz der Gesellschaft gesetzlich anerkannten Feiertag oder einen Sonnabend, so tritt an die Stelle dieses Tages der zeitlich vorhergehende Werktag. Die Modalitäten einer Anmeldung richtet sich ebenfalls nach den allgemeinen Vorschriften (§ 123 Abs. 3 AktG). Bei Inhaberaktien kann nach § 123 Abs. 3 AktG die Satzung bestimmen, wie die Berechtigung zur Teilnahme an der Hauptversammlung oder zur Ausübung des Stimmrechts nachzuweisen ist. Bei börsennotierten Gesellschaften reicht ein in Textform erstellter besonderer Nachweis des Anteilsbesitzes durch das depotführende Institut aus. Der Nachweis hat sich bei börsennotierten Gesellschaften auf den Beginn des einundzwanzigsten Tages vor der Versammlung zu beziehen und muss der Gesellschaft unter der in der Einberufung hierfür mitgeteilten Adresse bis spätestens am siebten Tage vor der Versammlung zugehen, soweit die Satzung keine kürzere Frist vorsieht (sog. record date). Im Verhältnis zur Gesellschaft gilt für die Teilnahme an der Hauptversammlung oder die Ausübung des Stimmrechts als Aktionär nur, wer den Nachweis erbracht hat (§ 123 Abs. 3 AktG).

1076

Die **Bekanntmachung der Tagesordnung** ist in § 124 AktG geregelt. Sie ist bei der Einberufung in den Gesellschaftsblättern bekannt zu machen, wenn kein Fall des § 121 Abs. 4 Satz 2 AktG vorliegt. Gem. § 124 Abs. 3 AktG haben zu jedem Gegenstand der Tagesordnung, über den beschlossen werden soll, der Vorstand und der Aufsichtsrat in der Bekanntmachung der Tagesordnung Vorschläge zur Beschlussfassung zu machen. Des Weiteren sind in der Einberufung bei börsennotierten Gesellschaften die in § 121 Abs. 3 Nr. 1 bis 4 AktG genannten Angaben zu machen. Sie beziehen sich auf den Nachweisstichtag sowie dessen Bedeutung bei Inhaberaktien (sog. record date, vgl. § 123 Abs. 4 Satz 2 AktG), bei Namensaktien auch den Tag des Umschreibungsstopps im Aktienregister, was so aber im Gesetz nicht ausdrücklich erwähnt wird (§ 121 Abs. 3 Satz 3 Nr. 1 AktG), die Modalitäten der Vollmachtserteilung (§ 121 Abs. 3 Satz 3 Nr. 2 AktG), die Fristen für den Zugang von Ergänzungs- bzw. Gegenanträgen sowie Wahlvorschlägen unter Angabe der konkreten Daten und den Zeitpunkt, in dem das Auskunftsrecht ausgeübt werden kann sowie eine Darstellung und Erläuterung dieser Rechte, die allerdings – bei entspre-

1077

1722 DNotI-Report 2003, 130 ff.; Hüffer/Koch, § 121 AktG Rn. 11c.
1723 Hölters/Deilmann/Buchta, Die Kleine AG, S. 98; Obermüller/Werner/Winden/Butzke, B Rn. 54 a. E.; Reichert/Schlitt, in: Semler/Volhard/Reichert, HVHdb., I B Rn. 291; Hoffmann-Becking, ZIP 1995, 1, 6; Hüffer/Koch/Koch, § 121 AktG Rn. 11c.
1724 So BGH NJW 2017, 68 = NZG 2016, 1417 = ZIP 2016, 2311 für GmbH; MünchKomm-AktG/Kubis, § 121 Rn. 81; Spindler/Stilz/Rieckers, § 121 AktG Rn 60; a. A. allerdings Baumbach/Hueck/Zöllner, GmbHG, § 51 Rn. 12; Hölters/Deilmann/Buchta, Die kleine AG, S. 99 f.
1725 MünchKommAktG/Kubis AktG § 123 Rn. 3; Hüffer/Koch § 123 AktG Rn. 2; Großkomm AktG/Werner § 123 Rn. 18; Spindler/Stilz/Rieckers §123 AktG Rn. 7.

chendem Hinweis in der Einberufung – auch auf der Internetseite der Gesellschaft erfolgen kann (§ 121 Abs. 3 Satz 3 Nr. 3 AktG), diejenige Internetseite der Gesellschaft, auf welcher die Informationen nach § 124a AktG zugänglich sind (§ 121 Abs. 3 Satz 3 Nr. 4 AktG).

1078 Bei der Zustimmung zum Verschmelzungsvertrag ist **§ 124 Abs. 2 Satz 3 AktG** zu beachten: Soll die Hauptversammlung über einen Vertrag beschließen, der nur mit Zustimmung der Hauptversammlung wirksam wird, so ist auch der wesentliche Inhalt des Vertrages bekannt zu machen. In der Praxis wird häufig der gesamte Verschmelzungsvertrag bekannt gemacht; erforderlich ist dies allerdings nicht.[1726]

Die Literatur weist zu Recht darauf hin, dass es genügt, wenn der Inhalt des Vertrages so umschrieben wird, dass der Aktionär ein Urteil fassen kann, ob er sich näher unterrichtet und den Vertrag einsieht.[1727]

Zum **wesentlichen Inhalt** des Verschmelzungsvertrages gehören mindestens Angaben über die Vertragspartner, die Art der Verschmelzung, der Verschmelzungsstichtag, das Umtauschverhältnis, Angaben über eventuelle Kapitalerhöhungen und die wesentlichen bilanziellen Auswirkungen.[1728] Diese Auffassung hat das OLG Stuttgart weitgehend bestätigt.[1729] Das OLG Stuttgart hat entschieden, dass es genüge, wenn die Bekanntmachung den Aktionären die sinnvolle Ausübung ihrer Rechte ermögliche und ein ungefähres Bild von den Vor- und Nachteilen der Verträge gewährleistet.

2. Auslegungspflicht

1079 **Ergänzend zur Absicherung der Informationsrechte** der Aktionäre bestimmt § 63 Abs. 1 UmwG, dass von der Einberufung der Hauptversammlung an, in dem Geschäftsraum der Gesellschaft zur Einsicht der Aktionäre auszulegen sind:
– der Verschmelzungsvertrag oder sein Entwurf;
– die Jahresabschlüsse und die Lageberichte der an der Verschmelzung beteiligten Rechtsträger für die letzten 3 Geschäftsjahre;
– falls sich der letzte Jahresabschluss auf ein Geschäftsjahr bezieht, das mehr als 6 Monate vor Abschluss des Verschmelzungsvertrages oder der Aufstellung des Entwurfs abgelaufen ist, eine Bilanz auf einen Stichtag, der nicht vor dem ersten Tag des dritten Monats liegt, der dem Abschluss und der Aufstellung vorausgeht (Zwischenbilanz);
– die nach § 8 UmwG erstatteten Verschmelzungsberichte;
– die nach § 60 i. V. m. § 12 UmwG erstatteten Prüfungsberichte.

1080 Nach § 63 Abs. 3 UmwG ist jedem Aktionär auf Verlangen unverzüglich und kostenlos eine Abschrift dieser Unterlagen zu erteilen. Durch das Gesetz zur Umsetzung der Aktionärsrechterichtlinie[1730] wurde eine Vereinfachung in § 63 Abs. 4 UmwG geschaffen: Die Verpflichtungen nach den Abs. 1 und 3 entfallen, wenn die in Abs. 1 bezeichneten Unterlagen für denselben

---

1726 Vgl. Hüffer/Koch, AktG, § 124 Rn. 10; MünchKommAktG/Kubis AktG § 124 Rn. 25; Widmann/Mayer/Rieger, Umwandlungsrecht, § 63 UmwG Rn. 2; Stratz, in: Schmitt/Hörtnagl/Stratz, § 63 UmwG Rn. 2; Kallmayer/Marsch-Barner § 63 UmwG Rn. 17; vgl. LG Hanau ZIP 1996, 422; LG Wiesbaden NZG 1999, 177.
1727 Vgl. auch BGHZ 119, 1, 11 f. = NJW 1992, 2760; Hüffer/Koch, AktG, § 124 Rn. 10; MünchKommAktG/Kubis AktG § 124 Rn. 24; Widmann/Mayer/Rieger, Umwandlungsrecht, § 63 UmwG Rn. 2; Stratz, in Schmitt/Hörtnagl/Stratz, § 63 UmwG Rn. 2; OLG Düsseldorf, Konzern 2006, 768, 775; LG Hanau, ZIP 1996, 442; LG Wiesbaden, NZG 1999, 177.
1728 So Widmann/Mayer/Rieger, Umwandlungsrecht, § 63 UmwG Rn. 2; Kallmeyer/Marsch-Barner, UmwG, § 63 Rn. 17; Stratz, in: Schmitt/Hörtnagl/Stratz, § 63 UmwG Rn. 2; MünchKommAktG/Kubis AktG § 124 Rn. 25.
1729 OLG Stuttgart, AG 1997, 138; strenger noch LG Hanau, AG 1996, 184.
1730 ARUG, G. v. 30.07.2009, BGBl. I, S. 2479.

D. Verschmelzung von AG

Zeitraum über die Internetseite der Gesellschaft zugänglich sind. Durch das 3. UmwÄndG wurde § 63 Abs. 2 Satz 5 UmwG dadurch ergänzt, dass zum einen § 8 Abs. 4 Satz 1 Nr. 1 und 2 UmwG anwendbar sind, sodass eine Zwischenbilanz nicht erforderlich ist bei entsprechenden Verzichtserklärungen aller Anteilseigner aller beteiligten Rechtsträger (§ 8 Abs. 4 Satz 1 Nr. 1) oder bei Verschmelzung der 100 %igen Tochter auf ihre Mutter (Nr. 2). Die Zwischenbilanz muss nach § 63 Abs. 2 Satz 5 UmwG auch dann nicht aufgestellt werden, wenn die Gesellschaft seit dem letzten Jahresabschluss einen Halbjahresfinanzbericht gem. § 37w WpHG veröffentlicht hat. Der Halbjahresfinanzbericht tritt zum Zwecke der Vorbereitung der Hauptversammlung an die Stelle der Zwischenbilanz. Außerdem wurde § 63 Abs. 3 UmwG wie folgt ergänzt: »Die nach § 63 zu übermittelnden Unterlagen können dem Aktionär mit dessen Einwilligung auf dem Wege elektronischer Kommunikation übermittelt werden.« Nach dieser Vorschrift, die ihrer Systematik nach nur dann anwendbar ist, wenn übernehmender Rechtsträger eine AG (oder KGaA oder SE) ist[1731] und die Voraussetzungen des Abs. 1 vorliegen, können die im Vorfeld der Hauptversammlung zu übermittelnden Unterlagen zur Verschmelzung dem Aktionär mit dessen Einwilligung auf dem Wege elektronischer Kommunikation übermittelt werden. »Einwilligung« ist die vorherige Zustimmung nach § 183 Satz 1 BGB. Diese muss weder in einer bestimmten Form noch ausdrücklich erklärt werden.[1732] Da der durch das ARUG eingeführte § 62 Abs. 3 Satz 7 UmwG aber anstelle der Auslegung bzw. Übermittlung die Veröffentlichung und Zugänglichkeit des Umwandlungsberichts über die Internetseite der Gesellschaft genügen lässt, wird sich die praktische Bedeutung der Neuregelung auf Nicht-Publikumsgesellschaften beschränken.[1733]

VII. Zustimmungsbeschluss zur Verschmelzung

1. Gesellschafterversammlung

Nach § 13 Abs. 1 Satz 2 UmwG kann der Verschmelzungsbeschluss **nur in einer Hauptversammlung** gefasst werden. 1081

2. Durchführung der Hauptversammlung und Informationsrechte

a) Notarielle Beurkundung

Gem. § 13 Abs. 3 UmwG bedarf der Verschmelzungsbeschluss der **notariellen Beurkundung**, unabhängig ob dies nach § 130 AktG erforderlich ist. Fraglich ist allerdings, ob bei einer sog. **kleinen AG**, die nicht börsennotiert ist, und bei der nach § 130 Abs. 1 Satz 3 AktG ein privatschriftliches Protokoll bei Beschlüssen, die keiner Dreiviertel- oder größeren Mehrheit bedürfen, ausreichend ist, die gesamte Hauptversammlung beurkundet werden muss, wenn über eine Verschmelzung beschlossen wird, oder ob es genügt, wenn nur der Verschmelzungsbeschluss beurkundet wird (sog. »**gemischte**« **Hauptversammlung**). Die überwiegende Ansicht ging bei der AG davon aus, dass das Protokoll einer Hauptversammlung, bei der beurkundungsbedürftige Beschlüsse und nicht beurkundungsbedürftige Beschlüsse gefasst werden, insgesamt zu beurkunden ist.[1734] Dabei wurde allerdings hauptsächlich mit dem Wortlaut des § 130 AktG argumen- 1082

[1731] Leitzen, DNotZ 2011, 524, 540 f.
[1732] Wagner, DStR 2010, 1629; Leitzen, DNotZ 2011, 526, 532 f.; Simon/Merkelbach, DB 2011, 1317 f.
[1733] So Leitzen, DNotZ 2011, 526, 532 f.; Simon/Merkelbach, DB 2011, 1317 f.
[1734] OLG Jena, NotBZ 2015, 52 = MittBayNot 2015, 158 m. Anm. Wettich, GWR 2014, 349; R Ek, Praxisleitfaden für die Hauptversammlung, § 17 Rn. 581; Faßbender, RNotZ 2009, 425, 428 f.; Hüffer/Koch, Aktiengesetz, § 130 Rn. 14b ff.; Hölters/Deilmann/Buchta, Die kleine AG, S. 106 f.; Heckschen, DNotZ 1995, 275, 283 f.; Ammon/Görlitz, Die kleine AG, 67; Steiner, Die Hauptversammlung der AG, S. 167; Priester, DNotZ 2001, 661, 664; a. A. Seibert/Köster/Kiem, Die kleine AG, § 130 Rn. 165; Blanke, BB 1995, 681, 682; Happ, Aktienrecht, 10.09 Rn. 1; Schaaf, Praxis der Hauptversammlung, Rn. 812 f.; Lutter, AG 1994, 429, 440.

tiert, dass »die Niederschrift« zu beurkunden ist.[1735] Im Urteil vom 19.05.2015 hat der BGH entschieden, dass, wenn auf einer Hauptversammlung ein Beschluss gefasst wird, für den das Gesetz eine Dreiviertel- oder größere Mehrheit bestimmt und der damit stets durch eine notariell aufgenommene Niederschrift zu beurkunden ist, ein anderer, nicht diesen Mehrheitserfordernissen unterliegender Beschluss nicht in der vom Notar aufgenommenen Niederschrift beurkundet sein muss, sondern es genügt dafür eine vom Aufsichtsratsvorsitzenden unterzeichnete Niederschrift.[1736] In der Literatur wird die Entscheidung z.T. kritisch gesehen.[1737]

b) Inhalt der Niederschrift

1083 Der **Inhalt der Niederschrift** richtet sich nach § 130 AktG.[1738] In der Niederschrift sind nach § 130 Abs. 2 AktG der Ort und der Tag der Verhandlung, der Name des Notars sowie die Art und das Ergebnis der Abstimmung und die Feststellung des Vorsitzenden über die Beschlussfassung anzugeben (§ 130 Abs. 2 AktG). Darüber hinaus bestehen weitere Tatsachen, die protokollierungspflichtig sind: z. B. Minderheitsverlangen(§ 130 Abs. 1 Satz 2 AktG), Festhalten der Einberufungsunterlagen (§ 130 Abs. 3 AktG), die von Aktionären als nicht beantwortet gerügten Fragen (§ 131 Abs. 5 AktG) oder der sog. »Protokollwiderspruch« (§ 245 Nr. 1 AktG). Darüber hinaus wird z. T. angenommen, dass weitere ungeschriebene Pflichtangaben bestehen.[1739] I. R. d. Frage inwieweit ein Hauptversammlungsprotokoll noch nach der Hauptversammlung berichtigt werden kann, hat der BGH im Urteil vom 16.02.2009 grundlegend entschieden, dass ein notarielles Hauptversammlungsprotokoll i. S. d. § 130 Abs. 1 Satz 1 AktG den Charakter eines Berichtes Notars über seine Wahrnehmungen habe; es müsse von ihm nicht in der Hauptversammlung fertiggestellt, sondern könne auch noch danach im Einzelnen ausgearbeitet und unterzeichnet werden.[1740] Im Urteil vom 10.10.2017[1741] hat er ferner entschieden, dass nach § 44a Abs. 2 BeurkG ein Hauptversammlungsprotokoll wegen Unrichtigkeit berichtigt werden kann. Bei der Berichtigung durch eine ergänzende Niederschrift müssen der Versammlungsleiter oder die in der Hauptversammlung anwesenden Aktionäre nicht mitwirken.

Nach § 130 Abs. 3 AktG sind die Belege über die Einberufung der Versammlung der Niederschrift als Anlage beizufügen, wenn sie nicht unter Angabe ihres Inhalts in der Niederschrift aufgeführt sind. Nach § 13 Abs. 3 S. UmwG ist ferner der Verschmelzungsvertrag oder sein Entwurf dem Beschluss als Anlage beizufügen. Zusätzlich muss nach der Literatur auf die beigefügten Anlagen ausdrücklich verwiesen werden.[1742] Die Niederschrift ist vom **Notar** zu unterschreiben (§ 130 Abs. 4 AktG). Gem. § 130 Abs. 5 AktG hat der **Vorstand** eine öffentlich beglaubigte Abschrift und Niederschrift und ihre Anlagen zum **Handelsregister** unverzüglich einzureichen. Nach der Regelung durch das NaStraG v. 18.01.2001[1743] ist das Teilnehmerverzeichnis nicht

---

1735 So Widmann/Mayer/Heckschen, Umwandlungsrecht, § 13 UmwG Rn. 221.1; Heckschen, in: Beck'sches Notar-Handbuch, D III Rn. 229.
1736 BGH BGHZ 205, 319 = DNotZ 2015, 704 = ZIP 2015, 1429 vgl. dazu zust. Harnos AG 2015, 732, 734 ff; Hüffer/Koch AktG § 130 Rn. 14c.
1737 Wicke DB 2015, 1770, 1771; Bayer/Meier-Wehrsdorfer LMK 2015, 373659; Weiler MittBayNot 2015, 256, 257 f.; zum praktischen Ablauf vgl. Höreth AG 2015, R 293, 294 f.; krit. MünchKomm AktG/Kubis AktG § 130 Rn. 30.
1738 Vgl. dazu Faßbender, RNotZ 2009, 425, 440 ff.
1739 Vgl. Faßbender, RNotZ 2009, 425, 445; Ziemons, in: K. Schmidt/Lutter, AktG, § 130 Rn. 14; Reul/Zetsche, AG 2007, 561, 563; Priester, DNotZ 2001, 661, 667 f.; Hüffer/Koch, AktG, § 130 Rn. 5, 6; Kubis, in: MünchKomm AktG, § 130 Rn. 61; Wicke, in: Spindler/Stilz, AktG, § 130 Rn. 12.
1740 BGH, DNotZ 2009, 688 = NotBZ 2009, 12 = ZIP 2009, 460; vgl. auch Kanzleiter, DNotZ 2007, 804 ff.; Eylmann, ZNotP 2005, 300 ff.
1741 BGH NJW 2018, 52 = DNotZ 2018, 382.
1742 So Kubis, in: MünchKomm AktG, § 130 Rn. 75; Werner in Großkomm AktG Rn 50; Wilhelmi BB 1987, 1331, 1336; Lamers DNotZ 1962, 287, 301.
1743 BGBl. I, S. 123.

mehr zum Handelsregister einzureichen. Dementsprechend ist das Teilnehmerverzeichnis auch nicht der Urkunde beizufügen; nach § 129 Abs. 4 S. 2 ist das Teilnehmerverzeichnis nunmehr bei der Gesellschaft zur Einsichtnahme durch die Aktionäre für mindestens zwei Jahre aufzubewahren.

Unter **Art der Abstimmung** ist die Form zu verstehen, in der das Stimmrecht ausgeübt wird, z. B. ob geheim, schriftlich, durch Aufstehen, Hand erheben oder namentliche Abstimmung, durch Stimmzettel, elektronische Abstimmungsgeräte etc.[1744] Umstritten ist, ob in der Niederschrift Angaben zur Stimmauszählung zu machen sind. Die h.M bejaht dies.[1745] Im Urteil vom 10.10.2017 hat der BGH entschieden, dass unter der Art der Abstimmung zumindest die Beschreibung des Vorgangs zu verstehen sei, wie der Beschluss selbst in der Versammlung zustande gekommen ist, d. h. in welcher Weise, ob mündlich, schriftlich, durch Handerheben oder mittels welcher sonstigen Betätigung, abgestimmt worden ist.[1746] Daher ist im Protokoll auch festzustellen, ob nach dem sog. Additionsverfahren nur die Ja-Stimmen und Nein-Stimmen oder nach dem sog. Subtraktionsverfahren Nein-Stimmen und Enthaltungen erfasst wurden. Unter dem **Ergebnis der Abstimmung** ist sowohl der sachliche Inhalt des Beschlusses als auch das ziffernmäßige Ergebnis der Abstimmung zu verstehen, also die Anzahl der für den Antrag und der gegen ihn abgegebenen Stimmen.[1747] Festzuhalten ist, wie viel Stimmen für und wie viel Stimmen gegen die Verschmelzung stimmen. Allein die Angabe der Kapitalbeträge genügt nicht.[1748] Das zahlenmäßige Ergebnis der Abstimmung ist mit der Anzahl der Ja- und Nein-Stimmen in die notarielle Niederschrift aufzunehmen. Werden statt der Anzahl der Ja- und Nein-Stimmen Prozentzahlen aufgenommen, führt dieser Beurkundungsfehler nicht zur Nichtigkeit, wenn sich aus den Angaben in der Niederschrift das zahlenmäßige Abstimmungsergebnis so errechnen lässt, dass danach keine Zweifel über die Ablehnung oder Annahme des Antrags und die Ordnungsmäßigkeit der Beschlussfassung verbleiben.[1749] Ob auch **Stimmenthaltungen** angegeben werden müssen, ist streitig, in der Praxis dürfte sich dies wohl aus Sicherheitsgründen empfehlen, wird aber wohl überwiegend abgelehnt.[1750] Bei Abstimmungen nach dem sog. Subtraktionsverfahren ist die Protokollierung der Zahl der Stimmenthaltungen dagegen notwendig, weil sie eine maßgebliche Differenzgröße zur Ermittlung der Ja-Stimmen darstellt.[1751] Bei börsennotierten Gesellschaften gelten seit dem ARUG nach § 130 Abs. 2 Satz 2 Nr. 3 AktG strengere Regeln.[1752] Bei börsennotierten Gesellschaften umfasst seit dem Gesetz zur Umsetzung der Aktionärsrechterichtlinie (ARUG) v. 30.07.2009[1753] die Feststellung über die Beschlussfassung nach § 130 Abs. 2 Satz 2 AktG für jeden Beschluss auch

– die Zahl der Aktien, für die gültige Stimmen abgegeben wurden,

1084

1744 Vgl. Kubis, in: MünchKomm AktG, § 130 Rn. 51; Faßbender, RNotZ 2009, 425, 442 Werner in Großkomm AktG Rn 19; Grumann/Gillmann NZG 2004, 839, 840.
1745 OLG Düsseldorf, RNotZ 2003, 328, 330; Hüffer/Koch, AktG, § 130 Rn. 17; Kubis, in: MünchKomm AktG, § 130 Rn. 52; Faßbender, RNotZ 2009, 425, 442; einschr. Reul AG 2002, 543, 546.
1746 BGH NJW 2018, 52 = DNotZ 2018, 382.
1747 Hüffer/Koch, AktG, § 130 Rn. 19; Kubis, in: MünchKomm AktG, § 130 Rn. 56; Faßbender, RNotZ 2009, 425, 443.
1748 BGH, DNotZ 1995, 549 = ZIP 1994, 1171 = DB 1994, 1769.
1749 BGH NJW 2018, 52 = DNotZ 2018, 382.
1750 Vgl. Heng/Schulte, AG 1985, 33, 38; Hüffer/Koch, AktG, § 130 Rn. 19a.
1751 MünchKommAktG/Kubis AktG § 130 Rn. 57.
1752 Hüffer/Koch, AktG, § 130 Rn. 23a; Kubis, in: MünchKomm AktG, § 130 Rn. 64 ff.; Faßbender, RNotZ 2009, 425, 455 f.
1753 BGBl. I, S. 2479.

- den Anteil des durch die gültigen Stimmen vertretenen Grundkapitals wobei gemeint ist nicht das in der Hauptversammlung vertretene, sondern das insgesamt vorhandene Grundkapital,[1754] sowie
- die Zahl der abgegebenen Ja- und Nein-Stimmen sowie ggf. der Enthaltungen angeben.

Sofern kein Aktionär widerspricht, kann der Versammlungsleiter seine Feststellungen darauf beschränken, dass die für den Beschluss erforderliche Mehrheit erreicht wurde (§ 130 Abs. 2 Satz 3 AktG). Dadurch soll den Gesellschaften die Möglichkeit eröffnet werden, die Beschlussfeststellung in der Hauptversammlung abzukürzen, da die Verlesung längerer Zahlenkolonnen für jeden einzelnen Beschlusspunkt erhebliche Zeit in Anspruch nehmen könne.[1755] Nach § 130 Abs. 6 AktG müssen börsennotierte Gesellschaften allerdings seit dem ARUG alle in § 130 Abs. 2 geforderten Angaben innerhalb von 7 Tagen nach der Hauptversammlung auf ihrer Internetseite veröffentlichen. Umstritten war, ob die Vereinfachung nach § 130 Abs. 2 Satz 3 AktG auch für das notarielle Protokoll gilt oder ob in dieses weiterhin alle Abstimmungszahlen aufzunehmen sind. Im Urteil vom 10.10.2017 hat der BGH entschieden, dass auch nach Einfügung von Satz 2 und 3 in § 130 Abs. 2 AktG durch das ARUG das vollständige zahlenmäßige Ergebnis der Abstimmung in die notarielle Niederschrift aufzunehmen ist.[1756] Werde das zahlenmäßige Abstimmungsergebnis vom Versammlungsleiter nicht bekannt gegeben, genüge es, wenn entweder das durch den Versammlungsleiter aufgrund § 130 Abs. 6 AktG dennoch zu ermittelnde genaue Ergebnis der Abstimmung zur Kenntnis des Notars gelangt oder der Notar diese Kenntnis aus anderen Quellen auf der Hauptversammlung erhalte.[1757]

Wenn die Abstimmung nach **Aktiengattungen** getrennt erfolgt, ist nach der herrschenden Meinung auch eine **getrennte Feststellung des Abstimmungsergebnisses** erforderlich. Erforderlich ist nach § 130 Abs. 2 AktG schließlich, dass die **Feststellungen des Vorsitzenden über die Beschlussfassung** in die Niederschrift aufgenommen werden.[1758] Das bedeutet, dass in der Niederschrift sowohl die Feststellung des Notars über die Art und das Ergebnis der Abstimmung als auch die Feststellung des Vorsitzenden über die Beschlussfassung enthalten sein müssen. Mit dem BayObLG[1759] wird man wohl die Feststellung des Vorsitzenden fordern müssen, dass ein Beschluss eines bestimmten Inhaltes mit der dafür notwendigen Mehrheit gefasst worden ist. Ob auch Stimmenthaltungen mit der Feststellung des Vorsitzenden genannt und damit vom Notar aufgenommen werden müssen, ist ebenfalls streitig. Der Vorsitzende muss also feststellen, dass der Antrag angenommen oder abgelehnt ist. Durch das Gesetz zur Umsetzung der Aktionärsrechterichtlinie (ARUG) G. v. 30.07.2009[1760] wurde § 130 Abs. 2 AktG geändert bzgl. der Feststellung und Niederschrift der Beschlussfassung.

Ferner müssen gemäß § 130 Abs. 6 AktG die Abstimmungsergebnisse innerhalb von 7 Tagen auf der Internetseite der Gesellschaft veröffentlicht werden.

1085 In der Hauptversammlung ist ein **Verzeichnis der Teilnehmer** gem. § 129 Abs. 1 Satz 2 AktG aufzustellen. In dieses Verzeichnis sind nach § 129 Abs. 1 AktG folgende Angaben zu machen: Die **Aktionäre** und ggf. **Stellvertreter** sind durch Namen und Wohnort zu bezeichnen.[1761] Neben

---

1754 Hüffer/Koch, AktG, § 130 Rn. 23a; Kubis, in: MünchKomm AktG, § 130 Rn. 64 ff. Scholz/Wenzel AG 2010, 443, 444 ff.; Merkner/Sustmann NZG 2010, 568, 569 f.; Bungert/Wettich ZIP 2011, 160, 165.
1755 Beschlussempfehlung des Rechtsausschusses, BT-Drucks. 16/13098, S. 12, 39.
1756 BGH NJW 2018, 52 = DNotZ 2018, 382; ebenso Leitzen, ZIP 2010, 1065, 1066 ff.; Wicke in Spindler/Stilz, AktG, § 130 Rn. 48; MünchKommAktG/Kubis § 130 Rn. 67 f.
1757 Unter Bezugnahme auf Leitzen, ZIP 2010, 1065, 1068.
1758 Vgl. Hüffer/Koch, AktG, § 130 Rn. 22; Kubis, in: MünchKomm AktG, § 130 Rn. 61 ff.
1759 BayObLG 1972, 354, 359 = NJW 1973, 250.
1760 BGBl. I, S. 2479.
1761 Vgl. Hüffer/Koch, AktG, § 129 Rn. 3.

Namen und Wohnort müssen der Betrag der gehaltenen oder vertretenen Aktien sowie ihre Gattungen angegeben werden. Gemeint ist dabei der Gesamtbetrag, nicht der Nennbetrag der Einzelstücke. Nachträgliches Erscheinen von Aktionären oder auch vorzeitiges Verlassen der Hauptversammlung ist nach der herrschenden Meinung im Teilnehmerverzeichnis zu vermerken.[1762] Nach der Neuregelung durch das NaStraG v. 18.01.2001[1763] ist eine Unterzeichnung des Teilnehmerverzeichnisses nicht mehr erforderlich.

c) *Informationsrechte (Auslegungs-, Erläuterungs- und Auskunftspflichten)*

aa) *Auslegung von Unterlagen*

Gem. § 64 Abs. 1 UmwG sind in der Hauptversammlung die nach § 63 UmwG bezeichneten **Unterlagen zugänglich zu machen** (vgl. Teil 2 Rdn. 470 ff.). Neben den in § 63 UmwG geregelten Pflichten zur vorbereiteten Auslegung oder Bereitstellung im Internet (§ 63 Abs. 4 UmwG) bestimmter, für die Verschmelzung wichtiger Unterlagen und der Pflicht, jedem Aktionär kostenlos eine Abschrift dieser Unterlagen – i. R. d. § 63 Abs. 3 letzter Satz UmwG in elektronischer Form – zu erteilen (§ 63 Abs. 3 UmwG), sieht § 64 Abs. 1 UmwG vor, dass in der **Hauptversammlung** folgende **Unterlagen zugänglich zu machen** sind:

1086

– der Verschmelzungsvertrag oder sein Entwurf,
– die Jahresabschlüsse und die Jahresberichte der an der Verschmelzung beteiligten Rechtsträger für die letzten 3 Geschäftsjahre, falls sich der letzte Jahresabschluss auf ein Geschäftsjahr bezieht, das mehr als 6 Monate vor dem Abschluss des Verschmelzungsvertrages abgelaufen ist, eine Zwischenbilanz bzw. im Fall des neuen § 63 Abs. 3 Satz 6 UmwG des Halbjahresfinanzberichts gem. § 37w WpHG;
– die Verschmelzungsberichte,
– die Verschmelzungsprüfungsberichte.

Darüber hinaus hat der Vorstand den Verschmelzungsvertrag oder seinen Entwurf zu Beginn der Verhandlung **mündlich zu erläutern**. Durch diese **Zugänglichmachung während der gesamten Dauer der Hauptversammlung** soll den Aktionären, die diese Unterlagen nicht in dem Geschäftsraum der Gesellschaft eingesehen oder keine Abschrift verlangt haben, die Möglichkeit eröffnet werden, sich noch in der Hauptversammlung zu informieren. Durch das Gesetz zur Umsetzung der Aktionärsrechterichtlinie (ARUG) G. v. 30.07.2009[1764] wurde in § 64 Abs. 1 UmwG der Begriff des »Auslegens« durch »zugänglich machen« ersetzt. Damit soll auch die Publikation über das Internet möglich sein, wobei allerdings während der Hauptversammlung die Möglichkeit gewährleistet sein muss, über Monitore die Unterlagen einzusehen.[1765] Bei physischer Auslegung, sollten die Unterlagen in ausreichender Zahl ausliegen.[1766] Die Erläuterungspflicht dient ebenfalls dem Informationsbedürfnis. Zur Erläuterung gehört zum einen die Darstellung des Vertragsinhalts, v. a. aber auch die wirtschaftlichen und rechtlichen Zusammenhänge der Verschmelzung, die sachlichen Gründe für die Verschmelzung, die Angaben über die Angemessenheit des Umtauschverhältnisses und auch die Zukunftsaussichten.[1767]

1762 Vgl. KK-AktG/Zöllner, § 129 Rn. 13; Semler, in: Münchener Handbuch zum Aktienrecht, § 36 Rn. 29.
1763 BGBl. I, S. 123.
1764 BGBl. I, S. 2479.
1765 Kallmeyer/Marsch-Barner § 64 UmwG Rn. 1; J. Schmidt, NZG 2008, 734, 735.
1766 So KK-AktG/Kraft, § 340d Rn. 13; Widmann/Mayer/Rieger, Umwandlungsrecht, § 63 UmwG Rn. 28; Diekmann in: Semler/Stengel, § 49 UmwG Rn. 5; enger Kallmeyer/Marsch-Barner § 64 UmwG Rn. 1, wonach ein Exemplar genügt.
1767 Vgl. Widmann/Mayer/Rieger, Umwandlungsrecht, § 64 UmwG Rn. 5 ff.; Diekmann in: Semler/Stengel, § 64 UmwG Rn. 7; Lutter/Grunewald, § 64 UmwG Rn. 3 ff.; Kallmeyer/Marsch-Barner § 64 UmwG Rn. 3, KK-AktG/Kraft, § 340d Rn. 14; Becker, AG 1988, 229; Heckschen, MittRhNotK 1989, 75.

bb) Erläuterungspflicht

1087 Nach § 64 Abs. 1 Satz 2 UmwG hat der Vorstand den Verschmelzungsvertrag oder seinen Entwurf zu Beginn der Verhandlung **mündlich zu erläutern**. Ziel der Erläuterungspflicht ist es, den Aktionären unmittelbar vor der Beschlussfassung den wesentlichen Inhalt, die wirtschaftliche und rechtliche Bedeutung und auch die Vor- und Nachteile der Verschmelzung zusammenfassend vor Augen zu führen. Im Verhältnis zum Verschmelzungsbericht gilt, dass eventuelle neuere Entwicklungen zu aktualisieren sind.[1768] Inhaltlich hat sich die Erläuterung im Verschmelzungsvertrag und im Verschmelzungsbericht an den entsprechenden Aktualisierungen und Neubewertungen zu orientieren. Zusammenfassende Darstellungen genügen, wobei im Ergebnis ein Ermessensspielraum des Vorstandes über den Umfang der mündlichen Erläuterungen besteht.[1769] Eine Verlesung des Textes des Verschmelzungsvertrages ist nicht erforderlich.[1770] Zentraler Punkt der Erläuterungen ist, ähnlich wie beim Verschmelzungsbericht, das Umtauschverhältnis.[1771] Das im Verschmelzungsbericht erläuterte Zahlenmaterial muss nicht nochmals mündlich vorgetragen werden; es genügt, wenn i. R. d. mündlichen Erläuterung lediglich auf das Verhältnis der Werte der Unternehmen und nicht auf die jeweils absoluten Werte eingegangen wird.[1772]

cc) Auskunftsansprüche

1088 Laut § 64 Abs. 2 UmwG ist jedem Aktionär auf Verlangen in der Hauptversammlung **Auskunft** auch über alle für die Verschmelzung **wesentlichen Angelegenheiten der anderen Beteiligten Rechtsträger** zu geben. Dieser Auskunftsanspruch tritt neben das allgemeine Auskunftsrecht des § 121 AktG. Die Auskunftspflicht hinsichtlich der eigenen Gesellschaft ergibt sich bereits aus § 131 AktG, die bzgl. der anderen Beteiligten Gesellschaften und Rechtsträger aus § 64 UmwG. Auch das Sonderauskunftsrecht der Aktionäre nach § 64 Abs. 2 UmwG untersteht den allgemeinen Einschränkungen des § 131 Abs. 3 AktG.[1773] Auch der allgemeine Maßstab des § 131 Abs. 2 AktG gilt für dieses besondere Auskunftsrecht (vgl. i. Ü. auch oben Teil 2 Rdn. 470 ff.).

3. Beschlussmehrheiten

a) 3/4-Mehrheit

1089 Nach § 65 Abs. 1 UmwG bedarf der Verschmelzungsbeschluss der Hauptversammlung einer Mehrheit, die mindestens **3/4 des bei der Beschlussfassung vertretenen Grundkapitals** umfasst. Darunter ist eine **doppelte Mehrheit** zu verstehen.[1774] Die Vorschrift verlangt zum einen die **einfache Mehrheit der abgegebenen Stimmen** i. S. d. § 133 AktG. Darüber hinaus erfordert sie eine **Kapitalmehrheit von 3/4** des bei der Beschlussfassung vertretenen Grundkapitals. Stimmenthaltungen oder ungültige Stimmen zählen nicht zum vertretenen Grundkapital; dieses ergibt sich vielmehr aus dem bei der Beschlussfassung mit Ja und Nein stimmenden Grundkapital. Zur Feststellung bedarf es nicht doppelter Abstimmung, sondern zweifacher Zählung.[1775]

1768 Lutter/Grunewald, UmwG, § 64 Rn. 5 f.
1769 Vgl. Widmann/Mayer/Rieger, Umwandlungsrecht, § 64 UmwG Rn. 7; Lutter/Grunewald, § 64 UmwG Rn. 5; Kallmeyer/Marsch-Barner, UmwG, § 64 Rn. 3.
1770 Kallmeyer/Marsch-Barner, UmwG, § 64 Rn. 3.
1771 Lutter/Grunewald, UmwG, § 64 Rn. 5.
1772 So Lutter/Grunewald, UmwG, § 64 Rn. 5; Kallmeyer/Marsch-Barner, UmwG, § 64 Rn. 3; Widmann/Mayer/Rieger, Umwandlungsrecht, § 64 UmwG Rn. 6; a. A. KK-AktG/Kraft, § 340d Rn. 14: auch Aussagen zum absoluten Wert der Unternehmen seien notwendig.
1773 Kallmeyer/Marsch-Barner, UmwG, § 64 Rn. 12; Widmann/Mayer/Rieger, Umwandlungsrecht, § 64 UmwG Rn. 15; Lutter/Grunewald, § 64 UmwG Rn. 13.
1774 Kallmeyer/Marsch-Barner, UmwG, § 65 Rn. 6; Widmann/Mayer/Rieger, Umwandlungsrecht, § 65 UmwG Rn. 3 ff.; Lutter/Grunewald, § 64 UmwG Rn. 2; Diekmann in: Semler/Stengel § 65 UmwG Rn. 11 f.
1775 Vgl. Hüffer/Koch, AktG, § 179 Rn. 14.

b) Abweichende Satzungsbestimmungen

Die Satzung kann nach § 65 Abs. 1 Satz 2 eine **größere Kapitalmehrheit und weitere Erfordernisse** bestimmen. Eine Herabsetzung der Mehrheitserfordernisse ist nach herrschender Meinung nicht möglich. Zulässig wären etwa Bestimmungen über die Erhöhung der erforderlichen Kapitalmehrheit, der erforderlichen Stimmenmehrheit, ein Quorum.[1776] Die Zustimmung des Aufsichtsrats kann nicht als Erfordernis begründet werden.[1777]

1090

Auch hier ist die Frage schwierig zu beantworten, was gilt, wenn die Satzung **nicht speziell die Verschmelzung regelt**, sondern erhöhte Anforderungen ganz allgemein bei Satzungsänderungen vorsieht. Die überwiegende Meinung wendet diese Vorschriften auch auf die Verschmelzung an (vgl. Nachweise oben bei Teil 2 Rdn. 487 f.).

1091

c) Stimmberechtigung

Stimmberechtigt sind grds. alle Aktionäre, nicht aber die Inhaber stimmrechtsloser Vorzugsaktien (§ 139 AktG). Auch die aufnehmende AG kann bei der übertragenden AG mitstimmen, wenn sie Aktien an dieser Gesellschaft hält, ein Stimmverbot besteht nicht.[1778]

1092

d) Sonderbeschlüsse bei Aktien verschiedener Gattung

Gem. § 65 Abs. 2 UmwG bedarf, wenn **mehrere Gattungen von Aktien** vorhanden sind, der Beschluss der Hauptversammlung zu seiner Wirksamkeit der Zustimmung der stimmberechtigten Aktionäre jeder Gattung. Über die Zustimmung haben die Aktionäre jeder Gattung einen Sonderbeschluss zu fassen. Jeder Sonderbeschluss bedarf daher der einfachen Stimmenmehrheit und einer **3/4 – Mehrheit** des vertretenen Grundkapitals der jeweiligen Gattung. Für die Sonderbestellung gilt § 138 AktG. Auf Verlangen einer 10 %-Mehrheit muss eine gesonderte Versammlung durchgeführt werden (§ 138 Satz 3 AktG), anderenfalls genügt eine gesonderte Abstimmung (§ 138 Satz 1 AktG).

1093

Bei der Auslegung des § 65 Abs. 2 UmwG war ursprünglich unklar, ob der Sonderbeschluss nur erforderlich ist, wenn **mehrere stimmberechtigte Aktiengattungen** vorhanden sind. Durch das Gesetz für kleine AG und zur Deregulierung des Aktienrechts[1779] wurde das Wort »stimmberechtigt« aufgenommen. Die **Vorschrift stellt klar**, dass nur die Zustimmung der stimmberechtigten Aktionäre jeder Gattung erforderlich ist, sodass Vorzugsaktien ohne Stimmrecht nicht zustimmen dürfen.[1780] Bestehen nur Stamm- und stimmrechtslose Vorzugsaktien, bedarf es keines Sonderbeschlusses, weder der Vorzugsaktionäre noch der Stammaktionäre.[1781] Dementsprechend ist ein Sonderbeschluss nur dann erforderlich, wenn mindestens zwei Gattungen stimmberechtigter Aktien vorhanden sind.

1094

Unklar ist, ob analog § 141 AktG ein **Sonderbeschluss der Vorzugsaktionäre** erforderlich ist, wenn beim aufnehmenden Rechtsträger keine vergleichbaren Sonderrechte gewährt werden.[1782]

1095

1776 Vgl. Widmann/Mayer/Rieger, Umwandlungsrecht, § 65 UmwG Rn. 6.
1777 Widmann/Mayer/Rieger, Umwandlungsrecht, § 65 UmwG Rn. 8.
1778 OLG Düsseldorf, AG 1957, 279; Widmann/Mayer/Rieger, Umwandlungsrecht, § 65 UmwG Rn. 12; Kallmeyer/Zimmermann, UmwG, § 65 Rn. 13; Lutter/Grunewald, § 13 UmwG Rn. 26.
1779 BGBl. 1994 I, S. 1961.
1780 BeckOGK/Habersack UmwG § 65 Rn. 11; Lutter/Grunewald § 65 UmwG Rn. 9; Widmann/Mayer/Rieger § 65 UmwG Rn. 14; Kölner KommUmwG/Simon § 65 UmwG Rn. 22; Kallmeyer/Zimmermann § 65 UmwG Rn. 22.
1781 Vgl. zu § 182 AktG Hüffer/Koch, AktG, § 182 Rn. 19; ebenso Widmann/Mayer/Rieger, Umwandlungsrecht, § 65 UmwG Rn. 15; Kallmeyer/Zimmermann, UmwG, § 65 Rn. 22.
1782 Vgl. Lutter/Grunewald, UmwG, § 65 Rn. 8; Kallmeyer/Zimmermann UmwG, § 65 Rn. 21; Widmann/Mayer/Rieger, § 65 UmwG Rn. 25.

4. Besonderheiten der Verschmelzung im Konzern – verschmelzungsspezifischer Squeeze-out

a) Überblick

1096 § 62 UmwG stellt eine Ausnahme vom Grundsatz des Zustimmungserfordernisses in Fällen der Konzernverschmelzung dar, wenn eine AG als übernehmender Rechtsträger beteiligt ist.[1783] Durch das 3. UmwÄndG vom 11.07.2011[1784] wurde die Vereinfachungsregel bei Verschmelzung (und Spaltung) von AG im Konzern erweitert.[1785] In § 62 Abs. 1 UmwG war bereits geregelt, dass, wenn sich mindestens neun Zehntel des Stammkapitals oder des Grundkapitals einer übertragenden Kapitalgesellschaft in der Hand einer übernehmenden AG befinden, ein **Verschmelzungsbeschluss der übernehmenden AG** zur Aufnahme dieser übertragenden Gesellschaft nicht erforderlich ist. Durch das 3. UmwÄndG wurde ein § 62 Abs. 4 UmwG neu eingeführt, der bestimmt, dass wenn sich das **gesamte Stamm- oder Grundkapital** einer übertragenden Kapitalgesellschaft in der Hand einer übernehmenden AG befindet, ein Verschmelzungsbeschluss des Anteilsinhabers der übertragenden Kapitalgesellschaft nicht erforderlich ist. § 62 Abs. 4 UmwG n. F. regelt damit als »Gegenstück« zu Abs. 1 auch die Entbehrlichkeit eines Verschmelzungsbeschlusses aufseiten der **übertragenden Kapitalgesellschaft**.[1786] Ergänzt wurden diese Vorschrift schließlich durch einen neuen § 62 Abs. 5 UmwG, der einen **verschmelzungsspezifischen Squeeze-out** schafft. Die Neuregelung ermöglicht es einer mit 90 % oder mehr beteiligten Muttergesellschaft, eine 100 %ige Beteiligung an der Tochtergesellschaft zu erlangen und die Verschmelzung dann unter vereinfachten Bedingungen durchzuführen ohne Zustimmungsbeschlüsse der beteiligten Gesellschaften.[1787]

b) Entbehrlichkeit des Zustimmungsbeschlusses bei der übernehmenden AG (§ 62 Abs. 1 UmwG)

1097 Befinden sich mindestens 9/10 des Stammkapitals oder des Grundkapitals einer übertragenden Kapitalgesellschaft in der Hand einer übernehmenden AG, so ist ein Verschmelzungsbeschluss der übernehmenden AG zur Aufnahme dieser übertragenden Gesellschaft nicht erforderlich. Eigene Anteile der übertragenden Gesellschaft und Anteile, die einem anderen für Rechnung dieser Gesellschaft gehören, sind vom Stammkapital oder Grundkapital abzusetzen. Der Fall der **Konzernverschmelzung** hat daher in § 62 Abs. 1 UmwG eine Sonderregelung erfahren, wenn wenigstens eine 90 %ige Konzernierung vorliegt und die übernehmende Gesellschaft eine AG ist. Die Vorschrift verlangt also eine übertragende Kapitalgesellschaft und gilt nur für die übernehmende AG.[1788] Auf die Verschmelzung zur Neugründung findet diese Vorschrift keine Anwendung.[1789]

1098 In diesem Zusammenhang hat sich insb. die sog. »**zweistufige**« **Konzernverschmelzung** als problematisch erwiesen.[1790] Das OLG Karlsruhe hatte insb. über die Frage zu entscheiden, ob folgen-

---

1783 Vgl. Widmann/Mayer/Rieger, § 62 UmwG, Rn. 1; Diekmann in: Semler/Stengel, § 62 UmwG Rn. 1; Lutter/Grunewald § 62 UmwG Rn. 1 ff.; Kallmeyer/Marsch-Barner, § 62 UmwG Rn. 1 ff.
1784 BGBl. I 2011, S. 1338.
1785 Vgl. dazu Neye/Jäckel, AG 2010, 237 ff.; Neye/Kraft, NZG 2011, 681 ff.; Diekmann, NZG 2010, 489 ff.; Wagner, DStR 2010, 1629 ff.; Heckschen, NZG 2010, 1041 ff.; Leitzen, DNotZ 2011, 526, 533 ff.; Mayer, NZG 2012, 561 ff.; Göthel, ZIP 2011, 1541 ff.; Simon/Merkelbach, DB 2011, 1318 f.; Bayer/J. Schmidt, ZIP 2010, 953 ff.; Sandhaus, NZG 2009, 41 ff.
1786 Vgl. Leitzen, DNotZ 2011, 526, 533 ff.; Simon/Merkelbach, DB 2011, 1318 f.
1787 Bungert/Wettich, DB 2010, 2545 ff.; Lutter/Grunewald § 62 UmwG Rn. 30 ff.
1788 Vgl. Lutter/Grunewald, § 62 UmwG, Rn. 4; Widmann/Mayer/Rieger, § 62 UmwG, Rn. 1, 5.
1789 Widmann/Mayer/Rieger, § 62 UmwG, Rn. 5.
1790 Vgl. hierzu Henze, AG 1993, 341; vgl. auch Habersack, FS Horn, 2006, S. 337 ff.; Rieger, in: Widmann/Mayer, UmwG, § 62 Rn. 18 f.; Lutter/Grunewald, § 62 UmwG Rn. 7 ff.

des Verfahren zulässig war:[1791] Die **Mehrheitsbeteiligung**, die mindestens 90 % des Grundkapitals der übertragenden Gesellschaft betragen muss, kam dadurch zustande, dass die übernehmende Gesellschaft ihr Grundkapital unter Ausschluss des Bezugsrechts der Aktionäre erhöhte und ihr die Anteile an der übertragenden Gesellschaft im Wege der Sacheinlage durch den Anteilsinhaber gegen Zeichnung übertragen wurden. Im unmittelbaren Anschluss an die Durchführung der Kapitalerhöhung wurde die Verschmelzung vollzogen, wobei dieses Vorhaben den Aktionären bereits als Anlass der Hauptversammlung, in der über die Kapitalerhöhung beschlossen wurde, bekannt gegeben wurde. Das OLG Karlsruhe war der Auffassung, dass eine vereinfachte Verschmelzung ohne Verschmelzungsprüfung nicht zulässig sei, wenn die übernehmende AG die restlichen Anteile am Kapital der übertragenen GmbH erst im Wege einer Kapitalerhöhung gegen Sacheinlage unter Ausschluss des Bezugsrechts der Aktionäre erwerben sollte.[1792]

Die Entscheidung des OLG Karlsruhe, die zum bis 1995 geltenden Recht erging, ist in der Literatur teilweise kritisiert worden.[1793] Ein Teil der Literatur folgt allerdings der Auffassung des OLG Karlsruhe und verlangt allgemein, dass im Zeitpunkt der Beschlussfassung über die Verschmelzung alle gesetzlichen Voraussetzungen – also auch mögliche Ausnahmetatbestände – vorliegen müssen.[1794] Da dem Gesetzgeber die Entscheidung des OLG Karlsruhe bekannt war und er trotzdem keinen bestimmten Zeitpunkt für das Konzernverhältnis verlangt hat, wird man der relativ liberalen Literaturauffassung folgen können, nach der es genügt, wenn das **maßgebliche Beteiligungsverhältnis zum Zeitpunkt der Eintragung** der Verschmelzung vorliegt.[1795] Die Voraussetzungen müssen natürlich dann auch noch zum Zeitpunkt des Wirksamwerdens der Verschmelzung erfüllt sein.[1796]

1099

Für die **Berechnung des maßgeblichen Kapitals bleiben nach § 62 Abs. 1 Satz 2 UmwG** eigene Anteile der übertragenden Gesellschaft und Anteile, die einem Anderen für Rechnung dieser Gesellschaft gehören, außer Betracht. Eine Zurechnung entsprechend § 16 Abs. 4 AktG erfolgt nicht.[1797] Für die **Berechnung des maßgeblichen Kapitals** von 90 % bleiben nach § 62 Abs. 1 Satz 2 eigene Anteile der übertragenden Gesellschaft und Anteile, die einem Anderen für Rechnung dieser Gesellschaft gehören, d. h. mittelbare Beteiligungen unberücksichtigt. § 327a Abs. 2 AktG mit seiner Verweisung auf § 16 Abs. 2 und 4 AktG findet keine Anwendung, d. h..[1798] Für die Berechnung ist nicht maßgeblich, in welchem Umfang die der übernehmenden Gesellschaft zustehenden Aktien stimmberechtigt sind. Der Gesetzeswortlaut stellt allein auf die Kapitalbeteiligung ab, sodass auch stimmrechtslose Geschäftsanteile oder Vorzugsaktien mitzählen.[1799] Sollen

1100

1791 OLG Karlsruhe, AG 1992, 31 = ZIP 1991, 1145; Vorinstanz LG Mannheim, AG 1991, 110.
1792 Vgl. auch Bayer, ZIP 1997, 1613, 1615, der die zweistufige Konzernverschmelzung für nicht zulässig hält.
1793 Vgl. Widmann/Mayer/Rieger, Umwandlungsrecht, § 62 UmwG Rn. 20; Henze, AG 1993, 341; Kallmeyer/Marsch-Barner, UmwG, § 62 Rn. 9.
1794 So insb. Bayer, ZIP 1997, 1613, 1615; Lutter/Grunewald, § 62 UmwG, Rn. 8; Stratz. in: Schmitt/Hörtnagl/Stratz, § 62 UmwG Rn. 7.
1795 So Henze, AG 1993, 341, 344; Widmann/Mayer/Rieger, Umwandlungsrecht, § 62 UmwG Rn. 24; Kallmeyer/Marsch-Barner, UmwG, § 62 Rn. 9; Habersack, FS Horn, 2006, 337, 345; Schöer in: Semler/Stengel, § 5 UmwG Rn. 129; Diekmann in: Semler/Stengel, § 62 UmwG Rn. 20; Simon in Kölner Komm. § 62 UmwG Rn. 23; BayObLG ZIP 2000, 230, 231 (beim Formwechsel).
1796 Widmann/Mayer/Rieger, § 62 UmwG, Rn. 24.
1797 Marsch-Barner, in: Kallmeyer, UmwG, § 62 Rn. 8; Diekmann, in: Semler/Stengel, UmwG, § 62 Rn. 11; Lutter/Grunewald, UmwG, § 62 Rn. 4; Rieger, in: Widmann/Mayer, UmwG, § 62 Rn. 12; Habersack, in: FS Horn, 2006, S. 337, 349 f.
1798 Vgl. Marsch-Barner, in: Kallmeyer, UmwG, § 62 Rn. 8; Diekmann, in: Semler/Stengel, UmwG, § 62 Rn. 11; Lutter/Grunewald, UmwG, § 62 Rn. 4, 33; Rieger, in: Widmann/Mayer, UmwG, § 62 Rn. 12; Habersack, in: FS Horn, 2006, S. 337, 349 f.
1799 Kallmeyer/Marsch-Barner, UmwG, § 62 Rn. 11; Widmann/Mayer/Mayer, Umwandlungsrecht, § 62 UmwG Rn. 13 f.; Lutter/Grunewald, UmwG, § 62 Rn. 4.

mit der gleichen Verschmelzung mehrere Gesellschaften oder Rechtsträger gemeinsam auf eine AG verschmolzen werden, ist nach dem Wortlaut des § 62 Abs. 1 UmwG die Vorschrift nicht anwendbar, wenn der 90 %ige Anteilsbesitz nicht bei allen übertragenden Kapitalgesellschaften gegeben ist. Dann bedarf es immer eines Verschmelzungsbeschlusses der übernehmenden AG. Das Gleiche gilt, wenn eine Mischverschmelzung stattfindet und als übertragender Rechtsträger Personengesellschaften oder Genossenschaften vorhanden sind.[1800]

c) Zustimmungsbeschluss auf Verlangen der Aktionäre (§ 62 Abs. 2 UmwG)

1101 Ebenfalls zu berücksichtigen ist, dass eine Hauptversammlung und ein Zustimmungsbeschluss dann erforderlich sind, wenn Aktionäre der übernehmenden Gesellschaft, deren Anteil zusammen den **zwanzigsten Teil (5 %) des Grundkapitals dieser Gesellschaft** erreichen, die Einberufung einer Hauptversammlung verlangen, in der über die Zustimmung zur Verschmelzung beschlossen werden soll (vgl. § 62 Abs. 2 UmwG). Das Verlangen kann an den Vorstand oder die Gesellschaft gerichtet sein und bedarf nach allgemeiner Meinung kein Form oder Begründung.[1801] Spätester Zeitpunkt ist die Anmeldung der Verschmelzung zu dem für die übernehmende AG zuständigen Register.[1802]

d) Informationspflichten (§ 62 Abs. 3 UmwG)

1102 § 62 Abs. 3 UmwG bestimmt im Fall der 90 %igen Konzernverschmelzung **besondere Informationspflichten** für die übernehmende AG. Zunächst gilt nach § 62 Abs. 1 UmwG, dass die Hauptversammlung dem Verschmelzungsbeschluss nicht zustimmen muss, wenn die in Abs. 1 beschriebenen Voraussetzungen gegeben sind und kein Minderheitsverlangen nach Abs. 2 vorliegt. Dennoch muss die übernehmende Gesellschaft bestimmte Informationspflichten beachten. Maßgeblich ist der Zeitpunkt des Verschmelzungsbeschlusses der übertragenden Gesellschaft. Einen Monat vor dem Tage der Gesellschafterversammlung oder der Hauptversammlung der übertragenden Gesellschaft, die gem. § 13 Abs. 1 UmwG über die Zustimmung zum Verschmelzungsvertrag beschließen soll, sind in dem Geschäftsraum der übernehmenden Gesellschaft zur Einsicht der Aktionäre die in § 63 Abs. 1 bezeichneten Unterlagen auszulegen. Gleichzeitig hat der Vorstand der übernehmenden Gesellschaft einen Hinweis auf die bevorstehende Verschmelzung in den Gesellschaftsblättern der übernehmenden Gesellschaft bekannt zu machen und den Verschmelzungsvertrag oder seinen Entwurf zum Register der übernehmenden Gesellschaft einzureichen; § 61 Satz 2 UmwG ist dabei entsprechend anzuwenden. Die Aktionäre sind in der Bekanntmachung nach Satz 2 erster Halbs. auf ihr Recht nach Abs. 2 hinzuweisen. Der Anmeldung der Verschmelzung zur Eintragung in das Handelsregister ist der Nachweis der Bekanntmachung beizufügen. Der Vorstand hat bei der Anmeldung zu erklären, ob ein Antrag nach Abs. 2 auf Durchführung einer Hauptversammlung gestellt worden ist. Auf Verlangen ist jedem Aktionär der übernehmenden Gesellschaft unverzüglich und kostenlos eine Abschrift der in Satz 1 bezeichneten Unterlagen zu erteilen. Die Verpflichtungen nach den Sätzen 1 und 6 entfallen allerdings, wenn die in Satz 1 bezeichneten Unterlagen für denselben Zeitraum über die Internetseite der Gesellschaft zugänglich sind.

1800 Vgl. Kallmeyer/Marsch-Barner, UmwG, § 62 Rn. 10; Widmann/Mayer/Rieger, Umwandlungsrecht, § 62 UmwG Rn. 16; Diekmann in: Semler/Stengel, § 62 UmwG Rn. 13; Lutter/Grunewald, § 62 UmwG Rn. 10; a. A. allerdings Stratz. in: Schmitt/Hörtnagl/Stratz, § 62 UmwG Rn. 6.

1801 Kallmeyer/Marsch-Barner, UmwG, § 62 Rn. 20; Widmann/Mayer/Rieger, Umwandlungsrecht, § 62 UmwG Rn. 30; Diekmann in: Semler/Stengel, § 62 UmwG Rn. 30; Lutter/Grunewald, § 62 UmwG Rn. 17 ff.

1802 Zu den weiteren Einzelheiten vgl. Kallmeyer/Marsch-Barner, UmwG, § 62 Rn. 26; Widmann/Mayer/Rieger, Umwandlungsrecht, § 62 UmwG Rn. 29.1; Diekmann in: Semler/Stengel, § 62 UmwG Rn. 30; Lutter/Grunewald, § 62 UmwG Rn. 17 ff.

§ 62 Abs. 3 Satz 7 UmwG wurde durch das Gesetz zur Umsetzung der Aktionärsrecherichtlinie (ARUG) v. 30.09.2009 eingefügt;[1803] danach genügt es, wenn die in Satz 1 bezeichneten Unterlagen für denselben Zeitraum über die Internetseite der Gesellschaft zugänglich sind. Die Möglichkeit besteht alternativ.[1804] Durch das 3. UmwÄndG vom 11.07.2011[1805] wurde nun die Möglichkeit vorgesehen, dass die im Vorfeld der Hauptversammlung zu übermittelnden Unterlagen zur Verschmelzung dem Aktionär mit dessen Einwilligung auf dem Wege elektronischer Kommunikation übermittelt werden können.[1806] Die Vorschrift nimmt die Regelung in Art. 2 Nr. 5 der Änderungsrichtlinie zu Art. 11 Abs. 3 Unterabs. 2 der Richtlinie 78/855/EWG auf und erlaubt den Verzicht auf eine Versendung in Papierform und ermöglicht die Übermittlung auf elektronischem Wege. Dies betrifft insb. die Versendung einer E-Mail mit Dateianhängen in druckfähigem Format.[1807] »Einwilligung« ist die vorherige Zustimmung nach § 183 Satz 1 BGB. Diese muss weder in einer bestimmten Form noch ausdrücklich erklärt werden.[1808]

1103

Der Anmeldung der Verschmelzung zur Eintragung in das Handelsregister ist der Nachweis der Bekanntmachung beizufügen. Bei der Anmeldung hat der Vorstand zu erklären, ob ein Antrag nach Abs. 2 gestellt worden ist. Werden die Informationspflichten des § 62 Abs. 3 UmwG nicht oder nicht vollständig erfüllt, kann also die Eintragung der Verschmelzung nicht erfolgen.[1809] Die Erfüllung der Informationspflichten und insb. die Erbringung des Nachweises nach § 62 Abs. 3 Satz 4 UmwG sowie die Erklärung nach § 62 Abs. 3 Satz 5 UmwG sind damit grds. Eintragungsvoraussetzungen.

1104

Nicht geregelt ist, ob ein Verzicht der Aktionäre auf die Informations- und Bekanntmachungspflichten nach § 62 Abs. 3 UmwG möglich ist. **Marsch-Barner**[1810] war der Auffassung, dass in dem Fall, in dem die übernehmende Gesellschaft alle Anteile der übertragenden Gesellschaft hält, auf die Auslegung der Unterlagen gem. § 62 Abs. 3 Satz 1 UmwG und die Hinweisbekanntmachungen des § 62 Abs. 3 Satz 2 und Satz 3 mangels außenstehender Aktionäre verzichtet werden könne.[1811] In der Neuauflage wurde diese Ansicht offenbar aufgegeben.[1812] Der Sinn der zusätzlichen Informationen und Bekanntmachungen nach § 62 Abs. 3 UmwG bei Verzicht auf einen Verschmelzungsbeschluss bei der aufnehmenden Mutter-AG ist primär, die Gesellschafter der Mutter-AG darüber zu informieren, dass sie nach § 62 Abs. 2 UmwG mit einem Quorum von 5 % einen Hauptversammlungsbeschluss bei der aufnehmenden Aktiengesellschaft erzwingen können[1813] so dass es auf die 100 % Beteiligung bei der Tochtergesellschaft nicht ankommen kann. Daher sind die in § 62 Abs. 3 UmwG aufgezählten Informationspflichten gegenüber den Aktionären der übernehmendenAG auch im Falle der Verschmelzung der 100 %igen Tochter zu erfüllen.[1814] Fraglich kann der Verzicht daher nur sein, wenn alle Aktionäre der Muttergesellschaft verzichten oder die Muttergesellschaft ihrerseits nur einen Aktionär hat. In der Literatur wird z.

1105

1803 BGBl. I, S. 2479.
1804 Vgl. Begründung zum Gesetzentwurf BT-Drucks. 16/11642 v. 21.01.2009, S. 70.
1805 BGBl. I, S. 1338.
1806 Vgl. dazu Neye/Jäckel, AG 2010, 237 ff.; Diekmann, NZG 2010, 489 ff.; Wagner, DStR 2010, 1629 ff.; Heckschen, NZG 2010, 1041 ff.; Leitzen, DNotZ 2011, 526, 532 f.; Simon/Merkelbach, DB 2011, 1317 f.; Bayer/J. Schmidt, ZIP 2010, 953 ff.; Sandhaus, NZG 2009, 41 ff.
1807 Begründung zum Gesetzentwurf BT-Drucks. 17/3122 v. 01.01.2010, S. 14.
1808 Wagner, DStR 2010, 1629; Leitzen, DNotZ 2011, 526, 532 f.; Simon/Merkelbach, DB 2011, 1317 f.
1809 Widmann/Mayer/Rieger, Umwandlungsrecht, § 62 UmwG Rn. 50; Lutter/Grunewald § 62 UmwG Rn. 16.
1810 Kallmeyer/Marsch-Barner, UmwG, 4. Aufl. § 62 Rn. 25.
1811 Ähnlich auch Aha, AG 1997, 345 ff., 350.
1812 Kallmeyer/Marsch-Barner, UmwG, 5. und 6. Aufl. § 62 Rn. 30.
1813 Vgl. Lutter/Grunewald, UmwG, § 62 Rn. 16.
1814 Lutter/Grunewald, § 62 UmwG, Rn. 27.

T. die Verzichtsmöglichkeit bejaht.[1815] Ein Teil der Literatur lehnt allerdings die Verzichtsmöglichkeit ab, auch wenn es sich nur um einen Alleinaktionär handelt.[1816] Da die Vorschrift nur den Schutz der Aktionäre bezweckt, spricht mE viel für die Möglichkeit eines Verzichts durch die Aktionäre der übernehmenden AG. Ggf. sollte die mit dem Registergericht geklärt werden. Für den Verzicht gilt dann § 8 Abs. 3 UmwG analog (notarielle Beurkundung).

e) Entbehrlichkeit des Zustimmungsbeschlusses bei der übertragenden Kapitalgesellschaft (§ 62 Abs. 4 UmwG)

1106 Durch das 3. UmwÄndG wurde ein § 62 Abs. 4 UmwG neu eingeführt, der bestimmt, dass, wenn sich das **gesamte Stamm- oder Grundkapital** einer übertragenden Kapitalgesellschaft in der Hand einer übernehmenden AG befindet, ein Verschmelzungsbeschluss des Anteilsinhabers der übertragenden Kapitalgesellschaft nicht erforderlich ist. Abs. 3 gilt mit der Maßgabe, dass die dort genannten Verpflichtungen nach Abschluss des Verschmelzungsvertrages für die Dauer eines Monats zu erfüllen sind. § 62 Abs. 4 UmwG n. F. regelt damit als »Gegenstück« zu Abs. 1 auch die Entbehrlichkeit eines Verschmelzungsbeschlusses aufseiten der übertragenden Kapitalgesellschaft. Bei einer 100 %igen Mutter-Tochterkonstellation ist es möglich die Verschmelzung ganz ohne Zustimmungsbeschluss durchzuführen. Die Begründung zum Gesetzentwurf[1817] weist allerdings darauf hin, dass dies nur eine Vereinfachung, aber kein Zwang dazu ist, sodass auch nach dem Wegfall des Beschlusserfordernisses die Möglichkeit bestehen bleibt, eine Haupt- bzw. Gesellschafterversammlung bei dem 100 %igen Tochterunternehmen durchzuführen und damit der im deutschen Gesellschaftsrecht bisher üblichen Kompetenzverteilung bei wichtigen Strukturmaßnahmen zu entsprechen. In diesen Fällen bleibe es dabei, dass die Niederschrift des Verschmelzungs- bzw. Spaltungsbeschlusses zu den nach § 17 UmwG notwendigen Anlagen für die Anmeldung zum Handelsregister gehöre.

Die Begründung zum Gesetzentwurf,[1818] weist darauf hin, dass durch Art. 2 Nr. 9 der Änderungsrichtlinie Art. 25 der Richtlinie 78/855/EWG zu einer für die Mitgliedstaaten verbindlichen Vorschrift umgestaltet worden sei. Danach dürfe bei der Verschmelzung einer 100 %igen Tochtergesellschaft auf ihre Muttergesellschaft auch von den Gesellschaftern des übertragenden Unternehmens kein Zustimmungsbeschluss mehr verlangt werden. Die bislang als Option ausgestaltete Regelung sei im deutschen Recht nur hinsichtlich der Beschlussfassung bei der übernehmenden Gesellschaft umgesetzt worden (vgl. § 62 Abs. 1 UmwG). Den geänderten Vorgaben des Gemeinschaftsrechts solle in § 62 der neue Abs. 4 Rechnung tragen.

1107 Ebenso wie bei § 61 Abs. 1 UmwG setzt Abs. 4 voraus, dass übernehmender Rechtsträger eine AG oder KGaA und übertragender Rechtsträger eine Kapitalgesellschaft ist, d. h. entweder eine GmbH, AG oder KGaA (§ 3 Abs. 1 Nr. 2), die im Alleinbesitz der AG bzw. KGaA (oder SE, s. Art. 10 SE-VO) steht.[1819] Ebenso wie bei § 61 Abs. 1 UmwG stellt sich die Frage nach dem maßgeblichen Zeitpunkt für die 100 %ige Beteiligung (vgl. oben Teil 2 Rdn. 1098 ff.). Auch hier sollte der Zeitpunkt der Eintragung im Handelsregister gelten.[1820] Die Voraussetzungen müssen

---

1815 Ising, NZG 2010, 1403, 1404, jedenfalls im Fall, in dem die übernehmende AG nur einen ihr bekannten Aktionär hat; ebenso Schockenhoff/Lumpp, ZIP 2013, 749, 758.
1816 Lutter/Grunewald, § 63 UmwG Rn. 12; Diekmann in: Semler/Stengel, § 62 UmwG Rn. 22.
1817 BT-Drucks. 17/3122 v. 01.01.2010, S. 14.
1818 BT-Drucks. 17/3122 v. 01.01.2010, S. 14.
1819 Vgl. Leitzen, DNotZ 2011, 526, 533 f.; Simon/Merkelbach, DB 2011, 1318 f.
1820 So Henze, AG 1993, 341, 344; Widmann/Mayer/Rieger, Umwandlungsrecht, § 62 UmwG Rn. 24; Kallmeyer/Marsch-Barner, UmwG, § 62 Rn. 8, Leitzen, DNotZ 2001, 526, 534; Diekmann in: Semler/Stengel, § 62 UmwG Rn. 20, für den Zeitpunkt des Beschlusses Lutter/Grunewald, § 62 UmwG Rn. 8; Stratz. in: Schmitt/Hörtnagl/Stratz, § 62 UmwG Rn. 7.

natürlich dann auch noch zum Zeitpunkt des Wirksamwerdens der Verschmelzung erfüllt sein.[1821]

Die **Informationspflichten nach § 62 Abs. 3 UmwG** sind nach Abschluss des Verschmelzungsvertrages für die Dauer eines Monats zu erfüllen (§ 62 Abs. 4 Satz 3 UmwG). Die Begründung zum Gesetzentwurf,[1822] weist darauf hin, dass die Bekanntmachungspflicht nach § 61 UmwG, das Informationsrecht der Aktionäre der übernehmenden Gesellschaft und das Minderheitenrecht nach Abs. 2 unberührt blieben. Soweit in Abs. 3 an den Zeitpunkt der Beschlussfassung bei der übertragenden Gesellschaft angeknüpft werde, sei dies in Fällen des Abs. 4 nicht möglich. Art. 25 der Richtlinie 78/855/EWG verlange eine Frist von mindestens einem Monat »vor dem Zeitpunkt, zu dem der Vorgang wirksam wird«. Die formelle Bezugnahme auf die Eintragung in das Handelsregister gem. den §§ 19, 20 UmwG sei jedoch nicht praktikabel, weil sich dieser Zeitpunkt nicht exakt prognostizieren lasse. Daher solle an den Abschluss des Verschmelzungsvertrages nach § 4 Abs. 1 UmwG angeknüpft werden. Mit der gewählten Lösung lasse sich hinreichend sicher bestimmen, wann die Aktionäre zu informieren seien und wann die Anmeldung zum Handelsregister frühestens vorgenommen werden dürfe. Es handele sich um eine Ereignisfrist i. S. d. § 187 Abs. 1 BGB.[1823]

1108

f) Verschmelzungsrechtlicher Squeeze-out (§ 62 Abs. 5 UmwG)

aa) Überblick

Durch das 3. UmwÄndG vom[1824] wurde in § 62 Abs. 5 UmwG ein **verschmelzungsspezifischer Squeeze-out** neu geschaffen.[1825] Es handelt sich um die Upstream-Verschmelzung einer AG (auch: KGaA, inländische SE) auf das herrschende Unternehmen, das nach § 62 Abs. 1 und 5 UmwG ebenfalls AG (KGaA, SE) sein muss: § 62 Abs. 5 UmwG sieht vor, dass in den Fällen des § 62 Abs. 1 UmwG die Hauptversammlung einer übertragenden AG innerhalb von 3 Monaten nach Abschluss des Verschmelzungsvertrages einen Squeeze-out-Beschluss nach § 327a Abs. 1 Satz 1 AktG fassen kann, wenn der übernehmenden Gesellschaft (Hauptaktionär) Aktien in Höhe 90 % des Grundkapitals gehören. Der Verschmelzungsvertrag oder sein Entwurf muss in diesem Fall die Angabe enthalten, dass im Zusammenhang mit der Verschmelzung ein Ausschluss der Minderheitsaktionäre der übertragenden Gesellschaft erfolgen soll. Die Informationspflicht nach § 62 Abs. 3 UmwG gilt mit der Maßgabe, dass die dort genannten Verpflichtungen nach Abschluss des Verschmelzungsvertrages für die Dauer eines Monats zu erfüllen sind. Der Verschmelzungsvertrag oder sein Entwurf ist gem. § 327c Abs. 3 AktG zur Einsicht der Aktionäre auszulegen. Der Anmeldung des Übertragungsbeschlusses (§ 327e Abs. 1 AktG) ist der Verschmelzungsvertrag oder sein Entwurf in elektronisch beglaubigte Abschrift oder öffentlich beglaubigter Abschrift beizufügen. Die Eintragung des Übertragungsbeschlusses ist mit dem Vermerk zu versehen, dass er erst gleichzeitig mit der Eintragung der Verschmelzung im Register des Sitzes der übernehmenden Aktiengesellschaft wirksam wird. I. Ü. bleiben die §§ 327a bis 327f AktG unberührt.

1109

1821 Widmann/Mayer/Rieger, § 62 UmwG, Rn. 24.
1822 BT-Drucks. 17/3122 v. 01.01.2010, S. 14.
1823 Zu den praktischen Fragen vgl. Leitzen, DNotZ 2011, 526, 534 ff.
1824 BGBl. I, S. 1338.
1825 Vgl. Widmann/Mayer/Rieger, § 62 UmwG Rn. 85 ff.; Lutter/Grunewald, § 62 UmwG Rn. 30 ff.; Stratz. in: Schmitt/Hörtnagl/Stratz, § 62 UmwG Rn. 18 ff.; Bungert/Wettich, DB 2010, 2545 ff.; dies., DB 2011, 150 ff.; Neye/Jäckel, AG 2010, 237, 239; Leitzen, DNotZ 2011, 526, 536 ff.; Austmann, NZG 2011, 684 ff.; D. Mayer, NZG 2012, 561; Neye/Kraft, NZG 2011, 681 ff.; Diekmann, NZG 2010, 489 ff.; Wagner, DStR 2010, 1629 ff.; Heckschen, NZG 2010, 1041 ff.; Mayer, NZG 2012, 561 ff.; Göthel, ZIP 2011, 1541 ff.; Simon/Merkelbach, DB 2011, 1318 f.; Bayer/J. Schmidt, ZIP 2010, 953 ff.; Sandhaus, NZG 2009, 41 ff.

Die Neuregelung beruht auf den Vorgaben der Änderungsrichtlinie. Art. 2 Nr. 11 der Änderungsrichtlinie hat Art. 28 der Richtlinie 78/855/EWG zu einer für die Mitgliedstaaten zwingenden Vorschrift umgestaltet. Bei der Verschmelzung einer mindestens 90-prozentigen Tochtergesellschaft auf ihre Muttergesellschaft dürfen ein Verschmelzungsbericht (§ 8 UmwG), eine Verschmelzungsprüfung (§§ 9 bis 12 UmwG) und die Bereitstellung von Unterlagen für die Aktionäre nicht mehr verlangt werden. Voraussetzung ist, dass die außenstehenden Aktionäre der Tochtergesellschaft ihre Aktien von der Muttergesellschaft aufkaufen lassen können (Art. 28 Abs. 1 Buchst. a der Richtlinie 78/855/EWG). Der Gesetzgeber ist den Weg gegangen, das Verfahren des aktienrechtlichen Squeeze-out in den § 327a ff. AktG mit einigen Modifikationen zu übernehmen, um den Vorgaben der Richtlinie zu genügen, die kein bestimmtes Verfahren vorschreibt. Der verschmelzungsspezifische Squeeze-out tritt damit als dritte Form neben den aktienrechtlichen nach § 327a ff. AktG und den übernahmerechtlichen Squeeze-out nach §§ 39a f. WpÜG.

bb) Erfasste Rechtsträger

1110 Der verschmelzungsspezifische Squeeze-out setzt voraus, dass Hauptaktionär eine AG, KGaA oder inländische SE ist. Als Tochtergesellschaft kommen neben einer AG ebenfalls nur KGaA und inländische SE in Betracht.[1826]

cc) Schwellenwert

1111 § 62 Abs. 5 UmwG lässt den Squeeze-out zu, wenn dem Hauptaktionär Aktien i. H. v. lediglich 90 % des Grundkapitals gehören (§ 62 Abs. 5 Satz 2 UmwG). Beim aktienrechtlichen Squeeze-out liegt die Schwelle hingegen bei 95 % des Grundkapitals (§ 327a Abs. 1 Satz 1 AktG). Für die **Berechnung des maßgeblichen Kapitals** von 90 % bleiben nach § 62 Abs. 1 Satz 2 eigene Anteile der übertragenden Gesellschaft und Anteile, die einem Anderen für Rechnung dieser Gesellschaft gehören, d. h. mittelbare Beteiligungen unberücksichtigt. § 327a Abs. 2 AktG mit seiner Verweisung auf § 16 Abs. 2 und 4 AktG findet keine Anwendung, d. h..[1827] Das Verfahren des aktienrechtlichen Squeeze-outs, bei dem nicht selten Tochtergesellschaften mit Grundstücken zur Vermeidung des Anfalls von Grunderwerbsteuer eingeschaltet werden, kommt hier nicht infrage.[1828] Ebenso wie bei § 61 Abs. 1 UmwG stellt sich die Frage nach dem **maßgeblichen Zeitpunkt** für die maßgebliche Beteiligung (vgl. oben Teil 2 Rdn. 1098 ff.). Hier wird wie beim aktienrechtlichen Squeez-out überwiegend auf den Zeitpunkt des Übertragungsbeschlusses abgestellt.[1829] Die Voraussetzungen müssen natürlich dann auch noch zum Zeitpunkt des Wirksamwerdens der Verschmelzung erfüllt sein.[1830]

1826 Widmann/Mayer/Rieger, § 62 UmwG Rn. 96; Lutter/Grunewald, § 62 UmwG Rn. 32; Stratz. in: Schmitt/Hörtnagl/Stratz, § 62 UmwG Rn. 18; Bungert/Wettich, DB 2010, 2545, 2547; Kallmeyer/Marsch-Barner, § 62 UmwG Rn. 36; BeckOGK/Habersack UmwG § 62 Rn. 43; Austmann, NZG 2011, 684, 686; D. Mayer, NZG 2012, 561, 563.

1827 Keller/Klett, GWR 2010, 308122; Wagner, DStR 2010, 1629, 1633; Bungert/Wettich, DB 2010, 2545, 2547; Leitzen, DNotZ 2011, 526, 539; Austmann, NZG 2011, 684, 689; zu § 62 Abs. 1 vgl. Marsch-Barner, in: Kallmeyer, UmwG, § 62 Rn. 8; Diekmann, in: Semler/Stengel, UmwG, § 62 Rn. 11; Lutter/Grunewald, UmwG, § 62 Rn. 4, 33; Rieger, in: Widmann/Mayer, UmwG, § 62 Rn. 113 ff.; Habersack, in: FS Horn, 2006, S. 337, 349 f.; D. Mayer, NZG 2012, 561, 563.

1828 Vgl. Bungert/Wettich, DB 2010, 2545, 2547.

1829 So Lutter/Grunewald, § 62 UmwG Rn. 34; Kallmeyer/Marsch-Barner, UmwG, § 62 Rn. 40, Widmann/Mayer/Rieger, Umwandlungsrecht, § 62 UmwG Rn. 118; BeckOGK/Habersack UmwG § 62 Rn. 45; Leitzen, DNotZ 2011, 526, 534; Diekmann in: Semler/Stengel, UmwG § 62 Rn. 32h; Austmann, NZG 2011, 684, 689; Lutter/Grunewald, § 62 UmwG Rn. 34; Stratz. in: Schmitt/Hörtnagl/Stratz, § 62 UmwG Rn. 7; D. Mayer, NZG 2011, 561, 564; Schockenhoff/Lumpp, ZIP 2013, 749, 753.

1830 Str. so Widmann/Mayer/Rieger, § 62 UmwG, Rn. 24; Kallmeyer/Marsch-Barner § 62 UmwG Rn. 40; BeckOGK/Habersack UmwG § 62 Rn. 45; Austmann NZG 2011, 684; 689; Göthel ZIP 2011, 541, 545; a. A. Lutter/Grunewald, § 62 UmwG Rn. 34.

dd) Sachlicher Zusammenhang mit Verschmelzung

Ein Schwellenwert von 90 % soll für den Ausschluss nach § 327a Abs. 1 AktG aber nur dann gelten, wenn der Squeeze-out in sachlichem und zeitlichem Zusammenhang mit der Verschmelzung der Tochter- auf die Muttergesellschaft vollzogen wird.[1831] Die von § 62 Abs. 5 UmwG erfassten Fälle betreffen ausschließlich miteinander verbundene AG, also einen typischen Aktienkonzern. Durch die unternehmerische Entscheidung der bereits mit 90 % beteiligten Muttergesellschaft, beide Unternehmen durch Verschmelzung miteinander zu vereinigen, ist die Auflösung der Tochtergesellschaft vorgezeichnet und kann von der an dieser mit höchstens 10 % beteiligten Minderheit im Ergebnis nicht verhindert werden. Der Zusammenhang mit der ausdrücklich beabsichtigten Umstrukturierung unterscheidet den spezifischen Squeeze-out nach § 62 Abs. 5 UmwG von dem allgemeinen Ausschluss nach § 327a AktG, der im Belieben des Hauptaktionärs steht und keiner besonderen sachlichen Rechtfertigung bedarf.[1832]

1112

In der Literatur wurde auf die Problematik der Verknüpfung hingewiesen. Der verschmelzungsspezifische Squeeze-out setzt nur das Konzernverhältnis und den Abschluss eines Verschmelzungsvertrages, nicht aber dessen Vollzug im Handelsregister voraus. Im Zeitpunkt der Beschlussfassung der Hauptversammlung über den Squeeze-out muss der Vertrag spätestens vorliegen. Anders als noch im RefE vorgesehen, ist die Aufstellung eines **Entwurfs des Vertrags nicht mehr ausreichend**.[1833] Diese nicht näher begründete Änderung ggü. dem RefE dürfte nach **Bungert/Wettich** damit zu erklären sein, dass der Gesetzgeber mehr Sicherheit dafür schaffen wollte, dass im Anschluss an den Squeeze-out die Verschmelzung auch tatsächlich durchgeführt wird.[1834] Im Gesetzgebungsverfahren wurde zur Vermeidung von Missbräuchen vorgeschlagen, in das Gesetz eine ausdrückliche Verpflichtung der Vertretungsorgane zur Durchführung der Verschmelzung oder die Bindung der Wirksamkeit des Übertragungsbeschlusses an die Eintragung der Konzernverschmelzung vorzusehen.[1835] Dem ist der Gesetzgeber z. T. gefolgt. Der Rechtsausschuss hat die Einfügung von Satz 7 verlangt, der jetzt bestimmt: »Die Eintragung des Übertragungsbeschlusses ist mit dem Vermerk zu versehen, dass er erst gleichzeitig mit der Eintragung der Verschmelzung im Register des Sitzes der übernehmenden Aktiengesellschaft wirksam wird.« Ein Rechtsmissbrauch dürfte allerdings nicht vorliegen, wenn der aufnehmende Rechtsträger als AG nur zum Zwecke des verschmelzungsspezifischen Squeeze-out neu geschaffen wurde, z. B. als **Zwischenholding**.[1836] Allgemein wird in diesem Zusammenhang eine Missbrauchskontrolle befürwortet.[1837] Auch der zur Ermöglichung eines verschmelzungsrechtlichen Squeeze-outs durchgeführte Formwechsel in eine AG ist nicht als rechtsmissbräuchlich anzusehen.[1838] Bei der Registeranmeldung des Squeeze-out ist nach § 62 Abs. 5 Satz 5 UmwG der Verschmelzungsvertrag beizufügen.

1831 Vgl. BT-Drucks. 17/3122 v. 01.01.2010, S. 16.
1832 Vgl. BT-Drucks. 17/3122 v. 01.01.2010, S. 16.
1833 BR-Drucks. 485/10 = BT-Drucks. 17/3122 v. 1.10.2010, vgl. Austmann, NZG 2011, 684, 690.
1834 Zu den Mißbrauchsrisiken vgl. Bungert/Wettich, DB 2010, 2545, 2546; Leitzen, DNotZ 2011, 526, 537 f.
1835 Deutscher Anwaltsverein. Stellungnahme Nr. 23/2010, S. 5.
1836 Vgl. zu dieser Gestaltung und ihrer Zulässigkeit Leitzen, DNotZ 2011, 526, 537 f.; Austmann, NZG 2011, 684, 690; Heckschen, NZG 2010, 1041, 1045; Bungert/Wettich, DB 2010, 2545, 2549; Widmann/Mayer/Rieger, Umwandlungsrecht, § 62 UmwG Rn. 109 ff.; Lutter/Grunewald, § 62 UmwG Rn. 53; D. Mayer, NZG 2012, 561, 564; krit. Wagner, DStR 2010, 1629, 1634.
1837 Vgl. Lutter/Grunewald, § 62 UmwG Rn. 50 ff. speziell zur Zwischenholding Rn. 53.
1838 Vgl. OLG Hamburg ZIP 2012, 1347, 1350 f; Stratz. in: Schmitt/Hörtnagl/Stratz, § 62 UmwG Rn. 18; D. Mayer, NZG 2012, 561, 563.

ee) Zeitlicher Zusammenhang zwischen Verschmelzungsvertrag und Beschluss

1113 Neben dem sachlichen Zusammenhang mit einer Konzernverschmelzung muss auch ein zeitlicher bestehen.[1839] Der Beschluss der Hauptversammlung über den Ausschluss der Minderheitsaktionäre gem. § 327a Abs. 1 Satz 1 AktG muss innerhalb von 3 Monaten nach Abschluss des Verschmelzungsvertrags gefasst werden.[1840] Ein gesetzlicher **Bedingungszusammenhang** besteht aber nicht,[1841] allerdings wird in der Praxis empfohlen, den Verschmelzungsvertrag unter der aufschiebenden Bedingung abzuschließen, dass zugleich mit dem Wirksamwerden der Verschmelzung auch der Übertragungsbeschluss und damit der Squeeze-out wirksam wird.[1842] Ohne diesen Bedingungszusammenhang könnten sich die Vertragsparteien dem Einwand ausgesetzt sehen, dass die Verschmelzung auch ohne den geplanten Minderheitsausschluss möglich wäre und deshalb Angaben über den Umtausch der Anteile erforderlich sind.[1843]

ff) Hinweis auf Squeeze-out im Verschmelzungsvertrag

1114 Auf den geplanten Squeeze-out muss bereits nach § 62 Abs. 5 Satz 2 UmwG bereits im Verschmelzungsvertrag hingewiesen werden, also dass ein Squeeze-out durchgeführt werden soll. Diese Angabe ergänzt den nach § 5 Abs. 1 UmwG für jeden Verschmelzungsvorgang vorgegebenen Mindestinhalt des Verschmelzungsvertrags.[1844] Umstritten ist, ob der Vertrag noch Regelungen für die vor Abschluss des Verschmelzungsvertrages durch den Squeeze-out ausscheidenden Minderheitsgesellschafter enthalten muss, z. B. Umtauschverhältnis etc., und ob die **Konzernerleichterung nach § 5 Abs. 2** UmwG zur Anwendung kommt. Das ist m. E. zu bejahen, da die Verschmelzung diese ja gerade nicht mehr betreffen soll.[1845]

gg) Informationspflichten

1115 Die gem. § 327c Abs. 3 AktG zur Einsicht der Aktionäre auszulegenden bzw. gem. § 327c Abs. 5 AktG über die Internetseite der Gesellschaft zugänglich zu machenden Unterlagen werden um den Verschmelzungsvertrag oder seinen Entwurf erweitert (§ 62 Abs. 5 Satz 4 UmwG). Es müssen außerdem sowohl die übertragende AG als auch der Hauptaktionär (die übernehmende AG) den Verschmelzungsvertrag oder seinen Entwurf zum Handelsregister einreichen.[1846]

[1839] Vgl. Bungert/Wettich, DB 2010, 2545; Austmann, NZG 2011, 684, 690.
[1840] § 62 Abs. 5 Satz 1 UmwG; vgl. Lutter/Grunewald, § 62 UmwG Rn. 35; D. Mayer, NZG 2012, 561, 565.
[1841] Lutter/Grunewald, § 62 UmwG Rn. 39; D. Mayer, NZG 2012, 561, 565.
[1842] So Widmann/Mayer/Rieger, Umwandlungsrecht, § 62 UmwG Rn. 176; Austmann, NZG 2011, 684, 686; D. Mayer, NZG 2012, 561, 567.
[1843] Vgl. Austmann, NZG 2011, 684; Göthel, ZIP 2011, Seite 1541, 1543; Bungert/Wettig, DB 2011, 1500, 1502; D. Mayer, NZG 2012, 561, 567.
[1844] Widmann/Mayer/Rieger, Umwandlungsrecht, § 62 UmwG Rn. 173; Lutter/Grunewald, § 62 UmwG Rn. 37; D. Mayer, NZG 2012, 561, 565.
[1845] So zu Recht Leitzen, DNotZ 2011, 526, 539 f.; Austmann, NZG 2011, 684, 687; Widmann/Mayer/Rieger, § 62 UmwG Rn. 175; BeckOGK/Habersack UmwG § 62 Rn. 49; Lutter/Grunewald, § 62 UmwG Rn. 38; Göthel, ZIP 2011, 1541, 1543; Kallmeyer/Marsch-Barner, § 62 UmwG Rn. 38; D. Mayer, NZG 2012, 561, 566; a. A.Neye/Kraft, NZG 2011, 681, 683.
[1846] Widmann/Mayer/Rieger, § 62 UmwG Rn. 177; D. Mayer, NZG 2012, 561, 566; Lutter/Grunewald, § 62 UmwG Rn. 40.

D. Verschmelzung von AG

hh) Weiteres Verfahren nach §§ 327a ff. AktG

Das Verfahren richtet sich i. Ü. nach den aktienrechtlichen Regelungen der §§ 327a ff. AktG.[1847] Folgende Schritte sind dabei insbesondere einzuhalten:[1848] Das eigentliche Squeeze-out Verfahren wird beim aktienrechtlichen Squeeze-out mit dem Übertragungsverlangen des Hauptaktionärs an den Vorstand der Tochtergesellschaft eingeleitet (§ 327 a Abs. 1 AktG); so dann folgt Abschluss des Verschmelzungsvertrags. Der Hauptaktionär hat den Antrag auf Bestellung des Angemessenheitsprüfers zu stellen (§ 62 Abs. 5 UmwG i. V. mit § 327 c Abs. 3 AktG) und die Squeeze-out-Dokumentation zu erstellen (Übertragungsbericht mit entsprechendem Bewertungsgutachten eines Wirtschaftsprüfers). Die Hauptversammlung der Tochtergesellschaft, in der über den Ausschluss der Minderheitsaktionäre beschlossen werden soll, ist auf einen Termin innerhalb von drei Monaten nach Abschluss des Verschmelzungsvertrags einzuberufen (§ 62 Abs. 5 Satz 1 UmwG). In der Hauptversammlung der Tochtergesellschaft wird der Übertragungsbeschluss gem. § 62 Abs. 5 UmwG i. V. mit § 327 a Abs. 1 AktG gefasst. Anschließend meldet der Vorstand der Tochtergesellschaft den Übertragungsbeschluss zur Eintragung in das Handelsregister an (§ 62 Abs. 5 UmwG i. V. mit § 327 e Satz 1 AktG). Der Squeeze-out wird im Handelsregister der übertragenden AG eingetragen und zwar mit dem Vermerk, dass er erst gleichzeitig mit Eintragung der Verschmelzung im Register der übernehmenden AG wirksam wird. Anschließend wird die parallel vorbereitete und eingeleitete Verschmelzung durchgeführt, wozu im Regelfall keine Verschmelzungsbeschlüsse bei der übertragenden und übernehmenden AG erforderlich sind. Anschließend erfolgt Eintragung der Verschmelzung und Wirksamkeit des Squeeze-out.

5. Unbekannte Aktionäre (§ 35 UmwG)

Häufig kommt es vor, dass in einer umwandelnden AG nicht alle Gesellschafter bekannt sind. In Übereinstimmung mit dem früheren Recht wird in § 35 UmwG angeordnet, dass die unbekannten Aktionäre im Verschmelzungsvertrag oder im Umwandlungsbeschluss und ebenso bei der Anmeldung zur Eintragung in das zuständige Register durch Angabe ihrer Aktienurkunden zu bezeichnen sind. Problematisch ist dabei, ob sich der Rechtsträger auch dann des Verfahrens nach § 35 UmwG bedienen darf, wenn er zuvor keine ernsthaften Bemühungen zur Ermittlung der unbekannten Aktionäre unternommen hat. Das BayObLG[1849] hat entschieden, dass die Aktionäre »soweit als möglich« namentlich zu bezeichnen sind und zu diesem Zweck lediglich empfohlen, in der Einleitung zur Hauptversammlung die Aktionäre zur Angabe ihrer Identität aufzufordern.

Der Gesetzgeber hat im **Zweiten Gesetz zur Änderung des UmwG v. 25.04.2007** in § 35 UmwG die Problematik unbekannter Aktionäre neu geregelt:[1850] Unbekannte Aktionäre einer übertragenden AG oder KGaA sind im Verschmelzungsvertrag, bei Anmeldungen zur Eintragung in ein Register oder bei der Eintragung in eine Liste von Anteilsinhabern durch die Angabe des insgesamt auf sie entfallenden Teils des Grundkapitals der Gesellschaft und der auf sie nach der Verschmelzung entfallenden Anteile zu bezeichnen, soweit eine Benennung der Anteilsinhaber für den übernehmenden Rechtsträger gesetzlich vorgeschrieben ist (**Sammelvermerk**); eine Bezeichnung in dieser Form ist nur zulässig für Anteilsinhaber, deren Anteile zusammen den zwanzigsten Teil des Grundkapitals der übertragenden Gesellschaft nicht überschreiten. Werden solche Anteilsinhaber später bekannt, so sind Register oder Listen von Amts wegen zu berichtigen. Bis zu diesem Zeitpunkt kann das Stimmrecht aus den betreffenden Anteilen in dem übernehmenden

---

1847 Vgl. dazu die umfangreiche Lit.: Baums, WM 2001, 1843 ff.; Buchta/Ott, DB 2005, 990 ff.; Fleischer, ZGR 2002, 757 ff.; Fuhrmann/Simon, WM 2002, 1211 ff.; Krieger, BB 2002, 53 ff.; Arens, WM 2014, 682 ff.; vgl. auch Widmann/Mayer/Rieger, § 62 UmwG Rn. 178 ff.; D. Mayer, NZG 2012, 561, 56 ff.; Lutter/Grunewald, § 62 UmwG Rn. 40 ff.
1848 Vgl. D. Mayer, NZG 2012, 561, 56 ff; Austmann, NZG 2011, 684; Bungert/Wettich, DB 2011, 1500; Schockenhoff/Lumpp, ZIP 2013, 749; Wind/Rödter, DStR 2011, 1638.
1849 ZIP 1996, 1467; Vorinstanz LG Augsburg, ZIP 1996, 1111.
1850 Vgl. Drinhausen, BB 2006, 2313, 2314.

Rechtsträger nicht ausgeübt werden. Die Begründung zum RegE[1851] weist darauf hin, dass die vorgesehene Bezeichnung unbekannter Aktionäre durch die Angabe ihrer Aktienurkunden praktische Schwierigkeiten bereitete, wenn sich die Aktien in der Girosammelverwahrung ohne Einzelverbriefung befinden oder der Verbriefungsanspruch gem. § 10 Abs. 5 AktG sogar ganz ausgeschlossen ist. Aufgrund der Neuregelung soll daher die Bezeichnung in der Weise zugelassen werden, dass die unbekannten Anteilsinhaber in einem Sammelvermerk durch die Angabe des auf sie insgesamt entfallenden Teils des Grundkapitals der AG und der auf sie nach der Verschmelzung entfallenden Anteile bestimmt werden. Um Missbräuche zu verhindern, soll diese besondere Möglichkeit der Bezeichnung aber nur für Anteilsinhaber möglich sein, deren Aktien max. 5 % des Grundkapitals der Gesellschaft umfassen. Mit der erleichterten Bezeichnung noch nicht gelöst werden die Probleme, die sich nach der Verschmelzung beim Vorhandensein unbekannter Anteilsinhaber für die Wirksamkeit von Gesellschafterbeschlüssen ergeben. Deshalb soll das Stimmrecht dieser Personen so lange ruhen, bis ihre Identität geklärt ist. Maßgebender Zeitpunkt für die Wahrung der 5 %-Grenze ist **die Eintragung der Verschmelzung**.[1852]

VIII. Zustimmung von Sonderrechtsinhabern

1119 Anders als bei der GmbH sehen die besonderen Vorschriften des Umwandlungsrechts für die AG **keine Sondervorschriften** für die Zustimmung von Sonderrechtsinhabern vor, sodass insb. nur § 23 UmwG zu beachten ist, § 13 Abs. 2 UmwG spielt für die AG ebenfalls keine Rolle, da die Abtretung der Anteile bei der AG nicht von der Genehmigung bestimmter Einzelaktionäre abhängig gemacht werden kann.

1120 Sind bei einer AG **vinkulierte Namensaktien** vorhanden, so findet § 13 Abs. 2 UmwG keine Anwendung, da Namensaktien nur an die Zustimmung der Gesellschaft gebunden werden können, ein Zustimmungsvorbehalt für nur bestimmte einzelne Aktionäre kann nicht vorgesehen werden.[1853]

1121 § 23 UmwG bestimmt für die AG, dass die übernehmende Gesellschaft den Inhaber von Wandelschuldverschreibungen, Gewinnschuldverschreibungen und Genussscheinen Rechte zu gewähren sind, die diesen Rechten entsprechen (vgl. oben Teil 2 Rdn. 569 ff.).

IX. Anwendung der Vorschriften über die Nachgründung

1122 § 67 UmwG bestimmt, dass, wenn der Verschmelzungsvertrag in den ersten 2 Jahren seit der Eintragung der übernehmenden Gesellschaft in das Register geschlossen wurde, die §§ 52 Abs. 3, Abs. 4, Abs. 6 bis Abs. 9 AktG über die Nachgründung entsprechend anzuwenden sind. Dies gilt nicht, wenn der gesamte Betrag der zu gewährenden Aktien den zehnten Teil des Grundkapitals dieser Gesellschaft nicht übersteigt. Die Vorschrift soll sicherstellen, dass die Verschmelzungen nicht genutzt werden, die Bestimmung über die Nachgründung zu umgehen. Auf diese Weise soll die reale Kapitalaufbringung der AG sichergestellt werden.[1854] Zu beachten ist allerdings, dass nach der Novelle der § 52 AktG durch das NaStraG v. 18.01.2001[1855] nur noch Verträge mit Gründern oder mit mehr als 10 % beteiligten Aktionären erfasst sind.[1856] Für das Umwandlungsrecht bedeutete diese Änderung nach allgemeiner Meinung keine Änderung, sodass die Ausnahme

---

[1851] BR-Drucks. 548/06, S. 23.
[1852] Kallmeyer/Marsch-Barner, UmwG, § 35 Rn. 3; Lutter/Grunewald, § 35 UmwG Rn. 12 f.; Widmann/Mayer/Wälzholz, § 35 UmwG Rn. 22.
[1853] Vgl. Bermel/Müller, NZG 1998, 331, 332.
[1854] So Lutter/Grunewald, § 67 UmwG Rn. 1; Kallmeyer/Marsch-Barner, UmwG, § 67 Rn. 1; kritisch Widmann/Mayer/Rieger, § 67 UmwG Rn. 4.
[1855] BGBl. I, S. 123.
[1856] Vgl. Bröcker, ZIP 1999, 1029 ff.; Lutter/Ziemons, ZGR 1999, 479; Lutter/Grunewald, § 67 UmwG Rn. 3.

nur dann eingreife, wenn der Erwerb von Unternehmen oder von solchen Vermögensgegenständen, aus denen sich das durch Verschmelzung zu übernehmende Vermögen nahezu ausschließlich zusammensetzt, zum Geschäftsgegenstand der übernehmenden AG gehört.[1857]

Maßgeblich ist der Zeitpunkt der notariellen Beurkundung des Verschmelzungsvertrages.[1858] Die **2-Jahres-Frist** des § 67 Abs. 1 UmwG beginnt mit der Eintragung **der übernehmenden AG** im Handelsregister.[1859] Ist die AG ihrerseits durch Formwechsel entstanden, kam es nach der bis zum Zweiten Gesetz zur Änderung des UmwG v. 25.04.2007 geltenden gesetzlichen Regelung nur dann nicht auf den Eintragungszeitpunkt der AG an, wenn die AG aus einer KGaA entstanden ist. Der Formwechsel aus anderen Gesellschaften, auch Kapitalgesellschaften, änderte nichts daran, dass es auf den Zeitpunkt der Eintragung der AG ankommt.[1860] Dies galt sogar dann, wenn die AG **durch den Formwechsel einer seit mehr als 2 Jahren bestehenden GmbH entstanden ist**. Für diesen Fall hat das **Zweite Gesetz zur Änderung des UmwG** die Anwendung der Nachgründungsvorschriften nunmehr durch eine Ergänzung der Ausnahmeregelung in Satz 2 entbehrlich gemacht. Die Vorschriften über die Nachgründung sind nicht anwendbar, wenn die Gesellschaft ihre Rechtsform durch Formwechsel einer GmbH erlangt hat, die zuvor bereits seit mindestens 2 Jahren im Handelsregister eingetragen war. Die Begründung zum RegE[1861] weist darauf hin, dass nach der Änderung der Nachgründungsvorschrift des § 52 AktG durch das Namensaktiengesetz v. 18.01.2001[1862] auch die Anwendung dieser Regelung im Fall einer Verschmelzung gelockert werden soll. Wenn eine übernehmende AG zuvor bereits seit mindestens 2 Jahren in der Rechtsform einer GmbH im Handelsregister eingetragen war, sollen die Nachgründungsregeln keine Anwendung finden. Dem liegt die Überlegung zugrunde, dass die Kapitalaufbringung bei der GmbH nach ähnlichen Regeln wie bei der AG erfolgt, sodass eine Behandlung als Nachgründung entbehrlich erscheint. Unklar ist allerdings, ob dies auch gilt, wenn die AG durch Formwechsel einer KGaA entstanden ist und diese KGaA bereits 2 Jahre im Handelsregister eingetragen war. Dem wird man folgen müssen.[1863]

1123

Die **Nachgründungsvorschriften** sind **nicht anwendbar**, wenn der Gesamtnennbetrag der zu gewährenden Aktien 10 % des Grundkapitals der übernehmenden Gesellschaft nicht übersteigt. Maßgebend ist das gesamte Grundkapital der übernehmenden AG einschließlich der zur Durchführung der Verschmelzung erfolgenden Kapitalerhöhung.[1864] Bei der Berechnung der Quote sind alle Aktien zu berücksichtigen. Die Einteilung in Stamm- oder Vorzugsaktien ist unerheblich. Auch genehmigtes und bedingtes Kapital ist Bestandteil der Bezugsgröße, soweit bis zur Eintra-

1124

1857 Vgl. Schmitt/Hörtnagl/Stratz, UmwG, UmwStG, § 67 UmwG Rn. 8.
1858 Widmann/Mayer/Rieger, Umwandlungsrecht, § 67 UmwG Rn. 5; Kallmeyer/Marsch-Barner, UmwG, § 67 Rn. 3; Lutter/Grunewald, § 67 UmwG Rn. 4; Stratz. in: Schmitt/Hörtnagl/Stratz, § 67 UmwG Rn. 2; BeckOGK/Habersack UmwG § 67 Rn. 6.
1859 Widmann/Mayer/Rieger, Umwandlungsrecht, § 67 UmwG Rn. 6; Kallmeyer/Marsch-Barner, UmwG, § 67 Rn. 2; Lutter/Grunewald, § 67 UmwG Rn. 4; Stratz. in: Schmitt/Hörtnagl/Stratz, § 67 UmwG Rn. 2; vgl. AG Memmingen, MittBayNot 2007, 147 zur Frage, wann die Frist bei einer Vorratsgründung beginnt.
1860 So zu Recht Widmann/Mayer/Rieger, Umwandlungsrecht, § 67 UmwG Rn. 8 f.; Kallmeyer/Marsch-Barner, UmwG, § 67 Rn. 1.
1861 BR-Drucks. 548/06, S. 23.
1862 BGBl. I, S. 123.
1863 Vgl. Mayer/Weiler, DB 2007, 1235, 1240.
1864 Widmann/Mayer/Rieger, Umwandlungsrecht, § 67 UmwG Rn. 13; Kallmeyer/Marsch-Barner, UmwG, § 67 Rn. 4; Lutter/Grunewald, § 67 UmwG Rn. 7; Stratz, in: Schmitt/Hörtnagl/Stratz, § 67 UmwG Rn. 5.

gung der Verschmelzung von dem genehmigten bzw. dem bedingten Kapital Gebrauch gemacht wurde. Maßgebend ist das Grundkapital im Zeitpunkt der Eintragung der Verschmelzung.[1865]

1125 Sind die Voraussetzungen des § 67 gegeben, dann sind die **Nachgründungsvorschriften** § 52 Abs. 3, 4, 6 bis 9 AktG anzuwenden,[1866] insb.:

Prüfung durch Aufsichtsrat und **Nachgründungsbericht** (§ 52 Abs. 3 AktG)	Vor der Beschlussfassung der Hauptversammlung hat der Aufsichtsrat den Verschmelzungsvertrag zu prüfen, einen schriftlichen Bericht zu erstatten; für diesen Nachgründungsbericht gilt sinngemäß § 32 Abs. 2 und Abs. 3 AktG wie bei dem Gründungsbericht.
Nachgründungsprüfung (§ 52 Abs. 4 AktG)	Vor der Beschlussfassung hat eine Prüfung durch einen oder mehrere Gründungsprüfer stattzufinden. Der Nachgründungsprüfer wird gem. § 67 i. V. m. §§ 52 Abs. 4, 33 Abs. 3 AktG durch das für die übernehmende AG zuständige Gericht bestellt. In diesen Fällen empfiehlt es sich, die Verschmelzungsprüfer zu bestimmen, da diese bereits die Vermögensverhältnisse kennen.[1867]

1126 Unklar war vor dem 2. UmWÄndG, ob, wenngleich § 67 UmwG nicht auf § 52 Abs. 6 AktG verweist, nicht nur die Verschmelzung nach § 16 UmwG zum **Handelsregister** anzumelden ist, sondern auch der **Verschmelzungsvertrag**. Zur Regelung des § 342 AktG i. d. F. vor 1995 war die überwiegende Meinung, dass ausnahmsweise auch der Verschmelzungsvertrag zum Handelsregister angemeldet und eingetragen werden muss. Ohne die Eintragung des Verschmelzungsvertrages könne auch nicht die Verschmelzung eingetragen werden.[1868] Die überwiegende Literaturmeinung war auch zu § 67 UmwG der Auffassung, dass der Vorstand den Verschmelzungsvertrag zum Handelsregister anzumelden hat und dabei die in § 52 Abs. 6 AktG genannten Urkunden einreichen muss.[1869] Seit dem 2. UmWÄndG ist klargestellt worden, dass auch § 56 Abs. 6 AktG gilt. Der Verschmelzungsvertrag ist daher auch im Handelsregister vor der Eintragung der Verschmelzung einzutragen.[1870]

X. Kapitalerhöhung bei Verschmelzung zur Aufnahme

1127 Vgl. zunächst allgemein oben Teil 2 Rdn. 256 ff.

1128 Vgl. zur Euroumstellung Teil 5 Rdn. 129 ff.

1129 Das Vorliegen nicht voll eingezahlter Stammeinlagen bei der übertragenden AG ist m. E. grds. **kein Hindernis für die beabsichtigte Verschmelzung**. Hierfür findet sich in § 51 UmwG bei der GmbH eine ausdrückliche Regelung.

1130 Sehr fraglich erscheint daher, inwiefern bei Verschmelzung AG auf GmbH bei nicht volleingezahlten Stammeinlagen eine **Zustimmung nach § 51 Abs. 1 UmwG** erforderlich ist. Vom Wortlaut der Norm ist der Fall nicht erfasst. Denn § 51 Abs. 1 Satz 1 UmwG stellt auf eine aufnehmende

---

1865 Widmann/Mayer/Rieger, Umwandlungsrecht, § 67 UmwG Rn. 13; Kallmeyer/Marsch-Barner, UmwG, § 67 Rn. 4; Lutter/Grunewald, § 67 UmwG Rn. 7; Stratz, in: Schmitt/Hörtnagl/Stratz, § 67 UmwG Rn. 5.
1866 Widmann/Mayer/Rieger, Umwandlungsrecht, § 67 UmwG Rn. 19; Kallmeyer/Marsch-Barner, UmwG, § 67 Rn. 6; Lutter/Grunewald, § 67 UmwG Rn. 12 ff.; Stratz, in: Schmitt/Hörtnagl/Stratz, § 67 UmwG Rn. 8 ff.
1867 Lutter/Grunewald, UmwG, § 67 Rn. 12.
1868 So Grunewald, in: Geßler/Hefermehl, AktG, § 342 Rn. 1; KK-AktG/Kraft, § 342 Rn. 15.
1869 Widmann/Mayer/Rieger, Umwandlungsrecht, § 67 UmwG Rn. 36.
1870 Kallmeyer/Marsch-Barner, UmwG, § 67 Rn. 6; Widmann/Mayer/Rieger, Umwandlungsrecht, § 67 UmwG Rn. 36; Kallmeyer/Marsch-Barner, UmwG, § 67 Rn. 8; Lutter/Grunewald, § 67 UmwG Rn. 16; Stratz, in: Schmitt/Hörtnagl/Stratz, § 67 UmwG Rn. 14.

GmbH ab, bei der die Geschäftsanteile nicht voll eingezahlt sind. Bei der Mischverschmelzung nach § 51 Abs. 1 Satz 2 UmwG ist die AG als übertragender Rechtsträger nicht genannt. § 51 Abs. 1 Satz 3 UmwG bezieht sich ausschließlich auf die reine GmbH-Verschmelzung. **Mayer**[1871] hält eine analoge Anwendung des § 51 Abs. 1 Satz 3 UmwG für eine nicht reine GmbH-Verschmelzung für nicht möglich, da sich die Geschäftsführer gem. § 52 Abs. 1 UmwG in der Anmeldung über das Vorliegen der erforderlichen Individualzustimmung zu erklären haben und falsche Versicherungen nach § 313 Abs. 2 UmwG strafbewehrt sind.,[1872] Letzterer gesteht allerdings zu, dass die Gründe für die Beschränkung des Anwendungsbereichs in § 51 Abs. 1 Satz 3 UmwG des Gesetzgebers im Dunkeln bleiben. Entweder nehme der Gesetzgeber an, dass für Einlageforderungen eines übertragenden Rechtsträgers, der nicht GmbH ist, trotz ihres Übergangs auf die übernehmende GmbH im Wege der Gesamtrechtsnachfolge deren Gesellschafter nicht nach § 24 GmbHG haften oder der Gesetzgeber gehe davon aus, das Schutzbedürfnis der Gesellschafter einer übernehmenden GmbH sei bei Verschmelzungen mit einem Rechtsträger anderer Rechtsform, bei dem noch nicht alle Einlagen geleistet sind, geringer als bei der reinen GmbH-Verschmelzung. Beide Hypothesen sind m. E. aber insb. bei der hier vorliegenden Konstellation der Verschmelzung einer AG auf eine GmbH nicht überzeugend. Ebenso greift m. E. das Argument von **Winter/Vetter**[1873] dass die eindeutige Gesetzesformulierung gegen die Annahme einer planwidrigen, eine Analogie rechtfertigende Gesetzeslücke spricht, nicht. Geht man nämlich davon aus, dass im hier vorliegenden Fall § 24 GmbHG bzgl. der offenen Stammeinlageforderungen eingreift, die aus der AG stammen, ist das Schutzbedürfnis für die beteiligten Gesellschafter der übernehmenden GmbH ebenso groß wie bei einer Verschmelzung einer GmbH auf eine GmbH. Für die Gesellschafter der übertragenden AG erscheint das Schutzbedürfnis sogar noch größer, da ursprünglich bei ihrer AG gerade mangels einer mit § 24 GmbHG vergleichbaren Norm überhaupt keine Mithaftung für offene Einlagen der Mitaktionäre bestand, diese aber nach der Verschmelzung nach § 24 GmbHG neu entsteht. Daher befürwortet auch ein Teil der Literatur eine analoge Anwendung des § 51 Abs. 1 Satz 3 UmwG.[1874]

Auch bei der **übernehmenden AG** stellt sich die Frage, ob die zu gewährenden Aktien im Wege der Kapitalerhöhung beschafft werden müssen. Es muss geprüft werden, ob diese Aktien erst im Wege der Kapitalerhöhung neu gebildet werden müssen, oder ob eigene Aktien zur Verfügung stehen, die den Gesellschaftern der übertragenden Gesellschaft im Austausch gewährt werden können. Hält die AG keine eigenen Aktien, die sie den Anteilsinhabern der übertragenden Gesellschaft zum Austausch übertragen kann, muss die zu leistende Aktie im Wege der Kapitalerhöhung bei der Verschmelzung zur Aufnahme geschaffen werden (vgl. eingehend oben Teil 2 Rdn. 256 ff.). 1131

Ebenso wie bei der GmbH bestimmt § 66 UmwG, dass bei Notwendigkeit einer Kapitalerhöhung die Verschmelzung erst eingetragen werden darf, nachdem die Durchführung der Erhöhung des Grundkapitals im **Register** eingetragen worden ist. Wie bei der Verschmelzung nach altem Recht sieht das Gesetz auch bei der AG ein **vereinfachtes Verfahren zur Erhöhung des Stammkapitals** vor: § 69 UmwG (vgl. eingehend oben Teil 2 Rdn. 256 ff.). Bei der Kapitalerhöhung nach § 69 UmwG handelt es sich ebenso wie bei der GmbH um eine Kapitalerhöhung gegen Sacheinlage, die Einlagepflicht wird durch Übertragung des Vermögens der übertragenden Gesellschaft erfüllt. Da nach § 5 Abs. 1 Nr. 4 UmwG die Einzelheiten für die Übertragung der Anteile bereits im Verschmelzungsvertrag zu regeln sind, muss bereits im Verschmelzungsvertrag festgelegt werden, ob und in welcher Weise die übernehmende Gesellschaft ihr Grundkapital zur Durchführung der 1132

1871 Widmann/Mayer/Mayer, Umwandlungsrecht, § 51 UmwG Rn. 22.
1872 Ebenso Lutter/Winter/Vetter, UmwG, § 51 Rn. 36 f.; BeckOGK/v. Hinden UmwG § 51 Rn. 32.
1873 Lutter/Winter/Vetter, UmwG, § 51 Rn. 36 f.
1874 Reichert in: Semler/Stengel, § 51 UmwG Rn. 20; Bayer; ZIP 1997, 1613, 1623a. A. jedoch wiederum Schöne, Die Spaltung unter Beteiligung von GmbH, S. 205.

Verschmelzung erhöht. Im alten Recht war umstritten, ob der Kapitalerhöhungsbeschluss den Zustimmungsbeschlüssen vorauszugehen hat.

1. Durchführung der Kapitalerhöhung

1133 Für die AG sieht § 69 UmwG eine vereinfachte Kapitalerhöhung im Zuge der Verschmelzung vor. Nach § 69 Abs. 1 UmwG sind insb. folgende Vorschriften über die Kapitalerhöhung des AktG nicht anzuwenden: § 182 Abs. 4 AktG, wonach das Grundkapital nicht erhöht werden soll, solange noch ausstehende Einlagen erlangt werden können; § 184 Abs. 1 Satz 2 AktG, der die entsprechende Regelung bei der Anmeldung enthält. Ebenfalls ausgeschlossen sind die **Vorschriften über die Zeichnung der neuen Aktien**, das Bezugsrecht und das **vorrangige Bezugsrecht der Aktionäre** (§§ 185, 186, 187 Abs. 1 AktG). Schließlich sind auch nicht § 188 Abs. 3 Nr. 1 AktG, der die Beifügung der Zweitschriften der Zeichnungsscheine bei der Anmeldung vorsieht, und § 188 Abs. 2 AktG mit seiner Verweisung auf die §§ 36 Abs. 2, 36a, 37 Abs. 1 AktG. anzuwenden. I. Ü. sind die allgemeinen Vorschriften der §§ 182 ff. AktG bei der Kapitalerhöhung anzuwenden.[1875]

1134 Da es sich auch bei der AG um eine Kapitalerhöhung gegen Sacheinlagen handelt findet insb. § 183 AktG Anwendung. Eine Prüfung der Sacheinlagen **durch einen vom Gericht nach §§ 183 Abs. 3, 33 Abs. 3 AktG zu bestellenden Prüfer (Sachgründungsprüfung)** im Wege der externen Prüfung der Sacheinlage findet allerdings gem. § 69 Abs. 1 UmwG nur statt,
– soweit der übertragende Rechtsträger die Rechtsform einer Personenhandelsgesellschaft, einer Partnerschaftsgesellschaft oder eines rechtsfähigen Vereins hat oder
– wenn die Vermögensgegenstände in der Schlussbilanz der übertragenden Gesellschaft höher bewertet worden sind als in dessen letzter Jahresbilanz (Buchwertaufstockung) oder
– wenn die in der Schlussbilanz angesetzten Werte nicht als Anschaffungskosten in den Jahresbilanzen der übernehmenden Gesellschaft angesetzt werden oder
– wenn das Gericht Zweifel hat, ob der Wert der Sacheinlage den geringsten Ausgabebetrag der dafür zu gewährenden Aktien erreicht.

Durch das 3. UmwÄndG vom 11.07.2011[1876] wurde in § 69 Abs. 1 Satz 4 UmwG geregelt, dass zum Prüfer in diesem Sinne auch der Verschmelzungsprüfer bestellt werden kann. Die Begründung zum Gesetzentwurf weist darauf hin, dass die differenzierte Regelung zur Notwendigkeit einer Sacheinlagenprüfung beibehalten werde. Zum Zwecke der Vereinfachung solle jedoch von der Option Gebrauch gemacht werden, die durch Art. 1 Nr. 3 der Änderungsrichtlinie in Art. 27 Abs. 3 Unterabs. 3 der Richtlinie 77/91/EWG eingeführt wurde. Sie gestatte die Prüfung der Sacheinlagen und des Verschmelzungsvertrages durch dieselben Sachverständigen. Für die Auswahl der Prüfer gelten in diesem Fall § 11 Abs. 1 UmwG, § 319 Abs. 1 bis 4 und § 319a Abs. 1 HGB.[1877]

1135 Danach findet also eine **Sacheinlagenprüfung** bei einer Erhöhung des Grundkapitals der übernehmenden AG auch dann statt, soweit eine Personenhandelsgesellschaft, eine Partnerschaftsgesellschaft oder ein Verein aufgenommen werden oder wenn Aktivposten in der Schlussbilanz der übertragenden Rechtsträger höher bewertet worden sind als in der vorausgehenden Jahresbilanz. Die Sacheinlagenprüfung in diesem Fall beruht auf der Erwägung, dass in diesen Fällen stets die Gefahr einer Aushöhlung des Grundkapitals und damit einer **Verletzung des Verbots der unter-pari-Emission** besteht, weil das Vermögen der übertragenden Personenhandelsgesellschaft, der Partnerschaftsgesellschaft oder des Vereins erst zu prüfen ist, um seinen Wert festzustellen oder weil die neue Bewertung so hoch ausfallen kann, dass der reale Wert des bewerteten Anteils der

---

[1875] Vgl. Widmann/Mayer/Rieger, Umwandlungsrecht, § 69 UmwG Rn. 3; Stratz, in: Schmitt/Hörtnagl/Stratz, § 69 UmwG Rn. 5; Lutter/Grunewald, § 69 UmwG Rn. 3 ff.
[1876] BGBl. I, S. 1338.
[1877] BT-Drucks. 17/3122, S. 17.

D. Verschmelzung von AG

Sacheinlage nicht mit dem Nennwert der für sie neu begebenden Aktien entspricht. Die Vorschrift berücksichtigt ferner den nunmehr nach § 24 UmwG möglichen Fall, dass die übernehmende Gesellschaft die Buchwerte aus der Schlussbilanz des übertragenden Rechtsträgers nicht fortführt, sondern die übernommenen Wirtschaftsgüter neu bewertet. Auch hier muss einer zu hohen Bewertung durch eine Sacheinlagenprüfung vorgebeugt werden.

Grds. ist daher das Verfahren der **Kapitalerhöhung bei der Verschmelzung** das gleiche wie bei der **Kapitalerhöhung gegen Sacheinlagen**.[1878] Da die Verschmelzung eine Sacheinlage darstellt, sind in die Tagesordnung aufzunehmen und bekannt zu machen (§§ 183 Abs. 1, 124 Abs. 1 AktG): 1136
– der Wortlaut der vorgeschlagenen Satzungsänderung (Grundkapital und Erhöhungsbetrag, Zahl der neuen Aktien, Nennbetrag, Ausgabebetrag, Gattung und Art);
– die Kapitalerhöhung zur Durchführung der Verschmelzung, übertragende Gesellschaft mit genauem Namen, Wert des Vermögens der übertragenden Gesellschaft und deren Grundkapital;
– der Nennbetrag bzw. bei Stückaktien die Zahl der als Gegenleistung zu gewährenden Aktien sowie
– die Höhe etwaiger Zuzahlungen.

Der **Kapitalerhöhungsbeschluss** hat den Inhalt der normalen Kapitalerhöhung, nach § 182 Abs. 1 AktG ist eine Mehrheit, die mindestens 3/4 des bei der Beschlussfassung vertretenen Grundkapitals umfasst, erforderlich.

In der Hauptversammlung der aufnehmenden Gesellschaft muss die **Kapitalerhöhung gesondert** beschlossen werden. Für den Kapitalerhöhungsbeschluss gilt § 182 AktG allerdings mit der Ergänzung, dass der Kapitalerhöhungsbeschluss wegen der Nichtanwendbarkeit von § 182 Abs. 4 AktG unabhängig davon zulässig ist, ob noch Einlagen auf das bisherige Grundkapital ausstehen und noch erlangt werden können.[1879] Der Beschluss bedarf einer Mehrheit von mindestens 3/4 des bei Beschlussfassung vertretenen Grundkapitals (§ 182 Abs. 1 AktG). Der Inhalt des Kapitalerhöhungsbeschlusses entspricht dem allgemeinen Kapitalerhöhungsbeschluss allerdings mit spezifischen Ergänzungen.[1880] Da es sich um eine Kapitalerhöhung handelt, sind **folgende Elemente zu beachten**: 1137
– Firma der übertragenden Gesellschaft oder des übertragenden Rechtsträgers,
– Angaben zum Gegenstand der Sacheinlage: Vermögen der übertragenden Gesellschaft,
– Betrag der Kapitalerhöhung,
– Nennbetrag der Aktien bzw. bei Stückaktien die Zahl,
– Aktienart (Inhaberaktien oder Namensaktien),
– Aktiengattung (Stammaktien oder Vorzugsaktien).

Die **Form** (Stück- oder Nennbetragsaktie) muss nicht angegeben werden, da sich diese nach der Form, der Aktien der aufnehmenden AG richtet; ein Hinweis auf die vorhandenen Aktien kann allerdings zweckmäßig sein.[1881] Sind bei der aufnehmenden AG Nennbetragsaktien vorgesehen, so ist laut Beschluss der Nennbetrag der neuen Aktien anzugeben. Sieht die Satzung Stückaktien vor, so sind auch junge Aktien notwendige Stückaktien. 1138

Sind **mehrere Gattungen** von stimmberechtigten Aktien vorhanden, so bedarf auch der Kapitalerhöhungsbeschluss der Hauptversammlung zu einer Wirksamkeit der Zustimmung der Aktionäre 1139

1878 Vgl. Lutter/Grunewald, UmwG, § 69 Rn. 7 ff.; Kallmeyer/Marsch-Barner, UmwG § 69 Rn. 17 ff.
1879 Vgl. Widmann/Mayer/Rieger, Umwandlungsrecht, § 69 UmwG Rn. 15; Lutter/Grunewald, UmwG, § 69 Rn. 5; Kallmeyer/Marsch-Barner, UmwG, § 69 Rn. 5; Stratz, in: Schmitt/Hörtnagl/Stratz, § 69 UmwG Rn. 12; BeckOGK/Habersack UmwG § 69 Rn. 8.
1880 Vgl. Widmann/Mayer/Rieger, Umwandlungsrecht, § 69 UmwG Rn. 16.
1881 Vgl. Hüffer/Koch, AktG, § 182 Rn. 13.

jeder Gattung. Über die Zustimmung haben die **Aktionäre jeder Gattung einen Sonderbeschluss** zu fassen.[1882]

1140 **Umstritten** ist die **Anwendung des § 182 Abs. 3 AktG** (Festsetzung des Ausgabebetrages). Notwendig ist die Angabe eines Mindestausgabebetrages bei der Kapitalerhöhung zur Verschmelzung nicht, da es bei dieser Kapitalerhöhung nur um die Schaffung einer bestimmten Stückzahl von neuen Aktien geht.[1883] Zulässig ist allerdings, dass der Beschluss einen Mindestausgabebetrag festsetzt, dann dürfen die Aktien nicht unter diesem Betrag ausgegeben werden. In diesem Fall ist eine gesetzliche Rücklage (§ 272 Abs. 2 Nr. 1 HGB) zu bilden.[1884]

1141 § 186 AktG ist nach § 69 Abs. 1 Satz 1 UmwG nicht anwendbar, sodass die **Altaktionäre kein Bezugsrecht** haben. Da bei der Kapitalerhöhung zur Durchführung einer Verschmelzung die Zeichner im Verschmelzungsbeschluss genannt werden, erfolgt keine Zeichnung neuer Aktien. § 185 AktG ist nach § 69 Abs. 1 Satz 1 UmwG ausdrücklich ausgeschlossen.

1142 Bei der **Handelsregisteranmeldung** ist zu beachten, dass im Grunde drei unterschiedliche Tatsachen anzumelden sind:[1885]
- Anmeldung der Kapitalerhöhung (§ 69 Abs. 1 Satz 1 i. V. m. § 184 Abs. 1 AktG),
- Anmeldung der Durchführung der Kapitalerhöhung (§ 69 Abs. 1 Satz 1 i. V. m. § 188 Abs. 1 AktG),
- Anmeldung der Verschmelzung (§ 16 UmwG).

Diese werden zweckmäßigerweise verbunden.[1886] Die Kapitalerhöhung ist durchgeführt, wenn der Verschmelzungsvertrag und die Verschmelzungsbeschlüsse vorliegen.[1887]

1143 Der Beschluss über die Erhöhung des Grundkapitals haben nach § 184 Abs. 1 AktG der **Vorsitzende des Aufsichtsrates** und der **Vorstand**, letzterer in vertretungsberechtigter Mitgliederzahl, **anzumelden**. Gleiches gilt für die Anmeldung der Eintragung der Kapitalerhöhung (§ 188 Abs. 1 AktG). Die Anmeldung der Verschmelzung ist durch den Vorstand in vertretungsberechtigter Zahl vorzunehmen (§ 16 AktG). Die Kapitalerhöhung ist durchgeführt, wenn der Verschmelzungsvertrag wirksam ist, also beurkundet und die zu seiner Wirksamkeit erforderlichen Verschmelzungsbeschlüsse und etwaige Zustimmungserklärungen vorliegen.[1888] Vorher darf die Anmeldung der Durchführung nicht erfolgen. Liegen diese Voraussetzungen vor, können allerdings die Anmeldung des Kapitalerhöhungsbeschlusses und die Durchführung der Kapitalerhöhung nach § 188 Abs. 4 AktG verbunden werden. Mit der Anmeldung kann darüber hinaus auch die Anmeldung der Verschmelzung verbunden werden.[1889] Darüber hinaus ist die Kapitalerhöhung eine Satzungsänderung, die ihrerseits wiederum nach § 181 Abs. 1 AktG vom Vorstand in vertretungsberechtigter Zahl zur Eintragung ins Handelsregister anzumelden ist. Dementspre-

---

1882 § 182 Abs. 2; vgl. auch § 65 Abs. 2 AktG zu den Sonderbeschlüssen der Zustimmung zur Verschmelzung; vgl. Widmann/Mayer/Rieger, Umwandlungsrecht, § 69 UmwG Rn. 21; § 65 UmwG Rn. 13; Kallmeyer/Marsch-Barner, § 69 UmwG Rn. 13; vgl. auch Lutter/Grunewald, UmwG, § 65 Rn. 8.
1883 So zu Recht Lutter/Grunewald, UmwG, § 69 Rn. 6; Kallmeyer/Marsch-Barner, UmwG, § 69 Rn. 17; Widmann/Mayer/Rieger, Umwandlungsrecht, § 69 UmwG Rn. 17 f.; Diekmann in Semler/Stengel § 69 UmwG Rn. 5; a. A. Stratz, in: Schmitt/Hörtnagl/Stratz, § 69 UmwG Rn. 21.
1884 Vgl. Lutter/Grunewald, UmwG, § 69 Rn. 7; Widmann/Mayer/Rieger, Umwandlungsrecht, § 69 UmwG Rn. 18; Kallmeyer/Marsch-Barner, UmwG, § 69 Rn. 17.
1885 Vgl. Lutter/Grunewald, UmwG, § 69 Rn. 22; Widmann/Mayer/Rieger, Umwandlungsrecht, § 69 UmwG Rn. 38; Kallmeyer/Marsch-Barner, UmwG, § 69 Rn. 19 ff.
1886 Kallmeyer/Marsch-Barner, § 69 UmwG Rn. 19.
1887 Lutter/Grunewald, § 69 UmwG Rn. 23; Kallmeyer/Marsch-Barner, § 69 UmwG Rn. 19.
1888 Vgl. Lutter/Grunewald, UmwG, § 69 Rn. 23.
1889 Kallmeyer/Zimmermann, UmwG, § 66 Rn. 15.

chend kann auch mit den anderen Anmeldungen die Anmeldung der Satzungsänderung verbunden werden, was in der Praxis üblich ist.[1890]

Eine Kapitalerhöhung ist auch eine **Satzungsänderung** und bedarf daher eines Beschlusses der Hauptversammlung gem. § 169 Abs. 1 Satz 1 AktG. Die Angaben zur Kapitalziffer und der Zahl der Aktien sind notwendige Satzungsbestandteile, die infolge der Kapitalerhöhung ebenfalls geändert werden müssen. 1144

Der Anmeldung der Kapitalerhöhung sind nach § 69 Abs. 2 UmwG **folgende Unterlagen beizufügen**:[1891] 1145
– Niederschrift des Kapitalerhöhungsbeschlusses in elektronisch beglaubigte Abschrift,
– (ggf.) Niederschrift über notwendige Sonderbeschlüsse in elektronisch beglaubigte Abschrift,
– Schlussbilanzen der übertragenden Rechtsträger, ggf. Wertgutachten,
– ggf. Prüfungsbericht nach § 69 Abs. 1 Satz 1 UmwG i. V. m. § 184 Abs. 1 Satz 2 AktG, soweit ein solcher erforderlich ist.

In der Literatur ist **umstritten**, ob die in § 69 Abs. 2 UmwG bezeichneten Unterlagen der Anmeldung der Kapitalerhöhung oder nur der Anmeldung der Durchführung der Kapitalerhöhung beizufügen sind. Da in der Praxis häufig die Anmeldungen verbunden werden, spielt diese Frage keine allzu große Rolle. Erfolgt – etwa weil der Verschmelzungsvertrag noch nicht wirksam ist – die Anmeldung der Durchführung der Kapitalerhöhung erst später, so soll man – laut einen Teil der Literatur – verlangen müssen, dass die in § 69 Abs. 2 genannten Anlagen auch bei der Anmeldung der Kapitalerhöhung bereits vorzulegen sind.[1892] 1146

Es wären dann bei der Anmeldung der Kapitalerhöhung (nach a. A. erst bei der Anmeldung der Durchführung der Kapitalerhöhung) folgende Unterlagen noch beizufügen:[1893] 1147
– notarielle Niederschrift des Verschmelzungsvertrages,
– notarielle Niederschriften der Verschmelzungsbeschlüsse in elektronisch beglaubigte Abschrift,
– Vorlage etwaiger Zustimmungserklärungen, elektronisch beglaubigte Abschriften,
– alle die Höhe der Gegenleistung betreffenden Nebenvereinbarungen, soweit nicht im Verschmelzungsvertrag enthalten (§ 188 Abs. 3 Nr. 2 AktG),
– notarielle Niederschrift des Beschlusses über die Änderung der Satzung bzgl. des Grundkapitals,
– vollständiger Wortlaut der Satzung mit notarieller Vollständigkeitsbescheinigung nach § 181 Abs. 1 Satz 1 AktG,
– Aufstellung aller der Übernehmerin durch die Ausgabe der neuen Aktie entstehenden Kosten (§ 188 Abs. 3 Nr. 3 AktG),

Möglich ist auch die Durchführung einer **bedingten Kapitalerhöhung**.[1894] Dies ist dann sinnvoll, wenn die Zahl der zu gewährenden Aktien noch nicht festgelegt werden kann und daher eine gewöhnliche Kapitalerhöhung gegen Sacheinlagen unmöglich ist. Soll die Kapitalerhöhung bereits in einem frühen Stadium zur Vorbereitung der Verschmelzung erfolgen und steht die Zahl der Aktien noch nicht fest, kommt daher die bedingte Kapitalerhöhung in Betracht. Die bedingte 1148

1890 Widmann/Mayer/Rieger, Umwandlungsrecht, § 69 UmwG Rn. 42; Kallmeyer/Zimmermann, UmwG, § 66 Rn. 14; Diekmann in: Semler/Stengel, § 69 UmwG Rn. 25.
1891 Vgl. Kallmeyer/Marsch-Barner, § 69 UmwG Rn. 19; Kallmeyer/Zimmermann § 66 UmwG Rn. 7; Widmann/Mayer/Rieger, Umwandlungsrecht, § 69 UmwG Rn. 39.
1892 So Widmann/Mayer/Rieger, Umwandlungsrecht, § 69 UmwG Rn. 41; Stratz, in: Schmitt/Hörtnagl/Stratz, § 69 UmwG Rn. 24; a. A. Lutter/Grunewald, UmwG, § 69 Rn. 23; Kallmeyer/Marsch-Barner, § 69 UmwG Rn. 19.
1893 Vgl. Kallmeyer/Zimmermann, § 66 UmwG Rn. 11.
1894 Lutter/Grunewald, UmwG, § 69 Rn. 25; Kallmeyer/Marsch-Barner, UmwG, § 69 Rn. 15 ff.; Widmann/Mayer/Rieger, Umwandlungsrecht, § 69 UmwG Rn. 48; Diekmann in: Semler/Stengel, § 69 UmwG Rn. 21; Stratz, in: Schmitt/Hörtnagl/Stratz, § 69 UmwG Rn. 27.

Kapitalerhöhung findet i. d. R. statt, wenn die Kapitalerhöhungen Abschluss des Verschmelzungsvertrages beschlossen werden soll.[1895] Auf die bedingte Kapitalerhöhung werden daher die §§ 192 ff. AktG ohne Weiteres angewendet. Es bestand allerdings auch zum alten § 343 AktG Einigkeit, dass in Analogie zu § 343 Abs. 1 AktG die nicht passenden Vorschriften der §§ 198, 200, 201 AktG nicht anzuwenden seien.[1896] Der Gesetzgeber hat diese Frage in § 69 UmwG nicht geregelt, man wird daher auch hier in **Analogie zu § 69 UmwG** die genannten Vorschriften ebenfalls nicht anwenden können.[1897]

1149 Auch ein **genehmigtes Kapital** kann zur Durchführung der Verschmelzung genutzt werden.[1898] Es gelten die §§ 202 ff. AktG. Allerdings muss in der Ermächtigung vorgesehen sein, dass die Aktien gegen Sacheinlagen ausgegeben werden dürfen (§ 205 Abs. 1 AktG), da die Verschmelzung eine Kapitalerhöhung gegen Sacheinlagen darstellt.[1899]

1150 Weiter ist zu beachten, dass die Erhöhung des Grundkapitals oftmals auch eine **Änderung des Aufsichtsrates** erforderlich macht, wenn die Satzung die Zahl der Aufsichtsratsmitglieder an § 95 AktG ausrichtet.[1900]

2. Kapitalerhöhungsverbote

1151 Vgl. zunächst allgemein Teil 2 Rdn. 307 ff.

1152 Wie bei der GmbH sind auch bei der AG für bestimmte Fälle Kapitalerhöhungsverbote gem. § 68 UmwG vorgesehen. Auch diese Vorschriften sollen die Entstehung eigener Aktien verhindern und den Abbau von derartigen Beständen erleichtern (vgl. eingehend oben Teil 2 Rdn. 307 ff.).

1153 Nach § 68 Abs. 1 UmwG darf die übernehmende Gesellschaft zur Durchführung der Verschmelzung ihr Grundkapital nicht erhöhen. Es handelt sich zunächst um den Fall, dass die **übernehmende Gesellschaft Anteile an der übertragenden Gesellschaft besitzt**. In dem Fall, in dem die aufnehmende Gesellschaft selbst zu den Gesellschaftern der übertragenden Gesellschaft gehört, würde sie sowohl als Schuldnerin als auch als Gläubigerin des Anspruchs auf die Gewährung der Anteile an der neuen Gesellschaft sein, sodass der Anspruch in einer Person zusammentrifft. Die übernehmende Gesellschaft würde hierdurch nur eigene Geschäftsanteile erwerben. Ist die **übertragende Gesellschaft eine 100 %ige Tochter der übernehmenden Gesellschaft**, findet überhaupt keine Kapitalerhöhung statt (vgl. oben Teil 2 Rdn. 311 ff.).

1154 Der zweite Fall (§ 68 Abs. 1 Nr. 2 UmwG) betrifft die Konstellationen, in denen die übertragende Gesellschaft eigene Anteile besitzt. Schließlich bestimmt § 68 Abs. 1 Nr. 3 UmwG, dass eine Kapitalerhöhung nicht zulässig ist, soweit die übertragende Gesellschaft Aktien der aufnehmenden Gesellschaft besitzt, auf die der Nennbetrag oder der höhere Ausgabebetrag nicht voll geleistet ist. In diesem Fall würde die Verschmelzung dazu führen, dass die übernehmende Gesellschaft, da sie Gesamtrechtsnachfolgerin der übertragenden Gesellschaft wird, eigene Aktien erwirbt (vgl. oben Teil 2 Rdn. 315 ff.).

1895 Widmann/Mayer/Rieger, Umwandlungsrecht, § 69 UmwG Rn. 49; Diekmann in: Semler/Stengel, § 69 UmwG Rn. 21; Kallmeyer/Marsch-Barner, § 69 UmwG Rn. 15.
1896 Vgl. KK-AktG/Kraft, § 343 Rn. 34.
1897 Vgl. Lutter/Grunewald, UmwG, § 69 Rn. 24.
1898 Vgl. Lutter/Grunewald, UmwG, § 69 Rn. 24; Kallmeyer/Marsch-Barner, § 69 UmwG Rn. 14; Widmann/Mayer/Rieger, Umwandlungsrecht, § 69 UmwG Rn. 51 ff.
1899 Vgl. Widmann/Mayer/Rieger, Umwandlungsrecht, § 69 UmwG Rn. 52; Kallmeyer/Marsch-Barner, § 69 UmwG Rn. 17; Lutter/Grunewald, UmwG, § 69 Rn. 24; Stratz, in: Schmitt/Hörtnagl/Stratz, § 69 UmwG Rn. 20.
1900 Vgl. Heckschen, Verschmelzung von Kapitalgesellschaften, S. 34.

3. Kapitalerhöhungswahlrechte

§ 68 Abs. 1 Satz 2 UmwG sieht **Kapitalerhöhungswahlrechte** vor, soweit die übernehmende Gesellschaft eigene Aktien besitzt, oder ein übertragender Rechtsträger Aktien dieser Gesellschaft besitzt, auf die der Nennbetrag oder der höhere Ausgabebetrag bereits voll geleistet ist (vgl. oben Teil 2 Rdn. 320 ff.). Dieses Wahlrecht beruht auf der Erwägung, dass von einer Kapitalerhöhung abgesehen werden kann, wenn und soweit die übernehmende Gesellschaft den Gesellschaftern der übertragenden Gesellschaft eigene Aktien oder vollbezahlte eigene Geschäftsanteile der übertragenden Gesellschaft an der übernehmenden Gesellschaft gewähren kann. Im ersten Fall sind die eigenen Geschäftsanteile bereits im Vermögen der aufnehmenden Gesellschaft, im zweiten Fall werden sie durch die Gesamtrechtsnachfolge von der übernehmenden Gesellschaft erworben. Im Ergebnis stehen sie aber dann zur Verfügung, um den Gesellschaftern an der übertragenden Gesellschaft als Gegenleistung gewährt zu werden. In beiden Fällen kann die übernehmende Gesellschaft diese Geschäftsanteile für die Gegenleistung verwenden, muss dies aber nicht. Eine **Kapitalerhöhung** ist in diesen Fällen daher trotzdem zulässig.

1155

4. Verzicht auf Anteilsgewährung

Der Gesetzgeber hat im **Zweiten Gesetz zur Änderung des UmwG** v. 25.04.2007[1901] in den §§ 54 und 68 UmwG. eine Ausnahme durch Verzicht festlegt:[1902] § 68 Abs. 1 Satz 3 UmwG (für die AG) bestimmt nunmehr, dass die Kapitalerhöhung bei der übernehmenden Kapitalgesellschaft zur Disposition **aller Anteilsinhaber des übertragenden Rechtsträgers** steht. **Verzichten alle Anteilsinhaber des übertragenden Rechtsträgers** in notarieller Urkunde auf die Anteilsgewährung, darf die übernehmende Gesellschaft von der Anteilsgewährung absehen. Nach § 68 Abs. 1 Satz 3 UmwG. ist erforderlich, dass alle Anteilsinhaber eines übertragenden Rechtsträgers in **notariell beurkundeter Verzichtserklärung** verzichtet haben. Zum Schutz der Anteilsinhaber sollen allerdings die Verzichtserklärungen notariell beurkundet werden. Die Beurkundung muss nach den Vorschriften über die Beurkundung von Willenserklärungen (§§ 8 ff. BeurkG) erfolgen; eine Beurkundung nach den §§ 36 ff. BeurkG genügt nicht.[1903] Es reicht aus, wenn die Verzichtserklärungen spätestens bei der Anmeldung zum Handelsregister vorliegen, wobei diese auch nachgereicht werden können (vgl. Teil 2 Rdn. 684).[1904]

1156

XI. Bestellung eines Treuhänders und Umtausch von Aktien

§ 71 UmwG bestimmt, dass jeder übertragende Rechtsträger für den Empfang der zu gewährenden Aktien und der baren Zuzahlung einen **Treuhänder zu bestellen** hat.[1905] Die Verschmelzung darf erst in das Register eingetragen werden, wenn der Treuhänder dem Gericht angezeigt hat, dass er im Besitz der Aktien und der im Verschmelzungsvertrag festgesetzten baren Zuzahlungen ist. Der Treuhänder hat hierbei die Urkunden aufgrund einer **Treuhandabrede** in Besitz. Die Treuhandabrede lautet i. d. R. dahin, dass die übertragende Gesellschaft die Aktien dem Treuhänder vor der Eintragung in das Handelsregister der übernehmenden Gesellschaft übergeben wird und ihn anweist, die Aktien nach Eintragung der Verschmelzung in das Handelsregister der übernehmenden Gesellschaft den Aktionären der übertragenden Gesellschaft Zug um Zug gegen Aushändigung ihrer Aktien an der übertragenden Gesellschaft zu übergeben. Zu den **Aufgaben des Treuhänders** gehört es, die neuen Aktienurkunden und die baren Zuzahlungen gegen Vorlage

1157

[1901] BGBl. I, S. 542.
[1902] Vgl. BR-Drucks. 548/06, S. 27.
[1903] Vgl. zum vergleichbaren Fall des Verzichts nach § 8 UmwG: Priester, DNotZ 1995, 427, 433; Widmann/Mayer/Mayer, Umwandlungsrecht, § 8 UmwG Rn. 58.
[1904] OLG Brandenburg NotBZ 2018, 681; Lutter/Decher § 17 UmwG Rn. 13; Widmann/Mayer/Mayer, Umwandlungsrecht, § 8 UmwG Rn. 60; Kallmeyer/Marsch-Barner, UmwG, § 8 Rn. 38; Goutier/Knopf/Bermel, Umwandlungsrecht, § 8 UmwG Rn. 49, str.
[1905] Vgl. Lutz, BWNotZ 2011, 150 ff. mit Formulierungsvorschlag.

der alten Aktien auszugeben. Sind ihm die Aktien ausgehändigt worden, hat er sie der übernehmenden Gesellschaft zu übergeben.[1906] Die Vorschrift des § 71 UmwG soll den Anteilsinhabern des übertragenden Rechtsträgers die Erlangung der Aktien und eventueller barer Zuzahlungen von der übernehmenden AG erleichtern.[1907] Werden keine Aktien im Rahmen der Verschmelzung gewährt, etwa weil auf die Gegenleistung verzichtet wird nach § 68 Abs. 1 Satz 3 UmwG, dann muss auch kein Treuhänder bestellt werden. Etwas anderes gilt, wenn als Gegenleistung z.B. eigene Aktien gewährt werden.[1908]

1158 Die Einschaltung des Treuhänders soll nur die **Abwicklung sicherstellen** und vereinfachen.[1909] Der Treuhänder wird in erster Linie im Interesse und zum Schutz der Anteilsinhaber des übertragenden Rechtsträgers bestellt. Daneben hat der Treuhänder im gewissen Rahmen auch die Interessen der übernehmenden Gesellschaft zu vertreten. So dürfen die Aktien erst nach Wirksamwerden der Verschmelzung, also nach der Eintragung im Handelsregister der übertragenden AG ausgegeben. Der Treuhänder übt demgemäß eine **Doppelstellung** aus.[1910] Für die Anteilsinhaber der übertragenden Rechtsträger stellt er die Sicherheit dar, dass sie umgehend die Aktien der übernehmenden AG erhalten. Umgekehrt ist im Interesse der übernehmenden AG gewährleistet, dass die neuen Aktien erst nach Wirksamwerden der Verschmelzung ausgehändigt werden. Für den **materiell-rechtlichen Erwerb der Aktien** durch die Gesellschafter der übertragenden Gesellschaft ist der Treuhänder demgegenüber nicht erforderlich. Denn die Mitgliedschaften, die durch eine Kapitalerhöhung geschaffen werden, stehen mit Eintragung der Verschmelzung den neu hinzutretenden Aktionären zu.[1911] Die Mitgliedschaftsrechte aus den Aktien gehen also ipso jure auf die bisherigen Anteilsinhaber des übertragenden Rechtsträgers über, wobei das in dem Verschmelzungsvertrag vorgesehene Umtauschverhältnis für den Umfang des Erwerbs von Aktien maßgeblich ist.[1912] Die Aktienurkunden, die diese Mitgliedschaft verbriefen, können von den Aktionären bei entsprechender Vertragsgestaltung aufgrund des Geschäftsbesorgungsvertrages/-auftrages von dem Treuhänder heraus verlangt werden.[1913] § 952 BGB greift noch nicht, da noch nicht feststeht, welche Urkunde der Aktionär erhält. Der Treuhänder selbst wird jedoch in keinem Fall Aktionär.[1914] Die **Angabe im Verschmelzungsvertrag**, wer als Treuhänder bestellt wird, wird zwar nicht für zwingend, sondern nur in der Praxis üblich gehalten.[1915] Nach § 71 Abs. 1 Satz 2 UmwG bedarf es als Anlage der Anmeldung der Verschmelzung der Erklärung des Treuhänders, dass er im Besitz der Aktien und der im Verschmelzungsvertrag festgesetzten baren Zuzahlung ist.

1159 Zum Aktienerwerb ist streitig, ob durch die Eintragung der Durchführung einer Kapitalerhöhung im Zusammenhang mit der Verschmelzung vor Eintragung der Verschmelzung selbst zunächst **eigene Aktien der AG** entstehen. Die herrschende Meinung ist der Auffassung, dass § 189 AktG für die Verschmelzung nicht gilt.[1916] Bis zur Eintragung der Verschmelzung entstehen daher keine eigenen Aktien der AG entstehen, diese vielmehr unmittelbar nach § 20 Abs. 1 Nr. 3 UmwG als Rechte der Gesellschafter des übertragenden Rechtsträgers entstehen. Da die Aktien erst mit

---

1906 Vgl. Kallmeyer/Marsch-Barner, UmwG, § 71 Rn. 7; Lutter/Grunewald, UmwG, § 71 Rn. 2 ff.; Lutz, BWNotZ 2011, 150.
1907 Kallmeyer/Marsch-Barner, UmwG, § 71 Rn. 1.
1908 Kallmeyer/Marsch-Barner, § 71 UmwG Rn. 8.
1909 Bothe, ZHR 1955, 196, 199 f.; Lutz, BWNotZ 2011, 150.
1910 Schmitt/Hörtnagl/Stratz, UmwG, UmwStG, § 71 Rn. 2; Diekmann in: Semler/Stengel, § 71 UmwG Rn. 5; Kallmeyer/Marsch-Barner, UmwG, § 71 Rn. 1.
1911 Lutter/Grunewald, UmwG, § 71 Rn. 9; s. § 20 Abs. 1 Nr. 3 Satz 1 UmwG.
1912 Widmann/Mayer/Rieger, Umwandlungsrecht, § 71 UmwG Rn. 23.
1913 Lutter/Grunewald, § 71 Rn. 9.
1914 Lutter/Grunewald, § 71 Rn. 9.
1915 Gerold, MittRhNotK 1997, 205.
1916 Widmann/Mayer/Rieger, Umwandlungsrecht, § 71 UmwG Rn. 20; Lutter/Grunewald, UmwG, § 69 Rn. 20; Semler/Stengel/Diekmann, § 69 Rn. 18; Kallmeyer/Marsch-Barner, UmwG, § 69 Rn. 21.

Eintragung der Verschmelzung entstehen, verbriefen die übergebenen Aktienurkunden bis dahin noch keine Aktien.[1917] Dabei erfolgt keine Übereignung der Aktienurkunden oder Abtretungen der unverbrieften Mitgliedschaft auf den Treuhänder selbst.[1918] Der Treuhänder wird also nicht selbst Aktionär.[1919]

Sind an der Verschmelzung **mehrere Rechtsträger** beteiligt, so hat grds. jeder Rechtsträger einen eigenen Treuhänder zu bestellen. Möglich ist allerdings auch die Bestellung eines **gemeinsamen Treuhänders**.[1920] Die Bestellung des Treuhänders erfolgt durch das Vertretungsorgan, dieses handelt in vertretungsberechtigter Zahl. Häufig wird der Treuhänder bereits im Verschmelzungsvertrag vereinbart. Typischerweise werden in der Praxis, Treuhandgesellschaften oder Banken, aber auch RA oder Notare als Treuhänder eingeschaltet. Der Treuhänder sollte einen entsprechenden Nachweis erhalten.[1921] Hauptaufgabe des Treuhänders ist die Entgegennahme der ausgegebenen Aktien und der baren Zuzahlungen. Dem Treuhänder sind die Aktienurkunden zu übergeben, die i. R. d. Verschmelzung an die Gesellschafter der übertragenden Gesellschaft ausgegeben werden sollen. Der Treuhänder wird allerdings nur Besitzer, nicht Eigentümer und Aktionär.[1922] Mit der Eintragung der Verschmelzung werden die Gesellschafter der übertragenden Gesellschaft kraft Gesetzes Aktionäre und damit Inhaber der Aktien der übernehmenden AG. Der Erwerb der Mitgliedschaftsrechte ist nicht von der Übergabe der Aktienurkunden abhängig. Grds. ist ein Treuhänder auch dann zu bestellen ist, wenn nur die übernehmende Gesellschaft eine AG ist. Die Rechtsform des übertragenden Rechtsträgers ist unerheblich.

1160

Streitig diskutiert wird der Fall, dass weder Aktienurkunden existieren noch eine Zuzahlung erfolgen soll. Werden von der übernehmenden AG **keine Aktienurkunden** ausgegeben und sind im Verschmelzungsvertrag auch keine baren Zuzahlungen vorgesehen, ist m.E. ein **Treuhänder nicht notwendig**. Die Bestellung kann daher unterbleiben.[1923] Eine Globalurkunde reiche also aus, da auch in diesem Fall sichergestellt sei, dass die Aktionäre ihre Mitgliedschaft erhalten. Ist die Mitgliedschaft nicht verbrieft, so sei eine Besitzverschaffung nicht möglich. Gleichwohl entfalle selbst beim Fehlen barer Zuzahlungen nicht die Notwendigkeit zur Bestellung eines Treuhänders. Dieser habe auch bei unverbrieften Mitgliedschaftsrechten, soweit es ihm möglich sei, darauf zu achten, dass diese Beteiligungen für die Anteilsinhaber des übertragenden Rechtsträgers bereitstehen.

1161

XII. Verschmelzung zur Neugründung

1. Allgemeines

Vgl. zunächst allgemein oben Teil 2 Rdn. 338 ff.

1162

Bei der Verschmelzung durch Neugründung wird das **Vermögen** von zwei oder mehreren übertragenden Gesellschaften **auf eine neu gegründete Gesellschaft übertragen**. Handelt es sich bei der Verschmelzung durch Neugründung um die Gründung einer AG, sind ergänzend die §§ 73 ff. UmwG anzuwenden. Daneben gelten die allgemeinen Vorschriften für die Verschmelzung durch

1163

1917 Semler/Stengel/Diekmann, UmwG, § 71 Rn. 11.
1918 Lutter/Grunewald, UmwG § 71 Rn. 8.
1919 H. M. s. nur Diekmann in: Semler/Stengel, UmwG, § 71 Rn. 12; Stratz in: Schmitt/Hörtnagl/Stratz, UmwG, § 71 Rn. 2; Lutter/Grunewald, UmwG § 71 Rn. 8.
1920 Widmann/Mayer/Rieger, Umwandlungsrecht, § 170 UmwG Rn. 8; Kallmeyer/Marsch-Barner, UmwG, § 71 Rn. 2; Lutz, BWNotZ 2011, 150.
1921 Vgl. Widmann/Mayer/Rieger, Umwandlungsrecht, § 170 UmwG Rn. 12.
1922 Widmann/Mayer/Rieger, Umwandlungsrecht, § 71 UmwG Rn. 14.
1923 Str. so zu Recht Widmann/Mayer/Rieger, Umwandlungsrecht, § 71 UmwG Rn. 14; Kallmeyer/Marsch-Barner, UmwG, § 71 Rn. 3; Diekmann in: Semler/Stengel, § 71 UmwG Rn. 4, 14; Bandehzadeh, DB 2007, 1514; Lutz, BWNotZ 2011, 150, 151; strenger Lutter/Grunewald, UmwG, § 71 Rn. 7: Einzelurkunden müssten nicht vorgehalten werden.

Neugründung, d. h. die §§ 36 bis 38 UmwG. Insb. ist § 36 Abs. 2 zu beachten, der vorsieht, dass auf die Gründung der neuen Gesellschaft die für deren Rechtsform geltenden Gründungsvorschriften anzuwenden sind (vgl. im Einzelnen oben Teil 2 Rdn. 338 ff.). § 73 UmwG verweist insb. auch für die Verschmelzung durch Neugründung auf die Vorschriften über die Verschmelzung durch Aufnahme mit Ausnahme der §§ 66, 67, 68 und 69 UmwG, die insb. die Frage der Kapitalerhöhung betreffen.

2. Zweijährige Sperrfrist (§ 76 Abs. 1 UmwG)

1164 § 76 Abs. 1 UmwG bestimmt für die Verschmelzung durch Neugründung, an der mindestens eine AG als übertragender Rechtsträger beteiligt ist, dass die übertragende AG die Verschmelzung erst dann beschließen darf, wenn sie und jede andere übertragende AG **bereits 2 Jahre im Register eingetragen ist**. Die Literatur legt die Vorschrift einschränkend dahingehend aus, dass es sich beim neuen Rechtsträger ebenfalls um eine AG handeln muss.[1924] Die Vorschrift will über eine Umgehung der Vorschriften über die Nachgründung, d. h. die §§ 52, 53 AktG verhindern.[1925] Die Zweijahressperre gilt nur für die Beschlussfassung, nicht für den Verschmelzungsvertrag.[1926]

3. Verschmelzungsvertrag und Satzung der neu zu gründenden AG

a) Satzung als Inhalt des Verschmelzungsvertrages

1165 § 37 UmwG bestimmt, dass in dem Verschmelzungsvertrag der Gesellschaft die Satzung der neuen AG festgestellt werden muss. Dabei genügt es, wenn die Vertretungsorgane der beteiligten Gesellschaften zunächst den schriftlichen Entwurf eines Verschmelzungsvertrages mit dem Entwurf einer Satzung anfertigen, über den dann die Beschlussorgane der beteiligten Gesellschaften entscheiden. Sodann können Verschmelzungsvertrag und Satzung notariell beurkundet werden.[1927] Die **notarielle Beurkundung** der Satzung gem. § 23 Abs. 1 Satz 1 AktG ist durch die notarielle Beurkundung des Verschmelzungsvertrages, dessen Bestandteil die Satzung ist, eingehalten.

b) Inhalt der Satzung

1166 Bei der Abfassung der Satzung ist darauf zu achten, dass es sich bei der Verschmelzung zur Neugründung um eine **Sachgründung** handelt, sodass das **Stammkapital** durch das eingebrachte Vermögen der verschmelzenden Gesellschaft erbracht wird. Dies ist in der Satzung auszuweisen.[1928] In der Satzung sind daher insb. anzugeben, der Betrag des Grundkapitals und die Tatsache, dass die Sacheinlage durch Verschmelzung des Vermögens der übertragenden Gesellschaft erbracht wird. Bei der Verschmelzung zur Neugründung ist das Stammkapital in Euro auszuweisen (vgl. Teil 5 Rdn. 158).

1167 Auch i. Ü. ergibt sich ein **notwendiger Inhalt der Satzung** aus den allgemeinen Vorschriften des § 23 AktG:
– Firma,
– Sitz,
– Gegenstand des Unternehmens,
– Höhe des Grundkapitals,

[1924] Vgl. Schmitt/Hörtnagl/Stratz/Stratz UmwG § 76 Rn. 1; Lutter/Grunewald § 76 UmwG, Rn. 4; Semler/Stengel/Diekmann § 76 UmwG, Rn.4; Kölner Komm UmwG/Simon § 76 Rn. 5; BeckOGK/Weiß UmwG § 76 Rn. 5; str. aA Widmann/Mayer/Rieger § 76 UmwG Rn. 3.
[1925] Widmann/Mayer/Mayer, Umwandlungsrecht, § 76 UmwG Rn. 5; Lutter/Grunewald § 76 UmwG Rn. 2.
[1926] Kallmeyer/Zimmermann, § 76 UmwG Rn. 4; Lutter/Grunewald § 76 UmwG Rn. 3.
[1927] Zum früheren Aktienrecht KK-AktG/Kraft, § 353 Rn. 10.
[1928] Vgl. Kallmeyer/Marsch-Barner, UmwG, § 36 Rn. 10; vgl. Teil 2 Rdn. 352 ff.

- die Zerlegung des Grundkapitals entweder in Nennbetragsaktien oder in Stückaktien, bei Nennbetragsaktien deren Nennbeträge und die Zahl der Aktien jeden Nennbetrags, bei Stückaktien deren Zahl,
- ggf. Aktiengattungen,
- ob Inhaber- oder Namensaktien ausgegeben werden (wobei die Beschränkung in § 10 Abs. 1 AktG bzgl. Inhaberaktien zu beachten sind),
- Zahl der Vorstandsmitglieder oder die Regelung über die Festlegung dieser Zahl und
- Form der Bekanntmachung der Gesellschaft. Die Vorschrift wird ergänzt durch § 25, wonach der Bundesanzeiger als Pflichtgesellschaftsblatt zwingend angegeben ist.

Bei der Angabe des Grundkapitals sind die im § 6 und § 7 AktG genannten Voraussetzungen zu beachten. Nach § 6 muss das Grundkapital auf einen Nennbetrag in Euro lauten und nach § 7 mindestens 50.000,00 € betragen. Notwendig sind auch Angaben über die Aktienform (Nennbetrags- oder Stückaktien), über die Einteilung des Grundkapitals (Nennbeträge bzw. Aktienzahl) und über die Aktiengattung und die Zahl der Aktien jeder Gattung, wenn mehrere Gattungen bestehen. Durch das Stückaktiengesetz v. 25.03.1998 sind auch Stückaktien zulässig. Bei der Stückaktie handelt es sich um eine unechte nennwertlose Aktie. Der Mindestnennbetrag beträgt einen Euro, höhere Nennbeträge sind zulässig. Diese müssen auf volle Euro lauten. § 8 Abs. 3 Satz 1 AktG ermöglicht der Gesellschaft die Einführung sog. »unechter nennwertloser« Stückaktien. Diese sind nach § 8 Abs. 2 Satz 2 AktG am Grundkapital im gleichen Umfang beteiligt und dürfen nach Satz 3 dieser Bestimmung den Betrag von einem Euro nicht unterschreiten. Als »unechte nennwertlose Aktie« ist die Stückaktie dadurch gekennzeichnet, dass das nennbetragsmäßig festgesetzte Grundkapital der Gesellschaft, §§ 6 und 7 AktG, in Aktien zerlegt ist, welche jeweils einen Teilbetrag des Grundkapitals repräsentieren. Die **Aktien der neuen Gesellschaft** werden von den Gründern übernommen (§ 29 AktG) und dann von den Aktionären der sich vereinigenden Gesellschaften kraft Gesetzes erworben.[1929] Gründer sind die übertragenden Rechtsträger.[1930]

1168

§ 74 UmwG bestimmt schließlich, dass in die Satzung die Festsetzung über Sondervorteile, Gründungsaufwand, Sacheinlagen und Sachübernahmen, die in den Gesellschaftsverträgen, Satzungen oder Satzungen der übertragenden Rechtsträger enthalten waren, zu übernehmen sind.

1169

4. Gründungsbericht und Gründungsprüfung

Bzgl. Bericht und Prüfung gelten die allgemeinen Voraussetzungen (vgl. dazu Teil 2 Rdn. 374 ff.).

1170

5. Organbestellung

Die **Gründer** der neu errichteten Gesellschaft bei der Verschmelzung durch Neubildung sind die sich vereinigenden Gesellschaften und nicht deren Gesellschafter (vgl. oben Teil 2 Rdn. 362 f.). Sowohl die Feststellung der Satzung als auch die Bestimmung der Organe in der neuen Gesellschaft erfolgt somit durch die vertretungsberechtigten Organe der übertragenden Gesellschaften. Die **Gründer der neu errichteten Gesellschaft** bei der Verschmelzung durch Neubildung sind **die sich vereinigenden Gesellschaften** und nicht deren Gesellschafter.[1931]

1171

Zweckmäßigerweise wird auch gleichzeitig mit dem Abschluss des Gesellschaftsvertrages der neuen Gesellschaft die **Bestellung des ersten Vorstandes** der neugegründeten Gesellschaft vorgenommen (vgl. oben Teil 2 Rdn. 362).

1929 Vgl. Lutter/Grunewald, § 36 UmwG Rn. 14 ff.
1930 Kallmeyer/Marsch-Barner, UmwG, § 36 UmwG Rn. 8; Lutter/Grunewald, § 36 UmwG Rn. 14; BeckOGK/Benz/Weiß UmwG § 36 Rn. 76.
1931 Widmann/Mayer/Mayer, Umwandlungsrecht, § 36 UmwG Rn. 146; Kallmeyer/Marsch-Barner, § 36 UmwG Rn. 8; Lutter/Grunewald, UmwG, § 36 UmwG Rn. 14; BeckOGK/Benz/Weiß UmwG § 36 Rn. 76.

1172 Für die **Bestellung des ersten Aufsichtsrates** gilt nach § 36 Abs. 2 i. V. m. §§ 30, 31 AktG Folgendes:[1932] Da Unternehmen in die neue Gesellschaft eingebracht werden, sollen möglichst bald die nach dem **Mitbestimmungsgesetz** und **Betriebsverfassungsgesetz** vorgesehenen Arbeitnehmervertreter in den Aufsichtsrat kommen. Deshalb bestellen die Gründer, nicht wie bei einer Bargründung alle Mitglieder des Aufsichtsrats, sondern hier nur so viele Aufsichtsratsmitglieder, wie nach den gesetzlichen Vorschriften von der Hauptversammlung ohne Bindung an Wahlvorschläge zu wählen sind, jedoch mindestens drei.

Gem. **§ 76 Abs. 2 Satz 2 UmwG** muss außerdem die Gesellschafter- bzw. Hauptversammlung jeder übertragenden Gesellschaft »durch Verschmelzungsbeschluss« der Bestellung des Aufsichtsrats der neuen Gesellschaft zustimmen. I. d. R. wird dieser Zustimmungsbeschluss mit dem Beschluss über die Zustimmung zur Verschmelzung und zur Satzung der neuen Gesellschaft gemeinsam gefasst. Umstritten ist, ob die Bestimmung im Verschmelzungsvertrag erfolgen muss.[1933]

Die Bestellung des ersten Aufsichtsrates durch die Gründer bedarf nach § 30 Abs. 1 Satz 2 AktG der **notariellen Beurkundung**.[1934] In die Urkunde sind aufzunehmen:
– Anwesenheit der Gründer und jeweils auf sie entfallende Aktiennennbeträge;
– Inhalt ihrer Erklärungen und die Namen der Gewählten.[1935]

1173 Nach § 31 Abs. 1 AktG haben die Gründer **nur so viele Aufsichtsratsmitglieder** zu bestellen, wie nach den gesetzlichen Vorschriften, die nach ihrer Ansicht nach der Einbringung oder Übernahme für die Zusammenrechnung des Aufsichtsrates maßgebend sind, von der Hauptversammlung ohne Bindung an Wahlvorschläge zu wählen sind, mindestens jedoch drei Aufsichtsratsmitglieder. Die Vorschrift will sicherstellen, dass die Arbeitnehmer im Aufsichtsrat baldmöglichst vertreten sind. Demnach können die Gründer nicht, sofern es sich um einen mitbestimmten Aufsichtsrat handelt, alle Mitglieder des ersten Aufsichtsrates nach § 30 AktG bestellen, sondern nur so viele, wie nach den mitbestimmungsrechtlichen Vorschriften von der Hauptversammlung der neuen AG ohne Bindung an Wahlvorschläge zu wählen wären, mindestens jedoch drei Aufsichtsratsmitglieder. Im Anschluss folgt dann das Verfahren nach § 31 Abs. 3 AktG. Finden Mitbestimmungsgesetze Anwendung, wird der Aufsichtsrat durch Wahl der Arbeitnehmervertreter nach Maßgabe des jeweiligen Aufsichtsratssystems ergänzt.

▶ Hinweis:

1174 In der Praxis empfiehlt es sich, die Bestellung der Mitglieder des ersten Aufsichtsrates, soweit er durch die Gründer bestellt werden kann, bereits im Verschmelzungsvertrag vorzusehen, da dann das Beurkundungserfordernis gewahrt wird.[1936] Werden die Verschmelzungsbeschlüsse vor Beurkundung des Verschmelzungsvertrages gefasst, wird die Bestellung des ersten Aufsichtsrates erst mit Beurkundung des Verschmelzungsvertrages wirksam.[1937]

1932 Vgl. Widmann/Mayer/Mayer, § 36 UmwG Rn. 176; Widmann/Mayer/Rieger, § 76 UmwG Rn. 18; Lutter/Grunewald, UmwG, § 76 Rn. 8 f.; Kallmeyer/Zimmermann, UmwG, § 76 Rn. 6; Hüffer/Koch § 31 AktG Rn. 1; BeckOGK/Weiß UmwG § 76 Rn. 25 ff.
1933 So Kallmeyer/Zimmermann, UmwG, § 76 Rn. 7; Diekmann in: Semler/Stengel, § 76 UmwG Rn. 12, Kölner KommUmwG/Simon § 76 UmwG Rn. 19; anders Widmann/Mayer/Rieger, § 76 UmwG Rn. 18; BeckOGK/Weiß UmwG § 76 Rn. 26 rät davon ab.
1934 Widmann/Mayer/Rieger, § 76 UmwG Rn. 18; Lutter/Grunewald, UmwG, § 76 Rn. 8 f.; Kallmeyer/Zimmermann, UmwG, § 76 Rn. 6; BeckOGK/Weiß UmwG § 76 Rn. 26.
1935 Vgl. Hüffer/Koch, AktG, § 30 Rn. 3; MünchKommAktG/Pentz § 30 Rn. 13.
1936 Vgl. Widmann/Mayer/Mayer, Umwandlungsrecht, § 36 UmwG Rn. 177; Widmann/Mayer/Rieger, § 76 UmwG Rn. 18; BeckOGK/Weiß UmwG § 76 Rn. 26.
1937 Diekmann in: Semler/Stengel, § 76 UmwG Rn. 11; Lutter/Grunewald, UmwG, § 76 Rn. 8; Widmann/Mayer/Rieger, § 76 UmwG Rn. 18 unter Aufgabe der Meinung, dass ein Aufsichtsrat nur bestellt werden kann, wenn zumindest eine Vor-AG entstanden war.

D. Verschmelzung von AG

Nach § 76 Abs. 2 Satz 2 UmwG bedarf die Aufsichtsratsbestellung der **Zustimmung der Anteilsinhaber** jeder der übertragenden Rechtsträger. Für die Bekanntmachung der Tagesordnung zur Zustimmung zur Bestellung der Aufsichtsratsmitglieder gelten gem. § 76 Abs. 2 Satz 3 UmwG die Bestimmungen des § 124 Abs. 3 Satz 1 und 3 AktG;[1938] d. h. der Name, der Beruf und der Wohnort der Aufsichtsratsmitglieder sind anzugeben.

XIII. Handelsregisteranmeldung

Vgl. zunächst die Ausführungen zu Teil 2 Rdn. 633 ff. Im Folgenden soll nur auf **Besonderheiten** eingegangen werden.

1175

Nach § 62 Abs. 2 UmwG können die Aktionäre der übernehmenden Gesellschaft u. U. die **Einberufung** einer nach § 62 Abs. 1 UmwG **an sich nicht erforderlichen Hauptversammlung** verlangen. In der Bekanntmachung ist auf dieses Recht hinzuweisen. Der Anmeldung ist der Nachweis der Bekanntmachung beizufügen und der Vorstand hat bei der Anmeldung zu erklären, ob ein Antrag auf Einberufung einer Hauptversammlung gestellt worden ist.

1176

Die Verschmelzung darf i. Ü. erst eingetragen werden, wenn der für den Empfang der zu gewährenden Aktien und baren Zuzahlungen bestellte **Treuhänder** dem Gericht angezeigt hat, dass er im Besitz der Aktien und der im Verschmelzungsvertrag festgesetzten baren Zuzahlungen ist (§ 71 Abs. 1 Satz 2 UmwG).

1177

XIV. Muster

1. Verschmelzungsvertrag bei Verschmelzung durch Aufnahme

a) Verschmelzungsvertrag

▶ Muster: Verschmelzungsvertrag bei Verschmelzung durch Aufnahme

UR.Nr. für……

1178

Verhandelt zu……

am……

Vor dem unterzeichnenden

…..

Notar mit dem Amtssitz in……

erschienen:

1.

a) Herr (Name, Geburtsdatum, Adresse),

b) Frau (Name, Geburtsdatum, Adresse),

beide handelnd nicht im eigenen Namen, sondern als gemeinsam vertretungsberechtigte Vorstandsmitglieder der A-AG mit dem Sitz in……, eingetragen im Handelsregister des Amtsgerichts…… unter HRB……,

2. Herr (Name, Geburtsdatum, Adresse),

handelnd nicht im eigenen Namen, sondern als alleinvertretungsberechtigtes Vorstandsmitglied der B-AG mit dem Sitz in……, eingetragen im Handelsregister des Amtsgerichts…… unter HRB……

Die Erschienenen weisen sich dem Notar gegenüber aus durch Vorlage ihrer amtlichen Lichtbildausweise.

[1938] Widmann/Mayer/Rieger, Umwandlungsrecht, § 76 UmwG Rn. 15.

Die Erschienenen ließen folgenden

Verschmelzungsvertrag

beurkunden und erklärten, handelnd wie angegeben:

I. Vermögensübertragung

Die A-AG überträgt ihr Vermögen als Ganzes mit allen Rechten und Pflichten unter Ausschluss der Abwicklung auf die B-AG im Wege der Verschmelzung durch Aufnahme. Die B-AG gewährt als Ausgleich hierfür den Aktionären der A-AG Aktien an der B-AG.

II. Gegenleistung

1. Die B-AG gewährt mit Wirksamwerden der Verschmelzung den Aktionären der A-AG für je…… Inhaberaktien der A-AG im Nennbetrag von je 50,00 €.…. Namensaktien der B-AG im Nennbetrag von je 50,00 €.

2. Bare Zuzahlungen werden nicht geleistet.

3. Die Namensaktien werden kostenfrei und mit Gewinnbezugsrecht ab dem…… gewährt.

4. Das Umtauschverhältnis beträgt:……

5. Zur Durchführung der Verschmelzung wird die B-AG ihr Grundkapital von…… € um…… € auf…… € durch Ausgabe von…. Namensaktien im Nennbetrag von je 50,00 € mit Gewinnbezugsberechtigung ab dem…… erhöhen.

6. Die A-AG bestellt als Treuhänder für den Empfang der zu gewährenden Aktien und deren Aushändigung an die Aktionäre der A-AG die…… Bank AG mit dem Sitz in…… Die B-AG wird die Aktien dem Treuhänder vor der Eintragung in das Handelsregister übergeben und ihn anweisen, die Aktien nach Eintragung der Verschmelzung Zug um Zug gegen Aushändigung der Aktien an der A-AG zu übergeben.

III. Bilanzstichtag

Der Verschmelzung wird die mit dem uneingeschränkten Bestätigungsvermerk des Wirtschaftsprüfers…… in…… versehene Bilanz der A-AG zum…… als Schlussbilanz zugrunde gelegt.

IV. Verschmelzungsstichtag

Die Übernahme des Vermögens der A-AG erfolgt im Innenverhältnis mit Wirkung zum Ablauf des…… Vom…… an gelten alle Handlungen und Geschäfte der A-AG als für Rechnung der B-AG vorgenommen.

V. Besondere Rechte

Besondere Rechte i. S. v. § 5 Abs. 1 Nr. 7 UmwG bestehen bei der B-AG nicht. Einzelnen Anteilsinhabern werden i. R. d. Verschmelzung keine besonderen Rechte gewährt.

VI. Besondere Vorteile

Besondere Vorteile i. S. v. § 5 Abs. 1 Nr. 8 UmwG werden weder einem Mitglied eines Vertretungs- oder Aufsichtsorgans, noch dem Abschlussprüfer oder dem Verschmelzungsprüfer gewährt.

VII. Folgen der Verschmelzung für Arbeitnehmer und ihre Vertretungen

Für die Arbeitnehmer der an der Verschmelzung beteiligten Gesellschaften und ihre Vertretungen ergeben sich folgende Auswirkungen……

Folgende Maßnahmen sind vorgesehen……

VIII. Bedingungen

Der Verschmelzungsvertrag steht unter der aufschiebenden Bedingung, dass
a) die formgerechten Zustimmungsbeschlüsse der Hauptversammlung beider AG bis zum…… vorliegen,
b) die Hauptversammlung der B-AG mit Zustimmungsbeschluss die vorstehende Kapitalerhöhung beschließt.

D. Verschmelzung von AG Teil 2 Kapitel 2

IX. Kosten

Die durch diesen Vertrag und seine Durchführung bei den beiden Gesellschaften entstehenden Kosten trägt die B-AG. Sollte die Verschmelzung nicht wirksam werden, tragen die Kosten dieses Vertrages die Gesellschaften zu gleichen Teilen; alle übrigen Kosten trägt die jeweils betroffene Gesellschaft allein.

Diese Niederschrift wurde den Erschienenen vom Notar vorgelesen, von ihnen genehmigt und von ihnen und dem Notar eigenhändig, wie folgt, unterschrieben:

......

b) *Verschmelzungsbericht*

▶ Muster: Verschmelzungsbericht

Gemeinsamer Bericht der Vorstände über die Verschmelzung der A-AG mit der B-AG   1179

Zwischen der A-AG, Sitz München, und der B-AG, Sitz Frankfurt, wurde am...... ein notarieller Verschmelzungsvertrag abgeschlossen, mit dem die A-AG ihr gesamtes Vermögen auf die B-AG im Wege der Verschmelzung übertragen hat. Der als Anlage 1 beigefügte Verschmelzungsvertrag wird in ordentlicher Hauptversammlung der A-AG am...... und der B-AG am...... zur Zustimmung vorgelegt. Die Vorstände der A und B haben beim Landgericht X am...... den Antrag auf Bestellung von Verschmelzungsprüfern gemäß § 10 Abs. 1 UmwG gestellt. Das Landgericht X hat mit Beschluss vom...... die Wirtschaftsprüfungsgesellschaft Z und die Wirtschaftsprüfungsgesellschaft W zu Verschmelzungsprüfern bestellt. Zur Unterrichtung der Aktionäre erstatten die Vorstände beider Gesellschaften gemäß § 8 UmwG den folgenden Verschmelzungsbericht:

1.

Die A-AG ist unter HRB 1356 im Handelsregister des Amtsgerichts München eingetragen. Gegenstand des Unternehmens ist der Betrieb einer Baumwollspinnerei. Die B-AG ist im Handelsregister des Amtsgerichts Frankfurt unter HRB 2315 eingetragen.

Gegenstand des Unternehmens ist der Handel mit Wollrohprodukten am gesamten Weltmarkt.

2.

Durch die Verschmelzung der A mit der B soll das Wettbewerbspotenzial der B erweitert werden und durch kostengünstigen Erwerb von Wollrohprodukten Synergieeffekte erreicht werden. Bereits heute findet zwischen den Gesellschaften eine sehr enge Kooperation aufgrund von ständigen Lieferbeziehungen statt, diese soll durch die Verschmelzung dauerhaft intensiviert werden. Schon aufgrund dieser Fakten und Überlegungen halten es die Vorstände der beiden Gesellschaften für notwendig, die Kräfte, die in den einzelnen Gesellschaften vorhanden sind, durch eine Fusion so rasch wie möglich wirkungsvoll zu bündeln, um auf diese Weise auch dem verstärkten Wettbewerb aus dem asiatischen Raum begegnen zu können.

3.

Die Verschmelzung zwischen A und B soll in der Weise vollzogen werden, dass die A-AG ihr Vermögen als Ganzes mit allen Rechten und Pflichten auf die B-AG überträgt. Nach Zustimmung durch die Hauptversammlung erfolgt die Übertragung auf der Grundlage des Jahresabschlusses der A-AG zum 31.12...... als Schlussbilanz. Ab 01.01. des Folgejahres gelten dann im Innenverhältnis die Geschäfte der A-AG als Verrechnung der übernehmenden Gesellschaft vorgenommen.

4.

Der Verschmelzungsvertrag erhält darüber hinaus folgende Bestimmungen, die wie folgt im Einzelnen erläutert werden:......

5.

Die B-AG hat sich verpflichtet, den Aktionären der A-AG als Gegenleistung kostenfrei für je zwei Namensaktien der A-AG im Nennwert von je 50,00 € je eine Aktie der B-AG im Nennwert von je 50,00 € mit Gewinnberechtigung ab 01.01. zu gewähren. Die Aktien werden auf die Aktionäre der A-AG im Verhältnis ihrer bisherigen Beteiligung verteilt. Das zugrundeliegende Umtauschverhältnis beträgt somit 1:2. Dementsprechend ist zur Durchführung der Verschmelzung die Erhöhung des Grundkapitals der B-AG von zwei Mio. € um eine Mio. € auf drei Mio. € vorgesehen. Die Satzung der A-AG soll die aus der Anlage zu diesem Bericht ersichtliche Fassung erhalten.

Die X-Bank hat die Aufgabe eines Treuhänders übernommen und wird als solcher den Aktionären der A-AG die Aktien der übernehmenden Gesellschaft Zug um Zug gegen Aushändigung ihrer Aktien übergeben.

Aus Anlass der Verschmelzung werden weder den Aktionären noch den Mitgliedern des Aufsichtsrates oder des Vorstandes oder dem Verschmelzungsprüfer besondere Rechte gewährt.

6.

Das Umtauschverhältnis von den Aktien der A in Aktien der B oder auf der Grundlage eines im Auftrag beider Gesellschaften von der Z-Wirtschaftsprüfungsgesellschaft und der W-Wirtschaftsprüfungsgesellschaft gemeinsam erstatteten Gutachtens zur Bewertung der beiden Unternehmen wird ermittelt. Die beiden Wirtschaftsprüfungsgesellschaften haben hierbei das Ertragswertverfahren angewendet und auf der Grundlage folgender Unternehmenswerte für die Jahre 1989 bis 1994 folgende Erträge ermittelt.

(*Anm.*: Es folgen u. U. weitere Ausführungen zur Ermittlung des Umtauschverhältnisses)......

Besondere Schwierigkeiten bei der Bewertung der Unternehmen haben sich nicht ergeben.

Die Verschmelzungsprüfer haben die Angemessenheit der festgelegten Umtauschverhältnisse bestätigt.

Anlage 1: Verschmelzungsvertrag

Anlage 2: Bericht über die Verschmelzungsprüfung des Vertragsentwurfs

c) Zustimmungsbeschluss bei der übernehmenden Gesellschaft

▶ Muster: Zustimmungsbeschluss bei der übernehmenden Gesellschaft

Hauptversammlungsniederschrift

Heute, den......

begab ich mich, der unterzeichnende Notar......, mit Amtssitz in......, auf Ansuchen in das Verwaltungsgebäude der Firma A-AG mit Sitz in München, um an der dorthin auf heute 10.00 Uhr einberufenen

ordentlichen Hauptversammlung

der Aktionäre der Firma A-AG teilzunehmen und über den Gang der Verhandlung sowie über die gefassten Beschlüsse die gesetzlich vorgeschriebene

Niederschrift

zu errichten wie folgt:

I.

Anwesend waren:
1. Vom Aufsichtsrat der Gesellschaft:
   a) Herr W, Kaufmann, wohnhaft in......, (Vorsitzender),
   b) Herr Z, Kaufmann, wohnhaft in......,
   c) Herr Y, Unternehmer, wohnhaft in......
2. Vom Vorstand der Gesellschaft:
   a) Herr A, Dipl.-Ing., wohnhaft in......, (Vorsitzender),
   b) Herr B, Kaufmann, wohnhaft in......

D. Verschmelzung von AG

3. Die im Teilnehmerverzeichnis nebst Nachträgen aufgeführten Aktionäre und Vertreter. Sie haben ihre Berechtigung zur Teilnahme an der Hauptversammlung und zur Ausübung des Stimmrechts i. S. d. Satzung und Einladung ordnungsgemäß nachgewiesen.

II.

Den Vorsitz der Versammlung führte der Vorsitzende des Aufsichtsrates. Er eröffnete die Versammlung um 10.15 Uhr. Er stellte fest, dass die Hauptversammlung form- und fristgemäß durch Bekanntmachung im elektronischen Bundesanzeiger vom…… einberufen worden ist. Ein Ausdruck wurde mir, dem Notar, übergeben. Es ist dieser Niederschrift als Anlage 1 beigefügt. Die Bekanntmachung enthält folgende Tagesordnung:
1. Erläuterung des Verschmelzungsvertrages durch den Vorstand;
2. Beschluss über die Zustimmung zu dem Verschmelzungsvertrag mit der A-AG;
3. Beschluss über die Erhöhung des Grundkapitals von 2.000.000,00 € um 1.000.000,00 € auf 3.000.000,00 € durch Ausgabe von 20.000 auf den Namen lautenden Aktien im Nennbetrag von je 50,00 € mit Gewinnbezugsberechtigung ab 01.01.…… Die neuen Aktien werden als Gegenleistung für die Übertragung des Vermögens der A-AG im Wege der Verschmelzung ausgegeben, und zwar im Verhältnis von je zwei Aktien der A-AG mit dem Betrag von je 50,00 € zu einer Aktie der B-AG im Nennbetrag von 50,00 €. Der Vorstand wird ermächtigt, die Einzelheiten der Kapitalerhöhung und ihrer Durchführung festzulegen.
4. Beschluss über die Änderung von § 5 Abs. 1 der Satzung (Grundkapitals): »Das Grundkapital beträgt 3.000.000,00 € und ist – eingeteilt in 60.000 Stück Aktien im Nennbetrag von je 50,00 €. Die Aktien lauten auf den Namen.«

Anschließend wies er auf die Einsichtsmöglichkeit in das Verzeichnis der erschienenen oder vertretenen Aktionäre hin, nachdem er erklärt hatte, dass sämtliche in dem Verzeichnis aufgeführten Aktionäre ihre Berechtigung zur Teilnahme an der Hauptversammlung ordnungsgemäß nachgewiesen haben. Das Teilnehmerverzeichnis wurde von der ersten Abstimmung an für die gesamte Dauer der Hauptversammlung zur Einsicht allen Teilnehmern zugänglich gemacht. Bei Änderungen in der Präsenz fertigte der Vorsitzende vor jeder Abstimmung Nachträge, die ebenfalls für die restliche Dauer zugänglich gemacht wurden. Er stellte die Präsenz vor jeder Abstimmung fest und gab diese bekannt. Der Vorsitzende erklärte, dass die Abstimmung durch Handaufheben stattfinden werde, soweit nicht eine andere Abstimmungsart für eine Abstimmung angeordnet werde.

Der Vorsitzende stellte weiter fest, dass der Verschmelzungsvertrag vor der Einberufung der Hauptversammlung zu den Registerakten der Gesellschaft bei dem Handelsregister des Amtsgerichts in…… eingereicht worden ist. Er stellte ferner fest, dass von der Einberufung der Hauptversammlung an in dem Geschäftsraum der Gesellschaft folgende Unterlagen zur Einsicht der Aktionäre ausgelegen haben und diese auch während der Dauer der Hauptversammlung im Versammlungssaal ausliegen:
1. Verschmelzungsvertrag vom……,
2. Jahresabschlüsse und Lageberichte der übertragenden und der übernehmenden Gesellschaft der letzten drei Geschäftsjahre,
3. Verschmelzungsberichte der beiden Vorstände,
4. Prüfungsberichte der Verschmelzungsprüfer bzgl. beider Gesellschaften.

Der Verschmelzungsvertrag wird dieser Niederschrift als Anlage 3 beigefügt.

Daraufhin wurde die **Tagesordnung** wie folgt erledigt:

Punkt 1: Erläuterung des Verschmelzungsvertrages

Der Vorstandsvorsitzende erläuterte den Verschmelzungsvertrag vom…… und begründete insbes. die Zweckmäßigkeit der Verschmelzung und das Umtauschverhältnis der Aktien. Auch die weiteren Punkte des Verschmelzungsvertrages wurden vom Vorstand erläutert. Verschiedenen Aktionären wurden Auskünfte über die für die Verschmelzung wesentlichen Angelegenheiten erteilt. Auf Verlesung wurde einstimmig verzichtet.

Punkt 2: Zustimmung zu dem Verschmelzungsvertrag

Es wurde durch Handaufheben abgestimmt.

Der Vorsitzende stellte fest:

Das Grundkapital der Gesellschaft beträgt 2.000.000,00 €.

Es ist eingeteilt in 40.000 Aktien im Nennbetrag von je 50,00 €. Hiervon sind

35.600 Aktien

mit 35.600 Stimmen (89 % vom Grundkapital) durch Aktionäre bzw. Vertretern von Aktionären vertreten. Das Teilnehmerverzeichnis wurde vor der ersten Abstimmung zur Einsicht für alle Teilnehmer ausgelegt und lag während der ganzen Dauer der Versammlung auf.

Vorstand und Aufsichtsrat schlagen vor, dem Verschmelzungsvertrag vom…… mit der A-AG zuzustimmen.

Die Hauptversammlung fasste entsprechend dem Antrag den Beschluss mit den nachfolgend genannten Stimmen:

Aktuelle Präsenz: ..... Stimmen.
abgegebene gültige Stimmen: ..... Stimmen
Das entspricht:
vertretenes Grundkapital: ..... %
Enthaltungen: ..... (... %)
Nein-Stimmen: ..... (... %)
Ja-Stimmen: ..... (.... %)

Der Vorsitzende gab das Abstimmungsergebnis bekannt und stellte fest, dass die Verschmelzung mit der A-AG durch Zustimmung zu dem Verschmelzungsvertrag vom…… mit mehr als 3/4 – Mehrheit des vertretenen Grundkapitals beschlossen ist.

Punkt 3: Erhöhung des Grundkapitals der Gesellschaft

Es wurde durch Handaufheben abgestimmt. Der Vorsitzende stellte fest, dass keine Änderung im Teilnehmerkreis stattgefunden hat.

Vorstand und Aufsichtsrat schlugen folgenden Kapitalerhöhungsbeschluss vor:

»Das Grundkapital der Gesellschaft wird von zurzeit 2.000.000,00 € um 1.000.000,00 € auf 3.000.000,00 € erhöht durch Ausgabe von 20.000 Stück auf den Namen lautenden Aktien im Nennbetrag von je 50,00 € mit Gewinnberechtigung ab 01.01…… Die neuen Aktien werden als Gegenleistung für die Übertragung des Vermögens der A-AG im Wege der Verschmelzung an die Aktionäre der A-AG ausgegeben, und zwar im Verhältnis von je zwei Aktien der A-AG mit dem Betrag von je 50,00 € zu einer Aktie der B-AG im Nennbetrag von 50,00 €. Der Vorstand wird ermächtigt, die weiteren Einzelheiten der Kapitalerhöhung und ihrer Durchführung festzusetzen.«

Die Hauptversammlung fasste entsprechend dem Antrag den Beschluss mit den nachfolgend genannten Stimmen:

Aktuelle Präsenz: ..... Stimmen.
abgegebene gültige Stimmen: ..... Stimmen
Das entspricht:
vertretenes Grundkapital: ..... %
Enthaltungen: ..... (... %)
Nein-Stimmen: ..... (... %)
Ja-Stimmen: ..... (.... %)

Der Vorsitzende gab das Abstimmungsergebnis bekannt und stellte fest, dass die Kapitalerhöhung zur Durchführung der Verschmelzung mit mehr als 3/4 – Mehrheit des vertretenen Grundkapitals beschlossen ist.

Punkt 4: Änderung der Satzung § 5 Abs. 1 (Grundkapital)

Der Vorsitzende stellte fest, dass der Aktionär Reinhard Müller die Hauptversammlung verlassen hat, ohne Vollmacht zu erteilen. Nach dem Teilnehmerverzeichnis sind nunmehr Aktien im Nennbetrag von 1.970.000,00 € mit 39.400 Stimmen vertreten. Diese Veränderung wurde in einem Nachtrag zum Teilnehmerverzeichnis vermerkt. Der Nachtrag wurde zur Einsicht ausgelegt.

Die Versammlung beschloss einstimmig durch Handaufheben entsprechend dem Vorschlag des Vorstandes und des Aufsichtsrates. § 5 Abs. 1 der Satzung erhält folgende Fassung:

»Das Grundkapital beträgt 3.000.000,00 € und ist eingeteilt in 60.000 Stück Aktien im Nennbetrag von je 50,00 €. Die Aktien lauten auf den Namen.«

Die Hauptversammlung fasste entsprechend dem Antrag den Beschluss mit den nachfolgend genannten Stimmen:

Aktuelle Präsenz:	……. Stimmen.
abgegebene gültige Stimmen:	……. Stimmen
Das entspricht:	
vertretenes Grundkapital:	….. %
Enthaltungen:	….. (… %)
Nein-Stimmen:	….. (… %)
Ja-Stimmen:	….. (…%)

Der Vorsitzende gab das Abstimmungsergebnis bekannt und stellte fest, dass die Satzungsänderung einstimmig beschlossen ist.

Gegen keinen der Beschlüsse wurde Widerspruch zur Niederschrift erklärt.

Damit war die Tagesordnung erledigt. Der Vorsitzende schloss die Hauptversammlung um 19.00 Uhr.

Die Niederschrift wurde vom Notar wie folgt unterschrieben:

…..

Anlage 1: Belegexemplar vom elektronischen Bundesanzeiger

Anlage 2: Verschmelzungsvertrag vom……

d) Zustimmungsbeschluss bei der übertragenden Gesellschaft

▶ Muster: Zustimmungsbeschluss bei der übertragenden Gesellschaft

– **Auszug aus dem notariellen Protokoll** –

Zu Punkt 1:

Der Vorstandsvorsitzende erläutert den Verschmelzungsvertrag vom…… und begründete insbes. die Zweckmäßigkeit der Verschmelzung des Umtauschverhältnisses der Aktien. Auf Vorlesen wurde einstimmig verzichtet.

Zu Punkt 2:

Der Vorsitzende stellte fest, dass der Verschmelzungsvertrag, die Jahresabschlüsse und die Geschäftsberichte der beteiligten Gesellschaften für die letzten drei Geschäftsjahre, die Verschmelzungsberichte und die Prüfungsberichte von der Einberufung der Hauptversammlung in den Geschäftsräumen der Gesellschaft zur Einsicht der Aktionäre ausgelegen haben und auch in der Hauptversammlung ausliegen.

Zu Punkt 3:

Die Hauptversammlung fasste einstimmig den Beschluss, den Verschmelzungsvertrag vom…… zu genehmigen.

Der Vorsitzende verkündete das Zustandekommen des Beschlusses. Der Verschmelzungsvertrag ist dieser Niederschrift als Anlage beigefügt. Widerspruch zum Protokoll wurde nicht erklärt.

e) Handelsregisteranmeldungen

aa) Anmeldung für die übertragende AG bei Verschmelzung durch Aufnahme

▶ Muster: Handelsregisteranmeldung für die übertragende AG bei Verschmelzung zur Aufnahme

1182 An das

Amtsgericht

– Handelsregister B –

Betrifft: HRB...... – A-AG

Elektronische Übermittlung

In der Anlage überreichen wir, die unterzeichnenden gemeinschaftlich vertretungsberechtigten Vorstandsmitglieder der A-AG:
1. elektronisch beglaubigte Abschrift des Verschmelzungsvertrages vom...... – UR.Nr....... des beglaubigenden Notars –,
2. elektronisch beglaubigte Abschrift des Zustimmungsbeschlusses der Hauptversammlung der A-AG vom...... – UR.Nr....... des beglaubigenden Notars –,
3. elektronisch beglaubigte Abschrift des Zustimmungsbeschlusses der Hauptversammlung der B-AG vom...... – UR.Nr....... des beglaubigenden Notars –,
4. elektronisch beglaubigte Abschrift des Verschmelzungsberichtes,
5. elektronisch beglaubigte Abschrift des Berichtes der Verschmelzungsprüfer,
6. elektronisch beglaubigte Abschrift des Nachweises über die Zuleitung des Entwurfs des Verschmelzungsvertrages an die Betriebsräte,
7. elektronisch beglaubigte Abschrift der Schlussbilanz der A-AG zum Verschmelzungsstichtag

und melden zur Eintragung in das Handelsregister an:

Die A-AG ist auf die B-AG als übernehmende Gesellschaft im Wege der Verschmelzung durch Aufnahme verschmolzen.

Wir erklären, dass weder der Verschmelzungsbeschluss der Aktionäre der A-AG noch der Verschmelzungsbeschluss der Aktionäre der B-AG angefochten worden ist.

Die Anzeige des Treuhänders nach § 71 Abs. 1 Satz 2 UmwG wird dem Registergericht unmittelbar durch den Treuhänder zugeleitet.

Ggf. weitere Angaben

....., den......

.....

(Beglaubigungsvermerk)

bb) Anmeldung für die übernehmende AG bei Verschmelzung durch Aufnahme

▶ Muster: Handelsregisteranmeldung für die übernehmende AG bei Verschmelzung durch Aufnahme

1183 An das

Amtsgericht

– Handelsregister B –

Betrifft:

HRB...... – B-AG

In der Anlage überreichen wir, die unterzeichnenden gemeinschaftlich vertretungsberechtigten Vorstandsmitglieder der B-AG:

1. elektronisch beglaubigte Abschrift des Verschmelzungsvertrages vom…… – UR.Nr.…… des beglaubigenden Notars –,
2. elektronisch beglaubigte Abschrift des Zustimmungsbeschlusses der Hauptversammlung der A-AG vom…… – UR.Nr.…… des beglaubigenden Notars –,
3. elektronisch beglaubigte Abschrift des Zustimmungsbeschlusses der Hauptversammlung der B-AG vom…… – UR.Nr.…… des beglaubigenden Notars –,
4. Verschmelzungsbericht,
5. Bericht der Verschmelzungsprüfer,
6. Nachweis über die Zuleitung des Entwurfs des Verschmelzungsvertrages an die Betriebsräte,
7. Berechnung der Kosten, die für die Gesellschaft durch die Ausgabe der neuen Aktien entstehen werden,
8. Vollständigen Satzungswortlaut mit notarieller Übereinstimmungsbescheinigung,

und melden zur Eintragung in das Handelsregister an:

1. Die A-AG ist auf die B-AG im Wege der Verschmelzung durch Aufnahme verschmolzen.
2. Die Hauptversammlung der Gesellschaft vom…… hat die Erhöhung des Grundkapitals von…… € um…… € auf…… € beschlossen. Die Erhöhung des Grundkapitals ist aufgrund der Zustimmung beider Gesellschaften zum Verschmelzungsvertrag durchgeführt.…… der Satzung – Grundkapital – ist in Anpassung an die Kapitalerhöhung geändert.

Hierzu erklären wir:

Die Kapitalerhöhung nach § 69 UmwG dient der Durchführung der Verschmelzung der A-AG mit der B-AG. Die Hauptversammlungen beider Gesellschaften haben dem Verschmelzungsvertrag zugestimmt.

Ferner erklären wir, dass weder der Verschmelzungsbeschluss der Aktionäre der A-AG noch der Verschmelzungsbeschluss der Aktionäre der B-AG angefochten worden ist.

Die Anzeige des Treuhänders nach § 71 Abs. 1 Satz 2 UmwG wird dem Registergericht unmittelbar durch den Treuhänder zugeleitet.

Es wird darum gebeten, im Hinblick auf § 66 UmwG, zunächst die Kapitalerhöhung, die Durchführung der Kapitalerhöhung samt Satzungsänderung sowie zwei beglaubigte Handelsregisterauszügen zu übersenden.

Die inländische Geschäftsanschrift ist unverändert:…

….., den……

…..

(Beglaubigungsvermerk)

2. Mischverschmelzung von GmbH und AG durch Aufnahme bei 100 %igem Mutter-Tochterverhältnis

a) Verschmelzung

▶ Muster: Verschmelzungsvertrag bei Mischverschmelzung von GmbH und AG durch Aufnahme bei 100 %igem Mutter-Tochterverhältnis

Verhandelt zu……

am……

Vor dem Unterzeichnenden

…..

Notar mit Amtssitz in……

erschienen:

1. a) Herr (Name, Geburtsdatum, Adresse),
   b) Herr (Name, Geburtsdatum, Adresse)

beide handelnd nicht im eigenen Namen, sondern als gemeinsam vertretungsberechtigte Vorstandsmitglieder der A-AG mit Sitz in......, eingetragen im Handelsregister des AG...... unter HRB......,
2. Herr (Name, Geburtsdatum, Adresse),
handelt nicht im eigenen Namen, sondern als alleinvertretungsberechtigter Geschäftsführer der B-GmbH mit Sitz in......, eingetragen im Handelsregister des AG...... unter HRB......

Die Erschienenen wiesen sich dem Notar gegenüber aus durch Vorlage ihrer amtlichen Lichtbildausweise. Vertretungsbescheinigung erfolgt gesondert.

Die Erschienenen ließen folgenden

Verschmelzungsvertrag

beurkunden und erklärten, handelnd wie angegeben:

A. Sachverhalt

Die A-AG hat ein Grundkapital von 25 Mio. €. Es ist vollständig eingezahlt und aufgeteilt in 25 Mio. Stück Namensaktien im Nennbetrag von je 1,00 €.

Das Stammkapital der B-GmbH beträgt 50.000,00 €. Es ist vollständig eingezahlt.

Die A-AG hat mit Geschäftsanteilskauf- und Übertragungsvertrag vom...... des Notars...... (UR.Nr......) sämtliche Geschäftsanteile der B-GmbH erworben. Es besteht daher ein 100 %iges Mutter-Tochter-Verhältnis, sodass keine Anteile gewährt werden müssen.

B. Verschmelzungsvertrag

I. Vermögensübertragung

Die B-GmbH überträgt ihr Vermögen als Ganzes mit allen Rechten und Pflichten unter Ausschluss der Abwicklung auf die A-AG im Wege der Verschmelzung durch Aufnahme.

II. Gegenleistung

Da die A-AG als übernehmende Gesellschaft 100 % der Anteile der B-GmbH als übertragender Gesellschaft innehat, darf sie gemäß § 68 Abs. 1 Nr. 1 UmwG keine Anteile gewähren und ihr Kapital nicht erhöhen.

III. Bilanzstichtag

Der Verschmelzung wird die mit dem uneingeschränkten Bestätigungsvermerk des Wirtschaftsprüfers...... in...... versehene Bilanz der B-GmbH zum...... als Schlussbilanz zugrunde gelegt.

IV. Verschmelzungsstichtag

Die Übernahme des Vermögens der B-GmbH erfolgt im Innenverhältnis mit Wirkung zum Beginn des 01.01...... Von diesem Zeitpunkt an gelten alle Handlungen und Geschäfte der B-GmbH als für Rechnung der A-GmbH vorgenommen.

V. Besondere Rechte

Die A-AG gewährte einzelnen Anteilsinhabern sowie den Inhabern besonderer Rechte, wie Anteile ohne Stimmrecht, mehr Stimmrechtsanteile, Schuldverschreibungen oder Genussrechte, keine besonderen Rechte i. S. d. § 5 Abs. 1 Nr. 7 UmwG. Ebenso sind für diese Personen keine besonderen Maßnahmen vorgesehen.

VI. Besondere Vorteile

Besondere Vorteile i. S. v. § 5 Abs. 1 Nr. 8 UmwG werden weder einem Mitglied eines Vertretungs- oder Aufsichtsorgans, noch dem Abschlussprüfer oder dem Verschmelzungsprüfer gewährt.

VII. Folgen der Verschmelzung für die Arbeitnehmer und ihre Vertretungen

Die übernehmende Gesellschaft tritt in die Rechte und Pflichten aus den am Verschmelzungsstichtag im Betrieb der übertragenden Gesellschaft bestehenden Arbeitsverhältnissen ein. Für Tarifverträge und Betriebsvereinbarungen gilt § 613a Abs. 1 BGB.

Widersprechen Arbeitnehmer dem Übergang des Arbeitsverhältnisses auf die übernehmende Gesellschaft, kann ein solcher Widerspruch zur Beendigung des Arbeitsverhältnisses durch Kündigung aus betrieblichen Gründen führen.

Soweit sich durch die Verschmelzung aufgrund wesentlicher Betriebsänderung die Zahl der Arbeitnehmer in den bisherigen Betrieben der übernehmenden und der übertragenden Gesellschaft oder die Zahl der Betriebe ändert, ergeben sich die Rechtsfolgen der §§ 17, 23 KSchG, §§ 1 ff., 47 ff., 60 BetrVG.

Es wird erwogen, den Betrieb der übertragenden Gesellschaft z. T. mit dem Betrieb der übernehmenden Gesellschaft in der...... -Straße in X-Stadt und z. T. mit dem Betrieb der übernehmenden Gesellschaft in der...... -Straße in X-Stadt zusammenzulegen. Sobald über diese Maßnahmen entschieden ist, werden die betrieblichen Mitverwaltungsrechte gewahrt.

VIII. Abfindungsangebot

Ein Abfindungsangebot ist wegen des 100 %igen Mutter-Tochterverhältnisses nicht erforderlich.

IX. Bedingungen

Der Verschmelzungsvertrag steht unter der aufschiebenden Bedingung, dass

a) die Gesellschafterversammlung der B-GmbH ihm zustimmt,

b) Hauptversammlung der übernehmenden Gesellschaft ihn mit einer Mehrheit von mindestens 3/4 des bei der Beschlussfassung vertretenen Grundkapitals zustimmt, es sei denn, dass nach Durchführung des Verfahrens nach § 62 Abs. 3 UmwG ein Verlangen von Aktionären nach § 62 Abs. 2 Satz 1 UmwG die Hauptversammlung einzuberufen, unterbleibt.

X. Kosten

Die durch diesen Vertrag und seine Durchführung bei den beiden Gesellschaften entstehenden Kosten trägt die A-AG. Sollte die Verschmelzung nicht wirksam werden, tragen die Kosten dieses Vertrages die Gesellschaften zu gleichen Teilen. Alle übrigen Kosten trägt die jeweils betroffene Gesellschaft allein.

Diese Niederschrift wurde den Erschienenen vom Notar vorgelesen, von ihnen genehmigt und von ihnen und vom Notar eigenhändig, wie folgt, unterschrieben:

.....

b) Zustimmung der Gesellschafterversammlung der übertragenden Gesellschaft (B-GmbH)

▶ Muster: Zustimmung der Gesellschafterversammlung der übertragenden Gesellschaft (B-GmbH)

Niederschrift über eine Gesellschafterversammlung 1185

Heute, den......

erschienen vor mir, dem unterzeichnenden Notar......, mit Amtssitz in...... an der Amtsstelle in......
1. Herr (Name, Geburtsdatum, Adresse),
2. Herr (Name, Geburtsdatum, Adresse),
beide handelnd nicht im eigenen Namen, sondern als gemeinsam vertretungsberechtigte Vorstandsmitglieder der A-AG mit Sitz in......, eingetragen im Handelsregister des AG...... unter HRB......

Die Erschienenen weisen sich dem Notar gegenüber aus durch Vorlage ihrer amtlichen Lichtbildausweise.

Auf Antrag beurkunde ich den vor mir abgegebenen Erklärungen gemäß Folgendes:

I. Sachstand

Im Handelsregister des AG......, ist in Abteilung B unter Nr....... die Firma B-GmbH mit Sitz in...... eingetragen.

Das Stammkapital der Gesellschaft beträgt 50.000,00 €. Es ist vollständig eingezahlt.

Alleiniger Gesellschafter dieser Gesellschaft ist nach Angabe die A-AG mit Sitz in......, eingetragen im Handelsregister des AG...... unter HRB......

II. Gesellschafterversammlung

Die Erschienenen hielten sodann als Vertreter der A-AG eine Gesellschafterversammlung unter Verzicht auf alle Frist- und Formvorschriften ab und stellten fest, dass die Gesellschafterversammlung als Vollversammlung beschlussfähig ist.

Der Alleingesellschafter beschließt mit allen Stimmen Folgendes:

§ 1

Zustimmungs- und Verschmelzungsvertrag

Dem Verschmelzungsvertrag vom...... UR.Nr....... des amtierenden Notars, mit dem die B-GmbH auf die A-AG verschmolzen wird, wird mit allen Stimmen vorbehaltlos zugestimmt.

Der Verschmelzungsvertrag ist dieser Urkunde als Anlage 1 beigefügt.

§ 2

Feststellung der Verschmelzungsbilanz

Die dieser Urkunde als Anlage 2 beigefügte Schlussbilanz (Verschmelzungsbilanz) zum 31.12...... wird festgestellt.

III. Verzichtserklärungen

Der Alleingesellschafter erklärt zu Protokoll, dass er gemäß § 16 Abs. 2 Satz 2 UmwG auf die Anfechtung des Zustimmungsbeschlusses verzichtet.

IV. Sonstiges, Kosten

Die Kosten dieser Urkunde trägt die Gesellschaft.

Abschriften......

Vorgelesen vom Notar, von den Erschienenen genehmigt und eigenhändig unterschrieben:

......

c) *Bekanntmachung nach § 62 Abs. 3 UmwG bei der aufnehmenden AG (A-AG)*

▶ Muster: Bekanntmachung der Verschmelzung nach § 62 Abs. 3 UmwG bei der aufnehmenden AG (A-AG)

1186 Gemäß § 62 Abs. 3 UmwG wird bekannt gemacht, dass eine Verschmelzung der B-GmbH als übertragende Gesellschaft auf die A-AG als übernehmende Gesellschaft erfolgen soll. Dadurch überträgt die B-GmbH ihr Vermögen als Ganzes mit allen Rechten und Pflichten unter Auflösung ohne Liquidation auf die A-AG im Wege der Verschmelzung durch Aufnahme. Die Verschmelzung erfolgt im Innenverhältnis mit Wirkung zu Beginn des 01.01. (Verschmelzungsstichtag). Der Verschmelzung liegt die Jahresbilanz der B-GmbH zum 31.12...... als Schlussbilanz zugrunde.

Im Geschäftsraum der A-AG (Ort, Straße) sind zur Einsicht der Aktionäre folgende Unterlagen ausgelegt:
- Verschmelzungsvertrag,
- Jahresabschlüsse und Lageberichte der an der Verschmelzung beteiligten Gesellschaften für die letzten drei Geschäftsjahre,
- evtl. Zwischenbilanz,
- Verschmelzungsbericht,
- Prüfungsbericht.

Der Verschmelzungsvertrag wurde zum Handelsregister der A-AG eingereicht. Der Vorstand plant, von § 62 Abs. 1 UmwG Gebrauch zu machen, da sich mindestens 90 % des Stammkapitals der übertragenden GmbH in der Hand der übernehmenden A-AG befinden, sodass ein Verschmelzungsbeschluss bei der A-AG nicht erforderlich ist.

Der Vorstand weist allerdings die Aktionäre darauf hin, dass ein Verschmelzungsbeschluss erforderlich ist, wenn Aktionäre der A-AG, deren Anteile zusammen den zwanzigsten Teil des Grundkapitals der A-AG erreichen, die Einberufung einer Hauptversammlung verlangen, in der über die Zustimmung zu der Verschmelzung beschlossen wird. Das Einberufungsverlangen ist an die A-AG zu richten.

Der Vorstand

d) Handelsregisteranmeldung für die übertragende GmbH

(Vgl. oben Teil 2 Rdn. 1039.) 1187

e) Handelsregisteranmeldung für die aufnehmende AG

(Vgl. oben Teil 2 Rdn. 1183.) 1188

3. Verschmelzungsvertrag einer GmbH auf eine AG mit Gegenleistung, aber ohne Kapitalerhöhung (Verschmelzung zur Aufnahme)

▶ Muster: Verschmelzungsvertrag einer GmbH auf eine AG mit Gegenleistung, aber ohne Kapitalerhöhung (Verschmelzung zur Aufnahme)

– Auszug – 1189

A. Sachstand

Die P-GmbH hält 10 Mio. Stückaktien der I-AG, d. h. ca. 11 % des Grundkapitals.

Am voll eingezahlten Stammkapital der P-GmbH von 54.000,00 € halten die AZP Beteiligungs-GmbH & Co. KG Geschäftsanteile von insgesamt nominal 37.500,00 € und die M-Beteiligungs-AG & Co. KG Geschäftsanteile von insgesamt nominal 16.500,00 €.

Durch nachfolgenden Vertrag soll die P-GmbH auf die I-AG verschmolzen werden.

B. Verschmelzungsvertrag

I. Vermögensübertragung

Die P-GmbH überträgt ihr Vermögen als Ganzes mit allen Rechten und Pflichten unter Ausschluss der Abwicklung auf die I-AG im Wege der Verschmelzung durch Aufnahme. Die I-AG gewährt als Ausgleich hierfür den Gesellschaftern der P-GmbH Aktien an der I-AG.

II. Gegenleistung

Die I-AG gewährt mit Wirksamwerden der Verschmelzung den Gesellschaftern der P-GmbH als Gegenleistung für die Vermögensübertragung sämtliche Aktien der I-AG, die sich bei Wirksamwerden der Verschmelzung im Vermögen der P-GmbH befinden. Die Aktien werden den Gesellschaftern der P-GmbH unmittelbar und in dem Verhältnis gewährt, in dem sie schon bei Wirksamwerden der Verschmelzung am Stammkapital der P-GmbH beteiligt sind. Von den 10 Mio. Aktien erhält die AZP Beteiligungs-GmbH & Co. KG daher 7 Mio. Aktien und die M-Beteiligungs-AG & Co. KG 3 Mio. I-Aktien.

Bare Zuzahlungen werden nicht geleistet, die Inhaberstückaktien werden kostenfrei mit Gewinnbezugsrecht ab...... gewährt.

Das Umtauschverhältnis beträgt...... Das Grundkapital der I-AG wird bei Durchführung der Verschmelzung nicht erhöht, da den Gesellschaftern der P-GmbH als Gegenleistung entsprechend vorstehender Regelung ausschließlich die beim Wirksamwerden der Verschmelzung im Vermögen der P-GmbH befindlichen I-Aktien gewährt werden, auf die der Ausgabebetrag voll geleistet ist (§ 68 Abs. 1 Satz 2 Nr. 2 UmwG).

III. Bilanzstichtag

Der Verschmelzung wird die mit dem uneingeschränkten Bestätigungsvermerk des Wirtschaftsprüfers...... in...... versehene Bilanz der B-GmbH zum 31.12...... (als Schlussbilanz) zugrunde gelegt.

IV. Verschmelzungsstichtag

Die Übernahme des Vermögens der P-GmbH erfolgt im Innenverhältnis mit Wirkung zu Beginn des 01.01..... Von diesem Zeitpunkt an gelten alle Handlungen und Geschäfte der P-GmbH als für Rechnung der I-AG vorgenommen.

V. Abfindungsangebot (in § 29 GmbH)

Sämtliche Gesellschafter der P-GmbH haben vor Abschluss des Verschmelzungsvertrages auf Erstellung eines Abfindungsangebots nach § 29 UmwG verzichtet. Es wird daher im Einverständnis aller beteiligten Gesellschafter von einem Abfindungsangebot im Verschmelzungsvertrag abgesehen.

VI. Besondere Rechte

Besondere Rechte i. S. v. § 5 Abs. 1 existieren bei der I-AG nicht. Einzelnen Anteilsinhabern werden i. R. d. Verschmelzung keine besonderen Rechte gewährt.

VII. Besondere Vorteile

Besondere Vorteile i. S. v. § 5 Abs. 1 Nr. 8 UmwG werden weder einem Mitglied eines Vertreters oder Aufsichtsorgans noch dem Abschlussprüfer oder einem etwaigen Verschmelzungsprüfer gewährt.

VIII. Treuhänder

Die P-GmbH bestellt als Treuhänder für den Empfang der zu gewährenden Aktien und deren Aushändigung an die Gesellschafter der P-GmbH die X-Bank AG mit Sitz in...... Die P-GmbH wird die für die Verschmelzung verwendeten Aktien der Treuhänder vor der Eintragung der Verschmelzung in das Handelsregister der P-GmbH übergeben. Die P-GmbH und die I-AG werden den Treuhänder anweisen, die Aktien nach Eintragung der Verschmelzung in das Handelsregister der I-AG den Gesellschaftern der P-GmbH zu übergeben.

IX. Folgen der Verschmelzung für die Arbeitnehmer und ihre Vertretungen

Die P-GmbH hat keinen Betriebsrat und keinen Aufsichtsrat. Die derzeitigen Geschäftsführer und die derzeitigen Prokuristen der P-GmbH werden mit dem Wirksamwerden der Verschmelzung ausscheiden und nicht von der I-AG übernommen. Die P-GmbH wird zum Zeitpunkt des Wirksamwerdens der Verschmelzung keine Arbeitnehmer haben.

Die I-AG hat einen Gesamtbetriebsrat und sieben lokale Betriebsräte. Der Aufsichtsrat der I-AG setzt sich aus einundzwanzig Mitgliedern nach den Bestimmungen des Betriebsverfassungsgesetzes 1952 zusammen und ist damit zu 2/3 mit Anteilseignervertretern und zu 1/3 mit Arbeitnehmervertretern besetzt; an dem Bestehen und der Zusammensetzung dieser Vertretungen der Arbeitnehmer wird sich durch die Verschmelzung nichts ändern. Bei der I-AG sind wegen der in diesem Vertrag geregelten Verschmelzung keine Maßnahmen vorgesehen, von denen die Arbeitnehmer der I-AG betroffen sind. Die Verschmelzung hat keine Folgen für die Arbeitnehmer der I-AG und ihre Vertretungen.

X. Bedingungen

Der Verschmelzungsvertrag steht unter der aufschiebenden Bedingung, dass die Gesellschafter bzw. Hauptversammlung der Gesellschaften bis zum...... vorliegen.

XI. Kosten

Die durch diesen Vertrag und seine Durchführung bei den beiden Gesellschaften entstehenden Kosten trägt die I-AG. Sollte die Verschmelzung nicht wirksam werden, tragen die Kosten dieses Vertrages die Gesellschaften zu gleichen Teilen; alle übrigen Kosten trägt die jeweils betroffene Gesellschaft allein.

Diese Niederschrift wurde den Erschienenen vom Notar vorgelesen, von Ihnen genehmigt und von ihnen und dem Notar eigenhändig, wie folgt, unterschrieben:

.....

4. Verschmelzungsvertrag AG auf AG unter Ausnutzung genehmigten Kapitals (Verschmelzung zur Aufnahme); variabler Verschmelzungsstichtag

▶ Muster: Verschmelzungsvertrag AG auf AG unter Ausnutzung genehmigten Kapitals (Verschmelzung zur Aufnahme); variabler Verschmelzungsstichtag

– Auszug aus dem Verschmelzungsvertrag (die übrigen Bestimmungen wie vor) –   1190

§ 1

Vermögensübertragung

Die A-AG überträgt ihr Vermögen als Ganzes mit allen Rechten und Pflichten unter Auflösung ohne Abwicklung im Wege der Verschmelzung zur Aufnahme auf die B-AG.

§ 2

Gegenleistung/Umtauschverhältnis
1. Auf der Grundlage der für beide Gesellschaften jeweils durchgeführten Unternehmensbewertung wird das Umtauschverhältnis mit 0,6 auf den Namen lautenden Stückaktien der B-AG für eine auf den Namen lautende Aktie der A-AG im Nennbetrag von 50,00 € festgesetzt. Bewertungsstichtag für die Berechnung des Umtauschverhältnisses ist der......
2. Die gemäß vorstehenden Absätzen als Gegenleistung gewährten Aktien nehmen ab dem 01.01...... am Gewinn der Gesellschaft teil. Verschiebt sich der Verschmelzungsstichtag gemäß nachstehend § 5 verschiebt sich die Gewinnberechtigung entsprechend jeweils um ein Jahr.
3. Falls ein Antrag eines Aktionärs der A-AG ein Spruchstellenverfahren nach §§ 15, 305 ff. UmwG eingeleitet wird und das angerufene Gericht rechtskräftig einen Ausgleich durch bare Zuzahlungen anordnet oder sich die B-AG gegenüber einem solchen Aktionär in einem gerichtlichen oder außergerichtlichen Vergleich zu einer solchen Zuzahlung verpflichtet, wird die B-AG im Rahmen eines rechtlich zulässigen eine entsprechende Zuzahlung auch allen übrigen Aktionären der A-AG gewähren, die keinen Antrag gestellt haben.

§ 3

Kapitalerhöhung aus genehmigtem Kapital

Das Grundkapital der Gesellschaft ist in teilweiser Ausnutzung des bis zum...... befristeten genehmigten Kapitals durch Beschluss des Vorstandes der B-AG vom...... den der Aufsichtsrat der B-AG mit Beschluss vom...... zugestimmt hat, um...... € auf...... € erhöht. Diese Kapitalerhöhung ist zum Zeitpunkt der Beurkundung dieses Verschmelzungsvertrages noch nicht im Handelsregister der B-AG eingetragen und damit noch nicht wirksam. Zur Durchführung der Verschmelzung wird die B-AG ihr durch vorbezeichnete Ausnutzung des genehmigten Kapitals erhöhtes Grundkapital von bislang...... € um...... € auf...... € erhöhen. Die Kapitalerhöhung erfolgt durch Ausgabe von...... auf den Namen lautenden Stückaktien mit Gewinnberechtigung ab dem 01.01...... § 3 Abs. 2 gilt entsprechend.

§ 4

Treuhänder

Die A-AG bestellt als Treuhänder für den Empfang der zu gewährenden Aktien und der vereinbarten eventuellen weiteren baren Zuzahlung sowie für deren Aushändigung an die Aktionäre der A-AG die X-Bank in...... Die B-AG wird die baren Zuzahlungen dem Treuhänder nach erfolgter Eintragung der Kapitalerhöhung in das Handelsregister der B-AG und vor Eintragung der Verschmelzung in das Handelsregister der A-AG übergeben und ihn anweisen, sie nach Eintragung der Verschmelzung in das Handelsregister der B-AG den Aktionären der A-AG Zug um Zug gegen Nachweis ihre Aktionärsstellung an der A-AG und Aushändigung ihrer Aktien oder Zwischenurkunden zu übergeben. Da die Mitgliedschaften an der B-AG nicht verbrieft sind, werden den Aktionären der A-AG keine Aktienurkunden ausgegeben, die die jungen Aktien an der B-AG verbriefen. Die Aktionäre der A-AG werden mit Wirksamwerden der Verschmelzung Aktionäre der B-AG entsprechend dem in diesem Vertrag niedergelegten Umtauschverhältnis. Sie werden als Aktionärin des Aktienbuchs der B-AG eingetragen. Der Treuhänder wird die ordnungsgemäße Durchführung dieses Verfahrens überwachen und begleiten.

§ 5

Verschmelzungsstichtag
1. In der Verschmelzung wird die Bilanz der A-AG zum 31.12...... als Schlussbilanz zugrunde gelegt.
2. Die Übernahme des Vermögens der A-AG erfolgt im Innenverhältnis mit Wirkung zum Ablauf des 31.12......, 24.00 Uhr. Vom 01.01......, 0.00 Uhr an gelten alle Handlungen, Maßnahmen und Geschäfte der A-AG als für Rechnung der B-AG vorgenommen.
3. Falls die Verschmelzung nicht bis zum 31.12..... in das Handelsregister der B-AG eingetragen wird, gelten abweichend von Abs. 1 der 31.12..... als Stichtag der Schlussbilanz und abweichend von Abs. 2 der 01.01....., 0.00 Uhr, als Verschmelzungsstichtag. Bei einer weiteren Verzögerung des Wirksamwerdens der Verschmelzung über den 31.12. des Folgejahres hinaus verschieben sich der Stichtag der Schlussbilanz und der Verschmelzungsstichtag um ein weiteres Jahr.
4. Im Fall der Verschiebung des Verschmelzungsstichtages nach vorstehenden Vorschriften sind die Parteien i. R. d. rechtlich zulässigen verpflichtet, nachhaltige Veränderungen des dem Umtauschverhältnis zugrunde gelegten Unternehmenswertes beider Gesellschaften zu vermeiden. Das Rücktrittsrecht nach diesem Vertrag bleibt unberührt.

§ 6

Besondere Rechte und Vorteile
1. Rechte i. S. v. § 5 Abs. 1 Nr. 7 UmwG für einzelne Aktionäre oder Inhaber besonderer Rechte werden vorbehaltlich Abs. 2 nicht gewertet.
2. Die A-AG hat in den vergangenen Jahren Genussscheine ausgegeben. Diese sind zum Handel...... Börse...... zugelassen. Mit Wirksamwerden der Verschmelzung gehen die Rechte und Pflichten aus den Genussscheinen auf die B-AG über und gelten dieser gegenüber als neue Schuldnerin weiter. Soweit die Inhaber der Genussscheine derzeit nach Maßgabe der jeweiligen Bedingungen einen den Gewinnanteil der Aktionäre der A-AG vorgehenden jährlichen Ausschüttung aus dem Finanzgewinn erhalten, wird die B-AG ihn nach Wirksamwerden der Verschmelzung auch künftig einer der Höhe nach unveränderte Ausschüttung gewähren.
3. Den Vorstandsmitgliedern, Aufsichtsratsmitgliedern, Abschlussprüfern oder Verschmelzungsprüfern der beteiligten Gesellschaften werden keine besonderen Vorteile gewährt.

§ 7

Folgen der Verschmelzung für die Arbeitnehmer und ihre Vertretungen
1. Mit dem Wirksamwerden der Verschmelzung gehen sämtliche Arbeitsverhältnisse der A-AG nach § 324 UmwG i. V. m. § 613a BGB mit allen Rechten und Pflichten auf die B-AG über. Diese Arbeitsverhältnisse können nicht wie durch die bisherigen oder künftigen Arbeitgeber anlässlich der Verschmelzung gekündigt werden. Dem einzelnen Arbeitnehmer steht hinsichtlich des Übergangs ein Widerspruchsrecht zu. Widerspricht ein Arbeitnehmer den Übergangs- und Arbeitsverhältnisses, so wird es im Anschluss an den Widerspruch gekündigt.
2. Hinsichtlich der betrieblichen Altersversorgung der A-AG ergeben sich keine Veränderungen für die Arbeitnehmer.
3. Sowohl für die A-AG als auch für die B-AG gilt der Tarifvertrag für...... Durch die Verschmelzung treten daher keine Änderungen hinsichtlich der anwendbaren tarifvertraglichen Regelungen ein.
4. Durch die Verschmelzung wird der rechtliche Stand der einzelnen Betriebe nicht berührt. Die bestehenden Betriebsräte bleiben unverändert im Amt. Die Betriebsräte der Betriebe

der A-AG sind berechtigt, nach dem Wirksamwerden der Verschmelzung Mitglieder in den Gesamtbetriebsrat der B-AG zu entsenden.
5. Die bei der A-AG bestehenden Betriebsvereinbarungen gelten grds. kollektivrechtlich unverändert fort.

§ 8

Angebot einer Barabfindung
1. Den Aktionären der A-AG, die gegen den Verschmelzungsbeschluss der Hauptversammlung der A-AG Widerspruch zur Niederschrift erklären, wird gemäß § 29 UmwG der Erwerb ihrer Aktien an der B-AG durch die B-AG gegen eine Barabfindung i. H. v. ...... € je Stückaktie angeboten. Die Annahme des Barabfindungsgebots allein für einen Teil des jeweiligen Aktienbesitzes ist ausgeschlossen.
2. Das Angebot kann nur binnen zwei Monaten nach dem Tage angenommen werden, an dem die Eintragung der Verschmelzung in das Register der BAG nach § 19 Abs. 3 UmwG als bekannt gemacht gilt. Eine Verlängerung der Frist nach § 31 UmwG bleibt unberührt.
3. Die Kosten der Übertragung der gegen Annahme der Barabfindung übertragenen Aktien trägt die B-AG.

5. **Mischverschmelzung einer Genossenschaft auf eine AG durch Aufnahme**

▶ Muster: Verschmelzungsvertrag bei Mischverschmelzung einer Genossenschaft auf eine AG durch Aufnahme

– Auszug aus dem Verschmelzungsvertrag –

1191

§ 1

Vermögensübertragung

Die A-Bank eG überträgt ihr Vermögen als Ganzes auf die B-Bank-AG im Wege der Verschmelzung zur Aufnahme gegen Gewährung von Aktien an der B-Bank-AG nach den nachfolgenden Vorschriften.

§ 2

Gegenleistung/Umtauschverhältnis

Die B-Bank-AG gewährt mit Wirksamwerden der Verschmelzung den Mitgliedern der A-Bank eG als Gegenleistung für die Übertragung des Vermögens der A-Bank eG kostenfrei ...... Stück neue auf den Namen lautende Stückaktien sowie eine Barzuzahlung i. H. v. insgesamt ...... €.

Auf den auszugebenden Stückaktien der B-Bank-AG wird jedes Mitglied der A-Bank eG in dem Verhältnis beteiligt, in dem sein Geschäftsguthaben zur Summe der Geschäftsguthaben aller Mitglieder steht. Damit entfällt auf ...... € Geschäftsguthaben bei der A-Bank eG eine Stückaktie der B-Bank-AG. Für die Feststellung des Geschäftsguthabens ist die Schlussbilanz der A-Bank eG maßgebend.

Soweit verbleibende Spitzenbeträge zum Erwerb von Aktien nicht ausreichen, gleicht die B-Bank-AG Geschäftsguthaben durch bare Zuzahlungen i. H. v. ...... € je 1,00 € Geschäftsguthaben aus.

§ 3

Kapitalerhöhung

Zur Durchführung der Verschmelzung wird die B-Bank-AG ihr Grundkapital von bisher ...... € gegen Sacheinlage um ...... € auf ...... € erhöhen, durch Ausgabe von ...... Stück neuen auf den Namen lautenden Stückaktien. Die neuen Aktien sind ab 01.01. ...... gewinnberechtigt.

§ 4

Treuhänder

Die A-Bank eG bestellt die X-Bank als Treuhänderin für den Empfang der den Mitgliedern der A-Bank eG zu gewährenden Aktien und baren Zuzahlungen. Die B-Bank-AG wird die Aktien und Barzuzahlungen der Treuhänderin vor der Einzahlung der Verschmelzung in das Genossenschaftsregister der A-Bank eG zur Verfügung stellen und sie anweisen, diese nach Eintragung der Verschmelzung in das Handelsregister der B-Bank-AG den Mitgliedern der A-Bank eG auszukehren.

§ 5
Ausschlagung und Auseinandersetzung

Die einem Mitglied der A-Bank eG gewährten Aktien der B-Bank-AG gelten als nicht erworben, wenn sie von dem betreffenden Mitglied gemäß §§ 90, 91 UmwG wirksam ausgeschlagen werden. In diesem Fall ist dem Mitglied sein Geschäftsguthaben im Wege der Auseinandersetzung auszubezahlen. An den Rücklagen und dem sonstigen Vermögen der A-Bank eG hat das ausscheidende Mitglied keinen Anteil.

§ 6
Stichtag der Schlussbilanz und Verschmelzungsstichtag

Schlussbilanz der A-Bank eG ist die zum 31.12...... aufgestellte Bilanz.

Alle Handlungen der A-Bank eG gelten seit dem 01.01...... (Verschmelzungsstichtag) als für Rechnung der B-Bank AG vorgenommen.

§ 7
Sonderrechte

Es wird festgestellt, dass Vorzugsaktien, Mehrstimmrechtsaktien und Anteile ohne Stimmrechte bei der B-Bank AG nicht vorhanden sind. Die von der A-Bank eG ausgegebenen Schuldverschreibungen und Inhaberschuldverschreibungen gehen im Wege der Gesamtrechtsnachfolge auf die B-Bank AG über und werden von dieser mit unverändertem Inhalt und Rechten fortgeführt.

§ 8
Besondere Vorteile

Besondere Vorteile für Vorstands- oder Aufsichtsratsmitglieder der beteiligten Rechtsträger unter Abschluss oder Verschmelzung werden nicht gewertet.

§ 9
Folgen für die Arbeitnehmer und ihre Verschmelzungen

Für die Arbeitnehmer und ihre Vertretungen treten folgende Auswirkungen aus....... Insoweit sind folgende Maßnahmen vorgesehen:......

6. Verschmelzungsrechtlicher Squeeze-out

1192 Angaben zum Squeeze-out im Verschmelzungsvertrag:

▶ Muster: Verschmelzungsrechtlicher Squeeze-out

Die A-AG mit Sitz in Hannover, eingetragen im Handelsregister des Amtsgerichts H unter HRB 22298, soll als übertragende Gesellschaft auf die B-AG mit Sitz in X-Stadt, eingetragen im Handelsregister des Amtsgerichts X-Stadt unter HRB 29856, als übernehmende Gesellschaft nach Maßgabe dieses Vertrages verschmolzen werden.

Gehören einer übernehmenden Aktiengesellschaft (Hauptaktionärin) Aktien in Höhe von mindestens 90 % des Grundkapitals einer übertragenden Aktiengesellschaft, kann die Hauptversammlung der übertragenden Aktiengesellschaft innerhalb von drei Monaten nach Abschluss dieses Vertrages einen Beschluss nach § 327a Abs. 1 Satz 1 AktG fassen (§ 62 Abs. 5 Satz 1, Abs. 1 UmwG).

Die übernehmende B-AG ist eine Aktiengesellschaft und hält derzeit unmittelbar 92.000 Aktien der A-AG. Dies entspricht 92 % des Grundkapitals der A-AG. Depotbestätigungen der

X-Bank zum Zeitpunkt des Abschlusses dieses Vertrages sind dieser Urkunde in Kopien als Anlage beigefügt. Die B-AG ist damit Hauptaktionärin der A-AG im Sinne von § 62 Abs. 5 Satz 1 UmwG.

Die Verschmelzung soll zur Aufnahme unter Auflösung ohne Abwicklung durch Übertragung des gesamten Vermögens der übertragenden Gesellschaft auf die übernehmende Gesellschaft nach § 2 Nr. 1 UmwG erfolgen. Die Verschmelzung soll im Zusammenhang mit einem Ausschluss der Minderheitsaktionäre der übertragenden Gesellschaft gemäß § 62 Abs. 5 Sätze 1 und 8, Abs. 1 UmwG i. V. m. §§ 327a ff. AktG erfolgen. Zu diesem Zweck soll die Hauptversammlung der übertragenden Gesellschaft innerhalb von drei Monaten nach Abschluss dieses Verschmelzungsvertrags über die Übertragung der Aktien der übrigen Aktionäre der übertragenden Gesellschaft (Minderheitsaktionäre) auf die übernehmende Gesellschaft (Hauptaktionär) gegen Gewährung einer angemessenen Barabfindung beschließen.

Die Eintragung des vorgenannten Übertragungsbeschlusses wird mit dem Vermerk versehen sein, dass der Übertragungsbeschluss erst gleichzeitig mit der Eintragung der Verschmelzung im Handelsregister des Sitzes der übernehmenden Gesellschaft wirksam wird (§ 62 Abs. 5 Satz 7 UmwG). Die Verschmelzung soll nur wirksam werden, wenn gleichzeitig auch der Ausschluss der Minderheitsaktionäre der übertragenden Gesellschaft und damit die Übertragung aller Aktien der Minderheitsaktionäre der übertragenden Geselslchaft auf die übernehmende Gesellschaft als Hauptaktionär wirksam wird.

....

Dieser Vertrag wird erst wirksam (aufschiebende Bedingung), wenn ein Beschluss der Hauptversammlung der A-AG nach § 62 Abs. 5 Satz 1 UmwG i. V. m. § 327a Abs. 1 Satz 1 AktG über die Übertragung der Aktien der übrigen Aktionäre (Minderheitsaktionäre) der A-AG auf die B-AG als Hauptaktionärin in das Handelsregister eingetragen wird.

E. Verschmelzung von Genossenschaften

I. Checkliste

▶ Beim Ablauf des **Verschmelzungsverfahrens bei Genossenschaften** sind folgende Punkte zu beachten:[1939]
  - ❏ Verschmelzungsvertrag (§§ 4 ff., 80 UmwG),
  - ❏ Verschmelzungsbericht (§ 8 UmwG),
  - ❏ Gutachten des Prüfungsverbandes (§ 81 UmwG),
  - ❏ Zuleitung des Verschmelzungsvertrages zum Betriebsrat (§ 5 Abs. 3 UmwG),
  - ❏ Neuregelung der Kapitalverhältnisse bei der übernehmenden Gesellschaft,
  - ❏ Vorbereitung der Generalversammlung (§ 82 UmwG),
  - ❏ Verschmelzungsbeschluss (§§ 13, 83, 84 UmwG),
  - ❏ Anmeldung zum Handelsregister bei der übertragenden Genossenschaft und bei der übernehmenden Genossenschaft (§§ 16, 17, 86 UmwG),
  - ❏ Eintragung der Verschmelzung, zunächst in das Genossenschaftsregister des Sitzes jedes der übertragenden Genossenschaften, sodann in das Register des Sitzes der übernehmenden Genossenschaft (§§ 19, 20 UmwG),
  - ❏ Tausch der Geschäftsanteile (§§ 87, 88 UmwG),
  - ❏ Eintragung der Genossen in Mitgliederliste, Benachrichtigung (§ 89 UmwG).

1193

[1939] Vgl. auch die Übersicht bei Ohlmeyer/Kuhn/Philipowski, Verschmelzung von Genossenschaften, S. 32 ff.; Lutter/Bayer, UmwG, § 79 Rn. 3; Widmann/Mayer/Fronhöfer, Umwandlungsrecht, Vor. §§ 79 bis 98 UmwG; Fandrich/Graef/Bloehs, Die Verschmelzung von Genossenschaften in der Praxis, 2005.

II. Anteilsgewährungspflicht bei der Verschmelzung von Genossenschaften

1194 Es wurde im Einzelnen dargelegt, dass bei der Verschmelzung von Kapitalgesellschaften der Grundsatz der Anteilsgewährungspflicht besteht (vgl. oben Teil 2 Rdn. 100 ff.; 256 ff.). Der Grundsatz besteht darin, dass den Anteilsinhabern am übertragenden Rechtsträger für das Vermögen des übertragenden Rechtsträgers Anteile an dem aufnehmenden Rechtsträger zu gewähren sind. Die überwiegende Meinung bejaht bei Gesellschaften eine derartige Anteilsgewährungspflicht.[1940] Dieser Grundsatz gilt auch bei der Verschmelzung von Genossenschaften und Vereinen. Bei der Verschmelzung von Genossenschaften ergibt sich dies bereits aus § 80 UmwG, wo der Gesetzgeber im Einzelnen Sonderregelung für die Festlegung des Umtauschverhältnisses der Anteile gemacht hat.[1941]

1195 Nicht geregelt ist, ob ähnlich wie in den §§ 54, 68 UmwG **Ausnahmen von dem Grundsatz der Anteilsgewährungspflicht** bestehen (vgl. oben Teil 2 Rdn. 110 ff.). Zu beachten ist dabei allerdings auch § 20 Abs. 1 Nr. 3 Satz 1 UmwG, wonach in dem Fall, in dem die übernehmende Gesellschaft Anteile eines übertragenden Rechtsträgers innehat, keine Geschäftsanteile an der übernehmenden Gesellschaft erworben werden. Die Vorschrift gilt zwar auch in erster Linie für Kapitalgesellschaften, da eine solche Anteilsgewährung zur Folge hätte, dass die Gesellschaft eigene Anteile aus einer Kapitalerhöhung erhielte, was bei Kapitalgesellschaften mit dem Gebot der realen Kapitalaufteilung unvereinbar wäre. Dennoch kann man m. E. § 20 Abs. 3 Satz 1 Halbs. 2 UmwG ein allgemeines Prinzip entnehmen, wonach keine Anteile zu gewähren sind, soweit der übernehmende Rechtsträger Anteilsinhaber des übertragenden Rechtsträgers ist.[1942]

▶ Hinweis:

1196 Bei Genossenschaften und Vereinen ergibt sich dies i. Ü. auch daraus, dass eine solche Kooperation nicht an sich selbst beteiligt werden kann.[1943] Insofern gilt in diesen Fällen immer eine Ausnahme von der Anteilsgewährungspflicht bei derartigen Konzernkonstellationen.

1197 Der Gesetzgeber hat im **Zweiten Gesetz zur Änderung des UmwG** v. 25.04.2007[1944] in den §§ 54 und 68 UmwG n. F. eine Ausnahme durch Verzicht festlegt:[1945] § 54 Abs. 1 Satz 3 UmwG n. F. (für die GmbH) bzw. § 68 Abs. 1 Satz 3 UmwG n. F. (für die AG) bestimmt nunmehr, dass die Kapitalerhöhung bei der übernehmenden Kapitalgesellschaft zur Disposition **aller Anteilsinhaber des übertragenden Rechtsträgers** steht. **Verzichten alle Anteilsinhaber des übertragenden Rechtsträgers** in notarieller Urkunde auf die Anteilsgewährung, darf die übernehmende Gesellschaft von der Anteilsgewährung absehen. Zu kritisieren ist an dieser an sich erfreulichen Klarstellung, dass sie aufgrund der systematischen Stellung nur für Verschmelzungen auf die AG und GmbH gilt, obwohl bei der Personengesellschaft oder anderen Genossenschaft ähnliche Fragestellungen bestehen. M. E. kann man aber aus der gesetzlichen Neuregelung allgemein den Schluss ziehen, dass der Anteilsgewährungsgrundsatz disponibel ist, wenn alle Anteilsinhaber der übertragenden Rechtsträger darauf verzichten, denn was bei Kapitalgesellschaften gilt, muss erst recht bei anderen Rechtsträgern mit weniger strenger Kapitalbindung, also auch bei der Genossen-

---

1940 Widmann/Mayer/Mayer, Umwandlungsrecht, § 5 UmwG Rn. 15; Kallmeyer/Marsch-Barner, UmwG, § 2 Rn. 12; Heidinger/Limmer/Holland/Reul, Gutachten des DNotI, Bd. IV, Gutachten zum Umwandlungsrecht, S. 126 ff.; OLG Frankfurt am Main, DNotZ 1999, 154; KG, DNotZ 1999, 157.
1941 Vgl. Gutachten, DNotI-Report 2000, 23; Widmann/Mayer/Fronhöfer, Umwandlungsrecht, § 80 UmwG, Rn. 16 ff., 48; Lutter/Bayer, § 80 UmwG Rn. 13; Lutter/Grunewald § 20 UmwG Rn. 60; Stratz, in: Schmitt/Hörtnagl/Stratz, § 80 UmwG Rn. 6.
1942 Vgl. Gutachten, DNotI-Report 2000, 23; Widmann/Mayer/Fronhöfer, Umwandlungsrecht, § 80 UmwG Rn. 48.
1943 Lutter/Grunewald, UmwG, § 20 Rn. 65.
1944 BGBl. I, S. 542.
1945 Vgl. BR-Drucks. 548/06, S. 27.

E. Verschmelzung von Genossenschaften

schaft, gelten.[1946] Solange die Frage nicht geklärt ist, empfiehlt sich in der Praxis eine Absprache mit dem Registergericht.

III. Neuregelungen der Kapitalverhältnisse der übernehmenden Genossenschaft bei der Verschmelzung zur Aufnahme

1. Regelung von Hafthöhe und Haftart

Während nach dem bis 1995 geltenden Recht nur Genossenschaften gleicher Haftart verschmolzen werden konnten (§ 93a GenG a. F.), können nunmehr auch Genossenschaften verschiedener Haftart verschmolzen werden. In der Satzung der Genossenschaft wird gem. § 6 Nr. 3 GenG die Haftform geregelt. **Drei verschiedene Haftformen** sind möglich:
– die unbeschränkte Nachschusspflicht,
– die beschränkte Nachschusspflicht,
– der Verzicht auf jede Nachschusspflicht.[1947]

Handelt es sich um **Genossenschaften mit beschränkter Nachschusspflicht**, spielt außerdem die jeweilige Haftsumme, die in den Satzungen geregelt ist, eine Rolle und kann unterschiedlich gestaltet sein. Wie beim bis 1995 geltenden Recht, kommt es auch nach dem UmwG bei der Verschmelzung von Genossenschaften nicht darauf an, dass die Höhen der Haftsummen bei den zu verschmelzenden Gesellschaften einheitlich sind.[1948] Gem. § 87 Abs. 1 UmwG richtet sich allerdings nach erfolgter Verschmelzung die Höhe der **Nachschusspflicht** für alle Mitglieder nach der Satzung der übernehmenden Genossenschaft. Darüber hinaus gilt Gleiches durch die Neuregelung des UmwG im Hinblick auf die Möglichkeit unterschiedlicher Haftarten. Findet vor der Verschmelzung keine Bereinigung der Haftarten statt, so richtet sich auch die Haftart, also die Frage, ob beschränkt oder unbeschränkt gehaftet wird, nach der Haftart, die in der Satzung der übernehmenden Genossenschaft festgelegt ist. Allerdings bestimmt § 95 UmwG über diesen Grundsatz hinausgehend eine **Fortdauer der Nachschusspflicht**, wenn die Haftsumme bzw. auch die Haftart der übertragenden Genossenschaft höher oder strenger war als bei der übernehmenden.

▶ Hinweis:

Wegen dieser möglichen unterschiedlichen Haftungssituation empfiehlt es sich vor der Verschmelzung die Frage zu klären, ob eine eventuelle **Neuordnung der Kapitalverhältnisse** im Hinblick auf **Hafthöhe** und **Haftart** vorgenommen werden soll. Ist die Haftsumme bei der Übernehmerin höher als bei der übertragenden Genossenschaft, müssen die Mitglieder der Übertragerin dieses erhöhte Risiko auf sich nehmen.

2. Regelung bzgl. Geschäftsanteil

Eine ähnliche Fragestellung besteht im Hinblick auf den **Geschäftsanteil**. Der Geschäftsanteil ist der Betrag, bis zu dem sich der einzelne Genosse mit Einlagen beteiligen kann (§ 7 Nr. 1 GenG). Es handelt sich hierbei lediglich um eine in der Satzung festzulegende **Beteiligungsgröße**, die

---

1946 Ähnlich Lutter/Grunewald, § 20 UmwG Rn. 65; a. A. Widmann/Mayer/Fronhöfer, Umwandlungsrecht, § 80 UmwG Rn. 18.1, der einen Verzicht bei Genossenschaften nicht zulassen will, da der Gesetzgeber keine Rechtsformunabhängige Verzichtsmöglichkeit aufnehmen wollte.
1947 Vgl. Schulte in: Lang/Weidmüller/Metz, GenG, § 6 Rn. 15 ff.; Pöhlmann/Fandrich/Bloehs/Fandrich GenG § 6 Rn. 8.
1948 So Begründung zum RegE, BR-Drucks. 75/94, S. 105, abgedruckt in: Limmer, Umwandlungsrecht S. 300; zum alten Recht vgl. Schaffland, in: Lang/Weidmüller, GenG, 35. Aufl., § 93a Rn. 2; Schlarb, Die Verschmelzung eingetragener Genossenschaften, S. 37 ff.

den **Höchstbetrag dieser Einlage** bezeichnet.[1949] Der Geschäftsanteil muss für alle Mitglieder gleich sein.[1950] Der Geschäftsanteil ist eine bloße abstrakte Rechnungsgröße, die in der Bilanz der Genossenschaft nicht erscheint und über die tatsächliche finanzielle Beteiligung des Genossen nichts aussagt.[1951] Die tatsächliche finanzielle Beteiligung ergibt sich aus dem sog. **Geschäftsguthaben**, das den Betrag darstellt, der tatsächlich auf den oder die Geschäftsanteile eingezahlt ist.[1952] Nach § 7 Nr. 1 GenG muss die Satzung bestimmen, welche **Einzahlungspflichten** der Mitglieder in Bezug auf die Geschäftsanteile bestehen. Als gesetzliche Mindestvoraussetzung ist nur erforderlich, dass hinsichtlich eines Zehntel des Geschäftsanteils festgelegt wird, welche Beträge zu welchem Zeitpunkt einzuzahlen sind. Während der Geschäftsanteil für alle Mitglieder gleich hoch sein muss, kann die Einzahlungspflicht gestaffelt sein, wenn dafür eine sachliche Begründung besteht.[1953] Bei Wohnungsgenossenschaften besteht z. T. eine Differenzierung zwischen Wohnungsnutzern und sonstigen Mitgliedern oder abhängig von der Größe oder Ausstattung der überlassenen Wohnung genannt.[1954]

Anders als der Geschäftsanteil stellt der Begriff des »**Geschäftsguthabens**« den Betrag der tatsächlichen finanziellen Einlage eines Genossen dar.[1955] Er setzt sich zusammen aus den finanziellen Leistungen des Genossen sowie den Gewinnzuweisungen unter Abzug von Verlustabschreibungen. Das Geschäftsguthaben darf den Betrag des Geschäftsanteils nicht überschreiten. Darüber hinausgehende Zuweisungen eines Genossenschaftsmitglieds gehören nicht zu seinem Geschäftsguthaben, sondern begründen vielmehr eine Forderung des Mitglieds ggü. der eG.[1956] Da diese Einzahlungspflicht von der Regelung der Satzung abhängt, können sich bei Verschmelzung von Genossenschaften wiederum unterschiedliche Pflichtenstellungen im Hinblick auf das Geschäftsguthaben und die hiermit verbundene Einzahlungspflicht ergeben. Auch hier gilt der Grundsatz, dass gem. § 87 Abs. 1 UmwG mit dem Wirksamwerden der Verschmelzung die Genossen der übertragenden Genossenschaft an der übernehmenden Genossenschaft mit gleichen Rechten und Pflichten teilnehmen mit der Folge, dass sie u. U. einer **erhöhten Einzahlungspflicht** unterliegen. Denn auch hier richtet sich die Pflicht nach der **Satzung der übernehmenden Genossenschaft**.

1949 Vgl. Pöhlmann/Fandrich/Bloehs/Fandrich GenG § 7 Rn. 2; Beuthien, AG 2002, 266; Lutter/Bayer, § 80 UmwG Rn. 14; Scholder in: Semler/Stengel, § 80 UmwG Rn. 14.
1950 RGZ 64, 193; Schulte, in: Lang/Weidmüller, GenG, § 7 Rn. 3; Pöhlmann/Fandrich/Bloehs/Fandrich GenG § 7 Rn. 3.
1951 Beuthien, GenG, § 7 Rn. 1; Müller, GenG, § 7 Rn. 1; Schulte, in: Lang/Weidmüller, GenG, § 7 Rn. 2 ff.; Hettrich/Pöhlman/Gräser/Röhrich, GenG, § 7 Rn. 1; Pöhlmann/Fandrich/Bloehs/Fandrich GenG § 7 Rn. 2; Hillebrandt/Kessler, Berliner Kommentar zum GenG, §§ 6, 7 Rn. 12; Scholderer in: Semler/Stengel, UmwG, § 80 Rn. 14 ff.; Beuthien, AG 2002, 266 f.
1952 Vgl. Pöhlmann/Fandrich/Bloehs/Fandrich GenG § 7 Rn. 5; Schulte, in: Lang/Weidenmüller, § 7 Rn. 5; Widmann/Mayer/Fronhöfer, Umwandlungsrecht, § 80 UmwG Rn. 8; Hettrich/Pöhlmann/Gräser/Röhrich, GenG, § 7 Rn. 3; Scholderer in: Semler/Stengel, UmwG, § 80 Rn. 14 ff.; Beuthien, AG 2002, 266 f.; Lutter/Bayer, § 80 UmwG Rn. 15.
1953 Relative Gleichbehandlung; Schulte in: Lang/Weidmüller, § 7 Rn. 12; Beuthien, GenG, § 7 Rn. 8; KG JFG 5, 279 = JW 1928, 1604; Müller, GenG § 7 Rn. 11; Hillebrand/Keßler, Berliner Kommentar zum GenG, §§ 6, 7 Rn. 21.
1954 Hillebrand/Keßler, Berliner Kommentar zum GenG, §§ 6, 7, Rn. 21.
1955 Beuthien, GenG, § 7 Rn. 1; Müller, GenG, § 7 Rn. 1; Schulte, in: Lang/Weidmüller, GenG, § 7 Rn. 2 ff.; Hettrich/Pöhlman/Gräser/Röhrich, GenG, § 7 Rn. 1; Pöhlmann/Fandrich/Bloehs/Fandrich GenG § 7 Rn. 2; Hillebrandt/Kessler, Berliner Kommentar zum GenG, §§ 6, 7 Rn. 12; Scholderer in: Semler/Stengel, UmwG, § 80 Rn. 14 ff.; Beuthien, AG 2002, 266 f.
1956 Beuthien, GenG, § 7 Rn. 4; Schulte, in: Lang/Weidmüller, GenG, § 7 Rn. 14 ff.; Müller, GenG, § 7 Rn. 8; Schubert/Steder, Genossenschaftshandbuch, § 7 Rn. 3; Hettrich/Pöhlmann/Gräser/Röhrich, GenG, § 7 Rn. 3 ff.

▶ Hinweis:

In der Praxis fordern daher häufig die Mitglieder der übertragenden Genossenschaft eine Regelung, die für sie zu keinen neuen bzw. keinen wesentlich höheren Verpflichtungen im Hinblick auf Geschäftsanteil und Haftsumme führt.[1957] In den Verschmelzungsverhandlungen muss daher geklärt werden, welche **satzungsmäßigen Änderungen** bei der **aufnehmenden Genossenschaft** notwendig sind.

1202

3. Höchstzahl der zu erwerbenden Anteile

Schließlich spielt auch die Frage der Höchstzahl der zu erwerbenden Anteile bei der Verschmelzung eine Rolle. Gem. § 7a GenG kann die Satzung bestimmen, dass sich ein Genosse mit mehr als einem Geschäftsanteil beteiligen darf. Die **Satzung kann eine Höchstzahl** festsetzen. Nach § 7a Abs. 2 GenG kann die Satzung auch bestimmen, dass sich die Genossen mit mehreren Geschäftsanteilen zu beteiligen haben (**Pflichtbeteiligung**). Grds. wird die Frage, mit welcher Beteiligung der Genosse der übertragenden Genossenschaft an der aufnehmenden Genossenschaft beteiligt ist gem. § 80 Abs. 1 UmwG im Verschmelzungsvertrag geregelt. Allerdings knüpft § 80 Abs. 1 Nr. 1 und Nr. 2 UmwG daran an, ob die Satzung der aufnehmenden Genossenschaft die Beteiligung mit mehr als einem Geschäftsanteil zulässt oder nicht. Sieht die Satzung bei der aufnehmenden Genossenschaft die Möglichkeit vor, **mehrere Geschäftsanteile** bis zu einer bestimmten Höchstzahl zu erwerben, ist bzgl. dieser Höchstzahl der Grundsatz der Gleichbehandlung zu wahren.[1958] Im Rahmen dieser Höchstzahlfestsetzung für eine freiwillige Beteiligung mit mehreren Geschäftsanteilen kann daher bei der Gewährung von Geschäftsanteilen i. R. d. Verschmelzung zwischen den Genossen der aufnehmenden Genossenschaft und denjenigen der übertragenden Genossenschaft differenziert werden.

1203

▶ Hinweis:

Insofern ist auch die **Gestaltungsfreiheit** i. R. d. Verschmelzungsvertrages eingeschränkt, als der Verschmelzungsvertrag nicht mehrere Geschäftsanteile bei der übernehmenden Genossenschaft zusprechen kann, wenn die Satzung der übernehmenden Genossenschaft nur die Beteiligung eines Genossen mit einem Geschäftsanteil zulässt. Auch hier stellt sich im Vorfeld die Frage einer **evtl. Änderung der Satzung der aufnehmenden Genossenschaft**, um evtl. Wünschen der Genossen der übertragenden Genossenschaft Rechnung tragen zu können.

1204

Ist also etwa bei der übernehmenden Genossenschaft der Erwerb weiterer Geschäftsanteile nach der Satzung nicht vorgesehen, würden den Mitgliedern der übertragenden Genossenschaft allerdings aufgrund ihres Geschäftsguthabens bei der übertragenden Genossenschaft mehrere Geschäftsanteile zustehen. Wenn die Satzung dies zulässt, müsste bei der übernehmenden Genossenschaft durch Satzungsänderung der Erwerb weiterer Geschäftsanteile eingeführt werden. Grds. ist daher die **Höchstzahl der zu erwerbenden Anteile**, falls diese durch die Satzung begrenzt sind, so zu bemessen, dass die Geschäftsguthaben der Mitglieder der übertragenden Genossenschaft bei der übernehmenden Genossenschaft als Geschäftsguthaben, und damit als Kapitalbasis erhalten bleiben.[1959] Anderenfalls wäre eine Auszahlung der überschießenden Geschäftsguthaben gem. § 87 Abs. 2 UmwG notwendig. Hierdurch könnte allerdings die **Kapitalbasis** geschmälert werden, sodass versucht wird, dies in der Praxis zu vermeiden, indem die notwendigen **Satzungsänderungen** durchgeführt werden.

1205

In diesem Zusammenhang ist es streitig, ob schon aus nur umwandlungsrechtlichen Gründen jedem Genossen einer übertragenden Genossenschaft nur Geschäftsanteile, die durch das ihm

1206

1957 Ohlmeyer/Kuhn/Philipowski/Tischbein, Verschmelzung von Genossenschaften, S. 51.
1958 Pöhlmann/Fandrich/Bloehs/Fandrich GenG § 7a Rn. 1; Müller, GenG, 2. Aufl. 1991, § 7a Rn. 3; Schulte in: Lang/Weidmüller, GenG, § 7a Rn. 2.
1959 Vgl. Ohlmeyer/Kuhn/Philipowski/Tischbein, Verschmelzung von Genossenschaften, S. 54.

zuzurechnende Geschäftsguthaben voll eingezahlt sind, gewährt werden können und der überschießende Restbetrag nach § 87 Abs. 2 UmwG auszuzahlen ist, oder ob auch der überschießende Betrag des Geschäftsguthabens dafür verwendet werden kann, dass dem jeweiligen Genossen ein weiterer nur teilweise eingezahlter Geschäftsanteil an der übernehmenden Genossenschaft gewährt wird. Ein Teil der Literatur[1960] vertritt die Meinung, dass wenn die Division des Geschäftsguthabens durch den Betrag des Geschäftsanteils bei der übernehmenden eG eine ganze Zahl ergibt, also sog. Spitzen entstehen, der übersteigende Betrag an den Genossen nach Maßgabe von § 87 Abs. 2 Satz 1 auszuzahlen sei. Ein anderer Teil der Literatur ist für die Zulässigkeit einer entsprechenden Verschmelzungsvertragsregelung, in der auch nicht voll eingezahlte Geschäftsanteile gewährt werden können.[1961] Gem. § 80 Abs. 1 Nr. 2 Halbs. 2 UmwG sei auch eine andere Berechnung der Zahl der zu gewährenden Geschäftsanteile zulässig, wenn die Satzung der aufnehmenden eG Mehrfachbeteiligung vorsieht. Möglich sei z. B. eine Regelung, dass soweit das Geschäftsguthaben eines Genossen bei der übertragenden eG nicht zur Volleinzahlung eines weiteren Geschäftsanteiles bei der übernehmenden eG ausreichen würde, der überschießende Betrag nicht an den Genossen gem. § 87 Abs. 2 Satz 1 UmwG auszubezahlen wäre, sondern zur Beteiligung mit einem weiteren, allerdings nicht voll eingezahlten Geschäftsanteil führt. Damit würde sichergestellt, dass die Geschäftsguthaben der Genossen bei der übertragenden eG auch bei der übernehmenden eG als Geschäftsguthaben und damit als Kapitalbasis erhalten blieben. M. E. ist dieser Auffassung zu folgen.

4. Feststellung des Umtauschverhältnisses

1207 Bei der Verschmelzung von Genossenschaften stellt sich ein besonderes Problem der **Feststellung des Wertes der Mitgliedschaft**, besonders dann wenn die Genossenschaft ein variables System vorsieht.

▶ Beispiel:

1208 Verschmelzung einer Genossenschaft auf eine AG. Die übertragende Genossenschaft räumt zum einen den Genossen einen Geschäftsanteil von bis zu 15.000,00 € ein und enthält außerdem ein System der Warenrückvergütung, deren Zuschreibung zur Erhöhung der Einlage führt. Es stellt sich nun die Frage, wie das Umtauschverhältnis festzustellen ist.

1209 Hierbei stellen sich folgende Fragen: Die die notwendigen Beschlüsse enthaltenen Unterlagen müssen vorab ausgelegt und dem Betriebsrat zugeleitet werden. Sie sind unverzichtbar auch zur Vorbereitung von Verschmelzungsbericht und Verschmelzungsprüfung. Wie sollen **feste Umtauschrelationen** Monate vor den Beschlussdaten festgelegt werden, wenn es ständig zu **Veränderungen des »Kapitals«** kommen kann bzw. kommt? Selbst am Tage der Generalversammlung lässt sich das aktuelle »Kapital« der Genossenschaft nicht beziffern, weil – theoretisch – offen ist, wie es sich an diesem Tage durch Einzahlungen verändert. Wie soll dann ein Beschluss mit bestimmter Umtauschrelation gefasst werden?

1210 In der **Literatur** besteht Einigkeit, dass nicht der Geschäftsanteil die konkrete Beteiligung des Genossen an seiner Genossenschaft widerspiegelt, sondern das **Geschäftsguthaben**.[1962] Der Geschäftsanteil ist nur der Betrag, bis zu dem sich der einzelne Genosse mit Einlagen beteiligen kann (§ 7 Nr. 1 GenG). Es handelt sich dabei nur um eine in der Satzung festzulegende Beteili-

---

1960 Scholderer in: Semler/Stengel, UmwG, § 80 Rn. 16; Lutter/Bayer, § 80 UmwG Rn. 17; § 87 UmwG Rn. 27.
1961 Widmann/Mayer/Fronhöfer, Umwandlungsrecht, § 80 UmwG Rn. 40; Hettrich/Pöhlmann/Gräser/Röhrich, GenG, UmwG § 80 Rn. 2.
1962 Beuthien, GenG, § 7 Rn. 1; Müller, GenG, § 7 Rn. 1; Schulte, in: Lang/Weidmüller, GenG, § 7 Rn. 2 ff.; Hettrich/Pöhlman/Gräser/Röhrich, GenG, § 7 Rn. 1; Pöhlmann/Fandrich/Bloehs/Fandrich GenG § 7 Rn. 2; Hillebrandt/Kessler, Berliner Kommentar zum GenG, §§ 6, 7 Rn. 12; Scholderer in: Semler/Stengel, UmwG, § 80 Rn. 14 ff.; Beuthien, AG 2002, 266 f.

gungsgröße, die den Höchstbetrag dieser Einlage bezeichnet. Er ist nur eine abstrakte Rechengröße, die in der Bilanz der Genossenschaft nicht erscheint und auch über die tatsächliche finanzielle Beteiligung des Genossen nichts aussagt.[1963] Die tatsächliche finanzielle Beteiligung, die dann auch für die Verschmelzung maßgebend ist, ergibt sich nur aus dem sog. Geschäftsguthaben, das den Betrag darstellt, der tatsächlich auf den oder die Geschäftsanteile eingezahlt ist.[1964] Das Geschäftsguthaben ist der Vermögenswert der Mitgliedschaft und ist insb. bedeutsam für die Gewinn- und Verlustverteilung, die Bilanzaufstellung, die Auseinandersetzung, die Liquidation und für die Verschmelzung.[1965] Da das Geschäftsguthaben aus den Einlagen (Einzahlungen) zuzüglich der Gewinnzuschreibungen bzw. abzgl. der Verlustabschreibungen (§ 19 Abs. 1 GenG) gebildet wird, ist er daher grds. eine veränderliche Größe.[1966] Wegen dieser Veränderlichkeit geht daher die Literatur im Umwandlungsrecht davon aus, dass Grundlage für das nach § 5 Abs. 1 Nr. 3 UmwG (i. V. m. § 80 Abs. 1 Satz 1 UmwG) anzugebende Umtauschverhältnis der Anteile nur eine von der übertragenden Genossenschaft zu erstellende Bilanz sein kann, da sich nur dieser das Geschäftsguthaben der Genossen entnehmen lässt.[1967]

Bayer[1968] weist daher auch auf Folgendes hin:

> Vielmehr komme der Schlussbilanz für die Mitglieder einer eG auch eine wichtige Schutzfunktion zu. Denn allein die Schlussbilanz der eG sei maßgebend für die Bestimmung der Geschäftsguthaben der Mitglieder einer übertragenden eG.

Auch **Fronhöfer**[1969] weist darauf hin, dass die Funktion der Schlussbilanz sich nämlich nicht nur darin erschöpfe, die bisherigen Jahresabschlüsse der übertragenden Genossenschaft abzuschließen und den Übergang zu den Jahresbilanzen des übernehmenden Rechtsträgers darzustellen. Sie sei vielmehr auch Grundlage für die Ermittlung der Geschäftsguthaben der Genossen der übertragenden Genossenschaft und für die Bestimmung des Auseinandersetzungsguthabens des eine Beteiligung übernehmenden Rechtsträgers ausschlagenden Genossen.

Außerdem ist darauf hinzuweisen, dass generell für das Umtauschverhältnis der zu verschmelzenden Gesellschaften nicht der formale Anteil an der Gesellschaft maßgebend ist, sondern der **tatsächliche Wert der zu übertragenden Aktiva und Passiva** im Verhältnis zu dem inneren Wert der Anteile an dem übernehmenden Rechtsträger. Zunächst ist also das Wertverhältnis der zu verschmelzenden Gesellschaften festzustellen, in einem zweiten Schritt ist dann das zu ermittelnde Umtauschverhältnis entsprechend der Beteiligung der Genossen an der übertragenden Genossenschaft auf die Genossen aufzuteilen.[1970] Der wahre Wert der Beteiligung eines Genossen einer Genossenschaft ergibt sich daher aus der Summe der Geschäftsguthaben zusammen mit den gesetzlich vorgeschriebenen und der freiwillig gebildeten Rücklagen sowie den stillen Reserven und dem Eigenkapital, wobei die Unternehmensbewertung i. d. R. nach der Ertragswertmethode erfolgt.

1211

Hauptproblem bei der Genossenschaft ist die Fixierung des Zeitpunktes für diese Berechnungen. Wie bereits ausgeführt, finden bei der Genossenschaft Zu- und Abgänge statt, sodass zumin-

1212

1963 Vgl. Müller, GenG, § 7 Rn. 1; Hettrich/Pöhlmann/Gräser/Röhrich, GenG, § 7 Rn. 1; Schulte in: Lang/Weidmüller, GenG, § 7 Rn. 5 ff.
1964 Vgl. Schulte in: Lang/Weidmüller, GenG, § 7 Rn. 5 ff.; Hettrich/Pöhlmann/Gräser/Röhrich, GenG, § 7 Rn. 3 f.; Lutter/Bayer, § 80 UmwG Rn. 15.
1965 Hettrich/Pöhlmann/Gräser/Röhrich, GenG, § 7 Rn. 4; Lutter/Bayer, UmwG, § 80 Rn. 15; Scholderer in: Semler/Stengel, UmwG, § 80 Rn. 19 ff.
1966 Schulte in: Lang/Weidmüller, GenG, § 7 Rn. 5 ff.
1967 So Widmann/Mayer/Fronhöfer, Umwandlungsrecht, § 80 UmwG Rn. 57 ff.; Lutter/Bayer, UmwG, § 80 Rn. 27 ff.; Scholderer in: Semler/Stengel, UmwG, § 80 Rn. 19 ff.; Beuthien, AG 2002, 266 f.
1968 Lutter/Bayer, UmwG, § 80 Rn. 27.
1969 Widmann/Mayer/Fronhöfer, Umwandlungsrecht, § 80 UmwG Rn. 58.
1970 Vgl. auch Wirth, Spaltung einer eingetragenen Genossenschaft, S. 107.

dest das Geschäftsguthaben veränderlich ist, die für die Unternehmensbewertung maßgeblichen Werte des Ertrages hingegen sind auf den Stichtag bezogen. Insofern bestimmt auch daher § 87 Abs. 3 UmwG, dass auch für die Berechnung des Geschäftsguthabens, die Schlussbilanz der übertragenden Genossenschaft maßgebend ist.

1213 Das hier vorliegende Problem der **Veränderung zwischen dem Stichtag der Schlussbilanz**, der auch für die Zuteilung der neuen Anteile an der neuen Gesellschaft maßgebend ist, und etwaigen Veränderungen des Geschäftsguthabens bis zur Eintragung, hat der Gesetzgeber für die Problematik der Mischverschmelzung nicht geregelt. Für die Verschmelzung von Genossenschaften untereinander sieht § 87 Abs. 2 UmwG eine Kompensationsvorschrift vor: Übersteigt das Geschäftsguthaben, das der Genosse bei einer übertragenden Genossenschaft hatte, den Gesamtbetrag der Geschäftsanteile, mit denen er bei der übernehmenden Genossenschaft beteiligt ist, ist der übersteigende Betrag nach Ablauf von 6 Monaten seit dem Tag, an dem die Eintragung der Verschmelzung in das Register des Sitzes des übernehmenden Rechtsträgers als bekannt gemacht gilt, an den Genossen auszuzahlen. Wird dieser Auszahlungsanspruch nicht geltend gemacht, sondern ist das überschießende Geschäftsguthaben einvernehmlich stehen gelassen, so liegt ein Darlehen vor.[1971] Es spricht daher einiges dafür, eventuelle Wertveränderungen in Geschäftsguthaben durch eine entsprechende Anwendung des § 87 Abs. 2 UmwG auszugleichen.

1214 Zusammenfassend ist also festzustellen, dass aus der Literatur für die Berechnung der Wertverhältnisse und auch des Umtauschverhältnisses der **Stichtag der Schlussbilanz maßgebend** ist.[1972] Weiter zu berücksichtigen ist dabei allerdings, dass insgesamt für die Wertrelation der beiden Unternehmen nicht die Geschäftsguthaben, sondern die wahren Werte der Unternehmen maßgebend sind. Das Geschäftsguthaben entscheidet nur über die Verteilung des Vermögens auf die einzelnen Genossen. M. E. werden daher unter Berücksichtigung der Stichtage evtl. Zu- und Abschläge bis zur Eintragung der Verschmelzung in entsprechender Anwendung des § 87 Abs. 2 UmwG durch eine Auszahlung ausgeglichen.

5. Satzungsanpassungen bei der übernehmenden Genossenschaft

1215 Im Hinblick auf die **Satzung der übernehmenden Genossenschaft** müssen daher im Vorfeld folgende Fragen geklärt werden:
– Herabsetzung der Haftsumme (§§ 120, 22 GenG),
– Regelung der Einzahlungsverpflichtung auf den Geschäftsanteil,
– Regelung der Höchstzahl etwaig zu erwerbender Anteile.

1216 Da es sich bei all diesen Regelungen um **Satzungsänderungen** handelt, sind die Vorschriften über Satzungsänderungen des Genossenschaftsgesetzes, also insb. § 16 GenG, anzuwenden.

1217 Nach § 79 UmwG gilt, dass eine Mischverschmelzung auf eine eingetragene Genossenschaft nur zulässig ist, wenn eine erforderliche Änderung der Satzung der übernehmenden Genossenschaft **gleichzeitig** mit der Verschmelzung beschlossen wird. Auch bei der reinen Genossenschaftsverschmelzung kann allerdings eine Satzungsänderung erforderlich oder sinnvoll sein.[1973] Umstritten ist, ob erforderliche Satzungsänderungen gleichzeitig, d. h. unter einem einheitlichen Tagesordnungspunkt gefasst werden müssen.[1974]

[1971] Lutter/Bayer, UmwG, § 87 Rn. 28.
[1972] Vgl. Lutter/Bayer, UmwG, § 80 Rn. 27; Widmann/Mayer/Fronhöfer, Umwandlungsrecht, § 80 UmwG Rn. 57.
[1973] Widmann/Mayer/Fronhöfer, § 79 UmwG Rn. 17 ff.
[1974] So Widmann/Mayer/Fronhöfer, § 79 UmwG Rn. 17 f.; Lutter/Bayer, § 79 UmwG Rn. 24; a. A. Scholderer, in: Semler/Stengel, UmwG, § 79 Rn. 51.

IV. Verschmelzungsvertrag

Vgl. zunächst zum Verschmelzungsvertrag allgemein die Ausführungen unter Teil 2 Rdn. 52 ff. 1218

1. Form

Der Verschmelzungsvertrag bedarf, abweichend zum bisherigen Recht, der notariellen Beurkundung (§ 6 UmwG). Die **Beurkundungsbedürftigkeit** umfasst auch die nach bisheriger Praxis außerhalb des eigentlichen Verschmelzungsvertrages getroffenen »Zusatzvereinbarungen«,[1975] sofern die Voraussetzungen von § 139 BGB vorliegen. 1219

2. Abschlusskompetenz

Insoweit ergeben sich keine Besonderheiten (vgl. daher oben unter Teil 2 Rdn. 61 ff.). 1220

3. Inhalt des Verschmelzungsvertrages

a) Notwendiger Vertragsinhalt

Der notwendige Inhalt ergibt sich zunächst aus § 5 UmwG (s. o. Teil 2 Rdn. 96 ff.). 1221

Nach § 5 Abs. 1 Nr. 3 UmwG soll der Vertrag auch **Angaben über die Mitgliedschaft** bei dem übernehmenden Rechtsträger enthalten. Angesprochen werden sollen damit nach der Gesetzesbegründung die Mitgliedschaften in Genossenschaften und Vereinen.[1976] Welcher Art diese Angaben sein sollen angesichts der Vielzahl von Rechten und Pflichten, die die Mitgliedschaft prägen, ist weder dem Gesetzeswortlaut noch den Gesetzesmaterialien zu entnehmen. Hennrichs[1977] vertreten bzgl. eines Verschmelzungsvertrages zwischen Vereinen die Auffassung, anzugeben seien im Vertrag »die mit der neuen Mitgliedschaft verbundenen (besonderen) Rechte (z. B. Benutzungsrechte und sonstige Leistungsrechte, Teilhaberrechte) und Pflichten (insb. »Ob« und Höhe der Beitragszahlungen)«. Nicht aufzunehmen seien die allgemeinen (Schutz-) Rechte und (Treue-) Pflichten. 1222

▶ Hinweis:

Dies dürfte den Intentionen des Gesetzgebers entsprechen, lässt aber noch erheblichen Anwendungsspielraum, insb. bei der Differenzierung zwischen »besonderen« und »allgemeinen« Rechten und Pflichten. Der sicherste Weg dürfte darin bestehen, die geltende Satzung der übernehmenden Genossenschaft als Anlage zum Vertrag zu nehmen und im Vertrag bzgl. der Mitgliedschaft auf die – mit zu beurkundende Anlage zu verweisen. Notwendig ist dies aber nicht, eine Zusammenfassung genügt. 1223

Für die **Angaben zum Anteilstausch** (§ 5 Abs. 1 Nr. 3 UmwG) findet ergänzend § 80 Abs. 1 Satz 1 UmwG Anwendung. Danach gilt Folgendes: 1224

Sieht die Satzung der übernehmenden Genossenschaft vor, dass **jeder Genosse nur mit einem Geschäftsanteil beteiligt** ist, genügt es, im Verschmelzungsvertrag anzugeben, dass jedes Mitglied einer übertragenen Genossenschaft mit einem Geschäftsanteil beteiligt wird (§ 80 Abs. 1 Satz 1 Nr. 1 UmwG). 1225

Lässt die Satzung die **Übernahme mehrerer Geschäftsanteile** zu oder sieht sie eine (gestaffelte) Verpflichtung zur Übernahme mehrerer Geschäftsanteile vor, muss angegeben werden, dass jeder Genosse einer übertragenen Genossenschaft mit mindestens einem und i. Ü. mit so vielen 1226

[1975] Vgl. Scholderer in: Semler/Stengel, UmwG, § 80 Rn. 6; Lutter/Bayer, § 80 UmwG Rn. 6; Widmann/Mayer/Fronhöfer, § 80 UmwG Rn. 14.
[1976] Abgedruckt in: Limmer, Umwandlungsrecht, S. 276.
[1977] In: FS für Boujong, S. 203 ff., 212 f.

Geschäftsanteilen bei der übernehmenden Genossenschaft beteiligt wird, wie sie durch Anrechnung seines Geschäftsguthabens bei der übertragenen Genossenschaft als voll eingezahlt anzusehen sind.[1978]

1227 Nicht erforderlich ist es, im Verschmelzungsvertrag die Zahl der Geschäftsanteile, die das einzelne Mitglied der übertragenen Genossenschaft erhält, oder die Namen der Anteilserwerber anzugeben.[1979]

1228 Nicht anzugeben sind schließlich auch die **konkreten Geschäftsguthaben**, auch nicht soweit nach § 80 Abs. 1 Nr. 1 UmwG Geschäftsanteile erworben werden könnten.[1980] Die Höhe der Geschäftsguthaben ergibt sich vielmehr kraft Gesetzes aus der Schlussbilanz der übertragenen Genossenschaft (§ 87 Abs. 3 UmwG). Möglich und dann in den Verschmelzungsvertrag aufzunehmen sind **bare Zuzahlungen**. Sie dürfen – wie auch in anderen Verschmelzungsfällen – aber den zehnten Teil des Gesamtnennbetrages der gewährten Geschäftsanteile, bezogen jeweils auf die dem einzelnen Mitglied eingeräumten Geschäftsanteile, nicht übersteigen (§ 87 Abs. 2 Satz 2 UmwG).

1229 **§§ 29 bis 34 UmwG** (Barabfindungen) finden bei der Verschmelzung der Genossenschaft **keine Anwendung**. Stattdessen räumt § 90 UmwG jedem Genossen die Möglichkeit ein, den Anteilserwerb bei der übernehmenden Genossenschaft auszuschlagen mit der Folge, dass der Anteil und die Mitgliedschaft als nicht erworben gelten (§ 90 Abs. 2 UmwG) und eine **Auseinandersetzung** mit den früheren Genossen nach § 93 UmwG durchzuführen ist.

1230 **Einzelheiten über den Erwerb der Anteile** und der Mitgliedschaft müssen nicht aufgenommen werden. Der Erwerb der Geschäftsanteile und der Mitgliedschaft erfolgt vielmehr kraft Gesetzes mit dem Wirksamwerden der Verschmelzung.

1231 § 80 Abs. 2 UmwG schreibt ausdrücklich vor, dass der **Stichtag der Schlussbilanz** der übertragenen Genossenschaften zum Bestandteil des Vertrages gemacht werden muss.

b) Möglicher Vertragsinhalt

aa) Anpassung der Satzung

1232 Aus den oben dargelegten Gründen (vgl. Teil 2 Rdn. 1198 ff.) kann es sich empfehlen, den Verschmelzungsvertrag unter die Bedingung zu stellen, dass vor Wirksamwerden der Verschmelzung die Satzung der übernehmenden Genossenschaft entsprechend angepasst wird.

bb) Sonstige Vereinbarungen

1233 Vgl. zunächst oben zum möglichen Inhalt eines Verschmelzungsvertrages Teil 2 Rdn. 96 ff.

1234 Neben Änderungen der Firma der übernehmenden Genossenschaft werden regelmäßig auch **Festsetzungen über Geschäftsverteilung, geschäftliches Verhalten bis zum Wirksamwerden der Verschmelzung** etc. aufgenommen.[1981] Derartige Regelungen sind natürlich möglich – im nachstehenden Vertragsmuster (vgl. Teil 2 Rdn. 1300) wird auf sie verzichtet – und mögen dem Selbstverständnis der genossenschaftlichen Rechtsträger entsprechen. Es ist allerdings darauf hinzuweisen, dass mit dem Untergang der übertragenen Genossenschaft derartige Vertragsinhalte ihren Pflichtencharakter verlieren, da sich Gläubiger und Schuldner in einer Person vereinigen. Sinn machen solche Regelungen nur für den Zeitraum bis zum Wirksamwerden der Verschmelzung. In diesem Fall muss aber auf der einen Seite klargestellt sein, dass sie erst gelten, wenn die

---

1978 § 80 Abs. 1 Satz 1 Nr. 2 UmwG; vgl. auch Lutter/Bayer, § 80 UmwG Rn. 17.
1979 Vgl. Gesetzesbegründung, BR-Drucks. 75/94, S. 107, abgedruckt in: Limmer, Umwandlungsrecht, S. 302.
1980 Hettrich/Pöhlmann/Röhrich, GenG, § 80 UmwG Rn. 5.
1981 Vgl. Scholderer in: Semler/Stengel, UmwG, § 79 Rn. 19 ff.

Zustimmungsbeschlüsse der Generalversammlungen der beteiligten Genossenschaften vorliegen, und außerdem müssen die Rechtsfolgen festgelegt werden, die bei einem Verstoß eingreifen sollen, z. B. Kündigungsrechte, die aber wiederum untergehen, wenn sie nicht vor der Eintragung der Verschmelzung ausgeübt worden sind.

4. Verschmelzungsstichtag, Schlussbilanz

Bei der Genossenschaftsverschmelzung stellt sich die Problematik des Verschmelzungsstichtages in besonderer Weise. In der Praxis wird häufig bei der Verschmelzung von Genossenschaften ein zukünftiger Stichtag gewünscht. 1235

▶ Beispiel:

Die Volksbanken A und B übertragen ihr Vermögen als Ganzes mit allen Rechten und Pflichten und unter Ausschluss der Abwicklung im Wege der Verschmelzung durch Aufnahme auf die Volksbank C. Die Volksbanken A, B und C haben am 27.06.2011 einen Verschmelzungsvertrag unterzeichnet. Als Schlussbilanzen sind die zum 31.12.2011 aufzustellenden Bilanzen vorgesehen. Verschmelzungsstichtag soll der 01.01.2012 sein. Der Verschmelzungsvertrag soll am 10.09.2011 beurkundet werden. Die Vertreterversammlungen der Volksbanken sollen danach bis zum 28.09.2011 über den Verschmelzungsvertrag beschließen. Von der Einberufung an soll der beurkundete Verschmelzungsvertrag ausgelegt werden. 1236

Die Frage ist, ob ein zukünftiger Verschmelzungsstichtag zulässig ist. Wie oben bei Teil 2 Rdn. 183 ff. dargelegt, lässt die ganz herrschende Meinung allgemein einen zukünftigen Verschmelzungsstichtag zu. Streitig ist die Zulässigkeit eines künftigen Verschmelzungsstichtages lediglich noch bei den Genossenschaften, da bei diesen der Schlussbilanz eine besondere Bedeutung für die Genossen zukommt.[1982] Der wesentliche Unterschied in der Argumentation liegt darin, dass die umwandlungsrechtliche Literatur bei der Verschmelzung von Genossenschaften aufgrund der ausdrücklichen Regelung in §§ 80, 83 UmwG der Schlussbilanz eine besondere Bedeutung für die betroffenen Genossen zubilligt, sodass kein Zustimmungsbeschluss zur Verschmelzung aufgrund einer noch nicht vorhandenen Schlussbilanz zulässig ist. 1237

V. Verschmelzungsbericht

Vgl. zunächst allgemein oben Teil 2 Rdn. 380 ff. 1238

Da die §§ 79 ff. UmwG keine Sonderregelung für den Verschmelzungsbericht enthalten, gelten die allgemeinen Vorschriften. Gem. § 8 UmwG haben daher die **Vorstände** der beteiligten Genossenschaften einen ausführlichen, schriftlichen Bericht zu erstatten, in dem sie die Verschmelzung, den Verschmelzungsvertrag oder seinen Entwurf im Einzelnen und insb. das **Umtauschverhältnis** der Geschäftsanteile sowie eine evtl. zu gewährende **Barabfindung** rechtlich und wirtschaftlich erläutern. Gem. §§ 82 Abs. 1 i. V. m. 63 Abs. 1 Nr. 4 UmwG ist dieser Bericht vor der Einberufung der Generalversammlung in den Geschäftsräumen jeder Genossenschaft auszulegen. 1239

Für den **Inhalt dieses Berichts** gelten grds. die gleichen Grundsätze wie bei allen anderen Gesellschaften.[1983] 1240

[1982] Für die Zulässigkeit weitgehend die genossenschaftsrechtliche Literatur: Lehnhoff in: Lang/Weidmüller, GenG, § 80 UmwG Rn. 10; Beuthien, BB 2001, 2126; Hettrich/Pöhlmann/Gräser/Röhrich, GenG, § 80 UmwG Rn. 2; Beuthien, GenG, §§ 2 ff. UmwG Rn. 55; wohl auch jetzt Scholderer in: Semler/Stengel, UmwG, § 80 Rn. 48; dagegen ein Teil der umwandlungsrechtlichen Literatur: Lutter/Bayer, UmwG, § 80 Rn. 27 f.; Widmann/Mayer/Fronhöfer, Umwandlungsrecht, § 80 UmwG Rn. 61 ff.; Heidinger, NotBZ 1998, 223, und NotBZ 2002, 86.

[1983] Vgl. oben Teil 2 Rdn. 380 ff.; vgl. auch Ohlmeyer/Kuhn/Philipowski/Tischbein, Verschmelzung von Genossenschaften, S. 60 ff.

▶ Hinweis:

1241 Von **besonderer Bedeutung** wird aber sein, dass insb. die o. g. Fragen der **Neuordnung der Kapitalverhältnisse**, insb. Fragen der **Haftsumme**, der **Geschäftsanteile** und der **Höchstzahl** der zu erwerbenden **Anteile** erläutert werden sollen, da hierdurch entscheidend die Haftungssituation der Genossen geregelt wird.[1984]

VI. Gutachten des Prüfungsverbandes

1242 Gem. § 81 UmwG ist **vor der Einberufung der Generalversammlung**, die über den Verschmelzungsvertrag beschließen soll, für jede beteiligte Genossenschaft eine gutachterliche Äußerung des **Prüfungsverbandes** einzuholen, ob die Verschmelzung mit den Belangen der Genossen und der Gläubiger der Genossenschaft vereinbar ist. Immer wenn an einer Verschmelzung eine **Genossenschaft beteiligt** ist, unabhängig davon, ob es sich um eine reine **Genossenschaftsverschmelzung oder eine Mischverschmelzung** mit einem Rechtsträger anderer Rechtsform handelt, ist für die beteiligte Genossenschaft also ein Gutachten des Prüfungsverbandes einzuholen.[1985] § 81 UmwG ersetzt die §§ 9 bis 12 UmwG, die die Verschmelzungsprüfung regeln.[1986] Ein Verzicht durch alle Genossen auf die Erstattung des Prüfungsgutachtens ist nicht analog § 9 Abs. 3 UmwG zulässig. Denn § 81 UmwG ist lex spezialis und sieht die **Möglichkeit eines Verzichts** nicht vor.[1987]

Schon ausweislich seines Wortlautes fallen in den **Schutzbereich der Norm** nicht nur die Genossen, sondern auch die Gläubiger der Genossenschaft, zu deren Lasten nicht verzichtet werden könnte.[1988] Auch bei der Verschmelzung einer 100 %igen Tochter-GmbH auf ihre Mutter-eG entfällt daher gem. § 9 Abs. 2 UmwG nur für den übertragenden Rechtsträger die Verschmelzungsprüfung, für die Mutter-eG verbleibt es beim Gutachten des Prüfungsverbandes.[1989] Im Fall der **Mischverschmelzung** hat als für die beteiligten Rechtsträgerer anderer Rechtsform die Verschmelzungsprüfung nach § 9–12 UmwG zu erfolgen.[1990]

1243 Diese Prüfung durch den Prüfungsverband ersetzt für eine an der Verschmelzung beteiligten Genossenschaft die Verschmelzungsprüfung nach den §§ 9 bis 12 UmwG. Sind allerdings an der Verschmelzung andere Rechtsformen beteiligt, so gelten für diese Rechtsträger die §§ 9 bis 12 UmwG, also auch § 11 Abs. 1 Satz 1 über die Auswahl der Prüfer.

1244 Dieses **Prüfungsgutachten** ist gem. § 82 UmwG von der Einberufung der Generalversammlung an in den Geschäftsräumen jeder Genossenschaften auszulegen, nach § 83 Abs. 1 UmwG darüber hinaus auch während der Generalversammlung. Durch Art. 5 des Gesetzes zum Bürokratieabbau

---

1984 Vgl. das Muster des Verschmelzungsberichts bei Ohlmeyer/Kuhn/Philipowski/Tischbein, Verschmelzung von Genossenschaften, S. 251 und bei Lang/Weidmüller, GenG Anh. B, S 1099 ff.
1985 Widmann/Mayer/Fronhöfer, Umwandlungsrecht, § 81 UmwG Rn. 7.
1986 Lehnhoff in: Lang/Weidmüller, GenG, § 81 UmwG Rn. 1; Hedrich/Pöhlmann/Gräser/Röhrich, GenG, § 81 UmwG Rn. 1; Lutter/Bayer, UmwG, § 81 Rn. 2; Scholderer in: Semler/Stengel, UmwG, § 81 Rn. 1 ff.
1987 Widmann/Mayer/Fronhöfer, Umwandlungsrecht, § 81 UmwG Rn. 7; BeckOGK/Thilo UmwG § 81 Rn. 35; so auch Begründung zum Umwandlungsänderungsgesetz der BT-Drucks. 13/8818, S. 16 zu § 270 Abs. 2 UmwG; ebenso Lehnhoff in: Lang/Weidmüller, GenG, § 81 UmwG Rn. 1; Lutter/Bayer, UmwG, § 81 Rn. 2; Schmitt/Hörtnagl/Stratz, UmwG, UmwStG, § 81 UmwG Rn. 1 f.; a. A. Beuthien, GenG, §§ 2 ff. UmwG Rn. 26, der einen Verzicht zulässt.
1988 Widmann/Mayer/Fronhöfer, Umwandlungsrecht, § 81 UmwG Rn. 8; Schmitt/Hörtnagl/Stratz, UmwG, UmwStG, § 81 UmwG Rn. 1 ff.; a. A. Beuthien, GenG, §§ 2 ff. UmwG Rn. 26.
1989 So Lutter/Bayer, UmwG, § 81 Rn. 2; Lehnhoff in: Lang/Weidmüller, GenG, § 81 UmwG Rn. 1; a. A. Beuthien, GenG, §§ 2 ff. UmwG Rn. 26 a. E.
1990 Lutter/Bayer, UmwG, § 81 Rn. 2; Widmann/Mayer/Fronhöfer, Umwandlungsrecht, § 81 UmwG Rn. 7; Scholderer in: Semler/Stengel, UmwG, § 81 Rn. 33.

und zur Förderung der Transparenz bei Genossenschaften vom 17.07.2017[1991] wurde zur Vereinfachung der Vorbereitung einer Generalversammlung, die gemäß § 13 Abs. 1 über die Zustimmung zum Verschmelzungsvertrag beschließen soll, in § 82 Abs. 3 UmwG vorgesehen, dass die in Abs. 1 bestimmten Auslegungspflichten entfallen, wenn die in Abs. 1 Satz 1 bezeichneten Unterlagen für denselben Zeitraum über die **Internetseite** der Genossenschaft zugänglich sind. Nach § 83 Abs. 2 UmwG schließlich ist das Prüfungsgutachten in der Generalversammlung zu verlesen. Der Prüfungsverband ist berechtigt, an der Generalversammlung beratend teilzunehmen.

Der Grund für diese **obligatorische Begutachtung der Verschmelzung** liegt in der erheblichen Auswirkung der Verschmelzung auf das Schicksal der beteiligten Genossenschaften und in den Risiken, die daraus den Mitgliedern und den Genossenschaftsgläubigern erwachsen können.[1992] Die Begutachtung durch den Prüfungsverband soll diesen in erster Linie Gelegenheit zur Stellungnahme geben, um auf diese Weise übereilten Schritten der Generalversammlung entgegenwirken zu können.[1993] Man wird wohl auch davon ausgehen können, dass das Prüfungsgutachten auch der Erleichterung der Meinungsbildung der Generalversammlung dient.[1994] 1245

Die Generalversammlung ist selbstverständlich nicht an das **Ergebnis des Gutachtens** gebunden. Ein negatives Gutachten hindert nicht die Wirksamkeit des von der Generalversammlung gefassten Verschmelzungsbeschlusses.[1995] Das **Registergericht** ist daher auch aufgrund des negativen Ergebnisses der Begutachtung nicht berechtigt, eine Verschmelzung abzulehnen.[1996] 1246

1. Inhalt des Gutachtens

Der **Inhalt des Prüfungsgutachtens** bei der Verschmelzung von Genossenschaften unterscheidet sich deutlich vom Inhalt der allgemeinen Verschmelzungsprüfung. Während nach § 9 UmwG der Verschmelzungsvertrag insgesamt zu prüfen ist, also insb. das Umtauschverhältnis, spricht § 81 Abs. 1 UmwG davon, dass das Gutachten dazu Stellung nehmen soll, ob die Verschmelzung mit den Belangen der Genossen und der Gläubiger vereinbar ist. Dies entspricht dem bis 1995 geltenden Recht (§ 93b Abs. 2 GenG a. F.). Es muss hier also insb. die **Darstellung der Folgen der Verschmelzung** für die beiden Gruppen genannt werden; insb. die wirtschaftliche Zukunft der übernehmenden Genossenschaft sowie das Für und Wider der Verschmelzung muss erörtert und eine klare Aussage gemacht werden, ob die Verschmelzung mit den Belangen der Gläubiger und Mitglieder vereinbar ist, insb. im Hinblick auf die zu erwartende künftige Entwicklung.[1997] Dabei sind die Auswirkungen sowohl für übertragende als auch für die übernehmende Gesellschaft zu erörtern. Für die Gläubiger ist entscheidend, ob ihre Ansprüche durch die Verschmelzung beeinträchtigt werden. 1247

Umstritten ist, ob es ausreicht, wenn der **Prüfungsverband gegen die Verschmelzung keine Einwände** dagegen hat, dass das schriftliche Gutachten nur das positive Ergebnis der Begutachtung mitteilt, nicht aber im Einzelnen die Auswirkungen der Verschmelzung darlegt. Ein Teil der Literatur war der Auffassung, dass der Zweck des Gutachtens nur in der Möglichkeit für den Prüfungsverband liegt, seine Bedenken geltend zu machen, sodass es bei dieser Auslegung genügen 1248

1991 BGBl. I, 2434.
1992 Vgl. Schlarb, Die Verschmelzung eingetragener Genossenschaften, S. 80.
1993 Vgl. auch amtliche Begründung zur VO v. 13.04.1943 mit der die obligatorische Begutachtung der Verschmelzung erstmals eingeführt wurde, DJ 1943, 248; LG Tübingen, ZfG 1966, 79 f.
1994 So Pleyer, Anm. zu LG Tübingen, ZfG 1966, 82; a. A. Schlarb, Die Verschmelzung eingetragener Genossenschaften, S. 81.
1995 Ohlmeyer/Kuhn/Philipowski, Verschmelzung von Genossenschaften, S. 65; Lutter/Bayer, UmwG, § 83 Rn. 16; Meyer/Meulenbergh, GenG, § 93b Anm. 5.
1996 Hornung, Rpfleger 1968, 305, 307; Ohlmeyer/Kuhn/Philipowski, Verschmelzung von Genossenschaften, S. 65; Scholderer in: Semler/Stengel, UmwG, § 83 Rn. 46.
1997 Vgl. Lehnhoff in: Lang/Weidmüller, GenG, § 81 UmwG 4a ff.; Ohlmeyer/Kuhn/Philipowski, Verschmelzung von Genossenschaften, S. 62 ff.; Scholderer in: Semler/Stengel, UmwG, § 81 Rn. 23 ff.

würde, nur das Ergebnis bekannt zu geben.[1998] Demgegenüber ist ein anderer Teil der Literatur der Auffassung, dass das Gutachten nicht nur den Zweck hat, dem Prüfungsverband Gelegenheit zur Stellungnahme zu geben, sondern auch die Mitglieder der Generalversammlung in die Lage versetzen soll, den fachlich qualifizierten Rat des Verbandes vor der Entscheidung zu hören, sodass als Inhalt des Gutachtens die konkrete Ausführung der Verschmelzung genannt werden muss.[1999] Berücksichtigt man, dass jetzt nach der Neuregelung dieses Prüfungsgutachtens an die Stellung der Verschmelzungsprüfung tritt, so dürfte man aus der Gesamtintention des Minderheitenschutzes des neuen Umwandlungsrechts annehmen dürfen, dass insb. die Information der Mitglieder ein wichtiger Zweck dieses Prüfgutachtens ist, sodass man wohl auch konkrete Angaben zur Verschmelzung verlangen muss, auch wenn diese nicht den gleichen Detailgrad wie bei der Verschmelzungsprüfung nach § 9 UmwG haben müssen.[2000]

Ohlmeyer/Kuhn/Philipowski/Tischbein[2001] sind der Auffassung, dass Grundlage für die Anfertigung des Gutachtens der Verschmelzungsvertrag, die Satzung der beteiligten Genossenschaften, der letzte Jahresabschluss der Genossenschaften, der letzte Prüfungsbericht der beteiligten Genossenschaften, Zwischen- oder Rohbilanzen neuesten Datums, ferner eine Zusammenstellung der letzten Jahresbilanz, Gewinn- oder Verlustrechnung, Umsätze und sonstige wichtige Betriebsdaten ist. Auf der Grundlage der Prüfung und Auswertung dieses Materials soll dann das Gutachten die wirtschaftliche Entwicklung der vereinigten Genossenschaften erörtern.[2002]

2. Anspruch auf ein Gutachten

1249 Es ist umstritten, ob den Genossenschaftsmitgliedern gegen den Prüfungsverband ein Anspruch auf eine ins Detail gehende Begutachtung zusteht.[2003] Während § 93b Abs. 2 davon sprach, dass der Prüfungsverband zu hören ist, spricht nunmehr § 81 Abs. 1 UmwG davon, dass eine gutachterliche Äußerung einzuholen ist. Auch hierbei wird deutlich, dass es um mehr geht als eine Möglichkeit zur Stellungnahme, sondern um die Pflicht zu einer Begutachtung zur Information der Genossen. Man wird daher davon ausgehen müssen, dass der **Prüfungsverband zur Erstattung des Gutachtens verpflichtet** ist.

VII. Verschmelzungsbeschluss

1250 Nach § 84 UmwG wird der Verschmelzungsbeschluss in der Generalversammlung gefasst und bedarf einer **Mehrheit von 3/4 der abgegebenen Stimmen**. Wie bei allen anderen Rechtsträgern muss daher die Beschlussfassung in einer Versammlung der Anteilsinhaber, d. h. also in der Generalversammlung nach § 43 Abs. 1 GenG gefasst werden.

1251 § 43a GenG bestimmt allerdings, dass die Satzung einer Genossenschaft mit mehr als 1.500 Mitgliedern vorsehen kann, dass die **Generalversammlung in Form einer Vertreterversammlung** stattfindet. Die Vertreterversammlung rückt dann an die Stelle der Generalversammlung und hat dieselben Zuständigkeiten wie die Generalversammlung. An diese Unterscheidung hat auch das UmwG angeknüpft, sodass durch die Frage, ob die Beschlussfassung über die Verschmelzung in

---

1998 In diesem Sinn Schlarb, Die Verschmelzung eingetragener Genossenschaften, S. 81; LG Tübingen, ZfG 1966, 79; Hornung, Rpfleger 1968, 305.
1999 In diesem Sinn Lehnhoff in: Lang/Weidmüller, GenG, § 81 UmwG, Rn. 4 ff.; vgl. Widmann/Mayer/Fronhöfer, Umwandlungsrecht, § 81 UmwG Rn. 10 f.; Pleyer, ZfG 1966, 82.
2000 Widmann/Mayer/Fronhöfer, Umwandlungsrecht, § 81 UmwG Rn. 10 f.; Lutter/Bayer, UmwG, § 81 Rn. 10 ff.
2001 Verschmelzung von Genossenschaften, S. 48 ff.
2002 Vgl. zu einem Muster eines solchen Gutachtens bei Ohlmeyer/Kuhn/Philipowski/Tischbein, Verschmelzung von Genossenschaften, Anh. 7, S. 255, das allerdings sehr knapp gehalten ist.
2003 Vgl. zum Streitstand Schlarb, Die Verschmelzung eingetragener Genossenschaften, S. 82; Lehnhoff in: Lang/Weidmüller, GenG, § 81 UmwG, Rn. 6; Lutter/Bayer, UmwG, § 81 Rn. 10; Widmann/Mayer/Fronhöfer, Umwandlungsrecht, § 81 UmwG Rn. 10.

VIII. Vorbereitung der Generalversammlung

1. Einberufung der Generalversammlung

Gem. § 44 Abs. 1 GenG wird die Generalversammlung durch den **Vorstand einberufen**. Die Generalversammlung wird in der Form der **Einladung** einberufen, wobei die näheren Formalitäten die Satzung gem. § 6 Nr. 4 GenG zu regeln hat. Nach den Satzungen wird die Generalversammlung entweder durch unmittelbare **Benachrichtigung** sämtlicher Mitglieder oder durch **Bekanntmachung** in den durch die Satzung bestimmten Veröffentlichungsblättern durchgeführt.

Gem. § 46 Abs. 1 GenG muss die Einberufung der Generalversammlung in der durch die Satzung bestimmten Weise mit einer Frist von mindestens 2 Wochen einberufen werden. In der Praxis werden allerdings längere Fristen eingehalten. Für die Berechnung der Frist sind die §§ 186 ff. BGB maßgeblich.[2005] Erfolgt die Einberufung durch ein öffentliches Blatt, so ist der Tag maßgeblich, an dem dieses Blatt tatsächlich erscheint.[2006] Ist die Einberufung durch unmittelbare Benachrichtigung aller Mitglieder vorgesehen, so ist der Tag des Zuganges entscheidend.[2007]

Nach § 46 Abs. 1 GenG muss die Einberufung eine **Tagesordnung** enthalten. Die Tagesordnung einer Vertreterversammlung ist allen Mitgliedern durch Veröffentlichung in den Genossenschaftsblättern oder im Internet unter der Adresse der Genossenschaft oder durch unmittelbare schriftliche Benachrichtigung bekannt zu machen Der Tagesordnungspunkt muss hinreichend konkret sein, so reicht z. B. der Tagesordnungspunkt »Satzungsänderung« grds. nicht aus; es müssen mindestens die zu ändernden Vorschriften der Satzung bezeichnet werden.[2008]

▶ Hinweis:

Für die Verschmelzung bedeutet dies, dass die Verschmelzung als besonderer Tagesordnungspunkt anzukündigen ist: »Beschlussfassung über die Verschmelzung mit der... und Genehmigung des Verschmelzungsvertrages«.

Falls bei der übertragenden Genossenschaft die **Schlussbilanz** nicht mit der letzten **Jahresbilanz** identisch ist, bedarf diese Schlussbilanz ebenfalls der Feststellung und der Ankündigung des Tagesordnungspunktes. Hierzu gehört auch die Beschlussfassung über die Verwendung des **Bilanzgewinns**. Als weiterer Tagesordnungspunkt kommen bei der übertragenden Genossenschaft die Vorschläge für die Wahl von Mitgliedern in Vorstand und Aufsichtsrat der übernehmenden Genossenschaft infrage und ggf. Beschlussfassung über Satzungsänderung, die im Zusammenhang mit der Verschmelzung notwendig sind wie z. B. Firma, Gegenstand des Unternehmens, Vorstand, Höhe der Geschäftsanteile und Pflichteinzahlung, Höhe der Haftsumme.[2009] Bei **Satzungsänderungen** muss darüber hinaus in der Tagesordnung neben dem Paragrafen der Satzung auch der Inhalt der vorgeschlagenen Satzungsänderung angegeben werden.

2. Auszulegende Unterlagen

§ 82 Abs. 1 UmwG bestimmt weiter, dass von der Einberufung der Generalversammlung an, in dem Geschäftsraum jeder Genossenschaft **folgende Unterlagen auszulegen** sind:

2004 So zu Recht Lutter/Bayer, UmwG, § 84 Rn. 3; Scholderer in: Semler/Stengel, UmwG, § 84 Rn. 4; Widmann/Mayer/Fronhöfer, Umwandlungsrecht, § 83 UmwG Rn. 7.
2005 Vgl. Cario in: Lang/Weidmüller, GenG, § 46 Rn. 8.
2006 Cario in: Lang/Weidmüller, GenG, § 46 Rn. 9.
2007 Vgl. Cario in: Lang/Weidmüller, GenG, § 46 Rn. 10 f.
2008 Pöhlmann/Fandrich/Bloehs/Fandrich GenG § 46 Rn. 7; vgl. BayObLG, Rpfleger 1979, 196 für den Verein.
2009 Vgl. Ohlmeyer/Kuhn/Philipowski/Tischbein, Verschmelzung von Genossenschaften, S. 55.

- der Verschmelzungsvertrag oder dessen Entwurf,
- die Jahresabschlüsse und die Lageberichte der an der Verschmelzung beteiligten Rechtsträger für die letzten 3 Geschäftsjahre,
- eine Zwischenbilanz, falls sich der letzte Jahresabschluss auf ein Geschäftsjahr bezieht das mehr als 6 Monate vor dem Abschluss des Verschmelzungsvertrages oder des Aufstellungsentwurfs abgelaufen ist,
- die Verschmelzungsberichte der Vorstände,
- das Prüfungsgutachten des Prüfungsverbandes.

Durch Art. 5 des Gesetzes zum Bürokratieabbau und zur Förderung der Transparenz bei Genossenschaften vom 17.07.2017[2010] wurde zur Vereinfachung der Vorbereitung einer Generalversammlung, die gemäß § 13 Abs. 1 über die Zustimmung zum Verschmelzungsvertrag beschließen soll, in § 82 Abs. 3 UmwG vorgesehen, dass die in Abs. 1 bestimmten Auslegungspflichten entfallen, wenn die in Abs. 1 Satz 1 bezeichneten Unterlagen für denselben Zeitraum über die **Internetseite** der Genossenschaft zugänglich sind.[2011] Nach dem Wortlaut ist es ausreichend, wenn die Zugänglichkeit »über« die Internetseite der Gesellschaft sichergestellt wird.[2012]

1258 Durch diese Regelung, die mit der Verschmelzung einer AG vergleichbar ist, soll die **Stellung der Genossen** nach dem Vorbild des Aktienrechts **verstärkt** werden.[2013] Streitig ist, ob die nach § 12 UmwG zu erstattenden Verschmelzungsprüfungsberichte anderer Rechtsträger, der bei der Genossenschaft durch das Prüfungsgutachten des Prüfungsverbandes ersetzt wird, vorzulegen ist. Auf § 63 Abs. 1 Nr. 5 UmwG verweist § 82 UmwG nicht, sodass nach einer Meinung diese Berichte nicht vorzulegen sind.[2014] Die herrschende Meinung ist a. A. und hält dies für ein Redaktionsversehen.[2015]

1259 Schließlich hat nach § 82 Abs. 2 UmwG jeder Genosse einen **Anspruch auf eine Abschrift** dieser Unterlagen.

IX. Durchführung der Generalversammlung

1. Auslegungs- und Erläuterungspflicht

1260 Gem. § 83 Abs. 1 UmwG sind in der Generalversammlung die genannten Unterlagen (vgl. oben Teil 2 Rdn. 1257) auszulegen. Darüber hinaus hat der Vorstand den **Verschmelzungsvertrag** oder seinen Entwurf zu Beginn der Verhandlung mündlich zu erläutern. Diese Regelung entspricht der nach § 64 UmwG für Aktionäre geltenden Regelung (vgl. oben Teil 2 Rdn. 1087).

1261 Darüber hinaus ist nach § 83 Abs. 2 UmwG das **Prüfungsgutachten** in der Generalversammlung **zu verlesen**. Auszugsweises oder zusammenfassendes Vorlesen genügt nach herrschender Meinung nicht.[2016] Nicht verlesen werden, müssen die Gutachten der anderen Genossenschaften,[2017] es sei

---

2010 BGBl. I, 2434.
2011 Vgl. dazu Fein/Vierwerth, DStR 2017, 1881, Beuthien, NZG 2017, 1247; Widmann/Mayer/Fronhöfer, § 82 UmwG Rn. 39.1 ff.
2012 Vgl. MünchkomAktG/Kubis, § 124a AktG Rn. 5 zur Gestaltung der Internetseite; Widmann/Mayer/Fronhöfer, § 82 UmwG Rn. 39.1.
2013 Vgl. Begründung zum RegE, abgedruckt in: Limmer, Umwandlungsrecht, S. 302.
2014 So Stratz, in: Schmitt/Hörtnagl/Stratz, § 82 UmwG Rn. 3.
2015 Widmann/Mayer/Fronhöfer, Umwandlungsrecht, § 81 UmwG, Rn. 32; Lutter/Bayer § 82 UmwG Rn. 28 f.; Scholderer in: Semler/Stengel, UmwG, § 82 Rn. 32.
2016 Widmann/Mayer/Fronhöfer, Umwandlungsrecht, § 83 UmwG, Rn. 20; Lutter/Bayer § 83 UmwG Rn. 15 f.; Stratz, in: Schmitt/Hörtnagl/Stratz, § 83 UmwG Rn. 6; Scholderer in: Semler/Stengel, UmwG, § 83 Rn. 22; BeckOGK/Lakenberg UmwG § 83 Rn. 17.
2017 Widmann/Mayer/Fronhöfer, Umwandlungsrecht, § 83 UmwG, Rn. 19; Scholderer in: Semler/Stengel, UmwG, § 83 Rn. 22; BeckOGK/Lakenberg UmwG § 83 Rn. 17.

denn es wurde ein gemeinsames Prüfungsgutachten erstattet.[2018] Die Verlesung kann auch von einem durch den Vorstand Beauftragten erfolgen.[2019]

Der **Prüfungsverband** ist weiter berechtigt, an der Generalversammlung beratend teilzunehmen. Der Prüfungsverband hat auch Rederecht und das Recht, Fragen der Mitglieder zu beantworten.[2020]

2. Ablauf

Die Generalversammlung wird nach den meisten Mustersatzungen entweder vom Vorsitzenden des Aufsichtsrates oder dessen Stellvertreter geleitet. Sind beide verhindert, so beschließt die Generalversammlung mit einfacher Mehrheit über die **Person des Versammlungsleiters**. 1262

Jedes **Mitglied** hat grds. das Recht, an der Generalversammlung persönlich oder durch einen Vertreter teilzunehmen. Darüber hinaus hat gem. § 83 Abs. 2 Satz 2 UmwG der **Prüfungsverband** das Recht, an der Generalversammlung beratend teilzunehmen. 1263

Die Mitglieder haben in der Generalversammlung ein **Auskunftsrecht** über die Angelegenheiten der Genossenschaften, sowie zu den Tagesordnungspunkten.[2021] Die Auskunft hat im Allgemeinen der Vorstand zu erteilen. Nach §§ 82 i. V. m. 64 Abs. 2 GenG ist darüber hinaus jedem Genossen auf Verlangen in der Hauptversammlung auch Auskunft über alle für die Verschmelzung wesentlichen Angelegenheiten der anderen beteiligten Genossenschaften und Rechtsträger zu geben. Das Auskunftsrecht wird also bei der Verschmelzung auf die anderen beteiligten Rechtsträger erweitert. 1264

Für die Durchführung der Versammlung gilt, dass der Versammlungsleiter nach Beendigung der Aussprache zum Beschlussgegenstand die **Abstimmung** durchzuführen und hierbei ausdrücklich zu fragen hat, wer für den Antrag ist, und wer gegen den Antrag ist. Die Feststellung der Stimmenthaltungen ist rechtlich bedeutungslos. Sodann hat der Versammlungsleiter das **Ergebnis der Abstimmung formell festzusetzen** und **zu verkünden**. Der Beschluss wird erst mit der Verkündung des Ergebnisses wirksam.[2022] 1265

Es ist umstritten, ob die **Beschlussfassung** nur offen (durch Handzeichen, Erheben der Stimmkarte, Zuruf) oder auch geheim (durch Stimmzettel) durchgeführt werden kann. Die Literatur verlangt wegen des Ausschlagungsrechts z. T. offene Abstimmung,[2023] ein anderer Teil lehnt dies ab.[2024] Soweit die Satzung hierzu keine Regelung enthält, bestimmt der Versammlungsleiter das Verfahren nach pflichtgemäßem Ermessen. Nach den meisten Satzungen ist die Verschmelzung in offener Form vorgesehen, wenn nicht ein entsprechender Antrag mit einer bestimmten Mehrheit gestellt wird. 1266

2018 Lutter/Bayer § 83 UmwG Rn. 16.
2019 Widmann/Mayer/Fronhöfer, Umwandlungsrecht, § 83 UmwG, Rn. 21; Lutter/Bayer § 83 UmwG Rn. 17; Stratz, in: Schmitt/Hörtnagl/Stratz, § 83 UmwG Rn. 6; Scholderer in: Semler/Stengel, UmwG, § 83 Rn. 23.
2020 Lahnhoff in: Lang/Weidmüller, GenG, § 83 UmwG Rn. 2; Lutter/Bayer, UmwG, § 83 Rn. 18; Scholderer in: Semler/Stengel, UmwG, § 83 Rn. 38 ff.
2021 Vgl. Cario in: Lang/Weidmüller, GenG, § 43 Rn. 31 ff.; Lutter/Bayer, UmwG, § 83 Rn. 9 ff.; vgl. auch oben Teil 2 Rdn. 470 ff.; Scholderer in: Semler/Stengel, UmwG, § 83 Rn. 26.
2022 Vgl. Cario in: Lang/Weidmüller/Metz, GenG, § 43 Rn. 131; Werhahn, Die Generalversammlung und die Vertreterversammlung der Genossenschaft, S. 73; Scholderer in: Semler/Stengel, UmwG, § 84 Rn. 13; BeckOGK/Lakenberg UmwG § 84 Rn. 11.
2023 Lutter/Bayer, UmwG, § 84 Rn. 6; Widmann/Mayer/Fronhöfer, Umwandlungsrecht, § 84 UmwG, Rn. 6; Stratz, in: Schmitt/Hörtnagl/Stratz, § 84 UmwG Rn. 3.
2024 Scholderer in: Semler/Stengel, UmwG, § 83 Rn. 32; BeckOGK/Lakenberg UmwG § 84 Rn. 6.

▶ Hinweis:

1267 Zur Vorbereitung einer etwa zu erwartenden geheimen Abstimmung empfiehlt sich die Ausgabe von Stimmkarten an die Mitglieder vor Beginn der Generalversammlung i. V. m. der Eintragung in die Anwesenheitsliste.[2025]

3. Eingangskontrollen

1268 Anders als bei der AG sind Versammlungen bei Genossenschaften häufig weniger professionell organisiert, sodass bei der Vorbereitung des Verschmelzungsbeschlusses – auch im Hinblick auf das notarielle Protokoll (vgl. unten Teil 2 Rdn. 1277) – **besondere Anforderungen** beachtet werden sollten.

▶ Hinweis:

1269 Die Abstimmung ist sorgfältig zu planen, es sollten identifizierbare Stimmzettel ausgegeben werden, eine ausreichende Zahl von Stimmzählern bestimmt werden und auch sonstige Vorbereitungen für die Abstimmung getroffen werden.[2026] Zur sicheren Feststellung des Abstimmungsergebnisses ist es, ähnlich wie bei der AG, unerlässlich, dass Eingangskontrollen stattfinden, bei denen auch eventuelle Stimmvollmachten kontrolliert werden. Es muss dabei sichergestellt werden, dass die notwendigen Mehrheiten bei jedem Abstimmungsvorgang aus der Anzahl der anwesenden Mitglieder zuverlässig geschlossen werden können.[2027]

4. Beschlussmehrheit

1270 Für die **Beschlussfähigkeit** der Generalversammlung sieht das GenG keine Vorschriften vor, die Satzung kann allerdings Voraussetzungen für die Beschlussfähigkeit aufstellen. Allerdings geht die herrschende Lehre davon aus, dass auch, wenn die Satzung keine Regelung enthält, für eine Versammlung **mindestens drei Mitglieder** anwesend sein müssen.[2028]

1271 § 84 UmwG bestimmt ebenfalls nur, dass der Verschmelzungsbeschluss einer **Mehrheit von 3/4 der abgegebenen Stimmen** bedarf. Die Satzung kann allerdings eine größere Mehrheit und weitere Erfordernisse bestimmen.

1272 Auch in diesem Zusammenhang stellt sich die Frage, ob, wenn die Satzung zwar die Verschmelzung nicht ausdrücklich regelt, aber besondere Anforderungen an die Satzungsänderung oder den Auflösungsbeschluss stellt, diese statuarischen Anforderungen auch an den Verschmelzungsbeschluss der übertragenden Genossenschaft zu stellen sind.[2029] Im vor 1995 geltenden Recht wurde jedenfalls vertreten, dass das statuarische Erschweren für Satzungsänderungen auf die Verschmelzung keine Anwendung findet.[2030] Die **Satzung** kann weitere Erschwerungen für die Beschlussfassung vorsehen, z. B. eine größere Mehrheit, auch Einstimmigkeit. Die Satzung kann allerdings die Verschmelzung nicht von der Zustimmung des Prüfungsverbandes abhängig machen.[2031]

2025 Vgl. Ohlmeyer/Kuhn/Philipowski/Tischbein, Verschmelzung von Genossenschaften, S. 71.
2026 Vgl. Ohlmeyer/Kuhn/Philipowski, Verschmelzung von Genossenschaften, S. 67.
2027 Vgl. auch Ohlmeier/Kuhn/Philipowski/Tischbein, Verschmelzung von Genossenschaften, S. 67.
2028 Vgl. Cario in: Lang/Weidmüller, GenG, § 43 Rn. 51; Werhahn, Die Generalversammlung und die Vertreterversammlung der Genossenschaft, S. 54; Widmann/Mayer/Fronhöfer, Umwandlungsrecht, § 84 UmwG, Rn. 7, a. A. Beuthien, § 43 GenG Rn. 7 f. der vier Mitglieder verlangt.
2029 Widmann/Mayer/Fronhöfer, Umwandlungsrecht, § 84 UmwG, Rn. 19.
2030 Vgl. Beuthien, GenG, § 93a Anm. 2; Schlarb, Die Verschmelzung eingetragener Genossenschaften, S. 44.
2031 Müller, GenG, § 93b Rn. 11.

Soweit das Statut für satzungsändernde erhöhte Anforderungen stellt soll durch Auslegung zu ermitteln sein, ob dies auch für die Verschmelzung gilt.[2032]

I. d. R. hat bei der Abstimmung nach Genossenschaften jedes Mitglied grds. eine Stimme; von der gesetzlichen Möglichkeit des **Mehrstimmrechts** machen die meisten Satzungen keinen Gebrauch.[2033]

1273

Notwendig ist nach § 84 UmwG eine 3/4-Mehrheit der abgegebenen Stimmen. »Abgegebene Stimmen« bedeutet, dass Stimmenthaltungen nicht mitgezählt werden, also auch nicht den Neinstimmen zuzurechnen sind.[2034]

1274

Da das Gesetz nicht generell von den »anwesenden Mitgliedern« spricht, sondern von den »abgegebenen Stimmen«, kommt es also für die Stimmverhältnisse nur auf die tatsächlich abgegebenen Stimmen an. Mitglieder, die zwar auf der Generalversammlung anwesend sind, während der Abstimmung aber den Saal verlassen haben, zählen also nicht mit.[2035]

1275

Nach der Abstimmung hat der Versammlungsleiter das **Abstimmungsergebnis** zu verkünden.[2036] Ohlmeyer/Kuhn/Philipowski[2037] weisen darauf hin, dass es bei Genossenschaften vorkommen kann, dass bei offener Abstimmung die Auszählung der Stimmen kein klares Ergebnis bringt, weil die Räumlichkeiten unübersichtlich sind, oder die Stimmzähler nicht sorgfältig zählen, weil einzelne Abstimmende die Hand bzw. die Stimmkarte zu früh herunternehmen, oder weil durch Mitstimmen von Nichtmitgliedern mehrere Stimmen abgegeben werden, als stimmberechtigte Mitglieder anwesend sind. In solchen Fällen muss die Abstimmung – mit Hinblick auf das richtige Abstimmungsverhalten – wiederholt werden. Sie weisen darauf hin, dass, falls die notwendige 3/4-Mehrheit nicht zustande kommt, es denkbar ist, dass im weiteren Versammlungsverlauf eine erneute Abstimmung verlangt und durchgeführt wird. Rechtlich ist eine solche **Wiederholung der Abstimmung** zulässig, da in derselben Generalversammlung der Vertrag wiederholt zur Aussprache und Abstimmung gestellt werden kann, bis der Versammlungsleiter abschließend das Ergebnis der Abstimmung bekannt gibt.[2038]

1276

5. Notarielle Beurkundung

Nach § 13 Abs. 3 UmwG muss der Verschmelzungsbeschluss auch bei einer Genossenschaft notariell beurkundet werden. Der Vertrag oder sein Entwurf ist dem Beschluss als Anlage beizuführen. Der Gesetzgeber weist darauf hin, dass die vorgesehene notarielle Beurkundung des Verschmelzungsbeschlusses der Rechtssicherheit durch die Kontrolle des Notars dient, der die Verantwortung dafür übernimmt, dass die Versammlung ordnungsgemäß abgewickelt wird. Der Verschmelzungsbeschluss sei ein rechtlich und wirtschaftlich bedeutsamer Vorgang, sodass eine Überwachung durch den Notar schon allgemein wünschenswert sei. Für Genossenschaften gelten darüber hinaus zusätzliche Erwägungen. Der Schutzzweck, der mit dem Beurkundungsvorgang verfolgt werde, treffe auch auf die Verschmelzung von Genossenschaften zu.[2039]

1277

2032 Widmann/Mayer/Fronhöfer, Umwandlungsrecht, § 84 UmwG, Rn. 19; Stratz, in: Schmitt/Hörtnagl/Stratz, § 84 UmwG Rn. 6; für eine automatische Anwendung Lutter/Bayer § 84 UmwG Rn. 10.
2033 Vgl. allgemein zum Mehrstimmrecht Cario in: Lang/Weidmüller, GenG, § 43 Rn. 69 ff.; Scholderer in: Semler/Stengel, UmwG, § 83 Rn. 33; Lutter/Bayer § 84 UmwG Rn. 8.
2034 BGH, NJW 1970, 46; NJW 1982, 1585; Cario in: Lang/Weidmüller, GenG, § 43 Rn. 62; Lutter/Bayer, UmwG, § 84 Rn. 7; Widmann/Mayer/Fronhöfer, Umwandlungsrecht, § 84 UmwG, Rn. 12.
2035 Vgl. Werhahn, Die Generalversammlung und die Vertreterversammlung der Genossenschaft, S. 57.
2036 Cario in: Lang/Weidmüller, GenG, § 43 GenG Rn. 131; Scholderer in: Semler/Stengel, UmwG, § 83 Rn. 34; BeckOGK/Lakenberg UmwG § 84 Rn. 11.
2037 Verschmelzung von Genossenschaften, S. 72.
2038 Vgl. Cario in: Lang/Weidmüller/Metz, GenG, § 43 Rn. 131.
2039 Vgl. Begründung zum RegE, BR-Drucks. 75/94, S. 86; abgedruckt in: Limmer, Umwandlungsrecht, S. 281.

1278 Beurkundungspflichtig ist nach § 13 Abs. 3 UmwG nur der Beschluss, der die Zustimmung zur Verschmelzung enthält. Werden bei einer Generalversammlung weitere Beschlüsse gefasst, so wird nicht dadurch die gesamte Generalversammlung beurkundungspflichtig, sondern es verbleibt nur bei der Notwendigkeit der Beurkundung des Zustimmungsbeschlusses.[2040]

▶ Hinweis:

1279 Zu beachten ist allerdings, dass der Notar beim Protokoll die üblichen Regularien festzustellen hat, sodass es sich empfiehlt, den Zustimmungsbeschluss an den Anfang der Versammlung zu stellen.

1280 Für die **Anfertigung des notariellen Protokolls** gelten daher die allgemeinen Grundsätze (vgl. oben Teil 2 Rdn. 505 ff.). Darüber hinaus wird man wohl annehmen müssen, dass § 47 GenG, der die Versammlungsniederschrift regelt, auch für das notarielle Protokoll gilt, da dieses nunmehr die Versammlungsniederschrift des Vorsitzenden ersetzt.

1281 Da das Gesetz nicht vorsieht, dass die §§ 36 ff. BeurkG, die das notarielle Tatsachenprotokoll bei Versammlungsbeschlüssen regeln und nur die Unterschrift des Notars vorsehen, vor § 47 GenG vorrangig sind, dürfte es sich in der Praxis empfehlen, **beide Vorschriften einzuhalten**. Es spricht zwar einiges dafür, dass das notarielle Protokoll als öffentliche Urkunde die Niederschrift nach § 47 GenG vollständig ersetzt, sodass die Unterzeichnung nach § 47 GenG an sich nicht erforderlich wäre. Andererseits scheint die Literatur im GenG generell vom Vorrang des Genossenschaftsrechts auszugehen, wie dies z. B. bei der Diskussion um die Anmeldung deutlich wurde (vgl. dazu unten Teil 2 Rdn. 1299).

1282 Daher ist gem. § 47 Abs. 1 GenG der **Ort und der Tag der Versammlung**, der **Name des Vorsitzenden** sowie die **Art und das Ergebnis der Abstimmung** und die Feststellung des Vorsitzenden über die Beschlussfassung in das Protokoll aufzunehmen. Nach § 47 Abs. 2 GenG ist die Niederschrift vom Vorsitzenden und den anwesenden Mitgliedern des Vorstandes zu unterschreiben. Dies wird wohl durch die notarielle Niederschrift ersetzt. Hier sind die **Belege über die Einberufung als Anlagen** beizufügen. Aus Sicherheitsgründen sollte das Gleiche für die notarielle Niederschrift gelten. Gem. § 47 Abs. 3 GenG gilt, dass, wenn die Satzung die Gewährung von Mehrstimmrechten vorsieht oder wenn eine Änderung der Satzung beschlossen wird, die eine wesentliche Änderung des Gegenstandes des Unternehmens betrifft, so ist in der Niederschrift außerdem ein **Verzeichnis der erschienenen oder vertretenen Genossen** und der Vertreter von Genossen beizufügen. Bei jedem erschienenen und vertretenen Genossen ist dessen **Stimmzahl** zu vermerken. Man wird davon ausgehen müssen, dass auch diese Vorschrift für die Verschmelzung gilt, da es sich hierbei sicherlich um »eine wesentliche Änderung des Gegenstandes des Unternehmens« handelt.

1283 Das **Ergebnis der Abstimmung** ist dabei möglichst konkret wiederzugeben, so z. B. bei Stimmenauszählung das Verhältnis der Ja- und Nein-Stimmen. Stimmenthaltungen sollten nicht in der Niederschrift aufgenommen werden, da sie für das Ergebnis der Abstimmung keine Bedeutung haben. Es wird wohl als ausreichend angesehen, dass ohne genaue Aufzählung festgestellt und in die Niederschrift aufgenommen wird, dass der bestimmte Antrag mehrheitlich angenommen worden ist, allerdings birgt dieses Gefahren für die Rechtssicherheit.[2041] Die Beschlüsse sind in jedem

---

2040 DNotI-Report 2000, 91, 92, Gutachten Nr. 59558 v. Mai 2005; Ohlmeyer/Kuhn/Philipowski/Tischbein, Verschmelzung von Genossenschaften, Rn. 9.13; BeckOGK/Lakenberg UmwG § 84 Rn. 12; wohl auch befürwortend Heckschen, in: Widmann/Mayer, Umwandlungsrecht, § 13 Rn. 221.1 in Fn. 3; der BGH hat dies im Urt. v. 19.05.2015 für den vergleichbaren Sachverhalt der Beurkundung bei der »kleinen« AG bestätigt, BGHZ 205, 319 = DNotZ 2015, 704; vgl. auch dazu Harnos AG 2015, 732, 734 und oben Teil 2 Rdn. 1082.
2041 Vgl. Cario in: Lang/Weidmüller, GenG, § 47 Rn. 6.

Fall im Wortlaut mit Angabe der Mehrheitsverhältnisse wiederzugeben.²⁰⁴² Darüber hinaus wird festzustellen sein, dass die notwendigen Informationen von § 83 UmwG gegeben wurden und nach § 83 Abs. 2 das Prüfungsgutachten des Prüfungsverbandes verlesen wurde. Die Verlesung der Niederschrift ist nicht erforderlich, wenn nicht die Beurkundungsform nach § 8 BeurkG gewählt wurde, sondern die zweckmäßigere Form der nach §§ 36 ff. BeurkG.

Zu den Belegen über die Einberufung der Versammlung gehören **alle schriftlichen Unterlagen**, nach denen die Ordnungsmäßigkeit der Einberufung zu beurteilen ist – diese ist in der Urschrift beizugeben. Wurde die Versammlung durch unmittelbare Einladung der Mitglieder einberufen, genügt die Beifügung eines Einladungsschreibens, wurde die Versammlung durch öffentliche Bekanntmachung einberufen, ist ein Beleg des Exemplars zur Niederschrift zu nehmen.²⁰⁴³ 1284

Hinsichtlich des **Teilnehmerverzeichnisses** geht die überwiegende Meinung davon aus, dass, wenn Änderungen hinsichtlich der Teilnehmer eingetreten sind, diese im Verzeichnis wie bei der AG zu vermerken sind. Dies gilt z. B. für Teilnehmer, die erst nachträglich zur Generalversammlung kommen oder diese schon vorzeitig verlassen. Aus dem Verzeichnis muss erkennbar sein, zu welchen Tagesordnungspunkten sie anwesend waren.²⁰⁴⁴ Allerdings ist ein Teil der Literatur der Auffassung, dass diese Regelung wenig praktikabel sei und der vom Gesetzgeber gewollte Zweck schwer zu erreichen sei. Wegen der kaum überwindbaren Schwierigkeiten genüge es, dass eine einmalige Feststellung der erschienenen Mitglieder, Vertreter und Bevollmächtigten ausreiche.²⁰⁴⁵ Ob dies allerdings auch für die notarielle Beurkundung gilt, erscheint angesichts der herrschenden Meinung fraglich. Die Praxis sollte wohl auf genauere Teilnehmerverzeichnisse achten. Das Teilnehmerverzeichnis ist vom Versammlungsleiter zu unterzeichnen.²⁰⁴⁶ 1285

X. Sonderrechtsinhaber

Auch bei Genossenschaften können durch die Satzung **Sonderrechte** gewährt werden, die grds. ohne Zustimmung der betroffenen Mitglieder nicht entzogen werden können. Als Sonderrecht kann z. B. die Zuerkennung der Mitgliedschaft im Vorstand für eine bestimmte Dauer oder auf Lebenszeit oder das Recht, Vorstandsmitglieder zu bestellen,²⁰⁴⁷ in Betracht kommen. Anders als für die GmbH in § 50 Abs. 2 UmwG sieht das UmwG für die Verschmelzung von Genossenschaften keine vergleichbare Schutzvorschrift vor. § 13 Abs. 2 UmwG passt nach seinem ausdrücklichen Wortlaut ebenfalls nicht für derartige Sonderrechte, da er nur an Vinkulierungspflichten anknüpft. 1286

Damit stellt sich die Frage, ob **derartige Sonderrechte unter § 23 UmwG zu subsumieren** sind mit der Folge, dass bei der aufnehmenden Gesellschaft gleichwertige Rechte zu gewähren sind, oder ob § 50 Abs. 2 UmwG analog anzuwenden ist, sodass die Zustimmung der Sonderrechtsinhaber erforderlich ist. Bei Sonderrechten auf Geschäftsführung oder Beteiligung an Organen erscheint m. E. § 50 Abs. 2 UmwG vom Sinn und Zweck her eher zu passen. 1287

XI. Besonderes Ausschlagungsrecht

Anders als bei der Verschmelzung von Gesellschaften, sind gem. § 90 Abs. 1 UmwG die **§§ 29 ff. UmwG nicht anzuwenden**, sodass im Verschmelzungsvertrag kein Abfindungsgebot unter den Voraussetzungen des § 29 UmwG zu machen ist. Die §§ 39k bis 39m GenG sahen im Fall der Verschmelzung von Genossenschaften ein **Sonderkündigungsrecht** für Mitglieder der übertragen- 1288

2042 Vgl. Werhahn, Die Generalversammlung und die Vertreterversammlung der Genossenschaft, S. 77.
2043 Vgl. Cario in: Lang/Weidmüller, GenG, § 47 Rn. 11.
2044 Vgl. Cario in: Lang/Weidmüller, GenG, § 47 Rn. 14.
2045 Vgl. Werhahn, Die Generalversammlung und die Vertreterversammlung der Genossenschaft, S. 80.
2046 Vgl. Cario in: Lang/Weidmüller, GenG, § 47 Rn. 15.
2047 Vgl. Schulte in: Lang/Weidmüller, GenG, § 18 Rn. 26 ff.; Hettrich/Pöhlmann/Gräser/Röhrich, GenG, § 18 Rn. 11.

den Genossenschaft vor, wenn sie gegen die Verschmelzung Widerspruch erhoben haben oder wenn bei der Beschlussfassung erhebliche Verfahrensfehler unterlaufen sind. Das UmwG behält diese Möglichkeit, den Anteilstausch individuell abzulehnen, in Gestalt des Rechts bei, die durch den Verschmelzungsvorgang erworbene Rechtsstellung auszuschlagen.

1289 Nach § 90 Abs. 3 UmwG hat jeder Genosse einer übertragenden Genossenschaft das Recht zur Ausschlagung, wenn er in der Generalversammlung oder als Vertreter in der Vertreterversammlung erscheint und gegen den Verschmelzungsbeschluss Widerspruch zur Niederschrift erklärt oder nicht erscheint, sofern er zu der Versammlung nicht zu Unrecht zugelassen worden ist oder die Versammlung nicht ordnungsgemäß einberufen oder der Gegenstand der Beschlussfassung nicht ordnungsgemäß bekannt gemacht worden ist. Gem. § 91 Abs. 1 UmwG ist die Ausschlagung ggü. dem übernehmenden Rechtsträger schriftlich zu erklären. Sie kann nur binnen 6 Monaten nach dem Tag erklärt werden, an dem die Eintragung der Verschmelzung in das Register des übernehmenden Rechtsträgers bekannt gemacht gilt.

1290 Ein Teil der Literatur ist der Auffassung, dass dieses Sonderkündigungsrecht grds. nicht dadurch ausgeschlossen wird, dass das Mitglied für den Beschluss gestimmt hat.[2048]

XII. Verschmelzung durch Neugründung

1291 Bei der Verschmelzung durch Neugründung wird das Vermögen von zwei oder mehreren übertragenden Genossenschaften auf eine neu gegründete Genossenschaft übertragen. Handelt es sich bei der Verschmelzung durch Neugründung um die Gründung einer Genossenschaft, sind ergänzend die §§ 96 ff. UmwG anzuwenden. Daneben gelten die **allgemeinen Vorschriften für die Verschmelzung durch Neugründung**, d. h. die §§ 36 bis 38 UmwG. Insb. ist § 36 Abs. 2 zu beachten, der vorsieht, dass auf die Gründung des neuen Rechtsträgers die für dessen Rechtsform geltenden Gründungsvorschriften anzuwenden sind (vgl. im Einzelnen oben Teil 2 Rdn. 338 ff.). § 96 UmwG verweist i. Ü. bzgl. der Besonderheiten für die Genossenschaft auf die für die Verschmelzung durch Aufnahme bestehenden Vorschriften.

1. Verschmelzungsvertrag und Satzung der neuen Genossenschaft

a) Satzung als Inhalt des Verschmelzungsvertrages

1292 § 37 UmwG bestimmt, dass in dem Verschmelzungsvertrag die **Satzung der neuen Genossenschaft festgestellt** werden muss. Wie bei den anderen Gesellschaften bestimmt § 98 UmwG, dass die Satzung der neuen Genossenschaft nur wirksam wird, wenn ihm die Genossen jeder der übertragenden Genossenschaften durch Verschmelzungsbeschluss zustimmen. Gem. § 36 Abs. 2 Satz 2 UmwG bedarf es entgegen § 4 GenG nicht einer **Mindestzahl** von sieben Genossen.

b) Inhalt der Satzung

1293 Bzgl. des Inhaltes der Satzung gelten die allgemeinen Vorschriften des GenG; die §§ 6 ff. GenG. Nach § 6 GenG muss die Satzung enthalten:
1. die Firma und den Sitz der Genossenschaft;
2. den Gegenstand des Unternehmens;
3. Bestimmungen darüber, ob die Mitglieder für den Fall, dass die Gläubiger im Insolvenzverfahren über das Vermögen der Genossenschaft nicht befriedigt werden, Nachschüsse zur Insol-

---

[2048] Vgl. Lehnhoff in: Lang/Weidmüller, GenG, § 90 UmwG Rn. 3; LG Darmstadt, ZfG 1976, 360; Hettrich/Pöhlmann/Röhrich, GenG, § 90 UmwG Rn. 3; Scholderer in: Semler/Stengel, UmwG, § 90 Rn. 14); a. A. sind allerdings das LG Darmstadt (ZfG 1976, 360), das AG München (BB 1964, 823) und ein Teil der Literatur (Lutter/Bayer, UmwG, § 90 Rn. 20; Widmann/Mayer/Fronhöfer, Umwandlungsrecht, § 90 UmwG Rn. 21; Schaub, NZG 1998, 628.

venzmasse unbeschränkt, beschränkt auf eine bestimmte Summe (Haftsumme) oder überhaupt nicht zu leisten haben;
4. Bestimmungen über die Form für die Einberufung der Generalversammlung der Mitglieder sowie für die Beurkundung ihrer Beschlüsse und über den Vorsitz in der Versammlung; die Einberufung der Generalversammlung muss durch unmittelbare Benachrichtigung sämtlicher Mitglieder oder durch Bekanntmachung in einem öffentlichen Blatt erfolgen; das Gericht kann hiervon Ausnahmen zulassen; die Bekanntmachung im Bundesanzeiger genügt nicht;
5. Bestimmungen über die Form der Bekanntmachungen der Genossenschaft sowie Bestimmung der öffentlichen Blätter für Bekanntmachungen, deren Veröffentlichung in öffentlichen Blättern durch Gesetz oder Satzung vorgeschrieben ist.

Nach § 7 GenG muss die Satzung ferner den Geschäftsanteil sowie die Einzahlung auf dem Geschäftsanteil und die Bildung einer gesetzlichen Rücklage bestimmen. Nach § 7a GenG kann die Satzung schließlich bestimmen, dass sie einen Genossen mit mehr als einem Geschäftsanteil beteiligt bzw. sich mit mehreren zu beteiligen haben. — 1294

2. Organbestellung

Die **Gründer** der neu errichteten Genossenschaft bei der Verschmelzung durch Neubildung sind die sich vereinigenden Genossenschaften und nicht deren Gesellschafter. Sowohl die Feststellung der Satzung als auch die Bestimmung der Organe in der neuen Genossenschaft erfolgt somit durch die **vertretungsberechtigten Organe der übertragenden Genossenschaften**. Zweckmäßigerweise wird daher auch gleichzeitig mit dem Abschluss des Verschmelzungsvertrages und der Feststellung der Satzung der neuen Gesellschaft die Bestellung des ersten Vorstandes und des Aufsichtsrates vorgenommen. — 1295

Gem. § 98 UmwG gilt, dass auch für die Bestellung der Mitglieder des Vorstandes und Aufsichtsrats der neuen Genossenschaft die **Zustimmung der Anteilsinhaber** jedes der übertragenden Rechtsträger durch Verschmelzungsbeschluss erforderlich ist. — 1296

XIII. Handelsregisteranmeldung

Für die Anmeldung zum Genossenschaftsregister gelten grds. die **allgemeinen Vorschriften** (vgl. oben Teil 2 Rdn. 633 ff.). Die Anmeldung richtet sich daher grds. nach §§ 16, 17 UmwG. — 1297

Ergänzend ist nach § 86 Abs. 1 UmwG bei der Anmeldung der Verschmelzung auch das für die anmeldende Genossenschaft erstattete **Prüfungsgutachten** in Urschrift oder öffentlich beglaubigter Abschrift beizufügen. Der Anmeldung zur Eintragung in das Register des Sitzes des übernehmenden Rechtsträgers ist ferner nach § 86 Abs. 2 UmwG jedes andere für eine übertragende Genossenschaft erstattete Prüfungsgutachten in Urschrift oder öffentlich beglaubigter Abschrift beizufügen. — 1298

Unklar war bis zur **Neuregelung des GenG** am 18.08.2006 allerdings, inwieweit es auch bei der Verschmelzung von Genossenschaften genügt, dass die Verschmelzung vom Vorstand in vertretungsberechtigter Zahl angemeldet wurde. Zwar gilt i. R. d. § 16 Abs. 1 Satz 1 UmwG, dass es allgemein bei der Anmeldung der Verschmelzung genügt, wenn das zuständige Vertretungsorgan in vertretungsberechtigter Personenzahl handelt.[2049] Allerdings regelte § 157 GenG, dass bei der Genossenschaft allgemein Anmeldungen zum Genossenschaftsregister durch **sämtliche Mitglieder des Vorstandes** in öffentlich beglaubigter Form einzureichen sind. Es stellte sich daher die Frage, inwieweit § 16 UmwG im Verhältnis zu § 157 GenG Spezialvorschrift ist. Es sprach auch vor der Neuregelung des GenG m. E. viel dafür, dass der Gesetzgeber einheitliche Regelungen für die Anmeldung der Verschmelzung schaffen wollte. Dies kommt insb. durch die Formulierung — 1299

[2049] Schöne, GmbHR 1995, 325, 332; Widmann/Mayer/Fronhöfer, Umwandlungsrecht, § 16 UmwG Rn. 9; Lutter/Bork, UmwG, § 16 Rn. 2.

in § 16 UmwG zum Ausdruck und durch die Tatsache, dass eine einheitliche Regelung für alle Rechtsformen geschaffen wurde. Dennoch war die überwiegende Meinung in der Literatur der Auffassung, dass die Anmeldung vom gesamten Vorstand, **einschließlich der Stellvertreter**, gem. § 35 GenG zu erfolgen hat.[2050] Auch die Zweite Verordnung über das Genossenschaftsregister v. 06.07.1995[2051] bestimmte in § 6 Nr. 7, dass die Anmeldung der Umwandlung unter Beteiligung der Genossenschaft ein Fall des § 157 GenG ist. Das Gesetz zur Einführung der **Europäischen Genossenschaft** und zur Änderung des Genossenschaftsrechts v. 18.06.2006[2052] hat § 157 GenG geändert: Nur die Anmeldung zur Neugründung nach § 11 GenG muss von sämtlichen Vorstandsmitgliedern abgegeben werden; i. Ü. genügt die Anmeldung in vertretungsberechtigter Zahl m. E. auch für die Verschmelzung.[2053]

XIV. Muster

1. Verschmelzungsvertrag bei Verschmelzung durch Aufnahme

▶ Muster: Verschmelzungsvertrag bei Verschmelzung durch Aufnahme

1300   UR.Nr. für……

Verhandelt zu……

am……

Vor dem unterzeichnenden

…..

Notar mit dem Amtssitz in……

erschienen:

1. a) Herr (Name, Geburtsdatum, Adresse)……,
   b) Frau (Name, Geburtsdatum, Adresse)……,
      beide handelnd nicht im eigenen Namen, sondern als gemeinsam vertretungsberechtigte
2. der A-Genossenschaft mit dem Sitz in……, eingetragen im Genossenschaftsregister des Amtsgerichts…… unter GenR.
3. Herr (Name, Geburtsdatum, Adresse)……,
   handelnd nicht im eigenen Namen, sondern als alleinvertretungsberechtigtes Vorstandsmitglied der B-Genossenschaft mit dem Sitz in……, eingetragen im Genossenschaftsregister des Amtsgerichts…… unter GenR.

Die Erschienenen wiesen sich dem Notar gegenüber aus durch Vorlage ihrer amtlichen Lichtbildausweise.

Die Erschienenen ließen folgenden

Verschmelzungsvertrag

beurkunden und erklärten, handelnd wie angegeben:

I. Vermögensübertragung

Die B-Genossenschaft überträgt ihr Vermögen als Ganzes mit allen Rechten und Pflichten unter Ausschluss der Abwicklung auf die A-Genossenschaft im Wege der Verschmelzung durch Aufnahme. Die A-Genossenschaft gewährt als Ausgleich hierfür den Mitgliedern der B-Genossenschaft Mitgliedschaften.

2050 Heidinger/Limmer/Holland/Reul, Gutachten des DNotI, Bd. IV, Gutachten zum Umwandlungsrecht, S. 70 ff.; Lutter/Bayer, UmwG, § 86 Rn. 2; Hettrich/Pöhlmann/Röhrich, GenG, § 86 UmwG Rn. 1; Ohlmeier/Kuhn/Philipowski/Tischbein, Verschmelzung von Genossenschaften, S. 74.
2051 BGBl. I, S. 911.
2052 BGBl. I, S. 2230.
2053 Vgl. auch Scholderer in: Semler/Stengel, UmwG, § 86 Rn. 3 Lutter/Bayer § 86 UmwG Rn. 1.

II. Gegenleistung

1. Die A-Genossenschaft gewährt mit Wirksamwerden der Verschmelzung jedem Mitglied der B-Genossenschaft die Mitgliedschaft in der A-Genossenschaft.
2. Jedes Mitglied der B-Genossenschaft erhält bei der A-Genossenschaft mit Wirksamwerden der Verschmelzung einen Geschäftsanteil i. H. v. …… €.
3. Die Mitgliedschaften werden kostenfrei gewährt und mit Gewinnbezugsberechtigung an dem…… gewährt.
4. Die Angaben zu der Mitgliedschaft in der A-Genossenschaft ergeben sich aus dem als Anlage zu dieser Urkunde genommenen Auszug aus der Satzung der A-Genossenschaft. Auf die Anlage wird verwiesen, sie ist Bestandteil der Urkunde und wurde mitvorgelesen.

III. Bilanzstichtag

Der Verschmelzung wird die mit dem uneingeschränkten Bestätigungsvermerk des Wirtschaftsprüfers…… in…… versehene Bilanz der B-Genossenschaft zum…… als Schlussbilanz zugrunde gelegt.

IV. Verschmelzungsstichtag

Die Übernahme des Vermögens der B-Genossenschaft erfolgt im Innenverhältnis mit Wirkung zum Ablauf des…… Vom…… an gelten alle Handlungen und Geschäfte der B-Genossenschaft als für Rechnung der A-Genossenschaft vorgenommen.

V. Besondere Rechte

Besondere Rechte i. S. v. § 5 Abs. 1 Nr. 7 UmwG bestehen bei der A-Genossenschaft nicht. Einzelnen Anteilsinhabern werden i. R. d. Verschmelzung keine besonderen Rechte gewährt.

VI. Besondere Vorteile

Besondere Vorteile i. S. d. § 5 Abs. 1 Nr. 8 UmwG werden weder einem Mitglied eines Vertretungs- oder Aufsichtsorgans, noch dem Abschlussprüfer oder dem Verschmelzungsprüfer gewährt.

VII. Folgen der Verschmelzung für Arbeitnehmer und ihrer Vertretungen

Folgen i. S. v. § 5 Abs. 1 Nr. 9 UmwG für die Arbeitnehmer und ihre Vertretungen bei den beteiligten Gesellschaften bestehen nicht.

VIII. Bedingungen

Der Verschmelzungsvertrag steht unter der aufschiebenden Bedingung, dass die formgerechten Zustimmungsbeschlüsse der Generalversammlungen beider Gesellschaften bis zum…… vorliegen.

IX. Kosten

Die durch diesen Vertrag und seiner Durchführung bei beiden Gesellschaften entstehenden Kosten trägt die A-Genossenschaft. Sollte die Verschmelzung nicht wirksam werden, tragen die Kosten dieses Vertrages die Vereine zu gleichen Teilen; alle übrigen Kosten trägt die jeweils betroffene Genossenschaft allein.

Diese Niederschrift nebst der Anlage wurde den Erschienenen vom Notar vorgelesen, von ihnen genehmigt und von ihnen und dem Notar eigenhändig, wie folgt, unterschrieben:

……

2. Zustimmungsbeschluss bei der übernehmenden Genossenschaft

▶ Muster: Zustimmungsbeschluss bei der übernehmenden Genossenschaft

Niederschrift der Generalversammlung

1301

Heute, den……

begab ich mich, der unterzeichnende Notar…… mit Amtssitz in…… auf Ansuchen in die Gastwirtschaft X in Würzburg, um an der dorthin auf heute 16.00 Uhr einberufenen

ordentlichen Generalversammlung

der Genossen der X-Genossenschaft teilzunehmen und über den Gang der Verhandlung sowie über die gefassten Beschlüsse die gesetzlich vorgeschriebene Niederschrift wie folgt zu errichten:

I.

Anwesend waren:
1. Vom Aufsichtsrat der Genossenschaft:
   a) Herr X, Landwirt, wohnhaft in......,
   b) Herr Z, Kaufmann, wohnhaft in......,
   c) Herr Y, Bankkaufmann, wohnhaft in......
2. Vom Vorstand der Genossenschaft:
   a) Herr A, Bankkaufmann, wohnhaft in......, Vorsitzender,
   b) Herr B, Kaufmann, wohnhaft in......

Dieser Niederschrift ist ein Verzeichnis des erschienenen oder vertretenen Genossen und der Vertreter von Genossen beigefügt. Bei jedem erschienenen oder vertretenen Genossen ist dessen Stimmenzahl vermerkt. Das Teilnehmerverzeichnis ist vom Versammlungsleiter unterzeichnet worden und wurde bei jeder Abstimmung bei Änderung der Teilnehmerzahl angepasst. Es ist als Anlage 1 der Niederschrift beigefügt.

II.

Generalversammlung

Den Vorsitz der Versammlung führte entsprechend der Satzung der Vorsitzende des Aufsichtsrates. Er stellte fest, dass die Generalversammlung form- und fristgemäß durch Bekanntmachung im Verkündungsblatt Nr....... vom...... einberufen worden ist. Ein Belegexemplar dieser Ausgabe wurde mir, dem Notar, übergeben. Es ist der Niederschrift als Anlage 2 beigefügt.

Anschließend legte er das anliegende, von ihm unterzeichnete Verzeichnis der erschienenen vertretenen Genossen zur Einsichtnahme aus, nachdem der Vorstand erklärt hatte, das sämtliche, in dem Verzeichnis aufgeführten Genossen ihre Berechtigung zur Teilnahme an der Generalversammlung ordnungsgemäß nachgewiesen haben.

Der Vorsitzende erklärte, dass die Abstimmung offen durch Handaufheben stattfinden werde, soweit nicht eine andere Abstimmungsart für die Abstimmung angeordnet werde.

Der Vorsitzende stellte weiter fest, dass von der Einberufung der Generalversammlung an in dem Geschäftsraum der Genossenschaft folgende Unterlagen zur Einsicht der Genossen ausgelegt waren und diese auch während der Generalversammlung im Versammlungssaal ausliegen:
- der Verschmelzungsvertrag,
- die Jahresabschlüsse und die Jahresberichte der übertragenden und der übernehmenden Genossenschaft der letzten drei Geschäftsjahre,
- der Verschmelzungsbericht der beiden Vorstände,
- das Prüfungsgutachten des Prüfungsverbandes bzgl. beider Genossenschaften.

Der Verschmelzungsvertrag wird dieser Niederschrift als Anlage 3 beigefügt.

Daraufhin wurde die **Tagesordnung** wie folgt erledigt:

Punkt 1:

Der Vorstandsvorsitzende erläuterte den Verschmelzungsvertrag vom...... und begründete insbes. die Zweckmäßigkeit der Verschmelzung. Auch die weiteren Punkte des Verschmelzungsvertrages wurden vom Vorstand erläutert. Verschiedenen Genossen wurde Auskunft über wesentliche Angelegenheiten erteilt. Der von den Vorständen der beiden Genossenschaften abgeschlossene Verschmelzungsvertrag wurde wörtlich verlesen. Das Gutachten des Prüfungsverbandes, dass die Verschmelzung mit dem Belangen der Mitglieder und der Gläubiger der Genossenschaft vereinbar ist, wurde ebenfalls verlesen.

Punkt 2: Zustimmung zum Verschmelzungsvertrag

Gegen die Zustimmung zu dem abgeschlossenen Verschmelzungsvertrag mit der A-Genossenschaft stimmten zehn Genossen. Dafür stimmten entsprechend dem Vorschlag von Vorstand und Aufsichtsrat 290 Genossen.

Der Vorsitzende stellte fest, dass die Verschmelzung mit der A-Genossenschaft durch Zustimmung zum Verschmelzungsvertrag von…… mit mehr als 3/4-Mehrheit der abgegebenen Stimmen beschlossen ist.

Damit war die Tagesordnung erledigt. Der Vorsitzende schloss die Hauptversammlung um 19.00 Uhr.

Die Niederschrift wurde vom Notar und vom Vorsitzenden und den anwesenden Mitgliedern des Vorstandes wie folgt unterschrieben:

…..

Anlage 1: Teilnehmerverzeichnis

Anlage 2: Belegexemplar vom……

Anlage 3: Verschmelzungsvertrag vom……

3. Registeranmeldung

Vgl. zu den Anmeldungen zunächst oben Teil 2 Rdn. 640 ff. Der Anmeldung sind als Anlage über § 17 UmwG hinaus das für die anmeldende Genossenschaft erstattete Prüfungsgutachten **in Urschrift oder in öffentlich beglaubigter Urschrift** beizufügen (§ 86 Abs. 1 UmwG), bei der Anmeldung für die übernehmende Genossenschaft zudem das für eine übertragende Genossenschaft erstellte Gutachten (§ 86 Abs. 2 UmwG).

1302

a) Registeranmeldung für die übertragende Genossenschaft

▶ Muster: Genossenschaftsregisteranmeldung für die übertragende Genossenschaft

An das

1303

Amtsgericht

– Genossenschaftsregister –

Betrifft: GenR…… A-Genossenschaft

In der Anlage überreichen wir, vertretungsberechtigte Vorstandsmitglieder der A-Genossenschaft:
1. elektronisch beglaubigte Abschrift des Verschmelzungsvertrages vom…… – UR.Nr……. des beglaubigenden Notars –,
2. elektronisch beglaubigte Abschrift des Zustimmungsbeschlusses der Generalversammlung der A-Genossenschaft vom…… – UR.Nr……. des beglaubigenden Notars –,
3. elektronisch beglaubigte Abschrift des Zustimmungsbeschlusses der Generalversammlung der B-Genossenschaft vom…… – UR.Nr……. des beglaubigenden Notars –,
4. elektronisch beglaubigte Abschrift des Verschmelzungsberichtes,
5. elektronisch beglaubigte Abschrift des Prüfungsgutachtens,
6. elektronisch beglaubigte Abschrift des Nachweises über die Zuleitung des Entwurfs des Verschmelzungsvertrages an den Betriebsrat der A-Genossenschaft,
7. elektronisch beglaubigte Abschrift der Schlussbilanz der A-Genossenschaft zum Verschmelzungsstichtag,

und melden zur Eintragung in das Handelsregister an:

Die A-Genossenschaft ist auf die B-Genossenschaft als übernehmende Gesellschaft im Wege der Verschmelzung durch Aufnahme verschmolzen.

Wir erklären, dass weder der Verschmelzungsbeschluss der Generalversammlung der A-Genossenschaft noch der Verschmelzungsbeschluss der Generalversammlung der B-Genossenschaft angefochten worden ist.

….., den……

…..

(Beglaubigungsvermerk)

b) Registeranmeldung für die übernehmende Genossenschaft

▶ Muster: Genossenschaftsregisteranmeldung für die übernehmende Genossenschaft

1304 An das

Amtsgericht

– Genossenschaftsregister –

Betrifft: GenR...... **B-Genossenschaft**

In der Anlage überreichen wir, vertretungsberechtigte Vorstandsmitglieder der o. a. B-Genossenschaft:
1. elektronisch beglaubigte Abschrift des Verschmelzungsvertrages vom...... – UR.Nr........ des beglaubigenden Notars –,
2. elektronisch beglaubigte Abschrift des Zustimmungsbeschlusses der Generalversammlung der A-Genossenschaft vom...... – UR.Nr....... des beglaubigenden Notars –,
3. elektronisch beglaubigte Abschrift des Zustimmungsbeschlusses der Generalversammlung der B-Genossenschaft vom...... – UR.Nr....... des beglaubigenden Notars –,
4. elektronisch beglaubigte Abschrift des Verschmelzungsberichtes,
5. elektronisch beglaubigte Abschrift der Prüfungsgutachten für die A-Genossenschaft und die B-Genossenschaft,
6. elektronisch beglaubigte Abschrift des Nachweises über die Zuleitung des Entwurfs des Verschmelzungsvertrages an den Betriebsrat der B-Genossenschaft,

und melden zur Eintragung in das Handelsregister an:

Die A-Genossenschaft ist im Wege der Verschmelzung durch Aufnahme auf die B-Genossenschaft verschmolzen.

Wir erklären, dass weder der Verschmelzungsbeschluss der Generalversammlung der A-Genossenschaft noch der Verschmelzungsbeschluss der Generalversammlung der B-Genossenschaft angefochten worden ist.

....., den......

.....

(Beglaubigungsvermerk)

F. Verschmelzung von Vereinen

I. Checkliste

1305 ▶ Beim Ablauf des **Verschmelzungsverfahrens bei Vereinen** sind folgende Punkte zu beachten:[2054]
- ❏ Verschmelzungsvertrag (§§ 4 bis 6 UmwG),
- ❏ Verschmelzungsbericht (§§ 8 ff. UmwG),
- ❏ Zuleitung des Verschmelzungsvertrages zum Betriebsrat, soweit vorhanden (§ 5 Abs. 3 UmwG),
- ❏ Verschmelzungsprüfung (§§ 9 bis 12, 100 UmwG), wenn mindestens 10 % der Mitglieder dies schriftlich verlangen,
- ❏ Unterrichtung der Mitglieder (§ 101 UmwG),
- ❏ Verschmelzungsbeschluss der Mitgliederversammlung (§§ 13, 103 UmwG),
- ❏ Anmeldung zum Handelsregister bzw. Bekanntmachung der Verschmelzung (§§ 16, 17 bzw. § 104 UmwG),
- ❏ Eintragung der Verschmelzung (§§ 19, 20 UmwG) bzw. Bekanntmachung im elektronischen Bundesanzeiger (§ 104 UmwG).

2054 Vgl. auch eingehend Katschinski, Die Verschmelzung von Vereinen, S. 68 ff.; Hager, RNotZ 2011, 565 ff.

II. Verschmelzungsfähige Vereine

Die Verschmelzung von Vereinen war nach dem bis 1995 geltenden Recht nicht möglich. Das UmwG folgt einem erheblichen praktischen Bedürfnis und eröffnet – allerdings im beschränkten Umfang – auch für Vereine die Möglichkeit einer Verschmelzung, und zwar sowohl im Wege der **Verschmelzung durch Aufnahme** als auch **durch Neugründung**.

1306

Voraussetzung für die Beteiligung eines **rechtsfähigen Vereins** an einer Verschmelzung ist immer, dass die Vereinssatzung oder landesrechtliche Vorschriften nicht entgegenstehen (§ 99 Abs. 1 UmwG).

1307

Eingetragene Vereine können nur andere eingetragene Vereine aufnehmen, nicht aber Rechtsträger anderer Rechtsformen (§ 99 Abs. 2, 1. Alt. UmwG). Wohl aber können Rechtsträger anderer Rechtsformen eingetragene Vereine aufnehmen.[2055] Ausgeschlossen ist auch eine **Mischverschmelzung** in der Weise, dass ein eingetragener Verein mit einem Rechtsträger anderer Rechtsformen einen neuen eingetragenen Verein gründet.[2056] Der Gesetzgeber hat dies durch eine Klarstellung des § 99 Abs. 7 UmwG durch das Gesetz zur Änderung des Umwandlungsrechts v. 22.06.1998[2057] deutlich gemacht.

1308

Folgende Verschmelzungen werden daher von der herrschenden Meinung für **zulässig erachtet**:
– Verschmelzung e. V. auf e. V., und zwar auch mehrere e. V. auf einen e. V.,
– Verschmelzung zweier oder mehrerer Vereine auf einen neugegründeten e. V.,
– Verschmelzung e. V. auf Rechtsträger anderer Rechtsform (Personengesellschaft, Kapitalgesellschaft),
– Verschmelzung von zwei oder mehreren Vereinen auf Rechtsträger anderer Rechtsform zur Neugründung,
– Mischverschmelzung Verein und anderer Rechtsträger auf einen anderen Rechtsträger zur Neugründung oder Aufnahme.

1309

Unzulässig sind nach § 99 Abs. 2 UmwG **Mischverschmelzungen** auf einen eingetragenen Verein als aufnehmender oder neuer Rechtsträger bzw. Verschmelzung eines Rechtsträgers anderer Rechtsform zur Neugründung eines Vereins.[2058]

1310

Wirtschaftliche Vereine i. S. d. § 22 BGB können sich **nur als übertragende**, nicht aber als aufnehmender Rechtsträger an einer Verschmelzung beteiligen (§ 3 Abs. 2 Nr. 1 UmwG). Nach § 99 Abs. 2 UmwG kann ein wirtschaftlicher Verein nicht mit einem anderen Rechtsträger zur Neugründung eines eingetragenen Vereins verschmolzen werden. Die Regierungsbegründung zu § 99 Abs. 2 UmwG[2059] führt aus, dass solche Vereine (hier eingetragene Vereine) Rechtsträger anderer Rechtsform nicht aufnehmen sollen oder durch die Verschmelzung solcher Rechtsträger nicht gegründet werden können. Dafür sei kein Bedürfnis aufgetreten.

1311

[2055] Widmann/Mayer/Vossius, Umwandlungsrecht, § 99 UmwG, Rn. 39 ff.; Stratz, in: Schmitt/Hörtnagl/Stratz, § 99 UmwG Rn. 4.
[2056] § 99 Abs. 2, 2. Alt. UmwG; vgl. zu den verschiedenen Kombinationsmöglichkeiten der Mischverschmelzung unter Beteiligung von Vereinen, Hadding/Heinrichs, in: FS für Boujong, 1996, S. 209 f.; Widmann/Mayer/Vossius, Umwandlungsrecht, § 99 UmwG Rn. 36 ff.; Katschinski, Die Verschmelzung von Vereinen, S. 34 ff.; Lutter/Hennrichs, UmwG, § 99 Rn. 16 ff.
[2057] BGBl. I, S. 1878.
[2058] Widmann/Mayer/Vossius, Umwandlungsrecht, § 99 UmwG, Rn. 44; Stratz, in: Schmitt/Hörtnagl/Stratz, § 99 UmwG Rn. 4; Lutter/Hennrichs, UmwG, § 99 Rn. 17.
[2059] Abgedruckt bei Limmer, Umwandlungsrecht, S. 135.

III. Verschmelzungsvertrag

1. Form und Abschlusskompetenz

1312 Hier ergeben sich keine Besonderheiten, vgl. daher oben bei Teil 2 Rdn. 52 ff.

2. Inhalt des Verschmelzungsvertrages

1313 **Spezielle Vorgaben** für den Inhalt eines Verschmelzungsvertrages, an dem Vereine beteiligt sind, macht das Gesetz nicht. Folglich gelten ausschließlich §§ 5 ff. UmwG.[2060]

1314 § 5 Abs. 1 Nr. 3 UmwG fordert die Aufnahme von Angaben zur Mitgliedschaft im übernehmenden Verein.[2061]

▶ Hinweis:

1315 Aus den in Teil 2 Rdn. 1222 genannten Gründen wird hier vorgeschlagen, die geltende Satzung zur Anlage des Vertrages zu nehmen und bzgl. der Angaben zur Mitgliedschaft auf die Anlage zu verweisen oder zumindest die Satzungsbestandteile bzgl. der Mitgliedschaft beizufügen oder zusammengefasst darzustellen.

1316 Bei der Verschmelzung nur von Vereinen (**reine Vereinsverschmelzung**) ist daher **keine Angabe über das Umtauschverhältnis**, sondern nur die Angabe über die Mitgliedschaft bei dem übernehmenden Rechtsträger zu machen. Da den Mitgliedern des übertragenden Vereins immer nur eine neue Mitgliedschaft an dem übernehmenden Verein für den Verlust ihrer alten eingeräumt wird.[2062] Die Angaben über die Mitgliedschaft bei den übernehmenden Rechtsträgern soll es den Mitgliedern des übertragenden Vereins ermöglichen zu überprüfen, wie sich ihre Rechtsposition verändert. Hieraus folgt, dass dabei die mit der neuen Mitgliedschaft verbundenen besonderen Rechte (z. B. Benutzungsrechte, Leistungsrechte, Teilhaberrechte) und Pflichten anzugeben sind.[2063] Ist ein Mitglied des übertragenden Vereins bereits am Aufnehmenden beteiligt (Doppelmitgliedschaft), kann ihm keine neue zusätzliche Mitgliedschaft gewährt werden, da dies gegen den Grundsatz der Einheitlichkeit der Mitgliedschaft verstoßen würde.[2064]

1317 Bei **Mischverschmelzungen von Idealvereinen** auf Kapital- oder Personengesellschaften hingegen gelten die allgemeinen Grundsätze; hier findet ein Umtausch von Mitgliedschaften gegen Anteile an der Kapitalgesellschaft bzw. Personengesellschaft statt. In diesem Fall sind daher Angaben über das Umtauschverhältnis der Anteile zu machen. Problematisch bei der Berechnung des Umtauschverhältnisses ist die Zurechnung des Vereinsvermögens auf die einzelnen Mitglieder.[2065] Im Regelfall gilt das Kopfprinzip, wonach die Zurechnung des Gesamtvermögens des Vereins sich durch die Zahl der Mitglieder ergibt.

1318 Auch ein **Barabfindungsgebot** kann im Verschmelzungsvertrag notwendig sein (§ 29 UmwG). Es gelten die allgemeinen Grundsätze (vgl. oben Teil 2 Rdn. 586 ff.). Besonders zu beachten

---

2060 Vgl. daher zunächst die Ausführungen unten Teil 2 Rdn. 52 ff.; Widmann/Mayer/Vossius, Umwandlungsrecht, § 99 UmwG, Rn. 54 ff.; Lutter/Hennrichs, UmwG, § 99 Rn. 22 ff.; Hager, RNotZ 2011, 565, 570 ff.

2061 Vgl. zu den gleichartigen Problemen bei Genossenschaften oben Teil 2 Rdn. 1222; ausführlicher zur Problemlage bei Vereinen Hadding/Heinrichs, in: FS für Boujong, 1996, S. 205 ff., 212 f.

2062 Vgl. Katschinski, Die Verschmelzung von Vereinen, S. 82; Widmann/Mayer/Vossius, Umwandlungsrecht, § 99 UmwG, Rn. 58 f.; Katschinski, in: Semler/Stengel, § 99 UmwG Rn. 68 f.; Lutter/Hennrichs, § 99 UmwG Rn. 23; Hager, RNotZ 2011, 565, 571.

2063 Lutter/Hennrichs, UmwG, § 99 Rn. 23.

2064 Hadding/Heinrichs, in: FS für Boujong, 1996, S. 205 ff., 212 f.; Hager, RNotZ 2011, 565, 572; differenzierend Katschinski, Die Verschmelzung von Vereinen, S. 86.

2065 Vgl. Katschinski, Die Verschmelzung von Vereinen, S. 91; Lutter/Hennrichs, UmwG, § 99 Rn. 26 ff.; Widmann/Mayer/Vossius, Umwandlungsrecht, § 99 UmwG, Rn. 60.

ist dabei **§ 104a UmwG**, wonach die **§§ 29 ff. UmwG bei gemeinnützigen Vereinen nicht anzuwenden** sind.

Da nach § 29 Abs. 1 Satz 1 UmwG bei der **Mischverschmelzung** stets ein Abfindungsangebot aufzunehmen ist, spielt es nach dem Gesetzeswortlaut keine Rolle, ob die Mitgliedschaft in dem übertragenden Verein einen wirtschaftlichen Wert verkörpert. Also auch dann, wenn die Mitgliedschaft keine vermögensmäßigen Wertrechte vermittelt, ist ein Barabfindungsangebot zu machen.[2066]

1319

Die Einordnung des § 29 Abs. 1 Satz 2 UmwG (**Vinkulierung**) ist i. R. d. Vereinsverschmelzung umstritten. Folgt man der Auffassung, dass keine Pflicht zur Barabfindung besteht, wenn die Mitgliedschaft in den beteiligten Rechtsträgern identischen Verfügungsbeschränkung unterliegen, wird die Vorschrift bei der Vereinsverschmelzung nur eine geringe Rolle spielen.[2067] Durch das Änderungsgesetz v. 22.07.1998[2068] ist ausdrücklich klargestellt, dass die Vorschrift auch auf die Verschmelzung von Vereinen untereinander anwendbar ist.[2069] Da nach § 38 Satz 1 BGB die Mitgliedschaft bei Vereinen grds. nicht übertragbar ist, stellt sich die Frage, ob damit ein Fall der Vinkulierung i. S. d. § 29 Abs. 1 Satz 2 UmwG vorliegt, wenn die gleiche Regelung auch im aufnehmenden Verein kraft Gesetzes gilt.[2070] Etwas anderes gilt nur, wenn die Mitgliedschaft im übertragenden Verein aufgrund einer entsprechenden Satzungsbestimmung übertragbar war und beim aufnehmenden Verein die gesetzliche Regelung der Vinkulierung gilt.[2071]

1320

Eine **Benennung der Mitglieder**, die neue Mitgliedschaften im übernehmenden Verein erhalten, ist nicht erforderlich. Es genügt vielmehr eine Regelung, die darauf gerichtet ist, allen Mitgliedern des übertragenden Vereins Mitgliedschaften in dem übernehmenden Verein zu verschaffen.

1321

Abfindungen nach §§ 29 ff. UmwG sind bei **gemeinnützigen Vereinen** i. S. d. § 5 Abs. 1 Nr. 9 KStG gesetzlich ausgeschlossen (§ 104a UmwG), um die bestehende Zweckbindung nicht zu beeinträchtigen.[2072] Den Mitgliedern verbleiben die allgemeinen Austrittsmöglichkeiten nach den Satzungen der Vereine bzw. – nach Wirksamwerden der Verschmelzung – nach der Satzung des übernehmenden Vereins. Dies dürfte regelmäßig ausreichen.

1322

IV. Verschmelzungsbericht

Bei der Verschmelzung unter Beteiligung eines Vereins hat nach § 8 UmwG der Vorstand einen ausführlichen schriftlichen Verschmelzungsbericht zu erstatten.[2073] Zwar besteht auch grds. bei einem Verein die Möglichkeit, dass alle Mitglieder auf ihre Erstattung verzichten. Auch diese Verzichtserklärung ist notariell zu beurkunden. Dies wird allerdings bei Vereinen kaum zu erreichen sein, sodass im Regelfall der Verschmelzungsbericht erforderlich ist (zum **Inhalt des Verschmelzungsberichts** gelten die allgemeinen Ausführungen, vgl. oben Teil 2 Rdn. 380 ff.).

1323

2066 Katschinski, Die Verschmelzung von Vereinen, S. 107; Lutter/Hennrichs, Umwandlungsrecht, § 99 UmwG Rn. 30; Widmann/Mayer/Vossius, UmwG, § 29 Rn. 76.
2067 Lutter/Hennrichs, UmwG, § 99 Rn. 30; Widmann/Mayer/Vossius, Umwandlungsrecht, § 99 UmwG, Rn. 78 f.; Hager, RNotZ 2011, 565, 575.
2068 BGBl. I, S. 1878.
2069 Zum Streitfall vorher Grunewald, in: FS für Boujong, 1996, S. 181.
2070 Bejahend Katschinski, Die Verschmelzung von Vereinen, S. 107; zu Recht ablehnend Lutter/Hennrichs, UmwG, § 99 Rn. 30; Lutter/Grunewald, § 29 UmwG Rn. 10; Katschinski, in: Semler/Stengel, § 99 UmwG Rn. 89; wohl auch Grunewald, in: FS für Boujong, 1996, S. 180 ff.; Hager, RNotZ 2011, 565, 575.
2071 Widmann/Mayer/Vossius, Umwandlungsrecht, § 99 UmwG, Rn. 79 Katschinski, in: Semler/Stengel, § 99 UmwG Rn. 89; Lutter/Hennrichs, UmwG, § 99 Rn. 30.
2072 Vgl. Bericht des Rechtsausschusses, abgedruckt in: Limmer, Umwandlungsrecht, S. 528; Hager, RNotZ 2011, 565, 575.
2073 Vgl. Hadding/Hennrichs, in: FS für Boujong, 1996, S. 218; ausführlich auch Katschinski, Die Verschmelzung von Vereinen, S. 124 ff.; Hager, RNotZ 2011, 565, 576 f.

V. Verschmelzungsprüfung

1324 Nach § 100 UmwG ist der Verschmelzungsvertrag für einen **wirtschaftlichen Verein** immer zu prüfen, es sei denn, alle Mitglieder haben eine notariell beurkundete Verzichtserklärung abgegeben. Bei einem **eingetragenen Verein** ist diese Prüfung nur erforderlich, wenn mindestens 10 % der Mitglieder dies schriftlich verlangen.[2074] Die Regierungsbegründung führt hierzu aus, dass die Vereinsmitglieder u. U. eine ähnlich schwache Stellung wie Aktionäre haben, daher soll grds. eine Prüfung der Verschmelzung im wirtschaftlichen Interesse der Vereinsmitglieder vorgenommen werden. Die Prüfung soll derjenigen AG entsprechen. Die Prüfung dient der Information der Mitglieder, um ihre Entscheidung über die Zustimmung zur Verschmelzung auf eine tragfähigere Grundlage zu stellen. Ein unter Verletzung des § 100 UmwG gefasster Beschluss wäre anfechtbar.[2075] Die Verschmelzungsprüfung hat zum Ziel, die Mitglieder vor dem Wirksamwerden der Verschmelzung durch Unterrichtungs- und Prüfungsrechte zu unterstützen, weil bestimmte Mängel der Verschmelzung die Wirkung der Eintragung im Handelsregister unberührt lassen (vgl. § 20 Abs. 2 UmwG).

1325 Da bei einem **eingetragenen Verein** die Zahl der Mitglieder i. d. R. groß ist, wird es regelmäßig schwer, wenn nicht unmöglich sein, eine Erklärung über den Verzicht auf eine Prüfung von allen Mitgliedern zu bekommen. Häufig wird an der wirtschaftlichen Seite des Vereinslebens nur ein geringes Interesse bestehen. Deshalb soll eine Prüfung des Umtauschverhältnisses nur auf **Verlangen einer Minderheit von 10 % der Vereinsmitglieder** stattfinden müssen, damit durch das Erfordernis eines schriftlichen Verzichts die Verschmelzung nicht praktisch unmöglich gemacht wird. Auf der anderen Seite reicht dieses Minderheitenrecht aus, um Manipulationen der Vereinsleitung, die das Vermögen des Vereins und der Mitglieder schädigen könnten, zu verhindern.[2076] Vom Gesetz nicht geregelt ist die für die Praxis überaus wichtige Frage, bis **zu welchem Zeitpunkt das Verlangen der Mitglieder** erklärt werden kann.

Anders als in §§ 44 und 48 UmwG hat der Gesetzgeber im **Zweiten Gesetz zur Änderung des UmwG** v. 25.04.2007[2077] keine Regelung für den Verein getroffen, sodass die Rechtslage unklar bleibt. Daher ist weiter davon auszugehen, dass das Verlangen der Mitglieder zeitlich vor oder sogar noch in der Mitgliederversammlung gestellt werden kann.[2078] Teilweise wird allerdings eine Analogie zu §§ 44, 48 UmwG vorgeschlagen.[2079] Unzulässig ist m. E. das Verlangen einer Verschmelzungsprüfung nach Fassung bzw. Wirksamwerden des Verschmelzungsbeschlusses.[2080] Da ein erst in der Mitgliederversammlung geltend gemachtes Prüfungsverlangen i. d. R. den Zeitplan der Verschmelzung erheblich beeinträchtigen kann, wird ist m. E. dem Vorstand das Recht zuzubilligen, den Mitgliedern **zur Ausübung des Verlangens eine angemessene Frist zu setzen**, wenn die Mitglieder auf ihr Recht hingewiesen wurden.[2081] Eine allgemeine Hinweispflicht, wenn keine Frist gesetzt werden soll, besteht nicht.

2074 Vgl. Katschinski, Die Verschmelzung von Vereinen, S. 127 ff.; Hager, RNotZ 2011, 565, 577.
2075 Katschinski, Die Verschmelzung von Vereinen, S. 183.
2076 Vgl. Begründung zum RegE, BR-Drucks. 75/94, S. 111, abgedruckt in: Limmer, Umwandlungsrecht, S. 306.
2077 BGBl. I, S. 542.
2078 Lutter/Hennrichs, UmwG, § 100 Rn. 6; Katschinski, in: Semler/Stengel, § 100 UmwG Rn. 12; Katschinski, Die Verschmelzung von Vereinen, 182.
2079 So Widmann/Mayer/Vossius, Umwandlungsrecht, § 100 UmwG Rn. 22.
2080 So Katschinski, in: Semler/Stengel, § 100 UmwG Rn. 12.
2081 So Lutter/Hennrichs, UmwG, § 100 Rn. 8; Katschinski, Die Verschmelzung von Vereinen, S. 183 ff.; Katschinski, in: Semler/Stengel, § 100 UmwG Rn. 15; Schmidt, in: Lutter, Kölner Umwandlungsrechtstage, 59, 76; Widmann/Mayer/Vossius, Umwandlungsrecht, § 100 UmwG Rn. 26; Hadding/Hennrich, in: FS für Boujong, 1996, 203, 220 f.; Hager, RNotZ 2011, 565, 578; a. A. Heckschen, DNotZ 2007, 449.

Das Verfahren zur **Bestellung der Verschmelzungsprüfer**, ihrer Stellung und Verantwortlichkeit und der Inhalt des Prüfungsrechts ist i. Ü. für den Verein auch im allgemeinen Teil in den §§ 9 bis 12 UmwG geregelt.[2082]

VI. Vorbereitung der Mitgliederversammlung

1. Einberufung der Mitgliederversammlung

Für die Einberufung ist, soweit die Satzung (§ 58 Nr. 4 BGB) nichts anderes bestimmt, der **Vorstand** i. S. d. § 26 BGB zuständig, nicht der erweiterte Vorstand.[2083] I. d. R. ist zur Einberufung ein **Vorstandsbeschluss** seit 2009 nicht mehr notwendig.[2084] Das Vereinsrecht kennt keine Vorschrift, in welcher Form die Mitgliederversammlung einzuberufen ist.[2085] In § 58 Nr. 4 BGB ist allerdings bestimmt, dass diese Form in der Satzung festgelegt werden kann. Auch wenn die Satzung keine Regelung vorsieht, muss zwischen Ladung und Mitgliederversammlung eine angemessene Frist liegen. I. Ü. gilt die satzungsgemäße Frist. 1326

Die **Tagesordnung** wird vom Vorstand festgelegt. Gem. § 32 Abs. 1 Satz 2 BGB muss die Mitteilung der Tagesordnung in der Einladung so genau sein, dass die Mitglieder über die Notwendigkeit einer Teilnahme entscheiden und sich sachgerecht vorbereiten können.[2086] 1327

2. Auslegungspflicht

Ergänzend zur Absicherung der Informationsrechte der Mitglieder bestimmt § 101 UmwG, dass von der Einberufung der Mitgliederversammlung an in dem Geschäftsraum des Vereins folgende **Schriftstücke** auszulegen sind:[2087] 1328
– der Verschmelzungsvertrag oder sein Entwurf,
– die Jahresabschlüsse und die Lageberichte der an der Verschmelzung beteiligten Rechtsträger für die letzten 3 Geschäftsjahre,
– eine Zwischenbilanz, falls sich der letzte Jahresabschluss auf ein Geschäftsjahr bezieht, das mehr als 6 Monate vor dem Abschluss des Verschmelzungsvertrages oder der Aufstellung des Entwurfs abgelaufen ist,
– die nach § 8 UmwG zu erstattenden Verschmelzungsberichte,
– der nach § 100 UmwG evtl. erforderliche Prüfungsbericht.

Nach § 101 Abs. 1 Satz 1 UmwG sind zur **Vorbereitung der Mitgliederversammlung**, die über die Zustimmung zum Verschmelzungsvertrag beschließen soll, im Geschäftsraum des Vereins die in § 63 Abs. 1 Nr. 1 bis Nr. 4 UmwG bezeichneten Unterlagen zur Einsicht der Mitglieder auszulegen. Nach § 102 Satz 1 UmwG sind diese Unterlagen auch während der Durchführung der Mitgliederversammlung auszulegen. Nach § 63 Abs. 1 Satz 1 Nr. 2 UmwG sind bei der Hauptversammlung einer AG die Jahresabschlüsse und die Lageberichte der an der Verschmelzung beteiligten Rechtsträger für die letzten 3 Geschäftsjahre auszulegen. Diese Vorschrift passt für die Ver- 1329

2082 Vgl. oben Teil 2 Rdn. 409 ff. und ausführlich Katschinski, Die Verschmelzung von Vereinen, S. 127 ff.; Lutter/Hennrichs, UmwG, § 100 Rn. 15; Katschinski, Die Verschmelzung von Vereinen, S. 183 ff.; Katschinski, in: Semler/Stengel, § 100 UmwG Rn. 20; Widmann/Mayer/Vossius, Umwandlungsrecht, § 100 UmwG Rn. 32.
2083 KG, OLGZ 78, 276; Sauter/Schweyer/Waldner, Der eingetragene Verein, Rn. 157; Hager, RNotZ 2011, 565, 580.
2084 Sauter/Schweyer/Waldner, Der eingetragenen Verein, Rn. 157; vgl. zur alten Rechtslage BGH, NJW 1977, 2310 = DNotZ 1978, 88.
2085 Sauter/Schweyer/Waldner, Der eingetragene Verein, Rn. 171; Kölsch, Rpfleger 1985, 137 ff.
2086 BayObLGE 72, 33; OLG Köln, WM 1990, 1070.
2087 Vgl. auch Katschinski, Die Verschmelzung von Vereinen, S. 138 ff.; Hager, RNotZ 2011, 565, 581; Lutter/Hennrichs, UmwG, § 101 Rn. 3 ff.; Widmann/Mayer/Vossius, Umwandlungsrecht, § 101 UmwG Rn. 16 ff.

schmelzung unter Beteiligung von Vereinen nur eingeschränkt, da diese nur in Ausnahmefällen buchführungs- bzw. bilanzierungspflichtig sind.[2088] Da Idealvereine grds. **nicht buchführungspflichtig** sind, würde der Verweis des § 101 Abs. 1 UmwG auf § 63 Abs. 1 Nr. 2 UmwG eine Verpflichtung begründen, die diese, sofern sich nicht während der letzten 3 Jahre bereits freiwillig Jahresabschlüsse erstellt haben, gar nicht erfüllen könnten.[2089] Eine Pflicht zur Auslegung der Jahresabschlüsse besteht deshalb nur dann, wenn der Verein gesetzlich zur Bilanzierung verpflichtet ist oder er in der Vergangenheit freiwillig bilanziert hat, da die Norm des § 101 UmwG keine selbstständige Pflicht begründet, Jahresabschlüsse zu erstellen.[2090] Da aber auch Vereine, die nicht nach den §§ 238 ff. HGB bilanzieren, Rechnung legen, müssen diese für Zwecke der Besteuerung eine Einnahmeüberschussrechnung nach § 8 Abs. 1 KStG i. V. m. § 4 Abs. 3 EStG sowie ein Verzeichnis des Anlagevermögens erstellen. Daneben hat der Vorstand ggü. dem Verein nach § 27 Abs. 3 i. V. m. §§ 666, 259 BGB Rechenschaft zu legen. Von daher wird man die Vereine für verpflichtet halten müssen, diese Rechnungsunterlagen vorzulegen, um eine Information der Anteilsinhaber über die Vermögens- und Finanzlage des Vereins sicherzustellen.[2091]

1330 In der Literatur wird abweichend von dieser herrschenden Meinung – soweit ersichtlich – lediglich eine **Mm.** vertreten: Grunewald[2092] führt zur Vorschrift des § 63 Abs. 1 Nr. 2 UmwG wörtlich aus:

»Ist kein Jahresabschluss für den beteiligten Rechtsträger zu erstellen (Verein), muss auch nichts ausgelegt werden.«

1331 Als Ergebnis bleibt somit festzuhalten, dass es bei **nicht bilanzierungspflichtigen Vereinen** ausreicht, wenn die Einnahme-Überschuss-Rechnung nach § 8 Abs. 1 KStG i. V. m. § 4 Abs. 2 EStG so wie ein Verzeichnis des Anlagevermögens und der Rechenschaftsbericht des Vorstands ggü. dem Verein ausgelegt wird.

1332 Nach dem Wortlaut des § 63 Abs. 1 Nr. 2 UmwG sind die Jahresabschlüsse und die Lageberichte der an der Verschmelzung beteiligten Rechtsträger **auszulegen**. Somit müssen die entsprechenden Unterlagen für alle beteiligten Rechtsträger ausgelegt werden.[2093] Bei der Verschmelzung von Vereinen müssen demzufolge die Rechnungsunterlagen der an der Verschmelzung Beteiligten und somit aller Vereine für die letzten 3 Geschäftsjahre ausgelegt werden.[2094] Somit ist auch hinsichtlich des aufnehmenden Vereins die Auslage der entsprechenden Rechnungsunterlagen erforderlich. Nach § 101 Abs. 2 UmwG ist auf Verlangen jedem Mitglied unverzüglich kostenlos eine Abschrift dieser Unterlagen zu erteilen.

2088 Katschinski, Die Verschmelzung von Vereinen, S. 194; Reichert, Handbuch des Vereins- und Verbandsrechts, Rn. 2249a.
2089 Hadding/Henrichs, in: FS für Boujong, 1996, S. 203, 223; Neumeyer/Schulz, DStR 1996, 872, 873; Lutter/Hennrichs, UmwG, §§ 101 Rn. 4; Stöber/Otto, Handbuch zum Vereinsrecht, Rn. 1072, 1392 in Fn. 1.
2090 Lutter/Hennrichs, UmwG, §§ 101 Rn. 4; Neumayer/Schulz, DStR 1996, 873; Reichert, Handbuch des Vereins- und Verbandsrecht, Rn. 2249a; Hading/Hennrichs, in: FS für Boujong, 1996, S. 222 f.; Widmann/Mayer/Vossius, Umwandlungsrecht, § 99 UmwG Rn. 115 ff.
2091 Lutter/Hennrichs, UmwG, §§ 101 Rn. 5; Reichert, Handbuch des Vereins- und Verbandsrechts, Rn. 2249a; Hadding/Hennrichs, in: FS für Boujong, 1996, S. 223; Stöber/Otto, Handbuch zum Vereinsrecht, Rn. 1072, 1392 in Fn. 1; Katschinski, Die Verschmelzung von Vereinen, S. 196.
2092 Lutter/Drygala/Grunewald, UmwG, § 63 Rn. 3; vgl. auch Diekmann in: Semler/Stengel, § 63 UnwG Rn. 5.
2093 Widmann/Mayer/Rieger, Umwandlungsrecht, § 63 UmwG Rn. 8; Lutter/Grunewald, UmwG, § 63 Rn. 5.
2094 So ausdrücklich Stöber/Otto, Handbuch zum Vereinsrecht, Rn. 778.

VII. Zustimmungsbeschluss zur Verschmelzung

1. Mitgliederversammlung

Nach § 13 Abs. 1 Satz 2 UmwG kann der Verschmelzungsbeschluss nur **in einer Mitgliederversammlung** gefasst werden. Grds. können die Versammlungen nicht gemeinsam abgehalten werden, in dem Sinne dass alle Mitglieder der Vereine gemeinsam abstimmen.[2095] Es bestehen aber m. E. gegen das tatsächliche gemeinsame Abhalten der Mitgliederversammlungen zweier Vereine keine Bedenken, wenn diese organisatorisch, d. h. bzgl. Einladung, Ablauf und Abstimmung getrennt stattfinden. Besser ist es, wenn diese unmittelbar hintereinander oder räumlich getrennt stattfinden.[2096] Rechtlich stellt diese Vorgehensweise zwei zu differenzierende Mitgliederversammlungen dar, für die gesondert z. B. die ordnungsgemäße Einberufung, das Teilnahmerecht, das Vorliegen einer Vollversammlung, die Anwesenheit u. Ä. geprüft werden müssen. Organisatorisch muss zunächst sichergestellt sein, dass die Vereinsmitglieder des jeweils anderen Vereins als Gäste zugelassen werden. Grds. kann Nichtmitgliedern als Gästen die Anwesenheit gestattet werden.[2097] Die Entscheidung trifft die Mitgliederversammlung (§ 32 Abs. 1 BGB), die sie dem Versammlungsleiter überlassen kann. Die Entscheidungsbefugnis kann dem Versammlungsleiter auch stillschweigend eingeräumt sein. Dies gilt insb., wenn seiner Anordnung nicht widersprochen wird.[2098]

1333

In der Literatur ist umstritten, ob die Zuständigkeit für den Zustimmungsbeschluss von der Mitgliederversammlung auf eine **Delegiertenversammlung** in einem Verein übertragen werden kann. Die herrschende Meinung im Vereinsrecht geht davon aus, dass die Mitgliederversammlung ohne Weiteres kraft Satzung durch eine Vertreterversammlung ersetzt werden kann und mit verdrängender Wirkung alle Befugnisse der Mitgliederversammlung übertragen kann.[2099] Man wird daher auch eine Ausnahme von dem Grundsatz der Unübertragbarkeit der Zustimmungskompetenz in Bezug auf eine Delegiertenversammlung machen können, wenn dies in der Satzung ausdrücklich geregelt ist.[2100]

1334

2. Durchführung der Mitgliederversammlung und Informationsrechte

a) Notarielle Beurkundung

Gem. § 13 Abs. 3 UmwG bedarf der Verschmelzungsbeschluss der notariellen Beurkundung.

1335

b) Inhalt der Niederschrift

Die Beurkundung richtet sich nach §§ 36, 37 BeurkG, denn auch die Beurkundung eines Mitgliederbeschlusses betrifft einen »sonstigen Vorgang«, nämlich einen Akt der Willensbildung.[2101] Erforderlich ist daher eine Niederschrift, die die Bezeichnung des Notars sowie den Bericht über seine Wahrnehmung hinsichtlich des zu beurkundenden Beschlusses enthält und von ihm eigenhändig unterschrieben sein muss (§ 37 Abs. 1, 3 BeurkG). Die notwendigen Feststellungen sind

1336

2095 Vgl. auch Stöber/Otto, Handbuch zum Vereinsrecht, Rn. 1071; Hager, RNotZ 2011, 565, 579.
2096 So auch Hager, RNotZ 2011, 565, 579.
2097 Stöber/Otto, Handbuch zum Vereinsrecht, Rn. 719; Sauter/Schweyer/Waldner, Der eingetragene Verein, Rn. 196.
2098 Stöber/Otto, Handbuch zum Vereinsrecht, Rn. 719.
2099 OLG Frankfurt am Main, ZIP 1985, 215; LG Frankental RNotZ 2007, 478; Soergel/Hadding, BGB, § 32 Rn. 3; Katschinski, Verschmelzung von Vereinen, S. 134; Lutter/Hennrichs, UmwG, § 103 Rn. 5; Widmann/Mayer/Vossius, Umwandlungsrecht, § 103 UmwG Rn. 7; Katschinski, in: Semler/Stengel, § 103 UmwG Rn. 4; Stöber/Otto, Handbuch zum Vereinsrecht, Rn. 1077; Terner, RNotZ 2007, 480, 481 f.
2100 So Heidinger/Limmer/Holland/Reul, Gutachten des DNotI, Bd. IV, Gutachten zum Umwandlungsrecht, S. 189; Katschinski, Die Verschmelzung von Vereinen, S. 134 ff.
2101 Vgl. Hager, RNotZ 2011, 565, 585.

nicht im Vereinsrecht geregelt, sie ergeben sich allerdings aus § 13 UmwG.[2102] Angegeben werden müssen danach der Beschlussgegenstand, ferner, dass es sich um eine Mitgliederversammlung handelt und das Abstimmungsergebnis (Zahl der abgegebenen und der bejahenden Stimmen) sowie dessen Festlegung durch einen Versammlungsleiter, sofern einer vorhanden ist. Weiter ist nach § 37 Abs. 2 BeurkG die Angabe von Ort und Tag der Beschlussfassung in das Protokoll aufzunehmen. Zweckmäßig sind nach herrschender Meinung darüber hinaus weitere Angaben, insb. über verschiedene Gesellschafter bzw. Vertreter.

▶ Hinweis:

1337 Das Vereinsrecht enthält im Gegensatz zum Aktienrecht keine förmliche Feststellung des Beschlussergebnisses als Wirksamkeitserfordernis des Beschlusses. I. d. R. empfiehlt sich dies allerdings, da die förmliche Feststellung und Verkündung des Abstimmungsergebnisses den Beschlussinhalt verbindlich festlegt.

1338 Auch die vereinsrechtliche Literatur geht davon aus, dass, wenn die Satzung keine weiter gehende Anforderung an den Inhalt des Versammlungsprotokolls stellt, jedes **Versammlungsprotokoll zumindest folgende Angaben** enthalten sollte:[2103]
- Ort, Tag und Stunde der Versammlung,
- den Namen des Versammlungsleiters und des Protokollführers,
- die Zahl der erschienenen Mitglieder,
- die Feststellung, dass die Versammlung satzungsgemäß einberufen wurde,
- die Tagesordnung mit der Feststellung, dass sie bei der Einberufung der Versammlung mitgeteilt wurde,
- die Feststellung, dass die Versammlung beschlussfähig war,
- die gestellten Anträge,
- die Art der Abstimmung,
- das genaue Abstimmungsergebnis (Ja-Stimmen, Nein-Stimmen).

1339 Eine **Anwesenheitsliste** muss nach vereinsrechtlicher Literatur nicht dem Protokoll, kann aber als Anlage beigefügt werden.[2104] Man wird wohl auch aus gesellschaftsrechtlichen Gründen keine strengeren Anforderungen stellen können. Schließlich ist zu berücksichtigen, dass nach § 13 Abs. 3 UmwG der Verschmelzungsvertrag und sein Entwurf dem Beschluss als Anlage beizufügen sind.

VIII. Ablauf der Versammlung

1340 Die Leitung der Mitgliederversammlung obliegt der in der Satzung bestimmten Person. Nur wenn sie nicht erscheint, kann die Versammlung einen bestimmten Leiter wählen.[2105] Schweigt die Satzung, ist der Vorstandsvorsitzende zuständig. Über die Abstimmungsart entscheidet ebenfalls bei Schweigen der Satzung der Versammlungsleiter.

1. Beschlussmehrheiten

1341 § 103 UmwG bestimmt, dass der Verschmelzungsbeschluss einer **Mehrheit von 3/4 der erschienenen** Mitglieder bedarf. Die für die Verschmelzung erforderliche Mehrheit ist wie im § 33 Abs. 1 Satz 1 BGB bei der Satzungsänderung und in § 41 Satz 2 BGB bei der Auflösung entsprechend geregelt. Die Satzung kann eine größere Mehrheit und weitere Erfordernisse bestimmen.

2102 Vgl. Katschinski, Die Verschmelzung von Vereinen, S. 138 ff.
2103 Vgl. Sauter/Schweyer/Waldner, Der eingetragene Verein, Rn. 127.; Katschinski, Die Verschmelzung von Vereinen, S. 160; Stöber/Otto, Handbuch zum Vereinsrecht, Rn. 881 ff.
2104 Sauter/Schweyer/Waldner, Der eingetragene Verein, Rn. 128.
2105 BayObLGE 1972, 330.

F. Verschmelzung von Vereinen

In der Literatur wird z.T angenommen, dass das Umwandlungsrecht **das zwingende Vereinsrecht nicht verdrängt**, sodass dann, wenn sich mit der Zustimmung zum Verschmelzungsbeschluss der Vereinszweck ändert, die Zustimmung aller Mitglieder gem. § 33 Abs. 1 Satz 2 BGB erforderlich ist, soweit die Satzung keine abweichende Regelung getroffen hat.[2106] Zu beachten ist allerdings, dass die Verschmelzung zweier Idealvereine nur in Ausnahmefällen zu einer Änderung des Vereinszwecks i. S. d. § 33 BGB führt, und zwar dann, wenn die Vereine grundlegend unterschiedliche Zwecke verfolgen.[2107] Die Zustimmung aller Vereinsmitglieder des übertragenden Vereins sei jedenfalls erforderlich, wenn ein Verein auf einen Rechtsträger zur Aufnahme oder zur Neugründung verschmolzen werde, der einen grundlegend anderen Zweck verfolge, wie dies der Fall sei bei der Mischverschmelzung von eingetragenen Vereinen auf einen Rechtsträger anderer Rechtsform, wenn dieser ein Handelsunternehmen betreibe oder die wirtschaftlichen Zwecke seiner Mitglieder fördere.[2108] Nach Auffassung des BGH[2109] ist im Zweifel nur derjenige enge Satzungsbestandteil als Vereinszweck i. S. d. § 33 Abs. 1 BGB anzusehen, in dem der oberste Leitsatz für die Vereinstätigkeit zum Ausdruck gebracht wird und mit dessen Abänderung schlechterdings kein Mitglied bei seinem Beitritt zum Verein rechnen kann. Das OLG Hamm[2110] hat angenommen, dass der Verschmelzungsbeschluss der Mitgliederversammlung eines Vereins, wenn nicht in der Satzung eine größere Mehrheit vorgeschrieben ist, gemäß § 103 UmwG nur einer Mehrheit von drei Vierteln der abgegebenen Stimmen bedürfe. § 33 Abs. 1 Satz 2 BGB sei mangels Regelungslücke auf einen solchen Beschluss nicht analog anzuwenden.

1342

Ebenfalls ungeregelt ist die **Beschlussfähigkeit**. Wenn die Satzung nichts anderes bestimmt, genügt grds. vereinsrechtlich für die Beschlussfähigkeit die Anwesenheit eines Mitglieds.[2111] Auch hier stellt sich die Frage, ob eine höhere Mehrheit für die Verschmelzung erforderlich ist, wenn die Satzung allgemein für satzungsändernde Beschlüsse besondere Erfordernisse oder Mehrheiten vorsieht.[2112]

1343

2. Auslegungspflichten in der Mitgliederversammlung

In der Mitgliederversammlung sind gem. § 102 UmwG die gleichen Unterlagen auszulegen, die bereits seit der Einberufung in den Geschäftsräumen des Vereins ausliegen. Gem. § 102 i. V. m. § 64 Abs. 1 Satz 2 UmwG hat der Vorstand den Verschmelzungsvertrag oder seinen Entwurf zu Beginn der Verhandlung mündlich zu erläutern. Außerdem ist gem. § 102 i. V. m. § 64 Abs. 2 UmwG jedem Mitglied auf Verlangen in der Versammlung auch Auskunft über alle für die Verschmelzung wesentlichen Angelegenheiten der anderen beteiligten Rechtsträger zu geben.

1344

3. Besondere Zustimmungserfordernisse

Auch bei der Verschmelzung von Vereinen können sich besondere Zustimmungserfordernisse ergeben; es kann zunächst auf die allgemeinen Ausführungen oben verwiesen werden:[2113]

1345

2106 Neumayer/Schulz, DStR 1996, 873; Heidinger/Limmer/Holland/Reul, Gutachten des DNotI, Bd. IV, Gutachten zum Umwandlungsrecht, S. 194 f.; Katschinski, Die Verschmelzung von Vereinen, S. 145 ff.; Lutter/Hennrichs, UmwG, § 103 Rn. 14 ff.; a. A. Widmann/Mayer/Vossius, Umwandlungsrecht, § 99 UmwG Rn. 92 ff.; vgl. auch zum Streitstand Hager, RNotZ 2011, 565, 585.
2107 Katschinski, Die Verschmelzung von Vereinen, S. 205.
2108 Vgl. insbes. Katschinski a. a. O.
2109 BGHZ 96, 245.
2110 NZG 2013, 288 = RNotZ 2013, 186.
2111 So OLG Zweibrücken, OLGR 2006, 837; Palandt/Heinrichs, BGB, § 32 Rn. 6; RGZ 82, 388; Sauter/Schweyer/Waldner, Der eingetragene Verein, Rn. 204; Katschinski, Die Verschmelzung von Vereinen, S. 148.
2112 Vgl. oben Teil 2 Rdn. 227 Lutter/Hennrichs, UmwG, § 103 Rn. 9 ff.; Widmann/Mayer/Vossius, Umwandlungsrecht, § 103 UmwG Rn. 19 ff.
2113 Vgl. oben Teil 2 Rdn. 557 ff.; sowie ausführlich Katschinski, Die Verschmelzung von Vereinen, S. 150 ff.

- Zustimmung bei Genehmigungsvorbehalt (§ 13 Abs. 2 UmwG), wenn die Vereinssatzung des Vereins die Übertragbarkeit der Mitgliedschaft zulässt und sie von der Zustimmung einzelner Mitglieder oder Mitgliedergruppen abhängig macht;[2114]
- Zustimmung nach § 51 Abs. 1 Satz 1 UmwG bei Verschmelzung auf GmbH bei nicht voll eingezahlten Anteilen;
- Zustimmung nach § 40 Abs. 2 UmwG bei Verschmelzung auf Personenhandelsgesellschaften, wenn die Stellung eines persönlich haftenden Gesellschafters eingeräumt wird.

IX. Verschmelzung zur Neugründung

1346 § 99 Abs. 2 UmwG bestimmt für die Verschmelzung zur Neugründung eine wesentliche Einschränkung. Ein **eingetragener Verein** kann im Wege der Verschmelzung nur andere eingetragene Vereine aufnehmen oder mit ihnen einen eingetragenen Verein oder einen Rechtsträger anderer Rechtsform neu gründen. Möglich ist aber daher, dass auch ein eingetragener Verein neugegründet wird.

1347 Hierbei ist insb. § 36 Abs. 2 UmwG zu beachten, der vorsieht, dass auf die Gründung des neuen Vereins die für dessen Rechtsform geltenden Gründungsvorschriften anzuwenden sind.

1348 Außerdem muss die **Satzung** des neuen Vereins gem. § 37 UmwG Inhalt des Verschmelzungsvertrages sein, sodass diese auch mit notariell zu beurkunden ist.

1349 Zweckmäßigerweise wird auch gleichzeitig mit dem Abschluss des Verschmelzungsvertrages und der Feststellung der Satzung die **Bestellung des ersten Vorstandes** des neu gegründeten Vereins vorgenommen.

1350 Für die Stellung des neuen Vorstandes gilt § 27 Abs. 1 BGB. Die Bestellung erfolgt daher durch Mehrheitsbeschluss der Gründerversammlung.[2115] Zulässig ist aber auch, dass die beteiligten Rechtsträger bei Abschluss des Verschmelzungsvertrages die Vorstandsmitglieder des neuen Vereins bestellen, auch wenn das UmwG diesen Fall nicht ausdrücklich regelt.[2116] Wegen der Unterschiedlichkeit der Gründer und der Vereinsmitglieder des neuen Vereins bedarf die Bestellung der Vorstandsmitglieder in diesem Fall zusätzlich der Zustimmung der Mitgliederversammlung der übertragenden Vereine.[2117]

X. Registeranmeldung

1351 Nach § 16 Abs. 1 UmwG hat der Vorstand die Verschmelzung zur **Eintragung in das Register anzumelden**, und zwar beim eingetragenen Verein in das Vereinsregister zum wirtschaftlichen Verein in das Handelsregister.[2118] I. Ü. gelten die allgemeinen Vorschriften (vgl. im Einzelnen oben Teil 2 Rdn. 633 ff.). Die Anmeldung muss bei der Verschmelzung zur Aufnahme nicht durch alle Vorstandsmitglieder vorgenommen werden, sondern durch die Vorstandsmitglieder in vertretungsberechtigter Zahl.[2119] Mit der Anmeldung können auch Satzungsänderungen und Vorstandsveränderungen angemeldet werden. Auch beim Verein ist die Erklärung nach § 16

2114 Katschinski, Die Verschmelzung von Vereinen, S. 151.
2115 Vgl. Widmann/Mayer/Vossius, Umwandlungsrecht, § 99 UmwG Rn. 110; Katschinski, Die Verschmelzung von Vereinen, S. 186.
2116 Vgl. Widmann/Mayer/Vossius, Umwandlungsrecht, § 99 UmwG Rn. 110.
2117 Vgl. Heidinger/Limmer/Holland/Reul, Gutachten des DNotI, Bd. IV, Gutachten zum Umwandlungsrecht, S. 197; Katschinski, Die Verschmelzung von Vereinen, S. 187.
2118 Vgl. im Einzelnen Katschinski, Die Verschmelzung von Vereinen, S. 165 ff.; Hager, RNotZ 2011, 565, 586;Lutter/Hennrichs, UmwG, § 99 Rn. 38 ff.; Widmann/Mayer/Vossius, Umwandlungsrecht, § 99 UmwG Rn. 102.
2119 Katschinski, Die Verschmelzung von Vereinen, S. 165; Lutter/Hennrichs, UmwG, § 99 Rn. 38; Widmann/Mayer/Vossius, Umwandlungsrecht, § 99 UmwG Rn. 113.

F. Verschmelzung von Vereinen

Abs. 2 UmwG abzugeben. Bei der Anmeldung sind **folgende Anlagen** nach § 17 Abs. 1 UmwG **beizufügen**:
- Verschmelzungsvertrag,
- Niederschriften über die Verschmelzungsbeschlüsse,
- Verschmelzungsbericht bzw. Verzichtserklärung,
- ggf. erforderlicher Prüfungsbericht oder Verzichtserklärung,
- Nachweis über die rechtzeitige Zuleitung des Verschmelzungsvertrages an den Betriebsrat.

Fraglich ist, ob nach § 17 Abs. 2 UmwG die **Einreichung einer Schlussbilanz** zusammen mit der Registeranmeldung erforderlich ist, wenn der Verein nicht bilanzierungspflichtig ist und auch freiwillig keine Bücher führt. Die überwiegende Meinung geht zu Recht davon aus, dass § 17 Abs. 2 UmwG keine selbstständige Bilanzierungspflicht eines übertragenden Vereins begründet. Eine Schlussbilanz ist deshalb dem Register nur dann einzureichen, wenn der übertragende Verein bilanzierungspflichtig ist oder freiwillig bilanziert.[2120] Eine Pflicht zur Vorlegung einer Schlussbilanz besteht deshalb nur dann, wenn der Verein gesetzlich zur Bilanzierung verpflichtet ist oder er in der Vergangenheit freiwillig bilanziert hat, da die Norm des § 101 UmwG keine selbstständige Pflicht begründet, Jahresabschlüsse zu erstellen.[2121] Da aber auch Vereine, die nicht nach den §§ 238 ff. HGB bilanzieren, Rechnung legen, müssen diese für Zwecke der Besteuerung eine Einnahmeüberschussrechnung nach § 8 Abs. 1 KStG i. V. m. § 4 Abs. 3 EStG sowie ein Verzeichnis des Anlagevermögens erstellen. Daneben hat der Vorstand ggü. dem Verein nach § 27 Abs. 3 i. V. m. §§ 666, 259 BGB Rechenschaft zu legen. Von daher wird man die Vereine für verpflichtet halten müssen, diese Rechnungsunterlagen vorzulegen.[2122]

1352

Die Verschmelzungsbeschlüsse haben bei der Verschmelzung zur Neugründung eine doppelte Funktion. Sie beinhalten nicht nur die Zustimmung zur Verschmelzung, sondern gleichzeitig auch die Zustimmung zur Satzung des neugegründeten Vereins.[2123]

1353

Spezielle Vorschriften über die **Bestellung des Vorstandes** bei der Verschmelzung zur Neugründung eines Vereins enthalten weder der Allgemeine noch der Besondere Teil des UmwG. Die Gesamtverweisung des § 36 Abs. 2 UmwG auf die Gründungsvorschriften, die für die Rechtsform des neugegründeten Rechtsträgers gelten, umfasst daher auch die Vorschriften für die Erstbestellung der Organe, mithin auch die Vorschrift des § 27 Abs. 1 BGB, wonach der Vorstand durch Mehrheitsbeschluss der Mitgliederversammlung gewählt wird.[2124] Hiernach besteht **zunächst** die Möglichkeit, dass der Vorstand des neuen Vereins durch eine besonders einzuberufende Mitgliederversammlung bestellt wird. Diese kann einberufen werden, sobald die Gründung abgeschlossen ist und ein Vorverein entstanden ist, also frühestens nach Abschluss des Verschmelzungsvertrages und Fassung der Zustimmungsbeschlüsse der übertragenden Rechtsträger.[2125] Als **Alternative** dazu besteht die Möglichkeit, dass die beteiligten Rechtsträger, die nach § 36 Abs. 2 Satz 2 UmwG den Gründern gleichstehen, bei Abschluss des Verschmelzungsvertrages die Vorstandsmitglieder des neuen Vereins bestellen.[2126] Wegen der Inkongruenz der Gründer und Vereinsmitglieder des

1354

2120 Katschinski, Die Verschmelzung von Vereinen, S. 240 ff.; Katschinski, in: Semler/Stengel, § 99 UmwG Rn. 111 ff.; Neumann/Schulz, DStR 1996, 874; Hadding/Henrichs, in: FS für Boujong, 1996, S. 226 ff.; Lutter/Hennrichs/Heinrichs, UmwG, § 99 Rn. 39 ff.; a. A. Widmann/Mayer/Vossius, Umwandlungsrecht, § 99 UmwG Rn. 115 ff.
2121 Lutter/Hennrichs, UmwG, § 99 Rn. 39 ff.; Neumayer/Schulz, DStR 1996, 873; Reichert, Handbuch des Vereins- und Verbandsrecht, Rn. 2249a; Hading/Hennrichs, in: FS für Boujong, 1996, S. 222 f.
2122 Lutter/Hennrichs, UmwG, § 99 Rn. 42; Reichert, Handbuch des Vereins- und Verbandsrechts, Rn. 2249a; Hadding/Hennrichs, in: FS für Boujong, 1996, S. 223; Stöber/Otto, Handbuch zum Vereinsrecht, Rn. 1072, 1392 in Fn. 1; Katschinski, Die Verschmelzung von Vereinen, S. 196.
2123 Katschinski, Die Verschmelzung von Vereinen, S. 165.
2124 Katschinski, Die Verschmelzung von Vereinen, Fn. 262 m. w. N.
2125 Katschinski, Die Verschmelzung von Vereinen, mit zahlreichen weiteren Hinweisen in Fn. 264.
2126 Widmann/Mayer/Vossius, Umwandlungsrecht, § 99 UmwG Rn. 110.

neuen Vereins bedarf die Bestellung der Vorstandsmitglieder in diesem Fall allerdings zusätzlich einer besonderen Legitimation.[2127] In Gesamtanalogie zu den Vorschriften der §§ 59 Satz 2, 76 Abs. 2 Satz 2, 98 Satz 2, 116 Abs. 1 UmwG sind hierzu die Zustimmungen der Mitgliederversammlungen der (beiden) übertragenden Vereine notwendig.[2128] Durch das Erfordernis der Zustimmungsbeschlüsse wird – wie in den Fällen der §§ 59 Satz 2, 76 Abs. 2 Satz 2, 98 Satz 2, 116 Abs. 1 UmwG – sichergestellt, dass die zukünftigen Vereinsmitglieder Einfluss auf die Zusammensetzung des Vorstandes nehmen können.[2129] Für die Zustimmung der Mitgliederversammlung gelten dabei höhere Mehrheitserfordernisse als im Fall des § 27 Abs. 1 BGB, da sie durch den Verschmelzungsbeschluss erteilt wird und folglich dessen Mehrheitserfordernissen genügen muss.[2130] Beim Verein bedarf der Beschluss einer Mehrheit von drei Vierteln der erschienenen Mitglieder nach § 103 UmwG.

1355 Hinsichtlich der Registeranmeldungen bestimmt § 38 Abs. 1 UmwG, dass die **Vertretungsorgane jedes der übertragenen Rechtsträger** die Verschmelzung zur Eintragung in ihr Register sowie gemeinsam den neuen Rechtsträger bei dem Gericht, bei dessen Bezirk er seinen Sitz haben soll, zur Eintragung in das Register anzumelden haben. Die Vertretungsorgane der übertragenden Rechtsträger haben dabei auch die Negativerklärung nach § 16 Abs. 2 UmwG abzugeben. Anzumelden ist von ihnen die Verschmelzung und die Neugründung des Vereins. Der Anmeldung sind nach §§ 36 Abs. 1, 17 UmwG die Verschmelzungsanlagen sowie nach § 36 Abs. 2 UmwG diejenigen Unterlagen beizufügen, die zur Gründung eines Vereins erforderlich sind. Letzteres sind **grds.** nach § 59 Abs. 2 BGB eine Abschrift sowie die Urschrift der Satzung und eine Abschrift der Urkunde über die Bestellung des Vorstands. **Besonderheiten** ergeben sich insoweit – worauf **Katschinski**[2131] zu Recht hinweist – für die Anlagen bei der Verschmelzung zur Neugründung **kaum**, denn die Satzung des neugegründeten Vereins ist Bestandteil des Verschmelzungsvertrages, in welchem sie ja gem. § 37 UmwG festgestellt wird. Eine Unterzeichnung der Satzung durch sieben Mitglieder bedarf es aber abweichend vom § 29 Abs. 3 BGB bei der Verschmelzung zur Neugründung nicht.[2132] Der Verweis des § 36 Abs. 2 UmwG gilt nämlich **nicht** für solche Vorschriften, die für die Gründung eine Mindestzahl von Gründern vorschreiben (§ 26 Abs. 2 Satz 3 UmwG). Sofern die Bestellung des Vorstandes im Verschmelzungsvertrag und in den Zustimmungsbeschlüssen enthalten ist, ist eine besondere Beifügung des Bestellungsbeschlusses bei der Verschmelzung der Neugründung nicht notwendig.[2133]

XI. Wirkung der Verschmelzung

1356 Es gelten insoweit die allgemeinen Regelungen nach § 20 UmwG (vgl. oben Teil 2 Rdn. 693 ff.).

Bei der Verschmelzung von Vereinen stellt sich in der Praxis die Frage, wer die **Entlastung des Vorstandes** des übertragenden Vereins durchführen kann.[2134] Aufgrund der Wirkung des § 20 Abs. 1 Nr. 2 Satz 1 UmwG ist Folge, dass die Vertretungsorgane des übertragenden Rechtsträgers nach dem in § 20 Abs. 1 UmwG genannten Zeitpunkt nicht mehr von dem zuständigen Organ des übertragenden Rechtsträgers entlastet werden können.[2135] Damit können vorliegend ab dem Zeitpunkt, in dem der neu gegründete Verein in das Vereinsregister eingetragen wird, die Vor-

---

2127 So zu Recht Katschinski, Die Verschmelzung von Vereinen, S. 187.
2128 Katschinski, Die Verschmelzung von Vereinen, S. 187.
2129 Lutter/Grunewald, UmwG, § 59 Rn. 6.
2130 Katschinski, Die Verschmelzung von Vereinen, S. 187 m. w. N. in Fn. 268.
2131 Die Verschmelzung von Vereinen, S. 188.
2132 Widmann/Mayer/Vossius, Umwandlungsrecht, § 99 UmwG Rn. 108.
2133 So zu Recht Katschinski, Die Verschmelzung von Vereinen, S. 188.
2134 Vgl. dazu oben Teil 2 Rdn. 707 und DNotI-Gutachten 13133.
2135 OLG München, AG 2001, 197 = DB 2001, 524, 525 = OLG-Report 2001, 54 = NZG 2001, 616; Lutter/Grunewald, § 20 Rn. 29; Kallmeyer/Marsch-Barner, UmwG, § 20 Rn. 17; Stratz, in: Schmitt/Hörtnagl/Stratz, UmwG/UmwStG, § 20 UmwG Rn. 8; Martens, AG 1986, 57, 58 f.

stände der übertragenden Vereine nicht mehr von den bisherigen (ab dann nicht mehr existenten) Vereinen in einer Mitgliederversammlung entlastet werden. Über die Entlastung der bisherigen Vorstände können die Mitgliederversammlungen der übertragenden nur bis zu dem Zeitpunkt entscheiden, in dem der neu gegründete Verein in das Vereinsregister eingetragen wird. Die Literatur steht überwiegend auf dem Standpunkt, dass die Entlastung nach Eintragung der Verschmelzung gem. § 20 Abs. 1 UmwG nunmehr durch das jeweils zuständige Organ des übernehmenden Rechtsträgers ausgesprochen werden kann.[2136] Die gegenteilige Auffassung vertritt in der Literatur **Grunewald**[2137] sie ist der Meinung, dass nach Eintragung der Verschmelzung die ehemaligen Geschäftsleiter und Aufsichtsratsmitglieder nicht mehr entlastet werden können. Dieser Auffassung hat sich jedenfalls für eine Verschmelzung unter Beteiligung von AG nunmehr das OLG München mit Urt. v. 15.11.2000 angeschlossen.[2138]

XII. Muster

1. Verschmelzungsvertrag bei Aufnahme

▶ Muster: Verschmelzungsvertrag bei Aufnahme

UR.Nr. für……   1357

Verhandelt zu……

am……

Vor dem unterzeichnenden

…..

Notar mit dem Amtssitz in……

erschienen:

1. a) Herr (Name, Geburtsdatum, Adresse)……,
   b) Frau (Name, Geburtsdatum, Adresse)……,
   beide handelnd nicht im eigenen Namen, sondern als gemeinsam vertretungsberechtigte Vorstandsmitglieder des A-Vereins mit dem Sitz in……, eingetragen im Vereinsregister des Amtsgerichts…… unter VR……,
2. Herr (Name, Geburtsdatum, Adresse)……,
   handelnd nicht im eigenen Namen, sondern als alleinvertretungsberechtigtes Vorstandsmitglied des B-Vereins mit dem Sitz in……, eingetragen im Vereinsregister des Amtsgerichts…… unter VR……

Die Erschienenen wiesen sich dem Notar gegenüber aus durch Vorlage ihrer amtlichen Lichtbildausweise.

Die Erschienenen ließen folgenden

Verschmelzungsvertrag

beurkunden und erklärten, handelnd wie angegeben:

I. Vermögensübertragung

Der B-Verein überträgt sein Vermögen als Ganzes mit allen Rechten und Pflichten unter Ausschluss der Abwicklung auf den A-Verein im Wege der Verschmelzung durch Aufnahme. Der A-Verein gewährt als Ausgleich hierfür den Mitgliedern des B-Vereins Mitgliedschaften.

2136 So Vossius, in: Widmann/Mayer, UmwG, § 20 Rn. 330; Kallmeyer/Marsch-Barner, UmwG, § 20 Rn. 17; Stratz, in: Schmitt/Hörtnagl/Stratz, § 20 UmwG Rn. 8; Martens, AG 1986, 57, 58 f.
2137 In: Lutter, § 20 Rn. 30.
2138 AG 2001, 197 = DB 2001, 524 = OLG-Report 2001, 54 = NZG 2001, 616.

II. Gegenleistung

Der A-Verein gewährt mit Wirksamwerden der Verschmelzung jedem Mitglied des B-Vereins die Mitgliedschaft in dem A-Verein. Die Angaben zur Mitgliedschaft ergeben sich aus dem als Anlage zu dieser Urkunde genommenen Auszug aus der geltenden Satzung des A-Vereins.

III. Bilanzstichtag

Der Verschmelzung wird die mit dem uneingeschränkten Bestätigungsvermerk des Wirtschaftsprüfers...... in...... versehene Bilanz des B-Vereins zum...... als Schlussbilanz zugrunde gelegt.

IV. Verschmelzungsstichtag

Die Übernahme des Vermögens des B-Vereins erfolgt im Innenverhältnis mit Wirkung zum Ablauf des...... Vom...... an gelten alle Handlungen und Geschäfte des B-Vereins als für Rechnung des A-Vereins vorgenommen.

V. Besondere Rechte

Besondere Rechte i. S. v. § 5 Abs. 1 Nr. 7 UmwG bestehen bei dem A-Verein nicht. Einzelnen Anteilsinhabern werden i. R. d. Verschmelzung keine besonderen Rechte gewährt.

VI. Besondere Vorteile

Besondere Vorteile i. S. v. § 5 Abs. 1 Nr. 8 UmwG werden weder einem Mitglied eines Vertretungs- oder Aufsichtsorgans, noch dem Abschlussprüfer oder dem Verschmelzungsprüfer gewährt.

VII. Folgen der Verschmelzung für Arbeitnehmer und ihrer Vertretungen

Für die Arbeitnehmer und ihre Vertretungen ergeben sich folgende Auswirkungen......

VIII. Abfindungsangebot, Entschädigung bei Doppelmitgliedschaft

Der A-Verein macht den Mitgliedern des B-Vereins für den Fall, dass diese gegen den Verschmelzungsbeschluss einen Widerspruch zur Niederschrift erklären, folgendes Abfindungsangebot nach § 29 Abs. 1 UmwG: Für den Fall, dass die Mitglieder ihr Ausscheiden erklären, erhalten sie als Gegenleistung eine Barabfindung i. H. v....... €. Der A-Verein trägt etwa hier Kosten des Ausscheidens.

Soweit ein Mitglied des A-e. V. bereits Mitglied im B-e. V. ist (Doppelmitgliedschaft), erhält es im B-e. V. keine weitere Mitgliedschaft. Der dadurch entstehende Verlust der Mitgliedschaft wird dadurch ersetzt, dass eine Entschädigung entsprechend Ziff. VIII (Abfindung) bezahlt wird.

IX. Bedingungen

Der Verschmelzungsvertrag steht unter der aufschiebenden Bedingung, dass die formgerechten Zustimmungsbeschlüsse der Mitgliederversammlungen beider Gesellschaften bis zum...... vorliegen.

X. Kosten

Die durch diesen Vertrag und seiner Durchführung bei beiden Gesellschaften entstehenden Kosten trägt der A-Verein. Sollte die Verschmelzung nicht wirksam werden, tragen die Kosten dieses Vertrages die Vereine zu gleichen Teilen; alle übrigen Kosten trägt der jeweils betroffene Verein allein.

Diese Niederschrift wurde den Erschienenen vom Notar vorgelesen, von ihnen genehmigt und von ihnen und dem Notar eigenhändig, wie folgt, unterschrieben:

.....

2. Zustimmungsbeschluss bei dem übernehmenden Verein

▶ Muster: Zustimmungsbeschluss bei dem übernehmenden Verein

Beschluss über eine Mitgliederversammlung 1358

Heute, den……

begab ich mich, der unterzeichnende Notar……, mit Amtssitz in…… auf Ansuchen in die Gaststätte Bürgerbräu, Ottostraße 3, München, um an der dorthin auf heute 16.00 Uhr einberufenen

ordentlichen Mitgliederversammlung

der Mitglieder des Schützenvereins B e. V. teilzunehmen und über den Gang der Verhandlung sowie über die gefassten Beschlüsse die vorgeschriebene

Niederschrift

zu errichten wie folgt:

I.

Anwesend waren:

vom Vorstand der Gesellschaft
a) Herr A, Kaufmann, wohnhaft in…… (Vorsitzender),
b) Herr B, Landwirt, wohnhaft in……,
c) Herr C, Bankkaufmann, wohnhaft in……
Dieser Urkunde ist das Teilnehmerverzeichnis der erschienenen Mitglieder als Anlage beigefügt.

II.

Den Vorsitz der Versammlung führte der Vorstandsvorsitzende. Er stellte fest, dass die Mitgliederversammlung form- und fristgemäß durch Bekanntmachung in der örtlichen Tageszeitung vom…… einberufen worden ist. Ein Belegexemplar dieser Ausgabe wurde mir, dem Notar, übergeben. Es ist dieser Niederschrift als Anlage 2 beigefügt.

Anschließend legte er das anliegende, von ihm unterzeichnete Verzeichnis der erschienenen Mitglieder aus.

Der Vorsitzende erklärte, dass die Abstimmung durch Handaufheben stattfinden werde. Er stellte fest, dass kein Mitglied eine Verschmelzungsprüfung beantragte.

Der Vorsitzende stellte weiter fest, dass von der Einberufung der Mitgliederversammlung an in dem Geschäftsraum des Vereins folgende Unterlagen zur Einsicht der Mitglieder ausgelegt haben und diese auch während der Dauer der Mitgliederversammlung im Versammlungssaal ausliegen:
– der Verschmelzungsvertrag, die Jahresabschlüsse und die Jahresberichte der an der Verschmelzung beteiligten
– Rechtsträger für die letzten drei Geschäftsjahre,
– die Verschmelzungsberichte der Vorstände.

Der Verschmelzungsvertrag wird dieser Niederschrift als Anlage 3 beigefügt.

Der Vorsitzende gab die Tagesordnung wie folgt bekannt:
– Erläuterung des Verschmelzungsvertrages durch den Vorstand,
– Beschlussfassung über die Zustimmung zu dem Verschmelzungsvertrag mit dem B-Verein als übertragenden Verein.

Daraufhin wurde die **Tagesordnung** wie folgt erledigt:

Punkt 1:

Der Vorsitzende erläuterte den Verschmelzungsvertrag vom…… und begründete insbes. die Zweckmäßigkeit der Verschmelzung und die Mitgliedschaftsrechte für die Mitglieder des übertragenden Vereins. Auch die weiteren Punkte des Verschmelzungsvertrages wurden vom Vorstand erläutert. Der Verschmelzungsvertrag wurde verlesen.

Punkt 2: Zustimmung zu dem Verschmelzungsvertrag

Es wurde durch Handaufheben abgestimmt. Gegen die Zustimmung zu dem abgeschlossenen Verschmelzungsvertrag stimmten drei Mitglieder. Für die Zustimmung zu dem abgeschlossenen Verschmelzungsvertrag vom...... mit dem B-Verein stimmten entsprechend dem Vorschlag des Vorstandes 97 Mitglieder. Stimmenthaltungen gab es keine. Der Vorsitzende gab das Abstimmungsergebnis bekannt und stellte fest, dass die Verschmelzung mit dem B-Verein durch Zustimmung zum Verschmelzungsvertrag vom...... mit mehr als 3/4-Mehrheit der anwesenden Mitglieder beschlossen ist.

Gegen die Beschlüsse wurde kein Widerspruch zur Niederschrift erklärt. Nach Erledigung der Tagesordnung lagen keine weiteren Anträge vor. Der Vorsitzende schloss daher die Mitgliederversammlung um 18.00 Uhr.

Die Niederschrift wurde vom Notar wie folgt unterschrieben:

.....

Anlage 1: Teilnehmerverzeichnis

Anlage 2: Belegexemplar über die Einladung

Anlage 3: Verschmelzungsvertrag vom......

3. Registeranmeldung

1359 Vgl. zu den Anmeldungen zunächst Teil 2 Rdn. 391 ff. Für die Anlagen gilt § 17 UmwG (vgl. hierzu Teil 2 Rdn. 434). Danach ist in jedem Fall eine **Schlussbilanz des übertragenden Vereins** der Anmeldung beizufügen. Hadding/Hennrichs[2139] fordern mit guten Argumenten eine teleologisch Reduzierung von § 17 Abs. 2 Satz 1 UmwG. Danach soll für einen übertragenden Verein, der nach allgemeinen Regeln leicht zur kaufmännischen Rechnungslegung verpflichtet ist und der auch leicht auf einen bilanzierungspflichtigen anderen Rechtsträger verschmolzen wird, keine besondere Schlussbilanz aufzustellen sein, für die die Vorschriften über den Jahresabschluss entsprechend gelten. Es genügt vielmehr, wenn der Verein sonstige Rechnungsunterlagen beifüge. Wegen des Gesetzeswortlauts wird hier im Interesse einer gesicherten Registereintragung davon ausgegangen, dass eine Schlussbilanz beigefügt wird.

a) Anmeldung für den übertragenden Verein

▶ Muster: Vereinsregisteranmeldung für den übertragenden Verein

1360 An das

Amtsgericht

– Vereinsregister –

Betrifft: VR. A-e. V.

In der Anlage überreichen wir, die unterzeichnenden Vorstandsmitglieder des A-e. V.:
1. elektronisch beglaubigte Abschrift des Verschmelzungsvertrages vom...... – UR.Nr....... des beglaubigenden Notars –,
2. elektronisch beglaubigte Abschrift des Zustimmungsbeschlusses der Mitgliederversammlung des A-e. V. vom...... – UR.Nr....... des beglaubigenden Notars –,
3. elektronisch beglaubigte Abschrift des Zustimmungsbeschlusses der Mitgliederversammlung des B-e. V. vom...... – UR.Nr....... des beglaubigenden Notars –,
4. gemeinsamer Verschmelzungsbericht der Vorstände beider Vereine vom......,
5. Schlussbilanz des A-e. V. zum Verschmelzungsstichtag,
6. Nachweis über rechtzeitige Zuleitung zu den Betriebsräten,

---

2139 In: FS für Boujong, 1996, S. 203 ff., 226 ff.

F. Verschmelzung von Vereinen Teil 2 Kapitel 2

und melden zur Eintragung in das Vereinsregister an:

Der A-e. V. ist auf den B-e. V. als übernehmender Verein im Wege der Verschmelzung durch Aufnahme verschmolzen.

Wir erklären, dass weder der Verschmelzungsbeschluss der Mitgliederversammlung des A-e. V. noch der Verschmelzungsbeschluss der Mitgliederversammlung des B-e. V. angefochten worden ist.

Eine Verschmelzungsprüfung wurde nicht verlangt.

….., den……

…..

(Beglaubigungsvermerk)

b) Anmeldung für den übernehmenden Verein

▶ Muster: Vereinsregisteranmeldung für den übernehmenden Verein

An das

Amtsgericht

– Vereinsregister –

Betrifft: VR…… B-e. V.

In der Anlage überreichen wir, die unterzeichnenden alleinigen Vorstandsmitglieder des o. a. B-e. V.:
1. elektronisch beglaubigte Abschrift des Verschmelzungsvertrages vom…… – UR.Nr.…… des beglaubigenden Notars –,
2. elektronisch beglaubigte Abschrift des Zustimmungsbeschlusses der Mitgliederversammlung des A-e. V. vom…… – UR.Nr.…… des beglaubigenden Notars –,
3. elektronisch beglaubigte Abschrift des Zustimmungsbeschlusses der Mitgliederversammlung des B-e. V. vom…… – UR.Nr.…… des beglaubigenden Notars –,
4. gemeinsamer Verschmelzungsbericht der beiden Vorstände vom……

und melden zur Eintragung in das Vereinsregister an:

Der A-e. V. ist im Wege der Verschmelzung durch Aufnahme auf den B-e. V. verschmolzen.

Wir erklären, dass weder der Verschmelzungsbeschluss der Mitgliederversammlung des A-e. V. noch der Verschmelzungsbeschluss der Mitgliederversammlung des B-e. V. angefochten worden ist.

Ein Prüfungsbericht wurde nicht verlangt.

….., den……

…..

(Beglaubigungsvermerk)

4. Verschmelzungsvertrag bei Verschmelzung zur Neugründung

a) Verschmelzungsvertrag

▶ Muster: Verschmelzungsvertrag bei Verschmelzung zur Neugründung

UR.Nr. für……

Verhandelt zu……

am……

Vor dem unterzeichnenden

…..

Notar mit dem Amtssitz in……

erschienen:

1. a) Herr (Name, Geburtsdatum, Adresse)……,
   b) Frau (Name, Geburtsdatum, Adresse)……,
   beide handelnd nicht im eigenen Namen, sondern als gemeinsam vertretungsberechtigte Vorstandsmitglieder des A-Vereins mit dem Sitz in……, eingetragen im Vereinsregister des Amtsgerichts…… unter VR……,
2. Herr (Name, Geburtsdatum, Adresse)……,
   handelnd nicht im eigenen Namen, sondern als alleinvertretungsberechtigtes Vorstandsmitglied des B-Vereins mit dem Sitz in……, eingetragen im Vereinsregister des Amtsgerichts…… unter VR……

Die Erschienenen wiesen sich dem Notar gegenüber aus durch Vorlage ihrer amtlichen Lichtbildausweise.

Die Erschienenen ließen folgenden

Verschmelzungsvertrag

beurkunden und erklärten, handelnd wie angegeben:

I. Vermögensübertrag, Satzungsfeststellung

Der A-Verein und B-Verein übertragen ihr Vermögen als Ganzes mit allen Rechten und Pflichten unter Ausschluss der Abwicklung auf den hiermit neu gegründeten C-Verein im Wege der Verschmelzung durch Neugründung. Der C-Verein gewährt als Ausgleich hierfür den Mitgliedern der A- und B-Vereine Mitgliedschaften.

Die Satzung des neugegründeten C-Vereins ist in der Anlage zu dieser Niederschrift als wesentlicher Bestandteil beigefügt und wurde mit verlesen. Die Satzung wird festgestellt.

II. Gegenleistung

Der C-Verein gewährt mit Wirksamwerden der Verschmelzung jedem Mitglied des B-Vereins und des A-Vereins die Mitgliedschaft in dem C-Verein. Die Angaben zur Mitgliedschaft ergeben sich aus der als Anlage zu dieser Urkunde genommenen geltenden Satzung des C-Vereins.

Soweit ein Mitglied sowohl Mitglied im A-Verein als auch im B-Verein ist, erhält es im C-Verein nur eine Mitgliedschaft. Eine Entschädigung ist entsprechend den Regeln über die Abfindung nach § 29 UmwG nach Ziff. VIII dieses Vertrages zu zahlen.

III. Bilanzstichtag

Der Verschmelzung werden die mit dem uneingeschränkten Bestätigungsvermerk des Wirtschaftsprüfers…… in…… versehene Bilanzen des A-und des B-Vereins zum…… als Schlussbilanz zugrunde gelegt.

IV. Verschmelzungsstichtag

Die Übernahme des Vermögens des A- und des B-Vereins erfolgt im Innenverhältnis mit Wirkung zum Ablauf des…… Vom…… an gelten alle Handlungen und Geschäfte des A- und des B-Vereins als für Rechnung des C-Vereins vorgenommen.

V. Besondere Rechte

Besondere Rechte i. S. v. § 5 Abs. 1 Nr. 7 UmwG bestehen bei dem A-Verein nicht. Einzelnen Anteilsinhabern werden i. R. d. Verschmelzung keine besonderen Rechte gewährt.

VI. Besondere Vorteile

Besondere Vorteile i. S. v. § 5 Abs. 1 Nr. 8 UmwG werden weder einem Mitglied eines Vertretungs- oder Aufsichtsorgans, noch dem Abschlussprüfer oder dem Verschmelzungsprüfer gewährt.

VII. Folgen der Verschmelzung für Arbeitnehmer und ihre Vertretungen

Für die Arbeitnehmer des Vereins ergeben sich folgende Auswirkungen……

Folgende Maßnahmen sind dafür vorgesehen……

Arbeitnehmervertretungen bestehen nicht.

VIII. Abfindungsangebot

Der C-Verein macht den Mitgliedern des A- und des B-Vereins für den Fall, dass diese gegen den Verschmelzungsbeschluss Widerspruch zur Niederschrift erklären folgendes Abfindungsangebot nach § 29 Abs. 1 UmwG:

Für den Fall, dass sie ihr Ausscheiden aus dem A- oder dem B-Verein erklären erhalten sie als Gegenleistung folgende Barabfindungen:
– Mitglieder des A-Vereins...... €,
– Mitglieder des B-Vereins...... €.

Die Barabfindung ist ab dem Ablauf des Tages, an dem die Eintragung der Verschmelzung in das Vereinsregister des C-Vereins als bekannt gemacht gilt, mit jährlich 2 % über dem Basiszinssatz zu verzinsen. Der C-Verein trägt die Kosten des Ausscheidens.

IX. Vorstand

Der A-Verein und der B-Verein bestellen als Gründer gemäß § 36 Abs. 2 UmwG einen ersten Vorstand für die Übergangszeit ab Abschluss des Vertrages bis zur ersten ordentlichen Mitgliederversammlung, die innerhalb von sechs Monaten nach Eintragung der Verschmelzung in das Vereinsregister stattfinden soll.

Erster Vorstand sind folgende Personen:......

X. Bedingungen

Der Verschmelzungsvertrag steht unter der aufschiebenden Bedingung, dass die formgerechten Zustimmungsbeschlüsse der Mitgliederversammlungen beider Gesellschaften bis zum...... vorliegen.

XI. Kosten

Die durch diesen Vertrag und seiner Durchführung bei beiden Gesellschaften entstehenden Kosten trägt der C-Verein. Sollte die Verschmelzung nicht wirksam werden, tragen die Kosten dieses Vertrages die Vereine zu gleichen Teilen; alle übrigen Kosten trägt der jeweils betroffene Verein allein.

Diese Niederschrift wurde den Erschienenen vom Notar vorgelesen, von ihnen genehmigt und von ihnen und dem Notar eigenhändig, wie folgt, unterschrieben:

.....

b) Anmeldung für einen übertragenden Verein zum Vereinsregister

▶ Muster: Vereinsregisteranmeldung für einen übertragenden Verein

An das

Amtsgericht

– Vereinsregister –

Betrifft: VR...... A-e. V.

In der Anlage überreichen wir, die unterzeichnenden vertretungsberechtigten Vorstandsmitglieder des A-e. V.:
1. elektronisch beglaubigte Abschrift des Verschmelzungsvertrages vom...... – UR.Nr....... des beglaubigenden Notars –,
2. elektronisch beglaubigte Abschrift des Zustimmungsbeschlusses der Mitgliederversammlung des A-e. V. vom...... – UR.Nr....... des beglaubigenden Notars –,
3. elektronisch beglaubigte Abschrift des Zustimmungsbeschlusses der Mitgliederversammlung des B-e. V. vom...... – UR.Nr....... des beglaubigenden Notars –,
4. gemeinsamer Verschmelzungsbericht,
5. Schlussbilanz des A-e. V. zum Verschmelzungsstichtag,

und melden zur Eintragung in das Vereinsregister an:

Der A-e. V. ist zusammen mit dem B-e. V. auf den neu gegründeten C-e. V. als übernehmender Verein im Wege der Verschmelzung durch Neugründung verschmolzen.

Wir erklären, dass weder der Verschmelzungsbeschluss der Mitgliederversammlung des A-e. V. noch der Verschmelzungsbeschluss der Mitgliederversammlung des B-e. V. angefochten worden ist und dass weder der A- noch der B-Verein einen Betriebsrat haben. Ein Verlangen auf Prüfung der Verschmelzung wurde nicht gestellt.

….., den……

…..

(Beglaubigungsvermerk)

c) *Anmeldung des neu gegründeten Vereins zum Vereinsregister*

▸ Muster: Vereinsregisteranmeldung des neu gegründeten Vereins

1364 An das

Amtsgericht

– Vereinsregister –

Betrifft: Neueintragung des C-e. V.

In der Anlage überreichen wir, die unterzeichnenden vertretungsberechtigten Vorstandsmitglieder des A-e. V. und des B-e. V.:
1. elektronisch beglaubigte Abschrift des Verschmelzungsvertrages samt festgestellter Satzung und Bestellung des ersten Vorstandes des C-e. V. vom…… – UR.Nr.…… des beglaubigenden Notars –,
2. elektronisch beglaubigte Abschrift des Zustimmungsbeschlusses der Mitgliederversammlung des A-e. V. vom – UR.Nr.…… des beglaubigenden Notars –.
3. elektronisch beglaubigte Abschrift des Zustimmungsbeschlusses der Mitgliederversammlung des B-e. V. vom…… – UR.Nr.…… des beglaubigenden Notars –,
4. gemeinsamer Verschmelzungsbericht,

und melden zur Eintragung in das Vereinsregister an:
1. Der A-e. V. hat zusammen mit dem B-e. V. den C-e. V. als übernehmenden Verein im Wege der Verschmelzung durch Neugründung gegründet.
2. Mitglieder des Vorstandes sind:
   – …..,
   – …..,
   – …..

Nach §…… der Satzung wird der Verein durch zwei Mitglieder des Vorstandes vertreten.

Die Vereinsanschrift lautet wie folgt:…….

Wir erklären, dass weder der Verschmelzungsbeschluss der Mitgliederversammlung des A-e. V. noch der Verschmelzungsbeschluss der Mitgliederversammlung des B-e. V. angefochten worden ist und dass weder der A- noch der B-Verein einen Betriebsrat haben. Ein Verlangen auf Prüfung der Verschmelzung wurde nicht gestellt.

….., den……

…..

(Beglaubigungsvermerk)

G. Verschmelzung von Kapitalgesellschaften mit dem Vermögen eines Alleingesellschafters

I. Checkliste

▶ Beim Ablauf des **Verschmelzungsverfahrens bei Kapitalgesellschaften** mit dem Vermögen eines Alleingesellschafters sind folgende Punkte zu beachten: 1365
- ❏ Verschmelzungsvertrag (§§ 4 bis 6 UmwG),
- ❏ Verschmelzungsbeschluss der übertragenden Kapitalgesellschaft (§ 13 UmwG),
- ❏ Zuleitung des Verschmelzungsvertrages zum Betriebsrat (§ 5 Abs. 3 UmwG),
- ❏ evtl. Bekanntmachung des Verschmelzungsvertrages bei AG (§ 61 UmwG),
- ❏ Anmeldung zum Handelsregister bei der übertragenden Kapitalgesellschaft und bei dem übernehmenden Gesellschafter (§§ 16, 17, 122 UmwG),
- ❏ Eintragung der Verschmelzung, zunächst in das Register des Sitzes der übertragenden Gesellschaft, sodann in das Register des aufnehmenden Gesellschafters (§§ 19, 20, 122 UmwG).

II. Allgemeines

Das UmwG hatte in der bis 1995 geltenden Fassung in § 15 UmwG die Möglichkeit der verschmelzenden Umwandlung auf eine natürliche Person als Alleingesellschafter geregelt. Im UmwG 1995 gilt § 120 UmwG. Voraussetzung für die Anwendung des § 120 UmwG ist, dass eine Verschmelzung nach den anderen Vorschriften des Verschmelzungsrechts nicht möglich ist. Ist **Alleingesellschafter** der übertragenden Gesellschaft eine **juristische Person**, so kommen die Vorschriften des Ersten bis Achten Abschnitts zur Anwendung und nicht § 120 UmwG. Diese Vorschrift ist nur anwendbar, wenn es um die **Verschmelzung auf eine natürliche Person** geht, die Alleingesellschafter der übertragenden Gesellschaft ist.[2140] Zwar lässt der Wortlaut des § 120 Abs. 1 UmwG die Verschmelzung einer Kapitalgesellschaft im Wege der Aufnahme mit dem Vermögen ihres Alleingesellschafters ganz allgemein zu. Die allgemeine Vorschrift über die verschmelzungsfähigen Rechtsträger (§ 3 Abs. 2 Nr. 2 UmwG) sieht aber ausdrücklich nur die natürliche Person, die als Alleingesellschafter einer Kapitalgesellschaft deren Vermögen übernimmt, vor. Daraus schließt die herrschende Meinung in der Literatur[2141] und die Regierungsbegründung,[2142] dass ausschließlich die natürliche Person ein aufnehmender Rechtsträger i. S. d. § 120 UmwG sein kann. Nach dem Ersten bis Achten Abschnitt des UmwG ist die Gemeinde nicht als aufnehmender Rechtsträger bei einer Verschmelzung vorgesehen, auf eine Gemeinde kann daher die Verschmelzung nicht erfolgen, ebenso **nicht Erbengemeinschaften oder GbR**.[2143] 1366

Nach dem bis 1995 geltenden Recht bestand auch die Möglichkeit der Umwandlung auf den Hauptgesellschafter (§ 15 Abs. 1 Satz 1, 2. Alt. UmwG a. F.), der nicht Alleingesellschafter ist. Diese Möglichkeit besteht nach Umwandlungsrecht von 1995 nicht mehr. 1367

2140 Stratz, in Schmitt/Hörtnagl/Stratz, UmwG, UmwStG, § 120 UmwG Rn. 1, Heckschen, ZIP 1996, 451; Widmann/Mayer/Heckschen, Umwandlungsrecht, § 120 UmwG Rn. 9; Kallmeyer/Marsch-Barner, § 120 UmwG Rn. 3; Lutter/Karollus, UmwG, § 120 Rn. 4, 17.
2141 Widmann/Mayer/Heckschen, Umwandlungsrecht, § 120 UmwG Rn. 9; Lutter/Karollus, UmwG, § 120 Rn. 21; Kallmeyer/Marsch-Barner, UmwG, § 120 Rn. 1; Stratz, in: Schmitt/Hörtnagl/Stratz, UmwG, § 120 Rn. 5 f.
2142 Abgedruckt bei Ganske, UmwG, S. 146 f.
2143 Widmann/Mayer/Heckschen, Umwandlungsrecht, § 120 UmwG Rn. 9 ff.; Kallmeyer/Marsch-Barner, UmwG, § 120 Rn. 3; Stratz, in: Schmitt/Hörtnagl/Stratz, UmwG, UmwStG, § 120 UmwG Rn. 6; a. A. Semler/Stengel/Seulen, UmwG, § 120 Rn. 16, der z. B. den VVaG zulassen will.

III. Übertragende und übernehmende Rechtsträger

1368 Nach § 120 UmwG kann **übertragende Gesellschaft** nur eine Kapitalgesellschaft sein, auch eine Unternehmergesellschaft (haftungsbeschränkt).[2144] Der übernehmende Gesellschafter muss Alleingesellschafter sein, eigene Anteile der übertragenden Gesellschaft werden zugerechnet (§ 120 Abs. 2 UmwG). Es genügt aber, wenn etwa der Gesellschafter dadurch Alleingesellschafter wird, dass er die Anteile aufschiebend bedingt auf die Wirksamkeit der Verschmelzung erwirbt.[2145] Umstritten ist, ob § 152 Satz 2 UmwG bei der Verschmelzung auf den Alleingesellschafter analog anzuwenden ist. Die Vorschrift verbietet bei dem umgekehrten Fall der Ausgliederung aus dem Vermögen eines Einzelkaufmanns die Ausgliederung bei Überschuldung des eingetragenen Kaufmanns. Ein Teil der Literatur will die Vorschrift analog anwenden, wenn der übertragende Rechtsträger überschuldet ist, da sonst die Pflicht zur Stellung des Insolvenzantrages umgangen werden könnte.[2146] Die h.M. lehnt diese Analogie zu Recht ab, da das Gesetz keine entsprechende Vorgabe gemacht hat und die Gläubigersituation eine ganz andere ist, der Alleingesellschafter haftet persönlich, so dass keine Analogie angebracht ist.[2147] Das OLG Stuttgart hat dies ebenfalls bestätigt, dass der Eintragung der Verschmelzung auf einen Alleingesellschafter im Falle der Überschuldung des übertragenden, nicht aufgelösten Rechtsträgers Gläubigerschutzgesichtspunkte nicht entgegenstehen.[2148] Es könne nicht ohne weitere Anhaltspunkte von einer Regelungslücke ausgegangen werden, die durch analoge Anwendung geschlossen werden könnte.

1369 **Übernehmerin** kann nur eine natürliche Person sein, wobei es unerheblich ist, ob diese Kaufmann i. S. d. § 1 HGB ist oder nicht.[2149] Dies ergibt sich auch direkt aus § 122 UmwG, der deutlich macht, dass eine **Handelsregistereintragung** nicht zwingend erforderlich ist und erst i. R. d. Verschmelzung erfolgen kann.[2150] Allerdings ist es ohne Weiteres möglich, die Verschmelzung einer GmbH mit dem Vermögen ihres Alleingesellschafters auch auf einen bereits existierenden und im Handelsregister eingetragenen Einzelkaufmann durchzuführen.[2151]

1370 Schwierig zu beurteilen war vor dem HRefG das Problem, wenn die **übertragende GmbH** selbst **kein kaufmännisches Gewerbe** oder **nur ein minderkaufmännisches Gewerbe** betreibt und auch der aufnehmende Gesellschafter kein Vollkaufmann ist. Denn dann wäre § 122 UmwG aus handelsrechtlichen Gründen nicht verwirklichbar, da die natürliche Person auch mit dem Erwerb des Unternehmens der GmbH nicht zum Kaufmann wird; eine Handelsregistereintragung wäre daher unmöglich. Aus diesem Grund war das OLG Zweibrücken der Auffassung, dass eine Verschmelzung auf den Alleingesellschafter nicht zulässig ist.[2152] Hiergegen hat sich zu Recht die Literatur gewandt.[2153]

2144 Widmann/Mayer/Heckschen, Umwandlungsrecht, § 120 UmwG Rn. 7; Lutter/Karollus, UmwG, § 120 Rn. 18; Kallmeyer/Marsch-Barner, UmwG, § 120 Rn. 1; Stratz, in: Schmitt/Hörtnagl/Stratz, UmwG, UmwStG, § 120 UmwG Rn. 4.
2145 Heckschen, ZIP 1996, 450, 452; Widmann/Mayer/Heckschen, Umwandlungsrecht, § 120 UmwG Rn. 1; Kallmeyer/Marsch-Barner, UmwG, § 120 Rn. 5.
2146 So Lutter/Karollus § 120 UmwG Rn. 19a.
2147 So Semler/Stengel/Seulen, UmwG, § 120 Rn. 13; Heckschen in Widmann/Mayer § 120 UmwG Rn. 8.3 ff.; Kölner Komm UmwG/Simon § 120 UmwG Rn. 23; BeckOGK/Leitzen UmwG § 120 Rn. 17.
2148 OLG Stuttgart DNotZ 2006, 302 = NZG 2006, 159.
2149 Vgl. OLG Schleswig, GmbHR 2001, 205 wenn der Übernehmer schon im Handelsregister eingetragen ist.
2150 Vgl. Widmann/Mayer/Heckschen, Umwandlungsrecht, § 120 UmwG Rn. 13; Lutter/Karollus, UmwG, § 120 Rn. 28 f.
2151 Lutter/Karollus, UmwG, § 120 Rn. 25.
2152 OLG Zweibrücken, ZIP 1996, 460 = DB 1996, 418; Vorinstanz LG Koblenz, DB 1996, 267.
2153 Vgl. Heckschen, ZIP 1996, 450, 452 ff.; Widmann/Mayer/Heckschen, Umwandlungsrecht, § 120 UmwG Rn. 18; Priester, DB 1996, 413 ff.

G. Verschmelzung mit Vermögen eines Alleingesellschafters

Mit Urt. v. 04.05.1998 hatte der BGH die Frage i. S. d. herrschenden Literaturauffassung entschieden, dass die Verschmelzung einer GmbH auf ihren Alleingesellschafter **als natürliche Person auch dann zulässig** ist, wenn dieser als Minderkaufmann nicht in das Handelsregister eingetragen werden konnte.[2154] Der BGH war weiter der Auffassung, dass es in diesem Fall die Wirkungen der Verschmelzung mangels Eintragungsfähigkeit des übernehmenden Rechtsträgers in Abweichung von grds. Regelungen des § 20 UmwG mit ihrer gem. §§ 121, 19 Abs. 1 UmwG vorzunehmenden Eintragung in das Register des Sitzes der übertragenden Gesellschaft eintreten. Damit war die Frage geklärt. 1371

▶ Hinweis:

Für die Praxis wurde durch das Handelsrechtsreformgesetz v. 02.06.1998[2155] das Problem durch eine Neufassung des § 122 Abs. 2 UmwG geregelt. Die Vorschrift bestimmt, dass, wenn eine Eintragung nicht in Betracht kommt, die in § 120 UmwG genannten Wirkungen durch die Eintragung der Verschmelzung in das Register des Sitzes der übertragenden Kapitalgesellschaft eintreten. Insofern hat der Gesetzgeber die Rechtslage festgeschrieben, die der BGH bereits vorher aus dem Zusammenspiel der Vorschriften gefolgert hat. Damit ist und war die Verschmelzung auch auf den Nichtkaufmann/Minderkaufmann von Anfang an zulässig. 1372

IV. Besonderheiten des Verschmelzungsvertrages

Für den Verschmelzungsvertrag gelten die allgemeinen Vorschriften (vgl. oben Teil 2 Rdn. 52 ff.). Aufseiten der übertragenden Gesellschaft wird der Verschmelzungsvertrag vom Vertretungsorgan abgeschlossen, aufseiten des übernehmenden Rechtsträgers vom Alleingesellschafter. Ist der Alleingesellschafter auch Geschäftsführer, so ist zu prüfen, ob er von den **Beschränkungen des § 181 BGB** befreit ist. Ggf. ist er durch Gesellschafterbeschluss noch zu befreien.[2156] Bei der AG oder KGaA ist eine Vertretung durch den Aufsichtsrat nach §§ 112, 278 Abs. 3 AktG geboten. 1373

Der **notwendige Inhalt** des **Verschmelzungsvertrages** richtet sich nach § 5 UmwG. Gem. § 5 Abs. 2 UmwG entfallen die den Anteilstausch betreffenden Angaben nach § 5 Abs. 1 Nr. 2 bis 5 UmwG.[2157] 1374

Erforderlich sind daher **folgende Angaben**:
– Name oder Firma und Sitz der Kapitalgesellschaft und des Alleingesellschafters,
– die Vereinbarung über die Übertragung des Vermögens der Kapitalgesellschaft als Ganzes auf den Alleingesellschafter,
– Verschmelzungsstichtag,
– Angaben über Schutz der Inhaber von Sonderrechten,
– Angabe besonderer Vorteile,
– Angaben über die Folgen für Arbeitnehmer und ihre Vertretungen sowie die insoweit vorgesehenen Maßnahmen. 1375

V. Sonstiger Ablauf des Verschmelzungsverfahrens

Für den Ablauf des Verschmelzungsverfahrens verweist § 121 UmwG auf die jeweiligen Vorschriften, die für die Übertragung der Kapitalgesellschaft gelten. 1376

Ein **Verschmelzungsbericht** ist nach § 8 Abs. 3 Satz 1 UmwG **nicht erforderlich**. Auch eine Verschmelzungsprüfung ist nicht erforderlich. Soweit ein **Betriebsrat** vorhanden ist, muss diesem der Verschmelzungsvertrag zugeleitet werden. 1377

2154 BGH, NJW 1998, 2536 = MittBayNot 1998, 354.
2155 BGBl. I, S. 1474.
2156 Widmann/Mayer/Heckschen, Umwandlungsrecht, § 121 UmwG Rn. 7.
2157 Lutter/Karollus, UmwG, § 121 Rn. 5; Widmann/Mayer/Heckschen, Umwandlungsrecht, § 121 UmwG Rn. 8 ff.

1378 Der **Zustimmungsbeschluss** bei der übertragenden Gesellschaft erfolgt nach allgemeinen Regelungen nach dem Recht der übertragenden Kapitalgesellschaft. Eine Zustimmungspflicht der natürlichen Person als übernehmender Rechtsträger ist nicht notwendig, da diese bereits durch Abschluss des Verschmelzungsvertrages zum Ausdruck gebracht wird. Ein gesonderter Beschluss wäre eine begriffsjuristische, sachlich unnötige Förmelei, die vom Gesetz auch nicht vorgesehen ist.[2158]

1379 Der Inhalt der **Handelsregisteranmeldung** richtet sich nach den allgemeinen Vorschriften (vgl. oben Teil 2 Rdn. 633 ff.). Nimmt man an, dass die Überschuldung des Alleingesellschafters bzw. des übertragenden Rechtsträgers keine Verschmelzungssperre darstellt (vgl. Teil 2 Rdn. 1368), ist keine diesbezügliche Erklärung analog § 160 UmwG notwendig, dass keine Überschuldung vorliegt.[2159]

1380 Das Verhältnis zwischen § 122 Abs. 2 UmwG i. d. F. durch das Handelsrechtsreformgesetz[2160] und § 2 HGB i. d. F. des Handelsrechtsreformgesetzes ist nicht ganz klar. Es stellt sich insb. die Frage, wenn eine GmbH mit ihrem Alleingesellschafter verschmolzen werden soll, wenn der von der GmbH betriebene und nach der Verschmelzung künftig als Einzelunternehmer betriebene Handwerksbetrieb kein nach Art und Umfang in kaufmännischer Weise eingerichteten Geschäftsbetrieb erfordert, ob dann § 122 Abs. 2 UmwG gegeben ist, wenn an sich eine Eintragung nur nach § 2 HGB möglich wäre, aber vom Gesellschafter nicht beantragt wird. Da nach der Neuregelung des Handelsrechtsreformgesetzes jeder Gewerbetreibende seine Eintragung in das Handelsregister betreiben kann, gleichgültig ob das Unternehmen nach Art und Umfang einen in kaufmännischer Weise eingerichteten Geschäftsbetrieb erfordert oder nicht, spielt die Regelung des § 122 Abs. 2 UmwG für Gewerbetreibende keine Rolle mehr. Die Vorschrift wird dadurch nicht bedeutungslos, da neben natürlichen Personen, die Minderkaufleute nach der alten Rechtslage waren, es auch natürliche Personen gibt, die nicht in das Handelsregister eingetragen werden können, wie z. B. Freiberufler. Es spricht viel dafür, dass § 122 Abs. 2 UmwG dahin gehend zu verstehen ist, dass ein Einzelkaufmann, der an sich seine Eintragung erreichen könnte, dies auch tun muss.[2161]

VI. Muster

1. Verschmelzung einer GmbH auf den Alleingesellschafter

▶ Muster: Verschmelzungsvertrag bei Verschmelzung einer GmbH auf den Alleingesellschafter

1381 Verhandelt zu……

am……

Vor dem unterzeichnenden

…..

Notar mit Amtssitz in……

erschien:

2158 So die h. M.; Widmann/Mayer/Heckschen, Umwandlungsrecht, § 121 UmwG Rn. 18; Lutter/Karollus, UmwG, § 121 Rn. 11; Kallmeyer/Zimmermann, UmwG, § 13 Rn. 5; Heckschen, DB 1998, 1385, 1395; unrichtig AG Dresden, DB 1996, 1814; wie hier LG Dresden, DB 1997, 88 = GmbHR 1997, 175.
2159 BeckOGK/Leitzen UmwG § 122 Rn. 21; unklar Semler/Stengel/Seulen § 122 UmwG Rn. 4, andererseits bei § 120 Rn. 13; für Negativerklärung Kallmeyer/Zimmermann, § 122 UmwG Rn. 5.
2160 BGBl. 1998 I, S. 1474.
2161 A. A. Lutter/Karollus, UmwG, § 120, Rn. 7 der sich für ein Wahlrecht ausspricht; wohl auch Kallmeyer/Zimmermann, UmwG, § 122 Rn. 3 ff.

G. Verschmelzung mit Vermögen eines Alleingesellschafters

Herr Gerhard Bauer, Kaufmann, wohnhaft in......

Der Erschienene handelt hier sowohl im eigenen Namen als auch als alleinvertretungsberechtigter Geschäftsführer der A-Kraftfahrzeughandel GmbH mit Sitz in......, eingetragen in das Handelsregister des Amtsgerichts...... unter HRB......

Der Erschienene wies sich gegenüber dem Notar durch Vorlage seines amtlichen Lichtbildausweises aus.

A. Rechtslage

Der Erschienene erklärte: Ich bin Alleingesellschafter der A-Kraftfahrzeughandel GmbH mit dem Sitz in......, mit einem voll eingezahlten Stammkapital von 100.000,00 €. Die GmbH betreibt ein kaufmännisches Handelsgewerbe, und zwar den Handel mit Kraftfahrzeugen aller Art. Ich will im Wege der Verschmelzung das Vermögen der Gesellschafter aufnehmen.

B. Verschmelzungsvertrag

Der Erschienene ließ sodann folgenden

Verschmelzungsvertrag

beurkunden und erklärte, handelnd wie angegeben:

I. Vermögensübertragung

Die A-Kraftfahrzeughandel GmbH überträgt ihr Vermögen als Ganzes mit allen Rechten und Pflichten unter Ausschluss der Abwicklung auf ihren Alleingesellschafter, Herrn Bauer, im Wege der Verschmelzung durch Aufnahme.

II. Bilanzstichtag

Der Verschmelzung wird die mit dem uneingeschränkten Bestätigungsvermerk des Wirtschaftsprüfers...... in...... versehene Bilanz der A-Kraftfahrzeughandel GmbH zum...... als Schlussbilanz zugrunde gelegt. Sie ist als Anlage 1 dieser Niederschrift beigefügt.

III. Verschmelzungsstichtag

Die Übernahme des Vermögens der A-Kraftfahrzeughandel GmbH erfolgt im Innenverhältnis zum 31.12..... Von diesem Zeitpunkt an gelten alle Handlungen und Geschäfte der A-Kraftfahrzeughandel GmbH als für Rechnung ihres Alleingesellschafters vorgenommen.

IV. Besondere Rechte

Besondere Rechte i. S. v. § 5 Abs. 1 Nr. 7 UmwG bestehen bei der A-Kraftfahrzeughandel GmbH nicht. Einzelnen Anteilsinhabern werden i. R. d. Verschmelzung keine besonderen Rechte gewährt.

V. Besondere Vorteile

Besondere Vorteile i. S. v. § 5 Abs. 1 Nr. 8 UmwG werden keinem Mitglied des Vertretungsorgans oder dem Abschlussprüfer oder dem Verschmelzungsprüfer gewährt.

VI. Folgen der Verschmelzung für Arbeitnehmer und ihre Vertretungen

Für die Arbeitnehmer ergeben sich folgende Auswirkungen:......

Folgende Maßnahmen sind vorgesehen:......

C. Gesellschafterversammlung mit Zustimmungsbeschluss

Sodann hält Herr Bauer als Alleingesellschafter der A-Kraftfahrzeughandel GmbH eine Gesellschafterversammlung unter Verzicht auf alle Frist- und Formvorschriften ab und stellt fest, dass die Gesellschafterversammlung als Vollversammlung beschlussfähig ist. Er beschließt sodann mit allen Stimmen Folgendes:

I. Feststellung der Verschmelzungsbilanz

Die dieser Urkunde als Anlage 1 beigefügte Schlussbilanz (Verschmelzungsbilanz) zum 31.12...... wird festgestellt.

II. Zustimmung zum Verschmelzungsvertrag

Dem unter B beurkundeten Verschmelzungsvertrag wird mit allen Stimmen vorbehaltlos zugestimmt.

D. Sonstiges, Kosten und Abschriften

I. Verzichts- und Zustimmungserklärung

Ein Verschmelzungsbericht ist gemäß § 8 Abs. 3 UmwG nicht erforderlich. Eine Verschmelzungsprüfung wird nicht verlangt. Herr Bauer verzichtet als Alleingesellschafter auf die Anfechtung des Zustimmungsbeschlusses.

II. Kosten

Die Kosten dieser Urkunde trägt die Einzelfirma des Herrn Bauer.

III. Abschriften

Abschriften dieser Urkunde erhalten:
- …..
- …..
- …..

IV. Belehrungen

Der Notar belehrte den Beteiligten darüber, dass er für die Verbindlichkeiten der GmbH mit der Eintragung der Verschmelzung unbeschränkt persönlich haftet.

Diese Niederschrift wurde dem Erschienenen vom Notar vorgelesen, von ihm genehmigt und von ihm und dem Notar eigenhändig, wie folgt unterschrieben:

…..

2. Handelsregisteranmeldung der GmbH

▶ Muster: Handelsregisteranmeldung der GmbH

1382

An das

Amtsgericht

– Handelsregister B –

Betrifft: HRB…… A-Kraftfahrzeughandel GmbH

In der Anlage überreiche ich als alleinvertretungsberechtigter Geschäftsführer:
1. elektronisch beglaubigte Abschrift des Verschmelzungsvertrages samt Zustimmungsbeschluss und Verzichtserklärung gemäß § 16 Abs. 2 GmbHG vom…… – UR.Nr.…… des beglaubigenden Notars,
2. elektronisch beglaubigte Abschrift des Nachweises über die Zuleitung des Entwurfs des Verschmelzungsvertrages an den Betriebsrat der AG-Kraftfahrzeughandel GmbH,
3. elektronisch beglaubigte Abschrift der Schlussbilanz der A-Kraftfahrzeughandel GmbH zum Verschmelzungsstichtag

und melde zur Eintragung in das Handelsregister an:

Die A-Kraftfahrzeughandel GmbH ist auf ihren Alleingesellschafter, Herrn Gerhard Bauer, geb. am……, wohnhaft in……, im Wege der Verschmelzung durch Aufnahme verschmolzen.

Ich erkläre, dass der Verschmelzungsbeschluss nicht angefochten wurde und wegen der Verzichtserklärung des Alleingesellschafters auch nicht angefochten werden kann. Ein Verschmelzungsbericht und die Durchführung einer Verschmelzungsprüfung sind nach §§ 8 Abs. 3, 9 Abs. 3 UmwG nicht erforderlich.

…..

(Unterschriftszeichnung)

…..

(Beglaubigungsvermerk)

3. Handelsregisteranmeldung der Einzelfirma als aufnehmender Rechtsträger

▶ Muster: Handelsregisteranmeldung der Einzelfirma als aufnehmender Rechtsträger

An das

Amtsgericht

– Handelsregister A –

Betrifft: Eintragung eines Einzelunternehmens

In der Anlage überreiche ich,
1. elektronisch beglaubigte Abschrift des Verschmelzungsvertrages samt Zustimmungsbeschluss und Verzichtserklärung gemäß § 16 Abs. 2 GmbH vom…… – UR.Nr……. des beglaubigenden Notars,
2. elektronisch beglaubigte Abschrift des Nachweises über die rechtzeitige Zuleitung zum Betriebsrat

und melde zur Eintragung in das Handelsregister an:
1. Die A-Kraftfahrzeughandel GmbH ist aufgrund des Verschmelzungsvertrages samt Zustimmungsbeschluss durch Aufnahme mit ihrem Alleingesellschafter, Herrn Gerhard Bauer, geb. am……, wohnhaft in……, verschmolzen.
2. Herr Gerhard Bauer führt das bisher von der A-Kraftfahrzeug GmbH betriebene Handelsgeschäft weiter. Die Firma lautet: Gerhard Bauer Kraftfahrzeughandel e. K.
3. Das Einzelunternehmen hat als Unternehmensgegenstand Handel mit Kraftfahrzeugen aller Art.
4. Die Geschäftsräume und die inländische Geschäftsanschrift befinden sich……

Ich erkläre, dass der Verschmelzungsbeschluss nicht angefochten wurde und wegen der Verzichtserklärung des Alleingesellschafters auch nicht angefochten werden kann. Ein Verschmelzungsbericht und die Durchführung einer Verschmelzungsprüfung sind nach §§ 8 Abs. 3, 9 Abs. 3 UmwG nicht erforderlich.

….., den……

…..

(Unterschriftszeichnung)

(Beglaubigungsvermerk)

4. Handelsregisteranmeldung, der übertragenden GmbH, wenn keine Einzelfirma als aufnehmender Rechtsträger besteht

▶ Muster: Handelsregisteranmeldung

Muster: Handelsregisteranmeldung der übertragenden GmbH, wenn keine Einzelfirma als aufnehmender Rechtsträger besteht

An das

Amtsgericht

– Handelsregister A –

A-Vermögensverwaltungs GmbH mit Sitz in.

Betrifft: Verschmelzung auf Alleingesellschafter

In der Anlage überreiche ich,
1. elektronisch beglaubigte Abschrift des Verschmelzungsvertrages samt Zustimmungsbeschluss und Verzichtserklärung gemäß § 16 Abs. 2 GmbH vom…… – UR.Nr……. des beglaubigenden Notars,
2. elektronisch beglaubigte Abschrift des Nachweises über die rechtzeitige Zuleitung zum Betriebsrat

und melde zur Eintragung in das Handelsregister an:

1. Die A-Vermögensverwaltungs GmbH ist aufgrund des Verschmelzungsvertrages samt Zustimmungsbeschluss durch Aufnahme mit ihrem Alleingesellschafter, Herrn Gerhard Bauer, geb. am......, wohnhaft in......,
2. Die Firma A-Vermögensverwaltungs GmbH betreibt kein Gewerbe, so dass eine Eintragung als e.K. nicht in Betracht kommt.

Ich erkläre, dass der Verschmelzungsbeschluss nicht angefochten wurde und wegen der Verzichtserklärung des Alleingesellschafters auch nicht angefochten werden kann. Ein Verschmelzungsbericht und die Durchführung einer Verschmelzungsprüfung sind nach §§ 8 Abs. 3, 9 Abs. 3 UmwG nicht erforderlich.

....., den......

.....

(Unterschriftszeichnung)

(Beglaubigungsvermerk)

Teil 3 Spaltung

Kapitel 1 Grundlagen der Spaltung

Übersicht	Rdn.
A. Einführung	1
I. Bedeutung der Spaltung	1
1. Ökonomische Fragen	1
2. Rechtstechnik	7
3. Steuerrechtliche Fragen	8
II. »Wirtschaftliche« Spaltung	13
III. Besonderheiten bei Ausgliederung	14
IV. Betriebsaufspaltung	18
V. Abwägung	19
VI. Spaltung nach dem UmwG	22
1. Grundkonzeption der Spaltung	22
2. Besondere Problembereiche	25
a) Parteiautonomie im Spaltungsrecht	26
b) Gläubigerschutz bei der Spaltung	29
c) Minderheitenschutz und nicht verhältniswahrende Spaltung	31
VII. Spaltungsfähige Rechtsträger	32
B. Checkliste für die Spaltung von Rechtsträgern nach dem UmwG	37
C. Spaltungsvertrag und Spaltungsplan	38
I. Spaltungsvertrag bei der Abspaltung und Aufspaltung zur Aufnahme	38
1. Allgemeines	38
2. Systematik	42
3. Vertragsgestaltung bei Kombination von Spaltung und Verschmelzung	43
4. Angaben zu den Vertragsparteien	49
5. Bezeichnung und Aufteilung der Vermögensgegenstände (§ 126 Abs. 1 Nr. 2, Abs. 2 UmwG)	50
a) Allgemeines	50
b) Aufteilungsfreiheit	53
aa) Grundsatz	53
bb) Schranken der Gestaltungsfreiheit	54
c) Bestimmtheitsgrundsatz/genaue Bezeichnung	57
aa) Materiell-rechtliche Bestimmtheit	57
bb) Beurkundungstechnik	73
cc) Formulierungsbeispiel: Beurkundung einer Vermögensübertragung	77
d) Zustimmungen und Genehmigungen: § 132 UmwG und seine Aufhebung durch das Zweite Gesetz zur Änderung des UmwG	78
e) Neuregelung durch das Zweite Gesetz zur Änderung des UmwG	81
aa) Grundsatz	81
bb) Rechtsfolgen der Neuregelung: Zustimmungen und Genehmigungen	83
f) Einzelheiten zur Übertragung der Aktiva und Passiva durch Spaltungsvertrag	85
aa) Grundstücke, grundstücksgleiche Rechte, Rechte an Grundstücken	86
bb) Erbbaurecht, Wohnungseigentum	94
cc) Rechte an Grundstücken, Scheinbestandteile	95
dd) Bewegliche Sachen	99
ee) Forderungen	101
ff) Verbindlichkeiten	105
gg) Dauerschuld- und Vertragsverhältnisse	107
hh) Nebenrechte und Sicherheiten	111
ii) Mitgliedschaftsrechte und Beteiligungen	112
jj) Unternehmensverträge	114
kk) Arbeitsverhältnisse	118
ll) Immaterialgüterrechte, gewerbliche Schutzrechte	120
mm) Pensionsverpflichtungen	121
nn) Sonstige Gegenstände und Rechte	124
6. Vergessene Gegenstände/fehlerhaft zugeordnete Gegenstände	128

			Rdn.
	7. Umtauschverhältnis und Anteilsgewährung		131
		a) Allgemeines	131
		b) Anteilsgewährungspflicht bei Spaltung und Ausgliederung	134
		c) Ausnahmen von der Anteilsgewährungspflicht bei Auf- und Abspaltung	142
		aa) Auf- und Abspaltung von Tochter- auf Muttergesellschaft	143
		bb) Übertragender Rechtsträger hält eigene Anteile	145
		cc) Auf- und Abspaltung von der Mutter- auf die Tochtergesellschaft	146
		dd) Auf- und Abspaltung bei Schwestergesellschaften/Verzicht auf Anteilsgewährung	150
		ee) Ausgliederung	151
		d) Höhe der zu gewährenden Anteile (Umtauschverhältnis)	156
		e) Erfüllung der Anteilsgewährungspflicht	157
		f) Einzelheiten für die Anteilsgewährung und bare Zuzahlungen	160
		g) Steuerrechtliche Behaltensfrist	162
	8. Zeitpunkt der Gewinnberechtigung (§ 126 Abs. 1 Nr. 5 UmwG)		164
	9. Spaltungsstichtag (§ 126 Abs. 1 Nr. 6 UmwG)		165
	10. Sonderrechte und Sondervorteile (§ 125 Abs. 1 Nr. 7 und Nr. 8 UmwG)		166
	11. Aufteilung der Anteile bei Auf- und Abspaltung (§ 126 Abs. 1 Nr. 10 UmwG)/Trennung von Gesellschafterstämmen		167
	12. Folgen für die Arbeitnehmer		171
	13. Möglicher Vertragsinhalt		172
II.	Spaltungsplan bei der Abspaltung und Aufspaltung zur Neugründung		176
III.	Ausgliederungsplan oder Ausgliederungsvertrag bei der Ausgliederung		182
IV.	Mischformen der Spaltung		183
D.	**Spaltung bzw. Ausgliederung zur Aufnahme und Kapitalerhöhung beim übernehmenden Rechtsträger**		185
I.	Erleichterte Kapitalerhöhung bei der Spaltung		189
	1. Kapitalerhöhung bei der GmbH		190
	2. Kapitalerhöhung bei der AG		197
II.	Festlegung des Kapitalerhöhungsbetrages		206
III.	Kapitalerhöhungsverbote und Kapitalerhöhungswahlrechte		210
	1. Allgemeines		210
	2. Kapitalerhöhungsverbote		211
		a) Übernehmer besitzt Anteile an der übertragenden Gesellschaft – Tochter- auf Muttergesellschaft (up-stream-merger)	211
		b) Übertragende Gesellschaft hält eigene Anteile	215
		c) Übertragende Gesellschaft hält nicht voll einbezahlte Anteile der Übernehmerin	217
	3. Kapitalerhöhungswahlrechte		218
	4. Anteile Dritter		219
	5. Spaltung bei Beteiligung von Schwestergesellschaften		220
	6. Bare Zuzahlungen		221
	7. Verzicht auf Anteilsgewährung		222
IV.	Prüfung der Kapitalaufbringung durch das Registergericht		226
V.	Besonderheiten bei der Ausgliederung und Kapitalerhöhung		230
E.	**Besonderheiten bei der Spaltung und Ausgliederung zur Neugründung**		231
I.	Gesellschaftsvertrag und Spaltungsplan		234
	1. Satzung als Inhalt des Spaltungsplans		234
	2. Inhalt der Satzung		236
	3. Beteiligung Dritter während der Spaltung		248
II.	Kapitalaufbringung		253
III.	Bardeckungspflicht (gemischte Bar-, Sachkapitalgründung)		257
IV.	Organbestellung		258
V.	Entstehung einer Vorgesellschaft		260
VI.	Zustimmungsbeschlüsse zum Gesellschaftsvertrag und zur Organbestellung		261
VII.	Sachgründungsbericht bzw. Gründungsbericht und Gründungsprüfung		262
	1. GmbH		262
	2. AG		265

	Rdn.

VIII. Anmeldung der neuen Rechtsträger im Handelsregister 267
F. Kapitalerhaltung und Kapitalherabsetzung bei der übertragenden Gesellschaft (GmbH und AG) 268
    I. Versicherungspflicht bzw. vereinfachte Solidititätsprüfung. 270
        1. Versicherungspflicht bei GmbH (§ 140 UmwG) 270
        2. Vereinfachte Solidititätsprüfung bei AG (§ 146 UmwG) 271
        3. Maßstab für die Prüfung der Kapitaldeckung 275
    II. Notwendigkeit der Kapitalherabsetzung. 279
    III. Durchführung der Kapitalherabsetzung 281
G. Spaltungsbericht. 289
    I. Spaltungsbericht durch Vertretungsorgane. 291
    II. Inhalt des Spaltungsberichts 292
    III. Erweiterung der Berichtpflicht bei verbundenen Unternehmen 297
    IV. Erweiterte Unterrichtungspflicht über Vermögensveränderungen nach §§ 125, 64 Abs. 1 UmwG bei Beteiligung von AG. 298
    V. Einschränkung der Berichtspflicht 302
    VI. Verzicht auf den Spaltungsbericht bzw. Konzernspaltung 303
H. Spaltungsprüfung 304
I. Vorbereitung der Gesellschafter- bzw. Hauptversammlung. 307
J. Spaltungsbeschlüsse. 314
    I. Zuständigkeit. 314
    II. Wirkung der Spaltungsbeschlüsse. 316
    III. Versammlung der Anteilsinhaber 318
    IV. Informationsrecht. 320
    V. Beschlussmehrheiten 324
    VI. Zustimmung von Vorzugs- und Sonderrechtsinhabern 326
    VII. Zustimmung bei nicht verhältniswahrender Spaltung (§ 128 UmwG) 327
    VIII. Notarielle Beurkundung der Gesellschafterversammlung. 331
K. Minderheitenschutz und Schutz von Inhabern besonderer Rechte. 332
L. Austritts- und Abfindungsrechte 335
M. Besonderheiten bei der Ausgliederung. 336
    I. Ausgliederungsplan, Ausgliederungsbericht 340
    II. Keine Ausgliederungsprüfung 344
    III. Vorbereitung der Gesellschafter- bzw. Hauptversammlungen 345
    IV. Ausgliederungsbeschlüsse 346
    V. Zustimmung von Vorzugs- und Sonderrechtsinhabern 348
    VI. Keine Abfindungsansprüche 349
    VII. Ausgliederung zur Aufnahme und Kapitalerhöhung bei dem übernehmenden Rechtsträger 350
    VIII. Ausgliederung zur Neugründung 354
N. Registerverfahren bei der Spaltung. 355
    I. Überblick. 355
    II. Prüfung des Registergerichts 360
    III. Anmeldungen zum Handelsregister 362
        1. Überblick 362
        2. Anmeldung bei Spaltung zur Aufnahme des übernehmenden Rechtsträgers. 364
            a) Allgemeines 364
            b) Anmelder 365
            c) Form 368
        3. Einzelheiten der Anmeldung der Spaltung beim Register des übernehmenden Rechtsträgers . 369
            a) Anmeldung der Kapitalerhöhung 369
                aa) Anmeldende. 370
                bb) Inhalt der Anmeldung 371
                cc) Beizufügende Unterlagen 372
            b) Anmeldung der Spaltung 373
                aa) Anmeldende. 373
                bb) Inhalt der Anmeldung, Negativerklärung 374

			Rdn.

   cc) Erklärungen nach §§ 52 Abs. 1, 62 Abs. 3 Satz 5 i. V. m. § 125 UmwG 375
   dd) Anlagen 377
 4. Anmeldung zum Register des übertragenden Rechtsträgers 380
  a) Vereinfachte Kapitalherabsetzung 380
   aa) Anmeldende 381
   bb) Inhalt der Anmeldung 382
   cc) Anlagen 383
  b) Anmeldung der Spaltung 384
 5. Spaltung zur Neugründung 386
  a) Inhalt der Anmeldung der neuen Rechtsträger 387
  b) Sonderregelungen des jeweilgen Gründungsrechts 390
  c) Beizufügende Anlagen 391
 6. Besonderheiten der Spaltungsbilanz 392
O. **Beschlussanfechtung und Eintragung trotz Beschlussanfechtung** 394
P. **Wirkungen der Spaltung** 397
 I. Zeitpunkt 397
 II. Vermögensübergang 398
  1. Aufspaltung 398
  2. Abspaltung, Ausgliederung 399
  3. Anteilserwerb 401
  4. Berichtigungen in Registern und im Grundbuch, Titelumschreibung 402
  5. Prozesse 405
  6. Unternehmensverträge in der Spaltung 407
  7. Nachträgliche Änderung des Abspaltungsvertrages nach Eintragung im Handelsregister 409
  8. Entstehung der Vorgesellschaft bei Spaltung zur Neugründung 411
 III. Gläubigerschutz 418
Q. **Sonderfragen** 422
 I. Spaltung bzw. Ausgliederung auf eine GmbH & Co. KG 422
 II. Ausgliederung zur Neugründung auf eine Personenhandelsgesellschaft 425

A. Einführung

I. Bedeutung der Spaltung

1. Ökonomische Fragen

Die in ihren wirtschaftlichen Auswirkungen wohl **bedeutendste Neuregelung des UmwG 1995** betraf die Spaltung von Rechtsträgern. Der Gesetzgeber hat mit dieser Neuregelung in einem breiten Anwendungsbereich eine sowohl in dogmatischer als auch praktischer Hinsicht neuartige Form der Rechtsnachfolge eröffnet. In einem Teilbereich allerdings wurde durch das **Gesetz über die Spaltung der von der Treuhandanstalt verwalteten Unternehmen** v. 05.04.1991[1] zur Unterstützung der Privatisierung in den neuen Bundesländern die Spaltung bereits eröffnet.[2] Darüber hinaus konnten erste Erfahrungen mit der Realteilung von Unternehmen im Wege der Gesamtrechtsnachfolge auch durch das **Landwirtschaftsanpassungsgesetz** gesammelt werden, das in den §§ 4 bis 13 die Aufspaltung von landwirtschaftlichen Produktionsgenossenschaften regelte.[3] Auch das **Vermögensgesetz** sah in § 6b Regelungen zur Teilung – das Gesetz spricht von Entflechtung – von Unternehmen zur Erfüllung von Rückgabeansprüchen vor.[4]

1

---

[1] BGBl. I, S. 854.
[2] Sog. kleines Spaltungsgesetz, vgl. hierzu Neye, in: Rädler/Raupach/Bezzenberger, Vermögen in der ehemaligen DDR, Teil 3, SpTrUG.
[3] Vgl. hierzu Bergemann/Steding, ZAP-DDR Fach 15, S. 119 ff.
[4] Vgl. dazu die Kommentierung von Barkam, in: Rädler/Raupach/Bezzenberger, Vermögen in der ehemaligen DDR, Teil 3.

2 Die Begründung zum RegE beschreibt die Spaltung als eine **Strukturmaßnahme**, die sich spiegelbildlich zur Verschmelzung verhält.[5] Ziel einer Spaltung ist im Gegensatz zur Verschmelzung die vollständige oder teilweise **Aufteilung des Gesellschaftsvermögens auf eine oder mehrere andere Gesellschaften**. Dass dies auch im Wege der Einzelrechtsnachfolge durch Neugründung oder Kapitalerhöhung bei einer Gesellschaft geschehen kann, wurde bereits erwähnt. Das wesentlich Neue an der seit 1995 geltenden gesetzlichen Regelung ist die Übertragung der abzuspaltenden Vermögensteile im Wege der **Sonderrechtsnachfolge**, die oft auch als »**partielle Gesamtrechtsnachfolge**« bezeichnet wird und bei der die Notwendigkeit von Einzelübertragungsakten entfällt.[6] Als Gegenleistung für diesen **Gesamtübertragungsakt** erhalten die einzelnen Gesellschafter bei der Aufspaltung bzw. die Gesellschaft bei der Ausgliederung Anteile an der übernehmenden Gesellschaft. Die umständliche Auskehrung der erworbenen Anteile, wie es vor dem Jahr 1995 bei dem Einzelübertragungsmodell notwendig war, ist entfallen.

3 Die Spaltung kann den **verschiedensten wirtschaftlichen Zielen** dienen, die Begründung zum RegE hat die wichtigsten aufgezählt:
   – Schaffung kleinerer, am Markt selbstständig auftretender Einheiten,
   – Vorbereitung der Veräußerung von Unternehmensteilen,
   – Isolierung von Haftungsrisiken,
   – Betriebsaufspaltungen,
   – Holding-Konstruktionen,
   – Trennung von operativen und nicht betriebsnotwendigen Vermögen,
   – Auseinandersetzung von Familienstämmen,
   – Erbauseinandersetzungen,
   – Umgliederungen von Konzernen,
   – Rückgängigmachung von fehlerhaften Verschmelzungen,
   – Entflechtungsmaßnahmen
   etc.[7]

4 Neben diesen von der Regierungsbegründung genannten wirtschaftlichen Zielsetzungen der Spaltung und Ausgliederung sind eine Reihe von **weiteren Aspekten** denkbar, zu denen die Spaltung eingesetzt werden kann:
   – Spaltung um Publizitäts- und Mitbestimmungspflichten zu entgehen, insb. zur Unterschreitung von Kriterien wie Bilanzsummen, Umsatzerlösen, Arbeitnehmerzahlen etc.;
   – Spaltung zur Vorbereitung von Börsengängen selbstständiger Unternehmenseinheiten;
   – Spaltung zur Vorbereitung von Unternehmensveräußerungen;
   – Einsatz der Spaltung zur Gestaltung der Unternehmensnachfolge (z. B. auch zur Ausnutzung der Freibeträge nach § 13a ErbStG).

---

5 BR-Drucks. 75/94, S. 115, abgedruckt in: Limmer, Umwandlungsrecht, S. 310.
6 Vgl. BAGE 145, 163 = ZIP 2013, 1433; BAG NJW 2018, 885 = BB 2018, 1401 m. Anm. Kliem; BAGE 144, 36 = AP UmwG § 123 Nr. 1; BAGE 126, 120 = AP UmwG § 131 Nr. 1; OLG Hamm RNotZ 2014, 507 = NZG 2014, 783; OLG Hamm, DStR 2010, 991 = NJW 2010, 2591; OLG Karlsruhe NZG 2009, 315 = GmbHR 2008, 1219; Hörtnagl, in: Stratz/Schmitt/Hörtnagl, § 123 UmwG Rn. 3; Widmann/Mayer/Schwarz, Umwandlungsrecht, § 123 UmwG Rn. 413; Kallmeyer/Sickinger, UmwG, § 123 Rn. 3; Schmidt, in: Habersack/Koch/Winter, Die Spaltung im neuen Umwandlungsrecht und ihre Rechtsfolgen, S. 11; Lutter/Teichmann, UmwG, § 123 Rn. 8 ff.; Zöllner, ZGR 1995, 335, 339; BeckOGK/Verse UmwG § 123 Rn. 4; Kölner KommUmwG/Simon § 123 Rn. 7 f.; Gutachten DNotI-Report 2011, 104.
7 BR-Drucks. 75/94, S. 74, abgedruckt in: Limmer, Umwandlungsrecht, S. 269.

Im Zuge der **Privatisierung öffentlicher Einrichtungen und Aufgaben** wie z. B. Krankenhäuser, Pflegeheimen, Verkehrs-, Versorgungsbetrieben oder kulturellen Einrichtungen spielt die Spaltung in Form der Ausgliederung nach §§ 168 ff. UmwG in der Praxis eine große Rolle.[8]

Während man in den 90iger Jahren des letzten Jahrhunderts von einer Fusionswelle sprechen konnte, ist in der Zeit danach eine Umkehr von dieser Entwicklung zu erkennen: **Dekonzentrationsmaßnahmen** und der Trend zu kleineren überschaubaren am Markt tätigen Einheiten halten an. Die Spaltung ist hierzu das notwendige Gestaltungsmittel.

2. Rechtstechnik

Rechtstechnisch hat das Gesetz in vielen Fällen auf die Vorschriften des Verschmelzungsrechts verwiesen, die sich daher gleichsam als ein **allgemeiner Teil des Formwechselrechts** verstehen. Dies ist sachgerecht, da es sich bei **Verschmelzung und Spaltung** in der Tat um **spiegelbildliche Vorgänge** handelt,[9] die umgekehrten wirtschaftlichen Zielen dienen. Weit wichtiger ist aber die Tatsache, dass es sich gesellschaftsrechtlich um wesensgleiche Vorgänge handelt, die die Verweisung möglich machen. Spaltung und Verschmelzung sind, Vermögensübertragungen gegen die Leistung von Anteilsrechten an der aufnehmenden Gesellschaft. Organisationsrechtlich gesehen sind Spaltung und Verschmelzung strukturändernde Maßnahmen, die in ihren Auswirkungen auf Minderheitsgesellschafter, Gläubiger und sonstige Beteiligte vergleichbare Wirkungen haben und daher vergleichbare Regelungen notwendig machen. Bei der Durchführung einer Spaltung sind daher immer auch die **Vorschriften des Verschmelzungsrechts anzuwenden**, soweit nicht eine Sonderregelung des Spaltungsrechts getroffen wurde.

3. Steuerrechtliche Fragen

Das umwandlungsrechtliche Spaltungsinstrumentarium wird häufig aus steuerrechtlichen Gründen auf der Grundlage des UmwStG eingesetzt, das unter bestimmten Voraussetzungen eine steuerneutrale Spaltung oder Ausgliederung zulässt. Da das UmwStG teilweise andere Begriffsbildungen wählt als das UmwG, ist in der Praxis darauf zu achten, dass, wenn eine **steuerneutrale Spaltung** gewünscht wird, beiden Materien Rechnung getragen wird.[10] Die steuerrechtlichen Fragen sind in den §§ 15, 16 i. V. m. § 11 UmwStG geregelt. Vollzieht sich die Spaltung nach dem UmwG, gewährt § 11 Abs. 1 UmwStG den übertragenden Rechtsträger unter den in § 15 bzw. § 16 UmwStG genannten Voraussetzungen das Wahlrecht, das zu übertragende Vermögen zum Buchwert, einem Zwischenwert oder dem Teilwert anzusetzen. Insofern kann eine steuerneutrale Übertragung durchgeführt werden. Setzt der übertragende Rechtsträger stattdessen freiwillig den Zwischenwert an, hat die Spaltung eine Gewinnrealisierung zur Folge. Die Steuerneutralität setzt voraus, dass sowohl das jeweils auf den bzw. die übernehmenden Rechtsträger übergehende Vermögen als auch – im Fall der Abspaltung – das bei der übertragenden Kapitalgesellschaft zurückbleibende Vermögen einen **Teilbetrieb im steuerlichen Sinne** bildet. Insofern weicht der Steuergesetzgeber von der Möglichkeit ab, ein Einzelwirtschaftsgut zu übertragen; dies ist umwandlungsrechtlich zulässig, steuerlich kann dies dazu führen, dass keine Steuerneutralität

---

8 Vgl. Lepper, RNotZ 2006, 313; Lutter/Schmidt, UmwG, Vor § 168 Rn. 7; Gaß, Die Umwandlung gemeindlicher Unternehmen, 2003; Vogelbusch, DB 2004, 1391 ff., Piehler, Privatisierung öffentlicher Aufgaben: Gesellschaftsrechtliche Möglichkeiten und Grenzen – NotRV-Tagungsband 2003, 36 ff.; Schindhelm, DB 1999, 1375; vgl. die empirische Studie Killian/Richter/Hendrik Trapp (Hg.): Ausgliederung und Privatisierung in Kommunen. Empirische Befunde zur Struktur kommunaler Aufgabenwahrnehmung, 2006; Suppliet, Ausgliederung nach § 168 UmwG – eine Möglichkeit zur Privatisierung von Unternehmen öffentlicher Körperschaften, 2005; Stoye-Benk/Cutura, Handbuch Umwandlungsrecht, 3. Aufl. 2012 Rn. 55 ff. mit Mustern.
9 Vgl. nur Lutter/Teichmann, UmwG, § 123 Rn. 18; Hörtnagl, in: Stratz/Schmitt/Hörtnagl, § 123 UmwG Rn. 3; Teichmann, ZGR 1993, 396 ff.
10 Vgl. ausführlich dazu unten Teil 7 Rdn. 347 ff.

möglich ist. Insofern sind für eine erfolgsneutrale Spaltung mindestens zwei Teilbetriebe erforderlich, wobei als Teilbetrieb auch ein Mitunternehmeranteil oder eine 100 %ige Beteiligung an einer Kapitalgesellschaft angesehen wird (§ 15 Abs. 3 Satz 1 UmwStG). Teilbetrieb ist ein mit einer gewissen Selbstständigkeit ausgestalteter organisatorisch geschlossener Teil des Gesamtbetriebes, der die Merkmale eines Betriebes i. S. d. EStG erfüllt und als solcher lebensfähig ist.[11]

▶ **Hinweis:**

9 Für die Praxis gilt daher, dass zu klären ist, ob tatsächlich sämtliche wesentliche Betriebsgrundlagen der Teilbetriebe, im Spaltungs- und Übernahmevertrag erfasst sind bzw. beim übertragenden Rechtsträger der Teilbetrieb zurückbleibt.

10 Eine weitere, auch i. R. d. gesellschaftsrechtlichen Gestaltung zu beachtende Sperre ist in § 15 Abs. 2 Satz 3 und Satz 4 UmwStG enthalten, wonach eine Auf- oder Abspaltung nicht steuerneutral erfolgen kann, wenn innerhalb von 5 Jahren nach dem steuerlichen Übertragungsstichtag Anteile an einer an der Spaltung beteiligte Körperschaft, die mehr als 20 % der vor Wirksamwerden der Spaltung an der Körperschaft bestehenden Anteile ausmachen, veräußert werden. Die Vorschrift kann also zu einem rückwirkenden Verlust der Steuerneutralität führen und zwar für die gesamte Spaltung.[12]

▶ **Hinweis:**

11 In der Gestaltungspraxis ist daher sicherzustellen, dass eine solche Veräußerung in der Fünf-Jahres-Frist unterbleibt oder nur mit Zustimmung aller Beteiligten möglich ist. In der vertragsgestaltenden Literatur werden hierbei folgende Regelungen zur Vermeidung des Steuernachteils vorgeschlagen:[13]
– **Treuhandlösung:** Übertragung sämtlicher Anteile an den Nachfolgegesellschaften für 5 Jahre auf einen Treuhänder;
– **Vinkulierungslösung:** Anteilsabtretung ist nach Satzung der aufnehmenden Gesellschaft nur mit Zustimmung aller Gesellschafter zulässig, außerdem sind die Gesellschafter der beiden aufnehmenden Gesellschafter jeweils gegenseitig zumindest mit kleinsten Anteilen wechselseitig beteiligt, um die Vinkulierung durchsetzen zu können. Die Vinkulierung sollte als Sonderrecht des Minderheitsgesellschafters ausgestaltet werden;

---

11 Vgl. eingehend Teil 7 Rdn. 350 ff. und aus der neueren Rechtsprechung und Literatur: BFHE 260, 334 = DStR 2018, 1014 (m. Anm. Wacker); BFH/NV 2013, 1650; BFH BStBl II 2011, 467; BFH v. 07.04.2010, BFHE 229, 179 = BB 2010, 1913 = MittBayNot 2011, 169 – dort hat der BFH entschieden, dass die steuerneutrale Abspaltung eines Teilbetriebs voraussetzt, dass sämtliche wesentliche Betriebsgrundlagen übertragen und nicht nur zur Nutzung überlassen werden; BFH GmbHR 2011, 9; BFHE 218, 316 = BStBl. II 2007, S. 772 = GmbHR 2007, 111 = DB 2007, 1952; BFHE 209, 95 = BStBl. II 2005, S. 395 = BB 2005, 1088 = GmbHR 2005, 69; BFHE 218, 316 = BStBl. II 2007, S. 772; BFHE 189, 465 = BStBl. II 2000, S. 123 = BB 2000, 127 = DStR 2000, 64; BFH/NV 2007, 1661; BFH/NV 2009, 167; Widmann/Mayer/Schießl, Umwandlungsrecht, § 15 UmwStG Rn. 19 ff.; Lutter/Schumacher, UmwG, Anh. § 151 Rn. 11 ff.; Hörtnagl, in: Stratz/Schmitt/Hörtnagl, § 15 UmwStG Rn. 52 ff.; § 24 UmwStG Rn. 61 ff.; Abele, BB 2010, 1913; Stangl/Grundke, DB 2010, 1851; Blumers, DB 2008, 2041; ders., DB 2010, 1670; Sistermann/Beutel, DStR 2011, 1162; Kessler/Philipp, DStR 2011, 1065.
12 Vgl. eingehend Teil 7 Rdn. 392 ff. und Neumann GmbHR 2012, 141 ff.; Thieme BB 2005, 204 ff.; Widmann/Mayer/Schießl, Umwandlungsrecht, § 15 UmwStG Rn. 298 ff.; Lutter/Schumacher, UmwG, Anh. § 151 Rn. 29 ff.; Hörtnagl, in: Stratz/Schmitt/Hörtnagl, § 15 UmwStG Rn. 133 ff.
13 Vgl. Lutter/Schumacher, UmwG, Anh. § 151 Rn. 36; Widmann/Mayer/Schießl, Umwandlungsrecht, § 15 UmwStG Rn. 437 ff.; Schwedhelm/Streck/Mack, GmbHR 1995, 100, 102; Herzig/Förster, DB 1995, 338, 345; Löffler/Hansen, DB 2010, 1369 ff.; Neyer, DStR 2002, 2200; FG Düsseldorf, GmbHR 2004, 1292 m. Anm. Dieterlen/Golücke, GmbHR 2004, 1264; Kallmeyer/Sickinger, UmwG, § 126 Rn. 53; Schwedhelm/Streck/Mack, GmbHR 1995, 100, 102; Herzig/Förster, DB 1995, 338, 345; Formulierungsvorschlag bei Widmann/Mayer/Mayer, Umwandlungsrecht, § 126 UmwG Rn. 354.2.

A. Einführung

- **Zuweisung der Steuerverbindlichkeiten:** Die Steuerschuld wird der Gesellschaft zugewiesen, deren Gesellschafter den Wegfall auslösen;
- **Vertragsstrafenvereinbarung**.

Bei der **Trennung von Gesellschafterstämmen** besteht außerdem nach § 15 Abs. 2 Satz 5 UmwStG eine Missbrauchsklausel, wonach keine Steuerneutralität möglich ist, wenn die Beteiligung an der übertragenden Körperschaft nicht mindestens 5 Jahre vor dem steuerlichen Übertragungsstichtag bestanden hat. Nach Auffassung der Finanzverwaltung ist eine Trennung von Gesellschafterstämmen auch dann nicht möglich, wenn die übertragende Körperschaft noch keine 5 Jahre bestanden hat.[14]

12

II. »Wirtschaftliche« Spaltung

Abgesehen von den o. g. Sondertatbeständen konnte vor dem Jahr 1995 in der Mehrzahl der Fälle das wirtschaftliche Ziel der Abspaltung bestimmter Teilbetriebe oder einzelner Vermögensmassen nur in einem relativ aufwendigen Verfahren gestaltet werden, das sich grundlegend von der geplanten Neuregelung unterscheidet, da es auf dem Prinzip der Einzelübertragung der Vermögensgegenstände beruht. Das Gesetz macht allerdings deutlich, dass diese »Einbringungslösung« auch weiterhin eröffnet bleibt, wie dies auch in allen anderen Fällen der Umwandlung oder Verschmelzung möglich ist. Für die Spaltung wurde in der Praxis nach altem Recht der umständliche Weg einer **Sachgründung des neuen Rechtsträgers** mit anschließender Einbringung der abzuspaltenden Vermögensmassen vorgenommen.[15] Dieses Verfahren der Sachgründung konnte zwar beschleunigt werden durch die sog. **Stufengründung**, bei der der neue Rechtsträger zunächst im Wege der Bargründung geschaffen wird und anschließend die abzuspaltenden Vermögensteile im Wege der Sachkapitalerhöhung eingebracht werden. Problematisch war bei dieser Lösung aber v. a. die anschließende Frage, auf welche Weise die Anteile an der neuen durch die Abspaltung geschaffenen Gesellschaft an die Anteilseigner ausgekehrt werden können. Anders als bei der Ausgliederung sollte in den »**echten**« **Spaltungsfällen** auch der Gesellschafterkreis getrennt werden. Durch die zunächst vorgenommene Sachgründung aber war die abspaltende Gesellschaft Inhaber der Anteile an der neuen Gesellschaft.

13

Die **Praxis** hatte auch diesbezüglich **verschiedene Wege** eingeschlagen:[16]
- Zum einen wurde die **Tauschlösung** praktiziert, d. h. die abspaltende Gesellschaft tauschte die Anteile der Gesellschafter, die an der neuen Gesellschaft beteiligt werden sollen, mit diesen gegen ihre eigenen Anteile an der neuen Gesellschaft. Die abspaltende Gesellschaft erwarb dabei eigene Anteile.
- Eine andere Möglichkeit lag darin, dass die Anteile an der abspaltenden Gesellschaft eingezogen wurden. Als Gegenleistung für die Zustimmung zur **Einziehung** wurden den ausscheidenden Gesellschaftern die Anteile an der neuen Gesellschaft übertragen.
- Als dritte Möglichkeit schließlich konnte auch eine **Kapitalherabsetzung** vorgenommen werden, in deren Folge die Anteile an der neuen Gesellschaft anstelle der Geldauszahlung an die Gesellschafter, die ausscheiden sollen, übertragen wurden. Dieser letzte Weg war allerdings wegen des zu beachtenden Sperrjahres sehr langwierig. Dass die Einbringungsspaltung in vielen Fällen erhebliche Probleme bereiten oder gar scheitern konnte, lag an der Tatsache, dass es sich hierbei um einen Einzelübertragungsakt handelte. Für jeden Vermögensgegenstand,

---

14 Umwandlungssteuererlass 2011, Tz. 15.37.
15 Vgl. hierzu Mayer, DStR 1992, 129 ff.; Gäbelein, BB 1989, 1420 ff.; vgl. auch Hörtnagl, in: Stratz/Schmitt/Hörtnagl, § 123 UmwG Rn. 24.
16 Wegen weiterer Gestaltungsalternativen vgl. Fritz, Die Spaltung von Kapitalgesellschaften, S. 73 ff.

der in den abzuspaltenden Rechtsträger eingebracht werden sollte, musste die entsprechende Einzelübertragung nach den einschlägigen Vorschriften vorgenommen werden. Darüber hinaus mussten auch entsprechende vertragliche Verhältnisse übernommen werden, was nach § 415 BGB nur mit Zustimmung der jeweiligen Gläubiger möglich war.

III. Besonderheiten bei Ausgliederung

14 Ein Sonderfall der Spaltung ist die sog. **Ausgliederung**. Nach § 123 Abs. 3 UmwG ist die Ausgliederung dadurch gekennzeichnet, dass der übertragende Rechtsträger aus seinem Vermögen einen Teil ausgliedert zur Aufnahme auf einen bestehenden Rechtsträger oder zur Neugründung. Möglich ist auch die sog. **Totalausgliederung**, d. h. die vollständige Ausgliederung des Unternehmens auf eine Tochter. Die Mutter wird dadurch zur reinen Holding.[17]

15 Die Besonderheit im Vergleich zur Spaltung liegt bei der Ausgliederung darin, dass die Anteile, die als Gegenleistung für das übertragende Vermögen gewährt werden, nicht den Gesellschaftern der ausgliedernden Gesellschaft übertragen werden, sondern der ausgliedernden Gesellschaft selbst. Es findet daher keine Vermögensreduktion statt.[18] Die Literatur weist zu Recht darauf hin, dass sich die Ausgliederung hierdurch grundlegend von der Spaltung unterscheidet; die Beteiligungsverhältnisse der Anteilsinhaber am übertragenden Rechtsträger bleiben unberührt.[19] Die wissenschaftliche Diskussion hat diese Besonderheiten deutlich gemacht, nämlich dass die Ausgliederung **strukturelle Besonderheiten** ggü. den anderen Umwandlungsarten hat.[20]

Anders als bei der Spaltung vermindert sich auch das Gesellschaftsvermögen nicht, es findet nur ein **Aktivtausch** – Vermögensgegenstände gegen Anteile – statt. Die Ausgliederung ist daher im Grunde nur ein Sonderfall der Vermögensübertragung; z. T. wird sie als selbstständiges Rechtsinstitut eingeordnet,[21] wobei im Einzelnen noch unklar ist, welche rechtlichen Folgerungen aus dieser Feststellung zu ziehen sind. Besonders bei der Ausgliederung ist der Unterschied zur **Einzelübertragung und Einbringung im Wege der Sachkapitalerhöhung** oder bei der **Neugründung im Wege der Sacheinlage** am geringsten. Das wirtschaftliche Ergebnis einer Ausgliederung kann hierdurch ebenso erreicht werden. Auch in diesem Fall wird das auszugliedernde Vermögen in eine Gesellschaft im Wege der Sacheinlage übertragen. Die schwierigen Auskehrungskonstruktionen, die bei der früheren wirtschaftlichen Spaltung notwendig waren, entfallen bei der Ausgliederung, da die übertragende Gesellschaft selbst Gesellschafter der neuen Gesellschaft werden soll. Eine **umfangreiche wissenschaftliche Diskussion** hat nach einer Entscheidung des LG Karlsruhe[22] stattgefunden. Im Fall des LG Karlsruhe hatte die Badenwerk AG aufgrund von drei Ausgliederungs- und Einbringungsverträgen nach allgemeinem Gesellschaftsrecht im Wege der Einbringung ohne Anwendung des UmwG einen Großteil des Gesellschaftsvermögens auf drei zuvor neu gegründete Tochtergesellschaften übertragen. Die Badenwerk AG sollte nur noch als Holding-Gesellschaft fungieren. In einem Verfahren nach § 91a ZPO war das LG Karlsruhe der Auffassung, dass die Schutzvorschriften des UmwG zugunsten der Aktionäre insb. die Vorschriften

---

17 BAGE 145, 163 = ZIP 2013, 1433; BFH 7. 8. 2002, BFHE 199, 489 = NJW 2003, 1479; OLG Hamm, DStR 2010, 991 = NJW 2010, 2591; Kallmeyer/Sickinger, UmwG, § 123 Rn. 12; H. Schmidt, AG 2005, 26 ff.; Lutter/Teichmann, UmwG, § 123 Rn. 25; Hörtnagl, in: Stratz/Schmitt/Hörtnagl, § 123 UmwG Rn. 22 KölnerKommUmwG/Simon, § 123 UmwG Rn 27; Schwanna, in: Semler/Stengel, § 123 UmwG Rn. 17.
18 So Schwanna, in: Semler/Stengel, § 123 UmwG Rn. 16.
19 Vgl. Lutter/Teichmann, UmwG, § 123 Rn. 24; Kallmeyer/Sickinger, UmwG, § 123 Rn. 11 ff.; Schwanna, in: Semler/Stengel, § 123 UmwG Rn. 15 f.
20 Vgl. Schmidt, in: Habersack/Koch/Winter, Die Spaltung im neuen Umwandlungsrecht und ihre Rechtsfolgen, S. 15 ff.
21 So Lutter/Teichmann, UmwG, § 123 Rn. 24, Teichmann, ZGR 1993, 396, 400.
22 ZIP 1998, 385 = DB 1997, 120.

A. Einführung

über den Spaltungsbericht und eine evtl. gesondert zu erstellende Zwischenbilanz auch auf die Ausgliederung durch Einzelrechtsübertragung entsprechend anwendbar sind.

Das LG Karlsruhe knüpft dabei an die **Holzmüller-Rechtsprechung des BGH**[23] an. In dieser Entscheidung hat der BGH festgestellt, dass auch im Fall einer Einzelübertragung die Zustimmung der Hauptversammlung erforderlich ist, wenn die Ausgliederung einen wesentlichen Vermögensteil betrifft. Das LG Hamburg hatte im Fall »Wünsche« eine Erstreckung der Schutzmechanismen des UmwG in einem Fall verneint, in dem die beklagte Gesellschaft ihre sämtlichen Beteiligungen in drei Holding-Gesellschaften im Wege der Einzelübertragung ausgegliedert hatte.[24] Das LG Frankfurt am Main[25] hatte im Fall »Altana Milupa«, in dem es um einen Zustimmungsbeschluss der Hauptversammlung zur Veräußerung des gesamten Vermögens einer Tochtergesellschaft und die damit einhergehenden Beendigung einer Sparte des Konzerns ging, das Erfordernis, einen Strukturbericht zu erstellen, in der Hauptversammlung auszulegen und den Aktionären auf Wunsch zu übersenden, u. a. auf die Bestimmungen des UmwG gestützt. In der Literatur mehren sich auch teilweise die Stimmen, die eine entsprechende Anwendung der Schutzmechanismen des UmwG auf Ausgliederungen auch unter Hinweis auf die Holzmüller-Entscheidung des BGH bejahen.[26] Teilweise wird in der Rechtsprechung ein besonderes Informationsrecht der Gesellschafter in Anlehnung an das UmwG angenommen.[27] In der Literatur ist daher die Frage diskutiert worden, inwieweit bei vergleichbaren wirtschaftlichen Übertragungssituationen das **UmwG** mit seinen Institutionen insgesamt oder zumindest teilweise **entsprechend anzuwenden** ist.[28] Dass sich im Einzelfall aus allgemeinen gesellschaftsrechtlichen Grundsätzen Einschränkungen ähnlich den Schutzmechanismen des UmwG ergeben können, hat der BGH in den Entscheidungen »**Gelatine I**«[29] und »**Gelatine II**«[30] unter Anwendung der Grundsätze des »**Holzmüller-Urteils**«[31] festgestellt und ungeschriebene Mitwirkungsbefugnisse der Hauptversammlung bei Umstrukturierungen außerhalb des UmwG festgestellt. Auch das »**Macotron**«-Urt. v. 25.11.2002[32] deutete an, dass die **Vorschriften des UmwG nur eingeschränkt analogiefähig** seien. Im Urteil »Macotron II« vom 8.10.2013[33] hat der BGH entschieden, dass bei einem Widerruf der Zulassung der Aktie zum Handel im regulierten Markt auf Veranlassung der Gesellschaft die Aktionäre keinen Anspruch auf eine Barabfindung analog § 207 UmwG haben.[34] Auch

---

23 BGHZ 83, 122 ff. = NJW 1982, 1703.
24 LG Hamburg, DB 1997, 516.
25 ZIP 1997, 1698.
26 Vgl. bereits K. Schmidt, ZGR 1995, 675, 677; Lutter/Drygala, in: FS für Kropf, 1999, S. 191, 197; Altmeppen, DB 1998, 49, 51; für eine Einzelfallbetrachtung Lutter/Leinekugel, ZIP 1998, 225; Feil, ZIP 1998, 361, 366; vgl. auch die umfangreiche Diskussion in dem Tagungsband Habersack/Koch/Winter, Die Spaltung im neuen Umwandlungsrecht und ihre Rechtsfolgen, 1999; Scholz/Schneider, § 37 GmbHG Rn. 12; Lutter/Teichmann, UmwG, § 123 Rn. 28 ff.; Kallmeyer/Sickinger, § 123 UmwG Rn. 19.
27 OLG Stuttgart, DB 2001, 854.
28 Vgl. K. Schmidt, in: FS für Ulmer, 2003, S. 557, 574 f.; Kallmeyer, in: FS für Lutter, 2000, S. 1245 ff.; Schnorbus, DB 2001, 165; Widmann/Mayer, Umwandlungsrecht, Anhang 5 Einbringung Rn. 913 ff.; Hörtnagl, in: Stratz/Schmitt/Hörtnagl, § 123 UmwG Rn. 24; Lutter/Teichmann, UmwG, § 123 Rn. 28 ff.; Kallmeyer/Sickinger, § 123 UmwG Rn. 19.
29 NZG 2004, 575.
30 DStR 2004, 922.
31 BGHZ 83, 122.
32 ZIP 2003, 387; Vorinstanz OLG München, ZIP 2001, 700.
33 AG 2013, 877 = ZIP 2013, 2254 = DB 2013, 2672.
34 So auch Drygala/Staake, ZIP 2013, 905, 912; anders Wackerbarth, WM 2012, WM 2012, 2078; Kiefner/Gillessen, AG 2012 Seite 645, 653.

in der Literatur wird die Frage heftig diskutiert, von einer herrschenden Meinung kann zurzeit kaum gesprochen werden.[35]

16 **Bei sog. Gesamtvermögensgeschäften,** die auch im Rahmen von Einbringungsvorgängen vorliegen können, ist § 179a AktG zu beachten, wonach ein Vertrag, durch den sich eine Aktiengesellschaft zur Übertragung des ganzen Gesellschaftsvermögens verpflichtet, ohne dass die Übertragung unter die Vorschriften des Umwandlungsgesetzes fällt, auch dann eines Beschlusses der Hauptversammlung nach § 179 AktG bedarf, wenn damit nicht eine Änderung des Unternehmensgegenstandes verbunden ist.[36] Diese Vorschrift kann also eine Rolle spielen, wenn die Ausgliederung nicht nach UmwG, sondern im Wege der Einzelrechtsübertragung nach allgemeinen Prinzipien des Gesellschaftsrechts – **Sachgründung, Sachkapitalerhöhung** – stattfindet. Die Vorschrift des § 179a AktG bringt aber nach h.M. einen allgemeinen Rechtsgedanken des Gesellschaftsrechtes zum Ausdruck: Verträge einer Gesellschaft über ihr ganzes Vermögen sind nur wirksam, wenn ein Gesellschafterbeschluss vorliegt.[37] Die Vorschrift ist nach h.M. auch bei der GmbH und der Personengesellschaft entsprechend anwendbar.[38] Ob § 179a AktG auf der Ebene der Muttergesellschaft entsprechende Anwendung findet, wenn die Tochtergesellschaft ihr wesentliches Vermögen veräußert, ist höchstrichterlich nicht geklärt.[39] § 179a AktG stellt eine ausdrückliche gesetzliche Regelung derjenigen Leitgedanken dar, die die Rechtsprechung zur Annahme einer ungeschriebenen Anteilsinhaberversammlungszuständigkeit bei strukturverändernden Maßnahmen bewogen haben.[40] Streitig ist, ob der Zustimmungsbeschluss notariell beurkundet werden muss: Bei AG folgt dies aus § 130 AktG, bei der GmbH wird überwiegend § 53 Abs. 2 Satz 1 GmbHG analog angewendet.[41]

▶ Hinweis:

17 Die Praxis muss daher im Einzelfall immer und zwar insb. wenn wertvolle und bedeutende Geschäftsbereiche ausgegliedert werden, prüfen, ob nicht eine entsprechende Anwendung der Ausgliederungsvorschriften geboten ist, insbesondere, ob ein Beschluss der Anteilsinhaber erforderlich ist. Im Einzelfall kann es sich dann empfehlen, von vornherein den Weg der Ausgliederung nach dem UmwG zu wählen, um rechtliche Risiken auszuschließen.[42]

---

35 Vgl. die Diskussionsbeiträge von Aha, AG 1997, 345; Lutter/Drygala, in: FS für Kropp, 1997, S. 191 ff.; Lutter/Leinekugel, ZIP 1998, 225; Emmerich, AG 1998, 151; Heckschen, DB 1998, 1385; Bungert, NZG 1998, 367; sowie die verschiedenen Beiträge im Tagungsband Habersack/Koch/Winter, Die Spaltung im neuen Umwandlungsrecht und ihre Rechtsfolgen; K. Schmidt, in: FS für Ulmer, 2003, S. 557, 574 f.; Kallmeyer, in: FS für Lutter, 2000, S. 1245 ff.; Schnorbus, DB 2001, 165; Weißhaupt, AG 2004, 585 ff.; Widmann/Mayer, Umwandlungsrecht, Anhang 5 Einbringung Rn. 913 ff.
36 Vgl. zu den sog. **Gesamtvermögensgeschäften** Weber, DNotZ 2018, 96 ff; Eschwey, MittBayNot 2018, 299 ff.; Decker, NZG 2018, 447 ff.; Staab/Barthen, ZInsO 2018, 833 ff.; Hüren, RNotZ 2014, 77 ff.
37 Vgl. OLG Düsseldorf, NGZ 2016, 589, 590; Weber, DNotZ 2018, 96; Eschwey, MittBayNot 2018, 299 ff.; Decker, NZG 2018, 447 ff.; Weitnauer, GWR 2018, 1 ff.; Hüren, RNotZ 2014, 77 ff.
38 Vgl. BGH DNotZ 1995, 961 = NJW 1995, 596; Eickelberg/Mühlen, NJW 2011, 2476, 2479; Harbarth in MünchKommGmbHG, § 53 Rn. 229; Hoffmann in Michalski/Heidinger/Leible/J. Schmidt, GmbHG § 53 Rn. 165; Weber DNotZ 2018, 96, 97, 120 ff. Großkomm HGB/Hüffer, § 22 Rn. 30 f.; Großkomm HGB/Habersack § 126 Rn. 16; K. Schmidt ZGR 1995, 675, 679 ff.; K. Schmidt GesR § 13 I 4 b; Priester ZHR 163 (1999), 187, 194; Stellmann/Stoeckle WM 2011, 1983 f.; Leitzen NZG 2012, 491, 493 ff.; Hermanns DNotZ 2013, 9, 11; K. Schmidt/Lutter/Seibt Rn. 4; Grigoleit/Ehmann Rn. 2; aM Grunewald GesR § 2 Rn. 23; Hadding, FS Lutter, 2000, 851, 862 ff. mwN; Großkomm HGB/Burgard § 22 Rn. 39 ff., 41.
39 Vgl. Weber DNotZ 2018, 120.
40 Weitnauer, GWR 2018, 1, 2.
41 Eickelberg/Mühlen, NJW 2011, 2476, 2481; Scholz/Priester/Veil, GmbHG, § 53 Rn. 176; MünchKommGmbHG/Harbarth, § 53 Rn. 229; Stellmann/Stoeckle, WM 2011, 1983, 1987.
42 Vgl. auch zur Kompetenzverteilung Ettinger/Reich, GmbHR 2007, 617.

A. Einführung

IV. Betriebsaufspaltung

Eine Betriebsaufspaltung liegt vor, wenn eine Gesellschaft in eine **Besitz- und eine Betriebsgesellschaft** gespalten wird, bei dem die Besitzgesellschaft das wertvolle Anlagevermögen, i. d. R. Betriebsgrundstücke, zurückbehält, während das Umlaufvermögen auf eine i. d. R. neu gegründete Kapitalgesellschaft übertragen wird. Bisher stand hierfür nur die **Einbringung mit Einzelrechtsübertragung** oder der **Verkauf mit Einzelrechtsübertragung** zur Verfügung. Im ersteren Fall handelte es sich also um eine Sachgründung. Nach der Neuregelung kann die Betriebsaufspaltung auch im Wege der **Gesamtrechtsnachfolge durch Ausgliederung aus dem Vermögen eines Einzelkaufmanns** (§§ 152 ff. UmwG) oder sonst im Wege der **Auf- oder Abspaltung**, also jeweils mit **partieller Gesamtrechtsnachfolge**, begründet werden. Kein Hindernis ist hierbei, dass kein Teilbetrieb übertragen wird, weil die wesentlichen Betriebsgrundlagen bei dem Besitzunternehmen bleiben. Für die gesellschaftsrechtliche Spaltung wird keine Qualifikation des übertragenen Vermögens als Teilbetrieb vorausgesetzt.

18

V. Abwägung

Wegen dieser Wahlfreiheit, insb. bei der Ausgliederung, muss die **Verwaltung jeweils entscheiden**, welchen Weg sie wählt. Allgemein ist dabei festzuhalten, dass bei der Ausgliederung die Vermeidung des UmwG viel näher liegt als bei der Auf- und Abspaltung. Insb. bei kleinen Vermögensteilen stellt sich der Weg über das UmwG als umständlicher dar.[43]

19

Die **Nachteile des UmwG für die Ausgliederung**[44] bestehen in der:
- Formalisierung des Ausgliederungsverfahrens,
- zwingenden und betraglich unbeschränkten Haftung (§ 113 UmwG).

20

Die **Ausgliederung** im Wege der Gesamtrechtsnachfolge hat allerdings **Vorteile**, wenn eine Vertragsübernahme im größeren Umfang erfolgt. Bei der Einzelrechtsübertragung ist die Zustimmung der jeweiligen Vertragspartner notwendig. Diese Verträge können bei der Ausgliederung nach dem UmwG auch mit Wirkung im Außenverhältnis auf die Betriebsgesellschaft übergeleitet werden, ohne dass eine Zustimmung der Vertragspartner notwendig ist.[45] Vorteilhaft kann daher die Ausgliederung sein, wenn etwa langfristige Geschäftsraum-Mietverträge oder Darlehensverträge mit Dritten abgeschlossen wurden.[46]

21

VI. Spaltung nach dem UmwG

1. Grundkonzeption der Spaltung

Ebenso wie bei dem Treuhandspaltungsgesetz wurde mit Inkrafttreten des UmwG am 01.01.1995 **erstmals** im deutschen Recht das **Rechtsinstitut der partiellen Gesamtrechtsnachfolge** im Gesetz eröffnet.[47] Die **Nachteile der Einzelrechtsnachfolge** werden hierdurch vermieden, die

22

---

43 Vgl. auch Kallmeyer/Sickinger, § 123 UmwG Rn. 17 ff., 21; Lutter/Teichmann, UmwG, § 123 Rn. 28 ff.
44 Vgl. auch Schwanna, in: Semler/Stengel, § 123 UmwG Rn. 4.
45 Vgl. Kallmeyer/Sickinger, § 123 UmwG Rn. 17; OLG Dresden, WM 2007, 1273 f.; Schwanna, in: Semler/Stengel, § 123 UmwG Rn 3.
46 Vgl. OLG Karlsruhe, NZG 2009, 315 = GmbHR 2008, 1219.
47 Vgl. zu dieser Begrifflichkeit OLG Hamm RNotZ 2014, 507 = NZG 2014, 783; OLG Hamm, DStR 2010, 991 = NJW 2010, 2591; OLG Karlsruhe NZG 2009, 315 = GmbHR 2008, 1219; Hörtnagl, in: Stratz/Schmitt/Hörtnagl, § 123 UmwG Rn. 3; Widmann/Mayer/Schwarz, Umwandlungsrecht, § 123 UmwG Rn. 413; Kallmeyer/Sickinger, UmwG, § 123 Rn. 2; Schmidt, in: Habersack/Koch/Winter, Die Spaltung im neuen Umwandlungsrecht und ihre Rechtsfolgen, S. 11; Lutter/Teichmann, UmwG, § 123 Rn. 8 ff.; Zöllner, ZGR 1995, 335, 339; Gutachten DNotI-Report 2011, 104; vgl. allerdings § 58 UmwG i. d. F. vor 1995, wo bei der Umwandlung eines Einzelkaufmanns funktional eine partielle Gesamtrechtsnachfolge stattfand.

Gesellschafter können durch einen Gesamtakt Abspaltung bzw. Aufspaltung und Neugründung der neuen Rechtsträger bewirken. Auch der geschilderte schwierige Akt der Auskehrung der Anteile an die Anteilseigner entfällt, da bei der Spaltung als Gesamtrechtsnachfolge die Anteilsinhaber des übertragenen Rechtsträgers als Gegenleistung für die Übertragung direkt die Anteile am neuen Rechtsträger erwerben. Liegen die Voraussetzungen einer derartigen Ausgliederung vor, so richten sich deren Wirkungen nach den allgemeinen spaltungsrechtlichen Vorschriften, insbesondere § 131 UmwG.[48] Dann geht das ausgegliederte Vermögen auf den übernehmenden Rechtsträger über.[49] Einigkeit besteht darüber, dass die Tatbestände, die die dingliche Einzelrechtsnachfolge unmittelbar regeln, für die Spaltung nicht gelten, etwa die dinglichen Übertragungsvorschriften wie §§ 398, 873, 925, 929.[50]

23 In § 123 UmwG werden die **verschiedenen Arten der Spaltung** definiert:
– **Aufspaltung:** Der übertragende Rechtsträger wird aufgelöst, ohne dass eine Liquidation notwendig ist; das Vermögen wird auf die neuen Rechtsträger im Wege der partiellen Gesamtrechtsnachfolge gegen Gewährung von Anteilen an die Anteilsinhaber des übertragenden Rechtsträgers übertragen.
– **Abspaltung:** Der übertragende Rechtsträger spaltet nur einen Teil seines Vermögens auf den anderen erwerbenden Rechtsträger ab, besteht aber daneben weiter. Die Anteilsinhaber sind dann an beiden Rechtsträgern direkt beteiligt.
– **Ausgliederung:** Der Rechtsträger kann auch Teile seines Vermögens auf eine Tochtergesellschaft ausgliedern, d. h. die Anteile an der Tochtergesellschaft werden nicht in das Vermögen der eigenen Anteilsinhaber übertragen, sondern bleiben im Vermögen des übertragenden Rechtsträgers. Es entsteht also hierdurch ein Konzernverhältnis.

▶ Hinweis:

24 Aufspaltung, Abspaltung und Ausgliederung können sowohl auf einen bestehenden Rechtsträger erfolgen oder auch, was in der Praxis wohl häufig der Fall ist, auf einen erst durch die Abspaltung neu zu gründenden (Sachgründung) Rechtsträger.

2. Besondere Problembereiche

25 Die dogmatischen und rechtstechnischen Einzelfragen der Spaltung sind, wie auch die Diskussion um das Spaltungstreuhandgesetz und die praktischen Erfahrungen gezeigt haben, vielfältig. Nachfolgend sollen daher nur **einige wichtige Problembereiche** behandelt werden, die in der Diskussion bisher eine wichtige Rolle gespielt haben.

a) Parteiautonomie im Spaltungsrecht

26 Das Herzstück der Spaltung ist der in § 126 UmwG geregelte Spaltungs- und Übernahmevertrag, der dem Verschmelzungsvertrag nachgestaltet ist. § 126 Abs. 1 Nr. 1 UmwG bestimmt, dass im Spaltungsvertrag die Gegenstände des Aktiv- und Passivvermögens, die an jeden der übernehmenden Rechtsträger übertragen werden, sowie die übergehenden Betriebe und Betriebsteile unter der Zuordnung zu den übernehmenden Rechtsträgern genau bezeichnet und aufgeteilt werden müssen. Anders als der RefE v. 15.04.1992, der als § 123 Abs. 5 noch die Einschränkung vorsah, dass die Spaltung nicht zulässig ist, wenn im Wesentlichen nur ein einzelner Gegenstand übertragen oder eine einzelne Verbindlichkeit übergeleitet werden soll, sieht das UmwG **keinerlei gesetzliche**

---
[48] OLG Frankfurt MittBayNot 2018, 385 = FGPrax 2018, 9; KölnKom/UmwG/Simon, § 155 UmwG Rn. 1.
[49] Vgl. OLG Brandenburg, Rpfleger 2014, 75; Wachter, EWiR 2014, EWIR Jahr 2014 Seite 43; Semler/Stengel/Seulen, § 152 Rr. 82; Schöner/Stöber, Grundbuchrecht Rn. 995b, 995f.
[50] BeckOGK/Wiersch UmwG § 131 Rn. 4, 8; Schmitt/Hörtnagl/Stratz/Hörtnagl UmwG § 131 Rn. 4.

A. Einführung

Beschränkung der Parteiautonomie bei der Ausgestaltung der Übertragung vor.[51] Im Grundsatz ist dies zu begrüßen, da die Beschränkung auf einen einzelnen Gegenstand nicht unbedingt eine sachlich sinnvolle Grenze darstellte, da oft ein einzelner Gegenstand auch einen großen Teil des Vermögens, wenn nicht gar den wesentlichen Teil des Unternehmens, ausmachen kann. Bei der Betriebsaufspaltung kann bekanntlich im steuerrechtlichen Sinn bereits ein einzelnes Grundstück eine wesentliche Betriebsgrundlage darstellen.

Dass mit einer soweit gehenden Vertragsfreiheit allerdings auch **Probleme des Gläubigerschutzes** 27 verbunden sein können, wurde in der Literatur bereits ausführlich nachgewiesen.[52] Die bisher herrschende Meinung geht allerdings ohne Weiteres davon aus, dass es auch möglich ist, nur einen einzelnen Vermögensgegenstand zu übertragen.[53]

Zu beachten ist allerdings, dass eine **steuerneutrale Übertragung** nach den §§ 15 Abs. 1, 20 28 Abs. 1 und 24 Abs. 1 UmwStG nur möglich ist, wenn ein Betrieb oder Teilbetrieb im steuerrechtlichen Sinn übertragen wird (vgl. dazu oben Teil 3 Rdn. 8). Die Übertragung von einzelnen Vermögensgegenständen führt daher immer zur **Aufdeckung stiller Reserven** und dürfte daher in der Praxis eher selten sein.[54] Auch im Arbeitsrecht können Arbeitsverhältnisse und Betriebe und Betriebsteile an sich willkürlich zugeordnet werden. Dabei spielt jedoch § 613a Abs. 1 Satz 1 BGB eine wichtige Rolle. Danach gehen beim Übergang von Betrieben oder Betriebsteilen die bei diesen bestehenden Arbeitsverhältnissen zwingend mit über. § 613a BGB hat Vorrang vor einer abweichenden Festsetzung im Spaltungsvertrag.[55] Die **Zuweisung bestehender Arbeitsverhältnisse** erfolgt also zwingend mit der Zuweisung des Betriebes, dem der betreffende Arbeitnehmer angehört. Umstritten ist, ob eine abweichende Zuordnung mit Zustimmung des Arbeitnehmers möglich ist.[56] Steuerrechtlich ist schließlich etwaiges **Sonderbetriebsvermögen bei Personengesellschaften** zu beachten. Bei der Spaltung wird dieses im Eigentum des oder der Gesellschafter stehende Vermögen nicht erfasst. Die Steuerneutralität ist dann gefährdet.[57]

b) Gläubigerschutz bei der Spaltung

Der eng mit der Vertragsfreiheit im o. g. Sinn zusammenhängende Problemkreis des Gläubiger- 29 schutzes bei der Spaltung soll v. a. durch eine **gesamtschuldnerische Haftung** in § 133 UmwG geregelt werden. Für die Verbindlichkeiten des übertragenden Rechtsträgers, die vor dem Wirksamwerden der Spaltung begründet worden sind, sollen die an der Spaltung beteiligten Rechtsträger als Gesamtschuldner haften. Ergänzt wird dies durch die **Verweisung auf § 22 UmwG**: der

---

51 Vgl. OLG Hamm, DStR 2010, 991 = NJW 2010, 2591; OLG Karlsruhe, NZG 2009, 315 = GmbHR 2008, 1219; Lutter/Priester, UmwG, § 126 Rn. 59; Hörtnagl, in: Stratz/Schmitt/Hörtnagl, § 126 UmwG Rn. 64; KölnerKommUmwG/Simon, § 123 Rn 11; Schmidt, AG 2005, 26; Schröer, in: Semler/Stengel, § 126 UmwG Rn. 28; Heidenhain, NJW 1995, 2873, 2876; Widmann/Mayer/Mayer, § 126 UmwG Rn. 61.
52 Vgl. Kleindiek, ZGR 1992, 513 ff.; Teichmann, ZGR 1993, 396, 403 ff.
53 Vgl. Widmann/Mayer/Schwarz, Umwandlungsrecht, § 123 UmwG Rn. 4.1.2; Lutter/Priester, UmwG, § 126 Rn. 70; Widmann/Mayer/Mayer, § 126 UmwG Rn. 61; Schröer, in: Semler/Stengel, § 126 UmwG Rn. 28; Ittner, MittRhNotK 1997, 105, 114; Karollus, in: Lutter, Kölner Umwandlungsrechtstage 1995, S. 157, 159 ff.
54 Lutter/Priester, UmwG, § 126 Rn. 70; Widmann/Mayer/Mayer, § 126 UmwG Rn. 61; Schröer, in: Semler/Stengel, § 126 UmwG Rn. 28; Hörtnagl, in: Stratz/Schmitt/Hörtnagl, § 126 UmwG Rn. 64.
55 Vgl. Lutter/Joost, UmwG, § 323 Rn. 22; Hergenröder, RdA 2007, 218 ff.; Dorp/Link, AuA 2009, 588; Ittner, MittRhNotK 1997, 114; Willemsen, Umstrukturierung und Übertragung von Unternehmen, S. 673 ff.; Widmann/Mayer/Vossius, Umwandlungsrecht, § 131 UmwG Rn. 51 ff.; Joost, ZIP 1995, 976, 980.
56 Bejahend Widmann/Mayer/Vossius, Umwandlungsrecht, § 131 Rn. 51 ff.; verneinend Joost, ZIP 1995, 976, 980.
57 Vgl. unten Teil 7 Rdn. 350 ff. und BFH, BStBl. 1996 II, S. 342; Widmann/Mayer/Mayer, Umwandlungsrecht, § 20 UmwStG Rn. 98.

Anspruch der Gläubiger auf Sicherheitsleistung, wobei zur Sicherheitsleistung nur der an der Spaltung beteiligte Rechtsträger verpflichtet ist, gegen den sich der Anspruch richtet. Die gesamtschuldnerische Haftung wird allerdings auf einen Fünf-Jahres-Zeitraum für den Rechtsträger begrenzt, der nach dem Spaltungsplan nicht der originäre Gläubiger sein soll. Diese zeitliche Haftungsbegrenzung ist an das Nachhaftungsbegrenzungsgesetz angelehnt, das für den gesamten Bereich des Gesellschaftsrechts die Frage der Nachhaftung regelt.

30 In der Literatur wurde die Frage, auf welche Weise am **sachgerechtesten der Gläubigerschutz** angesichts der umfänglichen Vertragsfreiheit bei der Verteilung des Aktiv- und Passiv-Vermögens ausgestaltet werden soll, bereits eingehend diskutiert.[58] Das UmwG 1995 schaffte hier im Vergleich zum vorhergehenden RefE oder gar zum DiskE eine wesentliche Verbesserung der Gläubigerstellung. Während der DiskE Gläubigerschutz durch Sicherheitsleistung erreichen wollte, ergänzte der RefE dies durch eine gesamtschuldnerische Haftung, allerdings begrenzt für Verbindlichkeiten, die vor dem Wirksamwerden der Spaltung entstanden und fällig geworden sind. Die Beschränkung auf fällige Forderungen aber stellte eine kaum zu rechtfertigende Schlechterstellung von Gläubigern unter Anknüpfung an das zufällige Element der Fälligkeit dar. Das UmwG hat demgemäß dies nunmehr zu Recht gestrichen. Die **gesamtschuldnerische Haftung** tritt für alle Verbindlichkeiten ein, sofern sie vor dem Wirksamwerden der Spaltung begründet worden sind.

c) Minderheitenschutz und nicht verhältniswahrende Spaltung

31 Die im Spaltungsvertrag eröffnete Vertragsfreiheit betrifft nicht nur die Aufteilung des Aktiv- und Passiv-Vermögens, sondern auch die **Aufteilung der Anteile oder Mitgliedschaften** jedes der übernehmenden Rechtsträger auf die Anteilsinhaber des übertragenden Rechtsträgers sowie den Maßstab für die Aufteilung (§ 126 Abs. 1 Nr. 10 UmwG). Die hierdurch eröffnete Möglichkeit jedenfalls im Bereich der Kapitalgesellschaften die Spaltung durch einen Mehrheitsbeschluss zu erreichen (GmbH, AG: §§ 50, 65, 3/4 Mehrheit), weist auf den Problembereich des Minderheitenschutzes hin: Die Mehrheit könnte die Minderheit im Wege der Abspaltung mit minderwertigen Vermögensgegenständen abfinden. In § 128 UmwG wird diesem Problem durch eine Zustimmungspflicht aller Anteilsinhaber des übertragenden Rechtsträgers, auch der nicht Erschienenen (§ 13 Abs. 3 UmwG) geregelt. Eine »Hinausdrängung« der Minderheitsgesellschafter wird hierdurch verhindert. Dennoch können auch durch verhältniswahrende Spaltungen die Interessen der Gesellschafter empfindlich beeinträchtigt werden, dies wurde durch die Holzmüller-Entscheidung[59] und das Opel-Urteil[60] deutlich. Diese Frage wurde allerdings vom UmwG nicht aufgegriffen, sondern soll der weiteren Entwicklung in der Rechtsprechung überlassen bleiben. Die Überlegungen zur Sachkontrolle von strukturändernden Beschlüssen, wie sie die Rechtsprechung und Literatur entwickelt hat, wird man daher bei jeder Spaltung im Auge haben müssen.

VII. Spaltungsfähige Rechtsträger

32 Die **spaltungsfähigen Rechtsformen** werden im Gesetz abschließend aufgezählt. § 124 UmwG verweist dazu zunächst auf § 3 Abs. 1 UmwG. Danach können an einer Spaltung als übertragende, übernehmende oder neue Rechtsträger grds. beteiligt sein (vgl. auch oben Teil 2 Rdn. 42 ff.):
– Personenhandelsgesellschaften (OHG, KG, einschließlich GmbH & Co. und EWIV) sowie Partnerschaftsgesellschaften, mit Inkrafttreten des Gesetzes zur Einführung einer Partnerschaftsgesellschaft mit beschränkter Berufshaftung und zur Änderung des Berufsrechts der Rechtsanwälte, Patentanwälte, Steuerberater und Wirtschaftsprüfer am 19. Juli 2013[61] wurde

---

58 Vgl. v. a. Kleindiek, ZGR 1992, 512 ff.
59 BGHZ 83, 122.
60 BGHZ 106, 54.
61 BGBl. I S. 2386.

A. Einführung

im PartGG durch Einfügen der §§ 4 Abs. 3 und 8 Abs. 5 sowie der Neufassung des § 7 Abs. 5 die PartGmbB geschaffen. Das OLG Nürnberg[62] hat klargestellt, dass es sich dabei nicht um eine eigene Rechtsform, sondern nur eine Rechtsformvariante einer Partnerschaftsgesellschaft nach dem PartGG handelt und nicht um eine andere Rechtsform,[63]
– Kapitalgesellschaften (GmbH, AG, KGaA), eingeschränkt Unternehmergesellschaft: Bei der durch das am 01.11.2008 in Kraft getretene Gesetz zur Modernisierung des GmbH-Rechts und zur Bekämpfung von Missbräuchen (MoMiG) neu eingeführten Unternehmergesellschaft handelt es sich nicht um die neue Rechtsform einer Kapitalgesellschaft, sondern um eine Variante der GmbH, die mit Ausnahme der Sonderregelung des § 5a GmbHG allen Vorschriften des gesamten deutschen Rechts, die die GmbH betreffen, unterliegt.[64] Da somit auf die Unternehmergesellschaft die für die GmbH geltenden Rechtsvorschriften Anwendung finden und lediglich die sich aus § 5a GmbHG ergebenden Besonderheiten zu beachten sind, können grds. auch die Vorschriften des UmwG auf die UG Anwendung finden. Deshalb ist sie auch wie die GmbH grds. umwandlungs- auch spaltungsfähig, obwohl sie nicht ausdrücklich im UmwG genannt ist.[65] Als **übertragender Rechtsträger** kann die UG grds. wie die GmbH an einer Spaltung beteiligt sein.[66] Anders ist es für die UG als **Zielrechtsträger**: Bei dieser Variante ergeben sich deutliche **Einschränkungen aus der Vorschrift des § 5a Abs. 2 Satz 2 GmbHG**, die viele Umwandlungsvarianten mit der UG als Zielrechtsträger verhindern.[67] Dort ist ausdrücklich bestimmt, dass bei der UG Sacheinlagen ausgeschlossen sind (zu den Konsequenzen vgl. Erläuterungen bei Teil 2 Rdn. 911 ff.). Keine Probleme ergeben sich, wenn keine Kapitalerhöhung erforderlich ist oder das Stammkapital auf das Mindestkapital von 25.000 € erhöht wird (vgl. Teil 2 Rdn. 911 ff.).
– eingetragene Genossenschaften und genossenschaftliche Prüfungsverbände,
– eingetragene Vereine,
– Versicherungsvereine auf Gegenseitigkeit.

Aus den in Teil 2 Rdn. 1306 ff. erläuterten Gründen können **wirtschaftliche Vereine** nur als 33 übertragende Rechtsträger an Spaltungsvorgängen beteiligt sein.

Weiter gezogen ist der Kreis der Rechtsträger, die eine Ausgliederung vornehmen können. Diese 34 Möglichkeit ist auch **Einzelkaufleuten** und **Stiftungen** eingeräumt.

Ferner können Unternehmen, die als **Regie- oder Eigenbetriebe** von Gebietskörperschaften oder 35 Zusammenschlüssen von Gebietskörperschaften betrieben werden, ausgegliedert und damit rechtlich verselbstständigt werden.

Umstritten ist, inwieweit eine **Spaltung oder Aufgliederung auf eine Vorgesellschaft** erfolgen 36 kann. Es ist zwar allgemein anerkannt, dass die Vor-GmbH selbstständiger Träger von Rechten und Pflichten sein kann und sich auch an anderen Gesellschaften beteiligen kann.[68] Ob dies allerdings auch im Umwandlungsrecht gilt, ist umstritten, aber zu bejahen. Es wird die Auffassung vertreten, dass nur die eingetragene Gesellschaft an einem Umwandlungsvorgang beteiligt sein

---

62 FGPrax 2014, 127 = DNotZ 2014, 468 = RNotZ 2014, 390.
63 Ebenso Schäfer in: MünchKomm-BGB, § 8 PartGG Rn. 41, 42.
64 Vgl. BT-Drucks. 16/6140, S. 31 und BT-Drucks. 16/9737, S. 95.
65 Vgl. Schröer, in: Semler/Stengel, § 124 UmwG Rn. 8a; Hörtnagl, in: Stratz/Schmitt/Hörtnagl, § 124 UmwG, Rn. 14;. Lutter/Teichmann, UmwG, § 124 Rn. 2; Bormann, GmbHR 2007, 897, 899; Freitag/Riemenschneider, ZIP 2007, 1485, 1491; Veil, GmbHR 2007, 1080, 1084; Berninger, GmbHR 2010, 63; Hennrichs, NZG 2009, 1161; Heinemann, NZG 2008, 820; Meister, NZG 2008, 767; Gasteyer, NZG 2009, 1364, 1367.
66 Kallmeyer/Marsch-Barner, § 3 UmwG Rn. 9; Lutter/Teichmann, UmwG, § 124 Rn. 2; Wicke, GmbHG, § 5a Rn. 16; Freitag/Riemenschneider, ZIP 2007, 1485, 1491.
67 Vgl. Lutter/Drygala, UmwG, § 3 Rn. 12.
68 Vgl. hierzu DNotI-Report 1997, 99 ff.

kann, da § 3 Abs. 1 Nr. 2 UmwG seinem Wortlaut nach eine Kapitalgesellschaft als solche voraussetzt und dafür die Eintragung konstitutiv ist.[69] Die mittlerweile überwiegende gegenteilige Auffassung räumt zwar ein, dass der Wortlaut des Gesetzes gegen die Umwandlungsfähigkeit der Vor-Gesellschaft spreche, jedoch dieser bereits dem Recht der Gesellschaft unterliegen und daher als verschmelzungsfähiger bzw. spaltungsfähiger Rechtsträger anerkannt werden müsse. Nach richtiger Auffassung kann bereits die Vorgesellschaft an einer Verschmelzung bzw. Spaltung beteiligt sein.[70]

B. Checkliste für die Spaltung von Rechtsträgern nach dem UmwG

▶

37 ❑ **Spaltungsart**
§ 123

- **Aufspaltung** → § 123 Abs. 1
  – zur Aufnahme Nr. 1
  – zur Neugründung Nr. 2
- **Abspaltung** → § 123 Abs. 2
  – zur Aufnahme Nr. 1
  – zur Neugründung Nr. 2
- **Ausgliederung** → § 123 Abs. 3
  – zur Aufnahme Nr. 1
  – zur Neugründung Nr. 2

❑ **Spaltungsmöglichkeiten unter Beteiligung folgender Rechtsträger**
§ 124 Abs. 1 i. V. m. § 3 Abs. 1, Abs. 3 und Abs. 4

- **Aufspaltung, Abspaltung und Ausgliederung:**
  – Offene Handelsgesellschaft (OHG) und Kommanditgesellschaft (KG) → § 124 Abs. 1 i. V. m. §§ 3 Abs. 1, 125 i. V. m. § 39; 135
  – Partnerschaft → § 124 Abs. 1 i. V. m. §§ 3 Abs. 1, 125 i. V. m. § 45a; § 135
  – Gesellschaft mit beschränkter Haftung (GmbH) → § 124 Abs. 1 i. V. m. § 3 Abs. 1; § 135
  – Aktiengesellschaft (AG) → § 124 Abs. 1 i. V. m. § 3 Abs. 1; §§ 135, 141
  – Kommanditgesellschaft auf Aktien (KGaA) → § 124 Abs. 1 i. V. m. § 3 Abs. 1; 125 i. V. m. § 78; §§ 135, 141
  – eingetragene Genossenschaft (e. G.) → § 124 Abs. 1 i. V. m. § 3 Abs. 1; §§ 135, 147
  – eingetragener Verein (e. V.) → § 124 Abs. 1 i. V. m. § 3 Abs. 1; §§ 135, 149
  – genossenschaftliche Prüfungsverbände → § 124 Abs. 1 i. V. m. § 3 Abs. 1; §§ 135, 150
  – Versicherungsvereine auf Gegenseitigkeit (VVaG) → § 124 Abs. 1 i. V. m. § 3 Abs. 1; §§ 135, 151

---

[69] So noch Dehmer, UmwG, UmwStG, 2. Aufl. 1995, § 3 UmwG Rn. 16.
[70] So zu Recht Bayer, ZIP 1997, 1613, 1614; K. Schmidt, ZGR 1990, 580, 592; Widmann/Mayer/Fronhöfer, Umwandlungsrecht, § 3 UmwG Rn. 74 ff.; Heckschen, DB 1998, 1385, 1388; Stengel in: Semler/Stengel, § 3 UmwG Rn. 48; ausführlich auch K. Schmidt, in: FS für Zöllner, 1999, S. 521, 527 f.; er spricht von der vorweggenommenen Verschmelzung; a. A. Lutter/Drygala, UmwG, § 3 Rn. 7; vgl. eingehend zur gleichen Problematik bei der Verschmelzung Teil 2 Rdn. 31, Teil 2 Rdn. 50, Teil 2 Rdn. 250.

- Nur Ausgliederung:
  - wirtschaftlicher Verein → § 124 Abs. 1; §§ 135, 149
  - Einzelkaufmann → § 124 Abs. 1; §§ 135, 152, 158
  - rechtsfähige Stiftungen → § 124 Abs. 1; §§ 135, 161
  - Gebietskörperschaften und deren Zusammenschlüsse → § 124 Abs. 1; §§ 135, 168

❏ **Abschluss eines Spaltungs- und Übernahmevertrages (Spaltung zur Aufnahme, § 125 i. V. m. §§ 4 und 36) oder Aufstellung eines Spaltungsplans (Spaltung zur Neugründung, § 136)**

- **Mindestinhalt** sowie zusätzlich bei → **§§ 126, 136, 125 i. V. m. §§ 29 Abs. 1, 35 und 37**
  - OHG, KG → § 125 i. V. m. § 40; § 135
  - Partnerschaft → § 125 i. V. m. § 45b; § 135
  - GmbH → § 125 i. V. m. §§ 46, 56; § 135
  - e. G. → § 125 i. V. m. §§ 80, 96; § 135
  - VVaG → § 125 i. V. m. §§ 110, 114; § 135
- **Notarielle Beurkundung** → **§ 125 i. V. m. 6; §§ 135, 136**
- **Kündigung des Vertrages** → **§ 125 i. V. m. 7; § 135**
- Zuleitung von Spaltungs und Übernahmevertrag oder Spaltungsplan an den Betriebsrat → § 126 Abs. 3; §§ 135, 136

❏ **Unterrichtungs- und Bekanntmachungspflichten betreffend den Spaltungsvertrag oder den Spaltungsplan**

- OHG, KG → § 125 i. V. m. § 42; § 135
- Partnerschaft → § 125 i. V. m. § 45c; § 135
- GmbH → § 125 i. V. m. §§ 47, 56; § 135
- AG → § 125 i. V. m. §§ 61, 73; § 135
- KGaA → § 125 i. V. m. 78, 61, 73; § 135
- VVaG → § 125 i. V. m. §§ 111, 114; § 135

❏ **Erstattung eines Spaltungsberichts**

§ 127 sowie zusätzlich bei

- OHG, KG → § 125 i. V. m. § 41; § 135
- Partnerschaft → § 125 i. V. m. § 45c; § 135
- e. K. → §§ 153, 158
- rechtsfähige Stiftungen → § 162
- Gebietskörperschaften und andere Zusammenschlüsse → § 169

❏ **Prüfung des Umtauschverhältnisses durch Spaltungsprüfer (nur für Aufspaltung und Abspaltung)**

§ 125 i. V. m. §§ 9 bis 12 und 36; § 135 sowie zusätzlich bei

- OHG, KG → § 125 i. V. m. § 44; § 135
- Partnerschaft → § 125 i. V. m. § 45e i. V. m. § 44; § 135
- GmbH → § 125 i. V. m. §§ 48, 56; § 135
- AG → § 125 i. V. m. §§ 60, 73; § 135; § 143
- KGaA → § 125 i. V. m. §§ 78, 60, 73; § 135; § 143
- e. G. → § 125 i. V. m. §§ 81, 96; § 135 (Gutachten des Prüfungsverbandes)
- e. V. → § 125 i. V. m. § 100; § 135
- wirtschaftlicher Verein → § 125 i. V. m. § 100; § 135

❏ **Vorbereitung des Spaltungsbeschlusses durch Unterrichtungspflichten**

- GmbH → § 125 i. V. m. §§ 49, 56; § 135

- AG → § 125 i. V. m. §§ 61, 63, 73; § 135; § 143
- KGaA → § 125 i. V. m. §§ 78, 61, 63, 73; § 135; § 143
- e. G. → § 125 i. V. m. §§ 82, 96; § 135
- e. V. → § 125 i. V. m. § 101; § 135
- genossenschaftliche Prüfungsverbände → § 125 i. V. m. §§ 106, 101; § 135
- VVaG → § 125 i. V. m. §§ 112, 114; § 135
- wirtschaftlicher Verein → § 125 i. V. m. § 101; § 135

❏ **Durchführung der Versammlung der Anteilsinhaber**
- AG → § 125 i. V. m. §§ 64, 73; § 135
- KGaA → § 125 i. V. m. §§ 78, 64, 73; § 135
- e. G. → § 125 i. V. m. §§ 83, 96; § 135
- e. V. → § 125 i. V. m. § 102; § 135
- genossenschaftliche Prüfungsverbände → § 125 i. V. m. §§ 102, 106; § 135
- VVaG → § 125 i. V. m. §§ 112, 114; § 135
- wirtschaftlicher Verein → § 125 i. V. m. § 102; § 135
- Gebietskörperschaften und andere Zusammenschlüsse → § 169

❏ **Beschluss der Anteilsinhaber, notariell beurkundet**
§§ 125 i. V. m. 13, 36; 135 sowie zusätzlich bei
- OHG, KG → § 125 i. V. m. § 43; § 135
- Partnerschaft → § 125 i. V. m. § 45d; § 135
- GmbH → § 125 i. V. m. §§ 50, 56, 59; § 135
- AG → § 125 i. V. m. §§ 65, 73 sowie §§ 62, 76; § 135
- KGaA → § 125 i. V. m. §§ 78, 65, 73 sowie §§ 62, 76; § 135
- e.G → § 125 i. V. m. §§ 84, 96; § 135
- e. V. → § 125 i. V. m. § 103; § 135
- genossenschaftliche Prüfungsverbände → § 125 i. V. m. §§ 106, 103; § 135
- VVaG → § 125 i. V. m. §§ 112, 116; § 135
- wirtschaftlicher Verein → § 125 i. V. m. § 103; § 135
- rechtsfähige Stiftungen → § 163
- Gebietskörperschaften und andere Zusammenschlüsse → § 169

❏ **Zustimmungserklärungen einzelner Anteilsinhaber, notariell beurkundet**
§§ 125 i. V. m. 13 Abs. 2 und 3, 36; 128, 135 sowie zusätzlich bei
- GmbH → § 125 i. V. m. §§ 50 Abs. 2, 51, 56; § 135
- KGaA → §§ 125 i. V. m. § 78 Satz 3; § 135

❏ **Klage gegen die Wirksamkeit des Spaltungsbeschlusses**
§§ 125 i. V. m. 14, 36; 135

❏ **Anmeldung der Spaltung bei den zuständigen Registern**
§§ 129, 125 i. V. m. 16, 35, 38; 137 sowie zusätzlich bei
- GmbH → § 140
- AG → § 146
- KGaA → § 146
- e. G. → § 148
- e. K. → § 160

❏ **Anlagen der Anmeldung**
§ 125 i. V. m. 17; 135 sowie zusätzlich bei

- AG → § 146 Abs. 2
- KGaA → § 146 Abs. 2
- e. G. → § 148 Abs. 2

❑ **Eintragung und Bekanntmachung der Spaltung in den zuständigen Registern**
§§ 130, 137, 125 i. V. m. § 35; § 135 sowie zusätzlich bei

- e. K. → §§ 154, 160 Abs. 2
- rechtsfähige Stiftungen → § 164

❑ **Wirksamwerden und Wirkungen der Spaltung**
§§ 131, 125 i. V. m. §§ 21, 28; § 135 sowie zusätzlich bei

- e. G. → § 125 i. V. m. §§ 87, 88; § 135
- e. K. → § 155
- Gebietskörperschaften und andere Zusammenschlüsse → § 171

❑ **Eröffnungsbilanzen nach der Spaltung**
§ 125 i. V. m. § 24; § 135

Beachte ferner:
❑ **Schutz der Anteilsinhaber**
- Nachbesserung des Umtauschverhältnisses bei Aufspaltung und Abspaltung → § 125 i. V. m. § 15; § 135
  sowie zusätzlich bei
  – e. G. → § 125 i. V. m. § 85; § 135
  – VVaG → § 125 i. V. m. § 113; § 135
  – Verfahren → §§ 305 bis 312

❑ **Barabfindung bei Wechsel der Beteiligungsart im Fall von Aufspaltung und Abspaltung**
§ 125 i. V. m. §§ 29 bis 31, 34, 36; §§ 133, 135 sowie zusätzlich bei

- KGaA → § 125 i. V. m. § 78 Satz 4; § 135
- e. G. → § 125 i. V. m. §§ 90 bis 94; 135 (Ausschlagungsrecht)
- e. V. → § 125 i. V. m. § 104a; § 135
- Verfahren → §§ 305 bis 312
- Schadensersatzansprüche
  – gegen Mitglieder der Vertretungs- und Aufsichtsorgane → § 125 i. V. m. §§ 25 bis 27, 70; § 135
  – gegen Spaltungsprüfer → § 125 i. V. m. § 11 Abs. 2; § 135

❑ **Schutz der Inhaber von Sonderrechten (»Verwässerungsschutz«)**
§ 125 i. V. m. §§ 23, 133 Abs. 2; § 135

❑ **Schutz der Gläubiger**
- Haftung → §§ 133, 134, 135
- Sicherheitsleistung → § 125 i. V. m. § 22; §§ 133, 135
- Fortdauer der persönlichen Haftung
- OHG, KG → § 125 i. V. m. § 45; § 135
- Partnerschaft → § 125 i. V. m. § 45e i. V. m. § 45; § 135
- e. G. → § 125 i. V. m. §§ 95, 96; § 135 (Nachschusspflicht)
- e. K. → §§ 156 bis 158
- rechtsfähige Stiftungen → §§ 166, 167
- Gebietskörperschaften und andere Zusammenschlüsse → §§ 172, 173
- Schadensersatzansprüche gegen Mitglieder der Vertretungs- und Aufsichtsorgane → § 125 i. V. m. §§ 25 bis 27, 70; § 135

Teil 3 Kapitel 1 — Grundlagen der Spaltung

❏ **Schutz des Rechtsverkehrs (Kapitalschutz)**
- **Anwendung des Gründungsrechts** → **§ 135 Abs. 2**
  sowie zusätzlich bei
  - GmbH → §§ 138, 125 i. V. m. § 58; § 135
  - AG → §§ 144, 125 i. V. m. §§ 67, 75; § 135
  - KGaA → §§ 144, 125 i. V. m. §§ 78, 75, 67; § 135
  - e. K. → § 159
  - rechtsfähige Stiftungen → § 165
  - Gebietskörperschaften und andere Zusammenschlüsse → § 170
- **im Fall von Kapitalerhöhungen**
  - bei GmbH → § 125 i. V. m. §§ 53 bis 56; § 135
  - bei AG → §§ 142, 125 i. V. m. §§ 66, 68, 69, 73; 135
  - bei KGaA → §§ 142, 125 i. V. m. §§ 78, 66, 68, 69, 73; § 135
- **im Fall einer Kapitalherabsetzung bei GmbH** → **§ 139**
  - bei AG und KGaA → § 145

❏ **Schutz der Arbeitnehmer**
- **Betriebsverfassung**
  - Mitteilungspflicht → § 126 Abs. 3
  - gemeinsamer Betrieb → § 322
  - Betriebsübergang → § 324
- **Kündigungsrecht** → **§ 323**
- **Unternehmensmitbestimmung** → **§ 325**

C. Spaltungsvertrag und Spaltungsplan

I. Spaltungsvertrag bei der Abspaltung und Aufspaltung zur Aufnahme

1. Allgemeines

38 Die Spaltungsvorschriften verweisen zu Inhalt, Form und Zustandekommen des Spaltungsvertrages (§ 125 Satz 1 UmwG) auf die entsprechenden **Regelungen zum Verschmelzungsvertrag** (s. dazu oben Teil 2 Rdn. 52 ff.). Im Folgenden soll im Wesentlichen nur auf **Besonderheiten** eingegangen werden.

39 Der **Abschluss** des Spaltungsvertrages kann den Zustimmungsbeschlüssen vorausgehen oder nachfolgen (§§ 135 Satz 1, 4 Abs. 2 UmwG). Erfolgen zunächst die Zustimmungsbeschlüsse, muss ihnen der Entwurf eines Vertrages zugrunde liegen, der mit dem später beurkundeten Spaltungsvertrag identisch sein muss, ansonsten sind ergänzende Zustimmungsbeschlüsse erforderlich.

40 Der Spaltungsvertrag bedarf der **notariellen Beurkundung** (§§ 125 Satz 1, 6 UmwG), und zwar in seinem gesamten Umfang, einschließlich aller Nebenabreden, die nach dem Willen auch nur eines beteiligten Rechtsträgers rechtlich von den übrigen Vereinbarungen abhängen.[71] Zum Problem der **Auslandsbeurkundung** s. o. Teil 2 Rdn. 61 f. Zu **Beurkundungsproblemen** bei der Bezeichnung der von der Spaltung betroffenen Vermögensmassen s. u. Teil 3 Rdn. 85 ff.

41 Zum **Abschluss** sind nur die Vertretungsorgane in vertretungsberechtigter Zahl befugt, Prokuristen nur im Rahmen einer satzungsmäßig vorgesehenen Gesamtvertretung (vgl. oben Teil 2 Rdn. 69 ff.

---

71 § 139 BGB; vgl. hierzu auch Heidenhain, NJW 1995, 2873, 2874.

2. Systematik

§ 126 UmwG gilt für die **Spaltung zur Aufnahme**, also die Unterarten der Auf- und Abspaltung und der Ausgliederung ein oder mehrerer bestehende Rechtsträger. Für die Spaltung zur Neugründung verweist § 136 Abs. 2 UmwG auf die Regelung des § 126 UmwG. Zu beachten ist, dass in § 126 Abs. 1 UmwG die Nr. 3, Nr. 4 und Nr. 10 nur für die Auf- und Abspaltung, nicht für die Ausgliederung gelten. Dies ist bei der Vertragsgestaltung zu beachten. I. Ü. enthält § 126 UmwG identische Vorgaben für den Spaltungsplan bei der Spaltung zur Aufnahme und den Ausgliederungsplan bei der Ausgliederung zur Aufnahme.

3. Vertragsgestaltung bei Kombination von Spaltung und Verschmelzung

Für den **Inhalt des Spaltungsvertrages** gilt daher ähnlich wie beim Verschmelzungsvertrag § 126 UmwG, der checklistenartig die verschiedenen im Spaltungsvertrag zu nennenden Regelungen aufführt. Ähnlich wie bei der Verschmelzung stellen sich Gestaltungsfragen bei mehrseitigen Spaltungsverträgen bei der Beteiligung von mehreren Rechtsträgern (vgl. dazu oben bei der Verschmelzung Teil 2 Rdn. 79 ff.). In § 123 Abs. 1 Nr. 2, Abs. 2 Nr. 2 und Abs. 3 Nr. 2 UmwG sind im Gesetz sowohl die Aufspaltung, die Abspaltung als auch die Ausgliederung jeweils ausdrücklich auch auf mehrere Rechtsträger vorgesehen. Ebenso wie bei der Verschmelzung mehrerer Rechtsträger handelt es sich auch bei der Spaltung auf mehrere Rechtsträger grds. um einen einheitlichen Vorgang, der in einer einheitlichen Urkunde beurkundet werden kann.[72]

Auch **Spaltungsvorgänge** können nach § 123 Abs. 4 UmwG **kombiniert** werden (vgl. auch oben zu sog. Kettenumwandlungen Teil 2 Rdn. 21 ff.). Der Gesetzgeber hat ausdrücklich geregelt, dass die Spaltung auch durch gleichzeitige Übertragung auf bestehende und neue Rechtsträger erfolgen kann. Auch **Abspaltung und Ausgliederung können grds. miteinander kombiniert** werden, sodass auch bei der Frage der Anteilsgewährung die Anteile teilweise dem übertragenden Rechtsträger selbst (Ausgliederung) und teilweise seinen Gesellschaftern (Abspaltung) gewährt werden können.[73] Wobei allerdings die Gestaltungsgrenzen streitig sind. Von der wohl überwiegenden Literatur wird die Beteiligung **mehrerer Rechtsträger an der Spaltung als übertragende Rechtsträger**, – die sog. **verschmelzende Spaltung** – für die durchaus in der Praxis ein Bedürfnis bestehen kann, abgelehnt.[74] Als Argument hierfür ist anzuführen, dass der Wortlaut des § 123 UmwG nur von einem übertragenden Rechtsträger spricht. Die sog. **verschmelzende Spaltung**, d. h. eine Verbindung von Spaltung und Verschmelzung in einem Rechtsakt, ist daher nach überwiegender Meinung nicht möglich.[75]

---

72 Vgl. Widmann/Mayer/Mayer, Umwandlungsrecht, § 126 UmwG Rn. 8; zum Verschmelzungsrecht vgl. auch Heidinger/Limmer/Holland/Reul, Gutachten des DNotI, Bd. IV, Gutachten zum Umwandlungsrecht, S. 35 ff.
73 Vgl. Lutter/Teichmann, UmwG, § 123 Rn. 26, 30; Stengel in: Semler/Stengel, § 123 UmwG Rn. 20; Widmann/Mayer/Schwarz, Umwandlungsrecht, § 123 UmwG Rn. 7.2; Kallmeyer/Sickinger, UmwG, § 123 Rn. 13; ders., DB 1995, 81, 82; Mayer, DB 1995, 861; BeckOGK/Verse UmwG § 123 Rn. 89 ff.; Schöne, ZAP 1995, 693, 694; Bärwaldt, in: Semler/Stengel, UmwG, § 135 Rn. 8; Geck, DStR 1995, 416; Kallmeyer, DStR 1995, 81; Heckschen, in: Beck'sches Notar-Handbuch, D IV Rn. 157.
74 Lutter/Teichmann, UmwG, § 123 Rn. 32; KölnerKommUmwG/Simon, § 123 UmwG Rn 36; Lutter/Priester § 126 UmwG Rn. 10; Feil, ZIP 1998, 361, 363; Widmann/Mayer/Schwarz, Umwandlungsrecht, § 123 UmwG Rn. 9; Kallmeyer/Sickinger, UmwG, § 123 Rn. 1, Kölner KommUmwG/Simon § 123 Rn. 36; BeckOGK/Verse UmwG § 123 Rn. 92; Mayer, in: FS Spiegelberger, 2009, S. 33 ff.; Schwanna, in: Semler/Stengel, UmwG, § 123 Rn. 19.
75 Stengel, in: Semler/Stengel, UmwG, § 123 Rn. 19; Hörtnagl, in: Schmitt/Hörtnagl/Stratz, UmwG, UmwStG, § 123 UmwG Rn. 18; KölnerKommUmwG/Simon, § 123 UmwG Rn 36; Lutter/Priester § 126 UmwG Rn 10; Kölner KommUmwG/Simon § 123 Rn. 36; BeckOGK/Verse UmwG § 123 Rn. 92.

45 Hörtnagl[76] differenziert genauer **zwischen folgenden Alternativen:**[77]

(1) Ein übertragender Rechtsträger überträgt **ein Teilvermögen** auf einen – bereits bestehenden oder neu gegründeten – übernehmenden Rechtsträger und gewährt sowohl den Anteilsinhabern des übertragenen Rechtsträgers als auch dem übertragenden Rechtsträger selbst Anteil am übernehmenden Rechtsträger.[78]

(2) Ein übertragender Rechtsträger gliedert **einen Teil** seines Vermögens – gegen Gewährung der Anteile des übernehmenden Rechtsträgers an den übertragenden Rechtsträger – und spaltet einen **anderen Teil** seines Vermögens ab und zwar gegen Gewährung der Anteile des übernehmenden Rechtsträgers an die Anteilsinhaber des übertragenden Rechtsträgers.

Entscheidend für die Zulässigkeit der Mischformen sei, ob sich der **Gesamtvorgang in mehrere Grundspaltungsformen zerlegen** lasse, die jede für sich alle Tatbestandsvoraussetzungen von § 123 Abs. 1 bis Abs. 3 UmwG erfüllen. Demgemäß sei die Spaltung oben (2) zulässig. Lasse sich die Kombination hingegen nicht auf die Grundspaltungsformen zurückführen, soll also bspw. dasselbe Teilvermögen gegen Gewährung von Anteilen sowohl an den übertragenden Rechtsträger als auch an den Anteilseigner der übertragenden Rechtsträger übertragen werden wie oben (1), ist dies nicht zulässig.[79] Eine solche »Mischform« erfülle nicht die jeweilige Tatbestandsvoraussetzung von § 123 Abs. 1 bis Abs. 3 UmwG, ihre Zulassung würde damit gegen das **Analogieverbot** von § 1 Abs. 2 UmwG verstoßen, auch wenn weder die Interessen der Gläubiger noch die der Anteilseigner wesentlich beeinträchtigt würden und diese Mischform möglicherweise in praxi wünschenswert wäre. I. Ü. ließe sich steuerneutral eine solche Mischform nicht durchführen, da §§ 15, 16, 20, 24 UmwStG verlangen, dass die Gegenleistung – Anteile am übernehmenden Rechtsträger – an ein und denselben Empfänger – bzw. ein und dieselbe Empfängergruppe – gewährt werden.

46 Die **Zusammenfassung** der verschiedenen Kombinationen von Spaltungen **in einem Vertragswerk** ist möglich, aber nicht immer zwingend. In der Literatur wird zu Recht darauf hingewiesen, dass nur dann, wenn sich der Spaltungsvorgang als einheitlicher Vorgang darstellt, also die gleichen Teilvermögen erfasst, ein einheitlicher Vertrag erforderlich ist. Demgegenüber können Kombinationen von Abspaltungen, Ausgliederung und auch die Abspaltung auf mehrere Rechtsträger unterschiedlicher Vermögensgegenstände auch in getrennten Spaltungsverträgen niedergelegt werden.[80]

47 Da, wie dargelegt, z. B. die **verschmelzende Spaltung,** d. h. die Beteiligung mehrerer übertragende Rechtsträger an einem einheitlichen Spaltungsvorgang, nicht zulässig ist, stellt sich in der Praxis folglich die Frage, wie unterschiedliche Spaltungsvorgänge unter Beteiligung von mehreren Rechtsträgern miteinander verknüpft werden können. Insofern besteht Einigkeit, dass die Vertragsbeteiligten nicht gehindert sind, mehrere jeweils sachlich voneinander zu trennende Spaltungsvorgänge durch eine entsprechende Bedingung miteinander zu verknüpfen und zeitgleich zu beurkunden.[81]

---

76 Schmidt/Hörtnagl/Stratz, UmwG, UmwStG § 123 UmwG Rn. 14 ff.
77 Vgl. auch BeckOGK/Verse UmwG § 123 Rn. 89 ff.
78 Vgl. auch Kallmeyer, DB 1995, 81, 83.
79 Vgl. auch Semler/Stengel/Stengel § 123 UmwG, Rn 20; aA Lutter/Teichmann Rn 30; Kallmeyer/Sickinger § 123 UmwG Rn 13; Semler/Stengel/Bärwaldt § 135 Rn 8; Kölner Komm UmwG/Simon § 123 UmwG Rn 33; Geck DStR 1995, 416, 417.
80 Widmann/Mayer/Mayer, Umwandlungsrecht, § 126 UmwG Rn. 8; Lutter/Teichmann, UmwG, § 123 Rn. 30.
81 Widmann/Mayer/Mayer, Umwandlungsrecht, § 126 UmwG Rn. 8; Kallmeyer/Sickinger § 123 UmwG Rn. 2, 24; Kölner KommUmwG/Simon § 123 UmwG Rn. 36; BeckOGK/Verse UmwG § 123 Rn. 92; Hörtnagl, in: Schmitt/Hörtnagl/Stratz, UmwG, UmwStG, § 123 UmwG Rn. 21; vgl. oben zur Kettenverschmelzung Teil 2 Rdn. 21 ff.

C. Spaltungsvertrag und Spaltungsplan

▶ Beispiel:

Mit Spaltungsvertrag 1 sollen von dem Vermögen der A-GmbH Teile abgespalten werden zur Aufnahme auf die Gesellschaften G 1 und G 2. Aus der B-GmbH sollen ebenfalls auf beide Gesellschaften G 1 und G 2 Teile abgespalten werden (Fall des Gemeinschaftsunternehmens).

In diesem Fall können die unterschiedlichen Spaltungsvorgänge miteinander verknüpft werden, m. E. können sie sogar **in einem einheitlichen Vertragswerk** niedergelegt werden. Um allerdings gerichtliche Probleme zu vermeiden, sollten unterschiedliche Vertragswerke gewählt werden, die so dann u. U. durch einen entsprechenden Bedingungszusammenhang verknüpft werden können.

4. Angaben zu den Vertragsparteien

Bzgl. **Name und Firma der beteiligten Rechtsträger** kann auf oben verwiesen werden (vgl. Teil 2 Rdn. 97 ff.).

5. Bezeichnung und Aufteilung der Vermögensgegenstände (§ 126 Abs. 1 Nr. 2, Abs. 2 UmwG)

a) Allgemeines

Nach § 126 Abs. 1 Nr. 2 ist im Spaltungsvertrag »*die Vereinbarung über die Übertragung der Teile des Vermögens des übertragenden Rechtsträgers*« aufzunehmen. Die Vorschrift wird ergänzt durch § 126 Abs. 1 Nr. 9 UmwG, der die **genaue Bezeichnung und Aufteilung der Gegenstände** des Aktiv- und Passivvermögens und deren Zuordnung zu den übernehmenden Rechtsträgern verlangt, sowie durch § 126 Abs. 2 UmwG, wonach die für die Einzelrechtsnachfolge allgemeinen Vorschrift geltenden besonderen Arten der Bezeichnungen auch i. R. d. Spaltung anzuwenden sind. § 28 GBO ist in diesem Zusammenhang ebenfalls zu beachten. I. Ü. kann auf Urkunden wie Bilanzen und Inventare Bezug genommen werden, deren Inhalt eine Zuweisung des einzelnen Gegenstandes ermöglicht.

Diese Vorschriften sind im Zusammenhang mit der Frage zu sehen, wie die Vermögensgegenstände, die i. R. d. Spaltung oder Ausgliederung übertragen werden sollen, zu bezeichnen sind, welche Anforderungen der Spaltungsvertrag diesbezüglich enthalten muss und welche sonstigen allgemeinen Vorschriften gelten, die nicht bei der Einzelrechtsnachfolge gelten würden, und welche Genehmigungen erforderlich sind. Die Auslegung dieser Vorschriften gehört zu den schwierigsten Rechtsfragen des neuen Umwandlungsrechts, sodass die Literatur hierzu unterschiedliche Auffassungen vertritt. Zu beachten ist, dass teilweise in der Literatur recht großzügige Auffassungen vertreten werden, insb. im Hinblick auf die genaue Bezeichnung der Vermögensgegenstände.

▶ Hinweis:

Für die Praxis sollte allerdings beachtet werden, dass, solange die Fragen im Einzelnen noch nicht höchstrichterlich geklärt ist, eher ein strengerer Maßstab bzgl. der Bezeichnung der Vermögensgegenstände anzuwenden ist, da Fehler dazu führen, dass die betroffenen Vermögensgegenstände nicht auf die aufnehmende Gesellschaft übergegangen sind. Der mit der Vertragsgestaltung befasste Praktiker muss daher folgende Fragen bei der Vorbereitung und Gestaltung des Spaltungsvertrages unterscheiden:
- Welche Vermögensgegenstände sollen nach dem Willen der Beteiligten abgespalten werden?
- Wie sind diese Vermögensgegenstände im Spaltungsvertrag materiell-rechtlich zu kennzeichnen?
- Welcher beurkundungsrechtliche Weg kann hierfür eingeschlagen werden?
- Welche sonstigen Vorschriften sind zu beachten?

b) Aufteilungsfreiheit

aa) Grundsatz

53 Die herrschende Meinung geht davon aus, dass die Beteiligten bei der Aufteilung der Vermögensgegenstände weitgehend frei sind. Es besteht **Vermögensaufteilungsfreiheit**.[82] Grds. können **daher auch einzelne Gegenstände,** sogar Teile von Gegenständen, z.B. Miteigentumsanteil an einem Grundstück übertragen werden.[83] Eine Teilung nach dem WEG und Aufteilung auf die verschiedenen Rechtsträger mit dinglicher Wirkung mit Wirksamwerden der Spaltung ist hingegen nicht möglich.[84] Zu beachten ist allerdings, dass das **Steuerrecht** nach § 15 Abs. 1 UmwStG eine steuerneutrale Spaltung unter Buchwertfortführung nur zulässt, wenn Gegenstand der Spaltung ein **Teilbetrieb,** ein Mitunternehmeranteil oder eine 100 %ige Beteiligung einer Kapitalgesellschaft ist. Bei der Abspaltung muss dieses Erfordernis auch auf den verbleibenden Vermögensteil zutreffen (vgl. im Einzelnen oben Teil 3 Rdn. 8 sowie unten Teil 7 Rdn. 347 ff.). Der Gesetzgeber hat also den Beteiligten bei der Spaltung weitgehende Gestaltungsfreiheit bei der Verteilung der einzelnen Vermögensgegenstände zugebilligt. Im Spaltungsvertrag kann autonom festgelegt werden, welcher Gegenstand des übertragenden Rechtsträgers auf den übernehmenden Rechtsträger übergehen soll.

bb) Schranken der Gestaltungsfreiheit

54 Allerdings ergeben sich aus allgemeinen Vorschriften **Grenzen der Gestaltungsfreiheit**. So verbieten die **Kapitalaufbringungsgrundsätze** (vgl. unten Teil 3 Rdn. 206) die Übertragung von Negativvermögen (z. B. Verbindlichkeiten), wenn zwingend eine Kapitalerhöhung bei der aufnehmenden Gesellschaft erforderlich ist.[85] Sowohl bei der Spaltung zur Neugründung als auch bei der Spaltung zur Aufnahme mit Kapitalerhöhung ist daher darauf zu achten, dass das übertragene Vermögen wertmäßig den Kapitalerhöhungsbetrag bzw. das Stammkapital deckt. Für die Frage der Kapitaldeckung sind allerdings nicht die Buchwerte, sondern die tatsächlichen Werte maßgebend, die dann ggf. im Wege des Gutachtens nachgewiesen werden müssen (vgl. unten Teil 3 Rdn. 206 ff.).

55 Weitere Grenzen ergeben sich bzgl. der **Arbeitsverhältnisse aus § 613a BGB**. Die Vorschrift führt dazu, dass bei der Übertragung eines Betriebs oder Teilbetriebs die Arbeitsverhältnisse mit übergehen, soweit die Arbeitnehmer nicht von ihrem Widerspruchsrecht Gebrauch machen.[86] Insofern besteht nur dann Gestaltungsfreiheit, wenn § 613a Abs. 1 BGB nicht zur Anwendung kommt. Dies bedeutet nicht nur, dass eine Zuordnung eines Arbeitsverhältnisses im Spaltungsvertrag nicht entgegen den Vorgaben von § 613a Abs. 1 BGB erfolgen darf. An der zwingenden Wirkung des § 613a BGB kann der Spaltungsvertrag nichts ändern. Da § 324 UmwG eine

---

82 Vgl. Begründung zum RegE, BR-Drucks. 75/94, abgedruckt bei: Limmer, Umwandlungsrecht, S. 313 f.; OLG Hamm, DStR 2010, 991 = NJW 2010, 2591; OLG Karlsruhe, NZG 2009, 315 = GmbHR 2008, 1219; Lutter/Priester, UmwG, § 126 Rn. 59; Widmann/Mayer/Mayer, Umwandlungsrecht, § 126 UmwG Rn. 61; Hörtnagl, in: Schmitt/Hörtnagl/Stratz, § 123 UmwG Rn. 22; Kallmeyer/Sickinger, UmwG, § 123 Rn. 1; Schröer, in: Semler/Stengel, § 126 UmwG Rn. 28; Heidenhain, NJW 1995, 2873, 2876; Mayer in Widmann/Mayer, § 126 UmwG Rn. 61 ff.; BeckOGK/Verse UmwG § 126 Rn. 96 ff.
83 BeckOGK/Verse UmwG § 126 Rn. 97; Kallmeyer/Sickinger, UmwG § 126 Rn 23; Widmann/Mayer/Vossius § 126 UmwG Rn 106; Kölner Komm UmwG/Simon § 126 Rn 32; Lutter/Teichmann § 126 UmwG Rn. 32; Schmitt/Hörtnagl/Stratz/Hörtnagl UmwG § 131 Rn. 15.
84 Schmitt/Hörtnagl/Stratz/Hörtnagl UmwG § 131 Rn. 15; Widmann/Mayer/Vossius § 126 UmwG Rn. 112.
85 Vgl. Teichmann, ZGR 1993, 412; Lutter/Priester, UmwG, § 126 Rn. 68 ff.; Widmann/Mayer/Mayer, Umwandlungsrecht, § 126 UmwG Rn. 62.
86 Vgl. Hergenröder, RdA 2007, 218 ff.; Dorp/Link, AuA 2009, 588; Böcken, ZIP 1994, 1089; Lotzke, DB 1995, 40, 43; Lutter/Priester, UmwG, § 126 Rn. 68; Widmann/Mayer/Mayer, Umwandlungsrecht, § 126 UmwG Rn. 64, 183 ff.

Rechtsgrundverweisung enthält, muss das Vorliegen eines Betriebsübergangs bei einer Verschmelzung, Spaltung oder Vermögensübertragung zudem für jede der in Betracht kommenden Einheiten eigenständig und vorrangig geprüft werden.[87] Nach § 131 Abs. 1 Nr. 1 UmwG können auch Arbeitsverhältnisse von einem übertragenden auf einen übernehmenden Rechtsträger übergehen. Der Übergang eines Arbeitsverhältnisses im Wege der (partiellen) Gesamtrechtsnachfolge setzt in jedem Fall voraus, dass das Arbeitsverhältnis nicht bereits im Wege des Betriebs(teil-)übergangs nach § 613a Abs. 1 Satz 1 BGB auf einen der übernehmenden Rechtsträger übergeht. Jedenfalls im Fall der Aufspaltung muss hinzukommen, dass der Arbeitnehmer dem Übergang seines Arbeitsverhältnisses auf einen der übernehmenden Rechtsträger zustimmt. Fehlt es an der erforderlichen Zustimmung des Arbeitnehmers, hat dieser ein Wahlrecht, mit welchem der übernehmenden Rechtsträger das Arbeitsverhältnis fortgesetzt wird.[88]

Bei der Ausgliederung stellt sich darüber hinaus die Frage, ob eine sog. **Totalausgliederung** zulässig ist, bei der sämtliche Aktiva und Passiva des übertragenden Rechtsträgers auf einen oder mehrere übernehmende Rechtsträger ausgegliedert werden. Folge einer derartigen Totalausgliederung ist, dass die übertragende Gesellschaft reine Holding-Funktionen wahrnimmt. Die überwiegende Meinung lässt zu Recht die Totalausgliederung trotz des missverständlichen Wortlauts in § 123 Abs. 3 UmwG (»*einen Teil*« oder »*mehrere Teile*«) zu, da keine sachlichen Gründe gegen diese Lösung sprechen.[89] Da bei der Aufspaltung der übertragende Rechtsträger erlischt, können bei dieser Form der Spaltung keine Vermögensgegenstände zurückbehalten werden. 56

c) Bestimmtheitsgrundsatz/genaue Bezeichnung

aa) Materiell-rechtliche Bestimmtheit

In der Literatur ist die Frage sehr umstritten, mit welchem **Grad an Genauigkeit** die zu übertragenden Vermögensgegenstände bestimmt und individualisiert werden müssen. § 126 Abs. 1 Nr. 9 UmwG spricht von der genauen Bezeichnung der Gegenstände des Aktiv- und Passivvermögens. § 126 Abs. 2 UmwG erklärt die für die Einzelrechtsnachfolge geltenden Vorschriften und bei Grundstücken § 28 GBO für anwendbar. 57

Nach § 126 Abs. 1 Nr. 9 UmwG hat der Ausgliederungsplan die **genaue Bezeichnung der Gegenstände** des Aktiv- und Passivvermögens, die an den übernehmenden Rechtsträger übertragen werden, sowie eine **Bezeichnung der übergehenden Betriebe** und Betriebsteile zu enthalten. Diese Festlegungen haben ihren Grund in der Rechtsnatur der Ausgliederung.[90] Mit Wirksamwerden der Ausgliederung gehen die zu übertragenden Vermögensteile im Wege der Sonderrechtsnachfolge automatisch auf die übernehmende Gesellschaft über, ohne dass es weiterer Übertra- 58

---

87 Vgl. BAGE 155, 44; BAGE 95, 1.
88 BAG NJW 2018, 885 = BB 2018, 1401 m. Anm. Kliem.
89 Vgl. BAGE 145, 163 = ZIP 2013, 1433; BFH 7. 8. 2002, BFHE 199, 489 = NJW 2003, 1479; OLG Hamm, DStR 2010, 991 = NJW 2010, 2591; Kallmeyer/Sickinger, UmwG, § 123 Rn. 12; H. Schmidt, AG 2005, 26 ff.; Lutter/Teichmann, UmwG, § 123 Rn. 25; Hörtnagl, in Schmitt/Hörtnagl/Stratz, § 124 UmwG Rn. 22; Schmidt, AG 2005, 26; Schwanna, in: Semler/Stengel, § 123 UmwG Rn. 17; Widmann/Mayer/Mayer, Umwandlungsrecht, § 126 UmwG Rn. 55; Lutter/Karollus, UmwG, § 152 Rn. 36; Mayer, GmbHR 1996, 503; H. Schmidt, AG 2005, 26 ff.; dagegen allerdings Kallmeyer, ZIP 1994, 1746, 1749; ders., DB 1995, 81.
90 Lutter/Priester, UmwG, § 126 Rn. 49 ff.; Hörtnagl, in Schmitt/Hörtnagl/Stratz, § 126 UmwG Rn. 60 ff.; vgl. zusammenfassend Thiele/König, NZG 2015, 178 ff.

gungshandlungen bedarf.[91] In Abgrenzung zur Gesamtrechtsnachfolge bei Verschmelzung spricht man insoweit für die Spaltung (Ausgliederung) von einer »**partiellen**« **Gesamtrechtsnachfolge**.[92]

Andererseits verlangt der **sachenrechtliche Bestimmtheitsgrundsatz** eine hinreichende Definition der mit Wirksamwerden der Spaltung (Ausgliederung) übergehenden Aktiva und Passiva.[93] Die Festlegungen in § 126 Abs. 1 Nr. 9 UmwG sollen die dingliche Trennung der übergehenden bzw. – was bei der Ausgliederung häufig der Fall ist – verbleibenden Vermögensteile ermöglichen.[94] Dies bedeutet im Ergebnis, dass die Abgrenzung letztendlich so erfolgen muss, wie dies bei der Übertragung eines oder mehrerer Betriebe oder Betriebsteile im Wege der **Einzelrechtsübertragung** geschieht.[95] Das OLG Hamm hat im Urt. v. 04.03.2010[96] festgestellt, dass dabei eine Bestimmbarkeit der ausgegliederten Vermögensteile anhand des Ausgliederungsvertrages und ggf. anhand der Anlagen (vgl. § 126 Abs. 2 Satz 3 UmwG) ausreiche. Die Anforderungen dürften insoweit nicht überspannt werden. Es reiche aus, wenn die an der Ausgliederung Beteiligten oder ein sachkundiger Dritter in der Lage sind, eine einwandfreie Zuordnung vorzunehmen.

59 Die Begründung zum RegE des **Gesetzes zur Bereinigung des Umwandlungsrechts**[97] erläutert den **gesetzgeberischen Hintergrund**:

> »Abs. 1 Nr. 9 ist i. V. m. dem Erfordernis der notariellen Beurkundung des Spaltungs- und Übernahmevertrages von besonderer Bedeutung für Grundstücke. Da mit der Wirksamkeit der Spaltung die Vermögensteile einschließlich der in ihnen enthaltenen Grundstücke auf die übernehmenden Rechtsträger nach § 131 im Wege der Sonderrechtsnachfolge übergehen, wird das Grundbuch unrichtig. Es musste deshalb sichergestellt werden, dass durch diesen Rechtsübergang, der sich außerhalb des Grundbuchs vollzieht, nicht Rechtsunsicherheit eintritt. Deshalb müssen nach Abs. 2 Grundstücke und Rechte an Grundstücken in dem notariell zu beurkundenden Vertrag so bezeichnet werden, wie dies der beurkundende Notar auch bei einer Einzelübertragung tun würde (vgl. § 28 GBO). Dagegen kann für die Bezeichnung der anderen Gegenstände des Vermögens auf vorhandene Urkunden bezug genommen werden, sofern sie eine hinreichende Kennzeichnung gestatten und damit die Bestimmbarkeit des Gegenstandes ermöglichen sowie dem Spaltungs- und Übernahmevertrag als Anlage beigefügt werden. Bei der Übertragung von Betrieben oder Teilbetrieben wird es häufig ausreichen, dass bei betriebswirtschaftlicher Betrachtungsweise ein Gegenstand oder eine Verbindlichkeit dem Geschäftsbetrieb eines bestimmten Unternehmens zuzurechnen ist. Bei Warenbeständen kann auf die bei Sicherungsübereignung entwickelten Grundsätze zurückgegriffen werden.«

---

91 BGH, DNotZ 2008, 468 m. Anm. Limmer = MittBayNot 2008, 307 = NotBZ 2008, 192 = ZNotP 2008, 163; OLG Hamm, DStR 2010, 991 = NJW 2010, 2591; OLG Karlsruhe, NZG 2009, 315 = GmbHR 2008, 1219.
92 Zu diesen Begriffen Ganske, WM 1993, 1117, 1121; Schwarz, DStR 1994, 1694, 1699; Widmann/Mayer/Schwarz, UmwG, § 123 Rn. 413; Hörtnagl, in Schmitt/Hörtnagl/Stratz, § 126 UmwG Rn. 60 ff.; Kallmeyer/Sickinger, UmwG, § 123 Rn. 2; Schmidt, in: Habersack, Die Spaltung im neuen Umwandlungsrecht und ihre Rechtsfolgen, 1999, S. 11; Lutter/Teichmann, UmwG, § 123 Rn. 8 ff.; Zöllner, ZGR 1995, 335, 339; OLG Hamm, DStR 2010, 991 = NJW 2010, 2591.
93 Lutter/Priester, UmwG, § 126 Rn. 49 ff.; Hörtnagl, in Schmitt/Hörtnagl/Stratz, § 126 UmwG Rn. 60 ff.; Thiele/König, NZG 2015, 178.
94 Statt aller Lutter/Priester, UmwG, § 126 Rn. 49 ff.; Hörtnagl, in Schmitt/Hörtnagl/Stratz, § 126 UmwG Rn. 60 ff.
95 BGH, DNotZ 2008, 468 m. Anm. Limmer = MittBayNot 2008, 307 = NotBZ 2008, 192 = ZNotP 2008, 163; OLG Hamm DStR 2010, 991 = NZG 2010, 632; Heidenhain, NJW 1995, 2873, 2876; D. Mayer, DB 1995, 861, 864; Widmann/Mayer/Mayer, Umwandlungsrecht, § 126 UmwG Rn. 202; Hörtnagl, in Schmitt/Hörtnagl/Stratz, § 126 UmwG Rn. 60 ff.; Kallmeyer/Sickinger, UmwG, § 126 Rn. 19; Ittner, MittRhNotK 1991, 111, 114; Aha, AG 1997, 345, 351; Thiele/König, NZG 2015, 178, 179; allgemein zum sachenrechtlichen Bestimmtheitsgrundsatz Baur/Stürner, SachenR, 18. Aufl. 2009, § 4 Rn. 17 ff.; MünchKommBGB/Gaier, Einl. zum Sachenrecht Rn. 21; Staudinger/Seiler, BGB, Einleitung zum Sachenrecht Rn. 54.
96 DStR 2010, 991 = NZG 2010, 632.
97 BR-Drucks. 75/94, abgedruckt bei Limmer, Umwandlungsrecht, 1995, S. 314.

Der in § 126 Abs. 1 Nr. 9 UmwG niedergelegte Bestimmtheitsgrundsatz wird schließlich durch die Vorschrift des § 126 Abs. 2 Satz 3 UmwG näher konkretisiert. Danach kann auf **Bilanzen** und Inventare Bezug genommen werden, sofern hierdurch eine hinreichende **Kennzeichnung** der zu übertragenden Aktiva und Passiva erfolgt und damit die **Bestimmbarkeit** dieser Gegenstände ermöglicht wird.[98] Bei der von der Regelung des § 126 Abs. 2 Satz 3 UmwG vorausgesetzten »*Bestimmbarkeit der Gegenstände des zu übertragenden Aktiv- und Passivvermögens*« muss differenziert werden. **60**

Grds. **unzureichend** ist nach der ganz herrschenden Auffassung im Schrifttum eine **generelle** Bezugnahme auf **Bilanzen** des ausgliedernden Rechtsträgers.[99] A. A., allerdings nur im Hinblick auf **Betriebe** oder **Teilbetriebe** als realtypische Spaltungsgegenstände, ist, soweit ersichtlich, nur Priester.[100] Priester[101] hält für derartige Fälle eine **Bilanz** als Bezeichnungsgrundlage im Prinzip für ausreichend, da sich eine derartige Bilanz auf Unterlagen in der Rechnungslegung zurückführen lasse, die eine weitere Konkretisierung ermöglichten; notwendig sei dann aber auch die ausdrückliche Einbeziehung nichtbilanzierter Vermögensgegenstände und Vertragsverhältnisse, ferner öffentlich-rechtlicher Rechtspositionen und Prozessrechtsverhältnisse.[102] Entscheidend gegen eine generelle Bezugnahme auf **Bilanzen** dürfte sprechen, dass die Bilanz als solche keine hinreichende **Individualisierung** der einzelnen zu übertragenden Vermögensgegenstände ermöglicht und zudem meist auch die **nicht bilanzierungsfähigen** Vermögensgegenstände von der Übertragung erfasst sein sollen.[103] **61**

Eine **Ausnahme** dürfte nur dann zu machen sein, wenn eine sog. **Totalausgliederung** vorliegt, bei der sämtliche Aktiva und Passiva des übertragenden Rechtsträgers ausgegliedert werden.[104] In diesen Fällen soll die Bezugnahme auf die **Schlussbilanz** des **übertragenden Rechtsträgers** genügen, wenn diese mit einem entsprechenden Werttestat eines Steuerberaters oder Wirtschaftsprüfers versehen sei.[105] Wobei es sich in der Praxis empfehlen könnte die strengeren Vorschriften einzuhalten. **62**

Bei der Übertragung von **Betrieben** oder **Teilbetrieben** wird es i. d. R. für ausreichend erachtet, dass bei betriebswirtschaftlicher Betrachtungsweise ein Gegenstand oder eine Verbindlichkeit dem Geschäftsbetrieb eines bestimmten Unternehmensteils **zuzurechnen ist**.[106] Wird insoweit auf Bilanzen und Inventare Bezug genommen, so ist aber eine **Individualisierung** erforderlich, soweit **Grundstücke** von der Spaltung erfasst sein sollen (dies folgt aus § 126 Abs. 2 Satz 2 UmwG). Des Weiteren sind auch hier die **nicht bilanzierungsfähigen Gegenstände**, die im Zuge der Ausgliederung übertragen werden sollen, gesondert aufzuführen.[107] **63**

---

98 Widmann/Mayer/Mayer, Umwandlungsrecht, § 126 UmwG Rn. 202.
99 Widmann/Mayer/Mayer, Umwandlungsrecht, § 126 UmwG Rn. 203; Mayer, DB 1995, 861, 864; Hörtnagl, in Schmitt/Hörtnagl/Stratz, § 126 UmwG Rn. 77; Kallmeyer/Sickinger, UmwG, § 126 Rn. 20; Thiele/König, NZG 2015, 178, 179.
100 Lutter/Priester, UmwG, § 126 Rn. 52.
101 Lutter/Priester, UmwG, § 126 Rn. 52.
102 Lutter/Priester, UmwG, § 126 Rn. 52.
103 So zu Recht Widmann/Mayer/Mayer, Umwandlungsrecht, § 126 UmwG Rn. 203.
104 Dies wird trotz der Legaldefinition der Ausgliederung in § 123 Abs. 3 UmwG für zulässig erachtet; vgl. nur Widmann/Mayer/Mayer, Umwandlungsrecht, § 126 UmwG Rn. 55 f.
105 Widmann/Mayer/Mayer, Umwandlungsrecht, § 126 UmwG Rn. 203.
106 So ausdrücklich die Regierungsbegründung, abgedruckt bei Ganske, Umwandlungsrecht, S. 157.
107 Widmann/Mayer/Mayer, Umwandlungsrecht, § 126 UmwG Rn. 204.

64 Bei Warenbeständen war lange Zeit nicht höchstrichterlich geklärt, ob auf die bei Sicherungsübereignungen entwickelten Grundsätze zurückgegriffen werden kann und ob die Verwendung sog. **All-Klauseln** dabei zulässig ist. Die Literatur hatte das immer bejaht.[108]

65 Mayer[109] empfiehlt schließlich, die **Genauigkeit der Angaben** über die zu übertragenden Gegenstände des Aktiv- und Passivvermögens auch nach dem Anlass bzw. dem Motiv für den Ausgliederungsvorgang auszurichten. So ist bei der Ausgliederung eines einzelkaufmännischen Unternehmens insb. der Fall denkbar, dass das nach der Ausgliederung verbleibende »Restprodukt« **an außenstehende Dritte** veräußert werden soll. In diesem Fall empfiehlt sich schon im Hinblick auf das angestrebte Veräußerungsgeschäft eine möglichst exakte Aufnahme aller (auszugliedernden) Aktiva und Passiva in den Ausgliederungsplan.

66 Zusammenfassend ist also festzustellen, dass im Spaltungsvertrag nach der wohl überwiegenden Meinung eine **hinreichende Bestimmbarkeit** vorliegen muss, die im weitesten Sinne auch den sachenrechtlichen Grundsätzen entsprechen muss. Nach der überwiegenden Literatur sind also die sachenrechtlichen Bestimmtheitsgrundsätze mit den Maßgaben anzuwenden, die auch bei einer Einzelübertragung maßgebend sind. Eine Einzelaufstellung ist nicht erforderlich.[110] Bzgl. jedes einzelnen Gegenstandes ist durch Auslegung zu ermitteln, ob er zur Sachgesamtheit gehört oder nicht.[111]

67 Der BGH hat mit Urt. v. 08.10.2003[112] die in der Literatur vertretene Auffassung, wonach es genüge, wenn ein Gegenstand bei betriebswirtschaftlicher Betrachtung dem Geschäftsbetrieb eines bestimmten Unternehmensteils durch eine sog. **All-Klausel** zuzurechnen sei, bestätigt.[113] Für diese Annahme spreche ein praktisches Bedürfnis, da mit einem Ausgliederungsvertrag häufig große Sachgesamtheiten übertragen würden. Da es mit einem unzumutbaren Aufwand verbunden wäre, alle zu einer solchen Sachgesamtheit gehörenden Gegenstände in dem Ausgliederungsvertrag oder in einer Anlage einzeln aufzuführen, sei es geboten, bzgl. solcher Sachgesamtheiten sog. All-Klauseln zuzulassen. Gegenstand des Urteils war die Ausgliederung von Teilen eines Einzelunternehmens, insb. eines Eigentumsverschaffungsanspruchs bzgl. einer Grundstücksteilfläche. Die übertragenen Vermögensgegenstände sollten mit allen Rechten und Pflichten übergehen.

68 Auf der anderen Seite enthält die vom BGH ausdrücklich zitierte Kommentierung von Priester[114] als Beispiel für eine zulässige All-Klausel folgende Formulierung: »Sämtliche zu dem Teilbetrieb gehörenden Gegenstände.« Der BGH führt aus, dass die Literatur unter Berufung auf die Gesetzesmaterialien die Ansicht vertrete, dass die Anforderungen an die Kennzeichnung einzelner Gegenstände nicht überspannt werden dürfen und dass Verträge nach § 123 UmwG der Auslegung nach den Grundsätzen der §§ 133, 157 BGB unterliegen. Es genüge, wenn der Gegenstand bei betriebswirtschaftlicher Betrachtung dem Geschäftsbetrieb eines bestimmten Unternehmens-

---

108 Vgl. dazu unten Teil 3 Rdn. 67, umfassend dazu Leitzen, ZNotP 2010, 91 ff.; Lutter/Priester, § 126 UmwG Rn. 55; Hörtnagl, in Schmitt/Hörtnagl/Stratz, § 126 UmwG Rn. 78; Thiele/König, NZG 2015, 178, 179 f.; so ausdrücklich die Regierungsbegründung, in: Ganske, Umwandlungsrecht, 2. Aufl., S. 157.
109 Widmann/Mayer/Mayer, Umwandlungsrecht, § 126 UmwG Rn. 206.
110 BGH, DNotZ 2008, 468 m. Anm. Limmer = MittBayNot 2008, 307 = NotBZ 2008, 192 = ZNotP 2008, 163; LG Essen, NZG 2002, 736 = ZIP 2002, 893.
111 BGH, NotBZ 2003, 471 = RNotZ 2003, 622 = AG 2004, 98 = NZG 2003, 1172.
112 ZNotP 2004, 65 = ZIP 2003, 2155 = NJW-RR 2004, 123 = NZG 2003, 1172, 1174; zust. zitiert etwa durch das BAG, Beschl. v. 22.02.2005, BAGE 114, 1 = ZIP 2005, 957 = MittBayNot 2006, 62; BGHZ 175, 12 = DNotZ 2008, 468 = MittBayNot 2008, 307 = NotBZ 2008, 192 =.
113 Vgl. dazu umfassend Leitzen, ZNotP 2010, 91 ff.; vgl. auch OLG Schleswig, RNotZ 2010, 63.
114 In: Lutter, UmwG, § 126 Rn. 55.

teils zuzurechnen sei. Insb. seien sog. All-Klauseln zulässig, mit denen sämtliche zu einem bestimmten Bereich gehörenden Gegenstände erfasst würden.[115]

Dieser in der Literatur vertretenen Meinung schließt sich der BGH ausdrücklich an. Es gebe keinen Rechtssatz, aus dem sich herleiten ließe, dass die für Verträge allgemein geltenden Auslegungsregeln auf Ausgliederungsverträge nicht angewendet werden dürfen. Für diese Annahme spreche auch ein **praktisches Bedürfnis**. Im Zusammenhang mit einem Ausgliederungsvertrag würden häufig große Sachgesamtheiten übertragen. Es wäre mit einem zumindest unzumutbaren Aufwand verbunden, alle zu einer solchen Sachgesamtheit gehörenden Gegenstände in dem Ausgliederungsvertrag oder in einer Anlage zu ihm einzeln aufzuführen. Es sei deshalb geboten, bzgl. solcher Sachgesamtheiten die erwähnten All-Klauseln zuzulassen. Dann sei es aber erforderlich, bzgl. jedes Einzelgegenstandes im Wege einer Auslegung nach den §§ 133, 157 BGB zu überprüfen, ob er zu der Sachgesamtheit gehört oder nicht.

Bei der **Übertragung von Grundstücken** ist die Verwendung von All-Klauseln wegen der Verweisung auf § 28 GBO sehr problematisch (vgl. dazu eingehend Teil 3 Rdn. 86 ff.). 69

Ausgegliederte **Forderungen** können ebenfalls dahin gehend zusammengefasst werden, dass alle Forderungen aus einem bestimmten Geschäftsbetrieb, aus einer bestimmten Art von Geschäften oder aus einem bestimmten Zeitraum übertragen werden.[116] Die Verwendung sog. All-Klauseln ist dabei zulässig.[117]

Für **Verbindlichkeiten** genügt nach dem Beschl. des BAG v. 22.02.2005[118] die Formulierung, dass alle Verbindlichkeiten des Betriebes übergehen, die wirtschaftlich diesem zuzuordnen sind (vgl. im Einzelnen unten Teil 3 Rdn. 105 ff.). 70

Zulässig ist auch sog. Negativabgrenzung, sofern sie die vorgenannten Bestimmtheitsprinzipien erfüllt.[119] Für eine solche Negativabgrenzung besteht oftmals ein praktisches Bedürfnis, wenn der überwiegende Teil des Vermögens des übertragenden Rechtsträgers übertragen werden soll.[120] Die Literatur lässt zu Recht dies zu.[121] 71

▶ Hinweis:

Damit sind also folgende **Leitlinien** festzustellen, wobei es sich in der Praxis immer empfiehlt, wenn möglich, eher ein größeres Maß an Genauigkeit einzuschlagen. 72
– Für Grundstücke und dingliche Rechte gilt § 28 GBO (vgl. dazu Teil 3 Rdn. 86 ff.).
– Bei beweglichen Gegenständen gilt der allgemeine Bestimmtheitsgrundsatz ähnlich wie bei den Klauseln bei der Sicherungsübereignung wie z. B. »*sämtliche zu dem Teilbetrieb gehörenden Gegenstände*«. Bei Sachgesamtheiten (Warenlager, alle Gegenstände auf einem bestimmten Grundstück), wird eine Sammelbezeichnung genügen, die den Übereignungswillen auf alle Sachen erstreckt und die Einzelsachen klar erkennen lässt entsprechend den Regeln der

---

115 Lutter/Priester, UmwG, § 126 Rn. 55; Schröer, in: Semler/Stengel, § 126 UmwG Rn. 61; Hörtnagl, in: Schmitt/Hörtnagl/Stratz, UmwG, UmwStG, § 131 UmwG Rn. 110, jeweils m. w. N.
116 So OLG Hamm, DStR 2010, 991 = NJW 2010, 2591; Schröer, in: Semler/Stengel, § 126 UmwG, Rn. 67.
117 Lutter/Priester, § 126 UmwG Rn. 56; BGH, NZG 2003, 1172, 1174.
118 ZIP 2005, 957.
119 Vgl. dazu Thiele/König, NZG 2015, 178 ff.
120 So zu Recht Thiele/König, NZG 2015, 178; KallmeyerSickinger § 126 UmwG Rn. 19; Widmann/Mayer/Mayer, Umwandlungsrecht § 126 UmwG Rn. 202; KölnKom/Simon, § 126 UmwG Rn. 59.
121 Thiele/König, NZG 2015, 178, 185; Hörtnagl in: Schmitt/Hörtnagl/Stratz, § 126 UmwG Rn. 80; Kallmeyer/Sickinger § 126 UmwG Rn. 19; Mayer in Widmann/Mayer/Mayer, Umwandlungsrecht, § 126 UmwG Rn. 202; Schröer in Semler/Stengel, UmwG § 126 UmwG Rn. 61; KölnKom/Simon, § 126 Rn. UmwG 59 der zusätzlich eine positive Benennung der übergehenden Vermögensgegenstände in Form von Sammelbezeichnungen fordert.

Rechtsprechung der Sicherungsübereignung. Verwendung von sog. All-Klauseln »*Sämtliche Gegenstände, die sich auf dem Betriebsgrundstück... befinden.*« ist daher zulässig. Inwieweit bei Betrieben oder Teilbetrieben den Bestimmtheitsgrundsatz allein durch die Verweisung auf eine Bilanz genügt wird, ist zurzeit noch offen.[122]
- Soweit nach allgemeinem Zivilrecht nicht Bestimmtheit, sondern Bestimmbarkeit genügt (etwa bei Forderung), gilt dies auch i. R. d. Spaltung.

bb) Beurkundungstechnik

73 Ist nach materiellem Recht festgestellt, welche Gegenstände zu bezeichnen sind, stellt sich weiter die Frage, wie diesen Vorgaben beurkundungsrechtlich Genüge getan werden kann. Materielles Recht entscheidet, was beurkundet werden muss. Von dieser materiell-rechtlichen Frage zu trennen ist die Frage, auf welche Weise, dies beurkundungsrechtlich geschehen kann. **§ 9 Abs. 1 Satz 2 BeurkG** bestimmt, dass Erklärungen in einem Schriftstück, auf das in der Niederschrift verwiesen und dieser beigefügt wird, als in der Niederschrift selbst enthalten gilt.[123]

Deshalb kann auch auf Anlagen verwiesen werden, die dann nach § 9 Abs. 1 Satz 2 BeurkG Teil der materiell-rechtlichen Erklärung der Urkunde sind. Zu beachten ist allerdings, dass bei der Verweisung nach § 9 Abs. 1 Satz 2 BeurkG die gleichen Grundsätze wie für die Haupturkunde gelten, d. h. die Anlage muss vorgelesen und von den Beteiligten genehmigt werden. Niederschrift und Anlage i. S. d. § 9 Satz 2 Abs. 1 BeurkG bilden eine Einheit. Für Niederschrift und Anlage gelten die gleichen Formvorschriften, d. h. sie müssen vorgelesen werden und über den Inhalt der Niederschrift und der Anlage muss eine Belehrung erfolgen, sodass es für die Wirksamkeit einer Beurkundung genügt, wenn die notwendigen Angaben entweder in der Niederschrift oder in der Anlage enthalten sind.

74 Allerdings können die **beurkundungsrechtlichen Vereinfachungsvorschriften** des §§ 13a, 14 BeurkG auch bei der Beurkundung eines Spaltungsvertrages eingesetzt werden. Nach § 13a BeurkG kann unter den dort genannten Voraussetzungen auf eine andere notariell beurkundete Niederschrift (sog. **Bezugsurkunde**) verwiesen werden.[124] Die Hauptfunktion des § 13a BeurkG liegt darin, dass eine eingeschränkte Vorlesungspflicht bei den Bezugsurkunden besteht. Da es sich bei § 13a BeurkG um eine Mussvorschrift handelt, ist jedoch Voraussetzung, dass die Beteiligten erklären, dass ihnen der Inhalt der anderen Niederschrift bekannt ist und sie auf das Vorlesen verzichten. Gegenstand der Verweisung nach § 13a BeurkG kann nur sein »eine andere notarielle Niederschrift, die nach den Vorschriften für die **Beurkundung von Willenserklärungen** errichtet worden ist«. Notarielle Niederschriften i. d. S. sind nur **Niederschriften**, die nach den §§ 8 ff. BeurkG errichtet wurden.

▶ Hinweis:

75 Es ist daher in der Praxis möglich, zunächst eine sog. Bezugsurkunde zu schaffen, die etwa die einzelne Vermögensgegenstände, die i. R. d. Spaltung übertragen werden sollen, bezeichnet. Auf diese Bezugsurkunde kann dann unter Einhaltung der Voraussetzung des § 13a BeurkG bei der Beurkundung des Spaltungsplans verwiesen werden, ohne dass dann die Bezugsurkunde mitverlesen werden müsste.

---

122 Bejahend Lutter/Priester, UmwG, § 126 Rn. 52; zweifelnd Widmann/Mayer/Mayer, Umwandlungsrecht, § 126 UmwG Rn. 203.
123 Vgl. Winkler, § 9 BeurkG Rn. 26; Brambring, DNotZ 1980, 281; Korte, DNotZ 1984, 3 ff., 82 ff.; Piegsa, in: Armbrüster/Preuß/Renner, § 9 BeurkG Rn. 20 ff.; Limmer, in: Eylmann/Vaasen, § 9 BeurkG Rn. 8 ff.; Staudinger/Hertel, BGB, Vorbem. zu §§ 127a, 128 [BeurkG], Rn. 407 ff.
124 Vgl. dazu Limmer, in: Eylmann/Vaasen, § 13a BeurkG Rn. 1 ff.; Winkler, § 13a BeurkG Rn. 32 ff.; Piegsa, in: Armbrüster/Preuß/Renner, § 13a BeurkG Rn. 2 ff.; Brambring, DNotZ 1980, 296; Stauf, RNotZ 2001, 129, 139.

Eine **weitere Erleichterung** hat § 14 BeurkG bei der Novelle der BNotO und des BeurkG geschaffen. Die Vorschrift bestimmt, dass, wenn auch Bilanzen, Inventare, Nachlassverzeichnisse oder sonstige Bestandsverzeichnisse über Sachen, Rechte und Rechtsverhältnisse in einem Schriftstück aufgenommen werden sollen, auf das in der Niederschrift verwiesen und dieser beigefügt wird, dass dann dieses Schriftstück nicht vorgelesen werden muss, wenn die Beteiligten auf das Vorlesen verzichten und die sonstigen Voraussetzungen der § 14 BeurkG beachten.[125] Unter einem Bestand wird ein »Inbegriff von Gegenständen« verstanden. Voraussetzung ist eine Mehrheit von Vermögensgegenständen, Sachen, Rechten oder Forderungen, bei denen eine Einzelbezeichnung nur schwer möglich ist und bei der ein einseitiger Rechtsgrund die Mehrheit der Gegenstände zu einem Inbegriff vereinigt.[126] Als Anwendungsbeispiel des § 14 BeurkG wird in der Literatur insb. der Unternehmenskaufvertrag benannt, bei dem § 14 BeurkG einen Vorlesungsverzicht bei Bilanzen, Gewinn- und Verlustrechnungen, Auflistung von Wirtschaftsgütern, bestehenden Verträgen, Personal oder anhängigen Prozessen ermöglicht.[127] Das DNotI hat die Ansicht vertreten, dass es für eine Beurkundung nach § 14 BeurkG entscheidend darauf ankomme, ob die zu veräußernden Grundstücke durch ein einheitliches Rechtsverhältnis miteinander verbunden sind. Ein solches einheitliches Rechtsverhältnis liegt nur dann vor, wenn der gesamte Grundbesitz des Veräußerers veräußert wird oder wenn der zu veräußernde Grundbesitz durch ein bereits bestehendes Rechtsverhältnis miteinander verbunden ist, was z. B. dann der Fall ist, wenn die in Rede stehenden Grundstücke zu einem Teilbetrieb gehören.[128] Eine andere Auffassung wird demgegenüber in der Literatur vertreten.[129] Nach dieser Ansicht hänge der Inhalt eines Bestandsverzeichnisses i. S. d. § 14 BeurkG allein vom Parteiwillen ab. Ein Rückgriff auf die Vorschrift des § 260 BGB sei nicht angezeigt. Ein real existierender Bestand liege auch dann vor, wenn aus einer größeren Menge gleichartiger Güter ein Teil ausgewählt und zum Gegenstand des Vertrages gemacht wird. Auf die Tatsache, dass die in Rede stehenden Gegenstände bereits außerhalb des Vertrages – wie auch immer – miteinander verbunden gewesen waren, komme es nicht an. Zur Begründung verweisen die Vertreter dieser Auffassung im Wesentlichen auf den mit der Vorschrift verfolgten Zweck des Gesetzgebers, nämlich Zahlenwerke und sonstige Aufzählungen von rein tatsächlicher Bedeutung aus der Verlesungspflicht auszuklammern, und den äußeren Beurkundungsvorgang zur Hervorhebung der Prüfungs- und Belehrungspflichten des Notars abzukürzen

cc) Formulierungsbeispiel: Beurkundung einer Vermögensübertragung

▶ **Formulierungsbeispiel: Beurkundung einer Vermögensübertragung**

Vermögensübertragung

1. Die A-GmbH überträgt den von ihr an drei Standorten unterhaltenen Teilbetrieb »Hochbau« auf die B-GmbH mit allen Aktiva und Passiva. Die Abspaltung erfolgt auf der Basis der festgestellten Abspaltungsbilanz der WPG-Wirtschaftsprüfungsgesellschaft vom 31.12.......; diese Spaltungsbilanz ist Bestandteil dieses Spaltungsplanes. Sie ist als Anlage 1 dieser Urkunde als wesentlicher Bestandteil beigefügt, auf sie wird nach § 14 Abs. 1 BeurkG verwiesen. Die Beteiligten haben auf das Vorlesen verzichtet. Stattdessen wurden ihnen die Anlage 1 zur Kenntnisnahme vorgelegt, von ihnen genehmigt und unterschrieben.

---

125 Wegen der Einzelheiten vgl. Eylmann/Vaasen/Limmer, BNotO, BeurkG, § 14 BeurkG Rn. 1 ff.; Piegsa, in: Armbrüster/Preuß/Renner, § 14 BeurkG Rn. 1 ff.; Winkler, § 14 BeurkG Rn. 1 ff.; Staudinger/Hertel, BGB, Vorbem. zu §§ 127a, 128 [BeurkG], Rn. 437 ff.; Ising/v. Loewenich, ZNotP 2003, 176 ff.; Kanzleiter, DNotZ 1999, 203 ff.; Stauf, RNotZ 2001, 129 ff.
126 RGZ 90, 137, 139; MünchKomm-BGB/Krüger, § 260 Rn. 4; Staudinger/Bittner, BGB, § 260 Rn. 4; Piegsa, in: Armbrüster/Preuß/Renner, § 14 BeurkG Rn. 10 ff.
127 Piegsa in: Armbrüster/Preuß/Renner, § 14 BeurkG Rn. 10 ff.; Stauf, RNotZ 2001, 129, 144 ff.; Winkler, BeurkG, § 14 BeurkG Rn. 12 ff.
128 DNotI-Report 2003, Heft 3 S. 17 f.
129 Ising/v. Loewenich, ZNotP 2003, 176 ff.

2. Im Einzelnen sind folgende Vermögensgegenstände Bestandteil des Teilbetriebes und werden i. R. d. Spaltung auf die B-GmbH übertragen. Von der Spaltung werden sämtliche zum Spaltungsstichtag vorhandenen Vermögensgegenstände und Schulden des Teilbetriebes mit allen Rechten und Pflichten sowie die ausschließlich diesem Teilbetrieb zuzuordnenden Rechtsbeziehungen, insbesondere Vertragsverhältnisse, nach näherer Maßgabe der nachfolgenden Bestimmungen erfasst, gleich ob sie bilanziert sind oder nicht.

Insbesondere handelt es sich um folgende Vermögensgegenstände und Schulden, die den Teilbetrieb mit allen Rechten und Pflichten zuzuordnen sind:

a) **Grundstücke**

Die folgenden im Grundbuch von X-Stadt eingetragenen Grundstücke mit sämtlichen Abteilungen II und III des Grundbuches eingetragenen Belastungen, einschließlich aufstehender Gebäude wird den dazugehörigen Betriebsvorrichtungen, sowie sämtliche auf die Grundstücke bezogenen Mietverträge:
- Bd. 120 Blatt 3503, Flurstück 400/20, X-Str. in X-Stadt in einer Größe von 10.000 qm,
- Bd. 105 Blatt 2763, Flurstück 733/23, Y-Str. in X-Stadt in einer Größe von 5.000 qm,
- Bd. 100 Blatt 7370, Flurstück 250/12, Z-Str. in X-Stadt mit einer Größe von 3.000 qm.

b) **Anlage- und Umlaufvermögen**

Sämtliche zum Anlage- und Umlaufvermögen gehörenden beweglichen Gegenstände des Teilbetriebs »Hochbau«, also alle beweglichen Gegenstände, die sich auf den unter a) beschriebenen Grundstücken und Gebäuden befinden, somit alle technischen Anlagen und Maschinen, Kfz-, Betriebs- und Geschäftsausstattung, geringwertige Wirtschaftsgüter, Zubehör und Ersatzteile, EDV-Hardware, sämtliche auf den Grundstücken befindliche Gegenstände des Umlaufvermögens, insbesondere solche Roh-, Hilfs-, Betriebsstoffe, Ausstattung und Verpackungsmaterial. Soweit die A-GmbH Eigentum oder Miteigentum an diesen Gegenständen hat oder künftig erwirbt, wird das Eigentum oder Miteigentum übertragen; soweit die A-AG Anwartschaftsrechte auf Eigentumserwerb an dem ihr unter Eigentumsvorbehalt gelieferten beweglichen Vermögen hat, überträgt sie hiermit der B-GmbH diese Anwartschaftsrechte. Die wichtigsten beweglichen Vermögensgegenstände, insbesondere Anlagen und Einrichtungen sind in der Anlage 2 aufgeführt, ohne jedoch auf die genannten Anlagen und Einrichtungen beschränkt zu sein.

c) **Forderungen**

Sämtliche Forderungen die zum Teilbetrieb »Hochbau« zuzuordnen sind, insbesondere Forderungen aus Lieferung und Leistung, geleisteten Anzahlungen, aus Darlehen, sowie Schadensersatzforderungen. Die Forderungen sind in der Anlage 3 aufgeführt. Soweit Forderungen in dieser Anlage nicht aufgeführt sind, werden sie dennoch übertragen, wenn und soweit sie dem Teilbetrieb »Hochbau« zuzuordnen sind.

d) **Bankguthaben**

Sämtliche Bankguthaben bei allen Banken, Kreditinstituten und sonstigen Einrichtungen mit ihrem jeweiligen zum Stichtag ausgewiesenen Bestand. Die Kreditinstitute und Einrichtungen sowie die betroffenen Bankkonten sind in Anlage 4 aufgeführt.

e) **Vertragsverhältnisse**

Alle dem Teilbetrieb »Hochbau« zuzuordnenden Verträge, insbes. Leasing-, Miet-, Kauf-, Dienst-, Werk-, Beratungs-, Darlehens-, Versorgungs-, Versicherungs-, Finanzierungsverträge, Verträge mit Handelsvertretern sowie Angebote und sonstige Rechtsstellungen zivilrechtlicher oder öffentlich-rechtlicher Art. Die Verträge sind in Anlage 5 beschrieben. Soweit Verträge und Vertragsverhältnisse in dieser Anlage nicht aufgeführt sind, werden sie dennoch übertragen, wenn und soweit sie den Betriebsteil »Hochbau« betreffen oder ihm zuzuordnen sind.

f) **Schutzrechte**

Sämtliche Schutzrechte der A-GmbH, die den Betriebsteil »Hochbau« betreffen. Schutzrechte umfassen insbesondere alle Erfindungen, Know-how, Geschäfts- und Betriebsgeheimnisse, Patente, Verfahren, Formel und sonstigen immateriellen Gegenstände, die nicht von gewerblichen Schutzrechten umfasst werden, und sämtliche Verkörperungen solcher Gegenstände (Muster, Marken, Zeichenpläne etc.). Die Schutzrechte sind in Anlage 6 ausgeführt.

g) Arbeitsverhältnisse

Sämtliche dem Teilbetrieb »Hochbau« zuzuordnenden Arbeitsverhältnisse einschließlich evtl. bestehender Verpflichtungen der betrieblichen Altersvorsorge, Rückdeckungsversicherung im betrieblichen Versorgungsinteresse und sonstigen Zusagen mit Versorgungscharakter gehen nach § 613a BGB auf die aufnehmende Gesellschaft über. Diese ergeben sich aus Anlage 7. Die Arbeitnehmer werden bei der aufnehmenden Gesellschaft zu gleichen Konditionen beschäftigt. Sollten einzelne Arbeitnehmer den Übergang ihres Arbeitsverhältnisses widersprechen, so ist die B-GmbH verpflichtet, der A-GmbH alle dadurch entstehenden Kosten zu ersetzen. Die B-GmbH wird außerdem die A-GmbH von allen Ansprüchen aus den Arbeitsverhältnissen und den damit zusammen verbundenen Zusagen der betrieblichen Altersvorsorge und Zusagen mit Versorgungscharakter freistellen.

h) Steuern

Sämtliche Forderungen, Verbindlichkeiten und Rückstellungen gegenüber dem Finanzamt betreffen Körperschaftssteuer und Solidaritätszuschlag, Gewerbesteuer, Umsatzsteuer, Kfz-Steuer, Grundsteuer, Kapitalertragssteuer, Lohn- und Kirchensteuer, Zinsabschlagssteuer.

i) Beteiligung, Mitgliedschaften

Sämtliche zum Teilbereich »Hochbau« gehörenden Beteiligungen, Mitgliedschaften, Finanzanlagen und Ähnliches. Im Einzelnen handelt es sich um folgende Beteiligungen:
– Die Mitgliedschaft der A-GmbH im Verband »Hoch- und Tiefbau e. V.«,
– die bestehende Beteiligung i. H. v. 10.000 Aktien an der X-AG,
– die der Geschäftsanteile i. H. v. 10.000,00 € an der Z-GmbH.

j) Verbindlichkeiten

Sämtliche zum Teilbetrieb »Hochbau« gehörenden und zuzuordnenden Verbindlichkeiten der A-GmbH, also sämtliche Schulden, Verbindlichkeiten, Rückstellungen sowie Verlustrisiko aus schwebenden Geschäften. Die Verbindlichkeiten sind in Anlage 8 zu diesem Vertrag aufgeführt.

k) Sonstiges

Sowie alle sonstigen in der als Anlage 9 aufgeführten Vermögenspositionen.

3. Für sämtliche unter Ziff. 2 beschriebenen Aktiva und Passiva gilt, dass die Übertragung im Wege der Spaltung alle Wirtschaftsgüter, Gegenstände, materiellen und immateriellen Rechte, Verbindlichkeiten, Rechtsbeziehungen erfasst, die dem Teilbetrieb »Hochbau« dienen oder zu dienen bestimmt sind oder sonst den Teilbetrieb betreffen oder ihm wirtschaftlich zuzurechnen sind, unabhängig davon, ob die Vermögensposition bilanzierungsfähig ist oder nicht. Die Übertragung erfolgt auch unabhängig davon, ob der Vermögensgegenstand in den Anlagen 1–8 aufgeführt ist.

Sollten die zu übertragenden Rechtspositionen des Aktiv- oder Passivvermögens bis zum Wirksamwerden der Spaltung im regelmäßigen Geschäftsgang veräußert worden sein, so werden die an ihrer Stelle getretenen vorhandenen Surrogate übertragen. Übertragen werden auch die bis zum Wirksamwerden der Spaltung erworbenen Gegenstände des Aktiv- oder Passivvermögens, soweit sie zum übertragenen Teilbetrieb gehören.

4. Bei Zweifelsfällen, die auch durch Auslegung dieses Vertrages nicht zu klären sind, gilt, dass Vermögensgegenstände, Verbindlichkeiten, Verträge und Rechtspositionen, die nach obigen Regeln nicht zugeordnet werden können, bei der übertragenden Gesellschaft verbleiben. In diesen Fällen ist die A-GmbH berechtigt nach § 315 BGB eine Zuordnung nach ihrem Ermessen unter Berücksichtigung der wirtschaftlichen Zugehörigkeit vorzunehmen.

5. Soweit bilanzierte und nicht bilanzierte Vermögensgegenstände und Schulden sowie Rechtsbeziehungen, die dem Teilbetrieb »Hochbau« wirtschaftlich zuzuordnen sind, nicht schon kraft Gesetzes mit der Eintragung der Spaltung in das Handelsregister der übertragenden Gesellschaft auf die aufnehmende Gesellschaft übergehen, wird die übertragende Gesellschaft diese Vermögensgegenstände oder Schulden sowie die Rechtsbeziehungen auf die B-

GmbH übertragen. Ist die Übertragung im Außenverhältnis nicht oder nur mit unverhältnismäßigen Aufwand möglich oder unzweckmäßig, werden sich die beteiligten Gesellschaften im Innenverhältnis so stellen, wie sie stehen würden, wenn die Übertragung der Vermögensgegenstände und Passiva bzw. Rechtsbeziehungen auch im Außenverhältnis mit Wirkung zum Vollzug dabei erfolgt wäre. Wird die übertragende Gesellschaft aus Verbindlichkeiten in Anspruch genommen, die der aufnehmenden zuzuordnen sind, ist diese zur Freistellung verpflichtet oder hat Ausgleich zu leisten.

6. Auf die Anlagen 1–8, die dieser Urkunde als wesentlicher Bestandteil beigefügt sind, wird gemäß § 14 Abs. 1 BeurkG verwiesen. Die Beteiligten haben auf das Vorlesen verzichtet, stattdessen wurden ihnen die Anlagen 1–8 zur Kenntnisnahme vorgelegt, sie wurden von ihnen genehmigt und nach § 14 BeurkG unterschrieben.

7. Soweit für die Übertragung von bestimmten Gegenständen die Zustimmung eines Dritten an einer öffentlich-rechtlichen Genehmigung oder eine Registrierung erforderlich ist, werden sich die übertragende und die aufnehmende Gesellschaft bemühen, die Zustimmung, Genehmigung oder Registrierung beizubringen. Falls dies nicht oder nur mit unverhältnismäßig hohem Aufwand möglich sein würde, werden sich die übertragende und die aufnehmende Gesellschaft im Innenverhältnis zu stellen, als wäre die Übertragung der Gegenstände des ausgegliederten Vermögens mit Wirkung zum Vollzugsdatum erfolgt.

8. Berichtigungen bei Registern, Grundbuch, Markenerklärungen

Die A-GmbH und die B-GmbH bewilligen und beantragen, nach Wirksamwerden der Spaltung die von der Spaltung betroffenen Markenregister entsprechenden Vorschriften dieses Vertrages zu berichtigen.

Die A-GmbH und die B-GmbH bewilligen und beantragen nach Wirksamwerden der Ausgliederung das Grundbuch bei den unter Ziff. 2a beschriebenen Grundstücken und dinglichen Rechten zu berichtigen.

d) Zustimmungen und Genehmigungen: § 132 UmwG und seine Aufhebung durch das Zweite Gesetz zur Änderung des UmwG

78 Der Gesetzgeber hat im **Zweiten Gesetz zur Änderung des UmwG** v. 25.04.2007[130] § 132 UmwG **ersatzlos gestrichen**.[131] Mit dieser ersatzlosen Streichung wurde eine der schwierigsten Fragen des UmwG gelöst, denn **§ 132 UmwG** gehörte zu den problematischsten und heftig diskutiertesten Vorschriften des Umwandlungsrechts. Im Einzelnen bestimmte sie, dass bei der Gestaltung des Spaltungsvertrages und der Abwicklung einer Spaltung insb. § 132 UmwG zu beachten ist. Die Vorschrift bestimmte, dass allgemeine Vorschriften
– welche die Übertragbarkeit eines bestimmten Gegenstandes ausschließen oder
– welche die Übertragbarkeit eines bestimmten Gegenstandes an bestimmte (besondere) Voraussetzungen knüpfen oder
– nach denen die Übertragung eines bestimmten Gegenstandes einer staatlichen Genehmigung bedarf,
durch die Eintragung nach § 131 UmwG unberührt bleiben.

79 Die Vorschrift schien nach ihrem Wortlaut weitgehend sämtliche für die Einzelübertragung des betroffenen Vermögensgegenstandes maßgebenden Vorschriften auf die Spaltung anzuwenden. Mit diesem **weiten Anwendungsbereich**, der die Besonderheiten einer Spaltung erheblich einschränken würde, wurde die Vorschrift in der Literatur teilweise kritisiert und als misslungen bezeichnet.[132] Die Begründung zum RegE wies darauf hin, dass die Vorschrift eine klarstellende Bedeutung habe, dass die allgemeinen Vorschriften des Zivilrechts über die Übertragbarkeit von

---

130 BGBl. I, S. 542.
131 Vgl. BR-Drucks. 16/2919, S. 9.
132 Vgl. Kallmeyer, GmbHR 1996, 242; Meyer, GmbHR 1996, 403.

Gegenständen auch bei der Spaltung gelten. Dies sei bedeutsam für die Trennung von Haupt- und Nebenrechten, für den gesetzlichen oder rechtsgeschäftlichen Ausschluss der Abtretung von Forderungen nach § 399 sowie die Übertragbarkeit eines Nießbrauches einer beschränkten persönlichen Dienstbarkeit oder eines dinglichen Vorkaufsrechts.[133] Überwiegend wurde die Vorschrift als **Umgehungsverbot** angesehen, sodass verhindert wird, dass Regelungen gesetzlicher oder vertraglicher Art, die die Übertragbarkeit eines einzigen Gegenstandes einschränken oder ausschließen, umgangen werden.[134]

In der Literatur wurden daher verschiedene **Vorschläge für eine einschränkende Auslegung der Vorschrift** diskutiert (zu den Einzelheiten vgl. 3. Auflage Rn. 1513). 80

e) Neuregelung durch das Zweite Gesetz zur Änderung des UmwG

aa) Grundsatz

Der Gesetzgeber hat im **Zweiten Gesetz zur Änderung des UmwG** v. 25.04.2007[135] § 132 vollständig aufgehoben. Die **Begründung zum RegE**[136] führt hierzu aus: 81

> »Bei der grundlegenden Reform des Umwandlungsrechts im Jahr 1994 war erstmals die Möglichkeit der Spaltung von Rechtsträgern eingeführt worden. Vor dem Hintergrund der damals noch fehlenden Erfahrung mit diesem neuen Rechtsinstitut hatte der Gesetzgeber in § 132 eine Vorschrift über den generellen Vorrang der Übertragungsverbote nach allgemeinem Recht aufgenommen. Eine gewisse Rolle spielte dabei auch die latente Befürchtung, Spaltungen könnten dazu missbraucht werden, die bei einer Einzelrechtsübertragung bestehenden Beschränkungen zu umgehen. Bei der praktischen Anwendung der Regelung zeigten sich dann aber erhebliche Schwierigkeiten. Versuche, diesen durch Auslegung zu begegnen, blieben vielfach ohne Erfolg. Dies führte letztlich zu Rechtsunsicherheit. Wissenschaft und Praxis beurteilen die Regelung als »**Spaltungsbremse**«.[137] Es wird daher vorgeschlagen § 132 aufzuheben und damit die Gesamtrechtsnachfolge bei Verschmelzung und Spaltung künftig denselben Grundsätzen zu unterwerfen. Danach bleiben von der Gesamtrechtsnachfolge nur höchstpersönliche Rechte und Pflichten ausgenommen. Ob und inwieweit ein durch den Rechtsübergang betroffener Dritter, der sich durch die Gesamtrechtsnachfolge einem neuen Vertragspartner gegenübersieht, diesen Zustand akzeptieren muss oder sich dagegen durch Kündigung, Rücktritt, Berufung auf den Wegfall der Geschäftsgrundlage o. ä. wehren kann, ergibt sich aus den insoweit geltenden allgemeinen Vorschriften.«

Der Gesetzgeber hat mit dieser Neuregelung ohne Zweifel die **partielle Gesamtrechtsnachfolge aufgrund Spaltung** der **generellen Gesamtrechtsnachfolge aufgrund Verschmelzung gleichgestellt**.[138] Vermittelnden Lösungen, wie sie im Gesetzgebungsverfahren vorgeschlagen wurden und die danach differenzieren wollten, ob eine Rechts- und Sachgesamtheit übergeht (dann Befreiung von § 132 UmwG) oder ein Einzelvermögensgegenstand, ist er nicht gefolgt und hat alle Formen der Spaltung von den Beschränkungen der Einzelrechtsübertragung befreit. Damit bleiben von der Rechtsnachfolge nur höchstpersönliche Rechte und Pflichten ausgenommen. Alle anderen Rechte und Verbindlichkeiten gehen ohne Einschränkung und ohne dass besondere Genehmigun- 82

---

133 Vgl. BR-Drucks. 75/94, abgedruckt bei Limmer, Umwandlungsrecht, S. 314.
134 Vgl. Meikel, ZIP 1994, 165, 168; Widmann/Mayer/Mayer, Umwandlungsrecht, § 132 UmwG Rn. 4; Lutter/Teichmann, UmwG, § 132 Rn. 3.
135 BGBl. I, S. 542.
136 BT-Drucks. 16/2919, S. 19.
137 Vgl. jüngst wieder Heidenhain, ZHR 2004, 468 ff.
138 Vgl. zu dieser Begrifflichkeit OLG Hamm RNotZ 2014, 507 = NZG 2014, 783; OLG Hamm, DStR 2010, 991 = NJW 2010, 2591; OLG Karlsruhe NZG 2009, 315 = GmbHR 2008, 1219; Hörtnagl, in: Stratz/Schmitt/Hörtnagl, § 123 UmwG Rn. 3; Widmann/Mayer/Schwarz, Umwandlungsrecht, § 123 UmwG Rn. 413; Kallmeyer/Sickinger, UmwG, § 123 Rn. 2; Schmidt, in: Habersack/Koch/Winter/Vetter, Die Spaltung im neuen Umwandlungsrecht und ihre Rechtsfolgen, S. 11; Lutter/Teichmann, UmwG, § 123 Rn. 8 ff.; Zöllner, ZGR 1995, 335, 339; Gutachten DNotI-Report 2011, 104.

gen vorliegen müssen i. R. d. Spaltung über. Es gelten die gleichen Grundsätze wie bei § 20 Abs. 1 Nr. 1 UmwG. Probleme, die für Dritte entstehen könnten, sind ausweislich der Regierungsbegründung allenfalls durch allgemeine Rechtsgrundsätze wie durch Kündigung, Rücktritt, Berufung auf den Wegfall der Geschäftsgrundlage zu lösen.

bb) Rechtsfolgen der Neuregelung: Zustimmungen und Genehmigungen

83 Trotz dieser gesetzgeberischen Gleichstellung mit der Verschmelzung sind die Einzelheiten der partiellen Gesamtrechtsnachfolge noch nicht vollständig geklärt.[139] Wendet man die Prinzipien zu § 20 Abs. 1 UmwG, d. h. Gesamtrechtsnachfolge aufgrund Verschmelzung auch bei der Spaltung ohne Einschränkung an, so müsste gelten, dass die **Vorschriften über Einzelrechtsnachfolge** wie z. B. §§ 929, 873, 398 BGB oder der **Vertrags- oder Schuldübernahmen** (§§ 414 ff. BGB) nicht eingehalten werden müssen, ebenfalls nicht erforderlich wären danach **Zustimmungen Dritter, sei es öffentlich-rechtliche oder privatrechtliche Zustimmungen oder Genehmigungen**.[140] Ausgenommen vom Rechtsübergang sind nur höchstpersönliche Rechte oder Befugnisse, z. B. öffentlich-rechtlicher Art.[141]

In der Literatur ist allerdings das Meinungsspektrum nicht so klar: Einigkeit besteht, dass die Tatbestände, die die dingliche Einzelrechtsnachfolge unmittelbar regeln, für die Spaltung nicht gelten, etwa die dinglichen Übertragungsvorschriften wie §§ 398, 873, 925, 929.[142] Auch sind Forderungen und Verbindlichkeiten nach überwiegender Meinung ohne Zustimmung Dritter übertragbar.[143] Auch bei der Frage, ob öffentlich-rechtliche oder privatrechtliche Zustimmungen oder Genehmigungen, die für die Einzelübertragung notwendig wären, auch bei der Spaltung eingeholt werden müssen, herrscht keine vollständige Einigkeit. Die überwiegende Meinung ist m.E. zu Recht wie bei der Verschmelzung der Auffassung, dass z.B. öffentlich-rechtliche Genehmigungen, die bei der Übertragung von Grundvermögen zu beachten sind, bei der Übertragung durch Spaltung nicht erforderlich sind.[144] Zu § 12 WEG hat z.B. das OLG Jena entschieden, dass Zustimmungspflichtig nach § 12 WEG nur rechtsgeschäftliche und gleichgestellte Veräußerungen, nämlich solche im Wege der Zwangsvollstreckung oder durch den Insolvenzverwalter. Der Eigentumsübergang bei Verschmelzung einer Kapitalgesellschaft mit dem Vermögen ihres Alleingesellschafters sei nicht zustimmungspflichtig.[145] Diese Entscheidung wird in der Literatur auch für die Spaltung und Ausgliederung angenommen.[146] Dies gilt auch für § 5 ErbbauRG oder für Grundstücke in einem Umlegungsgebiet (§§ 45 ff., 51 Abs. 1 Nr. 1 BauGB) oder in einem Sanierungsgebiet (§ 144 Abs. 2 Nr. 1 BauGB),[147] oder der früheren Teilungsgenehimgung nach

---

139 BeckOGK/Wiersch UmwG § 131 Rn. 8.
140 Vgl. OLG Hamm RNotZ 2014, 507 = NZG 2014, 783; OLG Hamm, DStR 2010, 991 = NJW 2010, 2591; OLG Karlsruhe, NZG 2009, 315 = GmbHR 2008, 1219; Widmann/Mayer/Vossius, Umwandlungsrecht, § 20 UmwG Rn. 26, 247; § 131 UmwG Rn. 23; Kallmeyer/Marsch-Barner, UmwG, § 20 Rn. 26 f.; Stratz in Schmitt/Hörtnagl/Stratz, § 20 UmwG Rn. 28; Gaiser DB 2000, 361.
141 Vg. OLG Hamm RNotZ 2014, 507 = NZG 2014, 783.
142 BeckOGK/Wiersch UmwG § 131 Rn. 4, 8; Schmitt/Hörtnagl/Stratz/Hörtnagl UmwG § 131 Rn. 4.
143 BeckOGK/Wiersch UmwG § 131 Rn. 10; NK-UmwR/Fischer § 131 UmwG § 131 Rn. 20; Lieder/Scholz ZIP 2015 1705, 1706 f.; Kölner KommUmwG/Simon § 131 UmwG Rn. 27; Semler/Stengel/Schröer § 131 UmwG Rn. 31; für eingeschränkte Möglichkeit der Forderungsübertragung bei überwiegenden Schuldnerinteressen Lutter/Teichmann § 131 UmwG Rn. 46.
144 So Schmitt/Hörtnagl/Stratz/Hörtnagl UmwG § 131 Rn. 14; Semler/Stengel/Schröer UmwG § 131 Rn. 22; Kölner Komm UmwG/Simon § 131 UmwG Rn 32; Kallmeyer/Kallmeyer/Sickinger § 131 UmwG Rn 7, anders jedoch Lutter/Teichmann § 131 UmwG Rn. 34.
145 OLG Jena ZWE 2014, 123.
146 Schmitt/Hörtnagl/Stratz/Hörtnagl UmwG § 131 Rn. 16.
147 Schmitt/Hörtnagl/Stratz/Hörtnagl UmwG § 131 Rn. 16; Semler/Stengel/Schröer UmwG § 131 Rn. 22.

§ 19 BauGB.[148] Das OLG Frankfurt hat entsprechend entschieden, dass die Ausgliederung von land- bzw. forstwirtschaftlicher Flächen nicht der Genehmigung nach § 2 Abs. 1 GrdstVG bedarf.[149] Grundsätzlich werde bei Verschmelzung, Spaltung und Vermögensübertragung im Sinne des UmwG die Zuordnung dinglicher Rechte außerhalb des Grundbuchs verändert; dieses werde dabei unrichtig. Hierfür sei die Genehmigung nach § 2 GrdstVG für die Eintragung der nach § 22 GBO vorzunehmenden Grundbuchberichtigung nicht erforderlich, weil § 2 GrdstVG nur die rechtsgeschäftliche Veräußerung und den schuldrechtlichen Vertrag hierüber von einer Genehmigung abhängig mache.

Die Gesamtrechtsnachfolge bewirkt nach herrschender Meinung jedoch nicht, dass der Übernehmer umfassend in sämtliche Rechte und Rechtsverhältnisse des Überträgers eintritt. Einzelne Rechtspositionen können vom Übergang ausgeschlossen werden, wenn die Rechtsposition unübertragbar ist oder aus sonstigen Gründen die Gesamtrechtsnachfolge andere Auswirkungen als den Übergang hat.[150] Ist die Rechtsposition nach den allgemeinen Vorschriften nicht übertragbar, so ist die Folge, dass bei der Abspaltung und Ausgliederung der Gegenstand beim übertragenden Rechtsträger verbleibt. Bei der Aufspaltung erlischt der übertragende Rechtsträger, sodass Unklarheit besteht. Die Literatur differenziert überwiegend dahin gehend, dass es auf die Art des Gegenstandes ankommt. Höchstpersönliche und nicht übertragbare Rechte wie Nießbrauchs- oder Vorkaufsrechte sollen untergehen; sonstige Rechte sollen beim übertragenden Rechtsträger verbleiben. Dieser erlösche zwar, bei Vorhandensein von Rechtspositionen bestehe dieser allerdings fort, und es müsse ggf. eine Nachtragsliquidation durchgeführt werden.[151] Das OLG Dresden[152] hat insoweit ausdrücklich entschieden, dass die Übertragung von Forderungen (und ggf. Verbindlichkeiten) des Darlehensgebers aus einem beendeten Darlehensvertrag im Wege der Ausgliederung zur Neugründung an den übernehmenden Rechtsträger **nicht der Zustimmung des Darlehensnehmers** bedarf. Das OLG Karlsruhe[153] hat festgestellt, dass mit der Eintragung der Spaltung bzw. Ausgliederung in das Handelsregister das ausgegliederte Vermögen mit den ausgegliederten Verbindlichkeiten auf den übernehmenden Rechtsträger übergehe. Die Ausgliederung bewirke somit eine Gesamtrechtsnachfolge,[154] von der grds. auch schuldrechtliche Verträge und somit auch Mietverträge betroffen seien. Ausgeschlossen sei der Übergang nur bei schlechthin nicht übertragbaren Rechtspositionen, wie etwa die Mitgliedschaft in einem Verein oder die Beteiligung an einer GbR. Eine Zustimmung der Vertragspartei sei nicht erforderlich. Auch das OLG Hamm hat mit Urteil vom 16.4.2014[155] entschieden, dass bei einer Spaltung von **vinkulierten Geschäftsanteilen** diese auch ohne Zustimmung der zustimmungsbetroffenen Gesellschafter übergehen, obwohl dies bei einer Einzelübertragung nicht möglich wäre. Nach der Gesetzesbegründung handele es sich bei § 132 Satz 1 UmwG a. F. um eine »klarstellende Vorschrift, die den bereits zu § 126 Abs. 1 Nr. 9 UmwG erläuterten Grundsatz, dass die allgemeinen Vorschriften des Zivilrechts über die Übertragbarkeit von Gegenständen auch bei Spaltungen gelten, ausdrücklich im Gesetzestext verankert« habe.,[156] § 132 Satz 2 UmwG a. F. stelle klar, dass bei der Aufspaltung (§ 131 Abs. 1 Nr. 2 UmwG) ein Abtretungsverbot nach § 399 BGB ebenso wenig wie bei der Verschmelzung greifen könne, da der übertragende Rechtsträger erlösche.[157] Zu § 131 Abs. 1

---

148 LG Ellwangen Rpfleger 1996, 145.
149 MittBayNot 2018, 385 = FGPrax 2018, 9.
150 Vgl. Lutter/Grunewald, UmwG, § 20 Rn. 13; Heidinger/Limmer/Holland/Reul, Gutachten des DNotI, Bd. IV, Gutachten zum Umwandlungsrecht, S. 102.
151 So Lutter/Teichmann, UmwG, § 131 Rn. 31 ff.; Widmann/Mayer/Mayer, Umwandlungsrecht, § 131 UmwG Rn. 33 ff.; vgl. Ittner, MittRhNotK 1997, 116.
152 WM 2008, 1273.
153 NZG 2009, 315 = GmbHR 2008, 1219.
154 Vgl. auch Maier-Reimer/Seulen, in: Semler/Stengel, UmwG, § 152 Rn. 83.
155 OLG Hamm RNotZ 2014, 507 = NZG 2014, 783; dazu Sickinger DB 2014, 1976.
156 BR-Drucks 75/94, S. 121.
157 BR-Drucks 75/94, S. 121.

Nr. 1 Satz 2 UmwG heiße es in der Gesetzesbegründung, dass diese Vorschrift bei Abspaltung und Ausgliederung wie § 132 UmwG klarstelle, dass »die allgemeinen Vorschriften des Zivilrechts den Übergang eines bestimmten einzelnen Gegenstandes verhindern« könnten[158] möglich wäre. Dies folgt nach Meinung des Gerichts aus der Abschaffung des § 131 UmwG. Der insoweit eindeutige Wille des Gesetzgebers lasse keinen Raum dafür, aus den strukturellen Unterschieden zwischen Verschmelzung und Abspaltung hinsichtlich des Schicksals des übertragenden Rechtsträgers den Inhalt des aufgehobenen § 132 UmwG im Wege einer teleologischer Reduktion des § 131 Abs. 1 Nr. 1 UmwG in die umwandlungsrechtlichen Vorschriften wieder hineinzulesen. Vielmehr sei das Gegenteil der Fall, da in der Gesetzesbegründung ausdrücklich formuliert werde, dass die Aufhebung des § 132 UmwG deswegen erfolge, um die Gesamtrechtsnachfolge bei Verschmelzung und Spaltung denselben Grundsätzen zu unterwerfen.

84 Auch die Frage, welche **Prüfungspflichten das Registergericht** und ggf. das **Grundbuchamt** bei einer etwaigen Grundbuchberichtigung hat, ist jetzt durch die Neuregelung m. E. geklärt. Es besteht wie bei der Verschmelzung keine Prüfungspflicht des Registergerichts oder des Grundbuchamtes.[159] Dies gilt jetzt auch bei der Übertragung von wenigen oder einzelnen Gegenständen. Das Grundbuchamt hat die materiell-rechtliche Wirksamkeit der Spaltung im Grundbucheintragungsverfahren nicht zu überprüfen. Dies gilt insbesondere auch für die wirksame Vertretung der Beteiligten des Spaltungsvertrages, auch die Form des § 29 GBO spielt für die Vollmacht keine Rolle.[160]

f) Einzelheiten zur Übertragung der Aktiva und Passiva durch Spaltungsvertrag

85 Im Folgenden sollen die **wichtigsten Rechtspositionen**, die i. R. d. Spaltungsvertrages übertragen werden, dargestellt werden. Es stellt sich dabei – wie die vorliegenden Ausführungen zeigen – **folgende Frage**:

Wie sind die Vermögenspositionen oder Verbindlichkeiten mit hinreichender Bestimmtheit zu bezeichnen?

aa) Grundstücke, grundstücksgleiche Rechte, Rechte an Grundstücken

86 § 126 Abs. 2 Satz 2 UmwG verlangt, dass **§ 28 GBO** zu beachten ist. Die Bedeutung dieser Verweisung auf § 28 GBO ist nicht vollständig klar. Einigkeit besteht, dass Grundstücke mit ihren wesentlichen Bestandteilen mit der Eintragung der Spaltung auf die aufnehmenden Rechtsträger übergehen, es bedarf keiner Auflassung.[161] Das Grundbuch wird damit unrichtig und ist gem. § 22 GBO zu berichtigen.[162] Die Bedeutung des § 28 GBO ist dabei nicht klar. Die Begründung

---

158 BR-Drucks 75/94, S. 120.
159 So bereits bisher bei der Übertragung von Sachgesamtheiten aufgrund Spaltung Widmann/Mayer/Mayer, Umwandlungsrecht, § 132 UmwG Rn. 96; vgl. auch Lutter/Teichmann, UmwG, § 132 Rn. 21.
160 So OLG Hamm FGPrax 2014, 239.
161 BGH, DNotZ 2008, 468 m. Anm. Limmer = MittBayNot 2008, 307 = NotBZ 2008, 192 = ZNotP 2008, 163; KG, DB 2014, 2282 = ZIP 2014, 1732; OLG Frankfurt NJOZ 2012, 1396; LG Ellwangen, Rpfleger 1996, 154; Schöner/Stöber, Grundbuchrecht, Rn. 995b; Böttcher in: Meikel, Grundbuchrecht 10. Aufl. 2088, § 22 GBO Rn. 47; Lutter/Teichmann, UmwG, § 131 Rn. 32; Widmann/Mayer/Vossius, Umwandlungsrecht, § 131 UmwG Rn. 105 ff.; Hörtnagl in Schmitt/Hörtnagl/Stratz, § 131 UmwG Rn. 13; Schröer, in: Semler/Stengel, UmwG, § 131 Rn. 22; ausführlich zum Vollzug Volmer, WM 2002, 428 ff.
162 BGH, DNotZ 2008, 468 m. Anm. Limmer = MittBayNot 2008, 307 = NotBZ 2008, 192 = ZNotP 2008, 163; OLG Frankfurt MittBayNot 2018, 385 = FGPrax 2018, 9, Widmann/Mayer/Vossius, Umwandlungsrecht, § 20 UmwG Rn. 217; Volmer, WM 2002, 428; Schöner/Stöber, Grundbuchrecht, Rn. 995b; Böttcher in: Meikel, Grundbuchrecht 10. Aufl. 2088, § 22 GBO Rn. 47; Lutter/Teichmann, UmwG, § 131 Rn. 32; Widmann/Mayer/Vossius, Umwandlungsrecht, § 131 UmwG Rn. 105 ff.; Hörtnagl in Schmitt/Hörtnagl/Stratz, § 131 UmwG Rn. 13; Schröer, in: Semler/Stengel, UmwG, § 131 Rn. 22.

C. Spaltungsvertrag und Spaltungsplan

zum RegE[163] weist darauf hin, dass die Bezeichnung so zu erfolgen hat, »*wie dies der beurkundende Notar bei einer Einzelübertragung vornehmen*« würde. Insofern hat der Gesetzgeber nach § 28 GBO keine strengeren Anforderungen als bei der Einzelrechtsnachfolge schaffen wollen, sodass die Verweisung auf die grundbuchrechtliche Vorschrift keinen materiell-rechtlichen Charakter hat. Ebenso wie bei der Einzelrechtsübertragung genügt es materiell-rechtlich, dass die Grundstücksfläche so bezeichnet ist, dass eine hinreichende Individualisierung gegeben ist. Dies muss nicht unter Beachtung des § 28 GBO erfolgen, da diese Vorschrift nur für den Grundbuchvollzug eingehalten werden muss. § 28 GBO verlangt die Angabe der grundbuchmäßigen Bezeichnung, also Angabe des Grundbuchamtes, Band- und Blattstelle, evtl. Flurstücksnummer. Die für die Einzelrechtsübertragung geltenden Grundsätze der Übertragung von Grundstücksflächen gelten daher auch i. R. d. §§ 126, 132 UmwG.

Nicht vollständig geklärt sind allerdings die **Folgen eines Verstoßes gegen § 28 GBO**. In der Literatur wurde aus dem Rechtsgedanken des § 131 Abs. 3 UmwG und dem dort angelegten Vorrang der Vertragsauslegung gefolgert, dass ein Vermögensübergang auch bei Missachtung des § 126 Abs. 2 Satz 2 UmwG stattfindet, solange nur eine Vermögenszuordnung durch Vertragsauslegung möglich ist.[164] Es handelt sich nach Auffassung von Teilen der Literatur bei § 28 GBO um eine **reine Verfahrensvorschrift**, die auch nicht durch § 126 Abs. 2 Satz 2 UmwG auf eine materiell-rechtliche Ebene erhoben wurde.[165] Gegen eine solche Betrachtungsweise würde sprechen, dass nach ganz herrschender Meinung auch einzelne Teilflächen eines Grundstücks im Rahmen einer Spaltung übertragen werden können, soweit sie nach allgemeinen Grundsätzen hinreichend individualisiert werden. Wenn aber die Realteilung eines Grundstücks im Zuge einer Spaltung nicht an § 28 GBO scheitert, ist kaum begründbar, dass bei Gesamtgrundstücken § 28 GBO Wirksamkeitserfordernis für einen Rechtsübergang mittels partieller Gesamtrechtsnachfolger sein soll. Die zum Grundbuchvollzug erforderliche Bezeichnung i. S. d. § 28 GBO kann daher auch noch nachträglich etwa durch einen notariell beglaubigten Berichtigungsantrag, der den Erfordernissen des § 28 GBO genügt, erfolgen.

87

Der BGH ist in seiner **Grundsatzentscheidung** v. 25.01.2008[166] allerdings strenger: Die vorgenannte Auffassung der Literatur führe zu einer nicht hinnehmbaren Unsicherheit, welche Grundstücke auf den übernehmenden Rechtsträger außerhalb des Grundbuchs übergegangen seien. Weil es beim Rechtsübergang aufgrund Spaltung an der konstitutiven Grundbucheintragung fehle und der Eigentumsübergang sich außerhalb des Grundbuches vollziehe, müsse § 28 GBO bereits im Spaltungsvertrag eingehalten werden. Bei Grundstücken tritt nach Meinung des BGH der Vermögensübergang demnach außerhalb des Grundbuchs ein. Mit dem Vollzug der Spaltung durch die Registereintragung werde es im Hinblick auf die Eintragung des Eigentümers unrichtig. Diese Rechtsfolge verlange die Bezeichnung der übergehenden Grundstücke in dem Spaltungs- und Übernahmevertrag nach § 28 Satz 1 GBO, also entweder übereinstimmend mit dem Grundbuch oder durch Hinweis auf das Grundbuchblatt.[167] Das entspricht nach Auffassung des BGH auch dem Willen des Gesetzgebers; er habe den Hinweis auf § 28 GBO in § 126 Abs. 2 Satz UmwG

88

---

163 BR-Drucks. 75/94, abgedruckt bei Limmer, Umwandlungsrecht, S. 314.
164 Vgl. Volmer, WM 2002, 428, 430; Widmann/Mayer/Mayer, Umwandlungsrecht, § 126 UmwG Rn. 212.
165 Vgl. zum Grundbuchrecht BGH, Rpfleger 1986, 210; OLG München MittBayNot 2013, 483; Kössinger in Bauer/v. Oefele, § 28 GBO Rdnr. 36.
166 BGH, DNotZ 2008, 468 m. Anm. Limmer = MittBayNot 2008, 307 = NotBZ 2008, 192 = ZNotP 2008, 163, bestätigt in BGH, Urt. v. 11.04.2008, JurionRS 2008, 13647; vgl. dazu ausführlich Blasche NZG 2016, 328 ff.
167 Ebenso KG, DB 2014, 2282 = ZIP 2014, 1732; OLG Schleswig, DNotZ 2010, 2010, 66; Schmidt-Räntsch, ZNotP 2012, 11, 13; Böhringer, Rpfleger 1996, 154 f.; 2001, 59, 63; Schröer, in: Semler/Stengel, UmwG, § 126 Rn. 64; vgl. auch LG Leipzig, VIZ 1994, 562 und Heiss, Die Spaltung von Unternehmen im deutschen Gesellschaftsrecht, S. 55 [jeweils zu der mit den Vorschriften in § 126 Abs. 1 Nr. 9, Abs. 2 Satz 1 und 2 UmwG inhaltsgleichen Regelung in § 2 Abs. 1 Nr. 9 SpTrUG].

aufgenommen, weil er es für erforderlich gehalten hat, Grundstücke in dem Spaltungs- und Übernahmevertrag so zu bezeichnen, wie dies der beurkundende Notar bei einer Einzelübertragung tun würde.[168] Umstritten ist dabei auch, ob die fehlende Bestimmtheit des zu übertragenden Rechts im Ausgliederungsplan und im Ausgliederungs- und Übernahmevertrag dadurch geheilt werden kann, dass die Beteiligten in der Berichtigungsbewilligung das betroffene Grundstück entsprechend den Anforderungen des § GBO § 28 GBO bezeichnen.[169] Das KG[170] lehnt dies hingegen ab: Für die Frage, ob die Übertragung gemäß § 131 UmwG wirksam geworden sei, könne es nur auf den Zeitpunkt der Eintragung des Spaltungsvorgangs ankommen.[171] In sachenrechtlicher Hinsicht im Rahmen der Auslegung einer Auflassung hat allerdings das OLG Naumburg[172] entschieden, dass die Auflassung bereits dann materiell-rechtliche Wirkung entfalte und für das Grundbuchamt vollziehbar sei, wenn das von beiden Seiten gemeinte Grundstück zweifelsfrei identifizierbar aus der Erklärung hervorgehe, wozu die Straße und die Hausnummer einer Gemeinde genügen, wenn das zum Anwesen gehörende Grundstück hinreichend eindeutig abgegrenzt sei. Einer mit dem Grundbuch übereinstimmenden oder auf das Grundbuchblatt hinweisenden Bezeichnung bedürfe es nicht. § GBO § 28 GBO sei lediglich Verfahrensrecht und habe für die sachlich-rechtliche Wirkung der Auflassung keine Bedeutung. Die Eintragungsbewilligung lasset sich in diesem Fall unter Wahrung des § GBO § 28 GBO von demjenigen, dessen Recht betroffen wird, einseitig nachholen.

Andererseits lässt es der BGH zu, dass bei der **Übertragung von Teilflächen** in einem Spaltungsvertrag § 28 GBO nicht eingehalten werden muss und auch nicht kann. Hier kann offenbar durch nachträgliche Bezeichnung – nach Vermessung – der Rechtsübergang später bewirkt werden.[173] Insofern scheint der BGH, je nachdem ob es sich um eine Teilfläche oder um ein im Grundbuch eingetragenes Grundstück handelt, eine andere Dogmatik des Eigentumsüberganges anzunehmen: bei Ersterem erst mit nachträglicher Bezeichnung, bei Letzterem aufgrund Spaltungsvertrages. Das ist nicht ganz einfach zu begründen, da § 126 Abs. 2 Satz 2 UmwG ohne Differenzierung auf § 28 GBO verweist. Ebenfalls unklar bleibt bei dieser Rechtsprechung, in welche Kategorie der BGH ein bereits vermessenes und in einem Veränderungsnachweis als Flurstück klar definiertes, aber im Grundbuch noch nicht selbstständig eingetragenes Grundstück behandelt. Vorzugswürdig erscheint eine einheitliche dogmatische Behandlung. Die Literatur hat die Auffassung des BGH kritisiert.[174] Die Praxis hat sich auf diese Rechtsprechung einzustellen und muss den Vorgaben des § 28 GBO bereits im Spaltungsvertrag genügen.[175]

89 Das OLG Schleswig hat allerdings im Beschl. v. 01.10.2009[176] festgestellt, dass von dem Grundsatz der entsprechenden Anwendung von § 28 GBO aber dann eine **Ausnahme** zu machen sei, »wenn die zu übertragenden Rechte, für die § 28 GBO Geltung beansprucht, in dem Spaltungs-

---

168 BT-Drucks. 12/6699, S. 119.
169 Für eine solche Heilungsmöglichkeit: Heckschen, NotBZ 2008 193; Mayer in Widmann/Mayer, Umwandlungsrecht, § 126 Rn. 212; vgl. auch Thiele/König, NZG 2015, 178, 180; BeckOGK/Verse UmwG § 126 Rn. 92.
170 DB 2014, 2282 = ZIP 2014, 1732.
171 Krüger, ZNotP 2008, 466, 468; Leitzen, ZNotP 2008; 272, 276.
172 FGPrax 2014, 56 = NotBZ 2014, 184 = RPfleger 2014, 256.
173 Unter Hinweis auf Widmann/Mayer vgl. dazu Blasche NZG 2016, 328, 331 ff.; Lutter/Priester § 126 UmwG Rn. 61; Kölner KommUmwG/Simon § 126 UmwG Rn. 61; Widmann/Mayer/Mayer § 126 UmwG Rn. 213; Schorling AG 2008, 653, 656 f.; Weiler MittBayNot 2008, 310; 311 f.); BeckOGK/Verse UmwG § 126 Rn. 95; zur steuerlichen Behandlung Hageböke, Der Konzern 2016, 65.
174 Schorling, AG 2008, 653 ff.; Kallmeyer/Sickinger, § 126 UmwG Rn. 21; Priester, EWiR 2008, 223; zust. aber etwa Lüke/Scherz, ZfIR 2008, 467.
175 Vgl. Bungert/Lange, DB 2009, 103; Kallmeyer/Sickinger, § 126 UmwG Rn. 21; Schöner/Stöber, Grundbuchrecht, Rn. 995b.
176 ZNotP 2010, 108 = DNotZ 2010, 66 m. Anm. Perz, dazu auch Leitzen, ZNotP 2010, 91; Blasche NZG 2016, 328, 330.

vertrag – auch ohne Bezeichnung gemäß § 28 GBO – für jedermann klar und eindeutig bestimmt sind«. Dies sei insb. dann der Fall, wenn der Vertrag eine sog. »All-Klausel« enthalte, wonach »alle Grundstücke, grundstücksgleichen Rechte, Rechte an Grundstücken und Rechte an Grundstücksrechten«, d. h. alle Rechte, für die § 28 GBO Geltung beansprucht, von der Spaltung umfasst sein sollen. Bei derartigen All-Klauseln sei eine Auslegung weder veranlasst noch erforderlich und Unklarheiten darüber, dass und welche Grundstücke bzw. Rechte an Grundstücken. übertragen werden sollen, könnten nicht auftreten. Das OLG Schleswig nimmt zur Begründung auf die Tz. 25 des zitierten BGH-Urteils Bezug, wo der V. Zivilsenat im Zusammenhang mit der Abspaltung von Grundstücksteilflächen seine eigene Rechtsprechung[177] zitiert, wonach die Vorschrift des **§ 28 GBO nicht »formalistisch überspannt« werden dürfe**. Da die im entschiedenen Fall verwendete All-Klausel keine Unklarheiten über den Umfang des übertragenen Vermögens lasse, seien – so das OLG Schleswig – die Rechte auf den übernehmenden Rechtsträger übergegangen. Leitzen[178] stellt diese Rechtsprechung angesichts der BGH-Entscheidung infrage.

▶ Hinweis

Man wird wohl auch die Übertragung von Miteigentum zulassen müssen, wenn sich das Grundstück im Alleineigentum befindet.[179] 90

Dies bedeutet auch, dass Teilflächen im Wege der Spaltung übertragen werden können, in denen erst **nach Katasterfortschreibung** eine Bezeichnung i. S. v. § 28 GBO vorgenommen werden kann.[180] In diesen Fällen kann – wie beim sog. Teilungskauf – eine Individualisierung nach allgemeinen Grundsätzen, etwa unter Beifügung eines Lageplans vorgenommen werden.[181] § 28 GBO will nur sicherstellen, dass der Grundbuchvollzug möglich ist. Materiell-rechtlich ist auch für die Auflassung eine hinreichende Bestimmung der Teilfläche ausreichend, etwa durch eine kartenmäßige Darstellung, die von der zuständigen Vermessungsbehörde ohne weitere Rückfrage zur Katasterfortführung genutzt werden kann.[182] Ebenso wie bei dem Teilflächenkauf und der Teilflächenauflassung bedarf es anschließend einer Identitätserklärung, die der Notar im Wege einer Eigenurkunde abgeben kann. 91

Für die **Grundbuchberichtigung** § 29 Abs. 1 Satz 2 GBO genügt die Vorlage eines beglaubigten Handelsregisterauszugs über die Eintragung der Spaltung beim übertragenden Rechtsträger unter Vorlage einer Ausfertigung oder beglaubigten Abschrift des Spaltungsvertrages mit der Bezeichnung der übergehenden Grundstücke.[183] Eine Notarbescheinigung über den Inhalt des Spaltungsvertrags ist gesetzlich nicht vorgesehen.[184] Bei Abspaltung und Ausgliederung genügt nach herrschender Meinung auch lediglich eine Berichtigungsbewilligung des übertragenden Rechtsträgers 92

---

177 BGHZ 90, 323.
178 ZNotP 2010, 91.
179 Widmann/Mayer/Mayer, Umwandlungsrecht, § 126 UmwG Rn. 213.
180 Eingehend Schmidt-Ott, ZIP 2008, 1353, 1354.
181 So auch Böhringer, Rpfleger 1996, 155; Schöner/Stöber, Grundbuchrecht, Rn. 995c; Widmann/Mayer/Mayer, Umwandlungsrecht, § 126 UmwG Rn. 213 f.; Widmann/Mayer/Vossius, Umwandlungsrecht, § 131 UmwG Rn. 106 ff.; Kallmeyer/Sickinger, § 126 UmwG Rn. 21; Lutter/Teichmann, UmwG, § 131 Rn. 32; KölnerKommUmwG/Simon, § 131 UmwG Rn 32; Hörtnagl in Schmitt/Hörtnagl/Stratz, § 131 UmwG Rn. 15; ausführlich Heidinger/Limmer/Holland/Reul, Gutachten des DNotI, Bd. IV, Gutachten zum Umwandlungsrecht, S. 218 f.
182 Vgl. Schöner/Stöber, Grundbuchrecht, Rn. 884.
183 Vgl. Schöner/Stöber, Grundbuchrecht, Rn. 995 f.; Kallmeyer/Sickinger, § 131 UmwG Rn. 7; Lutter/Teichmann, § 131 UmwG Rn. 31; OLG Frankfurt NJOZ 2012, 1396, 1397; Hörtnagl, § 131 UmwG Rn. 13.
184 KG DNotZ 2012, 621, 623; OLG Frankfurt NJOZ 2012, 1396 = NZG 2013, 143; BeckOK-GBO/Otto, § 32 UmwG Rn. 39.

nebst Zustimmung des neuen bzw. aufnehmenden Rechtsträgers nach § 22 Abs. 2 GBO.[185] Die materiell-rechtliche Wirksamkeit der Spaltung ist im Grundbucheintragungsverfahren nicht zu überprüfen. Dies gilt insbesondere auch für die wirksame Vertretung der Vertragsbeteiligten des Abspaltungs- und Übernahmevertrags.[186] Ferner ist eine **Unbedenklichkeitsbescheinigung** des Finanzamtes bzgl. der Grunderwerbsteuer erforderlich.[187]

93 Die frühere Meinung folgerte aus § 132 UmwG, dass die für die Einzelübertragung von Grundstücken im Einzelfall notwendigen **öffentlich-rechtlichen Genehmigungen** auch bei der Spaltung einzuholen seien.[188] Dies hat sich aufgrund der Neuregelung durch das Zweite Gesetz zur Änderung des UmwG erledigt;. Die überwiegende Meinung ist zu Recht wie bei der Verschmelzung der Auffassung, dass z.B. öffentlich-rechtliche Genehmigungen, die bei der Übertragung von Grundvermögen zu beachten sind, bei der Übertragung durch Spaltung nicht erforderlich sind.[189] Zu § 12 WEG hat z.B. das OLG Jena entschieden, dass zustimmungspflichtig nach § 12 WEG nur rechtsgeschäftliche und gleichgestellte Veräußerungen sind, nämlich solche im Wege der Zwangsvollstreckung oder durch den Insolvenzverwalter. Der Eigentumsübergang bei Verschmelzung einer Kapitalgesellschaft mit dem Vermögen ihres Alleingesellschafters sei nicht zustimmungspflichtig.[190] Diese Entscheidung wird in der Literatur auch für die Spaltung und Ausgliederung angenommen.[191] Dies gilt auch für § 5 ErbbauRG oder für Grundstücke in einem Umlegungsgebiet (§§ 45 ff., 51 Abs. 1 Nr. 1 BauGB) oder in einem Sanierungsgebiet[192] oder der früheren Teilungsgenehmigung nach § 19 BauGB.[193] Das OLG Frankfurt hat entsprechend entschieden, dass die Ausgliederung von land- bzw. forstwirtschaftlicher Flächen nicht der Genehmigung nach § 2 Abs. 1 GrdstVG bedarf.[194] Grundsätzlich werde bei Verschmelzung, Spaltung und Vermögensübertragung im Sinne des UmwG die Zuordnung dinglicher Rechte außerhalb des Grundbuchs verändert; dieses werde dabei unrichtig. Hierfür sei die Genehmigung nach § 2 GrdstVG für die Eintragung der nach § 22 GBO vorzunehmenden Grundbuchberichtigung nicht erforderlich, weil § 2 GrdstVG nur die rechtsgeschäftliche Veräußerung und den schuldrechtlichen Vertrag hierüber von einer Genehmigung abhängig mache.

bb) Erbbaurecht, Wohnungseigentum

94 Für die **Übertragung eines Erbbaurechts oder Wohnungseigentum** gelten die gleichen Grundsätze wie bei der Übertragung eines Grundstücks, insb. die Problematik des § 28 GBO (vgl. Teil 3 Rdn. 86). Bei der Übertragung des Erbbaurechts bedarf es nach der Aufhebung des § 132 UmwG durch das Zweite Gesetz zur Änderung des UmwG **keiner Zustimmung nach § 5 ErbbauVO**;

---

185 Str. dafür Widmann/Mayer/Mayer, Umwandlungsrecht, § 126 UmwG Rn. 214; Hörtnagl in Schmitt/Hörtnagl/Stratz, § 131 UmwG Rn. 15; Lutter/Teichmann, UmwG, § 131 Rn. 32, a. A. OLG Düsseldorf FGPrax 2010, 225, 226; Kallmeyer/Sickinger, § 126 UmwG Rn. 21; Schöner/Stöber, Grundbuchrecht, Rn. 995f.
186 OLG Hamm NZG 2015, 71 = ZIP 2014, 2135.
187 Hörtnagl in Schmitt/Hörtnagl/Stratz, § 131 UmwG Rn. 15; Widmann/Mayer/Vossius, § 126 UmwG Rn. 214.
188 Vgl. zur alten Rechtslage Lutter/Teichmann, UmwG 3. Aufl, § 132 Rn. 25.
189 So Schmitt/Hörtnagl/Stratz/Hörtnagl UmwG § 131 Rn. 14; Semler/Stengel/Schröer UmwG § 131 Rn. 22; Kölner Komm UmwG/Simon § 131 UmwG Rn. 32; Kallmeyer/Kallmeyer/Sickinger § 131 UmwG Rn 7, anders jedoch Lutter/Teichmann § 131 UmwG Rn. 34.
190 OLG Jena ZWE 2014, 123.
191 Schmitt/Hörtnagl/Stratz/Hörtnagl UmwG § 131 Rn. 16.
192 § 144 Abs. 2 Nr. 1 BauGB, Schmitt/Hörtnagl/Stratz/Hörtnagl UmwG § 131 Rn. 16; Semler/Stengel/Schröer UmwG § 131 Rn. 22.
193 LG Ellwangen Rpfleger 1906, 145.
194 MittBayNot 2018, 385 = FGPrax 2018, 9.

das Gleiche gilt bei der Übertragung von Wohnungseigentum, wenn an sich eine Zustimmung nach § 12 WEG erforderlich wäre.[195]

cc) Rechte an Grundstücken, Scheinbestandteile

Bei Rechten an Grundstücken ist zu unterscheiden, ob das mit dem Recht belastete Grundstück, ob Belastungen zugunsten eines herrschenden Grundstücks dieses übertragen wird oder ob das Recht isoliert übertragen wird. Wird das belastete Grundstück übertragen, so gehen die im Grundbuch eingetragenen Belastungen automatisch auf den neuen Rechtsträger über. Die Grunddienstbarkeit zugunsten eines anderen herrschenden Grundsütcks z.B. ist gemäß § 96 BGB ein Bestandteil und im Hinblick auf ihren subjektiv-dinglichen Charakter sowie ihre aus § 1019 folgende inhaltliche Bindung gemäß § 93 BGB auch wesentlicher Bestandteil des herrschenden Grundstücks.[196] Sie ist deshalb als solche nicht selbstständig übertragbar und belastbar. Vielmehr lässt jede Übereignung des herrschenden Grundstücks die Grunddienstbarkeit mit auf den Erwerber übergehen. Werden Rechte an Grundstücken isoliert übertragen, so ist zu beachten, dass auch bei der Einzelrechtsübertragung von dinglichen Rechten der **Bestimmtheitsgrundsatz** durch die Verweisung in § 126 Abs. 2 UmwG und § 28 GBO (vgl. oben Teil 3 Rdn. 86) gelten. Dem sachenrechtlichen Bestimmtheitsgebot muss auch die dingliche Einigung nach § 873 BGB bei der Begründung oder Übertragung dinglicher Rechte genügen.[197] Auch bei der Übertragung von **Grundpfandrechten** gilt der Bestimmtheitsgrundsatz.[198] Bei der Abtretung eines Grundpfandrechts gilt daher der Grundsatz, dass die zweifelsfreie bestimmte Bezeichnung des abgetretenen Rechts enthalten sein muss; zur Feststellung der Identität muss das abzutretende Recht deutlich bezeichnet werden, wobei jede zweifelsfreie Kennzeichnung des Grundpfandrechts genügt, die dem Bestimmtheitsgrundsatz Rechnung trägt. Die hinreichende Individualisierung muss sich aus dem Spaltungsvertrag ergeben, die Verweisung auf Urkunden, die nicht Gegenstand des Spaltungsvertrages sind, genügt diesem Bestimmtheitsgrundsatz nicht. Eine im Weg der Spaltung durch Ausgliederung übertragene Grundschuld muss daher zumindest nach Grundbuchbezirk und Grundbuchblatt bezeichnet sein, um auf den übernehmenden Rechtsträger übergehen zu können, das genügt aber auch.[199]

Im oben (Teil 3 Rdn. 86) genannten Beschl. v. 26.08.2009 hat das OLG Schleswig[200] auch zur Frage des Bestimmtheitsgrundsatzes bei grundstücksgleichen Rechten wie Dienstbarkeiten oder Hypotheken festgestellt, dass sich die Entscheidung des BGH auch auf den Fall einer Übertragung von Grundstückseigentum durch Spaltung beziehe. Die darin getroffenen Feststellungen zur Auslegung des § 126 Abs. 1 Nr. 9 UmwG und zu dem Verweis auf § 28 GBO in Abs. 2 der Vorschrift seien auch auf die Übertragung von Rechten an Grundstücken wie Grundpfandrechten und beschränkt persönlichen Dienstbarkeiten an Grundstücken durch Spaltung zu beziehen. Denn die Regelung des § 28 GBO solle die Eintragung bei dem richtigen Grundstück sicherstellen

---

[195] Vgl. Widmann/Mayer/Mayer, Umwandlungsrecht, § 126 UmwG Rn. 215; Hörtnagl in Schmitt/Hörtnagl/Stratz, § 131 UmwG Rn. 16; OLG Jena ZWE 2014, 123; Semler/Stengel/Schröer UmwG § 131 Rn. 22.
[196] So MünchKommBGB/Mohr BGB § 1018 Rn. 73; mit Hinweis auf BayObLGZ 1973, 21, 24; BayObLG MittBayNot 1979, 161, 163; OLG Zweibrücken NJW-RR 2008, 1609, 1610; Bauer/Schaub/Bayer/Lieder, GBO Rn. 377.
[197] BGHZ 129, 1 = NJW 1995, 1081; BayObLG, DNotZ 1988, 117; OLG Frankfurt NJOZ 2012, 1396; BeckOGK/Verse UmwG § 126 Rn. 93; vgl. MünchKomm-BGB/Kohler, § 873 Rn. 35.
[198] BGH, WM 1974, 905; BGH, WM 1969, 863; BGH, NJW-RR 1992, 178 = MittBayNot 1991, 254; BeckOGK/Verse, UmwG § 126 Rn. 93; Blasche, NZG 2016, 334; Weiler in Hauschild/Kallrath/Wachter Notar-HdB § 25 Rn. 247; Semler/Stengel/Schröer § 126 UmwG Rn. 64; Kölner KommUmwG/Simon § 126 UmwG Rn. 60, vgl. auch OLG Frankfurt am Main, Rpfleger 1976, 183; OLG Düsseldorf, DNotZ 1981, 642.
[199] OLG Frankfurt NJOZ 2012, 1396 = NZG 2013, 143.
[200] FGPrax 2010, 21 = Konzern 2009, 484 = NJW-RR 2010, 592, 593.

und beziehe sich auf alle Eintragungen z. B. betreffend Rechtsänderungen, z. B. aufgrund von Abtretungen; sie hat im Grundbuchverfahren universale Geltung.[201] Von diesem Grundsatz sei aber dann eine Ausnahme zu machen, wenn die zu übertragenden Rechte, für die § 28 GBO Geltung beansprucht, in dem Spaltungsvertrag – auch ohne Bezeichnung gem. § 28 GBO – für jedermann klar und eindeutig bestimmt seien, d. h. so mit der All-Klausel (alle Grundstücke, grundstückgleichen Rechte, Rechte an Grundstücken und Rechte an Grundstücksrechten, d. h. alle Rechte, für die § 28 GBO Geltung beansprucht) bezeichnet seien, dass eine Auslegung weder veranlasst noch erforderlich sei und Unklarheiten darüber nicht auftreten können, dass und welche Grundstücke bzw. welche grundstücksgleichen Rechte, Rechte an Grundstücken und Rechte an Grundstücksrechten auf den übernehmenden Rechtsträger übertragen werden sollen. Denn solchenfalls die Wirksamkeit der Übertragung durch Spaltung von der Bezeichnung der Rechte in dem Vertrag gem. § 28 GBO abhängig machen zu wollen, würde die gesetzliche Regelung des § 126 Abs. 1 Nr. 9 und Abs. 2 Satz 1 und 2 UmwG formalistisch überspannen[202] folgte der strengen Rechtsprechung im Beschluss vom 1.8.2014 und stellte fest, dass, wenn bei der Spaltung Rechte an Grundstücken übertragen werden sollen, so gehen auch diese grundsätzlich nur dann mit der Registereintragung auf den übernehmenden Rechtsträger über, wenn die belasteten Grundstücke in dem Spaltungs- und Übernahmevertrag nach § 28 Satz 1 GBO bezeichnet seien. Umstritten ist dabei auch, ob die fehlende Bestimmtheit des zu übertragenden Rechts im Ausgliederungsplan und im Ausgliederungs- und Übernahmevertrag dadurch geheilt werden kann, dass die Beteiligten in der Berichtigungsbewilligung das betroffene Grundstück entsprechend den Anforderungen des § GBO § 28 GBO bezeichnet haben.[203]

Leitzen[204] stellt diese Rechtsprechung angesichts der BGH-Entscheidung infrage.[205]

Zur Bedeutung des Eintritts in den Sicherungsvertrag bei Grundschulden v. a. für die Klauselumschreibung vgl. unten Teil 3 Rdn. 404.

▶ Hinweis:

96 Im Idealfall sollten daher bei der Abtretung eines Grundpfandrechts das belastete Grundstück, der Rang, die Höhe und Gläubiger angegeben werden.

97 Bei der Übertragung eines **Nießbrauchs**, einer beschränkt persönlichen **Dienstbarkeit** und einem dinglichen **Vorkaufsrecht** gilt zunächst nach allgemeinen Regeln **die Unübertragbarkeit** (vgl. §§ 1059 Satz 1, 1092 Satz 1, 1098 Abs. 3, 1103 BGB). Allerdings gibt es Sondervorschriften unter denen ausnahmsweise die Übertragung dieser dinglichen Rechte unter bestimmten Fallkonstellationen zulässig ist (§§ 1059a Nr. 1, 1059c, 1092 Abs. 2, 1098 Abs. 3 BGB), wenn das Recht einer juristischen Person und einer Personengesellschaft zusteht, die rechtsfähig ist und »das Vermögen auf dem Weg der Gesamtrechtsnachfolge auf einen anderen Rechtsträger übergeht«. Umstritten war, ob auch die partielle Gesamtrechtsnachfolge im Wege einer Spaltung als Gesamtrechtsnachfolge i. S. d. Vorschrift angesehen werden kann[206]. Großzügiger war insofern Hört-

---

201 Demharter, GBO, § 28 Rn. 7; Hügel/Wilsch, GBO, § 28 Rn. 3/4; Meikel/Böhringer, GBO, § 8 Rn. 10; a. A. Link, RNotZ 2008, 358.
202 Vgl. BGHZ 175, 123 zu Rn. 25 a. E.). Das KG (DB 2014, 2282 = ZIP 2014, 1732.
203 Für eine solche Heilungsmöglichkeit: Heckschen, NotBZ 2008, NOTBZ Jahr 2008 Seite 192, NotBZ 2008 193; Mayer in Widmann/Mayer, Umwandlungsrecht, § 126 Rdn. 239). Das KG (DB 2014, 2282 = ZIP 2014, 1732) lehnt dies hingegen ab (vgl. auch Krüger, ZNotP 2008, 466, 468; Leitzen, ZNotP 2008; 272, 276.
204 ZNotP 2010, 91.
205 Zustimmend demgegenüber Perz, DNotZ 2010, 69.
206 Bejahend Henrichs, ZIP 1995, 799; Böhringer, Rpfleger 1996, 154, 155; Bungert, BB 1997, 897, 898; Riedle, ZIP 1997, 301; Widmann/Mayer/Vossius, Umwandlungsrecht, § 131 UmwG Rn. 125; ablehnend Lutter/Teichmann, UmwG, § 131 Rn. 38 f.

C. Spaltungsvertrag und Spaltungsplan

nagl,[207] die Ausnahme des § 1059a Nr. 1 BGB greife auch im Fall der partiellen Gesamtrechtsnachfolge ein.[208] Aus der Neuregelung durch das **Zweite Gesetz zur Änderung des UmwG** kann man m. E. jetzt den Schluss ziehen, dass die partielle Gesamtrechtsnachfolge der allgemeinen Gesamtrechtsnachfolge gleichgestellt ist, sodass eine Anwendung dieser Sondervorschriften §§ 1059a Nr. 1, 1059c, 1092 Abs. 2, 1098 Abs. 3 BGB möglich ist. Zu beachten ist allerdings, dass die Vorschriften voraussetzen, dass »Vermögen der juristischen Person« übergeht. Es besteht Einigkeit, dass sie auch für Personenhandelsgesellschaften gelten[209] im Übrigen aber eng auszulegen sind, so dass nach Ansicht des OLG Nürnberg keine Anwendung geboten ist, wenn das Unternehmen des Einzelkaufmanns im Wege der Gesamtrechtsnachfolge nach dem UmwG auf eine andere Person übergeht.[210]

Bei **akzessorischen Rechten** (insb. Hypotheken) ist der Grundsatz der Akzessorietät zu beachten.[211] Die Übertragung richtet sich dann nach der Forderung. Wegen der fehlenden Akzessorietät können hingegen Grundschuld- und Rentenschuldforderungen einerseits und die dazugehörigen persönlichen Forderungen andererseits auf verschiedene Rechtsträger übertragen werden.[212]

98 Zu den wesentlichen Bestandteilen eines Gebäudes gehören gem. § 94 Abs. 2 BGB die zur Herstellung des Gebäudes eingefügten Sachen; diese teilen das Schicksal des Grundstücks; **Scheinbestandteile** können allerdings sonderrechtsfähig sein. § 95 BGB enthält eine Ausnahme vom Grundsatz der §§ 93, 94 BGB; er bewirkt, dass die Sache oder das Werk trotz Verbindung eine bewegliche Sache bleibt. So wird nach § 95 Abs. 2 BGB eine Sache zum Scheinbestandteil, die nur zu einem vorübergehenden Zweck in ein Gebäude eingefügt wurde, gleichermaßen nach § 95 Abs. 1 Satz 1 BGB eine Sache, die nur zu einem vorübergehenden Zweck mit dem Grund und Boden verbunden wurde und nicht zu den Bestandteilen des Grundstücks gehört. Gem. § 95 Abs. 1 Satz 2 BGB schließlich kann eine Anlage dadurch Scheinbestandteil werden und bewegliche Sache bleiben, dass sie mit dem Grundstück in Ausübung eines dinglichen Rechts verbunden wurde – etwa in Ausnutzung einer beschränkten persönlichen Dienstbarkeit (§§ 1090, 1018 BGB). Eine Verbindung erfolgt nämlich nur dann zu einem vorübergehenden Zweck i. S. d. § 95 Abs. 1 Satz 1 BGB, wenn ihre spätere Wiederaufhebung von Anfang an beabsichtigt war.[213] Dies beurteilt sich in erster Linie nach dem Willen des Erbauers, sofern dieser mit dem nach außen in Erscheinung tretenden Sachverhalt in Einklang zu bringen ist.[214] Derartige Scheinbestandteile können auch bei der Spaltung getrennt übertragen werden.[215] Im Einzelfall sollte allerdings geprüft werden auf welcher Basis die Scheinbestandteilseigenschaft beruht.

dd) Bewegliche Sachen

99 Für die **beweglichen Sachen** des Anlage- und Umlaufvermögens gelten weniger strenge Vorschriften als bei der Übertragung von Grundstücken. Auch hier gilt zwar der Bestimmtheitsgrundsatz,

---

207 Schmitt/Hörtnagl/Stratz, UmwG, UmwStG, § 131 UmwG Rn. 11.
208 Vgl. näher Bungert, BB 1997, 897; befürwortend auch Hennrichs, ZIP 1995, 794, 799; Böhringer, Rpfleger 1996, 154, 155; Engelmeyer, Die Spaltung von AG nach dem neuen Umwandlungsrecht, S. 338; grds. auch Rieble, ZIP 1997, 301; auch in der Begründung des Entwurfs zur Änderung der §§ 1090 ff. BGB wird die Auffassung vertreten, dass § 1059a Abs. 1 Nr. 1 BGB sich auf Spaltungsfälle beziehe (s. BT-Drucks. 13/3604, S. 6.
209 BGHZ 50, 307, 310; OLG Düsseldorf MittRhNotK 1976, 641, 642.
210 OLG Nürnberg RNotZ 2013, 434 = notar 2013, 306 m. Anm. Suttmann = NZG 2013, 750.
211 Hörtnagl in Schmitt/Hörtnagl/Stratz, § 131 UmwG Rn. 23.
212 Hörtnagl in Schmitt/Hörtnagl/Stratz, § 131 UmwG Rn. 23; Semler/Stengel/Schröer § 131 UmwG Rn. 34; Lutter/Teichmann § 131 UmwG Rn. 37; Kallmeyer/Sickinger § 131 UmwG Rn. 8.
213 RGZ 61, 188, 191; RGZ 63, 416, 421; RGZ 66, 88, 89; RGZ 87, 43, 51; BGH NJW 1996, 916 = DNotI-Report 1996, 54; NJW 1984, 2878, 2879; MünchKommBGB/Stresemann, § 95 Rn. 3.
214 BGH NJW, 1996, 916, 917; NJW 1984, 2878, 2879; RGZ 158, 362, 376.
215 Hörtnagl in Schmitt/Hörtnagl/Stratz, § 131 UmwG Rn. 16; Schröer, in: Semler/Stengel, UmwG, § 131 Rn. 22; Lutter/Teichmann, UmwG, § 131 Rn. 35.

es genügt aber, wenn eine Gruppenbildung erfolgt. Entscheidend ist, ob die Beteiligten oder ein sachkundiger Dritter in der Lage sind, eine einwandfreie Zuordnung vorzunehmen. Die für die Sicherungsübereignung entwickelten sog. **All-Klauseln** gelten auch hier, wie z. B. »*sämtliche zu dem Teilbetrieb auf dem Grundstück XY befindlichen Gegenstände*«.

Bei **Warenbeständen** kann auf die bei Sicherungsübereignung entwickelten Grundsätze in jedem Fall zurückgegriffen werden.[216] Nach der Rechtsprechung des BGH bei der Sicherungsübereignung liegt danach ausreichend Bestimmtheit vor, wenn infolge der Wahl einfache äußere Abgrenzungskriterien für jeden, der die Parteiabreden im für den Eigentumsübergang vereinbarten Zeitpunkt kennt, ohne Weiteres ersichtlich ist, welche individuell bestimmten Sachen übereignet worden sind.[217]

Auch der **BGH** hat im Urt. v. 08.10.2003[218] für die Spaltung die Tatsache anerkannt, dass »All-Klauseln« genügen: Im Ausgliederungsvertrag seien All-Klauseln zulässig, mit denen sämtliche zu einem bestimmten Betrieb gehörende Gegenstände erfasst werden. Hierfür spreche auch ein praktisches Bedürfnis. Im Zusammenhang mit einem Ausgliederungsvertrag würden häufig große Sachgesamtheiten übertragen. Es wäre mit einem zumindest unzumutbaren Aufwand verbunden, alle zu einer solchen Sachgesamtheit gehörenden Gegenstände in dem Ausgliederungsvertrag oder in einer Anlage zu ihm einzeln aufzuführen. Es ist deshalb geboten, bzgl. solcher Sachgesamtheiten die erwähnten All-Klauseln zuzulassen. Dann sei es aber erforderlich, bzgl. jedes Einzelgegenstandes im Wege einer Auslegung nach den §§ 133, 157 BGB zu überprüfen, ob er zu der Sachgesamtheit gehört oder nicht.

100 Beim **Umlaufvermögen** stellt sich häufig das Problem, dass bei Warengesamtheiten Eigentumsvorbehalte des Lieferanten bestehen, sodass häufig Gegenstände auch verwahrt werden, die teilweise im Eigentum des übertragenden Rechtsträgers stehen, bei denen teilweise aber nur Anwartschaftsrechte existieren. Wie bei der Übertragung von Sachgesamtheiten sollte daher geregelt werden, dass auch das Anwartschaftsrecht an diesen Gegenständen übertragen wird.[219]

ee) Forderungen

101 Bei der Übertragung von **Forderungen** und **schuldrechtlichen Rechtsverhältnissen** genügt nach überwiegender Meinung ein geringerer Grad der Bestimmtheit, die sog. **Bestimmbarkeit**. Die Rechtsprechung hat immer wieder betont, dass die abzutretende Forderung bestimmt oder zumindest bestimmbar sein muss.,[220] Als genügend bestimmt und daher wirksam angesehen wurde z. B. die Abtretung »aller Geschäftsforderungen aus einem bestimmten Handelsgeschäft«[221] die Abtretung »aller künftigen in einem bestimmten Geschäftsbetrieb entstandenen Forderungen«,[222] die Abtretung »aller gegenwärtigen und künftigen Forderungen aus der Lieferung von Waren einer bestimmten Gattung gegen deren Abnehmer«.[223] Für die Übertragung i. R. d. Spaltung

---

216 Vgl. auch Priester, DNotZ 1995, 445; Widmann/Mayer/Mayer, Umwandlungsrecht, § 126 UmwG Rn. 216; Lutter/Priester, UmwG, § 126 Rn. 54 f.; Schröer, in: Semler/Stengel, UmwG, § 126 Rn. 61; Kallmeyer/Sickinger, UmwG, § 126 Rn. 19.
217 BGH, NJW 1992, 1061.
218 NZG 2003, 1172 = NJW-RR 2004, 123 = MittBayNot 2004, 285 = ZNotP 2004, 65 = ZIP 2003, 2155 = NZG 2003, 1172, 1174; zust. zitiert etwa durch das BAG, Beschl. v. 22.02.2005, BAGE 114, 1 = ZIP 2005, 957 = MittBayNot 2006, 62; BGHZ 175, 12 = DNotZ 2008, 468 = MittBayNot 2008, 307 = NotBZ 2008, 192.
219 Widmann/Mayer/Mayer, Umwandlungsrecht, § 126 UmwG Rn. 177; Lutter/Priester, UmwG, § 126 Rn. 53; Schröer, in: Semler/Stengel, UmwG, § 126 Rn. 61.
220 RGZ 98, 200; BGHZ 7, 365; BGH, NJW 1995, 1668.
221 RG-Recht 09, 3321.
222 RG, JW 1932, 3760.
223 BGHZ 30, 149.

dürften keine strengeren Anforderungen gelten.[224] Forderungen können daher dahin gehend zusammengefasst werden, dass alle Forderungen aus einem bestimmten Geschäftsbetrieb, aus einer bestimmten Art von Geschäften oder aus einem bestimmten Zeitraum übertragen werden.[225] Die Verwendung sog. All-Klauseln ist auch dabei zulässig.[226]

Bei der Spaltung und Abspaltung von Forderungen ist die **Frage der Übertragbarkeit** und die Einschränkung der Übertragbarkeit zu beachten. Forderungen, die eine teilbare Leistung beinhalten, können sogar auf verschiedene Rechtsträger aufgeteilt werden, es tritt dann Gesamtgläubigerschaft gem. § 428 BGB ein.[227] 102

Die Forderungen sind nach **§ 399 BGB** dann nicht übertragbar, wenn diese ohne Inhaltsänderung nicht übertragbar sind oder eine Vereinbarung dem entgegensteht. Diese Vorschrift stand schon nach der alten Regelung des § 132 Satz 2 UmwG der Aufspaltung nicht entgegen, sodass bei der Aufspaltung in jedem Fall ein Forderungsübergang möglich ist. Bei Abspaltung oder Ausgliederung bleibt das Abtretungsverbot des § 399 BGB bestehen.[228] 103

▶ Hinweis:

Zu beachten ist allerdings die **Sondervorschrift des § 354a HGB**, wenn der Abtretungsanspruch für beide Teile im Rahmen eines Handelsgeschäftes erfolgte. Ob eine weiter gehende Ausnahme von § 399 BGB bei der Abtretung von Forderungen i. R. d. Spaltung eines Betriebsteils möglich ist, ist noch ungeklärt.[229] 104

ff) Verbindlichkeiten

Für **Verbindlichkeiten** genügt nach dem Beschl. des BAG v. 22.02.2005[230] die Formulierung, dass alle Verbindlichkeiten des Betriebes übergehen, die wirtschaftlich diesem zuzuordnen sind. 105

Bei der Einzelrechtsübertragung von Verbindlichkeiten ist nach §§ 414 ff. BGB im Prinzip die **Mitwirkung des Gläubigers** erforderlich. Nach ganz herrschender Meinung galten diese Vorschriften schon nach der alten Regelung des § 132 UmwG nicht für die Zuordnung von Verbindlichkeiten i. R. d. Spaltung, sodass dies nach der Neuregelung durch das Zweite Gesetz zur Änderung des UmwG und der Aufhebung des § 132 UmwG erst recht gilt.[231] Als Argument hierfür wird angeführt, dass Verbindlichkeiten kein Gegenstand i. S. d. § 22 UmwG sind bzw. 106

---

224 Ebenso Lutter/Priester, UmwG, § 126 Rn. 53 ff.; Widmann/Mayer/Mayer, Umwandlungsrecht, § 126 UmwG Rn. 218.
225 OLG Hamm, NZG 2010, 632; Semler/Stengel/Schröer, § 126 UmwG Rn. 67; Hörtnagl, in: Schmitt/Hörtnagl/Stratz, § 131 UmwG Rn. 29.
226 Lutter/Priester, § 126 UmwG Rn. 55; BGH NZG 2003, 1172, 1174.
227 Widmann/Mayer/Mayer, Umwandlungsrecht, § 126 UmwG Rn. 218; Lutter/Priester, UmwG, § 126 Rn. 62; Lutter/Teichmann, UmwG, § 131 Rn. 45; Kallmeyer/Sickinger, UmwG, § 126 Rn. 24; Rieble, ZIP 1997, 301, 310.
228 Im Einzelnen str., vgl. Lutter/Teichmann, UmwG, § 131 Rn. 46; Kübler, in: Semler/Stengel, § 131 UmwG Rn. 9; Hörtnagl, in: Schmitt/Hörtnagl/Stratz, § 131 UmwG Rn. 29; Widmann/Mayer/Mayer, Umwandlungsrecht, § 126 UmwG Rn. 218; Kallmeyer/Sickinger, UmwG, § 126 Rn. 24; Rieble, ZIP 1997, 301, 310, die auf die Teilbarkeit abstellen.
229 Vgl. Widmann/Mayer/Mayer, Umwandlungsrecht, § 126 UmwG Rn. 218; Lutter/Teichmann, UmwG, § 131 Rn. 46; Kallmeyer/Sickinger, UmwG, § 126 Rn. 24; Rieble, ZIP 1997, 301, 310, die auf die Teilbarkeit abstellen.
230 ZIP 2005, 957.
231 Vgl. OLG Karlsruhe, NZG 2009, 315 = GmbHR 2008, 1219; Lutter/Teichmann, UmwG, § 131 Rn. 49; Hörtnagl, in: Schmitt/Hörtnagl/Stratz, § 126, Rn. 93, § 131 UmwG Rn. 45; Widmann/Mayer/Mayer, § 125 UmwG, Rn. 243; KölnerKommUmwG/Simon, § 126, Rn 28; Schröer, in: Semler/Stengel, § 126 UmwG Rn. 69; Ittner, MittRhNotK 1997, 115; vgl. auch ausdrücklich Begründung zum RegE, BR-Drucks. 75/94, S. 74; abgedruckt in: Limmer, Umwandlungsrecht, S. 314.

dass der Gläubiger durch die gesamtschuldnerische Haftung i. R. d. Spaltung ausreichend geschützt ist.[232] Eine Gläubigerzustimmung ist daher nicht erforderlich. Eine Gläubigerzustimmung ist daher schon nach bisher allgemeiner Meinung nicht erforderlich.[233] Die herrschende Meinung geht daher davon aus, dass sowohl das Aktiv- als auch das Passivvermögen – auch **ohne Zustimmung des Gläubigers** – auf einen neuen Rechtsträger übertragen werden kann.[234] Daher können auch Verbindlichkeiten **geteilt** werden, wenn die Verbindlichkeit teilbar ist.[235] Streitig ist, ob auch bei der Aufteilung von **Steuerverbindlichkeiten** völlige Freiheit besteht.[236] Wurde für die Verbindlichkeit eine akzessorische Sicherheit bestellt, so ist umstritten, ob diese ohne weiteres übergeht. Z. T. wird entsprechend § 418 BGB angenommen, dass ein Übergang der Sicherheiten nur stattfindet, wenn der Sicherungsgeber zustimmt.[237] Nach anderer Meinung ist dies nicht erforderlich.[238]

gg) Dauerschuld- und Vertragsverhältnisse

107 In der Literatur besteht Einigkeit, dass **Dauerschuldverhältnisse** und **Vertragsverhältnisse**, wie z. B. Darlehen, Miet-, Arbeits-, Pacht-, Leasingverträge etc., die aus einer Gesamtheit von Rechten und Pflichten zusammengesetzt sind, grds. durch Spaltung und Ausgliederung übertragbar sind. Mietverträge gehen auch mit der Eintragung der Umwandlung im Handelsregister im Wege der Gesamtrechtsnachfolge auf den neuen Unternehmensträger über, ohne dass es der Mitwirkung des Vertragspartners bedurfte.[239] Auch hier dürfte wie bei Forderungen der Bestimmbarkeitsgrundsatz genügen, sodass feststellbar ist, welche Rechtsverhältnisse übertragen werden sollen. Da – wie bereits dargelegt – für den Verbindlichkeitsteil dieses Dauerschuldverhältnisses keine Zustimmung des Gläubigers nach § 415 BGB erforderlich ist, können diese ohne Weiteres übertragen werden.[240] Für die Individualisierung bei Forderungsgesamtheiten genügt daher ähnlich wie bei Sachgesamtheiten die Angabe, dass alle Forderungen aus einem bestimmten Geschäftsbetrieb, zu einer bestimmten Art von Rechtsgeschäften oder aus einem bestimmten Zeitraum übertragen werden sollen.[241]

Ebenso wie bei der Verschmelzung wirkt eine bereits erklärte Auflassung und Berichtigungsbewilligung auch gegenüber dem aufnehmenden Rechtsträger und muss nicht erneut erklärt werden.[242]

---

232 So Lutter/Teichmann, UmwG, § 131 Rn. 49; Hörtnagl, in: Schmitt/Hörtnagl/Stratz, § 126, Rn. 93, § 131 UmwG Rn. 45; Widmann/Mayer/Mayer, § 125 UmwG, Rn. 243.
233 Widmann/Mayer/Mayer, § 125 UmwG Rn. 243; Schröer, in: Semler/Stengel, § 126 UmwG Rn. 69; Kallmeyer, GmbHR 1996, 242, 243.
234 Kallmeyer/Sickinger, § 126 UmwG Rn. 25; Widmann/Mayer/Mayer, § 126 UmwG, Rn. 243; Schröer, in: Semler/Stengel, § 126 UmwG Rn. 69; Lutter/Priester, § 126 UmwG Rn. 63.
235 Kallmeyer/Sickinger, § 136 UmwG Rn. 25; Lutter/Priester, § 126 UmwG Rn. 63; a. A. Rieble, ZIP 1997, 301, 310.
236 Vgl. Hörtnagl, in: Schmitt/Hörtnagl/Stratz, § 131 UmwG Rn. 41; Kallmeyer/Sickinger, § 126 UmwG Rn. 28; Leitzen, DStR 2009, 1853 ff.
237 Lutter/Teichmann, UmwG, § 131 Rn. 49; Hörtnagl, in: Schmitt/Hörtnagl/Stratz, § 131 UmwG Rn. 45.
238 Rieble, ZIP 1997, 301, 309 f.
239 Vgl. OLG Karlsruhe, RNotZ 2008, 628 = NZG 2009, 31 = GmbHR 2008, 1219; Lutter/Teichmann, UmwG, § 131 Rn. 57; Hörtnagl, in: Schmitt/Hörtnagl/Stratz, § 131 UmwG Rn. 49; Bub/Treier, Handbuch der Geschäfts- und Wohnraummiete, II Rn. 837; Palandt/Weidenkaff, BGB, § 535 Rn. 11, 12; Bieber/Ingendoh, Geschäftsraummiete, § 6 Rn. 49; Kandelhard, WuM 1999, 253, 254.
240 So bereits bisher herrschende Meinung Widmann/Mayer/Mayer, Umwandlungsrecht, § 126 UmwG Rn. 226; Lutter/Teichmann, UmwG, § 131 Rn. 57; OLG Karlsruhe, NZG 2009, 315 = GmbHR 2008, 1219; Kallmeyer/Sickinger, UmwG, § 126 Rn. 25.
241 Vgl. Palandt/Heinrichs, BGB, § 398 Rn. 15.
242 Vgl. Gutachten DNotI-Report 2015, 177 ff.

Bzgl. der Frage der Voreintragung nach § 39 GBO spricht viel dafür § 40 GBO analog anzuwenden.[243]

▶ Hinweis:

Soll bei einer Forderungsmehrheit eine einzelne Forderung nicht übertragen werden, bietet sich die Formulierung an, dass alle Forderungen mit Ausnahme der individuell aufgezählten übertragen werden. Bei wichtigeren Vertragsverhältnissen dürfte sich eine genauere Bezeichnung empfehlen, etwa nach Art, der Person des Vertragspartners und des Datums des Vertragsabschlusses. 108

Unklar ist, inwieweit die **Aufteilung eines einheitlichen Vertragsverhältnisses** oder die Vervielfältigung der aus dem Vertragsverhältnis resultierenden Rechtsposition zulässig ist. Ein großer Teil in der Literatur lässt die Aufspaltung der einheitlichen Vertragsverhältnisse zu, etwa in Forderungen und Verbindlichkeiten oder bei einem gemeinsamen Mietvertrag über verschiedene Gebäude und Grundstücke, auf einzelne Gebäude und Grundstücke oder die Zuweisung der gemeinsamen Nutzung eines einheitlichen Mietvertrages an mehrere Rechtsträger.[244] Ein Teil der Literatur lehnt allerdings die Aufteilung ab.[245] 109

Eine andere Frage ist es jedoch, ob bei Umwandlungsfällen mit Gesamtrechtsnachfolge in den Mietvertrag ggf. ein **Sonderkündigungsrecht des Vermieters** bestehen könnte. In der Literatur diskutiert wird die entsprechende Einräumung eines Kündigungsrechts wie beim Tod eines Mieters (§ 564 BGB). Im Ergebnis wurde eine solche Anwendung jedoch übereinstimmend abgelehnt, da die Gesamtrechtsnachfolge durch Umwandlung oder Verschmelzung nicht mit dem Tod des Mieters vergleichbar ist.[246] Weitere Stimmen in der Literatur wollen es in Bezug auf Dauerschuldverhältnissen anerkennen, dass möglicherweise vom übertragenden Rechtsträger bei Vertragsabschluss ein bestimmtes Vertrauen in Anspruch genommen worden ist. Bspw. bei Verträgen mit einer Partnerschaftsgesellschaft kann der Vertragspartner durch bestimmten Personen entgegengebrachtes Vertrauen zum Vertragsabschluss bewogen worden sein.[247] Diesem Gesichtspunkt sei durch eine im Einzelfall zu entwickelnde Lösung Rechnung zu tragen, wobei ggf. als Korrektiv dem Vertragspartner ein Recht zur **außerordentlichen Kündigung** des übergegangenen Dauerschuldverhältnisses jedenfalls dann eingeräumt werden soll, wenn die Fortführung des Mietvertrages unter den geänderten Umständen für ihn unzumutbar ist.[248] Dabei müsse das Interesse der Beteiligten an der Spaltung einerseits und der Vertrauensschutz andererseits – nämlich Eingriff in die Partnerwahl bzw. die sog. negative Vertragsfreiheit des anderen – gegeneinander abgewogen werden. 110

Dabei muss auch berücksichtigt werden, dass es vom Gesetzgeber gewollt ist, eine **Erleichterung des Vermögenstransfers** für die an der Spaltung Beteiligten zu erreichen. Andererseits ist aber auch der von der Rechtsprechung entwickelte Grundsatz zu beachten, dass Dauerschuldverhältnisse bei Vorliegen eines wichtigen Grundes gekündigt werden können. Dies setzt allerdings die Unzumutbarkeit der Fortsetzung des Vertragsverhältnisses voraus.[249] Letzten Endes geht es bei

---

243 Gutachten DNotI-Report 2015, 177 ff.; BeckOK-GBO/Zeiser, § 40 UmwG Rn. 8; Demharter, § 40 GBO Rn. 11.
244 So Widmann/Mayer/Mayer, Umwandlungsrecht, § 126 UmwG Rn. 227; Hörtnagl, in: Schmitt/Hörtnagl/Stratz, § 131 UmwG Rn. 47; Lutter/Priester, UmwG, § 126 Rn. 64; Kallmeyer/Sickinger, UmwG, § 126 Rn. 25; Schröer, in: Semler/Stengel, § 126 UmwG Rn. 69, 72; Mutter, ZIP 1997, 140; ähnlich auch Engelmeyer, AG 1996, 193, 196; Heidenhain, NJW 1995, 2873, 2877.
245 Vgl. Hahn, GmbHR 1991, 246; Rieble, ZIP 1997, 301, 310.
246 Staudinger/Emmerich, BGB, § 569 Rn. 8; Schopp, ZMR 1961, 281, 283.
247 Teichmann, ZGR 1993, 396, 413; Rieble, ZIP 1997, 301, 310.
248 Rieble, ZIP 1997, 301, 305; Lutter/Priester, UmwG, § 126 Rn. 64; Widmann/Mayer/Mayer, Umwandlungsrecht, § 126 UmwG Rn. 229.
249 Rieble, ZIP 1997, 301, 305.

solchen Fällen jedoch auch um die Frage einer **ergänzenden Vertragsauslegung**.[250] Insoweit ist danach zu fragen, ob es den Vertragsparteien gerade auf die Personenmehrheit auf der Mieterseite in ihrer beim Vertragsabschluss bestehenden Zusammensetzung grundlegend angekommen ist.[251] Dabei darf aber auch nicht außer Acht gelassen werden, dass diesbezügliche **vertragliche Vereinbarungen**, durch welche sich der Vermieter bei etwaigen Änderungen des Gesellschafterkreises bzw. für Umwandlungsfälle eine Zustimmung vorbehält, nicht nur ohne Weiteres möglich, sondern auch **gängige Praxis** sind.[252] Gerade beim Gewerberaummietvertrag ließe sich mithin auch der Standpunkt vertreten, dass die Parteien ein Zustimmungserfordernis bzw. ein Sonderkündigungsrecht für den hier gegebenen Fall vertraglich niedergelegt hätten, wäre dies bei Vertragsabschluss Bestandteil ihrer Abreden gewesen.

hh) Nebenrechte und Sicherheiten

111 **Unselbstständige Neben- und Hilfsrechte** können nur zusammen mit dem Hauptrecht übertragen werden.[253] Auch **akzessorische Sicherungsrechte** wie Hypotheken und Bürgschaften gehen automatisch auf denjenigen Rechtsträger über, der die zugrunde liegende Forderung erhält.[254] **Abstrakte Sicherheiten** (insb. Grundschuld, abstraktes Schuldanerkenntnis) können dagegen im Spaltungsvertrag unabhängig von der gesicherten Forderung zugewiesen werden.[255]

ii) Mitgliedschaftsrechte und Beteiligungen

112 In der Literatur wurde vor der Neuregelung teilweise dahin gehend differenziert, ob das Gesetz die **grds. Übertragbarkeit des Anteils an einer Mitgliedschaft** vorsieht oder nicht. Z. T. sollten daher vertragliche Veräußerungsverbote oder Zustimmungspflichten i. R. d. Spaltung wegen der partiellen Gesamtrechtsnachfolge genauso wie bei der Verschmelzung mit der vollen Gesamtrechtsnachfolge nicht gelten.[256] Ein anderer Teil der Literatur ging davon aus, dass **einheitliche Übertragungsbeschränkungen** unabhängig von ihrer Herkunft (Gesetz oder Vertrag) auch i. R. d. Spaltung zu beachten seien.[257] Demgemäß wären Anteile an Personengesellschaften nur mit Zustimmung der übrigen Gesellschafter übertragbar, bei GmbH-Anteilen und vinkulierten Aktien würde nach dieser Auffassung daher grds. das Gleiche gelten. Im Fall der **Genossenschaft** sollte § 77a GenG zumindest entsprechend gelten.[258] Nach § 38 BGB wäre die Mitgliedschaft in einem **Verein** nicht übertragbar, wenn die Satzung des Verbandes nichts anderes zulässt.

113 Nach der Aufhebung des § 132 UmwG durch das Zweite Gesetz zur Änderung des UmwG dürfte wie bei § 20 UmwG Folgendes gelten: Anteile an Kapitalgesellschaften gehen auf den übernehmenden Rechtsträger über. Auch eine **Vinkulierung** hindert nach überwiegender Mei-

---

250 Bub/Treier, Handbuch der Geschäfts- und Wohnraummiete, IV Rn. 230.
251 MünchKomm-BGB/Häublein, § 564 Rn. 7 ff.
252 Neuhaus, Handbuch der Geschäftsraummiete, Rn. 88.
253 Lutter/Priester, UmwG, § 126 Rn. 62; Hörtnagl, in: Schmitt/Hörtnagl/Stratz, § 131 UmwG Rn. 30; Schröer, in: Semler/Stengel, § 126 UmwG Rn. 14; KölnerKommUmwG/Simon, § 131 Rn 27.
254 Schröer, in: Semler/Stengel, § 131 UmwG Rn. 34; Lutter/Teichmann, UmwG, § 131 Rn. 37; Hörtnagl, in: Schmitt/Hörtnagl/Stratz, § 131 UmwG Rn. 83; Kallmeyer/Sickinger, UmwG, § 126 Rn. 24; § 131 UmwG Rn. 7; KölnerKommUmwG/Simon, § 131 Rn. 28; Rieble, ZIP 1997, 301, 310.
255 Schröer, in: Semler/Stengel, § 131 UmwG Rn. 34; Hörtnagl, in: Schmitt/Hörtnagl/Stratz, § 131 UmwG Rn. 23; Lutter/Teichmann, UmwG, § 131 Rn. 37; vgl. allerdings zur Problematik der Klauselumschreibung und Eintritt in Sicherungsvertrag Teil 3 Rdn. 404.
256 So Engelmeyer, Die Spaltung von AG nach dem neuem Umwandlungsrecht, S. 342.
257 So wohl Lutter/Teichmann, UmwG, § 131 Rn. 69 f.; Widmann/Mayer/Mayer, Umwandlungsrecht, § 132 UmwG Rn. 61 ff. i. d. F. vor 2007; ausführlich Riedle, ZIP 1997, 301, 308; Heidenhain, ZIP 1995, 801 ff.
258 So Lutter/Teichmann, UmwG, § 131 Rn. 70; Riedle, ZIP 1997, 301, 308; Widmann/Mayer/Mayer, Umwandlungsrecht, § 126 UmwG Rn. 221.

nung die Gesamtrechtsnachfolge nicht.[259] Auch das OLG Hamm hat mit Urteil vom 16.4.2014[260] entschieden, dass bei einer Spaltung von **vinkulierten Geschäftsanteilen** diese auch ohne Zustimmung der zustimmungsbetroffenen Gesellschafter übergehen, obwohl dies bei einer Einzelübertragung nicht möglich wäre. Nach der Gesetzesbegründung handele es sich bei § 132 Satz 1 UmwG a. F. um eine »klarstellende Vorschrift, die den bereits zu § 126 Abs. 1 Nr. 9 UmwG erläuterten Grundsatz, dass die allgemeinen Vorschriften des Zivilrechts über die Übertragbarkeit von Gegenständen auch bei Spaltungen gelten, ausdrücklich im Gesetzestext verankert« habe.[261] § 132 Satz 2 UmwG a. F. stelle klar, dass bei der Aufspaltung (§ 131 Abs. 1 Nr. 2 UmwG) ein Abtretungsverbot nach § 399 BGB ebenso wenig wie bei der Verschmelzung greifen könne, da der übertragende Rechtsträger erlösche.[262] Zu § 131 Abs. 1 Nr. 1 Satz 2 UmwG heiße es in der Gesetzesbegründung, dass diese Vorschrift bei Abspaltung und Ausgliederung wie § 132 UmwG klarstelle, dass »die allgemeinen Vorschriften des Zivilrechts den Übergang eines bestimmten einzelnen Gegenstandes verhindern« könnten[263] möglich wäre. Dies folgt nach Meinung des Gerichts aus der Abschaffung des § 131 UmwG. Der insoweit eindeutige Wille des Gesetzgebers lasse keinen Raum dafür, aus den strukturellen Unterschieden zwischen Verschmelzung und Abspaltung hinsichtlich des Schicksals des übertragenden Rechtsträgers den Inhalt des aufgehobenen § 132 UmwG im Wege einer teleologischer Reduktion des § 131 Abs. 1 Nr. 1 UmwG in die umwandlungsrechtlichen Vorschriften wieder hineinzulesen. Vielmehr sei das Gegenteil der Fall, da in der Gesetzesbegründung ausdrücklich formuliert werde, dass die Aufhebung des § 132 UmwG deswegen erfolge, um die Gesamtrechtsnachfolge bei Verschmelzung und Spaltung denselben Grundsätzen zu unterwerfen.

Beteiligungen an Personengesellschaften gehen nach überwiegender Meinung nicht ohne Weiteres über; die Übertragung bedarf der Zustimmung aller Gesellschafter, es sei denn die Übertragbarkeit ist bereits im Gesellschaftsvertrag zugelassen. Die wohl überwiegende Meinung differenziert bei § 20 UmwG und auch bei § 131 UmwG dahin gehend, ob der Gesellschaftsvertrag den Übergang zulässt oder nicht; nur im Falle der Zulassung geht der Gesellschaftsanteil über.[264] Nach anderer Auffassung ist nach der Neuregelung durch das Handelsrechtsreformgesetz eine andere Sichtweise notwendig.[265] Nach der Neufassung von § 139 Nr. 4 HGB, nach der der Tod eines OHG-Gesellschafters grds. zum Ausscheiden dieses Gesellschafters und nicht mehr zur Auflösung der Gesellschaft führe, werde man davon ausgehen können, dass die entsprechenden Beteiligungen der übertragenden Gesellschaft auch auf die übernehmende Gesellschaft übergehen. Diese Auffassung übersieht allerdings, dass auch nach der Neuregelung für die Möglichkeit des Erwerbes einer Beteiligung an einer Personengesellschaft eine Nachfolgeklausel erforderlich ist, die den Anteil vererblich stellt. Anderenfalls würde im Fall des Todes des Gesellschafters der

---

259 Vgl. Hörtnagl, in: Schmitt/Hörtnagl/Stratz, § 131 UmwG Rn. 34; Schröer in: Semler/Stengel, § 131 UmwG Rn. 26; Widmann/Mayer/Mayer, Umwandlungsrecht, § 126 UmwG Rn. 221und zu § 20 UmwG Lutter/Grunewald, UmwG, § 20 Rn. 17; Kübler, in: Semler/Stengel, § 20 UmwG Rn. 8; Kallmeyer/Sickinger, UmwG, § 20 Rn. 7; zur Spaltung vgl. Aha, AG 1997, 345, 351; Widmann/Mayer/Vossius, Umwandlungsrecht, § 20 UmwG Rn. 156; vgl. auch Lieder/Scholz, ZIP 2015, 1705 ff.; Rawert/Endres, ZIP 2016, 1609 ff.
260 OLG Hamm RNotZ 2014, 507 = NZG 2014, 783; dazu Sickinger DB 2014, 1976.
261 BR-Drucks 75/94, S. 121.
262 BR-Drucks 75/94, S. 121.
263 BR-Drucks 75/94, S. 120.
264 Lutter/Teichmann, UmwG, § 131 Rn. 69 f.; Widmann/Mayer/Mayer, Umwandlungsrecht, § 132 UmwG Rn. 61 ff.; Lutter/Grunewald, UmwG, § 20 Rn. 19; Schröer in: Semler/Stengel, § 131 UmwG Rn. 26; Kallmeyer/Sickinger, UmwG, § 20 Rn. 7; Riegger, in: FS für Bezzenberger, 2000, S. 379, 384; Stratz, in: Schmitt/Hörtnagl/Stratz, § 20 UmwG Rn. 64; Hörtnagl, in: Schmitt/Hörtnagl/Stratz, § 131 UmwG Rn. 34; Heidinger/Limmer/Holland/Reul, Gutachten des DNotI, Bd. IV, Gutachten zum Umwandlungsrecht, S. 102 f.; Kallmeyer/Sickinger, UmwG, § 20 Rn. 7.
265 So Kiem, Unternehmensumwandlung, S. 23.

Gesellschafter aus der Gesellschaft ausscheiden.[266] Diese Regelung wird man dann wohl auch für die OHG oder den Komplementär der KG annehmen müssen. Etwas anderes gilt, wenn eine abweichende Regelung im Gesellschaftsvertrag vorgesehen ist. Ist der übertragende Rechtsträger Kommanditist oder stiller Gesellschafter, so ist die Gesamtrechtsnachfolge zulässig, sodass dies auch für die partielle Gesamtrechtsnachfolge im Wege der Spaltung gilt.[267] Befindet sich in dem im Wege der Spaltung übertragenen Vermögen ein Kommanditanteil, führt dies zu einem Kommanditistenwechsel. Er ist zum Handelsregister anzumelden (§ 161 Abs. 2 i. V. m. § 107 HGB). Unklar ist, ob die Anmeldung zum Handelsregister, wie bei Personenhandelsgesellschaften grundsätzlich vorgeschrieben, von sämtlichen Gesellschaftern zu bewirken (§ 108 Satz 1 HGB) ist. M. E. muss es genügen, wenn der ausscheidende Kommanditist die Anmeldung unterzeichnet.[268] Die Praxis der Registergerichte ist allerdings uneinheitlich.

jj) Unternehmensverträge

114 Ist der übertragende Rechtsträger **herrschendes Unternehmen**, so kann nach herrschender Meinung auch diese Rechtsposition i. R. d. Spaltung auf einen der übernehmenden Rechtsträger übertragen werden.[269] Die überwiegende Meinung billigt allerdings in diesen Fällen den abhängigen Gesellschaften ein **besonderes Kündigungsrecht** zu.[270] Eine andere Auffassung verlangt dagegen einen neuen Beherrschungsvertrag bzw. die Zustimmung der abhängigen Gesellschaft.[271] Eine Aufteilung des Unternehmensvertrages ist nicht möglich, da die Herrschaftsmacht koordiniert ausgeführt werden muss.[272]

115 Ist der übertragende Rechtsträger **abhängiges Unternehmen**, so ist umstritten, ob der Beherrschungs- oder Gewinnabführungsvertrag durch entsprechende Zuordnung des Spaltungsvertrages auf einen übernehmenden oder neu gegründeten Rechtsträger erstreckt werden kann. Die wohl überwiegende Meinung lehnt dies für den Fall der Spaltung zur Aufnahme jedenfalls ohne Zustimmung der abhängigen Gesellschaft ab.[273]

---

266 So zu Recht Lutter/Grunewald, UmwG, § 20 Rn. 19; vgl. auch Kallmeyer/Sickinger, UmwG, § 20 Rn. 7; Stratz, in: Schmitt/Hörtnagl/Stratz, § 20 UmwG Rn. 64; Schröer in: Semler/Stengel, § 131 UmwG Rn. 26.
267 Kallmeyer/Sickinger § 131 UmwG Rn. 14 f.; Schröer in: Semler/Stengel § 131 UmwG Rn. 26; Hörtnagl in: Schmitt/Hörtnagl/Stratz, § 131 UmwG Rn. 38; Lutter/Grunewald, UmwG, § 20 Rn. 20; vgl auch Lieder/Scholz, ZIP 2015, 1705 ff.; Rawert/Endres, ZIP 2016, 1609 ff.
268 So zu Recht Rawert/Endres, ZIP 2016, 1609 ff.
269 Emmerich, in: Emmerich/Habersack, Aktien- und GmbH-Konzernrecht, § 297 AktG Rn. 46; Widmann/Mayer, UmwG, § 126 Rn. 232; Hörtnagl, in: Schmitt/Hörtnagl/Stratz, UmwG, § 131 Rn. 75; Meister, DStR 1999, 1741 f.; Wilken, DStR 1999, 677; Fuhrmann/Simon, AG 2000, 49, 58; Gutachten DNotI-Report 2009, 158.
270 So Widmann/Mayer/Mayer, Umwandlungsrecht, § 126 UmwG Rn. 232; Riedle, ZIP 1997, 301, 311; vgl. auch Schröer, in: Semler/Simon, UmwG, § 131 Rn. 28; Hörtnagl, in: Schmitt/Hörtnagl/Stratz, UmwG, § 131, 75; Müller, BB 2002, 157 ff.; Fedke, Der Konzern 2008, 533, 534.
271 Lutter/Teichmann, UmwG, § 131 Rn. 74 ff.; Lutter/Priester, UmwG, § 126 Rn. 65; vgl. auch die Meinungsübersicht bei Fedke, Der Konzern 2008, 533, 535.
272 Widmann/Mayer/Mayer, Umwandlungsrecht, § 126 UmwG Rn. 234, 235; Lutter/Priester, UmwG, § 126 Rn. 65; Heidenhain, NJW 1995, 2877.
273 Lutter/Priester, UmwG, § 126 Rn. 65; Lutter/Teichmann, UmwG, § 131 Rn. 76 f.; Fedke, Der Konzern 2008, 533, 534; Müller, BB 2002, 157, 161; Schröer, in: Semler/Simon, UmwG, § 131 Rn. 28; Hörtnagl, in: Schmitt/Hörtnagl/Stratz, UmwG, § 131, Rn. 75; Müller, BB 2002, 157 ff.; a. A. Widmann/Mayer/Mayer, Umwandlungsrecht, § 126 UmwG Rn. 233; Kallmeyer/Sickinger, UmwG, § 126 Rn. 26.

In der **neueren Literatur** wird davon ausgegangen, dass eine Spaltung des anderen (herrschenden) Vertragsteils nicht zum Untergang des Unternehmensvertrages führt.[274] Dabei kann der Vertrag auch einem neuen Rechtsträger zugewiesen werden.[275] Eine Zustimmung der Gesellschafterversammlung der abhängigen Gesellschaft ist nicht erforderlich.[276] Das Handelsregister der abhängigen Gesellschaft ist nur zu berichtigen.[277] 116

Der Wechsel des herrschenden Rechtsträgers ist zum **Handelsregister beim abhängigen Unternehmen anzumelden**.[278] Allerdings hat die unterlassene Anmeldung keine Auswirkungen auf die Wirksamkeit des Rechtsübergangs, das Umwandlungsrecht mit der Gesamtrechtsnachfolge geht hier vor.[279] 117

kk) Arbeitsverhältnisse

Auch Arbeitsverhältnisse können **im Grundsatz frei zugeordnet** werden. Allerdings zieht hier § 613a BGB, der nach § 324 UmwG auch bei Spaltungen gilt, enge Grenzen. Bei Übertragung eines Betriebs oder Teilbetriebs gehen die zugehörigen Arbeitsverhältnisse automatisch über, soweit Arbeitnehmer nicht von ihrem Widerrufsrecht Gebrauch machen.[280] Dies bedeutet nicht nur, dass eine Zuordnung eines Arbeitsverhältnisses im Spaltungsvertrag nicht entgegen den Vorgaben von § 613a Abs. 1 BGB erfolgen darf. An der zwingenden Wirkung des § 613a BGB kann der Spaltungsvertrag nichts ändern. Da § 324 UmwG eine Rechtsgrundverweisung enthält, muss das Vorliegen eines Betriebsübergangs bei einer Verschmelzung, Spaltung oder Vermögensübertragung zudem für jede der in Betracht kommenden Einheiten eigenständig und vorrangig geprüft werden.[281] Nach § 131 Abs. 1 Nr. 1 UmwG können auch Arbeitsverhältnisse von einem übertragenden auf einen übernehmenden Rechtsträger übergehen. Der Übergang eines Arbeitsverhältnisses im Wege der (partiellen) Gesamtrechtsnachfolge setzt in jedem Fall voraus, dass das Arbeitsverhältnis nicht bereits im Wege des Betriebs(teil-)übergangs nach § BGB § 613a Abs. 1 Satz 1 BGB auf einen der übernehmenden Rechtsträger übergeht. Jedenfalls im Fall der Aufspaltung muss hinzukommen, dass der Arbeitnehmer dem Übergang seines Arbeitsverhältnisses auf einen der übernehmenden Rechtsträger zustimmt. Fehlt es an der erforderlichen Zustimmung des Arbeitnehmers, hat dieser ein Wahlrecht, mit welchem der übernehmenden Rechtsträger das Arbeitsverhältnis fortgesetzt wird.[282] 118

---

274 Vgl. nur MünchKomm-AktG/Altmeppen, § 297 Rn. 25 f.; Emmerich, in: Emmerich/Habersack, Aktien- und GmbH-Konzernrecht, § 297 AktG Rn. 46; Fedke, Der Konzern 2008, 533 ff.
275 Emmerich, in: Emmerich/Habersack, Aktien- und GmbH-Konzernrecht, § 297 AktG Rn. 46; Widmann/Mayer/Mayer, Umwandlungsrecht, § 126 UmwG Rn. 232; Hörtnagl, in: Schmitt/Hörtnagl/Stratz, UmwG, UmwStG, § 131 UmwG Rn. 72; Meister, DStR 1999, 1741 f.; Wilken, DStR 1999, 677, 680; Lutter/Priester, UmwG, § 126 Rn. 65 [seines Erachtens ist die Zustimmung der Gesellschafter der aufnehmenden Gesellschaft erforderlich]; Kallmeyer/Sickinger, UmwG, § 126 Rn. 26; Fuhrmann/Simon, AG 2000, 49, 58; a. A. Lutter/Teichmann, UmwG, § 131 Rn. 77.
276 Widmann/Mayer/Mayer, Umwandlungsrecht, § 126 UmwG Rn. 232; Gutheil, Die Auswirkungen von Umwandlungen auf Unternehmensverträge nach §§ 291, 292 AktG und die Rechte außenstehender Aktionäre, S. 63 ff.; a. A. Lutter/Teichmann, UmwG, § 132 Rn. 53.
277 Widmann/Mayer/Mayer, Umwandlungsrecht, § 126 UmwG Rn. 232.
278 Emmerich/Habersack, Aktien- und GmbH-Konzernrecht, § 295 AktG Rn. 36; Hüffer, AktG, § 295 Rn. 9.; Semler, in: FS für Werner, 1984, S. 855, 871; KK-AktG/Koppensteiner, § 295 Rn. 27; Fedke, Der Konzern 2008, 533, 538.
279 KK-AktG/Koppensteiner, § 294 Rn. 39; Fedke, Der Konzern 2008, 533, 539.
280 Vgl. dazu Kallmeyer/Sickinger, UmwG, § 126 Rn. 34; Kallmeyer/Willemsen, UmwG, § 324 Rn. 1 ff.; Schröer, in: Semler/Simon, UmwG, § 126 Rn. 73; Hörtnagl, in: Schmitt/Hörtnagl/Stratz, § 324 UmwG Rn. 1 ff.; Lutter/Joost, § 324 UmwG Rn. 3; Kappenhagen, AuA 2007, 90; Simon/Zerres, FA 2005, 231; Boecken, ZIP 1994, 1091 ff.; Lotzke, DB 1995, 43.
281 Vgl. BAGE 155, 44; BAGE 95, 1.
282 BAG NJW 2018, 885 = BB 2018, 1401 m. Anm. Kliem.

119 **Dienstverhältnisse der Organmitglieder** werden von § 613a BGB nicht geregelt und sind daher nach § 613 Satz 2 BGB grds. ohne dessen Zustimmung nicht übertragbar.[283]

ll) Immaterialgüterrechte, gewerbliche Schutzrechte

120 Immaterialgüterrechte, Patente, Warenzeichen, Marken etc. können übertragen werden. Patent- und Gebrauchsmusterrolle sowie Marken- und Geschmacksmusterregister werden unrichtig und müssen berichtigt werden. § 27 MarkenG findet Anwendung.[284]

mm) Pensionsverpflichtungen

121 Zu Diskussionen geführt hat die Frage der **Ausgliederung von Pensionsverpflichtungen**.[285] Das BAG im Beschl. v. 22.02.2005 hatte folgenden Fall zu entscheiden:[286] In dem Fall ging es um einen Kläger, der bei den Städtischen Kliniken der Stadt als Leiter und kaufmännischer Direktor beschäftigt war und während dieser Zeit einen Versorgungsanspruch erworben hatte. Nach dessen Ausscheiden gliederte die Stadt ihre als Eigenbetrieb geführten Städtischen Kliniken auf eine neu gegründete GmbH aus. Übertragen wurde der gesamte kommunale Eigenbetrieb mit allen Gegenständen des Aktiv- und Passivvermögens, insb. auch alle Verbindlichkeiten des Eigenbetriebes, die diesem wirtschaftlich zuzuordnen sind. Der Kläger war in keiner der anlässlich der Spaltung erstellten Urkunden namentlich genannt. Er klagte mit dem Ziel, die Einstandspflicht der Stadt für seine Versorgungsansprüche feststellen zu lassen. Es bestand dabei die Frage, ob **§ 4 BetrAVG** ein Hindernis für die Ausgliederung von Pensionsverbindlichkeiten darstellt. Nach dieser Vorschrift können Versorgungsanwartschaften und laufende Rentenzahlungsverpflichtungen nur – mit Zustimmung der Arbeitnehmer – von einem neuen Arbeitgeber bzw. bei einer Einstellung der Betriebstätigkeit und Unternehmensliquidation von einer Pensionskasse oder einem Lebensversicherungsunternehmen übernommen werden. Die Versorgungsansprüche von Betriebsrentnern, die kein neues Arbeitsverhältnis eingehen, können nicht auf eine andere Gesellschaft übertragen werden, nicht einmal dann, wenn die Rentenempfänger ihr Einverständnis hierzu erklären.

122 Entscheidend ist, in welchem **Verhältnis die Vorschriften des UmwG und des Betriebsrentengesetzes**, namentlich § 4 BetrAVG, zueinanderstehen. Unbestritten ist, dass der Gesetzgeber mit dem Erlass des UmwG erleichterte Umstrukturierungsmöglichkeiten schaffen wollte. Die Vorschrift wird daher so ausgelegt, dass die Genehmigung des PSV ausreichend wäre. Der PSV erteilt allerdings derartige Genehmigungen nach eigener Aussage generell nicht. Fraglich ist daher, ob der **Schutzzweck des § 4 BetrAVG** die Verhinderung der Übertragung von Versorgungsverpflichtungen rechtfertigt. Das BAG war der Auffassung, dass auch unter der Geltung des § 132 UmwG a. F. der Übergang einer Versorgungsverbindlichkeit durch Spaltung nicht von einer Zustimmung des Versorgungsberechtigten und/oder des PSV abhänge. Das UmwG sieht nach Meinung des BAG ein **eigenständiges Haftungskonzept** vor: Nach §§ 133, 134 UmwG gebe es zum Schutz der Gläubiger eine gesamtschuldnerische Nachhaftung des übertragenden Rechtsträgers. Wie schon die ganz herrschende Meinung in der Literatur sieht auch das **BAG** diese Vorschriften des UmwG zur Haftung als speziellere Regelungen ggü. dem Betriebsrentenrecht an.

---

283 Widmann/Mayer/Mayer, Umwandlungsrecht, § 126 UmwG Rn. 236, 132, 40; Schröer, in: Semler/Simon, UmwG, § 126 Rn. 73; Simon, in: Semler/Simon, UmwG, § 131 Rn. 45 ff.; Hörtnagl, in: Schmitt/Hörtnagl/Stratz, § 131 UmwG Rn. 63.
284 Lutter/Teichmann, UmwG, § 131 Rn. 44: Kallmeyer/Sickinger, UmwG, § 126 Rn. 37; Schröer in: Semler/Stengel, § 131 UmwG Rn. 41.
285 Sog. **Rentnergesellschaft** vgl. Lutter/Teichmann, UmwG, § 131 Rn. 50 ff.; Simon, in: Semler/Simon, UmwG, § 131 49; Hörtnagl, in: Schmitt/Hörtnagl/Stratz, § 131 UmwG Rn. 81; Wollenweber/Ebert NZG 2006, 41 ff.; Roth, NZA 2009, 1400 ff.
286 BAG, BB 2005, 2414 = ZIP 2005, 957, dazu Klemm/Hamisch, BB 2005, 2409.

C. Spaltungsvertrag und Spaltungsplan

Demgegenüber waren das **LG Hamburg**[287] und zuvor das AG Hamburg[288] der Ansicht, dass eine Ausgliederung von Pensionsverpflichtungen unwirksam sei. Beide schließen daraus, dass nach § 132 UmwG allgemeine Vorschriften unberührt bleiben und dass das Haftungskonzept des UmwG gerade keine Spezialregelung zu § 4 BetrAVG sei. Die Nachhaftung verschaffe wegen ihrer Begrenzung auf 5 Jahre keine zureichende Kompensation, da bei langjährigen Pensionsverbindlichkeiten nach Ablauf der 5 Jahre ein Insolvenzrisiko bestehe. Weiter beruft sich das Gericht auf § 613a BGB, dessen Geltung ausdrücklich durch das UmwG in § 324 UmwG angeordnet wird.

Letztendlich dürfte sich dieser **Streit** durch die Aufhebung des § 132 UmwG und das neue gesetzgeberische Konzept **erledigt** haben und die Ausgliederung ohne Weiteres möglich sein. Der Gesetzgeber hat die Problematik durch das Zweite Gesetz zur Änderung des UmwG in § 133 Abs. 3 UmwG geregelt, wonach für die vor Wirksamwerden der Spaltung begründeten Versorgungsverpflichtungen aufgrund Betriebsrentengesetzes die **Haftungsfrist** des übertragenden Rechtsträgers auf **10 Jahre** verlängert wurde. Damit ist aber anderen Schutzmechanismen eine klare Absage erteilt worden.[289]

123

Im Urt. v. 11.03.2008 hat das BAG[290] seine ursprüngliche Rechtsprechung bestätigt: Auch die Zuweisung der laufenden Versorgungsverbindlichkeiten an einen anderen Rechtsträger als den Inhaber des früheren Beschäftigungsbetriebs oder Betriebsteils bedarf nach Meinung des BAG nicht der Zustimmung des Versorgungsberechtigten oder des Pensions-Sicherungs-Vereins aG: Selbst wenn der neue Versorgungsschuldner nicht hinreichend ausgestattet wurde, bleibe die im Handelsregister eingetragene Zuordnung der Versorgungsverbindlichkeiten aufrechterhalten.,[291] Die §§ 22, 133, 134 UmwG bildeten ein eigenständiges Haftungssystem. In dieses System seien die Versorgungsverbindlichkeiten einbezogen worden.[292] Dies zeige § 134 Abs. 2 UmwG und werde durch den am 25.04.2007 in Kraft getretenen § 133 Abs. 3 Satz 2 UmwG unterstrichen. Wie sich aus der Begründung zu § 22 UmwG ergebe[293] sei der Gesetzgeber davon ausgegangen, dass sich die Verpflichtung zu Sicherheitsleistungen auf Versorgungsverbindlichkeiten erstrecke, jedoch nach § 22 UmwG insoweit entfalle, als der Pensions-Sicherungs-Verein aG einstandspflichtig sei. Die gesamtschuldnerische Haftung und das Recht auf Sicherheitsleistung wären unnötig, wenn der Pensions-Sicherungs-Verein aG und der Versorgungsberechtigte die Möglichkeit hätten, durch Verweigerung der Zustimmung den Übergang von Versorgungsverbindlichkeiten zu verhindern. Die Literatur folgt dem weitgehend.[294]

Das Erfordernis der hinreichenden Ausstattung einer Rentnergesellschaft wird – von wenigen Gegenstimmen abgesehen – i. Ü. im Schrifttum ganz überwiegend bejaht.[295] Das BAG entschied, dass den bisher versorgungspflichtigen Rechtsträger eine vertragliche Nebenpflicht zur hinreichenden Ausstattung der die Versorgungsverbindlichkeiten übernehmenden Gesellschaft treffe, die

---

287 ZIP 2005, 2331, m. Anm. Laufersweiler, EwiR § 123 UmwG 1/06.
288 ZIP 2005, 1249 = DB 2005, 1562.
289 Vgl. Mayer/Weiler DB 2007, 1291, 1292; Louven/Weng BB 2006, 619; Wollenweber/Ebert NZG 2006, 41; Heine/Lechner AG 2005, 669; Klose/Klose RdA 2006, 48; Bahnsen NJW 2005, 3328; Lutter/Teichmann § 131 UmwG Rn. 51.
290 BAGE 126, 120 = BB 2009, 329 = GmbHR 2008, 1326; dazu Roth, NZA 2009, 1400 ff.
291 Langohr-Plato, NZA 2005, 966, 968; Klose/Klose, RdA 2006, 48; MünchKomm-BGB/Müller-Glöge, § 613a Rn. 226a. A. Steffan, in: Ascheid/Preis/Schmidt, Kündigungsrecht, § 126 UmwG Rn. 32; ErfK/Preis, 8. Aufl., § 613a BGB Rn. 189.
292 Vgl. u. a. Heubeck, in Picot: Unternehmenskauf und Restrukturierung, IV Rn. 109.
293 BT-Drucks. 12/6699, S. 92.
294 Vgl. Lutter/Teichmann, UmwG, § 131 Rn. 50 ff.; Simon, in: Semler/Simon, UmwG, § 131, Rn. 49; Hörtnagl, in: Schmitt/Hörtnagl/Stratz, § 131 UmwG Rn. 81; KölnerKommUmwG/Simon § 131 UwG, Rn 29; Rubel/Sandhaus Der Konzern 2009, 327, 334.
295 Vgl. u. a. Bader/Ebert, DB 2006, 938, 940; Buchner, in: FS für Blomeyer, 2003, S. 33, 43, 48; Griebeling/Bepler, in: FS für Blomeyer, 2003, S. 99, 112 ff.; Hohenstatt/Seibt ZIP 2006, 546, 551.

auch zu Schadensersatzansprüchen führen kann.[296] Die nach der Umwandlung versorgungspflichtige Gesellschaft sei nur dann ausreichend ausgestattet, wenn sie bei einer realistischen betriebswirtschaftlichen Betrachtung genügend leistungsfähig sei. Im Zeitpunkt der Eintragung der Umwandlung ins Handelsregister müsse die Finanzierung der betrieblichen Altersversorgung langfristig gesichert sein. Ergebnisabführungsverträge, die zwar eine Verlustübernahme beinhalten, aber jederzeit gekündigt werden könnten, reichen nach Meinung des BAG dafür nicht aus. Der übertragende Rechtsträger könne die gebotene Absicherung der Versorgungsverbindlichkeiten nicht nur durch zusätzliches Kapital, sondern auch durch einen Schuldbeitritt oder ein Garantieversprechen herbeiführen.[297] Zu beachten ist allerdings, dass die Ausgliederung in eine neu zu gründende Pensionsgesellschaft unter Mitgabe eines Vermögenswertes in Höhe des versicherungsmathematischen Barwerts der künftigen Pensionsleistungen steuerlich zur Aufdeckung stiller Reserven führen kann, die steuerlichen Rahmenbedingungen sind daher genau zu beachten.[298]

nn) Sonstige Gegenstände und Rechte

124 **Prokuren** der übertragenden Gesellschaft erlöschen mit der Aufspaltung, bei der Abspaltung oder Ausgliederung bestehen sie für die übertragende Gesellschaft weiter. Eine automatische Ausweitung oder Übertragung ist nicht möglich.[299] Prokuren müssen daher beim aufnehmenden Rechtsträger jeweils neu bestellt werden.[300]

125 **Vollmachten** sind an das zugrunde liegende Rechtsverhältnis gebunden und folgen diesem (§ 168 BGB). Sie können daher i. R. d. Spaltungsplans übertragen werden. Es gelten wohl jetzt dieselben Grundsätze wie bei der Verschmelzung nach § 20 UmwG.[301] Soweit der übertragende Rechtsträger **selbst von einem Dritten bevollmächtigt** worden ist, gilt nach überwiegender Ansicht für den Übergang der Vollmacht auf den übernehmenden Rechtsträger § 168 BGB.[302] Die Frage, ob die Vollmacht erlischt, bestimmt sich daher nach dem ihrer Erteilung zugrunde liegenden Rechtsverhältnis. Nach § 673 BGB erlischt dabei ein Auftrag im Zweifel durch den Tod des Beauftragten, hier also durch den Verlust der eigenen Rechtsfähigkeit infolge der Verschmelzung. Etwas anderes – nämlich dass die Vollmacht nicht endet –gilt, wenn sie gerade im Interesse des Bevollmächtigten erteilt wurde, d. h. der Vollmachtgeber im Kern ein für ihn neutrales Geschäft betreibt.[303] Hat der übertragende Rechtsträger dagegen seinerzeit jemanden bevollmächtigt, so ist die Rechtslage unsicher. Z. T. wird § 168 BGB angewendet.[304]

126 **Höchstpersönliche Rechtspositionen**, etwa die Stellung eines Treuhänder- oder Testamentsvollstreckers, sind grds. nicht übertragbar.[305] Ebenfalls ist in der Praxis fraglich, ob der Übergang einer Verwalterstellung nach WEG durch Gesamtrechtsnachfolge bei Verschmelzung oder Spal-

---

296 BAGE 126, 120 = BB 2009, 329 = GmbHR 2008, 1326; dazu Roth, NZA 2009, 1400 ff.
297 Vgl. zum Schuldbeitritt im Konzern: Granetzny/Wallraven, NZA 2017, 1231 ff.; Döring/Granetzny, NZA 2012, 1339 ff.
298 Vgl. dazu BFH DStR 2013, 575; dazu vgl. das AIFM-Steuer-Anpassungsgesetz – AIFM-StAnpG – v. 18.12.2013, BGBl. I 2013, 4318; FG Düsseldorf, EFG 2018, 299; Bolik/Selig-Kraft, DStR 2017, 169.
299 OLG Köln, DNotZ 1996, 700.
300 Widmann/Mayer/Vossius, Umwandlungsrecht, § 131 UmwG Rn. 130; Lutter/Teichmann, UmwG, § 131 Rn. 63; Hörtnagl, in: Schmitt/Hörtnagl/Stratz, § 131 UmwG Rn. 63.
301 Vgl. Widmann/Mayer/Vossius, Umwandlungsrecht, § 131 UmwG Rn. 115.
302 RGZ 150, 289; OLG Düsseldorf, MittRhNotK 1985, 103; LG Koblenz, MittRhNotK 1997, 321; Lutter/Grunewald, UmwG, § 20 Rn. 25; Lutter/Teichmann, UmwG, § 131 Rn. 63.
303 LG Koblenz, MittRhNotK 1997, 321.
304 Lutter/Grunewald, UmwG, § 20 Rn. 26.
305 Hörtnagl, in: Schmitt/Hörtnagl/Stratz, § 131 UmwG Rn. 92.

tung stattfindet. Die obergerichtliche Rechtsprechung hat dies weitgehend abgelehnt.[306] Da die Verwalterstellung nicht höchstpersönlich ist, sollte man m. E. einen Übergang zulassen. Nach der überwiegenden Auffassung der Rechtsliteratur gehen Verwaltervertrag und Organstellung unabhängig von der Rechtsform des übertragenden Verwalters auf den übernehmenden Rechtsträger über. Das Umwandlungsgesetz enthalte mit der Gesamtrechtsnachfolge eine spezielle Regelung für die Verschmelzung.[307] Der BGH hat im Urteil vom 21.02.2014[308] entschieden, dass der Verwaltervertrag jedenfalls bei der Verschmelzung von juristischen Personen auf den übernehmenden Rechtsträger übergeht; nichts anderes gelte für die Organstellung des Verwalters. Ob die Verschmelzung durch Aufnahme im Wege der Neugründung erfolge, sei nicht von Bedeutung. Die Verschmelzung der Verwalterin einer Wohnungseigentumsanlage stelle zwar als solche auch keinen wichtigen Grund dar, der eine vorzeitige Kündigung eines Verwaltervertrages rechtfertige; an die erforderlichen besonderen Umstände, die die Fortführung der Verwaltung durch den übernehmenden Rechtsträger für die Wohnungseigentümer unzumutbar machen, seien aber keine hohen Anforderungen zu stellen. Ob Gleiches auch für die Umwandlung von Personenhandelsgesellschaften oder einzelkaufmännische Unternehmen gilt, lässt der BGH ausdrücklich offen. Der BGH stellt entscheidend darauf ab, ob der Verwaltervertrag aus umwandlungsrechtlicher Sicht als höchstpersönliches Rechtsverhältnis anzusehen ist. Das sei jedenfalls dann zu verneinen, wenn der bisherige Verwalter eine juristische Person ist; dann stehe nämlich in aller Regel nicht die Ausführung der Dienstleistungen durch bestimmte natürliche Personen im Vordergrund. Hierauf haben die Wohnungseigentümer rechtlich gesehen auch keinen Einfluss; sie könnten weder die Auswechslung von Gesellschaftern oder Geschäftsführern verhindern[309] noch die Personalauswahl bestimmen. Mit diesem Argument spricht auch vieles dafür diese Grundsätze auch auf die Spaltung der juristischen Person zu übertragen, so dass auch hier eine Übertragung möglich sein müsste.[310] Das OLG München[311] hat die Übertragung der Verwalterstellung durch Spaltung allerdings vor der BGH-Entscheidung abgelehnt.

Bei **öffentlich-rechtlichen Erlaubnissen** ist im Grundsatz wie bei der Verschmelzung danach zu unterscheiden, ob sie höchstpersönlich, rechtsformbezogen oder rechtsnachfolgefähig sind.[312] Personenbezogene Rechtspositionen verbleiben bei Abspaltungen und Ausgliederungen beim

127

---

306 OLG München, DNotZ 2014, 523 m. Anm. Krampen-Lietzke; BayObLGZ 1990, 173; BayObLG, MDR 1997, 727; BayObLG, NJW-RR 2002, 732; LG Frankfurt, ZWE 2013, 30; OLG Köln, OLGR 2004, 49, LG Frankfurt/Oder, ZMR 2013, 981 ff.; LG München I, ZWE 2013, 415 f. Zajonz/Nachtwey, ZfIR 2008 Heft 20, 701.
307 Stratz in Schmitt/Hörtnagl/Stratz, UmwG, § 20 Rn. 86; Vossius in Mayer/Widmann, UmwG, § 20 Rn. 322 f.; Lutter/Grunewald, UmwG, § 20 Rn. 24, Fußn. 4; Staudinger/Martinek, BGB § 673 Rdn. 6; Erman/Grziwotz, BGB, § 26 WEG Rdn. 1; Armbrüster, NZM 2012, 369, Wicke/Menzel, MittBayNot 2009, 203, 206; Lücke, ZfIR 2002, 469, 470 f.; Becker in Festschrift für Merle, 2010, 51, 59 ff.
308 DNotZ 2014, 51 m. Anm. Krampen-Lietzke = NotBZ 2014, 250 = ZNotP 2014, 145 = BB 2014, 462 m. Anm. Heckschen.
309 Vgl. auch BayObLGZ 1987, 54, BayObLGZ 2002, 26.
310 Ebenso Heckschen, in: Beck'sches Notarhandbuch, D IV Rn. 175.
311 DNotZ 2014, 523 m. Anm. Krampen-Lietzke = RNotZ 2014, 254 = GWR 2014, 238 m. Anm. Heckschen.
312 Z. B. § 7 VAG), § 2a KWG), vgl. Hörtnagl, in: Schmitt/Hörtnagl/Stratz, § 131 UmwG Rn. 85; Lutter/Teichmann, UmwG, § 131 Rn. 79; Semler, in: Semler/Simon, UmwG, § 131, Rn. 43; Kallmeyer/Marsch-Barner, UmwG § 20 Rn. 26 f.; Lutter/Grunewald, UmwG § 20 Rn. 13; Geißer, DB 2000, 361, 363; Odenthal, GewArch 2005, 132; Bremer, GmbHR 2000, 865; Rubel/Sandhaus Der Konzern 2009, 327, 335; a. A. Zeppezauer, DVBl. 2007, 599, der darauf hinweist, dass die Mehrzahl der Genehmigungen sich nicht mehr eindeutig insoweit zuordnen lassen und daher für einen unterschiedslosen Genehmigungsübergang ist.

übertragenden Rechtsträger, bei einer Aufspaltung erlöschen sie.[313] **Höchstpersönlich** ist eine Rechtsbeziehung, die sich nicht von der Person ihres Trägers lösen lässt.[314] Die Erlaubnis zum Betrieb einer Gaststätte wird – wie die meisten Genehmigungen nach dem Gewerberecht (z. B. auch §§ 34a bis c GewO, § 3 PBefG, § 11 GüKG) – für eine Person erteilt und ist an diese Person gebunden.[315] Eine Erlaubnis des § 34c GewO ist eine solche höchstpersönliche Genehmigung, da sie an die gewerberechtliche Zuverlässigkeit des übertragenden Rechtsträgers anknüpft. Daher geht diese Erlaubnis nicht auf den übernehmenden Rechtsträger über.[316] Z. T. sollen allerdings öffentlich-rechtliche Erlaubnisse, die an persönliche Voraussetzungen gebunden sind, übergehen, wenn die Person, auf deren Voraussetzungen die öffentlich-rechtliche Rechtsposition beruht, in dem übernehmenden Rechtsträger eine entsprechende Rechtsposition erhält.[317] Bei **öffentlich-rechtlichen Rechtspositionen** (Genehmigung, Nutzungsbefugnis etc.) unterscheidet die herrschende Meinung also danach, ob die Rechtsbeziehung mit dem konkreten Gegenstand verbunden ist (z. B. Baugenehmigung mit Grundstück, Kfz-Genehmigung etc.) oder ob die Rechtsposition den übertragenden Rechtsträger selbst verdient wurde (z. B. Gaststättenkonzession etc.). Erstere sind hier nach der überwiegenden Auffassung i. R. d. Spaltung mit dem Gegenstand übertragbar.[318] Gleiches dürfte gelten für Betriebsgenehmigungen (z. B. nach Bundesemissionsschutzgesetz), die für eine bestimmte Anlage oder einen Betriebsteil erteilt wurde. Höchstpersönliche Rechtspositionen bleiben hingegen bei der Abspaltung oder Ausgliederung zwingend beim übertragenden Rechtsträger und Erlöschen bei einer Aufspaltung.[319] Allerdings muss auch hier gelten, dass im Einzelfall zu prüfen ist, ob bei dem Spaltungsvorgang die erforderlichen Voraussetzungen für die öffentlich-rechtliche Genehmigung in sachlicher und persönlicher Hinsicht auch beim aufnehmenden Rechtsträger erfüllt werden, sodass dann ausnahmsweise die Übertragbarkeit annehmen könnte.[320]

6. Vergessene Gegenstände/fehlerhaft zugeordnete Gegenstände

128 Sofern ein Gegenstand des Aktivvermögens des übertragenden Rechtsträgers versehentlich dem übernehmenden Rechtsträger nicht zugeordnet worden ist, bedarf es nach einhelliger Auffassung im Schrifttum **zunächst** der **ergänzenden Auslegung** des Ausgliederungsplans. § 131 Abs. 3 UmwG bestimmt für den Fall der Aufspaltung: Ist bei einer Aufspaltung ein Gegenstand im Vertrag keinem der übernehmenden Rechtsträger zugeteilt worden und lässt sich die Zuteilung auch nicht durch Auslegung des Vertrags ermitteln, so geht der Gegenstand auf alle übernehmenden Rechtsträger in dem Verhältnis über, das sich aus dem Vertrag für die Aufteilung des Überschusses der Aktivseite der Schlussbilanz über deren Passivseite ergibt; ist eine Zuteilung des

---

313 Hörtnagl, in: Schmitt/Hörtnagl/Stratz, § 131 UmwG Rn. 85; Lutter/Teichmann, UmwG, § 131 Rn. 79; Rubel/Sandhaus Der Konzern 2009, 327, 335.
314 Vgl. BVerwGE 64, 105.
315 Vgl. Hörtnagl, in: Schmitt/Hörtnagl/Stratz, § 131 UmwG Rn. 85; Lutter/Teichmann, UmwG, § 131 Rn. 79; Semler, in: Semler/Simon, UmwG, § 131, Rn. 43; Geißer, DB, 2000, 361, 363; Metzner, GastG, § 8 Rn. 30; Pauly, in: Robinsky/Sprenger-Richter, Gewerberecht, N Rn. 65; Bremer GmbHR 2000, 865, 866.
316 Stratz in: Schmidt/Hörtnagl/Stratz, UmwG, UmwStG, § 20 UmwG Rn. 85; Lutter/Teichmann, UmwG, § 131 Rn. 79; Semler, in: Semler/Simon, UmwG, § 131, Rn. 43; Widmann/Mayer/Vossius, Umwandlungsrecht, § 20 UmwG Rn. 251; Gaiser, DB 2000, 361, 763; Kallmeyer/Sickinger, UmwG, § 20 Rn. 26.
317 Lutter/Grunewald, UmwG, § 20 Rn. 8; Zeppezauer, DVBl. 2007, 599.
318 Vgl. ausführlich Bremer, GmbHR 2000, 865; Schall, ZIP 2003, 327 ff.; Schmidt/Hörtnagl/Stratz, UmwG, UmwStG, § 20 UmwG Rn. 85; Lutter/Teichmann, UmwG, § 131 Rn. 79; Semler, in: Semler/Simon, UmwG, § 131, Rn. 43.
319 Schmidt/Hörtnagl/Stratz, UmwG, UmwStG, § 20 UmwG Rn. 85; Lutter/Teichmann, UmwG, § 131 Rn. 79; Semler, in: Semler/Simon, UmwG, § 131, Rn. 43.
320 So Bremer, GmbHR 2000, 865, vgl. oben bei dem übertragenden Rahmen der Verschmelzung, Teil 2 Rdn. 694 ff.

Gegenstandes an mehrere Rechtsträger nicht möglich, so ist sein Gegenwert in dem bezeichneten Verhältnis zu verteilen. Zu prüfen ist also, ob durch Auslegung des Auslegungsplans doch noch eine Zuordnung angenommen werden kann.[321] Dabei soll von einer Zuordnung an die bzw. eine bestimmte Übernehmerin dann ausgegangen werden, wenn der vergessene Gegenstand des Aktivvermögens zum **betriebsnotwendigen Vermögen** derjenigen Betriebe und Betriebsteile des ausgliedernden Rechtsträgers gehöre, die nach den Bedingungen des Ausgliederungsplans auf die übernehmende Gesellschaft übergehen sollen.[322] Ein weiteres Indiz kann sein, dass Gegenstände einer Sachgesamtheit von relativ untergeordneter Bedeutung vergessen worden sind.[323] Schließlich ist auch die wirtschaftliche Bedeutung bzw. Verwendbarkeit für die beteiligten Rechtsträger ein Kriterium der ergänzenden Vertragsauslegung.[324]

Soweit sich aus einer **ergänzenden Auslegung des Ausgliederungsplans** nicht ergibt, dass Gegenstände des Aktivvermögens der Übernehmerin zugeordnet werden sollen, verbleiben diese nach der herrschenden Meinung bei der Überträgerin.[325]

129

Für die rechtliche Behandlung **versehentlich zugeordneter Aktiva**, gelten die vorstehenden Ausführungen unter umgekehrten Vorzeichen entsprechend. Auch insoweit ist also zunächst zu prüfen, ob die Auslegung des Ausgliederungsplans nicht den Verbleib der in Rede stehenden Aktiva bei der übertragenden Gesellschaft ergibt.

130

7. Umtauschverhältnis und Anteilsgewährung

a) Allgemeines

Bei Auf- und Abspaltung, nicht aber bei der Ausgliederung sind nach § 126 Abs. 1 Nr. 3 und Nr. 4 UmwG die **Regelungen für die Anteilsgewährung** in den Spaltungsvertrag aufzunehmen.[326] Nach § 126 Abs. 1 Nr. 3 UmwG ist das Umtauschverhältnis und ggf. die Höhe der baren Zuzahlung im Spaltungsvertrag anzugeben. Nach § 126 Abs. 1 Nr. 4 UmwG sind bei Auf- und Abspaltung die Einzelheiten für die Übertragung der Anteile der übernehmenden Rechtsträger oder über den Erwerb der Mitgliedschaft bei den übernehmenden Rechtsträgern aufzunehmen.

131

Über das **Umtauschverhältnis** sind daher **bei der Ausgliederung keine Angaben** zu machen, denn hier findet ein Anteilstausch auf der Ebene der Gesellschafter nicht statt.[327] Die Anteile an der übernehmenden Gesellschaft fallen bei der Ausgliederung in das Vermögen der übertragenden Gesellschaft. Dennoch muss nach § 126 Abs. 1 Satz 2 UmwG bei der Ausgliederung festgelegt

132

---

321 Schmidt/Hörtnagl/Stratz, UmwG, UmwStG, § 20 UmwG Rn. 116 ff.; Kübler, in: Semler/Simon, UmwG, § 131, Rn. 69 ff.; Widmann/Mayer/Vossius, Umwandlungsrecht, § 131 UmwG Rn. 203; Lutter/Teichmann, UmwG, § 131 Rn. 103 ff.
322 Widmann/Mayer/Vossius, Umwandlungsrecht, § 131 UmwG Rn. 204.
323 Widmann/Mayer/Vossius, Umwandlungsrecht, § 131 UmwG Rn. 206.
324 Widmann/Mayer/Vossius, Umwandlungsrecht, § 131 UmwG Rn. 208.
325 Regierungsbegründung BR-Drucks. 75/94 zu § 131 UmwG, abgedruckt in: Limmer, Umwandlungsrecht, S. 314; Widmann/Mayer/Vossius, Umwandlungsrecht, § 131 UmwG Rn. 219; Schmidt/Hörtnagl/Stratz, UmwG, UmwStG, § 20 UmwG Rn. 116 ff.; Kübler, in: Semler/Simon, UmwG, § 131, Rn. 69 ff.; Lutter/Teichmann, UmwG, § 131 Rn. 103 ff.
326 Vgl. BeckOGK/Verse UmwG § 126 Rn. 26 ff., speziell zur Ausgliederung Rdn 53 ff.; Kallmeyer/Sickinger, UmwG § 126 Rn. 13.
327 BeckOGK/Verse UmwG § 126 Rn. 53 ff.; Kallmeyer/Sickinger, UmwG § 126 Rn. 10.

werden, welche Anteile am übernehmenden Rechtsträger dem übertragenden gewährt wären.[328] Allerdings ist es notwendig Angaben über die **Gegenleistung** zu machen.[329]

133 Das **Umtauschverhältnis** bedeutet – ebenso wie bei der Verschmelzung – die Angabe, wie viele Anteile am übernehmenden Rechtsträger auf einen Anteil des übertragenden Rechtsträgers entfallen.[330] Bei der Spaltung von AG werden i. d. R. spezifische Verhältniszahlen, etwa 1: 2 oder 1: 5 genannt. Bei der Spaltung von Personengesellschaften oder GmbH ist es nicht zwingend erforderlich, das Umtauschverhältnis zahlenmäßig festzulegen, da dies häufig nur in »krummen« Bruchzahlen, etwa 1,5: 4 möglich ist. In diesen Fällen genügt es, wenn der Spaltungsvertrag die Beteiligungsverhältnisse am übertragenden Rechtsträger, die bisherigen Beteiligungsverhältnisse am übernehmenden Rechtsträger und die als Gegenleistung gewährten Anteile nennt, aus denen sich dann das Umtauschverhältnis errechnen lässt.[331]

b) Anteilsgewährungspflicht bei Spaltung und Ausgliederung

134 Die Problematik der Anteilsgewährung ist im Grundsatz die gleiche wie bei der Verschmelzung, sodass auf die obigen Ausführungen verwiesen werden kann, vgl. Teil 1 Rdn. 172 ff., Teil 2 Rdn. 256 ff. Durch das **Zweite Gesetz zur Änderung des UmwG** sind jetzt auch bei der Spaltung Erleichterungen eingeführt worden.

135 Die Verpflichtung, bei der Durchführung einer Verschmelzung oder Spaltung Anteile zu gewähren, ist **ausdrücklich nicht geregelt**.[332] In § 2 UmwG wird allerdings für die Verschmelzung festgestellt, dass Rechtsträger »gegen Gewährung von Anteilen oder Mitgliedschaften« verschmolzen werden (vgl. ausführlich oben Teil 2 Rdn. 100 ff.); eine gleiche Formulierung findet sich in § 123 Abs. 1, Abs. 2 und Abs. 3 UmwG bei allen Arten der Spaltung. Damit unterscheiden sich diese beiden Umwandlungsarten wesensmäßig von der Vermögensübertragung, die »gegen Gewährung einer Gegenleistung... , die nicht in Anteilen oder Mitgliedschaften bestehe«, erfolgt (vgl. § 174 Abs. 1 UmwG), und von dem Formwechsel, bei dem die bisherigen Anteilsinhaber an dem neuen formgewechselten Rechtsträger nach den neuen Vorschriften beteiligt bleiben (vgl. § 202 Abs. 1 Nr. 2 UmwG). Als wesentlicher Bestandteil eines Verschmelzungsvertrages wird in § 5 Abs. 1 Nr. 2 UmwG die Aufnahme der Vereinbarung über die Übertragung des Vermögens jedes übertragenden Rechtsträgers »gegen Gewährung von Anteilen oder Mitgliedschaften« verlangt. In den Nr. 3 bis Nr. 5 des § 5 Abs. 1 UmwG sind weitere Angaben über die gewährten Anteile genannt. § 20 Abs. 1 Nr. 3 UmwG bestimmt, dass die Anteilsinhaber der übertragenen Rechtsträger Anteilsinhaber des übernehmenden Rechtsträgers werden. Für die Spaltung finden sich entsprechende Regelungen in § 126 Abs. 1 Nr. 2 bis Nr. 5 und § 131 Abs. 1 Nr. 3 Satz 1 UmwG. Aus dem Zusammenhang der zitierten Vorschriften schließt die ganz herrschende Mei-

---

328 Lutter/Priester, UmwG, § 126 Rn. 22, 36; Kallmeyer/Sickinger, UmwG, § 126 Rn. 10; Schröer in: Semler/Stengel, § 126 UmwG Rn. 29 ff.; Hörtnagl, in: Schmitt/Hörtnagl/Stratz, § 126 UmwG Rn. 36; BeckOGK/Verse UmwG § 126 Rn. 53 f.; Kallmeyer/Sickinger, UmwG, § 126 Rn. 10; Kölner KommUmwG/Simon § 126 UmwG Rn. 33; teilweise abweichend Widmann/Mayer/Mayer, Umwandlungsrecht, § 126 UmwG Rn. 130.
329 Widmann/Mayer/Mayer, Umwandlungsrecht, § 126 UmwG Rn. 130; Schröer, in: Semler/Stengel, § 126 UmwG Rn. 130; Kallmeyer/Sickinger, UmwG, § 126 Rn. 10; BeckOGK/Verse UmwG § 126 Rn. 26 ff.; Kallmeyer/Sickinger, UmwG, § 126 Rn. 10; Kölner KommUmwG/Simon § 126 UmwG Rn. 33.
330 Schröer in: Semler/Stengel, § 126 UmwG Rn. 35 ff.; Lutter/Priester, UmwG, § 126 Rn. 31.
331 So zu Recht Widmann/Mayer/Mayer, Umwandlungsrecht, § 126 UmwG Rn. 130; wohl auch Schröer in: Semler/Stengel, § 126 UmwG Rn. 35 ff.; Lutter/Priester, UmwG, § 126 Rn. 31.
332 Heidinger, Anm. zu OLG Frankfurt am Main, DNotZ 1999, 154 ff. und KG, DNotZ 1999, 157 ff., 161.

nung in Rechtsprechung und Schrifttum, dass der Gesetzgeber sowohl bei der Verschmelzung als auch bei der Spaltung grds. von einer **Anteilsgewährungspflicht** ausgegangen ist.[333]

Eine **allgemeine Befreiung von der Anteilsgewährungspflicht** ist im Gesetz nur für die Fälle der Verschmelzung oder Spaltung einer Tochter auf ihre Muttergesellschaft vorgesehen, da hierbei im Gesellschaftsrecht allgemein gerade auch unter Gläubigerschutzgesichtspunkten unerwünschte eigene Anteile der aufnehmenden Muttergesellschaft entstehen würden (vgl. §§ 5 Abs. 2, 20 Abs. 1 Nr. 3 Satz 1 Halbs. 2, 131 Abs. 1 Nr. 3 Satz 1 Halbs. 2 UmwG). Umstritten ist, ob die Anteilsgewährungspflicht auch bei der Verschmelzung und Spaltung von Schwestergesellschaften gilt. 136

Insoweit vertrat auch vor der Neuregelung durch das Zweite Gesetz zur Änderung des UmwG ein beachtlicher Teil der Literatur[334] trotz der Tatsache, dass der Gesetzgeber im Gesetzgebungsverfahren den Vorschlag, die Schwesterfusion von der Anteilsgewährungspflicht aufzunehmen, bewusst nicht im UmwG aufgegriffen hat, die Ansicht, dass eine Anteilsgewährungspflicht bei der Verschmelzung von Schwestergesellschaften entbehrlich sei oder zu mindestens sein sollte. Auch erste Instanzgerichtsurteile[335] haben sich vom Grundsatz der Anteilsgewährungspflicht distanziert. Dabei setzt sich das **LG München**[336] ausdrücklich über die entgegenstehende Gesetzesbegründung zu § 54 UmwG (für Notwendigkeit der Kapitalerhöhung bei Schwesterverschmelzungen) hinweg. Demgegenüber haben die beiden zitierten **obergerichtlichen Entscheidungen**[337] ausdrücklich klargestellt, dass auch die Verschmelzung zur Aufnahme gem. § 2 Nr. 1 UmwG von Schwestergesellschaften »*gegen Gewährung von Anteilen*« erfolgen müsse. Das KG stellt darauf ab, dass die Gewährung von Anteilen die Gegenleistung für die Übertragung des Vermögens des übertragenden Rechtsträgers sei; sie sei wesentlicher Vertragsbestandteil und zwingendes Wesensmerkmal der Verschmelzung. Da sie auch öffentlichen Interessen des Kapitalschutzes diene, könne nicht auf sie verzichtet werden. Auch bei der Schwesterfusion bestehe die Pflicht zur Anteilsgewährung als zwingende gesetzliche Voraussetzung. In diesem Zusammenhang verweisen beide Obergerichte insb. auf die Gründe des Kapitalschutzes und die ebenfalls darauf abstellende Regierungsbegründung zu § 54 UmwG. 137

---

333 Vgl. ausführlich oben bei der Verschmelzung Teil 2 Rdn. 100 ff. und Heidinger/Limmer/Holland/Reul, Gutachten des DNotI, Bd. IV, Gutachten zum Umwandlungsrecht, Nr. 18, S. 126 ff. zur Verschmelzung von Personengesellschaften, sowie Nr. 39, S. 290 ff. zur Ausgliederung aus dem Vermögen einer Gebietskörperschaft, jeweils m. w. N. auch der Gegenmeinung; Widmann/Mayer/Mayer, Umwandlungsrecht, § 5 UmwG Rn. 15 ff, 20, der von einem Dogma der Anteilsgewährungspflicht spricht; Widmann/Mayer/Fronhöfer, Umwandlungsrecht, § 2 UmwG Rn. 38 ff.; Lutter/Drygala, UmwG, § 2 Rn. 31; Kallmeyer/Marsch-Barner, UmwG, § 2 Rn. 12; Heckschen/Gassen, GWR 2010, 101; Stengel in: Semler/Stengel, § 2 UmwG Rn. 40 ff.; Reichert in: Semler/Stengel, § 54 UmwG Rn. 19 ff.; OLG Frankfurt am Main, DNotZ 1999, 154 ff.; KG, DNotZ 1999, 157 ff.; speziell zur Spaltung Widmann/Mayer/Mayer, Umwandlungsrecht, § 126 UmwG Rn. 65 ff.; Lutter/Priester, UmwG, § 126 Rn. 22 ff.; Schröer in: Semler/Stengel, § 126 UmwG Rn. 29 ff.; Kallmeyer/Sickinger, UmwG, § 123 Rn. 3, 7 ff.; BeckOGK/Verse UmwG § 126 Rn. 26 ff.; Hörtnagl, in: Schmitt/Hörtnagl/Stratz, § 126 UmwG Rn. 41; KölnKom/Sickinger § 126 UmwG, Rn. 25, der insoweit von einer »Mitgliedschaftsperpetuierung« spricht.
334 Kallmeyer, GmbHR 1996, 80; Ihrig, ZHR 1996, 317 ff.; Lutter/Winter/Vetter, UmwG, 3. Aufl. § 54 Rn. 5 ff.; Bayer, ZIP 1997, 1613 ff., 1615; Baumann, BB, 1998, 2321.
335 OLG München, MittBayNot 2013, 495 = BB 2013, 1940 = DStR 2013, 2018; LG München, GmbHR 1999, 35, für die Verschmelzung von Schwestergesellschaften ohne Kapitalerhöhung; LG Konstanz, ZIP 1998, 1226, für die Spaltung einer GmbH zu Null mit Begründung über § 128 UmwG, der eine Quoten abweichende Spaltung zulässt.
336 GmbHR 1999, 35.
337 OLG Frankfurt am Main, DNotZ 1999, 154 ff.; KG, DNotZ, 1999, 157 ff.

138 Im Bereich der Spaltung wurde allerdings auch vor der gesetzlichen Neuregelung durch das Zweite Gesetz zur Änderung des UmwG das »Dogma« der **Anteilsgewährungspflicht** in **zweifacher Weise eingeschränkt**:

139 **Zum einen** können mit Zustimmung **sämtlicher Anteilsinhaber** (vgl. § 128 UmwG) die Anteile des übernehmenden Rechtsträgers den Anteilsinhabern des übertragenden Rechtsträgers auch in einem abweichenden Anteilsverhältnis (sog. **nicht-verhältniswahrende Auf-/Abspaltung**) zugeteilt werden.[338] Da nach der Gesetzesbegründung hierdurch insb. die Auseinandersetzung und Trennung von Gesellschaftergruppen und Familiengesellschaften ermöglicht werden soll, hält die herrschende Meinung im Schrifttum auch eine sog. **Spaltung zu Null** für möglich, mit der Folge, dass ein Anteilsinhaber des übertragenden Rechtsträgers am übernehmenden Rechtsträger überhaupt nicht beteiligt werden muss.[339] Aus dem das gesamte Umwandlungsrecht beherrschenden Dogma der Anteilsgewährungspflicht wurde allerdings geschlossen, dass trotz der Sonderregelung des § 128 UmwG nur auf eine verhältniswahrende Anteilsgewährung, nicht jedoch auf eine generelle Anteilsgewährung verzichtet werden kann.[340] Danach müsste bei einer Spaltung »zu Null« die Nichtbeteiligung eines Anteilsinhabers des übertragenden Rechtsträgers dadurch kompensiert werden, dass dieser zumindest am Ausgangsrechtsträger beteiligt bleibt.[341] Nachdem der Gesetzgeber im **Zweiten Gesetz zur Änderung des UmwG** in den §§ 54 und 68 UmwG eine Ausnahme durch Verzicht festlegt hat (dazu unten Rdn. 128) findet in der Literatur ein Umdenken statt und die überwiegende Meinung läßt es zu, dass bei der Spaltung überhaupt keine Anteile gewährt werden und dass sogar im Rahmen der Spaltung ein Ausscheiden eines Anteilsinhabers möglich sein soll.[342] Dem ist mE zu folgen: § 128 UmwG ist als derartige Sonderbestimmung zu sehen.

140 **Zum anderen** wird der Grundsatz der Anteilsgewährungspflicht bei der Spaltung dadurch modifiziert, dass die Vorschriften der §§ 126 Abs. 1 Nr. 10, 131 Abs. 1 Nr. 3 UmwG auch die dinglich wirkende Zuordnung von Anteilen **am übertragenden Rechtsträger** zulassen.[343] Bis zur Änderung der zitierten Vorschriften durch das Gesetz zur Änderung des UmwG v. 22.07.1998[344] mit

---

[338] Vgl. eingehend Rubner/Fischer, NZG 2014, 761; für eine Übersicht über Erscheinungsformen der nicht-verhältniswahrende Spaltung vgl. Simon in Kölner Komm, § 128 Rn. UmwG, 6 ff.; Widmann/Mayer/Mayer, Umwandlungsrecht, § 128 UmwG Rn. 27 ff.; Lutter/Priester, UmwG, § 128 Rn. 8 ff.; Schröer in: Semler/Stengel, § 128 UmwG Rn. 5 ff.; Kallmeyer/Sickinger, UmwG, § 128 Rn. 2; Hörtnagl, in: Schmitt/Hörtnagl/Stratz, § 126 UmwG Rn. 4 ff., **zu den ertragsteuerlichen Folgen der nicht-verhältniswahrende Auf-/Abspaltung** vgl. Ruofß/Beutel, DStR 2015, 609.

[339] OLG München, MittBayNot 2013, 495 = BB 2013, 1940 = DStR 2013, 2018; dazu Lutz, notar 2015, 134; LG Konstanz, DB 1998, 1177 = GmbHR 1998, 837; LG Essen, ZIP 2002, 893 = NZG 2002, 736; Widmann/Mayer/Mayer, Umwandlungsrecht, § 128 UmwG Rn. 29; Lutter/Priester, UmwG, § 128 Rn. 13; Kallmeyer/Sickinger, UmwG, § 123 Rn. 4; § 128 Rn. 4; Schröer in: Semler/Stengel, § 126 UmwG Rn. 29, § 128 Rn. 6; Hörtnagl, in: Schmitt/Hörtnagl/Stratz, § 126 UmwG Rn. 12; Walpert, WiB 1996, 44, 45; BeckOGK/Verse UmwG § 128, Rn. 19 ff.; Weiler, NZG 2013, 1326 ff. zur Spaltung zu Null als Gestaltungsmittel; vgl. auch Heckschen, GmbHR 2015, 897, 898 zu den verschiedenen Varianten der Spaltung zu Null.

[340] Limmer, in: FS für Schippel, 1996, S. 415 ff.; Lutter, UmwG, § 5 Rn. 9; Korte, WiB 1997, 953.

[341] Widmann/Mayer/Mayer, Umwandlungsrecht, § 126 UmwG Rn. 274 ff.; Lutter/Priester, UmwG, 4. Aufl. § 128 Rn. 10; ders., jetzt zweifelnd in DB 1997, 560, 566 in Fn. 93; dagegen soll die Einräumung einer entsprechend »höheren« Beteiligung am übertragenden Rechtsträger nicht erforderlich sein, LG Konstanz, DB 1998, 1177, 1178.

[342] So jetzt z. T. unter Aufgabe der früheren Meinung Widmann/Mayer/Mayer, Umwandlungsrecht, § 128 UmwG Rn. 275; Lutter/Priester, UmwG, § 128 Rn. 15; Schröer in: Semler/Stengel, § 128 UmwG Rn. 6; Kallmeyer/Sickinger, UmwG, § 128 Rn. 2; Hörtnagl, in: Schmitt/Hörtnagl/Stratz, § 126 UmwG Rn. 16; vgl. auch LG Konstanz ZIP 1998, 1226 m. Anm. Katschinski; vgl. auch Heckschen GmbHR 2015, 897, 898 ff. zu den verschiedenen Varianten.

[343] Neye, ZIP 1997, 722, 725.

[344] BGBl. I, S. 1878.

welcher die Worte »**der übernehmenden Rechtsträger**« durch »der beteiligten Rechtsträger« ersetzt worden sind, wäre die schlichte Zuweisung eines Anteils **im Spaltungsvertrag** nicht zulässig gewesen. Vielmehr hätte es nach überwiegender Ansicht im Schrifttum einer Abtretung oder einer Einziehung des Anteils bedurft.[345] Nach der Neuregelung durch das zweite Gesetz zur Änderung des UmwG v. 22.07.1998 konnte das gewünschte Ergebnis der Trennung von Gesellschaftergruppen auch dergestalt realisiert werden, dass im Spaltungsvertrag lediglich dem einen Gesellschafter an der aufnehmenden Gesellschaft ein neuer Geschäftsanteil und dem anderen Gesellschafter der bisher dem einen Gesellschafter zustehende Geschäftsanteil an der übertragenden Gesellschaft zugeordnet wird.[346]

141 Der Gesetzgeber hat im **Zweiten Gesetz zur Änderung des UmwG** in den §§ 54 und 68 UmwG eine Ausnahme durch Verzicht festlegt:[347] § 54 Abs. 1 Satz 3 UmwG n. F. (für die GmbH) bzw. § 68 Abs. 1 Satz 3 UmwG n. F. (für die AG) bestimmt nunmehr, dass die Kapitalerhöhung bei der übernehmenden Kapitalgesellschaft zur **Disposition aller Anteilsinhaber des übertragenden Rechtsträgers** steht. **Verzichten** alle Anteilsinhaber des übertragenden Rechtsträgers in notarieller Urkunde auf die Anteilsgewährung, darf die übernehmende Gesellschaft von der Anteilsgewährung absehen Kallmeyer/Sickinger, UmwG, § 125 Rn. 58; Widmann/Mayer/Mayer, § 126 UmwG Rn. 101; Schröer in: Semler/Stengel, § 126 UmwG Rn. 29). Durch die Verweisung in § 135 Satz 1 UmwG gilt diese Verzichtsmöglichkeit auch für die Spaltung. Zu kritisieren ist an dieser an sich erfreulichen Klarstellung, dass sie aufgrund der systematischen Stellung nur für die Verschmelzung auf die AG und GmbH gilt, obwohl bei der Personengesellschaft oder anderen Rechtsträgern ähnliche Fragestellungen bestehen. M. E. kann man aber aus der gesetzlichen Neuregelung allgemein den Schluss ziehen, dass der Anteilsgewährungsgrundsatz disponibel ist, wenn alle Anteilsinhaber der übertragenden Rechtsträger darauf verzichten, denn was bei Kapitalgesellschaften gilt muss erst recht bei Personengesellschaften oder anderen Rechtsträgern mit geringerer Kapitalbindung gelten (vgl. oben Teil 2 Rdn. 100 ff.). Die Frage ist allerdings umstritten und noch nicht geklärt. In der Praxis empfiehlt es sich dies mit dem Registergericht zu klären. Aufgrund der Regelung in § 128 UmwG scheint diese Meinung im Vordringen zu sein.[348] Ferner ist dabei zu berücksichtigen, dass in der letzten Zeit disquotale Gesellschaftsakte auch vermehrt unter dem Aspekt einer steuerpflichtigen Schenkung mit der Folge der **Schenkungssteuerpflicht** geprüft werden. Im Urteil vom 27.08.2014 hat der BFH[349] zur Kapitalerhöhung entschieden, dass, wenn im Zuge einer Kapitalerhöhung einer GmbH ein Dritter zur Übernahme des neuen Gesellschaftsanteils zugelassen wird, darin eine freigebige Zuwendung der Altgesellschafter an den Dritten vorliegen kann, wenn der gemeine Wert des Anteils die zu leistende Einlage übersteigt.[350] Die Problematik kann sich auch bei der disquotalen Spaltung stellen, so dass auch insoweit eine Steuerplanung notwendig ist.

c) Ausnahmen von der Anteilsgewährungspflicht bei Auf- und Abspaltung

142 Auf- und Abspaltung ähneln am ehesten noch der Verschmelzung. Es verwundert daher nicht, dass der Gesetzgeber bei Auf- und Abspaltung ähnliche **Ausnahmen von der Anteilsgewährungs-**

---

345 Str., zum früheren Meinungsstand Walpert, WiB 1996, 44, 45.
346 Kallmeyer/Sickinger, UmwG, § 123 Rn. 5.
347 Vgl. BR-Drucks. 548/06, S. 27.
348 Widmann/Mayer/Mayer, Umwandlungsrecht, § 128 UmwG Rn. 275; Lutter/Priester, UmwG, § 128 Rn. 15; Schröer in: Semler/Stengel, § 128 UmwG Rn. 6; Kallmeyer/Sickinger, UmwG, § 128 Rn. 2; Hörtnagl, in: Schmitt/Hörtnagl/Stratz, § 126 UmwG Rn. 16; vgl. auch LG Konstanz ZIP 1998, 1226 m. Anm. Katschinski.
349 BFHE 246, 506 = DNotZ 2015, 72 = RNotZ 2015, 105.
350 Vgl. dazu Herbst, DNotZ 2015, 324 ff.; Rodewald, GmbHR 2014, 1340 ff.; Wachter, ZEV 2015, 53; Esskandari/Bick, ErbStB 2014, 327.

pflicht vorgesehen hat, wie bei der Verschmelzung.[351] Geregelt sind die Ausnahmen in § 131 Abs. 1 Nr. 3 UmwG, der bei der Ausgliederung die Ausnahme nicht vorsieht. In Satz 3 ist ausnahmslos für die Ausgliederung geregelt, dass der übertragende Rechtsträger Anteilsinhaber der übernehmenden Rechtsträger wird. Außerdem gelten bei der Spaltung unter Beteiligung von GmbH und AG die sog. **Kapitalerhöhungsverbote und Wahlrechte** nach § 125 Satz 1 i. V. m. §§ 54, 68 UmwG.[352] In den Fällen, in denen danach also Kapitalerhöhungsverbote bestehen und nach § 131 Abs. 1 Nr. 3 Satz 1 UmwG die Anteilsinhaber des übertragenden Rechtsträgers nicht Gesellschafter des übernehmenden werden können, besteht auch eine Ausnahme von der Anteilsgewährungspflicht. In diesen Fällen müssen also keine Anteile gewährt werden. Die Regelung ist ähnlich wie bei der Verschmelzung (vgl. oben Teil 2 Rdn. 110 ff.). Bei der **Ausgliederung** sind diese Vorschriften ausdrücklich ausgenommen.[353] Bei der Ausgliederung sind nach § 125 Satz 1 UmwG, die §§ 54, 68 und § 131 Abs. 1 Nr. 3 UmwG nicht anzuwenden, sodass nach dem Gesetzeswortlaut bei der **Ausgliederung immer Anteile zu gewähren sind, die Kapitalerhöhungsverbote und -wahlrechte gelten nicht**.[354] Auch die Möglichkeit eines Verzichts auf die Anteilsgewährung ist, wiederum anders als bei Auf- und Abspaltung (§ 125 Satz 1, § 54 Abs. 1 Satz 3, § 68 Abs. 1 Satz 3), nicht vorgesehen.[355] Das kann zu Problemen bei Erwerb eigener Anteile führen, z. T. wird daher die – mE zu Recht – die Zulässigkeit eines Verzichtes auf die Anteilsgewährung bei der Ausgliederung angenommen.[356]

aa) Auf- und Abspaltung von Tochter- auf Muttergesellschaft

143 Aus § 131 Abs. 1 Nr. 3 UmwG folgt, dass bei der Auf- oder Abspaltung Ausnahmen von der Anteilsgewährungspflicht bestehen, soweit der übernehmende Rechtsträger Anteilsinhaber des übertragenden Rechtsträgers ist. Für GmbH und AG wird diese Ausnahme von der Anteilsgewährungspflicht durch das sog. **Kapitalerhöhungsverbot** bestätigt (§ 125 Satz 1 i. V. m. § 54 Abs. 1 Satz 1 Nr. 1, § 68 Abs. 1 Satz 1 Nr. 1 UmwG). Insofern besteht auch in der Literatur Einigkeit, dass in diesen Fällen keine Anteilsgewährungspflicht besteht, diese sogar verboten ist, da sich sonst der übertragende Rechtsträger eigene Anteile gewähren müsste. In dem Fall, in dem die aufnehmende Gesellschaft selbst zu den Gesellschaftern der übertragenden Gesellschaft gehört, würde sie sowohl Schuldnerin als auch Gläubigerin des Anspruchs auf Gewährung der Anteile an der neuen Gesellschaft sein, sodass der Anspruch in einer Person zusammentrifft. Insofern besteht daher kein Bedürfnis zur Schaffung neuer Geschäftsanteile. Die übernehmende Gesellschaft würde

---

351 Vgl. Lutter/Priester, UmwG, § 131 Rn. 89; Schröer in: Semler/Stengel, § 126 UmwG Rn. 29; Kübler in: Semler/Stengel, § 131 UmwG Rn. 60, Kallmeyer/Sickinger, UmwG, § 131 Rn. 12; Hörtnagl, in: Schmitt/Hörtnagl/Stratz, § 126 UmwG Rn. 41 ff.
352 Vgl. Lutter/Priester, UmwG, § 126 Rn. 24 f.; Schröer in: Semler/Stengel, § 126 UmwG Rn. 29; Hörtnagl, in: Schmitt/Hörtnagl/Stratz, § 126 UmwG Rn. 41 ff.; Kallmeyer/Sickinger, UmwG, § 126 Rn. 6.
353 Lutter/Priester, UmwG, § 126 Rn. 26; Schmitt/Hörtnagl/Stratz, § 126 UmwG Rn. 47 ff.; Widmann/Mayer/Mayer, Umwandlungsrecht, § 126 UmwG Rn. 99; Kallmeyer/Sickinger, UmwG, § 131 Rn. 12; Lutter/H. Schmidt, Vor § 168 UmwG Rn. 14.
354 Vgl. Kallmeyer/Sickinger, UmwG, § 125 Rn. 57; § 131 Rn. 12; Widmann/Mayer/Mayer, Umwandlungsrecht, § 126 UmwG Rn. 95; Lutter/Priester, § 126 UmwG Rn. 26; Hörtnagl, in: Schmitt/Hörtnagl/Stratz, § 126 UmwG Rn. 47 ff.; Ittner, MittRhNotK 1997, 109; Schröer in: Semler/Stengel, § 126 UmwG Rn. 31.
355 BeckOGK/Verse UmwG § 126 Rn. 35, 55.
356 Siehe dazu Rn. 135 und Kallmeyer/Sickinger, UmwG, § 125 Rn. 55; Schröer in: Semler/Stengel, § 126 UmwG Rn. 29; Lutter/Priester, § 126 UmwG Rn. 26; Hörtnagl, in: Schmitt/Hörtnagl/Stratz, § 126 UmwG Rn. 47; BeckOGK/Verse UmwG § 126 Rn. 35, 55; ablehnend Widmann/Mayer/Mayer, Umwandlungsrecht, § 126 UmwG Rn. 99; offenbar Lutter/H. Schmidt, Vor § 168 UmwG Rn. 14.

C. Spaltungsvertrag und Spaltungsplan

durch eine solche Neuschaffung nur eigene Geschäftsanteile erwerben.[357] Der Gesetzgeber hat diesen Fall wie bei der Verschmelzung als Kapitalerhöhungsverbot ausgestaltet, um die – unerwünschte – **Schaffung eigener Anteile zu verhindern**.[358] Bei der Ausgliederung gilt dies nicht.[359]

▶ Beispiel: 100 %ige Konzernkonstellation

Die A-GmbH ist zu 100 % an der B-GmbH beteiligt. Die B-GmbH spaltet einen Teilbetrieb auf die A-GmbH ab. Anteile dürfen nicht gewährt werden (§ 54 Abs. 1 Satz 1 Nr. 1 UmwG i. V. m. § 125 Satz 1 UmwG).

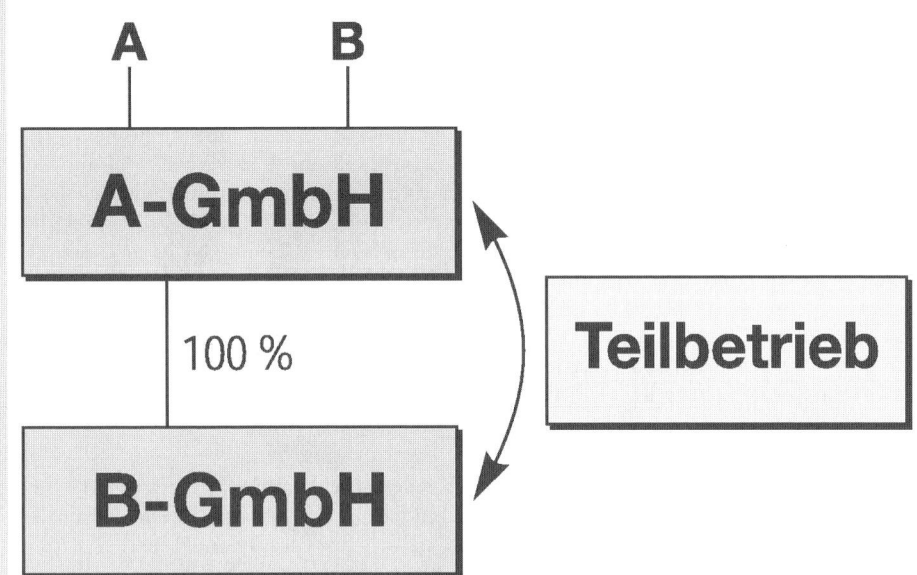

Damit ist nicht nur der Fall geregelt, dass sich alle Anteile eines übertragenden Rechtsträgers in der Hand des übernehmenden Rechtsträgers befinden, sondern auch der Fall der teilweisen Beteiligung des übernehmenden Rechtsträgers am übertragenden Rechtsträger.[360] Diese Ausnahmen des § 131 Abs. 1 Nr. 3 UmwG gelten für alle Rechtsformen.

bb) Übertragender Rechtsträger hält eigene Anteile

Der **zweite Fall einer Ausnahme** von der Anteilsgewährungspflicht nach § 131 Abs. 1 Nr. 3 Satz 1 UmwG (§§ 54 Abs. 1 Satz 1 Nr. 2, 68 Abs. 1 Satz 1 Nr. 2 i. V. m. § 125 UmwG) betrifft

---

[357] Vgl. BayObLG, AG 1984, 22 = BB 1984, 91; Korte, WiB 1997, 953, 961; Kallmeyer/Kallmeyer/Kocher, § 55 UmwG Rn. 6 f.; Widmann/Mayer/Mayer, Umwandlungsrecht, § 5 UmwG Rn. 35 ff., § 54 UmwG Rn. 12 ff.; Schröer in: Semler/Stengel, § 126 UmwG Rn. 29; Kübler in: Semler/Stengel, § 131 UmwG Rn. 60; Lutter/Winter/Vetter/Vetter, UmwG, § 54 Rn. 17 ff.; Hörtnagl, in: Schmitt/Hörtnagl/Stratz, § 126 UmwG Rn. 43 f.; Lutter/Teichmann, § 131 UmwG, Rn. 89.
[358] Vgl. Hörtnagl, in: Schmitt/Hörtnagl/Stratz, § 126 UmwG Rn. 42; Kallmeyer/Sickinger, UmwG, § 131 Rn. 23 f.; Schröer in: Semler/Stengel, § 126 UmwG Rn. 29; Kübler in: Semler/Stengel, § 131 UmwG Rn. 60; Lutter/Teichmann, § 131 UmwG, Rn. 89.
[359] Kübler in: Semler/Stengel, § 131 UmwG Rn. 60; Kallmeyer/Sickinger, UmwG, § 131 Rn. 23 f.
[360] H. M., Widmann/Mayer/Mayer, Umwandlungsrecht, § 126 UmwG Rn. 75 ff.; Limmer, in: FS für Schippel, 1996, S. 415, 429; Lutter/Priester, UmwG, § 126 Rn. 24; Schröer in: Semler/Stengel, § 126 UmwG Rn. 29; Ittner, MittRhNotK 1997, 108.

die Konstellationen, in denen der übertragende Rechtsträger eigene Anteile innehat. Auch in diesen Fällen ist eine Anteilsgewährungspflicht und damit auch eine Kapitalerhöhung verboten, soweit die übertragende Gesellschaft die eigenen Anteile innehat. Diese Vorschrift des Verschmelzungsrechts ist auch auf die Fälle der Spaltung anzuwenden.[361] Bei der Ausgliederung gilt diese Ausnahme nicht, sodass auch hier die Verpflichtung zur Gewährung von Anteilen unbeschränkt besteht.

cc) Auf- und Abspaltung von der Mutter- auf die Tochtergesellschaft

146 Schwieriger zu beurteilen ist die Situation, wenn die **Mutter- auf die Tochtergesellschaft abspaltet**. Dieser Fall ist bei den Kapitalgesellschaften durch die Verweisung in § 125 Satz 1 UmwG auch für die Auf- und Abspaltung in § 54 Abs. 1 Satz 1 Nr. 3 und § 54 Abs. 1 Satz 2 Nr. 2 UmwG bzw. § 68 Abs. 1 Satz 2 Nr. 2 UmwG für die AG behandelt (vgl. oben Teil 2 Rdn. 331). Hat ein übertragender Rechtsträger Geschäftsanteile an der aufnehmenden Gesellschaft, auf welche die Einlagen bereits in voller Höhe bewirkt sind, braucht der aufnehmende Rechtsträger sein Stammkapital nicht zu erhöhen (§§ 54 Abs. 1 Satz 2 Nr. 2, 68 Abs. 1 Satz 2 Nr. 2). Grund hierfür ist, dass in diesem Fall die übernehmende Gesellschaft die vorhandenen Anteile als Gegenleistung verwenden kann, sie muss dies aber nicht. Insofern stellt diese Vorschrift wie bei der Verschmelzung ein **Kapitalerhöhungswahlrecht** dar. Nach herrschender Meinung bleibt in diesen Fällen allerdings die **Anteilsgewährungspflicht** bestehen.[362] Ob ein Verzicht nach § 125 Satz 1 UmwG i. V. m. § 54 Abs. 1 Satz 3 UmwG möglich ist, war unklar, da aus der systematischen Stellung folgert wurde, dass dies nur bei durch Kapitalerhöhung zu schaffende Anteile gilt.[363] M. E. sollte man auch in diesen Fällen die Verzichtsmöglichkeit annehmen, da die Interessenkonstellation die Gleiche ist und keine grundsätzlichen Bedenken dagegen sprechen.[364]

▶ Beispiel: 100 %iges Mutter-Tochter-Verhältnis

147 Die A-GmbH ist zu 100 % an der B-GmbH beteiligt. Die A-GmbH spaltet einen Teilbetrieb auf ihre Tochter, die B-GmbH auf. In diesem Fall hat die B-GmbH das Wahlrecht: Entweder kann sich ihr Stammkapital erhöhen und den Gesellschaftern der A-GmbH neue Geschäftsanteile ausgeben. Es besteht aber auch die Möglichkeit, dass die A-GmbH ihre an der B-GmbH gehaltenen Anteile an ihre eigenen Gesellschafter im Wege der Spaltung ausgibt (Kapitalerhöhungswahlrecht).

---

361 Vgl. Kallmeyer/Sickinger, UmwG, § 131 Rn. 23 f.; Lutter/Priester, UmwG, § 126 Rn. 24; Kübler in: Semler/Stengel, § 131 UmwG Rn. 60; Schröer in: Semler/Stengel, § 126 UmwG Rn. 29; Hörtnagl, in: Schmitt/Hörtnagl/Stratz, § 126 UmwG Rn. 42; Widmann/Mayer/Mayer, Umwandlungsrecht, § 126 UmwG Rn. 67 ff.; BeckOGK/Verse UmwG § 126 Rn. 30 ff.; Ittner, MittRhNotK 1997, 108.
362 So Lutter/Priester, UmwG, § 126 Rn. 24; Hörtnagl, in: Schmitt/Hörtnagl/Stratz, § 126 UmwG Rn. 42; Widmann/Mayer/Mayer, Umwandlungsrecht, § 126 UmwG Rn. 81; Ittner, MittRhNotK 1987, 108; BeckOGK/Verse UmwG § 126 Rn. 30 ff.; zur Verschmelzung Lutter/Grunewald, UmwG, § 20 Rn. 55; Middendorf/Stegmann, DStR 2005, 1082 ff.; auch aus steuerrechtlicher Hinsicht, ferner Widmann/Mayer/Mayer, Umwandlungsrecht, § 5 UmwG Rn. 35 ff.; Heckschen, GmbHR 2008, 802 ff.; Enneking/Heckschen, DB 2006, 1099 ff.; Mertens, AG 2005, 1099 ff.; Klein/Stephanblome, ZGR 2007, 369 ff.; Reichert, in: Semler/Stengel, § 54 UmwG, Rn. 15; aus steuerlicher Sicht Rödder/Schumacher, DStR 2007, 369 ff.
363 So Mayer/Weiler, DB 2007, 1235, 1291.
364 So zu Recht Heinz/Wilke GmbHR 2012, 889, 891 bei Fn. 9 Widmann/Mayer/Mayer, Umwandlungsrecht, § 126 UmwG Rn. 81 unter ausdrücklicher Aufgabe der früheren Meinung; Neumann, GmbHR 2012, 141; wohl auch Schröer in: Semler/Stengel, § 126 UmwG Rn. 31.

C. Spaltungsvertrag und Spaltungsplan

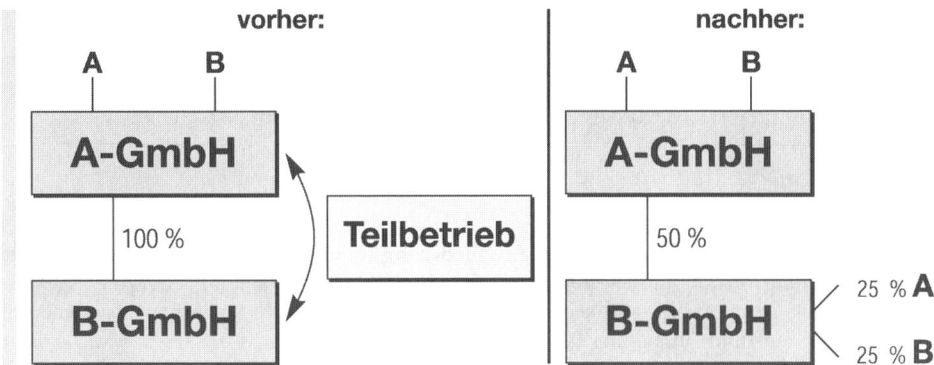

Eine **Ausnahme** sieht § 125 i. V. m. § 54 Abs. 1 Satz 1 Nr. 3 UmwG bzw. § 68 Abs. 1 Satz 1 Nr. 3 UmwG vor. Sind die Einlagen auf die Geschäftsanteile, die die Muttergesellschaft an der Tochtergesellschaft hält, nicht in voller Höhe bewirkt, besteht ein **Kapitalerhöhungsverbot**. Dann müssen neue Anteile im Wege der Kapitalerhöhung geschaffen werden.

148

Ebenso wie bei der Verschmelzung unter Zuweisung von vorhandenen Anteilen am aufnehmenden Rechtsträger bedarf es **keiner Einzelrechtsübertragung der Anteile** durch Geschäftsanteilsabtretung oder Übertragung der Aktien. Es genügt, dass im Spaltungsvertrag die Anteile der Tochtergesellschaft an die Gesellschafter der Muttergesellschaft zugewiesen werden. Mit der Eintragung der Spaltung erwerben dann die Gesellschafter der Muttergesellschaft diese Anteile ohne Einzelrechtsübertragung.[365] Dies gilt auch bei der nichtverhältniswahrenden Spaltung.[366]

149

dd) Auf- und Abspaltung bei Schwestergesellschaften/Verzicht auf Anteilsgewährung

Auf die Problematik bei Schwestergesellschaften wurde bereits hingewiesen (vgl. oben Teil 1 Rdn. 172 ff., Teil 2 Rdn. 125 ff. Teil 2 Rdn. 325). Es war umstritten, ob bei Schwestergesellschaften auf die Anteilsgewährungspflicht verzichtet werden kann, wenn alle einverstanden sind. Durch das **Zweite Gesetz zur Änderung des UmwG** ist diese Frage durch die in § 125 Satz 1 UmwG i. V. m. § 54 Abs. 1 Satz 3 UmwG n. F. (für die GmbH) bzw. § 68 Abs. 1 Satz 3 UmwG n. F. (für die AG) Verzichtsmöglichkeit geklärt: **Verzichten alle Anteilsinhaber des übertragenden Rechtsträgers** in notarieller Urkunde auf die Anteilsgewährung, darf die übernehmende Gesellschaft von der Anteilsgewährung absehen.[367] Zu dem aus Gläubigerschutzsicht entstehenden Problem vgl. oben Teil 1 Rdn. 179.[368] Ferner ist zu berücksichtigen, dass in der letzten Zeit disquotale Gesellschaftsakte auch vermehrt unter dem Aspekt einer steuerpflichtigen Schenkung mit der Folge der **Schenkungssteuerpflicht** geprüft werden. Im Urteil vom 27.08.2014 hat der BFH[369] zur Kapitalerhöhung entschieden, dass, wenn im Zuge einer Kapitalerhöhung einer

150

---

365 Widmann/Mayer/Mayer, Umwandlungsrecht, § 126 UmwG Rn. 83; Kübler in: Semler/Stengel, § 131 UmwG Rn 59; Lutter/Teichmann, § 131 UmwG, Rn. 89; Kallmeyer/Sickinger, UmwG, § 131 Rn. 23 f.; Hörtnagl, in: Schmitt/Hörtnagl/Stratz, § 131 UmwG Rn. 102 ff.; vgl. auch oben Teil 2 Rdn. 163 ff.
366 Lutter/Teichmann, § 131 UmwG, Rn. 89.
367 Kallmeyer/Sickinger, UmwG, § 125 Rn. 58; Widmann/Mayer/Mayer, Umwandlungsrecht, § 126 UmwG Rn. 87; Lutter/Priester, UmwG, § 126 Rn. 24; Schröer in: Semler/Stengel, § 126 UmwG Rn. 29; Hörtnagl, in: Schmitt/Hörtnagl/Stratz, § 126 UmwG Rn. 49; KölnerKommUmwG/Simon, § 126 UmwG Rn 29.
368 Vgl. auch zu den Streitfragen nach der Neuregelung Mayer/Weiler, DB 2007, 1235, 1239; Weiler, NZG 2008, 527 ff.; Kallmeyer, GmbHR 2006, 418 ff.; Drinhausen, BB 2006, 2313, 2315 ff.; Bayer/Schmidt, NZG 2006, 841; Keller/Klett, DB 2010, 1220 ff.; Krumm, GmbHR 2010, 24 ff.; Roß/Drögermüller, DB 2009, 580 ff.
369 BFHE 246, 506 = DNotZ 2015, 72 = RNotZ 2015, 105.

GmbH ein Dritter zur Übernahme des neuen Gesellschaftsanteils zugelassen wird, darin eine freigebige Zuwendung der Altgesellschafter an den Dritten vorliegen kann, wenn der gemeine Wert des Anteils die zu leistende Einlage übersteigt.[370] Die Problematik kann sich auch bei der disquotalen Spaltung stellen, so dass auch insoweit eine Steuerplanung notwendig ist.

ee) Ausgliederung

151 Bei der Ausgliederung sind nach § 125 Satz 1 UmwG, die §§ 54, 68 und § 131 Abs. 1 Nr. 3 UmwG nicht anzuwenden, sodass bei der **Ausgliederung immer Anteile zu gewähren sind, die Kapitalerhöhungsverbote und -wahlrechte gelten nicht.**[371] Es bleibt also bei der Anteilsgewährungspflicht.[372] Auch die Möglichkeit eines Verzichts auf die Anteilsgewährung ist, wiederum anders als bei Auf- und Abspaltung (§ 125 Satz 1, § 54 Abs. 1 Satz 3, § 68 Abs. 1 Satz 3), nicht vorgesehen.[373] Das kann zu Problemen bei Erwerb eigener Anteile führen, z. T. wird daher mE zu Recht die Zulässigkeit eines Verzichtes auf die Anteilsgewährung bei der Ausgliederung angenommen.[374]

Die durch das **Zweite Gesetz zur Änderung des UmwG** in § 125 Satz 1 UmwG i. V. m. § 54 Abs. 1 Satz 3 UmwG n. F. (für die GmbH) bzw. § 68 Abs. 1 Satz 3 UmwG n. F. (für die AG) vorgesehene Verzichtsmöglichkeit **entfällt damit grundsätzlich für die Ausgliederung**, da der Gesetzgeber bewusst, den Verzicht in § 54 bzw. § 68 UmwG geregelt hat und diese Vorschriften kraft der eindeutigen Ausnahme in § 125 Satz 1 UmwG bei der Ausgliederung nicht anwendbar ist.[375] Man könnte allenfalls eine **analoge Anwendung** erwägen, da die für die Verzichtsmöglichkeit vom Gesetzgeber angeführten Gründe[376] auch bei der Ausgliederung tragen. M. E. kann diese Analogie gezogen werden.[377] Auch die Literatur hat sich mehrheitlich für die **Zulässigkeit eines Verzichtes** auf die Anteilsgewährung bei der Ausgliederung ausgesprochen.[378] In der Praxis empfiehlt sich bis zu einer gerichtlichen Klärung den Grundsatz der Anteilsgewährung einzuhalten.

---

370 Vgl. dazu Herbst, DNotZ 2015, 324 ff.; Rodewald, GmbHR 2014, 1340 ff.; Wachter, ZEV 2015, 53; Esskandari/Bick, ErbStB 2014, 327.
371 Lutter/Priester, UmwG, § 126 Rn. 26; Schmitt/Hörtnagl/Stratz, § 126 UmwG Rn. 47 ff.; Widmann/Mayer/Mayer, Umwandlungsrecht, § 126 UmwG Rn. 99; Kallmeyer/Sickinger, UmwG, § 125 Rn. 57; Lutter/H. Schmidt, Vor § 168 UmwG Rn. 14.
372 Vgl. Kallmeyer/Sickinger, UmwG, § 125 Rn. 57; Widmann/Mayer/Mayer, Umwandlungsrecht, § 126 UmwG Rn. 9 ff., 99; Widmann/Mayer/Heckschen, § 168 UmwG, Rn. 198; Lutter/Priester, § 126 UmwG Rn. 26; Hörtnagl, in: Schmitt/Hörtnagl/Stratz, § 126 UmwG Rn. 47 ff.; Ittner, MittRhNotK 1997, 109; Schröer in: Semler/Stengel, § 126 UmwG Rn. 31; Perlitt in: Semler/Stengel, § 168 UmwG Rn. 63; Lepper, RNotZ 2006, 325 f.
373 BeckOGK/Verse UmwG § 126 Rn. 35, 55.
374 Siehe dazu Rdn. 136 und Kallmeyer/Kallmeyer/SickingerSickinger, UmwG, § 125 Rn. 55; Schröer in: Semler/Stengel, § 126 UmwG Rn. 29; Lutter/Priester, § 126 UmwG Rn. 26; Hörtnagl, in: Schmitt/Hörtnagl/Stratz, § 126 UmwG Rn. 47; BeckOGK/Verse UmwG § 126 Rn. 35, 55; ablehnend Widmann/Mayer/Mayer, Umwandlungsrecht, § 126 UmwG Rn. 99; offenbar Lutter/H. Schmidt, Vor § 168 UmwG Rn. 14.
375 Widmann/Mayer/Mayer, Umwandlungsrecht, § 126 UmwG Rn. 100 Schröer in: Semler/Stengel, § 126 UmwG Rn. 30 ff.
376 Vgl. oben Teil 2 Rdn. 100 ff. sowie BT-Drucks. 16/2919, S. 13.
377 Ebenso Kallmeyer/Sickinger, UmwG, § 125 Rn. 55; Lutter/Priester, § 126 UmwG Rn. 26.
378 Kallmeyer/Sickinger, UmwG, § 125 Rn. 55; Schröer in: Semler/Stengel, § 126 UmwG Rn. 29, 31; Lutter/Priester, § 126 UmwG Rn. 26; Hörtnagl, in: Schmitt/Hörtnagl/Stratz, § 126 UmwG Rn. 47; ablehnend Widmann/Mayer/Mayer, Umwandlungsrecht, § 126 UmwG Rn. 99; offenbar auch Lutter/H. Schmidt, Vor § 168 UmwG Rn. 14.

C. Spaltungsvertrag und Spaltungsplan — Teil 3 Kapitel 1

Bei der **Ausgliederung von der Tochter- auf die Muttergesellschaft** sind daher grundsätzlich Anteile zu gewähren, wenn man die Analogie ablehnt.[379] Es bedürfte daher grds. einer Kapitalerhöhung und Anteilsgewährung. Bereits frühzeitig wurde auf die Schwierigkeiten hingewiesen, die diese zwingende Anteilsgewährungspflicht bei einer Ausgliederung von unten nach oben, also bei einer 100 %igen Tochtergesellschaft auf die Muttergesellschaft hervorruft. Gemeint ist der Fall, dass die Tochter Unternehmensteile auf ihre Mutter übertragen möchte.[380] Hält man zwingend an der Anteilsgewährungspflicht in diesen Fällen fest, dann müsste die Muttergesellschaft als aufnehmende Gesellschaft ihrer Tochtergesellschaft Anteile gewähren, obwohl dies u. U. gegen § 71d AktG bzw. § 33 GmbHG verstoßen kann. In der Literatur ist **umstritten, welche Rechtsfolgen** hieraus zu ziehen sind.

152

Man könnte sich auf den Standpunkt stellen, dass in diesen Fällen eine **Ausgliederung generell unzulässig** ist und daher nur die Möglichkeit der Abspaltung bleibt.[381] Eine andere Lösung wäre, in diesen Fällen eine **Ausnahme von der Anteilsgewährungspflicht** oder zumindest die Möglichkeit eines Verzichtes anzunehmen.[382] Dies wird teilweise mit dem Hinweis verneint, dass die Anteilsgewährungspflicht dem Minderheitenschutz dient. Würde man nämlich eine Ausgliederung ohne Anteilsgewährung zulassen, so würden die Minderheitsgesellschafter der Tochter überhaupt keinen Gegenwert erhalten. Bei der Ausgliederung gegen Anteilsgewährung erhalten diese zumindest eine mittelbare Beteiligung.

▶ Hinweis:

Allerdings wird man in den Fällen, in denen überhaupt keine Minderheitsgesellschafter bei der Tochter vorhanden sind, eine Ausnahme von der Anteilsgewährungspflicht machen können bzw. den Verzicht zulassen, sodass in diesen Fällen ausnahmsweise die Ausgliederung ohne Anteilsgewährung und ohne Verstoß gegen das Verbot des Erwerbs eigener Anteile möglich wäre.[383] In der Praxis empfiehlt sich bis zu einer gerichtlichen Klärung den Grundsatz der Anteilsgewährung einzuhalten. U. U. ist eine solche auch aus steuerlichen Gründen notwendig, wenn die Buchwertfortführung erreicht werden soll.

153

Für den umgekehrten Fall, der **Ausgliederung von der Mutter- auf die Tochtergesellschaft** besteht nach ganz herrschender Meinung die Anteilsgewährungspflicht, da der Gesetzgeber weder in § 131 Abs. 1 Nr. 3 UmwG eine Ausnahme gemacht hat noch § 54 bzw. § 68 UmwG nach

154

---

379 So wohl h.M vgl. Schröer in: Semler/Stengel, § 126 UmwG Rn. 32; Hörtnagl, in: Schmitt/Hörtnagl/Stratz, § 126 UmwG Rn. 48; Widmann/Mayer/Mayer, Umwandlungsrecht, § 126 UmwG Rn. 95.
380 Vgl. bereits Karollus, in: Lutter, Kölner Umwandlungsrechtstage, S. 157 ff.; Limmer, in: FS für Schippel, 1996, S. 434 f.; Widmann/Mayer/Mayer, Umwandlungsrecht, § 126 UmwG Rn. 95 ff.; Kallmeyer/Sickinger, UmwG, § 125 Rn. 57; Lutter/Priester, § 126 UmwG Rn. 21; Hörtnagl, in: Schmitt/Hörtnagl/Stratz, § 126 UmwG Rn. 48; Schröer in: Semler/Stengel, § 126 UmwG Rn. 32.
381 So wohl Widmann/Mayer/Mayer, Umwandlungsrecht, § 126 UmwG Rn. 97 f.; Mayer/Weiler, DB 2007, 1235, 1239; Schöne, Die Spaltung unter Beteiligung von GmbH, S. 120; sowohl auch Karollus, in: Lutter, Kölner Umwandlungsrechtstage, S. 157 ff.
382 Vgl. oben Rdn. 136; so auch Hörtnagl, in: Schmitt/Hörtnagl/Stratz, § 126 UmwG Rn. 48; Lutter/Priester, § 126 UmwG Rn. 26; Schröer, in: Semler/Stengel, § 126 UmwG Rn. 32 Kallmeyer/Sickinger, UmwG, § 125 Rn. 55 ff.; ablehnend Widmann/Mayer/Mayer, Umwandlungsrecht, § 126 UmwG Rn. 99; offenbar auch Lutter/H. Schmidt, Vor § 168 UmwG Rn. 14.
383 Vgl. auch oben Rdn 135, so auch Limmer, in: FS für Schippel, 1996, S. 435; a. A. die wohl h. M., vgl. Widmann/Mayer/Mayer, Umwandlungsrecht, § 126 UmwG Rn. 98; Schöne, Die Spaltung unter Beteiligung von GmbH, S. 120, 121; Ittner, MittRhNotK 1997, S. 109.

§ 125 UmwG anwendbar sind.[384] A. A. ist allerdings wie bereits erwähnt ein immer größerer Teil der Literatur, der auch hier einen Verzicht auf die Anteilsgewährung zulassen will.[385]

155 Bei der **Ausgliederung zwischen Schwestergesellschaften** gilt das Gleiche wie bei der Auf- und Abspaltung, sodass auch hier immer eine Anteilsgewährungspflicht besteht.[386] Man könnte allenfalls auch hier eine **analoge Anwendung** erwägen, da die für die Verzichtsmöglichkeit vom Gesetzgeber angeführten Gründe[387] auch bei der Ausgliederung tragen. M. E. kann diese Analogie gezogen werden.[388] In der Praxis empfiehlt sich bis zu einer gerichtlichen Klärung den Grundsatz der Anteilsgewährung einzuhalten. U. U. ist eine solche auch aus steuerlichen Gründen notwendig, wenn die Buchwertfortführung erreicht werden soll.

d) Höhe der zu gewährenden Anteile (Umtauschverhältnis)

156 Wie bei der Verschmelzung bereits erläutert, geht das Gesetz davon aus, dass eine **wertentsprechende Anteilsgewährung** stattfindet (vgl. zu den vergleichbaren Problemen bei der Verschmelzung oben Teil 1 Rdn. 172 ff. Teil 2 Rn. 137 ff; 154 ff.). Die Vermögensgegenstände, die im Wege der Spaltung übertragen werden, sind mit den in den Anteilen verkörperten Vermögensgegenständen des aufnehmenden Rechtsträgers zu vergleichen und es ist ein angemessenes Wertverhältnis zu finden.[389] Dazu ist grds. eine **Unternehmensbewertung** notwendig. Die gewährten Anteile müssen dem Wert des übertragenden Vermögens entsprechen (vgl. oben Teil 2 Rdn. 290 ff.). Die Festlegung des **Bewertungsstichtag** ist streitig. Nach einem Teil der Literatur ist dies der Tag des Zustimmungsbeschlusses.[390] Nach a. A. kann der Bewertungsstichtag von den Parteien frei gewählt werden, er müsse allerdings vor der Beschlussfassung liegen, so könne z. B. auf den Spaltungsstichtag abgestellt werden.[391] Dieses Leitbild entspricht dem Minderheitenschutz, da die Gesellschafter der übertragenden Gesellschaft bzw. die Mitglieder des übertragenden Rechtsträgers in ihren Rechten geschmälert werden, wenn sie keine wertentsprechenden Anteile erhalten würden. Wie bereits bei der Verschmelzung dargelegt (vgl. oben Teil 2 Rdn. 294) hat der Gesetzgeber **keine unverzichtbaren Pflichten** zur wertentsprechenden Anteilsgewährung vorgesehen. Die ganz herrschende Meinung ist daher der Auffassung, dass die Höhe der Kapitalerhöhung und der gewährten Anteile ins Belieben der Parteien gestellt wird. Diese Meinung wird in der Literatur insb. auch für die Aufspaltung und Ausgliederung vertreten. Die Gesetzesbegründung zu § 139 UmwG[392] ergibt, dass eine Festsetzung abweichend vom Nennkapital bzw. des den abgespaltenen

---

384 Widmann/Mayer/Mayer, Umwandlungsrecht, § 126 UmwG Rn. 99; Limmer, in: FS für Schippel, 1996, S. 435; Ittner, MittRhNotK 1997, 809; Hörtnagl, in: Schmitt/Hörtnagl/Stratz, § 126 UmwG Rn. 47; Lutter/Priester, § 126 UmwG Rn. 26; Schröer, in: Semler/Stengel, § 126 UmwG Rn. 31.
385 Kallmeyer/Sickinger, UmwG, § 126 Rn. 6; Lutter/Priester, § 126 UmwG Rn. 26; Schröer in: Semler/Stengel, § 126 UmwG Rn. 29, 31; Lutter/Priester, § 126 UmwG Rn. 26; Hörtnagl, in: Schmitt/Hörtnagl/Stratz, § 126 UmwG Rn. 47; ablehnend Widmann/Mayer/Mayer, Umwandlungsrecht, § 126 UmwG Rn. 99; offenbar auch Lutter/H. Schmidt, Vor § 168 UmwG Rn. 14.
386 Vgl. oben Teil 3 Rdn. 150; Widmann/Mayer/Mayer, Umwandlungsrecht, § 126 UmwG Rn. 100.
387 Vgl. oben Teil 2 Rdn. 100 sowie BT-Drucks. 16/2919, S. 13.
388 Ebenso Kallmeyer/Sickinger, UmwG, § 125 Rn. 55; Lutter/Priester, § 126 UmwG Rn. 26; Lutter/Priester, § 126 UmwG Rn. 26; Schröer in: Semler/Stengel, § 126 UmwG Rn. 29, 31; Lutter/Priester, § 126 UmwG Rn. 26; Hörtnagl, in: Schmitt/Hörtnagl/Stratz, § 126 UmwG Rn. 47; ablehnend Widmann/Mayer/Mayer, Umwandlungsrecht, § 126 UmwG Rn. 99; offenbar auch Lutter/H. Schmidt, Vor § 168 UmwG Rn. 14.
389 BeckOGK/Verse UmwG § 123 Rn. 59; § 126 Rn. 42.
390 Widmann/Mayer/Mayer, Umwandlungsrecht, § 5 UmwG Rn. 131; Schröer, in: Semler/Stengel, § 5 UmwG Rn. 59; Bayer, AG 1989, 323, 329; Priester, BB 1992, 1594, 1596.
391 Lutter/Drygala, § 5 UmwG Rn. 32, ähnlich wohl Stratz, in Schmitt/Hörtnagl/Stratz, § 5 UmwG Rn. 29.
392 BT-Drucks. 75/94 abgedruckt bei Limmer, Umwandlungsrecht, S. 317: »Abspaltung oder Ausgliederung auf eine Kapitalgesellschaft mit einem erheblich niedrigeren Stamm- oder Grundkapital«.

oder ausgegliederten Teils entsprechenden Teil des Nennkapitals möglich ist. Hinzu kommt, dass auch auf Rechtsträger gespalten werden kann für die keine gesetzlich normierten Kapitalaufbringungsvorschriften bestehen, wie etwa auf Personenhandelsgesellschaften. Ein Gläubigerschutz wird über die gesamtschuldnerische Haftung der an der Spaltung beteiligten Rechtsträger in § 133 UmwG und über die Gläubigerschutzvorschriften der § 125 Satz 1 i. V. m. §§ 22, 25 ff. geschaffen.[393] Diese herrschende Meinung stößt jedoch auch dann auf Bedenken, wenn sie zum »Wegverschmelzen« oder »Wegspalten« von geschütztem Stammkapital i. V. m. einer kurzfristigen späteren Ausschüttung beim aufnehmenden Rechtsträger führt.[394] Ein Teil der Literatur will die Frage nur de lege ferenda lösen.[395] Z. T. wird überlegt, in einem solchen Fall die für die Kapitalherabsetzung bestehende Ausschüttungssperre analog anzuwenden. Ein Teil der Literatur schlägt vor, in diesem Zusammenhang die frei gewordenen Verträge in eine zeitlich gebundene Rücklage bei der aufnehmenden Gesellschaft einzustellen.[396]

e) Erfüllung der Anteilsgewährungspflicht

Bei der Planung der Spaltung sind **grds. zwei Fragen zu klären** (vgl. Teil 2 Rdn. 141 ff.): 157
– Besteht im konkreten Fall die Anteilsgewährungspflicht?
– Wie ist die Anteilsgewährungspflicht zu erfüllen?

Für die zweite Frage sind bei GmbH und AG die §§ 54 bzw. 68 i. V. m. § 125 UmwG bei Aufspaltung und Abspaltung zu beachten, die **Kapitalerhöhungsverbote und Kapitalerhöhungswahlrechte** erhalten. Es ist dann zu prüfen, wie die notwendigen Anteile geschaffen werden. Folgende Wege sind daher unter Beachtung der Kapitalerhöhungsverbote und -wahlrechte zu berücksichtigen (vgl. dazu oben Teil 2 Rdn. 256 ff.): 158
– Die Anteile werden durch Kapitalerhöhung neu geschaffen;
– der übernehmende Rechtsträger verfügt bereits über eigene Anteile, die gewährt werden können (= Kapitalerhöhungswahlrechte der §§ 54 Abs. 1 Satz 2 Nr. 1, 68 Abs. 1 Satz 2 Nr. 1, 125 UmwG);
– der übertragende Rechtsträger verfügt über voll eingezahlte Anteile an der übernehmenden Gesellschaft, die auf diesen übergehen und daher von ihm gewährt werden können (Kapitalerhöhungswahlrechte der §§ 54 Abs. 1 Satz 2 Nr. 2, 68 Abs. 1 Satz 2 Nr. 2, 125 UmwG);
– Dritte übertragen Anteile.

Bei der Ausgliederung sind die **Kapitalerhöhungswahlrechte und -verbote** nach der ausdrücklichen Regelung in § 125 UmwG **nicht anwendbar** (im Einzelnen str., vgl. dazu oben Teil 3 Rdn. 151). Daraus kann jedoch nicht gefolgert werden, dass eine übernehmende Kapitalgesellschaft stets die Kapitalerhöhung durchführen müsste. Auch hier könnten die Anteile anders – wie oben dargestellt – zur Verfügung gestellt werden.[397] 159

f) Einzelheiten für die Anteilsgewährung und bare Zuzahlungen

Für die Frage, welche Anteile zu gewähren und wie diese im Spaltungsvertrag zu bezeichnen sind, kann auf die Ausführungen zur Verschmelzung verwiesen werden (vgl. oben Teil 1 Rdn. 172 ff., 160

---

393 Vgl. Limmer, in: FS für Schippel, 1996, S. 425; Kowalski, GmbHR 1996, 158, 159 ff.; Ittner, MittRhNotK 1997, 109; Widmann/Mayer/Mayer, Umwandlungsrecht, § 126 UmwG Rn. 70 f.; Baumann, BB 1998, 2321, 2324; Rodewald, GmbHR 1997, 19, 21; a. A. allerdings für die Verschmelzung Priester, DNotZ 1995, 429, 441; zweifelnd auch Bayer, ZIP 1997, 1615 Fn. 39.
394 Vgl. Heidinger, DNotZ 1999, 164.
395 Mayer, DNotZ 1998, 177; vgl. auch Heckschen, DB 1998, 1385, 1389 unter Hinweis auf Goette in der Podiumsdiskussion zum 25. Deutschen Notartag, DNotZ 1998, 207.
396 So Naraschewski, GmbHR 1998, 356, 360.
397 So zu Recht Ittner, MittRhNotK 1997, 110; Widmann/Mayer/Mayer, Umwandlungsrecht, § 126 UmwG Rn. 74; Lutter/Karollus, Vor § 153 UmwG Rn. 14.

Teil 2 Rdn. 100 ff., Teil 2 Rdn. 256). Bei einer **Personenhandelsgesellschaft** als übernehmenden Rechtsträger ist außerdem im Spaltungsvertrag zu bestimmen, ob die Anteilsinhaber des übertragenden Rechtsträgers die Stellung eines persönlich haftenden Gesellschafters oder eines Kommanditisten erhalten (§ 125 i. V. m. § 40 Abs. 1 Satz 1 UmwG; vgl. dazu oben Teil 2 Rdn. 759 ff.). Dabei ist der Betrag der Einlage jedes Gesellschafters festzusetzen. Anteilsinhabern eines übertragenden Rechtsträgers, die für dessen Verbindlichkeiten nicht als Gesamtschuldner persönlich unbeschränkt haften, ist die Stellung eines Kommanditisten zu gewähren; anderenfalls müssen diese dem Spaltungsbeschluss zustimmen (vgl. im Einzelnen oben Teil 2 Rdn. 759 ff.).

161 Sollen bei der Auf- oder Abspaltung **bare Zuzahlungen** geleistet werden, so sind diese ebenfalls im Spaltungsvertrag nach § 126 Abs. 1 Nr. 3 UmwG festzusetzen. Für die baren Zuzahlungen gelten die gleichen Vorschriften wie bei der Verschmelzung, diese dürfen insb. nicht den zehnten Teil des Gesamtnennbetrages der gewährten Geschäftsanteile der übernehmenden Gesellschaft übersteigen (§§ 54 Abs. 4, 68 Abs. 3 UmwG i. V. m. § 125 UmwG). Wegen der Einzelheiten kann auf die obigen Ausführungen verwiesen werden (vgl. oben Teil 2 Rdn. 141, Teil 2 Rdn. 335 ff.).

g) Steuerrechtliche Behaltensfrist

162 Eine weitere, auch i. R. d. gesellschaftsrechtlichen Gestaltung zu beachtende **Sperre** ist in § 15 Abs. 2 Satz 3 und Satz 4 UmwStG enthalten, wonach eine Auf- oder Abspaltung nicht steuerneutral erfolgen kann, wenn innerhalb von 5 Jahren nach dem steuerlichen Übertragungsstichtag Anteile an einer an der Spaltung beteiligte Körperschaft, die mehr als 20 % der vor Wirksamwerden der Spaltung an der Körperschaft bestehenden Anteile ausmachen, veräußert werden. Die Vorschrift kann also zu einem **rückwirkenden Verlust der Steuerneutralität** führen und zwar für die gesamte Spaltung.[398] In der Gestaltungspraxis ist daher sicherzustellen, dass eine solche Veräußerung unterbleibt oder nur mit Zustimmung aller Beteiligten möglich ist. In der vertragsgestaltenden Literatur werden hierbei folgende **Regelungen zur Vermeidung dieses Steuernachteils** vorgeschlagen:[399]

Treuhandlösung	Übertragung sämtlicher Anteile an den Nachfolgegesellschaften für 5 Jahre auf einen Treuhänder.
Vinkulierungslösung	Anteilsabtretung ist nach Satzung der aufnehmenden Gesellschaft nur mit Zustimmung aller Gesellschafter zulässig, außerdem sind die Gesellschafter der beiden aufnehmenden Gesellschafter jeweils gegenseitig zumindest mit kleinsten Anteilen wechselseitig beteiligt, um die Vinkulierung durchsetzen zu können. Die Vinkulierung sollte nur dann als Sonderrecht des Minderheitsgesellschafters ausgestattet werden.
Zuweisung der Steuerverbindlichkeiten	Die Steuerschuld wird der Gesellschaft zugewiesen, deren im Gesellschafter den Wegfall auslösen.[400]
Vertragsstrafenvereinbarung	

163 Bei der Trennung von Gesellschafterstämmen besteht außerdem nach § 15 Abs. 2 Satz 5 UmwStG eine **Missbrauchsklausel**, wonach keine Steuerneutralität möglich ist, wenn die Beteiligung an

---

[398] Vgl. Neumann GmbHR 2012, 141 ff.; Thieme BB 2005, 204 ff.
[399] Vgl. Löffler/Hansen, DB 2010, 1369 ff.; Neyer, DStR 2002, 2200; FG Düsseldorf, GmbHR 2004, 1292 m. Anm. Dieterlen/Golücke GmbHR 2004, 1264; Schumacher, Epg 2006, 518; Kallmeyer/Sickinger, UmwG, § 126 Rn. 53; Lutter/Schumacher, UmwG, Anh. § 151 Rn. 32 ff.; Schwedhelm/Streck/Mack, GmbHR 1995, 100, 102; Herzig/Förster, DB 1995, 338, 345; Formulierungsvorschlag bei Widmann/Mayer/Mayer, Umwandlungsrecht, § 126 UmwG Rn. 354.2; Lutter/Priester, § 126 UmwG Rn. 92; Schröer, in: Semler/Stengel, § 126 UmwG Rn. 100; BeckOGK/Verse UmwG § 126 Rn. 143.
[400] Formulierungsvorschlag bei Widmann/Mayer/Mayer, Umwandlungsrecht, § 126 UmwG Rn. 354.2.

der übertragenen Körperschaft nicht mindestens 5 Jahre vor dem steuerlichen Übertragungsstichtag bestanden hat. Nach Auffassung der Finanzverwaltung ist eine Trennung von Gesellschafterstämmen auch dann nicht möglich, wenn die übertragende Körperschaft noch keine 5 Jahre bestanden hat.[401]

8. Zeitpunkt der Gewinnberechtigung (§ 126 Abs. 1 Nr. 5 UmwG)

Nach § 126 Abs. 1 Nr. 5 UmwG muss ebenso wie bei der Spaltung der **Zeitpunkt der Gewinnberechtigung** der gewährten Anteile oder Mitgliedschaften angegeben werden, so wie alle Besonderheiten im Zug auf diesen Gewinnanspruch. In der Praxis fällt häufig der Zeitpunkt der Gewinnberechtigung mit dem Spaltungsstichtag zusammen, dies gilt vor allem, wenn ausdrücklich keine Gewinnbezugsberechtigung festgelegt wurde (vgl. oben Teil 2 Rdn. 168 ff.). 164

9. Spaltungsstichtag (§ 126 Abs. 1 Nr. 6 UmwG)

Nach § 126 Abs. 1 Nr. 6 UmwG muss im Spaltungsvertrag der Zeitpunkt genannt werden, von dem an die Handlungen des übertragenen Rechtsträgers als für Rechnung jedes der übernehmenden Rechtsträgers vorgenommen gelten (**Spaltungsstichtag**). Wegen der Einzelheiten kann auf die Ausführungen bei der Verschmelzung verwiesen werden (vgl. oben Teil 2 Rdn. 172 ff.). 165

10. Sonderrechte und Sondervorteile (§ 125 Abs. 1 Nr. 7 und Nr. 8 UmwG)

Die Vorschriften entsprechen den bei der Verschmelzung. Es kann auf die obigen Ausführungen verwiesen werden (vgl. oben Teil 2 Rdn. 189 ff.). 166

11. Aufteilung der Anteile bei Auf- und Abspaltung (§ 126 Abs. 1 Nr. 10 UmwG)/ Trennung von Gesellschafterstämmen

Nach § 126 Abs. 1 Nr. 10 UmwG sind im Spaltungsvertrag bei Aufspaltung und Abspaltung die **Aufteilung der Anteile oder Mitgliedschaften** jedes der beteiligten Rechtsträger auf die Anteilsinhaber des übertragenden Rechtsträgers sowie der Maßstab für die Aufteilung anzugeben. Die Vorschrift wurde durch das Gesetz zur Änderung des UmwG v. 22.07.1998[402] dadurch geändert, dass die ursprünglich in der Vorschrift enthaltenen Worte »der übernehmenden Rechtsträger« durch die Worte »der beteiligten Rechtsträger« ersetzt worden sind.[403] Hierdurch wollte der Gesetzgeber die umstrittene Rechtsfrage klarstellen, dass im Spaltungsvertrag auch die dinglich wirkende Zuordnung von Anteilen am übertragenden Rechtsträger und nicht nur am aufnehmenden Rechtsträger möglich ist.[404] Bis zur Änderung dieser Vorschrift war umstritten, ob auch Anteile am übertragenden Rechtsträger mit dinglich wirkender Zuordnung verändert werden können. Damit hat der Gesetzgeber weitgehend Gestaltungsfreiheit der Anteilszuweisung i. R. d. Spaltung ermöglicht. Folgende Veränderungen sind daher zulässig: 167

– **Verhältniswahrende Spaltung:**
Die Anteile des übernehmenden Rechtsträgers werden den Anteilsinhabern bzw. Gesellschaftern des übertragenden Rechtsträgers bzw. der übertragenden Gesellschaft entsprechend ihren Beteiligungsquoten am übertragenden Rechtsträger zugeordnet.

▶ Beispiel:
An der A-GmbH sind beteiligt A und B jeweils zu 50 %. Die A-GmbH spaltet einen Teilbetrieb auf die B-GmbH ab. Die Gesellschafter erhalten an der B-GmbH wiederum jeweils 50 %. 168

---
401 UmwStE v. 11.01.2011, Tz. 15.36 ff.
402 BGBl. I, S. 1878.
403 Vgl. Neye, ZIP 1997, 722, 725.
404 Vgl. Neye, ZIP 1997, 722, 725.

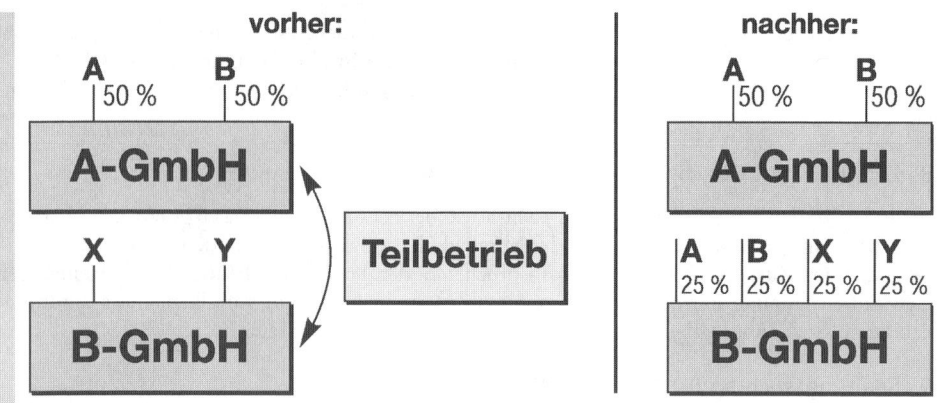

– **Nicht verhältniswahrende Spaltung:**
Bereits vor der Gesetzesänderung v. 22.07.1998 war wegen der eindeutigen Regelung des § 128 UmwG anerkannt, dass auch die Anteile am übernehmenden Rechtsträger nicht verhältniswahrend zugeteilt werden können.[405] Bei dieser Gestaltung kann allerdings die Steuerneutralität gefährdet sein, so dass eine Steuerplanung notwendig ist.[406]

▶ Beispiel:

169 An der A-GmbH sind beteiligt A und B zu jeweils 50 %. Es wird ein Teilbetrieb auf die B-GmbH abgespalten, an der bisher X und Y mit je 50 % beteiligt waren; A erhält 20 %, B 30 %. In diesen Fällen ist die Zustimmung aller Beteiligten nach § 128 UmwG erforderlich.

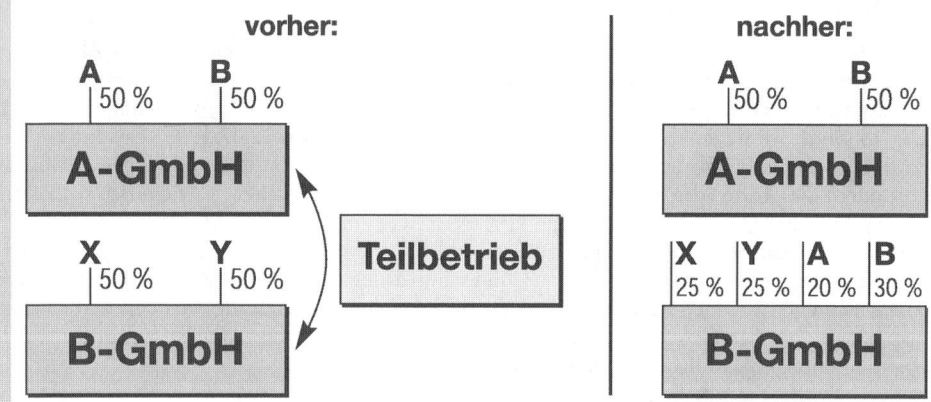

– **Nicht verhältniswahrende Spaltung unter Veränderung der Anteile am übertragenen Rechtsträger/Spaltung zu Null:**
Die frühere Streitfrage, ob auch die Anteile am übertragenden Rechtsträger im Zuge der Spaltung mit dinglicher Wirkung verändert werden können, ohne dass es einer Einzelrechtsübertragung bedarf, hat der Gesetzgeber durch die Klarstellung im Gesetz beantwortet. Damit können auch

---

405 Vgl. Begründung zum RegE zu § 126 BR-Drucks. 75/94, S. 118; vgl. OLG München, MittBayNot 2013, 495 = BB 2013, 1940 = DStR 2013, 2018.
406 Vgl. Ruof/Beutel, DStR 2015, 609 mit diversen Beispielen; Rubner/Fischer, NZG 2014, 761, 768; Moszka in Semler/Stengel, UmwG Anh. UmwStG Rn. 517 ff.; Hörtnagl in Schmitt/Hörtnagl/Stratz, UmwG, UmwStG, § 15 UmwStG Rn. 251 ff.; Dötsch/Pung in Dötsch/Pung/Möhlenbrock, Die Körperschaftsteuer, Stand: April 2012, UmwStG § 15 Rn. 252; UmwStE 2011 Rn. 15.44, 13.03.

C. Spaltungsvertrag und Spaltungsplan   Teil 3 Kapitel 1

die Anteile des übertragenen Rechtsträgers einbezogen werden. Dies ist besonders bei der sog. Spaltung von Gesellschafterstämmen sinnvoll.[407]

▶ Beispiel:

An der A-GmbH sind A und B zu je 50 % beteiligt. Ein Teilbetrieb soll auf die B-GmbH abgespalten werden. Es findet eine Trennung der Gesellschafterstämme statt. A erhält an der A-GmbH 100 %, B an der B-GmbH 100 % der Anteile. In diesem Fall ist nach § 128 UmwG die Zustimmung aller Betroffenen erforderlich.

170

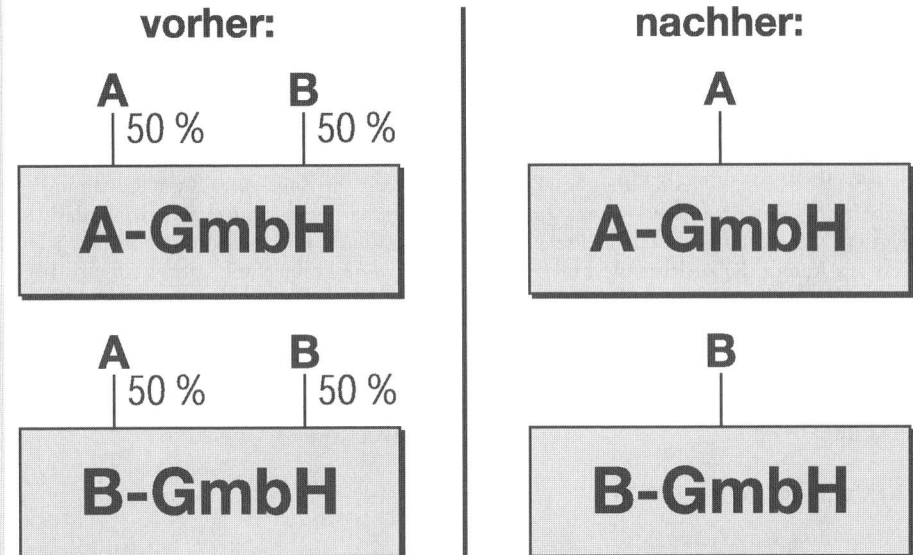

Mit Zustimmung sämtlicher Anteilsinhaber (vgl. § 128 UmwG) können die Anteile des übernehmenden Rechtsträgers den Anteilsinhabern des übertragenden Rechtsträgers auch in einem abweichenden Anteilsverhältnis (sog. **nicht-verhältniswahrende Auf-/Abspaltung**) zugeteilt werden.[408] Da nach der Gesetzesbegründung hierdurch insb. die Auseinandersetzung und Trennung von Gesellschaftergruppen und Familiengesellschaften ermöglicht werden soll, hält die herrschende Meinung im Schrifttum und Rechtsprechung auch eine sog. **Spaltung zu Null** für möglich, mit der Folge, dass ein Anteilsinhaber des übertragenden Rechtsträgers am übernehmenden Rechtsträger überhaupt nicht beteiligt werden muss.[409] Umstritten ist, ob dadurch auch eine Spaltung

---

407 Vgl. OLG München, MittBayNot 2013, 495 = BB 2013, 1940 = DStR 2013, 2018; Widmann/Mayer/Mayer, Umwandlungsrecht, § 126 UmwG Rn. 274 ff.; Lutter/Priester, UmwG, § 126 Rn. 56; Schröer in: Semler/Stengel, § 126 UmwG Rn. 29 § 128 Rn. 7; Kallmeyer/Sickinger, § 123 UmwG Rn. 5, Heckschen, GmbHR 2015, 897, 898 ff. zu den verschiedenen Varianten der Spaltung zu Null.
408 OLG München, MittBayNot 2013, 495 = BB 2013, 1940 = DStR 2013, 2018; Rubner/Fischer, NZG 2014, 761; Simon in Kölner Komm, § 128 Rn. UmwG, 6 ff.; Lutter/Priester, UmwG, § 128 Rn. 8 ff.; Kallmeyer/Sickinger, UmwG, § 128 Rn. 2; Hörtnagl, in: Schmitt/Hörtnagl/Stratz, § 126 UmwG Rn. 4 ff.; Widmann/Mayer/Mayer, Umwandlungsrecht, § 128 UmwG Rn. 27 ff.; Schröer in: Semler/Stengel, § 128 UmwG Rn. 5 ff. Heckschen, GmbHR 2015, 897, 898 ff.
409 OLG München, MittBayNot 2013, 495 = BB 2013, 1940 = DStR 2013, 2018; LG Konstanz, DB 1998, 1177 = GmbHR 1998, 837; LG Essen, ZIP 2002, 893 = NZG 2002, 736; Widmann/Mayer/Mayer, Umwandlungsrecht, § 126 Rn. 274 ff.; § 128 UmwG Rn. 29; Lutter/Priester, UmwG, § 128 Rn. 10; Kallmeyer/Sickinger, UmwG, § 123 Rn. 4; § 128 Rn. 4; Walpert, WiB 1996, 44, 45; Schröer in: Semler/Stengel, § 128 UmwG Rn. 6; BeckOGK/Verse UmwG § 128 Rn. 19 ff.

möglich ist, bei der kein Anteilsinhaber Anteile erhält, also ein Anteilsverzicht vorliegt. Eine Meinung lehnt dies aus den genannten Gründen ab.[410] Nach a. A. ist hingegegen eine Spaltung zu null auch in dem Sinne möglich, dass alle Anteilsinhaber des übertragenden Rechtsträgers vollständig darauf verzichten, Anteile an einzelnen oder allen übernehmenden Rechtsträgern zu übernehmen.[411] Aus dem das gesamte Umwandlungsrecht beherrschenden Dogma der Anteilsgewährungspflicht wird allerdings geschlossen, dass trotz der Sonderregelung des § 128 UmwG nur auf eine verhältniswahrende Anteilsgewährung, nicht jedoch auf eine generelle Anteilsgewährung verzichtet werden kann.[412] Danach müsste bei einer Spaltung »zu Null« die Nichtbeteiligung eines Anteilsinhabers des übertragenden Rechtsträgers dadurch kompensiert werden, dass dieser zumindest am Ausgangsrechtsträger beteiligt bleibt.[413] Das OLG München, das über die Spaltung zu Null entschied, hat sich mit dieser Frage nicht auseinandergesetzt.[414] Bei dieser Gestaltung der nicht-verhältniswahrende Auf-/Abspaltung kann allerdings die **Steuerneutralität** gefährdet sein, so dass eine Steuerplanung notwendig ist.[415] Ferner ist zu berücksichtigen, dass in der letzten Zeit disquotale Gesellschaftsakte auch vermehrt unter dem Aspekt einer steuerpflichtigen Schenkung mit der Folge der **Schenkungssteuerpflicht** geprüft werden. Im Urteil vom 27.08.2014 hat der BFH[416] zur Kapitalerhöhung entschieden, dass, wenn im Zuge einer Kapitalerhöhung einer GmbH ein Dritter zur Übernahme des neuen Gesellschaftsanteils zugelassen wird, darin eine freigebige Zuwendung der Altgesellschafter an den Dritten vorliegen kann, wenn der gemeine Wert des Anteils die zu leistende Einlage übersteigt.[417] Die Problematik kann sich auch bei der disquotalen Spaltung stellen, so dass auch insoweit eine Steuerplanung notwendig ist.

12. Folgen für die Arbeitnehmer

171 Hier kann auf die allgemeinen Vorschriften für die Verschmelzung verwiesen werden (vgl. oben Teil 2 Rdn. 193 ff.).

13. Möglicher Vertragsinhalt

172 Zu **Abfindungsangeboten** s. Teil 2 Rdn. 603 ff.

173 Zu **Kündigungen und Bedingungen** s. o. Teil 2 Rdn. 74 ff.

174 **Firmenänderungen** bestimmen sich bei Aufspaltungen nach § 18 UmwG (s. hierzu Teil 5 Rdn. 1 ff.), nicht aber bei Abspaltungen vgl. § 125 Satz 1 UmwG.

---

410 Widmann/Mayer/Mayer, Umwandlungsrecht, § 126 Rn. 275 f.; § 128 UmwG Rn. 29.
411 BeckOGK/Verse UmwG § 128 Rn. 20; KölnerKom/Simon UmwG § 126 Rn. 18 ff.; Heckschen, GmbHR 2015, 897, 899 f.; Schröer, in: Semler/Stengel, § 128 Rn. 6 unter Hinweis auf LG Konstanz, DB 1998, 1177, das aber nur entschieden hat, dass einzelne Gesellschafter keine Anteile erhalten müssen.
412 Widmann/Mayer/Mayer, Umwandlungsrecht, § 5 UmwG Rn. 15 ff.; Limmer, in: FS für Schippel, 1996, S. 415 ff.; Lutter, UmwG, § 5 Rn. 9; Kallmeyer/Sickinger, UmwG, § 2 Rn. 12; Korte, WiB 1997, 953.
413 Widmann/Mayer/Mayer, Umwandlungsrecht, § 126 UmwG Rn. 274 ff.; Lutter/Priester, UmwG, § 128 Rn. 10; ders., jetzt zweifelnd in DB 1997, 560, 566 in Fn. 93; dagegen soll die Einräumung einer entsprechend »höheren« Beteiligung am übertragenden Rechtsträger nicht erforderlich sein, LG Konstanz, DB 1998, 1177, 1178.
414 OLG München, MittBayNot 2013, 495 = BB 2013, 1940 = DStR 2013, 2018.
415 Vgl. Ruof/Beutel, DStR 2015, 609 mit diversen Beispielen; Rubner/Fischer, NZG 2014, 761, 768; Moszka in Semler/Stengel, UmwG Anh. UmwStG Rn. 517 ff.; Hörtnagl in Schmitt/Hörtnagl/Stratz, UmwG, UmwStG, § 15 UmwStG Rn. 2516 ff.; Dötsch/Pung in Dötsch/Pung/Möhlenbrock, Die Körperschaftsteuer, Stand: April 2012, UmwStG § 15 Rn. 252; UmwStE 2011 Rn. 15.44, 13.03.
416 BFHE 246, 506 = DNotZ 2015, 72 = RNotZ 2015, 105.
417 Vgl. dazu Herbst, DNotZ 2015, 324.

I. Ü. ergibt sich die **Notwendigkeit weiterer Vertragsbestandteile** aus den geschilderten Unsicherheiten bei der Aufteilung von Vertragsverhältnissen und Verbindlichkeiten (s. o. Teil 3 Rdn. 109 und das Formulierungsbeispiel unter Teil 3 Rdn. 77).

II. Spaltungsplan bei der Abspaltung und Aufspaltung zur Neugründung

Auf die Abspaltung oder Aufspaltung zur Neugründung finden die Vorschriften der Spaltung zur Aufnahme entsprechende Anwendung (§ 135 Abs. 1 Satz 2 UmwG). Ausgenommen sind bestimmte Regelungen zum **Registerverfahren** (§§ 129, 130 Abs. 2, 16 Abs. 1 UmwG), die **Vorschriften über die Kündigung** (§ 7 UmwG) und die **Schadensersatzpflicht der Verwaltungsträger** des übernehmenden Rechtsträgers (§ 27 UmwG). Warum daneben auch § 4 UmwG nach dem Wortlaut von § 135 Abs. 1 Satz 1 UmwG nicht zur Anwendung kommen soll, bleibt weitgehend ungeklärt. Insb. der durch § 4 Abs. 1 Satz 2 UmwG bewirkte Ausschluss von § 311b Abs. 2 BGB muss jedenfalls für Aufspaltungen in gleicher Weise gelten, ebenso das in § 4 Abs. 2 UmwG normierte Erfordernis des Vorliegens eines Entwurfs, wenn die Beschlussfassung der Aufstellung eines Spaltungsplans vorausgeht.[418]

Auf den neu zu gründenden Rechtsträger finden die für ihn geltenden **Gründungsvorschriften** entsprechende Anwendung (§ 135 Abs. 2 Satz 1 UmwG). Ausnahmen sind bei den einzelnen Spaltungsfällen geregelt und sollen dort auch erörtert werden.

Eine nach den für den neu gegründeten Rechtsträger geltenden Vorschriften vorgesehene **Mindestzahl der Gründer** ist unbeachtlich (§ 125 Abs. 2 Satz 2 UmwG).

Da der neu zu gründende Rechtsträger einen Spaltungsvertrag noch nicht abschließen kann, tritt an die Stelle des Spaltungsvertrages ein **Spaltungsplan** (§ 136 Abs. 1 Satz 2 UmwG), der von den Vertretungsorganen – in vertretungsberechtigter Zahl – des übertragenden Rechtsträgers aufzustellen ist (§ 136 Abs. 1 Satz 1 UmwG). Bei dem Spaltungsplan handelt es sich um eine einseitige, nicht empfangsbedürftige Willenserklärung.[419] Bevollmächtigung ist möglich.[420] Ein vollmachtlose Vertretung ist nach § 180 Satz 1 BGB hingegen nicht möglich.[421] Prokuristen haben nur im Rahmen einer satzungsmäßigen vorgesehenen unechten Gesamtvertretung, z. B. neben einem Geschäftsführer einer GmbH, Abschlusskompetenz.[422] Aufgrund einer Prokura kann der Prokurist allein keinen Spaltungsvertrag abschließen, da dies nicht zum Betrieb eines Handelsgewerbes i. S. d. § 49 Abs. 1 HGB gehört.[423] Nach § 167 BGB bedarf die Vollmacht grds. nicht der für das Grundgeschäft notwendigen Form.[424] Etwas anderes gilt allerdings bei der Spaltung zur

---

418 So auch Lutter/Priester, UmwG, § 136 Rn. 6; Widmann/Mayer/Mayer, Umwandlungsrecht, § 136 UmwG Rn. 6, die von einem Redaktionsversehen ausgehen; Kallmeyer/Sickinger, UmwG, § 135 Rn. 3; Schröer, in: Semler/Stengel, § 136 UmwG Rn. 5.
419 Widmann/Mayer/Mayer, Umwandlungsrecht, § 136 UmwG Rn. 7; Lutter/Priester, UmwG, § 136 Rn. 4; Kallmeyer/Sickinger, UmwG, § 135 Rn. 1; Hörtnagl in Schmitt/Hörtnagl/Stratz, UmwG, UmwStG, § 136 UmwG Rn. 3; Schröer, in: Semler/Stengel, § 136 UmwG Rn. 3; BeckOGK/Weiß UmwG § 136 Rn. 5; Heidenhain, NJW 1995, 2873; Regierungsbegründung zu § 135 UmwG, abgedruckt in: Limmer, Umwandlungsrecht, S. 318.
420 BeckOGK/Weiß UmwG § 136 Rn. 10.
421 Lutter/Priester, UmwG, § 136 Rn. 4; Widmann/Mayer/Mayer, Umwandlungsrecht, § 136 UmwG Rn. 15; BeckOGK/Weiß UmwG § 136 Rn. 10; Kölner KommUmwG/Simon/Nießen § 136 Rn. 4.
422 Vgl. zur Verschmelzung Lutter/Drygala, UmwG, § 4 Rn. 8 f.; Widmann/Mayer/Mayer, Umwandlungsrecht, § 4 UmwG Rn. 35; Stratz, in: Schmitt/Hörtnagl/Stratz, § 4 UmwG Rn. 14.
423 BeckOGK/Weiß UmwG § 136 Rn. 8; Widmann/Mayer/Mayer § 136 UmwG Rn 23; Semler/Stengel/Schröer § 136 UmwG Rn. 5.
424 BeckOGK/Wicke UmwG § 4 Rn. 13.

Neugründung, da i. R. d. Spaltung auch die Satzung des neuen Rechtsträgers festgestellt wird, sodass die besonderen Formvorschriften für die Satzungsfeststellung gelten.[425]

180 Der Spaltungsplan bedarf der **notariellen Beurkundung** (§ 135 Abs. 1 Satz 1 i. V. m. §§ 125 Satz 1, 6 UmwG) und muss den **Gesellschaftsvertrag**/die **Satzung** des neu zu gründenden Rechtsträgers enthalten (§ 135 Abs. 1 Satz 1 i. V. m. §§ 125 Satz 1, 37 UmwG). Bei der Neugründung eines Rechtsträgers bedarf daher auch der Gesellschaftsvertrag/die Satzung als Teil des Spaltungsvertrages der notariellen Beurkundung.[426] Möglich ist es, den Gesellschaftsvertrag in eine Anlage nach § 9 BeurkG zur Beurkundungsniederschrift aufzunehmen, auf die in der Niederschrift verwiesen und die dieser beigefügt wird[427]

181 Der **Inhalt des Spaltungsplans** i. Ü. bestimmt sich nach den Vorgaben zum Inhalt des Spaltungsvertrages (§ 135 Abs. 1 Satz 1 i. V. m. § 126 UmwG).

Vgl. i. Ü. zur Spaltung zur Neugründung die Ausführungen zur Verschmelzung zur Neugründung, Teil 2, Rn. 338 ff.

III. Ausgliederungsplan oder Ausgliederungsvertrag bei der Ausgliederung

182 Auf die Spaltung durch Ausgliederung finden die Bestimmungen über die Abspaltung und Aufspaltung zur Aufnahme oder zur Neugründung grds. entsprechende Anwendung. **Spezielle Regelungen** bestehen nur für die Ausgliederung aus dem Vermögen eines Einzelkaufmanns (§§ 152 ff. UmwG), einer rechtsfähigen Stiftung (§§ 161 ff. UmwG) und einer Gebietskörperschaft oder eines Zusammenschlusses von Gebietskörperschaften (§§ 168 ff. UmwG). Grundlage ist wie bei der Spaltung der Ausgliederungsvertrag bzw. -plan, auf den die Vorschriften über den Spaltungsplan weitgehend entsprechend anzuwenden sind (vgl. dazu Teil 3 Rdn. 176 ff.), Angaben zum Umtauschverhältnis sind aber z. B. nicht notwendig, da kein Anteilstausch auf Gesellschafterebene stattfindet (Teil 3 Rdn. 132 ff.). Bei der Ausgliederung zur Aufnahme ist ein **Ausgliederungsvertrag**, bei der Ausgliederung zur Neugründung ein **Ausgliederungsplan** erforderlich. Form, Abschlusskompetenz und Inhalt von Ausgliederungsvertrag und -plan bestimmen sich nach den Vorschriften über den Spaltungsvertrag bzw. -plan mit folgenden **Ausnahmen**: Da Anteile an dem aufnehmenden oder neu gegründeten Rechtsträger nicht den Anteilsinhabern des übertragenden Rechtsträgers, sondern dem übertragenden Rechtsträger selbst gewährt werden, entfallen die Angaben nach § 126 Abs. 1 Nr. 3, Nr. 4 und Nr. 10 und wohl auch zu Nr. 7 UmwG (vgl. auch oben Teil 3 Rdn. 131 ff. mit den Besonderheiten bei der Ausgliederung). Bei der Neugründung eines Rechtsträgers bedarf daher auch die Satzung als Teil des Ausgliederungsplanes der notariellen Beurkundung.[428] Möglich ist es, den Gesellschaftsvertrag in eine Anlage nach § 9 BeurkG zur Beurkundungsniederschrift aufzunehmen, auf die in der Niederschrift verwiesen und die dieser beigefügt wird.[429]

---

425 § 37 i. V. m. §§ 2 Abs. 2 GmbHG, 28 Abs. 1 Satz 2 AktG: notarielle Beglaubigung vgl. zur Verschmelzung Lutter/Drygala, UmwG, § 4 Rn. 9; Kallmeyer/Marsch-Barner, UmwG, § 4 Rn. 5; Widmann/Mayer/Mayer, Umwandlungsrecht, § 4 UmwG Rn. 41; Schröer, in:, Semler/Stengel, UmwG, § 4 UmwG Rn. 6; BeckOGK/Wicke UmwG § 4 Rn. 13; zur Spaltung: BeckOGK/Weiß UmwG § 136 Rn. 9; Schmitt/Hörtnagl/Stratz/Hörtnagl UmwG § 136 Rn. 6; Widmann/Mayer/Mayer § 136 UmwG Rn 15; Semler/Stengel/Schröer § 136 UmwG Rn. 5.
426 Widmann/Mayer/Mayer, Umwandlungsrecht, § 37 UmwG Rn. 26; Lutter/Grunewald, UmwG, § 37 Rn. 5; Kallmeyer/Marsch-Barner, UmwG, § 37 Rn. 2; Schröer, in: Semler/Stengel, § 37 UmwG Rn. 4; Stratz, in: Schmitt/Hörtnagl/Stratz, § 37 UmwG Rn. 3; BeckOGK/Benz/Weiß UmwG § 37 Rn. 6 f.
427 BeckOGK/Benz/Weiß UmwG § 37 Rn. 6 f.
428 Widmann/Mayer/Mayer, Umwandlungsrecht, § 37 UmwG Rn. 26; Lutter/Grunewald, UmwG, § 37 Rn. 5; Kallmeyer/Marsch-Barner, UmwG, § 37 Rn. 2; Schröer, in: Semler/Stengel, § 37 UmwG Rn. 4; Stratz, in: Schmitt/Hörtnagl/Stratz, § 37 UmwG Rn. 3; BeckOGK/Benz/Weiß UmwG § 37 Rn. 6 f.
429 BeckOGK/Benz/Weiß UmwG § 37 Rn. 6 f.

IV. Mischformen der Spaltung

Ausdrücklich, nämlich durch § 123 Abs. 4 UmwG, ist eine **Verbindung von Spaltung zur Aufnahme und zur Neugründung** zugelassen. Erforderlich ist hierfür, dass Aufspaltungsvertrag und -plan in einem Entwurf bzw. einer Urkunde verbunden werden.[430] 183

Daneben wird auch eine **Verbindung von Abspaltung und Ausgliederung** für möglich gehalten.,[431] Die Auffassung von Kallmeyer[432] auch eine Kombination von Aufspaltung und Ausgliederung sei in der Weise möglich, dass sämtliche Vermögensteile des übertragenden Rechtsträgers auf übernehmende Rechtsträger übergehen, ist abzulehnen, da der aufspaltende Rechtsträger mit Registereintragung erlischt,[433] wobei allerdings die Gestaltungsgrenzen streitig sind. Von einem Teil der Literatur wird die Beteiligung mehrerer Rechtsträger als übertragende Rechtsträger, für die durchaus in der Praxis ein Bedürfnis bestehen kann, abgelehnt.[434] Als Argument hierfür ist anzuführen, dass der Wortlaut des § 123 UmwG nur von einem übertragenden Rechtsträger spricht. Die sog. **verschmelzende Spaltung**, sei es eine Verbindung von Spaltung und Verschmelzung in einem Rechtsakt, ist daher nicht möglich.[435] 184

Eine »**verschmelzende Spaltung**« oder »mehrfache Spaltung« ist unzulässig.[436] Das UmwG bot die Möglichkeit, dass zwei oder mehr Rechtsträger gleichzeitig jeweils einen Teil ihres Vermögens auf einen Dritten übertragen, nicht. Hier sind Spaltung und Verschmelzung hintereinander zu vollziehen.[437]

D. Spaltung bzw. Ausgliederung zur Aufnahme und Kapitalerhöhung beim übernehmenden Rechtsträger

Ebenso wie bei der Verschmelzung ist eines der Merkmale der Spaltung die Gewährung von Geschäftsanteilen oder Mitgliedschaftsrechten an der aufnehmenden Gesellschaft.[438] Hierbei ist allerdings zu unterscheiden, ob es sich um eine Ausgliederung oder eine Spaltung handelt. Bei der Spaltung erhalten – wie bei der Verschmelzung – die Gesellschafter der übertragenden Gesellschaft zur **Abfindung für den Verlust ihres Vermögens** Anteile an der aufnehmenden Gesellschaft. Bei der Ausgliederung hingegen werden diese Anteile nicht an die Gesellschafter der ausgliedernden Gesellschaft, sondern an die Gesellschaft selbst gewährt (§ 123 Abs. 3 UmwG). In beiden Fällen ist wie bei der Verschmelzung die Anteilsgewährung Gegenleistung für die Übertra- 185

---

430 So zu Recht Heidenhain, NJW 1995, 2873, 2874; vgl. dazu insgesamt oben Teil 3 Rdn. 43 ff.
431 So etwa Kallmeyer, DB 1995, 81, 82; Mayer, DB 1995, 861; eher ablehnend Heidenhain, NJW 1995, 2873, 2874; Lutter/Teichmann, UmwG, § 123 Rn. 30 ff.; Widmann/Mayer/Schwarz, Umwandlungsrecht, § 123 UmwG Rn. 7.2; Kallmeyer/Sickinger, UmwG, § 123 Rn. 13; ders., DB 1995, 81, 82; Mayer, DB 1995, 861; Schöne, ZAP 1995, 693, 694; Bärwaldt, in: Semler/Stengel, UmwG, § 135 Rn. 8; Geck, DStR 1995, 416; Kallmeyer, DStR 1995, 81; Heckschen, in: Beck'sches Notar-Handbuch, D IV Rn. 58.
432 DB 1995, 81, 82.
433 So zu Recht Widmann/Mayer/Mayer, Umwandlungsrecht, § 123 UmwG Rn. 15; offengelassen bei Heidenhain, NJW 1995, 2873, 2874.
434 Lutter/Teichmann, UmwG, § 123 Rn. 2; Feil, ZIP 1998, 361, 363; Widmann/Mayer/Schwarz, Umwandlungsrecht, § 123 UmwG Rn. 9.
435 Schwanna, in: Semler/Stengel, UmwG, § 123 Rn. 19; Hörtnagl, in: Schmitt/Hörtnagl/Stratz, UmwG, UmwStG, § 123 UmwG Rn. 18; KölnerKommUmwG/Simon, § 123 UmwG Rn 36; Lutter/Priester § 126 UmwG Rn 10; BeckOGK/Verse UmwG § 123 Rn. 93.
436 Vgl. oben Teil 3 Rdn. 43 ff.; Mayer, DB 1995, 862; Schwanna, in: Semler/Stengel, UmwG, § 123 Rn. 19; Hörtnagl, in: Schmitt/Hörtnagl/Stratz, UmwG, UmwStG, § 123 UmwG Rn. 18; BeckOGK/Verse UmwG § 123 Rn. 93 a. A. Teichmann, in: Lutter, Kölner Umwandlungsrechtstage, S. 95.
437 Vgl. Schöne, ZAP Fach 15, S. 158.
438 Vgl. zur Dogmatik oben Teil 3 Rdn. 135 ff.; Widmann/Mayer/Mayer, Umwandlungsrecht, § 126 UmwG Rn. 65 ff.; Ittner, MittRhNotK 1997, 105, 108.

gung des abgespalteten Vermögens. Insofern stellt auch die Spaltung ein gegenseitiges Austauschverhältnis dar.

186 Eine Ausnahme vom Gebot der **Anteilsgewährungspflicht** stellt auch bei der Spaltung die Möglichkeit der **baren Zuzahlung** dar. Diese darf bei der Spaltung nach § 125 i. V. m. § 68 Abs. 3 UmwG den zehnten Teil des gesamten Nennbetrags der gewährten Aktien der übernehmenden Gesellschaft bzw. nach § 54 Abs. 4 UmwG der gewährten Geschäftsanteile der übernehmenden Gesellschaft nicht übersteigen. Für die Ausgliederung sind allerdings nach § 125 UmwG die Vorschriften der Barabfindung nach § 68 bzw. § 54 UmwG nicht anzuwenden.

187 Abgesehen von dieser Ausnahmevorschrift dürfte auch für die Spaltung der Grundsatz gelten, dass nur Aktien oder Geschäftsanteile der übernehmenden oder der neu gegründeten Gesellschaft **Gegenleistung** sein können. Geschäftsanteile anderer Unternehmen kommen ebenso wie bei der Verschmelzung genauso wenig infrage wie eine Entschädigung in Geld oder durch Sachleistung.

188 Bei der Spaltung zur Aufnahme stellt sich daher wie bei der Verschmelzung die Frage, **welche Geschäftsanteile zu gewähren** sind. Es muss auch bei der Spaltung, wie bei der Verschmelzung, geprüft werden, ob diese Geschäftsanteile erst im Wege der Kapitalerhöhung neu gebildet werden müssen oder ob eigene Anteile zur Verfügung stehen, die den Gesellschaftern der übertragenden Gesellschaft im Austausch gewährt werden können.

I. Erleichterte Kapitalerhöhung bei der Spaltung

189 Die Verweisung in § 125 UmwG auf die Vorschrift des Verschmelzungsrechts, insb. die §§ 53 ff. UmwG (für die GmbH) bzw. die §§ 66 ff. UmwG für die AG führt dazu, dass grds. die gleichen Vorschriften für die Kapitalerhöhung i. R. d. Spaltung wie bei der Verschmelzung gelten. Es kann daher auf die Ausführungen zur Verschmelzung verwiesen werden (vgl. oben Teil 2 Rdn. 256 ff.).

1. Kapitalerhöhung bei der GmbH

190 Bei der GmbH gelten nicht die §§ 55 Abs. 1, 56a, 57 Abs. 2, Abs. 3 Nr. 1 GmbHG. Das bedeutet, dass die nach § 55 Abs. 1 GmbHG erforderliche **Übernahmeerklärung entfällt**. Der Übernahmevertrag und die Übernahmeerklärung werden durch die Angaben des Verschmelzungsvertrages und die Zustimmungsbeschlüsse ersetzt. Die bei der GmbH geltenden Vorschriften über die Sicherung der Sacheinlage nach §§ 56a, 7 GmbHG gelten ebenfalls nicht, da durch die Gesamtrechtsnachfolge die Vorschriften über die Leistung der Einlage entbehrlich sind. Deshalb sind auch die entsprechenden **Erklärungen in der Anmeldung der Kapitalerhöhung** entbehrlich. Auch die **Versicherung des Geschäftsführers** nach § 57 Abs. 2 und Abs. 3 Nr. 1 GmbHG ist nicht notwendig.[439] Auch § 5 Abs. 1 Halbs. 2, Abs. 3 Satz 2 GmbHG (Mindestbetrag und Teilbarkeit der Einlagen) ist nicht anzuwenden. In § 54 Abs. 3 UmwG ist geregelt, dass die **Stückelungsvorschriften des § 5 GmbHG** insoweit unbeachtlich sind, als sie sonst bei der Teilung von Geschäftsanteilen gem. § 17 Abs. 4 GmbHG einzuhalten wären; jedoch muss der Nennbetrag jedes Teils der Geschäftsanteile auf volle Euro lauten. Zweck der Stückelungserleichterung ist es, möglichst jedem Inhaber des übertragenden Rechtsträgers die Möglichkeit zur Beteiligung an dem übernehmenden Rechtsträger zu eröffnen und nichtbeteiligungsfähige Spitzen weitgehend zu vermeiden. Nach § 46 Abs. 1 Satz 3 UmwG i. d. F. durch das MoMiG v. 23.10.2008[440] muss der Nennbetrag auf volle Euro lauten.

---

439 Vgl. Widmann/Mayer/Mayer, Umwandlungsrecht, § 55 UmwG Rn. 41 ff.; Lutter/Winter/Vetter, UmwG, § 55 Rn. 24 ff.; Ittner, MittRhNotK 1997, 105, 119.
440 BGBl. I 2008, S. 2026.

D. Spaltung bzw. Ausgliederung zur Aufnahme

Teil 3 Kapitel 1

I. Ü. bliebt es bei den allgemeinen Vorschriften der Kapitalerhöhung nach § 55 GmbH, sodass **folgende Schritte** bei der GmbH **erforderlich** sind:[441]
- satzungsändernder Erhöhungsbeschluss, mit einer Mehrheit von 3/4 der abgegebenen Stimmen; der Beschluss muss zum Inhalt haben, dass das Stammkapital der übernehmenden GmbH zur Durchführung der Spaltung erhöht werden soll und zwar in bestimmter Höhe; die Höhe der neuen Stammeinlage und die Namen der Gesellschafter müssen im Kapitalerhöhungsbeschluss nicht angegeben werden; wenn sie im Verschmelzungsbetrag benannt sind und hierauf Bezug genommen wird; eine Nennung ist allerdings auch nicht schädlich;[442]
- Anmeldung der Kapitalerhöhung durch sämtliche Geschäftsführer zum Handelsregister (§§ 57, 78 GmbHG);
- Eintragung der Kapitalerhöhung im Handelsregister;
- Bekanntmachung der Eintragung (§ 57b GmbHG).

191

Da der Erhöhungsbeschluss eine Satzungsänderung ist, muss durch ihn die Höhe der Kapitalveränderung und die neue Ziffer des Stammkapitals festgelegt und der Wortlaut der bisherigen Satzung entsprechend angepasst werden.[443] Im Beschluss ist weiter anzugeben, dass die Mittel für die Kapitalerhöhung durch die Spaltung, d. h. durch den Übergang des Vermögens der übertragenden Gesellschaft aufgebracht werden (vgl. im Einzelnen oben Teil 2 Rdn. 263 ff.).

192

Entgegen der missverständlichen Formulierung in § 138 UmwG ist ein **Sachgründungsbericht** nur bei der Spaltung zur Neugründung, nicht jedoch in den Fällen der Spaltung zur Aufnahme erforderlich.[444] Demgegenüber ist der wohl überwiegende Teil der Literatur und auch die Rechtsprechung der Auffassung, dass das Registergericht zwar keinen Sachgründungsbericht, aber zumindest im Einzelfall entsprechende Darlegungen verlangen kann.[445] Nach einer anderen Auffassung ist wiederum die Vorlage eines Sachkapitalerhöhungsberichts in jedem Fall notwendig.[446] Das OLG Stuttgart[447] war der Auffassung, dass das Registergericht im Rahmen seiner Amtsermittlungspflicht befugt und im Allgemeinen gehalten ist, einen Sachkapitalerhöhungsbericht zu verlangen. Das OLG Jena[448] stellt auf den Einzelfall ab.

193

Die **Anmeldung der Kapitalerhöhung** bei der übernehmenden Gesellschaft ist neben der Spaltung gesondert vorzunehmen. Die Anmeldung der Kapitalerhöhung kann aber mit der Anmeldung der Spaltung durch die übernehmende GmbH verbunden werden. Anmeldepflichtig sind für die Kapitalerhöhung alle Geschäftsführer der übernehmenden GmbH (§ 78 GmbHG, vgl. oben Teil 2 Rdn. 275). Inhalt der Anmeldung ist bei der übernehmenden GmbH: die beschlossene Kapitalerhöhung (§ 57 Abs. 1 GmbHG), die Änderung der Satzung nach § 54 Abs. 1 Satz 1

194

---

441 Vgl. Ittner, MittRhNotK 1997, 119; Widmann/Mayer/Mayer, Umwandlungsrecht, § 55 UmwG Rn. 20 ff.; Lutter/Winter/Vetter, UmwG, § 55 Rn. 14 ff.; Reichert, in: Semler/Stengel, § 55 UmwG Rn. 3 ff., 23; Stratz, in: Schmitt/Hörtnagl/Stratz, § 55 UmwG Rn. 4 f.
442 Vgl. Widmann/Mayer/Mayer, Umwandlungsrecht, § 55 UmwG Rn. 33; Kallmeyer/Sickinger, UmwG, § 55 Rn. 2.
443 Widmann/Mayer/Mayer, Umwandlungsrecht, § 55 UmwG Rn. 31 ff.; Stratz, in: Schmitt/Hörtnagl/Stratz, § 55 UmwG Rn. 4 f.
444 Vgl. Widmann/Mayer/Mayer, Umwandlungsrecht, § 138 UmwG Rn. 1; Hörtnagl, in: Schmitt/Hörtnagl/Stratz, § 138 UmwG Rn. 3; Kallmeyer/Sickinger, UmwG, § 138 Rn. 1, Kölner Komm UmwG/Simon/Nießen § 138 Rn. 6; NK-UmwR/Fischer § 138 Rn. 5 a. A. allerdings Lutter/Priester, § 138 UmwG Rn. 8.
445 So OLG Köln, GmbHR 1996, 684; OLG Thüringen, GmbHr 1994, 710; Lutter/Hommelhoff/Lutter, GmbHG, § 56 Rn. 7; Bock, MittRhNotK 1981, 3; Ulmer/Ulmer, § 56 GmbHG Rn. 57; Baumbach/Hueck/Zöllner, GmbHG, § 56 Rn. 17; Michalski/Hermanns, § 56 GmbHG Rn. 64.
446 So Lutter/Priester, § 138 UmwG Rn. 8; Priester, DNotZ 1980, 526; Scholz/Priester, GmbHG, § 56 Rn. 90; Timm, GmbHR 1980, 290; Ehlke, GmbHR 1985, 290.
447 GmbHR 1982, 112.
448 GmbHR 1994, 710.

GmbHG und die Erklärung, dass es sich um eine Kapitalerhöhung zur Durchführung der Spaltung handelt. Die Versicherung der Geschäftsführer nach § 57 Abs. 2 GmbHG entfällt nach §§ 125, 55 Abs. 1 Satz 1 UmwG. Da der Erhöhungsbeschluss **Satzungsänderung** ist, muss durch ihn die Höhe der Kapitalveränderung und die neue Ziffer des Stammkapitals festgelegt und der Wortlaut der bisherigen Satzung entsprechend korrigiert werden.[449] Im Beschluss ist weiter anzugeben, dass die Mittel für die Kapitalerhöhung durch die Spaltung, d. h. durch den Übergang des Vermögens der übertragenden Gesellschaft aufgebracht werden.[450]

195 Nach §§ 55 Abs. 2, 125 UmwG i. V. m. § 57 Abs. 3 Nr. 2 und Nr. 3 GmbHG sind der Anmeldung der Kapitalerhöhung **folgende Unterlagen** beizufügen:
– elektronisch beglaubigte Abschrift des Spaltungsvertrages,
– elektronisch beglaubigte Abschriften der Zustimmungsbeschlüsse der übertragenden und der übernehmenden Gesellschaft,
– Beschluss über die Erhöhung des Stammkapitals und entsprechender Änderung der Satzung,
– bescheinigte Neufassung der Satzung gem. § 54 GmbHG,
– Liste der Übernehmer der neuen Stammeinlage (str., vgl. oben Teil 2 Rdn. 276; Widmann/Mayer/Mayer, Umwandlungsrecht, § 55 UmwG Rn. 90),
– Gesellschafterliste, bescheinigt nach § 40 Abs. 2 Satz 1 GmbHG durch den Notar.

Durch das MoMiG v. 23.10.2008[451] wurde die Bedeutung der Gesellschafterliste nach § 40 GmbHG erweitert. Nach § 40 Abs. 2 GmbHG ist der Notar, der an den Veränderungen in den Personen der Gesellschafter oder des Umfangs ihrer Beteiligung gem. § 40 Abs. 1 GmbHG mitgewirkt hat, verpflichtet, unverzüglich nach Wirksamwerden der Veränderungen eine Gesellschafterliste zu unterschreiben, diese mit einer Bescheinigung zu versehen und beim Handelsregister einzureichen.[452] Das gilt auch bei einer Kapitalerhöhung. Das OLG München hat im Beschl. v. 07.07.2010 entschieden, dass die Beurkundung des Beschlusses zur Kapitalerhöhung eine solche Mitwirkung darstellt. In diesem Fall obliege dem Notar auch die Bescheinigungspflicht nach § 40 Abs. 2 Satz 2 GmbHG.[453] Dies gilt demnach auch bei einer Verschmelzung mit Kapitalerhöhung.[454] Zwar besteht die notarielle Pflicht zur Einreichung einer aktualisierten Gesellschafterliste erst nach Wirksamwerden der beurkundeten Veränderungen (hier: der Kapitalerhöhung); der Notar ist aber nach wohl überwiegender Meinung nicht gehindert, die aktualisierte Liste bereits vor Wirksamwerden der Veränderungen zu erstellen und mit der erforderlichen Notarbescheinigung zu versehen.[455] Streitig ist, ob der Notar die Gesellschafterliste erst dann beim Handelsregister einreichen darf, wenn die Veränderung wirksam geworden ist, also nach Eintragung der Kapitalerhöhung im Handelsregister. In der Literatur wird jedoch teilweise die Auffassung vertreten, der Notar sei zumindest berechtigt[456] oder gar verpflichtet,[457] schon mit der Anmeldung der Kapitalerhöhung eine Gesellschafterliste mit dem Stand nach der angemeldeten

---

449 Lutter/Hommelhoff, GmbHG, § 55 Rn. 8 f.
450 Vgl. zur Verschmelzung Widmann/Mayer/Mayer, Umwandlungsrecht, § 55 UmwG Rn. 36; Reichert, in: Semler/Stengel, § 55 UmwG Rn. 7; Stratz, in: Schmitt/Hörtnagl/Stratz, § 55 UmwG Rn. 3; Lutter/Winter/Vetter, UmwG, § 55 Rn. 9.
451 BGBl. I 2008, S. 2026.
452 Vgl. dazu Mayer DNotZ 2008, 403 ff.; Herrler, DNotZ 2008, 203 ff.; Tebben RNotZ 2008, 441 ff.; Wachter, ZNotP 2009, 378 ff.
453 DB 2010, 1983 = DNotZ 2011, 63 = DStR 2010, 1537 zustimmend Mayer, MittBayNot 2014, 114, 120.
454 Vgl. Flik, NZG 2010, 170 ff.; Heidinger in: MünchKommGmbHG, § 40 Rn. 160.
455 OLG Jena DNotZ 2011, 64 = RNotZ 2010, 662; Link, RNotZ 2009, 193; Hasselmann, NZG 2009, 468, 491; Herrler, DNotZ 2008, 903, 910.
456 Herrler, DNotZ 2008, 903, 910 f., 915; Gustavus, Handelsregisteranmeldung, 7. Aufl. 2009, A 108, S. 109.
457 Wicke, GmbHG, 57 Rn. 5.

Kapitalerhöhung einzureichen. Z. T. wird dies abgelehnt.[458] Davon zu trennen ist die Liste bei Tochtergesellschaften: Fraglich ist, ob der Notar eine berichtigte Gesellschafterliste bei Tochter-GmbH-Beteiligungen der übertragenden Gesellschaft einzureichen hat (vgl. dazu Teil 2 Rdn. 277). Durch das Gesetz zur Umsetzung der Vierten EU-Geldwäscherichtlinie, zur Ausführung der EU-Geldtransferverordnung und zur Neuorganisation der Zentralstelle für Finanztransaktionsuntersuchungen vom 23.06.2017[459] wurde der Inhalt der Gesellschafterliste nochmals erweitert: Es ist nunmehr eine Liste der Gesellschafter zum Handelsregister einzureichen, aus welcher Name, Vorname, Geburtsdatum und Wohnort derselben sowie die Nennbeträge und die laufenden Nummern der von einem jeden derselben übernommenen Geschäftsanteile sowie die durch den jeweiligen Nennbetrag eines Geschäftsanteils vermittelte jeweilige prozentuale Beteiligung am Stammkapital zu entnehmen sind. Ist ein Gesellschafter selbst eine Gesellschaft, so sind bei eingetragenen Gesellschaften in die Liste deren Firma, Satzungssitz, zuständiges Register und Registernummer aufzunehmen, bei nicht eingetragenen Gesellschaften deren jeweilige Gesellschafter unter einer zusammenfassenden Bezeichnung mit Name, Vorname, Geburtsdatum und Wohnort. Hält ein Gesellschafter mehr als einen Geschäftsanteil, ist in der Liste der Gesellschafter zudem der Gesamtumfang der Beteiligung am Stammkapital als Prozentsatz gesondert anzugeben.[460] Weitere Vorgaben (z.B. Veränderungsspalte) ergeben sich aus der Gesellschafterlistenverordnung.[461]

Die **Schlussbilanz der übertragenden Gesellschaft** ist anders als bei der Verschmelzung als Wertnachweis-Unterlage für das Registergericht, außer in Fällen der Totalausgliederung, ungeeignet.[462] Insofern kann es der übertragenden Gesellschaft überlassen bleiben, dem Registergericht durch entsprechende Unterlagen die Werthaltigkeit des übertragenden Vermögens nachzuweisen, ggf. kann eine aus der Schlussbilanz entwickelte Abspaltungsbilanz vorgelegt werden.[463] Lässt sich aus der Schlussbilanz exakt ableiten, welche Vermögensteile auf die übertragende Gesellschaft übergehen, kann im Einzelfall diese Schlussbilanz als Wertnachweis genügen, wenn die Buchwerte fortgeführt werden.[464]

196

2. Kapitalerhöhung bei der AG

Eine ähnlich **vereinfachte Kapitalerhöhung** wie bei der Verschmelzung gilt auch bei der Spaltung auf eine AG (vgl. bereits oben bei der Verschmelzung Teil 2 Rdn. 279, Teil 2 Rdn. 1127 ff.). Nach § 125 Satz 1 ist auch § 69 Abs. 1 UmwG anwendbar. Es kann daher auch hier auf die obigen Vorschriften verwiesen werden (vgl. oben Teil 2 Rdn. 279 ff., Teil 2 Rdn. 1127 ff.).

197

Nach § 69 Abs. 1 UmwG sind insb. **folgende Vorschriften nicht anzuwenden**:
– § 182 Abs. 1 AktG, wonach das Grundkapital nicht erhöht werden soll, solange noch ausstehende Einlagen erlangt werden können;
– § 184 Abs. 2 AktG, der die entsprechende Regelung bei der Anmeldung enthält.
– Ebenfalls ausgeschlossen sind die Vorschriften über die Zeichnung der neuen Aktien, das Bezugsrecht und das vorrangige Bezugsrecht der Aktionäre (§§ 185, 186, 187 Abs. 1 AktG).

---

458 Mayer, MittBayNot 2014, 114, 121.
459 BGBl. I S. 1822.
460 Vgl. dazu Böhringer, BWNotZ 2017, 61; Engel, NZG 2018, 175; Punte/Stefanik, GWR 2018, 131; Longree/Pesch, NZG 2017, 1081.
461 Vgl. BR-Drucks. 105/18.
462 So zu Recht Widmann/Mayer/Mayer, Umwandlungsrecht, § 126 UmwG Rn. 165; vgl. auch Schmidt/Heinz, DB 2008, 2969 ff.
463 Vgl. Widmann/Mayer/Mayer, Umwandlungsrecht, § 126 UmwG Rn. 165; Stratz, in: Schmitt/Hörtnagl/Stratz, § 126 UmwG Rn. 8 ff; Mayer, DB 1995, 861; Lutter/Winter/Vetter, UmwG, § 55 Rn. 70; vgl. auch OLG Düsseldorf, DB 1995, 1392.
464 Widmann/Mayer/Mayer, Umwandlungsrecht, § 126 UmwG Rn. 165.

– Schließlich ist auch nicht § 188 Abs. 3 Nr. 1 AktG anzuwenden, der die Beifügung der Zweitschriften der Zeichnung schon bei der Anmeldung vorsieht und § 188 Abs. 2 AktG in seiner Verweisung auf die §§ 36 Abs. 2, 36a, 37 AktG.

I. Ü. gelten die allgemeinen Vorschriften der §§ 182 ff. AktG für die Kapitalerhöhung.[465]

▶ **Hinweis:**

198 Zu beachten ist allerdings, dass anders als bei der Verschmelzung nach § 142 Abs. 1 UmwG bei der Spaltung unter Beteiligung einer AG oder KGaA als aufnehmende Gesellschaft eine **Prüfung der Sacheinlage** nach § 183 Abs. 3 AktG immer stattzufinden hat, auf die Rechtsform der übertragenden Gesellschaft kommt es – anders als bei der Verschmelzung – nicht an.[466]

199 Grds. ist das **Verfahren der Kapitalerhöhung** bei der Spaltung das Gleiche wie bei der Kapitalerhöhung gegen Sacheinlage (vgl. auch oben Teil 2 Rdn. 279 ff.). Die Einberufung der Hauptversammlung hat nach § 123 Abs. 1 AktG mindestens 30 Tage vor dem Tag der Versammlung zu erfolgen, sofern die Satzung keine andere Frist vorschreibt, und hat die Angaben nach § 121 AktG zu enthalten. Da die Spaltung eine Sacheinlage darstellt, sind in die **Tagesordnung** aufzunehmen und bekannt zu machen (§§ 183 Abs. 1, 124 Abs. 2 AktG):
– Wortlaut der vorgeschlagenen Satzungsänderung (Grundkapital und Erhöhungsbetrag, Zahl der neuen Aktien, Ausgabebetrag, Gattung und Art),
– Kapitalerhöhung zur Durchführung der Spaltung,
– übertragende Gesellschaft mit genauem Namen,
– Wert des Vermögens der übertragenden Gesellschaft und deren Grundkapital,
– der Nennbetrag bzw. bei Stückaktien die Zahl der als Gegenleistung zu gewährenden Aktien sowie
– die Höhe etwaiger barer Zuzahlungen.

Die Einberufung ist nach § 121 Abs. 4 AktG in den Gesellschaftsblättern bekannt zu machen (vgl. dazu ausführlich oben Teil 2 Rdn. 1064 ff.). Sie muss die Firma, den Sitz der Gesellschaft, Zeit und Ort der Hauptversammlung angeben. Zudem ist die Tagesordnung anzugeben und bei börsennotierten Gesellschaften die in § 121 Abs. 3 Satz 2 AktG genannten Angaben (Voraussetzungen der Teilnahme an der Hauptversammlung und die Ausübung des Stimmrechts, ggf. Nachweisstichtag, Verfahren für Stimmabgabe bestimmte Rechte der Aktionäre, Nr. 3, Internetseite der Gesellschaft, Nr. 4). Sind die Aktionäre der Gesellschaft namentlich bekannt, so kann nach § 121 Abs. 4 AktG die Hauptversammlung mit eingeschriebenem Brief einberufen werden. Sind mehrere Gattungen von stimmberechtigten Aktien vorhanden, hat die Einladung auch die Bekanntmachung des Erfordernisses von Sonderbeschlüssen anzukündigen

200 Der Kapitalerhöhungsbeschluss hat den Inhalt der normalen Kapitalerhöhung; nach § 182 Abs. 1 AktG ist eine Mehrheit erforderlich, die mindestens 3/4 des bei der Beschlussfassung vertretenen Grundkapitals umfasst. Inhaltlich muss der Beschluss **folgende Angaben** enthalten:
– Angabe, dass es sich um eine Kapitalerhöhung zur Durchführung der Spaltung handelt,
– Erhöhungsbetrag und neue Grundkapitalziffer,
– Festsetzung gem. § 183 Abs. 1 AktG: Person des übertragenden Rechtsträgers, Nennbetrag der zu gewährenden Aktien und Gegenstand der Sacheinlage (Angabe, dass der Erhöhungsbetrag durch den Übergang des Vermögens des übertragenden Rechtsträgers aufgebracht wird),

---

465 Vgl. Stratz, in: Schmitt/Hörtnagl/Stratz, § 69 UmwG Rn. 5; Lutter/Grunewald, § 69 UmwG Rn. 2; Widmann/Mayer/Rieger, Umwandlungsrecht, § 69 UmwG Rn. 3 ff.; Engelmeyer, Die Spaltung von AG nach dem neuen Umwandlungsrecht, S. 214 ff.; Kallmeyer/Marsch-Barner, UmwG, § 69 Rn. 4 ff.
466 Vgl. Lutter/Schwab, UmwG, § 142 Rn. 1; BeckOGK/Brellochs UmwG § 142 Rn. 2; krit. vgl. Kallmeyer/Sickinger, § 142 UmwG Rn. 1; Ihrig, GmbHR 1995, 622, 643; zur Sacheinlageprüfung bei der Spaltung vgl. Angermeyer, WPg 1995, 681, 687 ff.

- Zahl, Art (Inhaber- oder Namensaktien) und Gattung (Stamm- oder Vorzugsaktien) der neuen Aktien,
- Nennbetrag der Aktien bzw. ob es sich um Stückaktien handelt.

Umstritten ist, ob die Festsetzung eines Mindestausgabebetrages der neuen Aktien i. S. v. § 182 Abs. 3 möglich und sogar erforderlich ist.[467] Sind mehrere Gattungen stimmberechtigter Aktien vorhanden, so bedarf der Hauptversammlungsbeschluss zu einer Wirksamkeit der Zustimmung der Aktionäre jeder Gattung durch Sonderbeschluss (§ 182 Abs. 2 AktG). Möglich ist auch die Durchführung einer bedingten Kapitalerhöhung, auch genehmigtes Kapital kann zur Durchführung der Spaltung genutzt werden (vgl. im Einzelnen oben Teil 2 Rdn. 1148 ff.). Der Kapitalerhöhungsbeschluss ist nach § 69 Abs. 1 UmwG wegen der Nichtanwendbarkeit des § 182 Abs. 4 AktG unabhängig davon zulässig, ob noch Einlagen auf das bisherige Grundkapital ausstehen und noch erlangt werden können.[468] 186 AktG ist nach § 69 Abs. 1 Satz 1 UmwG nicht anwendbar, sodass die **Altaktionäre kein Bezugsrecht** haben.[469] Da bei der Kapitalerhöhung zur Durchführung einer Verschmelzung die Zeichner im Verschmelzungsvertrag und Verschmelzungsbeschluss genannt werden, erfolgt keine Zeichnung neuer Aktien.[470] § 185 AktG ist nach § 69 Abs. 1 Satz 1 UmwG ausdrücklich ausgeschlossen.

201

Ebenso wie bei der GmbH ist die **Anmeldung der Kapitalerhöhung** zur Durchführung der Spaltung gesondert vorzunehmen. Mit der Anmeldung über die Spaltung kann allerdings auch die Anmeldung der Kapitalerhöhung verbunden werden. Für die übernehmende AG melden deren Vorstandsmitglieder in vertretungsberechtigter Zahl und der Aufsichtsratsvorsitzende sowohl den Kapitalerhöhungsbeschluss als auch die Durchführung der Kapitalerhöhung an.,[471] In der Literatur ist unklar, welche Anlagen der Anmeldung der Kapitalerhöhung und welche der Anmeldung der Durchführung beizufügen sind[472] sodass es sich empfiehlt, in der Praxis von der Möglichkeit Gebrauch zu machen, alle drei erforderlichen Anmeldungen (Kapitalerhöhung, Durchführung der Kapitalerhöhung und der Spaltung) gleichzeitig vorzunehmen.[473]

202

Bei der übernehmenden AG ist **Inhalt der Anmeldung der Kapitalerhöhung**:

203

- der Kapitalerhöhungsbeschluss (§ 184 Abs. 1 Satz 1 AktG),
- die notwendige Änderung der Satzung (§ 181 Abs. 1 Satz 1 AktG),
- die Erklärung, dass es sich um eine Kapitalerhöhung zur Durchführung der Spaltung handelt,
- nach Erfolg der Durchführung ist die Durchführung der Kapitalerhöhung anzumelden (§ 188 Abs. 1 AktG).

Beizufügende Unterlagen sind bei einer übernehmenden AG folgende:[474]

204

---

467 Vgl. Widmann/Mayer/Rieger, Umwandlungsrecht, § 69 UmwG Rn. 17; Lutter/Grunewald, § 69 UmwG Rn. 6; Diekmann, in: Semler/Stengel, § 69 UmwG Rn. 5.
468 Ihrig, GmbHR 1995, 622, 640; Widmann/Mayer/Rieger, Umwandlungsrecht, § 69 UmwG Rn. 6; Lutter/Grunewald, § 69 UmwG Rn. 5; Kallmeyer/Marsch-Barner, § 69 UmwG Rn. 5; Diekmann, in: Semler/Stengel, § 69 UmwG Rn. 10; Stratz, in: Schmitt/Hörtnagl/Stratz, § 69 UmwG Rn. 6.
469 Vgl. Diekmann, in: Semler/Stengel, § 69 UmwG Rn. 15; Lutter/Grunewald, § 69 UmwG Rn. 17; Kallmeyer/Marsch-Barner, § 69 UmwG Rn. 12; Stratz, in: Schmitt/Hörtnagl/Stratz, § 69 UmwG Rn. 10.
470 Vgl. Diekmann, in: Semler/Stengel, § 69 UmwG Rn. 14; Widmann/Mayer/Rieger, Umwandlungsrecht, § 69 UmwG Rn. 36; Lutter/Grunewald, § 69 UmwG Rn. 16; Stratz, in: Schmitt/Hörtnagl/Stratz, § 69 UmwG Rn. 9.
471 §§ 184 Abs. 1 Satz 1, 188 Abs. 1 AktG; vgl. Widmann/Mayer/Rieger, Umwandlungsrecht, § 69 UmwG Rn. 38; Engelmeyer, Die Spaltung von AG nach dem neuen Umwandlungsrecht, S. 222 ff.
472 Vgl. den Streit bei Widmann/Mayer/Rieger, Umwandlungsrecht, § 69 UmwG Rn. 39.
473 So Widmann/Mayer/Rieger, Umwandlungsrecht, § 69 UmwG Rn. 42; Kallmeyer/Marsch-Barner, § 69 UmwG Rn. 19.
474 Vgl. Widmann/Mayer/Rieger, Umwandlungsrecht, § 69 UmwG Rn. 39 ff.; Ittner, MittRhNotK 1997, 122; Engelmeyer, Die Spaltung von AG nach dem neuen Umwandlungsrecht, S. 222 ff.

- elektronisch beglaubigte Abschrift des Spaltungsvertrages bzw. -plans,
- elektronisch beglaubigte Abschrift der Zustimmungsbeschlüsse der übertragenden und der übernehmenden Gesellschaften,
- Beschluss über die Kapitalerhöhung inklusive evtl. erforderlicher Sonderbeschlüsse nach § 182 Abs. 2 AktG) und die entsprechende Änderung der Satzung,
- Bericht über die Prüfung der Sacheinlage, wenn erforderlich (§ 184 Abs. 1 Satz 2 AktG i. V. m. § 142 Abs. 1 UmwG),
- bescheinigte Neufassung der Satzung gem. § 181 Abs. 1 Satz 2 AktG,
- Berechnung der Kosten, die der AG durch die Ausgabe der neuen Aktien entstehen (§ 188 Abs. 3 Nr. 3 AktG),
- Schlussbilanz der übertragenden Gesellschaft, wegen Werthaltigkeitsprüfung.[475]

205 Die Kapitalerhöhung ist bei der Spaltung, genauso wie bei der Verschmelzung, eine **Kapitalerhöhung gegen Sacheinlage**, Gegenstand der Sacheinlage ist der Teil des abgespaltenen Vermögens. Die Einlagepflicht wird erfüllt durch Übertragung des abzuspaltenden Vermögens der übertragenen Gesellschaft. Genauso wie bei der Verschmelzung kann die Kapitalerhöhung nur im Zusammenhang mit der Spaltung durchgeführt werden. Die **Anmeldung** erfolgt durch den Vorstand – in vertretungsberechtigter Zahl – und den Vorsitzenden des Aufsichtsrats.[476] Die Anmeldung und Eintragung von Kapitalerhöhungsbeschluss und Durchführung der Kapitalerhöhung können nach § 188 Abs. 4 AktG verbunden werden. Mit der **Anmeldung** kann und sollte man darüber hinaus die Anmeldung der Verschmelzung verbinden.[477]

II. Festlegung des Kapitalerhöhungsbetrages

206 Ebenso wie bei der Verschmelzung gelten daher bei der Spaltung die Grundsätze wie bei jeder Kapitalerhöhung gegen eine Sacheinlage. Aus Gründen des Gläubigerschutzes ist daher sowohl bei der AG als auch bei der GmbH eine **Überbewertung** des abgespaltenen Vermögens bzw. eine **unter-pari-Emission** verboten (vgl. Teil 2 Rdn. 290 ff.). Es gilt allerdings auch hier der Grundsatz, dass wenn der Buchwert des übertragenen Vermögens zur Deckung des Kapitalerhöhungsbetrages nicht ausreicht, eine Aufstockung der Teilungsbilanz auf Zeitwerte und Verkehrswerte durchgeführt werden kann.[478]

207 Grds. ist für die **Berechnung des Umtauschverhältnisses** bei der Spaltung zur Aufnahme und damit auch für die Festsetzung des Kapitalerhöhungsbetrages der wahre Wert der beiden betroffenen Gesellschaften und des übertragenen Vermögens maßgebend. Das übertragene Vermögen ist daher nach derselben Methode zu bewerten wie das aufnehmende Unternehmen. Maßgebend für die Werte sind die wahren Werte, stille Reserven müssen aufgedeckt und auch der Firmenwert muss berücksichtigt werden. Die Höhe der Kapitalerhöhung hängt wie bei der Ver-

---

475 Vgl. Widmann/Mayer/Mayer, Umwandlungsrecht, § 69 UmwG Rn. 39.
476 § 184 Abs. 1 AktG; vgl. Diekmann, in: Semler/Stengel, § 69 UmwG Rn. 13.
477 Diekmann in: Semler/Stengel, § 69 UmwG Rn. 25; Widmann/Mayer/Mayer, Umwandlungsrecht, § 69 UmwG Rn. 42; Lutter/Grunewald, § 69 UmwG Rn. 22.
478 Vgl. Widmann/Mayer/Mayer, Umwandlungsrecht, § 126 UmwG Rn. 62; Lutter/Priester, UmwG, § 126 Rn. 71; Hörtnagl, in: Schmitt/Hörtnagl/Stratz, § 126 UmwG Rn. 50; Mayer, DB 1995, 861; Kallmeyer/Sickinger, UmwG, § 126 Rn. 29; Priester, in: Lutter, Kölner Umwandlungsrechtstage, S. 153.

schmelzung vom Verhältnis des Wertes des abgespalteten Vermögens der übertragenden Gesellschaft zum Wert der übernehmenden Gesellschaft ab.[479]

Wenn im Grundsatz die wahren Werte für die Kapitalerhöhung ausschlaggebend sind, so ist wie bei der Verschmelzung eine **Unterbewertung** des Vermögens der übertragenden Gesellschaft zulässig (vgl. oben Teil 2 Rdn. 294 ff.). Hierbei ist allerdings zu berücksichtigen, dass eine Unterbewertung in die Rechte des einzelnen Gesellschafters eingreift, wenn sie nicht in gleicher Weise und gleicher Relation auch beim Wertansatz der übernehmenden Gesellschaft geschieht.[480] Mit Zustimmung aller Gesellschafter der übertragenen Gesellschaft wird man allerdings eine Unterbewertung für zulässig erachten müssen, weil hierdurch zumindest Gläubigerinteressen nicht beeinträchtigt werden, sodass allein dem Minderheitenschutz Rechnung zu tragen ist.[481]

208

Es fragt sich allerdings, ob bei einer Unterbewertung die überschießenden Beträge in die **Kapitalrücklage** einzustellen sind oder ob, wie bei der Gründung einer Gesellschaft, eine **Darlehensverbindlichkeit** begründet werden kann (vgl. oben zur Verschmelzung Teil 2 Rn. 160, 297). Gegen die Passivierung einer Darlehensverbindlichkeit könnte insb. das Verbot der baren Zuzahlung gem. § 125 i. V. m. § 54 Abs. 3 UmwG sprechen. Zur gleichlautenden Bestimmung des § 2 Abs. 1 Satz 2 Nr. 3 Spaltungstreuhandgesetz wurde in der Literatur die Auffassung vertreten, dass diese Vorschrift für die Spaltung nicht passt.[482] Nachdem der Gesetzgeber aber nunmehr in § 125 UmwG uneingeschränkt auf das Verschmelzungsrecht verweist, wird man mit der Literatur davon ausgehen müssen, dass Darlehensgewährungen hinsichtlich des überschießenden Saldos zwischen Aktiva und Passiva grds. – d. h. auch innerhalb der 10 % – unzulässig sind.[483] Ein Teil der Literatur will aber in der 10 %-Grenze die Darlehensgewährung zulassen.[484] Es kommt daher bei einer Unterbewertung des übertragenen Vermögens nur eine **Zuführung des Mehrbetrags in eine Kapitalrücklage** in Betracht. Ebenso wie bei der Verschmelzung besteht auch bei der Spaltung die Möglichkeit, einen fehlenden Differenzbetrag durch eine Bareinlage der Gesellschafter auszugleichen.[485]

209

---

479 Vgl. oben Teil 2 Rdn. 86 ff.; Teil 3 Rdn. 156; Kallmeyer/Sickinger, UmwG, § 126 Rn. 7; BeckOGK/Verse UmwG § 123 Rn. 59; § 126 Rn. 42; Widmann/Mayer/Mayer, Umwandlungsrecht, § 126 UmwG Rn. 70 ff.; Lutter/Priester, UmwG, § 126 Rn. 71; zur Verschmelzung vgl. Widmann/Mayer/Mayer, Umwandlungsrecht, § 55 UmwG Rn. 12; Lutter/Winter/Vetter, UmwG § 55 Rn. 26; Reichert, in: Semler/Stengel, § 55 UmwG Rn. 7; Kallmeyer/Kallmeyer/Kocher, § 55 UmwG Rn. 10; Stratz, in: Schmitt/Hörtnagl/Stratz, § 55 UmwG Rn. 9, 14, 27; ausführlich Korte, WiB 1997, 955, 957; § 69 Rn. 13; Ihrig, GmbHR 1995, 622; Limmer, in: FS für Schippel, 1996, S. 426; vgl. auch Lutter/Bayer, § 9c GmbHG Rn. 15.
480 Lutter/Hommelhoff, GmbHG, 13. Aufl. 1991, § 21 KapErhG Rn. 7; Widmann/Mayer/Mayer, Umwandlungsrecht, § 55 UmwG Rn. 61zur Verschmelzung.
481 Str., vgl. oben Teil 2 Rdn. 90 ff.; Widmann/Mayer/Mayer, Umwandlungsrecht, § 126 UmwG Rn. 70 ff.; vgl. zur Verschmelzung Kowalski, GmbHR 1996, 158, 159; Limmer, in: FS für Schippel, 1996, S. 415, 427; Widmann/Mayer/Mayer, Umwandlungsrecht, § 5 UmwG Rn. 46; ausführlich Ihrig, ZHR 1996, 317; Lutter, in: FS für Wiedemann, 2002, S. 1097 ff.; Lutter/Winter/Vetter, § 54 UmwG Rn. 21; Reichert, in: Semler/Stengel, § 54 UmwG Rn. 27 ff.; Tillmann, GmbHR 2003, 740, 743 ff.; Kalss, ZGR 2009, 74 ff.
482 Priester, DB 1991, 2377.
483 So Mayer, DB 1995, 861, 864; Widmann/Mayer/Mayer, Umwandlungsrecht, § 126 UmwG Rn. 140 ff.; zur Verschmelzung Widmann/Mayer/Mayer, Umwandlungsrecht,§ 5 UmwG Rn. 67, § 55 UmwG Rn. 67; Reichert, in: Semler/Stengel, § 55 UmwG Rn. 42; Lutter/Winter/Vetter, § 54 UmwG Rn. 35.
484 KölnKom/Simon/Nüssen in: § 54 Umwg Rn. 74.
485 Vgl. Teil 2 Rdn. 99 und Widmann/Mayer/Mayer, Umwandlungsrecht, § 126 UmwG Rn. 69.2; Suppliet, NotBZ 1997, 141; zum alten Umwandlungsrecht OLG Oldenburg DB 1994, 88.

Zu beachten ist, dass bei der **Ausgliederung eine Darlehensgewährung** zulässig ist, da § 54 UmwG nicht gilt. Nach der Auffassung des OLG München[486] und der allgemeinen Meinung in der Literatur kann deshalb der Ausgliederungs- und Übernahmevertrag bare Zuzahlungen in unbeschränkter Höhe festsetzen.[487] Bei der Ausgliederung kann folglich – anders als bei Abspaltung – auch eine Wertdifferenz zwischen dem eingebrachten Vermögen und dem Nennbetrag des Stammkapitals der aufnehmenden Gesellschaft als Darlehen gewährt werden.[488] Im Gegensatz zur Abspaltung werden bei der Ausgliederung die Anteilsinhaber des übertragenden Rechtsträgers nicht unmittelbar betroffen, da die Anteilsgewährung an den übertragenden Rechtsträger selbst erfolgt.

III. Kapitalerhöhungsverbote und Kapitalerhöhungswahlrechte

1. Allgemeines

210 § 125 Satz 1 AktG verweist bzgl. der Frage der Kapitalerhöhung und der Gewährung von Anteilen oder Mitgliedschaften auf die **allgemeinen Vorschriften**, d. h. insb. auf die Kapitalerhöhungsverbote und Kapitalerhöhungswahlrechte der §§ 54, 68 UmwG für GmbH bzw. AG. Im Grunde gelten daher die gleichen Grundsätze der Kapitalerhöhung und der Verwendung von Anteilen wie bei der Verschmelzung. Auf die obigen Ausführungen kann daher wegen der Einzelheiten verwiesen werden (vgl. oben Teil 2 Rdn. 307 ff.). Auch bei der Spaltung gilt nach § 126 Abs. 1 Nr. 2 UmwG, dass als Gegenleistung für die Übertragung des Vermögens Anteile zu gewähren sind. Die Anteilsgewährungspflicht ist Wesensmerkmal auch der Spaltung.[489] Allerdings hat der Gesetzgeber wie bei der Verschmelzung bestimmte Kapitalerhöhungsverbote und Kapitalerhöhungswahlrechte geschaffen, um auch die Entstehung eigener Anteile zu verhindern (vgl. oben Teil 2 Rdn. 307 ff.).

2. Kapitalerhöhungsverbote

a) Übernehmer besitzt Anteile an der übertragenden Gesellschaft – Tochter- auf Muttergesellschaft (up-stream-merger)

211 Ein Kapitalerhöhungsverbot besteht zunächst in dem Fall, dass die **übernehmende Gesellschaft Anteile an der übertragenden Gesellschaft** besitzt (§ 125 i. V. m. §§ 54 Abs. 1 Satz 1 Nr. 1 UmwG, § 68 Abs. 1 Satz 1 Nr. 1 UmwG). Es handelt sich dabei um den sog. Up-Stream bzw. der Spaltung bzw. Ausgliederung von der **Tochter- auf die Muttergesellschaft** (vgl. oben Teil 2 Rdn. 311 ff.). Aus § 131 Abs. 1 Nr. 3 UmwG ergibt sich, dass, soweit der übernehmende Rechtsträger Anteile des übertragenden Rechtsträgers innehat, keine Anteilsgewährungspflicht besteht, die sogar verboten ist.[490] Dementsprechend darf die übernehmende Gesellschaft zur Durchführung der Spaltung ihr Stammkapital nicht erhöhen, soweit sie Anteile am übertragenden Rechtsträger innehat. Damit ist nicht nur der Fall geregelt, dass sich alle Anteile eines übertragenden

---

486 DNotZ 2012, 308 = DStR 2012, 142; Anm. Wieneke EWiR 2012, 223.
487 Vgl. Widmann/Fronhöfer, Umwandlungsrecht, § 125 Rn. 75; Sickinger, UmwG, § 125 Rn. 60; Lutter/Priester, UmwG, § 126 Rn. 35; BeckOGK/Verse UmwG § 125 Rn. 55; Lutter/Priester § 125 UmwG Rn. 35; Kallmeyer/Sickinger § 125 UmwG Rn. 60; Widmann/Mayer/Fronhöfer § 125 UmwG Rn. 75; Schmitt/Hörtnagl/Stratz/Hörtnagl § 125 UmwG Rn. 20; Kadel, BWNotZ 2010, 46, 49.
488 Semler/Stengel/Maier/Reimer, UmwG, § 152 UmwG Rn. 71; Sickinger, § 125 UmwG Rn. 60; Lutter/Karollus, § 159 Rn. 16; Widmann/Mayer, Umwandlungsrecht, § 135 UmwG, Rn. 38; Widmann/Mayer, § 152 UmwG Rn. 102.
489 Vgl. oben Teil 3 Rdn. 134 ff. m. w. N. sowie Widmann/Mayer/Mayer, Umwandlungsrecht, § 126 UmwG Rn. 65.
490 Vgl. Widmann/Mayer/Mayer, Umwandlungsrecht, § 126 UmwG Rn. 75 ff.; Kallmeyer/Sickinger, UmwG, § 131 Rn. 24.

D. Spaltung bzw. Ausgliederung zur Aufnahme

Rechtsträgers in der Hand des übernehmenden Rechtsträgers befinden, sondern auch der Fall der teilweisen Beteiligung des übernehmenden Rechtsträgers am übertragenden Rechtsträger.[491]

▶ Beispiel: 100 %ige Konzernkonstellation

Die A-GmbH ist zu 100 % an der B-GmbH beteiligt. Die B-GmbH spaltet einen Teilbetrieb auf die A-GmbH ab. Anteile dürfen nicht gewährt werden (§ 54 Abs. 1 Satz 1 Nr. 1 UmwG; § 125). 212

Die A-GmbH und die B-GmbH sind an der C-GmbH zu je 50 % beteiligt. Die C-GmbH spaltet einen Teilbetrieb auf die A-GmbH ab. Der A-GmbH dürfen keine Anteile gewährt werden, wohl aber der C-GmbH, da diese nicht Übernehmerin ist.

Bei der **Ausgliederung** sind die **§§ 54, 68 UmwG nicht anzuwenden** (§ 125 Satz 1 UmwG), wobei in der Literatur z. T. Analogien befürwortet werden (vgl. dazu oben Teil 3 Rdn. 151). Auch § 131 Abs. 1 Nr. 3 UmwG nimmt nicht den Fall der Ausgliederung aus, sodass bei der Ausgliederung immer Anteile zu gewähren sind, die Kapitalerhöhungsverbote und Wahlrechte gelten nach herrschender Meinung nicht.[492] Bereits frühzeitig wurde allerdings auf die Schwierigkeiten hingewiesen, die diese zwingende Anteilsgewährungspflicht bei einer Ausgliederung »von unten nach oben«, also bei einer 100 %igen Tochtergesellschaft, auf die Muttergesellschaft hervorruft. Gemeint ist der Fall, dass die Tochter Unternehmensteile auf ihre Mutter übertragen möchte.[493] Hält man zwingend an der Anteilsgewährungspflicht in diesen Fällen fest, dann müsste die Muttergesellschaft als aufnehmende Gesellschaft ihrer Tochtergesellschaft Anteile gewähren. Dies ist allerdings unter **bestimmten Voraussetzungen im Aktienrecht** gem. § 71d AktG und auch im GmbHG verboten. In der Literatur ist nun umstritten, welche Rechtsfolgen hieraus zu ziehen sind. Man könnte sich auf den Standpunkt stellen, dass in diesen Fällen eine Ausgliederung, die nur gegen Verstoß gegen § 33 GmbHG bzw. § 71d AktG möglich wäre, generell unzulässig ist und daher nur die Möglichkeit der Abspaltung bleibt.[494] Eine andere Lösung wäre, in diesen Fällen eine **Ausnahme von der Anteilsgewährungspflicht** oder zumindest die Möglichkeit eines Verzichtes anzunehmen.[495] Dies wird teilweise mit dem Hinweis verneint, dass die Anteilsgewährungspflicht dem Minderheitenschutz dient. Würde man nämlich eine Ausgliederung ohne Anteilsgewährung zulassen, so würden die Minderheitsgesellschafter der Tochter überhaupt keinen Gegenwert erhalten. Bei der Ausgliederung gegen Anteilsgewährung erhalten diese zumindest eine mittelbare Beteiligung an den übertragenden Vermögenswerten. 213

▶ Hinweis:

Allerdings wird man in den Fällen, in denen überhaupt keine Minderheitsgesellschafter bei der Tochter vorhanden sind, eine Ausnahme von der Anteilsgewährungspflicht machen können, sodass in diesen Fällen ausnahmsweise die Ausgliederung ohne Anteilsgewährung und ohne 214

---

491 Widmann/Mayer/Mayer, Umwandlungsrecht, § 126 UmwG Rn. 78; Reichert, in: Semler/Stengel, § 54 UmwG, Rn. 5; Kallmeyer/Kallmeyer/Kocher, § 54 UmwG Rn. 5 ff.; Limmer, in: FS für Schippel, 1996, S. 415, 429; Lutter/Priester, UmwG, § 126 Rn. 21; Ittner, MittRhNotK 1997, 108.

492 Vgl. Kallmeyer/Sickinger, UmwG, § 125 Rn. 57; § 131 Rn. 12; Widmann/Mayer/Mayer, Umwandlungsrecht, § 126 UmwG Rn. 95; Lutter/Priester, § 126 UmwG Rn. 21; Hörtnagl, in: Schmitt/Hörtnagl/Stratz, § 126 UmwG Rn. 47 ff.; Ittner, MittRhNotK 1997, 109 Schröer in: Semler/Stengel, § 126 UmwG Rn. 30.

493 Vgl. bereits Karollus, in: Lutter, Kölner Umwandlungsrechtstage, S. 157 ff.; Limmer, in: FS für Schippel, 1996, S. 434 f.

494 So Widmann/Mayer/Mayer, Umwandlungsrecht, § 126 UmwG Rn. 97; Mayer/Weiler, DB 2007, 1235, 1239; Schöne, Die Spaltung unter Beteiligung von GmbH, S. 120; wohl auch Karollus, in: Lutter, Kölner Umwandlungsrechtstage, S. 157 ff.

495 So Hörtnagl, in: Schmitt/Hörtnagl/Stratz, § 126 UmwG Rn. 48; Lutter/Priester, § 126 UmwG Rn. 26; Schröer in Semler/Stengel, § 126 UmwG Rn. 32.

Verstoß gegen das Verbot des Erwerbs eigener Anteile möglich wäre.[496] In der Praxis empfiehlt sich bis zu einer gerichtlichen Klärung den Grundsatz der Anteilsgewährung einzuhalten. U. U. ist eine solche auch aus steuerlichen Gründen notwendig, wenn die Buchwertfortführung erreicht werden soll.

b) Übertragende Gesellschaft hält eigene Anteile

215 Der **zweite Fall** (§ 54 Abs. 1 Satz 1 Nr. 2, § 68 Abs. 1 Satz 1 Nr. 2 i. V. m. § 125 UmwG) betrifft die Konstellation, in denen die übertragende Gesellschaft eigene Anteile besitzt (vgl. oben Teil 2 Rdn. 315 ff.). Auch in diesen Fällen ist eine Kapitalerhöhung insofern verboten, soweit die übertragende Gesellschaft diese eigenen Anteile innehat. Diese Vorschrift des Verschmelzungsrechts ist auch auf die Fälle der Spaltung anzuwenden.[497] § 131 Abs. 1 Nr. 3 UmwG bestimmt daher auch, dass, soweit der übertragende Rechtsträger eigene Anteile innehat, kein Anteilstausch stattfindet.

▶ Hinweis:

216 Bei der Ausgliederung gilt diese Ausnahme nicht, sodass auch hier die Verpflichtung zur Gewährung von Anteilen unbeschränkt besteht.

c) Übertragende Gesellschaft hält nicht voll einbezahlte Anteile der Übernehmerin

217 Nach §§ 54 Abs. 1 Satz 1 Nr. 3, 68 Abs. 1 Satz 1 Nr. 3 i. V. m. § 125 UmwG ist schließlich auch eine Kapitalerhöhung nicht zulässig, soweit die übertragende Gesellschaft Geschäftsanteile an der übernehmenden besitzt, auf die die **Einlagen nicht in voller Höhe** bewirkt sind (vgl. oben Teil 2 Rdn. 317 ff.). Auch diese Vorschrift gilt bei der Spaltung.[498] Die restliche Einlageforderung der übernehmenden Gesellschaft gegen die übertragende Gesellschaft erlischt mit dem Wirksamwerden der Aufspaltung oder Abspaltung durch Konfusion. Würde man in diesem Fall zulassen, dass die übernehmende Gesellschaft im Wege der Kapitalerhöhung neue Anteile schafft und sie den Gesellschaftern der übertragenden Gesellschaft zur Verfügung stellt, dann wären die neuen Anteile i. H. d. ausstehenden Alteinlagen nicht gedeckt.

3. Kapitalerhöhungswahlrechte

218 Die Kapitalerhöhungswahlrechte der §§ 54 Abs. 1 Satz 2, 68 Abs. 1 Satz 1 UmwG gelten auch bei der Spaltung, nicht hingegen bei der Ausgliederung (vgl. oben Teil 2 Rdn. 320 f.). Danach ist also bei der Spaltung die **Kapitalerhöhung nicht erforderlich**, soweit die übernehmende Gesellschaft eigene Anteile innehat oder ein übertragender Rechtsträger Geschäftsanteile dieser Gesellschaft innehat, auf die die Einlagen bereits in voller Höhe bewirkt sind. In diesem Fall kann die übernehmende Gesellschaft die vorhandenen eigenen Anteile als Gegenleistung verwenden, sie muss dies aber nicht. Insofern stellt diese Vorschrift ein Kapitalerhöhungswahlrecht dar, es können auch neue Anteile als Gegenleistung geschaffen werden.[499]

---

496 So Limmer, in: FS für Schippel, 1996, S. 435; ablehnend Schöne, Die Spaltung unter Beteiligung von GmbH, S. 121.
497 So Widmann/Mayer/Mayer, Umwandlungsrecht, § 126 UmwG Rn. 67; Kallmeyer/Sickinger, UmwG, § 131 Rn. 23 ff.; Engelmeyer, Die Spaltung von AG nach dem neuen Umwandlungsrecht, S. 210.
498 Vgl. Widmann/Mayer/Mayer, Umwandlungsrecht, § 126 UmwG Rn. 109; Engelmeyer, Die Spaltung von AG nach dem neuen Umwandlungsrecht, S. 210.
499 Widmann/Mayer/Mayer, Umwandlungsrecht, § 126 UmwG Rn. 108; Engelmeyer, Die Spaltung von AG nach dem neuen Umwandlungsrecht, S. 207.

D. Spaltung bzw. Ausgliederung zur Aufnahme Teil 3 Kapitel 1

4. Anteile Dritter

Ebenso wie bei der Verschmelzung (vgl. oben Teil 2 Rdn. 324) besteht auch die Möglichkeit der Anteilsgewährungspflicht dadurch nachzukommen, dass **Anteile Dritter** – allerdings nur an der aufnehmenden Gesellschaft – **als Gegenleistung** gewährt werden können.[500]   219

5. Spaltung bei Beteiligung von Schwestergesellschaften

Bei der Spaltung bei Beteiligung von Schwestergesellschaften gilt das Gleiche wie bei der Verschmelzung. Die wohl überwiegende Meinung steht auf dem Standpunkt, dass auch bei Schwestergesellschaften Anteile zu gewähren sind, wenn nicht Ausnahmevorschriften eingreifen. Die Frage ist allerdings heftig umstritten (vgl. oben Teil 2 Rdn. 259 ff.). Die im Zweiten Gesetz zur Änderung des UmwG in den §§ 54 und 68 UmwG vorgesehene Ausnahme durch Verzicht[501] gilt auch für die Spaltung.[502]   220

6. Bare Zuzahlungen

Ebenso wie bei der Verschmelzung (vgl. oben Teil 2 Rdn. 335 ff.) sind bare Zuzahlungen bei Spaltung zulässig, dürfen aber nach § 125 Satz 1 i. V. m. § 154 Abs. 4, 68 Abs. 3 UmwG den zehnten Teil des gesamten Nennbetrages der gewährten Anteile der übernehmenden Gesellschaften nicht übersteigen. Bei der Ausgliederung ist § 54 UmwG nicht anwendbar, der in Abs. 4 bare Zuzahlungen auf den zehnten Teil des Gesamtnennbetrags der gewährten Geschäftsanteile der übernehmenden Gesellschaft beschränkt. Nach der überwiegenden Meinung kann deshalb der Ausgliederungs- und Übernahmevertrag bare Zuzahlungen in unbeschränkter Höhe festsetzen.[503] Bei der Ausgliederung kann folglich – anders als bei Abspaltung – auch eine Wertdifferenz zwischen dem eingebrachten Vermögen und dem Nennbetrag des Stammkapitals der aufnehmenden Gesellschaft als Darlehen gewährt werden.[504]   221

7. Verzicht auf Anteilsgewährung

Der Gesetzgeber hat bekanntlich im **Zweiten Gesetz zur Änderung des UmwG** in den §§ 54 und 68 UmwG eine Ausnahme durch Verzicht festlegt:[505] § 54 Abs. 1 Satz 3 UmwG n. F. (für die GmbH) bzw. § 68 Abs. 1 Satz 3 UmwG n. F. (für die AG) bestimmt nunmehr, dass die Kapitalerhöhung bei der übernehmenden Kapitalgesellschaft zur Disposition **aller Anteilsinhaber des übertragenden Rechtsträgers** steht. Durch die Verweisung in § 125 Satz 1 UmwG gilt diese Verzichtsmöglichkeit auch bei der Spaltung.[506] Sie gilt nicht bei der Ausgliederung, es sei denn man folgt der z. T. in der Literatur vertretenen Analogiemöglichkeit (s. o. Teil 2 Rn. 114 f. und Teil 3 Rdn. 151 f.).   222

---

500 Vgl. Widmann/Mayer/Mayer, Umwandlungsrecht, § 126 UmwG Rn. 111.
501 Vgl. BR-Drucks. 548/06, S. 27.
502 Kallmeyer/Sickinger, UmwG, § 125 Rn. 58; Schröer in: Semler/Stengel, § 126 UmwG Rn. 29; Widmann/Mayer/Mayer, § 126 UmwG Rn. 101.
503 Vgl. OLG München, DNotZ 2012, 308 = NZG 2012, 229; Widmann/Fronhöfer, UmwG § 125 Rn. 75; Lutter/Priester, UmwG, § 126 Rn. 35 a. E.; BeckOGK/Verse UmwG § 125 Rn. 55; Lutter/Priester § 125 UmwG Rn. 35; Kallmeyer/Sickinger § 125 UmwG Rn. 60; Widmann/Mayer/Fronhöfer § 125 UmwG Rn. 75; Schmitt/Hörtnagl/Stratz/Hörtnagl § 125 UmwG Rn. 20; Kadel BWNotZ 2010, 46, 48.
504 OLG München, DNotZ 2012, 308 = NZG 2012, 229; Semler/Stengel/Maier/Reimer, UmwG, § 152 Rn. 71; Sickinger, § 125 Rn. 60; Lutter/Priester, § 126 Rn. 35; Lutter/Karollus, § 159 Rn. 16; Widmann/Mayer, § 135 UmwG Rn. 38; Widmann/Mayer, UmwG § 152 Rn. 102.
505 Vgl. BR-Drucks. 548/06, S. 27.
506 Kallmeyer/Sickinger, UmwG, § 125 Rn. 58; Widmann/Mayer/Mayer, § 126 UmwG Rn. 101; Schröer in: Semler/Stengel, § 126 UmwG Rn. 29.

Für die Spaltung aber gilt: **Verzichten alle Anteilsinhaber des übertragenden Rechtsträgers** in notarieller Urkunde auf die Anteilsgewährung, darf die übernehmende Gesellschaft von der Anteilsgewährung absehen. Zu kritisieren ist an dieser an sich erfreulichen Klarstellung, dass sie aufgrund der systematischen Stellung nur für die Spaltung auf die AG und GmbH gilt, obwohl bei der Personengesellschaft oder anderen Rechtsträgern ähnliche Fragestellungen bestehen. M. E. kann man aber aus der gesetzlichen Neuregelung allgemein den Schluss ziehen, dass der Anteilsgewährungsgrundsatz disponibel ist, wenn alle Anteilsinhaber der übertragenden Rechtsträger darauf verzichten, denn was bei Kapitalgesellschaften gilt, muss erst recht bei Personengesellschaften gelten.[507] Zu dem aus Gläubigerschutzsicht entstehenden Problem vgl. oben Teil 1 Rdn. 179.[508]

▶ Hinweis:

223 Aus ertragssteuerrechtlicher Sicht ist zu beachten, dass eine Anteilsgewährung zur Buchwertfortführung erforderlich sein kann.[509] Ferner ist zu berücksichtigen, dass in der letzten Zeit disquotale Gesellschaftsakte auch vermehrt unter dem Aspekt einer steuerpflichtigen Schenkung mit der Folge der **Schenkungssteuerpflicht** geprüft werden. Im Urteil vom 27.08.2014 hat der BFH[510] zur Kapitalerhöhung entschieden, dass, wenn im Zuge einer Kapitalerhöhung einer GmbH ein Dritter zur Übernahme des neuen Gesellschaftsanteils zugelassen wird, darin eine freigebige Zuwendung der Altgesellschafter an den Dritten vorliegen kann, wenn der gemeine Wert des Anteils die zu leistende Einlage übersteigt.[511] Die Problematik kann sich auch bei einem Verzicht auf Anteilsgewährung stellen, so dass auch insoweit eine Steuerplanung notwendig ist.

224 Nach § 125 Satz 1 i. V. m. § 54 Abs. 1 Satz 3 UmwG (für die GmbH) bzw. § 68 Abs. 1 Satz 3 UmwG ist erforderlich, dass alle Anteilsinhaber eines übertragenden Rechtsträgers in **notariell beurkundeter Verzichtserklärung** verzichtet haben, nicht erforderlich ist der Verzicht der Gesellschafter des übernehmenden Rechtsträgers.[512] Zum Schutz der Anteilsinhaber sollen allerdings die Verzichtserklärungen notariell beurkundet werden. Die Beurkundung muss nach den Vorschriften über die Beurkundung von Willenserklärungen (§§ 8 ff. BeurkG) erfolgen; eine Beurkundung nach den §§ 36 ff. BeurkG genügt nicht.[513] Es reicht aus, wenn die Verzichtserklärungen spätestens bei der Anmeldung zum Handelsregister vorliegen, nach richtiger Ansicht können sie auch noch nachgereicht werden (vgl. Teil 2 Rdn. 684).[514] Ein genereller Verzicht, etwa bei Gründung der Gesellschaft, ist nicht ausreichend, eine Verzichtsbestimmung in der Satzung der Gesellschaft nicht zulässig.[515]

---

507 A. A. Widmann/Mayer/Fronhöfer, Umwandlungsrecht, § 80 UmwG Rn. 18.1.
508 Vgl. auch zu den Streitfragen nach der Neuregelung Mayer/Weiler, DB 2007, 1235, 1239; Weiler, NZG 2008, 527 ff.; Kallmeyer, GmbHR 2006, 418 ff.; Drinhausen, BB 2006, 2313, 2315 ff.; Bayer/Schmidt, NZG 2006, 841; Keller/Klett, DB 2010, 1220 ff.; Krumm, GmbHR 2010, 24 ff.; Roß/Drögermüller, DB 2009, 580 ff.
509 Vgl. oben Teil 1 Rdn. 180; Mayer/Weiler, DB 2007, 1235, 1239; Krumm, GmbHR 2010, 24 ff.; Roß/Drögermüller, DB 2009, 580 ff.; Keller/Klett, DB 2010, 1220 ff.
510 BFHE 246, 506 = DNotZ 2015, 72 = RNotZ 2015, 105.
511 Vgl. dazu Herbst, DNotZ 2015, 324 ff.; Rodewald, GmbHR 2014, 1340 ff.; Wachter, ZEV 2015, 53; Esskandari/Bick, ErbStB 2014, 327.
512 Lutter/Winter/Vetter, § 54 UmwG Rn. 64.
513 Vgl. zum vergleichbaren Fall des Verzichts nach § 8 UmwG: Priester, DNotZ 1995, 427, 433; Widmann/Mayer/Mayer, Umwandlungsrecht, § 8 UmwG Rn. 58Stratz, in Schmitt/Hörtnagl/Stratz, § 8 UmwG Rn. 71.
514 OLG Brandenburg NotBZ 2018, 381; Lutter/Decher § 17 UmwG Rn. 13; Widmann/Mayer/Mayer, Umwandlungsrecht, § 8 UmwG Rn. 60; Kallmeyer/Marsch-Barner, UmwG, § 8 Rn. 38.
515 Stratz, in Schmitt/Hörtnagl/Stratz, § 8 UmwG Rn. 68; Lutter/Drygala, § 8 UmwG, Rn. 52.

Der Verzicht ist als **Gestaltungsrecht bedingungsfeindlich** und kann nicht mehr einseitig 225
zurückgenommen werden.[516] Die Verzichtserklärungen müssen nicht in einer gesonderten
Urkunde erklärt werden, vielmehr können die Verzichtserklärungen aller Gesellschafter in einer
Urkunde i. R. d. Beschlussfassung niedergelegt werden, sofern die Vorschriften über die Beurkundung von Willenserklärungen nach §§ 8 ff. BeurkG eingehalten sind, insb. das Protokoll von
allen Gesellschaftern unterzeichnet wird.[517] **Stellvertretung** ist zulässig. Der Verzicht kann auch
in der Versammlung erklärt und protokolliert werden kann, die über die Verschmelzung
beschließt.[518] Dies kann aber nur für eine Vollversammlung, bei der sämtliche Anteilsinhaber
anwesend sind, gelten.

IV. Prüfung der Kapitalaufbringung durch das Registergericht

Da es sich bei der Spaltung zur Aufnahme mit Kapitalerhöhung wie bei der Verschmelzung (vgl. 226
Teil 2 Rdn. 291 ff.) um eine Sacheinlage handelt, stellt sich die Frage, **welche Prüfungsbefugnis
das Registergericht** im Hinblick auf das übertragene Vermögen hat. Für die AG bestimmt § 142
UmwG, dass § 69 UmwG mit der Maßgabe anzuwenden ist, dass eine **Sacheinlagenprüfung
nach § 183 Abs. 3 AktG stets stattzufinden hat**. Bei einer Spaltung auf eine AG mit Kapitalerhöhung muss also das abgespaltene Vermögen stets einer Sacheinlagenprüfung wie bei einer Kapitalerhöhung unterworfen werden.

Für die GmbH bestimmt § 138 UmwG zwar, dass ein Sachgründungsbericht gem. § 5 Abs. 4 227
GmbHG stets erforderlich ist. Man wird diese Vorschrift wohl nur für die Spaltung zur Neugründung, nicht auch für die Spaltung mit Kapitalerhöhung anwenden können. Die Vorschrift ist
allerdings vom Wortlaut her anders als § 142 UmwG nicht eindeutig und verweist auch nur auf
§ 5 Abs. 4 UmwG und nicht auf die Vorschriften über die Kapitalerhöhung. Darüber hinaus ist
zum Kapitalerhöhungsrecht der GmbH umstritten, ob ein solcher **Sachkapitalerhöhungsbericht**
erforderlich ist (vgl. oben Teil 2 Rdn. 302).

Generell gilt aber, wie bei der Verschmelzung (vgl. oben Teil 2 Rdn. 298 ff.), dass auch bei der 228
Spaltung auf eine GmbH das Registergericht nach allgemeinen Vorschriften (§§ 57a, 9c GmbHG)
ein Prüfungsrecht und auch eine Prüfungspflicht bzgl. der Werthaltigkeit des übertragenen Vermögens hat. Der **Prüfungspflicht und das Prüfungsrecht des Registergerichts** bei der Kapitalerhöhung gegen Sacheinlage folgt nach allgemeiner Meinung die Notwendigkeit, der Anmeldung
auch Unterlagen beizufügen, die eine Prüfung ermöglichen. Als geeignete Unterlagen kommen
etwa die Schlussbilanz der übertragenden Gesellschaft in Betracht.[519] Das MoMiG hat den Prüfungsstandard des Registergerichts bei der GmbH allerdings in Anlehnung an § 38 Abs. 2 Satz 2
AktG verringert. Nach dem neuen § 9c Abs. 1 GmbHG beschränkt sich die Prüfungspflicht des
Registergerichts nunmehr auf »nicht unwesentliche« Überbewertungen der Sacheinlage. Unwesentliche Überbewertungen bleiben außer Betracht.[520] Mit dem Begriff »nicht unwesentlich« soll
den Bewertungsschwierigkeiten Rechnung getragen werden.[521]

---

516 Widmann/Mayer/Mayer, Umwandlungsrecht, § 8 UmwG Rn. 58; Widmann/Mayer/Rieger Umwandlungsrecht, § 68 Rn. 37.4; Stratz, in Schmitt/Hörtnagl/Stratz, § 8 UmwG Rn. 71; Lutter/Drygala, § 8 UmwG, Rn. 55.
517 Widmann/Mayer/Mayer, Umwandlungsrecht, § 8 UmwG Rn. 58.
518 Lutter/Drygala, UmwG, § 8 Rn. 50 Stratz, in: Schmitt/Hörtnagl/Stratz, § 8 UmwG Rn. 71; Decher, in: Lutter, Kölner Umwandlungsrechtstage, S. 201, 209 in Bezug auf den Formwechsel; ebenso: Priester, in: IDW Fachtagung 1994, S. 419, 426.
519 Vgl. allgemein zur Kapitalerhöhung Scholz/Priester, GmbHG, § 57a Rn. 6.
520 Lutter/Hommelhoff/Bayer, § 9c GmbHG Rn. 17; Baumbach/Hueck/Fastrich, § 9c GmbHG Rn. 7a.
521 Hüffer, § 38 AktG Rn. 9.

> Hinweis:

229 In der Praxis empfiehlt sich bei der Einbringung im Wege der Spaltung hinsichtlich der Ordnungsmäßigkeit der Wertansätze eine »bescheinigte« Schlussbilanz der übertragenden Gesellschaft, die durch einen Angehörigen der wirtschaftsprüfenden oder steuerberatenden Berufe zu erteilen ist. Dabei ist nicht Voraussetzung, dass die Einbringung zu Buchwerten erfolgt. Allerdings muss ggf. die Aufdeckung stiller Reserven dargelegt werden, was der Richter veranlassen kann, falls ein spezielles Gutachten verlangt wird. Werden die Wertansätze der Schlussbilanz fortgesetzt, wird man bei einer übertragenden Kapitalgesellschaft i. d. R. davon ausgehen können, dass Wertdeckung gegeben ist.

V. Besonderheiten bei der Ausgliederung und Kapitalerhöhung

230 § 125 UmwG bestimmt allerdings, dass bei einer Ausgliederung die Vorschriften des Verschmelzungsrechts nicht anzuwenden sind, die eine Verschmelzung ohne Kapitalerhöhung vorsehen, d. h. § 54 UmwG für die GmbH und § 68 UmwG für die AG. Die Bedeutung dieser Verweisung ist unklar (vgl. im Einzelnen zu den Folgen der Anteilsgewährung und Kapitalerhöhung bei Ausgliederung unten Teil 3 Rdn. 152 ff.).

E. Besonderheiten bei der Spaltung und Ausgliederung zur Neugründung

231 Bei der Spaltung bzw. Ausgliederung durch Neugründung wird das abzuspaltende Vermögen auf eine neu gegründete Gesellschaft übertragen und den Gesellschaftern bei der Spaltung bzw. der Gesellschaft bei der Ausgliederung Anteile an dieser neuen Gesellschaft gewährt. Die aufnehmende Gesellschaft wird dabei erst mit der Spaltung errichtet, wobei das abzuspaltende oder ausgegliederte Vermögen auf die neue Gesellschaft übergeht. Bei der Spaltung oder Ausgliederung zur Neugründung gründen die übertragenen Gesellschaften eine **neue übernehmende Gesellschaft**. Die übertragenden Gesellschaften sind die Gründer der neuen. Die Gründung erfolgt im Spaltungsvertrag bzw. Spaltungsplan (vgl. ausführlich oben Teil 2 Rdn. 338 ff.).

232 § 135 Abs. 2 UmwG bestimmt daher, dass auf die Gründung der neuen Rechtsträger die für die jeweilige Rechtsform des neuen Rechtsträgers **geltenden Gründungsvorschriften** anzuwenden sind, soweit sich nicht aus den besonderen Vorschriften etwas anderes ergibt. Vorschriften, die für die Gründung eine Mindestzahl der Gründer vorschreiben, sind nicht bei der Spaltung zur Neugründung anzuwenden. § 135 Abs. 2 UmwG ist die Parallelvorschrift zu der Verschmelzungsvorschrift des § 36 Abs. 2 UmwG. Diese Vorschrift stellt daher sicher, dass nach der Spaltung nur solche Kapitalgesellschaften am Rechtsverkehr teilnehmen, die mit den nötigen Verkehrswerten ausgestattet sind, die den Mindestvorschriften entsprechen.[522]

233 Ebenso wie bei der Verschmelzung wählt das Gesetz nunmehr einen anderen Ansatz als die alten Verschmelzungsvorschriften, die lediglich auf einzelne Vorschriften des jeweiligen Gründungsrechts verwiesen. Jetzt ist grds. das gesamte Gründungsrecht der neuen Gesellschaft anzuwenden.

I. Gesellschaftsvertrag und Spaltungsplan

1. Satzung als Inhalt des Spaltungsplans

234 § 135 UmwG verweist über § 125 Abs. 2 UmwG auch auf die **Vorschriften der Verschmelzung durch Neugründung**, also auch auf § 37 UmwG (vgl. Teil 2 Rdn. 342 ff.). Es muss daher auch im Spaltungsplan der Gesellschaftsvertrag, die Satzung oder das Statut des neuen Rechtsträgers enthalten sein und festgestellt werden.[523] Hiermit ist klargestellt, dass die Satzung Teil des Spal-

---

522 Vgl. Ganske, DB 1991, 794.
523 Vgl. Kallmeyer/Sickinger, UmwG, § 135 Rn. 11 f.; Widmann/Mayer/Mayer, Umwandlungsrecht, § 135 UmwG Rn. 24 ff., § 136 Rn. 22 ff.; BeckOGK/Weiß UmwG § 135 Rn. 39 f.

tungsplans ist und damit auch durch die Vorstände bzw. Geschäftsführer der abspaltenden Gesellschaft festgestellt wird. Die spaltende Gesellschaft ist somit Gründer der neuen Gesellschaft; es handelt sich um eine Ein-Personen-Gründung.[524] Bei der Spaltung zur Neugründung bestimmt daher auch § 135 Abs. 2 Satz 2 UmwG, dass den Gründern der übertragende Rechtsträger gleichsteht. Der übertragende Rechtsträger gilt also als Gründer.[525] Die Gründung erfolgt im Spaltungsplan.[526] Da die Satzung der neuen Gesellschaft Bestandteil des Spaltungsplans ist, bedarf sie, auch wenn es sich bei der neu gegründeten Gesellschaft um eine Personengesellschaft handelt, ebenso wie dieser der notariellen Beurkundung.

▶ Hinweis:

Dabei genügt es, wenn das Vertretungsorgan der Gesellschaft zunächst den schriftlichen Entwurf eines Spaltungsplans mit dem Entwurf der Satzung anfertigt, über den dann die Gesellschafterversammlung oder Hauptversammlung der spaltenden Gesellschaft entscheidet. Sodann kann der Spaltungsplan notariell beurkundet werden.

235

2. Inhalt der Satzung

Die Satzung oder Satzungen der i. R. d. Spaltung neu gegründeten Gesellschaften können nach allgemeinen Grundsätzen gestaltet werden. Bei der Abfassung ist darauf zu achten, dass es sich bei der Spaltung zur Neugründung um eine **Sachgründung** handelt, sodass das Stammkapital durch das eingebrachte Vermögen der abspaltenden Gesellschaft aufgebracht wird.[527] Dies ist in der Satzung auszuweisen. Im Gesellschaftsvertrag sind daher insb. der Betrag der Stammeinlage und die Tatsache, dass die Stammeinlage durch Spaltung des Vermögens der übertragenen Gesellschaft erbracht wird, anzugeben.[528] Zur Berechnung der Stammeinlage bei der neu gegründeten Gesellschaft gelten die gleichen Grundsätze wie bei der Verschmelzung zur Neugründung (vgl. oben Teil 2 Rdn. 141 ff.). Es gilt auch hier das Verbot der unter-pari-Emission, dass eine Überbewertung des abspaltenden Vermögens nicht zulässig ist. Die Sacheinlagen, d. h. das abgespaltene Vermögen, muss daher die Stammeinlagen der neu gebildeten Gesellschaften decken. Weiter ist zu berücksichtigen, dass bare Zuzahlungen den Wert des eingebrachten Vermögens vermindern und daher bei der Berechnung der Deckung abgezogen werden müssen (vgl. zum Verschmelzungsrecht oben Teil 2 Rdn. 141 ff.).

236

Auch i. Ü. ergibt sich der **notwendige Inhalt der Satzung** aus den allgemeinen Vorschriften des GmbH-, Aktien- oder Genossenschaftsrechts (z. B. §§ 3 ff. GmbHG, § 23 AktG):

237

AG Firma, Sitz, Gegenstand des Unternehmens, Höhe des Grundkapitals, Nennbeträge der einzelnen Aktien und Zahl der Aktien jedes Nennbetrages, ggf. Aktiengattungen, ob Inhaber- oder Namensaktien ausgegeben werden, die Zahl der Vorstandsmitglieder oder die Regelung über die Festlegung dieser Zahl und die Form der Bekanntmachung der Gesellschaft.

GmbH Firma und Sitz der Gesellschaft, Gegenstand des Unternehmens, die Zahl und die Nennbeträge der Geschäftsanteile, die jeder Gesellschafter gegen Einlage auf das Stammkapital (Stammeinlage) übernimmt.

Sowohl im Verschmelzungsrecht (s. o. Teil 2 Rdn. 352 ff.), als auch bei der Spaltung zur Neugründung wird, wie dargelegt, auf das gesamte Gründungsrecht des neuen Rechtsträgers verwiesen.

238

---

524 BeckOGK/Weiß UmwG § 135 Rn. 41.
525 Widmann/Mayer/Mayer, Umwandlungsrecht, § 135 UmwG Rn. 14; Kallmeyer/Sickinger, UmwG, § 135 Rn. 15; Lutter/Teichmann, UmwG, § 135 Rn. 2; BeckOGK/Weiß UmwG § 135 Rn. 41.
526 Vgl. auch Heidenhain, GmbHR 1995, 264.
527 BeckOGK/Weiß UmwG § 135 Rn. 40; Kallmeyer/Sickinger Rn.§ 135 UmwG Rn. 11; Semler/Stengel/Bärwaldt § 135 UmwG, Rn. 16.
528 Vgl. Widmann/Mayer/Mayer, Umwandlungsrecht, § 135 UmwG Rn. 44.

Sowohl bei GmbH als auch bei AG wird aus Gründen der **Satzungspublizität** verlangt, dass bei Sacheinlagen der Gegenstand der Sacheinlage und der Betrag der Stammeinlage, auf die sich die Sacheinlage bezieht, im Gesellschaftsvertrag bzw. der Satzung selbst festgesetzt werden müssen (§ 5 Abs. 4 GmbHG, § 27 Abs. 1 AktG). Für die GmbH hat der BGH im Urt. v. 24.07.2000[529] dahin gehend konkretisiert, dass der Gegenstand der einzubringenden Sacheinlage im Gesellschaftsvertrag so genau bestimmt werden muss, dass über seine Identität kein Zweifel besteht. Gegenstand des Verfahrens war allerdings die Einbringung eines Unternehmensteils im Wege der Einzelrechtsübertragung. Er weist darauf hin, dass in diesen Fällen aus dem Gesellschaftsvertrag ersichtlich sein müsste, um welche konkreten Vermögensgegenstände es gehe, auch auf eine Vermögensaufstellung könne Bezug genommen werden. Eine Spezifizierung der zu übernehmenden Vermögensgegenstände sei nur entbehrlich, wenn sämtliche Aktiva und Passiva übernommen worden wären.

239 In der Literatur besteht weitgehend Einigkeit, dass sowohl bei der Verschmelzung als auch bei der Spaltung zur Neugründung diese Vorschriften gelten.[530] Insofern genügt daher die **Festsetzung der Sacheinlage** im Verschmelzungs- oder Spaltungsvertrag nicht; vielmehr ist sie auch in der Satzung festzusetzen, und zwar nach Gegenstand der Sacheinlage und dem Wert, mit dem die i. R. d. Verschmelzung oder Spaltung übertragene Sacheinlage auf die Stammeinlage angerechnet wird.

240 Damit ist allerdings noch offen, mit welcher **Genauigkeit** die Festsetzungen zu erfolgen haben. Legt man die BGH-Entscheidung zugrunde, dann dürfte es zumindest bei der Verschmelzung genügen, dass die Sacheinlage dadurch erbracht wird, dass das gesamte Vermögen der übertragenden Rechtsträger im Wege der Verschmelzung auf den aufnehmenden Rechtsträger übergeht und damit die Sacheinlage erfüllt. Während im GmbH-Recht dabei umstritten ist, ob eine Formulierung wie »*alle Aktiva und Passiva*« genügt, wenn die Firma und die Handelsregisternummer angegeben wird[531] oder ob zusätzlich auch die letzte Bilanz beigefügt werden muss.[532]

241 Schwieriger zu beurteilen ist die **Sacheinlagefestsetzung bei der Spaltung**, da anders als bei der Verschmelzung eine Individualzuordnung der betroffenen Vermögensgegenstände ähnlich wie bei der Einzelrechtsübertragung im Wege des Spaltungsvertrages möglich ist, sodass von vornherein nicht feststeht, welche konkreten Vermögensgegenstände im Wege der Spaltung auf die neu gegründete Gesellschaft übertragen werden. Insofern würde eine vollständige Individualisierung, etwa mit dem gleichen Genauigkeitsgrad wie im Spaltungsplan oder Spaltungsvertrag dazu führen, dass umfangreiche Anlagen Teil der Satzung würden. Dies würde nicht nur den Umfang einer Satzung sprengen, sondern ist auch aus sachlichen Gründen nicht geboten. Während der Spaltungsvertrag oder Spaltungsplan Transformationsfunktion hat, also die Vermögensgegenstände im Wege der partiellen Gesamtrechtsnachfolge mit dinglicher Wirkung auf den neu gegründeten Rechtsträger überträgt, sodass hier zumindest in der Tendenz die für Einzelübertragung geltenden Grundsätze annäherungsweise erreicht werden müssen, hat die Satzung nicht diese Funktion. Die Satzung soll vielmehr aus Gläubigerschutzgesichtspunkten nur klarstellen, durch welche konkreten Gegenstände die Stammeinlagen erbracht wurden. Die **Angaben in der Satzung** müssen daher **nicht dem Bestimmtheitsgrundsatz** des § 126 UmwG genügen, da mit diesen Angaben keinerlei dingliche Wirkungen verbunden sind. Insofern dürfte auch bei beweglichen und unbeweglichen Gegenständen ebenso bei Forderungen Bestimmbarkeit genügen. Nach einem Teil der Literatur

---

529 NZG 2000, 1226) = DStR 2000, 2002 = DB 2000, 2260 = DNotI-Report 2000, 186.
530 Vgl. Widmann/Mayer/Mayer, Umwandlungsrecht, § 36 UmwG Rn. 78 und § 135 UmwG Rn. 44; Kallmeyer/Marsch-Barner, UmwG, § 36 Rn. 10; BeckOGK/Weiß UmwG § 135 Rn. 51; Ittner, MittRhNotK 1997, 105, 117 f.
531 So Baumbach/Hueck/Fastrich, GmbHG, § 5 Rn. 45; Lutter/Hommelhoff/Bayer, § 5 GmbHG Rn. 31; MünchKom/Schwandter, § 5 GmbHG Rn. 224; Rowedder/Schmidt-Leithoff/Schmidt-Leithoff § 5 GmbHG Rn. 60.
532 So noch Lutter/Hommelhoff, GmbHG, 16. Aufl. § 5 Rn. 30.

genügt es, in der Satzung ganz allgemein festzuhalten, dass die GmbH durch eine Spaltung nach dem UmwG entstanden ist.[533] Einigkeit besteht darin, dass es nicht erforderlich ist, den gesamten Inhalt des Ausgliederungsplans in der Satzung zu wiederholen und die übertragenen Vermögensgegenstände im Einzelnen aufzuzählen.[534]

Ist Gegenstand des Spaltungsplans ein Teilbetrieb, dann genügt ähnlich wie bei der Verschmelzung, dass der als Sacheinlage dienende Teilbetrieb in der Satzung der neu gegründeten GmbH schlagwortartig mit einer verkehrsüblichen Bezeichnung identifiziert wird. 242

▶ Hinweis:

Sicherheitshalber kann man, die den Teilbetrieb bezeichnende Spaltungsbilanz als Anlage zur Satzung nach § 9 Abs. 1 Satz 2 BeurkG nehmen, die dann damit zum rechtsgeschäftlichen Inhalt der Satzung wird. Die Anlagen, auf die in der Satzung nach § 9 Abs. 1 Satz 2 BeurkG verwiesen wird, zählen damit auch bei späteren Abänderungen des Gesellschaftsvertrages etwa i. S. d. § 54 Abs. 1 Satz 2 GmbHG zum Wortlaut der Satzung. 243

Wird **kein Teilbetrieb** abgespalten, sondern nicht nach einer Sachgesamtheit bezeichnende einzelne Vermögensgegenstände, so sollte in der Satzung eine **hinreichende Bestimmbarkeit** dieser Einzelrechtswirtschaftsgüter aufgenommen werden, was allerdings auch in einer Anlage zur Satzung erfolgen kann. 244

Einigkeit besteht jedenfalls, dass es nicht genügt, dass die Sacheinlage nur im Verschmelzungsvertrag oder nur im Spaltungsvertrag festgesetzt wird, sie ist vielmehr auch in der Satzung anzugeben.[535] 245

▶ Hinweis:

Zu beachten ist, dass nach §§ 57, 74 i. V. m. § 125 UmwG grds. auch Festsetzungen über Sondervorteile, Gründungsaufwand, Sacheinlagen und Sachübernahmen, die in den Gesellschaftsverträgen, Satzungen oder Statuten der übertragenden Rechtsträger enthalten waren, auch in die Satzung des neu gegründeten Rechtsträgers aufzunehmen sind. Die Vorschrift ist nach der Verweisung in § 125 UmwG auch für die Spaltung zur Neugründung anzuwenden. Für die Spaltung wird aber wohl die Einschränkung notwendig sein, dass dies nur gilt, wenn eine Aufspaltung erfolgt, bei der der übertragende Rechtsträger erlischt, sodass eine Fortschreibung dieser Angaben sinnvoll ist. Bei der Abspaltung oder Ausgliederung scheint dies nicht notwendig.[536] 246

▶ Formulierungsbeispiel: Festsetzungen in der Satzung

»1. Das Stammkapital der Gesellschaft beträgt 100.000,00 €. 247

2. Die Einlage wird in voller Höhe dadurch geleistet, dass sämtliche Aktiva und Passiva des Teilbetriebes Hochbau der A-GmbH mit Sitz in X-Stadt (HRB......) im Wege der Abspaltung zur Neugründung (§ 123 Abs. 2 Nr. 2 UmwG) auf die Gesellschaft übertragen werden. Das übertragene Vermögen ist in der Spaltungsbilanz, die dieser Niederschrift als Anlage 2 beigefügt wird und auf die nach § 14 BeurkG verwiesen wird, bezeichnet.«

---

533 Kallmeyer/Sickinger, § 135 UmwG Rn. 12; wohl auch KölnerKom/UmwG/Simon/Nießen § 135 UmwG Rn. 32.
534 Kölner KommUmwG/Simon/Nießen § 135 Rn. 32; Widmann/Mayer/Mayer § 135 UmwG Rn. 4.
535 Vgl. auch Heidinger/Limmer/Holland/Reul, Gutachten des DNotI, Bd. IV, Gutachten zum Umwandlungsrecht, S. 232 ff.
536 A. A. allerdings Widmann/Mayer/Mayer, Umwandlungsrecht, § 135 UmwG Rn. 44.

3. Beteiligung Dritter während der Spaltung

248 Zum Identitätsgrundsatz s. o. Teil 2 Rdn. 14.

249 Ebenso wie bei der Verschmelzung ist nach bisheriger Meinung eine **Beteiligung Dritter während der Spaltung** nicht möglich (Grundsatz der Identität). Dritte können danach also an der neu gegründeten Gesellschaft nicht beteiligt werden. In diesen Fällen müsste daher der Dritte entweder vor oder nach der Spaltung an einer der neu gegründeten Gesellschaften durch Anteilserwerb oder Kapitalerhöhung beteiligt werden oder sich vorher an der abspaltenden Gesellschaft beteiligen. Die Frage ist allerdings im Einzelnen umstritten (vgl. oben Teil 2 Rdn. 14 ff.). Allerdings kann nach allgemeinen Grundsätzen der mit der Eintragung der Spaltung entstehende Geschäftsanteil aufschiebend bedingt abgetreten werden.[537] Unklar ist, welche Rechtsfolgen aus dem **BGH-Urt. v. 09.05.2005**[538] zu ziehen sind. Die Entscheidung befasste sich im Kern mit der Stellung von Minderheitsgesellschaftern bei Umstrukturierungen.

250 In einem obiter dictum hat der **BGH** aber festgestellt:

> »Der Umwandlungsbeschluss entsprach inhaltlich dem aus §§ 194 Abs. 1 Nr. 3, 202 Abs. 1 Nr. 2 Satz 1 UmwG abzuleitenden **Gebot der Kontinuität der Mitgliedschaft** bei der umgewandelten Gesellschaft. Aus diesem Prinzip folgt lediglich, dass Berechtigte, die zum Zeitpunkt der Eintragung des Formwechsels Anteilsinhaber sind, auch Mitglieder des Rechtsträgers neuer Rechtsform werden. Dabei ist es für den Formwechsel der AG in eine GmbH & Co. KG ausreichend, wenn die Hauptversammlung, wie hier, mit einer Stimmenmehrheit von 3/4 einen der bisherigen Aktionäre – oder **sogar einen im Zuge des Formwechsels neu hinzutretenden Gesellschafter**[539] – mit dessen Zustimmung zum Komplementär der formgewechselten zukünftigen KG wählt und die Aktionäre i. Ü. Kommanditisten werden.«

251 Der BGH scheint also den Identitätsgrundsatz **in erster Linie als Minderheitsschutzelement** zu sehen: Die Gesellschafter haben das Recht Mitglieder des neuen oder bei der Verschmelzung des aufnehmenden Rechtsträgers zu werden. Umgekehrt kann man m. E. daraus folgern, dass mit deren Zustimmung der Grundsatz aufhebbar ist, also Veränderungen im Gesellschafterbestand – Zustimmung vorausgesetzt – zulässig sind. Die auf K. Schmidt zurückgehende These,[540] die eine Kombination des Umwandlungsrechts mit den allgemeinen Rechtsinstituten der **Anteilsübertragung** zulassen will, ist durch dieses Urteil gestützt worden.

252 Diese Gestaltungsfreiheit ist auch durch das Zweite Gesetz zur Änderung des UmwG bestätigt worden, indem der Gesetzgeber in den §§ 54 und 68 UmwG eine Ausnahme von der sog. Anteilsgewährungspflicht durch Verzicht festlegt:[541] § 54 Abs. 1 Satz 3 UmwG n. F. (für die GmbH) bzw. § 68 Abs. 1 Satz 3 UmwG n. F. (für die AG) bestimmt nunmehr, dass die Kapitalerhöhung bei der übernehmenden Kapitalgesellschaft zur Disposition **aller Anteilsinhaber des übertragenden Rechtsträgers** steht. Verzichten diese in notarieller Urkunde auf die Anteilsgewährung, darf die übernehmende Gesellschaft von der Anteilsgewährung absehen. Daraus lässt sich das grds. **Prinzip der Vertragsfreiheit** im Umwandlungsrecht ableiten: Mit Zustimmung der betroffenen Gesellschafter kann auf die Schutzvorschriften – Identitätsgrundsatz und Anteilsgewährung – verzichtet werden. Wie der BGH feststellte, haben diese Grundsätze nur Schutzcharakter ggü. den Anteilsinhabern, es sind aber keine verzichtbaren oder drittschützenden Grundsätze.

---

537 Mayer, DB 1995, 862.
538 NZG 2005, 722, dazu Simon/Leuering, NJW-Spezial 2005, 459; Heckschen, DB 2008, 2122 ff.; Baßler, GmbHR 2007, 1252 ff.; Bärwaldt, in: Semler/Stengel, § 36 UmwG Rn. 70; Lutter/Grunewald, § 36 UmwG Rn. 15.
539 Vgl. dazu BGHZ 142, 1, 5.
540 GmbHR 1995, 693; ders., ZIP 1998, 181, 186.
541 Vgl. BR-Drucks. 548/06, S. 27.

E. Besonderheiten bei der Spaltung und Ausgliederung zur Neugründung   Teil 3 Kapitel 1

II. Kapitalaufbringung

Wie bereits dargelegt, handelt es sich bei der Spaltung zur Neugründung um eine **Sachgründung**.[542] Die Einlagepflicht wird durch Übertragung des abgespaltenen Vermögens erfüllt. Es gelten daher die gleichen Grundsätze wie bei jeder Sachgründung. Aus Gründen des Gläubigerschutzes ist daher sowohl bei der AG als auch bei der GmbH eine Überbewertung des übertragenen Vermögens bzw. eine unter-pari-Emission verboten (vgl. oben Teil 2 Rdn. 359 ff.). Dem **Registergericht** obliegt die Prüfung, ob eine Überbewertung des eingebrachten Vermögens im Wege der Spaltung vorliegt. Das MoMiG hat den Prüfungsstandard des Registergerichts bei der GmbH allerdings in Anlehnung an § 38 Abs. 2 Satz 2 AktG verringert. Nach dem neuen § 9c Abs. 1 GmbHG beschränkt sich die Prüfungspflicht des Registergerichts nunmehr auf »nicht unwesentliche« Überbewertungen der Sacheinlage. Unwesentliche Überbewertungen bleiben außer Betracht.[543] Mit dem Begriff »nicht unwesentlich« soll den Bewertungsschwierigkeiten Rechnung getragen werden.[544] Grds. ist für die Höhe der Stammkapitalziffer der Wert des übertragenen Vermögens maßgebend. 253

Maßgebend für die Prüfung durch das **Registergericht** ist allerdings **nicht zwingend** der Buchwert des übertragenen Vermögens, sondern der wahre Wert. Bereits bei der Bestimmung des Umtauschverhältnisses im Spaltungsplan erfolgt eine Festlegung der wahren Werte. Dennoch dürfte wie bei der Verschmelzung eine Unterbewertung des Vermögens zulässig sein, wenn alle Gesellschafter zustimmen (vgl. oben Teil 2 Rdn. 294). Mit Zustimmung aller Gesellschafter der spaltenden Gesellschaft wird man daher eine **Unterbewertung** für zulässig erachten müssen, weil hierdurch zumindest Gläubigerinteressen nicht beeinträchtigt werden und so allein dem Minderheitenschutz Rechnung zu tragen ist. Außerdem können die Stammkapitalziffern durch Aufspaltung entstandener Gesellschaften in ihrer Summe von der Stammkapital-Ziffer der aufgespaltenen Gesellschaft abweichen.[545] 254

Die Freiheit der Beteiligten bei Bewertung des Vermögens findet ihre Grenze allerdings an den Grundsätzen der **Mindestkapitalaufbringung** bei jeder neuen Gesellschaft.[546] Ebenfalls fraglich ist, ob im Fall einer Unterbewertung der Mehrbetrag des Reinvermögens der übertragenen Gesellschaft in die freien Rücklagen eingestellt werden muss oder auch als Darlehen geschuldet werden kann.[547] Bei einer Auf- und Abspaltung zur Neugründung kann wegen des Verbotes der baren Zuzahlung, das auf das Darlehen anwendbar ist, die Wertdifferenz zwischen dem Nettovermögen und dem Nennbetrag des Stammkapitals nicht als Darlehen gewährt werden.[548] Bei der Ausgliederung gilt allerdings die Sperre des § 54 Abs. 4 UmwG nicht, sodass in diesen Fällen ein Teil des Vermögens in ein Darlehen eingestellt werden darf. I. Ü. bestehen allerdings keinerlei Einschränkungen im Hinblick auf die Festsetzung des Stamm- bzw. Grundkapitals bei der neu entstehenden GmbH oder AG. Ebenso wie bei der Verschmelzung bei Aufnahme des Kapitalerhöhungsbetrages das übergehende Nettovermögen unterschritten werden kann, kann auch die Kapitalziffer bei der Spaltung zur Neugründung im Hinblick auf die Kapitalziffer der spaltenden Gesellschaften nach unten abweichen.[549] 255

---

542 Widmann/Mayer/Mayer, Umwandlungsrecht, § 135 UmwG Rn. 24; Lutter/Priester, UmwG, § 136 Rn. 10; Schröer in: Semler/Stengel, § 135 UmwG Rn. 16.
543 Lutter/Hommelhoff/Bayer, § 9c GmbHG Rn. 17; Baumbach/Hueck/Fastrich, § 9c GmbHG Rn. 7a.
544 Hüffer, § 38 AktG Rn. 9.
545 Mayer, DB 1995, 862.
546 Mayer, DB 1995, 862; Widmann/Mayer/Mayer, Umwandlungsrecht, § 135 UmwG Rn. 45; Lutter/Priester, UmwG, § 136 Rn. 10.
547 Widmann/Mayer/Mayer, Umwandlungsrecht, § 135 UmwG Rn. 46.
548 Vgl. oben Teil 3 Rdn. 209 und Widmann/Mayer/Mayer, Umwandlungsrecht, § 126 UmwG Rn. 140 ff. und § 135 UmwG Rn. 38.
549 Vgl. Mayer, DB 1995, 861, 862.

256 Ist das Kapital überbewertet worden und wird tatsächlich die Stammkapitalziffer nicht erreicht, darf die neue Gesellschaft nicht in das Handelsregister eingetragen werden. Umstritten ist, ob bei einer Überbewertung eine **Differenzhaftung** besteht.[550] Der BGH hat dies i. R. d. Verschmelzung abgelehnt.[551]

III. Bardeckungspflicht (gemischte Bar-, Sachkapitalgründung)

257 Bei der Verschmelzung war früher umstritten, welche Möglichkeiten bestehen, wenn i. R. d. Verschmelzung das übertragene Vermögen **den Wert des Kapitalerhöhungsbetrages nicht erreicht**. Bei der Sachgründung besteht allgemein die Möglichkeit, dass der Einleger die Wertdifferenz in Form einer Bareinlage ausgleicht.[552] Bekanntlich war die Frage streitig, ob sich diese Regelung bei der Verschmelzung übertragen lässt. Man wird es bei der Spaltung oder Ausgliederung zur Neugründung wohl zulassen müssen, sodass die Verbindung einer Sacheinlage mit einer Bareinlage als sog. **gemischte Einlage** zulässig und wohl auch erforderlich ist, wenn die abgespaltenen Vermögensgegenstände den Wert der übernommenen Einlagen nicht erreichen.[553] Die zusätzlichen Barmittel müssen dann aber z. B. gem. § 7 Abs. 3 GmbHG sofort vollständig geleistet werden.

IV. Organbestellung

258 **Gründer** der neu errichteten Gesellschaft bei der Spaltung zur Neugründung ist die abspaltende Gesellschaft und nicht deren Gesellschafter (vgl. § 135 Abs. 2 Satz 2 UmwG). Die spaltende Gesellschaft ist somit Gründer der neuen Gesellschaft; es handelt sich um eine Ein-Personen-Gründung.[554] Bei der Spaltung zur Neugründung bestimmt daher auch § 135 Abs. 2 Satz 2 UmwG, dass den Gründern der übertragende Rechtsträger gleichsteht. Der übertragende Rechtsträger gilt also als Gründer.[555] Sowohl die Feststellung des Gesellschaftsvertrages als auch die Bestellung der Organe in den neuen Gesellschaften erfolgen somit durch die vertretungsberechtigten Organe – Geschäftsführer oder Vorstände – der übertragenden Gesellschaft.

▶ Hinweis:

259 In der Praxis wird daher zweckmäßigerweise auch gleichzeitig mit dem Abschluss des Gesellschaftsvertrages der neuen Gesellschaft die Bestellung der ersten Geschäftsführer bzw. Vorstände der neu gegründeten Gesellschaften vorgenommen. Da die Anmeldung nach § 137 Abs. 1 UmwG der neuen Gesellschaft durch das Vertretungsorgan des übertragenden Rechtsträgers erfolgt, benötigt man zu diesem Zeitpunkt noch nicht die Geschäftsführer der neuen Gesellschaft. Die Bestellung kann daher, muss nicht, sogleich mit dem Gesellschaftsvertrag der neuen Gesellschaften vorgenommen werden, sie kann auch später in der Gesellschafterversammlung vorgenommen werden. In der Praxis erfolgt dies allerdings bereits – vorbehaltlich der Zustimmung der Gesellschafterversammlung – im Spaltungsplan. Allerdings findet bei der Spaltung zur Neugründung § 8 GmbHG in vollem Umfang Anwendung, sodass die vom GmbHG vorgeschriebenen Versicherungen spätestens bei der Anmeldung der neuen Gesell-

---

550 Bejahend: Kallmeyer/Sickinger, UmwG, § 135 Rn. 14 ff.; Ihrig, GmbHR 1995, 622, 634 f., 638 f.
551 BGH, DB 2007, 1241 = DStR 2007, 1049; vgl. auch oben Teil 2 Rdn. 261.
552 Vgl. Scholz/Priester, GmbHG, § 57 Rn. 12.
553 Im Ergebnis ebenso Suppliet, NotBZ 1997, 141, 146; Widmann/Mayer/Vossius, Umwandlungsrecht, § 20 UmwG Rn. 52; Widmann/Mayer § 55 UmwG Rn. 79.1; Kallmeyer/Kallmeyer/Kocher, § 55 UmwG Rn. 5; Lutter/Winter/Vetter, UmwG, § 55 Rn. 73; Reichert, in: Semler/Stengel, § 55 UmwG Rn. 10; zum alten Umwandlungsrecht OLG Oldenburg, DB 1994, 88; Priester, BB 1978, 1291.
554 BeckOGK/Weiß UmwG § 135 Rn. 41.
555 Widmann/Mayer/Mayer, Umwandlungsrecht, § 135 UmwG Rn. 14; Kallmeyer/Kallmeyer/SickingerSickinger, UmwG, § 135 Rn. 15; Lutter/Teichmann, UmwG, § 135 Rn. 2; BeckOGK/Weiß UmwG § 135 Rn. 41.

E. Besonderheiten bei der Spaltung und Ausgliederung zur Neugründung Teil 3 Kapitel 1

schaft notwendig sind.[556] Deshalb sollten die Geschäftsführer der neuen Gesellschaft entweder bereits anlässlich der Beurkundung des Spaltungsplans oder spätestens bei der Beurkundung des Spaltungsbeschlusses bestellt werden.[557]

V. Entstehung einer Vorgesellschaft

Für die Spaltung zur Neugründung verweist § 135 Abs. 2 UmwG auf die für die jeweilige Rechtsform des neuen Rechtsträgers bestehenden **Gründungsvorschriften**. Hieraus folgt, dass mit Beurkundung des Spaltungsplans und des Spaltungsbeschlusses davon auszugehen ist, dass eine Vorgesellschaft entsprechend den allgemeinen Regeln bis zur Eintragung im Handelsregister existiert. In der Praxis stellt sich die Frage, inwieweit nach diesem Zeitpunkt mit Gründung der Vorgesellschaft (vgl. dazu ausführlich Teil 2 Rdn. 250 ff.) **Kapitalerhöhungen zulässig** sind. Nach allgemeiner Ansicht sind auch Kapitalerhöhungen im Zeitraum der Vorgesellschaft möglich, streitig ist jedoch, unter welchen Voraussetzungen. Die herrschende Meinung sieht die Kapitalerhöhung im Stadium der Vorgesellschaft nicht als eine Satzungsänderung i. S. d. §§ 55 ff. GmbHG an, sondern als eine Änderung des Stammkapitalbetrags der Gründungssatzung.[558] Überträgt man diese Vorschrift auf die Gründung im Wege der Spaltung, so ergibt sich daraus, dass dann der gesamte Ausgliederungsvorgang abgeändert werden muss. 260

VI. Zustimmungsbeschlüsse zum Gesellschaftsvertrag und zur Organbestellung

Gem. §§ 135, 125 Satz 1 i. V. m. § 59 UmwG (für die GmbH) bzw. § 76 Abs. 2 UmwG (für die AG) bedarf die Satzung bzw. der Gesellschaftsvertrag der neu gegründeten Gesellschaften bei der Abspaltung zu seiner Wirksamkeit der Zustimmung der Gesellschafter der übertragenden Gesellschaft durch Verschmelzungsbeschluss. Das Gesetz spricht davon, dass der Zustimmungsbeschluss zum Gesellschaftsvertrag »durch Verschmelzungsbeschluss« erfolgen muss. Hierdurch wird wohl klargestellt, dass die Sondervorschriften, die für den Verschmelzungsbeschluss gelten, auch für den Zustimmungsbeschluss zum Gesellschaftsvertrag bei der Spaltung Anwendung finden (vgl. oben Teil 2 Rdn. 368 ff.). Insb. sind die besonderen Mehrheiten des Verschmelzungsbeschlusses, die Sondervorschriften über die Einberufung und die Formvorschriften anzuwenden. Der Zustimmungsbeschluss bedarf der notariellen Beurkundung. Der Gesellschaftsvertrag ist ihm als Anlage beizufügen, die als Teil der Urkunde mitverlesen werden muss (§ 9 BeurkG). I. d. R. erfolgen Zustimmungsbeschluss zur Spaltung und Zustimmungsbeschluss zum neuen Gesellschaftsvertrag in einer Gesellschafter- bzw. Hauptversammlung. Der Zustimmung bedürfen ebenfalls die Bestellung der Mitglieder des Aufsichtsrates der neuen Gesellschaft, soweit diese von den Anteilsinhabern der übertragenden Rechtsträger zu wählen sind, und die Bestellung der Geschäftsführer (§ 76 Abs. 2 UmwG). 261

VII. Sachgründungsbericht bzw. Gründungsbericht und Gründungsprüfung

1. GmbH

Anders als bei der Verschmelzung (§ 58 UmwG) bestimmt § 138 UmwG bei der Spaltung unter Beteiligung von GmbH, dass **stets ein Sachgründungsbericht erforderlich** ist. Der Sachgründungsbericht ist daher notwendig, unabhängig davon, ob die abspaltende Gesellschaft eine Kapitalgesellschaft oder eine Personenhandelsgesellschaft ist. Die Regierungsbegründung führt hierzu aus, dass, wenn eine GmbH im Wege der Spaltung neu gegründet wird, die Gläubiger dieses neuen Rechtsträgers besonders leicht gefährdet werden können, wenn der übertragende Rechtsträ- 262

---

556 Mayer, DB 1995, 862.
557 Widmann/Mayer/Mayer, Umwandlungsrecht, § 135 UmwG Rn. 117 f.
558 Vgl. Lutter/Hommelhoff, GmbHG, § 55 Rn. 22; Hachenburg/Ulmer, GmbHG, § 55 Rn. 24; a. A. Scholz/Priester, GmbHG, § 55 Rn. 29.

ger die weniger wertvollen Vermögensteile abstößt oder wenn deren Zusammensetzung die Ertragsaussichten des übertragenden Betriebes sinken lässt. Dem soll auch durch einen Sachgründungsbericht vorgebeugt werden, wenn dem übertragenden Rechtsträger wegen der Strenge der für ihn geltenden Kapitalschutzvorschriften grds. Vertrauen entgegen gebracht werden könne.[559]

263 Der Sachgründungsbericht nach § 5 Abs. 4 Satz 2 GmbHG hat die Aufgabe, plausibel zu machen, welche Überlegungen für den Einlagewert des abgespaltenen Vermögens sprechen. Durch ihn soll die **Werthaltigkeit der Vermögensteile** im Hinblick auf das Stammkapital nachgewiesen werden. Dies können Markt- und Börsenpreise, bei Grundstücken die Unterlagen des gemeindlichen Gutachterausschusses, sonstige Gutachten, Schätzungen etc. sein.

264 Unklar ist, ob über § 125 Satz 1 UmwG auch die Vorschrift des § 58 Abs. 1 UmwG Anwendung findet, mit der Folge, dass im Sachgründungsbericht auch **Geschäftsverlauf und die Lage des abspaltenden Rechtsträgers** darzulegen ist. Es sind keine Gründe ersichtlich, warum die Verschmelzung zur Neugründung anders behandelt werden sollte als die Spaltung zur Neugründung, sodass man dies wohl verlangen muss, obwohl für den Fall der Ausgliederung aus dem Vermögen eines Einzelkaufmanns in § 159 Abs. 1 UmwG ausdrücklich auf § 58 Abs. 1 UmwG verwiesen wird, während eine solche Verweisung in § 138 UmwG nicht erfolgt.[560] Die in diesem Zusammenhang darzustellenden Tatsachen entsprechen denen beim Lagebericht nach § 289 HGB, dessen wesentliche Angaben auch hier gelten: Die Darstellung muss ein dem tatsächlichen Verhältnis entsprechendes Bild vermitteln. Der Bericht bedarf nur der Schriftform, aber der Unterzeichnung durch alle Gründer persönlich. Da bei der Spaltung die abspaltende Gesellschaft Gründer ist, muss der Sachgründungsbericht von den Vertretungsorganen in vertretungsberechtigter Zahl, auch unechte Gesamtvertretung, abgegeben werden; rechtsgeschäftliche Bevollmächtigung ist nicht zulässig.[561]

2. AG

265 Eine vergleichbare Vorschrift ist für die AG vorgesehen. Bei der AG hat nach § 142 UmwG stets eine Prüfung der Sacheinlage stattzufinden. Ferner wird in § 144 UmwG bestimmt, dass grds. ein **Gründungsbericht** (§ 32 AktG) und eine **Gründungsprüfung** (§ 33 Abs. 2 AktG) erforderlich sind. Auch hier stellt sich die Frage, ob über § 125 Satz 1 UmwG gem. § 75 UmwG in dem Gründungsbericht auch der Geschäftsverlauf und die Lage der übertragenden Rechtsträger darzustellen sind.

266 Der Gründungsbericht bei der AG ist wie bei der GmbH vom Vertretungsorgan der übertragenden Gesellschaft abzugeben. Nach § 32 Abs. 2 AktG sind insb. anzugeben:
– Die vorausgegangenen Rechtsgeschäfte, die auf den Erwerb der Gesellschaft hingezielt haben,
– die Anschaffungs- und Herstellungskosten aus den beiden letzten Jahren und
– die Betriebserträge aus den beiden letzten Geschäftsjahren.

§ 143 UmwG bestimmt allerdings i. d. F. des 3. Gesetzes zur Änderung des Umwandlungsgesetzes, dass bei **verhältniswahrenden** (Auf- oder Ab-) Spaltungen zur Neugründung ein Spaltungsbericht, eine Spaltungsprüfung und eine Zwischenbilanz nicht mehr erforderlich sind.[562] Die Ausnahme gilt nur bei Auf- und Abspaltungen zur Neugründung.[563] Weitere Voraussetzung ist, dass nur AG als übertragende und neu gegründete Rechtsträger an der Auf- oder Abspaltung beteiligt

---

559 Vgl. BR-Drucks. 75/94, S. 115, abgedruckt in: Limmer, Umwandlungsrecht, S. 320.
560 Vgl. Mayer, DB 1995, 862; Widmann/Mayer/Mayer, Umwandlungsrecht, § 138 UmwG Rn. 14; Lutter/Priester, UmwG, § 138 Rn. 6.
561 Lutter/Priester, UmwG, § 138 Rn. 5; Kallmeyer/Zimmermann, § 137 UmwG Rn. 16; Reichert in: Semler/Stengel, § 138 Rn. 9.
562 Vgl. Leitzen, DNotZ 2011, 526, 541; Simon/Merkelbach, DB 2011, 1317, 1323.
563 BeckOGK/Brellochs UmwG § 143 Rn. 5; Kallmeyer/Sickinger § 143 UmwG Rn. 2; Schmitt/Hörtnagl/Stratz/Hörtnagl UmwG § 143 Rn. 3.

sind, für KgaA gilt dies nicht.⁵⁶⁴ Maßgebend für die Verhältniswahrung ist die quotale Beteiligung am satzungsmäßigen Grundkapital.⁵⁶⁵

VIII. Anmeldung der neuen Rechtsträger im Handelsregister

Vgl. unten Teil 3 Rdn. 386 ff.

267

Nach § 137 Abs. 1 UmwG hat das **Vertretungsorgan des übertragenen Rechtsträgers** jeden der neuen Rechtsträger bei dem Gericht, in dessen Bezirk es seinen Besitz haben soll, zur **Eintragung im Register** anzumelden. Das Vertretungsorgan des übertragenden Rechtsträgers hat die Spaltung/Ausgliederung zur Eintragung in das Register des Sitzes des übertragenden Rechtsträgers anzumelden (§ 137 Abs. 2 UmwG). Die Anmeldung des neuen Rechtsträgers erfolgt nach § 137 Abs. 1 UmwG nicht durch die Vertretungsorgane des neuen Rechtsträgers, sondern durch die Vertretungsorgane jeweils in vertretungsberechtigter Zahl der gründenden Rechtsträger, wobei dies eine ausschließliche Befugnis ist.⁵⁶⁶ Die Anmeldebefugnis des übertragenden Rechtsträgers umfasst grundsätzlich alle zur Gründung erforderlichen oder zweckmäßigen Erklärungen.⁵⁶⁷ Die Mitwirkung der Vertretungsorgane des neuen Rechtsträgers ist i.d.R. erforderlich, insbesondere in Bezug auf etwaige höchstpersönlich abzugebende Erklärungen (vgl. unten Teil 3 Rdn. 388 ff.).

F. Kapitalerhaltung und Kapitalherabsetzung bei der übertragenden Gesellschaft (GmbH und AG)

Bei der Ausgliederung erhält die ausgliedernde Gesellschaft als **Gegenleistung** für die übertragenen Vermögensgegenstände Anteile an der aufnehmenden Gesellschaft. Es findet ein **Aktivtausch** statt, sodass sich auch hier keine Probleme der Kapitalerhaltung ergeben.⁵⁶⁸

268

Bei einer Aufspaltung **erlischt die übertragende Gesellschaft** (§ 123 Abs. 1 UmwG), sodass sich Fragen der Kapitalerhaltung bei dieser Gesellschaft nicht stellen. Bei der Abspaltung hingegen wird lediglich ein Teil des Vermögens der übertragenden Gesellschaft auf eine bestehende oder neue Gesellschaft abgespalten, sodass auch das Kapital einer GmbH oder AG als übertragender Gesellschaft im Hinblick auf die Kapitalerhaltungsgrundsätze betroffen sein kann. Der Gesetzgeber musste daher sicherstellen, dass bei einer Abspaltung die abspaltende GmbH bzw. AG weiterhin den Grundsätzen der Kapitalbindung genügt.⁵⁶⁹

269

I. Versicherungspflicht bzw. vereinfachte Soliditätsprüfung

1. Versicherungspflicht bei GmbH (§ 140 UmwG)

Diese Kapitalbindung wird zum einen durch bestimmte **Versicherungen der Vertretungsorgane** erreicht. So bestimmt § 140 UmwG für die GmbH, dass bei der Anmeldung der Abspaltung oder Ausgliederung zur Eintragung in das Register einer übertragenden GmbH deren Geschäftsführer auch zu erklären haben, dass die durch Gesetz und Gesellschaftsvertrag vorgesehenen Voraussetzungen für die Gründung dieser Gesellschaft unter Berücksichtigung der Abspaltung oder

270

---

564 BeckOGK/Brellochs UmwG § 143 Rn. 7; Schmitt/Hörtnagl/Stratz/Hörtnagl UmwG § 143 Rn. 3; Lutter/Schwab § 143 UmwG Rn. 5; Kallmeyer/Sickinger § 143 UmwG Rn. 2.
565 BeckOGK/Brellochs UmwG § 143 Rn. 5; Schmitt/Hörtnagl/Stratz/Hörtnagl UmwG § 143 Rn. 3.
566 Kallmeyer/Zimmermann, § 137 UmwG Rn. 2 f.; BeckOGK/Weiß UmwG § 137 Rn. 7; Widmann/Mayer/Fronhöfer § 137 UmwG Rn. 13; Semler/Stengel/Schwanna § 137 UmwG Rn. 2; Lutter/Priester § 137 UmwG Rn. 11.
567 BeckOGK/Weiß UmwG § 137 Rn. 8; Lutter/Priester § 137 UmwG Rn. 11; Semler/Stengel/Schwanna § 137 UmwG Rn. 2.
568 Vgl. Priester, in: FS für Schippel, 1996, S. 487 f.
569 Vgl. eingehend Priester, in: FS für Schippel, 1996, S. 487 ff.; Naraschewski, GmbHR 1995, 697 ff.; Kallmeyer/Sickinger, UmwG, § 139 Rn. 1 ff.; Widmann/Mayer/Mayer, Umwandlungsrecht, § 139 UmwG Rn. 8 ff.; Lutter/Priester, UmwG, § 138 Rn. 1 ff.; BeckOGK/Brellochs UmwG § 139 Rn. 1 ff.

der Ausgliederung im Zeitpunkt der Anmeldung vorliegen. Hierdurch soll also Vorsorge dahin gehend getroffen werden, dass durch die Abspaltung oder die Ausgliederung die Kapitalausstattung der GmbH nicht unter die gesetzlichen Mindesterfordernisse für die Höhe des Stammkapitals absinkt und auch sonst die gesetzlichen Voraussetzungen für die Gründung einer GmbH, insb. die Vorschriften über die Mindesthöhe der Stammeinlagen, weiterhin beachtet werden.

Die **Begründung zum RegE** weist darauf hin, dass sichergestellt werden müsse, dass das im Gesellschaftsvertrag der übertragenden GmbH vorgesehene **Stammkapital, das über dem gesetzlichen Mindestkapital liegen kann, durch Aktiva weiter gedeckt ist**. Dafür sollen die Geschäftsführer durch eine Erklärung ggü. dem Registergericht einstehen, die **strafbewehrt** ist. Dagegen erscheint es nach Auffassung der Regierungsbegründung nicht erforderlich, für die übertragende GmbH eine neue Beobachtung der Gründungsvorschriften des GmbHG anzuordnen. Dies würde den Spaltungsvorgang zu stark mit förmlichen Erfordernissen, evtl. auch mit zusätzlichen Kosten, belasten.[570]

Wegen der Strafbewehrung geht ein **Teil der Literatur** davon aus, dass die Abgabe von **allen Geschäftsführern der übertragenden Gesellschaft abzugeben ist** und **höchstpersönlich** ist.[571] Diese Schlussfolgerung ist m.E. nicht zwingend; da die Erklärung im engen Zusammenhang mit der Anmeldung steht, bei der ein Handeln in vertretungsberechtigter Zahl genügt, sollte dies auch bei der Erklärung nach § 140 UmwG genügen.[572] Unechte Gesamtvertretung und Bevollmächtigung wird überwiegend als nicht zulässig angesehen.[573]

2. Vereinfachte Soliditätsprüfung bei AG (§ 146 UmwG)

271 Eine ähnliche Vorschrift trifft § 146 UmwG für die AG. Bei der Anmeldung der Abspaltung oder der Ausgliederung einer übertragenden AG hat deren **Vorstand zu erklären**, dass die durch Gesetz und Satzung vorgesehenen Voraussetzungen für die Gründung dieser Gesellschaft unter Berücksichtigung der Abspaltung oder der Ausgliederung im Zeitpunkt der Anmeldung vorliegen. Die Begründung zum RegE weist darauf hin, dass wie in § 140 UmwG bei der GmbH auch das Vertretungsorgan einer AG oder einer KGaA durch eine Erklärung ggü. dem Registergericht die Verantwortung dafür übernehmen soll, dass nach der Spaltung oder nach der Ausgliederung nicht eine Gesellschaft besteht, die den gesetzlichen Vorschriften oder den Erfordernissen der Satzung nicht mehr entspricht.

272 Auch bei § 146 UmwG ist umstritten, ob die Erklärung **von allen Vorstandsmitgliedern oder in vertretungsberechtigter Zahl abzugeben** ist.[574] Ebenfalls umstritten ist, ob die Erklärung **höchstpersönlich** ist.[575]

---

570 Vgl. Begründung zum RegE, BR-Drucks. 75/94, S. 125, abgedruckt in: Limmer, Umwandlungsrecht, S. 320.
571 Widmann/Mayer/Mayer, Umwandlungsrecht, § 140 UmwG Rn. 16 f.; Lutter/Priester § 140 UmwG Rn. 8; Kallmeyer/Zimmermann, UmwG, § 140 Rn. 6, § 146 Rn. 4; BeckOGK/Brellochs UmwG § 140 Rn. 9.
572 So Hörtnagl, in: Schmitt/Stratz/Hörtnagl, § 140 UmwG Rn. 3; Reichert, in: Semler/Stengel, UmwG, UmwStG, § 140 UmwG Rn. 4, zur vergleichbaren Vorschrift auch Lutter/Schwab, UmwG, § 146 Rn. 6.
573 So Hörtnagl, in: Schmitt/Stratz/Hörtnagl, § 140 UmwG Rn. 3; Lutter/Priester § 140 UmwG Rn. 8; Reichert, in: Semler/Stengel, UmwG, UmwStG, § 140 UmwG Rn. 4; Kallmeyer/Zimmermann, UmwG, § 140 Rn. 6, § 146 Rn. 4; BeckOGK/Brellochs UmwG § 140 Rn. 9; anders zu § 146 UmwG: Lutter/Schwab, UmwG, § 146 Rn. 6.
574 Vgl. zum Streit Kallmeyer/Zimmermann, UmwG, § 146 Rn. 4; Widmann/Mayer/Rieger, Umwandlungsrecht, § 146 UmwG Rn. 7; Lutter//Schwab, UmwG, § 146 Rn. 6 f.; Hörtnagl, in: Schmitt/Stratz/Hörtnagl, § 140 UmwG Rn. 2; Diekmann, in: Semler/Stengel, UmwG, § 146 UmwG Rn. 6; BeckOGK/Brellochs UmwG § 146 Rn. 8.
575 So Kallmeyer/Zimmermann, UmwG, § 146 Rn. 4; Widmann/Mayer/Rieger, Umwandlungsrecht, § 146 UmwG Rn. 7; Hörtnagl, in: Schmitt/Hörtnagl/Stratz, § 146 UmwG Rn. 2; Lutter//Schwab, UmwG, § 146 Rn. 6; BeckOGK/Brellochs UmwG § 146 Rn. 8.

Bei der AG sollen darüber hinaus nach § 146 Abs. 2 UmwG bei der Anmeldung der **Spaltungsbericht** nach § 127 UmwG und bei der Abspaltung auch der Prüfungsbericht nach § 125 i. V. m. § 12 UmwG vorgelegt werden. Damit sollen dem Gericht Unterlagen zur Verfügung gestellt werden, die es ihm ermöglichen, Zweifel an der Solidität der nach der Spaltung verbleibenden Rumpfgesellschaft nachzugehen.[576] Dagegen erschien es dem Gesetzgeber nicht erforderlich und auch zu kostspielig und zeitraubend, zusätzlich die Erstattung eines Prüfungsberichts einzuführen, der sich mit der Frage befasst, ob das verbleibende Reinvermögen der übertragenden AG noch den Gesamtnennbetrag des verbleibenden Grundkapitals deckt.[577] § 146 Abs. 2 UmwG ist im Prinzip überflüssig, da die Vorlagepflicht bereits aus §§ 127, 17 UmwG folgt.[578] Umgekehrt entfällt die Einreichungspflicht, wenn materiellrechtlich kein Spaltungs- und/oder Prüfungsbericht notwendig ist.[579]

273

Diese Vorschriften haben die Aufgabe, sicherzustellen, dass die **Grundsätze der Kapitalerhaltung** bei der abspaltenden Kapitalgesellschaft auch weiterhin beachtet werden, wobei allerdings eine ausdrücklich erneute Kapitalerhaltungsprüfung nicht stattfindet, sondern nur die Versicherung durch die Geschäftsführer (bei der GmbH) bzw. bei der AG durch eine vereinfachte Soliditätsprüfung. Die Verantwortung trifft daher die Geschäftsführer bzw. Vorstände der abspaltenden oder ausgliedernden Gesellschaft. Diese müssen prüfen, dass durch Übergang des abgespaltenen Vermögensteils weiterhin die satzungs- und gesetzmäßigen Erfordernisse der Kapitalerhaltung erfüllt sind. Es muss also daher das **satzungsmäßige Stammkapital** weiterhin durch die **übrigen Vermögensteile gedeckt** sein. Es darf also keine Unterbilanz entstehen.

274

3. Maßstab für die Prüfung der Kapitaldeckung

Sowohl für die Erklärung nach § 140 bzw. § 146 UmwG als auch für das sich in der Praxis stellende Problem, inwieweit eine Kapitalherabsetzung (vgl. dazu Teil 3 Rdn. 279 ff.) erforderlich ist, ist zu prüfen, welche Maßstäbe für die Frage maßgebend sind, ob die **notwendige Kapitaldeckung noch gegeben** ist. Ansatzpunkte könnten zum einen die Buchwerte, zum anderen aber möglicherweise auch die Verkehrswerte sein. Z. T. wird die Auffassung vertreten, die Kapitalherabsetzung sei nur erforderlich, wenn auch die **stillen Reserven** zur Deckung des Stammkapitals nicht ausreichen, sodass für die Stammkapitaldeckung die Verkehrswerte maßgebend wären.[580] Diese Auffassung wird von der herrschenden Meinung abgelehnt. Die herrschende Meinung orientiert sich an § 30 Abs. 1 GmbHG. Die Frage, ob die Abspaltung zu einer Unterbilanz führt, ist daher nach den gleichen Grundsätzen wie § 30 GmbHG zu beurteilen. Es kommt allein auf das **buchmäßige Eigenkapital** (Rücklagen, Gewinnvorträge) an, **stille Reserven bleiben außer Ansatz**. Maßgeblich sind die Buchwerte und offenen Rücklagen. Da eine Buchwertaufstockung auch bilanziell nicht zulässig wäre, können stille Reserven nicht herangezogen werden.[581]

275

---

576 Kallmeyer/Zimmermann, UmwG, § 146 Rn. 6; Widmann/Mayer/Rieger, Umwandlungsrecht, § 146 UmwG Rn. 16 ff.; Hörtnagl, in: Schmitt/Hörtnagl/Stratz, § 146 UmwG Rn. 9.
577 Vgl. Begründung zum RegE, BR-Drucks. 75/94, S. 127, abgedruckt in: Limmer, Umwandlungsrecht, S. 322.
578 Kallmeyer/Zimmermann, UmwG, § 146 Rn. 6; Hörtnagl, in Schmitt/Hörtnagl/Stratz, § 146 UmwG Rn. 9.
579 Kallmeyer/Zimmermann, UmwG, § 146 Rn. 6; Widmann/Mayer/Rieger, Umwandlungsrecht, § 146 UmwG Rn. 18; Hörtnagl, in: Schmitt/Hörtnagl/Stratz, § 146 UmwG Rn. 9.
580 So Sagasser/Bula, Umwandlungen, Rn. K 37, L 10; vgl. auch Issing/Thiel, DB 1991, 2021, 2024.
581 So Widmann/Mayer/Mayer, Umwandlungsrecht, § 139 UmwG Rn. 10 f.; Kallmeyer/Sickinger, UmwG, § 139 Rn. 2; BeckOGK/Brellochs UmwG § 139 Rn. 10; Kölner KommUmwG/Simon/Nießen § 139 Rn. 17; Kallmeyer, ZIP 1994, 1746, 1754; Hörtnagl, in: Schmitt/Hörtnagl/Stratz, § 139 UmwG Rn. 6 f.; Reichert, in: Semler/Stengel, § 139 UmwG Rn. 8; Priester, in: FS für Schippel, 1996, S. 502; Schöne, Die Spaltung unter Beteiligung von GmbH, S. 65 f.; Naraschewski, GmbHR 1995, 697; Lutter/Priester, UmwG, § 139 Rn. 6; IdW HFA 1/1998 Tz. 2, WpG 1998, 508, 510.

276 Da bei der Ausgliederung die als Gegenleistung zu gewährenden Geschäftsanteile an der aufnehmenden Gesellschaft nicht den Gesellschaftern, sondern der ausgliedernden Gesellschaft selbst gewährt werden (Aktivtausch), kommt es für die Frage der Stammkapitalerhaltung auf den **Zeitpunkt der Eintragung der Ausgliederung** an. Zu berücksichtigen sind also die neuen Anteile im Vermögen der ausgliedernden Gesellschaft. In den meisten Fällen, in denen eine wertentsprechende Anteilsgewährung stattgefunden hat, wird daher kein Fall des Entstehens einer Unterbilanz vorliegen, da die Kapitalerstattung der übertragenden Gesellschaft unverändert bleibt.[582] Etwas anderes muss bei einer Ausgliederung zur Aufnahme gelten, wenn das Vermögen der aufnehmenden Gesellschaft bereits beeinträchtigt ist und die Anteile an dieser Gesellschaft daher nicht wertentsprechend sind.[583]

▶ Hinweis:

277 Es muss daher immer geprüft werden, ob das bei der Rumpfgesellschaft verbleibende Vermögen zur Deckung des eingetragenen Stamm- bzw. Grundkapitals ausreicht. Dies kann entweder der Fall sein, wenn die offenen Reserven den Wert des übergegangenen Vermögens erreichen und damit die notwendige Kapitaldeckung sicherstellen. Reicht hingegen das übrig gebliebene Vermögen nicht aus, um das Stamm- bzw. Grundkapital zu decken, dann muss vor der Spaltung eine Kapitalherabsetzung der übertragenden Gesellschaft stattfinden. Allerdings darf diese Kapitalherabsetzung nicht dazu führen, dass das Mindestkapital nach AktG bzw. GmbHG unterschritten wird.

278 Maßgeblich ist das Kapital zum **Zeitpunkt der Anmeldung** unter Berücksichtigung der Spaltungswirkungen.[584] Da bei einer Ausgliederung ein Aktivtausch stattfindet,[585] ist bei der Erklärung auch der Zugang der Anteile an der aufnehmenden Gesellschaft zu berücksichtigen.

II. Notwendigkeit der Kapitalherabsetzung

279 § 139 UmwG (für die GmbH) bzw. § 145 UmwG (für die AG) bestimmen daher, dass, wenn zur Durchführung der Abspaltung oder der Ausgliederung eine Kapitalherabsetzung notwendig ist, dies in vereinfachter Form geschehen kann. Allerdings wird in § 139 Satz 2 bzw. § 145 Satz 2 UmwG bestimmt, dass, wenn das Stammkapital herabgesetzt wird, die Abspaltung oder Ausgliederung erst eingetragen werden darf, **nachdem die Herabsetzung des Stammkapitals im Register eingetragen** worden ist. Die Begründung zum RegE erläutert diese Vorschriften dahin gehend, dass, wenn eine GmbH im Wege der Abspaltung oder Ausgliederung einen Teil ihres Vermögens ausgliedert, dies eine Herabsetzung des Stammkapitals erfordern könne. Die Kapitalherabsetzung könnte bei einer Abspaltung oder Ausgliederung auf eine Kapitalgesellschaft mit einem erheblich niedrigeren Stamm- oder Grundkapital sowie bei einer Abspaltung oder Ausgliederung auf Rechtsträger ohne ausgeprägte Kapitalschutzvorschriften dazu führen, dass unmittelbar nach Wirksamwerden der Spaltung Ausschüttungen an die Gesellschafter der übertragenden GmbH vorgenommen werden, die bei einer zu anderen Zwecken durchgeführten Kapitalherabsetzung nicht zulässig wären. Dadurch könnte die den Altgläubigern übertragenen GmbH zur Verfügung stehende Zugriffsmasse verkürzt werden, auch wenn die an der Spaltung beteiligten Rechtsträger den Gläubigern gesamtschuldnerisch haften. Die Vorschriften über den Schutz der Gläubiger im Fall der Kapitalherabsetzung, bei einer GmbH also § 58 GmbHG, begegnen dieser Gefahr dadurch, dass

---

582 Widmann/Mayer/Mayer, Umwandlungsrecht, § 139 UmwG Rn. 16; Kallmeyer/Sickinger, UmwG, § 139 Rn. 4; Lutter/Priester § 139 UmwG Rn. 4.
583 Widmann/Mayer/Mayer, Umwandlungsrecht, § 139 UmwG Rn. 17; Kallmeyer/Sickinger, UmwG, § 139 Rn. 4.
584 Widmann/Mayer/Mayer, Umwandlungsrecht, § 140 UmwG Rn. 23; Hörtnagl, in: Schmitt/Hörtnagl/Stratz, § 140 UmwG Rn. 10; Lutter/Priester, § 140 UmwG Rn. 10; Reichert, in: Semler/Stengel, § 140 UmwG Rn. 6.
585 Vgl. Priester, in: FS für Schippel, 1996, S. 487 f.

eine **Befriedigung oder Sicherstellung der Gläubiger angeordnet** ist (vgl. § 58 Abs. 1 Nr. 2 GmbHG).

Andererseits ist die Begründung zum RegE der Auffassung, dass eine ordentliche Kapitalherabsetzung wegen der einjährigen Sperrfrist so viel Zeit in Anspruch nimmt, dass der **wirtschaftliche Erfolg der Spaltung**, zu deren Durchführung die Kapitalherabsetzung erforderlich sein kann, gefährdet werde. Deshalb soll nach § 58 Satz 1 GmbHG für eine Kapitalherabsetzung zur Durchführung einer Abspaltung oder einer Ausgliederung auch die vereinfachte Form nach den §§ 58a ff. GmbHG zugelassen werden. Zum Schutz des Rechtsverkehrs soll daneben durch § 58 Satz 2 GmbHG sichergestellt werden, dass die Tatsache der Kapitalherabsetzung nicht erst nach der tatsächlichen Vermögensminderung durch die Spaltung, sondern vor dieser Änderung offengelegt werde. Dies werde durch die Pflicht zur vorherigen Eintragung der Kapitalherabsetzung erreicht.[586]

Entscheidend ist, dass das frei gewordene Vermögen der Kapitalherabsetzung nicht zur Rückzahlung an die Gesellschafter verwendet werden darf, **sondern in die Rücklagen eingestellt werden muss**, damit die Spaltung durchgeführt werden kann. Deshalb steht die Höhe der in vereinfachter Form beschlossenen Kapitalherabsetzung nicht im freien Ermessen der Gesellschafter. §§ 139 Satz 1, 145 Satz 1 UmwG gestatten nur eine »*erforderliche*« **Kapitalherabsetzung.** Umstritten ist dabei, ob vor Durchführung der vereinfachten Kapitalherabsetzung die Kapital- und Gewinnrücklagen in voller Höhe aufzulösen sind oder ob diese gemäß § 58a Abs. 2 GmbHG in Höhe von 10% des nach Kapitalherabsetzung verbleibenden Stammkapitals unberücksichtigt bleiben.[587] Nach der wohl überwiegenden Meinung sind zunächst Gewinnvorträge und offene Rücklagen aufzulösen. Im zweiten Schritt ist dann zu prüfen, inwieweit der überschießende Betrag der Vermögensgegenstände, die abgespalten werden sollen, das Stammkapital angreift. Die Höhe der durch die Vermögensübertragung entstehenden Unterbilanz begrenzt zugleich den Umfang der vereinfachten Kapitalherabsetzung.[588] Einigkeit besteht auch, dass die Beträge, die aus der Kapitalherabsetzung und den vorhergehenden Auflösungen von Rücklagen und Gewinnvorträgen stammen, nicht an die Gesellschafter ausgeschüttet werden dürfen, sondern nur zum Ausgleich des spaltungsbedingten Bilanzverlustes eingesetzt werden können.[589] Auszahlungen an Gesellschafter und Aktionäre sind verboten. Es kommt auch insoweit allein auf das buchmäßige Eigenkapital (Rücklagen, Gewinnvorträge) an, stille Reserven bleiben außer Ansatz.[590]

III. Durchführung der Kapitalherabsetzung

Ist also die Spaltung nicht aus den offenen Eigenkapitalposten (Rücklagen, Gewinnvorträge) möglich, dann muss bei der abspaltenden Gesellschaft eine **Kapitalherabsetzung** durchgeführt werden. Es muss also geprüft werden, ob die verbleibenden Aktiva zur Deckung des ausgewiesenen Gesellschaftskapitals ausreichen. Anderenfalls hat die übertragende Gesellschaft vor oder spätestens gleichzeitig mit der Abspaltung eine Herabsetzung des Stamm- bzw. Grundkapitals durchzuführen.

---

586 Vgl. Begründung zum RegE, BR-Drucks. 75/94, S. 125, abgedruckt in: Limmer, Umwandlungsrecht, S. 320.
587 BeckOGK/Brellochs UmwG § 139 Rn. 11.
588 Vgl. Kallmeyer/Sickinger, UmwG, § 139 Rn. 2; Widmann/Mayer/Mayer, Umwandlungsrecht, § 139 UmwG Rn. 32 ff.; Lutter/Priester, § 139 UmwG Rn. 6; Priester, DNotZ 1995, 427, 448; Lutter/Schwab, UmwG, § 145 Rn. 16 ff.; BeckOGK/Brellochs UmwG § 139 Rn. 11; Ittner, MittRhNotK 1997, 118; Schöne, Die Spaltung unter Beteiligung von GmbH, S. 68 ff.
589 Widmann/Mayer/Mayer, Umwandlungsrecht, § 139 UmwG Rn. 69; Lutter/Schwab, UmwG, § 145 Rn. 23.
590 Kallmeyer/Sickinger, UmwG, § 139 Rn. 2; Widmann/Mayer/Mayer, Umwandlungsrecht, § 139 UmwG Rn. 32 ff.; Lutter/Priester, § 139 UmwG Rn. 6; Priester, DNotZ 1995, 427, 448.

282 Anzuwenden sind nach § 140 bzw. § 145 UmwG die **Vorschriften über die vereinfachte Kapitalherabsetzung**. Die Vorschriften über die vereinfachte Kapitalherabsetzung bei der GmbH (§§ 58a ff. GmbHG) wurden durch Art. 48 Nr. 4 EGJusO v. 05.10.1994[591] eingeführt. Die neuen Vorschriften des GmbHG orientieren sich dabei eng an den §§ 229 bis 236 AktG. Die vereinfachte Kapitalherabsetzung vollzieht sich grds. nach den gleichen Schritten wie eine ordentliche Kapitalherabsetzung, doch gelten andere Vorschriften zum **Gläubigerschutz**. Bei der GmbH entfällt insb. der Gläubigeraufruf, die Meldung der Gläubiger bei der Gesellschaft, ihr Anspruch auf Befriedigung oder auf Sicherheitsleistung und die Ein-Jahres-Frist nach § 58 Abs. 1 Nr. 3 GmbHG.[592] Bei der AG findet insb. § 225 AktG keine Anwendung.

283 Notwendig für die Kapitalherabsetzung ist insb. der **Herabsetzungsbeschluss**. Beschlussinhalt ist die künftige Ziffer des Stammkapitals. Diese darf nicht unter dem Mindestkapital von 25.000,00 € für die GmbH bzw. 50.000,00 € für die AG liegen. Der Beschluss der Gesellschafterversammlung oder der Hauptversammlung muss zum Ausdruck bringen, welche Form der Kapitalherabsetzung, also ob die ordentliche oder die vereinfachte Kapitalherabsetzung, gewählt wird. Nur so besteht Klarheit, welche Gläubigervorschriften zur Anwendung kommen. Der Herabsetzungsbeschluss ist eine Satzungsänderung und bedarf daher der **für Satzungsänderungen erforderlichen Mehrheit**. Neben den allgemeinen Vorschriften der §§ 58 ff. GmbHG bzw. §§ 222 ff. AktG sind daher die allgemeinen für die Satzungsänderung geltenden Vorschriften anzuwenden.

284 Fehlen bei der abspaltenden Gesellschaft **Rücklagen**, aus denen die Spaltung möglich wäre und ist auch eine Kapitalherabsetzung nicht möglich, weil etwa das Mindestkapital unterschritten würde, würde die Spaltung zu einem Verstoß gegen § 30 GmbHG mit der Folge des § 31 GmbHG führen.[593] Zulässig ist allerdings die Kapitalherabsetzung mit gleichzeitiger Kapitalerhöhung, durch die der Mindestbetrag erreicht wird.[594] Mayer empfiehlt in Fällen der Kapitalherabsetzung, den Kapitalherabsetzungsbeschluss unter der **auflösenden Bedingung** zu fassen, dass die Wirksamkeit der Spaltung nicht eintritt. Umgekehrt soll der Spaltungsbeschluss unter der **aufschiebenden Bedingung** des Wirksamwerdens der Kapitalherabsetzung gefasst werden.[595]

285 Ungeklärt ist die **Auslegung in § 139 bzw. § 145 UmwG**, die davon spricht, dass die Kapitalherabsetzung in vereinfachter Form erfolgen kann, wenn eine Kapitalherabsetzung »erforderlich« ist. Es stellt sich daher die Frage, ob die Kapitalherabsetzung dann nur durchgeführt werden darf, wenn keine Rücklagen zur Verfügung stehen, aus denen die Spaltung erfolgen könnte, oder ob auch bei Vorhandensein von Rücklagen dennoch eine Kapitalherabsetzung möglich ist. Umstritten ist daher, ob vor Durchführung der vereinfachten Kapitalherabsetzung die Kapital- und Gewinnrücklagen in voller Höhe aufzulösen sind oder ob diese gemäß § 58a Abs. 2 GmbHG in Höhe von 10% des nach Kapitalherabsetzung verbleibenden Stammkapitals unberücksichtigt bleiben.[596] Z. T. wird die Vorschrift dahin gehend ausgelegt, dass der Begriff »erforderlich« wohl voraussetzt, dass anderenfalls eine Unterbilanz entsteht. Ist daher die Kapitalherabsetzung unter diesen Umständen nicht erforderlich, so kann nach dieser Meinung eine Kapitalherabsetzung in regulärer Form durchgeführt werden.[597] Allerdings sind dann bei der regulären Kapitalherabsetzung die Gläubigervorschriften, insb. das Sperrjahr zu beachten. Gegen diese Auffassung spricht die Tatsache, dass § 135 bzw. § 145 UmwG generell die Spaltung erleichtern will. Auch die Regierungsbegründung weist allgemein darauf hin, dass § 135 UmwG die Kapitalherabsetzung in Spaltungsfällen allgemein erleichtern will. Man wird daher davon ausgehen müssen, dass die Kapitalherabsetzung bei der Spaltung immer als einfache Kapitalherabsetzung möglich ist.

---

591 BGBl. I, S. 2911.
592 Vgl. Lutter/Hommelhoff, GmbHG, § 58 Rn. 4.
593 Vgl. Mayer, DB 1995, 865.
594 Widmann/Mayer/Mayer, Umwandlungsrecht, § 139 UmwG Rn. 49.
595 Widmann/Mayer/Mayer, Umwandlungsrecht, § 139 UmwG Rn. 44.
596 BeckOGK/Brellochs UmwG § 139 Rn. 11.
597 Vgl. Geck, DStR 1995, 416, 423.

F. Kapitalerhaltung und Kapitalherabsetzung übertragende Gesellschaft

Ebenfalls umstritten ist, ob es sich bei der Verweisung in § 139 Satz 1 bzw. § 145 Satz 1 UmwG auf die §§ 58a ff. GmbHG bzw. §§ 229 ff. AktG um eine **Rechtsfolgen- oder um eine Rechtsgrundverweisung** handelt.[598] Im Fall der Rechtsgrundverweisung müssten zusätzlich zu den umwandlungsrechtlichen Voraussetzungen die Tatbestandsvoraussetzungen des § 58a GmbHG bzw. § 229 AktG vorliegen.[599]

286

Im Grunde sprechen die besseren Argumente für eine Rechtsfolgenverweisung, weil sonst eine Verweisung überhaupt nicht notwendig gewesen wäre, da die §§ 58a ff. GmbHG bzw. 229 ff. AktG direkt anwendbar wären. Zu beachten ist allerdings, dass auch von den Befürwortern einer Rechtsfolgenverweisung durch den Begriff des »*Erforderlich*« klargestellt wird, dass die Höhe der Herabsetzung nicht im freien Ermessen der Gesellschafter steht, sondern nur zulässig ist, soweit das nach Auflösung der offenen Rücklagen und etwaiger Gewinnvorträge verbleibende Nettovermögen der übertragenden Gesellschaft deren Stammkapital nach der Spaltung nicht mehr deckt (vgl. oben Teil 3 Rdn. 275 ff.). Insofern besteht unabhängig von der dogmatischen Einordnung Einigkeit.

Das AG Charlottenburg[600] hat entschieden, dass eine Kapitalherabsetzung in vereinfachter Form im Fall einer Abspaltung zur Neugründung nur dann »erforderlich« sei, wenn und soweit der durch den Eigenkapitalschutz der §§ 30 ff. GmbHG gewährleistete kumulierte Haftungsfonds der infolge Abspaltung zur Neugründung entstehenden Mehrheit von GmbH, also die Summe deren »Stammkapitalia«, nicht hinter dem Betrag des ursprünglichen Stammkapitals der übertragenden Gesellschaft zurückbleibt.

Ferner ist umstritten, ob die **Kapitalherabsetzung** zur Bildung von Nennkapital beim übernehmenden oder neuen Rechtsträger **erforderlich** sein muss. Ein Teil der Literatur verlangt, dass die Kapitalherabsetzung nur zulässig ist, wie dies zur Bildung des Nennkapitals bei der übernehmenden Gesellschaft notwendig ist.[601] Entgegen der früheren Auffassung ist diese Bindung abzulehnen, da **kein zwingender Zusammenhang** zwischen der Höhe des übertragenden Vermögens und der Kapitalerhöhung bzw. dem Nennkapital der aufnehmenden Gesellschaft besteht (vgl. oben Teil 2 Rdn. 294, Teil 3 Rdn. 254). Insofern verstieße die Anpassung der Kapitalherabsetzung an die Nennkapitalpflicht bei der aufnehmenden Gesellschaft gegen diese Grundsätze. Das Gesetz sieht in manchen Fällen auch vor, dass keine Geschäftsanteile gewährt werden dürfen, sodass in diesen Fällen der Pflicht, dem Kapital zu entsprechen, nicht gefolgt werden könnte. Aus diesem Grund ist diese Auffassung abzulehnen.[602]

287

Schließlich ist unklar, ob die vereinfachte Kapitalherabsetzung **auch für die Ausgliederung zulässig** ist (§ 139 Satz 1 UmwG). Bei der Ausgliederung findet aber ein Aktivtausch statt: Das ausglie-

288

---

[598] Wobei die rechtlichen Folgerungen nur sehr geringfügig sind vgl. Hohmut, Die Kapitalherabsetzung bei der GmbH 2007, S. 239; Lutter/Hommelhoff, GmbHG, § 58a Rn. 28.
[599] Für Rechtsfolgenverweisung: Kallmeyer/Sickinger, UmwG, § 139 Rn. 1; Reichert, in: Semler/Stengel, § 139 UmwG Rn. 6; Sagasser/Bula, Umwandlungen, Rn. K 39 ff.; Kallmeyer, ZIP 1995, 1646, 1754; Ittner, MittRhNotK 1997, 107; Priester, in: FS für Schippel, 1996, S. 487, 491; Naraschewski, GmbHR, 697, 698; Lutter/Hommelhoff, UmwG, § 145 Rn. 9, 22; für Rechtsgrundverweisung: Widmann/Mayer/Mayer, Umwandlungsrecht, § 139 UmwG Rn. 25; Hörtnagl, in: Schmitt/Hörtnagl/Stratz, § 139 UmwG Rn. 9; Lutter/Priester, § 139 UmwG Rn. 5; a. A. Mayer, DB 1995, 861, 866; Schöne, Die Spaltung unter Beteiligung von GmbH, S. 67 f.
[600] GmbHR 2008, 993 m. Anm. Priester GmbHR 2008, 994.
[601] AG Charlottenburg, GmbHR 2008, 993 m. Anm. Priester GmbHR 2008, 994; Priester, in: FS für Schippel, 1996, S. 497; Naraschewski, GmbHR 1995, 700; Lutter/Schwab, § 146 UmwG Rn. 16; Reichert, in: Semler/Stengel, § 139 UmwG Rn. 10.
[602] Ebenso Kallmeyer/Sickinger, UmwG, § 139 Rn. 3; Widmann/Mayer/Mayer, Umwandlungsrecht, § 139 UmwG Rn. 51; Ittner, MittRhNotK 1997, 108; Schöne, Die Spaltung unter Beteiligung von GmbH, S. 69.

dernde Unternehmen erhält als Gegenleistung Anteile an dem aufnehmenden, sodass eine Kapitalherabsetzung nicht erforderlich und damit wohl auch nicht zulässig ist.[603]

G. Spaltungsbericht

289 Nach § 127 UmwG haben die Vertretungsorgane jedes der an der Spaltung beteiligten Rechtsträgers einen **ausführlichen schriftlichen Bericht** zu erstatten, in dem die Spaltung, der Vertrag oder sein Entwurf im Einzelnen und bei Aufspaltung und Abspaltung insb. das Umtauschverhältnis der Anteile oder die Angaben über die Mitgliedschaft bei den übernehmenden Rechtsträgern, der Maßstab für ihre Aufteilung sowie die Höhe einer anzubietenden Barabfindung rechtlich und wirtschaftlich erläutert und begründet werden. Der Spaltungsbericht ist das Gegenstück zum Verschmelzungsbericht gem. § 8 UmwG (vgl. oben Teil 2 Rdn. 380 ff.). Zusätzlich zum Verschmelzungsbericht ist bei Aufspaltung und Abspaltung im Spaltungsbericht auch der **Maßstab für die Aufteilung der Anteile** zu erläutern und zu begründen, um die Anteilsinhaber über den Umfang ihrer künftigen Beteiligung näher zu unterrichten.

§ 143 UmwG bestimmt allerdings i. d. F. des 3. Gesetzes zur Änderung des Umwandlungsgesetzes, dass bei verhältniswahrenden (Auf- oder Ab-) Spaltungen zur Neugründung ein Spaltungsbericht nicht mehr erforderlich ist.[604]

290 Ebenso wie der Verschmelzungsbericht soll der Spaltungsbericht die **Informationsmöglichkeiten der Gesellschafter** über die geplante Spaltung verbessern. Hinsichtlich der Anforderungen an den Spaltungsbericht gelten wohl die gleichen Anforderungen wie beim Verschmelzungsbericht.

I. Spaltungsbericht durch Vertretungsorgane

291 **Berichtspflichtig** sind nach § 127 UmwG die Vertretungsorgane jedes der an der Spaltung beteiligten Rechtsträgers, d. h. der Vorstand bzw. die Geschäftsführer oder die geschäftsführenden Gesellschafter in ihrer Gesamtheit. Ebenso wie der Verschmelzungsbericht kann gem. § 127 Halbs. 2 der Bericht auch von den Vertretungsorganen gemeinsam erstattet werden.

II. Inhalt des Spaltungsberichts

292 Die Vorschrift entspricht weitgehend § 8 UmwG bzgl. des Verschmelzungsberichts, sodass auf die allgemeinen Ausführungen zum Verschmelzungsbericht verwiesen werden kann (s. o. Teil 2 Rdn. 380 ff.). Im Einzelnen muss also auch der Spaltungsbericht **zu folgenden Punkten Stellung nehmen**:[605]
– zur Spaltung,
– zum Spaltungsvertrag bzw. -plan,
– zum Umtauschverhältnis der Anteile,
– zur Mitgliedschaft bei den übernehmenden Rechtsträgern,
– zur Höhe der anzubietenden Barabfindung.

293 Zusätzlich wurde – hierauf weist die Regierungsbegründung ausdrücklich hin – noch die **Verpflichtung** aufgenommen, bei Aufspaltung und Abspaltung auch den **Maßstab für die Aufteilung der Anteile zu erläutern** und zu begründen, um die Anteilsinhaber über den Umfang ihrer

---

[603] Vgl. Naraschewski, GmbHR 1995, 763; Kallmeyer/Sickinger, UmwG, § 139 Rn. 4; Lutter/Priester, § 139 UmwG Rn. 4; Widmann/Mayer/Mayer, Umwandlungsrecht, § 139 UmwG Rn. 16; Priester, in: FS für Schippel, 1996, S. 487.
[604] Vgl. Leitzen, DNotZ 2011, 526, 541.
[605] Vgl. Lutter/Schwab, UmwG, § 127 Rn. 16 ff.; Widmann/Mayer/Mayer, Umwandlungsrecht, § 127 UmwG Rn. 12 ff.; Kallmeyer/Sickinger, UmwG, § 127 Rn. 5; Wirth, Die Spaltung von eingetragenen Genossenschaften, S. 171 ff.; OLG Düsseldorf, NZG 1999, 565; OLG Hamburg, NZG 1999, 560; Ossadnik, DB 1995, 105 ff.; OLG Hamm, NZG 1999, 562.

künftigen Beteiligung näher zu unterrichten. Insb. bei der nicht verhältniswahrenden Spaltung sind hier die Gründe und auch die einzelnen Verteilungsmaßstäbe für die Aufteilung der Anteile an den neuen Rechtsträgern ausführlich zu erläutern.

Die Erläuterung muss die **rechtlichen und wirtschaftlichen Verhältnisse** betreffen. 294

Darüber hinaus sind gem. § 127 Satz 2 UmwG i. Ü. die **Vorschriften des Verschmelzungsrechts** anzuwenden, d. h. § 8 Abs. 1 Satz 2 bis Satz 4, Abs. 2 und Abs. 3 UmwG. Das bedeutet, dass auf die besonderen Schwierigkeiten bei der Bewertung der Rechtsträger sowie auf die Folgen für die Beteiligung der Anteilsinhaber hinzuweisen ist. Ebenso wie bei der Verschmelzung gilt daher der Grundsatz, dass sich die Erläuterung nicht auf die Darlegung der Grundsätze beschränken darf, nach denen das Umtauschverhältnis der Anteile ermittelt wurde. Die Entscheidungen der OLG gingen zum Verschmelzungsrecht davon aus, dass der Verschmelzungsbericht und damit wohl auch der Spaltungsbericht Zahlenmaterial enthalten müssen, das den Gesellschaftern ermöglicht, das vorgeschlagene **Umtauschverhältnis** einer **Plausibilitätskontrolle** zu unterziehen.[606] Das OLG Karlsruhe war darüber hinaus der Auffassung, dass es erforderlich ist, dass die Wertverhältnisse der beteiligten Gesellschaften insoweit dargelegt werden, dass das insgesamt vorhandene Material einer Stichhaltigkeitskontrolle der vorgesehenen Umtauschwerte erlaubt. Dazu ist i. d. R. erforderlich, dass die Bewertungsergebnisse, also die nach der Bewertungsmethode entwickelten Unternehmenswerte, mitgeteilt werden. Darüber hinaus wird es erforderlich sein, aussagekräftige Einzelplanzahlen bekannt zu geben.[607] 295

I. Ü. kann hier auf die **Einzelfragen beim Verschmelzungsbericht** hingewiesen werden (vgl. oben Teil 2 Rdn. 380 ff.). 296

III. Erweiterung der Berichtspflicht bei verbundenen Unternehmen

Gem. § 127 Satz 2 i. V. m. § 8 Abs. 1 Satz 3 und Satz 4 UmwG gilt die Erweiterung auch für den Fall **verbundener Unternehmen**. Ist daher ein an der Verschmelzung beteiligter Rechtsträger ein verbundenes Unternehmen i. S. d. § 15 AktG, so sind in dem Bericht auch Angaben über alle für die Verschmelzung wesentlichen Angelegenheiten der anderen verbundenen Unternehmen zu machen. Die Auskunftspflichten der Vertretungsorgane erstrecken sich auch auf diese Angelegenheiten. 297

IV. Erweiterte Unterrichtungspflicht über Vermögensveränderungen nach §§ 125, 64 Abs. 1 UmwG bei Beteiligung von AG

Durch das 3. UmwÄndG v. 15.07.2011[608] wurde die bisher nur in § 143 UmwG a. F. bei Spaltungen von AG vorgesehene **erweiterte Unterrichtungspflicht** über Vermögensveränderungen bei Spaltungen unter Beteiligungen von AG und KGaA durch § 64 Abs. 1 UmwG n. F. eingeführt.[609] Grundlage ist Art. 2 Nr. 4 der Richtlinie 2009/109/EG des Europäischen Parlaments und des Rates v. 16.09.2009.[610] Voraussetzung ist eine »wesentliche Veränderung des Vermögens des Rechtsträgers, die zwischen dem Abschluss des Verschmelzungsvertrags oder der Aufstellung des Entwurfs und dem Zeitpunkt der Beschlussfassung eingetreten ist.« 298

Nach §§ 125, 64 Abs. 1 Satz 2 UmwG haben die der an der Spaltung beteiligten Aktiengesellschaften bzw. KGaA dessen Anteilsinhaber vor der Beschlussfassung über jede **wesentliche Verän-**

---

606 OLG Karlsruhe, WM 1989, 1134; OLG Hamm, ZIP 1988, 1051.
607 OLG Karlsruhe, WM 1989, 1134 = ZIP 1989, 988.
608 BGBl. I, S. 1338.
609 Vgl. dazu Teil 2 Rdn. 398 ff. und Neye/Jäckel, AG 2010, 237 ff.; Diekmann, NZG 2010, 489 ff.; Wagner, DStR 2010, 1629 ff.; Heckschen, NZG 2010, 1041 ff.; Leitzen, DNotZ 2011, 526, 529; Simon/Merkelbach, DB 2011, 1317, 1317; Bayer/J. Schmidt, ZIP 2010, 953 ff.; Sandhaus, NZG 2009, 41 ff.
610 ABl. EU L 259 v. 02.10.2009, S. 14.

derung des Vermögens des Rechtsträgers zu unterrichten, die zwischen dem Abschluss des Spaltungsvertrags oder der Aufstellung des Entwurfs und dem Zeitpunkt der Beschlussfassung eingetreten ist. Die Vertretungsorgane haben über solche Veränderungen auch die Vertretungsorgane der anderen beteiligten Rechtsträger zu unterrichten; diese haben ihrerseits die Anteilsinhaber des von ihnen vertretenen Rechtsträgers vor der Beschlussfassung zu unterrichten.

299 Die Vorschrift gilt für **alle Spaltungen** unter Beteiligung von AG und KGaA (nach §§ 125, 127 UmwG). Bisher war eine solche Unterrichtungspflicht nur bei der Spaltung und nur bei AG in § 143 UmwG vorgesehen. Die Unterrichtungspflicht entfällt nicht schon allein deshalb, weil bei Konzernspaltungen ein Beschluss der übernehmenden AG nicht erforderlich ist (§ 62 Abs. 1 UmwG). Denn zum einen sollen die Aktionäre auch anhand der Unterrichtung über Vermögensveränderungen entscheiden können, ob sie von dem in § 62 Abs. 2 UmwG geregelten Minderheitenrecht Gebrauch machen. Zum anderen besteht die Unterrichtungspflicht ggü. dem Vertretungsorgan der Tochtergesellschaft und mittelbar ggü. deren Minderheitsaktionären auch bei einer Beteiligung von 90 %.[611]

300 Voraussetzung ist eine »**wesentliche Veränderung des Vermögens** des Rechtsträgers, die zwischen dem Abschluss des Spaltungsvertrags oder der Aufstellung des Entwurfs und dem Zeitpunkt der Beschlussfassung eingetreten ist.« Der Begriff ist relativ unscharf, sodass die Praxis im Zweifel eher zu viel als zu wenig berichten sollte. In § 143 UmwG a. F. wurde dieses Tatbestandsmerkmal dahin gehend ausgelegt, dass es sich um eine Veränderung handeln muss, die für die Unternehmensbewertung – und damit für das Umtauschverhältnis der Anteile bzw. die Höhe der Abfindung (§ 29 UmwG) – relevant ist, d. h. diese berühren oder betreffen kann.[612] Wenn dieser Umstand vorliegt, so soll daraus auch die Wesentlichkeit folgen.[613] Es ist aber nicht erforderlich, dass die Veränderung tatsächlich zu einer anderen Bewertung führt; vielmehr genügt, dass sie Anlass zur Überprüfung der früheren Bewertung gibt.[614] Gegenstand der Bewertung muss das »Vermögen« sein, worunter auch das Passivvermögen fällt. Andere Veränderungen, die für die Verschmelzung ebenfalls relevant sein können, z. B. das wirtschaftliche Umfeld, Konkurrenzsituation, spielen keine Rolle, wobei natürlich solche Änderungen auf das Vermögen durchschlagen können.

301 Zu informieren sind die **Anteilseigner vor der Beschlussfassung** und nach § 8 Abs. 3 Satz 2 UmwG n. F. auch **die Vertretungsorgane der anderen Rechtsträger**, die an der Verschmelzung beteiligt sind. Diese haben ihrerseits ihre Anteilsinhaber vor der Beschlussfassung zu informieren. Zu § 143 UmwG a. F. war umstritten wie die Information zu erfolgen hatte. Zu § 143 UmwG a. F. war ein Teil der Literatur der Meinung, dass ein schriftlicher Nachtragsbericht zum Spaltungsbericht notwendig sei.[615] Nach anderer Meinung genügte eine mündliche Information der Anteilseigner in der Hauptversammlung.[616] § 64 Abs. 1 Satz 2 UmwG bestimmt nun, dass der Vorstand mündlich jede wesentlich Änderung zu erläutern hat.[617]

V. Einschränkung der Berichtspflicht

302 Gem. § 127 Satz 2 i. V. m. § 8 Abs. 2 UmwG gelten wie beim Verschmelzungsbericht die gleichen **Einschränkungen der Berichtspflicht**. In den Bericht brauchen Tatsachen nicht aufgenom-

---

611 Begr. RegE, BT-Drucks. 17/3122, S. 11.
612 Leitzen, DNotZ 2011, 526, 529; KK -UmwG/Simon, § 143 Rn. 10.
613 Kallmeyer/Sickinger, UmwG, § 143 Rn. 2; KK -UmwG/Simon, § 143 Rn. 11.
614 Leitzen, DNotZ 2011, 529; KK -UmwG/Simon, § 143 Rn. 10; Simon/Merkelbach, DB 2011, 1317, 1318.
615 Sickinger, UmwG, § 143 Rn. 2; Lutter/Schwab, UmwG, § 143 Rn. 15 ff.; ebenso zu § 8 UmwG Keller/Klett, GWR 2010, 308122; Diekmann, NZG 2010, 489.
616 So Leitzen, DNotZ 2011, 526, 530 f.; Wagner, DStR 2010, 1629, 1632; Heckschen, NZG 2010, 1041, 1042.
617 Leitzen, DNotZ 2011, 526, 530.

VI. Verzicht auf den Spaltungsbericht bzw. Konzernspaltung

Nach § 127 Satz 2 i. V. m. § 8 Abs. 3 UmwG ist der Bericht nicht erforderlich, wenn entweder **alle Anteilsinhaber** in notariell beurkundeter Verzichtserklärung auf die Erstellung **verzichtet** haben oder sich alle Anteile des übertragenden Rechtsträgers in der Hand des übernehmenden Rechtsträgers befinden (vgl. oben Teil 2 Rdn. 404 ff.). Dies gilt auch für die Nachtragsberichterstattung bei AG nach § 64 Abs. 1 UmwG. Der Verzicht auf den Spaltungsbericht und die Nachtragsunterrichtung soll sowohl alternativ als auch kumulativ möglich sein.,[618] § 143 UmwG bestimmt i. d. F. des **3. UmwÄndG v. 15.07.2011**[619] dass bei **verhältniswahrenden (Auf- oder Ab-) Spaltungen zur Neugründung einer Aktiengesellschaft** die §§ 8 bis 12 UmwG nicht anzuwenden sind, ein Spaltungsbericht also nicht mehr erforderlich ist.[620] Die Vorschrift ist allerdings missverständlich, da § 127 UmwG (Spaltungsbericht) nicht ausdrücklich erwähnt wird, aber § 8 UmwG. Die Literatur geht von einem Redaktionsversehen aus.[621]

303

H. Spaltungsprüfung

Nach § 9 Abs. 1 i. V. m. § 125 Satz 1 UmwG ist der Spaltungsvertrag oder sein Entwurf durch einen oder mehrere **sachverständige Prüfer** zu prüfen. Durch die Verweisung auf die §§ 9 ff. UmwG hat das Rechtsinstitut der Spaltung bei Auf- und Abspaltung ebenso wie bei der Verschmelzung die Prüfung allgemein geregelt. Gesetzestechnisch hat der Gesetzgeber allerdings nicht für alle Fälle die Spaltungsprüfung vorgesehen, sondern nur für bestimmte Gesellschaften und Rechtsträger. Das Rechtsinstitut der Prüfung wird daher allgemein in den §§ 9 ff. UmwG erläutert, die Verpflichtung zur Prüfung ergibt sich jedoch jeweils im besonderen Teil bei den einzelnen Gesellschaften und Rechtsträgern.

304

§ 143 UmwG bestimmt allerdings i. d. F. des **3. UmwÄndG v. 15.07.2011**,[622] dass bei **verhältniswahrenden (Auf- oder Ab-) Spaltungen zur Neugründung einer Aktiengesellschaft** die §§ 8 bis 12 UmwG nicht anzuwenden sind, eine Spaltungsprüfung also nicht mehr erforderlich ist.[623]

Nach § 125 Satz 2 UmwG findet insb. eine **Prüfung** bei der **Ausgliederung** nicht statt.

305

Im Prinzip sind die gleichen Gesellschaften prüfungspflichtig wie bei der Verschmelzung (vgl. oben Teil 2 Rdn. 409 ff.). Durch die Verweisung auf §§ 9 ff. UmwG gelten die gleichen Vorschriften wie bei der Verschmelzung für die Spaltungsprüfung (vgl. oben Teil 2 Rdn. 409 ff.). Allerdings sieht § 125 Satz 1 UmwG vor, dass § 9 Abs. 2 UmwG generell nicht gilt. Das bedeutet, dass **eine Spaltungsprüfung auch in den Fällen der Konzernspaltung**, d. h. bei der Abspaltung einer 100 %igen **Tochtergesellschaft auf die Mutter**, stattfinden muss.[624] Selbst wenn sich alle Anteile eines übertragenden Rechtsträgers in der Hand des übernehmenden Rechtsträgers befinden, so ist anders als bei der Verschmelzung eine Spaltungsprüfung stets erforderlich, wenn die besonderen Vorschriften dies vorsehen. Die Regierungsbegründung weist darauf hin, dass die für die Spaltung

306

---

[618] BegrRegE BT-Drucks. 17/3122, S. 14.
[619] BGBl. I 2011, S. 1338.
[620] Vgl. Leitzen, DNotZ 2011, 526, 541; Diekmann in: Semler/Stengel, § 143 UmwG Rn. 3 ff.; Simon/Merkelbach, DB 2011, 1317, 1323.
[621] Vgl. Simon/Merkelbach, DB 2011, 1317, 1323.
[622] BGBl. I 2011, S. 1338.
[623] Vgl. Leitzen, DNotZ 2011, 526, 541; Diekmann in: Semler/Stengel, § 143 UmwG Rn. 3 ff.; Simon/Merkelbach, DB 2011, 1317, 1323.
[624] Kallmeyer/Sickinger, UmwG, § 125 Rn. 9.

in § 9 Abs. 2 UmwG vorgesehene Ausnahme bei der Konzernverschmelzung deshalb nicht passt, da es bei der Aufspaltung und Abspaltung stets zu einem Anteilstausch kommt, sodass eine Prüfung durch Sachverständige erforderlich sein kann.[625] Ein Teil der Literatur spricht sich für eine teleologische Reduktion aus.[626]

Auf die Spaltungsprüfung kann allerdings gem. § 9 Abs. 3 i. V. m. § 125 Satz 1 UmwG durch **notarielle Erklärung verzichtet** werden.[627]

I. Vorbereitung der Gesellschafter- bzw. Hauptversammlung

307 Die Vorbereitung der Gesellschafter- bzw. Hauptversammlung, in der über die Spaltung abgestimmt werden soll, unterliegt den gleichen Vorschriften wie bei den Verschmelzungen. § 125 Satz 1 UmwG verweist insgesamt bzgl. dieser Vorbereitungsvorschriften auf die Vorschriften des Zweiten Buches bzgl. der Verschmelzung. Es gelten daher die **besonderen Vorschriften über die einzelnen Gesellschafts- und Rechtsträgerformen** bei der Verschmelzung, bei denen geregelt ist, dass vor Gesellschafter- oder Hauptversammlung die Gesellschafter über die Verschmelzung und ihre Einzelheiten zu unterrichten sind.

308 **§ 42 i. V. m. § 125 Satz 1 UmwG** sieht bei der Spaltung unter Beteiligung von Personenhandelsgesellschaften vor, dass der Spaltungsvertrag oder sein Entwurf und der Spaltungsbericht den Gesellschaftern, die nicht von der Geschäftsführung ausgeschlossen sind, spätestens zusammen mit der Einberufung der Gesellschafterversammlung zu übersenden sind (vgl. oben Teil 2 Rdn. 450 ff.). Nach § 45c Satz 2 UmwG sind bei der Spaltung unter Beteiligung von Partnerschaftsgesellschaften von der Geschäftsführung ausgeschlossene Partner entsprechend § 42 UmwG wie bei der Personengesellschaft zu unterrichten. Für **Personengesellschaften** sieht allerdings § 41 UmwG eine Erleichterung vor: Ist an der Spaltung eine Personenhandelsgesellschaft beteiligt, so muss für diese ein Spaltungsbericht nicht erstellt werden, wenn **alle Gesellschafter zur Geschäftsführung** berechtigt sind. Bei der Partnerschaftsgesellschaft ist der Bericht nur erforderlich, wenn ein Partner von der Geschäftsführung ausgeschlossen ist.

309 Bei der GmbH sieht zum einen § 47 § 125 Satz 1 UmwG die **Unterrichtung der Gesellschafter** dadurch vor, dass ebenfalls der Spaltungsvertrag oder sein Entwurf und der Spaltungsbericht den Gesellschaftern spätestens zusammen mit der Einberufung der Gesellschafterversammlung zu übersenden ist. Darüber hinaus ist nach § 49 Abs. 1 UmwG in der Einberufung der Gesellschafterversammlung die Spaltung als Gegenstand der Beschlussfassung anzukündigen, um die Gesellschafter ausdrücklich auf diesen wichtigen Vorgang aufmerksam zu machen. Nach § 49 Abs. 2 UmwG sind von der Einberufung an in dem Geschäftsraum der Gesellschaft die Jahresabschlüsse und die Lageberichte der an der Spaltung beteiligten Rechtsträger für die letzten 3 Geschäftsjahre zur Einsicht durch die Gesellschafter auszulegen (vgl. oben Teil 2 Rdn. 452 ff.). Es ist umstritten, ob § 41 UmwG analog bei der GmbH gilt.[628]

310 Das **formalisierte Verfahren der Unterrichtung der Gesellschafter** für die AG ist in §§ 61 und 63 § 125 Satz 1 UmwG geregelt. Nach § 61 UmwG ist der Spaltungsvertrag oder sein Entwurf vor der Einberufung der Hauptversammlung, die über die Verschmelzung beschließt, zum Register einzureichen. Das Gericht hat in der Bekanntmachung nach § 10 HGB in seinem elektroni-

---

625 Vgl. Begründung zum RegE, abgedruckt in: Limmer, Umwandlungsrecht, S. 312.
626 Widmann/Mayer/Fronhöfer, Umwandlungsrecht, § 125 UmwG Rn. 45; wohl auch Hörtnagl, in: Schmitt/Hörtnagl/Stratz, § 125 UmwG Rn. 13.
627 Kallmeyer/Sickinger, UmwG, § 125 Rn. 9.
628 Befürwortend Lutter/Drygala, § 8 UmwG Rn. 54; ablehnend Bayer, ZIP 1997, 1613, 1620; Lutter/H. Schmidt, § 47 UmwG Rn. 3; Ihrig, in: Semler/Stengel, § 41 UmwG Rn. 3; zweifelnd Kallmeyer/Kallmeyer, § 47 UmwG Rn. 2.

schen Informationssystem[629] einen Hinweis darauf bekannt zu machen, dass der Vertrag oder sein Entwurf beim Handelsregister eingereicht worden ist.

§ 63 § 125 Satz 1 UmwG regelt die Offenlegungspflicht des Vorstandes der AG. Von der Einberufung der Hauptversammlung an sind in den Geschäftsräumen der Gesellschaft zur Einsicht der Aktionäre der Spaltungsvertrag oder sein Entwurf, die Jahresabschlüsse und die Lageberichte, der an der Spaltung beteiligten Rechtsträger für die letzten 3 Geschäftsjahre – falls sich der letzte Jahresabschluss auf ein Geschäftsjahr bezieht, das mehr als 6 Monate vor dem Abschluss des Spaltungsvertrages abgelaufen ist – eine **Zwischenbilanz** und die zu erstattenden Spaltungsberichte sowie die Prüfungsberichte auszulegen. Jeder Aktionär kann nach § 63 Abs. 3 UmwG eine kostenlose Abschrift dieser Unterlagen verlangen. Durch das Gesetz zur Umsetzung der Aktionärsrechterichtlinie (ARUG) v. 30.07.2009[630] wurde eine Vereinfachung in § 63 Abs. 4 UmwG geschaffen: Die Verpflichtungen nach den Abs. 1 und 3 entfallen, wenn die in Abs. 1 bezeichneten Unterlagen für denselben Zeitraum über die Internetseite der Gesellschaft zugänglich sind. Durch das 3. UmwÄndG wurde § 63 Abs. 2 Satz 5 UmwG dadurch ergänzt, dass zum einen § 8 Abs. 4 Satz 1 Nr. 1 und 2 UmwG anwendbar sind, sodass eine Zwischenbilanz nicht erforderlich ist bei entsprechenden Verzichtserklärungen aller Anteilseigner aller beteiligten Rechtsträger (§ 8 Abs. 4 Satz 1 Nr. 1) oder bei Verschmelzung der 100 %igen Tochter auf ihre Mutter (Nr. 2). Die Zwischenbilanz muss nach § 62 Abs. 3 UmwG auch dann nicht aufgestellt werden muss, wenn die Gesellschaft seit dem letzten Jahresabschluss einen Halbjahresfinanzbericht gem. § 37w WpHG veröffentlicht hat. Der Halbjahresfinanzbericht tritt zum Zwecke der Vorbereitung der Hauptversammlung an die Stelle der Zwischenbilanz. Außerdem wurde § 63 Abs. 3 UmwG wie folgt ergänzt: Die nach § 63 zu übermittelnden Unterlagen können dem Aktionär mit dessen Einwilligung auf dem Wege elektronischer Kommunikation übermittelt werden. Nach dieser Vorschrift, die ihrer Systematik nach nur dann anwendbar ist, wenn übernehmender Rechtsträger eine AG (oder KGaA oder SE) ist[631] und die Voraussetzungen des Abs. 1 vorliegen, können die im Vorfeld der Hauptversammlung zu übermittelnden Unterlagen zur Spaltung dem Aktionär mit dessen Einwilligung auf dem Wege elektronischer Kommunikation übermittelt werden. »Einwilligung« ist die vorherige Zustimmung nach § 183 Satz 1 BGB. Diese muss weder in einer bestimmten Form noch ausdrücklich erklärt werden.[632] Da der durch das ARUG eingeführte § 62 Abs. 3 Satz 7 UmwG aber anstelle der Auslegung bzw. Übermittlung die Veröffentlichung und Zugänglichkeit des Umwandlungsberichts über die Internetseite der Gesellschaft genügen lässt, wird sich die praktische Bedeutung der Neuregelung auf Nicht-Publikumsgesellschaften beschränken.[633] § 143 UmwG bestimmt i. d. F. des **3. UmwÄndG v. 15.07.2011**[634] dass bei **verhältniswahrenden (Auf- oder Ab-) Spaltungen zur Neugründung einer Aktiengesellschaft** § 63 Abs. 1 Nr. 3 UmwG nicht anzuwenden ist, eine Zwischenbilanz also nicht erforderlich ist.[635]

Bei der **Genossenschaft** bestimmt § 82 § 125 Satz 1 UmwG, dass in den Geschäftsräumen jeder beteiligten Genossenschaft dieselben Unterlagen wie bei der AG sowie das Gutachten des Prüfungsverbandes zur Einsicht der Genossen auszulegen ist. Auch hier ist jedem Genossen auf dessen Verlangen unverzüglich eine kostenlose Abschrift dieser Unterlagen zu übersenden. Die Verpflichtungen nach § 82 Abs. 1 UmwG entfallen nach Abs. 3, wenn die in Abs. 1 Satz 1 bezeichneten Unterlagen für denselben Zeitraum über die Internetseite der Genossenschaft zugänglich sind. 311

---

629 www.handelsregister.de.
630 BGBl. I, S. 2479.
631 Leitzen, DNotZ 2011, 526, 532 f.; Simon/Merkelbach, DB 2011, 1317 f.
632 Wagner, DStR 2010, 1629; Leitzen, DNotZ 2011, 526, 532 f.; Simon/Merkelbach, DB 2011, 1317 f.
633 So Leitzen, DNotZ 2011, 526, 532 f.
634 BGBl. I 2011, S. 1338.
635 Vgl. Leitzen, DNotZ 2011, 526, 541; Simon/Merkelbach, DB 2011, 1317, 1323.

312 Bei der Spaltung unter Beteiligung **rechtsfähiger Vereine** sind die gleichen Unterlagen im Geschäftsraum des Vereins sowie ein nach § 100 UmwG erforderlicher Prüfungsbericht zur Einsicht der Mitglieder auszulegen (§ 101 UmwG).

313 I. Ü. gelten für die Einberufung der Gesellschafterversammlung oder der Hauptversammlung die allgemeinen Vorschriften, d. h. für die GmbH die §§ 49 ff. GmbHG und für die AG die §§ 121 ff. AktG.

J. Spaltungsbeschlüsse

I. Zuständigkeit

314 Auch für die Spaltung ist nach § 125 Satz 1 i. V. m. § 13 UmwG ein Beschluss der Anteilsinhaber der Rechtsträger erforderlich, also ein sog. Spaltungsbeschluss. Es gilt daher § 13 Abs. 1 UmwG, sodass der Spaltungsvertrag nur wirksam wird, wenn die **Anteilsinhaber der beteiligten Rechtsträger** ihm durch Beschluss **zustimmen**. Der Beschluss kann nur in einer Versammlung der Anteilsinhaber gefasst werden. Die Vorschrift schreibt also das zwingende Beschlusserfordernis sowohl bei der abspaltenden Gesellschaft als auch bei der aufnehmenden Gesellschaft vor. Der Spaltungsbeschluss stellt ebenso wie der Verschmelzungsbeschluss die Billigung des Spaltungsvertrages durch die Gesellschafter dar. Er ist notwendig, da die Vertretungsmacht der Geschäftsführer bzw. des Vorstandes im Hinblick auf die Spaltung beschränkt ist (vgl. oben Teil 2 Rdn. 488 ff.).

Durch das 3. UmwÄndG wurde ein § 62 Abs. 4 UmwG neu eingeführt, der bestimmt, dass, wenn sich das **gesamte Stamm- oder Grundkapital** einer übertragenden Kapitalgesellschaft in der Hand einer übernehmenden AG befindet, ein Verschmelzungsbeschluss des Anteilsinhabers der übertragenden Kapitalgesellschaft nicht erforderlich ist.[636] Die Vorschrift gilt – anders als der neue § 62 Abs. 5 UmwG – durch die Verweisung in § 125 Satz 1 UmwG auch für die Spaltung zur Aufnahme, bei der die übernehmende AG bzw. KGaA alle Anteile der übertragenden Gesellschaft hält.[637] § 62 Abs. 4 UmwG n. F. regelt damit als »Gegenstück« zu Abs. 1 auch die Entbehrlichkeit eines Verschmelzungsbeschlusses aufseiten der übertragenden Kapitalgesellschaft. Bei einer 100 %igen Mutter-Tochterkonstellation ist es möglich, die Spaltung ganz ohne Zustimmungsbeschluss durchzuführen.

315 Grds. kann die Zustimmung zum konkreten Spaltungsvertrag bzw. Spaltungsplan sowohl durch **Einwilligung** vor als auch durch **Genehmigung** nach Abschluss des Spaltungsvertrages erfolgen. Im ersten Fall genügt als Beschlussgrundlage der vollständige, aber noch nicht beurkundete Vertragsentwurf. Dies ist in § 13 Abs. 3 Satz 3 UmwG vorgesehen.

II. Wirkung der Spaltungsbeschlüsse

316 Die **Beschränkung der Vertretungsmacht** hat wie bei der Verschmelzung für die Bindungswirkung des Spaltungsvertrages Bedeutung. Haben die Gesellschafter dem Spaltungsvertrag zugestimmt, ist er für die Gesellschafter untereinander und für die Geschäftsführer verbindlich. Die Bindungswirkung des Spaltungsvertrages tritt also erst mit den Zustimmungsbeschlüssen ein. Von dieser Bindungswirkung ist allerdings die Wirksamkeit der Spaltung zu unterscheiden, diese tritt erst mit der Eintragung der Spaltung ein (vgl. oben Teil 2 Rdn. 461 ff.).

317 Der Spaltungsbeschluss hat aber darüber hinaus eine **innergesellschaftliche Wirkung**. Er bindet auch die Gesellschafter untereinander und die Geschäftsführer. Die Geschäftsführer sind den Gesellschaftern ggü. verpflichtet, die Spaltung durchzuführen. Liegt den Verschmelzungsbeschlüs-

---

[636] Vgl. dazu oben Teil 2 Rdn. 1106 ff.; Neye/Jäckel, AG 2010, 237 ff.; Diekmann, NZG 2010, 489 ff.; Wagner, DStR 2010, 1629 ff.; Heckschen, NZG 2010, 1041 ff.; Leitzen, DNotZ 2011, 526, 533 ff.; Simon/Merkelbach, DB 2011, 1318 f.; Bayer/J. Schmidt, ZIP 2010, 953 ff.; Sandhaus, NZG 2009, 41 ff.

[637] So Leitzen, DNotZ 2011, 526, 534; Simon/Merkelbach, DB 2011, 1317, 1318 f.

sen lediglich ein Entwurf zugrunde, so tritt allerdings im Außenverhältnis noch keine Bindung ein. Dies setzt den Abschluss des Spaltungsvertrages voraus (vgl. oben Teil 2 Rdn. 461 ff.).

III. Versammlung der Anteilsinhaber

Nach § 13 Abs. 1 Satz 2 i. V. m. § 125 Satz 1 UmwG kann der Spaltungsbeschluss nur in einer Versammlung der Anteilsinhaber gefasst werden. Die herrschende Meinung geht davon aus, dass diese Vorschrift zwingend ist, sodass eine **andere Form der Beschlussfassung nicht zulässig** ist. Auch eine andere delegierende Satzungsregelung ist nicht möglich (vgl. oben Teil 2 Rdn. 466 f.). 318

Für die **Durchführung der Hauptversammlung** bzw. der Gesellschafterversammlung oder einer sonstigen Versammlung der Anteilsinhaber sehen die Vorschriften des besonderen Teiles für die einzelnen Rechtsformen Besonderheiten im Vergleich zu den sonstigen Gesellschafterversammlungen bzw. Hauptversammlungen vor. 319

IV. Informationsrecht

Neben den allgemeinen, etwa in §§ 121 ff. AktG bzw. §§ 50 ff. GmbHG vorgesehenen Regularien hat der Gesetzgeber v. a. die **Auskunftspflicht** und das **Informationsrecht** ggü. den allgemeinen Vorschriften deutlich erweitert. 320

Bei **Personenhandelsgesellschaften** wird dem Informationsbedürfnis durch die Verpflichtung zur Unterrichtung über den Spaltungsvertrag und den Spaltungsbericht vor der Einberufung der Gesellschafterversammlung in § 42 UmwG Rechnung getragen. Für die Versammlung selbst sieht das Gesetz keine Besonderheiten vor. Für die Partnerschaftsgesellschaft gilt das Gleiche wie bei der Personengesellschaft (§ 45c Satz 2 UmwG). 321

Bei der **GmbH** ist zum einen die Pflicht zur Unterrichtung der Gesellschafter nach § 47 UmwG und die der Auslegung der Jahresabschlüsse und der Lageberichte der an der Spaltung beteiligten Rechtsträger in den Geschäftsräumen der Gesellschaft vorgesehen. Nach § 49 Abs. 3 UmwG haben die Geschäftsführer jedem Gesellschafter auf Verlangen jederzeit Auskunft auch über alle für die Spaltung wesentlichen Angelegenheiten der anderen beteiligten Rechtsträger zu geben (vgl. im Einzelnen oben Teil 2 Rdn. 449 ff.). 322

Am weitesten ausgeprägt sind **Informations- und Offenlegungspflichten** bei der **AG**. Neben den in § 63 UmwG geregelten Pflichten zur vorbereiteten Auslegung oder Bereitstellung im Internet (§ 63 Abs. 4 UmwG) bestimmter, für die Verschmelzung wichtiger Unterlagen und der Pflicht, jedem Aktionär kostenlos eine Abschrift dieser Unterlagen – i. R. d. § 63 Abs. 3 letzter Satz UmwG in elektronischer Form – zu erteilen (§ 63 Abs. 3 UmwG), sieht § 64 Abs. 1 UmwG vor, dass in der **Hauptversammlung** folgende **Unterlagen zugänglich zu machen** sind: 323
– der Spaltungsvertrag oder sein Entwurf,
– die Jahresabschlüsse und Jahresberichte der an der Spaltung beteiligten Rechtsträger für die letzten 3 Geschäftsjahre, falls sich der letzte Jahresabschluss auf ein Geschäftsjahr bezieht, das mehr als 6 Monate vor dem Abschluss des Spaltungsvertrages abgelaufen ist,
– eine Zwischenbilanz bzw. im Fall des neuen § 62 Abs. 3 Satz 6 UmwG der Halbjahresfinanzbericht gem. § 37w WpHG,
– die Spaltungsberichte und
– die Spaltungsprüfungsberichte.

Darüber hinaus hat der Vorstand den Spaltungsvertrag oder seinen Entwurf zu Beginn der Verhandlung **mündlich zu erläutern**. Durch diese **Zugänglichmachung während der gesamten Dauer der Hauptversammlung** soll den Aktionären, die diese Unterlagen nicht in dem Geschäftsraum der Gesellschaft eingesehen oder keine Abschrift verlangt haben, die Möglichkeit eröffnet werden, sich noch in der Hauptversammlung zu informieren. Durch das Gesetz zur

Umsetzung der Aktionärsrechterichtlinie (ARUG) v. 30.07.2009[638] wurde in § 64 Abs. 1 UmwG der Begriff des »Auslegens« durch »zugänglich machen« ersetzt. Damit soll auch die Publikation über das Internet möglich sein, wobei allerdings während der Hauptversammlung die Möglichkeit gewährleistet sein muss, über Monitore die Unterlagen einzusehen.[639]

Bei physischer Auslegung sollten die Unterlagen in ausreichender Zahl ausliegen.[640] Die Vorschriften entsprechen § 340d Abs. 5 und 6 AktG a. F. Die Erläuterungspflicht dient ebenfalls dem Informationsbedürfnis. Zur Erläuterung gehört zum einen die Darstellung des Vertragsinhalts, v. a. aber auch die wirtschaftlichen und rechtlichen Zusammenhänge der Spaltung, die sachlichen Gründe für die Spaltung, die Angaben über die Angemessenheit des Umtauschverhältnisses und auch die Zukunftsaussichten.[641]

V. Beschlussmehrheiten

324 Die **Mehrheiten** entsprechen denen bei der Verschmelzung, sie sind bei den einzelnen Rechtsformen im besonderen Teil des Verschmelzungsrechts geregelt. Auf dieses verweist § 125 Satz 1 UmwG vollumfänglich (vgl. im Einzelnen oben Teil 2 Rdn. 479 ff.):

Personengesellschaften (§ 43 Abs. 1 UmwG)	Zustimmung aller anwesenden Gesellschafter und auch der nicht erschienenen Gesellschafter; nach § 43 Abs. 2 UmwG kann der Gesellschaftsvertrag eine Mehrheitsentscheidung mit 3/4-Mehrheit vorsehen.
Partnerschaftsgesellschaft (§ 45d UmwG)	Zustimmung aller anwesenden Partner, auch die nicht erschienenen Partner müssen zustimmen. Der Partnerschaftsvertrag kann eine Mehrheitsentscheidung der Partner vorsehen; die Mehrheit muss mindestens 3/4 der abgegebenen Stimmen betragen (§ 45d Abs. 2 UmwG).
GmbH (§ 50 Abs. 1 UmwG)	3/4-Mehrheit der abgegebenen Stimmen.
AG (§ 65 UmwG)	3/4 des bei der Beschlussfassung vertretenen Grundkapitals.
Genossenschaften (§ 84 UmwG)	3/4 der abgegebenen Stimmen.
Rechtsfähige Vereine (§ 103 UmwG)	3/4 der erschienenen Mitglieder.

325 Bzgl. möglicher Satzungsregelungen zu Beschlussmehrheit und der Stimmberechtigung gelten die **Ausführungen zur Verschmelzung** (vgl. oben Teil 2 Rdn. 486 ff.).

VI. Zustimmung von Vorzugs- und Sonderrechtsinhabern

326 Hinsichtlich der **besonderen Zustimmungserfordernisse** von Vorzugs- und Sonderrechtsinhabern gelten bei der Spaltung die gleichen Vorschriften wie bei den einzelnen Rechtsträgern bei der Verschmelzung (vgl. oben Teil 2 Rdn. 557 ff.). Besonderer Zustimmungserfordernisse bedarf es also auch bei der Spaltung, wenn einem oder mehreren Gesellschaften der übertragenen Gesellschaft Vorzugs- oder Sonderrechte eingeräumt sind.

VII. Zustimmung bei nicht verhältniswahrender Spaltung (§ 128 UmwG)

327 Einen **Sondertatbestand eines Zustimmungserfordernisses** regelt § 128 UmwG: Werden bei der Abspaltung oder Aufspaltung die Anteile oder Mitgliedschaften der übernehmenden Rechts-

---

638 BGBl. I, S. 2479.
639 Kallmeyer/Marsch-Barner, § 64 UmwG Rn. 1; J. Schmidt, NZG 2008, 734, 735.
640 So KK-AktG/Kraft, § 340d Rn. 13; Widmann/Mayer/Rieger, Umwandlungsrecht, § 63 UmwG Rn. 28; Diekmann, in: Semler/Stengel, § 49 UmwG Rn. 5; enger Kallmeyer/Marsch-Barner, § 64 UmwG Rn. 1, wonach ein Exemplar genügt.
641 Vgl. Widmann/Mayer/Rieger, Umwandlungsrecht, § 64 UmwG Rn. 5 ff.; Diekmann, in: Semler/Stengel, § 64 UmwG Rn. 7; Lutter/Grunewald, § 64 UmwG Rn. 3 ff. (vgl. im Einzelnen oben Teil 2 Rdn. 473 ff.

träger den Anteilsinhabern des übertragenden Rechtsträgers nicht in dem Verhältnis zugeteilt, das ihrer Beteiligung an dem übertragenden Rechtsträger entspricht, so bedarf der Spaltungsvertrag der Zustimmung aller Anteilsinhaber des übertragenden Rechtsträgers. § 128 UmwG regelt also die sog. **nicht verhältniswahrende Spaltung** (vgl. oben Teil 3 Rdn. 139 ff.). Es handelt sich hierbei um eine Vorschrift zum Schutz der Anteilsinhaber bei der nicht verhältniswahrenden Spaltung, bei der die Beteiligungsquote der Anteilsinhaber an den übernehmenden oder neuen Rechtsträgern im Spaltungsvertrag abweichend von der Beteiligungsquote an dem übertragenden Rechtsträger festgesetzt wird. Diese Art der Spaltung ist nach § 126 Abs. 1 Nr. 10 UmwG zulässig, bedarf aber der Zustimmung aller beteiligten Gesellschafter. Der Gesetzgeber wollte mit dieser Regelung erreichen, dass die Anteilsinhaber hinreichend geschützt werden, weil es sonst möglich wäre, durch eine Mehrheitsentscheidung einzelne Anteilsinhaber oder bestimmte Gruppen von ihnen auf die Beteiligung an einem übernehmenden Rechtsträger zu verweisen, dem im Spaltungsvertrag geringere Vermögenswerte zugewiesen werden als anderen Übernehmern.[642] Dies soll dadurch verhindert werden, dass bei der nicht verhältniswahrenden Spaltung alle Anteilsinhaber zustimmen müssen, um die Spaltung wirksam werden zu lassen.

Mit Zustimmung sämtlicher Anteilsinhaber (vgl. § 128 UmwG) können die Anteile des übernehmenden Rechtsträgers den Anteilsinhabern des übertragenden Rechtsträgers auch in einem abweichenden Anteilsverhältnis (sog. nicht verhältniswahrende Auf-/Abspaltung) zugeteilt werden.[643] Da nach der Gesetzesbegründung hierdurch insb. die Auseinandersetzung und Trennung von Gesellschaftergruppen und Familiengesellschaften ermöglicht werden soll, hält die herrschende Meinung im Schrifttum und Rechtsprechung auch eine sog. **Spaltung zu Null** für möglich, mit der Folge, dass ein Anteilsinhaber des übertragenden Rechtsträgers am übernehmenden Rechtsträger überhaupt nicht beteiligt werden muss.[644] Umstritten ist, ob dadurch auch eine Spaltung möglich ist, bei der kein Anteilsinhaber Anteile erhält, also ein Anteilsverzicht vorliegt. Die herrschende Meinung lehnt dies aus den genannten Gründen ab.[645] Nach a. A. ist hingegen eine Spaltung zu null auch in dem Sinne möglich, dass alle Anteilsinhaber des übertragenden Rechtsträgers vollständig darauf verzichten, Anteile an einzelnen oder allen übernehmenden Rechtsträgern zu übernehmen.[646]

Bei der Spaltung zur Aufnahme regelt § 128 Satz 2 UmwG **wie die Anteile zu berechnen** sind. Bei der Berechnung des Beteiligungsverhältnisses ist der jeweils zu übertragende Teil des Vermögens zugrunde zu legen. 328

Die **Zustimmungserklärungen nicht erschienener Anteilsinhaber** müssen notariell beurkundet werden. Dies folgt aus § 13 Abs. 3 Satz 1 UmwG.[647] 329

---

642 Vgl. Begründung zum RegE, BR-Drucks. 75/94, S. 120, abgedruckt in: Limmer, Umwandlungsrecht, S. 315.
643 Widmann/Mayer/Mayer, Umwandlungsrecht, § 128 UmwG Rn. 27 ff.
644 Vgl. dazu oben Rdn. 167; OLG München, MittBayNot 2013, 495 = BB 2013, 1940 = DStR 2013, 2018; LG Konstanz, DB 1998, 1177 = GmbHR 1998, 837; LG Essen, ZIP 2002, 893 = NZG 2002, 736; Widmann/Mayer/Mayer, Umwandlungsrecht, § 126 Rn. 274 ff.; § 128 UmwG Rn. 29; Lutter/Priester, UmwG, § 128 Rn. 10; Kallmeyer/Sickinger, UmwG, § 123 Rn. 4; § 128 Rn. 4; Walpert, WiB 1996, 44, 45.
645 Widmann/Mayer/Mayer, Umwandlungsrecht, § 126 Rn. 275 f.; § 128 UmwG Rn. 29.
646 BeckOGK/Verse UmwG § 128 Rn. 20; KölnerKom/Simon UmwG § 126 Rn. 18 ff.; Schröer, in: Semler/Stengel, § 128 Rn. 6 unter Hinweis auf LG Konstanz, DB 1998, 1177, das aber nur entschieden hat, dass einzelne Gesellschafter keine Anteile erhalten müssen.
647 Vgl. Begründung zum RegE, BR-Drucks. 75/94, S. 315; Kallmeyer/Zimmermann, UmwG, § 128 Rn. 5; Widmann/Mayer/Mayer, Umwandlungsrecht, § 128 UmwG Rn. 21.

330 Nicht nur die stimmberechtigten Gesellschafter, sondern auch die **Gesellschafter** müssen zustimmen, die **kein Stimmrecht** besitzen, da die nicht verhältniswahrende Spaltung einen Eingriff in den Kernbereich der Mitgliedschaft darstellt.[648]

VIII. Notarielle Beurkundung der Gesellschafterversammlung

331 Nach § 125 Satz 1 i. V. m. § 13 Abs. 3 UmwG bedürfen der Spaltungsbeschluss und die notwendigen Zustimmungserklärungen von Sonderrechtsinhabern der **notariellen Beurkundung** (vgl. im Einzelnen oben Teil 2 Rdn. 502 ff.).

K. Minderheitenschutz und Schutz von Inhabern besonderer Rechte

332 Aufgrund der Verweisung in § 125 Satz 1 UmwG auf das Verschmelzungsrecht gelten bei der Spaltung grds. die gleichen **Minderheitsschutzvorschriften** wie bei der Verschmelzung (vgl. im Einzelnen oben Teil 2 Rdn. 545 ff.). Durch ein Geflecht verschiedener Instrumente wird auch in der Spaltung derselbe Minderheitenschutz wie bei der Verschmelzung erreicht:
– Information der Anteilseigner (vgl. oben Teil 2 Rdn. 552 ff.),
– qualifizierte Beschlussmehrheiten (vgl. oben Teil 2 Rdn. 555 ff.),
– Zustimmung von Sonderrechtsinhabern (vgl. oben Teil 2 Rdn. 557 ff.),
– zusätzlich Zustimmungserfordernis bei nicht verhältniswahrender Spaltung gem. § 128 UmwG (vgl. oben Teil 3 Rdn. 327 ff.).

333 Zur besseren Übersicht soll nachfolgend noch einmal ein **Überblick über die einzelnen besonderen Zustimmungspflichten** bei der Verschmelzung, die auch bei der Spaltung gelten, gegeben werden (vgl. eingehend oben Teil 2 Rdn. 557 ff.):

§ 13 Abs. 2	Zustimmung bei Genehmigungsvorbehalt,
§ 23 (i. V. m. § 133 Abs. 2)	allgemeiner Verwässerungsschutz,
§ 51 Abs. 1	Zustimmung bei nicht voll eingezahlten Anteilen der übernehmenden Gesellschaft,
§ 51 Abs. 2	Zustimmung bei Fehlen anteilsproportionaler Beteiligungsmöglichkeit,
§ 65 Abs. 2	Sonderbeschluss nach Aktiengattungen,
§ 43 Abs. 2	Zustimmungspflicht bei Entstehen einer persönlichen Haftung,
§ 50 Abs. 2, 1. Alt.	Zustimmung bei Verlust von Minderheitsrechten,
§ 50 Abs. 2, 2. Alt.	Zustimmung bei Verlust von bestimmten Sonderrechten bzgl. Geschäftsführung und Bestellungs- und Vorschlagsrechte für die Geschäftsführung.

334 Der **Schutz der Inhaber von Sonderrechten** gem. § 23 UmwG ist allerdings bei der Spaltung durch § 133 Abs. 2 UmwG besonders ausgestaltet. Grds. ist auch bei der Spaltung für Inhaber von Rechten in einer übertragenen Gesellschaft, die kein Stimmrecht gewähren, insb. den Inhabern von Anteilen ohne Stimmrecht, von Wandelschuldverschreibungen, von Gewinnschuldverschreibungen und von Genussrechten gleichwertige Rechte in der übernehmenden Gesellschaft zu gewähren. § 133 Abs. 2 UmwG bestimmt darüber hinaus, dass zum einen für die Erfüllung dieser Verpflichtung alle an der Spaltung beteiligten Gesellschaften als Gesamtschuldner haften. Bei Abspaltung und Ausgliederung können die gleichwertigen Rechte i. S. d. § 123 i. V. m. § 125 UmwG auch in der übertragenen Gesellschaft gewährt werden. Die Begründung zum RegE weist darauf hin, dass diese Regelung erforderlich ist, weil ohne sie diese Berechtigten sich ohne zwingenden Grund einem Schuldnerwechsel gegenübersehen. Darüber hinaus sei diese Vorschrift aber auch für die Umgestaltung der Rechte eine notwendige Ermächtigung, weil durch die Abspaltung

---

648 So Widmann/Mayer/Mayer, Umwandlungsrecht, § 128 UmwG Rn. 20; Kallmeyer/Sickinger, UmwG, § 128 Rn. 5.

oder die Ausgliederung eines Vermögensteils der innere Wert dieser Rechte vermindert werden kann.[649]

L. Austritts- und Abfindungsrechte

Die Frage der Barabfindung und die Austritts- und Abfindungsrechte bei besonderen Spaltungsvorgängen werden durch die allgemeinen Verweisungen in § 125 UmwG auf das Verschmelzungsrecht geregelt. § 125 Satz 1 UmwG verweist auf § 29 UmwG, sodass unter den gleichen Voraussetzungen wie bei der Verschmelzung im Spaltungsvertrag ein **Abfindungsangebot** bei Abspaltung und Aufspaltung zu machen ist. Gem. § 29 UmwG muss also bereits **im Spaltungsvertrag bzw. Spaltungsplan** ein **Abfindungsangebot** in folgenden Fällen aufgenommen werden (vgl. oben Teil 2 Rdn. 586 ff.): 335

Mischspaltung	Spaltung eines Rechtsträgers im Wege der Aufnahme durch einen Rechtsträger anderer Rechtsformen (z. B. GmbH auf AG, AG auf Personengesellschaft, Personengesellschaft auf GmbH etc.).
Anteilsvinkulierung	Wenn durch die Spaltung von Rechtsträgern derselben Rechtsform Anteile an dem übertragenen Rechtsträger durch Anteile an dem übernehmenden Rechtsträger ersetzt werden, die Verfügungsbeschränkungen unterworfen sind. In diesen Fällen hat derjenige Gesellschafter bzw. Anteilsinhaber einen **Anspruch auf Austritt** aus der Gesellschaft gegen Barabfindung, wenn er Widerspruch zur Niederschrift i. R. d. Versammlung erklärt, die über die Spaltung entscheidet (vgl. im Einzelnen oben Teil 2 Rdn. 594 ff.). Für die Ausgliederung gelten die §§ 29 UmwG allerdings nicht.

M. Besonderheiten bei der Ausgliederung

Das Gesetz **definiert in § 123 Abs. 3 UmwG** die Ausgliederung als die Übertragung eines Teils oder mehrerer Teile aus dem Vermögen eines Rechtsträgers zur Aufnahme durch die Übertragung dieses Teils oder dieser Teile jeweils als Gesamtheit auf einen bestehenden oder mehrere bestehende Rechtsträger oder zur Neugründung durch Übertragung dieses Teils oder der Teile auf neu gegründete Rechtsträger. Entscheidend ist, dass die Anteile oder Mitgliedschaftsrechte an den aufnehmenden Rechtsträgern oder Gesellschaften nicht den Gesellschaftern des übertragenden Rechtsträgers, sondern der Gesellschaft selbst gewährt werden. Es entsteht also durch die Ausgliederung ein Mutter-Tochter-Verhältnis, wobei der übertragende Rechtsträger selbst Anteilsinhaber und damit Muttergesellschaft im Verhältnis zur aufnehmenden Gesellschaft wird. 336

Bei der Ausgliederung ist in der Praxis zunächst die Frage zu stellen, ob das **wirtschaftliche Ergebnis** der Übertragung eines Vermögensteils auf eine bestehende oder neu gegründete Gesellschaft durch das Rechtsinstitut der Ausgliederung oder durch Einzelübertragung der Vermögensgüter im Wege der **Sachgründung** oder **Sachkapitalerhöhung** erfolgen soll. Während bei der Spaltung umständlich die Anteile an die Gesellschafter übertragen werden müssten, wenn der Weg der Einzelübertragung gewährt wird, ist es bei der Ausgliederung durch den Übergang der Anteile in das Vermögen der ausgliedernden Gesellschaft selbst naheliegender, den Weg der **Einzelübertragung** zu wählen. Es besteht Einigkeit, dass der Gesetzgeber mit der Schaffung des Instituts der Ausgliederung nicht diese Möglichkeit der Einzelrechtsübertragung verschließen wollte. Die allgemeinen Regeln der Einzelübertragung und der Sachgründung bzw. Sachkapitalerhöhung bleiben weiterhin eröffnet.[650] 337

---

649 Vgl. Begründung zum RegE, BR-Drucks. 75/94, S. 122, abgedruckt in: Limmer, Umwandlungsrecht, S. 317.
650 So Feddersen/Kiem, ZIP 1994, 1078, 1079; Geck, DStR 1995, 423; Kallmeyer, ZIP 1994, 1746, 1749.

Die **Begründung zum RegE**[651] erläutert, dass der numerus clausus der Umwandlungsmöglichkeiten nach § 1 Abs. 2 UmwG nur die in dem Gesetz definierten Arten der Umwandlung betrifft, wie der Wortlaut des Abs. 2 ausdrücklich hervorhebe. Insb. die bisher schon möglichen Methoden, eine Ausgliederung von Unternehmensteilen im Wege der Übertragung der einzelnen Gegenstände und der Überleitung einzelner Verbindlichkeiten herbeizuführen, bleibe erhalten. Dies sei insb. für Sacheinlagen und Sachgründungen und ihr Verhältnis zu dem neuen Rechtsinstitut der Ausgliederung wichtig.

338 Insb. bei der Ausgliederung muss also abgewogen werden, ob die **Vorteile des Rechtsinstituts der Ausgliederung** überwiegen, sodass die erhöhten Förmlichkeiten bei der Ausgliederung in Kauf genommen werden. V. a. bedarf es bei einer Einzelrechtsübertragung i. d. R. keines Zustimmungsbeschlusses der Hauptversammlung oder Gesellschafterversammlung. Hier ist allerdings auf die »**Holzmüller**«-**Entscheidung** des BGH hinzuweisen, der bei bestimmten Umständen der Ausgliederung im Wege der Einzelrechtsnachfolge eine Zustimmungspflicht der Hauptversammlung vorsieht.[652] In der Literatur wird zurzeit heftig diskutiert, ob die Vorschriften des UmwG z. T. auch auf die Einzelübertragung anwendbar sind (vgl. oben Teil 3 Rdn. 14 ff.). Ebenfalls muss die spezifische Haftung gem. §§ 133 ff. UmwG bei der Ausgliederung als Nachteil angesehen werden, die in dieser Form bei der wirtschaftlichen Einzelübertragung nicht besteht. Insb. wenn nur ein unerheblicher Betriebsteil ausgegliedert wird, kann sich die Haftung als unangemessen darstellen, sodass in solchen Fällen der Weg der Einzelrechtsnachfolge vorzuziehen wäre.[653] Bei sog. Gesamtvermögensgeschäften, die auch im Rahmen von Einbringungsvorgängen vorliegen können, ist § 179a AktG zu beachten, wonach ein Vertrag, durch den sich eine Aktiengesellschaft zur Übertragung des ganzen Gesellschaftsvermögens verpflichtet, ohne dass die Übertragung unter die Vorschriften des Umwandlungsgesetzes fällt, auch dann eines Beschlusses der Hauptversammlung nach § 179 AktG bedarf, wenn damit nicht eine Änderung des Unternehmensgegenstandes verbunden ist.[654] Diese Vorschrift kann also eine Rolle spielen, wenn die Ausgliederung nicht nach UmwG, sondern im Wege der Einzelrechtsübertragung nach allgemeinen Prinzipien des Gesellschaftsrechts – Sachgründung, Sachkapitalerhöhung – stattfindet. Die Vorschrift des § 179a AktG bringt aber nach h.M. und Auffassung der Rechtsprechung einen allgemeinen Rechtsgedanken des Gesellschaftsrechtes zum Ausdruck: Verträge einer Gesellschaft über ihr ganzes Vermögen sind nur wirksam, wenn ein Gesellschafterbeschluss vorliegt, wobei streitig ist, ob dieser notariell beurkundet werden muss.[655] Die Vorschrift ist nach h.M. auch bei der GmbH und der Personengesellschaft entsprechend anwendbar.[656] Ob § 179a AktG auf der Ebene der Muttergesellschaft entsprechende Anwendung findet, wenn die Tochtergesellschaft ihr wesentliches Vermögen veräußert, ist höchstrichterlich nicht geklärt.[657] § 179a AktG stellt eine ausdrückliche gesetzliche Regelung derjenigen Leitgedanken dar, die die Rechtsprechung zur Annahme einer ungeschriebenen

---

651 BT-Drucks. 12/6699, S. 80, abgedruckt in: Limmer, Umwandlungsrecht, S. 275.
652 Vgl. BGHZ 83, 122 = ZIP 1982, 568.
653 Vgl. Kallmeyer, ZIP 1994, 1750; Feddersen/Kiem, ZIP 1994, 1083.
654 Vgl. zu den sog. Gesamtvermögensgeschäften Weber, DNotZ 2018, 96 ff; Eschwey, MittBayNot 2018, 299 ff.; Decker, NZG 2018, 447 ff.; Staab/Barthen, ZInsO 2018, 833 ff.; Hüren, RNotZ 2014, 77 ff.
655 Vgl. OLG Düsseldorf, NGZ 2016, 589, 590; Weber, DNotZ 2018, 96; Eschwey, MittBayNot 2018, 299 ff.; Decker, NZG 2018, 447 ff.; Weitnauer, GWR 2018, 1 ff.; Hüren, RNotZ 2014, 77 ff.
656 Vgl. BGH DNotZ 1995, 961 = NJW 1995, 596; Eickelberg/Mühlen, NJW 2011, 2476, 2479; Harbarth in MünchKommGmbHG, § 53 Rn. 229; Hoffmann in Michalski/Heidinger/Leible/J. Schmidt, GmbHG § 53 Rn. 165; Weber DNotZ 2018, 96, 97, 120 ff. Großkomm HGB/Hüffer, § 22 Rn. 30 f.; Großkomm HGB/Habersack § 126 Rn. 16; K. Schmidt ZGR 1995, 675, 679 ff.; K. Schmidt GesR § 13 I 4 b; Priester ZHR 163 (1999), 187, 194; Stellmann/Stoeckle WM 2011, 1983 f.; Leitzen NZG 2012, 491, 493 ff.; Hermanns DNotZ 2013, 9, 11; K. Schmidt/Lutter/Seibt Rn. 4; Grigoleit/Ehmann Rn. 2; aM Grunewald GesR § 2 Rn. 23; Hadding, FS Lutter, 2000, 851, 862 ff. mwN; Großkomm HGB/Burgard § 22 Rn. 39 ff., 41.
657 Vgl. Weber DNotZ 2018, 120.

Anteilsinhaberversammlungszuständigkeit bei strukturverändernden Maßnahmen bewogen haben.[658] Streitig ist, ob der Zustimmungsbeschluss notariell beurkundet werden muss: Bei AG folgt dies aus § 130 AktG, bei der GmbH wird überwiegend § 53 Abs. 2 Satz 1 GmbHG analog angewendet.[659]

▶ Hinweis:

Vorteilhaft ist bei der Ausgliederung, dass für die Übertragung der Verbindlichkeiten **keine** 339 **Zustimmung** der Gläubiger erforderlich ist. Besonders Dauerschuldverhältnisse können auf diese Weise problemlos ausgegliedert werden.

I. Ausgliederungsplan, Ausgliederungsbericht

Grundlage ist wie bei der Spaltung der Ausgliederungsplan, auf den die Vorschriften über den 340 Spaltungsplan weitgehend entsprechend anzuwenden sind (vgl. dazu Teil 3 Rdn. 176 ff., insbes. 182), Angaben zum Umtauschverhältnis sind aber z. B. nicht notwendig, da kein Anteiltausch auf Gesellschafterebene stattfindet (Teil 3 Rdn. 132 ff.). Auch bei der Ausgliederung ist nach § 127 UmwG ein Ausgliederungsbericht erforderlich. Lediglich bei der **Ausgliederung aus dem Vermögen eines Einzelkaufmanns** ist nach § 153 UmwG der Ausgliederungsbericht nicht erforderlich. Davon unabhängig ist allerdings die Frage zu beantworten, ob ein solcher Bericht für die Gesellschafter der übernehmenden Gesellschaft notwendig ist. In diesem Verhältnis beurteilt sich der Ausgliederungsbericht nach dem Sonderrecht der aufnehmenden Gesellschaft.[660]

Der **Inhalt des Ausgliederungsberichts** entspricht vollumfänglich dem Spaltungsbericht (vgl. 341 oben Teil 3 Rdn. 289 f. und allgemein zum Verschmelzungsbericht Teil 2 Rdn. 380 ff.). Da es allerdings bei einer Ausgliederung nicht zu einem Tausch von Mitgliedschaftsrechten kommt, beschränkt sich die **Berichtspflicht** im Wesentlichen auf die Gründe für die Ausgliederung.[661] Der Ausgliederungsbericht muss damit also zur Ausgliederung als solcher, zum Ausgliederungsvertrag und ggf. über die Höhe einer anzubietenden Barabfindung Stellung nehmen. Dabei ist die Ausgliederung rechtlich und wirtschaftlich zu begründen (vgl. im Einzelnen oben Teil 3 Rdn. 289 ff.; Teil 2 Rdn. 380 ff.).

Feddersen/Kiem[662] weisen zu Recht darauf hin, dass durch diesen Bericht für den Bereich der 342 Ausgliederung insoweit Neuland betreten wird, als jede in der Form der Ausgliederung durchgeführte Umorganisationsmaßnahme einem umfassenden Berichterstattungsangebot unterstellt wird. Diese **aktive Berichtspflicht** gelte jedenfalls für alle Fälle, in denen die Ausgliederung keine wesentliche Umstrukturierungsmaßnahme darstelle und erheblich über die allgemeinen Unterrichtungspflichten und die Beantwortungspflichten bei Ausübung des Fragerechts hinausgehe. Feddersen/Kiem weisen allerdings auch darauf hin, dass für eine großvolumige Ausgliederung die Kodifikation der Berichtspflicht jedoch beschreibe, was bislang schon zumindest als zweckmäßig angesehen werden musste und mit guten Gründen schon bereits jetzt als gesetzlich verbrieftes Informationsrecht der Anteilseigner anzusehen sei.[663]

---

658 Weitnauer, GWR 2018, 1, 2.
659 Eickelberg/Mühlen, NJW 2011, 2476, 2481; Scholz/Priester/Veil, GmbHG, § 53 Rn. 176; MünchKommGmbHG/Harbarth, § 53 Rn. 229; Stellmann/Stoeckle, WM 2011, 1983, 1987.
660 Vgl. Lutter/Karollus, UmwG, § 153 Rn. 7.
661 So Begründung zum RegE, BT-Drucks. 12/6699, S. 119, abgedruckt in: Limmer, Umwandlungsrecht, S. 314; vgl. Feddersen/Kiem, ZIP 1994, 1080.
662 ZIP 1994, 1080.
663 Vgl. Lutter, in: FS für Fleck, 1989, S. 169, 175; Krieger, in: Münchener Handbuch des Gesellschaftsrechts, Bd. IV, § 69 Rn. 8.

> Hinweis:

343 Zu beachten ist, dass durch die Verweisung in § 127 Satz 2 UmwG auf § 8 Abs. 3 UmwG ein Bericht nicht erforderlich ist, wenn alle Anteilsinhaber aller beteiligten Gesellschaften auf die Erstattung durch **notariell beurkundete Verzichtserklärungen** verzichten oder sich alle Anteile des übertragenden Rechtsträgers in der Hand des übernehmenden Rechtsträgers befinden. Bei der **Konzernausgliederung** ist daher unter diesen Umständen bei 100 % Beteiligung kein Ausgliederungsbericht erforderlich. Bei der Ausgliederung einer 100 %igen Tochtergesellschaft auf die Muttergesellschaft muss daher der Ausgliederungsbericht nicht erstellt werden. Der Regelfall der Konzernausgliederung, die Ausgliederung von der Muttergesellschaft auf die 100 %ige Tochtergesellschaft, ist hierdurch allerdings nicht erfasst, sodass die allgemeinen Regeln der Berichtspflicht gelten.[664]

II. Keine Ausgliederungsprüfung

344 § 125 Satz 2 UmwG bestimmt, dass eine **Prüfung i. S. d. §§ 9 ff. UmwG** bei der Ausgliederung grds. nicht stattfindet. Denn bei diesem Vorgang kommt es nicht zum Anteilstausch, sodass die Prüfung entbehrlich ist. Allerdings hat das Leitungsorgan des ausgliedernden Rechtsträgers im Rahmen seiner Sorgfaltspflicht auf die Angemessenheit der Gegenleistung für die übergehenden Werte zu achten.[665]

III. Vorbereitung der Gesellschafter- bzw. Hauptversammlungen

345 Die Ausgliederung unterliegt bzgl. der Vorbereitung der Gesellschafter- oder Hauptversammlungen den gleichen Informationspflichten wie die Spaltung (vgl. oben Teil 3 Rdn. 307 ff. und zur Verschmelzung Teil 2 Rdn. 450 ff.).

IV. Ausgliederungsbeschlüsse

346 Ebenso wie bei der Spaltung müssen auch bei der Ausgliederung die **Anteilsinhaber** aller beteiligten Rechtsträger **der Ausgliederung zustimmen** (§§ 125, 13 Abs. 1 UmwG). Damit ist sowohl in der ausgliedernden als auch in der aufnehmenden Gesellschaft die Fassung eines Ausgliederungsbeschlusses erforderlich. Anders als bei der Übertragung durch Einzelrechtsnachfolge gilt dieses Beschlusserfordernis unabhängig von der Frage, ob ein **wesentlicher oder unwesentlicher Betriebsteil** ausgegliedert wird. Damit unterscheidet sich das Ausgliederungsrecht nach dem UmwG deutlich von der **BGH-Rechtsprechung seit »Holzmüller«**, nach der ein Beschluss nur dann erforderlich ist, wenn ein wesentlicher Betriebsteil ausgegliedert wird.[666]

347 Eine **Ausnahme** von der Notwendigkeit des Ausgliederungsbeschlusses gilt bei der AG aufgrund § 125 Satz 1 i. V. m. § 62 Abs. 1 UmwG. Ein Hauptversammlungsbeschluss ist danach bei der übernehmenden AG entbehrlich, wenn ihr mindestens 90 % des Grund- oder Stammkapitals der Gesellschaft gehören, deren Vermögensgegenstände auf die Muttergesellschaft ausgegliedert werden (Ausgliederung Tochter auf Mutter). I. Ü. gelten hinsichtlich der Einzelheiten des Zustimmungsbeschlusses die allgemeinen Vorschriften (vgl. oben Teil 3 Rdn. 314 ff.; Teil 2 Rdn. 488 ff.). Eine **weitere Ausnahme** besteht bei der Ausgliederung aus dem Vermögen eines Einzelkaufmanns, hier ist kein Ausgliederungsbeschluss notwendig, da es schon an »Anteilsinhabern« fehlt.[667]

Durch das 3. UmwÄndG wurde ein § 62 Abs. 4 UmwG neu eingeführt, der bestimmt, dass, wenn sich das **gesamte Stamm- oder Grundkapital** einer übertragenden Kapitalgesellschaft in

---

[664] So Feddersen/Kiem, ZIP 1994, 1081; Karollus, in: Lutter, Kölner Umwandlungsrechtstage, S. 167.
[665] Vgl. Begründung zum RegE, BR-Drucks. 75/94, S. 117, abgedruckt in: Limmer, Umwandlungsrecht, S. 312.
[666] Vgl. Rehbinder, ZGR 1983, 92, 98; Hommelhoff, ZHR 1987, 493, 506.
[667] Lutter/Karollus, UmwG, Vor § 153 Rn. 11.

der Hand einer übernehmenden AG befindet, ein Spaltungsbeschluss des Anteilsinhabers der übertragenden Kapitalgesellschaft nicht erforderlich ist. Die Vorschrift gilt – anders als der neue § 62 Abs. 5 UmwG durch die Verweisung in § 125 Satz 1 UmwG auch für die Spaltung und Ausgliederung. § 62 Abs. 4 UmwG n. F. regelt damit als »Gegenstück« zu Abs. 1 auch die Entbehrlichkeit eines Verschmelzungsbeschlusses aufseiten der übertragenden Kapitalgesellschaft. Bei einer 100 %igen Mutter-Tochterkonstellation mit einer Mutter-AG oder -KGaA ist es möglich, die Spaltung und m. E. auch die Ausgliederung ganz ohne Zustimmungsbeschluss durchzuführen.[668]

V. Zustimmung von Vorzugs- und Sonderrechtsinhabern

Da § 125 Satz 1 UmwG bzgl. der **Notwendigkeit der Zustimmungen von Vorzugs- und Sonderrechtsinhabern** für die Ausgliederung keine Besonderheiten vorsieht, sind auch bei der Ausgliederung die besonderen Zustimmungserfordernisse zu beachten (vgl. im Einzelnen oben Teil 3 Rdn. 326; Teil 3 Rdn. 332 ff.; Teil 2 Rdn. 557 ff.). Feddersen/Kiem[669] sind der Auffassung, dass durch diese undifferenzierte Verweisung des Verschmelzungsrechts der Schutz der Inhaber von Sonderrechten zu stark ausgestaltet ist und für die Ausgliederung eine unangemessene Regelung darstellt. Die Praxis wird sich allerdings hieran orientieren müssen, sodass auch bei der Ausgliederung die allgemeinen Zustimmungen notwendig sind.[670]   348

So passen etwa die **Zustimmungstatbestände der §§ 50 Abs. 2 und 51 UmwG** nicht, da mangels Anteilstausch die Gesellschafter keiner Haftungsgefahr ausgesetzt sind oder Minderheitsrechte verlieren.[671] Hier erscheint eine **teleologische Reduktion** der allgemeinen Verweisung gerechtfertigt.

VI. Keine Abfindungsansprüche

§ 125 Satz 1 UmwG verweist für die Ausgliederung allerdings nicht auf die Vorschriften über die Abfindung, sodass sich bei der Ausgliederung **Abfindungsfragen nicht stellen**.   349

VII. Ausgliederung zur Aufnahme und Kapitalerhöhung bei dem übernehmenden Rechtsträger

Grds. ist bei einer Ausgliederung zur Aufnahme die Kapitalerhöhung die gleiche wie bei einer Spaltung zur Aufnahme (vgl. oben Teil 3 Rdn. 194 ff.). Allerdings **verweist** § 125 Satz 1 UmwG für die Ausgliederung **nicht auf die Kapitalerhöhungsverbote in § 54 UmwG** (für die GmbH) und **§ 68 UmwG** (für die AG). Die Einzelheiten sind umstritten, insb. die Frage inwieweit Analogien zur Spaltung zulässig sind (vgl. oben Teil 3 Rdn. 151). Damit sind also diese Vorschriften ausgeschlossen, die für eine übernehmende Kapitalgesellschaft die Erhöhung des Stammkapitals oder des Grundkapitals in bestimmten Fällen verbieten. Die Begründung zum RegE weist darauf hin, dass dies zulässig ist, da es bei der Ausgliederung nicht zu einem Anteilstausch kommt, sodass eigene Aktien jedenfalls dadurch nicht entstehen können und damit der Zweck der §§ 54, 68 UmwG für die Ausgliederung nicht zutreffe.[672]   350

Welche Folgerungen man aus der Herausnahme der Verweisung auf die §§ 54, 68 UmwG zu ziehen hat, ist nicht ganz klar. Die **Definition in § 123 Abs. 3 UmwG** verlangt, dass die Vermögensübertragung gegen Gewährung von Anteilen oder Mitgliedschaften an dem aufnehmenden Rechtsträger erfolgt. I. R. d. Gesetzgebungsverfahrens wurde zwar vorgebracht, dass ein Zwang zur   351

---

668 Vgl. Leitzen, DNotZ 2011, 526, 534; Simon/Merkelbach, DB 2011, 1317, 1318 f.
669 ZIP 1994, 1082.
670 Vgl. auch die Kritik von Baums, AG 1994, 1, 7.
671 Karollus, in: Lutter, Kölner Umwandlungsrechtstage, S. 170.
672 Vgl. Begründung zum RegE, BR-Drucks. 75/94, S. 117, abgedruckt in: Limmer, Umwandlungsrecht, S. 312.

Anteilsgewährung in diesen Fällen ebenso sinnlos sei wie bei der Verschmelzung von Schwester-Gesellschaften.[673] Der Gesetzgeber ist diesen Anregungen aber ebenso wenig gefolgt wie bei der Verschmelzung zwischen Schwestergesellschaften. Unter Beachtung des allgemeinen Grundsatzes, der auch zum Verschmelzungsrecht aufgestellt wurde (vgl. oben Teil 2 Rdn. 256 ff.), müsste man hieraus den Schluss ziehen, dass eine Ausgliederung immer nur gegen Anteilsgewährung erfolgen kann und die Anteilsgewährungspflicht daher auch bei der Ausgliederung zwingend ist.[674] Für dieses Ergebnis spricht auch, dass § 54 Abs. 4 und § 68 Abs. 3 UmwG, die bare Zuzahlungen i. H. v. höchstens 10 % des Nennwertes der Anteile zulassen, gem. § 125 Satz 1 UmwG nicht für die Ausgliederung gelten. Hieraus wird man wohl auch folgern können, dass bei der Ausgliederung überhaupt keine Zuzahlungen zulässig sind. Von Karollus[675] wurde allerdings auf die Schwierigkeiten hingewiesen, die diese zwingende Anteilsgewährungspflicht bei einer **Ausgliederung »von unten nach oben«** mit sich bringt. Gemeint ist der Fall, dass die Tochter Unternehmensteile auf die Mutter übertragen möchte. Würde man nun zwingend an der Anteilsgewährungspflicht festhalten, dann müsste die Muttergesellschaft als aufnehmende Gesellschaft ihrer Tochtergesellschaft Anteile gewähren. Dies ist allerdings unter bestimmten Voraussetzungen im Aktienrecht gem. § 71d AktG und auch im GmbHG verboten.;[676] Es wäre daher sachgerecht gewesen, zumindest vergleichbare Vorschriften, wie in § 54 und § 68 UmwG, vorzusehen. Denn **Konsequenz dieser Verbotsvorschriften** wäre, dass in einem solchen Fall eine Ausgliederung überhaupt nicht möglich wäre. Während für die Auf- und Abspaltung durch die Verweisung auf die §§ 54 und 68 UmwG und durch die Vorschrift des § 131 Abs. 1 Nr. 3 Satz 1 Halbs. 2 UmwG in diesem Fall die Anteilsgewährungspflicht entfällt, wurde Vergleichbares für die Ausgliederung nicht vorgesehen. Karollus (in: Lutter, Kölner Umwandlungsrechtstage, S. 180 f.) ist der Auffassung, dass der Gesetzgeber bei diesem faktischen Verbot der Ausgliederung von »unten nach oben« ein legitimes Ziel vor Augen hatte. Würde man nämlich eine Ausgliederung ohne Anteilsgewährung zulassen, so würden die Minderheitsgesellschafter der Tochter überhaupt keinen Gegenwert erhalten. Bei der Ausgliederung gegen Anteilsgewährung erhalten diese zumindest eine mittelbare Beteiligung an den übertragenen Vermögenswerten, indem diese Anteile in das Vermögen ihrer Gesellschaft gelangen und damit auch den Wert ihrer Beteiligung mittelbar erhöhen. Insofern stellt sich also die unbedingte Anteilsgewährungspflicht als **Schutzvorschrift zugunsten von Minderheitsgesellschaftern** dar. In den Fällen, in denen allerdings bei der Tochter keine Minderheitsgesellschafter vorhanden sind, also im Fall eines 100 %igen Konzernverhältnisses, wird man aber eine Ausnahme von der Anteilsgewährungspflicht bei der Ausgliederung von der Mutter auf die Tochter zulassen müssen[677] das Gleiche gilt, wenn alle Gesellschafter einverstanden sind.

Da, bei der Ausgliederung ist § 54 UmwG nicht anwendbar ist, der in Abs. 4 bare Zuzahlungen auf den zehnten Teil des Gesamtnennbetrags der gewährten Geschäftsanteile der übernehmenden Gesellschaft beschränkt. Nach der allgemeinen Meinung kann deshalb der Ausgliederungs- und Übernahmevertrag bare Zuzahlungen in unbeschränkter Höhe festsetzen.[678] Bei der Ausgliederung kann folglich – anders als bei Abspaltung – auch eine Wertdifferent zwischen dem einge-

---

673 Vgl. Krieger, ZGR 1990, 517, 521; Stellungnahme des DAV, WM-Sonderbeilage Nr. 2/1993 Rn. 110 f.
674 So Widmann/Mayer/Mayer, Umwandlungsrecht, § 126 UmwG Rn. 95; Ittner, MittRhNotK 1997, 109; Limmer, in: FS für Schippel, 1996, S. 434; Karollus, in: Lutter, Kölner Umwandlungsrechtstage, S. 161, Kallmeyer/Sickinger, UmwG, § 125 Rn. 55.
675 In: Lutter, Kölner Umwandlungsrechtstage, S. 178 ff.
676 Vgl. Lutter/Hommelhoff, GmbHG, § 33 Rn. 17 ff.
677 Vgl. Limmer, in: FS für Schippel, 1996, S. 435; wohl auch Kallmeyer/Sickinger, UmwG, § 125 Rn. 55; a. A. die h. M. vgl. Teil 3 Rdn. 151 f.
678 Vgl. OLG München, DNotZ 2012, 308 = NZG 2012, 229; Widmann/Fronhöfer, UmwG § 125 Rn. 75; Sickinger, UmwG, § 125 Rn. 60; Lutter/Priester, UmwG, § 126 Rn. 35 a. E.; Kadel BWNotZ 2010, 46, 48.

brachten Vermögen und dem Nennbetrag des Stammkapitals der aufnehmenden Gesellschaft **als Darlehen** gewährt werden.[679]

Die durch das **Zweite Gesetz zur Änderung des UmwG** in § 125 Satz 1 i. V. m. § 54 Abs. 1 Satz 3 UmwG n. F. (für die GmbH) bzw. § 68 Abs. 1 Satz 3 UmwG n. F. (für die AG) vorgesehene **Verzichtsmöglichkeit** entfällt für die Ausgliederung, da der Gesetzgeber bewusst den Verzicht in § 54 bzw. § 68 UmwG geregelt hat und diese Vorschriften kraft der eindeutigen Ausnahme in § 125 Satz 1 UmwG bei der Ausgliederung nicht anwendbar ist. Man könnte allenfalls eine **analoge Anwendung** erwägen, da die für die Verzichtsmöglichkeit vom Gesetzgeber angeführten Gründe[680] auch bei der Ausgliederung tragen. M. E. kann diese Analogie gezogen werden.[681] In der Praxis empfiehlt sich bis zu einer gerichtlichen Klärung den Grundsatz der Anteilsgewährung einzuhalten. 352

In der Literatur ebenfalls umstritten ist die Frage, ob bei der **Schaffung von Holding-Strukturen** die übertragende Gesellschaft ihr gesamtes Vermögen und nicht lediglich einen Teil ausgliedern kann, um als reine beteiligungsverwaltende Holding zu fungieren.[682] Bei der Ausgliederung wird man dieses Verfahren für zulässig erachten müssen, da der übertragende Rechtsträger bei der Ausgliederung nicht vermögenslos wird, weil er im Gegenzug die Anteile erhält.[683] Auch die Grundsätze der Kapitalerhaltung bei der übertragenden Gesellschaft (vgl. oben Teil 3 Rdn. 231 ff.) sprechen dann nicht gegen eine Ausgliederung des gesamten Vermögens, wenn die im Gegenzug gewährten Anteile wiederum das Stammkapital oder Grundkapital decken. 353

VIII. Ausgliederung zur Neugründung

Bei der Ausgliederung zur Neugründung wird das Vermögen der ausgliedernden Gesellschaft auf einen oder mehrere Gesellschaften übertragen, die i. R. d. Ausgliederung neu gegründet werden. Es gelten hier die **allgemeinen Vorschriften über die Spaltung zur Neugründung**. Insb. muss die Satzung oder der Gesellschaftsvertrag der neuen Gesellschaft im Ausgliederungsplan enthalten sein (vgl. im Einzelnen oben Teil 3 Rdn. 253 ff.). 354

N. Registerverfahren bei der Spaltung

I. Überblick

Das Registerverfahren ist in **§ 130 UmwG** geregelt, der an die Stelle von § 19 Abs. 1 und Abs. 2 UmwG tritt. Daneben bleibt § 19 Abs. 3 i. V. m. § 125 UmwG anwendbar. 355

I. R. d. Registerverfahrens sind daher **folgende Schritte notwendig:** 356

---

679 OLG München, DNotZ 2012, 308 = NZG 2012, 229; Semler/Stengel/Maier/Reimer, UmwG, § 152 Rn. 71; Sickinger, § 125 Rn. 60; Lutter/Priester, § 126 Rn. 35; Lutter/Karollus, § 159 Rn. 16; Widmann/Mayer, 2000, § 135 UmwG Rn. 38; Widmann/Mayer, UmwG § 152 Rn. 102.
680 Vgl. oben Teil 2 Rdn. 132 sowie BT-Drucks. 16/2919, S. 13.
681 Ebenso Kallmeyer/Sickinger, UmwG, § 125 Rn. 55; Lutter/Priester, § 126 UmwG Rn. 26.
682 Ablehnend Kallmeyer, DB 1995, 81 ff.
683 So zu Recht Karollus, in: Lutter [Hrsg.], Kölner Umwandlungsrechtstage, S. 177 f. vgl. allgemein zur Totalausgliederung oben Teil 3 Rdn. 56.

```
┌─────────────────────────────────────────────────────────────────────────┐
│                              1. Schritt:                                │
│ Anmeldung der Spaltung beim Register des übernehmenden Rechtsträgers    │
│ (§ 130 Abs. 1 UmwG).                                                    │
└─────────────────────────────────────────────────────────────────────────┘
                                    ↓
┌─────────────────────────────────────────────────────────────────────────┐
│                              2. Schritt:                                │
│ Eintragung der Spaltung im Register des Sitzes der übernehmenden        │
│ Rechtsträger mit dem Vermerk, dass die Spaltung erst mit der Eintragung │
│ im Register des Sitzes des übertragenden Rechtsträgers wirksam wird     │
│ (§ 130 Abs. 1 Satz 2 UmwG).                                             │
└─────────────────────────────────────────────────────────────────────────┘
                                    ↓
┌─────────────────────────────────────────────────────────────────────────┐
│                              3. Schritt:                                │
│ Bekanntmachung der Eintragung (2. Schritt) im elektronischen            │
│ Bundesanzeiger und einem weiteren Veröffentlichungsblatt                │
│ (§ 125, 19 Abs. 3 UmwG).                                                │
└─────────────────────────────────────────────────────────────────────────┘
                                    ↓
┌─────────────────────────────────────────────────────────────────────────┐
│                              4. Schritt:                                │
│ Anmeldung der Spaltung beim Register des übertragenden Rechtsträgers    │
│ (§ 130 Abs. 1 Satz 1 UmwG).                                             │
└─────────────────────────────────────────────────────────────────────────┘
                                    ↓
┌─────────────────────────────────────────────────────────────────────────┐
│                              5. Schritt:                                │
│ Eintragung der Spaltung im Register des übertragenden Rechtsträgers.    │
└─────────────────────────────────────────────────────────────────────────┘
                                    ↓
┌─────────────────────────────────────────────────────────────────────────┐
│                              6. Schritt:                                │
│ Bekanntmachung der Eintragung (5. Schritt) im elektronischen            │
│ Bundesanzeiger und einem weiteren Veröffentlichungsblatt.               │
└─────────────────────────────────────────────────────────────────────────┘
```

357 Das Gericht des Sitzes des übertragenden Rechtsträgers hat von Amts wegen dem Gericht des Sitzes jedes der übernehmenden Rechtsträger den **Tag der Eintragung der Spaltung** mitzuteilen sowie einen **Registerauszug** und eine beglaubigte Abschrift des Gesellschaftsvertrages, des Partnerschaftsvertrages, der Satzung oder des Statuts des übertragenden Rechtsträgers zu übersenden. Nach Eingang der Mitteilung hat das Gericht den Sitz jedes der übernehmenden Rechtsträger von Amts wegen den Tag der Eintragung der Spaltung im Register des Sitzes des übertragenden Rechtsträgers zu vermerken (§ 130 Abs. 2 UmwG).

358 Wird für die Durchführung der Spaltung eine **Kapitalerhöhung** vorgenommen, so ist vor der Spaltung zunächst die Kapitalerhöhung beim Register des übernehmenden Rechtsträgers anzumelden und einzutragen (§§ 125 Satz 1 i. V. m. §§ 53, 66 UmwG). Gleiches gilt, wenn bei der Spaltung oder Ausgliederung eine Herabsetzung des Stammkapitals einer übertragenden Gesellschaft erforderlich ist (§ 139 Satz 2 UmwG).

359 Die Mitteilung über die Voreintragung beim übernehmenden Rechtsträger erfolgt nicht von Amts wegen. Diese Mitteilung ist daher durch die Anmeldenden beim Registergericht der übertragenden Gesellschaft durch beglaubigten Handelsregisterauszug selbst nachzuweisen. Der **Eintra-**

gungsnachweis kann der Anmeldung beim übertragenden Rechtsträger aber zeitlich nachfolgen, sodass eine relativ zeitnahe Anmeldung bei beiden Registern möglich ist.[684]

II. Prüfung des Registergerichts

Das Registergericht hat hier grds. die gleichen Aufgaben wie bei der Verschmelzung, insb. ein **eigenes Prüfungsrecht** (vgl. hierzu oben ausführlich Teil 2 Rdn. 636 ff.). Es hat die Vollständigkeit und die Ordnungsmäßigkeit des Vorgangs zu prüfen. 360

Unklar ist das **Verhältnis der Registergerichte** untereinander, wenn für den Spaltungsvorgang verschiedene Registergerichte zuständig sind. Einigkeit besteht dabei allerdings, dass eine gewisse wechselseitige Bindung an die Entscheidungen und Eintragungen des anderen Registergerichts besteht.[685] Zu beachten ist aber, dass der Gesetzgeber mit der Einschaltung von zwei Registergerichten mit unterschiedlichen Aufgaben wohl auch eine **getrennte Kontrolle** gewünscht hat. Insofern ist der Auffassung zuzustimmen, dass die nur bei einem Gericht einzureichenden Unterlagen allein von diesem kontrolliert sind und eine wechselseitige Bindung besteht, soweit ein Registergericht Entscheidungen getroffen hat. Hat etwa das eine Registergericht einer übernehmenden Gesellschaft die Kapitalerhöhung eingetragen, ist das Registergericht der übertragenden Gesellschaft daran gebunden. Das Gleiche gilt für die Eintragung der Spaltung in das Register des übernehmenden Rechtsträgers.[686] 361

III. Anmeldungen zum Handelsregister

1. Überblick

Für das Registerverfahren gilt auch die **Verweisung in § 125 Satz 1 UmwG** auf die Bestimmungen der Verschmelzung (vgl. daher oben Teil 2 Rdn. 633 ff.). § 129 UmwG stellt klar, dass zur Anmeldung der Spaltung auch das Vertretungsorgan jeder der übernehmenden Rechtsträger berechtigt ist. Grds. sind **folgende Registeranmeldungen** vorzunehmen: 362
– Anmeldung der spaltungsdurchführenden Kapitalerhöhung und der Spaltung zum Register des übernehmenden Rechtsträgers,
– Anmeldung der Spaltung zum Register des übertragenden Rechtsträgers, evtl. Anmeldung der Kapitalherabsetzung,
– Anmeldung der Spaltung zur Neugründung beim Register des neu gegründeten Rechtsträgers.

Eine **Reihenfolge der Anmeldung** ist nicht vorgeschrieben, sondern nur die der Eintragungen (§ 130 UmwG). Befindet sich in dem im Wege der Spaltung übertragenen Vermögen ein Anteil an einer Personengesellschaft der übertragen wird, z. B. ein Kommanditanteil, führt dies zu einem Kommanditistenwechsel. Er ist zum Handelsregister anzumelden (§ 161 Abs. 2 i. V. m. § 107 HGB). Unklar ist, ob die Anmeldung zum Handelsregister, wie bei Personenhandelsgesellschaften grundsätzlich vorgeschrieben, von sämtlichen Gesellschaftern zu bewirken ist (§ 108 Satz 1 HGB) ist. M. E. muss es genügen, wenn der ausscheidende Kommanditist die Anmeldung unterzeichnet.[687] Die Praxis der Registergerichte ist allerdings uneinheitlich. 363

---

684 Vgl. Lutter/Priester, UmwG, UmwStG, § 130 UmwG Rn. 10; Kallmeyer/Zimmermann, UmwG, § 130 Rn. 11; Kübler in Semler/Stengel, § 130 UmwG Rn. 8 ff.; Ittner, MittRhNotK 1997, 124.
685 Vgl. Lutter/Priester, UmwG, § 130 Rn. 7; Kallmeyer/Zimmermann, UmwG, § 130 Rn. 11; Widmann/Mayer/Schwarz, Umwandlungsrecht, § 130 UmwG Rn. 2.
686 Vgl. Lutter/Priester, UmwG § 130 Rn. 7; Goutier/Knopf/Bermel, Umwandlungsrecht, § 19 UmwG Rn. 10.
687 So zu Recht Rawert/Endres, ZIP 2016, 1609 ff.

2. Anmeldung bei Spaltung zur Aufnahme des übernehmenden Rechtsträgers

a) Allgemeines

364　Sind an der Spaltung **mehrere aufnehmende Gesellschaften** beteiligt, so ist das Vertretungsorgan jeder übernehmenden Gesellschaft zwar berechtigt, die Spaltung auch bei der übertragenden Gesellschaft anzumelden, nicht jedoch bei den übrigen übernehmenden Gesellschaften.[688]

b) Anmelder

365　Nach § 16 Abs. 1 Satz 1 i. V. m. § 125 UmwG hat die Anmeldung durch die Vertretungsorgane der beteiligten Rechtsträger zu erfolgen. Bei den **Kapitalgesellschaften** hat die Anmeldung durch Vorstand oder Geschäftsführer und zwar in **vertretungsberechtigter Zahl** zu erfolgen. Zulässig ist auch **unechte Gesamtvertretung** unter Mitwirkung eines Prokuristen.[689] Eine Anmeldung kann aber nicht durch Prokuristen allein erfolgen, weil sie keine Vertretungsorgane sind.[690] Auch eine **Bevollmächtigung** ist bei der Anmeldung der Spaltung zulässig, sofern nicht höchstpersönliche Erklärungen und Versicherungen abgegeben werden müssen, z.B. Negativerklärung nach § 16 UmwG.[691] Bei der OHG oder KG erfolgt die Anmeldung durch die Gesellschafter bzw. Komplementäre, bei der Genossenschaft ist die Anmeldung nach § 157 GenG i. V. m. § 6 Abs. 2 Nr. 7 der Verordnung über das Genossenschaftsregister durch sämtliche Mitglieder des Vorstandes – einschließlich der Stellvertreter – in öffentlich beglaubigter Form einzureichen. Die Anmeldung soll dabei eine höchstpersönliche, organschaftliche Pflicht des Vorstandes sein, eine Vollmacht soll nicht genügen.[692]

Zu beachten ist allerdings, dass nach Meinung eines Teils der Literatur bestimmte Erklärungen im Rahmen der Spaltung von allen Mitgliedern des Vertretungsorgans abzugeben sind und insoweit auch eine unechte Gesamtvertretung nicht möglich ist:[693] Die der Anmeldung einer übertragenden Kapitalgesellschaft beizufügende **Kapitaldeckungserklärung** nach §§ 140, 146 UmwG.[694] Nach a.A. genügt vertretungsberechtigte Zahl, unechte Gesamtvertretung ist danach allerdings nicht möglich.[695] Dasselbe gilt nach h.M. für die Erklärung nach § 125 Satz 1 i. V. m. § 52 UmwG über die Gesellschafterzustimmung im Fall des § 51 Abs 1 UmwG.[696] Die Erklärung muss bei der Anmeldung erfolgen. Hieraus wird zu Recht angenommen, dass sie nicht notwendi-

---

688　Lutter/Priester, UmwG, § 129 Rn. 2; Widmann/Mayer/Schwarz, Umwandlungsrecht, § 129 UmwG Rn. 10; Kallmeyer/Zimmermann, UmwG, § 129 Rn. 3; Schwanna in: Semler/Stengel, § 129 UmwG Rn. 5; BeckOGK/Verse UmwG § 129 Rn. 5; Kölner KommUmwG/Simon § 129 UmwG Rn. 6.
689　Lutter/Priester, UmwG, § 129 Rn. 3; Kallmeyer/Zimmermann, UmwG, § 129 Rn. 2; Schwanna, in: Semler/Stengel, § 129 UmwG Rn. 3; BeckOGK/Verse UmwG § 129 Rn. 11.
690　Widmann/Mayer/Fronhöfer, Umwandlungsrecht, § 16 UmwG Rn. 23; Kallmeyer/Zimmermann, UmwG, § 16 Rn. 4; Lutter/Decher, UmwG, § 16 Rn. 5; BeckOGK/Rieckers/Cloppenburg UmwG § 16 Rn. 13.
691　Lutter/Priester, UmwG, § 129 Rn. 3, vgl. auch Teil 2 Rdn. 646; BGHZ 116, 190; BayObLG, DB 1987, 215; BayObLG, NJW 1987, 136; Lutter/Decher, § 16 Rn. 5; Krafka/Willer/Kühn, Registerrecht, Rn. 115; BeckOGK/Rieckers/Cloppenburg UmwG § 16 Rn. 13.
692　Vgl. Wirth, Die Spaltung einer eingetragenen Genossenschaft, S. 299 f.
693　Vgl. BeckOGK/Verse UmwG § 129 Rn. 10.
694　So Kallmeyer/Zimmerman, § 140 UmwG Rn. 6; BeckOGK/Brellochs UmwG § 140 Rn. 9; Kölner KommUmwG/Simon/Nießen § 140 UmwG Rn. 20; Widmann/Mayer/Mayer § 140 UmwG Rn. 11; Lutter/Priester § 140 UmwG Rn. 8 BeckOGK/Verse UmwG § 129 Rn. 13.
695　So Semler/Stengel/Reichert Rn. § 140 UmwG Rn. 4; Schmitt/Hörtnagl/Stratz/Hörtnagl § 140 UmwG Rn. 3.
696　BeckOGK/v. Hinden UmwG § 52 Rn. 10; Semler/Stengel/Reichert § 52 UmwG Rn. 6.

gerweise in der Anmeldung abgegeben werden muss. § 52 sieht keine bestimmte Form der Erklärung vor. Notarielle Beglaubigung ist daher nicht erforderlich, Schriftform genügt.[697]

Im Gegensatz zur Eintragung ist für die Anmeldung zum Register **keine verbindliche Reihenfolge** für die beteiligten Rechtsträger vorgeschrieben.[698] Die übertragene Gesellschaft kann daher ihre Registeranmeldung bereits vor der Anmeldung der übernehmenden Rechtsträger in deren Register vornehmen. Das Registergericht des übertragenden Rechtsträgers wird dann aber, bis zum Eingang der Mitteilung der Registergerichte der übernehmenden Rechtsträger, keine Eintragungstätigkeiten vornehmen. 366

▶ Hinweis:

Bei der Frage, wer im konkreten Fall anzumelden hat, ist allerdings zu berücksichtigen, dass bestimmte Erklärungen oder weitere Anmeldungen nach den Sondervorschriften von allen Geschäftsführern bzw. der Vorstandsmitgliedern abzugeben sind (so z. B. Kapitalerhöhung nach § 78 GmbHG). Auch die Erklärung nach § 140 UmwG soll nach überwiegender Meinung von allen Geschäftsführern höchstpersönlich abzugeben sein. 367

c) Form

Die Anmeldung bedarf der öffentlichen Beglaubigung (§ 12 Abs. 1 HGB, § 5 Abs. 2 PartGG, § 157 GenG, § 77 BGB). Diese wird durch die Beurkundung ersetzt. Dies gilt auch für etwaige Vollmachten zur Anmeldung. Durch das Gesetz über elektronische Handelsregister und Genossenschaftsregister sowie das Unternehmensregister[699] ist ab 01.01.2007 nur noch eine elektronische Einreichung beim Registergericht zulässig (vgl. oben Teil 2 Rdn. 642). Ferner ist wie bei der Verschmelzung nach § 378 Abs. 3 FamFG der sog. Prüfvermerk erforderlich: Danach sind sämtliche Anmeldungen in Registersachen mit Ausnahme der Genossenschafts- und Partnerschaftsregistersachen vor ihrer Einreichung für das Registergericht von einem Notar auf Eintragungsfähigkeit zu prüfen (vgl. dazu oben Teil 2 Rdn. 643). 368

3. Einzelheiten der Anmeldung der Spaltung beim Register des übernehmenden Rechtsträgers

a) Anmeldung der Kapitalerhöhung

Ist eine Kapitalerhöhung erforderlich, so muss neben der Spaltung auch die **Kapitalerhöhung angemeldet** werden. Die Anmeldung der Kapitalerhöhung zur Durchführung kann mit der Anmeldung der Spaltung **in einer Urkunde** verbunden werden. 369

aa) Anmeldende

Übernehmende **GmbH**	Alle Geschäftsführer (§ 78 i. V. m. § 57 Abs. 1 GmbHG).	370
AG	Anmeldung des Kapitalerhöhungsbeschlusses und der Durchführung der Kapitalerhöhung durch Vorstandsmitglieder in vertretungsberechtigter Zahl und den Aufsichtsratsvorsitzenden (§§ 184 Abs. 1 Satz 1, 188 Abs. 1 AktG).	

bb) Inhalt der Anmeldung

Beschlossene Kapitalerhöhung (§ 57 Abs. 1 GmbHG), notwendige Änderung der Satzung 371

---

697 Zu § 52 UmwG BeckOGK/v. Hinden UmwG § 52 Rn. 12 f.; Lutter/Winter/Vetter § 52 UmwG Rn. 18; zu § 140 Kallmeyer/Zimmerman, § 140 UmwG Rn. 7; BeckOGK/Brellochs UmwG § 140 Rn. 12; Semler/Stengel/Reichert § 130 UmwG Rn. 7.
698 Kallmeyer/Zimmermann, UmwG, § 129 Rn. 9.
699 V. 15.11.2006, BGBl. 2006 I, S. 2553.

GmbH (§ 54 Abs. 1 GmbHG), Erklärung, dass es sich um eine Kapitalerhöhung zur Durchführung der Spaltung handelt.

AG Kapitalerhöhungsbeschluss (§ 184 Abs. 1 Satz 1 AktG), die notwendige Änderung der Satzung (§§ 181 Abs. 1 Satz 1 AktG), die Erklärung, dass es sich um eine Kapitalerhöhung zur Durchführung der Spaltung handelt, die Durchführung der Kapitalerhöhung (§ 188 Abs. 1 AktG).

cc) Beizufügende Unterlagen

372 **GmbH** Beschlüsse über die Kapitalerhöhung und Satzungsänderung in Ausfertigung oder beglaubigter Abschrift, Spaltungsvertrag und Spaltungsbeschlüsse in Ausfertigung oder beglaubigter Abschrift, Liste der Übernehmer der neuen Einlagen (str., vgl. oben Teil 2 Rdn. 1027), Satzungsbescheinigung nach § 54 Abs. 1 Satz 2 GmbHG, evtl. Unterlagen für die Werthaltigkeit (z. B. Abspaltungsbilanz, Gutachten etc.), neue Gesellschafterliste (§ 125 UmwG, § 40 GmbHG).

AG Spaltungsvertrag und Spaltungsbeschlüsse in Ausfertigung oder beglaubigten Abschriften (§§ 125, 69 Abs. 2 UmwG), Beschluss über die Kapitalerhöhung, evtl. Sonderbeschlüsse und die Satzungsänderung in Ausfertigung oder beglaubigter Abschrift, Bericht über die Prüfung der Sacheinlage (§ 184 Abs. 1 Satz 2 AktG i. V. m. § 142 Abs. 2 UmwG), Berechnung der Kosten, die der AG durch die Ausgabe der neuen Aktien entstehen, vollständiger Wortlaut der geänderten Satzung mit Notarbescheinigung (§ 181 Abs. 1 Satz 2 AktG).

b) Anmeldung der Spaltung

aa) Anmeldende

373 Anmeldende sind die **Vertretungsorgane in vertretungsberechtigter Zahl**, bei Genossenschaften sämtliche Mitglieder des Vorstandes.

bb) Inhalt der Anmeldung, Negativerklärung

374 **Gegenstand der Anmeldung** ist die **Spaltung als solches**, nicht der Spaltungsvertrag, auch nicht die Spaltungsbeschlüsse; angegeben werden müssen: Firma und Sitz der beteiligten Rechtsträger, die Spaltungsart: Aufspaltung, Abspaltung oder Ausgliederung zur Aufnahme oder Neugründung.[700] Da einige Registergerichte in der Anmeldung auch Angaben des zu übertragenden Vermögensteils verlangen, wird empfohlen, dies in die Anmeldung aufzunehmen.[701]

Außerdem muss die Negativerklärung nach § 125 Satz 1 i. V. m. § 16 Abs. 2 Satz 1 UmwG, dass sämtliche Spaltungsbeschlüsse aller beteiligten Rechtsträger nicht durch Klage angegriffen worden sind, bzw. eine Klage nicht fristgemäß erhoben oder eine solche Klage abgewiesen oder zurückgenommen worden ist, enthalten sein (vgl. dazu eingehend oben Teil 2 Rdn. 655 ff.). Die Erklärung muss vom Vertretungsorgan in vertretungsberechtigter Zahl abgegeben werden.[702] Die in § 16

---

700 Vgl. Lutter/Priester, UmwG, § 129 Rn. 6; Kallmeyer/Zimmermann, UmwG, § 129 Rn. 6; BeckOGK/Verse UmwG § 129 Rn. 17.
701 Kallmeyer/Zimmermann, UmwG, § 129 Rn. 6; BeckOGK/Verse UmwG § 129 Rn. 17; Lutter/Priester § 129 UmwG Rn. 6; Kölner KommUmwG/Simon § 129 UmwG Rn. 10; Semler/Stengel/Schwanna UmwG § 129 Rn. 7.
702 Lutter/Decher, UmwG, § 16 Rn. 13; Kallmeyer/Marsch-Barner, UmwG, § 16 Rn. 22; Widmann/Mayer/Fronhöfer, Umwandlungsrecht, § 16 UmwG Rn. 85; Stratz, in: Schmitt/Hörtnagl/Stratz, § 16 UmwG Rn. 20; Vossius, NotBZ 2007, 363.

Abs. 2 Satz 1 UmwG geforderte Negativerklärung der Vertretungsorgane kann wirksam erst nach Ablauf der für Klagen bestimmten Monatsfrist abgegeben werden.[703]

cc) Erklärungen nach §§ 52 Abs. 1, 62 Abs. 3 Satz 5 i. V. m. § 125 UmwG

Bei der Anmeldung der Verschmelzung zur Eintragung in das Register haben die Vertretungsorgane der an der Verschmelzung beteiligten Rechtsträger im Fall der Beteiligung einer GmbH an der Verschmelzung, auf deren Geschäftsanteile nicht alle zu leistenden Einlagen in voller Höhe bewirkt sind, **als übernehmender Rechtsträger zu erklären**, dass dem Verschmelzungsbeschluss jedes der übertragenden Rechtsträger alle bei der Beschlussfassung anwesenden Anteilsinhaber dieses Rechtsträgers und, sofern der übertragende Rechtsträger eine Personenhandelsgesellschaft, eine Partnerschaftsgesellschaft oder eine GmbH ist, auch die nicht erschienenen Gesellschafter dieser Gesellschaft zugestimmt haben. Dies gilt auch bei der Spaltung. Zu beachten ist allerdings, dass nach Meinung eines Teils der Literatur diese Erklärungen im Rahmen der Spaltung von allen Mitgliedern des Vertretungsorgans abzugeben sind und insoweit auch eine unechte Gesamtvertretung nicht möglich ist.[704] Die Erklärung muss bei der Anmeldung erfolgen. Hieraus wird zu Recht angenommen, dass sie nicht notwendigerweise in der Anmeldung abgegeben werden muss. § 52 sieht keine bestimmte Form der Erklärung vor. Notarielle Beglaubigung ist daher nicht erforderlich, Schriftform genügt.[705]

375

Nach § 62 Abs. 3 Satz 5 UmwG hat der Vorstand bei der Anmeldung zu erklären, ob ein **Antrag nach § 62 Abs. 2 UmwG**, der die Einberufung einer Hauptversammlung zur Fassung eines Zustimmungsbeschlusses verlangt, gestellt worden ist.

376

dd) Anlagen

Durch § 125 Satz 1 UmwG gilt für die Spaltung auch der **Katalog des § 17 UmwG** bzgl. der Anmeldung beizufügenden Anlagen.

377

Danach sind folgende Anlagen **immer der Anmeldung (elektronisch beglaubigt) beizufügen**:
– elektronisch beglaubigte Abschrift des notariell beurkundeten Spaltungsvertrages bzw. des Spaltungsplans;
– elektronisch beglaubigte Abschrift der Niederschriften über die Zustimmungsbeschlüsse einschließlich etwa erforderlicher Zustimmungen nicht erschienener Anteilsinhaber; vorzulegen sind die Zustimmungen aller beteiligten Rechtsträger zu jeder Anmeldung, also auch die Zustimmung des übertragenden Rechtsträgers bei der Anmeldung zum übernehmenden Rechtsträger und umgekehrt, da das Vorliegen der Zustimmungsbeschlüsse Wirksamkeitsvoraussetzung für den Spaltungsvertrag ist;
– Spaltungsbericht bzw. beglaubigte Abschriften oder Ausfertigung der Niederschrift über die Verzichtserklärungen, jeweils aber wohl nur für den Rechtsträger, zu dem die Anmeldung erfolgt;
– Spaltungsprüfungsbericht bzw. beglaubigte Abschriften oder Ausfertigungen der Niederschrift über die Verzichtserklärungen, wiederum wohl nur für den Rechtsträger, für den angemeldet wird;

378

---

703 So BGH, AG 2006, 934 = DNotZ 2007, 54 = DStR 2007, 357 = NJW 2007, 224; OLG Hamm, NZG 2014, 1430; OLG Karlsruhe, NJW-RR 2001, 1326, 1327 = DB 2001, 1483, 1484; Kallmeyer/Marsch-Barner, UmwG, § 16 Rn. 26; Lutter/Decher, UmwG, § 16 Rn. 18; Lutter/Decher, § 198 UmwG Rn. 35; Widmann/Mayer/Fronhöfer, Umwandlungsrecht, § 16 UmwG.
704 Vgl. BeckOGK/Verse UmwG § 129 Rn. 10; BeckOGK/v. Hinden UmwG § 52 Rn. 10; Semler/Stengel/Reichert § 52 UmwG Rn. 6.
705 Zu § 52 UmwG BeckOGK/v. Hinden UmwG § 52 Rn. 12 f.; Lutter/Winter/Vetter § 52 UmwG Rn. 18.

- Nachweis über die Zuleitung des Entwurfs bzw. einer Abschrift des Vertrages an einen etwa bestehenden Betriebsrat, wohl jeweils wiederum nur bezogen auf den Rechtsträger, für den die Anmeldung erfolgt;
- Schlussbilanz des übertragenden Rechtsträgers, die auf einen Stichtag höchstens 8 Monate vor der Anmeldung aufgestellt sein darf, einzureichen bei dem Register des übertragenden Rechtsträgers.

379 Je nachdem, welcher Rechtsträger an der Spaltung beteiligt ist, kann sich das Erfordernis einer **Vorlage weiterer Anlagen** ergeben. Weitere **Anlagen nach Sondervorschriften** sind:
- bei der übernehmenden **GmbH** die berichtigte Gesellschafterliste nach §§ 125, 52 Abs. 2 UmwG, Übernehmerliste (vgl. dazu oben Teil 2 Rn. 276),
- bei der **AG** die Bekanntmachung nach § 62 Abs. 3 Satz 2 UmwG,
- Prüfungsgutachten der **Genossenschaft** nach § 86 UmwG.

4. Anmeldung zum Register des übertragenden Rechtsträgers

a) Vereinfachte Kapitalherabsetzung

380 Ist aus Kapitalschutzgründen eine **vereinfachte Kapitalherabsetzung** zur Durchführung der Spaltung oder Ausgliederung erforderlich, kann die Kapitalherabsetzung zusammen mit der Spaltung beim übertragenden Rechtsträger angemeldet werden.[706] § 139 Satz 2 bzw. § 145 Satz 2 UmwG bestimmt allerdings, dass die Abspaltung oder Ausgliederung erst eingetragen werden darf, nachdem die Herabsetzung des Stammkapitals bzw. Grundkapitals eingetragen worden ist.

aa) Anmeldende

381 **GmbH**   Bei der GmbH ist umstritten, ob die vereinfachte Kapitalherabsetzung durch die Geschäftsführer in vertretungsberechtigter Zahl nach § 78 Halbs. 1 GmbHG[707] oder durch sämtliche Geschäftsführer nach § 78 Halbs. 2 GmbHG analog anzumelden ist.[708] Erfolgt die Kapitalherabsetzung als reguläre Kapitalherabsetzung nach § 58 GmbHG, haben alle Geschäftsführer anzumelden (§§ 78, 58 Abs. 1 Nr. 3 GmbHG).

AG   Der Kapitalherabsetzungsbeschluss ist durch die Vorstandsmitglieder in vertretungsberechtigter Zahl und den Aufsichtsratsvorsitzenden (§§ 229 Abs. 3, 223 AktG), die Durchführung der Kapitalherabsetzung durch die Vorstandsmitglieder in vertretungsberechtigter Zahl anzumelden.[709]

bb) Inhalt der Anmeldung

382 **GmbH**   Herabsetzung des Stammkapitals, Abänderung der Satzung (§§ 58a Abs. 5 i. V. m. § 54 Abs. 1 Satz 1 GmbHG); teilweise wird noch verlangt, dass eine Erklärung abgegeben wird, dass es sich um eine Kapitalherabsetzung zur Durchführung der Spaltung handelt.[710]

AG   Kapitalherabsetzungsbeschluss (§§ 229 Abs. 3, 223 AktG), notwendige Änderung der Satzung (§ 181 Abs. 1 Satz 1 AktG), teilweise wird die Erklärung verlangt, dass es sich um eine Kapitalherabsetzung zur Durchführung der Spaltung handelt.[711] Nach erfolgter Durchführung der Kapitalherabsetzung ist die Durchführung anzumelden (§§ 229 Abs. 3, 227 Abs. 1 AktG).

---

706 Vgl. Widmann/Mayer/Mayer, Umwandlungsrecht, § 139 UmwG Rn. 57; Ittner, MittRhNotK 1997, 123.
707 So Kallmeyer/Zimmermann, UmwG, § 129 Rn. 4; Lutter/Priester, UmwG, § 129 Rn. 3; Scholz/Priester, § 58a GmbHG Rn. 32 Lutter/Hommelhoff/Lutter/Kleindiek § 58a GmbHG, Rn. 30; MünchKommGmbHG/J. Vetter GmbHG § 58a Rn. 82.
708 So Widmann/Mayer/Mayer, Umwandlungsrecht, § 139 UmwG Rn. 55 f.; Baumbach/Hueck/Zöllner/Haas, GmbHG, § 58a Rn. 30; Schwanna, in: Semler/Stengel, § 129 UmwG Rn. 2.
709 §§ 229 Abs. 3, 227 Abs. 1 AktG; vgl. auch Kallmeyer/Zimmermann, UmwG, § 129 Rn. 4.
710 So Ittner, MittRhNotK 1997, 123.
711 So Ittner, MittRhNotK 1997, 123.

cc) Anlagen

GmbH Beschluss über die Kapitalherabsetzung und Satzungsänderung in Ausfertigung oder beglaubigter Abschrift, vollständiger Wortlaut der geänderten Satzung mit Notarbescheinigung (§§ 58 Abs. 5, 54 Abs. 1 Satz 2 GmbHG). **383**

AG Beschluss über die Kapitalherabsetzung (auch evtl. erforderliche Sonderbeschlüsse, §§ 229 Abs. 3, 222 Abs. 2 AktG), Satzungsänderung in Ausfertigung oder beglaubigter Abschrift, vollständiger Wortlaut der geänderten Satzung mit Notarbescheinigung (§ 181 Abs. 1 Satz 2 AktG).

b) Anmeldung der Spaltung

Für die Anmeldung der Spaltung gelten die obigen Ausführungen entsprechend (vgl. oben Teil 3 Rdn. 373 ff.). **384**

Beim übertragenden Rechtsträger sind allerdings noch folgende **Erklärungen bzw. Unterlagen** beizufügen: **385**
– Erklärung der Organe einer übertragenden GmbH nach § 140 UmwG bzw. AG/KGaA nach § 146 Abs. 1 UmwG, dass die durch Gesetz und Satzung vorgesehenen Voraussetzungen für die Gründung dieser Gesellschaft unter Berücksichtigung der Abspaltung oder der Ausgliederung im Zeitpunkt der Anmeldung vorliegen. Wie bereits dargelegt (vgl. oben Teil 3 Rdn. 272) ist umstritten, ob die nach § 313 Abs. 2 UmwG strafbewährte Erklärung höchstpersönlich und durch alle Geschäftsführer bzw. Vorstandsmitglieder abgegeben werden muss oder ob ein Handeln in vertretungsberechtigter Zahl genügt;
– Schlussbilanz des übertragenden Rechtsträgers (§§ 125, 17 Abs. 2 UmwG).

5. Spaltung zur Neugründung

Bei der Spaltung zur Neugründung ist **zu unterscheiden**, ob der neu gegründete Rechtsträger angemeldet werden soll oder die Übertragung der Spaltung beim übertragenden Rechtsträger. Nach § 137 Abs. 1 UmwG soll das Vertretungsorgan des übertragenden Rechtsträgers bei der Spaltung zur Neugründung jeden der neuen Rechtsträger bei dem Gericht, in dessen Bezirk er seinen Sitz haben soll, zur Eintragung in das Register anmelden. Nach § 137 Abs. 2 UmwG hat das Vertretungsorgan des übertragenden Rechtsträgers die Spaltung selbst zur Eintragung in das Register des Sitzes des übertragenden Rechtsträgers anzumelden. **386**

a) Inhalt der Anmeldung der neuen Rechtsträger

Anzumelden ist der **neue Rechtsträger** als solcher und nicht nur wie bei der übertragenden Gesellschaft die Spaltung.[712] Nach h.M. ist außerdem anzugeben, dass die Gründung im Wege der Spaltung nach dem UmwG erfolgt und um welche Spaltungsart (Abspaltung, Aufspaltung, Ausgliederung zur Neugründung) es sich handelt.[713] **387**

Anmeldeberechtigt ist nach § 137 Abs. 1 UmwG das **Vertretungsorgan des übertragenden Rechts**trägers, und zwar auch für die Anmeldung des neuen Rechtsträgers in vertretungsberechtig- **388**

---

[712] Vgl. Lutter/Priester, UmwG, § 137 Rn. 4; Kallmeyer/Zimmermann, UmwG, § 137 Rn. 7; Hörtnagl, in: Schmitt/Hörtnagl/Stratz, § 137 UmwG Rn. 2.
[713] BeckOGK/Weiß UmwG § 137 Rn. 14; Lutter/Priester § 137 UmwG Rn. 4; Kallmeyer/Zimmermann § 137 UmwG Rn. 7; Kölner KommUmwG/Simon/Nießen § 137 UwG Rn. 11; Schmitt/Hörtnagl/Stratz/Hörtnagl UmwG § 137 Rn. 2.

ter Anzahl, wobei auch ein Handeln in unechter Gesamtvertretung zulässig ist.[714] Zur Frage der Bevollmächtigung vgl oben Teil 3 Rdn. 365. Die Geschäftsführer des neuen Rechtsträgers haben insofern keine Anmeldebefugnis. Das Vertretungsorgan des übertragenden Rechtsträgers hat dabei das Recht, alle Erklärungen und Handlungen, die bei der regulären Gründung notwendig oder zweckmäßig sind, abzugeben.[715] Etwas anderes gilt nur für die **Wissenserklärung oder höchstpersönlichen Erklärungen** der Organe der neuen Gesellschaft, die dann durch diese vorzunehmen sind: insb. Negativversicherung nach § 37 Abs. 2 AktG bzw. § 8 Abs. 3 GmbHG. In der Praxis ist die Anmeldung von beiden Vertretungsorganen zu unterzeichnen, wenn eine einheitliche Anmeldung vorliegt.[716] Bei der Ausgliederung aus dem Vermögen eines Einzelkaufmannes zur Neugründung einer Kapitalgesellschaft ist § 160 Abs. 1 UmwG zu beachten. Die Anmeldung des neu gegründeten Rechtsträgers haben sowohl der Einzelkaufmann als auch sämtliche Geschäftsführer bzw. Vorstands- und Aufsichtsratsmitglieder der neuen Gesellschaft gemeinsam vorzunehmen.[717]

389 Der Inhalt der Anmeldung ist zunächst der allgemeine Inhalt der Spaltung, ergänzend greifen die für die Neugründung maßgeblichen Anmeldevorschriften ein.[718] **Anzumelden** sind daher:
– der neue Rechtsträger unter Angabe, dass die Neugründung durch (Ab-, Aufspaltung zur Neugründung erfolgt und
– die Tatsache, dass eine Klage gegen die Wirksamkeit des Spaltungsbeschlusses nicht innerhalb der Monatsfrist des § 14 UmwG erhoben oder rechtskräftig abgewiesen oder zurückgenommen worden ist.

b) Sonderregelungen des jeweiligen Gründungsrechts

390
OHG, KG Name, Vorname, Geburtsort und Wohnort jedes Gesellschafters, Firma der Gesellschaft, Ort, wo sie ihren Sitz hat, und die inländische Geschäftsanschrift; die Vertretungsmacht der Gesellschafter (§ 106 Abs. 2 HGB); bei Kommanditisten Betrag der Einlage (§ 162 Abs. 2 HGB).

GmbH Anmeldung der Gesellschaft, Geschäftsführer und deren Vertretungsbefugnis; Versicherung der neuen Geschäftsführer über das Nichtvorliegen von Bestellungshindernissen und Belehrung über die Auskunftspflicht (§ 8 Abs. 3 GmbHG); streitig ist, ob die Versicherungen über die Bewirkung der Leistungen und die freie Verfügbarkeit nach § 8 Abs. 2 GmbHG erforderlich ist;[719] ferner ist anzugeben eine inländische Geschäftsanschrift und Art und Umfang der Vertretungsmacht der Geschäftsführer(§ 8 Abs. 4 GmbHG).

AG Die Gesellschaft, Name, Vorname, Geburtsdatum, Wohnort der Vorstandsmitgliedern, Vertretungsbefugnis, persönliche Versicherung der Vorstandsmitglieder, dass kein Bestellungshindernis besteht (§ 37 Abs. 2 AktG), Zeichnung der Namensunterschrift nach § 37 Abs. 5 AktG; ebenso wenig wie bei der GmbH ist eine Erklärung zur Bewirkung der Leistung oder deren

---

714 Lutter/Priester, UmwG, § 137 Rn. 10; Kallmeyer/Zimmermann, UmwG, § 137 Rn. 2 f.; BeckOGK/Weiß UmwG § 137 Rn. 11.
715 Vgl. Kallmeyer/Zimmermann, UmwG, § 137 Rn. 3;BeckOGK/Weiß UmwG § 137 Rn. 7 f.; Widmann/Mayer/Fronhöfer § 137 UmwG Rn. 13; Semler/Stengel/Schwanna § 137 UmwG Rn. 2; Lutter/Priester § 137 UmwG Rn. 11.
716 Vgl. Kallmeyer/Zimmermann, UmwG, § 137 Rn. 3; BeckOGK/Weiß UmwG § 137 Rn. 8.; Widmann/Mayer/Fronhöfer § 137 UmwG Rn. 13; Semler/Stengel/Schwanna § 137 UmwG Rn. 2; Lutter/Priester § 137 UmwG Rn. 12.
717 § 160 Abs. 1 UmwG; vgl. Kallmeyer/Zimmermann, UmwG, § 160 Rn. 3; Lutter/Karollus § 160 UmwG Rn. 3; Widmann/Mayer/Mayer § 160 UmwG Rn. 3; Hörtnagl, in: Schmitt/Hörtnagl/Stratz, § 160 UmwG Rn. 3; Maier-Reimer, in: Semler/Stengel, § 160 UmwG Rn. 2.; BeckOGK/Weiß UmwG § 137 Rn. 10.
718 Vgl. Ittner, MittRhNotK 1997, 122; Lutter/Priester, UmwG, § 137 Rn. 5 ff.
719 So Widmann/Mayer/Mayer, Umwandlungsrecht, § 76 UmwG Rn. 13; Widmann/Mayer/Mayer, Umwandlungsrecht, § 135 UmwG Rn. 61; Lutter/Priester, UmwG, § 138 Rn. 3; ablehnend Kallmeyer/Zimmermann, UmwG, § 137 Rn. 9; Ihrig, GmbHR 1995, 63 8; Ittner, MittRhNotK 1997, 123.

c) Beizufügende Anlagen

Beizufügen sind die allgemeinen bei der Spaltung beizufügenden Anlagen nach §§ 125, 17 UmwG (vgl. oben Teil 3 Rdn. 377 ff.); außerdem diejenigen Anlagen, die das Gründungsrecht für den neuen Rechtsträger vorsieht (§ 135 Abs. 2 UmwG): 391

GmbH Gesellschaftsvertrag als Teil des Spaltungsplans, Bestellung der Geschäftsführer, Liste der Gesellschafter, Sachgründungsbericht, Wertnachweise (z. B. Spaltungsbilanz). Die Liste der Gesellschafter ist nach wohl herrschender Meinung vom Notar nach § 40 Abs. GmbHG zu bescheinigen.[720]

AG Satzung als Bestandteil des Spaltungsplans, Niederschrift über Sitzung des Aufsichtsrates der Gesellschaft über die Bestellung der Vorstandsmitglieder, Wertnachweis über übertragenes Vermögen (i. d. R. Spaltungsbilanz), Gründungsbericht der Gründer, Gründungsprüfungsbericht der Mitglieder des Vorstands und des Aufsichtsrates, Nachweis, dass es die spaltende AG bereits 2 Jahre existiert.[721]

6. Besonderheiten der Spaltungsbilanz

Für alle Arten der Spaltung ist ebenso wie bei der Verschmelzung nach § 17 Abs. 2 i. V. m. § 125 UmwG eine **Schlussbilanz des übertragenden Rechtsträgers** aufzustellen und der Anmeldung der Umwandlung zur Eintragung in das Handelsregister des übertragenden Rechtsträgers beizufügen. Beim aufnehmenden oder neu gegründeten Rechtsträger kann die Spaltungsbilanz auch zum Nachweis der Werthaltigkeit notwendig werden. Wegen der Einzelheiten der Spaltungsbilanz kann zunächst auf die Verschmelzungsbilanz verwiesen werden (vgl. Teil 2 Rdn. 675 ff.). 392

Folgende Besonderheiten sind allerdings zu beachten: In der Literatur ist vor allen Dingen die Streitfrage entstanden, ob **eine Gesamtschlussbilanz** des übertragenden Rechtsträgers genügt oder ob eine oder gar zwei **Teilbilanzen** für die zurückbleibenden und zu übertragenden Unternehmensteile erforderlich sind. Teilweise wird auch in der Literatur gefordert, dass nur Teilbilanzen aufgestellt werden müssen.[722] Nach Ansicht des IDW können im Fall der Abspaltung der Anmeldung statt einer Gesamtschlussbilanz geprüfte Teilschlussbilanzen für das übertragende und das verbleibende Vermögen beigefügt werden.[723] 393

Die herrschende Meinung[724] ist jedenfalls der Auffassung, dass es nach dem Gesetzeswortlaut genügt, wenn für alle Fälle eine Gesamtbilanz eingereicht wird; eine Aufgliederung in Teilbilanzen könne gesellschaftsrechtlich nicht verlangt werden.[725] Auch **Sauter**[726] empfiehlt, dass aufgrund der klaren gesetzlichen Regelung in jedem Fall Gesamtschlussbilanzen bei übertragenden Rechtsträgern nach § 17 Abs. 2 UmwG eingereicht werden sollten. Teilbilanzen würden sich empfehlen, insb. auch zum Nachweis der Werthaltigkeit des übertragenden Vermögens i. R. d. Kapitalerhö-

---

720 Vgl. Lutter/Hommelhoff/Bayer, § 40 GmbHG Rn. 24; OLG Hamm, DNotZ 2010, 214 = DB 2010, 495; Ising, DNotZ 2010, 214.
721 § 141 UmwG; vgl. Kallmeyer/Zimmermann, UmwG, § 137 Rn. 17.
722 So insb. Widmann/Mayer/Mayer, Umwandlungsrecht, § 24 UmwG Rn. 163; vgl. Schmidt/Heinze, DB 2008, 2696 ff.
723 IDW Stellungnahme, Wirtschaftsprüfung 1998, 509.
724 Kallmeyer/Sickinger, UmwG, § 125 Rn. 23; Lutter/Priester, UmwG, § 134 Rn. 2; Schwanna, in: Semler/Stengel, UmwG, § 17 Rn. 23; vgl. Schmidt/Heinze, DB 2008, 2696 ff.
725 Vgl. auch Müller, WPG 1996, 857, 865.
726 In: FS für Widmann, 2000, S. 99, 111.

hung bei der aufnehmenden Gesellschaft.[727] Soweit Teilschlussbilanzen für Spaltungsvorgänge dem Registergericht vorgelegt werden, sind sie gem. § 17 Abs. 2 Satz 2 UmwG zu prüfen, wenn ein Jahresabschluss des übertragenden Rechtsträgers auf den Stichtag der Gesamtschlussbilanz kraft Gesetzes prüfungspflichtig wäre.[728]

Wegen der sonstigen Fragen kann auf die **Ausführungen zur Verschmelzungsbilanz** verwiesen werden (vgl. Teil 2 Rdn. 675 ff.).

O. Beschlussanfechtung und Eintragung trotz Beschlussanfechtung

394 Über die **allgemeine Verweisungsvorschrift des § 125 UmwG** finden bei der Spaltung die Vorschriften über die Verschmelzung grds. entsprechende Anwendung.

395 Ausdrücklich **ausgenommen** davon ist für den Unterfall der Ausgliederung die Regelung in § 14 Abs. 2 UmwG, wonach die Beschlussanfechtung nicht auf ein zu niedriges Umtauschverhältnis der Anteile gestützt werden kann. Grund dafür ist, dass bei der Ausgliederung kein Anteilstausch stattfindet, sodass die Regelung obsolet ist.

396 Dagegen findet die Vorschrift des § 16 UmwG und damit auch die Regelung über das neue **Rechtsbehelfsverfahren** zur Überwindung der Registersperre in § 16 Abs. 3 UmwG entsprechende Anwendung. Auf die Erläuterungen in den Teil 2 Rdn. 525 ff. wird verwiesen.

P. Wirkungen der Spaltung

I. Zeitpunkt

397 **Maßgeblicher Zeitpunkt** ist die Eintragung der Spaltung in das Register des übertragenden Rechtsträgers (§ 131 Abs. 1 UmwG).

II. Vermögensübergang

1. Aufspaltung

398 Bei der Aufspaltung geht das gesamte Vermögen des übertragenden Rechtsträgers auf die aufnehmenden oder neu gegründeten Rechtsträger entsprechend dem Spaltungsvertrag oder -plan im Wege der **partiellen Gesamtrechtsnachfolge** über.[729] Ein gesonderter Übertragungsakt hinsichtlich der einzelnen Gegenstände des Vermögens ist nicht erforderlich. Welche Teile des Vermögens des übertragenden Rechtsträgers bei einer Spaltung auf welchen übernehmenden Rechtsträger übergehen, richtet sich nach der Vereinbarung im Spaltungs- und Übernahmevertrag.[730] Der übertragende Rechtsträger erlischt, ohne dass es einer besonderen Löschung bedarf (§ 131 Abs. 1 Nr. 2 UmwG). Ist seine **Vermögensposition nicht im Vertrag zugeteilt** worden und lässt sich eine Zuteilung auch nicht durch Vertragsauslegung ermitteln, so geht der vergessene Vermögens-

---

727 Sauter, in: FS für Widmann, 2000, S. 99, 111; ähnlich auch Kallmeyer/Sickinger, UmwG, § 125 Rn. 23.
728 Vgl. Pfitzer, in: WP-Handbuch, 13. Aufl. 2008, Bd. II, E Rn. 95; Sauter, in: FS für Widmann, 2000, S. 113.
729 § 131 Abs. 1 Nr. 1 UmwG; vgl. dazu BGHZ 175, 123 = NJW-RR 2008, 756 = DNotZ 2008, 468 m. Anm. Limmer: BAG DStR 2018, 685= NJW 2018, 885; OLG Hamm, DStR 2010, 991 = NJW 2010, 2591; OLG Karlsruhe, NZG 2009, 315 = GmbHR 2008, 1219; Hörtnagl, in: Schmitt/Hörtnagl/Stratz, § 123 UmwG Rn. 3; Widmann/Mayer/Schwarz, Umwandlungsrecht, § 123 UmwG Rn. 413; Kallmeyer/Sickinger, UmwG, § 123 Rn. 2; BeckOGK/Verse UmwG § 123 n. 4; Schmidt, in: Habersack/Koch/Winter/Vetter, Die Spaltung im neuen Umwandlungsrecht und ihre Rechtsfolgen, S. 11; Lutter/Teichmann, UmwG, § 123 UmwG Rn. 8 f.; Zöllner, ZGR 1995, 335, 339; Gutachten DNotI-Report 2011, 104, DNotI-Report 2015, 178.
730 BGHZ 175, 123 = NJW-RR 2008, 756 = DNotZ 2008, 468 m. Anm. Limmer; BAG DStR 2018, 685= NJW 2018, 885; BAGE 144, 36 = NZA 2013, 512.

gegenstand nach § 131 Abs. 3 UmwG auf alle übernehmenden Rechtsträger in dem Verhältnis über, in dem die Aufteilung des Überschusses der Aktiv- über die Passivseite der Schlussbilanz erfolgt ist. Ist eine Aufteilung auf mehrere Rechtsträger nicht möglich, soll der Gegenwert im genannten Verhältnis aufgeteilt werden.[731] Ob § 131 Abs. 3 UmwG entsprechend auf vergessene Verbindlichkeiten angewendet werden kann ist unklar. In der Gesetzesbegründung wird mitgeteilt, dass mit dem Begriff »Gegenstand« nur ein solcher des Aktivvermögens gemeint ist und die Vorschrift auf »vergessene« Verbindlichkeiten keine Anwendung findet. Eine gesetzliche Regelung sei entbehrlich, weil für »vergessene« Verbindlichkeiten die gesamtschuldnerische Nachhaftung nach § 133 eingreife.[732] Dennoch muss trotz der gesamtschuldnerischen Haftung eine Primärzuordnung erfolgen. Es empfiehlt sich in jedem Fall die Aufnahme einer Anpassungsklausel im Spaltungsvertrag. Ein Teil der Literatur spricht sich daher zu Recht für eine analoge Anwendung aus.[733]

Von der Rechtsnachfolge nach § 131 UmwG bleiben höchstpersönliche Rechte und Pflichten ausgenommen.[734] Solche erlöschen im Falle der Aufspaltung, während bei der Abspaltung und der hier vorliegenden Ausgliederung das Recht beim übertragenden Rechtsträger verbleibt.[735]

2. Abspaltung, Ausgliederung

Mit der Eintragung geht der mit der Abspaltung oder Ausgliederung erfasste Vermögensteil einschließlich der Verbindlichkeiten auf den übertragenden Rechtsträger über.[736] Nicht durch Rechtsgeschäft übertragbare Gegenstände verbleiben im Eigentum des übertragenden Rechtsträgers (§ 131 Nr. 1 UmwG). Für den Erwerb der Mitgliedschaften und Anteile gelten die Regeln der Verschmelzung entsprechend (s. daher oben Teil 2 Rdn. 693 ff.). 399

Die übertragenden Rechtsträger bestehen fort. **Ausnahme** ist die Ausgliederung des gesamten Vermögens eines einzelnen kaufmännischen Unternehmens (§ 155 UmwG). 400

3. Anteilserwerb

Nach § 131 Abs. 1 Ziff. 3 UmwG werden ebenso wie bei der Verschmelzung die Anteilsinhaber des übertragenden Rechtsträgers entsprechend der im Spaltungs- und Übernahmevertrag vorgesehenen Aufteilung Anteilsinhaber der übernehmenden Rechtsträger. Es findet also wie bei der Verschmelzung ein **Direkterwerb** entsprechend den Festsetzungen im Spaltungsvertrag statt. Dieser Erwerb der Mitgliedschaft erfolgt kraft Gesetzes mit der Eintragung im Handelsregister, ohne dass es etwaiger Übertragungsakte bedarf[737] Dies gilt sowohl für die Anteile, die durch Kapitaler- 401

---

731 Vgl. dazu BeckOGK/Wiersch UmwG § 131 Rn. 117 ff.; Schmitt/Hörtnagl/Stratz/Hörtnagl § 131 UmwG Rn. 117 f.; Kölner KommUmwG/Simon § 131 UmwG Rn. 64; Widmann/Mayer/Vossius § 131 UmwG Rn. 204 ff Kallmeyer/Kallmeyer/SickingerSickinger, UmwG, § 131 Rn. 29.
732 BT-Drucks. 12/6699, 120 f.
733 Kallmeyer/Sickinger, UmwG, § 131 Rn. 29; Schmitt/Hörtnagl/Stratz/Hörtnagl § 131 UmwG Rn. 136 f.
734 BT-Drucks. 16/2912, 19; OLG Karlsruhe, GRUR-RR 2014, 362; Kallmeyer/Sickinger, UmwG, § 131 Rn. 2; Hörtnagl in Schmitt/Hörtnagl/Stratz, § 131 UmwG Rn. 11; Schöer in Semler/Stengel, UmwG, 3. Aufl., § 131 Rn. 33.
735 Hörtnagl in Schmitt/Hörtnagl/Stratz, § 131 UmwG Rn. Rd. 33.
736 OLG Hamm, DStR 2010, 991 = NJW 2010, 2591; OLG Karlsruhe, NZG 2009, 315 = GmbHR 2008, 1219; Hörtnagl, in: Schmitt/Hörtnagl/Stratz, § 123 UmwG Rn. 3; Widmann/Mayer/Schwarz, Umwandlungsrecht, § 123 UmwG Rn. 413; Kallmeyer/Sickinger, UmwG, § 123 Rn. 2; Schmidt, in: Habersack/Koch/Winter/Vetter, Die Spaltung im neuen Umwandlungsrecht und ihre Rechtsfolgen, S. 11; Lutter/Teichmann, UmwG, § 123 Rn. 8 ff.; Zöllner, ZGR 1995, 335, 339; Gutachten DNotI-Report 2011, 104.
737 Vgl. oben Teil 2 Rdn. 708; BeckOGK/Wiersch UmwG § 131 Rn. 91; Lutter/Grunewald § 20 Rn. 61; Schmitt/Hörtnagl/Stratz/Hörtnagl § 131 UmwG Rn. 105; Kallmeyer/Sickinger § 131 UmwG Rn. 23.

höhung beim aufnehmenden Rechtsträger neu geschaffen werden, als auch für solche Anteile, die der aufnehmende Rechtsträger bereits als eigene Anteile besitzt. Nach herrschender Meinung gilt dies auch für die Fälle, in denen die Anteile vor der Spaltung dem übertragenden Rechtsträger gehörten. Da – wie dargestellt sogar – eine Anteilsveränderung der Anteile am übertragenden Rechtsträger möglich ist, tritt auch diese Rechtsänderung in der Anteilszuordnung mit der Eintragung der Spaltung ein.[738] Auch die sonstigen Wirkungen sind die gleichen wie bei der Verschmelzung, insb. die Frage der dinglichen Surrogation (vgl. oben Teil 2 Rdn. 723).

4. Berichtigungen in Registern und im Grundbuch, Titelumschreibung

402 Da die Übertragung der im Spaltungsvertrag festgelegten Vermögensgegenstände nicht im Wege der Einzelrechtsübertragung, sondern im Wege der **partiellen Gesamtrechtsnachfolge** mit der Eintragung der Spaltung außerhalb des Grundbuches geschieht, ist das Grundbuch nur zu berichtigen, eine Auflassung ist nicht erforderlich.[739]

Zum **Nachweis des Rechtsübergangs** genügt die Vorlage eines beglaubigten Handelsregisterauszuges betreffend die Eintragung der Spaltung beim übertragenden Rechtsträger.[740] Allerdings ist anders als bei der Verschmelzung, bei der eine Gesamtrechtsnachfolge stattfindet, zur Bezeichnung der betroffenen Vermögensgegenstände (Grundstücke, dingliche Rechte) eine **beglaubigte Abschrift** oder Ausfertigung des Spaltungsvertrages vorzulegen, aus der sich die grundbuchliche Bezeichnung der übergehenden Grundstücke und dinglichen Rechte ergibt.[741] Für die Grundbuchberichtigung (§ 29 Abs. 1 Satz 2 GBO) genügt die Vorlage eines beglaubigten Handelsregisterauszugs über die Eintragung der Spaltung beim übertragenden Rechtsträger unter Vorlage einer Ausfertigung oder beglaubigten Abschrift des Spaltungsvertrages mit der Bezeichnung der übergehenden Grundstücke.[742] Eine Notarbescheinigung über den Inhalt des Spaltungsvertrags ist gesetzlich nicht vorgesehen.[743] Bei Abspaltung und Ausgliederung genügt nach herrschender Meinung auch lediglich eine Berichtigungsbewilligung des übertragenden Rechtsträgers nebst Zustimmung des neuen bzw. aufnehmenden Rechtsträgers nach § 22 Abs. 2 GBO.[744] **Genehmigungen** für die Einzelrechtsübertragung sind seit der Abschaffung des § 132 UmwG durch das **Zweite Gesetz zur Änderung des UmwG** v. 25.04.2007[745] nicht mehr erforderlich. Im Fall der Abspaltung oder Ausgliederung kann, da es sich hier nur um eine Grundbuchberichtigung handelt, die Berichtigung auch auf der Grundlage einer Berichtigungsbewilligung des übertragenden Rechts-

---

738 Vgl. Lutter/Teichmann, UmwG, § 131 Rn. 9; Kallmeyer/Sickinger, UmwG, § 131 Rn. 23 ff.; Hörtnagl, in: Schmitt/Hörtnagl/Stratz, § 131 UmwG Rn. 93 ff.; BeckOGK/Wiersch UmwG § 131 Rn. 91.
739 Vgl. LG Ellwangen, Rpfleger 1996, 154 = BWNotZ 1996, 125; BGHZ 175, 123 = NJW-RR 2008, 756 = DNotZ 2008, 468 m. Anm. Limmer: BAG DStR 2018, 685= NJW 2018, 885; eingehend Böhringer, Rpfleger 2001, 59 ff., Kallmeyer/Sickinger, UmwG, § 131 Rn. 7; Widmann/Mayer/Mayer, Umwandlungsrecht, § 126 UmwG Rn. 214; Widmann/Mayer/Vossius, Umwandlungsrecht, § 131 UmwG Rn. 38; Ittner, MittRhNotK 1997, 125; Volmer, WM 2002, 428 ff.
740 Vgl. OLG Hamm FGPrax 2014, 239.
741 Vgl. oben Teil 3 Rdn. 86 insb. zur Frage bei Teilflächen, Widmann/Mayer/Mayer, Umwandlungsrecht, § 126 UmwG Rn. 214; Ittner, MittRhNotK 1997, 125; Volmer, WM 2002, 428 ff.; Gutachten DNotI-Report 2015, 178.
742 Vgl. Schöner/Stöber, Grundbuchrecht, Rn. 995 f.; Kallmeyer/Sickinger, § 131 UmwG Rn. 7; Lutter/Teichmann, § 131 UmwG Rn. 31; OLG Frankfurt NJOZ 2012, 1396, 1397; Hörtnagl, § 131 UmwG Rn. 13.
743 KG DNotZ 2012, 621, 623; OLG Frankfurt NJOZ 2012, 1396; BeckOK-GBO/Otto, § 32 UmwG Rn. 39.
744 Str. dafür vgl. Widmann/Mayer/Mayer, Umwandlungsrecht, § 126 UmwG Rn. 214; Hörtnagl in Schmitt/Hörtnagl/Stratz, § 131 UmwG Rn. 15; Lutter/Teichmann, UmwG, § 131 Rn. 32, a. A. OLG Düsseldorf FGPrax 2010, 225, 226; Kallmeyer/Sickinger, § 126 UmwG Rn. 21; SchönerSchöner/Stöber, Grundbuchrecht, Rn. 995 f.
745 BGBl. I, S. 542.

trägers i. V. m. einer Zustimmung des neuen bzw. aufnehmenden Rechtsträgers nach § 22 Abs. 2 GBO erfolgen.[746] Ferner ist eine **Unbedenklichkeitsbescheinigung des Finanzamtes** – Grunderwerbsteuerstelle – für jede Eigentumsberichtigung erforderlich.[747] Das Grundbuchamt hat die materiell-rechtliche Wirksamkeit der Spaltung im Grundbucheintragungsverfahren nicht zu überprüfen. Dies gilt insbesondere auch für die wirksame Vertretung der Beteiligten des Spaltungsvertrages, auch die Form des § 29 GBO spielt für die Vollmacht keine Rolle.[748] Nicht ganz klar ist, wie sich die Spaltung auf einen Grundstückskaufvertrag und dessen Abwicklung auswirkt, insbesondere die Frage, ob gleichermaßen der übernehmende Rechtsträger einer Spaltung kraft partieller Gesamtrechtsnachfolge an die Auflassungserklärung des übertragenden Rechtsträgers gebunden ist.[749]

Dingliche Titel (z. B. Urteile, vollstreckbare Urkunden, vollstreckbare Grundpfandrechte) sind auf den übernehmenden Rechtsträger nach § 727 ZPO umzuschreiben, wenn der Nachweis der Rechtsnachfolge durch öffentliche bzw. öffentlich-beglaubigte Urkunde geführt wird.[750] Insofern muss bei titulierten Forderungen der Nachweis des Rechtsübergangs der Forderung, bei Grundpfandrechten die Rechtsnachfolge bzgl. des Grundpfandrechts mit der notwendigen Bestimmtheit nachgewiesen werden. I. d. R. ist daher auch der Spaltungsvertrag vorzulegen, aus dem sich die Rechtsnachfolge bzgl. des konkreten Titels ergibt. **403**

Für die Praxis war unklar, welche Auswirkungen das Urteil des BGH v. 30.03.2010[751] hat. Der BGH hatte entschieden, dass der Zessionar einer Sicherungsgrundschuld aus der Unterwerfungserklärung nur vorgehen könne, wenn er in den Sicherungsvertrag eintrete. Die Prüfung, ob der Zessionar einer Sicherungsgrundschuld in den Sicherungsvertrag eingetreten und damit neuer Titelgläubiger geworden sei, sei dem Klauselerteilungsverfahren vorbehalten, d. h. der Notar muss dies bei der Klauselerteilung prüfen.[752] Verfahrensrechtlich musste nach dieser Entscheidung der Eintritt des Zessionars dem Notar in öffentlicher oder öffentlich beglaubigter Form nachgewiesen werden oder offenkundig sein.[753] Bei der Titelumschreibung nach einer **Ausgliederung** hätten die gleichen Anforderungen gegolten. Nach Ansicht des LG Krefeld[754] wäre auch der Nachweis des »Eintritts in den Sicherungsvertrag« i. S. d. zitierten BGH-Urteils ebenfalls zu erbringen, wenn die Grundschuld infolge einer Ausgliederung gem. § 123 Abs. 3 UmwG auf einen anderen Rechtsträger übergeht. Auch das Deutsche Notarinstitut neigt dieser Auffassung zu.[755] **404**

Im Beschl. v. 29.06.2011[756] hat der VII-Senat diese vom XI. Senat aufgestellten Grundsätze revidiert und festgestellt, der Notar müsse dem Zessionar einer Sicherungsgrundschuld die Klausel als Rechtsnachfolger ungeachtet der Entscheidung des BGH v. 30.03.2010[757] erteilen, wenn die Rechtsnachfolge in die Ansprüche durch öffentliche oder öffentlich beglaubigte Urkunden nachge-

---

746 Böhringer, Rpfleger 1992, 1947; Ittner, MittRhNotK 1997, 126.
747 Vgl. Schöner/Stöber, Grundbuchrecht, Rn. 995i, eingehend Böhringer, Rpfleger 2001, 59 ff.; Hörtnagl in Schmitt/Hörtnagl/Stratz, § 131 UmwG Rn. 15; Widmann/Mayer/Vossius, § 126 UmwG Rn. 214.
748 OLG Hamm FGPrax 2014, 239.
749 Dazu Gutachten DNotI-Report 2015, 178 ff. Staudinger/Gursky, § 873 BGB Rn. 86.
750 Vgl. OLG Frankfurt am Main, OLG-Report 2000, 167.
751 BGHZ 185, 133 = DNotZ 2010, 542 = MittBayNot 2010, 378 = NJW 2010, 2041.
752 Vgl. dazu Gutachten DNotI-Report 2010, 93 ff.; 121 ff.; 192 ff. auch zur Abgrenzung zu den Fällen nach dem Inkrafttreten des § 1192 Abs. 1a BGB durch das Risikobegrenzungsgesetz.
753 § 727 ZPO; vgl. Gutachten DNotI-Report 2010, 192, 193; Heinze, ZIP 2010, 2030, 2032; Herrler, BB 2010, 1931, 1937; ders., ZfIR 2011, 186, 187; Stürner, JZ 2010, 774, 778; Everts, NJW 2011, 567, 568.
754 ZfIR 2011, 193 = RNotZ 2011, 300.
755 Gutachten, DNotI-Report 2011, 105.
756 DNotZ 2011, 751 = NJW 2011, 2803 = MittBayNot 2011, 489 = BB 2011, 2255 = ZNotP 2011, 353.
757 XI ZR 200/09, BGHZ 185, 133.

wiesen ist. Die Einwendung, die Unterwerfungserklärung erstrecke sich nur auf Ansprüche aus einer treuhänderisch gebundenen Sicherungsgrundschuld und der Zessionar sei nicht in die treuhänderische Bindung eingetreten, könne der Schuldner nur mit der Klage nach § 768 ZPO geltend machen. Damit dürfte die Nachweisverpflichtung bzgl. des Sicherungsvertrages im Klauselverfahren wieder entfallen sein.

Fraglich ist, ob der Notar eine **berichtigte Gesellschafterliste** bei Tochter-GmbH-Beteiligungen der übertragenden Gesellschaft einzureichen hat. Umstritten ist, ob ein Mitwirken des Notars im Sinne des § 40 Abs. 2 Satz 1 GmbHG vorliegt, wenn die Anteilsveränderung nur eine mittelbare Folge der notariellen Urkunde, z. B. bei Spaltung ist.[758] Das OLG Hamm hat entschieden, dass auch im Fall einer nur mittelbaren Mitwirkung des Notars – weil sich der Gesellschafterbestand der beteiligten GmbH durch Verschmelzung geändert hat – der Notar die Liste einzureichen hat, zumindest dann, wenn er über interne Vorgänge der Beteiligten bestens informiert ist.[759] Z. T. wird in der Literatur darauf abgestellt, ob der beurkundende Notar, zum Beispiel aufgrund der vorgelegten Schlussbilanz, sichere Kenntnis von der Beteiligung des übertragenden Rechtsträgers an der GmbH hat.[760] Teilweise wird eine Mitwirkung des Notars auch nur dann in Betracht gezogen, wenn der übertragende Rechtsträger über eine 100 %ige Beteiligung an der GmbH verfügt.[761] Gegen die Verpflichtung bei einer »mittelbaren« Mitwirkung als ungeschriebene Tatbestandsvariante spricht, dass eine klare Abgrenzung zwischen unmittelbarer und mittelbarer notarieller Mitwirkung vielfach kaum möglich ist.[762] D. Mayer empfiehlt bis zur höchstrichterlichen Klärung bei der Beurkundung von Umwandlungsvorgängen die Rechtslage vorsorglich mit den Beteiligten zu erörtern und auf die gesetzliche Pflicht zur Einreichung einer neuen Gesellschafterliste hingewiesen werden. Gehört zum Vermögen des übertragenden Rechtsträgers die Beteiligung an einer GmbH, so sollte ggf. geregelt werden, dass die Gesellschafterliste von der Geschäftsführung der betreffenden GmbH zu erstellen ist und der Notar beauftragt wird, die ihm übermittelte Gesellschafterliste ebenfalls zu unterzeichnen und mit einer Notarbescheinigung nach § 40 Abs. 2 Satz 2 GmbHG zu versehen und sodann elektronisch zum Handelsregister einzureichen.[763] Das Registergericht muss also eine gemeinsam unterzeichnete Liste unverzüglich im Handelsregister aufnehmen, wenn die Liste sowohl die inhaltlichen Voraussetzungen für eine von der Geschäftsführung zu erstellende als auch eine notarbescheinigte Gesellschafterliste erfüllt. Diese Ansicht hat auch das OLG Hamm[764] bestätigt und die Doppelunterschrift unter einer Gesellschafterliste akzeptiert.[765]

5. Prozesse

405 Bei der **Aufspaltung** stellen sich im Grunde die gleichen Fragen, wie bei der Verschmelzung (vgl. Teil 2 Rdn. 712). Die wohl herrschende Meinung setzt das Erlöschen des übertragenden Rechtsträgers mit dem Tod einer natürlichen Person gleich. Der Prozess wird unterbrochen, die

---

758 Roth, RNotZ 2014, 470 ff.; Löbbe, GmbHR 2012, 7, 11 ff; Lutter/Bayer, § 40 GmbHG Rdnr. 25; Mayer, MittBayNot 2014, 114, 116; Ising, NZG 2010, 812.
759 OLG Hamm, DNotZ 2010, 214 = GmbHR 2010, 205 m. zust. Anm. Wachter; zust. auch Omlor, EWiR 2010, 251, und Herrler/Blath, ZIP 2010, 129, 130.
760 Vossius, DB 2007, 2299, 2304; Apfelbaum, notar 2008, 160, 170.
761 Vossius, DB 2007, 2299, 2304.
762 So zu Recht Roth, RNotZ 2014, 470, 474; Ising, DNotZ 2012 384, 389, ablehenend auch Mayer, MittBayNot 2014, 114, 116.
763 So der Vorschlag von Mayer, MittBayNot 2014, 114, 116.
764 NZG 2010, e 475 = BB 2010, 985.
765 Vgl. auch Heckschen/Heidinger, § 13 GmbHG Rn. 328, 341.

P. Wirkungen der Spaltung

Übernehmerin ist verpflichtet, den unterbrochenen Rechtsstreit wieder aufzunehmen.[766] Nach einer anderen Auffassung passen diese Vorschriften nicht. Es sei daher davon auszugehen, dass der übernehmende Rechtsträger automatisch ohne Unterbrechungen in den Prozess einrückt, es sei von einem gesetzlichen Parteiwechsel auszugehen.[767]

Die Literatur ging zunächst bei der **Abspaltung und Ausgliederung** ohne Weiteres davon aus, dass im Rahmen einer Spaltung **aktive wie passive Prozesse übertragen werden** können.[768] Bei der Übertragung der streitbefangenen Sache im Wege der Ausgliederung findet § 265 ZPO nach allgemeiner Meinung Anwendung.[769] Im Ausgangspunkt besteht Einigkeit, dass Prozessrechtsverhältnisse und Verfahrensstellungen als solche nicht von der mit der Übertragung des Vermögensteils verbundenen Rechtsnachfolge erfasst werden. Im Urt. v. 06.12.2000[770] hat der **BGH** allerdings die **Übertragbarkeit des Passivprozesses** nach § 123 Abs. 3 UmwG abgelehnt: Zwar werde in der Literatur auch im Zusammenhang mit der Ausgliederung nach § 123 Abs. 3 UmwG zunehmend von »partieller Gesamtrechtsnachfolge« oder »geteilter Gesamtrechtsnachfolge« gesprochen. Diese Bezeichnung dürfe aber nicht darüber hinwegtäuschen, dass es sich jedenfalls bei der Ausgliederung nicht um den Übergang des gesamten Vermögens eines untergegangenen Rechtsträgers handele, sondern um eine besondere Übertragungsart, die es gestatte, statt der Einzelübertragung verschiedener Vermögensgegenstände eine allein durch den Parteiwillen zusammengefasste Summe von Vermögensgegenständen (einschließlich der Verbindlichkeiten: § 131 Abs. 1 Nr. 1 UmwG) in einem Akt zu übertragen. Aus dem Umstand, dass das Gesetz diese Art der Übertragung möglich gemacht habe, könne nicht ohne Weiteres geschlossen werden, dass diese Art der Übertragung prozessual andere Folgen habe als eine Einzelübertragung. Die Ausgliederung hindere den Kläger nicht, seinen Anspruch nach wie vor (auch) gegen den übertragenden Rechtsträger geltend zu machen. Dann müsse es aber auch möglich sein, den bereits anhängigen Prozess gegen den übertragenden Rechtsträger weiter zu betreiben. Die Ausgliederung könne nicht zur Folge haben, dass der Gläubiger, dem nun als Gesamtschuldner neben dem alten Schuldner ein neuer Schuldner haftet, gezwungen sei, den wegen dieses Anspruchs bereits rechtshängigen Prozess nur noch gegen den neuen Schuldner weiterzuverfolgen. Dieser Auffassung hat sich der **BFH** in seinem Urt. v. 07.08.2002[771] angeschlossen. Diesem Urteil lag ein Aktivprozess zwischen einer GmbH und dem FA zugrunde. Insb. durch die Novelle des UmwG wird deutlich, dass der Gesetzgeber eine möglichst große Freiheit der Zuordnung schaffen wollte, sodass auch das Prozessverhältnis mit dem zugehörigem Rechtverhältnis übertragen wird.[772] Das OLG Hamburg[773] hat in einem Wettbewerbsprozess festgestellt, dass die Verbindlichkeiten des übertragenden Rechtsträgers nicht i. S. e. Rechtsnachfolge auf den übernehmenden Rechtsträger übergehen; vielmehr bestimme § 133 Abs. 1 UmwG, dass die an der Spaltung beteiligten Rechtsträger für die vor der Spaltung begründeten Verbindlichkeiten als Gesamtschuldner haften. Insoweit unterscheiden sich also die Auswirkungen der Ausgliederungen unter dem Aspekt des § 265 ZPO je nach Maßgabe der

406

---

766 Vgl. BGH, ZIP 2004, 1047, BGH, ZIP 2004, 92; OLG Hamburg, MDR 2010, 1479 = ZIP 2010, 2264; OLG München, DB 1989, 1918; Widmann/Mayer/Vossius, Umwandlungsrecht, § 131 UmwG Rn. 258; Meier-Reimer, in: Semler/Stengel, UmwG, § 133 Rn. 64; Stöber, NZG 2004, 547 ff.; Bork/Jacoby, ZHR 167 [2003] S. 440, 444 ff.
767 So Lutter/Grunewald, UmwG, § 20 Rn. 53; MünchKomm-ZPO/Feiberl, § 239 Rn. 17; Kübler, in: Semler/Stengel, UmwG, § 131 Rn. 10; Mayer, JR 2007, 133, 135.
768 Lutter/Teichmann, UmwG, § 132, Rn. 54; Kallmeyer/Sickinger, UmwG, § 131 Rn. 19; Widmann/Mayer/Vossius, Umwandlungsrecht, § 131 UmwG Rn. 258; Simon, Der Konzern 2003, 373.
769 OLG Hamburg, MDR 2010, 1479 = ZIP 2010, 2264; Bork/Jacoby, ZHR 167 [2003] S. 440, 444 ff.; KK-UmwG/Simon, § 131 Rn. 36; Kübler, in: Semler/Stengel, UmwG, § 131 Rn. 10; Hörtnagl, in: Schmitt/Hörtnagl/Stratz, UmwG, § 131 Rn. 89; Stöber, NZG 2006, 574, 576; Mayer, JR 2007, 133 ff.
770 NJW 2001, 1217 = ZIP 2001, 305.
771 Der Konzern 2003, 152.
772 Vgl. Simon, Der Konzern 2003, 377.
773 MDR 2010, 1479 = ZIP 2010, 2264.

prozessualen Situation: Der auf Beklagtenseite befindliche übertragende Rechtsträger bleibt – jedenfalls soweit nicht wettbewerbsrechtliche Unterlassung beansprucht wird auch nach der Ausgliederung aus der streitgegenständlichen Verbindlichkeit verpflichtet und es tritt gem. § 133 UmwG zu seiner Haftung diejenige des übernehmenden Rechtsträgers hinzu, sodass eine gegen den übertragenden Rechtsträger gerichtete Klage weiterhin begründet ist. Hingegen geht ein zum übertragenen Vermögensteil gehöriger Anspruch gem. § 133 UmwG vom übertragenden Rechtsträger auf den übernehmenden Rechtsträger über, sodass die Klage des übertragenden Rechtsträgers nicht (mehr) begründet wäre, griffe nicht § 265 ZPO ein.

6. Unternehmensverträge in der Spaltung

407 Vgl. zunächst oben Teil 2 Rdn. 703.

408 In der Literatur wird davon ausgegangen, dass eine Spaltung des anderen (herrschenden) Vertragsteils **nicht zum Untergang des Unternehmensvertrages** führt.[774] Dabei kann der Vertrag auch einem neuen Rechtsträger zugewiesen werden.[775] Eine **Zustimmung der Gesellschafterversammlung** der abhängigen Gesellschaft ist nicht erforderlich.[776] Das Handelsregister der abhängigen Gesellschaft ist nur zu berichtigen.[777]

7. Nachträgliche Änderung des Abspaltungsvertrages nach Eintragung im Handelsregister

409 In der Praxis ist die Frage aufgenommen, ob ein Abspaltungsvertrag auch noch **nachträglich nach Eintragung** im Handelsregister geändert werden kann. Mit Wirksamwerden der Spaltung, also mit Eintragung der Spaltung in das Register des Sitzes des übertragenden Rechtsträgers, treten die in § 131 UmwG beschriebenen Rechtsfolgen kraft Gesetzes ein. Es bedarf keiner Einzelrechtsübertragung, und zwar weder bei den im Spaltungsvertrag genannten Vermögensteilen noch bei den als Gegenleistung genannten Anteilen oder wie hier Mitgliedschaftsrechten an der KG. Dieser Rechtsübergang aufgrund der Spaltung wird als Sonderrechtsnachfolge oder partielle Gesamtrechtsnachfolge bezeichnet.[778]

Schwarz[779] weist darauf hin, dass man besser von einer Sonderrechtsnachfolge sprechen sollte. Insofern besteht Einigkeit, dass auch die Übertragung der im Spaltungsvertrag genannten Anteile automatisch nach den Maßgaben des Spaltungsvertrages erfolgt. Rechtsgrundlage für eine derartige Zuweisung kraft Spaltungsvertrag ist daher § 131 Abs. 1 Nr. 3 UmwG.[780] Der Anteilserwerb tritt wie der Erwerb der zu übertragenden Vermögensgegenstände ex lege mit der Eintragung ein.

410 Insofern gilt, dass mit der Eintragung der Spaltung **sämtliche Vermögensgegenstände**, die im Spaltungsvertrag bezeichnet wurden, **übergegangen** sind und auch die Gegenleistung, wie im

---

[774] Vgl. nur MünchKomm-AktG/Altmeppen, § 297 Rn. 25 f.; Emmerich, in: Emmerich/Habersack, Aktien- und GmbH-Konzernrecht, § 297 AktG Rn. 46.
[775] Emmerich, in: Emmerich, Habersack, Aktien- und GmbH-Konzernrecht, § 297 AktG Rn. 46; Widmann/Mayer/Mayer, Umwandlungsrecht, § 126 UmwG Rn. 232; Hörtnagl, in: Schmitt/Hörtnagl/Stratz, UmwG/UmwStG, § 131 UmwG Rn. 72; Meister, DStR 1999, 1741 f.; Wilken, DStR 1999, 677, 680; Lutter/Priester, UmwG, § 126 Rn. 49 [seines Erachtens ist die Zustimmung der Gesellschafter der aufnehmenden Gesellschaft erforderlich]; Kallmeyer/Sickinger, UmwG, § 126 Rn. 26; Fuhrmann/Simon, AG 2000, 49, 58; a. A. Lutter/Teichmann, UmwG, § 132 Rn. 53.
[776] Widmann/Mayer/Mayer, Umwandlungsrecht, § 126 UmwG Rn. 232; Gutheil, Die Auswirkungen von Umwandlungen auf Unternehmensverträge nach §§ 291, 292 AktG und die Rechte außenstehender Aktionäre, S. 63 ff.; a. A. Lutter/Teichmann, UmwG, § 132 Rn. 53.
[777] Widmann/Mayer/Mayer, Umwandlungsrecht, § 126 UmwG Rn. 232.
[778] Vgl. Widmann/Mayer/Vossius, Umwandlungsrecht, § 131 UmwG Rn. 24.
[779] Widmann/Mayer/Schwarz, Umwandlungsrecht, § 123 UmwG Rn. 4.1.3.
[780] Vgl. Widmann/Mayer/Mayer, Umwandlungsrecht, § 126 UmwG Rn. 83; Widmann/Mayer/Vossius, Umwandlungsrecht, § 131 UmwG Rn. 186; Lutter/Teichmann, UmwG, § 131 Rn. 9.

Spaltungsvertrag bezeichnet, auf den übertragenden Rechtsträger übergegangen ist. Dass das übertragende Vermögen u. U. diesen Kapitalanteil nicht rechtfertigt bzw. die Gegenleistung zu hoch war, ändert nichts an der kraft Gesetzes entstehenden Rechtsfolge. Die Angemessenheit der Gegenleistung ist keine Rechtsbedingung für die Wirksamkeit der Spaltung bzw. den Eintritt der in § 131 UmwG genannten Rechtsfolgen. Es spielt keine Rolle, ob die Gegenleistung angemessen ist oder nicht. Allein entscheidend ist die Zuweisung der Anteile bzw. hier Geschäftsguthaben im Spaltungsvertrag. Dieses Ergebnis wird auch durch § 131 Abs. 2 UmwG bestätigt, wonach Mängel der Spaltung die Wirkungen der Eintragung unberührt lassen. Der Gesetzgeber hat damit auch bei schwerwiegenden Mängeln eine Rückabwicklung des Spaltungsvorganges abgelehnt. Denn aufgrund der Spaltung könnten sich derartige tiefe Eingriffe in die Struktur der beteiligten Unternehmen ergeben, sodass eine Wiederherstellung des ursprünglichen Zustandes nicht möglich ist, eine Rückabwicklung oder nachträgliche Änderung ist damit selbst bei Fehlern nicht möglich.[781]

8. Entstehung der Vorgesellschaft bei Spaltung zur Neugründung

Eine ebenfalls für die Praxis relevante Frage ist, ob und **wann eine Vorgesellschaft** bei der Spaltung zur Neugründung **entsteht** (vgl. zur Kettenumwandlung oben Teil 2 Rdn. 21 ff.). 411

▶ Beispiel:

Ein Teilbetrieb einer GmbH soll auf eine neu zu gründende GmbH abgespalten werden. Aus dieser neu zu gründenden GmbH soll vor Eintragung im Handelsregister, aber nach Beurkundung der Abspaltung ein Teilbetrieb einer anderen GmbH ebenfalls abgespalten werden. Es stellt sich die Frage, ab wann dies frühestens möglich ist. 412

Für die Spaltung zur Neugründung verweist § 135 Abs. 2 UmwG auf die Geltung der für die jeweilige Rechtsform des neuen Rechtsträgers bestehenden **Gründungsvorschriften**, soweit sich aus dem UmwG nichts anderes ergibt. Gleiches regelt § 36 Abs. 2 UmwG für die Verschmelzung durch Neugründung. So könnte man aus dieser Formulierung des Gesetzgebers folgern, dass mit der Beurkundung des Spaltungsplans und des Spaltungsbeschlusses bzw. mit der Beurkundung des Verschmelzungsvertrages und des Verschmelzungsbeschlusses davon auszugehen ist, dass eine Vorgesellschaft entsprechend den allgemeinen Regeln zur Gründung einer Kapitalgesellschaft bis zur Eintragung der Ausgliederung oder Verschmelzung zur Neugründung im Handelsregister existiert. Diese Schlussfolgerung wird in der Literatur teilweise ohne Weiteres gezogen.[782] Einigkeit besteht also, dass bei der Verschmelzung oder Spaltung zur Neugründung die Vorgesellschaft frühestens in dem Zeitpunkt entsteht, in dem der Vertrag (und die darin enthaltene Satzungsfeststellung) wirksam wird und die Vertragsparteien bindet, sodass die Zustimmungsbeschlüsse vorliegen müssen. Der Abschluss des Spaltungsplans oder des Verschmelzungsvertrages soll nicht genügen.[783] Auch die **gesellschaftsrechtliche Literatur**, soweit sie sich mit diesen Fragen befasst, ist der Auffassung, dass im Fall der Umwandlung zu unterscheiden sei: der Formwechsel eines Rechtsträgers in die Rechtsform der GmbH lasse keine Vorgesellschaft entstehen. Anderes gelte für die Überführung eines Gesellschaftsvermögens auf eine als Rechtsträger neu entstehende Kapitalgesellschaft im Fall der Verschmelzung oder Spaltung zur Neugründung, denn dies sei der Sache nach eine vereinfachte Sachgründung.[784] 413

---

781 Vgl. Lutter/Teichmann, UmwG, § 131 Rn. 13; Widmann/Mayer/Vossius, Umwandlungsrecht, § 131 UmwG Rn. 195.
782 So D. Mayer, DB 1995, 862; Ihrig, GmbHR 1995, 633, 636; Kallmeyer/Zimmermann, UmwG, § 59 Rn. 3; Widmann/Mayer/Mayer, Umwandlungsrecht, § 59 UmwG Rn. 12; Lutter/Drygala, UmwG, § 4 Rn. 17.
783 So ausdrücklich Lutter, UmwG, § 4 Rn. 17; Ihrig, GmbHR 1995, 622, 633.
784 So auch Scholz/K. Schmidt, § 11 Rn. 22; bereits früher K. Schmidt, GmbHR 1987, 79.

414 Die Frage ist allerdings insofern nicht ganz einfach zu beurteilen, da das **Bedürfnis für die Anerkennung eines Rechtsträgers** vor Eintragung der neuen Kapitalgesellschaften in den Umwandlungsfällen weniger offensichtlich ist als bei einer »normalen« Neugründung, weil die übertragenden Rechtsträger bis zur Eintragung der Umwandlung im Handelsregister als Zurechnungsobjekt existieren und die von diesem abgeschlossenen Rechtsgeschäfte mit der Eintragung der Verschmelzung oder Spaltung im Wege der Gesamtrechtsnachfolge auf die neue Kapitalgesellschaft übergehen können.[785] **Wilken**[786] hat daher einschränkende Hinweise vorgebracht. Er weist darauf hin, dass der neue Rechtsträger bei der Spaltung zur Neugründung in das Handelsregister unter dem Registervorbehalt i. S. d. §§ 135 Abs. 1, 130 Abs. 1 Satz 2 UmwG eingetragen werde und dieser Registervorbehalt zur Folge haben, dass der neu eingetragene Rechtsträger bis zur Eintragung der Spaltung als nicht eingetragen gelte. Daher stehe fest, dass aufgrund der isolierten Eintragung des neuen Rechtsträgers weder ein vermögens- und subjektloser Rechtsträger noch eine Vorgesellschaft im herkömmlichen Sinn entstehe. Aufgrund seiner Eintragung erwerbe der neue Rechtsträger auch keinen Einlageanspruch, sondern er erwerbe das ihm zugewiesene Vermögen erst mit der konstitutiven Eintragung der Spaltung in das Handelsregister des übertragenden Rechtsträgers. Daraus folge zugleich, dass der neue Rechtsträger vor diesem Zeitpunkt kein Sondervermögen bilden könne. Ein **Teil der Literatur** lehnt daher wegen der Fähigkeit, Haftungsvermögen bis zur Eintragung der Spaltung zu bilden, jegliche Handlungs- und Verpflichtungsfähigkeit des neuen Rechtsträgers bis zur Eintragung der Spaltung oder Verschmelzung ab.[787] Karollus[788] weist daher auf Folgendes hin:

»Da die Vorgesellschaft zunächst überhaupt kein Vermögen hat, spricht viel dafür, ein Handeln für die Vorgesellschaft generell als unzulässig bzw. gar – mangels Vertretungsmacht – als unmöglich anzusehen.«

415 In der **Rechtsprechung** hat bisher der BGH nur in einem Sonderfall der Umwandlung nach dem Treuhandgesetz und der Umwandlungsverordnung der DDR Folgendes festgestellt:[789]

»(…) ist dem jedenfalls für den hier in Betracht kommenden Fall einer aufgrund übertragender Umwandlung entstandenen Einmann-Vorgesellschaft nicht zu folgen. Bei dieser besteht nämlich die Besonderheit, dass die Vorgesellschaft nicht bereits Unternehmensträger sein kann, weil das Vermögen des umzuwandelnden Rechtsträgers erst im Zeitpunkt der Eintragung – in welchem die Umwandlung wirksam wird – auf den Rechtsnachfolger übergeht (…). Werden deshalb schon vor der Eintragung Rechtsgeschäfte abgeschlossen, so wird daraus – auch wenn bereits mit der Bezeichnung der Gründungsgesellschaft gehandelt wird – nach den Grundsätzen des betriebsbezogenen Geschäfts (…) grds. der wirkliche Betriebsinhaber, mithin der ursprüngliche Unternehmensträger, berechtigt und verpflichtet.«

Diese in der Literatur vorgetragenen Bedenken könnten daher den Schluss nahelegen, dass, selbst wenn man von einer Vorgesellschaft der neu zu gründenden Kapitalgesellschaft ausgeht, jedenfalls noch keine Handlungsfähigkeit mangels separaten Vermögens gegeben ist. Man muss allerdings berücksichtigen, dass die einschränkenden Stellungnahmen v. a. die **rechtsgeschäftlichen Handlungen des neu gegründeten Rechtsträgers** betreffen. So weist z. B. Wilken[790] darauf hin, dass, wenn nicht im Namen des künftigen neuen Rechtsträgers gehandelt werde, die §§ 177 BGB Anwendung finden. Die Literatur will also insb. die Problematik der rechtsgeschäftlichen Handlung für die jetzige Vorgesellschaft ausschließen.

---

785 Lutter/Winter/Vetter, UmwG; § 56 Rn. 7 ist daher zweifelnd.
786 DStR 1999, 677; ders., ZIP 1999, 969.
787 So ausführlich Wilken, DStR 1999, 678; ähnlich auch Ihrig, GmbHR 1995, 622, 637; Lutter/Karollus, UmwG, § 159 Rn. 22, 31.
788 Lutter/Karollus, UmwG, § 159 Rn. 22.
789 BGH, NJW-RR 1999, 1554, 1555.
790 ZIP 1999, 969.

P. Wirkungen der Spaltung

Davon zu unterscheiden ist die Frage, inwieweit für die zukünftige neu entstehende Kapitalgesellschaft gehandelt werden kann. Diese Frage ist wiederum zu trennen von der Frage der Handlungsfähigkeit der Vorgesellschaft selber. Insofern wird die These von der Unfähigkeit, i. R. d. Umwandlung entstehende Vorgesellschaftsrechtsgeschäfte abzuschließen, dadurch bestätigt, dass die durch Spaltung oder Verschmelzung u. U. entstehende Vorgesellschaft selbst nicht verschmelzungs- oder spaltungsfähig ist. Die Literatur ist daher einhellig der Auffassung, dass auch die **Vorgesellschaft nicht verschmelzungs- oder spaltungsfähiger Rechtsträger** ist.[791] Auch Mayer[792] weist darauf hin, dass die Verschmelzung einer Vor-GmbH im Wege der Verschmelzung zur Aufnahme weder für eine Vor-GmbH als übertragenden, noch als aufnehmenden Rechtsträger möglich sei.

416

Dies betreffe jedoch nur die Frage, ob die Verschmelzung oder Spaltung mit einer Vor-GmbH durchgeführt werden kann. Davon differenziert er wiederum die Frage, ob ein noch nicht verschmelzungsfähiger Rechtsträger schon **Vorbereitungshandlungen für eine Verschmelzung** oder Spaltung nach Entstehen treffen kann. So ist Lutter[793] der Auffassung, dass dem nichts entgegenstehen dürfte, da die rechtliche Wirkung erst nach Entstehung eintritt. Dies betrifft jedoch nur die Frage, ob die Spaltung durch Eintragung auch schon wirksam werden kann, bevor aus der aufnehmenden Vor-GmbH eine GmbH geworden ist. In der Literatur wird angenommen, dass der Verschmelzungsvertrag oder Spaltungsplan und der Zustimmungsbeschluss der Anteilsinhaber der beteiligten Vor-GmbH bereits in diesem Stadium geschlossen bzw. gefasst werden kann.[794]

Mayer[795] schlägt in diesem Fall ausdrücklich vor, dass der Verschmelzungsvertrag und der Zustimmungsbeschluss von der Vor-GmbH **aufschiebend bedingt auf den Zeitpunkt der Entstehung der GmbH** durch Eintragung in das Handelsregister abgeschlossen werden sollte.[796] Insofern ist es unproblematisch, dass der Spaltungsvertrag selbst unter einer Bedingung gefasst wird (vgl. § 125 i. V. m. § 7 UmwG). Bedingte Satzungsänderungsbeschlüsse sind dagegen bei der GmbH im Grundsatz unzulässig.[797] Dem hier infrage stehenden Zustimmungsbeschluss zu einer Abspaltung zur Aufnahme kommt satzungsändernder Charakter zu. Allgemein für zulässig gehalten werden aber sog. Rechtsbedingungen. Im vorliegenden Fall könnte man die Entstehung der GmbH als Zulässigkeitsvoraussetzung für die Spaltung als Rechtsbedingung dergestalt interpretieren, dass die Wirksamkeit der Spaltung davon abhängig ist, dass die GmbH zunächst als Rechtsträger eingetragen wird. Somit könnte der hier infrage stehende Zustimmungsbeschluss von dieser Bedingung abhängig gemacht werden. Allerdings dürfte im Ergebnis auch genügen, nur den infrage stehenden Spaltungsvertrag aufschiebend bedingt zu schließen und die Zustimmungsbeschlüsse unbedingt zu fassen.

417

III. Gläubigerschutz

Für Verbindlichkeiten des übertragenden Rechtsträgers, die vor dem Wirksamwerden der Spaltung begründet worden sind, haften die beteiligten Rechtsträger als Gesamtschuldner (§ 133 Abs. 1 Satz 1 UmwG). Für diejenigen Rechtsträger, denen die Verbindlichkeit nicht zugewiesen worden ist, besteht jedoch nach § 133 Abs. 3 in Anlehnung an die **Regeln des Nachhaftungsbegrenzungsgesetzes** ein **Enthaftungstatbestand**: Ihre Mithaftung erlischt nach Ablauf von 5 Jahren

418

---

791 So Lutter/Drygala, UmwG, § 3 Rn. 5; Dehmer, UmwG, UmwStG, § 3 UmwG Rn. 16.
792 Widmann/Mayer/Mayer, Umwandlungsrecht, § 46 UmwG Rn. 83.
793 UmwG, § 3 Rn. 5.
794 Widmann/Mayer/Mayer, Umwandlungsrecht, § 46 UmwG Rn. 83; Widmann/Mayer/Heckschen, Umwandlungsrecht, § 168 UmwG Rn. 124, der ausdrücklich ausführt, dass anders wie die Vorgründungs-GmbH ein in Gründung befindlicher Rechtsträger, wie die Vor-GmbH oder die Vor-AG tauglicher aufnehmender Rechtsträger sein kann.
795 Widmann/Mayer/Mayer, Umwandlungsrecht, Vor §§ 46 bis 59 UmwG Rn. 83.
796 Verweis auf Scholz/Priester, GmbHG, 7. Aufl., Anh. § 19 KapErhG Rn. 8.
797 Scholz/Priester, GmbHG, 8. Aufl. 1995, § 54 Rn. 57.

seit Wirksamwerden der Spaltung, wenn sie nicht in dieser Zeit fällig und gerichtlich geltend gemacht worden sind oder der Anspruch schriftlich von den mithaftenden Rechtsträgern anerkannt worden ist (§ 133 Abs. 5 UmwG).

Die **Fünf-Jahres-Frist** beginnt dabei mit dem Ablauf des Tages, an dem jeweils das Letzte der die Bekanntmachung enthaltenen Blätter erschienen ist (§ 133 Abs. 4 UmwG).

419 Bzgl. des Anspruchs von Gläubigern auf **Sicherheitsleistung** gelten die Regelungen bei Verschmelzung entsprechend (vgl. § 133 Abs. 1 Satz 2 UmwG, s. daher oben Teil 2 Rdn. 547).

420 Einen besonderen Schutz erfahren **Arbeitnehmeransprüche**, wenn ein Rechtsträger in eine Anlage- und Betriebsgesellschaft aufgespalten und an beiden Rechtsträgern »*im Wesentlichen dieselben Personen*« beteiligt sind (§ 134 UmwG). In diesen Fällen besteht eine gesamtschuldnerische Haftung der Anlagegesellschaft für betriebsverfassungsrechtliche Sozialplan-, Abfindungs- und Ausgleichsansprüche gem. §§ 111 bis 113 BetrVG, wenn diese Ansprüche innerhalb von 5 Jahren nach Wirksamwerden der Spaltung begründet werden.

421 Das Gleiche gilt für **Versorgungsverpflichtungen** aufgrund des Gesetzes zur Verbesserung der betrieblichen Altersversorgung, die vor dem Wirksamwerden der Spaltung begründet worden sind. Die **gesamtschuldnerische Haftung** der Anlagegesellschaft ist auf einen Zeitraum von 10 **Jahren** nach der Spaltung begrenzt, was rechtstechnisch dadurch erreicht wird, dass die Fünf-Jahres-Frist nach § 133 Abs. 4 UmwG erst 5 Jahre nach Bekanntmachung der Eintragung der Spaltung in das Register des Sitzes des übertragenden Rechtsträgers zu laufen beginnt (§ 134 Abs. 3 UmwG).

Q. Sonderfragen

I. Spaltung bzw. Ausgliederung auf eine GmbH & Co. KG

422 Soll aus einer Kapitalgesellschaft auf eine GmbH & Co. KG abgespalten werden, stellt sich die Frage, auf welche Weise die Komplementär-GmbH der zukünftigen KG beteiligt werden muss. Wie dargelegt, galt nach der herrschenden Meinung bisher der **Grundsatz der Personenidentität**, d. h. i. R. d. Umwandlungsvorgangs kann sich weder ein Dritter beteiligen noch ein Gesellschafter ausscheiden (vgl. oben Teil 2 Rdn. 14 ff.). Grds. wurden bisher für die Erreichung dieses Ergebnisses unter Berücksichtigung dieses Grundsatzes **zwei Möglichkeiten** diskutiert:
  - **Spätere Beteiligung der Komplementär-GmbH:** Zunächst besteht die Möglichkeit, dass die Spaltung auf eine KG erfolgt und sich dann erst nach der Durchführung der Spaltung die Komplementär-GmbH an der KG beteiligt. Diese Lösung hat den Nachteil, dass zumindest für einige Zeit ein Gesellschafter der abspaltenden Gesellschaft die persönliche Haftung übernehmen muss.
  - **Vorherige Beteiligung an der abspaltenden Kapitalgesellschaft:** Dieses Haftungsrisiko wird vermieden, wenn vor der Abspaltung sich an der abspaltenden Kapitalgesellschaft die Komplementär-GmbH mit einem Mini-Geschäftsanteil beteiligt. Es ist dann möglich, im Abspaltungsplan festzulegen, dass diese geringfügig an der spaltenden GmbH beteiligte GmbH in der neuen KG die Komplementärstellung erlangt. Mayer schlägt vor, dass die zukünftige Komplementär-GmbH den Mini-Geschäftsanteil an der abspaltenden GmbH nur treuhänderisch erhält und später am Kapital der GmbH & Co. KG direkt überhaupt nicht beteiligt sein soll.[798]

423 Unklar ist, welche Rechtsfolgen aus dem **BGH-Urt. v. 09.05.2005**[799] zu ziehen sind. Nach der hier vertretenen Auffassung (vgl. Teil 2 Rdn. 19) kann bei Zustimmung aller Beteiligten auch in der Spaltung die GmbH beitreten.

---

[798] Vgl. Widmann/Mayer/Mayer, Umwandlungsrecht, § 125 UmwG Rn. 354.1.
[799] NZG 2005, 722 dazu Simon/Leuering NJW-Spezial 2005, 459.

Fraglich ist, ob eine **Kombination von Ausgliederung und Abspaltung** zulässig ist. Mit dieser Kombination könnte erreicht werden, dass in einem Zug die abspaltende GmbH als Ausgliederung direkt Anteile an der KG erwirbt und damit zur Komplementär-GmbH wird, während die Gesellschafter der GmbH im Wege der Abspaltung als Kommanditisten an der zukünftigen KG beteiligt werden. Die Mitgliedschaftsrechte an der KG, die an die Gesellschafter der GmbH direkt verteilt werden sollen, sind Teil der Abspaltung. Die Mitgliedschaftsrechte, die die abspaltende GmbH selbst erwerben soll, wären Teil der Ausgliederung. Ob eine solche Vermischung der beiden Formen zulässig ist, ist derzeit noch ungeklärt. Zu befürworten wäre eine derartige Mischung, da hierfür sachgerechte Gründe bestehen und auch keine grundlegenden Strukturunterschiede zwischen Ausgliederung und Abspaltung bestehen.[800]

424

II. Ausgliederung zur Neugründung auf eine Personenhandelsgesellschaft

Gem. § 152 UmwG ist eine **Ausgliederung** auf eine Personenhandelsgesellschaft **nicht zulässig**. Die Begründung zum RegE lässt dies deshalb nicht zu, da die Gründung einer Ein-Mann-Personenhandelsgesellschaft schon begrifflich ausgeschlossen sei.[801] Verneint man die Möglichkeit, dass sich während des Umwandlungsvorganges Dritte an der Umwandlung (Spaltung) beteiligen, dann ist diese Begründung konsequent. Es besteht dann nur die Möglichkeit, vor der Ausgliederung eine Personenhandelsgesellschaft zu gründen und die Ausgliederung dann im Wege der Ausgliederung zur Aufnahme durchzuführen, denn diese ist zulässig. Nach der hier vertretenen Auffassung (vgl. Teil 2 Rdn. 19) kann auf der Grundlage des **BGH-Urt. v. 09.05.2005**[802] bei Zustimmung aller Beteiligten auch in der Spaltung ein Beitritt eines Dritten erfolgen. Die Frage ist allerdings noch ungeklärt.

425

▶ Hinweis:

In der Praxis muss daher, wenn z. B. auf eine GmbH & Co. KG ausgegliedert werden soll und wenn man trotz des BGH Urt. v. 09.05.2005 am Identitätsgrundsatz festhält (vgl. Teil 3 Rdn. 423, Teil 2 Rdn. 19), diese zunächst vor der Spaltung neu gegründet werden, sodann ist der Ausgliederungsvertrag zwischen dem ausgliedernden Rechtsträger und der neu gegründeten GmbH & Co. KG zu schließen. Schließlich haben die Gesellschafter des übertragenden Rechtsträgers und der aufnehmenden neuen GmbH & Co. KG ihre Zustimmung zur Ausgliederung zu erklären.

426

Vor dem **Handelsrechtsreformgesetz** (HRefG) haben die Registergerichte teilweise die Auffassung vertreten, dass eine Ausgliederung zur Aufnahme voraussetzt, dass der übernehmende Rechtsträger vor Wirksamwerden der Spaltung ein vollkaufmännisches Handelsgewerbe betreibt und die Eintragung der GmbH & Co. KG zur Neugründung mangels vollkaufmännischen Handelsbetriebes nicht zugelassen. Diese Auffassung war bereits nach der alten Rechtslage fehlerhaft und ist es erst recht nach dem HRefG.[803] Es bestand nämlich bereits bei der alten Rechtslage Einigkeit darüber, dass der Betrieb nicht bei Beginn der Geschäftstätigkeit als vollkaufmännisches Unternehmen vorhanden sein muss, sondern auf ein solches nur angelegt sein muss. Es genügte bereits nach der alten Rechtslage für die Eintragung einer Personenhandelsgesellschaft, dass der Betrieb des gemeinsamen Unternehmens als ein vollkaufmännisches von vornherein beabsichtigt ist. In solchen Fällen musste allerdings die Gewähr bestehen, dass das Unternehmen in Kürze

427

---

800 Bejaht wird eine derartige Vermischungsmöglichkeit auch von Kallmeyer, DB 1995, 81, 83; Widmann/Mayer/Schwarz, Umwandlungsrecht, § 123 UmwG Rn. 7.2; Kallmeyer/Sickinger, UmwG, § 123 Rn. 13; Lutter/Teichmann, UmwG, § 123 Rn. 30.
801 Vgl. Begründung zum RegE, BR-Drucks. 75/94, S. 128, abgedruckt in: Limmer, Umwandlungsrecht, S. 323.
802 NZG 2005, 722 dazu Simon/Leuering, NJW-Spezial 2005, 459.
803 Zur alten Rechtslage vgl. Heidinger/Limmer/Holland/Reul, Gutachten des DNotI, Bd. IV, Gutachten zum Umwandlungsrecht, S. 305.

eine die Firmenzeichnung rechtfertigende Einrichtung und Ausgestaltung des Geschäftsbetriebs erfährt.[804] Diese Anhaltspunkte waren bereits dann gegeben, wenn bereits im Gesellschaftsvertrag vereinbart wurde, dass der vollkaufmännische Gewerbebetrieb aus der Tatsache der Ausgliederung eines einzelkaufmännischen Unternehmens resultiert.[805] Dies gilt nach dem HRefG erst recht, da eine KG auch ohne vollkaufmännisches Handelsgewerbe im Handelsregister eingetragen werden kann.[806]

428 Einigkeit besteht daher, dass zum Zeitpunkt der Anmeldung der Ausgliederung die aufnehmende Personenhandelsgesellschaft im Handelsregister noch nicht eingetragen sein muss. Ausreichend ist, wenn die Personenhandelsgesellschaft spätestens bis zum Zeitpunkt der Eintragung der Ausgliederung eingetragen ist.[807] Auch das BayObLG[808] hat allgemein festgestellt, dass es genügt, wenn die Voraussetzungen für den Formwechsel zum Zeitpunkt der Eintragung vorliegen. Insofern gelten auch für Ausgliederung die gleichen Grundsätze.

---

804 BGH, NJW 1960, 1644; BayObLG, NJW 1985, 983.
805 Vgl. Heidinger/Limmer/Holland/Reul, Gutachten des DNotI, Bd. IV, Gutachten zum Umwandlungsrecht, S. 305.
806 Allg. Meinung vgl. Schäfer in Großkomm. § 106 HGB Rn. 7; Emmerich in Heymann § 123 HGB Rn. 6.
807 Widmann/Mayer/Mayer, Umwandlungsrecht, § 152 UmwG Rn. 224.1; BeckOGK/Leitzen UmwG § 152 Rn. 50; Semler/Stengel/Maier-Reimer/Seulen § 152 UmwG Rn. 52, vgl. auch Gutachten DNotI-Report 2012, 33.
808 DB 2000, 36.

Kapitel 2 Einzelfälle der Spaltung

Übersicht	Rdn.
A. Spaltung von Personenhandelsgesellschaften	429
I. Checkliste	429
II. Spaltungsvertrag bzw. Spaltungsplan	430
III. Spaltungsbericht	432
IV. Vorbereitung der Gesellschafterversammlung	433
V. Spaltungsbeschluss	435
1. Gesellschafterversammlung	435
2. Durchführung der Gesellschafterversammlung	436
3. Beschlussmehrheiten	437
4. Zustimmungspflichten	438
VI. Spaltungsprüfung	439
VII. Handelsregisteranmeldung	440
VIII. Muster	444
1. Spaltungsvertrag bei der Abspaltung zur Aufnahme	444
2. Einberufung der Gesellschafterversammlung	445
3. Zustimmungsbeschluss bei der übernehmenden Gesellschaft	446
4. Zustimmungsbeschluss der übertragenden Gesellschaft	447
5. Handelsregisteranmeldung für die übertragende Gesellschaft	448
6. Handelsregisteranmeldung für die übernehmende Gesellschaft	449
B. Spaltung von Partnerschaftsgesellschaften	450
I. Checkliste	450
II. Spaltungsvertrag bzw. Spaltungsplan	451
III. Spaltungsbericht	452
IV. Vorbereitung der Gesellschafterversammlung	453
V. Spaltungsbeschluss	454
1. Gesellschafterversammlung	454
2. Durchführung der Gesellschafterversammlung	455
3. Beschlussmehrheit	456
4. Zustimmungspflichten	457
VI. Spaltungsprüfung	458
VII. Handelsregisteranmeldung	459
C. Spaltung von GmbH und Unternehmergesellschaften	460
I. Checkliste	460
II. Besonderheiten bei der Unternehmergesellschaft	461
III. Spaltungsvertrag bzw. Spaltungsplan	466
IV. Spaltungsbericht	467
V. Spaltungsprüfung	468
VI. Vorbereitung der Gesellschafterversammlung	469
VII. Zustimmungsbeschluss zur Spaltung	472
VIII. Zustimmung von Sonderrechtsinhabern	473
IX. Kapitalerhöhung	474
X. Kapitalherabsetzung bei der übertragenden GmbH	475
1. Durchführung der Kapitalherabsetzung bei der GmbH	478
2. Kapitalherabsetzungsbeschluss	485
3. Anmeldung und Eintragung der Kapitalherabsetzung	494
XI. Spaltung zur Neugründung	498
XII. Handelsregisteranmeldung	504
XIII. Muster	511
1. Abspaltung GmbH auf GmbH zur Aufnahme	511
a) Spaltungsvertrag	511
b) Zustimmungsbeschluss bei der übernehmenden Gesellschaft (B-GmbH)	512
c) Zustimmungsbeschluss bei der übertragenden Gesellschaft (A-GmbH)	513
d) Handelsregisteranmeldung für die übertragende GmbH (A-GmbH) bei der Abspaltung zur Aufnahme mit Kapitalherabsetzung	514

	Rdn.

- e) Handelsregisteranmeldung für die aufnehmende GmbH (B-GmbH) bei der Abspaltung zur Aufnahme mit Kapitalerhöhung ... 515
- 2. Abspaltung zur Neugründung A-GmbH auf B-GmbH ... 516
  - a) Spaltungsplan ... 516
  - b) Zustimmungsbeschluss bei der übertragenden Gesellschaft (A-GmbH) ... 517
  - c) Handelsregisteranmeldung für die übertragende GmbH bei der Abspaltung zur Neugründung (A-GmbH) ... 518
  - d) Handelsregisteranmeldung für die neu gegründete GmbH (B-GmbH) ... 519
  - e) Spaltungsvertrag bei Aufspaltung durch Aufnahme ... 521
  - f) Zustimmungsbeschluss bei einer übernehmenden Gesellschaft (B-GmbH) ... 522
  - g) Zustimmungsbeschluss bei der übertragenden Gesellschaft (A-GmbH) ... 523
  - h) Handelsregisteranmeldung für die übertragende GmbH bei der Abspaltung zur Aufnahme (A-GmbH) ... 524
  - i) Handelsregisteranmeldung für eine aufnehmende GmbH bei der Abspaltung zur Aufnahme (B-GmbH) ... 525
- 3. Ausgliederung zur Neugründung auf zwei neu gegründete GmbH ... 526
  - a) Ausgliederungsplan ... 527
  - b) Zustimmungsbeschluss bei der übertragenden Gesellschaft (A-GmbH) bei der Ausgliederung ... 528
  - c) Handelsregisteranmeldung für die übertragende GmbH bei der Ausgliederung zur Neugründung (A-GmbH) ... 529
  - d) Handelsregisteranmeldung für eine neu gegründete GmbH (B-GmbH) ... 530
- 4. Abspaltung zur Neugründung A-GmbH auf B-GmbH & Co. KG ... 532
  - a) Spaltungsplan ... 532
  - b) Zustimmungsbeschluss bei der übertragenden Gesellschaft (A-GmbH) ... 533
  - c) Handelsregisteranmeldung für die übertragende GmbH bei der Abspaltung zur Neugründung (A-GmbH) ... 534
  - d) Handelsregisteranmeldung für die neu gegründete GmbH & Co. KG bei der Abspaltung zur Neugründung (A-GmbH) ... 535
- 5. Abspaltung eines Teilbetriebes von der A-GmbH auf die neu gegründete B-GmbH unter Trennung der Gesellschafter ... 536
  - a) Spaltungsplan ... 536
  - b) Zustimmungsbeschluss bei der übertragenden Gesellschaft (A-GmbH) ... 537
  - c) Handelsregisteranmeldung für die übertragende GmbH bei der Abspaltung zur Neugründung (A-GmbH) ... 538
  - d) Handelsregisteranmeldung für die neu gegründete GmbH (B-GmbH) ... 539

D. Spaltung von AG ... 541
I. Checkliste ... 541
II. Spaltungsvertrag und Spaltungsplan ... 542
III. Spaltungsbericht ... 545
IV. Spaltungsprüfung ... 546
V. Bekanntmachung des Spaltungsvertrages bzw. -plans ... 547
VI. Vorbereitung der Hauptversammlung ... 548
VII. Zustimmungsbeschluss zur Spaltung ... 558
  1. Allgemeines ... 558
  2. Besondere Unterrichtspflichten über Vermögensveränderungen (§ 64 Abs. 1 UmwG) ... 559
VIII. Zustimmung von Sonderrechtsinhabern ... 563
IX. Keine Spaltung während der Nachgründungsfristen (2-jährige Sperrfrist, § 141 UmwG) ... 564
X. Kapitalerhöhung bei Spaltung zur Aufnahme ... 567
  1. Allgemeines ... 567
  2. Sacheinlagenprüfung ... 568
  3. Kein Bezugsrecht ... 571
XI. Bestellung eines Treuhänders und Umtausch von Aktien ... 572
XII. Kapitalherabsetzung ... 573
  1. Allgemeines ... 573
  2. Durchführung der Kapitalherabsetzung ... 577

	Rdn.

3. Anmeldung des Herabsetzungsbeschlusses zum Handelsregister 588
4. Antrag auf Genehmigung der Kraftloserklärung............................ 592
5. Anmeldung der Durchführung der Kapitalherabsetzung zum Handelsregister, Mitteilung an das Gericht und Satzungsanpassung 593
XIII. Spaltung zur Neugründung.. 594
    1. Anwendung des Verschmelzungsrechts....................................... 594
    2. Gründungsbericht und Gründungsprüfung................................. 595
XIV. Handelsregisteranmeldung 598
XV. Muster 603
    1. Abspaltung A-AG auf B-AG zur Aufnahme 603
        a) Spaltungsvertrag... 603
        b) Zustimmungs- und Kapitalerhöhungsbeschluss bei der aufnehmenden Gesellschaft (B-AG)...... 604
        c) Zustimmungs- und Kapitalherabsetzungsbeschluss bei der übertragenden Gesellschaft .. 605
        d) Handelsregisteranmeldung für die übertragende AG 606
        e) Handelsregisteranmeldung für die übernehmende AG 607
    2. Ausgliederung zur Aufnahme A-AG auf B-GmbH 608
        a) Ausgliederungsvertrag.. 608
        b) Zustimmungsbeschluss bei der übernehmenden Gesellschaft (B-GmbH)............ 609
        c) Zustimmungsbeschluss bei der übertragenden Gesellschaft (A-AG).................. 610
        d) Handelsregisteranmeldung für die übertragende A-AG 611
        e) Handelsregisteranmeldung für die aufnehmende B-GmbH ... 613
    3. Ausgliederung zur Neugründung A-AG auf B-GmbH 615
        a) Ausgliederungsplan.. 615
        b) Zustimmungsbeschluss bei der übertragenden Gesellschaft (A-AG) 616
        c) Handelsregisteranmeldung für die neu gegründete GmbH (B-GmbH) 617
        d) Handelsregisteranmeldung für die übertragende A-AG 619

E. Spaltung von Genossenschaften 621
I. Checkliste 621
II. Spaltungsvertrag bzw. Spaltungsplan 622
III. Neuregelung der Kapitalverhältnisse einer übernehmenden Genossenschaft bei der Spaltung zur Aufnahme 627
IV. Spaltungsbericht 628
V. Gutachten des Prüfungsverbandes.. 629
VI. Vorbereitung der Generalversammlung 630
VII. Durchführung der Generalversammlung.. 631
VIII. Besonderes Ausschlagungsrecht 632
IX. Spaltung zur Neugründung.. 633
    1. Spaltungsvertrag bei der Abspaltung zur Aufnahme.................... 634
    2. Zustimmungsbeschluss bei der übernehmenden Genossenschaft... 635
    3. Zustimmungsbeschluss bei der übertragenden Genossenschaft.... 636
    4. Registeranmeldung für die übertragende Genossenschaft 637
    5. Registeranmeldung für die übernehmende Genossenschaft 638

F. Spaltung von Vereinen.. 639
I. Checkliste 639
II. Allgemeines 640
III. Muster 648
    1. Abspaltung zur Aufnahme (A-e. V. auf B-e. V.) 648
    2. Registeranmeldung für den übertragenden Verein 649
    3. Registeranmeldung für den übernehmenden Verein 650

G. Ausgliederung aus dem Vermögen eines Einzelkaufmanns................ 651
I. Checklisten 651
    1. Checkliste: Ausgliederung zur Neugründung.............................. 652
    2. Checkliste: Ausgliederung zur Aufnahme 653
II. Allgemeines 654
    1. Überblick 654

	Rdn.
2. Zulässigkeitsvoraussetzungen	656
a) Zulässigkeit	657
b) Ausgliederung eines »Unternehmens«	659
c) Überschuldete Unternehmen	660
d) Aufnehmender Rechtsträger	661
III. Ausgliederungsplan und Ausgliederungsvertrag	662
IV. Ausgliederung zur Aufnahme und Kapitalerhöhung beim übernehmenden Rechtsträger	666
1. Erleichterte Kapitalerhöhung bei der Ausgliederung	667
2. Kapitalerhöhungsverbote	674
V. Ausgliederungsbericht	675
VI. Ausgliederungsprüfung	676
VII. Ausgliederungsbeschluss	677
1. Vorbereitung der Gesellschafter- bzw. der Hauptversammlung	678
2. Hauptversammlung bzw. Gesellschafterversammlung	679
VIII. Ausgliederung zur Neugründung	680
1. Gesellschaftsvertrag bzw. Satzung als Teil des Ausgliederungsplans	683
2. Kapitalaufbringung bei der neu gegründeten Gesellschaft	686
3. Organbestellung	688
4. Sachgründungsbericht bzw. Gründungsbericht und Gründungsprüfung	689
a) Allgemeines	689
b) Gründungsprüfung bei Gründung einer AG	692
IX. Handelsregisteranmeldung	694
1. Ausgliederungsplan bei der Neugründung einer GmbH	699
2. Handelsregisteranmeldung für das einzelkaufmännische Unternehmen	700
3. Handelsregisteranmeldung für die neu gegründete GmbH	701
H. Ausgliederung von öffentlichen Unternehmen aus Gemeinden und Landkreisen und sonstigen Gebietskörperschaften	703
I. Einführung	703
II. Möglichkeiten der Ausgliederung	706
III. Verhältnis zum öffentlichen Recht, ausgliederungsfähige Rechtsträger	707
IV. Gegenstand der Ausgliederung	710
V. Zuständiges Organ für Ausgliederungsplan	716
1. Vertretungsorgan	717
2. Form	718
3. Inhalt	719
VI. Sachgründungsbericht	724
VII. Anmeldung der Ausgliederung	725
VIII. Ausgliederungsbericht	728
IX. Ausgliederungsbeschluss	729
X. Muster	734
1. Ausgliederung zur Neugründung	734
2. Handelsregisteranmeldung der neu gegründeten GmbH	735

A. Spaltung von Personenhandelsgesellschaften

I. Checkliste

429 ▶ Beim **Ablauf des Spaltungsverfahrens** sind folgende Punkte zu beachten:
- ❏ Spaltungsvertrag (§§ 4 bis 6, 40 UmwG),
- ❏ Gründung der neuen Gesellschaft bei der Spaltung zur Neugründung (§ 135 Abs. 2 UmwG),
- ❏ Zuleitung des Spaltungsvertrages zum Betriebsrat (§ 126 Abs. 3 UmwG),
- ❏ Spaltungsbericht: nicht erforderlich, wenn alle Gesellschafter zur Geschäftsführung berechtigt sind (§§ 127, 41 UmwG),
- ❏ Unterrichtung der Gesellschafter (§ 42 UmwG),

- Spaltungsprüfung auf Verlangen eines Gesellschafters (§§ 9 bis 12, 44 UmwG),
- Spaltungsbeschluss der beteiligten Gesellschaften (§§ 13, 43 UmwG),
- notwendige Zustimmungserklärungen, insb. bei nichtverhältniswahrender Spaltung (§ 128 UmwG),
- Kapitalerhöhung, nur wenn die aufnehmende Gesellschaft eine Kapitalgesellschaft ist,
- Kapitalherabsetzung bei der übertragenden Gesellschaft, nur wenn die übertragende Gesellschaft eine Kapitalgesellschaft ist,
- Anmeldung zum Handelsregister bei der übertragenden Gesellschaft und bei der übernehmenden Gesellschaft (§§ 16, 17 i. V. m. § 125 UmwG),
- Eintragung der Spaltung zunächst in die Register des Sitzes jeder der übernehmenden Gesellschaften, sodann in das Register des Sitzes der übertragenden Gesellschaft (§ 130 UmwG).

II. Spaltungsvertrag bzw. Spaltungsplan

Bei der Spaltung von Personenhandelsgesellschaften gelten keine Besonderheiten (vgl. daher oben Teil 3 Rdn. 38 ff.). Die Spaltung kann zur Aufnahme und auch zur Neugründung erfolgen.[809] Bei der Ausgliederung ist die Besonderheit zu beachten, dass nach § 152 UmwG eine Ausgliederung auf eine Personenhandelsgesellschaft nicht zulässig ist, da die Gründung einer Ein-Mann-Personenhandelsgesellschaft schon begrifflich ausgeschlossen sei (vgl. oben Teil 3 Rdn. 425 ff.). In der Praxis muss daher, die neue Personengesellschaft zunächst vor der Spaltung neu gegründet werden, sodann ist der Ausgliederungsvertrag zwischen dem ausgliedernden Rechtsträger und der neuen Personengesellschaft zu schließen. Schließlich haben die Gesellschafter des übertragenden Rechtsträgers und der aufnehmenden Personengesellschaft ihre Zustimmung zur Ausgliederung zu erklären, wobei es genügt, wenn die Personenhandelsgesellschaft spätestens bis zum Zeitpunkt der Eintragung der Ausgliederung eingetragen ist.[810] Im Spaltungsvertrag ist insb. festzulegen, welche Rechtsstellung die Gesellschafter bei der übernehmenden Gesellschaft haben sollen (§§ 125, 40 UmwG; vgl. oben Teil 2 Rdn. 759 ff.). Der Spaltungsvertrag/-plan hat zusätzlich für jeden Anteilsinhaber/Gesellschafter des übertragenden Rechtsträgers zu bestimmen, ob ihm in der Personenhandelsgesellschaft die Stellung eines persönlich haftenden Gesellschafters oder eines Kommanditisten gewährt wird. Dabei ist der Betrag der Einlage jedes Gesellschafters festzusetzen (§ 40 Abs. 1 Satz 2 UmwG). Anteilsinhaber eines übertragenden Rechtsträgers, die für dessen Verbindlichkeiten nicht als Gesamtschuldner unbeschränkt haften, ist die Stellung eines Kommanditisten zu gewähren. Abweichende Bestimmungen sind nur wirksam, wenn die betroffenen Gesellschafter dem Spaltungsbeschluss des übertragenden Rechtsträgers zustimmen (§ 40 Abs. 2 Satz 1 UmwG).

Zur Anteilsgewährung vgl. oben Teil 2 Rdn. 759 ff.

Zum Abfindungsgebot vgl. allgemein Teil 2 Rdn. 586 ff. und 800 ff.

Besondere Vorschriften für eine Spaltung von Personengesellschaften im Wege der Neugründung bestehen nicht. Nach §§ 125, 36 Abs. 1 UmwG finden daher die Vorschriften über die Spaltung durch Aufnahme entsprechende Anwendung (vgl. daher auch die vorstehenden Ausführungen Teil 2 Rdn. 14 ff.). Die bestehenden Personengesellschaften gelten dabei als übertragende Rechtsträger, die neu zu gründende Gesellschaft als übernehmender Rechtsträger. Findet eine Verschmelzung zur Neugründung auf eine GmbH & Co. KG statt, so gelten die allgemeinen Vorschriften

---

809 Vgl. BeckOGK/Verse UmwG § 124 Rn. 3; BeckOGK/Leitzen UmwG § 152 Rn. 50; Kölner KommUmwG/Simon § 152 UmwG Rn. 30.
810 Widmann/Mayer/Mayer, Umwandlungsrecht, § 152 UmwG Rn. 224.1; BeckOGK/Leitzen UmwG § 152 Rn. 50; Semler/Stengel/Maier-Reimer/Seulen § 152 UmwG Rn. 52, vgl. auch Gutachten DNotI-Report 2012, 33.

für die KG. Ist die Komplementär-GmbH bereits existent, so ergeben sich keine Besonderheiten. Ist die Komplementär-GmbH noch nicht gegründet, so besteht das Problem der Personenidentität, das oben bereits behandelt wurde (vgl. oben Teil 1 Rdn. 201). Der Gesellschaftsvertrag ist als Gegenstand des Spaltungsvertrages/-planes mit zu beurkunden (vgl. § 37 UmwG dazu oben Teil 2 Rdn. 342 ff.). Bei der Neugründung dieser Rechtsträger bedarf daher auch der Gesellschaftsvertrag als Teil des Spaltungsvertrages der notariellen Beurkundung.[811] Zulässig ist es, den Gesellschaftsvertrag in eine Anlage nach § 9 BeurkG zur Beurkundungsniederschrift aufzunehmen, auf die in der Niederschrift verwiesen und die dieser beigefügt wird.[812]

III. Spaltungsbericht

432 Nach § 41 i. V. m. § 125 UmwG ist ein Spaltungsbericht gem. § 127 UmwG für eine an der Spaltung beteiligte Personenhandelsgesellschaft nicht erforderlich, wenn alle Gesellschafter dieser Gesellschaft zur Geschäftsführung berechtigt sind. Darüber hinaus kann selbstverständlich der Bericht nach allgemeinen Vorschriften entfallen, insb. wenn gem. § 8 Abs. 3 UmwG alle Anteilsinhaber in notarieller beurkundeter Verzichtserklärung auf die Erstellung verzichtet haben, oder sich alle Anteile der übertragenden Gesellschaft in der Hand der übernehmenden befinden. Im Einzelnen kann auf die Ausführung zur Verschmelzung von Personenhandelsgesellschaften verwiesen werden (vgl. oben Teil 2 Rdn. 826 ff.).

IV. Vorbereitung der Gesellschafterversammlung

433 Auch die Unterrichtungspflicht knüpft an die **Frage der Geschäftsführungsbefugnis** an. Nach § 42 i. V. m. § 125 UmwG sind der Spaltungsvertrag oder sein Entwurf und ggf. der Spaltungsbericht den Gesellschaftern, die von der Geschäftsführung ausgeschlossen sind, spätestens zusammen mit der Einberufung der Gesellschafterversammlung zu übersenden (vgl. im Einzelnen oben Teil 2 Rdn. 830 ff.).

434 Da es im Recht der Personengesellschaft und für die Einberufung der Gesellschafterversammlung **keine gesetzliche Frist** gibt, sieht auch das Umwandlungsrecht davon ab, eine bestimmte Frist vorzuschreiben. Die Übersendungspflicht ist allerdings an die Einberufung gekoppelt, sodass der späteste Zeitpunkt der der Einberufung ist.

V. Spaltungsbeschluss

1. Gesellschafterversammlung

435 Vgl. dazu die Ausführungen unter Teil 2 Rdn. 836 ff.

2. Durchführung der Gesellschafterversammlung

436 Vgl. dazu im Einzelnen Teil 2 Rdn. 838 ff.

3. Beschlussmehrheiten

437 Vgl. dazu die Ausführungen unter Teil 2 Rdn. 840 ff.

4. Zustimmungspflichten

438 Auch bei der Spaltung ist die **allgemeine Zustimmungspflicht** nach § 13 Abs. 2 UmwG zu beachten. Danach bedarf es der Zustimmung zur Spaltung der Gesellschafter, wenn die Abtretung

---

811 Widmann/Mayer/Mayer, Umwandlungsrecht, § 37 UmwG Rn. 26; Lutter/Grunewald, UmwG, § 37 Rn. 5; Kallmeyer/Marsch-Barner, UmwG, § 37 Rn. 2; Schröer, in: Semler/Stengel, § 37 UmwG Rn. 4; Stratz, in: Schmitt/Hörtnagl/Stratz, § 37 UmwG Rn. 3; BeckOGK/Benz/Weiß UmwG § 37 Rn. 6 f.
812 BeckOGK/Benz/Weiß UmwG § 37 Rn. 6 f.

der Anteile der übertragenden Gesellschaft von der Genehmigung bestimmter einzelner Gesellschafter abhängig ist (vgl. hierzu Teil 2 Rdn. 855 ff.).

Schließlich bedarf es immer der Zustimmung aller Gesellschafter, wenn eine sog. **nichtverhältniswahrende Spaltung** durchgeführt wird (vgl. im Einzelnen oben Teil 3 Rdn. 31).

VI. Spaltungsprüfung

Vgl. im Einzelnen oben bei der Verschmelzung Teil 2 Rdn. 859 ff. 439

VII. Handelsregisteranmeldung

Vgl. zunächst die Ausführungen zu Teil 3 Rdn. 362 ff. Im Folgenden soll nur auf **Besonderheiten** eingegangen werden. 440

Anzumelden ist die Spaltung für beide Rechtsträger. Darüber hinaus ist der mit der Spaltung verbundene Eintritt der Gesellschafter der übertragenden Personengesellschaft anzumelden, bei Kommanditisten unter Angabe ihrer Haftsumme. Nach § 16 Abs. 1 Satz 1 i. V. m. § 125 UmwG hat die Anmeldung durch die Vertretungsorgane der beteiligten Rechtsträger zu erfolgen. Bei der OHG oder KG erfolgt die Anmeldung durch die Gesellschafter bzw. Komplementäre. Befindet sich in dem im Wege der Spaltung übertragenen Vermögen ein Kommanditanteil, führt dies zu einem Kommanditistenwechsel. Er ist ebenfalls zum Handelsregister anzumelden (§ 161 Abs. 2 i. V. m. § 107 HGB). Unklar ist, ob die Anmeldung zum Handelsregister, wie bei Personenhandelsgesellschaften grundsätzlich vorgeschrieben, von sämtlichen Gesellschaftern zu bewirken ist (§ 108 Satz 1 HGB). M. E. muss es genügen, wenn der ausscheidende Kommanditist die Anmeldung unterzeichnet.[813] Die Praxis der Registergerichte ist allerdings uneinheitlich. 441

Abzugeben sind die **Negativerklärungen** nach § 16 Abs. 2 Satz 1 UmwG. 442

Für eine **geänderte Firmierung** des übernehmenden Rechtsträgers und für die Firma einer durch Verschmelzung neu gegründeten Personenhandelsgesellschaft ist § 18 UmwG zu beachten (s. dazu Teil 5 Rdn. 19). 443

VIII. Muster

1. Spaltungsvertrag bei der Abspaltung zur Aufnahme

▶ Muster: Spaltungsvertrag bei der Abspaltung zur Aufnahme

UR.Nr. für…… 444

Verhandelt zu……

am……

Vor dem unterzeichnenden

…..

Notar mit dem Amtssitz in……

erschienen:

1.
a) Herr (Name, Geburtsdatum, Adresse),
b) Herr (Name, Geburtsdatum, Adresse),
hier handelnd nicht im eigenen Namen, sondern als alleiniger persönlich haftende Gesellschafter der A-KG mit dem Sitz in……, eingetragen im Handelsregister des Amtsgerichts…… unter HRA……,

---

813 So zu Recht Rawert/Endres, ZIP 2016, 1609 ff.

2. Herr (Name, Geburtsdatum, Adresse),

hier handelnd nicht im eigenen Namen, sondern als alleiniger persönlich haftender Gesellschafter der B-KG mit dem Sitz in......, eingetragen im Handelsregister des Amtsgerichts...... unter HRA......

Die Erschienenen wiesen sich dem Notar gegenüber aus durch Vorlage ihrer amtlichen Lichtbildausweise.

Die Erschienenen ließen folgenden

Spaltungsvertrag

beurkunden und erklärten, handelnd wie angegeben:

I. Vermögensübertragung

1. Die A-KG überträgt hiermit ihre nachstehend genannten Vermögensteile als Gesamtheit im Wege der Abspaltung zur Aufnahme auf die B-KG. Die B-KG gewährt als Ausgleich hierfür den Gesellschaftern der A-KG Beteiligungen an der B-KG.

2. Bei den als Gesamtheit übertragenen Gegenständen des Aktiv- und Passivvermögens der A-KG handelt es sich im Einzelnen um:

a) den im Grundbuch des Amtsgerichts...... von......, Blatt......, verzeichneten Grundbesitz der Gemarkung......, Flur......, Flurstück Nr......, groß...... ar;

b) den auf dem vorbezeichneten Grundstück befindlichen Betriebsteil Kfz-Werkstatt der A-KG nebst dem hierzu gehörenden beweglichen Anlage- und Umlaufvermögen, wie es sich aus der Anlage 1 zu dieser Niederschrift ergibt; im Fall einer Veräußerung von Gegenständen durch die A-KG im regelmäßigen Geschäftsverkehr bis zu dem in Ziff. III. genannten Zeitpunkt treten ihre Surrogate an ihre Stelle;

c) alle den vorbezeichneten Betriebsteil zuzuordnenden Verträge, insbes. Leasingverträge, Lieferverträge, Werkverträge und sonstigen Rechte, wie sie sich aus der Anlage 2 zu dieser Niederschrift ergeben;

d) alle Verbindlichkeiten der A-KG, die dem vorbezeichneten Betriebsteil wirtschaftlich zuzuordnen sind, wie sie sich aus der Anlage 3 zu dieser Niederschrift ergeben;

e) die in der Anlage 4 zu dieser Niederschrift bezeichneten Arbeitsverhältnisse;

f) Sachen, Rechte, Vertragsverhältnisse, die nicht in den beigefügten Anlagen aufgeführt sind, soweit sie dem vorbezeichneten Betriebsteil im weitesten Sinne wirtschaftlich zuzuordnen sind; dies gilt insbes. für bis zur Eintragung der Spaltung in das Handelsregister erworbene Sachen oder Rechte und begründete Vertragsverhältnisse und Verbindlichkeiten.

II. Gegenleistung

1. Die B-KG gewährt folgende Beteiligungen:

a) dem Gesellschafter X einen festen Kapitalanteil von...... €,

b) dem Gesellschafter Y einen festen Kapitalanteil von...... €,

c) den Gesellschaftern S, T und U je einen festen Kapitalanteil von...... €.

Die Anteile werden kostenfrei und mit Gewinnberechtigung ab dem...... gewährt.

2. Den Gesellschaftern X und Y wird die Stellung von persönlich haftenden Gesellschaftern, den Gesellschaftern S, T und U die Stellung von Kommanditisten eingeräumt. Die Haftsumme der Kommanditisten entspricht dem Betrag ihres Kapitalanteils.

Bare Zuzahlungen werden nicht geleistet.

3. Das Umtauschverhältnis beträgt......

4. Die Aufteilung der Anteile erfolgt entsprechend dem Verhältnis der Beteiligungen der Gesellschafter an der A-KG.

III. Spaltungsstichtag

Die Übernahme des vorbezeichneten Vermögens der A-KG erfolgt im Innenverhältnis mit Wirkung zum Ablauf des...... Vom...... an gelten alle Handlungen und Geschäfte der A-KG, die das übertragene Vermögen betreffen, als für Rechnung der B-GmbH vorgenommen.

IV. Besondere Rechte

Besondere Rechte i. S. v. § 126 Abs. 1 Nr. 7 UmwG bestehen bei der B-KG nicht. Einzelnen Anteilsinhabern werden i. R. d. Spaltung keine besonderen Rechte gewährt.

V. Besondere Vorteile

Besondere Vorteile i. S. v. § 126 Abs. 1 Nr. 8 UmwG werden nicht gewährt.

VI. Folgen der Abspaltung für Arbeitnehmer und ihre Vertretungen

Durch die Abspaltung ergeben sich für die Arbeitnehmer und ihre Vertretungen die nachgenannten Folgen:

.....

Insoweit sind folgende Maßnahmen vorgesehen:

.....

VII. Sonstige Vereinbarungen

1. Sollten für die Übertragung der in Ziff. I.2. genannten Sachen, Rechte, Vertragsverhältnisse und Verbindlichkeiten weitere Voraussetzungen geschaffen werden müssen, so verpflichten sich die Vertragsbeteiligten alle erforderlichen Erklärungen abzugeben und Handlungen vorzunehmen.

2. Sollte eine Übertragung der in Ziff. I.2. genannten Sachen, Rechte, Vertragsverhältnisse und Verbindlichkeiten im Wege der Spaltung auf die B-KG rechtlich nicht möglich sein, so verpflichten sich die Vertragsbeteiligten alle erforderlichen Erklärungen abzugeben und alle erforderlichen Handlungen vorzunehmen, die rechtlich zu dem beabsichtigten Vermögensübergang auf die B-KG in anderer Weise führen.

VIII. Bedingungen

Der Spaltungsvertrag steht unter der aufschiebenden Bedingung, dass:

1. die formgerechten Zustimmungsbeschlüsse der Gesellschafterversammlung beider Gesellschaften bis zum...... vorliegen und

2. die Gesellschafter der B-KG i. R. d. Zustimmungsbeschlusses eine Neufassung des Gesellschaftsvertrages der B-KG, in der Fassung wie er sich aus der Anlage 5 zu dieser Urkunde ergibt, beschließen, wobei der Beschluss unter der Bedingung des Wirksamwerdens der Spaltung bis zum...... erfolgen kann.

IX. Kosten

Die durch diesen Vertrag und ihre Durchführung bei beiden Gesellschaften entstehenden Kosten trägt die B-KG. Sollte die Spaltung nicht wirksam werden, tragen die Kosten dieses Vertrages die Gesellschaften zu gleichen Teilen; alle übrigen Kosten trägt die jeweils betroffene Gesellschaft allein.

Diese Niederschrift nebst allen Anlagen wurde den Erschienenen vom Notar vorgelesen, von ihnen genehmigt und von ihnen und dem Notar eigenhändig wie folgt unterschrieben:

.....

2. Einberufung der Gesellschafterversammlung

▶ Muster: Einberufung der Gesellschafterversammlung

B-KG

Geschäftsführung

An

Herrn

.....

Einladung zur Gesellschafterversammlung

Wir laden unsere Gesellschafter zu einer außerordentlichen Gesellschafterversammlung unserer Gesellschaft

am Donnerstag, den 27. April, 9.00 Uhr
in das Notariat Müller, Hauptstraße 5, Würzburg

ein.

Tagesordnung:

1. Zustimmung zum Spaltungsvertrag zwischen der A-KG als übertragende Gesellschaft und der B-KG als aufnehmende Gesellschaft. Der Spaltungsvertrag wurde am 15.04.2001 geschlossen und ist in beglaubigter Abschrift dieser Einladung beigefügt.

2. Da nach dem Gesellschaftsvertrag unserer Gesellschaft die Spaltung durch Mehrheitsentscheidung beschlossen werden kann, darf ich Sie bitten, der Geschäftsführung bis zum...... mitzuteilen, ob Sie eine Spaltungsprüfung gemäß § 125 i. V. m. § 44 UmwG wünschen. Die Kosten dieser Prüfung würde die Gesellschaft tragen. Wird kein fristgemäßer Antrag auf Prüfung gestellt, unterbleibt diese.

3. Feststellung der Schlussbilanz der B-KG zum 31.12.......

4. Änderung des Gesellschaftsvertrages § 3 (Haftung und Einlage), § 4 (Geschäftsführung und Vertretung)

Der Inhalt des Beschlusses ist in der Anlage beigefügt.

Mit freundlichen Grüßen

.....

Anlagen:

Spaltungsvertrag vom......

Jahresbilanz vom 31.12.......

Änderungsbeschluss des Gesellschaftsvertrages

3. Zustimmungsbeschluss bei der übernehmenden Gesellschaft

▶ Muster: Zustimmungsbeschluss bei der übernehmenden Gesellschaft

446 **Niederschrift über eine Gesellschafterversammlung**

Heute, den...... erschienen vor mir, dem unterzeichnenden Notar......, mit Amtssitz in......, an der Amtsstelle in......:

1. Herr W, Kaufmann, wohnhaft in......,

2. Herr Z, Kaufmann, wohnhaft in......,

3. Herr Y, Kaufmann, wohnhaft in......

Die Beteiligten sind mir, dem Notar persönlich bekannt.

Auf Antrag beurkunde ich den vor mir abgegebenen Erklärungen gemäß Folgendes:

I. Sachverhalt

Die Erschienenen sind Gesellschafter der B-KG, eingetragen im Handelsregister des Amtsgerichts München unter......

Die Kapitalanteile verteilen sich unter den Gesellschafter wie folgt:

1. Persönlich haftender Gesellschafter:
   W.: 80.000,00 €
2. Kommanditisten:
   Z: 10.000,00 €
   Y: 10.000,00 €

II. Gesellschafterversammlung

Die Erschienenen erklärten: Wir sind die alleinigen Gesellschafter der B-KG mit Sitz in München, unter Verzicht auf alle durch Gesetz oder Gesellschaftsvertrag vorgeschriebenen Formen und Fristen halten wir hiermit eine Gesellschafterversammlung der B-KG ab und beschließen:

1. Der Jahresabschluss zum 31.12. wird hiermit festgestellt (Dies muss nicht beurkundet werden.)

2. Dem Spaltungsvertrag zwischen der A-KG und der B-KG (Urkunde des Notars......, in......, vom......, UR.Nr.......) wird mit allen Stimmen vorbehaltlos zugestimmt. Er ist der Niederschrift als Anlage beigefügt.

3. Änderung des Gesellschaftsvertrages der B-KG:

§ 3 Haftung und Einlagen

I. Persönlich haftende Gesellschafter sind:

A mit einem Kapitalanteil von 20.000,00 €,

W mit einem Kapitalanteil von 80.000,00 €,

II. Kommanditisten sind:

B mit einem Kapital- und Kommanditanteil von 15.000,00 €,

C mit einem Kapital- und Kommanditanteil von 10.000,00 €,

Z mit einem Kapital- und Kommanditanteil von 10.000,00 €,

Y mit einem Kapital- und Kommanditanteil von 10.000,00 €.

Die Gesellschafter W, Z und Y hatten ihre Kapitalanteile durch Bareinlagen bei Abschluss des Gesellschaftsvertrages der B-KG erbracht. Die Gesellschafter A, B, C haben aufgrund des Spaltungsvertrages vom...... den bisher von der A-KG betriebenen Betriebsteil »Vertrieb und Entwicklung von Software« in X-Stadt in die B-KG im Wege der Spaltung eingebracht. Der Einbringung wurde die Bilanz zum...... zugrunde gelegt. Der Einlagewert ist der in der Jahresbilanz zum 31.12....... ausgewiesene Buchwert der abgespaltenen Vermögensteile. Hieran sind A, B, C entsprechend ihrer Einlageleistung beteiligt gewesen. Eine Auflösung stiller Reserven oder ein Ansatz des Geschäftswertes erfolgte nicht. Die Hafteinlagen entsprechen den Kapitalanteilen.

§ 4 Geschäftsführung, Vertretung

Zur Geschäftsführung und Vertretung berechtigt sind die persönlich haftenden Gesellschafter.

III. Verzichtserklärungen, Sonstiges

Die Gesellschafter verzichten auf die Prüfung der Spaltung, die Anfechtung dieses Beschlusses und Erstattung eines Spaltungsberichts und eines Spaltungsprüfungsberichts sowie vorsorglich auf eine Barabfindung nach §§ 29 ff. UmwG.

Der beurkundende Notar wies die Gesellschafter darauf hin, dass jeder von Ihnen die Erteilung einer Abschrift der Niederschrift über diese Gesellschafterversammlung und des Spaltungsvertrages verlangen kann. Die Kosten einschließlich der Durchführung dieses Beschlusses trägt die übernehmende Gesellschaft als Aufwand.

Vorgelesen vom Notar, von den Erschienenen genehmigt und eigenhändig unterschrieben.

.....

4. Zustimmungsbeschluss der übertragenden Gesellschaft

▶ Muster: Zustimmungsbeschluss der übertragenden Gesellschaft

447 **Niederschrift über eine Gesellschafterversammlung**

Heute den,...... erschienen vor mir, dem unterzeichnenden Notar......, mit Amtssitz in......, an der Amtsstelle in......:

1. Herr A, Kaufmann, wohnhaft in......,
2. Herr B, Kaufmann, wohnhaft in......,
3. Herr C, Kaufmann, wohnhaft in......

Die Beteiligten sind mir, Notar...... persönlich bekannt.

Auf Antrag beurkunde ich den vor mir abgegebenen Erklärungen gemäß Folgendes:

II. Sachverhalt

Die Erschienenen sind Gesellschafter der A-KG, eingetragen im Handelsregister des Amtsgerichts München unter HRA...... Gesellschafter dieser Gesellschaft sind nach Angabe
I. Persönlich haftender Gesellschafter:
Herr A mit einem Kapitalanteil von 40.000,00 €.
II. Kommanditisten:
Herr B mit einem Kapital- und Kommanditanteil von 30.000,00 €,

Herr C mit einem Kapital- und Kommanditanteil von 20.000,00 €.

II. Gesellschafterversammlung

Die vorgenannten Gesellschafter halten eine Gesellschafterversammlung der vorgenannten Gesellschaft unter Verzicht auf alle Frist- und Formvorschriften ab und stellen fest, dass die Gesellschafterversammlung als Vollversammlung beschlussfähig ist.

Die Gesellschaft beschließt mit allen Stimmen Folgendes:

1. Dem Spaltungsvertrag zwischen der A-KG und der B-KG mit Sitz in München vom......, UR.Nr...... des amtierenden Notars wird mit allen Stimmen vorbehaltlos zugestimmt. Der Spaltungsvertrag ist dieser Urkunde als Anlage beigefügt.

2. Die dieser Urkunde als Anlage 2 beigefügte Schlussbilanz (Spaltungsbilanz) zum 31.12...... wird festgestellt. (*Anm.*: Notarielle Beurkundung ist diesbezüglich nicht erforderlich).

III. Verzichtserklärungen, Sonstiges

Die Kosten dieser Urkunde trägt die Gesellschaft.

Alle Gesellschafter verzichten auf eine Prüfung der Spaltung und Erstattung eines Spaltungsberichts und eines Spaltungsprüfungsberichts sowie vorsorglich auf eine Barabfindung nach §§ 29 ff. UmwG.

Alle Gesellschafter verzichten auf die Anfechtung dieses Beschlusses ausdrücklich.

Der beurkundende Notar wies die Gesellschafter darauf hin, dass jeder von ihnen die Erteilung einer Abschrift der Niederschrift über diese Gesellschafterversammlung und des Spaltungsvertrages verlangen kann und dass, im Fall des Widerspruchs eines persönlich haftenden Gesellschafters, diesem im neuen Rechtsträger die Stellung eines Kommanditisten zu gewähren ist.

Vorgelesen vom Notar, von den Erschienenen eigenhändig unterschrieben.

......

5. Handelsregisteranmeldung für die übertragende Gesellschaft

▶ Muster: Handelsregisteranmeldung für die übertragende Gesellschaft

448 An das

Amtsgericht

A. Spaltung von Personenhandelsgesellschaften　　　　Teil 3　Kapitel 2

– Handelsregister A –

Betrifft: HRA...... – Müller & Co. KG

Ich, der unterzeichnende persönlich haftende Gesellschafter der Müller & Co. KG, überreiche in der Anlage:
1. Elektronisch beglaubigte Abschrift des Spaltungsvertrages vom...... – UR.Nr....... des beglaubigenden Notars –,
2. Elektronisch beglaubigte Abschrift des Zustimmungsbeschlusses der Gesellschafter der Müller & Co. KG vom...... – UR.Nr....... des beglaubigenden Notars –,
3. Elektronisch beglaubigte Abschrift des Zustimmungsbeschlusses der Gesellschafter der Schmitz & Söhne KG vom...... – UR.Nr....... des beglaubigenden Notars –,
4. Elektronisch beglaubigte Abschrift der Verzichtserklärung der Gesellschafter der Müller & Co. KG auf Erstellung eines Spaltungsberichts und eines Prüfungsberichts vom...... – UR.Nr....... des beglaubigenden Notars –,
5. Elektronisch beglaubigte Abschrift der Schlussbilanz der Müller & Co. KG zum Spaltungsstichtag,
6. Elektronisch beglaubigte Abschrift des Nachweises über die Zuleitung des Spaltungsvertragsentwurfs an den Betriebsrat der Gesellschaft

und melde zur Eintragung in das Handelsregister an:

Die Müller & Co. KG hat die im Spaltungsvertrag vom...... – UR.Nr....... des beglaubigenden Notars – genannten Vermögensteile als Gesamtheit auf die Schmitz & Söhne KG als übernehmende Gesellschaft im Wege der Abspaltung durch Aufnahme übertragen.

Ich erkläre, dass weder der Spaltungsbeschluss der Gesellschafter der Müller & Co. KG noch der Spaltungsbeschluss der Gesellschafter der Schmitz & Söhne KG angefochten worden ist.

Die inländische Geschäftsanschrift und die Geschäftsräume befinden sich unverändert in (Ort, Straße).

….., den……　　　　　　　　　　(Beglaubigungsvermerk)

6. Handelsregisteranmeldung für die übernehmende Gesellschaft

▶ Muster: Handelsregisteranmeldung für die übernehmende Gesellschaft

An das

Amtsgericht

– Handelsregister A –

Betrifft: HRA...... – Schmitz & Söhne KG

In der Anlage überreichen wir, die unterzeichnenden persönlich haftenden Gesellschafter der Schmitz & Söhne KG:
1. Elektronisch beglaubigte Abschrift des Spaltungsvertrages vom...... – UR.Nr....... des beglaubigenden Notars –,
2. Elektronisch beglaubigte Abschrift des Zustimmungsbeschlusses der Gesellschafter der Schmitz & Söhne KG vom...... – UR.Nr....... des beglaubigenden Notars –,
3. Elektronisch beglaubigte Abschrift des Zustimmungsbeschlusses der Gesellschafter der Müller & Co. KG,
4. Elektronisch beglaubigte Abschrift der Verzichtserklärungen der Gesellschafter der Müller & Co. KG auf Erstellung eines Spaltungsberichts und eines Prüfungsberichts vom...... – UR.Nr....... des beglaubigenden Notars –,
5. Elektronisch beglaubigte Abschrift des Nachweises über die Zuleitung des Spaltungsvertragsentwurfs an den Betriebsrat der Gesellschaft

und melden zur Eintragung in das Handelsregister an:

1. Die Müller & Co. KG hat die im Spaltungsvertrag vom...... – UR.Nr....... des beglaubigenden Notars – genannten Teile ihres Vermögens als Gesamtheit im Wege der Abspaltung durch Aufnahme auf die Schmitz & Söhne KG übertragen.

2. I. R. d. Abspaltung sind
a) die persönlich haftenden Gesellschafter der Müller & Co. KG, nämlich
aa) (Name), (Geburtsdatum), (Wohnort),
bb) (Name), (Geburtsdatum), (Wohnort),
als neue persönlich haftende Gesellschafter,
b) die Kommanditisten der Müller & Co. KG, nämlich
aa) (Name), (Geburtsdatum), (Wohnort),
bb) (Name), (Geburtsdatum), (Wohnort),
cc) (Name), (Geburtsdatum), (Wohnort),
als neue Kommanditisten mit einer Kommanditbeteiligung von jeweils...... €

in die Schmitz & Söhne KG eingetreten.

Konkrete Vertretungsbefugnis:

Die persönlich haftenden Gesellschafter A, B vertreten die Gesellschaft jeweils einzeln. Die Kommanditisten E, F, G sind nicht zur Vertretung der Gesellschaft berechtigt.

Wir erklären, dass weder der Spaltungsbeschluss der Gesellschafter der Müller & Co. KG noch der Spaltungsbeschluss der Schmitz & Söhne KG angefochten worden ist.

Die inländische Geschäftsanschrift und die Geschäftsräume befinden sich unverändert in (Ort, Straße).

….., den……   (Beglaubigungsvermerk)

B. Spaltung von Partnerschaftsgesellschaften

I. Checkliste

450 ▶ Beim **Ablauf des Spaltungsverfahrens** sind folgende Punkte zu beachten:
- ❏ Spaltungsvertrag (§§ 4 bis 6, 45b UmwG),
- ❏ Spaltungsbericht: Nur erforderlich, wenn ein Partner gem. § 6 Abs. 2 PartGG von der Geschäftsführung ausgeschlossen ist (§§ 8, 45c UmwG),
- ❏ Zuleitung des Spaltungsvertrages an den Betriebsrat (§ 5 Abs. 3 UmwG),
- ❏ Unterrichtung der von der Geschäftsführung ausgeschlossenen Partner nach §§ 45c, 42,
- ❏ Verschmelzungsprüfung auf Verlangen eines Partners (§§ 9 bis 12, 44, 45e UmwG),
- ❏ Verschmelzungsbeschlüsse der beteiligten Partnerschaften (§§ 13, 45d UmwG),
- ❏ notwendige Zustimmungserklärung (§ 13 Abs. 2 UmwG),
- ❏ Kapitalerhöhung – nur wenn die aufnehmende Gesellschaft eine Kapitalgesellschaft ist,
- ❏ Kapitalherabsetzung bei der übertragenden Gesellschaft (nur wenn die übertragende Gesellschaft eine Kapitalgesellschaft ist),
- ❏ Anmeldung zum Handels- oder Partnerschaftsregister bei der übertragenden Gesellschaft oder Partnerschaft und bei der übernehmenden Gesellschaft oder Partnerschaft (§§ 16, 17 UmwG),
- ❏ Eintragung der Spaltung zunächst in das Register des Sitzes der übernehmenden Gesellschaft oder Partnerschaft, sodann in das Register des Sitzes der übertragenden Gesellschaft oder Partnerschaft (§ 130 UmwG).

II. Spaltungsvertrag bzw. Spaltungsplan

451 Es gelten keine Besonderheiten (vgl. oben Teil 2 Rdn. 892 ff.; Teil 3 Rdn. 38 ff.).

III. Spaltungsbericht

452 Nach § 45c i. V. m. § 125 UmwG ist ein Spaltungsbericht nur erforderlich, wenn ein Partner von der Geschäftsführung ausgeschlossen ist (vgl. Teil 2 Rdn. 900 ff.).

IV. Vorbereitung der Gesellschafterversammlung

Auch die Unterrichtungspflicht knüpft an die Frage der Geschäftsführung an (§ 45c, 42 UmwG; vgl. oben Teil 2 Rdn. 903 ff.). 453

V. Spaltungsbeschluss

1. Gesellschafterversammlung

Vgl. dazu die Ausführungen unter Teil 2 Rdn. 902 ff. 454

2. Durchführung der Gesellschafterversammlung

Vgl. dazu im Einzelnen Teil 2 Rdn. 903. 455

3. Beschlussmehrheit

Vgl. dazu die Ausführungen unter Teil 2 Rdn. 903 f. 456

4. Zustimmungspflichten

Vgl. dazu die Ausführungen zu Teil 3 Rdn. 332 ff. 457

VI. Spaltungsprüfung

Vgl. im Einzelnen oben bei der Verschmelzung Teil 2 Rdn. 905 ff. 458

VII. Handelsregisteranmeldung

Vgl. die Ausführungen oben Teil 2 Rdn. 906 ff.; Teil 3 Rdn. 362 ff. 459

C. Spaltung von GmbH und Unternehmergesellschaften

I. Checkliste

▶ Beim **Ablauf des Spaltungsverfahrens** sind folgende Punkte zu beachten: 460
- ❏ Spaltungsvertrag (§§ 4 bis 6, 46 UmwG),
- ❏ Gründung der neuen Gesellschaft bei der Spaltung zur Neugründung (§ 135 Abs. 2 UmwG),
- ❏ Sachgründungsbericht (§ 138 UmwG),
- ❏ Spaltungsbericht (§ 127 UmwG),
- ❏ Spaltungsprüfung (§§ 9 bis 12, 48 i. V. m. § 125 UmwG),
- ❏ Unterrichtung der Gesellschafter (§ 47 i. V. m. § 125 UmwG),
- ❏ Zuleitung des Spaltungsvertrages oder seines Entwurfs zum zuständigen Betriebsrat (§ 126 Abs. 3 UmwG),
- ❏ Spaltungsbeschluss der Beschlussorgane der beteiligten Gesellschaften (§§ 13, 49, 50 i. V. m. § 125 UmwG),
- ❏ notwendige Zustimmungserklärungen (§§ 125 i. V. m. § 50 Abs. 2, § 128 UmwG),
- ❏ Kapitalerhöhung, soweit erforderlich (§§ 54, 55 i. V. m. § 125 UmwG),
- ❏ Kapitalherabsetzung bei der übertragenden Gesellschaft, soweit erforderlich (§ 139 UmwG),
- ❏ Anmeldung zum Handelsregister bei der übertragenden Gesellschaft und bei der übernehmenden Gesellschaft (§§ 16, 17, 52 i. V. m. § 125 UmwG),
- ❏ Eintragung der Kapitalerhöhung (§ 53 i. V. m. § 125 UmwG),
- ❏ Eintragung der Kapitalherabsetzung (§ 139 UmwG),
- ❏ Eintragung der Spaltung zunächst in das Register des Sitzes jeder der übernehmenden Gesellschaften, sodann in das Register der übertragenden Gesellschaft (§ 130 UmwG).

II. Besonderheiten bei der Unternehmergesellschaft

461 Zur Unternehmergesellschaft vgl. oben Teil 3 Rdn. 32.

Bei der durch das am 01.11.2008 in Kraft getretene Gesetz zur Modernisierung des GmbH-Rechts und zur Bekämpfung von Missbräuchen (MoMiG) neu eingeführten Unternehmergesellschaft handelt es sich nicht um die neue Rechtsform einer Kapitalgesellschaft, sondern um eine Variante der GmbH, die mit Ausnahme der Sonderregelung des § 5a GmbHG allen Vorschriften des gesamten deutschen Rechts, die die GmbH betreffen, unterliegt.[814] Da somit auf die Unternehmergesellschaft die für die GmbH geltenden Rechtsvorschriften Anwendung finden und lediglich die sich aus § 5a GmbHG ergebenden Besonderheiten zu beachten sind, können grds. auch die Vorschriften des UmwG auf die UG Anwendung finden. Deshalb ist sie auch wie die GmbH grds. umwandlungsfähig, obwohl sie nicht ausdrücklich im UmwG genannt ist.[815]

Als **übertragender Rechtsträger** kann die UG daher grds. wie die GmbH an einer Spaltung beteiligt sein.[816]

462 Bei der Spaltung ergibt sich aber auch **für eine abspaltende UG eine Einschränkung**, wenn eine Kapitalherabsetzung nach § 139 UmwG erforderlich ist (vgl. Teil 3 Rdn. 268 ff., Teil 3 Rdn. 476 ff.). Das ist der Fall, wenn wegen der Abspaltung bei einer übertragenden UG durch den Vermögensübergang auf den übernehmenden Rechtsträger eine Unterbilanz entsteht; bzw. bei der Ausgliederung, wenn die übertragenen Vermögensteile nicht den im Gegenzug gewährten Vermögensteilen entsprechen und dadurch eine Unterbilanz hervorgerufen wird. Nach herrschender Meinung kann eine UG eine gem. § 139 UmwG zulässige vereinfachte Kapitalherabsetzung nicht durchführen: Die Rücklagenauflösung nach § 58a Abs. 1 GmbHG ist unvereinbar mit der Rücklagenbindung gem. § 5a Abs. 2 Satz 2 GmbHG. Ist gem. § 139 UmwG i. R. d. Durchführung einer Spaltung zur Vermeidung einer Unterbilanz beim übertragenden Rechtsträger eine Kapitalherabsetzung erforderlich, so ist außerdem nach § 58 Abs. 2 Satz 1 GmbHG zwingend das Mindeststammkapital von 25.000,00 € zu wahren (vgl. dazu unten Teil 3 Rdn. 283). Da dies bei einer UG ausgeschlossen ist, kann sie im Anwendungsbereich von § 139 UmwG nicht als übertragender Rechtsträger an einer Abspaltung oder Ausgliederung beteiligt sein.[817]

Für die UG als **Zielrechtsträger gilt Folgendes:** Wie bei der Verschmelzung ergeben sich auch bei der Spaltung **Einschränkungen aus der Vorschrift des** § 5a Abs. 2 Satz 2 GmbHG. Dort ist ausdrücklich bestimmt, dass bei der UG Sacheinlagen ausgeschlossen sind. Aus dem dort verankerten Verbot von Sacheinlagen bei der Gründung einer UG folgt, dass eine **Spaltung oder Ausgliederung zur Neugründung mit einer UG** als übernehmender Gesellschaft kraft Gesetzes ausgeschlossen ist, weil insoweit zwingend die Gründungsvorschriften und damit auch § 5a Abs. 2

---

[814] Vgl. BT-Drucks. 16/6140, S. 31 und BT-Drucks. 16/9737, S. 95.
[815] Vgl. Stengel in: Semler/Stengel, § 3 UmwG Rn. 20a; § 124 UmwG Rn. 8a; Lutter/Teichmann, § 124 UmwG Rn. 2; Lutter/Drygala, UmwG, § 3 Rn. 11; Widmann/Mayer/Heckschen, § 1 UmwG Rn. 48.1 ff.; Stengel, in: Semler/Stengel, § 3 UmwG Rn. 20a; Stratz, in: Stratz/Schmitt/Hörtnagl, § 3 UmwG Rn. 18; Bormann, GmbHR 2007, 897, 899; Freitag/Riemenschneider, ZIP 2007, 1485, 1491; Veil, GmbHR 2007, 1080, 1084; Berninger, GmbHR 2010, 63; Hennrichs, NZG 2009, 1161; Gasteyer, NZG 2009, 1364; Heinemann, NZG 2008, 820; Meister, NZG 2008, 767; Gasteyer, NZG 2009, 1364/1367.
[816] Wicke, GmbHG, § 5a Rn. 16; Freitag/Riemenschneider, ZIP 2007, 1485, 1491; Lutter/Drygala, UmwG, § 3 Rn. 12; Lutter/Teichmann, § 124 UmwG Rn. 2; Stengel, in: Semler/Stengel, § 3 UmwG Rn. 20a; Stratz, in: Stratz/Schmitt/Hörtnagl, § 3 UmwG Rn. 18.
[817] Vgl. Meister, NZG 2008, 767; Weiler. notar 2009, 154.

C. Spaltung von GmbH und Unternehmergesellschaften Teil 3 Kapitel 2

Satz 2 GmbHG anwendbar sind.[818] Denn bei einer durch Spaltung oder Ausgliederung neu gegründeten Gesellschaft erfolgt die Erbringung des Stammkapitals für den neuen Rechtsträger zwingend durch eine Vermögensübertragung des übertragenden Rechtsträgers. Bei dieser rechtlichen Konstruktion handelt es sich um die Einbringung einer Sacheinlage. Allerdings wird teilweise die Auffassung vertreten, dass eine einschränkende Auslegung des § 5a Abs. 2 Satz 2 GmbHG geboten ist, da hierdurch nur eine Vereinfachung der Gründung bezweckt werde, die die Sonderregelungen für Umwandlungen aber unberührt lasse.[819]

Im Beschl. v. 11.04.2011 hat der BGH[820] nun festgestellt, dass aus dem in § 5a Abs. 2 Satz 2 GmbHG geregelten Verbot von Sacheinlagen, das über § 135 Abs. 2 Satz 1 UmwG zur Anwendung kommt, folgt, dass eine Unternehmergesellschaft **nicht** durch Abspaltung von einem anderen Rechtsträger nach 123 Abs. 2 Nr. 2 UmwG **neu gegründet** werden kann.[821]   463

Bei der **Spaltung zur Aufnahme** muss in vielen Fällen eine **Sachkapitalerhöhung** durchgeführt werden. Zwar ist es im Detail noch streitig, wie weit das Verbot der Sachkapitalerhöhung bei der Unternehmergesellschaft überhaupt reicht.[822] In der Literatur wird teilweise undifferenziert angenommen, dass die UG generell nicht aufnehmender Gesellschafter im Rahmen einer Spaltung sein kann.[823] Nach richtiger Ansicht steht das Sacheinlageverbot der Verwendung einer Unternehmergesellschaft als Zielrechtsträger dann nicht entgegen, wenn keine Anteilsgewährung durch die UG als Zielrechtsträger stattfindet und damit eine Spaltung nach §§ 125, 54 UmwG ohne   464

---

818 BGH, Beschl. v. 11.04.2011, BB 2011, 1345 = DB 2011, 1263 = DStR 2011, 1137 = GmbHR 2011, 701 = NJW 2011, 1883; dazu Berninger, GmbHR 2001, 953 ff.; Bremer, GmbHR 2011, 703 ff.; OLG Frankfurt am Main, DStR 2010, 2093 = GmbHR 2010, 920 = ZIP 2010, 1798; zum Fall der Ausgliederung vgl. ferner Römermann/Passarge, ZIP 2009, 1497, 1500 f.; Gasteyer, NZG 2009, 1364/1368; Weber, BB 2009, 842, 847; Heckschen, DStR 2009, 166; Tettinger, Der Konzern 2008, 75; Meister, NZG 2008, 767/768; Berninger, GmbHR 2010, 63; Heinemann, NZG 2008, 820; Lutter/Priester, UmwG, § 138 Rn. 3; Baumbach/Hueck, GmbHG, § 5a Rn. 17; Miras, Die neue Unternehmergesellschaft, Rn. 21; Lutter/Drygala, UmwG, § 3 Rn. 12; Lutter/Teichmann, § 124 UmwG Rn. 2; Stengel, in: Semler/Stengel, § 3 UmwG Rn. 20a; Stratz, in: Stratz/Schmitt/Hörtnagl, § 3 UmwG Rn. 20; Kallmeyer/Marsch-Barner, § 3 UmwG Rn. 9; Römermann/Passarge, ZIP 2009, 1497, 1500 f.; Gasteyer, NZG 2009, 1364/1368; Weber, BB 2009, 842, 847; Heckschen, DStR 2009, 166; Tettinger, Der Konzern 2008, 75; Meister, NZG 2008, 767/768; Berninger, GmbHR 2010, 63; Heinemann NZG 2008, 820; Lutter/Priester, UmwG, § 138 Rn. 3; Baumbach/Hueck, GmbHG, § 5a Rn. 17; Miras, Die neue Unternehmergesellschaft, Rn. 21.
819 So Lutter/Lutter, UmwG, 4. Aufl., Einl. I Rn. 52 Fn. 2; Lutter/Hommelhoff/-Kleindieck, GmbHG, § 5a Rn. 33; Röhricht, Die Anwendung der gesellschaftsrechtlichen Gründungsvorschriften bei Umwandlungen, S. 95 ff.
820 BB 2011, 1345 = DB 2011, 1263 = DStR 2011, 1137 = GmbHR 2011, 701 = NJW 2011, 1883; dazu Bremer, GmbHR 2011, 703.
821 So auch die überwiegende Meinung in der Lit., vgl. Teichmann, in: Lutter/Winter, UmwG, § 124 Rn. 2; Lutter/Priester UmwG, § 138 Rn. 3; Gündel, in: Keßler/Kühnberger, Umwandlungsrecht, § 138 Rn. 6; Widmann/Mayer/Heckschen, UmwG, § 1 Rn. 48.10; ders., Das MoMiG in der notariellen Praxis, Rn. 228, 243; MünchKomm-GmbHG/Rieder, § 5a Rn. 52; Schäfer in: Bork/Schäfer, GmbHG, § 5a Rn. 39; Fastrich, in: Baumbach/Hueck, GmbHG, § 5a Rn. 17; Michalski/Miras, GmbHG, § 5a Rn. 13; Roth, in: Roth/Altmeppen, GmbHG, § 5a Rn. 30; Wicke, GmbHG, § 5a Rn. 17; Riemenschneider/Freitag, in: Priester/Mayer, Münchener Handbuch des Gesellschaftsrechts, Bd. 3, § 8a Rn. 15; Vogt, in: Müller/Winkeljohann, Beck'sches Handbuch der GmbH, § 18 Rn. 47; Meister, NZG 2008, 767, 768; Heinemann, NZG 2008, 820, 822; Tettinger, Der Konzern 2008, 75, 77; Römermann/Passarge, ZIP 2009, 1497, 1500; Berninger, GmbHR 2010, 63, 69.
822 S. zum Meinungsstand MünchKomm-GmbHG/Rieder, § 5a Rn. 25; DNotI-Gutachten Nr. 96024.
823 Tettinger, Der Konzern 2008, 75; Heinemann, NZG 2008, 820, 822; wohl auch Lutter/Teichmann, § 124 UmwG Rn. 2.

Kapitalerhöhung durchgeführt werden soll.[824] Das Sacheinlageverbot in § 5a Abs. 2 Satz 2 GmbHG soll die Gründung und Kapitalerhöhung erleichtern und beschleunigen, die UG aber nicht darüber hinaus in ihrer Entwicklung beschränken. In solchen Fällen sollte die Spaltung zulässig sein. Schließlich besteht die Möglichkeit die UG zur (»normalen«) GmbH nach § 5a Abs. GmbHG aufzuwerten; dazu wäre aber vor der Spaltung eine Kapitalerhöhung auf 25.000,00 € notwendig. Denn in diesem Fall finden die Abs. 1 bis 4 des § 5a GmbHG keine Anwendung, die Firma darf aber beibehalten werden.

465 Im Beschl. v. 19.04.2011 hat **der BGH**[825] entschieden, dass das Sacheinlagenverbot nach § 5a Abs. 2 Satz 2 GmbHG für eine den Betrag des Mindestkapitals nach § 5 Abs. 1 GmbHG erreichende oder übersteigende Erhöhung des Stammkapitals einer Unternehmergesellschaft (haftungsbeschränkt) **nicht gilt**. Der BGH weist darauf hin, dass vereinzelt die Ansicht vertreten werde, das Sacheinlagenverbot nach § 5a Abs. 2 Satz 2 GmbHG gelte (ohnehin) nur für die Gründung der Unternehmergesellschaft, sodass eine Kapitalerhöhung durch Sacheinlagen grds. möglich sei.[826] Ein anderer Teil des Schrifttums, der mit der überwiegenden Meinung gehe zwar von einer zumindest entsprechenden Anwendung des Sacheinlagenverbots nach § 5a Abs. 2 Satz 2 GmbHG auf Kapitalerhöhungen der Unternehmergesellschaft aus, vertrete die Auffassung, das Verbot gelte aber nicht (mehr) für eine den Übergang zur normalen GmbH bewirkende Kapitalerhöhung.[827] Die Gegenansicht halte bei der Unternehmergesellschaft die Leistung von Sacheinlagen erst ab dem Zeitpunkt der Eintragung eines die Mindestkapitalgrenze von 25.000,00 € erreichenden Stammkapitals für zulässig, sodass die den Übergang zur normalen GmbH erreichende Kapitalerhöhung nicht durch Sacheinlagen bewirkt werden könne.[828] Die Regelungen der § 5a Abs. 2 Satz 2 und Abs. 5 GmbHG sind nach Meinung des BGH ihrem Sinn und Zweck nach dahin auszulegen, dass das Sacheinlagenverbot für die die Mindeststammkapitalgrenze nach § 5 Abs. 1 GmbHG erreichende Kapitalerhöhung nicht gilt. Die Anwendung des § 5a Abs. 2 Satz 2 GmbHG sei nicht auf die Gründung der Unternehmergesellschaft beschränkt. Eine solche Einschränkung ergebe sich weder aus dem Wortlaut dieser Vorschrift noch aus ihrem systematischen Zusammenhang. Die Regelung in § 5a Abs. 5 GmbHG spreche vielmehr dafür, dass das Sacheinlagenverbot grds. auch bei Kapitalerhöhungen nach der Gründung der Unternehmergesellschaft gilt. Andernfalls wäre der Verweis auf (den gesamten) Abs. 2 in Abs. 5 überflüssig.[829] Ein gegenteiliger Wille des Gesetzgebers ist nicht erkennbar; er ergebe sich insb. nicht aus den Gesetzesmateri-

---

824 MünchKomm-GmbHG/Rieder, § 5a Rn. 51; Heckschen/Heidinger, Die GmbH in der Gestaltungs- und Beratungspraxis, § 5 Rn. 102 ff.; Römermann/Passarge, ZIP 2009, 1497, 1450; Meister, NZG 2008, 767; KK-UmwG/Simon, § 3 Rn. 21; Lutter, in: Lutter/Hommelhoff, GmbHG, § 6 Rn. 33; Lutter/Drygala, UmwG, § 3 Rn. 13; Stengel, in: Semler/Stengel, § 3 UmwG Rn. 20a; Stratz, in: Stratz/Schmitt/Hörtnagl, § 3 UmwG Rn. 19, Römermann/Passarge, ZIP 2009, 1497, 1450; Meister, NZG 2008, 767; KK-UmwG/Simon, § 3 Rn. 21; Lutter, in: Lutter/Hommelhoff, GmbHG, § 5a6 Rn. 33.
825 NJW 2011, 1881 = ZNotP 2011, 275 = BB 2011, 1550 = DB 2011, 1216 = DNotI-Report 2011, 86.
826 Hennrichs, NZG 2009, 1161, 1162; Ulmer/Paura, GmbHG, § 5a Rn. 49, 66; Spies, Unternehmergesellschaft [haftungsbeschränkt], S. 159 f.; wohl auch Leistikow, Das neue GmbH-Recht, § 4 Rn. 13.
827 Füller, in: Ensthaler/Füller/Schmidt, GmbHG, § 5a Rn. 10; Miras, Die neue Unternehmergesellschaft, Rn. 162 ff.; Michalski/Miras, GmbHG, § 5a Rn. 111; MünchKomm-GmbHG/Rieder, § 5a Rn. 42; Roth, in: Roth/Altmeppen, GmbHG, § 5a Rn. 26; Schäfer, in: Henssler/Strohn, Gesellschaftsrecht, § 5a GmbHG Rn. 17; Schäfer, ZIP 2011, 53, 56; Scholz/H. P. Westermann, GmbHG, § 5a Rn. 18; Wicke, GmbHG, § 5a Rn. 7; Berninger, GmbHR 2010, 63, 65 f.; Freitag/Riemenschneider, ZIP 2007, 1485, 1491; Gasteyer, NZG 2009, 1364, 1367; Heinemann, NZG 2008, 820, 821; Klose, GmbHR 2009, 294, 295 f.; Lange, NJW 2010, 3686, 3687 f.; Meister, NZG 2008, 767 f.; Priester, ZIP 2010, 2182, 2184; Schreiber, DZWIR 2009, 492, 496 f.; Waldenberger/Sieber, GmbHR 2009, 114, 119.
828 OLG München, ZIP 2010, 1991, 1992; Fastrich, in: Baumbach/Hueck, GmbHG, § 5a Rn. 33; Pfisterer, in: Saenger/Inhester, GmbHG, § 5a Rn. 26; Vogt in: Beck'sches Handbuch der GmbH, § 18 Rn. 37 f.; Wachter, in: Goette/Habersack, Das MoMiG in Wissenschaft und Praxis, Rn. 1.112; Bayer/Hoffmann/Lieder, GmbHR 2010, 9, 12.
829 Meister, NZG 2008, 767, 767 f.

alien.⁸³⁰ Nach § 5a Abs. 5 Halbs. 1 GmbHG finden die Abs. 1 bis 4 jedoch keine Anwendung mehr, wenn die Unternehmergesellschaft ihr Stammkapital so erhöht, dass es den Betrag des Mindeststammkapitals nach § 5 Abs. 1 GmbHG erreicht oder übersteigt. Dem Wortlaut dieser Vorschrift lässt sich nach Meinung des BGH nicht entnehmen, dass die für die Unternehmergesellschaft geltenden Sonderregelungen nach § 5a Abs. 1 bis 4 GmbHG erst dann nicht mehr gelten sollen, wenn ein Stammkapital von mindestens 25.000,00 € bar eingezahlt und in das Handelsregister eingetragen worden ist. Die sprachliche Fassung (»erreicht«) lässt vielmehr auch die Auslegung zu, dass die Sonderregeln bereits für eine die Mindestkapitalgrenze erreichende Kapitalerhöhung nicht mehr zur Anwendung gelangen sollen.⁸³¹ Auch der Umstand, dass nach § 5a Abs. 5 GmbHG eine das Mindeststammkapital erreichende Kapitalerhöhung zur Folge hat, dass sämtliche Sonderregeln der Abs. 1 bis 4 keine Anwendung mehr finden, steht der Auslegung nicht entgegen, bereits die diese Grenze erreichende Kapitalerhöhung könne durch Sacheinlagen bewirkt werden. Nach der Begründung des Regierungsentwurfs zu § 5a Abs. 5 GmbHG soll die Pflicht zur Bildung der gesetzlichen Rücklage nach Abs. 3 der Vorschrift allerdings gelten, solange die Gesellschaft kein eingetragenes Stammkapital i. H. d. Mindeststammkapitals nach § 5 Abs. 1 GmbHG hat.⁸³² Die Anwendung der Sonderregelung des Abs. 2 Satz 2 auf die den Übergang zur normalen GmbH bewirkende Kapitalerhöhung würde die Unternehmergesellschaft ggü. der Neugründung einer normalen GmbH, bei der Sacheinlagen geleistet werden dürfen (§ 5 Abs. 4 GmbHG), deutlich in einer den Zielen der Neuregelung widersprechenden Weise benachteiligen.⁸³³ Die systembedingten Unterschiede zwischen der Unternehmergesellschaft und der normalen GmbH rechtfertigen diese Ungleichbehandlung nicht.⁸³⁴ Gegen die Geltung des Sacheinlagenverbots für Kapitalerhöhungen auf den Betrag von 25.000,00 € (oder mehr) spricht nach Meinung des BGH v. a., dass der Übergang von der Unternehmergesellschaft zur normalen GmbH in der Systematik des Gesetzes angelegt ist.⁸³⁵ Durch die Pflicht zur Rücklagenbildung gem. § 5a Abs. 3 GmbHG soll gesichert werden, dass die Unternehmergesellschaft als in erster Linie für »Existenzgründer« gedachte Form der GmbH durch Thesaurierung innerhalb einiger Jahre eine höhere Eigenkapitalausstattung erreicht.⁸³⁶ Die Rücklage könne grds. – und soll ersichtlich auch in erster Linie – zur Erhöhung des Stammkapitals aus Gesellschaftsmitteln verwendet werden (§ 5a Abs. 3 Satz 2 Nr. 1, § 57c GmbHG). Die (erfolgreich) werbend tätige Unternehmergesellschaft soll daher nach der Gesetzessystematik typischerweise in die normale GmbH übergehen. Dieser Zielrichtung widerspräche es, diesen Übergang ohne sachlichen Grund zu erschweren. Sachliche Gründe gegen eine Erhöhung des Stammkapitals der Unternehmergesellschaft auf einen Betrag von 25.000,00 € durch Leistung von Sacheinlagen bestehen nicht. Entgegen der Auffassung des Beschwerdegerichts besteht nicht die Gefahr, dass die Gesellschafter allein mit dem Kapitalerhöhungsbeschluss unabhängig von der tatsächlichen Erbringung der Einlage die für die Unternehmergesellschaft geltenden Beschränkungen in Wegfall bringen könnten. Die Zulässigkeit der Erhöhung des Stammkapitals der Unternehmergesellschaft auf das Mindeststammkapital der normalen GmbH (§ 5 Abs. 1 GmbHG) im Wege der Sacheinlage ändert nichts daran, dass der

---

830 Vgl. BT-Drucks. 16/6140, S. 32.
831 Klose, GmbHR 2010, 1212; Miras, DB 2010, 2488, 2491; Priester, ZIP 2010, 2182, 2184; Lange, NJW 2010, 3686, 3687; Schreiber, DZWIR 2009, 492, 496 f.
832 Regierungsentwurf zum MoMiG, BT-Drucks. 16/6140, S. 32.
833 Klose, GmbHR 2009, 294, 296; Füller, in: Ensthaler/Füller/Schmidt, § 5a Rn. 9; Heinemann, NZG 2008, 820, 821.
834 So aber OLG München, ZIP 2010, 1991, 1992; Fastrich, in: Baumbach/Hueck, GmbHG, § 5a Rn. 33; Heckschen, DStR 2009, 166, 170.
835 Miras, Die neue Unternehmergesellschaft, Rn. 164c; Michalski/Miras, GmbHG, § 5a Rn. 111; Joost, ZIP 2007, 2242, 2245; Gasteyer, NZG 2009, 1364, 1366; vgl. auch Stellungnahme des Handelsrechtsausschusses des DAV Nr. 43/07 v. 05.09.2007, Rn. 15; a. A. Spies, Unternehmergesellschaft [haftungsbeschränkt], S. 212 ff.
836 BT-Drucks. 16/6140, S. 31 f.

Übergang zur vollwertigen GmbH erst mit der – von der Erfüllung der gesetzlichen Voraussetzungen (§§ 56 ff. GmbHG) abhängigen – Eintragung der Kapitalerhöhung in das Handelsregister bewirkt wird.[837] Dies hat zur Folge, dass bis dahin die Sonderregeln für die Unternehmergesellschaft (§ 5a Abs. 1 bis 4 GmbHG) i. Ü. weiter gelten.

Durch den Beschluss des BGH ist nun geklärt, dass Spaltungen auf eine Unternehmergesellschaft als aufnehmenden Rechtsträger mit Kapitalerhöhung zulässig sind, wenn i. R. d. Kapitalerhöhung ein Stammkapital von mindestens 25.000,00 € erreicht wird.[838]

III. Spaltungsvertrag bzw. Spaltungsplan

466 Bei der Spaltung von GmbH gelten keine Besonderheiten (vgl. daher oben Teil 3 Rdn. 38 ff.).

IV. Spaltungsbericht

467 Anders als bei Personenhandelsgesellschaften ist ein Spaltungsbericht bei Beteiligung von GmbH grds. **immer erforderlich** (vgl. oben Teil 3 Rdn. 289 ff.). **Berichtspflichtig** sind bei GmbH gem. § 8 UmwG die Geschäftsführer in ihrer Gesamtheit. Im Einzelnen gelten die gleichen Ausführungen wie bei der Verschmelzung von GmbH (vgl. oben Teil 2 Rdn. 974 ff.).

V. Spaltungsprüfung

468 Eine Prüfung des Spaltungsvertrages ist für die GmbH **nur notwendig**, wenn dies ein Gesellschafter verlangt (§ 48 i. V. m. § 125 UmwG; vgl. Teil 3 Rdn. 304 ff.; Teil 2 Rdn. 976 ff.).

VI. Vorbereitung der Gesellschafterversammlung

469 Für die **Einberufung der Gesellschafterversammlung**, die über die Spaltung beschließen soll, gelten die allgemeinen Grundsätze des GmbH-Rechts. Die Versammlung ist daher nach § 49 Abs. 1 GmbHG durch die Geschäftsführer einzuberufen. Nach § 51 Abs. 1 UmwG erfolgt die Einberufung der Versammlung durch Einladung der Gesellschafter mittels eingeschriebenen Brief. § 47 UmwG ergänzt die allgemeinen Vorschriften der Einberufung dahin gehend, dass der Spaltungsvertrag oder sein Entwurf und der Spaltungsbericht den Gesellschaftern spätestens zusammen mit der Einberufung der Versammlung zu übersenden sind (vgl. im Einzelnen die Ausführungen zur Verschmelzung Teil 2 Rdn. 981 ff.).

470 Zu den **Auslegungspflichten** vgl. oben Teil 2 Rdn. 988.

471 Zum **Auskunftsanspruch** vgl. oben Teil 2 Rdn. 989 f.

VII. Zustimmungsbeschluss zur Spaltung

472 Zur **Gesellschafterversammlung** vgl. oben Teil 2 Rdn. 991, zur **Durchführung der Gesellschafterversammlung und zu den Informationsrechten** vgl. oben Teil 2 Rdn. 992 ff. sowie zu den **Beschlussmehrheiten** Teil 2 Rdn. 1000 ff.

VIII. Zustimmung von Sonderrechtsinhabern

473 Zu den **allgemeinen Zustimmungspflichten** nach § 13 Abs. 2 UmwG vgl. oben Teil 2 Rdn. 557 ff., zu den **besonderen Zustimmungspflichten bei der GmbH** vgl. oben Teil 2 Rdn. 1004 ff. sowie zu der **Zustimmungspflicht bei nichtverhältniswahrender Spaltung** (§ 128 UmwG) Teil 2 Rdn. 1038.

---

837 Miras, Die neue Unternehmergesellschaft, Rn. 170.
838 So zu Recht Weiler, notar 2011, 207, 208; ebenso Stengel in: Semler/Stengel, § 124 UmwG Rn. 8a; Lutter/Teichmann, § 124 UmwG Rn. 2.

IX. Kapitalerhöhung

Zur **Notwendigkeit und Zulässigkeit der Kapitalerhöhung** vgl. oben Teil 3 Rdn. 131 ff., zu den **Kapitalerhöhungsverboten** vgl. oben Teil 3 Rdn. 210 ff., zu den **Kapitalerhöhungswahlrechten** vgl. oben Teil 3 Rdn. 218 sowie zur **Durchführung der Kapitalerhöhung** vgl. oben Teil 3 Rdn. 190 ff. 474

X. Kapitalherabsetzung bei der übertragenden GmbH

Bei der abspaltenden Gesellschaft kann die Abspaltung eine Herabsetzung des Stammkapitals erfordern. Bei der Abspaltung wird lediglich ein Teil des Vermögens der übertragenden Gesellschaft auf eine bestehende und neue Gesellschaft abgespalten, sodass auch das Kapital der übertragenden Gesellschaft im Hinblick auf die **Kapitalerhaltungsgrundsätze** betroffen sein kann. Der Gesetzgeber musste daher sicherstellen, dass bei einer Abspaltung die abspaltende GmbH weiterhin den **Grundsätzen der Kapitalbindung** genügt (vgl. oben Teil 3 Rdn. 268 ff.). 475

Dies wird insb. durch eine **Versicherung der Vertretungsorgane** erreicht (vgl. dazu oben Teil 3 Rdn. 270). So bestimmt § 140 UmwG für die GmbH, dass bei der Anmeldung der Abspaltung oder Ausgliederung zur Eintragung in das Register einer übertragenden GmbH die Geschäftsführer auch zu erklären haben, dass die durch Gesetz und Gesellschaftsvertrag vorgesehenen Voraussetzungen für die Gründung dieser Gesellschaft unter Berücksichtigung der Abspaltung oder der Ausgliederung im Zeitpunkt der Anmeldung vorliegen. Hierdurch soll also Vorsorge getroffen werden, dass durch die Abspaltung oder die Ausgliederung die Kapitalausstattung der GmbH nicht unter das gesetzliche Mindesterfordernis für die Höhe des Stammkapitals absinkt und auch sonst die gesetzlichen Voraussetzungen für die Gründung einer GmbH, so insb. die Vorschriften über die Mindesthöhe der Geschäftsanteile, weiterhin beachtet werden. Wegen der Strafbewehrung geht ein **Teil der Literatur** davon aus, dass die Abgabe in unechter Gesamtvertretung nicht möglich ist, sondern von **allen Geschäftsführern der übertragenden Gesellschaft abzugeben ist**, eine Vertretung sei nicht möglich, auch nicht als unechte Gesamtvertretung[839] und **höchstpersönlich** ist. Diese Schlussfolgerung ist m. E. nicht zwingend; da die Erklärung im engen Zusammenhang mit der Anmeldung steht, bei der ein Handeln in vertretungsberechtigter Zahl genügt, sollte dies auch bei der Erklärung nach § 140 UmwG genügen.[840] Unechte Gesamtvertretung und Bevollmächtigung wird überwiegend als nicht zulässig angesehen.[841] 476

▶ Hinweis:

Zu berücksichtigen ist hierbei, dass das **frei gewordene Vermögen** nicht an die Gesellschafter zurückgezahlt werden darf, sondern in die **Rücklagen** eingestellt werden muss, da andernfalls die Kapitalherabsetzung nicht geeignet ist, die durch die Spaltung entstehende Unterbilanz auszugleichen (im Einzelnen vgl. oben Teil 3 Rdn. 280 ff.). 477

---

839 Widmann/Mayer/Mayer, Umwandlungsrecht, § 140 UmwG Rn. 16 f.; Kallmeyer/Zimmermann, UmwG, § 140 Rn. 6; Lutter/Priester, § 140 UmwG Rn. 8; Diekmann, in: Semler/Stengel, § 146 UmwG Rn. 6; BeckOGK/Brellochs UmwG § 140 Rn. 9.
840 So Hörtnagl, in: Schmitt/Stratz/Hörtnagl, § 140 UmwG Rn. 3; Reichert, in: Semler/Stengel, UmwG, UmwStG, § 140 UmwG Rn. 4, zur vergleichbaren Vorschrift auch Lutter/Schwab, UmwG, § 146 Rn. 6.
841 So Hörtnagl, in: Schmitt/Stratz/Hörtnagl, § 140 UmwG Rn. 3; Lutter/Priester § 140 UmwG Rn. 8; Reichert, in: Semler/Stengel, UmwG, UmwStG, § 140 UmwG Rn. 4; Kallmeyer/Zimmermann, UmwG, § 140 Rn. 6, § 146 Rn. 4; BeckOGK/Brellochs UmwG § 140 Rn. 9; anders zu § 146 UmwG: Lutter/Schwab, UmwG, § 146 Rn. 6.

1. Durchführung der Kapitalherabsetzung bei der GmbH

478 § 139 UmwG sieht vor, dass eine Herabsetzung des Stammkapitals, wenn sie zur Durchführung der Abspaltung oder der Ausgliederung erforderlich ist, **auch in vereinfachter Form** stattfinden kann. Die Vorschriften über die vereinfachte Kapitalherabsetzung bei der GmbH sind in den §§ 58a ff. GmbHG geregelt und wurden durch Art. 48 Nr. 4 EGInsO v. 05.10.1994 eingeführt; sie orientieren sich eng an den §§ 229 bis 236 AktG.

479 Die Verweisung auf die Vorschriften über die vereinfachte Kapitalherabsetzung, d. h. auf die §§ 58a ff. GmbHG ist eine **Rechtsfolgenverweisung** (str. vgl. oben Teil 3 Rdn. 286). Eine Rechtsgrundverweisung wäre gesetzestechnisch überflüssig, weil diese bereits aus den allgemeinen Vorschriften folgen würde. Das bedeutet, dass die Tatbestandsvoraussetzungen des § 58a Abs. 1 GmbHG nicht zu beachten sind. Zu beachten ist allerdings, dass auch von den Befürwortern einer Rechtsfolgenverweisung durch den Begriff »*Erforderlich*« klargestellt wird, dass die Höhe der Herabsetzung nicht im freien Ermessen der Gesellschafter steht, sondern nur zulässig ist, soweit das nach Auflösung der offenen Rücklagen und etwaiger Gewinnvorträge verbleibende Nettovermögen der übertragenden Gesellschaft deren Stammkapital nach der Spaltung nicht mehr deckt (vgl. oben Teil 3 Rdn. 275 ff.). Insofern besteht unabhängig von der dogmatischen Einordnung Einigkeit. Das AG Charlottenburg[842] hat entschieden, dass eine Kapitalherabsetzung in vereinfachter Form im Fall einer Abspaltung zur Neugründung nur dann »erforderlich« sei, wenn und soweit der durch den Eigenkapitalschutz der §§ 30 ff. GmbHG gewährleistete kumulierte Haftungsfonds der infolge Abspaltung zur Neugründung entstehenden Mehrheit von Gesellschaften mit beschränkter Haftung, also die Summe deren »Stammkapitalia«, nicht hinter dem Betrag des ursprünglichen Stammkapitals der übertragenden Gesellschaft zurückbleibt.

Zweckmäßigerweise wird man die vereinfachte Kapitalherabsetzung i. R. d. § 139 UmwG auf den Stichtag der Spaltungsbilanz zurückbeziehen.

480 Wegen der Einzelheiten wird nach oben verwiesen (vgl. oben Teil 3 Rdn. 275 ff.).

481 Der **Ablauf der Kapitalherabsetzung** stellt sich wie folgt dar (vgl. Teil 3 Rdn. 281 ff.):
– Kapitalherabsetzungsbeschluss mit 3/4-Mehrheit,
– Beschluss über die Satzungsänderung und Anpassung der Geschäftsanteile an der neuen Stammkapitalziffer,
– Anmeldung der Kapitalherabsetzung samt Satzungsanpassung zum Handelsregister,
– Eintragung der Kapitalherabsetzung samt Satzungsanpassung im Handelsregister.

482 Die Abspaltung oder Ausgliederung darf erst ins Handelsregister eingetragen werden, nachdem die Herabsetzung des Stammkapitals eingetragen ist (§ 139 Satz 2 UmwG).

483 Die Vorschriften über die vereinfachte Kapitalherabsetzung verzichten daher auf die Notwendigkeit von **Sicherheitsleistungen** nach § 58 Abs. 1 Nr. 2 GmbHG, außerdem entfallen der **Gläubigeraufruf**, die **Meldung der Gläubiger bei der Gesellschaft**, der Anspruch auf Befriedigung oder Sicherheitsleistung und die **Einjahresfrist** (Sperrjahr) nach § 58 Abs. 1 Nr. 3 GmbHG. Die Kapitalherabsetzung kann daher sofort durchgeführt werden, ohne dass besondere Rücksicht auf die Gläubiger genommen werden muss.[843]

▶ Hinweis:

484 I. R. d. Spaltung kann die Kapitalherabsetzung, wie § 139 UmwG ausdrücklich formuliert, durch **vereinfachte Kapitalherabsetzung** durchgeführt werden. Die Gesellschafter sind dabei

---

842 GmbHR 2008, 993 m. Anm. Priester GmbHR 2008, 994.
843 Widmann/Mayer/Mayer, Umwandlungsrecht, § 139 UmwG Rn. 26 f.; Kallmeyer/Kallmeyer/Sickinger, UmwG, § 139 Rn. 5; Ittner, MittRhNotK 1997, 107 f.; Lutter/Hommelhoff/Lutter, § 58a GmbHG Rn. 3.

nicht gezwungen, den Weg nach §§ 58a bis f GmbHG zu wählen, sie können auch die reguläre Kapitalherabsetzung durchführen. Dies wird allerdings wegen des Sperrjahres und sonstiger Schwierigkeiten i. d. R. wohl nicht der Fall sein.

2. Kapitalherabsetzungsbeschluss

§ 58a Abs. 5 GmbHG bestimmt, dass das für die vereinfachte Kapitalherabsetzung die §§ 53 und 54 GmbHG, d. h. die **Vorschriften über die Satzungsänderungen**, anwendbar sind.[844]

Hieraus ist zu folgern, dass der Beschluss mindestens einer **3/4-Mehrheit** der abgegebenen Stimmen bedarf und **notariell zu beurkunden** ist (§ 53 Abs. 2 GmbHG).

Der Beschluss über die Kapitalherabsetzung muss nach der wohl überwiegenden Meinung folgende **Bestandteile** enthalten:[845]
– Angabe, dass es sich um eine vereinfachte Kapitalherabsetzung handelt,
– Angabe des Zweckes der Kapitalherabsetzung,
– Herabsetzungsbetrag,
– künftige Ziffer des Stammkapitals
– Zweck der Kapitalherabsetzung
– Anpassung der Nennbeträge der Geschäftsanteile.

Anders als § 229 Abs. 1 Satz 2 AktG verlangt § 58a GmbHG zwar keine **Zweckangabe**. Man wird aber mit der herrschenden Meinung davon ausgehen müssen, dass dies auch bei der vereinfachten Kapitalherabsetzung, wie bei der ordentlichen, erforderlich ist.[846] Jedenfalls die Kapitalherabsetzung zur Ermöglichung einer Abspaltung oder Ausgliederung soll diesen Zweck zum Ausdruck bringen.[847]

Bei der Spaltung genügt die Angabe, dass die Herabsetzung zur Durchführung der Spaltung erforderlich ist, weil das verbleibende Vermögen der spaltenden Gesellschaft das **nominelle Kapital nicht mehr deckt**.[848]

Der wichtigste Bestandteil ist der sog. **Herabsetzungsbetrag**. Der Beschluss über die Kapitalherabsetzung muss also den Betrag angeben, um den das Kapital herabgesetzt werden soll. Hierbei ist zu berücksichtigen, dass der Mindestbetrag des Stammkapitals gem. § 5 Abs. 1 GmbHG i. H. v. 25.000,00 € grds. eingehalten werden muss.[849]

Gem. § 58a Abs. 3 GmbHG sind im Beschluss über die vereinfachte Kapitalherabsetzung die **Nennbeträge der Geschäftsanteile** dem herabgesetzten Stammkapital unbedingt anzupassen. Die Nennbeträge der Geschäftsanteile müssen auf volle Euro lauten (§ 5 Abs. 2 GmbHG).

---

844 Vgl. im Einzelnen Widmann/Mayer/Mayer, Umwandlungsrecht, § 139 UmwG Rn. 43 ff.; Lutter/Hommelhoff/Kleindiek, § 58a GmbHG Rn. 15; BeckOGK/Brellochs UmwG § 139 Rn. 18.
845 Vgl. Lutter/Hommelhoff/Kleindiek, § 58a GmbHG Rn. 20 ff., Scholz/Priester, GmbHG, § 58a Rn. 14 ff.; Maser/Sommer, GmbHR 1996, 28; Baumbach/Hueck/Zöllner/Haas, GmbHG, § 58a Rn. 17 ff.; BeckOGK/Brellochs UmwG § 139 Rn. 18.
846 Im Einzelen streitig, vgl. nur BayObLG, GmbHR 1979, 111; Lutter/Hommelhoff/Kleindiek, § 58a GmbHG Rn. 25 ff.; Maser/Sommer, GmbHR 1996, 28; Scholz/Priester, GmbHG, § 58a Rn. 23; Ittner, MittRhNotK 1997, 119; Widmann/Mayer/Mayer, Umwandlungsrecht, § 139 UmwG Rn. 52 f.; Lutter/Priester, UmwG, § 139 Rn. 16; Baumbach/Hueck/Zöllner/Haas, GmbHG, § 58a Rn. 19.
847 Baumbach/Hueck/Zöllner/Haas, GmbHG, § 58a Rn. 20; MünchKomm-GmbHGGmbHG/Vetter 58a Rn. 49.
848 Widmann/Mayer/Mayer, Umwandlungsrecht, § 139 UmwG Rn. 52.
849 Widmann/Mayer/Mayer, Umwandlungsrecht, § 139 UmwG Rn. 49.

492 Neben dem Beschluss über die Kapitalherabsetzung ist ein **Beschluss über die Änderung des Gesellschaftsvertrages** und der Anpassung der künftigen Ziffer des Stammkapitals erforderlich.[850]

493 **Mayer** empfiehlt in Fällen der Kapitalherabsetzung zum Zweck der Spaltung, den Kapitalherabsetzungsbeschluss unter der **auflösenden Bedingung** zu fassen, sodass die Wirksamkeit der Spaltung nicht eintritt. Umgekehrt soll der Spaltungsbeschluss unter der aufschiebenden Bedingung des Wirksamwerdens der Kapitalherabsetzung gefasst werden.[851]

3. Anmeldung und Eintragung der Kapitalherabsetzung

494 Die Kapitalherabsetzung ist in **öffentlich-beglaubigter Form** beim Sitzgericht gem. § 54 Abs. 1 GmbHG anzumelden. Dies kann unmittelbar nach dem Herabsetzungsbeschluss geschehen.

495 Umstritten ist, ob die Anmeldung der Kapitalherabsetzung nach § 139 UmwG **persönlich durch alle Geschäftsführer** der GmbH[852] oder durch die Geschäftsführung in vertretungsberechtigter Zahl[853] zu erfolgen hat (vgl. eingehend oben Teil 3 Rdn. 380 ff.).

496 Inhalt der Anmeldung bei der übertragenden GmbH ist die Abänderung der Satzung und die Erklärung, dass es sich um eine Kapitalherabsetzung der Durchführung der Spaltung handelt. Die Anmeldung der Kapitalherabsetzung kann mit der Anmeldung der Abspaltung bzw. Ausgliederung in einer Urkunde verbunden werden. In diesen Fällen solle die Anmeldung einen Hinweis darauf enthalten, dass die Abspaltung erst nach Eintragung der Kapitalherabsetzung erfolgen soll.[854]

497 Bei der Anmeldung sind **folgende Unterlagen** beizufügen:
– Beschluss über die Kapitalherabsetzung und Satzungsänderung in elektronisch beglaubigter Abschrift und
– vollständiger Wortlaut der geänderten Satzung nebst Notarbescheinigung
– berichtigte Gesellschafterliste (vgl. oben Teil 2 Rdn. 951).

XI. Spaltung zur Neugründung

498 Bei der Spaltung zur Neugründung gelten grds. die gleichen **Vorschriften wie bei der Verschmelzung zur Neugründung** (vgl. oben Teil 3 Rdn. 176 ff., Teil 3 Rdn. 231 ff.). Bei der Spaltung bzw. Ausgliederung durch Neugründung wird das abzuspaltende Vermögen auf eine neu gegründete GmbH übertragen und den Gesellschaftern bei der Spaltung bzw. der Gesellschaft bei der Ausgliederung Anteile an dieser neuen Gesellschaft gewährt. Die aufnehmende Gesellschaft wird dabei erst mit der Spaltung errichtet. Die übertragenden Gesellschaften sind die Gründer der neuen. Die Gründung erfolgt im Spaltungsvertrag bzw. Spaltungsplan (vgl. ausführlich oben Teil 2 Rdn. 338 ff.).

499 § 135 Abs. 2 UmwG bestimmt daher, dass auf die Gründung der neuen Gesellschaft die auf die jeweilige Rechtsform der neuen Gesellschaft geltenden **Gründungsvorschriften** anzuwenden sind, für die GmbH also die §§ 2 ff. GmbHG.

500 § 125 i. V. m. § 37 UmwG bestimmt, dass bereits im **Spaltungsplan** die **Satzung der neuen GmbH** festgestellt werden muss. Bei der Abfassung der Satzung ist darauf zu achten, dass es sich

---

850 Str. Lutter/Hommelhoff/Kleindiek, § 58a GmbHG Rn. 17; Ittner, MittRhNotK 1997, 119; a. A. OLG Düsseldorf, GmbHR 1968, 223.
851 Mayer, DB 1995, 865.
852 So Widmann/Mayer/Mayer, Umwandlungsrecht, § 139 UmwG Rn. 55; Priester, in: FS für Schippel, 1996, S. 489, 503; 0; Schwanna, in: Semler/Stengel, § 129 UmwG Rn. 2; Baumbach/Hueck/Zöllner/Haas, § 58a Rn. 30.
853 Ittner, MittRhNotK 1997, 123; Scholz/Priester, GmbHG, § 58a Rn. 32; Kallmeyer/Zimmermann, UmwG, § 129 Rn. 4; Lutter/Hommelhoff/Kleindiek, § 58a GmbHG Rn. 3.
854 Widmann/Mayer/Mayer, Umwandlungsrecht, § 139 UmwG Rn. 57.

bei der Spaltung zur Neugründung um eine Sachgründung handelt, sodass das Stammkapital durch das eingebrachte Vermögen der spaltenden Gesellschaft erbracht wird. Dies ist in der Satzung auszuweisen.[855] Für die GmbH hat der BGH dies im Urt. v. 24.07.2000[856] dahin gehend konkretisiert, dass der Gegenstand der einzubringenden Sacheinlage im Gesellschaftsvertrag so genau bestimmt werden muss, dass über seine Identität kein Zweifel besteht.

Auch i. Ü. ergibt sich der **notwendige Inhalt der Satzung** aus den allgemeinen Vorschriften des § 3 GmbHG: 501
– Firma und Sitz der Gesellschaft,
– Gegenstand des Unternehmens,
– Betrag des Stammkapitals und
– die Zahl und die Nennbeträge der Geschäftsanteile, die jeder Gesellschafter gegen Einlage auf das Stammkapital (Stammeinlage) übernimmt.

§ 57 i. V. m. § 125 UmwG bestimmt schließlich, dass in dem Gesellschaftsvertrag der neu zu gründenden Gesellschaft **Festsetzungen** über Vorteile, Gründungsaufwand, Sacheinlagen und Sachübernahmen, die in den Gesellschaftsverträgen, Satzungen oder Statuten der abspaltenden Gesellschaft enthalten waren, zu übernehmen sind, andernfalls erlöschen sie mit der Spaltung. 502

Die **Gründer der neu errichteten Gesellschaft** bei der Spaltung durch Neubildung sind die spaltenden Gesellschaften und nicht deren Gesellschafter (vgl. ausführlich oben Teil 2 Rdn. 338 ff.). Sowohl die Feststellung der Satzung als auch Bestimmung der Organe in der neuen Gesellschaft erfolgt somit durch die vertretungsberechtigten Organe der übertragenden Gesellschaft (vgl. oben Teil 3 Rdn. 258). Zweckmäßigerweise wird auch gleichzeitig mit dem Abschluss des Gesellschaftsvertrages der neuen Gesellschaft die Bestellung der Geschäftsführer der neu gegründeten Gesellschaft vorgenommen. 503

XII. Handelsregisteranmeldung

Vgl. zunächst die Ausführungen zu Teil 3 Rdn. 362 ff., speziell zur Neugründung Rdn. 386 ff. Im Folgenden soll nur auf **Besonderheiten** eingegangen werden. Nach § 16 Abs. 1 Satz 1 i. V. m. § 125 UmwG hat die Anmeldung durch die Vertretungsorgane der beteiligten Rechtsträger zu erfolgen. Bei den Kapitalgesellschaften hat die Anmeldung durch Vorstand oder Geschäftsführer und zwar in vertretungsberechtigter Zahl zu erfolgen. Anzumelden ist die neugegründete GmbH.[857] Nach h.M. ist außerdem anzugeben, dass die Gründung im Wege der Spaltung nach dem UmwG erfolgt und um welche Spaltungsart (Abspaltung, Aufspaltung, Ausgliederung zur Neugründung) es sich handelt.[858] 504

Erfolgt zur Durchführung der Anteilsgewährung eine **Kapitalerhöhung** bei der übernehmenden GmbH, so muss zunächst die Kapitalerhöhung eingetragen werden, bevor die Eintragung der Spaltung erfolgt (§ 53 UmwG). Gleiches gilt bei einer etwa erforderlichen **Kapitalherabsetzung** durch die übertragende GmbH. Dies hindert aber nicht, die Anmeldung der Kapitalerhöhung bzw. Kapitalherabsetzung und der Spaltung in einer Urkunde zu verbinden. 505

Zu den Erklärungen und Anlagen, wenn bei einer beteiligten GmbH die **Stammeinlagen noch nicht in voller Höhe geleistet** sind, s. o. Teil 3 Rdn. 375. 506

Bei einer **Abspaltung** oder **Ausgliederung** müssen die Geschäftsführer der übertragenden Gesellschaft auch erklären, dass die durch Gesetz und Gesellschaftsvertrag vorgesehenen Voraussetzun- 507

---
855 Vgl. oben Teil 3 Rdn. 238 ff. und Widmann/Mayer/Mayer, Umwandlungsrecht, § 135 UmwG Rn. 44.
856 DB 2000, 2260 = NZG 2000, 1226 = DNotI-Report 2000, 186.
857 Vgl. Lutter/Priester, UmwG, § 137 Rn. 4; Kallmeyer/Zimmermann, UmwG, § 137 Rn. 7; Hörtnagl, in: Schmitt/Hörtnagl/Stratz, § 137 UmwG Rn. 2.
858 BeckOGK/Weiß UmwG § 137 Rn. 14; Lutter/Priester § 137 Rn. 4; Kallmeyer/Zimmermann § 137 UmwG Rn. 7; Kölner KommUmwG/Simon/Nießen § 137 UwG Rn. 11.

gen für die Gründung der übertragenden GmbH unter Berücksichtigung der Abspaltung oder Ausgliederung im Zeitpunkt der Anmeldung vorliegen (§ 140 UmwG). Zu beachten ist allerdings, dass nach Meinung eines Teils der Literatur diese Erklärungen im Rahmen der Spaltung von allen Mitgliedern des Vertretungsorgans abzugeben sind und höchstpersönlich sind (str. vgl. oben Teil 3 Rdn. 365).

508 Nach dem **Gesetzeswortlaut** (§ 138 UmwG) ist **immer ein Sachgründungsbericht** vorzulegen. Die zu weit geratene Gesetzesfassung dürfte unter Berücksichtigung der Gesetzesbegründung[859] auf den Fall einer i. R. d. Spaltung erfolgenden Neugründung einer GmbH zu beschränken sein.[860] Demgegenüber ist der wohl überwiegende Teil der Literatur und auch die Rechtsprechung der Auffassung, dass das Registergericht zwar keinen Sachgründungsbericht, aber zumindest im Einzelfall entsprechende Darlegungen verlangen kann.[861] Nach einer anderen Auffassung ist wiederum die Vorlage eines Sachkapitalerhöhungsberichts in jedem Fall notwendig.[862] Das OLG Stuttgart[863] war der Auffassung, dass das Registergericht im Rahmen seiner Amtsermittlungspflicht befugt und im Allgemeinen gehalten ist, einen Sachkapitalerhöhungsbericht zu verlangen. Das OLG Jena[864] stellt auf den Einzelfall ab.

509 Fraglich ist, ob bei einer Spaltung durch Neugründung auch die **Versicherung nach § 8 Abs. 2 GmbHG** abgegeben werden muss. Die Verweisung in § 135 Abs. 2 UmwG auf die Gründungsvorschriften könnte dies nahelegen. **Mayer** hält eine eingeschränkte Versicherung für erforderlich:[865] Nicht erforderlich sei eine Versicherung, dass die Leistungen auf die Stammeinlagen bewirkt sind, da der Erwerb erst mit dem Wirksamwerden der Spaltung und damit kraft Gesetzes erfolgt. Erforderlich sei aber eine Versicherung, dass der Gegenstand der Leistungen sich endgültig in der freien Verfügung der Geschäftsführer befindet. Nach Ansicht von **Priester** ist jedenfalls beim Formwechsel über den Wortlaut von § 246 Abs. 3 UmwG hinaus eine Versicherung nach § 8 Abs. 2 GmbHG nicht erforderlich – oder doch nur »zur Besänftigung der Registergerichte«.[866]

510 Richtiger Ansicht nach ist eine Versicherung nach § 8 Abs. 2 GmbHG nicht, auch nicht in der von Mayer vorgeschlagenen »abgeschwächten« Fassung, erforderlich, und zwar aus folgenden Gründen:[867] § 8 Abs. 2 GmbHG geht für beide Bestandteile der Versicherung davon aus, dass die Leistung bereits vor der Anmeldung bewirkt ist. Nur dann ist den Geschäftsführern auch die Abgabe der – strafbewehrten! – Versicherung zuzumuten. Die Leistungen werden aber bei der Spaltung zur Neugründung erst mit dem Wirksamwerden der Spaltung erbracht, kraft Gesetzes und nicht durch rechtsgeschäftliche Übertragungsakte. Eine Versicherung, die Leistungen seien bewirkt, scheidet daher von vornherein aus. Da die Leistungen noch nicht bewirkt sind, können die Geschäftsführer entgegen der Ansicht von Mayer auch nicht erklären, dass sich der Gegenstand

---

859 Abgedruckt in: Limmer, Umwandlungsrecht, S. 332.
860 Ebenso Widmann/Mayer/Mayer, Umwandlungsrecht, § 125 UmwG Rn. 339; Hörtnagl, in: Schmitt/Hörtnagl/Stratz, § 138 UmwG Rn. 3; Kallmeyer/Kallmeyer/Sickinger, UmwG, § 138 Rn. 1 a. A. allerdings Lutter/Priester, § 138 UmwG Rn. 8.
861 So OLG Köln, GmbHR 1996, 684; OLG Thüringen, GmbHr 1994, 710; LG München I DB 2005, 1731; Lutter/Hommelhoff/Lutter, GmbHG, § 56 Rn. 7; Bock, MittRhNotK 1981, 3; Ulmer/Ulmer, § 56 GmbHG Rn. 57; Baumbach/Hueck/Zöllner/Haas, GmbHG, § 56 Rn. 17; Michalski/Hermanns, § 56 GmbHG Rn. 64.
862 So Lutter/Priester, § 138 UmwG Rn. 8; Priester, DNotZ 1980, 526; Scholz/Priester, GmbHG, § 56 Rn. 90; Timm, GmbHR 1980, 290; Ehlke, GmbHR 1985, 290.
863 GmbHR 1982, 112.
864 GmbHR 1994, 710.
865 DB 1995, 861 ff.; und ebenso Widmann/Mayer/Mayer, Umwandlungsrecht, § 135 UmwG Rn. 202.
866 DNotZ 1995, 427 ff., 452.
867 So Kallmeyer/Zimmermann, UmwG, § 137 Rn. 9; Lutter/Priester, § 138, Rn. 3; Schwanna, in: Semler/Stengel, § 137 Rn. 5; Ihrig, GmbHR 1995, 63 8; BeckOGK/Weiß UmwG § 137 Rn. 29; Ittner, MittRhNotK 1997, 123.

endgültig in der freien Verfügung der Geschäftsführer befindet. Auch eine Versicherung, dass der Gegenstand der Leistungen nach Wirksamwerden der Spaltung sich endgültig in der freien Verfügung der Geschäftsführer befinden wird, kann nicht verlangt werden, da die Geschäftsführer das Schicksal der eingebrachten Vermögenswerte bis zum Ablauf des Registerverfahrens nicht vorhersehen können.

Eine Versicherung ist jedoch notwendig, wenn neben der Spaltung **Bar- oder Sachleistungen** erfolgen.[868] Unterschreitet der Wert des übertragenen Vermögens den Wert des Stammkapitals, ist es zulässig, den Fehlbetrag durch eine ergänzende Bareinlage zu erbringen.[869] Dann gelten ergänzend die allgemeinen Vorschriften.

XIII. Muster

1. Abspaltung GmbH auf GmbH zur Aufnahme

a) Spaltungsvertrag

▶ Muster: Abspaltung GmbH auf GmbH zur Aufnahme

UR.Nr. für……   511

Verhandelt zu……

am……

Vor dem unterzeichnenden

…..

Notar mit dem Amtssitz in……

erschienen:
1. Herr (Name, Geburtsdatum, Adresse),
hier handelnd nicht im eigenen Namen, sondern als alleinvertretungsberechtigter Geschäftsführer der A-GmbH mit dem Sitz in……, eingetragen im Handelsregister des Amtsgerichts…… unter HRB……,
2. Herr (Name, Geburtsdatum, Adresse),
hier handelnd nicht im eigenen Namen, sondern als alleinvertretungsberechtigter Geschäftsführer der B-GmbH mit dem Sitz in……, eingetragen im Handelsregister des Amtsgerichts…… unter HRB……

Die Erschienenen wiesen sich dem Notar gegenüber aus durch Vorlage ihrer amtlichen Lichtbildausweise.

A. Vorbemerkung

Die Erschienenen erklärten:

I.

Das Stammkapital der im Handelsregister des Amtsgerichts…… unter HRB…… eingetragenen A-GmbH beträgt…… €. An ihr sind beteiligt:
– Herr A, mit einem Gesellschaftsanteil i. H. v.…… € (Anteil Nr.……),
– Herr B, mit einem Gesellschaftsanteil i. H. v.…… € (Anteil Nr.……).

Das Stammkapital der Gesellschaft beträgt…… €.

Die Geschäftsanteile wurden bei der Gründung erworben und sind voll einbezahlt, sodass keine besondere Zustimmungspflicht nach § 51 Abs. 1 UmwG besteht.

---

868 Kallmeyer/Zimmermann, UmwG, § 137 Rn. 9; BeckOGK/Weiß UmwG § 137 Rn. 19; BeckOGK/Weiß UmwG § 135 Rn. 50.
869 Widmann/Mayer/Mayer § 138 UmwG Rn. 44; Lutter/Priester § 138 UmwG Rn. 3.

II.

Das Stammkapital der im Handelsregister des Amtsgerichts...... unter HRB...... eingetragenen B-GmbH beträgt...... €. An ihr sind beteiligt:
- Herr X mit einem Gesellschaftsanteil i. H. v....... € (Anteil Nr.......),
- Herr Y mit einem Gesellschaftsanteil i. H. v....... € (Anteil Nr.......),

Die Geschäftsanteile wurden bei der Gründung erworben und sind voll einbezahlt, sodass keine besondere Zustimmungspflicht nach § 51 Abs. 1 UmwG besteht.

Die A-GmbH will ihren Teilbetrieb »Hochbau« auf die B-GmbH im Wege der Abspaltung durch Aufnahme übertragen.

Die Erschienenen ließen sodann folgenden

B. Spaltungsvertrag

beurkunden und erklärten, handelnd wie angegeben:

I. Beteiligte Rechtsträger, Spaltung

1. An der Abspaltung sind beteiligt die A-GmbH mit Sitz in...... als übertragender Rechtsträger und die B-GmbH mit Sitz in...... als übernehmender Rechtsträger.

2. Die A-GmbH überträgt hiermit ihre nachstehend unter Ziff. II. genannten Vermögensteile als Gesamtheit im Wege der Abspaltung zur Aufnahme auf die B-GmbH. Die B-GmbH gewährt als Ausgleich hierfür den Gesellschaftern der A-GmbH Geschäftsanteile an der B-GmbH.

II. Vermögensübertragung

1. Die A-GmbH überträgt den von ihr an drei Standorten unterhaltenen Teilbetrieb »Hochbau« auf die B GmbH mit allen Aktiva und Passiva. Die Abspaltung erfolgt auf der Basis der festgestellten Abspaltungsbilanz der WPG-Wirtschaftsprüfungsgesellschaft vom 31.12....... und diese Spaltungsbilanz ist Bestandteil dieses Spaltungsplans. Sie ist als Anlage 1 dieser Urkunde als wesentlicher Bestandteil beigefügt, auf sie wird nach §§ 9, 14 Abs. 1 BeurkG verwiesen. Die Beteiligten haben auf das Vorlesen verzichtet. Stattdessen wurden ihnen die Anlage 1 zur Durchsicht vorgelegt, von ihnen genehmigt und unterschrieben.

2. Im Einzelnen sind folgende Vermögensgegenstände Bestandteil des Teilbetriebes und werden i. R. d. Spaltung auf die B-GmbH übertragen. Von der Spaltung werden sämtliche zum Spaltungsstichtag vorhanden Vermögensgegenstände und Schulden des Teilbetriebes mit allen Rechten und Pflichten sowie die ausschließlich diesem Teilbetrieb zuzuordnenden Rechtsbeziehungen, insbes. Vertragsverhältnisse, nach näherer Maßgabe der nachfolgenden Bestimmungen erfasst, gleich ob sie bilanziert sind oder nicht.

Insbes. handelt es sich um folgende Vermögensgegenstände und Schulden, die dem Teilbetrieb mit allen Rechten und Pflichten zuzuordnen sind.

a) Grundstücke

Die folgenden im Grundbuch von X-Stadt eingetragenen Grundstücke mit sämtlichen Abteilungen II und III des Grundbuches eingetragenen Belastungen, einschließlich aufstehender Gebäude mit den dazugehörigen Betriebsvorrichtungen, sowie sämtliche auf die Grundstücke bezogenen Mietverträge:
- Bd. 120 Blatt 3503, Flurstück 400/20, X-Str. in X-Stadt in einer Größe von 10.000 qm,
- Bd. 105 Blatt 2763, Flurstück 733/23, Y-Str. in X-Stadt in einer Größe von 5.000 qm,
- Bd. 100 Blatt 7370, Flurstück 250/12, Z-Str. in X-Stadt mit einer Größe von 3.000 qm.

b) Anlage- und Umlaufvermögen

Sämtliche zum Anlage- und Umlaufvermögen gehörenden beweglichen Gegenstände des Teilbetriebs »Hochbau«, also alle beweglichen Gegenstände, die sich auf den unter a) beschriebenen Grundstücken und Gebäuden befinden, somit alle technischen Anlagen und Maschinen, Kfz-, Betriebs- und Geschäftsausstattung, geringwertige Wirtschaftsgüter, Zubehör und Ersatzteile, EDV-Hardware, sämtliche auf den Grundstücken befindliche Gegenstände des Umlaufvermögens, insbes. Roh-, Hilfs-, Betriebsstoffe, Ausstattung und Verpackungsmaterial. Soweit die A-GmbH Eigentum oder Miteigentum an diesen Gegenständen hat oder diese künftig erwirbt, wird das Eigentum oder Miteigentum übertragen; soweit die A-GmbH Anwartschaftsrechte auf Eigentumserwerb an dem ihr unter Eigentumsvorbehalt gelieferten beweglichen Vermögen hat, überträgt sie hiermit der B-GmbH diese Anwartschaftsrechte. Die beweglichen Vermögensgegenstände, insbes. Anlagen und Einrichtungen sind in der Anlage 2 aufgeführt, ohne jedoch auf die genannten Anlagen und Einrichtungen beschränkt zu sein.

c) Forderungen

Sämtliche Forderungen, die zum Teilbetrieb »Hochbau« zuzuordnen sind, insbes. Forderungen aus Lieferung und Leistung, geleisteten Anzahlungen, aus Darlehen, sowie Schadensersatzforderungen. Die Forderungen sind in der Anlage 3 aufgeführt. Soweit Forderungen in dieser Anlage nicht aufgeführt sind, werden sie dennoch übertragen, wenn und soweit sie dem Teilbetrieb »Hochbau« zuzuordnen sind.

d) Bankguthaben

Sämtliche Bankguthaben bei allen Banken, Kreditinstituten und sonstigen Einrichtungen mit ihrem jeweiligen zum Stichtag ausgewiesenen Bestand. Die Kreditinstitute und Einrichtungen sowie die betroffenen Bankkonten sind in Anlage 4 aufgeführt.

e) Vertragsverhältnisse

Alle dem Teilbetrieb »Hochbau« zuzuordnenden Verträge, insbes. Leasingverträge, Mietverträge, Kauf-, Dienst-, Werk-, Beratungs-, Darlehens-, Versorgungs-, Versicherungs-, Finanzierungsverträge, Verträge mit Handelsvertretern sowie Angebote und sonstige Rechtsstellungen zivilrechtlicher oder öffentlich-rechtlicher Art. Die Verträge sind in Anlage 5 beschrieben. Soweit Verträge und Vertragsverhältnisse in dieser Anlage nicht aufgeführt sind, werden sie dennoch übertragen, wenn und soweit sie den Betriebsteil »Hochbau« betreffen oder ihm zuzuordnen sind.

f) Schutzrechte

Sämtliche Schutzrechte der A-GmbH, die den Betriebsteil »Hochbau« betreffen. Schutzrechte umfassen insbes. alle Erfindungen, Know-how, Geschäfts- und Betriebsgeheimnisse, Patente, Verfahren, Formeln und sonstigen immateriellen Gegenstände, die nicht von gewerblichen Schutzrechten umfasst werden, und sämtliche Verkörperungen solcher Gegenstände (Muster, Marken, Zeichenpläne etc.). Die Schutzrechte sind in Anlage 6 ausgeführt.

g) Arbeitsverhältnisse

Sämtliche dem Teilbetrieb »Hochbau« zuzuordnenden Arbeitsverhältnisse einschließlich evtl. bestehender Verpflichtungen der betrieblichen Altersvorsorge, Rückdeckungsversicherung im betrieblichen Versorgungsinteresse und sonstigen Zusagen mit Versorgungscharakter gehen nach § 613a BGB auf die aufnehmende Gesellschaft über. Die Arbeitnehmer werden bei der aufnehmenden Gesellschaft zu gleichen Konditionen beschäftigt. Sollten einzelne Arbeitnehmer dem Übergang ihres Arbeitsverhältnisses widersprechen, so ist die B-GmbH verpflichtet, der A-GmbH alle dadurch entstehenden Kosten zu ersetzen. Die B-GmbH wird außerdem die A-GmbH von allen Ansprüchen aus den Arbeitsverhältnissen und den damit verbundenen Zusagen der betrieblichen Altersvorsorge und Zusagen mit Versorgungscharakter freistellen. Die Arbeitnehmer sind in Anlage 7 aufgeführt.

h) Steuern

Sämtliche Forderungen, Verbindlichkeiten und Rückstellungen gegenüber dem Finanzamt betreffend Körperschaftsteuer und Solidaritätszuschlag, Gewerbesteuer, Umsatzsteuer, Kfz-Steuer, Grundsteuer, Kapitalertragsteuer, Lohn- und Kirchensteuer, Zinsabschlagsteuer.

i) Beteiligung, Mitgliedschaften

Sämtliche zum Teilbereich »Hochbau« gehörenden Beteiligungen, Mitgliedschaften, Finanzanlagen und Ähnliches. Im Einzelnen handelt es sich um folgende Beteiligungen:
- die Mitgliedschaft der A-GmbH im Verband »Hoch- und Tiefbau e. V.«,
- die bestehende Beteiligung i. H. v. 10.000 Aktien an der X-AG,
- die der Geschäftsanteile i. H. v. 10.00,00 € an der Z-GmbH.

j) Verbindlichkeiten

Sämtliche zum Teilbetrieb »Hochbau« gehörenden und zuzuordnenden Verbindlichkeiten der A-GmbH, also sämtliche Schulden, Verbindlichkeiten, Rückstellungen sowie Verlustrisiko aus schwebenden Geschäften. Die Verbindlichkeiten sind in Anlage 8 zu diesem Vertrag aufgeführt.

k) Sonstiges

Sowie alle sonstigen in der Anlage 9 aufgeführten Vermögenspositionen.

3. Für sämtliche unter Ziff. 2 beschriebenen Aktiva und Passiva gilt, dass die Übertragung im Wege der Spaltung alle Wirtschaftsgüter, Gegenstände, materiellen und immateriellen Rechte, Verbindlichkeiten und Rechtsbeziehungen erfasst, die dem Teilbetrieb »Hochbau« dienen oder zu dienen bestimmt sind oder sonst den Teilbetrieb betreffen oder ihm wirtschaftlich zuzurechnen sind, unabhängig davon, ob die Vermögensposition bilanzierungsfähig ist oder nicht. Die Übertragung erfolgt auch unabhängig davon, ob der Vermögensgegenstand in den Anlagen 1–9 aufgeführt ist.

Sollten die zu übertragenden Rechtspositionen des Aktiv- oder Passivvermögens bis zum Wirksamwerden der Spaltung im regelmäßigen Geschäftsgang veräußert worden sein, so werden die an ihrer Stelle getretenen vorhandenen Surrogate übertragen. Übertragen werden auch die bis zum Wirksamwerden der Spaltung erworbenen Gegenstände des Aktiv- oder Passivvermögens, soweit sie zum übertragenen Teilbetrieb gehören.

4. Bei Zweifelsfällen, die auch durch Auslegung dieses Vertrages nicht zu klären sind, gilt, dass Vermögensgegenstände, Verbindlichkeiten, Verträge und Rechtspositionen, die nach obigen Regeln nicht zugeordnet werden können, bei der übertragenden Gesellschaft verbleiben. In diesen Fällen ist die A-GmbH berechtigt nach § 315 BGB eine Zuordnung nach ihrem Ermessen unter Berücksichtigung der wirtschaftlichen Zugehörigkeit vorzunehmen.

5. Soweit bilanzierte und nicht bilanzierte Vermögensgegenstände und Schulden in die Rechtsbeziehungen, die dem Teilbetrieb »Hochbau« wirtschaftlich zuzuordnen sind, nicht schon kraft Gesetzes mit der Eintragung der Spaltung in das Handelsregister der übertragenden Gesellschaft auf die aufnehmende Gesellschaft übergehen, wird die übertragende Gesellschaft diese Vermögensgegenstände oder Schulden sowie die Rechtsbeziehungen auf die B-GmbH übertragen. Ist die Übertragung im Außenverhältnis nicht oder nur mit unverhältnismäßigen Aufwand möglich oder unzweckmäßig, werden sich die beteiligten Gesellschaften im Innenverhältnis so stellen, wie sie stehen würden, wenn die Übertragung der Vermögensgegenstände und Passiva bzw. Rechtsbeziehungen auch im Außenverhältnis mit Wirkung zum Vollzug dabei erfolgt wäre. Wird die übertragende Gesellschaft aus Verbindlichkeiten in Anspruch genommen, die der aufnehmenden zuzuordnen sind, ist diese zur Freistellung verpflichtet oder hat Ausgleich zu leisten.

6. Auf die Anlagen 1–9, die dieser Urkunde als wesentlicher Bestandteil beigefügt sind, wird gemäß § 14 Abs. 1 BeurkG verwiesen. Die Beteiligten haben auf das Vorlesen verzichtet, stattdessen wurden ihnen die Anlagen 1–9 zur Kenntnisnahme vorgelegt, sie wurden von ihnen genehmigt und nach § 14 BeurkG unterschrieben.

7. Soweit für die Übertragung von bestimmten Gegenständen die Zustimmung eines Dritten oder eine Registrierung erforderlich ist, werden sich die übertragende und die aufnehmende Gesellschaft bemühen, die Zustimmung oder Registrierung beizubringen. Falls dies nicht oder nur mit unverhältnismäßig hohem Aufwand möglich sein würde, werden sich die übertragende und die aufnehmende Gesellschaft im Innenverhältnis so stellen, als wäre die Übertragung der Gegenstände des ausgegliederten Vermögens mit Wirkung zum Vollzugsdatum erfolgt.

8. Berichtigungen bei Registern, Grundbuch, Markenerklärungen

Die A-GmbH und die B-GmbH bewilligen und beantragen, nach Wirksamwerden der Spaltung die von der Spaltung betroffenen Markenregister entsprechenden Vorschriften dieses Vertrages zu berichtigen.

Die A-GmbH und die B-GmbH bewilligen und beantragen nach Wirksamwerden der Ausgliederung das Grundbuch bei den unter Ziff. 2 beschriebenen Grundstücken und dinglichen Rechten zu berichtigen.

III. Gegenleistung, Umtauschverhältnis

1. Die B-GmbH gewährt den Gesellschaftern der A-GmbH folgende Geschäftsanteile als Gegenleistung:

a) dem Gesellschafter A einen Geschäftsanteil im Nennbetrag von...... €,

b) dem Gesellschafter B einen Geschäftsanteil im Nennbetrag von...... €.

Die Geschäftsanteile werden kostenfrei und mit Gewinnberechtigung ab dem...... gewährt.

2. Zur Durchführung der Abspaltung wird die B-GmbH ihr Stammkapital von bislang...... € um...... € auf...... € erhöhen, und zwar durch Bildung eines Geschäftsanteils (Nr......) im Nennbetrag von...... € und eines weiteren Geschäftsanteils (Nr.......) im Nennbetrag von...... €. Die Einlagen auf die neuen Geschäftsanteile werden durch Übertragung der in Ziffer II genannten Aktiva und Passive erbracht

Als bare Zuzahlungen erhalten...... einen Betrag von...... € und...... einen Betrag von...... €.

3. Das Umtauschverhältnis beträgt......

4. Die Aufteilung der Anteile erfolgt entsprechend dem Verhältnis der Beteiligungen der Gesellschafter an der A-GmbH.

5. Der Gesamtwert zu dem die erbrachte Sacheinlage von der aufnehmenden Gesellschaft übernommen wird, entspricht dem handelsrechtlichen Buchwert des übertragenen Vermögens zum Spaltungsstichtag. Soweit der Buchwert des übertragenen Nettovermögens den Nennbetrag der dafür gewährten Geschäftsanteile übersteigt, wird der Differenzbetrag in die Kapitalrücklage der aufnehmenden Gesellschaft eingestellt. Eine Vergütung für den Differenzbetrag wird nicht geschuldet.

6. Da zur Durchführung der Abspaltung eine Kapitalherabsetzung erforderlich ist, wird die A-GmbH ihr Stammkapital herabsetzen, wie folgt:

Das Stammkapital der übertragenden Gesellschaft wird von...... € um...... € auf...... € (in Worten:...... Euro) herabgesetzt.

Die Kapitalherabsetzung erfolgt als vereinfachte Kapitalherabsetzung i. S. d. § 139 UmwG i. V. m. §§ 58a ff. GmbHG. Die Herabsetzung des Stammkapitals dient der Anpassung des Stammkapitals infolge der Spaltung, weil das verbleibende Vermögen der abspaltenden Gesellschaft das nominelle Kapital i. H. v....... € nicht mehr deckt.

IV. Spaltungsstichtag

Die Übernahme des vorbezeichneten Vermögens der A-GmbH erfolgt im Innenverhältnis mit Wirkung zum Ablauf des...... Vom...... an gelten alle Handlungen und Geschäfte der A-GmbH, die das übertragene Vermögen betreffen, als für Rechnung der B-GmbH vorgenommen.

V. Besondere Rechte

Besondere Rechte i. S. v. § 126 Abs. 1 Nr. 7 UmwG bestehen bei der B-GmbH nicht. Einzelnen Anteilsinhabern werden i. R. d. Spaltung keine besonderen Rechte gewährt.

VI. Besondere Vorteile

Besondere Vorteile i. S. v. § 126 Abs. 1 Nr. 8 UmwG werden weder einem Mitglied eines Vertretungs- oder Aufsichtsorgans noch dem Abschlussprüfer oder dem Spaltungsprüfer gewährt.

VII. Folgen der Abspaltung für Arbeitnehmer und ihre Vertretunge

Durch die Abspaltung ergeben sich für die Arbeitnehmer und ihre Vertretungen die nachgenannten Folgen:......

Insoweit sind folgende Maßnahmen vorgesehen:......

VIII. Abfindungsangebot

Ein Abfindungsangebot ist nach den §§ 29, 125 UmwG nicht erforderlich.

IX. Sonstige Vereinbarungen

1. Sollten für die Übertragung der in Ziff. II. genannten Sachen, Rechte, Vertragsverhältnisse und Verbindlichkeiten weitere Voraussetzungen geschaffen werden müssen, so verpflichten sich die Vertragsbeteiligten alle erforderlichen Erklärungen abzugeben und Handlungen vorzunehmen.

2. Sollte eine Übertragung der in Ziff. II. genannten Sachen, Rechte, Vertragsverhältnisse und Verbindlichkeiten im Wege der Spaltung auf die B-GmbH rechtlich nicht möglich sein, so verpflichten sich die Vertragsbeteiligten alle erforderlichen Erklärungen abzugeben und alle erforderlichen Handlungen vorzunehmen, die rechtlich zu dem beabsichtigten Vermögensübergang auf die B-GmbH in anderer Weise führen.

3. Sollten einzelne Bestimmungen dieser Urkunde unwirksam oder nicht durchführbar sein, so soll dies die Gültigkeit dieses Vertrages i. Ü. nicht berühren. An die Stelle der unwirksamen oder undurchführbaren Vereinbarung soll eine solche treten, die dem wirtschaftlichen Ergebnis der unwirksamen oder undurchführbaren Klausel in zulässiger Weise am nächsten kommt.

X. Bedingungen

Der Spaltungsvertrag steht unter der aufschiebenden Bedingung, dass:

1. die formgerechten Zustimmungsbeschlüsse der Gesellschafterversammlung beider Gesellschaften bis zum…… vorliegen und

2. die Gesellschafter der B-GmbH im Zustimmungsbeschluss die vorstehende Kapitalerhöhung zur Durchführung der Spaltung beschließen.

XI. Hinweise, Vollmacht

Der Notar hat auf Folgendes hingewiesen:

- Die Spaltung wird erst mit der Eintragung in das Handelsregister der übertragenden Gesellschaft wirksam.
- Die Beteiligten beauftragen und ermächtigen den Notar, die zum Vollzug notwendigen Genehmigungen und Zustimmungserklärungen einzuholen. Genehmigungen werden mit Eingang beim Notar wirksam. Dies gilt nicht für die Versagung von Genehmigungen oder deren Erteilung unter Bedingungen oder Auflagen.
- Nach § 133 UmwG haften für die vor dem Wirksamwerden der Spaltung begründeten Verbindlichkeiten des übertragenden Rechtsträgers alle an der Spaltung beteiligten Rechtsträger gesamtschuldnerisch; Gläubiger können für ihre Verbindlichkeiten Sicherheitsleistung nach §§ 125, 22 UmwG verlangen. Daneben können weitere Haftungsvorschriften anwendbar sein insbes. § 25 HGB und § 75 AO.
- Bei der Anmeldung der Abspaltung hat der Geschäftsführer der übertragenden Gesellschaft zu erklären, dass die durch Gesetz und Satzung vorgesehenen Voraussetzungen für die Gründung dieser Gesellschaft auch unter Berücksichtigung der Spaltung im Zeitpunkt der Anmeldung vorliegen.
- Bei nicht vollständig eingezahlten Stammeinlagen bestehen nach §§ 51 Abs. 1, 125 UmwG besondere Zustimmungspflichten.
- Die Mitglieder des Vertretungsorgans und auch eines Aufsichtsorgans sind nach § 25 UmwG als Gesamtschuldner zum Schadensersatz bei Verletzung ihrer Pflichten nach dem UmwG verpflichtet.
- Die Spaltung kann zur Grunderwerbsteuer führen.

XII. Kosten, Abschriften

Die durch diesen Vertrag und ihre Durchführung bei beiden Gesellschaften entstehenden Kosten trägt die B-GmbH. Sollte die Spaltung nicht wirksam werden, tragen die Kosten dieses Vertrages die Gesellschaften zu gleichen Teilen; alle übrigen Kosten trägt die jeweils betroffene Gesellschaft allein.

Von dieser Urkunde erhalten

C. Spaltung von GmbH und Unternehmergesellschaften

Abschriften:
- die beteiligten Gesellschaften,
- die Gesellschafter der A- und der B-GmbH;

beglaubigte Abschriften:
- die Registergerichte in......, (elektronisch)
- die Grundbuchämter in...... (nach Eintragung),
- Grunderwerbsteuerstelle,
- Finanzamt nach § 54 EStDV.

Eine einfache Abschrift mit Veräußerungsanzeige erhält das Finanzamt (Grunderwerbsteuerstelle).

Diese Niederschrift wurde den Erschienenen vom Notar vorgelesen, von ihnen genehmigt und von ihnen und dem Notar eigenhändig wie folgt unterschrieben:

.....

b) Zustimmungsbeschluss bei der übernehmenden Gesellschaft (B-GmbH)

▶ Muster: Zustimmungsbeschluss bei der übernehmenden Gesellschaft (B-GmbH)

Niederschrift über eine Gesellschafterversammlung   512

Heute, den......, erschienen vor mir, dem unterzeichnenden Notar......, mit Amtssitz in...... an der Amtsstelle in......

1. Herr X, Kaufmann, wohnhaft in......

2. Herr Y, Kaufmann, wohnhaft in......,

Beide Beteiligte sind mir, Notar...... persönlich bekannt.

Auf Antrag beurkunde ich den vor mir abgegebenen Erklärungen gemäß Folgendes:

I. Sachverhalt

Die Erschienenen erklären:

Wir sind Gesellschafter der B-GmbH, eingetragen im Handelsregister des Amtsgerichts...... unter HRB...... mit einem Stammkapital von...... €.

Herr X hält einen Geschäftsanteil i. H. v....... €.

Herr Y hält einen Geschäftsanteil i. H. v....... €.

Die Stammeinlagen sind voll einbezahlt.

II. Gesellschafterversammlung

Die vorgenannten Gesellschafter halten unter Verzicht auf alle Frist- und Formvorschriften eine Gesellschafterversammlung ab und stellen fest, dass die Gesellschafterversammlung als Vollversammlung beschlussfähig ist.

Die Gesellschafter beschließen mit allen Stimmen Folgendes:

§ 1 Zustimmung zum Spaltungsvertrag

Dem Spaltungsvertrag, Urkunde des Notars......, in...... vom...... UR.Nr....... wird mit allen Stimmen vorbehaltlos zugestimmt. Er ist dieser Niederschrift als Anlage in beglaubigter Abschrift beigefügt.

§ 2 Kapitalerhöhung

1. Das Stammkapital der Gesellschaft i. H. v....... € wird um...... €

auf...... € zur Durchführung der Spaltung gemäß § 55 UmwG erhöht.

2. Es werden zwei neue Geschäftsanteile i. H. v. je...... € (Nr....... und Nr.......) gebildet. Zur Übernahme dieser Anteile werden jeweils Herr A und Herr B, Gesellschafter der abspaltenden A-GmbH, zugelassen.

3. Sie leisten ihre Einlagen durch die Übertragung des abgespaltenen Vermögens der A-GmbH nach Maßgabe des unter § 1 genannten Spaltungsvertrages. Der Übertragung des Vermögens liegt die in dieser Urkunde als Anlage...... beigefügte Spaltungsbilanz der A-GmbH zum 31.12....... zugrunde.

4. Die neuen Geschäftsanteile sind ab 01.01....... gewinnbezugsberechtigt.

Mit der Durchführung der Verschmelzung sind die neuen Einlagen in voller Höhe bewirkt.

§ 3 Satzungsänderung

Der Gesellschaftsvertrag der B-GmbH wird in § 3 (Stammkapital) wie folgt geändert: »Das Stammkapital der Gesellschaft beträgt...... € (in Worten:...... Euro).«

III. Verzichtserklärungen, Sonstiges

§ 1 Sonstiges

Alle Gesellschafter verzichten (vorsorglich) auf eine Prüfung der Spaltung und auf die Erstellung eines Spaltungsberichts und Erstellung eines Spaltungsprüfungsberichts.

Alle Gesellschafter erklären, dass ihnen der Spaltungsvertrag spätestens zusammen mit der Einberufung der Gesellschafterversammlung übersandt wurde.

Alle Gesellschafter verzichten ausdrücklich auf eine Anfechtung dieses Beschlusses.

§ 2 Kosten, Abschriften

Die Kosten dieser Urkunde trägt die Gesellschaft.

Von dieser Urkunde erhalten

beglaubigte Abschriften:
- die Gesellschafter,
- die übertragende Gesellschaft,
- die übernehmende Gesellschaft;
- die Amtsgerichte (Registergerichte) elektronisch,
- das Grundbuchamt,
- Finanzamt nach § 54 EStDV.

Verlesen vom Notar und von den Beteiligten genehmigt und eigenhändig unterschrieben.

c) *Zustimmungsbeschluss bei der übertragenden Gesellschaft (A-GmbH)*

▶ Muster: Zustimmungsbeschluss bei der übertragenden Gesellschaft (A-GmbH)

Niederschrift über eine Gesellschafterversammlung

Heute, den...... erschienen vor mir, dem unterzeichnenden Notar......, mit Amtssitz in...... an der Amtsstelle in......

1. Herr A, Kaufmann, wohnhaft in......,

2. Herr B, Kaufmann, wohnhaft in......

Die Beteiligten sind mir, Notar......, persönlich bekannt. Auf Antrag beurkunde ich den vor mir abgegebenen Erklärungen gemäß Folgendes:

I. Sachverhalt

Im Handelsregister des Amtsgerichts...... ist in der Abteilung B unter Nr....... die Firma A-GmbH mit Sitz in...... eingetragen. Gesellschafter dieser Gesellschaft sind nach Angabe:
- Herr A, mit einem Gesellschaftsanteil i. H. v....... € (Anteil Nr.......),
- Herr B, mit einem Gesellschaftsanteil i. H. v....... € (Anteil Nr.......).

Das Stammkapital der Gesellschaft beträgt...... €. Es ist voll eingezahlt.

III. Gesellschafterversammlung

Die vorgenannten Gesellschafter halten eine Gesellschafterversammlung der Gesellschaft unter Verzicht auf alle Frist- und Formvorschriften ab, und stellen fest, dass die Gesellschafterversammlung als Vollversammlung beschlussfähig ist.

Die Gesellschafter beschließen sodann mit allen Stimmen Folgendes:

§ 1 Zustimmung zum Spaltungsvertrag

Dem Spaltungsvertrag vom...... UR.Nr....... des amtierenden Notars wird mit allen Stimmen vorbehaltlos zugestimmt.

Der Spaltungsvertrag ist dieser Urkunde als Anlage beigefügt.

§ 2 Kapitalherabsetzung

Die Gesellschafter erklären: Die Geschäftsanteile der Herren A und B sind voll eingezahlt. Da zur Durchführung der Abspaltung eine Kapitalherabsetzung erforderlich ist, beschließen die Gesellschafter weiter:

1. Das Stammkapital der Gesellschaft wird von...... € um...... € auf...... € (in Worten:...... €) herabgesetzt.

2. Die Kapitalherabsetzung erfolgt als vereinfachte Kapitalherabsetzung i. S. d. § 139 UmwG i. V. m. §§ 58a ff. GmbHG zum Ausgleich eines Spaltungsverlustes i. H. v....... €. Die Herabsetzung des Stammkapitals dient der Anpassung des Stammkapitals infolge der Spaltung, weil das verbleibende Vermögen der abspaltenden Gesellschaft das nominelle Kapital i. H. v....... € nicht mehr deckt und die Bilanz der A-GmbH keine Beträge in den Kapital- und Gewinnrücklagen ausweist. Auch ein Gewinnvortrag besteht nicht.

3. Die Nennbeträge der von den Gesellschaftern gehaltenen Geschäftsanteile beträgt nach der Herabsetzung des Stammkapitals je...... €.

4. § 3 des Gesellschaftsvertrages wird wie folgt neu gefasst:

»**§ 3 Stammkapital**

Das Stammkapital der Gesellschaft beträgt...... € (in Worten:...... Euro).«

III. Verzichtserklärung, Sonstiges

Alle Gesellschafter verzichten (vorsorglich) auf die Erstattung eines Spaltungsberichts und eine Prüfung der Spaltung, Erstattung eines Spaltungsprüfungsberichts sowie die Anfechtung dieses Beschlusses.

Alle Gesellschafter erklären, dass ihnen der Spaltungsvertrag spätestens zusammen mit der Einberufung der Gesellschafterversammlung übersandt wurde und dass sie auch von allen übrigen Unterlagen Kenntnis erhalten haben.

Der Notar belehrte über die Vermögensbindung als Folge der vereinfachten Kapitalherabsetzung. Es dürfen insbes. keine Zahlungen an die Gesellschafter geleistet werden. Auch die Gewinnausschüttung ist gemäß § 58d GmbHG beschränkt.

Der beurkundende Notar wies die Gesellschafter weiter darauf hin, dass jeder von ihnen die Erteilung einer Abschrift der Niederschrift über diese Gesellschafterversammlung verlangen kann und dass ihnen ein Anspruch gegen die Geschäftsführer auf Auskunft über alle wesentlichen Angelegenheiten der anderen beteiligten Gesellschaften zusteht.

IV. Kosten, Abschriften

Die Kosten dieser Urkunde trägt die Gesellschaft. Von dieser Urkunde erhalten:

beglaubigte Abschriften:
- die Gesellschafter,
- die übertragende Gesellschaft,
- die übernehmende Gesellschaft;
- die Amtsgerichte (Registergerichte), elektronisch
- das Grundbuchamt/Finanzamt.

Vorgelesen vom Notar, von den Erschienenen genehmigt und eigenhändig unterschrieben.

.....

d) Handelsregisteranmeldung für die übertragende GmbH (A-GmbH) bei der Abspaltung zur Aufnahme mit Kapitalherabsetzung

▶ Muster: Handelsregisteranmeldung für die übertragende GmbH (A-GmbH) bei der Abspaltung zur Aufnahme mit Kapitalherabsetzung

514 An das

Amtsgericht

– Handelsregister B –

Betrifft: HRB...... – A-GmbH

In der Anlage überreiche ich, der unterzeichnende alleinvertretungsberechtigte Geschäftsführer der A-GmbH:
1. Elektronisch beglaubigte Abschrift des Spaltungsvertrags vom...... – UR.Nr....... des beglaubigenden Notars –,
2. Elektronisch beglaubigte Abschrift der Zustimmungsbeschlüsse der Gesellschafter der A-GmbH vom...... – UR.Nr....... des beglaubigenden Notars –, der auch den Beschluss über die Kapitalherabsetzung samt Änderung des Gesellschaftsvertrages enthält, und der B-GmbH vom...... – UR.Nr....... des beglaubigenden Notars –,
3. Elektronisch beglaubigte Abschrift der Verzichtserklärungen der Gesellschafter der A-GmbH und der B-GmbH auf Erstellung eines Spaltungsberichts und eines Prüfungsberichts und Durchführung einer Spaltungsprüfung vom...... UR.Nr....... des beglaubigenden Notars –,
4. Elektronisch beglaubigte Abschrift des Nachweises über die Zuleitung des Entwurfs des Spaltungsvertrages an den Betriebsrat der A-GmbH,
5. Elektronisch beglaubigte Abschrift der Schlussbilanz der A-GmbH zum Spaltungsstichtag,
6. vollständigen Wortlaut des Gesellschaftsvertrages mit Satzungsbescheinigung des Notars nach § 54 Abs. 1 GmbHG,
7. berichtigte Gesellschafterliste (vgl. oben Teil 2 Rdn. 952)

und melde zur Eintragung in das Handelsregister an:

1. Die A-GmbH hat die im Spaltungsvertrag vom...... – UR.NR....... des beglaubigenden Notars – genannten Vermögensteile als Gesamtheit auf die B-GmbH mit dem Sitz in...... (eingetragen im Handelsregister des Amtsgerichts...... unter HRB......) als übernehmende GmbH im Wege der Abspaltung zur Aufnahme übertragen.

2. Das Stammkapital der A-GmbH i. H. v....... € (in Worten:...... Euro) wurde im Wege der vereinfachten Kapitalherabsetzung nach § 139 UmwG i. V. m. §§ 58 ff. GmbHG um...... € (in Worten:...... Euro) auf...... € (in Worten:...... Euro) herabgesetzt. Die Satzung der A-GmbH wurde in § 3 entsprechend geändert.

Ich erkläre, dass die Spaltungsbeschlüsse aller an der Spaltung beteiligten Gesellschaften nicht angefochten worden sind und aufgrund der in den allen Spaltungsbeschlüssen enthaltenen Anfechtungsverzichtserklärungen sämtlicher Gesellschafter auch nicht angefochten werden können.

Ich erkläre ferner gemäß § 140 UmwG, dass die durch Gesetz und Gesellschaftervertrag vorgesehenen Voraussetzungen für die Gründung dieser Gesellschaft unter Berücksichtigung der Abspaltung im Zeitpunkt dieser Anmeldung vorliegen und dass ein Fall des § 51 Abs. 1 UmwG (nicht voll eingezahlte Geschäftsanteile) nicht vorliegt (§ 52 Abs. 1 UmwG).

Die inländische Geschäftsanschrift und die Geschäftsräume befinden sich unverändert in (Ort, Straße).

....., den......   (Beglaubigungsvermerk)

e) Handelsregisteranmeldung für die aufnehmende GmbH (B-GmbH) bei der Abspaltung zur Aufnahme mit Kapitalerhöhung

▶ Muster:Handelsregisteranmeldung für die aufnehmende GmbH (B-GmbH) bei der Abspaltung zur Aufnahme mit Kapitalerhöhung

An das   515

Amtsgericht

– Handelsregister B –

Betrifft: HRB…… – B-GmbH

In der Anlage überreiche ich, der unterzeichnende, alleinvertretungsberechtigte Geschäftsführer der B-GmbH:
1. Elektronisch beglaubigte Abschrift des Spaltungsvertrag vom…… – UR.Nr.…… des beglaubigenden Notars –,
2. Elektronisch beglaubigte Abschrift der Zustimmungsbeschlüsse der Gesellschafter der B-GmbH vom…… – UR.Nr.…… des beglaubigenden Notars –, der auch den Beschluss über die Kapitalerhöhung samt Änderung des Gesellschaftsvertrages enthält; und der A-GmbH vom…… – UR.Nr.…… des beglaubigenden Notars –,
3. Elektronisch beglaubigte Abschrift der Verzichtserklärungen der Gesellschafter der A-GmbH und der B- GmbH auf Erstellung eines Spaltungsberichts und eines Prüfungsberichts und Durchführung einer Spaltungsprüfung vom…… UR.Nr.…… des beglaubigenden Notars,
4. Elektronisch beglaubigte Abschrift des Nachweises über die Zuleitung des Entwurfs des Spaltungsvertrages an den Betriebsrat der B-GmbH,
5. Elektronisch beglaubigte Abschrift der Abspaltungsbilanz der A-GmbH zum Spaltungsstichtag als Wertnachweis für den übertragenen Teilbetrieb,
6. vollständigen Wortlaut des Gesellschaftsvertrages mit Satzungsbescheinigung des Notars nach § 54 Abs. 1 GmbHG,
7. Übernehmerliste,
8. berichtete Liste der Gesellschafter,

und melde zur Eintragung in das Handelsregister an:

1. Das Stammkapital der B-GmbH i. H. v.…… € (in Worten:…… Euro) wurde im Wege der Kapitalerhöhung zur Durchführung der Spaltung um…… € (in Worten:…… Euro) auf…… € (in Worten:…… Euro) erhöht. Die Satzung der B-GmbH wurde in § 3 entsprechend geändert.

2. Die A-GmbH (eingetragen im Handelsregister des Amtsgerichts…… unter HRB……) hat die im Spaltungsvertrag vom…… – UR.Nr.…… des beglaubigenden Notars – genannten Vermögensteile als Gesamtheit auf die B-GmbH mit dem Sitz in…… als übernehmende GmbH im Wege der Abspaltung zur Aufnahme übertragen.

Ich erkläre, dass die Spaltungsbeschlüsse aller an der Spaltung beteiligten Gesellschaften nicht angefochten worden sind und aufgrund der in den allen Spaltungsbeschlüssen enthaltenen Anfechtungsverzichtserklärungen sämtlicher Gesellschafter auch nicht angefochten werden können.

Ich erkläre ferner, dass ein Fall des § 51 Abs. 1 UmwG (nicht voll eingezahlte Geschäftsanteile) nicht vorliegt (§§ 125, 52 Abs. 1 UmwG).

Die inländische Geschäftsanschrift und die Geschäftsräume befinden sich unverändert in (Ort, Straße).

….., den……   (Beglaubigungsvermerk)

2. Abspaltung zur Neugründung A-GmbH auf B-GmbH

a) Spaltungsplan

▶ Muster: Spaltungsplan bei der Abspaltung zur Neugründung A-GmbH auf B-GmbH

516 UR.Nr. für......

Verhandelt zu......

am......

Vor dem unterzeichnenden

.....

Notar mit dem Amtssitz in......

erschien:

Herr (Name, Geburtsdatum, Adresse),

hier handelnd nicht im eigenen Namen, sondern als alleinvertretungsberechtigter Geschäftsführer der A-GmbH mit dem Sitz in...... eingetragen im Handelsregister des Amtsgerichts...... unter HRB......

Der Erschienene wies sich dem Notar gegenüber aus durch Vorlage seines amtlichen Lichtbildausweises.

A. Vorbemerkung

Der Erschienene erklärte:

Das Stammkapital der im Handelsregister des Amtsgerichts...... unter HRB...... eingetragenen A-GmbH beträgt...... €. An ihr sind beteiligt:
– Herr A, mit einem Gesellschaftsanteil i. H. v....... € (Anteil Nr.......),
– Herr B, mit einem Gesellschaftsanteil i. H. v....... € (Anteil Nr.......).

Das Stammkapital der Gesellschaft beträgt...... €.

Die Geschäftsanteile wurden bei der Gründung erworben und sind voll einbezahlt, sodass keine besondere Zustimmungspflicht nach § 51 Abs. 1 UmwG besteht.

Die A-GmbH will ihren Teilbetrieb »Hochbau« auf die B-GmbH im Wege der Abspaltung durch Neugründung übertragen.

Der Erschienene ließ sodann folgenden

B. Spaltungsplan

beurkunden und erklärte, handelnd wie angegeben:

I. Beteiligte Rechtsträger, Spaltung, Gesellschaftsvertrag

1. An der Abspaltung sind beteiligt die A-GmbH mit Sitz in...... als übertragender Rechtsträger und die B-GmbH mit Sitz in...... als übernehmender Rechtsträger.

2. Die A-GmbH mit dem Sitz in...... überträgt hiermit ihre nachstehend unter Ziff. II. genannten Vermögensteile als Gesamtheit im Wege der Abspaltung zur Neugründung auf die neu zu gründende B-GmbH. Die B-GmbH gewährt als Ausgleich hierfür den Gesellschaftern der A-GmbH Geschäftsanteile an der B-GmbH.

3. Die Firma der im Wege der Spaltung neu zu gründenden Gesellschaft lautet:

B-GmbH.

Ihr Sitz ist......

Vorbehaltlich der Genehmigung der Gesellschafterversammlung der A-GmbH wird für die B-GmbH der als Anlage 1 zu dieser Urkunde genommene Gesellschaftsvertrag festgestellt. Auf die Anlage wird verwiesen, sie wurde mit verlesen und von dem Beteiligten genehmigt.

II. Vermögensübertragung

1. Die A-GmbH überträgt den von ihr an drei Standorten unterhaltenen Teilbetrieb »Hochbau« auf die B-GmbH mit allen Aktiva und Passiva. Die Abspaltung erfolgt auf der Basis der festgestellten Abspaltungsbilanz der WPG-Wirtschaftsprüfungsgesellschaft vom 31.12....... und diese Spaltungsbilanz ist Bestandteil dieses Spaltungsplans. Sie ist als Anlage 2 dieser Urkunde als wesentlicher Bestandteil beigefügt, auf sie wird nach §§ 9, 14 Abs. 1 BeurkG verwiesen. Die Beteiligten haben auf das Vorlesen verzichtet. Stattdessen wurden ihnen die Anlage 2 zur Durchsicht vorgelegt, von ihnen genehmigt und unterschrieben.

2. Im Einzelnen sind folgende Vermögensgegenstände Bestandteil des Teilbetriebes und werden i. R. d. Spaltung auf die B-GmbH übertragen. Von der Spaltung werden sämtliche zum Spaltungsstichtag vorhandenen Vermögensgegenstände und Schulden des Teilbetriebes mit allen Rechten und Pflichten sowie die ausschließlich diesem Teilbetrieb zuzuordnenden Rechtsbeziehungen, insbes. Vertragsverhältnisse, nach näherer Maßgabe der nachfolgenden Bestimmungen erfasst, gleich ob sie bilanziert sind oder nicht.

Insbes. handelt es sich um folgende Vermögensgegenstände und Schulden, die dem Teilbetrieb mit allen Rechten und Pflichten zuzuordnen sind:

a) Grundstücke

Die folgenden im Grundbuch von X-Stadt eingetragenen Grundstücke mit sämtlichen Abteilungen II und III des Grundbuches eingetragenen Belastungen, einschließlich aufstehender Gebäude mit den dazugehörigen Betriebsvorrichtungen, sowie sämtliche auf die Grundstücke bezogenen Mietverträge:
- Bd. 120 Blatt 3503, Flurstück 400/20, X-Str. in X-Stadt mit einer Größe von 10.000 qm,
- Bd. 105 Blatt 2763, Flurstück 733/23, Y-Str. in X-Stadt mit einer Größe von 5.000 qm,
- Bd. 100 Blatt 7370, Flurstück 250/12, Z-Str. in X-Stadt mit einer Größe von 3.000 qm.

b) Anlage- und Umlaufvermögen

Sämtliche zum Anlage- und Umlaufvermögen gehörenden beweglichen Gegenstände des Teilbetriebs »Hochbau«, also alle beweglichen Gegenstände, die sich auf den unter a) beschriebenen Grundstücken und Gebäuden befinden, somit alle technischen Anlagen und Maschinen, Kfz-, Betriebs- und Geschäftsausstattung, geringwertige Wirtschaftsgüter, Zubehör und Ersatzteile, EDV-Hardware, sämtliche auf den Grundstücken befindliche Gegenstände des Umlaufvermögens, insbes. Roh-, Hilfs-, Betriebsstoffe, Ausstattung und Verpackungsmaterial. Soweit die A-GmbH Eigentum oder Miteigentum an diesen Gegenständen hat oder diese künftig erwirbt, wird das Eigentum oder Miteigentum übertragen; soweit die A-GmbH Anwartschaftsrechte auf Eigentumserwerb an dem ihr unter Eigentumsvorbehalt gelieferten beweglichen Vermögen hat, überträgt sie hiermit der B-GmbH diese Anwartschaftsrechte. Die wichtigsten beweglichen Vermögensgegenstände, insbes. Anlagen und Einrichtungen sind in der Anlage 3 aufgeführt, ohne jedoch auf die genannten Anlagen und Einrichtungen beschränkt zu sein.

c) Forderungen

Sämtliche Forderungen, die zum Teilbetrieb »Hochbau« zuzuordnen sind, insbes. Forderungen aus Lieferung und Leistung, geleisteten Anzahlungen, aus Darlehen, sowie Schadensersatzforderungen. Die Forderungen sind in der Anlage 4 aufgeführt. Soweit Forderungen in dieser Anlage nicht aufgeführt sind, werden sie dennoch übertragen, wenn und soweit sie dem Teilbetrieb »Hochbau« zuzuordnen sind.

d) Bankguthaben

Sämtliche Bankguthaben bei allen Banken, Kreditinstituten und sonstigen Einrichtungen mit ihrem jeweiligen zum Stichtag ausgewiesenen Bestand. Die Kreditinstitute und Einrichtungen sowie die betroffenen Bankkonten sind in Anlage 5 aufgeführt.

e) Vertragsverhältnisse

Alle dem Teilbetrieb »Hochbau« zuzuordnenden Verträge, insbes. Leasingverträge, Mietverträge, Kauf-, Dienst-, Werk-, Beratungs-, Darlehens-, Versorgungs-, Versicherungs-, Finanzierungsverträge, Verträge mit Handelsvertretern sowie Angebote und sonstige Rechtsstellungen zivilrechtlicher oder öffentlich-rechtlicher Art. Die Verträge sind in Anlage 6 beschrieben. Soweit Verträge und Vertragsverhältnisse in dieser Anlage nicht aufgeführt sind, werden sie dennoch übertragen, wenn und soweit sie den Betriebsteil »Hochbau« betreffen oder ihm zuzuordnen sind.

f) Schutzrechte

Sämtliche Schutzrechte der A-GmbH, die den Betriebsteil »Hochbau« betreffen. Schutzrechte umfassen insbes. alle Erfindungen, Know-how, Geschäfts- und Betriebsgeheimnisse, Patente, Verfahren, Formeln und sonstigen immateriellen Gegenstände, die nicht von gewerblichen Schutzrechten umfasst werden, und sämtliche Verkörperungen solcher Gegenstände (Muster, Marken, Zeichenpläne etc.). Die Schutzrechte sind in Anlage 7 ausgeführt.

g) Arbeitsverhältnisse

Sämtliche dem Teilbetrieb »Hochbau« zuzuordnenden Arbeitsverhältnisse einschließlich evtl. bestehender Verpflichtungen der betrieblichen Altersvorsorge um Zusage, Rückdeckungsversicherung im betrieblichen Versorgungsinteresse und sonstigen Zusagen mit Versorgungscharakter gehen nach § 613a BGB auf die aufnehmende Gesellschaft über. Die Arbeitnehmer werden bei der aufnehmenden Gesellschaft zu gleichen Konditionen beschäftigt. Sollten einzelne Arbeitnehmer dem Übergang ihres Arbeitsverhältnisses widersprechen, so ist die B-GmbH verpflichtet, der A-GmbH alle dadurch entstehenden Kosten zu ersetzen. Die B-GmbH wird außerdem die A-GmbH von allen Ansprüchen aus den Arbeitsverhältnissen und den damit verbundenen Zusagen der betrieblichen Altersvorsorge und Zusagen mit Versorgungscharakter freistellen.

h) Steuern

Sämtliche Forderungen, Verbindlichkeiten und Rückstellungen gegenüber dem Finanzamt betreffend Körperschaftsteuer und Solidaritätszuschlag, Gewerbesteuer, Umsatzsteuer, Kfz-Steuer, Grundsteuer, Kapitalertragsteuer, Lohn- und Kirchensteuer, Zinsabschlagsteuer.

i) Beteiligung, Mitgliedschaften

Sämtliche zum Teilbereich »Hochbau« gehörenden Beteiligungen, Mitgliedschaften, Finanzanlagen und Ähnliches. Im Einzelnen handelt es sich um folgende Beteiligungen:
- Die Mitgliedschaft der A-GmbH im Verband »Hoch- und Tiefbau e. V.«,
- die bestehende Beteiligung i. H. v. 10.000 Aktien an der X-AG,
- die der Geschäftsanteile i. H. v. 10.00,00 € an der Z-GmbH.

j) Verbindlichkeiten

Sämtliche zum Teilbetrieb »Hochbau« gehörenden und zuzuordnenden Verbindlichkeiten der A-GmbH, also sämtliche Schulden, Verbindlichkeiten, Rückstellungen sowie Verlustrisiko aus schwebenden Geschäften. Die Verbindlichkeiten sind in Anlage 8 zu diesem Vertrag aufgeführt.

k) Sonstiges

Sowie alle sonstigen in der Anlage 8 aufgeführten Vermögenspositionen.

3. Für sämtliche unter Ziff. 2 beschriebenen Aktiva und Passiva gilt, dass die Übertragung im Wege der Spaltung alle Wirtschaftsgüter, Gegenstände, materiellen und immateriellen Rechte, Verbindlichkeiten und Rechtsbeziehungen erfasst, die dem Teilbetrieb »Hochbau« dienen oder zu dienen bestimmt sind oder sonst den Teilbetrieb betreffen oder ihm wirtschaftlich zuzurechnen sind, unabhängig davon, ob die Vermögensposition bilanzierungsfähig ist oder nicht. Die Übertragung erfolgt auch unabhängig davon, ob der Vermögensgegenstand in den Anlagen 2–8 aufgeführt ist.

Sollten die zu übertragenden Rechtspositionen des Aktiv- oder Passivvermögens bis zum Wirksamwerden der Spaltung im regelmäßigen Geschäftsgang veräußert worden sein, so werden die an ihrer Stelle getretenen vorhandenen Surrogate übertragen. Übertragen werden auch die bis zum Wirksamwerden der Spaltung erworbenen Gegenstände des Aktiv- oder Passivvermögens, soweit sie zum übertragenen Teilbetrieb gehören.

4. Bei Zweifelsfällen, die auch durch Auslegung dieses Vertrages nicht zu klären sind, gilt, dass Vermögensgegenstände, Verbindlichkeiten, Verträge und Rechtspositionen, die nach obigen Regeln nicht zugeordnet werden können, bei der übertragenden Gesellschaft verbleiben. In diesen Fällen ist die A-GmbH berechtigt nach § 315 BGB eine Zuordnung nach ihrem Ermessen unter Berücksichtigung der wirtschaftlichen Zugehörigkeit vorzunehmen.

5. Soweit bilanzierte und nicht bilanzierte Vermögensgegenstände und Schulden in die Rechtsbeziehungen, die dem Teilbetrieb »Hochbau« wirtschaftlich zuzuordnen sind, nicht schon kraft Gesetzes mit der Eintragung der Spaltung in das Handelsregister der übertragenden Gesellschaft auf die aufnehmende Gesellschaft übergehen, wird die übertragende Gesellschaft diese Vermögensgegenstände oder Schulden sowie die Rechtsbeziehungen auf die B-GmbH übertragen. Ist die Übertragung im Außenverhältnis nicht oder nur mit unverhältnismäßigem Aufwand möglich oder unzweckmäßig, werden sich die beteiligten Gesellschaften im Innenverhältnis so stellen, wie sie stehen würden, wenn die Übertragung der Vermögensgegenstände und Passiva bzw. Rechtsbeziehungen auch im Außenverhältnis mit Wirkung zum Vollzug dabei erfolgt wäre. Wird die übertragende Gesellschaft aus Verbindlichkeiten in Anspruch genommen, die der aufnehmenden zuzuordnen sind, ist diese zur Freistellung verpflichtet oder hat Ausgleich zu leisten.

6. Auf die Anlagen 2–8, die dieser Urkunde als wesentlicher Bestandteil beigefügt sind, wird gemäß § 14 Abs. 1 BeurkG verwiesen. Die Beteiligten haben auf das Vorlesen verzichtet, stattdessen wurden ihnen die Anlagen 1–7 zur Kenntnisnahme vorgelegt, sie wurden von ihnen genehmigt und nach § 14 BeurkG unterschrieben.

7. Soweit für die Übertragung von bestimmten Gegenständen die Zustimmung eines Dritten an einer öffentlich-rechtlichen Genehmigung oder eine Registrierung erforderlich ist, werden sich die übertragende und die aufnehmende Gesellschaft bemühen, die Zustimmung, Genehmigung oder Registrierung beizubringen. Falls dies nicht oder nur mit unverhältnismäßig hohem Aufwand möglich sein würde, werden sich die übertragende und die aufnehmende Gesellschaft im Innenverhältnis so stellen, als wäre die Übertragung der Gegenstände des ausgegliederten Vermögens mit Wirkung zum Vollzugsdatum erfolgt.

8. Berichtigungen bei Registern, Grundbuch, Markenerklärungen

Die A-GmbH und die B-GmbH bewilligen und beantragen, nach Wirksamwerden der Spaltung die von der Spaltung betroffenen Markenregister entsprechenden Vorschriften dieses Vertrages zu berichtigen.

Die A-GmbH und die B-GmbH bewilligen und beantragen nach Wirksamwerden der Ausgliederung das Grundbuch bei den unter Ziff. 2 beschriebenen Grundstücken und dinglichen Rechten zu berichtigen.

III. Gegenleistung, Umtauschverhältnis

1. Die B-GmbH gewährt folgende Anteile:
a) dem Gesellschafter A einen Geschäftsanteil im Nennbetrag von...... €,
b) dem Gesellschafter B einen Geschäftsanteil im Nennbetrag von...... €
Die Geschäftsanteile werden kostenfrei und mit Gewinnberechtigung ab dem...... gewährt.

Bare Zuzahlungen werden nicht gewährt.

2. Das Umtauschverhältnis beträgt......

3. Die Aufteilung der Anteile erfolgt entsprechend dem Verhältnis der Beteiligungen der Gesellschafter an der A-GmbH.

4. Der Gesamtwert zu dem die erbrachte Sacheinlage von der aufnehmenden Gesellschaft übernommen wird, entspricht dem handelsrechtlichen Buchwert des übertragenen Vermögens zum Spaltungsstichtag. Soweit der Buchwert des übertragenen Nettovermögens den Nennbetrag der dafür gewährten Geschäftsanteile übersteigt, wird der Differenzbetrag in die Kapitalrücklage der aufnehmenden Gesellschaft eingestellt. Eine Vergütung für den Differenzbetrag wird nicht geschuldet.

5. Da zur Durchführung der Abspaltung eine Kapitalherabsetzung erforderlich ist, wird die A-GmbH ihr Stammkapital herabsetzen, wie folgt:

Das Stammkapital der Gesellschaft wird von…… € um…… € auf…… € (in Worten:……
Euro) herabgesetzt.

Die Kapitalherabsetzung erfolgt als vereinfachte Kapitalherabsetzung i. S. d. § 139 UmwG i. V. m. §§ 58a ff. GmbHG. Die Herabsetzung des Stammkapitals dient der Anpassung des Stammkapitals infolge der Spaltung, weil das verbleibende Vermögen der abspaltenden Gesellschaft das nominelle Kapital i. H. v.…… € nicht mehr deckt.

IV. Spaltungsstichtag

Die Übernahme des vorbezeichneten Vermögens der A-GmbH erfolgt im Innenverhältnis mit Wirkung zum Ablauf des…… Vom…… an gelten alle Handlungen und Geschäfte der A-GmbH, die das übertragene Vermögen betreffen, als für Rechnung der B-GmbH vorgenommen.

V. Besondere Rechte

Besondere Rechte i. S. v. § 126 Abs. 1 Nr. 7 UmwG bestehen bei der B-GmbH nicht. Einzelnen Anteilsinhabern werden i. R. d. Spaltung keine besonderen Rechte gewährt.

VI. Besondere Vorteile

Besondere Vorteile i. S. v. § 126 Abs. 1 Nr. 8 UmwG werden weder einem Mitglied eines Vertretungs- oder Aufsichtsorgans, noch dem Abschlussprüfer oder dem Spaltungsprüfer gewährt.

VII. Folgen der Abspaltung für Arbeitnehmer und ihre Vertretungen

Durch die Abspaltung ergeben sich für die Arbeitnehmer und ihre Vertretungen die

nachgenannten Folgen:……

Insoweit sind folgende Maßnahmen vorgesehen:……

VIII. Abfindungsangebot

Ein Abfindungsangebot ist nach den §§ 29, 125 UmwG nicht erforderlich.

IX. Sonstige Vereinbarungen

1. Sollten für die Übertragung der in Ziff. II. genannten Sachen, Rechte, Vertragsverhältnisse und Verbindlichkeiten weitere Voraussetzungen geschaffen werden müssen, so verpflichten sich die Vertragsbeteiligten alle erforderlichen Erklärungen abzugeben und Handlungen vorzunehmen.

2. Sollte eine Übertragung der in Ziff. II. genannten Sachen, Rechte, Vertragsverhältnisse und Verbindlichkeiten im Wege der Spaltung auf die B-GmbH rechtlich nicht möglich sein, so verpflichten sich die Vertragsbeteiligten alle erforderlichen Erklärungen abzugeben und alle erforderlichen Handlungen vorzunehmen, die rechtlich zu dem beabsichtigten Vermögensübergang auf die B-GmbH in anderer Weise führen.

3. Sollten einzelne Bestimmungen dieser Urkunde unwirksam oder nicht durchführbar sein, so soll dies die Gültigkeit dieses Vertrages i. Ü. nicht berühren. An die Stelle der unwirksamen oder undurchführbaren Vereinbarung soll eine solche treten, die dem wirtschaftlichen Ergebnis der unwirksamen oder undurchführbaren Klausel in zulässiger Weise am nächsten kommt.

X. Geschäftsführerbestellung

Die A-GmbH als Gründerin hält eine erste Gesellschafterversammlung ab und beschließt unter Verzicht auf alle Form- und Fristvorschriften mit allen Stimmen Folgendes:

Zum ersten Geschäftsführer der B-GmbH wird Herr…… bestellt. Er ist stets einzelvertretungsberechtigt und von den Beschränkungen des § 181 BGB befreit.

XI. Hinweise, Vollmacht

Der Notar hat auf Folgendes hingewiesen:
– Die Spaltung wird erst mit der Eintragung in das Handelsregister der übertragenden Gesellschaft wirksam.

- Nach § 133 UmwG haften für die vor dem Wirksamwerden der Spaltung begründeten Verbindlichkeiten des übertragenden Rechtsträgers alle an der Spaltung beteiligten Rechtsträger gesamtschuldnerisch; Gläubiger können für ihre Verbindlichkeiten Sicherheitsleistung nach §§ 125, 22 UmwG verlangen. Daneben können weitere Haftungsvorschriften anwendbar sein insbes. § 25 HGB und § 75 AO.
- Bei der Anmeldung der Abspaltung hat der Geschäftsführer der übertragenden Gesellschaft zu erklären, dass die durch Gesetz und Satzung vorgesehenen Voraussetzungen für die Gründung dieser Gesellschaft auch unter Berücksichtigung der Spaltung im Zeitpunkt der Anmeldung vorliegen.
- Bei nicht vollständig eingezahlten Stammeinlagen bestehen nach §§ 51 Abs. 1, 125 UmwG besondere Zustimmungspflichten.
- Die Mitglieder des Vertretungsorgans und auch eines Aufsichtsorgans sind nach § 25 UmwG als Gesamtschuldner zum Schadensersatz bei Verletzung ihrer Pflichten nach dem UmwG verpflichtet.
- Die Spaltung kann zur Grunderwerbsteuer führen.

XII. Kosten, Abschriften

Die durch diesen Vertrag und ihre Durchführung bei beiden Gesellschaften entstehenden Kosten trägt die B-GmbH. Sollte die Spaltung nicht wirksam werden, tragen die Kosten dieses Vertrages die Gesellschaften zu gleichen Teilen; alle übrigen Kosten trägt die jeweils betroffene Gesellschaft allein.

Von dieser Urkunde erhalten

beglaubigte Abschriften:
- die beteiligten Gesellschaften,
- die Gesellschafter der A- und der B-GmbH;
- die Registergerichte in...... (elektronisch),
- die Grundbuchämter in......,
- die beteiligten Betriebsräte.

Eine einfache Abschrift mit Veräußerungsanzeige erhält das Finanzamt (Grunderwerbsteuerstelle).

Diese Niederschrift nebst Anlage 1 wurde dem Erschienenen vom Notar vorgelesen, von ihm genehmigt und von ihm und dem Notar eigenhändig wie folgt unterschrieben:

.....

Anlagen:
- 1: Gesellschaftsvertrag der B-GmbH
- 2–8: Übertragenes Vermögen

Anlage 1 zur Urkunde vom...... UR.Nr.......

Satzung der B-GmbH

§ 1 Firma und Sitz

Die Firma der Gesellschaft lautet...... -GmbH. Sitz der Gesellschaft ist......

§ 2 Gegenstand des Unternehmens

Gegenstand des Unternehmens ist...... Die Gesellschaft kann darüber hinaus alle Geschäfte betreiben, die dem Gesellschaftszweck dienen, insbes. auch den Handel und den Vertrieb mit......

Die Gesellschaft darf andere Unternehmen gleicher oder ähnlicher Art übernehmen, vertreten und sich an solchen Unternehmen beteiligen. Sie darf Zweigniederlassungen errichten.

§ 3 Stammkapital und Geschäftsanteile

1. Das Stammkapital der Gesellschaft beträgt...... € (in Worten:...... Euro).

Auf das Stammkapital erhalten:
- Herr A einen Geschäftsanteil von...... € (Nr.......),
- Herr B einen Geschäftsanteil von...... € (Nr.......).

2. Die Stammeinlage wird in voller Höhe dadurch geleistet, dass sämtliche Aktiva und Passiva des Teilbetriebes »Hochbau« der A-GmbH mit Sitz in X-Stadt (Handelsregister...... HRB......) im Wege der Abspaltung zur Neugründung (§ 123 Abs. 2 Nr. 2 UmwG) auf die Gesellschaft nach Maßgabe des Spaltungsplans zur Urkunde des Notars...... vom...... (UR.Nr.......) übertragen wird. Das übertragene Vermögen ist in der Spaltungsbilanz, die dieser Niederschrift als Anlage 2 beigefügt wird und auf die nach § 14 BeurkG verwiesen wird, bezeichnet.

§ 4 Geschäftsjahr

Das Geschäftsjahr ist das Kalenderjahr.

Das erste Geschäftsjahr ist ein Rumpfgeschäftsjahr; es beginnt mit der Eintragung der Gesellschaft in das Handelsregister und endet am darauffolgenden 31.12.

§ 5 Geschäftsführung, Vertretung

Die Gesellschaft hat einen oder mehrere Geschäftsführer. Ist nur ein Geschäftsführer bestellt, so vertritt er die Gesellschaft allein.

Sind mehrere Geschäftsführer bestellt, wird die Gesellschaft durch zwei Geschäftsführer gemeinschaftlich oder durch einen Geschäftsführer und einen Prokuristen gemeinschaftlich vertreten.

Die Gesellschafterversammlung kann unabhängig von der Zahl der bestellten Geschäftsführer und Liquidatoren jederzeit einem, mehreren oder allen Geschäftsführern oder Liquidatoren Einzelvertretungsbefugnis und Befreiung von den Beschränkungen des § 181 BGB erteilen.

§ 6 Wettbewerbsverbot

Kein Gesellschafter darf der Gesellschaft während seiner Vertragszeit mittelbar oder unmittelbar, direkt oder indirekt, gelegentlich oder gewerbsmäßig im Geschäftszweig der Gesellschaft Konkurrenz machen oder sich an Konkurrenzunternehmen beteiligen.

Durch Gesellschafterbeschluss können einzelne oder alle Gesellschafter vom Wettbewerbsverbot befreit werden. Sie sind dann berechtigt, unmittelbar oder mittelbar, direkt oder indirekt im eigenen oder fremden Namen mit der Gesellschaft in den Wettbewerb zu treten oder sich an Konkurrenzunternehmen zu beteiligen. Die Befreiung kann auf bestimmte Bereiche beschränkt werden.

§ 7 Gesellschafterversammlungen

Die Einberufung einer Gesellschafterversammlung erfolgt durch die Geschäftsführer in vertretungsberechtigter Zahl mit eingeschriebenem Brief an jeden unter Mitteilung der Tagesordnung. Das Einladungsschreiben ist mindestens drei Wochen vor dem Versammlungstermin per Einschreiben zur Post zu geben. Für die Fristberechnung zählt der Tag der Absendung und der Tag der Versammlung nicht mit. Der Ort der Versammlung ist der Sitz der Gesellschaft, soweit nicht durch die Gesellschafter einstimmig anderes beschlossen wird.

Die Gesellschafterversammlung ist beschlussfähig, wenn 3/4 des Stammkapitals vertreten sind. Ist eine Gesellschafterversammlung nicht beschlussfähig, so ist durch den oder die Geschäftsführer innerhalb von einer Woche eine neue Gesellschafterversammlung mit der gleichen Tagesordnung einzuberufen. Diese Versammlung ist ohne Rücksicht auf die Zahl der vertretenen Stimmen beschlussfähig; hierauf ist in der Einladung hinzuweisen.

Die Gesellschafter können einstimmig auf die Einhaltung der Form- und Fristvorschriften verzichten.

Die Gesellschafter können sich in der Gesellschafterversammlung durch einen Bevollmächtigten vertreten und das Stimmrecht durch ihn ausüben lassen. Die Vertretungsvollmacht ist schriftlich nachzuweisen. Die Gesellschafterversammlung ist mindestens einmal jährlich als ordentliche Versammlung innerhalb der ersten Monate nach Beginn eines neuen Geschäftsjahres einzuberufen; außerordentliche Versammlungen sind bei wichtigen Gründen zulässig.

Die Versammlung wird durch den Vorsitzenden geleitet, der von den anwesenden Gesellschaftern mit einfacher Mehrheit zu wählen ist.

§ 8 Gesellschafterbeschlüsse

Gesellschafterbeschlüsse werden in Gesellschafterversammlungen gefasst. Beschlüsse außerhalb von Versammlungen können – soweit nicht zwingendes Recht eine besondere Form vorschreibt – auch telefonisch, schriftlich, per E-Mail oder in einer anderen vergleichbaren elektronischen Form gefasst werden, wenn alle Gesellschafter mit diesem Verfahren einverstanden sind. Auch kombinierte Beschlussfassungen sind zulässig. Wird die Gesellschafterversammlung nicht notariell beurkundet, so ist eine schriftliche Niederschrift anzufertigen, die vom Vorsitzenden zu unterzeichnen ist und die Beschlussgegenstände und den Inhalt des Beschlusses protokollieren muss. Jeder Gesellschafter hat Anspruch auf Übersendung einer Abschrift.

Abgestimmt wird in der Gesellschafterversammlung nach Geschäftsanteilen. Je 1,00 € eines Gesellschaftsanteils gewähren eine Stimme.

Gesellschafterbeschlüsse werden mit der einfachen Mehrheit der abgegebenen Stimmen gefasst, soweit nicht die Satzung oder das Gesetz eine höhere Mehrheit vorschreiben.

Beschlüsse der Gesellschafterversammlung können nur innerhalb einer Frist von zwei Monaten seit der Beschlussfassung angefochten werden. Die Anfechtungsfrist ist nur gewahrt, wenn innerhalb dieser Frist die Klage erhoben wird. Zur Erhebung der Klage ist jeder Gesellschafter und Geschäftsführer berechtigt.

§ 9 Jahresabschluss und Gewinnverteilung

Die Bilanz mit Gewinn- und Verlustrechnung, Anhang und – soweit erforderlich – der Lagebericht sind nach Beendigung des Geschäftsjahres von den Geschäftsführern innerhalb der gesetzlichen Frist nach den gesetzlichen Bestimmungen aufzustellen. Die Feststellung des Jahresabschlusses erfolgt durch die Gesellschafterversammlung.

§ 10 Gewinnverwendung

Für die Gewinnverwendung gilt die Regelung des § 29 GmbHG. Die Gesellschafterversammlung beschließt über die Gewinnverwendung, insbes. die Frage der Einstellung in die Rücklagen und der Ausschüttung.

§ 11 Verfügung über Geschäftsanteile

Die Geschäftsanteile können nur mit Zustimmung der Gesellschaft abgetreten und belastet werden.

§ 12 Einziehung von Geschäftsanteilen

Die Gesellschafterversammlung kann die Einziehung von Gesellschaftsanteilen mit Zustimmung des betroffenen Gesellschafters beschließen.

Die Einziehung des Geschäftsanteils ist ohne Zustimmung des Gesellschafters zulässig, wenn
– über das Vermögen des Gesellschafters das Insolvenzverfahren eröffnet ist oder die Eröffnung mangels Masse abgelehnt wird;
– die Zwangsvollstreckung aufgrund eines nicht nur vorläufig vollstreckbaren Titels in den Geschäftsanteil vorgenommen wird und diese Maßnahme nicht innerhalb von drei Monaten, spätestens bis zur Verwertung des Anteils, wieder aufgehoben wird;
– in der Person eines Gesellschafters ein wichtiger Grund vorliegt, insbes. wenn der Gesellschafter die Interessen der Gesellschafter grob verletzt hat und den übrigen Gesellschaftern eine weitere Zusammenarbeit nicht mehr zuzumuten ist; und
Steht ein Geschäftsanteil mehreren Gesellschaftern gemeinschaftlich zu, so genügt es, wenn der Grund bei einem Gesellschafter vorliegt.

Bei einem Beschluss über die Einziehung hat der betroffene Gesellschafter kein Stimmrecht. Mit Beschlussfassung ruhen alle Gesellschafterrechte.

Statt der Einziehung kann die Gesellschafterversammlung beschließen, dass der Geschäftsanteil ganz oder geteilt an die Gesellschaft selbst, an einen oder mehrere Gesellschafter oder von der Gesellschaft zu benennende Dritte zu gleichen Bedingungen übertragen wird.

Der ausgeschlossene Gesellschafter ist mit dem Wert seines Geschäftsanteils, der gemäß den Bestimmungen dieses Vertrages zu bestimmen ist, abzufinden.

§ 13 Erbfolge

Im Fall des Todes eines Gesellschafters treten die Erben an die Stelle des verstorbenen Gesellschafters. Sind mehrere Erben vorhanden, so haben die Erben einen gemeinschaftlichen Vertreter zu bestimmen. Solange der Vertreter nicht bestimmt ist, ruhen die Gesellschafterrechte.

§ 14 Bewertung von Geschäftsanteilen und Abfindungen

Die Abfindung bemisst sich nach dem tatsächlichen Wert des Geschäftsanteils. Zu dessen Ermittlung ist eine Auseinandersetzungsbilanz aufzustellen. Maßgeblicher Zeitpunkt ist der Tag des Ausscheidens.

Im Fall der Einziehung des Geschäftsanteils nach § 12 beträgt der zu zahlende Abfindungsbetrag nur 60 % dieses Wertes.

Die Abfindungsforderung des ausgeschiedenen Gesellschafters ist wie folgt zu erfüllen: Die Abfindungsraten sind in fünf gleichen Halbjahresraten an den ausgeschiedenen Gesellschafter zu zahlen, erstmals am auf das Ausscheiden folgenden 31.12. Der ausstehende Betrag ist mit 4 % zu verzinsen.

§ 15 Dauer der Gesellschaft

Die Dauer der Gesellschaft ist unbestimmt.

Die Gesellschaft kann von jedem Gesellschafter mit jährlicher Frist zum Ende des Geschäftsjahres gekündigt werden, frühestens zum 31.12. Die Kündigung hat durch eingeschriebenen Brief an die Geschäftsführung zu erfolgen.

Die Gesellschaft wird durch Kündigung nicht aufgelöst. Sie wird nach Ausscheiden des betroffenen Gesellschafters von den übrigen Gesellschaftern fortgesetzt. Der ausscheidende Gesellschafter ist verpflichtet, seinen Geschäftsanteil nach Wahl der Gesellschaft ganz oder teilweise an die Gesellschaft, an einen oder mehrere Gesellschafter oder an einen von der Gesellschaft zu benennenden Dritten abzutreten oder die Einziehung des Geschäftsanteils zu dulden.

Falls der Geschäftsanteil des ausscheidenden Gesellschafters nicht bis zum Ablauf der Kündigungsfrist von einem anderen übernommen oder eingezogen wird, tritt die Gesellschaft in Liquidation.

Der Anteil des ausscheidenden Gesellschafters ist mit dem Wert des Geschäftsanteils zu vergüten, der sich nach § 14 Abs. 1 ergibt. Das Recht der fristlosen Kündigung wird jedoch nicht berührt.

§ 16 Liquidation

Im Fall der Auflösung der Gesellschaft erfolgt deren Abwicklung durch den oder die Geschäftsführer als Liquidatoren, soweit nicht durch Gesellschafterbeschluss andere Liquidatoren bestellt werden.

§ 17 Bekanntmachungen

Die Bekanntmachungen der Gesellschaft erfolgen im Elektronischen Bundesanzeiger.

§ 18 Sonstiges

Die Unwirksamkeit einzelner Bestimmungen dieses Vertrages lässt die Wirksamkeit des Vertrages i. Ü. unberührt. In einem solchen Fall ist die ungültige Bestimmung durch eine Regelung zu ergänzen, die dem gewünschten wirtschaftlichen Ergebnis in rechtsgültiger Weise am nächsten kommt.

§ 19 Gründungskosten

Die Kosten für den durch die Spaltung zur Neugründung entstehenden Gründungsaufwand trägt die Gesellschaft. Dieser Gründungsaufwand wird übereinstimmend mit…… € angesetzt.

Gemäß § 125 i. V. m. § 57 UmwG werden die Festsetzungen über den Gründungsaufwand aus der Satzung der übertragenden Gesellschaft wie folgt übernommen:…… (**Anm.:**Text aus der Satzung der A-GmbH einfügen).

C. Spaltung von GmbH und Unternehmergesellschaften Teil 3 Kapitel 2

b) Zustimmungsbeschluss bei der übertragenden Gesellschaft (A-GmbH)

▶ Muster: Zustimmungsbeschluss bei der übertragenden Gesellschaft (A-GmbH)

Niederschrift über eine Gesellschafterversammlung 517

Heute, den...... erschienen vor mir, dem unterzeichnenden Notar......, mit Amtssitz in......, an der Amtsstelle in......

1. Herr A, Kaufmann, wohnhaft in......,

2. Herr B, Kaufmann, wohnhaft in......

Die Beteiligten sind mir, Notar......, persönlich bekannt. Auf Antrag beurkunde ich den vor mir abgegebenen Erklärungen gemäß Folgendes:

I. Sachverhalt

Im Handelsregister des Amtsgerichts......, ist in der Abteilung B unter Nr....... die Firma A-GmbH mit Sitz in...... eingetragen. Gesellschafter dieser Gesellschaft sind nach Angabe:
– Herr A, mit einem Gesellschaftsanteil i. H. v....... €,
– Herr B, mit einem Gesellschaftsanteil i. H. v....... €.

Das Stammkapital der Gesellschaft beträgt...... €.

II. Gesellschafterversammlung

Die vorgenannten Gesellschafter halten eine Gesellschafterversammlung der Gesellschaft unter Verzicht auf alle Frist- und Formvorschriften ab und stellen fest, dass die Gesellschafterversammlung als Vollversammlung beschlussfähig ist.

Die Gesellschafter beschließen sodann mit allen Stimmen Folgendes:

§ 1 Zustimmung zum Spaltungsplan, Gesellschaftsvertrag und zur Geschäftsführerbestellung

Dem Spaltungsplan samt dem Gesellschaftsvertrag vom...... UR.Nr....... des amtierenden Notars und der Bestellung von Herrn...... zum Geschäftsführer wird mit allen Stimmen vorbehaltlos zugestimmt.

Der Spaltungsplan ist dieser Urkunde als Anlage beigefügt.

§ 2 Kapitalherabsetzung

Die Gesellschafter erklären: Die Geschäftsanteile der Herren A und B sind voll eingezahlt. Da zur Durchführung der Abspaltung eine Kapitalherabsetzung erforderlich ist, beschließen die Gesellschafter weiter:

1. Das Stammkapital der Gesellschaft wird von...... € um...... € auf...... € (in Worten:...... Euro) herabgesetzt.

2. Die Kapitalherabsetzung erfolgt als vereinfachte Kapitalherabsetzung i. S. d. § 139 UmwG i. V. m. §§ 58a ff. GmbHG zum Ausgleich eines Spaltungsverlustes i. H. v....... €. Die Herabsetzung des Stammkapitals dient der Anpassung des Stammkapitals infolge der Spaltung, weil das verbleibende Vermögen der abspaltenden Gesellschaft das nominelle Kapital i. H. v....... € nicht mehr deckt und die Bilanz der A-GmbH keine Beträge in den Kapital- und Gewinnrücklagen ausweist. Auch ein Gewinnvortrag besteht nicht.

3. Die Nennbeträge der von den Gesellschaftern gehaltenen Geschäftsanteile betragen nach der Herabsetzung des Stammkapitals je...... €.

4. § 3 des Gesellschaftsvertrages wird wie folgt neu gefasst:

»**§ 3 Stammkapital**

Das Stammkapital der Gesellschaft beträgt...... € (in Worten:...... Euro).«

III. Verzichtserklärung, Sonstiges

Alle Gesellschafter verzichten (vorsorglich) auf die Erstattung eines Spaltungsberichts und eine Prüfung der Spaltung, Erstattung eines Spaltungsprüfungsberichts sowie die Anfechtung dieses Beschlusses.

Alle Gesellschafter erklären, dass ihnen der Spaltungsvertrag spätestens zusammen mit der Einberufung der Gesellschafterversammlung übersandt wurde und dass sie auch von allen übrigen Unterlagen Kenntnis erhalten haben.

Der Notar belehrte über die Vermögensbindung als Folge der vereinfachten Kapitalherabsetzung. Es dürfen insbes. keine Zahlungen an die Gesellschafter geleistet werden. Auch die Gewinnausschüttung ist gemäß § 58d GmbHG beschränkt.

Der beurkundende Notar wies die Gesellschafter weiter darauf hin, dass jeder von ihnen die Erteilung einer Abschrift der Niederschrift über diese Gesellschafterversammlung verlangen kann und dass ihnen ein Anspruch gegen die Geschäftsführer auf Auskunft über alle wesentlichen Angelegenheiten der anderen beteiligten Gesellschaften zusteht.

IV. Kosten, Abschriften
Die Kosten dieser Urkunde trägt die Gesellschaft.

Von dieser Urkunde erhalten

beglaubigte Abschriften:
- die Gesellschafter,
- die übertragende Gesellschaft,
- die übernehmende Gesellschaft;
- die Amtsgerichte (Registergerichte), elektronisch
- das Grundbuchamt.

Vorgelesen vom Notar, von den Erschienenen genehmigt und eigenhändig unterschrieben.

.....

c) Handelsregisteranmeldung für die übertragende GmbH bei der Abspaltung zur Neugründung (A-GmbH)

▶ Muster: Handelsregisteranmeldung für die übertragende GmbH bei der Abspaltung zur Neugründung (A-GmbH)

518

An das

Amtsgericht

– Handelsregister B –

Betrifft: HRB...... A-GmbH

In der Anlage überreiche ich, der unterzeichnende, alleinvertretungsberechtigte Geschäftsführer der A-GmbH:
1. Elektronisch beglaubigte Abschrift des Spaltungsplans vom...... – UR.Nr....... des beglaubigenden Notars –,
2. Elektronisch beglaubigte Abschrift des Zustimmungsbeschlusses der Gesellschafter der A-GmbH vom...... – UR.Nr....... des beglaubigenden Notars –, der auch den Beschluss über die Kapitalherabsetzung samt Änderung des Gesellschaftsvertrages enthält,
3. Elektronisch beglaubigte Abschrift der Verzichtserklärungen der Gesellschafter der A-GmbH auf Erstellung eines Spaltungsberichts und eines Prüfungsberichts und Durchführung einer Spaltungsprüfung vom...... –UR.Nr....... des beglaubigenden Notars –,
4. elektronisch beglaubigter Nachweis über die Zuleitung des Entwurfs des Spaltungsplans an den Betriebsrat der A-GmbH,
5. elektronisch beglaubigte Abschrift der Schlussbilanz der A-GmbH zum Spaltungsstichtag,
6. vollständigen Wortlaut des Gesellschaftsvertrages mit Satzungsbescheinigung des Notars nach § 54 Abs. 1 GmbHG

und melde zur Eintragung in das Handelsregister an:

1. Die A-GmbH hat die im Spaltungsplan vom...... – UR.Nr....... des beglaubigenden Notars – genannten Vermögensteile als Gesamtheit auf die dadurch neu gegründete B-GmbH mit dem Sitz in...... als übernehmende GmbH im Wege der Abspaltung zur Neugründung übertragen. Die Geschäftsräume befinden sich in...... Das ist auch die inländische Geschäftsanschrift.

2. Das Stammkapital der A-GmbH i. H. v....... € (in Worten:...... Euro) wurde im Wege der vereinfachten Kapitalherabsetzung nach § 139 UmwG i. V. m. §§ 58a ff. GmbHG um...... € (in Worten:...... Euro) auf...... € (in Worten:...... Euro) herabgesetzt. Die Satzung der A-GmbH wurde in § 3 entsprechend geändert.

Ich erkläre, dass der Spaltungsbeschluss der Gesellschafter der A-GmbH nicht angefochten worden ist und aufgrund der in den Spaltungsbeschlüssen enthaltenen Anfechtungsverzichtserklärungen sämtlicher Gesellschafter auch nicht angefochten werden kann.

Ich erkläre ferner gemäß § 140 UmwG, dass die durch Gesetz und Gesellschaftervertrag vorgesehenen Voraussetzungen für die Gründung dieser Gesellschaft unter Berücksichtigung der Abspaltung im Zeitpunkt dieser Anmeldung vorliegen und dass ein Fall des § 51 Abs. 1 UmwG (nicht voll eingezahlte Geschäftsanteile) nicht vorliegt (§ 52 Abs. 1 UmwG).

Die inländische Geschäftsanschrift und die Geschäftsräume befinden sich unverändert in (Ort, Straße).

….., den……   (Beglaubigungsvermerk)

d) *Handelsregisteranmeldung für die neu gegründete GmbH (B-GmbH)*

▶ Muster: Handelsregisteranmeldung für die neu gegründete GmbH (B-GmbH)

An das

Amtsgericht

– Handelsregister B –

Betrifft: Neugründung der B-GmbH mit dem Sitz in……

In der Anlage überreichen wir, der unterzeichnende alleinvertretungsberechtigte Geschäftsführer der A-GmbH – dortiges Handelsregister HRB…… – und der neu bestellte Geschäftsführer der B-GmbH:
1. Elektronisch beglaubigte Abschrift des Spaltungsplans nebst Gesellschaftsvertrag und Beschluss über die Geschäftsführerbestellung der neu gegründeten B-GmbH vom…… – UR.Nr.……. des beglaubigenden Notars –,
2. Elektronisch beglaubigte Abschrift der Zustimmungsbeschlüsse der Gesellschafter der A-GmbH vom…… – UR.Nr.……. und…… des beglaubigenden Notars –,
3. Elektronisch beglaubigte Abschriften der Verzichtserklärungen der Gesellschafter der A-GmbH auf Erstellung eines Verschmelzungsberichts und eines Prüfungsberichts vom…… und…… – UR.Nr.……. und…… des beglaubigenden Notars –,
4. elektronisch beglaubigte Abschrift der Nachweise über die Zuleitung des Entwurfs des Spaltungsplans an den Betriebsrat der A-GmbH,
5. elektronisch beglaubigte Abschrift der Gesellschafterliste,
6. elektronisch beglaubigte Abschrift des Sachgründungsberichtes,
7. Unterlagen über die Werthaltigkeit der übertragenen Vermögensteile
und melden zur Eintragung in das Handelsregister an:

Unter der Firma »B-GmbH« ist eine Gesellschaft mit beschränkter Haftung im Wege der Abspaltung durch Neugründung von der A-GmbH mit Sitz in…… neu gegründet worden. Die A-GmbH hat die im Spaltungsplan vom…… – UR.Nr.……. des beglaubigenden Notars – genannten Vermögensteile als Gesamtheit auf die dadurch neu gegründete B-GmbH mit dem Sitz in…… als übernehmende GmbH im Wege der Abspaltung zur Neugründung übertragen.

Sitz der Gesellschaft ist……

Abstrakte Vertretungsbefugnis:

Die Gesellschaft hat einen oder mehrere Geschäftsführer. Ist nur ein Geschäftsführer bestellt, so vertritt dieser die Gesellschaft allein. Sind mehrere Geschäftsführer bestellt, so wird die Gesellschaft durch zwei Geschäftsführer gemeinsam oder durch einen Geschäftsführer in Gemeinschaft mit einem Prokuristen vertreten. Durch Gesellschafterbeschluss kann einzelnen oder mehreren Geschäftsführern die Befugnis zur Einzelvertretung sowie die Befreiung von den Beschränkungen des § 181 BGB erteilt werden.

Zum ersten Geschäftsführer der Gesellschaft wurde bestellt:

(Name, Geburtsdatum, Adresse)

Konkrete Vertretungsbefugnis:

Er ist berechtigt, die Gesellschaft stets einzeln zu vertreten und von den Beschränkungen des § 181 BGB befreit. Er ist daher befugt, die Gesellschaft bei Rechtsgeschäften mit sich selbst oder als Vertreter eines Dritten uneingeschränkt zu vertreten.

Der mitunterzeichnende Geschäftsführer erklärt: Ich, [Name], versichere, dass keine Umstände vorliegen, die meiner Bestellung zum Geschäftsführer nach § 6 Abs. 2 GmbH-Gesetz entgegenstehen.

Der Geschäftsführer der Gesellschaft versichert insbesondere,

– dass er nicht wegen einer oder mehrerer vorsätzlicher Straftaten
  a) des Unterlassens der Stellung des Antrags auf Eröffnung des Insolvenzverfahrens (Insolvenzverschleppung),
  b) §§ 283–283d StGB (Insolvenzstraftaten),
  c) der falschen Angaben nach § 82 GmbHG oder § 399 AktG,
  d) der unrichtigen Darstellung nach § 400 AktG, § 331 HGB, § 313 UmwG oder § 17 PublizitätsG,
  e) nach den §§ 263 StGB (Betrug), § 263a StGB (Computerbetrug), § 264 StGB (Kapitalanlagebetrug) § 264a (Subventionsbetrug) oder den §§ 265b StGB (Kreditbetrug), 265c (Sportwettbetrug), § 265d (Manipulation von berufssportlichen Wettbewerben), §265e (Besonders schwere Fälle des Sportwettbetrugs und der Manipulation von berufssportlichen Wettbewerben), § 266 StGB (Untreue) bis § 266a StGB (Vorenthalten und Veruntreuen von Arbeitsentgelt – Nichtabführung von Sozialversicherungsbeiträgen) zu einer Freiheitsstrafe von mindestens einem Jahr
verurteilt worden ist, und
– dass ihm weder durch gerichtliches Urteil noch durch die vollziehbare Entscheidung einer Verwaltungsbehörde die Ausübung eines Berufes, eines Berufszweiges, eines Gewerbes oder eines Gewerbezweiges ganz oder teilweise untersagt wurde, und
– auch keine vergleichbaren strafrechtlichen Entscheidungen ausländischer Behörden oder Gerichte gegen ihn vorliegen, und
– dass er über die uneingeschränkte Auskunftspflicht gegenüber dem Gericht durch den Notar belehrt wurde.

Die inländische Geschäftsanschrift und die Geschäftsräume befinden sich in…… (Ort, Straße).

Wir erklären, dass der Spaltungsbeschluss der Gesellschafter der A-GmbH nicht angefochten worden ist und aufgrund der in den Spaltungsbeschlüssen enthaltenen Anfechtungsverzichtserklärungen sämtlicher Gesellschafter auch nicht angefochten werden kann.

….., den……   (Beglaubigungsvermerk)

▶ **Hinweis:**

520 Umstritten ist, ob folgende Versicherung nach § 8 GmbHG erforderlich ist (vgl. Teil 3 Rdn. 390):

»Der Geschäftsführer der B-GmbH versichert, dass ab der Eintragung der Spaltung im Handelsregister der übertragenden Gesellschaft das Vermögen der durch die Spaltung neu gegründeten Gesellschaft sich endgültig in der freien Verfügung des oder der Geschäftsführer befindet.«

e) Spaltungsvertrag bei Aufspaltung durch Aufnahme

▶ Muster: Spaltungsvertrag

UR.Nr. für……

Verhandelt zu……

am……

Vor dem unterzeichnenden

…..

Notar mit dem Amtssitz in……

erschienen:

1. Herr (Name, Geburtsdatum, Adresse),

hier handelnd nicht im eigenen Namen, sondern als alleinvertretungsberechtigter Geschäftsführer der A-GmbH mit dem Sitz in……, eingetragen im Handelsregister des Amtsgerichts…… unter HRB……,

2. Herr (Name, Geburtsdatum, Adresse),

hier handelnd nicht im eigenen Namen, sondern als alleinvertretungsberechtigter Geschäftsführer der B-GmbH mit dem Sitz in……, eingetragen im Handelsregister des Amtsgerichts…… unter HRB……,

3. Herr (Name, Geburtsdatum, Adresse),

hier handelnd nicht im eigenen Namen, sondern als alleinvertretungsberechtigter Geschäftsführer der C-GmbH mit dem Sitz in……, eingetragen im Handelsregister des Amtsgerichts…… unter HRB……

Die Erschienenen wiesen sich dem Notar gegenüber aus durch Vorlage ihrer amtlichen Lichtbildausweise.

A. Vorbemerkung

Die Erschienenen erklärten:

I.

Das Stammkapital der im Handelsregister des Amtsgerichts…… unter HRB…… eingetragenen A-GmbH beträgt…… €. An ihr sind beteiligt:
- Herr A mit einem Geschäftsanteil von…… € (Nr.……),
- Herr B mit einem Geschäftsanteil von…… € (Nr.……).

Die Geschäftsanteile wurden bei der Gründung erworben und sind voll einbezahlt, sodass keine besondere Zustimmungspflicht nach § 51 Abs. 1 UmwG besteht.

II.

Das Stammkapital der im Handelsregister des Amtsgerichts…… unter HRB…… eingetragenen B-GmbH beträgt…… €. An ihr sind beteiligt:
- Herr X mit einem Geschäftsanteil von…… € (Nr.……),
- Herr Y mit einem Geschäftsanteil von…… € (Nr.……).

Die Geschäftsanteile wurden bei der Gründung erworben und sind voll einbezahlt, sodass keine besondere Zustimmungspflicht nach § 51 Abs. 1 UmwG besteht.

III.

Das Stammkapital der im Handelsregister des Amtsgerichts…… unter HRB…… eingetragenen C-GmbH beträgt…… €. An ihr sind beteiligt:
- Herr L mit einem Geschäftsanteil von…… € (Nr.……),
- Herr M mit einem Geschäftsanteil von…… € (Nr.……).

Die Geschäftsanteile wurden bei der Gründung erworben und sind voll einbezahlt, sodass keine besondere Zustimmungspflicht nach § 51 Abs. 1 UmwG besteht.

Die A-GmbH betreibt zwei Teilbetriebe, und zwar den Teilbetrieb »Hochbau« und den Teilbetrieb »Tiefbau«. Das gesamte Vermögen der A-GmbH in Form der beiden Teilbetriebe soll auf die B-GmbH und die C-GmbH im Wege der Aufspaltung durch Aufnahme unter Auflösung ohne Abwicklung jeweils als Gesamtheit gegen Gewährung von Anteilen der B- und der C-GmbH an die Gesellschafter der A-GmbH übertragen werden.

Die Erschienenen ließen sodann folgenden

B. Spaltungsvertrag

beurkunden und erklärten, handelnd wie angegeben:

I. Beteiligte Rechtsträger, Spaltung

1. An der Abspaltung sind beteiligt die A-GmbH mit Sitz in...... als übertragender Rechtsträger und die B-GmbH mit Sitz in...... und die C-GmbH mit Sitz in...... als übernehmende Rechtsträger.

2. Die A-GmbH überträgt hiermit ihr Vermögen als Ganzes ohne Abwicklung, nachstehend unter Ziff. II. genauer bezeichnet, im Wege der Aufspaltung zur Aufnahme auf die B-GmbH und die C-GmbH. Die B-GmbH und die C-GmbH gewähren als Ausgleich hierfür den Gesellschaftern der A-GmbH jeweils Geschäftsanteile an der B-GmbH und der C-GmbH.

II. Vermögensübertragung

1. Die A-GmbH überträgt den von ihr an drei Standorten unterhaltenen Teilbetrieb »Hochbau« auf die B-GmbH mit allen Aktiva und Passiva. Die Abspaltung erfolgt auf der Basis der festgestellten Abspaltungsbilanz I der WPG-Wirtschaftsprüfungsgesellschaft vom 31.12....... und diese Spaltungsbilanz ist Bestandteil dieses Spaltungsplans.

2. Die A-GmbH überträgt den von ihr an zwei Standorten unterhaltenen Teilbetrieb »Tiefbau« auf die C-GmbH mit allen Aktiven und Passiven. Die Abspaltung erfolgt auf der Basis der festgestellten Abspaltungsbilanz II der WPG-Wirtschaftsprüfungsgesellschaft vom 31.12....... und diese Spaltungsbilanz ist Bestandteil dieses Spaltungsplans.

3. Die Bilanzen sind als Anlagen 2 und 3 dieser Urkunde als wesentlicher Bestandteil beigefügt, auf sie wird nach §§ 9, 14 Abs. 1 BeurkG verwiesen. Die Beteiligten haben auf das Vorlesen verzichtet. Stattdessen wurden ihnen die Anlagen 1 und 2 zur Durchsicht vorgelegt, von ihnen genehmigt und unterschrieben.

4. Im Einzelnen sind folgende Vermögensgegenstände Bestandteil des Teilbetriebes »Hochbau« und werden i. R. d. Spaltung auf die B-GmbH übertragen......

5. Im Einzelnen sind folgende Vermögensgegenstände Bestandteil des Teilbetriebes »Tiefbau« und werden i. R. d. Spaltung auf die C-GmbH übertragen......

6. Für sämtliche unter Ziff. 3 und 4 beschriebenen Aktiva und Passiva gilt, dass die Übertragung im Wege der Spaltung alle Wirtschaftsgüter, Gegenstände, materiellen und immateriellen Rechte, Verbindlichkeiten, Rechtsbeziehungen erfasst, die dem jeweiligen Teilbetrieb dienen oder zu dienen bestimmt sind oder sonst den Teilbetrieb betreffen oder ihm wirtschaftlich zuzurechnen sind, unabhängig davon, ob die Vermögensposition bilanzierungsfähig ist oder nicht. Die Übertragung erfolgt auch unabhängig davon, ob der Vermögensgegenstand in den Anlagen 2–7 aufgeführt ist.

Sollten die zu übertragenden Rechtspositionen des Aktiv- oder Passivvermögens bis zum Wirksamwerden der Spaltung im regelmäßigen Geschäftsgang veräußert worden sein, so werden die an ihrer Stelle getretenen vorhandenen Surrogate übertragen. Übertragen werden auch die bis zum Wirksamwerden der Spaltung erworbenen Gegenstände des Aktiv- oder Passivvermögens, soweit sie zum übertragenen Teilbetrieb gehören.

7. Bei Zweifelsfällen, die auch durch Auslegung dieses Vertrages nicht zu klären sind, gilt, dass Vermögensgegenstände, Verbindlichkeiten, Verträge und Rechtspositionen, die nach obigen Regeln nicht zugeordnet werden können, bei der übertragenden Gesellschaft verbleiben. In

diesen Fällen ist die A-GmbH berechtigt nach § 315 BGB eine Zuordnung nach ihrem Ermessen unter Berücksichtigung der wirtschaftlichen Zugehörigkeit vorzunehmen.

8. Soweit bilanzierte und nicht bilanzierte Vermögensgegenstände und Schulden in die Rechtsbeziehungen, die dem Teilbetrieb »Hochbau« wirtschaftlich zuzuordnen sind, nicht schon kraft Gesetzes mit der Eintragung der Spaltung in das Handelsregister der übertragenden Gesellschaft auf die aufnehmende Gesellschaft übergehen, wird die übertragende Gesellschaft diese Vermögensgegenstände oder Schulden sowie die Rechtsbeziehungen auf die B-GmbH übertragen. Ist die Übertragung im Außenverhältnis nicht oder nur mit unverhältnismäßigen Aufwand möglich oder unzweckmäßig, werden sich die beteiligten Gesellschaften im Innenverhältnis so stellen, wie sie stehen würden, wenn die Übertragung der Vermögensgegenstände und Passiva bzw. Rechtsbeziehungen auch im Außenverhältnis mit Wirkung zum Vollzug dabei erfolgt wäre. Wird die übertragende Gesellschaft aus Verbindlichkeiten in Anspruch genommen, die der aufnehmenden zuzuordnen sind, ist diese zur Freistellung verpflichtet oder hat Ausgleich zu leisten.

9. Auf die Anlagen 1–7, die dieser Urkunde als wesentlicher Bestandteil beigefügt sind, wird gemäß § 14 Abs. 1 BeurkG verwiesen. Die Beteiligten haben auf das Vorlesen verzichtet, stattdessen wurden ihnen die Anlagen 1–7 zur Kenntnisnahme vorgelegt, sie wurden von ihnen genehmigt und nach § 14 BeurkG unterschrieben.

10. Soweit für die Übertragung von bestimmten Gegenständen die Zustimmung eines Dritten an einer öffentlich-rechtlichen Genehmigung oder eine Registrierung erforderlich ist, werden sich die übertragende und die aufnehmende Gesellschaft bemühen, die Zustimmung, Genehmigung oder Registrierung beizubringen. Falls dies nicht oder nur mit unverhältnismäßig hohem Aufwand möglich sein würde, werden sich die übertragende und die aufnehmende Gesellschaft im Innenverhältnis zu stellen, als wäre die Übertragung der Gegenstände des ausgegliederten Vermögens mit Wirkung zum Vollzugsdatum erfolgt.

11. Berichtigungen bei Registern, Grundbuch, Markenerklärungen

Die A-GmbH und die B- und die C-GmbH bewilligen und beantragen, nach Wirksamwerden der Spaltung die von der Spaltung betroffenen Markenregister entsprechenden Vorschriften dieses Vertrages zu berichtigen.

Die A-GmbH und die B-und die C-GmbH bewilligen und beantragen nach Wirksamwerden der Ausgliederung das Grundbuch bei den unter Ziff. 2 beschriebenen Grundstücken und dinglichen Rechten zu berichtigen.

III. Gegenleistung, Umtauschverhältnis bei der B-GmbH

1. Die B-GmbH gewährt folgende Anteile:
a) dem Gesellschafter A einen Geschäftsanteil im Nennbetrag von...... € (Nr.......),
b) dem Gesellschafter B einen Geschäftsanteil im Nennbetrag von...... € (Nr.......).

Die Geschäftsanteile werden kostenfrei und mit Gewinnberechtigung ab dem...... gewährt.

2. Zur Durchführung der Abspaltung wird die B-GmbH ihr Stammkapital von bislang...... € um...... € auf...... € erhöhen, und zwar durch Bildung eines Geschäftsanteils im Nennbetrag von...... € und eines weiteren Geschäftsanteils im Nennbetrag von...... €.

Als bare Zuzahlungen erhalten...... einen Betrag von...... € und...... einen Betrag von...... €.

3. Das Umtauschverhältnis beträgt......

4. Die Aufteilung der Anteile erfolgt entsprechend dem Verhältnis der Beteiligungen der Gesellschafter an der A-GmbH.

5. Der Gesamtwert zu dem die erbrachte Sacheinlage von der aufnehmenden Gesellschaft übernommen wird, entspricht dem handelsrechtlichen Buchwert des übertragenen Vermögens zum Spaltungsstichtag. Soweit der Buchwert des übertragenen Nettovermögens den Nennbetrag der dafür gewährten Geschäftsanteile übersteigt, wird der Differenzbetrag in die Kapitalrücklage der aufnehmenden Gesellschaft eingestellt. Eine Vergütung für den Differenzbetrag wird nicht geschuldet.

IV. Gegenleistung, Umtauschverhältnis bei der C-GmbH

1. Die C-GmbH gewährt folgende Anteile:
a) dem Gesellschafter L einen Geschäftsanteil im Nennbetrag von...... € (Nr.......),
b) dem Gesellschafter M einen Geschäftsanteil im Nennbetrag von...... € (Nr.......).

Die Geschäftsanteile werden kostenfrei und mit Gewinnberechtigung ab dem...... gewährt.

2. Zur Durchführung der Abspaltung wird die C-GmbH ihr Stammkapital von bislang...... € um...... € auf...... € erhöhen, und zwar durch Bildung eines Geschäftsanteils im Nennbetrag von...... € und eines weiteren Geschäftsanteils im Nennbetrag von...... €.

Als bare Zuzahlungen erhalten...... einen Betrag von...... € und...... einen Betrag von...... €.

3. Das Umtauschverhältnis beträgt......

4. Die Aufteilung der Anteile erfolgt entsprechend dem Verhältnis der Beteiligungen der Gesellschafter an der A-GmbH.

5. Der Gesamtwert zu dem die erbrachte Sacheinlage von der aufnehmenden Gesellschaft übernommen wird, entspricht dem handelsrechtlichen Buchwert des übertragenen Vermögens zum Spaltungsstichtag. Soweit der Buchwert des übertragenen Nettovermögens den Nennbetrag der dafür gewährten Geschäftsanteile übersteigt, wird der Differenzbetrag in die Kapitalrücklage der aufnehmenden Gesellschaft eingestellt. Eine Vergütung für den Differenzbetrag wird nicht geschuldet.

V. Spaltungsstichtag

Die Übernahme des vorbezeichneten Vermögens der A-GmbH erfolgt im Innenverhältnis mit Wirkung zum Ablauf des...... Vom...... an gelten alle Handlungen und Geschäfte der A-GmbH, die das übertragene Vermögen betreffen, als für Rechnung der B- bzw. der C-GmbH vorgenommen.

VI. Besondere Rechte

Besondere Rechte i. S. v. § 126 Abs. 1 Nr. 7 UmwG bestehen bei der B- und der C-GmbH nicht. Einzelnen Anteilsinhabern werden i. R. d. Spaltung keine besonderen Rechte gewährt.

VII. Besondere Vorteile

Besondere Vorteile i. S. v. § 126 Abs. 1 Nr. 8 UmwG werden weder einem Mitglied eines Vertretungs- oder Aufsichtsorgans, noch dem Abschlussprüfer oder dem Spaltungsprüfer gewährt.

VIII. Folgen der Abspaltung für Arbeitnehmer und ihre Vertretungen

Durch die Abspaltung ergeben sich für die Arbeitnehmer und ihre Vertretungen die nachgenannten Folgen:......

Insoweit sind folgende Maßnahmen vorgesehen:......

IX. Abfindungsangebot

Ein Abfindungsangebot ist nach §§ 29, 125 UmwG nicht erforderlich.

X. Sonstige Vereinbarungen

1. Sollten für die Übertragung der in Ziff. II. genannten Sachen, Rechte, Vertragsverhältnisse und Verbindlichkeiten nach § 132 UmwG weitere Voraussetzungen geschaffen oder staatliche Genehmigungen eingeholt werden müssen, so verpflichten sich die Vertragsbeteiligten, alle erforderlichen Erklärungen abzugeben und Handlungen vorzunehmen.

2. Sollte eine Übertragung der in Ziff. II. genannten Sachen, Rechte, Vertragsverhältnisse und Verbindlichkeiten im Wege der Spaltung auf die B-GmbH rechtlich nicht möglich sein, so verpflichten sich die Vertragsbeteiligten, alle erforderlichen Erklärungen abzugeben und alle erforderlichen Handlungen vorzunehmen, die rechtlich zu dem beabsichtigten Vermögensübergang auf die B-GmbH in anderer Weise führen.

3. Sollten einzelne Bestimmungen dieser Urkunde unwirksam oder nicht durchführbar sein, so soll dies die Gültigkeit dieses Vertrages i. Ü. nicht berühren. An die Stelle der unwirksamen oder undurchführbaren Vereinbarung soll eine solche treten, die dem wirtschaftlichen Ergebnis der unwirksamen oder undurchführbaren Klausel in zulässiger Weise am nächsten kommt.

XI. Bedingungen

Der Spaltungsvertrag steht unter der aufschiebenden Bedingung, dass:

1. die formgerechten Zustimmungsbeschlüsse der Gesellschafterversammlungen der Gesellschaften bis zum…… vorliegen und

2. die Gesellschafter der B- und der C-GmbH im Zustimmungsbeschluss die vorstehende Kapitalerhöhung zur Durchführung der Spaltung beschließen.

XII. Hinweise, Vollmacht

Der Notar hat auf Folgendes hingewiesen:
- Die Spaltung wird erst mit der Eintragung in das Handelsregister der übertragenden Gesellschaft wirksam.
- Die Beteiligten beauftragen und ermächtigen den Notar, die zum Vollzug notwendigen Genehmigungen und Zustimmungserklärungen einzuholen. Genehmigungen werden mit Eingang beim Notar wirksam. Dies gilt nicht für die Versagung von Genehmigungen oder deren Erteilung unter Bedingungen oder Auflagen.
- Nach § 133 UmwG haften für die vor dem Wirksamwerden der Spaltung begründeten Verbindlichkeiten des übertragenden Rechtsträgers alle an der Spaltung beteiligten Rechtsträger gesamtschuldnerisch; Gläubiger können für ihre Verbindlichkeiten Sicherheitsleistung nach §§ 125, 22 UmwG verlangen. Daneben können weitere Haftungsvorschriften anwendbar sein, insbes. § 25 HGB und § 75 AO.
- Bei der Anmeldung der Abspaltung hat der Geschäftsführer der übertragenden Gesellschaft zu erklären, dass die durch Gesetz und Satzung vorgesehenen Voraussetzungen für die Gründung dieser Gesellschaft auch unter Berücksichtigung der Spaltung im Zeitpunkt der Anmeldung vorliegen.
- Bei nicht vollständig eingezahlten Stammeinlagen bestehen nach §§ 51 Abs. 1, 125 UmwG besondere Zustimmungspflichten.
- Die Mitglieder des Vertretungsorgans und auch eines Aufsichtsorgans sind nach § 25 UmwG als Gesamtschuldner zum Schadensersatz bei Verletzung ihrer Pflichten nach dem UmwG verpflichtet.
- Die Spaltung kann zur Grunderwerbsteuer führen.

XIII. Kosten, Abschriften

Die durch diesen Vertrag und ihre Durchführung bei beiden Gesellschaften entstehenden Kosten trägt die B-GmbH. Sollte die Spaltung nicht wirksam werden, tragen die Kosten dieses Vertrages die Gesellschaften zu gleichen Teilen; alle übrigen Kosten trägt die jeweils betroffene Gesellschaft allein.

Von dieser Urkunde erhalten

beglaubigte Abschriften:
- die beteiligten Gesellschaften,
- die Gesellschafter der A- und der B- und der C-GmbH;
- die Registergerichte in…… (elektronisch),
- die Grundbuchämter in……,
- die beteiligten Betriebsräte,
- Finanzamt § 54 EStDV.

Eine einfache Abschrift mit Veräußerungsanzeige erhält das Finanzamt (Grunderwerbsteuerstelle).

Diese Niederschrift nebst allen Anlagen wurde den Erschienenen vom Notar vorgelesen, von ihnen genehmigt und von ihnen und dem Notar eigenhändig, wie folgt, unterschrieben.

…..

f) Zustimmungsbeschluss bei einer übernehmenden Gesellschaft (B-GmbH)

▶ Muster: Zustimmungsbeschluss bei einer übernehmenden Gesellschaft (B-GmbH)

522 **Niederschrift über eine Gesellschafterversammlung**

Heute, den...... erschienen vor mir, dem unterzeichnenden Notar......, mit Amtssitz in......, an der Amtsstelle in......

1. Herr W, Kaufmann, wohnhaft in......,

2. Herr Z, Kaufmann, wohnhaft in......

Beide Beteiligte sind mir, Notar......, persönlich bekannt.

Auf Antrag beurkunde ich den vor mir abgegebenen Erklärungen gemäß Folgendes:

I. Sachverhalt

Die Erschienenen erklären:

Wir sind Gesellschafter der B-GmbH, eingetragen im Handelsregister des Amtsgerichts...... unter HRB......, mit einem Stammkapital von...... €.

Herr W hält einen Geschäftsanteil i. H. v....... € (Nr.......).

Herr Z hält einen Geschäftsanteil i. H. v....... € (Nr.......).

Die Geschäftsanteile sind voll einbezahlt.

II. Gesellschafterversammlung

Die vorgenannten Gesellschafter halten unter Verzicht auf alle Frist- und Formvorschriften eine Gesellschafterversammlung ab und stellen fest, dass die Gesellschafterversammlung als Vollversammlung beschlussfähig ist.

Die Gesellschafter beschließen mit allen Stimmen Folgendes:

§ 1 Zustimmung zum Spaltungsvertrag

Dem Spaltungsvertrag, Urkunde des Notars...... in...... vom...... UR.Nr....... wird mit allen Stimmen vorbehaltlos zugestimmt. Er ist dieser Niederschrift als Anlage beigefügt.

§ 2 Kapitalerhöhung

1. Das Stammkapital der Gesellschaft i. H. v....... € wird um...... € auf...... € zur Durchführung der Spaltung gemäß § 55 UmwG erhöht.

2. Es werden zwei Geschäftsanteile i. H. v. je...... € gebildet (Nrn.......). Zur Übernahme dieser Geschäftsanteile werden jeweils Herr A und Herr B, Gesellschafter der abspaltenden A-GmbH, zugelassen.

3. Sie leisten ihre Stammeinlage durch die Übertragung des abgespaltenen Vermögens der A-GmbH nach Maßgabe des unter § 1 genannten Spaltungsvertrages. Der Übertragung des Vermögens liegt die in dieser Urkunde als Anlage beigefügte Spaltungsbilanz der A-GmbH zum 31.12..... zugrunde.

4. Die neuen Geschäftsanteile sind ab 01.01..... gewinnbezugsberechtigt.

Mit der Durchführung der Verschmelzung sind die neuen Stammeinlagen in voller Höhe bewirkt.

§ 3 Satzungsänderung

Der Gesellschaftsvertrag der B-GmbH wird in § 3 (Stammkapital) wie folgt geändert:

»Das Stammkapital der Gesellschaft beträgt...... € (in Worten:...... Euro).«

III. Verzichtserklärungen, Sonstiges

§ 1 Sonstiges

Alle Gesellschafter verzichten (vorsorglich) auf eine Prüfung der Spaltung, Erstellung eines Spaltungsberichts und Erstellung eines Spaltungsprüfungsberichts.

Alle Gesellschafter erklären, dass ihnen der Spaltungsvertrag spätestens zusammen mit der Einberufung der Gesellschafterversammlung übersandt wurde.

Alle Gesellschafter verzichten ausdrücklich auf eine Anfechtung dieses Beschlusses.

§ 2 Kosten, Abschriften

Die Kosten dieser Urkunde trägt die Gesellschaft.

Von dieser Urkunde erhalten

beglaubigte Abschriften:
- die Gesellschafter,
- die übertragende Gesellschaft,
- die übernehmende Gesellschaft;
- die Amtsgerichte (Registergerichte), elektronisch
- das Grundbuchamt
- Finanzamt.

Verlesen vom Notar und von den Beteiligten genehmigt und eigenhändig unterschrieben.

g) *Zustimmungsbeschluss bei der übertragenden Gesellschaft (A-GmbH)*

▶ **Muster: Zustimmungsbeschluss bei der übertragenden Gesellschaft (A-GmbH)**

Niederschrift über eine Gesellschafterversammlung   523

Heute, den...... erschienen vor mir, dem unterzeichnenden Notar......, mit Amtssitz in......, an der Amtsstelle in......

1. Herr A, Kaufmann, wohnhaft in......,

2. Herr B, Kaufmann, wohnhaft in......

Die Beteiligten sind mir, Notar......, persönlich bekannt. Auf Antrag beurkunde ich den vor mir abgegebenen Erklärungen gemäß Folgendes:

I. Sachverhalt

Im Handelsregister des Amtsgerichts......, ist in der Abteilung B unter Nr....... die Firma A-GmbH mit Sitz in...... eingetragen. Gesellschafter dieser Gesellschaft sind nach Angabe:
- Herr A mit einem Gesellschaftsanteil i. H. v....... € (Nr.......),
- Herr B mit einem Gesellschaftsanteil i. H. v....... € (Nr.......).

Das Stammkapital der Gesellschaft beträgt...... €.

II. Gesellschafterversammlung

Die vorgenannten Gesellschafter halten eine Gesellschafterversammlung der Gesellschaft unter Verzicht auf alle Frist- und Formvorschriften ab, und stellen fest, dass die Gesellschafterversammlung als Vollversammlung beschlussfähig ist.

Die Gesellschafter beschließen sodann mit allen Stimmen Folgendes:

Dem Spaltungsvertrag vom...... UR.Nr....... des amtierenden Notars über die Aufspaltung der A-GmbH auf die B- und die C-GmbH wird mit allen Stimmen vorbehaltlos zugestimmt.

Der Spaltungsvertrag ist dieser Urkunde als Anlage beigefügt.

III. Verzichtserklärung, Sonstiges

Alle Gesellschafter verzichten (vorsorglich) auf die Erstattung eines Spaltungsberichts und eine Prüfung der Spaltung, Erstattung eines Spaltungsprüfungsberichts sowie die Anfechtung dieses Beschlusses.

Alle Gesellschafter erklären, dass ihnen der Spaltungsvertrag spätestens zusammen mit der Einberufung der Gesellschafterversammlung übersandt wurde und dass sie auch von allen übrigen Unterlagen Kenntnis erhalten haben.

Der Notar belehrte über die Vermögensbindung als Folge der vereinfachten Kapitalherabsetzung. Es dürfen insbes. keine Zahlungen an die Gesellschafter geleistet werden. Auch die Gewinnausschüttung ist gemäß § 58d GmbHG beschränkt.

Der beurkundende Notar wies die Gesellschafter weiter darauf hin, dass jeder von ihnen die Erteilung einer Abschrift der Niederschrift über diese Gesellschafterversammlung verlangen kann und dass ihnen ein Anspruch gegen die Geschäftsführer auf Auskunft über alle wesentlichen Angelegenheiten der anderen beteiligten Gesellschaften zusteht.

IV. Kosten, Abschriften

Die Kosten dieser Urkunde trägt die Gesellschaft. Von dieser Urkunde erhalten

beglaubigte Abschriften:
- die Gesellschafter,
- die übertragende Gesellschaft,
- die übernehmende Gesellschaft;
- die Amtsgerichte (Registergerichte), elektronisch
- das Grundbuchamt,
- Finanzamt.

Vorgelesen vom Notar, von den Erschienenen genehmigt und eigenhändig unterschrieben.

......

h) *Handelsregisteranmeldung für die übertragende GmbH bei der Abspaltung zur Aufnahme (A-GmbH)*

▶ Muster: Handelsregisteranmeldung für die übertragende GmbH bei der Abspaltung zur Aufnahme (A-GmbH)

An das

Amtsgericht

– Handelsregister B –

Betrifft: HRB...... – A-GmbH

In der Anlage überreiche ich, der unterzeichnende, alleinvertretungsberechtigte Geschäftsführer der A-GmbH:
1. Elektronisch beglaubigte Abschrift des Spaltungsplans vom...... – UR.Nr....... des beglaubigenden Notars –,
2. Elektronisch beglaubigte Abschrift der Zustimmungsbeschlüsse der Gesellschafter der A-GmbH vom...... – UR.Nr....... des beglaubigenden Notars –, der auch den Beschluss über die Kapitalherabsetzung samt Änderung des Gesellschaftsvertrages enthält; der B-GmbH vom...... – UR.Nr....... des beglaubigenden Notars –; der C-GmbH vom...... – UR.Nr....... des beglaubigenden Notars –,
3. Elektronisch beglaubigte Abschrift der Verzichtserklärungen der Gesellschafter der A-GmbH, der B- und der C-GmbH auf Erstellung eines Spaltungsberichts und eines Prüfungsberichts und Durchführung einer Spaltungsprüfung vom...... – UR.Nr....... des beglaubigenden Notars –,
4. Elektronisch beglaubigte Abschrift des Nachweises über die Zuleitung des Entwurfs des Spaltungsvertrages an den Betriebsrat der A-GmbH,
5. Elektronisch beglaubigte Abschrift der Schlussbilanz der A-GmbH zum Spaltungsstichtag und melde zur Eintragung in das Handelsregister an:

Die A-GmbH hat im Spaltungsvertrag vom...... – UR.Nr....... des beglaubigenden Notars – ihr Vermögen als Gesamtheit unter Auflösung ohne Abwicklung auf die B-GmbH mit dem Sitz in...... (eingetragen im Handelsregister des Amtsgerichts...... unter HRB......) und die C-

GmbH mit dem Sitz in...... (eingetragen im Handelsregister des Amtsgerichts...... unter HRB......) als übernehmende GmbH im Wege der Aufspaltung zur Aufnahme gegen Gewährung von Anteilen an die Gesellschafter der A-GmbH übertragen.

Die A-GmbH ist damit erloschen.

Ich erkläre, dass die Spaltungsbeschlüsse aller an der Spaltung beteiligten Gesellschaften nicht angefochten worden sind und aufgrund der in den allen Spaltungsbeschlüssen enthaltenen Anfechtungsverzichtserklärungen sämtlicher Gesellschafter auch nicht angefochten werden können.

Ich erkläre ferner, dass ein Fall des § 51 Abs. 1 UmwG (nicht voll eingezahlte Geschäftsanteile) nicht vorliegt (§ 52 Abs. 1 UmwG).

....., den......   (Beglaubigungsvermerk)

i) Handelsregisteranmeldung für eine aufnehmende GmbH bei der Abspaltung zur Aufnahme (B-GmbH)

▶ Muster: Handelsregisteranmeldung für eine aufnehmende GmbH bei der Abspaltung zur Aufnahme (B-GmbH)

An das

Amtsgericht

– Handelsregister B –

Betrifft: HRB...... – B-GmbH

In der Anlage überreiche ich, der unterzeichnende, alleinvertretungsberechtigte Geschäftsführer der B-GmbH:
1. Elektronisch beglaubigte Abschrift des Spaltungsplans vom...... – UR.Nr....... des beglaubigenden Notars –,
2. Elektronisch beglaubigte Abschrift der Zustimmungsbeschlüsse der Gesellschafter der A-GmbH vom...... – UR.Nr....... des beglaubigenden Notars –, der auch den Beschluss über die Kapitalherabsetzung samt Änderung des Gesellschaftsvertrages enthält; der B-GmbH vom...... – UR.Nr....... des beglaubigenden Notars –, der C-GmbH vom...... – UR.Nr....... des beglaubigenden Notars –,
3. Elektronisch beglaubigte Abschrift der Verzichtserklärungen der Gesellschafter der A-GmbH, der B- und der C-GmbH auf Erstellung eines Spaltungsberichts und eines Prüfungsberichts und Durchführung einer Spaltungsprüfung vom...... UR.Nr....... des beglaubigenden Notars –,
4. Nachweis über die Zuleitung des Entwurfs des Spaltungsvertrages an den Betriebsrat der B-GmbH,
5. Abspaltungsbilanz der A-GmbH zum Spaltungsstichtag als Wertnachweis für den übertragenen Teilbetrieb,
6. vollständigen Wortlaut des Gesellschaftsvertrages mit Satzungsbescheinigung des Notars nach § 54 Abs. 1 GmbHG,
7. aktualisierte Liste der Gesellschafter, unter Angabe der Gesellschafter, denen die neuen Geschäftsanteile gewährt wurden,

und melde zur Eintragung in das Handelsregister an:

1. Das Stammkapital der B-GmbH i. H. v....... € (in Worten:...... Euro) wurde im Wege der Kapitalerhöhung zur Durchführung der Spaltung um...... € (in Worten:...... Euro) auf...... € (in Worten:...... Euro) erhöht. Die Satzung der B-GmbH wurde in § 3 entsprechend geändert.

2. Die A-GmbH hat im Spaltungsvertrag vom...... – UR.Nr....... des beglaubigenden Notars – ihr Vermögen als Gesamtheit unter Auflösung ohne Abwicklung auf die B-GmbH mit dem Sitz in...... (eingetragen im Handelsregister des Amtsgerichts...... unter HRB......) und die C-GmbH mit dem Sitz in...... (eingetragen im Handelsregister des Amtsgerichts...... unter

HRB......) als übernehmende GmbH im Wege der Aufspaltung zur Aufnahme gegen Gewährung von Anteilen an die Gesellschafter der A-GmbH übertragen.

Ich erkläre, dass die Spaltungsbeschlüsse aller an der Spaltung beteiligten Gesellschaften nicht angefochten worden sind und aufgrund der in den allen Spaltungsbeschlüssen enthaltenen Anfechtungsverzichtserklärungen sämtlicher Gesellschafter auch nicht angefochten werden können.

Ich erkläre ferner, dass ein Fall des § 51 Abs. UmwG (nicht voll eingezahlte Geschäftsanteile) nicht vorliegt (§ 52 Abs. 1 UmwG).

Die inländische Geschäftsanschrift und die Geschäftsräume befinden sich unverändert in (Ort, Straße).

….., den……   (Beglaubigungsvermerk)

3. Ausgliederung zur Neugründung auf zwei neu gegründete GmbH

526 Die A-GmbH gliedert auf die B- und die C-GmbH ihr gesamtes Vermögen aus und wird zur Holding (vgl. zum Problem der Totalausgliederung Teil 3 Rdn. 268, Teil 3 Rdn. 353).

a) Ausgliederungsplan

▶ Muster: Ausgliederungsplan

527 UR.Nr. für……

Verhandelt zu……

am……

Vor dem unterzeichnenden

…..

Notar mit dem Amtssitz in……

erschien:

Herr (Name, Geburtsdatum, Adresse),

hier handelnd nicht im eigenen Namen, sondern als alleinvertretungsberechtigter Geschäftsführer der A GmbH mit dem Sitz in…… eingetragen im Handelsregister des Amtsgerichts…… unter HRB……

Der Erschienene wies sich dem Notar gegenüber aus durch Vorlage seines amtlichen Lichtbildausweises.

A. Vorbemerkung

Der Erschienene erklärte:

Das Stammkapital der im Handelsregister des Amtsgerichts…… unter HRB…… eingetragenen A-GmbH beträgt…… €. An ihr sind beteiligt:
– Herr A mit einer Geschäftsanteil von…… € (Nr…….),
– Herr B mit einer Geschäftsanteil von…… € (Nr…….).

Die Geschäftsanteile wurden bei der Gründung erworben und sind voll einbezahlt, sodass keine besondere Zustimmungspflicht nach § 51 Abs. 1 UmwG besteht.

Die A-GmbH betreibt zwei Teilbetriebe, und zwar den Teilbetrieb »Hochbau« und den Teilbetrieb »Tiefbau«. Das gesamte Vermögen der A-GmbH in Form der beiden Teilbetriebe soll auf die B-GmbH und die C-GmbH im Wege der Ausgliederung zur Neugründung ohne Abwicklung jeweils als Gesamtheit gegen Gewährung von Anteilen der B- und der C-GmbH an die Gesellschafter der A-GmbH übertragen werden.

Der Erschienene ließ sodann folgenden

Ausgliederungsplan

beurkunden und erklärte, handelnd wie angegeben:

I. Beteiligte Rechtsträger, Ausgliederung

1. An der Abspaltung sind beteiligt die A-GmbH mit Sitz in...... als übertragender Rechtsträger und die B-GmbH mit Sitz in...... und die C-GmbH mit Sitz in...... als übernehmende neu gegründete Rechtsträger.

2. Die A-GmbH überträgt hiermit ihr Vermögen als Ganzes ohne Abwicklung, nachstehend unter Ziff. II. genauer bezeichnet, im Wege der Ausgliederung zur Neugründung auf die B-GmbH und die C-GmbH. Die B-GmbH und die C-GmbH gewähren als Ausgleich hierfür der A-GmbH jeweils einen Geschäftsanteil an der B-GmbH und der C-GmbH nach Maßgabe der nachfolgenden Bestimmungen.

3. Die Firma der im Wege der Spaltung neu zu gründenden ersten Gesellschaft lautet:

B-GmbH.

Ihr Sitz ist......

Vorbehaltlich der Genehmigung der Gesellschafterversammlung der A-GmbH wird für die B-GmbH der als Anlage 1 zu dieser Urkunde genommene Gesellschaftsvertrag festgestellt. Auf die Anlage wird verwiesen, sie wurde mit verlesen und von dem Beteiligten genehmigt.

4. Die Firma der im Wege der Spaltung neu zu gründenden zweiten Gesellschaft lautet:

C-GmbH.

Ihr Sitz ist......

Vorbehaltlich der Genehmigung der Gesellschafterversammlung der A-GmbH wird für die B-GmbH der als Anlage 2 zu dieser Urkunde genommene Gesellschaftsvertrag festgestellt. Auf die Anlage wird verwiesen, sie wurde mit verlesen und von dem Beteiligten genehmigt.

II. Vermögensübertragung

1. Die A-GmbH überträgt den von ihr an drei Standorten unterhaltenen Teilbetrieb »Hochbau« auf die B-GmbH mit allen Aktiva und Passiva. Die Ausgliederung erfolgt auf der Basis der festgestellten Ausgliederungsbilanz I der WPG-Wirtschaftsprüfungsgesellschaft vom 31.12....... Diese Bilanz ist Bestandteil dieses Spaltungsplans.

2. Die A-GmbH überträgt den von ihr an zwei Standorten unterhaltenen Teilbetrieb »Tiefbau« auf die C-GmbH mit allen Aktiva und Passiva. Die Ausgliederung erfolgt auf der Basis der festgestellten Ausgliederungsbilanz II der WPG-Wirtschaftsprüfungsgesellschaft vom 31.12....... Diese Bilanz ist Bestandteil dieses Spaltungsplans.

3. Die Bilanzen sind als Anlagen 3 und 4 dieser Urkunde als wesentlicher Bestandteil beigefügt, auf sie wird nach §§ 9, 14 Abs. 1 BeurkG verwiesen. Die Beteiligten haben auf das Vorlesen verzichtet. Stattdessen wurden ihnen die Anlagen 1 und 2 zur Durchsicht vorgelegt, von ihnen genehmigt und unterschrieben.

4. Im Einzelnen sind folgende Vermögensgegenstände Bestandteil des Teilbetriebes »Hochbau« und werden i. R. d. Ausgliederung auf die B-GmbH übertragen......

5. Im Einzelnen sind folgende Vermögensgegenstände Bestandteil des Teilbetriebes »Tiefbau« und werden i. R. d. Ausgliederung auf die C-GmbH übertragen......

6. Für sämtliche unter Ziff. 3 und 4 beschriebenen Aktiva und Passiva gilt, dass die Übertragung im Wege der Ausgliederung alle Wirtschaftsgüter, Gegenstände, materiellen und immateriellen Rechte, Verbindlichkeiten, Rechtsbeziehungen erfasst, die dem jeweiligen Teilbetrieb dienen oder zu dienen bestimmt sind oder sonst den Teilbetrieb betreffen oder ihm wirtschaftlich zuzurechnen sind, unabhängig davon, ob die Vermögensposition bilanzierungsfähig ist oder nicht. Die Übertragung erfolgt auch unabhängig davon, ob der Vermögensgegenstand in den Anlagen 5–9 aufgeführt ist.

Sollten die zu übertragenden Rechtspositionen des Aktiv- oder Passivvermögens bis zum Wirksamwerden der Ausgliederung im regelmäßigen Geschäftsgang veräußert worden sein, so werden die an ihrer Stelle getretenen vorhandenen Surrogate übertragen. Übertragen werden auch die bis zum Wirksamwerden der Ausgliederung erworbenen Gegenstände des Aktiv- oder Passivvermögens, soweit sie zum übertragenen Teilbetrieb gehören.

7. In Zweifelsfällen, die auch durch Auslegung dieses Vertrages nicht zu klären sind, gilt, dass Vermögensgegenstände, Verbindlichkeiten, Verträge und Rechtspositionen, die nach obigen Regeln nicht zugeordnet werden können, bei der übertragenden Gesellschaft verbleiben. In diesen Fällen ist die A-GmbH berechtigt nach § 315 BGB eine Zuordnung nach ihrem Ermessen unter Berücksichtigung der wirtschaftlichen Zugehörigkeit vorzunehmen.

8. Soweit bilanzierte und nicht bilanzierte Vermögensgegenstände und Schulden in die Rechtsbeziehungen, die dem Teilbetrieb »Hochbau« wirtschaftlich zuzuordnen sind, nicht schon kraft Gesetzes mit der Eintragung der Ausgliederung in das Handelsregister der übertragenden Gesellschaft auf die aufnehmende Gesellschaft übergehen, wird die übertragende Gesellschaft diese Vermögensgegenstände oder Schulden sowie die Rechtsbeziehungen auf die B-GmbH übertragen. Ist die Übertragung im Außenverhältnis nicht oder nur mit unverhältnismäßigen Aufwand möglich oder unzweckmäßig, werden sich die beteiligten Gesellschaften im Innenverhältnis so stellen, wie sie stehen würden, wenn die Übertragung der Vermögensgegenstände und Passiva bzw. Rechtsbeziehungen auch im Außenverhältnis mit Wirkung zum Vollzug dabei erfolgt wäre. Wird die übertragende Gesellschaft aus Verbindlichkeiten in Anspruch genommen, die der aufnehmenden zuzuordnen sind, ist diese zur Freistellung verpflichtet oder hat Ausgleich zu leisten.

9. Auf die Anlagen 5–9, die dieser Urkunde als wesentlicher Bestandteil beigefügt sind, wird gemäß § 14 Abs. 1 BeurkG verwiesen. Die Beteiligten haben auf das Vorlesen verzichtet, stattdessen wurden ihnen die Anlagen 5–9 zur Kenntnisnahme vorgelegt, sie wurden von ihnen genehmigt und nach § 14 BeurkG unterschrieben.

10. Soweit für die Übertragung von bestimmten Gegenständen die Zustimmung eines Dritten an einer öffentlich-rechtlichen Genehmigung oder eine Registrierung erforderlich ist, werden sich die übertragende und die aufnehmende Gesellschaft bemühen, die Zustimmung, Genehmigung oder Registrierung beizubringen. Falls dies nicht oder nur mit unverhältnismäßig hohem Aufwand möglich sein würde, werden sich die übertragende und die aufnehmende Gesellschaft im Innenverhältnis so stellen, als wäre die Übertragung der Gegenstände des ausgegliederten Vermögens mit Wirkung zum Vollzugsdatum erfolgt.

11. Berichtigungen bei Registern, Grundbuch, Markenerklärungen

Die A-GmbH und die B- und die C-GmbH bewilligen und beantragen, nach Wirksamwerden der Ausgliederung die von der Ausgliederung betroffenen Markenregister entsprechenden Vorschriften dieses Vertrages zu berichten.

Die A-GmbH und die B- und die C-GmbH bewilligen und beantragen, nach Wirksamwerden der Ausgliederung das Grundbuch bei den unter Ziff. 2 beschriebenen Grundstücken und dinglichen Rechten zu berichtigen.

III. Gegenleistung, Umtauschverhältnis bei der B-GmbH

1. Die B-GmbH gewährt der A-GmbH einen Geschäftsanteil (Nr. 1) im Nennbetrag i. H. v. .... €.

Der Geschäftsanteil wird kostenfrei und mit Gewinnberechtigung ab dem...... gewährt.

2. Bare Zuzahlungen sind nicht zu leisten.

3. Das Umtauschverhältnis beträgt......

4. Der Gesamtwert zu dem die erbrachte Sacheinlage von der aufnehmenden Gesellschaft übernommen wird, entspricht dem handelsrechtlichen Buchwert des übertragenen Vermögens zum Ausgliederungsstichtag. Soweit der Buchwert des übertragenen Nettovermögens den Nennbetrag der dafür gewährten Geschäftsanteile übersteigt, wird der Differenzbetrag in die Kapitalrücklage der aufnehmenden Gesellschaft eingestellt. Eine Vergütung für den Differenzbetrag wird nicht geschuldet.

IV. Gegenleistung, Umtauschverhältnis bei der C-GmbH

1. Die C-GmbH gewährt der A-GmbH einen Geschäftsanteil (Nr. 1.) zum Nennbetrag i. H. v....... €:

Der Geschäftsanteil wird kostenfrei und mit Gewinnberechtigung ab dem...... gewährt.

2. Bare Zuzahlungen sind nicht zu leisten.

3. Das Umtauschverhältnis beträgt......

4. Der Gesamtwert zu dem die erbrachte Sacheinlage von der aufnehmenden Gesellschaft übernommen wird, entspricht dem handelsrechtlichen Buchwert des übertragenen Vermögens zum Ausgliederungsstichtag. Soweit der Buchwert des übertragenen Nettovermögens den Nennbetrag der dafür gewährten Geschäftsanteile übersteigt, wird der Differenzbetrag in die Kapitalrücklage der aufnehmenden Gesellschaft eingestellt. Eine Vergütung für den Differenzbetrag wird nicht geschuldet.

V. Ausgliederungsstichtag

Die Übernahme des vorbezeichneten Vermögens der A-GmbH erfolgt im Innenverhältnis mit Wirkung zum Ablauf des...... Vom...... an gelten alle Handlungen und Geschäfte der A-GmbH, die das übertragene Vermögen betreffen, als für Rechnung der B- bzw. der C-GmbH vorgenommen.

VI. Besondere Rechte

Besondere Rechte i. S. v. § 126 Abs. 1 Nr. 7 UmwG bestehen bei der B- und der C-GmbH nicht. Einzelnen Anteilsinhabern werden i. R. d. Ausgliederung keine besonderen Rechte gewährt.

VII. Besondere Vorteile

Besondere Vorteile i. S. v. § 126 Abs. 1 Nr. 8 UmwG werden weder einem Mitglied eines Vertretungs- oder Aufsichtsorgans, noch dem Abschlussprüfer oder dem Ausgliederungsprüfer gewährt.

VIII. Folgen der Abspaltung für Arbeitnehmer und ihre Vertretungen

Durch die Abspaltung ergeben sich für die Arbeitnehmer und ihre Vertretungen die nachgenannten Folgen:......

Insoweit sind folgende Maßnahmen vorgesehen:......

IX. Abfindungsangebot

Ein Abfindungsangebot ist nach den §§ 29, 125 UmwG nicht erforderlich.

X. Sonstige Vereinbarungen

1. Sollten für die Übertragung der in Ziff. II. genannten Sachen, Rechte, Vertragsverhältnisse und Verbindlichkeiten weitere Voraussetzungen geschaffen werden müssen, so verpflichten sich die Vertragsbeteiligten alle erforderlichen Erklärungen abzugeben und Handlungen vorzunehmen.

2. Sollte eine Übertragung der in Ziff. II. genannten Sachen, Rechte, Vertragsverhältnisse und Verbindlichkeiten im Wege der Ausgliederung auf die B-GmbH rechtlich nicht möglich sein, so verpflichten sich die Vertragsbeteiligten alle erforderlichen Erklärungen abzugeben und alle erforderlichen Handlungen vorzunehmen, die rechtlich zu beabsichtigten Vermögensübergang auf die B-GmbH in anderer Weise führen.

3. Sollten einzelne Bestimmungen dieser Urkunde unwirksam oder nicht durchführbar sein, so soll dies die Gültigkeit dieses Vertrages i. Ü. nicht berühren. An die Stelle der unwirksamen oder undurchführbaren Vereinbarung soll eine solche treten, die dem wirtschaftlichen Ergebnis der unwirksamen oder undurchführbaren Klausel in zulässiger Weise am nächsten kommt.

XI. Bedingungen

Der Ausgliederungsvertrag steht unter der aufschiebenden Bedingung, dass:

1. die formgerechten Zustimmungsbeschlüsse der Gesellschafterversammlungen der Gesellschaften bis zum...... vorliegen und

2. die Gesellschafter der B-und der C-GmbH im Zustimmungsbeschluss die vorstehende Kapitalerhöhung zur Durchführung der Ausgliederung beschließen.

XII. Geschäftsführerbestellung

Die A-GmbH als Gründerin hält eine erste Gesellschafterversammlung ab und beschließt unter Verzicht auf alle Form- und Fristvorschriften mit allen Stimmen Folgendes:

1. Zum ersten Geschäftsführer der B-GmbH wird Herr...... bestellt. Er ist stets einzelvertretungsberechtigt und von den Beschränkungen des § 181 BGB befreit.

2. Zum ersten Geschäftsführer der C-GmbH wird Herr...... bestellt. Er ist stets einzelvertretungsberechtigt und von den Beschränkungen des § 181 BGB befreit. Er ist daher befugt, die Gesellschaft bei Rechtsgeschäften mit sich selbst oder als Vertreter eines Dritten uneingeschränkt zu vertreten.

XIII. Hinweise, Vollmacht

Der Notar hat auf Folgendes hingewiesen:
- Die Ausgliederung wird erst mit der Eintragung in das Handelsregister der übertragenden Gesellschaft wirksam.
- Die Beteiligten beauftragen und ermächtigen den Notar die zum Vollzug notwendigen Genehmigungen und Zustimmungserklärungen einzuholen. Genehmigungen werden mit Eingang beim Notar wirksam. Dies gilt nicht für die Versagung von Genehmigungen oder deren Erteilung unter Bedingungen oder Auflagen.
- Nach § 133 UmwG haften für die vor dem Wirksamwerden der Ausgliederung begründeten Verbindlichkeiten des übertragenden Rechtsträgers alle an der Ausgliederung beteiligten Rechtsträger gesamtschuldnerisch; Gläubiger können für ihre Verbindlichkeiten Sicherheitsleistung nach §§ 125, 22 UmwG verlangen Daneben können weitere Haftungsvorschriften anwendbar sein, insbes. die §§ 25 HGB und § 75 AO.
- Bei der Anmeldung der Abspaltung hat der Geschäftsführer der übertragenden Gesellschaft zu erklären, dass die durch Gesetz und Satzung vorgesehenen Voraussetzungen für die Gründung dieser Gesellschaft auch unter Berücksichtigung der Ausgliederung im Zeitpunkt der Anmeldung vorliegen.
- Bei nicht vollständig eingezahlten Stammeinlagen bestehen nach §§ 51 Abs. 1, 125 UmwG besondere Zustimmungspflichten.
- Die Mitglieder des Vertretungsorgans und auch eines Aufsichtsorgans sind nach § 25 UmwG als Gesamtschuldner zum Schadensersatz bei Verletzung ihrer Pflichten nach dem UmwG verpflichtet.
- Die Ausgliederung kann zur Grunderwerbsteuer führen.

XIV. Kosten, Abschriften

Die durch diesen Vertrag und ihre Durchführung bei beiden Gesellschaften entstehenden Kosten trägt die B-GmbH. Sollte die Ausgliederung nicht wirksam werden, tragen die Kosten dieses Vertrages die Gesellschaften zu gleichen Teilen; alle übrigen Kosten trägt die jeweils betroffene Gesellschaft allein.

Von dieser Urkunde erhalten

beglaubigte Abschriften:
- die beteiligten Gesellschaften,
- die Gesellschafter der A- und der B- und der C-GmbH;
- die Registergerichte in......, elektronisch
- die Grundbuchämter in......,
- die beteiligten Betriebsräte,
- Finanzamt.

Eine einfache Abschrift mit Veräußerungsanzeige erhält das Finanzamt (Grunderwerbsteuerstelle).

Diese Niederschrift samt Anlagen 1 und 2 wurde dem Erschienenen vom Notar vorgelesen, von ihm genehmigt und von ihm und dem Notar eigenhändig wie folgt unterschrieben.

Anlagen:
- Gesellschaftsverträge der B- und der C-GmbH
- Bilanzen
- Vermögensübersichten

b) Zustimmungsbeschluss bei der übertragenden Gesellschaft (A-GmbH) bei der Ausgliederung

▶ Muster: Zustimmungsbeschluss bei der übertragenden Gesellschaft (A-GmbH) bei der Ausgliederung

Niederschrift über eine Gesellschafterversammlung 528

Heute, den...... erschienen vor mir, dem unterzeichnenden Notar......, mit Amtssitz in......, an der Amtsstelle in......

1. Herr A, Kaufmann, wohnhaft in......,

2. Herr B, Kaufmann, wohnhaft in......

Die Beteiligten sind mir, Notar...... persönlich bekannt. Auf Antrag beurkunde ich den vor mir abgegebenen Erklärungen gemäß Folgendes:

I. Sachverhalt

Im Handelsregister des Amtsgerichts...... ist in der Abteilung B unter Nr....... die Firma A-GmbH mit Sitz in...... eingetragen. Gesellschafter dieser Gesellschaft sind nach Angabe:
- Herr A mit einem Gesellschaftsanteil i. H. v....... € (Nr.......),
- Herr B mit einem Gesellschaftsanteil i. H. v....... € (Nr.......).

Das Stammkapital der Gesellschaft beträgt...... €.

II. Gesellschafterversammlung

Die vorgenannten Gesellschafter halten eine Gesellschafterversammlung der Gesellschaft unter Verzicht auf alle Frist- und Formvorschriften ab, und stellen fest, dass die Gesellschafterversammlung als Vollversammlung beschlussfähig ist.

Die Gesellschafter beschließen sodann mit allen Stimmen Folgendes:

Zustimmung zum Ausgliederungsplan, Gesellschaftsverträge und zur Geschäftsführerbestellung

Dem Ausgliederungsplan zur Ausgliederung des Vermögens der A-GmbH auf die B- und die C-GmbH im Wege der Ausgliederung zur Neugründung samt den Gesellschaftsverträgen vom...... UR.Nr....... des amtierenden Notars und der Bestellung von Herrn...... zum Geschäftsführer der B-GmbH und Herrn...... zum Geschäftsführer der C-GmbH wird mit allen Stimmen vorbehaltlos zugestimmt.

Der Ausgliederungsplan ist dieser Urkunde als Anlage beigefügt.

III. Verzichtserklärung, Sonstiges

Alle Gesellschafter verzichten (vorsorglich) auf die Erstattung eines Ausgliederungsberichts und eine Prüfung der Ausgliederung, Erstattung eines Ausgliederungsprüfungsberichts sowie die Anfechtung dieses Beschlusses.

Alle Gesellschafter erklären, dass ihnen der Ausgliederungsvertrag spätestens zusammen mit der Einberufung der Gesellschafterversammlung übersandt wurde und dass sie auch von allen übrigen Unterlagen Kenntnis erhalten haben.

Der beurkundende Notar wies die Gesellschafter weiter darauf hin, dass jeder von ihnen die Erteilung einer Abschrift der Niederschrift über diese Gesellschafterversammlung verlangen kann und dass ihnen ein Anspruch gegen die Geschäftsführer auf Auskunft über alle wesentlichen Angelegenheiten der anderen beteiligten Gesellschaften zusteht.

IV. Kosten, Abschriften
Die Kosten dieser Urkunde trägt die Gesellschaft. Von dieser Urkunde erhalten
beglaubigte Abschriften:
- die Gesellschafter,
- die übertragende Gesellschaft,
- die übernehmende Gesellschaft;

beglaubigte Abschriften:
- die Amtsgerichte (Registergerichte), elektronisch
- das Grundbuchamt.

Vorgelesen vom Notar, von den Erschienenen genehmigt und eigenhändig unterschrieben.

......

c) *Handelsregisteranmeldung für die übertragende GmbH bei der Ausgliederung zur Neugründung (A-GmbH)*

▶ Muster: Handelsregisteranmeldung für die übertragende GmbH bei der Ausgliederung zur Neugründung (A-GmbH)

529 An das

Amtsgericht

– Handelsregister B –

Betrifft: HRB A-GmbH

In der Anlage überreiche ich, der unterzeichnende, alleinvertretungsberechtigte Geschäftsführer der A-GmbH:
1. Elektronisch beglaubigte Abschrift des Ausgliederungsplans vom...... – UR.Nr....... des beglaubigenden Notars –,
2. Elektronisch beglaubigte Abschrift des Zustimmungsbeschlusses der Gesellschafter der A-GmbH vom...... – UR.Nr....... des beglaubigenden Notars –,
3. Elektronisch beglaubigte Abschrift der Verzichtserklärungen der Gesellschafter der A-GmbH auf Erstellung eines Ausgliederungsberichts und eines Prüfungsberichts und Durchführung einer Ausgliederungsprüfung vom...... – UR.Nr....... des beglaubigenden Notars –,
4. elektronisch beglaubigter Nachweis über die Zuleitung des Entwurfs des Ausgliederungsvertrages an den Betriebsrat der A-GmbH,
5. elektronisch beglaubigte Schlussbilanz der A-GmbH zum Ausgliederungsstichtag,
6. vollständigen Wortlaut des Gesellschaftsvertrages mit Satzungsbescheinigung des Notars nach § 54 Abs. 1 GmbHG

und melde zur Eintragung in das Handelsregister an:

Die A-GmbH hat die im Ausgliederungsvertrag vom...... – UR.Nr....... des beglaubigenden Notars – genannten Vermögensteile als Gesamtheit auf die B-GmbH mit dem Sitz in...... und die C-GmbH mit Sitz in...... als übernehmende GmbH im Wege der Ausgliederung zur Neugründung übertragen.

Ich erkläre, dass der Ausgliederungsbeschluss der Gesellschafter der A-GmbH nicht angefochten worden ist und aufgrund der in den Ausgliederungsbeschlüssen enthaltenen Anfechtungsverzichtserklärungen sämtlicher Gesellschafter auch nicht angefochten werden kann.

Ich erkläre ferner gemäß § 140 UmwG, dass die durch Gesetz und Gesellschaftervertrag vorgesehenen Voraussetzungen für die Gründung dieser Gesellschaft unter Berücksichtigung der Abspaltung im Zeitpunkt dieser Anmeldung vorliegen und dass ein Fall des § 51 Abs. 1 UmwG (nicht voll eingezahlte Geschäftsanteile) nicht vorliegt (§ 52 Abs. 1 UmwG).

Die inländische Geschäftsanschrift und die Geschäftsräume befinden sich in (Ort, Straße).

....., den......   (Beglaubigungsvermerk)

C. Spaltung von GmbH und Unternehmergesellschaften Teil 3 Kapitel 2

d) Handelsregisteranmeldung für eine neu gegründete GmbH (B-GmbH)

▶ Muster: Handelsregisteranmeldung für eine neu gegründete GmbH (B-GmbH)

An das 530

Amtsgericht

– Handelsregister B –

Betrifft: Neugründung der B-GmbH mit dem Sitz in……

In der Anlage überreichen wir, der unterzeichnende alleinvertretungsberechtigte Geschäftsführer der A-GmbH – dortiges Handelsregister HRB…… – und der neu bestellte Geschäftsführer der neu gegründeten B-GmbH:
1. Elektronisch beglaubigte Abschrift des Ausgliederungsplans nebst Gesellschaftsvertrag und Beschluss über die Geschäftsführerbestellung der neu gegründeten B-GmbH vom…… – UR.Nr.…… des beglaubigenden Notars –,
2. Elektronisch beglaubigte Abschrift der Zustimmungsbeschlüsse der Gesellschafter der A-GmbH vom…… – UR.Nr.…… und…… des beglaubigenden Notars –,
3. Elektronisch beglaubigte Abschriften der Verzichtserklärungen der Gesellschafter der A-GmbH auf Erstellung eines Verschmelzungsberichts und eines Prüfungsberichts vom…… und…… – UR.Nr.…… und…… des beglaubigenden Notars –,
4. elektronisch beglaubigte Nachweise über die Zuleitung des Entwurfs des Ausgliederungsplans an den Betriebsrat der A-GmbH,
5. elektronisch beglaubigte Gesellschafterliste,
6. elektronisch beglaubigter Sachgründungsbericht,
7. Unterlagen über die Werthaltigkeit der übertragenen Vermögensteile

und melden zur Eintragung in das Handelsregister an:

Unter der Firma »B-GmbH« ist eine Gesellschaft mit beschränkter Haftung im Wege der Ausgliederung durch Neugründung von der A-GmbH mit Sitz in…… neu gegründet worden. Die A-GmbH hat die im Ausgliederungsvertrag vom…… – UR.Nr.…… des beglaubigenden Notars – genannten Vermögensteile als Gesamtheit auf die B-GmbH als übernehmende GmbH im Wege der Ausgliederung zur Neugründung übertragen.

Sitz der Gesellschaft ist…… Die inländische Geschäftsanschrift ist……

Die Gesellschaft hat einen oder mehrere Geschäftsführer. Ist nur ein Geschäftsführer bestellt, so vertritt dieser die Gesellschaft allein. Sind mehrere Geschäftsführer bestellt, so wird die Gesellschaft durch zwei Geschäftsführer gemeinsam oder durch einen Geschäftsführer in Gemeinschaft mit einem Prokuristen vertreten. Durch Gesellschafterbeschluss kann einzelnen oder mehreren Geschäftsführern die Befugnis zur Einzelvertretung sowie die Befreiung von den Beschränkungen des § 181 BGB erteilt werden.

Zum ersten Geschäftsführer der Gesellschaft wurde bestellt:

(Name, Geburtsdatum, Adresse)

Er ist berechtigt, die Gesellschaft stets einzeln zu vertreten und von den Beschränkungen des § 181 BGB befreit. Er ist daher befugt, die Gesellschaft bei Rechtsgeschäften mit sich selbst oder als Vertreter eines Dritten uneingeschränkt zu vertreten.

Der mitunterzeichnende Geschäftsführer der B-GmbH versichert:

Ich, [Name], versichere, dass keine Umstände vorliegen, die meiner Bestellung zum Geschäftsführer nach § 6 Abs. 2 GmbH-Gesetz entgegenstehen.

Der Geschäftsführer der Gesellschaft versichert insbesondere,

– dass er nicht wegen einer oder mehrerer vorsätzlicher Straftaten
  a) des Unterlassens der Stellung des Antrags auf Eröffnung des Insolvenzverfahrens (Insolvenzverschleppung),
  b) nach §§ 283 bis 283d StGB (Insolvenzstraftaten),
  c) der falschen Angaben nach § 82 GmbHG oder § 399 AktG,

d) der unrichtigen Darstellung nach § 400 AktG, § 331 HGB, § 313 UmwG oder § 17 PublizitätsG,
e) nach den §§ 263 StGB (Betrug), § 263a StGB (Computerbetrug), § 264 StGB (Kapitalanlagebetrug) § 264a (Subventionsbetrug) oder den §§ 265b StGB (Kreditbetrug), §§ 265c bis e (Sportwettbetrug und Manipulation von berufssportlichen Wettbewerben), § 266 StGB (Untreue) bis § 266a StGB (Vorenthalten und Veruntreuen von Arbeitsentgelt – Nichtabführung von Sozialversicherungsbeiträgen) zu einer Freiheitsstrafe von mindestens einem Jahr verurteilt worden ist, und
– dass ihm weder durch gerichtliches Urteil noch durch die vollziehbare Entscheidung einer Verwaltungsbehörde die Ausübung eines Berufes, eines Berufszweiges, eines Gewerbes oder eines Gewerbezweiges ganz oder teilweise untersagt wurde, und
– auch keine vergleichbaren strafrechtlichen Entscheidungen ausländischer Behörden oder Gerichte gegen ihn vorliegen, und
– dass er über die uneingeschränkte Auskunftspflicht ggü. dem Gericht durch den Notar belehrt wurde.

Wir erklären, dass der Ausgliederungsbeschluss der Gesellschafter der A-GmbH nicht angefochten worden ist und aufgrund der in den Ausgliederungsbeschlüssen enthaltenen Anfechtungsverzichtserklärungen sämtlicher Gesellschafter auch nicht angefochten werden kann.

Die Geschäftsräume und die inländische Geschäftsanschrift der neu gegründeten Gesellschaft befinden sich in......, ...

….., den......   (Beglaubigungsvermerk)

▶ Hinweis:

531 Umstritten ist, ob folgende Versicherung nach § 8 GmbHG erforderlich ist (vgl. Teil 3 Rdn. 390):

»Der Geschäftsführer der B-GmbH versichert, dass ab der Eintragung der Spaltung im Handelsregister der übertragenden Gesellschaft das Vermögen der durch die Spaltung neu gegründeten Gesellschaft sich endgültig in der freien Verfügung des oder der Geschäftsführer befindet.«

4. Abspaltung zur Neugründung A-GmbH auf B-GmbH & Co. KG

a) Spaltungsplan

▶ Muster: Spaltungsplan

532 UR.Nr. für......

Verhandelt zu......

am......

Vor dem unterzeichnenden

…..

Notar mit dem Amtssitz in......

erschien:

Herr (Name, Geburtsdatum, Adresse),

hier handelnd nicht im eigenen Namen, sondern als alleinvertretungsberechtigter Geschäftsführer der A-GmbH mit dem Sitz...... eingetragen im Handelsregister des Amtsgerichts...... unter HRB......

Der Erschienene wies sich dem Notar gegenüber aus durch Vorlage seines amtlichen Lichtbildausweises.

A. Vorbemerkung

Der Erschienene erklärte:

Das Stammkapital der im Handelsregister des Amtsgerichts...... unter HRB...... eingetragenen A-GmbH beträgt...... €. An ihr sind beteiligt:
- Herr A mit einem Geschäftsanteil von...... € (Nr.......),
- Herr B mit einem Geschäftsanteil von...... € (Nr.......).

Die B-Verwaltungs-GmbH mit einer Geschäftsanteil von...... €.

Die Geschäftsanteile wurden bei der Gründung erworben und sind voll einbezahlt, sodass keine besondere Zustimmungspflicht nach § 51 Abs. 1 UmwG besteht.

Die A-GmbH will ihren Teilbetrieb »Hochbau« auf die B-GmbH & Co. KG im Wege der Abspaltung durch Neugründung übertragen.

Der Erschienene ließ sodann folgenden

B. Spaltungsplan

beurkunden und erklärte, handelnd wie angegeben:

I. Beteiligte Rechtsträger, Spaltung, Gesellschaftsvertrag

1. An der Abspaltung sind beteiligt die A-GmbH mit Sitz in...... als übertragender Rechtsträger und die B-GmbH & Co. KG als neu zu gründender Rechtsträger mit Sitz in...... als übernehmender Rechtsträger.

2. Die A-GmbH mit dem Sitz in...... überträgt hiermit ihre nachstehend unter Ziff. II. genannten Vermögensteile als Gesamtheit im Wege der Abspaltung zur Neugründung auf die neu zu gründende B-GmbH & Co. KG. Die B-GmbH & Co. KG gewährt als Ausgleich hierfür den Gesellschaftern der A-GmbH Mitgliedschaften an der B-GmbH & Co. KG nach folgenden Maßgaben.

3. Die Firma der im Wege der Spaltung neu zu gründenden Gesellschaft lautet:

B-GmbH & Co. KG.

Ihr Sitz ist......

Vorbehaltlich der Genehmigung der Gesellschafterversammlung der A-GmbH wird für die B-GmbH & Co. KG der als Anlage 1 zu dieser Urkunde genommene Gesellschaftsvertrag festgestellt. Auf die Anlage wird verwiesen, sie wurde mitverlesen und von dem Beteiligten genehmigt.

II. Vermögensübertragung

1. Die A-GmbH überträgt den von ihr an drei Standorten unterhaltenen Teilbetrieb »Hochbau« auf die B-GmbH & Co. KG mit allen Aktiva und Passiva. Die Abspaltung erfolgt auf der Basis der festgestellten Abspaltungsbilanz der WPG-Wirtschaftsprüfungsgesellschaft vom 31.12....... und diese Spaltungsbilanz ist Bestandteil dieses Spaltungsplans. Sie ist als Anlage 1 dieser Urkunde als wesentlicher Bestandteil beigefügt, auf sie wird nach §§ 9, 14 Abs. 1 BeurkG verwiesen. Die Beteiligten haben auf das Vorlesen verzichtet. Stattdessen wurde ihnen die Anlage 2 zur Durchsicht vorgelegt, von ihnen genehmigt und unterschrieben.

2. Im Einzelnen sind folgende Vermögensgegenstände Bestandteil des Teilbetriebes und werden i. R. d. Spaltung auf die B-GmbH & Co. KG übertragen. Von der Spaltung werden sämtliche zum Spaltungsstichtag vorhandenen Vermögensgegenstände und Schulden des Teilbetriebes mit allen Rechten und Pflichten sowie die ausschließlich diesem Teilbetrieb zuzuordnenden Rechtsbeziehungen, insbes. Vertragsverhältnisse, nach näherer Maßgabe der nachfolgenden Bestimmungen erfasst, gleich ob sie bilanziert sind oder nicht.

Insbes. handelt es sich um folgende Vermögensgegenstände und Schulden, die dem Teilbetrieb mit allen Rechten und Pflichten zuzuordnen sind:

a) Grundstücke

Die folgenden im Grundbuch von X-Stadt eingetragenen Grundstücke mit sämtlichen Abteilungen II und III des Grundbuches eingetragenen Belastungen, einschließlich aufstehender Gebäude mit den dazugehörigen Betriebsvorrichtungen, sowie sämtliche auf die Grundstücke bezogenen Mietverträge:
- Bd. 120 Blatt 3503, Flurstück 400/20, X-Str. in X-Stadt mit einer Größe von 10.000 qm,
- Bd. 105 Blatt 2763, Flurstück 733/23, Y-Str. in X-Stadt mit einer Größe von 5.000 qm,
- Bd. 100 Blatt 7370, Flurstück 250/12, Z-Str. in X-Stadt mit einer Größe von 3.000 qm.

b) Anlage- und Umlaufvermögen

Sämtliche zum Anlage- und Umlaufvermögen gehörenden beweglichen Gegenstände des Teilbetriebs »Hochbau«, also alle beweglichen Gegenstände, die sich auf den unter a) beschriebenen Grundstücken und Gebäuden befinden, somit alle technischen Anlagen und Maschinen, Kfz-, Betriebs- und Geschäftsausstattung, geringwertige Wirtschaftsgüter, Zubehör und Ersatzteile, EDV-Hardware, sämtliche auf den Grundstücken befindlichen Gegenstände des Umlaufvermögens, insbes. Roh-, Hilfs-, Betriebsstoffe, Ausstattung und Verpackungsmaterial. Soweit die A-GmbH Eigentum oder Miteigentum an diesen Gegenständen hat oder diese künftig erwirbt, überträgt sie das Eigentum oder Miteigentum übertragen; soweit die A-GmbH Anwartschaftsrechte auf Eigentumserwerb an dem ihr unter Eigentumsvorbehalt gelieferten beweglichen Vermögen hat, überträgt sie hiermit der B-GmbH diese Anwartschaftsrechte. Die wichtigsten beweglichen Vermögensgegenstände, insbes. Anlagen und Einrichtungen sind in der Anlage 3 aufgeführt, ohne jedoch auf die genannten Anlagen und Einrichtungen beschränkt zu sein.

c) Forderungen

Sämtliche Forderungen, die zum Teilbetrieb »Hochbau« zuzuordnen sind, insbes. Forderungen aus Lieferung und Leistung, geleisteten Anzahlungen, aus Darlehen, sowie Schadensersatzforderungen. Die Forderungen sind in der Anlage 4 aufgeführt. Soweit Forderungen in dieser Anlage nicht aufgeführt sind, werden sie dennoch übertragen, wenn und soweit sie dem Teilbetrieb »Hochbau« zuzuordnen sind.

d) Bankguthaben

Sämtliche Bankguthaben bei allen Banken, Kreditinstituten und sonstigen Einrichtungen mit ihrem jeweiligen zum Stichtag ausgewiesenen Bestand. Die Kreditinstitute und Einrichtungen sowie die betroffenen Bankkonten sind in Anlage 5 aufgeführt.

e) Vertragsverhältnisse:

Alle dem Teilbetrieb »Hochbau« zuzuordnenden Verträge, insbes. Leasingverträge, Mietverträge, Kauf-, Dienst-, Werk-, Beratungs-, Darlehens-, Versorgungs-, Versicherungs-, Finanzierungsverträge, Verträge mit Handelsvertretern sowie Angebote und sonstige Rechtsstellungen zivilrechtlicher oder öffentlich-rechtlicher Art. Die Verträge sind in Anlage 6 beschrieben. Soweit Verträge und Vertragsverhältnisse in dieser Anlage nicht aufgeführt sind, werden sie dennoch übertragen, wenn und soweit sie den Betriebsteil »Hochbau« betreffen oder ihm zuzuordnen sind.

f) Schutzrechte

Sämtliche Schutzrechte der A-GmbH, die den Betriebsteil »Hochbau« betreffen.

Schutzrechte umfassen insbes. alle Erfindungen, Know-how, Geschäfts- und Betriebsgeheimnisse, Patente, Verfahren, Formeln und sonstigen immateriellen Gegenstände, die nicht von gewerblichen Schutzrechten umfasst werden, und sämtliche Verkörperungen solcher Gegenstände (Muster, Marken, Zeichenpläne etc.). Die Schutzrechte sind in Anlage 7 ausgeführt.

g) Arbeitsverhältnisse

Sämtliche dem Teilbetrieb »Hochbau« zuzuordnenden Arbeitsverhältnisse einschließlich evtl. bestehender Verpflichtungen der betrieblichen Altersvorsorge um Zusage, Rückdeckungsversicherung im betrieblichen Versorgungsinteresse und sonstigen Zusagen mit Versorgungscharakter gehen nach § 613a BGB auf die aufnehmende Gesellschaft über. Die Arbeitnehmer werden bei der aufnehmenden Gesellschaft zu gleichen Konditionen beschäftigt. Sollten einzelne Arbeitnehmer den Übergang ihres Arbeitsverhältnisses widersprechen, so ist die B-GmbH verpflichtet, der A-GmbH alle dadurch entstehenden Kosten zu ersetzen. Die B-GmbH wird außerdem die A-GmbH von allen Ansprüchen aus den Arbeitsverhältnissen und den damit verbundenen Zusagen der betrieblichen Altersvorsorge und Zusagen mit Versorgungscharakter freistellen.

h) Steuern

Sämtliche Forderungen, Verbindlichkeiten und Rückstellungen gegenüber dem Finanzamt betreffend Körperschaftsteuer und Solidaritätszuschlag, Gewerbesteuer, Umsatzsteuer, Kfz-Steuer, Grundsteuer, Kapitalertragsteuer, Lohn- und Kirchensteuer, Zinsabschlagsteuer.

i) Beteiligung, Mitgliedschaften

Sämtliche zum Teilbereich »Hochbau« gehörenden Beteiligungen, Mitgliedschaften, Finanzanlagen und Ähnliches. Im Einzelnen handelt es sich um folgende Beteiligungen:
– Die Mitgliedschaft der A-GmbH im Verband »Hoch- und Tiefbau e. V.«,
– die bestehende Beteiligung i. H. v. 10.000 Aktien an der X-AG, X-Stadt
– den Geschäftsanteil mit der Nr. 3 i. H. v. 10.00,00 € an der Z-GmbH, Y-Stadt.

j) Verbindlichkeiten

Sämtliche zum Teilbetrieb »Hochbau« gehörenden und zuzuordnenden Verbindlichkeiten der A-GmbH, also sämtliche Schulden, Verbindlichkeiten, Rückstellungen sowie Verlustrisiko aus schwebenden Geschäften. Die Verbindlichkeiten sind in Anlage 8 zu diesem Vertrag aufgeführt.

k) Sonstiges

Sowie alle sonstigen in der Anlage 8 aufgeführten Vermögenspositionen.

3. Für sämtliche unter Ziff. 2 beschriebenen Aktiva und Passiva gilt, dass die Übertragung im Wege der Spaltung alle Wirtschaftsgüter, Gegenstände, materiellen und immateriellen Rechte, Verbindlichkeiten und Rechtsbeziehungen erfasst, die dem Teilbetrieb »Hochbau« dienen oder zu dienen bestimmt sind oder sonst den Teilbetrieb betreffen oder ihm wirtschaftlich zuzurechnen sind, unabhängig davon, ob die Vermögensposition bilanzierungsfähig ist oder nicht. Die Übertragung erfolgt auch unabhängig davon, ob der Vermögensgegenstand in den Anlagen 2–8 aufgeführt ist.

Sollten die zu übertragenden Rechtspositionen des Aktiv- oder Passivvermögens bis zum Wirksamwerden der Spaltung im regelmäßigen Geschäftsgang veräußert worden sein, so werden die an ihrer Stelle getretenen vorhandenen Surrogate übertragen. Übertragen werden auch die bis zum Wirksamwerden der Spaltung erworbenen Gegenstände des Aktiv- oder Passivvermögens, soweit sie zum übertragenen Teilbetrieb gehören.

4. Bei Zweifelsfällen, die auch durch Auslegung dieses Vertrages nicht zu klären sind, gilt, dass Vermögensgegenstände, Verbindlichkeiten, Verträge und Rechtspositionen, die nach obigen Regeln nicht zugeordnet werden können, bei der übertragenden Gesellschaft verbleiben. In diesen Fällen ist die A-GmbH berechtigt nach § 315 BGB eine Zuordnung nach ihrem Ermessen unter Berücksichtigung der wirtschaftlichen Zugehörigkeit vorzunehmen.

5. Soweit bilanzierte und nicht bilanzierte Vermögensgegenstände und Schulden in die Rechtsbeziehungen, die dem Teilbetrieb »Hochbau« wirtschaftlich zuzuordnen sind, nicht schon kraft Gesetzes mit der Eintragung der Spaltung in das Handelsregister der übertragenden Gesellschaft auf die aufnehmende Gesellschaft übergehen, wird die übertragende Gesellschaft diese Vermögensgegenstände oder Schulden sowie die Rechtsbeziehungen auf die B-GmbH übertragen. Ist die Übertragung im Außenverhältnis nicht oder nur mit unverhältnismäßigem Aufwand möglich oder unzweckmäßig, werden sich die beteiligten Gesellschaften im Innenverhältnis so stellen, wie sie stehen würden, wenn die Übertragung der Vermögensgegenstände und Passiva bzw. Rechtsbeziehungen auch im Außenverhältnis mit Wirkung zum Vollzug dabei erfolgt wäre. Wird die übertragende Gesellschaft aus Verbindlichkeiten in Anspruch genommen, die der aufnehmenden zuzuordnen sind, ist diese zur Freistellung verpflichtet oder hat Ausgleich zu leisten.

6. Auf die Anlagen 2–8, die dieser Urkunde als wesentlicher Bestandteil beigefügt sind, wird gemäß § 14 Abs. 1 BeurkG verwiesen. Die Beteiligten haben auf das Vorlesen verzichtet, stattdessen wurden ihnen die Anlagen 1–7 zur Kenntnisnahme vorgelegt, sie wurden von ihnen genehmigt und nach § 14 BeurkG unterschrieben.

7. Soweit für die Übertragung von bestimmten Gegenständen die Zustimmung eines Dritten an einer öffentlich-rechtlichen Genehmigung oder eine Registrierung erforderlich ist, werden sich die übertragende und die aufnehmende Gesellschaft bemühen, die Zustimmung, Genehmigung oder Registrierung beizubringen. Falls dies nicht oder nur mit unverhältnismäßig hohem Aufwand möglich sein würde, werden sich die übertragende und die aufnehmende Gesellschaft im Innenverhältnis so stellen, als wäre die Übertragung der Gegenstände des ausgegliederten Vermögens mit Wirkung zum Vollzugsdatum erfolgt.

8. Berichtigungen bei Registern, Grundbuch, Markenerklärungen

Die A-GmbH und die B-GmbH & Co. KG bewilligen und beantragen, nach Wirksamwerden der Spaltung die von der Spaltung betroffenen Markenregister entsprechenden Vorschriften dieses Vertrages zu berichtigen.

Die A-GmbH und die B-GmbH & Co. KG bewilligen und beantragen, nach Wirksamwerden der Ausgliederung das Grundbuch bei den unter Ziff. 2 beschriebenen Grundstücken und dinglichen Rechten zu berichtigen.

III. Gegenleistung, Umtauschverhältnis

1. Die B-Verwaltungs-GmbH wird alleinige Komplementärin der B-GmbH & Co. KG. Sie erbringt keine Einlage und wird auch nicht am Gesellschaftsvermögen beteiligt und erhält keinen Kapitalanteil.

2. Die B-GmbH & Co. KG räumt den Gesellschaftern A und B der A-GmbH als Gegenleistung für die Übertragung des Vermögens die Stellung als Kommanditisten mit folgenden Beteiligungen an der B-GmbH & Co. KG ein:

a) dem Gesellschafter A einen festen Kapitalanteil i. H. v.…… €,

b) dem Gesellschafter B einen festen Kapitalanteil i. H. v.…… €.

Die Kapitalanteile stellen gleichzeitig die in das Handelsregister einzutragende Hafteinlage der neuen Kommanditisten dar.

Die Beteiligungen werden kostenfrei und mit Gewinnberechtigung ab…… gewährt.

3. Das Umtauschverhältnis der Beteiligungen beträgt……

4. Bare Zuzahlungen werden nicht gewährt.

5. Die Aufteilung der Anteile erfolgt entsprechend dem Verhältnis der Beteiligungen der Gesellschafter an der A-GmbH.

6. Der Gesamtwert zu dem die erbrachte Sacheinlage von der aufnehmenden Gesellschaft übernommen wird, entspricht dem handelsrechtlichen Buchwert des übertragenen Vermögens zum Spaltungsstichtag. Soweit der Buchwert des übertragenen Nettovermögens den Nennbetrag der dafür gewährten Geschäftsanteile übersteigt, wird der Differenzbetrag in die Kapitalrücklage der aufnehmenden Gesellschaft eingestellt. Eine Vergütung für den Differenzbetrag wird nicht geschuldet.

7. Da zur Durchführung der Abspaltung eine Kapitalherabsetzung erforderlich ist, wird die A-GmbH ihr Stammkapital herabsetzen, wie folgt:

Das Stammkapital der Gesellschaft wird von…… € um…… € auf…… € (in Worten:…… Euro) herabgesetzt.

Die Kapitalherabsetzung erfolgt als vereinfachte Kapitalherabsetzung i. S. d. § 139 UmwG i. V. m. §§ 58a ff. GmbHG. Die Herabsetzung des Stammkapitals dient der Anpassung des Stammkapitals infolge der Spaltung, weil das verbleibende Vermögen der abspaltenden Gesellschaft das nominelle Kapital i. H. v.…… € nicht mehr deckt.

IV. Spaltungsstichtag

Die Übernahme des vorbezeichneten Vermögens der A-GmbH erfolgt im Innenverhältnis mit Wirkung zum Ablauf des...... Vom...... an gelten alle Handlungen und Geschäfte der A-GmbH, die das übertragene Vermögen betreffen, als für Rechnung der B-GmbH & Co. KG vorgenommen.

V. Besondere Rechte

Besondere Rechte i. S. v. § 126 Abs. 1 Nr. 7 UmwG bestehen bei der B-GmbH & Co. KG nicht. Einzelnen Anteilsinhabern werden i. R. d. Spaltung keine besonderen Rechte gewährt.

VI. Besondere Vorteile

Besondere Vorteile i. S. v. § 126 Abs. 1 Nr. 8 UmwG werden weder einem Mitglied eines Vertretungs- oder Aufsichtsorgans, noch dem Abschlussprüfer oder dem Spaltungsprüfer gewährt.

VII. Folgen der Abspaltung für Arbeitnehmer und ihre Vertretungen

Durch die Abspaltung ergeben sich für die Arbeitnehmer und ihre Vertretungen die nachgenannten Folgen:......

Insoweit sind folgende Maßnahmen vorgesehen:......

VIII. Abfindungsangebot

Für den Fall, dass ein Gesellschafter der übertragenden Gesellschaft bei der Beschlussfassung Widerspruch gegen die Spaltung zur Niederschrift erklärt, macht die aufnehmende Gesellschaft ihm schon jetzt folgendes Abfindungsangebot:......

IX. Sonstige Vereinbarungen

1. Sollten für die Übertragung der in Ziff. II. genannten Sachen, Rechte, Vertragsverhältnisse und Verbindlichkeiten weitere Voraussetzungen geschaffen werden müssen, so verpflichten sich die Vertragsbeteiligten alle erforderlichen Erklärungen abzugeben und Handlungen vorzunehmen.

2. Sollte eine Übertragung der in Ziff. II. genannten Sachen, Rechte, Vertragsverhältnisse und Verbindlichkeiten im Wege der Spaltung auf die B-GmbH rechtlich nicht möglich sein, so verpflichten sich die Vertragsbeteiligten alle erforderlichen Erklärungen abzugeben und alle erforderlichen Handlungen vorzunehmen, die rechtlich zu dem beabsichtigten Vermögensübergang auf die B-GmbH in anderer Weise führen.

3. Sollten einzelne Bestimmungen dieser Urkunde unwirksam oder nicht durchführbar sein, so soll dies die Gültigkeit dieses Vertrages i. Ü. nicht berühren. An die Stelle der unwirksamen oder undurchführbaren Vereinbarung soll eine solche treten, die dem wirtschaftlichen Ergebnis der unwirksamen oder undurchführbaren Klausel in zulässiger Weise am nächsten kommt.

X. Hinweise, Vollmacht

Der Notar hat auf Folgendes hingewiesen:
– Die Spaltung wird erst mit der Eintragung in das Handelsregister der übertragenden Gesellschaft wirksam.
– Die Beteiligten beauftragen und ermächtigen den Notar, die zum Vollzug notwendigen Genehmigungen und Zustimmungserklärungen einzuholen. Genehmigungen werden mit Eingang beim Notar wirksam. Dies gilt nicht für die Versagung von Genehmigungen oder deren Erteilung unter Bedingungen oder Auflagen.
– Nach § 133 UmwG haften für die vor dem Wirksamwerden der Spaltung begründeten Verbindlichkeiten des übertragenden Rechtsträgers alle an der Spaltung beteiligten Rechtsträger gesamtschuldnerisch; Gläubiger können für ihre Verbindlichkeiten Sicherheitsleistung nach §§ 125, 22 UmwG verlangen. Daneben können weitere Haftungsvorschriften anwendbar sein insbes. § 25 HGB und § 75 AO.
– Bei der Anmeldung der Abspaltung hat der Geschäftsführer der übertragenden Gesellschaft zu erklären, dass die durch Gesetz und Satzung vorgesehenen Voraussetzungen für

die Gründung dieser Gesellschaft auch unter Berücksichtigung der Spaltung im Zeitpunkt der Anmeldung vorliegen.
- Bei nicht vollständig eingezahlten Geschäftsanteilen bestehen nach §§ 51 Abs. 1, 125 UmwG besondere Zustimmungspflichten.
- Die Mitglieder des Vertretungsorgans und auch eines Aufsichtsorgans sind nach § 25 UmwG als Gesamtschuldner zum Schadensersatz bei Verletzung ihrer Pflichten nach dem UmwG verpflichtet.
- Die Spaltung kann zur Grunderwerbsteuer führen.

XI. Kosten, Abschriften

Die durch diesen Vertrag und ihre Durchführung bei beiden Gesellschaften entstehenden Kosten trägt die B-GmbH. Sollte die Spaltung nicht wirksam werden, tragen die Kosten dieses Vertrages die Gesellschaften zu gleichen Teilen; alle übrigen Kosten trägt die jeweils betroffene Gesellschaft allein.

Von dieser Urkunde erhalten

beglaubigte Abschriften:
- die beteiligten Gesellschaften,
- die Gesellschafter der A- und der B-GmbH;

beglaubigte Abschriften:
- die Registergerichte in......, elektronisch
- die Grundbuchämter in......,
- die beteiligten Betriebsräte,
- Finanzamt.

Eine einfache Abschrift mit Veräußerungsanzeige erhält das Finanzamt (Grunderwerbsteuerstelle).

Diese Niederschrift wurde dem Erschienenen vom Notar vorgelesen, von ihm genehmigt und von ihm und dem Notar eigenhändig wie folgt unterschrieben:

.....

Anlagen:
- 1: Gesellschaftsvertrag der B-GmbH & Co. KG
- 2–8: Übertragenes Vermögen

b) Zustimmungsbeschluss bei der übertragenden Gesellschaft (A-GmbH)

▶ Muster: Zustimmungsbeschluss bei der übertragenden Gesellschaft (A-GmbH)

533 **Niederschrift über eine Gesellschafterversammlung**

Heute, den...... erschienen vor mir, dem unterzeichnenden Notar......, mit Amtssitz in......, an der Amtsstelle in......

1. Herr A, Kaufmann, wohnhaft in......,
2. Herr B, Kaufmann, wohnhaft in......

Die Beteiligten sind mir, Notar......, persönlich bekannt. Auf Antrag beurkunde ich den vor mir abgegebenen Erklärungen gemäß Folgendes:

I. Sachverhalt

Im Handelsregister des Amtsgerichts...... ist in der Abteilung B unter Nr....... die Firma A-GmbH mit Sitz in...... eingetragen. Gesellschafter dieser Gesellschaft sind nach Angabe:
- Herr A mit einem Gesellschaftsanteil i. H. v....... € (Nr.......),
- Herr B mit einem Gesellschaftsanteil i. H. v....... € (Nr.......).

Das Stammkapital der Gesellschaft beträgt...... €.

II. Gesellschafterversammlung

Die vorgenannten Gesellschafter halten eine Gesellschafterversammlung der Gesellschaft unter Verzicht auf alle Frist- und Formvorschriften ab und stellen fest, dass die Gesellschafterversammlung als Vollversammlung beschlussfähig ist.

Die Gesellschafter beschließen sodann mit allen Stimmen Folgendes:

§ 1 Zustimmung zum Spaltungsplan, Gesellschaftsvertrag und zur Geschäftsführerbestellung

Dem Spaltungsplan samt dem Gesellschaftsvertrag vom...... UR.Nr....... des amtierenden Notars zur Übertragung eines Teils des Vermögens der A-GmbH auf die B-GmbH & Co. KG im Wege der Abspaltung zur Neugründung wird mit allen Stimmen vorbehaltlos zugestimmt.

Der Spaltungsvertrag ist dieser Urkunde als Anlage beigefügt.

§ 2 Kapitalherabsetzung

Die Gesellschafter erklären: Die Geschäftsanteile der Herren A und B sind voll eingezahlt. Da zur Durchführung der Abspaltung eine Kapitalherabsetzung erforderlich ist, beschließen die Gesellschafter weiter:

1. Das Stammkapital der Gesellschaft wird von...... € um...... € auf...... € (in Worten:...... Euro) herabgesetzt.

2. Die Kapitalherabsetzung erfolgt als vereinfachte Kapitalherabsetzung i. S. d. § 139 UmwG i. V. m. §§ 58a ff. GmbHG zum Ausgleich eines Spaltungsverlustes i. H. v....... €. Die Herabsetzung des Stammkapitals dient der Anpassung des Stammkapitals infolge der Spaltung, weil das verbleibende Vermögen der abspaltenden Gesellschaft das nominelle Kapital i. H. v....... € nicht mehr deckt und die Bilanz der A-GmbH keine Beträge in den Kapital- und Gewinnrücklagen ausweist. Auch ein Gewinnvortrag besteht nicht.

3. Die Nennbeträge der von den Gesellschaftern gehaltenen Geschäftsanteile betragen nach der Herabsetzung des Stammkapitals je...... €.

4. § 3 des Gesellschaftsvertrages wird wie folgt neu gefasst:

»**§ 3 Stammkapital**

Das Stammkapital der Gesellschaft beträgt...... € (in Worten:...... Euro).«

III. Verzichtserklärung, Sonstiges

Alle Gesellschafter verzichten (vorsorglich) auf die Erstattung eines Spaltungsberichts und eine Prüfung der Spaltung, Erstattung eines Spaltungsprüfungsberichts sowie die Anfechtung dieses Beschlusses.

Alle Gesellschafter erklären, dass ihnen der Spaltungsvertrag spätestens zusammen mit der Einberufung der Gesellschafterversammlung übersandt wurde und dass sie auch von allen übrigen Unterlagen Kenntnis erhalten haben.

Der Notar belehrte über die Vermögensbindung als Folge der vereinfachten Kapitalherabsetzung. Es dürfen insbes. keine Zahlungen an die Gesellschafter geleistet werden. Auch die Gewinnausschüttung ist gemäß § 58d GmbHG beschränkt.

Der beurkundende Notar wies die Gesellschafter weiter darauf hin, dass jeder von ihnen die Erteilung einer Abschrift der Niederschrift über diese Gesellschafterversammlung verlangen kann und dass ihnen ein Anspruch gegen die Geschäftsführer auf Auskunft über alle wesentlichen Angelegenheiten der anderen beteiligten Gesellschaften zusteht.

IV. Kosten, Abschriften

Die Kosten dieser Urkunde trägt die Gesellschaft. Von dieser Urkunde erhalten

beglaubigte Abschriften:
- die Gesellschafter,
- die übertragende Gesellschaft,
- die übernehmende Gesellschaft;

- die Amtsgerichte (Registergerichte), elektronisch
- das Grundbuchamt,
- Finanzamt.

Vorgelesen vom Notar, von den Erschienenen genehmigt und eigenhändig unterschrieben.

......

c) *Handelsregisteranmeldung für die übertragende GmbH bei der Abspaltung zur Neugründung (A-GmbH)*

▶ Muster: Handelsregisteranmeldung für die übertragende GmbH bei der Abspaltung zur Neugründung (A-GmbH)

534 An das

Amtsgericht

– Handelsregister B –

Betrifft: HRB A-GmbH

In der Anlage überreiche ich, der unterzeichnende alleinvertretungsberechtigte Geschäftsführer der A-GmbH:
1. Elektronisch beglaubigte Abschrift des Spaltungsplans vom...... – UR.Nr....... des beglaubigenden Notars –,
2. Elektronisch beglaubigte Abschrift des Zustimmungsbeschlusses der Gesellschafter der A-GmbH vom...... – UR.Nr....... des beglaubigenden Notars –, der auch den Beschluss über die Kapitalherabsetzung samt Änderung des Gesellschaftsvertrages enthält,
3. Elektronisch beglaubigte Abschrift der Verzichtserklärungen der Gesellschafter der A-GmbH auf Erstellung eines Spaltungsberichts und eines Prüfungsberichts und Durchführung einer Spaltungsprüfung vom...... –UR.Nr....... des beglaubigenden Notars –,
4. elektronisch beglaubigter Nachweis über die Zuleitung des Entwurfs des Spaltungsvertrages an den Betriebsrat der A-GmbH,
5. elektronisch beglaubigter Schlussbilanz der A-GmbH zum Spaltungsstichtag,
6. elektronisch beglaubigter vollständigen Wortlaut des Gesellschaftsvertrages mit Satzungsbescheinigung des Notars nach § 54 Abs. 1 GmbHG

und melde zur Eintragung in das Handelsregister an:

1. Die A-GmbH hat die im Spaltungsvertrag vom...... – UR.Nr....... des beglaubigenden Notars – genannten Vermögensteile als Gesamtheit auf die B-GmbH & Co. KG mit dem Sitz in...... (eingetragen im Handelsregister des Amtsgerichts...... unter HRB......) als übernehmende Gesellschaft im Wege der Abspaltung zur Neugründung übertragen. Die Geschäftsräume und die inländische Geschäftsanschrift befinden sich in......

2. Das Stammkapital der A-GmbH i. H. v....... € (in Worten:...... Euro) wurde im Wege der vereinfachten Kapitalherabsetzung nach § 139 UmwG i. V. m. §§ 58a ff. GmbHG um...... € (in Worten:...... Euro) auf...... € (in Worten:...... Euro) herabgesetzt. Die Satzung der A-GmbH wurde in § 3 entsprechend geändert.

Ich erkläre, dass der Spaltungsbeschluss der Gesellschafter der A-GmbH nicht angefochten worden ist und aufgrund der in den Spaltungsbeschlüssen enthaltenen Anfechtungsverzichtserklärungen sämtlicher Gesellschafter auch nicht angefochten werden kann.

Ich erkläre ferner gemäß § 140 UmwG, dass die durch Gesetz und Gesellschaftervertrag vorgesehenen Voraussetzungen für die Gründung dieser Gesellschaft unter Berücksichtigung der Abspaltung im Zeitpunkt dieser Anmeldung vorliegen und dass ein Fall des § 51 Abs. 1 UmwG (nicht voll eingezahlte Geschäftsanteile) nicht vorliegt (§ 52 Abs. 1 UmwG).

Die inländische Geschäftsanschrift und die Geschäftsräume befinden sich in (Ort, Straße).

....., den......   (Beglaubigungsvermerk)

d) Handelsregisteranmeldung für die neu gegründete GmbH & Co. KG bei der Abspaltung zur Neugründung (A-GmbH)

▶ Muster: Handelsregisteranmeldung für die neu gegründete GmbH & Co. KG bei der Abspaltung zur Neugründung (A-GmbH)

An das

Amtsgericht

– Handelsregister –

Anmeldung der Gründung einer Kommanditgesellschaft im Wege der Abspaltung

In der Anlage überreichen wir, der unterzeichnende, alleinvertretungsberechtigte Geschäftsführer der A-GmbH und der alleinvertretungsberechtigte Geschäftsführer der B-Verwaltungs-GmbH, diese als Komplementärin der B-GmbH & Co. KG:
1. Elektronisch beglaubigte Abschrift des Spaltungsplans vom…… – UR.Nr.…… des beglaubigenden Notars –,
2. Elektronisch beglaubigte Abschrift des Zustimmungsbeschlusses der Gesellschafter der A-GmbH vom…… – UR.Nr.…… des beglaubigenden Notars –, der auch den Beschluss über die Kapitalherabsetzung samt Änderung des Gesellschaftsvertrages enthält,
3. Elektronisch beglaubigte Abschrift der Verzichtserklärungen der Gesellschafter der A-GmbH auf Erstellung eines Spaltungsberichts und eines Prüfungsberichts und Durchführung einer Spaltungsprüfung vom…… –UR.Nr.…… des beglaubigenden Notars –,
4. elektronisch beglaubigter Nachweis über die Zuleitung des Entwurfs des Spaltungsvertrages an den Betriebsrat

und melden zur Eintragung in das Handelsregister an:

1. Unter der Firma »B GmbH & Co. KG«

ist eine Kommanditgesellschaft im Wege der Abspaltung durch Neugründung von der A-GmbH mit Sitz in…… neu gegründet worden. Die A-GmbH (eingetragen unter HRB… im Handelsregister des AG…) hat die im Spaltungsvertrag vom…… – UR.Nr.…… des beglaubigenden Notars – genannten Vermögensteile als Gesamtheit auf die B-GmbH & Co. KG mit dem Sitz in…… als übernehmende Gesellschaft im Wege der Abspaltung zur Neugründung übertragen.

2. Sitz der Gesellschaft ist……

3. Persönlich haftende Gesellschafterin ist die B-Verwaltungs-GmbH in (HRB; Amtsgericht).

4. Kommanditisten sind folgende Personen (jeweils mit Name, Vorname, Geburtsdatum, Wohnort) mit folgenden Einlagen:
– mit einer Einlage von…… €,
– mit einer Einlage von…… €.

5. Die Gesellschaft wird durch die persönlich haftende Gesellschafterin, die B-Verwaltungs-GmbH, allein vertreten. Die persönlich haftende Gesellschafterin und ihre Geschäftsführer sind vom Verbot des Selbstkontrahierens gemäß § 181 BGB befreit.

6. Kommanditisten sind nicht vertretungsberechtigt.

7. Die Geschäftsräume und die inländische Geschäftsanschrift der Gesellschaft befinden sich in……

Abstrakte Vertretungsbefugnis:

Jeder persönlich haftende Gesellschafter vertritt die Gesellschaft einzeln.

Konkrete Vertretungsbefugnis:

Die B-Verwaltungs-GmbH vertritt die Gesellschaft einzeln. Die Kommanditisten…… sind nicht zur Vertretung befugt.

8. Gegenstand des Unternehmens ist……

Wir erklären, dass der Spaltungsbeschluss der Gesellschafter der A-GmbH nicht angefochten worden ist und aufgrund der in den Spaltungsbeschlüssen enthaltenen Anfechtungsverzichtserklärungen sämtlicher Gesellschafter auch nicht angefochten werden kann.

….., den……   (Beglaubigungsvermerk)

5. Abspaltung eines Teilbetriebes von der A-GmbH auf die neu gegründete B-GmbH unter Trennung der Gesellschafter

a) Spaltungsplan

▶ Muster: Spaltungsplan

536 UR.Nr. für……

Verhandelt zu……

am……

Vor dem unterzeichnenden

…..

Notar mit dem Amtssitz in……

erschien:

Herr (Name, Geburtsdatum, Adresse),

hier handelnd nicht im eigenen Namen, sondern als alleinvertretungsberechtigter Geschäftsführer der A-GmbH mit dem Sitz in……, eingetragen im Handelsregister des Amtsgerichts…… unter HRB……

Der Erschienene wies sich dem Notar gegenüber aus durch Vorlage seines amtlichen Lichtbildausweises.

A. Vorbemerkung

Der Erschienene erklärte:

Das Stammkapital der im Handelsregister des Amtsgerichts…… unter HRB…… eingetragenen A-GmbH beträgt…… €. An ihr sind beteiligt:
– Herr A mit einem Geschäftsanteil von…… € (Nr.……),
– Herr B mit einem Geschäftsanteil von…… € (Nr.……).

Die Geschäftsanteile wurden bei der Gründung erworben und sind voll einbezahlt, sodass keine besondere Zustimmungspflicht nach § 51 Abs. 1 UmwG besteht.

Die A-GmbH betreibt die Teilbetriebe »Hochbau« und »Tiefbau«.

Die A-GmbH will ihren Teilbetrieb »Hochbau« auf die B-GmbH im Wege der Abspaltung durch Neugründung übertragen. Die Abspaltung soll zur Trennung der beiden Gesellschafter führen, sodass nach der Spaltung Herr A Alleingesellschafter der A-GmbH ist und Herr B Alleingesellschafter der B-GmbH.

Der Erschienene ließ sodann folgenden

B. Spaltungsplan

beurkunden und erklärte, handelnd wie angegeben:

I. Beteiligte Rechtsträger, Spaltung, Gesellschaftsvertrag

1. An der Abspaltung sind beteiligt die A-GmbH mit Sitz in…… als übertragender Rechtsträger und die B-GmbH mit Sitz in…… als übernehmender Rechtsträger.

2. Die A-GmbH mit dem Sitz in…… überträgt hiermit ihre nachstehend unter Ziff. II. genannten Vermögensteile als Gesamtheit im Wege der nichtverhältniswahrenden Abspaltung zur

Neugründung auf die neu zu gründende B-GmbH. Die B-GmbH gewährt als Ausgleich hierfür dem Gesellschafter B der A-GmbH sämtliche Geschäftsanteile an der B-GmbH. Gleichzeitig sollen sämtliche Anteile an der übertragenden A-GmbH allein dem Gesellschafter A zugewiesen werden.

3. Die Firma der im Wege der Spaltung neu zu gründenden Gesellschaft lautet:

B-GmbH.

Ihr Sitz ist......

Vorbehaltlich der Genehmigung der Gesellschafterversammlung der A-GmbH wird für die B-GmbH der als Anlage 1 zu dieser Urkunde genommene Gesellschaftsvertrag festgestellt. Auf die Anlage wird verwiesen, sie wurde mitverlesen und von dem Beteiligten genehmigt.

II. Vermögensübertragung

1. Die A-GmbH überträgt den von ihr an drei Standorten unterhaltenen Teilbetrieb »Hochbau« auf die B-GmbH mit allen Aktiven und Passiven. Die Abspaltung erfolgt auf der Basis der festgestellten Abspaltungsbilanz der WPG-Wirtschaftsprüfungsgesellschaft vom 31.12..... und diese Spaltungsbilanz ist Bestandteil dieses Spaltungsplans. Sie ist als Anlage 2 dieser Urkunde als wesentlicher Bestandteil beigefügt, auf sie wird nach §§ 9, 14 Abs. 1 BeurkG verwiesen. Die Beteiligten haben auf das Vorlesen verzichtet. Stattdessen wurde ihnen die Anlage 2 zur Durchsicht vorgelegt, von ihnen genehmigt und unterschrieben.

2. Im Einzelnen sind folgende Vermögensgegenstände Bestandteil des Teilbetriebes und werden i. R. d. Spaltung auf die B-GmbH übertragen. Von der Spaltung werden sämtliche zum Spaltungsstichtag vorhanden Vermögensgegenstände und Schulden des Teilbetriebes mit allen Rechten und Pflichten sowie die ausschließlich diesem Teilbetrieb zuzuordnenden Rechtsbeziehungen, insbes. Vertragsverhältnisse, nach näherer Maßgabe der nachfolgenden Bestimmungen erfasst, gleich ob sie bilanziert sind oder nicht.

Insbes. handelt es sich um folgende Vermögensgegenstände und Schulden, die dem Teilbetrieb mit allen Rechten und Pflichten zuzuordnen sind:

a) Grundstücke

Die folgenden im Grundbuch von X-Stadt eingetragenen Grundstücke mit sämtlichen Abteilungen II und III des Grundbuches eingetragenen Belastungen, einschließlich aufstehender Gebäude mit den dazugehörigen Betriebsvorrichtungen, sowie sämtliche auf die Grundstücke bezogenen Mietverträge:
- Bd. 120 Blatt 3503, Flurstück 400/20, X-Str. in X-Stadt mit einer Größe von 10.000 qm,
- Bd. 105 Blatt 2763, Flurstück 733/23, Y-Str. in X-Stadt mit einer Größe von 5.000 qm,
- Bd. 100 Blatt 7370, Flurstück 250/12, Z-Str. in X-Stadt mit einer Größe von 3.000 qm.

b) Anlage- und Umlaufvermögen

Sämtliche zum Anlage- und Umlaufvermögen gehörenden beweglichen Gegenstände des Teilbetriebs »Hochbau«, also alle beweglichen Gegenstände, die sich auf den unter a) beschriebenen Grundstücken und Gebäuden befinden, somit alle technischen Anlagen und Maschinen, Kfz-, Betriebs- und Geschäftsausstattung, geringwertige Wirtschaftsgüter, Zubehör und Ersatzteile, EDV-Hardware, sämtliche auf den Grundstücken befindliche Gegenstände des Umlaufvermögens, insbes. Roh-, Hilfs-, Betriebsstoffe, Ausstattung und Verpackungsmaterial. Soweit die A-GmbH Eigentum oder Miteigentum an diesen Gegenständen hat oder diese künftig erwirbt, wird das Eigentum oder Miteigentum übertragen; soweit die A-GmbH Anwartschaftsrechte auf Eigentumserwerb an dem ihr unter Eigentumsvorbehalt gelieferten beweglichen Vermögen hat, überträgt sie hiermit der B-GmbH diese Anwartschaftsrechte. Die wichtigsten beweglichen Vermögensgegenstände, insbes. Anlagen und Einrichtungen sind in Anlage 3 aufgeführt, ohne jedoch auf die genannten Anlagen und Einrichtungen beschränkt zu sein.

c) Forderungen

Sämtliche Forderungen, die zum Teilbetrieb »Hochbau« zuzuordnen sind, insbes. Forderungen aus Lieferung und Leistung, geleisteten Anzahlungen, aus Darlehen, sowie Schadensersatzforderungen. Die Forderungen sind in der Anlage 4 aufgeführt. Soweit Forderungen in dieser Anlage nicht aufgeführt sind, werden sie dennoch übertragen, wenn und soweit sie dem Teilbetrieb »Hochbau« zuzuordnen sind.

d) Bankguthaben

Sämtliche Bankguthaben bei allen Banken, Kreditinstituten und sonstigen Einrichtungen mit ihrem jeweiligen zum Stichtag ausgewiesenen Bestand. Die Kreditinstitute und Einrichtungen sowie die betroffenen Bankkonten sind in Anlage 5 aufgeführt.

e) Vertragsverhältnisse

Alle dem Teilbetrieb »Hochbau« zuzuordnenden Verträge, insbes. Leasingverträge, Mietverträge, Kauf-, Dienst-, Werk-, Beratungs-, Darlehens-, Versorgungs-, Versicherungs-, Finanzierungsverträge, Verträge mit Handelsvertretern sowie Angebote und sonstige Rechtsstellungen zivilrechtlicher oder öffentlich-rechtlicher Art. Die Verträge sind in Anlage 6 beschrieben. Soweit Verträge und Vertragsverhältnisse in dieser Anlage nicht aufgeführt sind, werden sie dennoch übertragen, wenn und soweit sie den Betriebsteil »Hochbau« betreffen oder ihm zuzuordnen sind.

f) Schutzrechte

Sämtliche Schutzrechte der A-GmbH, die den Betriebsteil »Hochbau« betreffen. Schutzrechte umfassen insbes. alle Erfindungen, Know-how, Geschäfts- und Betriebsgeheimnisse, Patente, Verfahren, Formel und sonstigen immateriellen Gegenstände, die nicht von gewerblichen Schutzrechten umfasst werden, und sämtliche Verkörperungen solcher Gegenstände (Muster, Marken, Zeichenpläne etc.). Die Schutzrechte sind in Anlage 7 ausgeführt.

g) Arbeitsverhältnisse

Sämtliche dem Teilbetrieb »Hochbau« zuzuordnenden Arbeitsverhältnisse einschließlich evtl. bestehender Verpflichtungen der betrieblichen Altersvorsorge um Zusage, Rückdeckungsversicherung im betrieblichen Versorgungsinteresse und sonstigen Zusagen mit Versorgungscharakter gehen nach § 613a BGB auf die aufnehmende Gesellschaft über. Die Arbeitnehmer werden bei der aufnehmenden Gesellschaft zu gleichen Konditionen beschäftigt. Sollten einzelne Arbeitnehmer den Übergang ihres Arbeitsverhältnisses widersprechen, so ist die B-GmbH verpflichtet, der A-GmbH alle dadurch entstehenden Kosten zu ersetzen. Die B-GmbH wird außerdem die A-GmbH von allen Ansprüchen aus den Arbeitsverhältnissen und den damit verbundenen Zusagen der betrieblichen Altersvorsorge und Zusagen mit Versorgungscharakter freistellen.

h) Steuern

Sämtliche Forderungen, Verbindlichkeiten und Rückstellungen gegenüber dem Finanzamt betreffend Körperschaftsteuer und Solidaritätszuschlag, Gewerbesteuer, Umsatzsteuer, Kfz-Steuer, Grundsteuer, Kapitalertragsteuer, Lohn- und Kirchensteuer, Zinsabschlagsteuer.

i) Beteiligung, Mitgliedschaften

Sämtliche zum Teilbereich »Hochbau« gehörenden Beteiligungen, Mitgliedschaften, Finanzanlagen und Ähnliches. Im Einzelnen handelt es sich um folgende Beteiligungen:
– Die Mitgliedschaft der A-GmbH im Verband »Hoch- und Tiefbau e. V.«,
– die bestehende Beteiligung i. H. v. 10.000 Aktien an der X-AG,
– die der Geschäftsanteile i. H. v. 10.00,00 € an der Z-GmbH.

j) Verbindlichkeiten

Sämtliche zum Teilbetrieb »Hochbau« gehörenden und zuzuordnenden Verbindlichkeiten der A-GmbH, also sämtliche Schulden, Verbindlichkeiten, Rückstellungen sowie Verlustrisiko aus schwebenden Geschäften. Die Verbindlichkeiten sind in Anlage 8 zu diesem Vertrag aufgeführt.

k) Sonstiges

Sowie alle sonstigen in der Anlage 8 aufgeführten Vermögenspositionen.

3. Für sämtliche unter Ziff. 2 beschriebenen Aktiva und Passiva gilt, dass die Übertragung im Wege der Spaltung alle Wirtschaftsgüter, Gegenstände, materiellen und immateriellen Rechte, Verbindlichkeiten und Rechtsbeziehungen erfasst, die dem Teilbetrieb »Hochbau« dienen oder zu dienen bestimmt sind oder sonst den Teilbetrieb betreffen oder ihm wirtschaftlich zuzurechnen sind, unabhängig davon, ob die Vermögensposition bilanzierungsfähig ist oder nicht. Die Übertragung erfolgt auch unabhängig davon, ob der Vermögensgegenstand in den Anlagen 2–8 aufgeführt ist.

Sollten die zu übertragenden Rechtspositionen des Aktiv- oder Passivvermögens bis zum Wirksamwerden der Spaltung im regelmäßigen Geschäftsgang veräußert worden sein, so werden die an ihre Stelle getretenen vorhandenen Surrogate übertragen. Übertragen werden auch die bis zum Wirksamwerden der Spaltung erworbenen Gegenstände des Aktiv- oder Passivvermögens, soweit sie zum übertragenen Teilbetrieb gehören.

4. Bei Zweifelsfällen, die auch durch Auslegung dieses Vertrages nicht zu klären sind, gilt, dass Vermögensgegenstände, Verbindlichkeiten, Verträge und Rechtspositionen, die nach obigen Regeln nicht zugeordnet werden können, bei der übertragenden Gesellschaft verbleiben. In diesen Fällen ist die A-GmbH berechtigt nach § 315 BGB eine Zuordnung nach ihrem Ermessen unter Berücksichtigung der wirtschaftlichen Zugehörigkeit vorzunehmen.

5. Soweit bilanzierte und nicht bilanzierte Vermögensgegenstände und Schulden in die Rechtsbeziehungen, die dem Teilbetrieb »Hochbau« wirtschaftlich zuzuordnen sind, nicht schon kraft Gesetzes mit der Eintragung der Spaltung in das Handelsregister der übertragenden Gesellschaft auf die aufnehmende Gesellschaft übergehen, wird die übertragende Gesellschaft diese Vermögensgegenstände oder Schulden sowie die Rechtsbeziehungen auf die B-GmbH übertragen. Ist die Übertragung im Außenverhältnis nicht oder nur mit unverhältnismäßigem Aufwand möglich oder unzweckmäßig, werden sich die beteiligten Gesellschaften im Innenverhältnis so stellen, wie sie stehen würden, wenn die Übertragung der Vermögensgegenstände und Passiva bzw. Rechtsbeziehungen auch im Außenverhältnis mit Wirkung zum Vollzug dabei erfolgt wäre. Wird die übertragende Gesellschaft aus Verbindlichkeiten in Anspruch genommen, die der aufnehmenden zuzuordnen sind, ist diese zur Freistellung verpflichtet oder hat Ausgleich zu leisten.

6. Auf die Anlagen 2–8, die dieser Urkunde als wesentlicher Bestandteil beigefügt sind, wird gemäß § 14 Abs. 1 BeurkG verwiesen. Die Beteiligten haben auf das Vorlesen verzichtet, stattdessen wurden ihnen die Anlagen 2–8 zur Kenntnisnahme vorgelegt, sie wurden von ihnen genehmigt und nach § 14 BeurkG unterschrieben.

7. Soweit für die Übertragung von bestimmten Gegenständen die Zustimmung eines Dritten an einer öffentlich-rechtlichen Genehmigung oder eine Registrierung erforderlich ist, werden sich die übertragende und die aufnehmende Gesellschaft bemühen, die Zustimmung, Genehmigung oder Registrierung beizubringen. Falls dies nicht oder nur mit unverhältnismäßig hohem Aufwand möglich sein würde, werden sich die übertragende und die aufnehmende Gesellschaft im Innenverhältnis so stellen, als wäre die Übertragung der Gegenstände des ausgegliederten Vermögens mit Wirkung zum Vollzugsdatum erfolgt.

8. Berichtigungen bei Registern, Grundbuch, Markenerklärungen

Die A-GmbH und die B-GmbH bewilligen und beantragen, nach Wirksamwerden der Spaltung die von der Spaltung betroffenen Markenregister entsprechenden Vorschriften dieses Vertrages zu berichtigen.

Die A-GmbH und die B-GmbH bewilligen und beantragen, nach Wirksamwerden der Ausgliederung das Grundbuch bei den unter Ziff. 2 beschriebenen Grundstücken und dinglichen Rechten zu berichtigen.

III. Gegenleistung, Umtauschverhältnis bei der B-GmbH

1. Die B-GmbH gewährt dem Gesellschafter B einen Geschäftsanteil im Nennbetrag von…… €. Dieser wird Alleingesellschafter der B-GmbH im Wege der nichtverhältniswahrenden Spaltung.

Der Geschäftsanteil wird kostenfrei und mit Gewinnberechtigung ab dem…… gewährt.

Bare Zuzahlungen werden nicht gewährt.

2. Das Umtauschverhältnis beträgt......

3. Der Gesamtwert zu dem die erbrachte Sacheinlage von der aufnehmenden Gesellschaft übernommen wird, entspricht dem handelsrechtlichen Buchwert des übertragenen Vermögens zum Spaltungsstichtag. Soweit der Buchwert des übertragenen Nettovermögens den Nennbetrag der dafür gewährten Geschäftsanteile übersteigt, wird der Differenzbetrag in die Kapitalrücklage der aufnehmenden Gesellschaft eingestellt. Eine Vergütung für den Differenzbetrag wird nicht geschuldet.

4. Da zur Durchführung der Abspaltung eine Kapitalherabsetzung erforderlich ist, wird die A-GmbH ihr Stammkapital herabsetzen, wie folgt:

Das Stammkapital der Gesellschaft wird von...... € um...... € auf...... € (in Worten:...... Euro) herabgesetzt.

Die Kapitalherabsetzung erfolgt als vereinfachte Kapitalherabsetzung i. S. d. § 139 UmwG i. V. m. §§ 58a ff. GmbHG. Die Herabsetzung des Stammkapitals dient der Anpassung des Stammkapitals infolge der Spaltung, weil das verbleibende Vermögen der abspaltenden Gesellschaft das nominelle Kapital i. H. v....... € nicht mehr deckt.

IV. Zuweisung der Anteile an der A-GmbH

Der Geschäftsanteil des Herrn B an der A-GmbH im Nennbetrag von...... € wird im Wege der nichtverhältniswahrenden Spaltung nach §§ 126 Abs. 1 Nr. 10, 128 UmwG dem Gesellschafter A zugeordnet und geht mit dem Wirksamwerden der Spaltung gemäß § 131 Abs. 1 Nr. 3 UmwG ohne Einzelrechtsabtretung auf den Gesellschafter A über.

V. Spaltungsstichtag

Die Übernahme des vorbezeichneten Vermögens der A-GmbH erfolgt im Innenverhältnis mit Wirkung zum Ablauf des...... Vom...... an gelten alle Handlungen und Geschäfte der A-GmbH, die das übertragene Vermögen betreffen, als für Rechnung der B-GmbH vorgenommen.

VI. Besondere Rechte

Besondere Rechte i. S. v. § 126 Abs. 1 Nr. 7 UmwG bestehen bei der B-GmbH nicht. Einzelnen Anteilsinhabern werden i. R. d. Spaltung keine besonderen Rechte gewährt.

VII. Besondere Vorteile

Besondere Vorteile i. S. v. § 126 Abs. 1 Nr. 8 UmwG werden weder einem Mitglied eines Vertretungs- oder Aufsichtsorgans, noch dem Abschlussprüfer oder dem Spaltungsprüfer gewährt.

VIII. Folgen der Abspaltung für Arbeitnehmer und ihre Vertretungen

Durch die Abspaltung ergeben sich für die Arbeitnehmer und ihre Vertretungen die nachgenannten Folgen:

.....

Insoweit sind folgende Maßnahmen vorgesehen:

.....

IX. Abfindungsangebot

Ein Abfindungsangebot ist nach den §§ 29, 125 UmwG nicht erforderlich.

X. Sonstige Vereinbarungen

1. Sollten für die Übertragung der in Ziff. II. genannten Sachen, Rechte, Vertragsverhältnisse und Verbindlichkeiten nach § 132 UmwG weitere Voraussetzungen geschaffen oder staatliche Genehmigungen eingeholt werden müssen, so verpflichten sich die Vertragsbeteiligten alle erforderlichen Erklärungen abzugeben und Handlungen vorzunehmen.

2. Sollte eine Übertragung der in Ziff. II. genannten Sachen, Rechte, Vertragsverhältnisse und Verbindlichkeiten im Wege der Spaltung auf die B-GmbH rechtlich nicht möglich sein, so verpflichten sich die Vertragsbeteiligten alle erforderlichen Erklärungen abzugeben und alle

erforderlichen Handlungen vorzunehmen, die rechtlich zu dem beabsichtigten Vermögensübergang auf die B-GmbH in anderer Weise führen.

3. Sollten einzelne Bestimmungen dieser Urkunde unwirksam oder nicht durchführbar sein, so soll dies die Gültigkeit dieses Vertrages i. Ü. nicht berühren. An die Stelle der unwirksamen oder undurchführbaren Vereinbarung soll eine solche treten, die dem wirtschaftlichen Ergebnis der unwirksamen oder undurchführbaren Klausel in zulässiger Weise am nächsten kommt.

XI. Geschäftsführerbestellung

Die A-GmbH als Gründerin hält eine erste Gesellschafterversammlung ab und beschließt unter Verzicht auf alle Form- und Fristvorschriften mit allen Stimmen Folgendes:

Zum ersten Geschäftsführer der B-GmbH wird Herr...... bestellt. Er ist stets einzelvertretungsberechtigt und von den Beschränkungen des § 181 BGB befreit. Er ist daher befugt, die Gesellschaft bei Rechtsgeschäften mit sich selbst oder als Vertreter eines Dritten uneingeschränkt zu vertreten.

XII. Hinweise, Vollmacht

Der Notar hat auf Folgendes hingewiesen:
- Die Spaltung wird erst mit der Eintragung in das Handelsregister der übertragenden Gesellschaft wirksam.
- Die Beteiligten beauftragen und ermächtigen den Notar, die zum Vollzug notwendigen Genehmigungen und Zustimmungserklärungen einzuholen. Genehmigungen werden mit Eingang beim Notar wirksam. Dies gilt nicht für die Versagung von Genehmigungen oder deren Erteilung unter Bedingungen oder Auflagen.
- Nach § 133 UmwG haften für die vor dem Wirksamwerden der Spaltung begründeten Verbindlichkeiten des übertragenden Rechtsträgers alle an der Spaltung beteiligten Rechtsträger gesamtschuldnerisch; Gläubiger können für ihre Verbindlichkeiten Sicherheitsleistung nach §§ 125, 22 UmwG verlangen. Daneben können weitere Haftungsvorschriften anwendbar sein insbes. § 25 HGB und § 75 AO.
- Bei der Anmeldung der Abspaltung hat der Geschäftsführer der übertragenden Gesellschaft zu erklären, dass die durch Gesetz und Satzung vorgesehenen Voraussetzungen für die Gründung dieser Gesellschaft auch unter Berücksichtigung der Spaltung im Zeitpunkt der Anmeldung vorliegen.
- Bei nicht vollständig eingezahlten Geschäftsanteilen bestehen nach §§ 51 Abs. 1, 125 UmwG besondere Zustimmungspflichten.
- Die Mitglieder des Vertretungsorgans und auch eines Aufsichtsorgans sind nach § 25 UmwG als Gesamtschuldner zum Schadensersatz bei Verletzung ihrer Pflichten nach dem UmwG verpflichtet.
- Die Spaltung kann zur Grunderwerbsteuer führen.

XIII. Kosten, Abschriften

Die durch diesen Vertrag und ihre Durchführung bei beiden Gesellschaften entstehenden Kosten trägt die B-GmbH. Sollte die Spaltung nicht wirksam werden, tragen die Kosten dieses Vertrages die Gesellschaften zu gleichen Teilen; alle übrigen Kosten trägt die jeweils betroffene Gesellschaft allein.

Von dieser Urkunde erhalten

beglaubigte Abschriften:
- die beteiligten Gesellschaften,
- die Gesellschafter der A- und der B-GmbH;
- die Registergerichte in......, elektronisch
- die Grundbuchämter in......,
- die beteiligten Betriebsräte,
- Finanzamt.

Eine einfache Abschrift mit Veräußerungsanzeige erhält das Finanzamt (Grunderwerbsteuerstelle).

Diese Niederschrift nebst Anlage 2 wurde dem Erschienenen vom Notar vorgelesen, von ihm genehmigt und von ihm und dem Notar eigenhändig wie folgt unterschrieben:

......

Anlagen:
- 1: Gesellschaftsvertrag der B-GmbH
- 2–8: Übertragenes Vermögen

Anlage 1 zur Urkunde vom...... UR.Nr.......

Satzung der B-GmbH

§ 1 Firma und Sitz

Die Firma der Gesellschaft lautet GmbH. Sitz der Gesellschaft ist......

§ 2 Gegenstand des Unternehmens

Gegenstand des Unternehmens ist...... Die Gesellschaft kann darüber hinaus alle Geschäfte betreiben, die dem Gesellschaftszweck dienen, insbes. auch den Handel und den Vertrieb mit......

Die Gesellschaft darf andere Unternehmen gleicher oder ähnlicher Art übernehmen, vertreten und sich an solchen Unternehmen beteiligen. Sie darf Zweigniederlassungen errichten.

§ 3 Stammkapital und Geschäftsanteil

1. Das Stammkapital der Gesellschaft beträgt...... € (in Worten:...... Euro).

Auf das Stammkapital erhält:

Herr A einen Geschäftsanteil von...... €.

2. Die Stammeinlage wird in voller Höhe dadurch geleistet, dass sämtliche Aktiva und Passiva des Teilbetriebes »Hochbau« der A-GmbH mit Sitz in X-Stadt (Handelsregister...... HRB......) im Wege der Abspaltung zur Neugründung (§ 123 Abs. 2 Nr. 2 UmwG) auf die Gesellschaft nach Maßgabe des Spaltungsplans zur Urkunde des Notars...... vom...... (UR.Nr.......) übertragen wird. Das übertragene Vermögen ist in der Spaltungsbilanz, die dieser Niederschrift als Anlage 2 beigefügt wird und auf die nach § 14 BeurkG verwiesen wird, bezeichnet.

§ 4 Geschäftsjahr

Das Geschäftsjahr ist das Kalenderjahr.

Das erste Geschäftsjahr ist ein Rumpfgeschäftsjahr; es beginnt mit der Eintragung der Gesellschaft in das Handelsregister und endet am darauffolgenden 31.12.

§ 5 Geschäftsführung, Vertretung

Die Gesellschaft hat einen oder mehrere Geschäftsführer. Ist nur ein Geschäftsführer bestellt, so vertritt er die Gesellschaft allein.

Sind mehrere Geschäftsführer bestellt, wird die Gesellschaft durch zwei Geschäftsführer gemeinschaftlich oder durch einen Geschäftsführer und einen Prokuristen gemeinschaftlich vertreten.

Die Gesellschafterversammlung kann unabhängig von der Zahl der bestellten Geschäftsführer und Liquidatoren jederzeit einem, mehreren oder allen Geschäftsführern oder Liquidatoren Einzelvertretungsbefugnis und Befreiung von den Beschränkungen des § 181 BGB erteilen.

§ 6 Wettbewerbsverbot

Kein Gesellschafter darf der Gesellschaft während seiner Vertragszeit mittelbar oder unmittelbar, direkt oder indirekt, gelegentlich oder gewerbsmäßig im Geschäftszweig der Gesellschaft Konkurrenz machen oder sich an Konkurrenzunternehmen beteiligen.

Durch Gesellschafterbeschluss können einzelne oder alle Gesellschafter vom Wettbewerbsverbot befreit werden. Sie sind dann berechtigt, unmittelbar oder mittelbar, direkt oder indirekt, im eigenen oder fremden Namen mit der Gesellschaft in den Wettbewerb zu treten oder sich an Konkurrenzunternehmen zu beteiligen. Die Befreiung kann auf bestimmte Bereiche beschränkt werden.

§ 7 Gesellschafterversammlungen

Die Einberufung einer Gesellschafterversammlung erfolgt durch die Geschäftsführer in vertretungsberechtigter Zahl mit eingeschriebenem Brief an jeden unter Mitteilung der Tagesordnung. Das Einladungsschreiben ist mindestens 3 Wochen vor dem Versammlungstermin per Einschreiben zur Post zu geben. Für die Fristberechnung zählt der Tag der Absendung und der Tag der Versammlung nicht mit. Der Ort der Versammlung ist der Sitz der Gesellschaft, soweit nicht durch die Gesellschafter einstimmig anderes beschlossen wird.

Die Gesellschafterversammlung ist beschlussfähig, wenn 3/4 des Stammkapitals vertreten sind. Ist eine Gesellschafterversammlung nicht beschlussfähig, so ist durch den oder die Geschäftsführer innerhalb von einer Woche eine neue Gesellschafterversammlung mit der gleichen Tagesordnung einzuberufen. Diese Versammlung ist ohne Rücksicht auf die Zahl der vertretenen Stimmen beschlussfähig; hierauf ist in der Einladung hinzuweisen.

Die Gesellschafter können einstimmig auf die Einhaltung der Form- und Fristvorschriften verzichten.

Die Gesellschafter können sich in der Gesellschafterversammlung durch einen Bevollmächtigten vertreten und das Stimmrecht durch ihn ausüben lassen. Die Vertretungsvollmacht ist schriftlich nachzuweisen. Die Gesellschafterversammlung ist mindestens einmal jährlich als ordentliche Versammlung innerhalb der ersten Monate nach Beginn eines neuen Geschäftsjahres einzuberufen; außerordentliche Versammlungen sind bei wichtigen Gründen zulässig.

Die Versammlung wird durch den Vorsitzenden geleitet, der von den anwesenden Gesellschaftern mit einfacher Mehrheit zu wählen ist.

§ 8 Gesellschafterbeschlüsse

Gesellschafterbeschlüsse werden in Gesellschafterversammlungen gefasst. Beschlüsse außerhalb von Versammlungen können – soweit nicht zwingendes Recht eine besondere Form vorschreibt – auch telefonisch, schriftlich, per E-Mail oder in einer anderen vergleichbaren elektronischen Form gefasst werden, wenn alle Gesellschafter mit diesem Verfahren einverstanden sind. Kombinierte Beschlussfassungen sind zulässig. Wird die Gesellschafterversammlung nicht notariell beurkundet, so ist eine schriftliche Niederschrift anzufertigen, die vom Vorsitzenden zu unterzeichnen ist und die Beschlussgegenstände und den Inhalt des Beschlusses protokollieren muss. Jeder Gesellschafter hat Anspruch auf Übersendung einer Abschrift.

Abgestimmt wird in der Gesellschafterversammlung nach Geschäftsanteilen. Je 50,00 € eines Gesellschaftsanteils gewähren eine Stimme.

Gesellschafterbeschlüsse werden mit der einfachen Mehrheit der abgegebenen Stimmen gefasst, soweit nicht die Satzung oder das Gesetz eine höhere Mehrheit vorschreiben.

Beschlüsse der Gesellschafterversammlung können nur innerhalb einer Frist von zwei Monaten seit der Beschlussfassung angefochten werden. Die Anfechtungsfrist ist nur gewahrt, wenn innerhalb dieser Frist die Klage erhoben wird. Zur Erhebung der Klage ist jeder Gesellschafter und Geschäftsführer berechtigt.

§ 9 Jahresabschluss und Gewinnverteilung

Die Bilanz mit Gewinn- und Verlustrechnung, Anhang und – soweit erforderlich – der Lagebericht sind nach Beendigung des Geschäftsjahres von den Geschäftsführern innerhalb der gesetzlichen Frist nach den gesetzlichen Bestimmungen aufzustellen.

Die Feststellung des Jahresabschlusses erfolgt durch die Gesellschafterversammlung.

§ 10 Gewinnverwendung

Für die Gewinnverwendung gilt die Regelung des § 29 GmbHG. Die Gesellschafterversammlung beschließt über die Gewinnverwendung, insbes. die Frage der Einstellung in die Rücklagen und der Ausschüttung.

§ 11 Verfügung über Geschäftsanteile

Die Geschäftsanteile können nur mit Zustimmung der Gesellschaft abgetreten und belastet werden.

§ 12 Einziehung von Geschäftsanteilen

Die Gesellschafterversammlung kann die Einziehung von Gesellschaftsanteilen mit Zustimmung des betroffenen Gesellschafters beschließen.

Die Einziehung des Geschäftsanteils ist ohne Zustimmung des Gesellschafters zulässig, wenn
- über das Vermögen des Gesellschafters das Insolvenzverfahren eröffnet ist oder die Eröffnung mangels Masse abgelehnt wird;
- die Zwangsvollstreckung aufgrund eines nicht nur vorläufig vollstreckbaren Titels in den Geschäftsanteil vorgenommen wird und diese Maßnahme nicht innerhalb von drei Monaten, spätestens bis zur Verwertung des Anteils, wieder aufgehoben wird;
- in der Person eines Gesellschafters ein wichtiger Grund vorliegt, insbes. wenn der Gesellschafter die Interessen der Gesellschafter grob verletzt hat und den übrigen Gesellschaftern eine weitere Zusammenarbeit nicht mehr zuzumuten ist.

Steht ein Geschäftsanteil mehreren Gesellschaftern gemeinschaftlich zu, so genügt es, wenn der Grund bei einem Gesellschafter vorliegt.

Bei einem Beschluss über die Einziehung hat der betroffene Gesellschafter kein Stimmrecht. Mit Beschlussfassung ruhen alle Gesellschafterrechte.

Statt der Einziehung kann die Gesellschafterversammlung beschließen, dass der Geschäftsanteil ganz oder geteilt an die Gesellschaft selbst, an einen oder mehrere Gesellschafter oder von der Gesellschaft zu benennende Dritte zu gleichen Bedingungen übertragen wird.

Der ausgeschlossene Gesellschafter ist mit dem Wert seines Geschäftsanteils, der gemäß den Bestimmungen dieses Vertrages zu bestimmen ist, abzufinden.

§ 13 Erbfolge

Im Fall des Todes eines Gesellschafters treten die Erben an die Stelle des verstorbenen Gesellschafters. Sind mehrere Erben vorhanden, so haben die Erben einen gemeinschaftlichen Vertreter zu bestimmen. Solange der Vertreter nicht bestimmt ist, ruhen die Gesellschafterrechte.

§ 14 Bewertung von Geschäftsanteilen und Abfindungen

Die Abfindung bemisst sich nach dem tatsächlichen Wert des Geschäftsanteils. Zu dessen Ermittlung ist eine Auseinandersetzungsbilanz aufzustellen. Maßgeblicher Zeitpunkt ist der Tag des Ausscheidens.

Im Fall der Einziehung des Geschäftsanteils nach § 12 beträgt der zu zahlende Abfindungsbetrag nur 60 % dieses Wertes.

Die Abfindungsforderung des ausgeschiedenen Gesellschafters ist wie folgt zu erfüllen: Die Abfindungsraten sind in fünf gleichen Halbjahresraten an den ausgeschiedenen Gesellschafter zu zahlen, erstmals am auf das Ausscheiden folgenden 31.12. Der ausstehende Betrag ist mit 4 % zu verzinsen.

§ 15 Dauer der Gesellschaft

Die Dauer der Gesellschaft ist unbestimmt.

Die Gesellschaft kann von jedem Gesellschafter mit jährlicher Frist zum Ende des Geschäftsjahres gekündigt werden, frühestens zum 31.12. Die Kündigung hat durch eingeschriebenen Brief an die Geschäftsführung zu erfolgen.

Die Gesellschaft wird durch Kündigung nicht aufgelöst. Sie wird nach Ausscheiden des betroffenen Gesellschafters von den übrigen Gesellschaftern fortgesetzt. Der ausscheidende Gesellschafter ist verpflichtet, seinen Geschäftsanteil nach Wahl der Gesellschaft ganz oder teilweise an die Gesellschaft, an einen oder mehrere Gesellschafter oder an einen von der Gesellschaft zu benennenden Dritten abzutreten oder die Einziehung des Geschäftsanteils zu dulden.

Falls der Geschäftsanteil des ausscheidenden Gesellschafters nicht bis zum Ablauf der Kündigungsfrist von einem anderen übernommen oder eingezogen wird, tritt die Gesellschaft in Liquidation.

Der Anteil des ausscheidenden Gesellschafters ist mit dem Wert des Geschäftsanteils zu vergüten, der sich nach § 14 Abs. 1 ergibt. Das Recht der fristlosen Kündigung wird jedoch nicht berührt.

§ 16 Liquidation

Im Fall der Auflösung der Gesellschaft erfolgt deren Abwicklung durch den oder die Geschäftsführer als Liquidatoren, soweit nicht durch Gesellschafterbeschluss andere Liquidatoren bestellt werden.

§ 17 Bekanntmachungen

Die Bekanntmachungen der Gesellschaft erfolgen im elektronischen Bundesanzeiger.

§ 18 Sonstiges

Die Unwirksamkeit einzelner Bestimmungen dieses Vertrages lässt die Wirksamkeit des Vertrages i. Ü. unberührt. In einem solchen Fall ist die ungültige Bestimmung durch eine Regelung zu ergänzen, die dem gewünschten wirtschaftlichen Ergebnis in rechtsgültiger Weise am nächsten kommt.

§ 19 Gründungskosten

Die Kosten für den durch die Spaltung zur Neugründung entstehenden Gründungsaufwand trägt die Gesellschaft. Dieser Gründungsaufwand wird übereinstimmend mit...... € angesetzt.

Gemäß § 125 i. V. m. § 57 UmwG werden die Festsetzungen über den Gründungsaufwand aus der Satzung der übertragenden Gesellschaft wie folgt übernommen:...... (**Anm.:**Text aus der Satzung der A-GmbH einfügen).

b) Zustimmungsbeschluss bei der übertragenden Gesellschaft (A-GmbH)

▶ Muster: Zustimmungsbeschluss bei der übertragenden Gesellschaft (A-GmbH)

Niederschrift über eine Gesellschafterversammlung

Heute, den...... erschienen vor mir, dem unterzeichnenden Notar......, mit Amtssitz in......, an der Amtsstelle in......

1. Herr A, Kaufmann, wohnhaft in......,

2. Herr B, Kaufmann, wohnhaft in.......

Die Beteiligten sind mir, Notar......, persönlich bekannt. Auf Antrag beurkunde ich den vor mir abgegebenen Erklärungen gemäß Folgendes:

I. Sachverhalt

Im Handelsregister des Amtsgerichts...... ist in der Abteilung B unter Nr....... die Firma A-GmbH mit Sitz in...... eingetragen. Gesellschafter dieser Gesellschaft sind nach Angabe:
– Herr A mit einem Gesellschaftsanteil i. H. v....... € (Nr.......),
– Herr B mit einem Gesellschaftsanteil i. H. v....... € (Nr.......).

Das Stammkapital der Gesellschaft beträgt...... €.

II. Gesellschafterversammlung

Die vorgenannten Gesellschafter halten eine Gesellschafterversammlung der Gesellschaft unter Verzicht auf alle Frist- und Formvorschriften ab und stellen fest, dass die Gesellschafterversammlung als Vollversammlung beschlussfähig ist.

Die Gesellschafter beschließen sodann mit allen Stimmen Folgendes:

§ 1 Zustimmung zum Spaltungsplan, Gesellschaftsvertrag und zur Geschäftsführerbestellung

Dem Spaltungsplan samt dem Gesellschaftsvertrag vom...... UR.Nr....... des amtierenden Notars und der Bestellung von Herrn...... zum Geschäftsführer wird mit allen Stimmen vorbehaltlos zugestimmt.

Der Spaltungsvertrag ist dieser Urkunde als Anlage beigefügt.

§ 2 Kapitalherabsetzung

Die Gesellschafter erklären: Die Geschäftsanteile der Herren A und B sind voll eingezahlt. Da zur Durchführung der Abspaltung eine Kapitalherabsetzung erforderlich ist, beschließen die Gesellschafter weiter:

1. Das Stammkapital der Gesellschaft wird von...... € um...... € auf...... € (in Worten:...... Euro) herabgesetzt.
2. Die Kapitalherabsetzung erfolgt als vereinfachte Kapitalherabsetzung i. S. d. § 139 UmwG i. V. m. §§ 58a ff. GmbHG zum Ausgleich eines Spaltungsverlustes i. H. v....... €. Die Herabsetzung des Stammkapitals dient der Anpassung des Stammkapitals infolge der Spaltung, weil das verbleibende Vermögen der abspaltenden Gesellschaft das nominelle Kapital i. H. v...... € nicht mehr deckt und die Bilanz der A-GmbH keine Beträge in den Kapital- und Gewinnrücklagen ausweist. Auch ein Gewinnvortrag besteht nicht.
3. Die Nennbeträge der von den Gesellschaftern gehaltenen Geschäftsanteile betragen nach der Herabsetzung des Stammkapitals je...... €.
4. § 3 des Gesellschaftsvertrages wird wie folgt neu gefasst:

»**§ 3 Stammkapital**

Das Stammkapital der Gesellschaft beträgt...... € (in Worten:...... Euro).«

III. Verzichtserklärung, Sonstiges

Alle Gesellschafter verzichten (vorsorglich) auf die Erstattung eines Spaltungsberichts und eine Prüfung der Spaltung, Erstattung eines Spaltungsprüfungsberichts sowie die Anfechtung dieses Beschlusses.

Alle Gesellschafter erklären, dass ihnen der Spaltungsvertrag spätestens zusammen mit der Einberufung der Gesellschafterversammlung übersandt wurde und dass sie auch von allen übrigen Unterlagen Kenntnis erhalten haben.

Der Notar belehrte über die Vermögensbindung als Folge der vereinfachten Kapitalherabsetzung. Es dürfen insbes. keine Zahlungen an die Gesellschafter geleistet werden. Auch die Gewinnausschüttung ist gemäß § 58d GmbHG beschränkt.

Der beurkundende Notar wies die Gesellschafter weiter darauf hin, dass jeder von ihnen die Erteilung einer Abschrift der Niederschrift über diese Gesellschafterversammlung verlangen kann und dass ihnen ein Anspruch gegen die Geschäftsführer auf Auskunft über alle wesentlichen Angelegenheiten der anderen beteiligten Gesellschaften zusteht.

IV. Kosten, Abschriften

Die Kosten dieser Urkunde trägt die Gesellschaft. Von dieser Urkunde erhalten

beglaubigte Abschriften:
- die Gesellschafter,
- die übertragende Gesellschaft,
- die übernehmende Gesellschaft;
- die Amtsgerichte (Registergerichte), elektronisch
- das Grundbuchamt,
- Finanzamt.

Vorgelesen vom Notar, von den Erschienenen genehmigt und eigenhändig unterschrieben.

.....

C. Spaltung von GmbH und Unternehmergesellschaften — Teil 3 Kapitel 2

c) *Handelsregisteranmeldung für die übertragende GmbH bei der Abspaltung zur Neugründung (A-GmbH)*

▶ Muster: Handelsregisteranmeldung für die übertragende GmbH bei der Abspaltung zur Neugründung (A-GmbH)

538

An das

Amtsgericht

– Handelsregister B –

Betrifft: HRB…… A-GmbH

In der Anlage überreiche ich, der unterzeichnende, alleinvertretungsberechtigte Geschäftsführer der A-GmbH:
1. Elektronisch beglaubigte Abschrift des Spaltungsplans vom…… – UR.Nr.…… des beglaubigenden Notars –,
2. Elektronisch beglaubigte Abschrift des Zustimmungsbeschlusses der Gesellschafter der A-GmbH vom…… – UR.Nr.…… des beglaubigenden Notars –, der auch den Beschluss über die Kapitalherabsetzung samt Änderung des Gesellschaftsvertrages enthält,
3. Elektronisch beglaubigte Abschrift der Verzichtserklärungen der Gesellschafter der A-GmbH auf Erstellung eines Spaltungsberichts und eines Prüfungsberichts und Durchführung einer Spaltungsprüfung vom…… –UR.Nr.…… des beglaubigenden Notars –,
4. Elektronisch beglaubigter Nachweis über die Zuleitung des Entwurfs des Spaltungsplans an den Betriebsrat der A-GmbH,
5. Elektronisch beglaubigte Schlussbilanz der A-GmbH zum Spaltungsstichtag,
6. vollständigen Wortlaut des Gesellschaftsvertrages mit Satzungsbescheinigung des Notars nach § 54 Abs. 1 GmbHG

und melde zur Eintragung in das Handelsregister an:

1. Die A-GmbH hat die im Spaltungsvertrag vom…… – UR.Nr.…… des beglaubigenden Notars – genannten Vermögensteile als Gesamtheit auf die B-GmbH mit dem Sitz in…… als übernehmende GmbH im Wege der Abspaltung zur Neugründung übertragen.

2. Das Stammkapital der A-GmbH i. H. v.…… € (in Worten:…… Euro) wurde im Wege der vereinfachten Kapitalherabsetzung nach § 139 UmwG i. V. m. §§ 58a ff. GmbHG um…… € (in Worten:…… Euro) auf…… € (in Worten:…… Euro) herabgesetzt. Die Satzung der A-GmbH wurde in § 3 entsprechend geändert.

Ich erkläre, dass der Spaltungsbeschluss der Gesellschafter der A-GmbH nicht angefochten worden ist und aufgrund der in den Spaltungsbeschlüssen enthaltenen Anfechtungsverzichtserklärungen sämtlicher Gesellschafter auch nicht angefochten werden kann.

Ich erkläre ferner gemäß § 140 UmwG, dass die durch Gesetz und Gesellschaftervertrag vorgesehenen Voraussetzungen für die Gründung dieser Gesellschaft unter Berücksichtigung der Abspaltung im Zeitpunkt dieser Anmeldung vorliegen und dass ein Fall des § 51 Abs. 1 UmwG (nicht voll eingezahlte Geschäftsanteile) nicht vorliegt (§ 52 Abs. 1 UmwG).

Die inländische Geschäftsanschrift und die Geschäftsräume befinden sich in (Ort, Straße).

….., den……   (Beglaubigungsvermerk)

d) *Handelsregisteranmeldung für die neu gegründete GmbH (B-GmbH)*

▶ Muster: Handelsregisteranmeldung für die neu gegründete GmbH (B-GmbH)

539

An das

Amtsgericht

– Handelsregister B –

Betrifft: Neugründung der B-GmbH mit dem Sitz in……

In der Anlage überreichen wir, der unterzeichnende alleinvertretungsberechtigte Geschäftsführer der A-GmbH – dortiges Handelsregister HRB…… – und der neu bestellte Geschäftsführer der B-GmbH:
1. Elektronisch beglaubigte Abschrift des Spaltungsplans nebst Gesellschaftsvertrag und Beschluss über die Geschäftsführerbestellung der neu gegründeten B-GmbH vom…… – UR.Nr.…… des beglaubigenden Notars –,
2. Elektronisch beglaubigte Abschrift der Zustimmungsbeschlüsse der Gesellschafter der A-GmbH vom…… – UR.Nr.…… und…… des beglaubigenden Notars –,
3. Elektronisch beglaubigte Abschriften der Verzichtserklärungen der Gesellschafter der A-GmbH auf Erstellung eines Verschmelzungsberichts und eines Prüfungsberichts vom…… und…… – UR.Nr.…… und…… des beglaubigenden Notars –,
4. elektronisch beglaubigter Nachweise über die Zuleitung des Entwurfs des Spaltungsplans an den Betriebsrat der A-GmbH,
5. elektronisch beglaubigte Gesellschafterliste,
6. elektronisch beglaubigter Sachgründungsbericht,
7. Unterlagen über die Werthaltigkeit der übertragenen Vermögensteile

und melden zur Eintragung in das Handelsregister an:

Unter der Firma »B-GmbH« ist eine Gesellschaft mit beschränkter Haftung im Wege der Abspaltung durch Neugründung von der A-GmbH mit Sitz in…… neu gegründet worden. Die A-GmbH hat die im Spaltungsvertrag vom…… – UR.Nr.…… des beglaubigenden Notars – genannten Vermögensteile als Gesamtheit auf die B-GmbH mit dem Sitz in…… als übernehmende GmbH im Wege der Abspaltung zur Neugründung übertragen.

Sitz der Gesellschaft ist……. Die inländische Geschäftsanschrift ist……

Die Gesellschaft hat einen oder mehrere Geschäftsführer. Ist nur ein Geschäftsführer bestellt, so vertritt dieser die Gesellschaft allein. Sind mehrere Geschäftsführer bestellt, so wird die Gesellschaft durch zwei Geschäftsführer gemeinsam oder durch einen Geschäftsführer in Gemeinschaft mit einem Prokuristen vertreten. Durch Gesellschafterbeschluss kann einzelnen oder mehreren Geschäftsführern die Befugnis zur Einzelvertretung sowie die Befreiung von den Beschränkungen des § 181 BGB erteilt werden.

Zum ersten Geschäftsführer der Gesellschaft wurde bestellt:

(Name, Geburtsdatum, Adresse)

Er ist berechtigt, die Gesellschaft stets einzeln zu vertreten und von den Beschränkungen des § 181 BGB befreit.Er ist daher befugt, die Gesellschaft bei Rechtsgeschäften mit sich selbst oder als Vertreter eines Dritten uneingeschränkt zu vertreten.:

……

Der mitunterzeichnende Geschäftsführer der B-GmbH versichert:

Ich, [Name:], versichere, dass keine Umstände vorliegen, die meiner Bestellung zum Geschäftsführer nach § 6 Abs. 2 GmbH-Gesetz entgegenstehen.

Der Geschäftsführer der Gesellschaft versichert insbesondere,

– dass er nicht wegen einer oder mehrerer vorsätzlicher Straftaten
  a) des Unterlassens der Stellung des Antrags auf Eröffnung des Insolvenzverfahrens (Insolvenzverschleppung),
  b) nach §§ 283 bis 283d StGB (Insolvenzstraftaten),
  c) der falschen Angaben nach § 82 GmbHG oder § 399 AktG,
  d) der unrichtigen Darstellung nach § 400 AktG, § 331 HGB, § 313 UmwG oder § 17 PublizitätsG,

e) nach den §§ 263 StGB (Betrug), § 263a StGB (Computerbetrug), § 264 StGB (Kapitalanlagebetrug) § 264a (Subventionsbetrug) oder den §§ 265b StGB (Kreditbetrug), §§ 265c bis e (Sportwettbetrug und Manipulation von berufssportlichen Wettbewerben), § 266 StGB (Untreue) bis § 266a StGB (Vorenthalten und Veruntreuen von Arbeitsentgelt – Nichtabführung von Sozialversicherungsbeiträgen) zu einer Freiheitsstrafe von mindestens einem Jahr verurteilt worden ist, und

– dass ihm weder durch gerichtliches Urteil noch durch die vollziehbare Entscheidung einer Verwaltungsbehörde die Ausübung eines Berufes, eines Berufszweiges, eines Gewerbes oder eines Gewerbezweiges ganz oder teilweise untersagt wurde, und
– auch keine vergleichbaren strafrechtlichen Entscheidungen ausländischer Behörden oder Gerichte gegen ihn vorliegen, und
– dass er über die uneingeschränkte Auskunftspflicht ggü. dem Gericht durch den Notar belehrt wurde.

Wir erklären, dass der Spaltungsbeschluss der Gesellschafter der A-GmbH nicht angefochten worden ist und aufgrund der in den Spaltungsbeschlüssen enthaltenen Anfechtungsverzichtserklärungen sämtlicher Gesellschafter auch nicht angefochten werden kann.

Die Geschäftsräume und die inländische Geschäftsanschrift der neu gegründeten Gesellschaft befinden sich in......, ...

....., den......   (Beglaubigungsvermerk)

▶ Hinweis:

Umstritten ist, ob folgende Versicherung nach § 8 GmbHG erforderlich ist (vgl. Teil 3 Rdn. 390): 540

»*Der Geschäftsführer der B-GmbH versichert, dass ab der Eintragung der Spaltung im Handelsregister der übertragenden Gesellschaft das Vermögen der durch die Spaltung neu gegründeten Gesellschaft sich endgültig in der freien Verfügung des oder der Geschäftsführer befindet.*«

D. Spaltung von AG

I. Checkliste

▶ Beim **Ablauf des Spaltungsverfahrens** sind folgende Punkte zu beachten: 541
- ❏ Spaltungsverbot für AG für 2 Jahre nach Gründung (§ 141 UmwG),
- ❏ Spaltungsvertrag bzw. Spaltungsplan (§§ 4 bis 6 i. V. m. § 125 UmwG),
- ❏ Spaltungsbericht (§ 8 i. V. m. § 125, § 142 UmwG),
- ❏ Spaltungsprüfung (§§ 9 bis 12, 60 i. V. m. § 125 UmwG),
- ❏ Bekanntmachung des Spaltungsvertrages bzw. -plans (§ 61 i. V. m. § 125 UmwG),
- ❏ Zuleitung des Spaltungsvertrages oder seines Entwurfs zum zuständigen Betriebsrat (§ 126 Abs. 3 UmwG),
- ❏ Vorbereitung der Hauptversammlung (§ 63 i. V. m. § 125 UmwG),
- ❏ Spaltungsverbot in der Nachgründungsphase (§ 141 UmwG),
- ❏ Spaltungsbeschluss der Beschlussorgane aller beteiligten Gesellschaften (§§ 13, 65 i. V. m. § 125 UmwG; Ausnahme § 62 UmwG),
- ❏ notwendige Zustimmungserklärung,
- ❏ Kapitalerhöhung, soweit erforderlich (§§ 68, 69 i. V. m. § 125, § 42 UmwG),
- ❏ Euroumstellung, falls notwendig,
- ❏ Kapitalherabsetzung, soweit erforderlich (§ 145 UmwG),
- ❏ Gründungsbericht und Gründungsprüfung (§ 144 UmwG i. V. m. §§ 32, 33 AktG),
- ❏ Anmeldung zum Handelsregister bei der übertragenden Gesellschaft und bei der
- ❏ übernehmenden Gesellschaft (§§ 16, 17 i. V. m. § 125 UmwG),
- ❏ Eintragung der Kapitalerhöhung (§ 66 i. V. m. § 125 UmwG),
- ❏ Eintragung der Kapitalherabsetzung (§ 145 UmwG),

❏ die Spaltung darf in das Register des Sitzes des übertragenden Rechtsträgers erst eingetragen werden, nachdem sie im Register des Sitzes jedes der übernehmenden Gesellschaften eingetragen worden ist (§§ 19, 20; § 130 UmwG). Die Eintragung im Register des Sitzes der übernehmenden Gesellschaft ist mit dem Vermerk zu versehen, dass die Spaltung erst mit der Eintragung im Register des Sitzes der übertragenden Gesellschaft wirksam wird.

II. Spaltungsvertrag und Spaltungsplan

542 Besondere **gesetzliche Anforderungen** an den Spaltungsvertrag oder -plan bestehen bei einer Beteiligung von AG nicht (vgl. daher Teil 3 Rdn. 38 ff.).

543 Zur Beschaffung der als Gegenleistung erforderlichen Aktien durch **Kapitalerhöhung** oder auf anderem Wege s. o. Teil 3 Rdn. 185 ff.

544 Bei der Spaltung durch **Neugründung** sind die Gründungsvorschriften zu berücksichtigen. Dies bedeutet insb., dass bei der Verteilung des Vermögens auch die Kapitalaufbringungsregeln zu beachten sind. Außerdem sind die als Sacheinlage eingebrachten Vermögensteile in der Satzung schlagwortartig anzugeben (§ 27 Abs. 1 Satz 1 AktG), ebenso Festsetzungen von Sondervorteilen, Gründungsaufwand und Sacheinlagen (§§ 57, 74 UmwG), Letztere aber nur, sofern sie auf den neuen Rechtsträger übertragen werden.[870]

III. Spaltungsbericht

545 Auch bei der AG ist gem. § 127 UmwG ein Spaltungsbericht erforderlich (vgl. im Einzelnen oben Teil 2 Rdn. 1057 ff.). Zu beachten ist außerdem als **Inhalt des Spaltungsberichts**, dass gem. § 142 Abs. 2 UmwG in dem Spaltungsbericht bei einer Spaltung mit Kapitalerhöhung über die Prüfung von Sacheinlagen bei der übernehmenden AG nach § 183 Abs. 3 AktG, sowie auf das Register, bei dem dieser Bericht zu hinterlegen ist, hinzuweisen ist. Diese Vorschrift soll sicherstellen, dass die Aktionäre aller beteiligten AG vollständig unterrichtet werden, indem auf den Bericht über die Prüfung der Sacheinlagen ausdrücklich im Spaltungsbericht nach § 127 UmwG hingewiesen wird. Die Angabe des zuständigen Handelsregisters soll die Einsichtnahme in diesen Sacheinlagenprüfungsbericht erleichtern. § 143 UmwG bestimmt i. d. F. des **3. UmwÄndG v. 15.07.2011**,[871] dass bei **verhältniswahrenden (Auf- oder Ab-) Spaltungen zur Neugründung einer AG** die §§ 8 bis 12 UmwG nicht anzuwenden sind, ein Spaltungsbericht also nicht mehr erforderlich ist.[872] Die Vorschrift ist allerdings missverständlich, da § 127 UmwG (Spaltungsbericht) nicht ausdrücklich erwähnt wird, aber § 8 UmwG. Die Literatur geht von einem Redaktionsversehen aus.[873] Die Ausnahme gilt nur bei Auf- und Abspaltungen zur Neugründung.[874] Weitere Voraussetzung ist, dass nur AG als übertragende und neu gegründete Rechtsträger an der Auf- oder Abspaltung beteiligt sind, für KgaA gilt dies nicht.[875] Maßgebend für die Verhältniswahrung ist die quotale Beteiligung am satzungsmäßigen Grundkapital.[876]

---

870 So zu Recht Heidenhain, NJW 1995, 2873, 2876.
871 BGBl. I 2011, S. 1338.
872 Vgl. Leitzen, DNotZ 2011, 526, 541; Diekmann in Semler/Stengel, § 143 UmwG Rn. 3 ff.; Simon/Merkelbach, DB 2011, 1317, 1323; Lutter/Schwab, § 143 UmwG Rn. 2.
873 Vgl. Simon/Merkelbach, DB 2011, 1317, 1323.
874 BeckOGK/Brellochs UmwG § 143 Rn. 5; Kallmeyer/Sickinger § 143 UmwG Rn. 2; Schmitt/Hörtnagl/Stratz/Hörtnagl UmwG § 143 Rn. 3.
875 BeckOGK/Brellochs UmwG § 143 Rn. 7; Schmitt/Hörtnagl/Stratz/Hörtnagl UmwG § 143 Rn. 3; Lutter/Schwab § 143 UmwG Rn. 5; Kallmeyer/Sickinger § 143 UmwG Rn. 2.
876 BeckOGK/Brellochs UmwG § 143 Rn. 5; Schmitt/Hörtnagl/Stratz/Hörtnagl UmwG § 143 Rn. 3.

IV. Spaltungsprüfung

Gem. § 60 i. V. m. § 125 Satz 1 UmwG ist eine Spaltungsprüfung bei AG ohne Rücksicht darauf, ob ein Aktionär dies verlangt, durchzuführen. Gem. § 60 Abs. 2 UmwG muss von jeder AG mindestens ein Spaltungsprüfer bestellt werden. Die Prüfer werden jeweils vom Vorstand der Gesellschaft bestellt. Das **Verfahren zur Bestellung der Spaltungsprüfer**, ihre Stellung und Verantwortlichkeiten des Inhalts des Prüfungsberichts ist auch für die AG im allgemeinen Teil der §§ 9 bis 12 UmwG geregelt (vgl. oben Teil 2 Rdn. 409 ff.). Gem. § 60 Abs. 3 UmwG reicht für die Spaltung unter Beteiligung mehrerer AG die Prüfung durch einen oder mehrere Spaltungsprüfer für alle beteiligten AG nur aus, wenn diese Prüfer auf gemeinsamen Antrag der Vorstände durch das Gericht bestellt werden (vgl. im Einzelnen Teil 2 Rdn. 1060 ff.). § 143 UmwG bestimmt allerdings i. d. F. des **3. UmwÄndG v. 15.07.2011**,[877] dass bei **verhältniswahrenden (Auf- oder Ab-) Spaltungen zur Neugründung** einer AG die §§ 8 bis 12 UmwG nicht anzuwenden sind, eine Spaltungsprüfung also nicht mehr erforderlich ist.[878] Die Ausnahme gilt nur bei Auf- und Abspaltungen zur Neugründung.[879] Weitere Voraussetzung ist, dass nur AG als übertragende und neu gegründete Rechtsträger an der Auf- oder Abspaltung beteiligt sind, für KgaA gilt dies nicht.[880] Maßgebend für die Verhältniswahrung ist die quotale Beteiligung am satzungsmäßigen Grundkapital.[881]

546

V. Bekanntmachung des Spaltungsvertrages bzw. -plans

Nach § 61 i. V. m. § 125 UmwG ist der Spaltungsvertrag bzw. -plan oder sein Entwurf vor der Einberufung der Hauptversammlung **zum Registergericht** einzureichen. Das Gericht hat in den für die Bekanntmachung seiner Eintragung bestimmten Blätter einen Hinweis darauf bekannt zu machen, dass der Vertrag oder sein Entwurf beim Handelsregister eingereicht worden ist (vgl. Teil 2 Rdn. 1064 ff.).

547

VI. Vorbereitung der Hauptversammlung

Für die Vorbereitung der Hauptversammlung gelten die allgemeinen Grundsätze wie bei der Verschmelzung (vgl. im Einzelnen oben Teil 2 Rdn. 1069 ff.). Für die Einberufung der Hauptversammlung gelten die allgemeinen Grundsätze des Aktienrechts (§§ 121 ff. AktG). Gem. § 121 Abs. 2 AktG wird die Hauptversammlung durch den **Vorstand** einberufen, der darüber in einfacher Mehrheit beschließt. Die Einberufung ist gem. § 121 Abs. 4 AktG in den **Gesellschaftsblättern** bekannt zu machen. Das ist mindestens der Bundesanzeiger.[882] Sieht die Satzung für die Bekanntmachung weitere Gesellschaftsblätter vor, so muss die Einberufung auch in diesen Blättern bekanntgemacht werden (§ 25 Satz 2 AktG); in diesem Fall ist die Bekanntmachung erst mit dem Erscheinen des letzten Gesellschaftsblattes erfolgt. Durch das Gesetz zur Änderung des Aktiengesetzes[883] vom 22.12.2015 wurde § 25 Satz 2 AktG gestrichen. Satz 2 sah die Möglichkeit weiterer Blätter oder elektronischer Informationsmedien als Gesellschaftsblätter vor. Dies ist jetzt geändert worden. Die Begründung zum RegE[884] weist als Begründung auf folgendes hin, dass bisher umstritten war, zu welchem Zeitpunkt eine Bekanntmachung bewirkt war, wenn die Ver-

548

---

[877] BGBl. I 2011, S. 1338.
[878] Vgl. Leitzen, DNotZ 2011, 526, 541; Diekmann in Semler/Stengel, § 143 UmwG Rn. 3 ff.; Simon/Merkelbach, DB 2011, 1317, 1323; Lutter/Schwab, § 143 UmwG Rn. 2.
[879] BeckOGK/Brellochs UmwG § 143 Rn. 5; Kallmeyer/Sickinger § 143 UmwG Rn. 2; Schmitt/Hörtnagl/Stratz/Hörtnagl UmwG § 143 Rn. 3.
[880] BeckOGK/Brellochs UmwG § 143 Rn. 7; Schmitt/Hörtnagl/Stratz/Hörtnagl UmwG § 143 Rn. 3; Lutter/Schwab § 143 UmwG Rn. 5; Kallmeyer/Sickinger § 143 UmwG Rn. 2.
[881] BeckOGK/Brellochs UmwG § 143 Rn. 5; Schmitt/Hörtnagl/Stratz/Hörtnagl UmwG § 143 Rn. 3.
[882] www.bundesanzeiger.de; vgl. Hüffer/Koch, § 121 AktG Rn. 11a.
[883] Aktienrechtsnovelle 2016, BGBl. 2015 I, 2565.
[884] BT-Drucks. 18/4349, S. 18; vgl. auch Hüffer/Koch/Koch § 121 AktG Rn. 1.

öffentlichung im Bundesanzeiger und dem oder den weiteren Gesellschaftsblättern an unterschiedlichen Tagen erfolgte. Nach der Übergangsregelung in § 26h Abs. 3 EGAktG, bleiben entsprechende Angaben in Altsatzungen, deren Satzung vor dem Inkrafttreten der Aktienrechtsnovelle 2016, d.h. vor dem 31.12.2015 durch notarielle Beurkundung festgestellt wurde, auch weiterhin wirksam. Bei einer entsprechenden Satzungsregelung muss die Pflichtbekanntmachung also auch künftig in den in der Satzung vorgesehenen Medien veröffentlicht werden. An diese weitere Veröffentlichung werden allerdings keine Rechtsfolgen mehr geknüpft.[885]

549 Die Einberufung muss die Firma, den Sitz der Gesellschaft sowie Zeit und Ort der Hauptversammlung enthalten. Zudem ist die Tagesordnung anzugeben. Bei börsennotierten Gesellschaften hat der Vorstand oder, wenn der Aufsichtsrat die Versammlung einberuft, der Aufsichtsrat in der Einberufung ferner anzugeben: die Voraussetzungen für die Teilnahme an der Versammlung und die Ausübung des Stimmrechts sowie ggf. den Nachweisstichtag nach § 123 Abs. 2 Satz 3 AktG und dessen Bedeutung; das Verfahren für die Stimmabgabe durch einen Bevollmächtigten unter Hinweis auf die Formulare, die für die Erteilung einer Stimmrechtsvollmacht zu verwenden sind, und auf die Art und Weise, wie der Gesellschaft ein Nachweis über die Bestellung eines Bevollmächtigten elektronisch übermittelt werden kann sowie durch Briefwahl oder im Wege der elektronischen Kommunikation gem. § 118 Ans. 1 Satz 2 AktG, soweit die Satzung eine entsprechende Form der Stimmrechtsausübung vorsieht; die Rechte der Aktionäre nach § 122 Abs. 2, 126 Abs. 1, §§ 127, 131 Abs. 1 AktG; die Angaben können sich auf die Fristen für die Ausübung der Rechte beschränken, wenn in der Einberufung i. Ü. auf weiter gehende Erläuterungen auf der Internetseite der Gesellschaft hingewiesen wird; die Internetseite der Gesellschaft, über die die Informationen nach § 124a AktG zugänglich sind.

550 Bei börsennotierten Gesellschaften müssen nach § 124a AktG alsbald nach der Einberufung der Hauptversammlung über die Internetseite der Gesellschaft zugänglich sein: der Inhalt der Einberufung; eine Erläuterung, wenn zu einem Gegenstand der Tagesordnung kein Beschluss gefasst werden soll; die der Versammlung zugänglich zu machenden Unterlagen; die Gesamtzahl der Aktien und der Stimmrechte im Zeitpunkt der Einberufung, einschließlich getrennter Angaben zur Gesamtzahl für jede Aktiengattung; ggf. die Formulare, die bei Stimmabgabe durch Vertretung oder bei Stimmabgabe mittels Briefwahl zu verwenden sind, sofern diese Formulare den Aktionären nicht direkt übermittelt werden.

Bei börsennotierten Gesellschaften, die nicht ausschließlich Namensaktien ausgegeben haben und die Einberufung den Aktionären nicht unmittelbar nach § 121 Abs. 4 Satz 2 und 3 AktG übersenden, ist die Einberufung gem. § 121 Abs. 4a AktG spätestens zum Zeitpunkt der Bekanntmachung solchen Medien zur Veröffentlichung zuzuleiten, bei denen davon ausgegangen werden kann, dass sie die Information in der gesamten EU verbreiten.

551 Für börsennotierte AG ist die Einberufung der Hauptversammlung im elektronischen Bundesanzeiger nach § 30b Abs. 1 Nr. 1 WpHG zwingend. Zusätzlich zu den Angaben nach §§ 121, 124 AktG muss die Veröffentlichung nach § 30b Abs. 1 Nr. 1 WpHG Angaben über die Gesamtzahl der Aktien und Stimmrechte im Zeitpunkt der Einberufung der Hauptversammlung enthalten.

Nach § 125 Abs. 1 AktG hat der Vorstand mindestens 21 Tage vor der Versammlung den Kreditinstituten und den Vereinigungen von Aktionären, die in der letzten Hauptversammlung Stimmrechte für Aktionäre ausgeübt oder die die Mitteilung verlangt haben, die Einberufung der Hauptversammlung mitzuteilen. Der Tag der Mitteilung ist nicht mitzurechnen. In der Mitteilung ist auf die Möglichkeiten der Ausübung des Stimmrechts durch einen Bevollmächtigten, auch durch eine Vereinigung von Aktionären, hinzuweisen. Bei börsennotierten Gesellschaften sind einem Vorschlag zur Wahl von Aufsichtsratsmitgliedern Angaben zu deren Mitgliedschaft in anderen

---

[885] Begr. RegE, BT-Drucks. 18/4349, 19; Hölters/Solveen § 121 AktG Rn. 7; Wälzholz/Wolffskeel, MittBayNot 2016, 197, 200.

gesetzlich zu bildenden Aufsichtsräten beizufügen; Angaben zu ihrer Mitgliedschaft in vergleichbaren in- und ausländischen Kontrollgremien von Wirtschaftsunternehmen sollen beigefügt werden. Die gleiche Mitteilung hat der Vorstand nach § 125 Abs. 2 AktG den Aktionären zu machen, die es verlangen oder zu Beginn des 14. Tages vor der Versammlung als Aktionär im Aktienregister der Gesellschaft eingetragen sind.

Durch das Gesetz für kleine AG und zur Deregulierung des Aktienrechts v. 02.08.1994[886] wurde die Möglichkeit der **Einberufung durch eingeschriebenen Brief** in § 121 Abs. 4 Satz 2 AktG geschaffen: Sind die Aktionäre der Gesellschaft namentlich bekannt, kann die Hauptversammlung mit eingeschriebenem Brief einberufen werden. Der Tag der Absendung gilt als Tag der Bekanntmachung. Unproblematisch kann die Einberufung durch eingeschriebenen Brief bei Namensaktion erfolgen.[887] Bei Inhaberaktien scheidet die Einberufung durch eingeschriebenen Brief i. d. R. aus, es sei denn, es besteht ein kleiner überschaubarer Aktionärskreis, bei dem der Vorstand relativ sicher davon ausgehen kann, dass Personenkenntnis besteht.[888] Da die Inhaber solcher Inhaberaktien jedoch in keinem Aktienregister verzeichnet sind und eine entsprechende gesetzliche Vermutungswirkung wie nach § 67 Abs. 2 AktG nicht besteht, auch wenn die Aktionäre untereinander durch Abschluss schuldrechtlicher Vereinbarungen über Anmeldeverpflichtungen oder durch die Etablierung eines sonstigen gesellschaftsinternen Informationssystems Vorkehrungen dafür getroffen haben, dass der Gesellschaft ihre jeweiligen Aktionäre bekannt sind, kommt es hier letztlich auf die Kenntnis des einberufenden Organs von Name und Anschrift der Aktionäre an.[889] Wegen des Risikos einer zwischenzeitlichen Übertragung der Inhaberaktien auf einen anderen Eigentümer und der Tatsache, dass ein Einberufungsmangel nach § 241 Nr. 1 AktG grds. zur Nichtigkeit der in der Hauptversammlung gefassten Beschlüsse führt, wird in der aktienrechtlichen Literatur allerdings empfohlen, bei Inhaberaktien im Zweifel die Einberufung der Hauptversammlung immer öffentlich bekannt zu machen.[890]

552

Streitig ist bei dieser Art der Einberufung noch, ob ein **Einwurf-Einschreiben** genügt oder ob stets ein Übergabe-Einschreiben erforderlich ist. Da auch ein Einwurf-Einschreiben letztlich ein Einschreiben i. S. d. Zustellvorschriften der Post darstellt, erscheint dies i. R. d. § 121 Abs. 4 AktG für ausreichend.[891]

Gem. § 123 Abs. 1 AktG beträgt die **Einberufungsfrist** mindestens 30 Tage vor dem Tag der Versammlung. Der Fristbeginn richtet sich nach der Bekanntmachung im Bundesanzeiger. Maßgeblich ist das Erscheinungsdatum.[892] Die Frist wird nach §§ 187 Abs. 1, 188 Abs. 2 BGB berechnet. Fristen, die von der Hauptversammlung zurückrechnen, sind nach § 123 Abs. 4 AktG jeweils vom nicht mitzählenden Tage der Versammlung zurückzurechnen; fällt das Ende der Frist auf einen Sonntag, einen am Sitz der Gesellschaft gesetzlich anerkannten Feiertag oder einen Sonnabend, so tritt an die Stelle dieses Tages der zeitlich vorhergehende Werktag. Die Modalitäten einer Anmeldung richtet sich ebenfalls nach den allgemeinen Vorschriften (§ 123 Abs. 3 AktG). Bei Inhaberaktien kann nach § 123 Abs. 3 AktG die Satzung bestimmen, wie die Berechtigung

553

---

886 BGBl. I, S. 1961.
887 Vgl. Hüffer/Koch, AktG, § 121 Rn. 11b.
888 Im Einzelnen str. vgl. Gutachten, DNotI-Report 2003, 130 ff.; Lutter, AG 1994, 429, 438; Hüffer/Koch, AktG, § 121 Rn. 11d; Hoffmann-Becking, ZIP 1995, 1, 6.
889 DNotI-Report 2003, 130 ff.; Hüffer/Koch, § 121 AktG Rn. 11c.
890 Hölters/Deilmann/Buchta, S. 98; Obermüller/Werner/Winden/Butzke, B Rn. 54 a. E.; Reichert/Schlitt in: Semler/Volhard, HVHdb., I B Rn. 291; Hoffmann-Becking, ZIP 1995, 1, 6; Hüffer/Koch, § 121 AktG Rn. 11c.
891 So BGH NJW 2017, 68 = NZG 2016, 1417 = ZIP 2016, 2311 für GmH; MünchKomm-AktG/Kubis, § 121 Rn. 31; Spindler/Stilz/Rieckers, § 121 AktG Rn 60; a. A. allerdings Baumbach/Hueck/Zöllner/Haas, GmbHG, § 51 Rn. 12; Hölters/Deilmann/Buchta, Die kleine Aktiengesellschaft, S. 99 f.
892 MünchKomm-AktG/Kubis AktG § 123 Rn. 3; Hüffer/Koch § 123 AktG Rn. 2; Großkomm AktG/Werner § 123 Rn. 18; Spindler/Stilz/Rieckers §123 AktG Rn. 7.

zur Teilnahme an der Hauptversammlung oder zur Ausübung des Stimmrechts nachzuweisen ist. Bei börsennotierten Gesellschaften reicht ein in Textform erstellter besonderer Nachweis des Anteilsbesitzes durch das depotführende Institut aus. Der Nachweis hat sich bei börsennotierten Gesellschaften auf den Beginn des 21. Tages vor der Versammlung zu beziehen und muss der Gesellschaft unter der in der Einberufung hierfür mitgeteilten Adresse bis spätestens am 7. Tage vor der Versammlung zugehen, soweit die Satzung keine kürzere Frist vorsieht (sog. record date). Im Verhältnis zur Gesellschaft gilt für die Teilnahme an der Hauptversammlung oder die Ausübung des Stimmrechts als Aktionär nur, wer den Nachweis erbracht hat (§ 123 Abs. 4 Satz 3 AktG).

554 Die **Bekanntmachung der Tagesordnung** ist in § 124 AktG geregelt. Sie ist bei der Einberufung in den Gesellschaftsblättern bekannt zu machen, wenn kein Fall des § 121 Abs. 4 Satz 2 AktG vorliegt. Gem. § 124 Abs. 3 AktG haben zu jedem Gegenstand der Tagesordnung, über den beschlossen werden soll, der Vorstand und der Aufsichtsrat in der Bekanntmachung der Tagesordnung Vorschläge zur Beschlussfassung zu machen. Des Weiteren sind in der Einberufung bei börsennotierten Gesellschaften die in § 121 Abs. 3 Nr. 1 bis 4 AktG genannten Angaben zu machen. Sie beziehen sich auf den Nachweisstichtag sowie dessen Bedeutung bei Inhaberaktien (sog. record date, vgl. § 123 Abs. 3 Satz 3 AktG), bei Namensaktien auch den Tag des Umschreibungsstopps im Aktienregister, was so aber im Gesetz nicht ausdrücklich erwähnt wird (§ 121 Abs. 3 Satz 3 Nr. 1 AktG), die Modalitäten der Vollmachtserteilung (§ 121 Abs. 3 Satz 3 Nr. 2 AktG), die Fristen für den Zugang von Ergänzungs- bzw. Gegenanträgen sowie Wahlvorschlägen unter Angabe der konkreten Daten und den Zeitpunkt, in dem das Auskunftsrecht ausgeübt werden kann sowie eine Darstellung und Erläuterung dieser Rechte, die allerdings – bei entsprechendem Hinweis in der Einberufung – auch auf der Internetseite der Gesellschaft erfolgen kann (§ 121 Abs. 3 Satz 3 Nr. 3 AktG), diejenige Internetseite der Gesellschaft, auf welcher die Informationen nach § 124a AktG zugänglich sind (§ 121 Abs. 3 Satz 3 Nr. 4 AktG).

555 Bei der Zustimmung zum Spaltungsvertrag ist **§ 124 Abs. 2 Satz 3 AktG** zu beachten: Soll die Hauptversammlung über einen Vertrag beschließen, der nur mit Zustimmung der Hauptversammlung wirksam wird, so ist auch der wesentliche Inhalt des Vertrages bekannt zu machen. Die Literatur weist zu Recht darauf hin, dass es genügt, wenn der Inhalt des Vertrages so umschrieben wird, dass der Aktionär ein Urteil fassen kann, ob er sich näher unterrichtet und den Vertrag einsieht.[893] In der Praxis wird häufig der gesamte Spaltungsvertrag bekannt gemacht; erforderlich ist dies allerdings nicht.[894]

556 Zum **wesentlichen Inhalt** des Spaltungsvertrages gehören mindestens Angaben über die Vertragspartner, die Art der Spaltung, der Spaltungsstichtag, das Umtauschverhältnis, Angaben über eventuelle Kapitalerhöhungen und die wesentlichen bilanziellen Auswirkungen.[895] Diese Auffassung hat das OLG Stuttgart weitgehend bestätigt.[896] Das OLG Stuttgart hat entschieden, dass es genüge, wenn die Bekanntmachung den Aktionären die sinnvolle Ausübung ihrer Rechte ermögliche und ein ungefähres Bild von den Vor- und Nachteilen der Verträge gewährleistet.

---

893 Vgl. auch BGHZ 119, 1, 11 f. = NJW 1992, 2760; Hüffer/Koch, AktG, § 124 Rn. 10 MünchKomm-AktG/Kubis AktG § 124 Rn. 25; Widmann/Mayer/Rieger, Umwandlungsrecht, § 63 UmwG Rn. 2; Stratz, in: Schmitt/Hörtnagl/Stratz, § 63 UmwG Rn. 2; OLG Düsseldorf, Konzern 2006, 768, 775; LG Hanau ZIP 1996, 442; LG Wiesbaden NZG 1999, 177.

894 Vgl. Hüffer/Koch, AktG, § 124 Rn. 10; MünchKomm-AktG/Kubis AktG § 124 Rn. 25; zum Verschmelzungsvertrag Widmann/Mayer/Rieger, Umwandlungsrecht, § 63 UmwG Rn. 2; Stratz, in: Schmitt/Hörtnagl/Stratz, § 63 UmwG Rn. 2; Kallmayer/Marsch-Barner § 63 UmwG Rn 14; vgl. LG Hanau ZIP 1996, 422; LG Wiesbaden NZG 1999, 177.

895 So Widmann/Mayer/Rieger, Umwandlungsrecht, § 63 UmwG Rn. 2; Kallmeyer/Marsch-Barner, UmwG, § 63 Rn. 17; Stratz, in: Schmitt/Hörtnagl/Stratz, § 63 UmwG Rn. 2; MünchKomm-AktG/Kubis AktG § 124 Rn. 25.

896 OLG Stuttgart, AG 1997, 138; strenger noch LG Hanau, AG 1996, 184.

D. Spaltung von AG   Teil 3 Kapitel 2

Ergänzend zur Absicherung der Informationsrechte der Aktionäre bestimmen §§ 125, 63 Abs. 1 UmwG, dass von der Einberufung der Hauptversammlung an, in dem Geschäftsraum der Gesellschaft zur Einsicht der Aktionäre auszulegen sind: 557
– der Spaltungsvertrag oder sein Entwurf;
– die Jahresabschlüsse und die Lageberichte der an der Spaltung beteiligten Rechtsträger für die letzten 3 Geschäftsjahre;
– falls sich der letzte Jahresabschluss auf ein Geschäftsjahr bezieht, das mehr als 6 Monate vor Abschluss des Spaltungsvertrages oder der Aufstellung des Entwurfs abgelaufen ist, eine Bilanz auf einen Stichtag, der nicht vor dem ersten Tag des dritten Monats liegt, der dem Abschluss und der Aufstellung vorausgeht (Zwischenbilanz);
– die nach § 8 UmwG erstatteten Spaltungsberichte;
– die nach § 60 i. V. m. § 12 UmwG erstatteten Prüfungsberichte.

Nach §§ 125, 63 Abs. 3 UmwG ist jedem Aktionär auf Verlangen unverzüglich und kostenlos eine Abschrift dieser Unterlagen zu erteilen. Durch das Gesetz zur Umsetzung der Aktionärsrechterichtlinie[897] wurde eine Vereinfachung in § 63 Abs. 4 UmwG geschaffen: Die Verpflichtungen nach den Abs. 1 und 3 entfallen, wenn die in Abs. 1 bezeichneten Unterlagen für denselben Zeitraum über die Internetseite der Gesellschaft zugänglich sind. Durch das 3. UmwÄndG wurde § 63 Abs. 2 Satz 5 UmwG dadurch ergänzt, dass zum einen § 8 Abs. 4 Satz 1 Nr. 1 und 2 UmwG anwendbar sind, sodass eine Zwischenbilanz nicht erforderlich ist bei entsprechenden Verzichtserklärungen aller Anteilseigner aller beteiligten Rechtsträger (§ 8 Abs. 4 Satz 1 Nr. 1) oder bei Verschmelzung der 100 %igen Tochter auf ihre Mutter (Nr. 2). Die Zwischenbilanz muss nach § 63 Abs. 2 Satz 6 UmwG auch dann nicht aufgestellt werden, wenn die Gesellschaft seit dem letzten Jahresabschluss einen Halbjahresfinanzbericht gem. § 37w WpHG veröffentlicht hat. Der Halbjahresfinanzbericht tritt zum Zwecke der Vorbereitung der Hauptversammlung an die Stelle der Zwischenbilanz. Außerdem wurde § 63 Abs. 3 UmwG wie folgt ergänzt: Die nach § 63 UmwG zu übermittelnden Unterlagen können dem Aktionär mit dessen Einwilligung auf dem Wege elektronischer Kommunikation übermittelt werden. Nach dieser Vorschrift, die ihrer Systematik nach nur dann anwendbar ist, wenn übernehmender Rechtsträger eine AG (oder KGaA oder SE) ist[898] und die Voraussetzungen des Abs. 1 vorliegen, können die im Vorfeld der Hauptversammlung zu übermittelnden Unterlagen zur Verschmelzung dem Aktionär mit dessen Einwilligung auf dem Wege elektronischer Kommunikation übermittelt werden. »Einwilligung« ist die vorherige Zustimmung nach § 183 Satz 1 BGB. Diese muss weder in einer bestimmten Form noch ausdrücklich erklärt werden.[899] Da der durch das ARUG eingeführte § 62 Abs. 3 Satz 7 UmwG aber anstelle der Auslegung bzw. Übermittlung die Veröffentlichung und Zugänglichkeit des Umwandlungsberichts über die Internetseite der Gesellschaft genügen lässt, wird sich die praktische Bedeutung der Neuregelung auf Nicht-Publikumsgesellschaften beschränken.[900]

Schließlich bestimmt § 143 UmwG i. d. F. des **3. UmwÄndG v. 15.07.2011**,[901] dass bei **verhältniswahrenden (Auf- oder Ab-) Spaltungen zur Neugründung einer AG** § 63 Abs. 1 Nr. 1 bis 5 UmwG nicht anzuwenden sind, eine Zwischenbilanz also nicht mehr erforderlich ist.[902]

---

[897] ARUG, G. v. 30.07.2009, BGBl. I, S. 2479.
[898] Leitzen, DNotZ 2011, 526, 540.
[899] Wagner, DStR 2010, 1629; Leitzen, DNotZ 2011, 526, 532 f.; Simon/Merkelbach, DB 2011, 1317 f.
[900] So Leitzen, DNotZ 2011, 526, 532 f.; Simon/Merkelbach, DB 2011, 1317 f.
[901] BGBl. I 2011, S. 1338.
[902] Vgl. Leitzen, DNotZ 2011, 526, 541; Diekmann in: Semler/Stengel, § 143 UmwG Rn. 3 ff.; Simon/Merkelbach, DB 2011, 1317, 1323.

VII. Zustimmungsbeschluss zur Spaltung

1. Allgemeines

558 Bzgl. der allgemeinen Ausführungen zum Zustimmungsbeschluss kann grds. auf die Vorschriften zur Verschmelzung verwiesen werden (vgl. oben Teil 2 Rdn. 1081 ff.).

Durch das 3. UmwÄndG v. 15.07.2011[903] wurden die Vereinfachungsregeln bei Verschmelzung von AG im Konzern erweitert.[904] Diese gelten im Prinzip auch für die Spaltung, da in § 125 Satz 1 UmwG auf diese Vorschriften verwiesen wird.[905] Allerdings wird durch das 3. UmwÄndG v. 15.07.2011[906] der neu einzuführende § 62 Abs. 5 UmwG (**verschmelzungsspezifischer Squeeze-out**) von der Anwendung auf alle Arten der Spaltung in § 125 Satz 1 UmwG ausdrücklich ausgenommen.[907] Die Begründung zum Regierungsentwurf[908] weist auf Folgendes hin:

> »Es bestehen keine gemeinschaftsrechtlichen Vorgaben, die eine entsprechende Regelung bei Spaltungen der Tochtergesellschaft zur Übertragung auf die Muttergesellschaft erfordern. Darüber hinaus wäre es nicht gerechtfertigt, den Squeeze-out schon bei einer 90-prozentigen Beteiligung zu ermöglichen, wenn bei der Tochtergesellschaft lediglich geringe Vermögensteile abgespalten werden.«

2. Besondere Unterrichtungspflichten über Vermögensveränderungen (§ 64 Abs. 1 UmwG)

559 § 143 UmwG sah bis zur Neuregelung durch das **3. UmwÄndG v. 15.07.2011**[909] eine **besondere Unterrichtungspflicht** des Vorstandes bei Spaltungen vor. Der Vorstand einer übertragenden AG hatte die Aktionäre vor der Beschlussfassung über jede wesentliche Veränderung des Vermögens dieser Gesellschaft, die zwischen dem Abschluss des Vertrages oder der Aufstellung des Entwurfs und im Zeitpunkt der Beschlussfassung eingetreten ist, zu unterrichten. Der Vorstand hat darüber auch die Vertretungsorgane der übernehmenden Rechtsträger zu unterrichten, diese haben ihrerseits die Anteilsinhaber des von ihnen vertretenen Rechtsträgers vor der Beschlussfassung über die Spaltung zu unterrichten.

Durch das 3. UmwÄndG v. 15.07.2011[910] wurde die bisher nur in § 143 UmwG a. F. bei Spaltungen von AG vorgesehene **erweiterte Unterrichtungspflicht** über Vermögensveränderungen bei Spaltungen unter Beteiligungen von AG allgemein durch § 64 Abs. 1 UmwG n. F. eingeführt und gilt damit allgemein auch für alle Verschmelzungen und Spaltungen.[911] Grundlage ist Art. 2 Nr. 4 der Richtlinie 2009/109/EG des Europäischen Parlaments und des Rates v. 16.09.2009.[912]

560 Nach § 64 Abs. 1 Satz 2 UmwG n. F. i. V. m. § 125 hat der Vorstand über jede wesentliche Veränderung des Vermögens der Gesellschaft zu unterrichten, die seit dem Abschluss des Spaltungsvertrages oder der Aufstellung des Entwurfs eingetreten ist. Der Vorstand hat über solche

---

903 BGBl. I, S. 1338.
904 Vgl. oben Teil 2 Rdn. 1096 ff. und Neye/Jäckel, AG 2010, 237 ff.; Diekmann, NZG 2010, 489 ff.; Wagner, DStR 2010, 1629 ff.; Heckschen, NZG 2010, 1041 ff.; Leitzen, DNotZ 2011, 526 ff.; Bayer/J. Schmidt, ZIP 2010, 953 ff.; Sandhaus, NZG 2009, 41 ff.
905 Kallmeyer/Kallmeyer/Sickinger, § 125 UmwG Rn. 68 ff.; Lutter/Teichmann, § 125 UmwG Rn. 6.
906 BGBl. I, S. 1338.
907 Neye/Kraft, NZG 2011, 681, 682; Lutter/Teichmann, § 125 UmwG Rn. 6.
908 BT-Drucks. 17/3122 v. 01.10.2010.
909 BGBl. I, S. 1338.
910 BGBl. I, S. 1338.
911 S. oben Teil 2 Rdn. 398 ff.; vgl. dazu Neye/Jäckel, AG 2010, 237 ff.; Diekmann, NZG 2010, 489 ff.; Wagner, DStR 2010, 1629 ff.; Heckschen, NZG 2010, 1041 ff.; Leitzen, DNotZ 2011, 526, 529; Bayer/J. Schmidt, ZIP 2010, 953 ff.; Sandhaus, NZG 2009, 41 ff.
912 ABl. EU L 259 v. 02.10.2009, S. 14.

Veränderungen auch die Vertretungsorgane der anderen beteiligten Rechtsträger zu unterrichten; diese haben ihrerseits die Anteilsinhaber des von ihnen vertretenen Rechtsträgers vor der Beschlussfassung zu unterrichten. Die Vorschrift gilt für **alle Spaltungen** unter Beteiligung von AG und KGaA (nach §§ 125, 127 UmwG). Die Unterrichtungspflicht entfällt nicht schon allein deshalb, weil bei Konzernspaltungen ein Beschluss der übernehmenden AG nicht erforderlich ist (§ 62 Abs. 1 UmwG). Denn zum einen sollen die Aktionäre auch anhand der Unterrichtung über Vermögensveränderungen entscheiden können, ob sie von dem in § 62 Abs. 2 UmwG geregelten Minderheitenrecht Gebrauch machen. Zum anderen besteht die Unterrichtungspflicht ggü. dem Vertretungsorgan der Tochtergesellschaft und mittelbar ggü. deren Minderheitsaktionären auch bei einer Beteiligung von 90 %.[913]

Voraussetzung ist eine »*wesentliche Veränderung des Vermögens des Rechtsträgers, die zwischen dem Abschluss des Spaltungsvertrags oder der Aufstellung des Entwurfs und dem Zeitpunkt der Beschlussfassung eingetreten ist.*« Der Begriff ist relativ unscharf, sodass die Praxis im Zweifel eher zu viel als zu wenig berichten sollte. In § 143 UmwG a. F. wurde dieses Tatbestandsmerkmal dahin gehend ausgelegt, dass es sich um eine Veränderung handeln muss, die für die Unternehmensbewertung – und damit für das Umtauschverhältnis der Anteile bzw. die Höhe der Abfindung (§ 29 UmwG) – relevant ist, d. h. diese berühren oder betreffen kann.[914] Wenn dieser Umstand vorliegt, so soll daraus auch die Wesentlichkeit folgen.[915] Es ist aber nicht erforderlich, dass die Veränderung tatsächlich zu einer anderen Bewertung führt; vielmehr genügt, dass sie Anlass zur Überprüfung der früheren Bewertung gibt.[916] Gegenstand der Bewertung muss das »Vermögen« sein, worunter auch das Passivvermögen fällt. Andere Veränderungen, die für die Verschmelzung ebenfalls relevant sein können, z. B. das wirtschaftliche Umfeld, Konkurrenzsituation, spielen keine Rolle, wobei natürlich solche Änderungen auf das Vermögen durchschlagen können. 561

Zu informieren sind die **Aktionäre vor der Beschlussfassung** und nach § 8 Abs. 3 Satz 2 UmwG n. F. auch **die Vertretungsorgane der anderen Rechtsträger**, die an der Verschmelzung beteiligt sind. Diese haben ihrerseits ihre Anteilsinhaber vor der Beschlussfassung zu informieren. Zu § 143 UmwG a. F. war umstritten wie die Information zu erfolgen hatte. Zu § 143 UmwG war ein Teil der Literatur der Meinung, dass ein schriftlicher Nachtragsbericht zum Spaltungsbericht notwendig sei.[917] Nach anderer Meinung genügte eine mündliche Information der Anteilseigner in der Gesellschafterversammlung.[918] § 64 Abs. 1 Satz 2 UmwG bestimmt nun, dass der Vorstand mündlich jede wesentlich Änderung zu erläutern hat.[919] Auf die Nachtragsberichterstattung können die Anteilsinhaber nach § 64 Abs. 1 Satz 2 UmwG n. F. verzichten. Der **Verzicht** muss nach § 64 Abs. 1 Satz 4 UmwG n. F. notariell beurkundet werden.[920] 562

VIII. Zustimmung von Sonderrechtsinhabern

Es gelten auch hier die Ausführungen zur Verschmelzung. Allerdings ist auch hier § 128 UmwG zu beachten, wonach in den Fällen der nichtverhältniswahrenden Spaltung alle Aktionäre zustimmen müssen (vgl. oben Teil 2 Rdn. 557 ff. und Teil 3 Rdn. 333 ff.). 563

---

913 Begr. RegE, BT-Drucks. 17/3122, S. 11.
914 Leitzen, DNotZ 2011, 526, 529; Simon/Merkelbach, DB 2011, 1317, 1318; KK-UmwG/Simon, § 143 Rn. 10.
915 KK-UmwG/Simon, § 143 Rn. 11.
916 Leitzen, DNotZ 2011, 529; KK-UmwG/Simon, § 143 Rn. 10.
917 Kallmeyer/Sickinger UmwG, 4. Aufl. § 143 Rn. 2; Lutter/Schwab, UmwG, 3. Aufl. § 143 Rn. 15 ff.; ebenso zu § 8 UmwG Keller/Klett, GWR 2010, 308122; Diekmann, NZG 2010, 489.
918 Hauptversammlung, so Leitzen, DNotZ 2011, 526, 530 f.; Wagner, DStR 2010, 1629, 1632; Heckschen, NZG 2010, 1041, 1042.
919 Leitzen, DNotZ 2011, 526, 530.
920 Vgl. Leitzen, DNotZ 2011, 526, 532.

IX. Keine Spaltung während der Nachgründungsfristen (2-jährige Sperrfrist, § 141 UmwG)

564 Nach § 141 UmwG darf eine AG, die **noch nicht 2 Jahre im Register** eingetragen ist, nicht gespalten werden. Mit dieser Vorschrift soll sichergestellt werden, dass eine AG nicht schon in der sog. Nachgründungsperiode durch Aufspaltung wieder erlischt oder durch Abspaltung oder Ausgliederung einen großen Teil ihres Vermögens abgibt. § 141 UmwG stellt dies sicher, indem er die Spaltung während dieser Frist für unzulässig erklärt.

565 Diese Vorschrift galt ursprünglich für Ausgliederungen und Aufspaltungen.[921]

566 Der Gesetzgeber hat im **Zweiten Gesetz zur Änderung des UmwG** die Vorschrift neu gefasst, sie lautet jetzt wie folgt:

»Eine Aktiengesellschaft oder eine Kommanditgesellschaft auf Aktien, die noch nicht zwei Jahre im Register eingetragen ist, kann außer durch Ausgliederung zur Neugründung nicht gespalten werden.«

Die **Begründung**[922] führt dazu aus:

»Das generelle Spaltungsverbot in der Nachgründungsphase ist im Schrifttum wiederholt kritisiert worden. Die Regierungskommission Corporate Governance hat sich diese Kritik zu Eigen gemacht. Bemängelt wird, die Regelung behindere den Aufbau sinnvoller Holding-Strukturen. Die Praxis behelfe sich zwar mit Sachausgründungen, diese seien aber gegenüber einer Ausgliederung nach dem UmwG wegen der nicht möglichen partiellen Gesamtrechtsnachfolge mit höheren Transaktionskosten verbunden. Um dieser Kritik Rechnung zu tragen, soll künftig die Ausgliederung zur Neugründung von dem bisherigen Verbot ausgenommen werden. In diesem Fall erhält die übertragende AG oder Kommandit-AG als Gegenleistung für das übertragene Vermögen die Anteile an dem neuen Rechtsträger. Für die Ausgliederung zur Aufnahme droht dagegen ein Vermögensverlust, wenn der übernehmende Rechtsträger überschuldet ist oder dessen Anteile nicht vollständig der übertragenden Gesellschaft gehören und das Umtauschverhältnis unzutreffend festgesetzt wird. Für diesen Fall soll es daher bei dem Verbot bleiben.«

Erhalten bleibt das **Spaltungsverbot** für den Fall der **Ausgliederung zur Aufnahme**.[923] Hier droht nach Auffassung des Gesetzgebers ein Vermögensverlust, wenn der übernehmende Rechtsträger überschuldet ist oder dessen Anteile nicht vollständig der übertragenden Gesellschaft gehören. Unverändert ist das Spaltungsverbot für alle Arten der Spaltung (Auf- und Abspaltung), und zwar auch bei AG, die aus einem Formwechsel nach §§ 214, 238 ff. UmwG oder einer Verschmelzung zur Neugründung entstanden sind.[924] Die Frist beginnt mit Eintragung der AG im Handelsregister.[925] Etwas anderes gilt beim Formwechsel einer AG in eine KGaA und umgekehrt.[926] Der Wortlaut des § 141 UmwG lässt nicht erkennen, ob für das Vorliegen der Tatbestandsvoraussetzungen auf den Spaltungsvertrag/Spaltungsplan, die Spaltungsbeschlüsse oder auf den Zeitpunkt des Wirksamwerdens der Spaltung (d. h. Eintragung der Spaltung in das Register des Sitzes des übertragenden Rechtsträgers, § 131 UmwG) abzustellen ist.[927] Nach einer Meinung kommt es auf den Spaltungsvertrag an,[928] nach anderer auf den Spaltungsbeschluss.[929] Nach richtiger Mei-

---

921 Lutter/Schwab, UmwG, § 141 Rn. 4 f.
922 BT-Drucks. 16/2919, S. 19.
923 Vgl. Mayer/Weiler, DB 2007, 1291, 1293.
924 Lutter/Schwab, UmwG, § 141 Rn. 10; Kallmeyer/Sickinger, UmwG, § 141 Rn. 1; Widmann/Mayer/Rieger, Umwandlungsrecht, § 141 UmwG Rn. 6.
925 BeckOGK/Brellochs UmwG § 141 Rn. 31; Widmann/Mayer/Rieger § 141 UnwG Rn. 1.
926 BeckOGK/Brellochs UmwG § 141 Rn. 31; Widmann/Mayer/Rieger § 141 UnwG Rn. 9; Kallmeyer/Sickinger § 141 UmwG Rn. 1.
927 Vgl. Kallmeyer//ickinger, UmwG, § 141 Rn. 2.
928 Lutter/Schwab, UmwG, § 141 Rn. 13: Nichtigkeit des Spaltungsvertrages.
929 Semler/Stengel/Diekmann § 141 UmwG Rn. 14; HK-UmwG/Klumpp § 141 Rn. 10; Kallmeyer/Sickinger § 141 Rn. Rn. 2.

X. Kapitalerhöhung bei Spaltung zur Aufnahme

1. Allgemeines

Bei der übernehmenden AG stellt sich wie bei der Verschmelzung die Frage, ob die zu gewährenden Aktien im Wege der **Kapitalerhöhung** beschafft werden müssen. Es gelten daher auch die gleichen Grundsätze für die Kapitalerhöhung bei der aufnehmenden AG wie bei der Verschmelzung. § 125 UmwG verweist daher insgesamt auf die §§ 68, 69 UmwG (vgl. im Einzelnen oben Teil 3 Rdn. 131 ff., Teil 3 Rdn. 185 ff.).

2. Sacheinlagenprüfung

Eine **Besonderheit** enthält das Spaltungsrecht allerdings im Verhältnis zum Verschmelzungsrecht. § 142 Abs. 1 UmwG bestimmt, dass § 69 UmwG mit der Maßgabe anzuwenden ist, dass eine **Sacheinlagenprüfung** nach § 183 Abs. 3 AktG stets stattzufinden hat.[931]

Bei der **Verschmelzung** findet eine Prüfung der Sacheinlagen gem. § 69 Abs. 1 Satz 1 Halbs. 2 UmwG **nur statt**, soweit der übertragende Rechtsträger die Rechtsform einer Personenhandelsgesellschaft oder eines rechtsfähigen Vereins hat, oder wenn die Vermögensgegenstände in der Schlussbilanz eines der übertragenden Gesellschaft höher bewertet worden ist als in der letzten Jahresbilanz, oder wenn die in der Schlussbilanz angesetzten Werte nicht als Anschaffungskosten in den Jahresbilanzen der übernehmenden Gesellschaft angesetzt werden, oder wenn das Gericht Zweifel hat, ob der Wert der Sacheinlage den Nennbetrag der dazugehörenden Aktien erreicht.

Dies ist bei der Spaltung anders. Der Gesetzgeber geht davon aus, dass, anders als bei der Verschmelzung von AG, bei der Spaltung selbst bei einer Fortführung der Buchwerte **auf die Prüfung** der Sacheinlage, die in dem Teil des übertragenden Unternehmens liegt, **nicht verzichtet** werden kann, weil der Gefahr einer Zuteilung nicht ausreichender Vermögensgegenstände begegnet werden muss.[932]

Bei der Spaltung unterliegt daher in den Fällen der Kapitalerhöhung bei der **aufnehmenden Gesellschaft** (AG oder KGaA) die Sacheinlage, die in der Übertragung des abgespaltenen Teils des Unternehmens liegt, der Prüfung gem. § 183 Abs. 3 AktG. Dies gilt allerdings nur für Spaltungen zur Aufnahme, an denen eine AG oder KGaA als übernehmender Rechtsträger beteiligt ist.[933] § 183 Abs. 3 AktG verweist im Wesentlichen auf die **Vorschriften über die Gründungsprüfung** gem. § 33 Abs. 3 bis Abs. 5, § 34 Abs. 2 und Abs. 3, § 35 AktG. Gegenstand der Prüfung ist die Frage, ob der Wert des abgespaltenen Vermögens den Nennbetrag der im Gegenzug gewährten Anteile an der aufnehmenden Gesellschaft erreicht. Die durch das ARUG in § 183a AktG eingeführte Möglichkeit, auf eine externe Werthaltigkeitsprüfung zu verzichten, wenn Vermögensgegenstände eingelegt werden, für deren Bewertung eindeutige Anhaltspunkte vorliegen, ist nach h.M. nicht bei der Spaltung anwendbar.[934]

---

930 BeckOGK/Brellochs UmwG § 141 Rn. 37; Widmann/Mayer/Rieger § 141 UmwG Rn. 1.
931 Kallmeyer/Kallmeyer/Sickinger, § 143 UmwG Rn. 1; Lutter/Schwab, § 142 UmwG Rn. 1.
932 So die Begründung zum RegE, BR-Drucks. 75/94, S. 126, abgedruckt in: Limmer, Umwandlungsrecht, S. 321; BeckOGK/Brellochs UmwG § 142 Rn. 2.
933 BeckOGK/Brellochs UmwG § 142 Rn. 5; Widmann/Mayer/Rieger § 143 UmwG, Rn. 9.
934 Schmitt/Hörtnagl/Stratz/Hörtnagl § 141 UmwG Rn. 1; BeckOGK/Brellochs UmwG § 141 Rn. 7.

3. Kein Bezugsrecht

571 Es bleibt beim Grundsatz des § 69 Abs. 1 Satz 1 i. V. m. § 125 Satz 1 UmwG, dass auch bei der Spaltung und bei der Ausgliederung ein **Bezugsrecht** bei der Kapitalerhöhung der übernehmenden AG nach § 186 AktG **nicht besteht**.

XI. Bestellung eines Treuhänders und Umtausch von Aktien

572 Zur Bestellung eines Treuhänders und zum Umtausch von Aktien gelten die gleichen Grundsätze wie beim Verschmelzungsrecht (vgl. oben Teil 2 Rdn. 1157 ff.).

XII. Kapitalherabsetzung

1. Allgemeines

573 Bei der Aufspaltung **erlischt die übertragende Gesellschaft**, sodass sich die Frage der Kapitalerhaltung bei dieser Gesellschaft nicht stellt. Bei der Abspaltung hingegen wird lediglich ein Teil des Vermögens der übertragenden Gesellschaft auf eine bestehende oder neue Gesellschaft abgespalten, sodass auch das Kapital der übertragenden Gesellschaft im Hinblick auf die Kapitalerhaltungsgrundsätze betroffen sein kann. Der Gesetzgeber musste daher sicherstellen, dass bei einer Abspaltung die abspaltende GmbH weiterhin den Grundsätzen der Kapitalbindung genügt (vgl. im Einzelnen Teil 3 Rdn. 268 ff.).

574 Wie bei der GmbH bestimmt § 145 UmwG, dass, wenn zur Durchführung der Abspaltung oder der Ausgliederung eine Kapitalherabsetzung bei der übertragenden AG erforderlich ist, diese **in vereinfachter Form** durchgeführt werden kann. Auch hier stellt sich zunächst die Frage, ob es sich hierbei um eine Rechtsfolgenverweisung handelt. Dies wird man, wie bei der GmbH, bejahen müssen.[935] Im Fall der Rechtsgrundverweisung müssten zusätzlich zu den umwandlungsrechtlichen Voraussetzungen die Tatbestandsvoraussetzungen des § 229 AktG vorliegen.[936]

§ 145 UmwG bestimmt daher, dass, wenn zur Durchführung der Abspaltung oder der Ausgliederung eine Kapitalherabsetzung notwendig ist, dies in vereinfachter Form geschehen kann. Allerdings wird in § 145 Satz 2 UmwG bestimmt, dass, wenn das Grundkapital herabgesetzt wird, die Abspaltung oder Ausgliederung erst eingetragen werden darf, **nachdem die Herabsetzung des Grundkapitals im Register eingetragen** worden ist.

575 Entscheidend ist, dass das frei gewordene Vermögen der Kapitalherabsetzung nicht zur Rückzahlung an die Gesellschafter verwendet werden darf, **sondern in die Rücklagen eingestellt werden muss**, damit die Spaltung durchgeführt werden kann. Deshalb steht die Höhe der in vereinfachter Form beschlossenen Kapitalherabsetzung nicht im freien Ermessen der Gesellschafter. § 145 Satz 1 UmwG gestattet nur eine »erforderliche« **Kapitalherabsetzung**. Die Erforderlichkeit bestimmt sich nach allg. Meinung danach, inwieweit die Abspaltung oder Ausgliederung bei der übertragenden AG oder KGaA zu einer Unterbilanz führen würde, weil das Grundkapital nicht mehr vom bilanziellen Nettovermögen gedeckt ist.[937] Insofern sind nach der wohl überwiegenden Meinung zunächst Gewinnvorträge und offene Rücklagen aufzulösen. Im zweiten Schritt ist dann zu prü-

---

935 Vgl. Teil 3 Rdn. 286; vgl. Hohmut, Die Kapitalherabsetzung bei der GmbH, S. 239; Hörtnagl, in: Schmitt/Hörtnagl/Stratz, § 145 UmwG Rn. 2.
936 Für Rechtsfolgenverweisung: Lutter/Schwab, § 145 UmwG Rn. 9; Kallmeyer/Kallmeyer/Sickinger, UmwG, § 145 Rn. 1; § 139 Rn. 1; Sagasser/Bula, Umwandlungen, Rn. K 39 ff.; Kallmeyer, ZIP 1995, 1646, 1754; Ittner, MittRhNotK 1997, 107; Priester, in: FS für Schippel, 1996, S. 487, 491; Naraschewski, GmbHR, 697, 698; für Rechtsgrundverweisung: Widmann/Mayer/Rieger, Umwandlungsrecht, § 145 UmwG Rn. 15; Hörtnagl, in: Schmitt/Hörtnagl/Stratz, § 145 UmwG Rn. 2.
937 BeckOGK/Brellochs UmwG § 145 Rn. 9; Widmann/Mayer/Rieger § 145 UwG Rn. 5 ff.; Lutter/Schwab § 145 UmwG Rn. 11; Kölner KommUmwG/Simon § 145 UmwG Rn. 10; Semler/Stengel/Diekmann § 145 UmwG **Rn.** 4.

fen, inwieweit der überschießende Betrag der Vermögensgegenstände, die abgespalten werden sollen, das Stammkapital angreift. Die Höhe der durch die Vermögensübertragung entstehenden Unterbilanz begrenzt zugleich den Umfang der vereinfachten Kapitalherabsetzung.[938] Einigkeit besteht auch, dass die Beträge, die aus der Kapitalherabsetzung und den vorhergehenden Auflösungen von Rücklagen und Gewinnvorträgen stammen, nicht an die Gesellschafter ausgeschüttet werden dürfen, sondern nur zum Ausgleich des spaltungsbedingten Bilanzverlustes eingesetzt werden können.[939] Auszahlungen an Gesellschafter und Aktionäre sind verboten. Es kommt auch insoweit allein auf das buchmäßige Eigenkapital (Rücklagen, Gewinnvorträge) an, **stille Reserven bleiben außer Ansatz**.[940] Str. ist aber, ob die vereinfachte Kapitalherabsetzung bereits dann erforderlich ist, wenn ohne sie die gebundenen Rücklagen angegriffen werden müssten.[941] Nach anderer Ansicht sind die gebundenen Rücklagen in voller Höhe aufzulösen, bevor eine spaltungsbedingte vereinfachte Kapitalherabsetzung erforderlich wird.[942] Eine dritte Meinung stellt darauf ab, dass die gesetzliche Rücklage und die Kapitalrücklage bis zu der in § 229 Abs. 2 AktG genannten 10%-Grenze aufzulösen sind und erst anschließend eine Kapitalherabsetzung erforderlich ist.[943]

Weiter stellt sich die Frage, wie der **Begriff des »Erforderlichen«** auszulegen ist. Nach der hier vertretenen Auffassung besteht ein Ermessen des Vorstands, ob er eine Kapitalherabsetzung durchführen möchte oder nicht (vgl. im Einzelnen oben Teil 3 Rdn. 285). 576

2. Durchführung der Kapitalherabsetzung

Die **Kapitalherabsetzung** läuft bei der AG wie folgt ab: 577
- Kapitalherabsetzungsbeschluss i. V. m. dem Beschluss über die Satzungsänderung,
- ggf. Sonderbeschlüsse bei mehreren Aktiengattungen (§ 222 Abs. 2 AktG),
- Kraftloserklären von Aktien bei der Kapitalherabsetzung durch Zusammenlegung (§ 226 AktG),
- Anmeldung der Durchführung der Herabsetzung des Grundkapitals zur Eintragung in das Handelsregister (§ 227 AktG).

Das AktG kennt **zwei verschiedene Formen der Kapitalherabsetzung**.:[944] Gem. § 222 Abs. 4 AktG, der gem. § 229 Abs. 3 AktG auch für die vereinfachte Kapitalherabsetzung gilt, kann das Grundkapital herabgesetzt werden[945] 578
- durch Herabsetzung des Nennbetrages der Aktien oder
- durch Zusammenlegung der Aktien.

Die Kapitalherabsetzung muss gem. § 222 Abs. 1 i. V. m. § 229 Abs. 3 AktG **mit einer 3/4-Mehrheit beschlossen** werden, die mindestens 3/4 des bei der Beschlussfassung vertretenen 579

---

938 Vgl. Kallmeyer/Sickinger, UmwG, §§ 145 Rn. 1, 139 Rn. 2; BeckOGK/Brellochs UmwG § 145 Rn. 18 ff.; Widmann/Mayer/Rieger, Umwandlungsrecht, § 145 UmwG Rn. 14 ff.; Priester, DNotZ 1995, 427, 448; Lutter/Schwab, UmwG, § 145 Rn. 16 ff.; Ittner, MittRhNotK 1997, 118; Schöne, Die Spaltung unter Beteiligung von GmbH, S. 68 ff.
939 Widmann/Mayer/Mayer, Umwandlungsrecht, § 139 UmwG Rn. 69; Lutter/Schwab, UmwG, § 145 Rn. 23.
940 Kallmeyer/Sickinger, UmwG, § 139 Rn. 2; Widmann/Mayer/Mayer, Umwandlungsrecht, § 139 UmwG Rn. 32 ff.; Lutter/Priester, § 139 UmwG Rn. 6; Priester, DNotZ 1995, 427, 448.
941 So Lutter/Schwab § 145 Umwg Rn. 18; HK-UmwG/Klumpp § 145 UmwG Rn. 4; Kölner KommUmwG/Simon § 145 UmwG Rn. 3; Kallmeyer/Sickinger § 145 UmwG Rn. 1.
942 So Müller, WPg 1997, 857.
943 Widmann/Mayer/Rieger § 145 UmwG Rn. 12; Semler/Stengel/Diekmann § 145 UmwG Rn. 5b; Schmitt/Hörtnagl/Stratz/Hörtnagl § 145 UmwG Rn. 4; DW RS HFA 43 Rn. 14.
944 Vgl. Widmann/Mayer/Mayer, Umwandlungsrecht, § 145 UmwG Rn. 14 ff.; Ittner, MittRhNotK 1997, 119 ff.
945 Vgl. Hüffer/Koch, § 222 UmwG Rn. 21 ff.

Grundkapitals umfasst. Sind mehrere stimmberechtigte Gattungen von Aktien vorhanden, so bedarf der Beschluss der Hauptversammlung seiner Wirksamkeit der Zustimmung der Aktionäre jeder Gattung, die einen Sonderbeschluss zu fassen haben.

580 In allen Fällen der Kapitalherabsetzung ist der Zweck im **Beschluss der Hauptversammlung**, und damit auch in der Einberufung ausdrücklich mit hinreichender Bestimmtheit zu nennen (§ 222 Abs. 3 AktG). Dies bedeutet bei der Spaltung, dass festgelegt wird, dass die Kapitalherabsetzung zu den Zwecken des § 221 Abs. 1 AktG stattfindet, also zur Durchführung der Spaltung und zur Anpassung des Stammkapitals an das infolge der Spaltung verbleibende Vermögen, weil das verbleibende Vermögen der abspaltenden Gesellschaft das nominelle Kapital nicht mehr deckt.[946] Hier kann es sich empfehlen, den genauen Differenzbetrag anzugeben.

581 Weiter ist im Kapitalherabsetzungsbeschluss festzulegen, welche **Art der Kapitalherabsetzung** gewählt wird. Es muss also bestimmt werden, ob die Kapitalherabsetzung durch Zusammenlegung von Aktien oder durch Herabsetzung des Nennbetrags der Aktien stattfindet.

582 Außerdem ist im Kapitalherabsetzungsbeschluss anzugeben, um welchen **Betrag des Grundkapitals** die Herabsetzung erfolgt. Schließlich ist die Anpassung der Satzung im Hinblick auf das Grundkapital erforderlich.

583 Der nach §§ 229 Abs. 3, 222 Abs. 1 AktG erforderliche Kapitalherabsetzungsbeschluss kann vor oder nach Abschluss des Spaltungs- und Übernahmevertrages sowie vor oder nach dem Spaltungsbeschluss gefasst werden. In der Praxis wird i. d. R. der Kapitalherabsetzungsbeschluss zusammen mit dem Spaltungsbeschluss gefasst. Weiter zu beachten ist, dass infolge der Veränderung der Grundkapitalziffer auch eine Satzungsänderung mit einem Satzungsänderungsbeschluss erforderlich ist, der i. d. R. ebenfalls zusammen mit den beiden Beschlüssen gefasst wird.

584 Der **Inhalt des Beschlusses** ist wie folgt:[947]
- der Betrag, um den das Grundkapital herabsetzt werden soll (Herabsetzungsbetrag); dieser ist grds. konkret zu beziffern,
- der Zweck, dem die Herabsetzung dienen soll; Deckung des durch die Abspaltung bzw. Ausgliederung entstandenen Verlustes,
- die Art der Herabsetzung (ob Grundkapital durch die Herabsetzung von Nennbeträgen (§ 222 Abs. 4 Satz 1 AktG) oder durch Zusammenlegung von Aktien (§ 222 Abs. 4 Satz 2 AktG) oder auf beiden Wegen herabsetzt wird).

▶ Hinweis:

585 Zu beachten ist, dass bei **Stückaktien** eine Nennbetragsherabsetzung ausscheidet. Das Gleiche gilt, wenn der Nennbetrag der Aktie einem Mindestnennbetrag von einem € (§ 8 Abs. 2 AktG) entspricht. Bei **Nennbetragsaktien** über dieser Grenze besteht die Möglichkeit der Herabsetzung des Nennbetrages und die Möglichkeit der Zusammenlegung von Aktien. Die Zusammenlegung ist subsidiär, kann dafür also nur erfolgen, wenn der Mindestnennbetrag der Aktie durch Anpassung unterschritten würde.[948] Auch § 8 Abs. 2 Satz 4 AktG muss eingehalten werden.

586 Schließlich bedarf es noch einer entsprechenden Anpassung des Grundkapitals durch **Satzungsänderungsbeschluss**.

---

946 Hüffer/Koch, § 222 UmwG Rn. 21 ff.
947 Vgl. Hüffer/Koch, AktG, § 222 Rn. 12; Spindler/Stilz/Marsch-Barner, § 222 AktG Rn. 22 ff.; Semler/Volhard, Arbeitshandbuch für die Hauptversammlung, S. 593.
948 BGHZ 138, 71, 76 = NJW 1998, 2054; Hüffer/Koch, AktG, § 222 Rn. 21; Spindler/Stilz/Marsch-Barner, § 222 AktG Rn. 39.

▶ Formulierungsbeispiel: Satzungsänderungsbeschluss

Das Grundkapital der Gesellschaft von...... eingeteilt in...... Aktien im Nennbetrag von je...... wird nach den Vorschriften über die vereinfachte Kapitalherabsetzung gemäß § 145 UmwG i. V. m. §§ 229 ff. AktG um...... auf...... herabgesetzt. Die Herabsetzung des Grundkapitals dient der Anpassung des Grundkapitals infolge der Spaltung. Die Herabsetzung erfolgt durch Herabsetzung des Nennbetrags jeder Aktie von je...... Auf je...... sollen Aktiennennbeträge von je...... ausgegeben werden. Die weiteren Einzelheiten der Durchführung des Beschlusses trifft der Vorstand mit Zustimmung des Aufsichtsrates.

(Formulierungsalternative:

Das Grundkapital der Gesellschaft von...... eingeteilt in...... Stückaktien wird nach den Vorschriften über die vereinfachte Kapitalherabsetzung gemäß § 145 UmwG i. V. m. §§ 229 ff. AktG um...... auf...... herabgesetzt. Die Herabsetzung des Grundkapitals dient der Anpassung des Grundkapitals infolge der Spaltung. Die Herabsetzung erfolgt durch Zusammenlegung von jeweils...... Stückaktien zu...... Stückaktien. Die weiteren Einzelheiten der Durchführung des Beschlusses trifft der Vorstand mit Zustimmung des Aufsichtsrates.)

3. Anmeldung des Herabsetzungsbeschlusses zum Handelsregister

Gem. § 223 AktG haben der Vorstand und der Vorsitzende des Aufsichtsrats den Beschluss über die Herabsetzung des Grundkapitals **zur Eintragung in das Handelsregister** anzumelden. Von der Anmeldung und Eintragung des Beschlusses sind Anmeldung und Eintragung der Durchführung gem. § 227 Abs. 1 AktG zu unterscheiden, die allerdings miteinander verbunden werden können.

Bei der übertragenden AG melden den Kapitalherabsetzungsbeschluss die Vorstandsmitglieder in vertretungsberechtigter Zahl und der Aufsichtsratsvorsitzende an (§§ 229 Abs. 3, 223 AktG), die Durchführung der Kapitalherabsetzung melden die Vorstandsmitglieder in vertretungsberechtigter Zahl.[949] Die Anmeldung und Eintragung der Durchführung und Herabsetzung des Grundkapitals können mit der anmeldenden Eintragung des Beschlusses über die Herabsetzung verbunden werden (§ 227 Abs. 2 AktG).

Ebenfalls davon zu unterscheiden sind Anmeldung und Eintragung der formellen Satzungsänderung, die mit Wirksamwerden der Kapitalherabsetzung wegen § 223 Abs. 3 Nr. 3 und Nr. 4 AktG notwendig sind.

▶ Hinweis:

Zu beachten ist allerdings, dass eine Herabsetzung durch Zusammenlegung von Nennbetragsaktien gem. § 222 Abs. 4 Satz 2 AktG nur zulässig ist, soweit bei einer Kapitalherabsetzung der Mindestnennbetrag für Aktien von je 1,00 € nicht eingehalten werden kann. Bei Stückaktien ist eine Anpassung an geänderte Kapitalziffern nicht möglich und nicht erforderlich.[950]

4. Antrag auf Genehmigung der Kraftloserklärung

Wird eine Kapitalherabsetzung durch **Zusammenlegung der Aktien** durchgeführt, gilt das Verfahren über die Kraftloserklärung nach § 226 AktG. Die Kraftloserklärung setzt die drei Aufforderungen nach § 64 Abs. 2 AktG voraus.

---

949 §§ 229 Abs. 3, 227 AktG; vgl. Hüffer/Koch, AktG, § 223 Rn. 2; Spindler/Stilz/Marsch-Barner, § 222 AktG Rn. 2.
950 Vgl. Hüffer/Koch, AktG, § 222 Rn. 21a; Spindler/Stilz/Marsch-Barner, § 222 AktG Rn. 39.

5. Anmeldung der Durchführung der Kapitalherabsetzung zum Handelsregister, Mitteilung an das Gericht und Satzungsanpassung

593 Auch bei der vereinfachten Kapitalherabsetzung ist gem. § 229 Abs. 3 i. V. m. § 227 AktG die Durchführung der vereinfachten Kapitalherabsetzung **zur Eintragung in das Handelsregister** anzumelden. Die Kapitalherabsetzung ist durchgeführt, wenn die Höhe des neuen Grundkapitals und die Summe der Aktiennennbeträge durch geeignete Maßnahmen angepasst sind. Die Kapitalherabsetzung durch **Änderung der Aktiennennbeträge** bedarf keiner Durchführung. Bei dieser Herabsetzungsart gilt mit der Eintragung des Herabsetzungsbeschlusses der neue Nennbetrag.[951] Dagegen bedarf es bei der Kapitalherabsetzung durch Zusammenlegung von Aktien bestimmter Durchführungsmaßnahmen, deren Durchführung dann anzumelden ist.

XIII. Spaltung zur Neugründung

1. Anwendung des Verschmelzungsrechts

594 Grds. gelten bei der Spaltung zur Neugründung die Vorschriften über die Verschmelzung zur Neugründung, d. h. die §§ 73 bis 77 UmwG (vgl. im Einzelnen oben Teil 2 Rdn. 1162 ff.).

2. Gründungsbericht und Gründungsprüfung

595 Bei der Neugründung sieht allerdings § 144 UmwG vor, dass **grds. ein Gründungsbericht** gem. § 32 AktG und eine Gründungsprüfung gem. § 33 Abs. 3 AktG stets erforderlich sind. Der Gründungsbericht ist bei der AG vom Vertretungsorgan der übertragenden Gesellschaft abzugeben. Insb. sind nach § 32 Abs. 2 AktG anzugeben: die vorausgegangenen Rechtsgeschäfte, die auf den Erwerb der Gesellschaft hingezielt haben, die Anschaffungs- und Herstellungskosten aus den letzten beiden Jahren und die Betriebserträge aus den letzten beiden Geschäftsjahren.

596 Unklar ist, ob nach § 125 Satz 1 i. V. m. § 75 UmwG in dem Gründungsbericht **auch der Geschäftsverlauf** und die Lage der übertragenden Rechtsträger darzustellen ist. Es sind hier allerdings keine Gründe ersichtlich, warum die Verschmelzung zur Neugründung anders behandelt werden sollte, als die Spaltung zur Neugründung, sodass man dies wohl verlangen muss.

597 § 143 UmwG bestimmt allerdings i. d. F. des 3. Gesetzes zur Änderung des Umwandlungsgesetzes, dass bei Verhältnis wahrenden (Auf- oder Ab-)Spaltungen von AG zur Neugründung ein Spaltungsbericht nicht mehr erforderlich ist[952] (vgl. oben Teil 3 Rdn. 545).

XIV. Handelsregisteranmeldung

598 Vgl. zunächst die Ausführungen zu Teil 3 Rdn. 362 ff.

599 Erfolgt zur Durchführung der Anteilsgewährung eine **Kapitalerhöhung** bei der übernehmenden AG, so muss zunächst die Kapitalerhöhung eingetragen werden, bevor die Eintragung der Spaltung erfolgt (§ 125 i. V. m. § 53 UmwG). Gleiches gilt bei einer etwa erforderlichen **Kapitalherabsetzung** durch die übertragende AG (§ 145 Satz 2 UmwG). Dies hindert aber nicht, die Anmeldung der Kapitalerhöhung bzw. Kapitalherabsetzung und der Spaltung in einer Urkunde zu verbinden.

600 Zur Frage, ob wegen des Verweises auf die Gründungsvorschriften in § 135 Abs. 2 UmwG bei einer Spaltung durch Neugründung eine **Versicherung nach § 37 Abs. 1 Satz 1 AktG** abzugeben ist, gilt das oben (Teil 3 Rdn. 390) Gesagte und eine Versicherung ist nicht erforderlich.

601 Bei einer **Abspaltung** oder **Ausgliederung** müssen die Vertretungsorgane der übertragenden Gesellschaft auch erklären, dass die durch Gesetz und Gesellschaftsvertrag vorgesehenen Voraus-

---

951 Vgl. Hüffer/Koch, AktG, § 227 Rn. 2.
952 Vgl. Leitzen, DNotZ 2011, 526, 541.

setzungen für die Gründung der übertragenden AG unter Berücksichtigung der Abspaltung oder Ausgliederung im Zeitpunkt der Anmeldung vorliegen (§ 146 Abs. 1 UmwG; vgl. oben Teil 3 Rdn. 271 f.).

Als Anlage ist bei Abspaltung und Ausgliederung immer der **Spaltungsbericht** nach § 127 UmwG beizufügen, bei der Abspaltung darüber hinaus der **Prüfungsbericht** nach § 125 i. V. m. § 12 UmwG (§ 146 Abs. 2 UmwG; vgl. oben Teil 3 Rdn. 273).

602

XV. Muster

1. Abspaltung A-AG auf B-AG zur Aufnahme

a) Spaltungsvertrag

▶ Muster: Spaltungsvertrag bei Abspaltung A-AG auf B-AG zur Aufnahme

UR.Nr. für......

603

Verhandelt zu......

am......

Vor dem unterzeichnenden

.....

Notar mit dem Amtssitz in......

erschienen:

1. Herr (Name, Geburtsdatum, Adresse),

hier handelnd nicht im eigenen Namen, sondern als alleinvertretungsberechtigtes Vorstandsmitglied der A-AG mit dem Sitz in......, eingetragen im Handelsregister des Amtsgerichts...... unter HRB......,

2. Herr (Name, Geburtsdatum, Adresse),

hier handelnd nicht im eigenen Namen, sondern als alleinvertretungsberechtigtes Vorstandsmitglied der B-AG mit dem Sitz in......, eingetragen im Handelsregister des Amtsgerichts...... unter HRB......

Die Erschienenen wiesen sich dem Notar gegenüber aus durch Vorlage ihrer amtlichen Lichtbildausweise.

A. Vorbemerkung

Die Erschienenen erklärten:

Das Grundkapital der im Handelsregister des Amtsgerichts...... unter HRB...... eingetragenen A-AG beträgt 4.000.000,00 €. Das Grundkapital ist vollständig eingezahlt.

Das Grundkapital ist eingeteilt in 40.000 auf den Namen lautenden Aktien im Nennbetrag von je 100,00 €.

Das Grundkapital der im Handelsregister des Amtsgerichts...... unter HRB...... eingetragenen B-AG beträgt 2.000.000,00 €. Das Grundkapital ist vollständig eingezahlt.

Das Grundkapital ist eingeteilt in 40.000 auf den Namen lautenden Aktien im Nennbetrag von je 50,00 €.

Die A-AG will ihren Teilbetrieb »Hochbau« auf die B-AG im Wege der Abspaltung durch Aufnahme übertragen.

Die Erschienenen ließen sodann folgenden

B. Spaltungsvertrag

beurkunden und erklärten, handelnd wie angegeben:

I. Beteiligte Rechtsträger, Spaltung

1. An der Abspaltung sind beteiligt die A-AG mit Sitz in...... als übertragender Rechtsträger und die B-AG mit Sitz...... in als übernehmender Rechtsträger.

2. Die A-AG überträgt hiermit ihre nachstehend unter Ziff. II. genannten Vermögensteile als Gesamtheit im Wege der Abspaltung zur Aufnahme auf die B-AG. Die B-AG gewährt als Ausgleich hierfür den Aktionären der A-AG Aktien an der B-AG.

II. Vermögensübertragung

1. Die A-AG überträgt den von ihr an drei Standorten unterhaltenen Teilbetrieb »Hochbau« auf die B-AG mit allen Aktiva und Passiva. Die Abspaltung erfolgt auf der Basis der festgestellten Abspaltungsbilanz der WPG-Wirtschaftsprüfungsgesellschaft vom 31.12..... und diese Spaltungsbilanz ist Bestandteil dieses Spaltungsplans. Sie ist als Anlage 1 dieser Urkunde als wesentlicher Bestandteil beigefügt, auf sie wird nach §§ 9, 14 Abs. 1 BeurkG verwiesen. Die Beteiligten haben auf das Vorlesen verzichtet. Stattdessen wurden ihnen die Anlage 1 zur Durchsicht vorgelegt, von ihnen genehmigt und unterschrieben.

2. Im Einzelnen sind folgende Vermögensgegenstände Bestandteil des Teilbetriebes und werden i. R. d. Spaltung auf die B-AG übertragen. Von der Spaltung werden sämtliche zum Spaltungsstichtag vorhanden Vermögensgegenstände und Schulden des Teilbetriebes mit allen Rechten und Pflichten sowie die ausschließlich diesem Teilbetrieb zuzuordnenden Rechtsbeziehungen, insbes. Vertragsverhältnisse, nach näherer Maßgabe der nachfolgenden Bestimmungen erfasst, gleich ob sie bilanziert sind oder nicht.

Insbes. handelt es sich um folgende Vermögensgegenstände und Schulden, die dem Teilbetrieb mit allen Rechten und Pflichten zuzuordnen sind:

a) Grundstücke

Die folgenden im Grundbuch von X-Stadt eingetragenen Grundstücke mit sämtlichen Abteilungen II und III des Grundbuches eingetragenen Belastungen, einschließlich aufstehender Gebäude mit den dazugehörigen Betriebsvorrichtungen, sowie sämtliche auf die Grundstücke bezogenen Mietverträge:
- Bd. 120 Blatt 3503, Flurstück 400/20, X-Str. in X-Stadt mit einer Größe von 10.000 qm,
- Bd. 105 Blatt 2763, Flurstück 733/23, Y-Str. in X-Stadt mit einer Größe von 5.000 qm,
- Bd. 100 Blatt 7370, Flurstück 250/12, Z-Str. in X-Stadt mit einer Größe von 3.000 qm.

b) Anlage- und Umlaufvermögen

Sämtliche zum Anlage- und Umlaufvermögen gehörenden beweglichen Gegenstände des Teilbetriebs »Hochbau«, also alle beweglichen Gegenstände, die sich auf den unter a) beschriebenen Grundstücken und Gebäuden befinden, somit alle technischen Anlagen und Maschinen, Kfz-, Betriebs- und Geschäftsausstattung, geringwertige Wirtschaftsgüter, Zubehör und Ersatzteile, EDV-Hardware, sämtliche auf den Grundstücken befindliche Gegenstände des Umlaufvermögens, insbes. Roh-, Hilfs-, Betriebsstoffe, Ausstattung und Verpackungsmaterial. Soweit die A-AG Eigentum oder Miteigentum an diesen Gegenständen hat oder diese künftig erwirbt, wird das Eigentum oder Miteigentum übertragen; soweit die A-AG Anwartschaftsrechte auf Eigentumserwerb an dem ihr unter Eigentumsvorbehalt gelieferten beweglichen Vermögen hat, überträgt sie hiermit der B-AG diese Anwartschaftsrechte. Die wichtigsten beweglichen Vermögensgegenstände, insbes. Anlagen und Einrichtungen sind in der Anlage 2 aufgeführt, ohne jedoch auf die genannten Anlagen und Einrichtungen beschränkt zu sein.

c) Forderungen

Sämtliche Forderungen die zum Teilbetrieb »Hochbau« zuzuordnen sind, insbes. Forderungen aus Lieferung und Leistung, geleisteten Anzahlungen, aus Darlehen, sowie Schadensersatzforderungen. Die Forderungen sind in der Anlage 3 aufgeführt. Soweit Forderungen in dieser Anlage nicht aufgeführt sind, werden sie dennoch übertragen, wenn und soweit sie dem Teilbetrieb »Hochbau« zuzuordnen sind.

d) Bankguthaben

Sämtliche Bankguthaben bei allen Banken, Kreditinstituten und sonstigen Einrichtungen mit ihrem jeweiligen zum Stichtag ausgewiesenen Bestand. Die Kreditinstitute und Einrichtungen sowie die betroffenen Bankkonten sind in Anlage 3 aufgeführt.

e) Vertragsverhältnisse

Alle dem Teilbetrieb »Hochbau« zuzuordnenden Verträge, insbes. Leasingverträge, Mietverträge, Kauf-, Dienst-, Werk-, Beratungs-, Darlehens-, Versorgungs-, Versicherungs-, Finanzierungsverträge, Verträge mit Handelsvertretern sowie Angebote und sonstige Rechtsstellungen zivilrechtlicher oder öffentlich-rechtlicher Art. Die Verträge sind in Anlage 4 beschrieben. Soweit Verträge und Vertragsverhältnisse in dieser Anlage nicht aufgeführt sind, werden sie dennoch übertragen, wenn und soweit sie den Betriebsteil »Hochbau« betreffen oder ihm zuzuordnen sind.

f) Schutzrechte

Sämtliche Schutzrechte der A-AG, die den Betriebsteil »Hochbau« betreffen. Schutzrechte umfassen insbes. alle Erfindungen, Know-how, Geschäfts- und Betriebsgeheimnisse, Patente, Verfahren, Formeln und sonstigen immateriellen Gegenstände, die nicht von gewerblichen Schutzrechten umfasst werden, und sämtliche Verkörperungen solcher Gegenstände (Muster, Marken, Zeichenpläne etc.). Die Schutzrechte sind in Anlage 6 ausgeführt.

g) Arbeitsverhältnisse

Sämtliche dem Teilbetrieb »Hochbau« zuzuordnenden Arbeitsverhältnisse einschließlich evtl. bestehender Verpflichtungen der betrieblichen Altersvorsorge um Zusage, Rückdeckungsversicherung im betrieblichen Versorgungsinteresse und sonstigen Zusagen mit Versorgungscharakter gehen nach § 613a BGB auf die aufnehmende Gesellschaft über. Die Arbeitnehmer werden bei der aufnehmenden Gesellschaft zu gleichen Konditionen beschäftigt. Sollten einzelne Arbeitnehmer dem Übergang ihres Arbeitsverhältnisses widersprechen, so ist die B-AG verpflichtet, der A-AG alle dadurch entstehenden Kosten zu ersetzen. Die B-AG wird außerdem die A-AG von allen Ansprüchen aus den Arbeitsverhältnissen und den damit verbundenen Zusagen der betrieblichen Altersvorsorge und Zusagen mit Versorgungscharakter freistellen.

h) Steuern

Sämtliche Forderungen, Verbindlichkeiten und Rückstellungen gegenüber dem Finanzamt betreffend Körperschaftsteuer und Solidaritätszuschlag, Gewerbesteuer, Umsatzsteuer, Kfz-Steuer, Grundsteuer, Kapitalertragsteuer, Lohn- und Kirchensteuer, Zinsabschlagsteuer.

i) Beteiligung, Mitgliedschaften

Sämtliche zum Teilbereich »Hochbau« gehörenden Beteiligungen, Mitgliedschaften, Finanzanlagen und Ähnliches. Im Einzelnen handelt es sich um folgende Beteiligungen:
- Die Mitgliedschaft der A-AG im Verband »Hoch- und Tiefbau e. V.«,
- die bestehende Beteiligung i. H. v. 10.000 Aktien an der X-AG,
- die der Geschäftsanteile i. H. v. 10.00,00 € an der Z-AG.

j) Verbindlichkeiten

Sämtliche zum Teilbetrieb »Hochbau« gehörenden und zuzuordnenden Verbindlichkeiten der A-AG, also sämtliche Schulden, Verbindlichkeiten, Rückstellungen sowie Verlustrisiko aus schwebenden Geschäften. Die Verbindlichkeiten sind in Anlage 7 zu diesem Vertrag aufgeführt.

k) Sonstiges

Sowie alle sonstigen in der Anlage 8 aufgeführten Vermögenspositionen.

3. Für sämtliche unter Ziff. 2 beschriebenen Aktiva und Passiva gilt, dass die Übertragung im Wege der Spaltung alle Wirtschaftsgüter, Gegenstände, materiellen und immateriellen Rechte, Verbindlichkeiten, Rechtsbeziehungen erfasst, die dem Teilbetrieb »Hochbau« dienen oder zu dienen bestimmt sind oder sonst den Teilbetrieb betreffen oder ihm wirtschaftlich zuzurechnen sind, unabhängig davon, ob die Vermögensposition bilanzierungsfähig ist oder nicht. Die

Übertragung erfolgt auch unabhängig davon, ob der Vermögensgegenstand in den Anlagen 1–7 aufgeführt ist.

Sollten die zu übertragenden Rechtspositionen des Aktiv- oder Passivvermögens bis zum Wirksamwerden der Spaltung im regelmäßigen Geschäftsgang veräußert worden sein, so werden die an ihre Stelle getretenen vorhandenen Surrogate übertragen. Übertragen werden auch die bis zum Wirksamwerden der Spaltung erworbenen Gegenstände des Aktiv- oder Passivvermögens, soweit sie zum übertragenen Teilbetrieb gehören.

4. Bei Zweifelsfällen, die auch durch Auslegung dieses Vertrages nicht zu klären sind, gilt, dass Vermögensgegenstände, Verbindlichkeiten, Verträge und Rechtspositionen, die nach obigen Regeln nicht zugeordnet werden können, bei der übertragenden Gesellschaft verbleiben. In diesen Fällen ist die A-AG berechtigt nach § 315 BGB eine Zuordnung nach ihrem Ermessen unter Berücksichtigung der wirtschaftlichen Zugehörigkeit vorzunehmen.

5. Soweit bilanzierte und nicht bilanzierte Vermögensgegenstände und Schulden in die Rechtsbeziehungen, die dem Teilbetrieb »Hochbau« wirtschaftlich zuzuordnen sind, nicht schon kraft Gesetzes mit der Eintragung der Spaltung in das Handelsregister der übertragenden Gesellschaft auf die aufnehmende Gesellschaft übergehen, wird die übertragende Gesellschaft diese Vermögensgegenstände oder Schulden sowie die Rechtsbeziehungen auf die B-AG übertragen. Ist die Übertragung im Außenverhältnis nicht oder nur mit unverhältnismäßigen Aufwand möglich oder unzweckmäßig, werden sich die beteiligten Gesellschaften im Innenverhältnis so stellen, wie sie stehen würden, wenn die Übertragung der Vermögensgegenstände und Passiva bzw. Rechtsbeziehungen auch im Außenverhältnis mit Wirkung zum Vollzug dabei erfolgt wäre. Wird die übertragende Gesellschaft aus Verbindlichkeiten in Anspruch genommen, die der aufnehmenden zuzuordnen sind, ist diese zur Freistellung verpflichtet oder hat Ausgleich zu leisten.

6. Auf die Anlagen 1–7, die dieser Urkunde als wesentlicher Bestandteil beigefügt sind, wird gemäß § 14 Abs. 1 BeurkG verwiesen. Die Beteiligten haben auf das Vorlesen verzichtet, stattdessen wurden ihnen die Anlagen 1–7 zur Kenntnisnahme vorgelegt, sie wurden von ihnen genehmigt und nach § 14 BeurkG unterschrieben.

7. Soweit für die Übertragung von bestimmten Gegenständen die Zustimmung eines Dritten an einer öffentlich-rechtlichen Genehmigung oder eine Registrierung erforderlich ist, werden sich die übertragende und die aufnehmende Gesellschaft bemühen, die Zustimmung, Genehmigung oder Registrierung beizubringen. Falls dies nicht oder nur mit unverhältnismäßig hohem Aufwand möglich sein würde, werden sich die übertragende und die aufnehmende Gesellschaft im Innenverhältnis so stellen, als wäre die Übertragung der Gegenstände des ausgegliederten Vermögens mit Wirkung zum Vollzugsdatum erfolgt.

8. Berichtigungen bei Registern, Grundbuch, Markenerklärungen

Die A-AG und die B-AG bewilligen und beantragen, nach Wirksamwerden der Spaltung die von der Spaltung betroffenen Markenregister entsprechenden Vorschriften dieses Vertrages zu berichtigen.

Die A-AG und die B-AG bewilligen und beantragen, nach Wirksamwerden der Ausgliederung das Grundbuch bei den unter Ziff. 2 beschriebenen Grundstücken und dinglichen Rechten zu berichtigen.

III. Gegenleistung

1. Die B-AG gewährt als Gegenleistung für das übertragene Vermögen den Aktionären der A-AG für jeweils eine Inhaberaktie an der A-AG im Nennbetrag von 100,00 € zwei Namensaktien im Nennbetrag von 50,00 € an der B-AG.

Die Aktien werden kostenfrei und mit Gewinnberechtigung ab dem…… gewährt.

Bare Zuzahlungen werden nicht geleistet.

2. Das Umtauschverhältnis beträgt 1:2.

3. Die Aufteilung der Anteile erfolgt entsprechend dem Verhältnis der Beteiligungen der Gesellschafter an der A-AG.

4. Die A-AG bestellt als Treuhänder für den Empfang der zu gewährenden Aktien und der Aushändigung an die Aktionäre der B-AG die…… Bank AG mit dem Sitz in…… Die B-AG wird die Aktien dem Treuhänder vor der Eintragung in das Handelsregister der A-AG übergeben und ihn anweisen, die Aktien nach Eintragung der Verschmelzung in das Handelsregister der B-AG den Aktionären der A-AG zu übergeben.

5. Der Gesamtwert zu dem die erbrachte Sacheinlage von der aufnehmenden Gesellschaft übernommen wird, entspricht dem handelsrechtlichen Buchwert des übertragenen Vermögens zum Spaltungsstichtag. Soweit der Buchwert des übertragenen Nettovermögens den Nennbetrag der dafür gewährten Geschäftsanteile übersteigt, wird der Differenzbetrag in die Kapitalrücklage der aufnehmenden Gesellschaft eingestellt. Eine Vergütung für den Differenzbetrag wird nicht geschuldet.

IV. Kapitalerhöhung, Kapitalherabsetzung

1. Zur Durchführung der Abspaltung wird die B-AG ihr Grundkapital gegen Sacheinlage durch Spaltung von bislang 2.000.000,00 € um 1.000.000,00 € auf 3.000.0000,00 € erhöhen, und zwar durch Ausgabe von 20.000 Stück neuen Namensaktien im Nennbetrag von 50,00 € mit Gewinnbezugsrecht ab dem 01.01.…….

2. Als Folge der mit Abspaltung einhergehenden Vermögensübertragung wird die A-AG ihr Kapital herabsetzen. Die Herabsetzung des Stammkapitals dient der Anpassung des Grundkapitals infolge der Spaltung, weil das verbleibende Vermögen der abspaltenden Gesellschaft das nominelle Kapital i. H. v. 4.000.000,00 € nicht mehr deckt und die Bilanz der A-AG keine Beträge in den Kapital- und Gewinnrücklagen ausweist. Auch ein Gewinnvortrag besteht nicht.

Die Herabsetzung wird wie folgt durchgeführt werden:

Das Grundkapital der Gesellschaft von 4.000.000,00 € eingeteilt in 40.000 Aktien im Nennbetrag von je 100,00 € wird nach den Vorschriften über die vereinfachte Kapitalherabsetzung gemäß §§ 145 UmwG i. V. m. §§ 229 AktG um 1.000.000,00 € auf 3.000.000,00 € herabgesetzt. Die Herabsetzung erfolgt durch Herabsetzung des Nennbetrages jeder Aktie von je 100,00 € auf je 75,00 €. Es sollen neue Aktien verbunden in Nennbeträgen von je 75,00 € ausgegeben werden.

V. Spaltungsstichtag

Die Übernahme des vorbezeichneten Vermögens der A-AG erfolgt im Innenverhältnis mit Wirkung zum Ablauf des…… Vom…… an gelten alle Handlungen und Geschäfte der A-AG, die das übertragene Vermögen betreffen, als für Rechnung der B-AG vorgenommen.

VI. Besondere Rechte

Besondere Rechte i. S. v. § 126 Abs. 1 Nr. 7 UmwG bestehen bei der B-AG nicht. Einzelnen Aktionären werden i. R. d. Spaltung keine besonderen Rechte gewährt.

VII. Besondere Vorteile

Besondere Vorteile i. S. v. § 126 Abs. 1 Nr. 8 UmwG werden weder einem Mitglied eines Vertretungs- oder Aufsichtsorgans, noch dem Abschlussprüfer oder dem Spaltungsprüfer gewährt.

VIII. Folgen der Abspaltung für Arbeitnehmer und ihre Vertretungen

Durch die Abspaltung ergeben sich für die Arbeitnehmer und ihre Vertretungen die

nachgenannten Folgen:

…..

Insoweit sind folgende Maßnahmen vorgesehen:

…..

IX. Abfindungsangebot

Ein Abfindungsangebot ist nach den §§ 29, 125 UmwG nicht erforderlich.

X. Sonstige Vereinbarungen

1. Sollten für die Übertragung der in Ziff. II. genannten Sachen, Rechte, Vertragsverhältnisse und Verbindlichkeiten nach § 132 UmwG weitere Voraussetzungen geschaffen oder staatliche Genehmigungen eingeholt werden müssen, so verpflichten sich die Vertragsbeteiligten alle erforderlichen Erklärungen abzugeben und Handlungen vorzunehmen.

2. Sollte eine Übertragung der in Ziff. II. genannten Sachen, Rechte, Vertragsverhältnisse und Verbindlichkeiten im Wege der Spaltung auf die B-AG rechtlich nicht möglich sein, so verpflichten sich die Vertragsbeteiligten alle erforderlichen Erklärungen abzugeben und alle erforderlichen Handlungen vorzunehmen, die rechtlich zu dem beabsichtigten Vermögensübergang auf die B-AG in anderer Weise führen.

3. Sollten einzelne Bestimmungen dieser Urkunde unwirksam oder nicht durchführbar sein, so soll dies die Gültigkeit dieses Vertrages i. Ü. nicht berühren. An die Stelle der unwirksamen oder undurchführbaren Vereinbarung soll eine solche treten, die dem wirtschaftlichen Ergebnis der unwirksamen oder undurchführbaren Klausel in zulässiger Weise am nächsten kommt.

XI. Bedingungen

Der Spaltungsvertrag steht unter der aufschiebenden Bedingung, dass:

1. die formgerechten Zustimmungsbeschlüsse der Gesellschafterversammlung beider Gesellschaften bis zum...... vorliegen und

2. die Gesellschafter der B-AG im Zustimmungsbeschluss die vorstehende Kapitalerhöhung zur Durchführung der Spaltung beschließen.

XII. Hinweise, Vollmacht

Der Notar hat auf Folgendes hingewiesen:
- Die Spaltung wird erst mit der Eintragung in das Handelsregister der übertragenden Gesellschaft wirksam.
- Die Beteiligten beauftragen und ermächtigen den Notar die zum Vollzug notwendigen Genehmigungen und Zustimmungserklärungen einzuholen. Genehmigungen werden mit Eingang beim Notar wirksam. Dies gilt nicht für die Versagung von Genehmigungen oder deren Erteilung unter Bedingungen oder Auflagen.
- Nach § 133 UmwG haften für die vor dem Wirksamwerden der Spaltung begründeten Verbindlichkeiten des übertragenden Rechtsträgers alle an der Spaltung beteiligten Rechtsträger gesamtschuldnerisch; Gläubiger können für ihre Verbindlichkeiten Sicherheitsleistung nach §§ 125, 22 UmwG verlangen. Daneben können weitere Haftungsvorschriften anwendbar sein insbes. § 25 HGB und § 75 AO.
- Bei der Anmeldung der Abspaltung hat der Geschäftsführer der übertragenden Gesellschaft zu erklären, dass die durch Gesetz und Satzung vorgesehenen Voraussetzungen für die Gründung dieser Gesellschaft auch unter Berücksichtigung der Spaltung im Zeitpunkt der Anmeldung vorliegen.
- Bei nicht vollständig eingezahlten Stammeinlagen bestehen nach §§ 51 Abs. 1, 125 UmwG besondere Zustimmungspflichten.
- Die Mitglieder des Vertretungsorgans und auch eines Aufsichtsorgans sind nach § 25 UmwG als Gesamtschuldner zum Schadensersatz bei Verletzung ihrer Pflichten nach dem UmwG verpflichtet.
- Die Spaltung kann zur Grunderwerbsteuer führen.

XIII. Kosten, Abschriften

Die durch diesen Vertrag und ihre Durchführung bei beiden Gesellschaften entstehenden Kosten trägt die B-AG. Sollte die Spaltung nicht wirksam werden, tragen die Kosten dieses Vertrages die Gesellschaften zu gleichen Teilen; alle übrigen Kosten trägt die jeweils betroffene Gesellschaft allein.

Von dieser Urkunde erhalten

D. Spaltung von AG   Teil 3 Kapitel 2

beglaubigte Abschriften:
- die beteiligten Gesellschaften;
- die Registergerichte in……, elektronisch
- die Grundbuchämter in……,
- die beteiligten Betriebsräte,
- Finanzamt.

Eine einfache Abschrift mit Veräußerungsanzeige erhält das Finanzamt (Grunderwerbsteuerstelle).

Diese Niederschrift wurde den Erschienenen vom Notar vorgelesen, von ihnen genehmigt und von ihnen und dem Notar eigenhändig wie folgt unterschrieben.

…..

b) *Zustimmungs- und Kapitalerhöhungsbeschluss bei der aufnehmenden Gesellschaft (B-AG)*

▶ Muster: Zustimmungs- und Kapitalerhöhungsbeschluss bei der aufnehmenden Gesellschaft (B-AG)

Hauptversammlungsniederschrift 604

Heute, den……

begab ich mich, der unterzeichnende Notar……, mit Amtssitz in…… auf Ansuchen in das Verwaltungsgebäude der Firma B-AG mit Sitz in München, um an der dorthin auf heute 16.00 Uhr einberufenen

ordentlichen Hauptversammlung

der Aktionäre der Firma B-AG teilzunehmen und über den Gang der Verhandlung sowie über die gefassten Beschlüsse die gesetzlich vorgeschriebene

Niederschrift

zu errichten wie folgt:

I.

Anwesend waren:

1. Vom Aufsichtsrat der Gesellschaft:
a) Herr W, Kaufmann, wohnhaft in…… (Vorsitzender),
b) Herr Z, Kaufmann, wohnhaft in……,
c) Herr Y, Unternehmer, wohnhaft in……
2. Vom Vorstand der Gesellschaft:
a) Herr A, Dipl.-Ing., wohnhaft in…… (Vorsitzender),
b) Herr B, Kaufmann, wohnhaft in……
3. Die im Teilnehmerverzeichnis nebst Nachträgen aufgeführten Aktionäre und Vertreter. Sie haben ihre Berechtigung zur Teilnahme an der Hauptversammlung und zur Ausübung des Stimmrechts i. S. d. Satzung und Einladung ordnungsgemäß nachgewiesen.

II.

Den Vorsitz der Versammlung führte der Vorsitzende des Aufsichtsrates. Er eröffnete die Versammlung um 16.15 Uhr. Er stellte fest, dass die Hauptversammlung form- und fristgemäß durch Bekanntmachung im Bundesanzeiger vom…… einberufen worden ist. Ein Ausdruck wurde mir, dem Notar, übergeben. Es ist dieser Niederschrift als Anlage 1 beigefügt. Die Bekanntmachung enthält folgende Tagesordnung:
»1. Erläuterung des Spaltungsvertrages durch den Vorstand;
2. Beschluss über die Zustimmung zu dem Spaltungsvertrag mit der A-AG;
3. Beschluss über die Erhöhung des Grundkapitals von 2.000.000,00 € um 1.000.000,00 € auf 3.000.000,00 € durch Ausgabe von 20.000 auf den Namen lautenden Aktien im Nennbetrag von je 50,00 € mit Gewinnbezugsberechtigung ab Januar…… Die neuen Aktien werden als Gegenleistung für die Übertragung der im Spaltungsvertrag bezeichneten Ver-

mögensgegenstände und Verbindlichkeiten der A- AG im Wege der Spaltung ausgegeben, und zwar im Verhältnis von je zwei Aktien der A-AG mit dem Betrag von je 50,00 € zu einer Aktie der B-AG im Nennbetrag von 50,00 €. Der Vorstand wird ermächtigt, die Einzelheiten der Kapitalerhöhung und ihrer Durchführung festzulegen.
4. Beschluss über die Änderung von § 5 Abs. 1 der Satzung (Grundkapital): »Das Grundkapital beträgt 3.000.000,00 € und ist eingeteilt in 60.000 Stück Aktien im Nennbetrag von je 50,00 €. Die Aktien lauten auf den Inhaber.«

Anschließend wies der Vorsitzende darauf hin, dass das Verzeichnis der erschienenen oder vertretenen Aktionäre zur Einsichtnahme ausliegt, nachdem er erklärt hatte, dass sämtliche in dem Verzeichnis aufgeführten Aktionäre ihre Berechtigung zur Teilnahme an der Hauptversammlung ordnungsgemäß nachgewiesen haben. Das Teilnehmerverzeichnis wurde von der ersten Abstimmung für die gesamte Dauer der Hauptversammlung zur Einsicht für alle Teilnehmer ausgelegt. Bei Änderungen in der Präsenz fertigte der Vorsitzende vor jeder Abstimmung Nachträge, die ebenfalls für die restliche Dauer ausgelegt worden sind. Er stellte die Präsenz vor jeder Abstimmung durch Handaufheben fest und gab diese bekannt. Der Vorsitzende erklärte, dass die Abstimmung durch Handaufheben stattfinden werde, soweit nicht eine andere Abstimmungsart für eine Abstimmung angeordnet werde. Der Vorsitzende erläuterte ferner die Formalien der Stimmabgabe und der Teilnahme an der Abstimmung sowie der Stimmauszählung wie folgt....Der Vorsitzende stellte fest, dass der Spaltungsvertrag vor Einberufung der Hauptversammlung nach §§ 125, 61 UmwG zum Handelsregister eingereicht worden ist und dass das Register in den zur Bekanntmachung seiner Eintragung bestimmten Blättern, dem elektronischen Bundesanzeiger und dem...... einen Hinweis darauf veröffentlicht hat, dass der Vertrag zum Handelsregister eingereicht worden ist.

Der Vorsitzende stellte weiter fest, dass der Spaltungsvertrag vor der Einberufung der Hauptversammlung zu den Registerakten der Gesellschaft bei dem Handelsregister des Amtsgerichts in Frankfurt eingereicht worden ist. Er stellte ferner fest, dass von der Einberufung der Hauptversammlung an in dem Geschäftsraum der Gesellschaft folgende Unterlagen zur Einsicht der Aktionäre ausgelegen haben und diese auch während der Dauer der Hauptversammlung im Versammlungssaal ausliegen:
1. der Spaltungsvertrag vom......,
2. die Jahresabschlüsse und die Lageberichte der übertragenden und der übernehmenden Gesellschaft der letzten drei Geschäftsjahre,
3. die Spaltungsberichte der beiden Vorstände,
4. die Prüfungsberichte der Spaltungsprüfer bzgl. beider Gesellschaften.

Der Spaltungsvertrag wird dieser Niederschrift als Anlage 3 beigefügt.

Daraufhin wurde die **Tagesordnung** wie folgt erledigt:

Punkt 1: Erläuterung des Spaltungsvertrages

Der Vorstandsvorsitzende erläuterte den Spaltungsvertrag vom...... und begründete insbes. die Zweckmäßigkeit der Spaltung und das Umtauschverhältnis der Aktien. Auch die weiteren Punkte des Spaltungsvertrages wurden vom Vorstand erläutert. Verschiedenen Aktionären wurden Auskünfte über die für die Spaltung wesentlichen Angelegenheiten erteilt. Auf Verlesung wurde einstimmig verzichtet.

Punkt 2: Zustimmung zu dem Spaltungsvertrag

Vorstand und Aufsichtsrat schlugen vor, dem Spaltungsvertrag mit der A-AG, UR.Nr....... in...... zuzustimmen.

Es wurde durch Handaufheben abgestimmt. Der Vorsitzende stellte fest:

Das Grundkapital der Gesellschaft betrage 2.000.000,00 €.

Es sei eingeteilt in 40.000 Aktien im Nennbetrag von je 50,00 €. Hiervon sind

..... Aktien

mit...... Stimmen (..... % vom Grundkapital) durch Aktionäre bzw. Vertretern von Aktionären vertreten. Das Teilnehmerverzeichnis wurde vor der ersten Abstimmung zur Einsicht für alle Teilnehmer ausgelegt und lag während der ganzen Dauer der Versammlung auf.

Die Hauptversammlung fasste entsprechend dem Antrag den Beschluss mit den nachfolgend genannten Stimmen:

Aktuelle Präsenz:	….. Stimmen.
abgegebene gültige Stimmen:	….. Stimmen

Das entspricht:

vertretenes Grundkapital:…… %

Enthaltungen:	….. (… %)
Nein-Stimmen:	….. (… %)
Ja-Stimmen:	….. (…. %)

Der Vorsitzende gab das Abstimmungsergebnis bekannt und stellte fest und verkündete, dass die Hauptversammlung dem Spaltungsvertrag vom…… zur Spaltung mit der A-AG mit der gesetzlichen erforderlichen Mehrheit zugestimmt hat.

Punkt 3: Erhöhung des Grundkapitals der Gesellschaft

Vorstand und Aufsichtsrat schlugen folgenden Kapitalerhöhungsbeschluss vor:

»Das Grundkapital der Gesellschaft wird von zurzeit 2.000.000,00 € um 1.000.000,00 € auf 3.000.000,00 € erhöht durch Ausgabe von 20.000 Stück auf den Namen lautenden Aktien im Nennbetrag von je 50,00 € mit Gewinnberechtigung ab Januar…… Die neuen Aktien werden als Gegenleistung für die Übertragung der im Spaltungsvertrag bezeichneten Vermögensgegenstände und Verbindlichkeiten der A-AG im Wege der Spaltung an die Aktionäre der A-AG ausgegeben, und zwar im Verhältnis von je zwei Aktien der A-AG mit dem Betrag von je 50,00 € zu einer Aktie der B-AG im Nennbetrag von 50,00 €. Der Vorstand wird ermächtigt, die weiteren Einzelheiten der Kapitalerhöhung und ihrer Durchführung festzusetzen.«

Es wurde durch Handaufheben abgestimmt. Der Vorsitzende stellte fest, dass keine Änderung im Teilnehmerkreis stattgefunden hat.

Die Hauptversammlung fasste entsprechend dem Antrag den Beschluss mit den nachfolgend genannten Stimmen:

Aktuelle Präsenz:	….. Stimmen.
abgegebene gültige Stimmen:	….. Stimmen

Das entspricht:

vertretenes Grundkapital:…… %

Enthaltungen:	….. (… %)
Nein-Stimmen:	….. (… %)
Ja-Stimmen:	….. (…. %)

Der Vorsitzende gab das Abstimmungsergebnis bekannt und stellte fest und verkündete, dass die Hauptversammlung der Kapitalerhöhung zur Durchführung der Spaltung mit der gesetzlich erforderlichen Mehrheit zugestimmt hat.

Punkt 4: Satzungsänderung

Der Vorsitzende stellte fest, dass der Aktionär Reinhard Müller die Hauptversammlung verlassen hat, ohne Vollmacht zu erteilen. Nach dem Teilnehmerverzeichnis sind nunmehr Aktien im Nennbetrag von 1.970.000,00 € mit 39.400 Stimmen vertreten. Diese Veränderung wurde in einem Nachtrag zum Teilnehmerverzeichnis vermerkt. Der Nachtrag wurde zur Einsicht ausgelegt.

Vorstand und Aufsichtsrat schlugen folgenden Beschluss vor: § 5 Abs. 1 der Satzung erhält folgende Fassung:

»Das Grundkapital beträgt 3.000.000,00 € und ist eingeteilt in 60.000 Stück Aktien im Nennbetrag von je 50,00 €. Die Aktien lauten auf den Namen.«

Die Hauptversammlung fasste entsprechend dem Antrag den Beschluss mit den nachfolgend genannten Stimmen:

Aktuelle Präsenz:	..... Stimmen.
abgegebene gültige Stimmen:	..... Stimmen

Das entspricht:

vertretenes Grundkapital:...... %

Enthaltungen:	..... (... %)
Nein-Stimmen:	..... (... %)
Ja-Stimmen:	..... (.... %)

Der Vorsitzende gab das Abstimmungsergebnis bekannt und stellte fest und verkündete, dass die Hauptversammlung der Satzungsänderung mit der gesetzlich erforderlichen Mehrheit zugestimmt hat.

Gegen keinen der Beschlüsse wurde Widerspruch zur Niederschrift erklärt.

Damit war die Tagesordnung erledigt. Der Vorsitzende Schloss die Hauptversammlung um 19.00 Uhr.

Die Niederschrift wurde vom Notar wie folgt unterschrieben.

.....

Anlagen:

Anlage 1: Teilnehmerverzeichnis

Anlage 2: Belegexemplar vom elektronischen Bundesanzeiger

Anlage 3: Spaltungsvertrag vom......

c) *Zustimmungs- und Kapitalherabsetzungsbeschluss bei der übertragenden Gesellschaft*

▶ Muster: Zustimmungs- und Kapitalherabsetzungsbeschluss bei der übertragenden Gesellschaft

605 – **Auszug aus dem notariellen Protokoll** –

Zu Punkt 1:

Der Vorstandsvorsitzende erläutert den Spaltungsvertrag vom...... und begründete insbes. die Zweckmäßigkeit der Spaltung des Umtauschverhältnisses der Aktien. Auf Vorlesen wurde einstimmig verzichtet.

Zu Punkt 2:

Der Vorsitzende stellte fest, dass der Spaltungsvertrag vor Einberufung der Hauptversammlung nach §§ 125, 61 UmwG zum Handelsregister eingereicht worden ist und dass das Register in den zur Bekanntmachung seiner Eintragung bestimmten Blättern, dem elektronischen Bundesanzeiger und dem......, einen Hinweis darauf veröffentlicht hat, dass der Vertrag zum Handelsregister eingereicht worden ist.

Der Vorsitzende stellte weiter fest, dass der Spaltungsvertrag, die Jahresabschlüsse und die Geschäftsberichte der beteiligten Gesellschaften für die letzten drei Geschäftsjahre, die Spaltungsberichte und die Prüfungsberichte von der Einberufung der Hauptversammlung an in den Geschäftsräumen der Gesellschaft zur Einsicht der Aktionäre ausgelegen haben und auch in der Hauptversammlung ausliegen.

Zu Punkt 3:

Die Hauptversammlung fasste einstimmig den Beschluss, den Spaltungsvertrag vom...... zu genehmigen.

Der Vorsitzende gab das Abstimmungsergebnis bekannt und verkündete das Zustandekommen des Beschlusses.

Zu Punkt 4: Kapitalherabsetzung

Die Hauptversammlung fasste einstimmig folgenden Beschluss:

Das Grundkapital der Gesellschaft von 4.000.000,00 € eingeteilt in 40.000 Aktien im Nennbetrag von je 100,00 € wird nach den Vorschriften über die vereinfachte Kapitalherabsetzung gemäß §§ 145 UmwG i. V. m. §§ 229 AktG um 1.000.000,00 € auf 3.000.00,00 € herabgesetzt. Die Herabsetzung des Grundkapitals dient der Anpassung des Grundkapitals infolge der Spaltung. Die Herabsetzung erfolgt durch Herabsetzung des Nennbetrages jeder Aktie von je 100,00 € auf je 75,00 €. Es sollen neue Aktien verbunden in Nennbeträgen von je 75,00 € ausgegeben werden. Die weiteren Einzelheiten der Durchführung dieses Beschlusses trifft der Vorstand mit Zustimmung des Aufsichtsrates.

Der Vorsitzende gab das Abstimmungsergebnis bekannt und verkündete das Zustandekommen des Beschlusses.

Zu Punkt 5: Anpassung der Satzung

Die Hauptversammlung fasst einstimmig folgenden Beschluss:

§ 5 der Satzung (Grundkapital) erhält mit Wirksamwerden der Kapitalherabsetzung folgende Fassung:

»Das Grundkapital der Gesellschaft beträgt 3.000.000,00 €. Es ist eingeteilt in 40.000 auf den Namen lautende Aktien im Nennbetrag von je 75,00 €.«

Der Vorsitzende gab das Abstimmungsergebnis bekannt und verkündete das Zustandekommen des Beschlusses.

d) Handelsregisteranmeldung für die übertragende AG

▶ Muster: Handelsregisteranmeldung für die übertragenden AG

An das

Amtsgericht

– Handelsregister B –

Betrifft: HRB...... A-AG

In der Anlage überreiche ich, das unterzeichnende alleinvertretungsberechtigte Vorstandsmitglied der A-AG:
1. Elektronisch beglaubigte Abschrift des Spaltungsvertrages vom...... – UR.Nr....... des beglaubigenden Notars –,
2. Elektronisch beglaubigte Abschrift des Zustimmungsbeschlusses der Hauptversammlungen der A-AG samt Beschluss über die Kapitalherabsetzung und Satzungsänderung vom...... – UR.Nr....... des beglaubigenden Notars –,
3. Elektronisch beglaubigte Abschrift des Zustimmungsbeschlusses der Hauptversammlung der B-AG vom...... – UR.Nr....... des beglaubigenden Notars –,
4. Elektronisch beglaubigte Abschrift der Spaltungsberichte,
5. Elektronisch beglaubigte Abschrift der Prüfungsberichte,
6. Elektronisch beglaubigte Abschrift des Nachweises über die Zuleitung des Entwurfs des Spaltungsvertrages an den Betriebsrat der A-AG,
7. Elektronisch beglaubigte Abschrift der Schlussbilanz der A-AG zum Spaltungsstichtag,
8. vollständigen Wortlaut des Satzung mit Satzungsbescheinigung des Notars
und melden zur Eintragung in das Handelsregister an:

1. Die A-AG hat die im Spaltungsvertrag vom...... – UR.Nr....... des beglaubigenden Notars – genannten Vermögensteile als Gesamtheit auf die B-AG als übernehmende AG im Wege der Abspaltung durch Aufnahme übertragen.

2. Die Hauptversammlung der Gesellschaft hat am...... die Herabsetzung des Grundkapitals der A-AG i. H. v....... € (in Worten:...... Euro) im Wege der vereinfachten Kapitalherabsetzung nach § 145 UmwG i. V. m. §§ 229 ff. AktG um...... € (in Worten:...... Euro) auf...... € (in Worten:...... Euro) beschlossen. Die Satzung der A-AG wurde in § 3 (Grundkapital und Aktien) entsprechend geändert.

Ich erkläre, dass weder der Spaltungsbeschluss der Aktionäre der A-AG noch der Spaltungsbeschluss der Aktionäre der B-AG angefochten worden ist.

Ich erkläre ferner, dass die durch Gesetz und Gesellschaftsvertrag vorgesehenen Voraussetzungen für die Gründung dieser Gesellschaft unter Berücksichtigung der Abspaltung im Zeitpunkt dieser Anmeldung vorliegen.

Die Anzeige der als Treuhänderin für den Empfang der Aktien der B-AG bestellten Bank, dass sie im Besitz der Aktien ist, wird dem Gericht unmittelbar durch die Treuhänderin übersandt.

Die inländische Geschäftsanschrift und die Geschäftsräume befinden sich unverändert in (Ort, Straße).

….., den……   (Beglaubigungsvermerk)

e) *Handelsregisteranmeldung für die übernehmende AG*

▶ Muster: Handelsregisteranmeldung für die übernehmende AG

607   An das

Amtsgericht

– Handelsregister B –

Betrifft: HRB...... B-AG

In der Anlage überreichen wir, die unterzeichnenden Vorstandsmitglieder der o. g. AG:
1. Elektronisch beglaubigte Abschrift des Spaltungsvertrages vom...... – UR.Nr....... des beglaubigenden Notars –,
2. Elektronisch beglaubigte Abschrift des Zustimmungsbeschlusses der Hauptversammlungen der A- vom...... – UR.Nr....... des beglaubigenden Notars –,
3. Elektronisch beglaubigte Abschrift des Zustimmungsbeschlusses der Hauptversammlung der B-AG samt Beschluss über die Kapitalerhöhung und Satzungsänderung vom...... – UR.Nr....... des beglaubigenden Notars –,
4. Elektronisch beglaubigte Abschrift der Spaltungsberichte,
5. Elektronisch beglaubigte Abschrift der Prüfungsberichte,
6. Elektronisch beglaubigte Abschrift des Nachweis über die Zuleitung des Entwurfs des Spaltungsvertrages an den Betriebsrat der B-AG,
7. Berechnung der Kosten, die für die Gesellschaft durch die Ausgabe der neuen Aktien entstehen werden,
8. vollständigen Satzungswortlaut mit notarieller Übereinstimmungsbescheinigung,
9. Elektronisch beglaubigte Abschrift des Bericht über die Prüfung der Sachlage nach § 183 Abs. 3 AktG

und melden zur Eintragung in das Handelsregister an:

1. Die A-AG hat die im Spaltungsvertrag vom...... – UR.Nr....... des beglaubigenden Notars – genannten Vermögensteile als Gesamtheit im Wege der Abspaltung durch Aufnahme auf die B-AG übertragen.

2. Die Hauptversammlung der Gesellschaft vom...... hat die Erhöhung des Grundkapitals zum Zweck der Durchführung der Spaltung von...... € um...... € auf...... € beschlossen. Dementsprechend ist §...... der Satzung – Grundkapital – geändert und neu gefasst worden.

Wir erklären, dass weder der Spaltungsbeschluss der Gesellschafter der A-AG noch der Spaltungsbeschluss der Gesellschafter der B-AG angefochten worden ist.

D. Spaltung von AG Teil 3 Kapitel 2

Wir beantragen, die Eintragung der Kapitalerhöhung (Ziff. 2.) zunächst zu vollziehen und erst danach die Eintragung der Spaltung (Ziff. 1.).

Die inländische Geschäftsanschrift und die Geschäftsräume befinden sich unverändert in (Ort, Straße).

….., den……   (Beglaubigungsvermerk)

2. Ausgliederung zur Aufnahme A-AG auf B-GmbH

a) Ausgliederungsvertrag

▶ Muster: Ausgliederungsvertrag bei der Ausgliederung zur Aufnahme A-AG auf B-GmbH

UR.Nr. für……   608

Verhandelt zu……

am……

Vor dem unterzeichnenden

…..

Notar mit dem Amtssitz in……

erschienen:
1. Herr (Name, Geburtsdatum, Adresse),
hier handelnd nicht im eigenen Namen, sondern als alleinvertretungsberechtigtes Vorstandsmitglied der A-AG mit dem Sitz in……, eingetragen im Handelsregister des Amtsgerichts…… unter HRB……,
2. Herr (Name, Geburtsdatum, Adresse),
hier handelnd nicht im eigenen Namen, sondern als alleinvertretungsberechtigtes Vorstandsmitglied der B-GmbH mit dem Sitz in……, eingetragen im Handelsregister des Amtsgerichts…… unter HRB…….

Die Erschienenen weisen sich dem Notar gegenüber aus durch Vorlage ihrer amtlichen Lichtbildausweise.

A. Vorbemerkung

Die Erschienenen erklärten:

Das Grundkapital der im Handelsregister des Amtsgerichts…… unter HRB…… eingetragenen A-AG beträgt 4.000.000,00 €. Das Grundkapital ist vollständig eingezahlt.

Das Grundkapital ist eingeteilt in 40.000 auf den Inhaber lautenden Aktien im Nennbetrag von je 100,00 €.

Die A-AG ist die alleinige Gesellschafterin der B-GmbH. Im Zuge umfassender Umstrukturierungsmaßnahmen beabsichtigt die A-AG zum Zweck der Schaffung einer weiteren, am Markt selbstständig auftretenden Einheit und zur Trennung von operativen und nicht betriebsnotwendigem Vermögen, ihr Geschäft im Bereich »Gartenmöbel« auf die B-GmbH auszugliedern. Durch die Ausgliederung wird eine transparente Holding-Struktur geschaffen, die der A-AG die gewünschte Anpassungsfähigkeit und Flexibilität auf ihren Teilmärkten ermöglicht. Die Ausgliederung soll im Wege der Ausgliederung zur Aufnahme nach § 123 Abs. 3 Nr. 1 UmwG erfolgen.

Die Erschienenen ließen sodann folgenden

B. Ausgliederungsvertrag

beurkunden und erklärten, handelnd wie angegeben:

I. Beteiligte Rechtsträger, Ausgliederung
1. An der Abspaltung sind beteiligt die A-AG mit Sitz in…… als übertragender Rechtsträger und die B-GmbH mit Sitz in…… als übernehmender Rechtsträger.

2. Die A-AG mit Sitz in...... überträgt hiermit ihren Geschäftsbereich »Gartenmöbel« als Gesamtheit mit den nachfolgend in II dieses Vertrages und in den dort genannten Anlagen bezeichneten Aktiva und Passiva auf die B-GmbH, und zwar im Wege der Ausgliederung zur Aufnahme nach § 123 Abs. 3 Nr. 1 UmwG. Die Übertragung erfolgt gegen Gewährung eines neuen Geschäftsanteils an der übernehmenden Gesellschaft B-GmbH an die übertragende Gesellschaft A-AG.

II. Vermögensübertragung

1. Die A-AG überträgt den von ihr an drei Standorten unterhaltenen Teilbetrieb »Gartenmöbel« auf die B-GmbH mit allen Aktiva und Passiva. Die Abspaltung erfolgt auf der Basis der festgestellten Abspaltungsbilanz der WPG-Wirtschaftsprüfungsgesellschaft vom 31.12....... und diese Ausgliederungsbilanz ist Bestandteil dieses Ausgliederungsplans. Sie ist als Anlage 1 dieser Urkunde als wesentlicher Bestandteil beigefügt, auf sie wird nach §§ 9, 14 Abs. 1 BeurkG verwiesen. Die Beteiligten haben auf das Vorlesen verzichtet. Stattdessen wurden ihnen die Anlage 1 zur Durchsicht vorgelegt, von ihnen genehmigt und unterschrieben.

2. Im Einzelnen sind folgende Vermögensgegenstände Bestandteil des Teilbetriebes und werden i. R. d. Ausgliederung auf die B-GmbH übertragen. Von der Ausgliederung werden sämtliche zum Ausgliederungsstichtag vorhanden Vermögensgegenstände und Schulden des Teilbetriebes mit allen Rechten und Pflichten sowie die ausschließlich diesem Teilbetrieb zuzuordnenden Rechtsbeziehungen, insbes. Vertragsverhältnisse, nach näherer Maßgabe der nachfolgenden Bestimmungen erfasst, gleich ob sie bilanziert sind oder nicht.

Insbes. handelt es sich um folgende Vermögensgegenstände und Schulden, die dem Teilbetrieb mit allen Rechten und Pflichten zuzuordnen sind:

a) Grundstücke

Das folgende im Grundbuch von X-Stadt eingetragene Grundstück mit sämtlichen Abteilungen II und III des Grundbuches eingetragenen Belastungen, einschließlich aufstehender Gebäude mit den dazugehörigen Betriebsvorrichtungen, sowie sämtliche auf das Grundstück bezogene Mietverträge:
– Bd. 120 Blatt 3503, Flurstück 400/20, X-Str. in X-Stadt in einer Größe von 10.000 qm.

b) Anlage- und Umlaufvermögen

Sämtliche zum Anlage- und Umlaufvermögen gehörenden beweglichen Gegenstände des Teilbetriebs »Gartenmöbel«, also alle beweglichen Gegenstände, die sich auf den unter a) beschriebenen Grundstücken und Gebäuden befinden, somit alle technischen Anlagen und Maschinen, Kfz-, Betriebs- und Geschäftsausstattung, geringwertige Wirtschaftsgüter, Zubehör und Ersatzteile, EDV-Hardware, sämtliche auf den Grundstücken befindliche Gegenstände des Umlaufvermögens, insbes. Roh-, Hilfs-, Betriebsstoffe, Ausstattung und Verpackungsmaterial. Soweit die A-AG Eigentum oder Miteigentum an diesen Gegenständen hat oder diese künftig erwirbt, wird das Eigentum oder Miteigentum übertragen; soweit die A-AG Anwartschaftsrechte auf Eigentumserwerb an dem ihr unter Eigentumsvorbehalt gelieferten beweglichen Vermögen hat, überträgt sie hiermit der B-AG diese Anwartschaftsrechte. Die wichtigsten beweglichen Vermögensgegenstände, insbes. Anlagen und Einrichtungen sind in der Anlage 2 aufgeführt, ohne jedoch auf die genannten Anlagen und Einrichtungen beschränkt zu sein.

c) Forderungen

Sämtliche Forderungen, die zum Teilbetrieb »Gartenmöbel« zuzuordnen sind, insbes. Forderungen aus Lieferung und Leistung, geleisteten Anzahlungen, aus Darlehen, sowie Schadensersatzforderungen. Die Forderungen sind in der Anlage 3 aufgeführt. Soweit Forderungen in dieser Anlage nicht aufgeführt sind, werden sie dennoch übertragen, wenn und soweit sie dem Teilbetrieb »Gartenmöbel« zuzuordnen sind.

d) Bankguthaben

Sämtliche Bankguthaben bei allen Banken, Kreditinstituten und sonstigen Einrichtungen mit ihrem jeweiligen zum Stichtag ausgewiesenen Bestand. Die Kreditinstitute und Einrichtungen sowie die betroffenen Bankkonten sind in Anlage 3 aufgeführt.

e) Vertragsverhältnisse

Alle dem Teilbetrieb »Gartenmöbel« zuzuordnenden Verträge, insbes. Leasingverträge, Mietverträge, Kauf-, Dienst-, Werk-, Beratungs-, Darlehens-, Versorgungs-, Versicherungs-, Finanzierungsverträge, Verträge mit Handelsvertretern sowie Angebote und sonstige Rechtsstellungen zivilrechtlicher oder öffentlich-rechtlicher Art. Die Verträge sind in Anlage 4 beschrieben. Soweit Verträge und Vertragsverhältnisse in dieser Anlage nicht aufgeführt sind, werden sie dennoch übertragen, wenn und soweit sie den Betriebsteil »Gartenmöbel« betreffen oder ihm zuzuordnen sind.

f) Schutzrechte

Sämtliche Schutzrechte der A-AG, die den Betriebsteil »Gartenmöbel« betreffen. Schutzrechte umfassen insbes. alle Erfindungen, Know-how, Geschäfts- und Betriebsgeheimnisse, Patente, Verfahren, Formeln und sonstigen immateriellen Gegenstände, die nicht von gewerblichen Schutzrechten umfasst werden, und sämtliche Verkörperungen solcher Gegenstände (Muster, Marken, Zeichenpläne etc.). Die Schutzrechte sind in Anlage 6 ausgeführt.

g) Arbeitsverhältnisse

Sämtliche dem Teilbetrieb »Gartenmöbel« zuzuordnenden Arbeitsverhältnisse einschließlich evtl. bestehender Verpflichtungen der betrieblichen Altersvorsorge um Zusage, Rückdeckungsversicherung im betrieblichen Versorgungsinteresse und sonstigen Zusagen mit Versorgungscharakter gehen nach § 613a BGB auf die aufnehmende Gesellschaft über. Die Arbeitnehmer werden bei der aufnehmenden Gesellschaft zu gleichen Konditionen beschäftigt. Sollten einzelne Arbeitnehmer dem Übergang ihres Arbeitsverhältnisses widersprechen, so ist die B-GmbH verpflichtet, der A-AG alle dadurch entstehenden Kosten zu ersetzen. Die B-GmbH wird außerdem die A-AG von allen Ansprüchen aus den Arbeitsverhältnissen und den damit zusammen verbundenen Zusagen der betrieblichen Altersvorsorge und Zusagen mit Versorgungscharakter freistellen.

h) Steuern

Sämtliche Forderungen, Verbindlichkeiten und Rückstellungen gegenüber dem Finanzamt betreffend Körperschaftsteuer und Solidaritätszuschlag, Gewerbesteuer, Umsatzsteuer, Kfz-Steuer, Grundsteuer, Kapitalertragsteuer, Lohn- und Kirchensteuer, Zinsabschlagsteuer.

i) Beteiligung, Mitgliedschaften

Sämtliche zum Teilbereich »GmbH« gehörenden Beteiligungen, Mitgliedschaften, Finanzanlagen und Ähnliches. Im Einzelnen handelt es sich um folgende Beteiligungen:
– die bestehende Beteiligung i. H. v. 10.000 Aktien an der X-AG,
– die Geschäftsanteile i. H. v. 10.000,00 € an der Z-GmbH.

j) Verbindlichkeiten

Sämtliche zum Teilbetrieb »Gartenmöbel« gehörenden und zuzuordnenden Verbindlichkeiten der A-AG, also sämtliche Schulden, Verbindlichkeiten, Rückstellungen sowie Verlustrisiko aus schwebenden Geschäften. Die Verbindlichkeiten sind in Anlage 7 zu diesem Vertrag aufgeführt.

k) Sonstiges

Sowie alle sonstigen in der Anlage 8 aufgeführten Vermögenspositionen.

3. Für sämtliche unter Ziff. 2 beschriebenen Aktiva und Passiva gilt, dass die Übertragung im Wege der Ausgliederung alle Wirtschaftsgüter, Gegenstände, materiellen und immateriellen Rechte, Verbindlichkeiten, Rechtsbeziehungen erfasst, die dem Teilbetrieb »Gartenmöbel« dienen oder zu dienen bestimmt sind oder sonst den Teilbetrieb betreffen oder ihm wirtschaftlich zuzurechnen sind, unabhängig davon, ob die Vermögensposition bilanzierungsfähig ist oder nicht. Die Übertragung erfolgt auch unabhängig davon, ob der Vermögensgegenstand in den Anlagen 1–7 aufgeführt ist.

Sollten die zu übertragenden Rechtspositionen des Aktiv- oder Passivvermögens bis zum Wirksamwerden der Ausgliederung im regelmäßigen Geschäftsgang veräußert worden sein, so werden die an ihrer Stelle getretenen vorhandenen Surrogate übertragen. Übertragen werden auch die bis zum Wirksamwerden der Ausgliederung erworbenen Gegenstände des Aktiv- oder Passivvermögens, soweit sie zum übertragenen Teilbetrieb gehören.

4. Bei Zweifelsfällen, die auch durch Auslegung dieses Vertrages nicht zu klären sind, gilt, dass Vermögensgegenstände, Verbindlichkeiten, Verträge und Rechtspositionen, die nach obigen Regeln nicht zugeordnet werden können, bei der übertragenden Gesellschaft verbleiben. In diesen Fällen ist die A-AG berechtigt nach § 315 BGB eine Zuordnung nach ihrem Ermessen unter Berücksichtigung der wirtschaftlichen Zugehörigkeit vorzunehmen.

5. Soweit bilanzierte und nicht bilanzierte Vermögensgegenstände und Schulden in die Rechtsbeziehungen, die dem Teilbetrieb »Gartenmöbel« wirtschaftlich zuzuordnen sind, nicht schon kraft Gesetzes mit der Eintragung der Ausgliederung in das Handelsregister der übertragenden Gesellschaft auf die aufnehmende Gesellschaft übergehen, wird die übertragende Gesellschaft diese Vermögensgegenstände oder Schulden sowie die Rechtsbeziehungen auf die B-GmbH übertragen. Ist die Übertragung im Außenverhältnis nicht oder nur mit unverhältnismäßigem Aufwand möglich oder unzweckmäßig, werden sich die beteiligten Gesellschaften im Innenverhältnis so stellen, wie sie stehen würden, wenn die Übertragung der Vermögensgegenstände und Passiva bzw. Rechtsbeziehungen auch im Außenverhältnis mit Wirkung zum Vollzug dabei erfolgt wäre. Wird die übertragende Gesellschaft aus Verbindlichkeiten in Anspruch genommen, die der aufnehmenden zuzuordnen sind, ist diese zur Freistellung verpflichtet oder hat Ausgleich zu leisten.

6. Auf die Anlagen 1–7, die dieser Urkunde als wesentlicher Bestandteil beigefügt sind, wird gemäß § 14 Abs. 1 BeurkG verwiesen. Die Beteiligten haben auf das Vorlesen verzichtet, stattdessen wurden ihnen die Anlagen 1–7 zur Kenntnisnahme vorgelegt, sie wurden von ihnen genehmigt und nach § 14 BeurkG unterschrieben.

7. Soweit für die Übertragung von bestimmten Gegenständen die Zustimmung eines Dritten an einer öffentlich-rechtlichen Genehmigung oder eine Registrierung erforderlich ist, werden sich die übertragende und die aufnehmende Gesellschaft bemühen, die Zustimmung, Genehmigung oder Registrierung beizubringen. Falls dies nicht oder nur mit unverhältnismäßig hohem Aufwand möglich sein würde, werden sich die übertragende und die aufnehmende Gesellschaft im Innenverhältnis so stellen, als wäre die Übertragung der Gegenstände des ausgegliederten Vermögens mit Wirkung zum Vollzugsdatum erfolgt.

8. Berichtigungen bei Registern, Grundbuch, Markenerklärungen

Die A-AG und die B-GmbH bewilligen Ausgliederung und beantragen, nach Wirksamwerden der Ausgliederung die von der Ausgliederung betroffenen Markenregister entsprechenden Vorschriften dieses Vertrages zu berichten.

Die A-AG und die B-GmbH bewilligen und beantragen, nach Wirksamwerden der Ausgliederung das Grundbuch bei den unter Ziff. 2 beschriebenen Grundstücken und dinglichen Rechten zu berichten.

III. Gegenleistung

1. Die B-GmbH gewährt der A-AG als Gegenleistung einen Geschäftsanteil i. H. v. 495.000,00 €.

2. Zur Durchführung der Ausgliederung wird die B-GmbH ihr derzeitiges Stammkapital von 50.000,00 € um 495.000,00 € auf 545.000,00 € erhöhen, und zwar durch Bildung eines neuen Geschäftsanteils im Nennbetrag von 495.000,00 €.

3. Der der A-AG gewährte Geschäftsanteil ist ab dem Ausgliederungsstichtag gewinnbezugsberechtigt. Er ist mit keinen Besonderheiten ausgestattet.

4. Bare Zuzahlungen werden nicht geleistet.

5. Der Gesamtwert zu dem die erbrachte Sacheinlage von der aufnehmenden Gesellschaft übernommen wird, entspricht dem handelsrechtlichen Buchwert des übertragenen Vermögens zum Ausgliederungsstichtag. Soweit der Buchwert des übertragenen Nettovermögens den Nennbetrag der dafür gewährten Geschäftsanteile übersteigt, wird der Differenzbetrag in die Kapitalrücklage der aufnehmenden Gesellschaft eingestellt. Eine Vergütung für den Differenzbetrag wird nicht geschuldet.

IV. Ausgliederungsstichtag

Die Übernahme des vorbezeichneten Vermögens der A-AG erfolgt im Innenverhältnis mit Wirkung zum Ablauf des…… Vom…… an gelten alle Handlungen und Geschäfte der A-AG, die das übertragene Vermögen betreffen, als für Rechnung der B-GmbH vorgenommen.

V. Besondere Rechte

Besondere Rechte i. S. v. § 126 Abs. 1 Nr. 7 UmwG bestehen bei der B-GmbH nicht. Einzelnen Gesellschaftern werden i. R. d. Ausgliederung keine besonderen Rechte gewährt.

VI. Besondere Vorteile

Besondere Vorteile i. S. v. § 126 Abs. 1 Nr. 8 UmwG werden weder einem Mitglied eines Vertretungs- oder Aufsichtsorgans, noch dem Abschlussprüfer oder dem Ausgliederungsprüfer gewährt.

VII. Folgen der Abspaltung für Arbeitnehmer und ihre Vertretungen

Durch die Abspaltung ergeben sich für die Arbeitnehmer und ihre Vertretungen die nachgenannten Folgen:

1. Die Arbeitsverhältnisse der in Anlage 8 näher bezeichneten, dem Geschäftsbereich »Gartenmöbel« zuzurechnenden Mitarbeiter der A-AG gehen gemäß § 613a BGB mit allen Rechten und Pflichten einschließlich etwaiger Versorgungspflichten auf die B-GmbH über. Die A-GmbH tritt in die Rechte und Pflichten der im Zeitpunkt des Übergangs bestehenden vorerwähnten Arbeitsverhältnisse ein.

2. Die kündigungsrechtliche Stellung eines Arbeitnehmers, der vor dem Wirksamwerden der Ausgliederung des Geschäftsbereichs zu der A-AG in einem Arbeitsverhältnis steht, verschlechtert sich aufgrund der Ausgliederung für die Dauer von zwei Jahren ab dem Zeitpunkt des Wirksamwerdens nicht.

3. Weder bei der A-AG noch bei der B-GmbH existieren Betriebsräte oder Betriebsvereinbarungen.

4. Weder bei der A-AG noch bei der B-GmbH gibt es einen mitbestimmenden Aufsichtsrat. Der Übergang des Geschäftsbetriebs »Gartenmöbel« der A-AG begründet für die B-GmbH keine Verpflichtung, einen mitbestimmenden Aufsichtsrat einzurichten.

VIII. Sonstige Vereinbarungen

1. Sollten für die Übertragung der in Ziff. II. genannten Sachen, Rechte, Vertragsverhältnisse weitere Voraussetzungen geschaffen werden müssen, so verpflichten sich die Vertragsbeteiligten alle erforderlichen Erklärungen abzugeben und Handlungen vorzunehmen.

2. Sollte eine Übertragung der in Ziff. II. genannten Sachen, Rechte, Vertragsverhältnisse und Verbindlichkeiten im Wege der Ausgliederung auf die B-AG rechtlich nicht möglich sein, so verpflichten sich die Vertragsbeteiligten alle erforderlichen Erklärungen abzugeben und alle erforderlichen Handlungen vorzunehmen, die rechtlich zu dem beabsichtigten Vermögensübergang auf die B-AG in anderer Weise führen.

3. Sollten einzelne Bestimmungen dieser Urkunde unwirksam oder nicht durchführbar sein, so soll dies die Gültigkeit dieses Vertrages i. Ü. nicht berühren. An die Stelle der unwirksamen oder undurchführbaren Vereinbarung soll eine solche treten, die dem wirtschaftlichen Ergebnis der unwirksamen oder undurchführbaren Klausel in zulässiger Weise am nächsten kommt.

IX. Hinweise, Vollmacht

Der Notar hat auf Folgendes hingewiesen:
- Die Ausgliederung wird erst mit der Eintragung in das Handelsregister der übertragenden Gesellschaft wirksam.
- Die Beteiligten beauftragen und ermächtigen den Notar, die zum Vollzug notwendigen Genehmigungen und Zustimmungserklärungen einzuholen. Genehmigungen werden mit Eingang beim Notar wirksam. Dies gilt nicht für die Versagung von Genehmigungen oder deren Erteilung unter Bedingungen oder Auflagen.

- Nach § 133 UmwG haften für die vor dem Wirksamwerden der Ausgliederung begründeten Verbindlichkeiten des übertragenden Rechtsträgers alle an der Ausgliederung beteiligten Rechtsträger gesamtschuldnerisch; Gläubiger können für ihre Verbindlichkeiten Sicherheitsleistung nach §§ 125, 22 UmwG verlangen. Daneben können weitere Haftungsvorschriften anwendbar sein insbes. § 25 HGB und § 75 AO.
- Bei der Anmeldung der Abspaltung hat der Geschäftsführer der übertragenden Gesellschaft zu erklären, dass die durch Gesetz und Satzung vorgesehenen Voraussetzungen für die Gründung dieser Gesellschaft auch unter Berücksichtigung der Ausgliederung im Zeitpunkt der Anmeldung vorliegen.
- Bei nicht vollständig eingezahlten Stammeinlagen bestehen nach §§ 51 Abs. 1, 125 UmwG besondere Zustimmungspflichten.
- Die Mitglieder des Vertretungsorgans und auch eines Aufsichtsorgans sind nach § 25 UmwG als Gesamtschuldner zum Schadensersatz bei Verletzung ihrer Pflichten nach dem UmwG verpflichtet.
- Die Ausgliederung kann zur Grunderwerbsteuer führen.

X. Kosten, Abschriften

Die durch diesen Vertrag und ihre Durchführung bei beiden Gesellschaften entstehenden Kosten trägt die B-AG. Sollte die Ausgliederung nicht wirksam werden, tragen die Kosten dieses Vertrages die Gesellschaften zu gleichen Teilen; alle übrigen Kosten trägt die jeweils betroffene Gesellschaft allein.

Von dieser Urkunde erhalten

beglaubigte Abschriften:
- die beteiligten Gesellschaften;
- die Registergerichte in......, elektronisch
- die Grundbuchämter in......,
- die beteiligten Betriebsräte.

Eine einfache Abschrift mit Veräußerungsanzeige erhält das Finanzamt (Grunderwerbsteuerstelle).

Diese Niederschrift wurde den Erschienenen vom Notar vorgelesen, von ihnen genehmigt und von ihnen und dem Notar eigenhändig wie folgt unterschrieben:

.....

b) Zustimmungsbeschluss bei der übernehmenden Gesellschaft (B-GmbH)

▶ Muster: Zustimmungsbeschluss bei der übernehmenden Gesellschaft (B-GmbH)

609 **Niederschrift über eine Gesellschafterversammlung**

Heute, den...... erschien vor mir, dem unterzeichnenden Notar......, mit Amtssitz in......, an der Amtsstelle in......

Herr (Name, Geburtsdatum, Adresse),

hier handelnd nicht im eigenen Namen, sondern als alleinvertretungsberechtigtes Vorstandsmitglied der A-AG mit dem Sitz in...... eingetragen im Handelsregister des Amtsgerichts...... unter HRB......

Der Beteiligte ist mir, Notar......, persönlich bekannt.

Auf Antrag beurkunde ich den vor mir abgegebenen Erklärungen gemäß Folgendes:

I. Sachverhalt

Der Erschienene erklärte:

Die A-AG ist die alleinige Gesellschafterin der B-GmbH, eingetragen im Handelsregister des Amtsgerichts...... unter HRB...... mit einem Stammkapital von 50.000,00 €.

Die Geschäftsanteile sind voll einbezahlt.

II. Gesellschafterversammlung

Die vorgenannte Gesellschafterin hält unter Verzicht auf alle Frist- und Formvorschriften eine Gesellschafterversammlung ab und stellt fest, dass die Gesellschafterversammlung als Vollversammlung beschlussfähig ist.

Die Gesellschafter beschließen mit allen Stimmen Folgendes:

§ 1 Zustimmung zum Ausgliederungsvertrag

Dem Ausgliederungsvertrag, Urkunde des Notars…… in…… vom…… UR.Nr……. zwischen der A-AG und der B-GmbH wird mit allen Stimmen vorbehaltlos zugestimmt. Er ist dieser Niederschrift als Anlage beigefügt.

§ 2 Kapitalerhöhung

1. Das Stammkapital der Gesellschaft i. H. v. 50.000,00 € wird

um 495.000,00 €

auf 545.000,00 €

zur Durchführung der Ausgliederung gemäß § 55 UmwG erhöht.

2. Es wird eine neuer Geschäftsanteil i. H. v. 495.000,00 € gebildet. Dieser Geschäftsanteil wird der A-AG als Gegenleistung für das i. R. d. Ausgliederung übertragene Vermögen gewährt.

3. Die A-AG leistet ihre Einlage auf den neuen Geschäftsanteil durch die Übertragung des abgespaltenen Vermögens der A-AG nach Maßgabe des unter § 1 genannten Ausgliederungsvertrages. Der Übertragung des Vermögens liegt die in dieser Urkunde als Anlage beigefügte Ausgliederungsbilanz der A-GmbH zum 31.12……. zugrunde.

4. Die neuen Geschäftsanteile sind ab 01.01……. gewinnbezugsberechtigt.

Mit der Durchführung der Verschmelzung sind die neuen Einlagen auf den Geschäftsanteil in voller Höhe bewirkt.

§ 3 Satzungsänderung

Der Gesellschaftsvertrag der B-GmbH wird in § 3 (Stammkapital) wie folgt geändert:

»Das Stammkapital der Gesellschaft beträgt 545.000,00 € (in Worten: fünfhundertfünfundvierzigtausend Euro).«

III. Verzichtserklärungen, Sonstiges

§ 1 Sonstiges

Alle Gesellschafter verzichten (vorsorglich) auf eine Prüfung der Ausgliederung und auf die Erstellung eines Ausgliederungsberichts und auf die Erstellung eines Ausgliederungsprüfungsberichts.

Alle Gesellschafter erklären, dass ihnen der Ausgliederungsvertrag spätestens zusammen mit der Einberufung der Gesellschafterversammlung übersandt wurde.

Alle Gesellschafter verzichten ausdrücklich auf eine Anfechtung dieses Beschlusses.

§ 2 Kosten, Abschriften

Die Kosten dieser Urkunde trägt die Gesellschaft. Von dieser Urkunde erhalten

beglaubigte Abschriften:
- die Gesellschafter,
- die übertragende Gesellschaft,
- die übernehmende Gesellschaft;
- die Amtsgerichte (Registergerichte), elektronisch
- das Grundbuchamt,
- Finanzamt.

Verlesen vom Notar und von dem Beteiligten genehmigt und eigenhändig unterschrieben.

……

c) *Zustimmungsbeschluss bei der übertragenden Gesellschaft (A-AG)*

▶ Muster: Zustimmungsbeschluss bei der übertragenden Gesellschaft (A-AG)

610   **– Auszug aus dem notariellen Protokoll –**

Zu Punkt 1:

Der Vorstandsvorsitzende erläuterte den Ausgliederungsvertrag vom...... und begründete insbes. die Zweckmäßigkeit der Ausgliederung des Umtauschverhältnisses der Aktien. Auf Vorlesen wurde einstimmig verzichtet.

Zu Punkt 2:

Der Vorsitzende stellte fest, dass der Ausgliederungsvertrag vor Einberufung der Hauptversammlung nach §§ 125, 61 UmwG zum Handelsregister eingereicht worden ist und dass das Register in den zur Bekanntmachung seiner Eintragung bestimmten Blättern, dem elektronischen Bundesanzeiger und dem...... einen Hinweis darauf veröffentlicht hat, dass der Vertrag zum Handelsregister eingereicht worden ist.

Der Vorsitzende stellte weiter fest, dass der Ausgliederungsvertrag, die Jahresabschlüsse und die Geschäftsberichte der beteiligten Gesellschaften für die letzten drei Geschäftsjahre, die Ausgliederungsberichte und die Prüfungsberichte von der Einberufung der Hauptversammlung an in den Geschäftsräumen der Gesellschaft zur Einsicht der Aktionäre ausgelegen haben und auch in der Hauptversammlung ausliegen.

Zu Punkt 3:

Die Hauptversammlung fasste einstimmig den Beschluss, den Ausgliederungsvertrag vom...... zu genehmigen.

Der Vorsitzende gab das Abstimmungsergebnis bekannt und verkündete das Zustandekommen des Beschlusses.

d) *Handelsregisteranmeldung für die übertragende A-AG*

▶ Muster: Handelsregisteranmeldung für die übertragende A-AG

611   An das

Amtsgericht

– Handelsregister B –

Betrifft: HRB...... A-AG

In der Anlage überreiche ich, das unterzeichnende alleinvertretungsberechtigte Vorstandsmitglied der A-AG:
1. Elektronisch beglaubigte Abschrift des Ausgliederungsvertrages vom...... – UR.Nr....... des beglaubigenden Notars –,
2. Elektronisch beglaubigte Abschrift des Zustimmungsbeschlusses der Hauptversammlungen der A-AG...... – UR.Nr....... des beglaubigenden Notars –,
3. Elektronisch beglaubigte Abschrift des Zustimmungsbeschlusses der Gesellschafterversammlung der B- GmbH mit Verzichtserklärungen vom...... – UR.Nr....... des beglaubigenden Notars –,
4. Elektronisch beglaubigte Abschrift des Ausgliederungsberichtes,
5. Elektronisch beglaubigte Abschrift des Prüfungsberichtes,
6. Elektronisch beglaubigte Abschrift des Nachweises über die Zuleitung des Entwurfs des Ausgliederungsvertrages an den Betriebsrat der A-AG,
7. Elektronisch beglaubigte Abschrift der Schlussbilanz der A-AG zum Ausgliederungsstichtag und melde zur Eintragung in das Handelsregister an:

Die A-AG hat die im Ausgliederungsvertrag vom...... – UR.Nr....... des beglaubigenden Notars – genannten Vermögensteile als Gesamtheit auf die B-GmbH als übernehmende AG im Wege der Abspaltung durch Aufnahme übertragen.

D. Spaltung von AG

Ich erkläre, dass weder der Ausgliederungsbeschluss der Aktionäre der A-AG noch der Ausgliederungsbeschluss der Aktionäre der B-AG angefochten worden ist.

Ich erkläre ferner, dass die durch Gesetz und Gesellschaftsvertrag vorgesehenen Voraussetzungen für die Gründung dieser Gesellschaft unter Berücksichtigung der Abspaltung im Zeitpunkt dieser Anmeldung vorliegen.

Die inländische Geschäftsanschrift und die Geschäftsräume befinden sich unverändert in (Ort, Straße).

……., den……. (Beglaubigungsvermerk)

▶ Hinweis:

Ein Prüfung ist bei der Ausgliederung nicht erforderlich (§ 125 Satz 2 UmwG). 612

e) Handelsregisteranmeldung für die aufnehmende B-GmbH

▶ Muster: Handelsregisteranmeldung für die aufnehmende B-GmbH

An das 613

Amtsgericht

– Handelsregister B –

Betrifft: HRB…… B-GmbH

In der Anlage überreiche ich, der unterzeichnende alleinvertretungsberechtigte Geschäftsführer der B-GmbH:
1. Elektronisch beglaubigte Abschrift des Ausgliederungsplans vom…… – UR.Nr……. des beglaubigenden Notars –,
2. Elektronisch beglaubigte Abschrift der Zustimmungsbeschlüsse der Hauptversammlung der A-AG vom…… – UR.Nr……. des beglaubigenden Notars –, und der Gesellschafterversammlung der B-GmbH samt Kapitalerhöhungsbeschluss und Satzungsänderung,
3. Elektronisch beglaubigte Abschrift der Verzichtserklärungen der Gesellschafter der B-GmbH auf Erstellung eines Ausgliederungsberichts und eines Prüfungsberichts und Durchführung einer Ausgliederungsprüfung vom…… UR.Nr……. des beglaubigenden Notars –,
4. Elektronisch beglaubigte Abschrift des Nachweises über die Zuleitung des Entwurfs des Ausgliederungsvertrages an den Betriebsrat der B-GmbH,
5. Elektronisch beglaubigte Abschrift der Abspaltungsbilanz der A-AG zum Ausgliederungsstichtag als Wertnachweis für den übertragenen Teilbetrieb,
6. Elektronisch beglaubigte Abschrift des Ausgliederungsberichtes,
7. vollständigen Wortlaut des Gesellschaftsvertrages mit Satzungsbescheinigung des Notars nach § 54 Abs. 1 GmbHG,
8. Elektronisch beglaubigte Abschrift der Übernehmerliste,
9. Elektronisch beglaubigte Abschrift der aktualisierte Liste der Gesellschafter,
und melde zur Eintragung in das Handelsregister an:

1. Das Stammkapital der B-GmbH i. H. v. 50.000,00 € (in Worten:…… Euro) wurde im Wege der Kapitalerhöhung zur Durchführung der Ausgliederung um 495.000,00 € (in Worten:…… Euro) auf 545.000,00 € (in Worten:…… Euro) erhöht. Die Satzung der B-GmbH wurde in § 3 entsprechend geändert.

2. Die A-AG hat im Ausgliederungsvortrag vom…… – UR.Nr……. des beglaubigenden Notars – einen Teil ihres Vermögens auf die B-GmbH mit dem Sitz in……, (eingetragen im Handelsregister des Amtsgerichts…… unter HRB, als übernehmende GmbH im Wege der Ausgliederung zur Aufnahme gegen Gewährung von Anteilen an die A-AG übertragen.

Ich erkläre, dass die Ausgliederungsbeschlüsse aller an der Ausgliederung beteiligten Gesellschaften nicht angefochten worden sind und aufgrund der in den allen Ausgliederungsbeschlüssen enthaltenen Anfechtungsverzichtserklärungen sämtlicher Gesellschafter auch nicht angefochten werden können.

Ich erkläre ferner, dass ein Fall des § 51 Abs. 1 UmwG (nicht voll eingezahlte Geschäftsanteile) nicht vorliegt (§ 52 Abs. 1 UmwG).

Die inländische Geschäftsanschrift und die Geschäftsräume befinden sich unverändert in (Ort, Straße).

……, den……   (Beglaubigungsvermerk)

▶ Hinweis:

614 Ein Prüfung ist bei der Ausgliederung nicht erforderlich (§ 125 Satz 2 UmwG).

3. Ausgliederung zur Neugründung A-AG auf B-GmbH

a) Ausgliederungsplan

▶ Muster: Ausgliederungsplan bei der Neugründung A-AG auf B-GmbH

615 UR.Nr. für……

Verhandelt zu……

am……

Vor dem unterzeichnenden

…..

Notar mit dem Amtssitz in

erschien:

Herr (Name, Geburtsdatum, Adresse),

hier handelnd nicht im eigenen Namen, sondern als alleinvertretungsberechtigtes Vorstandsmitglied der A-AG mit dem Sitz in……, eingetragen im Handelsregister des Amtsgerichts…… unter HRB……

Der Erschienene wies sich dem Notar gegenüber aus durch Vorlage seines amtlichen Lichtbildausweises.

A. Vorbemerkung

Der Erschienene erklärte:

Das Grundkapital der im Handelsregister des Amtsgerichts…… unter HRB…… eingetragenen A-AG beträgt 4.000.000,00 €. Das Grundkapital ist vollständig eingezahlt.

Das Grundkapital ist eingeteilt in 40.000 auf den Inhaber lautenden Aktien im Nennbetrag von je 100,00 €.

Im Zuge umfassender Umstrukturierungsmaßnahmen beabsichtigt die A-AG zum Zweck der Schaffung einer weiteren, am Markt selbstständig auftretenden Einheit und zur Trennung von operativen und nicht betriebsnotwendigem Vermögen, ihr Geschäft im Bereich »Gartenmöbel« auf die neu zu gründende B-GmbH auszugliedern. Durch die Ausgliederung wird eine transparente Holding-Struktur geschaffen, die der A-AG die gewünschte Anpassungsfähigkeit und Flexibilität auf ihren Teilmärkten ermöglicht. Die Ausgliederung soll im Wege der Ausgliederung zur Neugründung nach §§ 123 ff. UmwG erfolgen.

Der Erschienene ließ sodann folgenden

B. Ausgliederungsplan

beurkunden und erklärte, handelnd wie angegeben:

I. Beteiligte Rechtsträger, Ausgliederung

1. An der Abspaltung sind beteiligt die A-AG mit Sitz in…… als übertragender Rechtsträger und die B-GmbH mit Sitz in…… als neu gegründeter Rechtsträger.

2. Die A-AG mit Sitz in…… überträgt hiermit ihren Geschäftsbereich »Gartenmöbel« als Gesamtheit mit den nachfolgend in Ziff. II dieses Vertrages und in den dort genannten Anlagen bezeichneten Aktiva und Passiva auf die B-GmbH, und zwar im Wege der Ausgliederung zur Neugründung nach § 123 Abs. 3 Nr. 2 UmwG. Die Übertragung erfolgt gegen Gewährung eines neuen Geschäftsanteils an der neu gegründeten Gesellschaft B-GmbH an die übertragenden Gesellschaft A-AG.

3. Die Firma der im Wege der Spaltung neu zu gründenden ersten Gesellschaft lautet:

B-GmbH.

Ihr Sitz ist……

Vorbehaltlich der Genehmigung der Gesellschafterversammlung der A-GmbH wird für die B-GmbH der als Anlage 1 zu dieser Urkunde genommene Gesellschaftsvertrag festgestellt. Auf die Anlage wird verwiesen, sie wurde mitverlesen und von dem Beteiligten genehmigt.

II. Vermögensübertragung

1. Die A-AG überträgt den von ihr an drei Standorten unterhaltenen Teilbetrieb »Gartenmöbel« auf die B-GmbH mit allen Aktiva und Passiva. Die Abspaltung erfolgt auf der Basis der festgestellten Abspaltungsbilanz der WPG-Wirtschaftsprüfungsgesellschaft vom 31.12.…… und diese Ausgliederungsbilanz ist Bestandteil dieses Ausgliederungsplans. Sie ist als Anlage 1 dieser Urkunde als wesentlicher Bestandteil beigefügt, auf sie wird nach §§ 9, 14 Abs. 1 BeurkG verwiesen. Die Beteiligten haben auf das Vorlesen verzichtet. Stattdessen wurden ihnen die Anlage 1 zur Durchsicht vorgelegt, von ihnen genehmigt und unterschrieben.

2. Im Einzelnen sind folgende Vermögensgegenstände Bestandteil des Teilbetriebes und werden i. R. d. Ausgliederung auf die B-GmbH übertragen. Von der Ausgliederung werden sämtliche zum Ausgliederungsstichtag vorhandenen Vermögensgegenstände und Schulden des Teilbetriebes mit allen Rechten und Pflichten sowie die ausschließlich diesem Teilbetrieb zuzuordnenden Rechtsbeziehungen, insbes. Vertragsverhältnisse, nach näherer Maßgabe der nachfolgenden Bestimmungen erfasst, gleich ob sie bilanziert sind oder nicht.

Insbes. handelt es sich um folgende Vermögensgegenstände und Schulden, die dem Teilbetrieb mit allen Rechten und Pflichten zuzuordnen sind:

a) Grundstücke

Das folgende im Grundbuch von X-Stadt eingetragene Grundstück mit sämtlichen in Abteilungen II und III des Grundbuches eingetragenen Belastungen, einschließlich aufstehender Gebäude mit den dazugehörigen Betriebsvorrichtungen, sowie sämtliche auf das Grundstück bezogene Mietverträge:
- Bd. 120 Blatt 3503, Flurstück 400/20, X-Str. in X-Stadt in einer Größe von 10.000 qm.

b) Anlage- und Umlaufvermögen

Sämtliche zum Anlage- und Umlaufvermögen gehörenden beweglichen Gegenstände des Teilbetriebs »Gartenmöbel«, also alle beweglichen Gegenstände, die sich auf den unter a) beschriebenen Grundstücken und Gebäuden befinden, somit alle technischen Anlagen und Maschinen, Kfz-, Betriebs- und Geschäftsausstattung, geringwertige Wirtschaftsgüter, Zubehör und Ersatzteile, EDV-Hardware, sämtliche auf den Grundstücken befindliche Gegenstände des Umlaufvermögens, insbes. solche Roh-, Hilfs-, Betriebsstoffe, Ausstattung und Verpackungsmaterial. Soweit die A-AG Eigentum oder Miteigentum an diesen Gegenständen hat oder diese künftig erwirbt, wird das Eigentum oder Miteigentum übertragen; soweit die A-AG Anwartschaftsrechte auf Eigentumserwerb an dem ihr unter Eigentumsvorbehalt gelieferten beweglichen Vermögen hat, überträgt sie hiermit der B-AG diese Anwartschaftsrechte. Die wichtigsten beweglichen Vermögensgegenstände, insbes. Anlagen und Einrichtungen sind in der Anlage 2 aufgeführt, ohne jedoch auf die genannten Anlagen und Einrichtungen beschränkt zu sein.

c) Forderungen

Sämtliche Forderungen, die zum Teilbetrieb »Gartenmöbel« zuzuordnen sind, insbes. Forderungen aus Lieferung und Leistung, geleisteten Anzahlungen, aus Darlehen, sowie Schadensersatzforderungen. Die Forderungen sind in der Anlage 3 aufgeführt. Soweit Forderungen in dieser Anlage nicht aufgeführt sind, werden sie dennoch übertragen, wenn und soweit sie dem Teilbetrieb »Gartenmöbel« zuzuordnen sind.

d) Bankguthaben

Sämtliche Bankguthaben bei allen Banken, Kreditinstituten und sonstigen Einrichtungen mit ihrem jeweiligen zum Stichtag ausgewiesenen Bestand. Die Kreditinstitute und Einrichtungen sowie die betroffenen Bankkonten sind in Anlage 3 aufgeführt.

e) Vertragsverhältnisse

Alle dem Teilbetrieb »Gartenmöbel« zuzuordnenden Verträge, insbes. Leasingverträge, Mietverträge, Kauf-, Dienst-, Werk-, Beratungs-, Darlehens-, Versorgungs-, Versicherungs-, Finanzierungsverträge, Verträge mit Handelsvertretern sowie Angebote und sonstige Rechtsstellungen zivilrechtlicher oder öffentlich-rechtlicher Art. Die Verträge sind in Anlage 4 beschrieben. Soweit Verträge und Vertragsverhältnisse in dieser Anlage nicht aufgeführt sind, werden sie dennoch übertragen, wenn und soweit sie den Betriebsteil »Gartenmöbel« betreffen oder ihm zuzuordnen sind.

f) Schutzrechte

Sämtliche Schutzrechte der A-AG, die den Betriebsteil »Gartenmöbel« betreffen. Schutzrechte umfassen insbes. alle Erfindungen, Know-how, Geschäfts- und Betriebsgeheimnisse, Patente, Verfahren, Formeln und sonstigen immateriellen Gegenstände, die nicht von gewerblichen Schutzrechten umfasst werden, und sämtliche Verkörperungen solcher Gegenstände (Muster, Marken, Zeichenpläne etc.). Die Schutzrechte sind in Anlage 6 ausgeführt.

g) Arbeitsverhältnisse

Sämtliche dem Teilbetrieb »Gartenmöbel« zuzuordnenden Arbeitsverhältnisse einschließlich evtl. bestehender Verpflichtungen der betrieblichen Altersvorsorge um Zusage, Rückdeckungsversicherung im betrieblichen Versorgungsinteresse und sonstigen Zusagen mit Versorgungscharakter gehen nach § 613a BGB auf die aufnehmende Gesellschaft über. Die Arbeitnehmer werden bei der aufnehmenden Gesellschaft zu gleichen Konditionen beschäftigt. Sollten einzelne Arbeitnehmer den Übergang ihres Arbeitsverhältnisses widersprechen, so ist die B-GmbH verpflichtet, der A-AG alle dadurch entstehenden Kosten zu ersetzen. Die B-GmbH wird außerdem die A-AG von allen Ansprüchen aus den Arbeitsverhältnissen und den damit verbundenen Zusagen der betrieblichen Altersvorsorge und Zusagen mit Versorgungscharakter freistellen.

h) Steuern

Sämtliche Forderungen, Verbindlichkeiten und Rückstellungen gegenüber dem Finanzamt betreffend Körperschaftsteuer und Solidaritätszuschlag, Gewerbesteuer, Umsatzsteuer, Kfz-Steuer, Grundsteuer, Kapitalertragsteuer, Lohn- und Kirchensteuer, Zinsabschlagsteuer.

i) Beteiligung, Mitgliedschaften

Sämtliche zum Teilbereich »GmbH« gehörenden Beteiligungen, Mitgliedschaften, Finanzanlagen und Ähnliches. Im Einzelnen handelt es sich um folgende Beteiligungen:
– die bestehende Beteiligung i. H. v. 10.000 Aktien an der X-AG,
– die Geschäftsanteile i. H. v. 10.00,00 € an der Z-GmbH.

j) Verbindlichkeiten

Sämtliche zum Teilbetrieb »Gartenmöbel« gehörenden und zuzuordnenden Verbindlichkeiten der A-AG, also sämtliche Schulden, Verbindlichkeiten, Rückstellungen sowie Verlustrisiko aus schwebenden Geschäften. Die Verbindlichkeiten sind in Anlage 7 zu diesem Vertrag aufgeführt.

k) Sonstiges

Sowie alle sonstigen in der Anlage 8 aufgeführten Vermögenspositionen.

3. Für sämtliche unter Ziff. 2 beschriebenen Aktiva und Passiva gilt, dass die Übertragung im Wege der Ausgliederung alle Wirtschaftsgüter, Gegenstände, materiellen und immateriellen

Rechte, Verbindlichkeiten, Rechtsbeziehungen erfasst, die dem Teilbetrieb »Gartenmöbel« dienen oder zu dienen bestimmt sind oder sonst den Teilbetrieb betreffen oder ihm wirtschaftlich zuzurechnen sind, unabhängig davon, ob die Vermögensposition bilanzierungsfähig ist oder nicht. Die Übertragung erfolgt auch unabhängig davon, ob der Vermögensgegenstand in den Anlagen 1–7 aufgeführt ist.

Sollten die zu übertragenden Rechtspositionen des Aktiv- oder Passivvermögens bis zum Wirksamwerden der Ausgliederung im regelmäßigen Geschäftsgang veräußert worden sein, so werden die an ihre Stelle getretenen vorhandenen Surrogate übertragen. Übertragen werden auch die bis zum Wirksamwerden der Ausgliederung erworbenen Gegenstände des Aktiv- oder Passivvermögens, soweit sie zum übertragenen Teilbetrieb gehören.

4. Bei Zweifelsfällen, die auch durch Auslegung dieses Vertrages nicht zu klären sind, gilt, dass Vermögensgegenstände, Verbindlichkeiten, Verträge und Rechtspositionen, die nach obigen Regeln nicht zugeordnet werden können, bei der übertragenden Gesellschaft verbleiben. In diesen Fällen ist die A-AG berechtigt nach § 315 BGB eine Zuordnung nach ihrem Ermessen unter Berücksichtigung der wirtschaftlichen Zugehörigkeit vorzunehmen.

5. Soweit bilanzierte und nicht bilanzierte Vermögensgegenstände und Schulden in die Rechtsbeziehungen, die dem Teilbetrieb »Gartenmöbel« wirtschaftlich zuzuordnen sind, nicht schon kraft Gesetzes mit der Eintragung der Ausgliederung in das Handelsregister der übertragenden Gesellschaft auf die aufnehmende Gesellschaft übergehen, wird die übertragende Gesellschaft diese Vermögensgegenstände oder Schulden sowie die Rechtsbeziehungen auf die B-GmbH übertragen. Ist die Übertragung im Außenverhältnis nicht oder nur mit unverhältnismäßigem Aufwand möglich oder unzweckmäßig, werden sich die beteiligten Gesellschaften im Innenverhältnis so stellen, wie sie stehen würden, wenn die Übertragung der Vermögensgegenstände und Passiva bzw. Rechtsbeziehungen auch im Außenverhältnis mit Wirkung zum Vollzug dabei erfolgt wäre. Wird die übertragende Gesellschaft aus Verbindlichkeiten in Anspruch genommen, die der aufnehmenden zuzuordnen sind, ist diese zur Freistellung verpflichtet oder hat Ausgleich zu leisten.

6. Auf die Anlagen 2–8, die dieser Urkunde als wesentlicher Bestandteil beigefügt sind, wird gemäß § 14 Abs. 1 BeurkG verwiesen. Die Beteiligten haben auf das Vorlesen verzichtet, stattdessen wurden ihnen die Anlagen 2–8 zur Kenntnisnahme vorgelegt, sie wurden von ihnen genehmigt und nach § 14 BeurkG unterschrieben.

7. Soweit für die Übertragung von bestimmten Gegenständen die Zustimmung eines Dritten an einer öffentlich-rechtlichen Genehmigung oder eine Registrierung erforderlich ist, werden sich die übertragende und die aufnehmende Gesellschaft bemühen, die Zustimmung, Genehmigung oder Registrierung beizubringen. Falls dies nicht oder nur mit unverhältnismäßig hohem Aufwand möglich sein würde, werden sich die übertragende und die aufnehmende Gesellschaft im Innenverhältnis so stellen, als wäre die Übertragung der Gegenstände des ausgegliederten Vermögens mit Wirkung zum Vollzugsdatum erfolgt.

8. Berichtigungen bei Registern, Grundbuch, Markenerklärungen

Die A-AG und die B-GmbH bewilligen und beantragen, nach Wirksamwerden der Ausgliederung die von der Ausgliederung betroffenen Markenregister entsprechenden Vorschriften dieses Vertrages zu berichtigen.

Die A-AG und die B-GmbH bewilligen und beantragen, nach Wirksamwerden der Ausgliederung das Grundbuch bei den unter Ziff. 2 beschriebenen Grundstücken und dinglichen Rechten zu berichtigen.

III. Gegenleistung

1. Die B-GmbH gewährt der A-AG als Gegenleistung einen Geschäftsanteil i. H. v.……. €.

2. Der der A-AG gewährte Geschäftsanteil ist ab dem Ausgliederungsstichtag gewinnbezugsberechtigt. Er ist mit keinen Besonderheiten ausgestattet.

3. Bare Zuzahlungen werden nicht geleistet.

4. Der Gesamtwert zu dem die erbrachte Sacheinlage von der aufnehmenden Gesellschaft übernommen wird, entspricht dem handelsrechtlichen Buchwert des übertragenen Vermögens

zum Ausgliederungsstichtag. Soweit der Buchwert des übertragenen Nettovermögens den Nennbetrag der dafür gewährten Geschäftsanteile übersteigt, wird der Differenzbetrag in die Kapitalrücklage der aufnehmenden Gesellschaft eingestellt. Eine Vergütung für den Differenzbetrag wird nicht geschuldet.

IV. Ausgliederungsstichtag

Die Übernahme des vorbezeichneten Vermögens der A-AG erfolgt im Innenverhältnis mit Wirkung zum Ablauf des...... Vom...... an gelten alle Handlungen und Geschäfte der A-AG, die das übertragene Vermögen betreffen, als für Rechnung der B-GmbH vorgenommen.

V. Besondere Rechte

Besondere Rechte i. S. v. § 126 Abs. 1 Nr. 7 UmwG bestehen bei der B-GmbH nicht. Einzelnen Gesellschaftern werden i. R. d. Ausgliederung keine besonderen Rechte gewährt.

VI. Besondere Vorteile

Besondere Vorteile i. S. v. § 126 Abs. 1 Nr. 8 UmwG werden weder einem Mitglied eines Vertretungs- oder Aufsichtsorgans, noch dem Abschlussprüfer oder dem Ausgliederungsprüfer gewährt.

VII. Folgen der Abspaltung für Arbeitnehmer und ihre Vertretungen

Durch die Abspaltung ergeben sich für die Arbeitnehmer und ihre Vertretungen die nachgenannten Folgen:

1. Die Arbeitsverhältnisse der in Anlage 8 näher bezeichneten, dem Geschäftsbereich »Gartenmöbel« zuzurechnenden Mitarbeiter der A-AG gehen gemäß § 613a BGB mit allen Rechten und Pflichten einschließlich etwaiger Versorgungspflichten auf die B-GmbH über. Die A-GmbH tritt in die Rechte und Pflichten der im Zeitpunkt des Übergangs bestehenden vorerwähnten Arbeitsverhältnisse ein.

2. Die kündigungsrechtliche Stellung eines Arbeitnehmers, der vor dem Wirksamwerden der Ausgliederung des Geschäftsbereichs zu der A-AG in einem Arbeitsverhältnis steht, verschlechtert sich aufgrund der Ausgliederung für die Dauer von zwei Jahren ab dem Zeitpunkt des Wirksamwerdens nicht.

3. Weder bei der A-AG noch bei der B-GmbH existieren Betriebsräte oder Betriebsvereinbarungen.

4. Weder bei der A-AG noch bei der B-GmbH gibt es einen mitbestimmenden Aufsichtsrat. Der Übergang des Geschäftsbetriebs »Gartenmöbel« der A-AG begründet für die B-GmbH keine Verpflichtung, einen mitbestimmenden Aufsichtsrat einzurichten.

VIII. Sonstige Vereinbarungen

1. Sollten für die Übertragung der in Ziff. II genannten Sachen, Rechte, Vertragsverhältnisse und Verbindlichkeiten weitere Voraussetzungen geschaffen werden müssen, so verpflichten sich die Vertragsbeteiligten alle erforderlichen Erklärungen abzugeben und Handlungen vorzunehmen.

2. Sollte eine Übertragung der in Ziff. II genannten Sachen, Rechte, Vertragsverhältnisse und Verbindlichkeiten im Wege der Ausgliederung auf die B-AG rechtlich nicht möglich sein, so verpflichten sich die Vertragsbeteiligten alle erforderlichen Erklärungen abzugeben und alle erforderlichen Handlungen vorzunehmen, die rechtlich zu dem beabsichtigten Vermögensübergang auf die B-AG in anderer Weise führen.

3. Sollten einzelne Bestimmungen dieser Urkunde unwirksam oder nicht durchführbar sein, so soll dies die Gültigkeit dieses Vertrages i. Ü. nicht berühren. An die Stelle der unwirksamen oder undurchführbaren Vereinbarung soll eine solche treten, die dem wirtschaftlichen Ergebnis der unwirksamen oder undurchführbaren Klausel in zulässiger Weise am nächsten kommt.

IX. Geschäftsführerbestellung

Die A-AG als Gründerin hält eine erste Gesellschafterversammlung ab und beschließt unter Verzicht auf alle Form- und Fristvorschriften mit allen Stimmen Folgendes:

Zum ersten Geschäftsführer der B-GmbH wird Herr...... bestellt. Er ist stets einzelvertretungsberechtigt und von den Beschränkungen des § 181 BGB befreit.

X. Hinweise, Vollmacht

Der Notar hat auf Folgendes hingewiesen:
- Die Ausgliederung wird erst mit der Eintragung in das Handelsregister der übertragenden Gesellschaft wirksam.
- Die Beteiligten beauftragen und ermächtigen den Notar die zum Vollzug notwendigen Genehmigungen und Zustimmungserklärungen einzuholen. Genehmigungen werden mit Eingang beim Notar wirksam. Dies gilt nicht für die Versagung von Genehmigungen oder deren Erteilung unter Bedingungen oder Auflagen.
- Nach § 133 UmwG haften für die vor dem Wirksamwerden der Ausgliederung begründeten Verbindlichkeiten des übertragenden Rechtsträgers alle an der Ausgliederung beteiligten Rechtsträger gesamtschuldnerisch; Gläubiger können für ihre Verbindlichkeiten Sicherheitsleistung nach §§ 125, 22 UmwG verlangen. Daneben können weitere Haftungsvorschriften anwendbar sein, insbes. § 25 HGB und § 75 AO.
- Bei der Anmeldung der Abspaltung hat der Geschäftsführer der übertragenden Gesellschaft zu erklären, dass die durch Gesetz und Satzung vorgesehenen Voraussetzungen für die Gründung dieser Gesellschaft auch unter Berücksichtigung der Ausgliederung im Zeitpunkt der Anmeldung vorliegen.
- Bei nicht vollständig eingezahlten Stammeinlagen bestehen nach §§ 51 Abs. 1, 125 UmwG besondere Zustimmungspflichten.
- Die Mitglieder des Vertretungsorgans und auch eines Aufsichtsorgans sind nach § 25 UmwG als Gesamtschuldner zum Schadensersatz bei Verletzung ihrer Pflichten nach dem UmwG verpflichtet.
- Die Ausgliederung kann zur Grunderwerbsteuer führen.

XI. Kosten, Abschriften

Die durch diesen Vertrag und ihre Durchführung bei beiden Gesellschaften entstehenden Kosten trägt die B-AG. Sollte die Ausgliederung nicht wirksam werden, tragen die Kosten dieses Vertrages die Gesellschaften zu gleichen Teilen; alle übrigen Kosten trägt die jeweils betroffene Gesellschaft allein.

Von dieser Urkunde erhalten

beglaubigte Abschriften:
- die beteiligten Gesellschaften;
- die Registergerichte in......, elektronisch
- die Grundbuchämter in......,
- die beteiligten Betriebsräte.

Eine einfache Abschrift mit Veräußerungsanzeige erhält das Finanzamt (Grunderwerbsteuerstelle).

Diese Niederschrift wurde dem Erschienenen vom Notar vorgelesen, von ihm genehmigt und von ihm und dem Notar eigenhändig wie folgt unterschrieben:

Anlagen:
- 1: Gesellschaftsvertrag der B-GmbH
- 2–8: Übertragenes Vermögen

Anlage 1 zur Urkunde vom...... UR.Nr.......

Satzung der B-GmbH

§ 1 Firma und Sitz

Die Firma der Gesellschaft lautet...... GmbH. Sitz der Gesellschaft ist......

§ 2 Gegenstand des Unternehmens

Gegenstand des Unternehmens ist...... Die Gesellschaft kann darüber hinaus alle Geschäfte betreiben, die dem Gesellschaftszweck dienen, insbes. auch den Handel und den Vertrieb mit......

Die Gesellschaft darf andere Unternehmen gleicher oder ähnlicher Art übernehmen, vertreten und sich an solchen Unternehmen beteiligen. Sie darf Zweigniederlassungen errichten.

§ 3 Stammkapital und Geschäftsanteile

1. Das Stammkapital der Gesellschaft beträgt…… € (in Worten:…… Euro).

2. Die Einlage auf den Geschäftsanteil wird in voller Höhe dadurch geleistet, dass sämtliche Aktiva und Passiva des Teilbetriebes »Gartenmöbel« der A-AG mit Sitz in X-Stadt (Handelsregister…… HRB……) im Wege der Ausgliederung zur Neugründung (§ 123 Abs. 2 Nr. 2 UmwG) auf die Gesellschaft nach Maßgabe des Ausgliederungsplans zur Urkunde des Notars…… vom…… (UR.Nr…….) übertragen werden. Das übertragene Vermögen ist in der Ausgliederungsbilanz, die dieser Niederschrift als Anlage 2 beigefügt wird und auf die nach § 14 BeurkG verwiesen wird, bezeichnet.

§ 4 Geschäftsjahr

Das Geschäftsjahr ist das Kalenderjahr.

Das erste Geschäftsjahr ist ein Rumpfgeschäftsjahr; es beginnt mit der Eintragung der Gesellschaft in das Handelsregister und endet am darauffolgenden 31.12.

§ 5 Geschäftsführung, Vertretung

Die Gesellschaft hat einen oder mehrere Geschäftsführer. Ist nur ein Geschäftsführer bestellt, so vertritt er die Gesellschaft allein.

Sind mehrere Geschäftsführer bestellt, wird die Gesellschaft durch zwei Geschäftsführer gemeinschaftlich oder durch einen Geschäftsführer und einen Prokuristen gemeinschaftlich vertreten.

Die Gesellschafterversammlung kann unabhängig von der Zahl der bestellten Geschäftsführer und Liquidatoren jederzeit einem, mehreren oder allen Geschäftsführern oder Liquidatoren Einzelvertretungsbefugnis und Befreiung von den Beschränkungen des § 181 BGB erteilen.

§ 6 Wettbewerbsverbot

Kein Gesellschafter darf der Gesellschaft während seiner Vertragszeit mittelbar oder unmittelbar, direkt oder indirekt, gelegentlich oder gewerbsmäßig im Geschäftszweig der Gesellschaft Konkurrenz machen oder sich an Konkurrenzunternehmen beteiligen.

Durch Gesellschafterbeschluss können einzelne oder alle Gesellschafter vom Wettbewerbsverbot befreit werden. Sie sind dann berechtigt, unmittelbar oder mittelbar, direkt oder indirekt im eigenen oder fremden Namen mit der Gesellschaft in den Wettbewerb zu treten oder sich an Konkurrenzunternehmen zu beteiligen. Die Befreiung kann auf bestimmte Bereiche beschränkt werden.

§ 7 Gesellschafterversammlungen

Die Einberufung einer Gesellschafterversammlung erfolgt durch die Geschäftsführer in vertretungsberechtigter Zahl mit eingeschriebenem Brief an jeden unter Mitteilung der Tagesordnung. Das Einladungsschreiben ist mindestens drei Wochen vor dem Versammlungstermin per Einschreiben zur Post zu geben. Für die Fristberechnung zählt der Tag der Absendung und der Tag der Versammlung nicht mit. Der Ort der Versammlung ist der Sitz der Gesellschaft, soweit nicht durch die Gesellschafter einstimmig anderes beschlossen wird.

Die Gesellschafterversammlung ist beschlussfähig, wenn 3/4 des Stammkapitals vertreten sind. Ist eine Gesellschafterversammlung nicht beschlussfähig, so ist durch den oder die Geschäftsführer innerhalb von einer Woche eine neue Gesellschafterversammlung mit der gleichen Tagesordnung einzuberufen. Diese Versammlung ist ohne Rücksicht auf die Zahl der vertretenen Stimmen beschlussfähig; hierauf ist in der Einladung hinzuweisen.

Die Gesellschafter können einstimmig auf die Einhaltung der Form- und Fristvorschriften verzichten.

Die Gesellschafter können sich in der Gesellschafterversammlung durch einen Bevollmächtigten vertreten und das Stimmrecht durch ihn ausüben lassen. Die Vertretungsvollmacht ist schriftlich nachzuweisen. Die Gesellschafterversammlung ist mindestens einmal jährlich als ordentliche Versammlung innerhalb der ersten Monate nach Beginn eines neuen Geschäftsjahres einzuberufen; außerordentliche Versammlungen sind bei wichtigen Gründen zulässig.

Die Versammlung wird durch den Vorsitzenden geleitet, der von den anwesenden Gesellschaftern mit einfacher Mehrheit zu wählen ist.

§ 8 Gesellschafterbeschlüsse

Gesellschafterbeschlüsse werden in Gesellschafterversammlungen gefasst. Beschlüsse außerhalb von Versammlungen können – soweit nicht zwingendes Recht eine besondere Form vorschreibt – auch telefonisch, schriftlich, per E-Mail oder in einer anderen vergleichbaren elektronischen Form gefasst werden, wenn alle Gesellschafter mit diesem Verfahren einverstanden sind. Wird die Gesellschafterversammlung nicht notariell beurkundet, so ist eine schriftliche Niederschrift anzufertigen, die vom Vorsitzenden zu unterzeichnen ist und die Beschlussgegenstände und den Inhalt des Beschlusses protokollieren muss. Jeder Gesellschafter hat Anspruch auf Übersendung einer Abschrift.

Abgestimmt wird in der Gesellschafterversammlung nach Geschäftsanteilen. Je 50,00 € eines Gesellschaftsanteils gewähren eine Stimme.

Gesellschafterbeschlüsse werden mit der einfachen Mehrheit der abgegebenen Stimmen gefasst, soweit nicht die Satzung oder das Gesetz eine höhere Mehrheit vorschreiben.

Beschlüsse der Gesellschafterversammlung können nur innerhalb einer Frist von zwei Monaten seit der Beschlussfassung angefochten werden. Die Anfechtungsfrist ist nur gewahrt, wenn innerhalb dieser Frist die Klage erhoben wird. Zur Erhebung der Klage ist jeder Gesellschafter und Geschäftsführer berechtigt.

§ 9 Jahresabschluss und Gewinnverteilung

Die Bilanz mit Gewinn- und Verlustrechnung, Anhang und – soweit erforderlich – der Lagebericht sind nach Beendigung des Geschäftsjahres von den Geschäftsführern innerhalb der gesetzlichen Frist nach den gesetzlichen Bestimmungen aufzustellen.

Die Feststellung des Jahresabschlusses erfolgt durch die Gesellschafterversammlung.

§ 10 Gewinnverwendung

Für die Gewinnverwendung gilt die Regelung des § 29 GmbHG. Die Gesellschafterversammlung beschließt über die Gewinnverwendung, insbes. die Frage der Einstellung in die Rücklagen und der Ausschüttung.

§ 11 Verfügung über Geschäftsanteile

Die Geschäftsanteile können nur mit Zustimmung der Gesellschaft abgetreten und belastet werden.

§ 12 Einziehung von Geschäftsanteilen

Die Gesellschafterversammlung kann die Einziehung von Gesellschaftsanteilen mit Zustimmung des betroffenen Gesellschafters beschließen.

Die Einziehung des Geschäftsanteils ist ohne Zustimmung des Gesellschafters zulässig, wenn
- über das Vermögen des Gesellschafters das Insolvenzverfahren eröffnet ist oder die Eröffnung mangels Masse abgelehnt wird;
- die Zwangsvollstreckung aufgrund eines nicht nur vorläufig vollstreckbaren Titels in den Geschäftsanteil vorgenommen wird und diese Maßnahme nicht innerhalb von drei Monaten, spätestens bis zur Verwertung des Anteils, wieder aufgehoben wird;
- in der Person eines Gesellschafters ein wichtiger Grund vorliegt, insbes. wenn der Gesellschafter die Interessen der Gesellschafter grob verletzt hat und den übrigen Gesellschaftern eine weitere Zusammenarbeit nicht mehr zuzumuten ist.

Steht ein Geschäftsanteil mehreren Gesellschaftern gemeinschaftlich zu, so genügt es, wenn der Grund bei einem Gesellschafter vorliegt.

Bei einem Beschluss über die Einziehung hat der betroffene Gesellschafter kein Stimmrecht. Mit Beschlussfassung ruhen alle Gesellschafterrechte.

Statt der Einziehung kann die Gesellschafterversammlung beschließen, dass der Geschäftsanteil ganz oder geteilt an die Gesellschaft selbst, an einen oder mehrere Gesellschafter oder von der Gesellschaft zu benennende Dritte zu gleichen Bedingungen übertragen wird.

Der ausgeschlossene Gesellschafter ist mit dem Wert seines Geschäftsanteils, der gemäß den Bestimmungen dieses Vertrages zu bestimmen ist, abzufinden.

§ 13 Erbfolge

Im Fall des Todes eines Gesellschafters treten die Erben an die Stelle des verstorbenen Gesellschafters. Sind mehrere Erben vorhanden, so haben die Erben einen gemeinschaftlichen Vertreter zu bestimmen. Solange der Vertreter nicht bestimmt ist, ruhen die Gesellschafterrechte.

§ 14 Bewertung von Geschäftsanteilen und Abfindungen

Die Abfindung bemisst sich nach dem tatsächlichen Wert des Geschäftsanteils. Zu dessen Ermittlung ist eine Auseinandersetzungsbilanz aufzustellen. Maßgeblicher Zeitpunkt ist der Tag des Ausscheidens.

Im Fall der Einziehung des Geschäftsanteils nach § 12 beträgt der zu zahlende Abfindungsbetrag nur 60 % dieses Wertes.

Die Abfindungsforderung des ausgeschiedenen Gesellschafters ist wie folgt zu erfüllen: Die Abfindungsraten sind in fünf gleichen Halbjahresraten an den ausgeschiedenen Gesellschafter zu zahlen, erstmals am auf das Ausscheiden folgenden 31.12. Der ausstehende Betrag ist mit 4 % zu verzinsen.

§ 15 Dauer der Gesellschaft

Die Dauer der Gesellschaft ist unbestimmt.

Die Gesellschaft kann von jedem Gesellschafter mit jährlicher Frist zum Ende des Geschäftsjahres gekündigt werden, frühestens zum 31.12. Die Kündigung hat durch eingeschriebenen Brief an die Geschäftsführung zu erfolgen.

Die Gesellschaft wird durch Kündigung nicht aufgelöst. Sie wird nach Ausscheiden des betroffenen Gesellschafters von den übrigen Gesellschaftern fortgesetzt. Der ausscheidende Gesellschafter ist verpflichtet, seinen Geschäftsanteil nach Wahl der Gesellschaft ganz oder teilweise an die Gesellschaft, an einen oder mehrere Gesellschafter oder an einen von der Gesellschaft zu benennenden Dritten abzutreten oder die Einziehung des Geschäftsanteils zu dulden.

Falls der Geschäftsanteil des ausscheidenden Gesellschafters nicht bis zum Ablauf der Kündigungsfrist von einem anderen übernommen oder eingezogen wird, tritt die Gesellschaft in Liquidation.

Der Anteil des ausscheidenden Gesellschafters ist mit dem Wert des Geschäftsanteils zu vergüten, der sich nach § 14 Abs. 1 ergibt. Das Recht der fristlosen Kündigung wird jedoch nicht berührt.

§ 16 Liquidation

Im Fall der Auflösung der Gesellschaft erfolgt deren Abwicklung durch den oder die Geschäftsführer als Liquidatoren, soweit nicht durch Gesellschafterbeschluss andere Liquidatoren bestellt werden.

§ 17 Bekanntmachungen

Die Bekanntmachungen der Gesellschaft erfolgen im elektronischen Bundesanzeiger.

§ 18 Sonstiges

Die Unwirksamkeit einzelner Bestimmungen dieses Vertrages lässt die Wirksamkeit des Vertrages i. Ü. unberührt. In einem solchen Fall ist die ungültige Bestimmung durch eine Regelung zu ergänzen, die dem gewünschten wirtschaftlichen Ergebnis in rechtsgültiger Weise am nächsten kommt.

§ 19 Gründungskosten

Die Kosten für den durch die Spaltung zur Neugründung entstehenden Gründungsaufwand trägt die Gesellschaft. Dieser Gründungsaufwand wird übereinstimmend mit...... € angesetzt.

Gemäß § 125 i. V. m. § 57 UmwG werden die Festsetzungen über den Gründungsaufwand aus der Satzung der übertragenden Gesellschaft wie folgt übernommen:...... (**Anm.**:Text aus der Satzung der A-GmbH einfügen).

b) Zustimmungsbeschluss bei der übertragenden Gesellschaft (A-AG)

▶ Muster: Zustimmungsbeschluss bei der übertragenden Gesellschaft (A-AG)

– Auszug aus dem notariellen Protokoll – 616

Zu Punkt 1:

Der Vorstandsvorsitzende erläuterte den Ausgliederungsplan vom...... und begründete insbes. die Zweckmäßigkeit der Ausgliederung des Umtauschverhältnisses der Aktien.

Auf Vorlesen wurde einstimmig verzichtet.

Zu Punkt 2:

Der Vorsitzende stellte fest, dass der Ausgliederungsplan samt Gesellschaftsvertrag der B-GmbH und der Geschäftsführerbestellung von Herrn...... vor Einberufung der Hauptversammlung nach §§ 125, 61 UmwG zum Handelsregister eingereicht worden ist und dass das Register in den zur Bekanntmachung seiner Eintragung bestimmten Blättern, dem elektronischen Bundesanzeiger und dem...... einen Hinweis darauf veröffentlicht hat, dass der Vertrag zum Handelsregister eingereicht worden ist.

Der Vorsitzende stellte weiter fest, dass der Ausgliederungsplan samt Gesellschaftsvertrag der B-GmbH und der Geschäftsführerbestellung von Herrn...... die Jahresabschlüsse und die Geschäftsberichte der beteiligten Gesellschaften für die letzten drei Geschäftsjahre, die Ausgliederungsberichte und die Prüfungsberichte von der Einberufung der Hauptversammlung an in den Geschäftsräumen der Gesellschaft zur Einsicht der Aktionäre ausgelegen haben und auch in der Hauptversammlung ausliegen.

Zu Punkt 3:

Die Hauptversammlung fasste einstimmig den Beschluss, den Ausgliederungsplan samt Gesellschaftsvertrag der B-GmbH und der Geschäftsführerbestellung von Herrn...... vom...... zu genehmigen.

Der Vorsitzende gab das Abstimmungsergebnis bekannt und verkündete das Zustandekommen des Beschlusses.

c) Handelsregisteranmeldung für die neu gegründete GmbH (B-GmbH)

▶ Muster: Handelsregisteranmeldung für die neu gegründete GmbH (B-GmbH)

An das 617

Amtsgericht

– Handelsregister B –

Betrifft: Neugründung der B-GmbH mit dem Sitz in......

In der Anlage überreichen wir, das unterzeichnende alleinvertretungsberechtigte Vorstandsmitglied der A-AG – dortiges Handelsregister HRB...... – und der neu bestellte Geschäftsführer der neu gegründeten B-GmbH:
1. Elektronisch beglaubigte Abschrift des Ausgliederungsplans nebst Gesellschaftsvertrag und Beschluss über die Geschäftsführerbestellung der neu gegründeten B-GmbH vom......
– UR.Nr....... des beglaubigenden Notars –,

2. Elektronisch beglaubigte Abschrift des Zustimmungsbeschlusses der Hauptversammlung der A-AG vom...... – UR.Nr........ und...... des beglaubigenden Notars – samt Zustimmung zum Gesellschaftsvertrag der B-GmbH,
3. elektronisch beglaubigter Ausgliederungsbericht,
4. Nachweise über die Zuleitung des Entwurfs des Ausgliederungsplans an den Betriebsrat der A-GmbH,
5. elektronisch beglaubigte Gesellschafterliste,
6. elektronisch beglaubigte Abschrift des Sachgründungsberichtes,
7. Unterlagen über die Werthaltigkeit der übertragenen Vermögensteile
und melden zur Eintragung in das Handelsregister an:

Unter der Firma »B-GmbH« ist eine Gesellschaft mit beschränkter Haftung im Wege der Ausgliederung durch Neugründung von der A-AG mit Sitz in...... neu gegründet worden. Die A-AG hat die im Spaltungsplan vom...... – UR.Nr........ des beglaubigenden Notars genannten Vermögensteile als Gesamtheit auf die dadurch neu gegründete B-GmbH mit dem Sitz in...... als übernehmende GmbH im Wege der Abspaltung zur Neugründung übertragen.

Sitz der Gesellschaft ist...... Die inländische Geschäftsanschrift und die Geschäftsräume befinden sich in (Ort, Straße).

Die Gesellschaft hat einen oder mehrere Geschäftsführer. Ist nur ein Geschäftsführer bestellt, so vertritt dieser die Gesellschaft allein. Sind mehrere Geschäftsführer bestellt, so wird die Gesellschaft durch zwei Geschäftsführer gemeinsam oder durch einen Geschäftsführer in Gemeinschaft mit einem Prokuristen vertreten. Durch Gesellschafterbeschluss kann einzelnen oder mehreren Geschäftsführern die Befugnis zur Einzelvertretung sowie die Befreiung von den Beschränkungen des § 181 BGB erteilt werden.

Zum ersten Geschäftsführer der Gesellschaft wurde bestellt:

(Name), (Geburtsdatum), (Wohnort).

Er ist berechtigt, die Gesellschaft stets einzeln zu vertreten und von den Beschränkungen des § 181 BGB befreit. Er ist daher befugt, die Gesellschaft bei Rechtsgeschäften mit sich selbst oder als Vertreter eines Dritten uneingeschränkt zu vertreten.

Der mitunterzeichnende Geschäftsführer der B-GmbH versichert:

Ich, [Name:], versichere, dass keine Umstände vorliegen, die meiner Bestellung zum Geschäftsführer nach § 6 Abs. 2 GmbH-Gesetz entgegenstehen.

Der Geschäftsführer der Gesellschaft versichert insbesondere,

– dass er nicht wegen einer oder mehrerer vorsätzlicher Straftaten
a) des Unterlassens der Stellung des Antrags auf Eröffnung des Insolvenzverfahrens (Insolvenzverschleppung),
b) nach §§ 283 bis 283d StGB (Insolvenzstraftaten),
c) der falschen Angaben nach § 82 GmbHG oder § 399 AktG,
d) der unrichtigen Darstellung nach § 400 AktG, § 331 HGB, § 313 UmwG oder § 17 PublizitätsG,
e) nach den §§ 263 StGB (Betrug), § 263a StGB (Computerbetrug), § 264 StGB (Kapitalanlagebetrug) § 264a (Subventionsbetrug) oder den §§ 265b StGB (Kreditbetrug), 265c (Sportwettbetrug), § 265d StGB (Manipulation von berufssportlichen Wettbewerben), §265e (Besonders schwere Fälle des Sportwettbetrugs und der Manipulation von berufssportlichen Wettbewerben), § 266 StGB (Untreue) bis § 266a StGB (Vorenthalten und Veruntreuen von Arbeitsentgelt – Nichtabführung von Sozialversicherungsbeiträgen) zu einer Freiheitsstrafe von mindestens einem Jahr
verurteilt worden ist, und
– dass ihm weder durch gerichtliches Urteil noch durch die vollziehbare Entscheidung einer Verwaltungsbehörde die Ausübung eines Berufes, eines Berufszweiges, eines Gewerbes oder eines Gewerbezweiges ganz oder teilweise untersagt wurde, und

D. Spaltung von AG

- auch keine vergleichbaren strafrechtlichen Entscheidungen ausländischer Behörden oder Gerichte gegen ihn vorliegen, und
- dass er über die uneingeschränkte Auskunftspflicht ggü. dem Gericht durch den Notar belehrt wurde.

Wir erklären, dass der Ausgliederungsbeschluss der Hauptversammlung der A-AG nicht angefochten worden ist.

Die Geschäftsräume und die inländische Geschäftsanschrift der neu gegründeten Gesellschaft befinden sich in......, ...

….., den…… (Beglaubigungsvermerk)

▶ Hinweis:

Umstritten ist, ob folgende Versicherung nach § 8 GmbHG erforderlich ist: 618

»*Der Geschäftsführer der B-GmbH versichert, dass ab der Eintragung der Spaltung im Handelsregister der übertragenden Gesellschaft das Vermögen der durch die Spaltung neu gegründeten Gesellschaft sich endgültig in der freien Verfügung des oder der Geschäftsführer befindet.*«

Eine Prüfung ist bei der Ausgliederung nicht erforderlich (§ 125 Satz 2 UmwG)

d) Handelsregisteranmeldung für die übertragende A-AG

▶ Muster: Handelsregisteranmeldung für die übertragende A-AG

An das 619

Amtsgericht

– Handelsregister B –

Betrifft: HRB…… A-AG

In der Anlage überreichen wir, sämtliche Vorstandsmitglieder der A-AG:
1. Elektronisch beglaubigte Abschrift des Ausgliederungsplans vom…… – UR.Nr……. des beglaubigenden Notars –,
2. Elektronisch beglaubigte Abschrift des Zustimmungsbeschlusses der Hauptversammlungen der A-AG…… – UR.Nr……. des beglaubigenden Notars –,
3. Elektronisch beglaubigte Abschrift des Ausgliederungsberichtes,
4. Elektronisch beglaubigte Abschrift des Nachweises über die Zuleitung des Entwurfs des Ausgliederungsvertrages an den Betriebsrat der A-AG,
5. Elektronisch beglaubigte Abschrift der Schlussbilanz der A-AG zum 31.12…….

und melden zur Eintragung in das Handelsregister an:

Die A-AG hat die im Ausgliederungsvertrag vom…… – UR.Nr……. des beglaubigenden Notars – genannten Vermögensteile als Gesamtheit auf die B-GmbH als übernehmende GmbH im Wege der Ausgliederung zur Neugründung übertragen.

Wir erklären, dass der Ausgliederungsbeschluss der Aktionäre der A-AG nicht angefochten worden ist.

Wir erklären ferner, dass die durch Gesetz und Gesellschaftsvertrag vorgesehenen Voraussetzungen für die Gründung dieser Gesellschaft unter Berücksichtigung der Abspaltung im Zeitpunkt dieser Anmeldung vorliegen.

Die inländische Geschäftsanschrift und die Geschäftsräume befinden sich unverändert in (Ort, Straße).

….., den…… (Beglaubigungsvermerk)

▶ Hinweis:

620　Eine Prüfung ist bei der Ausgliederung nicht erforderlich (§ 125 Satz 2 UmwG).

E. Spaltung von Genossenschaften

I. Checkliste

621　▶ Beim **Ablauf des Spaltungsverfahrens** sind folgende Punkte zu beachten:
- ❏ Spaltungsvertrag (§§ 4 ff. i. V. m. § 125 UmwG),
- ❏ Spaltungsbericht (§ 127 UmwG),
- ❏ Gutachten des Prüfungsverbandes (§ 81 i. V. m. § 125 UmwG),
- ❏ Zuleitung des Spaltungsvertrages zum Betriebsrat (§ 126 Abs. 3 UmwG),
- ❏ Neuregelung der Kapitalverhältnisse bei der übernehmenden Genossenschaft,
- ❏ Vorbereitung der Generalversammlung (§ 82 i. V. m. § 125 UmwG),
- ❏ Verschmelzungsbeschluss (§§ 13, 83, 84 i. V. m. § 125 UmwG),
- ❏ Anmeldung zum Handelsregister bei der übertragenden Genossenschaft und bei der übernehmenden Genossenschaft (§§ 16, 17, 86 i. V. m. § 125 UmwG),
- ❏ Eintragung der Spaltung zunächst in die Register des Sitzes der übernehmenden Genossenschaft, sodann in das Register des Sitzes der übertragenden Genossenschaft (§ 130 UmwG),
- ❏ Tausch von Geschäftsanteilen (§§ 87, 88 i. V. m. § 125 UmwG).

II. Spaltungsvertrag bzw. Spaltungsplan

622　Vgl. zunächst die Ausführungen zu Teil 2 Rdn. 1193 ff.

623　Eine **Genossenschaft** kann an einer Spaltung sowohl als übernehmender oder neu gegründeter Rechtsträger als auch als übertragender Rechtsträger beteiligt sein und zwar in allen Formen der Spaltung.[953] Nach **§ 147 UmwG** ist jedoch die Spaltung eines Rechtsträgers anderer Rechtsform zur Aufnahme von Teilen seines Vermögens durch eine eingetragene Genossenschaft nur zulässig, wenn die erforderliche Änderung des Statuts der übernehmenden Genossenschaft gleichzeitig mit der Spaltung beschlossen wird.

Die Vorschrift ist allerdings etwas missverständlich. Zu Recht weist die Literatur darauf hin, dass ob und welche Änderungen des Statuts erforderlich sind, im **Ermessen der Parteien des Spaltungsvertrages** liegt. Zwingend vorgeschrieben ist eine Satzungsänderung vom Gesetz nicht, auch nicht im Fall der Mischspaltung.[954] Es ist daher ebenso wie bei der Verschmelzung (vgl. oben Teil 2 Rdn. 1199 ff.) zu prüfen, ob eine Anpassung der Satzung aus den genannten Gründen erforderlich ist. Eine statutarische Anpassung kann insb. erforderlich sein, um der notwendigen Anteilsgewährungspflicht nachzukommen oder auch die Möglichkeit mehrerer Anteile zu schaffen (vgl. im Einzelnen dazu oben Teil 2 Rdn. 1201 ff.). Auch Fragen der Nachschusspflichten und der Pflichtbeteiligung können zu einer Änderung führen (vgl. im Einzelnen oben Teil 2 Rdn. 1198 ff.). Der **Zweck der Vorschrift** des § 147 UmwG beschränkt sich darauf, dass, wenn eine Statutenänderung erforderlich oder gewünscht ist, diese gleichzeitig mit der Beschlussfassung über die Spaltung zu erfolgen hat.[955] Nach ganz allgemeiner Meinung kann sich daher eine **eingetragene Genossenschaft** an einer Spaltung nach §§ 123 ff. UmwG sowohl als übertragender als auch als übernehmender Rechtsträger beteiligen. Zulässig ist insb. auch die Beteiligung einer

---

953 Vgl. Lutter/Bayer, UmwG, § 147 Rn. 3; Hörtnagl, in: Schmitt/Hörtnagl/Stratz Vor §§ 147, 148 UmwG Rn. 1; BeckOGK/Bloehs UmwG § 147 Rn. 2.
954 Lutter/Bayer, UmwG, § 147 UmwG Rn. 18; Widmann/Mayer/Fronhöfer, Umwandlungsrecht, § 147 UmwG Rn. 7; Hörtnagl, in: Schmitt/Hörtnagl/Stratz § 147 UmwG Rn. 2.
955 Lutter/Bayer, UmwG, § 147 Rn. 24; BeckOGK/Bloehs UmwG § 147 Rn. 3, 94 ff.

eingetragenen Genossenschaft an einer Ausgliederung.[956] Diese Möglichkeiten der Spaltung bestehen dabei nicht nur für die »reinen Genossenschaftsspaltungen«. Zulässig sind vielmehr auch **sog. Mischspaltungen**, bei denen neben einer eingetragenen Genossenschaft auch Rechtsträger anderer Rechtsformen als übertragende, übernehmende oder neue Rechtsträger beteiligt sind. Einschränkungen für Mischspaltungen ergeben sich nur für die Teilnahmefähigkeit von Rechtsträgern in anderer Rechtsform als der der eingetragenen Genossenschaft, sofern die auf sie anwendbaren allgemeinen oder besonderen Vorschriften die Möglichkeiten bestimmter Spaltungsvorgänge ausschließen.[957] Wie im allgemeinen Spaltungsrecht gilt auch hier, dass verschmelzende Spaltungen nicht möglich sind, so dass auch hier nur einRechtsträger als übertragender teilnehmen kann.[958] Vorgenossenschaften können nicht an einer Spaltung beteiligt sein.[959]

Unklar war, ob eine Total-Ausgliederung bei der Genossenschaft möglich ist mit der Folge, dass sich die Tätigkeit der Genossenschaft auf die einer »**Holding-Gesellschaft**« beschränkt. Solche Genossenschaften, die sich darauf beschränken, nur noch Beteiligungen an Unternehmen (= Förderunternehmen) zu halten, die für die Genossenschaft die Förderleistung erbringen, bzw., die ihre Betriebsgrundlagen an ein anderes Unternehmen (= Förderunternehmen) verpachten, sollen nach teilweise vertretener Ansicht gegen § 1 Abs. 1 GenG verstoßen. In ihrer Funktion als »Halte- und Pachtgenossenschaft« würde die Genossenschaft dann nicht mehr eine Mitgliederförderung mittels gemeinschaftlichen Geschäftsbetriebes bezwecken.[960]

624

Nach **neuerer Ansicht** dürfte diese Auffassung jedoch als **überholt** gelten. Aus § 1 Abs. 2 GenG ergibt sich unmittelbar, dass sich die Genossenschaft an anderen Unternehmen beteiligen kann, wenn sie der Mitgliederförderung dient.[961] Diese Vorschrift zeigt, dass Genossenschaften ihren Förderzweck auch mittelbar durch bloße Beteiligung an anderen Gesellschaften erfüllen können. Argumentiert wird hierfür, dass das GenG an keiner Stelle fordere, dass die Mitgliederförderung unmittelbar durch die Genossenschaft selbst erfolgen müsse. Der Begriff des »gemeinschaftlichen Geschäftsbetriebes« i. S. d. § 1 Abs. 1 GenG sei inhaltlich neutral.[962] Keine Bedenken gegen die Zulässigkeit von »Halte- und Pachtgenossenschaften« bestehen daher jedenfalls, solange sichergestellt ist, dass die Beteiligungsgesellschaft wenigstens auch (mittelbar) den Förderzweck der Genossenschaft erfüllt.[963] Fandrich weist darauf hin, dass die Ausgliederung von wesentlichen Betriebsteilen, die Verpachtung des Geschäftsbetriebs oder das ausschließliche Beschränken auf das Halten von Beteiligungen daher einer besonderen Rechtfertigung bedürften und seien nur dann zulässig, wenn sie dem Förderzweck nicht widersprächen und die eG selbst noch in der Lage sei, ihrem Förderauftrag nachzukommen.[964]

---

956 Widmann/Mayer/Fronhöfer, Umwandlungsrecht, vor § 147 UmwG Rn. 14 ff.; Lutter/Bayer, UmwG, § 147 Rn. 3; BeckOGK/Bloehs UmwG § 147 Rn. 2 ff., 29; Beuthien, AG 1996, 349, 350.
957 Widmann/Mayer/Fronhöfer, Umwandlungsrecht, vor § 147 UmwG Rn. 16; BeckOGK/Bloehs UmwG § 147 Rn. 2 ff.
958 Vgl. oben Teil 3 Rdn. 44; BeckOGK/Bloehs UmwG § 147 Rn. 16; Lutter/Bayer § 147 UmwG Rn. 6; Widmann/Mayer/Fronhöfer UmwG Vor §§ 147, 148 Rn. 22.
959 BeckOGK/Bloehs UmwG § 147 Rn. 17; Kölner KommUmwG/Schöpflin § 147 UmwG Rn. 6.
960 Vgl. dazu BayObLG, BB 1985, 426; LG Stuttgart, ZfgG 1970, 412, 413; Müller, GenG, § 1 Rn. 23; Hornung, Rpfleger 1980, 294 ff.; Blomeyer, Anm. zu LG Konstanz, ZfgG 1975, 305, 309, 312.
961 § 1 Abs. 2 Nr. 1 GenG, vgl. dazu auch Reul, Das Konzernrecht der Genossenschaften, S. 84 ff.; Schulte in: Lang/Weidmüller, § 1 GenG Rn. 20; Beuthien, AG 1996, 349, 352 ff.; Emmerich/Sonnenschein, Konzernrecht, S. 450.
962 Beuthien, AG 1996, 349, 352 f.
963 Emmerich/Sonnenschein, Konzernrecht, S. 450; Reul, Das Konzernrecht der Genossenschaften, S. 84 ff., 84 ff.; Beuthien, AG 1996, 349, 352 ff.; Schulte in: Lang/Weidmüller, § 1 GenG Rn. 20; Pöhlmann/Fandrich/Bloehs/Fandrich GenG § 1 Rn. 22; BeckOGK/Bloehs UmwG § 147 Rn. 27 f.
964 Pöhlmann/Fandrich/Bloehs/Fandrich GenG § 1 Rn. 22; ähnlich auch Kölner KommUmwG/Schöpflin § 147 UmwG Rn. 2; BeckOGK/Bloehs UmwG § 147 Rn. 28.

625 Bei einer Abspaltung oder Ausgliederung müssen die **Vertretungsorgane** der übertragenden Genossenschaft auch **erklären**, dass die durch Gesetz und Gesellschaftsvertrag vorgesehenen Voraussetzungen für die Gründung der übertragenden Genossenschaft unter Berücksichtigung der Abspaltung oder Ausgliederung im Zeitpunkt der Anmeldung vorliegen – **sog. Vorstandserklärung** (§ 148 Abs. 1 UmwG). Anders als bei der Kapitalgesellschaft bestehen bei der Abspaltung bei einer Genossenschaft nicht die Probleme der Kapitalerhaltung, da die Genossenschaft über kein festes Stammkapital verfügt.[965] Die Spaltung kann aber dazu führen, dass der Fortbestand der Genossenschaft gefährdet ist. § 148 UmwG will dieser Gefahr entgegenwirken. Entscheidend ist, ob die Genossenschaft nach der Abspaltung noch »lebensfähig« ist.[966] Das verbleibende Vermögen darf nicht unter dem Gesamtbetrag der Geschäftsguthaben liegen. Umstritten ist, ob die Erklärung entsprechend § 157 GenG von sämtlichen Mitgliedern des Vorstandes der übertragenden Genossenschaft abzugeben ist[967] oder ob vertretungsberechtigte Zahl genügt.[968] M.E. ist letzterer Meinung zu folgen. Einer besonderen Form bedarf die Erklärung nicht.[969]

626 Als **Anlagen** sind bei Abspaltung und Ausgliederung immer der Spaltungsbericht nach § 127 UmwG, bei der Abspaltung darüber hinaus das Prüfungsgutachten nach § 15 i. V. m. § 12 UmwG (§ 148 Abs. 2 UmwG) beizufügen.

III. Neuregelung der Kapitalverhältnisse einer übernehmenden Genossenschaft bei der Spaltung zur Aufnahme

627 Es kann hier auf die Ausführungen zum Verschmelzungsrecht verwiesen werden (vgl. oben Teil 2 Rdn. 1198).

IV. Spaltungsbericht

628 Vgl. die Erläuterungen zur Verschmelzung (Teil 2 Rdn. 1238 ff.).

V. Gutachten des Prüfungsverbandes

629 Zum Gutachter des Prüfungsverbandes (§ 81 i. V. m. § 125) vgl. die Erläuterungen zur Verschmelzung (Teil 2 Rdn. 1242 ff.).

VI. Vorbereitung der Generalversammlung

630 Auch diesbezüglich gelten uneingeschränkt die Vorschriften über die Verschmelzung (vgl. Teil 2 Rdn. 1252 ff.).

VII. Durchführung der Generalversammlung

631 Auch hier gelten die Verschmelzungsvorschriften (vgl. Teil 2 Rdn. 1260 ff.).

VIII. Besonderes Ausschlagungsrecht

632 Es gelten die Vorschriften über das Verschmelzungsrecht (§§ 90 ff. i. V. m. § 125; vgl. Teil 2 Rdn. 1288 ff.).

---

965 Vgl. BR-Drucks. 75/94, S. 127.
966 So zu Recht Lutter/Bayer, UmwG, § 148 Rn. 23; Schmitt/Hörtnagl/Stratz/Hörtnagl § 148 UmwG Rn. 3 f.; BeckOGK/Bloehs UmwG § 148 Rn. 15 ff.; Widmann/Mayer/Fronhöfer § 148 UmwG Rn. 8.
967 Vgl. oben Teil 2 Rdn. 1299; so Widmann/Mayer/Fronhöfer, Umwandlungsrecht, § 148 UmwG Rn. 11; Bonow, in: Semler/Stengel, § 148 UmwG Rn. 4.
968 BeckOGK/Bloehs UmwG § 148 Rn. 16; Kölner KommUmwG/Schöpflin § 148 UmwG Rn. 4; Lutter/Bayer § 148 UmwG Rn. 1, 19; Schmitt/Hörtnagl/Stratz/Hörtnagl § 148 UmwG Rn. 2.
969 Lutter/Bayer § 148 UmwG Rn. 19; Semler/Stengel/Bonow § 148 UmwG Rn. 4; Widmann/Mayer/Fronhöfer § 148 UmwG Rn 11; Schmitt/Hörtnagl/Stratz/Hörtnagl § 148 UmwG Rn. 2.

IX. Spaltung zur Neugründung

Auch hier gelten die Vorschriften zur Verschmelzung (vgl. Teil 2 Rdn. 1291 ff.). 633

1. Spaltungsvertrag bei der Abspaltung zur Aufnahme

▶ Muster: Spaltungsvertrag bei der Abspaltung zur Aufnahme

UR.Nr. für...... 634

Verhandelt zu......

am......

Vor dem unterzeichnenden

.....

Notar mit dem Amtssitz in......

erschienen:
1. Herr (Name, Geburtsdatum, Adresse),
   hier handelnd nicht im eigenen Namen, sondern als alleinvertretungsberechtigtes Vorstandsmitglied der A-Genossenschaft mit dem Sitz in......, eingetragen im Genossenschaftsregister des Amtsgerichtes...... unter GenR......,
2. Herr (Name, Geburtsdatum, Adresse),
   hier handelnd nicht im eigenen Namen, sondern als alleinvertretungsberechtigtes Vorstandsmitglied der B-Genossenschaft mit dem Sitz in......, eingetragen im Genossenschaftsregister des Amtsgerichts...... unter GenR......

Die Erschienenen weisen sich dem Notar gegenüber aus durch Vorlage ihrer amtlichen Lichtbildausweise.

Die Erschienenen ließen folgenden

Spaltungsvertrag

beurkunden und erklärten, handelnd wie angegeben:

I. Beteiligte Rechtsträger, Vermögensübertragung

An der Spaltung sind beteiligt die A-Genossenschaft mit Sitz in...... als übertragender Rechtsträger und die B-Genossenschaft mit Sitz in...... als aufnehmender Rechtsträger.

1. Die A-Genossenschaft mit dem Sitz in...... überträgt hiermit ihre nachstehend genannten Vermögensteile als Gesamtheit im Wege der Abspaltung zur Aufnahme auf die B-Genossenschaft mit dem Sitz in...... Die B-Genossenschaft gewährt als Ausgleich hierfür den Mitgliedern der A-Genossenschaft Mitgliedschaften in der B-Genossenschaft.

2. Bei den als Gesamtheit übertragenen Gegenständen des Aktiv- und Passivvermögens der A-Genossenschaft handelt es sich im Einzelnen um:

a) den im Grundbuch des Amtsgerichts...... von......, Blatt......, verzeichneten Grundbesitz der Gemarkung......, Flur......, Flurstück Nr......., groß...... ar;

b) den auf dem vorbezeichneten Grundstück befindlichen Betriebsteil der A-Genossenschaft nebst dem hierzu gehörenden beweglichen Anlage- und Umlaufvermögen, wie es sich aus der Anlage 1 zu dieser Niederschrift ergibt; im Fall einer Veräußerung von Gegenständen durch die A-Genossenschaft im regelmäßigen Geschäftsverkehr bis zu dem in Ziff. III. genannten Zeitpunkt treten ihre Surrogate an ihre Stelle;

c) alle den vorbezeichneten Betriebsteil zuzuordnenden Verträge, insbes. Leasingverträge, Lieferverträge, Dienstverträge und sonstigen Rechte, wie sie sich aus der Anlage 2 zu dieser Niederschrift ergeben;

d) alle Verbindlichkeiten der A-Genossenschaft, die dem vorbezeichneten Betriebsteil wirtschaftlich zuzuordnen sind, wie sie sich aus der Anlage 3 zu dieser Niederschrift ergeben;

e) die in der Anlage 4 zu dieser Niederschrift bezeichneten Arbeitsverhältnisse;

f) Sachen, Rechte, Vertragsverhältnisse, die nicht in den beigefügten Anlagen aufgeführt sind, soweit sie dem vorbezeichneten Betriebsteil im weitesten Sinne wirtschaftlich zuzuordnen sind; dies gilt insbes. für bis zur Eintragung der Spaltung in das Genossenschaftsregister erworbene Sachen oder Rechte und begründete Vertragsverhältnisse und Verbindlichkeiten.

II. Gegenleistung

1. Die B-Genossenschaft gewährt mit Wirksamwerden der Spaltung jedem Mitglied der A-Genossenschaft die Mitgliedschaft in der B-Genossenschaft.

2. Jedes Mitglied der A-Genossenschaft erhält mit Wirksamwerden der Spaltung einen Geschäftsanteil i. H. v....... €. Das Umtauschverhältnis beträgt...

3. Die Mitgliedschaften werden kostenfrei und mit Gewinnberechtigung ab dem...... gewährt.

4. Die Aufteilung der Anteile und Mitgliedschaften erfolgt entsprechend dem Verhältnis der Anteile und Mitgliedschaften der Mitglieder der A-Genossenschaft.

5. Die Angaben zur Mitgliedschaft ergeben sich aus dem als Anlage 5 zu diesem Vertrag genommenen Wortlaut der geltenden Satzung der B-Genossenschaft.

III. Spaltungsstichtag

Die Übernahme des vorbezeichneten Vermögens der A-Genossenschaft erfolgt im Innenverhältnis mit Wirkung zum Ablauf des...... Vom...... an gelten alle Handlungen und Geschäfte der A-Genossenschaft, die das übertragene Vermögen betreffen, als für Rechnung der B-Genossenschaft vorgenommen.

IV. Besondere Rechte

Besondere Rechte i. S. v. § 126 Abs. 1 Nr. 7 UmwG bestehen bei der B-Genossenschaft nicht. Einzelnen Anteilsinhabern werden i. R. d. Spaltung keine besonderen Rechte gewährt.

V. Besondere Vorteile

Besondere Vorteile i. S. v. § 126 Abs. 1 Nr. 8 UmwG werden weder einem Mitglied eines Vertretungs- oder Aufsichtsorgans, noch dem Abschlussprüfer oder dem Spaltungsprüfer gewährt.

VI. Folgen der Abspaltung für Arbeitnehmer und ihre Vertretungen

Durch die Abspaltung ergeben sich für die Arbeitnehmer und ihre Vertretungen die nachgenannten Folgen:

.....

Insoweit sind folgende Maßnahmen vorgesehen:

.....

VII. Sonstige Vereinbarungen

1. Sollten für die Übertragung der in Ziff. I.2. genannten Sachen, Rechte, Vertragsverhältnisse und Verbindlichkeiten weitere Voraussetzungen geschaffen werden müssen, so verpflichten sich die Vertragsbeteiligten alle erforderlichen Erklärungen abzugeben und Handlungen vorzunehmen.

2. Sollte eine Übertragung der in Ziff. I.2. genannten Sachen, Rechte, Vertragsverhältnisse und Verbindlichkeiten im Wege der Spaltung auf die B-Genossenschaft rechtlich nicht möglich sein, so verpflichten sich die Vertragsbeteiligten alle erforderlichen Erklärungen abzugeben und alle erforderlichen Handlungen vorzunehmen, die rechtlich zu dem beabsichtigten Vermögensübergang auf die B-Genossenschaft in anderer Weise führen.

VIII. Bedingungen

Der Spaltungsvertrag steht unter der aufschiebenden Bedingung, dass die formgerechten Zustimmungsbeschlüsse der Generalversammlung beider Gesellschaften bis zum...... vorliegen.

IX. Kosten

Die durch diesen Vertrag und ihre Durchführung bei beiden Gesellschaften entstehenden Kosten trägt die B-Genossenschaft. Sollte die Spaltung nicht wirksam werden, tragen die Kosten dieses Vertrages die Gesellschaften zu gleichen Teilen; alle übrigen Kosten trägt die jeweils betroffene Gesellschaft allein.

Diese Niederschrift nebst allen Anlagen wurde den Erschienenen vom Notar vorgelesen, von ihnen genehmigt und von ihnen und vom Notar eigenhändig, wie folgt, unterzeichnet.

…..

2. Zustimmungsbeschluss bei der übernehmenden Genossenschaft

▶ Muster: Zustimmungsbeschluss bei der übernehmenden Genossenschaft

Niederschrift der Generalversammlung 635

Heute, den……

begab ich mich, der unterzeichnende Notar…… mit Amtssitz in…… auf Ansuchen in die Gastwirtschaft X in Würzburg, um an der dorthin auf heute 16.00 Uhr einberufenen

ordentlichen Generalversammlung

der Genossen der X-Genossenschaft teilzunehmen und über den Gang der Verhandlung sowie über die gefassten Beschlüsse die gesetzlich vorgeschriebene Niederschrift wie folgt zu errichten:

I.

Anwesend waren:

1. Vom Aufsichtsrat der Genossenschaft:
a) Herr X, Landwirt, wohnhaft in……,
b) Herr Z, Kaufmann, wohnhaft in……,
c) Herr Y, Bankkaufmann, wohnhaft in……,
2. Vom Vorstand der Genossenschaft:
a) Herr A, Bankkaufmann, wohnhaft in…… (Vorsitzender),
b) Herr B, Kaufmann, wohnhaft in……

Dieser Niederschrift ist ein Verzeichnis der erschienenen oder vertretenen Genossen und der Vertreter von Genossen beigefügt. Bei jedem erschienenen oder vertretenen Genossen ist dessen Stimmenzahl vermerkt. Das Teilnehmerverzeichnis ist vom Versammlungsleiter unterzeichnet worden und wurde bei jeder Abstimmung bei Änderung der Teilnehmerzahl angepasst.

II.

Den Vorsitz der Versammlung führte der Vorsitzende des Aufsichtsrates. Er stellte fest, dass die Generalversammlung form- und fristgemäß durch Bekanntmachung im Verkündungsblatt Nr.……. vom…… einberufen worden ist. Ein Belegexemplar dieser Ausgabe wurde mir, dem Notar, übergeben. Es ist der Niederschrift als Anlage 2 beigefügt.

Anschließend legte er das anliegende, von ihm unterzeichnete Verzeichnis der erschienenen oder vertretenen Genossen zur Einsichtnahme aus, nachdem der Vorstand erklärt hatte, dass sämtliche in dem Verzeichnis aufgeführten Genossen ihre Berechtigung zur Teilnahme an der Generalversammlung ordnungsgemäß nachgewiesen haben.

Der Vorsitzende erklärte, dass die Abstimmung durch Handaufheben stattfinden werde, soweit nicht eine andere Abstimmungsart für die Abstimmung abgeordnet werde.

Der Vorsitzende stellte weiter fest, dass von der Einberufung der Generalversammlung an in dem Geschäftsraum der Genossenschaft folgende Unterlagen zur Einsicht der Genossen ausgelegt waren und diese auch während der Generalversammlung im Versammlungssaal auslägen:
– der Spaltungsvertrag;

- die Jahresabschlüsse und die Jahresberichte der übertragenden und der übernehmenden Genossenschaft der letzten drei Geschäftsjahre;
- der Spaltungsbericht der beiden Vorstände;
- das Prüfungsgutachten des Prüfungsverbandes bzgl. beider Genossenschaften.

Der Spaltungsvertrag wird dieser Niederschrift als Anlage 3 beigefügt.

Daraufhin wurde die Tagesordnung wie folgt erledigt:

Punkt 1:

Der Vorstandsvorsitzende erläuterte den Spaltungsvertrag vom…… und begründete insbes. die Zweckmäßigkeit der Spaltung. Auch die weiteren Punkte des Spaltungsvertrages wurden vom Vorstand erläutert. Verschiedenen Genossen wurde Auskunft über wesentliche Angelegenheiten erteilt. Der von den Vorständen der beiden Genossenschaften abgeschlossene Spaltungsvertrag wurde wörtlich verlesen. Das Gutachten des Prüfungsverbandes, dass die Spaltung mit den Belangen der Mitglieder und der Gläubiger der Genossenschaft vereinbar ist, wurde ebenfalls verlesen.

Punkt 2: Zustimmung zum Spaltungsvertrag

Gegen die Zustimmung zu dem abgeschlossenen Spaltungsvertrag mit der A-Genossenschaft stimmten zehn Genossen. Dafür stimmten entsprechend dem Vorschlag von Vorstand und Aufsichtsrat 290 Genossen.

Der Vorsitzende stellte fest, dass die Spaltung mit der A-Genossenschaft durch Zustimmung zum Spaltungsvertrag von…… mit mehr als 3/4 – Mehrheit der abgegebenen Stimmen beschlossen ist.

Damit war die Tagesordnung erledigt. Der Vorsitzende schloss die Hauptversammlung um 19.00 Uhr.

Die Niederschrift wurde vom Notar und vom Vorsitzenden und den anwesenden Mitgliedern des Vorstandes wie folgt unterschrieben.

…..

Anlagen:

Anlage 1: Teilnehmerverzeichnis

Anlage 2: Belegexemplar vom……

Anlage 3: Spaltungsvertrag vom……

3. Zustimmungsbeschluss bei der übertragenden Genossenschaft

636   Vgl. zu diesem Zustimmungsbeschluss das Muster unter Teil 3 Rdn. 635.

4. Registeranmeldung für die übertragende Genossenschaft

▶ Muster: Registeranmeldung für die übertragende Genossenschaft

637   An das

Amtsgericht

– Genossenschaftsregister –

Betrifft: GenR…… A-Genossenschaft

In der Anlage überreichen wir, sämtliche Mitglieder des Vorstandes der A-Genossenschaft:
1. Elektronisch beglaubigte Abschrift des Spaltungsvertrages vom…… – UR.Nr.…… des beglaubigenden Notars –,
2. Elektronisch beglaubigte Abschrift des Zustimmungsbeschlusses der Generalversammlung der A-Genossenschaft vom…… – UR.Nr.…… des beglaubigenden Notars –,
3. Elektronisch beglaubigte Abschrift des Zustimmungsbeschlusses der Generalversammlung der B-Genossenschaft vom…… – UR.Nr.…… des beglaubigenden Notars –,

E. Spaltung von Genossenschaften

4. Elektronisch beglaubigte Abschrift des Spaltungsberichtes,
5. Elektronisch beglaubigte Abschrift des Prüfungsgutachtens,
6. Elektronisch beglaubigte Abschrift des Nachweis über die Zuleitung des Entwurfs des Spaltungsvertrages an den Betriebsrat der A-Genossenschaft,
7. Elektronisch beglaubigte Abschrift der Schlussbilanz der A-Genossenschaft zum Spaltungsstichtag

und melden zur Eintragung in das Genossenschaftsregister an:

Die A-Genossenschaft hat die im Spaltungsvertrag vom…… – UR.Nr.…… des beglaubigenden Notars – genannten Vermögensteile als Gesamtheit auf die B-Genossenschaft als übernehmende Genossenschaft im Wege der Abspaltung durch Aufnahme übertragen.

Wir erklären, dass weder der Spaltungsbeschluss der Generalversammlung der A-Genossenschaft noch der Spaltungsbeschluss der Generalversammlung der B-Genossenschaft angefochten worden ist.

Wir erklären ferner, dass die durch Gesetz und Statut vorgesehenen Voraussetzungen für die Gründung dieser Gesellschaft unter Berücksichtigung der Abspaltung im Zeitpunkt dieser Anmeldung vorliegen.

Die inländische Geschäftsanschrift und die Geschäftsräume befinden sich unverändert in (Ort, Straße).

….., den……   (Beglaubigungsvermerk)

5. Registeranmeldung für die übernehmende Genossenschaft

▶ Muster: Registeranmeldung für die übernehmende Genossenschaft

An das

Amtsgericht

– Genossenschaftsregister B –

Betrifft: GenR…… B-Genossenschaft

In der Anlage überreichen wir, die unterzeichnenden sämtlichen Vorstandsmitglieder der o. a. Genossenschaft:
1. Elektronisch beglaubigte Abschrift des Spaltungsvertrages vom…… – UR.Nr.…… des beglaubigenden Notars –,
2. Elektronisch beglaubigte Abschrift des Zustimmungsbeschlusses der Generalversammlung der A-Genossenschaft vom…… – UR.Nr.…… des beglaubigenden Notars –,
3. Elektronisch beglaubigte Abschrift des Zustimmungsbeschlusses der Generalversammlung der B-Genossenschaft vom…… – UR.Nr.…… des beglaubigenden Notars –,
4. Elektronisch beglaubigte Abschrift des Spaltungsberichtes,
5. Elektronisch beglaubigte Abschrift des Prüfungsgutachtens,
6. Elektronisch beglaubigte Abschrift des Nachweises über die Zuleitung des Entwurfs des Verschmelzungsvertrages an den Betriebsrat der B-Genossenschaft

und melden zur Eintragung in das Genossenschaftsregister an:

Die A-Genossenschaft hat die im Spaltungsvertrag vom…… – UR.Nr.…… des beglaubigenden Notars – genannten Vermögensteile als Gesamtheit im Wege der Abspaltung durch Aufnahme auf die B-Genossenschaft übertragen.

Wir erklären, dass weder der Spaltungsbeschluss der Generalversammlung der A-Genossenschaft noch der Spaltungsbeschluss der Generalversammlung der B-Genossenschaft angefochten worden ist.

Die inländische Geschäftsanschrift und die Geschäftsräume befinden sich unverändert in (Ort, Straße).

….., den……   (Beglaubigungsvermerk)

F. Spaltung von Vereinen

I. Checkliste

639 ▶ Beim **Ablauf des Spaltungsverfahrens** sind folgende Punkte zu beachten:[970]
- ❏ Spaltungsvertrag bzw. -plan (§§ 4 bis 6 UmwG),
- ❏ Spaltungsbericht (§ 127 UmwG),
- ❏ Zuleitung des Spaltungsvertrages zum Betriebsrat (§ 126 Abs. 3 UmwG).
- ❏ Spaltungsprüfung (§§ 9 bis 12, 100 i. V. m. § 125 UmwG), wenn mindestens 10 % der Mitglieder dies schriftlich verlangen,
- ❏ Unterrichtung der Mitglieder (§ 101 i. V. m. § 125 UmwG),
- ❏ Spaltungsbeschluss der Mitgliederversammlung (§§ 13, 103 i. V. m. § 125 UmwG),
- ❏ Anmeldung zum Handelsregister bzw. Bekanntmachung der Spaltung (§§ 16, 17, 104 i. V. m. § 125 UmwG),
- ❏ Eintragung der Spaltung (§§ 19, 20 UmwG) bzw. Bekanntmachung im elektronischen Bundesanzeiger (§ 104 UmwG).

II. Allgemeines

640 Vgl. zunächst die Ausführungen zu Teil 2 Rdn. 1305 ff.

641 Die **zulässigen Spaltungskombinationen** sind im Grunde die gleichen wie bei der Verschmelzung, da § 149 Abs. 2 UmwG § 99 Abs. 2 UmwG wörtlich entspricht (vgl. oben Teil 2 Rdn. 1306 ff.). Grds. können **rechtsfähige Vereine** nach § 124 i. V. m. § 3 UmwG an allen Arten der Spaltung (Aufspaltung, Abspaltung, Ausgliederung) beteiligt sein.[971] Auch die Mischspaltung ist zulässig.[972] Bei e. V. verbietet § 149 Abs. 2 UmwG allerdings die Mischspaltung von Rechtsträgern anderer Rechtsform auf einen e. V..[973] Demgegenüber kann der e. V. auf Rechtsträger anderer Rechtsform spalten oder ausgliedern.[974] Möglich ist insb. die Abspaltung eines Teils des (übertragenden) Vereins zur Aufnahme auf einen bestehenden Verein oder zur Neugründung auf einen dadurch gegründeten neuen Verein gegen Gewährung von Mitgliedschaften des neuen Vereins an die Mitglieder des übertragenden Vereins.

§ 149 Abs. 2 UmwG schränkt also von seinem Wortlaut her nur Spaltungen mit einem e. V. als übernehmendem Rechtsträger ein. **Zweck der Vorschrift** ist es wie bei der Parallelvorschrift des § 99 Abs. 2 UmwG, Mischspaltungen von Rechtsträgern anderer Rechtsform auf einen e. V. zu verhindern.[975] E. V. sollen Rechtsträger anderer Rechtsform im Wege der Spaltung nicht aufnehmen oder durch die Spaltung solcher Rechtsträger nicht neu gegründet werden können, weil dafür ein Bedürfnis nicht aufgetreten sei (Regierungsbegründung zu § 149 Abs. 2). Den Weg »aus« einem e. V. will § 149 Abs. 2 UmwG indessen nicht versperren.[976] Die Ausgliederung einer nach wirtschaftlichen Grundsätzen betriebenen Abteilung aus einem e. V. auf einen gewerblichen Rechtsträger, z. B. GmbH, wird vom Gesetzgeber sogar als ein denkbarer Anwendungsfall der neuen Spaltungsmöglichkeiten hervorgehoben.[977] Soweit der übernehmende oder neue Rechtsträger eine andere Rechtsform hat, steht § 149 Abs. 2 UmwG Mischspaltungen unter Beteiligung e. V. also nicht entgegen.

---

970 Vgl. auch Hermann, ZIP 1998, 1249 ff. besonders zu Fußballvereinen.
971 Vgl. die Übersicht BeckOGK/Reul UmwG § 149 Rn. 18 ff.
972 Lutter/Hennrichs, UmwG, § 149 Rn. 7; BeckOGK/Reul UmwG § 149 Rn. 18.
973 Vgl. oben Teil 2 Rdn. 824 und Lutter/Hennrichs, UmwG, § 149 Rn. 9; BeckOGK/Reul UmwG § 149 Rn. 34.
974 Widmann/Mayer/Vossius, Umwandlungsrecht, § 149 UmwG Rn. 20 ff.; BeckOGK/Reul UmwG § 149 Rn. 18.
975 Lutter/Hennrichs, UmwG, § 149 Rn. 4; BeckOGK/Reul UmwG § 149 Rn. 34.
976 Lutter/Hennrichs, UmwG, § 149 Rn. 4.
977 Vgl. Neye, UmwG, UmwStG, S. 250.

F. Spaltung von Vereinen

Zum **Inhalt des Spaltungsvertrages bzw. -plans** kann auf die Ausführungen zu Teil 3 Rdn. 38 ff. verwiesen werden. Besondere gesetzliche Vorschriften nennt das UmwG bis auf **folgende Ausnahmen** nicht:
– für den rechtsfähigen Verein ist die Möglichkeit einer Spaltung nur eröffnet, soweit dem die Vereinssatzung oder landesrechtliche Vorschriften nicht entgegenstehen (§ 149 Abs. 1 UmwG);
– ein e. V. kann als übernehmender Rechtsträger im Wege der Spaltung nur andere e. V. aufnehmen oder mit ihnen einen neuen e. V. gründen (§ 149 Abs. 2 UmwG).

642

Auch bzgl. der **sonstigen Voraussetzungen** kann auf die Verschmelzung verwiesen werden (vgl. oben Teil 2 Rdn. 1305 ff.).

643

Bei der Spaltung ist es auch möglich, dass **nur bestimmte Mitglieder** Vereinsmitglieder des neu zu gründenden Vereins werden. § 128 UmwG lässt die Quoten abweichende Spaltung im Gesetz ausdrücklich zu. Daraus schließt die ganz herrschende Meinung, dass auch die Spaltung zu null dergestalt zulässig ist, dass an dem neu zu gründenden Rechtsträger nur bestimmte Anteilsinhaber oder Mitglieder des übertragenden Rechtsträgers beteiligt werden.[978] In diesem Zusammenhang wird es regelmäßig für ausreichend gehalten, dass dem nicht beim aufnehmenden oder neu zu gründenden Rechtsträger berücksichtigten Anteilsinhaber oder Mitglied seine Beteiligung beim übertragenden Rechtsträger verbleibt, ohne dass ihm dort eine höhere Beteiligung gewährt werden müsste. Bei Vereinen kann diese Gestaltung sinnvoll sein, wenn es darum geht, neue Spartenvereine zu gründen, bei denen nur Mitglieder werden, die auch in der Sparte aktiv sind.[979]

644

Das **Verfahren** entspricht den allgemeinen Spaltungsvorschriften (s. o. Teil 3 Rdn. 38 ff.) und den Besonderheiten der Vereinsverschmelzung (vgl. oben Teil 2 Rdn. 1312 ff.).

645

Die Problematik der Zweckänderung des Vereins wurde schon bei der Verschmelzung erörtert; § 33 BGB ist daher anwendbar (vgl. oben Teil 2 Rdn. 1342). Nach dieser Vorschrift ist die **Änderung des Zwecks** eines Vereines nur mit der Zustimmung aller Mitglieder zulässig; die Zustimmung der nicht erschienenen Mitglieder muss schriftlich erfolgen. Die überwiegende Meinung in der Literatur geht davon aus, dass das Umwandlungsrecht **das zwingende Vereinsrecht nicht verdrängt**, sodass dann, wenn sich mit der Zustimmung zur Spaltung der Vereinszweck ändert, die Zustimmung aller Mitglieder erforderlich ist, soweit die Satzung keine abweichende Regelung getroffen hat.[980] Bei der Spaltung kann z. B. vom Eingreifen des § 33 Abs. 1 Satz 2 BGB ausgegangen werden, wenn der Zweck (beider) Vereine durch die Spaltung verändert wird. § 33 Abs. 1 Satz 2 BGB ist allerdings nur anzuwenden, wenn sich die grds. Zweckrichtung des Vereins ändert.[981] Nach der Entscheidung des BGH vom 11. 11. 1985 ist im Zweifel nur derjenige enge Satzungsbestandteil, in dem der oberste Leitsatz für die Vereinstätigkeit zum Ausdruck gebracht wird, und mit dessen Abänderung schlechterdings kein Mitglied bei seinem Beitritt zum Verein rechnen kann, als »Vereinszweck« i. S. des § 33 BGB anzusehen.[982]

646

---

[978] Semler/Stengel/Schröer, UmwG, § 128 Rn. 6; Mayer, in: Münchener Handbuch des Gesellschaftsrechts, Bd. III, § 73 Rn. 679; in: Schmitt/Hörtnagl/Stratz, UmwG, UmwStG, § 128 UmwG Rn. 11; BeckOGK/Reul UmwG § 149 Rn. 49; LG Konstanz DB 1998, 1177, 1178.
[979] BeckOGK/Reul UmwG § 149 Rn. 48.
[980] Neumayer/Schulz, DStR 1996, 873; a. A. Widmann/Mayer/Vossius, Umwandlungsrecht, § 99 UmwG Rn. 92; BeckOGK/Reul UmwG § 149 Rn. 37 f.
[981] BGH, NJW 1986, 1083; Schwarz, in: Bamberger/Roth, BGB, § 33 Rn. 7; Palandt/Ellenberger, BGB, § 33 Rn. 3 BeckOGK/Reul UmwG § 149 Rn. 38.
[982] BGHZ 96, 245, 251 = NJW 1986, 1033.

> Beispiel:

647 Ein Verein, der nach der Satzung sowohl gewerbliche Interessen als auch Verbraucherinteressen wahrnimmt, gibt die Wahrnehmung der Verbraucherinteressen auf.[983]

Keine Vereinszweckänderungen, sondern einfache Satzungsänderungen nach § 33 Abs. 1 Satz 1 BGB sind hingegen Zweckergänzungen und Zweckbeschränkungen, sofern die grds. Zweckrichtung aufrechterhalten bleibt.[984]

III. Muster

1. Abspaltung zur Aufnahme (A-e. V. auf B-e. V.)

> Muster: Abspaltung zur Aufnahme (A-e. V. auf B-e. V.)

648 **Spaltungsvertrag bei der Abspaltung zur Aufnahme**

UR.Nr. für……

Verhandelt zu……

am……

Vor dem unterzeichnenden e. V……., Notar mit dem Amtssitz in……

erschienen:

1. Herr (Name, Geburtsdatum, Adresse),

hier handelnd nicht im eigenen Namen, sondern als alleinvertretungsberechtigtes Vorstandsmitglied des A-e. V. mit dem Sitz in……, eingetragen im Vereinsregister des Amtsgerichts…… unter VR……,

2. Herr (Name, Geburtsdatum, Adresse),

hier handelnd nicht im eigenen Namen, sondern als alleinvertretungsberechtigtes Vorstandsmitglied des B-e. V. mit dem Sitz in……, eingetragen im Vereinsregister des Amtsgerichts…… unter VR……

Die Erschienenen wiesen sich dem Notar gegenüber aus durch Vorlage ihrer amtlichen Lichtbildausweise.

Die Erschienenen ließen folgenden

Spaltungsvertrag

beurkunden und erklärten, handelnd wie angegeben:

I. Beteiligte Rechtsträger

An der Spaltung sind beteiligt
- als übertragender Rechtsträger: A-e. V. mit Sitz in…… eingetragen im Vereinsregister des Amtsgerichts…… unter Nr.……
- als übernehmender Rechtsträger: B-e. V. mit Sitz in…… eingetragen im Vereinsregister des Amtsgerichts…… unter Nr.……

II. Vermögensübertragung

1. Der A-e. V. überträgt hiermit seine nachstehend genannten Vermögensteile als Gesamtheit im Wege der Abspaltung zur Aufnahme auf den B-e. V. Der B-e. V. gewährt als Ausgleich hierfür den Mitgliedern des A-e. V. Mitgliedschaften im B-e. V.

---

[983] BGHZ 96, 245, 251 = NJW 1986, 1083; Reuter, ZGR 1987, 475, 480; Schwarz, in: Bamberger/Roth, BGB, § 33 Rn. 7.

[984] BGHZ 96, 245, 251 = NJW 1986, 1083; BayObLG, Rpfleger 2001, 307; LG Bremen, Rpfleger 1989, 415; Fronhöfer, in: Bamberger/Roth, BGB, § 33 Rn. 7.

2. Der A-e. V. überträgt die von ihm betriebene Abteilung »Schwimmen« auf den B-e. V. mit allen Aktiva und Passiva.

3. Im Einzelnen sind folgende Vermögensgegenstände Bestandteil der Abteilung »Schwimmen« und werden i. R. d. Spaltung übertragen. Von der Spaltung werden sämtliche zum Spaltungsstichtag vorhanden Vermögensgegenstände und Schulden der Abteilung mit allen Rechten und Pflichten sowie die ausschließlich dieser Abteilung zuzuordnenden Rechtsbeziehungen, insbes. Vertragsverhältnisse, nach näherer Maßgabe der nachfolgenden Bestimmungen erfasst.

Insbes. handelt es sich um folgende Vermögensgegenstände und Schulden, die der Abteilung »Schwimmen« mit allen Rechten und Pflichten zuzuordnen sind:

a) Grundstücke

Das folgende im Grundbuch von X-Stadt eingetragene Grundstück (Frei- und Hallenschwimmbad) mit sämtlichen Abteilungen II und III des Grundbuches eingetragenen Belastungen, einschließlich aufstehender Gebäude mit den dazugehörigen Betriebsvorrichtungen, sowie sämtliche auf das Grundstück bezogene Mietverträge:
– Bd. 120 Blatt 3503, Flurstück 400/20, X-Str. in X-Stadt in einer Größe von 10.000 qm.

b) Anlage- und Umlaufvermögen

Sämtliche zum Anlage- und Umlaufvermögen gehörenden beweglichen Gegenstände der Abteilung »Schwimmen« also alle beweglichen Gegenstände, die sich auf den unter a) beschriebenen Grundstücken und Gebäuden befinden, somit alle technischen Anlagen und Maschinen, Kfz-, Betriebs- und Geschäftsausstattung, geringwertige Wirtschaftsgüter, Zubehör und Ersatzteile, EDV-Hardware, sämtliche auf den Grundstücken befindliche Gegenstände des Umlaufvermögens. Soweit der A-e. V. Eigentum oder Miteigentum an diesen Gegenständen hat oder diese künftig erwirbt, wird das Eigentum oder Miteigentum übertragen; soweit der A-e. V. Anwartschaftsrechte auf Eigentumserwerb an dem ihr unter Eigentumsvorbehalt gelieferten beweglichen Vermögen hat, überträgt er hiermit dem B-e. V. diese Anwartschaftsrechte. Die wichtigsten beweglichen Vermögensgegenstände, insbes. Anlagen und Einrichtungen sind in der Anlage 2 aufgeführt, ohne jedoch auf die genannten Anlagen und Einrichtungen beschränkt zu sein.

c) Forderungen

Sämtliche Forderungen, die der Abteilung »Schwimmen« zuzuordnen sind, insbes. Forderungen aus Leistungen, geleisteten Anzahlungen, aus Darlehen, sowie Schadensersatzforderungen. Die Forderungen sind in der Anlage 3 aufgeführt. Soweit Forderungen in dieser Anlage nicht aufgeführt sind, werden sie dennoch übertragen, wenn und soweit sie der Abteilung »Schwimmen« zuzuordnen sind.

d) Bankguthaben

Sämtliche Bankguthaben bei allen Banken, Kreditinstituten und sonstigen Einrichtungen mit ihrem jeweiligen zum Stichtag ausgewiesenen Bestand. Die Kreditinstitute und Einrichtungen sowie die betroffenen Bankkonten sind in Anlage 3 aufgeführt.

e) Vertragsverhältnisse

Alle der Abteilung »Schwimmen« zuzuordnenden Verträge, insbes. Leasingverträge, Mietverträge, Kauf-, Dienst-, Werk-, Darlehens-, Versorgungs-, Versicherungs-, Finanzierungsverträge, sowie Angebote und sonstige Rechtsstellungen zivilrechtlicher oder öffentlich-rechtlicher Art. Die Verträge sind in Anlage 4 beschrieben. Soweit Verträge und Vertragsverhältnisse in dieser Anlage nicht aufgeführt sind, werden sie dennoch übertragen, wenn und soweit sie die Abteilung »Schwimmen« betreffen oder ihr zuzuordnen sind.

f) Arbeitsverhältnisse

Sämtliche der Abteilung »Schwimmen« zuzuordnenden Arbeitsverhältnisse einschließlich evtl. bestehender Verpflichtungen der betrieblichen Altersvorsorge um Zusage, Rückdeckungsversicherung im betrieblichen Versorgungsinteresse und sonstigen Zusagen mit Versorgungscharakter gehen nach § 613a BGB auf die aufnehmende Gesellschaft über. Die Arbeitnehmer werden bei der aufnehmenden Gesellschaft zu gleichen Konditionen beschäftigt. Sollten einzelne Arbeitnehmer den Übergang ihres Arbeitsverhältnisses widersprechen, so ist der B-e. V. verpflichtet, dem A-e. V. alle dadurch entstehenden Kosten zu ersetzen.

g) Steuern

Sämtliche Forderungen, Verbindlichkeiten und Rückstellungen gegenüber dem Finanzamt betreffend Körperschaftsteuer und Solidaritätszuschlag, Gewerbesteuer, Umsatzsteuer, Kfz-Steuer, Grundsteuer, Kapitalertragsteuer, Lohn- und Kirchensteuer, Zinsabschlagsteuer.

h) Beteiligung, Mitgliedschaften

Sämtliche zur Abteilung »Schwimmen« gehörenden Beteiligungen, Mitgliedschaften, Finanzanlagen und Ähnliches. Im Einzelnen handelt es sich um folgende Beteiligung:
– Die Mitgliedschaft des A-e. V. im Deutschen Schwimmverband e. V.

i) Verbindlichkeiten

Sämtliche zur Abteilung »Schwimmen« gehörenden und zuzuordnenden Verbindlichkeiten, also sämtliche Schulden, Verbindlichkeiten, Rückstellungen sowie Verlustrisiko aus schwebenden Geschäften. Die Verbindlichkeiten sind in Anlage 7 zu diesem Vertrag aufgeführt.

j) Sonstiges

Sowie alle sonstigen in der Anlage 8 aufgeführten Vermögenspositionen.

3. Für sämtliche unter Ziff. 2 beschriebenen Aktiva und Passiva gilt, dass die Übertragung im Wege der Spaltung alle Wirtschaftsgüter, Gegenstände, materiellen und immateriellen Rechte, Verbindlichkeiten, Rechtsbeziehungen erfasst, die der Abteilung »Schwimmen« dienen oder zu dienen bestimmt sind oder sonst die Abteilung »Schwimmen« betreffen oder ihr wirtschaftlich zuzurechnen sind, unabhängig davon, ob die Vermögensposition bilanzierungsfähig ist oder nicht. Die Übertragung erfolgt auch unabhängig davon, ob der Vermögensgegenstand in den Anlagen 1–7 aufgeführt ist.

Sollten die zu übertragenden Rechtspositionen des Aktiv- oder Passivvermögens bis zum Wirksamwerden der Spaltung im regelmäßigen Geschäftsgang veräußert worden sein, so werden die an ihre Stelle getretenen vorhandenen Surrogate übertragen. Übertragen werden auch die bis zum Wirksamwerden der Spaltung erworbenen Gegenstände des Aktiv- oder Passivvermögens, soweit sie zur übertragenen Abteilung »Schwimmen« gehören.

4. Bei Zweifelsfällen, die auch durch Auslegung dieses Vertrages nicht zu klären sind, gilt, dass Vermögensgegenstände, Verbindlichkeiten, Verträge und Rechtspositionen, die nach obigen Regeln nicht zugeordnet werden können, bei der übertragenden Gesellschaft verbleiben. In diesen Fällen ist der A-e. V. berechtigt, nach § 315 BGB eine Zuordnung nach ihrem Ermessen unter Berücksichtigung der wirtschaftlichen Zugehörigkeit vorzunehmen.

5. Soweit Vermögensgegenstände und Schulden und Rechtsbeziehungen, die der Abteilung »Schwimmen« wirtschaftlich zuzuordnen sind, nicht schon kraft Gesetzes mit der Eintragung der Spaltung in das Handelsregister der übertragenden Gesellschaft auf die aufnehmende Gesellschaft übergehen, wird die übertragende Gesellschaft diese Vermögensgegenstände oder Schulden sowie die Rechtsbeziehungen auf den B-e. V. übertragen. Ist die Übertragung im Außenverhältnis nicht oder nur mit unverhältnismäßigem Aufwand möglich oder unzweckmäßig, werden sich die beteiligten Gesellschaften im Innenverhältnis so stellen, wie sie stehen würden, wenn die Übertragung der Vermögensgegenstände und Passiva bzw. Rechtsbeziehungen auch im Außenverhältnis mit Wirkung zum Vollzug dabei erfolgt wäre. Wird die übertragende Gesellschaft aus Verbindlichkeiten in Anspruch genommen, die der aufnehmenden zuzuordnen sind, ist diese zur Freistellung verpflichtet oder hat Ausgleich zu leisten.

6. Auf die Anlagen 1–7, die dieser Urkunde als wesentlicher Bestandteil beigefügt sind, wird gemäß § 14 Abs. 1 BeurkG verwiesen. Die Beteiligten haben auf das Vorlesen verzichtet, stattdessen wurden ihnen die Anlagen 1–7 zur Kenntnisnahme vorgelegt, sie wurden von ihnen genehmigt und nach § 14 BeurkG unterschrieben.

7. Soweit für die Übertragung von bestimmten Gegenständen die Zustimmung eines Dritten an einer öffentlich-rechtlichen Genehmigung oder eine Registrierung erforderlich ist, werden

sich die übertragende und die aufnehmende Gesellschaft bemühen, die Zustimmung, Genehmigung oder Registrierung beizubringen. Falls dies nicht oder nur mit unverhältnismäßig hohem Aufwand möglich sein würde, werden sich die übertragende und die aufnehmende Gesellschaft im Innenverhältnis so stellen, als wäre die Übertragung der Gegenstände des ausgegliederten Vermögens mit Wirkung zum Vollzugsdatum erfolgt.

8. Berichtigungen bei Registern, Grundbuch

Der A-e. V. und der B-e. V. bewilligen und beantragen, nach Wirksamwerden der Ausgliederung das Grundbuch bei den unter Ziff. 2 beschriebenen Grundstücken und dinglichen Rechten zu berichtigen.

III. Gegenleistung

1. Der B-e. V. gewährt mit Wirksamwerden der Spaltung jedem Mitglied des A-e. V. eine Mitgliedschaft im B-e. V. Das Umtauschverhältnis beträgt…

Die Angaben zu den Mitgliedschaften im B-e. V. ergeben sich aus dem Wortlaut der als Anlage 5 zu diesem Vertrag genommenen geltenden Satzung des B-e. V.

2. Die Mitgliedschaft im übertragenden Verein bleibt unverändert bestehen.

3. Soweit ein Mitglied des A-e. V. bereits Mitglied im B-e. V. ist (Doppelmitgliedschaft) erhält es im B-e. V. keine weitere Mitgliedschaft. Der dadurch entstehende Verlust der Mitgliedschaft wird dadurch ersetzt, dass eine Entschädigung entsprechend Ziff. VIII (Abfindung) bezahlt wird.

IV. Spaltungsstichtag

Die Übernahme des vorbezeichneten Vermögens des A-e. V. erfolgt im Innenverhältnis mit Wirkung zum Ablauf des…… Vom…… an gelten alle Handlungen und Geschäfte des A-e. V., die das übertragene Vermögen betreffen, als für Rechnung des B-e. V. vorgenommen.

V. Besondere Rechte

Besondere Rechte i. S. v. § 126 Abs. 1 Nr. 7 UmwG bestehen bei dem B-e. V. nicht. Einzelnen Mitgliedern werden i. R. d. Spaltung keine besonderen Rechte gewährt.

VI. Besondere Vorteile

Besondere Vorteile i. S. v. § 126 Abs. 1 Nr. 8 UmwG werden weder einem Mitglied eines Vertretungs- oder Aufsichtsorgans, noch dem Abschlussprüfer oder dem Spaltungsprüfer gewährt.

VII. Folgen der Abspaltung für Arbeitnehmer und ihre Vertretungen

Folgen i. S. v. § 126 Abs. 1 Nr. 11 UmwG für die Arbeitnehmer und ihre Vertretungen ergeben sich nicht.

VIII. Abfindungsangebot

Der B-e. V. macht den Mitgliedern des A-e. V. für den Fall, dass diese gegen den Verschmelzungsbeschluss einen Widerspruch zur Niederschrift erklären, folgendes Abfindungsangebot nach § 29 Abs. 1 UmwG: Für den Fall, dass die Mitglieder ihr Ausscheiden erklären, erhalten sie als Gegenleistung eine Barabfindung i. H. v.…… €. Der B-e. V. trägt die Kosten des Ausscheidens.

IX. Sonstige Vereinbarungen

1. Sollten für die Übertragung der in Ziff. 1.2. genannten Sachen, Rechte, Vertragsverhältnisse und Verbindlichkeiten nach § 132 UmwG weitere Voraussetzungen geschaffen oder staatliche Genehmigungen eingeholt werden müssen, so verpflichten sich die Vertragsbeteiligten alle erforderlichen Erklärungen abzugeben und Handlungen vorzunehmen.

2. Sollte eine Übertragung der in Ziff. 1.2. genannten Sachen, Rechte, Vertragsverhältnisse und Verbindlichkeiten im Wege der Spaltung auf den B-e. V. rechtlich nicht möglich sein, so verpflichten sich die Vertragsbeteiligten alle erforderlichen Erklärungen abzugeben und alle

erforderlichen Handlungen vorzunehmen, die rechtlich zu dem beabsichtigten Vermögensübergang auf den B-e. V. in anderer Weise führen.

X. Bedingungen

Der Spaltungsvertrag steht unter der aufschiebenden Bedingung, dass die formgerechten Zustimmungsbeschlüsse der Mitgliederversammlungen beider Gesellschaften bis zum…… vorliegen.

XI. Kosten

Die durch diesen Vertrag und ihre Durchführung bei beiden Gesellschaften entstehenden Kosten trägt der B-e. V. Sollte die Spaltung nicht wirksam werden, tragen die Kosten dieses Vertrages die Gesellschaften zu gleichen Teilen; alle übrigen Kosten trägt die jeweils betroffene Gesellschaft allein.

Diese Niederschrift nebst allen Anlagen wurde den Erschienenen vom Notar vorgelesen, von ihnen genehmigt und von ihnen und dem Notar eigenhändig, wie folgt, unterzeichnet:

……

2. Registeranmeldung für den übertragenden Verein

▶ Muster: Registeranmeldung für den übertragenden Verein

649 An das

Amtsgericht

– Vereinsregister –

Betrifft: VR…… A-e. V.

In der Anlage überreiche ich, das unterzeichnende alleinvertretungsberechtigte Vorstandsmitglied des A-e. V.:
1. Elektronisch beglaubigte Abschrift des Spaltungsvertrages vom…… – UR.Nr.…… des beglaubigenden Notars –,
2. Elektronisch beglaubigte Abschrift des Zustimmungsbeschlusses der Mitgliederversammlung des A-e. V. vom…… – UR.Nr.…… des beglaubigenden Notars –,
3. Elektronisch beglaubigte Abschrift des Zustimmungsbeschlusses der Mitgliederversammlung des B-e. V. vom…… – UR.Nr.…… des beglaubigenden Notars –,
4. Elektronisch beglaubigte Abschrift des Spaltungsberichtes,
5. Elektronisch beglaubigte Abschrift des Prüfungsberichtes,
6. Elektronisch beglaubigte Abschrift des Schlussbilanz des A-e. V. zum Spaltungsstichtag

und melde zur Eintragung in das Vereinsregister an:

Der A-e. V. hat die im Spaltungsvertrag vom…… – UR.Nr.…… des beglaubigenden Notars – genannten Vermögensteile als Gesamtheit auf den B-e. V. mit dem Sitz in…… als übernehmender eingetragener Verein im Wege der Abspaltung durch Aufnahme übertragen.

Ich erkläre, dass weder der Spaltungsbeschluss der Mitglieder des A-e. V. noch der Spaltungsbeschluss der Mitglieder des B-e. V. angefochten worden ist; weder der A-e. V. noch der B.-e. V. haben einen Betriebsrat, sodass eine Zuleitung nach § 5 Abs. 3 UmwG entbehrlich ist.

……, den……   (Beglaubigungsvermerk)

3. Registeranmeldung für den übernehmenden Verein

▶ Muster: Registeranmeldung für den übernehmenden Verein

650 An das

Amtsgericht

– Vereinsregister –

Betrifft: VR…… B-e. V.

In der Anlage überreichen wir, die unterzeichnenden Vorstandsmitglieder des o. a. Vereins:
1. Elektronisch beglaubigte Abschrift des Spaltungsvertrages vom…… – UR.Nr.…… des beglaubigenden Notars –,
2. Elektronisch beglaubigte Abschrift des Zustimmungsbeschlusses der Mitgliederversammlung des A-e. V. vom…… – UR.Nr.…… des beglaubigenden Notars –,
3. Elektronisch beglaubigte Abschrift des Zustimmungsbeschlusses der Mitgliederversammlung des B-e. V. vom…… – UR.Nr.…… des beglaubigenden Notars –,
4. Elektronisch beglaubigte Abschrift des Spaltungsberichtes,
5. Elektronisch beglaubigte Abschrift des Prüfungsberichtes

und melden zur Eintragung in das Handelsregister an:

Der A-e. V. hat die im Spaltungsvertrag vom…… – UR.Nr.…… des beglaubigenden Notars – genannten Vermögensteile als Gesamtheit auf den B-e. V. mit dem Sitz in…… als übernehmender eingetragener Verein im Wege der Abspaltung durch Aufnahme übertragen.

Ich erkläre, dass weder der Spaltungsbeschluss der Mitglieder des A-e. V. noch der Spaltungsbeschluss der Mitglieder des B-e. V. angefochten worden ist; weder der A-e. V. noch der B-e. V. haben einen Betriebsrat. Die Zuleitung an den Betriebsrat nach § 5 Abs. 3 UmwG war daher entbehrlich.

….., den……   (Beglaubigungsvermerk)

G. Ausgliederung aus dem Vermögen eines Einzelkaufmanns

I. Checklisten

Beim **Ablauf der Ausgliederung** sind folgende Punkte zu beachten: 651

1. Checkliste: Ausgliederung zur Neugründung

▶
- ❑ Ausgliederungsplan (§§ 126, 136 UmwG), der auch den Gesellschaftsvertrag der neuen Gesellschaft enthält,   652
- ❑ Zuleitung des Ausgliederungsplan an den Betriebsrat (§ 126 Abs. 3 UmwG),
- ❑ Sachgründungsbericht, wenn die neu gegründete Gesellschaft GmbH ist (§ 138 i. V. m. § 159 UmwG),
- ❑ Gründungsbericht und Gründungsprüfung gem. §§ 32, 33 AktG, wenn neu gegründete Gesellschaft AG ist (§ 144 i. V. m. § 159 UmwG),
- ❑ Anmeldung der Ausgliederung in das Register des Einzelkaufmanns und das Register der neuen Gesellschaft (§ 137 i. V. m. § 158 UmwG),
- ❑ Eintragung der neuen Gesellschaft in das Handelsregister und dann Eintragung der Ausgliederung in das Handelsregister des Einzelkaufmanns (§ 137 Abs. 3 UmwG).

2. Checkliste: Ausgliederung zur Aufnahme

▶
- ❑ Ausgliederungsvertrag (§ 126 UmwG),   653
- ❑ Ausgliederungsbericht für die aufnehmende Gesellschaft (§ 127 und § 153 UmwG),
- ❑ Ausgliederungsprüfung (§ 9 i. V. m. § 125 UmwG und den Vorschriften über die einzelnen Gesellschaften),
- ❑ Zuleitung des Ausgliederungsvertrages an Betriebsrat (§ 126 Abs. 3 UmwG),
- ❑ Unterrichtung der Gesellschafter der aufnehmenden Gesellschaft (§§ 47, 63 UmwG),
- ❑ Bekanntmachung des Ausgliederungsvertrages bei AG beim Handelsregister (§ 61 UmwG),
- ❑ Ausgliederungsbeschluss des Beschlussorgans der aufnehmenden Gesellschaft (§§ 13, 49, 50, 65 UmwG),

- notwendige Zustimmungserklärung,
- Kapitalerhöhung bei der aufnehmenden Gesellschaft, soweit erforderlich (§§ 54, 55 für die GmbH, §§ 68, 69 UmwG für die AG),
- Anmeldung zum Handelsregister beim Register des Einzelkaufmanns und bei der übernehmenden Gesellschaft (§§ 16, 17, 52 UmwG),
- Eintragung der Kapitalerhöhung (§ 53 bzw. § 66 UmwG),
- Eintragung der Ausgliederung, zunächst in das Register des Sitzes der übernehmenden Gesellschaft, sodann in das Register des Sitzes des Einzelkaufmanns (§ 130 Abs. 1 UmwG).

II. Allgemeines

1. Überblick

654 Vor dem Jahr 1995 war die Übertragung eines einzelkaufmännischen Unternehmens auf eine Kapitalgesellschaft als **errichtende Umwandlung geregelt** (§§ 50 f. UmwG i. d. F. bis 1995). Das UmwG von 1995 behandelt diesen Fall nunmehr dogmatisch richtig als einen Fall der Ausgliederung. Diese Einordnung ist insofern zutreffend, denn der Einzelkaufmann besteht selbstverständlich als natürliche Person auch nach der Umwandlung weiter.

655 Daneben besteht die **Möglichkeit der Ausgliederung durch Einzelrechtsübertragung**, und zwar entweder zur Aufnahme auf eine bestehende Gesellschaft durch Sachkapitalerhöhung oder durch Neugründung einer Gesellschaft im Wege der Sachgründung. Zu beachten ist, dass auch im Ausgliederungsplan oder Ausgliederungsvertrag die Vermögensgegenstände, die übertragen werden sollen, mit dem sachenrechtlichen Bestimmtheitsgrundsatz genügen müssen, sodass im Grunde ähnliche Anforderungen wie an die Einzelrechtsübertragung zu stellen sind.[985] Für Verbindlichkeiten und sonstige Vertragsverhältnisse besteht der Vorteil, dass keine Zustimmung der Vertragspartner bzw. der Gläubiger nach §§ 414, 415 UmwG erforderlich ist. Insofern muss im Einzelfall abgewogen werden, welche Form der Ausgliederung (durch partielle Gesamtrechtsnachfolge oder durch Einzelrechtsübertragung) sachgerechter ist. Hier kommt es auf den Einzelfall und insb. auf die zu übertragenden Vermögensgegenstände und Verbindlichkeiten an. Der Nachteil der Ausgliederung nach §§ 152 ff. UmwG liegt darin, dass das Verfahren aufwendiger als die Einzelrechtsübertragung ist, da die Kautelen des UmwG zu berücksichtigen sind. Der Vorteil ist die Übertragung im Wege der partiellen Gesamtrechtsnachfolge ohne Zustimmung der Vertragspartner oder Gläubiger. Die Fragen sind im Einzelnen gegeneinander abzuwägen.

2. Zulässigkeitsvoraussetzungen

656 Die Zulässigkeitsvoraussetzungen werden in **§ 152 UmwG** geregelt.

a) Zulässigkeit

657 Voraussetzung ist zunächst, dass es sich um einen **Einzelkaufmann** handelt, »dessen Firma im Handelsregister eingetragen ist«. Nach dem Handelsrechtsreformgesetz v. 22.06.1998[986] ist nur noch die **Unterscheidung zwischen Ist- und Kannkaufmann** maßgebend, Minderkaufleute existieren nicht mehr. Allein maßgeblich für § 152 UmwG ist nach dem Handelsrechtsreformgesetz nunmehr die Eintragung im Handelsregister, da damit jedes gewerbliche Unternehmen zum Kaufmann wird. Der Kaufmann, der noch nicht im Handelsregister eingetragen ist, genügt nach dem klaren Wortlaut des § 152 UmwG, der vom Handelsrechtsreformgesetz nicht geändert wurde, nicht. Es genügt aber, wenn die Eintragung bei der Eintragung der Ausgliederung vorliegt, sodass

---

985 Zu Recht Widmann/Mayer/Mayer, Umwandlungsrecht, § 152 UmwG Rn. 16.
986 BGBl. I, S. 1474.

Umstritten ist, ob die **Erbengemeinschaft**, die nach dem Tod eines Einzelunternehmens ein kaufmännisches Unternehmen betreibt, eine Ausgliederung vornehmen kann. Ein Teil der Literatur lehnt dies ab.[988] Demgegenüber ist ein anderer Teil der Literatur der Auffassung, dass die Erbengemeinschaft des Einzelkaufmanns handelsrechtlich und umwandlungsrechtlich dem Einzelkaufmann gleichzustellen sei und daher die Ausgliederung zur Aufnahme auf eine Kapitalgesellschaft oder Genossenschaft, nicht jedoch auf eine Personengesellschaft (da die Erbengemeinschaft nicht deren Gesellschafter sein kann), zulässig ist.[989] Der letzteren Auffassung ist m. E. zu folgen. Bejaht man die Ausgliederungsfähigkeit, dann müssen alle Erben gemeinsam den Ausgliederungsvertrag abschließen, die Anteile erhält dann die Erbengemeinschaft gesamthänderisch. Auch der Testamentsvollstrecker ist befugt, die Ausgliederung vorzunehmen.[990]

658

b) Ausgliederung eines »Unternehmens«

Im Gegensatz zu den allgemeinen Spaltungsvorschriften enthält § 152 UmwG die **Einschränkung**, dass es sich bei dem übertragenden Vermögen um ein »Unternehmen« oder einen Teil desselben handeln muss. Damit wollte der Gesetzgeber allerdings keine inhaltliche Einschränkung vornehmen.[991] Das bedeutet, dass der Einzelkaufmann nicht nur sein gesamtes Vermögen oder Teilvermögen, sondern auch **Einzelvermögensgegenstände** ausgliedern kann, die **nicht unternehmenszugehörig** sind.[992] Dies kann insb. zur Herstellung einer Betriebsaufspaltung erfolgen.[993] Ebenfalls zulässig ist, dass mehrere Unternehmen in einem Schritt auf eine neu gegründete Gesellschaft übertragen werden.[994] Auch Vermögensgegenstände des Privatvermögens können in die Ausgliederung einbezogen werden, da die begriffliche Anknüpfung in § 152 UmwG keine Einschränkung der Parteiautonomie zur Folge hat.[995] Dies erfolgt durch »Umwidmung« im Ausgliederungsvertrag.[996]

659

---

987 Lutter/Karollus, UmwG, § 152 Rn. 25.
988 Widmann/Mayer/Mayer, Umwandlungsrecht, § 152 Rn. 30 ff.; Hörtnagl, in: Schmitt/Hörtnagl/Stratz, 152 UmwG Rn. 4.
989 So insb. Karollus, in: Lutter, Kölner Umwandlungstage, S. 188; Lutter/Karollus, UmwG, § 152 Rn. 14; Kallmeyer/Kallmeyer/Sickinger, UmwG, § 152 Rn. 3; vgl. auch K. Schmidt, ZGR 1990, 580, 592; Kölner KommUmwG/Simon § 152 UmwG Rn. 16; BeckOGK/Leitzen UmwG § 152 Rn. 34.
990 Vgl. Lutter/Karollus, UmwG, § 152 Rn. 20; BeckOGK/Leitzen UmwG § 152 Rn. 37; differenzierend Widmann/Mayer/Mayer, Umwandlungsrecht, § 152 UmwG Rn. 44.
991 So Karollus, in: Lutter, Kölner Umwandlungsrechtstage, S. 190 f.; Lutter/Karollus, UmwG, § 152 Rn. 39; Kallmeyer/Kallmeyer/Sickinger, UmwG, § 152 Rn. 1; Hörtnagl, in: Schmitt/Hörtnagl/Stratz, 152 UmwG Rn. 12; Widmann/Mayer/Mayer, Umwandlungsrecht, § 152 UmwG Rn. 62 f.; Maier-Reimer/Seulen, in: Semler/Stengel, § 154 UmwG Rn. 62 BeckOGK/Leitzen UmwG § 152 Rn. 63.
992 OLG Brandenburg NZG 2014, 713; BeckOGK/Leitzen UmwG § 152 Rn. 64; Kallmeyer/Kalmeyer/Sickinger § 152 UmwG Rn. 1; Widmann/Mayer/Mayer § 152 UmwG Rn. 62, Kölner KommUmwG/Simon§ 152 UmwG Rn. 37.
993 Kallmeyer/Kallmeyer/Sickinger, UmwG, § 152 Rn. 1.
994 Lutter/Karollus, UmwG, § 152 Rn. 40; Widmann/Mayer/Mayer, Umwandlungsrecht, § 152 UmwG Rn. 64 ff.; Hörtnagl, in: Schmitt/Hörtnagl/Stratz, 152 UmwG Rn. 17.
995 So zu Recht, Lutter/Karollus, UmwG, § 152 Rn. 41 f.; Kallmeyer/Sickinger, UmwG, § 152 Rn. 1; BeckOGK/Leitzen UmwG § 152 UmwG Rn. 64; Widmann/Mayer/Mayer, Umwandlungsrecht, § 152 UmwG Rn. 62; Kölner KommUmwG/Simon§ 152 UmwG Rn. 37; Maier-Reimer/Seulen, in: Semler/Stengel, § 154 UmwG Rn. 67 f.
996 OLG Brandenburg NZG 2014, 713.

c) Überschuldete Unternehmen

660 Nach § 152 Abs. 2 ist die **Ausgliederung ausgeschlossen**, wenn die Verbindlichkeiten des Einzelkaufmanns sein Vermögen übersteigen. Der Zweck dieser Vorschrift ist nicht ganz klar. Z. T. wird angenommen, dass durch die Sperre verhindert werden soll, dass der neue Rechtsträger überschuldet wird. Nach anderer richtiger Ansicht, spielt dies jedenfalls bei Rechtsträgern, bei denen die Kapitalaufbringung geprüft wird, keine gesonderte Rolle, sodass der Zweck wohl eher bei den Gläubigern des übertragenden Kaufmanns zu suchen ist.[997]

Die Vorschrift dürfte **rechtspolitisch** verfehlt sein, da den Gläubigern des Kaufmanns bei der Ausgliederung die neuen Anteile zur Verfügung stehen und nur ein Vermögenstausch stattfindet.[998] Zur Feststellung der Überschuldung ist ein Vermögensvergleich anzustellen, bei dem allerdings das gesamte Vermögen des Einzelkaufmanns unter Einschluss seines Privatvermögens zu den wahren Werten mit der Summe der privaten und der Unternehmensverbindlichkeiten zu vergleichen ist.[999] Anzusetzen sind dabei Liquidationswerte, auf eine Fortführungsprognose kommt es anders als im Insolvenzrecht nicht an.[1000] Das **Registergericht** hat die Eintragung der Ausgliederung bei Überschuldung abzulehnen (§§ 154, 160 Abs. 2 UmwG). Str. ist, ob der Einzelkaufmann bei der Anmeldung zu seinem Register eine **Erklärung** abgeben muss, dass bei ihm keine Überschuldung vorliegt. Die herrschende Meinung verlangt dies.[1001]

d) Aufnehmender Rechtsträger

661 Aufnehmender Rechtsträger kann sein:[1002]
– Personenhandelsgesellschaft,
– Kapitalgesellschaft, zur UG vgl. oben Teil Rdn. 461 ff.)
– Genossenschaft.

III. Ausgliederungsplan und Ausgliederungsvertrag

662 Grundlage ist wie bei der Spaltung der Ausgliederungsplan bzw. -vertrag, auf den die Vorschriften über den Spaltungsplan weitgehend entsprechend anzuwenden sind (vgl. dazu Teil 3 Rdn. 38 ff., 176 ff., insbes. 182), Angaben zum Umtauschverhältnis sind aber z. B. nicht notwendig, da kein Anteilstausch auf Gesellschafterebene stattfindet (Teil 3 Rdn. 132 ff.). Grundlage für die Ausgliederung zur Aufnahme ist der **Ausgliederungsvertrag**, der wie der Spaltungsvertrag behandelt wird.[1003] Der Ausgliederungsvertrag wird von dem Einzelkaufmann auf der einen und von dem Geschäftsführungsorgan des aufnehmenden Rechtsträgers auf der anderen Seite abgeschlossen. Dabei sind die Besonderheiten zu beachten, die für den aufnehmenden Rechtsträger gelten. Es kann daher auf die spezifischen Besonderheiten oben (Teil 3 Rdn. 176 ff.) verwiesen werden.

---

997 So Lutter/Karollus, UmwG, § 152 Rn. 45; Widmann/Mayer/Mayer, Umwandlungsrecht, § 152 UmwG Rn. 73 ff.; Hörtnagl, in: Schmitt/Hörtnagl/Stratz, 152 UmwG Rn. 24; Maier-Reimer/Seulen, in: Semler/Stengel, § 154 UmwG Rn. 74; BeckOGK/Leitzen UmwG § 152 Rn. 72.
998 So auch Widmann/Mayer/Mayer, Umwandlungsrecht, § 152 UmwG Rn. 79; Hörtnagl, in: Schmitt/Hörtnagl/Stratz, 152 UmwG Rn. 25.
999 Kallmeyer/Kallmeyer/Sickinger, UmwG, § 152 Rn. 4; Lutter/Karollus, UmwG, § 152 Rn. 45 f.
1000 Widmann/Mayer/Mayer, Umwandlungsrecht, § 152 UmwG Rn. 78; Lutter/Karollus, UmwG, § 152 Rn. 45 f.; Kallmeyer/Kallmeyer/Sickinger, UmwG, § 152 Rn. 4; Hörtnagl, in: Schmitt/Hörtnagl/Stratz, 152 UmwG Rn. 26; BeckOGK/Leitzen UmwG § 152 Rn. 76.
1001 So Kallmeyer/Zimmermann, UmwG, § 154 Rn. 5; Widmann/Mayer/Mayer, Umwandlungsrecht, § 154 UmwG Rn. 12; Hörtnagl, in: Schmitt/Hörtnagl/Stratz, § 154 UmwG Rn. 4; Maier-Reimer/Seulen, in: Semler/Stengel, § 154 UmwG Rn. 3, vgl. auch BeckOGK/Leitzen UmwG § 154 Rn. 16; krit. zu Recht Lutter/Karollus, UmwG, § 154 Rn. 11; a. A. KölnKom/Simon, § 154 UmwG Rn. 6.
1002 Vgl. BeckOGK/Leitzen UmwG § 152 Rn. 45 ff.
1003 Vgl. im Einzelnen oben Teil 2 Rdn. 1193 ff BeckOGK/Leitzen UmwG § 152 Rn. 86 ff.

Auch der **Inhalt des Ausgliederungsvertrages** richtet sich nach den Vorschriften über den Spaltungsvertrag, sodass auf die obigen Ausführungen verwiesen werden kann (vgl. oben Teil 3 Rdn. 38 ff.). 663

Bei der Ausgliederung zur Neugründung ist ein **Ausgliederungsplan** als einseitiges Rechtsgeschäft erforderlich (vgl auch oben Teil 3 Rdn. 176 ff., 182 f.).[1004] Der Ausgliederungsplan wird von dem Einzelkaufmann als einseitiges Rechtsgeschäft erklärt. Es gilt § 136 UmwG, der Ausgliederungsplan tritt an die Stelle des Ausgliederungsvertrages. Inhaltlich gelten die Vorschriften des § 136 UmwG. Auch insofern kann auf die obigen Ausführungen verwiesen werden. 664

Bei der Ausgliederung zur Neugründung kann die **Ausgliederung nur auf eine Kapitalgesellschaft** erfolgen. Eine Ausgliederung auf eine Personenhandelsgesellschaft oder Genossenschaft ist nur zur Aufnahme, nicht aber zur Neugründung zulässig.[1005] Dies macht der Gesetzeswortlaut deutlich. Die Begründung zum RegE nennt als Grund für die Unzulässigkeit der Ausgliederung zur Neugründung auf eine Personenhandelsgesellschaft, dass hier die Gründung einer Ein-Mann-Gesellschaft begrifflich ausgeschlossen ist.[1006] Das Problem lässt sich allerdings relativ leicht dadurch lösen, dass kurz vor der Ausgliederung eine Personenhandelsgesellschaft oder Genossenschaft gegründet wird, auf die eine Ausgliederung zur Aufnahme erfolgt.[1007] 665

IV. Ausgliederung zur Aufnahme und Kapitalerhöhung beim übernehmenden Rechtsträger

Eines der Merkmale ist ebenso wie bei der Spaltung zur Aufnahme der Ausgliederung die **Gewährung von Geschäftsanteilen** oder Mitgliedschaftsrechten an der aufnehmenden Gesellschaft. Bei der Ausgliederung werden anders als bei der Spaltung diese Anteile an den Gesellschafter direkt gewährt. Es entsteht also eine **direkte Beteiligung des Einzelunternehmens** an der aufnehmenden Gesellschaft. Die Anteilsgewährung stellt die Gegenleistung für die Übertragung des ausgegliederten Vermögens dar. Insofern stellt auch Ausgliederung ein **gegenseitiges Austauschverhältnis** dar. 666

1. Erleichterte Kapitalerhöhung bei der Ausgliederung

Da für die Ausgliederung die allgemeinen Spaltungsvorschriften gelten, führt die Verweisung in § 125 Satz 2 UmwG auf die Vorschriften des Verschmelzungsrechts dazu, dass die **Vorschriften über die erleichterte Kapitalerhöhung** bei der Verschmelzung, d. h. die §§ 53 ff. UmwG für die GmbH und die §§ 66 ff. UmwG für die AG gelten. Es kann daher auch hier auf die obigen Ausführungen verwiesen werden (vgl. oben Teil 3 Rdn. 185 ff.). 667

Die Kapitalerhöhung bei der Ausgliederung ist daher genauso wie bei der Verschmelzung eine **Kapitalerhöhung gegen Sacheinlage**. Gegenstand der Sacheinlage ist der Teil des ausgegliederten Vermögens. Die **Einlagepflicht** wird durch Übertragung des ausgegliederten Vermögens der übertragenden Gesellschaft erfüllt (vgl. im Einzelnen Teil 3 Rdn. 206 ff.). 668

Auch bei der Spaltung stellt sich die Frage, wie der **Kapitalerhöhungsbetrag** bei der aufnehmenden Gesellschaft festgelegt wird. Auch hier gilt aus Gründen des Gläubigerschutzes das Verbot der Überbewertung des ausgegliederten Vermögens bzw. das Verbot einer unter-pari-Emission (vgl. § 9 Abs. 1 AktG bzw. §§ 9c, 57a GmbHG). 669

1004 BeckOGK/Leitzen UmwG § 152 Rn. 126; § 158 Rn. 6.
1005 Vgl. Kallmeyer/Kallmeyer/Sickinger, UmwG, § 152 Rn. 2; Lutter/Karollus, § 152 UmwG Rn. 31; Maier-Reimer/Seulen, in: Semler/Stengel, § 154 UmwG Rn. 51 f.
1006 Vgl. BR-Drucks. 75/94, S. 128, abgedruckt, in: Limmer, Umwandlungsrecht, S. 323.
1007 Vgl. oben Teil 3 Rdn. 425 ff.; Karollus, in: Lutter, Kölner Umwandlungsrechtstage, S. 185; Lutter/Karollus, § 152 UmwG Rn. 31; Maier-Reimer/Seulen, in: Semler/Stengel, § 154 UmwG Rn. 52.

670 Grds. ist für die Höhe der notwendigen Kapitalerhöhung der Wert des ausgegliederten Vermögens maßgebend. Bereits bei der **Bestimmung des Umtauschverhältnisses** im Ausgliederungsvertrag erfolgt eine Festlegung der Werte des ausgegliederten Vermögens in der Relation zum Wert der aufnehmenden Gesellschaft. Alle an der Ausgliederung beteiligten Unternehmen bzw. Unternehmensgegenstände sind daher nach denselben betriebswirtschaftlichen Methoden zu bewerten. Maßgebend ist grds. der wahre Wert, **stille Reserven** müssen aufgedeckt werden. Allerdings wird man es wie bei der Verschmelzung für zulässig erachten müssen, dass eine Unterbewertung des übertragenen Vermögens zulässig ist (vgl. oben Teil 3 Rdn. 206 ff.).

671 Da es sich bei der Ausgliederung mit Kapitalerhöhungen im Grundsatz um eine Sacheinlage in die aufnehmende Gesellschaft handelt, ist die **Prüfungsbefugnis** im Registerrecht wie bei der Kapitalerhöhung anzunehmen. Bei der Ausgliederung auf eine **AG** gilt auch daher § 142 UmwG mit der Verweisung auf § 69 UmwG, sodass eine Prüfung der Sacheinlage, die im Wege der Ausgliederung übertragen wird, nach § 183 Abs. 3 AktG stets stattzufinden hat.

672 Für die **GmbH** gilt wie bei der Verschmelzung das Gleiche. Es stellt sich auch hier wie bei der Spaltung die Frage, ob generell ein Sachkapitalerhöhungsbericht verlangt werden kann (vgl. oben Teil 3 Rdn. 226). Jedenfalls kann das Registergericht bei der Ausgliederung zur Aufnahme die Vorlage der Unterlagen verlangen, die eine Prüfung ermöglichen. Als geeignete Unterlagen kommen etwa eine Schlussbilanz des übertragenen Einzelunternehmers in Betracht.

▶ Hinweis:

673 In der Praxis empfiehlt sich jedenfalls bei der Einbringung im Wege der Spaltung hinsichtlich der Ordnungsmäßigkeit der Wertansätze eine »**bescheinigte**« **Ausgliederungsbilanz der übertragenen Gesellschaft**, die durch ein Angleichen der wirtschaftsprüfenden oder steuerberatenden Berufe erstellt wird. Dabei ist nicht Voraussetzung, dass die Einbringung zu Buchwerten erfolgt. Allerdings muss bei der Aufdeckung stiller Reserven dargelegt werden, wie die Werte zustande kommen. U. U. kann hier der Richter ein spezielles Gutachten verlangen.

2. Kapitalerhöhungsverbote

674 § 125 Satz 1 UmwG verweist bzgl. der Ausgliederung anders als die Spaltung **nicht auf die Vorschriften über die Kapitalerhöhungsverbote**, also die §§ 54 und 68 UmwG. Die Begründung zum RegE weist darauf hin, dass § 125 UmwG auch die Anwendung der Vorschriften ausschließt, die für eine übernehmende Kapitalgesellschaft die Erhöhung des Stammkapitals oder Grundkapitals im bestimmten Verhältnis verbieten. Da es bei der Ausgliederung nicht zu einem Anteilstausch kommt, können eigene Anteile bzw. eigene Aktien jedenfalls dadurch nicht entstehen, sodass der Zweck der §§ 54, 68 UmwG für die Ausgliederung nicht zutrifft (vgl. dazu oben Teil 3 Rdn. 350 ff.).

Findet also etwa eine Unterbewertung des übertragenen Vermögens statt, so wird man anders als bei der Verschmelzung oder bei der Spaltung eine **Begründung einer Darlehensverbindlichkeit** zulassen müssen, da das Verbot der baren Zuzahlung nicht gilt. Bei der Ausgliederung ist § 54 UmwG nicht anwendbar, der in Abs. 4 bare Zuzahlungen auf den zehnten Teil des Gesamtnennbetrags der gewährten Geschäftsanteile der übernehmenden Gesellschaft beschränkt. Nach der allgemeinen Meinung kann deshalb der Ausgliederungs- und Übernahmevertrag bare Zuzahlungen in unbeschränkter Höhe festsetzen.[1008] Bei der Ausgliederung kann folglich – anders als bei

---

1008 Vgl. OLG München, DNotZ 2012, 308 = NZG 2012, 229; Widmann/Fronhöfer, UmwG § 125 Rn. 75; Kallmeyer/Sickinger, UmwG, § 125 Rn. 60; Lutter/Priester, UmwG, § 126 Rn. 35 a. E.; BeckOGK/Verse UmwG § 125 Rn. 55; Kadel BWNotZ 2010, 46, 48.

Abspaltung – auch eine Wertdifferent zwischen dem eingebrachten Vermögen und dem Nennbetrag des Stammkapitals der aufnehmenden Gesellschaft als Darlehen gewährt werden.[1009]

V. Ausgliederungsbericht

Grds. ist gem. § 127 UmwG wie bei der Spaltung ein **Ausgliederungsbericht erforderlich**. Allerdings bestimmt § 153 UmwG, dass für den Einzelkaufmann dieser Ausgliederungsbericht nicht erforderlich ist. Allerdings ist unabhängig davon die Frage zu beantworten, ob ein solcher Bericht für die Gesellschafter der aufnehmenden Gesellschaft notwendig ist.[1010]

675

Danach ist i. d. R. bei einer Ausgliederung zur Aufnahme ein Ausgliederungsbericht für die Gesellschafter der aufnehmenden Gesellschaft erforderlich, wenn nicht die **Sonderfälle des § 8 Abs. 3 i. V. m. § 125 UmwG** vorliegen, d. h., alle Gesellschafter der aufnehmenden Gesellschaft haben auf den Bericht verzichtet oder es findet eine Ausgliederung im 100 %igen Konzernverhältnis statt.[1011]

VI. Ausgliederungsprüfung

Eine Prüfung i. S. d. §§ 9 bis 12 UmwG findet bei einer Ausgliederung gem. § 125 Satz 2 nicht statt.[1012] Soll auf eine Genossenschaft ausgegliedert werden, wird man diese Vorschrift analog auf § 81 UmwG anwenden müssen, da das **Gutachten des Prüfungsverbandes** die Ausgliederungsprüfung ersetzt.

676

VII. Ausgliederungsbeschluss

Ein Ausgliederungsbeschluss ist **nur bei der aufnehmenden Gesellschaft** erforderlich, da der Einzelkaufmann bei der Ausgliederung bereits die für ihn notwendige Erklärung i. R. d. Ausgliederungsvertrages abgibt und eine weitere rechtsgeschäftliche Erklärung überflüssig wäre.[1013] Für den Ausgliederungsbeschluss bei der aufnehmenden Gesellschaft gelten aber die allgemeinen Grundsätze bzgl. Spaltungs- und Verschmelzungsbeschluss (vgl. oben Teil 3 Rdn. 314 ff.).

677

1. Vorbereitung der Gesellschafter- bzw. der Hauptversammlung

Die Vorbereitung der Gesellschafter- bzw. der Hauptversammlung, in der über die Ausgliederung beschlossen werden soll, unterliegt den **gleichen Vorschriften wie bei der Verschmelzung und Spaltung**. § 125 Satz 1 UmwG verweist insgesamt bzgl. dieser Vorbereitungsvorschriften auf die Vorschriften des Zweiten Buches bzgl. der Verschmelzung (vgl. oben Teil 3 Rdn. 307 ff.).

678

2. Hauptversammlung bzw. Gesellschafterversammlung

Auch bei der Ausgliederung ist nach § 125 Satz 1 i. V. m. § 13 UmwG ein **Beschluss der Anteilsinhaber** des aufnehmenden Rechtsträgers erforderlich, also ein sog. Ausgliederungsbeschluss. Auch hier gelten die allgemeinen Vorschriften über die Verschmelzung, insb. auch bzgl. der Beschlussmehrheiten (vgl. oben Teil 3 Rdn. 324 ff.).

679

1009 OLG München, DNotZ 2012, 308 = NZG 2012, 229; Maier-Reimer/Seulen in: Semler/Stengel, UmwG, § 152 Rn. 71; Kallmeyer/Sickinger, § 125 Rn. 60; Lutter/Priester, § 126 Rn. 35; Lutter/Karollus, § 159 Rn. 16; Widmann/Mayer, § 135 UmwG Rn. 38; Widmann/Mayer, § 152 Rn. 102; Maier-Reimer/Seulen, in: Semler/Stengel, § 152 UmwG Rn. 71.
1010 So zu Recht die Begründung zum RegE, abgedruckt in: Limmer, Umwandlungsrecht, S. 324; Lutter/Karollus, Vor § 153 UmwG Rn. 9.
1011 Lutter/Karollus, Vor § 153 UmwG Rn. 9.
1012 Lutter/Karollus, Vor § 153 UmwG Rn. 8.
1013 Widmann/Mayer/Mayer, Umwandlungsrecht, § 152 UmwG Rn. 94; Lutter/Karollus, UmwG, Vor § 153 Rn. 11; § 154 UmwG Rn. 12; Kallmeyer/Zimmermann, § 154 UmwG Rn. 3; Maier-Reimer/Seulen in: Semler/Stengel, UmwG, § 154 Rn. 11; BeckOGK/Leitzen UmwG § 158 Rn. 9.

VIII. Ausgliederung zur Neugründung

680 Bei der Ausgliederung zur Neugründung wird das ausgegliederte Vermögen auf eine neu gegründete Gesellschaft übertragen und dem Einzelunternehmer die Geschäftsanteile an dieser neuen Gesellschaft gewährt. Es handelt sich hierbei dann um eine **Ein-Mann-Gesellschaft**. Deshalb bestimmt § 152 UmwG, dass eine Ausgliederung aus dem Vermögen eines Einzelkaufmanns nicht auf eine Personengesellschaft erfolgen kann, da die Gründung einer Ein-Mann-Personengesellschaft oder eine Ein-Mann-Genossenschaft nicht möglich ist.

681 Bei der Ausgliederung zur Neugründung wird die aufnehmende Gesellschaft **erst mit der Ausgliederung errichtet**, wobei das Vermögen des ausgliedernden Rechtsträgers auf die neue Gesellschaft übergeht. Bei der Ausgliederung zur Neugründung gründet der übertragende Einzelunternehmer die neue übernehmende Gesellschaft. Er ist damit Gründer der neuen Gesellschaft (§ 135 Abs. 2 Satz 2 UmwG).

682 § 135 Abs. 2 Satz 1 bestimmt, dass auf die Gründung der neuen Kapitalgesellschaft die **jeweiligen Gründungsvorschriften** anzuwenden sind.

1. Gesellschaftsvertrag bzw. Satzung als Teil des Ausgliederungsplans

683 Es gilt daher auch § 37 UmwG, der bestimmt, dass der Gesellschaftsvertrag bzw. die Satzung der neuen Gesellschaft Teil des Ausgliederungsplans ist. Hiermit ist klargestellt, dass die Satzung i. R. d. Ausgliederungserklärung festgestellt wird.

684 Bei der **Abfassung des Gesellschaftsvertrages** ist darauf zu achten, dass es sich bei der Ausgliederung zur Neugründung um eine Sachgründung handelt, sodass das Stammkapital durch das eingebrachte Vermögen der verschmelzenden Gesellschaft erbracht wird. Dies ist in der Satzung auszuweisen. Im Gesellschaftsvertrag sind daher insb. der Nennbetrag des Geschäftsanteils und die Tatsache, dass die Sacheinlage durch Ausgliederung des Vermögens aus dem Vermögen des Einzelunternehmens erbracht wird, anzugeben.

685 Auch i. Ü. ergibt sich der notwendige **Inhalt der Satzung** aus den allgemeinen Vorschriften des GmbHG bzw. des AktG (§§ 3 ff. GmbHG, § 23 AktG, vgl. oben Teil 3 Rdn. 234 ff.).

2. Kapitalaufbringung bei der neu gegründeten Gesellschaft

686 Es gelten daher auch i. R. d. Anwendung der Gründungsvorschriften die **Kapitalaufbringungsgrundsätze**. Es muss bei der Ausgliederung zur Neugründung sichergestellt sein, dass das gesetzliche Mindestkapital ohne das darüber hinausgehend vereinbarte Stammkapital durch das übergehende Nettovermögen gedeckt ist (vgl. hierzu oben Teil 3 Rdn. 253 ff.).

687 Wie bei der Kapitalerhöhung wird man wohl eine Unterbewertung als zulässig erachten müssen. Da bei der Ausgliederung § 54 Abs. 4 UmwG nicht gilt, wird auch die Möglichkeit als zulässig erachtet werden müssen, überschießende Beträge als **Darlehensverbindlichkeiten** zu begründen. Nach der allgemeinen Meinung kann deshalb der Ausgliederungs- und Übernahmevertrag bare Zuzahlungen in unbeschränkter Höhe festsetzen.[1014] Bei der Ausgliederung kann folglich – anders als bei Abspaltung – auch eine Wertdifferent zwischen dem eingebrachten Vermögen und dem Nennbetrag des Stammkapitals der aufnehmenden Gesellschaft als Darlehen gewährt werden.[1015]

[1014] Vgl. OLG München, DNotZ 2012, 308 = NZG 2012, 229; Widmann/Fronhöfer, UmwG § 125 Rn. 75; Kallmeyer/Sickinger, UmwG, § 125 Rn. 60; Lutter/Priester, UmwG, § 126 Rn. 35 a. E.; BeckOGK/Verse UmwG § 125 Rn. 55; Kadel BWNotZ 2010, 46, 48.

[1015] OLG München, DNotZ 2012, 308 = NZG 2012, 229; Maier-Reimer/Seulen in: Semler/Stengel, UmwG, § 152 Rn. 71; Kallmeyer/Sickinger, UmwG, § 125 Rn. 60; Lutter/Priester, § 126 Rn. 35; Lutter/Karollus, § 159 Rn. 16; Widmann/Mayer, § 135 UmwG Rn. 38; Widmann/Mayer, UmwG § 152 Rn. 102; Maier-Reimer/Seulen, in: Semler/Stengel, § 152 UmwG Rn. 71.

Darüber hinaus darf, sofern dies im Ausgliederungsplan aufgenommen worden ist, auch eine Barauszahlung des überschießenden Betrages erfolgen, da, wie dargelegt, § 54 Abs. 4 bzw. § 68 Abs. 3 UmwG und seine Beschränkung der baren Zuzahlungen gem. § 125 Satz 1 UmwG nicht anwendbar sind.[1016]

3. Organbestellung

Auch bei der Ausgliederung zur Neugründung wird man zweckmäßigerweise auch gleichzeitig mit dem Abschluss des Gesellschaftsvertrages der neuen Gesellschaft die **Bestellung der ersten Geschäftsführer** bzw. Vorstände der neu gegründeten Gesellschaft vornehmen (vgl. oben Teil 3 Rdn. 258). 688

4. Sachgründungsbericht bzw. Gründungsbericht und Gründungsprüfung

a) Allgemeines

Wie dargelegt, bestimmen § 139 bzw. § 145 UmwG, dass bei einer Spaltung zur Neugründung anders als bei der Verschmelzung **stets ein Sachgründungsbericht** bei der Gründung einer GmbH bzw. ein Gründungsbericht und eine Gründungsprüfung bei der Gründung einer AG erforderlich sind. Hierdurch soll verhindert werden, dass Gläubiger der neu gegründeten Gesellschaft gefährdet werden, wenn der übertragende Rechtsträger die weniger wertvollen Vermögensteile abstößt oder wenn deren Zusammensetzung die Ertragsaussichten des übertragenden Betriebes sinken lässt.[1017] Daher sind auch bei der Ausgliederung aus dem Vermögen eines Einzelkaufmannes bei der Neugründung stets ein Sachgründungsbericht bzw. bei der Neugründung einer AG stets ein Gründungsbericht und eine Gründungsprüfung erforderlich. 689

Der Sachgründungsbericht nach § 5 Abs. 4 Satz 2 GmbHG hat die **Aufgabe**, plausibel zu machen, welche Überlegungen für den Einlagewert des ausgegliederten Vermögens sprechen. Dabei soll die Werthaltigkeit der Vermögensteile im Hinblick auf das Stammkapital der neu gegründeten Gesellschaft nachgewiesen werden. 690

§ 159 Abs. 1 UmwG bestimmt, dass auf den Sachgründungsbericht bei der GmbH § 58 Abs. 1 UmwG, auf den Gründungsbericht – bei der AG § 75 Abs. 1 UmwG – entsprechend anzuwenden ist. Das bedeutet, dass in dem Sachgründungsbericht bzw. dem Gründungsbericht gem. § 32 AktG neben den sonstigen Angaben auch der **Geschäftsverlauf** und die **Lage des übertragenen Einzelunternehmens** darzustellen sind. Die in diesem Zusammenhang darzustellenden Tatsachen entsprechen denjenigen beim Lagebericht nach §§ 289 ff. HGB, dessen wesentliche Angaben auch hier gelten: Die Darstellung muss ein dem tatsächlichen Verhältnis entsprechendes Bild vermitteln. 691

b) Gründungsprüfung bei Gründung einer AG

Für die Gründungsprüfung bei der AG gelten die **allgemeinen Regeln** (vgl. auch Teil 3 Rdn. 265): 692
- interne Gründungsprüfung durch Vorstand und Aufsichtsrat (§ 33 Abs. 1 AktG),
- externe Gründungsprüfung nach § 33 Abs. 2 AktG durch vom Gericht zu bestellende Gründungsprüfer (§ 33 Abs. 3 AktG).

§ 159 Abs. 2 UmwG bestimmt weiter, dass im Fall der Gründung einer AG oder einer KGaA die Prüfung sich auch darauf zu erstrecken hat, ob die **Verbindlichkeiten des Einzelkaufmanns** sein 693

1016 Lutter/Karollus, § 159 Rn. 16; Widmann/Mayer, § 135 UmwG Rn. 38; Widmann/Mayer, UmwG § 152 Rn. 102; Maier-Reimer/Seulen, in: Semler/Stengel, § 152 UmwG Rn. 71.
1017 Vgl. Begründung zum RegE, BR-Drucks. 75/94, S. 125, abgedruckt in: Limmer, Umwandlungsrecht, S. 320.

Vermögen übersteigen.:[1018] Dies gilt nach dem klaren Wortlaut sowohl für die interne Gründungsprüfung durch Vorstand und Aufsichtsrat als auch für die externe Gründungsprüfung nach § 33 Abs. 2 AktG durch vom Gericht zu bestellende Gründungsprüfer.[1019] Nach § 159 Abs. 3 UmwG hat zur Durchführung dieser Prüfung der Einzelkaufmann dem Prüfer eine **Aufstellung vorzulegen**, in der sein Vermögen seinen Verbindlichkeiten gegenübergestellt ist. Die Vermögensaufstellung nach § 159 Abs. 3 UmwG ist nur den Prüfern vorzulegen, nicht dem Handelsregister[1020] Streitig ist ob auch die internen oder nur die externen Prüfer die Aufstellung erhalten. Richtig ist die Ansicht, dass beide Prüfungsorgane den Bericht erhalten.[1021] Die Vermögensaufstellung hat das gesamte Vermögen des Einzelkaufmann zu enthalten, auch sein Privatvermögen.[1022] Ergänzt wird diese Vorschrift durch § 160 Abs. 2 UmwG, nach der die Eintragung der Gesellschaft abzulehnen ist, wenn die Verbindlichkeiten des Einzelkaufmanns sein Vermögen übersteigen. Die Vorschriften entsprechen weitestgehend der alten Vorschrift des § 53 Abs. 2 UmwG.

IX. Handelsregisteranmeldung

694 S. zunächst die allgemeine Regelung bei der Ausgliederung zur Aufnahme, hier gelten keine Besonderheiten, vgl. oben bei Teil 3 Rdn. 362 ff.

695 Bei der Anmeldung der **Ausgliederung zur Neugründung** regelt § 160 UmwG eine Besonderheit: Zum einen ist die Ausgliederung zum Handelsregister des Einzelkaufmanns anzumelden, zum anderen der neue Rechtsträger. Die Anmeldung des neu gegründeten Rechtsträgers haben sowohl der Einzelkaufmann als auch **sämtliche Geschäftsführer bzw. Vorstands- und Aufsichtsratsmitglieder** der neuen Gesellschaft **gemeinsam vorzunehmen**.[1023] Die Anmeldung durch den Einzelkaufmann und Vertretungsorgane in vertretungsberechtigter Anzahl genügt nicht.[1024] Anzumelden ist danach die Gründung des neuen Rechtsträgers mit den für die Ersteintragung notwendigen Angaben.[1025] Für die Anmeldung der Spaltung bei dem Register des Einzelkaufmanns verbleibt es bei den hierfür geltenden Regelungen, insbesondere den §§ 137, 154 UmwG.[1026]

696 Wird das gesamte Unternehmen des Einzelkaufmanns ausgegliedert, erlischt mit der Eintragung der Ausgliederung die Firma des Einzelkaufmanns. Das **Erlöschen** ist von Amts wegen einzutragen (§ 155 UmwG).

697 Die Ausgliederung bewirkt keine **Haftungsbefreiung** des Einzelkaufmanns von den übergegangenen Verbindlichkeiten (§ 156 UmwG). Seine Haftung wird aber zeitlich begrenzt.

1018 Kallmeyer/Kallmeyer/Sickinger, UmwG, § 159 Rn. 2; Lutter/Karollus, UmwG, § 159 Rn. 9.
1019 Kallmeyer/Kallmeyer/Sickinger, UmwG, § 159 Rn. 2; Lutter/Karollus, UmwG, § 159 Rn. 9; Maier-Reimer/Seulen in: Semler/Stengel, UmwG, § 159 Rn. 8; Hörtnagl, in: Schmitt/Hörtnagl/Stratz, § 159 UmwG Rn. 4.
1020 Lutter/Karollus, UmwG, § 159 Rn. 10; Widmann/Mayer/Mayer, Umwandlungsrecht, § 159 UmwG Rn. 15; Hörtnagl, in: Schmitt/Hörtnagl/Stratz, § 154 UmwG Rn. 5, 9.
1021 Lutter/Karollus, UmwG, § 159 Rn. 10; Hörtnagl, in: Schmitt/Hörtnagl/Stratz, § 159 UmwG Rn. 5, 9; anders offenbar Maier-Reimer/Seulen in: Semler/Stengel, UmwG, § 159 Rn. 12; Widmann/Mayer/Mayer, Umwandlungsrecht, § 159 UmwG Rn. 14.
1022 Lutter/Karollus, UmwG, § 159 Rn. 11 ff.; Widmann/Mayer/Mayer, Umwandlungsrecht, § 159 UmwG Rn. 12 Hörtnagl, in: Schmitt/Hörtnagl/Stratz, § 159 UmwG Rn. 5 f., Maier-Reimer/Seulen in: Semler/Stengel, UmwG, § 159 Rn. 13.
1023 § 160 Abs. 1 UmwG; vgl. Kallmeyer/Zimmermann, UmwG, § 160 Rn. 3; Lutter/Karollus § 160 UmwG Rn. 3; Widmann/Mayer/Mayer § 160 UmwG Rn. 3; Hörtnagl, in: Schmitt/Hörtnagl/Stratz, § 160 UmwG Rn. 3; Maier-Reimer, in: Semler/Stengel, UmwG § 160 Rn. 2; BeckOGK/Leitzen § 160 Rn. 4.
1024 BeckOGK/Leitzen UmwG § 160 Rn. 4.
1025 BeckOGK/Leitzen UmwG § 160 Rn. 9.
1026 BeckOGK/Leitzen UmwG § 160 Rn. 3; Kölner KommUmwG/Simon § 160 Rn. 1.

Die Literatur verlangt im Hinblick auf § 154 und § 160 Abs. 2 UmwG eine **Erklärung des Einzelkaufmanns**, dass die Verbindlichkeiten sein Vermögen nicht übersteigen.[1027] Einigkeit besteht, dass diese Erklärung sowohl i. R. d. Anmeldung, aber auch ergänzend ohne besondere Form erfolgen kann.[1028]

1. Ausgliederungsplan bei der Neugründung einer GmbH

▶ Muster: Ausgliederungsplan bei der Neugründung einer GmbH

UR.Nr. für……

Verhandelt zu……

am……

Vor dem unterzeichnenden

…..

Notar mit dem Amtssitz in……

erschien:

Herr (Name, Geburtsdatum, Adresse).

Der Erschienene wies sich dem Notar gegenüber aus durch Vorlage seines amtlichen Lichtbildausweises.

Der Erschienene ließ folgende

Ausgliederung aus dem Vermögen eines Einzelkaufmanns durch Neugründung einer GmbH

beurkunden und erklärte:

I. Vermögensübertragung

1. Der Erschienene ist alleiniger Inhaber des unter der Firma…… betriebenen einzelkaufmännischen Unternehmens mit dem Sitz in…… Die Firma ist eingetragen im Handelsregister des Amtsgerichts…… unter HRA……

Herr…… gliedert das vorbezeichnete Unternehmen aus seinem Vermögen aus im Wege der Neugründung der nachgenannten Gesellschaft mit beschränkter Haftung.

2. Die Firma der im Wege der Ausgliederung neu zu gründenden Gesellschaft lautet:

A-GmbH.

Ihr Sitz ist……

Für die A-GmbH wird der als Anlage 1 zu dieser Urkunde genommene Gesellschaftsvertrag festgestellt. Auf die Anlage 1 wird verwiesen.

3. Herr…… überträgt alle Vermögensgegenstände des betriebenen Einzelunternehmens auf die GmbH mit allen Aktiva und Passiva. Die Ausgliederung erfolgt auf der Basis der festgestellten Schlussbilanzbilanz samt Inventarverzeichnis vom 31.12.….. Diese Bilanz ist Bestandteil dieses Ausgliederungsplans.

Die Bilanz ist als Anlage 2 dieser Urkunde als wesentlicher Bestandteil beigefügt, auf sie wird nach §§ 9, 14 Abs. 1 BeurkG verwiesen. Der Beteiligte hat auf das Vorlesen verzichtet. Stattdessen wurden ihm die Anlage 2 zur Durchsicht vorgelegt, von ihm genehmigt und unterschrieben.

1027 So Kallmeyer/Zimmermann, UmwG, § 154 Rn. 5; Widmann/Mayer/Mayer, Umwandlungsrecht, § 154 UmwG Rn. 12; Hörtnagl, in: Schmitt/Hörtnagl/Stratz, 154 UmwG Rn. 4; Maier-Reimer, in: Semler/Stengel, § 154 UmwG Rn. 3; zweifelnd Lutter/Karollus, UmwG, § 154 Rn. 12.

1028 Widmann/Mayer/Mayer, Umwandlungsrecht, § 154 UmwG Rn. 12.

Für sämtliche nachfolgend beschriebenen Aktiva und Passiva gilt, dass die Übertragung im Wege der Ausgliederung alle Wirtschaftsgüter, Gegenstände, materiellen und immateriellen Rechte, Verbindlichkeiten, Rechtsbeziehungen erfasst, die dem Betrieb des Einzelunternehmens dienen oder zu dienen bestimmt sind oder sonst das Einzelunternehmen betreffen oder ihm wirtschaftlich zuzurechnen sind, unabhängig davon, ob die Vermögensposition bilanzierungsfähig ist oder nicht. Die Übertragung erfolgt auch unabhängig davon, ob der Vermögensgegenstand in den Anlagen aufgeführt ist.

Sollten die zu übertragenden Rechtspositionen des Aktiv- oder Passivvermögens bis zum Wirksamwerden der Ausgliederung im regelmäßigen Geschäftsgang veräußert worden sein, so werden die an ihre Stelle getretenen vorhandenen Surrogate übertragen. Übertragen werden auch die bis zum Wirksamwerden der Ausgliederung erworbenen Gegenstände des Aktiv- oder Passivvermögens, soweit sie zum übertragenen Vermögen des Einzelunternehmens gehören.

Bei Zweifelsfällen, die auch durch Auslegung dieses Vertrages nicht zu klären sind, gilt, dass Vermögensgegenstände, Verbindlichkeiten, Verträge und Rechtspositionen, die nach obigen Regeln nicht zugeordnet werden können, bei der übertragenden Gesellschaft verbleiben. In diesen Fällen ist Herr...... berechtigt nach § 315 BGB eine Zuordnung nach seinem Ermessen unter Berücksichtigung der wirtschaftlichen Zugehörigkeit vorzunehmen.

Soweit bilanzierte und nicht bilanzierte Vermögensgegenstände und Schulden in die Rechtsbeziehungen, die dem Vermögen des Einzelunternehmens wirtschaftlich zuzuordnen sind, nicht schon kraft Gesetzes mit der Eintragung der Ausgliederung in das Handelsregister der übertragenden Gesellschaft auf die aufnehmende Gesellschaft übergehen, wird Herr...... diese Vermögensgegenstände oder Schulden sowie die Rechtsbeziehungen auf die A-GmbH übertragen.

Auf die Anlagen die dieser Urkunde als wesentlicher Bestandteil beigefügt sind, wird gemäß § 14 Abs. 1 BeurkG verwiesen. Der Beteiligte hat auf das Vorlesen verzichtet, stattdessen wurden ihm die Anlagen zur Kenntnisnahme vorgelegt, sie wurden von ihm genehmigt und nach § 14 BeurkG unterschrieben.

Soweit für die Übertragung von bestimmten Gegenständen die Zustimmung eines Dritten oder eine Registrierung erforderlich ist, werden sich Herr...... und die aufnehmende Gesellschaft bemühen, die Zustimmung oder Registrierung beizubringen. Falls dies nicht oder nur mit unverhältnismäßig hohem Aufwand möglich sein würde, werden sich die übertragende und die aufnehmende Gesellschaft im Innenverhältnis so stellen, als wäre die Übertragung der Gegenstände des ausgegliederten Vermögens mit Wirkung zum Vollzugsdatum erfolgt.

Herr...... und die A-GmbH bewilligen und beantragen, nach Wirksamwerden der Ausgliederung das Grundbuch bei den unter Ziff. 3 beschriebenen Grundstücken und dinglichen Rechten zu berichtigen.

4. Bei den als Gesamtheit übertragenen Gegenständen des Aktiv- und Passivvermögens des einzelkaufmännischen Unternehmens handelt es sich im Einzelnen um:
a) den im Grundbuch des Amtsgerichts...... von......, Blatt......, verzeichneten Grundbesitz der Gemarkung......, Flur......, Flurstück Nr......., groß...... ar;
b) den auf dem vorbezeichneten Grundstück befindlichen Betriebsteil Kfz-Werkstatt nebst dem hierzu gehörenden beweglichen Anlage- und Umlaufvermögen, wie es sich aus der Anlage 2 zu dieser Niederschrift ergibt; im Fall einer Veräußerung von Gegenständen durch das einzelkaufmännische Unternehmen im regelmäßigen Geschäftsverkehr bis zu dem in Ziff. III. genannten Zeitpunkt treten ihre Surrogate an ihre Stelle;
c) alle den vorbezeichneten Betriebsteil zuzuordnenden Verträge, insbes. Leasingverträge, Lieferverträge, Werkverträge und sonstigen Rechte, wie sie sich aus der Anlage 3 zu dieser Niederschrift ergeben;
d) alle Verbindlichkeiten des einzelkaufmännischen Unternehmens, die dem vorbezeichneten Betriebsteil wirtschaftlich zuzuordnen sind, wie sie sich aus der Anlage 4 zu dieser Niederschrift ergeben;
e) die in der Anlage 5 zu dieser Niederschrift bezeichneten Arbeitsverhältnisse;

f) Sachen, Rechte, Vertragsverhältnisse, die nicht in den beigefügten Anlagen aufgeführt sind, soweit sie dem vorbezeichneten Betriebsteil im weitesten Sinne wirtschaftlich zuzuordnen sind; dies gilt insbes. für bis zur Eintragung der Spaltung in das Handelsregister erworbene Sachen oder Rechte und begründete Vertragsverhältnisse und Verbindlichkeiten.

II. Gegenleistung

Das Stammkapital beträgt...... €.

Herr...... erhält und übernimmt den neu gebildeten Geschäftsanteil in gleicher Höhe mit Gewinnbezugsberechtigung zum...

Bare Zuzahlungen sind nicht zu leisten.

III. Spaltungsstichtag

Die Übernahme des vorbezeichneten Vermögens erfolgt im Innenverhältnis mit Wirkung zum Ablauf des...... Vom...... an gelten alle Handlungen und Geschäfte des einzelkaufmännischen Unternehmens, die das übertragene Vermögen betreffen, als für Rechnung der A-GmbH vorgenommen.

IV. Besondere Rechte

Besondere Rechte i. S. v. § 126 Abs. 1 Nr. 7 UmwG bestehen bei der A-GmbH nicht. Einzelnen Anteilsinhabern werden i. R. d. Spaltung keine besonderen Rechte gewährt.

V. Besondere Vorteile

Besondere Vorteile i. S. v. § 126 Abs. 1 Nr. 8 UmwG werden nicht gewährt.

VI. Folgen der Abspaltung für Arbeitnehmer und ihre Vertretungen

Durch die Abspaltung ergeben sich für die Arbeitnehmer und ihre Vertretungen die nachgenannten Folgen:

.....

Insoweit sind folgende Maßnahmen vorgesehen:

.....

VII. Sonstige Vereinbarungen

1. Sollten für die Übertragung der in Ziff. I. 2. genannten Sachen, Rechte, Vertragsverhältnisse und Verbindlichkeiten weitere Voraussetzungen geschaffen werden müssen, so verpflichtet sich Herr...... alle erforderlichen Erklärungen abzugeben und Handlungen vorzunehmen.

2. Sollte eine Übertragung der in Ziff. I. 2. genannten Sachen, Rechte, Vertragsverhältnisse und Verbindlichkeiten im Wege der Spaltung auf die A-GmbH rechtlich nicht möglich sein, so verpflichtet sich Herr...... alle erforderlichen Erklärungen abzugeben und alle erforderlichen Handlungen vorzunehmen, die rechtlich in anderer Weise zu dem beabsichtigten Vermögensübergang auf die A-GmbH führen.

VIII. Kosten

Die durch diesen Vertrag und ihre Durchführung bei beiden Gesellschaften entstehenden Kosten trägt die A-GmbH.

IX. Geschäftsführerbestellung

Herr...... als Gründungsgesellschafter der neuen A-GmbH hält unter Verzicht auf alle Frist- und Formvorschriften eine Gesellschafterversammlung ab und beschließt einstimmig Folgendes:

Zum ersten Geschäftsführer der neu errichteten Gesellschaft mit beschränkter Haftung wird der Erschienene bestellt. Er ist stets einzelvertretungsberechtigt, auch wenn weitere Geschäftsführer bestellt sind, und von den Beschränkungen des § 181 BGB befreit.

Diese Niederschrift wurde dem Erschienenen vom Notar vorgelesen, von ihm genehmigt und von ihm und dem Notar eigenhändig wie folgt unterzeichnet:

.....

2. Handelsregisteranmeldung für das einzelkaufmännische Unternehmen

▶ Muster: Handelsregisteranmeldung für das einzelkaufmännische Unternehmen

700 An das

Amtsgericht

– Handelsregister –

Betrifft: HRB……

In der Anlage überreiche ich, der unterzeichnende alleinige Inhaber der Firma A:
1. Elektronisch beglaubigte Abschrift des Ausgliederungsplans vom…… – UR.Nr.…… des beglaubigenden Notars –,
2. Elektronisch beglaubigte Abschrift der Schlussbilanz der Firma zum Spaltungsstichtag,
3. Elektronisch beglaubigte Abschrift des Nachweises über die rechtzeitige Zuleitung zum Betriebsrat

und melde zur Eintragung in das Handelsregister an:

Ich habe durch Ausgliederung vom…… – UR.Nr.…… des beglaubigenden Notars – das gesamte Vermögen der Einzelfirma als Gesamtheit auf die neu gegründete B-GmbH mit dem Sitz in…… als übernehmende GmbH im Wege der Ausgliederung durch Neugründung übertragen. Die Firma ist erloschen.

Ich versichere, dass meine Verbindlichkeiten nicht das Vermögen vor der Ausgliederung übersteigen.

….., den……　　　　　　　　　　(Beglaubigungsvermerk)

3. Handelsregisteranmeldung für die neu gegründete GmbH

▶ Muster: Handelsregisteranmeldung für die neu gegründete GmbH

701 An das

Amtsgericht

– Handelsregister B –

Betrifft: Neugründung der B-GmbH mit dem Sitz in……

In der Anlage überreiche ich, der unterzeichnende alleinige Inhaber der Firma A – dortiges Handelsregister HRA…… – und alleinige Geschäftsführer der B-GmbH:
1. Elektronisch beglaubigte Abschrift des Ausgliederungsplans nebst Gesellschaftsvertrag der neu gegründeten B-GmbH vom…… – UR.Nr.…… des beglaubigenden Notars –,
2. Elektronisch beglaubigte Abschrift der Gesellschafterliste,
3. Elektronisch beglaubigte Abschrift des Sachgründungsberichtes,
4. Elektronisch beglaubigte Abschrift der Unterlagen über die Werthaltigkeit der übertragenen Vermögensteile sowie Schlussbilanz des übertragenden Rechtsträgers,
5. Elektronisch beglaubigte Abschrift des Nachweises über die rechtzeitige Zuleitung zum Betriebsrat

und melde zur Eintragung in das Handelsregister an:

Ich habe im Wege der Ausgliederung durch Neugründung eine Gesellschaft mit beschränkter Haftung unter der Firma »B-GmbH« gegründet. Ich versichere, dass meine Verbindlichkeiten nicht das Vermögen übersteigen.

Sitz der Gesellschaft ist……

Die Gesellschaft hat einen oder mehrere Geschäftsführer. Ist nur ein Geschäftsführer bestellt, so vertritt dieser die Gesellschaft allein. Sind mehrere Geschäftsführer bestellt, so wird die Gesellschaft durch zwei Geschäftsführer gemeinsam oder durch einen Geschäftsführer in Gemeinschaft mit einem Prokuristen vertreten. Durch Gesellschafterbeschluss kann einzelnen

Geschäftsführern die Befugnis zur Einzelvertretung sowie die Befreiung von den Beschränkungen des § 181 BGB erteilt werden.

Zum ersten Geschäftsführer der Gesellschaft wurde ich, der Unterzeichnende, bestellt.

Ich bin berechtigt, die Gesellschaft stets einzeln zu vertreten und bin von den Beschränkungen des § 181 BGB befreit. Ich bin daher befugt, die Gesellschaft bei Rechtsgeschäften mit sich selbst oder als Vertreter eines Dritten uneingeschränkt zu vertreten. Ich, [Name:], versichere, dass keine Umstände vorliegen, die meiner Bestellung zum Geschäftsführer nach § 6 Abs. 2 GmbH-Gesetz entgegenstehen.

Der Geschäftsführer der Gesellschaft versichert insbesondere,

– dass er nicht wegen einer oder mehrerer vorsätzlicher Straftaten
  a) des Unterlassens der Stellung des Antrags auf Eröffnung des Insolvenzverfahrens (Insolvenzverschleppung),
  b) nach §§ 283 bis 283d StGB (Insolvenzstraftaten),
  c) der falschen Angaben nach § 82 GmbHG oder § 399 AktG,
  d) der unrichtigen Darstellung nach § 400 AktG, § 331 HGB, § 313 UmwG oder § 17 PublizitätsG,
  e) nach den §§ 263 StGB (Betrug), § 263a StGB (Computerbetrug), § 264 StGB (Kapitalanlagebetrug) § 264a (Subventionsbetrug) oder den §§ 265b StGB (Kreditbetrug), 265c (Sportwettbetrug), § 265d (Manipulation von berufssportlichen Wettbewerben), §265e (Besonders schwere Fälle des Sportwettbetrugs und der Manipulation von berufssportlichen Wettbewerben), § 266 StGB (Untreue) bis § 266a StGB (Vorenthalten und Veruntreuen von Arbeitsentgelt – Nichtabführung von Sozialversicherungsbeiträgen) zu einer Freiheitsstrafe von mindestens einem Jahr
verurteilt worden ist, und
– dass ihm weder durch gerichtliches Urteil noch durch die vollziehbare Entscheidung einer Verwaltungsbehörde die Ausübung eines Berufes, eines Berufszweiges, eines Gewerbes oder eines Gewerbezweiges ganz oder teilweise untersagt wurde, und
– auch keine vergleichbaren strafrechtlichen Entscheidungen ausländischer Behörden oder Gerichte gegen ihn vorliegen, und
– dass er über die uneingeschränkte Auskunftspflicht ggü. dem Gericht durch den Notar belehrt wurde.

Die Geschäftsräume und die inländische Geschäftsanschrift der neu gegründeten Gesellschaft befinden sich in……, ……

Ich erkläre, dass eine Anfechtung ausgeschlossen ist und daher eine Negativerklärung gemäß § 16 Abs. 2 UmwG entbehrlich ist.

….., den……   (Beglaubigungsvermerk)

▶ Hinweis:

Ob eine Versicherung nach § 8 GmbHG notwendig ist, ist umstritten.

702

H. Ausgliederung von öffentlichen Unternehmen aus Gemeinden und Landkreisen und sonstigen Gebietskörperschaften

I. Einführung

Das Umwandlungsrecht in seiner bis 1995 geltenden Fassung aus dem Jahr 1969 hatte die **Umwandlung von Unternehmen von Gebietskörperschaften in AG oder GmbH** in den §§ 57, 58 UmwG a. F. geregelt. Es handelte sich hierbei um einen Sonderfall der erleichterten übertragenden errichtenden Umwandlung. Die Umwandlung nach § 57 bzw. § 58 UmwG nahm die Umwandlung eines Unternehmens eines Einzelkaufmanns in eine AG zum Vorbild. An die Stelle des Einzelkaufmanns trat die Gebietskörperschaft oder der Gemeindeverband. Deshalb wurde

703

auch auf eine Reihe von Bestimmungen zur Umwandlung eines Einzelkaufmanns verwiesen, die die Gründung einer AG oder GmbH und die Übertragung des Vermögens des unter Umwandlung bestimmten Eigenbetriebs zum Inhalt haben. Die Umwandlungserklärung war gem. § 52 UmwG notariell zu beurkunden. In der Umwandlungserklärung war die Satzung GmbH oder AG festzustellen (§ 52 Abs. 2 UmwG a. F.).

704 Die Umwandlungserklärung war grds. vom **vertretungsberechtigten Organ** (Bürgermeister, Landrat) der Gebietskörperschaft abzugeben. Gem. §§ 57 Abs. 2, 58 Abs. 2 i. V. m. § 52 Abs. 4 UmwG a. F. war der Umwandlungserklärung eine vom vertretungsberechtigten Organ (Bürgermeister, Landrat) unterschriebene, öffentlich beglaubigte Übersicht über die dem umzuwandelnden Unternehmen zuzuordnenden Vermögensgegenstände und Verbindlichkeiten beizufügen.

705 Ebenso wie im neuen Recht die Umwandlung eines Einzelkaufmanns in eine GmbH nicht mehr als Formwechsel, sondern als Fall der **Ausgliederung** behandelt wird (§ 152 UmwG), wird auch die »Umwandlung« eines Unternehmens einer Gebietskörperschaft nicht mehr als Formwechsel, sondern im neuen Umwandlungsrecht als Ausgliederung und damit Unterfall der Spaltung behandelt.[1029]

II. Möglichkeiten der Ausgliederung

706 § 168 UmwG erweitert die Ausgliederungsmöglichkeiten im Vergleich zum alten Recht. Zum einen besteht die Möglichkeit der **Ausgliederung zur Neugründung**, d. h. im Zuge der Ausgliederung wird wie beim alten Recht eine neue Kapitalgesellschaft gegründet. Nach § 168 UmwG ist darüber hinaus auch die Neugründung einer Genossenschaft möglich. Außerdem erweitert § 168 UmwG die Ausgliederung auch auf eine **Ausgliederung zur Aufnahme** durch eine bereits bestehende AG oder GmbH. Darüber hinaus kann auch eine Aufnahme dieses Unternehmens durch eine bestehende Personenhandelsgesellschaft oder eine eingetragene Genossenschaft erfolgen. Die Begründung zum RegE weist darauf hin, dass sich auch für diese Form der Privatisierung ein Bedürfnis ergeben könne, insb. dann, wenn eine Körperschaft zum Zweck der Rationalisierung und Kostenersparnis ihren Regiebetrieb oder Eigenbetrieb auf einen bereits bestehenden privatrechtlich organisierten Dienst einer anderen Körperschaft übertragen will.[1030]

III. Verhältnis zum öffentlichen Recht, ausgliederungsfähige Rechtsträger

707 Nach dem Gesetzeswortlaut werden als ausgliederungsfähige Rechtsträger eine **Gebietskörperschaft oder ein Zusammenschluss von Gebietskörperschaften**, der selbst nicht Gebietskörperschaft ist, zugelassen. Gebietskörperschaften in diesem Sinne sind u. a. Gemeinden, kreisfreie Städte oder Landkreise, auch der Bund und die Bundesländer.[1031] Zu Recht sind auch **Kirchen** als Gebietskörperschaften in diesem Sinne anzusehen.[1032] Umstritten ist, ob **mehrere übertragende Rechtsträger** beteiligt sein können.[1033] Z. T. wird dies wegen des Wortlautes abgelehnt[1034] z.

1029 §§ 168 ff. UmwG; vgl. eingehend Steuck, NJW 1995, 2887 ff.; Suppliet, NotBZ 1997, 37 ff.; 141 ff.; 1999, 49; Lepper, RNotZ 2006, 313 ff.
1030 Vgl. Begründung zum RegE, BR-Drucks. 75/94, S. 132, abgedruckt in: Limmer, Umwandlungsrecht, S. 327.
1031 Lutter/Schmidt, UmwG § 168 Rn. 5; BeckOGK/Schürnbrand/Foerster UmwG § 168 Rn. 10 f.; Lepper, RNotZ 2006, 316; Suppliet, NotBZ 1997, 38; Widmann/Mayer/Heckschen, Umwandlungsrecht, § 168 UmwG Rn. 135; Leitzen, MittBayNot 2009, 353.
1032 Vgl. BeckOGK/Schürnbrand/Foerster UmwG § 168 Rn. 11; Borsch, DNotZ 2005, 10 ff.; Semler/Stengel/Perlitt, UmwG, § 168 Rn. 18; Pfeiffer, NJW 2000, 3694 ff.; Lepper, RNotZ 2006, 316; Lutter/Schmidt, UmwG § 168 Rn. 6; Lepper empfiehlt eine Abstimmung mit dem Registergericht.
1033 Vgl. Gutachten DNotI-Report 2015, 123 f.
1034 Lutter/Schmidt, UmwG, § 168 Rn. 9; BeckOGK/Schürnbrand/Foerster UmwG § 168 Rn. 15; Suppliet, NotBZ 1997, 147.

T. aber wegen der unterschiedlichen Eintragungswirkung zugelassen.[1035] Offengelassen hat die Zulässigkeit das OLG Rostock[1036] die überwiegende Literatur bejahen sie.[1037] Dem ist mE zu folgen.

Im Vergleich zum bis 1995 geltenden Recht ist auch das **Verhältnis zwischen öffentlichem Recht und Umwandlungsrecht** klar geregelt. Im alten Recht war formuliert, dass eine Umwandlung nur zulässig ist, wenn das für die Gebietskörperschaft oder die Gemeindeverbände maßgebliche Bundes- und Landesrecht eine Umwandlung vorsieht oder zulässt (§§ 57 Abs. 1, 58 Abs. 1 UmwG a. F.), nach dem UmwG 1995 ist eine Umwandlung zulässig, »*wenn das für die Körperschaft oder in dem Zusammenschluss maßgebende Bundes- oder Landesrecht einer Ausgliederung nicht entgegensteht*«. Die Begründung zum RegE weist darauf hin, anders als bisher, müsse die Ausgliederung nicht mehr ausdrücklich oder sinngemäß durch Bundes- oder Landesrecht zugelassen sein, vielmehr soll ihr nur ein gesetzliches Verbot entgegenstehen. Diese Lösung solle es überflüssig machen, im Einzelfall eine Ausgliederung gesetzlich zulassen zu müssen, um es überhaupt erst möglich zu machen; dies wäre zu schwerfällig.[1038]

708

Die Vorschriften sind in den **einzelnen Bundesländern** teilweise verstreut geregelt, so bestehen Genehmigungspflichten, Vorbehalte, Anzeigepflichten etc..[1039]

709

IV. Gegenstand der Ausgliederung

Schließlich ist im Vergleich zur Ausgliederung aus dem Vermögen eines anderen Rechtsträgers zu beachten, dass Gebietskörperschaften **nur gesamte Unternehmen ausgliedern** können. Unternehmen sind organisatorisch selbstständig und finanzwirtschaftlich als Sondervermögen geführte Vermögensgesamtheiten. Gewinnerlangungsabsicht ist nicht Voraussetzung.[1040] Während Gesellschaften und andere Rechtsträger beliebig Vermögen ausgliedern und abspalten können, auch einen einzelnen Vermögensgegenstand, verlangt § 168 UmwG, dass das gesamte Vermögen ausgegliedert wird. Die Begründung zum RegE weist darauf hin, dass die Körperschaft nur dann einen Vermögensteil im Wege der Ausgliederung übertragen kann, wenn dieser ein Unternehmen ist. Die Übertragung könne ferner dieses Unternehmen nur als Ganzes erfassen, indes nur auf ein einziges Unternehmen oder neuen Rechtsträger überleiten.[1041] Diese Einschränkung entspreche nicht nur dem insoweit bewährten geltenden Recht, sondern sei auch deshalb nötig, weil die Wirkungen der Ausgliederung an eine Registereintragung geknüpft werden müssen, diese aber

710

1035 Vgl. Lepper, RNotZ 2006, 317; Widmann/Mayer/Heckschen, Umwandlungsrecht, § 168 UmwG Rn. 143 ff.; Semler/Stengel/Perlitt, UmwG, § 168 Rn. 25; Kölner KommUmwG/Leuering § 168 UmwG Rn. 20 f.
1036 WM 1995, 1721, 1723.
1037 Widmann/Mayer/Heckschen, § 168 Rn. 134, 143 f.; KölnKommUmwG/Loyering, § 168 Rn. 21; Perlitt in: Semler/Stengel, UmwG, § 168 Rn. 22 ff.; Geiser/Gimnich, in: Böttcher/Habighorst/Schulte, Umwandlungsrecht, 2015, § 168 UmwG Rn. 7 f.; Lepper, RNotZ 2006, 313, 317; Kölner KommUmwG/Leuering § 168 UmwG Rn. 20 f.
1038 Begründung zum RegE, BR-Drucks. 75/94, S. 132, abgedruckt in: Limmer, Umwandlungsrecht, S. 327.
1039 Vgl. die Übersicht bei Suppliet, NotBZ 1997, 39 f.; Widmann/Mayer/Heckschen, Umwandlungsrecht, § 168 UmwG Rn. 392 ff.; Lepper, RNotZ 2006, 320 ff.; Lutter/Schmidt, UmwG § 168 Rn. 17; BeckOGK/Schürnbrand/Foerster UmwG § 168 Rn. 30 f.
1040 Vgl. Widmann/Mayer/Heckschen, Umwandlungsrecht, § 168 UmwG Rn. 125 ff.; BeckOGK/Schürnbrand/Foerster UmwG § 168 Rn. 24; Lepper, RNotZ 2006, 318; Steuck, NJW 1995, 2888; Suppliet, NotBZ 1997, 41; Lutter/Schmidt, UmwG § 168 Rn. 10 ff.; Semler/Stengel/Perlitt, UmwG, § 168 Rn 27; Hörtnagl, in: Schmitt/Hörtnagl/Stratz, § 168 UmwG Rn. 5; eingehend zum Unternehmensbegriff Schindhelm/Stein, DB 1999, 1375 ff.
1041 BeckOGK/Schürnbrand/Foerster UmwG § 168 Rn. 27.

nur bei dem übernehmenden oder neuen Rechtsträger sichergestellt sei, denn Regiebetriebe oder Eigenbetriebe müssen nicht im Register eingetragen werden.[1042]

711 Allerdings wird man auch hier eine **gewisse Gestaltungsfreiheit** anerkennen müssen. Entscheidend ist, dass das Unternehmen in seinem Kernbestand ausgegliedert wird. Einzelne Vermögensgegenstände können von der Ausgliederung ausgenommen werden.[1043] Zulässig ist es ferner, im Vorfeld verwaltungsinterne Umstrukturierungen vorzunehmen und so aus nicht hinreichend verselbstständigten Betriebsteilen eine neue, eigenständige unternehmerische Einheit zu schaffen.[1044]

712 Diese Meinung ist im Schrifttum von Schindhelm/Stein[1045] bestätigt worden. Daraus folgt, dass eine »Unternehmensausgliederung« jedenfalls dann zulässig ist, wenn von den mehreren im Rahmen eines Eigenbetriebes betriebenen Unternehmen **nur einzelne ausgegliedert** würden. Denn dann handelte es sich bei den ausgegliederten »Vermögensteilen« um solche Einrichtungen, die nach einer Verselbstständigung als autonome Einheiten wirtschaftlich geführt werden könnten.[1046] In einem derartigen Fall wäre es nicht einmal erforderlich, dass **vor** der Ausgliederung noch die formelle Einteilung des bisher einheitlichen Eigenbetriebes in die auszugliedernden bzw. nicht auszugliedernden Unternehmen veranlasst werden würde.

713 Zweifelhaft ist, ob lediglich das **bewegliche Vermögen** eines Eigenbetriebs erfasst werden kann, Grundstücke und aufstehende Gebäude aber im Eigentum der Gebietskörperschaft belassen werden können. Es wird einhellig die Auffassung vertreten, dass auch bei der Ausgliederung nach § 168 UmwG eine gewisse Gestaltungsfreiheit anzuerkennen sei, weshalb es z. B. zulässig sei, auch einzelne Vermögensgegenstände von der Ausgliederung auszunehmen.[1047] Die herrschende Meinung schränkt diese Gestaltungsfreiheit aber zugleich wieder dadurch ein, dass zumindest der **Unternehmenskern** ausgegliedert werden müsse[1048] wobei darunter die dem Zweck der wirtschaftlichen Tätigkeit gewidmeten Sachen und Rechte und sonstigen wirtschaftlichen Rechte zu verstehen seien.[1049]

714 Möglicherweise kann die »Unternehmenseigenschaft« des auszugliedernden beweglichen Vermögens aber dadurch »hergestellt« werden, dass die ausgliedernde Kommune mit der neu zu gründenden GmbH **Miet- oder Pachtverträge** über die im Eigentum der Gebietskörperschaft verbleibenden Grundstücke abschließt, mit der Folge, dass der neu zu gründenden Gesellschaft das für den Betrieb des Unternehmens benötigte Anlagevermögen wenigstens auf schuldrechtlicher Nutzungsbasis zur Verfügung stünde. Eine solche, auf eine **Betriebsaufspaltung** abzielende Lösung wird im Schrifttum zu Recht für zulässig erachtet.[1050] Nach Heckschen[1051] schließt die für die Unternehmenseigenschaft i. S. d. § 168 UmwG maßgebende **funktionale Betrachtungsweise** vom sog. Unternehmenskern die Möglichkeit mit ein, dass die Ausgliederung auch zum

---

1042 Vgl. BR-Drucks. 75/94, S. 132, abgedruckt in: Limmer, Umwandlungsrecht, S. 327.
1043 So Steuck, NJW 1995, 2889; Widmann/Mayer/Heckschen, Umwandlungsrecht, § 168 UmwG Rn. 131; Lutter/Schmidt, UmwG, § 168 Rn. 12; Semler/Stengel/Perlitt, UmwG, § 168 Rn 31; Hörtnagl, in: Schmitt/Hörtnagl/Stratz, § 168 UmwG Rn. 6.
1044 So zu Recht BeckOGK/Schürnbrand/Foerster UmwG § 168 Rn. 27; vgl. auch Lutter/H. Schmidt § 168 Rn. 12; HK-UmwG/Peus/Stenneken § 168 Rn. 3.
1045 DB 1999, 1375, 1377.
1046 Schindhelm/Stein, DB 1999, 1377, so auch Steuck, NJW 1995, 2887, 2889.
1047 Steuck, NJW 1995, 2889; Lutter/Schmidt, UmwG § 168 Rn. 12; Widmann/Mayer/Heckschen, Umwandlungsrecht, § 168 UmwG Rn. 17; Hörtnagl, in: Schmitt/Hörtnagl/Stratz, § 168 UmwG Rn. 6; Semler/Stengel/Perlitt, UmwG, § 168 Rn 31; s. ausführlich auch Supliet, NotBZ 1997, 37 ff.; 42 ff.
1048 Widmann/Mayer/Heckschen, Umwandlungsrecht, § 168 UmwG Rn. 131; Steuck, NJW 1995, 2889.
1049 Statt aller Widmann/Mayer/Heckschen, Umwandlungsrecht, § 168 UmwG Rn. 131.
1050 Widmann/Mayer/Heckschen, Umwandlungsrecht, § 168 UmwG Rn. 131; Supliet, NotBZ 1997, 42 ff.
1051 Widmann/Mayer/Heckschen, Umwandlungsrecht, § 168 UmwG Rn. 17.

Zweck der Betriebsaufspaltung genutzt werden kann, wenn die Unternehmenseinheit bspw. dadurch ihre Funktionsfähigkeit erlangt, dass die betriebsnotwendigen Grundstücke im Wege eines Pachtvertrages überlassen werden. Dann stellt sich allerdings die Frage, zu welchem Zeitpunkt dieser schuldrechtliche Nutzungsvertrag rechtswirksam sein muss, um die Unternehmenseigenschaft des ausgegliederten Vermögens zu gewährleisten. Sofern ein solcher Pachtvertrag nämlich erst nach Wirksamwerden der Ausgliederung (vgl. § 171 UmwG) abgeschlossen würde, wären gerade nicht sämtliche dem Zweck der wirtschaftlichen Tätigkeit des neu gegründeten Rechtsträgers dienenden Rechte und Sachen Bestandteil des auszugliedernden Unternehmens. Von daher ist es erforderlich, dass der schuldrechtliche Nutzungsvertrag aufschiebend bedingt mit dem Wirksamwerden der Ausgliederung geschlossen wird. In diesem Fall stünde der neu gegründeten GmbH vom Beginn ihrer rechtlichen Existenz an die erforderliche Nutzungsbefugnis an den betriebsnotwendigen Grundstücken zu. Da mit der notariellen Beurkundung des Ausgliederungsplans und der in diesem Zusammenhang stattfindenden Feststellung der GmbH-Satzung bereits eine sog. (rechtsfähige) Vor-GmbH entsteht, wird man in dem Ausgliederungsplan die schuldrechtlichen Nutzungsbefugnisse an den betroffenen Grundstücken ggf. auch auf einen bestimmten Ausgliederungsstichtag zurückbeziehen können.

Nach überwiegender Meinung ist auch die **Ausgliederung mehrerer Unternehmen** zulässig.[1052] Es können daher auch nicht verschiedene Regie- oder Eigenbetriebe – jeweils als Gesamtheit – auf verschiedene Rechtsträger in einem Ausgliederungsvorgang übertragen werden.

V. Zuständiges Organ für Ausgliederungsplan

Die Vorschriften über die Ausgliederung aus dem Vermögen von Gebietskörperschaften sind Sondervorschriften der Ausgliederung, die wiederum Sondervorschriften der Spaltung darstellen. Es gelten daher grds. auch die **allgemeinen Vorschriften über Spaltung und Ausgliederung**, soweit nicht die §§ 168 ff. UmwG Sondervorschriften vorsehen. Es bedarf daher auch eines **Spaltungsplans**.

1. Vertretungsorgan

Gem. § 136 UmwG hat das **Vertretungsorgan des übertragenen Rechtsträgers** einen Spaltungsplan aufzustellen. Der Ausgliederungsplan oder -vertrag wird vom vertretungsberechtigten Organ erklärt, d. h. z. B. je nach Kommunalrecht vom Bürgermeister oder Landrat.[1053]

2. Form

Da gem. § 125 Satz 1 UmwG auf die Spaltung die Vorschriften des Zweiten Buches anwendbar sind, gilt auch § 6 UmwG, d. h. der Spaltungs- bzw. Ausgliederungsplan muss **notariell beurkundet** werden.

3. Inhalt

Da die Ausgliederung ein Sonderfall der Spaltung ist, muss für den Ausgliederungsplan insb. § 126 UmwG berücksichtigt werden, der den **Inhalt des Spaltungsvertrages** beschreibt.[1054]

In diesem Zusammenhang stellt sich insb. die Frage, **auf welche Weise** gem. § 126 Abs. 1 Nr. 9 UmwG die **Gegenstände zu bezeichnen** sind, die ausgegliedert werden sollen. Das neue Recht hat die Aufteilung der Vermögensgegenstände zum Inhalt des Spaltungs- und Übernahmevertrages gemacht und in § 126 Abs. 2 UmwG bestimmt, dass, soweit für die Übertragung von Gegenstän-

---

1052 Widmann/Mayer/Heckschen, Umwandlungsrecht, § 168 UmwG Rn. 132 ff.; Lepper, RNotZ 2006, 318; Lutter/Schmidt, UmwG, § 168 Rn. 13.
1053 Vgl. BeckOGK/Schürnbrand/Foerster UmwG § 168 Rn. 39.
1054 Vgl. den Überblick bei Suppliet, NotBZ 1998, 310 ff.

den im Fall der Einzelrechtsnachfolge eine besondere Bezeichnung bestimmt sei, diese Regelung auch für die Bezeichnung der Gegenstände des Aktiv- und Passivvermögens im Spaltungsplan anzuwenden sei. Bereits zu der alten Vermögensübersicht, die allerdings nicht Gegenstand des Umwandlungsbeschlusses war, wurde die Einhaltung des sachenrechtlichen Bestimmtheitsgrundsatzes verlangt. Auch bei dieser **Vermögensübersicht** war die Anforderung an die Genauigkeit der Kennzeichnung aus dem Zweck der Übersicht zu bestimmen, da die Vermögensübersicht auch Transformationsfunktion hatte und nur die Gegenstände auf die neue Gesellschaft übergingen, die in der Vermögensübersicht aufgeführt waren. Die überwiegende Meinung war daher der Auffassung, dass auch hier der sachenrechtliche Bestimmtheitsgrundsatz gilt.[1055] Entscheidend war, dass die Angaben in der Übersicht die klare Feststellung ermöglichen mussten, welche Gegenstände in die Übertragung eingeschlossen seien und welche nicht.[1056] Die Vermögensgegenstände mussten genau so beschrieben werden, dass sie unschwer identifiziert werden konnten. Die bloße Verweisung auf die Umwandlungsbilanz und die dazugehörigen Listen, wie Inventurlisten, genügte nach überwiegender Auffassung nicht.

721 Auch zum neuen Spaltungsrecht geht die wohl bisher überwiegende Meinung davon aus, dass es im Hinblick auf den **sachenrechtlichen Bestimmtheitsgrundsatz** einer genauen Abgrenzung des Kreises der übergehenden Aktiva und Passiva, und zwar möglichst mit der gleichen Genauigkeit, mit der etwa bei der Veräußerung von Unternehmen im Wege der Übertragung von Einzelwirtschaftsgütern gearbeitet wird, bedarf (vgl. oben Teil 3 Rdn. 57 ff.).

722 Man könnte allerdings im Hinblick auf die frühere Rechtslage der Auffassung sein, dass bei der Ausgliederung aus dem Vermögen einer Gebietskörperschaft weniger strenge Anforderungen an die Bestimmtheit zu stellen sind, da hier ein bilanzierendes Unternehmen insgesamt ausgegliedert werden muss und eine Aufteilung der Gegenstände insofern nicht erforderlich ist. Dies ist jedoch abzulehnen.[1057]

▶ Hinweis:

723 Zu berücksichtigen ist, dass die Individualisierung Inhalt des Spaltungsplans und daher auch zu beurkunden ist.

VI. Sachgründungsbericht

724 Da die Ausgliederung zur Neugründung wie eine Spaltung zur Neugründung gem. § 135 Abs. 2 UmwG den Gründungsvorschriften des neuen Rechtsträgers unterliegt und § 138 UmwG ausdrücklich bestimmt, dass bei der Spaltung zur Neugründung einer neuen GmbH ein Sachgründungsbericht stets erforderlich ist, ist auch bei der Ausgliederung zur Neugründung auf eine GmbH **stets ein Sachgründungsbericht** erforderlich. Gem. § 170 UmwG ist in den Sachgründungsbericht auch der Geschäftsverlauf und die Lage des übertragenen Rechtsträgers, d. h. des Eigenbetriebs, darzulegen (§ 58 Abs. 1 UmwG).

VII. Anmeldung der Ausgliederung

725 Zur Anmeldung bestimmt § 137 Abs. 1 UmwG, dass bei der Spaltung zur Neugründung das Vertretungsorgan des übertragenden Rechtsträgers **jede neue Gesellschaft**, bei dem Gericht, in dessen Bezirk sie einen Sitz haben sollen, zur Eintragung in das Register **anzumelden** hat. Nach § 137 Abs. 1 UmwG ist also notwendiger **Inhalt** ausschließlich die Anmeldung der neuen Gesell-

---

1055 Vgl. zum alten Recht Scholz/Priester, GmbHG, Anh. Umwandlung, § 56c UmwG, UmwStG Rn. 6 ff.; Dehmer, UmwG, UmwStG, § 56c UmwG Anm. 7.
1056 So auch Loos, DB 1973, 807, 808.
1057 Vgl. ebenso, Widmann/Mayer/Heckschen, Umwandlungsrecht, § 168 UmwG Rn. 167; Suppliet, NotBZ 1998, 212 f.

schaft. Daneben ist aber über § 135 Abs. 2 UmwG i. V. m. § 6 Abs. 1 GmbHG zur Eintragung der neuen Gesellschaft die vorherige Bestellung und Anmeldung von Vertretungsorganen erforderlich.[1058]

▶ Hinweis:

Zweckmäßig ist es daher, mit der Anmeldung nach § 137 UmwG die weiteren für die Eintragung der jeweiligen neuen Gesellschaft im Handelsregister erforderlichen Erklärungen und Zeichnungen zu verbinden, die ggü. dem Registergericht der neuen Gesellschaft abzugeben sind. Gem. § 137 Abs. 1 UmwG hat die Anmeldung der neuen Gesellschaft durch das Vertretungsorgan des übertragenden Rechtsträgers, also durch den Bürgermeister zu erfolgen.

726

Zu berücksichtigen ist, dass auch § 16 Abs. 2 UmwG gem. § 125 Satz 1 UmwG für die Spaltung und Ausgliederung gilt. Es bedarf daher auch der Versicherung gem. § 16 Abs. 2 UmwG, dass eine Klage gegen die Wirksamkeit eines Verschmelzungsbeschlusses nicht oder nicht fristgemäß erhoben wurde. Diese Erklärung ist von dem **Vertretungsorgan** abzugeben. Es fragt sich allerdings, ob diese Vorschrift des Spaltungsrechts auch für die Ausgliederung aus dem Vermögen einer Gebietskörperschaft gilt. § 16 UmwG ist eine Sonderregelung der Anfechtung von Verschmelzungs- und Spaltungsbeschlüssen des Beschlussorgans des übertragenden Rechtsträgers. § 169 UmwG bestimmt, dass die Voraussetzungen des Ausgliederungsbeschlusses bei Gebietskörperschaften sich nach dem Organisationsrecht der Körperschaft bestimmen. Wenn also etwa ein Gemeinderatsmitglied einen Ausgliederungsbeschluss anfechten wollte, so hat es dies im Rahmen eines Kommunalverfassungsstreits vorzunehmen. § 16 UmwG wird hierauf nicht anwendbar sein, sodass man wohl bei der Ausgliederung aus dem Vermögen einer Gebietskörperschaft keine entsprechende Erklärung benötigt.

727

VIII. Ausgliederungsbericht

Gem. § 169 UmwG ist ein Ausgliederungsbericht für die Körperschaft oder den Zusammenschluss nicht erforderlich.

728

IX. Ausgliederungsbeschluss

§ 169 Satz 2 UmwG bestimmt, dass das Organisationsrecht der Körperschaft oder des Zusammenschlusses bestimmt, ob und **unter welchen Voraussetzungen** ein **Ausgliederungsbeschluss** erforderlich ist. Die Begründung zum RegE weist darauf hin, dass Satz 2 des § 169 UmwG klarstelle, dass die Entscheidung über eine Ausgliederung nach den öffentlich-rechtlichen Vorschriften, die für die Gebietskörperschaft oder den Zusammenschluss gelten, zu treffen sei.[1059]

729

Sowohl aus dem Wortlaut als auch aus der Formulierung des Gesetzes muss man folgern, dass zumindest die Frage, ob ein Ausgliederungsbeschluss erforderlich ist, sich nach den **zuständigen Gemeinde- und Landkreisordnungen** richtet.[1060] So sehen viele Gemeindeordnungen vor, dass der Gemeinderat zwingend über die Umwandlung der Rechtsform von Eigenbetrieben entscheiden muss und diese Entscheidung nicht anderen Organen übertragen kann.[1061] I. d. R. ist daher bei Gemeinden und Landkreisen ein Beschluss des Rates erforderlich, da es sich hierbei, auch

730

1058 Suppliet, NotBZ 1999, 52.
1059 Begründung zum RegE, BR-Drucks. 75/94, S. 132, abgedruckt in: Limmer, Umwandlungsrecht, S. 327.
1060 Vgl. Widmann/Mayer/Heckschen, Umwandlungsrecht, § 169 UmwG Rn. 193 ff.; Lutter/Schmidt, UmwG § 169 Rn. 6; Hörtnagl, in: Schmitt/Hörtnagl/Stratz, § 169 UmwG Rn. 2; BeckOGK/Schürnbrand/Foerster UmwG § 169 Rn. 5; Suppliet, NotBZ 1999, 49 ff.
1061 Vgl. etwa § 28 Abs. 1 Nr. 16 GemO Schleswig-Holstein, § 32 Abs. 2 Nr. 15 GemO Rheinland-Pfalz, § 51 Nr. 12 Hess. GemO, § 40 Abs. 1 Nr. 10 Nds. GemO, Art. 32 Abs. 2 BayGemO etc.

wenn keine besondere Regelung gegeben ist, um wesentliche Angelegenheiten handelt, die nicht zur laufenden Verwaltung gehören.[1062]

731 Darüber hinaus ist im Einzelfall zu prüfen, ob nicht eine **kommunalaufsichtliche Anzeige oder öffentlich-rechtliche Genehmigung** erforderlich ist.[1063]

732 Nach § 169 UmwG wird man auch aus dem Organisationsrecht die Frage beantworten müssen, welche **Wirkungen** ein Ausgliederungsbeschluss hat. Es stellt sich hier insb. die Frage, ob er wie bei Gesellschaften erst zur Wirksamkeit des Ausgliederungsplans führt und damit Außenwirkung hat oder ob es sich hierbei lediglich um ein Internum des Körperschaftsrechts handelt. In den meisten Gemeindeordnungen hat allerdings der Bürgermeister im Außenverhältnis unbeschränkt Vertretungsbefugnis. Auch wenn er Willenserklärungen abgibt, die über die Organzuständigkeit hinausgehen, sind diese zwar intern rechtswidrig, im Außenverhältnis jedoch wirksam.[1064] Demgegenüber ist z. B. in Bayern die Vertretungsmacht des Bürgermeisters auch im Außenverhältnis von einem Gemeinderatsbeschluss abhängig, wenn es sich nicht um die laufenden Geschäfte der Verwaltung handelt, die in der ausschließlichen Zuständigkeit des Bürgermeisters liegen. Bei wesentlichen Erklärungen wie dem **Ausgliederungsplan** ist daher das Vorliegen des entsprechenden **Gemeinderats- oder Ausschussbeschlusses** Wirksamkeitsvoraussetzung.[1065]

733 Es stellt sich weiter die Frage, ob der Ausgliederungsbeschluss des Gemeinderates der **notariellen Beurkundung** bedarf oder ob auch hier gem. § 169 UmwG die Vorschriften des Organisationsrechts die Form bestimmen. Grds. bedarf ein Ausgliederungsbeschluss bei sonstigen Rechtsträgern der notariellen Beurkundung. Allerdings bestimmt § 169 UmwG, dass auch die Frage, unter welchen Voraussetzungen ein Ausgliederungsbeschluss erforderlich ist, sich nach dem Organisationsrecht richtet. Man wird hieraus folgern können, dass der Gesetzgeber nicht die notarielle Beurkundung verlangt, die für die Gemeinderatsbeschlüsse bisher unüblich ist.[1066]

X. Muster

1. Ausgliederung zur Neugründung

▶ Muster: Ausgliederung zur Neugründung

734 Verhandelt zu……

am……

Vor dem unterzeichnenden

…..

Notar mit dem Amtssitz in……

erschien:

1062 Widmann/Mayer/Heckschen, Umwandlungsrecht, § 168 UmwG Rn. 201; Lutter/Schmidt, UmwG § 169 Rn. 6; Hörtnagl, in: Schmitt/Hörtnagl/Stratz, § 169 UmwG Rn. 2.

1063 Vgl. Widmann/Mayer/Heckschen, Umwandlungsrecht, § 168 UmwG Rn. 202 ff.; Lutter/Schmidt, UmwG § 169 Rn. 7; Lepper, RNotZ 2006, 323, 329 f.; Suppliet, NotBZ 1997, 39; BeckOGK/Schürnbrand/Foerster UmwG § 169 Rn. 6.

1064 Vgl. BGH, NJW 1998, 3056; so etwa in Sachsen vgl. Gren, Sächsisches Kommunalrecht, S. 173; VGH Baden-Württemberg, Verwaltungsblatt Baden-Württemberg 1982, 206; Pracker/Dehn, Gemeindeordnung für Schleswig-Holstein, § 51 Anm. 1.

1065 Vgl. Bauer/Böhle/Ecker, Bayerische Kommunalgesetze, Art. 38 GO Anm. 1; Widmann/Grasser, BayGemO, Art. 29 Anm. 5 g, bb); vgl. zur kontroversen Entwicklung in Bayern BGH MittBayNot 2017, 299, daraufhin wurde die Gemeindeordnung ergänzt durch § 2 des Gesetzes vom 22. März 2018 (BayGVBl. S. 145).

1066 Widmann/Mayer/Heckschen, Umwandlungsrecht, § 168 UmwG Rn. 148; Suppliet, NotBZ 199, 49; Lutter/Schmidt, UmwG § 169 Rn. 6; BeckOGK/Schürnbrand/Foerster UmwG § 169 Rn. 5.

Herr......

Der Erschienene ist Bürgermeister der Gemeinde X-Stadt und handelt für diese. Er ist mir, Notar, persönlich bekannt.

Der Erschienene ließ folgende Ausgliederung aus dem Vermögen der Gemeinde X-Stadt durch Neugründung einer GmbH beurkunden und erklärte:

A. Rechtslage

Die Gemeinde X-Stadt ist Inhaber des in Form eines Eigenbetriebs geführten »Freibad X-Stadt«.

Nachstehend soll nunmehr der Eigenbetrieb »Freibad X-Stadt« im Wege der Ausgliederung zur Neugründung gemäß §§ 168 ff., 123 Abs. 3 Nr. 2 UmwG durch Übertragung auf die nachstehend neu gegründete »Freibad X-Stadt-GmbH« gegen Gewährung aller Gesellschaftsanteile an dieser GmbH an die Gemeinde X-Stadt ausgegliedert werden.

B. Ausgliederungsplan

Herr...... gibt hiermit als Vertretungsorgan der übertragenden Gemeinde X-Stadt folgende Ausgliederungserklärung ab:

I. Beteiligte Rechtsträger

Als übertragender Rechtsträger ist an der Ausgliederung die Gemeinde X-Stadt beteiligt.

Durch Ausgliederung zur Neugründung entsteht die Firma »Freibad X-Stadt-GmbH« mit Sitz in X-Stadt (nachfolgend »übernehmende Gesellschaft«). Der Gesellschaftsvertrag der übernehmenden Gesellschaft ist in Anlage 1 dieser Urkunde beigefügt. Auf die Anlage 1 wird verwiesen. Sie wird vorgelesen.

Vorbehaltlich der Genehmigung durch den Gemeinderat der Gemeinde X-Stadt stelle ich den Gesellschaftsvertrag der neugebildeten Gesellschaft wie in Anlage 1 aufgenommen fest.

II. Vereinbarung über die Vermögensübertragung

1. Die Gemeinde X-Stadt überträgt den gesamten Eigenbetrieb »Freibad X-Stadt« mit allen Aktiva und Passiva als Gesamtheit gegen Gewährung von Geschäftsanteilen auf die übertragende Gesellschaft. Die Ausgliederung erfolgt gemäß §§ 168 ff. UmwG.

Bei den als Gesamtheit übertragenen Gegenständen des Aktiv- und Passivvermögens des Eigenbetriebs handelt es sich im Einzelnen um:

a) Den im Grundbuch des Amtsgerichts...... von......, Blatt......, verzeichneten Grundbesitz der Gemarkung......, Flur......, Flurstück-Nr......., groß...... ar;

b) das auf dem vorbezeichneten Grundstück befindliche zum Freibad gehörende bewegliche Anlage- und Umlaufvermögen, wie sich aus der Anlage 2 zu dieser Niederschrift ergibt;

c) alle dem Eigenbetrieb zuzuordnenden Verträge, insbes. Lieferverträge, Werkverträge und sonstige Rechte, wie sie sich aus Anlage 3 zu dieser Niederschrift ergeben;

d) alle Verbindlichkeiten des Eigenbetriebes, die diesem wirtschaftlich zuzuordnen sind, wie sie sich aus der Anlage 4 zu dieser Niederschrift ergeben;

e) die in der Anlage 5 zu dieser Niederschrift bezeichneten Arbeitsverhältnisse;

f) Sachen, Rechte, Vertragsverhältnisse, die nicht in den beigefügten Anlagen aufgeführt sind, sind soweit sie dem vorbezeichneten Eigenbetrieb im weitesten Sinne wirtschaftlich zuzuordnen sind, mitübertragen; dies gilt auch insbes. für bis zur Eintragung der Spaltung in das Handelsregister erworbene Rechte oder Sachen und begründete Vertragsverhältnisse und Verbindlichkeiten.

2. Die Gemeinde X überträgt alle Vermögensgegenstände des Eigenbetriebs auf die Freibad X-Stadt-GmbH mit allen Aktiva und Passiva. Die Ausgliederung erfolgt auf der Basis der festgestellten Bilanz vom 31.12....... Diese Bilanz ist Bestandteil dieses Ausgliederungsplans.

Die Bilanz ist als Anlage 2 dieser Urkunde als wesentlicher Bestandteil beigefügt, auf sie wird nach §§ 9, 14 Abs. 1 BeurkG verwiesen. Der Beteiligte hat auf das Vorlesen verzichtet. Stattdessen wurden ihm die Anlage 2 zur Durchsicht vorgelegt, von ihm genehmigt und unterschrieben.

Für sämtliche nachfolgend beschriebenen Aktiva und Passiva gilt, dass die Übertragung im Wege der Ausgliederung alle Wirtschaftsgüter, Gegenstände, materiellen und immateriellen Rechte, Verbindlichkeiten, Rechtsbeziehungen erfasst, die dem Betrieb des Eigenbetriebs dienen oder zu dienen bestimmt sind oder sonst den Eigenbetrieb betreffen oder ihm wirtschaftlich zuzurechnen sind, unabhängig davon, ob die Vermögensposition bilanzierungsfähig ist oder nicht. Die Übertragung erfolgt auch unabhängig davon, ob der Vermögensgegenstand in den Anlagen aufgeführt ist.

Sollten die zu übertragenden Rechtspositionen des Aktiv- oder Passivvermögens bis zum Wirksamwerden der Ausgliederung im regelmäßigen Geschäftsgang veräußert worden sein, so werden die an ihre Stelle getretenen vorhandenen Surrogate übertragen. Übertragen werden auch die bis zum Wirksamwerden der Ausgliederung erworbenen Gegenstände des Aktiv- oder Passivvermögens, soweit sie zum übertragenen Vermögen des Eigenbetriebs gehören.

Bei Zweifelsfällen, die auch durch Auslegung dieses Vertrages nicht zu klären sind, gilt, dass Vermögensgegenstände, Verbindlichkeiten, Verträge und Rechtspositionen, die nach obigen Regeln nicht zugeordnet werden können, bei der übertragenden Gesellschaft verbleiben. In diesen Fällen ist die Gemeinde X berechtigt nach § 315 BGB eine Zuordnung nach ihrem Ermessen unter Berücksichtigung der wirtschaftlichen Zugehörigkeit vorzunehmen.

Soweit bilanzierte und nicht bilanzierte Vermögensgegenstände und Schulden in die Rechtsbeziehungen, die dem Vermögen des Eigenbetriebes wirtschaftlich zuzuordnen sind, nicht schon kraft Gesetzes mit der Eintragung der Ausgliederung in das Handelsregister der übertragenden Gesellschaft auf die aufnehmende Gesellschaft übergehen, wird die übertragende Gesellschaft diese Vermögensgegenstände oder Schulden sowie die Rechtsbeziehungen auf die übernehmende GmbH übertragen.

Auf die Anlagen die dieser Urkunde als wesentlicher Bestandteil beigefügt sind, wird gemäß § 14 Abs. 1 BeurkG verwiesen. Der Beteiligte hat auf das Vorlesen verzichtet, stattdessen wurden ihm die Anlagen zur Kenntnisnahme vorgelegt, sie wurden von ihm genehmigt und nach § 14 BeurkG unterschrieben.

Soweit für die Übertragung von bestimmten Gegenständen die Zustimmung eines Dritten oder eine Registrierung erforderlich ist, werden sich die übertragende Gemeinde und die aufnehmende Gesellschaft bemühen, die Zustimmung oder Registrierung beizubringen. Falls dies nicht oder nur mit unverhältnismäßig hohem Aufwand möglich sein würde, werden sich die übertragende Gemeinde und die aufnehmende Gesellschaft im Innenverhältnis so stellen, als wäre die Übertragung der Gegenstände des ausgegliederten Vermögens mit Wirkung zum Vollzugsdatum erfolgt.

Die Gemeinde und die Freibad X-Stadt-GmbH bewilligen und beantragen, nach Wirksamwerden der Ausgliederung das Grundbuch bei den unter Ziff. 3 beschriebenen Grundstücken und dinglichen Rechten zu berichtigen.

III. Gegenleistung

Das Stammkapital der übernehmenden Gesellschaft beträgt 1 Mio. €.

Die übernehmende Gesellschaft gewährt der Gemeinde X-Stadt als Gegenleistung für die Übertragung des vorgeschriebenen Vermögens den neugebildete Geschäftsanteil Nr. 1 in gleicher Höhe mit Gewinnbezugsberechtigung zum Übertragungsstichtag. Das Umtauschverhältnis beträgt…

Bare Zuzahlungen sind nicht zu leisten.

IV. Spaltungsstichtag

Die Ausgliederung erfolgt aufgrund der Ausgliederungsbilanz zum 31.12……., die der heutigen Urkunde als Anlage 6 beigefügt ist. Die Übernahme des vorbezeichneten Vermögens erfolgt im Innenverhältnis mit Wirkung zum Ablauf des 31.12……., von diesem Zeitpunkt an gelten alle Handlungen und Geschäfte des Eigenbetriebes, die das übertragende Vermögen betreffen, als für Rechte der übernehmenden Gesellschaft vorgenommen.

V. Besondere Rechte

Besondere Rechte i. S. v. § 126 Abs. 1 Nr. 7 UmwG bestehen nicht. Einzelnen Gesellschaftern werden i. R. d. Ausgliederung keine besonderen Rechte gewährt.

VI. Besondere Vorteile

Besondere Vorteile i. S. v. § 126 Abs. 1 Nr. 8 UmwG werden nicht gewährt.

VII. Folgen der Abspaltung für die Arbeitnehmer und ihre Vertretungen

Durch die Abspaltung ergeben sich für die Arbeitnehmer und ihre Vertretungen die nachgenannten Folgen:……

Insoweit sind folgende Maßnahmen vorgesehen:……

VIII. Grundbuchberichtigung

Die Gemeinde bewilligt und beantragt, das Grundbuch bzgl. der von der Ausgliederung erfassten Grundstücke entsprechend dem Ausgliederungsplan zu berichtigen.

IX. Kosten

Die durch diesen Vertrag und ihre Durchführung entstehenden Kosten trägt die aufnehmende Gesellschaft.

C. Geschäftsführerbestellung

Die Gemeinde hält unter Verzicht auf Form- und Fristvorschriften eine Gesellschafterversammlung ab und beschließt:

Zum ersten Geschäftsführer der neu errichteten Gesellschaft wird Herr…… bestellt. Er ist stets alleinvertretungsberechtigt, auch wenn weitere Geschäftsführer bestellt sind, und er ist von den Beschränkungen des § 181 BGB befreit. Er ist daher befugt, die Gesellschaft bei Rechtsgeschäften mit sich selbst oder als Vertreter eines Dritten uneingeschränkt zu vertreten.

Samt Anlage 1 vorgelesen vom Notar, von dem Beteiligten genehmigt und eigenhändig unterschrieben wie folgt:

…..

2. Handelsregisteranmeldung der neu gegründeten GmbH

▶ Muster: Handelsregisteranmeldung der neu gegründeten GmbH

An das

Amtsgericht

Handelsregister

Betrifft: HRB……

In der Anlage überreiche ich, der unterzeichnende Bürgermeister als Vertretungsorgan der Gemeinde X-Stadt, als übertragender Rechtsträger:
1. Elektronisch beglaubigte Abschrift des Ausgliederungsplans nebst Gesellschaftsvertrag der neu gegründeten GmbH vom…… – UR.Nr.……, des beglaubigenden Notars –,
2. Elektronisch beglaubigte Abschrift der Gesellschafterliste,
3. Elektronisch beglaubigte Abschrift des Sachgründungsberichtes,
4. Elektronisch beglaubigte Abschrift des Ausgliederungsbeschluss des Gemeinderats der Gemeinde X-Stadt,
5. Elektronisch beglaubigte Abschrift der Unterlagen über die Werthaltigkeit der übertragenen Vermögensteile sowie Schlussbilanz,
6. Elektronisch beglaubigte Abschrift der kommunalaufsichtsrechtliche Genehmigung,
7. Elektronisch beglaubigte Abschrift des Nachweises über die Zuleitung des Ausgliederungsplans zum Betriebsrat,

und melde zur Eintragung in das Handelsregister an:

Die Gemeinde X-Stadt hat im Wege der Ausgliederung durch Neugründung ihres Eigenbetriebes »Freibad X-Stadt« eine Gesellschaft mit beschränkter Haftung unter der Firma »Freibad X-Stadt-GmbH« gegründet.

Sitz der Gesellschaft ist X-Stadt.

Die Gesellschaft hat einen oder mehrere Geschäftsführer. Ist nur ein Geschäftsführer bestellt, so vertritt dieser die Gesellschaft allein. Sind mehrere Geschäftsführer bestellt, so wird die Gesellschaft durch zwei Geschäftsführer gemeinschaftlich oder durch einen Geschäftsführer in Gemeinschaft mit einem Prokuristen vertreten. Durch Gesellschafterbeschluss kann einzelnen Geschäftsführern die Befugnis zur alleinigen Vertretung sowie die Befreiung von den Beschränkungen des § 181 BGB erteilt werden.

Zum ersten Geschäftsführer der Gesellschaft wurde Herr…… bestellt.

Er ist berechtigt, die Gesellschaft stets allein zu vertreten und von den Beschränkungen des § 181 BGB befreit. Er ist daher befugt, die Gesellschaft bei Rechtsgeschäften mit sich selbst oder als Vertreter eines Dritten uneingeschränkt zu vertreten.

Der miterschienene Geschäftsführer versichert, dass keine Umstände vorliegen, die meiner Bestellung zum Geschäftsführer nach § 6 Abs. 2 GmbH-Gesetz entgegenstehen.

Der Geschäftsführer der Gesellschaft versichert insbesondere,

– dass er nicht wegen einer oder mehrerer vorsätzlicher Straftaten
  a) des Unterlassens der Stellung des Antrags auf Eröffnung des Insolvenzverfahrens (Insolvenzverschleppung),
  b) nach §§ 283 bis 283d StGB (Insolvenzstraftaten),
  c) der falschen Angaben nach § 82 GmbHG oder § 399 AktG,
  d) der unrichtigen Darstellung nach § 400 AktG, § 331 HGB, § 313 UmwG oder § 17 PublizitätsG,
  e) nach den §§ 263 StGB (Betrug), § 263a StGB (Computerbetrug), § 264 StGB (Kapitalanlagebetrug) § 264a StGB (Subventionsbetrug) oder den §§ 265b StGB (Kreditbetrug), 265c (Sportwettbetrug), § 265d (Manipulation von berufssportlichen Wettbewerben), §265e (Besonders schwere Fälle des Sportwettbetrugs und der Manipulation von berufssportlichen Wettbewerben), § 266 StGB (Untreue) bis § 266a StGB (Vorenthalten und Veruntreuen von Arbeitsentgelt – Nichtabführung von Sozialversicherungsbeiträgen) zu einer Freiheitsstrafe von mindestens einem Jahr
verurteilt worden ist, und
– dass ihm weder durch gerichtliches Urteil noch durch die vollziehbare Entscheidung einer Verwaltungsbehörde die Ausübung eines Berufes, eines Berufszweiges, eines Gewerbes oder eines Gewerbezweiges ganz oder teilweise untersagt wurde, und
– auch keine vergleichbaren strafrechtlichen Entscheidungen ausländischer Behörden oder Gerichte gegen ihn vorliegen, und
– dass er über die uneingeschränkte Auskunftspflicht ggü. dem Gericht durch den Notar belehrt wurde.

Die Geschäftsräume und die inländische Geschäftsanschrift der neu gegründeten Gesellschaft befinden sich in……, ……

Eine Versicherung nach § 16 Abs. 2 UmwG ist bei der Ausgliederung aus Gebietskörperschaften nicht erforderlich.

….., den……

…..

(Unterschriften und Beglaubigungsvermerk)

Teil 4 Formwechsel

Kapitel 1 Grundlagen des Formwechsels

Übersicht   Rdn.

A. **Einführung** 1
I. Entwicklung/Arten des Formwechsels 1
II. Dogmatik des UmwG 1995 7
   1. Identitätsprinzip 7
   2. Praktische Auswirkungen des Identitätsprinzips 12
      a) Auswirkungen auf das allgemeine Gesellschaftsrecht 13
      b) Identität des Gesellschafters und Anteilsinhaberkreises 14
      c) Formwechsel in die Ein-Mann-Kapitalgesellschaft 23
      d) Doppelcharakter der formwechselnden Gesellschaft 24
      e) Identität des Gesellschaftsvermögens 25
         aa) Kapitalaufbringung und Kapitalfestsetzung beim Formwechsel in die Kapitalgesellschaft 26
         bb) Kapitalerhaltung im Vorfeld des Formwechsels 28
         cc) Nachhaftung des ausscheidenden Kommanditisten 33
         dd) Quotenverschiebender Formwechsel 34
         ee) Formwechsel bei ausstehenden Einlagen 35
      f) Auswirkungen des Formwechsels auf Rechtsverhältnisse des formwechselnden Rechtsträgers 37
III. Gesetzessystematik 42
IV. Beseitigung der sog. Umwandlungssperre 43
V. Einsatz des Formwechsels in der Praxis 45
   1. Überblick 45
   2. Formwechsel aus der Kapitalgesellschaft in die Personengesellschaft (besonders GmbH & Co. KG) 46
   3. Vorbereitung des Börsengangs 49
   4. Rückumwandlung der AG (Going-Private) 52
VI. Alternative Gestaltungsmöglichkeiten 53
B. **Formwechselfähige Rechtsträger** 54
I. Grundsatz 54
II. Die Unternehmergesellschaft im Formwechsel 60
   1. Personengesellschaft in UG 60
   2. UG in GmbH 61
C. **Checkliste für den Formwechsel von Rechtsträgern nach dem UmwG** 62
D. **Umwandlungsbericht** 63
I. Umwandlungsbericht durch Vertretungsorgan 68
II. Inhalt des Umwandlungsberichts 70
   1. Erläuterung des Formwechsels 74
   2. Erläuterung einer angebotenen Barabfindung 75
   3. Entwurf des Umwandlungsbeschlusses als Teil des Umwandlungsberichts ... 78
III. Erweiterung der Berichtspflicht bei verbundenen Unternehmen 81
IV. Einschränkung der Berichtspflicht 82
V. Verzicht auf den Umwandlungsbericht 83
VI. Beifügung einer Vermögensaufstellung 85
   1. Rechtsentwicklung 85
   2. Keine Vermögensaufstellung mehr seit Zweitem Gesetz zur Änderung des UmwG 2007 ... 87
E. **Formwechselprüfung** 91
I. Grundsatz: Keine Formwechselprüfung 91
II. Prüfung bei Barabfindung 92
III. Gründungsprüfung beim Formwechsel in AG und KGaA 93
F. **Vorbereitung der Gesellschafter- bzw. Hauptversammlungen** 94
G. **Durchführung der Gesellschafter- bzw. Hauptversammlungen** 102
I. Zuständigkeiten 102
II. Durchführung der Versammlung der Anteilseigner und Informationsrecht .. 103

	Rdn.
III. Beschlussmehrheiten	110
1. Personengesellschaften	111
2. Partnerschaften	112
3. Kapitalgesellschaften	113
4. Genossenschaften	119
5. Vereine	120
IV. Satzungsregelungen zur Beschlussmehrheit	121
1. 3/4-Mehrheit als Mindestmehrheit	121
2. Zusätzliche satzungsmäßige Anforderungen	122
V. Stimmberechtigung	124
VI. Stellvertretung beim Formwechselbeschluss	125
H. Inhalt des Umwandlungsbeschlusses	128
I. Neue Rechtsform	134
II. Name oder Firma des neuen Rechtsträgers	135
III. Angabe der Beteiligung der bisherigen Anteilsinhaber an dem neuen Rechtsträger	137
IV. Unbekannte Aktionäre	141
V. Zahl, Art und Umfang der Anteile oder Mitgliedschaftsrechte an der neuen Rechtsform	143
1. Art der Anteile oder Mitgliedschaften	147
2. Zahl und Umfang der Anteile an der neuen Gesellschaft	150
a) Festsetzung von Stammkapital bzw. Grundkapital oder Einlageleistungen	150
b) Verteilung des Vermögens durch Festlegung des Umfangs der neuen Anteile oder Mitgliedschaftsrechte bei verhältniswahrendem Formwechsel	158
aa) Umwandlung Personengesellschaft in Kapitalgesellschaft	159
bb) Umwandlung Kapitalgesellschaft in Kapitalgesellschaft	164
cc) Umwandlung Kapitalgesellschaft in Personengesellschaft	165
c) Nichtverhältniswahrender Formwechsel	167
d) Anzahl der Anteile	169
e) Ausgleich von Spitzenbeträgen	175
f) Unbekannte Aktionäre und Festsetzung der Geschäftsanteile	176
VI. Sonder- und Vorzugsrechte	178
VII. Angebot auf Barabfindung	180
1. Voraussetzungen	180
2. Inhalt	183
3. Sondervorschriften	184
4. Verzicht auf das Abfindungsangebot	185
VIII. Folgen des Formwechsels für die Arbeitnehmer	186
IX. Formwechselstichtag	187
I. Feststellung der Satzung bzw. des Gesellschaftsvertrages des neuen Rechtsträgers	188
I. Grundsatz	188
II. Ausgestaltung der Satzung bzw. des Gesellschaftsvertrages	193
1. Notwendige Satzungs-/Gesellschaftsvertragsänderungen	195
2. Fakultative Satzungsänderungen	196
III. Kapitalfestsetzung der neuen Gesellschaft	198
1. Kapital der Zielgesellschaft	198
2. Kapitalmaßnahmen im Zusammenhang mit dem Formwechsel	199
IV. Formwechsel als Sachgründung und besondere Angaben in der Satzung beim Formwechsel	204
1. Formwechsel als Sachgründung	205
2. Satzungsinhalt	211
a) Formwechsel zwischen Kapitalgesellschaften (§ 243 Abs. 1 AktG)	211
b) Angaben über Sacheinlagen	212
J. Form des Umwandlungsbeschlusses und der Zustimmungserklärungen	218
I. Notarielle Beurkundung	218
II. Anwendbares Verfahren	221
K. Sachliche Beschlusskontrolle	224
L. Minderheitenschutz und Schutz von Inhabern besonderer Rechte	226
I. Schutz der Mitgliedschaft im Recht des Formwechsels	226

			Rdn.
II.	Information der Anteilseigner		229
III.	Beschlussmehrheiten		230
IV.	Zustimmung von Sonderrechtsinhabern		231
	1.	Überblick über die Zustimmungspflichten im Formwechselrecht	231
	2.	Zustimmungspflicht bei Genehmigungsbedürftigkeit der Anteilsabtretung	233
	3.	Verwässerungsschutz	234
	4.	Zustimmungspflicht bei Verlust von Sonderrechten und Minderheitsrechten bei Umwandlung von GmbH	236
	5.	Sonderbeschlüsse bei Vorhandensein mehrerer Aktiengattungen	237
	6.	Individualzustimmung bei Wegfall von Nebenpflichten im Fall der Umwandlung einer GmbH in eine AG	238
	7.	Beeinträchtigung des Vermögenswertes der Mitgliedschaft	239
	8.	Zustimmungspflicht bei persönlicher Haftung	240
V.	Austritts- und Abfindungsrechte (Angebot auf Barabfindung)		242
	1.	Voraussetzungen für die Pflicht zur Aufnahme eines Abfindungsangebots	244
	2.	Rechtsfolgen: Angebot auf Abfindung im Umwandlungsbeschluss	249
	3.	Ausschlussfrist für die Annahme des Angebots	252
	4.	Ablauf des Anteilserwerbs durch die Gesellschaft	253
	5.	Abfindungsangebot ohne Anteilserwerb	254
	6.	Inhalt des Anspruchs auf Barabfindung und Prüfung der Barabfindung	255
	7.	Ausschluss von Klagen gegen den Umwandlungsbeschluss	256
	8.	Anderweitige Veräußerung	257
	9.	Ausnahmen vom Abfindungsangebot	258
		a) Generelle Ausnahme	258
		b) Sondervorschriften	259
		c) Verzicht auf das Abfindungsangebot	260
VI.	Freiwilliges Kaufangebot des Mehrheitsaktionärs		261
M.	**Gründungsvorschriften und Kapitalschutz beim Formwechsel**		
I.	Anwendung der Gründungsvorschriften		267
	1.	Vereinbarkeit mit der Identitätsthese	267
	2.	Formwechsel in eine GmbH	268
	3.	Formwechsel in eine AG	270
	4.	Formwechsel in eine eingetragene Genossenschaft	272
II.	Kapitalschutz		273
III.	Anwendbarkeit der Gründungsvorschriften auf den Formwechsel: Besonderheiten bei der AG		275
IV.	Bestellung der ersten Organe beim Formwechsel		286
	1.	Auswirkungen des Formwechsels auf die Organstellung	286
	2.	Bestellung der neuen Organe	288
	3.	Aufsichtsrat	290
		a) Bildung und Zusammensetzung des ersten Aufsichtsrates	290
		b) Abberufung und Neuwahl eines Aufsichtsratsmitglieds einer AG zwischen Anmeldung und Eintragung	293
N.	**Information des Betriebsrats**		302
O.	**Handelsregisteranmeldung**		303
I.	Zuständiges Gericht		305
	1.	Keine Änderung des Sitzes oder der Art des Registers	305
	2.	Fehlende Eintragung des formwechselnden Rechtsträgers	307
	3.	Änderung der Art des Registers	308
	4.	Änderung des Registers infolge Sitzverlegung	312
II.	Inhalt der Anmeldung		313
	1.	Anmeldung des Formwechsels	313
	2.	Anmeldung weiterer Tatsachen	316
III.	Versicherungen		319
	1.	Einlagenversicherung	319
	2.	Negativversicherung	323
IV.	Anmeldepflichtige Personen		324

	Rdn.
V. Beizufügende Unterlagen	327
1. Allgemeine Anlagen	330
2. Weitere Unterlagen	331
3. Gründungsunterlagen	332
P. Wirkungen des Formwechsels	**333**
I. Erhaltung der Identität des Rechtsträgers	334
1. Grundsatz	334
2. Auswirkungen des Formwechsels auf Verträge, Rechtsverhältnisse und Register	336
a) Verbindlichkeiten und Forderungen	337
b) Berichtigung in Registern	338
c) Vollmachten und Prokura	339
d) Prozesse, Titel	340
e) Genehmigungen und Erlaubnisse	341
f) Unternehmensverträge	342
g) Stille Gesellschaft	344
II. Kontinuität der Mitgliedschaft	346
1. Grundsatz	346
2. Eigene Anteile des formwechselnden Rechtsträgers	349
a) Formwechsel GmbH/AG in Personengesellschaft oder Genossenschaft	349
b) Formwechsel GmbH in AG	350
III. Dingliche Surrogation	351
IV. Heilung von Mängeln des Umwandlungsbeschlusses	352
V. Weitere Wirkungen	354
Q. Schutz der Gläubiger beim Formwechsel	**355**
I. Grundsatz	355
II. Anwendung des Gründungsrechts	358
III. Schadensersatzhaftung der Organe	359
IV. Erhaltung der Haftungsmasse	360
V. Sicherheitsleistung	361
VI. Fortdauer der Haftung in besonderen Fällen	362

A. Einführung

I. Entwicklung/Arten des Formwechsels

Das bis 1995 geltende Umwandlungsrecht war gekennzeichnet durch eine Dreiteilung der Umwandlungsarten:[1] 1
- die gesetzliche Umwandlung,
- die formwechselnde Umwandlung,
- die übertragende Umwandlung.[2]

---

1 Vgl. K. Schmidt, ZGR 1990, 580; ders., AcP 191, 1991, 495; Zöllner, ZGR 1993, 334; Lutter, ZGR 1990, 392; Mertens, AG 1994, 66; Stengel, in: Semler/Stengel, § 190 UmwG Rn. 2 ff., Lutter/Decher/Hoger, Vor § 190 UmwG, Rn. 1 ff.; auch zur Entstehungsgeschichte Rn. 9 ff.
2 Zur Dogmatik der Umwandlung allgemein vgl. BGH NZG 2016, 517 = DNotZ 2016, 517; Widmann/Mayer/Mayer, Umwandlungsrecht, Einf. UmwG Rn. 75 ff.; Lutter/Decher Hoger, Vor § 190 UmwG, Rn. 1 ff.; BeckOGK/Schürnbrand/Foerster UmwG § 190 Rn. 1 ff.; 24 ff.; K. Schmidt, ZGR 1990, 580; ders., in: IDW, S. 42 ff.; ders., AcP 1991, 495; Zöllner, ZGR 1993, 334; Lutter, ZGR 1990, 392; Mertens, AG 1994, 66; Hennrichs, Formwechsel und Gesamtrechtsnachfolge bei Umwandlungen, 1995; ders., ZIP 1995, 794; K. Schmidt, in: FS für Ulmer, 2003, S. 557 ff.; Semler/Stengel, in: Semler/Stengel, UmwG Einleitung A Rn. 58 ff.

2   Im Recht der Personengesellschaft ist darüber hinaus der **identitätswahrende Wechsel** zwischen den Rechtsformen der GbR, der OHG und der KG zu nennen.[3] Es handelt sich hierbei im Gegensatz zur Umwandlung im engeren Sinn um eine gesetzliche Umwandlung, die eintritt, wenn bestimmte Voraussetzungen für die Rechtsform nicht mehr vorliegen. Eine derartige gesetzliche Umwandlung findet z. B. statt, wenn eine GbR, deren Gewerbebetrieb kein Handelsgewerbe nach § 1 Abs. 2 HGB ist, sich im Handelsregister eintragen lässt. Die Folge ist, dass die GbR mit der Eintragung zur OHG wird. Durch das **Handelsrechtsreformgesetz** v. 25.06.1998[4] wurde dieser automatische Formwechsel im Recht der Gesamthandsgesellschaften grundlegend verändert, da die Registereintragung konstitutive Wirkung hat. Eine GbR bleibt auch solange OHG, wie sie im Handelsregister eingetragen ist. Vor der Handelsrechtsreform war dies anders.[5] Ebenfalls eine der **gesetzlichen Umwandlungen** ist die Umwandlung einer Personengesellschaft in eine Einzelperson, wenn alle Gesellschafter bis auf einen aus der Gesellschaft austreten.

3   Diese gesetzlichen Änderungen des Rechtskleides der Gesellschaft können allerdings auch bewusst zur **Vertragsgestaltung** eingesetzt werden: bspw. wird die Umwandlung einer GmbH & Co. KG auf ihre Komplementär-GmbH im Wege des sog. **Anwachsungsmodells** vorgenommen.[6] Um Umwandlung im engeren Sinn handelt es sich jedoch bei diesen Änderungen nicht. Hierunter werden in erster Linie solche Umwandlungen verstanden, die aufgrund eines rechtsgeschäftlichen Aktes entstehen. Die Dogmatik des bis 1995 geltenden Umwandlungsrechts war insb. gekennzeichnet durch die Zweiteilung zwischen formwechselnder und übertragender Umwandlung.[7]

4   Als **Umwandlung im technischen Sinn** wurde die Veränderung der Rechtsform eines Unternehmens ohne Liquidation und ohne Einzelübertragung im Wege der **Universalsukzession des Vermögens** verstanden.

5   Bei einer **formwechselnden Umwandlung** änderte sich allein die äußere Form der Gesellschaft, die Identität von Gesellschaft und Verband blieb unberührt. Von der **übertragenen Umwandlung** unterschied die alte Dogmatik diese Form der Umwandlung dadurch, dass kein Rechtsträgerwechsel und auch keine Vermögensübertragung stattfanden, die Gesellschaft änderte nur bei gleichbleibender Identität ihre Rechtsform. Eine derartige formwechselnde Umwandlung war etwa bei der Umwandlung einer AG in eine GmbH (§ 372 AktG i. d. F. bis 1995) oder einer GmbH in eine AG (§ 381 AktG i. d. F. bis 1995) gegeben. Die alte Rechtslage hatte diese formwechselnde Umwandlung nur da zugelassen, wo alte und neue Rechtsformstruktur ähnlich waren.

6   Bei der **übertragenden Umwandlung** wurde die übertragende Gesellschaft liquidiert und das Vermögen auf eine neue Gesellschaft übertragen, aber nicht im Wege der Einzelrechtsnachfolge, sondern im Wege der **Gesamtrechtsnachfolge**. Das bisherige Umwandlungsrecht unterschied weiter zwischen der sog. errichtenden Umwandlung, bei der der neue Rechtsträger, auf den umgewandelt wird, erst mit der Umwandlung gegründet wurde, und der **verschmelzenden Umwandlung**, bei der das Vermögen der umzuwandelnden Gesellschaft auf eine bereits bestehende Gesellschaft übertragen wurde. Die Besonderheit dieser übertragenden Umwandlung war, dass es sich im Grunde hierbei um eine Form der Sachgründung (**errichtende Umwandlung**) oder Sachkapi-

---

3   Vgl. allg. zur Umwandlung außerhalb des UmwG: Widmann/Mayer/Vossius, Umwandlungsrecht, § 191 Rn. 22; Kallmeyer/Meister/Klöcker, § 190 UmwG Rn. 14.
4   BGBl. I, S. 1588.
5   Vgl. im Einzelnen dazu K. Schmidt, Gesellschaftsrecht, § 44 Abs. 3 Satz 1300 ff.
6   Kallmeyer/Meister/Klöcker, § 190 UmwG Rn. 14; Finken/Decher, AG 1989, 391, 393; Meister, NZG 2008, 767, 768.
7   Vgl. K. Schmidt, Gesellschaftsrecht, § 12 Abs. 4 Satz 2b, S. 364 f.; Widmann/Mayer/Vossius, Umwandlungsrecht, § 190 UmwG Rn. 5 ff.; Usler, MittRhNotK 1998, 21, 22; Semler/Stengel, in: Semler/Stengel, UmwG Einleitung A Rn. 58 ff.; Stengel, in: Semler/Stengel, § 190 UmwG Rn. 2 ff., auch zur Entstehungsgeschichte Rn. 9 ff.

talerhöhung (**verschmelzende Umwandlung**) handelte. Deshalb waren auch bei dieser Form der Umwandlung die Gründungsvorschriften für den neuen Rechtsträger einzuhalten.

II. Dogmatik des UmwG 1995

1. Identitätsprinzip

Diese grundlegende Zweiteilung des deutschen Gesellschaftsrechts wurde vom UmwG im Anschluss an moderne Theorien der Umwandlung zugunsten einer einheitlichen Regelung über den Formwechsel aufgegeben. **K. Schmidt** bezeichnet den **identitätswahrenden Formwechsel** als die reifste, technisch perfekteste Lösung des Umwandlungsrechts.[8] Wie dargelegt, war allerdings nach dem bisherigen Recht die formwechselnde Umwandlung als **identitätswahrende »Rechtskleidänderung«** nur zwischen strukturähnlichen Gesellschaftsformen erlaubt. K. Schmidt hat diese formwechselnde Umwandlung als »das lupenreine, dogmatisch konsequente Umwandlungsmodell« bezeichnet.[9]

Das UmwG 1995 hat diese frühere Zweiteilung aufgegeben und einheitlich in § 202 Abs. 1 Nr. 1 UmwG geregelt: »*Der formwechselnde Rechtsträger besteht in der in dem Umwandlungsbeschluss bestehenden Rechtsform weiter.*«

Das UmwG verzichtet damit darauf, die übertragende Umwandlung zwischen Personen- und Kapitalgesellschaften aufrechtzuerhalten, und ersetzt diese durch einen einheitlichen Ansatz: die **formwechselnde Umwandlung**. Die grds. Zweiteilung des deutschen Gesellschaftsrechts in **juristische Personen** und **Gesamthandsgemeinschaften** wurde hierdurch für den Bereich des Umwandlungsrechts negiert.[10] Auch die Vorschrift des § 190 Abs. 1 UmwG betont die Einheitlichkeit des Formwechsels. Nach dieser Vorschrift kann ein Rechtsträger durch Formwechsel eine andere Rechtsform erhalten. Der Formwechsel identitätswahrender Art findet danach auch bei der Umwandlung einer Personengesellschaft in eine Kapitalgesellschaft und umgekehrt einer Kapitalgesellschaft in eine Personengesellschaft statt.

Die Begründung zum RegE weist darauf hin, dass der wesentliche Unterschied des Formwechsels ggü. den anderen Arten der Umwandlung in der **wirtschaftlichen Kontinuität des Rechtsträgers vor und nach dem Formwechsel** liege. Diese Kontinuität beruhe zum einen auf einer fast ausnahmslosen **Identität des Personenkreises** und der Tatsache, dass der **Vermögensbestand** des Rechtsträgers vor und nach dem Formwechsel gleich bleibe. Durch den Formwechsel solle sich lediglich allein die rechtliche Organisation des Unternehmensträgers, dem vor und nach der Umwandlung dasselbe Vermögen zugeordnet werde, ändern. Deshalb müsse der wirtschaftlichen Identität auch die rechtliche Identität entsprechen.[11] Auch der BGH und die Rechtsprechung betonte stets, dass der Formwechsel zur **Wahrung der Identität** führt, es wird lediglich die Rechtsform geändert.[12]

---

8 K. Schmidt, ZGR 1990, 594.
9 Vgl. K. Schmidt, Gesellschaftsrecht, § 13 Abs. 2, S. 375 ff.; ders., ZGR 1990, 594, der die übertragende Umwandlung als ein Relikt einer überholten Gesamthandslehre bezeichnet; vgl. auch ders., ZIP 1995, 1385, 1387; Usler, MittRhNotK 1998, 21, 22 f.; Widmann/Mayer/Vossius, Umwandlungsrecht, § 190 UmwG Rn. 23 ff.; Lutter/Decher/Hogerr, UmwG, § 190 Rn. 1 ff.; Kallmeyer/Meister/Klöcker, § 190 UmwG Rn. 6 f.; Zöllner, in: FS für Claussen, 1997, S. 423, 429; Stengel, in: Semler/Stengel, § 190 UmwG Rn. 2 ff.; Sagasser/Luke in: Sagasser/Bula/Brünger, Umwandlungen, § 26 Rn. 5 ff.
10 So Lutter, ZGR 1990, 395; K. Schmidt, ZGR 1990, 595; ders., AcP 191, 1991, 506 f.; Lutter/Decher/Hoger, UmwG, § 190 Rn. 1 ff.
11 Vgl. Begründung zum RegE, BT-Drucks. 75/94, S. 136; abgedruckt in: Limmer, Umwandlungsrecht, S. 343.
12 Vgl. BGH, AG 2010, 251 = DB 2010, 612 = NotBZ 2010, 187 = NZG 2010, 314 = ZIP 2010, 377; BGH NZG 2016, 517= DNotZ 2016, 517; OLG Köln, GmbHR 2003, 1489.

Im Urt. v. 21.08.2002[13] hat der BGH ausgeführt: Wesentliches Merkmal des Formwechsels sei die wirtschaftliche Kontinuität des Rechtsträgers. Da dieser identisch bleibe (Identitätsgrundsatz), finde auch kein Vermögensübergang statt. Der bisherige Rechtsträger bestehe nach Durchführung des Formwechsels in seiner neuen Rechtsform weiter. Das führe dazu, dass Rechte und Pflichten, die während der Zeit der ursprünglichen Rechtsform entstanden sind, weiterbestehen, nunmehr allerdings in der Person des Rechtsträgers in seiner neuen Form.[14]

11 Die Einzelheiten dieser Dogmatik sind auch heute noch nicht vollständig geklärt. Erste Stellungnahmen zum UmwG 1995 warfen dem Gesetzgeber gewisse Widersprüche vor: Der Gesetzgeber habe am Prinzip der Identität selbst nicht strikt festgehalten. Wo Grundprinzipien des Gesellschaftsrechts wie der Schutz der Anteilsinhaber oder der Gläubigerschutz mit dem Prinzip der Identität in Konflikt geraten, erkläre der Gesetzgeber z. B. die Gründungsvorschriften (§ 197 UmwG) und die Organhaftung (§§ 205, 206 UmwG) für anwendbar und widerspreche damit im Grundsatz der Identitätsthese.[15] Demgegenüber wies ein anderer Teil der Literatur darauf hin, dass diese angeblichen Ungereimtheiten sich auflösen, wenn man den Formwechsel mit seiner Identitätslösung als schlichte Rechtstechnik zur Gewährleistung der rechtlichen Kontinuität des sich umwandelnden Unternehmens ansieht.[16] Der Formwechsel steht damit neben den anderen Gesetzestechniken, die sich im UmwG befinden, nämlich der Gesamtrechtsnachfolge bei Verschmelzung und der Sonderrechtsnachfolge bei Spaltung. Der Gesetzgeber hat beim Formwechsel auf die **Gesamtrechtsnachfolge** verzichtet, indem er die Unterscheidung zwischen übertragender Umwandlung mit Gesamtrechtsnachfolge und identitätswahrender Umwandlung aufgab und einheitlich für Formwechsel der Identitätstheorie folgte.

2. Praktische Auswirkungen des Identitätsprinzips

12 Da sowohl die **Grunddogmatik** der vom UmwG entwickelten Identitätstheorie umstritten ist, wundert nicht, dass auch die Einzelfragen, die daraus resultieren, in der Literatur heftig umstritten sind. Insb. gilt dies für die Auswirkungen der Identitätsthese auf das allgemeine Gesellschaftsrecht, aber auch auf Spezialfragen des Umwandlungsrechts, die aus der Identitätstheorie resultieren.[17]

a) Auswirkungen auf das allgemeine Gesellschaftsrecht

13 Im Anschluss an die Neuregelung des UmwG 1995 und die Gleichstellung der gesamthandsgeprägten Personengesellschaften mit den Kapitalgesellschaften als juristischen Personen wurde die Frage aufgeworfen, ob nunmehr von der **Rechtsfigur der Gesamthand** für den Bereich des gesamten Zivilrechts Abstand zu nehmen sei.[18] Dabei wurde argumentiert, dass der Gesetzgeber im UmwG die bloße Weiterführung einer Gesamthand in der Form einer juristischen Person zugelassen hat, sodass damit im Grunde das Gesamthandsprinzip als Grundlage des Personengesellschaftsrechts aufgegeben werde. Insb. bei der GbR wurde angeführt, dass in § 191 Abs. 2 Nr. 1 UmwG die GbR als Rechtsträger bezeichnet werde. Entstehe sie infolge eines Formwechsels aus einer Kapitalgesellschaft, sei sie nach der ausdrücklichen Diktion des § 202 Abs. 1 Nr. 1 UmwG

---

13 NJW 2002, 3339.
14 Ebenso BGH NZG 2016, 517= DNotZ 2016, 517; OLG Köln, GmbHR 2003, 1489.
15 So Decher, in: Lutter, Kölner Umwandlungsrechtstage, S. 205 f.; Lutter/Decher/Hoger, UmwG, § 190 Rn. 3 ff.; Mertens, Umwandlung und Universalsukzession, 1993, S. 231; vgl. auch Bärwaldt/Schabacker, ZIP 1998, 1293 ff.; Wiedemann, ZGR 1999, 568 ff.
16 So Henrichs, ZIP 1995, 794, 796; ders., Formwechsel und Gesamtrechtsnachfolge bei Umwandlungen, 1995; Priester, DB 1995, 911, 912, Zöllner, in: FS für Gernhuber, 1993, S. 563, 566; Widmann/Mayer/Mayer, Umwandlungsrecht, § 193 UmwG Rn. 4; Zöllner, ZGR 1993, 334, 336; vgl. außerdem Hahn, GmbHR 1991, 242, 245.
17 Vgl. auch BeckOGK/Schürnbrand/Foerster UmwG § 190 Rn. 25 ff.; Kallmeyer/Meister/Klöcker § 190 UmwG Rn. 7; Lutter/Decher/Hoger § 190 UmwG Rn. 2.
18 So insb. Timm, NJW 1995, 3209 ff.; ders., ZGR 1996, 247, 251 ff.; Raiser, AcP 1994, 495, 504.

mit dieser (vormaligen) Kapitalgesellschaft identisch; die Gesellschaft besteht als GbR weiter. Dabei ist die Identität als gesetzliche Technik zur Herstellung der gewollten Kontinuität des Rechtssubjekts und der ihm zugeordneten dinglichen und schuldrechtlichen Rechtsverhältnisse zu verstehen.[19]

Die **Befürworter der Aufgabe** der Gesamthandstheorie stützten sich dabei insb. auf den Identitätsgrundsatz des UmwG und forderten insb. die Rechtsfähigkeit der GbR. Die Rechtsprechung des BGH ist dieser Rechtsfähigkeit der GbR gefolgt.[20] Der BGH hat z. B. im Urt. v. 29.01.2001 diese literarischen Ansätze und die Rechtsfähigkeit der GbR weitgehend bestätigt, indem er auch der GbR vollständige Rechtsfähigkeit zuerkannt hat. In der Entscheidung des BGH v. 29.01.2001 wurde die Rechtsfähigkeit der GbR erstmals vom BGH vollständig anerkannt.[21] Der II. Zivilsenat des BGH hat die GbR in dem Umfang im Zivilprozess als parteifähig angesehen, indem sie als Teilnehmer am Rechtsverkehr Träger von Rechten und Pflichten sein kann. Hierbei hat der BGH weiter ausgeführt, dass nach seiner Rspr. die GbR als Gesamthandsgemeinschaft ihrer Gesellschafter im Rechtsverkehr grds., d. h. soweit nicht spezielle Gesichtspunkte entgegenstehen, jede Rechtsposition einnehmen kann. Bereits zuvor hatte sich der BGH mehrfach damit auseinandergesetzt, ob und wie die GbR am Rechtsverkehr teilnehmen kann.[22] Schließlich wurde auch die Grundbuchfähigkeit anerkannt.[23]

Wiedemann[24] hat dabei nachgewiesen, dass auch außerhalb des Umwandlungsrechts, insb. bei Übergang des Vermögens von der Vor-Gesellschaft auf die juristische Person Kontinuität oder sogar Identität des Rechtsträgers besteht.[25] Er schließt daraus, dass auch dem Umwandlungsgesetzgeber zumindest ein enges formales Verständnis der beiden Rechtsinstitute Gesamthand und juristische Personen zugrunde lag und inhaltlich dies wohl eine Annäherung bedeute.

b) Identität des Gesellschafters und Anteilsinhaberkreises

Eine der umstrittensten, aber auch in der Praxis bedeutsamste Frage ist die nach den **Auswirkungen der Identitätsthese** im Hinblick auf den an der Umwandlung beteiligten Personenkreis. Die Frage wird nicht nur beim Formwechsel, sondern auch bei der Verschmelzung und Spaltung diskutiert. Beim Formwechsel hat sie aber insofern die größere Bedeutung, da sowohl im Wortlaut des Gesetzes als auch in der Begründung das Identitätsprinzip genannt wird, sodass hieraus an sich auch eine Identität des Gesellschafterkreises bzw. des Kreises der Anteilsinhaber folgen müsste. Die wohl herrschende Meinung im Schrifttum stand lange Zeit und steht wohl immer noch auf dem Standpunkt, dass der Gesellschafterbestand des Ausgangsrechtsträgers **identisch** sein muss

14

---

19 Vgl. Timm, ZGR 1996, 251; Henrichs, ZIP 1995, 704, 706.
20 Vgl. BGH, NJW 1998, 1220 = DNotZ 1998, 744; BGHZ 136, 254 = NJW 1997, 2754 zur Scheckfähigkeit; BGHZ 116, 86, 88.
21 BGHZ 146, 342 = NJW 2001, 1056 = DNotZ 2001, 234.
22 BGHZ 79, 374, 378 = NJW 1981, 1213; BGHZ 116, 86, 88 = NJW 1992, 499 ff.; BGHZ 136, 254, 257 = NJW 1997, 2754 ff.; DB 2000, 2117.
23 BGH, NJW 2009, 594 = NotBZ 2009, 98 = DB 2009, 109 = notar 2009 m. Anm. Jeep = ZNotP 2009, 66; dazu vgl. Böhringer, NotBZ 2009, 86; Zimmermann, MDR 2009, 237 ff.; Lautner, NotBZ 2009, 77; Tebben, NZG 2009, 288 ff.; vgl. auch BGH, NJW 2011, 1958 = MittBayNot 2011, 39 = NotBZ 2011, 257.
24 ZGR 1999, 568 ff.
25 Wiedemann, ZGR 1999, 568, 571 f.

mit dem Gesellschafterbestand des Zielrechtsträgers.[26] Auch die Regierungsbegründung[27] spricht bei § 194 UmwG von der »*Identität des an dem Umwandlungsvorgang beteiligten Personenkreis*« und stellt zu § 202 UmwG klar, »*dass nach dem Formwechsel grds. jeder Anteilsinhaber des formwechselnden Rechtsträgers auch an dem Rechtsträger neuer Rechtsform beteiligt ist. Dies entspricht den Grundsätzen, die schon bisher für die im AktG geregelten Fälle der formwechselnden Umwandlung gegolten haben.*«

15 Als Ausnahme hat das UmwG 1995 lediglich das **Ausscheiden der Komplementäre durch Formwechsel** einer KGaA in den §§ 236, 247 Abs. 3 UmwG, den Formwechsel in eine KGaA in den §§ 194 Abs. 1 Nr. 4, 217 Abs. 3 Satz 2 und § 221 UmwG sowie den Ausschluss neuer Mitglieder von der Beteiligung an der Umwandlung eines Versicherungsvereins auf Gegenseitigkeit in § 294 Abs. 1 Satz 2 UmwG geregelt.

16 Für den Fall des **Ein- und Austritts von Komplementären ohne Kapitalanteil** wurde von Teilen des Schrifttums entgegen der (wohl) herrschenden Meinung in der Literatur eine Ausnahme von der grds. Gesellschafteridentität beim Formwechsel gefordert.[28] Nach dieser Meinung soll zumindest bei der Komplementär-GmbH ohne Kapitalbeteiligung die simultane Umwandlung in eine GmbH & Co. KG **unter Beitritt** der Komplementär-GmbH im Handelsregister angemeldet werden können. Da die KG so zu keiner – auch nicht logischen – Sekunde ohne Komplementärin dastehe, erfülle sie im Augenblick der Eintragung die Normativbestimmungen des Kommanditgesellschaftsrechts. Eine Ausnahme von Identitätsprinzip für solche Gesellschafter, die nicht am Vermögen des jeweiligen Rechtsträgers beteiligt seien, verstoße nicht gegen den Anteilsgewährungsgrundsatz. Die im Umwandlungsrecht beim Formwechsel in die KGaA vorgesehene Ausnahme vom Identitätsprinzip sei einer ausdehnenden Anwendung zugänglich.

17 Unklarheit hat eine Entscheidung des BGH zur Folge gehabt, allerdings vom Landwirtschaftssenat in einer wenig beachteten Entscheidung v. 02.12.1994.[29] Zum Problem der formwechselnden Umwandlung einer LPG im Beitrittsgebiet nach dem LwAnpG hat der BGH festgestellt, dass alle Anforderungen, die an einen identitätswahrenden Formwechsel zu stellen seien, erfüllt gewesen sind, obwohl zwischen Formwechselbeschluss und dessen Eintragung Mitglieder der ehemaligen LPG ausgeschieden waren und eine »GmbH-Gründung« des Zielrechtsträgers mit einem neuen Gesellschafter erfolgt war. Diese Entscheidung des BGH ist in Teilen des Schrifttums auf Zustimmung gestoßen.[30] Entscheidend sei, dass die betroffenen Anteilsinhaber zugestimmt haben. Der identitätswahrende Charakter des Formwechsels werde v. a. durch die Zuordnung des Vermögensbestandes bestimmt, d. h. die wirtschaftliche Kontinuität des Rechtsträgers vor und nach dem Formwechsel müsse gewahrt bleiben. Demgegenüber sei eine Identität des Mitgliederbestandes nicht zwingend erforderlich (Neixler, BWR 1995, 602).

Abgelehnt wurde die Entscheidung des BGH dagegen **von Lohlein**.,[31] Nach seiner Ansicht würde diese Rechtsprechung des BGH nicht verhindern, dass die Mitgliedschaftsrechte der Mit-

---

26 Lutter/Decher/Hoger, UmwG, § 190 Rn. 1; § 202 Rn. 10, BeckOGK/Simons UmwG § 202 Rn. 36 ff.; BeckOGK/Simons UmwG § 194 Rn. 16ff.; Hanau, ZGR 1990, 548, 557; Kreßelk, BB 1995, 925, 926; Kallmeyer/Meister/Klöcker, § 194 UmwG Rn. 22, § 202 Rn. 28 ff.; Widmann/Mayer/Vossius, Umwandlungsrecht, § 228 UmwG Rn. 95; Priester, DNotZ 1995, 449; Formwechsel – allgemeine Vorschriften, in: Lutter, Kölner Umwandlungsrechtstage, S. 214; Kallmeyer, ZIP, 1994, 1746, 1756; Sigel, GmbHR 1998, 1208, 1210; Bärwaldt/Schabacker, ZIP 1998, 1293, 1294 f.; Heckschen, DB 1998, 1385, 1397; Usler, MittRhNotK 1998, 21, 55 f.; vgl. auch Heckschen, DB 2008, 2122 ff.; Baßler, GmbHR 2007, 1252 ff.
27 BT-Drucks. 12/6699, abgedruckt bei Ganske, Umwandlungsrecht, S. 217.
28 K. Schmidt, GmbHR 1995, 693 ff.; Kallmeyer, GmbHR 1996, 80 ff.; Priester, DB 1997, 560 ff.; Bayer, ZIP 1997, 1613.
29 BGH, ZIP 1995, 422 = EWiR 1995, 601.
30 Neixler, BWR 1995, 601, 602; Bayer, ZIP 1997, 1613, 1616.
31 Anm. zu BGH, Urt. v. 02.12.1994, ZIP 1995, 426, 427.

glieder beeinträchtigt werden. Eine solche Möglichkeit der Beeinträchtigung der Interessen der Mitglieder auch bei Aufnahme eines bisher Gesellschaftsfremden im Zuge der Umwandlung ergebe sich nämlich bereits aus der nicht auszuschließenden Gefahr der Verwässerung des Wertes der Beteiligungsrechte. An dem vorhandenen Vermögen sei auch der Neueintretende beteiligt, und zwar ohne Gewährleistung dafür, dass die zu erbringende Leistung den vollen Gegenwert für den auf ihn nunmehr entfallenden Anteil am Gesellschaftsvermögen darstelle. Ebenso verstoße diese Rechtsprechung gegen die Begründung des Gesetzesentwurfs zur Bereinigung des Umwandlungsrechts[32] wonach im Zuge der Umwandlung keine neuen Mitglieder in den Verband aufgenommen werden sollen.

Eine spätere Entscheidung des Landwirtschaftssenats v. 17.05.1999[33] hat allerdings den **Kontinuitätsgrundsatz der Mitgliedschaft** herausgestellt, allerdings offengelassen, ob diesem Prinzip »zwar nicht entgegensteht, dass im Zuge des Formwechsels ein Gesellschafter neu hinzutritt«. Mit einer identitätswahrenden Umwandlung sei es aber nicht vereinbar, dass von 512 LPG-Mitgliedern nur noch ein Treuhandkommanditist an dem neuen Rechtsträger beteiligt sein soll.

18

Auch das BayObLG hatte die Frage zu diskutieren, **wann** bei der Umwandlung die **gesetzlich vorgesehenen Voraussetzungen erfüllt sein müssen**. Es hatte die Frage insb. bei der Umwandlung einer GmbH in eine GmbH & Co. KG zu entscheiden, dort stellte sich die Frage, ob es genügt, wenn die Komplementär-GmbH zwar nicht zum Zeitpunkt der Beschlussfassung über den Formwechsel, aber vor der Handelsregistereintragung Mitglied der formwechselnden Gesellschaft war. Das BayObLG folgt der Auffassung, dass es genügt, wenn der zukünftig persönlich haftende Gesellschafter die Gesellschafterstellung bei der Ausgangsgesellschaft zumindest eine logische Sekunde vor dem Wirksamwerden der Umwandlung innehat, also vor der Eintragung im Handelsregister.[34] Das BayObLG lässt dabei ausdrücklich offen, ob es der Literaturauffassung folgt, die einen Ein- und Austritt im Moment des Formwechsels zulässt.

19

▶ Hinweis:

> In der Literatur wurden daher insb. beim **Formwechsel in die GmbH & Co. KG** konventionelle Ausweichlösungen gesucht. Die konventionelle und von sämtlichen Vertretern der genannten herrschenden Ansicht für die Wahrung des Identitätsgrundsatzes als ausreichend erachtete Lösung sah vor, dass die künftige Komplementär-GmbH z. B. treuhänderisch einen Geschäftsanteil im Betrag von z. B. 100,00 € an der Ausgangs-GmbH erhält. Bei Festsetzung der Kommanditeinlagen der GmbH & Co. KG wurde dann im Umwandlungsbeschluss bestimmt, dass der abtretende GmbH-Gesellschafter den Nennbetrag des Geschäftsanteils als Teil seiner Kommanditeinlage zurückerhält, während für die Komplementärin ein Kapitalkonto in der KG nicht festgesetzt wird. Ein solcher **quotenabweichende Formwechsel** ist zwar im Gesetz nicht vorgesehen, wird aber als zulässig angesehen.[35] Im Schrifttum wurde zutreffend darauf hingewiesen, dass diese **treuhänderische Abtretung** genügt.[36] Eine solche Abtretung vermeide eine verdeckte Einlage, da die Komplementär-GmbH an der KG zwar beteiligt sei, üblicherweise jedoch keinen Kapitalanteil halte.[37] Dabei genüge es, die Abtretung

20

---

32 BT-Drucks. 12/6699, S. 136.
33 BGH, BB 1999, 1450.
34 BayObLG, Urt. v. 04.11.1999 = DNotI-Report 2000, 7.
35 Vgl. Lutter/Decher/Hoger, UmwG, § 194 Rn. 13; § 202 Rn. 14 f.; BeckOGK/Simons UmwG § 194 Rn. 31; Stratz, in: Stratz/Schmitt/Hörtnagl, § 202 UmwG Rn. 7, Kallmeyer/Meister/Klöcker, § 194 UmwG Rn. 34; Widmann/Mayer/Vollrath § 194 UmwG Rn 17; KölnerKommUmwG/Dauner-Lieb/Tettinger § 231 Rn 3; Priester, DNotZ 1995, 427, 451; Heckschen, DB 2008, 2122 ff.; Baßler, GmbHR 2007, 1252 ff.; Simon/Leuering, NJW-Spezial 2009, 495.
36 Lutter/Göthel, UmwG, § 228 Rn. 24 ff.; Widmann/Mayer/Vossius, Umwandlungsrecht, § 226 UmwG Rn. 97 ff.;Stratz, in: Stratz/Schmitt/Hörtnagl, § 202 UmwG Rn. 3; BeckOGK/Simons UmwG § 202 Rn. 49.
37 Widmann/Mayer/Vossius, Umwandlungsrecht, § 228 UmwG Rn. 100.

vor Eintragung des Formwechsels vorzunehmen. Sie könne aber auch zeitlich nach dem Umwandlungsbeschluss erfolgen.[38] Die künftige Komplementärin müsse damit zumindest eine logische Sekunde vor dem Formwechsel dem Kreis der Gesellschafter der formwechselnden Kapitalgesellschaft angehören.

Teilweise wurde dieser Weg auch mit Hinweis auf etwaige Risiken kritisiert.[39]

Nach h.M. ist es allerdings ohne weiteres möglich vor und während des Formwechsels Anteile am Rechtsträger nach den allgemeinen Vorschriften zu übertragen, also etwa den GmbH-Geschäftsanteil. Der Formwechselbeschluss hindert die Übertragung nicht.[40]

21 Immer noch nicht völlig geklärt ist, welche Rechtsfolgen aus dem **BGH-Urt. v. 09.05.2005**[41] zu ziehen sind. Die Entscheidung befasste sich im Kern mit der Stellung von Minderheitsgesellschaftern bei Umstrukturierungen. In einem obiter dictum hat der BGH aber festgestellt:

> »Der Umwandlungsbeschluss entsprach inhaltlich dem aus §§ 194 Abs. 1 Nr. 3, 202 Abs. 1 Nr. 2 Satz 1 UmwG abzuleitenden **Gebot der Kontinuität der Mitgliedschaft** bei der umgewandelten Gesellschaft. Aus diesem Prinzip folgt lediglich, dass Berechtigte, die zum Zeitpunkt der Eintragung des Formwechsels Anteilsinhaber sind, auch Mitglieder des Rechtsträgers neuer Rechtsform werden. Dabei ist es für den Formwechsel der AG in eine GmbH & Co. KG ausreichend, wenn die Hauptversammlung, wie hier, mit einer Stimmenmehrheit von 3/4 einen der bisherigen Aktionäre – oder **sogar einen im Zuge des Formwechsels neu hinzutretenden Gesellschafter**[42] – mit dessen Zustimmung zum Komplementär der formgewechselten zukünftigen KG wählt und die Aktionäre i. Ü. Kommanditisten werden.«

Der BGH scheint also den Identitätsgrundsatz in erster Linie als **Minderheitenschutzelement** zu sehen: Die Gesellschafter haben das Recht Mitglieder des neuen oder bei der Verschmelzung des aufnehmenden Rechtsträgers zu werden. Umgekehrt kann man m. E. daraus folgern, dass mit deren Zustimmung der Grundsatz aufhebbar ist, also **Veränderungen im Gesellschafterbestand im Umwandlungsbeschluss zulässig sind**.[43] Die auf **K. Schmidt** zurückgehende These,[44] die eine Kombination des Umwandlungsrechts mit den allgemeinen Rechtsinstituten der **Anteilsübertragung** zulassen will, ist durch dieses Urteil gestützt worden. Unklar bleibt allerdings die Frage, mit welcher Mehrheit der Ein- und Austritt erfolgen kann.[45] Der BGH scheint die allgemeine Mehrheitsentscheidung und die Zustimmung des aus- oder eintretenden Gesellschafters als ausreichend anzusehen. Demgegenüber verlangt Heckschen[46] die Zustimmung aller Gesellschafter.

---

38 Widmann/Mayer/Vossius, Umwandlungsrecht, § 228 UmwG Rn. 97.
39 Carlé/Bauschatz, ZIP 2002, 2072, 2073 f.; Bauschatz, FR 2003, 1116, 1120; krit. zu den angeblichen Risiken Dremel, in: Hesselmann/Tillmann/Mueller-Thuns, Hdb. der GmbH & Co. KG, 19. Aufl. 2005, § 10, Rn. 10; Binz/Sorg, Die GmbH & Co. KG, § 27 Rn. 18.
40 BGH DNotZ 2017, 291 = NJW 2017, 559 m.Anm. Markworth; Lutter/Decher/Hoger § 202 UmwG Rn. 10; BeckOGK/Simons UmwG § 202 Rn. 36; Kallmeyer/Meister/Klöcker § 202 UmwG Rn. 30, 32; Kallmeyer/Meister/Klöcker § 194 Rn. 25; HK-UmwG/Kierstein § 202 UmwG Rn. 20.
41 DNotZ 2005, 864 = ZNotP 2005, 392 = AG 2005, 613 = NZG 2005, 722 = DB 2005, 1842, dazu Simon/Leuering, NJW-Spezial 2005, 459; Decher, Der Konzern 2005, 621 ff.; Heckschen, DNotZ 2007, 451; Heckschen; DB 2008, 2122 ff.; Baßler, GmbHR 2007, 1262.
42 Vgl. dazu BGHZ 142, 1, 5.
43 Eine größere Meinung in der Literatur unterstützt dies: vgl. Widmann/Mayer/Mayer, Umwandlungsrecht, § 197 UmwG Rn. 22; K. Schmidt, GmbHR 1995, 693, 695; ders., ZIP 1998, 181, 186; Priester, DB 1997, 565, 566; Kallmeyer, GmbHR 1996, 80, 82; Heckschen, DNotZ 2007, 451; ders., DB 2008, 2122 ff.;, Lutter/Decher/Hoger, UmwG, § 202 Rn. 15; Lutter/Göthel, UmwG, § 228 Rn. 25; Stratz, in: Schmitt/Hörtnagl/Stratz, UmwG/UmwStG, § 202, Rn. 7; § 226 Rn. 3; Baßler, GmbHR 2007, 1252, 1254; Kallmeyer/Meister/Klöcker, § 194 Rn. 34.
44 GmbHR 1995, 693; ders., ZIP 1998, 181, 186.
45 Vgl. Heckschen, DB 2008, 2122 ff.
46 DB 2008, 2122 ff.

A. Einführung

Diese Gestaltungsfreiheit ist auch durch das **Zweite Gesetz zur Änderung des UmwG** bestätigt worden, indem der Gesetzgeber in den §§ 54 und 68 UmwG n. F. eine Ausnahme von der sog. Anteilsgewährungspflicht durch Verzicht festlegt:[47] § 54 Abs. 1 Satz 3 UmwG (für die GmbH) bzw. § 68 Abs. 1 Satz 3 UmwG (für die AG) bestimmt nunmehr, dass die Kapitalerhöhung bei der übernehmenden Kapitalgesellschaft zur Disposition **aller Anteilsinhaber des übertragenden Rechtsträgers** steht. Verzichten diese in notarieller Urkunde auf die Anteilsgewährung, darf die übernehmende Gesellschaft von der Anteilsgewährung absehen. Daraus lässt sich das grds. Prinzip der Vertragsfreiheit im Umwandlungsrecht ableiten: Mit Zustimmung der betroffenen Gesellschafter kann auf die Schutzvorschriften – Identitätsgrundsatz und Anteilsgewährung – verzichtet werden. Wie der BGH feststellte, haben diese Grundsätze nur Schutzcharakter ggü. den Anteilsinhabern, es sind aber keine verzichtbaren oder drittschützenden Grundsätze.

c) Formwechsel in die Ein-Mann-Kapitalgesellschaft

Im engen Zusammenhang mit der Frage des Gesellschafterwechsels steht auch die Frage des Formwechsels **in die Ein-Mann-Kapitalgesellschaft**. Da Personengesellschaften mindestens zwei Gesellschafter benötigen, ist an sich der Formwechsel auf eine Ein-Mann-Kapitalgesellschaft unmöglich, wenn man das Identitätskonzept zugrunde legt.[48] Auch hier wird von der überwiegenden Literatur, die dem Identitätskonzept folgt, verlangt, dass die Ein-Mann-Kapitalgesellschaft zunächst einen weiteren Gesellschafter aufnimmt und erst danach den Formwechsel durchführt.[49] Soll in die Ein-Mann-Kapitalgesellschaft formgewechselt werden, so bedarf es zunächst einer mehrgliedrigen Personenhandelsgesellschaft, die dann in eine mehrgliedrige Kapitalgesellschaft mit anschließendem Austritt eines Gesellschafters wechselt.[50] Die neuere Literaturauffassung, die den einen Austritt auf den Zeitpunkt des Formwechsels zulässt, ist daher auch hier der Auffassung, dass es genügt, wenn zum Zeitpunkt der Eintragung der Eintritt erklärt wird.[51]

d) Doppelcharakter der formwechselnden Gesellschaft

Wiedemann[52] hat zu Recht darauf hingewiesen, dass beim Formwechsel ein **Nebeneinander verschiedener Rechtsmaterien** zu berücksichtigen ist, wenn der Formwechselbeschluss gefasst wurde, aber die Handelsregistereintragung noch ausstehe. Dies ist der Bereich, der bei der Neugründung durch das Rechtsinstitut der Vorgesellschaft erklärt wird. Es besteht umgekehrt Einigkeit, dass beim Formwechsel keine Vorgesellschaft existiert, sondern bis zur Eintragung des Formwechsels im Handelsregister das Recht des Ausgangsrechtsträgers auch weiterhin nach Fassung des Formwechselbeschlusses noch anwendbar ist.[53] Dennoch muss man zu Recht feststellen, dass u. U. im Einzelfall Vorschriften über die Vorgesellschaft und die Rechte und Pflichten der Vorgesellschaft auch auf diesen Zeitpunkt anwendbar sein können.[54] Der Gesetzgeber hat selbst an einer Reihe von Stellen die **Anwendbarkeit der Gründungsvorschriften** vorgesehen (vgl. §§ 197, 219

---

47 Vgl. BR-Drucks. 548/06, S. 27.
48 Vgl. Bärwaldt/Scharbacker, ZIP 1998, 1295.
49 Kallmeyer/Blasche, UmwG, § 226 Rn. 3; Kallmeyer/Meister/Klöcker, § 191 Rn. 10; § 194, Rn. 21 ff.; Widmann/Mayer/Vossius, Umwandlungsrecht, § 226 UmwG Rn. 9; Lutter/Göthel, § 228 UmwG Rn. 27; Stratz, in: Schmitt/Hörtnagl/Stratz, UmwG/UmwStG, § 226 Rn. 6; Semler/Stengel/Bärwaldt, § 197 UmwG Rn 9; Semler/Stengel/Ihrig, § 228 UmwG Rn 14.
50 Vgl. Kallmeyer/Meister/Klöcker, UmwG, § 191 Rn. 10.
51 Vgl. Bärwaldt/Scharbacker, ZIP 1998, 1298; Lutter/Göthel, § 228 UmwG Rn. 27; Stratz, in: Schmitt/Hörtnagl/Stratz, UmwG/UmwStG, § 226 Rn. 6.
52 ZGR 1999, 576.
53 Vgl. Scholz/K. Schmidt, GmbHG, § 11 Rn. 22; Hachenburg/Ulmer, GmbHG, § 11 Rn. 5 für die alte identitätswahrende Umwandlung; zum neuen Recht vgl. Wolf, ZIP 1996, 1200, 1201.
54 Wiedemann, ZGR 1999, 576 f.

UmwG). Dementsprechend sind zur Sicherung der Kapitalaufbringung die Vorschriften über die Gründungsprüfung insb. die Gründungshaftung entsprechend anwendbar.[55]

e) Identität des Gesellschaftsvermögens

25 Der Gesetzgeber weist in der Begründung zum RegE darauf hin, »*dass der Vermögensbestand des Rechtsträgers vor und nach dem Formwechsel der gleiche bleibt*«.[56] So klar dieser Grundsatz allgemein zu sein scheint, so schwierig ist die Anwendung im Einzelfall. Eine Reihe von **Sonderfragen** knüpft sich an diese Grundfrage an. Ferner ist zu berücksichtigen, dass steuerliches **Sonderbetriebsvermögen** eines Gesellschafters einer Personengesellschaft zivilrechtlich nicht im Eigentum des formwechselnden Rechtsträgers steht und daher nicht vom Formwechsel erfasst wird, was zur Aufdeckung stiller Reserven führen kann. Daher muss dieses vorher zivilrechtlich eingebracht werden.[57] Dies kann nach § 5 Abs. 2 GrEStG zur Grunderwerbsteuer führen.

aa) Kapitalaufbringung und Kapitalfestsetzung beim Formwechsel in die Kapitalgesellschaft

26 Für den Formwechsel einer Personengesellschaft in die Kapitalgesellschaft wird vom Gesetzgeber der **Identitätsgrundsatz insofern eingeschränkt**, als eine der Neugründung vergleichbare Kapitalschutzvorschrift i. S. d. § 220 UmwG vorgesehen ist. Danach darf der Nennbetrag des Stammkapitals der GmbH oder des Grundkapitals der AG das nach Abzug der Schulden verbleibende Vermögen der formwechselnden Gesellschaft nicht übersteigen. (sog. **Nettovermögensprinzip**). Die Gesellschaft neuer Rechtsform muss daher nach der Literaturauffassung im Zeitpunkt der Registeranmeldung[58] über ein Aktivvermögen verfügen, das die Schulden als Kapital deckt. Ähnliches gilt beim Formwechsel aus der Genossenschaft (§ 264 Abs. 1 UmwG), aus dem rechtsfähigen Verein (§ 277 UmwG) in die Kapitalgesellschaft, aber auch beim Formwechsel von Versicherungsvereinen auf Gegenseitigkeit (§§ 295, 303 UmwG). Darüber hinaus ist nach § 197 Satz 1 i. V. m. § 5 Abs. 1 GmbHG bzw. §§ 7 und 281 AktG das Mindestkapital der jeweiligen Rechtsform zu berücksichtigen (GmbH 25.000,00 €; AG 50.000,00 €). Der Formwechsel ist danach ausgeschlossen, wenn nach dem Formwechsel beim neuen Rechtsträger eine materielle Unterbilanz oder gar eine Überschuldung enstehen würde.[59]

Umstritten ist in diesem Zusammenhang, auf welche Weise der Wert des Vermögens des formwechselnden Rechtsträgers zu ermitteln ist. Der Identitätsgrundsatz würde an sich nahelegen, dass die in der letzten Bilanz des übertragenden Rechtsträgers festgelegten **Buchwerte** auch maßgebend für die Frage der Deckung des gezeichneten Kapitals bzw. des Bestehens einer Unterbilanz sind. Dennoch ist die herrschende Meinung zu Recht der Auffassung, dass das Identitätsgebot bzgl. des Vermögens nicht eine Buchwertfortführung in gesellschaftsrechtlicher Hinsicht voraussetzt, sondern die **Kapitaldeckung anhand der Verkehrswerte** – zum Zeitpunkt der Handelsregisteranmeldung – geprüft werden muss.[60] **Sinn und Zweck dieser Vorschrift** ist der Gläubigerschutz,

---

55 Vgl. Priester, DB 1997, 911, 914; Kallmeyer/Meister/Klöcker, UmwG, § 197 Rn. 44; Lutter/Decher/Hoger, UmwG, § 197 Rn. 27; Bärwaldt/Scharbacker, ZIP 1998, 1295.
56 Vgl. Begründung zum RegE, BT-Drucks. 12/6699, S. 136.
57 Widmann/Mayer, Umwandlungsrecht, § 197 UmwG Rn. 35 ff.
58 Priester, DNotZ 1995, 452; ders., DB 1995, 914.
59 Kallmeyer/Dirksen/Blasche, UmwG, § 220 Rn. 5; BeckOGK/Kühn UmwG § 220 Rn. 9; Lutter/Joost § 220 UmwG Rn. 8; Semler/Stengel/Schlitt § 220 UmwG Rn. 10.
60 Vgl. OLG Frankfurt, ZIP 2015, 1229; Kallmeyer/Blasche, UmwG, § 220 Rn. 8; Lutter/Jost, UmwG, § 220 UmwG Rn. 10; Lutter/Bayer, UmwG, § 264 Rn. 2; Widmann/Mayer/Vossius, Umwandlungsrecht, § 220 UmwG Rn. 16; BeckOGK/Kühn UmwG § 220 Rn. 14; KK-UmwG/Petersen, § 220 UmwG Rn. 6 ff.; Stratz, in: Schmitt/Hörtnagl/Stratz, UmwG/UmwStG, § 220 UmwG Rn. 6; Schlitt, in: Semler/Stengel, § 220 UmwG Rn. 16 ff.; Priester, DB 1995, 911, 914; ders., DNotZ 1995, 427, 452; Fischer, BB 1995, 2173, 2174; Usler, MittRhNotK 1998, 54; Zimmermann, DB 1999, 948; Wachter GmbHR 2015, 812; Wolfsteiner, FS Bezzenberger, 2000, S. 467, 472.

dem ist aber Rechnung getragen, wenn die tatsächlichen Werte das Kapital decken, eine Buchwertverknüpfung kann man dem Identitätsgrundsatz wohl kaum ableiten.[61] Als Argument wurde auch auf die im Gesetz bis zum **Zweiten Gesetz zur Änderung des UmwG** v. 15.04.2007 vorgesehene Vermögensaufstellung nach § 192 Abs. 2 UmwG verwiesen, in der die Gegenstände und Verbindlichkeiten des formwechselnden Rechtsträgers »mit dem wirklichen Wert anzusetzen sind, der ihnen am Tage der Erstellung des Berichts beizulegen ist«. Auch das Institut der Wirtschaftsprüfer hat in der Stellungnahme v. 04.04.2011[62] festgestellt, dass das Gesetz keine ausdrückliche Regelung dazu enthalte, ob die Vermögensgegenstände und die Schulden des formwechselnden Rechtsträgers für den Nachweis der Kapitalaufbringung mit dem handelsrechtlichen Buchwert oder dem Zeitwert zu bewerten seien. Da der Formwechsel nach der gesetzlichen Konzeption mit einer Sachgründung vergleichbar und mit einer Prüfung verbunden sei, ob die Deckung des gezeichneten Kapitals real besteht, sei auf die Zeitwerte – als Wertobergrenze – abzustellen. Bei einem Formwechsel ist Gegenstand des sacheinlageähnlichen Vorgangs regelmäßig ein Unternehmen. Der Zeitwert des Unternehmens sei nach den Grundsätzen des **IDW S 1** zu ermitteln. Das OLG Frankfurt[63] hat daher ebenfalls zu Recht festgestellt, dass nur durch Zugrundelegung der wirklichen Werte des Gesellschaftsvermögens ein Gläubigerschutz vergleichbar mit dem bei einer unmittelbaren Sachgründung oder Sachkapitalerhöhung sichergestellt werden könne. Insoweit werde zu Recht auch darauf hingewiesen, dass bei einer Neugründung einer Kapitalgesellschaft unter Einbringung eines Handelsunternehmens als Sacheinlage unzweifelhaft dessen Verkehrswert zugrunde zu legen sei, und dann für den vereinfachten Weg der formwechselnden Umwandlung nichts anderes gelten könne. Somit gehörten alle Gegenstände, denen ein Vermögenswert beizumessen ist, unabhängig davon, ob sie bilanzierungsfähig oder- pflichtig sind, zu den zu berücksichtigenden Vermögensgegenständen, also auch selbst geschaffene immaterielle Vermögensgegenstände, sofern sie bewertbar seien. Daraus folgt nach Auffassung des OLG Frankfurt weiterhin, dass dann, wenn sich auch unter Berücksichtigung der wirklichen Werte eine Unterdeckung und somit eine sogenannte »materielle Unterbilanz« ergibt, der Formwechsel entweder mangels Kapitaldeckung scheitert, wenn man darauf abstellt, dass diese Kapitaldeckung durch das vorhandene (eingezahlte) Vermögen der formwechselnden Gesellschaft sichergestellt sein müsse oder aber nach anderer Ansicht noch die Möglichkeit zur Zahlung des Differenzbetrages in bar begründet werde. Umgekehrt hindere lediglich eine allein formelle, also bilanzielle Unterbilanz den Formwechsel nicht, wenn materiell eine Reinvermögensdeckung gewährleistet sei. Allerdings werde trotzdem allgemein vertreten, dass für die von dem Registergericht vorzunehmende Prüfung der Reinvermögensdeckung – und den insoweit durch den Anmelder zu führenden entsprechenden Nachweis für die handelsrechtlich nicht zur Erstellung einer Schlussbilanz oder Eröffnungsbilanz verpflichtete formwechselnde Personenhandelsgesellschaft – die auf den Übertragungsstichtag aufzustellende steuerliche Einbringungsbilanz vorgelegt werden könne. Ergebe sich nach den dort ausgewiesenen Buchwerten bereits ein zur Deckung des Stammkapitals ausreichendes Eigenkapital (Reinvermögen), solle diese Steuerbilanz zum Nachweis der Reinvermögensdeckung ausreichen, ohne dass eine weitere Bewertung erforderlich sei.

Die **Bewertung des Vermögens der formwechselnden GmbH** erfolgt genauso wie bei einer Sachgründung durch Einbringung eines Unternehmens.[64] Daher stellt sich nur noch die Frage, **wie** für das Vermögen beim Formwechsel der wahre Wert festgestellt wird. Zur Ermittlung des Verkehrswertes wird in der umwandlungsrechtlichen Literatur auf die verschiedenen Bewertungs-

---

61 So auch Zimmermann, DB 1999, 948; Kallmeyer/Blasche, UmwG, § 220 Rn. 8.
62 IDW ERS HFA 41 »Auswirkungen eines Formwechsels auf den handelsrechtlichen Jahresabschluss«, WPg Supplement 2/2011, S. 137 ff., FN-IDW 6/2011, S. 374 ff., Tz. 15.
63 ZIP 2015, 1229.
64 Widmann/Mayer/Vossius, Umwandlungsrecht, § 220 UmwG Rn. 18; Lutter/Joost § 220 UmwG Rn. 10; Kallmeyer/Blasche, UmwG § 220 Rn. 7; KK-UmwG/Petersen, § 220 UmwG Rn. 13; Beck-OGK/Kühn UmwG § 220 Rn. 15.

methoden hingewiesen.[65] Meist erfolgt ein Verweis auf die GmbH-rechtliche Kommentierung zur Sachgründung.[66] In diesem Zusammenhang wird wohl überwiegend ein Wertansatz nach dem Ertragswert des Unternehmens zuzüglich geschätzter Nettoeinzelveräußerungspreise der nicht betriebsnotwendigen Vermögensgegenstände, mindestens aber der Liquidationswert bevorzugt.[67]

Zum **Wertnachweis** dieses solchermaßen ermittelten Vermögens dient bei der AG der Gründungsprüfungsbericht, bei der GmbH kann eine Einbringungs-/Vermögensbilanz zu den wirklichen Werten verwendet werden.[68] Ein Gutachten oder eine testierte Bilanz kann das Registergericht m.E. nur verlangen, wenn es begründete Zweifel an dem vorgelegten Nachweis hat.[69] Das OLG Frankfurt[70] hat zu Recht festgestellt, dass die in jedem Fall erforderlichen Ermittlung der Verkehrswerte im Rahmen des § 220 Abs. 1 UmwG im Hinblick darauf, dass es sich bei dem Formwechsel letztlich materiell um eine Sachgründung handele, auf die für die Bewertung von Sacheinlagen entwickelten Grundsätze zurückgegriffen werden könne. Es könne daher, da Gegenstand der »Sacheinlage« das Unternehmen der Personengesellschaft sei, im Hinblick auf die anzuwendenden allgemeinen Grundsätze zur Unternehmensbewertung für die Vermögensbewertung in erster Linie auf dessen Ertragswert abgestellt werden. Insoweit sei auch im Rahmen des Kapitalaufbringungsrechts anerkannt, dass Unternehmen bei Sacheinlagen nicht nach ihrem Substanz- oder Buchwert, sondern nach der sogenannten modifizierten Ertragswertmethode zu bewerten seien. Danach werde der Wert eines Unternehmens in erster Linie nach dessen Erträgen bestimmt, die es zukünftig erzielen werde. Diese müssten zunächst geschätzt werden und dann auf den Bewertungsstichtag abgezinst und dadurch zum Ertragswert kapitalisiert werden. Weiterhin sei der so bestimmte Ertragswert um den Wert des nicht betriebsnotwendigen Vermögens zu erhöhen. Dabei soll der Ertragswert nur dann nicht maßgeblich sein, wenn der Liquidationswert des Unternehmens höher liegt; der Liquidationswert soll also in aller Regel den Mindestwert des Unternehmens darstelle.

27   Auch in steuerlicher Hinsicht hat der **BFH im Urt. v. 19.10.2005**[71] entgegen BMF-Schreiben v. 25.03.1998[72] entschieden, dass in den Fällen des Formwechsels einer Personengesellschaft in eine Kapitalgesellschaft die Kapitalgesellschaft das übergegangene Betriebsvermögen gem. § 25 Satz 1 i. V. m. § 20 Abs. 2 Satz 1 UmwStG 1995 mit seinem Buchwert oder mit einem höheren Wert ansetzen dürfe.[73]

bb) Kapitalerhaltung im Vorfeld des Formwechsels

28   Eng verknüpft mit diesen Fragen ist die Problematik, inwieweit ein **Kapitalabfluss** beim Formwechsel zulässig ist.

---

65 Vgl. Schlitt, in: Semler/Stengel, § 220 UmwG Rn. 14; Busch, AG 1995, 555, 558; ausführlich Stratz, in: Schmitt/Hörtnagl/Stratz, UmwG, UmwStG, § 5 Rn. 9 ff. im Zusammenhang mit der Ermittlung des Umtauschverhältnisses: Ertragswertmethode, Substanzwertmethode, Mittelwertmethode und Stuttgarter Verfahren.
66 Vgl. Schlitt, in: Semler/Stengel, § 220 UmwG Rn. 14; BeckOGK/Kühn UmwG § 220 Rn. 14 f.; Kallmeyer/Blasche, UmwG § 220 Rn. 7; Lutter/Joost, § 220 UmwG Rn. 10; s. dazu insb. Lutter/Hommelhoff/Bayer, GmbHG, § 5 Rn. 24 ff.; Scholz/Winter/Westermann, § 5 GmbHG Rn. 57; Baumbach/Hueck/Fastrich, GmbHG, § 5 Rn. 33 ff.
67 Schlitt, in: Semler/Stengel, § 220 UmwG Rn. 14; Baumbach/Hueck/Fastrich, § 5 Rn. 34; Lutter/Hommelhoff/Bayer, GmbHG, § 5 Rn. 24; Scholz/Winter/Westermann, GmbHG, § 5 Rn. 57; Urban, in: FS für Sandrock, 1995, S. 309 ff.
68 Kallmeyer/Blasche, UmwG, § 220 Rn. 8, 13; BeckOGK/Kühn UmwG § 220 Rn. 14.
69 So auch bei der GmbH-Gründung per Sacheinlage MünchKommGmbHG/Wicke GmbHG § 9c Rn. 34; Rowedder/Schmidt-Leithoff/C. Schmidt-Leithoff GmbHG § 9c Rn. 25.
70 ZIP 2015, 1229.
71 BStBl. 2006 II, S. 568 = DB 2006, 364.
72 BStBl. 1998 I, S. 268 Tz. 20.30.
73 Dazu OFD Münster v. 28.08.2006 – ESt.Nr. 018/2006, GmbHR 2006, 1063.

A. Einführung

> **Beispiel:**
>
> Die A-OHG hat ein Gesamthandsvermögen i. H. v. 200.000,00 €, das auf den Kapitalkonten entsprechend verbucht ist. Vor dem Formwechsel in eine GmbH entnehmen die Gesellschafter 175.000,00 €, sodass die zukünftige GmbH nur noch das Mindestkapital von 25.000,00 € hat.

In der Literatur wurde zu Recht darauf hingewiesen, dass dem Identitätsgrundsatz zunächst nicht das Verbot entnommen werden kann, unmittelbar vor dem Formwechsel i. R. d. allgemeinen gesellschaftsrechtlichen Vorschriften Kapital zu entnehmen.[74] Zu beachten ist allerdings, dass **Kapitalschutzvorschriften des Ausgangsrechtsträgers** natürlich auch diesbezüglich gelten, so führt etwa die Rückgewähr von Kommanditeinlagen zur Auflebung der Kommanditistenhaftung nach § 171 Abs. 1, § 172 Abs. 4 HGB. Diese Haftung wird in der Enthaftungsregelung des § 224 Abs. 2 UmwG nicht erwähnt, denn och ist die wohl überwiegende Meinung der Auffassung, dass die Enthaftungsregelung auch auf diese Haftung entsprechend anzuwenden ist.[75] Beschränkt sich die Gesellschaft zum Zweck der Vermeidung einer Kommanditistenhaftung auf den Abzug durch die Kommanditeinlage übersteigendes Kapital, so ergibt sich jedenfalls aus dem Identitätsgrundsatz keine Pflicht, unmittelbar vor dem Formwechsel derartige Maßnahmen zu unterlassen.[76] Der umgekehrte Fall bereitet ebenfalls Probleme, wenn nämlich etwa Kommanditisten den Vorschriften des Verbots der Einlagerückgewähr dadurch entgehen, dass der Kapitalabzug erst nach der Eintragung des Formwechsels beschlossen und durchgeführt wird.

> **Beispiel:**
>
> Bei der A-KG betragen die Kommanditeinlagen 100.000,00 €. Die A-KG wird in eine B-GmbH umgewandelt, wobei das Stammkapital auf nur 25.000,00 € festgesetzt wird. Anschließend wird der überschießende Betrag, der nicht der Kapitalbindung nach § 30 GmBHG unterliegt, entnommen.

Es stellt sich in diesem Zusammenhang die Frage, inwieweit die Pflicht besteht, das haftungsmäßig gebundene Kapital vor und nach dem Formwechsel aufrechtzuerhalten, ob etwa beim Formwechsel von der KG in die GmbH die Verpflichtung besteht, mindestens die Hafteinlage in gebundenes Kapital bei der Kapitalgesellschaft zu überführen. Die spezifischen Kapitalerhaltungsvorschriften des Ausgangsrechtsträgers, etwa §§ 171, 172 HGB, greifen jedenfalls dann nicht mehr, da ab Eintragung des Formwechsels der Rechtsträger den neuen Gesellschaftsvorschriften unterliegt.[77] Die Frage ist vergleichbar mit der Diskussion i. R. d. Verschmelzung, inwieweit bei der Verschmelzung von Kapitalgesellschaften die Stammkapitalziffern der beteiligten Gesellschaft vor und nach der Verschmelzung gleich bleiben müssen oder ob die Verschmelzung auch dazu benutzt werden kann, gebundenes Kapital freizusetzen, indem bei der aufnehmenden Kapitalgesellschaft die Kapitalerhöhung nicht i. H. d. Stammkapitalziffer der übertragenden Gesellschaft erfolgt (vgl. Diskussion oben Teil 2 Rdn. 296 ff.). Die wohl überwiegende Meinung steht auf dem Standpunkt, dass keine Pflicht zur wertentsprechenden Anteilsgewährung und Kapitalerhöhung besteht.[78] In Diskussionen wurden allerdings Zweifel an dieser vollständigen Ermessensfreiheit mit Blick auf den Gläubigerschutz geäußert. Es wurde insb. geltend gemacht, dass die Gläubigerschutzbestimmung des § 22 UmwG keinen ausreichenden Schutz bietet, sodass andere

---

74 Vgl. Bärwaldt/Scharbacker, ZIP 1998, 1296.
75 H. M. vgl. Kallmeyer/Blasche, UmwG, § 224 Rn. 8; Widmann/Mayer/Vossius, Umwandlungsrecht, § 224 UmwG Rn. 41; Schlitt, in: Semler/Stengel, § 224 UmwG Rn. 8; Lutter/Joost, § 224 UmwG Rn. 16.
76 So zu Recht Bärwaldt/Scharbacker, ZIP 1998, 1296.
77 So zu Recht Wiedemann, ZGR 1999, 581.
78 Vgl. Widmann/Mayer/Mayer, Umwandlungsrecht, § 5 UmwG Rn. 46; Limmer, in: FS für Schippel, 1996, S. 415, 427; Lutter/Winter/Vetter, UmwG, § 54 Rn. 72; Kowalski, GmbHR 1996, 158 ff.

Lösungen gesucht werden müssten.[79] Wie bereits dargelegt, dürfte auch in diesem Bereich die strikte Auffassung abzulehnen sein, wonach die Kapitalziffern vor und nach der Umwandlung die gleichen sein müssen, das der Gesetzgeber es versäumt hat, wie z. B. im Österreichischen Spaltungsgesetz[80] für die an einem Umstrukturierungsvorgang beteiligten Kapitalgesellschaften bestimmte Mindestkapitalbeträge beim Zielrechtsträger festzusetzen. Vorzugswürdiger sind Lösungen, die sich an den Vorschriften über die Kapitalherabsetzung orientieren, sodass die Auskehrung des freigewordenen Kapitals erst nach Ablauf bestimmter Fristen, etwa in Anlehnung an § 225 Abs. 3 AktG nach 6 Monaten, erfolgen darf.[81] Für den Bereich des Formwechsels würde dies bedeuten, dass keine Verpflichtung besteht, gebundenes Kapital vor und nach dem Formwechsel identisch zu lassen, sondern dass auch insofern Ermessensfreiheit bei der Wahl der Stammkapitalziffer des neuen Rechtsträgers besteht. Das Gesetz gibt in § 220 Abs. 1 UmwG nur eine **Höchstgrenze** des für die neue Rechtsform gezeichneten Kapitals an, aber **keine Untergrenze**.[82] Den Gläubigerschutz wird man daher ähnlich wie bei der Verschmelzung dadurch erreichen müssen, dass man für das i. R. d. Formwechsels freiwerdende Kapital die Einstellung in eine Rücklage erfordert, die einer gewissen Ausschüttungssperre unterliegt. Hier könnte man in Anlehnung an die Vorschrift für die Kapitalherabsetzung die Jahresfrist verlangen.[83]

cc) Nachhaftung des ausscheidenden Kommanditisten

33 Fraglich ist allerdings, wie dieser Forderung Rechnung getragen werden kann, wenn der Kommanditist gegen den Formwechsel **Widerspruch zur Niederschrift** einlegt, die daraufhin angebotene Barabfindung nach §§ 207 ff. UmwG annimmt und dann ausscheidet.[84] Da hier das Gesetz zwingend die Barabfindung vorsieht, ist der Kapitalabfluss gesetzliche Konsequenz des Formwechsels. Es bleibt die Frage, ob für diese Fälle die Nachhaftung aus § 172 HGB hergeleitet werden kann. Diese Frage muss aber eindeutig verneint werden, da das UmwG die Möglichkeit der Barabfindung als Minderheitenschutz vorgesehen hat, sodass es als spezielleres Gesetz dem allgemeinen Gläubigerschutzgedanken vorgeht. Außerdem erfolgt der Austritt zum Zeitpunkt, in dem dem widersprechenden Gesellschafter die Barabfindung für den »Erwerb seiner umgewandelten Anteile« (§ 207 UmwG) angeboten wird.[85]

dd) Quotenverschiebender Formwechsel

34 Zum Recht vor 1995 war die überwiegende Meinung der Auffassung, dass es den Gesellschaftern überlassen bleibt, eine Umwandlung vorzunehmen, bei der die Quotenverhältnisse vor und nach dem Formwechsel unterschiedlich sind (**nicht verhältniswahrender Formwechsel**). So war die frühere Literatur der Auffassung, dass bei der Umwandlung einer Personengesellschaft in eine AG bzw. eine GmbH es den Gesellschaftern unbenommen ist, um Umwandlungsbeschluss eine von Verhältnismäßigkeitsgrundsätzen abweichende Verteilung vorzunehmen.[86] Nach der Neuregelung stellte sich die Frage, ob der Identitätsgrundsatz nicht die Gleichheit der Anteilsverhältnisse vor und nach dem Formwechsel verlangt. Die herrschende Literaturauffassung lässt den quotenverschiebenden Formwechsel mit der Begründung zu, dass der Gesetzgeber in Kenntnis seiner frühe-

---

79 Vgl. die Diskussion am Deutschen Notartag, DNotZ-Sonderheft 1998, S. 206 ff.; Naraschewski, GmbHR 1998, 356 ff.
80 Vgl. § 3 Abs. 1 Satz 1 des Österreichischen Spaltungsgesetzes.
81 So der Vorschlag von Naraschewski, GmbHR 1998, 360.
82 So zu Recht Wiedemann, ZGR 1999, 580; Bärwaldt/Scharbacker, ZIP 1998, 1296; Widmann/Mayer/Mayer, Umwandlungsrecht, § 197 UmwG Rn. 117 f.; Widmann/Mayer/Vossius, Umwandlungsrecht, § 220 UmwG Rn. 5.
83 So Naraschewski, GmbHR 1998, 360.
84 Vgl. dazu ausführlich Bärwaldt/Scharbacker, NJW 1998, 1909; dies., ZIP 1998, 1296.
85 Vgl. Bärwaldt/Scharbacker, NJW 1998, 1909.
86 Vgl. Müller, WPg 1969, 593; Scholz/Priester, GmbHG, 7. Aufl., Anh. Umwandlung, § 47 UmwG Rn. 6.

ren Rechtslage kein Verbot aufgenommen hat und auch sonst keinerlei Vorgaben für die Festlegung der Beteiligungsquoten vorgesehen hat. Nach der herrschenden Meinung ist daher der quotenverschiebende Formwechsel zulässig; es setzt allerdings voraus, dass die betroffenen Anteilsinhaber (»verlierende« und »gewinnende«) ihre Zustimmung in notarieller Form erteilen.[87] Sogar der **quotenverschiebende Formwechsel zu Null** wird von einem Teil der Literatur zugelassen.[88] In der Literatur wird allerdings auch zu Recht darauf hingewiesen, dass derartige Veränderungen Schwierigkeiten mit dem Identitätskonzept bereiten.[89] Andererseits lässt sich hier ähnlich wie beim Austritt auf den Zeitpunkt des Formwechsels darauf verweisen, dass der Gesetzgeber in einer Reihe von Sondervorschriften Änderungsmöglichkeiten und Änderungsverpflichtungen zwingend vorgesehen hat, die bereits aus dem Rechtsformwechsel als solchem resultieren, etwa die Pflicht beim Formwechsel in die Kapitalgesellschaft ein Stammkapital auszuweisen. Insofern geht der Gesetzgeber davon aus, dass gewisse Anpassungsmaßnahmen erforderlich sind, sodass die Strenge des Identitätsgrundsatzes sicherlich nicht hindert, in diesem Zusammenhang auch weitere Maßnahmen zu treffen, etwa die Quotenverschiebung. Insofern sind die Widersprüche lösbar.

ee) Formwechsel bei ausstehenden Einlagen

Ebenfalls eng verknüpft mit der Frage der Identität ist die Diskussion, ob bei einem Formwechsel einer Gesellschaft, bei der die Einlagen noch nicht vollständig geleistet sind, eine **Volleinzahlung zu erfolgen hat**. Ein Teil der Literatur ist der Auffassung, dass ungeachtet der Identitätsthese der Formwechsel materiell eine Sachgründung darstellt, sodass die Bestimmung über die Vermögensaufbringung im Zusammenhang mit der Deckung des Stammkapitals eingehalten werden muss, ebenso auch das im Gründungsrecht geltende Volleinzahlungsgebot.[90] Argumentativ lässt sich dafür anführen, dass insb. offene Einlageforderungen bei Personengesellschaften, die in Kapitalgesellschaften umgewandelt werden sollen, im Grunde als Sacheinlagen zu behandeln sind mit der Folge der vollständigen Leistung. Die überwiegende Literatur lehnt es sowohl beim Formwechsel zwischen Kapitalgesellschaften als auch beim Formwechsel zwischen Personen- und Kapitalgesellschaften ab, dass Einlagen vollständig geleistet werden müssen.[91] Das Ergebnis der herrschenden Meinung folgt dem **Identitätsgrundsatz**, der insoweit auch nicht von dem nach § 197 UmwG anwendbaren Gründungsrecht aufgehoben wird. Sind noch Einzahlungen auf die Stammeinlagen zu erbringen, so bleibt der Gesellschaft, nach der neuen Rechtsform der Anspruch auf Volleinzahlung, unter Anwendung der neuen Vorschriften für ausstehenden Einlage erhalten.[92] Weder beim Formwechsel bei Kapitalgesellschaften, noch beim Formwechsel von der Personengesellschaft in

---

87 Vgl. Lutter/Decher/Hoger, UmwG, § 194 Rn. 13; § 202 Rn. 14 f.2; Stratz, in: Stratz/Schmitt/Hörtnagl, § 202 UmwG Rn. 7, BeckOGK/Simons UmwG § 194 Rn. 31, BeckOGK/Simons UmwG § 202 Rn. 47, Kallmeyer/Meister/Klöcker, § 194 UmwG Rn. 34; Widmann/Mayer/Vollrath § 194 UmwG Rn 17; KölnerKommUmwG/Dauner-Lieb/Tettinger § 231 Rn 3; Priester, DNotZ 1995, 427, 451; Heckschen, DB 2008, 2122 ff.; Baßler, GmbHR 2007, 1252 ff.; Simon/Leuering, NJW-Spezial 2005, 495 Bärwaldt, in: Semler/Stengel, § 194 UmwG Rn. 18; Priester, DNotZ 1995, 427, 451; ders., DB 1997, 560, 566; Fischer, BB 1995, 2173, 2176; Veil, DB 1996, 2529, 2530; Usler, MittRhNotK 1998, 21, 53.
88 Priester, DB 1997, 560, 56.
89 Bärwaldt/Scharbacker, ZIP 1998, 1295.
90 So, Lutter/Joost, UmwG, § 220 Rn. 16; Widmann/Mayer/Vossius § 220 UmwG Rn. 30 ff.
91 So die h. M.; K. Schmidt, ZIP 1995, 1385, 1387; Kallmeyer/Blasche, UmwG, § 220 Rn. 10, § 245 Rn. 7; Schlitt, in: Semler/Stengel, § 220 UmwG Rn. 16; BeckOGK/Kühn UmwG § 220 Rn. 17; Priester, in: FS für Zöllner, 1998, S. 449, 462; ders., DStR 2005, 788, 794; Mertens, AG 1995, 561; Busch, AG 195, 555; Lutter/Decher/Hoger, UmwG, § 197 Rn. 14; Lutter/Göthel, UmwG, § 245 Rn. 15; Widmann/Mayer/Rieger, § 245 UmwG Rn. 106 f.; Kallmeyer/Meister/Klöcker, UmwG, § 197 Rn. 24; a. A. Lutter/Joost, § 220 UmwG Rn. 11 ff., 16.
92 Widmann/Mayer/Rieger, Umwandlungsrecht, § 245 UmwG Rn. 98 ff.; BeckOGK/Kühn UmwG § 220 Rn. 17; Kallmeyer/Blasche, UmwG, § 245 Rn. 7; Lutter/Göthel, UmwG, § 245 Rn. 15; Schlitt, in: Semler/Stengel, § 220 UmwG Rn. 16.

die Kapitalgesellschaft werden Vermögenswerte übertragen, sodass z. B. auch die Vorschrift des § 97 Abs. 1 AktG keine Anwendung findet. Dementsprechend sind die ausstehenden Einlageforderungen auch i. R. d. reinen Vermögensdeckung nach § 220 Abs. 1 UmwG jedenfalls dann zu berücksichtigen, wenn sie vollwertig sind.

Darüber hinaus besteht beim Formwechsel zwischen Kapitalgesellschaften auch kein Bedürfnis für eine vollständige Erbringung der Einlagen. Wenn der Gesetzgeber es sowohl bei der AG als auch bei der GmbH als ausreichend für den Gläubigerschutz ansieht, dass bei der Gründung der Kapitalgesellschaften Bareinlagen nicht voll, sondern nur zu 50 % eingezahlt werden, kann nichts anderes gelten, wenn aus den ursprünglichen Anteilen durch die Umwandlung Beteiligungen an der Gesellschaft neuer Rechtsform werden.[93] Die herrschende Meinung vertritt daher zu Recht, dass auch bei der Umwandlung in eine AG oder eine GmbH rückständige Einlagen nicht geleistet zu werden brauchen, soweit nur die Anforderungen des § 36a AktG oder § 7 GmbHG erfüllt sind. Unter dieser Voraussetzung könnten also teileingezahlte Namensaktien (vgl. § 10 Abs. 2 AktG) ausgegeben bzw. teileingezahlte Geschäftsanteile anerkannt werden. Die fehlende Volleinzahlung als solche sei damit beim Formwechsel in die AG oder die GmbH kein Eintragungshindernis.[94] Die herrschende Meinung begründet ihre Auffassung damit, dass zum einen durch den Formwechsel sich nur die Organisations- und Haftungsverfassung der Gesellschaft ändert, ihr Vermögen aber nicht berührt werde,[95] zum anderen beim Formwechsel zwischen Kapitalgesellschaften auch kein Bedürfnis für eine vollständige Erbringung der Einlagen bestehe. Denn wenn der Gesetzgeber es im Grundsatz sowohl bei der AG als auch bei der GmbH als ausreichend für den Gläubigerschutz angesehen habe, dass bei der Gründung der Kapitalgesellschaft Bareinlagen nicht voll, sondern nur zu 1/4 eingezahlt werden, kann nichts anderes gelten, wenn aus den ursprünglichen Anteilen durch den Formwechsel eine Beteiligung an der Gesellschaft neuer Rechtsform werde.[96] Es bestehe auch kein Bedürfnis, den Formwechsel strenger zu behandeln als die Gründung einer Gesellschaft.[97]

36 Anders sieht dies **Joost**,[98] allerdings für den **Formwechsel einer Personenhandelsgesellschaft in die GmbH**. Dort müsse die Kapitaldeckung i. S. d. § 220 UmwG durch das vorhandene (eingezahlte) Vermögen der Gesellschaft erfolgen. Ausstehende Bareinlagen in der Personengesellschaft als Ausgangsrechtsträger sollen dafür nicht genügen. Auch **Petersen**[99] verlangt im Ergebnis – jedenfalls bei einer Personenhandelsgesellschaft als Ausgangsrechtsträger – eine Volleinzahlungspflicht. Entgegen **K. Schmidt**[100] und **Rieger**[101] will er offene Einlageforderungen gegen die Gesellschafter nicht i. R. d. Wertdeckung nach § 220 UmwG berücksichtigen. Daher sei gerade beim Formwechsel einer KG in eine Kapitalgesellschaft von einer Volleinzahlungspflicht auszugehen. Zum Formwechsel zwischen Kapitalgesellschaften schreibt **Petersen**[102] demgegenüber, dass die Entscheidung über die Frage des Volleinzahlungsgebotes für den Fall, dass nur Kapitalgesellschaften an der Umwandlung beteiligt sind, leicht falle, weil sie vom Gesetz vorgegeben sei und nicht unter Verkehrsschutzgesichtspunkten abgeändert werden müsse. Hier gelte, dass Sacheinlagen vollständig (§§ 36a Abs. 2 Satz 1 AktG, 7 Abs. 3 GmbHG) und Bareinlagen zu 1/4 (§§ 36a Abs. 1 AktG, 7 Abs. 2 GmbHG) erbracht werden müssten. Aktienrecht und GmbH-Recht mache

---

93 Lutter/Göthel, UmwG, § 245 Rn. 15.
94 K. Schmidt, ZIP 1995, 1385, 1386; Widmann/Mayer/Rieger, Umwandlungsrecht, § 245 UmwG Rn. 106; Lutter/Göthel, UmwG, § 245 Rn. 16; Schlitt, in: Semler/Stengel, UmwG, § 220 Rn. 16.
95 Lutter/Göthel, UmwG, § 245 Rn. 16; Schlitt, in: Semler/Stengel, § 220 UmwG Rn. 16.
96 Lutter/Göthel, UmwG, § 245 Rn. 15.
97 K. Schmidt, ZIP 1995, 1385, 1386 und Schlitt, in: Semler/Stengel, UmwG, § 220 Rn. 16.
98 In: Lutter, UmwG, § 220 Rn. 16.
99 KK-UmwG, § 220 Rn. 21 ff.
100 ZIP 1995, 1385, 1386.
101 Widmann/Mayer, UmwG, § 245 Rn. 107.
102 Der Gläubigerschutz im Umwandlungsrecht, S. 93.

hier also keinen Unterschied. Es sei deshalb kein Grund ersichtlich, eine Volleinzahlungspflicht bei einem Formwechsel von der einen in die andere Rechtsform anzunehmen.

Im Ergebnis ist festzuhalten, dass die überwiegende Meinung wohl **keine Volleinzahlung verlangt**, beim Formwechsel der Personengesellschaft ist dies allerdings umstritten.

f) Auswirkungen des Formwechsels auf Rechtsverhältnisse des formwechselnden Rechtsträgers

Der Identitätsgrundsatz führt auch dazu, dass keinerlei Veränderungen der Rechtsverhältnisse eintreten, die zum formwechselnden Rechtsträger in seiner alten Rechtsform bestanden. Es findet keine Vermögensübertragung statt, es ändern sich nur die gesellschaftsrechtlichen Organisationsnormen, die auf den Rechtsträger anwendbar sind. Es bedarf daher auch keiner Vertragsübernahmen oder sonstiger Institute um etwa einen Rechtseintritt des neuen Rechtsträgers in alte Rechtsverhältnisse zu bewirken, sondern es bleibt ein einheitliches Rechtsband der Rechtsverhältnisse zu dem Rechtsträger bestehen. Dies gilt insb. für Verbindlichkeiten und Forderungen.[103] Auch Verträge des Rechtsträgers bleiben unverändert.[104]

Vollmachten und Prokuren bleiben ebenfalls unverändert.[105] Auch Rechtsstreitigkeiten werden nicht berührt. Der Formwechsel führt weder zu einer Unterbrechung nach § 239 ZPO noch zu einer Klageänderung nach § 263 ZPO oder zu einer Rechtsnachfolge nach § 265 ZPO.[106]

Ist der Rechtsträger **in öffentliche Register eingetragen**, sind zwar die Eintragungen im Grundbuch, Handelsregister etc. zu berichtigen, um eine Grundbuchberichtigung nach dem § 22 GBO handelt es sich dabei allerdings nicht, sondern lediglich um eine von Amts wegen vorzunehmende Richtigstellung der Bezeichnung des Berechtigten.[107]

Problematisch sind die öffentlich-rechtlichen Genehmigungen (vgl. auch oben Teil 2 Rdn. 742) insb. dann, wenn sie nach öffentlich-rechtlichen Grundsätzen **nur Unternehmen mit bestimmter Rechtsform** erteilt werden können oder personenbezogene Erlaubnisse, wie etwa die Gaststättenerlaubnis.[108] Obwohl im Gewerberecht Rechtsprechung und Literatur die Auffassung vertreten, dass Personenvereinigungen wie die OHG und KG mangels eigener Rechtspersönlichkeit keine Gewerberechtsfähigkeit haben[109] geht die Literatur im Gesellschaftsrecht ohne weitere Diskussion davon aus, dass beim Formwechsel öffentlich-rechtliche Erlaubnis und Genehmigung grds. erhalten bleiben und nicht erlöschen.[110] Den gewerberechtlichen Vorgaben wird teilweise Rechnung getragen, sodass bei den Erlaubnissen, die dem neuen Rechtsträger nach öffentlich-rechtlichen

---

103 Vgl. Kallmeyer/Meister/Klöcker, UmwG, § 202 Rn. 17; Lutter/Decher/Hoger, UmwG, § 202 Rn. 7, 23 ff.
104 Kallmeyer/Meister/Klöcker, UmwG, § 202 Rn. 17; Lutter/Decher/Hoger, UmwG, § 202 Rn. 23 ff.
105 OLG Köln, DNotZ 1996, 700; Widmann/Mayer/Vossius, Umwandlungsrecht, § 202 UmwG Rn. 86, 87; Lutter/Decher/Hoger, UmwG, § 202 Rn. 40.
106 So zu Recht Lutter/Decher/Hoger, UmwG, § 202 Rn. 41; Widmann/Mayer/Vossius, Umwandlungsrecht, § 202 UmwG Rn. 39; Usler, MittRhNotK 1998, 52.
107 Böhringer, Rpfleger 2001, 59, 66; Lutter/Decher/Hoger, UmwG, § 202 Rn. 33; Kübler, in: Semler/Stengel, § 202 UmwG Rn. 8; Widmann/Mayer/Vossius, Umwandlungsrecht, § 202 UmwG Rn. 26, 38; Kallmeyer/Meister/Klöcker, UmwG, § 202 Rn. 19; vgl. auch OLG Oldenburg, DB 1997, 1126; BayObLG, ZflR 1998, 753; BayObLG, DB 1998, 1402.
108 Vgl. Eckart, ZIP 1998, 1950 ff.; Odenthal, GewArch 2005, 132 ff.
109 BVerwGE 91, 186, 190; VGH Bayern, NJW 1992, 1644; OVG Saarland, NJW 1992, 2846, Landmann/Rohmer/Marcks, GewO, § 14 Rn. 55, § 35 Rn. 64.
110 Lutter/Decher/Hoger, UmwG, § 202 Rn. 38 Kallmeyer/Meister/Klöcker, UmwG, § 202 Rn. 20; Widmann/Mayer/Vossius, Umwandlungsrecht, § 202 UmwG Rn. 105 f.; Usler, MittRhNotK 1998, 52; Gaiser, DB 2000, 362, 363; Kübler, in: Semler/Stengel, § 202 Rn. 11, 17; Bremer, GmbHR 2000, 865; Zeppezauer, DVBl. 2007, 599.

Vorschriften nicht erteilt werden könnten, die Behörde zum Widerruf berechtigt ist.[111] In der öffentlich- rechtlichen Literatur wird danach unterschieden, ob aus einer Personengesellschaft in eine juristische Person oder umgekehrt umgewandelt wird. Denn dann ändere sich der Träger der Erlaubnis.[112] Bei einem derartigen Wechsel würden neue gewerberechtliche Erlaubnisse erforderlich. Insofern besteht ein Widerspruch zwischen der Identitätsthese und den öffentlich-rechtlichen Vorgaben, sodass fraglich ist, welche Rechtsmaterie Vorrang hat. Der überwiegenden Literatur im Gesellschaftsrecht ist in diesem Zusammenhang zu folgen, da das öffentliche Recht die vom Gesetzgeber im Gesellschaftsrecht getroffene Entscheidung der Identität akzeptieren muss und allenfalls repressiv auf veränderte Umstände reagieren kann. Damit kommt allenfalls ein Widerruf nach den gewerberechtlichen Vorschriften und dem Verwaltungsverfahrensgesetz infrage, nicht aber das automatische Erlöschen.[113]

41 Fraglich sind die Auswirkungen auf die Gesellschafterliste bei Tochtergesellschaften. Beurkundet ein deutscher Notar den Formwechselbeschluss bei der Gesellschafterin einer GmbH, geht die wohl h. M. davon aus, dass er nach § 40 Abs. 2 GmbHG dazu verpflichtet ist, bei der Tochter-GmbH eine aktuelle Gesellschafterliste mit Notarbescheinigung einzureichen.[114] Allerdings hat für gleichgelagerten Fall der Firmenänderung bei einer Gesellschafterin einer Tochter-GmbH das OLG Hamm[115] die Zuständigkeit des Notars für die Listeneinreichung verneint, da nur eine mittelbare Mitwirkung an der Änderung vorliege, die keine Verpflichtung des Notars zur Einreichung der geänderten Gesellschafterliste gem. § 40 Abs. 2 GmbHG auslöse.

III. Gesetzessystematik

42 Entsprechend der Systematik der anderen Bücher des UmwG gliedert sich auch das Fünfte Buch in zwei Teile: Der Erste Teil enthält die allgemeinen Vorschriften, die grds. über alle Fälle des Formwechsels gelten, der Zweite Teil Sonderregelungen für Einzelfälle, die bei Formwechsel von Kapitalgesellschaften wiederum in einen Allgemeinen Teil und verschiedene Besondere Teile untergliedert sind. Angesichts des Strukturunterschiedes zwischen dem Formwechsel und den anderen Möglichkeiten einer Umwandlung – Verschmelzung und Spaltung – wird im Interesse einer besseren Handhabung des Gesetzes weniger als im Dritten und Vierten Buch auf das Zweite Buch der Verschmelzung als Grundregelungstyp verwiesen, stattdessen wurden **eigenständige Regelungen** im Recht des Formwechsels formuliert. Allerdings ist nicht zu verkennen, dass eine Reihe von Rechtsinstituten, wie etwa der Umwandlungsbericht, der Inhalt des Umwandlungsbeschlusses, die Vorschriften des Gläubiger und Minderheitenschutzes in vielen Bereichen ähnlich ausgestaltet sind wie im Verschmelzungsrecht, sodass die verschmelzungsrechtlichen Regelungen zur Auslegung dieser Vorschriften mit herangezogen werden können.

IV. Beseitigung der sog. Umwandlungssperre

43 Neben der Aufgabe der grundlegenden Unterscheidung zwischen errichtender und formwechselnder Umwandlung hat das UmwG aus dem Jahr 1995 eine Anzahl von weiteren Neuerungen gebracht.

44 Bedeutsam ist insb., dass die bisher in § 1 Abs. 2 Satz 1 UmwG i. d. F. vor 1995 enthaltende **Umwandlungssperre** entfallen ist. Nach altem Recht war die Umwandlung einer Kapitalgesellschaft in eine Personengesellschaft nicht zulässig, wenn an der Gesellschaft, in die die Kapitalge-

---

111 Widmann/Mayer/Vossius, Umwandlungsrecht, § 202 UmwG Rn. 107; Usler, MittRhNotK 1998, 52.
112 Odenthal, GewArch 2005, 132, 134; Gaiser, DB 2000, 363; Eckert, ZIP 1998, 1952.
113 So auch zu Recht Eckart, ZIP 1998, 1950, 1953.
114 Tebben, RNotZ 2008, 441, 452; Everts, § 1 Rn. 105; Heckschen, NotBZ 2010, 151, 152; Link, RNotZ 2009, 193, 196 Fn. 18; neutral Flick, GWR 2010, 33.
115 Beschl. v. 2.11.2011, GmbHR 2012, 38; zustimmend Heilmeier, NZG 2012, 217; ablehnend Ising, DNotZ 2012, 382, 384.

A. Einführung

sellschaft umgewandelt wird, eine Kapitalgesellschaft als Gesellschafter beteiligt war. Bereits zum alten Recht hatte sich gezeigt, dass durchaus ein wirtschaftliches Bedürfnis bestand, auch in eine Personengesellschaft umzuwandeln, an der eine Kapitalgesellschaft beteiligt war. Insb. die Umwandlung einer Kapitalgesellschaft in eine GmbH & Co. KG war nach altem Recht unzulässig.[116] Diese Umwandlungssperre ist nunmehr **ersatzlos entfallen**.[117]

V. Einsatz des Formwechsels in der Praxis

1. Überblick

Wie bereits dargelegt (vgl. oben Teil 1 Rdn. 257 ff.) sind die **Motive für den Einsatz des UmwG** allgemein und für den Formwechsel im Besonderen in der Praxis vielfältig und lassen sich nicht abschließend beschreiben.[118] Vielfältige Einflüsse des Wirtschafts-, Rechts- und auch des Steuerrechtslebens führen dazu, dass Unternehmen im größeren Maße als früher Umwandlungsvorgängen unterworfen sind. Oben wurde bereits versucht, eine gewisse Systematisierung der Umwandlungsgründe darzustellen. Der Formwechsel mit seiner Kennzeichnung der Identität des Vermögens und des Rechtsträgers eignet sich besonders dafür, dass aus den wirtschaftlichen und rechtlichen Gründen nur das Rechtskleid geändert wird; mit der Folge, dass an das gleiche Unternehmen in gleicher Rechtsträgerschaft unterschiedliche Rechtsvorschriften anwendbar sind. Nachfolgend sollen nur einige **typische Fallkonstellationen des Formwechsels** vorgestellt werden, die in der Praxis eine besonders häufige Rolle spielen.

45

2. Formwechsel aus der Kapitalgesellschaft in die Personengesellschaft (besonders GmbH & Co. KG)

In den 80er Jahren war häufig – motiviert aus Haftungsbegrenzungsgründen – die GmbH als die probate Rechtsform für kleinere und mittlere Unternehmen genannt worden. Grundlegende Veränderungen des rechtlichen Umfeldes der GmbH führten allerdings in den letzten Jahren dazu, vermehrt aus der Kapitalgesellschaft, insb. der GmbH, in die GmbH & Co. KG zu wechseln. Dies war zum einen bedingt durch eine immer strenger werdende Haftungsrechtsprechung in der GmbH, sodass der Effekt der Haftungsbegrenzung eingeschränkt wurde,[119] besonders aber auch eine Verschärfung der Publizität durch das Bilanzrichtliniengesetz v. 19.12.1985, das mit der Übernahme der 4., 7. und 8. EG-Richtlinie das Recht der Rechnungslegung, Publizität und Konzernrechnungslegung rechtsformübergreifend für Kapitalgesellschaften umfassend in den §§ 238 ff. HGB geregelt hat, wurde damit vorgenommen. Weitere Argumente für eine Rückumwandlung in die Personengesellschaft, insb. die haftungsbeschränkte Personengesellschaft der GmbH & Co. KG, waren weiterhin die veränderten Steuergesetze, die insb. die Personengesellschaft einkommensteuerrechtlich günstiger darstellte, sowie Vermeidungsstrategien im Hinblick auf Mitbestimmung. Durch das Kapitalgesellschaften & Co Richtliniengesetz wurde allerdings der publizitätstechnische Vorteil der GmbH & Co. KG aufgehoben, da die BRD verpflichtet war, die Publizitätsvorschriften auch für GmbH & Co. KG einzuführen.[120] Dennoch hatten auch danach weiterhin günstige steuerliche Rahmenbedingungen den Weg in die GmbH & Co. KG gefördert.[121]

46

---

116 Vgl. zur früheren Rechtslage Schoedhelm, GmbHR 1993, 493 ff.
117 Vgl. Lutter/Decher/Hoger, UmwG, Vor § 190 Rn. 5; Widmann/Mayer/Vossius, Umwandlungsrecht, § 190 UmwG Rn. 16.
118 Vgl. auch Stengel, in: Semler/Stengel, § 190 UmwG Rn. 5 ff.
119 Vgl. Priester, Sonderheft Deutscher Notartag 1993, S. 121 ff.
120 Vgl. BR-Drucks. 458/99.
121 Vgl. Siegel, GmbHR 1998, 1208.

> Hinweis:

47 I. R. d. Erbschaftsteuer kann eine Bewertung einer Rechtsform günstiger sein. Neben dem steuerlichen Vorteil werden auch in zivil- und gesellschaftsrechtlicher Hinsicht der Vorteil der freien Gestaltbarkeit und die Mitbestimmungsfreiheit genannt.[122]

48 Aufgrund der Unternehmenssteuerreform 2001 war der umgekehrte Trend von der GmbH & Co. KG in die GmbH festzustellen.

3. Vorbereitung des Börsengangs

49 Zur Vorbereitung eines Börsengangs dem sog. I. P. O. (initial public offering) kann es häufig notwendig sein die Rechtsform zu ändern.[123] Die Motive und Vorteile des Börsengangs sind unterschiedlich, die wesentlichen werden in der Literatur beschrieben.[124] **Zacharias**[125] führt u. a. folgende Motive auf:
– Liquiditätsbeschaffung über die Börse und Schaffung einer ausreichenden Eigenkapitalbasis, um auch ein weiteres Wachstum zu finanzieren,
– Sicherung der Unternehmenskontinuität,
– Lösung der Nachfolgeproblematik bei mittelständischen Unternehmen durch die Möglichkeit der Drittorganschaft und Einstellung eines Managements,
– Fungibilität der Anteile am Aktienmarkt,
– Erhöhung der Wettbewerbsfähigkeit und des Bekanntheitsgrades,
– Möglichkeiten der Mitarbeiterbeteiligung durch Aktienoptionspläne etc.

50 Da der Börsengang nur über eine AG erfolgen kann, ist zwingend die **vorherige Umwandlung der Gesellschaft** in eine AG erforderlich. Im zweiten Schritt folgt dann das Verfahren der Börsenzulassung am jeweiligen Marktsegment.[126]

51 Beim Formwechsel, z. B. der GmbH in die AG, zur Börseneinführung ist allerdings zu berücksichtigen, dass häufig bereits im Vorfeld vor dem Formwechsel Kapitalmaßnahmen von Beratungs- und Joint-Venture-Unternehmen getroffen wurden. Häufiges Gestaltungsmittel ist die Beteiligung dieses Unternehmens in Form einer atypischen stillen Gesellschaft an der GmbH. Beim Formwechsel in die AG ist zu berücksichtigen, dass nach der herrschenden Meinung eine stille Beteiligung an einer AG grds. als Teilgewinnabführungsvertrag anzusehen ist, der zu seiner Wirksamkeit der Zustimmung der Hauptversammlung nach § 293 AktG bedarf.[127] Dies gilt auch bei atypischer stiller Beteiligung, d. h. wenn dem stillen Gesellschafter Geschäftsführungsbefugnisse eingeräumt sind, da die Pflicht zur Abführung des Teilgewinns auch in diesem Fall besteht. Die wohl überwiegende Meinung ist allerdings der Auffassung, dass beim Formwechsel wegen des Identitätskonzeptes die stille Gesellschaft auch weiterhin bestehen bleibt und eine Neugründung nicht erforderlich ist.[128]

---

122 Blumann/Beinert, DB 1997, 1636, 1639; Siegel, GmbHR 1998, 1208.
123 Vgl. allgemein zum Going-Public Schanz, Börseneinführung, 4. Aufl. 2012, Deutsche Börse AG, Praxishandbuch Börsengang: Von der Vorbereitung bis zur Umsetzung, 2007; Ziegenhain/Heln, WM 1998, 1417 ff.; Kallmeyer, GmbHR 1995, 88; ders., DB 1996, 28 ff.; Zacharias, Börseneinführung mittelständischer Unternehmen; Ehlers/Jurcher, Der Börsengang von Mittelstandsunternehmen.
124 Vgl. z. B. Ehlers/Jurcher, Der Börsengang von Mittelstandsunternehmen, S. 17 ff.; Kallmeyer, GmbHR 1995, 888; Lutter/Decher/Hoger, Vor § 190 UmwG Rn. 18.
125 Börseneinführung mittelständischer Unternehmen, S. 23 ff.
126 Amtlicher Handel, geregelter Markt, neuer Markt, Freiverkehr und freie Emission vgl. Ziegenhain/Heln, WM 1998, 1417, 1422 ff.; Schanz, Börseneinführung, S. 15 ff.; Zacharias, Börseneinführung mittelständischer Unternehmen, S. 141 ff.; Zinsmeister, Initial Public Offering: Ablauf der Börsenführung eines Unternehmens, 2015, S. 8 ff.
127 Vgl. Hüffer, AktG, § 292 Rn. 15; KK-AktG/Koppensteiner, § 292 Rn. 53.
128 Vgl. Widmann/Mayer/Vossius, Umwandlungsrecht, § 190 UmwG Rn. 171; Blaurock, Handbuch der stillen Gesellschaft, Rn. 1167 ff.

4. Rückumwandlung der AG (Going-Private)

Ebenfalls eine bedeutende Rolle gespielt hat der Einsatz des Umwandlungsrechts zur **Rückumwandlung einer AG in eine GmbH oder Personengesellschaft**. Zum einen kann dieser Weg erforderlich sein, wenn die höheren Kosten der AG vermieden werden sollen und die »kleinere« Rechtsform ausreichend ist. Als spezifischer Einsatz des sog. »Going-Private« wurde der Formwechsel einer Publikumsaktiengesellschaft zum Rückzug aus der Börse angesehen.[129] Es haben sich bereits früher eine Reihe von Publikumsaktiengesellschaften dieser Form des Formwechsels bedient.[130] Die Besonderheit der börsennotierten AG liegt darin, dass der Wechsel der Rechtsform aus der AG heraus automatisch zur Beendigung der Börsenzulassung führt und damit eine Möglichkeit zum Erreichen des sog. »Delisting« darstellt. Im Einzelnen war ursprünglich unklar, inwieweit den Aktionären ein spezifischer Schutz beim Börsenaustritt durch Formwechsel zuzuordnen ist.[131] Der BGH hat in dem sog. **Frosta-Beschluss** vom Oktober 2013 seine vormalige »Macrotron«-Rechtsprechung zum Delisting aufgegeben und entschieden, dass bei einem Widerruf der Börsenzulassung auf Veranlassung der Gesellschaft die Aktionäre keinen Anspruch auf eine Barabfindung haben und auch kein Beschluss der Hauptversammlung erforderlich ist.[132] Infolge dieser Rechtsprechungsänderung ist es zu einer regelrechten Welle von Börsenrückzügen gekommen.[133] Auf Frosta folgte eine Vielzahl von Delistings, die sich auf Kosten privater Kleinanleger oder unter Verkaufsdruck stehender institutioneller Anleger vorteilhaft für die Großaktionäre auswirkten.[134] Im Gesetz vom v. 19.4.2007[135] hat der Gesetzgeber für das reguläre »Delisting« anstelle der gesellschaftsrechtlichen Schutzmechanismen einen kapitalmarktrechtlichen Schutz gewählt.[136] Das sog. **»kalte Delisting«** durch Formwechsel wird dadurch allerdings nicht geregelt, es bleibt bei den allgemeinen Vorschriften des UmwG.[137]

52

VI. Alternative Gestaltungsmöglichkeiten

Bereits oben wurde dargelegt, dass weder das Umwandlungsrecht noch das Gesellschaftsrecht allgemein es verbietet, anstelle des direkten Weges über den Formwechsel andere Wege zu wählen, um dasselbe wirtschaftliche Ergebnis zu erreichen. So kann etwa anstelle des Formwechsels von der GmbH in die GmbH & Co. KG der Weg auch dadurch erreicht werden, dass zunächst eine GmbH & Co. KG gegründet wird, auf die der Ausgangsrechtsträger verschmolzen wird. Im Bereich der Personengesellschaften wird häufig der **Formwechsel durch das Anwachsungs- und Abwachsungsmodell** gewählt, da diese einfacher sind.[138]

53

---

129 Vgl. dazu Zillmer, Going Private, 2013; Vera; DStR 2002, 1315 f.; Göckeler in: Müller/Rödder, Beck'sches Handbuch der AG, 2. Auflage 2009, § 28 Rn. 50 ff.; Seibt/Wollenschläger, AG 2009, 807; Matyschok, BB 2009 Heft 29, 1494; Steck, AG 1998, 460; Meyer-Landrut/Kiem, WM 1997, 1361 ff.; Lutter/Decher/Hoger, Vor § 190 UmwG Rn. 20; Semler/Stengel/Ihrig UmwG § 226 Rn. 11.
130 Vgl. Schwab-Versand-AG, ZIP 1996, 422; Scheitmantel-AG, vgl. LG Heidelberg DB 1996, 1768; weitere Nachweise bei Meyer-Landrut/Kiem, WM 1997, 1362, Fn. 5.
131 Vgl. BGH Wicke, DNotZ 2015, 488 ff.; Volmer/Kroop, ZGR 1995, 459, 479; Meyer-Landrut/Kiem, WM 1997, 1367; ausführlich Krupp, Der Börseneintritt und Austritt im Spannungsfeld individueller und institutioneller Interessen; Schwarck/Geißer, ZHR 1997, 739 ff.
132 BGH, NJW 2014, 146; zustimmend Brellochs, AG 2014, 633; Paschos/Klaaßen, AG 2014, 33; Wieneke, NZG 2014, 22; Glienke/Röder, BB 2014, 899; Thomale, DStR 2013, 2529; Auer, JZ 2015, 71; a. A. Habersack, JZ 2014, 147; Stöber, WM 2014, 1757; grundlegend Bayer, ZfPW 2015, 163; vgl. auch Wicke, DNotZ 2015, 488 ff.; Tröder, notar 2014, 173, 174.
133 Vgl. Bayer, ZfPW 2015, 163, 165.
134 Bayer, NZG 2015, 1169, 1171; Zimmer/von Imhoff, NZG 2016, 1056.
135 BGBl. I S. 542.
136 Vgl. Bayer, NZG 2015, 1169; Koch/Harnos, NZG 2015, 729; Harnos, ZHR 179, 2015, 750 ff.; Groß, AG 2015, 812 ff.; MünchKommAktG/Kubis AktG § 119 Rn. 86 ff.
137 Vgl. Semler/Stengel/Ihrig UmwG § 226 Rn. 11.
138 Vgl. Kallmeyer/Meister/Klöcker, UmwG, § 190 Rn. 13; Usler, MittRhNotK 1998, 21, 27.

B. Formwechselfähige Rechtsträger

I. Grundsatz

54 Die **Rechtsträger**, die durch Formwechsel eine neue Rechtsform annehmen können, sind in § 191 Abs. 1 UmwG abschließend aufgezählt (vgl. auch Übersicht bei Teil 1 Rdn. 138). Dies sind:
– Personenhandelsgesellschaften[139] und Partnerschaftsgesellschaften,
– Kapitalgesellschaften (GmbH, AG, KGaA),
– eingetragene Genossenschaften,
– rechtsfähige Vereine,
– Versicherungsvereine auf Gegenseitigkeit,
– Körperschaften und Anstalten des öffentlichen Rechts.

55 Durch das UmwG 1995 wurde die Möglichkeit des Formwechsels für **Vereine** neu geschaffen.

56 Eine weitere durch das UmwG 1995 geschaffene Neuerung ist die Regelung des Formwechsels zur Umwandlung in eine eingetragene **Genossenschaft**, mit der einem von den betroffenen Wirtschaftskreisen geltend gemachten Bedürfnis Rechnung getragen werden soll.

57 In § 191 Abs. 2 UmwG ist festgelegt, in welche Rechtsformen ein Rechtsträger grds. wechseln kann. Die sind:
– GbR,
– Personenhandelsgesellschaften und Partnerschaftsgesellschaften,
– Kapitalgesellschaften,
– Genossenschaften.

58 Wie bei der Verschmelzung (vgl. Teil 2 Rdn. 43) und der Spaltung (vgl. Teil 3 Rdn. 32) ist auch die **EWIV** einbezogen.

59 Nicht jede der in § 191 Abs. 1 UmwG genannten Rechtsträger kann die in Abs. 2 aufgeführten Rechtsformen annehmen. Die **zulässigen Kombinationsmöglichkeiten** werden wie bei den Übertragungsvorgängen in den jeweiligen besonderen Vorschriften für die einzelnen Rechtsformen geregelt (vgl. die Hinweise oben Teil 1 Rdn. 100 ff.).

II. Die Unternehmergesellschaft im Formwechsel

1. Personengesellschaft in UG

60 Besonderheiten ergeben sich bei der **Unternehmergesellschaft – UG** (vgl. auch dazu zur Verschmelzung oben Teil 2 Rdn. 42, 911 ff.). Bei der durch das am 01.11.2008 in Kraft getretene Gesetz zur Modernisierung des GmbH-Rechts und zur Bekämpfung von Missbräuchen (MoMiG) neu eingeführten Unternehmergesellschaft handelt es sich nicht um die neue Rechtsform einer Kapitalgesellschaft, sondern um eine Variante der GmbH, die mit Ausnahme der Sonderregelung des § 5a GmbHG allen Vorschriften des gesamten deutschen Rechts, die die GmbH betreffen, unterliegt.[140] Da somit auf die Unternehmergesellschaft die für die GmbH geltenden Rechtsvorschriften Anwendung finden und lediglich die sich aus § 5a GmbHG ergebenden Besonderheiten zu beachten sind, können grds. auch die Vorschriften des UmwG auf die UG Anwendung finden. Deshalb ist sie auch wie die GmbH grds. umwandlungsfähig, obwohl sie nicht ausdrücklich im UmwG genannt ist.[141]

---

139 OHG, KG, Kapitalgesellschaft & Co, vgl. dazu die Begründung zum RegE, BT-Drucks. 12/6699, S. 137, abgedruckt bei Neye, UmwG, UmwStG, S. 325.
140 Vgl. BT-Drucks. 16/6140, S. 31 und BT-Drucks. 16/9737, S. 95.
141 Vgl. Lutter/Decher/Hoger § 191 UmwG Rn. 2; Semler/Stengel/Schwanna § 191 UmwG Rn.4; Bormann, GmbHR 2007, 897, 899; Freitag/Riemenschneider, ZIP 2007, 1485, 1491; Veil, GmbHR 2007, 1080, 1084; Berninger, GmbHR 2010, 63; Hennrichs, NZG 2009, 1161; Gasteyer, NZG 2009, 1364; Heinemann, NZG 2008, 820; Meister, NZG 2008, 767; Gasteyer, NZG 2009, 1364/1367; Lutz, notar 2014, 210, 212; Heckschen/Strnad, in: Heckschen/Heidinger, Die GmbH in der Gestaltungs- und Beratungspraxis, Kap. 5 Rn. 131.

Ebenso wie bei Verschmelzung und Spaltung ergeben sich auch beim Formwechsel **Einschränkungen aus der Vorschrift des § 5a Abs. 2 Satz 2 GmbHG**, die viele Umwandlungsvarianten mit der UG verhindern. Dort ist ausdrücklich bestimmt, dass bei der UG Sacheinlagen ausgeschlossen sind. Zwar ist beim Formwechsel umstritten, ob es sich dabei um eine Sachgründung handelt (vgl. unten Teil 4 Rdn. 205 ff.). Gem. § 197 UmwG steht ein Formwechsel einer Personenhandelsgesellschaft in eine Kapitalgesellschaft einer Sachgründung zumindest gleich.[142] Im Ergebnis ist daher im Grundsatz ein **Formwechsel von der Personengesellschaft in die UG nicht möglich**.[143]

2. UG in GmbH

Der Wechsel der UG in die GmbH ist ein Sonderfall, der in § 5a Abs. 5 GmbHG eine Sonderregelung erfahren hat und daher kein Fall des UmwG ist. Sobald die Kapitalziffer nach § 5 Abs. 1 GmbHG erreicht ist, entfallen die Sonderregelungen des § 5a Abs. 1 bis 4 GmbHG. Materiellrechtlich erfolgt die »Umwandlung« somit nach der Erhöhung des Stammkapitals auf 25.000,00 € qua Gesetz. Ein Zwang zur formellen »Umwandlung« besteht indes nicht. Nach dem Wortlaut des § 5a Abs. 5 Halbs. 2 GmbHG könnte der Rechtsformzusatz »UG (haftungsbeschränkt)« oder »Unternehmergesellschaft (haftungsbeschränkt)« auch nach einer »Umwandlung« in eine GmbH beibehalten werden.

C. Checkliste für den Formwechsel von Rechtsträgern nach dem UmwG

▶

❏ Formwechselfähige Rechtsträger
§ 191 i. V. m. § 3 sowie zusätzlich bei

- Offene Handelsgesellschaft (OHG) und Kommanditgesellschaft (KG) → § 214
- Partnerschaft → §§ 225a, 225c i. V. m. § 214 Abs. 2
- Aktiengesellschaft (AG),
- Kommanditgesellschaft auf Aktien (KGaA) und Gesellschaft mit beschränkter Haftung (GmbH) → §§ 226, 228
- eingetragene Genossenschaft (e. G.) → § 258
- rechtsfähiger Verein → §§ 272, 273
- Versicherungsvereine auf Gegenseitigkeit → § 291
- Körperschaften und Anstalten des öffentlichen Rechts → § 301

❏ Entwurf des Umwandlungsbeschlusses (§ 192 Abs. 1 Satz 3)
- Mindestinhalt sowie zusätzlich bei → §§ 194, 213
- OHG, KG → § 218
- Partnerschaft → § 225c i. V. m. § 218
- GmbH, AG, KGaA → §§ 234, 243, 253
- e. G. → § 263

---

[142] Lutter/Joost, UmwG, § 220 Rn. 4; Lutter/Decher UmwG, § 197 Rn. 5; Semler/Stengel/Schlitt, UmwG, § 218 Rn. 8; BeckOGK/Schürnbrand/Foerster UmwG § 191 Rn. 12.

[143] Lutter/Decher/Hoger § 191 UmwG Rn. 5; Semler/Stengel/Schwanna § 191 UmwG Rn. 14; Kölner Komm UmwG/Petersen § 191 UmwG Rn. 18; Schmitt/Hörtnagl/Stratz/Stratz UmwG § 191 Rn. 32; BeckOGK/Schürnbrand/Foerster UmwG § 191 Rn. 12; vgl. zur Abspaltung BGH, BB 2011, 1345 = DB 2011, 1263 = DStR 2011, 1137 = GmbHR 2011, 701 = NJW 2011, 1883 dazu Bremer, GmbHR 2011, 703; OLG Frankfurt am Main, DStR 2010, 2093 = GmbHR 2010, 920 = ZIP 2010, 1798; zum vergleichbaren Fall der Spaltung vgl. ferner Römermann/Passarge, ZIP 2009, 1497, 1500 f.; Gasteyer, NZG 2009, 1364/1368; Weber, BB 2009, 842, 847; Heckschen, DStR 2009, 166; Tettinger, Der Konzern 2008, 75; Meister, NZG 2008, 767/768; Berninger, GmbHR 2010, 63; Heinemann, NZG 2008, 820; Lutter/Priester, UmwG, § 138 Rn. 3; Baumbach/Hueck, GmbHG, § 5a Rn. 17; Miras, Die neue Unternehmergesellschaft, Rn. 21.

- rechtsfähiger Verein → §§ 276, 285
- VVaG → § 294
- Zuleitung an Betriebsrat → § 194 Abs. 2

❏ Erstattung eines Umwandlungsberichts
§ 192 sowie zusätzlich bei

- OHG, KG → § 215
- Partnerschaft → § 225b
- GmbH, AG, KGaA → §§ 229, 238 Satz 2

❏ Prüfung des Formwechsels nur bei
- OHG, KG → § 225
- Partnerschaft → § 225c i. V. m. § 225
- e. G. → § 259

❏ Vorbereitung des Umwandlungsbeschlusses durch Unterrichtungspflichten
- OHG, KG → § 216
- GmbH, AG, KGaA → §§ 230, 231, 238, 251
- Partnerschaft → § 225b
- e. G. → § 260
- rechtsfähiger Verein → §§ 274, 283
- VVaG → § 292

❏ Durchführung der Versammlung der Anteilsinhaber
- GmbH, AG, KGaA → §§ 232, 239, 251
- e. G. → § 261
- rechtsfähiger Verein → §§ 274, 283

❏ Beschluss der Anteilsinhaber, notariell beurkundet
§ 193 sowie zusätzlich bei

- OHG, KG → § 217
- Partnerschaft → § 225c i. V. m. § 217
- GmbH, AG, KGaA → §§ 233, 240, 244, 252
- e. G. → § 262
- rechtsfähiger Verein → §§ 275, 284
- VVaG → § 293
- Körperschaften und Anstalten des öffentlichen Rechts → § 302

❏ Zustimmungserklärungen einzelner Anteilsinhaber, notariell beurkundet
§ 193 Abs. 2 und Abs. 3 sowie zusätzlich bei

- OHG, KG → § 217 Abs. 3
- Partnerschaft → § 225c i. V. m. § 217 Abs. 3
- GmbH, AG, KGaA → § 233 Abs. 2 und 3, § 240 Abs. 2 und Abs. 3, 241, 242, 252 Abs. 1
- e. G. → § 262 Abs. 2
- rechtsfähiger Verein → §§ 275, 284
- Körperschaften und Anstalten des öffentlichen Rechts → § 303 Abs. 2

❏ Klage gegen die Wirksamkeit des Umwandlungsbeschlusses
§ 195

❏ Anmeldung des Formwechsels bei den zuständigen Registern
§ 198 sowie zusätzlich bei

- OHG, KG → § 222
- Partnerschaft → § 225c i. V. m. § 222
- GmbH, AG, KGaA → §§ 235, 246, 254

- e. G. → § 265
- rechtsfähiger Verein → §§ 278, 286
- VVaG → § 296

❏ Anlagen der Anmeldung
§ 199 sowie zusätzlich bei

- OHG, KG → § 223
- Partnerschaft → § 225c i. V. m. § 223
- e. G. → § 265

❏ Eintragung und Bekanntmachung der neuen Rechtsform in den zuständigen Registern
§ 201 sowie zusätzlich bei

- rechtsfähiger Verein → §§ 279, 287
- VVaG → § 297

❏ Wirksamwerden und Wirkungen des Formwechsels
§ 202 sowie zusätzlich bei

- GmbH, AG, KGaA → §§ 236, 247, 248, 255
- e. G. → § 266
- rechtsfähiger Verein → §§ 280, 288
- VVaG → § 298
- Körperschaften und Anstalten des öffentlichen Rechts → § 304

❏ Besondere Benachrichtigungspflichten beim Rechtsträger neuer Rechtsform
- AG, KGaA → §§ 267, 268, 281, 299
- e. G. → §§ 256, 289

Beachte ferner:
❏ Schutz der Anteilsinhaber
- **Nachbesserung des Beteiligungsverhältnisses § 196**
  Verfahren → SpruchG
- **Barabfindung bei Ausscheiden**
  §§ 207 bis 212 sowie zusätzlich bei
  - GmbH, AG, KGaA → §§ 227, 231, 250
  - e. G. → § 270
  - rechtsfähiger Verein → §§ 282, 290
  - VVaG → § 300
  - Verfahren → SpruchG
- **Schadenersatzansprüche**
  - gegen Mitglieder der Vertretungs- und Aufsichtsorgane → §§ 205, 206
  - gegen Prüfer (nur bei Personenhandelsgesellschaften) → § 225 i. V. m. §§ 208, 30, 11

❏ Schutz der Inhaber von Sonderrechten (»Verwässerungsschutz«)
§ 204 i. V. m. § 23
❏ Schutz der Gläubiger
- Sicherheitsleistung → § 204 i. V. m. § 22
- Fortdauer der persönlichen Haftung
- OHG, KG → § 224
- Partnerschaft → § 225c i. V. m. § 224
- KGaA → §§ 237, 249, 257
- e. G. → § 271
- Schadenersatzansprüche gegen Mitglieder der Vertretungs- und Aufsichtsorgane → §§ 205, 206

❏ Schutz des Rechtsverkehrs (Kapitalschutz)
- Anwendung des Gründungsrechts
- § 197 sowie zusätzlich bei
  - OHG, KG → §§ 219, 220
  - Partnerschaft → § 225c i. V. m. §§ 219, 220
  - GmbH, AG, KGaA → § 245
  - e. G. → § 264
  - rechtsfähiger Verein → § 277
  - VVaG → § 295
  - Körperschaften und Anstalten des öffentlichen Rechts → § 303 Abs. 1

D. Umwandlungsbericht

63 Die **Notwendigkeit eines Umwandlungsberichts**, der mit dem Verschmelzungsbericht vergleichbar ist, war im bis 1995 geltenden Recht in den §§ 385d Abs. 2 Satz 2 und 385m AktG nur für den Fall der Umwandlung von Versicherungsvereinen und Genossenschaften vorgesehen. Das UmwG 1995 sieht dagegen **für alle Umwandlungsfälle** den Umwandlungsbericht vor.

64 § 192 Abs. 1 UmwG bestimmt daher, dass allgemein das Vertretungsorgan des formwechselnden Rechtsträgers einen ausführlichen schriftlichen Bericht zu erstatten hat, in dem der Formwechsel und insb. die künftige Beteiligung der Anteilsinhaber an dem Rechtsträger rechtlich und wirtschaftlich erläutert und begründet werden. Darüber hinaus muss der Umwandlungsbericht einen **Entwurf des Umwandlungsbeschlusses** (§ 192 Abs. 1 Satz 3 UmwG). Das frühere Erfordernis, dass der Bericht auch eine **Vermögensaufstellung** (§ 192 Abs. 2 UmwG a. F.) enthalten müsse, wurde durch das Zweite Gesetz zur Änderung des UmwG[144] aufgehoben.[145]

Bereits die Formulierung des Gesetzes, die sich eng an § 8 Abs. 2 UmwG bzgl. des Verschmelzungsberichts anlehnt, zeigt die Parallele.

65 Die Begründung zum RegE macht deutlich, dass der Umwandlungsbericht im Wesentlichen die gleiche Funktion hat wie Verschmelzungs- und Spaltungsbericht:[146]

> »Dieses formalisierte Informationsrecht hat u. a. für Rechtsträger mit großem Gesellschafter- und Mitgliederkreis Bedeutung. Sofern Anteilsinhaber nicht ihrerseits geschäftsführungsbefugt sind, haben sie ein besonderes Interesse an einer ausführlichen Vorabinformation und zwar unabhängig von der Rechtsform, die der formwechselnde Rechtsträger aufgeben will oder die er durch den Formwechsel erlangen soll. Deshalb soll die Erstattung eines Umwandlungsberichts grds. für alle Rechtsträger vorgeschrieben werden, an denen mehrere Anteilsinhaber beteiligt sind (…). In Anlehnung an die in § 8 für den Verschmelzungsbericht vorgesehene Regelung soll in dem Umwandlungsbericht auch dargelegt werden, welche rechtlichen und wirtschaftlichen Gründe den Formwechsel zweckmäßig erscheinen lassen. Ferner sollen die Folgen des Formwechsels für die Anteilsinhaber erläutert werden, auch wenn mit der Umwandlung keine Änderung der Beteiligungsquote verbunden ist; denn der Formwechsel führt jedenfalls zu einer qualitativen Veränderung der Anteile oder sonstigen Mitgliedschaftsrecht. Dies ist u. a. für Minderheiten von großer Bedeutung (…)«.

66 Das Gesetz geht davon aus, dass alle Anteilsinhaber auch bei einem Formwechsel ein Interesse an einer ausführlichen Vorabinformation zur Vorbereitung ihres Umwandlungsbeschlusses haben. Der Umwandlungsbericht soll daher wie der Verschmelzungsbericht die Informationsmöglichkeiten der Gesellschafter über die geplante Umwandlung verbessern.

---

144 BGBl. I 2007, S. 5429.
145 Bayer/Schmidt, NZG 2006, 841, 846; Mayer/Weiler, MittBayNot 2007, 368, 374.
146 Vgl. Begründung zum RegE, BR-Drucks. 75/94, S. 138, abgedruckt in: Limmer, Umwandlungsrecht, S. 333.

D. Umwandlungsbericht   Teil 4 Kapitel 1

Wegen dieser gleichartigen Zweckrichtung des Umwandlungsberichts und auch der fast wortge- 67
treuen Übernahme der Formulierung zum Verschmelzungsrecht wird man an den **Umwandlungsbericht** ähnliche Anforderungen stellen müssen wie an einen **Verschmelzungsbericht**. Auch die
Rechtsprechung zum Verschmelzungsbericht wird daher hierzu beachten sein.

I. Umwandlungsbericht durch Vertretungsorgan

Berichtspflichtig ist nach § 192 Abs. 1 UmwG das **Vertretungsorgan des formwechselnden** 68
Rechtsträgers, d. h. der Vorstand, bzw. die Geschäftsführer oder geschäftsführenden Gesellschafter **in ihrer Gesamtheit**.[147] Umstritten ist allerdings, ob der Bericht von allen Mitgliedern des
Geschäftsführungsorgans zu unterzeichnen ist[148] oder ob **Unterzeichnung in vertretungsberechtigter Zahl** genügt.[149] M. E. muss vertretungsberechtigte Zahl genügen. Wortlaut und Normzweck fordern m. E. lediglich die schriftliche Abfassung, nicht aber dessen Unterzeichnung, sodass
vertretungsberechtigte Zahl genügen muss.[150] Der BGH hat im Beschl. v. 21.05.2007[151] beim
Verschmelzungsbericht allerdings darauf hingewiesen, dass es bislang höchstrichterlich noch nicht
entschieden worden sei, ob aus der gesetzlichen Anordnung der Schriftlichkeit in § 8 UmwG
abzuleiten sei, dass eine eigenhändige Unterschrift jedes einzelnen Mitglieds des Vertretungsorgans
erforderlich ist oder ob eine Unterzeichnung durch Organmitglieder in vertretungsberechtigter
Zahl ausreiche.[152] Für die zuletzt genannte Auffassung sprechen nach Meinung des BGH nachhaltig Sinn und Zweck der Regelung. Dem Verschmelzungsbericht gem. § 8 Abs. 1 Satz 1 UmwG
komme v. a. eine umfassende Informationsfunktion zu: Er soll die Verschmelzung und den Verschmelzungsvertrag im Einzelnen, insb. das Umtauschverhältnis der Anteile, rechtlich und wirtschaftlich erläutern und begründen. Weil dem geschriebenen Wort eine größere Präzision, Nachvollziehbarkeit und Überprüfbarkeit zukommt, solle der Bericht schriftlich vorliegen und nicht
lediglich mündlich vorgetragen werden. Dass bei Unterzeichnung des Berichts durch Organmitglieder nur in vertretungsberechtigter Zahl etwa die Gefahr bestünde, der Bericht entspreche nicht
dem Willen der Mehrheit des Organs, erscheint lebensfremd: Eine solche Manipulation könnte
nicht verborgen bleiben, weil der Verschmelzungsbericht in der Hauptversammlung – zumeist, so
auch hier, in Anwesenheit aller Vorstandsmitglieder – mündlich erläutert und erörtert werde.
Letztendlich hat der BGH die Frage offengelassen. In der Literatur wird m. E. zu Recht aus der
Entscheidung gefolgert, dass auch für den Umwandlungsbericht eine Unterzeichnung in vertretungsberechtigter Zahl genügt.[153]

---

147 So die Auslegung zum Verschmelzungsrecht, vgl. oben Teil 2 Rdn. 379; so auch die herrschende Lehr-
meinung Kallmeyer/Meister/Klöcker, UmwG, § 192 Rn. 36 f.; Stratz, in: Schmitt/Hörtnagl/Stratz,
UmwG/UmwStG, § 192 UmwG Rn. 4; Bärwaldt, in: Semler/Stengel, UmwG § 192 UmwG Rn. 21; Beck-
OGK/Simons UmwG § 192 Rn. 5; Useler, MittRhNotK 1998, 21, 29.
148 So zum Verschmelzungsbericht Kallmeyer/Marsch-Barner, UmwG, § 8 Rn. 2; Gehling, in: Semler/
Stengel, UmwG § 8 Rn. 5; zum Umwandlungsbericht Bärwaldt, in: Semler/Stengel, § 192 UmwG
Rn. 21.
149 So zum Verschmelzungsbericht: Stratz, in: Schmitt/Hörtnagl/Stratz, UmwG § 8 Rn. 7; Lutter/Drygala,
UmwG, § 8 Rn. 6; Widmann/Mayer/Mayer, Umwandlungsrecht, § 8 UmwG Rn. 13 f.; Müller, NJW
2000, 2001; OLG Düsseldorf, WM 2005, 652 zum Bericht nach § 327c Abs. 2 AktG, zum Umwandlungsbericht mittlerweile auch die überwiegende Meinung Widmann/Mayer/Mayer, Umwandlungsrecht, § 192 UmwG Rn. 25; BeckOGK/Simons UmwG § 192 Rn. 8, 10; Lutter/Decher/Hoger,
UmwG, § 192 Rn. 5; Stratz, in: Schmitt/Hörtnagl/Stratz, UmwG/UmwStG, § 192 UmwG Rn. 4.
150 Vgl. KG, DB 2004, 2746 = AG 2005, 205; Fuhrmann, AG 2004, 135 ff.; Vossius, NotBZ 2007, 368.
151 AG 2007, 625 = DB 2007, 1858 = DNotZ 2008, 143.
152 So Klaus J. Müller, NJW 2000, 2001.
153 Stratz, in: Schmitt/Hörtnagl/Stratz, UmwG/UmwStG, § 192 UmwG Rn. 4; Widmann/Mayer/Mayer,
Umwandlungsrecht, § 192 UmwG Rn. 25; kritisch allerdings Bärwaldt, in: Semler/Stengel, § 192
UmwG Rn. 21.

Limmer

69 Der Umwandlungsbericht ist von dem Vertretungsorgan des formwechselnden Rechtsträgers **schriftlich zu erstatten** (§ 192 Abs. 1 Satz 1 UmwG). Eine Stellvertretung ist dabei unzulässig, da es sich dabei nicht um eine Willenserklärung, sondern um eine **Wissenserklärung** handelt.[154]

II. Inhalt des Umwandlungsberichts

70 Das Gesetz geht zunächst wie beim Verschmelzungsrecht davon aus, dass ein **ausführlicher Bericht** zu erstatten ist, in dem der Formwechsel als solcher und insb. die künftige Beteiligung der Anteilsinhaber an dem Rechtsträger rechtlich und wirtschaftlich erläutert und begründet werden. Darüber hinaus ist nach § 192 Abs. 1 Satz 3 UmwG auch ein Entwurf des Umwandlungsbeschlusses beizufügen. Hieraus folgt, dass insb. auch der Inhalt dieses Umwandlungsbeschlusses im Einzelnen erörtert werden muss.

71 Im Einzelnen muss also der Umwandlungsbericht **zu folgenden Punkten Stellung nehmen**:[155]
– zum Formwechsel,
– zum Inhalt des Umwandlungsbeschlusses,
– zur künftigen Beteiligung der Anteilsinhaber an dem neuen Rechtsträger.

72 Der Umwandlungsbericht selbst besteht aus **drei Teilen**:
– Erläuterungs- und Begründungsteil (vgl. oben Teil 2 Rdn. 386 ff.),
– Entwurf des Umwandlungsbeschlusses (§ 192 Abs. 2 Satz 1 UmwG).

73 Die Erläuterung muss die **rechtlichen und wirtschaftlichen Verhältnisse** betreffen.[156] Darüber hinaus ist gem. § 192 Abs. 1 Satz 2 i. V. m. § 8 Abs. 1 Satz 2 UmwG auf besondere Schwierigkeiten bei der Bewertung der Rechtsträger sowie auf die Folgen für die Beteiligung der Anteilsinhaber hinzuweisen. Der BGH hat im Verschmelzungsrecht entschieden, dass sich die Erläuterung nicht auf die Darlegung der Grundsätze, nach denen das Umtauschverhältnis der Anteile ermittelt wurde, beschränken dürfe. Die **Kenntnisse der Bewertungsgrundsätze** ermögliche dem Gesellschafter noch nicht die Beurteilung, ob das **Umtauschverhältnis sachlich angemessen** sei.[157] Die Entscheidungen der OLG zum Verschmelzungsbericht gingen davon aus, dass dieser jedenfalls Zahlenmaterial enthalten müsse, das den Aktionären ermögliche, das vorgeschlagene **Umtauschverhältnis** einer **Plausibilitätskontrolle** zu unterziehen.[158] Das OLG Karlsruhe war der Auffassung, dass es erforderlich sei, die Wertverhältnisse der beteiligten Gesellschaften insoweit darzulegen, dass das insgesamt vorhandene Material einer stichhaltigen Kurzkontrolle der vorgesehenen Umtauschwerte erlaubte. Hierzu sei es nicht erforderlich, dem Aktionär eine Tatsachenvielfalt zu unterbreiten, die es ihm erlauben würde, kraft eigener Sachkunde oder unter Heranziehung eines Sachverständigen ein Gutachten über die Unternehmenswerte erstellen zu lassen, wohl aber müsse er in die Lage versetzt werden, eine Stichhaltigkeitsprüfung durchzuführen, ggf. unter Heranziehung eines Sachverständigen. Dazu ist es i. d. R. erforderlich, dass die Bewertungsergebnisse, also die nach der Bewertungsmethode ermittelten Unternehmenswerte, mitgeteilt werden.

---

154 Vgl. oben Teil 2 Rdn. 385; Kallmeyer/Meister/Klöcker, UmwG, § 192 Rn. 36; Widmann/Mayer/Mayer Umwandlungsrecht, § 192 UmwG Rn. 25; BeckOGK/Simons UmwG § 192 Rn. 6, Usler, MittRhNotK 1998, 21, 29; Stratz, in: Schmitt/Hörtnagl/Stratz, UmwG/UmwStG, § 192 UmwG Rn. 4; Bärwaldt, in: Semler/Stengel, § 192 UmwG Rn. 21.
155 Vgl. LG Mannheim, AG 2014, 589 = ZIP 2014, 970; Widmann/Mayer/Mayer, Umwandlungsrecht, § 192 UmwG Rn. 25 ff.; Kallmeyer/Meister/Klöcker, UmwG, § 192 Rn. 8 ff.; Stratz, in: Schmitt/Hörtnagl/Stratz, UmwG/UmwStG, § 192 UmwG Rn. 5 ff.; Bärwaldt, in: Semler/Stengel, § 192 UmwG Rn. 10 ff.; Lutter/Decher/Hoger, UmwG, § 192 Rn. 8 ff., BeckOGK/Simons UmwG § 192 Rn: 17 ff.; Checklisten» zum Berichtsinhalt bei Widmann/Mayer/Mayer § 192 UmwG Rn. 99.
156 BeckOGK/Simons UmwG § 192, Rn. 21.
157 BGH, WM 1990, 149 = ZIP 1990, 168.
158 OLG Karlsruhe, WM 1989, 1134; OLG Hamm, ZIP 1988, 1051.

1. Erläuterung des Formwechsels

Wie im Verschmelzungsrecht sieht der Umwandlungsbericht vor, dass auch der Formwechsel als solcher rechtlich und wirtschaftlich erläutert und begründet wird. Es sind daher die wirtschaftlichen Hintergründe der durchzuführenden Umwandlung ausführlich zu erläutern, sodass sich die Anteilsinhaber ein Bild über die **wirtschaftliche Zweckmäßigkeit der Umwandlung** machen können.[159] Es muss also dargelegt werden, aus welchen rechtlichen und wirtschaftlichen Gründen sich die Umwandlung als geeignetes Mittel zur Verfolgung des Unternehmungszweckes darstellt. Es ist darzulegen, welche Interessen die Umwandlung als solche rechtfertigen, welche weiter gehenden Unternehmensziele hiermit verfolgt werden sollen.[160] Ebenfalls wird dabei zu erörtern sein, ob die Umwandlung das geeignete, erforderliche und verhältnismäßige Mittel für die Erreichung der damit verbundenen Unternehmensziele darstellt.[161] Im Ergebnis geht es also darum, die **Zweckmäßigkeit der Umwandlung als wirtschaftliche Maßnahme in Abgrenzung zu anderen unternehmensstrukturellen Maßnahmen** darzulegen. Dies bedeutet, dass nicht nur die Vorteile einer Umwandlung, sondern auch ihre Nachteile dargestellt werden müssen sowie die steuerlichen Folgen.[162] Der Umwandlungsbericht hat dabei darzustellen, warum der Formwechsel ein geeignetes Mittel zur Verfolgung der unternehmerischen Strategie ist. Andere in Frage kommende gesellschaftsrechtliche Strukturmaßnahmen als Alternativen zum Formwechsel sind darzustellen, wobei aufzuzeigen ist, warum die Vorteile des Formwechsels überwiegen und andere Maßnahmen nicht gleichwertig sind.[163] Eine Darstellung genereller Motive, die für einen Formwechsel sprechen ohne konkrete Bezugnahme auf den Einzelfall ist nicht ausreichend.[164] Aufgabe des Umwandlungsberichtes ist es, den Anteilsinhaber in die Lage zu versetzen, eine Plausibilitätskontrolle hinsichtlich der Entscheidung der Unternehmensleitung über die Vorteile und die Nachteile der Umwandlung durchzuführen.[165]

2. Erläuterung einer angebotenen Barabfindung

Anders als bei der Verschmelzung und der Spaltung **verzichtet das UmwG beim Formwechsel auf eine umfassende Umwandlungsprüfung** – einzige Ausnahme ist der Formwechsel einer eingetragenen Genossenschaft (§ 259 UmwG). § 207 Abs. 1 UmwG bestimmt, dass der Formwechsel der Rechtsträger jedem Anteilsinhaber, der gegen den Umwandlungsbeschluss Widerspruch zur Niederschrift erklärt, den Erwerb seiner umgewandelten Anteile oder Mitgliedschaften gegen eine angemessene Barabfindung anzubieten hat. Die Verpflichtung zur Barabfindung besteht bei allen Fällen des Formwechsels rechtsformübergreifend. Allerdings nehmen verschiedene besondere Vorschriften einzelne Formwechselfälle ganz oder teilweise von der Regelung aus: Nach § 227 UmwG sind beim Formwechsel einer KGaA die §§ 207 ff. UmwG zwar grds. anwendbar, nicht jedoch auf deren persönlich haftende Gesellschafter, und zwar sowohl beim Formwechsel in eine Personengesellschaft als auch beim Formwechsel einer Kapitalgesellschaft anderer Rechtsform. Auf dem Formwechsel der KGaA in die AG und auf den Formwechsel der AG in die KGaA sind die §§ 207 ff. UmwG gem. § 250 UmwG von vornherein nicht anwendbar. Nach § 282 Abs. 2

---

159 LG Mannheim, AG 2014, 589 = ZIP 2014, 970; Bärwaldt, in: Semler/Stengel, § 192 UmwG Rn. 10 ff.; zur Verschmelzung BGHZ 107, 296, 303.
160 Vgl. Kallmeyer/Meister/Klöcker, UmwG, § 192 Rn. 8 ff.; Widmann/Mayer/Mayer, Umwandlungsrecht, § 192 UmwG Rn. 34 ff.
161 Vgl. zu diesem allgemeinen Sachkontrollansatz Lutter, ZGR 1981, 171, 174; BGHZ 103, 184, 189.
162 OLG Hamm, ZIP 1999, 798; Widmann/Mayer/Mayer, Umwandlungsrecht, § 192 UmwG Rn. 25 ff.; Kallmeyer/Meister/Klöcker, UmwG, § 192 Rn. 8 ff.
163 LG Mannheim, AG 2014, 589 = ZIP 2014, 970; Semler/Stengel/Bärwaldt, § 192, Randnr. 6; Lutter/Decher/Hoger§ 192 UmwG Rn. 19 f.
164 Schmitt/Hörtnagl/Stratz, § 192 UmwG, Rn. 9.
165 LG Mannheim, AG 2014, 589 = ZIP 2014, 970; Lutter/Decher/Hoger, § 192 UmwG, Rn. 10; Schmitt/Hörtnagl/Stratz, § 192 UmwG, Rn. 6.

UmwG finden die §§ 207 ff. UmwG keine Anwendung auf den Formwechsel eines eingetragenen Vereins, wenn dieser gem. § 5 Abs. 1 Nr. 9 KStG von der Körperschaftsteuer befreit ist.

76 Liegt der **Regelfall einer Barabfindung** vor, so gilt nach § 208 UmwG die Vorschrift des § 30 UmwG entsprechend, sodass die Barabfindung nach § 30 Abs. 2 UmwG auf ihre Angemessenheit zu prüfen ist. Die Angemessenheit ist daher in diesen Fällen stets zu prüfen. Dies gilt natürlich nur, wenn ein Abfindungsangebot überhaupt gemacht werden muss, was z. B. nicht der Fall ist, wenn der Umwandlungsbeschluss zu seiner Wirksamkeit der Zustimmung aller Anteilsinhaber bedarf oder wenn nur ein Anteilsinhaber beteiligt ist oder ein Verzicht nach § 30 Abs. 2 S. 3 UmwG vorliegt.[166] In diesen Fällen ist also anders als bei der Verschmelzungsprüfung nicht der gesamte Vorgang des Formwechsels, sondern nur die Angemessenheit der Barabfindung Prüfungsgegenstand.[167] Über das Ergebnis der Prüfung ist ein Prüfungsbericht anzufertigen, dessen Inhalt sich nach § 12 Abs. 2 UmwG richtet.[168] Für den Verschmelzungsprüfungsbericht hat der Gesetzgeber die Information der Gesellschafter ausdrücklich angeordnet (§§ 63 Abs. 1 Nr. 5, 78 Abs. 1 Satz 1, 82 Abs. 1 Satz 1, 101 Abs. 1 Satz 1 UmwG). Für den Formwechsel fehlen entsprechende Informationspflichten.[169]

In der **Rechtsprechung** ist daher **umstritten**, inwieweit der Umwandlungsbericht beim Formwechsel detaillierte Erläuterungen **über die Barabfindung** enthalten muss. Das LG Berlin[170] war der Auffassung, dass der Prüfungsbericht beim Formwechsel einer AG weder den Anteilsinhabern vorzulegen ist noch Gegenstand von Auskünften in einer Hauptversammlung nach § 131 AktG sein kann. Das LG Berlin folgert dies zum einen aus § 8 Abs. 1 Satz 1 UmwG, zum anderen aus der fehlenden Erwähnung des Barabfindungsgebotes. Demgegenüber waren das LG Heidelberg[171] und auch das KG[172] der Auffassung, dass im Fall der Umwandlung einer AG in eine GmbH die Aktionäre die Vorlage des erforderlichen Prüfungsberichts verlangen können. Dieser Auffassung ist zu folgen.[173] Das LG Heidelberg hat zu Recht darauf hingewiesen, dass der Inhalt dieses Prüfungsberichts für die zur Beschlussfassung über die Umwandlung der Gesellschaft berufenen Gesellschafter von erheblicher Bedeutung ist, da er den einzigen objektiven Anhaltspunkt für die Bewertung des vorgeschlagenen Abfindungsangebots darstellt. In dem Prüfungsbericht sei über die bloße Bestätigung der Angemessenheit der Abfindung hinaus auch anzugeben, nach welchen Methoden die vorgeschlagene Barabfindung ermittelt wurde, aus welchen Gründen die Anwendung der Methoden angemessen seien. Die damit fixierten besonderen inhaltlichen Anforderungen, denen der Prüfungsbericht zu genügen habe, liegen darin begründet, dass nach der Konzeption des UmwG die Berücksichtigung bestimmter Bewertungsmethoden nicht mehr vorgeschrieben sei. Das KG hat die Entscheidung des LG Berlin aufgehoben und sich der herrschenden Meinung angeschlossen, dass ein Umwandlungsbericht als ungenügend anzusehen ist, wenn er die Höhe der Barabfindung nicht plausibel erläutert.[174]

---

166 § 194 Abs. 1 Nr. 6 UmwG; vgl. Kallmeyer/Meister/Klöcker, UmwG, § 208 Rn. 5; Lutter/Decher/Hoger, UmwG, § 208 Rn. 138.
167 Vgl. Lutter/Decher/Hoger, UmwG, § 208 Rn. 18.
168 Lutter/Decher/Hoger, UmwG, § 208 Rn. 40; Kallmeyer/Müller, UmwG, § 208 Rn. 6 ff.
169 Vgl. Bayer, ZIP 1997, 1613, 1621.
170 ZIP 1997, 1065 = GmbHR 1997, 658.
171 AG 1996, 523.
172 AG 1999, 126.
173 Ebenso auch Bayer, ZIP 1997, 1622; Kallmeyer/Meister/Klöcker, UmwG, § 192 Rn. 9, § 207 Rn. 21.
174 KG, KG-Report 1999, 388 = AG 1999, 126.

> Hinweis:
>
> Im Umwandlungsbericht sollte daher die Angemessenheit der Barabfindung erläutert und der Prüfungsbericht offengelegt werden.[175]

77

3. Entwurf des Umwandlungsbeschlusses als Teil des Umwandlungsberichts

Nach § 192 Abs. 1 Satz 3 UmwG muss der Umwandlungsbericht auch einen **Entwurf des Umwandlungsbeschlusses** enthalten.[176] Auch hier wurde durch das UmwG 1995 die früher nur für formwechselnde Versicherungsvereine auf Gegenseitigkeit und für formwechselnde Genossenschaften geltende Regelung, dass das Vertretungsorgan mit der Tagesordnung auch einen Vorschlag für den Umwandlungsbeschluss mitzuteilen hat, verallgemeinert und dahin gehend erweitert, dass in den Umwandlungsbericht der Entwurf des Umwandlungsbeschlusses bereits aufzunehmen ist. Durch diese **Vorabaufnahme in den Umwandlungsbericht** hat der Entwurf des Umwandlungsbeschlusses insoweit dieselbe **Funktion** wie bei der Verschmelzung oder Spaltung der Entwurf eines Verschmelzungsvertrages oder Spaltungsvertrages.

78

Mit dieser Aufnahme dürfte, auch wenn das Gesetz dies ausdrücklich nicht regelt, die **Pflicht zur Erläuterung der einzelnen Punkte des Umwandlungsbeschlusses** verbunden sein. Zwar spricht § 192 Abs. 1 anders als § 8 Abs. 1 UmwG nicht davon, dass auch der Entwurf des Umwandlungsbeschlusses zu erläutern ist. Diese Erläuterungspflicht folgt aus der Tatsache, dass der Formwechsel als solcher und insb. auch die künftige Beteiligung der Anteilsinhaber an dem Rechtsträger zu erläutern ist.[177] Der Umwandlungsbericht soll die Anteilsinhaber in die Lage versetzen, zu beurteilen, in welcher Form sie an der neuen Gesellschaft beteiligt sind, d. h. mit welchen Rechten und Pflichten. Dies bedeutet, dass auch die Grundlagen dieser Rechte und Pflichten, der Gesellschaftsvertrag, erläutert werden müssen.

79

Schließlich sind auch gem. § 192 Abs. 1 Satz 2 i. V. m. § 8 Abs. 1 Satz 2 UmwG besondere Schwierigkeiten bei der Bewertung der Rechtsträger im Bericht zu nennen, soweit solche tatsächlich aufgetreten sind. Ein allgemeiner Hinweis auf Schwierigkeiten jeder Unternehmensbewertung reicht nicht aus,[178] vielmehr ist das **konkrete Bewertungsproblem** zu nennen und die gewählte Problemlösung zu erläutern.

80

III. Erweiterung der Berichtspflicht bei verbundenen Unternehmen

§ 192 Abs. 1 Satz 2 UmwG verweist insgesamt auf § 8 Abs. 1 Satz 3 UmwG, sodass auch hier die Erweiterungen für den Fall **verbundener Unternehmen** gilt.

81

Ist daher der umzuwandelnde Rechtsträger ein verbundenes Unternehmen i. S. d. §§ 15 ff. AktG, so sind in dem Umwandlungsbericht auch Angaben über alle für die Umwandlung wesentlichen Angelegenheiten der anderen verbundenen Unternehmen zu machen (vgl. unten Teil 2 Rdn. 397).

---

175 Dies wurde vom LG Heidelberg, AG 1996, 523, offengelassen, so aber Bayer, ZIP 1997, 1622; ebenso h. L. Kallmeyer/Meister/Klöcker, UmwG, § 192 Rn. 9; Widmann/Mayer/Mayer, Umwandlungsrecht, § 192 UmwG Rn. 44; Lutter/Decher/Hoger, § 192 UmwG Rn. 29; Bärwaldt, in: Semler/Stengel, § 192 UmwG Rn. 12 f.; Stratz, in: Schmitt/Hörtnagl/Stratz, UmwG/UmwStG, § 192 UmwG Rn. 2.
176 Vgl. dazu Priester, DNotZ 1995, 427, 449; Kallmeyer/Meister/Klöcker, UmwG, § 192 Rn. 16; Lutter/Decher/Hoger, § 192 UmwG Rn. 28; Bärwaldt, in: Semler/Stengel, § 192 UmwG Rn. 20; BeckOGK/Simons UmwG § 192 Rn. 36 ff.
177 Ebenso Lutter/Decher/Hoger, UmwG, § 192 Rn. 28; Widmann/Mayer/Mayer, Umwandlungsrecht, § 192 UmwG Rn. 29; Kallmeyer/Meister/Klöcker, UmwG, § 192 Rn. 16; Priester, DNotZ 1995, 427, 449.
178 Priester, NJW 1983, 1461.

IV. Einschränkung der Berichtspflicht

82 Über § 8 Abs. 2 UmwG, der gem. § 192 Abs. 1 Satz 2 UmwG entsprechend gilt, folgt auch die Einschränkung der Berichtspflicht. In den Umwandlungsbericht brauchen daher Tatsachen nicht aufgenommen zu werden, deren Bekanntwerden geeignet ist, einem der beteiligten Rechtsträger oder einem verbundenen Unternehmen einen **nicht unerheblichen Nachteil** zuzufügen. In diesem Fall sind in dem Bericht die Gründe, warum die Tatsachen nicht aufgenommen worden sind, darzulegen. Diese Vorschrift knüpft dabei an die **aktienrechtlichen Regelungen des Auskunftsverweigerungsrechts** im § 131 Abs. 3 Nr. 1 AktG an und berücksichtigt die hierzu ergangene höchstrichterliche Rechtsprechung hinsichtlich **Darlegung der Verweigerungsgründe**.[179] Das **Verweigerungsrecht** wird regelmäßig bei künftigen Ertragsprognosen gegeben sein, da aus diesen Daten Rückschlüsse auf die künftige Unternehmenspolitik möglich sind.[180] Die Darlegung der Gründe für das **Geheimhaltungsinteresse** müsse so konkret sein, dass der Anteilsinhaber eine **Plausibilitätskontrolle** durchführen kann.[181]

V. Verzicht auf den Umwandlungsbericht

83 Wie § 8 Abs. 3 UmwG sieht auch § 192 Abs. 3 UmwG vor, dass ein Umwandlungsbericht nicht erforderlich ist, wenn an dem formwechselnden Rechtsträger **nur ein Anteilsinhaber beteiligt** ist oder wenn alle Anteilsinhaber **auf seine Erstattung verzichten**. Außerdem ist auf § 215 UmwG hinzuweisen.[182] Danach ist im Fall des Formwechsels einer Personenhandelsgesellschaft ein Umwandlungsbericht nicht erforderlich, wenn alle Gesellschafter der formwechselnden Gesellschaft zur Geschäftsführung berechtigt sind (vgl. zum Verzicht im Einzelnen unten Teil 2 Rdn. 404 ff.).

84 Die Verzichtserklärungen sind ggü. dem Vertretungsorgan des formwechselnden Rechtsträgers anzugeben, es handelt sich dabei um eine **einseitige, empfangsbedürftige Willenserklärung**.[183] Die Verzichtserklärungen sind nach § 192 Abs. 3 Satz 2 UmwG notariell zu beurkunden. Zu beachten ist, da es sich um eine Willenserklärung handelt, dass ein Verfahren nach §§ 8 ff. BeurkG erforderlich ist, das nach §§ 36 ff. BeurkG genügt nicht (vgl. oben Teil 2 Rdn. 404 ff.). Soll die Verzichtserklärung zusammen mit dem Umwandlungsbeschluss beurkundet werden, so müssen die §§ 6 ff. BeurkG beachtet werden. Der Verzicht kann bei der Fassung des Umwandlungsbeschlusses erklärt werden, er kann aber auch im Voraus erklärt und beurkundet werden.[184] Der späteste Zeitpunkt für die Verzichtserklärung ist deshalb die Anmeldung des Formwechsels zum Handelsregister.[185]

VI. Beifügung einer Vermögensaufstellung

1. Rechtsentwicklung

85 Nach dem bis 1995 geltenden Recht war bei der Umwandlung eine **Umwandlungsbilanz** aufzustellen, die entweder den Gesellschaftern zugeleitet oder zumindest bei der Anmeldung zum Handelsregister eingereicht werden musste (vgl. §§ 4, 43, 49 UmwG a. F., § 362 Abs. 3 AktG a. F.).

---

179 BGHZ 107, 296, 305 f.; BGH, ZIP 1990, 168, 169; Widmann/Mayer/Mayer, Umwandlungsrecht, § 192 UmwG Rn. 46 f.; Kallmeyer/Meister/Klöcker, UmwG, § 192 Rn. 30 ff.
180 LG Frankfurt am Main, WM 1987, 559.
181 BGH, WM 1990, 2073.
182 Vgl. Widmann/Mayer/Mayer, Umwandlungsrecht, § 192 UmwG Rn. 19.
183 Kallmeyer/Meister/Klöcker, UmwG, § 192 Rn. 58; Lutter/Decher/Hoger, § 192 UmwG Rn. 46; BeckOGK/Simons UmwG § 192 Rn. 67 f.; Bärwaldt, in: Semler/Stengel, § 192 UmwG Rn. 24; Usler, MittRhNotK 1998, 21, 29.
184 Widmann/Mayer/Mayer, Umwandlungsrecht, § 192 UmwG Rn. 16; Kallmeyer/Meister/Klöcker, UmwG, § 192 Rn. 60.
185 Lutter/Decher/Hoger, § 192 UmwG Rn. 46; Bärwaldt, in: Semler/Stengel, § 192 UmwG Rn. 24; Kallmeyer/Meister/Klöcker, UmwG, § 192 Rn. 60; anders Widmann/Mayer/Mayer, Umwandlungsrecht, § 192 UmwG Rn. 17: Eintragung im Handelsregister.

D. Umwandlungsbericht

Die **Aufgaben dieser Umwandlungsbilanz** waren im früheren Recht je nach Art der Umwandlung unterschiedlich. Zum einen diente sie der Information der **Gesellschafter** und auch der **Gläubiger**, zum anderen aber, insb. bei der Umwandlung in eine Kapitalgesellschaft, hatte sie auch die Funktion, dem **Registergericht** die Prüfung zu erleichtern, ob das Grundkapital der zu errichtenden Kapitalgesellschaft durch das Reinvermögen der Personenhandelsgesellschaft gedeckt ist.[186] Auch nach der früher herrschenden Meinung handelte es sich bei der Umwandlungsbilanz nicht um eine Erfolgsbilanz, die den allgemeinen handelsrechtlichen Bilanzierungsgrundsätzen unterlag, sondern um eine reine Vermögensbilanz zum Umwandlungsstichtag. Die herrschende Meinung ging davon aus, dass die Bewertungsvorschriften des HGB für diese Umwandlungsbilanz nicht galten. Der Höchstwert für den Einzelvermögensgegenstand war im Interesse der Bilanzwahrheiten und des Gläubigerschutzes der Zeitwert, der sich ergab, wenn man auf die Fortsetzung des Unternehmens abstellte. Es bestand aber Einigkeit, dass kein Zwang zum Ausweis der Höchstwerte und damit zur Aufdeckung stiller Reserven bestand, sondern es der Gesellschaft freigestellt war, die Vermögensgegenstände in der handelsrechtlichen Umwandlungsbilanz unter dem Zeitwert auszuweisen, sodass in der Praxis meist die letzte handelsrechtliche Erfolgsbilanz als handelsrechtliche Umwandlungsbilanz diente, in der nicht die Zeitwerte und Verkehrswerte, sondern lediglich Buchwerte ausgewiesen waren. Es bestand allerdings dann die Pflicht, die Abweichungen in der Bilanz zu erläutern.

2. Keine Vermögensaufstellung mehr seit Zweitem Gesetz zur Änderung des UmwG 2007

§ 192 Abs. 2 UmwG i. d. F. aus dem Jahr 1995 bis zum Zweiten Gesetz zur Änderung des UmwG 2007 enthielt nicht mehr die Pflicht zur Aufstellung einer Umwandlungsbilanz, sondern verlangte, dass dem Bericht eine Vermögensaufstellung beizufügen war, in der die Gegenstände und Verbindlichkeiten des formwechselnden Rechtsträgers mit dem wirklichen Wert anzusetzen waren, der ihnen am Tag der Erstellung des Berichts beizulegen ist.

Bei der Auslegung stellte sich u. a. die Frage, ob die bisherigen Vorschriften über die Umwandlungsvermögensbilanz gelten, sodass grds. auch lediglich die **Buchwerte der letzten Jahresschlussbilanz** angesetzt werden können.[187]

Im Ergebnis ging die herrschende Meinung davon aus, dass alle materiellen und immateriellen Wirtschaftsgüter unter Aufdeckung stiller Reserven und stiller Lasten anzuführen waren.[188] Maßstab für die Bewertung war der Fortführungswert, d. h. der Wertansatz ist auf den Substanzwert der einzelnen Wirtschaftsgüter bei unterstellter Fortführung des Unternehmens abzustellen.[189] Der Buchwert der Jahresbilanz sollte nicht genügen.

Im **Zweiten Gesetz zur Änderung des UmwG** hat der Gesetzgeber auf die Vermögensaufstellung vollständig beim Formwechsel verzichtet. § 192 Abs. 2 UmwG wurde vollständig aufgehoben.[190] Die Begründung zum RegE[191] weist darauf hin, dass das in § 192 Abs. 2 UmwG bisher vorgesehene Erfordernis, dem Umwandlungsbericht eine Vermögensaufstellung beizufügen, als verfehlte Regelung kritisiert werde. Da gem. § 197 Satz 1 UmwG bei einem Formwechsel grds. die Gründungsvorschriften anzuwenden seien, erspare sie nicht den im Rahmen einer Gründungsprüfung nötigen Nachweis der Werthaltigkeit. Auch eine Unternehmensbewertung für die Bemessung der

---

186 Vgl. etwa Dehmer, UmwG, UmwStG, § 43 Rn. 11; Scholz/Priester, GmbHG, Anh. UmwG, § 49 Rn. 5.
187 Vgl. Neye, ZIP 1994, 917, 918.
188 Vgl. LG Mainz, DB 2001, 1136; Widmann/Mayer/Mayer, Umwandlungsrecht, § 192 UmwG Rn. 54; Kallmeyer/Meister/Klöcker, UmwG, § 192 Rn. 26.
189 Kallmeyer/Meister/Klöcker, UmwG, § 192 Rn. 27; Meyer-Landrut/Kiem, WM 1997, 1413, 1417.
190 Vgl. Bärwaldt, in: Semler/Stengel, § 192 UmwG Rn. 4; Lutter/Decher/Hoger, UmwG, § 192 Rn. 49.
191 BT-Drucks. 16/2919, S. 19.

Barabfindung gem. § 208 i. V. m. § 30 UmwG werde nicht überflüssig. Die Aufdeckung aller stillen Reserven aus Anlass eines Formwechsels sei aber nicht notwendig. Die Regelung soll daher ersatzlos gestrichen werden.

E. Formwechselprüfung

I. Grundsatz: Keine Formwechselprüfung

91 Anders als bei Verschmelzung und Spaltung ist im Recht des Formwechsels eine generelle Formwechselprüfung nicht vorgesehen.[192] Lediglich das **Prüfungsgutachten** beim Formwechsel einer eingetragenen Genossenschaft in eine Kapitalgesellschaft ist nach § 259 UmwG vorgesehen.

II. Prüfung bei Barabfindung

92 Eine **Ausnahme vom Prüfungsverzicht** enthält § 208 i. V. m. § 30 Abs. 2 UmwG. Ist ein Barabfindungsangebot gem. §§ 207, 194 Abs. 6 UmwG erforderlich, so ist dieses Angebot gem. § 30 Abs. 2 UmwG stets auf seine Angemessenheit zu prüfen.[193] Gem. § 30 Abs. 2 UmwG sind auf diese Prüfung die Vorschriften über die Verschmelzungsprüfung anzuwenden, also die §§ 10 bis 12 UmwG (vgl. oben Teil 2 Rdn. 622 ff.). Die Berechtigten können allerdings auf die Prüfung oder den Prüfungsbericht durch notariell beurkundete Erklärungen verzichten.

III. Gründungsprüfung beim Formwechsel in AG und KGaA

93 Da nach § 197 UmwG auf den Formwechsel die für die neue Rechtsform geltenden Gründungsvorschriften anzuwenden sind, ist beim Formwechsel in die AG oder KGaA eine **Gründungsprüfung** nach §§ 32 ff. AktG **erforderlich**.[194]

F. Vorbereitung der Gesellschafter- bzw. Hauptversammlungen

94 Bei den besonderen Vorschriften über die einzelnen Gesellschafts- und Rechtsträgerformen ist durch unterschiedliche Regelungen vorgesehen, dass vor der Gesellschafter- oder Hauptversammlung, die über den Umwandlungsbeschluss zu entscheiden hat, die Gesellschafter über die Umwandlung und ihre **Einzelheiten zu unterrichten** sind.

95 Gem. § 216 UmwG hat bei der Umwandlung von **Personenhandelsgesellschaften** das Vertretungsorgan allen von der Geschäftsführung ausgeschlossenen Gesellschaftern spätestens mit der Einberufung der Gesellschafterversammlung den Formwechsel als Gegenstand der Beschlussfassung in Textform (§ 126b BGB) anzukündigen und den erforderlichen Umwandlungsbericht sowie ein Abfindungsangebot nach § 207 UmwG zu übersenden. Die Vorschrift konkretisiert das **Kontrollrecht** der von der Geschäftsführung ausgeschlossenen Gesellschafter einer **OHG**. Für die Kommanditisten einer **KG** wird dadurch für die Umwandlung ein **selbstständiges Auskunftsrecht** geschaffen, das ihre Stellung stärkt und ihnen eine Grundlage für eine Entscheidung gibt.

96 Nach § 225b UmwG ist ein Umwandlungsbericht bei einer **Partnerschaft** nur erforderlich, wenn ein Partner der formwechselnden Partnerschaft gem. § 6 Abs. 2 Partnerschaftsgesellschaftsgesetz von der Geschäftsführung ausgeschlossen ist. Er ist dann von der Geschäftsführung entsprechend § 216 UmwG zu unterrichten.

97 Bei der GmbH sieht § 230 Abs. 1 UmwG die Unterrichtung der Gesellschafter dadurch vor, dass die Geschäftsführer der formwechselnden GmbH allen Gesellschaftern spätestens zusammen mit

---

192 Begr. RegE, BT-Drucks. 12/6699, S. 139; Kallmeyer/Meister/Klöcker, UmwG, § 192 Rn. 49; BeckOGK/Simons UmwG § 192 Rn. 57.
193 Kallmeyer/Meister/Klöcker, UmwG, § 192; Rn. 51; BeckOGK/Simons UmwG § 192 Rn. 58.
194 Vgl. §§ 220 Abs. 3 Satz 1, 245 Abs. 1 Satz 2, Abs. 2 Satz 2, Abs. 3 Satz 2, 264 Abs. 3 Satz 1, 277, 295, 303 Abs. 1; Kallmeyer/Meister/Klöcker, UmwG, § 192 Rn. 50; BeckOGK/Simons UmwG § 192 Rn. 58.

der Einberufung der Gesellschafterversammlung den Formwechsel als Gegenstand der Beschlussfassung in Textform (§ 126b BGB) anzukündigen und den Umwandlungsbericht zu übersenden haben. Auch hier konkretisiert die Vorschrift das **allgemeine Auskunfts- und Einsichtsrecht** des GmbH-Gesellschafters nach § 51a GmbHG für den Vorgang des Formwechsels. Darüber hinaus hat gem. § 231 UmwG das Vertretungsorgan der formwechselnden Gesellschaft den Gesellschaftern spätestens zusammen mit der Einberufung der Gesellschafterversammlung das Abfindungsangebot nach § 207 UmwG zu übersenden. Der Übersendung steht es allerdings nach § 231 Satz 2 UmwG gleich, wenn das Abfindungsangebot im elektronischen Bundesanzeiger und den sonst bestimmten Gesellschaftsblättern bekannt gemacht wird.

§ 230 Abs. 2 UmwG regelt das formalisierte Verfahren der Unterrichtung der Aktionäre der AG. Nach § 230 Abs. 2 ist der Umwandlungsbericht einer AG oder einer KGaA von der Einberufung der Hauptversammlung an in dem Geschäftsraum der Gesellschaft zur Einsicht der Aktionäre auszulegen. Auf Verlangen ist jedem Aktionär und jedem von der Geschäftsführung ausgeschlossenen persönlich haftenden Gesellschafter unverzüglich und kostenlos eine Abschrift des Umwandlungsberichts zu erteilen. Der Umwandlungsbericht kann dem Aktionär und dem von der Geschäftsführung ausgeschlossenen persönlich haftenden Gesellschafter mit seiner Einwilligung auf dem Wege elektronischer Kommunikation übermittelt werden. Diese Verpflichtungen nach den § 231 Abs. 2 Satz 1 und 2 entfallen, wenn der Umwandlungsbericht für denselben Zeitraum über die Internetseite der Gesellschaft zugänglich ist. Auch bei der AG ist gem. § 231 UmwG das Abfindungsangebot nach § 207 zu übersenden.

Für die **Genossenschaft** enthalten die §§ 260, 261 UmwG vergleichbare Vorschriften. Gem. § 260 Abs. 1 UmwG hat der Vorstand der formwechselnden Genossenschaft allen Genossen spätestens zusammen mit der Einberufung der Generalversammlung den Formwechsel als Gegenstand der Beschlussfassung in Textform (§ 126b BGB) anzukündigen. In der Ankündigung ist auch die für die Beschlussfassung nach § 262 Abs. 1 UmwG erforderliche Mehrheit sowie auf die Möglichkeit der Erhebung eines Widerspruches und die sich daraus ergebenden Rechte hinzuweisen. Darüber hinaus ist gem. § 260 Abs. 2 i. V. m. § 230 Abs. 2 UmwG wie bei der AG der Umwandlungsbericht von der Einberufung der Generalversammlung an in dem Geschäftsraum der Genossenschaft zur Einsicht der Genossen auszulegen. Auch hier hat jeder Genosse Anspruch auf eine kostenlose Abschrift des Umwandlungsberichts. Darüber hinaus ist gem. § 260 Abs. 3 Satz 1 UmwG in dem Geschäftsraum der formwechselnden Genossenschaft auch das nach § 259 UmwG erstattete Prüfungsgutachten des Genossenschaftsverbandes zur Einsicht auszulegen. Diese Auslegungsverpflichtungen entfallen, wenn das Prüfungsgutachten für denselben Zeitraum über die **Internetseite** der Genossenschaft zugänglich ist (§ 260 Abs. 3 Satz 3 UmwG).

Für **Vereine** bestimmt § 274 UmwG, dass auf die Vorbereitung der Mitgliederversammlung ebenfalls die §§ 229, 230 und § 260 Abs. 1 UmwG entsprechend anzuwenden sind.

Dieser Überblick über die verschiedene Informations- und Auslegungspflichten zeigt, dass das Gesetz diese Information der Anteilseigner auch beim Formwechsel wichtig nimmt. Die Einreichungs- und Auslegungspflichten betreffen die **Geschäftsführungsorgane**. I. Ü. gelten für die Einberufung der Gesellschafterversammlung oder der Hauptversammlung oder Generalversammlung die allgemeinen Vorschriften, d. h. etwa für die GmbH die §§ 49 ff. GmbHG sowie für die AG die §§ 121 ff. AktG.

G. Durchführung der Gesellschafter- bzw. Hauptversammlungen

I. Zuständigkeiten

§ 193 Abs. 1 UmwG bestimmt, dass bei einem Formwechsel ein Beschluss der Anteilsinhaber des formwechselnden Rechtsträgers erforderlich ist. Der Beschluss kann nur in einer **Versammlung der Anteilsinhaber** gefasst werden. Diese Vorschrift legt fest, dass für den Formwechsel ein Beschluss der Anteilsinhaber und Gesellschafter des formwechselnden Rechtsträgers erforderlich ist. Der Gesetzgeber wollte dies im Interesse der Klarheit als allgemeinen Grundsatz des Formwechsels ausdrücklich regeln.[195] Die herrschende Meinung geht ebenso wie bei der Verschmelzung davon aus, dass diese **Vorschrift zwingend** ist, sodass eine andere Form der Beschlussfassung nicht zulässig ist. Eine andere delegierende Satzungsregelung (z. B. auf Beirat, Aufsichtsrat etc.) wäre nicht möglich.[196] Durch diese Form wird auch insb. ausgeschlossen, dass der Umwandlungsbeschluss etwa in einem schriftlichen Abstimmungsverfahren erfolgen kann. Es muss **eine Versammlung** durchgeführt werden, an der zumindest ein Gesellschafter teilnehmen muss, wenn keine Sonderregelungen oder Quoren vorgesehen sind.[197] Z.T. ist vorgesehen, dass nicht erschienene Gesellschafter ihre ggf. erforderliche Zustimmung auch außerhalb der Versammlung erteilen können.[198] Diese **Zustimmungen** sind nach § 193 Abs. 3 Satz 1 UmwG wie der Beschluss notariell zu beurkunden (vgl. unten Rdn. 218 ff).

II. Durchführung der Versammlung der Anteilseigner und Informationsrecht

103   Für die Durchführung der Hauptversammlung, Gesellschafterversammlung oder Generalversammlung sehen die Vorschriften des Besonderen Teils für die einzelnen Rechtsfolgen Besonderheiten im Vergleich zu den sonstigen Gesellschafterversammlungen bzw. Hauptversammlungen vor. Neben den allgemeinen, etwa im §§ 121 ff. AktG bzw. §§ 51 ff. GmbHG vorgesehenen Regularien hat der Gesetzgeber insb. die Auskunftspflicht und das Informationsrecht und auch sonstige Regularien erweitert.

104   So muss etwa bei **Personenhandelsgesellschaften** gem. § 217 Abs. 2 UmwG der oder die Gesellschafter, die im Fall einer Mehrheitsentscheidung für den Formwechsel gestimmt haben, in der Niederschrift über den Umwandlungsbeschluss namentlich aufgeführt werden. Diese Vorschrift soll sicherstellen, dass diejenigen Gesellschafter als Gründer erfasst werden, die für den Formwechsel gestimmt haben. Nach § 219 Satz 2 UmwG sind nämlich im Fall einer Mehrheitsentscheidung Gründer die Gesellschafter, die für den Formwechsel gestimmt haben.

105   Beim Formwechsel der **Partnerschaft** gilt § 217 Abs. 2 nach § 225c UmwG entsprechend.

106   Bei **Kapitalgesellschaften** ist in den §§ 232 Abs. 1, 239 Abs. 1 und 251 Abs. 2 UmwG vorgesehen, dass in der Gesellschafterversammlung oder in der Hauptversammlung der Umwandlungsbericht auszulegen ist. Eine Verlesung des Berichts ist nicht erforderlich.[199] Der Umwandlungsbericht muss während der gesamten Versammlung ausliegen.[200] Sofern ein Umwandlungsbericht nach § 192 Abs. 2 UmwG nicht erforderlich ist, entfällt die Verpflichtung.[201] In der Hauptversammlung der AG kann der Umwandlungsbericht nach § 232 Abs. 1 Satz 2 UmwG auch auf andere Weise zugänglich gemacht werden. Durch das Gesetz zur Umsetzung der Aktionärsrechterichtlinie (ARUG) G. v. 30.07.2009[202] wurde das »zugänglich machen« aufgenommen. Damit soll auch die Publikation über das Internet möglich sein, wobei allerdings während der Hauptver-

---

195 Vgl. Begründung zum RegE; BR-Drucks. 75/94, S. 139, abgedruckt in: Limmer, Umwandlungsrecht, S. 334.
196 Kallmeyer/Zimmermann, UmwG, § 193 Rn. 3; Lutter/Decher/Hoger, § 193 UmwG Rn. 3; Bärwaldt, in: Semler/Stengel, § 193 UmwG Rn. 8; BeckOGK/Simons UmwG § 193 Rn. 4.
197 Widmann/Mayer/Vollrath, Umwandlungsrecht, § 193 UmwG Rn. 20; Kallmeyer/Zimmermann, UmwG, § 193 Rn. 3; Kallmeyer/Blasche § 217 UmwG Rn. 2, Lutter/Decher/Hoger, § 193 UmwG Rn. 3; Bärwaldt, in: Semler/Stengel, § 193 UmwG Rn. 8; BeckOGK/Simons UmwG § 193 Rn. 4.
198 Vgl. z.B. §§ 217 Abs. 1 S.1 UmwG, § 233 Abs. 2 Satz 3 UmwG Gesellschafter die persönlich haftend werden sollen, § 241 Abs. 1 UmwG bei nichtverhältniswahrender Formwechsel.
199 Lutter/Göthel, § 232 UmwG Rn. 2; Widmann/Mayer/Vossius, Umwandlungsrecht, § 232 UmwG Rn. 27.
200 Kallmeyer/Blasche § 232 UmwG Rn. 2; BeckOGK/Sparfeld UmwG § 232 Rn. 5.
201 BeckOGK/Sparfeld UmwG § 232 Rn. 5.
202 BGBl. I S. 2479.

sammlung die Möglichkeit gewährleistet sein muss, über Monitore die Unterlagen einzusehen.[203] Darüber hinaus ist bei einer **AG** oder **KGaA** gem. §§ 232 Abs. 2, 239 Abs. 2, 251 Abs. 2 UmwG der Entwurf des Umwandlungsbeschlusses von dem Vertretungsorgan zu Beginn der Verhandlung mündlich zu erläutern. Durch diese Vorschriften soll erreicht werden, dass zum einen der Umwandlungsbericht und mit ihm auch die Vermögensaufstellung jederzeit während der Hauptversammlung oder Gesellschafterversammlung eingesehen werden kann. Außerdem wird das Umwandlungsverfahren hierdurch an die Grundsätze angeglichen, die nach § 64 Abs. 1 Satz 1 und § 78 Satz 1 und 2 UmwG auch für die Verschmelzung gelten.[204] Auch die in § 232 Abs. 2 UmwG dem Vertretungsorgan einer formwechselnden AG auferlegte Pflicht zur mündlichen Erläuterung des Umwandlungsbeschlusses dient ebenfalls der Angleichung des Umwandlungsverfahrens an die für die Verschmelzung vorgesehenen Verfahrensregeln des § 64 Abs. 1 Satz 2 und § 78 Satz 1 und Satz 2 UmwG.

Bei der **GmbH** dürfte sich eine ähnliche Verpflichtung zur Erläuterung der wirtschaftlichen und rechtlichen Bedeutung des Umwandlungsbeschlusses aus § 51a GmbHG ergeben. 107

Durch die Auslegung bzw. bei Hauptversammlung, Zugänglichmachung auf andere Weise, während der gesamten Dauer der Hauptversammlung oder Gesellschafterversammlung soll den Gesellschaftern, die diese Unterlagen nicht in dem Geschäftsraum der Gesellschaft eingesehen oder keine Abschrift verlangt haben, die Möglichkeit eröffnet werden, sich noch in der Hauptversammlung zu informieren. Daher sind diese Unterlagen in ausreichender Zahl auszulegen (vgl. oben zur Verschmelzung Teil 2 Rdn. 450 ff.). Zur Erläuterung im Fall der Umwandlung einer AG gehört zum einen die Darstellung des Inhalts des Umwandlungsbeschlusses, v. a. aber auch die wirtschaftlichen und rechtlichen Zusammenhänge der Umwandlung, die sachlichen Gründe für die Umwandlung und die Angaben über die Rechtsstellung in dem neuen Rechtsträger. Auskunftpflichtig ist in diesem Fall der Vorstand. 108

Für die **Genossenschaft** sieht § 261 UmwG vor, dass in der Generalversammlung der Umwandlungsbericht und das nach § 259 UmwG erstattete Prüfungsgutachten auszulegen sind. Ebenso wie bei der AG hat der Vorstand den Umwandlungsbeschluss zu Beginn der Verhandlung mündlich zu erläutern. Das Prüfungsgutachten ist außerdem gem. § 261 Abs. 2 UmwG in der Generalversammlung zu verlesen. Der Prüfungsverband ist berechtigt, an der Generalversammlung beratend teilzunehmen. 109

Gem. §§ 274 Abs. 2, 283 Abs. 2 i. V. m. § 239 UmwG ist wie bei der Verschmelzung bei der Umwandlung von Vereinen ebenfalls in der Mitgliederversammlung der Umwandlungsbericht auszulegen und zu Beginn der Verhandlung mündlich zu erläutern.

III. Beschlussmehrheiten

Die Beschlussmehrheiten sind ebenfalls bei den einzelnen Rechtsformen im Besonderen Teil des Formwechselrechts geregelt: 110

1. Personengesellschaften

Bei Personenhandelsgesellschaften bedarf gem. § 217 UmwG der **Umwandlungsbeschluss** der Gesellschafterversammlung der **Zustimmung aller anwesenden Gesellschafter**, ihm müssen auch die nicht erschienenen Gesellschafter zustimmen. Nach § 217 Abs. 1 Satz 2 UmwG kann der **Gesellschaftsvertrag** allerdings eine **Mehrheitsentscheidung** der Gesellschafter vorsehen. Die 111

---

203 Kallmeyer/Marsch-Barner § 64 UmwG Rn. 1; Ihrig, in: Semler/Stengel, § 232 UmwG Rn. 6a; Lutter/Göthel, § 232 UmwG Rn. 2; BeckOGK/Sparfeld UmwG § 232 Rn. 7; J. Schmidt, NZG 2008, 734, 735.
204 Vgl. Begründung zum RegE, BR-Drucks. 75/94, S. 154; abgedruckt in: Limmer, Umwandlungsrecht, S. 349.

Mehrheit muss dann mindestens 3/4 der Stimmen der Gesellschafter betragen. Im Fall einer Mehrheitsentscheidung sind in der Niederschrift über den Umwandlungsbeschluss die Gesellschafter, die dafür gestimmt haben, **namentlich aufzuführen** (§ 217 Abs. 2 UmwG). Es gilt bei der Änderung der Beschlussmehrheit durch Gesellschaftsvertrag der **Bestimmtheitsgrundsatz**, d. h. die Klausel im Gesellschaftsvertrag muss sich ausdrücklich auf den Beschluss über die Umwandlung beziehen. Nach der Rspr. sind Mehrheitsbeschlüsse im Bereich der sog. Grundlagengeschäfte nur zulässig, wenn der Gesellschaftsvertrag nach dem sog. **Bestimmtheitsgrundsatz** i. E. die Beschlussgegenstände aufführt.[205] Der **Bestimmtheitsgrundsatz** im Recht der Personengesellschaften verlangt, dass die Einführung des Mehrheitsgrundsatzes nur zulässig ist, wenn die der Mehrheitsunterscheidungen unterliegenden Entscheidungsgegenstände im Gesellschaftsvertrag klar bezeichnet sind und auch von der Minderheit eine antizipierte Zustimmung erfahren haben.[206] Weiter entwickelt wird diese Lehre durch die sog. **Kernbereichslehre**, die bestimmt, dass Mehrheitsentscheidungen nicht in unentziehbare Mitgliedschaftsrechte oder ihn gleichstehende Vertragsgrundlagen eingreifen dürfen.[207] Im sog. Otto-Urt. v. 15.01.2008[208] hat der BGH grundlegend entschieden, dass eine die Abweichung vom personengesellschaftsrechtlichen Einstimmigkeitsprinzip legitimierende Mehrheitsklausel dem Bestimmtheitsgrundsatz entsprechen muss. Dieser verlange nicht eine Auflistung der betroffenen Beschlussgegenstände, Grund und Tragweite der Legitimation für Mehrheitsentscheidungen können sich vielmehr auch durch Auslegung des Gesellschaftsvertrages ergeben. Ob der konkrete Mehrheitsbeschluss wirksam getroffen worden sei, sei auf einer zweiten Stufe zu prüfen. Es genüge, wenn sich aus dem Gesellschaftsvertrag – sei es auch durch dessen Auslegung – eindeutig ergebe, dass der infrage stehende Beschlussgegenstand einer Mehrheitsentscheidung unterworfen sein solle. Ohnehin reiche die Eindeutigkeit einer vertraglichen Regelung – und selbst eine ausdrückliche Spezifizierung im Gesellschaftsvertrag – nicht in allen Fällen aus, um eine Mehrheitsentscheidung zu legitimieren. Diese unterliege vielmehr auf einer zweiten Stufe einer inhaltlichen Wirksamkeitsprüfung. Im Urteil vom 21.10.2014 hat der BGH allerdings eine Entschärfung des Bestimmtheitsgrundsatzes unter Beibehaltung der Kernbereichslehre im Otto-Urteil vorgenommen:[209] Es genüge, dass sich dem Gesellschaftsvertrag durch Auslegung entnehmen lasse, dass der infrage stehende Beschlussgegenstand einer Mehrheitsentscheidung unterworfen sei. Ob der Gesellschaftsvertrag die Mehrheitsentscheidung zulasse, sei eine durch Auslegung zu beantwortende Frage der formellen Legitimation. Hiervon zu unterscheiden sei eine zweite Stufe, diejenige der inhaltlichen Wirksamkeitsprüfung (sog. materielle Legitimation). Dem sog. Bestimmtheitsgrundsatz komme keine Bedeutung für die formelle Legitimation zu. Es gebe keine Auslegungsregel, dass allgemeine Mehrheitsklauseln restriktiv auszulegen seien und keine Grundlagengeschäfte, sondern nur gewöhnliche Geschäfte erfassen könnten. Auch eine minutiöse Auflistung der zulässigen Mehrheitsentscheidungen sei nicht erforderlich. Dem früheren Bestimmtheitsgrundsatz komme für die formelle Legitimation einer Mehrheitsentscheidung keine Bedeutung mehr zu. Er sei bei der Auslegung auch nicht in Gestalt einer Auslegungsregel des Inhalts zu berücksichtigen, dass eine allgemeine Mehrheitsklausel restriktiv auszulegen sei oder sie jedenfalls dann, wenn sie außerhalb eines konkreten Anlasses vereinbart wurde, Beschlussgegenstände, die die Grundlagen der Gesellschaft betreffen oder ungewöhnliche Geschäfte beinhalten, regelmäßig nicht erfasse. Den neuen Kriterien ist jedenfalls hinreichend Rechnung getragen, wenn sich der Gesellschaftsvertrag allgemein auf Umwandlungen oder

---

205 Vgl. BGH, NJW 1988, 411; vgl. speziell zum Formwechsel BeckOGK/Kühn UmwG § 217 Rn. 18 ff.
206 Staub/Ulmer, HGB, § 119 Rn. 34 ff.; Baumbach/Hopt, HGB, § 119, Rn. 37 f.; Holler, DB 2008, 2067 ff.; Priester, DStR 2008, 1386 ff.; Giedinghagen/Fahl, DStR 2007, 1965 ff.; Schmidt, ZGR 2008, 1 ff.; Bohlken/Sprenger, DB 2010, 263 ff.
207 BGH, NJW 1996, 1678 ff.
208 BGHZ 170, 283 = NJW 2007, 1685 = ZIP 2007, 475; dazu K. Schmidt, ZGR 2008, 1 ff.; Haar, NZG 2007, 601; Wertenbruch, ZIP 2007, 798; fortgeführt von BGH, DB 2008, 2017.
209 DStR 2014, 2403 = NJW 2015, 859 = DNotZ 2015, 65; vgl. Wertenbruch DB 2014, 2640; Schäfer; NZG 2014, 1401.

Umstrukturierungen bezieht, spezielle Angaben wie »Formwechsel« sind für den Mehrheitsgrundsatz nicht erforderlich.[210] Es besteht Einigkeit, dass bei **Publikumspersonengesellschaften** die Anforderungen an die Zulässigkeit von Mehrheitsklauseln geringer sind; der BGH wendet den Bestimmtheitsgrundsatz in diesen Fällen nicht an.[211] Die Literatur schränkt daher auch § 2172 UmwG dahin gehend ein, dass es bei Publikumsgesellschaften genügt, wenn generell ein Mehrheitsbeschluss zugelassen wird, ohne dass Umwandlungen ausdrücklich genannt werden.[212]

2. Partnerschaften

Nach § 225c UmwG gelten für den Formwechsel einer Partnerschaft die **Vorschriften des § 217 UmwG entsprechend**, sodass der Umwandlungsbeschluss der Zustimmung aller anwesenden Partner bedarf, ihm müssen auch die nicht erschienenen Partner zustimmen. 112

3. Kapitalgesellschaften

Bei Kapitalgesellschaften unterscheidet das Gesetz dahin gehend, **in welche Gesellschaft umgewandelt wird**: in eine Personen/Partnerschaftsgesellschaft (§ 233 Abs. 1 und 2 UmwG) oder eine andere Kapitalgesellschaft (§ 240 UmwG). 113

Gem. § 233 Abs. 1 UmwG bedarf der Umwandlungsbeschluss der Gesellschafterversammlung oder der Hauptversammlung der Zustimmung aller anwesenden Gesellschafter oder Aktionäre zuzüglich der Zustimmung der nicht erschienenen Anteilsinhaber, wenn die formwechselnde Gesellschaft die Rechtsform einer **GbR** oder einer **OHG** oder **Partnerschaftsgesellschaft** erlangen soll. Nach § 233 Abs. 2 UmwG genügt allerdings eine Mehrheit von 3/4 der bei der Gesellschafterversammlung einer GmbH abgegebenen Stimmen oder des bei der Beschlussfassung einer AG oder KGaA vertretenen Grundkapitals, wenn die Kapitalgesellschaft in eine **KG** umgewandelt werden soll. Nach § 233 Abs. 2 Satz 3 UmwG müssen allerdings in diesem Fall alle Gesellschafter oder Aktionäre zustimmen, die in der KG die Stellung eines persönlich haftenden Gesellschafters haben sollen. Diese Zustimmungen sind als empfangsbedürftige Willenserklärungen gegenüber der formwechselnden Gesellschaft abzugeben und nach § 193 Abs. 3 S.1 UmwG notariell zu beurkunden (vgl. unten Rdn. 218 ff). Die Zustimmung kann sowohl vor der Versammlung als auch nach Beschlussfassung erteilt werden.[213] 114

Die gleiche Regelung gilt auch gem. § 240 Abs. 1 UmwG beim Formwechsel einer **Kapitalgesellschaft in eine Kapitalgesellschaft anderer Rechtsform**. Der Umwandlungsbeschluss bedarf dann einer Mehrheit von mindestens 3/4 der bei der Gesellschafterversammlung einer GmbH abgegebenen Stimmen oder des bei der Beschlussfassung einer AG vertretenen Grundkapitals. Der Gesellschaftsvertrag oder die Satzung der formwechselnden Gesellschaft kann eine größere Mehrheit und weitere Erfordernisse, beim Formwechsel einer KG auf Aktien in eine AG auch eine geringere Mehrheit bestimmen. Bei einer AG bedarf gem. § 240 Abs. 1 bzw. § 233 Abs. 2 i. V. m. § 65 Abs. 2 UmwG, wenn mehrere Aktiengattungen vorhanden sind, der Beschluss der Hauptversammlung zu seiner Wirksamkeit der Zustimmung der stimmberechtigten Aktionäre jeder Gattung. Über die Zustimmung haben die Aktionäre jeder Gattung einen Sonderbeschluss zu fassen (vgl. zur vergleichbaren Situation bei der Verschmelzung oben Teil 2 Rdn. 1093 ff.). 115

---

210 Widmann/Mayer/Vossius, Umwandlungsrecht, § 217 UmwG Rn. 77 f.; Lutter/Joost, UmwG, § 217 Rn. 13; BeckOGK/Kühn UmwG § 217 Rn. 19.
211 BGHZ 71, 53, 58; BGHZ 85, 351, 358.
212 Widmann/Mayer/Vossius, Umwandlungsrecht, § 217 UmwG Rn. 77f., BeckOGK/Kühn UmwG § 217 Rn. 20; Lutter/Joost § 217 UmwG Rn. 13; ähnlich zur Verschmelzung: Lutter/H. Schmidt, UmwG, § 43 Rn. 16; Kallmeyer/Zimmermann, UmwG, § 43 Rn. 9.
213 Kallmeyer/Blasche § 233 UmwG Rn. 2; BeckOGK/Sparfeld UmwG § 233 Rn. 15; Lutter/Göthel Rn. 10; Widmann/Mayer/Vossius, § 233 UmwG Rn. 46; Kölner KommUmwG/Dauner-Lieb/Tettinger § 233 UmwG Rn. 12.

116 Ist eine **3/4-Mehrheit** ausreichend, so gilt nach der wohl h.M. der Grundsatz, dass Zustimmungserklärungen, die außerhalb der Gesellschaftsversammlung abgegeben werden, die in der Gesellschafterversammlung selbst nicht erreichte Mehrheit nicht auffüllen können.[214] Nach anderer Ansicht ist die Beschlussfassung ohne die erforderliche Mehrheit bei der Abwesenheit einzelner Gesellschafter zunächst als schwebend unwirksam anzusehen und kann durch nachträgliche Zustimmung der erforderlichen Mehrheiten wirksam werden.[215] M.E. ist der ersten Auffassung angesichts des Wortlautes zu folgen.

117 Bei der **AG** bedarf es mindestens 3/4 des bei der Beschlussfassung vertretenen Grundkapitals. Darunter ist eine doppelte Mehrheit zu verstehen:[216] Die Vorschrift verlangt zum einen die einfache Mehrheit der abgegebenen Stimmen i. S. d. § 133 AktG. Darüber hinaus erfordert sie eine Kapitalmehrheit von 3/4 des bei der Beschlussfassung vertretenen Grundkapitals.

118 Soll eine **Kapitalgesellschaft in eine eingetragene Genossenschaft** umgewandelt werden, so bedarf gem. § 252 Abs. 1 UmwG der Umwandlungsbeschluss der Zustimmung aller anwesenden Gesellschafter und der Zustimmung der nicht erschienenen Gesellschafter, wenn das Satzung der Genossenschaft eine Verpflichtung unter Genossen zur Leistung von Nachschüssen vorsieht. Ist dies nicht der Fall, so bedarf der Beschluss gem. § 252 Abs. 2 UmwG der Mehrheit mindestens von 3/4 der bei der Gesellschafterversammlung einer GmbH abgegebenen Stimmen oder des bei der Beschlussfassung einer AG vertretenen Grundkapitals. Auch hier ist § 65 Abs. 2 UmwG bei verschiedenen Aktiengattungen anzuwenden.

4. Genossenschaften

119 Für die **Genossenschaft** sieht § 262 Abs. 1 UmwG vor, dass der Umwandlungsbeschluss der Generalversammlung einer Mehrheit von mindestens 3/4 der abgegebenen Stimmen bedarf. Eine Mehrheit von 9/10 der abgegebenen Stimmen ist erforderlich, wenn spätestens bis zum Ablauf des dritten Tages vor der Generalversammlung wenigstens hundert Genossen, bei Genossenschaften mit weniger als tausend Genossen 1/10 der Genossen, durch eingeschriebenen Brief Widerspruch gegen den Formwechsel erhoben haben.

5. Vereine

120 Für **Vereine** sieht § 275 UmwG eine **differenzierende Regelung** vor. Wird der Zweck des Rechtsträgers geändert, so bedarf der Beschluss der Mitgliederversammlung beim Verein gem. § 275 Abs. 1 UmwG der Zustimmung aller anwesenden Mitglieder einschließlich der nicht erschienenen Mitglieder. In allen anderen Fällen genügt gem. § 275 Abs. 2 UmwG eine Mehrheit von mindestens 3/4 der erschienenen Mitglieder. Auch hier gilt eine ähnliche Regelung wie bei der Genossenschaft. Eine Mehrheit von mindestens 9/10 der erschienenen Mitglieder ist erforderlich, wenn spätestens bis zum Ablauf des dritten Tages vor der Mitgliederversammlung wenigstens hundert Mitglieder, bei Vereinen mit weniger als tausend Mitgliedern 1/10 der Mitglieder, durch eingeschriebenen Brief Widerspruch gegen den Formwechsel erhoben haben.

IV. Satzungsregelungen zur Beschlussmehrheit

1. 3/4-Mehrheit als Mindestmehrheit

121 Soweit das Gesetz keine höheren Mehrheiten vorsieht, ist die **3/4-Mehrheit** bei allen Gesellschaftsformen bzw. Rechtsträgerformen als Mindestmehrheit zwingend. Weder die Satzung der

---

214 Kallmeyer/Zimmermann § 192 UmwG Rn. 8; Kallmeyer/Blasche UmwG § 217 Rn. 8; § 233 Rn. 6; Lutter/Decher/Hoger § 193 UmwG Rn. 3; Lutter/Lutter/Drygala § 13 Rn. 10; Lutter/H. Schmidt § 43 Rn. 6; Kölner KommUmwG/Petersen § 193 UmwG Rn. 6.
215 So BeckOGK/Kühn UmwG § 217 Rn. 30; Lutter/Joost § 217 UmwG Rn. 16.
216 BGH, NJW 1975, 212; RGZ 125, 356, 359; Hüffer/Koch, AktG § 179 Rn. 14.

Kapitalgesellschaft noch der Gesellschaftsvertrag der Personengesellschaften kann bestimmen, dass eine geringere Mehrheit für den Zustimmungsbeschluss zur Umwandlung genügt.[217]

2. Zusätzliche satzungsmäßige Anforderungen

Das UmwG sieht vor, dass in den Fällen, in denen kraft Gesetzes eine 3/4-Mehrheit ausreichen würde, der **Gesellschaftsvertrag** oder die **Satzung** der formwechselnden Gesellschaft eine größere Mehrheit und weitere Erfordernisse bestimmen kann.[218] Es sind ausdrücklich nur verschärfende Regelungen zugelassen; Erleichterungen sind nicht zulässig.[219] 122

Im Einzelfall ist die **Auslegung der Satzung** nicht ganz einfach, wenn die Satzung nicht speziell die Umwandlung oder den Formwechsel regelt, sondern erhöhte Anforderungen – etwa höhere Mehrheiten, Einstimmigkeit oder die Zustimmung einzelner Gesellschafter – ganz allgemein bei Satzungsänderungen vorsieht. Es kann hier auf die Ausführungen zum Verschmelzungsrecht verwiesen werden, da die Frage der zusätzlichen satzungsmäßigen Anforderungen v. a. dort diskutiert wird (vgl. oben Teil 2 Rdn. 487 ff.). Hier ist allerdings durch Auslegung festzustellen, inwieweit die Gesellschafter durch bestimmte Satzungsbestimmungen Strukturänderungen, die mit der Umwandlung vergleichbar sind, regeln wollten. 123

V. Stimmberechtigung

Stimmberechtigung bei der Beschlussfassung haben grds. **alle Anteilsinhaber – Gesellschafter; Mitglieder, Genossen und Aktionäre**. Beim Formwechsel von AG ist nach § 240 Abs. 1 UmwG, § 65 Abs. 2 UmwG entsprechend anzuwenden. Sind mehrere Gattungen stimmberechtigter Aktien vorhanden, so muss jede Gruppe in gesonderter Abstimmung oder gesonderter Versammlung (§ 138 AktG) mit der jeweils erforderlichen qualifizierten Mehrheit zustimmen. 124

VI. Stellvertretung beim Formwechselbeschluss

Im UmwG finden sich keine ausdrücklichen Regelungen über die **Vertretung bei der Stimmabgabe** in Umwandlungsbeschlüssen und über die Form der diesbezüglichen Vollmacht.[220] Insofern gelten grds. die allgemeinen Regelungen sowohl für die erforderliche Form der Vollmacht als auch für die Zulässigkeit des vollmachtlosen Vertretens. Gem. § 167 Abs. 2 BGB bedarf die Vollmacht nicht der Form, welche für das eigentliche Rechtsgeschäft bestimmt ist. Es gelten die jeweiligen Gesellschaftsrechte, d. h. bei der GmbH ist Textform (§ 47 Abs. 3 GmbHG), bei AG und KGaA grds. Textform (§ 134 Abs. 3 AktG) notwendig, sofern die Satzung nichts anderes bestimmt, bei Personengesellschaften ist sie grds. formlos. Daher kann nach allgemeinen Grundsätzen für die Vollmacht zur Vertretung beim Umwandlungsbeschluss nicht die notarielle Beurkundung wie für den Umwandlungsbeschluss selbst nach § 193 Abs. 3 Satz 1 BGB verlangt werden. 125

In der Literatur ist allerdings wie beim Verschmelzungsbeschluss umstritten, ob nicht zumindest die **notarielle Beglaubigung** erforderlich ist. Die herrschende Meinung lehnt dies m. E. zu Recht ab.[221] Eine öffentliche Beglaubigung nach § 2 Abs. 2 GmbHG, § 134 Abs. 3 AktG der Vollmacht

---

217 H. M. zur Verschmelzung, Widmann/Mayer/Mayer, Umwandlungsrecht, § 50 UmwG Rn. 1883; Kallmeyer/Blasche, UmwG, § 233 Rn. 2, § 240 Rn. 3; Widmann/Mayer/Vossius, § 233 UmwG Rn. 68; Ihrig, in: Semler/Stengel, § 233 UmwG Rn. 38; Arnold, in: Semler/Stengel, § 240 UmwG Rn. 8.
218 Vgl. § 233 Abs. 2 Satz 2; § 240 Abs. 1 Satz 2; § 252 Abs. 2 Satz 2; § 262 Abs. 1 Satz 2; § 275 Abs. 2 Satz 2 UmwG; Kallmeyer/Blasche, UmwG, § 233 Rn. 2, § 240 Rn. 3; Widmann/Mayer/Vossius, § 233 UmwG Rn. 67; Arnold, in: Semler/Stengel, § 240 UmwG Rn. 8; Lutter/Göthel, § 233 UmwG Rn. 19, § 240 UmwG Rn. 3.
219 BeckOGK/Sparfeld UmwG § 233 Rn. 29; Widmann/Mayer/Vossius, § 233 UmwG Rn. 68.
220 Vgl. eingehend zur Vertretung bei Umwandlungsfällen Heidinger/Blath, Die Vertretung im Umwandlungsrecht, in: FS für Spiegelberger, 2009, S. 692 ff.
221 Kallmeyer/Zimmermann, UmwG, § 193 Rn. 11; Lutter/Decher/Hoger, § 193 UmwG Rn. 4; Bärwaldt, in: Semler/Stengel, § 193 UmwG Rn. 12; BeckOGK/Simons UmwG § 193 Rn. 12.

sei nicht erforderlich, obwohl subsidiär die Gründungsvorschriften anzuwenden seien. Selbst bei der Gründung von Kapitalgesellschaften sei dies nur für die Vereinbarung des Gesellschaftsvertrages vorgesehen, beim Formwechsel in die Kapitalgesellschaft seien Gesellschaftsvertrag und Satzung hingegen Inhalt des Beschlusses. Sie werden durch Beschlussfassung festgestellt. Insoweit werde das Gründungsrecht verdrängt.[222] Nach a.A. richtet sich die Frage, ob die Vollmacht notariell zu beglaubigen ist, danach, ob der vertretene Anteilsinhaber dem Umwandlungsbeschluss ausdrücklich zustimmen muss oder nicht.[223] Zustimmungserklärungen müssen notariell beurkundet werden, insoweit ist nach dieser Ansicht auch die Form für die Vollmacht anzuwenden.

126 Z. T. wird allerdings unter bestimmten Voraussetzungen öffentliche Beglaubigung verlangt.[224] **Vollrath**[225] führt demgegenüber aus, dass die Stimmabgabe grds. persönlich zu erfolgen habe, soweit nicht Gesellschaftsvertrag oder Gesetz eine Stimmabgabe per Boten oder Bevollmächtigten zulasse, dass aber ein etwaiges Formerfordernis für die Stimmabgabe nach dem jeweiligen Einzelgesellschaftsrecht der Ausgangsrechtsform zu beachten sei, sodass ein etwa weiter gehendes Formerfordernis nach den Gründungsvorschriften der Zielrechtsform (z. B. § 2 Abs. 2 GmbHG) zu beachten sei. Weiter gehend könne § 193 Abs. 3 Satz 1 UmwG ein allgemeines Formerfordernis für Vollmachten entnommen werden, soweit hier bzgl. der Zustimmung nicht erschienener Anteilseigner ausdrücklich von der Regel des § 182 Abs. 2 BGB abgewichen werde. Stimmabgabe und Zustimmungserfordernis seien in den Fällen funktional gleichwertig, wo die Zustimmung des nicht erschienenen Anteilseigners verlangt werde (vgl. z. B. § 217 Abs. 1 Satz 1 Halbs. 2, § 233 Abs. 1 Halbs. 2 UmwG). In diesem Umfang müsse daher § 167 Satz 2 BGB zurücktreten, da nicht ersichtlich sei, inwieweit die Warnfunktion der notariellen Beurkundung bei der Bevollmächtigung entbehrlich sein soll, bei einer vorher erteilten Zustimmung jedoch nicht. Richtigerweise sei also zu differenzieren:
– Sei bei einem Fernbleiben des entsprechenden Anteilseigners seine **Zustimmung zum Beschluss** nach den Vorschriften des UmwG erforderlich, so bedürfe auch eine Vollmacht der **notariellen Beurkundung**; eine Beglaubigung reiche insoweit nicht aus.
– Sei eine solche Zustimmung nicht erforderlich, gelten die **allgemeinen Formerfordernisse** für die Stimmrechtsabgabe bei Ausgangsrechtsform und Gründungsvollmachten der Zielrechtsform.

127 Ob auch eine **vollmachtlose Vertretung** zulässig ist, kann wiederum nach den Grundsätzen im allgemeinen Gesellschaftsrecht der betreffenden Rechtsform, in der der Formwechselbeschluss gefasst wird, beurteilt werden. Daher ist die vollmachtlose Vertretung bei der Fassung des Umwandlungsbeschlusses grds. möglich, wenn sie vom Leiter der Versammlung zugelassen wurde.[226] Der Umwandlungsbeschluss wird allerdings erst mit entsprechend erteilter Genehmigung wirksam, sodass u. U. Probleme mit der (nur steuerlich wirkenden) 8-monatigen Rückwirkung auch beim Formwechsel auftreten können. Eine handelsrechtliche 8-monatige Ausschlussfrist nach § 17 Abs. 2 Satz 4 UmwG existiert beim Formwechsel demgegenüber nicht. Die

---

222 So Kallmeyer/Zimmermann, UmwG, § 193 Rn. 11; Lutter/Decher/Hoger, UmwG, § 193 Rn. 4; Beck-OGK/Simons UmwG § 193 Rn. 12.
223 So Schmitt/Hörtnagl/Stratz/Stratz UmwG § 193 Rn. 8; Widmann/Mayer/Vollrath § 193 UmwG Rn. 24 ff.
224 Widmann/Mayer/Vollrath, § 193 UmwG Rn. 24; Stratz, in: Schmitt/Hörtnagl/Stratz, UmwG/UmwStG, § 193 UmwG Rn. 8.
225 Widmann/Mayer/Vollrath, Umwandlungsrecht, § 193 UmwG Rn. 23; ähnlich auch Widmann/Mayer/Heckschen, Umwandlungsrecht, § 13 UmwG Rn. 112.
226 Vgl. zur GmbH: Lutter/Hommelhoff/Bayer, § 47 GmbHG Rn. 26; Scholz/K.Schmidt, § 47 GmbHG Rn. 87; Baumbach/Hueck/Zöllner, § 47 UmwG Rn. 55; zum Umwandlungsbeschluss vgl.: Kallmeyer/Zimmermann, UmwG, § 193 Rn. 11; Lutter/Decher/Hoger, § 193 UmwG Rn. 4; Bärwaldt, in: Semler/Stengel, § 193 UmwG Rn. 12; Widmann/Mayer/Vollrath, § 193 UmwG Rn. 28 f.; Stratz, in: Schmitt/Hörtnagl/Stratz, UmwG/UmwStG, § 193 UmwG Rn. 8; Bärwaldt, in: Semler/Stengel, § 193 UmwG Rn. 16; BeckOGK/Simons UmwG § 193 Rn. 15.

H. Inhalt des Umwandlungsbeschlusses

Genehmigung des vollmachtlosen Handelns bedarf nach allgemeinen Grundsätzen nicht der Form, die für das genehmigungsbedürftige Rechtsgeschäft bestimmt ist (§ 182 Abs. 2 BGB). Dies gilt auch dann, wenn die Vollmacht selbst ausnahmsweise formbedürftig gewesen wäre.[227]

H. Inhalt des Umwandlungsbeschlusses

§ 194 UmwG sieht vor, dass der **Inhalt des Umwandlungsbeschlusses sehr umfangreich** ist. Während nach dem bis 1995 geltenden Umwandlungsrecht i. d. R. nur Beschlussgegenstand die Tatsache der Umwandlung und die neue Rechtsform waren, bestimmt § 194 UmwG, dass der Beschluss eine Reihe von regelungsbedürftigen Punkten enthalten muss. Wie die Regierungsbegründung,[228] deutlich macht, soll in enger Parallele zu § 5 UmwG über den Mindestinhalt eines Verschmelzungsvertrages in § 194 UmwG der Mindestinhalt des für den Formwechsel maßgebenden Umwandlungsbeschlusses festgelegt werden. Auch hierbei wird deutlich, dass der Umwandlungsbeschluss insb. auch wegen dieser Vielzahl von zu treffenden Regelungen die Funktion des Verschmelzungsvertrages und des Spaltungsvertrages übernimmt.[229] Der Entwurf des Umwandlungsbeschlusses ist auch Teil des Umwandlungsberichts (§ 192 Abs. 1 Satz 3 UmwG) und muss den Gesellschaftern vor der Vorbereitung der Gesellschafterversammlung oder Hauptversammlung rechtzeitig übersendet werden. Insb. unter Berücksichtigung dieser besonderen Informationspflichten wird die besondere Aufklärungsfunktion des Umwandlungsbeschlusses deutlich. Zum einen soll den Gesellschaftern bereits vor einer Versammlung deutlich gemacht werden, welche Rechtsfolgen sich aus der Umwandlung im Einzelnen ergeben. Zum anderen sollen diese Bestimmungen auch Beschlussgegenstand in der Gesellschafter- oder Hauptversammlung sein. Dadurch, dass diese Gegenstände zum Inhalt des Beschlusses gehören, werden die Gesellschafter gezwungen, sich mit diesen Fragen zu beschäftigen.

128

Auch § 194 UmwG ist daher wie § 5 UmwG bei der Verschmelzung nach dem Muster einer **Checkliste** aufgebaut. In der Praxis wird es sich empfehlen, entsprechend der Reihenfolge des Gesetzes zu allen genannten Fragen Erklärungen im Umwandlungsbeschluss aufzunehmen, und sei auch nur durch eine entsprechende Negativerklärung.[230]

129

Es fällt allerdings auf, dass anders als für den Verschmelzungs- und Spaltungsvertrag § 194 UmwG für den **Mindestinhalt des Umwandlungsbeschlusses** beim Formwechsel keine Bestimmung über das rechtliche Schicksal des Unternehmens vorsieht. Während beim UmwG vor 1995 ausdrücklich die Übertragung des Vermögens etwa bei der Umwandlung einer Personenhandelsgesellschaft in eine Kapitalgesellschaft Gegenstand des Beschlusses sein musste, sind diese Fragen nach dem UmwG 1995 nicht mehr Inhalt des Umwandlungsbeschlusses. § 194 UmwG hat also das bis 1995 nur in Teilbereichen geltende Recht der identitätswahrenden formwechselnden Umwandlung auch auf die früheren Fälle der errichtenden Umwandlung ausgedehnt. Dies entspricht dem neuen gesetzlichen dogmatischen Ausgangspunkt von der einheitlichen Identität des Formwechsels, unabhängig davon, ob zwischen der Ausgangsgesellschaft und der Zielgesellschaft gleiche Struktur oder eine unterschiedliche Struktur besteht. Mit der Aufgabe der Unterscheidung in errichtende und formwechselnde Umwandlung war es auch nicht mehr notwendig, im Umwandlungsbeschluss das Schicksal des Unternehmensvermögens zu regeln, da die Identität aufgrund der neuen Dogmatik gewahrt bleibt, sodass eine Übertragung des Vermögens nicht mehr erforderlich ist.

130

---

227 BGH, NJW 1994, 1344; Palandt/Ellenberger, BGB, § 167 Rn. 7 und § 182 Rn. 2; zur GmbH: Lutter/Hommelhoff/Bayer, § 47 GmbHG, Rn. 26; Scholz/K.Schmidt, § 47 GmbHG Rn. 87; Baumbach/Hueck/Zöllner, § 47 UmwG Rn. 55; a. A. Einsele, DNotZ 1996, 835; s. a. OLG Köln, BB 1995, 2545 für Formbedürftigkeit der Genehmigung eines GmbH-Vertrages bei Abschluss durch einen vollmachtlosen Vertreter.
228 Vgl. BR-Drucks. 75/94, S. 139; abgedruckt in: Limmer, Umwandlungsrecht, S. 334.
229 Vgl. auch Decher, in: Lutter, Kölner Umwandlungsrechtstage, S. 207.
230 So auch Decher, in: Lutter, Kölner Umwandlungsrechtstage, S. 207.

131 Die **Begründung zum RegE** weist daher auch auf Folgendes hin:[231]

> »Diesen unterschiedlichen Anforderungen des geltenden Rechts an den Inhalt eines Umwandlungsbeschlusses liegt die Auffassung zugrunde, es handelt sich bei der ersten Fallgruppe um eine identitätswahrende, bei der zweiten (der errichtenden) hingegen nicht um eine identitätswahrende Umwandlung. Da der Entwurf auch die zuletzt genannten Fälle als identitätswahrenden Formwechsel behandelt, wird für alle im fünften Buch geregelten Umwandlungsfälle darauf verzichtet, den Formwechsel von einem besonderen Beschluss über die Vermögensübertragung abhängig zu machen.«

132 Weiter zu berücksichtigen ist, dass die besonderen Vorschriften **weitere Beschlussgegenstände** des Umwandlungsbeschlusses **zwingend** vorsehen. Insb. ist auf § 218 UmwG hinzuweisen. Bspw. bei einem Formwechsel von Personenhandelsgesellschaften in Kapitalgesellschaften muss in dem Umwandlungsbeschluss auch der Gesellschaftsvertrag der GmbH oder das Satzung der Genossenschaft oder die Satzung der AG festgestellt werden. Das Gleiche gilt gem. § 243 UmwG beim Formwechsel von Kapitalgesellschaften in eine Kapitalgesellschaft anderer Rechtsform. Der Gesetzgeber hat im **Zweiten Gesetz zur Änderung des UmwG** v. 25.04.2007[232] § 234 Abs. 3 Nr. 3 UmwG n. F. dahin gehend geändert, dass anders als vor der Neuregelung auch der **Gesellschaftsvertrag der Personengesellschaft im Umwandlungsbeschluss enthalten sein** muss. Die Begründung zum RegE[233] weist auch darauf hin, dass im Gegensatz zu § 218 UmwG beim Formwechsel einer Personenhandelsgesellschaft in eine GmbH in § 234 UmwG derzeit (außer für die Partnerschaftsgesellschaft) nicht ausdrücklich vorgeschrieben war, dass beim umgekehrten Fall des Formwechsels einer Kapitalgesellschaft in eine Personengesellschaft auch der Gesellschaftsvertrag dieser Gesellschaft Bestandteil des Umwandlungsbeschlusses sein muss. In der Praxis ergab sich daraus die Unsicherheit, ob bei einem Formwechsel in die KG mit der in § 233 Abs. 2 UmwG vorgeschriebenen 3/4-Mehrheit auch der Gesellschaftsvertrag beschlossen werden kann. Daher soll künftig wie in § 218 UmwG der Gesellschaftsvertrag ausdrücklich zum notwendigen Beschlussinhalt gehören. Zwar wird damit abweichend vom sonstigen Recht der Gesellschaftsvertrag der Personengesellschaft einem Formerfordernis unterworfen. Bei einem Wechsel aus der Kapitalgesellschaft in die Personengesellschaft erscheint dies dem Gesetzgeber aber angemessen.

133 Zu beachten ist, dass anders als bei der übertragenden Umwandlung nach dem UmwG vor 1995 die Festlegung eines **Formwechselstichtages** zumindest in gesellschaftsrechtlicher Hinsicht keinen Sinn gibt. Der Formwechsel wird mit der Eintragung im Register gesellschaftsrechtlich wirksam, eine Veränderung der Identität des Rechtsträgers findet wie dargelegt (vgl. oben Teil 4 Rdn. 7 ff.) nicht statt, sodass eine Rückbeziehung, wie etwa bei der Verschmelzung oder Spaltung auf einem vor der Eintragung liegenden Stichtag, gesellschaftsrechtlich keinen Sinn macht.[234] Aus den gleichen Gründen hatte daher auch der Gesetzgeber keine Umwandlungsbilanz, sondern nur zur Information der Anteilsinhaber zunächst die Vermögensaufstellung vorgesehen.[235] Durch das **Zweite Gesetz zur Änderung des UmwG** ist dogmatisch konsequent auch diese Vermögensaufstellung weggefallen.

Allerdings ist zu berücksichtigen, dass das **Umwandlungssteuerrecht** teilweise andere Anknüpfungspunkte wählt und die Aufstellung einer Steuerschlussbilanz und einer steuerlichen Eröffnungsbilanz für den Formwechsel einer Kapitalgesellschaft in eine Personengesellschaft bzw. einer Personenhandelsgesellschaft in eine Kapitalgesellschaft in § 14 Satz 2 bzw. § 25 Satz 2 UmwStG vorsieht. So bestimmt § 14 Satz 2 UmwStG, dass die Kapitalgesellschaft »für steuerliche Zwecke« auf den Zeitpunkt, in dem der Formwechsel wirksam wird, eine **Übertragungsbilanz** und die

---

[231] BR-Drucks. 75/94, S. 140); abgedruckt in: Limmer, Umwandlungsrecht, S. 335.
[232] BGBl. I, S. 542.
[233] BT-Drucks. 16/2919, S. 19.
[234] Vgl. auch Kallmeyer/Meister/Klöcker, UmwG, § 194 Rn. 10.
[235] Kallmeyer/Meister/Klöcker, UmwG, § 194 Rn. 11; vgl. oben Teil 4 Rdn. 85 ff.

Personengesellschaft eine **Eröffnungsbilanz** aufzustellen hat. In diesem Zusammenhang darf auch der Stichtag höchstens 8 **Monate** vor der Anmeldung des Formwechsels liegen. Das Steuerrecht bestimmt daher in § 14 Satz 2 UmwStG für den Fall des Formwechsels einer Kapitalgesellschaft und einer Genossenschaft in eine Personengesellschaft und nach § 25 UmwStG für den Formwechsel einer Personenhandelsgesellschaft in eine Kapitalgesellschaft ebenso wie bei der Verschmelzung einen steuerrechtlichen Umwandlungsstichtag. Insofern kann bei diesen Fällen aus steuerlichen Gründen ein Umwandlungsstichtag im Umwandlungsbeschluss festgelegt werden.

I. Neue Rechtsform

Gem. § 194 Abs. 1 Nr. 1 UmwG muss in dem Umwandlungsbeschluss die **Rechtsform**, die der Rechtsträger durch den Formwechsel erlangen soll, **bestimmt werden**. Mit dieser Bestimmung legt der formwechselnde Rechtsträger den rechtlichen Rahmen fest, in dem der Gesellschaftsvertrag, die Satzung oder das Satzung des Rechtsträgers neuer Rechtsform gestaltet werden kann. Die Angabe ist daher auch ein wesentlicher Bestandteil des künftigen Inhalts des Gesellschaftsvertrages und der Satzung.[236] Anzugeben sind im Umwandlungsbeschluss die nach dem einschlägigen Gesellschaftsrecht vorgesehenen Bezeichnungen.

134

II. Name oder Firma des neuen Rechtsträgers

Nach § 194 Abs. 1 Nr. 2 UmwG ist im Umwandlungsbeschluss außerdem der **Name oder die Firma des Rechtsträgers neuer Rechtsform anzugeben**. Hier sind die firmenrechtlichen Fragen der neuen Gesellschafts- oder Rechtsträgerform zu beachten. Es ist hierbei zu klären, ob die alte Firma, und wenn, mit welchen Rechtsformzusätzen, übernommen werden kann oder ob eine neue Firma gebildet werden soll. Zu den **firmenrechtlichen Fragen** enthält das UmwG in § 200 UmwG **Sondervorschriften** (vgl. eingehend Teil 5 Rdn. 28 ff.).

135

▶ Hinweis:

Anders als bei der Verschmelzung ist im Umwandlungsbeschluss nicht der Sitz des Rechtsträgers anzugeben.[237] Eine Abweichung davon enthält § 234 Nr. 1 UmwG, der für den Formwechsel der Kapitalgesellschaft in die Personengesellschaft die Bestimmung des Sitzes der Personengesellschaft verlangt.

136

III. Angabe der Beteiligung der bisherigen Anteilsinhaber an dem neuen Rechtsträger

Nach § 194 Abs. 1 Nr. 3 UmwG muss in dem Umwandlungsbeschluss eine **Beteiligung der bisherigen Anteilsinhaber** an dem Rechtsträger nach den für die neue Rechtsform geltenden Vorschriften, soweit ihre Beteiligung nicht nach diesem Buch entfällt, bestimmt werden.

137

Diese Vorschrift besagt, dass der Umwandlungsbeschluss bestimmen muss, dass jeder Gesellschafter und Anteilsinhaber an dem Rechtsträger alter Rechtsform auch eine Beteiligung an dem Rechtsträger neuerer Rechtsform enthält. Die Begründung zum RegE weist darauf hin, dass mit dieser Bestimmung die Identität des an dem Umwandlungsvorgang beteiligten Personenkreises zum Ausdruck gebracht werden soll.[238] Die Formulierung drückt den sog. **Grundsatz der Personenidentität** aus (vgl. Teil 4 Rdn. 14 ff.). Dieser Grundsatz besagt, dass während der Umwandlung weder Personen in die Gesellschaft aufgenommen noch Personen aus der Gesellschaft aus-

138

---

236 So die Begründung zum RegE, BR-Drucks. 75/94, S. 139; abgedruckt in: Limmer, Umwandlungsrecht, S. 334.
237 Kallmeyer/Meister/Klöcker, UmwG, § 194 Rn. 19.
238 Begründung zum RegE, BR-Drucks. 75/94, S. 140; abgedruckt in: Limmer, Umwandlungsrecht, S. 335.

scheiden können und der Personenkreis vor und nach der Umwandlung derselbe sein muss.[239] Im Einzelnen ist allerdings umstritten, inwieweit die Kombination des Formwechselrechts mit allgemeinem Gesellschaftsrecht den Eintritt bzw. Austritt auf den Zeitpunkt des Formwechsels zulässt (vgl. dazu im Einzelnen oben Teil 4 Rdn. 14 ff.).

139 § 194 Abs. 1 Nr. 4 UmwG bestimmt allerdings, dass eine Beteiligung der bisherigen Anteilsinhaber dann nicht erforderlich ist, wenn deren Beteiligung nach diesem Buch entfällt. Diese **Sondervorschrift** betrifft das Ausscheiden von Komplementären aus einer formwechselnden **KGaA** sowie den Ausschluss bestimmter Mitglieder eines formwechselnden Versicherungsvereins auf Gegenseitigkeit von der Beteiligung an der AG.:[240] Auch an anderer Stelle zeigt die Regierungsbegründung deutlich, dass grds. an dem Grundsatz der Personenidentität festgehalten wird[241]

> »Der wesentliche Unterschied des Formwechsels gegenüber den anderen Arten der Umwandlung liegt in der wirtschaftlichen Kontinuität des Rechtsträgers vor und nach dem Formwechsel. Diese Kontinuität beruht zum einen auf einer fast ausnahmslosen Identität des Personenkreises, der vor und nach der Umwandlung an dem Rechtsträger beteiligt ist. In dem Entwurf wird diese Personenidentität nur für die Komplementäre einer KGaA und für bestimmte Mitglieder eines formwechselnden Versicherungsvereins auf Gegenseitigkeit durchbrochen. Die persönlich haftenden Gesellschafter einer formwechselnden KGaA können mit dem Wirksamwerden des Formwechsels als solche aus dem Rechtsträger ausscheiden, oder es können einer durch den Formwechsel geschaffenen KGaA solche Gesellschafter im Rahmen des Formwechsels als Komplementäre beitreten, auch wenn sie an dem Rechtsträger vorher nicht beteiligt waren. Ferner können Mitglieder eines formwechselnden Versicherungsvereins auf Gegenseitigkeit, die dem Verein noch keine drei Jahre angehören, von der Beteiligung an der AG ausgeschlossen werden. I. Ü. aber soll sich der Formwechsel unter Ausschluss Dritter allein im Kreis der schon bisher beteiligten Anteilsinhaber vollziehen.«

▶ Hinweis:

140 Wie diese Formulierungen des Gesetzgebers deutlich machen, gilt also der **Grundsatz der Personenidentität** fast ausnahmslos. Die einzige Ausnahme ist die Ausscheidemöglichkeit der Komplementäre bei einer **KGaA** gem. §§ 236, 247 Abs. 3 UmwG sowie beim Formwechsel von Versicherungsvereinen auf Gegenseitigkeit gem. § 294 Abs. 1 UmwG. Nach der BGH-Entscheidung v. 09.05.2005[242] dürfte jetzt ein Ein- oder Austritt zulässig sein (vgl. dazu im Einzelnen oben Teil 4 Rdn. 14 ff.).

IV. Unbekannte Aktionäre

141 Beim Formwechsel von AG besteht in der Praxis häufig das Problem, dass **nicht alle Aktionäre namentlich bekannt** sind. § 213 UmwG bestimmt die Anwendung des § 35 Satz 1 UmwG. Dort ist Folgendes geregelt: Unbekannte Aktionäre einer übertragenden AG oder KG auf Aktien sind im Verschmelzungsvertrag, bei Anmeldungen zur Eintragung in ein Register oder bei der Eintragung in eine Liste von Anteilsinhabern durch die Angabe des insgesamt auf sie entfallenden Teils des Grundkapitals der Gesellschaft und der auf sie nach der Verschmelzung entfallenden Anteile zu bezeichnen, soweit eine Benennung der Anteilsinhaber für den übernehmenden Rechtsträger gesetzlich vorgeschrieben ist; eine Bezeichnung in dieser Form ist nur zulässig für Anteilsinhaber, deren Anteile zusammen den zwanzigsten Teil des Grundkapitals der übertragenden Gesellschaft nicht überschreiten. Werden solche Anteilsinhaber später bekannt, so sind Register oder

---

239 Vgl. Kallmeyer/Meister/Klöcker, UmwG, § 194 Rn. 21 ff.; BeckOGK/Simons UmwG § 194 Rn. 16; BeckOGK/Simons UmwG § 202 Rn. 36; Kallmeyer, ZIP 1994, 1751.
240 Vgl. Begründung zum RegE, BR-Drucks. 75/94, S. 140; abgedruckt in: Limmer, Umwandlungsrecht, S. 335.
241 Vgl. Begründung zum RegE, BR-Drucks. 75/94, S. 331.
242 DNotZ 2005, 864 = ZNotP 2005, 392; s. o. Teil 4 Rdn. 21.

H. Inhalt des Umwandlungsbeschlusses

Listen von Amts wegen zu berichtigen. Bis zu diesem Zeitpunkt kann das Stimmrecht aus den betreffenden Anteilen in dem übernehmenden Rechtsträger nicht ausgeübt werden.

Problematisch war, ob sich der Rechtsträger auch dann des Verfahrens nach § 35 UmwG bedienen darf, wenn er zuvor keine ernsthaften Bemühungen zur namentlichen Ermittlung der unbekannten Aktionäre unternommen hat.

Das **LG Augsburg**[243] war der Auffassung, dass bei der Anmeldung detailliert die Anstrengungen dargelegt werden müssen, die die AG unternommen hat, um die Aktionäre ausfindig zu machen. Erst wenn ernsthafte Ermittlungsmaßnahmen erfolglos geblieben seien, könnten die Aktionäre als unbekannt behandelt werden. Das **BayObLG** war als nachfolgende Instanz hingegen liberaler[244] und entschied, dass die AG bereits in ihrer Einladung zur beschlussfassenden Hauptversammlung ihre Aktionäre aufzufordern habe, ihren Aktienbesitz unter Namensnennung der Gesellschaft anzuzeigen. Soweit dann Aktionäre unbekannt blieben, seien die auf sie entfallenden Aktienurkunden festzustellen und diese Aktionäre durch die Angaben ihrer Aktienurkunde in dem Umwandlungsbeschluss aufzunehmen. Zu weiteren Vereinfachungen sah sich das BayObLG angesichts des klaren Wortlauts des § 35 UmwG nicht in der Lage.

Demgegenüber ist in der **Literatur** ein Teil der Auffassung, dass § 35 Abs. 1 UmwG erweiternd dahin gehend auszulegen sei, dass die nicht ermittelbaren Stücknummern unbekannter Aktionäre durch eine generalisierende Angabe des Inhalts ersetzt werden können, dass lediglich eine bestimmte Anzahl von Aktien auf unbekannte Gesellschafter entfalle. Die Nennwerte der früheren Aktienstücke müsste dabei angegeben werden sowie die Zahl von Aktien mit unterschiedlichem Nennwert differenziert benannt werden.[245]

Im **Zweiten Gesetz zur Änderung des UmwG** hat der Gesetzgeber ebenso wie bei Verschmelzung und Formwechsel die Problematik jetzt durch die Neufassung in § 35 UmwG geregelt. § 213 UmwG n. F. normiert die entsprechende Anwendung auch auf den Formwechsel. Unbekannte Aktionäre einer formwechselnden AG oder KGaA sind im Formwechselbeschluss, bei Anmeldungen zur Eintragung in ein Register oder bei der Eintragung in eine Liste von Anteilsinhabern durch die Angabe des insgesamt auf sie entfallenden Teils des Grundkapitals der Gesellschaft und der auf sie nach der Verschmelzung entfallenden Anteile zu bezeichnen, soweit eine Benennung der Anteilsinhaber gesetzlich vorgeschrieben ist; eine Bezeichnung in dieser Form ist nur zulässig für Anteilsinhaber, deren Anteile zusammen den zwanzigsten Teil des Grundkapitals der übertragenden Gesellschaft nicht überschreiten. Werden solche Anteilsinhaber später bekannt, so sind Register oder Listen von Amts wegen zu berichtigen. Bis zu diesem Zeitpunkt kann das Stimmrecht aus den betreffenden Anteilen in dem übernehmenden Rechtsträger nicht ausgeübt werden. Die Begründung zum RegE[246] weist darauf hin, dass vorgesehene Bezeichnung unbekannter Aktionäre durch die Angabe ihrer Aktienurkunden praktische Schwierigkeiten bereitete, wenn sich die Aktien in der Girosammelverwahrung ohne Einzelverbriefung befinden oder der Verbriefungsanspruch gem. § 10 Abs. 5 AktG sogar ganz ausgeschlossen ist. Aufgrund der Neuregelung soll daher die Bezeichnung in der Weise zugelassen werden, dass die unbekannten Anteilsinhaber in einem Sammelvermerk durch die Angabe des auf sie insgesamt entfallenden Teils des Grundkapitals der AG und der auf sie entfallenden Anteile bestimmt werden. Um Missbräuche zu verhindern, soll diese besondere Möglichkeit der Bezeichnung aber nur für Anteilsinhaber möglich sein, deren Aktien max. 5 % des Grundkapitals der Gesellschaft umfassen. Mit der erleichterten Bezeichnung noch nicht gelöst werden die Probleme, die sich nach dem Formwechsel beim Vorhandensein unbekannter Anteilsinhaber für die Wirksamkeit von Gesellschafterbeschlüssen ergeben. Deshalb soll das Stimmrecht dieser Personen so lange ruhen bis ihre Identität geklärt ist.

142

---

243 ZIP 1996, 1011 = EWiR § 213 UmwG 1/96 m. Anm. Schöne.
244 Vgl. ZIP 1996, 1467 = NJW 1997, 747.
245 So Lutter/Happ, UmwG, § 246 Rn. 24; Meyer-Landruth/Kiem, WM 1997, 1413, 1415.
246 BR-Drucks. 548/06, S. 23.

Zur Anteilsbestimmung bei unbekannten Aktionären vgl. unten Teil 4 Rdn. 176.

V. Zahl, Art und Umfang der Anteile oder Mitgliedschaftsrechte an der neuen Rechtsform

143 Eine der wichtigsten Bestimmungen im Umwandlungsbeschluss sind die gem. § 194 Abs. 1 Nr. 4 UmwG **festzulegenden Anteile oder Mitgliedschaften an dem neuen Rechtsträger.** Nach dieser Vorschrift sind Zahl, Art und Umfang der Anteile oder der Mitgliedschaften, welche die Anteilsinhaber durch den Formwechsel erlangen sollen oder die einem beitretenden persönlich haftenden Gesellschafter eingeräumt werden, im Umwandlungsbeschluss genau zu bezeichnen.[247]

144 Die Begründung zum RegE weist hierzu auf Folgendes hin:[248]

»Nach den Nummern vier und fünf soll es ferner erforderlich sein, die künftige Beteiligung der Anteilsinhaber in dem Umwandlungsbeschluss qualitativ und quantitativ näher zu bestimmen. Die Regelung entspricht auch insoweit dem notwendigen Mindestinhalt eines Verschmelzungsvertrages. Soweit der Umwandlungsbeschluss nach den Besonderen Vorschriften des Zweiten Teils auf den künftigen Wortlaut des Gesellschaftsvertrages oder der Satzung enthalten muss, soll es bei der näheren Bestimmung der Anteile oder des sonstigen Mitgliedschaftsrechts an dem Rechtsträger neuer Rechtsform möglich sein, hierauf Bezug zu nehmen. Einer besonderen gesetzlichen Regelung bedarf es hierfür jedoch nicht.«

145 Wie diese Ausführungen zeigen, geht es bei diesem Beschlusspunkt also um die **qualitative und quantitative Festlegung der Beteiligung** der Gesellschafter und Mitglieder des Rechtsträgers alter Rechtsform an dem neuen. Dies muss entweder ausdrücklich im Umwandlungsbeschluss geschehen oder, wenn aufgrund der besonderen Vorschrift der Gesellschaftsvertrag Teil des Umwandlungsbeschlusses ist, so genügt der Verweis hierauf.

▶ Hinweis:

146 Die Vorschrift hat für alle an der Umwandlung Beteiligten große Bedeutung, da in diesem Beschlusspunkt auch bestimmt wird, welche vermögensmäßige Beteiligung die Gesellschafter und Anteilsinhaber an dem neuen Rechtsträger haben werden. Ähnlich wie beim Verschmelzungsvertrag, bei dem die Gegenleistung und das Umtauschverhältnis der Anteile bestimmt werden müssen, stellen sich auch hier **Fragen der Aufteilung der Anteile** im Hinblick auf das Vermögen des umgewandelten Rechtsträgers. Hier werden auch die wirtschaftlichen Fragen festgelegt. Es verwundert daher nicht, dass auch hier dieser Beschlusspunkt das größte Streitpotenzial in sich birgt.

1. Art der Anteile oder Mitgliedschaften

147 Welche Art von Anteilen oder Mitgliedschaften die Gesellschafter oder Anteilsinhaber an der neuen Rechtsform haben, richtet sich nach dem Gesellschaftsrecht dieser neuen Rechtsform. Darüber hinaus ist es denkbar, dass das **Gesellschaftsrecht der neuen Rechtsform** unterschiedliche Formen der Beteiligung kennt, sodass weiter im Umwandlungsbeschluss festgelegt werden muss, welche dieser unterschiedlichen Rechtsformen die Gesellschafter erhalten sollen. So ist etwa bei einer KG zu entscheiden, ob der Gesellschafter **Kommanditist oder Komplementär** wird. Hierbei ist zu berücksichtigen, dass gem. § 233 Abs. 2 Satz 3 UmwG beim Formwechsel einer Kapitalgesellschaft in eine KG alle Gesellschafter oder Aktionäre zustimmen müssen, die in der KG die Stellung des persönlich haftenden Gesellschafters haben sollen. Die Bestimmung der Art

---

247 Vgl. dazu Kallmeyer/Meister/Kläcker UmwG, § 194 Rn. 30; Lutter/Decher/Hoger, § 194 UmwG Rn. 8 ff.; Bärwaldt, in: Semler/Stengel, § 194 UmwG Rn. 15 ff.; Stratz, in: Schmitt/Hörtnagl/Stratz, UmwG/UmwStG, § 194 UmwG Rn. 5; BeckOGK/Simons UmwG § 202 Rn. 36 ff.
248 BR-Drucks. 75/94, S. 140; abgedruckt in: Limmer, Umwandlungsrecht, S. 335.

der Beteiligung hat, wie dieses Beispiel zeigt, auch Folgen im Hinblick auf die notwendigen Mehrheiten.

Bei Aktien ist darüber hinaus zu entscheiden, welche **Aktiengattung** der Gesellschafter an der neuen AG erhält. Wie früher wird man davon ausgehen können, dass die Ausgabe von Aktien mit verschiedenen Rechten auch bei der Umwandlung zulässig ist (§ 11 AktG). Deshalb kann auch die Aktiengattung, soweit dies nach dem Aktienrecht zulässig ist, im Hinblick auf etwaige Besonderheiten der Gesellschaft einer umzuwandelnden Personenhandelsgesellschaft entsprechend ausgestaltet werden, etwa mit besonderen Stimmrechten oder Gewinnanteilen. Dies muss dann aber im **Umwandlungsbeschluss** festgelegt sein. 148

Soweit keine Sondervorschriften bestimmte Schutzregelungen für die Art der Gesellschafterbeteiligung vorsehen, ist § 202 i. V. m. § 23 UmwG zu beachten. Den Inhabern von Rechten in der formwechselnden Gesellschaft, die kein Stimmrecht gewähren, sind **gleichwertige Rechte** in dem übernehmenden Rechtsträger zu gewähren. Die Art der Beteiligung muss wirtschaftlich der alten Beteiligung gleichwertig sein. Darüber hinausgehend wird man den **allgemeinen Gleichheitsgrundsatz** heranziehen können, dass jeder Gesellschafter eine seiner Art der Beteiligung an der alten Gesellschaft wirtschaftlich entsprechende Beteiligung an der neuen verlangen kann.[249] Allerdings ist mit Zustimmung **ein nicht-verhältniswahrender Formwechsel** zulässig.[250] Allerdings müssen die betroffenen Anteilsinhaber – die »verlierenden« wegen ihrer Anteilsaufgabe, die »gewinnenden« wegen der zusätzlich übernommenen Pflichten – in notarieller Form zustimmen.[251] Sogar der **quotenverschiebende Formwechsel zu Null** wird von einem Teil der Literatur zugelassen.[252] 149

2. Zahl und Umfang der Anteile an der neuen Gesellschaft

a) Festsetzung von Stammkapital bzw. Grundkapital oder Einlageleistungen

Vgl. zunächst zur Identität des Gesellschaftskapitals oben Teil 4 Rdn. 25 ff. 150

Die Verteilung des Vermögens der neuen Gesellschaft auf die Gesellschafter im Wege der Mitgliedschaftsrechte hängt entscheidend zunächst davon ab, welche Gesamthöhe das **Stammkapital bzw. Grundkapital** beim Wechsel in eine Kapitalgesellschaft bzw. welche **Kapitalkonten** beim Wechsel in eine Personengesellschaft vorgesehen werden. Bereits hier wird deutlich, dass unterschiedliche Gestaltungsmöglichkeiten im Hinblick auf Zahl und Umfang der Anteile und Mitgliedschaftsrechte bestehen, je nachdem ob von einer Personengesellschaft in eine Kapitalgesellschaft oder von einer Kapitalgesellschaft in eine Personengesellschaft umgewandelt wird. Insofern ist trotz der einheitlichen Dogmatik vom identitätswahrenden Formwechsel eine Differenzierung angebracht, wie sie zum alten Recht zwischen formwechselnder oder errichtender Umwandlung gegeben war.

Für den Formwechsel von einer **Kapitalgesellschaft in eine Kapitalgesellschaft** anderer Rechtsform (z. B. AG in GmbH) bestimmt **§ 247 UmwG**, dass durch den Formwechsel das bisherige Stammkapital an der formwechselnden GmbH zum Grundkapital der Gesellschaft neuer Rechtsform oder das bisherige Grundkapital einer formwechselnden AG zum Stammkapital der Gesell- 151

---

[249] Widmann/Mayer/Vollrath, Umwandlungsrecht, § 194 UmwG Rn. 16; Kallmeyer/Meister/Klöcker, UmwG, § 194 Rn. 34; Lutter/Decher/Hoger, § 194 UmwG Rn. 13.
[250] Vgl. dazu Teil 4 Rdn. 34; vgl. Lutter/DecherDecher/Hoger, UmwG, § 194 Rn. 13; § 202 Rn. 14 f.2; Stratz, in: Stratz/Schmitt/Hörtnagl, § 202 UmwG Rn. 7, Kallmeyer/Meister/Klöcker, § 194 UmwG Rn. 34; Widmann/Mayer/Vollrath § 194 UmwG Rn 13, KölnerKommUmwG/Dauner-Lieb/Tettinger § 231 Rn 3; BeckOGK/Simons UmwG § 194 Rn. 31; Priester, DNotZ 1995, 427, 451; Heckschen, DB 2008, 2122 ff.; Baßler, GmbHR 2007, 1252 ff.; Simon/Leuering, NJW-Spezial 2005, 495.
[251] BeckOGK/Simons UmwG § 194 Rn. 31.
[252] Priester, DB 1997, 560, 56.

schaft neuer Rechtsform wird. Die Vorschrift bestimmt also in Übereinstimmung mit dem bis 1995 geltenden Recht (vgl. § 372 Satz 2, § 381 Satz 2, § 387 Abs. 1 Satz 2, § 391 Satz 2 AktG a. F.), dass beim Wechsel von der Rechtsform der GmbH zu einer anderen Form der Kapitalgesellschaft oder umgekehrt das bisherige Stamm- zum Grundkapital oder das bisherige Grund- zum Stammkapital wird. Die Begründung zum RegE weist darauf hin, dass das Nennkapital der Gesellschaft neuer Rechtsform beim Formwechsel nicht neu geschaffen, sondern im Gesellschaftsvertrag oder in der Satzung dieser Gesellschaft lediglich fortgeschrieben und im Zeitpunkt des Formwechsels kraft Gesetzes vom Stamm- zum Grund- oder vom Grund- zum Stammkapital wird.[253] Hieraus wird deutlich, dass die **Gesellschafter grds. keinen Einfluss auf die Höhe des Stamm- bzw. Grundkapitals der neuen Gesellschaft** haben.[254] Bei der Umwandlung von einer Kapitalgesellschaft auf eine andere stellt sich also dann nur die Frage, wie dieses gleichbleibende Kapital auf die einzelnen Anteile verteilt wird.

152 Etwas anderes gilt beim Formwechsel von einer **Personengesellschaft in eine Kapitalgesellschaft**. Hier ist zunächst durch § 220 Abs. 1 UmwG ein Kapitalschutz geregelt. Die Vorschrift bestimmt, dass der Nennbetrag des Stammkapitals einer GmbH oder des Grundkapitals das nach Abzug der Schulden verbleibende Vermögen der formwechselnden Personengesellschaft nicht übersteigen darf. Die Vorschrift bestimmt in Übereinstimmung mit dem vor 1995 geltendem Recht, dass der Nennbetrag des künftigen Stamm- und Grundkapitals durch das Reinvermögen der formwechselnden Personenhandelsgesellschaft erreicht werden muss.[255] Auch hier stellt sich allerdings dann die Frage, ob das Grund- bzw. Stammkapital sich automatisch aus den Buchwerten des Kapitals in der Handelsbilanz der Personengesellschaft ergibt oder ob eine sog. **Buchwertaufstockung zulässig** ist. Nur im letzteren Fall hätten die Gesellschafter die Möglichkeit, die Höhe des neuen Grundkapitals bzw. Stammkapitals erst im Umwandlungsbeschluss zu regeln. Es fragt sich also auch hier, ob eine Identität des Kapitals wie bei dem Formwechsel von einer Kapitalgesellschaft in eine andere gegeben ist oder ob ein Gestaltungsspielraum besteht (vgl. oben Teil 4 Rdn. 73 ff.). Zum bis 1995 geltenden Recht (§§ 40 ff. bzw. 46 ff. UmwG a. F.) war es allgemeine Meinung, dass bei einer Umwandlung von Personenhandelsgesellschaften in Kapitalgesellschaften ein Ansatz wirklicher Werte in der Umwandlungsbilanz zulässig ist und stille Reserven bei einer solchen Umwandlung aufgedeckt werden konnten. Die Buchwertfortführung war also nicht zwingend.[256] Es bestand also Einigkeit, dass es bei der Umwandlung einer Personenhandelsgesellschaft in eine Kapitalgesellschaft nicht auf die Buchwerte in der letzten Jahresschlussbilanz ankam, sondern auf das **Reinvermögen der Personengesellschaft**, wobei dieses nach sorgfältiger Ermittlung der Zeitwerte festgesetzt werden musste.[257] Allerdings waren einzelne Fragen der Buchwertaufstockung umstritten, insb. in der Frage, ob ein originärer Firmenwert bei der Umwandlung angesetzt werden durfte.[258]

Zum UmwG 1995 könnte man nun der Auffassung sein, dass eine Buchwertaufstockung unzulässig ist, da es sich nur noch um eine identitätswahrende Umwandlung handelt. Die Folge wäre, dass Personengesellschaften, bei denen die Summe der Kapitalkonten nicht als Mindestkapital der

---

253 Vgl. Begründung zum RegE, BR-Drucks. 75/94, S. 158; abgedruckt in: Limmer, Umwandlungsrecht, S. 353.
254 Happ, in: Lutter, Kölner Umwandlungsrechtstage, S. 243; Lutter/Göthel, § 247 UmwG Rn. 4 ff.; Kallmeyer/Blasche, UmwG, § 247 Rn. 2; Widmann/Mayer/Rieger, Umwandlungsrecht, § 247 UmwG Rn. 11; Stratz in Schmitt/Hörtnagl/Stratz, UmwG/UmwStG, § 247 UmwG Rn. 3; Scheel, in: Semler/Stengel, § 247 UmwG Rn. 1.
255 Vgl. Begründung zum RegE, BR-Drucks. 75/94, S. 150; abgedruckt in: Limmer, Umwandlungsrecht, S. 345.
256 So Hachenburg/Schilling, GmbHG, § 77 Anh. § 47 UmwG Rn. 4; Rowedder/Zimmermann, GmbHG, Anh. § 77 Rn. 307; Scholz/Priester, GmbHG, 8. Aufl., Anh. Umwandlung § 47 UmwG Rn. 12.
257 Vgl. auch Priester, DB 1995, 911.
258 Vgl. Priester, DB 1995, 911.

angestrebten Kapitalgesellschaft erreicht wird, nur umgewandelt werden konnten, wenn vorher Kapital zugeführt würde. Dem UmwG 1995 kann man mit der herrschenden Meinung keinen Zwang zur Buchwertfortführung entnehmen (vgl. ausführlich oben Teil 4 Rdn. 26 f.). § 220 Abs. 1 UmwG bringt den Grundsatz zum Ausdruck, dass die allgemeinen **Kapitalaufbringungsgrundsätze**, die auch bei der Sachgründung gelten würden, eingehalten werden – diese verbieten aber nicht die Ansetzung von wirklichen Werten in der Umwandlungsbilanz. Auch die Regierungsbegründung spricht für diese Auffassung, da sie darauf hinweist, dass der Nennbetrag des künftigen Stamm- oder Grundkapitals **durch das Reinvermögen der formwechselnden Personenhandelsgesellschaft erreicht werden muss**.[259] Von der überwiegenden Meinung wird daher zu Recht die Möglichkeit einer Buchwertaufstockung für zulässig erachtet.[260] Die herrschende Meinung ist zu Recht der Auffassung, dass das Identitätsgebot bzgl. des Vermögens nicht eine Buchwertfortführung in gesellschaftsrechtlicher Hinsicht voraussetzt, sondern die **Kapitaldeckung anhand der Verkehrswerte** – zum Zeitpunkt der Handelsregisteranmeldung – geprüft werden muss.[261] **Sinn und Zweck dieser Vorschrift** ist der Gläubigerschutz, dem ist aber Rechnung getragen, wenn die tatsächlichen Werte das Kapital decken, eine Buchwertverknüpfung kann man dem Identitätsgrundsatz wohl kaum ableiten.[262] Als Argument wurde auch auf die im Gesetz bis zum **Zweiten Gesetz zur Änderung des UmwG** v. 15.04.2007 vorgesehene Vermögensaufstellung nach § 192 Abs. 2 UmwG verwiesen, in der die Gegenstände und Verbindlichkeiten des formwechselnden Rechtsträgers »mit dem wirklichen Wert anzusetzen sind, der ihnen am Tage der Erstellung des Berichts beizulegen ist.« I. R. d. »Sachgründung« durch Formwechsel kann daher die **Bilanzkontinuität durchbrochen** werden.[263]

Aus dieser Möglichkeit, das Kapital bis zu den Verkehrswerten des Reinvermögens anzusetzen, folgt auch ein entsprechendes **Gestaltungsrecht bei der Festsetzung des Grund- bzw. Stammkapitals der neuen Gesellschaft**. Es muss daher im Umwandlungsbeschluss bestimmt werden, in welcher Weise von der Buchwertaufstockung gebraucht gemacht wird. Dementsprechend richten sich dann auch die Art und die Zahl der neuen Geschäftsanteile nach diesem Stammkapital. Die **Bewertung des Vermögens der formwechselnden GmbH** erfolgt genauso wie bei einer Sachgründung durch Einbringung eines Unternehmens.[264] Zur Ermittlung des Verkehrswertes wird in der umwandlungsrechtlichen Literatur auf die verschiedenen Bewertungsmethoden hinge-

---

259 Begründung zum RegE, BR-Drucks. 75/94, S. 150; abgedruckt in: Limmer, Umwandlungsrecht, S. 345.
260 Priester, DB 1995, 911 ff.; h. M., K. Schmidt, ZIP 1995, 1385 in Fn. 5; Schöne, AG 1995, 555, 556; Kallmeyer/Blasche, UmwG, § 220 Rn. 8; Lutter/Joost, UmwG, § 220 Rn. 13; BeckOGK/Kühn UmwG § 220 Rn. 14 f.; Priester, DNotZ 1995, 427, 452; Lutter/Bayer, UmwG, § 264 Rn. 2; Widmann/Mayer/Vossius, Umwandlungsrecht, § 220 UmwG Rn. 16 ff.; KK-UmwG/Petersen, § 220 UmwG Rn. 6 ff., 13; Stratz, in: Schmitt/Hörtnagl/Stratz, UmwG/UmwStG, § 226 UmwG Rn. 6; Schlitt, in: Semler/Stengel, § 220 UmwG Rn. 9 ff.; Priester, DB 1995, 911, 914; ders., DNotZ 1995, 427, 452; Fischer, BB 1995, 2173, 2174; Usler, MittRhNotK 1998, 54; Zimmermann, DB 1999, 948.
261 Vgl. OLG Frankfurt, ZIP 2015, 1229; Kallmeyer/Blasche, UmwG, § 220 Rn. 8; Lutter/Jost, UmwG, § 220 Rn. 10; Lutter/Bayer, UmwG, § 264 Rn. 2; Widmann/Mayer/Vossius, Umwandlungsrecht, § 220 UmwG Rn. 16; KK-UmwG/Petersen, § 220 UmwG Rn. 6 ff.; Stratz, in: Schmitt/Hörtnagl/Stratz, UmwG/UmwStG, § 220 UmwG Rn. 6; Schlitt, in: Semler/Stengel, § 220 UmwG Rn. 16 ff.; Priester, DB 1995, 911, 914; ders., DNotZ 1995, 427, 452; Fischer, BB 1995, 2173, 2174; Usler, MittRhNotK 1998, 54; Zimmermann, DB 1999, 948.
262 So auch Zimmermann, DB 1999, 948; Kallmeyer/Blasche, UmwG, § 220 Rn. 8.
263 So Widmann/Mayer/Vossius, Umwandlungsrecht, § 220 UmwG Rn. 18; Priester, DB 1995, 911; K. Schmidt, ZIP 1995, 1385 in Fn. 5; KK-UmwG/Petersen, § 220 UmwG Rn. 13.
264 Widmann/Mayer/Vossius, Umwandlungsrecht, § 220 UmwG Rn. 18; Kallmeyer/Blasche, UmwG § 220 Rn. 8; KK-UmwG/Petersen, § 220 UmwG Rn. 13.

wiesen.²⁶⁵ Meist erfolgt ein Verweis auf die GmbH-rechtliche Kommentierung zur Sachgründung.²⁶⁶ In diesem Zusammenhang wird wohl überwiegend ein Wertansatz nach dem Ertragswert des Unternehmens zuzüglich geschätzter Nettoeinzelveräußerungspreise der nicht betriebsnotwendigen Vermögensgegenstände, mindestens aber der Liquidationswert bevorzugt.²⁶⁷ Zum Nachweis dieses solchermaßen ermittelten Vermögens der GmbH kann eine Einbringungsbilanz zu den wirklichen Werten mit Werthaltigkeitsbescheinigung des Wirtschaftsprüfers oder Steuerberaters verwendet werden.²⁶⁸

153 **Bilanzrechtlich** besteht bei der Buchwertaufstockung noch Streit: Z. T. wird eine Wertaufstockung unter Durchbrechung der Bilanzkontinuität zugelassen. Erforderlich wäre dann eine Eröffnungsbilanz, bei der Wirtschaftsgüter bis zu den Zeitwerten angesetzt werden könnten.²⁶⁹ Ein anderer Teil der Literatur, insb. das Institut der Wirtschaftsprüfer, will den Differenzbetrag als Bilanzverlust auf der Aktivseite der Handelsbilanz ausweisen.²⁷⁰ Das Institut der Wirtschaftsprüfer hat in der Stellungnahme v. 04.04.2011²⁷¹ festgestellt: Die Höhe des zum Umwandlungszeitpunkt vorhandenen bilanziellen Eigenkapitals einer Personenhandelsgesellschaft werde durch den Formwechsel nicht berührt; das Eigenkapital werde in seiner Summe zu Eigenkapital der Kapitalgesellschaft. Die individuellen Kapitalkonten verlieren ihre Bedeutung. Allerdings bestehe vor dem Formwechsel die Möglichkeit zur Abänderung des bilanziellen Eigenkapitals der Personenhandelsgesellschaft i. R. d. gesellschaftsrechtlichen Regelungen. Die Fortführung der Buchwerte der Vermögensgegenstände und Schulden könne zur Folge haben, dass das buchmäßige Reinvermögen in der Bilanz des formwechselnden Rechtsträgers trotz erbrachtem Kapitalaufbringungsnachweis (materielle Kapitalaufbringung zu Zeitwerten) nicht ausreiche, um das im Gesellschaftsvertrag bzw. in der Satzung festgesetzte Stamm- bzw. Grundkapital der Gesellschaft in der neuen Rechtsform bilanziell zu decken. Ein negativer Unterschiedsbetrag (d. h. der Betrag der buchmäßigen Unterbilanz) sei, soweit er durch Verluste der Personenhandelsgesellschaft entstanden sei, als Verlustvortrag, andernfalls in einem gesonderten Abzugsposten innerhalb des bilanziellen Eigenkapitals (bspw. als »Fehlbetrag zum festgesetzten Stammkapital«) auszuweisen. Es sei sachgerecht, diesen Fehlbetrag Abzugsposten) in der Folgezeit wie einen Verlustvortrag zu tilgen. **Stratz**²⁷² will einen »formwechselbedingten Unterschiedbetrag«, der als Ausschüttungssperre wirke und mit zukünftigen Gewinnen zu verrechnen sei, in die Bilanz einstellen.²⁷³

Beim Formwechsel einer Personenhandelsgesellschaft in eine Kapitalgesellschaft stellt sich die Frage, ob ausstehende Einlagen erfüllt sein müssen. Die Frage wurde bereits oben behandelt, sodass auf die obigen Ausführungen verwiesen werden kann (vgl. oben Teil 4 Rdn. 35). Im Ergeb-

---

265 Vgl. Schlitt, in: Semler/Stengel, § 220 UmwG Rn. 14; Busch, AG 1995, 555, 558; ausführlich Stratz, in: Schmitt/Hörtnagl/Stratz, UmwG, UmwStG, § 5 Rn. 9 ff. im Zusammenhang mit der Ermittlung des Umtauschverhältnisses: Ertragswertmethode, Substanzwertmethode, Mittelwertmethode und Stuttgarter Verfahren.
266 Vgl. Schlitt, in: Semler/Stengel, § 220 UmwG Rn. 14; Lutter/Joost, § 220 UmwG Rn. 10; s. dazu insb. Lutter/Hommelhoff/Bayer, GmbHG, § 5 Rn. 24 ff.; Scholz/Winter/Westermann, § 5 GmbHG Rn. 57; Baumbach/Hueck/Fastrich, GmbHG, § 5 Rn. 33 ff.
267 Schlitt, in: Semler/Stengel, § 220 UmwG Rn. 14; Baumbach/Hueck/Fastrich, § 5 Rn. 34; Lutter/Hommelhoff/Bayer, GmbHG, § 5 Rn. 24; Scholz/Winter/Westermann, GmbHG, § 5 Rn. 57; Urban, in: FS für Sandrock, 1995, S. 309 ff.
268 Kallmeyer/Blasche, UmwG, § 220 Rn. 8, 11.
269 So Priester, DB 1995, 911, 915 ff.; Müller/Gattermann, WPg 1996, 868, 870.
270 Vgl. Widmann/Mayer/Vossius, Umwandlungsrecht, § 220 UmwG Rn. 27; Kallmeyer/Müller, UmwG, § 220 Rn. 10.
271 IDW ERS HFA 41 »Auswirkungen eines Formwechsels auf den handelsrechtlichen Jahresabschluss«, WPg Supplement 2/2011, S. 137 ff., FN-IDW 6/2011, S. 374 ff.
272 In: Schmitt/Hörtnagl/Stratz, UmwG/UmwStG, § 220 UmwG Rn. 11.
273 Ebenso auch Kallmeyer/Müller, § 220 UmwG Rn. 10; dazu krit. KölnerKommUmwG/Dauner-Lieb/Tettinger, § 220 UmwG Rn 11.

nis besteht Einigkeit, dass ein Formwechsel auch möglich ist, wenn noch ausstehende Einlageforderungen bzgl. Bareinlagen der Personenhandelsgesellschaft bestehen. Diese werden mitgenommen, sie werden nicht zu Sacheinlagen.[274]

Ebenfalls fraglich ist, inwieweit gebundenes Haftkapital vor und nach dem Formwechsel erhalten bleiben muss. Auch diese Frage ist in der Literatur umstritten und wurde oben bereits erörtert, sodass auf die obigen Ausführungen verwiesen werden kann (vgl. oben Teil 4 Rdn. 32 ff.). 154

Bei der Umwandlung einer **Kapitalgesellschaft in eine Personengesellschaft** stellt sich das Problem des Kapitaleinsatzes mangels Kapitalaufbringungsvorschriften nicht. Allerdings ist beim Formwechsel in eine KG gem. § 234 Nr. 2 UmwG der Betrag der Einlage jedes Kommanditisten anzugeben. Die Frage, wer Kommanditist wird und welche Einlage ihn trifft, gehört daher zum wesentlichen Inhalt des Umwandlungsbeschlusses bei der Umwandlung in eine KG. Auch hier ist zu beachten, dass die Haftsumme nicht die gleiche Höhe zu haben braucht wie der Kapitalanteil oder der Nennbetrag der Aktien des bisherigen Aktionärs. Früher konnte die Haftsumme, deren Einlage durch das Einbringen des Unternehmens der umgewandelten Gesellschaft geleistet wird, bis zum Verkehrswert geleistet werden. Die Hafteinlage gilt dann i. H. d. Verkehrswertes des Vermögens der Kapitalgesellschaft als erbracht, das anteilig den Kommanditisten zusteht. Andererseits bestand auch zum alten Recht die Möglichkeit der Buchwertfortführung. Wegen der Einzelheiten der verschiedenen Kontenmodelle und der Beteiligung an der Personengesellschaft kann auf die Ausführungen zur Verschmelzung verwiesen werden (vgl. oben Teil 2 Rdn. 787 ff.). 155

Es besteht daher ein **Gestaltungsspielraum über die Höhe der festzusetzenden Hafteinlage**. 156

▶ Beispiel:

Der Buchwert des Vermögens einer übertragenden GmbH beträgt 100.000,00 €, die stillen Reserven noch einmal 100.000,00 €. An der GmbH sind die A und B je mit 50.000,00 € Stammeinlagen beteiligt. Bei der Umwandlung in eine KG, bei der A persönlich haftender Gesellschafter und B Kommanditist werden soll, kann also die Hafteinlage des B entweder mit 50.000,00 € (Buchwert) bewertet werden. Möglich ist aber auch die Aufstockung der stillen Reserven mit der Folge, dass er auch eine Hafteinlage i. H. v. 100.000,00 € übernehmen kann und diese durch die Umwandlung des Unternehmens erbracht wird. 157

b) Verteilung des Vermögens durch Festlegung des Umfangs der neuen Anteile oder Mitgliedschaftsrechte bei verhältniswahrendem Formwechsel

Im Umwandlungsbeschluss ist sodann die Frage zu klären, wie dieses im Umwandlungsbeschluss festgelegte Grund- bzw. Stammkapital der neuen Rechtsform auf die einzelnen Gesellschafter verteilt wird. Entscheidend ist also der **Aufteilungsmaßstab**, der den Umfang der Anteile bestimmt. Es muss also im Umwandlungsbeschluss die Höhe bzw. der Umfang des Anteils an Aktien bzw. Stammeinlagen festgelegt werden, die jeder Gesellschafter an der neuen Rechtsform erhält. In diesem Zusammenhang stellt sich auch insb. die Frage, ob der Formwechsel stets streng verhältniswahrend sein muss oder nicht (dazu Teil 4 Rdn. 34). Würde man einen **verhältniswahrenden Formwechsel** verlangen, dann müsste die Stückelung der neuen Beteiligungsrechte so gewählt werden, dass jeder Gesellschafter in Höhe seiner alten Beteiligung auch am Stamm- bzw. Grundkapital der Gesellschaft neuer Rechtsform beteiligt wird. 158

aa) Umwandlung Personengesellschaft in Kapitalgesellschaft

Zunächst stellt sich die Frage, welcher **Aufteilungsmaßstab bei einer verhältniswahrenden Umwandlung** einschlägig ist. Bei der Umwandlung einer **Personengesellschaft in eine AG** war 159

---

274 Vgl. Kallmeyer/Blasche, UmwG, § 220 Rn. 9.

die herrschende Meinung zu dem vor 1995 geltendem Recht[275] der Auffassung, dass maßgebend für die Errechnung der Quoten, nach denen die Gesellschafter bei der Umwandlung Aktien erhalten, das sein müsse, was jeder Gesellschafter erhalten würde, wenn statt der Umwandlung die Personengesellschaft aufgelöst würde. Denn im Verhältnis der Gesellschafter zueinander lasse sich die Umwandlung in gewisser Hinsicht mit der Auflösung der Personenhandelsgesellschaft vergleichen. Es sei vielmehr so anzusehen, als ob der Betrag des Grundkapitals im Wege der Auseinandersetzung zu verteilen wäre. Dieser Ansatz dürfte auch bei einer verhältniswahrenden Umwandlung nach dem UmwG 1995 maßgebend sein. Entscheidend ist also, wie bei der Liquidation das Vermögen verteilt werden müsste. Hierbei sind zum einen die **Kapitalkonten**, diese allerdings nur soweit Eigenkapital vorliegt (feste oder variable Kapitalkonten), entscheidend. Darüber hinaus muss aber auch der **Gewinnverteilungsschlüssel** berücksichtigt werden. Da dieser für die **Verteilung von etwaigen stillen Reserven** ausschlaggebend ist.

160 Wird also die Personenhandelsgesellschaft in eine Kapitalgesellschaft umgewandelt, bedarf es bei einer verhältniswahrenden Umwandlung der **Aufteilung des Stamm- oder Grundkapitals** der Kapitalgesellschaft entsprechend dem Kapitalanteil an der Personenhandelsgesellschaft. Anders als der Geschäftsanteil oder die Aktie ist allerdings bei den Personenhandelsgesellschaften der Kapitalanteil ohne sachenrechtliche Bedeutung. Er ist vielmehr nur eine Rechnungsgröße, d. h. ein auf eine bestimmte Geldsumme lautender Betrag, der die wertmäßige Beteiligung eines Gesellschafters am Gesellschaftsvermögen im Verhältnis zu den Mitgesellschaftern ausdrückt. In der Praxis wird i. d. R. neben dem festen Kapitalkonto, auf das bei der Gründung die Einlage in einem von dem Gesellschafter zu bestimmenden Geldwert eingezahlt wird, ein weiteres variables Konto geführt, auf welchem Gewinne und Verluste sowie Einnahmen und Entnahmen gebucht werden.[276] Bei der Umwandlung haben nun die Gesellschafter zu bestimmen, wie hoch der Nettowert des Gesellschaftsvermögens ist, der wiederum das Grund- bzw. Stammkapital der Kapitalgesellschaft bilden wird. In einem nächsten Schritt ist dann unter Berücksichtigung der verschiedenen Gesellschafterkonten der wertmäßige Anteil (Kapitalanteil) eines jeden einzelnen Gesellschafters an der Personenhandelsgesellschaft zu bestimmen.[277] Die verhältnismäßige Beteiligung am Vermögen der Personenhandelsgesellschaft wird dann durch die Konten bestimmt, die Eigenkapitalcharakter haben, das sind i. d. R. die festen und variablen Kapitalkonten. Bei der Erstellung der Vermögensbilanz ist daher auch das variable Kapitalkonto je nach Stand – positiv oder negativ – hinzuzuzählen oder vom festen Kapitalkonto abzuziehen.

161 Auf der Grundlage der so ermittelten endgültigen Kapitalanteile, die auch Maßstab bei einer Liquidation wären, ist dann die **Verteilung der Anteile an der neuen Kapitalgesellschaft** vorzunehmen.

▶ Beispiel:

162 An der A-OHG sind A, B und C als Gesellschafter beteiligt. A hat einen Buchkapitalanteil i. H. v. 20.000,00 €, B i. H. v. 20.000,00 € und C i. H. v. 10.000,00 €. Der Gewinnverteilungsschlüssel erfolgt allerdings nach gleichen Köpfen. Das Buchvermögen der Gesellschaft beträgt insgesamt 50.000,00 €. Außerdem sind stille Reserven i. H. v. 60.000,00 € vorhanden. Es ergebe sich dann bei der Umwandlung in eine GmbH, bei der diese stillen Reserven aufgelöst

---

275 So Scholz/Priester, GmbHG, 8. Aufl., Anh. Umwandlung, § 47 Rn. 6; Rowedder/Zimmermann, GmbHG, 2. Aufl., Anh. § 77 Rn. 305.
276 Vgl. zu den **Konten bei der Personengesellschaft** ausführlich oben Teil 2 Rdn. 788 ff.; Oppenländer, DStR 1999, 939 ff.; Rodewald, GmbHR 1998, 521 ff.; aus steuerrechtlicher Sicht BMF-Schreiben v. 30.05.1997, BStBl. 1997 I, S. 627 ff. und v. 26.11.2004, BStBl. 2004 I, S. 1190 ff.; Heymann/Emmerich, HGB, § 120 Rn. 31; K. Schmidt, Gesellschaftsrecht, § 47 Abs. 2 Satz 2d; Leitzen, ZNotP 2009, 255 ff.; Doege, DStR 2006, 489 ff.; Ley, DStR 2009, 613 ff.; Kempermann, DStR 2008, 1917 ff.
277 Vgl. Widmann/Mayer/Vossius, Umwandlungsrecht, § 218 UmwG Rn. 21 ff.; Kallmeyer/Blasche, UmwG, § 218 Rn. 10; BeckOGK/Kühn UmwG § 218 Rn. 33 ff.

werden sollen (Zulässigkeit str. vgl. oben Teil 3 Rdn. 64) und dementsprechend ein Stammkapital i. H. v. 100.000,00 € gebildet werden soll, folgende Verteilungen. Die Verteilungen errechnen sich bzgl. des Buchkapitals nach den festen Kapitalanteilen, bzgl. der stillen Reserven nach dem Gewinnverteilungsschlüssel, also nach Köpfen.

A: 40.000,00 € Stammeinlage

B: 40.000,00 € Stammeinlage

C: 30.000,00 € Stammeinlage

Eine weitere Frage, die sich in diesem Zusammenhang stellt, ist, ob bei der **Fortführung von Buchwerten** der überschießende Betrag **zwingend in die Rücklagen** der Kapitalgesellschaft eingestellt werden muss oder ob eine **Ausweisung als Darlehen** zulässig ist. Fraglich ist, ob, sofern nicht bereits vor der Umwandlung das Reinvermögen der umzuwandelnden Personengesellschaft um die stillen Reserven vermindert wird, indem etwa entsprechende Sachwerte oder Geldbeträge an die Gesellschafter ausgeschüttet werden, die Möglichkeit besteht, die vollen Sachwerte des Unternehmens mit der Umwandlung auf die Kapitalgesellschaft übergehen zu lassen, aber jedem Gesellschafter in Beachtung des bisherigen Kapitalanteils neben dem entsprechenden Anteil am Stammkapital eine Darlehensforderung zu gewähren. Ein Teil der Literatur ist der Meinung, dass überschießende Beträge entweder in die Rücklagen eingestellt oder in Gesellschafterdarlehen umgewandelt werden können.[278] Nach anderer Meinung ist dies problematisch, diese lehnt das »Herauslösen aus dem Vermögen der Gesellschaft durch Rückzahlung an die Gesellschafter oder Verbuchen als Darlehen der Gesellschafter an die Gesellschaft« ab.[279] Man wird dies für zulässig erachten müssen, da insb. i. R. d. formwechselnden Vorschriften nicht auf die Grenze der baren Zuzahlung des § 54 UmwG verwiesen wird. **Mayer**[280] schlägt vor entweder vor dem Formwechsel das Eigenkapital der Personengesellschaft zu reduzieren oder nach dem Formwechsel nach Einstellung in die Rücklage der Kapitalgesellschaft diese aufzulösen und in ein Gesellschafterdarlehen umzuwandeln. 163

bb) Umwandlung Kapitalgesellschaft in Kapitalgesellschaft

Bei der Umwandlung von einer **Kapitalgesellschaft in eine Kapitalgesellschaft** anderer Rechtsform ist die verhältniswahrende Verteilung des Umfangs der Anteile relativ einfach, da der Verhältnisschlüssel des alten Anteils zum Gesamtgrundkapital bzw. Stammkapital auch für das neue Stamm- bzw. Grundkapital entscheidend ist. 164

cc) Umwandlung Kapitalgesellschaft in Personengesellschaft

Bei der Umwandlung einer **Kapitalgesellschaft in eine Personenhandelsgesellschaft** sind zwei Fragen zu regeln: 165
– Umfang der Kapitalkonten,
– Gewinnverteilungsschlüssel.

Diese Verteilung des Kapitalkontos und des Gewinnverteilungsschlüssels richtet sich bei einer verhältniswahrenden Umwandlung nach dem **Verhältnis der Stammeinlagen** im Verhältnis zum Gesamtstammkapital bzw. der Gesamtaktien im Verhältnis zum Grundkapital. Wegen der Einzelheiten der verschiedenen Kontenmodelle und der Beteiligung an der Personengesellschaft kann auf die Ausführungen zur Verschmelzung verwiesen werden (vgl. oben Teil 2 Rdn. 787 ff.) 166

---

278 So Lutter/Joost, § 218 UmwG Rn. 9; Kallmeyer/Blasche, UmwG, § 218 Rn. 8; Zimmermann, DB 1999, 948, 949.
279 BeckOGK/Kühn UmwG § 218 Rn. 22; Widmann/Mayer/Vossius, Umwandlungsrecht, § 218 UmwG Rn. 23; KölnerKommUmwG/Dauner-Lieb/Tettinger, § 218 UmwG Rn 27.
280 In: Widmann/Mayer/Umwandlungsrecht, § 197 UmwG Rn. 36.

c) Nichtverhältniswahrender Formwechsel

167 Zum UmwG vor 1995 war die überwiegende Meinung der Auffassung, dass es den Gesellschaftern überlassen bleibt, eine von dieser verhältnismäßigen Umwandlung abweichende Verteilung der neuen Anteile zu treffen. Bei der Umwandlung einer Personengesellschaft in eine AG bzw. eine GmbH sei es den Gesellschaftern grds. unbenommen, **im Umwandlungsbeschluss** eine von diesen Verhältnismäßigkeitsgrundsätzen **abweichende Verteilung vorzunehmen**.[281] Eine Identität der Beteiligungsverhältnisse bei der Personenhandelsgesellschaft und der durch Umwandlung errichteten GmbH bzw. AG wurde nach dieser Auffassung vom Gesetz nicht verlangt. Es bestand auch Einigkeit, dass etwa Rechte Dritter am Anteil eines Gesellschafters eine nicht verhältniswahrende Umwandlung nicht hinderten. Hierbei ist allerdings zu berücksichtigen, dass nach § 42 bzw. § 48 UmwG i. d. F. bis 1995 der Zustimmungsbeschluss der Zustimmung aller Gesellschafter bedurfte. Für den Formwechsel zwischen Kapitalgesellschaften ist in den §§ 241, 242 UmwG ein Sonderfall geregelt: Kann sich aufgrund der neuen Nennbeträge der Anteile an dem neuen Rechtsträger ein Gesellschafter nicht an dem Gesamtnennbetrag seiner Anteile an dem Rechtsträger beteiligen, so bedarf der Umwandlungsbeschluss seiner Zustimmung.

168 Es stellt sich daher die Frage, ob auch nach dem UmwG 1995 allgemein **ein nicht verhältniswahrender Formwechsel** zulässig ist. Dies ist insb. im Hinblick auf die Möglichkeit des Formwechsels mit Mehrheitsbeschluss problematisch. § 194 Abs. 1 Nr. 4 UmwG lässt in seiner Formulierung offen, ob mit qualifizierter Mehrheit der Gesellschafter im Einzelfall durch die Umwandlung die Beteiligungsverhältnisse grundlegend geändert werden können oder ob nur eine beteiligungswahrende Umwandlung zulässig ist. Nach § 195 Abs. 2 UmwG kann eine Klage gegen die Wirksamkeit des Umwandlungsbeschlusses nicht darauf gestützt werden, dass die Beteiligungsverhältnisse für den einzelnen Gesellschafter zu niedrig bemessen sind. Ihm verbleibt dann nur das **Spruchstellenverfahren** nach § 196 i. V. m. §§ 315 ff. UmwG. Die Begründung zu § 195 UmwG weist darauf hin, dass der Kreis der Anteilsinhaber beim Formwechsel im Allgemeinen der gleiche bleibe, dass aber die Umwandlung der Einzelanteile oder sonstiger Mitgliedschaftsrechte in Beteiligungen neuer Art schwierig sein können, sodass auch beim Formwechsel die Wirksamkeit des Umwandlungsbeschlusses nicht mit der Begründung infrage gestellt werden könne, dass der umgewandelte Anteil zu niedrig oder die neue Mitgliedschaft keinen ausreichenden Gegenwert für die bisherige Beteiligung am Rechtsträger sei.[282] Man könnte nun aus dieser Regelung schließen, dass bei einer Mehrheitsumwandlung nur eine annähernd verhältniswahrende Umwandlung zulässig ist.

Eine **andere Möglichkeit** bestünde darin, eine nicht verhältniswahrende Umwandlung dann zuzulassen, wenn die betroffenen Gesellschafter zustimmen. Die Zustimmung könnte hier in Analogie zu § 128 UmwG, der die nicht verhältniswahrende Spaltung vorsieht, und aus §§ 241, 242 UmwG abgeleitet werden.[283] Im Ergebnis wird man mit der herrschenden Meinung den **nicht verhältniswahrenden Formwechsel für zulässig** erachten müssen, da bei Zustimmung aller Gesellschafter die Interessen der Gesellschafter nicht verletzt werden können und kein Grund ersichtlich ist, warum nicht der Gestaltungsfreiheit der Vorzug zu geben ist. Stimmen allerdings die betroffenen Gesellschafter nicht zu, dann ist nur eine quotenerhaltende Umwandlung zulässig. Nach der herrschenden Meinung ist daher der quotenverschiebende Formwechsel zulässig; es setzt

---

281 So Scholz/Priester, GmbHG, 8. Aufl., Anh. Umwandlung, § 47 UmwG Rn. 6; Rowedder/Zimmermann, GmbHG, 2. Aufl., § 77 Anh. Rn. 305; Müller, WP 1969, 593.
282 Vgl. Begründung zum RegE BR-Drucks. 75/94 S. 140; abgedruckt in: Limmer, Umwandlungsrecht, S. 335.
283 So die h. L., Widmann/Mayer/Vollrath, Umwandlungsrecht, § 194 UmwG Rn. 17; Kallmeyer/Meister/Klöcker, UmwG, § 194 Rn. 34; Lutter/Decher/Hoger, UmwG, § 194 Rn. 13; Bärwaldt, in: Semler/Stengel, § 194 UmwG Rn. 18; Priester, DNotZ 1995, 427, 451; Veil, DB 1996, 2529; Usler, MittRhNotK 1998, 21, 51.

allerdings voraus, dass die betroffenen Anteilsinhaber ihre Zustimmung erteilen.[284] Entgegen § 195 Abs. 2 UmwG dürfte dann eine Klage gegen einen Beschluss, der eine grundlegende Veränderung der Anteilsverhältnisse ohne Zustimmung der Gesellschafter beschließt, nicht unzulässig sein. Das Spruchstellenverfahren wird man nur bzgl. der notwendigen Angleichung im Spitzenbereich für zulässig erachten können. Die Umwandlung darf anders als die Verschmelzung aber nicht die Möglichkeit bieten, unliebsame Gesellschafter in ihrer Beteiligung herabzusetzen.

d) Anzahl der Anteile

Nach der Neuregelung des § 5 Abs. 2 GmbHG durch das MoMiG v. 23.10.2008,[285] nach der ein Gesellschafter auch bei Errichtung der Gesellschaft mehrere Geschäftsanteile übernehmen kann stellt sich die früherer Frage bei der Umwandlung einer **AG in eine GmbH**, ob entgegen § 5 Abs. 2 GmbHG a. F. mehrere Aktien auch in mehrere Geschäftsanteile umgewandelt werden können, nicht mehr. Aus § 194 Abs. 1 Nr. 4 UmwG wurde bereits vor dem MoMiG geschlossen, dass mehrere Aktien auch in mehrere Geschäftsanteile umgewandelt werden können.[286]

Bei **Personengesellschaften** gilt allerdings der Grundsatz, dass die Gesellschafter nur eine einheitliche Beteiligung haben können.

Die Anzahl der Anteile richtet sich auch nach den Regelungen über die Nennbeträge der Aktien bzw. Stammeinlagen. Hier ist zunächst zu berücksichtigen, dass eine Reihe von Sondervorschriften die allgemeinen Vorschriften verdrängen.

Beim **Formwechsel in eine GmbH** gilt der **Grundsatz** des § 5 Abs. 3 GmbHG i. d. F. durch das MoMiG v. 23.10.2008,[287] dass der Geschäftsanteil auf volle Euro lauten muss. Hierzu regelt das UmwG folgende Ergänzungen:

§ 243 Abs. 3 Satz 2 UmwG	Formwechsel **Kapitalgesellschaft** in GmbH: Stammkapital muss auf volle Euro lauten,
§ 258 Abs. 2 UmwG	Formwechsel **Genossenschaft** in GmbH: Der Formwechsel ist nur möglich, wenn auf jedes Mitglied, das an der Gesellschaft neuer Rechtsform beteiligt wird, als beschränkt haftender Gesellschafter ein Geschäftsanteil, dessen Nennbetrag auf volle Euro lautet, oder als Aktionär mindestens eine volle Aktie entfällt.
§ 276 i. V. m. § 243 Abs. 3 UmwG	Formwechsel **Verein** in GmbH: Stammkapital muss auf volle Euro lauten

Lediglich beim **Formwechsel von Personengesellschaften** in GmbH bleibt es daher bei der Grundregel des GmbHG.

Beim **Formwechsel von Kapitalgesellschaften in die AG** ist die in § 243 Abs. 3 Satz 2 UmwG ursprünglich vorgesehene Mindeststückelung von 50,00 € bereits durch das Stückaktiengesetz v. 25.03.1998[288] ersatzlos weggefallen, sodass keine Vorgaben für die Aktien mehr bestehen. Beim

---

284 Vgl. Lutter/Decher/Hoger, UmwG, § 194 Rn. 13; § 202 Rn. 14 f.2; Stratz, in: Stratz/Schmitt/Hörtnagl, § 202 UmwG Rn. 7, Kallmeyer/Meister/Klöcker, § 194 UmwG Rn. 34; Widmann/Mayer/Vollrath § 194 UmwG Rn 17; KölnerKommUmwG/Dauner-Lieb/Tettinger § 231 Rn 3; Priester, DNotZ 1995, 427, 451; Heckschen, DB 2008, 2122 ff.; Baßler, GmbHR 2007, 1252 ff.; Simon/Leuering, NJW-Spezial 2005, 495 Bärwaldt, in: Semler/Stengel, § 194 UmwG Rn. 18; Priester, DNotZ 1995, 427, 451; ders., DB 1997, 560, 566; Fischer, BB 1995, 2173, 2176; Veil, DB 1996, 2529, 2530; Usler, MittRhNotK 1998, 21, 53.
285 BGBl. I, S. 2026.
286 So Happ, in: Lutter, Kölner Umwandlungsrechtstage, S. 237; Widmann/Mayer/Rieger, Umwandlungsrecht, § 243 UmwG Rn. 45; Lutter/Happ, UmwG, § 243 Rn. 14.
287 BGBl. I, S. 2026.
288 BGBl. I, S. 590.

Formwechsel der Genossenschaft in die AG oder GmbH ist bestimmt, dass in dem Beschluss bei der Festlegung von Zahl, Art und Umfang der Anteile (§ 194 Abs. 1 Nr. 4 UmwG) zu bestimmen ist, dass an dem Stammkapital oder an dem Grundkapital der Gesellschaft neuer Rechtsform jedes Mitglied, das die Rechtsstellung eines beschränkt haftenden Gesellschafters oder eines Aktionärs erlangt, in dem Verhältnis beteiligt wird, in dem am Ende des letzten vor der Beschlussfassung über den Formwechsel abgelaufenen Geschäftsjahres sein Geschäftsguthaben zur Summe der Geschäftsguthaben aller Mitglieder gestanden hat, die durch den Formwechsel Gesellschafter oder Aktionäre geworden sind. Der Nennbetrag des Grundkapitals ist so zu bemessen, dass auf jedes Mitglied möglichst volle Aktien entfallen. Die Geschäftsanteile einer GmbH sollen auf einen höheren Nennbetrag als 100,00 € nur gestellt werden, soweit auf die Mitglieder der formwechselnden Genossenschaft volle Geschäftsanteile mit dem höheren Nennbetrag entfallen. Aktien können nach § 263 Abs. 3 Satz 2 UmwG auf einen höheren Betrag als den nach § 8 Abs. 2 AktG vorgesehenen Mindestbetrag von 1,00 € nur gestellt werden, soweit volle Aktien mit dem höheren Betrag auf die Genossen entfallen. I. Ü. können daher beim Formwechsel in die AG entweder Stückaktien nach § 8 Abs. 3 AktG oder Nennbetragsaktien auf mindestens einen Euro nach § 8 Abs. 2 AktG ausgegeben werden.

e) Ausgleich von Spitzenbeträgen

175 Beim Formwechsel besteht in der Praxis nicht selten die Situation, dass aufgrund der besonderen Vorschriften über die Mindestnennbeträge des neuen Rechtsträgers den Gesellschaftern oder Anteilsinhabern am übertragenden Rechtsträger **nicht immer eine exakte gleichmäßige Zuteilung** an Anteilen am neuen Rechtsträger erfolgen kann. Für diesen Fall hat der Gesetzgeber in den verschiedensten Vorschriften die Einräumung von Teilrechten vorgesehen:[289]

Formwechsel GmbH in AG oder KGaA	Können Gesellschaftern keine Aktien zugeteilt werden, die dem Gesamtnennbetrag ihrer Geschäftsanteile entsprechen, können solche Geschäftsanteile ebenso wie freie Spitzen zusammengelegt werden. Aus den freien Spitzen und ausgefallenen Geschäftsanteilen gebildete Aktien stehen den Gesellschaftern gemeinschaftlich in GbR oder Bruchteilsgemeinschaft zu.[290] In der Praxis wird eine solche Zusammenlegung kaum stattfinden, weil bei einer derartigen Festsetzung der Aktien – nämlich der Nennbeträge auf einen höheren als den Mindestbetrag nach § 8 Abs. 2 und Abs. 3 AktG – die betroffenen Gesellschafter zustimmen müssen (§ 241 Abs. 1 UmwG)
Formwechsel AG oder KGaA in GmbH	Auch in diesem Fall kann passieren, dass sich einzelne Gesellschafter nicht mit dem Gesamtnennbetrag ihrer Aktien an der GmbH beteiligen können. Die Spitzen, mit denen sie sich nicht beteiligen können, sind dann zu neuen Geschäftsanteilen zusammenzulegen (§ 248 Abs. 2 i. V. m. § 226 Abs. 1 und Abs. 2 AktG). Die Zusammenlegung kann erst erfolgen, wenn die Aktionäre aufgefordert sind, ihre Aktien einzureichen und ihnen zugleich mit der Aufforderung der Kraftloserklärung der Aktien angedroht worden ist. Die betroffenen Gesellschafter werden dann an dem so gebildeten Geschäftsanteil Gesellschafter in einer GbR oder Miteigentümer.[291]

---

289 Vgl. ausführlich Widmann/Mayer/Vollrath, Umwandlungsrecht, § 194 UmwG Rn. 26.
290 § 248 Abs. 1 i. V. m. §§ 226, 222 Abs. 4 Nr. 2 AktG; vgl. zum Verfahren Kallmeyer/Blasche, UmwG, § 248 Rn. 4; Lutter/Göthel, UmwG, § 248 Rn. 12; Stratz, in: Schmitt/Hörtnagl/Stratz, UmwG/UmwStG, § 248 UmwG Rn. 5; Scheel, in: Semler/Stengel, § 248 UmwG Rn. 15 ff.; Widmann/Mayer/Rieger, § 248 UmwG Rn. 23 ff.
291 Vgl. zum Verfahren Kallmeyer/Blasche, UmwG, § 248 Rn. 8; Lutter/Göthel, UmwG, § 248 Rn. 25 ff.; Stratz, in: Schmitt/Hörtnagl/Stratz, UmwG/UmwStG, § 248 UmwG Rn. 8 F; Widmann/Mayer/Rieger, § 248 UmwG Rn. 53 ff.

f) Unbekannte Aktionäre und Festsetzung der Geschäftsanteile

Ein besonderes Problem besteht bei unbekannten Aktionären, wenn der Formwechsel in die GmbH oder Personenhandelsgesellschaft gehen soll und nicht geklärt werden kann, **in welchem Umfang die unbekannten Aktionäre im Einzelnen Aktien besitzen** und dementsprechend Geschäftsanteile bzw. Kommanditanteile erhalten sollen.[292] Dabei ist zu unterscheiden, ob aufgrund des Nennbetrags der Aktien für jede Aktie ein Geschäftsanteil entsprechend gewährt werden kann oder aufgrund des hohen Nennbetrags der Aktien nicht in allen Fällen gesichert ist, dass eine verhältniswahrende Beteiligung aller unbekannten Aktionäre möglich ist. Ist eine verhältniswahrende Beteiligung möglich, so kann der Umwandlungsbeschluss vorsehen, dass auf jeden Aktionär Geschäftsanteile i. H. d. Beträge der von ihm gehaltenen Aktien entfallen. Darüber hinaus wird es in der Literatur zugelassen, dass im Umwandlungsbeschluss bestimmt wird, dass jeder unbekannte Aktionär einen einzigen Geschäftsanteil enthält, dessen Nennbetrag dem Gesamtnennbetrag seiner Aktien entspricht.[293]

176

Durch die Neufassung des § 5 Abs. 3 GmbHG durch das MoMiG v. 23.10.2008[294] ist geregelt, dass der Geschäftsanteil (nur noch) auf volle Euro lauten muss. Die früheren Teilbarkeitsprobleme bei der Umwandlung von Aktien sind damit erledigt.[295]

Im **Zweiten Gesetz zur Änderung des UmwG** hat der Gesetzgeber ebenso wie bei Verschmelzung und Formwechsel die Problematik jetzt durch die Neufassung in § 35 UmwG geregelt. § 213 UmwG normiert die entsprechende Anwendung auch auf den Formwechsel. Unbekannte Aktionäre einer formwechselnden AG oder KGaA sind im Formwechselbeschluss, bei Anmeldungen zur Eintragung in ein Register oder bei der Eintragung in eine Liste von Anteilsinhabern durch die Angabe des insgesamt auf sie entfallenden Teils des Grundkapitals der Gesellschaft und der auf sie nach der Verschmelzung entfallenden Anteile zu bezeichnen, soweit eine Benennung der Anteilsinhaber gesetzlich vorgeschrieben ist; eine Bezeichnung in dieser Form ist nur zulässig für Anteilsinhaber, deren Anteile zusammen den zwanzigsten Teil des Grundkapitals der übertragenden Gesellschaft nicht überschreiten. Werden solche Anteilsinhaber später bekannt, so sind Register oder Listen von Amts wegen zu berichtigen. Bis zu diesem Zeitpunkt kann das Stimmrecht aus den betreffenden Anteilen in dem übernehmenden Rechtsträger nicht ausgeübt werden. Die Begründung zum RegE[296] weist darauf hin, dass vorgesehene Bezeichnung unbekannter Aktionäre durch die Angabe ihrer Aktienurkunden praktische Schwierigkeiten bereitete, wenn sich die Aktien in der Girosammelverwahrung ohne Einzelverbriefung befinden oder der Verbriefungsanspruch gem. § 10 Abs. 5 AktG sogar ganz ausgeschlossen ist. Aufgrund der Neuregelung soll daher die Bezeichnung in der Weise zugelassen werden, dass die unbekannten Anteilsinhaber in einem Sammelvermerk durch die Angabe des auf sie insgesamt entfallenden Teils des Grundkapitals der AG und der auf sie entfallenden Anteile bestimmt werden. Um Missbräuche zu verhindern, soll diese besondere Möglichkeit der Bezeichnung aber nur für Anteilsinhaber möglich sein, deren Aktien max. 5 % des Grundkapitals der Gesellschaft umfassen. Mit der erleichterten Bezeichnung noch nicht gelöst werden die Probleme, die sich nach dem Formwechsel beim Vorhandensein unbekannter Anteilsinhaber für die Wirksamkeit von Gesellschafterbeschlüssen ergeben. Deshalb soll das Stimmrecht dieser Personen so lange ruhen, bis ihre Identität geklärt ist

177

---

292 Vgl. zu diesem Problem Widmann/Mayer/Rieger, Umwandlungsrecht, § 242 UmwG Rn. 7 ff.; Lutter/Göthel, UmwG, § 242 Rn. 17 ff.
293 So Lutter/Göthel, UmwG, § 242 Rn. 17; Widmann/Mayer/Rieger, Umwandlungsrecht, § 242 UmwG Rn. 3.
294 BGBl. I, S. 2026.
295 Vgl. zum alten Recht und den Teilbarkeitsproblemen Widmann/Mayer/Rieger, Umwandlungsrecht, § 242 UmwG Rn. 9.
296 BR-Drucks. 548/06, S. 23.

VI. Sonder- und Vorzugsrechte

178 Gem. § 194 Abs. 1 Nr. 5 UmwG müssen im Umwandlungsbeschluss auch die Rechte bestimmt werden, die einzelnen Anteilsinhabern sowie den Inhabern besonderer Rechte wie Anteile ohne Stimmrecht, Vorzugsaktien, Mehrstimmrechtsaktien, Schuldverschreibung und Genussrechte (**Sonderrechte**) in der neuen Rechtsform gewährt werden sollen, oder die Maßnahmen, die für diese Personen vorgesehen sind. Diese Vorschrift hat auch insb. im Hinblick auf § 204 i. V. m. § 23 UmwG Bedeutung. Danach sind den Inhabern von Rechten in einem übertragenen Rechtsträger, die kein Stimmrecht gewähren, insb. den Inhabern von Anteilen ohne Stimmrecht, von Wandelschuldverschreibung, von Gewinnschuldverschreibung und von Genussrechten **gleichwertige Rechte in der neuen Gesellschaft zu gewähren**. Insofern haben diese Anteilsinhaber einen Anspruch auf Aufnahme einer Regelung in den Umwandlungsbeschluss gem. § 194 Abs. 1 Nr. 5 UmwG. Gem. § 204 UmwG wird also der **Verwässerungsschutz des Verschmelzungsrechts** auch auf die Umwandlung ausgedehnt. Die Inhaber von diesen stimmrechtslosen Rechten, die diese an der alten Rechtsform hatten, sollen vor einer Verwässerung ihrer Rechte durch die Umwandlung geschützt werden. Diesen sind Rechte einzuräumen, die wirtschaftlich gleichwertig sind.[297] Nach herrschender Meinung kann § 204 UmwG im Umwandlungsbeschluss **nicht abbedungen** werden. Darüber hinaus schafft die Vorschrift ein klagbares Recht, das mit einer Leistungsklage verwirklicht werden kann.[298]

179 **Wirtschaftliche Gleichwertigkeit** bedeutet nicht formal-rechtliche Gleichwertigkeit. So muss etwa bei Wandelschuldverschreibungen das Umtausch- oder das Bezugsverhältnis nicht dem ursprünglichen entsprechen. Bei Gewinnschuldverschreibungen muss eine prozentuale Koppelung an die Dividende nicht exakt beibehalten werden. Vielmehr muss der wirtschaftliche Inhalt der Gläubigerrechte an die durch die Umwandlung veränderten Verhältnisse angepasst werden. Es ist dabei aber immer zu prüfen, ob das auf den neuen Rechtsträger anwendbare Recht die Gewährung eines entsprechenden Rechts zulässt oder nicht. Ist dies nicht der Fall, dann kommt die Gewährung eines Rechts in Betracht, dass dem durch Formwechsel untergehenden Recht rechtlich und wirtschaftlich am ehesten entspricht.[299]

VII. Angebot auf Barabfindung

1. Voraussetzungen

180 Gem. § 194 Abs. 1 Nr. 6 UmwG muss der Umwandlungsbeschluss auch ein **Abfindungsangebot** nach § 207 UmwG enthalten, sofern nicht der Umwandlungsbeschluss nach den besonderen Vorschriften zu seiner Wirksamkeit der Zustimmung aller Anteilsinhaber bedarf oder an dem formwechselnden Rechtsträger nur ein Anteilsinhaber beteiligt ist (vgl. dazu auch ausführlich unten Teil 4 Rdn. 242 ff.).

181 Die Vorschrift sichert den **Abfindungsanspruch eines widersprechenden Gesellschafters** gem. § 207 Abs. 1 UmwG. Nach dieser Vorschrift hat der formwechselnde Rechtsträger jedem Anteilsinhaber, der gegen den Umwandlungsbeschluss Widerspruch zur Niederschrift erklärt, den Erwerb

---

297 Vgl. auch zum vergleichbaren Problem bei der Verschmelzung Teil 2 Rdn. 570 ff.; vgl. Kallmeyer/Meister/Klöcker, UmwG, § 194 Rn. 43, § 204 Rn. 10 ff., 22 ff.; Kalss, in: Semler/Stengel, § 204 UmwG Rn. 4 ff.; Stratz, in: Schmitt/Hörtnagl/Stratz, UmwG/UmwStG, § 23 UmwG Rn. 9 ff.; Rinnert, NZG 2001, 865 ff.; Widmann/Mayer/Vollrath, Umwandlungsrecht, § 194 UmwG Rn. 41.3; Lutter/Decher/Hoger, UmwG, § 194 Rn. 19; vgl. ferner Schürnbrand, ZHR 2009, 689 ff.; Hüffer/Koch, in: FS für Lutter, 2000, S. 1227; Kiem, ZIP 1997, 1627 ff.; Stratz, in: Schmitt/Hörtnagl/Stratz, § 23 UmwG Rn. 1; Kallmeyer/Marsch-Barner, UmwG, § 23 Rn. 1.
298 Vgl. Kallmeyer/Meister/Klöcker, UmwG, § 204 Rn. 13.
299 Kallmeyer/Meister/Klöcker, UmwG, § 204 Rn. 23; Rinnert, NZG 2001, 865 ff.; Feddersen/Kiem, ZIP 1994, 1078, 1082; Widmann/Mayer/Vollrath, Umwandlungsrecht, § 194 UmwG Rn. 41.5; Lutter/Decher/Hoger, UmwG, § 204 Rn. 26; vgl. außerdem oben Teil 2 Rdn. 570 ff., Teil 3 Rdn. 118 ff.

H. Inhalt des Umwandlungsbeschlusses

seiner umgewandelten Anteile oder Mitgliedschaften gegen eine angemessene Barabfindung anzubieten. Die Vorschrift entspricht weitgehend der Abfindung nach dem Verschmelzungsrecht (vgl. im Einzelnen oben Teil 2 Rdn. 556 ff.). Auch § 194 Abs. 1 Nr. 6 verlangt wie § 29 UmwG einen Abfindungsanspruch, sondern nur eine Verpflichtung der Gesellschafter, das Abfindungsangebot in den Umwandlungsbeschluss aufzunehmen. Das Abfindungsangebot ist also den Anteilsinhabern als Inhalt des Umwandlungsbeschlusses gem. § 194 Abs. 1 Nr. 6 UmwG zu unterbreiten.[300] Das Angebot wird durch den formwechselnden Rechtsträger abgegeben.[301]

Gem. § 194 Abs. 1 Nr. 6 kann ein **Abfindungsangebot** im Umwandlungsbeschluss **entfallen**,[302] wenn

– der Umwandlungsbeschluss zu seiner Wirksamkeit der Zustimmung aller Anteilsinhaber bedarf oder
– an dem formwechselnden Rechtsträger nur ein Anteilsinhaber beteiligt ist.

Vgl. dazu ausführlich Teil 4 Rdn. 242 ff.

2. Inhalt

Nach § 208 UmwG ist auf den Anspruch auf Barabfindung **§ 30 UmwG entsprechend** anzuwenden. Dies bedeutet, dass die Barabfindung die Verhältnisse des übertragenden Rechtsträgers im Zeitpunkt der Beschlussfassung über die Verschmelzung berücksichtigen muss (§ 30 Abs. 1 UmwG) und die Angemessenheit stets durch Verschmelzungsprüfer zu prüfen ist. Nach § 30 Abs. 2 Satz 3 können allerdings die Berechtigten **auf die Prüfung und den Prüfungsbericht verzichten**, wobei die Verzichtserklärungen notariell zu beurkunden sind.

3. Sondervorschriften

Bei **verschiedenen Formwechselvarianten** ist allerdings vom Gesetzgeber ausdrücklich die Nichtanwendung der Vorschriften für das Barangebot vorgesehen:[303]

§ 250 UmwG	Formwechsel zwischen AG und KGaA,
§ 282 Abs. 2 UmwG	Formwechsel eingetragener Vereine, die gem. § 5 Abs. 1 Nr. 9 KStG von der Körperschaftsteuer befreit sind,
§ 302 Satz 1 UmwG	Formwechsel einer Körperschaft oder Anstalt des öffentlichen Rechts,
§ 227 UmwG	Abfindung des persönlich haftenden Gesellschafters einer formwechselnden KGaA.

In diesen Fällen braucht der Entwurf des Umwandlungsbeschlusses **kein Barabfindungsangebot**.

4. Verzicht auf das Abfindungsangebot

Der Gesetzgeber hat eine Anregung, auf das Abfindungsangebot ebenfalls zu verzichten, wenn alle Gesellschafter der Umwandlung zustimmen, nicht aufgegriffen (vgl. auch oben Teil 2 Rdn. 605). Andererseits ist nur schwer verständlich, warum das Fehlen eines Abfindungsangebots zur Rechtswidrigkeit des Beschlusses führt, wenn alle Gesellschafter der Umwandlung zustimmen. In diesem Zusammenhang stellt sich auch die Frage, inwieweit auf das **Abfindungsangebot im Vorfeld**

---

300 Vgl. Decher, in: Lutter, Kölner Umwandlungsrechtstage, S. 218; Kallmeyer/Meister/Klöcker, UmwG, § 194 Rn. 45, § 207 Rn. 12 ff.; Lutter/Decher/Hoger, UmwG, § 194 Rn. 20; Useler, MittRhNotK 1998, 21, 32; BeckOGK/Simons UmwG § 194 Rn. 45 ff.
301 Stratz, in: Schmitt/Hörtnagl/Stratz, UmwG/UmwStG, § 207 UmwG Rn. 9; Widmann/Mayer/Wälzholz, Umwandlungsrecht, § 207 UmwG Rn. 26.
302 Kallmeyer/Meister/Klöcker, UmwG, § 194 Rn. 45, Lutter/Decher/Hoger, UmwG, § 194 Rn. 21 § 205 Rn. 4; Widmann/Mayer/Wälzholz, Umwandlungsrecht, § 207 UmwG Rn. 5; Stratz, in: Schmitt/Hörtnagl/Stratz, UmwG/UmwStG, § 207 UmwG Rn. 1; BeckOGK/Simons UmwG § 194 Rn. 48 ff.
303 Vgl. auch Widmann/Mayer/Wälzholz, Umwandlungsrecht, § 207 UmwG Rn. 5; Kalss, in: Semler/Stengel, § 207 UmwG Rn. 3.

verzichtet werden kann. Das Gesetz hat dies ausdrücklich nicht geregelt. Geregelt ist nur gem. § 208 i. V. m. § 30 Abs. 2 Satz 3 UmwG, dass auf die Prüfung der Angemessenheit der Barabfindung verzichtet werden kann. Die überwiegende Auffassung in der Literatur lässt zu Recht den vorherigen Verzicht auf das Barabfindungsgebot zu und folgert dies aus den allgemeinen Regeln der §§ 305, 397.[304] Die Barabfindung dient allein den Interessen der Gesellschafter, sodass keine Gründe gegen die Möglichkeit des Verzichts sprechen. Darüber hinaus spricht auch für die Tatsache, dass auf die Prüfung der Barabfindung verzichtet werden kann, dass bereits die Barabfindung verzichtbar ist. In Anlehnung an § 30 Abs. 2 Satz 3 UmwG wird man allerdings einen **notariell beurkundeten Verzicht** verlangen müssen, damit die Beteiligten über die Bedeutung dieses Verzichts entsprechend belehrt werden.[305] Der Verzicht muss außerdem von allen Anteilsinhabern erklärt werden.[306] Für die Beurkundung gelten die Vorschriften über Willenserklärungen, also die §§ 8 ff. BeurkG.[307] Er ist zum Handelsregister einzureichen.[308]

VIII. Folgen des Formwechsels für die Arbeitnehmer

186 Ebenso wie beim Spaltungs- und Verschmelzungsvertrag müssen im Umwandlungsbeschluss gem. § 194 Abs. 1 Nr. 7 auch die **Folgen des Formwechsels** für die Arbeitnehmer und ihre Vertretungen sowie die insoweit vorgesehenen Maßnahmen enthalten sein. Insoweit kann auf die Ausführungen zum Verschmelzungsrecht verwiesen werden (vgl. oben Teil 2 Rdn. 105 ff.).

IX. Formwechselstichtag

187 Bei den verschiedenen Umwandlungsarten und insb. beim Formwechsel ist zwischen den **verschiedensten Stichtagen genau zu differenzieren** (vgl. auch oben Teil 4 Rdn. 133). Die Verschmelzung und die Spaltung kennen die im Gesetz (§ 5 Abs. 1 Nr. 5 und Nr. 6 und § 126 Abs. 1 Nr. 5 und Nr. 6 UmwG) geregelten Stichtage einerseits von dem an die Anteile gewinnberechtigt sind und anderseits den sog. Verschmelzungs- bzw. Umwandlungsstichtag. Letzterer ist insb. im Zusammenhang mit der gesellschaftsrechtlich max. 8-monatigen Rückwirkung und der beizulegenden Bilanz nach § 17 Abs. 2 Satz 4 UmwG relevant. Demgegenüber kennt der Formwechsel nach UmwG zwingend im Formwechselbeschluss festzulegenden **keinen Formwechselstichtag**. Lediglich steuerlich kann (vgl. beim Formwechsel einer Personenhandelsgesellschaft in eine Kapitalgesellschaft §§ 25, 20 Abs. 7 und Abs. 8 Satz 1 UmwStG) die Rückwirkung auf einen Stichtag erfolgen, der höchstens 8 Monate vor der Anmeldung des Formwechsels zur Eintragung in das Handelsregister liegt. Gesellschaftsrechtlich bzw. handelsrechtlich bedarf es auch nicht der Beifügung einer max. 8 Monate alten Bilanz nach § 17 Abs. 2 Satz 4 UmwG. Denn § 17 Abs. 2 Satz 4 ist mangels Verweis in den §§ 190 ff. UmwG nicht auf den Formwechsel anwendbar. Die Acht-Monats-Frist bis zur Anmeldung spielt hier also keine Rolle. Aus den gleichen Gründen hat daher auch der Gesetzgeber keine Umwandlungsbilanz, sondern nur zu Information der Anteilsinhaber die Vermögensaufstellung vorgesehen.[309] Durch das **Zweite Gesetz zur Änderung des UmwG** ist dogmatisch konsequent auch diese Vermögensaufstellung weggefallen.

---

304 Lutter/Decher/Hoger, UmwG, § 194 Rn. 23; Bärwaldt, in: Semler/Stengel, § 194 UmwG Rn. 29; Kalss, in: Semler/Stengel, § 207 UmwG Rn. 17; Widmann/Mayer/Wälzholz, Umwandlungsrecht, § 207 UmwG Rn. 33; Kallmeyer/Meister/Klöcker, UmwG, § 194 Rn. 46; BeckOGK/Simons UmwG § 207 Rn. 68; Priester, DNotZ 1995, 427, 450; Usler, MittRhNotK 1998, 21, 33.
305 Kalss, in: Semler/Stengel, § 207 UmwG Rn. 17; Widmann/Mayer/Wälzholz, Umwandlungsrecht, § 207 UmwG Rn. 34.
306 Kallmeyer/Meister/Klöcker, UmwG, § 194 Rn. 46; Lutter/Decher/Hoger, UmwG, § 194 Rn. 21.
307 Widmann/Mayer/Wälzholz, Umwandlungsrecht, § 207 UmwG Rn. 34.
308 Widmann/Mayer/Wälzholz, Umwandlungsrecht, § 207 UmwG Rn. 34; Kallmeyer/Meister/Klöcker, UmwG, § 194 Rn. 46.
309 Kallmeyer/Meister/Klöcker, UmwG, § 194 Rn. 10 f.; vgl. oben Teil 4 Rdn. 85 ff.

Gesellschaftsrechtlich/handelsrechtlich bzw. mit dinglicher Wirkung wird jede Umwandlung – sowohl der Formwechsel als auch die Spaltung oder Verschmelzung – erst mit der Eintragung im Handelsregister wirksam (vgl. für den Formwechsel § 202 Abs. 1 UmwG). Dabei ist § 202 Abs. 1 und Abs. 2 UmwG dergestalt zwingend, dass eine Rückwirkung des Formwechsels zu einem früheren Zeitpunkt als der entsprechenden Registereintragung ebenso wenig zulässig ist, wie eine spätere Festlegung dieses Zeitpunkt.[310]

I. Feststellung der Satzung bzw. des Gesellschaftsvertrages des neuen Rechtsträgers

I. Grundsatz

Nach § 197 UmwG sind auf den Formwechsel die für den neuen Rechtsträger geltenden Gründungsvorschriften anzuwenden, soweit sich nichts anderes aus den besonderen Vorschriften des UmwG ergibt. Die Vorschriften über die einzelnen Gesellschaften und Rechtsträger sehen demgemäß vor, dass in dem **Umwandlungsbeschluss** neben den in § 194 UmwG genannten Bestimmungen bei den anderen Umwandlungsformen auch der Gesellschaftsvertrag, die Satzung des neuen Rechtsträgers festgestellt werden muss: 188

– Personenhandelsgesellschaft in Kapitalgesellschaft oder Genossenschaft (§ 218 Abs. 1 UmwG),
– Kapitalgesellschaft in Kapitalgesellschaft (§ 243 Abs. 1 i. V. m. § 218 Abs. 1 UmwG),
– Kapitalgesellschaft in Genossenschaft (§ 253 UmwG),
– Genossenschaft in Kapitalgesellschaft (§ 218 i. V. m. § 263 Abs. 1 UmwG),
– Verein in Kapitalgesellschaft oder Genossenschaft (§ 276 Abs. 1 i. V. m. § 218 Abs. 1 UmwG),
– Versicherungsverein auf Gegenseitigkeit in Kapitalgesellschaft oder Genossenschaft (§ 294 Abs. 1 i. V. m. § 218 Abs. 1 UmwG).

Lediglich beim Formwechsel einer Kapitalgesellschaft in eine Personengesellschaft sah § 234 UmwG i. d. F. bis zum Zweiten Gesetz zur Änderung des UmwG v. 25.04.2007 vor, dass nicht der Gesellschaftsvertrag der Personenhandelsgesellschaft oder der Personengesellschaft Bestandteil des Umwandlungsbeschlusses sein muss, sondern nur Mindestangaben. Der Gesetzgeber hat im **Zweiten Gesetz zur Änderung des UmwG** § 234 Nr. 3 UmwG dahin gehend geändert, dass auch der **Gesellschaftsvertrag der Personengesellschaft im Umwandlungsbeschluss enthalten sein** muss. Die Begründung zum RegE[311] weist auch darauf hin, dass im Gegensatz zu § 218 UmwG beim Formwechsel einer Personenhandelsgesellschaft in eine GmbH in § 234 UmwG derzeit – außer für die Partnerschaftsgesellschaft – nicht ausdrücklich vorgeschrieben war, dass beim umgekehrten Fall des Formwechsels einer Kapitalgesellschaft in eine Personengesellschaft auch der Gesellschaftsvertrag dieser Gesellschaft Bestandteil des Umwandlungsbeschlusses sein muss. 189

▶ Hinweis:

In der Praxis bestand bis zur Neuregelung im Jahr 2007 durch das **Zweite Gesetz zur Änderung des UmwG** die Unsicherheit, ob bei einem Formwechsel in die KG mit der in § 233 Abs. 2 vorgeschriebenen 3/4-Mehrheit auch der Gesellschaftsvertrag beschlossen werden kann. Daher hat das Zweite Gesetz zur Änderung des UmwG festgelegt, dass – wie in § 218 UmwG – der Gesellschaftsvertrag ausdrücklich zum notwendigen Beschlussinhalt gehört. Zwar wird damit abweichend vom sonstigen Recht der Gesellschaftsvertrag der Personengesellschaft einem Formerfordernis unterworfen. Bei einem Wechsel aus der Kapitalgesellschaft in die Personengesellschaft erscheint dem Gesetzgeber dies aber angemessen. 190

---

310 Widmann/Mayer/Vossius, Umwandlungsrecht, § 202 UmwG Rn. 34.
311 BT-Drucks. 16/2919, S. 19.

191 Mit dem Umwandlungsbeschluss beschließen also auch die Gesellschafter den Gesellschaftsvertrag oder die Satzung. Der Gesellschaftsvertrag gilt daher mit der Wirksamkeit der Umwandlung auch zugunsten der Gesellschafter, die gegen die Umwandlung gestimmt haben.[312]

192 Der **Gesellschaftsvertrag bzw. die Satzung sind damit Teil des Umwandlungsbeschlusses** und mit diesem zu beurkunden. Da der Gesellschafterbeschluss bei der Umwandlung einen sonstigen Vorgang i. S. d. § 36, 37 BeurkG betrifft, ist eine Niederschrift erforderlich, die neben der Bezeichnung des beurkundenden Notars den Bericht über seine Wahrnehmung bei dem Beschluss enthalten und von ihm eigenhändig unterschrieben sein muss (vgl. dazu bereits oben Teil 2 Rdn. 502 ff.). Es bedarf daher nicht der Vorschriften über die Beurkundung von Willenserklärungen gem. §§ 8 ff. BeurkG.,[313] Die Vorschriften über die einzelnen Gesellschaften und Rechtsträger sehen allerdings vor, dass in dem Umwandlungsbeschluss neben den in § 194 UmwG genannten Bestimmungen bei den anderen Umwandlungsformen auch der Gesellschaftsvertrag, die Satzung des neuen Rechtsträgers festgestellt werden muss (vgl. oben Teil 4 Rdn. 188 ff.) Z.T. wird verlangt,[314] dass die Beurkundung nach den §§ 8 ff. BeurkG wie bei der Neugründung durchgeführt werden muss. Diese Auffassung ist mit der h.M. abzulehnen, da es sich eben nicht um eine Neugründung, sondern um einen Rechtsformwechsel aufgrund Beschluss handelt. Eine Beurkundung des Formwechselbeschlusses nach §§ 8 ff. BeurkG ist allerdings unschädlich.[315] Eine gesonderte Unterzeichnung durch die Gesellschafter ist, da es sich hier um Teile des Beschlusses handelt, nicht erforderlich.[316] Allerdings ist die Unterzeichnung auch nicht schädlich.[317] Haben einzelne Gesellschafter an der Beschlussversammlung nicht teilgenommen, bedarf ihre Zustimmung der notariellen Beurkundung (§ 217 Abs. 1 Satz 1 i. V. m. § 193 Abs. 3 Satz 1 UmwG), die dann auch die Zustimmung zum Gesellschaftsvertrag oder der Satzung erfasst. Dies braucht in der Zustimmungserklärung nicht gesondert erklärt werden.[318]

II. Ausgestaltung der Satzung bzw. des Gesellschaftsvertrages

193 Der Inhalt der Satzung oder des Gesellschaftsvertrages des neuen Rechtsträgers richtet sich nach den Vorschriften, die auf den neuen Rechtsträger anwendbar sind. Es sind daher die Angaben zu machen, die nach den Spezialgesetzen (GmbHG, AktG, GenG, BGB etc.) vorgeschrieben sind.

194 Auch beim Formwechsel von einer Kapitalgesellschaft in eine Kapitalgesellschaft anderer Rechtsform verweist § 243 Abs. 1 auf § 218 UmwG und bestimmt außerdem, dass Festsetzungen über Sondervorteile, Gründungsaufwand, Sacheinlagen und Sachübernahmen, die in dem Gesellschaftsvertrag oder in der Satzung der formwechselnden Gesellschaft enthalten sind, in den Gesellschaftsvertrag oder die Satzung der Gesellschaft neuer Rechtsform zu übernehmen sind. Insofern

---

312 Widmann/Mayer/Vossius, Umwandlungsrecht, § 218 UmwG Rn. 5; Kallmeyer/Blasche, UmwG, § 218 Rn. 2; BeckOGK/Kühn UmwG § 218 Rn. 7.
313 Kallmeyer/Zimmermann, § 193 UmwG Rn. 28; Widmann/Mayer/Vollrath, Umwandlungsrecht, § 193 UmwG Rn. 12 ff.; Stratz, in: Schmitt/Hörtnagl/Stratz, UmwG/UmwStG, § 218 UmwG Rn. 5, § 243 UmwG Rn. 3; Kallmeyer/Dirksen/Blasche, UmwG, § 218 Rn. 2; BeckOGK/Kühn UmwG § 218 Rn. 8; Scholz/Priester/Veil GmbHG § 53 Rn 69; OLG Köln BB 1993, 317, 318; Widmann/Mayer/Vossius § 218 Rn 5, § 217 Rn. 21, 24; KölnerKommUmwG/Dauner-Lieb/Tettinger Rn 17.
314 So Lutter/Joost, § 218 UmwG Rn. 3.
315 OLG Köln BB 1993, 317, 318.
316 So zu Recht h. M. Widmann/Mayer/Vossius, Umwandlungsrecht, § 217 f. UmwG Rn. 28; Widmann/Mayer/Rieger, Umwandlungsrecht, § 244 UmwG Rn. 17; Kallmeyer/Blasche, UmwG, § 218 Rn. 2; Stratz, in: Schmitt/Hörtnagl/Stratz, UmwG/UmwStG, § 218 UmwG Rn. 5; Schlitt, in: Semler/Stengel, § 218 UmwG Rn. 6; a. A. allerdings Lutter/Joost, § 218 UmwG Rn. 3, der eine Unterzeichnung und die Beurkundung nach den §§ 8 ff. BeurkG verlangt, ebenso Lutter/Göthel § 244 UmwG Rn. 15, KölnKom/Petersen, § 244 UmwG Rn. 10; diese Auffassung ist abzulehnen.
317 OLG Köln, BB 1993, 317, 318; Kallmeyer/Blasche, UmwG, § 218 Rn. 2, empfiehlt dies im Hinblick auf den Streit.
318 Kallmeyer/Blasche, UmwG, § 218 Rn. 2.

sind also nicht nur die durch den Formwechsel bedingten Veränderungen des Gesellschaftsvertrages, sondern der **gesamte Wortlaut** aufzunehmen.[319]

1. Notwendige Satzungs-/Gesellschaftsvertragsänderungen

Da für die Satzung des Zielrechtsträgers im Regelfall andere Vorschriften gelten als für die des Ausgangsrechtsträgers, müssen die **Satzungen** insofern den Vorschriften des neuen Rechtsträgers **angepasst** werden. Die Literatur spricht in diesem Zusammenhang von den sog. notwendigen Satzungsänderungen, die erforderlich sind, um Einklang mit den neuen Vorschriften herzustellen.[320] Zu den notwendigen Satzungsänderungen wird man auch die rechnen müssen, die sich aus den **strukturellen Änderungen**, etwa Wegfall eines Aufsichtsrates o. ä. ergeben.

2. Fakultative Satzungsänderungen

Es besteht in der Literatur darüber hinausgehend zu Recht Einigkeit, dass i. R. d. Anpassung der Satzung auch Satzungsänderungen vorgenommen werden, die über die reinen notwendigen Satzungsänderungen hinausgehen (sog. **fakultative Satzungsänderungen**). Bereits zum bis 1995 geltenden Recht bestand überwiegend die Auffassung, dass auch eine vollumfängliche Neufassung der Satzung unter Einschluss aller sinnvoll erachteten Änderungen einheitlich mit dem Umwandlungsbeschluss vorgenommen werden kann.[321] So ergeben sich insb. auch **spezifische Anpassungsbedürfnisse**, die aus der Eigenart des formwechselnden Rechtsträgers resultieren. Wird etwa eine AG in eine Personengesellschaft (z. B. GmbH & Co. KG) umgewandelt, so wird, wenn es sich vorher um eine Publikumsaktiengesellschaft gehandelt hat, das gesetzliche Normalstatut für die Personengesellschaft nicht den besonderen Anforderungen einer Publikumsgesellschaft gerecht werden, sodass umfangreiche Anpassungen des Gesellschaftsvertrages erforderlich sind.[322] In der Gestaltung des Gesellschaftsvertrages bzw. Satzung sind daher die Gesellschafter weitgehend frei.[323] Allerdings sind dabei auch Grenzen einzuhalten.

In der Literatur ist dabei umstritten, welche **Anforderungen** bzgl. der Beschlussmehrheiten an derartige fakultative Satzungsänderungen zu stellen sind. Z. T. geht die Literatur davon aus, dass, da die neue Satzung Teil des Umwandlungsbeschlusses ist, einheitlich unabhängig vom Inhalt der Satzungsänderung nur die Beschlussmehrheiten für den Umwandlungsbeschluss gelten, bei der Personengesellschaft also u. U. 3/4-Mehrheit.[324] Demgegenüber ist ein anderer Teil der Literatur der Auffassung, dass fakultative Satzungsänderungen stets nach den besonderen Beschlussvoraussetzungen der Ausgangsrechtsform gefasst werden müssen.[325] Nach der letzten Meinung ist es nicht gerechtfertigt, Änderungen die nur bei Gelegenheit des Umwandlungsbeschlusses erfolgen eine 3/4-Mehrheit genügen zu lassen.[326]

---

319 Kallmeyer/Blasche, UmwG, § 243 Rn. 1, 7.
320 Vgl. Kallmeyer/Blasche, UmwG, § 243 Rn. 7; Lutter/Göthel, UmwG, § 243 Rn. 26 ff.; Widmann/Meyer/Rieger, Umwandlungsrecht, § 243 UmwG Rn. 10 f.; Stratz, in: Schmitt/Hörtnagl/Stratz, UmwG/UmwStG, § 218 UmwG Rn. 3, § 243 Rn. 3; Mutter, in: Semler/Stengel, § 243 UmwG Rn. 9; Meyer-Landruth/Kiem, WM 1997, 1361, 1368.
321 Vgl. etwa Semler/Grunewald, in: Geßler/Hefermehl/Eckardt/Kopp, AktG, § 369 Rn. 11; KK-AktG/Zöllner, § 369 Rn. 13; zum UmwG 1995 Kallmeyer/Blasche, UmwG, § 243 Rn. 9; Lutter/Göthel, UmwG, § 243 Rn. 30; Widmann/Mayer/Rieger, Umwandlungsrecht, § 243 UmwG Rn. 12.
322 Vgl. dazu Meyer-Landruth/Kiem zum Formwechsel einer Publikums-AG in eine KG, WM 1997, 1361, 1368 ff.
323 Vgl. Kallmeyer/Blasche, UmwG, § 243 Rn. 9.
324 So Meyer-Landruth/Kiem, WM 1997, 1368; Kallmeyer/Blasche, UmwG, § 218 Rn. 2; wohl auch Mutter, in: Semler/Stengel, § 243 UmwG Rn. 12.
325 So Lutter/Göthel, UmwG, § 243 Rn. 30; Reichert, GmbHR 1995, 176, 193; Widmann/Mayer/Rieger, Umwandlungsrecht, § 243 UmwG Rn. 14; Stratz, in: Schmitt/Hörtnagl/Stratz, UmwG/UmwStG, § 218 UmwG Rn. 3, § 243 Rn. 3; Kallmeyer/Blasche, UmwG, § 243 Rn. 9.
326 So Widmann/Mayer/Rieger, Umwandlungsrecht, § 243 UmwG Rn. 14.

197 Das **wichtigste Beispiel** der fakultativen Satzungsänderung ist der Fall, in dem anlässlich der Umwandlung die Vinkulierung der Anteile des neuen Rechtsträgers eingeführt werden soll. Ist Ausgangsrechtsträger eine AG, bedürfte die nachträgliche Einführung der Vinkulierung von Aktien der Zustimmung der betroffenen Aktionäre gem. § 180 Abs. 2 AktG. Da der Gesetzgeber dieses Problem oftmals nicht gesehen hat, spricht einiges dafür, dass ein derartiger Vorgang des UmwG nicht gewollt war, sodass die besonderen Zustimmungserfordernisse für die fakultative Satzungsänderung einzuhalten sind.[327]

Der BGH hat in der sog. Freudenberg-Entscheidung v. 15.11.1982[328] festgestellt, dass die Umwandlung nicht dazu ausgenutzt werden darf, weitere, nicht durch die Umwandlung selbst oder ihre Gründe notwendig veranlasste Veränderungen der bestehenden Gesellschaftsstruktur zu beschließen; vielmehr sollen der Charakter der Gesellschaft, die Grundzüge der Gesellschaftsorganisation, die Kompetenzen der Gesellschaftsorgane und die Rechtsposition der einzelnen Gesellschafter i. R. d. rechtlich und tatsächlich Möglichen erhalten, angepasst und notwendige Veränderungen nur nach den Grundsätzen des geringstmöglichen Eingriffs vorgenommen werden. In der Entscheidung v. 09.05.2005[329] hat er allerdings einschränkend festgestellt, dass es darauf ankomme, ob der Umwandlungsbeschluss etwa eine zusätzliche, nicht rechtsformbedingte, den Gesellschaftern nachteilige Ungleichbehandlung mit sich gebracht hätte. Daraus folgert auch die Literatur, dass der Inhalt des neuen Gesellschaftsvertrages der allgemeinen Treuepflicht unterliege, durch die Umwandlung dürfen also keine Nachteile zulasten der Minderheit beschlossen werden.[330]

III. Kapitalfestsetzung der neuen Gesellschaft

1. Kapital der Zielgesellschaft

198 Auch in der im Umwandlungsbeschluss festzusetzenden Satzung bzw. dem Gesellschaftsvertrag oder Satzung ist entsprechend den Sondergesetzen das Kapital der Gesellschaft festzusetzen. Da dieses bereits Teil des Umwandlungsbeschlusses ist, ist darauf zu achten, dass insofern **Übereinstimmung zwischen den Angaben** nach § 194 Abs. 1 Nr. 4 UmwG im Umwandlungsbeschluss und der Satzung besteht. Im Umwandlungsbeschluss könnte auch auf die beigefügte Satzung verwiesen werden. Wegen der Einzelheiten der Kapitalfestsetzung kann auf die obigen Ausführungen verwiesen werden (vgl. oben Teil 4 Rdn. 150 ff.).

2. Kapitalmaßnahmen im Zusammenhang mit dem Formwechsel

199 § 243 Abs. 2 UmwG bestimmt, dass beim Formwechsel von einer Kapitalgesellschaft in eine Kapitalgesellschaft anderer Rechtsform »*Vorschriften anderer Gesetze über die Änderung des Stammkapitals oder des Grundkapitals unberührt*« bleiben. Die Vorschrift ist im Zusammenhang mit § 247 Abs. 1 UmwG zu sehen. Denn diese Vorschrift bestimmt, dass das bisherige Stammkapital einer formwechselnden GmbH zum Grundkapital der Gesellschaft neuer Rechtsform oder das bisherige Grundkapital einer formwechselnden AG oder KGAA zum Stammkapital einer Gesellschaft neuer Rechtsform wird. Diese Vorschrift regelt also die sog. Kontinuität des Nennkapitals, die Höhe des Nennkapitals wird durch den Formwechsel nicht berührt. Sie ist Ausfluss des Identitätsprinzips.[331]

---

327 So auch die überwiegende Meinung Lutter/Göthel, UmwG, § 243 Rn. 30; Widmann/Mayer/Rieger, Umwandlungsrecht, § 243 UmwG Rn. 14; a. A. Meyer-Landruth/Kiem, WM 1997, 1368.
328 BGHZ 85, 350 = NJW 1983, 1065.
329 AG 2005, 613 = DB 2005, 1842 = DNotZ 2005, 864 = ZNotP 2005, 392.
330 So Kallmeyer/Blasche, UmwG, § 234, Rn. 8, § 243 Rn. 9; Lutter/Göthel, UmwG, § 243 Rn. 30 ff.
331 Vgl. vgl. oben Teil 4 Rdn. 7 ff.; Widmann/Mayer/Rieger, Umwandlungsrecht, § 247 UmwG Rn. 11; BeckOGK/Herfs/Link UmwG § 247 Rn. 3; Lutter/Göthel UmwG § 247 Rn. 25; Semler/Stengel/Scheel § 247 UmwG Rn. 9; Kölner KommUmwG/Petersen § 247 UmwG Rn. 2; Schmitt/Hörtnagl Stratz/Stratz § 247 UmwG Rn. 3; Habersack/Schürnbrand NZG 2007, 3.

Nach § 243 Abs. 2 UmwG besteht aber die Möglichkeit einer **Veränderung der Kapitalziffer** nach den allgemeinen Vorschriften. Solche Kapitaländerungen i. R. d. Formwechsels sind ohne Weiteres zulässig und können zur Anpassung an die neue Rechtsform sogar erforderlich sein, wenn etwa das Kapital der formwechselnden Gesellschaft nicht das für die neue Rechtsform vorgeschriebene Mindestkapital erreicht.[332] Für eine Änderung des Grund- bzw. Stammkapitals bedarf es allerdings zwingend einer gesonderten, förmlichen Kapitalerhöhung bzw. -herabsetzung nach den allgemeinen Vorschriften (§§ 55 ff. GmbHG; §§ 182 ff.AktG), die dann zusätzlich zur Anwendung kommen.[333]

200

Dem Gesetz lässt sich allerdings nicht entnehmen, ob auf die Kapitaländerungsmaßnahme das Recht des formwechselnden (Ausgangs-)Rechtsträgers oder das für die Gesellschaft neuer Rechtsform geltende Recht Anwendung findet. Die überwiegende Literatur stellt auf den **Eintragungszeitpunkt des Formwechsels** ab (Grundsatz der Maßgeblichkeit der Eintragung). Soll die Kapitalveränderung im Zeitpunkt der Wirksamkeit des Formwechsels, also bei dessen Eintragung bereits wirksam sein, so sind die für die formwechselnde Gesellschaft einschlägigen Vorschriften anzuwenden. Gleiches gilt, wenn die Kapitaländerungen zwar gleichzeitig mit der Umwandlung wirksam werden, aber von dieser rechtlich unabhängig sein sollen.[334] Die Kapitalveränderung muss – wenn sie nicht ausnahmsweise nach dem Recht der neuen Rechtsform erfolgt – in der logischen Sekunde vor der Eintragung der neuen Rechtsform bzw des Rechtsträgers neuer Rechtsform erfolgen.[335]

201

▶ Hinweis:

Wird die Kapitaländerung vor dem Formwechsel eingetragen und erfolgt sie nach altem Recht, so ist zu berücksichtigen, dass auch im Umwandlungsbeschluss die Veränderungen, die erst mit der Eintragung wirksam werden, die aber dann auch das Kapital des formwechselnden Rechtsträgers betreffen, berücksichtigt werden.

202

Eine **Ausnahme** lässt die Literatur für den Fall zu, dass die Kapitaländerung erst mit dem Formwechsel wirksam wird und mit diesem stehen und fallen soll. In diesem Fall wird es als zulässig angesehen, anstelle der für die bisherige Rechtsform geltenden Vorschriften bereits das Recht anzuwenden, das für die neue Rechtsform gilt.[336] Dies setzt allerdings voraus, dass die Kapitaländerung in dem Beschluss ausdrücklich von der Wirksamkeit des Formwechsels abhängig gemacht und diese Abhängigkeit auch in der Anmeldung der Eintragung der Kapitalveränderung zum Handelsregister ausgewiesen wird. Soll die Wirksamkeit der Kapitaländerung von der Wirksamkeit des Formwechsels abhängig sein, wird in der Literatur zugelassen, dass die Eintragung der Kapitalmaßnahme vor der Eintragung des Formwechsels erfolgt, die Kapitalmaßnahme aber bereits dem Recht des neuen Rechtsträgers unterstellt wird.[337] In diesem Fall wird man mit der

203

---

332 Vgl. Lutter/Göthel, UmwG, § 243 Rn. 40; Kallmeyer/Blasche, UmwG, § 243, Rn. 10, § 247 Rn. 2; Mertens, AG 1995, 561, 562.
333 BeckOGK/Herfs/Link UmwG § 243 Rn. 9; Kallmeyer/Blasche § 243 UmwG Rn. 7; Lutter/Göthel § 243 UmwG Rn. 41; Lutter/Göthel § 247 UmwG Rn. 4, 6; Schmitt/Hörtnagl/Stratz/Stratz UmwG § 243 Rn. 6, § 247 Rn. 3; Kölner KommUmwG/Petersen § 243 UmwG Rn. 11; Widmann/Mayer/Rieger § 247 Rn. 11.
334 Lutter/Göthel, UmwG, § 243 Rn. 36; Kallmeyer/Blasche, UmwG, § 243 Rn. 8; Mutter, in: Semler/Stengel, § 243 UmwG Rn. 25; BeckOGK/Herfs/Link UmwG § 243 Rn. 12; teilw. abweichend Widmann/Mayer/Rieger, Umwandlungsrecht, § 243 UmwG Rn. 47 ff.
335 Schmitt/Hörtnagl/Stratz/Stratz UmwG § 243 Rn. 7.
336 Lutter/Göthel, UmwG, § 243 Rn. 37; Mertens, AG 1995, 561, 562; Widmann/Mayer/Rieger, Umwandlungsrecht, § 243 UmwG Rn. 51.
337 So Semler/Stengel/Mutter UmwG § 243 Rn. 25; Lutter/Göthel UmwG § 243 Rn. 44.

Literatur auch ein Wahlrecht zubilligen können.[338] Die genannten Stimmen in der Literatur gehen zu Recht davon aus, dass es sich bei der Verknüpfung letztlich um ein »technisches Hilfsmittel« handelt und nicht um eine unzulässige Bedingung.[339] Für formale Anforderungen an Gremienbeschlüsse sollen nach dieser Meinung aber auch dann die Regeln der alten Rechtsform gelten, denn die Regeln der neuen Rechtsform können noch nicht eingehalten werden.[340] In der Praxis empfiehlt sich, eine bestimmte Reihenfolge zu beantragen, um eine Kapitalmaßnahme beim Formwechsel GmbH- oder Aktienrecht zu unterwerfen.[341]

IV. Formwechsel als Sachgründung und besondere Angaben in der Satzung beim Formwechsel

204 In der Praxis stellen sich weitere Fragen der Satzungsgestaltung beim Formwechsel.[342]

1. Formwechsel als Sachgründung

205 Schon bei den Vorgängervorschriften des § 197 Satz 1 UmwG im bis 1995 geltenden Umwandlungsrecht hat die allgemeine Verweisung auf die Gründungsvorschriften im Einzelfall zu **Zweifelsfragen hinsichtlich des konkreten Umfangs der Verweisung** geführt. Die Praxis der Registergerichte neigte bisweilen zu einer extensiven Anwendung der Sachgründungsvorschriften für die GmbH bzw. AG im Rahmen einer Umwandlung.[343] Decher/Hoger[344] weist darauf hin, dass die Formulierung in § 197 Satz 1 UmwG insoweit zu keiner Klärung beigetragen habe.[345] Eine Weichenstellung für viele Zweifelsfragen ergebe sich allerdings aus dem Grundverständnis des § 197 Satz 1 UmwG. Dies ist aber offenbar bereits umstritten. Insb. werden zur Frage der dogmatischen Einordnung des Formwechsels allgemein als Sachgründung oder nur identitätswahrendem Wechsel des Rechtskleides in der Literatur sehr unterschiedliche Schwerpunkte gelegt. Davon ist aber gerade die Einordnung des § 197 UmwG abhängig. Die Frage wurde bereits oben angesprochen (vgl. Teil 4 Rdn. 7).

206 Decher/Hoger[346] meint, dass der Formwechsel in der Sache nicht eine Neugründung des formwechselnden Rechtsträgers darstellt. Durch den Formwechsel ändere sich an der Identität des Rechtsträgers nichts. Der Formwechsel werde nur zur Vermeidung eines Unterlaufens der für das Kapitalgesellschaftsrecht grundlegenden Kapitalaufbringungsvorschriften entsprechend den Regeln für eine (Sach-) Gründung behandelt.[347] Die Anwendung des § 197 Satz 1 UmwG diene also nur dem Umgehungsschutz. Daraus folge, dass beim Formwechsel trotz der allgemeinen Verweisung des § 197 Satz 1 UmwG nicht sämtliche Sachgründungsvorschriften anwendbar seien. Anderenfalls würde praktisch eine Neugründung erforderlich, die ausweislich der Gesetzesmaterialien durch den Formwechsel gerade vermieden werden sollte.[348] Der Formwechsel werde im Grundsatz nur dann wie eine (Sach-) Gründung behandelt, soweit es eines Schutzes vor der

---

338 Widmann/Mayer/Rieger, Umwandlungsrecht, § 243 UmwG Rn. 53; Lutter/Göthel § 243 UmwG Rn. 44; BeckOGK/Herfs/Link UmwG § 243 Rn. 17 ff.; ablehnend Kallmeyer/Blasche § 243 UmwG Rn. 8.
339 So zu Recht BeckOGK/Herfs/Link UmwG § 243 Rn. 17.1.
340 BeckOGK/Herfs/Link UmwG § 243 Rn. 13, 18.
341 So Semler/Stengel/Mutter UmwG § 243 Rn. 23.
342 Vgl. ausführlich Heidinger/Limmer/Holland/Reul, Gutachten des DNotI, Bd. IV, Gutachten zum Umwandlungsrecht, Nr. 48, S. 343.
343 Lutter/Decher/Hoger, UmwG, § 197 Rn. 4.
344 In: Lutter, UmwG, § 197 Rn. 4.
345 Vgl. auch Mertens, AG 1995, 561; K. Schmidt, ZGR 1993, 366, 369.
346 Lutter/Decher/Hoger, UmwG, § 197 Rn. 5 ff.
347 Vgl. auch Ganske, Regierungsbegründung, S. 220.
348 Ganske, Regierungsbegründung, S. 220.

Umgehung der Gründungsvorschriften im Kapitalgesellschaftsrecht – insb. des Grundsatzes der Kapitalaufbringung – bedürfe.[349]

Joost führt[350] allerdings zum Formwechsel aus der Personengesellschaft aus, dass § 220 Abs. 1 UmwG das für die Gründung von Kapitalgesellschaften grundlegende Prinzip der Deckung des Kapitals durch aufgebrachtes Vermögen verwirkliche und damit die Konsequenzen daraus ziehe, dass der Formwechsel in § 197 UmwG allgemein wie eine Gründung behandelt werde. Da der Formwechsel nach der gesetzlichen Konzeption wie eine Sachgründung behandelt werde, sei bei dem Formwechsel in eine AG ein **Gründungsbericht nach § 32 AktG anzufertigen**. Der Formwechsel enthalte, ungeachtet der Identitätsthese, materiell eine Sachgründung.[351]

207

Vossius[352] hält den Formwechsel ganz allgemein **nur für die Änderung der Rechtsform eines Rechtsträgers**. Kriterium des Formwechsels und zugleich sein Unterscheidungsmerkmal von den anderen Formen der Umwandlung bleibe die wirtschaftliche Kontinuität des Rechtsträgers vor und nach dem Formwechsel. Dabei verzichte das UmwG seinem Wortlaut und seiner Systematik nach auf die Figur der übertragenden Umwandlung.[353] Durch die Verweisung in § 197 Satz 1 UmwG auf die für die neue Rechtsform geltenden Gründungsvorschriften werden v. a. die für Kapitalgesellschaften wichtigen Vorschriften über die Gründungsprüfung und über die Verantwortlichkeit der Gründer in das Umwandlungsrecht einbezogen.[354] Damit werde dem Umstand Rechnung getragen, dass formwechselnde Umwandlungen ihrem Inhalt nach letztlich vereinfachte, privilegierte Sachgründungen darstellen. Aus dem das Recht des Formwechsels dominierenden Identitätsprinzip folge allerdings, dass der Formwechsel nicht einfach als fiktive Auflösung und Neugründung des Rechtsträgers mittels Sacheinlage definiert werden könne. Eine solche Sichtweise entspreche nicht dem Willen des Gesetzgebers. Ausweislich der Gesetzesbegründung[355] dürfen die Gründungsvorschriften »nicht uneingeschränkt für anwendbar erklärt werden«. Dadurch würde praktisch eine Neugründung erforderlich, die durch den Formwechsel gerade vermieden werden soll. Die Gesellschafter sollen also gerade nicht verpflichtet sein, Sacheinlagen zu übernehmen und zu leisten.[356] Überdies seien nach dem Wortlaut des § 197 Satz 1 UmwG die Gründungsvorschriften nur insoweit anzuwenden, als sich aus dem Buch über den Formwechsel nichts anderes ergebe. Sinn und Zweck der Regelung in § 197 Satz 1 UmwG müsse es deshalb sein, unter grds. Beachtung des Identitätsprinzips sicherzustellen, dass durch den Formwechsel der Kapitalaufbringungsschutz und damit der Schutz der Gläubiger der Zielrechtsform nicht beeinträchtigt werde. Die Vorschrift diene somit dem Umgehungsschutz und verlange nach einer praktischen Umsetzung, die sich streng an diesem Schutzprinzip orientiert. Daraus folge, dass beim Formwechsel trotz allgemeiner Verweisung des § 197 Satz 1 UmwG nicht sämtliche Sachgründungsvorschriften uneingeschränkt anwendbar seien. Der Formwechsel werde im Grundsatz somit nur dann wie eine (Sach-) Gründung behandelt, soweit es eines Schutzes vor der Umgehung der Gründungsvorschriften im Kapitalgesellschaftsrecht – insb. des Grundsatzes der Kapitalaufbringung – bedürfe.[357]

208

---

349 Ebenso schon zu § 378 AktG a. F.: Finken/Decher/Hoger, AG 1989, 391, 394.
350 Lutter/Joost, UmwG, § 220 Rn. 5, 6 und 15.
351 Vgl. Joost, Formwechsel von Personenhandelsgesellschaften, S. 245, 255; dies werde von K. Schmidt, ZIP 1995, 1385, 1389 nicht verkannt.
352 Widmann/Mayer/Vossius, Umwandlungsrecht, § 190 UmwG Rn. 23 ff.
353 Widmann/Mayer/Vossius, Umwandlungsrecht, § 190 UmwG Rn. 25.
354 Widmann/Mayer/Vossius, Umwandlungsrecht, § 197 UmwG Rn. 3.
355 Vgl. BR-Drucks. 75194, abgedruckt bei Gesetzesbegründung unter Begründung UmwG, S. 128.
356 Zutreffend Fischer, BB 1995, 2173/2170; Goutier/Knopf/Tulloch/Laumann, Umwandlungsrecht, § 197 UmwG Rn. 2 und Rn. 3; K. Schmidt, ZIP, 1385/1389; Lutter/Decher/Hoger, UmwG, § 197 Rn. 5.
357 Vgl. Lutter/Decher/Hoger, UmwG, § 197 Rn. 5; Finken/Decher/Hoger, AG 1989, 391, 394.

209 Die in § 197 Satz 1 UmwG enthaltene **Verweisung auf das Gründungsrecht** wurde teilweise als widersprüchlich[358] bzw. als rechtspolitisch verfehlt[359] kritisiert. Dabei ist jedoch zu beachten, dass der »Identitätsgrundsatz« keineswegs gleichbedeutend ist mit Kontinuität des Rechtsträgers um jeden Preis.[360] Über die Reichweite der Anwendung gründungsrechtlicher Vorschriften ist aber auch bei Berücksichtigung des Identitätsdogmas keine zwingende Aussage getroffen. Vorrangig muss sein, dass der Gläubigerschutz beim Ausgangsrechtsträger nicht dadurch umgangen werden dürfe, dass die Zielrechtsform weniger strengen Gründungsprüfungs- und Kapitalaufbringungsregeln unterworfen wird[361] der die Einordnung des Formwechsel von Personenhandelsgesellschaften in Kapitalgesellschaften als Fall der Wahrung der Identität begrüßt, insofern das Erfordernis der gründungsrechtlichen Kapitalaufbringungskontrolle zumindest bejaht). Auf der anderen Seite ist aber auch zu beachten, dass die Gläubiger des Ausgangsrechtsträgers nach dem Formwechsel nicht stärker geschützt sein sollen als vor dem Formwechsel. Da die §§ 190 ff. UmwG nur den Wechsel der Rechtsform ein und desselben Rechtsträgers behandeln, müssen die jeweiligen Gründungsvorschriften, die auf einen echten Gründungsvorgang mit Vermögensübertragung abstellen, keineswegs – wie bereits ausgeführt –»sklavisch« angewandt werden. Entscheidender Gesichtspunkt ist, dass die vereinfachte Rechtstechnik des Formwechsels nicht zur Umgehung der für die eigentliche Zielrechtsform geltenden Gründungsvorschriften eingesetzt werden dürfe.[362]

210 **Priester**[363] vertritt – allerdings im Zusammenhang mit dem Formwechsel einer Personengesellschaft in die AG – die These, dass der Formwechsel mehr ist als eine bloße Satzungsänderung. Es sei im Prinzip **Gesellschaftsgründung**, wenn auch ohne Vermögenstransfer. **Meister/Klöcker**[364] sprechen sich daher auch für eine restriktive Anwendung der Sachgründungsvorschriften aus, der Formwechsel sei nicht Neugründung in Form der Sachgründung.[365]

2. Satzungsinhalt

a) Formwechsel zwischen Kapitalgesellschaften (§ 243 Abs. 1 AktG)

211 Im Hinblick auf die Frage, welchen Inhalt die Satzung des Zielrechtsträgers, also der AG bzgl. des Gegenstandes der Sacheinlagen haben muss, ist genau zu differenzieren. § 243 Abs. 1 Satz 2 UmwG schreibt für den Formwechsel in eine Kapitalgesellschaft anderer Rechtsform vor, dass Festsetzungen über Sacheinlagen und Sachübernahmen, die in dem Gesellschaftsvertrag oder in der Satzung der formwechselnden Gesellschaft enthalten sind, in den Gesellschaftsvertrag oder in die Satzung der Gesellschaft neuer Rechtsform zu übernehmen sind. Dies betrifft allerdings hier nur die Angaben in der GmbH-Satzung, also die i. R. d. historischen Sachgründung erfolgten Festsetzungen im GmbH-Gesellschaftsvertrag.[366]

b) Angaben über Sacheinlagen

212 Durch die Verweisung in § 197 UmwG auch auf §§ 26 und 27 AktG könnte sich allerdings auch die Verpflichtung ergeben, in der Satzung der AG Angaben über Sacheinlagen und Sachübernahmen bzgl. der Entstehung der AG aus dem Formwechsel aufzunehmen. Diesbezüglich ist die

---

358 Vgl. Decher, in: Lutter, Kölner Umwandlungsrechtstage, S. 211.
359 Vgl. Happ, in: Lutter, Kölner Umwandlungsrechtstage, S. 242; Stellungnahme des Handelsrechtsausschusses des Deutschen Anwaltsvereins e. V. zum RefE eines Gesetzes zur Bereinigung des Umwandlungsrechts, WPM 1993; Sonderbeilage Nr. 2 Rn. 162 und Rn. 185.
360 Zutreffend Busch, AG 1995, 555.
361 Vgl. hierzu auch Hennrichs, ZIP 1995, 794, 797; K. Schmidt, ZGR 1993, 366, 372.
362 Vgl. K. Schmidt, ZGR 1993, 366, 369; Busch, AG 1995, 555, 556 und auch Dehmer, UmwG, UmwStG, § 197 UmwG Anm. 3.
363 Kapitalgrundlage beim Formwechsel, DB 1995, 911 ff., 913.
364 In Kallmeyer UmwG, § 197 Rn. 7.
365 Vgl. auch OLG Frankfurt, DB 1999, 733.
366 Lutter/Decher/Hoger, UmwG, § 197 Rn. 16; Kallmeyer/Meister/Klöcker, § 197 UmwG Rn. 17 f.

Rechtslage streitig. Zum vor 1995 geltenden Recht vertrat **Priester**,[367] dass Sacheinlagen aus Anlass der Umwandlung sich nur aus einer etwa gleichzeitig vorgenommenen Kapitalerhöhung ergeben könnten. Nach **Mayer**[368] bezieht sich die Bestimmung des § 27 AktG, die über § 197 Satz 1 UmwG Anwendung findet, auf den Übergang des Vermögens des formwechselnden Rechtsträgers auf die AG. Dementsprechend müsse die Satzung gem. § 197 Satz 1 UmwG i. V. m. § 27 Abs. 1 Satz 1 AktG Festsetzungen über den Gegenstand der Sacheinlage, die Person des Einlegenden und den Nennbetrag des Grundkapitals, auf den sich die Sacheinlage bezieht, enthalten. Im Kontext des Formwechsels bedeute dies, dass das Vermögen des formwechselnden Rechtsträgers und der formwechselnde Rechtsträger selbst zu bezeichnen sind. Hierfür genüge ein Hinweis, dass die Gesellschaft durch Formwechsel einer genau zu bezeichnenden Gesellschaft entstanden sei. Üblich sei eine Bezeichnung: »Das Grundkapital wird durch Formwechsel der X-GmbH mit Sitz in J erbracht«. Der »Nennbetrag der bei der Sacheinlage zu gewährenden Aktien« sei nicht näher zu bezeichnen, weil er im Fall des Formwechsels mit dem Betrag des Grundkapitals der AG identisch sei. Fehle es an den nach § 197 Satz 1 UmwG i. V. m. § 27 Abs. 1 AktG erforderlichen Festsetzungen, so dürfe die Umwandlung nicht im Handelsregister eingetragen werden.[369]

Auch Vossius[370] geht in seinem Muster für den Formwechsel einer GmbH in die AG in der auszugsweise abgedruckten Satzung der AG davon aus, dass Angaben zur Aufbringung des Grundkapitals in der Satzung nach § 197 UmwG i. V. m. § 27 Abs. 1 Satz 1 AktG erforderlich sind.[371] Im Hinblick auf § 202 Abs. 1 Nr. 1 UmwG genüge der Hinweis auf den Formwechsel, da weder eine Einzel- noch eine Gesamtrechtsnachfolge vorliege. Daher schlägt er als Formulierung Folgendes vor: »*Das Grundkapital wird durch Formwechsel des bisherigen Rechtsträgers des Vermögens und der Verbindlichkeiten der Gesellschaft, der N-GmbH mit dem Sitz in N, erbracht.*«

213

Laumann[372] sieht im Zusammenhang mit der Umwandlung in eine AG, dass jede Umwandlung im Grunde eine vereinfachte Sachgründung darstellt. Über den genauen Inhalt der AG-Satzung sagt er jedoch nichts. Er argumentiert jedoch, dass nicht die Gründung der Ausgangsrechtsform beim Formwechsel geprüft werden dürfe. Es genüge, wenn gem. § 197 UmwG die Ordnungsmäßigkeit der AG-Gründung geprüft werde. Die Kapitalschutzvorschriften des § 220 UmwG genügten zum institutionellen Gläubigerschutz vollauf. Wenn sich das Registergericht jedoch allein auf die Prüfung der AG-Gründung beschränken muss, ist es m. E. nur konsequent, auch entsprechende Angaben, die eine Gründungsprüfung ermöglichen, in der AG-Satzung zu verlangen. Göthel[373] sieht zwar, dass über § 197 Satz 1 UmwG in Prinzip auch § 27 AktG auf den Formwechsel in die AG anzuwenden sei. Diese Verweisung laufe jedoch regelmäßig leer, da aus Anlass der Umwandlung an sich weder Sacheinlagen (Argument § 246 Abs. 3 UmwG) noch Sachübernahmen anfallen.[374] Etwas anderes könne nur für den Fall einer im Zusammenhang mit dem Formwechsel beschlossenen Kapitalerhöhung gelten. Die entsprechenden Sacheinlagen bzw. Sachübernahmen wären dann entsprechend § 27 AktG in der Satzung der AG neuer Rechtsform anzugeben. Festzusetzen seien ferner die Sacheinlagen und Sachübernahmen, die in der Satzung der formwechselnden Gesellschaft enthalten sind. Die entsprechenden Angaben seien in der Satzung der Gesellschaft neuer Rechtsform nach § 243 Abs. 1 Satz 2 UmwG zu übernehmen.

214

---

367 AG 1986, 29132.
368 Widmann/Mayer/Mayer, Umwandlungsrecht, § 197 UmwG Rn. 146, ebenso; Bärwaldt, in: Semler/Stengel, § 197 UmwG Rn. 43.
369 Widmann/Mayer/Mayer, Umwandlungsrecht, § 197 UmwG Rn. 147.
370 Widmann/Mayer/Vossius, Umwandlungsrecht, Anhang 4, Mustersatz 25, Formwechsel Rn. 170.
371 S. Widmann/Mayer/Vossius, Umwandlungsrecht, § Anhang 4, Mustersatz 25, Formwechsel Rn. 170.
372 Goutier/Knopf/Tulloch, Umwandlungsrecht, § 197 UmwG Rn. 24.
373 Lutter/Göthel, UmwG, § 245 Rn. 33.
374 Verweis auch auf Priester, AG, 1986, 29, 32.

215 Decher/Hoger[375] sind im gleichen Kommentar im Ergebnis offenbar gleicher Ansicht. Sacheinlagen seien anlässlich einer AG-Gründung gem. § 27 Abs. 1 AktG in der Satzung aufzuführen. Einerseits seien beim Formwechsel einer GmbH in eine AG die i. R. d. historischen Sachgründung erfolgten Festsetzungen im GmbH-Gesellschaftsvertrag in die AG-Satzung zu übernehmen (§ 243 Abs. 1 Satz 2 UmwG). Andererseits führt er zum Formwechsel einer Personengesellschaft in eine Kapitalgesellschaft aus, dass der Formwechsel nur dann wie eine Sachgründung behandelt wird, wenn dies zur Vermeidung eines Unterlaufens der Gründungsvorschriften der auf den Rechtsträger neuer Rechtsform anwendbaren Rechtsordnung erforderlich ist. Diese Gefahr besteht nur bei einer historischen Sachgründung des formwechselnden Rechtsträgers und nicht bei einer Bargründung. Daher bedürfe es entgegen früheren Vorstellungen zur übertragenden Umwandlung beim Formwechsel einer seinerzeit bar gegründeten Personengesellschaft in eine Kapitalgesellschaft nicht besonderer Festsetzungen in der Satzung über Sacheinlagen.

▶ Hinweis:

216 **Im Ergebnis** ist auch hier entsprechend dem unterschiedlichen dogmatischen Grundverständnis des Formwechsels die Rechtslage umstritten. Es spricht einiges dafür, dass schon aus **Gläubigerschutzgesichtspunkten** aus der Satzung der Zielgesellschaft selbst ersichtlich ist, wie das dort ausgewiesene Grundkapital erbracht wurde. Insofern sollte der Hinweis auf die Sacheinlage durch Formwechsel der bisherigen Kapitalgesellschaft erfolgen. Nicht verlangt werden kann allerdings eine entsprechende Auflistung sämtlicher Vermögensgegenstände der formwechselnden GmbH, da diese auch nicht übertragen werden. Auch im **Gesellschafterbeschluss** über den Formwechsel muss konsequenterweise ein Hinweis auf die Art der Aufbringung des Grundkapitals der AG erfolgen.

217 Vossius[376] schlägt **folgende Formulierung** vor:

»Das Stammkapital der Gesellschaft zu... € wird in der bisherigen Höhe zum Grundkapital des neuen Rechtsträgers. An die Stelle der bisherigen Stammeinlagen der Gesellschafter treten insgesamt... Stück auf den Namen... lautende Stückzahlen in der Weise, dass jeder Gesellschafter für jeden Euro Stammeinlage eine Namensaktie erhält. Die Aktienurkunden sind unverzüglich nach Wirksamwerden des Formwechsels auszugeben; Zwischenscheine werden nicht ausgegeben. Darüber hinaus wird die Satzung der Beschlussniederschrift als Anlage beigefügt.«

Deshalb wird vorgeschlagen, dass die Beteiligten im Umwandlungsbeschluss ausdrücklich die Satzung der AG feststellen sowie dass die Satzung zu verlesen und von den Beteiligten zu genehmigen ist, sodass sie Bestandteil dieser Urkunde wird. Damit ist dem Bedürfnis nach Klarstellung, wie das Grundkapital der AG erbracht wird, Genüge geleistet. Insb. sind hier bei dem Inhalt des Umwandlungsbeschlusses keine Gläubigerschutzgesichtspunkte zu beachten, sondern nur die Informationsrechte der beschließenden GmbH-Gesellschafter.

J. Form des Umwandlungsbeschlusses und der Zustimmungserklärungen

I. Notarielle Beurkundung

218 § 193 Abs. 3 UmwG bestimmt, dass der Umwandlungsbeschluss und etwaige erforderliche Zustimmungserklärungen einzelner Anteilsinhaber der **notariellen Beurkundung** bedürfen. Die Begründung zum RegE weist darauf hin, dass die vorgesehene notarielle Beurkundung des Umwandlungsbeschlusses mit Ausnahme für Vereinsbeschlüsse dem geltenden Recht entspreche.

---

375 In: Lutter, UmwG, § 197 Rn. 14 ff., 16.
376 Widmann/Mayer/Vossius, Umwandlungsrecht.

Diese Ausnahmefälle sollen nunmehr auch der notariellen Form unterliegen. Die **Regierungsbegründung** begründet dies wie folgt:[377]

> »Dagegen sollen die Umwandlungsbeschlüsse formwechselnder Vereine und Versicherungsvereine auf Gegenseitigkeit der allgemeinen Formvorschrift in Abs. 3 Satz 1 unterliegen. Der Umwandlungsbeschluss ist ein wirtschaftlich und rechtlich sehr bedeutsamer Vorgang. Seine Überwachung durch den Notar erscheint deshalb auch vom Formwechsel zweckmäßig.«

Darüber hinaus dürften auch die Ausführungen zu § 13 Abs. 3 UmwG deutlich machen, welche **Schutzfunktionen** mit der **notariellen Beurkundung** verbunden sind. Dort weist die Regierungsbegründung auf Folgendes hin:[378]   219

> »Die in Abs. 3 Satz 1 vorgesehene notarielle Beurkundung des Verschmelzungsbeschlusses dient der Rechtssicherheit durch die Kontrolle des Notars, der die Verantwortung dafür übernimmt, dass die Versammlung der Anteilsinhaber ordnungsgemäß abgewickelt wird.«

Wie diese Ausführungen zeigen, dient die notarielle Beurkundung des Umwandlungsbeschlusses genauso wie die des Verschmelzungsbeschlusses der **Rechtssicherheit** durch die **Kontrolle des Notars**, der die Verantwortung dafür übernimmt, dass die Versammlung der Gesellschafter ordnungsgemäß abgewickelt wird. Dem Notar obliegt bei der Beurkundung der Umwandlung daher eine Vielzahl von Schutzaufgaben, die originär im deutschen Gesellschaftsrecht begründet sind und die genaue Kenntnis des deutschen Rechts und die Verantwortlichkeit voraussetzen. Die notarielle Beurkundung soll auch dem Registergericht die Prüfung erleichtern, ob alle Erfordernisse der Umwandlung erfüllt sind. Darüber hinausgehend haben notarielle Urkunden gerichtsentlastende Funktion. Dies gilt im besonderen Maße im Gesellschaftsrecht und besonders im komplexen Aktienrecht. So hat die zwingende Einschaltung des Notars im Vorfeld einer Registereintragung eine deutliche Gerichtsentlastung dadurch zur Folge, dass der Notar eine Legalitätskontrolle nach § 14 Abs. 2 BNotO vornimmt, notarielle Urkunden eine erhöhte Beweissicherung bewirken und durch die Belehrung und Verpflichtung zur gerechten Vertragsgestaltung auch eine höhere inhaltliche Bestandskraft der Urkunden erreicht wird. Register sind in erster Linie Publizitätsmittel, die die Sicherheit des Rechtsverkehrs dadurch garantieren, dass wichtige Informationen kundgegeben werden, die im Interesse der Öffentlichkeit und auch zum Schutz der am Wirtschaftsleben teilnehmenden Personen jedermann zugänglich sind. Durch das Gesetz zur Neuordnung der Aufbewahrung von Notariatsunterlagen und zur Einrichtung des Elektronischen Urkundenarchivs bei der Bundesnotarkammer sowie zur Änderung weiterer Gesetze vom 01.06.2017[379] wurden in § 378 Abs. 3 FamFG neue Prüfungs- und Einreichungspflichten im Grundbuch- und Registerverkehr eingeführt, die diese Kontroll- und Filterfunktion durch den Notar gesetzlich festlegen.[380] Danach sind sämtliche Anmeldungen in Registersachen mit Ausnahme der Genossenschafts- und Partnerschaftsregistersachen vor ihrer Einreichung für das Registergericht von einem Notar auf Eintragungsfähigkeit zu prüfen. Somit ist der Notar verpflichtet, dafür Sorge zu tragen, dass nur sachgerecht abgefasste und vollständige Anmeldungen beim Registergericht eingereicht werden. Auch die Gesetzesbegründung macht die Funktion deutlich: »Durch die Regelungen soll die Sicherstellung eines funktionierenden Grundbuch- und Registerwesens gewährleistet werden. Die Überprüfung von Anmeldungen in Registersachen auf Grundlage der dem Notar zur Verfügung stehenden Erkenntnismittel wird mit dem vorgeschlagenen § 378 Abs. 3 FamFG   220

---

377 Begründung zum RegE, BR-Drucks. 75/94, S. 139; abgedruckt in: Limmer, Umwandlungsrecht, S. 334.
378 Begründung zum RegE, BR-Drucks. 75/94, S. 281.
379 BGBl. 2017, 1396.
380 Vgl. dazu Attenberger, MittBayNot 2017, 335, 336; Diehn/Rachlitz, DNotZ 2017, 487, 489 f.; Gutachten, DNotI-Report 2017, 89, 90.

nunmehr unabhängig von der Beurkundung oder Beglaubigung ausdrücklich als notarielle Amtspflicht und registerrechtliche Verfahrensvorschrift geregelt. Durch die Regelung wird die faktische Filter- und Entlastungsfunktion des Notars im Interesse der Sicherung der hohen Qualität, Schnelligkeit und Effizienz der registergerichtlichen Eintragungsverfahren gesetzlich verankert.« Als Verfahrensvorschrift ist der vorgeschlagene § 378 Abs. 3 FamFG zugleich formelle Voraussetzung im Eintragungsverfahren. Dadurch wird sichergestellt, dass in allen Fällen vorab die Prüfung der Anmeldung auf Eintragungsfähigkeit erfolgt und die Registergerichte ausschließlich sachgerecht formulierte Anmeldungen erhalten. Hieraus folgt, dass zumindest für den Bereich der Umwandlung genauso wie bei der Verschmelzung die Auslandsbeurkundung nicht zulässig sein kann (vgl. im Einzelnen oben Teil 2 Rdn. 502 ff.).

II. Anwendbares Verfahren

221 Da der Gesellschafterbeschluss bei der Umwandlung einen sonstigen Vorgang i. S. d. § 36, 37 BeurkG betrifft, ist eine **Niederschrift** erforderlich, die neben der Bezeichnung des beurkundenden Notars den Bericht über seine Wahrnehmung bei dem Beschluss enthalten und von ihm eigenhändig unterschrieben sein muss, bei der AG ist zusätzlich § 130 AktG zu berücksichtigen (vgl. dazu bereits oben Teil 2 Rdn. 502 ff.). Es bedarf daher nicht der Vorschriften über die Beurkundung von Willenserklärungen gem. §§ 8 ff. BeurkG.[381] Die Vorschriften über die einzelnen Gesellschaften und Rechtsträger sehen allerdings vor, dass in dem Umwandlungsbeschluss neben den in § 194 UmwG genannten Bestimmungen bei den anderen Umwandlungsformen auch der Gesellschaftsvertrag, die Satzung des neuen Rechtsträgers festgestellt werden muss (vgl. oben Teil 4 Rdn. 188 ff.). Z.T. wird daher verlangt[382] dass die Beurkundung nach den §§ 8 ff. BeurkG wie bei der Neugründung durchgeführt werden muss. Diese Auffassung ist mit der h.M. abzulehnen, da es sich eben nicht um eine Neugründung, sondern um einen Rechtsformwechsel aufgrund Beschluss handelt. Eine Beurkundung des Formwechselbeschlusses nach §§ 8 ff BeurkG ist allerdings unschädlich.[383] Das OLG Celle[384] hat zu Recht zur Beurkundung der Satzungsänderung einer GmbH festgestellt, dass diese nach §§ 36 ff. BeurkG erfolgen kann. Bei der Satzungsänderung einer GmbH handele es sich um die formbedürftige Niederschrift über die Beurkundung eines Versammlungsbeschlusses, die als klassischer Anwendungsfall der Beurkundung einer anderen Erklärung als einer Willenserklärung im Sinne des Beurkundungsgesetzes angesehen wird. Der Notar kann allerdings anstelle der einfachen Form für Beurkundungen i. R. d. dritten Abschnitts auch die strengere Form der Beurkundung von Willenserklärungen nach den §§ 8 ff. BeurkG wählen. Die Beurkundungen sind wirksam, da die strengere Form die Einfachere enthält. Es ist dabei dem Ermessens des Notars überlassen, welche Form er wählt, eine Amtspflicht, generell die strengere Form zu wählen, existiert nicht, sonst wären die §§ 36 ff. BeurkG überflüssig.[385] Nach § 37 Abs. 1 BeurkG muss z. B. eine Niederschrift über einen Gesellschafterbeschluss nur die Bezeichnung des Notars sowie den Bericht über seine Wahrnehmung enthalten. Es muss insb. nicht die Urkunde vorgelesen und von den Beteiligten unterzeichnet werden; nur der Notar muss die Urkunde unterzeichnen. Es handelt sich dabei um die sog. einfache Niederschrift. Es

---

381 Kallmeyer/Zimmermann, § 193 UmwG Rn. 28; Widmann/Mayer/Vollrath, Umwandlungsrecht, § 193 UmwG Rn. 12 ff.; Stratz, in: Schmitt/Hörtnagl/Stratz, UmwG/UmwStG, § 218 UmwG Rn. 5, § 243 UmwG Rn. 3; Kallmeyer/Blasche, UmwG, § 218 Rn. 2; BeckOGK/Simons UmwG § 193 Rn. 27; BeckOGK/Kühn UmwG § 218 Rn. 8; Scholz/Priester/Veil GmbHG § 53 Rn 69; OLG Köln BB 1993, 317, 318; Widmann/Mayer/Vossius § 218 Rn 5, § 217 Rn. 21, 24; KölnerKommUmwG/Dauner-Lieb/Tettinger Rn 17.
382 So Lutter/Joost, § 218 UmwG Rn. 3.
383 OLG Köln BB 1993, 317, 318.
384 NZG 2017, 422 = GmbHR 2017, 419.
385 H. M. Grziwotz, in: Grziwotz/Heinemann, § 37 BeurkG Rn. 6; Preuß, in: Armbrüster/Preuß/Renner, § 36 BeurkG Rn. 9; Limmer, in: Eylmann/Vaasen, § 39 BeurkG Rn. 2; Lerch, BeurkG, § 36 Rn. 1 ff.; Winkler, BeurkG, § 36 Rn. 3.

besteht aber diesbezüglich Einigkeit, dass der Notar anstelle der einfachen Form für die Beurkundung einer Gesellschafterversammlung auch die strengere Form der Beurkundung von Willenserklärungen nach den §§ 8 ff. BeurkG wählen kann. In der Praxis wird bei kleineren Gesellschaften häufig auch das Verfahren nach §§ 8 ff. BeurkG gewählt, was nicht unschädlich ist, da es sich hierbei um die strengere Form handelt.[386] Zustimmungserklärungen von Sonderrechtsinhabern u. Ä. sind allerdings als Willenserklärungen nach § 8 BeurkG zu beurkunden (vgl. Rdn. 223). Ebensowenig wie der Verschmelzungsbeschluss kann der Formwechselbeschluss im Ausland beurkundet werden (vgl. oben Teil 2 Rdn. 502 ff.)

Es ist allerdings zu berücksichtigen, dass zum bis 1995 geltenden UmwG, insb. den §§ 17, 42 UmwG die Auffassung vertreten wurde, dass bei einer errichtenden Umwandlung die Gesellschafter nicht nur ihre Stimme abgeben würden, sondern auch ihren Willen erklären würden, eine neue Gesellschaft zu gründen, sodass der Beschluss eine **Doppelnatur** hat, die zum einen ein körperschaftlicher Willensakt an der Kapitalgesellschaft, gleichzeitig aber auch auf den Abschluss eines Gesellschaftsvertrages gerichtet und daher auch rechtsgeschäftliche Willenserklärungen enthält. Nach dieser Auffassung war daher der Umwandlungsbeschluss nicht nur gem. §§ 36, 37 BeurkG, sondern nach den Vorschriften über die Beurkundung von Rechtsgeschäften gem. §§ 6 ff. BeurkG zu beurkunden.[387] Diese Auffassung war auch bereits zum alten Recht fragwürdig[388] nach dem UmwG v. 01.01.1995 würde dieses Ergebnis in keinem Fall mehr richtig sein, da es sich anders als bei der errichtenden Umwandlung jetzt nicht mehr um die Gründung einer neuen Gesellschaft, sondern lediglich um einen identitätswahrenden Formwechsel handelt, der z. B. auch mit der Satzungsänderung vergleichbar ist. Wie § 193 Abs. 1 UmwG deutlich macht, enthält dieser Beschluss keine rechtsgeschäftlichen Elemente mehr, sondern ist ein körperschaftsrechtlicher Abstimmungsakt, der daher nicht der Beurkundung nach den Vorschriften über Willenserklärungen, sondern nach den Vorschriften über die Protokollierung tatsächlicher Vorgänge nach den §§ 36, 37 BeurkG beurkundet werden kann. Dies gilt auch, soweit ein Gesellschaftsvertrag mit beurkundet wird, denn auch dieser ist, wie die besonderen Vorschriften, z. B. § 218 Abs. 1, § 243 Abs. 1 UmwG deutlich machen, Teil des Umwandlungsbeschlusses und nicht selbstständiger Errichtung einer neuen Gesellschaft.[389]

222

Etwas anderes gilt allerdings, wenn in der **Urkunde** auch **Zustimmungserklärungen gem. § 193 Abs. 3 UmwG beurkundet** werden. Bei diesen handelt es sich um rechtsgeschäftliche Willenserklärungen, die nur nach den Vorschriften über bürgerlich rechtliche Willenserklärungen, d. h. nach dem §§ 8 ff. BeurkG beurkundet werden müssen. Ein Tatsachenprotokoll nach den §§ 36, 37 BeurkG genügt bei den Zustimmungserklärungen nicht. Das Gleiche gilt auch für die Abgabe von notariell beurkundeten Verzichtserklärungen.[390]

223

K. Sachliche Beschlusskontrolle

Auch im **Formwechselrecht** hat der Gesetzgeber bewusst die umstrittene Frage einer materiellen Beschlusskontrolle offengelassen.[391] Es gelten die gleichen Grundsätze wie die bei der Verschmel-

224

---

386 Vgl. Röll, DNotZ 1979, 644, 650; Kallmeyer/Zimmermann, UmwG, § 13 Rn. 37; Preuß, in: Armbrüster/Preuß/Renner, BeurkG/DONot, § 36 BeurkG Rn. 9; Limmer, in: Eylmann/Vaasen, BNotO/BeurkG, § 36 BeurkG Rn. 3; Lerch, BeurkG, § 36 Rn. 7; Winkler, BeurkG § 39 Rn. 8; Grziwotz, in: Grziwotz/Heinemann, § 37 BeurkG Rn. 6.
387 So insb. KG, DNotZ 1938, 741; Schmidt, MittRhNotK 1982, 185, 191.
388 Vgl. Seybold/Schippel, BNotO, 6. Aufl. 1995 § 20 Rn. 148; Mecke, BeurkG, 2. Aufl. 1991, § 8 Rn. 10.
389 Widmann/Mayer/Vollrath, Umwandlungsrecht, § 193 UmwG Rn. 14; § 194 Rn. 60 ff.
390 Kallmeyer/Zimmermann, § 193 UmwG Rn. 28; Widmann/Mayer/Vollrath, Umwandlungsrecht, § 193 UmwG Rn. 13.
391 Vgl. Begründung zum RegE, BT-Drucks. 75/94, S. 86; abgedruckt in: Limmer, Umwandlungsrecht, S. 287.

225 Lediglich auf eine Besonderheit soll hingewiesen werden, die sich besonders beim Formwechsel einer börsennotierten AG ergibt. In der Literatur wird nämlich die Frage diskutiert, ob Aktionäre bei einem Börsenaustritt, insb. durch Formwechsel (**sog. delisting**, vgl. oben Rdn. 52) in besonderer Weise schutzwürdig sind, da der Verlust der Möglichkeit der Anteilsübertragung über die Börse die Interessen insb. der Kleinanleger erheblich beeinträchtigt.[392] Es wird insb. die Frage diskutiert, ob es eines besonderen über den Formwechsel hinausgehenden Beschlusses über den Börsenaustritt bedarf.[393] Der BGH hat in dem sog. Frosta-Beschluss vom Oktober 2013 seine vormalige »Macrotron«-Rechtsprechung zum Delisting aufgegeben und entschieden, dass bei einem Widerruf der Börsenzulassung auf Veranlassung der Gesellschaft die Aktionäre keinen Anspruch auf eine Barabfindung haben und auch kein Beschluss der Hauptversammlung erforderlich ist.[394] Infolge dieser Rechtsprechungsänderung ist es zu einer regelrechten Welle von Börsenrückzügen gekommen.[395] Im Gesetz vom v. 19.4.2007[396] hat der Gesetzgeber für das reguläre »Delisting« anstelle der gesellschaftsrechtlichen Schutzmechanismen einen kapitalmarktrechtlichen Schutz gewählt.[397] Das sog. »kalte Delisting« durch Formwechsel wird dadurch allerdings nicht geregelt, es bleibt bei den allgemeinen Vorschriften des UmwG.[398]

L. Minderheitenschutz und Schutz von Inhabern besonderer Rechte

I. Schutz der Mitgliedschaft im Recht des Formwechsels

226 Da nach dem durch das UmwG 1995 geschaffene Formwechselrecht in einer Vielzahl von Fällen der **Formwechsel durch Mehrheitsbeschluss** möglich ist, stellt sich auch i. R. d. Formwechsels wie beim Verschmelzungsrecht die Frage des Minderheitenschutzes (vgl. eingehend oben Teil 2 Rdn. 274 ff.). Auch hier musste daher der Gesetzgeber als Gegenstück zum Grundsatz der Mehrheitsherrschaft bestimmte Schutzvorschriften zum Schutz einzelner Gesellschafter vorsehen. Der Formwechsel ist genauso wie Verschmelzung und Spaltung eine Strukturmaßnahme der Gesellschaft, die die Interessen der Gesellschafter erheblich beeinträchtigen können. Es ist für einen Gesellschafter von großem Interesse, ob er an einer Personen- oder an einer Kapitalgesellschaft beteiligt ist, denn die Mitbestimmungs- und Minderheitenrechte unterscheiden sich teilweise erheblich. Die Änderung der Rechtsform kann daher wie bei der Verschmelzung auch beim Formwechsel einen qualitativen Verlust an Rechten für Minderheitsgesellschafter zur Folge haben. Das Formwechselrecht hat daher auch die Aufgabe, durch ein Geflecht von unterschiedlichen Maßnahmen den notwendigen Minderheitsschutz zu gewährleisten. Der Gesetzgeber hatte bei der Bereinigung des Umwandlungsrechts aber auch die umgekehrte Problematik vor Augen. Ein zu weit getriebener **Minderheitenschutz** könnte die Umwandlung verhindern oder erschweren.[399] Auch im Formwechselrecht hat der Gesetzgeber durch unterschiedliche Instrumente versucht, diesen Interessengegensatz zwischen Minderheitenschutz und **Effektivität des Umwandlungsrechts** zu lösen.

---

[392] Vgl. Volmer/Krupp, ZGR 1995, 459, 474; Klienke, WM 1995, 1089, 1099.
[393] Vgl. auch Meyer-Landruth/Kiem, WM 1997, 1361, 1367.
[394] BGH, NJW 2014, 146; zustimmend Brellochs, AG 2014, 633; Paschos/Klaaßen, AG 2014, 33; Wieneke, NZG 2014, 22; Glienke/Röder, BB 2014, 899; Thomale, DStR 2013, 2529; Auer, JZ 2015, 71; a. A. Habersack, JZ 2014, 147; Stöber, WM 2014, 1757; grundlegend Bayer, ZfPW 2015, 163; vgl. auch Wicke, DNotZ 2015; Tröder, notar 2014, 173, 174.
[395] Vgl. Bayer, ZfPW 2015, 163, 165.
[396] BGBl. I S. 542.
[397] Vgl. Bayer, NZG 2015, 1169; Koch/Harnos, NZG 2015, 729; Harnos, ZHR 179, 2015, 750 ff.; Groß, AG 2015, 812 ff.; MünchKommAktG/Kubis AktG § 119 Rn. 86 ff.
[398] Vgl. Semler/Stengel/Ihrig UmwG § 226 Rn. 11.
[399] Vgl. Niederleithinger, DStR 1993, 879, 881.

Hierbei hatte der Gesetzgeber insb. die Aufgabe, **Nachteile**, die zum Eingriff in die rechtliche Struktur der Mitgliedschaft führen, **zu kompensieren**. Die Mitgliedschaft kann i. R. d. Formwechsels beeinträchtigt sein, wenn das Anteilsrecht an der übernehmenden Gesellschaft keinen gleichwertigen Ersatz für das Anteilsrecht an der übertragenden Gesellschaft darstellt. Das Gesetz musste daher Vorsorge schaffen, dass der Verlust von Sonderrechten verhindert oder kompensiert wird. Durch den Formwechsel werden die Rechtsform und damit auch die Mitgliedschaft an der Gesellschaft erheblich geändert. Informationen zum Mitgliedschaftsrecht der Gesellschafter können eingeschränkt werden. Etwa die Umwandlung einer GmbH in eine AG macht dies deutlich. Der Einfluss der Gesellschafter in der AG ist im Vergleich zu der in der GmbH wesentlich geringer. Auch die Informationsrechte des Aktionärs bleiben hinter denen des GmbH-Gesellschafters erheblich zurück.

Der Gesetzgeber hat, wie beim Verschmelzungsrecht den **Minderheitenschutz durch verschiedene Institute** geregelt, die sich teilweise ergänzen:
– Informationspflichten der Anteilseigner,
– qualifizierte Beschlussmehrheiten,
– Zustimmung von Sonderrechtsinhabern,
– Austritts- und Abfindungsrechte.

II. Information der Anteilseigner

Auch beim Formwechsel ist zur Vorbereitung der Information der Gesellschafter die Vorlage eines Umwandlungsberichts vorgesehen (vgl. oben Teil 2 Rdn. 380 ff.).

III. Beschlussmehrheiten

Der Formwechsel bedarf in allen Fällen eines **Beschlusses der Gesellschafter** der formwechselnden Gesellschaft oder des formwechselnden Rechtsträgers. Die **Mehrheiten** sind allerdings nicht generell festgelegt, sondern unterschiedlich geregelt:

Personenhandelsgesellschaft (§ 217 UmwG)	Zustimmung aller anwesenden Gesellschafter zuzüglich Zustimmung nicht erschiener Gesellschafter, der Gesellschaftsvertrag kann allerdings eine Mehrheitsentscheidung vorsehen, mindestens 3/4-Mehrheit.
Partnerschaftsgesellschaft (§ 225c i. V. m. § 217 UmwG)	Zustimmung aller anwesenden Partner zuzüglich der nicht erschienenen Partner, der Partnerschaftsvertrag kann allerdings eine Mehrheitsentscheidung mit mindestens 3/4-Mehrheit vorsehen.
Kapitalgesellschaft (§ 233 Abs. 1 UmwG)	Zustimmung aller Gesellschafter bei Umwandlung in GbR oder OHG, 3/4 bei Umwandlung in KG, sowie nach § 240 UmwG 3/4-Mehrheit bei Umwandlung in eine andere Kapitalgesellschaft.
Genossenschaft (§ 262 UmwG)	3/4-Mehrheit der abgegebenen Stimmen mit Sondervorschriften bei Widerspruch.
Verein (§ 275 UmwG)	Alle Vereinsmitglieder, wenn der Zweck geändert werden soll, sonst 3/4-Mehrheit der erschienenen Mitglieder.

Die Übersicht zeigt, dass mit Ausnahme der Personengesellschaften und Partnerschaften das Mehrheitsprinzip **weitgehend einheitlich** verwirklicht ist. Erforderlich ist allerdings eine qualifizierte Mehrheit. Die Mehrheiten sind weitgehend an den Satzungsänderungskompetenzen angeglichen.

IV. Zustimmung von Sonderrechtsinhabern

1. Überblick über die Zustimmungspflichten im Formwechselrecht

Ebenso wie im Verschmelzungsrecht sind auch im Formwechselrecht eine **Vielzahl von besonderen Zustimmungspflichten** vorgesehen, die sich allerdings einem einheitlichen Grundsatz entziehen und unterschiedliche Situationen regeln. Abgesehen von Sonderregelungen besteht kein allgemeiner Zustimmungsvorbehalt zugunsten von Sonderrechtsinhabern.

232 Im Einzelnen handelt es sich hierbei um folgende **Zustimmungspflichten**:

§ 193 Abs. 2 UmwG	Zustimmung bei Genehmigungsvorbehalt,
§ 204 i. V. m. § 23 UmwG	allgemeiner Verwässerungsschutz,
§ 242 UmwG	Zustimmung beim Fehlen anteilsproportionaler Beteiligungsmöglichkeiten,
§ 233 Abs. 2 Satz 1, § 240 Abs. 1 Satz 1, § 252 Abs. 2 Satz 1 i. V. m. § 65 Abs. 2 UmwG	Sonderbeschluss nach Aktiengattungen,
§ 241 Abs. 3 UmwG	Individualzustimmung bei Wegfall von Nebenpflichten im Fall der Umwandlung der GmbH in eine AG,
§ 233 Abs. 2 Satz 3 UmwG	Zustimmungspflicht bei persönlicher Haftung,
§§ 233 Abs. 2, 241 Abs. 2, 252 Abs. 2 i. V. m. § 50 Abs. 2, 1. Alt. UmwG	Zustimmung beim Verlust von Minderheitsrechten,
§§ 233 Abs. 2, 241 Abs. 2, 252 Abs. 2 i. V. m. § 50 Abs. 2, 2. Alt. UmwG	Zustimmung beim Verlust von bestimmten Sonderrechten bzgl. Geschäftsführung und Bestellungs- und Vorschlagsrechten für die Geschäftsführung,
§ 221 UmwG	Bei der Umwandlung in eine KGaA, Zustimmung des Beitritts des persönlich haftenden Gesellschafters,
§ 252 Abs. 1 UmwG	Bei der Umwandlung von Kapitalgesellschaft in Genossenschaft, Zustimmung aller Gesellschafter, wenn die Satzung der Genossenschaft Nachschusspflichten vorsieht.

2. Zustimmungspflicht bei Genehmigungsbedürftigkeit der Anteilsabtretung

233 § 193 Abs. 2 UmwG bestimmt wie § 13 Abs. 2 UmwG, dass, wenn die Abtretung der Anteile des formwechselnden Rechtsträgers von der **Genehmigung einzelner Anteilsinhaber** abhängig ist, der Umwandlungsbeschluss zu seiner Wirksamkeit deren Zustimmung bedarf. Im bis zum Jahr 1995 geltenden Recht der Umwandlung fand sich die Ausprägung dieses Grundsatzes nur in § 376 Abs. 2 Satz 2 AktG a. F. bei der Umwandlung einer GmbH in eine AG. Die Begründung zum RegE weist darauf hin, dass auch § 193 Abs. 2 UmwG wie § 13 Abs. 2 UmwG Ausdruck des allgemeinen Rechtsgedankens sei, dass Sonderrechte eines Anteilsinhabers nicht ohne dessen Zustimmung beeinträchtigt werden dürften.[400]

Für die **Auslegung des § 193 Abs. 2 UmwG** kann auf die Auslegung des § 13 Abs. 2 UmwG verwiesen werden (vgl. oben Teil 2 Rdn. 562).

3. Verwässerungsschutz

234 § 204 UmwG erklärt die Vorschrift des Verschmelzungsrechts des **§ 23 UmwG**, die den Schutz der Inhaber von Sonderrechten garantiert, auch für den Formwechsel für **anwendbar** (vgl. auch oben Teil 4 Rdn. 178 f.). Die Begründung zum RegE weist darauf hin, dass diese Vorschrift die Regelung des Verschmelzungsrechts und des bisherigen Umwandlungsrechts (§§ 7, 16 Satz 2, 19 Abs. 3, 20 Satz 1, 21 Abs. 2, 22 Abs. 2 UmwG; §§ 374, 388 AktG a. F.) übernimmt, weil die Gläubiger und die Inhaber der Sonderrechte in vergleichbarer Weise gefährdet werden können.[401] Dementsprechend muss daher gem. § 23 i. V. m. § 204 UmwG den Inhabern von Rechten an einem formwechselnden Rechtsträger, die kein Stimmrecht gewähren, insb. den Inhabern von

---

[400] Vgl. Begründung zum RegE, abgedruckt in: Limmer, Umwandlungsrecht, S. 334.
[401] Vgl. Begründung zum RegE, BR-Drucks. 75/94, S. 154; abgedruckt in: Limmer, Umwandlungsrecht, S. 340.

Anteilen ohne Stimmrecht, von Wandelschuldverschreibungen, von Gewinnschuldverschreibungen und von Genussrechten gleichwertige Rechte in der neuen Rechtsform gewährt werden.

Das Gesetz ordnet an, dass »**gleichwertige**« **Rechte an der neuen Gesellschaftsform** zu gewähren sind. Nach der herrschenden Meinung bedeutet gleichwertig nicht formalrechtliche, sondern wirtschaftliche Gleichwertigkeit.[402] So muss etwa bei Wandelschuldverschreibungen das Umtausch- oder Bezugsverhältnis nicht dem ursprünglichen entsprechen, bei Gewinnschuldverschreibungen muss eine prozentuale Koppelung an die Dividende nicht exakt beibehalten werden. Vielmehr muss der wirtschaftliche Inhalt der Gläubigerrechte an die durch die Verschmelzung veränderten Verhältnisse angepasst werden. Der Wortlaut lässt offen, ob die Vorschrift den Umtausch der Rechte gleicher Art verlangt. Die überwiegende Meinung ging zum Jahr 1995 geltenden Rechts davon aus, dass man dies unter der Berücksichtigung der gesetzgeberischen Absicht annehmen müsse. Für den Formwechsel kann dies allerdings nur gelten, wenn die neue Gesellschaftsform die Form des Sonderrechts kennt. Ist dies nicht der Fall, wird es genügen, wenn ein rechtlich der neuen Gesellschaftsform entsprechendes Sonderrecht gewährt wird. Es muss daher geprüft werden, ob nach dem Gesellschaftsrecht der neuen Rechtsform in der Satzung oder im Gesellschaftsvertrag ein wirtschaftlich vergleichbares Sonderrecht begründet werden kann. Ist dies nicht der Fall, muss ein Recht gewährt werden, das dem alten rechtlich und wirtschaftlich am ehesten entspricht.[403] Ist auch dies nicht möglich, etwa bei einer AG, bei der der Gestaltungsspielraum enger als bei einer GmbH ist, stellt sich die Frage der Rechtsfolgen. So könnte man annehmen, dass in diesem Fall die Umwandlung nur mit Zustimmung des Sonderrechtsinhabers zulässig ist, da er sein Recht an der Satzung verlieren würde. Eine andere Möglichkeit bestünde darin, den Verlust wirtschaftlich in anderer Weise zu kompensieren, etwa durch eine höhere Zuteilung von Mitgliedschaftsrechten an dem neuen Rechtsträger.[404] Diese letztere Lösung erscheint vorzugswürdig, da auch § 23 i. V. m. § 204 UmwG eine wirtschaftliche Kompensation für ausreichend erachtet und nicht die Zustimmungspflicht erlangt (vgl. außerdem oben Teil 2 Rdn. 568 ff.).

4. Zustimmungspflicht bei Verlust von Sonderrechten und Minderheitsrechten bei Umwandlung von GmbH

Die §§ 233 Abs. 2, 241 Abs. 2 und 252 Abs. 2 UmwG verweisen auf § 50 Abs. 2 UmwG beim Formwechsel der GmbH in eine Personengesellschaft, Kapitalgesellschaft anderer Rechtsform oder Genossenschaft. § 50 Abs. 2 UmwG sieht eine **Sonderzustimmungspflicht** vor, wenn durch den Formwechsel auf dem Gesellschaftsvertrag beruhende Minderheitsrechte eines einzelnen Gesellschafters einer formwechselnden GmbH, oder die einzelnen Gesellschafter einer solchen GmbH nach dem Gesellschaftsvertrag zustehenden besonderen Rechte in der Geschäftsführung der Gesellschaft, bei der Bestellung der Geschäftsführer oder hinsichtlich eines Vorschlagsrechts der Geschäftsführung beeinträchtigt werden. Die Vorschrift gilt aber, wie sich auch § 50 Abs. 2 UmwG und seiner Stellung im Unterabschnitt über GmbH ergibt, nur für den Formwechsel einer GmbH (zur Auslegung vgl. oben Teil 2 Rdn. 575 ff.).

---

402 Vgl. auch zum vergleichbaren Problem bei der Verschmelzung Teil 2 Rdn. 570 ff.; vgl. Kallmeyer/Meister/Klöcker, UmwG, § 194 Rn. 43, § 204 Rn. 10 ff., 22 ff.; Kalss, in: Semler/Stengel, § 204 UmwG Rn. 4 ff.; Stratz, in: Schmitt/Hörtnagl/Stratz, UmwG/UmwStG, § 23 UmwG Rn. 9 ff.; Rinnert, NZG 2001, 865 ff.; Widmann/Mayer/Vollrath, Umwandlungsrecht, § 194 UmwG Rn. 41.3; Lutter/Decher/Hoger, UmwG, § 194 Rn. 17; vgl. ferner Schürnbrand, ZHR 2009, 689 ff.; Hüffer/Koch, in: FS für Lutter, 2000, S. 1227; Kiem, ZIP 1997, 1627 ff.; Stratz, in: Schmitt/Hörtnagl/Stratz, § 23 UmwG Rn. 1; Kallmeyer/Marsch-Barner, UmwG, § 23 Rn. 1.
403 So Kallmeyer/Meister/Klöcker, UmwG, § 204 Rn. 23; Rinnert, NZG 2001, 865 ff.; Feddersen/Kiem, ZIP 1994, 1078, 1082; Widmann/Mayer/Vollrath, Umwandlungsrecht, § 194 UmwG Rn. 41.5; Lutter/Decher/Hoger, UmwG, § 204 Rn. 26; vgl. außerdem oben Teil 2 Rdn. 570 ff., Teil 3 Rdn. 118 ff.
404 Kallmeyer/Meister/Klöcker, UmwG, § 204 Rn. 18.

5. Sonderbeschlüsse bei Vorhandensein mehrerer Aktiengattungen

237 § 165 Abs. 2 UmwG bestimmt, dass wenn mehrere Gattungen von Aktien vorhanden sind, der Beschluss der Hauptversammlung zu seiner Wirksamkeit der **Zustimmung der stimmberechtigten Aktionäre jeder Gattung** bedarf. Die §§ 233 Abs. 2, 240 Abs. 2 und 252 Abs. 2 UmwG dehnen dieses Sonderbeschlusserfordernis auch auf die Umwandlung einer AG in eine Personengesellschaft, Kapitalgesellschaft anderer Rechtsform oder Genossenschaft aus. Für den Sonderbeschluss gilt ebenfalls § 65 Abs. 1 UmwG, sodass eine 3/4-Mehrheit erforderlich ist (vgl. oben Teil 2 Rdn. 578 ff.).

6. Individualzustimmung bei Wegfall von Nebenpflichten im Fall der Umwandlung einer GmbH in eine AG

238 § 241 Abs. 3 UmwG bestimmt, dass bei der Umwandlung einer GmbH in eine AG die Zustimmung der betroffenen Gesellschaft für den Fall erforderlich ist, dass Nebenleistungspflichten der GmbH-Gesellschaft durch die Umwandlung erlöschen. Das GmbHG lässt weiter gehende Nebenleistungspflichten im Gesellschaftsweg zu als das AktG (§ 55 AktG). Die Vorschrift ist allerdings als solche nicht recht verständlich, weil der vom Wegfall einer Nebenleistungspflicht betroffene Gesellschafter durch die Befreiung regelmäßig keine Nachteile erfahren wird. Der Gedanke dieser Regelung liegt allerdings darin, dass die **Nebenleistungspflicht** mit den entsprechenden Rechten des Gesellschafters verbunden ist. Stehen sich daher bei einer Nebenleistung Vor- und Nachteile für den Gesellschafter gegenüber, ist seine Zustimmung zur Umwandlung erforderlich. Eine Zustimmung ist daher nicht erforderlich, wenn der Gesellschafter durch die Umwandlung ausschließlich begünstigt wird.[405]

7. Beeinträchtigung des Vermögenswertes der Mitgliedschaft

239 § 242 UmwG bestimmt, dass bei einer Umwandlung einer AG oder KGaA die Zustimmung der betroffenen Aktionäre erforderlich ist, wenn die **Beteiligung des Aktionärs** beim Formwechsel in eine Kapitalgesellschaft anderer Rechtsform an dieser Kapitalgesellschaft infolge der Festsetzung eines abweichenden Nennbetrags der Geschäftsanteile **gemindert** wird. Hierdurch sollen Aktionäre in dem Sonderfall geschützt werden, wenn der neue Geschäftsanteil nicht dem gesamten Nennbetrag ihrer Aktien entspricht. Die Vorschrift schafft damit einen Schutz gegen wertmäßige Beeinträchtigungen der Mitgliedschaft aus Anlass einer Umwandlung, die über den wertmäßigen Ausgleich der Verbesserung des Umtauschverhältnisses nach § 15 UmwG hinausgeht.[406] Voraussetzung für die Zustimmungspflicht ist, dass der Nennbetrag der Geschäftsanteile abweichend vom Nennbetrag der Aktien festgesetzt wird. Diese Bestimmung hat dann praktische Bedeutung, wenn es Aktionäre gibt, die mit ihren Aktien den für die GmbH geforderten Mindestnennbetrag etwa nicht erreichen. Das Zustimmungserfordernis entfällt jedoch, wenn die abweichende Festsetzung des Nennbetrags auf die Vorschriften über den Mindestnennbetrag der Stammeinlage beruht.

8. Zustimmungspflicht bei persönlicher Haftung

240 Eine **Individualzustimmung** ist auch dort erforderlich, wo eine Erweiterung der Haftung für den betroffenen Gesellschafter eintritt, wie dies etwa bei der Umwandlung in eine OHG der Fall sein kann. § 233 Abs. 1 UmwG bestimmt daher, dass der Formwechsel in eine GbR oder in eine OHG nur mit Zustimmung aller Anteilsinhaber der formwechselnden Gesellschaft möglich sein soll, weil sie mit dem Wirksamwerden des Formwechsels zu Gesellschaftern werden, die nach den für die neue Rechtsform geltenden Vorschriften persönlich unbeschränkt mit Verbindlichkeiten einzustehen haben. Die Übernahme einer so weitgehenden Haftung kann den Anteilsinhabern

---

405 Kallmeyer/Blasche, § 241 UmwG Rn. 7; Lutter/Göthel, § 241 UmwG Rn. 11, 14.
406 Vgl. Hügel, Verschmelzung und Einbringung, S. 89.

aber nicht ohne ihre Zustimmung aufgezwungen werden. Nach § 233 Abs. 2 UmwG gilt dies auch bei einer KG im Hinblick auf die künftigen Komplementäre.

Nach § 233 Abs. 3 Satz 1 UmwG schließlich ist die Zustimmung für den besonderen Fall des **Formwechsels einer KGaA** erforderlich. In diesem Fall ist auch die Zustimmung der Komplementäre der formwechselnden Gesellschaft erforderlich.

241

V. Austritts- und Abfindungsrechte (Angebot auf Barabfindung)

Austritts- und Abfindungsrechte haben dort Bedeutung, wo die **Minderheit den Umwandlungsbeschluss nicht verhindern** kann, weil eine Mehrheitsentscheidung vorgesehen und eine Zustimmung des Minderheitsgesellschafters nicht erforderlich ist. Im Verhältnis zum Erfordernis einer Einzelzustimmung, wie sie im UmwG an verschiedenen Stellen vorgesehen ist, die im Ergebnis den Formwechsel verhindert, bedeutet ein Austrittsrecht einen Minderheitsschutz geringere Intensität. Das Austritts- und Abfindungsrecht sichert die Vermögensinteressen der widersprechenden Gesellschafter, nicht aber deren Erwerbsinteresse an der bestehenden Gesellschaft. Es wird nur ein vermögensmäßiger Schutz des Status quo erreicht, nicht aber ein wirtschaftlicher. Das Abfindungsrecht stellt daher ein Institut des gesellschaftsrechtlichen Interessenausgleichs dar und einen Kompromiss zwischen dem Interesse der Gesellschafter oder Gesellschaftermehrheit an der Verschmelzung und den Belangen widersprechender Minderheitsgesellschafter (vgl. Nachweise oben bei Teil 2 Rdn. 586 ff.).

242

Das bis zum Jahr 1995 geltende Umwandlungsrecht gewährte in § 375 AktG a. F. das Austrittsrecht nur für den Fall der Umwandlung einer AG in eine GmbH. Im Fall der Umwandlung einer GmbH in eine AG bestand nach § 383 AktG a. F. ein **Preisgaberecht**. Schließlich war in §§ 12, 13 UmwG a. F. eine **Barabfindung** ausscheidender Aktionäre oder GmbH-Gesellschafter bei der Umwandlung einer AG, KGaA oder GmbH in eine Personengesellschaft durch Mehrheitsbeschluss vorgesehen. Hier handelte es sich allerdings nicht um ein Austrittsrecht, sondern um ein **zwangsweises Ausscheiden**, da nur die zustimmenden Gesellschafter an der Personengesellschaft beteiligt waren (§ 90 Abs. 1 UmwG a. F.).

§ 207 UmwG übernimmt diesen Schutz allgemein für alle Fälle der Umwandlung. Gem. § 207 hat der formwechselnde Rechtsträger jedem Anteilsinhaber, der gegen den Umwandlungsbeschluss Widerspruch zur Niederschrift erklärt, den Erwerb seiner umgewandelten Anteile oder Mitgliedschaften gegen eine **angemessene Barabfindung** anzubieten. Kann der Rechtsträger aufgrund seiner neuen Rechtsform eigene Anteile und Mitgliedschaften nicht erwerben, so ist dem Gesellschafter eine Barabfindung für den Fall anzubieten, dass der Anteilsinhaber sein Ausscheiden aus dem Rechtsträger erklärt. Zu berücksichtigen ist, dass anders als bei § 29 UmwG bei der Verschmelzung die Barabfindung grds. bei jedem Formwechsel möglich ist (vgl. Teil 4 Rdn. 180 ff.). Zu den Ausnahmen vgl. Rdn. 258 f.

243

1. Voraussetzungen für die Pflicht zur Aufnahme eines Abfindungsangebots

Nach § 194 Abs. 1 Nr. 6 UmwG muss bereits der **Entwurf** des Umwandlungsbeschlusses das **Abfindungsangebot nach § 207 UmwG enthalten**, sofern nicht der Umwandlungsbeschluss zu seiner Wirksamkeit der Zustimmung aller Anteilsinhaber bedarf oder an dem formwechselnden Rechtsträger nur ein Anteilsinhaber beteiligt ist. Das konkrete Angebot ist zwingender Bestandteil des Umwandlungsbeschlusses (bereits des Entwurfes) und damit gem. § 192 Abs. 1 Satz 3 UmwG auch des Uwandlungsberichtes.[407]

244

Wie dargelegt, enthält § 207 anders als § 29 Abs. 1 UmwG bei der Verschmelzung keine weiteren Voraussetzungen, als dass der Anteilsinhaber, der das Angebot der Barabfindung geltend machen

245

---

[407] Vgl. BeckOGK/Simons UmwG § 207 Rn. 19; Widmann/Mayer/Wälzholz § 192 UmwG Rn. 21; Lutter/Decher/Hoger § 192 UmwG Rn. 6.

will, **Widerspruch gegen den Umwandlungsbeschluss zur Niederschrift** erklärt hat. Der Gesellschafter, der einen Abfindungsanspruch geltend macht, muss also gegen die Umwandlung Widerspruch zur Niederschrift des Notars abgeben. In diesem Widerspruch bringt der Gesellschafter zum Ausdruck, dass er nicht Gesellschafter der neuen Gesellschaft werden möchte und dass er sich die Geltendmachung des Abfindungsanspruchs vorbehält.[408] Der Widerspruch setzt voraus, dass der Gesellschafter zur Niederschrift des Notars in der Hauptversammlung oder Gesellschafterversammlung, in der der Zustimmungsbeschluss beurkundet wird, eindeutig erklärt, dass er mit dem gefassten Beschluss nicht einverstanden ist. Auf die Wortwahl kommt es – sofern der Wille eindeutig zum Ausdruck gebracht wird – nicht an. Eine Begründung des Widerspruchs ist nicht erforderlich.[409]

246 Da der widersprechende Gesellschafter nach Sinn und Zweck der gesetzlichen Regelung zunächst versuchen muss, die **Umwandlung als solche zu verhindern**, ging die herrschende Meinung zum bis 1995 geltenden Umwandlungsrecht davon aus, dass ein Barabfindungsanspruch nur entsteht, wenn der Gesellschafter in der Hauptversammlung oder Gesellschafterversammlung auch gegen die Umwandlung gestimmt hat.[410] Ob dies beim UmwG v. 01.01.1995 ebenso gilt, ist streitig. Ein Teil der Literatur ist der Auffassung, dass der Anspruch auf Barabfindung auch dem Anteilsinhaber zusteht, der bei der Beschlussfassung für den Formwechsel gestimmt hat, anschließend jedoch Widerspruch zur Niederschrift erklärt.[411] Nach einer anderen Auffassung muss der ausscheidungswillige Anteilsinhaber auch gegen den Formwechsel stimmen, wenn er das Barabfindungsangebot annehmen will.[412] Da das Gesetz nur den Widerspruch, nicht aber die Stimmabgabe anspricht, ist der ersteren Auffassung der Vorzug zu geben sein. Diese hat auch den Vorteil größerer Flexibilität für sich.

247 § 207 UmwG verweist darüber hinaus auf § 29 Abs. 2 UmwG. Diese **Vorschrift stellt eine Reihe von Tatbeständen dem Widerspruch zur Niederschrift gleich** (vgl. oben Teil 2 Rdn. 602 ff.). Es sind dies die Fälle, in denen ein Gesellschafter zu einem Widerspruch ohne eigenes Verschulden nicht in der Lage war. Gleichgestellt sind weiterhin die Fälle, in denen ein nicht erschienener Gesellschafter zur Versammlung zu Unrecht nicht zugelassen worden ist, oder die Versammlung nicht ordnungsgemäß einberufen oder der Gegenstand der Beschlussfassung nicht ordnungsgemäß bekannt gemacht worden ist. Zu § 375 AktG a. F. hat es der BGH noch offengelassen, ob dem Widerspruch Fälle gleichgestellt werden, in denen die Aktionäre die Umwandlung mangels rechtzeitiger Kenntnis nicht zugestimmt haben.[413] Das Gesetz schafft nun diese **Gleichstellung** in den drei genannten Fällen. Es bleibt abzuwarten, ob es auf andere Fälle des unverschuldeten Nichterscheinens im Wege der Analogie ausgedehnt werden kann.

248 In § 207 Abs. 1 Halbs. 2 UmwG ist normiert, dass § 71 Abs. 4 Satz 2 AktG, also die **aktienrechtliche Sanktion** für einen unzulässigen Erwerb eigener Aktien in der Gestalt der Nichtigkeit und des schuldrechtlichen Erwerbsgeschäfts, außer Kraft gesetzt wird, insoweit dies der Erfüllung der Verpflichtung nach § 207 Abs. 1 Satz 1 entgegenstehen könnte.

---

408 BGH, NJW 1989, 2693; Widmann/Mayer/Wälzholz, Umwandlungsrecht, § 207 UmwG Rn. 11; Kallmeyer/Meister/Klöcker, UmwG, § 207 Rn. 14; Lutter/Decher/Hoger, UmwG, § 207 Rn. 9.
409 Widmann/Mayer/Wälzholz, Umwandlungsrecht, § 207 UmwG Rn. 33; Kallmeyer/Meister/Klöcker, UmwG, § 194 Rn. 46.
410 Zum alten Recht vgl. BGH, NJW 1989, 2693; Semler/Grunewald, in: Geßler/Hefermehl, AktG, § 375 Rn. 5; KK-AktG/Zöllner, § 375 Rn. 5.
411 So Kallmeyer/Meister/Klöcker, UmwG, § 207 Rn. 15; BeckOGK/Simons UmwG § 207 Rn. 60; Lutter/Decher/Hoger, UmwG, § 207 Rn. 10, a. A. noch in der Vorauflage.
412 Widmann/Mayer/Wälzholz, Umwandlungsrecht, § 207 UmwG Rn. 11; Stratz, in: Schmitt/Hörtnagl/Stratz, UmwG/UmwStG, § 207 Rn. 7; Kalss, in: Semler/Stengel, § 207 UmwG Rn. 7.
413 BGH, NJW 1989, 2693.

2. Rechtsfolgen: Angebot auf Abfindung im Umwandlungsbeschluss

§ 207 UmwG ist wie § 29 UmwG formuliert. Es wird kein gesetzlicher Abfindungsanspruch begründet, sondern § 207 UmwG spricht nur davon, dass der formwechselnde Rechtsträger dem widersprechenden Gesellschafter ein Angebot auf Abfindung machen muss. Es besteht also dogmatisch **kein Abfindungsanspruch**, sondern nur die **Pflicht, ein Abfindungsangebot** zu unterbreiten. Dieser Pflicht entspricht auch § 197 Abs. 1 Nr. 6 UmwG, der bestimmt, dass dieses Abfindungsangebot bereits im Entwurf des Umwandlungsbeschlusses aufgenommen werden muss, der dann den Gesellschaftern vor der Versammlung zur Kenntnis gebracht wird.[414]

249

Zum bis zum 1995 geltenden Recht, insb. zur Auslegung des § 369 Abs. 4 AktG a. F. war umstritten, ob das Abfindungsangebot bereits die Höhe der Abfindung nennen muss oder ob dies nicht erforderlich ist. Die wohl überwiegende Meinung war der Auffassung, dass, weil die Höhe der Barabfindung in § 375 Abs. 1 Satz 1 AktG geregelt wird, der Gesetzgeber zum Ausdruck gebracht habe, die Höhe der Barabfindung erst nach Fassung des Umwandlungsbeschlusses bestimmt werden müsse, jedoch in der Hauptversammlung, die über die Umwandlung beschließe.[415]

250

Beim UmwG 1995 wird man eine **präzise Angabe des Barangebots** verlangen müssen. Bereits der Entwurf des Umwandlungsbeschlusses muss die konkrete Höhe der angebotenen Barabfindung enthalten. Sie muss so präzise sein, dass sie durch eine Annahmeerklärung nach § 209 UmwG einfach angenommen werden kann. Dies setzt voraus, dass der **Betrag genau beziffert**, also ein fester Geldbetrag angeboten wird.[416] Das Barabfindungsangebot ist stets gem. § 209 i. V. m. § 30 Abs. 2 UmwG entsprechend den Regeln der **Verschmelzungsprüfung zu prüfen**. Über das Ergebnis haben auch die Prüfer einen Prüfungsbericht zu erstatten, sodass zumindest die Höhe des Angebots zum Zeitpunkt der Prüfung feststehen muss. Darüber hinaus spricht auch § 194 Abs. 1 Nr. 6 UmwG ganz allgemein davon, dass ein Abfindungsangebot nach § 207 UmwG zu machen ist. Man wird daher wohl davon ausgehen müssen, dass bereits die Höhe der Barabfindung im Umwandlungsbeschluss festgelegt sein muss.[417]

251

3. Ausschlussfrist für die Annahme des Angebots

Wie § 31 UmwG bestimmt § 207 UmwG, dass das Angebot **nur innerhalb von 2 Monaten** nach dem Tag angenommen werden kann, an dem die Eintragung der neuen Rechtsform oder des Rechtsträgers neuer Rechtsform in das Register nach § 201 Satz 2 UmwG als bekannt gemacht gilt. Ist nach § 212 UmwG ein Antrag auf Bestimmung der Barabfindung gestellt worden, so kann das Angebot binnen 2 Monate nach dem Tag angenommen werden, an dem die Entscheidung im elektronischen Bundesanzeiger bekannt gemacht worden ist (vgl. zur Auslegung oben Teil 2 Rdn. 609 ff.).

252

4. Ablauf des Anteilserwerbs durch die Gesellschaft

Bzgl. des Anteilserwerbs durch die Gesellschaft kann auf die Ausführungen zum Verschmelzungsrecht verwiesen werden (vgl. oben Teil 2 Rdn. 611 ff.).

253

---

414 Vgl. BeckOGK/Simons UmwG § 207 Rn. 19; Widmann/Mayer/Wälzholz § 192 UmwG Rn. 21; Lutter/Decher/Hoger § 192 UmwG Rn. 6.
415 So Dehmer, UmwG, UmwStG, § 369 AktG Anm. 6; Semler/Grunewald, in: Geßler/Hefermehl, AktG, § 369 Rn. 35; KK-AktG/Zöllner, § 369 Rn. 54.
416 Lutter/Decher/Hoger, UmwG, § 207 Rn. 15; Kalss, in: Semler/Stengel, § 207 UmwG Rn. 9; Kallmeyer/Meister/Klöcker, UmwG, § 207 Rn. 28; Widmann/Mayer/Wälzholz, Umwandlungsrecht, § 207 UmwG Rn. 22 BeckOGK/Simons UmwG § 207 Rn. 19 ff.
417 Widmann/Mayer/Wälzholz, Umwandlungsrecht, § 207 UmwG Rn. 22.

5. Abfindungsangebot ohne Anteilserwerb

254 Wie § 29 Abs. 1 Satz 3 UmwG sieht § 207 Abs. 1 Satz 2 UmwG eine Regelung für den Fall vor, in dem die neue Rechtsform nach ihrem Gesellschaftsrecht **den Erwerb eigener Anteile** oder Mitgliedschaftsrechte **ausschließt**. Dies ist etwa bei Personengesellschaften, Vereinen oder Genossenschaften der Fall. Hier muss eine Barabfindung für den Fall angeboten werden, dass der Gesellschafter sein Ausscheiden aus der Gesellschaft erklärt. Hier steht also der Abfindung als »Gegenleistung« nicht der Erwerb der Anteile, sondern das Ausscheiden aus dem übernehmenden Rechtsträger ggü. (vgl. oben Teil 2 Rdn. 617 ff.).

6. Inhalt des Anspruchs auf Barabfindung und Prüfung der Barabfindung

255 Da § 208 UmwG über den Inhalt der Barabfindung auf **§ 30 Abs. 1 UmwG** verweist, kann auf die Ausführungen oben ebenfalls verwiesen werden (vgl. oben Teil 2 Rdn. 619 ff.). Außerdem verweist § 208 UmwG auch auf § 30 Abs. 2 UmwG, wonach die **Angemessenheit der anzubietenden Barabfindung** stets durch einen Prüfer zu prüfen ist. Ist also ein Barabfindungsangebot gem. §§ 207, 194 Abs. 1 Nr. 6 UmwG erforderlich, so muss dieses Angebot auch durch einen Prüfer geprüft werden. Gem. § 30 Abs. 2 sind auf diese Prüfung die **Vorschriften über die Verschmelzungsprüfung** anzuwenden, also die §§ 10 bis 12 UmwG. Die Berechtigten können allerdings auf diese Prüfung oder auf den Prüfungsbericht durch notariell beurkundete Erklärung verzichten.[418] Eine Sonderregelung enthält § 225 UmwG beim Formwechsel von Personengesellschaften: Die Angemessenheit der angebotenen Barabfindung ist nur auf Verlangen eines Gesellschafters zu prüfen (vgl. dazu unten Teil 4 Rdn. 421).

7. Ausschluss von Klagen gegen den Umwandlungsbeschluss

256 Wie § 32 UmwG bestimmt § 210 UmwG, dass eine **Klage gegen die Wirksamkeit des Formwechselbeschlusses** nicht darauf gestützt werden kann, dass das Barabfindungsangebot zu niedrig bemessen oder dass die Barabfindung im Umwandlungsbeschluss nicht oder nicht ordnungsgemäß angeboten worden ist. Hierfür sieht § 212 UmwG die gerichtliche Nachprüfung der Abfindung vor. Diese Vorschrift entspricht § 34 UmwG.

8. Anderweitige Veräußerung

257 Wie § 33 UmwG bestimmt § 211 UmwG, dass einer anderweitige Veräußerung des Anteils durch den Anteilsinhaber innerhalb der in § 209 UmwG bestimmten Frist bestehende Verfügungsbeschränkung im Gesellschaftsvertrag oder in der Satzung des Rechtsträgers nicht entgegenstehen. Innerhalb der **Zwei-Monats-Frist** kann daher eine anderweitige Veräußerung des Anteils durch Anteilsinhaber erfolgen (vgl. im Einzelnen oben Teil 2 Rdn. 624).

9. Ausnahmen vom Abfindungsangebot

a) Generelle Ausnahme

258 Eine **Verpflichtung zum Angebot einer Barabfindung** besteht nach § 194 Abs. 1 Nr. 6 UmwG unter zwei Voraussetzungen nicht:[419]
– der Umwandlungsbeschluss bedarf zu seiner Wirksamkeit der Zustimmung aller Anteilsinhaber;
– an dem Rechtsträger ist nur ein Anteilsinhaber beteiligt.

---

418 § 30 Abs. 2 Satz 2; vgl. im Einzelnen zur Prüfung der Abfindung die Ausführungen oben Teil 2 Rdn. 619 ff.; vgl. Schmitt/Hörtnagl/Stratz/Stratz UmwG § 208 Rn. 1; Kallmeyer/Lanfermann § 208 UmwG Rn. 9; BeckOGK/Simons UmwG § 208 Rn. 37.

419 Vgl. BeckOGK/Simons UmwG § 207 Rn. 5 ff.; Lutter/Decher/Hoger U wG § 207 Rn. 4 ff., § 194 Rn. 21; Kallmeyer/Meister/Klöcker § 207 Rn. 9 ff.; Semler/Stengel/Kalss § 207 UmwG Rn. 3.

b) Sondervorschriften

259 Folgende Sondervorschriften sehen **Ausnahmen vom Barabfindungsangebot** vor:

§ 250 UmwG	Formwechsel zwischen AG und KGaA,
§ 282 Abs. 2 UmwG	Formwechsel eingetragener Vereine, die gem. § 5 Abs. 1 Nr. 9 KStG von der Körperschaftsteuer befreit sind,
§ 302 UmwG	Formwechsel einer Körperschaft oder Anstalt des öffentlichen Rechts,
§ 227 UmwG	Abfindung eines persönlich haftenden Gesellschafters einer formwechselnden KGaA.

c) Verzicht auf das Abfindungsangebot

260 Nach überwiegender Meinung ist auch ein **Verzicht auf das Abfindungsangebot** möglich.[420] Umstritten ist, ob der Verzicht auf Abgabe eine Abfindungsangebotes auch noch nach dem Umwandlungsbeschluss möglich ist, das ist mE zu bejahen.[421] Z. T. wird dies abgelehnt.[422] Die Verzichtserklärung ist notariell zu beurkunden. Für die Beurkundung gelten die Vorschriften über Willenserklärungen, also die §§ 8 ff. BeurkG.[423] Er ist zum Handelsregister einzureichen.[424] Wälzholz[425] weist zu Recht darauf hin, dass streng zu unterscheiden ist zwischen dem Verzicht auf Abgabe eine Abfindungsangebotes und den Verzicht auf die Rechte eines ausgesprochenen Angebotes.

VI. Freiwilliges Kaufangebot des Mehrheitsaktionärs

261 In der Praxis werden Formwechsel von Publikums-AG häufig mit einem **öffentlichen Übernahmeangebot** des Mehrheitsaktionärs für die Aktien der außenstehenden Aktionäre verbunden.[426] Der Mehrheitsaktionär möchte dadurch erreichen, dass er möglichst viele Aktien des formwechselnden Rechtsträgers erwirkt, um vereinfachter die Umwandlung durchführen zu können und auch Risiken auszuschließen. Auch ist die Annahme eines freiwilligen Kaufangebots weniger aufwendig als ein Barabfindungsangebot nach § 207 UmwG. Insb. die Notwendigkeit des Widerspruchs zum Protokoll des Notars entfällt. Für den Aktionär ist die Annahme des freiwilligen Kaufangebots zum einen aus steuerlichen Gründen attraktiv, zum anderen ist das Angebot i. d. R. höher als das Barabfindungsangebot, da es sich am Aktienkurs orientiert.[427]

Vgl. zum Übernahmerecht auch Teil 5 Rdn. 182.

M. Gründungsvorschriften und Kapitalschutz beim Formwechsel

262 Auch das bis 1995 geltende Recht hatte in einer Vielzahl von Einzelvorschriften bestimmt, dass für bestimmte Umwandlungskonstellationen bestimmte Gründungsvorschriften der neuen Gesell-

---

420 S. Lutter/Decher/Hoger, UmwG, § 194 Rn. 23; Bärwaldt, in: Semler/Stengel, § 194 UmwG Rn. 29; Kalss, in: Semler/Stengel, § 207 UmwG Rn. 17; Widmann/Mayer/Wälzholz, Umwandlungsrecht, § 207 UmwG Rn. 33; Kallmeyer/Meister/Klöcker, UmwG, § 194 Rn. 46; BeckOGK/Simons UmwG § 207 Rn. 16; Priester, DNotZ 1995, 427, 450; Usler, MittRhNotK 1998, 21, 33; vgl. auch oben Teil 2 Rdn. 605.
421 So auch Widmann/Mayer/Wälzholz, Umwandlungsrecht, § 207 UmwG Rn. 33; Lutter/Decher/Hoger § 207 UmwG Rn. 22; BeckOGK/Simons UmwG § 207 Rn. 16.
422 Kalss, in: Semler/Stengel, § 207 UmwG Rn. 17.
423 Widmann/Mayer/Wälzholz, Umwandlungsrecht, § 207 UmwG Rn. 34; BeckOGK/Simons UmwG § 207 Rn. 16; Lutter/Decher/Hoger Rn. 22.
424 Widmann/Mayer/Wälzholz, Umwandlungsrecht, § 207 UmwG Rn. 34; Kallmeyer/Meister/Klöcker, UmwG, § 194 Rn. 46; BeckOGK/Simons UmwG § 207 Rn. 16.
425 In: Widmann/Mayer, Umwandlungsrecht, § 207 UmwG Rn. 33 ff.
426 Vgl. Meyer-Landrut/Kiem, WM 1997, 1413, 1420; Lutter/Decher/Hoger, UmwG, § 207 Rn. 20 ff.
427 Vgl. Meyer-Landrut/Kiem, WM 1997, 1413, 1420.

schaft auch bei der Umwandlung zu beachten sind, obwohl im Zuge der Umwandlung keine neue Gesellschaft gegründet wird.[428]

263 Das UmwG bestimmt in § 197 UmwG, dass für alle Formwechselfälle die für die neue Rechtsform geltenden **Gründungsvorschriften** anzuwenden sind, soweit sich nicht aus den besonderen Vorschriften etwas anderes ergibt.

264 Decher[429] hat zu Recht darauf hingewiesen, dass sich dieser Gedanke, dass mit dem Formwechsel eine Gründung der neuen Gesellschaft verbunden ist, grds. nicht mit dem **Prinzip der Identität** verträgt. Der Gesetzgeber hat allerdings die Anwendung der Gründungsvorschriften mit der **Notwendigkeit eines Umgehungsschutzes** begründet:[430]

> »Dieser Übergang in ein anderes Normensystem ist besonders dann kritisch, wenn nach den für den Rechtsträger neuer Rechtsform maßgebenden Gründungsvorschriften schärfere Anforderungen gelten, als sie für die Gründung des formwechselnden Rechtsträgers bestanden haben (so z. B. beim Formwechsel von Rechtsträgern, die keine Kapitalgesellschaften sind, in eine Kapitalgesellschaft sowie beim Formwechsel einer GmbH in eine AG oder in eine KGaA). Wenn für die Errichtung des formwechselnden Rechtsträgers mildere Gründungsvorschriften maßgeblich waren, sollen die für die neue Rechtsform geltenden strengeren Maßstäbe durch den Formwechsel nicht unterlaufen werden können. Deshalb soll in § 197 Satz 1 als allgemeiner Grundsatz vorgesehen werden, dass die für die neue Rechtsform geltenden Gründungsvorschriften auf den Formwechsel anzuwenden sind. Damit werden vor allem die für die Kapitalgesellschaften wichtigen Vorschriften über die Gründungsprüfung und über die Verantwortlichkeit der Gründer in das Umwandlungsrecht einbezogen. Für die Umwandlung in eine AG ist dies zum größten Teil gemeinschaftsrechtlich durch Art. 13 der Zweiten gesellschaftsrechtlichen Richtlinie vorgegeben.«

265 Der Gesetzgeber hat allerdings in den besonderen Vorschriften wiederum **Einschränkungen von diesem allgemeinen Grundsatz** gemacht. Bei den besonderen Vorschriften ist teilweise geregelt, dass einzelne Bestimmungen des Gründungsrechts nicht anwendbar sind; dies wird i. d. R. dann der Fall sein, wenn aufgrund des Formwechsels kein Bedarf für die Anwendung einer Gründungsvorschrift besteht. Die Begründung zum RegE weist darauf hin, dass diese Einschränkung im Besonderen Teil vor allen Dingen verhindern soll, dass die Anwendung der Gründungsvorschriften dazu führt, dass ein Formwechsel bzgl. der zu beachtenden Formalien praktisch eine Neugründung darstellt, die durch den Formwechsel gerade vermieden werden soll. Deshalb müsse der Grundsatz der Anwendbarkeit des Gründungsrechts in mehrfacher Hinsicht eingeschränkt werden.[431]

266 An anderer Stelle hat der Gesetzgeber bzgl. der Kapitalschutzfragen wiederum eine **Sonderregelung** getroffen. So ist in § 220 Abs. 1 UmwG geregelt, dass beim Formwechsel von einer Personenhandelsgesellschaft in eine Kapitalgesellschaft der Nennbetrag des Stammkapitals bei der GmbH oder des Grundkapitals bei der AG das nach Abzug der Schulden verbleibende Vermögen der formwechselnden Gesellschaft nicht übersteigen darf.[432] Dieser Grundsatz gilt gem. § 245 Abs. 1 Satz 2 UmwG entsprechend beim Formwechsel einer GmbH in eine AG. § 264 und § 277 UmwG wiederholen diesen Grundsatz für den Formwechsel einer eingetragenen Genossenschaft oder eines Vereins in eine Kapitalgesellschaft. Der Gesetzgeber hat also für die besondere Problematik des Kapitalschutzes wiederum § 197 UmwG insofern erweitert, als er eine Sondervorschrift,

---

428 Vgl. zum alten Recht §§ 362 Abs. 4, 378, 385a Abs. 4, 385b, 385g Satz 1, 385m Abs. 5 AktG; §§ 16 Satz 1, 19 Abs. 1, 20 Satz 1, 21 Abs. 1, 22 Abs. 1, 23 Satz 1, 24 Abs. 1, 41 Abs. 1 Nr. 1 und Abs. 2, 42 Abs. 2, 47 Abs. 1, Satz 1 Nr. 1 und Abs. 2 UmwG; vgl. auch Art 13 der 2. Verschmelzungsrichtlinie.
429 In: Lutter, Kölner Umwandlungsrechtstage, S. 211.
430 Vgl. Begründung zum RegE, BR-Drucks. 75/94, S. 141; abgedruckt in: Limmer, Umwandlungsrecht, S. 336.
431 So Begründung zum RegE, BR-Drucks. 75/94, S. 141.
432 Vgl. hierzu K. Schmidt, ZIP 1995, 1385 ff.

M. Gründungsvorschriften und Kapitalschutz beim Formwechsel

die sich bisher nur in § 385m Abs. 4 Satz 2 AktG a. F. befand, für die meisten Formwechselfälle in Kapitalgesellschaften erweiterte. Mit dieser Vorschrift soll erreicht werden, dass zum Schutz der Gläubiger die Deckung des Stamm- oder Grundkapitals der Gesellschaft gesichert wird.[433]

I. Anwendung der Gründungsvorschriften

1. Vereinbarkeit mit der Identitätsthese

Ebenso wie bei der Verschmelzung oder Spaltung geht im Grundsatz der Gesetzgeber aufgrund der Anwendbarkeit der Gründungsvorschriften gem. § 197 UmwG davon aus, dass es sich beim Formwechsel um mehr handelt als um eine bloße identitätswahrende Rechtskleidänderung, sondern im Prinzip um eine Gesellschaftsgründung, wenn auch ohne Vermögenstransfer.[434] Da bei dieser Vorschrift im Ergebnis das Kapital der neuen Gesellschaft zwar identitätswahrend, aber doch unter Anwendung der Gründungsvorschriften aufgebracht werden muss, handelt es sich im Ergebnis um eine **Sachgründung**.[435] Dass sich diese Vorschrift des UmwG nur schwer mit dem neuen dogmatischen Ansatz vereinbaren lässt, wurde bereits dargelegt (vgl. oben Teil 4 Rdn. 205 ff.). Der Gesetzgeber hat es aus Umgehungsgründen nicht gewagt, den vollständigen Schritt zum identitätswahrenden Formwechsel zu gehen und sich zumindest im Hinblick auf die Gründungsvorschriften mehr an der vor 1995 geltenden Rechtslage der errichtenden Umwandlung orientiert. Auch zum bis 1995 geltenden Recht war die Umwandlung einer Personen- in eine Kapitalgesellschaft im Grundsatz eine Sachgründung durch Leistung von Sacheinlagen, da durch das Vermögen der Personenhandelsgesellschaft durch Gesamtrechtsnachfolge auf die neue Kapitalgesellschaft mit deren Eintragung übergeht. Entsprechende Vorschriften fanden sich im vor 1995 geltenden Recht in den §§ 41 Abs. 2, 47 Abs. 2 UmwG.[436]

267

2. Formwechsel in eine GmbH

Findet ein Formwechsel einer Personengesellschaft in eine GmbH statt, so sind daher neben den allgemeinen formwechselnden Vorschriften auch i. Ü. die **Sachgründungsvorschriften des GmbHG** zu beachten.[437] Diese sind bei der GmbH insb.:
– Festsetzung der Sacheinlage im Gesellschaftsvertrag,
– Sachgründungsbericht gem. § 5 Abs. 4 GmbHG i. V. m. § 220 Abs. 2 UmwG,
– Anmeldeversicherung gem. § 8 Abs. 2 GmbHG (str.), entfällt beim Formwechsel zwischen Kapitalgesellschaften (§ 246 Abs. 3 UmwG),
– Kapitalschutz gem. § 220 UmwG,
– Bestellung der ersten Geschäftsführer (§ 6 GmbHG),
– Einreichung von Wertnachweisunterlagen (§ 8 Abs. 1 Nr. 5 GmbHG).

268

Darüber hinaus sind auch die **Vorschriften über die Gründerhaftung**, d. h. die §§ 9, 9a und 9b GmbHG sowie § 11 Abs. 2 GmbHG anwendbar.[438] Beim Formwechsel einer Genossenschaft in eine GmbH sieht allerdings § 264 UmwG Erleichterungen vor.

269

---

433 Vgl. Begründung zum RegE, BR-Drucks. 75/94, S. 150; abgedruckt in: Limmer, Umwandlungsrecht, S. 345.
434 So Priester, DB 1995, 911, 913.
435 Vgl. Priester, DB 1995, 911, 913; ders., DNotZ 1995, 427, 451, K. Schmidt spricht von einer »Quasi-Sachgründung«, ZIP 1995, 1389; BeckOGK/Simons UmwG § 197 Rn. 7 ff.
436 Vgl. Dehmer, UmwG, 1. Aufl., § 41 Anm. 6a.
437 Vgl. Lutter/Decher/Hoger, § 197 UmwG Rn. 15 ff.
438 Vgl. Priester, DNotZ 1995, 427, 452; Lutter/Decher/Hoger, § 197 UmwG Rn. 36 ff.; Bärwaldt, in: Semler/Stengel, § 197 UmwG Rn. 33; Widmann/Mayer/Mayer, Umwandlungsrecht, § 197 UmwG Rn. 62; Kallmeyer/Meister/Klöcker, UmwG, § 197 Rn. 26.

3. Formwechsel in eine AG

270 Beim Formwechsel einer Personengesellschaft in eine AG gelten insb. §§ 197, 220 Abs. 1 und Abs. 3 UmwG. Dies bedeutet, dass i. R. d. »Gründung« der neuen AG im Wege des Formwechsels zusätzlich folgende **Bestimmungen des Gründungsrechts der AG** zu beachten sind:[439]
- Gründungsbericht gem. § 32 AktG i. V. m. § 220 Abs. 2 UmwG,
- Gründungsprüfung (§ 33 AktG i. V. m. § 220 Abs. 3 UmwG),
- Bestellung des ersten Aufsichtsrates der AG (§§ 30, 31 AktG), wobei allerdings nach § 197 Satz 2 UmwG die Vorschriften über die Bildung und Zusammensetzung des ersten Aufsichtsrats nicht anzuwenden sind (vgl. unten Teil 4 Rdn. 293 ff.),
- Bestellung des ersten Abschlussprüfers (§ 30 AktG),
- Bestellung des ersten Vorstandes (§ 30 AktG),
- Anmeldeversicherung hinsichtlich der Einlageleistung gem. § 37 Abs. 1 AktG (str.).

271 Gem. § 246 Abs. 3 UmwG wird allerdings für den Formwechsel unter Kapitalgesellschaften auf die Verpflichtung zur **Abgabe einer Anmeldeversicherung** gem. § 8 Abs. 2 GmbHG bzw. § 37 Abs. 1 AktG verzichtet. Beim Formwechsel einer Genossenschaft in eine AG enthält § 264 UmwG ebenfalls Erklärungen.

4. Formwechsel in eine eingetragene Genossenschaft

272 Beim Formwechsel in eine eingetragene Genossenschaft sind ebenfalls im Grundsatz die **Gründungsvorschriften des Genossenschaftsrechts** anzuwenden, d.h. die §§ 1 bis 16 GenG:[440] Die Firma muss nach § 3 GenG den Zusatz »eingetragene Genossenschaft« oder »eG« haben. Die Mindestzahl der Gründer nach § 4 GenG ist nach 197 Abs. 1 Satz 2 UmwG nicht anzuwenden.[441] Die Satzung ist als Teil des Umwandlungsbeschlusses notariell zu beurkunden (vgl. Teil 4 Rdn. 192). Sie muss den Mindestinhalt nach § 6 und 7 GenG enthalten. Der Anmeldung zum Register ist nach § 11 Abs. 2 Satz 3 GenG die Bescheinigung eines Prüfungsverbandes, dass die Genossenschaft zum Beitritt zugelassen ist, sowie eine gutachtliche Äußerung des Prüfungsverbandes, ob nach den persönlichen oder wirtschaftlichen Verhältnissen, insbesondere der Vermögenslage der Genossenschaft, eine Gefährdung der Belange der Mitglieder oder der Gläubiger der Genossenschaft zu besorgen ist.[442] Die Bestellung von erstem Vorstand und Aufsichtsrat erfolgt durch die künftigen Mitglieder der (Vor-)eG.[443]

II. Kapitalschutz

273 Wie dargelegt (vgl. ausführlich Teil 4 Rdn. 25 ff.), hat der Gesetzgeber in § 197 UmwG bzgl. der Kapitalaufbringungsfragen über die allgemeine Regelung der Anwendung der Gründungsvorschriften in §§ 220, 245 Abs. 1 Satz 2, 264 Abs. 1 und 277 UmwG den Grundsatz aufgestellt, dass i. d. R. bei der Umwandlung in eine Kapitalgesellschaft der **Nennbetrag des Stammkapitals** einer GmbH oder des Grundkapitals einer AG **das nach Abzug der Schulden verbleibende Vermögen der formwechselnden Gesellschaft nicht übersteigen** darf. Dies gilt gem. § 245 Abs. 1 Satz 2 UmwG sogar bei der Umwandlung einer GmbH in eine AG. Auch diese Vorschrift ist Ausdruck der Tatsache, dass es sich bei der Gründung der Gesellschaft um eine Sachgründung handelt, wobei das Vermögen des formwechselnden Rechtsträgers identitätswahrend übergeht.[444] Gegenstand der Sachgründung ist das vom formwechselnden Rechtsträger bisher betriebene

---

[439] Vgl. Lutter/Decher/Hoger, § 197 UmwG Rn. 15 ff.
[440] Vgl. Semler/Stengel/Bärwaldt UmwG § 197 Rn. 62 ff.
[441] Vgl. Semler/Stengel/Bärwaldt UmwG § 197 Rn. 68 f.
[442] Vgl. zum Inhalt Pöhlmann/Fandrich/Bloehs/Fandrich GenG § 11 Rn. 6 f.
[443] Vgl. Semler/Stengel/Bärwaldt UmwG § 197 Rn. 65.
[444] Vgl. Priester, DNotZ 1995, 427, 451.

Unternehmen.⁴⁴⁵ Insb. gegen den Kapitalschutz auch beim Formwechsel innerhalb von Kapitalgesellschaften hat Happ.⁴⁴⁶ Bedenken angemeldet, da es beim dogmatischen Ausgangspunkt der Identität eines Rechtsträgers nahe gelegen hätte, auf die Kapital- und Gründungsregelungen bei der Umwandlung einer GmbH in eine AG zu verzichten.

Auf die mit dieser Vorschrift verbundenen **Probleme** wurde bereits oben hingewiesen (vgl. oben Teil 4 Rdn. 25 ff.). Es stellt sich in diesem Zusammenhang insb. die Frage, ob für die **Kapitaldeckung** eine **Buchwertaufstockung**, d. h. die Aufstockung stiller Reserven zulässig ist oder ob die Kapitaldeckung am Jahresabschluss der Personengesellschaft zu messen ist, also die Buchwerte ihrer Vermögensgegenstände maßgebend sind. Besonders problematisch ist in diesem Zusammenhang die Tatsache, dass § 24 UmwG auf den Formwechsel ausdrücklich nicht anwendbar ist, wonach ein Aufstockungswahlrecht für Verschmelzung und Spaltung begründet wird. Wie bereits oben dargelegt, wird mitlerweile fast einhellig die Auffassung vertreten, dass für die Frage des Kapitalschutzes nicht zwingend die Buchwerte maßgebend sind, sondern auch eine **Buchwertaufstockung** zulässig ist und demgemäß für die Frage des Kapitalschutzes und der Kapitaldeckung die wirklichen Werte der formwechselnden Gesellschaft maßgebend sind (vgl. im Einzelnen oben Teil 4 Rdn. 25, 150 ff.). Die **Kapitaldeckung muss anhand der Verkehrswerte** – zum Zeitpunkt der Handelsregisteranmeldung – geprüft werden.⁴⁴⁷ Zu den **Nachweisfragen** vgl. oben Teil 4 Rdn. 25 ff. 274

III. Anwendbarkeit der Gründungsvorschriften auf den Formwechsel: Besonderheiten bei der AG

Nach § 197 Satz 1 UmwG sind auf den Formwechsel die **für die neue Rechtsform geltenden Gründungsvorschriften** anzuwenden, soweit sich aus dem UmwG nichts anderes ergibt. 275

Der Begriff der Gründungsvorschriften ist in § 197 Satz 1 UmwG **nicht definiert** und muss daher für jede Rechtsform gesondert bestimmt werden.⁴⁴⁸ Trotz des nicht ganz eindeutigen Wortlauts verweist § 197 Abs. 1 UmwG nicht nur auf den mit »Gründung der Gesellschaft« überschriebenen Zweiten Teil des Ersten Buches des AktG (§§ 23 bis 54 AktG), sondern auf den ersten und zweiten Teil des ersten Buches des AktG (§§ 1 bis 53 AktG). Die grds. Anwendung der Gründungsvorschriften wird aber dadurch eingeschränkt, dass das fünfte Buch des UmwG Einschränkungen und Modifikation des grds. anwendbaren Gründungsrechts enthält und zum anderen die Gründungsvorschriften, nicht uneingeschränkt anwendbar sind. Ausweislich der Gesetzesbegründung⁴⁴⁹ soll durch die Möglichkeit des Formwechsels eine sonst notwendige Liquidation und Neugründung erspart werden. Die Gründungsvorschriften dürften nicht uneingeschränkt für anwendbar erklärt werden, da ansonsten praktisch eine Neugründung erforderlich werden würde, die durch den Formwechsel gerade vermieden werden sollte. Deshalb müsse der Grundsatz der Anwendbarkeit des Gründungsrechts in mehrfacher Hinsicht eingeschränkt werden. Die Anwendung der Gründungsvorschriften soll vielmehr feststellen, ob der formwechselnde Rechtsträger und insb. der Zustand des Vermögens dieses Rechtsträgers den Anforderungen des Rechtsträgers neuer Rechtsform genügt. Es geht somit in erster Linie darum, eine **Umgehung** 276

---

445 Vgl. zum alten Recht, Dehmer, UmwG, UmwStG, 1. Aufl., § 47 UmwG Anm. 4a.
446 In: Lutter, Kölner Umwandlungsrechtstage, S. 241 f.
447 Vgl. OLG Frankfurt, ZIP 2015, 1229; Kallmeyer/Blasche, UmwG, § 220 Rn. 8; Lutter/Jost, UmwG, § 220 Rn. 13 f.; BeckOGK/Simons UmwG § 197 Rn. 11; Lutter/Bayer, UmwG, § 264 Rn. 3; Widmann/Mayer/Vossius, Umwandlungsrecht, § 220 UmwG Rn. 16; KK-UmwG/Petersen, § 220 UmwG Rn. 6 ff.; Stratz, in: Schmitt/Hörtnagl/Stratz, UmwG/UmwStG, § 226 UmwG Rn. 6; Schlitt, in: Semler/Stengel, § 220 UmwG Rn. 16 ff.; Priester, DB 1995, 911, 914; ders., DNotZ 1995, 427, 452; Fischer, BB 1995, 2173, 2174; Usler, MittRhNotK 1998, 54; Zimmermann, DB 1999, 948.
448 Widmann/Meyer/Rieger, Umwandlungsrecht, § 197 UmwG Rn. 84.
449 Abgedruckt in: Limmer, Umwandlungsrecht, 1995, S. 336.

der strengeren Gründungsvorschriften des Rechtsträgers neuer Rechtsform, insb. zur Kapitalausstattung- und Kapitalaufbringung zu vermeiden.[450]

277 Deshalb gelten für einen Formwechsel in eine AktG grds. die **Nachgründungsvorschriften der §§ 52, 53 AktG**.[451] Dies wird in der Vorschrift des § 220 Abs. 3 Satz 2 UmwG noch einmal ausdrücklich bestätigt, nach der die für Nachgründungen in § 52 Abs. 1 AktG bestimmte Zwei-Jahres-Frist erst mit dem Wirksamwerden des Formwechsels, d. h. gem. § 202 Abs. 1 UmwG mit der Eintragung der neuen Rechtsform (AG) in das Handelsregister.[452]

278 Fraglich ist, ob auch die Vorschrift des § 27 Abs. 1 AktG hinsichtlich der Sachübernahmen bei dem Formwechsel einer Personengesellschaft **in eine AG** Anwendung findet. Denn durch die Verweisung in § 197 UmwG auch auf §§ 26 und 27 AktG könnte sich die Verpflichtung ergeben, in der Satzung der AG Angaben über Sacheinlagen und Sachübernahmen bzgl. der Entstehung der AG aus dem Formwechsel aufzunehmen. Diesbezüglich ist die Rechtslage allerdings streitig.

279 Zum bis 1995 geltenden Recht vertrat Priester,[453] dass Sacheinlagen aus Anlass der Umwandlung sich nur aus einer etwa gleichzeitig vorgenommenen Kapitalerhöhung ergeben könnten.

280 Nach Rieger[454] bezieht sich die Bestimmung des § 27 AktG auf den Übergang des Vermögens des formwechselnden Rechtsträgers auf die AG. Dementsprechend müsse die Satzung gem. § 197 Satz 1 UmwG i. V. m. § 27 Abs. 1 Satz 1 AktG Festsetzungen über den Gegenstand der Sacheinlage, die Person des Einlegenden und den Nennbetrag des Grundkapitals, auf den sich die Sacheinlage bezieht, enthalten. Im Kontext des Formwechsels bedeutet dies, dass das Vermögen des formwechselnden Rechtsträgers und der formwechselnde Rechtsträger selbst zu bezeichnen sind. Hierfür genüge ein Hinweis, dass die Gesellschaft durch Formwechsel einer genau zu bezeichneten Gesellschaft entstanden sei.

281 Laumann[455] sieht im Zusammenhang mit der Umwandlung in eine AG, dass jede Umwandlung im Grunde eine vereinfachte Sachgründung darstellt. Die Gründung der Ausgangsrechtsform dürfe beim Formwechsel nicht geprüft werden, es genüge, wenn gem. § 197 UmwG die Ordnungsmäßigkeit der AG-Gründung geprüft werde. Die Kapitalschutzvorschriften des § 220 UmwG genügten zum institutionellen Gläubigerschutz vollauf.

282 Göthel[456] führt aus, dass im Prinzip auch § 27 AktG auf den Formwechsel in eine AG anzuwenden sei. Diese Verweisung laufe jedoch regelmäßig leer, da aus Anlass der Umwandlung an sich weder Sacheinlagen noch Sachübernahmen anfallen.[457] Etwas anderes könne nur für den Fall einer im Zusammenhang mit dem Formwechsel beschlossenen Kapitalerhöhung gelten. Die entsprechenden Sacheinlagen bzw. Sachübernahmen wären dann entsprechend § 27 AktG in der Satzung der AG neuer Rechtsform anzugeben. Festzusetzen seien ferner die Sacheinlagen und Sachübernahmen, die in der Satzung der formwechselnden Gesellschaft enthalten seien.

---

450 Vgl. dazu Widmann/Meyer/Rieger, Umwandlungsrecht, § 197 UmwG Rn. 87 ff.; Lutter/Decher/Hoger, UmwG, § 197 Rn. 5.
451 Lutter/Decher/Hoger, UmwG, § 197 Rn. 42; Widmann/Mayer/Rieger, Umwandlungsrecht, § 197 UmwG Rn. 215; Kallmeyer/Meister/Klöcker, UmwG, § 197 Rn. 29 ff.; BeckOGK/Simons UmwG § 197 Rn. 28 ff.
452 Widmann/Meyer/Rieger, Umwandlungsrecht, § 197 UmwG Rn. 215; Lutter/Decher/Hoger, UmwG, § 220 Rn. 26.
453 AG 1986, 29132.
454 Widmann/Mayer/Rieger, Umwandlungsrecht, § 197 UmwG Rn. 146.
455 Goutier/Knopf/Tulloch, Umwandlungsrecht, § 197 UmwG Rn. 24.
456 In: Lutter, UmwG, § 245 Rn. 31.
457 Verweis auch auf Priester, AG, 1986, 29, 32.

Decher/Hoger[458] ist der Auffassung, dass Sacheinlagen anlässlich einer AG-Gründung gem. § 27 Abs. 1 AktG in der Satzung aufzuführen sind. Beim Formwechsel einer Personengesellschaft in eine Kapitalgesellschaft werde der Formwechsel nur dann wie eine Sachgründung behandelt, wenn dies zur Vermeidung eines Unterlaufens der Gründungsvorschriften der auf den Rechtsträger neuer Rechtsform anwendbaren Rechtsordnung erforderlich sei. Diese Gefahr bestehe nur bei einer historischen Sachgründung des formwechselnden Rechtsträgers und nicht bei einer Bargründung. Daher bedürfe es beim Formwechsel einer seinerzeit bar gegründeten Personengesellschaft in eine Kapitalgesellschaft nicht besonderer Festsetzung in der Satzung. 283

Nach Auffassung von Meister/Klöcker[459] sind in der Satzung gem. § 26 AktG die einzelnen Aktionäre oder Dritten im Zusammenhang mit dem Formwechsel gewährten Sondervorteile sowie der Gründungsaufwand i. S. d. § 26 Abs. 2 AktG festzusetzen. Festsetzungen im Gesellschaftsvertrag des formwechselnden Rechtsträgers über Sondervorteile, Gründungsaufwand, Sacheinlagen oder Sachübernahmen seien in die Satzung aufzunehmen, soweit nicht die Fristen gem. § 26 Abs. 4 und Abs. 5 AktG abgelaufen seien. Beim Formwechsel einer durch Sacheinlagen kapitalisierten Personenhandelsgesellschaft in eine AG sind gem. § 197 Satz 1 i. V. m. § 27 Abs. 1 AktG in der Satzung der AG Festsetzung über Sacheinlagen zu treffen. 284

Es bleibt daher festzuhalten, dass hinsichtlich der **Sachübernahmen** überwiegend die Auffassung vertreten wird, dass diese **in die Satzung der AG aufzunehmen** sind, soweit solche bereits bei Gründung des formwechselnden Rechtsträgers vorgenommen wurden. Soweit anlässlich des Umwandlungsbeschlusses bereits eine entsprechende Abrede mit einem Dritten getroffen wurde, spricht m. E. viel dafür, die Vorschrift des § 27 AktG bzgl. Sachübernahmen auch auf diesen Fall anzuwenden. Allerdings können m. E. bzgl. der Geschäfte, die zwischen dem Umwandlungsbeschluss und der Eintragung des Formwechsels getätigt wurden, die Vorschriften über die Sachübernahme keine Anwendung finden. Denn zum einen wäre es der Gesellschaft dann für die Zeit zwischen der Fassung des Umwandlungsbeschlusses und der Eintragung im Handelsregister verwehrt, Rechtsgeschäfte zu tätigen, und zum anderen hat bei der Eintragung des Formwechsels eine Werthaltigkeitsprüfung des als »Sacheinlage« eingebrachten Unternehmens stattzufinden, bei dem diese von der Gesellschaft vorgenommenen Rechtsgeschäfte bereits berücksichtigt werden müssten. 285

IV. Bestellung der ersten Organe beim Formwechsel

1. Auswirkungen des Formwechsels auf die Organstellung

Mit der Eintragung des Formwechsels im Register und damit mit dessen Wirksamkeit **endet die Organstellung der Organe der formwechselnden Gesellschaft**; der Identitätsgrundsatz gilt nicht im Hinblick auf die Organe des früheren Rechtsträgers. Dies ergibt sich insb. aus der Tatsache, dass der anwendbare Normenbestand sich ändert.[460] Insofern gilt die Diskontinuität.[461] Es ergibt sich auch daraus, dass nach § 197 UmwG die neuen Organe nach den entsprechenden Gründungsvorschriften zu bestellen sind. 286

Andererseits besteht Einigkeit, dass wegen der Identität des Rechtsträgers die **Anstellungsverträge** der Geschäftsführer und Vorstände auch nach dem Formwechsel **bestehen bleiben** und ggf. nach 287

---

458 In: Lutter, UmwG, § 197 Rn. 15 ff.
459 Kallmeyer/Meister/Klöcker, UmwG, § 197 Rn. 35.
460 H. M. Widmann/Mayer/Mayer, Umwandlungsrecht, § 197 UmwG Rn. 50, 171; Widmann/Mayer/Vossius, Umwandlungsrecht, § 202 UmwG Rn. 32, 110; Kallmeyer/Meister/Klöcker, UmwG, § 197 Rn. 21; § 202 Rn. 24; Lutter/Decher/Hoger, UmwG, § 202, Rn. 39; Kübler in: Semler/Stengel, UmwG, § 202 Rn. 10; Lupp, Die Auswirkungen einer Umwandlung auf Anstellungsverhältnisse von Vorständen und GmbH-Geschäftsführern, S. 13; Veil, Umwandlung einer AG in eine GmbH, S. 210 ff. krit. allerdings Hoger, ZGR 2007, 868, 869, der sich für Amtskontinuität ausspricht.
461 A. A. Hoger, ZGR 2007, 868, 869.

allgemeinen Regeln beendet werden müssen.[462] Ob ein solcher Vertrag nach Inhalt und Zeitdauer den Erfordernissen des neuen Rechts angepasst werden muss, hat der BGH bisher offengelassen.[463] Umstritten ist, ob der Formwechsel einen Grund zur außerordentlichen Kündigung des Dienstvertrages darstellt.[464]

2. Bestellung der neuen Organe

288 Die Bestellung der neuen Organe für den Rechtsträger in seiner neuen Rechtsform richtet sich nach den für diese Rechtsform geltenden Gründungsvorschriften, wobei teilweise die Umwandlungsvorschriften Besonderheiten vorsehen.[465]

289 Eine **Ausnahme** sieht § 203 UmwG nur für den Fall vor, dass im bisherigen wie im formwechselnden Rechtsträger in gleicher Weise ein Aufsichtsrat gebildet und zusammengesetzt werden muss. Für diesen Fall ordnet § 203 Satz 1 UmwG an, dass die Mitglieder dieses Aufsichtsrates den Rest ihrer Wahlzeit als Mitglieder des Aufsichtsrates des Rechtsträgers neuer Rechtsform im Amt bleiben. Allerdings können auch die Anteilsinhaber des formwechselnden Rechtsträgers im Umwandlungsbeschluss für ihre Aufsichtsratsmitglieder die Beendigung des Amtes bestimmen. Zu beachten ist, dass diese Vorschrift nur gilt, wenn es sich um einen gesetzlichen Aufsichtsrat handelt, der in seiner bisherigen und seiner neuen Rechtsform den gleichen mitbestimmungsrechtlichen Vorschriften unterliegt.[466]

Wegen der Einzelheiten kann auf die Ausführungen bei den spezifischen Rechtsformen verwiesen werden.

3. Aufsichtsrat

a) Bildung und Zusammensetzung des ersten Aufsichtsrates

290 In § 197 Satz 1 UmwG werden für den Formwechsel ganz allgemein die für die neue Rechtsform geltenden Gründungsvorschriften für anwendbar erklärt. Davon macht § 197 Satz 2 UmwG aber insofern eine Ausnahme, dass die **Vorschriften über die Bildung und Zusammensetzung des ersten Aufsichtsrates nicht anwendbar** sein sollen. Das vor 1995 geltende Umwandlungsrecht hatte die Frage nicht ausdrücklich geregelt, ob auf die beim Formwechsel bislang notwendige Neubestellung des Aufsichtsrats im Rechtsträger neuer Rechtsform die für die neue Rechtsform geltenden Vorschriften des Gründungsrechts über die Bildung des ersten Aufsichtsrats anzuwenden sind. Im Schrifttum wurde diese Frage bereits verneint. Die Regierungsbegründung zu § 197 Satz 2 UmwG[467] stellt daher fest, dass nach bisherigem Recht lediglich eine Neuwahl des Aufsichtsrats stattfand, sodass im Anwendungsbereich der Mitbestimmungsgesetze auch die Vertretung der Arbeitnehmer im Aufsichtsrat schon zum Zeitpunkt des Wirksamwerdens des Formwechsel gesichert war. An dieser Rechtslage sollte auch im künftigen Umwandlungsrecht festgehalten werden. Neben der allgemeinen subsidiären Anwendung des für die neue Rechtsform

---

462 BGH, NZG 2007, 590, 591 = DB 2007, 1072 = GmbHR 2007, 606 = ZIP 2007, 910; BGH, NJW 1989, 1928 = DB 1989, 472; BGH, NJW 1997, 2319 = DB 1997, 1455; BAG, BAGE 104, 358 = DB 2003, 942 = NJW 2003, 2473; BAG, NJW 1995, 675; Kallmeyer/Meister/Klöcker, UmwG, § 202 UmwG Rn. 24; Lohr, NZG 2001, 826, 831; Hoger, ZGR 2007, 868, 869.
463 BGH, NJW 1989, 1928.
464 Vgl. Lutter/Decher/Hoger, UmwG, § 202 Rn. 39; Kallmeyer/Meister/Klöcker, UmwG, § 202 Rn. 24; Röder/Lingemann, DB 1993, 1341 ff.
465 Kallmeyer/Meister/Klöcker, UmwG, § 194 Rn. 56, § 197 Rn. 20 ff., 37 ff., 58 ff., § 202 Rn. 24 f.; Widmann/Mayer/Mayer, Umwandlungsrecht, § 197 UmwG Rn. 50, 171; Widmann/Mayer/Vossius, Umwandlungsrecht, § 202 UmwG Rn. 32; Semler/Stengel/Leonard UmwG § 202 Rn. 10.
466 Vgl. Kallmeyer/Meister/Klöcker, UmwG, § 203 Rn. 7; Widmann/Mayer/Vossius, Umwandlungsrecht, § 203 Rn. UmwG 12 ff.
467 Ganske, Umwandlungsrecht, S. 221.

geltenden Gründungsrechts bedürfe es hierfür jedoch der im Halbs. 2 von § 197 Satz 2 UmwG vorgesehenen ausdrücklichen Regelung. Daraus schließt die Literatur ganz einheitlich, dass beim Formwechsel in eine AG auch **nicht die kurze Amtszeit** gem. § 30 Abs. 3 Satz 1 AktG, sondern die reguläre Amtszeit gilt.[468]

In der Literatur war umstritten, wie die Probleme aus der ungenauen Vorschrift des § 197 UmwG vor der Neuregelung durch das **Zweite Gesetz zur Änderung des UmwG** aus dem Jahr 2007 zu lösen waren. Beim Formwechsel in eine AG bedeutete dies insb., dass die Amtszeit der Mitglieder des ersten Aufsichtsrats nicht durch § 30 Abs. 3 AktG begrenzt ist und dass entgegen § 30 Abs. 2 AktG die Vorschriften über die Bestellung von Aufsichtsratsmitgliedern der Arbeitnehmer bereits auf den ersten Aufsichtsrat anzuwenden sind. Aus der undifferenzierten Formulierung des § 197 Satz 2 folgte auch – wenn auch vielleicht ungewollt –, dass die Sonderregel zur Bestellung des ersten Aufsichtsrats bei Sachgründung in § 31 AktG im Fall des Formwechsels nicht anzuwenden ist. Das hatte zur Folge, dass beim Formwechsel einer Gesellschaft, die bislang keinen Aufsichtsrat besaß, die von den Anteilseignern im Umwandlungsbeschluss bestimmten Aufsichtsratsmitglieder der Anteilseigner weder einen vollständig besetzten Aufsichtsrat nach § 30 Abs. 2 AktG, noch einen entscheidungsfähigen »Rumpfaufsichtsrat« nach § 31 AktG darstellten. Wegen des Ausschlusses des § 30 Abs. 2 war der erste Aufsichtsrat sogleich unter Beteiligung der Arbeitnehmervertreter zu besetzen. Ob eine gerichtliche Bestellung der Arbeitnehmervertreter nach § 104 AktG bereits vor Eintragung des Formwechsels möglich ist, wurde im Schrifttum bezweifelt.

291

Der Gesetzgeber hat im **Zweiten Gesetz zur Änderung des UmwG** § 197 UmwG um einen Satz 3 wie folgt ergänzt: »*Beim Formwechsel eines Rechtsträgers in eine AG ist § 31 des Aktiengesetzes anwendbar*«. Durch die Regelung in § 197 Satz 2 UmwG n. F. soll die Anwendung des § 31 AktG über die Bestellung des Aufsichtsrats bei einer Sachgründung für den Fall des Formwechsels nicht ausgeschlossen sein. Dies wurde in einem neuen Satz ausdrücklich klargestellt.[469] Damit kann der Formwechsel bei der AG schon vor der Wahl der Arbeitnehmervertreter zum Handelsregister angemeldet werden und die Eintragung erfolgen.[470] Das Statusverfahren soll zwar schon vor der Eintragung des Formwechsel eingeleitet werden können, von seinem Abschluss ist der Vollzug des Formwechsels aber nicht abhängig.[471]

292

Vgl. dazu auch die Ausführungen bei Teil 4 Rdn. 434 ff.

b) Abberufung und Neuwahl eines Aufsichtsratsmitglieds einer AG zwischen Anmeldung und Eintragung

In der Praxis ist die Frage entstanden, **welche Rechtsfolgen** eintreten, wenn die Umwandlung einer GmbH in eine AG im Handelsregister angemeldet, aber noch nicht eingetragen ist und ein Mitglied des ersten Aufsichtsrates ausscheidet und durch ein anderes ersetzt werden soll. Dabei stellt sich insb. die Frage, wer für die Abberufung zuständig ist und ob eine Anmeldung zum Handelsregister erforderlich ist.

293

Nach § 197 Satz 1 UmwG sind auf den Formwechsel die für die neue Rechtsform geltenden Gründungsvorschriften anzuwenden, soweit sich aus dem UmwG nichts anderes ergibt. Unbeschadet der **Ausnahmeregelung** des § 197 Satz 2 Halbs. 2 UmwG würde sich die Rechtslage unter **alleiniger Zugrundelegung** des Verweises in § 197 Satz 1 UmwG zunächst wie folgt darstellen:

294

---

[468] Parmentier, AG 2006, 476, 481; Kallmeyer/Meister/Klöcker, UmwG, § 197 Rn. 61; Lutter/Decher/Hoger, UmwG, § 197 Rn. 48; Widmann/Mayer/Mayer, Umwandlungsrecht, § 197 UmwG Rn. 13; Heckschen/Simon, UmwR § 9 Rn. 18; Stratz, in: Schmitt/Hörtnagl/Stratz, UmwG, UmwStG, § 197 Rn. 11; Semler/Stengel/Volhardt, UmwG, § 197 Rn. 69.
[469] Begründung zum RegE BT-Drucks. 16/2919, S. 19.
[470] Kallmeyer/Meister/Klöcker, § 197 Rn. 73; Kallmeyer/Blasche, § 222 Rn. 8.
[471] Lutter/Decher/Hoger, § 197 Rn. 49; Kallmeyer/Meister/Klöcker, § 197 Rn. 74.

Nach § 28 AktG i. V. m. § 30 Abs. 1 Satz 1 AktG wird der erste Aufsichtsrat von den Gründern der AG bestellt. Gem. § 245 Abs. 1 Satz 1 UmwG gelten im Fall des Formwechsels der GmbH in eine AG diejenigen GmbH-Gesellschafter, »die für den Formwechsel gestimmt haben«, als die Gründer i. S. d. Gründungsvorschriften. Unter Gründungsvorschriften i. S. d. § 245 Abs. 1 UmwG sind nach der Regierungsbegründung[472] aber wohl nur die Kapitalschutzvorschriften (vgl. die Gesetzesüberschrift sowie § 245 Abs. 2 und Abs. 4 UmwG) des Zielrechtsträgers zu verstehen sein. Gründer der AG i. S. d. § 28 AktG sind bei einem Formwechsel sämtliche Gesellschafter der formwechselnden GmbH. Hinsichtlich der **Auswechslung** eines Aufsichtsratsmitglieds bei einer zwar zur Eintragung im Handelsregister **angemeldeten**, jedoch noch **nicht eingetragenen neu gegründeten AG** besteht im aktienrechtlichen Schrifttum darüber Einigkeit, dass die erforderliche Abberufung und Neubestellung bis zur Eintragung der AG nur durch die Gründer i. S. d. § 28 AktG erfolgen kann.[473]

Weitestgehend Einigkeit besteht im aktienrechtlichen Schrifttum auch darüber, dass auf den Abberufungsbeschluss die Vorschrift des **§ 103 Abs. 1 Satz 2 AktG** anzuwenden ist, die eine Mehrheit von 3/4 der abgegebenen Stimmen (der Gründer) verlangt.[474] Umstritten ist dagegen, ob die **Abberufung einer bestimmten Form** bedarf. Dies wird teilweise verneint.[475] Nach a. A. bedarf die Abberufung in analoger Anwendung des § 130 Abs. 1 Satz 1 AktG der notariellen Beurkundung[476] oder – sofern es sich um eine nicht börsennotierte AG handelt – in analoger Anwendung des § 130 Abs. 1 Satz 3 AktG eines privatschriftlichen Protokolls.[477] Auch für die infolge der Abberufung eines Aufsichtsratsmitglieds erforderlich werdende Neubestellung (vgl. § 95 Abs. 1 Satz 1 AktG) sind nach herrschender Meinung in dem fraglichen Stadium zwischen Anmeldung und Eintragung der AG gem. § 30 Abs. 1 Satz 1 AktG die Gründer (i. S. d. § 28 AktG) zuständig.[478] Die Bestellung erfolgt dabei durch einen notariell zu beurkundenden (vgl. § 30 Abs. 1 Satz 2 AktG), von den Gründern (i. d. R.) mit einfacher Mehrheit (vgl. § 133 Abs. 1 AktG) zu fassenden Gesellschafterbeschluss.[479]

295 Unter **alleiniger** Zugrundelegung des Verweises in § 197 Satz 1 UmwG wären also die GmbH-Gesellschafter für die Abberufung und Neuwahl eines Aufsichtsratsmitglieds (in der vorbeschriebenen Art und Weise) **vor** Eintragung des Formwechsels **zuständig**.

296 Die vorstehend geschilderten Grundsätze gelten bei der Auswechslung eines Aufsichtsratsmitglieds zwischen Anmeldung und Eintragung der formwechselnden Umwandlung einer GmbH in eine AG möglicherweise aber nicht, da nach § 197 Satz 2 Halbs. 2 UmwG bei der formwechselnden Umwandlung die **Vorschriften über die »Bildung und Zusammensetzung des ersten Aufsichtsrats« nicht anzuwenden** sind. Diese Gesetzesformulierung führte zu Auslegungsunsicherheiten und konnte darauf hindeuten, dass auf die »Auswechslung« eines Aufsichtsratsmitglieds im Stadium zwischen Anmeldung und Eintragung des Formwechsels bereits die Bestimmungen der bestehenden AG gelten, mit der Folge, dass eine »Auswechslung« hier möglicherweise gar nicht

---

472 Abgedruckt in: Limmer, Umwandlungsrecht, S. 261.
473 Hüffer/Koch, AktG, § 30 Rn. 4; KK-AktG/Kraft, § 30 Rn. 26; GK-AktG/Röhricht, § 30 Rn. 15.
474 KK-AktG/Kraft, § 30 Rn. 26 m. w. N.; GK-AktG/Röhricht, § 30 Rn. 15 m. w. N.; MünchKom/Pentz, AktG § 30 Rn. 29; Hüffer/Koch, AktG, § 30 Rn. 4.
475 KK-AktG/Kraft, § 30 Rn. 26.
476 MünchKom/Pentz, AktG § 30 Rn. 29; GK-AktG/Röhricht, § 30 Rn. 15; Hüffer/Koch, AktG, § 30 Rn. 4; Gerber in: Spindler/Stilz AktG, § 30, Rn. 10.
477 Hüffer/Koch, AktG, § 30 Rn. 4: Das Mehrheitserfordernis des § 103 Abs. 1 Satz 2 AktG stehe der Anwendbarkeit des § 130 Abs. 1 Satz 3 AktG nicht entgegen, weil es sich auf abgegebene Stimmen beziehe, während § 130 Abs. 1 Satz 3 AktG die Kapitalmehrheit meine (vgl. auch Hüffer/Koch, AktG, § 130 Rn. 14b m. w. N.
478 KK-AktG/Kraft, § 30 Rn. 28; Hüffer/Koch, AktG, § 30 Rn. 4; GK-AktG/Röhricht, § 30 Rn. 17.
479 KK-AktG/Kraft, § 30 Rn. 28; GK-AktG/Röhricht, § 30 Rn. 17; Hüffer/Koch, AktG, § 30 Rn. 2, 4.

in Betracht käme, da sich die dann ja zuständige Hauptversammlung (vgl. § 101 AktG) erst mit Vollzug des Formwechsels (§ 202 Abs. 1 Nr. 1 UmwG) konstituieren könnte.

Aus der Literatur zum Umwandlungsrecht geht nicht eindeutig hervor, **in welchem Umfang** die Vorschrift des § 197 Satz 2 Halbs. 2 UmwG die Anwendbarkeit des § 30 AktG über die Bestellung des Aufsichtsrats durch die Gründer der AG bei der formwechselnden Umwandlung ausschließt. Aus der Regierungsbegründung geht lediglich hervor, dass durch die Ausnahmevorschrift des § 197 Satz 2 Halbs. 2 UmwG die bislang schon herrschende Meinung im Schrifttum bestätigt werden soll, nämlich dass dann, wenn im Zuge des Formwechsels eine Neuwahl des Aufsichtsrates stattzufinden hat, die Vorschriften über die Wahl der **Aufsichtsratsmitglieder der Arbeitnehmer** Anwendung finden sollen, sodass die Vertretung der Arbeitnehmer im Aufsichtsrat des Rechtsträgers neuer Rechtsform schon zum Zeitpunkt des Wirksamwerdens des Formwechsels gesichert ist.[480] Ausweislich der Regierungsbegründung findet also insb. § 30 Abs. 2 AktG, der bestimmt, dass bei der Zusammensetzung und Bestellung des ersten Aufsichtsrats die Vorschriften über die Bestellung von Aufsichtsratsmitgliedern der Arbeitnehmer nicht anwendbar sind, beim Formwechsel keine Anwendung.[481]

297

Weder der **Wortlaut** des § 197 Satz 2 Halbs. 2 UmwG noch dessen **Sinn und Zweck** legen nahe, dass bei der »Auswechselung« eines Aufsichtsratsmitglieds im Stadium zwischen Anmeldung und Eintragung des Formwechsels bereits die Bestimmungen der bestehenden AG gelten, mit der Folge, dass eine »Auswechslung« möglicherweise gar nicht in Betracht käme, da sich die dann ja zuständige Hauptversammlung erst mit Vollzug des Formwechsels (§ 202 Abs. 1 Nr. 1 UmwG) konstituieren könnte. Gegen die zuletzt genannte Sichtweise spricht zunächst bereits, dass die Bestellung der Aufsichtsratsmitglieder unstreitig bereits im Umwandlungsbeschluss, mithin durch die Gründer der AG i. S. d. § 245 Abs. 1 Satz 1 UmwG erfolgen kann,[482] obwohl der Wortlaut des § 197 Satz 2 Halbs. 2 UmwG auch die Nichtanwendbarkeit des § 30 Abs. 1 Satz 1 AktG und damit inzidenter die Wahl des Aufsichtsrats nicht durch die Gründer, sondern durch die (künftige) Hauptversammlung der AG nahelegen könnte. Da Letzteres aber faktisch die Undurchführbarkeit des Formwechsels zur Folge hätte (der Formwechsel wäre dann nicht vollziehbar, da die AG nur eingetragen werden kann, wenn sie einen Aufsichtsrat und einen Vorstand hat), ist dies abzulehnen. Die Ausnahmevorschrift des § 197 Satz 2 Halbs. 2 AktG muss so ausgelegt werden, dass mit der Nichtanwendbarkeit der Vorschriften über die »Bildung und Zusammensetzung des ersten Aufsichtsrats« beim Formwechsel nicht die **Zuständigkeit der Gründer** (nach Maßgabe des UmwG) für die **Bestellung des ersten Aufsichtsrates** in Abrede gestellt werden soll. Dann ist es aber nur konsequent, wenn die Gründer auch für eine Änderung in der Zusammensetzung des Aufsichtsrats vor Entstehung der AG durch Vollzug des Formwechsels (§ 202 Abs. 1 Nr. 1 UmwG) zuständig sind. Auch die Regierungsbegründung zu § 197 Satz 2 Halbs. 2 UmwG zielt nicht in die Richtung, Änderungen in der Zusammensetzung des Aufsichtsrats vor Vollzug des Formwechsels mittelbar dadurch zu erschweren oder ggf. zu verhindern, dass die Zuständigkeit hierfür auf ein erst mit Vollzug des Formwechsels entstehendes Organ der AG verlagert wird. Denn Sinn und Zweck der in § 197 Satz 2 Halbs. 2 UmwG im Hinblick auf die Anwendbarkeit der Gründungsvorschriften für die AktG gemachten Einschränkungen ist es nach dem oben Gesagten allein, die Vertretung der Arbeitnehmer im Aufsichtsrat des Rechtsträgers neuer Rechtsform schon zum Zeitpunkt des Wirksamwerdens des Formwechsels zu sichern.[483] Dieser Schutzzweck ist bei der hier in Rede stehenden Auswechslung eines Aufsichtsratsmitglieds in einer sog. kleinen AG aber nicht berührt.

298

---

480 Vgl. Begründung des RegE BT-Drucks. 12/6699; Lutter/Decher/Hoger, UmwG, § 197 Rn. 35; Kallmeyer/Meister/Klöcker, UmwG, § 197 Rn. 61.
481 Statt aller Meister/Klöcker, UmwG, § 197 Rn. 160.
482 Statt aller Widmann/Mayer/Rieger, Umwandlungsrecht, § 197 UmwG Rn. 170; so ausdrücklich auch Kiem, Verträge zur Umwandlung von Unternehmen, Vertragsmuster auf S. 136.
483 Vgl. Begründung zum RegE, BT-Drucks. 12/6699, 141.

299 Daher kann davon ausgegangen werden, dass diese Grundsätze **sinngemäß auch auf die Abberufung und Neuwahl eines Aufsichtsratsmitglieds** in einer formgewechselten AG zwischen Anmeldung und Eintragung des Formwechsels im Handelsregister anwendbar sind. Fraglich dürfte allein sein, ob § 197 Satz 2 Halbs. 2 UmwG nicht die Formvorschrift des § 30 Abs. 1 Satz 2 AktG ausschließt, nach welcher die Bestellung – und nach herrschender Meinung auch die Neubestellung eines Aufsichtsratsmitglieds bei Auswechslung – der notariellen Beurkundung bedarf. Dieser Auffassung scheinen wohl die Autoren im umwandlungsrechtlichen Schrifttum zu sein, die über den Verweis in § 197 Satz 2 Halbs. 2 UmwG die vollständige Nichtanwendung der §§ 30, 31 AktG für angeordnet erachten.[484] Dafür, dass über § 197 Satz 2 Halbs. 2 UmwG auch die Vorschrift des § 30 Abs. 1 Satz 2 AktG aus den nach § 197 Satz 1 UmwG anwendbaren Gründungsvorschriften herausgenommen wird, spricht der Wortlaut des § 197 Satz 2 Halbs. 2 UmwG. Für die Praxis empfiehlt es sich, den Neubestellungsbeschluss auf der Grundlage des § 197 Satz 1 UmwG i. V. m. § 30 Abs. 1 Satz 2 in notariell beurkundeter Form zu fassen. Für die Abberufung des in Rede stehenden Aufsichtsratsmitglieds dürfte die Form des § 130 Abs. 1 Satz 3 AktG einschlägig sein.

300 Beim Formwechsel in die AG ist wegen der Anwendung der Gründungsvorschriften (§ 246 Abs. 1 UmwG i. V. m. § 198 UmwG i. V. m. § 197 Satz 1 UmwG) u. a. auch die **Zusammensetzung des Aufsichtsrats** (vgl. hierzu § 37 Abs. 4 Nr. 3 AktG) bekannt zu machen.[485] § 197 Satz 2 Halbs. 2 UmwG findet insoweit keine Anwendung, weil diese Vorschrift die Bildung und Zusammensetzung, nicht aber die **Anmeldung** und **Bekanntmachung** des ersten Aufsichtsrats betrifft.[486] Die Bekanntmachung erfolgt daher nicht nach § 106 AktG, sondern i. R. d. Bekanntmachung der AG als Rechtsträger neuer Rechtsform nach Maßgabe des § 197 Satz 1 UmwG i. V. m. § 40 Abs. 1 Nr. 4 AktG.[487]

301 Dies spricht dafür, dass auch die **Abberufung und Neubestellung des Aufsichtsratsmitglieds** beim Handelsregister anzumelden ist, da nur so gewährleistet werden kann, dass das Registergericht Name, Beruf und Wohnort sämtlicher Mitglieder des ersten Aufsichtsrates nach § 197 Satz 1 UmwG i. V. m. § 40 Abs. 1 Nr. 4 AktG in zutreffender Weise bekannt machen kann.

N. Information des Betriebsrats

302 Gem. § 194 Abs. 2 UmwG ist wie bei der Verschmelzung und Spaltung der **Entwurf des Umwandlungsbeschlusses** spätestens einen Monat vor dem Tag der Versammlung der Anteilsinhaber, die den Formwechsel beschließen soll, dem **zuständigen Betriebsrat** des formwechselnden Rechtsträgers zuzuleiten. Durch die Pflicht soll ebenso wie bei der Verschmelzung der Betriebsrat in die Lage versetzt werden, die Rechte der Arbeitnehmer im Hinblick auf die Umwandlung wahrzunehmen (vgl. im Einzelnen oben Rdn. 385 ff.).

O. Handelsregisteranmeldung

303 Für die Wirksamkeit der Umwandlung ist die **Registereintragung konstitutiv** (§ 202 UmwG). Deshalb bestimmt § 198 Abs. 1 UmwG, dass die neue Rechtsform des Rechtsträgers zur Eintragung in das Register, in dem der formwechselnde Rechtsträger eingetragen ist, anzumelden ist. **Gegenstand der Anmeldung** ist allerdings abweichend vom bis 1995 geltenden Recht nicht mehr

---

484 Sowohl Lutter/Decher/Hoger, UmwG, § 197 Rn. 35; Goutier/Tulloch/Laumann, Umwandlungsrecht, § 197 UmwG Rn. 32; Kiem, Verträge zur Umwandlung von Unternehmen, S. 136, Rn. 333.
485 Vgl. Widmann/Mayer/Rieger, Umwandlungsrecht, § 246 UmwG Rn. 30; Widmann/Mayer/Mayer, Umwandlungsrecht, § 197 UmwG Rn. 193; Lutter/Göthel, UmwG, § 256 Rn. 21; Semler/Stengel/Scheel, UmwG, § 246 Rn. 12.
486 Widmann/Mayer/Rieger, Umwandlungsrecht, § 246 UmwG Rn. 30.
487 Widmann/Mayer/Rieger, Umwandlungsrecht, § 246 UmwG Rn. 30; Widmann/Mayer/Mayer, Umwandlungsrecht, § 197 UmwG Rn. 193.

der Umwandlungsbeschluss (vgl. etwa § 49 Abs. 1 UmwG a. F.), sondern die **neue Rechtsform des Rechtsträgers**.[488] Beim Formwechsel in eine Gesellschaft des bürgerlichen Rechts ist nach § 235 UmwG allerdings statt der neuen Rechtsform die Umwandlung der Gesellschaft zur Eintragung in das Register, in dem die formwechselnde Gesellschaft eingetragen ist, anzumelden. Der Gesetzgeber hat mit dieser Neuregelung des Umwandlungsgegenstandes das Ziel der Umwandlung zum Gegenstand der Umwandlung gemacht und nicht deren Voraussetzung. Konsequenterweise ist daher der Umwandlungsbeschluss nur noch Anlage der Anmeldung, da er auch deren Voraussetzung und nicht deren Ziel ist.

Da nunmehr einheitlich die Vorschriften über die Anmeldung für alle Rechtsformen gelten, war in § 198 UmwG zu bestimmen, wie zu verfahren ist, wenn sich durch den Formwechsel das Register ändert, etwa vom Handels- zum Genossenschaftsregister oder sich durch eine mit dem Formwechsel verbundene Sitzverlegung auch die Zuständigkeit des Registergerichts ändert. Dies ist in § 198 Abs. 2 UmwG geregelt. Schließlich enthält § 198 in Abs. 3 UmwG durch die Verweisung auf § 16 Abs. 2 und Abs. 3 UmwG das neue Verfahren der **Klage gegen den Umwandlungsbeschluss**. Notwendig ist daher, wie bei der Verschmelzung und der Umwandlung eine sog. **Negativerklärung** (vgl. oben Teil 2 Rdn. 623 ff.).

I. Zuständiges Gericht

1. Keine Änderung des Sitzes oder der Art des Registers

Der einfachste Fall der Anmeldung des Formwechsels ist in § 198 Abs. 1 UmwG geregelt. Diese Vorschrift betrifft den Fall, dass der formwechselnde Rechtsträger im Handelsregister eingetragen ist und darin bleiben kann, dass sich also durch den Formwechsel weder unmittelbar noch mittelbar die Notwendigkeit ergibt, eine Eintragung in einem anderen Register (örtlich oder sachlich) vorzunehmen. Da der Rechtsträger **in demselben Register** eingetragen bleibt und sich nur die maßgebende Abteilung innerhalb desselben Registers ändern kann, so ist für den Formwechsel ausreichend, die neue Rechtsform des Rechtsträgers zur Eintragung in dieses Register anzumelden. Zuständiges Gericht ist also das **Gericht der alten Rechtsform**.

Entscheidend für diese Fälle ist also, dass der Rechtsträger alter Rechtsform und der Rechtsträger neuer Rechtsform jeweils **im gleichen Register eingetragen** sind. Diese sind in erster Linie die Fälle des Formwechsels zwischen Personen- und Kapitalgesellschaften.

2. Fehlende Eintragung des formwechselnden Rechtsträgers

§ 198 Abs. 2 Satz 1 UmwG bestimmt, dass, wenn der formwechselnde Rechtsträger selbst in keinem Register eingetragen ist, der Rechtsträger neuer Rechtsform bei dem zuständigen Gericht zur Eintragung in das für die neue Rechtsform maßgebende Register anzumelden ist. § 198 Abs. 2 Satz 1 UmwG regelt also die Fälle des Formwechsels bei wirtschaftlichen Vereinen, denen die Möglichkeit zur Umwandlung in Kapitalgesellschaft und eingetragene Genossenschaft eröffnet wurde. Hier kommt, wenn der Verein nicht nach § 33 HGB in das Handelsregister eingetragen worden ist, schon von vornherein keine Eintragung des Formwechsels in das bisherige Register in Betracht. Deshalb soll auch in diesem Fall die künftige Kapitalgesellschaft oder Genossenschaft zur Eintragung in das für sie maßgebende Handels- oder Genossenschaftsregister angemeldet werden. Hier ist also das zuständige Gericht das **Gericht der neuen Rechtsform**.

3. Änderung der Art des Registers

§ 198 Abs. 2 Satz 1 UmwG regelt den Fall, dass sich durch den Formwechsel die Art des für den Rechtsträger maßgebenden Registers ändert. Hier sind **zwei Anmeldungen notwendig**: In diesen Fällen soll in teilweiser Abweichung von den bis 1995 geltenden umwandlungsrechtlichen Vor-

---

[488] Kallmeyer/Zimmermann § 198 UmwG Rn. 11; BeckOGK/Simons UmwG § 198 Rn. 30.

schriften (vgl. § 3850 Satz 1 AktG a. F., § 4 Abs. 1 Satz 1 UmwG a. F.) allerdings in Übereinstimmung mit einigen anderen umwandlungsrechtlichen Vorschriften (vgl. etwa § 44 Abs. 1 Satz 1, § 49 Abs. 2 Satz 1 UmwG a. F.) die Anmeldung in der Weise vor sich gehen, dass in diesen besonderen Fällen statt der neuen Rechtsform der Rechtsträger als solcher zur Eintragung in das für die neue Rechtsform maßgebende Register anzumelden ist. Zuständig für diese Anmeldung muss das **Gericht** sein, **in dessen Register der Rechtsträger wegen des Formwechsels übernommen werden muss**.[489] Von dieser Regelung werden die Fälle erfasst, in denen sich das Register ändert, also der Formwechsel zwischen Kapital- bzw. Personengesellschaften und Genossenschaften oder der Formwechsel zwischen eingetragenen Vereinen und Kapitalgesellschaften oder Genossenschaften. Kein Fall des § 198 Abs. 2 UmwG ist der Formwechsel zwischen Kapitalgesellschaften und Personengesellschaften, da sich nicht die Art des Registers ändert, sondern nur die Abteilung (A oder B) desselben Registers.[490]

309 In diesen Fällen ist nach § 198 Abs. 2 Satz 2 UmwG zunächst in das für die neue Rechtsform maßgebende Register anzumelden. Beim Formwechsel einer Kapitalgesellschaft in eine Genossenschaft ist also zunächst beim Genossenschaftsregister eine Anmeldung abzugeben.

310 Nach § 198 Abs. 2 Satz 3 UmwG ist allerdings die Umwandlung auch zur Eintragung in das Handelsregister anzumelden, in dem der formwechselnde Rechtsträger eingetragen ist. In dem Beispiel also in das **Handelsregister**. Diese Eintragung ist mit dem Vermerk zu versehen, dass die Umwandlung erst mit der Eintragung des Rechtsträgers neuer Rechtsform in das für diese maßgebende Register wirksam wird. Der Rechtsträger neuer Rechtsform darf erst eingetragen werden, nachdem die Umwandlung nach § 198 Abs. 2 Satz 3 und Satz 4 eingetragen worden ist.

311 Durch diese Vorschrift sollen also die Fälle geregelt werden, in denen der formwechselnde Rechtsträger bisher in einem Register eingetragen war. Die insoweit gebotene Eintragung der Umwandlung in das neue Register (§ 198 Abs. 2 Satz 3) soll **vor der Eintragung des Rechtsträgers in das andere Register** (§ 198 Abs. 2 Satz 5) vorgenommen, aber erst mit der letztgenannten Eintragung wirksam werden (§ 198 Abs. 2 Satz 4). Dies entspricht dem vorgesehenen Eintragungsverfahren in den Fällen der übertragenden Umwandlung durch, oder zur Neugründung nach dem alten Recht.[491]

4. Änderung des Registers infolge Sitzverlegung

312 Das gleiche Verfahren der Eintragung in die verschiedenen Register wie beim Wechsel der Art des Registers ist beim **Wechsel der Örtlichkeit des Registers infolge Sitzverlegung** geregelt. § 198 Abs. 2 Satz 2 bestimmt, dass auch bei der Sitzverlegung, bei der die Zuständigkeit eines anderen Registergerichts begründet wird, zunächst der Formwechsel in das **neue Register** anzumelden ist. Darüber hinaus ist allerdings auch die Umwandlung zur Eintragung in das **Register des alten Sitzes** anzumelden. Diese Eintragung ist mit dem Vermerk zu versehen, dass die Umwandlung erst mit der Eintragung des Rechtsträgers neuer Rechtsform in das für diese maßgebende Register wirksam wird. Der Rechtsträger neuer Rechtsform darf in das Register des neuen Sitzes erst eingetragen werden, nachdem die Umwandlung in das Register des alten Sitzes eingetragen worden ist.

---

[489] Vgl. Begründung zum RegE, BR-Drucks. 75/94, S. 142; abgedruckt in: Limmer, Umwandlungsrecht, S. 337.
[490] So Lutter/Decher/Hoger, UmwG, § 198 Rn. 5; Kallmeyer/Zimmermann, UmwG, § 198 Rn. 5; Priester, DNotZ 1995, 427, 449; Schwanna, in: Semler/Stengel, § 198 UmwG Rn. 3.
[491] Vgl. Begründung zum RegE, BR-Drucks. 75/94, S. 142; abgedruckt in: Limmer, Umwandlungsrecht, S. 337.

II. Inhalt der Anmeldung

1. Anmeldung des Formwechsels

Anders als beim vor 1995 geltenden Recht ist Gegenstand der Anmeldung nicht mehr der Umwandlungsbeschluss (vgl. etwa § 49 Abs. 1 UmwG a. F.), sondern die neue Rechtsform des Rechtsträgers.[492] Findet allerdings beim Formwechsel eine Registeränderung statt oder bestand gar keine Voreintragung, ist also § 198 Abs. 2 UmwG anwendbar (bei Sitzverlegung oder Wechsel der Art des Registers), dann ist nicht die neue Rechtsform anzumelden, sondern der Rechtsträger als solcher in seiner neuen Rechtsform Gegenstand der Anmeldung.[493]

313

Beim **Formwechsel in eine GbR** ist gem. § 235 Abs. 1 UmwG statt der neuen Rechtsform die Umwandlung der Gesellschaft zur Eintragung in das Register, in dem die formwechselnde Gesellschaft eingetragen ist, anzumelden.

314

Beim **Formwechsel in eine Genossenschaft** muss schließlich gem. § 222 Abs. 1 und § 254 Abs. 1 UmwG auch die Satzung der Genossenschaft zum Register angemeldet werden.

315

2. Anmeldung weiterer Tatsachen

Da i. d. R. mit dem Formwechsel auch **weitere Beschlüsse** gefasst werden, ist zu prüfen, ob auch diese der **Anmeldung bedürfen**: etwa die Bestellung von Geschäftsführern oder die Sitzverlegung. Auch diese bedürfen nach den entsprechenden gesellschaftsrechtlichen Vorschriften der Anmeldung.

316

Auch hier ist wiederum zu prüfen, ob **weitere Versicherungen erforderlich** sind, wie etwa gem. § 8 Abs. 2 GmbHG, dass keine Umstände vorliegen, die der Bestellung als Geschäftsführer entgegenstehen oder die Belehrung über die unbeschränkte Auskunftspflicht. Auch die Vertretungsbefugnis und die Zeichnung der Geschäftsführer sind aufzunehmen. Gleiches gilt auch für die Bestellung des Vorstandes gem. § 76 Abs. 3 AktG.

317

Die **Anmeldung** muss daher folgende **Punkte des besonderen Gründungsrechts** enthalten:[494]

318

OHG	Name, Vorname, Geburtsdatum und Wohnort jedes Gesellschafters, die Firma der Gesellschaft und der Ort, an dem sie ihren Sitz hat, die inländische Geschäftsanschrift; Vertretungsmacht der Gesellschafter, abstrakt laut Gesellschaftsvertrag und konkret bezogen auf jeden Gesellschafter (§ 106 Abs. 2 HGB);
KG	Wie bei OHG, zusätzlich die Angaben der Bezeichnung der Kommanditisten und der Betrag der Einlage eines jeden von ihnen (§ 162 Abs. 1 UmwG);
GmbH	Gründung der Gesellschaft, Firma und Sitz, Bestellung der Geschäftsführer, Versicherung, nach § 8 Abs. 2 GmbHG (str. vgl. unten Teil 4 Rdn. 381 ff.), Versicherung, dass keine Umstände vorliegen, die der Bestellung der Geschäftsführer nach § 6 Abs. 2 GmbHG entgegenstehen und dass sie über ihre unbeschränkte Auskunftspflicht ggü. dem Gericht belehrt worden sind, Befugnis der Geschäftsführer, Angaben der abstrakten und konkreten Vertretungsbefugnis (die Versicherung nach § 8 Abs. 2 entfällt bei Umwandlung von Kapitalgesellschaft auf Kapitalgesellschaft gem. § 246 Abs. 3 UmwG); die inländische Geschäftsanschrift.
AG	Neufassung der Satzung, Firma, Sitz, Vorstandsmitglieder, Versicherung der Vorstandsmitglieder, dass keine Umstände gegen ihre Bestellung vorliegen und die beschränkte Auskunftspflicht besteht, Bestellung der Vorstände, Angabe der abstrak-

---

492 Vgl. Kallmeyer/Zimmermann, UmwG, § 198 Rn. 11; Lutter/Decher/Hoger, UmwG, § 198 Rn. 1; Schwanna in: Semler/Stengel, § 198 UmwG Rn. 2; BeckOGK/Simons UmwG § 198 Rn. 30.
493 Vgl. Begründung zum RegE, BR-Drucks. 75/94, S. 142; abgedruckt in: Limmer, Umwandlungsrecht, S. 337; Kallmeyer/Zimmermann, UmwG, § 198 Rn. 11; Lutter/Decher/Hoger, UmwG, § 198 Rn. 4.
494 Vgl. Lutter/Decher/Hoger, UmwG, § 198 Rn. 12 ff.; Widmann/Mayer/Vossius, § 198 UmwG Rn. 41 ff.; BeckOGK/Simons UmwG § 198 Rn. 32.

	ten und konkreten Vertretungsbefugnis (§§ 36, 37 AktG); inländische Geschäftsanschrift. Die Versicherung zur Leistung der Stammeinlagen entfällt bei Umwandlung von einer Kapitalgesellschaft gem. § 246 Abs. 3 UmwG.
Partnerschaft	Angaben wie bei der OHG, weiterhin Anmeldung die Zugehörigkeit jedes Partners zu dem freien Beruf, den er ausübt.
Genossenschaft	Satzung, Mitglieder des Vorstandes, Vertretungsbefugnis der Vorstandsmitglieder.

III. Versicherungen

1. Einlagenversicherung

319 Zum bis 1995 geltenden Recht war streitig, ob eine Versicherung hinsichtlich der Einlagenaufbringung abgegeben werden musste. Ein Teil der Literatur war der Auffassung, dass beim Formwechsel einer Personenhandelsgesellschaft in eine Kapitalgesellschaft die Personenhandelsgesellschafter zu versichern hätten, dass sich das Vermögen der Personenhandelsgesellschaft im gesamthänderisch gebundenen Vermögen der Gesellschafter befinde und keine Hindernisse bestünden, die mit dem Übergang des Gesellschaftsvermögens mit der Eintragung der Gesellschaft entgegenstehen.[495] Demgegenüber war ein verneinender anderer Teil der Literatur der Auffassung, dass eine solche Versicherung nicht notwendig sei, da sich die Aufbringung der Sacheinlage aus der Natur der Umwandlung ergebe.[496]

320 Das UmwG 1995 verzichtet nur für den Formwechsel zwischen Kapitalgesellschaften nach § 246 Abs. 3 UmwG auf diese Einlagenversicherungen. Hieraus schließt ein Teil der Literatur, dass in allen anderen Fällen eine Einlagenversicherung erforderlich ist. Ein Teil der Literatur spricht sich daher für eine **modifizierte Versicherung** des § 8 Abs. 2 GmbHG bzw. § 37 Abs. 1 AktG aus, die etwa wie folgt lautet:[497]

> »Die neu bestellten Geschäftsführer versichern hiermit, dass sich ab der Eintragung des Formwechsels im Handelsregister das Vermögen des formwechselnden Rechtsträgers endgültig in der freien Verfügung der Geschäftsführung befindet und nicht durch Schulden vorbelastet ist, ausgenommen den nach dem Gesellschaftsvertrag übernommenen Gründungsaufwand und die vorhandenen Verbindlichkeiten, welche aber den Saldo von Aktivvermögen und Stammkapital nicht übersteigen«.

321 Demgegenüber ist ein anderer Teil der Literatur[498] der Auffassung, dass **auch in den sonstigen Fällen eine Anmeldeversicherung nicht erforderlich** sei, da die Einlagen auch beim Formwechsel von Personen- in Kapitalgesellschaften nicht geleistet werden. Dies gelte für das neue Identitätskonzept erst recht.

322 § 8 Abs. 2 GmbHG verlangt die Versicherung, dass die Leistungen vor der Anmeldung bewirkt sind und sich endgültig in der freien Verfügung der Geschäftsführer befinden. Beides ist bei einem Formwechsel dem Einfluss der Gesellschafter oder Geschäftsführer entzogen, da der Formwechsel an die Eintragung anknüpft. Es gibt daher keinen Sinn, diese auf ein Verhalten der Geschäftsführer abzielende, strafbewehrte Versicherung hier zu verlangen. Die Wirkungen des Formwechsels sind nicht durch die Geschäftsführer beeinflussbar. Es findet keine Einlageleistung statt.

---

495 So Dehmer, UmwG, UmwStG, 1. Aufl., § 49 UmwG Rn. 4.
496 So Hachenburg/Schilling, GmbHG, Anh. Umwandlung § 49 Rn. 2; Scholz/Priester, GmbHG, Anh. Umwandlung § 49 Rn. 7; Rowedder/Zimmermann, Anh. Umwandlung § 77 Rn. 313.
497 Vgl.; D. Mayer, DB 1995, 861, 862; K. Schmidt, ZIP 1995, 1385, 1391.
498 Priester, DNotZ 1995, 421, 452; Kallmeyer/Zimmermann, UmwG, § 198 Rn. 13; Stratz, in: Schmitt/Hörtnagl/Stratz, UmwG/UmwStG, § 246 UmwG Rn. 4; Lutter/Decher/Hoger, UmwG, § 198 Rn. 11; Schwanna, in: Semler/Stengel, § 198 UmwG Rn. 7 BeckOGK/Herfs/Link UmwG § 246 Rn. 13.

2. Negativversicherung

Gem. § 198 Abs. 3 ist auch **§ 16 Abs. 2 und Abs. 3 UmwG entsprechend anzuwenden**. Die Anmeldung muss daher die Erklärung der Vertretungsorgane enthalten, dass eine Klage gegen die Wirksamkeit eines Verschmelzungsbeschlusses nicht oder nicht fristgemäß erhoben oder eine solche Klage rechtskräftig abgewiesen oder zurückgenommen worden ist (vgl. im Einzelnen oben Teil 2 Rdn. 659 ff.). Entsprechend der ganz herrschenden Meinung zum vor 1995 geltenden Recht[499] wird man es ausreichen lassen, dass die Negativerklärung innerhalb einer vom Registergericht gesetzten Frist nachgereicht wird.[500] »Vertretungsorgan« sind die jeweils anmeldepflichtigen Personen.[501] Die in § 16 Abs. 2 Satz 1 UmwG geforderte Negativerklärung der Vertretungsorgane kann wirksam erst nach Ablauf der für Klagen bestimmten Monatsfrist abgegeben werden.[502]

323

IV. Anmeldepflichtige Personen

Die Bestimmung der Personen, welche die Anmeldung zu bewirken haben, ist anders als bei der Verschmelzung (vgl. § 16 Abs. 1 UmwG) nicht im Allgemeinen Teil des Formwechselrechts geregelt, sondern in den **besonderen Vorschriften des Zweiten Teils**. Die Regierungsbegründung weist darauf hin, dass insoweit Unterschiede beachtet werden müssten, die sich aus der Verschiedenheit der Umwandlungssituation ergeben.[503]

324

In den besonderen Vorschriften des UmwG ist **immer zu prüfen**, aus welcher Rechtsform in welche Rechtsform umgewandelt werden soll:

325

Personenhandelsgesellschaft oder Partnerschaft (§ 225c UmwG) **in Kapitalgesellschaft oder Genossenschaft** (§ 222 UmwG)	Die Anmeldung des Formwechsels ist durch alle Mitglieder des künftigen Vertretungsorgans sowie, wenn der Rechtsträger nach dem Gesellschaftsrecht einen Aufsichtsrat haben muss, auch durch alle Mitglieder dieses Aufsichtsrates vorzunehmen. Ist der Rechtsträger neuer Rechtsform eine AG oder eine KGaA, so haben außerdem auch alle Gesellschafter die Anmeldung zu unterzeichnen, die nach § 219 UmwG den Gründern dieser Gesellschaft gleichstehen. Die Anmeldung beim bisherigen Register im Fall der Veränderung der Art des Registers oder bei der Sitzverlegung kann auch von den zur Vertretung der formwechselnden Gesellschaft ermächtigten Gesellschaftern vorgenommen werden (§ 222 Abs. 3 UmwG);
Kapitalgesellschaft in Personengesellschaft oder Partnerschaftsgesellschaft (§ 235 UmwG)	Vertretungsorgan der formwechselnden Gesellschaft;
Kapitalgesellschaft in Kapitalgesellschaft (§ 198 UmwG)	Vertretungsorgan der formwechselnden Gesellschaft, zugleich sind die Geschäftsführer der neuen Gesellschaft anzumelden;
Kapitalgesellschaft in Genossenschaft (§ 254 UmwG)	Vertretungsorgan der formwechselnden Gesellschaft, zugleich sind die Mitglieder des Vorstandes der neuen Genossenschaft zur Eintragung anzumelden;

---

499 Vgl. BGHZ 112, 9; Grunewald, in: Geßler/Hefermehl, AktG, § 345 Rn. 9.
500 Ebenso Lutter/BorkDecher, UmwG, § 16 Rn. 2012; Kallmeyer/Marsch-Barner, UmwG, § 16 Rn. 25; Widmann/Mayer/Fronhöfer, Umwandlungsrecht, § 16 UmwG Rn. 96; Stratz, in: Schmitt/Hörtnagl/Stratz, § 16 UmwG Rn. 272; Goutier/Knopf/Bermel, UmwG, § 16 Rn. 23.
501 Vgl. dazu unten Rn. 310 ff.; Lutter/Decher, § 198 UmwG Rn. 34.
502 So BGH, AG 2006, 934 = DNotZ 2007, 54 = DStR 2007, 357 = NJW 2007, 224; OLG Hamm, NZG 2014, 1430; OLG Karlsruhe, NJW-RR 2001, 1326, 1327 = DB 2001, 1483, 1484; Kallmeyer/Marsch-Barner, UmwG, § 16 Rn. 26; Lutter/Decher, UmwG, § 198 UmwG Rn. 34; Widmann/Mayer/Fronhöfer, Umwandlungsrecht, § 16 UmwG Rn. 73.
503 Vgl. Begründung zum RegE, BR-Drucks. 75/94, S. 142; abgedruckt in: Limmer, Umwandlungsrecht, S. 337.

Genossenschaft in Kapitalgesellschaft (§ 265, 222 Abs. 1 und 3 UmwG)	Alle Mitglieder des künftigen Vertretungsorgans, bei Formwechsel in AG auch Aufsichtsratsmitglieder;
Verein in Kapitalgesellschaft (§ 278 i. V. m. § 222 Abs. 1 und 3 UmwG)	Alle Mitglieder des neuen Vertretungsorgans nach Aufsichtsrat einer AG.

Im vor 1995 geltenden Recht war umstritten, ob **alle bisherigen Mitglieder** der Vertretungsorgane die Anmeldung unterzeichnen mussten oder ob dies durch eine **vertretungsberechtigte Anzahl** genügt. Das ab 1995 geltende UmwG unterscheidet diesbezüglich danach, ob die Anmeldung »durch das Vertretungsorgan« (§ 246 Abs. 1 UmwG), oder durch »alle Mitglieder des künftigen Vertretungsorgans« (§ 222 Abs. 1 UmwG) vorgenommen werden muss. Man wird hieraus wohl folgern können, dass der Begriff »durch das Vertretungsorgan« es ausreichen lässt, dass **in vertretungsberechtigter Zahl** gehandelt wird.[504] Auch **unechte Gesamtvertretung** mit einem Prokuristen ist nach herrschender Meinung zulässig.[505]

326 Man wird diese Regelungen des Besonderen Teils des Formwechselrechts entsprechend auf die Frage anwenden müssen, wer die **Versicherung nach § 16 Abs. 2 i. V. m. § 198 Abs. 3 UmwG** abzugeben hat. Es wäre hier ein Widerspruch in sich, wenn diese Versicherung dann doch von allen Mitgliedern des Vertretungsorgans abgetreten werden müsste, selbst wenn die Anmeldung als solche nur in vertretungsberechtigter Zahl genügt.[506]

V. Beizufügende Unterlagen

327 § 199 UmwG regelt die besonderen der Anmeldung beizufügenden Unterlagen, die bei jedem Formwechsel Anlagen der Anmeldung sein müssen. Die Vorschrift übernimmt für den Formwechsel die in § 17 Abs. 1 UmwG für die Verschmelzung vorgesehene Regelung über die Anlagen der Anmeldung zur Eintragung in das Register. Da Gegenstand der anzumeldenden Eintragung nicht mehr der Umwandlungsbeschluss als solcher ist, wie im alten Recht, sondern die neue Rechtsform bzw. der neue Rechtsträger, bestimmt § 199, dass in jedem Fall der **Umwandlungsbeschluss in Ausfertigung oder öffentlich beglaubigter Abschrift** beizufügen ist. Es bleibt daher bei der alten Regelung, dass die Niederschrift des Umwandlungsbeschlusses der Anmeldung als Anlage beizufügen ist (vgl. § 4 Abs. 1 Satz 2, § 43 Abs. 3 Satz 2, § 49 Abs. 1 Satz 2 UmwG).

328 Darüber hinaus ist zu beachten, dass in den besonderen Vorschriften des UmwG **Sondervorschriften** für die Einzelarten des Formwechsels vorgesehen sind, die bestimmen, dass **weitere Unterlagen** beizufügen sind.

329 Schließlich ist zu beachten, dass gem. § 197 UmwG auf den Formwechsel immer auch die **Gründungsvorschriften** anzuwenden sind, sodass auch zu prüfen ist, ob sich aus den Gründungsvorschriften der neuen Rechtsträgerform besondere Pflichten zur Beifügung von Unterlagen ergeben.

1. Allgemeine Anlagen

330 Nach § 199 UmwG sind immer folgende **Unterlagen bei jedem Formwechsel** – elektronisch beglaubigt – beizufügen:

---

504 Kallmeyer/Zimmermann, UmwG, § 198 Rn. 8; Kallmeyer/Blasche, UmwG, § 235 Rn. 5; Lutter/Decher/Hoger, UmwG, § 198 Rn. 10; Lutter/Göthel, § 235 UmwG Rn. 7; Stratz, in: Schmitt/Hörtnagl/Stratz, § 235 UmwG Rn. 4; Schwanna in: Semler/Stengel, § 198 UmwG Rn. 12; Ihrig, in: Semler/Stengel, § 235 UmwG Rn. 7; Widmann/Mayer/Vossius, § 235 UmwG Rn. 8; BeckOGK/Simons UmwG § 198 Rn. 18.

505 Kallmeyer/Zimmermann, UmwG, § 198 Rn. 8; Lutter/Decher/Hoger, UmwG, § 198 Rn. 10; Lutter/Göthel, § 235 UmwG Rn. 7; Stratz, in: Schmitt/Hörtnagl/Stratz, § 235 UmwG Rn. 4; Schwanna, in: Semler/Stengel, § 198 UmwG Rn. 12; Widmann/Mayer/Vossius, § 235 UmwG Rn. 8; BeckOGK/Simons UmwG § 198 Rn. 18.

506 Kallmeyer/Zimmermann, UmwG, § 198 Rn. 28; Lutter/Decher/Hoger, UmwG, § 198 Rn. 35; Widmann/Mayer/Vossius, § 198 UmwG Rn. 32 ff.

- Ausfertigung oder beglaubigte Abschrift der Niederschrift des Umwandlungsbeschlusses,
- Ausfertigung oder beglaubigte Abschrift von Zustimmungserklärungen einzelner Anteilsinhaber bzw. nicht erschienener Anteilsinhaber,
- Urschrift oder Abschrift des Umwandlungsberichts,
- beglaubigte Abschrift oder Ausfertigung der Verzichtserklärungen des Umwandlungsberichts,
- Nachweis über die Zuleitung nach § 194 Abs. 2 UmwG zum Betriebsrat,
- evtl. staatliche Genehmigungsurkunden.

2. Weitere Unterlagen

Je nach Rechtsformwechsel sehen darüber hinaus die besonderen Vorschriften **weitere Unterlagen** vor: 331

Formwechsel in eingetragene Genossenschaft	Zu erstattendes Prüfungsgutachten nach § 197 iVm § 11 Abs. 2 Nr. 3 GenG;
Formwechsel in KGaA (§ 223 UmwG)	Urkunden über den Beitritt aller beitretenden persönlich haftenden Gesellschafter.

3. Gründungsunterlagen

Da gem. § 197 UmwG auch immer die einschlägigen Vorschriften des Gründungsrechts des neuen Rechtsträgers anwendbar sind, ist zu prüfen, ob sich aus den besonderen Vorschriften des Gründungsrechts auch **besondere vorzulegende Unterlagen** ergeben: 332

Formwechsel in GmbH (§ 8 GmbHG)	Gesellschaftsvertrag, Liste der Gesellschafter, Sachgründungsbericht, Unterlagen darüber, dass der Wert der Sacheinlage den Betrag der dafür genommenen Stammeinlage erreicht;
Formwechsel in AG (§ 37 Abs. 4 AktG)	Satzung, Urkunden über die Bestellung des Vorstandes und des Aufsichtsrats, Gründungsbericht und Gründungsprüfungsbericht, soweit erforderlich.

P. Wirkungen des Formwechsels

Die Wirkungen der Eintragung der neuen Rechtsform aufgrund des Formwechsels in das Register und damit auch die Wirkungen des Formwechsels als solchem sind in § 202 UmwG geregelt. Hieraus wird deutlich, dass die Rechtsfolgen des rechtsgeschäftlichen Formwechsels durch eine **konstitutive Registereintragung** ausgelöst werden. 333

I. Erhaltung der Identität des Rechtsträgers

1. Grundsatz

§ 202 Abs. 1 Nr. 1 UmwG bestimmt den Grundsatz des neuen dogmatischen Konzeptes: Der formwechselnde Rechtsträger besteht in der in dem Umwandlungsbeschluss bestimmten Rechtsform weiter (vgl. bereits ausführlich oben Teil 4 Rdn. 7 ff.). Diese Vorschrift enthält die für jeden Formwechsel gültige Aussage, dass der Rechtsträger der neuen Rechtsform, die in dem Umwandlungsbeschluss bestimmt worden ist, weiter besteht. Die übernommene Formulierung macht deutlich, dass bei einem Formwechsel die **Identität des Rechtsträgers** erhalten bleibt.[507] Die Vorschrift entspricht weitgehend Formulierungen bei der vor 1995 geltenden formwechselnden Umwandlung (vgl. etwa § 381 AktG a. F.). Anders als bei Verschmelzung und Spaltung und auch bei der früher errichtenden Umwandlung ist für das Rechtsinstitut der Gesamtrechtsnachfolge 334

---

[507] Vgl. Begründung zum RegE, BR-Drucks. 75/94, S. 144; abgedruckt in: Limmer, Umwandlungsrecht, S. 339.

beim Formwechsel kein Anwendungsbereich mehr gegeben. Nach der Konzeption der formwechselnden Umwandlung bleiben die Identität der Gesellschaft und auch ihres Vermögens unberührt, allein das äußere »Rechtskleid« ändert sich. Die Rechtszuständigkeit wird nicht betroffen, eine Übertragung des Vermögens im Wege der Gesamtrechtsnachfolge ist daher nach neuem Umwandlungsrecht nicht mehr erforderlich. Nur der Rechtsträger wechselt seine Rechtsform, alle Aktiva und Passiva werden von demselben Rechtsträger in neuer Rechtsform fortgeführt.[508]

335 In den besonderen Vorschriften musste allerdings bei der Umwandlung zwischen Kapitalgesellschaften rechtstechnisch geregelt werden, wie sich das Verhältnis von Grundkapital zu Stammkapital und umgekehrt verhält. Dies ist nunmehr in § 247 Abs. 1 UmwG geschehen. Durch den Formwechsel wird das bisherige Stammkapital einer formwechselnden GmbH zum Grundkapital bzw. das Grundkapital einer AG zum Stammkapital einer GmbH. Auch diese Vorschrift macht deutlich, dass das Vermögen identisch bleibt und lediglich die Bezeichnung und rechtliche Bindung geändert wird. Eine **Vermögensübertragung** findet also anders als in den Fällen der früher errichtenden Umwandlung nicht mehr statt. Damit verbunden ist auch der Wechsel der auf den Rechtsträger anwendbaren Normenstruktur. Mit der Eintragung des Formwechsels unterliegt also der Rechtsträger nicht mehr den Vorschriften nach dem alten Gesellschaftsrecht, sondern den Vorschriften des Gesellschaftsrechts, das auf die neue Rechtsträgerform anwendbar ist.[509]

2. Auswirkungen des Formwechsels auf Verträge, Rechtsverhältnisse und Register

336 Der Identitätsgrundsatz führt auch dazu, dass **keinerlei Veränderungen der Rechtsverhältnisse** eintreten, die vor dem Formwechsel zu dem Rechtsträger in seiner alten Rechtsform bestanden. Es findet keine Vermögensübertragung statt, es ändern sich nur die gesellschaftsrechtlichen Organisationsnormen, die auf den Rechtsträger anwendbar sind. Es bedarf daher auch keiner Vertragsübernahmen oder sonstiger Institute, um etwa einen Rechtseintritt des neuen Rechtsträgers in alte Rechtsverhältnisse zu bewirken, sondern es bleibt ein einheitliches Rechtsband der Rechtsverhältnisse zu dem Rechtsträger bestehen.

Auch der BGH betonte stets, dass der Formwechsel zur **Wahrung der Identität** führt, es wird lediglich die Rechtsform geändert.[510] Im Urt. v. 21.08.2002[511] hat der BGH ausgeführt: Wesentliches Merkmal des Formwechsels sei die wirtschaftliche Kontinuität des Rechtsträgers. Da dieser identisch bleibe (Identitätsgrundsatz), finde auch kein Vermögensübergang statt. Der bisherige Rechtsträger bestehe nach Durchführung des Formwechsels in seiner neuen Rechtsform weiter. Das führe dazu, dass Rechte und Pflichten, die während der Zeit der ursprünglichen Rechtsform entstanden sind, weiter bestehen, nunmehr allerdings in der Person des Rechtsträgers in seiner neuen Form.

Im Einzelnen bedeutet dies Folgendes:

a) Verbindlichkeiten und Forderungen

337 Verbindlichkeiten und Forderungen des Rechtsträgers **bestehen inhaltlich unverändert fort**, der Zustimmung von Dritten, insb. der Gläubiger bedarf es daher nicht.[512] Auch Verträge des Rechtsträgers bleiben unverändert. Beim Formwechsel einer GmbH in eine typische, d. h. über eine natürliche Person als unbeschränkt haftenden Gesellschafter verfügende Personengesellschaft endet mit dem Wirksamwerden der Umwandlung die Verstrickung eines eigenkapitalersetzenden Darle-

---

508 Vgl. K. Schmidt, ZGR 1990, 594; ders., Gesellschaftsrecht, S. 316.
509 Vgl. Schwarz, DStR 1994, 1694, 1699.
510 Vgl. BGH, AG 2010, 251 = DB 2010, 612 = NotBZ 2010, 187 = NZG 2010, 314 = ZIP 2010, 377.
511 NJW 2002, 3339.
512 Vgl. Kallmeyer/Meister/Klöcker, UmwG, § 202 Rn. 14; Lutter/Decher/Hoger, UmwG, § 202 Rn. 22, 32, 42; BeckOGK/Simons UmwG § 202 Rn. 11.

hens (der eigenkapitalersetzenden Gesellschafterleistung), der Gesellschafter erlangt einen durchsetzbaren Anspruch auf Zahlung,[513] die Bindungen des Eigenkapitalersatzes entfallen.

b) Berichtigung in Registern

Ist der Rechtsträger in ein **öffentliches Register** (Handelsregister, Grundbuch etc.) eingetragen, so sind zwar diese Eintragungen im Hinblick auf den neuen Rechtsträger zu berichtigen; um eine Grundbuchberichtigung i. S. d. § 22 GBO handelt es sich dabei allerdings nicht, sondern lediglich um eine von Amts wegen vorzunehmende Richtigstellung der Bezeichnung des Berechtigten, die auch von Amts wegen vorzunehmen wäre.[514] Es handelt sich dabei nur um einen Klarstellungsvermerk.[515] Als Nachweis empfiehlt sich dem Antrag auf Berichtigung einen beglaubigten Registerauszug über die Eintragung des Formwechsels beizufügen, obwohl der Nachweis des Formwechsels nicht der Form des § 29 GBO bedarf.[516]

338

c) Vollmachten und Prokura

Vollmachten und Prokuren bleiben **ebenfalls unverändert**.[517]

339

d) Prozesse, Titel

Rechtsstreitigkeiten werden nicht berührt. Der Formwechsel führt weder zu einer Unterbrechung nach § 239 ZPO noch zu einer Klageänderung nach § 263 ZPO oder zu einer Rechtsnachfolge nach § 265 ZPO.[518] Ein vor Rechtshängigkeit erfolgter Formwechsel lässt die Parteifähigkeit unberührt.[519] Für oder gegen den bisherigen Rechtsträger lautende Titel (Urteile, vollstreckbare Urkunden etc.) sind ebenfalls nur zu berichtigen.[520] Einer Umschreibung der Vollstreckungsklausel nach § 727 ZPO bedarf es wegen der Identität nicht, diese sind aber zu berichtigen.[521]

340

e) Genehmigungen und Erlaubnisse

Die Auswirkungen auf öffentlich-rechtliche Genehmigungen wurde bereits erläutert.[522] Mit der überwiegenden Meinung wird man davon ausgehen müssen, dass der Formwechsel **nicht zum**

341

---

513 OLG Dresden, EWiR 2009, 445 = GmbHR 2009, 881 = NotBZ 2009, 27; Habersack/Schürnbrand, NZG 2007, 81, 85 f.; Widmann/Mayer/Vossius, Umwandlungsrecht, UmwG § 202 Rn. 95; Lutter/Decher/Hoger, UmwG, § 202 Rn. 31.
514 Vgl. Böhringer, Rpfleger 2001, 59, 66; OLG Oldenburg, DB 1997, 1126; BayObLG, DB 1998, 1402; Lutter/Decher/Hoger, UmwG, § 202 Rn. 33; Kübler, in: Semler/Stengel, § 202 UmwG Rn. 8; Kallmeyer/Meister/Klöcker, UmwG, § 202 Rn. 19; Widmann/Mayer/Vossius, Umwandlungsrecht, § 202 UmwG Rn. 26, 38 ff.; BeckOGK/Simons UmwG § 202 Rn. 12; Bauer/v. Oefele/Kula, GBO, § 22 Rn. 116.
515 Vgl. auch Useler, MittRhNotK 1998, 21, 52.
516 Vgl. auch Meikel/Böttcher, GBO, § 22 Rn. 77; Usler, MittRhNotK 1998, 52.
517 OLG Köln, DNotZ 1996, 700; Widmann/Mayer/Vossius, Umwandlungsrecht, § 202 UmwG Rn. 86, 87; Lutter/Decher/Hoger, UmwG, § 202 Rn. 40; Kübler, in: Semler/Stengel, § 202 UmwG Rn. 10; Kallmeyer/Meister/Klöcker, UmwG, § 202 Rn. 26; BeckOGK/Simons UmwG § 202 Rn. 25.
518 Stöber, NZG 2006, 574, 576; Lutter/Decher/Hoger, UmwG, § 202 Rn. 41; Widmann/Mayer/Vossius, Umwandlungsrecht, § 202 UmwG Rn. 39; Kallmeyer/Meister/Klöcker, UmwG, § 202 Rn. 15; BeckOGK/Simons UmwG § 202 Rn. 30.
519 OLG Köln, GmbHR 2003, 1489.
520 Widmann/Mayer/Vossius, Umwandlungsrecht, § 202 UmwG Rn. 39.1.
521 OLG Köln, GmbHR 2003, 1489; vgl. auch BGH, Rpfleger 2004, 362; Widmann/Mayer/Vossius, Umwandlungsrecht, § 202 UmwG Rn. 39; Kallmeyer/Meister/Klöcker, UmwG, § 202 Rn. 15; BeckOGK/Simons UmwG § 202 Rn. 31.
522 Vgl. oben Teil 4 Rdn. 40 ff., vgl. auch Odenthal, GewArch 2005, 132 ff.; Gaiser, DB 2000, 362, 363; Kübler, in: Semler/Stengel, § 202 Rn. 11, 17; Bremer, GmbHR 2000, 865; Zeppezauer, DVBl. 2007, 599.

Erlöschen der Genehmigung führt, auch dann nicht, wenn diese bestimmten Personenvereinigungen an sich nicht erteilt werden könnte. Der Identitätsgrundsatz lässt auch öffentlich-rechtliche Genehmigungen uneingeschränkt fortbestehen, ermöglicht allerdings der Behörde den Widerruf nach den Verwaltungsverfahrensvorschriften.[523]

Problematisch sind die öffentlich-rechtlichen Genehmigungen insb. dann, wenn sie nach öffentlich-rechtlichen Grundsätzen **nur Unternehmen mit bestimmter Rechtsform** erteilt werden können, oder personenbezogene Erlaubnisse, wie etwa die Gaststättenerlaubnis.[524] Obwohl im Gewerberecht Rechtsprechung und Literatur die Auffassung vertreten, dass Personenvereinigungen wie die OHG und KG mangels eigener Rechtspersönlichkeit keine Gewerberechtsfähigkeit haben,[525] geht die Literatur im Gesellschaftsrecht ohne weitere Diskussion davon aus, dass beim Formwechsel öffentlich-rechtliche Erlaubnis und Genehmigung grds. erhalten bleiben und nicht erlöschen.[526] Den gewerberechtlichen Vorgaben wird teilweise Rechnung getragen, sodass bei den Erlaubnissen, die dem neuen Rechtsträger nach öffentlich-rechtlichen Vorschriften nicht erteilt werden könnten, die Behörde zum Widerruf berechtigt ist.[527] In der öffentlich-rechtlichen Literatur wird danach unterschieden, ob aus einer Personengesellschaft in eine juristische Person oder umgekehrt umgewandelt wird. Denn dann ändere sich der Träger der Erlaubnis.[528] Bei einem derartigen Wechsel würden neue gewerberechtliche Erlaubnisse erforderlich. Insofern besteht ein **Widerspruch zwischen der Identitätsthese und den öffentlich-rechtlichen Vorgaben**, sodass fraglich ist, welche Rechtsmaterie Vorrang hat. Der überwiegenden Literatur im Gesellschaftsrecht ist in diesem Zusammenhang zu folgen, da das öffentliche Recht die vom Gesetzgeber im Gesellschaftsrecht getroffene Entscheidung der Identität akzeptieren muss und allenfalls repressiv auf veränderte Umstände reagieren kann. Damit kommt allenfalls ein Widerruf nach den gewerberechtlichen Vorschriften und dem Verwaltungsverfahrensgesetz infrage, nicht aber das automatische Erlöschen.

f) Unternehmensverträge

342 Nicht klar ist die Behandlung von **Unternehmensverträgen nach dem Formwechsel**. Grds. besteht ein Unternehmensvertrag i. S. v. §§ 291 ff. AktG bei einem Formwechsel regelmäßig unverändert fort, es sei denn, das Vertragsverhältnis ist mit der Rechtsform der verpflichteten Gesellschaft nicht vereinbar.[529] Die Frage wird aber v. a. beim Formwechsel von einer Kapitalgesellschaft in eine Personengesellschaft deshalb diskutiert, da bei der Personengesellschaft Unternehmensverträge nach z. T. vertretener Auffassung nicht zulässig sind. Eine Auffassung im Schrifttum lehnt den Abschluss eines Unternehmensvertrags mit einer Personengesellschaft, jedenfalls solange an ihr natürliche Personen beteiligt sind, ab. Nur wenn eine Personengesellschaft ausschließlich aus juristischen Personen bestehe, könne diese Personengesellschaft wie eine Kapitalgesellschaft

---

523 So Widmann/Mayer/Vossius, Umwandlungsrecht, § 202 UmwG Rn. 107; Kallmeyer/Meister/Klöcker, UmwG, § 202 Rn. 20; Lutter/Decher/Hoger, UmwG, § 202 Rn. 38; Gaiser, DB 2000, 362, 363.
524 Vgl. Eckart, ZIP 1998, 1950 ff.; Odenthal, GewArch 2005, 132 ff.; BeckOGK/Simons UmwG § 202 Rn. 13.
525 BVerwGE 91, 186, 190; VGH Bayern, NJW 1992, 1644; OVG Saarland, NJW 1992, 2846, Landmann/Romer/Marcks, GewO, § 14 Rn. 55, § 35 Rn. 64.
526 Kallmeyer/Meister/Klöcker, UmwG, § 202 Rn. 20; Widmann/Mayer/Vossius, Umwandlungsrecht, § 202 UmwG Rn. 105 f.; Useler, MittRhNotK 1998, 52.
527 Widmann/Mayer/Vossius, Umwandlungsrecht, § 202 UmwG Rn. 107; Useler, MittRhNotK 1998, 52.
528 Odenthal, GewArch 2005, 132, 134; Gaiser, DB 2000, 363; Eckert, ZIP 1998, 1952.
529 OLG Düsseldorf, ZIP 2004, 753 ff.; Vossius, in: FS für Widmann, 2000, S. 133, 157 f.; Lutter/Decher/Hoger, UmwG, § 202 Rn. 47; Kallmeyer/Meister/Klöcker, UmwG, § 202 Rn. 18; Vossius, in: FS für Widmann, 2000, 133, 157; Widmann/Mayer/Vossius, Umwandlungsrecht, § 202 UmwG Rn. 134; Emmerich, in: Emmerich/Habersack, Aktien- und GmbH-Konzernrecht, § 297 Rn. 45; Krieger, in: Münchener Handbuch des Gesellschaftsrechts, Bd. 4, § 70 Rn. 181; KK-AktG/Koppensteiner, § 297 Rn. 18; Stegemann/Middendorf, BB 2006, 1084 ff.

P. Wirkungen des Formwechsels

ein abhängiges Unternehmen sein. Begründet wird dies mit dem Gebot der Selbstorganschaft und der Verbandssouveränität sowie der Unvereinbarkeit der einheitlichen, am Konzerninteresse ausgerichteten Leitung mit dem Erfordernis des gemeinsamen Zwecks sowie der Unvereinbarkeit von Fremdbestimmung und persönlicher Haftung.[530] In der Literatur wird z. T. die Meinung vertreten, dass gegen die beherrschte, auch konzernierte Personengesellschaft keine grundsätzlichen Bedenken bestehen.[531] Ein Teil der Literatur spricht sich auch in diesem Fall daher für den **Fortbestand des Unternehmensvertrages** aus, bejaht jedoch die Möglichkeit einer vorzeitigen Beendigung.[532] In diesem Zusammenhang wird teilweise empfohlen, die vorsorgliche Beendigung des Unternehmensvertrages für den Fall und zum Zeitpunkt des Wirksamwerdens des Formwechsels vorzusehen. Z. T. geht die Literatur in diesem Fall, von der Beendigung aus.[533] Das OLG Düsseldorf[534] hat entschieden, dass die formwechselnde Umwandlung einer beherrschten AG in eine GmbH & Co. KG einem Fortbestand von Gewinnabführungs- und Beherrschungsverträgen grundsätzlich nicht entgegen steht. Etwas anderes gelte, wenn der Komplementär der KG eine natürliche Person sei, welche nicht zum Kreis des herrschenden Unternehmens gehöre, und das herrschende Unternehmen selbst nicht an der Personengesellschaft beteiligt sei.

Nach einer anderen Auffassung in der Literatur wandelt sich der Unternehmensvertrag einer beherrschten Kapitalgesellschaft zu einem **Unternehmensvertrag nach allgemeinem Vertragsrecht** um.[535] Hingegen könne eine herrschende Personenhandelsgesellschaft Vertragspartner eines Unternehmensvertrages im engeren Sinne sein, sodass in diesem Fall der Unternehmensvertrag unberührt bleibe. Mit der Identitätsthese am ehesten vereinbaren lässt sich die Kontinuität des Unternehmensvertrages, allerdings mit der Möglichkeit einer Anpassung, etwa durch Einräumung eines Sonderkündigungsrechts.

Beim **Formwechsel innerhalb von Kapitalgesellschaften** bleibt der Unternehmensvertrag unberührt.[536] Der Unternehmensvertrag muss daher auch bei der Anmeldung des Formwechsels nicht erwähnt bzw. nicht erneut angemeldet werden, er besteht fort. 343

g) Stille Gesellschaft

Gerade die stille Gesellschaft, häufig als atypische Gesellschaft organisiert, spielt bei der Vorbereitung eines Börsengangs eine Rolle. Insb. Beteiligungsunternehmen wählen die Form der atypisch stillen Gesellschaft, bei der dem Stillen darüber hinaus Zustimmung und Kontrollrechte in Fragen der Unternehmensführung eingeräumt werden sollen.[537] In diesen Fällen stellt sich dann die Frage, welche **Auswirkungen der Formwechsel** z. B. in die AG auf die stille Gesellschaft hat. Zu beachten ist dabei, dass z. B. bei der AG die stille Beteiligung als Teilgewinnabführungsvertrag i. S. v. § 292 Abs. 1 Nr. 2 AktG angesehen wird, der zu seiner Wirksamkeit der Zustimmung der 344

---

530 So Reuter, AG 1986, 130; Flume, Die Personengesellschaft, 1977, S. 255; Schneider, ZGR 1980, 511; vgl. auch OLG Düsseldorf ZIP 2004, 753 ff.
531 Ulmer, ZHR-Beiheft 62m, 1989, 26, 37; K. Schmidt, GesellschaftsR, 3. Aufl., 1997, S. 509; Lutter/Decher/Hoger, § 202 Rdnr. 47; MünKomm AktG/Altmeppen § 297 Rn. 137; Spindler/Stilz/Veil, AktG § 297 AktG Rn. 48; Emmerich/Habersack, Aktien- und GmbH-Konzernrecht 7. Aufl. 2013, § 297 AktG, Rn. 45.
532 Lutter/Decher/Hoger, UmwG, § 202 Rn. 47; Kallmeyer/Meister/Klöcker, UmwG, § 202 Rn. 18; Schwarz, ZNotP 2002, 106 ff.; Emmerich/Habersack, Aktien- und GmbH-Konzernrecht 7. Aufl. 2013, § 297 AktG, Rn. 45.
533 Kübler, in: Semler/Stengel, § 202 UmwG Rn. 16.
534 ZIP 2004, 753 ff.
535 Widmann/Mayer/Vossius, Umwandlungsrecht, § 202 UmwG Rn. 133.
536 Vgl. Lutter/Decher/Hoger, UmwG, § 202 Rn. 47; Kallmeyer/Meister/Klöcker, UmwG, § 202 Rn. 18; KK-AktG/Koppensteiner, § 297 Rn. 18; Schwarz, MittRhNotK 1994, 49, 72, 75.
537 Vgl. dazu Bachmann/Veil, ZIP 1999, 348 ff.

Hauptversammlung nach § 293 AktG bedarf und auch im Handelsregister eingetragen werden muss.[538]

345 Umwandlungsrechtlich ist die **Zustimmung des stillen Gesellschafters** nicht erforderlich, da dieser nicht zu den Gesellschaftern i. S. d. § 233 Abs. 2 i. V. m. § 50 Abs. 2 und § 241 Abs. 2 i. V. m. § 50 Abs. 2 UmwG gehört.[539] Allerdings besteht grds. das interne Zustimmungserfordernis des stillen Gesellschafters. Der stille Gesellschafter ist vom geplanten Formwechsel auch nach § 233 Abs. 3 HGB und analog §§ 216, 230, 238, 251 UmwG zu informieren.[540] Wegen der Kontinuität der Identität des Unternehmensträgers setzt sich die stille Gesellschaft ohne Weiteres fort, unabhängig davon, ob es sich um einen Formwechsel unter Kapitalgesellschaften oder von einer Personenhandelsgesellschaft in eine Kapitalgesellschaft und umgekehrt handelt.[541] Der Stille hat dabei nur einen Anspruch auf Vertragsanpassung nach § 23 UmwG.[542] Auch beim Formwechsel in die AG wird man keinen zusätzlichen Hauptversammlungsbeschluss verlangen können, da die stille Gesellschaft beim Ausgangsrechtsträger wirksam begründet wurde und unverändert fortbesteht. Allerdings spricht einiges dafür, anzunehmen, dass das Bestehen der stillen Gesellschaft als Teilgewinnabführungsvertrag zusammen mit dem Formwechsel zur Eintragung in das Handelsregister anzumelden ist.[543]

II. Kontinuität der Mitgliedschaft

1. Grundsatz

346 § 202 Abs. 1 Nr. 2 UmwG bestimmt, dass die Gesellschafter und Anteilsinhaber des formwechselnden Rechtsträgers an dem Rechtsträger neuer Rechtsform nach den für diese Rechtsform geltenden allgemeinen Vorschriften beteiligt sind, soweit ihre Beteiligung nicht nach den besonderen Vorschriften entfällt. Die Vorschrift enthält damit die allgemeine Regelung zur **Kontinuität der Mitgliedschaft** an dem Rechtsträger.[544] In § 202 Abs. 1 Nr. 2 UmwG ist bestimmt, dass nach dem Formwechsel grds. jeder Anteilsinhaber des formwechselnden Rechtsträgers auch an dem Rechtsträger neuerer Rechtsform beteiligt ist. Dies entspricht den Grundsätzen, die schon bisher für die im Aktiengesetz geregelten Fälle der formwechselnden Umwandlung gegolten haben. Eine **Ausnahme** gilt nach den besonderen Vorschriften des Fünften Buches nur für die Komplementäre einer formwechselnden KGaA und für bestimmte Mitglieder eines formwechselnden Versicherungsvereines auf Gegenseitigkeit.

347 Im Grundsatz bleiben also die Gesellschafter und Anteilsinhaber **mit gleichem Anteilsverhältnis** allerdings neuartiger Mitgliedschaft entsprechend dem Gesellschaftsrecht des neuen Rechtsträgers weiterhin an dem Rechtskleid neuerer Rechtsform beteiligt. Geschäftsanteile werden zu Aktien, Aktien zu Geschäftsanteilen, Geschäftsguthaben zu Geschäftsanteilen etc.

348 Auf die Streitfrage, inwieweit **Mitgliederveränderungen** auf den Zeitpunkt des Formwechsels möglich und zulässig sind, wurde bereits hingewiesen. Es kann auf die obigen Ausführungen verwiesen werden (vgl. oben Teil 4 Rdn. 14 ff.). Nach h.M. ist es allerdings ohne weiteres möglich

---

[538] Vgl. BGH NJW 2003, 3412, BGH AG 2006, 546, BGH AG 2013, 92; OLG Hamburg, AG 2011, 339, 341; OLG Celle, AG 1996, 370; OLG Düsseldorf, AG 1996, 473; MünKomm AktG/Altmeppen § 292 AktG Rn. 65; Spindler/Stilz/Veil, AktG § 292 AktG Rn. 21, Hüffer/Koch, AktG, § 292 Rn. 15; KK-AktG/Koppensteiner, § 292 Rn. 53.
[539] Vgl. Lutter/Decher/Hoger, UmwG, § 202 Rn. 45; Kübler, in: Semler/Stengel, § 202 UmwG Rn. 9; Jung, ZIP 1996, 1736; Blaurock, Handbuch der stillen Gesellschaft, Rn. 1144, 1169.
[540] Blaurock, Handbuch der stillen Gesellschaft, Rn. 1170.
[541] So auch Blaurock, Handbuch der stillen Gesellschaft, Rn. 1171, 1172.
[542] Mertens, AG 2000, 32, 37.
[543] Lutter/Decher/Hoger, UmwG, § 202 Rn. 45; Kübler, in: Semler/Stengel, § 202 UmwG Rn. 9.
[544] Kallmeyer/Meister/Klöcker, UmwG, § 202 Rn. 28, 34; Lutter/Decher/Hoger, UmwG, § 202 Rn. 10 ff.; Kübler, in: Semler/Stengel, § 202 UmwG Rn. 24 ff.; BeckOGK/Simons UmwG § 202 Rn. 33 ff.

vor und während des Formwechsels, Anteile am Rechtsträger nach den allgemeinen Vorschriften zu übertragen, also etwa den GmbH-Geschäftsanteil. Der Formwechselbeschluss hindert die Übertragung nicht.[545] Für die Frage, wer dann nach Wirksamwerden des Formwechsels Anteilsinhaber geworden ist, kommt es allein auf den Bestand zu diesem Zeitpunkt an. Anteilsinhaber der mit dem Formwechsel entstehenden neunen Rechtsform werden grundsätzlich diejenigen, die im Zeitpunkt der Eintragung der neuen Rechtsform bzw. der Umwandlung in das Register Anteilsinhaber des formwechselnden Rechtsträgers sind, nicht etwa diejenigen, die zum Zeitpunkt der Fassung des Umwandlungsbeschlusses Anteilsinhaber sind.[546]

2. Eigene Anteile des formwechselnden Rechtsträgers

a) Formwechsel GmbH/AG in Personengesellschaft oder Genossenschaft

Im Gegensatz zu § 20 Abs. 1 Nr. 3 Halbs. 2 UmwG enthält § 202 Abs. 1 Nr. 2 UmwG **keinen Vorbehalt für eigene Anteile des formwechselnden Rechtsträgers**.[547] Eigene Anteile, die beim Ausgangsrechtsträger eines Formwechsels bestehen, verhindern grds. nicht die Möglichkeit eines Formwechsels. Denn im Gegensatz zu § 20 Abs. 1 Nr. 3 Halbs. 2 UmwG enthält § 202 Abs. 1 Nr. 2 UmwG keinen Vorbehalt für eigene Anteile des formwechselnden Rechtsträgers.[548] Für das Schicksal eigener Anteile ist demnach das allgemeine Gesellschaftsrecht maßgebend. Danach gehen im Fall des Formwechsels in eine Personenhandelsgesellschaft oder Genossenschaft eigene Anteile ersatzlos unter, da solche Anteile nach dem Recht der Personenhandelsgesellschaft oder Genossenschaft nicht möglich sind[549] ebenso für Ausbuchen der eigenen Anteile Stellungnahme des IdW v. 04.04.2011.[550] Das Gleiche gilt beim Formwechsel in die Genossenschaft.

349

b) Formwechsel GmbH in AG

Unklar ist, ob die **Umwandlung einer GmbH in eine AG** zulässig ist, wenn die GmbH eigene Anteile hält und diese vor der Umwandlung nicht auf Dritte übertragen werden sollen. In § 71 AktG ist der Erwerb eigener Aktien durch Formwechsel nicht ausdrücklich geregelt. Allerdings wurde § 71 Abs. 1 Nr. 3 AktG dergestalt erweitert, dass gewisse Erwerbsvorgänge im Zusammenhang mit Umwandlungen von dem Verbot des Erwerbs eigener Anteile ausgenommen wurden. Es spricht viel dafür, die Sondervorschriften, insb. durch Ausnahmetatbestände des § 71 Abs. 1 Nr. 4 und Nr. 5 AktG, erweiternd auszulegen und auch den Formwechsel unter diese Vorschriften zu fassen, sodass ausnahmsweise der Formwechsel der GmbH in die AG nicht an den zwangsläufig entstehenden eigenen Aktien der AG scheitert.[551] Allerdings ist auch die Regelung des § 71c

350

---

545 BGH DNotZ 2017, 291 = NJW 2017, 559 m.Anm. Markworth; Lutter/Decher/Hoger § 202 UmwG Rn. 10; BeckOGK/Simons UmwG § 202 Rn. 36; Kallmeyer/Meister/Klöcker § 202 UmwG Rn. 30, 32; Kallmeyer/Meister/Klöcker § 194 Rn. 25; HK-UmwG/Kierstein § 202 UmwG Rn. 20.
546 BGH DNotZ 2017, 291 = NJW 2017, 559 m.Anm. Markworth; Lutter/Decher/Hoger § 202 UmwG Rn. 10; BeckOGK/Simons UmwG § 202 Rn. 36; Kallmeyer/Meister/Klöcker § 202 UmwG Rn. 30, 32; Kallmeyer/Meister/Klöcker § 194 Rn. 25; HK-UmwG/Kierstein § 202 UmwG Rn. 20.
547 Ausführlich Schaper, ZGR 2018, 126 ff.; Heckschen/Weitbrecht, ZIP 2017, 1297 ff.; Widmann/Mayer/Vossius, Umwandlungsrecht, § 202 UmwG Rn. 163.
548 Vossius, in: Widmann/Mayer, Umwandlungsrecht, § 202 UmwG Rn. 163; Schaper, ZGR 2018, 126, 141; Heckschen/Weitbrecht, ZIP 2017, 1297, 1300.
549 Widmann/Mayer/Vossius, Umwandlungsrecht, § 202 UmwG Rn. 164; Schaper, ZGR 2018, 126, 141; Heckschen/Weitbrecht, ZIP 2017, 1297, 1300.
550 IDW ERS HFA 41 »Auswirkungen eines Formwechsels auf den handelsrechtlichen Jahresabschluss«, WPg Supplement 2/2011, S. 137 ff., FN-IDW 6/2011, S. 374 ff.
551 So mit eingehender Begründung Heidinger/Limmer/Holland/Reul, Gutachten des DNotI, Bd. IV, Gutachten zum Umwandlungsrecht, S. 368 ff.; Widmann/Mayer/Vossius, Umwandlungsrecht, § 202 UmwG Rn. 166 Schaper, ZGR 2018, 126, 129 ff.; Heckschen/Weitbrecht, ZIP 2017, 1297, 1299.

Abs. 2 AktG zu berücksichtigen, wonach eine Veräußerungspflicht bzgl. der eigenen Aktien besteht.[552]

III. Dingliche Surrogation

351 Satz 2 des § 202 Abs. 1 Nr. 2 UmwG übernimmt zum Schutz der Gläubiger von Anteilsinhabern des formwechselnden Rechtsträgers einen allgemeinen Grundsatz, der im alten Recht für Fälle der formwechselnden Umwandlung ebenso wie für Fälle der errichtenden Umwandlung galt (vgl. §§ 372 Satz 3, 381 Satz 3 AktG a. F.). Diese Vorschrift entspricht auch den Regelungen bei der Verschmelzung in § 20 Abs. 1 Nr. 3 Satz 2 UmwG. Sie legt fest, dass die **an einem Geschäftsanteil bestehenden Rechte Dritter** auch nach dem Formwechsel an dem Anteil oder der Mitgliedschaft des formwechselnden Rechtsträgers bestehen bleiben. Zum alten Recht war umstritten, ob schuldrechtliche Verpflichtungen auf Übereignung von Geschäftsanteilen durch die Umwandlung nachträglich unmöglich werden.[553] Folgt man der neuen Theorie von der Identität sowohl des Rechtskleides und damit auch der Anteile, wird man wohl zumindest durch eine entsprechende Auslegung des schuldrechtlichen Vertrages davon ausgehen können, dass, soweit nach dem Gesellschaftsrecht des neuen Rechtsträgers eine Übereignung möglich ist, die schuldrechtlichen Verträge nicht unmöglich werden.[554]

IV. Heilung von Mängeln des Umwandlungsbeschlusses

352 Ebenso wie bei der Verschmelzung regelt § 202 Abs. 1 Nr. 3, dass der Mangel der notariellen Beurkundung des Umwandlungsbeschlusses und ggf. erforderlicher Zustimmungs- oder Verzichtserklärungen durch die **Eintragung** geheilt wird (vgl. oben Teil 2 Rdn. 733 ff.).

353 Darüber hinaus bestimmt § 202 Abs. 3 UmwG, dass allgemein **Mängel** des Formwechsels mit der Eintragung der neuen Rechtsform oder des Rechtsträgers neuer Rechtsform in das Register **unberührt** bleiben. Diese Einschränkung der Nichtigkeit des Formwechsels beruht auf einer allgemeinen Tendenz, gesellschaftsrechtliche Akte möglichst zu erhalten. Der Gesetzgeber hielt es für gerechtfertigt, die bisher vereinzelten Regelungen in § 60 Abs. 4 UmwG, § 61a Abs. 4 UmwG i. d. F. vor 1995 und § 385p Abs. 2 AktG i. d. F. vor 1995 auf andere Umwandlungsfälle zu erstrecken, weil die Rückabwicklung des Formwechsels bei Umwandlungsfällen aller Arten mit besonderen Schwierigkeiten, insb. bei der Rückführung neu erlangter Strukturelemente, verbunden sein kann. Ebenso wie bei der Verschmelzung hat daher der Gesetzgeber der Eintragung des Formwechsels in das Handelsregister weitgehende Heilungswirkung zugebilligt. Die herrschende Meinung befürwortet zu Recht einen umfassenden Bestandsschutz unabhängig von Art und Schwere der Mängel.[555] Eine Ausnahme von diesem Bestandsschutz des Formwechsels durch Eintragung in das Register wird allerdings dort gesehen, wenn es an einem Umwandlungsbeschluss fehlt oder ein sog. Nichtbeschluss vorliegt.[556] Die Judikatur stellt aber keine hohen Anforderungen an das Zustandekommen überhaupt eines Umwandlungsbeschlusses.[557] Es genügt, dass der Wille der Anteilsinhaber zur Umwandlung in irgendeinem Beschluss zum Ausdruck gekommen ist.[558]

---

552 Schaper, ZGR 2018, 126, 134 ff.
553 So Meilicke, BB 1961, 1069; Semler/Grunewald, in: Geßler/Hefermehl, AktG, § 372 Rn. 12; a. A. KK-AktG/Zöllner, § 372 Anm. 9.
554 Lutter/Decher/Hoger, UmwG, § 202 Rn. 22; Kübler, in: Semler/Stengel, § 202 UmwG Rn. 31.
555 Lutter/Decher/Hoger, UmwG, § 202 Rn. 53.
556 Lutter/Decher/Hoger, UmwG, § 202 Rn. 57 m. w. N. in Fn. 1; Semler/Stengel/Kübler, UmwG, § 202 Rn. 36.
557 Vgl. dazu BGHZ 132, 353, 360; 138, 371, 374.
558 Semler/Stengel/Kübler, UmwG, § 202 Rn. 36; OLG Brandenburg, ZIP 1995, 1457, 1458.

Q. Schutz der Gläubiger beim Formwechsel

V. Weitere Wirkungen

Weitere Wirkungen der Eintragung ergeben sich außerdem aus den besonderen Vorschriften über die Umwandlung bei den einzelnen Rechtsformen. 354

Q. Schutz der Gläubiger beim Formwechsel

I. Grundsatz

Unter Gläubigerschutz ist der Interessenschutz derjenigen Personen zu verstehen, die der Gesellschaft Kredit gewährt haben oder denen der Verband aus besonderen Gründen zur Leistung verpflichtet ist. Der Gläubigerschutz verlangt allgemein, dass die Haftungs- und Vermögensstruktur der Gesellschaft so eingerichtet ist, dass ein angemessener **Interessenschutz** gewährleistet ist. Gläubigerschutz gehört zu den Grundprinzipien des deutschen Gesellschaftsrechts und findet sich in den verschiedensten Ausführungen verwirklicht. 355

Da bei den einzelnen unterschiedlichen Gesellschaftsformen der **Gläubigerschutz unterschiedlich ausgestaltet** ist – etwa bei Personengesellschaften durch persönliche Haftung, bei Kapitalgesellschaften durch strenge Kapitalaufbringungs- und Erhaltungsregeln – können sich bei der Umwandlung Probleme ergeben. Insb. bei den Personengesellschaften ist der Gläubigerschutz in erster Linie durch eine persönliche Haftung gewährleistet, während dies bei Kapitalgesellschaften durch Grundsätze der Kapitalaufbringung und Kapitalerhaltung erreicht wird. Es ist einsichtig, dass der Formwechsel innerhalb der Gesellschaftsformen zu Friktionen beim Gläubigerschutz führen kann. Aufgabe des Umwandlungsrechts und des Formwechselrechts ist es daher, diese unterschiedlichen Gläubigerschutzbestimmungen im Umwandlungsvorgang angemessen zu berücksichtigen und einen Ausgleich vorzunehmen. 356

Eines der **Grundanliegen des Umwandlungsbereinigungsgesetzes** war demgemäß auch der Gläubigerschutz.[559] Ebenso wie beim Verschmelzungs- und Spaltungsrechts, hat auch das Formwechselrecht den Gläubigerschutz durch eine Reihe unterschiedlicher Instrumente gesichert. 357

II. Anwendung des Gründungsrechts

In § 197 UmwG ist geregelt, dass auf den Formwechsel die für die neue Rechtsform geltenden Gründungsvorschriften grds. anzuwenden sind. Der Gesetzgeber wollte mit dieser Vorschrift insb. folgende Erwägungen berücksichtigen: Mit dem Formwechsel soll sich auch das für die innere Struktur und für die Außenbeziehung des Rechtsträgers **maßgebende Normensystem**, insb. die Vorschriften des Gläubigerschutzes, ändern. Dieser Übergang in ein anderes Normensystem ist besonders dann kritisch, wenn nach den für den Rechtsträger neuer Rechtsform maßgebenden Gründungsvorschriften schärfere Anforderungen gelten, als sie für die Gründung des formwechselnden Rechtsträgers bestanden haben (so z. B. beim Formwechsel von Rechtsträgern, die keine Kapitalgesellschaften sind, in eine Kapitalgesellschaft). Wenn für die Errichtung des formwechselnden Rechtsträgers mildere Gründungs- und Kapitalaufbringungsvorschriften maßgeblich waren, sollen die für die neue Rechtsform geltenden strengeren Maßstäbe durch den Formwechsel nicht unterlaufen werden können. Deshalb ist in § 197 Satz 1 UmwG als allgemeiner Grundsatz vorgesehen worden, dass die für die neue Rechtsform geltenden Gründungsvorschriften auf den Formwechsel anzuwenden sind. Damit werden v. a. die für Kapitalgesellschaften wichtigen Vorschriften über die Gründungsprüfung und über die Verantwortlichkeit der Gründer in das Umwandlungsrecht einbezogen.[560] 358

---

[559] Vgl. Niederleithinger, DStR 1991, 879, 881; K. Schmidt, in: IDW, S. 47 f.; Ganske, WM 1993, 1117, 1125; eingehend K. Schmidt, ZGR 1993, 366 ff.

[560] So Begründung zum RegE, BR-Drucks. 75/94, S. 141; abgedruckt in: Limmer, Umwandlungsrecht, S. 336.

III. Schadensersatzhaftung der Organe

359 Das Kapitalschutzrecht des Gründungsrechts wird flankiert durch eine **Schadenshaftung der Verwaltungsträger** der formwechselnden Gesellschaft. Gem. §§ 205 f. UmwG sind die Mitglieder des Vertretungsorgans und des Aufsichtsorgans als **Gesamtschuldner** zum Ersatz des Schadens verpflichtet, den der Rechtsträger, seine Anteilsinhaber oder seine Gläubiger durch den Formwechsel erleiden.

IV. Erhaltung der Haftungsmasse

360 Im Formwechsel stellt sich anders als bei der Spaltung nicht das Problem, dass die Haftungsmasse grds. beeinträchtigt werden kann. Im Bereich des Formwechsels wird durch die **Beibehaltung des Vermögens** garantiert, dass die ursprüngliche Haftungsmasse grds. den Gläubigern erhalten bleibt.

V. Sicherheitsleistung

361 Ergänzt wird schließlich der Gläubigerschutz genauso wie bei der Verschmelzung und bei der Spaltung durch das Institut der Sicherheitsleistung. § 204 UmwG verweist vollumfänglich auf die Vorschriften der **Sicherheitsleistung beim Verschmelzungsrecht (§ 22 UmwG)**. Nach dieser Grundvorschrift ist den Altgläubigern den an der Umwandlung beteiligten Rechtsträger Sicherheit zu leisten, sofern sie innerhalb von 6 Monaten nach dem Wirksamwerden der Umwandlung ihren Anspruch anmelden und glaubhaft machen, dass durch den Formwechsel die Erfüllung ihrer Forderung gefährdet wird.

VI. Fortdauer der Haftung in besonderen Fällen

362 § 224 Abs. 1 UmwG bestimmt, dass der Formwechsel die Ansprüche von Gläubigern gegen einen persönlich haftenden Gesellschafter der formwechselnden Gesellschaft nicht berührt. Die Vorschrift begründet daher eine **Weiterhaftung persönlich haftender Gesellschafter** und verbietet letztendlich eine Flucht aus der persönlichen Haftung durch Formwechsel.

363 Der Vorschrift kommt in erster Linie eine **klarstellende Funktion** zu. Während nach dem vor 1995 geltenden Recht bei der errichtenden Umwandlung die umwandelnde Gesellschaft aufgelöst wurde, war klar, dass diese Auflösung einer Personenhandelsgesellschaft nicht zum Erlöschen der Haftung der persönlich haftenden Gesellschafter führt und auch bei der errichtenden Umwandlung der persönlich haftende Gesellschafter weiterhin haftet. Das alte Umwandlungsrecht hatte diesen Grundsatz auch an verschiedenen Stellen ausdrücklich geregelt (vgl. etwa § 44 Abs. 1 Satz 2; § 368 Satz 3 AktG a. F.). Das UmwG 1995 geht aber nunmehr nicht mehr von der Auflösung, sondern von der Identität des Rechtsträgers bei Mitgliedschaft und Vermögen aus. Deshalb war der Gesetzgeber der Auffassung, dass Unklarheiten darüber bestehen könnten, wie sich der Formwechsel auf die persönliche Haftung eines Gesellschafters auswirkt. Die Regelung in § 224 Abs. 1 UmwG sollte klarstellen, dass der Formwechsel nach neuem Recht hinsichtlich der alten Verbindlichkeiten eines persönlich haftenden Gesellschafters nicht als ein besonderer Enthaftungstatbestand angesehen werden kann. Er stellt damit klar, dass die persönliche Haftung auch weiterhin bestehen bleibt.

364 Den Gesellschaftsgläubigern stehen daher die neu errichtete Kapitalgesellschaft als auch die Gesellschafter der vormaligen Personenhandelsgesellschaft als Haftende zur Verfügung.

365 Die Vorschrift betrifft daher zunächst den **Formwechsel einer Personenhandelsgesellschaft in eine Kapitalgesellschaft**. Der persönlich haftende Gesellschafter der Personenhandelsgesellschaft haftet demgemäß auch weiterhin für die Verbindlichkeiten. Aufgrund verschiedener Verweisungsnormen gilt diese Vorschrift des § 224 UmwG auch für **andere Formwechsel**:
– Formwechsel einer KGaA in KG, bei der persönlich haftender Gesellschafter Kommanditist wird (§ 237 UmwG);
– Formwechsel einer KGaA in eine GmbH oder AG (§ 249 UmwG);
– Formwechsel einer KGaA in eine eingetragene Genossenschaft (§ 257 UmwG).

§ 224 Abs. 2 UmwG bestimmt, dass der Gesellschafter für diese **besondere Nachhaftung** nur haftet, wenn die Haftung vor Ablauf von 5 Jahren nach dem Formwechsel fällig und daraus Ansprüche gegen ihn gerichtlich geltend gemacht sind. Die Frist beginnt mit dem Tag, an dem die Eintragung der neuen Rechtsform oder des Rechtsträgers neuer Rechtsform in das Register nach § 201 Satz 2 UmwG als bekannt gemacht gilt (§ 224 Abs. 3 UmwG). Einer gerichtlichen Geltendmachung bedarf es nicht, soweit der Gesellschafter einen Anspruch schriftlich anerkennt (§ 224 Abs. 4 UmwG). Mit diesen Vorschriften soll für die Ansprüche gegen die Gesellschafter aus Verbindlichkeiten der formwechselnden Gesellschaft die Haftungsbegrenzungsregelung des geltenden Rechts übernommen werden.

366

Kapitel 2 Einzelfälle des Formwechsels

Übersicht

		Rdn.
A.	**Formwechsel von Personenhandelsgesellschaften und Partnerschaftsgesellschaften**	367
I.	Allgemeine Fragen	367
	1. Checkliste	367
	2. Sonderbetriebsvermögen bei Personengesellschaften	368
II.	Umwandlungsbericht	371
III.	Vorbereitung der Gesellschafterversammlung	374
	1. Einberufung der Gesellschafterversammlung	376
	2. Inhalt der Unterrichtung	378
IV.	Umwandlungsbeschluss	380
	1. Gesellschafterversammlung	380
	2. Durchführung der Gesellschafterversammlung	381
	3. Beschlussmehrheiten	383
	a) Einstimmigkeit	384
	b) Mehrheitsbeschluss	387
	4. Namentliche Aufführung der zustimmenden Gesellschafter in der Niederschrift	391
	5. Zustimmungspflichten	392
	a) Umwandlung in eine KGaA	392
	b) Allgemeine Zustimmungspflichten	393
	6. Notarielle Beurkundung der Gesellschafterversammlung	394
V.	Inhalt des Umwandlungsbeschlusses	396
	1. Neue Rechtsform	397
	2. Firma des neuen Rechtsträgers	398
	3. Angabe der Beteiligung der Gesellschafter an der neuen Gesellschaft oder Genossenschaft	399
	4. Zahl, Art und Umfang der Anteile oder Geschäftsanteile an der neuen Gesellschaft oder Genossenschaft	400
	a) Festsetzung von Stammkapital bzw. Grundkapital bei der Umwandlung in eine GmbH oder AG	401
	b) Verteilung des Vermögens der Personenhandelsgesellschaft durch Festlegung des Umfangs der neuen Geschäftsanteile oder Aktien an der neuen GmbH oder AG	405
	c) Anzahl der Geschäftsanteile bzw. der Aktien	408
	aa) Formwechsel Personengesellschaft in GmbH	408
	bb) Umwandlung einer Personengesellschaft in eine AG	411
	cc) Umwandlung in eine KGaA	412
	5. Besonderheiten beim Formwechsel in eine Genossenschaft	414
	a) Regelung von Hafthöhe und Haftart	414
	b) Regelung des Geschäftsanteils	416
	6. Besonderheiten bei der Umwandlung einer GmbH & Co. KG	418
	7. Sonder- und Vorzugsrechte	420
	8. Angebot auf Barabfindung	421
VI.	Feststellung der Satzung des neuen Rechtsträgers	422
	1. Notwendiger Inhalt der Satzung	422
	2. Strukturwahrung durch Umwandlung	425
VII.	Bestellung der ersten Organe	431
	1. Formwechsel in eine GmbH	432
	2. Formwechsel in eine AG	434
	3. Formwechsel in eine Genossenschaft	441
VIII.	Zustimmungspflichten	442
	1. Zustimmung von Sonderrechtsinhabern	442
	2. Zustimmungspflicht bei Formwechsel in KGaA	443
IX.	Gründungsrecht und Kapitalschutz, Nachgründung	444
	1. Kapitalaufbringung	445
	2. Sachgründungsbericht beim Formwechsel in eine GmbH (§ 220 Abs. 2 UmwG)	447

					Rdn.

	3. Gründungsbericht und Gründungsprüfung beim Formwechsel in eine AG (§ 220 Abs. 3 Satz 1 UmwG) 448

- a) Gründungsbericht. 449
- b) Gründungsprüfung. 451
- 4. Prüfung durch das Registergericht 453
- 5. Gründungshaftung. 457
- 6. Nachgründung (§ 220 Abs. 3 Satz 2 UmwG) 459

X. Handelsregisteranmeldung 460
- 1. Formwechsel einer Personenhandelsgesellschaft in eine GmbH. 461
- 2. Formwechsel einer Personenhandelsgesellschaft in eine AG 463
- 3. Formwechsel einer Personenhandelsgesellschaft in eine Genossenschaft. 464
- 4. Einlagenversicherung und Negativversicherung 466
- 5. Anlagen der Anmeldung 467
- 6. Weitere anmeldepflichtige Tatsachen 468

XI. Muster 469
- 1. Formwechsel einer KG in eine GmbH 469
  - a) Umwandlungsbeschluss 469
  - b) Handelsregisteranmeldung bei Formwechsel KG in GmbH 470
- 2. Formwechsel einer GmbH & Co. KG in eine AG 471
  - a) Umwandlungsbeschluss 471
  - b) Handelsregisteranmeldung beim Formwechsel GmbH & Co. KG in AG . . 472

B. Formwechsel von Kapitalgesellschaften 473
I. Checkliste 473
II. Grundlagen 474
- 1. Beseitigung der sog. Umwandlungssperre 476
- 2. Umwandlungsbericht 477
- 3. Vorbereitung der Gesellschafter bzw. der Hauptversammlung 480
  - a) Formwechsel einer GmbH 481
  - b) Formwechsel von AG und KGaA 486

III. Einzelfälle des Formwechsels von Kapitalgesellschaften. 499
- 1. Formwechsel einer Kapitalgesellschaft in eine Personengesellschaft oder Partnerschaftsgesellschaft 499
  - a) Maßgeblichkeit des Unternehmensgegenstandes 499
  - b) Umwandlungsbeschluss 505
    - aa) Gesellschafter- oder Hauptversammlung 505
    - bb) Durchführung der Gesellschafter- oder Hauptversammlung 506
    - cc) Beschlussmehrheit 508
      - (1) Formwechsel in OHG, GbR oder Partnerschaftsgesellschaft . . . 509
      - (2) Formwechsel in eine KG 513
      - (3) Formwechsel einer KGaA 518
    - dd) Stimmberechtigung 519
    - ee) Durchführung der Gesellschafterversammlung bzw. Hauptversammlung 520
      - (1) Gesellschafterversammlung bei der GmbH. 520
      - (2) Hauptversammlung bei der AG. 522
    - ff) Zustimmungspflichten 527
      - (1) Zustimmungspflicht bei persönlicher Haftung. 527
      - (2) Zustimmung beim Verlust von Minderheitsrechten 528
      - (3) Zustimmung beim Verlust von bestimmten Sonderrechten bzgl. Geschäftsführung und Bestellungs- und Vorschlagsrechte für die Geschäftsführung 529
  - c) Inhalt des Umwandlungsbeschlusses 530
    - aa) Neue Rechtsform. 532
    - bb) Firma des neuen Rechtsträgers 533
    - cc) Sitz der Gesellschaft 534
    - dd) Angabe der Beteiligung der Gesellschafter an der neuen Personengesellschaft. . . . 535

			Rdn.
		ee) Zahl, Art und Umfang der Beteiligung der Gesellschafter an der Personengesellschaft	539
		(1) Art der Mitgliedschaft	540
		(2) Umfang der Anteile an der Personenhandelsgesellschaft	541
		ff) Sonder- und Vorzugsrechte	552
		gg) Angebot auf Barabfindung	553
	d)	Handelsregisteranmeldung	554
2.	Formwechsel einer Kapitalgesellschaft in eine Kapitalgesellschaft anderer Rechtsform		557
	a)	Durchführung der Gesellschafterversammlung	557
		aa) Beschlussmehrheiten	558
		bb) Sonderbeschlüsse bei Aktien verschiedener Gattungen	561
		cc) Zustimmungspflichten	562
		dd) Besondere Zustimmungserfordernisse beim Formwechsel einer GmbH	564
		(1) Zustimmungserfordernis bei nichtverhältnismäßiger Beteiligung (§ 241 UmwG)	565
		(2) Zustimmung von Sonderrechtsinhabern in der GmbH	569
		(3) Zustimmung bei Nebenleistungspflichten	570
		ee) Zustimmung beim Formwechsel einer AG oder KGaA	572
		ff) Notarielle Beurkundung der Gesellschafterversammlung	575
		(1) Allgemeines	575
		(2) Namentliche Nennung von Gesellschaftern beim Formwechsel einer AG oder KGaA in eine GmbH	576
		(3) Entbehrlichkeit der Unterzeichnung des Gesellschaftsvertrages	578
		(4) Bezeichnung der Geschäftsanteile beim Formwechsel einer AG in eine GmbH	579
	b)	Inhalt des Umwandlungsbeschlusses	582
		aa) Neue Rechtsform	583
		bb) Firma des neuen Rechtsträgers	584
		cc) Angabe der Beteiligung der Gesellschafter an der neuen Gesellschaft	585
		dd) Zahl, Art und Umfang der Aktien oder der Geschäftsanteile an der Gesellschaft neuer Rechtsform	586
		(1) Festsetzung von Stammkapital bzw. Grundkapital bei der neuen Rechtsform	587
		(2) Kapitalveränderungsmaßnahmen beim Formwechsel	589
		(3) Umwandlung bei Vorliegen einer Unterbilanz	590
		(4) Umwandlung bei ausstehenden Einlagen	595
		(5) Ermittlung des für die Kapitaldeckung erforderlichen Vermögens	596
		(6) Zwang zur Buchwertfortführung	598
		(7) Nachweis der Reinvermögensdeckung	599
		(8) Beachtung der Nachgründungsvorschriften bei der AG	600
		(9) Verhältniswahrende oder nicht verhältniswahrende Umwandlung	601
		(10) Anzahl und Stückelung der Anteile und Aktien	603
		(a) Formwechsel AG bzw. KGaA in GmbH	604
		(b) Umwandlung GmbH in AG	607
		ee) Sonder- und Vorzugsrechte	608
		ff) Angebot auf Barabfindung	609
	c)	Feststellung der Satzung der neuen Gesellschaft	610
		aa) Allgemeines	610
		bb) Inhalt der neuen Satzung	614
		cc) Besondere Festsetzungen	615
		dd) Weitere Festsetzungen in der Satzung	617
		ee) Eigene Geschäftsanteile beim Formwechsel einer GmbH in eine AG	618
	d)	Bestellung der ersten Organe	619
		aa) Formwechsel einer AG in eine GmbH	623
		bb) Formwechsel GmbH in AG bzw. KGaA	624
	e)	Gründungsvorschriften und Kapitalschutz beim Formwechsel	625
		aa) Kapitalaufbringung	626
		bb) Formwechsel GmbH in AG oder KGaA	627
		(1) Kapitalaufbringung	627

		Rdn.
	(2) Gründungsbericht und Gründungsprüfung	629
	(3) Anwendung der Nachgründungsvorschriften	630
	(4) Formwechsel AG in KGaA	631
	(5) Formwechsel AG in GmbH	633
f)	Handelsregisteranmeldung	636
	aa) Anmeldepflichtige Personen	637
	bb) Anmeldung der Geschäftsführer und der Vorstandsmitglieder	638
	cc) Keine Einlagenversicherung	639
	dd) Beizufügende Unterlagen	641
3. Formwechsel einer Kapitalgesellschaft in eine eingetragene Genossenschaft		642
a)	Besonderheiten zum Umwandlungsbeschluss	642
	aa) Beschlussmehrheiten	642
	(1) Einstimmigkeit	642
	(2) Mehrheitsbeschluss	644
	(3) Beschluss einer KGaA	646
	bb) Zustimmungspflichten	647
	(1) GmbH	647
	(2) Sonderbeschlüsse bei der AG	648
b)	Inhalt des Umwandlungsbeschlusses	649
	aa) Neue Rechtsform	650
	bb) Zahl, Art und Umfang der Geschäftsanteile an der Genossenschaft	651
	(1) Umfang des Geschäftsguthabens	652
	(2) Regelung bzgl. der Geschäftsanteile an der Genossenschaft	656
	cc) Feststellung der Satzung des neuen Rechtsträgers	660
c)	Bestellung der ersten Organe	663
d)	Vorbereitung und Durchführung der Gesellschafter- oder Hauptversammlung	664
e)	Handelsregisteranmeldung	665
	aa) Anmeldepflichtige Personen	666
	bb) Anmeldung der Satzung	667
	cc) Anmeldung der Vorstandsmitglieder	668
	dd) Beizufügende Unterlagen	669
IV. Muster		670
1. Formwechsel GmbH in GmbH & Co. KG		670
a) Umwandlungsbeschluss		670
b) Handelsregisteranmeldung		671
2. Formwechsel GmbH in OHG		672
a) Umwandlungsbeschluss		672
b) Handelsregisteranmeldung		673
3. Formwechsel GmbH in AG		674
a) Umwandlungsbeschluss		674
b) Handelsregisteranmeldung		675
4. Formwechsel AG in GmbH		676
a) Umwandlungsbeschluss		676
b) Handelsregisteranmeldung		677
5. Formwechsel AG in GmbH & Co. KG		678
a) Umwandlungsbeschluss		678
b) Handelsregisteranmeldung		679
6. Umwandlungsbeschluss Formwechsel einer AG in eine AG & Co. KG		680
7. Formwechsel einer AG in eine Genossenschaft		681
a) Umwandlungsbeschluss		681
b) Handelsregisteranmeldung		682
c) Anmeldung zum Genossenschaftsregister		683
8. Formwechsel einer GmbH in eine BGB-Gesellschaft		684
a) Umwandlungsbeschluss		684
b) Handelsregisteranmeldung		685

	Rdn.
C. Formwechsel von Genossenschaften	686
I. Checkliste	686
II. Einführung	687
1. Formwechsel in eine Kapitalgesellschaft	689
2. Umwandlung einer früheren Landwirtschaftlichen Produktionsgenossenschaft	691
III. Umwandlungsbericht	693
IV. Gutachten des Prüfungsverbandes	695
V. Vorbereitung der Generalversammlung	699
1. Einberufung der Generalversammlung	699
2. Mitteilung des Abfindungsangebots	703
3. Auszulegende Unterlagen	704
VI. Durchführung der Generalversammlung	705
1. Auslegungs- und Erläuterungspflicht	705
2. Ablauf	706
3. Beschlussmehrheit	711
4. Notarielle Beurkundung	716
VII. Inhalt des Umwandlungsbeschlusses	717
1. Neue Rechtsform	722
2. Firma des neuen Rechtsträgers	723
3. Angaben der Beteiligung der Gesellschaft an der neuen Personengesellschaft	724
4. Zahl, Art und Umfang der Beteiligung der Genossen an der neuen Gesellschaft	726
a) Festsetzung von Stammkapital bzw. Grundkapital bei der Umwandlung in eine GmbH oder AG	727
b) Beteiligungsquote des einzelnen Genossen am Grund- oder Stammkapital	732
5. Anzahl und Stückelung der Anteile bzw. Aktien	734
6. Sonder- und Vorzugsrechte	737
7. Angebot auf Barabfindung	738
VIII. Feststellung der Satzung oder des Gesellschaftsvertrages der neuen Gesellschaft	740
IX. Bestellung der ersten Organe	741
X. Gründungsvorschriften und Kapitalschutz beim Formwechsel einer Genossenschaft in eine Kapitalgesellschaft	742
1. Kapitalaufbringung	743
2. Sachgründungsbericht beim Formwechsel in GmbH	745
3. Gründungsbericht und Gründungsprüfung beim Formwechsel in AG	746
4. Prüfung durch das Registergericht	749
5. Gründungshaftung	750
XI. Handelsregisteranmeldung	751
1. Formwechsel in GmbH	753
2. Formwechsel in AG	754
3. Versicherung	755
4. Anlagen der Anmeldung	756
XII. Wirkung des Formwechsels	757
XIII. Muster	758
1. Umwandlungsbeschluss bei Formwechsel Genossenschaft in AG	758
2. Handelsregisteranmeldung der AG	759
3. Anmeldung zum Genossenschaftsregister	760
D. Formwechsel rechtsfähiger Vereine	761
I. Checkliste	761
II. Allgemeines	762
III. Umwandlungsbericht	765
IV. Vorbereitung der Mitgliederversammlung	767
1. Einberufung der Mitgliederversammlung	767
2. Auslegungspflicht	772
V. Durchführung der Mitgliederversammlung	773
1. Auslegungs- und Erläuterungspflicht	773
2. Ablauf	775

	Rdn.
3. Beschlussmehrheit	776
a) Formwechsel in eine Kapitalgesellschaft	777
b) Formwechsel in eine eingetragene Genossenschaft	779
4. Notarielle Beurkundung	780
VI. Inhalt des Umwandlungsbeschlusses	781
1. Formwechsel in eine Kapitalgesellschaft	782
a) Überblick	782
b) Neue Rechtsform	783
c) Firma des neuen Rechtsträgers	784
d) Angaben der Beteiligung der Mitglieder an der neuen Gesellschaft	785
e) Zahl, Art und Umfang der Beteiligung der Mitglieder des Vereins an der neuen Gesellschaft	787
aa) Festsetzung von Stammkapital bzw. Grundkapital bei der Umwandlung in eine GmbH oder AG	788
bb) Anzahl und Stückelung der Anteile bzw. Aktien	791
f) Sonder- und Vorzugsrechte	794
g) Angebot auf Barabfindung	795
2. Formwechsel in eine Genossenschaft	796
VII. Feststellung der Satzung eines Gesellschaftsvertrages der neuen Gesellschaft bzw. der Satzung der Genossenschaft	799
VIII. Bestellung der ersten Organe	800
IX. Gründungsvorschriften und Kapitalschutz beim Formwechsel eines Vereins in eine Kapitalgesellschaft	801
X. Handelsregisteranmeldung	802
XI. Muster	807
1. Umwandlungsbeschluss beim Formwechsel eines eingetragenen Vereins in eine GmbH	807
2. Handelsregisteranmeldung der GmbH	808
3. Anmeldung zum Vereinsregister	809
4. Umwandlungsbeschluss beim Formwechsel eines eingetragenen Vereins in eine Genossenschaft	810
5. Anmeldung beim Formwechsel eines eingetragenen Vereins in eine Genossenschaft	811

A. Formwechsel von Personenhandelsgesellschaften und Partnerschaftsgesellschaften

I. Allgemeine Fragen

1. Checkliste

▶ Bei einem Formwechsel von Personenhandelsgesellschaften und Partnerschaftsgesellschaften sind folgende Punkte zu beachten: 367
- ❏ Vorbereitung des Formwechselbeschlusses durch Erstellung eines Entwurfs des Umwandlungsbeschlusses (§ 192 Abs. 1 UmwG), samt Angebot auf Barabfindung und dessen Prüfung, falls verlangt (§§ 207, 208, 225 UmwG),
- ❏ Zuleitung des Entwurfs des Umwandlungsbeschlusses zum zuständigen Betriebsrat, soweit vorhanden (§ 194 Abs. 2 UmwG),
- ❏ Umwandlungsbericht (§ 192 Abs. 1 UmwG), entbehrlich, wenn alle Gesellschafter bzw. Partner zur Geschäftsführung berechtigt sind (§§ 215, 225b UmwG),
- ❏ Unterrichtung der nicht geschäftsführenden Gesellschafter (§ 216 UmwG) bzw. Partner (§ 223b UmwG),
- ❏ Einhaltung der Gründungsvorschriften des neuen Rechtsträgers (§ 197 UmwG) und Kapitalschutz (§ 220 UmwG),
- ❏ Umwandlungsbeschluss (§§ 193, 218, 225c UmwG), der auch den Gesellschaftsvertrag bzw. die Satzung feststellen muss,
- ❏ Beachtung von Zustimmungserfordernissen nach Sondervorschriften,

❑ Anmeldung des Formwechsels (§§ 198, 199, 222, 223 UmwG),
❑ Eintragung des Formwechsels (§ 202 UmwG).

2. Sonderbetriebsvermögen bei Personengesellschaften

368 Beim Formwechsel von der Personenhandelsgesellschaft in Kapitalgesellschaften oder Genossenschaften ist dem Sonderbetriebsvermögen, das bei der Personengesellschaft häufig existiert, besonderer Augenmerk zu widmen, um nicht **steuerliche Nachteile** zu erleiden.[561] Für ertragsteuerliche Zwecke fingiert § 25 Satz 1 UmwStG für den Formwechsel einer Personenhandelsgesellschaft in eine Kapitalgesellschaft durch entsprechende Anwendung der §§ 20 bis 23 UmwStG einen Rechtsträgerwechsel und eine Vermögensübertragung.[562] Wird eine Personengesellschaft in eine Kapitalgesellschaft umgewandelt, geht das Steuerrecht nach § 20 Abs. 1 UmwStG also davon aus, dass die Gesellschafter der Personengesellschaft ihre Mitunternehmeranteile in die Kapitalgesellschaft einbringen. Gehört zu einem Mitunternehmeranteil Sonderbetriebsvermögen, das eine wesentliche Betriebsgrundlage des Betriebs der Personengesellschaft darstellt, so liegt eine Einbringung i. S. d. § 20 UmwStG nur vor, wenn auch das Sonderbetriebsvermögen in das Eigentum der übernehmenden Kapitalgesellschaft übergeht.[563] Die Anwendung der §§ 20 ff. UmwStG auf die Fälle der Einbringung setzt also voraus, dass **alle wesentlichen Betriebsgrundlagen** der Personengesellschaft auf die Kapitalgesellschaft übergehen. Dies gilt unabhängig davon, ob es sich um Gesamthandsvermögen oder Sonderbetriebsvermögen der Personengesellschaft handelt.[564] Das Sonderbetriebsvermögen ist häufig zivilrechtlich im Alleineigentum eines oder mehrerer Gesellschafter der Personengesellschaft und geht zivilrechtlich nicht mit der Eintragung ins Handelsregister auf die Kapitalgesellschaft über. Steuerrechtlich würde dies einen Entnahmetatbestand darstellen mit der Folge der Realisierung stiller Reserven. Auch insgesamt wäre die steuerneutrale Überführung des Vermögens der formwechselnden Handelsgesellschaft gefährdet[565] setzt die **steuerneutrale Einbringung** einer Personengesellschaft in eine Kapitalgesellschaft voraus, dass auch die bisher dem Sonderbetriebsvermögen eines Gesellschafters zuzurechnenden Wirtschaftsgüter zivilrechtlich auf die aufnehmende Gesellschaft übergehen.[566] Auch im Urt. v. 08.06.2011[567] hat der BFH bestätigt, dass der Formwechsel von einer Personengesellschaft in eine Kapitalgesellschaft daher nur dann steuerneutral möglich sei, wenn u. a. die Voraussetzungen des § 20 Abs. 1 UmwStG erfüllt seien. Dies bedeute, dass alle wesentlichen Betriebsgrundlagen der Personengesellschaft auf die Kapitalgesellschaft übergehen müssen, und zwar auch das Sonderbetriebsvermögen der Gesellschafter, sofern es zu den wesentlichen Betriebsgrundlagen der Personengesellschaft zählt.[568] Werden im Zuge des Formwechsels wesentliche Betriebsgrundlagen im Sonderbetriebs-

---

561 Vgl. Schwedhelm/Wollweber, BB 2008, 2208 ff.; Boorberg/Boorberg, DB 2007, 1777 ff.; Stangl/Grundke, DStR 2010, 1871 ff.; Meissner/Bron, SteuK 2011, 69 ff.
562 BFH BStBl II 2006, 568; FG München EFG 2004, 1334; FG München EFG 2001, 32; Schmidt in: Schmitt/Hörtnagl/Stratz, Umwandlungsgesetz, Umwandlungssteuergesetz, § 25 UmwStG Rn. 3; vgl. UmwSt-Erl. 2011 BMF v. 11.11.11, BStBl. I 11, 1314, Tz. 25.01.
563 Vgl. ausführlich Abele in: Sagasser/Bula/Brünger, Umwandlungen, § 28 Rn. 36; Schwedhelm/Wollweber, BB 2008, 2208 ff.; Boorberg/Boorberg, DB 2007, 1777 ff.; Stangl/Grundke, DStR 2010, 1871 ff.
564 BFHE 180, 97, BStBl. II 1996, 342; BFH, BStBl. II 2010, 471; BFH BStBl. II 2011, 467; UmwSt-Erl. 2011 BMF v. 11.11.2011, BStBl. I 11, 1314, Tz. 20.06; Düll in: Reichert, GmbH & Co. KG, 7. Aufl. 2015 § 57 Rn. 25; Schmitt in: Schmitt/Hörtnagl/Stratz UmwStG § 20 UmwStG Rn. 24.
565 Vgl. Widmann/Mayer/Mayer, Umwandlungsrecht, § 20 UmwG UmwStG, Rn. 6800, 6829; BFH, GmbHR 1996, 549; Schulze zur Wiesche, GmbHR 1996, 749 ff.). Nach dem Urteil des BFH v. 16.02.1996 (GmbHR 1996, 549).
566 Vgl. UmwSt-Erl. 2011 BMF v. 11.11.2011, BStBl. I 11, 1314, Tz. 20.06; Abele in: Sagasser/Bula/Brünger, Umwandlungen, § 28 Rn. 38.
567 Az. B 15/11.
568 BFH, BFHE 184, 425, DB 1998, 169 = BStBl. II 1998, S. 104; v. 16.02.1996, BFH, BFHE 180, 97 = BB 1998, 197 = DStR 1998, 76; BStBl. II 1996, S. 342.

vermögen der Gesellschafter in das Privatvermögen der Gesellschafter überführt, ist die Weiterführung der Buchwerte durch die Kapitalgesellschaft ausgeschlossen. Bei der Gestaltung eines Formwechsels einer Personenhandelsgesellschaft sind daher den Fragen, wie die Entstrickung des Sonderbetriebsvermögens verhindert werden kann, besonderer Augenmerk zu widmen. Voraussetzung für den Zwang zum Übergang auf die Zielgesellschaft ist jedoch, dass das Sonderbetriebsvermögen zu den wesentlichen Grundlagen des Betriebsvermögens gehört.[569] Nach überwiegender Meinung gilt dies auch für Wirtschaftsgüter des Sonderbetriebsvermögens II, sofern es sich um funktional wesentliche Betriebsgrundlagen der Personengesellschaft handelt.[570] Nicht geklärt ist jedoch, wie die Beteiligung eines Kommanditisten an der Komplementär GmbH einzuordnen ist. Diese Frage ist nach einem Passus in dem Urteil des BFH[571] wohl so zu beantworten, dass die Nichtmitübertragung der Anteile bei Umwandlungen von Kommandit- in Kapitalgesellschaften unschädlich ist, wenn die Komplementärin über keinen eigenen Geschäftsbetrieb verfügt und nicht am Vermögen der KG beteiligt ist.[572]

In der **Literatur** wurden **verschiedene Modelle der Erhaltung der Betriebsvermögenseigenschaft** entwickelt.[573] Die in der Literatur vorgeschlagenen Ausweichgestaltungen, bei denen insb. verhindert werden soll, dass das Sonderbetriebsvermögen in das Eigentum der neuen Kapitalgesellschaft übergehen muss, sind in der Praxis mit Vorsicht anzuwenden, insb. auch im Hinblick auf die Regelungen durch § 6 Abs. 5 EStG. Auch Modelle, die der Auffassung sind, dass ein bloßes Nutzungsrecht zugunsten der aufnehmenden Kapitalgesellschaft genügt, wurden vom BFH abgelehnt.[574] Der BFH hat im vergleichbaren Fall eines Teilbetriebs entschieden, dass die Übertragung eines Teilbetriebs i. S. d. UmwStG nur vorliegt, wenn auf den übernehmenden Rechtsträger alle funktional wesentlichen Betriebsgrundlagen des betreffenden Teilbetriebs übertragen werden. Daran fehlt es, wenn einzelne dieser Wirtschaftsgüter nicht übertragen werden, sondern der übernehmende Rechtsträger insoweit nur ein obligatorisches Nutzungsrecht erhält.[575] Als sicherster Weg wird daher in der Literatur auch weiterhin vorgeschlagen, das Sonderbetriebsvermögen vor dem Formwechsel auf die Personengesellschaft zu übertragen.[576] Unklar ist, ob dabei § 20 Abs. 8 Satz 3 UmwStG anwendbar ist, wonach die (steuerlich fingierte) Einlage auf einen Tag zurückbezogen werden darf, der höchstens 8 Monate vor dem Tag der Beurkundung des Umwandlungsbeschlusses liegt und höchstens 8 Monate vor dem Zeitpunkt liegt, an dem das fiktiv eingebrachte Betriebsvermögen auf die GmbH übergeht. Dabei stellt sich also die Frage, ob die steuerliche Rückbeziehung auch auf die Einbringung eines einzelnen Vermögensgegenstandes aus dem Sonderbetriebsvermögen dem Privileg der Rückbeziehung unterfällt.[577] Meissner/Bron[578] empfehlen als Praxistipp, vertraglich zu dokumentieren (etwa im Umwandlungsbeschluss), dass im Zusammenhang mit der Umwandlung sämtliche wesentlichen Betriebsgrundlagen übertragen werden sollen und, sofern diese erst später identifiziert werden sollten, noch eine Übertragung nachgeholt

---

569 BFH, BStBl. 1988 II, S. 667; BFH, BStBl. 1981 II, S. 635; BFH, BStBl. 1994 II, S. 458; Schulze zur Wiesche, GmbHR 1996, 749.
570 Stangl/Grundke, DStR 2010, 1871 ff.
571 BB 2010, 1144 = BStBl. II 2010, 808 = DB 2010, 878 = ZIP 2010, 5 = GmbHR 2010, 60.
572 So Stangl/Grundke, DStR 2010, 1871 ff.; vgl. auch OFD Frankfurt/M., Vfg. v. 3.12.2015, DStR 2016, 676; Schmitt/Hörtnagl/Stratz/Schmitt UmwStG § 20 Rn. 35; Meissner/Bron, SteuK 2011, 69 ff.
573 Vgl. Düll in: Reichert, GmbH & Co. KG, 7. Aufl. 2015 § 57 Rn. 27; Rödder/Herlinghaus/van Lishaut/Rabback § 25 UmwStG Rn. 51; Schulze zur Wiesche, GmbHR 1996, 749; Wacker, NWB 1997, 105 ff.; Boorberg/Boorberg, DB 2007, 1777 ff.
574 Vgl. Blumers, DB 1995, 496.
575 BFH BFH, BStBl. II 2010,467= MittBayNot 2011, 169; vgl. auch Lutter/Schumacher, Anh. Nach § 151 UmwG Rn. 17; a. A. Kutt/Pitzal, DStR 2009, 1243.
576 Vgl. Widmann/Mayer/Mayer, Umwandlungsrecht, § 197 UmwG Rn. 35.
577 So Engel, in: Steuerliches Vertrags- und Formularbuch, S. 701; unklar BMF-Schreiben v. 25.03.1998, GmbHR 1998, 444 bei Tz. 20.18.
578 SteuK 2011, 69, 71.

wird. Mit Hilfe des Gesamtplans sollte so auch die Möglichkeit der Buchwertfortführung erhalten bleiben können, wenn erst später, beispielsweise im Rahmen einer steuerlichen Außenprüfung, festgestellt würde, dass wesentliches Sonderbetriebsvermögen nicht auf die Kapitalgesellschaft übertragen wurde.

370 Als Alternative wird auch das **Anwachsungsmodell** mit der Schaffung einer Betriebsaufspaltungskonstellation diskutiert.[579]

II. Umwandlungsbericht

371 Grds. ist auch bei der Umwandlung einer Personenhandelsgesellschaft oder einer Partnerschaftsgesellschaft ein **Umwandlungsbericht gem. § 192 UmwG** erforderlich (vgl. Teil 4 Rdn. 63 ff.). Ebenso wie beim Verschmelzungsrecht (§ 41 UmwG) sieht auch das Formwechselrecht in § 215 bzw. § 225b UmwG vor, dass ein Umwandlungsbericht nicht erforderlich ist, wenn alle Gesellschafter bzw. Partner der formwechselnden Gesellschaft bzw. Partnerschaftsgesellschaft zur Geschäftsführung berechtigt sind. Der Zweck dieser Einschränkung liegt wie bei der Verschmelzung darin, dass der Umwandlungsbericht der Unterrichtung der Gesellschafter dient, denen es nicht möglich ist, an der Geschäftsführung teilzunehmen und sich damit selbst über alle Vorgänge zu unterrichten. Das Gesetz geht daher davon aus, dass der Bericht entbehrlich ist, wenn alle Gesellschafter geschäftsführungsberechtigt sind und deshalb die Möglichkeit haben, alle Unterlagen einzusehen und bei der Vorbereitung des Formwechsels mitzuwirken.[580]

372 Beim Formwechsel von Personenhandelsgesellschaften oder Partnerschaftsgesellschaften muss daher der Gesellschaftsvertrag überprüft werden, ob alle **Gesellschafter an der Geschäftsführung beteiligt** sind oder nicht. Bei einer OHG kann etwa der Gesellschaftsvertrag die Geschäftsführungsbefugnis den einzelnen Gesellschaftern übertragen, dann sind die übrigen Gesellschafter gem. § 114 Abs. 2 HGB von der Geschäftsführung ausgeschlossen. Bei der KG wird im Regelfall ein Umwandlungsbericht erforderlich sein, da nach § 164 HGB die Kommanditisten nach der gesetzlichen Kompetenzverteilung von der Führung der Geschäfte ausgeschlossen sind. Nach herrschender Meinung ist allerdings diese Kompetenzverteilung des § 164 HGB auch für die KG nicht zwingend. Der Gesellschaftsvertrag kann hiervon abweichen und den Kommanditisten Geschäftsführungsrechte verleihen.[581]

373 Darüber hinaus kann selbstverständlich der **Bericht** nach den allgemeinen Vorschriften **entfallen**, insb. ist der Umwandlungsbericht gem. § 192 Abs. 3 UmwG nicht erforderlich, wenn alle Gesellschafter oder Partner auf seine Erstattung verzichten, wobei die Verzichtserklärung notariell zu beurkunden ist (zum **Inhalt des Umwandlungsberichts** vgl. oben Teil 4 Rdn. 70 ff.).

III. Vorbereitung der Gesellschafterversammlung

374 § 216 UmwG bestimmt, dass das Vertretungsorgan der formwechselnden Personenhandelsgesellschaft allen von der Geschäftsführung ausgeschlossenen Gesellschaftern spätestens zusammen mit der Einberufung der Gesellschafterversammlung, die über den Formwechsel beschließen soll, diesen Formwechsel als Gegenstand der Beschlussfassung **in Textform anzukündigen** und einen etwa erforderlichen Umwandlungsbericht sowie ein Abfindungsangebot nach § 207 UmwG zu übersenden hat. Gleiches gilt nach § 226b UmwG für die Partnerschaftsgesellschaft.

375 Diese Vorschrift konkretisiert das **Kontrollrecht der von der Geschäftsführung ausgeschlossenen Gesellschafter** einer OHG. Für die Kommanditisten einer KG wird dadurch für die

---

[579] Vgl. Hesselmann/Tillmann, Handbuch der GmbH & Co. KG, Rn. 1500; Schulze zur Wiesche, GmbHR 1996, 750.
[580] So die Begründung zum RegE zu § 41, BR-Drucks. 75/94, S. 98; abgedruckt in: Limmer, Umwandlungsrecht, S. 293; vgl. auch Joost, in: Lutter, Kölner Umwandlungsrechtstage, S. 248.
[581] Vgl. BGH, BB 1976, 526; Baumbach/Hopp, HGB, § 164 Rn. 7.

Umwandlung ein selbstständiges Auskunftsrecht geschaffen, das ihre Stellung stärkt und ihnen eine Grundlage für eine Entscheidung bei der Beschlussfassung gibt. Der Vorschrift entspricht § 42 UmwG für die Verschmelzung.

1. Einberufung der Gesellschafterversammlung

Im Recht der Personengesellschaften gibt es für die Einberufung der Gesellschafterversammlung **keine gesetzliche Frist**. Auch das Umwandlungsrecht sieht davon ab, eine bestimmte Frist für die Übersendung der Formwechselunterlagen vorzuschreiben. Die Übersendungspflicht ist allerdings an die Einberufung gekoppelt, sodass der späteste Zeitpunkt der der Einberufung ist. Hierdurch wird erreicht, dass gesellschaftsvertraglich Einberufungsfristen auch für die Unterrichtungspflicht i. R. d. Formwechsels Geltung erlangen. 376

Da der Formwechsel nur in einer Gesellschafterversammlung beschlossen werden kann, gilt, auch wenn der Gesellschaftsvertrag hierzu keine Regelung enthält, dass diese einberufen werden muss. Zwar sehen das Gesetz und die Rechtsprechung zu Personenhandelsgesellschaften **keine ausdrücklichen Formalien und Fristen** vor. Es besteht allerdings Einigkeit, dass Ort, Zeit und Art der Vorbereitung der Versammlung es allen Teilnehmern ermöglichen müssen, an der Versammlung teilzunehmen. Die Literatur geht daher davon aus, dass die Ladung der Gesellschafterversammlung mit ausreichender Frist und Ankündigung der Verhandlungsgegenstände (Tagesordnung) erfolgen muss.[582] Hierbei ist insb. zu beachten, dass auch Beschlüsse, die auf einer Gesellschafterversammlung gefasst werden, zu dem nicht ordnungsgemäß alle Gesellschafter geladen worden sind, grds. nichtig sind, außer wenn ihm alle Gesellschafter tatsächlich zustimmen. Etwas anderes gilt für Publikumsgesellschaften, wenn eindeutig feststeht, dass der Beschluss nicht auf diesem Mangel beruht.[583] 377

2. Inhalt der Unterrichtung

Im Unterschied zum HGB bestimmt § 216 UmwG (Partnerschaftsgesellschaft: § 225b Satz 2 UmwG), dass bestimmte Informationen i. R. d. Unterrichtung übermittelt werden müssen: 378
- **Ankündigung des Formwechsels als Gegenstand des Beschlusses in Textform:** Die Ankündigung des Formwechsels als Gegenstand der Beschlussfassung in Textform (§ 126b BGB) entspricht der für eingetragene Genossenschaften und für Versicherungsvereine auf Gegenseitigkeit im alten Recht ausdrücklich geregelten Übersendung der Tagesordnung und wird im neuen Recht als wesentlicher Bestandteil für die Vorbereitung der Versammlung, die den Umwandlungsbeschluss fassen soll, geregelt. Da das Gesetz vorsieht, dass auch der Umwandlungsbeschluss einer Personenhandelsgesellschaft nur in einer Gesellschafterversammlung gefasst werden kann, erschien dem Gesetzgeber die für andere Unternehmensformen selbstverständliche Ankündigung des Formwechsels zusammen mit der Einberufung dieser Versammlung auch hier geboten;[584]
- **Übersendung des Umwandlungsberichts**, sofern er erforderlich ist und nicht auf die Erstattung verzichtet worden ist;[585] ähnlich wie in § 216 UmwG geregelt, wird man es ausreichen lassen, wenn der Bericht in Textform übersendet wird;[586]
- **Übersendung eines Abfindungsangebots** gem. § 207 UmwG: Gem. § 207 hat die formwechselnde Personenhandelsgesellschaft jedem Gesellschafter, der gegen den Umwandlungsbe-

---

582 Vgl. Heymann/Emmerich, HGB, § 119 Rn. 7; MünchKommHGB/Enzinger HGB § 119 Rn. 49 f.; Baumbach/Hopt/Roth HGB § 119 Rn. 29.
583 Vgl. BGH, WM 1987, 425; WM 1987, 927.
584 Vgl. Begründung zum RegE, BR-Drucks. 75/94, S. 148; abgedruckt in: Limmer, Umwandlungsrecht, S. 343.
585 Widmann/Mayer/Vossius, § 216 UmwG Rn. 10; Schlitt, in: Semler/Stengel, § 216 UmwG Rn. 17.
586 So zu Recht Lutter/Joost, § 216 UmwG Rn. 4; Kallmeyer/Blasche, UmwG, § 216 Rn. 8; BeckOGK/Kühn UmwG § 216 Rn. 17.

schluss Widerspruch zur Niederschrift erklärt, den Erwerb seiner Anteile gegen eine angemessene Barabfindung anzubieten (vgl. im Einzelnen oben Teil 4 Rdn. 242 ff.). § 216 UmwG bestimmt daher, dass dieses Abfindungsangebot[587] bereits bei der Unterrichtung der Gesellschafter mit zu übersenden ist. Dies ist allerdings nur erforderlich, wenn der Gesellschaftsvertrag eine Mehrheitsentscheidung bei der Umwandlung zulässt.[588] Das Erfordernis der Übersendung des Abfindungsangebots bedeutet, dass es den Gesellschaftern in Textform (§ 126b BGB) mitzuteilen ist.[589] Wie bereits oben dargelegt, stellt sich die Frage, ob auf das Abfindungsangebot, das i. d. R. nur unter Kostenaufwand zu erstellen ist, im Vorfeld der Umwandlung verzichtet werden kann. Nach der hier vertretenen Auffassung folgt aus dem Schutzzweck des Minderheitsschutzes, dass die Minderheitsgesellschafter auf den angebotenen Schutz durch notariell beurkundete Verzichtserklärung verzichten können (vgl. oben Teil 4 Rdn. 260). Liegt ein solcher Verzicht vor, ist auch eine Übersendung eines solchen Abfindungsangebots entbehrlich.[590]

379 Das Gesetz enthält keine Regelung darüber, ob **auf die Unterrichtung nach § 216 UmwG insgesamt verzichtet** werden kann. Da die Bestimmung dem Schutz der Gesellschafter dient, ist ein Verzicht im Vorfeld zulässig. Der Verzicht ist auch formlos möglich, sollte aber zumindest in schriftlicher Form abgegeben werden.[591] Deshalb kann in der Praxis von der Unterrichtung nach § 216 UmwG abgesehen werden, wenn mit dem Verzicht zu rechnen ist.[592]

IV. Umwandlungsbeschluss

1. Gesellschafterversammlung

380 Grds. können im Recht der Personengesellschaften Beschlüsse entweder in Gesellschafterversammlungen oder auch außerhalb, etwa schriftlich oder konkludent gefasst werden. Für die Umwandlung von Personengesellschaften gilt allerdings gem. § 193 Abs. 1 UmwG, dass der Formwechselbeschluss **nur in einer Gesellschafterversammlung** gefasst werden kann. Eine andere Form der Beschlussfassung kann daher auch satzungsmäßig nicht vorgesehen werden (vgl. oben Teil 4 Rdn. 102 ff.).

2. Durchführung der Gesellschafterversammlung

381 Bzgl. der Durchführung der Gesellschafterversammlung sieht das UmwG keine Besonderheiten vor, sodass das allgemeine Recht gilt. Auch das HGB sieht für die Durchführung einer Versammlung bei Personenhandelsgesellschaften **keine Förmlichkeiten** vor.

382 Unklar ist wie beim Verschmelzungsrecht, welchen Pflichten geschäftsführende Gesellschafter ggü. den nicht geschäftsführenden im Hinblick auf einen Umwandlungsbericht unterliegen. Anders als etwa beim Formwechsel von Kapitalgesellschaften, wo in § 232 UmwG bestimmt ist, dass der Entwurf des Umwandlungsbeschlusses vom Vertretungsorgan zu Beginn der Verhandlung mündlich zu erläutern ist, sieht das Formwechselrecht für Personengesellschaften keine besondere Aus-

---

587 Nicht der Prüfungsbericht, vgl. Kallmeyer/Blasche, UmwG, § 216 Rn. 6.
588 Vgl. Lutter/Joost, UmwG, § 216 Rn. 5; Kallmeyer/Blasche, UmwG, § 216 Rn. 5; Widmann/Mayer/Vossius, § 216 UmwG Rn. 12; BeckOGK/Kühn UmwG § 216 Rn. 14.
589 Vgl. Lutter/Joost, UmwG, § 216 Rn. 5 Begründung zum RegE, BR-Drucks. 75/94, S. 149; abgedruckt in: Limmer, Umwandlungsrecht, S. 343.
590 Kallmeyer/Blasche, UmwG, § 216 Rn. 6; Widmann/Mayer/Vossius, § 216 UmwG Rn. 12; BeckOGK UmwG § 216 Rn. 14; Semler/Stengel/Bärwaldt § 194 Rn. 29.
591 Widmann/Mayer/Vossius, Umwandlungsrecht, § 216 UmwG Rn. 21; Lutter/Joost, UmwG, § 216 Rn. 9; Kallmeyer/Blasche, UmwG, § 216 Rn. 11; Schlitt, in: Semler/Stengel, § 216 UmwG Rn. 28; Semler/Stengel/Bärwaldt § 194 Rn. 20.
592 Widmann/Mayer/Vossius, Umwandlungsrecht, § 216 UmwG Rn. 23; Kallmeyer/Blasche, UmwG, § 216 Rn. 5; Schlitt, in: Semler/Stengel, § 216 UmwG Rn. 28.

kunftspflicht den nicht geschäftsführungsberechtigten Gesellschaftern ggü. vor. Für die OHG dürfte eine derartige Erläuterungspflicht aber direkt aus § 118 HGB folgen. Auch den Kommanditisten steht nach herrschender Meinung über das gesetzlich geregelte Einsichtsrecht nach § 166 Abs. 1 HGB hinausgehend ein Anspruch auf sachlich gebotene ergänzende Auskünfte zu.[593] Man wird daher wohl folgern müssen, dass auch die von der Geschäftsführung ausgeschlossenen Gesellschafter Anspruch auf ergänzende Auskünfte und Erläuterungen des Umwandlungsbeschlusses und eines Umwandlungsberichts innerhalb der Gesellschafterversammlung haben.

3. Beschlussmehrheiten

Zunächst ist zu beachten, dass im Recht der Personenhandelsgesellschaften und der Partnerschaftsgesellschaften der Grundsatz besteht, dass das **Stimmrecht höchst persönlich** ist, sodass es grds. nicht durch Vertreter ausgeübt werden kann, sofern nicht der Gesellschaftsvertrag oder im Einzelfall die Gesellschafter eine Vertretung zulassen.[594] 383

a) Einstimmigkeit

Nach § 217 Abs. 1 UmwG bedarf der Umwandlungsbeschluss der **Zustimmung aller anwesenden Gesellschafter**; ihm müssen auch die nicht erschienenen Gesellschafter durch notariell beurkundete Erklärung gem. § 193 Abs. 3 UmwG zustimmen. Stimmenthaltung ist keine Zustimmung.[595] Das Gleiche gilt bei der Partnerschaftsgesellschaft (§ 225c UmwG). Die Begründung zum RegE weist darauf hin, dass § 217 Abs. 1 Satz 1 in Übereinstimmung mit dem alten Recht Umwandlungen durch Mehrheitsbeschluss kraft Gesetzes ausschließt, weil es nach dem allgemeinen Recht der Personenhandelsgesellschaft und auch sonst kraft Gesetzes keine Mehrheitsbeschlüsse gibt.[596] Z. T. wird angenommen, dass die Zustimmung der Komplementär-GmbH bei Personenidentität entbehrlich sei.[597] 384

Aus dieser Gesetzesvorschrift folgt, dass jeder Gesellschafter, also nicht nur die auf der Gesellschafterversammlung anwesenden Gesellschafter ihre Zustimmung erklären müssen. Krankheit und sonstige **Abwesenheitsgründe** befreien ebenso wenig von diesem Grundsatz der Einstimmigkeit wie Gefahr im Verzug.[598] (Nur) abwesende Gesellschafter können allerdings vor oder nach dem Beschluss die Zustimmung in notarieller Form (nach §§ 6 ff. BeurkG) erklären.[599] 385

Stimmberechtigt sind dabei sämtliche Gesellschafter der Personenhandelsgesellschaft, bei der KG Komplementäre als auch Kommanditisten.[600] Auch hier kann sich im Einzelfall die Frage stellen, dass in bestimmten Fällen Gesellschafter aufgrund ihrer Treuepflicht verpflichtet sein können, einem Beschluss zuzustimmen. Ob diese Zustimmungspflicht allerdings soweit reicht, dass einer Umwandlung zugestimmt werden muss, bleibt fraglich.[601] 386

---

593 Vgl. Heymann/Horn, HGB, § 166 Rn. 11.
594 Vgl. Heymann/Emmerich, HGB, § 119 Rn. 14; Baumbach/Hopt/Roth, § 119 HGB Rn. 21; BGHZ 65, 93, 99; Kallmeyer/Blasche, UmwG, § 217 Rn. 3.
595 Lutter/Joost, § 217 UmwG Rn. 4.
596 Vgl. Begründung zum RegE, BR-Drucks. 75/94, S. 149; abgedruckt in: Limmer, Umwandlungsrecht, S. 344.
597 Schlitt, in: Semler/Stengel, § 217 UmwG Rn. 9; Lutter/Joost, § 217 UmwG Rn. 4; a. A. Kallmeyer/Blasche, UmwG, § 217 Rn. 4.
598 So Schlegelberger/Mertens, HGB, § 119 Rn. 14.
599 Kallmeyer/Blasche, UmwG, § 217 Rn. 3; Widmann/Mayer/Vossius, Umwandlungsrecht, § 217 UmwG Rn. 34 ff.; Schlitt, in: Semler/Stengel, § 217 UmwG Rn. 10, 22; Lutter/Joost, § 217 UmwG Rn. 3.
600 OLG Zweibrücken, OLGZ 75, 402.
601 Vgl. Schlitt, in: Semler/Stengel, § 217 UmwG Rn. 13; Lutter/Joost, § 217 UmwG Rn. 7; Widmann/Mayer/Vossius, § 217 UmwG Rn. 39 und allgemein Heymann/Emmerich, HGB, § 119 Rn. 16 ff.

b) Mehrheitsbeschluss

387 § 217 Abs. 1 Satz 2 UmwG bestimmt wie § 43 Abs. 2 UmwG bei der Verschmelzung, dass der Gesellschaftsvertrag auch eine Mehrheitsentscheidung der Gesellschafter vorsehen kann. Die Mehrheit muss dann mindestens **3/4 der Stimmen der Gesellschafter** betragen. Eine geringere Mehrheit darf der Gesellschaftsvertrag nicht vorsehen.[602] Die Begründung zum RegE weist darauf hin, dass diese Möglichkeit des Mehrheitsbeschlusses unbedenklich erscheint, weil in dem Gesellschaftsvertrag einer Personenhandelsgesellschaft auch für andere wesentliche Entscheidungen, wie die Auflösung der Gesellschaft oder die Änderung des Gesellschaftsvertrages, Mehrheitsbeschlüsse zugelassen werden können. Außerdem werde durch das in dem Gesetz verankerte Prinzip der Kontinuität der Mitgliedschaft in dem Rechtsträger sichergestellt, dass alle Gesellschafter, die der Personenhandelsgesellschaft im Zeitpunkt des Formwechsels angehören, auch Gesellschafter der Kapitalgesellschaft werden. Andererseits könne jeder widersprechende Gesellschafter gegen eine angemessene Barabfindung aus dem Rechtsträger der neuen Rechtsform ausscheiden.[603]

388 Erforderlich ist danach also eine **Bestimmung des Gesellschaftsvertrages**, die den Fall des Formwechsels oder der Umwandlung ausdrücklich regelt.[604] Nach der Rspr. sind Mehrheitsbeschlüsse im Bereich der sog. Grundlagengeschäfte nur zulässig, wenn der Gesellschaftsvertrag nach dem sog. **Bestimmtheitsgrundsatz** i. E. die Beschlussgegenstände aufführt (vgl. dazu schon oben Teil 4 Rdn. 111). Der **Bestimmtheitsgrundsatz** im Recht der Personengesellschaften verlangt, dass die Einführung des Mehrheitsgrundsatzes nur zulässig ist, wenn die der Mehrheitsunterscheidungen unterliegenden Entscheidungsgegenstände im Gesellschaftsvertrag klar bezeichnet sind und auch von der Minderheit eine antizipierte Zustimmung erfahren haben.[605] Weiter entwickelt wird diese Lehre durch die sog. **Kernbereichslehre**, die bestimmt, dass Mehrheitsentscheidungen nicht in unentziehbare Mitgliedschaftsrechte oder ihn gleichstehende Vertragsgrundlagen eingreifen dürfen.[606] Im sog. Otto-Urt. v. 15.01.2008[607] hat der BGH grundlegend entschieden, dass eine die Abweichung vom personengesellschaftsrechtlichen Einstimmigkeitsprinzip legitimierende Mehrheitsklausel dem Bestimmtheitsgrundsatz entsprechen muss. Dieser verlange nicht eine Auflistung der betroffenen Beschlussgegenstände, Grund und Tragweite der Legitimation für Mehrheitsentscheidungen können sich vielmehr auch durch Auslegung des Gesellschaftsvertrages ergeben. Ob der konkrete Mehrheitsbeschluss wirksam getroffen worden sei, sei auf einer zweiten Stufe zu prüfen. Es genüge, wenn sich aus dem Gesellschaftsvertrag – sei es auch durch dessen Auslegung – eindeutig ergebe, dass der infrage stehende Beschlussgegenstand einer Mehrheitsentscheidung unterworfen sein solle. Ohnehin reiche die Eindeutigkeit einer vertraglichen Regelung – und selbst eine ausdrückliche Spezifizierung im Gesellschaftsvertrag – nicht in allen Fällen aus, um eine Mehrheitsentscheidung zu legitimieren. Diese unterliege vielmehr auf einer zweiten Stufe einer inhaltlichen Wirksamkeitsprüfung. Im Urteil vom 21.10.2014 hat der BGH allerdings eine Entschärfung des Bestimmtheitsgrundsatzes unter Beibehaltung der Kernbereichslehre im Otto-

---

602 Schlitt, in: Semler/Stengel, § 217 UmwG Rn. 20.
603 Vgl. Begründung zum RegE, BR-Drucks. 75/94, S. 149, abgedruckt in: Limmer, Umwandlungsrecht, S. 344.
604 BGHZ 85, 350, 355; in der Literatur werden dabei unterschiedliche Nuancierungen vertreten: vgl. Widmann/Mayer/Vossius, Umwandlungsrecht, § 217 UmwG Rn. 76; Kallmeyer/Blasche, UmwG, § 217 Rn. 8; Lutter/Joost, § 217 UmwG Rn. 13; a. A. allerdings Schlitt, in: Semler/Stengel, § 217 UmwG Rn. 16.
605 Staub/Ulmer, HGB, § 119 Rn. 34 ff.; Baumbach/Hopt, HGB, § 119, Rn. 37 f.; Holler, DB 2008, 2067 ff.; Priester, DStR 2008, 1386 ff.; Giedinghagen/Fahl, DStR 2007, 1965 ff.; Schmidt, ZGR 2008, 1 ff.; Bohlken/Sprenger, DB 2010, 263 ff.
606 BGH, NJW 1996, 1678 ff.
607 BGHZ 170, 283 = NJW 2007, 1685 = ZIP 2007, 475; dazu K. Schmidt, ZGR 2008, 1 ff.; Haar, NZG 2007, 601; Wertenbruch, ZIP 2007, 798; fortgeführt von BGH, DB 2008, 2017.

Urteil vorgenommen:⁶⁰⁸ Dem früheren Bestimmtheitsgrundsatz kommt nach der Entscheidung für die formelle Legitimation einer Mehrheitsentscheidung keine Bedeutung mehr zu. Er sei bei der Auslegung auch nicht in Gestalt einer Auslegungsregel des Inhalts zu berücksichtigen, dass eine allgemeine Mehrheitsklausel restriktiv auszulegen sei oder sie jedenfalls dann, wenn sie außerhalb eines konkreten Anlasses vereinbart wurde, Beschlussgegenstände, die die Grundlagen der Gesellschaft betreffen oder ungewöhnliche Geschäfte beinhalten, regelmäßig nicht erfasse. Den neuen Kriterien ist jedenfalls hinreichend Rechnung getragen, wenn sich der Gesellschaftsvertrag allgemein auf Umwandlungen oder Umstrukturierungen bezieht, spezielle Angaben wie »Formwechsel« sind für den Mehrheitsgrundsatz nicht erforderlich.⁶⁰⁹ Es besteht Einigkeit, dass bei **Publikumspersonengesellschaften** die Anforderungen an die Zulässigkeit von Mehrheitsklauseln geringer sind; der BGH wendet den Bestimmtheitsgrundsatz in diesen Fällen nicht an.⁶¹⁰ Die Literatur schränkt daher auch § 217 UmwG dahin gehend ein, dass es bei Publikumsgesellschaften genügt, wenn generell ein Mehrheitsbeschluss zugelassen wird, ohne dass Umwandlungen ausdrücklich genannt werden.⁶¹¹

Die Begründung zum RegE verweist auf die gleichlautende Vorschrift des § 43 UmwG beim Verschmelzungsrecht und weist darauf hin, dass für die Feststellung der notwendigen Mehrheit entsprechend der Vertragspraxis bei Personenhandelsgesellschaften auf die Zahl der Stimmen und nicht auf die Zahl der Gesellschafter abgestellt werden müsse.⁶¹² 389

Unklar war früher, auf **welche Weise die 3/4-Mehrheit** nach § 217 Abs. 1 Satz 3 UmwG **erreicht** werden muss. Mussten 3/4 der Stimmen aller Gesellschafter der Gesellschaft erreicht werden oder genügte die 3/4-Mehrheit der auf der Gesellschafterversammlung anwesenden Gesellschafter. Die herrschende Lehrmeinung⁶¹³ sprach sich ursprünglich dafür aus, dass wegen der grundlegenden Bedeutung des Beschlusses auf die Stimmen aller Gesellschafter abzustellen sei. Entsprechend dem in § 217 Abs. 1 Satz 1 UmwG zum Ausdruck gelangten Grundgedanken brauche die qualifizierte Mehrheit aber nicht notwendig bereits auf der Gesellschafterversammlung erreicht zu werden. Es genüge, wenn abwesende Gesellschafter zustimmen und die Mehrheit auf diese Weise erreicht werde. Der Gesetzgeber hat diese Frage im Gesetz zur Änderung des UmwG v. 22.07.1998⁶¹⁴ geregelt, dahin gehend, dass eine **Mehrheit von 3/4 der abgegebenen Stimmen** ausreichend ist.⁶¹⁵ Ist eine 3/4-Mehrheit ausreichend, so gilt nach der wohl h.M. der Grundsatz, dass Zustimmungserklärungen, die außerhalb der Gesellschaftsversammlung abgegeben werden, die in der Gesellschafterversammlung selbst nicht erreichte Mehrheit nicht auffüllen können.⁶¹⁶ Nach anderer Ansicht ist die Beschlussfassung ohne die erforderliche Mehrheit bei der Abwesenheit einzelner Gesellschafter zunächst als schwebend unwirksam anzusehen und kann durch nachträgliche 390

---

608 DStR 2014, 2403 = NJW 2015, 859 = DNotZ 2015, 65; vgl. Wertenbruch DB 2014, 2640; Schäfer; NZG 2014, 1401.
609 Widmann/Mayer/Vossius, Umwandlungsrecht, § 217 UmwG Rn. 77 f.; Lutter/Joost, UmwG, § 217 Rn. 13.
610 BGHZ 71, 53, 58; BGHZ 85, 351, 358.
611 Widmann/Mayer/Vossius, Umwandlungsrecht, § 217 UmwG Rn. 77 f., ähnlich zur Verschmelzung: Lutter/H. Schmidt, UmwG, § 43 Rn. 16; Kallmeyer/Zimmermann, UmwG, § 43 Rn. 9.
612 Vgl. BR-Drucks. 75/94, S. 98, abgedruckt in: Limmer, Umwandlungsrecht S. 293; zustimmend Joost, in: Lutter, Kölner Umwandlungsrechtstage, S. 251.
613 Vgl. Lutter/Joost, UmwG, § 217 Rn. 17; Kallmeyer/Blasche, UmwG, 1. Aufl. § 217 Rn. 3.
614 BGBl. I, S. 1878.
615 Vgl. Widmann/Mayer/Vossius, Umwandlungsrecht, § 217 UmwG Rn. 80; Kallmeyer/Blasche, UmwG, § 217 Rn. 10.
616 Kallmeyer/Zimmermann § 192 UmwG Rn. 8; Kallmeyer/Blasche UmwG § 217 Rn. 8; § 233 Rn. 6; Lutter/Decher/Hoger § 193 UmwG Rn. 3; Lutter/Lutter/Drygala § 13 Rn. 10; Lutter/H. Schmidt § 43 Rn. 6; Kölner KommUmwG/Petersen § 193 UnwG Rn. 6.

Zustimmung der erforderlichen Mehrheiten wirksam werden.⁶¹⁷ M.E. ist der ersten Auffassung angesichts des Wortlautes zu folgen.

4. Namentliche Aufführung der zustimmenden Gesellschafter in der Niederschrift

391 Gem. § 217 Abs. 2 UmwG sind die Gesellschafter, die im Fall einer Mehrheitsentscheidung für den Formwechsel gestimmt haben, in der Niederschrift über den Umwandlungsbeschluss namentlich aufzuführen. Zweck dieser Regelung ist es, sicher zu stellen, dass bei einer Umwandlung durch Mehrheitsbeschluss diejenigen Gesellschafter als Gründer erfasst werden, die für den Formwechsel gestimmt haben. § 219 UmwG bestimmt nämlich, dass die Rechtsstellung als Gründer – mit der Folge der Gründungsverantwortung und der Gründungshaftung – die Gesellschafter der formwechselnden Gesellschaft haben. Im Fall einer Mehrheitsentscheidung sind allerdings nur die Gesellschafter Gründer, die für den Formwechsel gestimmt haben. Zur Absicherung dieser Gründerstellung verlangt daher § 217 Abs. 2 UmwG, dass diese Gesellschafter, die dann auch der Gründungsverantwortung unterliegen, namentlich im Umwandlungsbeschluss aufgeführt werden. Man wird es allerdings für ausreichend erachten können, wenn bei Gesellschaftern, die nachträglich zustimmen, deren Zustimmungserklärung gem. § 193 Abs. 3 Satz 1 UmwG **notariell beurkundet** wird. Denn auch auf diese Weise wird hinreichend festgelegt, wer Gründer i. S. d. Vorschrift ist.⁶¹⁸

5. Zustimmungspflichten

a) Umwandlung in eine KGaA

392 Gem. § 217 Abs. 3 UmwG müssen dem Formwechsel in eine KGaA alle die Gesellschafter zustimmen, die in der KGaA die **Stellung eines persönlich haftenden Gesellschafters** haben sollen. Hierdurch soll sichergestellt werden, dass den Gesellschaftern, die der persönlichen Haftung unterliegen, nicht durch Mehrheitsentscheidung diese persönliche Haftung aufgedrängt werden kann.

b) Allgemeine Zustimmungspflichten

393 I. Ü. sind die **allgemeinen Zustimmungspflichten** zu berücksichtigen (vgl. oben Teil 4 Rdn. 231 ff.), wobei insb. Folgendes eine Rolle spielen könnte:
– Zustimmung bei Genehmigungsbedürftigkeit der Anteilsabtretung (§ 193 Abs. 2 UmwG; vgl. auch oben Teil 4 Rdn. 233),
– Zustimmungspflicht beim nicht verhältniswahrenden Formwechsel.

6. Notarielle Beurkundung der Gesellschafterversammlung

394 Da auch beim Formwechsel einer Personenhandelsgesellschaft § 193 Abs. 3 UmwG gilt, sind der Umwandlungsbeschluss und die etwa erforderliche Zustimmungserklärung notariell zu beurkunden (vgl. hierzu oben Teil 4 Rdn. 218 ff.).

395 Bei der Fassung des Protokolls ist zu berücksichtigen, dass wenn die Umwandlung mehrheitlich beschlossen wird, nach § 217 Abs. 2 UmwG eine **namentliche Aufführung** der zustimmenden Gesellschafter in der Niederschrift erforderlich ist (vgl. oben Teil 4 Rdn. 391).

V. Inhalt des Umwandlungsbeschlusses

396 Der Inhalt des Umwandlungsbeschlusses ergibt sich auch bei Personenhandelsgesellschaften aus der allgemeinen Regelung in § 194 UmwG; allerdings ist § 218 UmwG zu beachten, wonach

---

617 So BeckOGK/Kühn UmwG § 217 Rn. 30; Lutter/Joost § 217 UmwG Rn. 16.
618 Lutter/Joost, UmwG, § 217 Rn. 19; Kallmeyer/Blasche, UmwG, § 217 Rn. 11; Schlitt, in: Semler/Stengel, § 217 UmwG Rn. 38.

auch der Gesellschaftsvertrag oder die Satzung der neuen Kapitalgesellschaft oder Genossenschaft Teil des Umwandlungsbeschlusses sein muss (vgl. oben Teil 4 Rdn. 128 ff.). Zu den einzelnen Punkten des Umwandlungsbeschlusses sind daher folgende Ergänzungen und Besonderheiten zu beachten (vgl. i. Ü. oben Teil 4 Rdn. 128 ff.).

1. Neue Rechtsform

Beim Formwechsel einer Personenhandelsgesellschaft muss im Umwandlungsbeschluss an dieser Stelle genannt werden, ob der Formwechsel in eine Partnerschaftsgesellschaft, GmbH, AG oder eine KGaA oder eine Genossenschaft erfolgen soll. 397

2. Firma des neuen Rechtsträgers

Hier ist die Firma des Rechtsträgers neuer Rechtsform anzugeben. 398

3. Angabe der Beteiligung der Gesellschafter an der neuen Gesellschaft oder Genossenschaft

Nach § 194 Abs. 1 Nr. 3 UmwG muss im Umwandlungsbeschluss bestimmt werden, welche Beteiligung die Gesellschafter einer Personenhandelsgesellschaft bzw. die Partner bei der Partnerschaftsgesellschaft an der neuen Gesellschaft erhalten sollen. Hierbei ist in erster Linie zu bestimmen, dass die Gesellschafter der Personenhandelsgesellschaft **auch weiterhin Gesellschafter der Kapitalgesellschaft** oder Genossen der Genossenschaft sind. Wie bereits dargelegt (vgl. oben Teil 4 Rdn. 85 ff.), ist § 194 Abs. 1 Nr. 3 UmwG Ausdruck des sog. Identitätsgrundsatzes. 399

4. Zahl, Art und Umfang der Anteile oder Geschäftsanteile an der neuen Gesellschaft oder Genossenschaft

Auch für den Formwechsel einer Personenhandelsgesellschaft sind die Bestimmungen gem. § 194 Abs. 1 Nr. 4 UmwG am bedeutendsten (vgl. im Einzelnen Teil 4 Rdn. 143 ff.). Danach sind **Zahl, Art und Umfang der Anteile** oder der Mitgliedschaften, welche die Gesellschafter durch den Formwechsel erlangen sollen, im Umwandlungsbeschluss genau zu bezeichnen. Zu bestimmen ist also die quantitative und qualitative Beteiligung der Gesellschafter an der neuen Gesellschaft oder Genossenschaft. Hierbei kommt es auch entscheidend auf die Gesellschaft neuer Rechtsform an. 400

a) Festsetzung von Stammkapital bzw. Grundkapital bei der Umwandlung in eine GmbH oder AG

Wie oben dargelegt (vgl. Teil 4 Rdn. 150 ff.) besteht die erste Frage darin, **welches Stamm- bzw. Grundkapital** die neue Kapitalgesellschaft erhalten soll. Hier ist zunächst § 220 Abs. 1 UmwG zu beachten, der bestimmt, dass der Nennbetrag des Stammkapitals oder Grundkapitals das nach Abzug der Schulden verbleibende Vermögen der formwechselnden Gesellschaft nicht übersteigen darf. Die Vorschrift bestimmt aber, wie bereits dargelegt, dass für die Überprüfung dieser Voraussetzung das Reinvermögen der formwechselnden Personenhandelsgesellschaft entscheidend ist.[619] 401

Es stellt sich daher die allgemeine Frage, ob sich das Grund- bzw. Stammkapital automatisch aus den Buchwerten des Kapitals in der Handelsbilanz der Personengesellschaft ergibt oder ob eine sog. **Buchwertaufstockung** bis zu Zeitwerten des Vermögens abzgl. Verbindlichkeiten zulässig ist (vgl. oben Teil 4 Rdn. 26 ff., 152 ff.). Wie bereits dargelegt, steht die herrschende Meinung auf dem Standpunkt, dass für die Frage der Kapitaldeckung auf die **Verkehrswerte** und nicht die 402

---

619 So Begründung zum RegE, BR-Drucks. 75/94, S. 150; abgedruckt in: Limmer, Umwandlungsrecht, S. 345.

Buchwerte abzustellen ist.[620] Maßgeblicher Zeitpunkt ist der Zeitpunkt der Registeranmeldung, in diesem Zeitpunkt muss die Gesellschaft über ein Aktivvermögen verfügen, dass das Mindestkapital des neuen Rechtsträgers deckt. Bei der Verschmelzung ist die Möglichkeit der Buchwertaufstockung in § 24 UwG ausdrücklich gergelt. Eine entsprechende Vorschrift fehlt beim Formwechsel ebenso wie ein Verweis darauf. Daraus wird geschlossen, dass die Buchwertaufstockung und die damit verbundene Durchbrechung der Bilanzkontinuität gerade nicht möglich sein sollen.[621] Wie dargelegt (vgl. oben Teil 4 Rdn. 152 f.) – wird man aus der Tatsache, dass kein Zwang zur Buchwertfortführung besteht, schließen können, dass auch bilanziell eine solche möglich ist, z.B. durch Vorlage einer Eröffnungsbilanz, bei der die Wirtschaftsgüter zu den Zeit(Verkehrs-)werten angesetzt werden können.[622] Aus dieser Möglichkeit der Buchwertaufstockung folgt auch ein entsprechendes **Gestaltungsrecht bei der Festsetzung des Grund- bzw. Stammkapitals** der neuen Gesellschaft. Es muss daher im Umwandlungsbeschluss bestimmt werden, in welcher Weise von der Buchwertaufstockung Gebrauch gemacht wird. Dementsprechend richten sich dann auch die Art und die Zahl der neuen Geschäftsanteile nach diesem Stammkapital oder Grundkapital.

403 Die Einzelheiten, wie die Kapitalfestsetzung bilanziell zu erfolgen hat, sind noch nicht vollständig geklärt.[623] Dabei sind folgende **Gestaltungsvarianten** zu unterscheiden:

Das bilanzielle Eigenkapital der Personenhandelsgesellschaft übersteigt das festgesetzte Nennkapital	Übersteigt das bilanzielle Eigenkapital der Personenhandelsgesellschaft das festgesetzte Grund- bzw. Stammkapital des neuen Rechtsträgers, so ist der steigende Betrag den übrigen Kapitalkategorien zuzuordnen, die für die Kapitalgesellschaften gesetzlich vorgesehen sind. Daher ist das der Personenhandelsgesellschaft durch Gesellschaftereinlagen zugeführte Kapital zunächst dem festgesetzten Grund- bzw. Stammkapital zuzuordnen; der verbleibende Betrag wird den Kapital- und Gewinnrücklagen gem. § 272 Abs. 2 und Abs. 3 HGB zugeordnet.[624] Ein Teil der Literatur ist der Meinung, dass überschießende auch in Gesellschafterdarlehen umgewandelt oder ausgezahlt werden können.[625] Nach anderer Meinung ist dies problematisch, diese lehnt das »Herauslösen aus dem Vermögen der Gesellschaft durch Rückzahlung an die Gesellschafter oder Verbuchen als Darlehen der Gesellschafter an die Gesellschaft« ab.[626]
Das bilanzielle Eigenkapital der Personenhandelsgesellschaft deckt nicht das gesetzlich vorgeschriebene Mindestnennkapital der neuen Rechtsform (Fall der Buchwertaufstockung)	Reicht das buchmäßige Kapital in der Bilanz der formwechselnden Personengesellschaft nicht aus um das Mindestkapital des neuen Rechtsträgers zu decken, so ist eine Buchwertaufstockung erforderlich. Die Einzelheiten der Buchwertaufstockung sind noch umstritten (vgl. oben Teil 4

---

620 Vgl. oben Teil 4 Rdn. 26, 152, vgl. OLG Frankfurt, ZIP 2015, 1229; vgl. Kallmeyer/Blasche, UmwG, § 220 Rn. 8; Lutter/Jost, UmwG, § 220 Rn. 10; Lutter/Bayer, UmwG, § 264 Rn. 2; Widmann/Mayer/Vossius, Umwandlungsrecht, § 220 UmwG Rn. 16; KK-UmwG/Petersen, § 220 UmwG Rn. 6 ff.; Stratz, in: Schmitt/Hörtnagl/Stratz, UmwG/UmwStG, § 220 UmwG Rn. 6; Schlitt, in: Semler/Stengel, § 220 UmwG Rn. 16 ff.; Priester, DB 1995, 911, 914; ders., DNotZ 1995, 427, 452; Fischer, BB 1995, 2173, 2174; Usler, MittRhNotK 1998, 54; Zimmermann, DB 1999, 948.
621 Timmermanns DB 1999, 948, 949; zu § 245 UmwG BeckOGK/Herfs/Link UmwG § 245 Rn. 51.
622 So BeckOGK/Kühn UmwG § 220 Rn. 15; Schmitt/Hörtnagl/Stratz/Stratz UmwG § 220 Rn. 10; Priester DB 1995, 911, 915 ff.; ders., FS Zöllner, S. 449, 457; ders. DStR 2005, 788, 793 f.; zu den Einzelheiten vgl. oben Teil 4 Rdn. 153 ff.
623 Vgl. ausführlich Timmermann, DB 1999, 948 ff.
624 Vgl. IDW, WPg 1996, 507, 508; Zimmermann, DB 1999, 948 f.
625 So Kallmeyer/Blasche, UmwG, § 218 Rn. 8; Zimmermann, DB 1999, 948, 949; Schlitt, in: Semler/Stengel, § 218 UmwG Rn. 16; Lutter/Joost, § 218 UmwG Rn. 9.
626 Krit. BeckOGK/Kühn UmwG § 218 Rn. 22; Widmann/Mayer/Vossius, Umwandlungsrecht, § 218 UmwG Rn. 23; KölnerKommUmwG/Dauner-Lieb/Tettinger, § 218 UmwG Rn 27.

Rdn. 153). Z. T. wird eine Wertaufstockung unter Durchbrechung der Bilanzkontinuität zugelassen. Erforderlich wäre dann eine Eröffnungsbilanz, bei der Wirtschaftsgüter bis zu den Zeitwerten angesetzt werden könnten.[627] Ein anderer Teil der Literatur, insb. das Institut der Wirtschaftsprüfer, will den Differenzbetrag als Bilanzverlust auf der Aktivseite der Handelsbilanz ausweisen.[628] Dieser Bilanzverlust sei vorrangig als künftiger Gewinn zu tilgen und stellt damit eine Ausschüttungssperre dar. Nach einer dritten Auffassung schließlich kann der Ausgleich des formwechselbedingten Unterschiedsbetrages auch über § 265 Abs. 5 Satz 2 HGB durch Bilanzierung eines Sonderpostens hergestellt werden.[629]

▶ Hinweis:

Der Kapitalnachweis im registergerichtlichen Verfahren ist bei einer Buchwertaufstockung naturgemäß schwerer zu führen als bei der Buchwertfortführung, da in diesem Zusammenhang auf frühere Bilanzen Bezug genommen werden kann. Soll eine Buchwertaufstockung erfolgen, ist eine Einbringungsbilanz vorzulegen.[630] Das Registergericht kann dann allerdings auch weitere Unterlagen verlangen, wenn es begründete Zweifel an der Richtigkeit der vorgelegten hat (vgl. Teil 4 Rdn. 24).

404

b) Verteilung des Vermögens der Personenhandelsgesellschaft durch Festlegung des Umfangs der neuen Geschäftsanteile oder Aktien an der neuen GmbH oder AG

Vgl. zunächst zum vergleichbaren Problem bei der Verschmelzung Teil 2 Rn. 759 ff.

405

Es ist sodann die Frage zu klären und im Umwandlungsbeschluss festzustellen, wie das im Umwandlungsbeschluss festgelegte Grund- bzw. Stammkapital der neuen Gesellschaft auf die einzelnen Gesellschafter der Personenhandelsgesellschaft verteilt wird. Festzulegen ist also der **Aufteilungsmaßstab** (vgl. im Einzelnen oben Teil 4 Rdn. 158 ff.). Soll eine **verhältniswahrende Umwandlung** durchgeführt werden, muss hier geprüft werden, welcher Maßstab für die Verteilung des neuen Grund- oder Stammkapitals maßgebend ist. Hierbei ist zu berücksichtigen, dass der sog. **Kapitalanteil** nicht den absoluten Wert der Beteiligung wiedergibt, denn die Summe der Kapitalanteile ist nicht identisch mit dem Wert des Gesellschaftsvermögens. Der Kapitalanteil ergibt auch nicht zwingend die verhältnismäßige Beteiligung der Gesellschafter am Gesellschaftsvermögen.[631] Es kommt hier darauf an, welche interne Verteilung die Gesellschafter nach ihrem Gesellschaftsvertrag gewählt haben. Häufig ist im Gesellschaftsvertrag eine Regelung der Kapitalkonten (dazu ausführlich oben Teil 4 Rdn. 784 ff.) so gewählt worden, dass diese tatsächlich die verhältnismäßige Beteiligung am Vermögen widerspiegelt. In der Praxis wird das Kapitalkonto häufig in einen festen Teil für die Einlage (Kapitalkonto I) und einen variablen Teil für Gewinne,

---

627 So Priester, DB 1995, 911, 915 ff.; Müller/Gattermann, WPg 1996, 868, 870.
628 Vgl. IDW ERS HFA 41 »Auswirkungen eines Formwechsels auf den handelsrechtlichen Jahresabschluss«, WPg Supplement 2/2011, S. 137 ff., FN-IDW 6/2011, S. 374 ff.; Widmann/Mayer/Vossius, Umwandlungsrecht, § 220 UmwG Rn. 27; Kallmeyer/Müller, UmwG, § 220 Rn. 11; dazu krit. KölnerKommUmwG/Dauner-Lieb/Tettinger, § 220 UmwG Rn 11.
629 So Stratz, in: Schmitt/Hörtnagl/Stratz, UmwG/UmwStG, § 220 UmwG Rn. 11; vgl. auch Zimmermann, DB 1999, 949.
630 Vgl. Kallmeyer/Blasche, UmwG, § 220 Rn. 11; BeckOGK/Kühn UmwG § 220 Rn. 14.
631 Vgl. K. Schmidt, Gesellschaftsrecht, § 47 Abs. 3 Satz 2, S. 1377 ff.

Verluste und Entnahmen (Kapitalkonto II) zweigeteilt.[632] Diese Kapitalkonten können, soweit sie Eigenkapital darstellen, dann für die Verteilung des Stammkapitals herangezogen werden, wenn sie auch in der Liquidation der Personenhandelsgesellschaft Verteilungsmaßstab wären. Wie dargelegt, ist auch für die Verteilung des Stammkapitals oder des Grundkapitals entscheidend, wie bei einer Liquidation das Vermögen der Gesellschaft auf die Gesellschafter verteilt werden müsste. Nach § 155 HGB ist der Kapitalanteil maßgebend für das Auseinandersetzungsguthaben im Fall einer Liquidation. In der **Liquidationsschlussbilanz** müssen allerdings gem. § 154 HGB die Kapitalanteile neu festgesetzt werden. Dies geschieht zunächst dadurch, dass der Reinerlös der Liquidation mit dem in der letzten Jahresbilanz ausgewiesenen Eigenkapital bzw. der Summe der Kapitalanteile der Gesellschafter verglichen wird. Ergibt sich danach ein über das Eigenkapital hinausgehender Reinerlös, d. h. ein Gewinn, so ist der Betrag nach dem Gewinnverteilungsschlüssel auf die Kapitalanteile der einzelnen Gesellschafter zu verteilen.[633] Erst das Vermögen, das nach dieser Aufteilung verbleibt, ist nach dem Verhältnis der jetzt neu ermittelten Kapitalanteile an die einzelnen Gesellschafter auszuschütten.[634]

▶ Beispiel:

406 An der A und B-OHG sind A mit einem Kapitalkonto i. H. v. 20.000,00 € und B mit einem Kapitalkonto i. H. v. 10.000,00 € beteiligt. Ist der Gewinnverteilungsschlüssel ebenfalls im Verhältnis 2:1, wird eine Verteilung der Aktien bzw. der GmbH-Stammeinlagen im Verhältnis von 2:1 einer verhältniswahrenden Umwandlung entsprechen. Ist hingegen der Gewinnverteilungsschlüssel 1:1, dann müsste eine Schlussbilanz aufgestellt werden, die erkennen lässt, wie sich das Vermögen der Gesellschaft im Liquidationszeitraum entwickelt hat. Diese ist als Vermögensbilanz aufzustellen. Aus dem Vergleich mit der Eröffnungsbilanz ergibt sich als Unterschied ein Abwicklungsgewinn oder -verlust. Dieser Betrag ist wie der laufende Gewinn oder Verlust bei der werbenden Gesellschaft nach dem Gewinnverteilungsschlüssel auf die einzelnen Gesellschafter aufzuteilen und den Kapitalkonten gutzuschreiben oder hiervon abzubuchen. Dieses Vermögen, das nach dieser Aufteilung verbleibt, ist dann nach dem Verhältnis der so ermittelten Kapitalanteile aufzuteilen und stellt den Verteilungsmaßstab dar.[635]

407 Zulässig ist allerdings auch entsprechend den Grundsätzen über den **nicht verhältniswahrenden Formwechsel** (vgl. oben Teil 4 Rdn. 167 ff.) eine völlig freie Aufteilung des Grund- oder Stammkapitals, dies allerdings nur, wenn alle Gesellschafter zustimmen.

c) Anzahl der Geschäftsanteile bzw. der Aktien

aa) Formwechsel Personengesellschaft in GmbH

408 Beim Formwechsel einer Personenhandelsgesellschaft in eine GmbH gilt seit dem MoMiG § 5 Abs. 2 GmbHG, sodass ein **künftiger GmbH-Gesellschafter** anders als bei dem bei der Personengesellschaft geltenden Grundsatz, dass die Gesellschafter nur eine einheitliche Beteiligung haben können und auch **mehre Geschäftsanteile** übernehmen können.

409 Beim Formwechsel in die GmbH gilt allerdings anders als bei den sonstigen Formwechseln (vgl. oben Teil 4 Rdn. 169 ff.) der Grundsatz des § 5 Abs. 1 bis Abs. 3 GmbHG, dass die vom Perso-

---

632 Zu den Kapitalkonten vgl. ausführlich oben Teil 2 Rdn. 788 ff. und Oppenländer, DStR 1999, 939 ff.; Rodewald, GmbHR 1998, 521 ff.; aus steuerrechtlicher Sicht BMF-Schreiben v. 30.05.1997, BStBl. 1997 I, S. 627 ff. und v. 26.11.2004, BStBl. 2004 I, S. 1190 ff.; Heymann/Emmerich, HGB, § 120 Rn. 31; K. Schmidt, Gesellschaftsrecht, § 47 Abs. 2 Satz 2d; Leitzen, ZNotP 2009, 255 ff.; Doege, DStR 2006, 489 ff.; Ley, DStR 2009, 613 ff.; Kempermann, DStR 2008, 1917 ff.; Wälzholz, DStR 2011, 1815 ff.
633 Vgl. Baumbach/Hopt/Roth, HGB, § 154 Anm. 2b; Heymann/Sonnenschein, HGB, § 154 Rn. 5.
634 BGHZ 19, 42, 47 f.
635 So zur Liquidationsbilanz Heymann/Sonnenschein, HGB, § 154 Rn. 5; K. Schmidt, Liquidationsbilanzen und Konkursbilanzen, 1989, S. 56 ff.; Schärer/Heni, Liquidationsrechnungslegung, S. 198 ff.

nenhandelsgesellschafter zu übernehmende Stammeinlage auf volle Euro lauten muss. Bleibt unter Zugrundelegung dieser Regelung ein **nicht verteilbarer Spitzenbetrag**, ist zu erwägen, vorher eine **Anpassung durch Entnahme von Vermögenswerten** aus der Personenhandelsgesellschaft zu erreichen oder bei der GmbH eine **gemeinschaftliche Stammeinlage** zu bilden.[636]

Ergeben sich bei der Verteilung der Stammeinlagen überschießende Beträge, können diese auch durch Einstellung in die Rücklagen zum Eigenkapital der Gesellschaft gemacht werden, also in die Kapital- und Gewinnrücklagen gem. § 272 Abs. 2 und Abs. 3 HGB.[637] Nach obiger Auffassung können überschießende Beträge allerdings auch nach dem Verhältnis der beteiligten Gesellschafter in Gesellschafterdarlehen umgewandelt werden.[638] Eine genauere Bezifferung des Darlehens ist in diesen Fällen nicht erforderlich. Ebenso wäre eine Rückzahlung zulässig. Nach anderer Meinung ist dies problematisch, diese lehnt das »Herauslösen aus dem Vermögen der Gesellschaft durch Rückzahlung an die Gesellschafter oder Verbuchen als Darlehen der Gesellschafter an die Gesellschaft« ab.[639]

410

bb) Umwandlung einer Personengesellschaft in eine AG

Wird in eine AG umgewandelt, so ist das Mindestkapital i. H. v. 50.000,00 € (§ 7 AktG) einzuhalten. Ausgegeben werden können entweder Stückaktien, die dann keinen Nennbetrag enthalten, oder Nennbetragsaktien, die mindestens auf einen Euro lauten müssen (§ 8 AktG). Ebenfalls geregelt werden muss die Gattungsart und die Frage, ob Inhaber- oder Namensaktien ausgegeben werden Notwendig sind daher Angaben über die Aktienform: Nennbetrags- oder Stückaktien; beide Aktienformen sind nebeneinander nicht zulässig,[640] über die Einteilung des Grundkapitals (Nennbeträge bzw. Aktienzahl). Falls mehrere Gattungen von Aktien (§ 11 AktG) bestehen, ist die Gattung der Aktien und die Zahl der Aktien je Gattung anzugeben. Gattungen entstehen, wenn Aktien unterschiedliche Mitgliedschaftsrechte gewähren oder mit unterschiedlichen Mitgliedschaftspflichten verbunden sind, dabei kann es sich um Vermögensrechte oder Mitgliedschaftsrechte handeln.[641] Schließlich ist anzugeben, ob die Aktien auf den Inhaber oder auf den Namen ausgestellt werden. Durch das Gesetz zur Änderung des Aktiengesetzes (Aktienrechtsnovelle 2016) vom 22.12.2015[642] wurde die Ausgabe von Inhaberaktien erheblich eingeschränkt.[643] Inhaberaktien dürfen nach § 10 Abs. 1 Satz 2 AktG nur noch ausgegeben werden, wenn die Gesellschaft börsennotiert ist oder der Anspruch auf Einzelverbriefung ausgeschlossen ist und die Sammelurkunde bei einer der folgenden Stellen hinterlegt wird: a) einer Wertpapiersammelbank im Sinne des § 1 Abs. 3 Satz 1 DepotG, b) einem zugelassenen Zentralverwahrer oder einem anerkannten Drittland-Zentralverwahrer gemäß der Verordnung (EU) Nr. 909/2014 des Europäischen Parlaments und des Rates vom 23. Juli 2014 zur Verbesserung der Wertpapierlieferungen und -abrechnungen in der Europäischen Union und über Zentralverwahrer sowie zur Änderung

411

---

636 Vgl. Widmann/Mayer/Vollrath, Umwandlungsrecht, § 194 UmwG Rn. 26 ff.
637 Vgl. IWD, WPg 1996, 507, 508; Zimmermann, DB 1999, 949; Kallmeyer/Blasche, UmwG, § 218 Rn. 8.
638 So auch Kallmeyer/Blasche, UmwG, § 218 Rn. 8; Schlitt, in: Semler/Stengel, § 218 UmwG Rn. 16; Lutter/Joost, § 218 UmwG Rn. 9.
639 Krit. BeckOGK/Kühn UmwG § 218 Rn. 22; Widmann/Mayer/Vossius, Umwandlungsrecht, § 218 UmwG Rn. 23; KölnerKommUmwG/Dauner-Lieb/Tettinger, § 218 UmwG Rn 27.
640 Vgl. KG AG 2016, 550, 551, Hüffer/Koch AktG § 8 Rn. 4; Wachter/Wachter § 23 AktG Rn. 39; Grigoleit/Vedder § 23 AktG Rn. 31; K. Schmidt/Lutter/Seibt § 23 AktG Rn. 46.
641 Hüffer/Koch § 23 AktG Rn. 29; MünchKommAktG/Pentz § 23 AktG Rn. 131 f.; Bürgers/Körber/Körber § 23 AktG Rn. 35; Wachter/Wachter § 23 AktG Rn. 40; K. Schmidt/Lutter/Seibt § 23 AktG Rn. 48.
642 BGBl. 2015 I 2565.
643 Ausführlich dazu Hüffer/Koch § 23 AktG Rn. 5 ff.; Wälzholz/Wolffskeel, MittBayNot 2016, 197, 199; Ihrig/Wandt, BB 2016, 6, 7.

der Richtlinien 98/26/EG und 2014/65/EU und der Verordnung (EU) Nr. 236/2012[644] oder c) einem sonstigen ausländischen Verwahrer, der die Voraussetzungen des § 5 Abs. 4 Satz 1 DepotG erfüllt. Inhaberaktien bleiben daher auch bei nicht börsennotierten Gesellschaften zulässig, in jedem Fall muss jedoch der Anspruch auf Einzelverbriefung ausgeschlossen und die Sammelurkunde bei einer in § 10 Abs. 1 Nr. 2 lit. a-c AktG genannten Stelle verwahrt sein.[645]

cc) Umwandlung in eine KGaA

412 Wird in eine KGaA umgewandelt, so muss geklärt werden, **welcher Gesellschafter unbeschränkt haftender Gesellschafter an der KGaA wird** (§ 278 Abs. 1 AktG). Nach § 208 Abs. 2 UmwG muss daher der Beschluss vorgesehen werden, dass sich an der KGaA mindestens ein Gesellschafter als persönlich haftender Gesellschafter beteiligt. Das Gesetz lässt in diesem Zusammenhang zu, dass entweder ein Gesellschafter der Ausgangspersonengesellschaft Komplementäre wird oder dass der KGaA mindestens ein persönlich haftender Gesellschafter beitritt (§ 218 Abs. 2 UmwG). Die Vorschrift stellt daher insoweit eine Ausnahme vom Identitätsgrundsatz auf, da der beitretende Gesellschafter nicht vorher am Ausgangsrechtsträger beteiligt sein muss. Nach § 221 AktG muss der Beitritt notariell beurkundet werden. Die Satzung der KGaA ist von jedem beitretenden persönlich haftenden Gesellschafter zu genehmigen.

413 Der BGH hat geklärt, dass eine **GmbH einzige persönlich haftende Gesellschafterin** einer KGaA sein kann,[646] sodass auch i. R. d. Formwechsels der Beitritt einer GmbH nach § 218 Abs. 2 i. V. m. § 221 erfolgen kann.

5. Besonderheiten beim Formwechsel in eine Genossenschaft

a) Regelung von Hafthöhe und Haftart

414 Beim Formwechsel in eine eingetragene Genossenschaft sind ebenfalls im Grundsatz die Gründungsvorschriften des Genossenschaftsrechts anzuwenden, d.h. die §§ 1 bis 16 GenG:[647] Die Firma muss nach § 3 GenG den Zusatz »eingetragene Genossenschaft« oder »eG« haben. Die Mindestzahl der Gründer nach § 4 GenG ist nach 197 Abs. 1 Satz 2 UmwG nicht anzuwenden.[648] Die Satzung ist als Teil des Umwandlungsbeschlusses notariell zu beurkunden (vgl. Teil 4 Rdn. 192). Sie muss den Mindestinhalt nach § 6 und 7 GenG enthalten. Die Bestellung von erstem Vorstand und Aufsichtsrat erfolgt durch die künftigen Mitglieder der (Vor-)eG.[649]

Beim Formwechsel einer Personenhandelsgesellschaft in eine Genossenschaft ist ferner als Art der Beteiligung zu klären, welche Haftungsform die Gesellschafter erhalten sollen. **Drei verschiedene Haftungsformen** sind möglich:[650]
– die unbeschränkte Nachschusspflicht,
– die beschränkte Nachschusspflicht,
– der Verzicht auf jede Nachschusspflicht.

415 Handelt es sich um eine **Genossenschaft mit beschränkter Nachschusspflicht**, spielt außerdem die jeweilige Haftsumme, die in den Satzungen geregelt ist, eine Rolle und kann unterschiedlich gestaltet sein.

---

644 ABl. 2014 L 257, 1 vom 28.8.2014.
645 Wälzholz/Wolffskeel, MittBayNot 2016, 197, 199 mit Formulierungsbeispiel.
646 BGH, NJW 1997, 1923.
647 Vgl. Semler/Stengel/Bärwaldt UmwG § 197 Rn. 62 ff.
648 Vgl. Semler/Stengel/Bärwaldt UmwG § 197 Rn. 68 f.
649 Vgl. Semler/Stengel/Bärwaldt UmwG § 197 Rn. 65.
650 Vgl. Schulte in: Lang/Weidmüller, GenG, § 8 Rn. 15 ff.; vgl. auch oben Teil 2 Rdn. 1198.

b) Regelung des Geschäftsanteils

Ein ähnliches Regelungsbedürfnis besteht im Hinblick auf den Geschäftsanteil, den die Gesellschafter als Genossen an der neuen Genossenschaft erhalten sollen. Der Geschäftsanteil ist der Betrag, zu dem sich der einzelne Genosse mit Einlagen beteiligen kann (§ 7 Nr. 1 GenG). Es handelt sich hierbei lediglich um eine **in der Satzung festzulegende Beteiligungsgröße**, die den Höchstbetrag dieser Einlage bezeichnet.[651] Der Geschäftsanteil muss für alle Mitglieder gleich sein.[652] Der Geschäftsanteil ist eine bloße abstrakte Rechnungsgröße, die in der Bilanz der Genossenschaft nicht erscheint und über die tatsächliche finanzielle Beteiligung des Genossen nichts aussagt.[653] Die tatsächliche finanzielle Beteiligung ergibt sich aus dem sog. **Geschäftsguthaben**, das den Betrag darstellt, der tatsächlich auf den oder die Geschäftsanteile eingezahlt ist.[654] Während der Geschäftsanteil für alle Mitglieder gleich hoch sein muss, kann die Einzahlungspflicht gestaffelt sein, wenn dafür eine sachliche Begründung besteht.[655] Bei Wohnungsgenossenschaften besteht z. T. eine Differenzierung zwischen Wohnungsnutzern und sonstigen Mitgliedern oder abhängig von der Größe oder Ausstattung der überlassenen Wohnung genannt.[656]

416

Wie bei Kapitalgesellschaften ist auch hierbei das **Eigenkapital der Genossenschaft** zu berechnen, dieses setzt sich aus dem Geschäftsguthaben der Mitglieder und evtl. Rücklagen zusammen. Es hat grds. mit diesen beiden Komponenten **Finanzierungs- und Haftungsfunktion**.[657] Grds. ist das Eigenkapital der Genossenschaft variabel, denn mit jedem Beitritt eines neuen Mitglieds erhöht sich das Geschäftsguthaben bzw. vermindert sich durch den Austritt. Bei einer Umwandlung muss allerdings zum Umwandlungsstichtag ein Eigenkapital bestimmt und dementsprechend das Geschäftsguthaben und die Geschäftsanteile auf die einzelnen Genossen verteilt werden. Die Verteilung erfolgt entsprechend den Regelungen beim Formwechsel in eine Kapitalgesellschaft. § 218 Abs. 3 UmwG konkretisiert § 194 Abs. 1 Nr. 4 UmwG für die Umwandlung einer Personenhandelsgesellschaft in eine Genossenschaft. Der Beschluss zur Umwandlung in eine Genossenschaft muss daher die Beteiligung jedes Mitglieds mit mindestens einem Geschäftsanteil vorsehen.[658] In dem Beschluss kann auch bestimmt werden, dass jedes Mitglied bei der Genossenschaft mit mindestens einem und i. Ü. mit so vielen Geschäftsanteilen, wie sie durch Anrechnung seines Geschäftsguthabens bei dieser Genossenschaft als voll eingezahlt anzusehen sind, beteiligt wird. Durch diese Vorschrift kann also zur Erhaltung der Kapitalgrundlage der Personenhandelsgesellschaft auch eine gestaffelte Beteiligung mit mehreren Geschäftsanteilen vorgesehen werden, die nach dem Grundsatz der Gleichbehandlung das Verhältnis berücksichtigen müssen, in dem die

417

---

651 Vgl. dazu ausführlich oben Teil 2 Rdn. 1201; Beuthien, AG 2002, 266; Lutter/Bayer, § 80 UmwG Rn. 14; Scholder in: Semler/Stengel, § 80 UmwG Rn. 14; BeckOGK/Kühn UmwG § 218 Rn. 92 ff.
652 RGZ 64, 193.
653 Vgl. Schlitt, in: Semler/Stengel, § 218 UmwG Rn. 60; Beuthien, GenG, § 7 Rn. 1; Müller, GenG, § 7 Rn. 1; Schulte, in: Lang/Weidmüller, GenG, § 7 Rn. 2 ff.; Hettrich/Pöhlman/Gräser/Röhrich, GenG, § 7 Rn. 1; Hillebrandt/Kessler, Berliner Kommentar zum GenG, §§ 6, 7 Rn. 12; Scholderer, in: Semler/Stengel, UmwG, § 80 Rn. 14 ff.; Beuthien, AG 2002, 266 f.
654 Vgl. BeckOGK/Kühn UmwG § 218 Rn. 94; Schulte, in: Lang/Weidenmüller, § 7 Rn. 5; Widmann/Mayer/Fronhöfer, Umwandlungsrecht, § 80 UmwG Rn. 8; Hettrich/Pöhlmann/Gräser/Röhrich, GenG, § 7 Rn. 3; Scholderer, in: Semler/Stengel, UmwG, § 80 Rn. 14 ff.; Beuthien, AG 2002, 266 f.; Lutter/Bayer, § 80 UmwG Rn. 15.
655 Relative Gleichbehandlung; Schulte, in: Lang/Weidmüller, § 7 Rn. 12; Beuthien, GenG, § 7 Rn. 8; KG, JFG 5, 279 = JW 1928, 1604; Müller, GenG § 7 Rn. 11; Hillebrand/Keßler, Berliner Kommentar zum GenG, §§ 6, 7 Rn. 21.
656 Hillebrand/Keßler, Berliner Kommentar zum GenG, §§ 6, 7 Rn. 21.
657 Vgl. Schulte in: Lang/Weidmüller, GenG, § 7 Rn. 79; Hettrich/Pöhlmann/Gräser/Röhrich, GenG, § 7 Rn. 3.
658 Vgl. Widmann/Mayer/Vossius, § 218 UmwG Rn. 29 ff.; Stratz, in: Schmitt/Hörtnagl/Stratz, § 218 UmwG Rn. 9 ff.; Lutter/Joost, § 218 UmwG Rn. 56 ff.; Schlitt, in: Semler/Stengel, § 218 UmwG Rn. 59.

Gesellschafter an der Personenhandelsgesellschaft bisher beteiligt waren. Dieser Bezug soll dadurch hergestellt werden, dass die Geschäftsguthaben der einzelnen Genossen auf der Grundlage ihrer bisherigen Beteiligung an der Personenhandelsgesellschaft zu berechnen sind. I. d. R. ist daher zur Erhaltung der kapitalmäßigen Beteiligung der Gesellschafter an der Personenhandelsgesellschaft auch bei der Genossenschaft eine Regelung vorzusehen, die die Möglichkeit mehrerer Geschäftsanteile zulässt. Die Höchstzahl der zu erwerbenden Anteile ist daher so zu bemessen, dass die Kapitalbeteiligungen der Personenhandelsgesellschafter bei der übernehmenden Genossenschaft als Geschäftsguthaben und damit als Kapitalbasis erhalten bleibt.[659]

6. Besonderheiten bei der Umwandlung einer GmbH & Co. KG

418 In der Praxis hat sich der **Gesellschafter ohne Kapitalanteil** entwickelt.,[660] Häufig wird diese Regelung bei der GmbH & Co. KG eingesetzt, wo in den Verträgen oft bestimmt ist, dass die GmbH keine Einlage leistet und auch keinen Kapitalanteil hat. Dies bedeutet, dass die übrigen Gesellschafter, i. d. R. die Kommanditisten, allein am Vermögen der KG beteiligt sind. Der Gesellschafter ohne Kapitalanteil hat daher insb. keine Ansprüche am Liquidationserlös bei Auflösung der Gesellschaft[661] sodass er auch bei der Umwandlung in der neuen Gesellschaft keine Beteiligung hätte. Dies würde allerdings gegen den Grundsatz der Personenidentität verstoßen, wobei allerdings umstritten ist, ob dieser in seiner strengen Form gilt (vgl. Teil 4 Rdn. 14 ff.). Es müssten daher vor dem Formwechsel Maßnahmen getroffen werden, um dieses dem Umwandlungsrecht widersprechende Ergebnis zu verhindern. Hier lassen sich unterschiedliche Gestaltungsvarianten einsetzen.[662] Entweder leistet die Komplementär-GmbH vor dem Formwechsel eine Einlage oder die Kommanditisten treten der GmbH vor der Umwandlung Anteile ab, dieses kann auch nur treuhänderisch erfolgen, oder die Komplementär-GmbH scheidet vor der Umwandlung aus der KG aus.

Es wurde bereits oben (Teil 4 Rdn. 16) darauf hingewiesen, dass ein Teil der Literatur der Auffassung ist, dass insb. beim Ein- und Austritt von Komplementären ohne Kapitalanteil eine **Ausnahme vom Identitätsgrundsatz** zu machen ist.[663] Bei dem Formwechsel in die GmbH & Co. KG wäre es daher für die Praxis eine große Erleichterung, wenn man den Beitritt der Komplementär-GmbH im Zeitpunkt des Formwechsels erreichen könnte. Wie bereits dargelegt (Teil 4 Rdn. 65) kann man dieses Ergebnis jetzt auch aus dem **BGH-Urt. v. 09.05.2005**[664] folgern: Die Entscheidung befasste sich im Kern mit der Stellung von Minderheitsgesellschaftern bei Umstrukturierungen. In einem obiter dictum hat der BGH aber festgestellt:

> »Der Umwandlungsbeschluss entsprach inhaltlich dem aus §§ 194 Abs. 1 Nr. 3, 202 Abs. 1 Nr. 2 Satz 1 UmwG abzuleitenden **Gebot der Kontinuität der Mitgliedschaft** bei der umgewandelten Gesellschaft.

---

659 Vgl. Widmann/Mayer/Vossius, § 218 UmwG Rn. 29 ff.; Stratz, in: Schmitt/Hörtnagl/Stratz, § 218 UmwG Rn. 9 ff.; Lutter/Joost, § 218 UmwG Rn. 56 ff.; Schlitt, in: Semler/Stengel, § 218 UmwG Rn. 59; BeckOGK/Kühn UmwG § 218 Rn. 94 f.

660 Vgl. Heymann/Emmerich, HGB, § 120 Rn. 26; K. Schmidt, Gesellschaftsrecht, § 47 Abs. 3 S. 1138; Binz/Sorg, Die GmbH & Co. KG, § 3 Rn. 28 ff.; Gummert in: Münchener Handbuch des Gesellschaftsrechts Bd. 2, § 50 Rn. 22.

661 So Heymann/Emmerich, HGB, § 120 Rn. 26; Binz/Sorg, Die GmbH & Co. KG, § 3 Rn. 28 ff.

662 Vgl. Kallmeyer/Blasche, UmwG, § 218 Rn. 11; Lutter/Decher/Hoger, UmwG, § 202 Rn. 12.

663 Vgl. Widmann/Mayer/Mayer, Umwandlungsrecht, § 197 UmwG Rn. 22; K. Schmidt, GmbHR 1995, 693, 695; ders., ZIP 1998, 181, 186; Priester, DB 1997, 565, 566; Kallmeyer, GmbHR 1996, 80, 82; Heckschen, DNotZ 2007, 451; ders., DB 2008, 2122 ff.; Lutter/Decher/Hoger, UmwG, § 202 Rn. 15; Lutter/Göthel, UmwG, § 228 Rn. 25; Stratz, in: Schmitt/Hörtnagl/Stratz, UmwG/UmwStG, § 202, Rn. 7; § 226 Rn. 3; Baßler, GmbHR 2007, 1252, 1254; Kallmeyer/Meister/Klöcker, § 194 Rn. 34.

664 DNotZ 2005, 864 = ZNotP 2005, 392 = AG 2005, 613 = NZG 2005, 722 = DB 2005, 1842, dazu Simon/Leuering, NJW-Spezial 2005, 459; Decher, Der Konzern 2005, 621 ff.; Heckschen, DNotZ 2007, 451; ders.; DB 2008, 2122 ff.; Baßler, GmbHR 2007, 1262.

A. Formwechsel von Personengesellschaften

»Aus diesem Prinzip folgt lediglich, dass Berechtigte, die zum Zeitpunkt der Eintragung des Formwechsels Anteilsinhaber sind, auch Mitglieder des Rechtsträgers neuer Rechtsform werden. Dabei ist es für den Formwechsel der AG in eine GmbH & Co. KG ausreichend, wenn die Hauptversammlung, wie hier, mit einer Stimmenmehrheit von 3/4 einen der bisherigen Aktionäre – oder **sogar einen im Zuge des Formwechsels neu hinzutretenden Gesellschafter**[665] – mit dessen Zustimmung zum Komplementär der formgewechselten zukünftigen KG wählt und die Aktionäre i. Ü. Kommanditisten werden.«

Der BGH scheint also den Identitätsgrundsatz in erster Linie als **Minderheitenschutzelement** zu sehen: Die Gesellschafter haben das Recht Mitglieder des neuen oder bei der Verschmelzung des aufnehmenden Rechtsträgers zu werden. Umgekehrt kann man m. E. daraus folgern, dass mit deren Zustimmung der Grundsatz aufhebbar ist, also **Veränderungen im Gesellschafterbestand im Umwandlungsbeschluss zulässig sind.**,[666] Die auf **K. Schmidt** zurückgehende These[667] die eine Kombination des Umwandlungsrechts mit den allgemeinen Rechtsinstituten der **Anteilsübertragung** zulassen will, ist durch dieses Urteil gestützt worden. Unklar bleibt allerdings die Frage, mit welcher Mehrheit der Ein- und Austritt erfolgen kann.[668] Der BGH scheint die allgemeine Mehrheitsentscheidung und die Zustimmung des Aus- oder Eintretenden Gesellschafters als ausreichend anzusehen. Demgegenüber verlangt Heckschen[669] die Zustimmung aller Gesellschafter.

Diese Gestaltungsfreiheit ist auch durch das **Zweite Gesetz zur Änderung des UmwG** bestätigt worden, indem der Gesetzgeber in den §§ 54 und 68 eine Ausnahme von der sog. Anteilsgewährungspflicht durch Verzicht festlegt:[670] § 54 Abs. 1 Satz 3 UmwG n. F. (für die GmbH) bzw. § 68 Abs. 1 Satz 3 UmwG n. F. (für die AG) bestimmen nunmehr, dass die Kapitalerhöhung bei der übernehmenden Kapitalgesellschaft zur Disposition **aller Anteilsinhaber des übertragenden Rechtsträgers** steht. Verzichten diese in notarieller Urkunde auf die Anteilsgewährung, darf die übernehmende Gesellschaft von der Anteilsgewährung absehen. Daraus lässt sich **das grds. Prinzip der Vertragsfreiheit im Umwandlungsrecht** ableiten: Mit Zustimmung der betroffenen Gesellschafter kann auf die Schutzvorschriften – Identitätsgrundsatz und Anteilsgewährung – verzichtet werden. Wie der BGH feststellte, haben diese Grundsätze nur Schutzcharakter ggü. den Anteilsinhabern, es sind aber keine verzichtbaren oder drittschützenden Grundsätze. Insb. beim Formwechsel einer GmbH & Co. KG mit einem Komplementär ohne Kapitalanteil führt diese Lösung zu praxisgerechten Ergebnissen.

419

7. Sonder- und Vorzugsrechte

Gem. § 194 Abs. 1 Nr. 5 UmwG müssen im Umwandlungsbeschluss auch die **Rechte bestimmt werden**, die einzelnen Anteilsinhabern sowie den Inhabern besonderer Rechte, gewährt werden sollen oder die Maßnahmen, die für diese Personen vorgesehen sind. Die Vorschrift hat insb. auch im Hinblick auf § 204 i. V. m. § 23 UmwG Bedeutung. Danach sind den Inhabern von Rechten, die kein Stimmrecht gewähren, in der neuen Gesellschaft gleichwertige Rechte zu gewähren. Insofern haben diese Gesellschafter einen Anspruch auf Aufnahme einer Regelung in den Umwandlungsbeschluss. Hier ist insb. auch zu prüfen, inwieweit einzelnen Gesellschaftern an

420

---

665 Vgl. dazu BGHZ 142, 1, 5.
666 Eine größere Meinung in der Literatur unterstützt dies: vgl. Widmann/Mayer/Mayer, Umwandlungsrecht, § 197 UmwG Rn. 22; K. Schmidt, GmbHR 1995, 693, 695; ders. ZIP 1998, 181, 186; Priester, DB 1997, 565, 566; Kallmeyer, GmbHR 1996, 80, 82; Heckschen, DNotZ 2007, 451; ders., DB 2008, 2122 ff.; Decher/Hoger, in: Lutter, UmwG, § 202 Rn. 15; Stratz, in: Schmitt/Hörtnagl/Stratz, UmwG/UmwStG, § 226 Rn. 3; Baßler, GmbHR 2007, 1252, 1254; krit. Kallmeyer/Meister/Klöcker, § 191, Rn. 12.
667 GmbHR 1995, 693; ders., ZIP 1998, 181, 186.
668 Vgl. Heckschen, DB 2008, 2122 ff.
669 DB 2008, 2122 ff.
670 Vgl. BR-Drucks. 548/06, S. 27.

einer Personenhandelsgesellschaft zustehende Sonderrechte auch in der neuen Gesellschaft zugebilligt werden.

8. Angebot auf Barabfindung

421 Beim Formwechsel einer Personenhandelsgesellschaft muss der Umwandlungsbeschluss ein **Abfindungsangebot nur dann enthalten**, wenn eine Mehrheitsentscheidung möglich ist (vgl. im Einzelnen oben Teil 4 Rdn. 242 ff.). Die Prüfung der Barabfindung ist gem. § 225 UmwG beim Formwechsel einer Personenhandelsgesellschaft nur dann erforderlich, wenn ein Gesellschafter dies verlangt, wobei die Kosten von der Gesellschaft zu tragen sind. Nach h.M. kann jeder Gesellschafter das Prüfungsverlangen stellen und nicht etwa nur ein widersprechender.[671] Das Verlangen nach Prüfung der Barabfindung ist nicht fristgebunden und anders als in § 44 UmwG hat der Gesetzgeber keine Frist eingeführt (vgl. oben Teil 2 Rdn. 412), so dass auch noch nach dem Beschluss das Verlangen gestellt werden kann und nur der Rechtsmissbrauch eine Grenze darstellt.[672]

VI. Feststellung der Satzung des neuen Rechtsträgers

1. Notwendiger Inhalt der Satzung

422 Beim Formwechsel einer Personenhandelsgesellschaft in eine Kapitalgesellschaft oder Genossenschaft muss gem. § 218 Abs. 1 UmwG auch der Gesellschaftsvertrag der GmbH, die Satzung der Genossenschaft oder die Satzung der AG oder KGaA festgestellt werden. Die Regierungsbegründung weist darauf hin, dass die erheblichen strukturellen Unterschiede zwischen einer Personenhandelsgesellschaft einerseits und einer Kapitalgesellschaft oder einer Genossenschaft andererseits diese Einbeziehung des Gesellschaftsvertrages oder der Satzung in den Umwandlungsbeschluss erforderlich machten.[673] Mit dem Umwandlungsbeschluss beschließen also auch die Gesellschafter den Gesellschaftsvertrag oder die Satzung der neuen Gesellschaft bzw. des neuen Rechtsträgers.

423 Der **notwendige Inhalt der Satzung** ergibt sich damit aus den allgemeinen Vorschriften des GmbHG, AktG (§§ 3 ff. GmbHG, § 23 AktG) oder des GenG; zu beachten ist, dass es sich im Grunde um eine **Sachgründung** handelt:[674]

AG Firma, Sitz, Gegenstand des Unternehmens, Höhe des Grundkapitals, die Zerlegung des Grundkapitals entweder in Nennbetragsaktien oder in Stückaktien, bei Nennbetragsaktien deren Nennbeträge und die Zahl der Aktien jeden Nennbetrags, bei Stückaktien deren Zahl, außerdem, wenn mehrere Gattungen bestehen, die Gattung der Aktien und die Zahl der Aktien jeder Gattung, ob die Aktien auf den Inhaber oder auf den Namen ausgestellt werden die Zahl der Vorstandsmitglieder oder die Regelung über die Festlegung dieser Zahl und die Form der Bekanntmachung der Gesellschafter;

GmbH Firma und Sitz der Gesellschaft, Gegenstand des Unternehmens, Betrag des Stammkapitals, die Zahl und die Nennbeträge der Geschäftsanteile, die jeder Gesellschafter gegen Einlage auf das Stammkapital (Stammeinlage) übernimmt

---

671 Schmitt/Hörtnagl/Stratz/Stratz UmwG § 225 Rn. 1; Kallmeyer/Lanfermann § 225 UmwG Rn. 3; Widmann/Mayer/Vossius § 225 UmwG Rn 8; Kölner Komm UmwG/Dauner-Lieb/Tettinger§ 225 UnwG Rn 6; Semler/Stengel/Schlitt § 225 UmwG Rn. 7; Lutter/Joost § 225 UmwG Rn. 3; BeckOGK/Kühn UmwG § 225 Rn. 7.
672 Vgl. BeckOGK/Kühn UmwG § 225 Rn. 10; Widmann/Mayer/Vossius § 225 UmwG Rn. 2; Schmitt/Hörtnagl/Stratz/Stratz UmwG § 225 Rn. 4; Semler/Stengel/Schlitt UmwG § 225 Rn. 9.
673 Vgl. Begründung zum RegE, BR-Drucks. 75/94, S. 149; abgedruckt in: Limmer, Umwandlungsrecht, S. 344.
674 Vgl. Priester, DNotZ 1995, 427, 451; Kallmeyer/Blasche, UmwG, § 218 Rn. 4 ff.; Lutter/Joost, UmwG, § 218 Rn. 3 ff.

A. Formwechsel von Personengesellschaften

Teil 4 Kapitel 2

Genossenschaft	Firma und Sitz der Genossenschaft, Gegenstand des Unternehmens, Bestimmungen über die Haftsumme und die Bestimmungen über die Form für die Einberufung der Generalversammlung der Genossen, sowie für die Beurkundung ihrer Beschlüsse und über den Vorsitzenden der Versammlung, Bestimmungen über die Form, in welcher Bekanntmachung zu veröffentlichen sind. Ferner Bestimmungen über den Geschäftsanteil, sowie die Einzahlung auf den Geschäftsanteil und die Bildung einer gesetzlichen Rücklage;
KGaA	Bei der Umwandlung in eine KGaA muss mindestens ein Gesellschafter die persönliche Haftung übernehmen. § 218 Abs. 2 UmwG bestimmt deshalb, dass der Beschluss zur Umwandlung die Beteiligung mindestens eines Gesellschafters als persönlich haftenden Gesellschafter vorsieht (vgl. außerdem § 218 Abs. 2 und Abs. 3 UmwG).

Bei der **Ausgestaltung der Satzung** ist allerdings zu beachten, dass die Satzung inhaltlich den Vorgaben des Umwandlungsbeschlusses, soweit dieser Satzungsfragen regelt, entsprechen muss. Ferner ist zu berücksichtigen, dass neben den allgemeinen formwechselnden Vorschriften auch im übrigen die Sachgründungsvorschriften des AktG bzw. GmbHG zu beachten sind und wie bei der Neugründung einer AG oder GmbH der **Gründungsaufwand nach § 26 Abs. 2 AktG**, der bei der GmbH analog angewendet wird,[675] in der Satzung anzugeben ist, also die Kosten des Formwechsels.[676] Unrichtig ist mE die Meinung, die wie bei einer Neugründung einen Höchstbetrag verlangt, so dass der Rest von den Gesellschaftern getragen werden müßte. Die Gesellschafter kommen hierfür richtigerweise nicht in Frage, da sie gerade nicht Gründer sind[677] und nach h. M. nicht einer Gründerhaftung unterliegen.[678] Kerschbaumer[679] weist zu Recht darauf hin, dass bei der Neugründung einer GmbH diese erst mit der Eintragung entsteht. Zuvor entstandene Gründungskosten können somit grundsätzlich nicht Kosten der Gesellschaft sein, die zum Zeitpunkt der Entstehung der Kosten noch gar nicht wirksam als Rechtsträger besteht. Beim Formwechsel wird der Rechtsträger hingegen nicht neu gegründet. Vielmehr wechselt der bereits bestehende Rechtsträger seine Rechtsform. Der Rechtsträger als solcher bleibt dabei mit allen Forderungen und Verbindlichkeiten bestehen. Die Kosten des Formwechsels sind daher vollständig von dem Rechtsträger zu tragen, unabhängig von etwaigen gesellschaftsvertraglichen Bestimmungen. Zu beachten ist allerdings, dass dies in der Literatur[680] und in einigen Formularbüchern offenbar anders gesehen wird und Höchstgrenzen vorgesehen sind.[681] Auch die Gerichte scheinen dies zu erwarten, so dass im Zweifel eine Klärung mit dem Gericht sinnvoll erscheint oder vorsichtshalber eine Höchstgrenze anzugeben ist. Dabei ist dann wieder zu beachten, dass das Gesetz zwar keine Obergrenze vorsieht, dass aber Gründungsaufwand von den Registergerichten idR bis 10 % des ausgewiesenen Stammkapitals ohne Einzelnachweis akzeptiert wird.[682] So hat das OLG Celle entschieden[683] »Sieht eine GmbH-Satzung vor, dass die GmbH mit einem Stammkapital von 25.000.– € Gründungskosten bis zu 15.000.– € trägt, so sind diese Kosten unangemessen; diese Satzungsgestaltung ist unzulässig und steht der Eintragung im Handelsregister entgegen.

424

---

675 Vgl. Baumbach/Hueck/Fastrich, § 5 GmbHG Rn. 57, Cramer, NZG 2015, 373.
676 So h. M. Widmann/Mayer/Mayer, § 197 UmwG Rn. 27; Lutter/Decher/Hoger, § 197 UmwG Rn. 23; Bärwaldt in: Semler/Stengel, § 197 UmwG Rn. 21, 42; Stratz, in: Schmitt/Hörtnagl/Stratz, § 197 UmwG Rn. 16.
677 § 245 Abs. 1 UmwG gilt nicht.
678 So zu Recht Kerschbaumer, NZG 2011, 892, 894; ähnlich bereits Priester, AG 1986, 29, 32.
679 NZG 2011, 892, 894.
680 Cramer, NZG 2015, 373.
681 Z. B. Mozka/Hübner, in: Münchener Vertragshandbuch, gesellschaftsrecht Band, 7. Aufl. 2011, Formular XIII 5, Rn. 15, 23; Widman/Mayer/Vossius, Umwandlungsrecht, Anhang 4 Mustersatz 22, Rn. M 156.
682 Jürgenmeyer/Maier BB 1996, 2135, 21399.
683 NZG 2014, 1383, Anm. Cramer, NZG 2015, 373, der eine Kostentragung bis zur Höhe des Stammkapitals befürwortet.

Das ist auch dann nicht anders, wenn diese GmbH im Wege der Umwandlung entsteht und als Sacheinlage eine Kommanditgesellschaft eingebracht wird.«

Vgl. zur Regelungsfreiheit bei der Satzungsgestaltung unten Teil 4 Rdn. 193 ff.

2. Strukturwahrung durch Umwandlung

425 Das seit 1995 geltende UmwG hat ebenso wenig wie das bis 1995 geltende Recht die Frage geregelt, inwieweit **umwandlungsbedingte Strukturänderungen** i. R. d. Möglichen auszugleichen sind. Insb. beim Formwechsel einer Personenhandelsgesellschaft in eine Kapitalgesellschaft kann diese Frage besonders problematisch werden. So sind etwa bei der Personenhandelsgesellschaft die persönlich haftenden Gesellschafter i. d. R. auch geschäftsführungsberechtigt. Durch die Umwandlung werden die bisherigen geschäftsführenden Gesellschafter nicht automatisch Vorstände der AG oder Geschäftsführer der GmbH, sondern sind durch Mehrheitsbeschluss neu zu bestellen. Es stellt sich daher die Frage, auf welche Weise solchen umwandlungsbedingten Strukturänderungen Rechnung zu tragen ist. Wie oben dargelegt, hat das UmwG 1995 eine Reihe von **Zustimmungspflichten von Sonderrechtsinhabern** vorgesehen (vgl. Teil 4 Rdn. 231 ff.). Anders als beim Formwechsel einer GmbH fehlt allerdings eine § 50 Abs. 2 GmbHG vergleichbare Vorschrift, die insb. Geschäftsführungsrechte und dergleichen sichert. Beim Formwechsel einer Personenhandelsgesellschaft verbleibt es nur bei der allgemeinen Regelung des § 193 Abs. 2 (vgl. Teil 4 Rdn. 233 ff.), die aber nur die Zustimmung bei der Genehmigungspflicht der Anteilsabtretung verlangt. Außerdem gilt gem. § 204 UmwG der Verwässerungsschutz des § 23 UmwG ebenfalls beim Formwechsel einer Personenhandelsgesellschaft.

426 Ist ein **Formwechsel nur durch Einstimmigkeit**, wie im Regelfall bei der Personenhandelsgesellschaft, möglich, so stellt sich die Problematik nicht in der genannten Schärfe. In diesem Fall ist dann durch entsprechende Ausgestaltung der Satzung der neuen Gesellschaft sicherzustellen, dass die Gesellschafter mit besonderem Recht, etwa Geschäftsführungsrechten, auch in der neuen Gesellschaft vergleichbare Rechte erhalten, damit auf diese Weise die Zustimmung erreicht werden kann.

427 Beim **Formwechsel in eine AG** kann auch die Aktienbeteiligung der einzelnen Gesellschafter der umzuwandelnden Personenhandelsgesellschaft entsprechend ihrer Mitgliedschaftsrechte bei der Personenhandelsgesellschaft ausgestaltet werden (Stimmrecht, Gewinnanteil, Anteil am Abwicklungserlös, soweit dies nach Aktienrecht zulässig ist). Bei der **GmbH** ist dies noch einfacher, da hier relativ weitgehende Gestaltungsfreiheit besteht.

428 Schwieriger ist die Situation zu beurteilen, wenn der Gesellschaftsvertrag einer Personenhandelsgesellschaft einen **Formwechsel durch Mehrheitsbeschluss** vorsieht. Es besteht dann die Gefahr, dass den Gesellschaftern Rechtspositionen durch Mehrheitsbeschluss entzogen werden können, ohne dass sie entsprechende Rechte an der neuen Gesellschaftsform erhalten. Zum alten Umwandlungsrecht wurde in der Literatur z. T. die Auffassung vertreten, dass die Struktur der neuen Gesellschaft der alten Struktur möglichst nahe kommen muss.[684] Z. T. wurde zur Begründung hierfür das Prinzip der Gleichbehandlung der Gesellschafter herangezogen, bei gleichen Voraussetzungen nicht schlechter als andere Gesellschafter gestellt zu werden.

429 Zum UmwG 1995 ist allerdings zu berücksichtigen, dass § 195 Abs. 2 UmwG bestimmt, dass eine **Klage gegen die Wirksamkeit des Umwandlungsbeschlusses** nicht darauf gestützt werden kann, dass die neuen Anteile »keinen ausreichenden Gegenwert für die Anteile oder Mitgliedschaft bei dem formwechselnden Rechtsträger« sind.

430 Als Ausgleich für den **Verlust des Anfechtungsrechts** wird den Anteilsinhabern in § 196 UmwG nur die Möglichkeit zugebilligt, in einem Spruchverfahren Ausgleich durch bare Zuzahlung zu

---

684 So Mecke, ZHR 153, 1989, 35, 50.

verlangen. Man könnte hieraus schließen, dass insb. der Verlust von Sonderrechten nur finanziell ausgeglichen werden muss. Andererseits nennt die Regierungsbegründung § 193 Abs. 2 UmwG als Ausdruck des allgemeinen Rechtsgedankens, dass Sonderrechte eines Anteilsinhabers nicht ohne dessen Zustimmung beeinträchtigt werden dürfen.[685] Wie bereits oben dargelegt könnte man das Gesetz über seinen Wortlaut hinaus dahin gehend auslegen, dass nicht nur die Fälle einer Anteilsvinkulierung, sondern ganz generell der auch zum alten Recht vertretene Grundsatz in § 193 Abs. 2 UmwG ebenso wie in § 13 Abs. 2 UmwG festgeschrieben werden soll, dass alle Formen der Sonderrechte, auch Geschäftsführungsrechte, geschützt werden und daher die Zustimmung des betroffenen Rechtsinhabers erforderlich ist.

VII. Bestellung der ersten Organe

Vgl. den Überblick unter Teil 4 Rdn. 289 ff.   431

Bei der Umwandlung einer Personenhandelsgesellschaft werden die bisherigen geschäftsführenden Gesellschafter **nicht automatisch Geschäftsführer der GmbH** oder Vorstände der AG. § 197 UmwG bestimmt daher allgemein, dass auf den Formwechsel die für die neue Rechtsform geltenden Gründungsvorschriften anzuwenden sind. Hieraus folgt, dass auch die Vorschriften über die Bestellung der ersten Organe ebenfalls i. R. d. Umwandlungsvorganges anzuwenden sind.[686]

1. Formwechsel in eine GmbH

Die Geschäftsführer sind daher gem. § 6 Abs. 3 Satz 2 GmbHG im Gesellschaftsvertrag oder   432
durch gesonderten Gesellschafterbeschluss zu bestellen.[687] Soll die GmbH einen fakultativen Aufsichtsrat haben, können seine Mitglieder vor Eintragung oder später bestellt werden (§ 52 Abs. 2 GmbHG). Da nach § 219 Satz 1 UmwG bei der Anwendung der Gründungsvorschriften den Gründern die Gesellschafter der formwechselnden Personenhandelsgesellschaft gleichstehen, ist also die Organbestellung auch durch diese Gesellschafter vorzunehmen.[688] Bei Anwendung des MitbestG erfolgt die Bestellung durch den Aufsichtsrat.[689]

Erhält die GmbH einen **Aufsichtsrat**, so ist die Bestimmung der Mitglieder Teil des Umwand-   433
lungsbeschlusses.[690] Besteht aus Gründen der MitBestG oder des BetrVG ein zwingender Aufsichtsrat sind Angaben im Umwandlungsbeschluss erforderlich. Umstritten ist, ob der mitbestimmte Aufsichtsrat, bereits im Gründungsstadium zu bilden ist.[691] Das BayObLG hat im Beschl. v. 09.06.2000[692] dies abgelehnt.[693] Die wohl herrschende Meinung geht davon aus, dass der Aufsichtsrat bereits im Gründungsstadium einzusetzen ist.[694] Umstritten ist, ob die durch das

---

685 Vgl. Begründung zum RegE, BR-Drucks. 75/94, S. 139; abgedruckt in: Limmer, Umwandlungsrecht, S. 334.
686 Vgl. oben Teil 4 Rdn. 286 ff.; Hoger, ZGR 2007, 868 ff.; Kallmeyer/Meister/Willemsen, UmwG, § 194 Rn. 56, § 197 Rn. 20 ff., 37 ff., 58 ff., § 202 Rn. 24 f.; Widmann/Mayer/Mayer, Umwandlungsrecht, § 197 UmwG Rn. 50, 171; Widmann/Mayer/Vossius, Umwandlungsrecht, § 202 UmwG Rn. 32; Kübler, in: Semler/Stengel, UmwG, § 202 Rn. 10; Lupp, Die Auswirkungen einer Umwandlung auf Anstellungsverhältnisse von Vorständen und GmbH-Geschäftsführern, S. 13; Veil, Umwandlung einer AG in eine GmbH, S. 210 ff.
687 Lutter/Joost, UmwG, § 218 Rn. 14; Kallmeyer/Blasche, UmwG, § 218 Rn. 16; Widmann/Mayer/Vossius, Umwandlungsrecht, § 218 UmwG Rn. 44 ff.
688 Kallmeyer/Blasche, UmwG, § 218 Rn. 14.
689 Kallmeyer/Blasche, UmwG, § 218 Rn. 14.
690 Lutter/Joost, UmwG, § 218 Rn. 15; Kallmeyer/Blasche, UmwG, § 218 Rn. 17.
691 Vgl. Streitstand bei Halm, BB 2000, 1849 ff.; Krause-Ablaß/Link, GmbHR 2005, 731 ff.; Lutter/Joost, UmwG, § 218 Rn. 16.
692 BB 2000, 1538.
693 Ebenso Halm, BB 2000, 1849 ff.; a. A. Lutter/Joost, UmwG, § 218 Rn. 16.
694 Kallmeyer/Blasche, UmwG, § 218 Rn. 17 ff.; Schlitt, in: Semler/Stengel, UmwG, § 218 Rn. 27; Lutter/Joost, § 218 UmwG Rn. 16.

Zweiten Gesetz zur Änderung des UmwG in § 197 Satz 3 erfolgte Ergänzung (vgl. dazu oben Teil 4 Rdn. 292) auch bei der GmbH analog gilt.[695]

2. Formwechsel in eine AG

434 Auch für den **Formwechsel in eine AG** gilt, dass die Bestellung der ersten Organe erforderlich ist. Das bis 1995 geltende Recht hatte die Frage nicht ausdrücklich geregelt, ob auf die beim Formwechsel bislang notwendige Neubestellung des Aufsichtsrats in der Gesellschaft neuer Rechtsform die Vorschriften des für die neue Rechtsform geltenden Gründungsrechts über die Bildung des ersten Aufsichtsrats (§ 30 AktG) anzuwenden sind (vgl. oben Teil 4 Rn. 290 ff.).

435 Zum vor 1995 geltenden Umwandlungsrecht war die überwiegende Meinung der Auffassung, dass zumindest beim Formwechsel einer GmbH in eine AG und beim Formwechsel einer AG in eine GmbH selbst dann, wenn der formwechselnde Rechtsträger einen Aufsichtsrat hatte, keine sog. Amtskontinuität vorliege und deshalb das Amt der bisherigen Aufsichtsratsmitglieder anlässlich der Umwandlung ende.[696] Lediglich beim **Formwechsel einer AG in eine KGaA** war die überwiegende Meinung der Auffassung, dass sich, wenn sich die Zusammensetzung und Mitgliederzahl des Aufsichtsrates nicht ändere, die Aufsichtsratsmitglieder der AG auch bei der KGaA im Amt bleiben, da durch die formwechselnde Umwandlung die Identität der Gesellschaft nicht berührt wird.[697]

436 In den meisten Fällen war daher die überwiegende Meinung der Auffassung, dass **Neuwahlen erforderlich** sind, nicht aber die Vorschriften für die Bildung des ersten Aufsichtsrats anwendbar seien. Nach altem Recht fand also in diesen Fällen lediglich eine Neuwahl des Aufsichtsrates statt, sodass im Anwendungsbereich der Mitbestimmungsgesetze die Vertretung der Arbeitnehmer im Aufsichtsrat schon zum Zeitpunkt des Wirksamwerdens des Formwechsels gesichert war.

437 Der Gesetzgeber wollte an dieser Rechtslage auch im neuen Umwandlungsrecht festhalten und hat daher in § 197 Satz 2 UmwG bestimmt, dass jedenfalls die Vorschriften über die Bildung und Zusammensetzung des ersten Aufsichtsrates bei der Umwandlung nicht anwendbar sind.[698]

438 Das Gesetz hat die Frage nicht geregelt, wie zu verfahren ist, wenn die **formwechselnde Gesellschaft bisher keinen Aufsichtsrat** hat oder der Aufsichtsrat nur aus Mitgliedern der Aktionäre zusammengesetzt war und Arbeitnehmervertreter nicht enthielt. Diese Frage war im vor 1995 geltenden Recht in § 377 Abs. 2 Satz 2 AktG a. F. geregelt. Danach konnte der Aufsichtsrat bei der Umwandlung aus Aufsichtsratsmitgliedern der Aktionäre zusammengesetzt werden. Eine Benachteiligung der Arbeitnehmer bestand in diesem Fall nicht, da ihr Mitbestimmungsrecht durch die Verpflichtung des Vorstandes gem. § 97 Abs. 1 AktG, das **Statusverfahren** einzuleiten, gesichert war.[699] Bei der Neugründung einer AG besteht die Möglichkeit, dass die Gesellschafter nur so viele Aufsichtsratsmitglieder bestellen, wie nach den gesetzlichen Vorschriften vor der Hauptversammlung ohne Bindung an die Wahlvorschläge zu wählen sind, jedoch mindestens drei.

439 In der Literatur war daher umstritten, wie die Probleme aus der ungenauen Vorschrift des § 197 UmwG vor der Neuregelung durch das Zweite Gesetz zur Änderung des UmwG aus dem Jahr

---

695 Dafür spricht sich Widmann/Mayer/Mayer, Umwandlungsrecht, § 197 UmwG Rn. 15 aus, dagegen die wohl h. M.: Kallmeyer/Blasche, UmwG, § 218 Rn. 17 ff.; Schlitt, in: Semler/Stengel, UmwG, § 218 Rn. 27; Lutter/Joost, § 218 UmwG Rn. 16.
696 So Semler/Grunewald, in: Geßler/Hefermehl, AktG, § 377 Rn. 13; § 317 Rn. 14; KK-AktG/Zöllner, § 370 Rn. 8; § 377 Rn. 12; Rowedder/Zimmermann, GmbHG, 2. Aufl., Anh. zu § 77 Rn. 45: a. A. Dehmer, UmwG, UmwStG, 1. Aufl., § 377 AktG Anm. 2, der von einer Amtskontinuität ausgeht, ebenso Pöstler, BB 1993, 81.
697 Vgl. Dehmer, UmwG, UmwStG, 1. Aufl., § 363 AktG Anm. 7 m. w. N.
698 Vgl. Parmentier, GmbHR 2006, 476 ff.
699 Vgl. Parmentier, GmbHR 2006, 476 ff.

2007 zu lösen waren.⁷⁰⁰ Ist der **Aufsichtsrat** mitbestimmt, so müssen grds., da die Vorschriften über den ersten Aufsichtsrat nicht anzuwenden sind, die Vorschriften über die Bestellung von Aufsichtsratsmitgliedern der Arbeitnehmer angewendet werden, d. h. die Wahl des mitbestimmten Aufsichtsrates muss durchgeführt werden.⁷⁰¹ Nach der überwiegenden Meinung kann der erste Vorstand nur vom gesamten Aufsichtsrat unter Einschluss der Arbeitnehmervertreter gewählt werden; auch die Handelsregisteranmeldung nach § 222 UmwG ist vom Aufsichtsrat zu erklären, sodass dies zu erheblichen Verzögerungen führen kann.

Ein Teil der Literatur wollte in diesen Fällen § 104 AktG analog anwenden, wonach das zuständige Gericht auf Antrag eines Anteilsinhabers, des zuständigen Betriebsrats, einer Mindestzahl von Arbeitnehmern oder einer zuständigen Gewerkschaft einen Notaufsichtsrat, insb. zur Bestellung des Vorstandes, durch Beschluss zu ernennen hat.⁷⁰²

Ein anderer Teil der Literatur versuchte das Problem durch analoge Anwendung des § 31 AktG i. V. m. § 197 UmwG zu lösen.⁷⁰³ Danach sollen die Gründer gem. § 31 AktG so viele Aufsichtsratsmitglieder wählen, die nach den für maßgebend gehaltenen gesetzlichen Vorschriften von der Arbeitgeberseite zu stellen sind. Um jedoch die Beschlussfähigkeit zu gewährleisten, seien bei einem freien Aufsichtsrat zunächst alle Aufsichtsräte durch die Aktionäre zu bestellen. Erst nach Wirksamwerden des Formwechsels sei das Statusverfahren nach §§ 97 ff. AktG durchzuführen.

Wiederum eine weitere Auffassung knüpfte an die Frage der Beschlussfähigkeit des Aufsichtsrates an. Sie läßt es genügen, wenn im Zuge der Umwandlung die Gründer und damit künftigen Aktionäre ihre Vertreter in den Aufsichtsrat wählen. Ist der Aufsichtsrat dann nach den einschlägigen Vorschriften beschlussfähig (insb. bei Mitbestimmung nach § 76 Abs. 1, Abs. 6 BetrVG 1992), dann könne dieser nach § 197 Abs. 1 UmwG i. V. m. § 30 Abs. 4 AktG den Vorstand bestellen und auch die Handelsregisteranmeldung nach § 92 UmwG abgeben.⁷⁰⁴ Da der Formwechsel einer Sachgründung am ehesten entspricht, sollte trotz der Formulierung in § 197 Satz 2 UmwG § 31 AktG angewendet werden.⁷⁰⁵

Einigkeit besteht auch heute bei der Annahme, dass der Aufsichtsrat kein »erster Aufsichtsrat« i. S. v. § 30 AktG sein soll. Entgegen § 30 Abs. 2 AktG sind die Vorschriften über die Bestellung von Aufsichtsratsmitgliedern der Arbeitnehmer anwendbar. Es gilt auch nicht die kurze **Amtszeit** nach § 30 Abs. 3 Satz 1 AktG, sondern die reguläre Amtszeit nach § 102 Abs. 1 Satz 1 AktG.⁷⁰⁶ Damit stellte sich bis zur Neuregelung im Jahr 2007 für die Praxis die Frage, ob der unvollständig besetzte Aufsichtsrat im Gründungsstadium überhaupt wirksam die Vorstandsmitglieder bestellen kann, da die durch § 31 MitbestG vorgeschriebene Mehrheit von zwei Dritteln der Soll-Stärke des Aufsichtsrats nicht erreichbar war. Probleme ergaben sich auch bei der Anmeldung des Formwechsels, die nach dem herrschenden Verständnis von § 222 UmwG durch alle Mitglieder des Aufsichtsrats erfolgen musste.⁷⁰⁷

Der Gesetzgeber hat im **Zweiten Gesetz zur Änderung des UmwG** § 197 UmwG um einen Satz 3 wie folgt ergänzt: »*Beim Formwechsel eines Rechtsträgers in eine AG ist § 31 des Aktiengesetzes*

440

---

700 Vgl. Parmentier, GmbHR 2006, 476 ff.
701 Vgl. Widmann/Mayer/Mayer, Umwandlungsrecht, § 197 UmwG Rn. 13; Hergeth/Mingau, DStR 1999, 1948; Joost, in: FS für Claussen, 1997, S. 187 ff.
702 So Widmann/Mayer/Mayer, Umwandlungsrecht, § 197 UmwG Rn. 15; Widmann/Mayer/Rieger, Umwandlungsrecht, § 197 UmwG Rn. 164; Kallmeyer/Meister/Klöcker, UmwG, § 197 Rn. 70 ff., ablehnend BayObLG, NJW-RR 2000, 1482 zur Ausgliederung.
703 So Lutter/Decher/Hoger, UmwG, § 197 Rn. 48 f., § 203 Rn. 21.
704 So der Vorschlag von Hergeth/Mingau, DStR 1999, 1948.
705 Joost, in: FS für Claussen, 1997, S. 194 f.; teleologische Reduktion.
706 Parmentier, GmbHR 2006, 476, 481; Widmann/Mayer/Mayer, § 197 UmwG Rn. 13; Lutter/Decher/Hoger, UmwG, § 197 Rn. 48; Kallmeyer/Meister-Klöcker, UmwG, § 197 Rn. 61.
707 Vgl. auch Stellungnahme des DAV, NZG 2006, 802, 807.

anwendbar«. Durch die Regelung in § 197 Satz 2 soll die Anwendung des § 31 AktG über die Bestellung des Aufsichtsrats bei einer Sachgründung für den Fall des Formwechsels nicht ausgeschlossen sein. Dies soll in einem neuen Satz ausdrücklich klargestellt werden.[708] Das bedeutet, dass zunächst nur die Aufsichtsratsmitglieder der Anteilseigner zu bestellen wären (Rumpfaufsichtsrat) und der Vorstand hätte unverzüglich nach dem Formwechsel bekannt zu geben, nach welchen gesetzlichen Vorschriften seiner Ansicht nach der Aufsichtsrat zusammengesetzt sein müsste.[709] Für die Bestellung des ersten Aufsichtsrats im Fall einer Sachgründung enthält § 31 AktG Sondervorschriften, soweit Gegenstand der Sacheinlage oder Sachübernahme die Einbringung oder Übernahme eines Unternehmens oder eines Teils eines Unternehmens ist.[710] In diesem Fall haben die Gründer nur so viele Aufsichtsratsmitglieder der Anteilseignerseite zu bestellen, wie nach ihrer Ansicht künftig unter Beachtung der Mitbestimmungsgesetze erforderlich sein werden, mindestens aber drei (§ 31 Abs. 1 Satz 1 AktG). Sind die Arbeitnehmervertreter noch nicht bestellt, ist der allein aus Anteilseignern zusammengesetzte Aufsichtsrat voll funktionsfähig (§ 31 Abs. 2 AktG). Für diese gilt allerdings die kurze Amtszeit des § 30 Abs. 3 Satz 1 AktG. Dies gilt nicht für die nach § 31 Abs. 3 AktG bestellten Aufsichtsratsmitglieder der Arbeitnehmer (§ 31 Abs. 5 AktG). Man wird die Neuregelung dahin gehend auslegen müssen, dass dann, wenn keine Mitbestimmung besteht, sofort ein regulärer Aufsichtsrat gebildet werden kann.[711] Damit kann der Formwechsel bei der AG schon vor der Wahl der Arbeitnehmervertreter zum Handelsregister angemeldet werden und die Eintragung erfolgen.[712] Das Statusverfahren soll zwar schon vor der Eintragung des Formwechsel eingeleitet werden können, von seinem Abschluss ist der Vollzug des Formwechsels aber nicht abhängig.[713]

Vgl. dazu auch die Ausführungen bei Teil 4 Rdn. 290 ff.

3. Formwechsel in eine Genossenschaft

441 Auch beim Formwechsel einer Genossenschaft haben die Gesellschafter als Gründer die ersten Organe zu bestellen. D. h. auch in der Genossenschaft sind **Vorstand und Aufsichtsrat zu bestellen**.[714]

VIII. Zustimmungspflichten

1. Zustimmung von Sonderrechtsinhabern

442 Beim Formwechsel von Personenhandelsgesellschaften kommt **nur § 193 Abs. 2 UmwG zur Anwendung**, der bestimmt, dass, wenn die Abtretung der Anteile der formwechselnden Personenhandelsgesellschaft von der Genehmigung einzelner Anteilsinhaber abhängig ist, der Umwandlungsbeschluss zu seiner Wirksamkeit deren Zustimmung bedarf (vgl. oben Teil 4 Rdn. 231).

2. Zustimmungspflicht bei Formwechsel in KGaA

443 Dem Formwechsel in eine KGaA müssen alle Gesellschafter zustimmen, die in der KGaA die **Stellung eines persönlich haftenden Gesellschafters** haben sollen (§ 217 Abs. 3 UmwG).

---

708 Vgl. Begründung zum RegE BT-Drucks. 16/2919, S. 19.
709 Vgl. Parmentier, GmbHR 2006, 476, 484.
710 Vgl. auch Mayer/Weiler, DB 2007, 1291, 1293.
711 Parmentier, GmbHR 2006, 476, 484.
712 Kallmeyer/Meister/Klöcker, § 197 Rn. 73; Kallmeyer/Blasche, § 222 Rn. 8.
713 Lutter/Decher/Hoger, § 197 Rn. 49; Kallmeyer/Meister/Klöcker, § 197 Rn. 74; Widmann/Mayer/Mayer, § 197 UmwG Rn. 14.
714 Vgl. Semler/Stengel/Bärwaldt UmwG § 197 Rn. 65.

IX. Gründungsrecht und Kapitalschutz, Nachgründung

Beim Formwechsel einer Personenhandelsgesellschaft in eine Kapitalgesellschaft spielt insb. der **Kapitalschutz** eine große Rolle, beim Formwechsel in die AG auch die **Nachgründungsvorschriften**. Der Gesetzgeber hat daher in § 220 UmwG ausdrücklich dieses Problem geregelt und bestimmt, dass der Nennbetrag des Stammkapitals einer GmbH oder des Grundkapitals einer AG das nach Abzug verbleibende Vermögen der formwechselnden Gesellschaft nicht übersteigen darf. Der Grund für diese besondere Vorschrift liegt darin, dass in der Personenhandelsgesellschaft keine Bestimmungen zur Kapitalerhaltung und Kapitalaufbringung bestehen, sodass erstmals i. R. d. Umwandlung ein gewisser Gleichklang mit einer Sachgründung geschaffen werden musste. In § 220 Abs. 2 UmwG wird die Vorschrift des § 197 UmwG ergänzt, die bereits bestimmt, dass i. Ü. die Vorschriften über eine Sachgründung anzuwenden sind. § 220 Abs. 2 und Abs. 3 UmwG erläutern die Vorschrift über den Sachgründungsbericht und die Gründungsprüfung beim Formwechsel. Die für Nachgründungen bestimmte Frist von 2 Jahren beginnt mit Wirksamwerden des Formwechsels. 444

Vgl. dazu auch die Ausführungen bei Teil 4 Rdn. 26 ff., 150 ff., 205 ff.

1. Kapitalaufbringung

Nach § 220 Abs. 1 UmwG muss das nach Abzug verbleibende Vermögen der formwechselnden Personenhandelsgesellschaft mindestens den Nennbetrag des Stammkapitals der GmbH oder des Grundkapitals der AG oder KGaA erreichen. Nach der hier vertretenen Auffassung besteht allerdings die Möglichkeit einer **Buchwertaufstockung** (vgl. oben Teil 4 Rdn. 152), um das Stammkapital durch **Reinvermögensdeckung** zu erreichen. Sollte das Reinvermögen der Personenhandelsgesellschaft allerdings nicht ausreichen, um das Stammkapital oder Grundkapital zu decken, so empfiehlt sich durch **Einlagen in die Personenhandelsgesellschaft vor der Umwandlung** ein entsprechendes Kapital bei der Personenhandelsgesellschaft zu schaffen, sodass die notwendige Kapitaldeckung erreicht wird.[715] 445

Ob eine **Mischung zwischen Formwechsel und Bargründung** etwa dergestalt zulässig ist, dass eine fehlende Kapitaldeckung durch Bareinlagen i. R. d. Formwechsels möglich wäre, ist umstritten. Z. T. wird dies abgelehnt, da dies dem Identitätsgrundsatz des § 220 Abs. 1 UmwG widerspricht.[716] Ein anderer Teil der Literatur läßt dies hingegen zu; nach dieser Meinung können die Gesellschafter weitere Bar- oder sogar Sacheinlagen leisten, bis das Kapital durch das Reinvermögen gedeckt ist.[717] M. E. ist dieser Auffassung zu folgen, da der Identitätsgrundsatz nicht so weitgehend ist, dass er nicht weitere Leistungen zur Kapitaldeckung erlaubt. Weiter umstritten ist, ob die Bareinlagen nur zu einem Viertel einzuzahlen sind.[718] 446

2. Sachgründungsbericht beim Formwechsel in eine GmbH (§ 220 Abs. 2 UmwG)

Wie sich aus **§ 220 Abs. 2 UmwG** ergibt, ist beim Formwechsel einer Personenhandelsgesellschaft in eine GmbH immer ein Sachgründungsbericht erforderlich. Der Sachgründungsbericht nach 447

---

[715] Widmann/Mayer/Mayer Umwandlungsrecht, § 197 UmwG Rn. 35; Widmann/Mayer/Vossius, Umwandlungsrecht, § 220 UmwG Rn. 30; vgl. hierzu auch Joost, in: Lutter, Kölner Umwandlungsrechtstage, S. 257.

[716] So Widmann/Mayer/Mayer Umwandlungsrecht, § 197 UmwG Rn. 35 ff.; Widmann/Mayer/Vossius, Umwandlungsrecht, § 220 UmwG Rn. 30; Lutter/Joost, § 220 UmwG Rn. 15 f.; KK-UmwG/Petersen, § 220 UmwG Rn. 27 f.

[717] So Stratz, in: Schmitt/Hörtnagl/Stratz, § 220 UmwG Rn. 10; Kallmeyer/Blasche, UmwG, § 220 Rn. 9; Schlitt, in: Semler/Stengel, UmwG, § 220 Rn. 14; BeckOGK/Kühn UmwG § 220 Rn. 25; K. Schmidt, ZIP 1995, 1385, 11389; Priester FS Zöller, S. 466, Priester DStR 2005, 788, 794.

[718] Vgl. Schlitt, in: Semler/Stengel, UmwG, § 220 Rn. 14; BeckOGK/Kühn UmwG § 220 Rn. 25). Das OLG Frankfurt hat diese Frage offengelassen (ZIP 2015, 1229.

§ 5 Abs. 4 Satz 2 GmbH i. V. m. § 197 UmwG hat die Aufgabe plausibel zu machen, welche Überlegungen für den Einlagewert des Vermögens der formwechselnden Gesellschaft sprechen.[719] Durch ihn soll insb. die Werthaltigkeit im Hinblick auf § 220 UmwG nachgewiesen werden. Der Bericht bedarf der **Schriftform**. Den Bericht haben gem. § 219 UmwG die Gesellschafter der formwechselnden Personengesellschaft zu erstatten, im Fall einer Mehrheitsentscheidung die Gesellschafter, die für den Formwechsel gestimmt haben.[720] Gem. § 220 Abs. 2 UmwG sind darüber hinaus der Geschäftsverlauf der letzten 2 Jahre und die Lage der formwechselnden Gesellschaft darzulegen. Nach ganz allgemeiner Meinung in der Literatur kommt im Hinblick auf den höchstpersönlichen Charakter der Mitwirkung beim Gründungsbericht (falsche Angaben sind nach § 399 Abs. 1 Nr. 2 AktG strafbewehrt) bei der Unterzeichnung des Gründungsberichts eine Stellvertretung nicht infrage.[721]

3. Gründungsbericht und Gründungsprüfung beim Formwechsel in eine AG (§ 220 Abs. 3 Satz 1 UmwG)

448 Auch für die AG gelten die **allgemeinen Vorschriften** über den Gründungsbericht (§ 32 AktG) und die Gründungsprüfung (§ 33 Abs. 2 AktG). Der Gründungsbericht bei der AG ist wie bei der GmbH vom Vertretungsorgan der Gesellschaft abzugeben. Nach § 32 Abs. 2 AktG sind insb. anzugeben:
– die vorausgegangenen Rechtsgeschäfte, die auf den Erwerb der Gesellschaft hingezielt haben,
– die Anschaffungs- und Herstellungskosten aus den beiden letzten Jahren und
– die Betriebserträge aus den beiden letzten Geschäftsjahren.

Nach § 220 Abs. 1 UmwG sind darüber hinaus auch der Geschäftsverlauf und die Lage der formwechselnden Gesellschaft darzulegen.

a) Gründungsbericht

449 Der Gründungsbericht dient als **Grundlage für die Prüfung der Gründung der AG** durch den Vorstand, den Aufsichtsrat, die Gründungsprüfer und das Registergericht.[722] Den Bericht über den Hergang der Gründung haben gem. § 219 UmwG die Gesellschafter der formwechselnden Personengesellschaft zu erstatten, im Fall einer Mehrheitsentscheidung die Gesellschafter, die für den Formwechsel gestimmt haben.[723] Nach ganz allgemeiner Meinung in der Literatur kommt im Hinblick auf den höchstpersönlichen Charakter der Mitwirkung beim Gründungsbericht (falsche Angaben sind nach § 399 Abs. 1 Nr. 2 AktG strafbewehrt) bei der Unterzeichnung des Gründungsberichts eine Stellvertretung nicht infrage.[724]

450 Gem. § 32 AktG sind im Gründungsbericht die **wesentlichen Umstände darzulegen**, von denen die Angemessenheit der Leistungen für Sacheinlagen oder Sachübernahmen abhängt. Dabei sind

---

719 Kallmeyer/Blasche, § 220 Rn. 16; Lutter/Joost, § 220 UmwG Rn. 23; Widmann/Mayer/Vossius Umwandlungsrecht, § 220 UmwG Rn. 34 ff.; Schlitt, in: Semler/Stengel, UmwG, § 220 Rn. 24; BeckOGK/Kühn UmwG § 220 Rn. 28.
720 Kallmeyer/Blasche, § 220 Rn. 15 ff.; Schlitt, in: Semler/Stengel, UmwG, § 220 Rn. 26; Widmann/Mayer/Vossius Umwandlungsrecht, § 220 UmwG Rn. 34 ff.; BeckOGK/Kühn UmwG § 220 Rn. 28.
721 Stratz, in: Schmitt/Hörtnagl/Stratz, § 197 UmwG Rn. 23; BeckOGK/Kühn UmwG § 220 Rn. 28; Melchior, GmbHR 1999, 520, 521; Kallmeyer/Blasche, UmwG, § 220 Rn. 15; Schlitt, in: Semler/Stengel, UmwG, § 220 Rn. 26.
722 Vgl. Widmann/Mayer/Vossius, Umwandlungsrecht, § 220, UmwG Rn. 43 ff.; Kallmeyer/Blasche, § 220 Rn. 15 ff.; Schlitt, in: Semler/Stengel, UmwG, § 220 Rn. 27 ff.
723 Kallmeyer/Blasche, § 220 Rn. 13; BeckOGK/Kühn UmwG § 220 Rn. 28.
724 Widmann/Mayer/Vossius, Umwandlungsrecht, § 220, UmwG Rn. 45; Lutter/Göthel, § 245 Rn. 44; Stratz, in: Schmitt/Hörtnagl/Stratz, § 197 UmwG Rn. 23; Melchior, GmbHR 1999, 520, 521; Kallmeyer/Blasche, UmwG, § 220 Rn. 15; Schlitt, in: Semler/Stengel, UmwG, § 220 Rn. 28; BeckOGK/Kühn UmwG § 220 Rn. 28.

die vorausgegangenen Rechtsgeschäfte anzugeben, die auf den Erwerb durch die Gesellschaft hingezielt haben, die Anschaffungs- und Herstellungskosten aus den letzten beiden Jahren und beim Übergang eines Unternehmens auf die Gesellschaft die Betriebsverträge aus den letzten beiden Geschäftsjahren. Außerdem ist anzugeben, ob und in welchem Umfang bei der Gründung für Rechnung eines Mitglieds eines Vorstandes oder des Aufsichtsrats Aktien übernommen worden sind und ob und in welcher Weise ein Mitglied des Vorstandes oder des Aufsichtsrats durch einen besonderen Vorteil oder eine besondere Entschädigung oder Belohnung ausbedungen hat. Gem. § 220 Abs. 2 UmwG sind darüber hinaus Darstellungen über den bisherigen Geschäftsverlauf und die Lage der sich umwandelnden Gesellschaft erforderlich. Nach der herrschenden Meinung muss wegen dieser Bestimmung die geschäftliche Entwicklung der beiden letzten Geschäftsjahre vor dem Umwandlungsstichtag für Dritte deutlich werden.[725]

b) Gründungsprüfung

Gem. § 220 Abs. 3 UmwG i. V. m. § 33 Abs. 1 AktG haben die Mitglieder des Vorstandes und des Aufsichtsrates den Hergang der Gründung zu prüfen (interne Gründungsprüfung). Außerdem hat stets gem. § 33 Abs. 2 AktG i. V. m. § 220 Abs. 3 UmwG in jedem Fall eine **Gründungsprüfung durch einen oder mehrere Prüfer** (externe Gründungsprüfung) stattzufinden. 451

Die Prüfung durch die Mitglieder des Vorstandes und des Aufsichtsrates sowie die Prüfung durch einen Gründungsprüfer haben sich gem. § 34 AktG namentlich darauf zu erstrecken, ob die Angaben der Gründer über die Übernahme der Aktien, über die Einlagen auf das Grundkapital und über die Festsetzungen nach §§ 26 und 27 UmwG **richtig und vollständig** sind, und insb., ob der Wert der Sacheinlagen den Nennbetrag der dafür zu gewährenden Aktien erreicht.[726] 452

4. Prüfung durch das Registergericht

Gem. § 38 AktG hat beim Formwechsel in eine AG das **Gericht zu prüfen**, ob die Gesellschaft ordnungsgemäß errichtet und angemeldet ist. Eine ähnliche Regelung trifft § 9c GmbHG für die Gründung einer GmbH: Ist die Gesellschaft nicht ordnungsgemäß errichtet und angemeldet, hat das Gericht die Eintragung abzulehnen. Dies gilt auch, wenn Sacheinlagen überbewertet worden sind. Grds. sind diese Vorschriften durch die Verweisung in § 197 UmwG auf das Gründungsrecht ebenfalls anwendbar. 453

Zum bis 1995 geltenden alten Recht, das ebenfalls auf die Gründungsvorschriften bei der errichtenden Umwandlung verwies, war die überwiegende Meinung der Auffassung, dass **§ 9c GmbHG auch für die Umwandlung** gilt.[727] Das Registergericht musste danach gem. § 9c Satz 1 GmbHG die Ordnungsmäßigkeit der Errichtung und Anmeldung prüfen. Insoweit waren v. a. der Umwandlungsbeschluss, die Satzung der GmbH und die Wahrung der Formvorschriften, die Vollständigkeit der Anmeldung und ihre Anlagen sowie die Einhaltung der Frist für die Umwandlungsbilanz zu prüfen.[728] Gem. § 9c Satz 2 GmbHG sollte die richterliche Prüfung auch den Wert der Sacheinlagen erfassen, wobei Prüfungsunterlagen in erster Linie der Sachgründungsbericht und auch die Wertnachweisunterlagen in Gestalt der Umwandlungsbilanz waren.[729] 454

---

725 Vgl. Widmann/Mayer/Vossius, Umwandlungsrecht, § 220 UmwG Rn. 43 ff.; Kallmeyer/Blasche, UmwG, § 220 Rn. 14; Stratz, in: Schmitt/Hörtnagl/Stratz, § 197 UmwG Rn. 23; Melchior, GmbHR 1999, 520, 521.
726 Kallmeyer/Blasche, UmwG, § 220 Rn. 18; Stratz, in: Schmitt/Hörtnagl/Stratz, § 197 UmwG Rn. 25 ff.; Widmann/Mayer/Vossius, Umwandlungsrecht, § 220 UmwG Rn. 50 ff.; Schlitt, in: Semler/Stengel, § 220 UmwG Rn. 30.
727 Kallmeyer/Meister/Klöcker, § 192 UmwG Rn. 28; Lutter/Decher/Hoger, § 197 UmwG Rn. 31.
728 Vgl. Scholz/Priester, GmbHG, Anh. Umwandlung, § 47 Rn. 18.
729 Vgl. Scholz/Priester, GmbHG, Anh. Umwandlung, § 47 Rn. 18.

455 Gem. § 38 Abs. 1 Satz 1 AktG i. d. F. bis 1995 hatte das **Registergericht** nach altem Recht zu prüfen, ob die Gesellschaft ordnungsgemäß errichtet und angemeldet ist. Sinngemäße Anwendung i. S. v. § 378 Abs. 1 AktG a. F. bedeutete, dass auch die Prüfung des Registergerichts sich nur auf die Umwandlung zu beziehen habe.[730] Das Registergericht war danach darauf beschränkt, die Angabe im Umwandlungsbericht und den jeweiligen Prüfungsbericht zu überprüfen.

456 Diese Grundsätze gelten auch zum UmwG 1995 neuen Recht, da das neue Recht zumindest beim Formwechsel einer Personengesellschaft in eine Kapitalgesellschaft und auch beim Formwechsel einer GmbH in eine AG die Kapitalprüfung gem. § 220 UmwG bzw. § 245 UmwG verlangt.

5. Gründungshaftung

457 Da § 197 UmwG vollumfänglich auf die Gründungsvorschriften des Kapitalgesellschaftsrechts verweist, sind auch die Vorschriften über die Gründungshaftung anwendbar.[731] Auch die Begründung zum RegE weist darauf hin, dass gem. § 197 UmwG die Vorschriften über die Verantwortlichkeit der Gründer anzuwenden seien.[732] Dies bedeutet, dass beim Formwechsel in eine **GmbH** die **Differenzhaftung des Sacheinlegers** gem. § 9 GmbHG gilt und auch die **Gründerhaftung** gem. §§ 9a, 9b GmbHG bei Falschangaben im Zusammenhang mit der Gründung anwendbar ist. Diese Differenzhaftung findet auch nach herrschender Meinung bei der **AG** analoge Anwendung.[733]

▶ Hinweis:

458 Zu beachten ist, dass diese Verantwortlichkeit allerdings nicht alle Gesellschafter trifft, sondern hier § 219 UmwG anwendbar ist, sodass im Fall einer Mehrheitsentscheidung an die Stelle der Gründer die Gesellschafter treten, die für den Formwechsel gestimmt haben. Diese sind als Gründer i. S. d. Gründungsrechts zu behandeln, also auch i. S. d. Haftungsvorschrift.[734]

6. Nachgründung (§ 220 Abs. 3 Satz 2 UmwG)

459 Da § 197 Satz 1 UmwG auf die Gründungsvorschriften verweist, gelten auch die Nachgründungsvorschriften beim Formwechsel in eine AG nach §§ 52 ff. AktG.[735]

§ 220 Abs. 3 Satz 2 UmwG stellt klar, dass die Zwei-Jahres-Frist für die Nachgründung mit dem Wirksamwerden des Formwechsels zu laufen beginnt.

X. Handelsregisteranmeldung

460 Die Grundnorm für die Anmeldung des Formwechsels bildet § 198 UmwG (vgl. oben Teil 4 Rdn. 303 ff.). Danach ist der **Inhalt der Anmeldung** die neue Rechtsform des Rechtsträgers. Grds. verbleibt es bei dieser einen Anmeldung, wenn nicht gleichzeitig eine Sitzverlegung stattfindet. In diesem Fall ist nach § 198 Abs. 2 UmwG der Formwechsel bei dem Register des neuen

---

730 So Priester, AG 1986, 29; Dehmer, UmwG, UmwStG, § 378 UmwG AktG Anm. 3d.
731 So auch Priester, DNotZ 1995, 421, 452; Widmann/Mayer/Mayer Umwandlungsrecht, § 197 UmwG Rn. 61 ff.
732 Vgl. Begründung zum RegE, BR-Drucks. 75/94, S. 141; abgedruckt in: Limmer, Umwandlungsrecht, S. 336.
733 Vgl. Hüffer/Koch, AktG, § 9 Rn. 6; Hoffmann-Becking, in: Münchener Handbuch des Gesellschaftsrechts, Bd. 4, § 4 Rn. 28.
734 So auch Begründung zum RegE, BR-Drucks. 75/94, S. 150; abgedruckt in: Limmer, Umwandlungsrecht, S. 345; vgl. Widmann/Mayer/Mayer Umwandlungsrecht, § 197 UmwG Rn. 64; Bärwaldt, in: Semler/Stengel, § 197 UmwG Rn. 33; Lutter/Joost, § 219 UmwG Rn. 5; Kallmeyer/Blasche, UmwG, § 219 Rn. 6.
735 Vgl. Kallmeyer/Blasche, UmwG, § 220 Rn. 16.

Sitzes anzumelden, darüber hinaus aber auch zur Eintragung in das Register, in dem die formwechselnde Personengesellschaft eingetragen ist. § 222 UmwG regelt nun, von wem diese verschiedenen Anmeldungen vorzunehmen sind. Eine Vertretung ist wegen der strafrechtlichen und zivilrechtlichen Verantwortung nicht zulässig.[736]

1. Formwechsel einer Personenhandelsgesellschaft in eine GmbH

Nach § 222 Abs. 1 UmwG ist beim Formwechsel in eine GmbH die Anmeldung von **allen Geschäftsführern** der neuen GmbH vorzunehmen. Hat die GmbH einen obligatorischen **Aufsichtsrat** gem. § 77 BVerfG oder § 1 Abs. 1 MitBestG, ist umstritten, ob auch **alle Aufsichtsratsmitglieder** die Anmeldung vornehmen müssen. Zum Teil wird dies bei der GmbH generell verneint.[737] Nach anderer Auffassung müssen auch die Aufsichtsratsmitglieder anmelden.[738] Dabei ist wiederum umstritten, ob die Arbeitnehmervertreter im Zeitpunkt der Anmeldung bereits bestellt sein müssen. Zum Teil wird dies verneint. Zur Anmeldung sind nach einer Auffassung nur diejenigen Aufsichtsratsmitglieder verpflichtet, die bereits gewählt worden sind.[739] Andere erstrecken die Anmeldungspflicht auch auf die Arbeitnehmervertreter, die notfalls gerichtlich zu bestellen seien.[740] Das ist aber abzulehnen. (siehe nachfolgende Rdn. 463 ff.). Ein fakultativer Aufsichtsrat muss nicht mitwirken.[741]

461

Ist die nach § 198 Abs. 2 Satz 3 UmwG infolge des Sitzwechsels notwendige Anmeldung **beim alten Handelsregister** erforderlich, kann diese nach § 222 Abs. 3 UmwG auch von den Gesellschaftern der Personenhandelsgesellschaft vorgenommen werden, die zur Vertretung dieser berechtigt sind. Daneben kann dies natürlich auch von den Geschäftsführern der GmbH, evtl. ergänzt durch die Mitglieder des Aufsichtsrates, geschehen.[742]

462

2. Formwechsel einer Personenhandelsgesellschaft in eine AG

Die Anmeldung der AG als neue Rechtsform ist von **sämtlichen Vorstandsmitgliedern**, allen Mitgliedern des zukünftigen **Aufsichtsrates** und den **Gesellschaftern**, die der Umwandlung zugestimmt haben und deshalb Gründer nach § 219 UmwG sind, vorzunehmen.[743] Wie bereits dargelegt (vgl. oben Teil 4 Rdn. 439 ff., 461) war in der Literatur bzgl. der Aufsichtsratsmitglieder umstritten, ob unter dem Begriff »alle Mitglieder des Aufsichtsrates« die satzungsmäßig festgelegte Mitgliederzahl erforderlich ist, sodass im Fall der Mitbestimmung die Anmeldung erst nach Durchführung der langwierigen Wahlverfahren erfolgen kann.[744] Die Auslegung war bis zum Zweiten Gesetz zur Änderung des UmwG umstritten. Ein Teil der Literatur wollte in diesen Fällen § 104 AktG anwenden, sodass zur Herstellung der Handlungsfähigkeit des Aufsichtsrates ein Notaufsichtsrat vom Gericht bestellt werden sollte.[745] Z. T. wurde es als ausreichend erachtet,

463

---

736 Kallmeyer/Blasche, UmwG, § 222 Rn. 6, 8; Lutter/Joost, § 222 UmwG Rn. 2; Schlitt, in: Semler/Stengel, UmwG, § 222 Rn. 12.
737 Widmann/Mayer/Vossius, § 222 UmwG Rn. 16; Stratz, in: Schmitt/Hörtnagl/Stratz, § 197 UmwG Rn. 3.
738 Lutter/Joost, § 222 UmwG Rn. 4; Kallmeyer/Blasche § 222 UmwG Rn. 5; BeckOGK/Kühn UmwG § 222 Rn. 11.
739 Lutter/Joost, § 222 UmwG Rn. 3.
740 So Schlitt, in: Semler/Stengel, UmwG, § 222 bei Rn. 9 zur GmbH, anders aber bei der AG bei Rn. 16.
741 Schlitt, in: Semler/Stengel, UmwG, § 222 Rn. 10; Lutter/Joost, § 222 UmwG Rn. 4; Widmann/Mayer/Vossius, § 222 UmwG Rn. 15; Kallmeyer/Dirksen, § 222 UmwG Rn. 5.
742 Vgl. Kallmeyer/Blasche § 222 UmwG Rn. 12; Widmann/Mayer/Vossius, § 222 UmwG Rn. 11 f.; Lutter/Joost, § 222 UmwG Rn. 10.
743 Vgl. Lutter/Joost, UmwG, § 222 Rn. 3; Kallmeyer/Blasche, § 222 UmwG Rn. 8; Widmann/Mayer/Vossius, § 222 UmwG Rn. 20 ff.; Schlitt, in: Semler/Stengel, § 222 UmwG Rn. 16.
744 So Lutter/Joost, UmwG, 1. Aufl., § 222 Rn. 4; Kallmeyer/Blasche, § 222 UmwG Rn. 3 ff.
745 Widmann/Mayer/Vossius, Umwandlungsrecht, § 222 UmwG Rn. 22.

wenn die Handelsregisteranmeldung vonseiten des Aufsichtsrates durch alle Arbeitgebervertreter durchgeführt wurde. Die Literatur, die dieser Ansicht folgte, legte § 222 Abs. 1 Satz 1 UmwG dahin gehend aus, dass mit dem Begriff »alle Mitglieder« alle zum Zeitpunkt bestellt Aufsichtsratsmitglieder zu verstehen waren.[746]

Der Gesetzgeber hat im **Zweiten Gesetz zur Änderung des UmwG** § 197 UmwG um einen Satz 2 wie folgt ergänzt: »*Beim Formwechsel eines Rechtsträgers in eine AG ist § 31 des Aktiengesetzes anwendbar*«. Durch die Regelung in § 197 Satz 2 UmwG n. F. soll die Anwendung des § 31 AktG über die Bestellung des Aufsichtsrats bei einer Sachgründung für den Fall des Formwechsels nicht ausgeschlossen sein. Dies soll in einem neuen Satz ausdrücklich klargestellt werden.[747] Damit ist der Meinung zu folgen, dass es für die Anmeldung ausreicht, wenn die bestellten Gesellschaftervertreter bei der Anmeldung mitwirken.[748]

Ist mit dem Formwechsel eine Sitzverlegung verbunden, hat die Anmeldung sowohl bei den bisher zuständigen als auch dem in Zukunft zuständigen Register zu erfolgen. Im Fall der Sitzverlegung kann nach § 222 Abs. 3 UmwG die Anmeldung bei dem bisher örtlich zuständigen Register durch die für die Vertretung der formwechselnden Handelsgesellschaft berechtigten persönlich haftenden Gesellschafter erfolgen. Vgl. ausführlich auch Teil 4 Rdn. 290 ff., 434 ff.

3. Formwechsel einer Personenhandelsgesellschaft in eine Genossenschaft

464 Beim Formwechsel einer Genossenschaft hat ebenfalls jedes Mitglied des **Vorstandes** und des **Aufsichtsrates** die Anmeldung vorzunehmen. Gem. § 222 Abs. 1 Satz 2 UmwG sind darüber hinaus zugleich mit der Genossenschaft auch die Mitglieder des Vorstandes zur Eintragung in das Register anzumelden.[749] Hierdurch soll sichergestellt werden, dass die Genossenschaft und die Mitglieder ihres Vertretungsorgans gleichzeitig zur Eintragung in das Genossenschaftsregister angemeldet werden, damit sofort Klarheit über die Vertragsverhältnisse herrscht. Der Anmeldung zum Register ist nach § 11 Abs. 2 Satz 3 GenG die Bescheinigung eines Prüfungsverbandes, dass die Genossenschaft zum Beitritt zugelassen ist, sowie eine gutachtliche Äußerung des Prüfungsverbandes, ob nach den persönlichen oder wirtschaftlichen Verhältnissen, insbesondere der Vermögenslage der Genossenschaft, eine Gefährdung der Belange der Mitglieder oder der Gläubiger der Genossenschaft zu besorgen ist.[750]

465 Im Fall des Formwechsels einer Personenhandelsgesellschaft in eine Genossenschaft ist immer ein Fall des § 198 Abs. 2 Satz 3 UmwG gegeben, da sich stets die Art des für den Rechtsträger maßgeblichen Registers ändert.[751] Zu unterscheiden ist daher zwischen der Anmeldung der neuen Rechtsform zum **Genossenschaftsregister** und der Anmeldung des Formwechsels zum Handelsregister. Die Anmeldung der neuen Rechtsform ist nach § 222 Abs. 1 UmwG vom Vorstand und vom Aufsichtsrat vorzunehmen. Nach § 222 Abs. 1 Satz 1 UmwG ist darüber hinausgehend bei der Umwandlung in eine Genossenschaft die Satzung durch alle Mitglieder des Vorstandes sowie des Aufsichtsrates anzumelden.[752] Eine Unterzeichnung der Satzung ist allerdings nicht erforderlich.[753] Außerdem ist der Formwechsel bei der Personenhandelsgesellschaft in das **Handelsregister**

---

746 So Widmann/Mayer/Vossius, Umwandlungsrecht, § 222 UmwG Rn. 21; Hergeth/Mingau, DStR 1999, 1948, 1950.
747 Begründung zum RegE BT-Drucks. 16/2919, S. 19.
748 So Lutter/Joost, § 222 UmwG Rn. 3; Kallmeyer/Blasche, UmwG, § 222 Rn. 7; Widmann/Mayer/Vossius, § 222 UmwG Rn. 21 f.; Schlitt, in: Semler/Stengel, UmwG, § 222 Rn. 16.
749 Widmann/Mayer/Vossius, § 222 UmwG Rn. 46 ff.; Schlitt, in: Semler/Stengel, § 222 UmwG Rn. 26.
750 Vgl. zum Inhalt Pöhlmann/Fandrich/Bloehs/Fandrich GenG § 11 Rn. 6 f.
751 Widmann/Mayer/Vossius, § 222 UmwG Rn. 46.
752 Widmann/Mayer/Vossius, § 222 UmwG Rn. 48 f.; Lutter/Joost, § 222 UmwG Rn. 7; Schlitt, in: Semler/Stengel, § 222 UmwG Rn. 25.
753 Lutter/Joost, UmwG, § 222 Rn. 9.

A. Formwechsel von Personengesellschaften

anzumelden. Nach § 222 Abs. 3 UmwG genügt auch in diesem Fall die Anmeldung durch die vertretungsberechtigten Gesellschafter der formwechselnden Personenhandelsgesellschaft.

4. Einlagenversicherung und Negativversicherung

Da gem. § 197 UmwG jeweils Gründungsrecht anzuwenden ist, richtet sich auch der weitere Inhalt der Anmeldung nach den **jeweiligen Gründungsvorschriften** (vgl. oben Teil 4 Rdn. 319 ff.).

466

5. Anlagen der Anmeldung

Bzgl. der Anlagen der Anmeldung gelten § 199 UmwG und darüber hinaus die besondere Vorschrift des § 223 UmwG für den Formwechsel einer KGaA (vgl. oben Teil 4 Rdn. 327 ff.).

467

6. Weitere anmeldepflichtige Tatsachen

Es richtet sich nach dem Gründungsrecht des jeweiligen Rechtsträgers, welche weiteren Angaben zu machen sind:

468

GmbH	Bestellung der Geschäftsführer, abstrakte und konkrete Vertretungsbefugnisse der Geschäftsführer, Versicherung nach § 8 Abs. 2 und Abs. 3 GmbHG; inländische Geschäftsanschrift.
AG	Bestellung der Vorstände, abstrakte und konkrete Vertretungsbefugnis der Vorstände, Zusammensetzung des Aufsichtsrats, Versicherungen durch Gründer, Vorstände und Aufsichtsräte nach § 37 Abs. 1 und Abs. 2 AktG; inländische Geschäftsanschrift.
Genossenschaft	Satzung der Genossenschaft, Mitglieder des Vorstandes, Vertretungsbefugnis der Mitglieder.

XI. Muster

1. Formwechsel einer KG in eine GmbH

a) Umwandlungsbeschluss

▶ Muster: Umwandlungsbeschluss bei Formwechsel einer KG in eine GmbH

Niederschrift über eine Gesellschafterversammlung

469

Heute, den……, erschienen vor mir, dem unterzeichnenden Notar……, mit dem Amtssitz in……, an der Amtsstelle in……

1. Herr A, Kaufmann, wohnhaft in……,

2. Herr B, Kaufmann, wohnhaft in……,

3. Herr C, Kaufmann, wohnhaft in……

Alle Beteiligten sind mir, Notar, persönlich bekannt.

Die Erschienenen baten um Beurkundung der folgenden

Umwandlung

und erklärten:

A. Rechtslage

1. Erschienen sind Gesellschafter der A-KG, eingetragen im Handelsregister des Amtsgerichts München unter HRA Nr……. Die Firma betreibt den Handel mit Gebrauchtwagen und Kfz-Zubehör.

2. Die Kapitalanteile verteilen sich unter den Gesellschaftern wie folgt:

Persönlich haftender Gesellschafter:
– Herr A: 80.000,00 €.

Kommanditisten:
- Herr B: 10.000,00 €,
- Herr C: 10.000,00 €.

3. Zum Vermögen der KG erklären die Beteiligten Folgendes: Der Buchwert des Vermögens der KG beträgt 100.000,00 €, laut Vermögensbilanz des Steuerberaters X vom…… betragen die stillen Reserven noch einmal 100.000,00 €. Der Gewinnverteilungsschlüssel erfolgt entsprechend den Kapitalanteilen. Die Gesellschafter erklären daher, dass sie aufgrund dieser Vermögensbilanz davon ausgehen, dass die Kapitalanteile verhältnismäßig ihre vermögensmäßigen Beteiligung an der KG widerspiegeln, sodass die Verteilung des Vermögens entsprechend diesen Kapitalanteilen auch an der neuen Gesellschaft erfolgen kann.

4. Die Gesellschaft hat keinen Grundbesitz.

5. Die Gesellschafter erklären weiter, dass dem Betriebsrat der Gesellschaft der Entwurf des Umwandlungsbeschlusses fristgemäß zugeleitet wurde.

B. Umwandlungsbeschluss

Die Erschienenen erklären sodann: Wir sind die alleinigen Gesellschafter der A-KG mit Sitz in München. Unter Verzicht auf alle durch Gesetz oder Gesellschaftsvertrag vorgeschriebenen Formen und Fristen halten wir hiermit eine Gesellschaftervollversammlung der A-KG ab und beschließen einstimmig Folgendes:

1. Die A-KG wird durch Formwechsel in eine GmbH umgewandelt. Der Gesellschaftsvertrag der GmbH ist dieser Niederschrift als Anlage 1 beigefügt, die mit verlesen und genehmigt wurde. Die Gesellschafter stellen den Gesellschaftsvertrag fest. Auf die Anlage 1 wird verwiesen.

2. Sitz der A-GmbH ist München. Die Firma der GmbH lautet: A-GmbH.

3. Die A-GmbH erhält ein Stammkapital von 100.000,00 €.

Das Vermögen der A-KG beträgt nach der letzten Schlussbilanz vom 31.12…..: 100.000,00 €.

Am Stammkapital der GmbH werden die Gesellschafter wie folgt beteiligt:

Herr A: Geschäftsanteil Nr. 1 i. H. v. 80.000,00 €,

Herr B: Geschäftsanteil Nr. 2 i. H. v. 10.000,00 €,

Herr C: Geschäftsanteil Nr. 3 i. H. v. 10.000,00 €.

4. Der persönlich haftende Gesellschafter der A-KG, Herr A, erhält an der neuen A-GmbH ein Sonderrecht auf Geschäftsführung, das in Anlage 1 der niedergelegten Satzung als satzungsmäßiger und unentziehbarer Bestandteil geregelt ist.

5. Sonstige besonderen Rechte wie Anteile ohne Stimmrecht, Vorzugsanteile, Mehrstimmrechte etc. werden nicht gewährt.

6. Ein Abfindungsangebot nach § 207 UmwG ist nicht erforderlich, da der Umwandlungsbeschluss nach dem Gesellschaftsvertrag der KG nur einstimmig gefasst werden kann.

7. Die A-GmbH übernimmt die Arbeitnehmer der A-KG, weitere Maßnahmen sind für die Arbeitnehmer der A-KG nicht vorgesehen. Es ergeben sich keine weiteren Auswirkungen tarifvertraglicher oder mitbestimmungsrechtlicher Art.

C. Gesellschafterbeschluss

Die Erschienenen halten als Gesellschafter unter Verzicht auf sämtliche Form- und Fristvorschriften eine weitere Gesellschafterversammlung ab und beschließen einstimmig:

Zum ersten Geschäftsführer der A-GmbH wird Herr A bestellt. Er ist stets einzelvertretungsberechtigt und von den Beschränkungen des § 181 BGB befreit.

Weitere Beschlüsse werden nicht getroffen.

D. Zustimmungs- und Verzichtserklärungen

Alle Gesellschafter verzichten auf Erstattung eines Umwandlungsberichts, auf die Anfechtung dieses Beschlusses und ein Abfindungsangebot und dessen Prüfung ausdrücklich.

E. Schlussbestimmungen

Die Kosten dieser Urkunde und etwaige anfallende Verkehrsteuer trägt die Gesellschaft.

Von dieser Urkunde erhalten

Ausfertigung:
– die Beteiligten nach Vollzug;
Beglaubigte Abschriften:
– die Beteiligten,
– das Registergericht und
– das Finanzamt.

Vorgelesen vom Notar, von den Erschienenen genehmigt und eigenhändig unterschrieben:

In die GmbH Satzung sollten folgende Regelungen aufgenommen werden:

§ 3 Stammkapital, Stammeinlagen
1. Das Stammkapital beträgt 100.000,00 Euro
   – in Worten: einhunderttausend Euro –
2. Vom Stammkapital haben folgende Gesellschafter flgende Geschäftsanteile übernommen:
   Herr A: Geschäftsanteil Nr. 1 i. H. v. 80.000,00 €,
   Herr B: Geschäftsanteil Nr. 2 i. H. v. 10.000,00 €,
   Herr C: Geschäftsanteil Nr. 3 i. H. v. 10.000,00 €.
3. Das Stammkapital wird durch Sacheinlagen erbracht, indem das Vermögen der A- KG im Wege des Formwechsels gem.§§ 190 ff. UmwG zum Vermögen der A-GmbH im wert von 100.000,– € erbracht wird.

Gründungskosten

Die Kosten der Beurkundung des Formwechsels, der Bekanntmachung, der Anmeldung der Gesellschaft und ihrer Eintragung im Handelsregister, die Kosten der Gründungsberatung trägt die Gesellschaft bis zu einem geschätzten Betrag von... €.

.....

b) Handelsregisteranmeldung bei Formwechsel KG in GmbH

▶ Muster: Handelsregisteranmeldung bei Formwechsel KG in GmbH

Amtsgericht

Handelsregister

München

HRA Nr.......

Formwechsel der A-KG mit Sitz in München,......

Zur Eintragung in das Handelsregister melde ich als einziger Geschäftsführer (*Anm.*: Bei mehreren durch »alle«) der künftigen GmbH an:

1. Die A-KG wurde aufgrund Umwandlungsbeschlusses vom...... UR.Nr....... in die Rechtsform einer GmbH in Firma A-GmbH umgewandelt. Die neue A-GmbH mit dem Sitz in...... wird hiermit angemeldet.

2. Zum ersten Geschäftsführer der Gesellschaft wurden bestellt: Herr A, geb. am......, Wohnort......

3. **Abstrakte Vertretungsbefugnis**: Die Gesellschaft hat einen oder mehrere Geschäftsführer. Ist nur ein Geschäftsführer bestellt, so vertritt er die Gesellschaft allein. Sind mehrere Geschäftsführer bestellt, so wird die Gesellschaft durch zwei Geschäftsführer gemeinschaftlich

oder durch einen Geschäftsführer und einen Prokuristen gemeinschaftlich vertreten. Die Gesellschafterversammlung kann unabhängig von der Zahl der bestellten Geschäftsführer jederzeit einen, mehreren oder allen Geschäftsführern Einzelvertretungsbefugnis erteilen sowie die Befreiung von § 181 BGB.

4. Konkrete Vertretungsbefugnis: Herr A ist berechtigt, die Gesellschaft einzeln zu vertreten und von den Beschränkungen des § 181 BGB befreit.

5. Die inländische Geschäftsanschrift lautet……

6. Die Gesellschafter erbringen die von ihnen übernommenen Stammeinlagen durch Formwechsel der A-KG in die A-GmbH.

Der Geschäftsführer versichert, dass das Vermögen der A-KG mit Eintragung des Formwechsels in das Handelsregister sich endgültig in der freien Verfügung des Geschäftsführers befindet. Er versichert weiter, dass das Vermögen der Gesellschaft nicht durch andere Verbindlichkeiten als die, die in der Bilanz zum 31.12.….. aufgeführt sind, und durch den Gründungsaufwand i. H. v. 4.000,00 € vorbelastet ist und den seit dem Bilanzstichtag eingegangenen Verbindlichkeiten seit diesem Zeitpunkt erworbene Aktiva von höherem Wert gegenüberstehen (*Anm.*: Nach der hier vertretenen Auffassung kann auf die Versicherung verzichtet werden; vgl. oben Teil 4 Rdn. 319 ff.).

Jeder Geschäftsführer erklärt: Ich, Name: […..], versichere, dass keine Umstände vorliegen, die meiner Bestellung zum Geschäftsführer nach § 6 Abs. 2 GmbH-Gesetz entgegenstehen.

Der Geschäftsführer der Gesellschaft versichert insbesondere,

– dass er nicht wegen einer oder mehrerer vorsätzlicher Straftaten
a) des Unterlassens der Stellung des Antrags auf Eröffnung des Insolvenzverfahrens (Insolvenzverschleppung),
b) nach §§ 283 bis 283d StGB (Insolvenzstraftaten),
c) der falschen Angaben nach § 82 GmbHG oder § 399 AktG,
d) der unrichtigen Darstellung nach § 400 AktG, § 331 HGB, § 313 UmwG oder § 17 PublizitätsG,
e) nach den §§ 263 StGB (Betrug), § 263a StGB (Computerbetrug), § 264 StGB (Kapitalanlagebetrug) § 264a (Subventionsbetrug), den §§ 265b StGB (Kreditbetrug), §§ 265c bis e (Sportwettbetrug und Manipulation von berufssportlichen Wettbewerben) oder den §§ 265b StGB (Kreditbetrug), § 266 StGB (Untreue) bis § 266a StGB (Vorenthalten und Veruntreuen von Arbeitsentgelt – Nichtabführung von Sozialversicherungsbeiträgen) zu einer Freiheitsstrafe von mindestens einem Jahr
verurteilt worden ist, und
– dass ihm weder durch gerichtliches Urteil noch durch die vollziehbare Entscheidung einer Verwaltungsbehörde die Ausübung eines Berufes, eines Berufszweiges, eines Gewerbes oder eines Gewerbezweiges ganz oder teilweise untersagt wurde, und
– auch keine vergleichbaren strafrechtlichen Entscheidungen ausländischer Behörden oder Gerichte gegen ihn vorliegen, und
– dass er über die uneingeschränkte Auskunftspflicht ggü. dem Gericht durch den Notar belehrt wurde.

Geschäftsräume

…..

Zu dieser Anmeldung werden **folgende Anlagen** überreicht:
– elektronisch beglaubigte Abschrift des Umwandlungsbeschlusses samt Geschäftsführerbestellung und Verzichtserklärungen der Gesellschafter auf Erstellung eines Umwandlungsberichts und Anfechtung des Beschlusses zur Urkunde des Notars……, in…… UR.Nr.……,
– elektronisch beglaubigter Nachweis über die Zuleitung des Umwandlungsbeschlusses zum Betriebsratsvorsitzenden,
– elektronisch beglaubigte der Liste der Gesellschafter,
– elektronisch beglaubigter Sachgründungsbericht -Unterlagen über die Werthaltigkeit des übertragenen Vermögens.

Weiter wird erklärt, dass Klagen gegen den Umwandlungsbeschluss nicht erhoben sind und im Umwandlungsbeschluss die Gesellschafter auf eine Anfechtung verzichtet haben.

.....

(Unterschrift des Geschäftsführers A)

(Beglaubigungsvermerk)

2. Formwechsel einer GmbH & Co. KG in eine AG

a) Umwandlungsbeschluss

▶ Muster: Umwandlungsbeschluss bei Formwechsel einer GmbH & Co. KG in eine AG

Niederschrift über eine Gesellschafterversammlung 471

Heute, den...... erschienen vor mir, dem unterzeichnenden Notar......, mit Amtssitz in......, an der Amtsstelle in......

1. Herr A, Kaufmann, wohnhaft in......,

2. Herr B, Kaufmann, wohnhaft in......,

3. Herr C, Kaufmann, wohnhaft in......

Alle Beteiligten sind mir, Notar, persönlich bekannt.

(Vorbefassungsvermerk nach § 3 BeurkG)

Der Erschienene zu 1 erklärte, nachstehend nicht im eigenen Namen zu handeln, sondern als alleinvertretungsberechtigter Geschäftsführer der A-Verwaltungs-GmbH mit Sitz in......, eingetragen im Handelsregister des Amtsgerichts X-Stadt und HRB......

Die Erschienenen baten um Beurkundung der folgenden

Umwandlung

und erklärten:

A. Rechtslage

1. Im Handelsregister des Amtsgerichts X-Stadt unter HRA Nr....... ist die Firma A-GmbH & Co. KG eingetragen.

2. Die Kapitalanteile verteilen sich unter den Gesellschaftern wie folgt:

Persönlich haftende Gesellschafterin: A-Verwaltungs-GmbH: 100,00 € (der Anteil wurde vorher treuhänderisch übernommen)

Kommanditisten:

Herr B: 24.450,00 €,

Herr C: 24.450,00 €.

3. Die Gesellschafter erklären, dass die Gesellschaft keinen Grundbesitz hat und dass dem Betriebsrat der Gesellschaft der Entwurf des Umwandlungsbeschlusses fristgemäß zugeleitet wurde.

B. Umwandlungsbeschluss

Die Erschienenen erklären sodann: Wir sind die alleinigen Gesellschafter der A-GmbH & Co. KG mit Sitz in X-Stadt. Unter Verzicht auf alle durch Gesetz oder Gesellschaftsvertrag vorgeschriebenen Formen und Fristen halten wir hiermit eine Gesellschafterversammlung ab und beschließen einstimmig Folgendes:

1. Die A-GmbH & Co. KG wird durch Formwechsel in eine AG umgewandelt. Die Satzung der AG ist dieser Niederschrift als Anlage I beigefügt, die mitverlesen und genehmigt wurde. Die Gesellschafter stellen die Satzung fest. Auf die Anlage wird verwiesen.

2. Die Firma der AG lautet: A-AG. Sie hat ihren Sitz in X-Stadt.

3. Die A-AG erhält ein Grundkapital von 50.000,00 €. Das Vermögen der A-KG beträgt nach der letzten Schlussbilanz vom 31.12...... 50.000,00 €. Das Grundkapital ist eingeteilt in 50.000 auf den Namen lautende Stückaktien. Für die Form der Aktienurkunden und die Ausgabe wird auf die Bestimmung der Satzung verwiesen.

Am Grundkapital der AG werden die Gesellschafter wie folgt beteiligt:

Die A-Verwaltungs-GmbH mit 100 Stückaktien (treuhänderisch gehalten)
– Herr B mit 24.450 Stückaktien,
– Herr C mit 24.450 Stückaktien.

4. Bei der Gesellschaft bestehen keine Sonderrechte i. S. v. § 194 Abs. 1 Nr. 5 UmwG, es werden auch keine besonderen Rechte wie Vorzugsaktien, Mehrstimmrechte etc. gewährt.

5. Ein Abfindungsangebot nach § 207 UmwG ist nicht erforderlich, da der Umwandlungsbeschluss nach dem Gesellschaftsvertrag der GmbH & Co. KG nur einstimmig gefasst werden kann (§ 194 Abs. 1 Nr. 6 UmwG).

6. Die A-AG übernimmt sämtliche Arbeitnehmer der A-GmbH & Co. KG. Es bleiben daher die Arbeitsverhältnisse in unveränderter Form bestehen.

Weitere Maßnahmen sind für die Arbeitnehmer der A-GmbH & Co. KG nicht vorgesehen. Es ergeben sich auch keine weiteren Auswirkungen tarifvertraglicher und mitbestimmungsrechtlicher Art. Dem Aufsichtsrat der künftigen AG werden Arbeitnehmervertreter nicht angehören, da die Gesellschaft weniger als 500 Arbeitnehmer beschäftigt (§ 76 BVerfG 1952).

C. Gesellschafterbeschluss

Die Erschienenen halten als Aktionäre der neuen AG unter Verzicht auf alle durch Gesetz oder Gesellschaftsvertrag vorgeschriebenen Formen und Fristen eine Hauptversammlung ab und beschließen einstimmig:

1. In den Aufsichtsrat der Gesellschaft werden gewählt:

Herr X, Kaufmann, Wohnort,

Herr Y, Ingenieur, Wohnort,

Herr Z, Kaufmann, Wohnort.

2. Die Bestellung erfolgt für die Zeit bis zur Beendigung der Hauptversammlung, die über die Entlassung des Aufsichtsrates für das vierte Geschäftsjahr nach Beginn der Amtszeit beschließt.

3. Zum Abschlussprüfer für das am...... endende erste Rumpfgeschäftsjahr wird bestellt die Meyer & Müller Wirtschaftsprüfungsgesellschaft in X-Stadt.

D. Zustimmungs- und Verzichtserklärung, Sonstiges

Alle Gesellschafter verzichten auf die Erstattung eines Umwandlungsberichts samt Vermögensaufstellung, auf die Anfechtung dieses Beschlusses und ein Abfindungsangebot ausdrücklich.

Es wird weiter festgestellt, dass für den Formwechsel folgende namentlich besser bezeichneten Personen gestimmt haben (§ 217 Abs. 2 UmwG), die damit Gründer der AG sind:......

E. Schlussbestimmungen

Die Kosten dieser Urkunde trägt die Gesellschaft.

Von dieser Urkunde erhalten

Ausfertigungen:
– .....
– .....

A. Formwechsel von Personengesellschaften Teil 4 Kapitel 2

Beglaubigte Abschriften:
– .....
– .....

Samt Anlagen vorgelesen von Notar, von den Erschienenen genehmigt und eigenhändig unterschrieben:

.....

b) Handelsregisteranmeldung beim Formwechsel GmbH & Co. KG in AG

▶ Muster: Handelsregisteranmeldung beim Formwechsel GmbH & Co. KG in AG

Amtsgericht   472

Handelsregister

X-Stadt

HRA-Nr.......

Formwechsel der A-GmbH & Co. KG mit Sitz in X-Stadt

Zur Eintragung in das Handelsregister melden wir, die Gründer, alle Mitglieder des ersten Vorstandes und des ersten Aufsichtsrates, der A-AG Folgendes an:

1. Die A-GmbH & Co. KG ist durch Formwechsel aufgrund des Umwandlungsbeschlusses vom...... zur Urkunde des Notars...... UR.Nr....... in die A-AG umgewandelt. Die neue A-AG wird hiermit angemeldet.

2. Gründer der Gesellschaft sind nach § 219 UmwG:

Die A-Verwaltungs-GmbH mit Sitz in X-Stadt (HRB......)
– Herr B, Kaufmann, Wohnort,
– Herr C, Kaufmann, Wohnort.

3. Mitglieder des ersten Aufsichtsrates sind:
– Herr X, Kaufmann in X-Stadt,
– Herr Y, Ingenieur in Y-Stadt,
– Herr Z, Kaufmann in X-Stadt.

4. Zu Mitgliedern des Vorstandes wurden bestellt:
– Herr A, geb. am ..., Kaufmann, Wohnort,
– Herr B, geb. am..., Kaufmann, Wohnort.

5. Die beiden Vorstandsmitglieder, Herr A und Herr B, sind berechtigt, die Gesellschaft stets einzeln zu vertreten.

6. **Abstrakte Vertretungsbefugnis**

Die Gesellschaft wird durch zwei Mitglieder des Vorstandes oder durch ein Mitglied des Vorstandes zusammen mit einem Prokuristen vertreten. Besteht der Vorstand nur aus einer Person, vertritt dieser allein. Der Aufsichtsrat kann einzelnen Mitgliedern des Vorstandes die Befugnis zur Einzelvertretung erteilen.

7. Die Vorstandsmitglieder versichern, dass keine Umstände vorliegen, die ihrer Bestellung nach § 76 Abs. 3 Satz 2 und 3 AktG entgegenstehen.

Jedes Vorstandsmitglied versichert insbesondere,

– dass er nicht wegen einer oder mehrerer vorsätzlicher Straftaten
  a) des Unterlassens der Stellung des Antrags auf Eröffnung des Insolvenzverfahrens (Insolvenzverschleppung),
  b) nach §§ 283 bis 283d StGB (Insolvenzstraftaten),
  c) der falschen Angaben nach § 82 GmbHG oder § 399 AktG,
  d) der unrichtigen Darstellung nach § 400 AktG, § 331 HGB, § 313 UmwG oder § 17 PublizitätsG,

e) nach den §§ 263 StGB (Betrug), § 263a StGB (Computerbetrug), § 264 StGB (Kapitalanlagebetrug) § 264a (Subventionsbetrug) oder den §§ 265b StGB (Kreditbetrug), den §§ 265b StGB (Kreditbetrug), §§ 265c bis e (Sportwettbetrug und Manipulation von berufssportlichen Wettbewerben), § 266 StGB (Untreue) bis § 266a StGB (Vorenthalten und Veruntreuen von Arbeitsentgelt – Nichtabführung von Sozialversicherungsbeiträgen) zu einer Freiheitsstrafe von mindestens einem Jahr

verurteilt worden ist, und
- dass ihm weder durch gerichtliches Urteil noch durch die vollziehbare Entscheidung einer Verwaltungsbehörde die Ausübung eines Berufes, eines Berufszweiges, eines Gewerbes oder eines Gewerbezweiges ganz oder teilweise untersagt wurde, und
- auch keine vergleichbaren strafrechtlichen Entscheidungen ausländischer Behörden oder Gerichte gegen ihn vorliegen, und
- dass er über die uneingeschränkte Auskunftspflicht ggü. dem Gericht durch den Notar belehrt wurde.

8. Die Geschäftsräume und die inländische Geschäftsanschrift der Gesellschaft befinden sich......

9. Das Grundkapital der Gesellschaft beträgt 50.000,00 € und ist eingeteilt in 50.000 Stückaktien, die auf den Inhaber lauten.

(Anm.: Wie dargelegt ist umstritten, ob beim Formwechsel von Personenhandelsgesellschaften in Kapitalgesellschaften eine Einlagenversicherung wie bei der Sachgründung erforderlich ist [vgl. oben Teil 4 Rdn. 319 ff.]. Folgt man der hier vertretenen Auffassung, bedarf es einer solchen Versicherung nicht. Folgt man der anderen Auffassung, könnte eine solche Anmeldeversicherung wie folgt lauten:

»Sämtliche Aktien wurden von den Gesellschaften der A-GmbH & Co. KG gegen Sacheinlage gemäß den Festsetzungen in der Satzung übernommen, wonach die Sacheinlagen geleistet werden, indem die A-GmbH & Co. KG formwechselnd in die Rechtsform der AG unter der Firma A-AG umgewandelt wird.

Der Wert der Sachleistungen entspricht dem Ausgabebetrag der dafür gewährten Aktien.

Die Voraussetzungen des § 36 Abs. 2, § 36a AktG sind damit erfüllt. Die Sacheinlagen sind vollständig geleistet.«)

Zu dieser Anmeldung überreichen wir **folgende Anlagen**:
- elektronisch beglaubigte Abschrift des Umwandlungsbeschlusses samt Satzung und Aufsichtsratsbestellung zur Urkunde des Notars......, in......, UR.Nr.......,
- elektronisch beglaubigter Nachweis über die Zuleitung des Umwandlungsbeschlusses zum Betriebsratsvorsitzenden,
- elektronisch beglaubigte Abschrift des Beschlusses des Aufsichtsrates über die Bestellung der Mitglieder des Vorstandes,
- elektronisch beglaubigter Gründungsbericht der Gründer,
- elektronisch beglaubigter Prüfungsbericht der Mitglieder des Vorstandes und des Aufsichtsrates,
- elektronisch beglaubigter Prüfungsbericht des Gründungsprüfers,
- elektronisch beglaubigte Berechnung des Gründungsaufwandes.

Auf den Umwandlungsbericht wurde verzichtet. Weiter erklären wir, dass Klagen gegen den Umwandlungsbeschluss nicht erhoben sind und im Umwandlungsbeschluss die Gesellschafter auf eine Anfechtung verzichtet haben.

......

(Unterschrift sämtlicher Gründer, der Vorstandsmitglieder und der Aufsichtsratsmitglieder der AG)

(Beglaubigungsvermerk)

B. Formwechsel von Kapitalgesellschaften

I. Checkliste

Bei einem **Formwechsel von Kapitalgesellschaften** sind folgende Punkte zu beachten: 473

- ❏ Vorbereitung des Formwechselbeschlusses durch Erstellung eines Entwurfs des Umwandlungsbeschlusses (§ 192 Abs. 2 UmwG), samt Angebot auf Barabfindung und dessen Prüfung (§§ 207, 208 UmwG),
- ❏ Zuleitung des Entwurfs des Umwandlungsbeschlusses zum zuständigen Betriebsrat, soweit vorhanden (§ 194 Abs. 2 UmwG),
- ❏ Umwandlungsbericht (§ 192 Abs. 1 UmwG),
- ❏ Unterrichtungspflichten (§§ 230, 238, 251 UmwG),
- ❏ Einhaltung der Gründungsvorschriften für den neuen Rechtsträger (§ 197 UmwG) und Kapitalschutz (§ 245 UmwG),
- ❏ Umwandlungsbeschluss (§§ 193, 194, 233, 240, 252, 253 UmwG), der auch den Gesellschaftsvertrag, bzw. die Satzung des neuen Rechtsträgers feststellen muss,
- ❏ Beachtung von Zustimmungserfordernissen nach Sondervorschriften (vgl. oben Teil 4 Rdn. 231 ff.),
- ❏ Anmeldung des Formwechsels (§§ 198, 199, 235, 246, 254 UmwG),
- ❏ Eintragung des Formwechsels (§ 202 UmwG).

II. Grundlagen

Die §§ 226 ff. UmwG regeln den Formwechsel von Kapitalgesellschaften. Das Gesetz unterscheidet auch hierbei wiederum **allgemeine Vorschriften**, die allerdings nur die §§ 226 und 227 UmwG betreffen und **besondere Vorschriften** für die Fälle des Formwechsels der Kapitalgesellschaft 474
- in eine Personengesellschaft (§§ 228 ff. UmwG),
- in eine andere Kapitalgesellschaft (§§ 238 ff. UmwG),
- in eine eingetragene Genossenschaft (§§ 251 ff. UmwG).

Anzuwenden sind daher zunächst die allgemeinen Vorschriften der §§ 190 ff. UmwG und sodann die besonderen Vorschriften der §§ 226, 227 UmwG und anschließend die besonderen Vorschriften je nachdem, in welche Rechtsform die Kapitalgesellschaft umgewandelt werden soll. Der **Ablauf** ist allerdings grds. der gleiche wie bei den anderen Formen des Formwechsels. Auch die dogmatischen Grundlagen sind, wie bereits dargelegt (vgl. oben Teil 4 Rdn. 7 ff.), für alle Formwechselarten dieselben. Es gilt daher auch z. B. beim Formwechsel einer Kapitalgesellschaft in eine Personenhandelsgesellschaft der **Grundsatz der Identität**, nämlich der Kontinuität des Rechtsträgers bei bloßer Änderung des »Rechtskleides«. Allerdings ist auch hier das Konzept nicht in jeder Hinsicht durchgehalten, so hat der Gesetzgeber z. B. beim Formwechsel einer GmbH in eine AG § 220 UmwG mit seinem **Kapitalschutz** entsprechend für anwendbar erklärt (§ 245 Abs. 1 UmwG). Dies zeigt, dass bestimmte Grundprinzipien des Gesellschaftsrechts, hier der **Gläubigerschutz**, mit dem Prinzip der Identität in Konflikt gerät und deshalb doch die Identitätsthese nicht vollständig durchgehalten wird. 475

1. Beseitigung der sog. Umwandlungssperre

Bedeutsam ist für den Formwechsel von Kapitalgesellschaften insb., dass die bis 1995 in § 1 Abs. 2 Satz 1 UmwG a. F. enthaltene Umwandlungssperre ersatzlos entfallen ist. Nach altem Recht war die Umwandlung einer Kapitalgesellschaft in eine Personengesellschaft nicht zulässig, wenn an der Gesellschaft, in die die Kapitalgesellschaft umgewandelt wird, eine Kapitalgesellschaft als Gesellschafter beteiligt war. 476

2. Umwandlungsbericht

477 Die §§ 226 ff. UmwG sehen **keine Besonderheiten für den Umwandlungsbericht** vor, sodass § 192 UmwG ohne Veränderungen gilt. Beim Formwechsel einer Kapitalgesellschaft muss daher das Vertretungsorgan, d. h. die Geschäftsführer oder der Vorstand gem. § 192 Abs. 1 UmwG einen ausführlichen schriftlichen Bericht erstatten, in dem der Formwechsel und insb. die künftige Beteiligung der Gesellschafter an dem neuen Rechtsträger rechtlich und wirtschaftlich erläutert und begründet werden. Dem Umwandlungsbericht ist ein **Entwurf des Umwandlungsbeschlusses** beizufügen. Wegen der Einzelheiten kann daher auf die obigen Ausführungen verwiesen werden (vgl. oben Teil 4 Rdn. 63 ff.).

478 Die Besonderheit des § 229 UmwG bzgl. der Vermögensaufstellung beim Formwechsel in die KGaA sind durch die Aufhebung dieser Vorschrift durch das **Zweite Gesetz zur Änderung des UmwG** entfallen.

479 Im Zweiten Gesetz zur Änderung des UmwG hat der Gesetzgeber auf die **Vermögensaufstellung beim Formwechsel verzichtet**. § 192 Abs. 2 UmwG wurde vollständig aufgehoben. Bis zur Neuregelung galt Folgendes: Beim Formwechsel einer Kapitalgesellschaft in eine Kapitalgesellschaft anderer Rechtsform war § 192 Abs. 2 UmwG gem. § 238 Satz 2 UmwG nicht anzuwenden, sodass in diesem Fall eine Vermögensaufstellung nicht notwendig war.

3. Vorbereitung der Gesellschafter bzw. der Hauptversammlung

480 Auch für den Formwechsel von Kapitalgesellschaften sieht das UmwG **besondere Regelungen** für die Vorbereitung der Versammlung der Anteilsinhaber vor (vgl. oben Teil 4 Rdn. 94 ff.). Diese Vorschriften sind einheitlich in § 230 und § 231 UmwG für den Formwechsel von Kapitalgesellschaften geregelt. Zwar finden sich diese Vorschriften beim Formwechsel von Kapitalgesellschaften in eine Personengesellschaft (2. Unterabschnitt), die anderen Vorschriften verweisen allerdings vollinhaltlich für die Vorbereitung auf § 230 und § 231 UmwG: so § 238 UmwG für den Formwechsel in eine Kapitalgesellschaft anderer Rechtsform und § 251 Abs. 1 UmwG für den Formwechsel einer Kapitalgesellschaft in eine eingetragene Genossenschaft.

a) Formwechsel einer GmbH

481 Bei der GmbH sieht § 230 Abs. 1 UmwG die **Unterrichtung der Gesellschafter** dadurch vor, dass die Geschäftsführer der formwechselnden GmbH allen Gesellschaftern spätestens zusammen mit der Einberufung der Gesellschafterversammlung, die über den Formwechsel beschließen soll, diesen Formwechsel als Gegenstand der Beschlussfassung in Textform anzukündigen und den Umwandlungsbericht zu übersenden haben. Durch diese Vorschrift wird das allgemeine **Auskunfts- und Einsichtsrecht der Gesellschafter einer formwechselnden GmbH** (vgl. § 51a GmbHG) konkretisiert. Da der Formwechsel für sie wegen der **Einschränkung ihrer Rechte** ein besonders bedeutsamer Vorgang ist, sollen diese rechtzeitig auf die bevorstehende Beschlussfassung hingewiesen und durch die Übersendung des Umwandlungsberichts, der nach § 192 Abs. 1 Satz 2 UmwG auch einen **Entwurf des Umwandlungsbeschlusses** enthalten muss, die für ihre Zustimmung zu dem Formwechsel entscheidenden Informationen enthalten. Anzugeben ist nach h. M. bei der Tagesordnung die **Satzung bzw. der Gesellschaftsvertrag** des Rechtsträgers neuer Rechtsform.[754]

482 Für die Information der Gesellschafter reicht es jedoch aus, die für die Einberufung der Gesellschafterversammlung in § 51 Abs. 1 Satz 2 GmbHG bestimmte **Frist von mindestens einer**

---

[754] So LG Hanau, ZIP 1996, 422; Ihrig, in: Semler/Stengel, § 230 UmwG Rn. 10; Lutter/Göthel, UmwG, § 230 Rn. 29; Kallmeyer/Blasche, UmwG, § 230 Rn. 4; a. A. Meyer-Landruth/Kiem, WM 1997, 1413, 1414.

Woche einzuhalten.⁷⁵⁵ Eine Übersendung des Umwandlungsberichts bedarf es dann nicht, wenn ein Umwandlungsbericht wegen einer Einpersonengesellschaft oder aufgrund des Verzichts aller Anteilsinhaber nicht erforderlich ist (§ 192 Abs. 2 UmwG). Der Verzicht auf den Umwandlungsbericht schließt selbstverständlich den Verzicht auf seine Übersendung mit ein.⁷⁵⁶

Für die **Einberufung der Gesellschafterversammlung** bei der GmbH gelten die allgemeinen Grundsätze des GmbH-Rechts. Die Versammlung ist daher nach § 49 Abs. 1 GmbHG durch die Geschäftsführer einzuberufen. Die Einberufungskompetenz liegt selbst bei mehreren Geschäftsführern bei jedem einzelnen Geschäftsführer und zwar selbst dann, wenn die Geschäftsführer zur Gesamtvertretung berechtigt sind.⁷⁵⁷ Nach § 51 Abs. 1 GmbHG erfolgt die Einberufung der Versammlung durch Einladung der Gesellschafter mittels eingeschriebenem Brief. Sie ist mit einer **Frist** von mindestens einer Woche zu bewirken. Nach herrschender Meinung muss die Einladung auch den Einberufenden ausweisen. Zur Sicherheit sollte(n) der oder die Einberufende(n) persönlich unterschreiben mit ausdrücklichem Hinweis, aus dem sich die Einberufungsbefugnis ergibt. In der Einladung sind die Gesellschafter unter Angabe von Ort und Tag zur Gesellschafterversammlung einzuladen. 483

Nach § 231 UmwG haben außerdem der oder die Geschäftsführer der formwechselnden GmbH den Gesellschaftern spätestens zusammen mit der Einberufung der Gesellschafterversammlung das **Abfindungsangebot** nach § 207 UmwG zu übersenden. Der Übersendung steht es gleich, wenn das Abfindungsangebot im elektronischen Bundesanzeiger und in den sonst bestimmten Gesellschaftsblättern bekanntgemacht wird. Dabei steht es den Geschäftsführern frei, welchen Bekanntmachungsweg sie wählen.⁷⁵⁸ Die Form der Übersendung ist nicht geregelt und daher umstritten. Eine Meinung verlangt die Übersendung durch eingeschriebenen Brief.⁷⁵⁹ Nach a. A. genügt Textform.⁷⁶⁰ Mit dieser Regelung soll für alle Gesellschafter ein unmittelbarer Zugang zu dem Abfindungsangebot sichergestellt werden, zumal dieses Angebot nur innerhalb einer bestimmten Frist nach Durchführung des Formwechsels angenommen werden kann (vgl. § 209 UmwG). Die Begründung zum RegE weist darauf hin, dass eine Auslegung des Angebots im Geschäftsraum der formwechselnden Gesellschaft, auch wenn eine kostenlose Abschrift angefordert werden könnte, nicht ausreichend wäre.⁷⁶¹ 484

Anders als bei der Verschmelzung fehlt allerdings eine § 49 Abs. 2 und Abs. 3 UmwG entsprechende Vorschrift, nach der bestimmte Unterlagen in den Geschäftsräumen auszulegen sind und die Gesellschafter auf Verlangen jederzeit Auskunft über bestimmte Angelegenheiten haben. Diese Vorschrift war allerdings beim Formwechsel entbehrlich, da hier der **Auskunftsanspruch direkt aus § 51a GmbHG** folgt, da es nur um dieselbe Gesellschaft und nicht wie bei der Verschmelzung auch um andere Gesellschaften geht. 485

---

755 So die Begründung zum RegE, BR-Drucks. 75/94, S. 153; abgedruckt in: Limmer, Umwandlungsrecht, S. 348; vgl. auch Ihrig, in: Semler/Stengel, § 230 UmwG Rn. 20; BeckOGK/Sparfeld UmwG § 230 Rn. 10.
756 Widmann/Mayer/Vossius, Umwandlungsrecht, § 230 UmwG Rn. 14; Kallmeyer/Blasche § 230 UmwG Rn. 3.
757 Vgl. OLG Frankfurt am Main, GmbHR 1976, 110; OLG Düsseldorf, NZG 2004, 916, 921; Scholz/ K. Schmidt/Seibt, § 49 GmbHG Rn. 4; Lutter/Hommelhoff/Bayer, GmbHG, § 49 Rn. 2 Baumbach/ Hueck/Zöllner/Noack GmbHG § 49 Rn. 3.
758 Vgl. Ihrig, in: Semler/Stengel, § 230 UmwG Rn. 8 f.
759 Vgl. Ihrig, in: Semler/Stengel, § 230 UmwG Rn. 9.
760 BeckOGK/Sparfeld UmwG § 231 Rn. 12; Widmann/Mayer/Vossius, August 2015, § 230 Rn. 15 ff. KK-UmwG/Dauner-Lieb/Tettinger, § 230 UmwG Rn. 12, jetzt auch Kallmeyer/Blasche § 231 UmwG Rn. 5 anders noch die Vorauflage.
761 Vgl. BR-Drucks. 75/94, S. 154; abgedruckt in: Limmer, Umwandlungsrecht, S. 349.

b) Formwechsel von AG und KGaA

486 Nach § 230 Abs. 2 UmwG ist der **Umwandlungsbericht** samt Entwurf des Umwandlungsbeschlusses einer AG oder KGaA von der Einberufung der Hauptversammlung an, in dem Geschäftsraum der Gesellschaft zur Einsicht der Aktionäre auszulegen. Auf Verlangen ist jedem Aktionär und jedem von der Geschäftsführung ausgeschlossenen persönlich haftenden Gesellschafter unverzüglich und kostenlos eine Abschrift des Umwandlungsberichts zu erteilen. Der Umwandlungsbericht kann dem Aktionär und dem von der Geschäftsführung ausgeschlossenen persönlich haftenden Gesellschafter mit seiner Einwilligung auf dem Wege elektronischer Kommunikation übermittelt werden. Die vorgenannten Verpflichtungen nach den Sätzen 1 und 2 des § 230 Abs. 1 UmwG entfallen gem. § 230 Abs. 2 Satz 3 UmwG, wenn der Umwandlungsbericht für denselben Zeitraum über die **Internetseite der Gesellschaft** zugänglich ist.

487 Für die **Einberufung der Hauptversammlung** gelten die allgemeinen Grundsätze des Aktienrechts (§§ 121 ff. AktG). Gem. § 121 Abs. 2 AktG wird die Hauptversammlung durch den **Vorstand** einberufen, der darüber in einfacher Mehrheit beschließt. Die Einberufung ist gem. § 121 Abs. 4 AktG in den **Gesellschaftsblättern** bekannt zu machen. Das ist mindestens der Bundesanzeiger.[762] Durch das Gesetz zur Änderung des Aktiengesetzes[763] vom 22.12.2015 wurde § 25 Satz 2 AktG gestrichen. Satz 2 sah die Möglichkeit weiterer Blätter oder elektronischer Informationsmedien als Gesellschaftsblätter vor. Dies ist jetzt geändert worden. Die Begründung zum RegE[764] weist als Begründung auf folgendes hin, dass bisher umstritten war, zu welchem Zeitpunkt eine Bekanntmachung bewirkt war, wenn die Veröffentlichung im Bundesanzeiger und dem oder den weiteren Gesellschaftsblättern an unterschiedlichen Tagen erfolgte. Nach der Übergangsregelung in § 26h Abs. 3 EGAktG bleiben entsprechende Angaben in Altsatzungen, deren Satzung vor dem Inkrafttreten der Aktienrechtsnovelle 2016, d.h. vor dem 31.12.2015 durch notarielle Beurkundung festgestellt wurde, auch weiterhin wirksam. Bei einer entsprechenden Satzungsregelung muss die Pflichtbekanntmachung also auch künftig in den in der Satzung vorgesehenen Medien veröffentlicht werden. An diese weitere Veröffentlichung werden allerdings keine Rechtsfolgen mehr geknüpft.[765]

Vgl. zu den Einzelheiten auch die Erläuterungen oben Teil 2 Rdn. 1069 ff.

Die Einberufung muss die Firma, den Sitz der Gesellschaft sowie Zeit und Ort der Hauptversammlung enthalten. Zudem ist die Tagesordnung anzugeben.

488 Bei börsennotierten Gesellschaften hat der Vorstand oder, wenn der Aufsichtsrat die Versammlung einberuft, der Aufsichtsrat in der Einberufung ferner anzugeben:
– die Voraussetzungen für die Teilnahme an der Versammlung und die Ausübung des Stimmrechts sowie ggf. den Nachweisstichtag nach § 123 Abs. 2 Satz 3 AktG und dessen Bedeutung;
– das Verfahren für die Stimmabgabe durch einen Bevollmächtigten unter Hinweis auf die Formulare, die für die Erteilung einer Stimmrechtsvollmacht zu verwenden sind, und auf die Art und Weise, wie der Gesellschaft ein Nachweis über die Bestellung eines Bevollmächtigten elektronisch übermittelt werden kann sowie durch Briefwahl oder im Wege der elektronischen Kommunikation gem. § 118 Ans. 1 Satz 2 AktG, soweit die Satzung eine entsprechende Form der Stimmrechtsausübung vorsieht;
– die Rechte der Aktionäre nach § 122 Abs. 2, 126 Abs. 1, §§ 127, 131 Abs. 1 AktG;

---

762 www.bundesanzeiger.de, vgl. Hüffer/Koch, § 121 AktG Rn. 11a.
763 Aktienrechtsnovelle 2016, BGBl. 2015 I, 2565.
764 BT-Drucks. 18/4349, S. 18; vgl. auch Hüffer/Koch/Koch § 121 AktG Rn. 1.
765 Begr. RegE, BT-Drucks. 18/4349, 19; Hölters/Solveen § 121 AktG Rn. 7; Wälzholz/Wolffskeel, MittBayNot 2016, 197, 200.

- die Angaben können sich auf die Fristen für die Ausübung der Rechte beschränken, wenn in der Einberufung i. Ü. auf weiter gehende Erläuterungen auf der Internetseite der Gesellschaft hingewiesen wird;
- die Internetseite der Gesellschaft, über die die Informationen nach § 124a AktG zugänglich sind.

Bei börsennotierten Gesellschaften müssen nach § 124a AktG alsbald nach der Einberufung der Hauptversammlung über die **Internetseite der Gesellschaft** zugänglich sein:
- der Inhalt der Einberufung;
- eine Erläuterung, wenn zu einem Gegenstand der Tagesordnung kein Beschluss gefasst werden soll;
- die der Versammlung zugänglich zu machenden Unterlagen;
- die Gesamtzahl der Aktien und der Stimmrechte im Zeitpunkt der Einberufung, einschließlich getrennter Angaben zur Gesamtzahl für jede Aktiengattung;
- ggf. die Formulare, die bei Stimmabgabe durch Vertretung oder bei Stimmabgabe mittels Briefwahl zu verwenden sind, sofern diese Formulare den Aktionären nicht direkt übermittelt werden.

Bei börsennotierten Gesellschaften, die nicht ausschließlich Namensaktien ausgegeben haben und die Einberufung den Aktionären nicht unmittelbar nach § 121 Abs. 4 Satz 2 und 3 AktG übersenden, ist die Einberufung gem. § 121 Abs. 4a AktG spätestens zum Zeitpunkt der Bekanntmachung solchen Medien zur Veröffentlichung zuzuleiten, bei denen davon ausgegangen werden kann, dass sie die Information in der gesamten EU verbreiten. 489

Für börsennotierte AG ist die Einberufung der Hauptversammlung im elektronischen Bundesanzeiger nach § 30b Abs. 1 Nr. 1 WpHG zwingend. Zusätzlich zu den Angaben nach §§ 121, 124 AktG muss die Veröffentlichung nach § 30b Abs. 1 Nr. 1 WpHG Angaben über die Gesamtzahl der Aktien und Stimmrechte im Zeitpunkt der Einberufung der Hauptversammlung enthalten. 490

Nach § 125 Abs. 1 AktG hat der Vorstand mindestens 21 Tage vor der Versammlung den Kreditinstituten und den Vereinigungen von Aktionären, die in der letzten Hauptversammlung Stimmrechte für Aktionäre ausgeübt oder die die Mitteilung verlangt haben, die Einberufung der Hauptversammlung mitzuteilen. Der Tag der Mitteilung ist nicht mitzurechnen. In der Mitteilung ist auf die Möglichkeiten der Ausübung des Stimmrechts durch einen Bevollmächtigten, auch durch eine Vereinigung von Aktionären, hinzuweisen. Bei börsennotierten Gesellschaften sind einem Vorschlag zur Wahl von Aufsichtsratsmitgliedern Angaben zu deren Mitgliedschaft in anderen gesetzlich zu bildenden Aufsichtsräten beizufügen; Angaben zu ihrer Mitgliedschaft in vergleichbaren in- und ausländischen Kontrollgremien von Wirtschaftsunternehmen sollen beigefügt werden. Die gleiche Mitteilung hat der Vorstand nach § 125 Abs. 2 AktG den Aktionären zu machen, die es verlangen oder zu Beginn des 14. Tages vor der Versammlung als Aktionär im Aktienregister der Gesellschaft eingetragen sind. 491

Durch das Gesetz für kleine AG und zur Deregulierung des Aktienrechts v. 02.08.1994[766] wurde die Möglichkeit der **Einberufung durch eingeschriebenen Brief** in § 121 Abs. 4 Satz 2 AktG geschaffen: Sind die Aktionäre der Gesellschaft namentlich bekannt, kann die Hauptversammlung mit eingeschriebenem Brief einberufen werden. Der Tag der Absendung gilt als Tag der Bekanntmachung. Unproblematisch kann die Einberufung durch eingeschriebenen Brief bei Namensaktion erfolgen.[767] Bei Inhaberaktien scheidet die Einberufung durch eingeschriebenen Brief i. d. R. aus, es sei denn, es besteht ein kleiner überschaubarer Aktionärskreis, bei dem der Vorstand relativ sicher davon ausgehen kann, dass Personenkenntnis besteht.[768] Da die Inhaber solcher 492

---

766 BGBl. I, S. 1961.
767 Vgl. Hüffer/Koch, AktG, § 121 Rn. 11b.
768 Im Einzelnen str., vgl. Gutachten DNotI-Report 2003, 130 ff.; Lutter, AG 1994, 429, 438; Hüffer/Koch, AktG, § 121 Rn. 11d; Hoffmann-Becking, ZIP 1995, 1, 6.

Inhaberaktien jedoch in keinem Aktienregister verzeichnet sind und eine entsprechende gesetzliche Vermutungswirkung wie nach § 67 Abs. 2 AktG nicht besteht, auch wenn die Aktionäre untereinander durch Abschluss schuldrechtlicher Vereinbarungen über Anmeldeverpflichtungen oder durch die Etablierung eines sonstigen gesellschaftsinternen Informationssystems Vorkehrungen dafür getroffen haben, dass der Gesellschaft ihre jeweiligen Aktionäre bekannt sind, kommt es hier letztlich auf die Kenntnis des einberufenden Organs von Name und Anschrift der Aktionäre an.[769] Wegen des Risikos einer zwischenzeitlichen Übertragung der Inhaberaktien auf einen anderen Eigentümer und der Tatsache, dass ein Einberufungsmangel nach § 241 Nr. 1 AktG grds. zur Nichtigkeit der in der Hauptversammlung gefassten Beschlüsse führt, wird in der aktienrechtlichen Literatur allerdings empfohlen, bei Inhaberaktien im Zweifel die Einberufung der Hauptversammlung immer öffentlich bekannt zu machen.[770]

Streitig ist bei dieser Art der Einberufung noch, ob ein **Einwurf-Einschreiben** genügt oder ob stets ein Übergabe-Einschreiben erforderlich ist. Da auch ein Einwurf-Einschreiben letztlich ein Einschreiben i. S. d. Zustellvorschriften der Post darstellt, erscheint dies i. R. d. § 121 Abs. 4 AktG für ausreichend.[771]

493 Gem. § 123 Abs. 1 AktG beträgt die **Einberufungsfrist** mindestens 30 Tage vor dem Tag der Versammlung. Der Fristbeginn richtet sich nach der Bekanntmachung im Bundesanzeiger (§ 25 AktG). Maßgeblich ist das Erscheinungsdatum.[772] Die Frist wird nach §§ 187 Abs. 1, 188 Abs. 2 BGB berechnet. Fristen, die von der Hauptversammlung zurückrechnen, sind nach § 123 Abs. 4 AktG jeweils vom nicht mitzählenden Tage der Versammlung zurückzurechnen; fällt das Ende der Frist auf einen Sonntag, einen am Sitz der Gesellschaft gesetzlich anerkannten Feiertag oder einen Sonnabend, so tritt an die Stelle dieses Tages der zeitlich vorhergehende Werktag. Die Modalitäten einer Anmeldung richtet sich ebenfalls nach den allgemeinen Vorschriften (§ 123 Abs. 3 AktG). Bei Inhaberaktien kann nach § 123 Abs. 3 AktG die Satzung bestimmen, wie die Berechtigung zur Teilnahme an der Hauptversammlung oder zur Ausübung des Stimmrechts nachzuweisen ist. Bei börsennotierten Gesellschaften reicht ein in Textform erstellter besonderer Nachweis des Anteilsbesitzes durch das depotführende Institut aus. Der Nachweis hat sich bei börsennotierten Gesellschaften auf den Beginn des 21. Tages vor der Versammlung zu beziehen und muss der Gesellschaft unter der in der Einberufung hierfür mitgeteilten Adresse bis spätestens am 7. Tage vor der Versammlung zugehen, soweit die Satzung keine kürzere Frist vorsieht (sog. record date). Im Verhältnis zur Gesellschaft gilt für die Teilnahme an der Hauptversammlung oder die Ausübung des Stimmrechts als Aktionär nur, wer den Nachweis erbracht hat (§ 123 Abs. 4 AktG).

494 Die **Bekanntmachung der Tagesordnung** ist in § 124 AktG geregelt. Sie ist bei der Einberufung in den Gesellschaftsblättern bekannt zu machen, wenn kein Fall des § 121 Abs. 4 Satz 2 AktG vorliegt. Gem. § 124 Abs. 3 AktG haben zu jedem Gegenstand der Tagesordnung, über den beschlossen werden soll, der Vorstand und der Aufsichtsrat in der Bekanntmachung der Tagesordnung Vorschläge zur Beschlussfassung zu machen. Des Weiteren sind in der Einberufung bei börsennotierten Gesellschaften die in § 121 Abs. 3 Nr. 1 bis 4 AktG genannten Angaben zu machen. Sie beziehen sich auf den Nachweisstichtag sowie dessen Bedeutung bei Inhaberaktien (sog. record date, vgl. § 123 Abs. 3 Satz 3 AktG), bei Namensaktien auch den Tag des Umschrei-

---

769 DNotI-Report 2003, 130 ff.; Hüffer/Koch, § 121 AktG Rn. 11c.
770 Hölters/Deilmann/Buchta, Die kleine AG, S. 98; Obermüller/Werner/Winden/Butzke, B Rn. 54 a. E.; Reichert/Schlitt, in: Semler/Volhard, HVHdb., I B Rn. 291; Hoffmann-Becking, ZIP 1995, 1, 6; Hüffer/Koch, § 121 AktG Rn. 11c.
771 So BGH NJW 2017, 68 = NZG 2016, 1417 = ZIP 2016, 2311 für GmbH; MünchKomm-AktG/ Kubis, § 121 Rn. 81; Spindler/Stilz/Rieckers, § 121 AktG Rn 60; a. A. allerdings Baumbach/Hueck/ Zöllner, GmbHG, § 51 Rn. 12; Hölters/Deilmann/Buchta, Die kleine AG, S. 99 f.
772 MünchKommAktG/Kubis AktG § 123 Rn. 3; Hüffer/Koch § 123 AktG Rn. 2; Großkomm AktG/ Werner § 123 Rn. 18; Spindler/Stilz/Rieckers §123 AktG Rn. 7.

bungsstopps im Aktienregister, was so aber im Gesetz nicht ausdrücklich erwähnt wird (§ 121 Abs. 3 Satz 3 Nr. 1 AktG), die Modalitäten der Vollmachtserteilung (§ 121 Abs. 3 Satz 3 Nr. 2 AktG), die Fristen für den Zugang von Ergänzungs- bzw. Gegenanträgen sowie Wahlvorschlägen unter Angabe der konkreten Daten und den Zeitpunkt, in dem das Auskunftsrecht ausgeübt werden kann sowie eine Darstellung und Erläuterung dieser Rechte, die allerdings – bei entsprechendem Hinweis in der Einberufung – auch auf der Internetseite der Gesellschaft erfolgen kann (§ 121 Abs. 3 Satz 3 Nr. 3 AktG). Ferner ist anzugeben diejenige Internetseite der Gesellschaft, auf welcher die Informationen nach § 124a AktG zugänglich sind (§ 121 Abs. 3 Satz 3 Nr. 4 AktG).

§ 231 UmwG **gilt auch für die AG oder die KGaA**, sodass der Vorstand der formwechselnden AG oder KGaA spätestens zusammen mit der Einberufung der Hauptversammlung das **Abfindungsangebot** nach § 207 UmwG zu übersenden hat. Der Übersendung steht es gleich, wenn das Abfindungsangebot im elektronischen Bundesanzeiger oder in den sonst bestimmten Gesellschaftsblättern bekannt gemacht wird (vgl. zu den Einzelheiten oben Teil 4 Rdn. 484).

495

Dem Gesetz lässt sich nicht entnehmen, ob bei den Veröffentlichungspflichten der AG oder KGaA oder bei der Bekanntmachung des Umwandlungsberichts zusätzlich zu der Auslegung in den Geschäftsräumen der Gesellschaft zur Einsicht der Aktionäre der **Entwurf des zukünftigen Gesellschaftsvertrages** noch im elektronischen Bundesanzeiger veröffentlicht werden muss. Nach § 124 Abs. 2 Satz 2 AktG wäre der Wortlaut einer Satzungsänderung, über die die Hauptversammlung beschließen soll, in den Gesellschaftsblättern bekannt zu machen. Es stellt sich daher die Frage, ob die Auslage des Umwandlungsberichts in den Geschäftsräumen der Gesellschaft als abschließende Publizitätsregelung anzusehen ist. Die überwiegende Meinung in der Rechtsprechung und Literatur ist jedoch der Auffassung, dass § 124 AktG durch die Regelung des UmwG nicht ausgeschlossen sei. Anzugeben sei ferner daher in der Tagesordnung die Satzung bzw. der Gesellschaftsvertrag der Gesellschaft neuer Rechtsform und auch der wesentliche Inhalt des Umwandlungsbeschlusses.[773]

496

Das **LG Hanau** hat im Urt. v. 02.11.1995[774] darauf hingewiesen, dass beim Formwechsel einer AG in eine GmbH die Einladung zur Hauptversammlung sowohl den Wortlaut des Umwandlungsbeschlusses als auch den vorgeschlagenen neuen Satzungstext enthalten müsse. Das LG Hanau bezieht sich dabei auf § 124 Abs. 2 Satz 2 AktG für Satzungsänderungen und verlangt auch beim Formwechsel die wortgetreue Wiedergabe dieser Unterlagen. Durch die komplette Wiedergabe in der Bekanntmachung erhalte der Aktionär die für die Entscheidungsfindung erforderliche Vorabinformation.

497

Auf die Frage der **Identifizierung unbekannter Aktionäre** wurde oben bereits hingewiesen, sodass auf die obigen Ausführungen verwiesen werden kann (vgl. oben Teil 4 Rdn. 141).

498

III. Einzelfälle des Formwechsels von Kapitalgesellschaften

1. Formwechsel einer Kapitalgesellschaft in eine Personengesellschaft oder Partnerschaftsgesellschaft

a) Maßgeblichkeit des Unternehmensgegenstandes

Beim Formwechsel einer Kapitalgesellschaft in eine Personenhandelsgesellschaft oder Partnerschaftsgesellschaft hatte der Gesetzgeber zunächst die Formwechselfreiheit durch § 228 UmwG eingeschränkt. § 228 Abs. 1 UmwG bestimmt, dass durch den Formwechsel eine Kapitalgesellschaft die Rechtsform einer Personenhandelsgesellschaft nur erlangen kann, wenn der Unterneh-

499

---

773 So LG Hanau, ZIP 1996, 422; Lutter/Göthel, UmwG, § 230 Rn. 25; Kallmeyer/Blasche, UmwG, § 230 Rn. 7; a. A. Meyer-Landruth/Kiem, WM 1997, 1413, 1414.
774 »Schwab/Otto«, ZIP 1996, 422.

mensgegenstand im Zeitpunkt des Wirksamwerdens des Formwechsels den Vorschriften über die Gründung einer OHG nach § 105 Abs. 1 und Abs. 2 HGB genügt. Ein Formwechsel in eine Partnerschaftsgesellschaft ist nach § 228 Abs. 3 UmwG nur möglich, wenn im Zeitpunkt seines Wirksamwerdens alle Anteilsinhaber des formwechselnden Rechtsträgers natürliche Personen sind, die einen freien Beruf i. S. d. Partnerschaftsgesellschaftsgesetzes ausüben.

500 In ihrer ursprünglichen Fassung vor dem **Handelsrechtsreformgesetz** (HRefG) v. 22.06.1998[775] war Aufgabe dieser Vorschrift sicherzustellen, dass Kapitalgesellschaften, die kein vollkaufmännisches Handelsgewerbe betrieben, nicht in eine OHG formwechseln konnten, sondern nur in eine GbR. Das HRefG hat den **Kaufmannsbegriff** auch bei den Personengesellschaften grundlegend geändert.[776] **Handelsgewerbe** ist nach § 1 Abs. 2 HGB i. d. F. nach dem Handelsrechtsreformgesetz nunmehr jeder Gewerbebetrieb, es sei denn, dass das Unternehmen nach Art oder Umfang einen in kaufmännischer Weise weiter eingerichteten Geschäftsbetrieb nicht erfordert. Handelsgewerbe ist somit jedes gewerbliche Unternehmen, es sei denn, es fehlt an der Erforderlichkeit kaufmännischer Einrichtungen, was i. d. R. nur bei Kleingewerbetreibenden der Fall ist. Dementsprechend ist auch § 105 HGB angepasst worden; danach ist eine Gesellschaft, deren Zweck auf den Betrieb eines Handelsgewerbes unter gemeinschaftlicher Firma gerichtet ist, eine OHG, wenn die Haftung nicht beschränkt ist. Dies bedeutet, dass zunächst jedes in der Gesellschaft ausgeübte Gewerbe zur Entstehung der OHG führt, wenn es das Unternehmen nach Art oder Umfang eines in kaufmännischer Weise eingerichteten Geschäftsbetriebes erfordert. Aber auch ein **Kleingewerbe**, das dieses Erfordernis nicht erfüllt, kann nach § 105 Abs. 2 HGB durch Handelsregistereintragung zum Handelsgewerbe werden und damit auch zur OHG führen.

501 Darüber hinausgehend ist in § 105 Abs. 2 HGB nun auch die Möglichkeit vorgesehen, Gesellschaften, die überhaupt keinen Gewerbebetrieb betreiben oder nur eigenes Vermögen verwalten, in die Rechtsform der OHG zu überführen, wenn die Eintragung im Handelsregister erfolgt. Insofern hat sich das Verhältnis zwischen § 228 UmwG und § 105 HGB grundlegend geändert, da im Grunde jede Gesellschaft zur OHG werden kann, wenn die Handelsregistereintragung erfolgt.[777] Ausgenommen ist nur die **freiberufliche Tätigkeit**; diese genügt nicht den Anforderungen des § 105 Abs. 2 HGB.[778] Die Anpassung des § 228 Abs. 1 UmwG an das HRefG ließ daher einige Fragen offen, da im Grunde jeder Gegenstand bei Handelsregistereintragung den Vorschriften über die Gründung einer OHG genügt. Während vor dem HRefG die Vorschrift im Grunde verlangte, dass der Gewerbebetrieb nach Art und Umfang einen in kaufmännischer Weise eingerichteten Geschäftsbetrieb erforderte und der Gesetzgeber dem Wechselverhältnis zwischen OHG oder GbR Rechnung getragen hat, bleibt fraglich, welchen Anwendungsbereich die Vorschrift nach dem HRefG hat. Bekanntlich hatte sich auch eine OHG im Zeitablauf kraft Gesetzes identitätswahrend in eine GbR verwandeln können, wenn der Geschäftsbetrieb der OHG nach altem Recht minderkaufmännisch wurde. Entsprechend diesem allgemeinen dogmatischen Grundsatz des Gesellschaftsrechts musste der Gesetzgeber in § 228 UmwG vor dem HRefG sicherstellen, dass Kapitalgesellschaften, deren Unternehmensgegenstand nicht auf den Betrieb eines vollkaufmännischen Handelsgewerbes gerichtet war, nicht allein durch den Formwechsel die Rechtsform einer OHG verlangen konnten. In diesen Fällen bestimmte dann auch § 228 Abs. 2 UmwG, dass, wenn der Gegenstand des Unternehmens nicht den Vorschriften des HGB genügt, bestimmt werden kann, dass die formwechselnde Gesellschaft die Rechtsform einer **GbR** erlangt. § 228 Abs. 2 UmwG sollte daher sicherstellen, dass der Formwechsel nicht daran scheitert, dass den handelsrechtlichen Voraussetzungen für die OHG nicht genügt wird, sodass in jedem Fall hilfsweise die GbR formgewechselt wird. Kann aber – wie dargelegt – nach dem HRefG auch die

---

[775] BGBl. I, S. 1474.
[776] Vgl. Diklinsky, ZIP 1998, 1169 ff.; K. Schmidt, NJW 1998, 2161 ff.; Schäfer, DB 1998, 1269 ff.
[777] Vgl. Schäfer, DB 1998, 1269, 1273.
[778] Vgl. Baumbach/Hopt/Roth, HGB, § 105 Rn. 13 m. w. N.; Wertenbruch in Ebenroth/Boujong/Joost/Strohn, Handelsgesetzbuch, § 105 HGB Rn. 36.

vermögensverwaltende oder kleingewerbliche Personengesellschaft in eine OHG durch Eintragung der Firma umgewandelt werden, dann kann auch der Formwechsel jeder Kapitalgesellschaft in die OHG erfolgen, wenn die Handelsregistereintragung der Firma erfolgt.

Der Gesetzgeber hat im **Zweiten Gesetz zur Änderung des UmwG** § 228 Abs. 2 UmwG aufgehoben. Die Begründung zum RegE[779] führt dazu aus: 502

> »Wegen der früher im Einzelfall bestehenden Unsicherheit der Einordnung einer Personengesellschaft als BGB-Gesellschaft oder als Personenhandelsgesellschaft sah § 228 Abs. 2 bisher vor, dass im Umwandlungsbeschluss einer Kapitalgesellschaft hilfsweise der Wechsel in die BGB-Gesellschaft vorgesehen werden kann, wenn der Unternehmensgegenstand nicht den Anforderungen an eine offene Handelsgesellschaft genügt. Nach der Änderung des § 105 Abs. 2 HGB durch das Handelsrechtsreformgesetz, wonach eine im Handelsregister eingetragene Gesellschaft oHG ist, erscheint die Regelung entbehrlich. Sie soll daher gestrichen werden.«

Meyer/Weiler[780] weisen allerdings zu Recht darauf hin, dass damit das **Abgrenzungsproblem zur freiberuflichen Tätigkeit** offenbleibt. In diesen Fällen fehlt eine gesetzliche Auffangregelung mit der Rechtsfolge der Umwandlung in eine GbR.[781]

▶ Hinweis:

In der Praxis ist daher zu empfehlen, in den Zweifelsfällen hilfsweise den Formwechsel in die GbR vorzusehen, falls sie zum Zeitpunkt des Wirksamwerdens des Formwechsels kein Handelsgewerbe betreibt.[782] Allerdings ist dabei auch umstritten, ob der hilfsweise Formwechsel noch zulässig ist.[783] Das ist m. E. zu Recht zu bejahen.[784] Es gibt keinen sachlichen Grund nicht von vorneherein einen derartigen Formwecshel zuzulassen; die Gesellschafter sind ja dadurch informiert und stimmen dem im Beschluss zu. 503

Ein Formwechsel einer **Partnerschaftsgesellschaft** ist nur möglich, wenn im Zeitpunkt seines Wirksamwerdens alle Anteilsinhaber des formwechselnden Rechtsträgers natürliche Personen sind, die einen freien Beruf i. S. d. Partnerschaftsgesellschaftsgesetzes ausüben. 504

b) Umwandlungsbeschluss

aa) Gesellschafter- oder Hauptversammlung

§ 193 Abs. 1 UmwG bestimmt, dass bei einem Formwechsel ein **Beschluss der Anteilsinhaber** des formwechselnden Rechtsträgers erforderlich ist. Der Beschluss kann nur in einer Versammlung der Anteilsinhaber gefasst werden. Dies bedeutet, dass der Umwandlungsbeschluss zwingend in der Hauptversammlung oder Gesellschafterversammlung gefasst werden muss. Eine andere Form der Beschlussfassung kann daher auch satzungsmäßig nicht vorgesehen werden (vgl. im Einzelnen oben Teil 4 Rdn. 102 ff.). 505

---

779 BT-Drucks. 16/2919, S. 19.
780 DB 2007, 1291, 1294.
781 Vgl. auch Kallmeyer/Blasche, UmwG, § 228 Rn. 3; Widmann/Mayer/Vossius, Umwandlungsrecht, § 228 UmwG Rn. 2 ff.; Lutter/Göthel, § 228 UmwG Rn. 10 ff.
782 Kallmeyer/Blasche, UmwG, § 228 Rn. 3 f.; Widmann/Mayer/Vossius, Umwandlungsrecht, § 228 UmwG Rn. 3; a. A. Lutter/Göthel, § 228 UmwG Rn. 17.
783 Bejahend Tettinger, Der Konzern 2006, 844, 848; ablehnend Lutter/Göthel, § 228 UmwG Rn. 36.
784 So auch Ihrig, in: Semler/Stengel, § 228 UmwG Rn. 36; Kallmeyer/Blasche, UmwG, § 228 Rn. 6 ff., BeckOGK/Sparfeld UmwG § 228 Rn. 36; Widmann/Mayer/Vossius § 228 UmwG Rn. 142; wohl auch Stratz in Schmitt/Hörtnagl/Stratz, § 228 UmwG Rn. 6 f.

bb) Durchführung der Gesellschafter- oder Hauptversammlung

506 Für die Durchführung der Haupt- oder Gesellschafterversammlung gelten zunächst die **allgemeinen Vorschriften** des GmbHG oder AktG (vgl. dazu oben Teil 2 Rdn. 1082 ff.). Außerdem bestimmt § 232 UmwG eine **Sondervorschrift** für die Durchführung. Gem. § 232 Abs. 1 UmwG ist in der Gesellschafterversammlung oder in der Hauptversammlung der Umwandlungsbericht auszulegen. In der Hauptversammlung kann der Umwandlungsbericht auch auf andere Weise zugänglich gemacht werden. Durch das Gesetz zur Umsetzung der Aktionärsrechterichtlinie (ARUG) v. 30.07.2009[785] wurde das »zugänglich machen« aufgenommen. Damit soll auch die Publikation über das Internet möglich sein, wobei allerdings während der Hauptversammlung die Möglichkeit gewährleistet sein muss, über Monitore die Unterlagen einzusehen.[786]

507 Gem. § 232 Abs. 2 UmwG ist der Entwurf des Umwandlungsbeschlusses bei einer AG oder KGaA vom Vertretungsorgan zu Beginn der Verhandlung mündlich zu erläutern. Für die GmbH ist eine derartige zwingende **Erläuterungspflicht** nicht vorgesehen. Allerdings ergibt sich wohl aus § 51a GmbHG, dass die Geschäftsführer der Gesellschaft auf Verlangen Auskunft über den Inhalt geben müssen.[787] Die Auskunft ist allerdings anders als gem. § 232 Abs. 2 UmwG bei der AG oder KGaA bei der GmbH nur »auf Verlangen« zu gewähren.

cc) Beschlussmehrheit

508 § 233 UmwG, der die Frage der **Beschlussmehrheiten** regelt, unterscheidet zunächst dahin gehend, ob der Formwechsel in eine OHG, GbR oder Partnerschaftsgesellschaft erfolgen soll oder in eine KG. Außerdem bestimmt § 233 Abs. 3, dass beim Formwechsel einer KGaA die persönlich haftenden Gesellschafter zustimmen müssen.

(1) Formwechsel in OHG, GbR oder Partnerschaftsgesellschaft

509 Gem. § 233 Abs. 1 UmwG bedarf der Umwandlungsbeschluss der Gesellschafterversammlung oder Hauptversammlung der **Zustimmung aller anwesenden Gesellschafter** oder Aktionäre und der Zustimmung auch der nicht erschienenen Anteilsinhaber, wenn die Kapitalgesellschaft in eine OHG, Partnerschaftsgesellschaft oder in eine GbR umgewandelt werden soll. Grund für das **Einstimmigkeitsprinzip** ist, dass mit dem Wirksamwerden des Formwechsels die Gesellschafter der Kapitalgesellschaft zu Gesellschaftern werden, die für die Verbindlichkeiten der Gesellschaft persönlich haften.[788] Die Regierungsbegründung weist darauf hin, dass die Übernahme einer so weitgehenden Haftung den Anteilsinhabern nicht ohne ihre Zustimmung aufgezwungen werden könne.[789] Hieraus folgt, dass jeder Gesellschafter, also nicht nur die auf der Gesellschafterversammlung anwesenden Gesellschafter ihre Zustimmung erklären müssen. Krankheit und sonstige Abwesenheitsgründe befreien ebenso wenig von diesem Grundsatz der Einstimmigkeit wie Gefahr in Verzug. Stimmenthaltung ist nicht Zustimmung.[790]

▶ Hinweis:

510 Auch hier kann sich im Einzelfall die Frage stellen, ob die Gesellschafter in bestimmten Fällen nicht aufgrund ihrer Treuepflicht verpflichtet sind, einem Beschluss zuzustimmen. Es bleibt

---

785 BGBl. I, S. 2479.
786 BeckOGK/Sparfeld UmwG § 232 Rn. 7; Schmitt/Hörtnagl/Stratz/Stratz § 232 UmwG Rn. 1; Kallmeyer/Blasche § 232 UmwG Rn. 2; Kallmeyer/Marsch-Barner, § 64 UmwG Rn. 1; J. Schmidt, NZG 2008, 734, 735.
787 Kallmeyer/Blasche, UmwG, § 232 Rn. 2.
788 Kallmeyer/Blasche, UmwG, § 233 Rn. 2; Lutter/Göthel, § 233 UmwG Rn. 3 f.; BeckOGK/Sparfeld UmwG § 233 Rn. 10.
789 Vgl. Begründung zum RegE, BR-Drucks. 75/94, S. 154; abgedruckt in: Limmer, Umwandlungsrecht, S. 349.
790 Vgl. Ihrig, in: Semler/Stengel, § 232 UmwG Rn. 11; BeckOGK/Sparfeld UmwG § 233 Rn. 10.

aber auch hier die Frage, ob diese Zustimmungspflicht soweit reicht, dass einer Umwandlung zugestimmt werden muss, bei der die Gesellschafter zu persönlich haftenden Gesellschaftern werden.

Auch beim Formwechsel einer AG in eine OHG, Partnerschaftsgesellschaft oder GbR bedarf der Umwandlungsbeschluss der **Zustimmung der stimmberechtigten Aktionäre jeder Gattung**.[791] Umstritten ist, ob beim Formwechsel in die GbR, OHG oder Partnerschaftsgesellschaft wegen der persönlichen Haftung auch die Anteilsinhaber bei der Kapitalgesellschaft zustimmen müssen, denen kein Stimmrecht zusteht (z. B. Geschäftsanteile ohne Stimmrecht oder Vorzugsaktien ohne Stimmrecht). Z. T. wird dies abgelehnt.[792] Demgegenüber ist ein anderer Teil der Literatur der Auffassung, dass auch diejenigen Anteilsinhaber für die Umwandlung stimmen bzw. ihre Zustimmung abgeben müssen, denen kein Stimmrecht zusteht.[793] Wegen der persönlichen Haftung wird man letzterer Auffassung folgen müssen, dass der Schutz der §§ 204, 23 UmwG nicht gegen die persönliche Haftung schützt, sondern nur wirtschaftlichen Ausgleich gewährt, der bei der persönlichen Haftung allerdings nicht ausreicht. 511

Sind **mehrere Gattungen von Aktien** vorhanden, so wird man wie beim Verschmelzungsrecht nach § 65 Abs. 2 UmwG einen Sonderbeschluss als Wirksamkeitserfordernis verlangen müssen. Die Sonderbeschlüsse treten neben den Beschluss der Hauptversammlung insgesamt. Der Sonderbeschluss kann entweder in gesonderter Versammlung oder durch besondere Abstimmung unter gesondertem Tagesordnungspunkt in derselben Hauptversammlung gefasst werden.[794] 512

(2) Formwechsel in eine KG

Beim Formwechsel der Kapitalgesellschaft in eine KG bedarf der Umwandlungsbeschluss nur einer **Mehrheit von mindestens 3/4** der bei der Gesellschafterversammlung der GmbH abgegebenen Stimmen oder des bei der Beschlussfassung der AG oder der KGaA vertretenen Grundkapitals. Allerdings müssen dem Formwechsel alle Gesellschafter oder Aktionäre zustimmen, die in der KG die Stellung eines persönlich haftenden Gesellschafters haben sollen. Diese Zustimmungen sind als empfangsbedürftige Willenserklärungen gegenüber der formwechselnden Gesellschaft abzugeben und nach § 193 Abs. 3 Satz 1 UmwG notariell zu beurkunden (vgl. unten Rdn. 218 ff). Die Zustimmung kann sowohl vor der Versammlung als auch nach Beschlussfassung erteilt werden.[795] Gem. § 233 Abs. 2 UmwG kann der Gesellschaftsvertrag oder die Satzung der formwechselnden Kapitalgesellschaft eine größere Mehrheit oder weitere Erfordernisse bestimmen. Ist eine 3/4-Mehrheit ausreichend, so gilt nach der wohl h.M. der Grundsatz, dass Zustimmungserklärungen, die außerhalb der Gesellschafterversammlung abgegeben werden, die in der Gesellschafterversammlung selbst nicht erreichte Mehrheit nicht auffüllen können.[796] Nach anderer Ansicht ist die Beschlussfassung ohne die erforderliche Mehrheit bei der Abwesenheit einzelner Gesellschafter zunächst als schwebend unwirksam anzusehen und kann durch nachträgliche 513

---

791 Vgl. Kallmeyer/Blasche, UmwG, § 233 Rn. 3 ff.; Meyer-Landruth/Kiem, WM 1997, 1418.
792 So Kallmeyer/Zimmermann, UmwG, § 193 Rn. 4; Widmann/Mayer/Vossius, Umwandlungsrecht, § 233 UmwG Rn. 93 f.
793 Lutter/Göthel, UmwG, § 233 Rn. 4; Kallmeyer/Blasche, UmwG, § 233 Rn. 5 ff.; Ihrig, in: Semler/Stengel, § 233 UmwG Rn. 11.
794 Vgl. Widmann/Mayer/Vossius, Umwandlungsrecht, § 233 UmwG Rn. 95 ff.
795 Kallmeyer/Blasche § 233 UmwG Rn. 2; BeckOGK/Sparfeld UmwG § 233 Rn. 15; Lutter/Göthel Rn. 10; Widmann/Mayer/Vossius, § 233 UmwG Rn. 46; Kölner KommUmwG/Dauner-Lieb/Tettinger § 233 UmwG Rn. 12.
796 Kallmeyer/Zimmermann § 192 UmwG Rn. 8; Kallmeyer/Blasche UmwG § 217 Rn. 8; § 233 Rn. 6; Lutter/Decher/Hoger § 193 UmwG Rn. 3; Lutter/Lutter/Drygala § 13 Rn. 10; Lutter/H. Schmidt § 43 Rn. 6; Kölner KommUmwG/Petersen § 193 UnwG Rn. 6.

Zustimmung der erforderlichen Mehrheiten wirksam werden.[797] M.E. ist der ersten Auffassung angesichts des Wortlautes zu folgen.

514 Die **notwendige 3/4-Mehrheit** bedeutet, dass genau 75 % ausreichend sind. Es brauchen also nicht mehr als 75 % zu sein. Die Mehrheit bestimmt sich bei der **GmbH** nach der Nominalgröße der Geschäftsanteile. Gezählt werden nur die abgegebenen Stimmen der Gesellschafter, die sich nach § 16 GmbHG angemeldet haben.[798] Eine **Kapitalmehrheit** wird daher nicht verlangt. Es zählen nur die Stimmen der Gesellschafter, die sich an der Abstimmung beteiligen, Stimmenthaltungen gelten als nicht abgegeben, sie zählen bei der Feststellung nicht mit, das Gleiche gilt für ungültige Stimmen.[799] Stehen der Gesellschaft eigene Anteile zu, ruht das Stimmrecht aus diesen Geschäftsanteilen. Bei der **AG und KGaA** bedarf es einer Mehrheit von mindestens 3/4 des bei der Beschlussfassung vertretenen Grundkapitals. Darunter ist eine **doppelte Mehrheit** zu verstehen.[800] Die Vorschrift verlangt zum einen die einfache Mehrheit der abgegebenen Stimmen i. S. d. § 133 AktG, wobei Mehrstimmrechtsaktien mit ihrer Stimmenmacht zählen. Darüber hinaus erfordert sie eine Kapitalmehrheit von 3/4 des bei der Beschlussfassung vertretenen Grundkapitals.

515 Weiter ist zu berücksichtigen, dass § 233 Abs. 2 Satz 1 Halbs. 2 UmwG auf § 65 Abs. 2 UmwG verweist. Es gilt daher bei der AG auch der Grundsatz, dass, wenn mehrere Gattungen von Aktien vorhanden sind, der Beschluss der Hauptversammlung zu seiner Wirksamkeit der Zustimmung der stimmberechtigten Aktionäre jeder Gattung bedarf.[801] Über die Zustimmung haben die Aktionäre jeder Gattung einen Sonderbeschluss zu fassen, für den die 3/4-Mehrheit ebenfalls gilt. Für die **Sonderbeschlüsse** ist § 138 AktG zu beachten. Bei Vorliegen der Voraussetzungen von § 138 Satz 3 AktG muss daher eine gesonderte Versammlung durchgeführt werden, anderenfalls genügt eine gesonderte Abstimmung (§ 138 Satz 1 AktG).

516 Anders als beim Formwechsel in eine OHG oder GbR sind wegen der Verweisung auf § 65 Abs. 2 UmwG nur die stimmberechtigten Aktionäre jeder Gattung stimmberechtigt. **Vorzugsaktionäre** müssen daher in dieser Fallvariante nicht zustimmen.

517 Schließlich bedarf nach § 233 Abs. 2 Satz 1 Halbs. 2 i. V. m. § 50 Abs. 2 UmwG der Beschluss über den Formwechsel der Zustimmung derjenigen Gesellschafter, deren auf dem Gesellschaftsvertrag beruhende Minderheitsrechte oder besondere Rechte der Geschäftsführung bei der Bestellung der Geschäftsführung oder hinsichtlich eines Vorschlagsrechts für die Geschäftsführung durch den Formwechsel beeinträchtigt werden (vgl. dazu Teil 4 Rdn. 236 ff.).

(3) Formwechsel einer KGaA

518 Beim Formwechsel einer KGaA müssen gem. § 233 Abs. 3 UmwG immer deren **persönlich haftende Gesellschafter zustimmen**. Die Satzung der formwechselnden Gesellschaft kann allerdings für den Fall des Formwechsels in eine KG eine Mehrheitsentscheidung dieser Gesellschafter vorsehen. Jeder dieser Gesellschafter kann sein Ausscheiden aus dem Rechtsträger für den Zeitpunkt erklären, in dem der Formwechsel wirksam wird.

---

797 So BeckOGK/Kühn UmwG § 217 Rn. 30; Lutter/Joost § 217 UmwG Rn. 16.
798 Vgl. Lutter/Hommelhoff/Bayer, GmbHG, § 47 Rn. 7; Scholz/Priester, GmbHG, § 53 Rn. 83; Baumbach/Hopt/Zöllner, § 47 GmbHG Rn. 23.
799 Vgl. BGHZ 76, 154, 158; BGHZ 80, 212, 215; Baumbach/Hueck/Zöllner, § 47 GmbHG Rn. 23; Lutter/Hommelhoff/Bayer, GmbHG, § 47 Rn. 7.
800 BGH, NJW 1975, 212; RGZ 125, 356, 359; Hüffer/Koch, AktG § 179 Rn. 14; Kallmeyer/Blasche, UmwG, § 233 Rn. 10.
801 Kallmeyer/Blasche, UmwG, § 233 Rn. 10.

B. Formwechsel von Kapitalgesellschaften — Teil 4 Kapitel 2

dd) Stimmberechtigung

Stimmberechtigt bei der Beschlussfassung sind **grds. alle Gesellschafter** und Aktionäre. Stimmrechtslose Vorzugsaktien haben keine Stimmen (vgl. allerdings Teil 4 Rdn. 511). — 519

ee) Durchführung der Gesellschafterversammlung bzw. Hauptversammlung

(1) Gesellschafterversammlung bei der GmbH

Vgl. oben Teil 2 Rdn. 470 ff., 992 ff. — 520

Neben den besonderen Vorschriften gelten die allgemeinen Vorschriften des GmbHG für die Durchführung der Gesellschafterversammlung. Das GmbHG kennt keinen **Versammlungsleiter**, ein solcher ist allerdings zweckmäßig. Auch ist nicht wie in § 129 AktG eine Anwesenheitsfeststellung vorgeschrieben, bei größeren Versammlungen ist dies ebenfalls zweckmäßig. Sie erfolgt nach Bestimmung des Versammlungsleiters, bei Versammlungen ohne Vorsitzenden durch Umlauf einer Liste.

Eine **förmliche Feststellung des Beschlussergebnisses** ist im GmbHG im Gegensatz zum Aktienrecht (§ 130 Abs. 2 AktG) nicht Wirksamkeitserfordernis des Beschlusses.[802] Im Regelfall empfiehlt sich dies allerdings, da die förmliche Feststellung und Verkündung des Abstimmungsergebnisses den Beschlussinhalt verbindlich festlegt.[803] Die Feststellung des Beschlussergebnisses kann auch auf den beurkundenden Notar übertragen werden.[804] — 521

(2) Hauptversammlung bei der AG

Vgl. oben Teil 2 Rdn. 469 ff., 1081 ff. — 522

§ 193 Abs. 3 UmwG bestimmt, dass der Umwandlungsbeschluss und etwaige erforderliche Zustimmungserklärungen einzelner Anteilsinhaber der notariellen Beurkundung bedürfen (vgl. oben Teil 4 Rdn. 218 ff.). Fraglich ist allerdings, ob bei einer sog. kleinen AG, die nicht börsennotiert ist, und bei der nach § 130 Abs. 1 Satz 3 AktG ein privatschriftliches Protokoll bei Beschlüssen, die keiner Dreiviertel- oder größeren Mehrheit bedürfen, ausreichend ist, die gesamte Hauptversammlung beurkundet werden muss, wenn über einen Formwechsel beschlossen wird, oder ob es genügt, wenn nur der Formwechselbeschluss beurkundet wird (sog. »gemischte« Hauptversammlung). Die überwiegende Ansicht ging bei der AG davon aus, dass das Protokoll einer Hauptversammlung, bei der beurkundungsbedürftige Beschlüsse und nicht beurkundungsbedürftige Beschlüsse gefasst werden, insgesamt zu beurkunden ist.[805] Dabei wird wurde allerdings hauptsächlich mit dem Wortlaut des § 130 AktG argumentiert, dass »die Niederschrift« zu beur-

---

[802] BGHZ 76, 156.
[803] Scholz/K. Schmidt, GmbHG, § 48 Rn. 58.
[804] Baumbach/Hueck/Zöllner, GmbHG, § 53 Rn. 36.
[805] OLG Jena, NotBZ 2015, 52 = MittBayNot 2015, 158 m. Anm. Wettich, GWR 2014, 349; Reul, in: Wachter, Handbuch des Fachanwalts für Handels- und Gesellschaftsrecht, Teil 2 Kap. 2 Rn. 927; Ek, Praxisleitfaden für die Hauptversammlung, § 17 Rn. 581; Faßbender, RNotZ 2009, 425, 428 f.; Hüffer/Koch, Aktiengesetz, § 130 Rn. 14b ff.; Reger in Bürgers/Körber, Aktiengesetz, § 130 Rz. 33; Ziemonis in K. Schmidt/Lutter, Aktiengesetz, § 130 Rn. 35, 37; MünchKomm-AktG/Kubis, § 130 Rn. 30; Hoffmann-Becking, ZIP 1995, 1, 7; Obermüller/Werner/Winden/Butzke, Die Hauptversammlung der AG, N Rn. 20; Semler/Volhard, Arbeitshandbuch für die Hauptversammlung, § 15 Rn. 5; Hölters/Deilmann/Buchta, Die kleine AG, S. 106 f.; Heckschen, DNotZ 1995, 275, 283 f.; Ammon/Görlitz, Die kleine AG, 67; Steiner, Die Hauptversammlung der AG, S. 167; Priester, DNotZ 2001, 661, 664; a. A. Seibert/Köster/Kiem, Die kleine AG, § 130 Rn. 165; Blanke, BB 1995, 681, 682; Happ, Aktienrecht, 10.09 Rn. 1; Schaaf, Praxis der Hauptversammlung, Rn. 812 f.; Lutter, AG 1994, 429, 440.

kunden ist.⁸⁰⁶ Im Urteil vom 19.05.2015 hat der BGH entschieden, dass, wenn auf einer Hauptversammlung ein Beschluss gefasst wird, für den das Gesetz eine Dreiviertel- oder größere Mehrheit bestimmt und der damit stets durch eine notariell aufgenommene Niederschrift zu beurkunden ist, ein anderer, nicht diesen Mehrheitserfordernissen unterliegender Beschluss nicht in der vom Notar aufgenommenen Niederschrift beurkundet sein muss, sondern es genügt dafür eine vom Aufsichtsratsvorsitzenden unterzeichnete Niederschrift.⁸⁰⁷ In der Literatur wird die Entscheidung z.T. kritisch gesehen.⁸⁰⁸ Anders als bei der GmbH sieht das AktG eine **Reihe von Förmlichkeiten** über den Inhalt der Niederschrift und die Durchführung der Versammlung vor.⁸⁰⁹

523 Der **Inhalt der Niederschrift** richtet sich nach § 130 AktG.⁸¹⁰ In der Niederschrift sind nach § 130 Abs. 2 AktG der Ort und der Tag der Verhandlung, der Name des Notars sowie die Art und das Ergebnis der Abstimmung und die Feststellung des Vorsitzenden über die Beschlussfassung anzugeben (§ 130 Abs. 2 AktG). Darüber hinaus bestehen weitere Tatsachen, die protokollierungspflichtig sind: z. B. Minderheitsverlangen (§ 130 Abs. 1 Satz 2 AktG), Festhalten der Einberufungsunterlagen (§ 130 Abs. 3 AktG), die von Aktionären als nicht beantwortet gerügten Fragen (§ 131 Abs. 5 AktG) oder der sog. »Protokollwiderspruch« (§ 245 Nr. 1 AktG). Darüber hinaus wird z. T. angenommen, dass weitere ungeschriebene Pflichtangaben bestehen.⁸¹¹ I. R. d. Frage inwieweit ein Hauptversammlungsprotokoll noch nach der Hauptversammlung berichtigt werden kann, hat der BGH im Urteil vom 16.02.2009 grundlegend entschieden, dass ein notarielles Hauptversammlungsprotokoll i. S. d. § 130 Abs. 1 Satz 1 AktG den Charakter eines Berichtes Notars über seine Wahrnehmungen habe; es müsse von ihm nicht in der Hauptversammlung fertiggestellt, sondern könne auch noch danach im Einzelnen ausgearbeitet und unterzeichnet werden.⁸¹² Im Urteil vom 10.10.2017⁸¹³ hat er ferner entschieden, dass nach § 44a Abs. 2 BeurkG ein Hauptversammlungsprotokoll wegen Unrichtigkeit berichtigt werden kann. Bei der Berichtigung durch eine ergänzende Niederschrift müssen der Versammlungsleiter oder die in der Hauptversammlung anwesenden Aktionäre nicht mitwirken.

524 Nach § 130 Abs. 3 AktG sind die Belege über die Einberufung der Versammlung der Niederschrift als Anlage beizufügen, wenn sie nicht unter Angabe ihres Inhalts in der Niederschrift aufgeführt sind. Zusätzlich muss nach der Literatur auf die beigefügten Anlagen ausdrücklich verwiesen werden.⁸¹⁴ Die Niederschrift ist vom **Notar** zu unterschreiben (§ 130 Abs. 4 AktG). Gem. § 130 Abs. 5 AktG hat der **Vorstand** eine öffentlich beglaubigte Abschrift und Niederschrift und ihre Anlagen zum **Handelsregister** unverzüglich einzureichen. Nach der Regelung durch das NaStraG v. 18.01.2001 (BGBl. I, S. 123) ist das Teilnehmerverzeichnis nicht mehr zum Handelsregister einzureichen. Dementsprechend ist das Teilnehmerverzeichnis auch nicht der Urkunde

---

806 So Widmann/Mayer/Heckschen, Umwandlungsrecht, § 13 UmwG Rn. 221.1; Heckschen, in: Beck'sches Notar-Handbuch, D III Rn. 229.
807 BGH BGHZ 205, 319 = DNotZ 2015, 704 = ZIP 2015, 1429 vgl. dazu zust. Harnos AG 2015, 732, 734 ff; Hüffer/Koch AktG § 130 Rn. 14c.
808 Wicke DB 2015, 1770, 177; Bayer/Meier-Wehrsdorfer LMK 2015, 373659; Weiler MittBayNot 2015, 256, 257 f.; zum praktischen Ablauf vgl. Höreth AG 2015, R 293, 294 f.; krit. MünchKommAktG/Kubis AktG § 130 Rn. 30.
809 Vgl. dazu Faßbender, RNotZ 2009, 425, 440 ff.
810 Vgl. dazu Faßbender, RNotZ 2009, 425, 440 ff.
811 Vgl. Faßbender, RNotZ 2009, 425, 445; Ziemons, in: K. Schmidt/Lutter, AktG, § 130 Rn. 14; Reul/Zetsche, AG 2007, 561, 563; Priester, DNotZ 2001, 661, 667 f.; Hüffer/Koch, AktG, § 130 Rn. 5, 6; Kubis, in: MünchKomm AktG, § 130 Rn. 61; Wicke, in: Spindler/Stilz, AktG, § 130 Rn. 12.
812 BGH, DNotZ 2009, 688 = NotBZ 2009, 12 = ZIP 2009, 460; vgl. auch Kanzleiter, DNotZ 2007, 804 ff.; Eylmann, ZNotP 2005, 300 ff.
813 BGH NJW 2018, 52 = DNotZ 2018, 382.
814 So Kubis, in: MünchKomm AktG, § 130 Rn. 75; Werner in Großkomm AktG Rn 50; Wilhelmi BB 1987, 1331, 1336; Lamers DNotZ 1962, 287, 301.

beizufügen; nach § 129 Abs. 4 Satz 2 AktG ist das Teilnehmerverzeichnis nunmehr bei der Gesellschaft zur Einsichtnahme durch die Aktionäre für mindestens zwei Jahre aufzubewahren. Unter **Art der Abstimmung** ist die Form zu verstehen, in der das Stimmrecht ausgeübt wird, z. B. ob geheim, schriftlich, durch Aufstehen, Hand erheben oder namentliche Abstimmung, durch Stimmzettel, elektronische Abstimmungsgeräte etc..[815] Umstritten ist, ob in der Niederschrift Angaben zur Stimmauszählung zu machen sind. Die h.M bejaht dies.[816] Daher ist im Protokoll auch zu festzustellen, ob nach dem sog. Additionsverfahren nur die Ja-Stimmen oder nach dem sog. Subtraktionsverfahren. Im Urteil vom 10.10.2017 hat der BGH entschieden, dass unter der **Art der Abstimmung** zumindest die Beschreibung des Vorgangs zu verstehen sei, wie der Beschluss selbst in der Versammlung zustande gekommen ist, d. h. in welcher Weise, ob mündlich, schriftlich, durch Handerheben oder mittels welcher sonstigen Betätigung, abgestimmt worden ist.[817] Daher ist im Protokoll auch festzustellen, ob nach dem sog. Additionsverfahren nur die Ja-Stimmen und Nein-Stimmen oder nach dem sog. Subtraktionsverfahren Nein-Stimmen und Enthaltungen erfasst wurden. Unter dem **Ergebnis der Abstimmung** ist sowohl der sachliche Inhalt des Beschlusses als auch das ziffernmäßige Ergebnis der Abstimmung zu verstehen, also die Anzahl der für den Antrag und der gegen ihn abgegebenen Stimmen.[818] Festzuhalten ist, wie viel Stimmen für und wie viel Stimmen gegen die Verschmelzung stimmen. Allein die Angabe der Kapitalbeträge genügt nicht.[819] Das zahlenmäßige Ergebnis der Abstimmung ist mit der Anzahl der Ja- und Nein-Stimmen in die notarielle Niederschrift aufzunehmen. Werden statt der Anzahl der Ja- und Nein-Stimmen Prozentzahlen aufgenommen, führt dieser Beurkundungsfehler nicht zur Nichtigkeit, wenn sich aus den Angaben in der Niederschrift das zahlenmäßige Abstimmungsergebnis so errechnen lässt, dass danach keine Zweifel über die Ablehnung oder Annahme des Antrags und die Ordnungsmäßigkeit der Beschlussfassung verbleiben.[820] Ob auch Stimmenthaltungen angegeben werden müssen, ist streitig, in der Praxis dürfte sich dies wohl aus Sicherheitsgründen empfehlen, wird aber wohl überwiegend abgelehnt.[821] Bei Abstimmungen nach dem sog. Subtraktionsverfahren ist die Protokollierung der Zahl der Stimmenthaltungen dagegen notwendig, weil sie eine maßgebliche Differenzgröße zur Ermittlung der Ja-Stimmen darstellt.[822] Bei börsennotierten Gesellschaften gelten seit dem ARUG nach § 130 Abs. 2 Satz 2 Nr. 3 AktG strengere Regeln.[823] Bei börsennotierten Gesellschaften umfasst seit dem Gesetz zur Umsetzung der Aktionärsrechterichtlinie (ARUG) v. 30.07.2009[824] die Feststellung über die Beschlussfassung nach § 130 Abs. 2 Satz 2 AktG für jeden Beschluss auch
— die Zahl der Aktien, für die gültige Stimmen abgegeben wurden,

---

815 Vgl. Kubis, in: MünchKomm AktG, § 130 Rn. 51; Faßbender, RNotZ 2009, 425, 442 Werner in Großkomm AktG Rn 19; Grumann/Gillmann NZG 2004, 839, 840.
816 OLG Düsseldorf, RNotZ 2003, 328, 330; Hüffer/Koch, AktG, § 130 Rn. 17; Kubis, in: MünchKomm AktG, § 130 Rn. 52; Faßbender, RNotZ 2009, 425, 442; einschr. Reul AG 2002, 543, 546.
817 BGH NJW 2018, 52 = DNotZ 2018, 382.
818 Hüffer/Koch, AktG, § 130 Rn. 19; Kubis, in: MünchKommAktG, § 130 Rn. 56; Faßbender, RNotZ 2009, 425, 443.
819 BGH, DNotZ 1995, 549 = ZIP 1994, 1171 = DB 1994, 1769.
820 BGH NJW 2018, 52 = DNotZ 2018, 382.
821 Vgl. Heng/Schulte, AG 1985, 33, 38; Hüffer/Koch, AktG, § 130 Rn. 19a.
822 MünchKommAktG/Kubis AktG § 130 Rn. 57.
823 Hüffer/Koch, AktG, § 130 Rn. 23a; Kubis, in: MünchKommAktG, § 130 Rn. 64 ff.; Faßbender, RNotZ 2009, 425, 455 f.
824 BGBl. I, S. 2479.

– den Anteil des durch die gültigen Stimmen vertretenen Grundkapitals wobei gemeint ist nicht das in der Hauptversammlung vertretene, sondern das insgesamt vorhandene Grundkapital,[825] sowie
– die Zahl der abgegebenen Ja- und Nein-Stimmen sowie ggf. der Enthaltungen angeben.

Sofern kein Aktionär widerspricht, kann der Versammlungsleiter seine Feststellungen darauf beschränken, dass die für den Beschluss erforderliche Mehrheit erreicht wurde (§ 130 Abs. 2 Satz 3 AktG). Entsprechend reduziert sich die Protokollierungspflicht des Notars. Dadurch soll den Gesellschaften die Möglichkeit eröffnet werden, die Beschlussfeststellung in der Hauptversammlung abzukürzen, da die Verlesung längerer Zahlenkolonnen für jeden einzelnen Beschlusspunkt erhebliche Zeit in Anspruch nehmen könne.[826] Nach § 130 Abs. 6 AktG müssen börsennotierte Gesellschaften allerdings seit dem ARUG alle in § 130 Abs. 2 geforderten Angaben innerhalb von 7 Tagen nach der Hauptversammlung auf ihrer Internetseite veröffentlichen. Umstritten war, ob die Vereinfachung nach § 130 Abs. 2 Satz 3 AktG auch für das notarielle Protokoll gilt oder ob in dieses weiterhin alle Abstimmungszahlen aufzunehmen sind. Im Urteil vom 10.10.2017 hat der BGH entschieden, dass auch nach Einfügung von Satz 2 und 3 in § 130 Abs. 2 AktG durch das ARUG das vollständige zahlenmäßige Ergebnis der Abstimmung in die notarielle Niederschrift aufzunehmen ist.[827] Werde das zahlenmäßige Abstimmungsergebnis vom Versammlungsleiter nicht bekannt gegeben, genüge es, wenn entweder das durch den Versammlungsleiter aufgrund § 130 Abs. 6 AktG dennoch zu ermittelnde genaue Ergebnis der Abstimmung zur Kenntnis des Notars gelangt oder der Notar diese Kenntnis aus anderen Quellen auf der Hauptversammlung erhalte.[828]

525 Wenn die Abstimmung nach **Aktiengattungen** getrennt erfolgt, ist nach früherer herrschenden Meinung auch eine **getrennte Feststellung des Abstimmungsergebnisses** erforderlich. In der Literatur wird dies mittlerweile angezweifelt.[829] Erforderlich ist nach § 130 Abs. 2 AktG schließlich, dass die **Feststellungen des Vorsitzenden über die Beschlussfassung** in die Niederschrift aufgenommen werden. Das bedeutet, dass in der Niederschrift sowohl die Feststellung des Notars über die Art und das Ergebnis der Abstimmung als auch die Feststellung des Vorsitzenden über die Beschlussfassung enthalten sein müssen. Mit dem BayObLG[830] wird man wohl die Feststellung des Vorsitzenden fordern müssen, dass ein Beschluss eines bestimmten Inhaltes mit der dafür notwendigen Mehrheit gefasst worden ist.

526 In der Hauptversammlung ist ein **Verzeichnis der Teilnehmer** gem. § 129 Abs. 1 Satz 2 AktG aufzustellen. In das Verzeichnis sind aufzunehmen: die erschienenen oder vertretenen Aktionäre und die Vertreter von Aktionären mit Angabe ihres Namens und Wohnorts sowie bei Nennbetragsaktien des Betrags, bei Stückaktien der Zahl der von jedem vertretenen Aktien unter Angabe ihrer Gattung. Nach der Neuregelung durch das NaStraG v. 18.01.2001[831] ist eine Unterzeichnung des Teilnehmerverzeichnisses nicht mehr erforderlich. Die **Aktionäre** und ggf. **Stellvertreter** sind durch Namen und Wohnort zu bezeichnen.[832] Neben Namen und Wohnort müssen der Betrag der gehaltenen oder vertretenen Aktien sowie ihre Gattungen angegeben werden. Gemeint

---

825 Hüffer/Koch, AktG, § 130 Rn. 23a; Kubis, in: MünchKomm AktG, § 130 Rn. 64 ff. Scholz/Wenzel AG 2010, 443, 444 ff.; Merkner/Sustmann NZG 2010, 568, 569 f.; Bungert/Wettich ZIP 2011, 160, 165.
826 Beschlussempfehlung des Rechtsausschusses, BT-Drucks. 16/13098, S. 12, 39.
827 BGH NJW 2018, 52 = DNotZ 2018, 382; ebenso Leitzen, ZIP 2010, 1065, 1066 ff.; Wicke in Spindler/Stilz, AktG, § 130 Rdn. 48; MünchKommAktG/Kubis § 130 Rdn. 67 f.
828 Unter Bezugnahme auf Leitzen, ZIP 2010, 1065, 1068.
829 Vgl. zum Streitstand Hüffer/Koch, § 130 AktG Rn. 20; Wicke, in: Spindler/Stilz, § 130 AktG Rn. 49 Kubis, in: MünchKomm AktG, § 130 Rn. 61 ff.
830 BayObLG 1972, 354, 359 = NJW 1973, 250.
831 BGBl. I, S. 123.
832 Vgl. Hüffer/Koch, AktG, § 129 Rn. 3.

ist dabei der Gesamtbetrag, nicht der Nennbetrag der Einzelstücke. Nachträgliches Erscheinen von Aktionären oder auch vorzeitiges Verlassen der Hauptversammlung ist nach der herrschenden Meinung im Teilnehmerverzeichnis zu vermerken.[833]

ff) Zustimmungspflichten

(1) Zustimmungspflicht bei persönlicher Haftung

Wie bereits dargelegt, müssen bei einer Mehrheitsumwandlung einer Kapitalgesellschaft in eine KG dem Formwechsel alle Gesellschafter oder Aktionäre zustimmen, die in der KG die Stellung eines persönlich haftenden Gesellschafters haben sollen (§ 233 Abs. 2 Satz 3 UmwG). **527**

(2) Zustimmung beim Verlust von Minderheitsrechten

Da § 233 Abs. 2 auf § 50 Abs. 2 UmwG verweist, gelten auch die **Minderheitsvorschriften des § 50 Abs. 2 UmwG** für den Formwechsel einer GmbH. Danach müssen auch die Gesellschafter zustimmen, deren auf dem Gesellschaftsvertrag beruhenden Minderheitenrechte beeinträchtigt werden. I. Ü. kann zur Auslegung des § 50 Abs. 2, 1. Alt. UmwG auf die obigen Ausführungen verwiesen werden (vgl. Teil 4 Rdn. 236 ff.). **528**

(3) Zustimmung beim Verlust von bestimmten Sonderrechten bzgl. Geschäftsführung und Bestellungs- und Vorschlagsrechte für die Geschäftsführung

Ebenfalls zustimmen müssen die Gesellschafter beim Formwechsel einer GmbH in eine Personengesellschaft, deren **besonderen Rechte in der Geschäftsführung** der Gesellschaft, bei der Bestellung der Geschäftsführer oder hinsichtlich eines Vorschlagsrechts für die Geschäftsführung beeinträchtigt werden (vgl. ebenfalls Teil 4 Rdn. 236 ff.). **529**

c) Inhalt des Umwandlungsbeschlusses

Der Inhalt des Umwandlungsbeschlusses ergibt sich auch bei Kapitalgesellschaften aus der **allgemeinen Regelung** in § 194 UmwG. Allerdings ist außerdem § 234 UmwG zu beachten, wonach auch **530**

1. die Bestimmung des Sitzes der Personengesellschaft;

2. beim Formwechsel in eine Kommanditgesellschaft die Angabe der Kommanditisten sowie des Betrages der Einlage eines jeden von ihnen

3. der Gesellschaftsvertrag der Personengesellschaft

im Umwandlungsbeschluss enthalten sein müssen. Diese Vorschrift war erforderlich, da anders als beim Formwechsel in eine Kapitalgesellschaft beim Formwechsel einer Kapitalgesellschaft in eine Personengesellschaft der Gesellschaftsvertrag der Personengesellschaften nicht im Umwandlungsbeschluss enthalten sein musste. Die Begründung zum RegE wies darauf hin, dass wegen der mangelnden Formbedürftigkeit eines Vertrages einer Personengesellschaft davon abgesehen wurde, diesen als Teil des formbedürftigen Umwandlungsbeschlusses zu machen.[834]

Der Gesetzgeber hat im **Zweiten Gesetz zur Änderung des UmwG** v. 25.04.2007[835] § 234 Abs. 3 Nr. 3 UmwG n. F. dahin gehend geändert, dass anders als vor der Neuregelung auch der **Gesellschaftsvertrag der Personengesellschaft im Umwandlungsbeschluss enthalten sein 531**

---

833 Vgl. KK-AktG/Zöllner, § 129 Rn. 13; Hüffer/Koch, AktG, § 129 Rn. 10; Wicke, in: Spindler/Stilz, § 129 AktG Rn. 24.
834 Begründung zum RegE, BR-Drucks. 75/94, S. 154, abgedruckt in: Limmer, Umwandlungsrecht, S. 349.
835 BGBl. I, S. 542.

muss. Die Begründung zum RegE[836] weist auch darauf hin, dass im Gegensatz zu § 218 UmwG beim Formwechsel einer Personenhandelsgesellschaft in eine GmbH in § 234 UmwG derzeit (außer für die Partnerschaftsgesellschaft) nicht ausdrücklich vorgeschrieben war, dass beim umgekehrten Fall des Formwechsels einer Kapitalgesellschaft in eine Personengesellschaft auch der Gesellschaftsvertrag dieser Gesellschaft Bestandteil des Umwandlungsbeschlusses sein muss. In der Praxis ergab sich daraus die Unsicherheit, ob bei einem Formwechsel in die KG mit der in § 233 Abs. 2 UmwG vorgeschriebenen 3/4-Mehrheit auch der Gesellschaftsvertrag beschlossen werden kann. Daher soll wie in § 218 UmwG der Gesellschaftsvertrag ausdrücklich zum notwendigen Beschlussinhalt gehören. Zwar wird damit abweichend vom sonstigen Recht der Gesellschaftsvertrag der Personengesellschaft einem Formerfordernis unterworfen. Bei einem Wechsel aus der Kapitalgesellschaft in die Personengesellschaft erscheint dies dem Gesetzgeber aber angemessen.

In der Literatur ist allerdings trotz der Änderung umstritten, welche **Anforderungen** bzgl. der Beschlussmehrheiten an fakultative Satzungsänderungen zu stellen sind, die über die reinen durch den Formwechsel notwendigen Änderungen des Gesellschaftsvertrages hinausgehen (vgl. oben Teil 4 Rdn. 196 ff.). Z. T. geht die Literatur davon aus, dass, da die neue Satzung/Gesellschaftsvertrag Teil des Umwandlungsbeschlusses ist, einheitlich unabhängig vom Inhalt der Änderung nur die Beschlussmehrheiten für den Umwandlungsbeschluss gelten, bei der Personengesellschaft also 3/4-Mehrheit.[837] Demgegenüber ist ein anderer Teil der Literatur der Auffassung, dass fakultative Satzungsänderungen stets nach den besonderen Beschlussvoraussetzungen der Ausgangsrechtsform gefasst werden müssen.[838] Nach der letzten Meinung ist es nicht gerechtfertigt, für Änderungen, die nur bei Gelegenheit des Umwandlungsbeschlusses erfolgen eine 3/4-Mehrheit genügen zu lassen.[839] In der Entscheidung v. 09.05.2005[840] hat der BGH festgestellt, dass es darauf ankomme, ob der Umwandlungsbeschluss etwa eine zusätzliche, nicht rechtsformbedingte, den Gesellschaftern nachteilige Ungleichbehandlung mit sich gebracht hätte. Daraus folgert auch die Literatur, dass der Inhalt des neuen Gesellschaftsvertrages der allgemeinen Treuepflicht unterliege, durch die Umwandlung dürfen also keine Nachteile zulasten der Minderheit beschlossen werden.[841]

aa) Neue Rechtsform

532 Beim Formwechsel einer Kapitalgesellschaft in eine Personenhandelsgesellschaft muss im Umwandlungsbeschluss an dieser Stelle genannt werden, ob der Formwechsel in eine OHG bzw. GbR oder eine KG erfolgen soll (§ 194 Abs. 1 Nr. 1 UmwG).

bb) Firma des neuen Rechtsträgers

533 Gem. § 194 Abs. 1 Nr. 2 UmwG ist die **Firma der Personengesellschaft anzugeben**. Unklar ist, was hier genannt werden soll, wenn, wie bei einer GbR, eine Firmenbildung nicht zulässig ist. Hier wird zu erwägen sein, ob nicht eine allgemeine Bezeichnung der Gesellschaft erforderlich ist.

cc) Sitz der Gesellschaft

534 Nach § 234 Nr. 1 UmwG muss auch der **Sitz der Personengesellschaft** im Umwandlungsbeschluss bestimmt werden.

---

836 BT-Drucks. 16/2919, S. 19.
837 So Meyer-Landruth/Kiem, WM 1997, 1368; Kallmeyer/Blasche, UmwG, § 218 Rn. 3.
838 So Lutter/Göthel, UmwG, § 243 Rn. 30; Reichert, GmbHR 1995, 176, 193; Widmann/Mayer/Rieger, Umwandlungsrecht, § 243 UmwG Rn. 14; Stratz, in: Schmitt/Hörtnagl/Stratz, UmwG/UmwStG, § 218 UmwG Rn. 3, § 243 UmwG Rn. 3; Kallmeyer/Blasche, UmwG, § 243 Rn. 9 ff.; Mutter, in: Semler/Stengel, § 243 UmwG Rn. 12; Semler/Stengel/Schlitt UmwG § 218 Rn. 7.
839 So Widmann/Mayer/Rieger, Umwandlungsrecht, § 243 UmwG Rn. 14.
840 AG 2005, 613 = DB 2005, 1842 = DNotZ 2005, 864 = ZNotP 2005, 392.
841 So Kallmeyer/Blasche, UmwG, § 234, Rn. 8, § 243 Rn. 9; Lutter/Göthel, UmwG, § 243 Rn. 30 ff.

dd) Angabe der Beteiligung der Gesellschafter an der neuen Personengesellschaft

535 Nach § 194 Abs. 1 Nr. 3 UmwG muss im Umwandlungsbeschluss bestimmt werden, **welche Beteiligung** die Gesellschafter der Kapitalgesellschaft an der neuen Gesellschaft erhalten sollen. Jeweils in erster Linie ist zu bestimmen, dass die Gesellschafter oder Aktionäre der GmbH oder AG auch weiterhin Gesellschafter der Personenhandelsgesellschaft sind. Wie bereits dargelegt (vgl. Teil 4 Rdn. 137 ff.), ist § 194 Abs. 1 Nr. 3 UmwG Ausdruck des sog. Identitätsgrundsatzes, d. h. während des Formwechsels kann kein Gesellschafter ausscheiden oder beitreten.

536 Das UmwG 1995 lässt anders als das vor 1995 geltende den **Formwechsel einer Kapitalgesellschaft in eine GmbH & Co. KG** zu. Die alte Umwandlungssperre ist entfallen. Allerdings bereitet der Grundsatz der Identität der Person vor und nach der Umwandlung bei der Umwandlung einer Kapitalgesellschaft in eine GmbH & Co. KG Probleme (vgl. ausführlich Teil 4 Rdn. 14 ff.). Denn i. d. R. steht vor der Umwandlung eine Komplementär-GmbH nicht zur Verfügung. Denn diese müsste vor der Umwandlung an der formwechselnden Kapitalgesellschaft beteiligt sein, damit sie nach der Umwandlung an der KG die Stellung eines persönlich haftenden Gesellschafters wahrnehmen muss. Möglich wäre zwar auch der umgekehrte Weg, dass sich die Komplementär-GmbH als neu gegründete Gesellschaft erst nach dem Formwechsel an der KG beteiligt. Diese Lösung hätte allerdings den Nachteil, dass für die Zwischenzeit bis zum Beitritt zumindest ein Gesellschafter der Kapitalgesellschaft persönlich haftender Gesellschafter der KG sein müsste.

▶ Hinweis:

537 In der Praxis wird sich daher dieses Modell nicht empfehlen und bis zur rechtssicheren Klärung der Frage, ob ein Beitritt i. R. d. Formwechsels möglich ist, der **vorherige Beitritt der Komplementär-GmbH** bei der formwechselnden Kapitalgesellschaft erforderlich sein.[842]

538 Der für den Beitritt der Komplementär-GmbH notwendige Geschäftsanteil kann vor der Umwandlung entweder durch Abtretung eines bestehenden Geschäftsanteils oder durch Schaffung eines neuen im Wege der Kapitalerhöhung geschaffen werden. Die Komplementär-GmbH kann dabei den Geschäftsanteil auch treuhänderisch halten und sich auch verpflichten, nach der Umwandlung den Anteil wiederum an einen Gesellschafter abzutreten.[843] Unklar ist, welche Rechtsfolgen aus dem **BGH-Urt. v. 09.05.2005**[844] zu ziehen sind. Nach der hier vertretenen Auffassung kann die GmbH im Formwechsel beitreten (vgl. Teil 4 Rdn. 16), sodass treuhänderische Lösungen nicht mehr erforderlich wären.

ee) Zahl, Art und Umfang der Beteiligung der Gesellschafter an der Personengesellschaft

539 Auch für den Formwechsel einer Kapitalgesellschaft in eine Personengesellschaft sind die **Bestimmungen gem. § 194 Abs. 1 Nr. 4 UmwG** am bedeutendsten (vgl. Teil 4 Rdn. 143 ff.). Danach sind Zahl, Art und Umfang der Mitgliedschaften, welche die Gesellschafter durch den Formwechsel erlangen sollen, in dem Beschluss anzugeben. Die Vorschrift wird ergänzt durch § 234 UmwG, wonach beim Formwechsel in eine KG die Angabe des Kommanditisten sowie des Betrages der Einlage eines jeden Kommanditisten im Beschluss zu nennen sind. Zu bestimmen ist also die quantitative und qualitative Beteiligung der Gesellschaft an der neuen Personengesellschaft. Insoweit ist § 162 HGB iVm § HGB § 106 Abs. 2 Nr. 1 HGB anzuwenden, so dass folgende Anga-

---

842 Vgl. oben Teil 4 Rdn. 14 ff.; Happ, in: Lutter, Kölner Umwandlungsrechtstage, S. 225 f.; Kallmeyer, ZIP 1994, 1746, 1751.
843 So auch Widmann/Mayer/Vossius, Umwandlungsrecht, § 228 UmwG Rn. 208.
844 AG 2005, 613 = NZG 2005, 722; dazu Simon/Leuering, NJW-Spezial 2005, 459; Decher/Hoger, Der Konzern 2005, 621 ff.; Heckschen, DNotZ 2007, 451; ders., DB 2008, 2122 ff.; Baßler, GmbHR 2007, 1262.

ben zu jedem Gesellschafter in den Umwandlungsbeschluss aufzunehmen sind: Name, Vorname, Geburtsdatum und Wohnort.[845]

(1) Art der Mitgliedschaft

540 Beim Formwechsel in eine KG ist daher zu entscheiden, ob der Gesellschafter **Kommanditist oder Komplementär** wird. Hierbei ist zu berücksichtigen, dass gem. § 233 Abs. 2 Satz 3 UmwG beim Formwechsel einer Kapitalgesellschaft in eine KG all die Gesellschafter bzw. Aktionäre zustimmen müssen, die in der KG die Stellung des persönlich haftenden Gesellschafters haben sollen.

(2) Umfang der Anteile an der Personenhandelsgesellschaft

541 Bei der Umwandlung einer Kapitalgesellschaft in eine Personengesellschaft ist weiter zu regeln, welchen Kapitalanteil und auch welchen Gewinnverteilungsschlüssel die Gesellschafter erhalten sollen (vgl. dazu eingehend Teil 4 Rdn. 150 ff., 158 ff.). Hierbei ist zu berücksichtigen, dass der sog. Kapitalanteil nicht den absoluten Wert der Beteiligung wiedergibt, denn die Summe der Kapitalanteile ist nicht identisch mit dem Wert des Gesellschaftsvermögens. Insb. ergibt auch der Kapitalanteil nicht zwingend die verhältnismäßige Beteiligung der Gesellschafter am Gesellschaftsvermögen. Es kommt hier darauf an, welche **interne Verteilung** die Gesellschafter nach dem Gesellschaftsvertrag gewählt haben. Insb. für die **Verteilung der stillen Reserven** ist nicht immer zwingend der Kapitalanteil maßgebend, sondern der Gewinnverteilungsschlüssel. Häufig ist im Gesellschaftsvertrag eine **Regelung der Kapitalkonten** so gewählt worden, dass diese tatsächlich die verhältnismäßige Beteiligung am Vermögen widerspiegelt.

542 Ebenso wie beim Formwechsel einer Personengesellschaft in eine Kapitalgesellschaft dürfte auch im umgekehrten Weg des Wechsels einer Kapitalgesellschaft in eine Personengesellschaft letztendlich die **wertmäßige Beteiligung**, die die Gesellschafter an der Personengesellschaft erhalten, sich danach richten, wie die Verteilung des Vermögens bei einer Liquidation der Gesellschaft zu erfolgen hätte (vgl. im Einzelnen oben Teil 4 Rdn. 400 ff.). Nach § 155 HGB ist nämlich der Kapitalanteil maßgebend für das Auseinandersetzungsguthaben im Fall einer Liquidation. In der Liquidationsbilanz müssen allerdings gem. § 154 HGB die Kapitalanteile neu festgesetzt werden. Dies geschieht zunächst dadurch, dass der Reinerlös der Liquidation mit dem in der letzten Jahresbilanz ausgewiesenen Eigenkapital bzw. der Summe der Kapitalanteile der Gesellschafter verglichen wird. Ergibt sich danach ein über das Eigenkapital hinausgehender Reinerlös, d. h. ein Gewinn, so ist der Betrag nach dem Gewinnverteilungsschlüssel auf die Kapitalanteile der einzelnen Gesellschafter zu verteilen.[846]

543 Erst das Vermögen, das nach dieser Aufteilung verbleibt, ist im Fall einer Liquidation nach dem Verhältnis der jetzt neu ermittelten Kapitalanteile an die einzelnen Gesellschafter auszuschütten.[847]

544 Wie diese Ausführungen zeigen, wird die **wertmäßige Beteiligung des Gesellschafters an seiner Personengesellschaft** daher durch zwei Faktoren maßgeblich beeinflusst:
– das Kapitalkonto,
– den Gewinnverteilungsschlüssel.

545 Es muss daher auch beim Formwechsel einer Kapitalgesellschaft in eine Personengesellschaft über beide Fragen diskutiert werden und es ist entscheidend, welche Kapitalkonten und welcher Gewinnverteilungsschlüssel bei der Personengesellschaft gelten soll.

---

845 BeckOGK/Sparfeld UmwG § 234 Rn. 10; Schmitt/Hörtnagl/Stratz/Stratz § 234 UmwG Rn. 3; Lutter/Göthel 234 UmwG Rn. 17; Widmann/Mayer/Vossius, § 234 UmwG Rn. 9.
846 Vgl. Baumbach/Hopt, HGB, § 154 Anm. 2b; Heymann/Sonnenschein, HGB, § 154 Rn. 5.
847 Vgl. BGHZ 19, 42, 47 f.

Dabei spielen die verschiedenen **Kapitalkonten** eine entscheidende Rolle.[848] Gesellschafterkonten können gesellschaftsrechtlicher Natur (dann sind sie »Eigenkapital«) oder schuldrechtlicher Natur (dann haben sie Darlehenscharakter und sind »Fremdkapital«) sein. Die Abgrenzung von Eigenkapital und Fremdkapital ist auch steuerrechtlich von Bedeutung, z. B. im Zusammenhang mit § 15a EStG. Im HGB wird von einem variablen Kapitalanteil ausgegangen (§ 120 HGB). Dieses ist in der Praxis allerdings unpraktisch und i. d. R. unerwünscht. In der Praxis ist es i. d. R. üblich, mindestens ein **festes Kapitalkonto** zu bilden, auf dem die Einlagen der Gesellschafter verbucht werden, die die Beteiligung an der Gesellschaft darstellen. Dieses Kapitalkonto ist unveränderlich. Darüber hinaus werden häufig ein oder mehrere variable Konten gebildet, über die die sonstigen Ein- und Auszahlungen gebucht werden. Bei einfachem Sachverhalt genügt ein variables Privatkonto. Sollen auch Rücklagen gebildet werden, empfiehlt sich weiterhin ein Rücklagenkonto. Das Kapitalkonto eines Gesellschafters repräsentiert die absolute Höhe der Beteiligung am Eigenkapital der Gesellschaft. Das Kapitalkonto stellt damit auch die Grundlage für die Ermittlung der prozentualen Beteiligungsquote dar. Regelmäßig wird das Kapitalkonto in Form von wenigstens zwei Unterkonten, nämlich einem »festen« Kapitalkonto I und einem »variablen« Kapitalkonto II, geführt. Auf dem **festen Kapitalkonto I** wird die ursprüngliche Eigenkapitaleinlage eines Gesellschafters verbucht und grds. in unveränderter Höhe weitergeführt. Dieses Konto zeigt unmittelbar die individuelle Beteiligungsquote (Kapitalkonto I: Summe des gezeichneten Eigenkapitals). Auf dem **variablen Kapitalkonto II** werden die im Zeitablauf anfallenden Gewinn- und Verlustanteile des Anlegers erfasst. Zur besseren Übersichtlichkeit kann das variable Kapitalkonto II auch in Form eines separaten Gewinn- und eines Verlustkontos geführt werden.

Aus steuerlicher Sicht ist das **Kapitalkonto des Kommanditisten** einer KG oder GmbH & Co. KG (bzw. die Summe der einzelnen Unterkonten) für die Ermittlung der sofort ausgleichsfähigen Verlustanteile sowie für die aufgrund der Verlustausgleichsbeschränkung des § 15a des EStG lediglich verrechenbaren, d. h. vortragsfähigen Verlustanteile von Bedeutung. Auf einen Kommanditisten entfallene Verluste sind nur insoweit sofort und unmittelbar steuerlich ausgleichsfähig, als durch diesen Verlustanteil kein negatives Kapitalkonto des Gesellschafters entsteht oder ein bereits negativer Saldo auf dem Kapitalkonto erhöht wird. Für Kommanditisten sieht das Gesetz nur zwei Gesellschafterkonten vor. Auch der Kommanditist hat ein bewegliches Kapitalkonto i. S. d. § 120 HGB. Sein Kapitalanteil ist jedoch durch § 167 Abs. 2 HGB auf den Betrag der vertraglich festgesetzten Einlage (Haft- und ggf. Pflichteinlage) beschränkt. Soweit er seine Einlage erbracht hat, werden daher weitere Gewinne einem zweiten Konto gutgeschrieben. Dieses Konto weist eine jederzeit fällige Forderung des Kommanditisten gegen die Gesellschaft aus. Das gilt unabhängig davon, ob die Entnahmen beschränkt sind. Dieses zweite Konto ist zu unterscheiden von dem nachstehend beschriebenen variablen »Kapitalkonto II«, das nach der Vertragspraxis üblich ist, weil das Einlagekonto (Kapitalkonto I) als festes Konto geführt werden soll. Über die **Gestaltung dieser Konten** wird damit die wertmäßige Beteiligung festgelegt.

546

Bei den Kommanditisten ist darüber hinaus gem. § 234 Nr. 1 UmwG die **Hafteinlage** zu bestimmen.

547

Zum bis 1995 geltenden Recht bestand Einigkeit, dass die **Haftsumme** des Kommanditisten nicht die gleiche Höhe haben muss wie der Kapitalanteil oder der Nennbetrag der Aktien des bisherigen Aktionärs. Nach altem Recht konnte daher die Haftsumme, deren Einlage durch das Einbringen des Unternehmens zur umgewandelten Gesellschaft geleistet wird, bis zum Verkehrswert geleistet werden. Es gilt hier aber der Grundsatz, dass auch der Kommanditist wie die

548

---

848 Vgl. zu den Konten bei der Personengesellschaft oben Teil 2 Rdn. 788 ff. und Oppenländer, DStR 1999, 939 ff.; Rodewald, GmbHR 1998, 521 ff.; aus steuerrechtlicher Sicht BMF-Schreiben v. 30.05.1997, BStBl. 1997 I, S. 627 ff. und v. 26.11.2004, BStBl. 2004 I, S. 1190 ff.; Heymann/Emmerich, HGB, § 120 Rn. 31; K. Schmidt, Gesellschaftsrecht, § 47 Abs. 2 Satz 2d; Leitzen, ZNotP 2009, 255 ff.; Doege, DStR 2006, 489 ff.; Ley, DStR 2009, 613 ff.; Kempermann, DStR 2008, 1917 ff.

anderen Gesellschafter beim Formwechsel das Unternehmen der umgewandelten Kapitalgesellschaft in die KG einbringt und demgemäß die Einlage bis zum Verkehrswert dieses Unternehmens erfolgen kann. Die Hafteinlage gilt dann i. H. d. Verkehrswertes des Vermögens der Kapitalgesellschaft als erbracht, das anteilig dem Kommanditisten zusteht. Andererseits besteht auch die Möglichkeit der Buchwertfortführung, sodass sich dann die Hafteinlage nach dem Buchwert des Stammkapitals berechnet.

▶ Beispiel:

549 Der Buchwert des Vermögens an der übertragenden GmbH beträgt 100.000,00 €, die stillen Reserven noch einmal 100.000,00 €. An der GmbH sind A und B je mit 50.000,00 € Stammeinlagen beteiligt. Bei der Umwandlung in eine KG, bei der A persönlich haftender Gesellschafter und B Kommanditist werden soll, kann also die Hafteinlage des B entweder mit 50.000,00 € (Buchwert) bewertet werden. Möglich ist aber auch die Aufstockung der stillen Reserven mit der Folge, dass er auch eine Hafteinlage i. H. v. 100.000,00 € übernehmen kann und diese durch die Umwandlung des Unternehmens erbracht wird. Die Kapitalkonten können ebenfalls entweder auf 50.000,00 € oder 100.000,00 € jeweils gestellt werden. Beim verhältniswahrenden Formwechsel müsste daher auch der Gewinnverteilungsschlüssel 1:1 festgesetzt werden.

550 Insgesamt gilt daher der Grundsatz, dass sich beim verhältniswahrenden Formwechsel der Kapitalgesellschaft in die Personengesellschaft das Kapitalkonto und der Gewinnverteilungsschlüssel nach dem **Verhältnis der Stammeinlagen im Verhältnis zum Gesamtstammkapital** bzw. der Gesamtaktien im Verhältnis zum Grundkapital richten.

551 Der **nicht verhältniswahrende Formwechsel ist allerdings zulässig**, wenn alle Gesellschafter zustimmen (vgl. dazu oben Teil 4 Rdn. 167).

ff) Sonder- und Vorzugsrechte

552 Gem. § 194 Abs. 1 Nr. 5 UmwG müssten im Umwandlungsbeschluss auch die Rechte bestimmt werden, die einzelnen Gesellschaftern, sowie den Inhabern besonderer Rechte, gewährt werden sollen, oder die Maßnahmen, die für diese Personen vorgesehen sind.

gg) Angebot auf Barabfindung

553 Beim Formwechsel der Kapitalgesellschaft in eine Personengesellschaft muss ein **Angebot auf Barabfindung** nur aufgenommen werden, wenn eine Mehrheitsentscheidung möglich ist, also nur beim Formwechsel der Kapitalgesellschaft in eine KG (vgl. oben Teil 4 Rdn. 242 ff.)

d) Handelsregisteranmeldung

554 Die **Grundnorm für die Anmeldung des Formwechsels** bildet § 198 UmwG (vgl. oben Teil 4 Rdn. 303 ff.). Danach ist der Inhalt der Anmeldung die neue Rechtsform des Rechtsträgers. Grds. verbleibt es bei dieser einen Anmeldung, wenn nicht gleichzeitig eine Sitzverlegung stattfindet. Wie bereits dargelegt, handelt es sich beim Formwechsel einer Kapitalgesellschaft in eine Personengesellschaft nicht um einen Formwechsel, bei dem sich die Art des Registers ändert (vgl. oben Teil 4 Rdn. 305 ff.). Die verschiedenen Abteilungen des Handelsregisters sind nicht Register verschiedener Art, sondern Unterabteilungen desselben Registers, sodass § 198 Abs. 2 UmwG nicht einschlägig ist.

555 Die Anmeldung ist gem. § 235 Abs. 2 UmwG durch das **Vertretungsorgan der formwechselnden Gesellschaft** vorzunehmen, also durch die Geschäftsführung oder den Vorstand. Damit soll v. a. für den Fall des Formwechsels in eine Personenhandelsgesellschaft vermieden werden, dass

die Anmeldung von sämtlichen Gesellschaftern vorgenommen werden muss.[849] Der Begriff »Vertretungsorgan« lässt es ausreichen, dass **in vertretungsberechtigter Zahl** gehandelt wird.[850] Auch **unechte Gesamtvertretung** mit einem Prokuristen ist nach herrschender Meinung zulässig, nicht hingegen Prokuristen allein.[851]

556 Beim **Formwechsel einer Kapitalgesellschaft in eine GbR** ist statt der neuen Rechtsform, die in keinem Register eingetragen ist, die Umwandlung der Kapitalgesellschaft zur Eintragung in das Register, in dem die Kapitalgesellschaft eingetragen ist, anzumelden.:[852] § 198 Abs. 2 UmwG ist nicht anzuwenden. Im Urteil vom 18. 10. 2016 hat der BGH dies nochmals klargestellt[853] »Der Name der Gesellschaft bürgerlichen Rechts und ihre Gesellschafter nach einem Formwechsel gemäß § 235 Abs. 1 UmwG sind keine eintragungspflichtigen Tatsachen. Eingetragen werden muss nach § 235 UmwG die Umwandlung der Gesellschaft im Register der GmbH als formwechselnder Gesellschaft, aber in Abweichung von § 198 Abs. 1 UmwG nicht die Gesellschaft bürgerlichen Rechts selbst als neue Rechtsform.[854] Eine Gesellschaft bürgerlichen Rechts unterliegt nicht der Eintragung in das Handelsregister.[855] Erst recht müssen aus diesem Grund ihre Gesellschafter bei einem Formwechsel nicht in das Handelsregister eingetragen werden«.

2. Formwechsel einer Kapitalgesellschaft in eine Kapitalgesellschaft anderer Rechtsform

a) Durchführung der Gesellschafterversammlung

557 Bzgl. der **Durchführung der Gesellschafterversammlung** gilt, wie bereits oben dargelegt, das allgemeine Recht der formwechselnden Gesellschaft, d. h. das GmbHG oder das AktG (vgl. oben Teil 4 Rdn. 103 ff.).

§ 239 UmwG bestimmt wie § 232 UmwG wortgleich, dass beim Formwechsel in der Gesellschafterversammlung oder in der Hauptversammlung, die über den Formwechsel beschließen soll, der Umwandlungsbericht auszulegen ist. In der Hauptversammlung kann der Umwandlungsbericht auch auf andere Weise zugänglich gemacht werden.

Bei einer AG oder KGaA hat darüber hinaus gem. § 239 Abs. 2 der Vorstand den Umwandlungsbeschluss mündlich zu erläutern (vgl. im Einzelnen oben Teil 4 Rdn. 102 ff.).

aa) Beschlussmehrheiten

558 Der Umwandlungsbeschluss über den Formwechsel einer Kapitalgesellschaft in eine Kapitalgesellschaft anderer Rechtsform bedarf einer **Mehrheit von mindestens 3/4** der bei der Gesellschafter-

---

849 So die Begründung zum RegE, BR-Drucks. 75/94, S. 155; abgedruckt in: Limmer, Umwandlungsrecht, S. 350.
850 Kallmeyer/Zimmermann, UmwG, § 198 Rn. 8; Kallmeyer/Blasche, UmwG, § 235 Rn. 5; Lutter/Decher/Hoger, UmwG, § 198 Rn. 10; Lutter/Göthel, § 235 UmwG Rn. 7; Stratz, in: Schmitt/Hörtnagl/Stratz, § 235 UmwG Rn. 4; Schwanna, in: Semler/Stengel, § 198 UmwG Rn. 12; Ihrig, in: Semler/Stengel, § 235 UmwG Rn. 7; Widmann/Mayer/Vossius, § 235 UmwG Rn. 8; BeckOGK/Sparfeld UmwG § 235 Rn. 2.
851 Kallmeyer/Zimmermann, UmwG, § 198 Rn. 8; Lutter/Decher/Hoger, UmwG, § 198 Rn. 10; Lutter/Göthel, § 235 UmwG Rn. 7; Stratz, in: Schmitt/Hörtnagl/Stratz, § 235 UmwG Rn. 4; Schwanna, in: Semler/Stengel, § 198 UmwG Rn. 12; Widmann/Mayer/Vossius, § 235 UmwG Rn. 8.
852 Kallmeyer/Blasche, UmwG, § 235 Rn. 2; Ihrig, in: Semler/Stengel, § 235 UmwG Rn. 9.
853 DNotZ 2017, 291 = AG 2017, 241.
854 Vgl. Göthel in Lutter, UmwG, 5. Aufl., § 235 Rn. 10; Ihrig in Semler/Stengel, UmwG, 3. Aufl., § 235 Rn. 1; Dirksen/Blasche in Kallmeyer, UmwG, 5. Aufl., § 235 Rn. 2 f.; Stratz in Schmitt/Hörtnagl/Stratz, Umwandlungsgesetz, Umwandlungssteuergesetz, 7. Aufl., § 235 UmwG Rn. 1 f.
855 Vgl. nur BGH, Beschluss vom 16. Juli 2001 II ZB 23/00, BGHZ 148, 291, 294.

versammlung einer GmbH abgegebenen Stimmen oder des bei der Beschlussfassung einer AG oder einer KGaA vertretenen Grundkapitals.

559 Bei der **GmbH** ist also eine 3/4-Mehrheit der in der Gesellschafterversammlung anwesenden Gesellschafter notwendig. Die **notwendige 3/4-Mehrheit** bedeutet, dass genau 75 % ausreichend sind. Es brauchen also nicht mehr als 75 % zu sein. Die Mehrheit bestimmt sich bei der GmbH nach der Nominalgröße der Geschäftsanteile. Gezählt werden nur die abgegebenen Stimmen der Gesellschafter, die sich nach § 16 GmbHG angemeldet haben.[856] Eine **Kapitalmehrheit** wird daher nicht verlangt. Es zählen nur die Stimmen der Gesellschafter, die sich an der Abstimmung beteiligen, Stimmenthaltungen gelten als nicht abgegeben, sie zählen bei der Feststellung nicht mit, das Gleiche gilt für ungültige Stimmen.[857] Stehen der Gesellschaft eigene Anteile zu, ruht das Stimmrecht aus diesen Geschäftsanteilen.

560 Bei der AG und KGaA bedarf es einer Mehrheit von mindestens 3/4 des bei der Beschlussfassung vertretenen Grundkapitals. Darunter ist eine **doppelte Mehrheit** zu verstehen.[858] Die Vorschrift verlangt zum einen die einfache Mehrheit der abgegebenen Stimmen i. S. d. § 133 AktG, wobei Mehrstimmrechtsaktien mit ihrer Stimmmacht zählen. Darüber hinaus erfordert sie eine Kapitalmehrheit von 3/4 des bei der Beschlussfassung vertretenen Grundkapitals.

bb) Sonderbeschlüsse bei Aktien verschiedener Gattungen

561 Vgl. oben Teil 2 Rdn. 1093 ff.

§ 240 Abs. 1 UmwG verweist auf § 65 Abs. 2 UmwG, sodass bei **Vorhandensein verschiedener Aktiengattungen** der Beschluss der Hauptversammlung zu seiner Wirksamkeit der Zustimmung der stimmberechtigten Aktionäre jeder Gattung bedarf.[859] Diese haben über die Zustimmung einen Sonderbeschluss zu fassen, der ebenfalls einer 3/4-Mehrheit bedarf. Jeder Sonderbeschluss bedarf daher einer 3/4-Mehrheit des vertretenen Grundkapitals der jeweiligen Gattung. Für die Sonderbeschlüsse gilt § 138 AktG. Auf Verlangen einer 10 %igen Mehrheit muss eine gesonderte Versammlung durchgeführt werden (§ 138 Satz 3 AktG). Anderenfalls genügt eine gesonderte Abstimmung (§ 138 Satz 1 AktG). Vorzugsaktionäre sind nicht stimmberechtigt.[860] Streitig ist, ob analog § 141 AktG ein Sonderbeschluss der Vorzugsaktionäre erforderlich ist, wenn beim Rechtsträger neuer Rechtsform kein vergleichbares Sonderrecht geschaffen wird.[861]

cc) Zustimmungspflichten

562 Gem. § 240 Abs. 2 UmwG muss beim **Formwechsel einer GmbH oder einer AG in eine KGaA** jeder Gesellschafter oder Aktionär zustimmen, der in der neuen Gesellschaft die Stellung eines persönlich haftenden Gesellschafters haben soll.

563 Beim **Formwechsel einer KGaA** müssen außerdem immer die persönlich haftenden Gesellschafter zustimmen. Die Satzung kann allerdings eine Mehrheitsentscheidung dieser Gesellschafter vorsehen.

---

856 Vgl. Lutter/Hommelhoff/Bayer, GmbHG, § 47 Rn. 7; Scholz/Priester, GmbHG, § 53 Rn. 83; Baumbach/Hopt/Zöllner, § 47 GmbHG Rn. 23.
857 Vgl. BGHZ 76, 154, 158; BGHZ 80, 212, 215; Lutter/Hommelhoff/Bayer, GmbHG, § 47 Rn. 7.
858 BGH, NJW 1975, 212; RGZ 125, 356, 359; Hüffer/Koch, AktG § 179 Rn. 14; Kallmeyer/Blasche, UmwG, § 233 Rn. 10; BeckOGK/Herfs/Link UmwG § 240 Rn. 12.
859 Vgl. Lutter/Göthel, UmwG, § 240 Rn. 6; Arnold, in: Semler/Stengel, § 240 UmwG Rn. 13; BeckOGK/Herfs/Link UmwG § 240 Rn. 13.
860 Vgl. Lutter/Göthel, UmwG, § 240 Rn. 7; Arnold, in: Semler/Stengel, § 240 UmwG Rn. 14; Kallmeyer/Blasche, UmwG, § 240 Rn. 4.
861 So Kallmeyer/Blasche, UmwG, § 240 Rn. 3; Lutter/Göthel, UmwG, § 240 Rn. 7; a. A. Lutter/Grunewald, UmwG, § 65 Rn. 8; Arnold, in: Semler/Stengel, § 240 UmwG Rn. 14.

dd) Besondere Zustimmungserfordernisse beim Formwechsel einer GmbH

Beim Formwechsel einer GmbH in eine AG oder KGaA sieht das Gesetz in § 241 UmwG besondere Zustimmungserfordernisse vor. Zu beachten ist das aus § 241 Abs. 2 UmwG folgende Zustimmungserfordernis. Hier hat der Gesetzgeber den Rechtsgedanken des § 50 Abs. 2 UmwG aus dem Verschmelzungsrecht übernommen.

(1) Zustimmungserfordernis bei nichtverhältnismäßiger Beteiligung (§ 241 UmwG)

Wird durch den Umwandlungsbeschluss einer GmbH der **Nennbetrag der Aktien** in der Satzung der AG oder KGaA auf einen höheren Betrag als den Mindestbetrag nach § 8 Abs. 2 und Abs. 3 AktG (Nennbetragsaktie über 1,00 € oder Stückaktie) und abweichend vom Nennbetrag der Geschäftsanteile der formwechselnden Gesellschaft festgesetzt, muss jeder Gesellschafter der Festsetzung zustimmen, der sich nicht dem Gesamtnennbetrag seiner Geschäftsanteile entsprechend beteiligen kann. Man kann dieser Regelung den Gedanken entnehmen, dass die Stückelung der Beteiligungsrechte nach Möglichkeit so gewählt werden muss, dass jeder Gesellschafter in Höhe seiner alten Beteiligung auch am Grundkapital der AG beteiligt wird. Werden die Aktien anders festgesetzt, muss jeder Gesellschafter zustimmen, der sich nicht dem Gesamtnennbetrag seiner GmbH-Geschäftsanteile entsprechend beteiligen kann.[862]

Der Vorschrift kann aber umgekehrt auch entnommen werden, dass eine Übereinstimmung zwischen Nennbetrag des GmbH-Geschäftsanteils und des Aktienbetrages nicht erforderlich ist. Lediglich wenn die **Stückelung der neuen Aktien** dazu führt, dass sich die Gesellschafter der GmbH nicht entsprechend ihrem Geschäftsanteil an der GmbH beteiligen können, ist deren **Zustimmung** erforderlich.[863]

Nach § 241 Abs. 1 Satz 2 UmwG ist § 17 Abs. 6 GmbHG nicht anzuwenden, wenn im Zuge des Formwechsels eine Teilung aufgrund der veränderten Stückelung der Aktiennennbeträge erforderlich ist.

▶ Beispiel:

An der A-GmbH sind zehn Gesellschafter mit je 10.000,00 € beteiligt. Das Stammkapital beträgt 100.000,00 €. Bei der Umwandlung sollen Aktien im Nennbetrag von je 1.000,00 € ausgegeben werden. Eine Zustimmung ist nicht erforderlich, da eine verhältniswahrende Beteiligung möglich ist.

Hat hingegen bei der A-GmbH ein Gesellschafter einen Geschäftsanteil i. H. v. 15.500,00 €, dann kann er sich bei der Stückelung von 1.000,00 €-Aktien nicht entsprechend beteiligen und der Beschluss bedarf daher seiner Zustimmung.

(2) Zustimmung von Sonderrechtsinhabern in der GmbH

§ 241 Abs. 2 UmwG verweist auf die Vorschrift des Verschmelzungsrechts des § 50 Abs. 2 UmwG, sodass beim Verlust von bestimmten Sonderrechten die **Zustimmung des Berechtigten** erforderlich ist. Die Vorschrift erfasst zwei Gruppen:
– zum einen Geschäftsführungssonderrechte sowie Bestellungsrechte und Vorschlagsrechte für die Geschäftsführung aufgrund des Gesellschaftsvertrages
– und zum anderen auf dem Gesellschaftsvertrag beruhende Minderheitenrechte. Es muss sich hierbei um Individualrechte handeln, also nicht um Rechte, die z. B. erst bei einer bestimmten Beteiligungsquote eingreifen (vgl. im Einzelnen oben Teil 4 Rdn. 236 ff.).

---

862 Lutter/Göthel, UmwG, § 241 Rn. 3 ff. und Arnold, in: Semler/Stengel, § 241 UmwG Rn. 6 beide mit Beispielen.
863 Vgl. Lutter/Göthel, UmwG, § 241 Rn. 3 ff.; Kallmeyer/Blasche, UmwG, § 241 Rn. 3; Arnold, in: Semler/Stengel, § 241 UmwG Rn. 5.

(3) Zustimmung bei Nebenleistungspflichten

570   Nach § 241 Abs. 3 UmwG bedarf der Formwechsel der **Zustimmung der Gesellschafter**, wenn diesen Gesellschaften außer der Leistung von Kapitaleinlagen noch andere Nebenleistungsverpflichtungen ggü. der Gesellschaft auferlegt wurden und wenn diese wegen der eingeschränkten Bestimmung des § 55 AktG nicht aufrechterhalten werden können.

571   Die Vorschrift bestimmt daher wie das bis 1995 geltende Recht in § 376 Abs. 2 Satz 3 AktG a. F., dass bei der Umwandlung einer GmbH in eine AG die Zustimmung des betroffenen Gesellschafters für den Fall erforderlich ist, dass **Nebenleistungspflichten des GmbH-Gesellschafters** durch die Umwandlung erlöschen. Das GmbHG lässt viel weiter gehende Nebenleistungspflichten im Gesellschaftsvertrag zu, als das AktG (§ 55 AktG). Der Gedanke dieser Regelung liegt allerdings darin, dass die Nebenleistungspflicht mit entsprechenden Rechten des Gesellschafters verbunden ist. Stehen daher bei einer Nebenleistung Vor- und Nachteile für den Gesellschafter ggü., ist seine Zustimmung zur Umwandlung erforderlich. Es ist bedauerlich, dass das UmwG diese unklare Gesetzformulierung nicht klargestellt hat. Zum bis 1995 geltenden Recht war die herrschende Meinung der Auffassung, dass wegen dieses Gesetzeszweckes eine Zustimmung dann nicht erforderlich ist, wenn der Gesellschafter durch die Umwandlung ausschließlich begünstigt wird.[864] Man wird daher diese Auslegung übernehmen müssen, da sich die Vorschrift auch vom Wortlaut her nicht geändert hat und daher § 376 Abs. 2 Satz 3 AktG a. F. entspricht. Die Zustimmungspflicht ist daher nur erforderlich, wenn bei einer Nebenleistung Vor- und Nachteile für den Gesellschafter bestehen.[865] Eine Zustimmung ist daher nicht erforderlich, wenn der Gesellschafter durch die Umwandlung ausschließlich begünstigt wird.[866]

ee) Zustimmung beim Formwechsel einer AG oder KGaA

572   Ähnlich wie § 241 Abs. 1 UmwG bestimmt § 242 UmwG für den Formwechsel einer AG oder KGaA in eine GmbH ein **Zustimmungserfordernis für den Aktionär**, der sich nicht entsprechend dem Betrag seiner Aktien am Stammkapital der GmbH beteiligen kann. Die Vorschrift entspricht § 369 Abs. 6 Satz 3 AktG i. d. F. vor 1995. Die Vorschrift zeigt wie § 241 UmwG, dass eine Identität zwischen dem Nennbetrag der Geschäftsanteile und dem Nennbetrag der Aktien nicht erforderlich ist, selbst dann, wenn sich Grundkapital und Stammkapital entsprechen.[867] In diesem Fall ist nur gem. § 242 UmwG die Zustimmung der Aktionäre erforderlich, die sich nicht dem Gesamtnennbetrag ihrer Aktien entsprechend an der GmbH beteiligen können. Sollen diese Zustimmungspflichten vermieden werden, muss nach Möglichkeit die Stückelung der GmbH-Geschäftsanteile so gewählt werden, dass sich jeder Aktionär in Höhe seiner alten Beteiligung auch am Stammkapital der GmbH beteiligen kann.

573   Für die Geschäftsanteile einer GmbH gilt der **Grundsatz** des § 5 Abs. 3 GmbHG i. d. F. durch das MoMiG v. 23.10.2008,[868] dass der Geschäftsanteil auf volle Euro lauten muss. Auch bei einer Umwandlung einer GmbH sollten daher die Nennbeträge der Geschäftsanteile möglichst so festgesetzt werden, dass sich jeder Aktionär entsprechend dem Gesamtnennbetrag seiner Aktien an der GmbH beteiligen kann. Ein **Herausdrängen (squeeze out)** eines Aktionärs ist dabei

---

864   So Semler/Grunewald, in: Geßler/Hefermehl, AktG, § 376 Rn. 21; Dehmer, UmwG, UmwStG, 1. Aufl., § 376 AktG Anm. 7; KK-AktG/Zöllner, § 376 Anm. 28.
865   So auch Lutter/Göthel, UmwG, § 241 Rn. 9; Kallmeyer/Blasche, UmwG, § 241 Rn. 7.
866   Kallmeyer/Blasche § 241 UmwG Rn. 7; Lutter/Göthel, § 241 UmwG Rn. 11, 14; Arnold, in: Semler/Stengel, § 241 UmwG Rn. 25, Widmann/Mayer/Rieger, § 241 UmwG Rn. 54.
867   So zum alten Recht KK-AktG/Zöllner, § 369 Rn. 80; Semler/Grunewald, in: Geßler/Hefermehl, AktG, § 369 Rn. 53; zum UmwG 1995: Kallmeyer/Blasche § 242 UmwG Rn. 1; Widmann/Mayer/Rieger, § 242 UmwG Rn. 1 ff., 11.
868   BGBl. I, S. 2026.

unzulässig.⁸⁶⁹ Am einfachsten ist es daher, wenn die Nennbeträge der Geschäftsanteile den Gesamtnennbeträgen der Aktien entsprechen. Weichen die Nennbeträge der Gesellschaftsanteile von dem Nennbetrag der Aktien einzelner Aktionäre ab, können sich daher die Aktionäre nicht entsprechend dem Gesamtnennbetrag ihrer Aktien beteiligen, so bedarf es ihrer Zustimmung.⁸⁷⁰

Ein weiteres Problem besteht bei **unbekannten Aktionären**. Sind bei einer AG oder KGaA einzelne Aktionäre unbekannt, so stellt sich das Problem der Festsetzung der Nennbeträge in besonderer Form. Zunächst ist die Entscheidung des BayObLG⁸⁷¹ zu berücksichtigen. Für unbekannte Aktionäre gilt § 213 i. V. m. § 35 UmwG. In dem Umwandlungsbeschluss sind die unbekannten Aktionäre durch Angabe ihrer Aktienurkunden zu bezeichnen. Darüber hinaus stellt sich die Frage, wie der Geschäftsanteil für die unbekannten Aktionäre zu bilden ist.⁸⁷² Die Literatur weist darauf hin, dass in der Praxis teilweise folgende Zusammenlegung der Anteile der unbekannten Aktionäre zu einem **einheitlichen gemeinsamen Geschäftsanteil** im Hinblick auf den Wortlaut des § 35 und auch § 242 UmwG unzulässig sein dürfte.⁸⁷³ Im **Zweiten Gesetz zur Änderung des UmwG** v. 25.04.2007 hat der Gesetzgeber ebenso wie bei Verschmelzung und Formwechsel die Problematik durch die Neufassung in § 35 UmwG geregelt. § 213 UmwG normiert die entsprechende Anwendung auch auf den Formwechsel. Unbekannte Aktionäre einer formwechselnden AG oder KGaA sind im Formwechselbeschluss, bei Anmeldungen zur Eintragung in ein Register oder bei der Eintragung in eine Liste von Anteilsinhabern durch die Angabe des insgesamt auf sie entfallenden Teils des Grundkapitals der Gesellschaft und der auf sie nach der Verschmelzung entfallenden Anteile zu bezeichnen, soweit eine Benennung der Anteilsinhaber gesetzlich vorgeschrieben ist; eine Bezeichnung in dieser Form ist nur zulässig für Anteilsinhaber, deren Anteile zusammen den zwanzigsten Teil des Grundkapitals der übertragenden Gesellschaft nicht überschreiten. Werden solche Anteilsinhaber später bekannt, so sind Register oder Listen von Amts wegen zu berichtigen. Bis zu diesem Zeitpunkt kann das Stimmrecht aus den betreffenden Anteilen in dem übernehmenden Rechtsträger nicht ausgeübt werden. Die Begründung zum RegE⁸⁷⁴ weist darauf hin, dass vorgesehene Bezeichnung unbekannter Aktionäre durch die Angabe ihrer Aktienurkunden praktische Schwierigkeiten bereitete, wenn sich die Aktien in der Girosammelverwahrung ohne Einzelverbriefung befinden oder der Verbriefungsanspruch gem. § 10 Abs. 5 AktG sogar ganz ausgeschlossen ist. Aufgrund der Neuregelung soll daher die Bezeichnung in der Weise zugelassen werden, dass die unbekannten Anteilsinhaber in einem Sammelvermerk durch die Angabe des auf sie insgesamt entfallenden Teils des Grundkapitals der AG und der auf sie entfallenden Anteile bestimmt werden. Um Missbräuche zu verhindern, soll diese besondere Möglichkeit der Bezeichnung aber nur für Anteilsinhaber möglich sein, deren Aktien max. 5 % des Grundkapitals der Gesellschaft umfassen. Mit der erleichterten Bezeichnung noch nicht gelöst werden die Probleme, die sich nach dem Formwechsel beim Vorhandensein unbekannter Anteilsinhaber für die Wirksamkeit von Gesellschafterbeschlüssen ergeben. Deshalb soll das Stimmrecht dieser Personen so lange ruhen bis ihre Identität geklärt ist. Ungeklärt ist dabei, ob allein die Berufung auf praktische Schwierigkeiten genügt.⁸⁷⁵

---

869 Vgl. Kallmeyer/Meister/Klöcker, UmwG, § 194 Rn. 24; Kallmeyer/Blasche, UmwG, § 242 Rn. 1; Lutter/Göthel, § 242 UmwG Rn. 4; Veil, DB 1996, 2529.
870 Kallmeyer/Blasche, UmwG, § 242 Rn. 4; Lutter/Göthel, § 242 UmwG Rn. 10.
871 NJW 1997, 747 = DB 1996, 1814.
872 Vgl. dazu auch Widmann/Mayer/Rieger, Umwandlungsrecht, § 242 UmwG Rn. 7 ff.; Kallmeyer/Blasche, UmwG, § 242 Rn. 3; Lutter/Göthel, § 242 UmwG Rn. 17.
873 So Lutter/Göthel, UmwG, § 242 Rn. 20; Widmann/Mayer/Rieger, Umwandlungsrecht, § 242 UmwG Rn. 10.
874 BR-Drucks. 548/06, S. 23.
875 Vgl. dazu Kallmeyer/Meister/Klöcker, UmwG, § 213 Rn. 7; Lutter/Decher/Hoger, § 213 UmwG Rn. 6; Ihrig, in: Semler/Stengel § 234 UmwG Rn. 11; Schwanna, in: Semler/Stengel § 213 UmwG Rn. 7; Widmann/Mayer/Wälzholz § 35 UmwG Rn. 28 f.

ff) Notarielle Beurkundung der Gesellschafterversammlung

(1) Allgemeines

575 Da auch beim Formwechsel der GmbH oder AG § 193 Abs. 3 UmwG gilt, bedarf der Umwandlungsbeschluss der **notariellen Beurkundung** (vgl. im Einzelnen oben Teil 4 Rdn. 218 ff.). Während das GmbHG für die Niederschrift keine besonderen Vorschriften vorsieht, ist für die AG außerdem § 130 AktG zu beachten.

(2) Namentliche Nennung von Gesellschaftern beim Formwechsel einer AG oder KGaA in eine GmbH

576 Eine **Sondervorschrift für die Niederschrift** sieht § 244 Abs. 1 UmwG vor. Danach sind nämlich in der Niederschrift die Personen, die nach § 245 Abs. 1 bis 3 UmwG den Gründern der Gesellschaft gleichstehen, namentlich aufzuführen. Die Vorschrift entspricht inhaltlich § 276 Abs. 3 Satz 2 AktG a. F. Die Vorschrift gilt nur für den Formwechsel einer GmbH in eine AG, den Formwechsel einer AG in eine KGaA oder den Formwechsel einer KGaA in eine AG. Sie gilt nicht für den Formwechsel einer AG in eine GmbH, weil die strengen aktienrechtlichen Gründungsvorschriften insoweit keine Rolle spielen.[876]

577 Zu nennen sind daher bei den Formwechseln folgende **Personen**:

GmbH in AG	Die Gesellschafter, die für den Formwechsel gestimmt haben (§ 245 Abs. 1 UmwG);
GmbH in KGaA	die Gesellschafter, die für den Formwechsel gestimmt haben, sowie beitretende persönlich haftende Gesellschafter (§ 245 Abs. 1 UmwG);
AG in KGaA	die persönlich haftenden Gesellschafter der KGaA (§ 245 Abs. 2 UmwG);
KGaA in AG	die persönlich haftenden Gesellschafter der KGaA (§ 245 Abs. 3 UmwG).

(3) Entbehrlichkeit der Unterzeichnung des Gesellschaftsvertrages

578 Wenig verständlich ist die **Formulierung des § 244 Abs. 2 UmwG**, der bestimmt, dass beim Formwechsel einer AG oder KGaA in eine GmbH der Gesellschaftsvertrag von den Gesellschaftern nicht unterzeichnet zu werden braucht. In der Literatur wird teilweise im Umkehrschluss dieser Vorschrift gefolgert, dass bei der Umwandlung einer GmbH in eine AG oder KGaA der Gesellschaftsvertrag durch die Gesellschafter zu unterzeichnen sein sollte.[877] Nach richtiger Auffassung ist § 244 Abs. 2 UmwG überflüssig, da sich der Verweis auf die Gründungsvorschrift des § 194 UmwG, nicht auf solche Bestimmungen bezieht, die die Formalien der Gründung betreffen. Anders als bei der Gründung einer GmbH nach allgemeinem Gesellschafterrecht erfolgt die Gründung im Fall des Formwechsels durch den Umwandlungsbeschluss, der selbst der notariellen Beurkundung bedarf, wobei der Gesellschaftsvertrag oder die Satzung des neuen Rechtsträgers Teil des Umwandlungsbeschlusses ist. Die notarielle Beurkundung erfolgt nach §§ 36 ff. BeurkG und muss daher grds. nicht durch die Gesellschafter unterzeichnet werden.[878] Allerdings ist die Unterzeichnung auch nicht schädlich und wird zur Sicherheit empfohlen.[879]

---

876 Vgl. Arnold, in: Semler/Stengel, § 244 UmwG Rn. 4; Lutter/Göthel, § 244 UmwG Rn. 10; BeckOGK/Herfs/Link UmwG § 244 Rn. 3–7.

877 So Lutter/Göthel, UmwG, § 244 Rn. 15.

878 So zu Recht Widmann/Mayer/Rieger, Umwandlungsrecht, § 244 UmwG Rn. 17; Widmann/Mayer/Vossius, Umwandlungsrecht, § 217 f. UmwG Rn. 28; Kallmeyer/Blasche, UmwG, § 218 Rn. 2; Kallmeyer/Blasche, UmwG, § 244 Rn. 9; Stratz, in: Schmitt/Hörtnagl/Stratz, UmwG/UmwStG, § 218 UmwG Rn. 5; BeckOGK/Herfs/Link UmwG § 244 Rn. 19; a. A. allerdings Lutter/Joost, § 218 UmwG Rn. 3, diese Auffassung ist abzulehnen.

879 OLG Köln, BB 1993, 317, 318; BeckOGK/Herfs/Link UmwG § 244 Rn. 19; Kallmeyer/Blasche, UmwG, § 218 Rn. 2 und Arnold, in: Semler/Stengel, § 244 UmwG Rn. 14 empfehlen dies im Hinblick auf den Streit.

(4) Bezeichnung der Geschäftsanteile beim Formwechsel einer AG in eine GmbH

Im Umwandlungsbeschluss sind die nach §§ 242, 243 UmwG festzusetzenden Nennbeträge der Geschäftsanteile an der GmbH zu bezeichnen. Dabei ist insb. die **Zahl der** beim Formwechsel auf jeden Anteilseigner **entfallenden Geschäftsanteile** anzugeben. Bei kleinem Gesellschafterkreis wird dies i. d. R. durch Auflistung der Gesellschafter und Festsetzung der auf diesen entfallende Anteil und die Höhe der Anteile erreicht. Da nach **Inkrafttreten des MoMiG** auch bei der Errichtung einer GmbH nach § 5 Abs. 2 Satz 2 GmbHG die Beteiligung mit mehreren Geschäftsanteilen zulässig ist, stellt sich dieses Problem nicht mehr. 579

Anzugeben ist auch die Zahl der beim Formwechsel auf jeden Anteilseigner entfallenden Beteiligungsrechte. Bei kleinen Gesellschaften wird üblicherweise eine namentliche Auflistung der Gesellschafter und ihre Anteile im Umwandlungsbeschluss vorgenommen. Nach überwiegender Meinung ist dies allerdings nicht erforderlich, da anders als bei § 234 Nr. 2 (Formwechsel in eine KG) § 194 Abs. 1 Nr. 4 UmwG nicht die Angabe der einzelnen Gesellschafter erfordert. Deshalb sind nach überwiegender Meinung auch pauschale Angaben zulässig, beim Wechsel einer Genossenschaft in die Rechtsform einer Kapitalgesellschaft sind diese sogar nach § 263 Abs. 2 Satz 1 vorgeschrieben.[880] Möglich ist daher auch, die Anzahl dadurch zu bestimmen, dass mit oder ohne Namensnennung der Maßstab der Zuteilung genannt wird.[881] 580

▶ Formulierungsbeispiel: Geschäftsanteile bei Umwandlung von Nennbetragsaktien

An die Stelle sämtlicher Aktien eines Aktionärs tritt ein Geschäftsanteil an der GmbH in dem Nennbetrag, der sich aus der Summe der Nennbeträge der von dem jeweiligen Aktionär gehaltenen Aktien ergibt. 581

b) Inhalt des Umwandlungsbeschlusses

Auch hier ergibt sich der Inhalt des Umwandlungsbeschlusses aus der allgemeinen Regelung des § 194 UmwG. Zu berücksichtigen ist allerdings, dass § 243 UmwG **Sondervorschriften** enthält. Durch die Verweisung auf § 218 UmwG ergibt sich, dass der Umwandlungsbeschluss auch den Gesellschaftsvertrag oder die Satzung enthalten muss. Zu den einzelnen Punkten des Umwandlungsbeschlusses sind daher folgende **Besonderheiten und Ergänzungen** beim Formwechsel von GmbH in AG oder AG in GmbH bzw. KGaA zu beachten (vgl. i. Ü. oben Teil 4 Rdn. 128 ff.). 582

aa) Neue Rechtsform

Beim Formwechsel einer Kapitalgesellschaft in eine Kapitalgesellschaft anderer Rechtsform muss an dieser Stelle genannt werden, ob der Formwechsel von der AG in die GmbH oder von der GmbH in die AG bzw. KGaA erfolgen soll (§ 194 Abs. 1 Nr. 1 UmwG). 583

bb) Firma des neuen Rechtsträgers

Hier ist die **Firma der neuen Rechtsform** anzugeben (§ 194 Abs. 1 Nr. 2 UmwG). 584

cc) Angabe der Beteiligung der Gesellschafter an der neuen Gesellschaft

Wie bereits dargelegt, ist in erster Linie zu bestimmen, dass die Gesellschafter der Personenhandelsgesellschaft auch weiterhin Gesellschafter der Kapitalgesellschaft sind. § 194 Abs. 1 Nr. 3 UmwG ist Ausdruck des sog. **Identitätsgrundsatzes**, d. h. während des Formwechsels kann – sofern keine Ausnahme vorliegt – kein Gesellschafter ausscheiden oder beitreten (vgl. im Einzelnen oben Teil 4 Rdn. 113 ff.). 585

---

880 Vgl. Lutter/Göthel, UmwG, § 243 Rn. 11.
881 Lutter/Göthel, UmwG, § 243 Rn. 13; Lutter/Stecher, UmwG, § 194 Rn. 7.

dd) Zahl, Art und Umfang der Aktien oder der Geschäftsanteile an der Gesellschaft neuer Rechtsform

586 Auch für den Formwechsel von Kapitalgesellschaften untereinander sind die Bestimmungen gem. § 194 Abs. 1 Nr. 4 UmwG am bedeutendsten (vgl. oben im Einzelnen Teil 4 Rdn. 137 ff., 143 ff.). Danach sind Zahl, Art und Umfang der Anteile der Gesellschafter an der neuen Rechtsform im Umwandlungsbeschluss genau zu bezeichnen. Zu bestimmen ist also die quantitative und qualitative Beteiligung der Gesellschafter an der neuen Gesellschaft.

(1) Festsetzung von Stammkapital bzw. Grundkapital bei der neuen Rechtsform

587 Für den Formwechsel von einer Kapitalgesellschaft in eine Kapitalgesellschaft anderer Rechtsform (also AG in GmbH oder GmbH in AG bzw. KGaA) bestimmt § 247 UmwG, dass durch den Formwechsel das bisherige **Stammkapital** einer formwechselnden GmbH zum **Grundkapital** der AG oder das bisherige Grundkapital der formwechselnden AG zum Stammkapital der GmbH wird. Die Vorschrift entspricht weitgehend den bis 1995 geltenden Regelungen (vgl. etwa § 372 Satz 2, § 381 Satz 2, § 387 Abs. 1 Satz 2, § 391 Satz 2 AktG a. F.). Die Vorschrift regelt also, dass beim Wechsel von der Rechtsform der GmbH zu einer anderen Form der Kapitalgesellschaft oder umgekehrt vom Formwechsel der AG in eine GmbH das bisherige Stamm- zum Grundkapital oder das bisherige Grund- zum Stammkapital wird. Die Begründung zum RegE weist darauf hin, dass das Nennkapital der Gesellschaft neuer Rechtsform beim Formwechsel nicht neu geschaffen, sondern im Gesellschaftsvertrag oder in der Satzung dieser Gesellschaft lediglich fortgeschrieben und im Zeitpunkt des Formwechsels kraft Gesetzes vom Stamm- zum Grundkapital oder vom Grund- zum Stammkapital werde. Diese Ergänzung der in § 202 UmwG für den Formwechsel allgemein bestimmten Rechtsfolgen sei eine Konsequenz aus der rechtlichen Kontinuität und Identität des Rechtsträgers beim Übergang von der einen in eine andere Form der Kapitalgesellschaft.[882] Hieraus wird deutlich, dass die Gesellschafter keinen Einfluss auf die Höhe des Stamm- bzw. Grundkapitals der neuen Gesellschaft haben.[883] Bei der Umwandlung von einer Kapitalgesellschaft auf eine andere stellt sich daher in der Praxis die Frage, wie dieses **gleichbleibende Kapital auf die einzelnen Anteile verteilt** wird (Stückelung der Anteile vgl. dazu unten Teil 4 Rdn. 601 ff.).

588 Es wurde bereits oben dargelegt, dass die Vorschrift **Ausdruck des Identitätsprinzips** ist, das auch in vermögensrechtlicher Hinsicht gilt, auch das Gesellschaftsvermögen bleibt identisch.[884] Auf die Einzelfragen der Kapitalaufbringung, der Kapitalfestsetzung und auch Kapitalerhaltung im Vorfeld des Formwechsels wurde bereits oben hingewiesen. Es kann daher auf die obigen Erläuterungen verwiesen werden (vgl. im Einzelnen oben Teil 4 Rdn. 25 ff.). Zu berücksichtigen sind allerdings, da das Gründungsrecht nach § 197 UmwG anwendbar ist, die Mindestkapitalziffern, also 25.000,00 € bei der GmbH und 50.000,00 € bei der AG. Beträgt das Nennkapital der GmbH, die durch Formwechsel in eine AG umgewandelt werden soll, weniger als 50.000,00 €, dann muss der Formwechsel mit einer Kapitalerhöhung verbunden werden.

(2) Kapitalveränderungsmaßnahmen beim Formwechsel

589 Die Einzelfragen bei der Kapitaländerungsmaßnahme im Zusammenhang mit dem Formwechsel wurden bereits oben behandelt, sodass auf die obigen Ausführungen verwiesen werden kann (vgl. oben Teil 4 Rdn. 198 ff.). Nach § 243 Abs. 3 UmwG bleiben die Vorschriften anderer Gesetze

---

882 Vgl. Begründung zum RegE, BR-Drucks. 75/94, S. 158; abgedruckt in: Limmer, Umwandlungsrecht, S. 353.
883 So auch Happ, in: Lutter, Kölner Umwandlungsrechtstage, S. 243.
884 Vgl. oben Teil 4 Rdn. 7 ff.; BeckOGK/Herfs/Link UmwG § 247 Rn. 3; Lutter/Göthel UmwG § 247 Rn. 25; Semler/Stengel/Scheel § 247 UmwG Rn. 9; Kölner KommUmwG/Petersen § 247 UmwG Rn. 2; Schmitt/Hörtnagl/Stratz/Stratz § 247 UmwG Rn. 3; Habersack/Schürnbrand NZG 2007, 3.

über die Änderung des Stammkapitals oder des Grundkapitals unberührt. Hieraus ist zu folgern, dass die Kapitalerhöhung auf Anlass einer Umwandlung nach den Vorschriften des Gesetzgebers nicht **unter das Gründungsrecht** fällt.[885] Die überwiegende Meinung stellt für die Frage, welches Recht auf die Kapitaländerung anwendbar ist, auf den Eintragungszeitpunkt ab.[886] Hierfür spricht auch eine Entscheidung des BayObLG,[887] in der im anderen Zusammenhang das BayObLG darauf hinweist, dass der maßgebliche Beurteilungszeitpunkt der Zeitpunkt der Handelsregistereintragung ist. Dementsprechend ist das Recht der formwechselnden Kapitalgesellschaft anwendbar, wenn die Kapitaländerungsmaßnahme vor dem Formwechsel in das Handelsregister eingetragen werden soll.

Zu Recht lässt die herrschende Lehre allerdings dann eine **Ausnahme** zu, wenn die Wirksamkeit des Formwechsels, d. h. die Eintragung des Formwechsels, Wirksamkeitsvoraussetzung der Kapitaländerungsmaßnahme ist. In diesem Fall, wenn die Kapitaländerungsmaßnahmen von der Wirksamkeit des Formwechsels abhängen, soll ein Wahlrecht bestehen, ob die Kapitaländerung nach den für die formwechselnde Gesellschaft oder nach dem für die Gesellschaft neuer Rechtsform geltenden Bestimmungen durchgeführt werden soll.[888] In einem solchen Fall sollte der Kapitalerhöhungsbeschluss auf die Wirksamkeit des Formwechsels aufschiebend bedingt werden.[889]

(3) Umwandlung bei Vorliegen einer Unterbilanz

Zum bis 1995 geltenden Recht war weitgehend anerkannt, dass eine **Unterbilanz die Umwandlung nicht hindert**. Die herrschende Meinung war ganz einhellig der Auffassung, dass jedenfalls beim Formwechsel einer AG in eine GmbH ein Formwechsel auch dann durchgeführt werden kann, wenn das Reinvermögen der Gesellschaft die Höhe des ausgewiesenen Stammkapitals nicht erreicht und daher eine Unterbilanz besteht.[890]

590

Auch beim **Formwechsel einer GmbH in eine AG** war die wohl überwiegende Meinung der Auffassung, dass die Unterbilanz den Formwechsel nicht hindert, da sich bei der formwechselnden Umwandlung die Identität des Rechtsträgers fortsetze und das Defizit im Reinvermögen daher vor und nach der Umwandlung identisch sei.[891] Ein Teil der Literatur lehnte die Möglichkeit der Umwandlung einer GmbH in eine AG in diesen Fällen allerdings ab, da gewährleistet sein müsse, dass die künftige AG mit einem ihren Nennkapital entsprechenden Reinvermögen ausgestattet sein müsse.[892]

591

Das **Umwandlungsrecht ab 1995** hat diese Frage nicht ausdrücklich geregelt (vgl. dazu auch bereits oben Teil 4 Rdn. 26 ff.). Allerdings weist die Begründung zum RegE darauf hin, da durch § 247 UmwG der Identitätsgrundsatz zum Ausdruck komme und das Gründungsrecht insoweit

592

---

885 Mertens, AG 1995, 561, 562.
886 Zu den Einzelheiten oben Teil 4 Rdn. 201 ff.; vgl. auch Widmann/Mayer/Rieger, Umwandlungsrecht, § 243 UmwG Rn. 47; Kallmeyer/Blasche, § 243 UmwG Rn. 8; Mutter, in: Semler/Stengel, § 243 UmwG Rn. 25, Lutter/Göthel§ 243, Rn. 44.
887 ZAP 2000, 230 = DB 2000, 36 = DNotI-Report 2000, 7.
888 So Widmann/Mayer/Rieger, Umwandlungsrecht, § 243 UmwG Rn. 50; Lutter/Göthel, § 243 UmwG Rn. 44; Mertens, AG 1995, 561, 562; BeckOGK/Herfs/Link UmwG § 243 Rn. 17 ff.; Semler/Stengel/Mutter/Arndt, UmwG, § 243 Rn. 25; ablehnend allerdings Kallmeyer/Blasche, § 243 UmwG Rn. 8.
889 Zur Zulässigkeit vgl. KK-AktG/Lutter, 2. Aufl., § 243 Rn. 14; Grunewald, AG, 1990, 133, 137.
890 Vgl. KK-AktG/Zöllner, § 369 Rn. 77; Semler/Grunewald in: Geßler/Hefermehl, AktG, § 369 Rn. 49; Dehmer, UmwG, UmwStG, 1. Aufl., § 369 AktG Anm. 13; K. Schmidt, AG 1985, 150; Priester, AG 1986, 29.
891 So KK-AktG/Zöllner, § 376 Rn. 45, 46; Priester, AG 1986, 29, 30; K. Schmidt, AG 1985, 150, 151; Dehmer, UmwG, UmwStG, 1. Aufl., § 376 AktG, Anm. 12.
892 So Godin/Wilhelmi, AktG, § 369 Anm. 13; Noelle, AG 1990, 475.

verdrängt werde, werde ein Formwechsel bei Unterbilanz wie bisher nicht ausgeschlossen.[893] Unklarheit ist allerdings dadurch entstanden, dass § 245 Abs. 1 Satz 2 UmwG (nur!) für die **Umwandlung einer GmbH in eine AG** die entsprechende Anwendung der gesamten Bestimmung von § 220 UmwG und damit auch die Vorschrift des § 220 Abs. 1 anordnet. Die parallele Vorschrift des § 245 Abs. 4 UmwG für den Formwechsel AG in GmbH enthält keine derartige Verweisung. Der Gesetzgeber hat also in § 245 Abs. 1 bis Abs. 3 UmwG bei folgenden Fällen einen besonderen **Kapitalschutz** aus § 220 UmwG angeordnet:
– GmbH in AG oder KGaA (§ 245 Abs. 1 UmwG),
– AG in KGaA (§ 245 Abs. 2 UmwG),
– KGaA in AG (§ 245 Abs. 3 UmwG).

Im Fall des Formwechsels einer **AG in GmbH** ist jedoch **kein Kapitalschutz** angeordnet.

593 Beim Formwechsel einer **GmbH in eine AG** gilt daher nach dem klaren Wortlaut über § 245 Abs. 1 Satz 2 UmwG das **Gebot der Reinvermögensdeckung** i. S. d. § 220 Abs. 1 UmwG. Der eindeutige Wortlaut des § 245 Abs. 1 Satz 2 UmwG i. V. m. § 220 Abs. 1 UmwG lässt eine formwechselnde Umwandlung von der GmbH in die AG bei materieller Unterbilanz nicht zu.[894] In der Literatur wird z. T. vorgeschlagen, die Verweisung auf § 220 UmwG teleologisch auf dessen Abs. 2 und Abs. 3 zu reduzieren.[895] Dieser einschränkenden Auslegung der Verweisung des § 245 Abs. 1 Satz 2 UmwG auf § 220 UmwG dürfte aber die Gesetzgebungsgeschichte entgegenstehen.[896] Nach ganz herrschender Meinung ist die **Deckung des Nennkapitals durch das Reinvermögen der Gesellschaft** wie beim Formwechsel der Personengesellschaft in GmbH und AG (vgl. dazu oben Teil 4 Rdn. 26 ff.; 445 ff.) nicht an einen Buchwert in der Bilanz der formwechselnden Kapitalgesellschaft, sondern an den Zeitwert (**Verkehrswert**) an der Aktiva einschließlich immaterieller, auch selbst geschaffener und daher nicht bilanzierte Wirtschaftsgüter zu messen.[897] Der Formwechsel ist danach in diesen Fällen ausgeschlossen, wenn nach dem Formwechsel beim neuen Rechtsträger eine materielle Unterbilanz oder gar eine Überschuldung enstehen würde.[898] Allerdings können die Gesellschafter vorher durch entsprechende Kapitalmaßnahmen das Vermögen entsprechend auffüllen.[899] Bei nur formeller Unterbilanz bleibt der Formwechsel zulässig.[900] Zum Nachweis des Vermögens vgl. unten Rdn. 599).

594 In § 245 Abs. 1 bis Abs. 3 UmwG wird aber nur auf § 220 UmwG für die Fälle des Formwechsels in eine AG oder KGaA verwiesen. Der umgekehrte Fall des Formwechsels einer **AG in eine GmbH** (vgl. Regelung des § 245 Abs. 4 UmwG) enthält demgegenüber **keine Bezugnahme auf § 220 UmwG**. Daraus schließt die ganz herrschende Meinung in der Literatur, dass in diesem Fall das nach Abzug der Schulden verbleibende Vermögen der formwechselnden Gesellschaft

---

893 So Begründung zum RegE, BR-Drucks. 75/94, S. 158; abgedruckt in: Limmer, Umwandlungsrecht, S. 353.
894 Ausführlich hierzu Busch, AG 1995, 555, 556 f.; Widmann/Mayer/Rieger, Umwandlungsrecht, § 245 UmwG Rn. 50; BeckOGK/Herfs/Link UmwG § 245 Rn. 42 ff.; Kallmeyer/Blasche, § 245 UmwG Rn. 7 ff.; Scheel, in: Semler/Stengel, § 245 UmwG Rn. 36 ff.; Stratz, in: Schmitt/Hörtnagl/Stratz, UmwG/UmwStG, § 245 UmwG Rn. 6 f.
895 Lutter/Happ, UmwG, 2. Aufl. § 245 Rn. 11 ff.; Lutter/Göthel § 245 UmwG Rn. 12 in der aktuellen Aufl. vertritt er dies offenbar nicht mehr.
896 So überzeugend Widmann/Mayer/Rieger, Umwandlungsrecht, § 245 UmwG Rn. 50.
897 Widmann/Mayer/Rieger, Umwandlungsrecht, § 245 UmwG Rn. 56; Lutter/Göthel § 245 UmwG Rn. 12; Kallmeyer/Blasche, § 245 UmwG Rn. 7; KölnKom/Petersen, § 245 UmwG Rn. 12; BeckOGK/Herfs/Link UmwG § 245 Rn. 43; Priester, DB 1995, 911, 913 f.; Busch, AG 1995, 558.
898 Kallmeyer/Dirksen/Blasche, UmwG, § 220 Rn. 5; BeckOGK/Kühn UmwG § 220 Rn. 9; Lutter/Joost § 220 UmwG Rn. 8; Semler/Stengel/Schlitt § 220 UmwG Rn. 10.
899 Kallmeyer/Blasche § 245 UnwG Rn. 7.
900 BeckOGK/Herfs/Link UmwG § 245 Rn. 46; Schmitt/Hörtnagl/Stratz/Stratz § 245 UmwG Rn. 6.

nicht den Nennbetrag des Stammkapitals der Ziel-GmbH erreichen muss.[901] Insofern kann der Formwechsel einer AG in eine GmbH auch dann erfolgen, wenn das Stammkapital der Ziel-GmbH nicht mehr durch das Reinvermögen der Ausgangsaktiengesellschaft gedeckt ist, also eine materielle Unterbilanz vorliegt.

(4) Umwandlung bei ausstehenden Einlagen

Ebenfalls umstritten ist, ob bei einem Formwechsel einer Gesellschaft, bei der die Einlagen noch nicht vollständig geleistet sind, **vorher eine Volleinzahlung** zu erfolgen hat (vgl. oben Teil 4 Rdn. 35). Ein Teil der Literatur ist der Auffassung, dass ungeachtet der Identitätskrise der Formwechsel materielle Sachgründung darstellt, sodass die Bestimmung über die Vermögensaufdrängung im Zusammenhang der Deckung des Stammkapitals eingehalten werden müsste, ebenso das im Gründungsrecht geltende Volleinzahlungsgebot.[902] Argumentativ wurde angeführt, dass insb. offene Einlagenforderungen im Grunde als Sacheinlagen zu behandeln wären, mit der Folge der vollständigen Leistung. Die überwiegende Literatur lehnt zu Recht dies in allen Fällen ab.[903] Das Ergebnis der herrschenden Meinung folgt dem **Identitätsgrundsatz**, der insoweit auch nicht von dem nach § 197 UmwG anwendbaren Gründungsrecht aufgehoben wird. Sind noch Einzahlungen auf die Stammeinlagen zu erbringen, so bleibt der Gesellschaft, nach der neuen Rechtsform der Anspruch auf Volleinzahlung, unter Anwendung der neuen Vorschriften für ausstehenden Einlage erhalten.[904] Weder beim Formwechsel bei Kapitalgesellschaften, noch beim Formwechsel von der Personengesellschaft in die Kapitalgesellschaft werden Vermögenswerte übertragen, sodass z. B. auch die Vorschrift des § 197 Abs. 1 AktG keine Anwendung findet. Dementsprechend sind die ausstehenden Einlageforderungen auch i. R. d. reinen Vermögensdeckung nach § 220 Abs. 1 UmwG jedenfalls dann zu berücksichtigen, wenn sie vollwertig sind.

595

Die Argumente hierfür wurden bereits oben erörtert, sodass auf die obigen Ausführungen verwiesen werden kann (vgl. oben Teil 4 Rdn. 35 f.).

(5) Ermittlung des für die Kapitaldeckung erforderlichen Vermögens

Bereits beim Formwechsel der Personengesellschaft in die Kapitalgesellschaft wurde die Frage des **Kapitalschutzes** und der Ermittlung des maßgeblichen Vermögens zur Kapitaldeckung behandelt (vgl. oben Teil 4 Rdn. 26 ff., 401 ff.). Diese Frage stellt sich wie bereits dargelegt (oben Rdn. 592) wegen der Verweisung auf § 220 UmwG nur bei folgenden Varianten:
– GmbH in AG oder KGaA (§ 245 Abs. 1 UmwG),
– AG in KGaA (§ 245 Abs. 2 UmwG),
– KGaA in AG (§ 245 Abs. 3 UmwG).

596

Im Fall des Formwechsels einer AG in GmbH ist jedoch – wie dargelegt – kein Kapitalschutz angeordnet.

Auch beim Formwechsel zwischen Kapitalgesellschaften ist in den Fällen der Reinvermögensdeckung umstritten, ob für die Bewertung des Vermögens nur die **Buchwerte** maßgeblich sind

597

---

901 Stratz, in: Schmitt/Hörtnagl/Stratz, UmwG, UmwStG, § 245 Rn. 6; Widmann/Mayer/Rieger, Umwandlungsrecht, § 245 UmwG Rn. 46; Busch, AG 1995, 558; Kallmeyer/Blasche, UmwG, § 245 Rn. 8; Scheel, in: Semler/Stengel, § 245 UmwG Rn. 44 ff.; Lutter/Göthel § 245 UmwG Rn. 12 Beck-OGK/Herfs/Link UmwG § 245 Rn. 48.
902 So Lutter/Joost, UmwG, § 220 Rn. 15.
903 So die h. M.; K. Schmidt, ZIP 1995, 1385, 1387; Kallmeyer/Blasche, UmwG, § 220 Rn. 9, § 245 Rn. 7; Priester, in: FS für Zöllner, 1998, S. 449, 462; Mertens, AG 1995, 561; Busch, AG 195, 555; Lutter/Decher/Hoger, UmwG, § 197 Rn. 513; Rowedder/Schmidt-Leithoff/Zimmermann, GmbHG, Anh. nach § 77 Rn. 130; Kallmeyer/Meister/Klöcker, UmwG, § 197 Rn. 24.
904 Widmann/Mayer/Rieger, Umwandlungsrecht, § 245 UmwG Rn. 98 ff.; Kallmeyer/Blasche, UmwG, § 245 Rn. 7; Lutter/Göthel, UmwG, § 245 Rn. 15; K. Schmidt, ZIP 1995, 1385, 1389.

oder auch die **Zeitwerte der Aktiva** einschließlich immaterieller Wirtschaftsgüter. Auch beim Formwechsel unter Kapitalgesellschaften geht aber – wie dargelegt (oben Rdn. 593) – die überwiegende Meinung zu Recht davon aus, dass die Deckung des Nennkapitals nicht an den Buchwerten in der Bilanz der formwechselnden Kapitalgesellschaft, sondern an den Zeitwerten der Aktiva einschließlich immaterieller auch selbst geschaffener und daher nicht bilanzierter Wirtschaftsgüter zu messen ist.[905] Wie bei einer Neugründung ist der tatsächliche Wert der Sacheinlagen, nicht der Buchwert maßgebend.[906]

(6) Zwang zur Buchwertfortführung

598 Von der Frage, ob es auf Buch- oder Zeitwerte für die Feststellung der Nennkapitaldeckung ankommt, ist wie beim Formwechsel Personengesellschaft in Kapitalgesellschaft (vgl. dazu oben Teil 4 Rdn. 153, 402 f.) die Frage zu unterscheiden, ob beim Formwechsel von einer Kapitalgesellschaft in eine Kapitalgesellschaft anderer Rechtsform handelsbilanziell eine **Pflicht zur Buchwertfortführung** besteht. Auch insofern kann auf die Ausführungen beim Formwechsel von Personenkapitalgesellschaften verwiesen werden (vgl. Teil 4 Rdn. 26 f., 401 ff.). Die wohl überwiegende Auffassung steht auf dem Standpunkt, dass die Grundkonzeption des Formwechsels nach allgemeinen Bilanzierungsregeln die Fortführung der Buchwerte erforderlich macht.[907] Mangels eines Anschaffungsgeschäftes sei der neue Rechtsträger an die fortgeführten Anschaffungskosten des alten Rechtsträgers gebunden. Nach a. A. im Schrifttum[908] ist die Aufstockung der Buchwerte beim Zielrechtsträger trotz fehlenden Anschaffungsgeschäftes zulässig. Gegen diese Auffassung spricht, dass damit Grundkonzeption des Gesellschaftsrechts, insb. die Ausschüttungssperre des § 30 GmbHG, außer Kraft gesetzt werden könnten, sodass dies gegen eine Buchwertaufstockung spricht. Soweit daher das Grundkapital durch das zu Zeitwerten eingesetzte Reinvermögen gedeckt ist, bleibt es insoweit bei dem Ausweis des Verlustes, der in diesem Fall auch bereits in der letzten Jahresbilanz der formwechselnden Gesellschaft ausgewiesen ist.[909]

Vgl. zur Kapitalfestsetzung und Bilanz Teil 4 Rdn. 403.

(7) Nachweis der Reinvermögensdeckung

599 Von der Frage der Buchwertfortführung ist die Frage des **Nachweises der Reinvermögensdeckung** ggü. dem Handelsregister zu trennen. Zum Nachweis gelten die allgemeinen Möglichkeiten, etwa Vorlage einer Umwandlungsbilanz.[910] Es genügt auch ein Nachweis auf andere Weise, z.B. in Form einer Vermögensaufstellung.[911] Der Nachweis kann auch durch Angaben im Bericht der Gründer (§ 32 Abs. 1 AktG), der internen (§ 33 Abs. 1 AktG) und v. a. der externen (§ 33

---

[905] Widmann/Mayer/Rieger, Umwandlungsrecht, § 245 UmwG Rn. 56; Lutter/Joost § 220 UmwG Rn. 10; Kölner KommUmwG/Petersen § 220 UmwG Rn. 8; Kallmeyer/Blasche § 245 UmwG Rn. 7; BeckOGK/Herfs/Link UmwG § 245 Rn. 43; IDW, WPg 1996, 71; Fischer, BB 1995, 2173, 2179; Priester, DB 1995, 911, 913; Busch, AG 1995, 555, 558.
[906] Sog. **Reinvermögensdeckung**, vgl. Kallmeyer/Blasche, UmwG, § 245 Rn. 7; Lutter/Göthel, UmwG, § 245 Rn. 15; Scheel, in: Semler/Stengel, § 245 UmwG Rn. 41; Lutter/Joost § 220 UmwG Rn. 10; Kölner KommUmwG/Petersen § 220 UmwG Rn. 8; Kallmeyer/Blasche § 245 UmwG Rn. 7; BeckOGK/Herfs/Link UmwG § 245 Rn. 43; Priester, DNotZ 1995, 427, 451; Stellungnahme des IdW v. 04.04.2011, IDW ERS HFA 41 »Auswirkungen eines Formwechsels auf den handelsrechtlichen Jahresabschluss«, WPg Supplement 2/2011, S. 137 ff., FN-IDW 6/2011, S. 374 ff.
[907] Widmann/Mayer/Rieger, Umwandlungsrecht, § 245 UmwG Rn. 96; Fischer, BB 1995, 2173, 2178; Busch, AG 1995, 555, 559.
[908] Priester, DB 1995, 916; ders., FS Zöllner, S. 449, 457; ders. DStR 2005, 788, 793 f.; Müller/Gassermann, WPg 1996, 870.
[909] So Widmann/Mayer/Rieger, Umwandlungsrecht, § 245 UmwG Rn. 97.
[910] Busch, AG 1995, 555, 560.
[911] Semler/Stengel/Schlitt § 220 UmwG Rn. 19 f.; Kallmeyer/Blasche § 220 UmwG Rn. 13; Lutter/Joost § 220 UmwG Rn. 18; Schmitt/Hörtnagl/Stratz/Stratz UmwG § 220 Rn. 7.

Abs. 2 AktG) Gründungsprüfer erfüllt werden. Auch möglich ist eine Vermögensaufstellung, an die sich der Sachgründungsbericht bei der GmbH bzw. der Gründungsbericht und die Gründungsprüfung bei der AG anschließen.[912]

(8) Beachtung der Nachgründungsvorschriften bei der AG

Bei der Umwandlung in eine AG/KGaA finden die Vorschriften über die Nachgründung ebenfalls Anwendung (§ 245 Abs. 1 bis 3 i. V. m. § 220 Abs. 3 Satz 2 UmwG). § 245 Abs. 1 Satz 2 UmwG verweist über § 220 Abs. 3 Satz 2 UmwG auf die Anwendung der Nachgründungsregeln in §§ 52 ff. AktG. Beim Formwechsel einer GmbH in eine AG oder KGaA ist aber zu berücksichtigen, dass sich die Kapitalaufbringung bei der GmbH nicht grundlegend von den Kapitalaufbringungsregeln des AktG unterscheidet. Für diesen Fall hat nunmehr das **Zweite Gesetz zur Änderung des UmwG** v. 25.04.2007 geregelt, dass die Anwendung des § 52 AktG nur vorgeschrieben wird, wenn die GmbH vor dem Wirksamwerden des Formwechsels weniger als 2 Jahre im Handelsregister eingetragen war. Klargestellt wurde ferner in Abs. 2 und Abs. 3, dass beim Formwechsel einer AG in eine KGaA und umgekehrt die Nachgründungsvorschrift des § 52 AktG, die bereits für die Ausgangsrechtsform zu beachten war, nicht erneut angewendet werden muss (vgl. dazu auch Teil 4 Rdn. 459). 600

Für die beiden letztgenannten Fälle des Formwechsels einer AG in eine KGaA und umgekehrt ging die herrschende Meinung schon bisher davon aus, dass die **Nachgründungsvorschriften** nicht gelten.[913] Dies wurde jetzt klargestellt. Die Anwendung der Nachgründungsvorschriften beim Formwechsel einer GmbH in eine AG wurde ebenfalls kritisiert.[914] Durch die Neuregelung wird auch dieser Kritik Rechnung getragen; die Nachgründung gilt nur noch bei GmbH, die keine 2 Jahre alt sind.[915]

(9) Verhältniswahrende oder nicht verhältniswahrende Umwandlung

Im Umwandlungsbeschluss ist festzustellen, **wie das Grund- bzw. Stammkapital** der neuen Gesellschaft auf die einzelnen Gesellschafter bzw. Aktionäre **verteilt wird**. Festzulegen ist also der Aufteilungsmaßstab (vgl. im Einzelnen oben Teil 4 Rdn. 28 ff.). In diesem Zusammenhang muss die Frage geklärt werden, ob eine verhältniswahrende Umwandlung durchgeführt werden soll oder ob eine völlig freie Aufteilung des Grund- oder Stammkapitals nicht verhältniswahrend erfolgen soll, die allerdings der Zustimmung aller Gesellschafter bedarf (vgl. allgemein dazu dazu Teil 4 Rdn. 34). 601

§§ 241, 242 UmwG regeln den **Sonderfall**, dass aufgrund der unterschiedlichen Stückelung der Anteile ein Gesellschafter sich nicht dem gesamten Nennbetrag seiner Anteile entsprechend beteiligen kann. Für diesen Sonderfall zieht das Gesetz ausdrücklich die Zustimmung des betroffenen Gesellschafters vor. Dieser Rechtsgedanke muss ganz allgemein für den nicht verhältniswahrenden Formwechsel gelten. 602

(10) Anzahl und Stückelung der Anteile und Aktien

Durch den Formwechsel wird das Stammkapital zum Grundkapital bzw. das Grundkapital zum Stammkapital. Zum alten Recht war umstritten, ob eine **Identität zwischen dem Nennbetrag der Geschäftsanteile und dem Nennbetrag der Aktien** beim Formwechsel einer GmbH in eine AG oder umgekehrt eine Identität nicht erforderlich ist.[916] Diese alte Streitfrage ist durch § 243 Abs. 3 Satz 1 UmwG geregelt. Dort ist bestimmt, dass im Gesellschaftsvertrag oder in der Satzung 603

---

912 Kallmeyer/Blasche, UmwG, § 245 Rn. 9; vgl. dazu auch Teil 4 Rdn. 26 f., 152, 401 f.
913 Widmann/Mayer/Rieger, Umwandlungsrecht, § 245 UmwG Rn. 91 f.
914 Markus, ZGR 1999, 548.
915 Mayer/Weiler, DB 2007, 1245.
916 Vgl. KK-AktG/Zöllner, § 369 Rn. 80; Semler/Grunewald, in: Geßler/Hefermehl, AktG, § 369 Rn. 53.

der Gesellschaft neuer Rechtsform der Nennbetrag der Anteile abweichend vom Nennbetrag der Anteile der formwechselnden Gesellschaft festgesetzt werden kann. Der Gesetzgeber ist damit der herrschenden Meinung gefolgt, die dies auch zum bis 1995 geltenden Recht für zulässig erachtete. Die Gesellschafter sind daher bei der Stückelung und dementsprechenden Aufteilung des Stamm- bzw. Grundkapitals frei und müssen sich nur an die Vorgaben des Aktien- bzw. GmbHG halten, soweit dies bestimmte Mindestnennbeträge vorsieht.

(a) Formwechsel AG bzw. KGaA in GmbH

604 Beim Formwechsel der AG bzw. KGaA in die GmbH gilt für die Geschäftsanteile einer GmbH der **Grundsatz** des § 5 Abs. 3 GmbHG i. d. F. durch das MoMiG v. 23.10.2008,[917] dass der Geschäftsanteil auf volle Euro lauten muss.

605 Geklärt ist durch das MoMiG auch, dass mehrere Geschäftsanteile gewährt werden können.

606 Auf die Fragen der verhältniswahrenden und nicht verhältniswahrenden Umwandlungen wurde bereits hingewiesen (vgl. oben Teil 4 Rdn. 34).

(b) Umwandlung GmbH in AG

607 Aus § 241 Abs. 1 UmwG ist zu folgern, dass die Aktien beim Formwechsel einer GmbH in eine AG entweder als **Stückaktien** nach § 8 Abs. 3 AktG oder als **Nennbetragsaktien** auf den Mindestnennbetrag von 1,00 € festgesetzt werden können. I. d. R. besteht die Verpflichtung, zu einer entsprechenden Abbildung des GmbH-Anteils durch Bildung entsprechender Aktien. Sollen die Aktien anders festgesetzt werden und führt dies zu einer nicht entsprechenden Beteiligung der GmbH-Gesellschafter, so ist deren Zustimmung nach § 241 Abs. 1 UmwG erforderlich (vgl. dazu oben Teil 4 Rdn. 236 ff.). Notwendig sind daher Angaben über die **Aktienform:** Nennbetrags- oder Stückaktien; beide Aktienformen sind nebeneinander nicht zulässig,[918] über die Einteilung des Grundkapitals (Nennbeträge bzw. Aktienzahl). Falls mehrere **Gattungen von Aktien** (§ 11 AktG) bestehen, ist die Gattung der Aktien und die Zahl der Aktien je Gattung anzugeben. Gattungen entstehen, wenn Aktien unterschiedliche Mitgliedschaftsrechte gewähren oder mit unterschiedlichen Mitgliedschaftspflichten verbunden sind, dabei kann es sich um Vermögensrechte oder Mitgliedschaftsrechte handeln.[919] Schließlich ist anzugeben, ob die Aktien auf den **Inhaber oder auf den Namen** ausgestellt werden. Nach § 10 Abs. 1 AktG ist die Regelform die Namensaktie. Durch das Gesetz zur Änderung des Aktiengesetzes (Aktienrechtsnovelle 2016) vom 22.12.2015[920] wurde die Ausgabe von Inhaberaktien erheblich eingeschränkt.[921] Inhaberaktien dürfen nach § 10 Abs. 1 Satz 2 AktG nur noch ausgegeben werden, wenn die Gesellschaft börsennotiert ist oder der Anspruch auf Einzelverbriefung ausgeschlossen ist und die Sammelurkunde bei einer der folgenden Stellen hinterlegt wird: a) einer Wertpapiersammelbank im Sinne des § 1 Abs. 3 Satz 1 DepotG, b) einem zugelassenen Zentralverwahrer oder einem anerkannten Drittland-Zentralverwahrer gemäß der Verordnung (EU) Nr. 909/2014 des Europäischen Parlaments und des Rates vom 23. Juli 2014 zur Verbesserung der Wertpapierlieferungen und -abrechnungen in der Europäischen Union und über Zentralverwahrer sowie zur Änderung der Richtlinien 98/26/EG und 2014/65/EU und der Verordnung (EU) Nr. 236/2012[922] oder c) einem sonstigen

---

917 BGBl. I, S. 2026.
918 Vgl. KG AG 2016, 550, 551, Hüffer/Koch AktG § 8 Rn. 4; Wachter/Wachter § 23 AktG Rn. 39; Grigoleit/Vedder § 23 AktG Rn. 31; K. Schmidt/Lutter/Seibt § 23 AktG Rn. 46.
919 Hüffer/Koch § 23 AktG Rn. 29; MünchKommAktG/Pentz § 23 AktG Rn. 131 f.; Bürgers/Körber/Körber § 23 AktG Rn. 35; Wachter/Wachter § 23 AktG Rn. 40; K. Schmidt/Lutter/Seibt § 23 AktG Rn. 48.
920 BGBl. 2015 I, 2565.
921 Ausführlich dazu Hüffer/Koch § 23 AktG Rn. 5 ff.; Wälzholz/Wolffskeel, MittBayNot 2016, 197, 199; Ihrig/Wandt, BB 2016, 6, 7.
922 ABl. 2014 L 257, 1 vom 28.8.2014.

ausländischen Verwahrer, der die Voraussetzungen des § 5 Abs. 4 Satz 1 DepotG erfüllt. Inhaberaktien bleiben daher auch bei nicht börsennotierten Gesellschaften zulässig, in jedem Fall muss jedoch der Anspruch auf Einzelverbriefung ausgeschlossen und die Sammelurkunde bei einer in § 10 Abs. 1 Nr. 2 lit. a-c AktG genannten Stelle verwahrt sein.[923]

ee) Sonder- und Vorzugsrechte

Gem. § 194 Abs. 1 Nr. 5 UmwG müssen im Umwandlungsbeschluss auch die **Rechte** bestimmt werden, die einzelnen Anteilsinhabern sowie den Inhabern besonderer Rechte wie Anteile ohne Stimmrechte, Vorzugsaktien, Mehrstimmrechtsaktien, Schuldverschreibungen und Genussrechte an **der neuen Rechtsform gewährt werden** sollen, oder die Maßnahmen, die für diese Personen vorgesehen sind. Diese Vorschrift hat insb. im Hinblick auf § 23 i. V. m. § 204 UmwG Bedeutung. Danach sind den Inhabern von Rechten in einem übertragenden Rechtsträger, die kein Stimmrecht gewähren, insb. den Inhabern von Anteilen ohne Stimmrecht von Wandelschuldverschreibungen, von Gewinnschuldverschreibungen und von Genussrechten gleichwertige Rechte an der neuen Gesellschaft zu gewähren. Insofern haben diese Anteilsinhaber einen Anspruch auf Aufnahme einer Regelung in den Umwandlungsbeschluss (vgl. im Einzelnen oben Teil 4 Rdn. 234 ff.). 608

ff) Angebot auf Barabfindung

Beim Formwechsel einer Kapitalgesellschaft in eine Kapitalgesellschaft anderer Rechtsform muss der Umwandlungsbeschluss i. d. R. ein **Abfindungsangebot** enthalten, da jedenfalls nach der gesetzlichen Regelung eine Mehrheitsentscheidung stets möglich ist (vgl. im Einzelnen oben Teil 4 Rdn. 242 ff.). Grds. ist beim Formwechsel zwischen Kapitalgesellschaften ein Abfindungsangebot erforderlich. Allerdings bestimmt § 250 UmwG, dass die Vorschriften über das Abfindungsangebot beim Formwechsel einer AG in eine KGaA oder beim Formwechsel einer KGaA in eine AG nicht anwendbar sind, sodass in diesem Fall ein Abfindungsangebot nicht erforderlich ist. 609

c) Feststellung der Satzung der neuen Gesellschaft

aa) Allgemeines

§ 243 Abs. 1 UmwG verweist inhaltlich auf § 218 UmwG, sodass in dem Umwandlungsbeschluss auch der **Gesellschaftsvertrag** oder die **Satzung der neuen Gesellschaft festgestellt** werden muss. Darüber hinaus sind Festsetzungen über Sondervorteile, Gründungsaufwand, Sacheinlagen und Sachübernahmen, die in dem Gesellschaftsvertrag oder in der Satzung der formwechselnden Gesellschaft enthalten sind, auch in die Satzung oder den Gesellschaftsvertrag der neuen Gesellschaft zu übernehmen. Mit dem Umwandlungsbeschluss beschließen also auch die Gesellschafter den Gesellschaftsvertrag oder die Satzung der neuen Gesellschaft. Der notwendige Inhalt der Satzung ergibt sich aus den allgemeinen Vorschriften des GmbHG bzw. AktG (§§ 33 ff. GmbHG, § 23 AktG). 610

§ 244 Abs. 2 UmwG bestimmt, dass beim Formwechsel einer AG oder einer KGaA in eine GmbH der Gesellschaftsvertrag von den Gesellschaftern **nicht zu unterzeichnet werden braucht**. 611

Die Begründung zum RegE[924] weist auf Folgendes hin: 612

> »Nach Abs. 1 Satz 1 soll der Umwandlungsbeschluss den vollständigen Text des Gesellschaftsvertrages oder der Satzung der Gesellschaft neuer Rechtsform und nicht nur die für den Formwechsel unerlässlichen Änderungen gegenüber dem bisherigen Gesellschaftsvertrag oder der bisherigen Satzung enthalten. Durch den Umwandlungsbeschluss soll klar dokumentiert werden, in welcher Fassung der Gesellschaftsvertrag

---

923 Wälzholz/Wolffskeel, MittBayNot 2016, 197, 199 mit Formulierungsbeispiel.
924 BR-Drucks. 74/94, S. 150 f., abgedruckt in: Limmer, Umwandlungsrecht, S. 351 f.

oder die Satzung vom Zeitpunkt des Formwechsels an gilt. Diese Abweichung vom geltenden Recht, dass die Aufnahme bloßer Textänderungen in den Umwandlungsbeschluss zulässt, ist im Interesse einer Vereinheitlichung des Umwandlungsverfahrens geboten und wird auch dadurch gerechtfertigt, dass der Formwechsel auch in diesen Fällen über eine bloße Satzungsänderung hinausgeht. Über dies entspricht dies dem an anderer Stelle zum Ausdruck gekommenen Willen des Gesetzgebers, dass im Handelsregister stets der vollständige Wortlaut des Gesellschaftsvertrages oder der Satzung zur Verfügung stehen muss.«

613 Außerdem verweist § 243 Abs. 1 UmwG inhaltlich auf § 218 UmwG, sodass für den Formwechsel einer GmbH in eine KGaA auch § 218 Abs. 2 UmwG gilt. Der Beschluss zur Umwandlung in eine KGaA muss daher vorsehen, dass sich an dieser Gesellschaft **mindestens ein Gesellschafter der formwechselnden Gesellschaft als persönlich haftender Gesellschafter beteiligt**, oder dass der Gesellschaft mindestens ein persönlich haftender Gesellschafter beitritt. Hierbei handelt es sich um eine Ausnahme vom Grundsatz der Personenidentität, im Umwandlungsvorgang kann ein Beitritt erfolgen.

bb) Inhalt der neuen Satzung

614 Bei der **Ausgestaltung der neuen Satzung** für die Gesellschaft neuer Rechtsformen sind die allgemeinen Vorschriften des Gründungsrechts zu beachten. Wegen der Einzelheiten kann auf die obigen Ausführungen verwiesen werden (vgl. oben Teil 4 Rdn. 188 ff.).

cc) Besondere Festsetzungen

615 Nach § 243 Abs. 1 Satz 2 UmwG sind in dem Gesellschaftsvertrag oder der Satzung der Gesellschaft enthaltenen **Festsetzungen über Sondervorteile, Gründungsaufwand, Sacheinlagen und Sachübernahmen** zu übernehmen. Nach § 26 Abs. 4 AktG können die Festsetzungen erst geändert werden, wenn die Gesellschaft **5 Jahre im Handelsregister** eingetragen ist. Nach § 26 Abs. 5 AktG können Satzungsbestimmungen über die Festsetzung durch Satzungsänderung erst beseitigt werden, wenn die Gesellschaft **30 Jahre im Handelsregister eingetragen** ist und wenn die Rechtsverhältnisse die der Festsetzung zugrunde liegen, seit mindestens 5 Jahren abgewickelt sind.[925]

▶ Hinweis:

616 Unklar ist, ob i. R. d. Umwandlung auch in der Satzung des Ausgangsrechtsträgers enthaltene Festsetzungen über Sacheinlagen und Sachübernahmen geändert oder beseitigt werden können. Dagegen spricht, dass § 243 Abs. 1 Satz 3 und § 26 Abs. 4 und 5 AktG nicht aber § 27 Abs. 5 AktG für anwendbar erklärt wurden. Dennoch geht die überwiegende Meinung davon aus, dass auch diese Festsetzungen über Sacheinlagen und Sachübernahmen geändert oder sogar beseitigt werden dürfen, wenn die Voraussetzungen nach § 27 Abs. 5 i. V. m. § 26 Abs. 4, 5 AktG vorliegen.[926]

dd) Weitere Festsetzungen in der Satzung

617 Während § 243 Abs. 1 Satz 2 UmwG die vorhandenen Festsetzungen über Sacheinlagen in dem Gesellschaftsvertrag oder in der Satzung der alten Rechtsform behandelt, bleibt die Frage, ob nach allgemeinem Gründungsrecht auch in der Satzung oder in dem **Gesellschaftsvertrag neuer Rechtsform die Sacheinlagen festzusetzen** (wie bei einer Sachgründung) sind. Nach einem Teil der Literatur beziehen sich die Bestimmungen des § 27 AktG bzw. § 5 Abs. 4 Satz 1 GmbHG,

---

925 Vgl. Mutter, in: Semler/Stengel, § 243 UmwG Rn. 16 f.; Lutter/Göthel, UmwG, § 243 Rn. 23.
926 Lutter/Göthel, UmwG, § 243 Rn. 24; Widmann/Mayer/Rieger, Umwandlungsrecht, § 243 UmwG Rn. 23; Kallmeyer/Blasche, UmwG, § 243 Rn. 8; Mutter, in: Semler/Stengel, § 243 UmwG Rn. 18; BeckOGK/Herfs/Link UmwG § 243 Rn. 53.

die über § 197 Satz 1 UmwG Anwendung finden, auf den Übergang des Vermögens des formwechselnden Rechtsträgers auf die AG bzw. GmbH. Dementsprechend muss die Satzung gem. § 197 Satz 1 UmwG i. V. m. § 27 Abs. 1 AktG bzw. § 5 Abs. 4 Satz 1 GmbHG Festsetzungen über den **Gegenstand der Sacheinlage**, die Person des Einlegenden und das eingetragene Grundkapital, auf das sich die Sacheinlage bezieht, enthalten. Beim Formwechsel würde dies bedeuten, dass das Vermögen des formwechselnden Rechtsträgers und der formwechselnde Rechtsträger selbst zu bezeichnen sind.[927] Nach anderer Auffassung fallen beim Formwechsel weder Sacheinlagen noch Sachübernahmen an, sofern es keiner Bezeichnung in der Satzung nach § 27 AktG bedarf.[928] Es spricht einiges dafür, dass wegen des Identitätsgrundsatzes der Formwechsel nicht als Sacheinlage anzusehen ist, sodass nur die historischen Sacheinlageangaben nach § 243 Abs. 1 Satz 2 UmwG weiter fortzuführen, nicht aber bei einer bar gegründeten Ausgangskapitalgesellschaft in der Satzung der formgewechselten Gesellschaft Sacheinlagen anzugeben sind. Trotz der Anwendung des Gründungsrechts geht das UmwG von der Identität des Vermögens aus, sodass kein Raum für Angaben in der Satzung über eine etwaige Sacheinlage besteht. Die Frage ist allerdings in der Literatur umstritten. Die Literatur, die die Anwendung des § 27 AktG bzw. § 5 Abs. 4 Satz 1 GmbHG bejaht, lässt allerdings eine Bezeichnung wie »das Grundkapital durch den Formwechsel der X-GmbH mit dem Sitz in Y erbracht« ausreichen.[929] Angaben sind allerdings erforderlich, wenn zusätzlich eine Sachkapitalerhöhung stattfindet.[930]

Ferner ist zu berücksichtigen, dass neben den allgemeinen formwechselnden Vorschriften auch im übrigen die Sachgründungsvorschriften des AktG bzw. GmbHG zu beachten sind und wie bei der Neugründung einer AG oder GmbH der **Gründungsaufwand nach § 26 Abs. 2 AktG**, der bei der GmbH analog angewendet wird,[931] in der Satzung anzugeben ist, also die **Kosten des Formwechsels**.[932] Außerdem sind natürlich die historischen Gründungskosten in der Satzung der AG/KGaA/GmbH vorbehaltlich der gesetzlichen Löschungsfrist fortzuschreiben.[933] Unrichtig ist mE die Meinung, die wie bei einer Neugründung einen Höchstbetrag verlangt, so dass der Rest von den Gesellschaftern getragen werden müßte. Die Gesellschafter kommen hierfür richtigerweise nicht in Frage, da sie gerade nicht Gründer sind (§ 245 Abs. 1 UmwG gilt nicht) und nach h. M. nicht einer Gründerhaftung unterliegen.[934] Kerschbaumer[935] weist zu Recht darauf hin, dass bei der Neugründung einer GmbH diese erst mit der Eintragung entsteht. Zuvor entstandene Gründungskosten können somit grundsätzlich nicht Kosten der Gesellschaft sein, die zum Zeitpunkt der Entstehung der Kosten noch gar nicht wirksam als Rechtsträger besteht. Beim Formwechsel wird der Rechtsträger hingegen nicht neu gegründet. Vielmehr wechselt der bereits bestehende Rechtsträger seine Rechtsform. Der Rechtsträger als solcher bleibt dabei mit allen Forderungen und Verbindlichkeiten bestehen. Die Kosten des Formwechsels sind daher vollstän-

---

927 So Widmann/Mayer/Mayer, Umwandlungsrecht, § 197 UmwG Rn. 146 f.; einschränkend Bärwaldt, in: Semler/Stengel, § 197 UmwG Rn. 43.
928 So Lutter/Göthel, UmwG, § 245 Rn. 36; Stratz, in: Schmitt/Hörtnagl/Stratz, UmwG/UmwStG, § 197 UmwG Rn. 16; BeckOGK/Herfs/Link UmwG § 245 Rn. 70; ähnlich Lutter/Decher/Hoger, UmwG, § 197 Rn. 16, der allerdings eine Festsetzung vorsichtshalber empfiehlt; Kallmeyer/Meister/Klöcker, UmwG, § 197 Rn. 18, 35.
929 Widmann/Mayer/Rieger, Umwandlungsrecht, § 197 UmwG Rn. 146; Bärwaldt, in: Semler/Stengel, § 197 UmwG Rn. 43.
930 BeckOGK/Herfs/Link UmwG § 245 Rn. 71.
931 Vgl. BGH NJW 1989, 610 = DNotZ 1990, 124; Baumbach/Hueck/Fastrich, § 5 GmbHG Rn. 57, Cramer, NZG 2015, 373.
932 So h. M. Widmann/Mayer/Mayer, § 197 UmwG Rn. 27; Lutter/Decher/Hoger, § 197 UmwG Rn. 23; Bärwaldt in: Semler/Stengel, § 197 UmwG Rn. 21, 42; Stratz, in: Schmitt/Hörtnagl/Stratz, § 197 UmwG Rn. 16; BeckOGK/Simons UmwG § 197 Rn. 14.
933 BeckOGK/Simons UmwG § 197 Rn. 14.
934 So zu Recht Kerschbaumer, NZG 2011, 892, 894; ähnlich bereits Priester, AG 1986, 29, 32.
935 NZG 2011, 892, 894.

dig von dem Rechtsträger zu tragen, unabhängig von etwaigen gesellschaftsvertraglichen Bestimmungen.[936] Zu beachten ist allerdings, dass dies in der Literatur und in einigen Formularbüchern offenbar anders gesehen wird und Höchstgrenzen vorgesehen sind.[937] Auch die Gerichte scheinen dies zu erwarten, so dass im Zweifel eine Klärung mit dem Gericht sinnvoll erscheint oder vosrischthalber eine Höchstgrenze anzugeben ist. Dabei ist dann wieder zu beachten, dass das Gesetz zwar keine Obergrenze vorsieht, dass aber Gründungsaufwand von den Registergerichten idR bis 10 % des ausgewiesenen Stammkapitals ohne Einzelnachweis akzeptiert wird.[938] So hat das OLG Celle entschieden[939] »Sieht eine GmbH-Satzung vor, dass die GmbH mit einem Stammkapital von 25.000.– € Gründungskosten bis zu 15.000.– € trägt, so sind diese Kosten unangemessen; diese Satzungsgestaltung ist unzulässig und steht der Eintragung im Handelsregister entgegen. Das ist auch dann nicht anders, wenn diese GmbH im Wege der Umwandlung entsteht und als Sacheinlage eine Kommanditgesellschaft eingebracht wird.«

ee) Eigene Geschäftsanteile beim Formwechsel einer GmbH in eine AG

618 Unklar ist, ob die Umwandlung einer GmbH in eine AG zulässig ist, wenn die **GmbH eigene Anteile** hält und diese vor der Umwandlung **nicht auf Dritte übertragen werden sollen**. In § 71 AktG ist der Erwerb eigener Aktien durch Formwechsel nicht ausdrücklich geregelt. Allerdings wurde § 71 Abs. 1 AktG durch das UmwG in der Nr. 3 dergestalt erweitert, dass gewisse Erwerbsvorgänge im Zusammenhang mit Umwandlungen von dem Verbot des Erwerbs eigener Anteile ausgenommen wurden. Es spricht viel dafür, die Sondervorschriften, insb. durch Ausnahmetatbestände des § 71 Abs. 1 Nr. 4 und 5 AktG, erweiternd auszulegen und auch den Formwechsel unter diese Vorschriften zu fassen, sodass ausnahmsweise der Formwechsel der GmbH in die AG nicht an den zwangsläufig entstehenden eigenen Aktien der AG scheitert.[940] Allerdings ist auch die Regelung des § 71c Abs. 2 AktG zu berücksichtigen, wonach eine Veräußerungspflicht bzgl. der eigenen Aktien besteht.

d) Bestellung der ersten Organe

619 Bei der Umwandlung einer Kapitalgesellschaft in eine Kapitalgesellschaft anderer Rechtsform werden die **bisherigen Geschäftsführer nicht automatisch Vorstände** und die bisherigen Vorstände nicht automatisch Geschäftsführer der neuen Gesellschaft. § 197 UmwG bestimmt daher allgemein, dass auf den Formwechsel die für die neue Rechtsform geltenden Gründungsvorschriften anzuwenden sind (vgl. eingehend Teil 4 Rdn. 286 ff.). Der Anstellungsvertrag mit dem Geschäftsführer bzw. den Vorständen bleibt infolge der rechtlichen Identität auch nach dem Formwechsel bestehen und muss ggf. nach allgemeinen Regeln beendet werden;[941] dagegen verlieren die Geschäftsführer bzw. Vorstände infolge des Wirksamwerdens des Formwechsels ihre Organstel-

---

936 Cramer, NZG 2015, 373.
937 Z. B. Mozka/Hübner, in: Müchener Vertragshandbuch, gesellschaftsrecht Band, 7. Aufl. 2011, Formular XIII 5, Rn. 15, 23; Widman/Mayer/Vossius, Umwandlungsrecht, Anhang 4 Mustersatz 22, Rn. M 156.
938 Jürgenmeyer/Maier BB 1996, 2135, 2139.
939 NZG 2014, 1383, Anm. Cramer, NZG 2015, 373, der eine Kostentragung bis zur Höhe des Stammkapitals befürwortet.
940 So mit eingehender Begründung Heidinger/Limmer/Holland/Reul, Gutachten des DNotI, Bd. IV, Gutachten zum Umwandlungsrecht, S. 368 ff.; Widmann/Mayer/Vossius, Umwandlungsrecht, § 202 UmwG Rn. 166.
941 Vgl. BGH, NJW 1989, 1928 = DB 1989, 472.

lung. Dies ergibt sich insb. aus der Tatsache, dass der anwendbare Normenbestand sich ändert.[942] Insofern gilt die Diskontinuität.[943] Es ergibt sich auch daraus, dass nach § 197 UmwG die neuen Organe nach den entsprechenden Gründungsvorschriften zu bestellen sind. Es müssen daher nach den allgemeinen Vorschriften die ersten Organe bestellt werden.

Beim Formwechsel der GmbH in die AG gilt, dass die **Bestellung der ersten Organe erforderlich** ist. Es müssen daher Aufsichtsrat und Vorstand bestellt werden. 620

Beim Formwechsel von Kapitalgesellschaften in die AG bestehen bzgl. des **ersten Aufsichtsrates** ähnliche Fragen wie beim Formwechsel der Personenhandelsgesellschaft in die AG, sodass auf die obigen Ausführungen verwiesen werden kann (vgl. oben Teil 4 Rdn. 434 ff.). § 197 Satz 2 UmwG bestimmt, dass die Vorschrift über die Bildung und Zusammensetzung des ersten Aufsichtsrates nicht anzuwenden ist. Der Gesetzgeber hat im **Zweiten Gesetz zur Änderung des UmwG** § 197 UmwG um einen Satz 2 wie folgt ergänzt: »*Beim Formwechsel eines Rechtsträgers in eine AG ist § 31 des Aktiengesetzes anwendbar*«. Durch die Regelung in § 197 Satz 2 soll die Anwendung des § 31 AktG über die Bestellung des Aufsichtsrats bei einer Sachgründung für den Fall des Formwechsels nicht ausgeschlossen sein. Dies soll in einem neuen Satz ausdrücklich klargestellt werden.[944] 621

Außerdem regelt **§ 203 UmwG**, dass, wenn bei einem Formwechsel bei dem Rechtsträger neuer Rechtsform in gleicher Weise wie bei dem formwechselnden Rechtsträger ein Aufsichtsrat gebildet und zusammengesetzt wird, die Mitglieder des Aufsichtsrats für den Rest ihrer Wahlzeit als Mitglieder des Aufsichtsrats des Rechtsträgers neuer Rechtsform im Amt bleiben. Die Anteilsinhaber des formwechselnden Rechtsträgers können im Umwandlungsbeschluss für ihre Aufsichtsratsmitglieder die Beendigung des Amtes bestimmen. Die Vorschrift betrifft allerdings nur den Sonderfall, dass sich durch die Bildung und Zusammensetzung des Aufsichtsrates auch ein Mitbestimmungsrecht ergibt, nicht aber z. B. bei freiwilliger Bildung eines Aufsichtsrates bei der formwechselnden GmbH.[945] Nur für diesen Sonderfall gilt die Kontinuität des Aufsichtsrates, in allen anderen Fällen besteht Diskontinuität, d. h. das Amt des Aufsichtsrates deren freiwillige Vorschriften gebildet sind, endet. Es ist wie beim Formwechsel einer Kapitalgesellschaft ohne Aufsichtsrat ein neuer Aufsichtsrat nach den neuen Vorschriften zu bilden. In diesen Fällen gelten die gleichen Vorschriften wie beim Formwechsel der Personengesellschaft in die AG, sodass auch die gleichen Auslegungsschwierigkeiten bestehen (vgl. oben Teil 4 Rdn. 434 ff.). Vom Aufsichtsrat ist dann der Vorstand zu wählen. 622

aa) Formwechsel einer AG in eine GmbH

Die Geschäftsführer sind daher gem. § 6 Abs. 3 Satz 2 GmbHG im Gesellschaftsvertrag oder durch gesonderten **Gesellschafterbeschluss** zu bestellen. Soll die GmbH einen fakultativen Aufsichtsrat haben, können seine Mitglieder vor Eintragung oder später bestellt werden (§ 252 Abs. 2 GmbHG). 623

---

942 H. M. Widmann/Mayer/Mayer, Umwandlungsrecht, § 197 UmwG Rn. 50, 171; Widmann/Mayer/Vossius, Umwandlungsrecht, § 202 UmwG Rn. 32, 110; Kallmeyer/Meister/Klöcker, UmwG, § 202 Rn. 24; Lutter/Decher/Hoger, UmwG, § 202, Rn. 39; Kübler, in: Semler/Stengel, UmwG, § 202 Rn. 10; Lupp, Die Auswirkungen einer Umwandlung auf Anstellungsverhältnisse von Vorständen und GmbH-Geschäftsführern, S. 13; Veil, Umwandlung einer AG in eine GmbH, S. 210 ff. krit. allerdings Hoger, ZGR 2007, 868, 869 der sich für Amtskontinuität ausspricht.
943 A. A. Hoger, ZGR 2007, 868, 869.
944 Begründung zum RegE BT-Drucks. 16/2919, S. 19.
945 Vgl. Lutter/Decher/Hoger, UmwG, § 203 Rn. 6 ff.; Kallmeyer/Meister/Klöcker, UmwG, § 203 Rn. 6 ff., 11; Simon, in: Semler/Stengel, § 203 UmwG Rn. 3; Widmann/Mayer/Vossius, Umwandlungsrecht, § 203 UmwG Rn. 10.

bb) Formwechsel GmbH in AG bzw. KGaA

624 Vgl. Teil 4 Rdn. 621, 434 ff.

e) Gründungsvorschriften und Kapitalschutz beim Formwechsel

625 Beim Formwechsel einer Kapitalgesellschaft in eine Kapitalgesellschaft anderer Rechtsform spielt der **Kapitalschutz eine geringere Rolle als beim Formwechsel einer Personengesellschaft** in eine Kapitalgesellschaft, da in beiden Fällen Kapitalerhaltungsgrundsätze zu beachten sind. Allerdings ist zu berücksichtigen, dass bei der GmbH die Kapitalerhaltungsgrundsätze weniger streng ausgebildet sind, als bei der AG. Es lag daran, dass der Gesetzgeber diesen Sonderfall des Formwechsels einer GmbH in eine AG strengeren Kapitalerhaltungsvorschriften unterwarf, als im umgekehrten Fall.

aa) Kapitalaufbringung

626 In § 245 UmwG hat daher der Gesetzgeber die in § 197 Satz 1 UmwG bestimmte Anwendung des Gründungsrechts konkretisiert. Es kann zunächst auf die obigen Ausführungen verwiesen werden (vgl. Teil 4 Rdn. 198 ff.).

bb) Formwechsel GmbH in AG oder KGaA

(1) Kapitalaufbringung

627 Beim Formwechsel einer GmbH in eine AG oder in eine KGaA ist in § 245 Abs. 1 Satz 2 UmwG bestimmt, dass die Kapitalschutzvorschrift des § 220 UmwG entsprechend anwendbar ist. Es gilt daher der für das Recht der Personengesellschaft aufgestellte Grundsatz des § 220 UmwG Abs. 1, dass der Nennbetrag des Grundkapitals der AG oder der KGaA das nach Abzug der Schulden verbleibende Vermögen der formwechselnden GmbH nicht übersteigen darf. Also auch beim Formwechsel einer GmbH in eine AG gilt daher der Grundsatz, dass der **Nennbetrag des künftigen Grundkapitals** durch das **Reinvermögen der GmbH** erreicht werden muss.[946]

628 Auf die Fragen des Nennbetrags des künftigen Grundkapitals wurde bereits hingewiesen. **Folgende Probleme** sind zu beachten: Keine Umwandlung bei Vorliegen einer Unterbilanz und Reinvermögensdeckung aber Buchwertfortführung (vgl. oben Teil 4 Rdn. 25 ff., 590 ff.).

(2) Gründungsbericht und Gründungsprüfung

629 § 245 Abs. 1 Satz 2 UmwG verweist vollumfänglich auf § 220 UmwG, sodass auch § 220 Abs. 3 UmwG gilt. Diese Vorschrift bestimmt, dass beim Formwechsel in eine AG oder in eine KGaA die **Gründungsprüfung durch einen oder mehrere Prüfer** in jedem Fall stattzufinden hat. § 220 Abs. 2 UmwG macht deutlich, dass in jedem Fall auch ein Gründungsbericht erforderlich ist, in dem auch der bisherige Geschäftsverlauf und die Lage der formwechselnden Gesellschaft darzulegen ist. Die Begründung zum RegE weist darauf hin, dass für den Formwechsel in die AG oder KGaA die Vorschriften des AktG über die Erstattung eines Gründungsberichts, über die Gründungsprüfung anzuwenden seien.[947] I. Ü. kann bzgl. der Einzelheiten auf die obigen Ausführungen zum Formwechsel einer Personengesellschaft in eine AG verwiesen werden (vgl. Teil 4 Rdn. 448 ff.).

---

946 Vgl. Busch, AG 1995, 555, 556 f.; Widmann/Mayer/Rieger, Umwandlungsrecht, § 245 UmwG Rn. 50; Kallmeyer/Blasche, § 245 UmwG Rn. 4 ff.; Scheel, in: Semler/Stengel, § 245 UmwG Rn. 36 ff.; Stratz, in: Schmitt/Hörtnagl/Stratz, UmwG/UmwStG, § 245 UmwG Rn. 6 f.

947 Vgl. Begründung zum RegE, BR-Drucks. 75/94, S. 157; abgedruckt in: Limmer, Umwandlungsrecht, S. 352.

B. Formwechsel von Kapitalgesellschaften

(3) Anwendung der Nachgründungsvorschriften

Bei der Umwandlung in eine AG/KGaA finden **die Vorschriften über die Nachgründung** ebenfalls Anwendung (§ 245 Abs. 1 bis Abs. 3 i. V. m. § 220 Abs. 3 Satz 2 UmwG). § 245 Abs. 1 Satz 2 verweist über § 220 Abs. 3 Satz 2 auf die Anwendung der Nachgründungsregeln in § 52 AktG. Beim Formwechsel einer GmbH in eine AG oder Kommandit-AG ist aber zu berücksichtigen, dass sich die Kapitalaufbringung bei der GmbH nicht grundlegend von den Kapitalaufbringungsregeln des AktG unterscheidet. Für diesen Fall hat nunmehr das **Zweite Gesetz zur Änderung des UmwG** geregelt, dass die Anwendung des § 52 AktG nur vorgeschrieben wird, wenn die GmbH vor dem Wirksamwerden des Formwechsels weniger als 2 Jahre im Handelsregister eingetragen war. Klargestellt wurde ferner in § 52 Abs. 2 und Abs. 3 AktG, dass beim Formwechsel einer AG in eine Kommandit-AG und umgekehrt die Nachgründungsvorschrift des § 52 AktG, die bereits für die Ausgangsrechtsform zu beachten war, nicht erneut angewendet werden muss (vgl. dazu auch schon Teil 4 Rdn. 600). 630

(4) Formwechsel AG in KGaA

Die **gleichen Vorschriften** gelten gem. § 245 UmwG beim Formwechsel einer AG in eine KGaA. Auch hier treten bei der Anwendung der Gründungsvorschriften der AG an die Stelle der Gründer die Gesellschafter der KGaA und auch § 220 ist entsprechend anzuwenden. 631

Dasselbe gilt für den Formwechsel einer KGaA in eine AG gem. § 245 Abs. 3 UmwG. 632

(5) Formwechsel AG in GmbH

Für den Formwechsel einer AG in eine GmbH hat der Gesetzgeber nicht auf § 220 verwiesen, sodass der Grundsatz der **Reinvermögensdeckung** nicht gilt. Die Begründung zum RegE[948] weist zu dieser wenigen strengen Vorschrift auf Folgendes hin: 633

> »Ist der Rechtsträger neuer Rechtsform eine GmbH, so spielen die Gründungsvorschriften nur eine untergeordnete Rolle, weil in diesem Fall der formwechselnde Rechtsträger ohnehin schärferen Kapitalschutzvorschriften unterliegt als die Gesellschaft neuer Rechtsform. Deshalb soll nach Abs. 4 auch ein Sachgründungsbericht entbehrlich sein«.

Das bedeutet nach dem klaren Wortlaut der Vorschriften, dass beim Formwechsel von der AG oder KGaA in die GmbH **keine Prüfung** dahin gehend erfolgt, dass das Reinvermögen der formwechselnden Gesellschafter das Stammkapital der GmbH deckt.[949] 634

Demgemäß bestimmt § 245 Abs. 4 UmwG, dass für den Formwechsel einer AG oder einer KGaA in eine GmbH ein Sachgründungsbericht nicht erforderlich ist. 635

f) Handelsregisteranmeldung

Vgl. oben Teil 4 Rdn. 303 ff. 636

Die **Grundnorm** für die Anmeldung eines Formwechsels bildet auch beim Formwechsel zwischen Kapitalgesellschaften **§ 198 UmwG**. Die Vorschrift wird beim Formwechsel Kapitalgesellschaft in eine Kapitalgesellschaft anderer Rechtsform ergänzt durch § 246 UmwG. Danach ist der Inhalt der Anmeldung die neue Rechtsform des Rechtsträgers. Grds. verbleibt es bei dieser einen Anmeldung, wenn nicht gleichzeitig eine Sitzverlegung stattfindet. In diesem Fall ist nach § 198 Abs. 2

---

[948] BR-Drucks. 75/94, S. 157, abgedruckt in: Limmer, Umwandlungsrecht, S. 352.
[949] Vgl. Widmann/Mayer/Rieger, Umwandlungsrecht, § 245 UmwG Rn. 47; Kallmeyer/Blasche, UmwG, § 245 Rn. 4 Busch, AG 1995, 555, 556 f.; Scheel, in: Semler/Stengel, § 245 UmwG Rn. 46; Stratz, in: Schmitt/Hörtnagl/Stratz, UmwG/UmwStG, § 245 UmwG Rn. 6 f.

UmwG der Formwechsel bei dem Register des neuen Sitzes anzumelden, darüber hinaus aber auch zur Eintragung in das Register, in dem die formwechselnde Kapitalgesellschaft eingetragen ist.

aa) Anmeldepflichtige Personen

637 § 246 Abs. 1 UmwG verlangt, dass die **Anmeldung durch das Vertretungsorgan** der formwechselnden Gesellschaft vorzunehmen ist (vgl. oben Teil 4 Rdn. 324 ff.). Die Vorschrift übernimmt das bis 1995 geltende Recht (vgl. etwa § 364, § 367 AktG a. F.). Damit ist die Anmeldung beim Formwechsel einer AG vom Vorstand der AG in vertretungsberechtigter Zahl vorzunehmen (§§ 83 Abs. 2, 78 AktG) und von den Geschäftsführern einer GmbH ebenfalls in vertretungsberechtigter Zahl; bei der KGaA die persönlich haftenden Gesellschafter, wenn nicht ausgeschlossen.[950] Auch **unechte Gesamtvertretung** mit einem Prokuristen ist nach herrschender Meinung zulässig.[951]

bb) Anmeldung der Geschäftsführer und der Vorstandsmitglieder

638 Nach § 246 Abs. 2 UmwG sind zugleich mit der neuen Rechtsform die Geschäftsführer der GmbH, die Vorstandsmitglieder der AG oder die persönlich haftenden Gesellschafter der KGaA **zur Eintragung in das Register anzumelden**. Diese Vorschrift soll sicherstellen, dass gleichzeitig mit der Anmeldung der neuen Rechtsform auch das neue Vertretungsorgan zur Eintragung in das Handelsregister angemeldet wird. Notwendig ist also eine gleichzeitige Anmeldung des Formwechsels und des Vertretungsorgans. Gem. § 197 UmwG sind daher auch die Versicherungen der Geschäftsführer erforderlich. Etwa die gem. § 6 Abs. 2 GmbHG, dass keine Umstände vorliegen, die der Bestellung der Geschäftsführer entgegenstehen und dass diese über ihre unbeschränkte Auskunftspflicht ggü. dem Registergericht belehrt worden sind. Auch ist die Vertretungsbefugnis und die Zeichnung der Geschäftsführer aufzunehmen. Gleiches gilt für die Bestellung des Vorstandes einer AG gem. § 76 Abs. 3 AktG.

Die **Anmeldung** muss daher folgende **Punkte des besonderen Gründungsrechts** enthalten:[952]

GmbH	Gründung der Gesellschaft, Firma und Sitz, Bestellung der Geschäftsführer, Versicherung, nach § 8 Abs. 2 GmbHG (str. vgl. unten Teil 4 Rdn. 381 ff.), Versicherung, dass keine Umstände vorliegen, die der Bestellung der Geschäftsführer nach § 6 Abs. 2 GmbHG entgegenstehen und dass sie über ihre unbeschränkte Auskunftspflicht ggü. dem Gericht belehrt worden sind, Befugnis der Geschäftsführer, Angaben der abstrakten und konkreten Vertretungsbefugnis (die Versicherung nach § 8 Abs. 2 entfällt bei Umwandlung von Kapitalgesellschaft auf Kapitalgesellschaft gem. § 246 Abs. 3 UmwG); die inländische Geschäftsanschrift.
AG	Neufassung der Satzung, Firma, Sitz, Vorstandsmitglieder, Versicherung der Vorstandsmitglieder, dass keine Umstände gegen ihre Bestellung vorliegen und die beschränkte Auskunftspflicht besteht, Bestellung der Vorstände, Angabe der abstrakten und konkreten Vertretungsbefugnis (§§ 36, 37 AktG); inländische Geschäftsanschrift. Die Versicherung zur Leistung der Stammeinlagen entfällt bei Umwandlung von einer Kapitalgesellschaft gem. § 246 Abs. 3 UmwG.

---

950 Kallmeyer/Zimmermann, UmwG, § 198 Rn. 8; Kallmeyer/Blasche, UmwG, § 235 Rn. 5 § 246 Rn. 2; Lutter/Decher/Hoger, UmwG, § 198 Rn. 10; Lutter/Göthel, § 235 UmwG Rn. 7, § 246 Rn. 4 f.; Stratz, in: Schmitt/Hörtnagl/Stratz, § 235 UmwG Rn. 4; Schwanna, in: Semler/Stengel, § 198 UmwG Rn. 12; Ihrig, in: Semler/Stengel, § 235 UmwG Rn. 7; Widmann/Mayer/Vossius, § 235 UmwG Rn. 8 Widmann/Mayer/Rieger, § 246 UmwG Rn. 8; BeckOGK/Simons UmwG § 198 Rn. 18; BeckOGK/Herfs/Link UmwG § 246 Rn. 6.

951 Kallmeyer/Zimmermann, UmwG, § 198 Rn. 8; Lutter/Decher/Hoger, UmwG, § 198 Rn. 10; Lutter/Göthel, § 235 UmwG Rn. 7;§ 246 Rn. 4f; Stratz, in: Schmitt/Hörtnagl/Stratz, § 235 UmwG Rn. 4; Schwanna, in: Semler/Stengel, § 198 UmwG Rn. 12; Widmann/Mayer/Vossius, § 235 UmwG Rn. 8; BeckOGK/Herfs/Link UmwG § 246 Rn. 6.

952 Vgl. Lutter/Decher/Hoger, UmwG, § 198 Rn. 12 ff.; Widmann/Mayer/Vossius, § 198 UmwG Rn. 41 ff.; BeckOGK/Simons UmwG § 198 Rn. 32.

cc) Keine Einlagenversicherung

Wie bereits dargelegt (vgl. Teil 4 Rdn. 319), ist jedenfalls beim Formwechsel einer Kapitalgesellschaft in eine Kapitalgesellschaft anderer Rechtsform die **Einlagenversicherung** gem. § 8 Abs. 2 GmbHG bzw. § 37 Abs. 1 AktG **nicht erforderlich**.

Notwendig ist allerdings die **Negativversicherung gem. § 16 Abs. 2 UmwG**. Die Anmeldung muss daher die Erklärung der Vertretungsorgane enthalten, dass eine Klage gegen die Wirksamkeit des Verschmelzungsbeschlusses nicht oder nicht fristgemäß erhoben oder eine solche Klage rechtskräftig abgewiesen oder zurückgenommen worden ist.

dd) Beizufügende Unterlagen

Das besondere Recht regelt für die Frage der **beizufügenden Unterlagen** keine Besonderheiten, sodass die allgemeine Vorschrift des § 199 UmwG gilt (vgl. im Einzelnen Teil 4 Rdn. 327 ff.).

3. Formwechsel einer Kapitalgesellschaft in eine eingetragene Genossenschaft

a) Besonderheiten zum Umwandlungsbeschluss

aa) Beschlussmehrheiten

(1) Einstimmigkeit

§ 252 UmwG stellt für den Umwandlungsbeschluss **unterschiedliche Mehrheitserfordernisse** auf. Sieht die Satzung der Genossenschaft für den Fall, dass die Gläubiger des Rechtsträgers in der Insolvenz nicht befriedigt werden, eine summenmäßig beschränkte oder gar unbeschränkte Nachschusspflicht der Genossen vor, so bedarf der Umwandlungsbeschluss nach § 252 Abs. 1 UmwG der Zustimmung aller anwesenden Gesellschafter oder Aktionäre; ihm müssen auch die nicht erschienenen Gesellschafter – ggf. nachträglich – zustimmen[953]

Grds. sind in der Genossenschaft **drei verschiedene Haftformen** möglich: die unbeschränkte Nachschusspflicht, die beschränkte Nachschusspflicht und der Verzicht auf jede Nachschusspflicht (vgl. im Einzelnen oben Teil 2 Rdn. 1199 ff.). In der Satzung der Genossenschaft wird diese Haftungsform gem. § 6 Nr. 3 GenG geregelt. Es kommt also für die notwendige Mehrheit darauf an, ob eine unbeschränkte oder beschränkte Nachschusspflicht nach der Satzung der Genossenschaft vorgesehen ist. Ist dies der Fall, dann muss der Beschluss einstimmig gefasst werden.

(2) Mehrheitsbeschluss

Besteht keine beschränkte oder unbeschränkte Nachschusspflicht, so kann der Umwandlungsbeschluss nach § 252 Abs. 2 UmwG mit einer **3/4-Mehrheit** gefasst werden:[954]
- 3/4-Mehrheit der bei der GmbH in der Gesellschafterversammlung abgegebenen Stimmen oder
- 3/4 des bei der Beschlussfassung einer AG oder KGaA vertretenen Grundkapitals.

Der Gesellschaftsvertrag oder die Satzung der Gesellschaft kann eine größere Mehrheit und weitere Erfordernisse bestimmen.

(3) Beschluss einer KGaA

Gem. § 252 Abs. 3 i. V. m. § 240 Abs. 3 UmwG muss beim Formwechsel einer KGaA in eine Genossenschaft zusätzlich zum Beschluss der Kommanditaktionäre auch **jeder persönlich haf-**

---

953 BeckOGK/Bloehs UmwG § 252 Rn. 13; Semler/Stengel/Bonow § 252 UmwG Rn. 2 ff.
954 Semler/Stengel/Bonow UmwG § 252 Rn. 7; BeckOGK/Bloehs UmwG § 252 Rn. 17.

tende Gesellschafter zustimmen.[955] Die Satzung kann allerdings auch hier eine Mehrheitsentscheidung dieser Gesellschafter vorsehen.

bb) Zustimmungspflichten

(1) GmbH

647 § 252 Abs. 1 Satz 1 UmwG verweist im Hinblick auf die **Zustimmungspflichten** auf § 50 Abs. 2 UmwG, sodass die Zustimmungspflicht der Gesellschafter erforderlich ist, deren auf dem Gesellschaftsvertrag beruhende Minderheitsrechte oder deren besonderen Rechte in der Geschäftsführung der Gesellschaft, bei der Bestellung der Geschäftsführer oder hinsichtlich eines Vorschlagsrechts für die Geschäftsführung beeinträchtigt werden (vgl. oben Teil 4 Rdn. 236).

(2) Sonderbeschlüsse bei der AG

648 Außerdem gilt gem. § 252 Abs. 2 Satz 1 auch § 65 Abs. 2 UmwG, sodass bei Vorhandensein von **mehreren Gattungen von Aktien** der Beschluss der Hauptversammlung zu seiner Wirksamkeit der Zustimmung der stimmberechtigten Aktionäre jeder Gattung bedarf. Diese haben über die Zustimmung einen Sonderbeschluss zu fassen (vgl. oben Teil 4 Rdn. 237), Vorzugsaktionäre grds. nicht (vgl. oben Teil 4 Rdn. 561).

b) Inhalt des Umwandlungsbeschlusses

649 Der Umwandlungsbeschluss ergibt sich zunächst aus der **allgemeinen Regelung** in § 194 UmwG. Allerdings ist auch § 253 Abs. 1 UmwG zu beachten, wonach auch die Satzung der Genossenschaft im Beschluss enthalten sein muss. Eine Unterzeichnung der Satzung durch die Genossen ist nicht erforderlich. Zu den einzelnen Punkten des Umwandlungsbeschlusses sind daher folgende Ergänzungen und Besonderheiten zu beachten (vgl. i. Ü. oben Teil 4 Rdn. 128 ff.).

aa) Neue Rechtsform

650 Beim Formwechsel der Kapitalgesellschaft in die Genossenschaft muss an dieser Stelle genannt werden, dass der Formwechsel in eine Genossenschaft erfolgen soll. Beim Formwechsel in eine eingetragene Genossenschaft sind ebenfalls im Grundsatz die Gründungsvorschriften des Genossenschaftsrechts anzuwenden, d.h. die §§ 1 bis 16 GenG:[956] Die Firma muss nach § 3 GenG den Zusatz »eingetragene Genossenschaft« oder »eG« haben. Die Mindestzahl der Gründer nach § 4 GenG ist nach 197 Abs. 1 Satz 2 UmwG nicht anzuwenden.[957] Die Satzung ist als Teil des Umwandlungsbeschlusses notariell zu beurkunden (vgl. Teil 4 Rdn. 192). Sie muss den Mindestinhalt nach § 6 und 7 GenG enthalten. Die Bestellung von erstem Vorstand und Aufsichtsrat erfolgt durch die künftigen Mitglieder der (Vor-)eG.[958]

bb) Zahl, Art und Umfang der Geschäftsanteile an der Genossenschaft

651 Auch für den Formwechsel einer Kapitalgesellschaft in eine Genossenschaft sind die Bestimmungen des § 194 Abs. 1 Nr. 4 UmwG am bedeutendsten (vgl. im Einzelnen Teil 4 Rdn. 131 ff.). Danach sind Zahl, Art und Umfang der Geschäftsanteile an der Genossenschaft, welche die Gesellschafter durch den Formwechsel erlangen sollen, im Umwandlungsbeschluss genau zu bezeichnen. Zu bestimmen ist also die **quantitative und qualitative Beteiligung der Gesellschafter** an der Genossenschaft.

---

955 Vgl. BeckOGK/Bloehs UmwG § 252 Rn. 23 ff.; Lutter/Göthel § 252 UmwG Rn. 10; Semler/Stengel/Bonow § 252 UmwG Rn. 11.
956 Vgl. Semler/Stengel/Bärwaldt UmwG § 197 Rn. 62 ff.
957 Vgl. Semler/Stengel/Bärwaldt UmwG § 197 Rn. 68 f.
958 Vgl. Semler/Stengel/Bärwaldt UmwG § 197 Rn. 65.

Vgl. zu diesen Fragen auch Teil 2 Rdn. 1194 ff.

(1) Umfang des Geschäftsguthabens

§ 256 Abs. 1 UmwG regelt die **Umwandlung der vermögensmäßigen Beteiligung** des Gesellschafters an der Kapitalgesellschaft in die Vermögensbeteiligung an der Genossenschaft. Danach ist jedem Mitglied als Geschäftsguthaben der Wert der Geschäftsanteile oder der Aktien gutzuschreiben, mit denen es an der formwechselnden Gesellschaft beteiligt war. Übersteigt das durch den Formwechsel erlangte Geschäftsguthaben eines Mitglieds den Gesamtbetrag der Geschäftsanteile, mit denen es bei der Genossenschaft beteiligt ist, so ist der übersteigende Betrag nach Ablauf von 6 Monaten seit dem Tage, an dem die Eintragung der Genossenschaft in das Register bekannt gemacht worden ist, an das Mitglied auszuzahlen. Die Auszahlung darf jedoch nicht erfolgen, bevor die Gläubiger, die sich nach § 204 i. V. m. § 22 UmwG gemeldet haben, befriedigt oder sichergestellt sind.[959] Die Genossenschaft hat ferner nach § 256 Abs. 3 UmwG jedem Mitglied unverzüglich nach der Bekanntmachung der Eintragung der Genossenschaft in das Register in Textform mitzuteilen:

652

1. den Betrag seines Geschäftsguthabens;

2. den Betrag und die Zahl der Geschäftsanteile, mit denen es bei der Genossenschaft beteiligt ist;

3. den Betrag der von dem Mitglied nach Anrechnung seines Geschäftsguthabens noch zu leistenden Einzahlung oder den Betrag, der nach Absatz 2 an das Mitglied auszuzahlen ist;

4. den Betrag der Haftsumme der Genossenschaft, sofern die Mitglieder Nachschüsse bis zu einer Haftsumme zu leisten haben.

Zum Verständnis der Vorschrift ist das **Verhältnis von Geschäftsanteil und Geschäftsguthaben** bei der Genossenschaft zu beachten (vgl. oben Teil 2 Rdn. 1201 ff.). Der Geschäftsanteil ist der Betrag, bis zu dem sich der einzelne Genosse mit Einlagen an der Genossenschaft beteiligen kann (§ 7 Nr. 1 GenG). Es handelt sich hierbei lediglich um eine in der Satzung festzulegende Beteiligungsgröße, die den Höchstbetrag dieser Einlage bezeichnet. Der Geschäftsanteil muss für alle Mitglieder gleich sein.[960] Der Geschäftsanteil ist bloß eine abstrakte Rechnungsgröße, die in der Bilanz der Genossenschaft nicht erscheint und über die tatsächliche finanzielle Beteiligung der Genossen nichts aussagt.[961]

653

Die tatsächliche finanzielle Beteiligung ergibt sich vielmehr aus dem sog. **Geschäftsguthaben**, das den Betrag darstellt, der tatsächlich auf den oder die Geschäftsanteile eingezahlt ist.[962] Es repräsentiert den Wert der Beteiligung an der Genossenschaft.[963] Nach § 7 Nr. 1 GenG muss daher die Satzung bestimmen, welche Einzahlungspflichten der Mitglieder in Bezug auf die Geschäftsanteile bestehen. Das Gesetz verlangt nur eine Mindestvoraussetzung, dass hinsichtlich eines Zehntels des Geschäftsanteils festgelegt wird, welcher Betrag zu welchem Zeitpunkt einzuzahlen ist. Die Einzahlungspflicht und damit auch das Geschäftsguthaben hängt daher von der tatsächlichen Einzahlung auf den Geschäftsanteil ab.

654

---

959 Vgl. Widmann/Mayer/Fronhöfer, § 256 UmwG Rn. 1.
960 Vgl. Pöhlmann/Fandrich/Bloehs/Fandrich GenG § 7 Rn. 2; Lang/Weidmüller/Schulte, GenG, § 7 Rn. 2 ff.; Widmann/Mayer/Fronhöfer, § 256 UmwG Rn. 2.3; BeckOGK/Bloehs UmwG § 256 Rn. 2 ff.
961 Vgl. Müller, GenG, § 7 Rn. 1.
962 Vgl. Widmann/Mayer/Fronhöfer, § 256 UmwG Rn. 2.2.
963 Vgl. Schulte, in: Lang/Weidenmüller, § 7 Rn. 5; Widmann/Mayer/Fronhöfer, Umwandlungsrecht, § 80 UmwG Rn. 8; Pöhlmann/Fandrich/Bloehs/Fandrich GenG § 7 Rn. 3; Scholderer, in: Semler/Stengel, UmwG, § 80 Rn. 14 ff.; Bonow, in: Semler/Stengel, UmwG, § 256 Rn. 4; Beuthien, AG 2002, 266 f.; BeckOGK/Bloehs UmwG § 256 Rn. 2 ff.

655 Das Verhältnis von Geschäftsguthaben und Geschäftsanteil wird daher durch § 256 Abs. 1 und Abs. 2 UmwG und § 253 Abs. 2 UmwG geregelt. Zunächst gilt, dass der Wert der Geschäftsanteile oder Aktien an der GmbH oder AG jedem Genossen als Geschäftsguthaben gutzuschreiben ist.[964] Es besteht daher hinsichtlich des Geschäftsguthabens beim Formwechsel **keine Gestaltungsfreiheit**. Vielmehr tritt mit der Eintragung des Formwechsels eine automatische Gutschreibung dieses Geschäftsguthabens ein. Übersteigt das durch den Formwechsel erlangte Geschäftsguthaben den Gesamtbetrag der Geschäftsanteile, mit dem der Genosse bei der Genossenschaft beteiligt ist, so ist dieser übersteigende Betrag gem. § 256 Abs. 2 UmwG auszuzahlen. Aus dieser Formulierung wird deutlich, dass nicht zwingend so viele Geschäftsanteile vorgesehen werden müssen, dass sie durch das Geschäftsguthaben gedeckt sind. Die dabei entstehende Frage ist, dass zunächst der Wert der bisherigen Beteiligung an der Ausgangsgesellschaft zu ermitteln ist. Nach herrschender Meinung ist dies der **innere Wert**, der auch Grundlage eines Abfindungsangebotes wäre.[965] Die Feststellung dieses Wertes erfolgt im Rahmen einer Unternehmensbewertung mit Aufdeckung stiller Reserven.[966]

(2) Regelung bzgl. der Geschäftsanteile an der Genossenschaft

656 § 253 Abs. 2 UmwG bestimmt nur, dass der Umwandlungsbeschluss die **Beteiligung jedes Genossen** mit einem Geschäftsanteil vorsehen muss. In dem Beschluss kann allerdings auch bestimmt werden, dass jeder Genosse bei der Genossenschaft mit mindestens einem und i. Ü. mit so vielen Geschäftsanteilen beteiligt wird, wie diese durch Anrechnung seines Geschäftsguthabens bei dieser Genossenschaft als voll eingezahlt anzusehen sind.

657 Es kann also gem. § 253 Abs. 2 Satz 2 UmwG zur Erhaltung der Kapitalgrundlage der formwechselnden Kapitalgesellschaft auch eine **gestaffelte Beteiligung** mit mehreren Geschäftsanteilen vorgesehen werden, die nach dem Grundsatz der Gleichbehandlung das Verhältnis berücksichtigen muss, in dem die Anteilsinhaber aber bisher an der formwechselnden Gesellschaft beteiligt waren. Der Bezug soll dadurch hergestellt werden, dass die Geschäftsguthaben der einzelnen Genossen auf der Grundlage ihrer bisherigen Beteiligung an der formwechselnden Gesellschaft zu berechnen sind.[967]

658 Die Gesellschafter können daher im Umwandlungsbeschluss bestimmen, ob eine **vollständige Wertangleichung von Geschäftsguthaben und Geschäftsanteil** erfolgt. In diesem Fall wird dann das Geschäftsguthaben, das dem bisherigen Anteil an der Kapitalgesellschaft entspricht, auf die einzelnen Geschäftsanteile verrechnet (§ 246 Abs. 1 i. V. m. § 253 Abs. 2 Satz 2 UmwG). Wird hingegen im Umwandlungsbeschluss bestimmt, dass eine Beteiligung nur mit einem Geschäftsanteil erfolgt und übersteigt in diesem Fall das durch den Formwechsel erlangte Geschäftsguthaben den Gesamtbetrag, so ist gem. § 256 Abs. 2 UmwG der Überschuss auszuzahlen: **bare Zuzah-**

---

964 Vgl. Widmann/Mayer/Fronhöfer, § 256 UmwG Rn. 3; Bonow, in: Semler/Stengel, UmwG, § 256 Rn. 5; BeckOGK/Bloehs UmwG § 256 Rn. 5 ff.; Lutter/Göthel § 256 UmwG Rn. 1, 8; Schmitt/Hörtnagl/Stratz/Stratz § 256 UmwG Rn. 1.
965 Vgl. Widmann/Mayer/Fronhöfer, § 256 UmwG Rn. 3; Lutter/Göthel, § 256 UmwG Rn. 2; Bonow, in: Semler/Stengel, § 256 UmwG Rn. 6; Stratz, in: Schmitt/Hörtnagl/Stratz, UmwG/UmwStG, § 256 UmwG Rn. 4; BeckOGK/Bloehs UmwG § 256 Rn. 8 f.
966 Widmann/Mayer/Fronhöfer, § 256 UmwG Rn. 3; Lutter/Göthel, § 256 UmwG Rn. 3; Bonow, in: Semler/Stengel, § 256 UmwG Rn. 7; Stratz, in: Schmitt/Hörtnagl/Stratz, UmwG/UmwStG, § 256 UmwG Rn. 4; BeckOGK/Bloehs UmwG § 256 Rn. 10.
967 Vgl. Begründung zum RegE, BR-Drucks. 75/94, S. 149 f.; abgedruckt in: Limmer, Umwandlungsrecht, S. 344 f.

lung.⁹⁶⁸ Die Auszahlung darf jedoch nicht vor Befriedigung oder Sicherstellung der Gläubiger erfolgen.

Insofern besteht daher im Umwandlungsbeschluss die **Gestaltungsfreiheit**, dass geregelt werden kann, ob eine vollständige Verrechnung stattfindet oder eine Auszahlung. 659

cc) Feststellung der Satzung des neuen Rechtsträgers

§ 253 Abs. 1 UmwG bestimmt, dass in dem Umwandlungsbeschluss auch die **Satzung der Genossenschaft enthalten** sein muss. Eine Unterzeichnung der Satzung ist nicht erforderlich. Mit dem Umwandlungsbeschluss wird also die Satzung der Genossenschaft festgestellt. 660

Bzgl. des Inhalts der Satzung gelten die allgemeinen Vorschriften der §§ 6 ff. GenG. Nach § 6 GenG muss die Satzung enthalten: 661
1. die Firma und den Sitz der Genossenschaft;
2. den Gegenstand des Unternehmens;
3. Bestimmungen darüber, ob die Mitglieder für den Fall, dass die Gläubiger im Insolvenzverfahren über das Vermögen der Genossenschaft nicht befriedigt werden, Nachschüsse zur Insolvenzmasse unbeschränkt, beschränkt auf eine bestimmte Summe (Haftsumme) oder überhaupt nicht zu leisten haben;
4. Bestimmungen über die Form für die Einberufung der Generalversammlung der Mitglieder sowie für die Beurkundung ihrer Beschlüsse und über den Vorsitz in der Versammlung; die Einberufung der Generalversammlung muss durch unmittelbare Benachrichtigung sämtlicher Mitglieder oder durch Bekanntmachung in einem öffentlichen Blatt erfolgen; das Gericht kann hiervon Ausnahmen zulassen; die Bekanntmachung im Bundesanzeiger genügt nicht;
5. Bestimmungen über die Form der Bekanntmachungen der Genossenschaft sowie Bestimmung der öffentlichen Blätter für Bekanntmachungen, deren Veröffentlichung in öffentlichen Blättern durch Gesetz oder Satzung vorgeschrieben ist.

Nach **§ 7 GenG** muss die Satzung ferner bestimmen: 662
1. den Betrag, bis zu welchem sich die einzelnen Mitglieder mit Einlagen beteiligen können (Geschäftsanteil), sowie die Einzahlungen auf den Geschäftsanteil, zu welchen jedes Mitglied verpflichtet ist; diese müssen bis zu einem Gesamtbetrage von mindestens einem Zehntel des Geschäftsanteils nach Betrag und Zeit bestimmt sein;
2. die Bildung einer gesetzlichen Rücklage, welche zur Deckung eines aus der Bilanz sich ergebenden Verlustes zu dienen hat, sowie die Art dieser Bildung, insb. den Teil des Jahresüberschusses, welcher in diese Rücklage einzustellen ist, und den Mindestbetrag der Letzteren, bis zu dessen Erreichung die Einstellung zu erfolgen hat.

Nach § 7a GenG kann die Satzung schließlich bestimmen, dass die Genossen mit mehr als einem Geschäftsanteil beteiligt sind bzw. sich mit mehreren zu beteiligen haben.

c) Bestellung der ersten Organe

Auch beim Formwechsel einer Kapitalgesellschaft in eine Genossenschaft bedarf es der **Bestellung der Organe der Genossenschaft**. 663

d) Vorbereitung und Durchführung der Gesellschafter- oder Hauptversammlung

§ 254 UmwG bestimmt, dass auf die Vorbereitung der Gesellschafterversammlung oder der Hauptversammlung, die den Formwechsel beschließen soll, die §§ 229 bis 231 UmwG entspre- 664

---

968 Vgl. dazu BeckOGK/Bloehs UmwG § 256 Rn. 21 ff.; Kölner KommUmwG/Schöpflin § 256 UmwG Rn. 8; Widmann/Mayer/Fronhöfer § 256 UmwG Rn. 6; HK-UmwG/Frenz § 26 UmwG Rn. 8; Lutter/Göthel § 256 UmwG Rn. 8.

chend anzuwenden sind, verweist also auf die Bestimmungen des Formwechsels der Kapitalgesellschaft in eine Personengesellschaft (vgl. dazu oben Teil 4 Rdn. 480 ff., 506 ff.) § 192 Abs. 2 UmwG bleibt unberührt. Die Geschäftsführer einer formwechselnden Gesellschaft mit beschränkter Haftung haben allen Gesellschaftern spätestens zusammen mit der Einberufung der Gesellschafterversammlung, die den Formwechsel beschließen soll, diesen Formwechsel als Gegenstand der Beschlussfassung in Textform anzukündigen und den Umwandlungsbericht zu übersenden. Der Umwandlungsbericht einer Aktiengesellschaft oder einer Kommanditgesellschaft auf Aktien ist von der Einberufung der Hauptversammlung an, die den Formwechsel beschließen soll, in dem Geschäftsraum der Gesellschaft zur Einsicht der Aktionäre auszulegen. Auf Verlangen ist jedem Aktionär und jedem von der Geschäftsführung ausgeschlossenen persönlich haftenden Gesellschafter unverzüglich und kostenlos eine Abschrift des Umwandlungsberichts zu erteilen. Der Umwandlungsbericht kann dem Aktionär und dem von der Geschäftsführung ausgeschlossenen persönlich haftenden Gesellschafter mit seiner Einwilligung auf dem Wege elektronischer Kommunikation übermittelt werden. Die Verpflichtungen nach den Sätzen 1 und 2 entfallen, wenn der Umwandlungsbericht für denselben Zeitraum über die Internetseite der Gesellschaft zugänglich ist.

Auf die Gesellschafterversammlung oder die Hauptversammlung, die den Formwechsel beschließen soll, ist § 239 Abs. 1 Satz 1 UmwG, auf die Hauptversammlung auch § 239 Abs. 1 Satz 2 und Abs. 2 UmwG entsprechend anzuwenden, d.h. in der Gesellschafterversammlung oder in der Hauptversammlung, die den Formwechsel beschließen soll, ist der Umwandlungsbericht auszulegen. In der Hauptversammlung kann der Umwandlungsbericht auch auf andere Weise zugänglich gemacht werden. Der Entwurf des Umwandlungsbeschlusses einer Aktiengesellschaft oder einer Kommanditgesellschaft auf Aktien ist von deren Vertretungsorgan zu Beginn der Verhandlung mündlich zu erläutern (vgl. oben Teil 4 Rdn. 103 ff.)

e) Handelsregisteranmeldung

665 Die **Grundnorm** für die Anmeldung des Formwechsels einer Kapitalgesellschaft in eine Genossenschaft bildet auch hier **§ 198 UmwG**. Die Vorschrift wird ergänzt durch § 254 UmwG. Danach ist der Inhalt der Anmeldung die neue Rechtsform des Rechtsträgers. Es liegt beim Formwechsel einer Kapitalgesellschaft allerdings ein Fall des § 198 Abs. 2 Satz 2 UmwG vor, d. h. durch den Formwechsel ändert sich die Art des für den Rechtsträger maßgebenden Registers: Handelsregister zum Genossenschaftsregister (vgl. dazu oben Teil 4 Rdn. 308). Es sind daher **zwei Anmeldungen** erforderlich: Der Rechtsträger neuer Rechtsform ist an das **Genossenschaftsregister** anzumelden (§ 198 Abs. 2 Satz 1 i. V. m. Satz 2 UmwG). Außerdem ist der Formwechsel in das Register anzumelden, in dem die formwechselnde Kapitalgesellschaft eingetragen ist, also in das **Handelsregister** (§ 198 Abs. 2 Satz 3 UmwG). Zugleich mit der Genossenschaft sind die Mitglieder ihres Vorstandes zur Eintragung in das Register anzumelden.

aa) Anmeldepflichtige Personen

666 § 254 Abs. 1 UmwG bestimmt, dass die Anmeldung der Genossenschaft und auch ihrer Satzung abweichend vom Gründungsrecht (vgl. § 11 Abs. 1 GenG) noch dem **Vertretungsorgan der formwechselnden Kapitalgesellschaft** obliegt. Diese Erleichterung des Verfahrens entspricht i. Ü. dem auch sonst für den Formwechsel einer Kapitalgesellschaft vorgesehenen Verfahren (vgl. § 235 Abs. 2, § 246 Abs. 1 UmwG). Das bedeutet, dass die Genossenschaft und auch ihre Satzung im Genossenschaftsregister als neue Rechtsform von dem Vorstand der AG bzw. den Geschäftsführern der GmbH jeweils in vertretungsberechtigter Zahl angemeldet werden muss.

bb) Anmeldung der Satzung

667 Gem. § 10 Abs. 1 GenG ist die Satzung **beim Genossenschaftsregister einzutragen**. Die Satzung der Genossenschaft ist nach dem Wortlaut des § 254 Abs. 1 UmwG nicht nur der Anmeldung beizufügen, sondern eine eintragungspflichtige und damit anmeldepflichtige Tatsache. § 254

Abs. 1 UmwG bestimmt, dass auch die Anmeldung der Satzung der Genossenschaft durch das Vertretungsorgan der formwechselnden Kapitalgesellschaft – also Vorstand bzw. Geschäftsführer – vorgenommen wird.[969] Die Satzung muss gem. § 253 Abs. 1 Satz 2 UmwG nicht durch die Genossen gesondert unterzeichnet sein.[970]

cc) Anmeldung der Vorstandsmitglieder

§ 10 Abs. 1 GenG bestimmt weiter, dass auch die Mitglieder des Vorstandes der Genossenschaft beim **Genossenschaftsregister** einzutragen sind. Auch hier bestimmt § 254 Abs. 2 UmwG, dass zugleich mit der Genossenschaft die Mitglieder des Vorstandes zur Eintragung in das Register anzumelden sind. Die Vorschrift stellt damit sicher, dass die Genossenschaft und die Mitglieder ihres Vertretungsorgans gleichzeitig zur Eintragung in das Genossenschaftsregister angemeldet werden, damit sofort Klarheit über die Vertretungsverhältnisse herrscht. Man wird die Vorschrift dahin gehend verstehen müssen, dass auch die Anmeldung der Mittel des Vorstandes noch durch das Vertretungsorgan der formwechselnden Kapitalgesellschaft vorzunehmen ist. Denn anderenfalls wäre die Erleichterung des § 254 Abs. 1 UmwG obsolet. Ferner ist die Vertretungsbefugnis des Vorstands anzumelden.[971]

668

dd) Beizufügende Unterlagen

Der Anmeldung sind folgende Unterlagen beizufügen:[972]

669

Nach § 199 UmwG sind folgende allgemeine Unterlagen beizufügen:
- Ausfertigung oder beglaubigte Abschrift der Niederschrift des Umwandlungsbeschlusses,
- Ausfertigung oder beglaubigte Abschrift von Zustimmungserklärungen einzelner Anteilsinhaber bzw. nicht erschienener Anteilsinhaber,
- Urschrift oder Abschrift des Umwandlungsberichts oder beglaubigte Abschrift oder Ausfertigung der Verzichtserklärungen bzgl Umwandlungsbericht,
- Nachweis über die Zuleitung nach § 194 Abs. 2 UmwG zum Betriebsrat,
- evtl. staatliche Genehmigungsurkunden.

Ferner sind folgende **rechtsformspezifischen Anlagen** erforderlich:

- Der Anmeldung zum Register ist nach § 11 Abs. 2 Satz 3 GenG die Bescheinigung eines Prüfungsverbandes, dass die Genossenschaft zum Beitritt zugelassen ist, sowie eine gutachtliche Äußerung des Prüfungsverbandes, ob nach den persönlichen oder wirtschaftlichen Verhältnissen, insbesondere der Vermögenslage der Genossenschaft, eine Gefährdung der Belange der Mitglieder oder der Gläubiger der Genossenschaft zu besorgen ist.[973]

- Eine Abschrift der Urkunden über die Bestellung des Vorstands und des Aufsichtsrats, wenn diese nicht bereits in der Niederschrift über den Umwandlungsbeschluss enthalten sind.[974]

---

969 Vgl. BeckOGK/Bloehs UmwG § 254 Rn. 12; Widmann/Mayer/Fronhöfer § 254 UmwG Rn. 4.1; Lutter/Göthel § 254 UmwG Rn. 6.
970 Abweichend von § 11 Abs. 2 Nr. 1 GenG; vgl. BeckOGK/Bloehs UmwG § 254 Rn. 13.
971 § 197 iVm § 11 Abs. 3 GenG; vgl. BeckOGK/Bloehs UmwG § 254 Rn. 17; Semler/Stengel/Bonow § 254 UmwG Rn. 24; Lutter/Göthel § 254 UmwG Rn. 7.
972 Vgl. Lutter/Göthel § 254 UmwG Rn. 13; Widmann/Mayer/Fronhöfer § 254 UmwG Rn. 10; BeckOGK/Bloehs UmwG § 254 Rn. 20 ff.; Semler/Stengel/Bonow § 254 UmwG Rn. 26 ff.
973 Vgl. zum Inhalt Pöhlmann/Fandrich/Bloehs/Fandrich GenG § 11 Rn. 6 f.; BeckOGK/Bloehs UmwG § 254 Rn. 25 ff.; Semler/Stengel/Bonow UmwG § 254 Rn. 26; dazu oben Teil 2 Rdn. 1242.
974 § 197 UmwG iVm § 11 Abs. 2 Nr. 2 GenG; vgl. Kölner KommUmwG/Schöpflin § 254 UmwG Rn. 7.

IV. Muster

1. Formwechsel GmbH in GmbH & Co. KG

a) Umwandlungsbeschluss

▶ Muster: Umwandlungsbeschluss bei Formwechsel GmbH in GmbH & Co. KG

670

Niederschrift über eine Gesellschafterversammlung

Umwandlung einer GmbH in eine GmbH & Co. KG

Heute, den......, erschienen vor mir, dem unterzeichnenden Notar...... mit Amtssitz in......, an der Amtsstelle in......

1. Herr A, Kaufmann, wohnhaft in......,

2. Herr B, Kaufmann, wohnhaft in......,

3. Herr C, Kaufmann, wohnhaft in......

Alle Beteiligten sind mir,......, Notar, persönlich bekannt.

Herr A handelt im eigenen Namen und zugleich als alleinvertretungsberechtigter Geschäftsführer der Verwaltungsgesellschaft A. Italien-Fliesen GmbH.

Hierzu bescheinige ich, Notar, aufgrund der Einsicht in das Handelsregister vom......, dass dort unter HRB...... die Firma Verwaltungsgesellschaft A. Italien-Fliesen GmbH eingetragen ist und Herr A alleinvertretungsberechtigt und den von Beschränkungen des § 181 BGB befreiter Geschäftsführer ist.

Die Erschienenen baten um Beurkundung der folgenden Umwandlung einer GmbH in eine GmbH & Co. KG und erklärten:

A. Rechtslage

(*Anm.*: Die Komplementär-GmbH wurde vor dem Formwechsel neu gegründet und erhielt vom Gesellschafter C einen Minianteil an der formwechselnden GmbH i. H. v. 500,00 €. Eine andere Lösung schlägt K. Schmidt vor: Formwechsel mit gleichzeitigem Beitritt der Komplementär-GmbH [vgl. ZIP 1995, 693 ff.]. Diese Lösung ist m. E. jetzt nach BGH-Urt. v. 09.05.2005 [DNotZ 2005, 864 = ZNotP 2005, 392; vgl. dazu Teil 4 Rdn. 21 f.] zulässig. Das Vermögen der formwechselnden GmbH enthielt 50.000,00 € Buchwerte und noch einmal 50.000,00 € stille Reserven. Diese wurden i. R. d. Formwechsels aufgedeckt.)

Die Erschienenen und die Verwaltungsgesellschaft A. Italien-Fliesen GmbH sind Gesellschafter der A. Italien-Fliesen GmbH, eingetragen im Handelsregister des Amtsgerichts X unter HRB Nr....... Die Firma betreibt den Handel, Import und Export mit Fliesen aus Italien.

Das Stammkapital beträgt 50.000,00 €.

Das Stammkapital verteilt sich unter den Gesellschaftern wie folgt:
– Herr A: Geschäftsanteil Nr. 1 i. H. v. 20.000,00 €,
– Herr B: Geschäftsanteil Nr. 2 i. H. v. 20.000,00 €,
– Herr C: Geschäftsanteil Nr. 5 i. H. v. 9.900,00 €.

Verwaltungsgesellschaft A. Italien-Fliesen GmbH: Geschäftsanteil Nr. 4 i. H. v. 100,00 € (*Anm.*: entfällt, wenn der Beitritt im Formwechsel erklärt wird).

Die Beteiligten erklären, dass die Geschäftsanteile in voller Höhe eingezahlt sind.

Die Gesellschaft hat keinen Grundbesitz. Die Gesellschafter erklären, dass dem Betriebsrat der Gesellschaft der Entwurf des Umwandlungsbeschlusses fristgemäß zugeleitet wurde.

B. Beschluss über die Umwandlung

Die Erschienenen erklären sodann: Wir sind die alleinigen Gesellschafter der A. Italien-Fliesen GmbH mit Sitz in X-Stadt. Unter Verzicht auf alle durch Gesetz oder Gesellschaftsvertrag vorgeschriebenen Formen und Fristen halten wir hiermit eine Gesellschaftervollversammlung der GmbH ab und beschließen einstimmig folgenden

Umwandlungsbeschluss:

1. Die A. Italien-Fliesen GmbH wird durch Formwechsel in eine Kommanditgesellschaft umgewandelt.

2. Die Firma der KG lautet: A. Italien-Fliesen GmbH & Co. KG.

Sitz der GmbH ist X-Stadt.

3. Komplementärin ist die Verwaltungsgesellschaft A. Italien-Fliesen GmbH.

(*Formulierungsalternative*: »Diese tritt hiermit mit Eintragung des Formwechsels im Handelsregister der GmbH & Co. KG bei.«)

4. Kommanditisten sind mit folgenden Hafteinlagen beteiligt:
– Herr A: Hafteinlage 20.000,00 €,
– Herr B: Hafteinlage 20.000,00 €,
– Herr C: Hafteinlage 9.500,00 €.

5. Die Gesellschafter erhalten folgende Kapitalkonten:

Die Komplementärin:Ist nicht am Vermögen beteiligt; sie erhält keinen Kapitalanteil,
– Herr A: 40.000,00 €,
– Herr B: 40.000,00 €,
– Herr C: 20.000,00 €.

Die Gewinnverteilung nach dem in der Anlage beigefügten Gesellschaftsvertrag entspricht dem Verhältnis der Kapitalkonten I.

6. Die Beteiligten stellen für die Kommanditgesellschaft den Gesellschaftsvertrag fest, der dieser Urkunde als Anlage beigefügt ist; er ist Bestandteil dieser Urkunde und wurde mit verlesen. Auf die Anlage wird verwiesen.

7. Besondere Rechte werden i. S. v. § 194 Abs. 1 Nr. 5 UmwG einzelnen Gesellschaftern oder Dritten nicht eingeräumt.

8. Die KG übernimmt die Arbeitnehmer der GmbH; die Arbeitsverhältnisse bleiben unverändert bestehen (§ 613a BGB). Weitere Maßnahmen sind daher für die Arbeitnehmer nicht vorgesehen. Auswirkungen mitbestimmungsrechtlicher oder tarifvertraglicher Art ergeben sich für die Arbeitnehmer nicht.

Weitere Beschlüsse werden nicht getroffen.

C. Zustimmungs- und Verzichtserklärungen

1. Herr A erklärt seine Zustimmung zu diesem Beschluss gem. § 233 Abs. 2 i. V. m. § 50 Abs. 2 UmwG. Ihm war in der GmbH ein Sonderrecht auf Geschäftsführung eingeräumt.

2. Alle Gesellschafter verzichten auf ein Abfindungsangebot gem. § 207 UmwG.

3. Alle Gesellschafter verzichten auf eine Erstattung eines Umwandlungsberichts und auf die Anfechtung des Beschlusses ausdrücklich.

4. Die nach § 233 Abs. 2 Satz 2 UmwG erforderliche Zustimmungserklärung der Verwaltungsgesellschaft A. Italien-Fliesen-GmbH als persönlich haftende Gesellschafterin wird mit dem Umwandlungsbeschluss erteilt.

D. Schlussbestimmungen

Von dieser Urkunde erhalten

Ausfertigungen:
– die Beteiligten nach Vollzug;
Beglaubigte Abschriften:
– die Beteiligten,
– das Registergericht und
– das Finanzamt.

Die Kosten der Urkunde trägt die Gesellschaft, ebenso anfallende Verkehrsteuern.

Samt Anlagen vorgelesen vom Notar, von den Erschienenen und vom Notar eigenhändig unterschrieben.

.....

Anlage: Gesellschaftsvertrag

b) Handelsregisteranmeldung

▶ Muster: Handelsregisteranmeldung bei Umwandlung GmbH in GmbH & Co. KG

671

An das

Amtsgericht X-Stadt

– Handelsregister –

HRB......

A. Italien-Fliesen GmbH

Zur Eintragung in das Handelsregister wird angemeldet:

1. Die A. Italien-Fliesen GmbH wurde aufgrund Umwandlungsbeschlusses vom......, UR.Nr....... in die Rechtsform einer Kommanditgesellschaft in Firma A. Italien-Fliesen GmbH & Co. KG umgewandelt. Diese wird hiermit angemeldet.

2. Die Kommanditgesellschaft hat ihren Sitz in X-Stadt.

3. Persönlich haftende Gesellschafterin ist die Verwaltungsgesellschaft A. Italien-Fliesen GmbH in X-Stadt (HRB......).

4. Kommanditisten sind folgende Personen (jeweils mit Name, Vorname, Geburtsdatum, Wohnort) mit folgenden Hafteinlagen:
- Herr A: Hafteinlage 20.000,00 €,
- Herr B: Hafteinlage 20.000,00 €,
- Herr C: Hafteinlage 10.000,00 €.

5. Das Geschäftslokal und die inländische Geschäftsanschrift der Kommanditgesellschaft befinden sich in......

6. Die Kommanditgesellschaft hat den Handel, Import und Export mit Fliesen aus Italien zum Gegenstand.

7. Abstrakte Vertretungsbefugnis

Jeder persönlich haftende Gesellschafter (Komplementär) ist einzeln zur Vertretung der Gesellschaft berechtigt; die Kommanditisten sind von der Vertretung ausgeschlossen.

8. Konkrete Vertretungsbefugnis

Die derzeit einzige persönlich haftende Gesellschafterin, die

..... -GmbH

mit dem Sitz in......

ist stets allein zur Vertretung der Gesellschaft berechtigt. Die Geschäftsführer der persönlich haftenden Gesellschafterin sind für Rechtsgeschäfte zwischen der persönlich haftenden Gesellschafterin und der Gesellschaft von den Beschränkungen des § 181 BGB befreit. Die inländische Geschäftsanschrift ist...

Zu dieser Anmeldung überreichen wir folgende Anlagen:
- elektronische beglaubigte Abschrift des Umwandlungsbeschlusses zur Urkunde des Notars......, in......, UR.Nr....... samt Verzichtserklärungen und Zustimmungserklärung;
- elektronische beglaubigte Abschrift des Nachweises über die Zuleitung des Umwandlungsbeschlusses zum Betriebsratsvorsitzenden.

Weiter erklären wir, dass Klagen gegen den Umwandlungsbeschluss nicht erhoben sind und im Umwandlungsbeschluss die Gesellschafter auf eine Anfechtung verzichtet haben.

B. Formwechsel von Kapitalgesellschaften   Teil 4 Kapitel 2

.....

(Unterschrift des Geschäftsführers der A. Italien-Fliesen GmbH, des Herrn A)

(Beglaubigungsvermerk)

2. Formwechsel GmbH in OHG

a) Umwandlungsbeschluss

▶ Muster: Umwandlungsbeschluss bei Formwechsel GmbH in OHG

Niederschrift über eine Gesellschafterversammlung   672

Umwandlung einer GmbH in eine OHG

Heute, den......, erschienen vor mir, dem unterzeichnenden Notar...... mit Amtssitz in......, an der Amtsstelle in......

1. Herr A, Kaufmann, wohnhaft in......,

2. Herr B, Kaufmann, wohnhaft in......,

3. Herr C, Kaufmann, wohnhaft in......

Alle Beteiligten sind mir,......, Notar, persönlich bekannt.

Die Erschienenen baten um Beurkundung der folgenden Umwandlung einer GmbH in eine OHG und erklärten:

A. Rechtslage

Die Erschienenen sind Gesellschafter der A. Italien-Fliesen GmbH, eingetragen im Handelsregister des Amtsgerichts X unter HRB Nr....... Die Firma betreibt den Handel, Import und Export mit Fliesen aus Italien.

Das Stammkapital beträgt 50.000,00 €.

Das Stammkapital verteilt sich unter den Gesellschaftern wie folgt:
– Herr A: Geschäftsanteil Nr. 1 i. H. v. 20.000,00 €,
– Herr B: Geschäftsanteil Nr. 2 i. H. v. 20.000,00 €,
– Herr C: Geschäftsanteil Nr. 3 i. H. v. 10.000,00 €.

Die Beteiligten erklären, dass die Einlagen in voller Höhe eingezahlt sind.

Die Gesellschaft hat keinen Grundbesitz. Die Gesellschafter erklären, dass dem Betriebsrat der Gesellschaft der Entwurf des Umwandlungsbeschlusses fristgemäß zugeleitet wurde.

B. Beschluss über die Umwandlung

Die Erschienenen erklären sodann: Wir sind die alleinigen Gesellschafter der A. Italien-Fliesen GmbH mit Sitz in X-Stadt. Unter Verzicht auf alle durch Gesetz oder Gesellschaftervertrag vorgeschriebenen Formen und Fristen halten wir hiermit eine Gesellschaftervollversammlung der GmbH ab und beschließen einstimmig folgenden

Umwandlungsbeschluss:

1. Die A. Italien-Fliesen GmbH wird durch Formwechsel in eine offene Handelsgesellschaft umgewandelt.

2. Die Firma der KG lautet: A. Italien-Fliesen OHG

Sitz der GmbH ist X-Stadt.

3. Das Gesellschaftskapital beträgt 100.000,00 €.

Gesellschafter sind:
– Herr A mit einer Einlage von 40.000,00 €,
– Herr B mit einer Einlage von 40.000,00 €,
– Herr C mit einer Einlage von 20.000,00 €.

Die Einlagen werden durch das Vermögen der umgewandelten GmbH erbracht.

Die Gesellschafter erhalten folgende Kapitalkonten I:
- Herr A: 40.000,00 €,
- Herr B: 40.000,00 €,
- Herr C: 20.000,00 €.

Die Gewinnverteilung nach dem in der Anlage beigefügten Gesellschaftsvertrag entspricht dem Verhältnis der Kapitalkonten I.

4. Die Beteiligten stellen für die OHG den Gesellschaftsvertrag fest, der dieser Urkunde als Anlage beigefügt ist, der mit verlesen wurde und auf den verwiesen wird. Er ist Bestandteil dieser Urkunde. Auf die Anlage wird verwiesen.

5. Besondere Rechte werden einzelnen Gesellschaftern oder Dritten nicht eingeräumt.

6. Die OHG übernimmt die Arbeitnehmer der GmbH, weitere Maßnahmen sind daher für die Arbeitnehmer nicht vorgesehen. Auswirkungen mitbestimmungsrechtlicher oder tarifvertraglicher Art ergeben sich für die Arbeitnehmer nicht.

Weitere Beschlüsse werden nicht getroffen.

C. Zustimmungs- und Verzichtserklärungen

1. Herr A erklärt seine Zustimmung zu diesem Beschluss gem. § 233 Abs. 2 i. V. m. § 50 Abs. 2 UmwG. Ihm war in der GmbH ein Sonderrecht auf Geschäftsführung eingeräumt.

2. Alle Gesellschafter verzichten auf ein Abfindungsangebot gem. § 207 UmwG.

3. Alle Gesellschafter verzichten auf eine Erstattung eines Umwandlungsberichts und auf die Anfechtung des Beschlusses ausdrücklich.

D. Schlussbestimmungen

Von dieser Urkunde erhalten

Ausfertigungen:
- die Beteiligten nach Vollzug;

Beglaubigte Abschriften:
- die Beteiligten,
- das Registergericht und
- das Finanzamt.

Die Kosten der Urkunde trägt die Gesellschaft, ebenso anfallende Verkehrsteuern.

Samt Anlagen vorgelesen vom Notar, von den Erschienenen und vom Notar eigenhändig unterschrieben.

.....

Anlage: Gesellschaftsvertrag

b) Handelsregisteranmeldung

▶ Muster: Handelsregisteranmeldung bei Umwandlung GmbH in OHG

An das

Amtsgericht X-Stadt

– Handelsregister –

HRB......

A. Italien-Fliesen GmbH

Zur Eintragung in das Handelsregister wird angemeldet:

1. Die A. Italien-Fliesen GmbH wurde aufgrund Umwandlungsbeschlusses vom......, UR.Nr....... in die Rechtsform einer offenen Handelsgesellschaft in Firma A. Italien-Fliesen OHG umgewandelt. Diese wird hiermit angemelde.

2. Die OHG hat ihren Sitz in X-Stadt.

3. Gesellschafter sind (jeweils Name, Vorname, Geburtsdatum, Wohnort).

4. Die Geschäftsräume befinden sich in (PLZ, Ort, Straße); dies ist auch die inländische Geschäftsanschrift i. S. v. § 106 Abs. 2 Nr. 2 HGB.

5. Abstrakte Vertretungsbefugnis

Jeder persönlich haftende Gesellschafter ist einzeln zur Vertretung der Gesellschaft berechtigt. Einem Gesellschafter kann durch Beschluss der Gesellschafter Befreiung von den Beschränkungen des § 181 BGB erteilt werden

6. Konkrete Vertretungsbefugnis

Herr A und Herr B sind einzeln zur Vertretung der Gesellschaft berechtigt. Jeder ist befugt, die Gesellschaft bei Vornahme eines Rechtsgeschäfts mit sich selbst oder einem Vertreter eines Dritten uneingeschränkt zu vertreten (Befreiung von den Beschränkungen des § 181 BGB).

7. Die OHG hat den Handel, Import und Export mit Fliesen aus Italien zum Gegenstand.

Zu dieser Anmeldung überreichen wir folgende Anlagen:
- elektronische beglaubigte Abschrift des Umwandlungsbeschlusses zur Urkunde des Notars......, in......, UR.Nr.......;
- elektronische beglaubigte Abschrift des Nachweises über die Zuleitung des Umwandlungsbeschlusses zum Betriebsratsvorsitzenden.

Weiter erklären wir, dass Klagen gegen den Umwandlungsbeschluss nicht erhoben sind und im Umwandlungsbeschluss die Gesellschafter auf eine Anfechtung verzichtet haben.

.....

(Unterschriften)

(Beglaubigungsvermerk)

3. Formwechsel GmbH in AG

a) Umwandlungsbeschluss

▶ Muster: Umwandlungsbeschluss bei Formwechsel GmbH in AG

Niederschrift über eine Gesellschafterversammlung 674

Heute, den......, erschienen vor mir, dem unterzeichnenden Notar......, mit Amtssitz in......, an der Amtsstelle in......

1. Herr A, Kaufmann, wohnhaft in......,

2. Herr B, Kaufmann, wohnhaft in......,

3. Herr C, Kaufmann, wohnhaft in......

Alle Beteiligten sind mir,......, Notar, persönlich bekannt.

Die Erschienenen baten um Beurkundung der folgenden Umwandlung durch Formwechsel einer GmbH in eine AG und erklärten:

A. Rechtslage

Die Erschienenen sind Gesellschafter der A. Baumwolle GmbH, eingetragen im Handelsregister des Amtsgerichts X-Stadt und HRB Nr....... Die Firma betreibt den Betrieb von Spinnereien, die Bearbeitung von textilen Rohstoffen und den Handel mit denselben.

Die GmbH hat ein Stammkapital i. H. v. 100.000,00 €.

Die Geschäftsanteile der Gesellschafter verteilen sich wie folgt:
- Herr A: 40.000,00 € (Anteil Nr. 1),
- Herr B: 40.000,00 € (Anteil Nr. 2),
- Herr C: 20.000,00 €(Anteil Nr. 3).

Die Gesellschafter stellen weiter fest, dass das Vermögen der A. Baumwolle GmbH nach der letzten Schlussbilanz vom 31.12....., die dieser Urkunde als Anlage 1 beigefügt ist, 100.000,00 € beträgt.

Die Gesellschaft hat folgenden Grundbesitz: Grundstück Bahnhofstraße 25, Flurstücknr. 256, eingetragen im Grundbuch des Amtsgerichts X-Stadt unter Band...... und Blatt......

Die Gesellschafter erklären, dass dem Betriebsrat der Gesellschaft der Entwurf des Umwandlungsbeschlusses rechtzeitig zugeleitet wurde.

B. Umwandlungsbeschluss und weitere Beschlüsse

Die Erschienenen erklären sodann: Wir sind die alleinigen Gesellschafter der A. Baumwolle GmbH mit Sitz in X-Stadt. Unter Verzicht auf alle durch Gesetz oder Gesellschaftsvertrag vorgeschriebenen Formen und Fristen halten wir hiermit eine Gesellschaftervollversammlung der A-GmbH ab und beschließen einstimmig Folgendes:

1. Die A. Baumwolle GmbH wird durch Formwechsel in eine AG umgewandelt.

2. Die Firma der AG lautet: A. Baumwolle AG. Sie hat ihren Sitz in......

3. Die A. Baumwolle AG erhält ein Grundkapital i. H. v. 100.000,00 €.

4. Das Grundkapital ist eingeteilt in 2000 Stückaktien. Die Aktien lauten auf den Namen.

5. Am Grundkapital der Gesellschaft werden die Gesellschafter wie folgt beteiligt:
   - Herr A: 800 Stückaktien,
   - Herr B: 800 Stückaktien,
   - Herr C: 400 Stückaktien.

6. Die Beteiligten stellen für die A. Baumwolle AG die Satzung gem. Anlage 2 zu dieser Urkunde fest. Die Satzung wurde mit verlesen und von den Beteiligten genehmigt. Sie ist Bestandteil dieser Urkunde. Auf diese wird verwiesen. Besondere Rechte, wie Vorzugsaktien, Mehrstimmrechtsaktien, Schuldverschreibungen und Genussrechte oder dergleichen werden nicht gewährt.

7. Die AG übernimmt die Arbeitnehmer der GmbH; die Arbeitsverhältnisse werden unverändert fortgesetzt (§ 613a BGB). Weitere Maßnahmen sind für die Arbeitnehmer daher nicht vorgesehen. Auswirkungen mitbestimmungsrechtlicher oder tarifvertraglicher Art ergeben sich nicht. Dem Aufsichtsrat der künftigen AG werden Arbeitnehmervertreter nicht angehören, da die Gesellschaft lediglich 200 Arbeitnehmer beschäftigt.

8. In den Aufsichtsrat der AG werden gewählt:
   - Herr X, Bankier in X-Stadt,
   - Herr Y, Kaufmann in A-Stadt,
   - Herr Z, Kaufmann in X-Stadt.

Die Bestellung erfolgt für die Zeit bis zur Beendigung der Hauptversammlung, die über die Entlastung des Aufsichtsrates für das vierte Geschäftsjahr nach Beginn der Amtszeit beschließt.

9. Zum Abschlussprüfer für das am...... endende erste Rumpfgeschäftsjahr wird bestellt die Mayer & Müller Wirtschaftsprüfungsgesellschaft in X-Stadt.

10. Es wird festgestellt, dass für den Formwechsel folgende namentlich bezeichnete Personen gestimmt haben (§§ 244 Abs. 1, 245 Abs. 1 UmwG)......

C. Zustimmungs- und Verzichtserklärung

1. Herr A erklärt seine Zustimmung zu diesem Umwandlungsbeschluss gem. § 241 Abs. 2 i. V. m. § 50 Abs. 2 UmwG, da ihm in der GmbH das Sonderrecht auf Geschäftsführung eingeräumt war. Weitere Zustimmungen sind nicht erforderlich.

2. Alle Beteiligten verzichten einvernehmlich auf ein Abfindungsangebot nach § 207 UmwG.

3. Alle Gesellschafter verzichten auf Erstattung eines Umwandlungsberichts und auf die Anfechtung dieses Beschlusses ausdrücklich.

D. Schlussbestimmungen

Von dieser Urkunde erhalten

Ausfertigungen:
– die Beteiligten nach Vollzug;
Beglaubigte Abschriften:
– das Registergericht und
– das Finanzamt.

Die Kosten dieser Urkunde und etwaige Verkehrsteuer trägt die Gesellschaft.

Samt Anlagen vorgelesen vom Notar, von den Erschienenen genehmigt und vom Notar und von den Erschienenen eigenhändig unterschrieben.

……

Anlage: Auszug aus der Satzung der AG

1. Das Grundkapital der Gesellschaft beträgt 100.000,00 €.

2. Das Grundkapital der Gesellschaft ist eingeteilt in 2000 Stückaktien. Die Aktien lauten auf den Namen.

3. Die Form der Aktienurkunden setzt der Vorstand mit Zustimmung des Aufsichtsrats fest. Die Gesellschaft kann einzelne Aktien in Aktienurkunden zusammenfassen, die eine Mehrzahl von Aktien verbriefen.

4. Das Grundkapital wird durch Formwechsel des Vermögens der A. Baumwolle GmbH mit allen Aktiva und Passiva erbracht.

b) Handelsregisteranmeldung

▶ Muster: Handelsregisteranmeldung: Umwandlung GmbH in AG

An das

675

Amtsgericht X-Stadt

– Handelsregister –

HRB……

A. Baumwolle GmbH

Zur Eintragung in das Handelsregister melden wir an:

1. Die durch Formwechsel der A. Baumwolle GmbH aufgrund des Umwandlungsbeschlusses vom…… UR.Nr.……. umgewandelte A. Baumwolle AG. Der AG liegt die beigefügte Satzung zugrunde. Gründer der Gesellschaft sind alle Gesellschafter der GmbH, d. h. Herr A, Herr B, Herr C (Name und Wohnort).

2. Zu Mitgliedern des Vorstandes wurden bestellt:
– Herr A, Kaufmann in X-Stadt,
– Herr B, Kaufmann in X-Stadt.

Zu Mitgliedern des ersten Aufsichtsrats wurden bestellt:
– Herr X, Bankier in X-Stadt,
– Herr Y, Kaufmann in J-Stadt,
– Herr Z, Kaufmann in X-Stadt.

3. Die beiden Vorstandsmitglieder, Herr A und Herr B, sind berechtigt, die Gesellschaft stets einzeln zu vertreten.

4. Abstrakte Vertretungsbefugnis:

Die Gesellschaft wird durch zwei Mitglieder des Vorstandes oder durch ein Mitglied des Vorstandes zusammen mit einem Prokuristen vertreten. Besteht der Vorstand nur aus einer Person, vertritt dieser allein. Der Aufsichtsrat kann einzelnen Mitgliedern des Vorstandes die Befugnisse zur Alleinvertretung erteilen.

5. Die Vorstandsmitglieder versichern, dass keine Umstände vorliegen, die ihrer Bestellung nach § 76 Abs. 3 Satz 2 und 3 AktG entgegenstehen.

Jedes Vorstandsmitglied versichert insbesondere,

– dass es nicht wegen einer oder mehrerer vorsätzlicher Straftaten
  a) des Unterlassens der Stellung des Antrags auf Eröffnung des Insolvenzverfahrens (Insolvenzverschleppung),
  b) nach §§ 283 bis 283d StGB (Insolvenzstraftaten),
  c) der falschen Angaben nach § 82 GmbHG oder § 399 AktG,
  d) der unrichtigen Darstellung nach § 400 AktG, § 331 HGB, § 313 UmwG oder § 17 PublizitätsG,
  e) nach den §§ 263 StGB (Betrug), § 263a StGB (Computerbetrug), § 264 StGB (Kapitalanlagebetrug) § 264a (Subventionsbetrug) oder den §§ 265b StGB (Kreditbetrug), § 265c (Sportwettbetrug), § 265d (Manipulation von berufssportlichen Wettbewerben), §265e (Besonders schwere Fälle des Sportwettbetrugs und der Manipulation von berufssportlichen Wettbewerben), § 266 StGB (Untreue) bis § 266a StGB (Vorenthalten und Veruntreuen von Arbeitsentgelt – Nichtabführung von Sozialversicherungsbeiträgen) zu einer Freiheitsstrafe von mindestens einem Jahr

verurteilt worden ist, und
– dass ihm weder durch gerichtliches Urteil noch durch die vollziehbare Entscheidung einer Verwaltungsbehörde die Ausübung eines Berufes, eines Berufszweiges, eines Gewerbes oder eines Gewerbezweiges ganz oder teilweise untersagt wurde, und
– auch keine vergleichbaren strafrechtlichen Entscheidungen ausländischer Behörden oder Gerichte gegen ihn vorliegen, und
– dass er über die uneingeschränkte Auskunftspflicht ggü. dem Gericht durch den Notar belehrt wurde.

6. Die Geschäftsräume und die inländische Geschäftsanschrift der Gesellschaft befinden sich in……

7. Das Grundkapital der Gesellschaft beträgt 100.000,00 € und ist eingeteilt in 2000 Stückaktien, die auf den Inhaber lauten.

Zu dieser Anmeldung überreichen wir folgende Anlagen:
– elektronische beglaubigte Abschrift des des Umwandlungsbeschlusses samt Satzung und Aufsichtsratsbestellung zur Urkunde des Notars……, in……, UR.Nr.……,
– elektronische beglaubigte Abschrift des Nachweises über die Zuleitung des Umwandlungsbeschlusses zum Betriebsratsvorsitzenden,
– elektronische beglaubigte Abschrift der Ausfertigung des Beschlusses des Aufsichtsrates über die Bestellung der Mitglieder des Vorstandes,
– elektronische beglaubigte Abschrift des Gründungsberichtes der Gründer,
– elektronische beglaubigte Abschrift des Prüfungsberichtes der Mitglieder des Vorstandes und des Aufsichtsrates,
– elektronische beglaubigte Abschrift des Prüfungsberichtes des Gründungsprüfers,
– elektronische beglaubigte Abschrift der Berechnung des Gründungsaufwandes.

Auf den Umwandlungsbericht wurde verzichtet.

Weiter erklären wir, dass Klagen gegen den Umwandlungsbeschluss nicht erhoben sind und im Umwandlungsbeschluss die Gesellschafter auf eine Anfechtung verzichtet haben.

…..

(Unterschrift der GmbH-Geschäftsführer in vertretungsberechtigter Zahl)

(Beglaubigungsvermerk)

4. Formwechsel AG in GmbH

a) Umwandlungsbeschluss

▶ Muster: Umwandlungsbeschluss bei Formwechsel AG in GmbH

Hauptversammlungsniederschrift 676

Heute, den...... begab ich mich, der unterzeichnende Notar...... mit Amtssitz in...... auf Ansuchen in das Verwaltungsgebäude der Firma A-AG mit Sitz in X-Stadt, um an der dorthin auf heute 16.00 Uhr einberufenen

Ordentlichen Hauptversammlung

der Aktionäre der Firma A-AG teilzunehmen und über den Gang der Verhandlung sowie über die gefassten Beschlüsse die gesetzlich vorgeschriebene

Niederschrift

zu errichten, wie folgt:

I. Anwesenheit:
1. Vom Aufsichtsrat der Gesellschaft:
a) Herr W, Kaufmann, wohnhaft in...... (Vorsitzender),
b) Herr Z, Kaufmann, wohnhaft in......,
c) Herr Y, Unternehmer, wohnhaft in......
2. Vom Vorstand der Gesellschaft:
a) Herr A, Dipl.-Ing., wohnhaft in...... (Vorsitzender),
b) Herr B, Kaufmann, wohnhaft in......
3. Die in dem von der AG erstellten Teilnehmerverzeichnis nebst Nachträgen aufgeführten Aktionäre und Vertreter. Sie haben ihre Berechtigung zur Teilnahme an der Hauptversammlung und zur Ausübung des Stimmrechts i. S. d. Satzung und Einladung ordnungsgemäß nachgewiesen.

II. Ablauf der Hauptversammlung

Den Vorsitz der Versammlung führte der Vorsitzende des Aufsichtsrates. Er eröffnet die Versammlung um 15.00 Uhr. Er stellte fest, dass die Hauptversammlung form- und fristgemäß durch Bekanntmachung im elektronischen Bundesanzeiger Nr....... vom...... einberufen worden ist. Ein Ausdruck wurde mir, dem Notar, übergeben. Er ist dieser Niederschrift als Anlage 2 beigefügt. Die Bekanntmachung enthält folgende Tagesordnung:

1. Erläuterung des Entwurfs des Umwandlungsbeschlusses und des Umwandlungsberichts durch den Vorstand,

2. Beschluss über die Umwandlung der A-AG in die A-GmbH,

3. Beschluss über die Bestellung der Geschäftsführer der B-GmbH.

Anschließend legte der Vorsitzende das Verzeichnis der erschienenen oder vertretenen Aktionäre zur Einsichtnahme aus, nachdem er erklärt hatte, dass sämtliche in dem Verzeichnis aufgeführten Aktionäre ihre Berechtigung zur Teilnahme an der Hauptversammlung ordnungsgemäß nachgewiesen haben. Das Teilnehmerverzeichnis wurde von der ersten Abstimmung für die gesamte Dauer der Hauptversammlung zur Einsicht für alle Teilnehmer ausgelegt. Bei Änderung in der Präsenz fertigte der Vorsitzende vor jeder Abstimmung Nachträge, die ebenfalls für die restliche Dauer ausgelegt wurden. Er stellte die Präsenz vor jeder Abstimmung fest und gab diese bekannt. Der Vorsitzende erklärte, dass die Abstimmung durch Handaufheben stattfinden werde, soweit nicht eine andere Abstimmungsart für eine Abstimmung angeordnet werde.

Der Vorsitzende stellte weiter fest, dass der Umwandlungsbericht von der Einberufung der Hauptversammlung an in dem Geschäftsraum der Gesellschaft ausgelegt wurde, dieser auch während der Dauer der Hauptversammlung im Versammlungssaal ausliegt. Der Vorsitzende stellte weiter fest, dass den Aktionären mit der Einberufung der Hauptversammlung ein Abfindungsangebot nach § 207 UmwG übersandt wurde. Weiter stellte der Vorsitzende fest, dass die XY-Wirtschaftsprüfungsgesellschaft die Angemessenheit der im Entwurf des

Umwandlungsbeschlusses angebotenen Barabfindung in ihrem Prüfungsbericht festgestellt hat. Der Prüfungsbericht wurde allen Beteiligten zusammen mit dem Abfindungsangebot übersandt und liegt auch heute in der Hauptversammlung aus.

Weiter stellt der Vorsitzende fest, dass der Entwurf des Umwandlungsbeschlusses dem Betriebsrat fristgemäß zugeleitet wurde (§ 194 Abs. 2 UmwG).

Punkt 1: Erläuterung des Entwurfs des Umwandlungsbeschlusses

Der Vorstandsvorsitzende erläuterte den Entwurf des Umwandlungsbeschlusses. Verschiedenen Aktionären wurden Auskünfte über die für die Umwandlung wesentlichen Angelegenheiten erteilt.

Punkt 2: Umwandlungsbeschluss

Der Vorsitzende stellte den Antrag von Aufsichtsrat und Vorstand, den Formwechsel der AG wie folgt zu beschließen, zur Abstimmung:

(1) Die AG wird durch den Formwechsel in eine GmbH umgewandelt. Die Satzung der GmbH ist dieser Niederschrift als Anlage 2 beigefügt. Sie war Bestandteil des Entwurfs des Umwandlungsbeschlusses, der allen Aktionären zugesandt wurde. Die Satzung wird festgestellt.

(2) Die Firma der GmbH lautet: A-GmbH.

(3) Die A-GmbH enthält ein Stammkapital von 200.000,00 €.

Daran sind die Gesellschafter wie folgt beteiligt:
- Herr A: mit einem Geschäftsanteil von 50.000,00 €,
- Herr B: mit einem Geschäftsanteil von 50.000,00 €,
- Herr C: mit einem Geschäftsanteil von 50.000,00 €,
- Herr D: mit einem Geschäftsanteil von 20.000,00 €,
- Herr E: mit einem Geschäftsanteil von 20.000,00 €,
- Herr F: mit einem Geschäftsanteil von 10.000,00 €.

(4) Sonstige besondere Rechte (z. B. Anteile ohne Stimmrecht, Mehrstimmrechtsanteile etc.) für einzelne Gesellschafter oder Dritte werden nicht gewährt.

(5) Die Gesellschaft bietet jedem Aktionär, der gegen den Umwandlungsbeschluss Widerspruch zu Protokoll des die Gesellschafterversammlung beurkundenden Notars erklärt, den Erwerb seiner Aktien Zug um Zug gegen Zahlung einer Barabfindung nach Maßgabe der §§ 207 bis 211 UmwG an. Die Barabfindung beträgt

je Aktie......

(6) Die Arbeitsverhältnisse mit den Arbeitnehmern der AG werden auch in der neuen Rechtsform fortgesetzt. Auswirkungen mitbestimmungsrechtlicher oder tarifrechtlicher Art ergeben sich nicht.

Sodann stimmen die Aktionäre durch Handaufhebung ab. Der Vorsitzende stellt fest, dass nach dem Teilnehmerverzeichnis Aktien im Nennbetrag von 200.000,00 € mit 4000 Stimmen vertreten sind. Für den Umwandlungsbeschluss stimmten alle Aktionäre. Stimmenthaltungen gab es keine.

Der Vorsitzende gab das Abstimmungsergebnis bekannt und stellte fest, dass die Umwandlung mit mehr als 3/4-Mehrheit des vertretenen Grundkapitals beschlossen ist.

Punkt 3: Bestellung der ersten Geschäftsführer

Der Vorstand stellte folgenden Antrag von Aufsichtsrat und Vorstand zur Abstimmung:

Zu ersten Geschäftsführern der A-GmbH werden Herr A und Herr B bestellt. Ferner wird beantragt, den Geschäftsführern Einzelvertretungsbefugnis zu erteilen; ferner Befreiung von den Beschränkungen des § 181 BGB.

Für diesen Antrag entsprechend dem Vorschlag des Vorstandes stimmen alle Aktionäre, Stimmenthaltungen gab es keine. Der Vorsitzende gab das Abstimmungsergebnis bekannt und stellte fest, dass zum ersten Geschäftsführer die Herren A und B bestellt wurden und ihnen Einzelvertretungsbefugnis und Befreiung von den Beschränkungen des § 181 BGB erteilt wurde.

Gegen keinen der Beschlüsse wurde Widerspruch zur Niederschrift erklärt.

Damit war die Tagesordnung erledigt. Der Vorsitzende schloss die Hauptversammlung um 19.00 Uhr.

Die Niederschrift wurde vom Notar wie folgt unterschrieben:

.....

Anlagen:

Anlage 1: Belegexemplar vom elektronischen Bundesanzeiger

Anlage 2: Satzung der A-GmbH

b) *Handelsregisteranmeldung*

▶ Muster: Handelsregisteranmeldung bei Umwandlung AG in GmbH

An das

Amtsgericht X-Stadt

– Handelsregister –

HRB Nr.......

Zur Eintragung in das Handelsregister wird angemeldet:

1. Die A-AG wurde aufgrund Umwandlungsbeschlusses vom......, UR.Nr....... in die Rechtsform einer GmbH in Firma A-GmbH umgewandelt. Die neue Rechtsform wird hiermit angemeldet.

2. Zu ersten Geschäftsführern der Gesellschaft wurden bestellt:
   – Herr A, Kaufmann in......,
   – Herr B, Kaufmann in......

Diese Geschäftsführer sind beide berechtigt, die Gesellschaft stets einzeln zu vertreten. Von den Beschränkungen des § 181 BGB sind sie befreit.

3. Abstrakte Vertretungsbefugnis:

Die Gesellschaft hat einen oder mehrere Geschäftsführer. Ist nur ein Geschäftsführer bestellt, vertritt er die Gesellschaft einzeln. Sind mehrere Geschäftsführer bestellt, so wird die Gesellschaft durch zwei Geschäftsführer gemeinschaftlich oder durch einen Geschäftsführer und einen Prokuristen gemeinschaftlich vertreten.

Die Gesellschafterversammlung kann unabhängig von der Zahl der bestellten Geschäftsführer jederzeit einen, mehreren oder allen Geschäftsführern Einzelvertretungsbefugnis und Befreiung von § 181 BGB erteilen.

4. Jeder Geschäftsführer erklärt: Ich, [Name:......], versichere, dass keine Umstände vorliegen, die meiner Bestellung zum Geschäftsführer nach § 6 Abs. 2 GmbH-Gesetz entgegenstehen.

Der Geschäftsführer der Gesellschaft versichert insbesondere,

– dass er nicht wegen einer oder mehrerer vorsätzlicher Straftaten
   a) des Unterlassens der Stellung des Antrags auf Eröffnung des Insolvenzverfahrens (Insolvenzverschleppung),
   b) nach §§ 283 bis 283d StGB (Insolvenzstraftaten),
   c) der falschen Angaben nach § 82 GmbHG oder § 399 AktG,
   d) der unrichtigen Darstellung nach § 400 AktG, § 331 HGB, § 313 UmwG oder § 17 PublizitätsG,
   e) nach den §§ 263 StGB (Betrug), § 263a StGB (Computerbetrug), § 264 StGB (Kapitalanlagebetrug) § 264a (Subventionsbetrug) oder den §§ 265b StGB (Kreditbetrug), § 265c (Sportwettbetrug), § 265d (Manipulation von berufssportlichen Wettbewerben), §265e

(Besonders schwere Fälle des Sportwettbetrugs und der Manipulation von berufssportlichen Wettbewerben), § 266 StGB (Untreue) bis § 266a StGB (Vorenthalten und Veruntreuen von Arbeitsentgelt – Nichtabführung von Sozialversicherungsbeiträgen) zu einer Freiheitsstrafe von mindestens einem Jahr verurteilt worden ist, und
- dass ihm weder durch gerichtliches Urteil noch durch die vollziehbare Entscheidung einer Verwaltungsbehörde die Ausübung eines Berufes, eines Berufszweiges, eines Gewerbes oder eines Gewerbezweiges ganz oder teilweise untersagt wurde, und
- auch keine vergleichbaren strafrechtlichen Entscheidungen ausländischer Behörden oder Gerichte gegen ihn vorliegen, und
- dass er über die uneingeschränkte Auskunftspflicht ggü. dem Gericht durch den Notar belehrt wurde.

5. Die Geschäftsräume und die inländische Geschäftsanschrift der Gesellschaft befinden sich in......

6. Zu dieser Anmeldung überreichen wir folgende Anlagen:
- elektronische beglaubigte Abschrift des Umwandlungsbeschlusses zur Urkunde des Notars......, in...... UR.Nr........,
- elektronische beglaubigte Abschrift des Beschlusses über die Geschäftsführerbestellung, in der gleichen Urkunde enthalten,
- elektronische beglaubigte Abschrift des Umwandlungsberichtes,
- elektronische beglaubigte Abschrift des Nachweises über die Zuleitung des Umwandlungsbeschlusses zum Betriebsratsvorsitzenden,
- elektronische beglaubigte Abschrift der Liste der Gesellschafter,
- ein Sachgründungsbericht ist nicht erforderlich (§ 245 Abs. 4 UmwG).

7. Weiter erklären wir, dass eine Klage gegen Wirksamkeit des Umwandlungsbeschlusses nicht oder nicht fristgemäß erhoben worden ist.

......

(Unterschrift der Vorstandsmitglieder der A-AG in vertretungsberechtigter Zahl)

(Beglaubigungsvermerk)

5. Formwechsel AG in GmbH & Co. KG

a) Umwandlungsbeschluss

▶ Muster: Umwandlungsbeschluss bei Formwechsel AG in GmbH & Co. KG

678 **Hauptversammlungsniederschrift (Auszug)**

Heute, den...... begab ich mich, der unterzeichnende Notar...... mit Amtssitz in...... auf Ansuchen in das Verwaltungsgebäude der Firma A-AG mit Sitz in X-Stadt, um an der dorthin auf heute 16.00 Uhr einberufenen

Ordentlichen Hauptversammlung

der Aktionäre der Firma A-AG teilzunehmen und über den Gang der Verhandlung sowie über die gefassten Beschlüsse die gesetzlich vorgeschriebene

Niederschrift

zu errichten, wie folgt:

I. Anwesenheit
1. Vom Aufsichtsrat der Gesellschaft:
a) Herr W, Kaufmann, wohnhaft in...... (Vorsitzender),
b) Herr Z, Kaufmann, wohnhaft in......,
c) Herr Y, Unternehmer, wohnhaft in......
2. Vom Vorstand der Gesellschaft:
a) Herr A, Dipl.-Ing., wohnhaft in...... (Vorsitzender),

b) Herr B, Kaufmann, wohnhaft in……
3. Die in dieser Urkunde als Anlage 1 beigefügten Teilnehmerverzeichnisse nebst Nachträgen aufgeführter Aktionäre und Vertreter. Sie haben ihre Berechtigung zur Teilnahme an der Hauptversammlung und zur Ausübung des Stimmrechts i. S. d. Satzung und Einladung ordnungsgemäß nachgewiesen.

II. Ablauf der Hauptversammlung

Den Vorsitz der Versammlung führte der Vorsitzende des Aufsichtsrates. Er eröffnet die Versammlung um 15.00 Uhr. Er stellte fest, dass die Hauptversammlung form- und fristgemäß durch Bekanntmachung im elektronischen Bundesanzeiger vom…… einberufen worden ist. Ein Ausdruck wurde mir, dem Notar, übergeben. Er ist dieser Niederschrift als Anlage 2 beigefügt. Die Bekanntmachung enthält folgende Tagesordnung:

»1. Erläuterung des Entwurfs des Umwandlungsbeschlusses und des Umwandlungsberichts durch den Vorstand.

2. Beschluss über die Umwandlung der A-AG in die A-GmbH & Co. KG.«

Anschließend legte der Vorsitzende das Verzeichnis der erschienenen oder vertretenen Aktionäre zur Einsichtnahme aus, nachdem er erklärt hatte, dass sämtliche in dem Verzeichnis aufgeführten Aktionäre ihre Berechtigung zur Teilnahme an der Hauptversammlung ordnungsgemäß nachgewiesen haben. Das Teilnehmerverzeichnis wurde von der ersten Abstimmung für die gesamte Dauer der Hauptversammlung zur Einsicht für alle Teilnehmer ausgelegt. Bei Änderung in der Präsenz fertigte der Vorsitzende vor jeder Abstimmung Nachträge, die ebenfalls für die restliche Dauer ausgelegt wurden. Er stellte die Präsenz vor jeder Abstimmung fest und gab diese bekannt. Der Vorsitzende erklärte, dass die Abstimmung durch Handaufheben stattfinden werde, soweit nicht eine andere Abstimmungsart für eine Abstimmung angeordnet werde.

Der Vorsitzende stellte weiter fest, dass der Umwandlungsbericht von der Einberufung der Hauptversammlung an in dem Geschäftsraum der Gesellschaft ausgelegt wurde, dieser auch während der Dauer der Hauptversammlung im Versammlungssaal ausliegt. Der Vorsitzende stellte weiter fest, dass den Aktionären mit der Einberufung der Hauptversammlung ein Abfindungsangebot nach § 207 UmwG übersandt wurde. Weiter stellte der Vorsitzende fest, dass die XY-Wirtschaftsprüfungsgesellschaft die Angemessenheit der im Entwurf des Umwandlungsbeschlusses angebotenen Barabfindung in ihrem Prüfungsbericht festgestellt hat. Der Prüfungsbericht wurde allen Beteiligten zusammen mit dem Abfindungsangebot übersandt und liegt auch heute in der Hauptversammlung aus.

Weiter stellt der Vorsitzende fest, dass der Entwurf des Umwandlungsbeschlusses dem Betriebsrat fristgemäß zugeleitet wurde (§ 194 Abs. 2 UmwG).

Punkt 1: Erläuterung des Entwurfs des Umwandlungsbeschlusses

Der Vorstandsvorsitzende erläuterte den Entwurf des Umwandlungsbeschlusses. Verschiedenen Aktionären wurden Auskünfte über die für die Umwandlung wesentlichen Angelegenheiten erteilt.

Punkt 2: Umwandlungsbeschluss

Vorstand und Aufsichtsrat schlagen vor, die A-AG im Wege des Formwechsels in die A-GmbH & Co. KG umzuwandeln und wie folgt zu beschließen:

(1) Die A-AG mit Sitz in X-Stadt wird formwechselnd gem. §§ 190 ff., 228 ff. UmwG in eine Kommanditgesellschaft umgewandelt.

(2) Die Firma der KG lautet: A GmbH & Co. KG. Sie hat ihren Sitz in X-Stadt.

(3) Die Kommanditgesellschaft erhält den in der Anlage 1 wiedergegebenen Gesellschaftsvertrag. Der Gesellschaftsvertrag wird hiermit festgestellt und der Niederschrift über diese Beschlussfassung beigefügt.

(4) Komplementärin der KG ist die A-Verwaltungs-GmbH mit Sitz in X-Stadt, eingetragen im Handelsregister des Amtsgerichts…… unter HRB…… Die Komplementärin ist nicht am Vermögen der KG beteiligt. Sie erhält keinen Festkapitalanteil.

Als Kommanditistin sind alle übrigen Aktionäre der A-AG, gleich ob namentlich bekannt oder nicht, mit einem Kapitalanteil an der A-GmbH & Co. KG beteiligt, der der Summe der Nennbeträge der von Ihnen im Zeitpunkt der Eintragung der KG als neuer Rechtsform der A-AG im Handelsregister gehaltenen Aktien entspricht. Die Kapitalanteile entsprechen der jeweiligen Kommanditeinlage, die infolge des Formwechsels durch das Reinvermögen der A-AG im Zeitpunkt des Wirksamwerdens des Formwechsels in voller Höhe aufgebracht wird.

Die Hafteinlage der Kommanditisten entspricht jeweils ihrem Kapitalanteil. Die Kommanditisten sind daher mit einer Kommanditeinlage von je 1,00 € für jede von ihnen gehaltene Stückaktien an der Gesellschaft beteiligt. Die Summe der Kapitalanteile der Gesellschafter der A-GmbH & Co. KG entspricht dem Grundkapital der A-AG abzüglich des auf eigene Aktien der A-AG entfallenden Anteils am Grundkapital im Zeitpunkt des Wirksamwerdens des Formwechsels. Soweit das buchmäßige Eigenkapital der A-AG, gemindert um eine für eigene Aktien gebildete Rücklage, das Gesellschaftskapital der A-GmbH & Co. KG übersteigt, wird der überschießende Betrag jeweils anteilig dem jeweiligen Rücklagenkonto der Gesellschafter in dem Verhältnis gutgeschrieben, in dem diese an der A-GmbH & Co. KG beteiligt sind.

Der Vorstand konnte die Mehrzahl der Aktionäre namentlich feststellen. Neben der A-Verwaltungs-GmbH als einzige Komplementärin sind danach als Kommanditisten an der A-GmbH & Co. KG alle in der dem Gesellschaftsvertrag der KG als Anlage beigefügten Gesellschafterliste unter Angabe ihrer Kapitalanteile aufgeführten Aktionäre der A-AG beteiligt. Der Vorstand ist ermächtigt und beauftragt, diese Gesellschafterliste laufend zu aktualisieren, die Anmeldung des Formwechsels beim Handelsregister unter Vorlage einer aktualisierten Gesellschafterliste vorzunehmen und alle bis zur Eintragung des Formwechsels bekanntwerdenden Veränderungen dem Amtsgericht mitzuteilen. Damit entfällt auf die nicht bekannten Aktionäre der Gesellschaft eine Kommanditeinlage i. H. v. insgesamt...... €. Auf die unbekannten Aktionäre der Gesellschaft mit dieser Gesamtkommanditeinlage entfallen folgende Aktiennummern:
– Nummern XY – WZ (Aktienurkunden über je eine Stückaktien),
– Nummer 6187 (eine Globalurkunde über 4.000 Aktien).

(5) Die A-Verwaltungs-GmbH wird in der A-GmbH & Co. KG die Stellung als persönlich haftende Gesellschafterin einnehmen. Besondere Rechte i. S. v. § 194 Abs. 1 Nr. 5 UmwG werden in der Kommanditgesellschaft nicht gewährt. Maßnahmen nach § 194 Abs. 1 Nr. 5 UmwG sind nicht vorgesehen.

(6) Jedem Aktionär, der gegen den Umwandlungsbeschluss Widerspruch zur Niederschrift erklärt, wird gegen Ausscheiden aus der Gesellschaft eine Barabfindung i. H. v....... € für jede Stückaktie für den Fall ausgeboten, dass er sein Ausscheiden aus der Gesellschaft gegenüber der Gesellschaft erklärt.

Das Abfindungsangebot kann nur innerhalb der Frist von § 209 UmwG angenommen werden. Die Frist endet zwei Monate nach dem Tag, an dem die Eintragung der neuen Rechtsform nach § 201 Satz 2 UmwG als bekanntgemacht gilt. Ist nach § 212 UmwG ein Antrag auf Bestimmung der Barabfindung durch Gericht bestellt worden, kann das Angebot binnen zwei Monaten nach dem Tag angenommen werden, an dem die Entscheidung des Gerichts im elektronischen Bundesanzeiger bekanntgemacht worden ist.

(7) Die Arbeitsverhältnisse mit den Arbeitnehmern der Gesellschaft werden von ihr in der neuen Rechtsform fortgesetzt. Die Rechte und Pflichten der Arbeitnehmer aus den bestehenden Anstellungs- und Arbeitsverhältnissen bleiben unberührt. Auswirkungen auf tarifvertragliche oder kollektivrechtliche Ansprüche ergeben sich nicht. Sämtliche Tarifverträge und Betriebsvereinbarungen gelten fort. Der Betriebsrat und der Wirtschaftsausschuss und deren betriebsverfassungsrechtliche Beteiligungsrechte bleiben bestehen. Der gesetzliche Aufsichtsrat und demgemäß die Mitbestimmung der Arbeitnehmer nach Maßgabe des Betriebsverfassungsgesetzes 1952 entfällt. Das Amt der Aufsichtsratsmitglieder, auch dass der Arbeitnehmervertreter im Aufsichtsrat, entfällt mit Wirksamwerden des Formwechsels.

(8) Die A-Verwaltungs-GmbH stimmt diesem Umwandlungsbeschluss und der Übernahme der persönlichen Haftung einer Komplementärin in der A-GmbH & Co. KG ausdrücklich zu.

(9) Die Kosten des Formwechsels trägt die Gesellschaft.

Sodann stimmen die Aktionäre durch Handaufhebung ab. Der Vorsitzende stellt fest, dass nach dem Teilnehmerverzeichnis Aktien im Nennbetrag von 200.000,00 € mit 4000 Stimmen vertreten sind. Für den Umwandlungsbeschluss stimmen alle Aktionäre. Stimmenthaltungen gab es keine.

Der Vorsitzende gab das Abstimmungsergebnis bekannt und stellte fest, dass die Umwandlung mit mehr als 3/4-Mehrheit des vertretenen Grundkapitals beschlossen ist.

Gegen keinen der Beschlüsse wurde Widerspruch zur Niederschrift erklärt.

Damit war die Tagesordnung erledigt. Der Vorsitzende schloss die Hauptversammlung um 19.00 Uhr.

Die Niederschrift wurde vom Notar wie folgt unterschrieben:

.....

Anlage 1: Teilnehmerverzeichnis

Anlage 2: Ausdruck vom elektronischen Bundesanzeiger

Anlage 3: Satzung der A-GmbH

b) Handelsregisteranmeldung

▶ **Muster: Handelsregisteranmeldung bei Umwandlung AG in GmbH & Co. KG**

An das

Amtsgericht X-Stadt

– Handelsregister –

HRB Nr.......

Zur Eintragung in das Handelsregister melden wir, die gemeinsam zur Vertretung berechtigten Vorstandsmitglieder der A-AG, Folgendes an:

1. Die A-AG mit Sitz in X-Stadt wurde aufgrund Umwandlungsbeschlusses vom...... des Notars...... UR.Nr....... in die Rechtsform einer Kommanditgesellschaft mit der Firma A-GmbH & Co. KG mit Sitz in X-Stadt umgewandelt.

2. Persönlich haftende Gesellschafterin ist die A-Verwaltungs-GmbH in X-Stadt (HRB......).

3. Kommanditisten sind folgende Personen (jeweils mit Namen, Vornamen, Geburtsdatum und Wohnort) mit folgenden Hafteinlagen:......

4. Namentlich bekannte Aktionäre:......

5. Trotz Aufforderung der Aktionäre bei der Einladung zur beschlussfassenden Hauptversammlung, den Aktienbesitz offenzulegen und eigener Ermittlungsbemühungen, sind nicht alle Aktionäre namentlich festgestellt worden. Im Gesamtwert von...... € sind Aktionäre namentlich unbekannt. Auf diese fällt eine Kommandit- und Hafteinlage von je 1,00 € für jede von ihnen gehaltene Stückaktie. Auf die unbekannten Aktionäre dieser Kommanditeinlagen entfallen folgende Aktiennummern......

6. Das Geschäftslokal und die inländische Geschäftsanschrift der Kommanditgesellschaft befinden sich in......

7. Die Kommanditgesellschaft hat folgenden Unternehmensgegenstand...... Zu dieser Anmeldung überreichen wir folgende Anlagen:......

8. Abstrakte Vertretungsbefugnis

Jeder persönlich haftende Gesellschafter (Komplementär) ist einzeln zur Vertretung der Gesellschaft berechtigt; die Kommanditisten sind von der Vertretung ausgeschlossen.

9. Konkrete Vertretungsbefugnis

Die derzeit einzige persönlich haftende Gesellschafterin, die

..... -GmbH

mit dem Sitz in......

ist stets allein zur Vertretung der Gesellschaft berechtigt. Die persönlich haftende Gesellschafterin und ihre Geschäftsführer sind im Verhältnis zur Kommanditgesellschaft von den Beschränkungen des § 181 BGB befreit.

Weiter erklären wir, dass eine Klage gegen die Wirksamkeit des Umwandlungsbeschlusses nicht erhoben worden ist.

.....

(Unterschrift der Vorstandsmitglieder A-AG)

(Beglaubigungsvermerk)

(Anlagen)

6. Umwandlungsbeschluss Formwechsel einer AG in eine AG & Co. KG

▶ Muster: Umwandlungsbeschluss bei Formwechsel AG in AG & Co. KG

680 **Hauptversammlungsniederschrift**

Heute, den...... begab ich mich, der unterzeichnende Notar...... mit Amtssitz in...... auf Ansuchen in das Verwaltungsgebäude der Firma A-AG mit Sitz in X-Stadt, um an der dorthin auf heute 16.00 Uhr einberufenen

Ordentlichen Hauptversammlung

der Aktionäre der Firma A-AG teilzunehmen und über den Gang der Verhandlung sowie über die gefassten Beschlüsse die gesetzlich vorgeschriebene

Niederschrift

zu errichten, wie folgt:

I. Anwesenheit
1. Vom Aufsichtsrat der Gesellschaft:
   a) Herr W, Kaufmann, wohnhaft in...... (Vorsitzender),
   b) Herr Z, Kaufmann, wohnhaft in......,
   c) Herr Y, Unternehmer, wohnhaft in......
2. Vom Vorstand der Gesellschaft:
   a) Herr A, Dipl.-Ing., wohnhaft in...... (Vorsitzender),
   b) Herr B, Kaufmann, wohnhaft in......
3. Die im von der AG erstellten Teilnehmerverzeichnis nebst Nachträgen aufgeführten Aktionäre und Vertreter. Sie haben ihre Berechtigung zur Teilnahme an der Hauptversammlung und zur Ausübung des Stimmrechts i. S. d. Satzung und Einladung ordnungsgemäß nachgewiesen.

II. Ablauf der Hauptversammlung

Den Vorsitz der Versammlung führte der Vorsitzende des Aufsichtsrates. Er eröffnet die Versammlung um 15.00 Uhr. Er stellte fest, dass die Hauptversammlung form- und fristgemäß durch Bekanntmachung im elektronischen Bundesanzeiger Nr....... vom...... einberufen worden ist. Ein Ausdruck wurde mir, dem Notar, übergeben. Er ist dieser Niederschrift als Anlage 2 beigefügt. Er enthält folgende Tagesordnung:

1. Erläuterung des Entwurfs des Umwandlungsbeschlusses und des Umwandlungsberichts durch den Vorstand.

2. Beschluss über die Umwandlung der A-AG in die AB AG & Co. KG.

Die Einberufung der heutigen Hauptversammlung sei form- und fristgerecht erfolgt. Der Gesellschaft seien keine Ergänzungsverlangen, oder Gegenanträge zugegangen.

Anschließend legte der Vorsitzende das Verzeichnis der erschienenen oder vertretenen Aktionäre zur Einsichtnahme aus, nachdem er erklärt hatte, dass sämtliche in dem Verzeichnis aufgeführten Aktionäre ihre Berechtigung zur Teilnahme an der Hauptversammlung ordnungsgemäß nachgewiesen haben. Das Teilnehmerverzeichnis wurde von der ersten Abstimmung für die gesamte Dauer der Hauptversammlung zur Einsicht für alle Teilnehmer ausgelegt. Bei Änderung in der Präsenz fertigte der Vorsitzende vor jeder Abstimmung Nachträge, die ebenfalls für die restliche Dauer ausgelegt wurden. Er stellte die Präsenz vor jeder Abstimmung fest und gab diese bekannt. Der Vorsitzende erklärte, dass die Abstimmung durch Handaufheben stattfinden werde, soweit nicht eine andere Abstimmungsart für eine Abstimmung angeordnet werde. Auch in diesem Jahr erfolge die Abstimmung im sogenannten Additionsverfahren. Bei der Abstimmung im Additionsverfahren würden zu jedem Beschlussvorschlag die Ja-Stimmen und die Nein-Stimmen gezählt. Nicht abgegebene Stimmen würden als Enthaltung gelten. Falls sich jemand bei einzelnen Abstimmungspunkten enthalten möchte, so dürfe er an dieser Stelle nichts ankreuzen. Enthaltungen würden bei der Stimmauszählung nicht mitgezählt.

Der Vorsitzende stellte fest: Bevor in die Abstimmung eingetreten werde, dürfe er mitteilen, dass das Verzeichnis der Teilnehmer nun vorliege. Die aktuelle Präsenz in der heutigen Hauptversammlung sei wie folgt:….

Der Vorsitzende stellte weiter fest, dass der Umwandlungsbericht von der Einberufung der Hauptversammlung an in dem Geschäftsraum der Gesellschaft ausgelegt wurde, dieser auch während der Dauer der Hauptversammlung im Versammlungssaal ausliegt. Der Vorsitzende stellte weiter fest, dass den Aktionären mit der Einberufung der Hauptversammlung ein Abfindungsangebot nach § 207 UmwG übersandt wurde. Weiter stellte der Vorsitzende fest, dass die XY-Wirtschaftsprüfungsgesellschaft die Angemessenheit der im Entwurf des Umwandlungsbeschlusses angebotenen Barabfindung in ihrem Prüfungsbericht festgestellt hat. Der Prüfungsbericht wurde allen Beteiligten zusammen mit dem Abfindungsangebot übersandt und liegt auch heute in der Hauptversammlung aus.

Weiter stellt der Vorsitzende fest, dass der Entwurf des Umwandlungsbeschlusses dem Betriebsrat fristgemäß zugeleitet wurde (§ 194 Abs. 2 UmwG).

Punkt 1: Erläuterung des Entwurfs des Umwandlungsbeschlusses

Der Vorstandsvorsitzende erläuterte den Entwurf des Umwandlungsbeschlusses. Verschiedenen Aktionären wurden Auskünfte über die für die Umwandlung wesentlichen Angelegenheiten erteilt.

Punkt 2: Umwandlungsbeschluss

Vorstand und Aufsichtsrat schlagen vor, den Formwechsel der AG in eine AG & Co. KG wie folgt zu fassen:

(1) Die A-AG wird durch Formwechsel gem. §§ 190 ff., 228 ff. UmwG umgewandelt in eine Kommanditgesellschaft.

(2) Die Kommanditgesellschaft führt die Firma AB-AG & Co. KG.

(3) Sitz der Kommanditgesellschaft ist X-Stadt.

(4) Die Kommanditgesellschaft erhält den in der Anlage 1 zu diesem Beschluss beigefügten Gesellschaftsvertrag, der hiermit festgestellt wird. Aus dem Gesellschaftsvertrag erheben sich Zahl, Art und Umfang der Mitgliedschaftsrechte, die die Aktionäre der A-AG durch den Formwechsel an der Kommanditgesellschaft erlangen.

(5) Gesellschafter der AB-AG & Co. KG werden diejenigen Personen und Gesellschaften, die im Zeitpunkt der Eintragung der neuen Rechtsform im Handelsregister Aktionäre der A-AG sind. Die in Form von Aktien bestehenden Mitgliedschaftsrechte an der A-AG wandeln sich nach Maßgabe wie folgt in Gesellschaftsanteile an der AB-AG & Co. KG um:
– Die AB-Verwaltungsgesellschaft wird Komplementärin der AB-AG & Co. KG. Diese ist am Festkapital der Kommanditgesellschaft mit einem Festkapitalanteil im Nennbetrag von 100,00 € beteiligt. Der Festkapitalanteil geht hervor aus der Umwandlung der von der

AB-Verwaltungs-AG gehaltenen 26 Stückaktien auf die jeweils ein anteiliger Betrag des Grundkapitals der A-AG von 1,00 € entfällt.
- Alle übrigen Aktionäre der A-AG auch die namentlich nicht bekannten Aktionäre, werden Kommanditisten der AB-AG & Co. KG. Die Aktionäre erhalten für jede gehaltene Stammstückaktie eine Kommanditeinlage von 1,00 €. Damit werden die Aktionäre, die neben der AB-Verwaltungs-GmbH die restlichen 9.900.000 Stückaktien und 10.000.000 Vorzugsstückaktien halten, Kommanditisten der Kommanditgesellschaft. Die Summe der Einlagen der Kommanditisten beträgt somit 19.900.000,00 €. Die Einlagen werden durch die Umwandlung erbracht. Soweit das buchmäßige Eigenkapital der A-AG in der letzten Handelsbilanz, die vor Eintragung des Formwechsels festgestellt wurde, das Festkapital der AB-AG & Co. KG übersteigt, wird es nach Maßgabe des Gesellschaftsvertrages anteilig den Rücklagenkonten der Gesellschafter der AB-AG & Co. KG gutgeschrieben. Der Betrag der Einlage, die zugleich auch die Haftsumme eines jeden Kommanditisten ist, entspricht dem Betrag seines Anteils im Festkapital der AB-AG & Co. KG. Danach werden nach dem derzeitigen Kenntnisstand der Gesellschaft als Kommanditisten an der AB-AG & Co. KG und ihrem Festkapital folgende Personen beteiligt sein:
- ….. (Name, Adresse, Einlage)
- Unbekannte Aktionäre mit insgesamt 10.000 Vorzugsstückaktien im rechnerischen Betrag von jeweils 1,00 € werden daher Kommanditisten in einer Gesamteinlage von insgesamt 10.000,00 €. Es handelt sich dabei um folgende Aktiennummern……
- Der Vorstand wird von der Hauptversammlung beauftragt, die bisherigen Kommanditisten nach besten Kräften laufend zu aktualisieren und im Handelsregister des Amtsgerichts X-Stadt mitzuteilen.

(6) Den Kommanditisten der AB-AG & Co. KG, die an der A-AG mit Vorzugsstückaktien beteiligt sind, wird folgendes Recht i. S. v. § 194 Abs. 1 Nr. 5 UmwG eingeräumt:

Sie erhalten aus dem Jahresüberschuss der AB-AG & Co. KG einen um 20 % ihres Festkapitalanteils – soweit dieser aus Vorzugsstückaktien hervorgegangen ist – höheren Gewinnanteil als die Gesellschafter, die zu diesem Zeitpunkt mit Stammstückaktien an der A-AG beteiligt sind (Mehrgewinnanteil), mindestens jedoch einen Gewinnanteil i. H. v. 50 % ihres Festkapitalanteils – soweit dieser aus Vorzugsstückaktien hervorgegangen ist: (Vorzugsgewinnanteil). Reicht der Jahresüberschuss eines oder mehrerer Geschäftsjahre nicht zur Gewährung des Vorzugsgewinnanteils aus, so werden die fehlenden Beträge ohne Zinsen aus dem Jahresüberschuss des folgenden Geschäftsjahres in der Weise gewährt, dass den Darlehenskonten die älteren Rückstände von den jüngeren und die aus dem Jahresüberschuss eines Geschäftsjahres für dieses zu gewährenden Vorzugsgewinnanteile erst nach Ausgleich sämtlicher Rückstände gut zu erbringen sind. Rückständige Vorzugsgewinnanteile sind Bestandteil des Gewinnanteils desjenigen Geschäftsjahres, aus dessen Jahresüberschuss der Vorzugsgewinnanteil gutgebracht wird.

Weitere Rechte oder Maßnahmen nach § 134 Abs. 1 Nr. 5 UmwG sind nicht vorgesehen.

(7) Jedem Aktionär der gegen diesen Umwandlungsbeschluss Widerspruch zu Protokoll erklärt, ist eine Barabfindung i. H. v……. € für jede Vorzugsstückaktie im rechnerischen Betrag von 1,00 € und eine Barabfindung von…… € anzubieten. Für jede Stammstückaktie im rechnerischen Betrag von 1,00 € für den Fall angeboten, dass er sein Ausscheiden aus der Gesellschaft erklärt. Das Angebot ist befristet. Es kann nur innerhalb von zwei Monaten nach dem Tag angenommen werden, an dem die Eintragung des Rechtsträgers neuer Rechtsform im Handelsregister nach § 201 UmwG als bekanntgemacht gilt oder nachdem eine gerichtliche Entscheidung über die Bestimmung der Barabfindung im elektronischen Bundesanzeiger bekanntgemacht wurde.

(8) Angaben zu den arbeitsrechtlichen Folgen (vgl. die vorhergehenden Formulare)

(9) Die künftige persönlich haftende Gesellschafterin, die AB-Verwaltungs-AG, stimmt dem Umwandlungsbeschluss und insbes. der Übernahme der Stellung als persönlich haftende Gesellschafterin ausdrücklich zu.

Sodann stimmen die Aktionäre durch Handaufhebung ab. Der Vorsitzende stellt fest, dass nach dem Teilnehmerverzeichnis Aktien im Nennbetrag von…… € mit…… Stimmen vertreten sind. Für den Umwandlungsbeschluss stimmen alle Aktionäre. Stimmenthaltungen gab es keine.

Der Vorsitzende gab das Abstimmungsergebnis bekannt und stellte fest, dass die Umwandlung mit mehr als 3/4-Mehrheit des vertretenen Grundkapitals beschlossen ist.

Damit war die Tagesordnung erledigt. Der Vorsitzende schloss die Hauptversammlung um 19.00 Uhr.

Die Niederschrift wurde vom Notar wie folgt unterschrieben:

……

Anlage 1: Elektronischer Bundesanzeiger

Anlage 2: Gesellschaftsvertrag

7. Formwechsel einer AG in eine Genossenschaft

a) Umwandlungsbeschluss

▶ Muster: Umwandlungsbeschluss bei Formwechsel AG in Genossenschaft

Hauptversammlungsniederschrift   681

Heute, den…… begab ich mich, der unterzeichnende Notar…… mit Amtssitz in…… auf Ansuchen in das Verwaltungsgebäude der Firma X-AG mit Sitz in X-Stadt, um an der dorthin auf heute 16.00 Uhr einberufenen

außerordentlichen Hauptversammlung

der Aktionäre der Firma A-AG teilzunehmen und über den Gang der Verhandlung sowie über die gefassten Beschlüsse die gesetzlich vorgeschriebene

Niederschrift

zu errichten, wie folgt:

I. Anwesenheit:
1. Vom Aufsichtsrat der Gesellschaft:
   a) Herr W, Kaufmann, wohnhaft in…… (Vorsitzender),
   b) Herr Z, Kaufmann, wohnhaft in……,
   c) Herr Y, Unternehmer, wohnhaft in… .
2. Vom Vorstand der Gesellschaft:
   a) Herr A, Dipl.-Ing., wohnhaft in…… (Vorsitzender),
   b) Herr B, Kaufmann, wohnhaft in… .
3. Die in dem von der AG erstellten Teilnehmerverzeichnis nebst Nachträgen aufgeführten Aktionäre und Vertreter. Sie haben ihre Berechtigung zur Teilnahme an der Hauptversammlung und zur Ausübung des Stimmrechts i. S. d. Satzung und Einladung ordnungsgemäß nachgewiesen.

II. Ablauf der Hauptversammlung

Den Vorsitz der Versammlung führte der Vorsitzende des Aufsichtsrates. Er eröffnet die Versammlung um 15.00 Uhr. Er stellte fest, dass die Hauptversammlung form- und fristgemäß durch Bekanntmachung im elektronischen Bundesanzeiger Nr.…… vom…… einberufen worden ist. Ein Ausdruck wurde mir, dem Notar, übergeben. Er ist dieser Niederschrift als Anlage 1 beigefügt. Die Einberufung der heutigen Hauptversammlung sei form- und fristgerecht erfolgt. Der Gesellschaft seien keine Ergänzungsverlangen, oder Gegenanträge zugegangen.

Anschließend legte der Vorsitzende das Verzeichnis der erschienenen oder vertretenen Aktionäre zur Einsichtnahme aus, nachdem er erklärt hatte, dass sämtliche in dem Verzeichnis aufgeführten Aktionäre ihre Berechtigung zur Teilnahme an der Hauptversammlung ordnungsgemäß nachgewiesen haben. Das Teilnehmerverzeichnis wurde von der ersten Abstimmung für die gesamte Dauer der Hauptversammlung zur Einsicht für alle Teilnehmer ausgelegt. Bei Änderung in der Präsenz fertigte der Vorsitzende vor jeder Abstimmung Nachträge, die ebenfalls für die restliche Dauer ausgelegt wurden. Er stellte die Präsenz vor jeder Abstimmung fest und gab diese bekannt. Der Vorsitzende erklärte, dass die Abstimmung durch Handaufheben stattfinden werde, soweit nicht eine andere Abstimmungsart für eine Abstimmung angeordnet werde. Auch in diesem Jahr erfolge die Abstimmung im sogenannten Additionsverfahren. Bei der Abstimmung im Additionsverfahren würden zu jedem Beschlussvorschlag die Ja-Stimmen und die Nein-Stimmen gezählt. Nicht abgegebene Stimmen würden als Enthaltung gelten. Falls sich jemand bei einzelnen Abstimmungspunkten enthalten möchte, so dürfe er an dieser Stelle nichts ankreuzen. Enthaltungen würden bei der Stimmauszählung nicht mitgezählt.

Der Vorsitzende stelllte fest: Bevor in die Abstimmung eingetreten werde, dürfe er mitteilen, dass das Verzeichnis der Teilnehmer nun vorliege. Die aktuelle Präsenz in der heutigen Hauptversammlung sei wie folgt:....

Der Vorsitzende stellte weiter fest, dass der Umwandlungsbericht von der Einberufung der Hauptversammlung an in dem Geschäftsraum der Gesellschaft ausgelegt wurde, dieser auch während der Dauer der Hauptversammlung im Versammlungssaal ausliegt. Der Vorsitzende stellte weiter fest, dass den Aktionären mit der Einberufung der Hauptversammlung ein Abfindungsangebot nach § 207 UmwG übersandt wurde. Weiter stellte der Vorsitzende fest, dass die XY-Wirtschaftsprüfungsgesellschaft die Angemessenheit der im Entwurf des Umwandlungsbeschlusses angebotenen Barabfindung in ihrem Prüfungsbericht festgestellt hat. Der Prüfungsbericht wurde allen Beteiligten zusammen mit dem Abfindungsangebot übersandt und liegt auch heute in der Hauptversammlung aus.

Weiter stellt der Vorsitzende fest, dass der Entwurf des Umwandlungsbeschlusses dem Betriebsrat fristgemäß zugeleitet wurde (§ 194 Abs. 2 UmwG).

Punkt 1: Erläuterung des Entwurfs des Umwandlungsbeschlusses

Der Vorstandsvorsitzende erläuterte den Entwurf des Umwandlungsbeschlusses. Verschiedenen Aktionären wurden Auskünfte über die für die Umwandlung wesentlichen Angelegenheiten erteilt.

Punkt 2: Umwandlungsbeschluss

Der Vorsitzende stellte den Antrag von Aufsichtsrat und Vorstand, den Formwechsel der AG wie folgt zu beschließen, zur Abstimmung:

»Vorstand und Aufsichtsrat schlagen vor zu beschließen:
(1) Die X AG mit Sitz in X-Stadt wird im Wege des Formwechsels nach den Vorschriften des Umwandlungsgesetzes in eine eingetragene Genossenschaft (eG) umgewandelt.
(2) Der Rechtsträger neuer Rechtsform führt die Firma X eG.
(3) Das gesamte Grundkapital der X AG in der zum Zeitpunkt der Eintragung des Formwechsels in das Genossenschaftsregister bestehenden Höhe wird Eigenkapital/Geschäftsguthaben der X eG, wobei die Aktionäre, die zum Zeitpunkt der Eintragung des Formwechsels in das Genossenschaftsregister Aktionäre der X AG sind, Mitglieder der X eG werden. Eine Änderung im Kreis der Anteilsinhaber erfolgt im Zuge des Formwechsels nicht.
Sollte die X AG im Zeitpunkt der Eintragung des Formwechsels in das Genossenschaftsregister eigene Aktien halten, gehen diese ersatzlos unter.
(4) Jedes Mitglied erhält mindestens einen Geschäftsanteil an der X eG.
Jedem Aktionär der X AG wird als Geschäftsguthaben bei der X eG der Wert der Stückaktien gutgeschrieben, mit denen er an der X AG als formwechselndem Rechtsträger beteiligt ist. Für jede Stückaktie schreibt die X eG den Wert der Stückaktie in Höhe von EUR?? als Geschäftsguthaben gut.
Aktionäre der X AG werden jeweils mit so vielen Geschäftsanteilen bei der X eG beteiligt, wie durch Anrechnung des Werts ihrer Stückaktien als voll eingezahlt anzusehen sind (voll eingezahlter Geschäftsanteil).
Übersteigt das durch den Formwechsel erlangte Geschäftsguthaben eines Aktionärs der X AG, das unter Zugrundelegung des Werts seiner Stückaktien bei der X eG gutzuschreiben ist, den Gesamtbetrag der volleingezahlten Geschäftsanteile, mit denen er bei der X eG beteiligt wird, so wird der übersteigende Betrag nach Ablauf von sechs Monaten ab dem Tage, an dem die Eintragung des Formwechsels in das für die X eG zuständige Genossen-

schaftsregister beim Amtsgericht X Stadt bekannt gemacht worden ist, nicht jedoch vor Befriedigung bzw. Sicherstellung der Gläubiger, die sich nach § 204 UmwG i.V.m. § 22 UmwG bei der X eG gemeldet haben, an das Mitglied ausgezahlt (§ 256 Abs. 2 UmwG, sog. »Spitzenbetrag«).
Art und Umfang der Beteiligung der Mitglieder an der X eG ergeben sich im Einzelnen aus der dieser Einladung zur Hauptversammlung als Anlage 1 beigefügten Satzung der X eG, die Bestandteil dieses Umwandlungsbeschlusses ist. Auf sie wird verwiesen und Bezug genommen.

(5) Besondere Rechte und Vorteile
Keine Inhaber besonderer Rechte:
Besondere Rechte wie Anteile ohne Stimmrecht, Vorzugsaktien, Mehrstimmrechtsaktien, Schuldverschreibungen oder Genussrechte bestehen bei der X AG nicht.
Daher werden keine Rechte im Sinne von § 194 Abs. 1 Nr. 5 UmwG gewährt und es sind auch keine Maßnahmen im Sinne dieser Bestimmung vorgesehen.

(6) Die Satzung der X eG, die Bestandteil dieses Umwandlungsbeschlusses ist, wird hiermit mit dem sich aus der Anlage 2 zu dieser Einladung zur Hauptversammlung ergebenden Wortlaut festgestellt. Art und Umfang der Beteiligung an der Genossenschaft sowie die Rechte der Mitglieder im Einzelnen ergeben sich aus der Satzung.

(7) Die X AG bietet Aktionären, die gegen den Umwandlungsbeschluss in der Hauptversammlung der X AG Widerspruch zur Niederschrift erklären, eine Barabfindung für den Fall an, dass sie ihr Ausscheiden aus der X eG erklären. Das Barabfindungsangebot beträgt EUR?? je Stückaktie.
Das Barabfindungsangebot kann nach § 209 UmwG nur binnen zwei Monaten nach dem Tage angenommen werden, an dem die Eintragung des Formwechsels in das Genossenschaftsregister der Vereinigten Volksbank eG gemäß § 201 UmwG bekannt gemacht worden ist. Ist nach § 212 UmwG ein Antrag auf Bestimmung der Barabfindung durch das Gericht gestellt worden, so kann das Angebot binnen zwei Monaten nach dem Tage angenommen werden, an dem die Entscheidung im elektronischen Bundesanzeiger bekanntgemacht worden ist.

(8) Die Folgen des Formwechsels für die Arbeitnehmer und ihre Vertretungen und die insoweit vorgesehenen Maßnahmen werden wie folgt bestimmt: (vgl. vorausgehende Formulare)

(9) Die X eG ist Mitglied des Genossenschaftsverbands X e.V., welcher als gesetzlicher Prüfungsverband die erforderlichen Prüfungen der Genossenschaft wahrnehmen wird.

Die Hauptversammlung fasste entsprechend dem Antrag den Beschluss mit den nachfolgend genannten Stimmen:

Aktuelle Präsenz:
abgegebene gültige Stimmen:

Enthaltungen: 0
Nein-Stimmen: 0
Ja-Stimmen:

Der Vorsitzende gab das Abstimmungsergebnis bekannt und stellte fest, dass die Umwandlung mit mehr als 3/4-Mehrheit des vertretenen Grundkapitals beschlossen ist.

Punkt 3: Bestellung der ersten Organe

Beschluss über Aufsichtsrat und Vorstand: ….

Die Hauptversammlung fasste entsprechend dem Antrag den Beschluss mit den nachfolgend genannten Stimmen:

Aktuelle Präsenz:
abgegebene gültige Stimmen:

Enthaltungen: 0
Nein-Stimmen: 0

Ja-Stimmen:

Der Vorsitzende gab das Abstimmungsergebnis bekannt und stellte fest, dass folgende Personen einstimmig in den Aufsichtsrat. und ….in den Vorstand gewählt wurden.

Gegen keinen der Beschlüsse wurde Widerspruch zur Niederschrift erklärt.

Damit war die Tagesordnung erledigt. Der Vorsitzende schloss die Hauptversammlung um 19.00 Uhr.

Die Niederschrift wurde vom Notar wie folgt unterschrieben:

….

Anlagen:

Anlage 1: Belegexemplar vom elektronischen Bundesanzeiger

Anlage 2: Satzung der Genossenschaft

b) *Handelsregisteranmeldung*

▶ Muster: Handelsregisteranmeldung bei Umwandlung AG in Genossenschaft

682 An das

Amtsgericht X-Stadt

– Handelsregister –

HRB Nr…….

Zur Eintragung in das Handelsregister wird angemeldet:

1. Die X AG wurde aufgrund Umwandlungsbeschlusses vom……, UR.Nr……. in die Rechtsform einer Genossenschaft in Firma X eG mit Sitz in X Stadt umgewandelt. Die neue Rechtsform wird hiermit angemeldet.

2. Weiter erklären wir, dass eine Klage gegen Wirksamkeit des Umwandlungsbeschlusses nicht oder nicht fristgemäß erhoben worden ist.

3. Zu dieser Anmeldung überreichen wir folgende Anlagen:

elektronische beglaubigte Abschrift des Umwandlungsbeschlusses zur Urkunde des Notars……, in…… UR.Nr…….,

elektronische beglaubigte Abschrift des Umwandlungsberichtes,

elektronische beglaubigte Abschrift des Nachweises über die Zuleitung des Umwandlungsbeschlusses zum Betriebsratsvorsitzenden,

…..

(Unterschrift der Vorstandsmitglieder der A-AG in vertretungsberechtigter Zahl)

(Beglaubigungsvermerk)

c) *Anmeldung zum Genossenschaftsregister*

▶ Muster: Genossenschaftsregisteranmeldung bei Umwandlung AG in Genossenschaft

683 An das

Amtsgericht X-Stadt

– Genossenschaftsregister –

bisher HRB Nr…..

Zur Eintragung in das Handelsregister wird angemeldet:

1. Die X AG wurde aufgrund Umwandlungsbeschlusses vom......, UR.Nr....... in die Rechtsform einer Genossenschaft in Firma X eG mit Sitz in X Stadt umgewandelt. Die neue Rechtsform samt der Satzung und der Vorstandsmitglieder der X eG wird hiermit angemeldet.

2. Zu ersten Mitglieder des Vorstands wurden bestellt:
a) Herr A (Familienname, Vorname, Geburtsdatum, Wohnort);
b) Herr B (Familienname, Vorname, Geburtsdatum, Wohnort);
c) Herr C (Familienname, Vorname, Geburtsdatum, Wohnort).

3. Vertretungsbefugnis:

Die Genossenschaft wird durch zwei Vorstandsmitglieder oder durch ein Vorstandsmitglied in Gemeinschaft mit einem Prokuristen gesetzlich vertreten. Die Herren A, B und C vertreten jeweils gemeinsam mit einem weiteren Vorstandsmigtlied oder einem Prokuristen.

4. Die Geschäftsräume und die inländische Geschäftsanschrift der Gesellschaft befinden sich in... .

5. Zu dieser Anmeldung überreichen wir folgende Anlagen:

elektronische beglaubigte Abschrift des Umwandlungsbeschlusses zur Urkunde des Notars......, in...... UR.Nr.......,

elektronische beglaubigte Abschrift des Beschlusses über die Vorstandsbestellung, in der gleichen Urkunde enthalten, (falls Aufsichtsrat den Vorstand bestellt: Beschlussprotokoll des Aufsichtsrates)

Vollständiger Wortlaut der Satzung, in der gleichen Urkunde enthalten,

Bescheinigung des Prüfungsverbands......., dass die Genossenschaft zum Beitritt zugelassen ist;

gutachtliche Äußerung des Prüfungsverbands... .

elektronische beglaubigte Abschrift des Umwandlungsberichtes,

elektronische beglaubigte Abschrift des Nachweises über die Zuleitung des Umwandlungsbeschlusses zum Betriebsratsvorsitzenden,

6. Weiter erklären wir, dass eine Klage gegen Wirksamkeit des Umwandlungsbeschlusses nicht oder nicht fristgemäß erhoben worden ist.

....

(Unterschrift Vorstandsmitglieder der X AG in vertretungsberechtigter Zahl: § 254 UmwG)

(Beglaubigungsvermerk)

8. Formwechsel einer GmbH in eine BGB-Gesellschaft

a) Umwandlungsbeschluss

▶ Muster: Umwandlungsbeschluss bei Formwechsel GmbH in BGB-Gesellschaft

Heute, den......, erschienen vor mir, dem unterzeichnenden Notar...... mit Amtssitz in......, 684 an der Amtsstelle in... .

1. Herr A, Kaufmann, wohnhaft in......,
2. Herr B, Kaufmann, wohnhaft in......,
3. Herr C, Kaufmann, wohnhaft in... .

Alle Beteiligten sind mir,......, Notar, persönlich bekannt.

Die Erschienenen baten um Beurkundung der folgenden Umwandlung einer GmbH in eine OHG und erklärten:

A. Rechtslage

Die Erschienenen sind Gesellschafter der A. Vermögensverwaltungs GmbH, eingetragen im Handelsregister des Amtsgerichts X unter HRB Nr. .... Geschäftszweck ist die verwaltung eigenen Vermögens.

Das Stammkapital beträgt 50.000,00 €.

Das Stammkapital verteilt sich unter den Gesellschaftern wie folgt:
- Herr A: Geschäftsanteil Nr. 1 i. H. v. 20.000,00 €,
- Herr B: Geschäftsanteil Nr. 2 i. H. v. 20.000,00 €,
- Herr C: Geschäftsanteil Nr. 3 i. H. v. 10.000,00 €.

Die Beteiligten erklären, dass die Einlagen in voller Höhe eingezahlt sind.

Die Gesellschaft hat keinen Grundbesitz. Die Gesellschafter erklären, dass die Gesellschaft keinen Betriebsrat hat.

Die GmbH betreibt nach Angabe kein Handelsgewerbe und auch kein sonstiges Gewerbe, sondern nur die Verwaltung eigenen Vermögens. Der Formwechsel soll daher in eine BGB-Gesellschaft erfolgen.

B. Beschluss über die Umwandlung

Die Erschienenen erklären sodann: Wir sind die alleinigen Gesellschafter der A. Vermögensverwaltungs GmbH mit Sitz in X-Stadt. Unter Verzicht auf alle durch Gesetz oder Gesellschaftervertrag vorgeschriebenen Formen und Fristen halten wir hiermit eine Gesellschaftervollversammlung der GmbH ab und beschließen einstimmig folgenden

Umwandlungsbeschluss:

1. Die A. Italien-Fliesen GmbH wird durch Formwechsel in eine BGB-Geselslchaft umgewandelt.

2. Der Name lautet: A. Vermögensverwaltungs GbR

Sitz der GmbH ist X-Stadt.

3. Das Gesellschaftskapital/Festkapital beträgt 50.000,00 €.

Gesellschafter sind:
- Herr A mit einem Kapitalanteil von 20.000,00 €,
- Herr B mit einem Kapitalanteivon 20.000,00 €,
- Herr C mit einem Kapitalanteivon 10.000,00 €.

Die Einlagen werden durch das Vermögen der umgewandelten GmbH erbracht.

Die Gesellschafter erhalten folgende Kapitalkonten I:
- Herr A: 20.000,00 €,
- Herr B: 20.000,00 €,
- Herr C: 10.000,00 €.

Die Gewinnverteilung nach dem in der Anlage beigefügten Gesellschaftsvertrag entspricht dem Verhältnis der Kapitalkonten I.

4. Die Beteiligten stellen für die BGB-Gesellschaft den Gesellschaftsvertrag fest, der dieser Urkunde als Anlage beigefügt ist, der mit verlesen wurde und auf den verwiesen wird. Er ist Bestandteil dieser Urkunde. Auf die Anlage wird verwiesen.

5. Besondere Rechte werden einzelnen Gesellschaftern oder Dritten nicht eingeräumt.

6. Die BGB-Gesellschaft übernimmt die Arbeitnehmer der GmbH, weitere Maßnahmen sind daher für die Arbeitnehmer nicht vorgesehen. Auswirkungen mitbestimmungsrechtlicher oder tarifvertraglicher Art ergeben sich für die Arbeitnehmer nicht. Ein Betriebsrat besteht nicht.

Weitere Beschlüsse werden nicht getroffen.

C. Zustimmungs- und Verzichtserklärungen

1. Herr A erklärt seine Zustimmung zu diesem Beschluss gem. § 233 Abs. 2 i. V. m. § 50 Abs. 2 UmwG. Ihm war in der GmbH ein Sonderrecht auf Geschäftsführung eingeräumt.

2. Alle Gesellschafter verzichten auf ein Abfindungsangebot gem. § 207 UmwG.

3. Alle Gesellschafter verzichten auf eine Erstattung eines Umwandlungsberichts und auf die Anfechtung des Beschlusses ausdrücklich.

D. Schlussbestimmungen

Von dieser Urkunde erhalten

Ausfertigungen:
– die Beteiligten nach Vollzug;
Beglaubigte Abschriften:
– die Beteiligten,
– das Registergericht und
– das Finanzamt.

Die Kosten der Urkunde trägt die Gesellschaft, ebenso anfallende Verkehrsteuern.

Samt Anlagen vorgelesen vom Notar, von den Erschienenen und vom Notar eigenhändig unterschrieben.

....

Anlage: Gesellschaftsvertrag

b) Handelsregisteranmeldung

▶ Muster: Handelsregisteranmeldung bei Umwandlung GmbH in BGB-Gesellschaft

An das   685

Amtsgericht X-Stadt

– Handelsregister –

HRB... .

A. Vermögensverwaltungs GmbH

Zur Eintragung in das Handelsregister wird angemeldet:

1. Die A. Vermögensverwaltungs GmbH wurde aufgrund Umwandlungsbeschlusses vom......, UR.Nr..... in die Rechtsform einer BGB-Gesellschaft mit dem Namen A. Vermögensverwaltungs GbR umgewandelt. Diese Umwandlung wird hiermit angemeldet.

2. GbR hat ihren Sitz in X-Stadt.

Zu dieser Anmeldung überreichen wir folgende Anlagen:
– elektronische beglaubigte Abschrift des Umwandlungsbeschlusses zur Urkunde des Notars......, in......, UR.Nr......., die auch den Verzicht auf Erstellung eines Umwandlungsberichtes enthält

Weiter erklären wir, dass Klagen gegen den Umwandlungsbeschluss nicht erhoben sind und im Umwandlungsbeschluss die Gesellschafter auf eine Anfechtung verzichtet haben. Ein Betriebsrat besteht nicht.

....

(Unterschriften)

(Beglaubigungsvermerk)

C. Formwechsel von Genossenschaften

I. Checkliste

▶
  ❏ Vorbereitung des Formwechselbeschlusses durch Stellung eines Entwurfs des Umwand-   686
     lungsbeschlusses (§ 192 Abs. 1 UmwG),

- ❏ Zuleitung des Entwurfs des Umwandlungsbeschlusses zum zuständigen Betriebsrat (§ 194 Abs. 3 UmwG),
- ❏ Umwandlungsbericht, der den Umwandlungsbeschluss enthält (§ 192 UmwG),
- ❏ Gutachten des Prüfungsverbandes (§ 259 UmwG),
- ❏ Vorbereitung der Generalversammlung (§ 260 UmwG),
- ❏ Umwandlungsbeschluss, der auch den Gesellschaftsvertrag bzw. die Satzung feststellen muss (§§ 193, 218, 263 UmwG),
- ❏ Einhaltung der Gründungsvorschrift des neuen Rechtsträgers (§ 197 UmwG) und Kapitalschutz (§ 264 UmwG),
- ❏ Anmeldung des Formwechsels (§§ 265, 198, 222 UmwG),
- ❏ Eintragung des Formwechsels (§ 202 UmwG).

II. Einführung

687 Die §§ 258 ff. UmwG regeln den **Formwechsel von Genossenschaften**. Auch hier gilt der allgemeine Aufbau des Gesetzes, d. h. zunächst anzuwenden sind die allgemeinen Vorschriften der §§ 190 ff. UmwG und sodann die Vorschriften der §§ 258 ff. Auch der Ablauf ist grds. der gleiche wie bei den anderen Formen des Formwechsels. Auch die dogmatischen Grundlagen sind, wie bereits dargelegt für alle Formwechselarten dieselben.

688 Die §§ 258 ff. UmwG folgen weitgehend den Vorschriften des bis 1995 geltenden Rechts über die formwechselnde Umwandlung einer eingetragenen Genossenschaft in eine AG (§§ 385 bis 385q AktG i. d. F. vor 1995).

1. Formwechsel in eine Kapitalgesellschaft

689 § 258 Abs. 1 UmwG bestimmt, dass eine eingetragene Genossenschaft aufgrund eines Umwandlungsbeschlusses nach dem UmwG **nur die Rechtsform einer Kapitalgesellschaft** erlangen kann.[975] Über das bis 1995 geltende Recht hinausgehend ist daher also der Formwechsel in jede Art von Kapitalgesellschaft zulässig. Das alte Recht sah nur die Möglichkeit des Formwechsels in eine AG vor.

690 Außerdem bestimmt § 258 Abs. 2 UmwG, dass der **Formwechsel nur möglich** ist, wenn auf jedes Mitglied, das an der Gesellschaft neuer Rechtsform beteiligt wird, als beschränkt haftender Gesellschafter ein Geschäftsanteil, dessen Nennbetrag auf volle Euro lautet, oder als Aktionär mindestens eine volle Aktie entfällt. Würden auf ein Mitglied nur Teilrechte entfallen, so scheidet der Formwechsel aus.[976] Für den Formwechsel in eine KGaA gilt dies nicht, weil die Komplementäre einer KGaA nicht am Grundkapital der Gesellschaft zu beteiligen sind. Zu Beurteilung ist das Geschäftsguthaben und nicht der Geschäftsanteil heranzuziehen.[977]

2. Umwandlung einer früheren Landwirtschaftlichen Produktionsgenossenschaft

691 Für die **neuen Bundesländer** hat Art. 19 des UmwBerG in § 38a weiter gehende Umwandlungsmöglichkeiten vorgesehen. § 38a LwAnpG bestimmt in seiner neuen Form, dass eine eingetragene Genossenschaft, die seinerseits durch formwechselnde Umwandlung einer Landwirtschaftlichen Produktionsgenossenschaft (LPG) entstanden ist, erneut durch Formwechsel in eine Personengesellschaft umgewandelt werden kann. Für die Umwandlung gelten dann die Vorschriften des

---

[975] Vgl. Widmann/Mayer/Fronhöfer, Umwandlungsrecht, § 258 UmwG Rn. 3 ff.; BeckOGK/Erkens UmwG § 258 Rn. 8; Semler/Stengel/Bonow § 258 UmwG Rn. 1.

[976] Vgl. Widmann/Mayer/Fronhöfer, Umwandlungsrecht, § 258 UmwG Rn. 7; Bonow, in: Semler/Stengel, § 258 UmwG Rn. 19; Lutter/Bayer, § 258 UmwG Rn. 17; BeckOGK/Erkens UmwG § 258 Rn. 14.

[977] Vgl. dazu oben Teil 4 Rdn. 416 ff.; BeckOGK/Erkens UmwG § 258 Rn. 14; Semler/Stengel/Bonow § 258 UmwG Rn. 9.

LwAnpG entsprechend.:[978] Diese Vorschrift ist auf Beschlussempfehlung des Rechtsausschusses erst in das Gesetz gelangt. Die Begründung des Rechtsausschusses weist hierzu auf Folgendes hin[979]

> »In den neuen Bundesländern hat sich ein Bedürfnis gezeigt, Genossenschaften, die aus der Umwandlung einer früheren LPG hervorgegangen sind, die Möglichkeit einzuräumen, durch eine erneute Änderung ihrer Rechtsform in eine Personengesellschaft umgewandelt zu werden. Um den gesetzlichen Regelungsaufwand möglichst gering zu halten, sollen für diesen Vorgang die Vorschriften des Landwirtschaftsanpassungsgesetzes über den Formwechsel einer LPG in eine Personengesellschaft entsprechend anwendbar sein.«

Der Formwechsel richtet sich also in diesem **Spezialfall** nicht nach dem UmwG, sondern weiterhin nach dem LwAnpG. Für die neuen Bundesländer muss daher stets geprüft werden, ob die Genossenschaft aus einer LPG hervorgegangen ist. Ist dies der Fall, dann besteht auch die Möglichkeit eines Formwechsels in eine Personengesellschaft. 692

III. Umwandlungsbericht

Auch beim Formwechsel von Genossenschaften gilt **§ 192 UmwG**, sodass der Vorstand der Genossenschaft einen ausführlichen, schriftlichen Bericht zu erstatten hat, in dem der Formwechsel und insb. die künftige Beteiligung der Genossen an dem neuen Rechtsträger rechtlich und wirtschaftlich erläutert und begründet wird. Dem Umwandlungsbericht ist ebenfalls ein Entwurf des Umwandlungsbeschlusses beizufügen. 693

Es gilt auch § 192 Abs. 3 UmwG, sodass der Umwandlungsbericht nicht erforderlich ist, wenn alle Genossen auf seine Erstattung verzichten.[980] Die **Verzichtserklärung** ist notariell zu beurkunden. 694

IV. Gutachten des Prüfungsverbandes

Vgl. zum Gutachten eingehend oben Teil 2 Rdn. 1242 ff. 695

Ebenso wie bei der Verschmelzung in § 81 UmwG sieht § 259 UmwG vor, dass **vor der Einberufung der Generalversammlung**, die über den Formwechsel beschließen soll, eine **gutachterliche Äußerung des Prüfungsverbandes** einzuholen ist, ob der Formwechsel mit den Belangen der Mitglieder und der Gläubiger der Genossenschaft vereinbar ist, insb. ob bei der Festsetzung des Stammkapitals oder des Grundkapitals § 263 Abs. 2 Satz 2 und § 264 Abs. 1 UmwG beachtet wurden (vgl. dazu oben Teil 2 Rdn. 1242 ff.). Gem. § 260 Abs. 3 UmwG ist in dem Geschäftsraum der formwechselnden Genossenschaft neben den sonstigen Unterlagen auch das Prüfungsgutachten zur Einsicht der Genossen auszulegen, wobei diese Verpflichtung entfällt, wenn das Prüfungsgutachten für denselben Zeitraum über die Internetseite der Genossenschaft zugänglich ist. Nach § 260 Abs. 1 UmwG hat der Vorstand der formwechselnden Genossenschaft allen Mitgliedern spätestens zusammen mit der Einberufung der Generalversammlung, die den Formwechsel beschließen soll, diesen Formwechsel als Gegenstand der Beschlussfassung in Textform anzukündigen. In der Ankündigung ist auf die für die Beschlussfassung nach § 262 Abs. 1 UmwG erforderlichen Mehrheiten sowie auf die Möglichkeit der Erhebung eines Widerspruchs und die sich daraus ergebenden Rechte hinzuweisen.

Nach § 261 Abs. 2 UmwG schließlich ist das **Prüfungsgutachten in der Generalversammlung zu verlesen**. Der Prüfungsverband ist berechtigt, an der Generalversammlung beratend teilzunehmen.

---

978 Vgl. Lutter/Bayer, § 258 UmwG Rn. 5 ff.
979 Vgl. bei Limmer, Umwandlungsrecht, S. 531.
980 BeckOGK/Lakenberg UmwG § 260 Rn. 16.

696 Der Grund für diese **obligatorische Begutachtung des Formwechsels** liegt wie bei der Verschmelzung in den erheblichen Auswirkungen des Formwechsels auf das Schicksal der beteiligten Genossen und die Risiken, die daraus den Mitgliedern und den Genossenschaftsgläubigern erwachsen können.[981] Die Begutachtung durch den Prüfungsverband soll diesen erste Gelegenheit zur Stellungnahme geben, um auf diese Weise übereilten Schritten der Generalversammlung entgegenwirken zu können. Darüber hinaus soll das Prüfungsgutachten auch einer Erleichterung der Meinungsbildung der Generalversammlung dienen. Die **Generalversammlung** ist nicht an das Ergebnis des Gutachtens gebunden. Ein **negatives Gutachten** hindert ebenso wenig wie bei der Verschmelzung die Wirksamkeit des von der Generalversammlung gefassten Umwandlungsbeschlusses.[982]

697 Bzgl. des **Inhaltes des Gutachtens** entspricht § 259 UmwG weitgehend § 81 UmwG, sodass das Prüfungsgutachten insb. zu folgenden Punkten Stellung nehmen muss:[983]
– Vereinbarkeit des Formwechsels mit den Belangen der Genossen,
– Vereinbarkeit des Formwechsels mit den Belangen der Gläubiger,
– Überprüfung der Festsetzung des Stamm- oder Grundkapitals.

698 Es muss also hier insb. die **Darstellung der Folgen des Formwechsels** für die Gläubiger und Genossen enthalten sein. Hauptsächlich muss über die wirtschaftliche Zukunft der Genossenschaft sowie das Für und Wider des Formwechsels eine klare Aussage gemacht werden, ob der Formwechsel mit den Belangen der Gläubiger und Mitglieder vereinbar ist, besonders im Hinblick auf die zukünftig zu erwartende Entwicklung (vgl. oben Teil 2 Rdn. 1247 ff. zur Verschmelzung).

V. Vorbereitung der Generalversammlung

1. Einberufung der Generalversammlung

699 Vgl. eingehend oben Teil 2 Rdn. 1252 ff.

Gem. § 44 Abs. 1 GenG wird die **Generalversammlung durch den Vorstand einberufen**. Die Generalversammlung wird in der Form der Einladung einberufen, wobei die näheren Formalitäten die Satzung gem. § 6 Nr. 4 GenG zu regeln hat. Nach den Satzungen wird die Generalversammlung i. d. R. entweder durch unmittelbare Benachrichtigung sämtlicher Mitglieder oder durch Bekanntmachung in den für die Satzung bestimmten Veröffentlichungsblättern durchgeführt.

700 Die §§ 46 Abs. 1, 6 Nr. 4 GenG regeln die **Einberufung der Generalversammlung,** wobei § 260 Abs. 1 UmwG strengere Vorschriften vorsieht. Die Einberufung muss gem. § 46 Abs. 1, 6 Nr. 4 GenG in der von der Satzung bestimmten Weise mindestens zwei Wochen vor der Generalversammlung erfolgen. In der Praxis werden allerdings längere Fristen eingehalten.

701 Nach § 46 Abs. 2 GenG muss die Einberufung eine **Tagesordnung** enthalten. Bei der Einberufung ist die Tagesordnung bekannt zu machen. Der Vorstand der formwechselnden Genossenschaft hat nach § 260 Abs. 1 Satz 1 UmwG allen Mitgliedern spätestens zusammen mit der Einberufung der Generalversammlung, die den Formwechsel beschließen soll, diesen Formwechsel als Gegenstand der Beschlußfassung in **Textform** anzukündigen. Über Gegenstände, deren Verhandlung nicht in der durch die Satzung oder nach § 45 Abs. 3 GenG vorgesehenen Weise mindestens eine Woche vor der Generalversammlung angekündigt ist, können Beschlüsse nicht gefasst werden. Der Tagesordnungspunkt muss hinreichend konkret sein, so reicht z. B. der Tagesordnungs-

---

981 Vgl. Widmann/Mayer/Fronhöfer, Umwandlungsrecht, § 259 UmwG Rn. 3 ff.; Lutter/Bayer, § 259 UmwG Rn. 7; BeckOGK/Thilo UmwG § 259 Rn. 2 f.
982 BeckOGK/Thilo UmwG § 259 Rn. 10; Schmitt/Hörtnagl/Stratz/Stratz § 259 UmwG Rn. 7; Widmann/Mayer/Fronhöfer § 259 UmwG Rn. 7; vgl. oben Teil 2 Rdn. 1246.
983 Widmann/Mayer/Fronhöfer, Umwandlungsrecht, § 259 UmwG Rn. 3 ff.; Lutter/Bayer, § 259 UmwG Rn. 7 ff.; BeckOGK/Thilo UmwG § 259 Rn. 11 ff.

punkt »Satzungsänderung« grds. nicht aus, es müssen mindestens die zu ändernden Vorschriften der Satzung bezeichnet werden.

Für den Formwechsel bestimmt daher § 260 Abs. 1 UmwG, dass der Vorstand der formwechselnden Genossenschaft allen Genossen spätestens zusammen mit der Einberufung der Generalversammlung den Formwechsel als Gegenstand der Beschlussfassung in Textform ankündigen muss, sodass anders als für die normale Einberufung nach §§ 46 Abs. 1, 6 Nr. 4 GenG eine Bekanntmachung in einem öffentlichen Blatt nicht ausreichend ist.[984] In der **Ankündigung** ist auf die für die Beschlussfassung nach § 262 Abs. 1 UmwG erforderlichen Mehrheiten sowie auf die Möglichkeit der Erhebung eines Widerspruchs und die sich daraus ergebenden Rechte hinzuweisen.[985] Die Ankündigung hat ggü. **jedem einzelnen Mitglied** zu erfolgen.[986]

2. Mitteilung des Abfindungsangebots

§ 260 Abs. 2 UmwG verweist (nur) auf § 231 Satz 1 UmwG, sodass der Vorstand der formwechselnden Genossenschaft den Genossen spätestens zusammen mit der Einberufung der Generalversammlung das **Abfindungsangebot** nach § 207 UmwG zu übersenden hat. Auch hier genügt öffentliche Bekanntmachung nicht, sondern ist Textform erforderlich, da der Gesetzgeber nicht auf die Vereinfachungen nach § 231 Satz 2 UmwG verwiesen hat.[987]

3. Auszulegende Unterlagen

§ 260 Abs. 2 i. V. m. § 230 Abs. 2 und § 260 Abs. 3 UmwG bestimmt weiter, dass von der Einberufung der Generalversammlung an, **in dem Geschäftsraum** der Genossenschaft **folgende Unterlagen** auszulegen sind:[988]
– Umwandlungsbericht samt Entwurf des Umwandlungsbeschlusses,
– Prüfungsgutachten des Prüfungsverbandes – auf Verlangen ist jedem Genossen unverzüglich und kostenlos eine Abschrift des Prüfungsgutachtens zu erteilen.

Diese Verpflichtungen entfallen, wenn das Prüfungsgutachten für denselben Zeitraum über die Internetseite der Genossenschaft zugänglich ist (§ 260 Abs. 3 Satz 3 UmwG).

VI. Durchführung der Generalversammlung

1. Auslegungs- und Erläuterungspflicht

Vgl. dazu oben Teil 2 Rdn. 1257.

Gem. § 261 Abs. 1 UmwG sind **in der Generalversammlung folgende Unterlagen** auszulegen:
– Umwandlungsbericht samt Entwurf des Umwandlungsbeschlusses,
– Prüfungsgutachten des Prüfungsverbandes. Darüber hinaus ist nach § 261 Abs. 2 UmwG das Prüfungsgutachten in der Generalversammlung zu verlesen. Der Prüfungsverband ist weiter berechtigt, an der Generalversammlung beratend teilzunehmen. Schließlich hat der Vorstand den Umwandlungsbeschluss zu Beginn der Verhandlung mündlich zu erläutern.

---

984 Vgl. Widmann/Mayer/Fronhöfer, Umwandlungsrecht, § 260 UmwG Rn. 6; Bonow, in: Semler/Stengel, § 260 UmwG Rn. 5; Lutter/Bayer, § 260 UmwG Rn. 6; BeckOGK/Lakenberg UmwG § 260 Rn. 7.
985 Vgl. Widmann/Mayer/Fronhöfer, Umwandlungsrecht, § 260 UmwG Rn. 4 ff.
986 Vgl. Widmann/Mayer/Fronhöfer, Umwandlungsrecht, § 260 UmwG Rn. 5; Bonow, in: Semler/Stengel, § 260 UmwG Rn. 5; Lutter/Bayer, § 260 UmwG Rn. 3.
987 Vgl. Widmann/Mayer/Fronhöfer, Umwandlungsrecht, § 260 UmwG Rn. 10; BeckOGK/Lakenberg UmwG § 260 Rn. 10.
988 BeckOGK/Lakenberg UmwG § 260 Rn. 11 ff.

2. Ablauf

706 Vgl. dazu oben Teil 2 Rdn. 1260 ff.

Die Generalversammlung wird nach den meisten Mustersatzungen entweder vom Vorsitzenden des Aufsichtsrates oder dessen Stellvertreter geleitet. Sind beide verhindert, so beschließt die Generalversammlung mit einfacher Mehrheit über die Person des **Versammlungsleiters**.

707 Jedes **Mitglied** hat grds. das Recht, an der Generalversammlung persönlich oder durch einen Vertreter teilzunehmen. Darüber hinaus hat gem. § 261 Abs. 2 Satz 2 UmwG der Prüfungsverband das Recht, an der Generalversammlung beratend teilzunehmen.

708 Nach § 261 Abs. 2 UmwG ist das – gesamte – Prüfungsgutachten in der Generalversammlung zu verlesen; ein Verzicht ist nicht möglich.[989] Außerdem haben die Mitglieder in der Generalversammlung ein **allgemeines Auskunftsrecht** über die Angelegenheiten der Genossenschaft, sowie zu den Tagesordnungspunkten.[990] Die Auskunft hat im Allgemeinen der Vorstand zu erteilen. Nach § 261 Abs. 1 Satz 2 ist darüber hinaus der Umwandlungsbeschluss zu Beginn der Verhandlung mündlich zu erläutern; ein Verzicht ist nicht möglich.[991]

709 Für die Durchführung der Versammlung gilt, dass der Versammlungsleiter nach Beendigung der Aussprache zum Beschlussgegenstand die **Abstimmung** durchzuführen hat und hierbei ausdrücklich zu fragen hat, wer für den Antrag ist und wer gegen den Antrag ist. Die Feststellung der Stimmenthaltung ist rechtlich bedeutungslos. Sodann hat der Versammlungsleiter das Ergebnis der Abstimmung formell festzusetzen und zu verkünden. Der Beschluss wird erst mit der Verkündung des Ergebnisses wirksam.[992]

710 Die **Beschlussfassung** kann offen – durch Handzeichen, Erheben der Stimmkarte, Zuruf – oder auch geheim – durch Stimmzettel – durchgeführt werden. Soweit die Satzung hierzu keine Regelungen enthält, bestimmt der Versammlungsleiter das Verfahren nach pflichtgemäßem Ermessen.[993] Nach den meisten Satzungen ist die Verschmelzung oft in offener Form vorgesehen, wenn nicht ein entsprechender Antrag mit einer bestimmten Mehrheit gestellt wird.[994]

3. Beschlussmehrheit

711 Für die **Beschlussfähigkeit der Generalversammlung** sieht weder das GenG und noch das UmwG eine Vorschrift vor, die Satzung kann allerdings Voraussetzungen für die Beschlussfähigkeit aufstellen. Allerdings geht ein Teil der Literatur davon aus, dass auch, wenn die Satzung keine Regelung enthält, für eine Versammlung mindestens drei Mitglieder anwesend sein müssen.[995]

712 § 262 Abs. 1 UmwG bestimmt, dass der Umwandlungsbeschluss der Generalversammlung einer **Mehrheit von mindestens 3/4 der abgegebenen Stimmen** bedarf. Notwendig ist danach die

---

989 Vgl. Widmann/Mayer/Fronhöfer, Umwandlungsrecht, § 261 UmwG Rn. 7; Lutter/Bayer, § 261 UmwG Rn. 12; Bonow, in: Semler/Stengel, § 261 UmwG Rn. 21.
990 Vgl. Lang/Weidmüller/Metz, GenG, § 43 Rn. 39; Widmann/Mayer/Fronhöfer, Umwandlungsrecht, § 261 UmwG Rn. 6; Lutter/Bayer, § 261 UmwG Rn. 8 f.
991 Vgl. Widmann/Mayer/Fronhöfer, Umwandlungsrecht, § 261 UmwG Rn. 5; Lutter/Bayer, § 261 UmwG Rn. 8.
992 Vgl. Lang/Weidmüller/Metz, GenG, § 43 Rn. 142; Werhahn, Die Generalversammlung und die Vertreterversammlung der Genossenschaft, S. 73; Pöhlmann/Fandrich/Bloehs/Fandrich GenG § 43 Rn. 24 ff.
993 Vgl. Bonow, in: Semler/Stengel, § 261 UmwG Rn. 18; Beuthien, § 43 GenG Rn. 9; Pöhlmann/Fandrich/Bloehs/Fandrich GenG § 43 Rn. 26.
994 Vgl. Bonow, in: Semler/Stengel, § 261 UmwG Rn. 19.
995 Vgl. Cario, in: Lang/Weidmüller, GenG, § 43 Rn. 51; Werhahn, Die Generalversammlung und die Vertreterversammlung der Genossenschaft, S. 54; Bonow, in: Semler/Stengel, § 262 UmwG Rn. 3; BeckOGK/Lakenberg UmwG § 262 Rn. 4), nach anderer Ansicht genügen zwei Mitglieder (Pöhlmann/Fandrich/Bloehs/Fandrich GenG § 43 Rn. 25.

Mehrheit der abgegebenen Stimmen. »Abgegebene Stimmen« bedeutet, dass Stimmenthaltungen nicht mitgezählt werden, also auch nicht den Neinstimmen zuzurechnen sind.[996] Da das Gesetz nicht generell von den »anwesenden Mitgliedern« spricht, sondern von den »abgegebenen Stimmen«, kommt es also für die Stimmverhältnisse nur auf die tatsächlich abgegebenen Stimmen an.

§ 262 Abs. 1 Satz 2 UmwG sieht allerdings eine **erhöhte Mehrheit**, nämlich eine Mehrheit von 9/10 der abgegebenen Stimmen vor, wenn spätestens bis zum Ablauf des dritten Tages vor der Generalversammlung wenigstens 100 Genossen, bei der Genossenschaft mit weniger als 1000 Genossen 1/10 der Genossen, durch eingeschriebenen Brief Widerspruch gegen den Formwechsel erhoben haben. 713

Darüber hinaus kann die **Satzung** größere Mehrheiten und weitere Erfordernisse bestimmen. Auch in diesem Zusammenhang stellt sich die Frage, ob, wenn die Satzung zwar den Formwechsel nicht ausdrücklich regelt, aber besondere Anforderungen an die Satzungsänderung oder den Auflösungsbeschluss stellt, diese statuarischen Anforderungen auch an den Formwechselbeschluss der übertragenden Genossenschaft zu stellen sind (vgl. oben zum Problem bei der Verschmelzung Teil 2 Rdn. 1272). Zum alten Recht bei der Verschmelzung wurde jedenfalls vertreten, dass das statuarische Erschweren für Satzungsänderungen auf die Verschmelzung keine Anwendung findet.[997] 714

Schließlich bestimmt § 262 Abs. 2 UmwG, dass auf den Formwechsel einer Genossenschaft in eine KGaA **§ 240 Abs. 2 UmwG entsprechend anzuwenden** ist, sodass jedenfalls alle Genossen zustimmen müssen, die in der KGaA die Stellung eines persönlich haftenden Gesellschafters haben sollen. Auf den Beitritt persönlich haftender Gesellschafter ist § 221 UmwG entsprechend anzuwenden. 715

4. Notarielle Beurkundung

Nach § 193 Abs. 3 UmwG bedarf auch der Formwechselbeschluss bei einer Genossenschaft der notariellen Beurkundung. Für die Anfertigung des notariellen Protokolls dürften die allgemeinen Grundsätze gelten (vgl. Teil 4 Rdn. 218 ff.). Darüber hinaus wird man annehmen müssen, dass § 47 GenG, der die Versammlungsniederschrift regelt, auch für das notarielle Protokoll gilt, da dieses nunmehr die Versammlungsniederschrift des Vorsitzenden ersetzt (vgl. im Einzelnen oben Teil 2 Rdn. 1277 ff.). 716

VII. Inhalt des Umwandlungsbeschlusses

Der **Inhalt des Umwandlungsbeschlusses** ergibt sich auch beim Formwechsel der Genossenschaft aus der allgemeinen Regelung in § 194 UmwG. Allerdings bestimmt § 263 UmwG Sonderregelungen. Zunächst sind auf den Umwandlungsbeschluss die §§ 218, 243 Abs. 2 und 244 Abs. 2 gem. § 263 Abs. 1 UmwG entsprechend anzuwenden. Danach muss der Umwandlungsbeschluss auch zumindest als Anlage den vollständigen Text des Gesellschaftsvertrages oder der Satzung der neuen Gesellschaft enthalten. 717

Darüber hinaus wird durch die Vorschrift auch zugelassen, dass der **Personenkreis der Anteilsinhaber** i. R. d. Formwechsels ausnahmsweise durch den Beitritt persönlich unbeschränkt haftender Gesellschafter beim Formwechsel in die KGaA erweitert wird. § 263 Abs. 1 UmwG verweist daher auch auf § 218 Abs. 2 UmwG. Der Beschluss der Genossenschaft zur Umwandlung in eine KGaA muss daher vorsehen, dass hier an dieser Gesellschaft mindestens ein Gesellschafter der formwechselnden Gesellschaft als persönlich haftender Gesellschafter beteiligt oder dass der Gesellschaft mindestens ein persönlich haftender Gesellschafter beitritt (§ 218 Abs. 2 UmwG). 718

---

996 BGH, NJW 1970, 46; BGH, NJW 1982, 1585; BeckOGK/Lakenberg UmwG § 262 Rn. 4.
997 Vgl. Meyer/Meulenbergh, GenG, 12. Aufl. 1983, § 93a Anm. 2.

719 Außerdem verweist § 263 UmwG auf § 243 Abs. 3 UmwG, sodass in dem Gesellschaftsvertrag oder in der Satzung der Gesellschaft neuer Rechtsform der auf die Anteile entfallende Betrag des Stamm- oder Grundkapitals abweichend vom Betrag der Anteile der formwechselnden Gesellschaft festgesetzt werden kann. Bei einer GmbH muss er auf volle Euro lauten.

720 Die Verweisung auf § 244 Abs. 2 UmwG macht die Unterzeichnung des Gesellschaftsvertrages einer GmbH durch die Gesellschafter entbehrlich. Die Klarstellung war geboten, weil der Entwurf den Formwechsel nicht als bloße Satzungsänderung behandelt, sondern grds. das Gründungsrecht für anwendbar erklärt.

721 § 263 Abs. 2 und Abs. 3 UmwG schließlich konkretisiert § 194 Abs. 1 Nr. 4 UmwG. Er regelt **Einzelheiten** über die Festlegung von Zahl, Art und Umfang der Anteile.

1. Neue Rechtsform

722 Beim Formwechsel der Genossenschaft muss festgelegt werden, ob der Formwechsel in eine GmbH, AG oder KGaA erfolgen soll (§ 194 Abs. 1 Nr. 1 UmwG).

2. Firma des neuen Rechtsträgers

723 Hier ist die **Firma der neuen Gesellschaft** anzugeben (§ 194 Abs. 1 Nr. 2 UmwG).

3. Angaben der Beteiligung der Gesellschaft an der neuen Personengesellschaft

724 Nach § 194 Abs. 1 Nr. 3 UmwG muss im Umwandlungsbeschluss bestimmt werden, welche Beteiligung die Genossen der Genossenschaft an der neuen Gesellschaft erhalten sollen. In erster Linie ist jeweils zu bestimmen, dass die Genossen auch weiterhin Gesellschafter der AG, GmbH oder KGaA sind. § 194 Abs. 1 Nr. 3 UmwG ist in erster Linie Ausdruck des sog. **Identitätsgrundsatzes**, d. h. während des Formwechsels kann kein Gesellschafter ausscheiden oder beitreten.

725 Allerdings sieht das Gesetz beim Formwechsel einer Genossenschaft in eine KGaA gem. § 263 Abs. 1 i. V. m. § 218 Abs. 2 UmwG die Möglichkeit vor, dass **ausnahmsweise ein persönlich unbeschränkt haftender Gesellschafter** dem Formwechsel beitreten kann.[998]

4. Zahl, Art und Umfang der Beteiligung der Genossen an der neuen Gesellschaft

726 Auch für den Formwechsel einer Genossenschaft in eine Kapitalgesellschaft sind die Bestimmungen gem. § 194 Abs. 1 Nr. 4 UmwG am bedeutendsten. Danach sind Zahl, Art und Umfang der Mitgliedschaften, welche die Genossen durch den Formwechsel erlangen sollen, in dem Beschluss anzugeben. Die Vorschrift wird ergänzt durch § 263 Abs. 2 und Abs. 3. Zu bestimmen ist also die **quantitative und qualitative Beteiligung der Genossen** an der neuen Kapitalgesellschaft.

a) Festsetzung von Stammkapital bzw. Grundkapital bei der Umwandlung in eine GmbH oder AG

727 Auch beim Formwechsel einer Genossenschaft in eine Kapitalgesellschaft besteht die erste Frage darin, **welches Stamm- bzw. Grundkapital** die neue Kapitalgesellschaft erhalten soll. Hier gibt § 263 Abs. 2 Satz 2 Abs. 3 UmwG genaue Vorschriften. In dem Beschluss ist der Nennbetrag des Stammkapitals oder Grundkapitals so zu bemessen, dass auf jeden Genossen möglichst ein voller Geschäftsanteil oder eine volle Aktie oder ein möglichst hoher Teil eines Geschäftsanteils oder einer Aktie (Teilrecht) entfällt.[999]

---

998 Vgl. BeckOGK/Lakenberg UmwG § 263 Rn. 8; Semler/Stengel/Bonow § 263 UmwG Rn. 6; Lutter/Bayer Rn. § 263 UmwG Rn. 15.
999 Schmitt/Hörtnagl/Stratz/Stratz UmwG § 263 Rn. 8 mit einem Beispiel.

§ 263 Abs. 2 Satz 1 UmwG verlangt ferner, dass in dem Beschluss bei der Festlegung von Zahl, Art und Umfang der Anteile zu bestimmen ist, dass an dem Stammkapital oder an dem Grundkapital der Kapitalgesellschaft **jeder Genosse in dem Verhältnis** beteiligt wird, in dem am Ende des letzten vor der Beschlussfassung über den Formwechsel abgelaufenen Geschäftsjahres sein Geschäftsguthaben zur Summe der Geschäftsguthaben aller Genossen gestanden hat, die durch den Formwechsel Gesellschafter oder Aktionäre geworden sind (vgl. zur Bedeutung des Geschäftsguthabens Teil 4 Rdn. 654 ff.). 728

§ 263 Abs. 2 UmwG erhält eine Reihe von Vorgaben, die in ihrer Zusammenfassung auch die **Höhe des Stammkapitals** regeln.[1000] 729

Die Vorschrift baut auf dem **Geschäftsguthaben** der Genossen in der Genossenschaft auf. Zum Verständnis des Geschäftsguthabens ist zu beachten, dass der Geschäftsanteil der Betrag ist, bis zu dem sich der einzelne Genosse mit Einlagen an der Genossenschaft beteiligen kann (§ 7 Nr. 1 GenG). Es handelt sich hierbei lediglich um eine in der Satzung festzulegende Beteiligungsgröße, die den Höchstbetrag dieser Einlage bezeichnet. Er ist eine bloße abstrakte Rechnungsgröße, die in der Bilanz der Genossenschaft nicht erscheint und über die tatsächliche finanzielle Beteiligung der Genossen nichts aussagt (vgl. zur Bedeutung des Geschäftsguthabens Teil 4 Rdn. 654 ff.). 730

Die **tatsächliche finanzielle Beteiligung** ergibt sich vielmehr aus dem sog. Geschäftsguthaben, das den Betrag darstellt, der tatsächlich auf den oder die Geschäftsanteile eingezahlt ist (vgl. zur Bedeutung des Geschäftsguthabens Teil 4 Rdn. 654 ff.). Entscheidend ist also die Summe der Geschäftsguthaben. Diese bestimmen dann den Nennbetrag des Stammkapitals oder des Grundkapitals. Maßgebend ist allerdings gem. § 263 Abs. 2 Satz 1 UmwG das Ende des letzten vor der Beschlussfassung über den Formwechsel abgelaufenen Geschäftsjahres. Auf diesen Stichtag sind die Geschäftsguthaben der Genossen zu berechnen, um dem Verhältnismäßigkeitsgrundsatz des § 263 Abs. 2 Satz 1 UmwG Rechnung tragen zu können. 731

b) Beteiligungsquote des einzelnen Genossen am Grund- oder Stammkapital

§ 263 Abs. 2 UmwG bestimmt sodann, dass jeder Genosse am Grund- oder Stammkapital in dem Verhältnis zu beteiligen ist, in dem am Ende des letzten vor der Beschlussfassung über den Formwechsel abgelaufenen Geschäftsjahres sein Geschäftsguthaben zur Summe der Geschäftsguthaben aller Genossen gestanden hat, die durch den Formwechsel Gesellschafter oder Aktionäre geworden sind.[1001] Es besteht also nur die Möglichkeit einer **verhältniswahrenden Umwandlung**. Eine nicht verhältniswahrende Umwandlung ist bei der Genossenschaft nur bei Zustimmung aller Genossen zulässig.[1002] Die Quote wird also zwingend aus dem Verhältnis der Geschäftsguthaben des Einzelnen zur Summe der Guthaben aller Genossen, die Aktionäre oder Gesellschafter werden, errechnet. Der Gesamtbetrag der Geschäftsguthaben der Genossen ergibt sich aus dem Überschuss der Bilanzposten der Aktivseite über die Posten der Passivseite der letzten Jahresbilanz. Die einzelnen Geschäftsguthaben werden, ausgehend von den auf die Geschäftsanteile geleisteten Einzahlungen, durch Zuschreibung von Gewinn und Abschreibung von Verlusten nach § 19 GenG ermittelt.[1003] 732

Notwendig ist also zum einen, dass im Umwandlungsbeschluss bestimmt wird, dass diese **beteiligungswahrende Quote** gegeben ist. Außerdem ist im Umwandlungsbeschluss, wie bei jeder 733

[1000] Vgl. dazu Schmitt/Hörtnagl/Stratz/Stratz UmwG § 263 Rn. 5 ff.; Semler/Stengel/Bonow UmwG § 263 Rn. 8 ff.; BeckOGK/Erkens UmwG § 263 Rn. 16 ff.; Widmann/Mayer/Fronhöfer § 263 UmwG Rn. 6 ff.; Lutter/Bayer § 263 UmwG Rn. 24 ff.
[1001] BeckOGK/Erkens UmwG § 263 Rn. 10 ff.; Widmann/Mayer/Fronhöfer § 263 UmwG Rn. 7 ff.; Semler/Stengel/Bonow § 263 UmwG Rn. 11 f.
[1002] Schmitt/Hörtnagl/Stratz/Stratz UmwG § 263 Rn. 5.
[1003] Vgl. Schmitt/Hörtnagl/Stratz/Stratz UmwG § 263 Rn. 6; Semler/Stengel/Bonow UmwG § 263 Rn. 19 ff.; Semler/Grunewald, in: Geßler/Hefermehl, AktG, § 385n Rn. 8.

Umwandlung, über Zahl, Art und Umfang der Anteile zu bestimmen. Diese Verteilung muss allerdings wiederum dieser Beteiligungsquote, die § 263 Abs. 2 Satz 1 UmwG vorgibt, entsprechen.

5. Anzahl und Stückelung der Anteile bzw. Aktien

734 Beim Formwechsel der Genossenschaft in eine GmbH gilt seit dem MoMiG § 5 Abs. 2 GmbHG, sodass ein **künftiger GmbH-Gesellschafter** auch **mehrere Geschäftsanteile** übernehmen kann. Beim Formwechsel in die GmbH gilt allerdings, anders als bei den sonstigen Formwechseln (vgl. oben Teil 4 Rdn. 169 ff.), der Grundsatz des § 5 Abs. 1 bis Abs. 3 GmbHG, dass der Geschäftsanteil auf volle Euro lauten muss.

735 Weiter zu berücksichtigen ist allerdings, dass gem. § 263 Abs. 3 UmwG die Geschäftsanteile einer GmbH nur auf einen höheren **Nennbetrag** als 100,00 € gestellt werden, soweit auf die Genossen der formwechselnden Genossenschaft voll Geschäftsanteile mit dem höheren Nennwert entfallen.

736 Beim Formwechsel in eine AG gilt § 8 Abs. 1 Satz 1 und Abs. 2 AktG, sodass die **Aktien mindestens auf einen vollen Euro** lauten müssen. Die Verweisung auf § 243 Abs. 2 Satz 2 UmwG ist damit überflüssig. Allerdings ist auch hier zu berücksichtigen, dass gem. § 263 Abs. 3 Satz 2 UmwG Aktien auf einen höheren Nennbetrag als den Mindestbetrag nach § 8 Abs. 2 und 3 AktG nur gestellt werden können, soweit volle Aktien mit dem höheren Nennbetrag auf die Genossen entfallen. Wird das Vertretungsorgan der AG oder der KGaA in der Satzung ermächtigt, das Grundkapital bis zu einem bestimmten Nennbetrag durch Ausgabe neuer Aktien gegen Einlage zu erhöhen, so darf die Ermächtigung nicht vorsehen, dass das Vertretungsorgan über den Ausschluss des Bezugsrechts entscheidet.

6. Sonder- und Vorzugsrechte

737 Gem. § 194 Abs. 1 Nr. 5 UmwG müssen im Umwandlungsbeschluss auch die Rechte bestimmt werden, die einzelnen Anteilsinhabern sowie den Inhabern besonderer Rechte gewährt werden (vgl. Teil 4 Rdn. 178 ff.).

7. Angebot auf Barabfindung

738 Beim Formwechsel einer Genossenschaft in eine Kapitalgesellschaft muss der Umwandlungsbeschluss i. d. R. ein **Angebot auf Barabfindung** enthalten (§ 194 Abs. 1 Nr. 6 UmwG). Vgl oben Teil 4 Rdn. 242 ff.

739 Beim Formwechsel einer Genossenschaft in eine Kapitalgesellschaft gilt bzgl. der Barabfindung folgende **in § 270 UmwG geregelte Besonderheit**. Das Abfindungsangebot gilt auch für jeden Genossen, der dem Formwechsel bis zum Ablauf des dritten Tages vor dem Tage, an dem der Umwandlungsbeschluss gefasst worden ist, durch eingeschriebenen Brief widersprochen hat. Diese Vorschrift erleichtert für widersprechende Genossen die Voraussetzung für einen Abfindungsanspruch.

VIII. Feststellung der Satzung oder des Gesellschaftsvertrages der neuen Gesellschaft

740 § 263 verweist voll inhaltlich auf § 218 UmwG, sodass in dem Umwandlungsbeschluss auch der **Gesellschaftsvertrag oder die Satzung der neuen Gesellschaft festgestellt** werden muss.[1004] Der Beschluss zur Umwandlung in eine KGaA muss darüber hinaus vorsehen, dass sich an dieser Gesellschaft mindestens ein Gesellschafter der formwechselnden Gesellschaft als persönlich haften-

---

1004 Vgl. Widmann/Mayer/Fronhöfer, Umwandlungsrecht, § 263 UmwG Rn. 3; Lutter/Bayer, § 263 UmwG Rn. 13; Bonow, in: Semler/Stengel, § 263 UmwG Rn. 4; BeckOGK/Erkens UmwG § 263 Rn. 6.

der Gesellschafter beteiligt oder dass der Gesellschaft mindestens ein persönlich haftender Gesellschafter beitritt. § 263 UmwG verweist auf § 244 Abs. 2 UmwG, sodass beim Formwechsel in eine GmbH der Gesellschaftsvertrag **nicht von den Gesellschaftern unterzeichnet werden braucht**.[1005]

IX. Bestellung der ersten Organe

Auch beim Formwechsel einer Genossenschaft in eine Kapitalgesellschaft werden die bisherigen Vorstände **nicht automatisch Vorstände oder Geschäftsführer** der bisherigen Gesellschaft. § 197 UmwG bestimmt daher allgemein, dass auf den Formwechsel die für die neue Rechtsform geltenden Gründungsvorschriften anzuwenden sind. Hieraus wird man daher folgern müssen, dass auch die Vorschriften über die Bestellung der ersten Organe ebenfalls i. R. d. Umwandlungsvorganges anzuwenden sind (vgl. im Einzelnen Teil 4 Rdn. 286 ff.).

741

X. Gründungsvorschriften und Kapitalschutz beim Formwechsel einer Genossenschaft in eine Kapitalgesellschaft

Beim Formwechsel einer Genossenschaft in eine Kapitalgesellschaft spielt auch der **Kapitalschutz** eine große Rolle. Der Gesetzgeber hat daher in § 264 UmwG das Problem ausdrücklich geregelt und bestimmt, dass der Nennbetrag des Stammkapitals einer GmbH oder des Grundkapitals einer AG oder KGaA das nach Abzug der Schulden verbleibende Vermögen der formwechselnden Genossenschaft nicht übersteigen darf. Außerdem gilt eben gem. § 197 UmwG, dass die allgemeinen Vorschriften des Gründungsrechts der neuen Gesellschaft anzuwenden sind, wobei allerdings § 264 Abs. 2 und Abs. 3 UmwG gewisse Sondervorschriften und Erleichterungen vorsieht.

742

1. Kapitalaufbringung

Nach § 264 Abs. 1 UmwG darf also der **Nennbetrag des Stammkapitals** einer GmbH oder des Grundkapitals einer AG oder KGaA das nach Abzug der Schulden verbleibende Vermögen der formwechselnden Genossenschaft nicht übersteigen. Das bedeutet also, dass der Nennbetrag des künftigen Stamm- oder Grundkapitals der Gesellschaft neuer Rechtsform durch das **Reinvermögen der formwechselnden Genossenschaft** gedeckt sein muss.[1006] Die Vorschrift entspricht weitgehend der vergleichbaren Vorschrift beim Formwechsel einer Personengesellschaft in eine Kapitalgesellschaft (vgl. § 220 Abs. 1 UmwG). Es kann daher auf die dortigen Erläuterungen verwiesen werden (vgl. oben Teil 4 Rdn. 26 ff., 445 ff.).

743

Unklar ist hierbei ebenfalls, ob die Möglichkeit einer **Buchwertaufstockung** besteht. Das wird man wohl auch hier bejahen müssen.[1007] Sollte das Reinvermögen der Genossenschaft allerdings nicht ausreichen um das Stammkapital oder Grundkapital zu decken, empfiehlt sich das **einfachste Verfahren**, durch Einlagen in die Genossenschaft vor der Umwandlung ein entsprechendes Kapital bei der Genossenschaft zu schaffen, sodass die notwendige Kapitaldeckung erreicht wird. Auch die ergänzende Bareinlage wird zu Recht als zulässig angesehen.[1008]

744

1005 Lutter/Bayer, § 263 UmwG Rn. 14; BeckOGK/Erkens UmwG § 263 Rn. 7; Schmitt/Hörtnagl/Stratz/Stratz § 263 UmwG Rn. 3.
1006 Vgl. Widmann/Mayer/Fronhöfer § 263 UmwG Rn. 2. Bonow, in: Semler/Stengel, § 264 UmwG Rn. 4; Lutter/Bayer, § 264 UmwG Rn. 2; KölnKom/Schöpflin § 264 UmwG Rn. 3; BeckOGK/Fuchs UmwG § 264 Rn. 5.
1007 Vgl. Bonow, in: Semler/Stengel, § 264 UmwG Rn. 6 f.; vgl. oben Teil 4 Rdn. 402 ff.
1008 Lutter/Bayer, § 264 UmwG Rn. 2; Widmann/Mayer/Fronhöfer, Umwandlungsrecht, § 264 UmwG Rn. 2; KölnKom/Schöpflin § 264 UmwG Rn. 4.

2. Sachgründungsbericht beim Formwechsel in GmbH

745 Wie sich aus § 264 Abs. 2 UmwG ergibt, ist beim Formwechsel in eine GmbH ein Sachgründungsbericht nicht erforderlich.

3. Gründungsbericht und Gründungsprüfung beim Formwechsel in AG

746 Beim Formwechsel in eine AG oder eine KGaA hat die **Gründungsprüfung** durch einen oder mehrere Prüfer gem. § 30 Abs. 2 AktG in jedem Fall stattzufinden. Jedoch sind die Genossen der formwechselnden Genossenschaft nicht verpflichtet, einen Gründungsbericht zu erstatten. Die §§ 32, 35 Abs. 1 und Abs. 2, § 46 AktG sind daher nicht anzuwenden. Bei der Umwandlung in eine AG/KGaA finden die Vorschriften über die Nachgründung ebenfalls Anwendung (§ 245 Abs. 1 bis Abs. 3 i. V. m. § 220 Abs. 3 Satz 2 UmwG). § 245 Abs. 1 Satz 2 UmwG verweist über § 220 Abs. 3 Satz 2 UmwG auf die Anwendung der Nachgründungsregeln in § 52 AktG. Beim Formwechsel einer GmbH in eine AG oder Kommandit-AG ist aber zu berücksichtigen, dass sich die Kapitalaufbringung bei der GmbH nicht grundlegend von den Kapitalaufbringungsregeln des AktG unterscheidet. Für diesen Fall hat nunmehr das **Zweite Gesetz zur Änderung des UmwG** geregelt, dass die Anwendung des § 52 AktG nur vorgeschrieben wird, wenn die GmbH vor dem Wirksamwerden des Formwechsels weniger als 2 Jahre im Handelsregister eingetragen war. Klargestellt wurde ferner in Abs. 2 und Abs. 3, dass beim Formwechsel einer AG in eine Kommandit-AG und umgekehrt die Nachgründungsvorschrift des § 52 AktG, die bereits für die Ausgangsrechtsform zu beachten war, nicht erneut angewendet werden muss.

747 Auch hier wollte der Gesetzgeber wie beim Formwechsel in eine GmbH sicherstellen, dass die Genossen nicht die **Verantwortung als Gründer** haben.[1009]

748 Bzgl. des Gründungsrechts kann auf die vorherigen Ausführungen verwiesen werden (vgl. im Einzelnen Teil 4 Rdn. 262 ff.).

4. Prüfung durch das Registergericht

749 Gem. § 38 AktG hat beim Formwechsel in eine AG das **Gericht zu prüfen**, ob die Gesellschaft ordnungsgemäß errichtet und angemeldet ist. Eine ähnliche Vorschrift trifft § 9c GmbHG für die Gründung einer GmbH. Grds. sind diese Vorschriften durch die Verweisung in § 197 UmwG für das Gründungsrecht ebenfalls anwendbar. Insb. § 264 UmwG trifft keine Ausnahme hiervon. Allerdings stellt sich die Frage, wie beim Formwechsel einer Genossenschaft in eine GmbH das Registergericht prüfen kann, ob die Kapitalaufbringung eingehalten ist, wenn ein Sachgründungsbericht nicht erforderlich ist. Man wird daher davon ausgehen können, dass eine **richterliche Prüfung** über den Wert der Sacheinlage nur zulässig ist, wenn keine Buchwertaufstockung erfolgt.

5. Gründungshaftung

750 Eine **Gründungshaftung der Genossen** kommt, wie die Regierungsbegründung deutlich macht,[1010] nicht infrage. Der Gesetzgeber hat insb. die Vorschriften von der Verweisung in § 264 UmwG ausgenommen, die eine Gründungshaftung vorsehen.

XI. Handelsregisteranmeldung

751 Die Grundnorm für die Anmeldung des Formwechsels bildet auch hier § 198 UmwG (vgl. Teil 4 Rdn. 303 ff.). Danach ist der Inhalt der Anmeldung die neue Rechtsform des Rechtsträgers. Im vorliegenden Fall gilt allerdings auch § 198 Abs. 2 UmwG, da sich das zuständige Register ändert. Es bedarf daher im vorliegenden Fall **zwei Anmeldungen**:

1009 Vgl. Begründung zum RegE, BR-Drucks. 75/94, S. 162; abgedruckt in: Limmer, Umwandlungsrecht, S. 357.
1010 Vgl. BR-Drucks. 75/94, S. 162, abgedruckt in: Limmer, Umwandlungsrecht, S. 357.

- Anmeldung beim Genossenschaftsregister,
- Anmeldung des Rechtsträgers neuer Rechtsform beim neuen zuständigen Handelsregister (§ 198 Abs. 2 Satz 2 UmwG).

§ 265 verweist auf § 222 Abs. 1 Satz 1 und Abs. 3 UmwG, sodass die Vorschriften über die Person des Anmeldenden ebenfalls gelten. 752

1. Formwechsel in GmbH

Nach § 222 Abs. 1 Satz 1 i. V. m. § 265 UmwG ist beim **Formwechsel in eine GmbH** die Anmeldung von allen Geschäftsführern vorzunehmen. Hat die GmbH einen obligatorischen Aufsichtsrat gem. § 77 BetrVerfG oder § 1 Abs. 1 MitBestG, so müssen auch alle Aufsichtsratsmitglieder die Anmeldung vornehmen.[1011] Gem. § 222 Abs. 3 i. V. m. § 265 UmwG kann allerdings die Anmeldung zur Eintragung in das Genossenschaftsregister der formwechselnden Genossenschaft gem. § 198 Abs. 2 Satz 3 UmwG vom Vorstand der Genossenschaft vorgenommen werden.[1012] 753

2. Formwechsel in AG

Beim Formwechsel in eine AG gilt im Grundsatz das Gleiche. Die **Anmeldung ist vom gesamten Vorstand** und Aufsichtsrat vorzunehmen.[1013] Die Anmeldung bei der Genossenschaft kann gem. § 222 Abs. 3 i. V. m. § 265 UmwG auch vom Vorstand der Genossenschaft vorgenommen werden.[1014] 754

3. Versicherung

Da gem. § 197 UmwG **jeweils das Gründungsrecht** anzuwenden ist, richtet sich auch der weitere Inhalt der Anmeldung nach den jeweiligen Gründungsvorschriften (vgl. oben Teil 4 Rdn. 328 ff.). 755

4. Anlagen der Anmeldung

Bzgl. der **Anlagen der Anmeldung** gilt § 199 UmwG (vgl. oben Teil 4 Rdn. 327 ff.). Außerdem ist gem. § 265 Satz 2 UmwG der Anmeldung auch das Prüfungsgutachten in Urschrift oder öffentlich beglaubigter Abschrift beizufügen. 756

XII. Wirkung des Formwechsels

Durch den Formwechsel werden die bisherigen Geschäftsanteile **zum Anteil an der Gesellschaft neuer Rechtsform und zu Teilrechten**. Das Vertretungsorgan der Gesellschafter neuer Rechtsform hat jedem Anteilsinhaber unverzüglich nach der Bekanntmachung der Eintragung der Gesellschaft in das Register deren Inhalt sowie die Zahl und den Nennbetrag der Anteile und des Teilrechts, die auf ihn fallen, schriftlich mitzuteilen. Anschließend sind die Aktionäre aufzufordern, die ihnen zustehenden Aktien abzuholen (§ 268 UmwG). 757

1011 BeckOGK/Thilo UmwG § 265 Rn. 6 ff.; Lutter/Bayer § 265 UmwG Rn. 3; Widmann/Mayer/Fronhöfer § 265 UmwG Rn. 3; Kölner KommUmwG/Schöpflin § 265 UmwG Rn. 3.
1012 Schmitt/Hörtnagl/Stratz/Stratz UmwG § 265 Rn. 1; Semler/Stengel/Bonow UmwG § 265 Rn. 5.
1013 BeckOGK/Thilo UmwG § 265 Rn. 6 ff.; Lutter/Bayer § 265 UmwG Rn. 3; Widmann/Mayer/Fronhöfer § 265 UmwG Rn. 3; Kölner KommUmwG/Schöpflin § 265 UmwG Rn. 3.
1014 Schmitt/Hörtnagl/Stratz/Stratz UmwG § 265 Rn. 1; Semler/Stengel/Bonow UmwG § 265 Rn. 5.

XIII. Muster

1. Umwandlungsbeschluss bei Formwechsel Genossenschaft in AG

▶ Muster: Umwandlungsbeschluss bei Formwechsel Genossenschaft in AG

758 **Niederschrift der Generalversammlung**

Heute, den......

begab ich mich, der unterzeichnende Notar...... mit Amtssitz in...... auf Ansuchen in die Gastwirtschaft X in Würzburg, um an der dortigen auf heute 16.00 Uhr einberufenen

Ordentlichen Generalversammlung

der Genossen der X-Genossenschaft teilzunehmen und über den Gang der Verhandlung sowie über die gefassten Beschlüsse die gesetzlich vorgeschriebene Niederschrift wie folgt zu errichten.

I. Anwesenheit
1. Vom Aufsichtsrat der Genossenschaft
   a) Herr X, Landwirt, wohnhaft in......,
   b) Herr Z, Kaufmann, wohnhaft in......,
   c) Herr Y, Bankkaufmann, wohnhaft in......
2. Vom Vorstand der Genossenschaft
   a) Herr A, Bankkaufmann, wohnhaft in......, Vorsitzender,
   b) Herr B, Kaufmann, wohnhaft in......
3. Vom Prüfungsverband der Genossenschaft... .

Dieser Niederschrift ist ein Verzeichnis der erschienenen oder vertretenen Genossen und der Vertreter von Genossen beigefügt. Bei jedem erschienenen oder vertretenen Genossen ist also Stimmenzahl vermerkt. Das Teilnehmerverzeichnis ist vom Versammlungsleiter unterzeichnet worden und wurde bei jeder Abstimmung bei Änderung der Teilnehmerzahl angepasst.

II. Ablauf der Generalversammlung

Den Vorsitz der Versammlung führte entsprechend der Satzung der Vorsitzende des Aufsichtsrates. Er stellte fest, dass die Generalversammlung form- und fristgemäß einberufen worden ist. Der Einladung war das Abfindungsangebot gem. § 207 UmwG beigefügt.

Anschließend legte er das anliegende, von ihm unterzeichnete Verzeichnis der erschienenen und vertretenen Genossen zur Einsichtnahme aus, nachdem der Vorstand erklärt hatte, dass sämtliche, in dem Verzeichnis aufgeführten Genossen ihre Berechtigung zur Teilnahme an der Generalversammlung ordnungsgemäß nachgewiesen haben.

Der Vorsitzende stellt weiter fest, dass von der Einberufung der Generalversammlung an in dem Geschäftsraum der Genossenschaft folgende Unterlagen zur Einsicht der Genossen ausgelegt waren und diese auch während der Generalversammlung im Versammlungssaal auslegen:
– der Umwandlungsbericht samt Entwurf eines Umwandlungsbeschlusses,
– das Prüfungsgutachten des Prüfungsverbandes.

Der Vorsitzende stellte fest, dass der Formwechsel als Gegenstand der Beschlussfassung schriftlich angekündigt wurde. In der Ankündigung war auf die nach § 262 Abs. 1 UmwG erforderlichen Mehrheiten sowie auf die Möglichkeit der Erhebung eines Widerspruchs und die sich daraus ergebenden Rechte hingewiesen. Die Einladung wird als Anlage zu diesem Protokoll genommen, sie enthält auch die Tagesordnung.

Er stellte weiter fest, dass der Entwurf des Umwandlungsbeschlusses fristgemäß dem Betriebsrat zugeleitet wurde.

Nunmehr gab der Vorsitzende bekannt, dass von insgesamt 3.000 Genossen 115 Genossen rechtzeitig und formgerecht Widerspruch gegen den beabsichtigten Formwechsel erhoben haben, sodass gem. § 262 Abs. 1 UmwG der Umwandlungsbeschluss eine Mehrheit von 9/10 der abgegebenen Stimmen bedarf.

Der Vorsitzende erklärte, dass die Abstimmung durch Handaufheben stattfinden werde, soweit nicht eine andere Abstimmungsart für die Abstimmung angeordnet werde.

Daraufhin wurde die **Tagesordnung** wie folgt erledigt:

Punkt 1: Erläuterungen des Umwandlungsberichts

Der Vorstandsvorsitzende erläuterte den Umwandlungsbeschluss zu Beginn der Verhandlung mündlich. Verschiedenen Genossen wurde Auskunft über weitere Angelegenheiten erteilt.

Punkt 2: Verlesung des Prüfungsgutachtens

Das Prüfungsgutachten wurde gem. § 261 Abs. 2 UmwG verlesen.

Punkt 3: Umwandlungsbeschluss

Der Vorsitzende schlägt vor, dass die Generalversammlung folgenden Umwandlungsbeschluss fasst:

a) Die X-Genossenschaft wird in eine AG umgewandelt. Die Satzung der AG, die als Anlage dem Protokoll beigefügt ist, wird festgestellt.

b) Die Firma der AG lautet X-AG.

c) Das Grundkapital der AG wird auf 500.000,00 € festgesetzt und in 10.000 Aktien im Nennbetrag von je 50,00 € eingeteilt. Die Aktien lauten auf den Namen.

d) Auf je 50,00 € des Geschäftsguthabens entfällt eine Aktie im Nennbetrag von 50,00 €. Jeder Genosse wird daher in dem Verhältnis beteiligt, in dem am Ende des letzten vor der Beschlussfassung über den Formwechsel abgelaufenen Geschäftsjahres sein Geschäftsguthaben zur Summe der Geschäftsguthaben aller Genossen gestanden hat, die durch den Formwechsel Aktionäre werden.

Sonstige besondere Rechte wie stimmrechtslose Vorzugsaktien, Mehrstimmrechtsaktien etc. werden weder den Genossen noch Dritten gewährt.

e) Abfindungsangebot

Die Genossenschaft bietet jedem Genossen, der gegen den Umwandlungsbeschluss Widerspruch zur Niederschrift erklärt oder der dem Formwechsel bis zum Ablauf des dritten Tages von dem Tag an, an dem der Umwandlungsbeschluss gefasst wurde, durch eingeschriebenen Brief widersprochen hat, den Erwerb seines Geschäftsanteils gegen eine Barabfindung von 50,00 € an. Die Barabfindung beruht auf dem Gutachten der Wirtschaftsprüfungsgesellschaft XY.

f) Die X-AG übernimmt die Arbeitnehmer der X-Genossenschaft, weitere Maßnahmen sind für die Arbeitnehmer daher nicht vorgesehen.

Gegen diesen Vorschlag des Vorstandes stimmten zehn Genossen. Dafür stimmten entsprechend dem Vorschlag des Vorstandes und Aufsichtsrates 2990 Genossen.

Der Vorsitzende stellte fest und verkündete, dass die Umwandlung mit mehr als 9/10 der abgegebenen Stimmen beschlossen ist.

Punkt 4: Bestellung des Aufsichtsrates

Der Vorstand schlägt vor, folgende Personen zu Mitgliedern des Aufsichtsrates zu bestellen.
a)   Herrn Z, Bankkaufmann, wohnhaft in……,
b)   Herrn Y, Bankkaufmann, wohnhaft in……,
c)   Herrn T, Ingenieur, wohnhaft in……,
d)   Herrn X, wohnhaft in……
Die Bestellung erfolgt für die Zeit bis zur Beendigung der Hauptversammlung, die über die Entlassung des Aufsichtsrats für das vierte Geschäftsjahr nach Beginn der Amtszeit beschließt.

Gegen diesen Vorschlag stimmten zehn Genossen. Dafür stimmten entsprechend dem Vorschlag von Vorstand und Aufsichtsrat 2.500 Genossen.

Der Vorsitzende stellte fest und verkündete, dass die Aufsichtsratsmitglieder gewählt wurden.

Die gewählten Herren erklärten sodann einzeln auf Befragen:

»Ich nehme die Wahl an.«

Punkt 5: Bestellung der Abschlussprüfer

Auf einstimmigen Beschluss wurde zum Abschlussprüfer für das Geschäftsjahr...... die Wirtschaftsprüfungsgesellschaft XY-GmbH in Z-Stadt gewählt.

Weitere Beschlüsse wurden nicht getroffen.

Damit war die Tagesordnung erledigt. Der Vorsitzende schloss die Hauptversammlung um 19.00 Uhr.

Die Niederschrift wurde vom Notar und vom Vorsitzenden und den anwesenden Mitgliedern des Vorstandes wie folgt unterschrieben:

…..

Anlage 1: Teilnehmerverzeichnis

Anlage 2: Exemplar über die Einberufung zur Versammlung

Anlage 3: Satzung der X-AG

2. Handelsregisteranmeldung der AG

▶ Muster: Handelsregisteranmeldung bei Formwechsel Genossenschaft in AG

An das

Amtsgericht X-Stadt

– Handelsregister –

Zur Eintragung in das Handelsregister melden wir an:

1. Die durch Formwechsel der X-Genossenschaft aufgrund des Umwandlungsbeschlusses vom...... UR.Nr....... umgewandelte X-AG. Der AG liegt die beigefügte Satzung zugrunde.

2. Zu Mitgliedern des Vorstandes wurden bestellt:
– Herr A, Kaufmann in X-Stadt,
– Herr B, Kaufmann in X-Stadt.

Zu Mitgliedern des ersten Aufsichtsrats werden bestellt:......

3. Konkrete Vertretungsbefugnis

Die beiden Vorstandsmitglieder, Herr A und Herr B, sind berechtigt, die Gesellschaft stets einzeln zu vertreten.

4. Abstrakte Vertretungsbefugnis

Die Gesellschaft wird durch zwei Mitglieder des Vorstandes oder durch ein Mitglied des Vorstandes zusammen mit einem Prokuristen vertreten. Besteht der Vorstand nur aus einer Person, vertritt dieser allein. Der Aufsichtsrat kann einzelnen Mitgliedern des Vorstandes die Befugnisse zur Einzelvertretung erteilen.

5. Die Vorstandsmitglieder versichern, dass keine Umstände vorliegen, die ihrer Bestellung nach § 76 Abs. 3 Satz 2 und 3 AktG entgegenstehen.

Jedes Vorstandsmitglied versichert insbesondere,

– dass es nicht wegen einer oder mehrerer vorsätzlicher Straftaten
  a) des Unterlassens der Stellung des Antrags auf Eröffnung des Insolvenzverfahrens (Insolvenzverschleppung),
  b) nach §§ 283 bis 283d StGB (Insolvenzstraftaten),
  c) der falschen Angaben nach § 82 GmbHG oder § 399 AktG,
  d) der unrichtigen Darstellung nach § 400 AktG, § 331 HGB, § 313 UmwG oder § 17 PublizitätsG,

e) nach den §§ 263 StGB (Betrug), § 263a StGB (Computerbetrug), § 264 StGB (Kapitalanlagebetrug) § 264a (Subventionsbetrug) oder den §§ 265b StGB (Kreditbetrug), § 265c (Sportwettbetrug), § 265d StGB (Manipulation von berufssportlichen Wettbewerben), §265e (Besonders schwere Fälle des Sportwettbetrugs und der Manipulation von berufssportlichen Wettbewerben), § 266 StGB (Untreue) bis § 266a StGB (Vorenthalten und Veruntreuen von Arbeitsentgelt – Nichtabführung von Sozialversicherungsbeiträgen) zu einer Freiheitsstrafe von mindestens einem Jahr

verurteilt worden ist, und
- dass ihm weder durch gerichtliches Urteil noch durch die vollziehbare Entscheidung einer Verwaltungsbehörde die Ausübung eines Berufes, eines Berufszweiges, eines Gewerbes oder eines Gewerbezweiges ganz oder teilweise untersagt wurde, und
- auch keine vergleichbaren strafrechtlichen Entscheidungen ausländischer Behörden oder Gerichte gegen ihn vorliegen, und
- dass er über die uneingeschränkte Auskunftspflicht ggü. dem Gericht durch den Notar belehrt wurde.

6. Die Geschäftsräume und die inländische Geschäftsanschrift der Gesellschaft befinden sich in……

7. Das Grundkapital der Gesellschaft beträgt 500.000,00 € und ist eingeteilt in 10.000 Aktien im Nennbetrag von 50,00 € die auf den Inhaber lauten.

Zu dieser Anmeldung überreichen wir folgende Anlagen:
- elektronisch beglaubigte Abschrift des Umwandlungsbeschlusses zur Urkunde des Notars……, in……, UR.Nr……., der auch die Satzung der AG und die Bestellung der Aufsichtsratsmitglieder enthält;
- elektronisch beglaubigte Abschrift des Nachweises über die Zuleitung des Umwandlungsbeschlusses zum Betriebsratsvorsitzenden;
- elektronisch beglaubigte Abschrift des Beschlusses des Aufsichtsrates über die Bestellung der Mitglieder des Vorstandes;
- elektronisch beglaubigte Abschrift des Gründungsberichtes der Gründer ist nicht erforderlich (§ 264 Abs. 3 UmwG);
- elektronisch beglaubigte Abschrift des Prüfungsberichtes der Mitglieder des Vorstandes und des Aufsichtsrates;
- elektronisch beglaubigte Abschrift des Prüfungsberichtes des Gründungsprüfers;
- elektronisch beglaubigte Abschrift des Gutachtens des Prüfungsverbandes;
- elektronisch beglaubigte Abschrift des Umwandlungsberichtes;
- elektronisch beglaubigte Abschrift der Berechnung des Gründungsaufwandes

(*Anm.:* Es ist umstritten, ob eine Versicherung nach § 37 AktG erforderlich ist [vgl. oben Teil 3 Rdn. 184], z. B.: »Es wird versichert, dass durch Eintragung des Formwechsels ins Handelsregister das Vermögen der Gesellschaft vollständig geleistet ist und der Wert des Vermögens den Ausgabebetrag der dafür gewährten Aktien entspricht. Die Voraussetzungen der §§ 36 Abs. 2, 36a Abs. 2 AktG sind damit erfüllt.«).

Weiter erklären wir, dass Klagen gegen den Umwandlungsbeschluss nicht erhoben sind.

…..

(Unterschriften aller Vorstandsmitglieder und aller Mitglieder des Aufsichtsrates)

3. Anmeldung zum Genossenschaftsregister

▶ Muster: Anmeldung zum Genossenschaftsregister

An das

Amtsgericht

Abt. Genossenschaftsregister

X-Stadt

Handelsregistersache X-Genossenschaft

Zur Eintragung in das Handelsregister melden wir an:

Die X-Genossenschaft ist durch Formwechsel aufgrund des Umwandlungsbeschlusses vom...... UR.Nr....... in die X-AG umgewandelt worden.

Der Formwechsel zum Handelsregister der AG ist gleichzeitig angemeldet worden.

Wir erklären, dass Klagen gegen den Umwandlungsbeschluss nicht erhoben sind und im Umwandlungsbeschluss die Gesellschafter auf eine Anfechtung verzichtet haben.

Zu dieser Anmeldung überreichen wir folgende Anlagen:
- elektronisch beglaubigte Abschrift des des Umwandlungsbeschlusses zur Urkunde des Notars......, in......, UR.Nr.......;
- elektronisch beglaubigte Abschrift des Nachweises über die Zuleitung des Umwandlungsbeschlusses zum Betriebsratsvorsitzenden;
- elektronisch beglaubigte Abschrift des Gutachtens des Prüfungsverbandes;
- elektronisch beglaubigte Abschrift des Umwandlungsberichtes;

.....

.....

(Unterschriften aller Vorstandsmitglieder und Unterschriften aller Aufsichtsratsmitglieder oder alternativ Unterschriften der Vorstandsmitglieder der Genossenschaft in vertretungsberechtigter Zahl; § 265 i. V. m. § 222 Abs. 3 UmwG).

(Beglaubigungsvermerk)

D. Formwechsel rechtsfähiger Vereine

I. Checkliste

761 ▶ Bei einem **Formwechsel rechtsfähiger Vereine** sind nach dem UmwG folgende Punkte zu beachten:
- ❏ Vorbereitung des Formwechselbeschlusses durch Erstellung eines Entwurfs des Umwandlungsbeschlusses (§§ 274 Abs. 1, 229, 230 Abs. 2, 192 Abs. 2 UmwG), samt Abfindungsangebot und Prüfung §§ 207, 208 UmwG,
- ❏ Zuleitung des Entwurfs des Umwandlungsbeschlusses zum ständigen Betriebsrat, soweit vorhanden (§ 194 Abs. 2 UmwG),
- ❏ Umwandlungsbericht (§§ 274 Abs. 1, 229, 230 Abs. 2, 192 UmwG), entbehrlich wenn alle Vereinsmitglieder auf Erstattung verzichten (§§ 192 Abs. 3, 274 Abs. 1 Satz 2 UmwG),
- ❏ Einberufung der Mitgliederversammlung durch Vorstand unter schriftlicher Ankündigung des Formwechsels als Gegenstand der Beschlussfassung (§§ 274 Abs. 1, 260 Abs. 1 UmwG); zusammen mit der Einberufung ist das Abfindungsangebot nach § 207 zu übersenden (§§ 274 Abs. 1, 231 UmwG),
- ❏ der Umwandlungsbericht ist von der Einberufung der Mitgliederversammlung an in dem Geschäftsraum des Vereins zur Ansicht auszulegen (§§ 274, 230 Abs. 2 UmwG),
- ❏ Umwandlungsbeschluss (§§ 275, 276, 193 UmwG), der auch den Gesellschaftsvertrag bzw. die Satzung feststellen muss,
- ❏ Einhaltung der Gründungsvorschriften des neuen Rechtsträgers (§ 197 UmwG) und Kapitalschutz (§§ 277, 264 UmwG),
- ❏ Anmeldung des Formwechsels (§§ 278, 222 Abs. 1, 3, 198 UmwG) beim Vereinsregister und beim Handelsregister,
- ❏ Eintragung des Formwechsels beim Vereinsregister und beim Handelsregister.

II. Allgemeines

762 Die §§ 272 ff. UmwG regeln den **Formwechsel rechtsfähiger Vereine**. Auch hier gilt der allgemeine Aufbau des Gesetzes, d. h. zunächst sind die allgemeinen Vorschriften der §§ 190 ff. UmwG und sodann die Vorschriften der §§ 258 ff. UmwG anzuwenden. Darüber hinaus wird

auf die Vorschriften über den Formwechsel einer KGaA und einer Genossenschaft z. T. verwiesen. Auch der Ablauf des Grundes ist der gleiche wie bei den anderen Formen des Formwechsels.

Nach § 272 Abs. 1 UmwG kann ein rechtsfähiger Verein **nur die Rechtsform einer Kapitalgesellschaft oder einer eingetragenen Genossenschaft** erlangen. Ein Verein kann daher nicht in eine Personengesellschaft umgewandelt werden. Kein rechtsfähiger Verein i. d. S. ist ein Verein, der seine Rechtsfähigkeit verloren hat.[1015] Auch ein aufgelöster Verein kann den Formwechsel durchführen, sofern dessen Fortsetzung unter Beibehaltung der erlangten Rechtsfähigkeit noch beschlossen werden kann.[1016] Voraussetzung hierfür ist aber die Fortsetzungsfähigkeit des Vereins als rechtsfähiger Verein, woran es fehlt, wenn der Verein weniger als drei Mitglieder hat.[1017] Ebenso wie bei der Verschmelzung in § 99 Abs. 1 UmwG sieht § 272 Abs. 2 UmwG einen landesrechtlichen oder satzungsmäßigen Vorbehalt vor. Ein Verein kann daher die Rechtsform nur wechseln, wenn seine Satzung oder die Vorschriften des Landesrechts nicht entgegenstehen. Es kann daher zunächst auf die obigen Ausführungen (vgl. oben Teil 2 Rdn. 1306) verwiesen werden. Nach der überwiegenden Meinung sind nicht nur ausdrückliche satzungsmäßige Formwechselungsverbote entgegenstehend, sondern auch, wenn sich ein derartiges Verbot des Formwechsels aus dem Gesamtzusammenhang der Satzung ergibt.[1018] Die Satzung eines Vereins kann Bestimmungen enthalten, die einer grundlegenden Veränderung der Verbandstruktur ausdrücklich oder sinngemäß entgegenstehen. Solche Satzungen kommen v. a. bei Vereinen vor, deren Zweck nicht auf einen wirtschaftlichen Geschäftsbetrieb gerichtet ist oder die als wirtschaftlicher Verein gleichwohl einem gemeinnützigen Zweck dienen. Für eine Änderung solcher Bestimmungen können in der Satzung besondere Erfordernisse vorgesehen sein. Deshalb sollen derartige Satzungen zunächst geändert werden, bevor der Formwechsel möglich ist. Voraussetzung ist allerdings, dass sich für ein derartiges Verbot konkrete Anhaltspunkte in der Satzung finden.[1019]

Beim Formwechsel einer Kapitalgesellschaft ist außerdem § 273 UmwG zu beachten. Danach ist der Formwechsel in eine Kapitalgesellschaft nur möglich, wenn auf jedes Mitglied ein **bestimmter Mindestbetrag vom Grundkapital entfällt**.

III. Umwandlungsbericht

Auch beim **Formwechsel von eingetragenen Vereinen** gilt § 192 UmwG, sodass der Vorstand des Vereins einen ausführlichen, schriftlichen Bericht zu erstatten hat, in dem der Formwechsel und insb. die künftige Beteiligung der Mitglieder an dem neuen Rechtsträger rechtlich und wirtschaftlich erläutert und begründet werden. Dem Umwandlungsbericht ist ebenfalls ein Entwurf des Umwandlungsbeschlusses beizufügen (§ 192 Abs. 1 UmwG).

Es gilt auch nach § 274 Abs. 1 Satz 2 bzw. § 283 Abs. 1 Satz 2 UmwG die **Verzichtsmöglichkeit nach § 192 Abs. 3 UmwG**. Der Umwandlungsbericht ist daher nicht erforderlich, wenn alle Mitglieder des Vereins auf seine Erstattung verzichten. Die Verzichtserklärung ist notariell zu beurkunden. Bei Vereinen wird dies angesichts der Zahl der Mitglieder allerdings meist praktisch ausscheiden.

[1015] Widmann/Mayer/Vossius, § 272 UmwGn. 8; BeckOGK/Reul UmwG § 272 Rn. 10.
[1016] Widmann/Mayer/Vossius, § 272 Rn. 9; Semler/Stengel/Katschinski, UmwG § 272 Rn. 9.
[1017] § 73 BGB; Widmann/Mayer/Vossius, § 99 Rn. 14 für die Verschmelzung.
[1018] Vgl. Begründung zum RegE, abgedruckt bei Limmer, Umwandlungsrecht, S. 359; Lutter/Krieger/Bayer, § 272 UmwG Rn. 5; zur vergleichbaren Vorschrift des § 99 UmwG vgl. HennrichsLutter/Henrichs, UmwG, § 99 Rn. 12; Widmann/Mayer/Vossius, Umwandlungsrecht, § 99 UmwG Rn. 21; BeckOGK/Reul UmwG § 272 Rn. 15.
[1019] Lutter/Hennrichs, UmwG, § 99 Rn. 12; Widmann/Mayer/Vossius, Umwandlungsrecht, § 99 UmwG Rn. 25.

IV. Vorbereitung der Mitgliederversammlung

1. Einberufung der Mitgliederversammlung

767 Die **Einberufung der Mitgliederversammlung** wird vom UmwG nicht geregelt. Insofern bleibt es bei den allgemeinen Bestimmungen der §§ 32, 37 BGB und der Satzung des Vereins. Für die Einberufung ist, soweit die Satzung nichts anderes bestimmt, der Vorstand i. S. d. § 26 BGB zuständig, nicht der erweiterte Vorstand.[1020] I. d. R. ist zur Einberufung ein **Vorstandsbeschluss** seit 2009 nicht mehr notwendig.[1021] Das Vereinsrecht kennt keine Vorschrift, in welcher Form die Mitgliederversammlung einzuberufen ist.[1022] In § 58 Nr. 4 BGB ist allerdings bestimmt, dass diese Form in der Satzung festgelegt werden kann. Für den Formwechsel folgt aus §§ 274 Abs. 1, 260 Abs. 1 UmwG, dass Textform vorgeschrieben ist. Bei der Einberufung hat der Vorstand ferner eine angemessene Frist einzuhalten. In der Literatur wird z.T. die Dreißigtagesfrist analog § 123 Abs. 1 AktG befürwortet, sofern keine andere Satzungsregelung vorhanden ist.[1023]

768 Die **Tagesordnung wird vom Vorstand festgelegt**. Gem. § 32 Abs. 1 Satz 2 BGB muss die Mitteilung der Tagesordnung in der Einladung so genau sein, dass die Mitglieder über die Notwendigkeit einer Teilnahme entscheiden und sich sachgerecht vorbereiten können.

769 Für den **Inhalt der Tagesordnung** verweisen §§ 274 Abs. 1, 283 Abs. 1 UmwG auf § 260 Abs. 1 UmwG, der an sich die Vorbereitung der Generalversammlung einer formwechselnden Genossenschaft regelt (vgl. dazu oben Teil 4 Rdn. 699).

770 Dementsprechend hat der Vorstand des formwechselnden Vereins allen Mitgliedern spätestens zusammen mit der Einberufung der Mitgliederversammlung, die den Formwechsel beschließen soll, diesen Formwechsel als **Gegenstand der Beschlussfassung in Textform anzukündigen**, sodass anders als für die Einberufung eine Bekanntmachung in einem öffentlichen Blatt nicht ausreichend ist.[1024] In der Ankündigung ist auf die nach § 275 bzw. § 284 UmwG erforderlichen Abstimmungsmehrheiten sowie auf die Möglichkeit der Erhebung des Widerspruchs und die sich daraus ergebenden Rechte hinzuweisen. Die Ankündigung hat ggü. **jedem einzelnen Mitglied** zu erfolgen.[1025]

771 Außerdem ist nach §§ 274 Abs. 1, 283 Abs. 1 i. V. m. § 231 Satz 1 UmwG den Mitgliedern des Vereins vom Vorstand spätestens zusammen mit der Einberufung der Mitgliederversammlung, die über den Formwechsel beschließen soll, dass **Abfindungsangebot** nach § 297 UmwG **zu übersenden**. Auch hier genügt öffentliche Bekanntmachung nicht, da nicht auf § 231 Satz 2 UmwG verwiesen wird.[1026] Die Übersendungspflicht bezieht sich dabei nur auf das Angebot selber, nicht erforderlich ist es, dass auch der Prüfungsbericht nach §§ 208, 30 UmwG mit übersandt wird.[1027]

1020 Vgl. KG, OLGZ 78, 276; Sauter/Schweyer/Waldner, Der eingetragene Verein, S. 157; Hager, RNotZ 2011, 565, 580.
1021 Sauter/Schweyer/Waldner, Der eingetragenen Verein, Rn. 157; vgl. zur alten Rechtslage BGH, NJW 1977, 2310 = DNotZ 1978, 88.
1022 Sauter/Schweyer/Waldner, Der eingetragene Verein, Rn. 171; Kölsch, Rpfleger 1985, 137 ff.
1023 So Semler/Stengel/Katschinski UmwG § 274 Rn. 5.
1024 Vgl. Widmann/Mayer/Vossius Umwandlungsrecht, § 274 UmwG Rn. 15; Katschinski, in: Semler/Stengel, § 274 UmwG Rn. 5.
1025 Vgl. Widmann/Mayer/Fronhöfer, Umwandlungsrecht, § 260 UmwG Rn. 5; Katschinski, in: Semler/Stengel, § 274 UmwG Rn. 5; Lutter/KriegerBayer, § 260 UmwG Rn. 3.
1026 Vgl. Widmann/Mayer/Vossius Umwandlungsrecht, § 274 UmwG Rn. 15; Katschinski, in: Semler/Stengel, § 274 UmwG Rn. 6; Lutter/Krieger/Bayer, § 274 UmwG Rn. 9.
1027 So zu Recht Semler/Stengel/Katschinski UmwG § 274 Rn. 6; Widmann/Mayer/Vossius Umwandlungsrecht, § 274 UmwG Rn. 15.

2. Auslegungspflicht

Nach § 274 Abs. 1 bzw. § 283 Abs. 1 i. V. m. § 230 Abs. 2 UmwG ist der Umwandlungsbericht (samt Umwandlungsbeschluss) von der Einberufung der Mitgliederversammlung an, die den Formwechsel beschließen soll, in dem Geschäftsraum des Vereins **zur Einsicht der Mitglieder auszulegen**. Auf Verlangen ist jedem Mitglied unverzüglich und kostenlos eine Abschrift des Umwandlungsberichts zur Verfügung zu stellen (vgl. dazu oben Teil 4 Rdn. 704). Nicht ausreichend ist es, die Auslegung des Umwandlungsberichts als auch dessen Übersendung dadurch zu ersetzen, dass der Bericht auf der Internetseite des Vereins veröffentlicht wird, da § 274 Abs. 1 UmwG ausdrücklich nicht auf die Ausnahmeregelung in § 230 Abs. 2 Satz 4 UmwG, verweist.[1028]

772

V. Durchführung der Mitgliederversammlung

1. Auslegungs- und Erläuterungspflicht

Nach § 274 Abs. 2 bzw. § 283 Abs. 2 i. V. m. § 239 UmwG ist **in der Mitgliederversammlung**, die über den Formwechsel beschließen soll, der Umwandlungsbericht (samt Entwurf des Umwandlungsbeschlusses) auszulegen. Die Auslegung hat in Papierform zu erfolgen. Die in § 239 Abs. 1 Satz 2 UmwG vorgesehene Möglichkeit, den Umwandlungsbericht in der entsprechenden Versammlung auf andere Weise zugänglich zu machen, gilt für das Vereinsrecht nicht. § 274 Abs. 2 UmwG verweist nur auf § 239 Abs. 1 Satz 1, nicht aber auch auf § 239 Abs. 1 Satz 2 UmwG.[1029]

773

Der Vorstand hat zu Beginn der Verhandlung den **Entwurf des Umwandlungsbeschlusses** mündlich zu erläutern.[1030]

774

2. Ablauf

Die **Leitung der Mitgliederversammlung** obliegt nach der Satzung meistens bestimmten Personen (z. B. Vorsitzenden des Vereins). Nur wenn dieser nicht erscheint, kann die Versammlung einen Leiter wählen. Schweigt die Satzung, ist der Vorstandsvorsitzende zuständig. Über die Abstimmungsart entscheidet ebenfalls bei Schweigen der Satzung der Versammlungsleiter.

775

3. Beschlussmehrheit

Die Beschlussmehrheiten sind in § 275 UmwG für den Formwechsel einer Kapitalgesellschaft und in § 283 UmwG für den Formwechsel einer Genossenschaft geregelt.

776

a) Formwechsel in eine Kapitalgesellschaft

Der Umwandlungsbeschluss bedarf nach § 275 Abs. 1 UmwG, wenn der Zweck des Rechtsträgers geändert werden soll (§ 33 Abs. 1 Satz 2 BGB) der **Zustimmung aller anwesenden Mitglieder**; ihm müssen auch nicht erschienene Mitglieder zustimmen. In allen anderen Fällen bedarf nach § 275 Abs. 2 UmwG der Umwandlungsbeschluss einer **Mehrheit von mindestens 3/4 der erschienenen Mitglieder**. Es bedarf mindestens 9/10 der erschienenen Mitglieder, wenn spätestens bis zum Ablauf des dritten Tages vor der Mitgliederversammlung wenigstens 100 Mitglieder, bei Vereinen bei weniger als 1000 Mitgliedern 1/10 der Mitglieder, durch eingeschriebenen Brief Widerspruch gegen den Formwechsel erhoben haben.

777

Die **Satzung** kann **größere Mehrheiten** und weitere Erfordernisse bestimmen. Entscheidend ist also, ob es sich um eine Umwandlung mit oder ohne Änderung des Verbandszweckes handelt.

778

1028 Vgl. BeckOGK/Reul UmwG § 274 Rn. 24.
1029 BeckOGK/Reul UmwG § 274 Rn. 29; Semler/Stengel/Katschinski § 275 UmwG Rn. 9.
1030 Vgl. dazu BeckOGK/Reul UmwG § 274 Rn. 25.

Wird der Formwechsel nicht darauf beschränkt, den bisherigen Vereinszweck durch einen Rechtsträger anderer Rechtsform zu verwirklichen, sondern ergibt sich darüber hinaus aus dem neuen Gesellschaftsvertrag oder der Satzung eine Änderung des Unternehmenszweckes, so verlangt § 275 Abs. 1 UmwG für den Umwandlungsbeschluss die Zustimmung aller Vereinsmitglieder. Eine Änderung des Vereinszwecks gegen den Willen einzelner Mitglieder soll daher aus grds. Erwägungen nicht hingenommen werden. Einstimmigkeit bei der Beschlussfassung ist z. B. dann geboten, wenn der künftige Unternehmensgegenstand im Betrieb eines Handelsgewerbes bestehen soll, der formwechselnde Rechtsträger jedoch ein Idealverein ist, dessen Zweck bisher noch nicht auf einen wirtschaftlichen Geschäftsbetrieb gerichtet war.[1031] Nach Auffassung des BGH[1032] ist im Zweifel nur derjenige enge Satzungsbestandteil als Vereinszweck i. S. d. § 33 Abs. 1 BGB anzusehen, in dem der oberste Leitsatz für die Vereinstätigkeit zum Ausdruck gebracht wird und mit dessen Abänderung schlechterdings kein Mitglied bei seinem Beitritt zum Verein rechnen kann. Eine Zweckänderung liegt nur dann vor, wenn sich der Charakter eines Vereins ändert, also die Leitidee des Vereins ausgetauscht wird und so die Mitgliedschaft einen gänzlich anderen Charakter annimmt.[1033] Eine solche Zweckänderung wird angenommen, wenn ein Idealverein in der neuen Rechtsform künftig ein Handelsgewerbe oder einen sonstigen wirtschaftlichen Zweck verfolgen soll.[1034] Dient der Formwechsel dagegen der Verwirklichung des bisherigen Vereinszwecks in einer anderen Rechtsform, so soll er nach § 275 Abs. 2 UmwG auch mehrheitlich beschlossen werden können. Dabei muss mindestens die Mehrheit erreicht werden, die nach § 33 Abs. 1 BGB für die Satzungsänderung und nach § 41 Abs. 2 BGB für die Auflösung des Vereins erforderlich wäre.

b) Formwechsel in eine eingetragene Genossenschaft

779 Eine **ähnliche Unterscheidung** ist in § 284 UmwG für den Formwechsel eines eingetragenen Vereins in eine eingetragene Genossenschaft vorgesehen. Auch dort bedarf der Umwandlungsbeschluss der Mitgliederversammlung, wenn der Zweck des Rechtsträgers geändert werden soll oder, wenn die Satzung der Genossenschaft eine Verpflichtung der Genossen zur Leistung von Nachschüssen vorsieht, der Zustimmung aller anwesenden Mitglieder. Auch die nicht erschienenen Mitglieder müssen dann zustimmen. I. Ü. gilt das Mehrheitserfordernis wie beim Formwechsel einer Kapitalgesellschaft.

4. Notarielle Beurkundung

780 Nach § 193 Abs. 3 UmwG bedarf auch der Formwechselbeschluss bei einem Verein der **notariellen Beurkundung**. Es gelten die allgemeinen Grundsätze (vgl. oben Teil 4 Rdn. 218 ff.).

VI. Inhalt des Umwandlungsbeschlusses

781 Der **Inhalt des Umwandlungsbeschlusses** ergibt sich auch beim Formwechsel des Vereins aus der allgemeinen Regelung in § 194 UmwG (vgl. Teil 4 Rdn. 229 ff.). Allerdings bestimmen die §§ 276 und 285 UmwG Sonderregelungen.

1. Formwechsel in eine Kapitalgesellschaft

a) Überblick

782 § 276 Abs. 1 verweist auf eine Reihe von Vorschriften des Formwechsels einer Genossenschaft. Im Einzelnen handelt es sich um folgende **neben § 194 UmwG zu beachtende Vorschriften**:

[1031] Vgl. die Begründung zum RegE, abgedruckt bei Limmer, Umwandlungsrecht, S. 359.
[1032] BGHZ 96, 245 = NJE 1986, 1033.
[1033] BGHZ 96, 245 = NJW 1986, 1033; OLG Hamm NZG 2013, 388.
[1034] BeckOGK/Reul UmwG § 275 Rn. 9; Lutter/Krieger/Bayer § 275 UmwG Rn. 3; Kölner KommUmwG/Leuering § 275 UmwG Rn. 4; Widmann/Mayer/Vossius § 275 UmwG Rn. 9.

D. Formwechsel rechtsfähiger Vereine — Teil 4 Kapitel 2

§ 218 UmwG	Feststellung des Gesellschaftsvertrages der GmbH oder der Satzung der AG oder KGaA;
§ 243 Abs. 3 UmwG	in dem Gesellschaftsvertrag oder in der Satzung der Gesellschaft neuer Rechtsform kann der auf die Anteile entfallende Betrag des Stamm- oder Grundkapitals abweichend vom Betrag der Anteile der formwechselnden Gesellschaft festgesetzt werden. Bei einer GmbH muss er auf volle Euro lauten.
§ 244 Abs. 2 i. V. m. § 276 UmwG	Beim Formwechsel in die GmbH braucht der Gesellschaftsvertrag von den Gesellschaftern nicht unterzeichnet zu werden.
§ 263 Abs. 2 Satz 2 i. V. m. § 276 UmwG	Der Nennbetrag des Stammkapitals der GmbH oder des Grundkapitals der AG oder KGaA ist so zu bemessen, dass auf jeden Genossen möglichst ein voller Geschäftsanteil oder eine volle Aktie oder ein möglichst hoher Teil eines Geschäftsanteils oder einer Aktie (Teilrecht) entfällt.
§ 263 Abs. 3 i. V. m. § 276 UmwG	Die Geschäftsanteile einer GmbH sollen auf einen höheren Nennbetrag als 100,00 € nur gestellt werden, soweit auf die Mitglieder der formwechselnden Genossenschaft volle Geschäftsanteile mit dem höheren Nennbetrag entfallen. Aktien können auf einen höheren Betrag als den Mindestbetrag nach § 8 Abs. 2 und 3 AktG nur gestellt werden, soweit volle Aktien mit dem höheren Betrag auf die Mitglieder entfallen. Wird das Vertretungsorgan der AG oder der KG auf Aktien in der Satzung ermächtigt, das Grundkapital bis zu einem bestimmten Nennbetrag durch Ausgabe neuer Aktien gegen Einlagen zu erhöhen, so darf die Ermächtigung nicht vorsehen, dass das Vertretungsorgan über den Ausschluss des Bezugsrechts entscheidet.
§ 276 Abs. 2 UmwG	Diese Vorschrift legt die Maßstäbe fest, die der Umwandlung der Vereinsmitgliedschaften einer Beteiligung am künftigen Stamm- oder Grundkapital des Rechtsträgers zugrunde gelegt werden können. Es handelt sich also um eine Aufzählung zulässiger Verteilungsmaßstäbe.

b) Neue Rechtsform

Beim Formwechsel des Vereins muss festgelegt werden, ob der Formwechsel in die GmbH, AG oder KGaA oder Genossenschaft erfolgen darf (§ 194 Abs. 1 Nr. 1 UmwG). **783**

c) Firma des neuen Rechtsträgers

Hier ist die **Firma der neuen Gesellschaft** anzugeben (§ 194 Abs. 1 Nr. 2 UmwG). **784**

d) Angaben der Beteiligung der Mitglieder an der neuen Gesellschaft

Nach § 194 Abs. 1 Nr. 3 UmwG muss im Umwandlungsbeschluss bestimmt werden, **welche Beteiligung** die Mitglieder des Vereins in der neuen Gesellschaft erhalten sollen. In erster Linie ist jeweils zu bestimmen, dass die Mitglieder auch weiterhin Gesellschafter der AG, GmbH oder KGaA sind. § 194 Abs. 1 Nr. 3 UmwG ist in erster Linie Ausdruck des sog. Identitätsgrundsatzes, d. h. während des Formwechsels kann kein Mitglied ausscheiden oder beitreten. **785**

Allerdings sieht das Gesetz beim Formwechsel eines Vereins in eine KGaA gem. § 276 i. V. m. § 218 Abs. 2 UmwG die Möglichkeit vor, dass **ausnahmsweise ein persönlich unbeschränkt haftender Gesellschafter** dem Formwechsel beitreten kann. **786**

e) Zahl, Art und Umfang der Beteiligung der Mitglieder des Vereins an der neuen Gesellschaft

Auch für den Formwechsel eines Vereins in eine Kapitalgesellschaft sind die Bestimmungen des § 194 Abs. 1 Nr. 4 UmwG am bedeutendsten (vgl. oben Teil 3 Rdn. 56 ff.). Danach sind Zahl, Art und Umfang der Mitgliedschaft, welche die Mitglieder des Vereins durch den Formwechsel an der neuen Gesellschaft erlangen sollen, in dem Beschluss anzugeben. Diese Vorschrift wird ergänzt durch § 276 i. V. m. § 243 Abs. 3 und § 263 Abs. 2 Satz 2, Abs. 3 und § 276 Abs. 2 UmwG. **787**

aa) Festsetzung von Stammkapital bzw. Grundkapital bei der Umwandlung in eine GmbH oder AG

788 Auch beim Formwechsel eines Vereins in eine Kapitalgesellschaft besteht die erste Frage darin, **welches Stamm- bzw. Grundkapital** die neue Gesellschaft erhalten soll. Hier bestimmt zunächst § 276 Abs. 1 i. V. m. § 263 Abs. 2 Satz 3 UmwG, dass der Nennbetrag des Stammkapitals oder das Grundkapital so zu bemessen ist, dass auf jedes Vereinsmitglied möglichst ein voller Geschäftsanteil oder eine volle Aktie oder ein möglichst hoher Teil des Geschäftsanteils oder einer Aktie entfällt (vgl. dazu bereits oben Teil 4 Rdn. 726 ff.).

789 § 276 Abs. 2 UmwG gibt dann für die Umwandlung des Vereinsvermögens in das Stammkapital oder Grundkapital **weitere Maßstäbe** an, nach denen die Beteiligung der Mitglieder am Stammkapital oder am Grundkapital der Gesellschaft neuer Rechtsform verteilt werden soll. Sollen nicht alle Mitglieder einen gleich hohen Anteil erhalten, so darf der Zuschnitt der Anteile nur noch nach einem oder mehreren der folgenden Maßstäbe festgesetzt werden:[1035]
– bei Vereinen, deren Vermögen in übertragbare Anteile zerlegt ist, nach dem Nennbetrag oder dem Wert dieser Anteile,
– nach der Höhe der Beiträge,
– bei Vereinen, die zu ihren Mitgliedern oder einem Teil der Mitglieder in vertraglichen Geschäftsbeziehungen stehen, nach dem Umfang der Inanspruchnahme von Leistungen des Vereins durch die Mitglieder oder nach dem Umfang der Inanspruchnahme von Leistungen der Mitglieder durch den Verein,
– nach einem in der Satzung bestimmten Maßstab für die Verteilung des Überschusses,
– nach einem in der Satzung bestimmten Maßstab für die Verteilung des Vermögens,
– nach Dauer der Mitgliedschaft.

790 Die **Prüfungsfolge** ist also die folgende:[1036]

Zunächst ist zu prüfen, ob alle Mitglieder einen gleich hohen Anteil erhalten sollen, dann bedarf es § 276 Abs. 2 UmwG nicht. Hat der Verein Sondervorschriften, die auf anderen Kriterien für die Verteilung des Vereinsvermögens abstellen, dann muss die Verteilung der neuen Anteile nach dem Maßstab des § 276 Abs. 2 UmwG erfolgen. Die Begründung zum RegE weist darauf hin, dass die Festlegung solcher besonderer Kriterien erforderlich sei, weil den Mitgliedern eines Vereins allein durch ihre Mitgliedschaft im Allgemeinen keine Beteiligung am Vereinsvermögen vermittelt werde.[1037]

bb) Anzahl und Stückelung der Anteile bzw. Aktien

791 Beim Formwechsel des Vereins in eine GmbH gilt § 5 Abs. 2 UmwG, sodass der künftige GmbH-Gesellschafter **auch mehrere Geschäftsanteile übernehmen** kann. Außerdem gilt beim Formwechsel in die GmbH, dass der Nennbetrag jedes Geschäftsanteils auf volle Euro lauten muss.

792 Weiter ist zu berücksichtigen, dass gem. § 263 Abs. 3 i. V. m. § 276 Abs. 1 UmwG die Geschäftsanteile einer GmbH nur auf einen **höheren Nennbetrag als 100,00 €** gestellt werden sollen, soweit auf die Mitglieder des Vereins volle Geschäftsanteile mit dem höheren Nennwert entfallen.

793 Beim Formwechsel einer AG gilt § 8 AktG, sodass die Aktien **mindestens auf einen vollen Euro** lauten oder als Stückaktien ausgegeben werden müssen.

[1035] Vgl im Einzelnen BeckOGK/Reul UmwG § 276 Rn. 17 ff.; Semler/Stengel/Katschinski UmwG § 276 Rn. 12 ff.; Stratz in Schmitt/Hörtnagl/Stratz § 276 UmwG Rn. 6; Widmann/Mayer/Vossius § 276 UmwG Rn. 16 ff.

[1036] Vgl. Widmann/Mayer/Vossius, § 276 UmwG Rn. 16 ff.; Katschinski, in: Semler/Stengel, § 276 UmwG Rn. 12 ff.; Lutter/Krieger/Bayer, § 276 UmwG Rn. 11 ff. BeckOGK/Reul UmwG § 276 Rn. 17 ff.; Schmitt/Hörtnagl/Stratz § 276 UmwG Rn. 6.

[1037] Vgl. Begründung zum RegE, abgedruckt bei Limmer, Umwandlungsrecht, S. 360.

f) Sonder- und Vorzugsrechte

Gem. § 194 Abs. 1 Nr. 5 UmwG müssen im Umwandlungsbeschluss auch die Rechte bestimmt werden, die einzelnen Mitgliedern sowie den Inhabern besondere Rechte gewährt werden (vgl. oben Teil 4 Rdn. 231 ff.). 794

g) Angebot auf Barabfindung

Beim Formwechsel eines Vereins in eine Kapitalgesellschaft muss der Umwandlungsbeschluss i. d. R. ein **Angebot auf Barabfindung** enthalten (§ 194 Abs. 1 Nr. 6 UmwG). Beim Formwechsel eines Vereins gilt wie bei der Genossenschaft bzgl. der Barabfindung folgende in § 270 UmwG geregelte Besonderheit. Das Abfindungsangebot gilt auch für jeden Genossen, der dem Formwechsel bis zum Ablauf des dritten Tages vor dem Tage, an dem der Umwandlungsbeschluss gefasst worden ist, durch eingeschriebenen Brief widersprochen hat. Diese Vorschrift erleichtert für widersprechende Genossen die Voraussetzung für einen Abfindungsanspruch. 795

2. Formwechsel in eine Genossenschaft

Beim Formwechsel des Vereins in eine Genossenschaft gelten im Wesentlichen die gleichen Grundsätze wie beim Formwechsel in eine Kapitalgesellschaft. Nach § 285 Abs. 1 i. V. m. § 253 Abs. 1 UmwG muss in dem Umwandlungsbeschluss auch die **Satzung der Genossenschaft** enthalten sein. Eine Unterzeichnung der Satzung durch die Mitglieder ist nicht erforderlich. 796

Der Umwandlungsbeschluss muss die Beteiligung jedes Mitglieds mit **mindestens einem Geschäftsanteil** vorsehen (§ 253 Abs. 2 Satz 1 i. V. m. § 285 Abs. 1 UmwG). 797

Sollen bei der Genossenschaft alle Mitglieder **mit der gleichen Zahl von Geschäftsanteilen** beteiligt werden, so darf die unterschiedlich hohe Beteiligung nur nach einem der o. g. Maßstäbe festgesetzt werden. § 289 Abs. 1 UmwG bestimmt schließlich, dass jedem Mitglied als Geschäftsguthaben aufgrund des Formwechsels höchstens der Nennbetrag der Geschäftsanteile gutgeschrieben werden kann, mit denen er bei der Genossenschaft beteiligt ist. 798

VII. Feststellung der Satzung eines Gesellschaftsvertrages der neuen Gesellschaft bzw. der Satzung der Genossenschaft

§ 276 UmwG verweist vollinhaltlich auf § 218 UmwG, sodass in dem Umwandlungsbeschluss auch der **Gesellschaftsvertrag der GmbH oder die Satzung der AG oder KGaA festgestellt** werden muss. Der Beschluss zur Umwandlung einer KGaA muss darüber hinaus vorsehen, dass sich an dieser Gesellschaft mindestens ein Gesellschafter der formwechselnden Gesellschaft als persönlich haftender Gesellschafter beteiligt, oder dass der Gesellschaft mindestens ein persönlich haftender Gesellschafter beitritt. Der Gesellschaftsvertrag braucht nicht von den Gesellschaftern unterzeichnet zu werden. 799

VIII. Bestellung der ersten Organe

Auch beim Formwechsel eines Vereins in eine Kapitalgesellschaft oder Genossenschaft werden die **bisherigen Vorstände nicht automatisch in das Leitungsorgan der neuen Gesellschaft** berufen. § 197 UmwG bestimmt daher allgemein, dass auf den Formwechsel die für die neue Rechtsform geltenden Gründungsvorschriften anzuwenden sind. Es sind daher auch beim Formwechsel des Vereins die Organe zu bestellen. 800

IX. Gründungsvorschriften und Kapitalschutz beim Formwechsel eines Vereins in eine Kapitalgesellschaft

Ebenso wie beim Formwechsel einer Genossenschaft in eine Kapitalgesellschaft spielt auch beim Formwechsel des Vereins in eine Kapitalgesellschaft der **Kapitalschutz** eine große Rolle. Der Gesetzgeber hat daher in § 277 UmwG vollinhaltlich auf die Vorschriften des Formwechsels der 801

Genossenschaft in eine Kapitalgesellschaft, d. h. § 264 UmwG verwiesen.[1038] In § 264 Abs. 1 UmwG ist daher bestimmt, dass der Nennbetrag des Stammkapitals der GmbH oder des Grundkapitals der AG oder KGaA, das nach Abzug der Schulden verbleibende Vermögen des Vereins nicht übersteigen darf. Der Gesetzgeber knüpft daher an die gleiche Problematik wie bei der Genossenschaft an. Da auch der rechtsfähige Verein ebenso wie die Genossenschaft kein festes Nennkapital hat, sind dieselben Vorkehrungen wie bei der Genossenschaft vorgesehen. Es kann daher auf die obigen Ausführungen verwiesen werden (vgl. oben Teil 4 Rdn. 742 ff.).

X. Handelsregisteranmeldung

802 Die **Grundnorm** für die Anmeldung des Formwechsels bildet auch hier § 198 UmwG (vgl. oben Teil 4 Rdn. 303 ff.). Es gilt auch § 198 Abs. 2 UmwG, da sich das zuständige Register ändert. Es bedarf daher **zweier Anmeldungen**:
– Anmeldung beim Vereinsregister,
– Anmeldung der GmbH oder AG oder KGaA beim zuständigen Handelsregister bzw. beim Formwechsel in die Genossenschaft beim zuständigen Genossenschaftsregister (§ 198 Abs. 2 Satz 2 UmwG).

803 § 278 Abs. 1 UmwG verweist auch hier – wie beim Formwechsel der Genossenschaft – auf die allgemeinen Vorschriften der §§ 292 Abs. 1 und Abs. 3 UmwG.

804 Die **Anmeldung ist daher durch alle Mitglieder des künftigen Vertretungsorgans** (gesamter Vorstand oder aller Geschäftsführer der GmbH) sowie, wenn der Rechtsträger nach den für die neue Rechtsform geltenden Vorschriften einen Aufsichtsrat haben muss, auch durch alle Mitglieder des Aufsichtsrates vorzunehmen.

805 Die Anmeldung der Umwandlung zur Eintragung in das Vereinsregister des formwechselnden Vereins kann **vom Vorstand des Vereins** vorgenommen werden (§ 222 Abs. 3 i. V. m. § 278 Abs. 1 UmwG).

806 Da gem. § 197 UmwG jeweils das Gründungsrecht anzuwenden ist, richtet sich auch der weitere **Inhalt der Anmeldung** nach den jeweiligen Gründungsvorschriften (vgl. oben Teil 4 Rdn. 328 ff.).

Bzgl. der Anlagen der Anmeldung gilt § 199 UmwG (vgl. oben Teil 4 Rdn. 390 ff.).

XI. Muster

1. Umwandlungsbeschluss beim Formwechsel eines eingetragenen Vereins in eine GmbH

▶ Muster: Umwandlungsbeschluss beim Formwechsel eines eingetragenen Vereins in eine GmbH

807 Heute, den……

begab ich mich, der unterzeichnende Notar……, mit Amtssitz in…… auf Ansuchen in die Gaststätte Bürgerbräu, Ottostraße 3, München, um an der dorthin auf heute 16.00 Uhr einberufenen

ordentlichen Mitgliederversammlung

der Mitglieder des Schützenvereins A-e. V. teilzunehmen und über den Gang der Verhandlung sowie über die gefassten Beschlüsse die vorgeschriebene Niederschrift zu errichten wie folgt:

I.

Anwesend waren:

[1038] Vgl. Widmann/Mayer/Vossius, § 277 UmwG Rn. 1 ff. Lutter/Krieger/Bayer, § 277 UmwG Rn. 1 ff.

vom Vorstand der Gesellschaft
a) Herr A, Kaufmann, wohnhaft in…… (Vorsitzender),
b) Herr B, Landwirt, wohnhaft in……,
c) Herr C, Bankkaufmann, wohnhaft in……
Dieser Urkunde ist das Teilnehmerverzeichnis der erschienenen Mitglieder als Anlage beigefügt.

II.

Den Vorsitz der Versammlung führte der Vorstandsvorsitzende. Er stellte fest, dass die Mitgliederversammlung form- und fristgemäß durch Bekanntmachung in der örtlichen Tageszeitung vom…… einberufen worden ist. Ein Belegexemplar dieser Ausgabe wurde mir, dem Notar, übergeben. Es ist dieser Niederschrift als Anlage 2 beigefügt.

Anschließend legte er das anliegende, von ihm unterzeichnete Verzeichnis der erschienenen Mitglieder aus.

Der Vorsitzende erklärte, dass die Abstimmung durch Handaufheben stattfinden werde.

Der Vorsitzende stellte weiter fest, dass von der Einberufung der Mitgliederversammlung an in dem Geschäftsraum des Vereins folgende Unterlagen zur Einsicht der Mitglieder ausgelegen haben und diese auch während der Dauer der Mitgliederversammlung im Versammlungssaal ausliegen:
– der Umwandlungsbeschluss,
– der Umwandlungsbericht.

Der Vorsitzende gab die Tagesordnung wie folgt bekannt:
– Erläuterung der Umwandlung durch den Vorstand,
– Beschlussfassung über die Umwandlung.

Daraufhin wurde die **Tagesordnung** wie folgt erledigt:

Punkt 1:

Der Vorsitzende erläuterte den Umwandlungsbeschluss vom…… und begründete insbes. die Zweckmäßigkeit der Umwandlung und die Mitgliedschaftsrechte für die Mitglieder des übertragenden Vereins. Auch die weiteren Punkte des Umwandlungsbeschlusses wurden vom Vorstand erläutert. Der Umwandlungsbeschlussvertrag wurde verlesen.

Punkt 2: Umwandlungsbeschluss

Der Vorsitzende schlägt vor, dass die Mitgliederversammlung folgenden Umwandlungsbeschluss fasst:

(1) Der A-e. V. wird in eine GmbH umgewandelt. Der Gesellschaftsvertrag der GmbH, der als Anlage dem Protokoll beigefügt ist, wurde vor Beschlussfassung verlesen. Er wird festgestellt.

(2) Die Firma der GmbH lautet X-GmbH; Sitz ist….

(3) Das Stammkapital der GmbH wird auf 100.000,00 € festgesetzt. An die Stelle der bisherigen Mitgliedschaftsrechte der Mitglieder am Verein treten die Geschäftsanteile an der GmbH. Jedes Vereinsmitglied erhält einen Geschäftsanteil im Nennbetrag von 50,00 €. Auf eine Mitgliedschaft am Verein entfällt daher ein Geschäftsanteil i. H. v. 50,00 €.

(4) Die Namen der Vereinsmitglieder und ihrer Stammeinlagen sind diesem Protokoll als Anlage beigefügt. Sie wurden vom Vorsitzenden verlesen. Die Einzelheiten der Mitgliedschaft ergeben sich aus der diesem Protokoll beigefügten Satzung der GmbH.

(5) Sonstige besondere Rechte wie stimmrechtslose Anteile, Mehrstimmenanteile etc. werden weder den Mitgliedern noch Dritten gewährt.

(6) Abfindungsangebot

Vereinsmitgliedern, die gegen den Umwandlungsbeschluss Widerspruch zur Niederschrift erklären oder die dem Formwechsel bis zum Ablauf des dritten Tages vor dem Tage, an dem der Umwandlungsbeschluss gefasst worden ist, durch eingeschriebenen Brief widersprochen haben, wird der Erwerb ihrer Mitgliedschaftsrechte gegen eine Barabfindung von 50,00 € angeboten.

Das Angebot kann nur binnen zwei Monaten nach dem Tage angenommen werden, an dem die Eintragung der neuen Rechtsform in das Register bekanntgemacht wurde. Ist nach § 212 UmwG ein Antrag auf Bestimmung der Barabfindung durch das Gericht gestellt worden, so kann das Angebot binnen zwei Monaten nach dem Tage angenommen werden, an dem die Entscheidung im elektronischen Bundesanzeiger gemacht worden ist.

(7) Die X-GmbH übernimmt die Arbeitnehmer des X-e. V. Der Verein verfügt über keinen Betriebsrat. Für die Arbeitnehmer des Vereins sind daher keine weiteren Maßnahmen vorgesehen. Ihre Arbeitsverhältnisse bestehen mit dem neuen Rechtsträger fort.

(8) Die Kosten des Formwechsels trägt die GmbH.

Gegen diesen Vorschlag des Vorstandes stimmten drei Mitglieder. Dafür stimmten entsprechend dem Vorschlag des Vorstandes 100 Mitglieder. Der Vorstand stellte fest, dass die Umwandlung mit mehr als 9/10 der abgegebenen Stimmen beschlossen ist.

Punkt 3: Bestellung der ersten Geschäftsführer

Der Vorstand schlägt vor, folgende Personen zu Geschäftsführern der neuen GmbH zu bestellen.

(1) Herrn Z, Kaufmann, wohnhaft in......,

(2) Herrn Y, Kaufmann, wohnhaft in......

Diese Geschäftsführer sind berechtigt, die Gesellschaft stets einzeln zu vertreten. Sie sind in allen Fällen von den Beschränkungen des § 181 BGB befreit.

Gegen diesen Vorschlag stimmte kein Mitglied. Dafür stimmten entsprechend dem Vorschlag 103 Mitglieder. Der Vorsitzende stellte fest, dass die Geschäftsführer gewählt wurden. Die gewählten Herren erklärten sodann einzeln auf Befragen:

»Ich nehme die Wahl an.«

2. Handelsregisteranmeldung der GmbH

▶ Muster: Handelsregisteranmeldung der GmbH

Amtsgericht

Handelsregister

.....

HRA Nr.......

Formwechsel des A-e. V. mit Sitz in,......

Zur Eintragung in das Handelsregister melde ich als Geschäftsführer der künftigen GmbH an:

1. Der A-e. V. wurde aufgrund Umwandlungsbeschlusses vom......, UR.Nr....... in die Rechtsform einer GmbH in Firma A-GmbH mit Sitz in... umgewandelt.

2. Zu ersten Geschäftsführern der Gesellschaft wurden bestellt:

(1) Herr Z, Kaufmann, wohnhaft in......,

(2) Herr Y, Kaufmann, wohnhaft in......

Diese Geschäftsführer sind berechtigt, die Gesellschaft stets einzeln zu vertreten. Sie sind in allen Fällen von den Beschränkungen des § 181 BGB befreit.

3. Abstrakte Vertretungsbefugnis: Die Gesellschaft hat einen oder mehrere Geschäftsführer. Ist nur ein Geschäftsführer bestellt, so vertritt er die Gesellschaft allein. Sind mehrere Geschäftsführer bestellt, so wird die Gesellschaft durch zwei Geschäftsführer gemeinschaftlich oder durch einen Geschäftsführer und einen Prokuristen gemeinschaftlich vertreten. Die

Gesellschafterversammlung kann unabhängig von der Zahl der bestellten Geschäftsführer jederzeit einen, mehreren oder allen Geschäftsführern Einzelvertretungsbefugnis erteilen sowie die Befreiung von § 181 BGB.

Die Gesellschafter erbringen die von ihnen übernommenen Stammeinlagen durch Formwechsel des A-e. V. in die A-GmbH.

Der Geschäftsführer versichert, dass das Vermögen des A-e. V. mit Eintragung des Formwechsels in das Handelsregister sich endgültig in der freien Verfügung des Geschäftsführers befindet. Er versichert weiter, dass das Vermögen der Gesellschaft nicht durch andere Verbindlichkeiten als die, die in der Bilanz zum 21.12….. aufgeführt sind, und durch den Gründungsaufwand i. H. v. 4.000,00 € vorbelastet ist und den seit dem Bilanzstichtag eingegangenen Verbindlichkeiten seit diesem Zeitpunkt erworbene Aktiva von höherem Wert gegenüberstehen.

4. Die inländische Geschäftsanschrift lautet……

5. Jeder Geschäftsführer erklärt: Ich, [Name: […..], versichere, dass keine Umstände vorliegen, die meiner Bestellung zum Geschäftsführer nach § 6 Abs. 2 GmbH-Gesetz entgegenstehen.

Jeder Geschäftsführer der Gesellschaft versichert insbesondere,
– dass er nicht wegen einer oder mehrerer vorsätzlicher Straftaten
  a) des Unterlassens der Stellung des Antrags auf Eröffnung des Insolvenzverfahrens (Insolvenzverschleppung),
  b) nach §§ 283 bis 283d StGB (Insolvenzstraftaten),
  c) der falschen Angaben nach § 82 GmbHG oder § 399 AktG,
  d) der unrichtigen Darstellung nach § 400 AktG, § 331 HGB, § 313 UmwG oder § 17 PublizitätsG,
  e) nach den §§ 263 StGB (Betrug), § 263a StGB (Computerbetrug), § 264 StGB (Kapitalanlagebetrug) § 264a (Subventionsbetrug) oder den §§ 265b StGB (Kreditbetrug), § 265c (Sportwettbetrug), § 265d (Manipulation von berufssportlichen Wettbewerben), §265e (Besonders schwere Fälle des Sportwettbetrugs und der Manipulation von berufssportlichen Wettbewerben), § 266 StGB (Untreue) bis § 266a StGB (Vorenthalten und Veruntreuen von Arbeitsentgelt – Nichtabführung von Sozialversicherungsbeiträgen) zu einer Freiheitsstrafe von mindestens einem Jahr
verurteilt worden ist, und
– dass ihm weder durch gerichtliches Urteil noch durch die vollziehbare Entscheidung einer Verwaltungsbehörde die Ausübung eines Berufes, eines Berufszweiges, eines Gewerbes oder eines Gewerbezweiges ganz oder teilweise untersagt wurde, und
– auch keine vergleichbaren strafrechtlichen Entscheidungen ausländischer Behörden oder Gerichte gegen ihn vorliegen, und
– dass er über die uneingeschränkte Auskunftspflicht ggü. dem Gericht durch den Notar belehrt wurde.

Geschäftsräume……

Zu dieser Anmeldung werden folgende Anlagen überreicht:
– elektronisch beglaubigte Abschrift des Umwandlungsbeschlusses samt Geschäftsführerbestellung und Verzichtserklärungen der Gesellschafter auf Erstellung eines Umwandlungsverzichts und Anfechtung des Beschlusses zur Urkunde des Notars……, in…… UR.Nr.……,
– elektronisch beglaubigte Abschrift des Nachweises über die Zuleitung des Umwandlungsbeschlusses zum Betriebsratsvorsitzenden,
– elektronisch beglaubigte Abschrift der Liste der Gesellschafter,
– elektronisch beglaubigte Abschrift des Sachgründungsberichtes,
– elektronisch beglaubigte Abschrift der Unterlagen über die Werthaltigkeit des übertragenen Vermögens.

Weiter wird erklärt, dass Klagen gegen den Umwandlungsbeschluss nicht erhoben sind und im Umwandlungsbeschluss die Gesellschafter auf eine Anfechtung verzichtet haben.

…..

(Unterschrift des Geschäftsführers A)

(Beglaubigungsvermerk)

3. Anmeldung zum Vereinsregister

▶ Muster: Vereinsregisteranmeldung

809 An das Amtsgericht

– Vereinsregister –

X-Stadt

VR-Nr.:......

Name: A-e. V. mit Sitz in X-Stadt

Zur Eintragung in das Genossenschaftsregister melden wir an:

Der A-e. V. mit Sitz in X-Stadt ist durch Formwechsel aufgrund des Umwandlungsbeschlusses des Notars...... vom...... UR.Nr....... in die A-GmbH mit Sitz in... umgewandelt worden.

Der Formwechsel zum Handelsregister der GmbH ist gleichzeitig angemeldet worden.

Wir erklären, dass Klagen gegen den Umwandlungsbeschluss nicht erhoben worden sind.

Zu dieser Anmeldung überreichen wir folgende Anlagen:
- Beglaubigte Abschrift des Umwandlungsbeschlusses zur Urkunde des Notar...... in...... UR.Nr.......;
- Nachweis über die Bestellung der Geschäftsführer der neuen GmbH (zum Nachweis der Anmeldebefugnis). Weiter versichern wir, dass der Formwechsel der Rechtsträger über keinen Betriebsrat verfügt, sodass auch keine Zuleitung des Umwandlungsbeschlusses zum Betriebsart möglich war. (Unterschrift aller GmbH-Geschäftsführer, evtl. vorhandener Aufsichtsratsmitglieder oder alternativ Unterschrift der Vorstandsmitglieder des Vereins in vertretungsberechtigter Zahl; § 278 Abs. 1 i. V. m. § 222 Abs. 3 UmwG);
- Umwandlungsbericht.

......

(Unterschriften)

(Beglaubigungsvermerk)

4. Umwandlungsbeschluss beim Formwechsel eines eingetragenen Vereins in eine Genossenschaft

▶ Muster: Umwandlungsbeschluss beim Formwechsel eines eingetragenen Vereins in eine Genossenschaft

810 Heute, den......

begab ich mich, der unterzeichnende Notar...... mit Amtssitz in......, auf Ansuchen in die Räume des Hotels...... um die dorthin einberufene

außerordentlichen Mitgliederversammlung

des **A-e. V.** zu beurkunden.

Über die Verhandlung und Beschlüsse der Versammlung errichte ich folgende

Niederschrift:

Anwesend waren:
a) vom Vorstand:
  – Herr......, geb. am......, ausgewiesen durch Personalausweis,

D. Formwechsel rechtsfähiger Vereine

- Frau......, geb. am......, ausgewiesen durch Personalausweis;
b) die Mitglieder, die in dem der Urkunde als **Anlage 1** beigefügten Teilnehmerverzeichnis aufgeführt sind.

Einstimmig wurde Herr...... zum Vorsitzenden der Versammlung gewählt.

Der Vorsitzende eröffnete die Versammlung, übernahm deren Vorsitz und leitete die Mitgliederversammlung.

Er stellte nach der Begrüßung fest:

Die Mitgliederversammlung ist durch Einladung vom...... an die Mitglieder ordnungsgemäß und fristgemäß einberufen worden. Der Wortlaut der Einberufung der Tagesordnung ist dieser Niederschrift als **Anlage 2** beigefügt. Die Mitgliederversammlung ist nach der Satzung beschlussfähig.

Der Vorsitzende schlug vor, dass, wie auch bisher üblich, jeweils durch Handerheben abgestimmt wird. Antrag auf geheime Abstimmung wurde nicht gestellt.

Hiergegen wurde kein Widerspruch erhoben.

Die Mitgliederversammlung nahm die Vorschläge zum Verfahren einstimmig an.

Der Vorsitzende stellte weiter fest, dass von der Einberufung der Mitgliederversammlung an in dem Geschäftsraum des Vereins folgende Unterlagen zur Einsicht der Mitglieder ausgelegen haben und diese auch während der Dauer der Mitgliederversammlung im Versammlungssaal ausliegen:
- Entwurf des Umwandlungsbeschlusses;
- Umwandlungsbericht des Vorstandes.

Der Vorsitzende stellte fest, dass kein Mitglied eine Umwandlungsprüfung beantragte. Ein Widerspruch gegen den Formwechsel wurde bisher nicht erklärt.

Der Vorsitzende gab die Tagesordnung wie in der Anlage beigefügt bekannt.

Die Mitgliederversammlung erledigte hierauf die Tagesordnung wie folgt:

Daraufhin wurde die **Tagesordnung** wie folgt erledigt:

(**TOP 1–7** sind nicht beurkundet)

TOP 8

Der Vorsitzende erläutert die geplante Umwandlung samt Satzung und Umwandlungsbericht. Fragen der Mitglieder werden vom Vorsitzenden beantwortet.

TOP 9

Der Vorsitzende schlägt vor, dass die Mitgliederversammlung folgenden Umwandlungsbeschluss fasst:

Vorbemerkung

Im Vereinsregister des Amtsgerichts...... ist unter VR...... der A-e. V. eingetragen.

Vereinsmitglieder sind die in der Mitgliederliste vom April 06 **(Anlage 3)** genannten Personen; in dieser Liste sind auch die auf die jeweiligen Mitglieder entfallenden Einlagen genannt.

Diese Einlagen sind voll eingezahlt.

Der eingetragene Verein hat keinen Grundbesitz.

Umwandlung in eine Genossenschaft

Der **A-e. V.** wird formwechselnd gem. §§ 190 ff., 251 ff. und § 272 UmwG in eine eingetragene Genossenschaft (e. G.) umgewandelt.

Die Umwandlung erfolgt steuerlich auf der Basis der Bilanz des A-e. V. zum 31.12...../24.00 Uhr, als Schlussbilanz bzw. Eröffnungsbilanz gem. § 20 Abs. 8 UmwStG. Die Umwandlung erfolgt im Innenverhältnis mit Wirkung zum 31.12...../24.00 Uhr. Der Zeitpunkt von dem an die Handlungen und Geschäfte des A-e. V. steuerlich als für Rechnung der e. G. vorgenommen gelten, ist der 01.01....../00.00 Uhr.

Die eingetragene Genossenschaft führt die Firma »A-e. G.« und hat ihren Sitz in......

Durch den Formwechsel werden aus den bisherigen festen Vereinsanteilen Geschäftsanteile und Geschäftsguthaben. Maßgeblich sind die bisherigen Vereinsanteile, wie in der Liste zum April 2006 (Anlage 3) dargestellt. Jedes Mitglied erhält so viele Geschäftsanteile, wie sich aus seiner in der Liste zum April 2006 (**Anlage 3**) bezeichnete Einlage aufgerundet auf den nächsten durch 200 teilbaren Betrag geteilt durch 200 ergibt (z. B. 1534,00 € = 8 Geschäftsanteile à 200,00 €). Der im Vergleich zur bisherigen Einlage fehlende Betrag ist in bar einzuzahlen.

Eine Nachschusspflicht besteht bei der Genossenschaft nicht.

Art und Umfang der Beteiligung an der A-e. G. sowie die Rechte und Pflichten der Genossen im Einzelnen ergeben sich aus der hiermit vereinbarten Satzung der A-e. G., die Bestandteil dieses Umwandlungsbeschlusses ist und mit der Beschlussfassung geschlossen wird. Die Satzung ist dieser Urkunde als **Anlage 4** beigefügt. Sie wird hiermit festgestellt.

Einzelnen Mitgliedern werden keine stimmrechtslosen Geschäftsanteile, Vorzugsgeschäftsanteile, Mehrstimmrechtsanteile, Schuldverschreibungen, Genussrechte oder sonstige besonderen Rechte oder Vorzüge gewährt. Derartige Sonderrechte, Vorzüge oder besonderen Geschäftsanteile bestehen beim A-e. V. nicht. Durch die Umwandlung werden weder einzelnen Mitgliedern, noch Mitgliedern eines Vertretungs- oder Aufsichtsorgans besondere Rechte oder Vorteile gewährt.

Da zum Zeitpunkt der Umwandlung beim A-e. V. keine Arbeitnehmer beschäftigt werden, ergeben sich für diese auch keine weiteren Auswirkungen.

Die Kosten des Formwechsels trägt die Genossenschaft bis zum Betrag von...... €.

Vereinsmitglieder, die gegen den Umwandlungsbeschluss Widerspruch zur Niederschrift erklären oder die dem Formwechsel bis zum Ablauf des dritten Tages vor dem Tage, an dem der Umwandlungsbeschluss gefasst worden ist, durch eingeschriebenen Brief widersprochen haben, wird der Erwerb ihrer Mitgliedschaftsrechte gegen eine Barabfindung angeboten. Diese erhalten die von ihnen beim A-e. V. geleisteten Einlagen nebst 3 % Verzinsung. Das Angebot kann nur binnen zwei Monaten nach dem Tage angenommen werden, an dem die Eintragung der neuen Rechtsform in das Register bekanntgemacht wurde. Ist nach § 212 UmwG ein Antrag auf Bestimmung der Barabfindung durch das Gericht gestellt worden, so kann das Angebot binnen zwei Monaten nach dem Tage angenommen werden, an dem die Entscheidung im elektronischen Bundesanzeiger gemacht worden ist.

Der Notar hat die Erschienen auf Folgendes hingewiesen:

Der Vorstand der A-e. G. und diese selbst haben bei Verletzung ihrer Sorgfaltspflicht dem A-e. V., ihren Mitgliedern und Gläubigern allen Schaden zu ersetzen, den diese durch den Formwechsel erleiden (§ 205 UmwG).

Der Formwechsel wird erst wirksam, wenn die neue Rechtsform »eingetragene Genossenschaft« in dem für sie zuständigen Register eingetragen ist.

Rechte Dritter an den Anteilen der Mitglieder am A-e. V. bestehen an den künftigen genossenschaftlichen Geschäftsanteilen fort.

Der neuen Rechtsform »eingetragene Genossenschaft« steht ein Eintragungshindernis entgegen, wenn der Umwandlungsbeschluss nicht eine Stimmenmehrheit von mindestens drei Vierteln der erschienen Mitglieder erhält (§ 275 Abs. 2 UmwG).

Das Registergericht wird die Eintragung des Formwechsels bekanntmachen. Darin werden die Gläubiger des A-e. V. auf folgendes Recht hingewiesen werden: Wenn sie binnen sechs Monaten nach Bekanntmachung ihren Anspruch nach Grund und Höhe schriftlich anmelden und glaubhaft machen, dass die Erfüllung ihrer Forderung durch den Formwechsel gefährdet wird, können sie Sicherheitsleistung verlangen, sofern sie nicht schon die Befriedigung ihrer Forderung beanspruchen können.

D. Formwechsel rechtsfähiger Vereine

Der Notar hat ferner über die Notwendigkeit des Beitritts zu einem genossenschaftlichen Prüfungsverband und die Vorlage eines Prüfungsgutachtens hingewiesen.

Der Vorsitzende stellte den Vorschlag zur Abstimmung.

Es wurde durch Handaufheben abgestimmt.
– für den Umwandlungsbeschluss stimmten (entsprechend dem Vorschlag des Vorstandes) 50 Mitglieder;
– gegen den Umwandlungsbeschluss stimmten:
0 Mitglieder;
– Stimmenthaltungen:
keine.

Der Vorsitzende gab das Abstimmungsergebnis bekannt und stellte fest, dass Umwandlung mit mehr als 3/4-Mehrheit der anwesenden Mitglieder beschlossen ist.

TOP 10

Die Mitgliederversammlung wählte gem. § 24 der Satzung in offener Abstimmung mit folgenden Stimmen die nachstehend genannten Damen und Herren in den Aufsichtsrat der neuen Genossenschaft:
– **Ja:**......
– **Nein:**......
– **Enthaltung:**......

Der Vorsitzende gab das Abstimmungsergebnis bekannt und stellte fest, dass die genannten Personen als Aufsichtsratsmitglieder gewählt sind.

Diese nehmen die Wahl an.

TOP 11

Hierauf wird die Versammlung für kurze Zeit unterbrochen, damit der gewählte Aufsichtsrat zusammentreten, sich konstituieren und die Bestellung der Vorstandsmitglieder gemäß § 18 Abs. 3 der Satzung vornehmen kann.

Sodann wird die Versammlung vom Vorsitzenden wieder eröffnet und bekanntgegeben, dass der Aufsichtsrat zu Mitgliedern des Vorstands bestellt hat. Das Protokoll der Aufsichtsratssitzung ist dieser Urkunde als **Anlage 6** beigefügt:

Diese erklären hierzu ihr Einverständnis.

Schlussbestimmungen:

Von dieser Urkunde erhalten

Ausfertigungen:
– die Genossenschaft und
– das Registergericht;
beglaubigte Abschrift:
– die zuständigen Finanzämter (§ 54 Abs. 1 EStDV).

Über den Verlauf der Versammlung wird von mir, Notar......, ausdrücklich festgestellt:

Sämtliche Abstimmungen in der heutigen Hauptversammlung erfolgten mündlich durch Handheben.

Sämtliche Abstimmungen und Wahlen erfolgten in der festgelegten Abstimmungsform mit den festgestellten Abstimmungsergebnissen.

Widerspruch zur Niederschrift wurde nicht erklärt.

.....

(Unterschriften der Vorstandsmitglieder)

Hierüber Niederschrift

.....

(Unterschrift Notar)

Anlage 1: Teilnehmerverzeichnis

Anlage 2: Einladung

Anlage 3: Mitgliederliste vom……

Anlage 4: Satzung

Anlage 5: schriftlicher Umwandlungsbericht des Vorstandes

Anlage 6: Aufsichtsratsprotokoll Vorstandbestellung

5. Anmeldung beim Formwechsel eines eingetragenen Vereins in eine Genossenschaft

▶ Muster: Registeranmeldung beim Formwechsel eines eingetragenen Vereins in eine Genossenschaft

811 VR……

A e. V.

mit dem Sitz in……

– künftig: A-e. G. –

Geschäftsadresse:……

Wir, sämtliche Mitglieder des künftigen Vorstandes der Genossenschaft sowie die Mitglieder des Aufsichtsrates, melden zur Eintragung in das Genossenschaftsregister an:

Der A-e. V. wurde aufgrund Umwandlungsbeschluss vom…… zur Urkunde des beglaubigenden Notars – URNr……. – in die Rechtsform einer Genossenschaft in die Firma

A-e. G.

umgewandelt.

Die Genossenschaft hat ihren Sitz in……. Die Geschäftsräume sind in…….

Wir melden hiermit die neue Rechtsform, d. h. die »A-e. G.« zur Eintragung in das Register an.

Der Genossenschaft liegt die beigefügte Satzung, die in der Mitgliederversammlung im Umwandlungsbeschluss festgestellt wurde, zugrunde.

Wir melden hiermit auch die Satzung der Genossenschaft an.

Wir melden ferner die Vorstandsmitglieder der Genossenschaft an:

……

Der Vorstand besteht aus folgenden Personen:

……

Gemäß § 15 der Satzung können zwei Vorstandsmitglieder rechtsverbindlich für die Genossenschaft zeichnen und Erklärungen abgeben. Die Genossenschaft kann auch durch ein Vorstandsmitglied in Gemeinschaft mit einem Prokuristen gesetzlich vertreten werden.

Konkrete Vertretungsbefugnis:

Die vorgenannten Vorstandsmitglieder vertreten satzungsgemäß, d. h. sie können jeweils mit einem weiteren Vorstandsmitglied oder in Gemeinschaft mit einem Prokuristen die Genossenschaft vertreten.

Der Formwechsel zum Vereinsregister ist gleichzeitig angemeldet worden.

Wir erklären, dass Klagen gegen den Umwandlungsbeschluss nicht erhoben worden sind.

Wir erklären, dass der formwechselnde Verein keinen Betriebsrat hat.

D. Formwechsel rechtsfähiger Vereine

Dieser Anmeldung fügen wir bei:
- elektronisch beglaubigte Abschrift des Umwandlungsbeschlusses, die auch das Statut und die Bestellung des ersten Aufsichtsrates enthält, zur Urkunde des beglaubigenden Notars – URNr....... –;
- elektronisch beglaubigte Abschrift der Satzung;
- elektronisch beglaubigte Abschrift des Umwandlungsberichtes des Vorstandes;
- elektronisch beglaubigte Abschrift über die Urkunde der Bestellung des Vorstandes durch den Aufsichtsrat;
- elektronisch beglaubigte Abschrift der Bescheinigung des Prüfungsverbandes, dass die Genossenschaft zum Beitritt zugelassen ist;
- elektronisch beglaubigte Abschrift der gutachterlichen Äußerung des Prüfungsverbandes, dass den persönlichen oder wirtschaftlichen Verhältnissen, insbes. Vermögenslage der Genossenschaft, eine Gefährdung der Belange der Genossenschaft oder der Gläubiger der Genossenschaft nicht zu besorgen ist.

Die Kosten dieser Anmeldung und ihrer Eintragung trägt die Genossenschaft.

Um Vollzugsnachricht an den beglaubigenden Notar und die beteiligten Rechtsträger wird gebeten.

Unterschrift durch sämtliche Vorstands- und Aufsichtsratsmitglieder mit Vor- und Zuname:

…..

Teil 5 Sonderfragen

Kapitel 1 Firmenrecht und Umwandlung

Übersicht	Rdn.
A. Überblick	1
B. Verschmelzung	3
I. Überblick	3
II. Einzelfragen	5
1. Beibehaltung der bisherigen Firma	5
2. Firmenneubildung	6
3. Firmenfortführung	11
4. Verschmelzung einer Kapitalgesellschaft auf ihren alleinigen Gesellschafter	18
C. Spaltungen	19
I. Überblick	19
II. Neufirmierung und Beibehaltung der Firma des aufnehmenden Rechtsträgers	20
III. Firmenfortführung bei Aufspaltung	21
IV. Abspaltung und Ausgliederung	23
1. Streitstand	23
2. Firmenfortführung nach allgemeinen Grundsätzen	24
D. Formwechsel	28

A. Überblick

Das UmwG hat die **Frage der Firmenbildung** in § 18 UmwG für die Verschmelzung, für die Spaltung i. V. m. § 125 UmwG und für den Formwechsel in § 200 UmwG einigen Sonderregelungen zugeführt. Daneben gelten die allgemeinen firmenrechtlichen Vorschriften der §§ 17 ff. HGB, soweit das UmwG nicht eine speziellere Regelung vorsieht. Durch das HRefG v. 22.06.1998,[1] das seit 01.07.1998 in Kraft ist, wurden die allgemeinen Regeln der Firmenbildung grundlegend neu geändert. Ziel der Reform war es, das im europäischen Vergleich viel zu strenge deutsche Firmenbildungsrecht zu liberalisieren und grundlegend zu vereinfachen, um auch Wettbewerbsnachteilen deutscher Unternehmen im Europäischen Binnenmarkt entgegenzuwirken.[2] Neben der bekannten Aufgabe der bis dahin geltenden Unterscheidung zwischen Muss- und Sollkaufmann (§§ 1, 2 HGB a. F.) ist die **Liberalisierung des Firmenrechts** einer der wichtigsten Gegenstände des HRefG gewesen. Auch für Kapitalgesellschaften ist in § 4 GmbHG bzw. § 4 AktG eine Liberalisierung eingetreten. Beim Einzelkaufmann und in Personengesellschaften ist grundlegendes Merkmal der Reform der Wegfall der Namensbezeichnung der Gesellschafter bzw. des Einzelkaufmanns; bei Kapitalgesellschaften der Wegfall des sog. Entlehnungsgebotes, wonach früher zwingend bei der Kapitalgesellschaft die Firma dem Gegenstand des Unternehmens entlehnt sein musste.[3] Alle Firmenträger können daher entscheiden, ob sie eine Personen- oder Sachfirma wählen wollen, auch die Wahl einer reinen Fantasiefirma, die nicht dem Unternehmensgegenstand entnommen ist, ist zulässig. Dementsprechend kann der Einzelkaufmann sowohl eine Sachfirma, eine Fantasiefirma als auch eine Personenfirma wählen. Umgekehrt könnten auch Kapitalgesellschaften beliebig entscheiden, ob sie eine Personen-, Sach- oder Fantasiefirma wählen. Abgrenzungs- und Zulässigkeitskriterium ist nach § 18 Abs. 1 HGB die Unterscheidungskraft: Die Firma muss zur **Kennzeichnung des Kaufmanns** geeignet sein und **Unterscheidungskraft besitzen** und sie darf nach § 18 Abs. 2 HGB keine Angaben enthalten, die geeignet sind, über

1

---

[1] BGBl. I, S. 1474.
[2] Vgl. Begründung zum RegE, BR-Drucks. 43/97, S. 19; Schäfer, Handelsrechtsreformgesetz, S. 13 ff.; Lutter/Welp, ZIP 1999, 1074 ff.; Kaiser, JZ 1999, 495; Gustavus, GmbHR 1998, 17; K. Schmidt, NJW 1998, 2161, 2167; Bokelmann, GmbHR 1998, 57; Möller, DNotZ 2000, 830.
[3] Vgl. Bokelmann, Das Recht der Firmen- und Geschäftsbezeichnungen, Rn. 552; Lutter/Welp, ZIP 1999, 1073; Krafka/Willer/Kühn, Registerrecht, Rn. 203 ff.; Baumbach/Hopt, § 17 HGB Rn. 3 ff.

geschäftliche Verhältnisse, die für die angesprochene Verkehrskreise wesentlich sind, zu täuschen.[4] Es bleiben also materielle Zulässigkeitskriterien, die im Einzelfall zu prüfen sind, allerdings mit anderen Zielrichtungen. Es besteht außerdem nach § 18 Abs. 1 HGB die Vorgabe, dass die Firma individualisierungsfähig ist.[5] Darüber hinaus gilt das **Gebot der Firmenunterscheidbarkeit** nach § 30 HGB: Jede neue Firma muss sich von den bereits eingetragenen deutlich unterscheiden. Eine fehlende Unterscheidbarkeit kann ein Ordnungswidrigkeitsverfahren und zivilrechtliche Unterlassungsansprüche auslösen. Die AG kann daher auch eine reine Personenfirma neu bilden. Auch Mischfirmen, die sich aus Elementen des Namens, des Gegenstandes und von Fantasiezusätzen zusammensetzen, sind zulässig.[6] Das Individualisierungsgebot des § 18 Abs. 1 HGB verhindert aber weiterhin die ausschließliche Verwendung von Gattungs-, Branchen- oder geografischen Bezeichnungen, da die notwendige Unterscheidungskraft fehlt.[7]

2 Im Zuge der Liberalisierung konnten auch einige Einschränkungen der firmenspezifischen Vorschriften des UmwG gestrichen werden.

B. Verschmelzung

I. Überblick

3 Das UmwG unterscheidet zwischen der Verschmelzung zur Aufnahme und der Verschmelzung zur Neugründung. Bei beiden Verschmelzungsformen erlischt der übertragende Rechtsträger, das Vermögen geht im Wege der Gesamtrechtsnachfolge auf den aufnehmenden Rechtsträger über. Firmenrechtliche Folge wäre an sich der Untergang der Firma des übertragenden Rechtsträgers. § 18 Abs. 1 UmwG hat einen Teilbereich der firmenrechtlichen Fragen bei der Verschmelzung geregelt und bestimmt, dass der übernehmende Rechtsträger die Firma eines der übertragenden Rechtsträger, dessen Handelsgeschäft er durch Verschmelzung erwirbt, mit oder ohne Beifügung eines das Nachfolgeverhältnis andeutenden Zusatzes fortführen kann. Damit erhält die Vorschrift das Prinzip der **Firmenkontinuität** auch i. R. d. Verschmelzung. Sie stellt nach herrschender Meinung einen Sondertatbestand des § 22 HGB dar und unterscheidet sich v. a. dadurch, dass keine Einwilligung zur Firmenfortführung erforderlich ist, sondern das Fortführungsrecht immer i. R. d. Verschmelzung besteht.[8] Die Vorschrift wurde i. R. d. HRefG insofern geändert, als einschränkende Bestimmungen des § 18 UmwG wegfielen. Vorher war für Personengesellschaften die Einschränkung enthalten, dass eine Personenhandelsgesellschaft eine Firma nur fortführen darf, wenn diese den Namen einer natürlichen Person enthält. Dies war eine **Durchbrechung** der Firmenkontinuität i. R. d. Verschmelzung und wurde in der Literatur kritisiert.[9] Das HRefG hat diese Einschränkung ersatzlos aufgehoben, sodass i. R. d. Liberalisierung des Firmenrechts auch bei Personenhandelsgesellschaften die unbeschränkte Firmenfortführung möglich ist.

4 Wie bereits dargelegt, bleiben neben diesen Sondervorschriften in § 18 UmwG die allgemeinen Vorschriften anwendbar. Dies bedeutet zum einen, dass **kein Zwang zur Firmenfortführung** besteht, sondern unter Anwendung der allgemeinen Firmengrundsätze eine neue Firma gebildet

---

[4] **Irreführungsverbot;** zum Irreführungsverbot vgl. eingehend Meyer, ZNotP 2009, 250 ff.; Krafka/Willer/Kühn, Registerrecht, Rn. 222 ff.; Baumbach/Hopt, § 18 HGB Rn. 9 ff.
[5] Vgl. dazu Bülow, DB 1999, 269, 270; Krafka/Willer/Kühn, Registerrecht, Rn. 220 ff.; Baumbach/Hopt, § 17 HGB Rn. 4 ff.
[6] Lutter/Welp, ZIP 1999, 1076.
[7] Lutter/Welp, ZIP 1999, 1076; Bülow, DB 1999, 269, 270; K. Schmidt, NJW 1998, 2161; Meyer, ZNotP 2009, 250 ff.
[8] Vgl. auch Bokelmann, ZNotP 1998, 265, 266; Kögel, GmbHR 1996, 169; Kallmeyer/Marsch-Barner, § 18 UmwG Rn. 3 ff.; Lutter/Decher/Hoger, § 18 UmwG Rn. 3 ff.; Schwanna, in: Semler/Stengel § 18 UmwG Rn. 3 ff.; Stratz, in Schmitt/Hörtnagl/Stratz, § 18 UmwG Rn. 7 ff.; BeckOGK/Rieckers/Cloppenburg UmwG § 18 Rn. 2 ff.
[9] Vgl. Kögel, GmbHR, 1996, 169.

werden kann. Einschränkend setzt die Firmenfortführung allerdings voraus, dass die allgemeinen Grundsätze beachtet werden, insb. keine Irreführung eintreten darf.[10]

II. Einzelfragen

1. Beibehaltung der bisherigen Firma

Der aufnehmende Rechtsträger kann selbstverständlich bei der Verschmelzung zur Aufnahme seine **bisherige Firma beibehalten**.[11] Es besteht kein Zwang, die Firma der übertragenden Rechtsträger in irgendeiner Form aufzunehmen.[12] In diesem Fall geht die alte Firma ersatzlos unter und kann auch nicht wiederbelebt werden.[13]

2. Firmenneubildung

Der übernehmende Rechtsträger hat darüber hinausgehend die Möglichkeit, unter Beachtung allgemeiner Grundsätze, eine völlig neue Firma zu bilden.[14] Die Firmenneubildung ist beim aufnehmenden Rechtsträger Änderung des Gesellschaftsvertrages bzw. der Satzung, es gelten die allgemeinen Grundsätze des spezifischen Gesellschaftsrechts. Firmenrechtlich gelten die allgemeinen firmenrechtlichen Grundsätze, also insb. das in § 18 Abs. 2 HGB n. F. enthaltene **Täuschungsverbot**: Bei der Firmenneubildung darf die Firma nicht durch ihre Art und nicht durch die Wahl ihrer Worte über geschäftliche Verhältnisse, über den Unternehmensträger sowie die Tätigkeit und Bedeutung der betreffenden Gesellschaft und ihre sonstigen Verhältnisse täuschen.[15] Da das Entlehnungsgebot bei Kapitalgesellschaften weggefallen ist, besteht auch im Hinblick auf den Namen in Bezug auf den Unternehmensgegenstand größere Liberalität bei der Firmenbildung. Allerdings dürfte aus dem Täuschungsverbot insofern eine dem Entlehnungsgebot ähnliche Schranke folgen, als eine Firma, die den Tätigkeitsbereich des Unternehmens falsch darstellt, unzulässig ist, da sie geeignet ist, den Rechtsverkehr zu täuschen.[16] Ob eine Firma oder ein Firmenbestandteil geeignet ist, zu täuschen, hat das Registergericht der »Entschärfung des firmenrechtlichen Irreführungsverbotes«[17] nur noch in beschränktem Umfang zu überprüfen. Die **Eignung zur Irreführung** ist gem. § 18 Abs. 2 Satz 2 HGB nur zu berücksichtigen, wenn sie ersichtlich ist.[18] Dies setzt die Grenzen für die Ermittlungspflicht des Registergerichts (§ 26 FamFG) herab. Von einer völligen Abschaffung der Prüfung der Täuschungsgeeignetheit durch das Registergericht hat das HRefG u. a. aus Gründen des Verbraucherschutzes und wegen der zu befürchtenden deutlichen Zunahme wettbewerbsrechtlicher Streitigkeiten abgesehen. Mit der Herabsetzung der Grenzen der Ermittlungspflicht soll eine »Entsteinerung« des Irreführungsverbots erreicht werden.[19] Es genügt daher nicht, wenn nur Einzelne irregeführt werden könnten. Vielmehr ist die Möglichkeit der Täuschung der angesprochenen Verkehrskreise, also einer Gruppe von Adressaten, erforderlich. Des Weiteren genügt es nicht, dass die Firma geeignet ist, über die tatsächlichen oder rechtlichen Verhältnisse ihres Inhabers zu täuschen, sondern die in Betracht

---

10 Bokelmann, ZNotP 1998, 266.
11 Vgl. Kallmeyer/Marsch-Barner, § 18 UmwG Rn. 2; Lutter/Decher/Hoger, § 18 UmwG Rn. 3.
12 Lutter/Decher § 18 UmwG Rn. 3; BeckOGK/Rieckers/Cloppenburg UmwG § 18 Rn. 2.
13 Vgl. Kögel, GmbHR 1996, 169; Kallmeyer/Marsch-Barner, UmwG, § 18 Rn. 2; Lutter/Decher/Hoger, UmwG, § 18 Rn. 2.
14 Vgl. Kallmeyer/Marsch-Barner, § 18 UmwG Rn. 2; Lutter/Decher/Hoger, § 18 UmwG Rn. 3; Schwanna, in: Semler/Stengel, § 18 UmwG Rn. 7; vgl. den Überblick über die firmenrechtliche Rechtsprechung, Clausnitzer DNotZ 2010, 345 ff.
15 BGH, BB 1989, 1844; Bokelmann, DB 1990, 1021 ff.; Baumbach/Hueck/Fastrich, § 4 GmbHG Rn. 4 f.; Lutter/Hommelhoff/Bayer, § 4 GmbHG Rn. 28 ff.; Clausnitzer DNotZ 2010, 345, 351 f.
16 So auch Lutter/Welp, ZIP 1999, 1073, 1081 f.
17 Vgl. BT-Drucks. 13/8444, S. 38.
18 Vgl. K. Schmidt, NJW 1998, 2161; Meyer, ZNotP 2009, 250 ff. Clausnitzer DNotZ 2010, 345, 351 ff.
19 Vgl. Schaefer, DB 1998, 1269; vgl. auch BT-Drucks. 43/97, S. 36.

kommende Irreführung muss von gewisser Bedeutung für die angesprochenen Verkehrskreise sein.[20] Die Angabe muss also aus der Sicht des durchschnittlichen Angehörigen dieser Kreise von Erheblichkeit in der Einschätzung des Unternehmensträgers sein. Das Verbot der Irreführung setzt bereits dann ein, wenn die in der Firma bezeichnete Person für die angesprochenen Verkehrskreise eine wenn auch geringfügige Relevanz hat und deshalb der durch die Verwendung des Personennamens begründete Schluss auf eine maßgebliche Beteiligung des Namensträgers von wesentlicher Bedeutung für die wirtschaftliche Entscheidung ist.[21] Eine besondere Bedeutung des Personennamens ist v. a. dann gegeben, wenn der Person im Zusammenhang mit einem bestimmten Tätigkeitsbereich ein gewisses Vertrauen entgegengebracht wird, d. h. wenn die Person für die angesprochenen Fachkreise ein »bekannter Name« ist.[22]

7 Fraglich ist in diesem Zusammenhang, ob eine Personenfirma ohne Gesellschafterbezug gebildet werden kann, ob also Namen verwendet werden dürfen, die nicht den Namen der oder eines Gesellschafters entsprechen. Das in § 4 Abs. 1 Satz 2 GmbHG i. d. F. vor dem HRefG enthaltene Gebot, wonach Namen anderer Personen als der Gesellschafter nicht in die Firma aufgenommen werden dürfen, wurde gestrichen. Die überwiegende Meinung geht davon aus, dass z. B. die Firma einer OHG oder KG heute grds. aus dem Namen auch von Nichtgesellschaftern oder von Kommanditisten[23] gebildet werden kann.[24] Im Einzelfall kann aber eine derartige Personenfirma ohne Gesellschafterbezug gegen das Täuschungsverbot verstoßen.[25]

8 Zu Buchstabenfolgen als Firma, die in der Praxis nicht unproblematisch waren, hat der BGH im Beschl. v. 08.12.2008[26] i. S. e. liberalen Firmenrechts entschieden, dass der Aneinanderreihung einer **Buchstabenkombination** gem. § 18 Abs. 1 HGB neben der Unterscheidungskraft auch die erforderliche Kennzeichnungseignung – und damit zugleich Namensfunktion (§ 17 Abs. 1 HGB) im Geschäftsverkehr – für die Firma von Einzelkaufleuten, Personen- und Kapitalgesellschaften zukomme, wenn sie im Rechts- und Wirtschaftsverkehr zur Identifikation der dahinter stehenden Gesellschaft ohne Schwierigkeiten akzeptiert werden könne. Hierfür reiche als notwendige, aber zugleich hinreichende Bedingung die Aussprechbarkeit der Firma i. S. d. Artikulierbarkeit (hier: »HM & A« bei einer GmbH & Co. KG) aus.[27] Allerdings wurde nach früher herrschender Ansicht zur firmenrechtlichen Rechtslage vor dem HReformG eine – aus sich heraus nicht verständliche – Buchstabenkombination als namensfähiger Firmenbestandteil grds. nur dann anerkannt, wenn sie »als Wort aussprechbar« war; anderes sollte für eine reine Buchstabenkombination nur ausnahmsweise dann gelten, wenn sie als Buchstabenfolge bereits eine entsprechende Verkehrsgeltung erworben hatte. Für eine derartige Einschränkung der Anerkennung reiner Buchsta-

---

20 Vgl. Jung, ZIP 1998, 677, 678.
21 OLG Brandenburg, MdP 2005, 176; LG Limburg, GmbHR 2006, 261.
22 Bayer, in: Lutter/Hommelhoff, GmbHG, § 4 Rn. 35; vgl. LG Wiesbaden, NJW-RR 2004, 1106.
23 Vgl. OLG Düsseldorf RNotZ 2017, 255; OLG Saarbrücken, DB 2006, 1002.
24 Vgl. OLG Rostock NZG 2015, 243; OLG Karlsruhe, GmbHR 2010, 1096; OLG Jena, NZG 2010, 1354; Bayer in Lutter/Hommelhoff, GmbHG, § 4 Rn. 34; Reuschle, in: Ebenroth/Boujong/Joost/Strohn, HGB, § 18 Rn 13; Müther, Das Handelsregister in der Praxis, Rn. 29; Roth, in: Altmeppen/Roth, GmbHG, § 4 Rn. 12; Schmidt-Leithoff, in: Rowedder, GmbHG, § 4 Rn. 44; Hueck-Fastrich, in: Baumbach/Hueck, GmbHG § 4 Rn. 12; Ammon/Ries in Röhricht/Graf von Westphalen, HGB, § 18 Rn. 32 und § 19 Rn. 24; offen gelassen von OLG Stuttgart, BB 2001, 14 f.
25 Für Einzelfallprüfung OLG Karlsruhe, GmbHR 2010, 1096; vgl. auch OLG Düsseldorf RNotZ 2017, 255; Lutter/Welp, ZIP 1999, 1081; Baumbach/Hueck/Fastrich, § 4 GmbHG Rn. 12 f.; Lutter/Hommelhoff/Bayer, § 4 GmbHG Rn. 34 f.; Scholz/Emmerich § 4 GmbHG Rn. 37.
26 BGH, ZIP 2009, 168 = BB 2009, 354.
27 Vgl. auch KG NZG 2013, 1153; OLG Frankfurt am Main, NJW 2002, 2400; Zimmer in: Ebenroth/Boujong/Joost/Strohn, HGB, § 18 Rn. 28; Lutter/Welp, ZIP 1999, 1073, 1078; Heidinger in: MünchKomm-HGB, § 18 Rn. 17; Ammon, in: Röhricht/v. Westphalen, HGB, § 18 Rn. 12; Schulenburg, NZG 2000, 1156, 1157; Kögel, Rpfleger 2000, 255, 257; Hopt, in: Hopt/Merkt, HGB 33. Aufl. § 18 Rn. 4; einschränkend Roth, in: Koller/Roth/Morck, HGB, § 18 Rn. 3.

benkombinationen als namensfähig, ist nach Auffassung des BGH jedoch nach der Neuregelung des § 18 HGB durch das HReformG – sowohl nach dem Wortlaut der Bestimmung als auch insb. nach dem vom Reformgesetzgeber erstrebten Gesetzeszweck – kein Raum mehr.

In § 18 Abs. 2 UmwG i. d. F. vor dem HRefG war noch eine spezifische Regelung der Firmenneubildung bei **Personenhandelsgesellschaften** enthalten, die allerdings i. R. d. HRefG ebenfalls gestrichen wurde. Die damalige Regelung, die dem Registergericht die Befugnis verlieh, eine Genehmigung auszusprechen, dass eine Personenhandelsgesellschaft, die durch die Verschmelzung das Handelsgeschäft eines übertragenden Rechtsträgers erwirbt, bei der Bildung ihrer neuen Firma den in der Firma dieses Rechtsträgers enthaltenen Namen einer natürlichen Person verwendet und insoweit von § 19 HGB abweicht, war spezifisch auf die Einschränkung des § 19 Abs. 1 HGB a. F. zugeschnitten, wonach in die Firma nur Namen von persönlich haftenden Gesellschaftern aufgenommen werden durften. Da auch dieses Erfordernis i. R. d. Handelsrechtsreform entfallen ist, konnte auch § 18 Abs. 2 UmwG gestrichen werden.

Einschränkend ist allerdings § 18 Abs. 2 UmwG zu beachten, wonach auch bei der **Firmenneubildung** der **Name einer natürlichen Person** eines der übertragenden Rechtsträger, die an dem übernehmenden Rechtsträger nicht beteiligt wird, nur dann in der neu gebildeten Firma verwendet werden darf, wenn der betroffene Anteilsinhaber oder dessen Erben ausdrücklich in die Verwendung einwilligen.

3. Firmenfortführung

Wichtigste Regelung ist die des § 18 Abs. 1 UmwG, wonach der übernehmende Rechtsträger die Firma eines der übertragenden Rechtsträger mit oder ohne Beifügung eines das Nachfolgeverhältnis andeutenden Zusatzes fortführen darf. Diese Regelung stellt eine Spezialvorschrift zu den allgemeinen Firmenfortführungsregelungen des § 22 HGB dar.[28] Die Firmenfortführung kann mit oder ohne Beifügung eines das Nachfolgeverhältnis andeutenden Zusatzes erfolgen. Ansonsten heißt »Fortführung« wie nach § 22 HGB, dass die Firma im Wesentlichen unverändert verwendet wird.[29] Anders als bei § 22 HGB ist **keine Einwilligung** der übertragenden Rechtsträger oder eines Gesellschafters der übertragenden Gesellschaft erforderlich.[30] Dies gilt auch, wenn bei der Firmenfortführung der Name einer Person verwendet wird, die in der alten Firma bereits enthalten war. Das Gesetz geht dann davon aus, dass, wenn nicht der Fall des § 18 Abs. 2 UmwG, d. h. das Ausscheiden des Gesellschafters, vorliegt, der Gesellschafter zumindest konkludent mit der Firmierung einverstanden ist.[31] Findet demgegenüber i. R. d. Verschmelzung ein Ausscheiden aufgrund der Annahme eines Abfindungsangebots nach § 29 UmwG statt, so darf auch bei der Firmenfortführung nach § 18 Abs. 2 UmwG der Name des Gesellschafters nur dann in der fortgeführten Firma verwendet werden, wenn dieser oder seine Erben ausdrücklich in die Verwendung einwilligen.[32] Insofern hat der Gesetzgeber dem Persönlichkeitsschutz eines ausscheidenden Gesellschafters Rechnung getragen. Die Einwilligung muss ausdrücklich erklärt werden, bedarf aber keinen bestimmten Form, auch konkludente Einwilligung soll genügen.[33]

---

28 Vgl. Kallmeyer/Marsch-Barner, § 18 UmwG Rn. 3; Lutter/Decher/Hoger, UmwG, § 18 Rn. 2; Beck-OGK/Rieckers/Cloppenburg UmwG § 18 Rn. 2 ff.; Kögel, GmbHR 1996, 168, 171; Bokelmann, ZNotP 1998, 266; Widmann/Mayer/Vollrath, Umwandlungsrecht, § 18 UmwG Rn. 13 ff.
29 Schwann in: Semler/Stengel/UmwG, § 18 Rn. 2; Lutter/Decher/Hoger, UmwG, § 18 Rn. 5; Kallmeyer/Marsch-Barner, § 18 UmwG; Rn. 6; BeckOGK/Rieckers/Cloppenburg UmwG § 18 Rn. 8.
30 Vgl. Schwanna, in: Semler/Stengel, § 18 UmwG Rn. 3.
31 Kallmeyer/Marsch-Barner, UmwG, § 18 Rn. 12.
32 Stratz, in: Schmitt/Hörtnagl/Stratz, § 18 UmwG Rn. 17; Kallmeyer/Marsch-Barner, § 18 UmwG Rn. 13; Lutter/Decher/Hoger, UmwG, § 18 Rn. 6.
33 Lutter/Decher/Hoger, UmwG, § 18 Rn. 7; Kallmeyer/Marsch-Barner, § 18 UmwG Rn. 13; Stratz, in: Schmitt/Hörtnagl/Stratz, § 18 UmwG Rn. 19.

12 Da die Einschränkung des § 18 Abs. 1 Satz 2 UmwG i. d. F. vor dem HRefG im Fall einer aufnehmenden Personenhandelsgesellschaft weggefallen ist, bestehen die Grundsätze der Firmenfortführung auch unbeschränkt nach dem HRefG, wenn aufnehmende Gesellschaft eine **Personenhandelsgesellschaft** ist. Auch diese kann eine Sachfirma, z. B. eine Kapitalgesellschaft, ohne Weiteres fortführen. Dies folgt schon aus den allgemeinen **Liberalisierungsregelungen des HRefG**.

13 **Fortführung der Firma** bedeutet aber, dass die bisherige Firma des übernehmenden Rechtsträgers aufgegeben und durch die Firma des übertragenden Rechtsträgers ersetzt wird. Dies bedarf ebenso wie bei der Firmenneubildung der Änderung des Gesellschaftsvertrages bzw. der Satzung des aufnehmenden Rechtsträgers.

14 Zu § 22 HGB war die herrschende Meinung der Auffassung, dass die Firmenfortführung **nur im Grundsatz** unverändert erfolgen darf, es dürfen nicht einzelne Teile der Firma verändert oder weggelassen werden.[34] Argument ist, dass es im Rechtsverkehr nicht zu berechtigten Zweifeln an der Identität der bisherigen mit der fortgeführten Firma kommen dürfe. Auch zu § 18 Abs. 1 UmwG ist die herrschende Meinung der Auffassung, die Firma sei im Wesentlichen unverändert fortzuführen.[35] **Nur geringfügige Änderungen**, z. B. in der Schreibweise, sind möglich (z. B. Ersetzung des kaufmännischen »&« durch »und«). Maßstab für die Frage der unveränderten Firmenfortführung ist, ob nach der Auffassung des Verkehrs die bisherige Firma fortgeführt wird; das Gesamtbild ist entscheidend.[36] Streitig ist, ob die Vereinigung der Firma der aufnehmenden mit der übertragenden oder mit mehreren übertragenden zulässig ist.[37] Man sollte dies zulassen, da keine grundlegenden Bedenken dagegen sprechen.[38]

15 Zusammenfassend ist also festzustellen, dass nach der alten Regelung des § 22 HGB und auch des § 18 Abs. 1 UmwG Abweichungen von der bisherigen Firma nur zulässig waren, wenn die Änderung unwesentlich war, z. B. Anpassung einer veralteten Schreibweise, Wechsel von Groß- auf Kleinbuchstaben etc. Kraft Gesetzes geregelt ist die **Beifügung eines Nachfolgezusatzes** (§ 18 Abs. 1 UmwG). Bereits vor dem HRefG bestand zu § 22 HGB Einigkeit, dass Rechtsformzusätze dann möglich sind, wenn das Spezialgesetz dies vorsieht. So musste etwa eine Kapitalgesellschaft, die die Firma eines Einzelkaufmanns erwirbt, den Kapitalgesellschaftszusatz kraft Gesetzes aufnehmen. Nach § 19 Abs. 1 HGB gilt dieser Zwang zum Rechtsformzusatz generell auch für Einzelkaufleute und Personengesellschaften. Die Firma muss nach dem ausdrücklichen Wortlaut des § 19 Abs. 1 HGB auch, wenn sie nach § 22 HGB oder nach anderen gesetzlichen Vorschriften fortgeführt wird, den spezifischen Rechtsformzusatz enthalten. Daraus folgt eindeutig auch für § 18 Abs. 1 UmwG, dass immer der Rechtsformzusatz entsprechend der neuen Rechtsform aufgenommen werden muss. Noch nicht geklärt ist, inwieweit die Grundsätze des § 22 HGB gelten. § 22 HGB ist nicht geändert worden, sodass Einiges dafür spricht, dass die Grundsätze weiter gelten. Zu berücksichtigen ist allerdings zum einen die angestrebte Liberalisierung und zum anderen, dass auch zum alten Recht eine Firmenänderung bei Firmenfortführung als zulässig anerkannt

---

34 Vgl. Bokelmann, Das Recht der Firmen- und Geschäftsbezeichnungen, Rn. 695 f.; Baumbauch/Hopt, HGB, § 22 Rn. 15.

35 Widmann/Mayer/Vollrath, Umwandlungsrecht, § 18 UmwG Rn. 19; Bokelmann, ZNotP 1998, 266; Kallmeyer/Marsch-Barner, UmwG, § 18 Rn. 6; Lutter/Decher/Hoger, § 18 UmwG Rn. 5; Schwanna, in: Semler/Stengel § 18 UmwG Rn. 2; BeckOGK/Rieckers/Cloppenburg UmwG § 18 Rn. 8; Kölner KommUmwG/Simon § 18 UmwG Rn. 17.

36 Vgl. OLG Hamm, Rpfleger 1965, 148; Bokelmann, ZNotP 1998, 266; ders., Das Recht der Firmen- und Geschäftsbezeichnungen, Rn. 697.

37 Ablehnend Kallmeyer/Marsch-Barner, UmwG, § 18 Rn. 6; Stratz, in: Schmitt/Hörtnagl/Stratz, § 18 UmwG Rn. 8; zustimmend Baumbach/Hopt, HGB, § 22 Rn. 19; Kögel, GmbHR 1996, 168; 169; Bokelmann, ZNotP 1998, 267; Widmann/Mayer/Vollrath, Umwandlungsrecht, § 18 UmwG Rn. 22; Schwanna, in: Semler/Stengel § 18 UmwG Rn. 2; Lutter/Decher/Hoger, § 18 UmwG Rn. 3.

38 So auch BeckOGK/Rieckers/Cloppenburg UmwG § 18 Rn. 8.

wurde, wenn sich diese nach Übertragung des Unternehmens durch Veränderung des Geschäftsumfangs, Wegfall oder Hinzukommen eines neuen Geschäftszweiges oder einer Sitzverlegung ergeben hat.[39] Insgesamt sollte man daher bei den allgemeinen Vorschriften der Firmenfortführung auch die Möglichkeit wesentlicher Änderungen, die zumindest sachlich geboten sind, großzügiger beurteilen als früher.

Allgemeine Grenze der Firmenfortführung ist i. R. d. § 18 Abs. 1 UmwG das jetzt in § 18 Abs. 2 HGB geregelte **Täuschungsverbot**. Die Firmenfortführung ist nicht zulässig, wenn ein Verstoß gegen das Täuschungsverbot vorliegt, weil die fortgeführte Firma durch ihre Art und durch die Wahl ihrer Worte über geschäftliche Verhältnisse, also über den Unternehmensträger sowie die Tätigkeit und Bedeutung der betreffenden Gesellschaften ihrer sonstigen Verhältnisse täuscht.[40]

Wird die Firma fortgeführt, gilt dies auch für etwaige **Zweigniederlassungen** des übernehmenden Rechtsträgers;[41] die Zweigniederlassung kann kein von der Hauptfirma abweichendes Leben führen. Zulässig ist aber, dass sich die Firmenfortführung nur auf die Zweigniederlassung beschränkt, wenn das erworbene Handelsgeschäft als Zweigniederlassung weitergeführt wird und die Verbindung zur Hauptniederlassung in der Firma der Zweigniederlassung erkennbar ist.[42]

4. Verschmelzung einer Kapitalgesellschaft auf ihren alleinigen Gesellschafter

Für die Verschmelzung einer Kapitalgesellschaft auf ihren alleinigen Gesellschafter verweist § 122 UmwG auf § 18, sodass die soeben genannten Grundsätze **auch bei der Verschmelzung auf eine natürliche Person** gelten. Es bestehen daher mehrere Möglichkeiten. Hat der Gesellschafter bereits eine Einzelfirma nach § 18 HGB, so kann er diese fortführen. Hat er bisher noch keine eigenen Firma geführt, kann er unter Beachtung des § 18 HGB auch eine neue Firma bilden.[43] Die Sonderregelungen des § 122 und § 18 UmwG lassen eine Firmenfortführung darüber hinausgehend ausdrücklich auch bei der Verschmelzung von der Ein-Mann-Kapitalgesellschaft auf ihren einzigen Gesellschafter zu. Die ursprünglichen Einschränkungen des Handelsrechts, wonach der Einzelkaufmann keine Sachfirma führen durfte, sind durch das HRefG weggefallen, sodass im Grundsatz unbeschränkte Firmenfortführungs- und Neubildungsmöglichkeiten auch beim Einzelkaufmann bestehen. Es gilt auch hier nur der allgemeine Grundsatz des Täuschungsverbotes nach § 18 Abs. 2 HGB und die Verpflichtung zur Beiführung des Rechtsformzusatzes, d. h. die Beifügung des Zusatzes »e. K.« oder »e.Kfm.« oder »e.Kfr.«.

C. Spaltungen

I. Überblick

Bei der Spaltung wird unterschieden zwischen der **Auf-** und der **Abspaltung**. Bei der Aufspaltung erlischt ähnlich wie bei der Verschmelzung der übertragende Rechtsträger und überträgt all seine Vermögensteile auf die aufnehmenden Rechtsträger. Bei der Abspaltung wird nur ein Teil des Vermögens auf den aufnehmenden Rechtsträger übertragen, der übertragende Rechtsträger existiert weiterhin. Die Ausgliederung schließlich ist dadurch gekennzeichnet, dass die Anteile der aufnehmenden oder neu zu gründenden Gesellschaft nicht den Gesellschaftern der übertragenden

---

39 Vgl. BGHZ 44, 116; Bokelmann, Das Recht der Firmen- und Geschäftsbezeichnungen, Rn. 706 ff.
40 Vgl. bereits zum alten Recht Bokelmann, ZNotP 1998, 266; ferner Kallmeyer/Marsch-Barner, UmwG, § 18 Rn. 8; BeckOGK/Rieckers/Cloppenburg UmwG § 18 Rn. 12; Kölner KommUmwG/Simon § 18 Rn. 17; Staub/Burgard HGB Anh. § 22 Rn. 3; Widmann/Mayer/Vollrath § 18 UmwG Rn. 8 ff.
41 Kallmeyer/Marsch-Barner, UmwG, § 18 Rn. 10.
42 Widmann/Mayer/Vollrath, Umwandlungsrecht, § 18 UmwG Rn. 23; Bokelmann, ZNotP 1998, 267; Kallmeyer/Marsch-Barner, UmwG, § 18 Rn. 10.
43 Lutter/Decher/Hoger, UmwG, § 18 Rn. 6; Lutter/Karollus, § 122 UmwG Rn. 17 ff.; Maier-Reimer in Semler/Stengel § 122 UmwG Rn. 17 ff.; Kallmeyer/Zimmermann, UmwG, § 122 Rn. 9; BeckOGK/Leitzen UmwG § 122 Rn. 12 ff.

Gesellschaft, sondern der übertragenden Gesellschaft selbst gewährt werden. Es entsteht also ein Mutter-Tochter-Verhältnis. **§ 125 Satz 1 UmwG verweist nur für den Fall der Aufspaltung auf § 18 UmwG**, bei Abspaltung und Ausgliederung nimmt er die Sonderregelung des § 18 UmwG ausdrücklich aus.

II. Neufirmierung und Beibehaltung der Firma des aufnehmenden Rechtsträgers

20 Ebenso wie bei der **Verschmelzung** bestehen selbstverständlich die Möglichkeiten der Neufirmierung bzw. Beibehaltung der alten Firma beim aufnehmenden Rechtsträger, wenn es sich um eine Aufspaltung oder Abspaltung zur Aufnahme handelt. Es besteht keine Verpflichtung zur Firmenfortführung. Die Spaltung kann Gelegenheit sein, nach allgemeinen Grundsätzen die Firma beim aufnehmenden Rechtsträger zu ändern, dann gelten allerdings keine Besonderheiten (es gilt das oben Ausgeführte, vgl. Teil 5 Rdn. 3 ff.).

III. Firmenfortführung bei Aufspaltung

21 Wie bereits erwähnt, hat der Gesetzgeber die Firmenfortführung durch Verweisung auf § 18 UmwG nur für den Fall der Aufspaltung in § 125 Satz 1 UmwG angeordnet. Die Vorschrift enthält allerdings insofern eine Unklarheit, da bei der Aufspaltung anders als bei der Verschmelzung mehrere Rechtsträger das Vermögen der übertragenden Gesellschaft aufnehmen, sodass zum einen die Einheit des fortgeführten Handelsgeschäftes fehlt und zum anderen die Frage besteht, wer die neue Firma fortführen darf. Z. T. wird die Auffassung vertreten, dass nur derjenige die Firma fortführen darf, der die größten Teile des Unternehmens übernimmt.[44] Andere sprechen sich für eine größere Liberalität aus und sehen darin den entscheidenden Zweck der Verweisung auf § 18 UmwG, sodass die Firmenfortführung auch dann zulässig sein soll, wenn nur **Teile des Handelsgeschäftes** von der fortführenden Gesellschaft erworben werden.[45]

22 Ebenfalls unklar ist, ob die Spaltung im Grunde zu einer **Firmenvervielfältigung** führen kann, ob also jeder aufnehmende Rechtsträger befugt ist, die Firma des übertragenden Rechtsträgers fortzuführen. Die Literatur lehnt die unbeschränkte Firmenvervielfältigung ab.[46] Ein Teil der Literatur ist allerdings der Auffassung, dass eine teilweise Firmenfortführung nur zulässig ist, soweit dies mit dem übernommenen Vermögen in Einklang steht. Sind bspw. einzelne Erwerbssparten in die Firma aufgenommen worden, so darf die Firma jedenfalls nur so fortgeführt werden, dass die nicht mehr zutreffenden Geschäftszweige gestrichen werden.[47] In der Tendenz scheint daher viel dafür zu sprechen, dass, wenn eine Firmenfortführung in vervielfältigter Form gewünscht ist, zumindest Unterscheidungskriterien aufgenommen werden müssen. Dies entspricht auch § 18 HGB, der die Unterscheidungskraft der Firma verlangt.

IV. Abspaltung und Ausgliederung

1. Streitstand

23 Für die Abspaltung und Ausgliederung ist in § 125 Abs. 1 UmwG die Anwendbarkeit von § 18 UmwG eindeutig ausgeschlossen, sodass in der Literatur heftig diskutiert wird, welche **Rechtsfol-**

---

44 Lutter/Teichmann, UmwG, § 131 Rn. 68; BeckOGK/Wiersch UmwG § 131 Rn. 76; BeckOGK/Verse UmwG § 125 Rn. 14.
45 Bokelmann, ZNotP 1998, 268; Kallmeyer/Sickinger, UmwG, § 125 Rn. 28; Kölner KommUmwG/Simon § 125 Rn. 13.
46 Kallmeyer/Kallmeyer, UmwG, § 125 Rn. 28; vgl. auch Bokelmann, ZNotP 1998, 269; a. A. Kögel, GmbHR 1996, 178.
47 So Bokelmann, ZNotP 198, 269; Kallmeyer/Kallmeyer, UmwG, § 125 Rn. 28.

gen hieraus zu ziehen sind. In der Literatur wird eine entsprechende Anwendung im Grundsatz überwiegend abgelehnt.[48]

Teichmann[49] hält den **Ausschluss von § 18 UmwG** dann nicht für überzeugend, wenn bspw. ein Einzelkaufmann Unternehmen und Privatvermögen trennt und das Unternehmen auf einen neuen Rechtsträger (etwa zur Neugründung) transferiert wird oder wenn der übertragende Rechtsträger nur einen Nebenbetrieb behält. Hier könnten aber die **§§ 22 ff. HGB** eingreifen, d. h. der übernehmende Rechtsträger kann, wenn eine Unternehmenskontinuität gegeben ist, die Firma mit Einwilligung des übertragenden Rechtsträgers fortführen. Eine Sperrwirkung der §§ 125, 18 UmwG sei nicht anzunehmen.

Kögel[50] sieht den Ausschluss des § 18 UmwG als **eklatante Folgen bei der Ausgliederung des gesamten Unternehmens** eines Einzelkaufmanns, da die Eintragung der Ausgliederung das Erlöschen der von dem Einzelkaufmann geführten Firma bewirkt, welches von Amts wegen in das Register einzutragen ist (§ 155 UmwG). Seiner Ansicht nach komme es in den meisten anderen Konstellationen der Ausgliederung auf eine besondere firmenrechtliche Regelung entsprechend § 18 UmwG, die die Firmenfortführung erlauben würde, überhaupt nicht an. Dass § 125 UmwG für eine Ausgliederung § 18 UmwG für nicht anwendbar erkläre, habe nahezu keine Bedeutung. Da bei der Ausgliederung die Anteile an dem ausgegliederten Betriebsteil – im Gegensatz zur Abspaltung – dem übertragenden Rechtsträger selbst gewährt würden, könne dieser nämlich für das durch Ausgliederung entstehende Tochterunternehmen eine Personenfirma bilden, was denselben Effekt habe. Für den Fall der Ausgliederung des Gesamtunternehmens eines Einzelkaufmannes sei aber der Firmenfortführung entgegen dem Gesetzeswortlaut zuzustimmen.

Widmann/Mayer[51] sieht für den Fall, dass der Einzelkaufmann sein gesamtes Unternehmen ausgliedert und damit seine Firma nach § 155 UmwG erlischt, § 4 Abs. 1 Satz 3 GmbHG nicht als verdrängt an. Diesen Fall habe die Gesetzesbegründung übersehen, sodass eine Firmenfortführung auch hier zulässig sein müsse.

Kallmeyer/Sickinger[52] wollen die Erleichterungen des § 18 Abs. 1 Satz 1 UmwG für die Firmenfortführung **auch für Abspaltung und Ausgliederung** gelten lassen. Denn sie seien teleologisch nicht davon abhängig, dass der übertragende Rechtsträger erlischt. Die Auflösung habe ausweislich der Begründung nur Bedeutung für den Verzicht auf die Einwilligung des übertragenden Rechtsträgers in die Firmenfortführung. Auch bei Abspaltung und Ausgliederung sei also umwandlungsrechtlich eine Firmenfortführung möglich. Bei Abspaltung und Ausgliederung setze die Fortführung der Firma des übertragenden Rechtsträgers durch einen übernehmenden oder neuen Rechtsträger mangels Auflösung des übertragenden Rechtsträgers freilich voraus, dass der übertragende Rechtsträger seine bisherige Firma aufgibt und eine Firma bildet. Ein solches Vorgehen sei z. B. bei der Abspaltung oder Ausgliederung eines Betriebes wirtschaftlich sinnvoll, dessen Unternehmensgegenstand bisher für die Firmenbildung des übertragenden Rechtsträgers als Sachfirma ausschlaggebend war. Diese Meinung würde jedoch die Möglichkeiten der Firmenfortführung auch bei der Abspaltung und Ausgliederung weit über die Fälle des Erwerbs eines Handelsgeschäftes nach § 22 HGB hinaus erweitern.

---

48 Vgl. Gutachten, DNotI-Report 2014, 188; KölnKommUmwG/Simon, § 125 Rn. 12; Stengel, in: Semler/Stengel, UmwG, § 125 Rn. 7; Hörtnagl, in: Schmitt/Hörtnagl/Stratz, UmwG/UmwStG, § 125 UmwG Rn. 16; Lutter/Teichmann, UmwG, § 125 Rn. 9; Sagasser/Bultmann, in: Sagasser/Bula/Brünger, Umwandlungen, 4. Aufl. 2011, § 18 Rn. 66; Reuschle, in: Ebenroth/Boujong/Joost/Strohn, HGB, § 22 Rn. 86.
49 Lutter/Teichmann, UmwG, § 131 Rn. 68.
50 GmbHR 1996, 168 ff., 174.
51 Umwandlungsrecht, § 125 UmwG Rn. 104.
52 In: UmwG, § 125 Rn. 29.

Mayer[53] stellt einen Rückgriff auf die allgemeinen firmenrechtlichen Grundsätze des § 4 Abs. 1 Satz 3 GmbHG **auch bei der Ausgliederung oder Aufspaltung eines Teilbetriebes** vor. Das LG Hagen[54] hat zumindest für die Ausgliederung, die das Gesamtunternehmen eines Einzelkaufmanns erfasst, entschieden, dass eine Firmenfortführung möglich sein muss. Da in diesem Fall die Firma des Einzelkaufmanns nach §§ 155, 158 UmwG erlösche, sei der Fall vergleichbar mit der Aufspaltung. In diesem Fall müsse auch eine Firmenfortführung durch die GmbH entgegen dem Gesetzeswortlaut zulässig sein. Nur diese Rechtsfolge entspreche dem in der Entstehungsgeschichte und den Materialien deutlich werdenden Sinn und Zweck des Gesetzes. Insoweit könne im Ergebnis daher dahingestellt bleiben, ob auslegungsmethodisch eine Gesetzeslücke anzunehmen sei, weil § 125 UmwG keine Sonderregelung für den Fall der Ausgliederung des gesamten Unternehmens eines Einzelkaufmanns vorsehe. Eine solche Regelungslücke wäre durch analoge Anwendung des § 18 UmwG zu schließen. Mindestens sei es gerechtfertigt, in Anwendung von § 135 Abs. 2 Satz 1 UmwG i. V. m. § 4 Abs. 1 Satz 2 und Satz 3 GmbHG auf die allgemeine Regelung in § 22 HGB zurückzugreifen.

Auch **Bokelmann**[55] spricht sich für die Anwendung der Grundsätze des § 18 UmwG **zumindest bei der Totalausgliederung** aus, die nach § 131 UmwG zum Erlöschen der von dem Einzelkaufmann geführten Firma führt. Im Ergebnis ist Vieles umstritten. Die ganz herrschende Meinung in der Literatur und die erste Rechtsprechung gehen aber davon aus, dass eine Firmenfortführung zumindest bei einer »Totalausgliederung« eines einzelkaufmännischen Unternehmens möglich sein muss. Die diesbezüglich engere Meinung geht dabei von einer Firmenfortführung nach § 22 HGB aus, sodass die dort verlangten Voraussetzungen (Handelsgeschäft und Zustimmung des Firmeninhabers) gegeben sein müssten. Im Ergebnis lässt die herrschende Meinung mit unterschiedlicher Begründung bei einer Totalausgliederung des Unternehmensbereichs des Einzelkaufmanns, die ein Erlöschen der Firma beim Einzelkaufmann zur Folge hätte, eine Firmenfortführung beim aufnehmenden oder neu gegründeten Rechtsträger auch bei einer Ausgliederung zu.[56]

2. Firmenfortführung nach allgemeinen Grundsätzen

24 Auch wenn man eine Anwendung des § 18 UmwG bei der Ausgliederung oder Abspaltung verneint, ist zu überlegen, ob nicht eine Firmenfortführung auch bei der Ausgliederung nach **allgemeinen Grundsätzen des Firmenrechts** zulässig ist. Nach richtiger Ansicht in der Literatur kann neben der Möglichkeit nach § 18 UmwG auch eine Firmenfortführung weiterhin nach den allgemeinen Regeln des § 22 HGB erfolgen. § 22 HGB soll durch § 125 UmwG nicht gesperrt sein.[57] Denn § 18 UmwG soll insofern nur eine Erleichterung der bereits gegebenen Möglichkeiten der Firmenfortführung bieten.

25 Eine weitere Voraussetzung des § 22 HGB ist, dass »**ein Handelsgeschäft**« erworben würde. Dies bedeutet dann, dass der Übergang des Unternehmens im Großen und Ganzen erfolgen muss, d. h. derjenigen Bestandteile, welche die Betriebsfortführung ermöglichen und Unternehmenskonti-

---

53 DB 1995, 861, 863.
54 Beschl. v. 01.12.1995, GmbHR 1996, 127 ff.
55 ZNotP 1998, 265 ff., 269.
56 Vgl. LG Hagen, GmbHR 1996, 127 ff.; Widmann/Mayer/Mayer, Umwandlungsrecht, § 152 UmwG Rn. 104;Gutachten, DNotI-Report 2014, 188; Sagasser/Bultmann, § 18 Rn. 67; Lutter/Teichmann, UmwG, § 131 Rn. 68; vgl. auch Kallmeyer/Kallmeyer/Sickinger, UmwG, § 125 Rn. 29; Bokelmann, ZNotP 1998, 265, 269; a. A. wohl Hörtnagl, in: Schmitt/Hörtnagl/Stratz, UmwG, UmwStG, § 125 UmwG Rn. 14.
57 Gutachten, DNotI-Report 2014, 188; Lutter/Teichmann, § 131 Rn. 68; KölnKommUmwG/Simon, § 125 Rn. 12; Semler/Stengel/Schröer, § 131 Rn. 44 im Fn. 175; Mayer, in: Widmann/Mayer, § 126 UmwG Rn. 45 f.; ablehnend aber Bokelmann, ZNotP 1998, 269.

nuität erwarten lassen.⁵⁸ Eine Teilübertragung, z. B. eine gesonderte Betriebsabteilung, genügt also nicht.⁵⁹ Selbst bei mehreren Geschäftszweigen ist § 22 HGB nicht anwendbar, wenn einer der gleichwertigen Geschäftszweige auf einen Dritten übertragen wird.⁶⁰ Das Recht zur Fortführung der Firma erlischt also bei Teilungen, falls nicht ein Teil so überwiegt, dass er das Ganze fortsetzt.⁶¹ Ansonsten würde die Anwendung von § 22 HGB zu einer unzulässigen Aufspaltung und Verdoppelung der Firma führen.⁶²

Emmerich⁶³ erwähnt in diesem Zusammenhang auch die Unzulässigkeit der Firmenfortführung ausdrücklich bei der Veräußerung einzelner von zahlreichen Geschäftsstellen in verschiedenen Städten.⁶⁴

Eine Möglichkeit zur Verdoppelung der existierenden Firma bietet allerdings die gesonderte Übertragung oder **Gründung von Zweigniederlassungen**. Denn durch Veräußerungen der Zweigniederlassung mit der abgeleiteten Firma erlischt dieselbe nicht.⁶⁵ Soweit es sich bei den verschiedenen Standorten des übertragenden Einzelunternehmers um selbstständige Zweigniederlassungen i. S. d. § 13 GmbHG mit eigenen Firmen handelt, ist die Firmenfortführung der ehemaligen Zweigniederlassung bei der durch Aufspaltung, Abspaltung oder Ausgliederung gebildeten neu gegründeten GmbH genauso denkbar wie die separate Veräußerung einer Zweigniederlassung zusammen mit ihrer Firma.⁶⁶

26

In der Diskussion des HRefG wurde z. T. empfohlen, den zu § 125 UmwG i. V. m. § 18 UmwG wegen der Fortführung der bisherigen Firma herrschenden Streit dahin gehend gesetzgeberisch klarzustellen, dass ein Rückgriff auf die allgemeinen firmenrechtlichen Grundsätze (etwa § 22 HGB, § 4 Abs. 1 Satz 3 GmbHG) grds. zulässig bleibt. Dies sollte insb. in den Fällen der Abspaltung oder Ausgliederung einer Zweigniederlassung einer Kapitalgesellschaft mit der bisherigen Firma gelten.⁶⁷ Dies ist leider unterblieben. Daher äußert **Bokelmann**⁶⁸ Bedenken, da § 18 Abs. 1 UmwG als Spezialvorschrift zu § 22 HGB zu begreifen sei. Es handele sich insoweit um eine echte Firmenfortführung im firmenrechtlichen Sinne. Schließe aber § 125 Satz 1 UmwG die Anwendbarkeit von § 18 UmwG eindeutig aus, könne nicht über die Hintertür nach § 22 HGB ein gegenteiliges Ergebnis herbeigeführt werden. Die Entscheidung des Gesetzgebers sei zu beklagen und es hätte nahegelegen, zumindest die Möglichkeit zu eröffnen, dem abgespaltenen Betriebsteil die Firma nachfolgen zu lassen. Der Gesetzgeber hat aber weder im Handelsrechtsreformgesetz noch im ersten Änderungsgesetz zum Umwandlungsrecht eine diesbezügliche Klarstellung durchgeführt.

27

D. Formwechsel

Firmenrechtliche Fragen des Formwechsels sind in § 200 UmwG geregelt. Nach § 200 Abs. 1 UmwG darf der Rechtsträger neuer Rechtsform seine **bisher geführte Firma beibehalten**, soweit

28

---

58 BGH, NJW 1972, 2123 = NJW 1991, 1353; BGH NJW 1991, 1353,1354 = MittBayNot 1991, 89 MünchKommHGB/Heidinger, § 22 Rn. 15; Gutachten, DNotI-Report 2014, 188, 189.
59 Baumbach/Hopt, HGB, § 22 Rn. 4; OLG Hamburg, BB 1989, 1145.
60 MünchKomm-HGB/Heidinger, § 22 Rn. 16.
61 Baumbach/Hopt, HGB, § 22 Rn. 21; BGH, BB 1957, 943.
62 MünchKomm-HGB/Heidinger, § 22 Rn. 16.
63 Emmerich/Heymann, HGB, § 22 Rn. 7.
64 Verweis in Fn. 12 auf RGZ 56, 187, 189; BGH, NJW 1991, 1353 u. v. a.
65 Bokelmann, GmbHR 1978, 65; vgl. auch das Beispiel bei Wessel/Zwernemann, Die Firmengründung, Rn. 507 ff.
66 Bokelmann, GmbHR 1978, 65; vgl. auch das Beispiel bei Wessel/Zwernemann, Die Firmengründung, Rn. 507 ff.; ganz h. M., vgl. nur Emmerich/Heymann, HGB, § 22 Rn. 7 m. w. N. in Fn. 15.
67 Vgl. dazu auch OLG Frankfurt am Main, DB 1980, 250 und Neye, Neues Umwandlungsrecht, S. 16; ausführlich dazu D. Mayer, DB 1995, 1861, 1863.
68 ZNotP 1998, 265.

sich aus dem UmwG nichts anderes ergibt. Zusätzliche Bezeichnungen, die auf die Rechtsform der formwechselnden Gesellschaft hinweisen, dürfen auch dann nicht verwendet werden, wenn der Rechtsträger die bisher geführte Firma beibehält. Die Begründung zum RegE[69] weist darauf hin, dass nach dieser Vorschrift der Rechtsträger neuer Rechtsform auch dann auf den in der Firma des formwechselnden Rechtsträgers enthaltenen Rechtsformzusatz verzichten und ihn gegen den für die neue Rechtsform vorgeschriebenen Zusatz austauschen muss, wenn eine Täuschung über die neue Rechtsform des Rechtsträgers durch einen Nachfolgezusatz verwiesen werden könnte. Bereits vor dem HRefG bestand also keine Möglichkeit, den **Rechtsformzusatz** auch evtl. **mit Nachfolgezusatz** beizubehalten.[70] Das war bereits zum alten Recht folgerichtig, da der Formwechsel nach der neueren Identitätstheorie keine Rechtsnachfolge ist, sondern rechtliche und wirtschaftliche Kontinuität des Unternehmens vorliegt. Nach dem neuen HRefG findet sich dieser Zwang zur Angabe des Rechtsformzusatzes in § 19 HGB, wonach der zwingende Hinweis auf die Rechtsform des Unternehmensträgers besteht. Beim Formwechsel in die Kapitalgesellschaft muss daher immer der Zusatz »AG« oder »GmbH« geführt werden, beim Formwechsel in die Personengesellschaft immer der Zusatz »OHG« oder »KG«. Die Fortführung des Rechtsformzusatzes ist unzulässig.

29 **Vor dem HRefG** waren in § 200 Abs. 1 UmwG ähnliche Beschränkungen im Hinblick auf die Beteiligtenstellungen von bestimmten Personen enthalten wie bei der Verschmelzung. Durch die Liberalisierung des Handelsrechts i. R. d. HRefG konnten diese in der Literatur bereits zitierten Beschränkungen[71] ersatzlos entfallen. Die Personengesellschaft kann jetzt unbeschränkt die reine Sachfirma fortführen, die Kapitalgesellschaft die Personenfirma. Ebenfalls zulässig sind selbstverständlich Fantasiefirmen.

30 Neben der Firmenfortführung, die § 200 UmwG in erster Linie regelt, besteht auch die Möglichkeit der **Neubildung der Firma**. Auch das lässt § 200 UmwG zu und sieht einige der Vorschriften vor.[72] Für die Neubildung der Firma des Rechtsträgers neuer Rechtsform gelten zunächst die allgemeinen Vorschriften nach dem HRefG, sodass alle Möglichkeiten der Firmenfortführung gegeben sind, sofern keine Täuschung nach § 18 HGB vorliegt:
– Personenfirma,
– Sachfirma,
– Fantasiebezeichnung.

31 Eine Einschränkung enthält allerdings § 200 Abs. 3 UmwG. War an dem **formwechselnden Rechtsträger** eine **natürliche Person** beteiligt, deren Beteiligung an dem Rechtsträger neuer Rechtsform entfällt, so darf der Name dieses Anteilsinhabers oder Gesellschafters nur dann in der beibehaltenen bisherigen oder in der neugebildeten Firma verwendet werden, wenn der betroffene Gesellschafter oder dessen Erben ausdrücklich in die Verwendung des Namens einwilligen.[73] Dadurch soll der Name eines ausscheidenden Gesellschafters geschützt werden. Die Einwilligung muss ausdrücklich erklärt werden, bedarf aber keinen bestimmten Form, auch konkludente Einwilligung soll genügen.[74] Eine weitere Einschränkung ergibt sich nach § 200 Abs. 4 UmwG: Ist formwechselnder Rechtsträger oder Rechtsträger neuer Rechtsform eine **Partnerschaftsgesellschaft,** gelten für die Beibehaltung oder Bildung der Firma oder des Namens § 200 Abs. 1 und

---

69 BT-Drucks. 75/94, S. 145.
70 Vgl. Kögel, GmbHR 1996, 174; Bokelmann, ZNotP 1998, 270.
71 Vgl. Kögel, GmbHR 1996, 174.
72 Vgl. Kallmeyer/Meister/Klöcker, UmwG, § 200 Rn. 14 ff.; Widmann/Mayer/Fronhöfer, Umwandlungsrecht, § 200 UmwG Rn. 15; Lutter/Decher/Hoger/Hoger, § 200 UmwG Rn. 12; BeckOGK/Simons UmwG § 200 Rn. 10 ff.
73 Vgl. Kallmeyer/Meister/Klöcker, UmwG, § 200 Rn. 26; Lutter/Decher/Hoger, § 200 UmwG Rn. 8 f.; Widmann/Mayer/Fronhöfer, Umwandlungsrecht, § 200 UmwG Rn. 16; BeckOGK/Simons UmwG § 200 Rn. 15 ff.
74 Lutter/Decher/Hoger, UmwG, § 200 Rn. 9.

D. Formwechsel

3 UmwG entsprechend. Eine Firma darf allerdings als Name einer Partnerschaftsgesellschaft nur unter den Voraussetzungen des § 2 Abs. 1 des PartGG beibehalten werden. Danach muss, wenn in die Partnerschaft formgewechselt wird, der Name der Partnerschaft den Namen mindestens eines Partners, den Zusatz »und Partner« oder »Partnerschaft« sowie die Berufsbezeichnungen aller in der Partnerschaft vertretenen Berufe enthalten.[75] Die Beifügung von Vornamen ist nicht erforderlich. Die Namen anderer Personen als der Partner dürfen nicht in den Namen der Partnerschaft aufgenommen werden.[76] Eine Ausnahme gilt gemäß § 2 Abs. 2 PartGG i.V.m. § HGB § 24 Abs. 2 HGB jedoch dann, wenn der namensgebende Partner ausscheidet und er selbst oder seine Erben in die Fortführung seines Namens eingewilligt hat bzw. haben. In diesem Fall gestattet § 24 Abs. 2 HGB die Fortführung der bisherigen Firma bzw. des bisherigen Namens der Partnerschaft und durchbricht damit in seinem Geltungsbereich den in § 18 Abs. 2 Satz 1 HGB enthaltenen Grundsatz der Firmenwahrheit, um den ideellen und materiellen Wert der bisherigen Firma zu erhalten.[77] Die Beibehaltung einer Fantasie- oder Sachfirma wäre unzulässig.[78] Die überwiegende Meinung nimmt an, dass beim Formwechsel einer Partnerschaftsgesellschaft in eine andere Rechtsform der Rechtsformzusatz »und Partner« beim Zielrechtsträger nicht fortgeführt werden kann, da auch die Vorschrift des § 11 PartGG, die in Abs. 1 Satz 1 eine Exklusivität des in § 2 Abs. 1 PartGG vorgesehenen Zusatzes »Partnerschaft« oder »und Partner« für die Partnerschaftsgesellschaft vorsieht, anwendbar ist.[79] Z. T. wird allerdings wird danach differenziert, ob der Name der Partnerschaft von einer nach § 11 PartGG abgeleiteten Firma herrührt.[80] Findet der Formwechsel in eine **GbR** statt, so erlischt nach § 200 Abs. 5 UmwG die Firma des formwechselnden Rechtsträgers

Vor dem HRefG bestanden eine Vielzahl von Fragen der Firmenfortführung, insb. die Frage, inwieweit eine Sachfirma bei der Umwandlung einer Kapitalgesellschaft in eine Personengesellschaft, besonders GmbH & Co. KG, zulässig ist.[81] Diese Fragen sind durch die Liberalisierung des Handelsrechts obsolet geworden, da nun auch **Personengesellschaften** ohne Weiteres **Sachfirmen** führen können. 32

Findet ein **Formwechsel in eine Genossenschaft** statt, so gilt nach § 3 GenG, dass die Firma der Genossenschaft, auch wenn sie eine fortgeführte Firma ist, die Bezeichnung »eingetragene Genossenschaft« oder die Abkürzung »e. G.« enthalten muss. Nach Abs. 2 der Vorschrift darf die Firma keinen Zusatz enthalten, der darauf hindeutet, ob und in welchem Umfang die Genossen zur Leistung von Nachschüssen verpflichtet sind. 33

Abschließend ist für den häufigen Fall der Umwandlung einer GmbH in eine GmbH & Co. KG festzustellen, dass durch den in § 19 Abs. 1 Satz 3 HGB i. V. m. § 200 Abs. 2 UmwG geschaffenen Zwang, die Rechtsform in die Firma aufzunehmen, gilt, dass die früher zulässige **Firmierung** »GmbH & Co.« in Zukunft unzulässig ist.[82] Bei der GmbH & Co. KG wird daher auch immer der KG-Zusatz in die Firma aufzunehmen sein, auch wenn die Firma nach umwandlungsrechtlichen Grundsätzen nach Formwechsel fortgeführt wird. 34

---

75 Vgl. Lutter/Decher/Hoger, § 200 UmwG Rn. 10.
76 BGH GmbHR 2018, 850.
77 BGH GmbHR 2018, 850.
78 Lutter/Decher/Hoger, § 200 UmwG Rn. 10.
79 So Lutter/Decher/Hoger, § 200 UmwG Rn. 10; Schwanna in: Semler/Stengel, § 200 UmwG Rn. 12; Widmann/Mayer/Fronhöfer, § 200 UmwG Rn. 20; ähnlich auch OLG Frankfurt, MittBayNot 1999, 394.
80 Lutter/Decher, § 18 UmwG Rn. 10; Henssler, PartGG, 2. Aufl. 2008, § 11 Rn. 10; Wolff in: Meilicke u. a., PartGG, 2. Aufl. 2006, § 11 Rn. 16.
81 Vgl. dazu Kallmeyer/Meister/Klöcker, UmwG, § 200 Rn. 1 ff.; LG Bielefeld, GmbHR 1996, 543.
82 Vgl. Schlitt, NZG 1998, 580, 582; Bokelmann, GmbHR 1998, 57 ff.; Kögel, BB 1998, 1645, 1646.

Kapitel 2 Umwandlungen vor und in der Insolvenz

Übersicht   Rdn.

- **A. Einführung** 35
  - I. Sanierung und Reorganisation vor und in der Insolvenz nach der InsO 35
  - II. Kein Vorrang der InsO, Umwandlung trotz Überschuldung 39
  - III. Überblick über die Sanierung durch Fortführungsgesellschaften und die Bedeutung der gesellschaftsrechtlichen Umstrukturierung 40
    1. Allgemeines 40
    2. Sanierungsgesellschaft 41
    3. Betriebsübernahmegesellschaften 45
    4. Auffanggesellschaften 46
- **B. Verschmelzung** 48
  - I. Sanierungsfusion zur Aufnahme und Probleme der Kapitalerhöhung 48
    1. Anteilsgewährung und Kapitalerhöhung 48
    2. Probleme der Kapitalaufbringung bei der Sanierungsfusion, Verzicht auf Kapitalerhöhung .. 51
    3. Lösungsmöglichkeiten 53
       a) Verschmelzung der »gesunden« Gesellschaft auf die insolvente Gesellschaft 54
       b) Verschmelzungen ohne Kapitalerhöhung, Verzicht 57
       c) Grenzen der Verschmelzung ohne Kapitalerhöhung – Gläubigerschutz 62
       d) Beseitigung der Überschuldung bei der Sanierungsfusion 66
    4. Minderheitenschutz bei der Übertragung negativen Vermögens 75
  - II. Wirkungen der Sanierungsfusion 77
  - III. Sanierungsfusion auf den Alleingesellschafter 80
- **C. Einsatz des Spaltungsrechts zu Sanierungszwecken** 81
  - I. Einsatz der Spaltung/Ausgliederung zu Sanierungszwecken 81
  - II. Kapitalerhaltung bei Spaltung und Ausgliederung 83
    1. Probleme der Kapitalaufbringung bei der Sanierungsspaltung 84
    2. Kapitalerhaltung bei der abspaltenden Gesellschaft 86
    3. Besonderheiten bei der Ausgliederung 90
    4. Aufspaltung bei Vorliegen einer Unterbilanz 91
    5. Besonderheiten bei der Ausgliederung aus dem Vermögen eines Einzelkaufmanns 94
  - III. Wirkungen der Spaltung 95
- **D. Formwechsel zu Sanierungszwecken** 97
  - I. Allgemeines 97
  - II. Sanierungsumwandlung einer Personengesellschaft in eine Kapitalgesellschaft und Probleme der Kapitalaufbringung 100
  - III. Formwechsel von Kapitalgesellschaften untereinander bei Überschuldung 103
- **E. Besonderheiten der Sanierungsumwandlung nach Eröffnung des Insolvenzverfahrens** .. 109
  - I. Zulässigkeit der Umwandlung nach Eröffnung des Insolvenzverfahrens 110
    1. Ausgangspunkt insolventer/aufgelöster Rechtsträger 110
    2. Aufgelöster Rechtsträger als übertragender Rechtsträger 111
    3. Ausgliederung aus dem Vermögen eines Einzelkaufmanns 112
    4. Aufgelöster Rechtsträger als übertragender Rechtsträger 113
  - II. Bedeutung des Insolvenzplans i. R. d. Umwandlung 114
    1. Umwandlung als Teil des Insolvenzplans 114
       a) Überblick 115
       b) Umwandlungsmaßnahmen als Inhalt des Insolvenzplanes 116
    2. Zustimmung der Anteilsinhaber/Gesellschafter 118
    3. Weitere Umwandlungsformalien 119
    4. Abschluss und Inhalt des Verschmelzungs-/Spaltungsvertrages 120
    5. Anmeldung zum Handelsregister 122
- **F. Umwandlung von aufgelösten Rechtsträgern außerhalb des Insolvenzverfahrens** .. 123
  - I. Überblick 123
  - II. Umwandlung von aufgelösten Gesellschaften außerhalb des Insolvenzverfahrens .. 125
  - III. Sanierungsverschmelzung einer aufgelösten überschuldeten Gesellschaft 127

A. Einführung

I. Sanierung und Reorganisation vor und in der Insolvenz nach der InsO

Umstrukturierungsmaßnahmen – **Verschmelzung, Spaltung, Formwechsel** – betreffen in erster Linie »gesunde« Unternehmen: Dem Unternehmer soll die Möglichkeit gegeben werden, das starre Rechtskleid, das er einmal gewählt hat, durch Umwandlungsvorgänge wieder zu verlassen, um eine seiner wirtschaftlichen Entwicklung angemessene Rechtsform zu erhalten. Auch bei diesen Umstrukturierungsmaßnahmen spielt aber häufig der Gedanke der Verbesserung des wirtschaftlichen Leistungsprozesses des Unternehmens eine erhebliche Rolle.(vgl. zu den betriebswirtschaftlichen Gründen oben Teil 1 Rdn. 141 ff.). Es verwundert daher nicht, dass auch in der Krise der Unternehmung Umwandlungs- und Umstrukturierungsmaßnahmen eine große Bedeutung haben. Insb. im Stadium **vor** der **Insolvenzeröffnung** werden verschiedenste Techniken der Sanierung diskutiert und in der Praxis auch eingesetzt. Bekanntes Defizit der KO war, dass sie in erster Linie auf Liquidation und Gläubigerbefriedigung ausgerichtet war und daher das Ziel einer Sanierung des Unternehmens nur sehr unzureichend unterstützte. Insb. das Instrumentarium – besonders die VerglO – zur Sanierung insolventer Unternehmen hat sich nach Einschätzung von Praxis und Wissenschaft als unzureichend erwiesen.[83]

35

Die InsO verfolgt daher insb. das Ziel einer allgemeinen **Förderung der Unternehmenssanierung**.[84] Besonders zu nennen sind hier die Beseitigung der Haftung des Vermögensübernehmers nach § 419 BGB[85] die Einführung der vereinfachten Kapitalherabsetzung bei der GmbH durch die §§ 58a ff. GmbHG.[86] Von besonderer Bedeutung ist die Tatsache, dass die Durchführung der Insolvenz auf drei vom Gesetzgeber als gleichrangig erachteten Wegen erfolgen kann, nämlich Liquidation, Sanierung und **übertragende Sanierung**.[87] Das Instrument des Insolvenzplans soll die Sanierung erleichtern. § 1 Satz 1 und § 217 InsO, die hervorheben, dass ein Insolvenzplan insb. zum Erhalt des Unternehmens in Betracht kommt, machen die besondere Bedeutung des Insolvenzplans als wichtigstes Sanierungsinstrument deutlich. Hierdurch wird das weitere Schicksal des Unternehmens, insb. die Sanierung und die Art der Sanierung in die Autonomie der Beteiligten, insb. der Gläubiger, gelegt.

36

Die InsO schließt allerdings keineswegs die **Sanierung im Vorfeld** des Insolvenzverfahrens aus.[88] Die Sanierung vor Eröffnung des Insolvenzverfahrens hat erhebliche praktische Bedeutung, da

37

---

83 Vgl. etwa Kilger, KTS 1975, 142; Uhlenbruck, NJW 1975, 897; ders., Erster Bericht der Kommission für Insolvenzrecht, S. 1 ff.
84 Vgl. Begründung zum ReE, BT-Drucks. 12/2443, S. 75 ff.
85 Vgl. hierzu Uhlenbruck, MittRhNotK 1994, 305, 308.
86 Vgl. hierzu Uhlenbruck, GmbHR 1995, 81, 84 ff.; Lutter/Hommelhoff/Lutter, GmbHG, § 58a Rn. 1.
87 Vgl. dazu Wellensiek/Schluck-Amend in: Römermann, Münchener Anwaltshandbuch GmbH-Recht, § 23 Rn. 70 ff.; Brete/Thomsen, NJOZ 2008, 4159, 4162; K. Schmidt, in: Schmidt/Uhlenbruck, Die GmbH in Krise, Sanierung und Insolvenz, Rn. 4.1, 4.20 und 7.99; Wellensiek, NZI 2002, 233 ff.; Bittner, ZGR 2010, 147, 153 ff.; Undritz, ZGR 2010, 201 ff.; Bork, Einführung in das Insolvenzrecht, S. 2 ff. m. w. N.; Strümpell, Die übertragende Sanierung innerhalb und außerhalb der Insolvenz, 2006;, 9. Aufl. 2004, § 1 Rn 12 ff.; Bitter/Rauhut, KSI 2007, 197 ff., 258 ff.; Bichlmaier, AiB 2006, 355 ff.; Arends/Hofert-von Weiss, BB 2009, 1538 ff.; Krause, BB 2008, 1029 ff.; Heckschen, DB 2005, 2283; Balz, ZIP 1988, 273; Bichlmeier/Engberding/Oberhofer, Insolvenz-Handbuch., 2. Aufl. (2003), S. 305; Bitter/Rauhut, KSI 2007, 197; Falk/Schäfer, ZIP 2004, 1337; Leibner, DStZ 2002, 679; Paulus, DStR 2004, 1568; Smid, WM 1998, 2489; Hölzle, DStR 2004, 1433.
88 So zu Recht Uhlenbruck, GmbHR 1995, 81, 83 f.; Wellensiek, NZI 2002, 233 ff.; Heckschen in: Reul/Heckschen/Wienberg, Insolvenzrecht in der Gestaltungspraxis, § 4 Rn. 509 ff.; vgl. auch Rudolph, Unternehmensfinanzierung und Kapitalmarkt, S. 535 ff.

hier den Gesellschaftern und Geschäftsführern des Krisenunternehmens noch die weitesten Entscheidungsfreiheiten verbleiben.[89]

Weder die InsO noch das UmwG haben spezifische oder ausschließliche Vorschriften für Umwandlungen vor und in der Insolvenz geschaffen. Umstrukturierungen bei Krisenunternehmen müssen daher unter Berücksichtigung beider Rechtsmaterien vorgenommen werden. Die Umstrukturierung von Krisenunternehmen zum Zweck der Sanierung führt allerdings zu Problemen, die sich bei der Umwandlung von gesunden Unternehmen nicht stellen. Angesichts der erheblichen Sanierungsfreudigkeit der neuen InsO werden die bekannten Sanierungsmaßnahmen vor und in der Krise voraussichtlich noch größere Bedeutung gewinnen.

Im vor der InsO geltenden Recht waren Sanierungsbemühungen allerdings in erster Linie Probleme im Vorfeld des Konkurses. K. Schmidt hat hier den **Begriff der freien Sanierung** geprägt[90] und meint hiermit die Sanierung außerhalb des Insolvenzverfahrens. Es besteht Einigkeit, dass die InsO diese insolvenzverfahrensfreie Sanierung nicht nur nicht ausschließt, sondern im Gegenteil bestrebt ist, die außergerichtliche Sanierung zu fördern.[91] Der Schwerpunkt für Umstrukturierungsmaßnahmen wird sicherlich auch im neuen Recht bei der freien Sanierung liegen, da hier die Gesellschafter und Geschäftsführer noch weitgehend frei über diese Umstrukturierungsmaßnahmen entscheiden können.

38 Am 01.03.2012 ist das Gesetz zur weiteren Erleichterung der Sanierung von Unternehmen[92] in Kraft getreten, mit dem die Fortführung von sanierungsfähigen Unternehmen erleichtert werden soll. Schwerpunkt des Gesetzes ist die Erleichterung der Sanierung von Unternehmen durch einen stärkeren Einfluss der Gläubiger auf die Auswahl des Insolvenzverwalters, durch Ausbau und Straffung des Insolvenzplanverfahrens, durch die Vereinfachung des Zugangs zur Eigenverwaltung und durch eine größere Konzentration der Zuständigkeit der Insolvenzgerichte. Die Begründung zum Entwurf weist darauf hin, dass die Finanzmarktkrise erneut gezeigt habe, dass eine Sanierung von Unternehmen häufig Eingriffe in die Rechte der Anteilsinhaber erfordere.[93] Das geltende deutsche Insolvenzrecht lasse die Rechte der Anteilseigner des insolventen Unternehmens bei einer Sanierung durch Insolvenzplan unberührt. Änderungen dieser Rechte seien nur mit Zustimmung der Inhaber nach den Vorschriften des Gesellschaftsrechts zulässig. Durch das ESUG soll die strikte Trennung von Insolvenzrecht und Gesellschaftsrecht überwunden werden. Das ESUG sieht z. B. vor, dass bei drohender Zahlungsunfähigkeit ein vorgelagertes Sanierungsverfahren stattfindet, d. h. dem Gläubiger max. 3 Monate gewährt werden, um ein Sanierungskonzept vorzulegen, welches anschließend im Rahmen eines Insolvenzplanverfahrens umgesetzt wird. Nach dem früheren Recht konnte auch im Rahmen eines Insolvenzplanverfahrens nicht in Gesellschafterrechte eingegriffen werden, sie waren nicht Gegenstand des Verfahrens. Aber gerade Kapitalmaßnahmen, die auf die bestehenden Anteilsrechte abzielen, sind ein wirkungsvolles Sanierungsinstrument. Umwandlungen von Forderungen in oder auch die Übertragung von bestehenden Anteilen seien früher nicht ohne die Mitwirkung der Altgesellschafter möglich und gewährten diesen ein enor-

---

89 Vgl. Graf-Schlicker/Remmert, NZI 2001, 569 ff.; Bitter/Rauhut, KSI 2007, 258 ff. mit Hinweis auf die Anfechtungsrisiken; Strümpell, Die übertragende Sanierung innerhalb und außerhalb der Insolvenz, S. 20 ff.; Heckschen, DB 2005, 2283.
90 Schmidt, Möglichkeiten der Sanierung von Unternehmen durch Maßnahmen im Unternehmens-, Arbeits-, Sozial- und Insolvenzrecht, Gutachten D zum 54. Deutschen Juristentag 1982, D 103.
91 So Uhlenbruck, GmbHR 1995, 81, 83; vgl. zum vorinsolvenzlichen Sanierungsverfahren Siemon, NZI 2016, 57 ff.
92 ESUG; BGBl. I, S. 2582, vgl. zum Entwurf BT-Drucks. 17/5712 v. 04.05.2011, BR-Drucks. 127/11.
93 Vgl. BT-Drucks. 17/5712, S. 17 ff.

A. Einführung

mes Blockadepotenzial. Mit der Neuregelung soll es möglich sein, Eingriffe in die Gesellschafterrechte vorzunehmen, auch ohne, dass es dazu der Mitwirkung der Altgesellschafter bedarf.[94]

II. Kein Vorrang der InsO, Umwandlung trotz Überschuldung

Da es keinen Vorrang der InsO vor dem UmwG gibt, kann auch ein Rechtsträger, der überschuldet oder zahlungsunfähig ist, grds. verschmolzen werden.[95] Das hat auch das OLG Stuttgart im Beschl. v. 04.10.2005[96] zu Recht bestätigt und festgestellt, dass bei der Verschmelzung auf den Alleingesellschafter nach § 120 UmwG aus umwandlungsrechtlichen Gründen bei der Eintragung der Verschmelzung vom Registergericht grds. weder zu prüfen sei, ob der übertragende Rechtsträger überschuldet ist noch ob der aufnehmende Alleingesellschafter durch die Verschmelzung in die Überschuldung gerät. In der Literatur wird dies ebenfalls weitgehend so gesehen.[97] Ein Teil der Literatur ist allerdings anderer Meinung.[98] Es ist allerdings zu berücksichtigen, dass die Verletzung der Insolvenzantragspflicht nicht rückwirkend durch den Umwandlungsvorgang beseitigt und somit strafrechtlich weiterhin sanktioniert bleibt.[99] Ferner sind die nachfolgend beschriebenen Grenzen zu beachten, die aus den **Grundsätzen der Kapitalerhaltung** folgen (vgl. Teil 5 Rdn. 48 ff.).

39

III. Überblick über die Sanierung durch Fortführungsgesellschaften und die Bedeutung der gesellschaftsrechtlichen Umstrukturierung

1. Allgemeines

Flessner[100] hat **Sanierung im weitesten Sinne** definiert als »alle organisatorischen, finanziellen und rechtlichen Maßnahmen, die ein Unternehmen aus einer ungünstigen wirtschaftlichen Situation herausführen sollen, um seine Weiterexistenz zu sichern, also z. B.:
– Umstellung von Einkauf, Produktion und Absatz;
– Abstoßung von Unternehmensteilen;
– Neuordnung der Unternehmensleitung;
– Herabsetzung und Schaffung von Eigenkapital und Fremdkapital;

40

---

94 Vgl. aus der Literatur Bernaus, BB 2011, 1 ff.; Brinkmann, WM 2011, 97; Hölzle, NZI 2011, 124; Schmidt, BB 2011, 1603; Willemsen/Rechel, BB 2011, 834; Vallender, MDR 2012, 125; Göb, NZG 2012, 371.
95 OLG Stuttgart, ZIP 2005, 2066 = DNotZ 2006, 302 = NotBZ 2005, 44 = DB 2005, 2681; LG Leipzig, DB 2006, 885; Lutter/Drygala, § 3 UmwG Rn. 24; Heckschen/Simon, Umwandlungsrecht, § 3 Rn. 84 ff.; Heckschen, DB 2005, 2283; ders., ZInsO 2008, 824, 825; ders. in: Reul/Heckschen/Wienberg, Insolvenzrecht in der Gestaltungspraxis, § 4 Rn. 509 ff.; Tillmann, BB 2004, 673 ff.; Stengel, in: Semler/Stengel, § 3 UmwG Rn. 44; Lutter/Drygala, § 120 UmwG Rn. 30; Widmann/Mayer/Heckschen, § 1 UmwG Rn. 80.1; Kübler/Prütting/Bork/Pape InsO § 19 Rn. 16 ff.; vgl. auch zum Formwechsel OLG Naumburg, ZIP 2004, 566 = GmbHR 2003, 1432.
96 ZIP 2005, 2066 = DNotZ 2006, 302 = NotBZ 2005, 44 = DB 2005, 2681 = EWiR § 120 UmwG m. Anm. Heckschen.
97 Kallmeyer/Müller, § 17 UmwG Rn. 44; Kallmeyer/Marsch-Barner, § 3 UmwG Rn. 22; Wälzholz, AG 2006, 469 ff.; Semler/Stengel/Maier-Reimer, UmwG, § 120 Rn. 13; Stratz, in: Schmitt/Hörtnagl/Stratz, UmwG, UmwStG, § 120 UmwG Rn. 4; Lutter/Drygala, § 3 UmwG Rn. 24; Widmann/Mayer/Mayer, Umwandlungsrecht, § 120 UmwG Rn. 8.6; Limmer, DNotZ 1999, 150, 152 – Anm. zur Entscheidung des KG v. 22.09.1998, dazu EWiR 1998, 1145 [Rottnauer]; Klein/Stephanblome, ZGR 2007, 351, 367.
98 Krit. Lutter/Karollus, 3. Aufl. § 120 UmwG Rn. 19a; in der 4. Aufl. hat Karollus diese Auffassung aufgegeben, vgl. Lutter/Karollus, § 120 UmwG Rn. 21; vgl. auch Maier-Reimer in: Semler/Stengel, § 120 UmwG Rn. 26.
99 Heckschen, in: FS für Widmann, 2000, S. 31, 41 f.
100 Sanierung und Reorganisation – Insolvenzverfahren für Großunternehmen in rechtsvergleichender und rechtspolitischer Untersuchung, S. 2.

– Umwandlung von kurzfristigem in langfristiges Fremdkapital, von Fremdkapital in Eigenkapital;
– Verschmelzung mit anderen Unternehmen«.

Bereits diese Definition zeigt, dass – neben den eigentlichen betriebswirtschaftlichen Sanierungsmaßnahmen – eine Reihe von Änderungen auf der Ebene des Gesellschaftsrechts ebenfalls zur Sanierung gezählt werden. Angesichts der erheblichen Ausweitung der Umstrukturierungsmaßnahmen durch das neue UmwG werden auch die gesellschaftsrechtlichen Maßnahmen größere Bedeutung i. R. d. Sanierung haben.

In Literatur und Praxis werden entsprechend der auf **Groß**[101] zurückgehenden Begriffsbildung **folgende Typen** sog. Fortführungsgesellschaften unterschieden. Fortführungsgesellschaft ist dabei der Oberbegriff für alle Gesellschaften, deren Zweck es ist, den Betrieb notleidender, v. a. insolventer Unternehmen zu retten und fortzuführen.[102] Als unterschiedliche Maßnahmen werden hierbei unterschieden:
– die **Sanierungsgesellschaft**,
– die **Betriebsübernahmegesellschaft**,
– die **Auffanggesellschaft**.

2. Sanierungsgesellschaft

41 Die Sanierungsgesellschaft ist dadurch gekennzeichnet, dass sie die Sanierung des Krisenunternehmens durch **zusätzliche Kapitalzuführung** bezweckt.[103] Die Kapitalzufuhr kann entweder durch die Gesellschaften selbst oder – und dies ist wohl der bedeutsame Fall – durch neue Gesellschaften erfolgen. Uhlenbruck[104] definiert daher die Sanierungsgesellschaft wie folgt:

> »Bei der Sanierungsgesellschaft engagieren sich alte und/oder neue Gesellschafter, um durch Kapitaleinsatz und/oder durch Mitarbeit das in Konkurs befindliche Unternehmen zu sanieren«.

42 Umstrukturierungen sind für Sanierungsgesellschaften als solche nicht erforderlich. **Groß**[105] weist jedoch darauf hin, dass Umwandlungs- oder Umgründungsvorgänge für Sanierungsgesellschaften ein häufig anzutreffendes Merkmal seien. Insb. **bei Gesellschaften mit unbeschränkter Haftung** wird bereits aus Haftungsbeschränkungsgründen eine Umwandlung zumindest dergestalt notwendig sein, dass die neuen Gesellschafter keine persönliche Haftung trifft. Darüber hinaus können auch organisatorische Gründe für die Umstrukturierung verantwortlich sein. Soll etwa der bisherige persönlich haftende Gesellschafter einer OHG durch externe Fremdgeschäftsführer ersetzt werden, so bedarf es wegen des Verbotes der Fremdorganschaft bei Personengesellschaften einer

---

101 Sanierung durch Fortführungsgesellschaften, S. 255 ff.; vgl. auch Hess/Fechner, Sanierungshandbuch, S. 263 ff.
102 Vgl. Groß, Sanierung durch Fortführungsgesellschaften, S. 131; Gutachten DNotI-Report 2009, 115 ff.; zustimmend Post, DB 1984, 280; Wolf, ZIP 1984, 669 ff.; zustimmend auch weitgehend Uhlenbruck, Gläubigerberatung in der Insolvenz, S. 429 ff.; ders., Die GmbH & Co. KG in Krise, Konkurs und Vergleich, S. 429 ff.; Buth/Herrmanns, Restrukturierung, Sanierung, Insolvenz, 4. Aufl. § 17 Rn. 2 ff.; Rohde, in: Münchener Anwaltshandbuch Insolvenz und Sanierung, § 4 Rn. 134 ff.; Brete/Thomsen, NJOZ 2008, 4159 ff.; Picot in: Knecht/Hommel/Wohlenberg, Handbuch Unternehmensrestrukturierung, S. 600 ff.
103 Vgl. Gutachten DNotI-Report 2009, 115 ff.; Groß, Sanierung durch Fortführungsgesellschaften, S. 255; Wolf, ZIP 1984, 672; Post, DB 1984, 280; Buth/Herrmanns, Restrukturierung, Sanierung, Insolvenz, § 17 Rn. 5 ff., 25 ff.; Müller-Feldhammer, ZIP 2003, 2186 ff.; Rohde, in: Münchener Anwaltshandbuch Insolvenz und Sanierung, § 4 Rn. 135, Brete/Thomsen, NJOZ 2008, 4159; Picot in: Knecht/Hommel/Wohlenberg, Handbuch Unternehmensrestrukturierung, S. 600 ff.
104 Gläubigerberatung in der Insolvenz, S. 430.
105 Sanierung durch Fortführungsgesellschaften, S. 55.

Umwandlung in eine Kapitalgesellschaft. Darüber hinaus weist auch **Groß**[106] daraufhin, dass üblicherweise der Gesellschafterbeitritt von neuen Gesellschaftern durch formwechselnde Umwandlungen vorbereitet werde.

Um einen **Unterfall** der Sanierungsgesellschaft handelt es sich auch bei der sog. **Sanierungsfusion**. Bei der Sanierungsfusion wird das Krisenunternehmen mit einem anderen Unternehmen zur Sanierungsgesellschaft verschmolzen.[107]

43

Eine weitere Form der Sanierungsgesellschaft ist auch die Einbringung von einzelnen Betriebsteilen des Krisenunternehmens im Wege der Einzelrechtsnachfolge in eine neue Gesellschaft, an der sich neue Gesellschafter mit neuem Kapital beteiligen.[108] Für diesen bisher nur durch Einzelübertragung der einzelnen Vermögensgegenstände möglichen Fall der Sanierung steht **auch das Instrument der Spaltung und der Ausgliederung** zur Verfügung.[109] Der Sachverhalt der Entscheidung des AG Norderstedt vom 7.11.2016[110] zeigt dies beispielhaft: Dort sah der Insolvenzplan vor, dass das Unternehmen eines Einzelkaufmanns im Wege der Ausgliederung in eine neue GmbH gegen Mehrheitsbeteiligung der Gläubiger an dieser GmbH eingebracht werden sollte.[111]

44

3. Betriebsübernahmegesellschaften

Während bei der Sanierungsgesellschaft noch im weitesten Sinne **Rechtsidentität** zwischen dem Krisenunternehmen und der Sanierungsgesellschaft vorliegt und die Sanierungsgesellschaft voll in die Stellung des Krisenunternehmens eintritt und für die Schuldenregulierung verantwortlich bleibt, ist die Betriebsübernahmegesellschaft durch die »Herausnahme« des Betriebes aus dem Unternehmen gekennzeichnet.[112] Die Betriebsübernahmegesellschaft zielt also mit der Herauslösung des Betriebes aus dem Krisenunternehmen auf eine Trennung der Aktiva von den Passiva. Hierzu wird i. d. R. ein neuer Rechtsträger geschaffen, der dann das Unternehmen erwirbt, möglich ist aber auch die Übernahme des Betriebes durch eine andere existierende Gesellschaft.[113] Nach den früheren Sanierungstechniken wurde die Betriebsübernahme i. d. R. durch Unternehmenskauf bzw. für den Fall, dass nur Teilbetriebe oder einzelne Wirtschaften übernommen werden

45

---

106 Sanierung durch Fortführungsgesellschaften, S. 260.
107 Vgl. zur Sanierungsfusion Groß, Sanierung durch Fortführungsgesellschaften, S. 35 ff.; Gottwald, KTS 1984, 1, 15; Schmidt, AG 1982, 169 ff.; Lutter/Timm, DB 1976, 1617; Möschel, in: FS für R. Fischer, 1979, S. 489; Buth/Herrmanns, Restrukturierung, Sanierung, Insolvenz, § 17 Rn. 43 ff., 78 ff., 90; Tautorus/Janner/Nerlich/Kreplin Münchener Anwalts Handbuch, § 17 Rn. 105; Loose/Maier in: Lüdicke/Sistermann, Unternehmenssteuerrecht, 2008, § 17 Rn. 107 ff., Blasche, GWR 2010, 441 ff. vgl. auch Uhlenbruck, Die GmbH und Co. KG in Krise, Konkurs und Vergleich, S. 745 f.; Gontschar, Umwandlungsmaßnahmen im Insolvenzplanverfahren, S. 69 f.
108 Vgl. Groß, Sanierung durch Fortführungsgesellschaften S. 264.
109 Heckschen in: Reul/Heckschen/Wienberg, Insolvenzrecht in der Gestaltungspraxis, § 4 Rn. 507 f.; Gontschar, Umwandlungsmaßnahmen im Insolvenzplanverfahren, S. 72 ff.; Schröder/Berner, NZI 2017, 837 ff. zur Ausgliederung.
110 ZIP 2017, 586.
111 Zum wirtschaftlichen Hintergrund vgl. Schröder/Berner, NZI 2017, 837, 842.
112 Vgl. zu den Definitionen Gutachten DNotI-Report 2009, 115 ff.; Groß, Sanierung durch Fortführungsgesellschaften, S. 399 ff.; Uhlenbruck, Gläubigerberatung in der Insolvenz, S. 431; Wolf, ZIP 1984, 672; Post, DB 1984, 280; Brete/Thomsen, NJOZ 2008, 4159; Buth/Herrmanns, Restrukturierung, Sanierung, Insolvenz, § 17 Rn. 3, 14 f.; Picot in: Knecht/Hommel/Wohlenberg, Handbuch Unternehmensrestrukturierung, S. 601 f.
113 Vgl. Groß, Sanierung durch Fortführungsgesellschaften, S. 400; Post, DB 1984, 280; Rhode, in: Münchener Anwaltshandbuch Sanierung und Insolvenz, § 4 Rn. 133 ff.; Noack/Bunke, KTS 2005, 129; Frege/Keller/Riedel, Insolvenzrecht, Rn. 994; Beck/Depré/Köhler, Praxis der Insolvenz, 2003, § 24 Rn. 175 ff.; Mohrbutter/Ringstmeier, Handbuch der Insolvenzverwaltung, § 23 Rn. 98; Buth/Herrmanns, Restrukturierung, Sanierung, Insolvenz, § 2 Rn. 46; Uhlenbruck, Die GmbH & Co. KG in Krise, Konkurs und Vergleich, S. 145 ff.; grundlegend K. Schmidt, ZIP 1980, 328, 336.

sollten, durch Kauf dieser Wirtschaftsgüter mit nachfolgender Einzelrechtsnachfolge vorgenommen.[114] Ziel ist es, dass die Erwerber »die rentablen Teile aus dem Betrieb herauskaufen und allen überflüssigen »Ballast« bei der Konkursmasse belassen«.[115] Es wird hier zu prüfen sein, inwieweit für diese Betriebsübernahme auch das Rechtsinstitut der Spaltung Verwendung finden kann.

4. Auffanggesellschaften

46 Die Auffanggesellschaft unterscheidet sich von der Sanierungsgesellschaft dadurch, dass sie **keine Verbindlichkeiten übernehmen** will und von der Betriebsübernahmegesellschaft, dass **keine Kaufpreisverpflichtung** aus dem Erwerb des gesamten Betriebsvermögens entstehen soll. Groß bezeichnet daher die Auffanggesellschaft als **Zwischentyp** von Sanierungs- und Betriebsübernahmegesellschaft.[116] Unterschieden wird in der Literatur weiterhin zwischen der **sog. Sanierungsauffanggesellschaft** und der **sog. Übernahmeauffanggesellschaft**. Die Sanierungsauffanggesellschaft pachtet meist den Betrieb des insolvenzbedrohten Unternehmens oder wird als dessen Treuhänder tätig. Der Zweck dieser Sanierungsauffanggesellschaft besteht darin, zunächst in Ruhe prüfen zu können, in welcher Weise die Sanierung fortgeführt werden kann. Die Sanierungsauffanggesellschaft kann sich bei entsprechender Entscheidung aller Beteiligten dann in eine Sanierungsgesellschaft umwandeln, wenn die Auffanggesellschaft den Betrieb samt Verbindlichkeiten übernimmt. In diesem Stadium spielen dann die genannten Strukturierungsmaßnahmen – Verschmelzung, Spaltung, Umwandlung – wiederum eine Rolle. Andererseits werden sog. Übernahmeauffanggesellschaften unterschieden, deren Gesellschafter die Übernahme des sanierungsfähigen Betriebes – allerdings ohne Verbindlichkeiten – bezwecken. Bei dieser Übernahmeauffanggesellschaft erlangt nach dem späteren Erwerb des Betriebs die Gesellschaft den Charakter einer Betriebsübernahmegesellschaft.[117]

47 Darüber hinaus kann die Auffanggesellschaft auch eine Rolle spielen, falls notleidende Krisenunternehmen in eine Betriebs- und eine Vertriebsgesellschaft im Wege der Betriebsaufspaltung aufgespalten werden.[118] Bei dieser Betriebsaufspaltung übernimmt die Auffanggesellschaft als Vertriebsgesellschaft den gesamten Betrieb kraft Geschäftsbesorgungsvertrages. Auch hier sind **verschiedene Varianten** denkbar. Wird die klassische Betriebsaufspaltung gewählt, wird der Betrieb an eine Betriebsgesellschaft verpachtet, wenn das Anlagevermögen bei der Besitzgesellschaft bleibt. Möglich ist aber auch die Ausgliederung einzelner Betriebsteile und deren Einbringung in eine neue Gesellschaft (Auffanggesellschaft).

---

114 Vgl. Wolf, ZIP 1984, 672; Groß, Sanierung durch Fortführungsgesellschaften, S. 418.
115 So Post, DB 1984, 280.
116 Allgemein vgl. zur Auffanggesellschaft Gutachten DNotI-Report 2009, 115 ff.; Groß, Sanierung durch Fortführungsgesellschaften, S. 134, S. 440 ff.; Picot in: Knecht/Hommel/Wohlenberg, Handbuch Unternehmensrestrukturierung, S. 602 ff.; Brete/Thomsen, NJOZ 2008, 4159; Buth/Herrmanns, Restrukturierung, Sanierung, Insolvenz, § 17 Rn. 3, 20 ff.; Post, DB 1984, 281; Wolf, ZIP 1984, 672; Uhlenbruck, Gläubigerberatung in der Insolvenz, S. 432; ders., Die GmbH & Co. KG, S. 146 ff.; Rhode, in: Münchener Anwaltshandbuch Sanierung und Insolvenz, § 4 Rn. 133 ff.; Noack/Bunke, KTS 2005, 129; Frege/Keller/Riedel, Insolvenzrecht, Rn. 994; Beck/Depré/Köhler, Praxis der Insolvenz, 2003, § 24 Rn. 175 ff.; Mohrbutter/Ringstmeier, Handbuch der Insolvenzverwaltung, § 23 Rn. 98; Uhlenbruck, Die GmbH & Co. KG in Krise, Konkurs und Vergleich, S. 145 ff.; grundlegend K. Schmidt, ZIP 1980, 328, 336.
117 Vgl. Groß, Sanierung durch Fortführungsgesellschaften, S. 134; Post, DB 1984, 281; Wolf, ZIP 1984, 672; Uhlenbruck, Gläubigerberatung in der Insolvenz, S. 147 f.
118 Vgl. Uhlenbruck, Gläubigerberatung in der Insolvenz, S. 151 f.

B. Verschmelzung

I. Sanierungsfusion zur Aufnahme und Probleme der Kapitalerhöhung

1. Anteilsgewährung und Kapitalerhöhung

Wie dargelegt, wird bei der Sanierungsfusion das Krisenunternehmen mit einem anderen Unternehmen zur Sanierungsgesellschaft verschmolzen (oben Teil 5 Rdn. 43). Nach herrschender Meinung besteht bei einer **Verschmelzung zur Aufnahme** grds. die zwingende Pflicht, den Gesellschaftern der übertragenden Gesellschaft Anteile zu gewähren. Ohne Gewährung von Anteilen liegt eine Verschmelzung nicht vor, ein gleichwohl geschlossener Verschmelzungsvertrag ist nichtig.[119]

48

Im Regelfall müssen die neuen Geschäftsanteile, die i. R. d. Verschmelzung zu gewähren sind, erst im Rahmen einer Kapitalerhöhung geschaffen werden. Von diesem Regelfall geht auch das neue UmwG in den §§ 54, 55 bzw. 68, 69 aus. Allerdings sind in §§ 55 bzw. 68 UmwG bestimmte Ausnahmen von der Kapitalerhöhungs- bzw. Anteilsgewährungspflicht vorgesehen: etwa bei der Verschmelzung einer Tochtergesellschaft auf die Konzernmutter (§ 54 Abs. 1 Satz 1 Nr. 1 UmwG). Eine weitere **Ausnahme** der Anteils- und Kapitalerhöhungspflicht liegt schließlich auch in der Möglichkeit der **baren Zuzahlung**. Diese darf aber gem. § 54 Abs. 4 bzw. § 68 Abs. 3 UmwG 10 % des Gesamtnennbetrages der gewährten Geschäftsanteile der übernehmenden Gesellschaft nicht übersteigen.

49

Der Gesetzgeber hat im **Zweiten Gesetz zur Änderung des UmwG** in den §§ 54 und 68 UmwG n. F. eine Ausnahme durch Verzicht festgelegt.[120] § 54 Abs. 1 Satz 3 UmwG n. F. (für die GmbH) bzw. § 68 Abs. 1 Satz 3 UmwG n. F. (für die AG) bestimmt nunmehr, dass die Kapitalerhöhung bei der übernehmenden Kapitalgesellschaft zur Disposition **aller Anteilsinhaber des übertragenden Rechtsträgers** steht (vgl. Teil 5 Rdn. 51 und oben Teil 2 Rdn. 325 ff.).

50

2. Probleme der Kapitalaufbringung bei der Sanierungsfusion, Verzicht auf Kapitalerhöhung

Bei der **Verschmelzung der überschuldeten Gesellschaft auf die »gesunde« Gesellschaft** stellt sich daher zunächst das Problem der Kapitalerhöhung und der Werthaltigkeit des eingebrachten Vermögens bzw. die Frage der Übertragung von negativem Vermögen.[121] Bei der Kapitalerhöhung i. R. d. Verschmelzung handelt es sich nach herrschender Meinung um eine **Kapitalerhöhung gegen** eine **Sacheinlage**. Die Einlagepflicht wird erfüllt durch Übertragung des Vermögens der übertragenden Gesellschaft.[122] Aus Gründen des Gläubigerschutzes, der sich hier nur aus Kapitalerhöhungsgrundsätzen und nicht aus dem Verschmelzungsrecht ergibt, ist daher sowohl bei der

51

---

119 Vgl. eingehend oben Teil 2 Rdn. 101 ff.; BayObLG, DB 1989, 1558; BayObLG, BB 1984, 91; Lutter/Drygala, UmwG, § 5 Rn. 9; Kallmeyer/Marsch-Barner, UmwG, § 2 Rn. 12; Heidinger/Limmer/Holland/Reul, Gutachten des DNotI, Bd. IV, Gutachten zum Umwandlungsrecht, S. 127; Korte, WiB 1997, 953; Widmann/Mayer/Mayer, Umwandlungsrecht, § 5 UmwG Rn. 15; BayObLG, DB 1989, 1560, 1561 m. Anm. Heckschen; Limmer, Umwandlungsrecht, in: FS für Schippel, 1996, S. 415 ff.
120 Vgl. BR-Drucks. 548/06, S. 27.
121 Vgl. Heckschen, DB 2005, 2283, 2286; ders., ZInsO 2008, 824, 827; ders. in: Reul/Heckschen/Wienberg, Insolvenzrecht in der Gestaltungspraxis, § 4 Rn. 522 ff.; Blasche, GWR 2010, 441, 44; Gontschar, Umwandlungsmaßnahmen im Insolvenzplanverfahren, S. 171 ff.; BeckOGK/v. Hinden UmwG § 54 Rn. 67 ff., Lutter/Winter/Vetter § 56 UmwG Rn. 84.
122 Vgl. oben Teil 2 Rdn. 256 ff.; vgl. Lutter/Winter/Vetter, UmwG, § 55 Rn. 24; Widmann/Mayer, § 55 UmwG Rn. 12, 36; Reichert in: Semler/Stengel, § 55 UnwG Rn. 7; Stratz in: Schmitt/Hörtnagl/Stratz, § 55 UmwG Rn. 3; Lutter, DB 1980, 1313; Kallmeyer/Marsch-Barner, § 55 UmwG Rn. 2; Heidinger/Limmer/Holland/Reul, Gutachten des DNotI, Bd. IV, Gutachten zum Umwandlungsrecht, S. 144; Gerold, MittRhNotK 1997, 205, 223; Korte, WiP 1997, 953; Kallmeyer/Zimmermann, UmwG, § 66 Rn. 17 f., speziell bei vermögenslosen Gesellschaften Tillmann, BB 2004, 673 ff.

AG als auch bei der GmbH als aufnehmende Gesellschaft eine Überbewertung des Vermögens der übertragenden Gesellschaft bzw. eine **unter-pari-Emission** verboten, wenn eine Kapitalerhöhung durchgeführt wird.[123] Hierin liegt die Problematik der Verschmelzung von überschuldeten Gesellschaften.[124] Es ist zwar denkbar, dass das Stammkapital etwa bei der GmbH nur um den Mindestbetrag von 1,00 € erhöht wird, aber selbst dieser geringfügige Erhöhungsbetrag wird bei einer überschuldeten übertragenden Gesellschaft nicht erreicht. Es gilt zwar der Grundsatz, dass maßgebend für die Kapitaldeckung der tatsächliche Wert des übertragenden Unternehmens ist und nicht der Buchwert, sodass eine Kapitaldeckung auch dann vorliegt, wenn die übertragende Gesellschaft hinreichend hohe stille Reserven oder einen **Firmenwert** hat, der in der Schlussbilanz nicht erscheint.[125] Da diese Werthaltigkeit bei einer überschuldeten übertragenen Gesellschaft nicht gegeben ist, scheidet eine Verschmelzung mit Kapitalerhöhung in diesen Fällen aus.[126] Soll die überschuldete Gesellschaft auf die gesunde Gesellschaft verschmolzen werden, muss zunächst die Überschuldung zumindest insoweit ausgeglichen werden, dass die Werthaltigkeit des Erhöhungsbetrages, also des Mindestbetrages von einem Geschäftsanteil i. H. v. 1,00 € erreicht wird.[127] Dies kann entweder durch Zahlung eines verlorenen Zuschusses durch die vorhandenen Gesellschafter geschehen oder – wie in der Praxis üblich – durch eine sanierende Kapitalherabsetzung mit anschließender Kapitalerhöhung, die auch bei der GmbH nach den §§ 58a ff. GmbHG möglich ist.[128] Allerdings muss m. E. die neue Einzahlung nicht dazu führen, dass das ursprüngliche Stammkapital der übertragenen Gesellschaft wieder erreicht wird, denn i. R. d. Verschmelzung kommt es nur darauf an, dass der Erhöhungsbetrag werthaltig gedeckt ist. Die Sanierungsmaßnahme müsste daher nur den Betrag an Kapitaldeckung erreichen, der mindestens nach den Kapitalerhöhungsvorschriften des UmwG erforderlich ist: also 1,00 € für die GmbH bzw. 1,00 € für die AG, sofern nur ein Geschäftsanteil bzw. eine Aktie ausgegeben werden soll. Die Gesellschafter können aber der Register- und damit der Werthaltigkeitskontrolle entgehen, **wenn sie auf die Kapitalerhöhung verzichten** (vgl. dazu Teil 5 Rdn. 57).

52 Erfolgt eine **Sanierung durch verlorenen Zuschuss**, ist dieser entweder in die Kapitalrücklage (§ 272 Abs. 2 Nr. 4 HGB) einzustellen oder als die Überschuldung unmittelbar verringernde Behandlung als Ertrag.[129]

3. Lösungsmöglichkeiten

53 Nachfolgend sollen **Alternativlösungen** geprüft werden, die die vorherige Sanierung entbehrlich machen.

---

123 So Lutter/Winter/Vetter, UmwG, § 55 Rn. 26; Reichert in: Semler/Stengel, § 55 UmwG Rn. 8; Widmann/Mayer/Mayer, Umwandlungsrecht, § 55 UmwG Rn. 61; Stratz in: Schmitt/Hörtnagl/Stratz, § 55 UmwG Rn. 20; Heidinger/Limmer/Holland/Reul, Gutachten des DNotI, Bd. IV, Gutachten zum Umwandlungsrecht, S. 114.
124 Vgl. auch Heckschen, DB 2005, 2283 ff.; ders., ZInsO 2008, 824, 827 ff.; Blasche, GWR 2010, 441, 444.
125 Vgl. Kallmeyer/Marsch-Barner, § 55 UmwG Rn. 7 ff.; Reichert, in: Semler/Stengel, § 55 UmwG Rn. 64; Lutter/Winter/Vetter, § 55 UmwG Rn. 31 f.; Widmann/Mayer/Mayer, Umwandlungsrecht, § 55 UmwG Rn. 64 ff.; 83.7.
126 Vgl. Groß, Sanierung durch Fortführungsgesellschaften, S. 336; Heidinger/Limmer/Holland/Reul, Gutachten des DNotI, Bd. IV, Gutachten zum Umwandlungsrecht, S. 145; Widmann/Mayer/Mayer, Umwandlungsrecht, § 55 UmwG Rn. 83.6 f.; Klein/Stephanblome, ZGR 2007, 351, 367; Wälzholz, AG 2006, 469; Gerold, MittRhNotK 1997, 203, 205; Tillmann, BB 2004, 673 ff.
127 Vgl. Widmann/Mayer/Mayer, Umwandlungsrecht, § 55 UmwG Rn. 83.8.
128 Vgl. Maser/Sommer, GmbHR 1996, 22; Uhlenbruck, GmbHR 1995, 81, 82; Widmann/Mayer/Mayer, Umwandlungsrecht, § 55 UmwG Rn. 83.8; Heckschen, DB 2005, 2283, 2286; ders., ZInsO 2008, 824, 825.
129 Vgl. Widmann/Mayer/Mayer, Umwandlungsrecht, § 55 UmwG Rn. 83.9; Scholz/Priester, GmbHG, § 58 Rn. 80 m. w. N.

a) Verschmelzung der »gesunden« Gesellschaft auf die insolvente Gesellschaft

Eine Lösung der Problematik könnte darin liegen, dass die »gesunde« Gesellschaft, bei der das Stammkapital durch entsprechendes Vermögen gedeckt ist, auf die insolvente Gesellschaft verschmolzen wird.[130] Die **insolvente Gesellschaft** ist dabei die **aufnehmende Gesellschaft**. Folge dieser Lösung wäre, dass bei der insolventen Gesellschaft eine Kapitalerhöhung stattfinden müsste, wobei das Vermögen der »gesunden« Gesellschaft als übertragende Gesellschaft den Kapitalerhöhungsbetrag decken müsste. Gegen diese Art der Verschmelzung sind aus Sicht des Kapitalerhöhungsrechts keine Bedenken angemeldet. So wurde bereits vor den Neuregelungen der sanierenden Kapitalherabsetzung bei der GmbH die Möglichkeit anerkannt, bei einer Unterbilanz oder überschuldeten GmbH eine Kapitalerhöhung durchzuführen.[131] Der **Nachteil** dieser Lösung bei überschuldeten Gesellschaften liegt aber darin, dass die im Ergebnis weitgehend wertlosen Anteile der Gesellschafter an der überschuldeten GmbH mit den werthaltigen Anteilen der Gesellschaft der übertragenden Gesellschaft zusammentreffen und hieraus **Ungerechtigkeiten** im **Beteiligungsverhältnis** der Gesellschaftergruppen entstehen.[132] Den Gesellschaftern der aufnehmenden Gesellschaft würden im Ergebnis im Verhältnis zu den Gesellschaftern der übertragenden Gesellschaft ein Zuviel an Gewinn- und Stimmrechten zustehen, das ihnen aufgrund ihres durch die Überschuldung gleichsam wertlosen Anteilswertes nicht zusteht.[133] Diese Problematik stellt sich auch bei der Verschmelzung. 54

▶ Beispiel:

Die A-GmbH hat ein Stammkapital von 50.000,00 €, Verbindlichkeiten i. H. v. 100.000,00 €, es besteht also eine Überschuldung von 50.000,00 €. Die B-GmbH hat ein Stammkapital von 100.000,00 €, das auch dem wahren Wert entspricht (also keine stillen Reserven). Wird nun die B-GmbH auf die A-GmbH verschmolzen, so würde eine Kapitalerhöhung um 100.000,00 € – dies wäre zulässig – dazu führen, dass mit der Eintragung der Verschmelzung sofort eine Unterbilanz i. H. v. 100.000,00 € entstehen würde und außerdem die Gesellschafter der A-GmbH an dem verbleibenden gedeckten Stammkapital von 50.000,00 € beteiligt werden, obwohl ihre ursprünglichen Anteile überhaupt keinen Wert mehr hatten, sondern im Minus lagen. 55

▶ Hinweis:

Dem Missverhältnis zwischen den Gesellschaften könnte allenfalls durch **freiwillige Vereinbarungen** zwischen den Gesellschaftern der übertragenden Gesellschaft und der aufnehmenden Gesellschaft abgeholfen werden. Denkbar wäre außerdem auch, dass eine Verpflichtung zu einer anschließenden Kapitalherabsetzung aufgenommen würde, mit der die Unterbilanz dann 56

---

130 Vgl. Widmann/Mayer/Mayer, Umwandlungsrecht, § 55 UmwG Rn. 83.10; Heckschen, DB 2005, 2283, 2286; ders., ZInsO 2008, 824, 827; ders. in: Reul/Heckschen/Wienberg, Insolvenzrecht in der Gestaltungspraxis, § 4 Rn. 530 ff.; Blasche, GWR 2010, 441, 444.
131 Vgl. Scholz/Priester, GmbHG, § 58 Rn. 78; Sommer, Die sanierende Kapitalherabsetzung bei der GmbH, S. 62; Hachenburg/Ulmer, GmbHG, § 58 Rn. 84; Lutter/Hommelhoff, GmbHG, 13. Aufl., § 58 Rn. 20.
132 Vgl. dazu Klein/Stephanblome, ZGR 2007, 351, 367 ff.; Kallmeyer/Marsch-Barner, § 3 UmwG Rn. 22; Weiler, NZG 2008, 527, 540 ff.; Wälzholz, AG 2006, 469; Widmann/Mayer/Mayer, Umwandlungsrecht, § 55 UmwG Rn. 83.10; Schmitt/Hörtnagl/Stratz/Stratz UmwG § 54 Rn. 14; Heckschen, ZInsO 2008, 824, 827; ders., DB 2005, 2283 ff.; ders. in: Reul/Heckschen/Wienberg, Insolvenzrecht in der Gestaltungspraxis, § 4 Rn. 530 ff.; Keller/Klett, DB 2010, 1220, 1222 f.; Blasche, GWR 2010, 441, 444; Gontschar, Umwandlungsmaßnahmen im Insolvenzplanverfahren, S. 173 f.
133 Vgl. Widmann/Mayer/Mayer, Umwandlungsrecht, § 55 UmwG Rn. 83.10; Heckschen, ZInsO 2008, 824, 827; ders. DB 2005, 2283 ff.; Rowedder/Zimmermann, § 58 Rn. 44; Hachenburg/Ulmer, GmbHG, § 58 Rn. 85; Scholz/Priester, GmbHG, § 58 Rn. 78; Sommer, Die sanierende Kapitalherabsetzung bei der GmbH, S. 62.

beseitigt werden könnte (im Beispiel Herabsetzung auf 50.000,00 €). Die wohl überwiegende Meinung sieht letztendlich im Minderheitenschutz kein Hindernis für die Verschmelzung, in Einzelfällen sei die **allgemeine Missbrauchskontrolle** bzw. Treuepflicht anzuwenden und lehnt z.B. eine Kontrolle zum Schutz der Minderheit durch das Registergericht ab.[134] Heckschen[135] will eine Kontrolle am Maßstab des § 138 BGB: Seien Minderheitsgesellschafter am aufnehmenden Rechtsträgers beteiligt, so könne ein Verschmelzungsvertrag wegen Verstoßes gegen die gesellschaftsrechtliche Treuepflicht und/oder wegen Sittenwidrigkeit nichtig sein, wenn den Anteilseignern des übertragenden Rechtsträgers unverhältnismäßige Vorteile zu Lasten der Anteilseigner des übernehmenden Rechtsträgers eingeräumt würden.[136] Dies müsse im umgekehrten Fall der Verschmelzung einer gesunden Gesellschaft auf eine überschuldete Gesellschaft ebenso gelten. Vom Registergericht sei dies jedoch nicht zu prüfen.[137] Lediglich bei positiver Kenntnis des Registergerichts von der Insolvenz der übertragenden Gesellschaft oder der Insolvenz der aufnehmenden Gesellschaft durch die Verschmelzung, etwa durch eine Schutzschrift, könne dieses eine Eintragung ablehnen, wenn hier eine strafbare Handlung i. S. d. 283 StGB vorliege.[138]

b) Verschmelzungen ohne Kapitalerhöhung, Verzicht

57 Der Gesetzgeber hat im **Zweiten Gesetz zur Änderung des UmwG** in den §§ 54 und 68 UmwG n. F. eine Ausnahme durch Verzicht festgelegt.[139] § 54 Abs. 1 Satz 3 UmwG n. F. (für die GmbH) bzw. § 68 Abs. 1 Satz 3 UmwG n. F. (für die AG) bestimmt nunmehr, dass die Kapitalerhöhung bei der übernehmenden Kapitalgesellschaft zur Disposition **aller Anteilsinhaber des übertragenden Rechtsträgers** steht. **Verzichten alle Anteilsinhaber des übertragenden Rechtsträgers** in notarieller Urkunde auf die Anteilsgewährung, darf die übernehmende Gesellschaft von der Anteilsgewährung absehen.[140] Zu kritisieren ist an dieser an sich erfreulichen Klarstellung, dass sie aufgrund der systematischen Stellung nur für Verschmelzungen auf die AG und GmbH gilt, obwohl bei der Personengesellschaft oder anderen Rechtsträgern ähnliche Fragestellungen bestehen. M. E. kann man aber aus der gesetzlichen Neuregelung allgemein den Schluss ziehen, dass der Anteilsgewährungsgrundsatz disponibel ist, wenn alle Anteilsinhaber der übertragenden Rechtsträger darauf verzichten, denn was bei Kapitalgesellschaften gilt muss erst recht bei Personengesellschaften gelten. Ebenfalls klargestellt wurde m. E. dadurch, dass der Anteilsgewährungsgrundsatz keine gläubigerschützende Funktion hat, denn sonst dürfte er nicht verzichtbar sein.

---

134 Vgl. dazu unten Teil 5 Rdn. 75 ff. und Kallmeyer/Marsch-Barner, § 3 UmwG Rn. 22; Weiler, NZG 2006, 527, 530 ff.; Lutter/Drygala, § 3 UmwG Rn. 24; Keller/Klett, DB 2010, 1220, 1222 f.; Heckschen, ZInsO 2008, 824, 827; ders., DB 2005, 2283, 2286 ff.; ders in: Reul/Heckschen/Wienberg, Insolvenzrecht in der Gestaltungspraxis, § 4 Rn. 524 f.; Klein/Stephanblome, ZGR 2007, 351, 367; Wälzholz, AG 2006, 469; Gontschar, Umwandlungsmaßnahmen im Insolvenzplanverfahren, S. 173 ff.; a. A. wohl Lutter/Karollus, § 120 UmwG Rn. 30, der eine Verschmelzung bei Überschuldung für nicht zulässig hält; vgl. auch Maier-Reimer, in: Semler/Stengel, § 120 UmwG Rn. 26.
135 In: Beck'sches Notar-Handbuch, D IV Rn. 130; ders in: Reul/Heckschen/Wienberg, Insolvenzrecht in der Gestaltungspraxis, § 4 Rn. 524 f.
136 Unter Hinweis auf LG Mühlhausen DB 1996, 1967.
137 OLG Naumburg NJW-RR 1998, 178.
138 Vgl. auch Widmann/Mayer/Mayer § 55 Rn. 83.13.
139 Vgl. BR-Drucks. 548/06, S. 27.
140 Vgl. auch oben Teil 2 Rdn. 107, Teil 2 Rdn. 132 und Teil 2 Rdn. 256, vgl. auch zu den Fragen nach der Neuregelung Widmann/Mayer/Heckschen, Umwandlungsrecht, Einf. UmwG Rn. 34 ff.; Mayer/Weiler, DB 2007, 1235, 1239; Weiler, NZG 2008, 527 ff.; Kallmeyer, GmbHR 2006, 418 ff.; Drinhausen, BB 2006, 2313, 2315 ff.; Bayer/Schmidt, NZG 2006, 841; Roß/Drögemüller, DB 2009, 580 ff.; Keller/Klett, DB 2010, 1220 ff.; Krumm, GmbHR 2010, 24 ff.

Damit sind eine Reihe von Streitfragen und Praxisproblemen vom Gesetzgeber gelöst worden.[141] Der Gläubigerschutz im Rahmen von Verschmelzung und Umwandlung wird nur über die spezifischen Gläubigerschutzbestimmungen wie z. B. § 22 UmwG gewährleistet.

▶ Hinweis:

Zu beachten ist dabei, dass die Anteilseigner des aufnehmenden Rechtsträgers nun mit der Gefahr konfrontiert werden, dass ein überschuldeter Rechtsträger auf sie verschmolzen wird. Einen Schutz für Minderheitsgesellschafter des aufnehmenden Rechtsträgers hat der Gesetzgeber nicht aufgenommen und es bei diesem Rechtsträger bei der 3/4-Mehrheit belassen (§ 13 UmwG). 58

Ferner, enthält das UmwG in § 54 bzw. § 68 eine Reihe von Tatbeständen, bei denen eine Kapitalerhöhung verboten ist bzw. ein Wahlrecht besteht, ob eine Kapitalerhöhung durchgeführt werden soll. Diese Tatbestände könnten **i. R. d. Sanierungsfusion** eingesetzt werden, um die Kapitalerhöhung mit ihrer Werthaltigkeitsprüfung zu vermeiden. Ist nämlich keine Kapitalerhöhung erforderlich, dann stellt sich die Frage der Kapitalerhöhung im Zusammenhang mit der Verschmelzung nicht und damit auch nicht die Frage, ob es sich bei dem übergehenden Vermögen der übertragenden Gesellschaft um einen aktiven Wert oder um einen Verlust handelt. Anders als bei der Ausgliederung, wo § 54 UmwG bestimmt, dass die Eintragung der Ausgliederung aus dem Vermögen eines Einzelkaufmanns sein Vermögen übersteigen, sieht das Verschmelzungsrecht keine derartige Vorschrift vor, die bestimmt, dass nur Vermögen von Gesellschaften im Wege der Verschmelzung übertragen werden kann, bei dem die Aktiva die Passiva überwiegen. Es muss daher wegen dieses Fehlens eines vergleichbaren Grundsatzes möglich sein, auch ein überschuldetes Unternehmen zu verschmelzen, wenn kein Kapitalerhaltungsgrundsatz eine Kapitaldeckung verlangt. 59

Wichtigster Fall dürfte wohl die **Konzernverschmelzung** gem. § 54 Abs. 1 Satz 1 Nr. 1 UmwG sein. Hat die aufnehmende Gesellschaft 100 % der Anteile der übertragenden Gesellschaft inne, ist eine Kapitalerhöhung unzulässig. Bei Schwestergesellschaften war vor dem UmwG umstritten, ob eine Fusion ohne Kapitalerhöhung zulässig ist.[142] Aufgrund der eindeutigen Stellungnahme in der Begründung zum RegE und der Tatsache, dass § 54 UmwG keine entsprechende Ausnahme für diesen Fall vorsieht, wird man nach neuem Recht davon ausgehen müssen, dass bei der Fusion von Schwestergesellschaften immer eine Kapitalerhöhung erforderlich ist, wenn kein Verzicht vorliegt.[143] In diesen, aber auch in allen anderen Fällen, kann allerdings § 54 Abs. 1 Satz 1 Nr. 1 UmwG immer ausgenutzt werden, indem durch Abtretung der Geschäftsanteile zuvor zwischen den zu verschmelzenden Gesellschaften ein Mutter-Tochter-Verhältnis hergestellt wird. Fraglich ist inwieweit bei einer **Mehrfachverschmelzung** eine gesunde Schwestergesellschaft eine vermögenslose i. R. d. Kapitalerhöhung ausgleichen kann; m. E., muss eine derartiger Ausgleich im Rahmen einer Verschmelzung zulässig sein.[144] 60

Ebenfalls eine **Lösungsmöglichkeit** besteht in der Anwendung des **§ 54 Abs. 1 Satz 1 Nr. 2 UmwG**. Die übernehmende Gesellschaft braucht nämlich ihr Stammkapital nicht zu erhöhen, 61

---

141 Auf Widersprüche der Summentheorie hat bereits Lutter hingewiesen in: FS für Wiedemann, 2002, S. 1097 ff.
142 Vgl. zum alten Umwandlungsrecht Priester, DB 1985, 363; BayObLG, DB 1989, 1558; OLG Hamm, BB 1988, 1411.
143 So auch Widmann/Mayer/Mayer, Umwandlungsrecht, § 55 UmwG Rn. 83.11; Gerold, MittRhNotK 1997, 205, 226; OLG Frankfurt am Main, GmbHR 1998, 542 = DB 1998, 917 m. Anm. Meyer = DNotZ 1999, 154; a. A. allerdings ein beachtlicher Teil der Literatur, der auch bei Schwestergesellschaften eine Anteilsgewährung und damit eine Kapitalerhöhung für entbehrlich hält: Kallmeyer/Kallmeyer/Kocher, UmwG, § 54 Rn. 5; LG München I, GmbHR 1999, 35; Lutter/Winter/Vetter, UmwG, § 54 Rn. 5 ff.; Bayer, ZIP 1997, 1613.
144 Im Ergebnis ebenso Tillmann, BB 2004, 673 ff.

soweit sie eigene Anteile innehat. In diesem Fall können nämlich die eigenen Anteile verwendet werden, um die Gesellschafter der übertragenden, überschuldeten Gesellschaft abzufinden. Notfalls können eigene Anteile zuvor durch Einziehung oder Abtretung geschaffen werden. Ungeklärt ist, ob auch Anteile eines Dritten verwendet werden können, um der Anteilsgewährungspflicht nachzukommen. Bereits zum alten Recht war allerdings die herrschende Meinung der Auffassung, dass in den Fällen auf eine Kapitalerhöhung verzichtet werden kann, wenn die Anteile eines Dritten an der übernehmenden Gesellschaft, die dieser zur Verfügung stellt, den Gesellschaftern der übertragenden Gesellschaft gewährt werden können. Voraussetzung nach altem Recht war allerdings, dass sich die Anteile spätestens bei Wirksamwerden der Verschmelzung im Vermögen der übernehmenden Verschmelzung befinden, damit die Übertragung auf die – im Verschmelzungsvertrag namentlich festgelegten – Gesellschafter der übertragenden Gesellschaft sichergestellt war. Man wird diesen Weg wohl auch nach neuem Umwandlungsrecht für zulässig erachten müssen, da er keinen Verstoß gegen grundsätzliche Regelungen des Verschmelzungsrechts darstellt und nur ein Verfahren beinhaltet, die Anteile im Vorfeld zu erwerben und anschließend zur Übertragung zu verwenden. Die Sicherstellung der Übertragung nach der herrschenden Meinung kann zum einen dadurch erreicht werden, dass die übernehmende Gesellschaft die Anteile vor der Verschmelzung selbst erwirbt, wobei allerdings § 33 GmbHG zu berücksichtigen ist. Zulässig erachtet wurde zum alten Recht auch die Möglichkeit, dass der Dritte die Anteile direkt an die Gesellschaft der übertragenden Gesellschaft abtritt.[145]

c) Grenzen der Verschmelzung ohne Kapitalerhöhung – Gläubigerschutz

62 Problematisch bleibt bei all diesen Lösungen mit Anteilsverzicht die Frage der **Grenzen des Anteilsverzichtes**.[146] Offen bleibt, wie **Aspekte des Minderheiten- und Gläubigerschutzschutzes bei Übertragung negativen Vermögens** auf der Ebene der übernehmenden Gesellschaft verwirklicht werden, da es nur auf den Verzicht der Gesellschafter der übertragenden Gesellschaft ankommt. Mangels Anteilsgewährung und damit einhergehender Kapitalerhöhung entfällt der bisherige Schutz durch registergerichtliche Kontrolle.[147] Die Gesellschafter können also der Register- und damit der Werthaltigkeitskontrolle entgehen, wenn sie auf die Kapitalerhöhung verzichten.[148] In der **neueren Literatur** wurde vor der Neuregelung im **Zweiten Gesetz zur Änderung des UmwG** vertreten, das gebundene Kapital der übernehmenden Gesellschaft müsse zwingend um den Nennbetrag des gebundenen Kapitals der übertragenen Gesellschaft erhöht werden, um eine »kalte Kapitalherabsetzung« durch Verschmelzung zu verhindern.[149] Die überwiegende Auffassung in der Literatur ging aber auch bereits vor der Neuregelung davon aus, dass die Anteilsgewährung nicht wertentsprechend, also nicht mindestens in der Höhe des Stammkapitals der übertragenden Gesellschaft durchgeführt werden muss.[150] Der Gesetzgeber hat m. E. diese Meinung bestätigt.

---

145 So Scholz/Priester, GmbHG, 7. Aufl., Anh. Umwandlung § 23 KapErhG Rn. 6; Lutter/Hommelhoff, GmbHG, 13. Aufl., § 23 KapErhG Rn. 3.
146 Vgl. speziell bei der Sanierungsfusion Keller/Klett, DB 2010, 1220, 1222 ff.; Widmann/Mayer/Mayer, Umwandlungsrecht, § 55 UmwG Rn. 83.12 ff.; Heckschen in: Reul/Heckschen/Wienberg, Insolvenzrecht in der Gestaltungspraxis, § 4 Rn. 523 ff.; Gontschar, Umwandlungsmaßnahmen im Insolvenzplanverfahren, S. 173 ff.
147 Vgl. Heckschen, ZInsO 2008, 824, 827; ders., DB 2005, 2283, 2286 ff.
148 Krit. dazu Mayer/Weiler, DB 2007, 1235, 1238 f.; Weiler, NZG 2008, 527, 528.
149 Sog. »**Summengrundsatz**«; vgl. Petersen, Gläubigerschutz im Umwandlungsrecht, S. 210; Winter in: FS für Lutter, 2000, S. 1279, 1284; Ihrig, ZHR 160, 1996, 317, 321.
150 Vgl. Kowalski, GmbHR 1996, 158, 159; Limmer, in: FS für Schippel, 1996, S. 415, 427; Widmann/Mayer/Mayer, Umwandlungsrecht, § 5 UmwG Rn. 46; ausführlich Ihrig, ZHR 1996, 317, Lutter, in: FS für Wiedemann, 2002, S. 1097 ff.; Lutter/Winter/Vetter, § 54 UmwG Rn. 21; Reichert, in: Semler/Stengel, § 54 UmwG Rn. 27 ff.; Tillmann, GmbHR 2003, 740, 743 ff.; Kalss, ZGR 2009, 74 ff.

Z.T wird auch versucht Grenzen aus den §§ 30, 31 GmbHG abzuleiten:[151] Keller/Klatt sind der 63
Meinung, dass wenn z. B. ein sidestream-merger dazu führe, dass durch die Übertragung eines
überschuldeten Rechtsträgers das zur Erhaltung des Stammkapitals des übernehmenden Rechtsträgers erforderliche Vermögen angegriffen werde, so liege hierin eine unzulässige Einlagenrückgewähr. Die Ansicht, dass die §§ 30, 31 GmbHG vom UmwG als lex specialis verdrängt werden
bzw. ihr Anwendungsbereich nicht eröffnet sei, könne nicht überzeugen. Insb. müsse der wirtschaftliche Effekt der Verschmelzung auf die Gläubiger beider beteiligten Rechtsträger und damit
auch ein etwaiger übergehender Schuldenübergang zulasten der Altgläubiger des übernehmenden
Rechtsträgers berücksichtigt werden. Die Anwendung der §§ 30, 31 GmbHG habe zwar nicht
die Nichtigkeit der Verschmelzung und grds. auch keine Registersperre, wohl aber gem. § 31
GmbHG eine Zahlungspflicht des Anteilseigners des übernehmenden Rechtsträgers i. H. d. entstandenen Unterbilanz zur Folge. Andererseits seien keine überzeugenden Gründe dafür ersichtlich, die sanierende Verschmelzung auch in Fällen für unzulässig zu halten, in denen trotz der
Zuführung negativen Vermögens das zur Erhaltung des Stammkapitals erforderliche Vermögen
des übernehmenden Rechtsträgers unangetastet bleibe. Jedenfalls in dem Umfang, in dem der
Gesellschafter Gesellschaftsvermögen entnehmen dürfe, dürfe er auch negatives Vermögen zuführen. Das gelte auch dann, wenn das Stammkapital des übernehmenden Rechtsträgers wesentlich
geringer sei als das des übertragenden Rechtsträgers, die Verschmelzung also eine Art »kalte Kapitalherabsetzung« darstelle. Schließlich könne die Verschmelzung in Ausnahmefällen zur Haftung
des Anteilseigners des übernehmenden Rechtsträgers aus § 826 BGB unter dem Gesichtspunkt
des *existenzvernichtenden Eingriffs* führen.

Offen ist auch die schwierige Frage, ob nicht bei Insolvenzreife vorrangig ein **Insolvenzverfahren** 64
durchzuführen ist.[152] Mayer[153] weist m. E. aber zu Recht darauf hin, dass i. R. d. für die **Fortbestehensprognose** die geplante Verschmelzung einzubeziehen ist, sodass von einer positiven Prognose ausgegangen werden kann, wenn die aufnehmende Gesellschaft nicht überschuldet ist und
durch die Verschmelzung auch nicht überschuldet wird.[154]

Schließlich stellt sich die Frage der **Insolvenzanfechtung**. Dabei ist umstritten, ob eine im Handelsregister vollzogene Verschmelzung bzw. Spaltung überhaupt der Insolvenzanfechtung unterliegt.[155] Nach einem unveröffentlichten Urteil des OLG Jena soll dies nicht der Fall sein.[156] 65
Gegen diese Argumentation haben sich Teile der insolvenzrechtlichen Literatur mit der Behauptung gewandt, Umwandlungsmaßnahmen wie die Verschmelzung oder Spaltung seien grds.
anfechtbar und zwar auch nach der Eintragung der Umwandlung ins Handelsregister.[157] Jedenfalls
nach Eintragung im Handelsregister ist m. E. für eine Anfechtung aus Gründen des Verkehrsschutzes und gesellschaftsrechtlichen Bestandsschutzes kein Raum mehr.[158] Keller/Klett[159] sprechen sich aber für die Möglichkeit aus den Verzicht auf die Anteilsgewährung anzufechten.

---

151 Keller/Klett (DB 2010, 1220, 1222 f.
152 Vgl. dazu Widmann/Mayer/Mayer, Umwandlungsrecht, § 55 UmwG Rn. 83, 12 f.
153 In: Widmann/Mayer, Umwandlungsrecht, § 55 UmwG Rn. 83.12.
154 Ebenso auch Heckschen in: Beck'sches Notar-Handbuch, D IV Rn. 134; Heckschen, ZInsO 2008, 824, 827; ders., DB 2005, 2283, 2286 ff.; ders in: Reul/Heckschen/Wienberg, Insolvenzrecht in der Gestaltungspraxis, § 4 Rn. 520 ff.; Gontschar, Umwandlungsmaßnahmen im Insolvenzplanverfahren, S. 173 ff.; ähnlich auch Keller/Klett, DB 2010, 1220, 1222 f.; vgl. allgemein zur Fortführungsprognose BGHZ 119, 201, 214, KG, GmbHR 2006, 374, 376; OLG Naumburg, GmbHR 2004, 361, 362; Lutter/Hommelhoff/Kleindiek, GmbHG, Anh zu § 64 GmbHG Rn. 28.
155 Vgl. Heckschen, ZInsO 2008, 824, 829; Lutter/Winter/Vetter, § 54 UmwG Rn. 106.
156 Urt. v. 03.03.1998 – 8 U 1166/98, n. v. zitiert von Keller/Klett, DB 2010, 1220 in Fn. 60.
157 So Ede/Hirte, in: Uhlenbruck, InsO § 129 Rn. 396 ff.; Paulus, in: Kübler/Prütting, InsO § 129 Rn. 12; vgl. auch Heckschen ZInsO 2008, 824, 829; Hirte FS Goette [2011], bei Fn. 38.
158 So eingehend Lwowski/Wunderlich, NZI 2008, 595, 597, zustimmend auch Lutter/Winter/Vetter, § 54 UmwG Rn. 106; Keller/Klett, DB 2010, 1220, 1223 f.; Heckschen, ZInsO 2008, 824, 827.
159 DB 2010, 1220, 1223 f.

d) Beseitigung der Überschuldung bei der Sanierungsfusion

66 In der Praxis wird sich die Frage stellen, mit welchen Mitteln die Überschuldung beseitigt werden kann, um eine Sanierungsfunktion und die damit verbundene **Kapitalerhöhung** durchzuführen.[160] Im Zentrum der Gestaltung werden zunächst die allgemeinen Sanierungsmaßnahmen stehen, wobei wichtigster Fall sicherlich die Zuführung neuen Kapitals sein wird. Allerdings werden in der Literatur auch die Rangrücktrittsvereinbarungen und Verbesserungsvereinbarungen als taugliche Sanierungsmittel gesehen. Fraglich ist allerdings, inwieweit diese geeignet sind, entsprechende Kapitalwerthaltigkeit zu schaffen, die i. R. d. Verschmelzung erforderlich ist.

67 **Rangrücktrittsvereinbarungen** werden zwischen einer GmbH und einem ihrer Gläubiger abgeschlossen. Zweck einer solchen Vereinbarung ist, eine bevorstehende oder bereits eingetretene Überschuldung zu beseitigen.[161] Der Rangrücktritt ist eine Vereinbarung, die in erster Linie dem Zweck dient, die Überschuldung einer Kapitalgesellschaft zu verhindern oder zu beseitigen, indem eine Verbindlichkeit inhaltlich so umgestaltet wird, dass sie im Überschuldungsstatus nicht passiviert werden muss.[162] Der BGH qualifizierte die Rangrücktrittsvereinbarung als »verfügenden Schuldänderungsvertrag« iSd § 311 BGB.[163] Die Formulierungen von Rangrücktrittsvereinbarungen sind höchst unterschiedlich. Inhalt und Reichweite eines Rangrücktritts können Gläubiger und Schuldner der Forderung im Prinzip frei vereinbaren.[164] Die Literatur geht allerdings davon aus, dass eine korrekte Rangrücktrittserklärung einen bestimmten Inhalt haben muss, damit sie nicht nur die Passivierungspflicht im Überschuldungsstatus, sondern auch in der Handelsbilanz beseitigt.[165] Der BGH hat im Urteil vom 5.3.2015[166] die Anforderungen an eine solche Vereinbarung konkretisiert: Solle eine Rangrücktrittsvereinbarung die Vermeidung einer Insolvenz sicherstellen, müsse sie nach der bis zum Inkrafttreten des MoMiG am 1.11.2008 und den damit verbundenen Modifizierungen der §§ 19 Abs. 2, 39 Abs. 2 maßgeblichen, infolge der zeitlichen Gegebenheiten zu beachtenden Gesetzeslage sowohl vor als nach Verfahrenseröffnung ausschließen, dass eine Darlehensforderung als Verbindlichkeit in die Bilanz aufgenommen werde.[167] Demzufolge müsse sich der Regelungsbereich einer Rangrücktrittsvereinbarung auf den Zeitraum vor und nach Insolvenzeröffnung erstrecken.[168] Ein Rangrücktritt sei als rechtsgeschäftliches Zahlungsverbot des Inhalts auszugestalten, dass die Forderung des Gläubigers außerhalb des Insolvenzverfahrens nur aus ungebundenem Vermögen und in der Insolvenz nur im Rang nach den Forde-

---

160 Vgl. auch Heckschen in: Reul/Heckschen/Wienberg, Insolvenzrecht in der Gestaltungspraxis, § 4 Rn. 555 ff.
161 Vgl. eingehend BGHZ 204, 231 = NJW 2015, 1672 = NZI 2015, 315 m. Anm Schäfer; Frystatzki, NZI 2013, 609 ff.; Knof, KSI 2006, 93 ff.; Haas/Scholl, ZInsO 2002, 645 ff.; Heerma, BB 2005, 537 ff.; Teller, Rangrücktrittsvereinbarungen, S. 1 ff.; Schulze/Osterloh, WpG 1996, 97 ff.; K. Schmidt/Uhlenbruck/Wittig, Die GmbH in der Krise, Sanierung und Insolvenz, S. 268 ff.
162 Vgl. BGH NZI 2015, 315; BGH, 08.01.2001 – II ZR 88/99, BGHZ 146, 264 = ZInsO 2001, 260 = ZIP 2001, 235; Schulze/Osterloh, WPG 1996, 97; Teller, Rangrücktrittsvereinbarungen zur Vermeidung der Überschuldung bei der GmbH, S. 1 f.; Ulmer/Habersack, GmbHG, Anh. § 30 Rn. 182; Saenger/Inhester/Kolmann, GmbHG, Anh. § 30 Rn. 162; Altmeppen in Roth/Altmeppen, GmbHG, § 42 Rn. 48.
163 BGHZ 204, 231 = NJW 2015, 1672 = NZI 2015, 315.
164 Vgl. BGH NZI 2015, 315; Winnefeld, Bilanz-HdB., 4. Aufl., D Rn. 1536, M Rn. 957; Herrmann, Quasi-Eigenkapital im Kapitalmarkt- und UnternehmensR, 1996, 135 ff.; Ulmer/Habersack, Anh. § 30 Rn. 183.
165 Vgl. Formulierungsvorschläge bei Priester, DB 1977, 2429; Knobbe-Keuck, ZIP 1983, 128; Scholz/K. Schmidt, GmbHG, § 32a Rn. 85; Knof, KSI 2006, 93 ff.; Hölzle, GmbHR 2005, 852 ff.; Haas/Scholl, ZInsO 2002, 645 ff.; Heerma, BB 2005, 537 ff.
166 BGHZ 204, 231 = NJW 2015, 1672 = NZI 2015, 315 m. Anm. Schäfer.
167 BGH WM 1962, 764; BGH NZI 2011, 58.
168 Frystatzki, NZI 2013, 609.

rungen sämtlicher normaler Insolvenzgläubiger (§ INSO § 38 InsO) befriedigt werden dürfe.[169] Der Gläubiger müsse auf Grund der Rangrücktrittsvereinbarung dauerhaft gehindert sein, seine Forderung geltend zu machen. Unzureichend sei ein lediglich zeitlich begrenzter Rücktritt.

▶ Hinweis:

Die Problematik der Rangrücktrittsvereinbarung i. R. d. Verschmelzung liegt darin, dass mit einer Rangrücktrittsvereinbarung zunächst nur die Überschuldung im insolvenzrechtlichen Sinne ausgeglichen werden soll, indem im einzelnen Überschuldungsstatus und in der Handelsbilanz die **Passivierungspflicht** der Verbindlichkeit entfällt. Damit wird zwar in insolvenzrechtlicher Hinsicht das Problem der Überschuldung beseitigt, für die Verschmelzung und die hier zu beachtenden Kapitalerhaltungsgrundsätze bedeutet dies nicht zwingend, dass auch eine Verschmelzung ohne Weiteres möglich ist, da hier andere Grundsätze gelten als i. R. d. Überschuldungsprüfung. 68

Nach der herrschenden Meinung handelt es sich bei der Kapitalerhöhung im Rahmen einer Verschmelzung um eine **Kapitalerhöhung gegen eine Sacheinlage**. Die Einlagepflicht wird durch Übertragung des Gesamtvermögens der übertragenden Gesellschaft erfüllt. Es gelten daher die gleichen Grundsätze wie bei jeder Kapitalerhöhung gegen eine Sacheinlage.[170] Aus Gründen des Gläubigerschutzes ist daher eine Überbewertung des übertragenden Vermögens verboten.[171] Für die Höhe der notwendigen Kapitalerhöhung ist der Wert der übertragenden Gesellschaft maßgebend. Maßgebend für diese Werte sind nicht die Buchwerte in der Bilanz, sondern die **wahren Werte**; stille Reserven können aufgedeckt werden, ein Firmenwert kann ebenfalls als Aktiva berücksichtigt werden.[172] Das Registergericht kann i. R. d. Kapitalerhöhung ggf. Nachweise über den Wert des übertragenden Vermögens verlangen. Werden stille Reserven aufgelöst oder ein höherer Unternehmenswert geltend gemacht, wird dies regelmäßig nur durch Einholung eines Sachverständigengutachtens nachgewiesen werden können.[173] 69

Wie diese Ausführungen zeigen, kommt es auf die Buchwerte in der Bilanz für die Feststellung der Werthaltigkeit des übertragenden Vertrages nicht an. Soll eine Rangrücktrittsvereinbarung dazu führen, dass das übertragene Vermögen den Kapitalerhöhungsgrundsätzen entspricht, dann muss dieser besondere Zweck berücksichtigt werden. Die Formulierung des Rangrücktritts muss daher sicherstellen, dass dauerhaft das übertragene Vermögen zumindest so werthaltig ist, dass der Kapitalerhöhungsbetrag bei der aufnehmenden Gesellschaft erreicht wird. Insofern ist die Problematik etwas anderes als bei Überschuldungstatbestand, wo es zunächst um eine temporäre Beseitigung der eventuellen Überschuldung geht. Bei der Verschmelzung kann wohl nur eine **dauerhafte Werthaltigkeit** ausreichend sein. Die Literatur hat sich leider bisher mit der Frage noch nicht befasst, welche Anforderungen der Rangrücktritt haben muss, damit er i. R. d. Verschmelzung und der Kapitalerhöhung hinreichende Wirkung hat. 70

Die Parteien einer Rangrücktrittsvereinbarung verfolgen mit dieser Vereinbarung nach den bisherigen Lösungen den Zweck, die Eröffnung eines Insolvenzverfahrens wegen Überschuldung zu verhindern. Dies soll nicht durch eine **Mehrung des Vermögens** der Gesellschaft erfolgen. Vielmehr sollen die Verbindlichkeiten so gemindert werden, dass das Vermögen wieder ausreicht, 71

---

169 Habersack, ZGR 2000, 384, 401; Knobbe-Keuk, ZIP 1983, 127, 128; Priester, DB 1977, 2429, 2431; Martinek/Omlor, WM 2008, 665, 667; Michalski/Heidinger, GmbHG, 2. Aufl, §§ 32 a, 32 b aF Rn. 403.
170 Vgl. etwa Lutter, DB 1980, 1318; Lutter/Winter/Vetter, UmwG, § 55 Rn. 7.
171 Vgl. Lutter/Winter/Vetter, UmwG, § 55 Rn. 26; Reichert in: Semler/Stengel, § 55 UnwG Rn. 8; Widmann/Mayer/Mayer, Umwandlungsrecht, § 55 UmwG Rn. 61; Stratz in: Schmitt/Hörtnagl/Stratz, § 55 UmwG Rn. 20; Heidinger/Limmer/Holland/Reul, Gutachten des DNotI, Bd. IV, Gutachten zum Umwandlungsrecht, S. 114; Ihrig, GmbHR 1995, 622; Limmer, in: FS für Schippel, 1996, S. 426.
172 Vgl. zur Bewertung Lutter/Winter/Vetter, UmwG, § 55 Rn. 31.
173 So Lutter/Winter/Vetter, UmwG, § 55 Rn. 31 ff.

alle Schulden zu begleichen. Dazu ist es notwendig, dass der Gläubiger Einschränkungen der Rechtsposition hinnimmt, die ihm seine Forderung vermittelt. Allerdings will er von seiner Rechtsposition i. d. R. sowenig wie möglich aufgeben. Der Gläubiger hofft, dass die Vermögenssituation der Gesellschaft sich in Zukunft wieder bessern werde. Gelingt es der Gesellschaft, Gewinne zu erwirtschaften und übersteigt ihr Vermögen wieder die Schulden, möchte er Befriedigung seiner Forderungen verlangen können. Er will mit der Rangrücktrittsvereinbarung aber nur ein Minimalopfer erbringen.,[174] Berücksichtigt man diesen Zweck i. R. d. Insolvenz, dann zeigt sich, dass für die Verschmelzung die Situation etwas anders ist. Hier geht es nicht darum, die Gesellschaft kurzfristig aus der Überschuldung zu befreien, sondern darum, dass das Vermögen insgesamt und dauerhaft in der Saldierung positiv ist. Die Gesellschafter der aufnehmenden Gesellschaft gewähren durch die Kapitalerhöhung den Gesellschaftern der übertragenden Gesellschaft Anteile an der aufnehmenden Gesellschaft als Gegenleistung für das übertragende Vermögen. Mit diesem Austauschprinzip bei der Verschmelzung[175] lässt sich nur ein Rangrücktritt vereinbaren, der dauerhaft die Werthaltigkeit des Vermögens der übertragenden Gesellschaft wieder herstellt. Es würde sonst dem Austauschprinzip, das auf Gleichmäßigkeit der Leistungen – auf der einen Seite Anteilsleistung, auf der anderen Seite Leistung des übertragenen Vermögens – beruht, widersprechen, wenn die Gegenleistung der übertragenden Gesellschaft nur zeitweise werthaltig ist. Insofern dürfte m. E. ein Rangrücktritt nicht den Grundsätzen der Kapitalerhöhung und Verschmelzung entsprechen, der der aufnehmenden Gesellschaft letztlich das Risiko aufbürdet, dass sie unter bestimmten Voraussetzungen die Schulden, die im Rangrücktritt erfasst werden, tilgen muss. Es ist daher fraglich, ob ein Rangrücktritt, der zur Beseitigung der Insolvenz ausreichend sein kann, auch i. R. d. Verschmelzung ausreicht, da hierdurch die Interessen der Gesellschafter der aufnehmenden Gesellschaft durch eine zumindest bedingte fehlende Werthaltigkeit des Vermögens beeinträchtigt werden. Auch Gläubigerschutz-Gesichtspunkte widersprechen dem, da auch die Gläubiger i. R. d. Kapitalerhöhung Vermögen als Haftkapital erhalten, das nur unter bestimmten Bedingungen werthaltig ist und dessen Werthaltigkeit nachträglich bei Eintritt der Voraussetzungen der Rangrücktrittsvereinbarung wieder entfallen kann. Dies könnte dem Grundsatz der Kapitalerhaltung widersprechen. Einige Autoren sehen daher auch in einer Rangrücktrittsvereinbarung einen bedingten Erlass, der bedingt ist durch das Vorhandensein neuer und ausreichender Eigenmittel der Gesellschaft.[176] Eine Rangrücktrittsvereinbarung, die i. d. S. zu qualifizieren ist, würde aus den genannten Gründen nicht ausreichend sein, um den **Kapitalerhaltungsgrundsätzen** zu genügen. Im Ergebnis ist daher der Rangrücktritt i. R. d. Kapitalerhöhungsgrundsätze nicht geeignet, werthaltiges Vermögen zu schaffen, da nicht dauerhaft gesichert ist, dass das übertragene Vermögen als dauerhaft werthaltiges Haftkapital zur Verfügung steht. Denn beim Rangrücktritt besteht immer die Möglichkeit, dass die Forderung wieder aktivierungsfähig wird, wenn bestimmte Voraussetzungen – etwa Veränderungen der Vermögenssituation der übertragenden Gesellschaft – eintreten. M. E. kann nur ein endgültiger Forderungsverzicht dazu führen, dass dauerhaft werthaltiges Vermögen bei der übertragenden Gesellschaft geschaffen wird.

72 Das OLG Naumburg[177] hat im Rahmen eines Formwechsels entschieden, dass Rangrücktrittsvereinbarungen, wenn sie bestimmten Anforderungen genügten, und zwar denen die denjenigen des § 16 Abs. 3 DMBilG entsprechen, eine sonst gegebene Überschuldung der Gesellschaft beseitigen. Damit stehe gleichzeitig fest, dass ein entsprechendes Reinvermögen der Gesellschaft bezogen auf den Bilanzstichtag der maßgeblichen Überschuldungsbilanz vorhanden ist. Die Möglichkeit einer außerordentlichen Kündigung durch den Gläubiger sei als lediglich mögliche Entwicklung in der

---

174 Vgl. hierzu Teller, Rangrücktrittsvereinbarungen zur Vermeidung der Überschuldung bei der GmbH, S. 94.
175 Vgl. hierzu Limmer, in: FS für Schippel, 1999, S. 415 ff.
176 Vgl. etwa Priester, DB 1977, 2429, 2433; Scholz/Tiedemann, GmbHG, § 84 Rn. 52; Teller, Rangrücktrittsvereinbarungen zur Vermeidung der Überschuldung bei der GmbH, S. 103.
177 ZIP 2004, 566 = GmbHR 2003, 1432.

Zukunft nicht geeignet, die auf den Stichtag der Umwandlung zu beziehende Beurteilung zu verändern. Die Umwandlung sei daher möglich.[178]

Es fragt sich, ob die gleichen Erwägungen auch für die **Besserungsvereinbarungen** gelten.[179] 73
Auch hier muss zwischen den verschiedenen Situationen der Besserungsabrede unterschieden werden. Es findet sich teilweise die Konstruktion des Forderungsverzichts mit Besserungsschein.[180] Anders als beim Rangrücktritt führt der Forderungsverzicht zunächst endgültig zum Erlöschen der Forderung, sodass hierdurch insgesamt werthaltiges Vermögen geschaffen werden kann. Es bleibt aber die weitere Frage, wie der Besserungsschein vermögensrechtlich im Hinblick auf die Kapitalerhaltungsgrundsätze i. R. d. Verschmelzung einzuordnen ist. Während beim Rangrücktritt i. d. R. der Inhalt des Schuldverhältnisses nur verändert wird, die Forderung aber grds. in ihrem Bestand unberührt bleibt[181] wird bei Vereinbarung eines Besserungsscheins im Grunde ein Forderungsverzicht durch Erlassvertrag vorgenommen. Jedoch steht häufig der Erlass aufgrund des Besserungsscheins unter der auflösenden Bedingung, sodass der Forderungserlass bei Besserung der Vermögensverhältnisse entfällt. Hier kommt es auf die genaue Formulierung an, um die Problematik angemessen zu erfassen. Für den vorliegenden Fall einzig denkbare Lösung wäre eine Besserungsklausel in der Gestalt, dass auf die erlassene Schuld **Nachzahlungen** zu leisten sind, sofern sich ein zukünftiger Gewinn ergibt. Wird der Besserungsschein als Bedingung der Forderung qualifiziert, so führt der Eintritt von Gewinnen zum Wiederaufleben der Forderung. Aus Gesichtspunkten des Minderheitenschutzes der Gesellschafter der aufnehmenden Gesellschaft ist m. E. **keine andere Wertung vorzunehmen als beim Rangrücktritt**. Die Gesellschafter erhalten i. R. d. Verschmelzung ein Vermögen, das belastet ist mit einer Forderung, die sich zum derzeitigen Zeitpunkt nicht genau spezifizieren lässt. Es bleibt die Problematik, wie die Besserungsabrede auszulegen ist, wenn die übertragende Gesellschaft, die die Besserungsabrede abgeschlossen hat, i. R. d. Verschmelzung erlischt und Gewinne bei der übernehmenden Gesellschaft entstehen. Um Auslegungsprobleme zu vermeiden, müsste der Besserungsschein dahin gehend formuliert werden, dass Nachzahlungen auf die erlassene Forderung zu leisten sind, wenn bei der aufnehmenden Gesellschaft Gewinne erzielt werden. Durch eine derartige Formulierung wird aber in die Interessen der Gesellschafter der aufnehmenden Gesellschaft erheblich eingegriffen. Außerdem stellt sich die Frage, ob nicht ein Verstoß gegen das Verbot der baren Zuzahlung vorliegt, da die Gesellschafter der übertragenden Gesellschaft Forderungen erhalten, die u. U. über der 10-%-Grenze des § 54 UmwG liegen.

Man könnte auch daran denken, dass es sich bei einem derartigen Besserungsschein, der im Hinblick auf eine konkrete Verschmelzung erklärt wird, auch um einen Sondervorteil i. S. d. § 5 Abs. 1 Nr. 7 UmwG handelt, der im Verschmelzungsvertrag offenzulegen ist. Die Vorschrift will den Gleichbehandlungsgrundsatz sichern. Durch die Besserungsabrede wird der Gesellschafter, der eine Gesellschafterforderung hat, im Vergleich zu den Gesellschaftern der aufnehmenden Gesellschaft dadurch besser gestellt, dass er aus künftigen Gewinnen der Gesellschaft besondere Anteile erhält. Dies dürfte auch dem Gleichbehandlungsgrundsatz in der aufnehmenden Gesellschaft widersprechen. Aus Gläubigerschutzgesichtspunkten könnte man der Auffassung sein, dass eine Besserungsabrede im Rahmen einer Verschmelzung keine Probleme mit sich bringt, da das Kapital der übertragenden und auch der aufnehmenden Gesellschaft nicht angegriffen werden, wenn die Nachzahlungen nur aus zukünftigen Gewinnen erfolgen sollen. Es spricht daher Einiges

---

178 Zustimmend auch Heckschen, DB 2005, 2283, 2286 f.
179 Vgl. Verschmelzung nach Forderungsverzicht mit Besserungsabrede BFH DStR 2018, 1284.
180 Vgl. etwa Heidinger in: Michalski, GmbHG, § 32b Rn. 77 f.; K. Schmidt/**Uhlenbruck**/Wittig, Die GmbH in der Krise, Sanierung und Insolvenz, S. 270 f.; Scholze/Osterloh, WPG, 1996, 102; Schulze/Osterloh, WPg 1996, 102; Teller, Rangrücktrittsvereinbarungen zur Vermeidung der Überschuldung bei der GmbH, S. 14; Herlinghaus, Forderungsverzicht und Besserungsvereinbarungen zur Sanierung von der Kapitalgesellschaft, 1994, S. 86 ff; Schrader, Die Besserungsabrede, 1995, S. 14 ff.
181 Vgl. Schmidt/Uhlenbruck/Crezelius, Die GmbH in der Krise, Sanierung und Insolvenz, S. 270 ff.

dafür, dass aus Gläubigergesichtspunkten ein Forderungsverzicht mit Besserungsabrede ein möglicher Weg wäre, um werthaltiges Vermögen zu schaffen.

74 Allerdings könnte eine Besserungsabrede gem. § 54 Abs. 4 UmwG dem **Verbot der baren Zuzahlung** über den 10 %igen Betrag des Nennbetrags der gewährten Geschäftsanteile widersprechen. Grds. hat jeder Gesellschafter der übertragenden Gesellschaft Anspruch auf Gewährung von Anteilen an der übernehmenden Gesellschaft. In geringem Umfang gestattet § 54 Abs. 4 UmwG bare Zuzahlung. Die Vorschrift erlaubt lediglich Geldleistungen, nicht dagegen die Hingabe von Sachwerten.[182] Z. T. wird eine Einschränkung dieses Verbotes für die Begründung von Darlehensverbindlichkeiten der aufnehmenden Gesellschaft ggü. den Gesellschaftern der übertragenden Gesellschaft diskutiert. Z. T. wird die Zulässigkeit angenommen[183] z. T. zumindest dann wenn die notwendigen Zustimmungen vorliegen.[184] Auch bei der Einbringung von Unternehmen im Wege der Sachkapitalerhöhung wird in der Praxis häufig vereinbart, dass der den Nennbetrag der Kapitalerhöhung übersteigende höhere Einbringungswert dem Inferenten als Darlehen gutgebracht wird. Ob derartige Gestaltungen sind im Zusammenhang mit der Verschmelzung unzulässig, wird unterschiedlich bewertet.[185] Im Grunde handelt es sich bei einer Besserungsabrede um eine bedingte Forderung der Gesellschafter, die i. R. d. Verschmelzung oder im Hinblick auf die Verschmelzung gewährt wird. M. E. könnte eine derartige Gestaltung gegen § 54 Abs. 4 UmwG verstoßen. Die Vorschrift soll die Kapitalgrundlagen und die Liquidität der aufnehmenden Gesellschaft schützen. Die zukünftige Liquidität wird aber durch eine Besserungsabrede beeinträchtigt.

Zu beachten ist, dass der BFH[186] entschieden hat, dass wenn eine vermögenslose und inaktive Kapitalgesellschaft, deren Gesellschafter ihr gegenüber auf Darlehensforderungen mit Besserungsschein verzichtet hatten, auf eine finanziell gut ausgestattete Schwesterkapitalgesellschaft mit der weiteren Folge des Eintritts des Besserungsfalls und dem »Wiederaufleben« der Forderungen verschmolzen wird, so kann die beim übernehmenden Rechtsträger ausgelöste Passivierungspflicht durch eine außerbilanzielle Hinzurechnung wegen einer verdeckten Gewinnausschüttung zu korrigieren sein.

4. Minderheitenschutz bei der Übertragung negativen Vermögens

75 Wie bereits dargelegt, hat der Gesetzgeber im **Zweiten Gesetz zur Änderung des UmwG** v. 25.04.2007 die Frage der Anteilsgewährung und Kapitalerhöhung verzichtbar geregelt. Die aufnehmende Gesellschaft darf nach §§ 54 Abs. 1 bzw. 68 Abs. 1 UmwG n. F. von der Gewährung von Geschäftsanteilen bzw. Aktien absehen, wenn alle Anteilsinhaber des übertragenden Rechtsträgers darauf verzichten, wobei die Verzichtserklärungen notariell zu beurkunden sind. Diese an sich zu begrüßende Ausnahme von der Anteilsgewährungsverpflichtung kann allerdings im Rahmen von überschuldeten oder vermögenslosen Gesellschaften zu Problemen führen.[187]

---

182 Vgl. Lutter/Winter/Vetter, UmwG, § 54 Rn. 142; Kallmeyer/Kocher § 54 UmwG Rn. 30; Stratz in: Schmit/Hötnagl/Stratz, § 54 UnwG Rn. 66.
183 Kallmeyer/Kocher § 54 UmwG Rn. 30.
184 Lutter/Winter/Vetter, UmwG, § 54 Rn. 144 ff.
185 Ablehnend Mayer, DB 1995, 863, zustimmen unter gewissen Zustimmungsvoraussetzungen Lutter/Winter/Vetter, UmwG, § 54 Rn. 144 ff.; Kallmeyer/Kallmeyer/Kocher § 54 UmwG Rn. 30; KölnKom/Simon/Nießen, § 54 UmwG Rn. 74.
186 DStR 2018, 1284; dazu auch Bodden NZG 2018, 932.
187 Vgl. auch Meyer/Weiler, DB 2007, 1235, 1239; Kallmeyer/Marsch-Barner, § 3 UmwG Rn. 22; Weiler, NZG 2006, 527, 530 ff.; Lutter/Drygala, § 3 UmwG Rn. 24; Widmann/Mayer/Mayer, Umwandlungsrecht, § 5 UmwG Rn. 43 ff.; Klein/Stephanblome, ZGR 2007, 351, 367; Wälzholz, AG 2006, 469; Weiler, NZG 2008, 527, 530 ff.; Kallmeyer/Marsch-Barner, § 3 UmwG Rn. 22; Weiler, NZG 2008, 527, 540 ff.; Wälzholz, AG 2006, 469; Widmann/Mayer/Mayer, Umwandlungsrecht, § 55 UmwG Rn. 83.10; Schmitt/Hörtnagl/Stratz/Stratz UmwG § 54 Rn. 14; Heckschen, ZInsO 2008, 824, 827; ders., DB 2005, 2283 ff.; ders. in: Reul/Heckschen/Wienberg, Insolvenzrecht in der Gestaltungspraxis, § 4 Rn. 530 ff.; Keller/Klett, DB 2010, 1220, 1222 f.; Blasche, GWR 2010, 441, 444; Gontschar, Umwandlungsmaßnahmen im Insolvenzplanverfahren, S. 173 f.

Wie oben dargelegt, wurde bisher i. R. d. Registerkontrolle bei der Kapitalerhöhung verhindert, dass negatives Vermögen ohne Weiteres im Zuge der Verschmelzung übertragen werden kann. Mittelbar war damit auch ein Minderheitenschutz gewährleistet, unmittelbar Gläubigerschutz. Nach §§ 54 Abs. 1 Satz 3 bzw. 68 Abs. 1 Satz 3 UmwG n. F. ist jetzt allerdings nach der Neuregelung die Anteilsgewährung und damit auch die Kapitalerhöhung entbehrlich, wobei es nur auf den **Verzicht der Anteilseigner des übertragenen Rechtsträgers**, nicht aber auf die des übernehmenden Rechtsträgers ankommt. Aufseiten des übernehmenden Rechtsträgers verbleibt es bei den allgemeinen Regelungen zu den notwendigen Beschlussmehrheiten. Beherrscht etwa ein Gesellschafter zu 100 % die übertragende Gesellschaft und zu mindestens 75 % auch die übernehmende Gesellschaft, besteht die Möglichkeit, negatives Vermögen des übertragenden Rechtsträgers auf eine gesunde übernehmende Gesellschaft zulasten der Minderheitsgesellschafter dieses Rechtsträgers zu übertragen. Mit den im **Zweiten Gesetz zur Änderung des UmwG** v. 25.04.2007 geregelten Verzichtsmöglichkeiten wollte der Gesetzgeber ausweislich der Begründung zum RegE vor allen Dingen die Verschmelzung von Schwester-Gesellschaften erleichtern.[188]

Nach dem Wortlaut der Vorschrift gilt dies auch für den Fall der **Übertragung negativen Vermögens bei fremden Gesellschaften**. Fraglich ist, wie die daraus folgenden Probleme zu lösen sind. Da die Verschmelzung im Grundsatz wie eine Sacheinlage behandelt wird, stellt sich die Frage, ob ein wirtschaftlich marodes Unternehmen überhaupt Gegenstand einer Sacheinlage sein kann. Einlagefähigkeit haben nämlich nur verkehrsfähige Vermögensgegenstände mit einem feststellbaren wirtschaftlichen Wert.[189] Verbindlichkeiten können nur eingebracht werden, wenn eine Verbindung zwischen der Verbindlichkeit und der Sacheinlage besteht, z. B. die Einbringung von Grundstücken, die mit Grundpfandrechten belastet sind, oder von Unternehmen mit ihren Aktiva und Passiva.[190] Wird ein überschuldeter Rechtsträger i. R. d. Verschmelzung eingebracht, übersteigen also die Verbindlichkeiten des Rechtsträgers das Eigenkapital, so stellt sich dies im Ergebnis als Einbringung von negativem Vermögen, also Verbindlichkeiten dar. Insofern könnte man bereits an der Einlagefähigkeit zweifeln.[191] Dagegen spricht allerdings die Tatsache, dass das UmwG als solches, wie ebenfalls dargelegt, keinen Vorrang des Insolvenzrechts kennt und grds. Sanierungsfusionen zulässig sind und auch als wünschenswert angesehen werden. Der Minderheitenschutz und Gläubigerschutz wird auf andere Weise geregelt. Wie der Gesetzgeber durch die Neuregelung in § 54 und § 68 UmwG deutlich gemacht hat soll der Gläubigerschutz auch nicht i. R. d. Anteilsgewährungspflicht gewährleistet werden, sondern nur über die spezifischen Gläubigerschutzvorschriften des UmwG.[192] Im Ergebnis bleibt daher in diesem Zusammenhang nur die Minderheitenschutzproblematik, die sich am einfachsten lösen lässt, wenn man § 54 Abs. 1 Satz 3 bzw. § 68 Abs. 1 Satz 3 UmwG n. F. auf den vorliegenden Fall des Übertragens negativen Vermögens analog anwendet und die **Zustimmung aller Gesellschafter der aufnehmenden Gesellschaft** verlangt.[193] Nach anderer Meinung ist nur die **allgemeine Missbrauchskontrolle** anzuwenden.[194]

---

188 Vgl. BT-Drucks. 16/2919, S. 13.
189 Vgl. BGHZ 29, 300, 304; Fastrich in: Baumbach/Hueck, GmbHG, § 5 Rn. 23; Lutter/Hommelhoff/Bayer § 5 GmbHG Rn 142.
190 Vgl. Fastrich in: Baumbach/Hueck, GmbHG, § 5 Rn. 23 ff.; Lutter/Hommelhoff/Bayer § 5 GmbHG Rn 142 ff.
191 Vgl. dazu auch Tilmann, BB 2004, 673.
192 Zweifelnd Mayer/Weiler, DB 2007, 1235, 1239.
193 So auch Lutter/Drygala, § 3 UmwG Rn. 24; Klein/Stephanblome, ZGR 2007, 351, 368.
194 So Keller/Klett, DB 2010, 1220, 1222 f.; Kallmeyer/Marsch-Barner, § 3 UmwG Rn. 22; Weiler, NZG 2006, 527, 530 ff.; Heckschen, ZInsO 2008, 824, 827; ders., DB 2005, 2283 ff.; ders. in: Reul/Heckschen/Wienberg, Insolvenzrecht in der Gestaltungspraxis, § 4 Rn. 530 ff.; Gontschar, Umwandlungsmaßnahmen im Insolvenzplanverfahren, S. 173 f.

II. Wirkungen der Sanierungsfusion

77 Die Wirkungen der Verschmelzung sind in § 20 UmwG geregelt. Das Vermögen der übertragenden, zu sanierenden Gesellschaft geht auf die aufnehmende Gesellschaft über, einschließlich der Verbindlichkeiten. Die übertragene Gesellschaft erlischt und die Gesellschafter der übertragenden Gesellschaft werden Gesellschafter der übernehmenden Gesellschaft, und zwar in dem **Anteilsverhältnis**, wie dies im **Verschmelzungsvertrag** bestimmt war.

78 Besonders von Bedeutung i. R. d. Sanierungsfusion ist sicherlich die **Gesamtrechtsnachfolge**. Das Vermögen der übertragenen Gesellschaft geht als Ganzes im Wege der Gesamtrechtsnachfolge auf die übernehmende Gesellschaft über. Auch die Verbindlichkeiten sind nun von der aufnehmenden Gesellschaft zu erfüllen.

79 Darüber hinaus können die Gläubiger der an der Verschmelzung beteiligten Gesellschaften **Sicherheitsleistungen** verlangen, wenn sie innerhalb von 6 Monaten nach dem Tag der Bekanntmachung der Eintragung der Verschmelzung ihren Anspruch nach Grund und Höhe schriftlich anmelden. Dieses Recht steht allerdings den Gläubigern nur zu, wenn sie glaubhaft machen, dass durch die Verschmelzung die Erfüllung ihrer Forderungen gefährdet wird (§ 22 Abs. 1 Satz 2 UmwG). Bei der Sanierungsfusion dürfte dies i. d. R. kaum der Fall sein, da die Erfüllung der Ansprüche i. d. R. bereits durch die Schwierigkeiten der übertragenden Gesellschaft begründet wurde und nicht durch die Verschmelzung.

III. Sanierungsfusion auf den Alleingesellschafter

80 Ein weiteres Mittel der Sanierung durch Fusion kann die Verschmelzung der GmbH auf den Alleingesellschafter nach § 120 UmwG darstellen.[195] Teilweise wird in der Registerpraxis die Zulässigkeit mit Hinweis auf die Überschuldung abgelehnt. Dem hat das OLG Stuttgart zu Recht im Beschl. v. 04.10.2005[196] widersprochen: Der Gesetzgeber habe den Gläubigerschutz ausdrücklich geregelt in § 22 UmwG, wonach die Gläubiger Sicherheitsleistungen verlangen können. Außerdem finden Gläubigerinteressen Berücksichtigung im Sonderfall der Ausgliederung aus dem Vermögen eines Einzelkaufmanns (§ 152 Satz 2 UmwG). Das OLG Stuttgart hat festgestellt, dass bei der Verschmelzung auf den Alleingesellschafter nach § 120 UmwG aus umwandlungsrechtlichen Gründen bei der Eintragung der Verschmelzung vom Registergericht grds. weder zu prüfen sei, ob der übertragende Rechtsträger überschuldet ist noch ob der aufnehmende Alleingesellschafter durch die Verschmelzung in die Überschuldung gerät. In der Literatur wird dies ebenfalls weitgehend so gesehen.[197] Ein Teil der Literatur ist allerdings anderer Meinung.[198] Teilweise wird differenziert, ob der Alleingesellschafter selbst überschuldet ist, da diesen keine Insolvenzantragspflicht trifft.[199] Diese Auffassungen sind abzulehnen.

---

[195] Vgl. Heckschen, DB 2005, 2283, 2288, ders. ZInsO 2008, 824, 825 ff.; ders. in: Reul/Heckschen/Wienberg, Insolvenzrecht in der Gestaltungspraxis, § 4 Rn. 520 ff.

[196] ZIP 2005, 2066 = DB 2005, 2681 = DNotZ 2006, 302 = NotBZ 2005, 44 = EWiR 2005, 839 m. Anm. Heckschen.

[197] BeckOGK/Leitzen UmwG § 120 Rn. 17; Kölner KommUmwG/Simon § 120, Rn. 22; Kallmeyer/Marsch-Barner, § 17 UmwG Rn. 41; Semler/Stengel/Maier-Reimer, UmwG, § 120 Rn. 13; Stratz, in: Schmitt/Hörtnagl/Stratz, UmwG, UmwStG, § 120 UmwG Rn. 4; Widmann/Mayer/Mayer, Umwandlungsrecht, § 120 UmwG Rn. 8.6; Limmer, DNotZ 1999, 150, 152 – Anm. zur Entscheidung des KG v. 22.09.1998, dazu EWiR 1998, 1145 [Rottnauer]; Heckschen, DB 2005, 2283, 2288; ders., ZInsO 2008, 824, 825 ff.

[198] Krit. Lutter/Karollus § 120 UmwG Rn. 30; vgl. auch Maier-Reimer in Semler/Stengel, § 120 UmwG Rn. 26.

[199] Vgl. Lutter/Karollus, § 120 UmwG Rn. 30; vgl. auch Maier-Reimer, in: Semler/Stengel, § 120 UmwG Rn. 26, ablehnend Heckschen, DB 2005, 2283, 2288; ders., ZInsO 2008, 824, 825 ff.

Weitere Einschränkungen ergeben sich aus § 3 Abs. 3 UmwG, wonach bereits aufgelöste Rechtsträger an einer Verschmelzung nur beteiligt sein können, wenn die Fortsetzung dieser Rechtsträger beschlossen werden könnte (vgl. unten Teil 5 Rdn. 123 ff.).

C. Einsatz des Spaltungsrechts zu Sanierungszwecken

I. Einsatz der Spaltung/Ausgliederung zu Sanierungszwecken

Auch die Spaltung oder Ausgliederung können im Zusammenhang mit Sanierungsmaßnahmen Bedeutung haben.[200] Hierzu trägt auch insb. die Tatsache Rechnung, dass der Gesetzgeber im Spaltungsrecht **weitgehende Parteiautonomie** eröffnet hat.[201] § 126 Nr. 9 UmwG bestimmt, dass im Spaltungsvertrag die Gegenstände des Aktiv- und Passivvermögens, die an jeder der übernehmenden Gesellschaften übertragen werden, sowie die übergehenden Betriebe und Betriebsteile unter Zuordnung zu den übernehmenden Rechtsträgern genau bezeichnet und aufgeteilt werden müssen. Anders als der RefE v. 15.04.1992, der in § 123 Abs. 5 UmwG noch die Einschränkung vorsah, dass die Spaltung nicht zulässig ist, wenn im Wesentlichen nur ein einzelner Gegenstand übertragen oder eine einzelne Verbindlichkeit übergeleitet werden soll, sieht das UmwG nun keinerlei Beschränkungen der Parteiautonomie bei der Ausgestaltung der Übertragung mehr vor. In der Literatur wurden die hieraus resultierenden **Gläubigerschutzprobleme** eingehend diskutiert.[202] Aufgrund dieser erheblichen Vertragsfreiheit bietet daher die Spaltung grds. die Möglichkeit der vollständigen Trennung von Betrieben, Betriebsteilen und auch der Separierung von Verbindlichkeiten und Aktivvermögen.[203] Dass hier die Spaltung zum Zweck der übertragenden Sanierung Bedeutung hat, ist offensichtlich. Es besteht sogar die Möglichkeit, dass Betriebe und Betriebsteile sanierungsbedürftiger Unternehmen, die selbst Gewinne erwirtschaften und daher nicht sanierungsbedürftig sind, auf eine neu zu gründende Gesellschaft ausgegliedert werden.[204] Die Anteile an dieser 100 %igen Tochtergesellschaft befinden sich dann im Vermögen der Krisengesellschaft. Auf diese Weise kann etwa ein Unternehmenskauf vorbereitet werden.[205]

81

> ▶ Hinweis:
> Da bei der Spaltung auch der Schuldenübergang durch den Spaltungsvertrag bzw. Spaltungsplan von den Beteiligten autonom bestimmt werden kann, bietet dieses Verfahren insb. die Möglichkeit der Trennung des fortführungswerten Vermögens von den Schulden.

82

II. Kapitalerhaltung bei Spaltung und Ausgliederung

Zwar besteht auch bei der Spaltung zur Neugründung oder zur Aufnahme das **Problem der Werthaltigkeit des übergegangenen Vermögens** ähnlich wie bei der Verschmelzung. Da aber hier keine Gesamtrechtsnachfolge mit Übergang aller Verbindlichkeiten stattfindet, sondern nur werthaltige Aktiva evtl. i. V. m. betriebsnotwendigen Verbindlichkeiten abgespalten oder ausgegliedert werden können, stellen sich die bei der Verschmelzung entstandenen Probleme der Kapitalerhöhung bei der Spaltung bei entsprechender Gestaltung nicht. Im Nachfolgenden soll allerdings untersucht werden, welche weiteren Probleme des Gläubigerschutzes hieraus resultieren.

83

---

200 Heckschen, DB 2005, 2283, 2287; ders., ZInsO 2008, 824, 828 ff.; ders. in: Reul/Heckschen/Wienberg, Insolvenzrecht in der Gestaltungspraxis, § 4 Rn. 564 ff.; Gontschar, Umwandlungsmaßnahmen im Insolvenzplanverfahren, S. 72 ff.; speziell zur Ausgliederung eines Einzelkaufmanns vgl. Schröder/Berner, NZI 2017, 837 ff.; AG Norderstedt ZIP 2017, 586.
201 Vgl. Heckschen, DB 2005, 2283, 2287; Naraschweski, GmbHR 1995, 697 ff.
202 Vgl. Teichmann, ZGR 1993, 396, 411 ff.; Kleindiek, ZGR 1992, 513 ff.
203 Vgl. Heckschen, DB 2005, 2283, 2287; Naraschweski, GmbHR 1995, 697 ff.
204 Vgl. Heckschen, DB 2005, 2283, 2287.
205 Vgl. etwa auch K. Schmidt, in: Leipold, Insolvenzrecht im Umbruch, S. 67, 68.

1. Probleme der Kapitalaufbringung bei der Sanierungsspaltung

84 Ebenso wie bei der Verschmelzung ist eines der Merkmale der Spaltung die Gewährung von Geschäftsanteilen oder Mitgliedschaftsrechten an der aufnehmenden oder neugegründeten Gesellschaft. Auch hier hat der Gesetzgeber neuerdings die **Möglichkeit des Verzichts** vorgesehen (vgl. Teil 5 Rdn. 57). Bei der Spaltung zur Aufnahme stellt sich daher wie bei der Verschmelzung die Frage, welche Geschäftsanteile den Gesellschaftern der übertragenden Gesellschaft bzw. bei der Ausgliederung der Gesellschaft selbst zu gewähren sind. Es muss daher auch hier wie bei der Verschmelzung geprüft werden, ob diese Geschäftsanteile erst im Wege der Kapitalerhöhung neu gebildet werden müssen oder ob eigene Anteile zur Verfügung stehen, die den Gesellschaftern der übertragenen Gesellschaft im Austausch gewährt werden können. § 125 UmwG verweist vollständig auf die Vorschriften des Verschmelzungsrechts, insb. auch auf die §§ 53 ff. (für die GmbH) bzw. die §§ 66 ff. (für die AG). Es gelten daher grds. die gleichen Fragestellungen der Kapitalerhöhung i. R. d. Spaltung wie bei der Verschmelzung.

Die Kapitalerhöhung ist bei der Spaltung, genauso wie bei der Verschmelzung, eine Kapitalerhöhung gegen Sacheinlage. Gegenstand der Sacheinlage ist der Teil des abgespaltenen Vermögens. Die Einlagepflicht wird erfüllt durch Übertragung des abzuspaltenden Vermögens der übertragenden Gesellschaft. Das Gleiche gilt i. Ü. für die Spaltung zur Neugründung. § 135 Abs. 2 UmwG bestimmt, dass auf die Gründung der neuen Rechtsträger die für die jeweilige Rechtsform des neuen Rechtsträgers geltenden Gründungsvorschriften anzuwenden sind. Es gelten daher hier die **gleichen Grundsätze** wie bei **jeder Sachgründung**.[206] Aus den gleichen Gründen wie bei der Verschmelzung ist daher sowohl bei der AG als auch bei der GmbH eine Überbewertung des übertragenen Vermögens bzw. eine unter-pari-Emission verboten. Dem Registergericht obliegt bei der Spaltung oder Ausgliederung zur Neugründung die Prüfung, ob eine Überbewertung des eingebrachten Vermögens im Wege der Spaltung vorliegt. Maßgebend für die Prüfung ist allerdings nicht der Buchwert des übertragenen Vermögens, sondern dessen wahrer Wert. Die Abspaltung eines überschuldeten Betriebsteils scheidet daher unter diesen Umständen aus, wenn nicht die Mindestkapitalziffer des Kapitalerhöhungsbetrages bzw. bei der Spaltung zur Neugründung der neu gegründeten Gesellschaft erreicht wird. In diesem Zusammenhang ist allerdings die Frage zu prüfen, ob, wie bei der Sachgründung, die Möglichkeit besteht, dass der Einleger die Wertdifferenz in Form einer Bareinlage ausgleicht.[207] Bei der Spaltung zur Neugründung wird man diese Möglichkeit wohl zulassen müssen, sodass die Verbindung einer Sacheinlage mit einer Bareinlage als sog. gemischte Einlage zulässig und dann erforderlich ist, wenn die abgespaltenen Vermögensgegenstände den Wert der übernommenen Einlagen nicht erreichen.[208]

85 Der Gesetzgeber hat im **Zweiten Gesetz zur Änderung des UmwG** in den §§ 54 und 68 UmwG n. F. eine Ausnahme durch Verzicht festgelegt:[209] § 54 Abs. 1 Satz 3 UmwG n. F. (für die GmbH) bzw. § 68 Abs. 1 Satz 3 UmwG n. F. (für die AG) bestimmt nunmehr, dass die Kapitalerhöhung bei der übernehmenden Kapitalgesellschaft zur Disposition **aller Anteilsinhaber des übertragenden Rechtsträgers** steht. Durch die Verweisung in § 125 Satz 1 UmwG gilt diese Verzichtsmöglichkeit auch bei Spaltung. Sie gilt nicht bei der Ausgliederung, es sei denn man folgt der hier vertretenen Analogiemöglichkeit. Für die Spaltung aber gilt: **Verzichten alle Anteilsinhaber des übertragenden Rechtsträgers** in notarieller Urkunde auf die Anteilsgewährung, darf die übernehmende Gesellschaft von der Anteilsgewährung absehen.

---

206 Vgl. eingehend oben Teil 2 Rdn. 290 ff. und Teil 3 Rdn. 199 ff.; Heckschen, DB 2005, 2283, 2287; Ihrig, GmbHR, 1995, 622, 623 ff.
207 Vgl. hierzu Heckschen, DB 2005, 2283, 2288 ff. und oben Teil 3 Rdn. 257.
208 Vgl. Widmann/Mayer/Mayer, Umwandlungsrecht, Einführung Spaltung Rn. 144.
209 Vgl. BR-Drucks. 548/06, S. 27.

2. Kapitalerhaltung bei der abspaltenden Gesellschaft

Bei der Abspaltung wird ein Teil des Vermögens der übertragenden Gesellschaft auf eine bestehende oder neue Gesellschaft abgespalten, sodass **auch das Kapital der übertragenden Gesellschaft** im Hinblick auf Kapitalerhaltungsgrundsätze betroffen sein kann.[210] Das Gleiche gilt bei der Ausgliederung. Der Gesetzgeber hatte daher im Umwandlungsrecht sichergestellt, dass bei einer Abspaltung die abspaltende GmbH weiterhin den Grundsätzen der Kapitalbindung genügt.

Die Kapitalerhaltung wird zum einen durch bestimmte **Versicherungen** der **Vertretungsorgane** erreicht. § 140 UmwG bestimmt für die GmbH, dass bei der Anmeldung der Abspaltung oder Ausgliederung zur Eintragung in das Register einer übertragenden GmbH deren Geschäftsführer auch zu erklären habe, dass die durch Gesetz und Gesellschaftsvertrag vorgesehenen Voraussetzungen für die Gründung dieser Gesellschaft unter Berücksichtigung der Abspaltung und der Ausgliederung im Zeitpunkt der Anmeldung vorliegen (vgl. dazu oben Teil 3 Rdn. 270). Hierdurch soll Vorsorge getroffen werden, dass durch die Abspaltung oder die Ausgliederung die Kapitalausstattung der GmbH nicht unter die gesetzlichen Mindesterfordernisse für die Höhe des Stammkapitals absinkt und auch sonst die gesetzlichen Voraussetzungen für die Gründung einer GmbH, so insb. die Vorschrift über die Mindesthöhe der Stammeinlagen, weiterhin beachtet werden. Dafür sollen die Geschäftsführer durch eine **Erklärung** ggü. dem Registergericht einstehen, die **strafbewehrt** ist.[211] Eine ähnliche Vorschrift trifft § 146 UmwG für die AG. Darüber hinaus sind bei der AG bei der Anmeldung nach § 127 UmwG der Spaltungsbericht und bei der Abspaltung auch der Prüfungsbericht nach § 15 UmwG vorzulegen.

Bei **Abspaltung und Ausgliederung** muss daher immer geprüft werden, ob das bei der Rumpfgesellschaft verbleibende Vermögen zur Deckung des eingetragenen Stamm- bzw. Grundkapitals ausreicht. Dies kann der Fall sein, wenn die offenen Reserven den Wert des übergegangenen Vermögens erreichen und damit die notwendige Kapitaldeckung sicherstellen. Reicht hingegen das übrig gebliebene Vermögen nicht aus, um das Stamm- bzw. Grundkapital zu decken, dann muss vor der Spaltung eine Kapitalherabsetzung der übertragenden Gesellschaft stattfinden.[212] Diese darf allerdings nicht dazu führen, dass das Mindestkapital nach AktG bzw. GmbHG unterschritten wird. Ist aus diesen Gründen eine Kapitalherabsetzung notwendig, so bestimmen § 139 UmwG (für die GmbH) bzw. § 145 UmwG (für die AG), dass, wenn zur Durchführung der Abspaltung oder der Ausgliederung eine Kapitalherabsetzung notwendig ist, dies in vereinfachter Form geschehen kann.[213]

Die Spaltung von überschuldeten Gesellschaften scheidet wegen dieser Einhaltung der Stammerhaltungsgrundsätze bei der abgespalteten GmbH i. d. R. daher aus. Es müssen auch bei der Abspaltung wie bei der Verschmelzung vorher entsprechende Sanierungsmaßnahmen vorgenommen werden.

3. Besonderheiten bei der Ausgliederung

Der Gesetzgeber hat die **Möglichkeit der vereinbarten Sachkapitalherabsetzung** und die **Versicherungspflicht** auch für die Ausgliederung vorgesehen (§§ 139 Satz 1 und 140 UmwG). Die Literatur hat allerdings zu Recht darauf hingewiesen, dass es zweifelhaft ist, ob ein Anwendungs-

---

[210] Vgl. Heckschen, DB 2005, 2283, 2288 f.; ders. in: Reul/Heckschen/Wienberg, Insolvenzrecht in der Gestaltungspraxis, § 4 Rn. 564 ff.
[211] Vgl. Begründung zum RegE in: Limmer, Umwandlungsrecht, S. 320; vgl. außerdem Heckschen, DB 2005, 2283, 2288 f.; Kallmeyer/Zimmermann, UmwG, § 140 Rn. 2 ff.; Widmann/Mayer/Mayer, Umwandlungsrecht, § 140 UmwG Rn. 6.
[212] Vgl. im Einzelnen Mayer, DB 1995, 861, 866; Priester, DNotZ 1995, 448; Widmann/Mayer/Mayer, Umwandlungsrecht, § 139 UmwG Rn. 23 ff.; Naraschewski, GmbHR 1995, 703.
[213] Vgl. eingehend Naraschewski, GmbHR 1995, 697 ff.

feld für die vereinfachte Kapitalherabsetzung für Ausgliederungen überhaupt besteht.[214] Durch die Ausgliederung ändert sich die tatsächliche Vermögenssituation der übertragenen Gesellschaft grds. nicht, es findet lediglich ein Austausch der Vermögensgegenstände statt. Anders als bei der Abspaltung, bei der die Gesellschafter der abspaltenden Gesellschaft die Anteile an der neuen Gesellschaft behalten, erhält bei der Ausgliederung die ausgliedernde Gesellschaft diese Anteile an der aufnehmenden oder neuen Gesellschaft. In der **Bilanz** stellt sich der Vorgang daher **neutral** dar, da nun auf der Aktivseite anstelle der ausgegliederten Vermögensgegenstände die entsprechenden Anteile in der Bilanz erscheinen. **Im Gegenteil**: In diesen Fällen scheidet eine Kapitalherabsetzung sogar aus, weil das übertragene Nettobuchvermögen mindestens durch die gewährten Beteiligungen ausgeglichen wird. Angesichts dieses reinen Aktivtausches ist allerdings die Versicherungspflicht nach § 140 UmwG bei der Ausgliederung nicht recht verständlich. Im Ergebnis würde sie die Ausgliederung bei einer Unterbilanz oder gar einer Überschuldung nicht zulassen, obwohl sich an der Gesamtsituation aufgrund des Aktivtausches bei der ausgliedernden Gesellschaft nichts ändert. Es spricht daher einiges für eine einschränkende Auslegung des § 140 UmwG für den Fall, dass aufgrund des Aktivtausches die Vermögensverhältnisse vor und nach der Ausgliederung grds. wertmäßig bei der ausgliedernden GmbH die Gleichen sind. Will man dieser Auslegung folgen, dann wäre tatsächlich die Ausgliederung auch bei einer überschuldeten Gesellschaft oder einer Gesellschaft mit Unterbilanz möglich. Hält man hingegen die Versicherungspflicht in allen Fällen für erforderlich, auch wenn ein Aktivtausch stattfindet, dann müssen auch hier zuvor die notwendigen Sanierungsmaßnahmen vor der Ausgliederung durchgeführt werden.

4. Aufspaltung bei Vorliegen einer Unterbilanz

91 Das Problem der Einhaltung der Kapitalerhaltungsvorschriften der abspaltenden GmbH stellt sich **bei der Aufspaltung** nicht. Die Erklärung nach § 140 UmwG bzw. § 146 UmwG erübrigt sich bei einer Aufspaltung, da hier der übertragende Rechtsträger erlischt (§ 131 Abs. 1 Nr. 2 UmwG).

92 § 123 Abs. 1 UmwG definiert daher die Aufspaltung dahin gehend, dass die Gesellschaft bzw. ein Rechtsträger sein gesamtes Vermögen unter Auflösung ohne Abwicklung entweder zur Aufnahme durch gleichzeitige Übertragung aller Vermögensteile jeweils als Gesamtakt auf andere bestehende Rechtsträger (Aufspaltung zur Aufnahme) oder zur Neugründung durch gleichzeitige Übertragung der Vermögensteile jeweils als Gesamtakt auf andere, dadurch neu gegründete Rechtsträger (Aufspaltung) zur Neugründung gegen Gewährung von Anteilen oder Mitgliedschaftsrechten dieser Rechtsträger aufspaltet. Die Aufspaltung kann auch gleichzeitig teilweise zur Aufnahme auf einen bestehenden Rechtsträger und zur Neugründung auf einen neu gegründeten Rechtsträger erfolgen. Als Gegenleistung für die Vermögensübertragung erhalten die Gesellschafter der übertragenden Gesellschaft Anteile an den übernehmenden oder der neu gegründeten Gesellschaft.

93 Bei der Aufspaltung interessiert daher die Vermögenssituation der aufspaltenden Gesellschaft nicht. Die Aufspaltung ist zulässig, wenn eine **sog. Unterbilanz** besteht, wenn also der tatsächliche Wert der übertragenden Gesellschaft geringer ist als ihr Stammkapital. Die Aufspaltung kann in diesen Fällen ein Weg sein, die Unterbilanzsituation zu beenden.[215] Hier stellt sich die Frage der Kapitalaufbringung und Erhaltung nur auf der Ebene der aufnehmenden bzw. neu gegründeten Gesellschaften. Das **übertragene Vermögen** muss daher, wenn eine Neugründung oder eine Kapitalerhöhung stattfindet, diesen Kapitalerhöhungsbetrag decken bzw. bei der Neugründung zur

---

[214] Vgl. Naraschewski, GmbHR 1995, 703; Kallmeyer/Sickinger, UmwG, § 139 Rn. 4; Lutter/Priester, UmwG, § 139 Rn. 4; Widmann/Mayer/Mayer, Umwandlungsrecht, § 139 UmwG Rn. 16.

[215] Vgl. Hörtnagl, in: Schmitt/Hörtnagl/Stratz, UmwG, UmwStG, § 126 UmwG Rn. 33; Heckschen, DB 2005, 2283, 2288; Heckschen in: Reul/Heckschen/Wienberg, Insolvenzrecht in der Gestaltungspraxis, § 4 Rn. 507 ff.

Kapitalaufbringung des Stammkapitals **ausreichen**.[216] Bei der Aufspaltung zur Aufnahme können aber – wie bei der Verschmelzung – die o. g. Lösungsmöglichkeiten angewendet werden, um eine Kapitalerhöhung zu vermeiden. Wenn keine Kapitalerhöhung notwendig ist, stellt sie auch kein Problem der Kapitalaufbringung bei der Aufspaltung zur Aufnahme.

5. Besonderheiten bei der Ausgliederung aus dem Vermögen eines Einzelkaufmanns

Der Sachverhalt der Entscheidung des AG Norderstedt vom 7.11.2016[217] zeigt die Ausgliederung aus dem Vermögen eines Einzelkaufmanns zu Sanierungszwecken beispielhaft: Dort sah der Insolvenzplan vor, dass das Unternehmen eines Einzelkaufmanns im Wege der Ausgliederung in eine neue GmbH gegen Mehrheitsbeteiligung der Gläubiger an dieser GmbH eingebracht werden sollte.[218] § 152 Satz 1 UmwG läßt die Ausgliederung des von einem Einzelkaufmann betriebenen Unternehmens, dessen Firma im Handelsregister eingetragen ist, oder von Teilen desselben aus dem Vermögen dieses Kaufmanns kann nur zur Aufnahme dieses Unternehmens oder von Teilen dieses Unternehmens durch Personenhandelsgesellschaften, Kapitalgesellschaften oder eingetragene Genossenschaften oder zur Neugründung von Kapitalgesellschaften zu.[219] Nach § 152 Abs. 2 UmwG ist die Ausgliederung allerdings ausgeschlossen, wenn die Verbindlichkeiten des Einzelkaufmanns sein Vermögen übersteigen. Der Zweck dieser Vorschrift ist nicht ganz klar. Z. T. wird angenommen, dass durch die Sperre verhindert werden soll, dass der neue Rechtsträger überschuldet wird. Nach anderer richtiger Ansicht, spielt dies jedenfalls bei Rechtsträgern, bei denen die Kapitalaufbringung geprüft wird, keine gesonderte Rolle, sodass der Zweck wohl eher bei den Gläubigern des übertragenden Kaufmanns zu suchen ist.[220] Die Vorschrift dürfte rechtspolitisch verfehlt sein, da den Gläubigern des Kaufmanns bei der Ausgliederung die neuen Anteile zur Verfügung stehen und nur ein Vermögenstausch stattfindet.[221] Dennoch ist damit im Ergebnis eine Ausgliederung bei Überschuldung nicht möglich. In der Literatur wird die Anwendung des § 152 Satz 2 UmwG allerdings zu Recht abgelehnt, wenn die Ausgliederung im Insolvenzplanverfahren erfolgt.[222]

III. Wirkungen der Spaltung

Mit der Eintragung der Spaltung in das Register des übertragenen Rechtsträgers geht das gesamte Vermögen des übertragenen Rechtsträgers bei der Aufspaltung auf die aufnehmenden oder neu gegründeten Rechtsträger entsprechend dem Spaltungsvertrag im Wege der **partiellen Gesamtrechtsnachfolge** über und der übertragene Rechtsträger erlischt, ohne dass es einer besonderen Löschung bedarf (§ 131 Abs. 1 Nr. 1 und Nr. 2 UmwG). Bei der Abspaltung und Ausgliederung geht der im Spaltungsvertrag oder Spaltungsplan bezeichnete Vermögensteil einschließlich der bezeichneten Verbindlichkeit auf den übertragenden Rechtsträger über.

---

216 Hörtnagl, in: Schmitt/Hörtnagl/Stratz, UmwG, UmwStG, § 126 UmwG Rn. 33; Heckschen, DB 2005, 2283, 2288.
217 ZIP 2017, 586.
218 Zum wirtschaftlichen Hintergrund vgl. Schröder/Berner, NZI 2017, 837, 842.
219 Vgl. oben Teil 3 Rdn. 651 ff.; speziell zur Ausgliederung bei Übeschuldung vgl. Schröder/Berner NZI 2017, 837 ff.
220 So Lutter/Karollus, UmwG, § 152 Rn. 45; Widmann/Mayer/Mayer, Umwandlungsrecht, § 152 UmwG Rn. 73 ff.; Hörtnagl, in: Schmitt/Hörtnagl/Stratz, 152 UmwG Rn. 24; Maier-Reimer/Seulen, in: Semler/Stengel, § 154 UmwG Rn. 74; BeckOGK/Leitzen UmwG § 152 Rn. 72.
221 So auch Widmann/Mayer/Mayer, Umwandlungsrecht, § 152 UmwG Rn. 79; Hörtnagl, in: Schmitt/Hörtnagl/Stratz, 152 UmwG Rn. 25.
222 Vgl. dazu unten Rdn. 113 und Schröder/Berner NZI 2017, 837; 840; Karsten Schmidt/Spliedt, InsO § 225a Rn. 50; so wohl auch BeckOK-InsO/Geiwitz/Danckelmann, § 225a Rn. 18.

96 Nach langer Diskussion im Gesetzgebungsverfahren über den Gläubigerschutz bei der Spaltung[223] hat sich der Gesetzgeber für eine **gesamtschuldnerische Haftung aller beteiligten Rechtsträger** entschieden. Das bedeutet, dass für die Verbindlichkeiten zunächst und primär der Rechtsträger haftet, dem eine Verbindlichkeit i. R. d. Spaltungsvertrages zugewiesen wurde. Nach § 133 Abs. 1 UmwG haften allerdings die anderen Gesellschaften, denen die Verbindlichkeiten nicht direkt zugewiesen wurde, als Gesamtschuldner für diese Verbindlichkeit. Es besteht jedoch nach § 133 Abs. 3 UmwG in Anlehnung an die Regeln des Nachhaftungsbegrenzungsgesetzes ein **Enthaftungstatbestand**: Die gesamtschuldnerische Mithaftung erlischt nach Ablauf von 5 Jahren seit Wirksamwerden der Spaltung,
– wenn sie nicht in dieser Zeit fällig und gerichtlich geltend gemacht worden oder
– der Anspruch schriftlich von dem mithaftenden Rechtsträgern anerkannt worden ist (§ 133 Abs. 5 UmwG).

Diese **Haftungsperpetuierung** ist daher bei der Sanierungsspaltung zu beachten. Die Spaltung lässt sich daher nicht als Instrument zur Flucht aus der Haftung einsetzen. Der BGH hat dazu allerdings entschieden, dass der Insolvenzverwalter nicht berechtigt ist, die Mithaftung des an der Spaltung beteiligten Rechtsträgers geltend zu machen.[224]

D. Formwechsel zu Sanierungszwecken

I. Allgemeines

97 Wie bereits angedeutet, spielt die Umwandlung bzw. jetzt der Formwechsel bei der Errichtung von Sanierungsgesellschaften **eine bedeutende Rolle**.[225] Die Gründe hierfür können unterschiedlichster Art sein. Wichtigster Fall dürfte die Umwandlung einer Kapital- in eine Personengesellschaft mit unbeschränkter Haftung (OHG/BGB-Gesellschaft, uU. KG mit persönlich haftenden Gesellschafter) zur Vermeidung der Insolvenzantragspflicht sein.[226] Der Formwechsel lässt die Überschuldung entfallen. Die strafbewährte Insolvenzantragspflicht dürfte entfallen, wenn innerhalb der Frist der Formwechsel zum Handelsregister beantragt war.[227] Für den Formwechsel gibt es aber auch andere Gründe: So war etwa vor Einführung der neuen §§ 58a ff. GmbHG die Sanierungsumwandlung einer GmbH in eine AG deshalb von Bedeutung, weil bei der AG die zur Sanierung notwendige vereinfachte Kapitalherabsetzung zulässig war, bei der GmbH hingegen nicht.[228] Diese, aus gesellschaftsrechtlichen Gründen notwendige Umwandlung ist jetzt durch die Neueinführung der vereinfachten Kapitalherabsetzung bei der GmbH nicht mehr erforderlich. Dennoch sind vielfältige Gründe denkbar, warum vor der Durchführung der Sanierung ein Formwechsel stattfindet. Der häufigste Umwandlungsfall bei Personengesellschaften ist die Umwandlung einer Personenhandelsgesellschaft mit unbeschränkter Haftung in eine solche mit beschränkter Haftung oder in eine Kapitalgesellschaft, etwa die Umwandlung einer OHG in eine KG oder GmbH oder eine GmbH & Co KG.[229] Ziel dieser Umwandlungsform ist es, die Beteiligung von

---

223 Vgl. Teichmann, ZGR 1993, 396, 411 ff.; Kleindiek, ZGR 1992, 513 ff.; Heiss, DZWIR 1993, 12; Naraschewski, DB 1995, 1265.
224 NZG 2013, 1072 = AG 2013, 594.
225 Vgl. Heckschen, DB 2005, 2283, 2289, ders., ZInsO 2008, 824, 829; ders. in: Reul/Heckschen/Wienberg, Insolvenzrecht in der Gestaltungspraxis, § 4 Rn. 573 ff.; Gontschar, Umwandlungsmaßnahmen im Insolvenzplanverfahren, S. 80 ff.; Blasche, GWR 2010, 441, 444 f. Commandeur/Hübler, NZG 2015, 185 ff. zum Formwechsel bei Suhrkamp.
226 Heckschen in: Reul/Heckschen/Wienberg, Insolvenzrecht in der Gestaltungspraxis, § 4 Rn. 574.
227 So zu Recht Heckschen in: Reul/Heckschen/Wienberg, Insolvenzrecht in der Gestaltungspraxis, § 4 Rn. 575.
228 Vgl. K. Schmidt, AG 1985, 150 ff.
229 Vgl. Groß, Sanierung durch Fortführungsgesellschaften, S. 303; vgl. eingehend Kautz, Die gesellschaftsrechtliche Neuordnung der GmbH mit künftigen Insolvenzrecht, S. 256 ff.; vgl. auch den Fall FG Köln, EFG 1986, 576.

neuen Gesellschaftern zu erreichen, die keine persönliche Haftung übernehmen müssen und deshalb bereit sind, der Gesellschaft neues Kapital zur Verfügung zu stellen. Umgekehrt wird auch die Umwandlung einer AG in eine GmbH durchgeführt, wenn sich die Zahl der Aktionäre so verringert hat, dass sich der mit der AG verbundene erhöhte Verwaltungskostenaufwand nicht mehr rechtfertigt.[230] Im Rahmen der Sanierung der Suhrkamp Verlag-GmbH & Co. KG sah der Insolvenzplan die Umwandlung der Kommanditgesellschaft in eine Aktiengesellschaft vor.[231]

▶ Hinweis:

Mit einer Umwandlung kann nie allein die Sanierung der Gesellschaft bewirkt, sondern nur eine sachgerechte Rechtsform geschaffen werden, die auch die Sanierung erleichtert.[232]   98

Der Ablauf des Formwechsels ist durch das neue UmwG erheblich standardisiert und auch erweitert worden. **Grundlage** des Formwechsels ist wie im alten Recht ein **Umwandlungsbeschluss**, der allerdings jetzt gem. § 192 UmwG durch einen **Umwandlungsbericht** vorzubereiten ist, dem auch der **Entwurf** des Umwandlungsbeschlusses beigefügt werden muss. Gem. § 192 Abs. 2 UmwG ist dem Bericht anstelle der früheren notwendigen Schlussbilanz eine Vermögensaufstellung beizufügen. In dem Umwandlungsbeschluss sind gem. § 194 Abs. 1 UmwG ähnlich wie beim Verschmelzungsvertrag und Spaltungsvertrag eine Reihe von Angaben aufzunehmen, die die neue Rechtsform und die Stellung der Anteilsinhaber an dieser neuen Rechtsform betreffen. Im Anschluss hieran ist dann der Formwechsel beim Register anzumelden. Mit der Eintragung besteht der Formwechsel des Rechtsträgers in der in dem Umwandlungsbeschluss bestehenden Rechtsform weiter.   99

II. Sanierungsumwandlung einer Personengesellschaft in eine Kapitalgesellschaft und Probleme der Kapitalaufbringung

Der Formwechsel überschuldeter Gesellschafter kann ähnlich wie die Verschmelzung Probleme mit der Kapitalaufbringung mit sich bringen. Insb. beim Formwechsel einer Personenhandelsgesellschaft in eine Kapitalgesellschaft spielt der **Kapitalschutz** eine große Rolle. Der Gesetzgeber hat daher in § 220 UmwG ausdrücklich das Problem geregelt und bestimmt, dass der **Nennbetrag** des Stammkapitals einer GmbH oder das Grundkapital einer AG das nach Abzug **verbleibende Vermögen** der formwechselnden Gesellschaften **nicht übersteigen** darf (vgl. oben Teil 4 Rdn. 26, 204 ff.). Der Grund hierfür liegt darin, dass in der Personenhandelsgesellschaft keine Bestimmungen für Kapitalerhebung und Kapitalaufbringung bestehen, sodass erstmals i. R. d. Umwandlung ein gewisser Gleichklang mit einer Sachgründung geschaffen werden musste. Auch das bisherige Recht hat in einer Vielzahl von Einzelvorschriften bestimmt, dass für bestimmte Umwandlungskonstellationen bestimmte Gründungsvorschriften der neuen Gesellschaft auch bei der Umwandlung zu beachten sind.   100

Das UmwG bestimmt darüber hinaus in § 197 UmwG, dass für alle Formwechselfälle, die auch für die neue Rechtsform geltenden Gründungsvorschriften anzuwenden sind. Dass dieser Kapitalaufbringungsgrundsatz beim Formwechsel mit Identitätswahrung Probleme mit sich bringt, wurde in der Literatur schon dargelegt.[233] Findet ein **Formwechsel** einer Personengesellschaft in eine **GmbH** oder AG statt, so sind neben den allgemeinen Formwechselvorschriften auch i. Ü. die   101

---

230 Vgl. Groß, Sanierung durch Fortführungsgesellschaften, S. 304.
231 Vgl. die dazu ergangenen Gerichtsentscheidungen AG Berlin-Charlottenburg Beschl. v. 15.1.2014 – 36s IN 2196/13, BeckRS 2014, 14998; LG Berlin ZIP 2014, 893 = DZWir 2014, 374 = ZInsO 2014, 962; BGH NZG 2014, 1309 = NJW 2014, 2436 m. Anm. Delaveaux/Ghassemi-Taba; BVerfG NZI 2013, 1072; dazu Commandeur/Hübler, NZG 2015, 185 ff.; Gontschar, Umwandlungsmaßnahmen im Insolvenzplanverfahren, S. 84 f.
232 Vgl. Gottwald, KTS 1984, 1, 15.
233 Vgl. Decker, in: Lutter, Verschmelzung, Spaltung und Formwechsel, Kölner Umwandlungsrechtstage, S. 211; Priester, DB 1995, 911, 913.

Sachgründungsvorschriften des GmbHG bzw. AktG zu beachten (vgl. oben Teil 4 Rdn. 204 ff.). Aufgrund dieser Vorschriften geht die überwiegende Auffassung in der Literatur davon aus, dass es sich zwar um eine identitätswahrende Umwandlung handelt, da diese aber doch unter Anwendung der Gründungsvorschriften erfolgt, dass es sich im Ergebnis um eine Sachgründung handelt.[234] Der Formwechsel einer Personenhandelsgesellschaft in eine Kapitalgesellschaft scheidet daher aus, wenn die Personenhandelsgesellschaft überschuldet ist und keine das Stammkapital bzw. Grundkapital der Kapitalgesellschaft deckende Aktiva vorhanden sind. Auch bei diesen Formwechseln müssen daher im Vorfeld der Umwandlung die entsprechenden Sanierungsmaßnahmen, etwa durch sanierende Kapitalherabsetzung mit anschließender Kapitalerhöhung oder durch freiwillige Zuschüsse, durchgeführt werden.

▶ Hinweis:

102 Diese Probleme stellen sich bei einem Formwechsel einer Kapitalgesellschaft in eine Personengesellschaft nicht, da hier keine Kapitalaufbringungsgrundsätze gelten. Etwas anderes gilt allerdings für den Kommanditisten in der KG. Hier muss auch die Hafteinlage erreicht werden.

III. Formwechsel von Kapitalgesellschaften untereinander bei Überschuldung

103 Für den Formwechsel von einer Kapitalgesellschaft in eine Kapitalgesellschaft, also AG in GmbH oder GmbH in AG, bestimmt § 247 UmwG, dass durch den Formwechsel das bisherige Stammkapital einer formwechselnden GmbH zum Grundkapital der AG und das bisherige Grundkapital der formwechselnden AG zum Stammkapital der GmbH wird. Die Begründung zum RegE zum UmwG weist darauf hin, dass das Nennkapital der Gesellschaft neuer Rechtsform beim Formwechsel nicht neu geschaffen, sondern im Gesellschaftsvertrag oder in der Satzung dieser Gesellschaft lediglich fortgeschrieben und im Zeitpunkt des Formwechsels kraft Gesetzes vom Stamm- zum Grund- oder vom Grund- zum Stammkapital werde. Diese Ergänzung der in § 202 UmwG über den Formwechsel allgemein bestimmten Rechtsfolgen sei eine Konsequenz aus der rechtlichen Kontinuität und Identität des Rechtsträgers zum Übergang von der einen in eine andere Form der Kapitalgesellschaft.[235]

104 In der Literatur ist **umstritten**, inwieweit ein **Formwechsel** bei Vorliegen einer **Unterbilanz** zulässig ist.[236] Im vor 1995 geltenden Umwandlungsrecht war weitgehend anerkannt, dass eine Unterbilanz die Umwandlung nicht hindert. Die herrschende Meinung war ganz einheliger Auffassung, dass jedenfalls beim Formwechsel einer AG in eine GmbH ein Formwechsel auch dann durchgeführt werden kann, wenn das Reinvermögen der Gesellschaft die Höhe des ausgewiesenen Stammkapitals nicht erreicht und daher eine Unterbilanz besteht.[237] Auch beim Formwechsel einer GmbH in eine AG war die überwiegende Meinung der Auffassung, dass die Unterbilanz den Formwechsel nicht hindere, da sich bei der Umwandlung die Identität des Rechtsträgers fortsetze und das Defizit im Reinvermögen daher vor und nach der Umwandlung identisch sei. Ein Teil der Literatur lehnte allerdings die Möglichkeit der Umwandlung einer GmbH in eine AG in diesen Fällen ab, da gewährleistet sein müsse, dass die künftige AG mit einem ihrem Nennkapital entsprechenden Reinvermögen ausgestattet sein müsste.[238]

---

234 Vgl. eingehend oben Teil 4 Rdn. 152, 204 ff. und Heckschen, DB 2005, 2283, 2289; Priester, DNotZ 1995, 427, 451; Schmidt, ZIP 1995, 1389; einschränkend Lutter/Decher/Hoger, UmwG, § 197 Rn. 6, der Formwechsel werde nur wie eine Sachgründung behandelt.
235 Vgl. Begründung zum RegE bei Limmer, Umwandlungsrecht, S. 353.
236 Vgl. dazu Teil 4 Rdn. 590 ff.; Heckschen, DB 2005, 2283, 2289 f.
237 Vgl. KK-AktG/Zöllner, § 369 Rn. 77; Semler/Grunewald, in: Geßler/Hefermehl, AktG, § 369 Rn. 49; K. Schmidt, AG 1985, 150; Priester, AG 1986, 29.
238 So Godin/Wilhelmi, AktG, § 369 Anm. 13; Noelle, AG 1990, 475.

D. Formwechsel zu Sanierungszwecken

105 Allerdings bestand ebenfalls zum alten Umwandlungsrecht Einigkeit, dass das Vorliegen einer Überschuldung die formwechselnde Umwandlung einer GmbH in eine AG ausschloss.[239]

106 Das **Umwandlungsrecht** 1995 hat diese Frage nicht geregelt und ist im Gegenteil **missverständlich**. Insb. die Verweisung in § 245 Abs. 1 Satz 2 UmwG auf § 220 UmwG bereitet hier erhebliche Probleme, denn auch beim Formwechsel einer GmbH in eine AG müsste nach dieser Verweisung das Vermögen der formwechselnden GmbH nach Abzug der Verbindlichkeiten das zukünftige Grundkapital der AG decken. Trotz dieser eindeutigen Verweisung im Wortlaut weist die Begründung zum RegE darauf hin, dass ein Formwechsel bei Unterbilanz wie bisher nicht ausgeschlossen werde.[240]

107 In der Literatur wurde von Happ unter Hinweis auf die Gesetzesbegründung die Zulässigkeit der Umwandlung trotz einer Unterbilanz angenommen.[241] Happ spricht sich für eine teleologische Reduktion der Verweisung des § 245 Abs. 1 Satz 2 UmwG auf § 220 UmwG aus. § 220 Abs. 1 UmwG sei von der Verweisung auszunehmen. Demgegenüber verneint ein anderer Teil der Literatur die Zulässigkeit der Umwandlung einer GmbH in eine AG bei Unterbilanz unter Hinweis auf § 245 Abs. 1 Satz 2 i. V. m. § 220 UmwG.[242] Ein Teil der Literatur ist allerdings der Auffassung, dass eine Wertaufstockung zulässig ist, da es nicht auf die Bilanz, sondern auf den wahren Unternehmenswert für die Kapitaldeckung ankomme.[243] Nach a. A. sind allein die Buchwerte maßgebend.[244] Der ersten Auffassung ist zu folgen, denn **entscheidend** für die Wertdeckung können nicht die Buchwerte, sondern die **wahren Werte** sein.[245] Folgt man dieser Auffassung, dann ist ein Formwechsel einer GmbH in eine AG dann unzulässig, wenn entweder Überschuldung vorliegt oder die Unterbilanz nicht durch Aufdeckung der wahren Werte, also durch Buchwertaufstockung, ausgeglichen werden kann. Dies folgt dann zwingend aus der Verweisung auf § 220 UmwG, die sich nur schwerlich regieren lässt.

108 Ist – etwa bei der überschuldeten GmbH – ein Formwechsel aus diesen Gründen ausgeschlossen, bedarf es zunächst der entsprechenden Sanierungsmaßnahmen, durch die die Überschuldung oder die Unterbilanz ausgeglichen wird. Es stellt sich insb. auch die Frage, ob die entsprechende **sanierende Kapitalherabsetzung** mit anschließender Kapitalerhöhung im Zusammenhang mit dem Umwandlungsbeschluss **verbunden** werden kann. Mertens hat diese Frage eingehend untersucht.[246] Er weist zu Recht darauf hin, dass die Kapitalerhöhung aus Anlass der Umwandlung relativ häufig vorkommt und jedenfalls dann erforderlich ist, wenn das Stammkapital der GmbH unter dem Mindestbetrag des Grundkapitals für AG liegt oder eine Unterbilanz oder gar eine Überschuldung vorliegt, die Anlass für Verbindung der Umwandlung mit einer Kapitalerhöhung ist. Wird die sanierende Kapitalherabsetzung mit anschließender Kapitalerhöhung vor der Umwandlung durchgeführt, dann richtet sie sich nach GmbH-Recht. Anerkannt ist aber auch,

---

239 So Priester, AG 1986, 29, 33; K. Schmidt, AG 1985, 150, 151.
240 Vgl. Begründung zum RegE bei Limmer, Umwandlungsrecht, S. 353.
241 Happ, in: Lutter, Kölner Umwandlungsrechtstage 1995, S. 243.
242 So Priester, DB 1995, 911 f.; ders., DNotZ 1995, 427, 451 f.; K. Schmidt, ZIP 1995, 1385, 1386; Kallmeyer/Dirksen/Blasche, UmwG, § 245 Rn. 7 ff.; ähnlich auch Mertens, AG 1995, 561.
243 So Priester, DB 1977, 2429, 2433; eingehend Busch, AG 1995, 555, 556 ff.; Kallmeyer/Dirksen/Blasche, UmwG, § 245 Rn. 7 ff.; Widmann/Mayer/Mayer, Umwandlungsrecht, § 245 UmwG Rn. 56.
244 Kallmeyer, GmbHR 1995, 888.
245 Vgl. oben Teil 4 Rdn. 26, 152, 401, vgl. OLG Frankfurt, ZIP 2015, 1229;vgl. Kallmeyer/Blasche, UmwG, § 220 Rn. 8; Lutter/Jost, UmwG, § 220 Rn. 10; Lutter/Bayer, UmwG, § 264 Rn. 2; Widmann/Mayer/Vossius, Umwandlungsrecht, § 220 UmwG Rn. 16; KK-UmwG/Petersen, § 220 UmwG Rn. 6 ff.; Stratz, in: Schmitt/Hörtnagl/Stratz, UmwG/UmwStG, § 220 UmwG Rn. 6; Schlitt, in: Semler/Stengel, § 220 UmwG Rn. 16 ff.; Priester, DB 1995, 911, 914; ders., DNotZ 1995, 427, 452; Fischer, BB 1995, 2173, 2174; Usler, MittRhNotK 1998, 54; Zimmermann, DB 1999, 948.
246 Mertens, AG 1995, 561 ff.

dass die Kapitalerhöhung i. V. m. der Umwandlung nach Aktienrecht erfolgen muss, wenn sie erst zum Zeitpunkt der Eintragung der Umwandlung oder später Wirksamkeit erlangen soll.[247]

E. Besonderheiten der Sanierungsumwandlung nach Eröffnung des Insolvenzverfahrens

109 Die vorstehend behandelten Probleme sind unabhängig davon, ob bereits ein Insolvenzverfahren eröffnet wurde oder ob die Sanierungsumwandlung – Verschmelzung, Spaltung, Formwechsel – **noch außerhalb des Insolvenzverfahrens** stattfinden soll. Nachfolgend sollen die Fragen der Zulässigkeit und Besonderheiten der Sanierungsumwandlung nach Eröffnung des Insolvenzverfahrens untersucht werden.

I. Zulässigkeit der Umwandlung nach Eröffnung des Insolvenzverfahrens

1. Ausgangspunkt insolventer/aufgelöster Rechtsträger

110 § 3 Abs. 3 UmwG erklärt wie das vor 1995 geltende Recht (vgl. § 393 Abs. 2 AktG, § 19 Abs. 2 KapErhG, § 2 UmwG a. F.) auch die Verschmelzung bereits aufgelöster, übertragender Rechtsträger für zulässig, wenn deren Fortsetzung beschlossen werden könnte (vgl. zu den weiteren Voraussetzungen auch unten Teil 5 Rdn. 126). Das Gleiche gilt für die Spaltungen gem. § 124 Abs. 2 i. V. m. § 3 Abs. 3 UmwG und den Formwechsel gem. § 191 Abs. 3 UmwG. Auch nach der InsO führt die Eröffnung des Insolvenzverfahrens zur Auflösung der Personenhandelsgesellschaft, AG oder GmbH. Bei der Personenhandelsgesellschaft ist dies durch §§ 728 Abs. 1 Satz 1 BGB, 131 Abs. 1 Nr. 3, 161 Abs. 2 HGB geregelt, bei der GmbH durch § 60 GmbHG,[248] bei der AG weiterhin durch § 262 Abs. 1 Nr. 3 AktG. Anders als z. B. in § 2 Abs. 1 UmwG a. F. hat der Gesetzgeber in § 3 Abs. 3 UmwG für die Verschmelzungsfähigkeit nicht vorausgesetzt, dass **noch nicht** mit der Verteilung des Vermögens begonnen worden sein darf. Dieses Erfordernis gilt aber weiterhin, denn es folgt aus dem Gesellschaftsrecht und nicht aus dem Umwandlungsrecht. Die Begründung zum RegE weist daher ebenfalls darauf hin, dass für einen Fortsetzungsbeschluss Voraussetzung ist, dass noch nicht mit der Verteilung des Vermögens an die Anteilsinhaber begonnen worden ist.[249] Bei der AG ist dieses Erfordernis der Nichtverteilung als Voraussetzung für den Fortsetzungsbeschluss in § 274 Abs. 1 AktG geregelt. Nach ganz herrschender Meinung gilt dieses Erfordernis entsprechend § 274 Abs. 1 AktG auch bei der GmbH.[250]

2. Aufgelöster Rechtsträger als übertragender Rechtsträger

111 Nach ganz herrschender Meinung zum alten Verschmelzungs- und Konkursrecht führte die Eröffnung des Konkursverfahrens dazu, dass eine Verschmelzung unzulässig wurde, da der **Zweck des Konkursverfahrens den Zwecken der Verschmelzung entgegensteht**. Das bis 1995 geltende Umwandlungsrecht hatte dies in § 2 Abs. 2 UmwG ausdrücklich geregelt. Dieser Rechtsgedanke galt allerdings auch im Verschmelzungsrecht. Die herrschende Meinung war der Auffassung, dass der Verschmelzung oder Umwandlung während des Konkurses der **Konkursbeschlag** entgegensteht.[251] Auch das UmwG 1995 hat diese Einschränkung aufgenommen. Auch wenn der Gesetzgeber auf die ausdrückliche Übernahme von § 2 Abs. 2 UmwG a. F. verzichtet hat, ging vor dem

---

247 Vgl. Mertens, AG 1995, 561 ff. m. w. N.
248 Vgl. EGInsO, Art. 48 Nr. 5a.
249 Begründung zum RegE bei Limmer, Umwandlungsrecht, S. 277.
250 Vgl. OLG Düsseldorf, GmbHR 1979, 276; Lutter/Hommelhoff/Kleindiek, GmbHG, § 60 Rn. 29 f.; Lutter/Drygala, UmwG, § 3 Rn. 25; Stengel, in: Semler/Stengel, § 3 UmwG Rn. 38; Stratz, in: Schmitt/Hörtnagl/Stratz, UmwG, UmwStG, § 3 UmwG Rn. 50; Widmann/Mayer/Fronhöfer, Umwandlungsrecht, § 3 UmwG Rn. 48; Kallmeyer/Marsch-Barner, UmwG, § 3 Rn. 23.
251 So Kuhn/Uhlenbruck, KO, § 207 Rn. 5b; KK-AktG/Kraft, § 339 Rn. 44.

am 01.03.2012 in Kraft getretenen ESUG[252] die überwiegende Meinung davon aus, dass Sinn und Zweck des § 3 Abs. 3 bzw. § 191 Abs. 3 UmwG verlange, dass **während eines Insolvenzverfahrens eine Umwandlung nicht möglich sei**.[253] Man gewann dieses Ergebnis aus dem Gesetzeswortlaut. Denn nach § 3 Abs. 3 bzw. § 191 Abs. 3 UmwG können aufgelöste Rechtsträger nur an Verschmelzung, Spaltung oder Formwechsel beteiligt sein, wenn ein Fortsetzungsbeschluss gefasst werden kann. Ein solcher war aber – nach der KO – nur möglich, wenn das Konkursverfahren eingestellt oder nach rechtskräftiger Bestätigung eines Zwangsvergleichs aufgehoben worden ist. In der InsO war vor Inkrafttreten des ESUG einheitlich für alle Gesellschaften geregelt, dass die Eröffnung des Insolvenzverfahrens zur Auflösung der Gesellschaft führte (§ 60 Abs. 1 Nr. 4 GmbHG bzw. § 274 Abs. 2 Nr. 1 AktG i. d. F. der EGInsO; vgl. Art. 47 Nr. 12 bzw. Art. 48 Nr. 5 EGInsO), und es war bestimmt, dass eine Fortsetzung der Gesellschaft beschlossen werden kann, wenn das Verfahren auf Antrag des Schuldners eingestellt oder nach Bestätigung eines Insolvenzplans, der den Fortbestand der Gesellschaft vorsieht, aufgehoben wurde.

Das **ESUG**[254] hat hier eine neue Lage für das sog. **Insolvenzplanverfahren** geschaffen:[255] Nach § 217 Satz 2 InsO gilt: »Ist der Schuldner keine natürliche Person, so können auch die Anteils- oder Mitgliedschaftsrechte der am Schuldner beteiligten Personen in den Plan einbezogen werden.« § 225a Abs. Absatz 2 InsO konkretisiert dies wie folgt: »Im gestaltenden Teil des Plans kann vorgesehen werden, dass Forderungen von Gläubigern in Anteils- oder Mitgliedschaftsrechte am Schuldner umgewandelt werden. Eine Umwandlung gegen den Willen der betroffenen Gläubiger ist ausgeschlossen. Insbesondere kann der Plan eine Kapitalherabsetzung oder -erhöhung, die Leistung von Sacheinlagen, den Ausschluss von Bezugsrechten oder die Zahlung von Abfindungen an ausscheidende Anteilsinhaber vorsehen.« § 225a InsO bestimmt weiter: »Im Plan kann jede Regelung getroffen werden, die gesellschaftsrechtlich zulässig ist, insbesondere die Fortsetzung einer aufgelösten Gesellschaft oder die Übertragung von Anteils- oder Mitgliedschaftsrechten.« Damit sind auch die Gesellschafter einer insolventen Gesellschaft planunterworfen, die Rechtstellung der Gesellschafter kann in dem Insolvenzplan gegen ihren Willen geändert werden.[256] Möglich ist damit alles was gesellschaftsrechtlich zulässig ist.[257] Somit kann die **Fortsetzung im Plan** beschlossen werden.[258] Dies genügt um die Umwandlungsfähigkeit wieder herzustellen, damit

---

252 Gesetz zur weiteren Erleichterung der Sanierung von Unternehmen vom 7. Dezember 2011, BGBl. I; S. 2582.
253 So Heckschen, DB 2005, 2283, 2284; ders., ZInsO 2008, 824, 825;: ders. in: Reul/Heckschen/Wienberg, Insolvenzrecht in der Gestaltungspraxis, § 4 Rn. 589; Lutter/Drygala, 4. Aufl. § 3 UmwG Rn. 10; BeckOGK/Drinhausen/Keinath UmwG § 3 Rn. 28; Kölner KommUmwG/Simon § 3 Rn. 54; Semler/Stengel/Stengel § 3 UmwG Rn. 44.
254 Gesetz zur weiteren Erleichterung der Sanierung von Unternehmen vom 7. Dezember 2011, BGBl. I. S. 2582.
255 Vgl. Heckschen in: Reul/Heckschen/Wienberg, Insolvenzrecht in der Gestaltungspraxis, § 4 Rn. 608 ff.; Gontschar, Umwandlungsmaßnahmen im Insolvenzplanverfahren, S. 91 ff.; Kallmeyer/Kocher UmwG Anh II. Rn. 16 ff.; Brünckmanns, ZInsO 2014, 2533; BeckOGK/Verse UmwG § 124 Rn. 30 ff.; Bauer, Die GmbH in der Krise, 5. Auflage 2016, Rn. 2234 ff.; Simon/Brünkmans ZIP 2014, 657, 660 ff.; Brünkmans ZInsO 2014, 2541 ff.; speziell zur Ausgliederung eines Einzelkaufmann vgl. Schröder/Berner, NZI 2017, 837 ff.; Kahlert/Gehrke, DStR 2013, 975; Hölze/Kahlert, ZIP 2017, 510 ff.
256 Vgl. Eidenmüller in: MünchKom/InsO, § 225a Rn. 1 f., 17 ff.; Hirte in: Uhlenbruch/Hirte/Vallender, § 225a InsO, Rn. 1 ff.; zu diesem Paradigmenwechsel vgl. ausführlich Eidenmüller/Engert, ZIP 2009, 541, 544 ff.; Klausmann, NZG 2015, 1300 ff.; Thole, Gesellschaftsrechtliche Maßnahmen in der Insolvenz, 2014, Rn. 209 ff.; Haas, NZG 2012, 961 ff.
257 Eidenmüller in: MünchKom/InsO, § 225a Rn. 23; ders. NJW 2014, 17 ff.: Insolvenzplan als gesellschaftsrechtliches Universalwerkzeug; Hirte in: Uhlenbruch/Hirte/Vallender, § 225a InsO, Rn. 40 f.
258 Eidenmüller in: MünchKom/InsO, § 225a Rn. 84 ff.; Kallmeyer/Kocher UmwG Anh II. Rn. 16; Wachter NZG 2015, 858, 860; Madaus, ZIP 2012, 2133, 2134; Kahlert/Gerke, DStR 2013, 975 f.; Henssler/Strohn GesR/Heidinger UmwG § 3 Rn. 19 f.

sind dann – zumindest für den übertragenden insolventen Rechtsträger – grundsätzlich alle Formen der Umwandlung für den insolventen Rechtsträger als Ausgangsrechtsträger möglich: Verschmelzung, Spaltung; Ausgliederung Formwechsel, unklar ob Ausgliederung aus dem Vermögen eines Einzelkaufmanns.[259] Ferner können auch die Anteilsrechte der Gesellschafter verändert werden.[260] Wird der Fortsetzungsbeschluss im Insolvenzplan gefasst, ist er schwebend unwirksam; wirksam wird er erst mit Aufhebung des Insolvenzverfahrens nach rechtskräftiger Planbestätigung.[261] Die Umwandlung kann damit nach den oben genannten Grundsätzen ein Weg sein, um die Insolvenz zu beseitigen, wobei die oben dargelegten Besonderheiten zu berücksichtigen sind.[262]

3. Ausgliederung aus dem Vermögen eines Einzelkaufmanns

112 Ob die Ausgliederung aus dem Vermögen eines Einzelkaufmanns auch nach der Neuregelung nach § 152 Satz 2 UmwG im Grundsatz unzulässig bleibt, ist umstritten.[263] Eine Ausnahmevorschrift ist in den §§ 217 ff. InsO nicht vorgesehen, weshalb der in § 225a Abs. 3 InsO normierte Grundsatz gilt, dass die im Insolvenzplan vorgesehenen Regelungen gesellschaftsrechtlich zulässig sein müssen.[264] Allerdings wird es genügen, wenn die Entschuldung gem. §§ 254, 254a UmwG simultan mit der Ausgliederung wirksam wird.[265] In der neueren Literatur und Praxis der Instanzgerichte wird allerdings zu Recht die Anwendung des § 152 Satz 2 UmwG in Frage gestellt. Das AG Norderstedt hat im Beschluss vom 07.11.2016[266] entschieden, dass das Ausgliederungsverbot des § 152 Satz 2 UmwG der Ausgliederung eines von einem Einzelkaufmann betriebenen Unternehmens im Rahmen eines Insolvenzplanverfahrens nicht entgegensteht. Der Schutzzweck des Ausgliederungsverbotes gelte im Rahmen eines Insolvenzplanverfahrens nicht, weil die Insolvenz des Einzelkaufmanns gerade aufgedeckt und vom Insolvenzverwalter im Rahmen der Berichtspflicht offengelegt werde. Dieser Entscheidung ist zuzustimmen.[267] Wie oben bereits dargelegt (Teil 3 Rdn. 660), ist der Zweck der Vorschrift allein Schutz der Gläubiger des übertragenden Kaufmanns.[268] Im Insolvenzverfahren, das auf eine gleichmäßige Befriedigung der Gläubiger aus-

---

259 So h.M. Widmann/Mayer/Heckschen, § 1 UmwG, Rn. 80.1; Heckschen in: Beck'sches Notar-Handbuch, DIV Rn. 136; Lutter/Drygala, § 3 UmwG Rn. 27; Madaus, ZIP 2012, 2134; Simon/Merkelbach, NZG 2012, 121, 128; Eidenmüller in: MünchKom/InsO, § 225a Rn. 97 ff.; Hirte in: Uhlenbruch/Hirte/Vallender, § 225a InsO, Rn. 44; Wellensiek/Schluck-Amend in: Römermann, Münchener Anwaltshandbuch GmbH-Recht, § 23 Rn. 337 ff.; Thies in: A. Schmidt: Hamburger Kommentar zum Insolvenzrecht, § 225a InsO, Rn. 50; speziell zur Ausgliederung Kahlert/Gerke, DStR 2013, 975; Simon/Brünkmans, ZIP 2014, 657; Becker, ZInsO 2013, 1885; Hölze/Kahlert, ZIP 2017, 510 ff.; Schröder/Berner, NZI 2017, 837 ff.; Rattunde, AnwBl. 2012 146, 148.
260 Vgl. dazu Eidenmüller in: MünchKom/InsO, § 225a Rn. 23; ders. NJW 2014, 17 ff.; Simon/Merkelbach, NZG 2012, 121 ff. LG Frankfurt a. M. NZI 2013, 749; NZI 2013, 981; NZI 2013, 986; Lang/Muschalle, NZI 2013, 953; Thole, ZIP 2013, 1937; Möhlenkamp, BB 2013, 2828.
261 Eidenmüller in: MünchKom/InsO, § 225a Rn. 84; Hirte in: Uhlenbruch/Hirte/Vallender, § 225a InsO, Rn. 42.
262 Vgl. oben Teil 5 Rdn. 48 ff., Widmann/Mayer/Heckschen, § 1 UmwG, Rn. 80.1.
263 Vgl. zu dieser Sperre oben Teil 3 Rdn. 613, Teil 5 Rdn. 94.
264 Eidenmüller in: MünchKom/InsO, § 225a Rn. 99; Madaus, ZIP 2012, 2133, 2134.
265 So Eidenmüller in: MünchKom/InsO, § 225a Rn. 99; K. Schmidt/Spliedt, § 225a InsO Rn. 46; anders Madaus, ZIP 2012, 2133, 2134.
266 ZIP 2017, 586 = ZInsO 2017, 554.
267 So auch Schröder/Berner, NZI 2017, 837, 840.
268 So Lutter/Karollus, UmwG, § 152 Rn. 45; Widmann/Mayer/Mayer, Umwandlungsrecht, § 152 UmwG Rn. 73 ff.; Hörtnagl, in: Schmitt/Hörtnagl/Stratz, 152 UmwG Rn. 24; Maier-Reimer/Seulen, in: Semler/Stengel, § 154 UmwG Rn. 74; BeckOGK/Leitzen UmwG § 152 Rn. 72.

4. Aufgelöster Rechtsträger als übertragender Rechtsträger

Unklar bleibt die Frage, ob auch eine Verschmelzung oder Spaltung **auf einen insolventen** 113
Rechtsträger zulässig ist, ob also der insolvente Rechtsträger **Zielrechtsträger** sein kann. Auch schon vor der ESUG-Reform war streitig, ob das Schweigen des Gesetzgebers in § 3 Abs. 3 UmwG als fehlende Legitimation einer solchen Umwandlung anzusehen sei[270] oder aber als fehlendes Verbot solcher Fusionen[271] zu werten sei.

Auch nach der Reform durch das ESUG ist die Frage umstritten. Z. T. wird dies bejaht. Madaus hat sich dafür ausgesprochen, für den Fall einer Sanierungsfusion und für den Fall einer gläubigerlosen Abwicklungsfusion, auch die Verschmelzung auf einen insolventen Rechtsträger zuzulassen.[272] Dem folgt die Literatur z. T..[273] Die erweiternde Auslegung des § 3 UmwG wird von dieser Meinung auf eine sanierungsfreundliche Interpretation gestützt. Die Verschmelzung auf einen insolventen Rechtsträger solle auch im Falle einer Abwicklungsfusion zugelassen werden, sofern die übertragende gesunde Gesellschaft die Tochtergesellschaft der insolventen Zielgesellschaft sei und keine eigenen Gläubiger habe, so dass der Gläubigerschutz daher keine Rolle spiele (»einfache und lautlose Gesamtliquidation«). Die Anforderung des Fortsetzungsbeschlusses könne nach dem ESUG für insolvente Zielrechtsträger schlicht dadurch erfüllt werden, dass im gestaltenden Teil des Insolvenzplans beide Beschlüsse enthalten sind und in der Folge beide Beschlüsse mit der rechtskräftigen Planbestätigung zeitgleich in Kraft treten.[274] Eine Fusion, die den Auflösungszustand des Zielrechtsträgers beendet, indem sie dessen Fortführung bewirkt (Sanierungsfusion), sei damit – nach wie vor – zulässig. Das OLG Brandenburg hat im Beschluss vom 27.1.2015[275] festgestellt, dass die Verschmelzung auf einen insolventen Rechtsträger auch nach dem Inkrafttreten des ESUG unzulässig sei. § 3 Absatz 3 UmwG sehe vor, dass aufgelöste Rechtsträger nur als übertragende Rechtsträger beteiligt sein könnten. Eine Verschmelzung auf einen aufgelösten Rechtsträger als übernehmender Rechtsträger sei im Umwandlungsrecht nicht vorgesehen. Der Wortlaut sei mit der ausdrücklichen Spezifizierung für »übertragende Rechtsträger« eindeutig. Eine erweiternde Auslegung des § 3 Absatz 3 UmwG und die Einbeziehung auch übernehmender aufgelöster Rechtsträger sei ausgeschlossen.[276] Die Gegenauffassung, die, mangels eines ausdrücklichen Ausschlusses dieser Verschmelzung, den Gesetzeswortlaut für offen halte[277] überzeuge nach Meinung des OLG Brandenburg nicht. Umwandlungen seien nicht generell erlaubt. Vielmehr sei Umwandlungen nur dann zulässig, wenn sie durch das Gesetz erlaubt werde. Fehlt eine gesetzliche Erlaubnis, so sei sie verboten. Auch sei durch die Einführung des ESUG keine nachträgliche Regelungslücke in Bezug auf das UmwG entstanden, welche eine analoge Anwendung des § 3 Abs. 3 UmwG rechtfertigen könnte. Das käme nur dann in Betracht, wenn der ESUG-Gesetzgeber auch eine Verschmelzung auf einen insolventen Rechtsträger eröffnen

---

269 So zu Recht Schröder/Berner, NZI 2017, 837, 840; BeckOGK/Verse UmwG § 124 Rn. 35; Brünkmans ZInsO 2014, 2533 2554; Simon/Brünkmans ZIP 2014, 657; 666; Thole, Gesellschaftsrechtliche Maßnahmen in der Insolvenz, 2014, Rn. 361.
270 OLG Naumburg, NJW-RR 1998, 178; 179 f.; Heidinger in Henssler/Strohn, GesR, 2. Aufl. 2014, § 3 UmwG Rn. 21; Stengel in Semler/Stengel, UmwG, 3. Aufl. 2012, § 3 Rn. 46 f.; Trölitzsch, WiB 1997, 797.
271 So etwa Heckschen, DB 1998, 1385, 1387; Stratz in Schmitt/Hörtnagel/Stratz, UmwG, § 3 Rn. 47 f.
272 ZIP, 2012, 2033, 2034 f., ders., NZI 2015, 568.
273 So Eidenmüller in: MünchKom/InsO, § 225a Rn. 98; Wachter, NZG 2015, 858, 860 f.
274 Madaus in Kübler, § 33 Rn. 9, ders. in: NZI 2015, 568.
275 NZI 2015, 565 m. Anm. Madaus = GmbHR 2015, 588.
276 Eingehend OLG Naumburg, NJW-RR 1998, 178 ebenso Pöhlmann/Fandrich/Bloehs, GenossenschaftsG, 4. Aufl. 2012, § 3 UmwG Rn. 4.
277 Heckschen, DB 1998, 1387; zust. Schmitt/Hörtnagl/Stratz, UmwG, § 3 Rn. 47.

wollte und dabei übersehen habe, dass hierfür eine Änderung auch des UmwG erforderlich sein würde. Der Gesetzesbegründung liesen sich hierfür keine Anhaltspunkte entnehmen. Zwar werde dort zu § 225 a Abs. 3 ausgeführt, dass es keines förmlichen Fortsetzungsbeschlusses der Gesellschafter mehr bedürfe, wenn die Gesellschaft weitergeführt werden soll.[278] Damit sei aber auch nicht ansatzweise erkennbar, dass der Gesetzgeber Verschmelzungen bereits auf insolvente Rechtsträger eröffnen wollte. Vielmehr solle auch »die Übertragung von Beteiligungen des Schuldners an Drittgesellschaften in den Plan aufgenommen werden (können)«.[279] Die wohl überwiegende Meinung folgt diesem Ergebnis der Unzulässigkeit der Umwandlung auf den aufgelösten, insolventen Rechtsträger.[280] In der neueren Literatur wird die Entscheidung des OLG Brandenburg zu Recht kritisiert und argumentiert, dass auch ein aufgelöster, insolventer Rechtsträger aufnehmender Rechtsträger bei der Umwandlungsmaßnahme sein kann, wenn dies im Insolvenzplan entsprechend geregelt wird.[281] Hierfür spricht die Tatsache, dass durch das ESUG das Insolvenzplanverfahren als umfassendes und flexibles Sanierungsinstrument eingesetzt werden soll, wobei auf die Zielrichtung des Rechtsträgers (aufnehmend oder übertragend) in der InsO nicht abgestellt wird. Wie oben gezeigt, kann z.B. die Verschmelzung auf den insolventen Rechtsträger eine Möglichkeit der Sanierung darstellen (vgl. oben Teil 5 Rdn. 54 ff.); natürlich müssen die dargestellten Vorgaben beachtet werden. Warum aber von vorneherein, dies im Rahmen des Insolvenzplanverfahrens nicht möglich sein soll, ist nicht einsichtig. Insofern spricht vieles dafür, im Planverfahren auch die Verschmelzung oder Spaltung auf den insolventen Rechtsträger zuzulassen, wenn dadurch die Überschuldung beseitigt und damit eine Sanierung erfolgreich durchgeführt wird.

II. Bedeutung des Insolvenzplans i. R. d. Umwandlung

1. Umwandlung als Teil des Insolvenzplans

114 Wie bereits erörtert, ist Voraussetzung für die Möglichkeit eines Fortsetzungsbeschlusses und damit auch für die Umwandlungsfähigkeit von durch Eröffnung des Insolvenzverfahrens aufgelösten Gesellschaften, dass in einem Insolvenzplan der Fortbestand der Gesellschaft vorgesehen ist.

a) Überblick

115 Der Insolvenzplan ist das Herzstück der Sanierung: Nach § 217 InsO können die Befriedigung der absonderungsberechtigten Gläubiger und der Insolvenzgläubiger, die Verwertung der Insolvenzmasse und deren Verteilung an die Beteiligten sowie die Verfahrensabwicklung und die Haftung des Schuldners nach der Beendigung des Insolvenzverfahrens in einem Insolvenzplan abweichend von den Vorschriften dieses Gesetzes geregelt werden.[282] Der Insolvenzplan besteht aus dem darstellenden und dem gestaltenden Teil und dem Plan sind eine Reihe von Anlagen beizufügen, die in den §§ 229 und 230 InsO aufgeführt sind.[283] Der Plan soll die Information aller Beteiligten gewährleisten und eine klare Grundlage für die Entscheidung über dessen Annahme schaffen. In dem darstellenden Teil sind die geplanten wirtschaftlichen Maßnahmen zu erläutern (§ 220 InsO). Im gestaltenden Teil sind die zur Sanierung der Gesellschaft zu treffenden Maßnah-

---

278 BT-Drucks. 17/5712, 32.
279 BT-Drucks. 17/5712, 32.
280 So Becker, ZinsO 2013, 1885, 1888; Brünkmann, ZinsO 2014, 2533, 2534; Lutter/Drygala § 3 UmwG Rn. 31; Lutter/H. Schmidt § 39 UmwG Rn. 18; Schmitt/Hörtnagl/Stratz/Stratz UmwG § 3 Rn. 57; Semler/Stengel/Stengel UmwG § 3 Rn. 46; KölnKom/Simon UmwG § 3 Rn. 58; Henssler/Strohn GesR/Heidinger UmwG § 3 Rn. 21; zweifelnd auch BeckOGK/Verse UmwG § 124 Rn. 38.
281 So Wachter NZG 2015, 858, 861; Madaus, ZIP 2012, 2133, 2134; Kallmeyer/Kocher UmwG Anh. II Rn. 19 ff.; Gontschar, Umwandlungsmaßnehmen im Insolvenzplanverfahren, S. 100 ff.
282 Zum Ablauf des Insolvenzplanverfahrens vgl. Bauer, Die GmbH in der Krise, Rn. 2198 ff.; Koch/de Bra in: Gottwald, Insolvenzrechts-Handbuch, § 67 Rn. 1 ff.
283 Muster mit Erläuterungen bei Horstkotte/Martini, ZInsO 2012, 557 ff.; Bauer, Die GmbH in der Krise, Rn. 2231.

men organisatorischer oder personeller Art und ihre Auswirkungen auf die Rechtsposition der Beteiligten darzulegen (§ 221 InsO). Nach § 254 Abs. 1 InsO treten dann mit der Rechtskraft der Bestätigung des Insolvenzplans die im gestaltenden Teil festgelegten Regelungen für und gegen alle Beteiligten ein. Der Insolvenzplan bietet die Möglichkeit, von allen zwingenden Vorschriften der InsO abzuweichen (§§ 1, 217 InsO). Im Insolvenzplan kann daher geregelt werden, ob das Schuldnerunternehmen liquidiert, saniert oder ob die Gesellschaftsanteile im Wege der übertragenden Sanierung auf einen anderen Unternehmensträger übertragen werden.[284] Durch diese Vorschrift ist die **weitgehende Gestaltungsfreiheit** aller am Insolvenzfall Beteiligten eröffnet, sodass die bestmögliche Verwertungsform im konkreten Fall autonom gestaltet gefunden werden kann. Durch das ESUG wurde, wie dargelegt auch die Möglichkeit geschaffen, die Anteils- oder Mitgliedschaftsrechte der am Schuldner beteiligten Personen in den Plan einzubeziehen und die Fortsetzung einer aufgelösten Gesellschaft oder die Übertragung von Anteils- oder Mitgliedschaftsrechten durchzuführen.[285] Im darstellenden Teil des Insolvenzplans wird gem. § 220 InsO beschrieben, welche Maßnahmen nach der Eröffnung des Insolvenzverfahrens getroffen worden sind oder noch getroffen werden sollen, um die Grundlagen für die geplante Gestaltung der Rechte der Beteiligten zu schaffen. Im gestaltenden Teil des Insolvenzplans wird nach § 221 InsO festgelegt, wie die Rechtsstellung der Beteiligten durch den Plan geändert werden soll. Der RegE zur InsO ist noch ausführlicher und zeigt, an welche Maßnahmen hier insb. gedacht wurde: § 262 des RegE bestimmte noch, dass im darstellenden Teil auf Änderungen der Rechtsform, des Gesellschaftsvertrages oder der Satzung sowie der Beteiligungsverhältnisse hingewiesen werden soll. Die Begründung hierzu führt aus, dass eine Sanierung des insolventen Unternehmens auf die Weise, dass der bisherige Unternehmensträger das Unternehmen fortführen soll, häufig nur Erfolg versprechen könne, wenn die Rechtsform, die gesellschaftsrechtliche Struktur oder die Beteiligungsverhältnisse des Unternehmens geändert werden, insb. um neue Kapitalgeber für den Unternehmensträger zu gewinnen.[286]

b) Umwandlungsmaßnahmen als Inhalt des Insolvenzplanes

Wie bereits ausgeführt können nach der Neuregelung durch das ESUG **auch Umstrukturierungsmaßnahmen, Umwandlungen, Verschmelzungen** oder **Spaltungen** Gegenstand des

---

284 Vgl. Uhlenbruck, GmbHR 1995, 195, 209; Pick, NJW 1995, 992, 995; Barger/Schellberg, DB 1994, 1833 ff.; Hess/Weis, WM 1998, 2349 ff.; Kübler/Prütting, InsO, § 217 Rn. 24 ff.; Smid/Rattunde, InsO, § 217 Rn. 7 ff.; Flessner, in: HK-InsO, Vor §§ 217 ff. Rn 7.
285 Eidenmüller in: MünchKom/InsO, § 225a Rn. 1 f., 17 ff.; Hirte in: Uhlenbruch/Hirte/Vallender, § 225a InsO, Rn. 1 ff.; zu diesem Paradigmenwechsel vgl. ausführlich Eidenmüller/Engert, ZIP 2009, 541, 544 ff.; Widmann/Mayer/Heckschen, § 1 UmwG, Rn. 80.1; Heckschen in: Beck'sches Notar-Handbuch, D IV Rn. 136; Lutter/Drygala, § 3 UmwG Rn. 27; Madaus, ZIP 2012, 2134; Simon/Merkelbach, NZG 2012, 121, 128; Wellensiek/Schluck-Amend in: Römermann, Münchener Anwaltshandbuch GmbH-Recht, § 23 Rn. 337 ff.; Thies in: A. Schmidt: Hamburger Kommentar zum Insolvenzrecht, § 225a InsO, Rn. 50; speziell zur Ausgliederung Kahlert/Gerke, DStR 2013, 975; LG Frankfurt a. M. NZI 2013, 749; NZI 2013, 981; NZI 2013, 986; Lang/Muschalle, NZI 2013, 953; Thole, ZIP 2013, 1937; Möhlenkamp, BB 2013, 2828.
286 Vgl. zu § 262 des RegE und zur Begründung Kübler/Prütting, Das neue Insolvenzrecht, Bd. I, S. 620 sowie Uhlenbruck, Das neue Insolvenzrecht, S. 597.

Insolvenzplans sein.[287] Um die Umwandlungsfähigkeit nach § 3 Abs. 3 bzw. § 191 Abs. 3 UmwG überhaupt eröffnen zu können, muss der Insolvenzplan zunächst vorsehen, dass die Gesellschaft fortbestehen soll. § 225a Abs. 3 InsO bestimmt ausdrücklich: »Im Plan kann jede Regelung getroffen werden, die gesellschaftsrechtlich zulässig ist, insbesondere die **Fortsetzung einer aufgelösten Gesellschaft** oder die Übertragung von Anteils- oder Mitgliedschaftsrechten.« Damit ist klargestellt, dass in der Insolvenz die Fortsetzung der aufgelösten Gesellschaft als Regelung des Insolvenzplanes getroffen werden kann.[288] Ob ein ausdrücklicher Fortsetzungsbeschluss erforderlich ist oder nicht ist umstritten.[289] Für § 3 Abs. 3 UmwG genügt es in der Tat, dass die Fortsetzung beschlossen werden könnte.[290] Dennoch dürfte es sich für die Praxis empfehlen, die Fortsetzung ausdrücklich klarzustellen und im Plan festzustellen, dass die Gesellschaft mit Wirkung auf den Zeitpunkt der Aufhebung des Insolvenzverfahrens nach Eintritt der Rechtskraft des Beschlusses über die Bestätigung des Insolvenzplanes gem. § 258 Abs. 1 InsO forgesetzt wird.[291]

Da im darstellenden Teil des Insolvenzplans eine umfassende Information aller Beteiligten gewährleistet werden soll, muss der Insolvenzplan außerdem sowohl den **Entwurf des Verschmelzungs- bzw. Spaltungsvertrags oder Ausgliederungsplan** als auch die maßgeblichen **Beschlüsse zur Umwandlungsmaßnahme** (Zustimmung zur Verschmelzung, Spaltung, Formwechsel) des insolventen Rechtsträgers enthalten (Fortsetzungs- und Zustimmungsbeschluss, §§ 217 Satz 2, 225a, 254a Abs. 2 InsO) und als Bedingung vorsehen, dass die Anteilsinhaber des nicht insolventen Rechtsträgers dem Entwurf des Verschmelzungs- bzw. Spaltungsvertrags zustimmen.[292]

117 Über den Plan wird in einzelnen Gruppen nach Abhaltung eines **Eröffnungstermins** (§ 235 InsO) abgestimmt (§ 243 InsO). Stimmberechtigt sind die Gläubiger der Gesellschaft; gem. § 247 InsO ist allerdings auch die Zustimmung des Schuldners notwendig, diese gilt allerdings als erteilt,

---

287 Vgl. oben Rdn. 110 ff.; Widmann/Mayer/Heckschen, § 1 UmwG, Rn. 80.1; Heckschen in: Beck'sches Notar-Handbuch, DIV Rn. 136; ders. in: Reul/Heckschen/Wienberg, Insolvenzrecht in der Gestaltungspraxis, § 4 Rn. 608 ff.; Gontschar, Umwandlungsmaßnahmen im Insolvenzplanverfahren, S. 91 ff.; Kallmeyer/Kocher UmwG Anh II. Rn. 16 ff.; Brünckmanns, ZInsO 2014, 2533; BeckOGK/Verse UmwG § 124 Rn. 30 ff.; Bauer, Die GmbH in der Krise, 5. Aufl. 2016, Rn. 2234 ff.; Simon/Brünkmans ZIP 2014, 657, 660 ff.; Brünkmans ZInsO 2014, 2541 ff.; Lutter/Drygala, § 3 UmwG Rn. 27; Madaus, ZIP 2012, 2134; Simon/Merkelbach, NZG 2012, 121, 128; Wellensiek/Schluck-Amend in: Römermann, Münchener Anwaltshandbuch GmbH-Recht, § 23 Rn. 337 ff.; speziell zur Ausgliederung eines Einzelkaufmanns vgl. Schröder/Berner, NZI 2017, 837 ff.; Kahlert/Gehrke, DStR 2013, 975; Hölze/Kahlert, ZIP 2017, 510 ff.; Eidenmüller in: MünchKom/InsO, § 225a Rn. 1 f., 17 ff.; Hirte in: Uhlenbruch/Hirte/Vallender, § 225a InsO, Rn. 1 ff.; zu diesem Paradigmenwechsel vgl. ausführlich Eidenmüller/Engert, ZIP 2009, 541, 544 ff.; auch schon vor dem ESUG: Haas, in FS für Konzen, 2006, 173; Eidenmüller, ZGR 2001, 688 ff.; H. F. Müller, Der Verband in der Insolvenz, S. 308; Sasenrath, ZIP 2003, 1517 ff.; Kübler/Prütting, InsO, § 220 Rn. 12, § 221 Rn. 9; Smid/Rattunde, InsO, § 221 Rn. 3; Hess/Weis, WM 1998, 2349, 2352; Hess/Weis, InVo 1996, 170.
288 Vgl. Heckschen in: Reul/Heckschen/Wienberg, Insolvenzrecht in der Gestaltungspraxis, § 4 Rn. 608 ff.; Gontschar, Umwandlungsmaßnahmen im Insolvenzplanverfahren, S. 131; Kallmeyer/Kocher UmwG Anh II. Rn. 53.
289 Dafür Becker, InsO 2013, 1885, 1889; Heckschen in: Reul/Heckschen/Wienberg, Insolvenzrecht in der Gestaltungspraxis, § 4 Rn. 608 ff.; dagegen Kallmeyer/Kocher UmwG Anh II. Rn. 53; Gontschar, Umwandlungsmaßnahmen im Insolvenzplanverfahren, S. 131.
290 Vgl. BeckOGK/Drinhausen/Keinath UmwG § 3 Rn. 27; Streck/Mack/Schwedhelm GmbHR 1995, 161, 162; Widmann/Mayer/Fronhöfer § 3 UmwG Rn. 45; Kallmeyer/Marsch-Barner § 3 UmwG Rn. 24.
291 So Horstkotte/Martini, ZInsO 2012, 557, 562 in Fn. 41; Gontschar, Umwandlungsmaßnahmen im Insolvenzplanverfahren, S. 131 f.; ähnlich Kallmeyer/Marsch-Barner § 3 UmwG Rn. 24.
292 Heckschen in: Beck'sches Notar-Handbuch, DIV Rn. 136; ders. in: Reul/Heckschen/Wienberg, Insolvenzrecht in der Gestaltungspraxis, § 4 Rn. 608 ff.; Kahlert/Gerke, DStR 2013, 975, 979; Simon/Merkelbach, NZG 2012, 121, 128; Gontschar, Umwandlungsmaßnahmen im Insolvenzplanverfahren, S. 132 ff.; Kallmeyer/Kocher UmwG Anh II. Rn. 40 ff.

wenn der Schuldner dem Plan nicht spätestens im Abstimmungstermin oder zu Protokoll der Geschäftsstelle widerspricht. Bei Gesellschaften muss daher der Geschäftsführer zunächst fiktiv zustimmen. Nach Abstimmung bzw. Zustimmung des Schuldners bedarf der Plan der Bestätigung durch das Insolvenzgericht (§ 248 Abs. 1 InsO). Mit der Rechtskraft der Bestätigung des Insolvenzplans durch das Gericht treten die im gestalteten Teil festgelegten Wirkungen für und gegen alle Beteiligten ein (§ 245 Abs. 1 InsO). Außerdem wird gem. § 258 Abs. 1 InsO die Aufhebung des Insolvenzverfahrens durch das Gericht beschlossen. Mit dieser Aufhebung erlöschen die Ämter des Insolvenzverwalters. Der Schuldner erhält das Recht zurück, über die Insolvenzmasse frei zu verfügen (§ 259 Abs. 1 InsO). Da erst mit dieser **Aufhebung** auch die **Umwandlungsfähigkeit** der Gesellschaft wieder eintritt, kann der Verschmelzungsvertrag oder Spaltungsvertrag auch erst nach diesem Zeitpunkt geschlossen werden.

2. Zustimmung der Anteilsinhaber/Gesellschafter

Problematisch war vor dem ESUG das Zusammenspiel zwischen dem nach Umwandlungsrecht notwendigen **Zustimmungsbeschluss** der Gesellschafter und dem Eintritt der Umwandlungsfähigkeit der Gesellschaft. Die insolvente Gesellschaft bleibt als Träger von Rechten und Pflichten bestehen. Dementsprechend blieben auch die gesellschaftsrechtlichen Verhältnisse zu den Gesellschaftern bestehen.[293] Das Insolvenzrecht betraf nur das Vermögen der Gesellschaft, nicht aber die gesellschaftsrechtliche Struktur der Gesellschaft. Das Verhältnis Gesellschafter zur Gesellschaft blieb bestehen, wurde aber von den insolvenzrechtlichen Zielsetzungen überlagert.[294] Deshalb bedurfte vor dem ESUG die Sanierung durch Umwandlung im Grundsatz immer auch der gesellschaftsrechtlichen Zustimmung der Gesellschafter. Der Insolvenzplan konnte die Rechtsstellung der Gesellschafter nicht zu ihrem Nachteil verändern, sie sind nicht Beteiligte des Verfahrens.[295] Das ESUG hat dies, wie bereits erwähnt, bzgl. der Gesellschafter der insolventen Gesellschaft geändert. Mit ESUG hat der Gesetzgeber die bisherige strikte Trennung von Insolvenzrecht und Gesellschaftsrecht aufgegeben und die Einbeziehung der Anteilsrechte der Gesellschafter in das Insolvenzplanverfahren ermöglicht.[296] Mit § 225a InsO wurde die Möglichkeit geschaffen, im Insolvenzplan in die Anteils und Mitgliedschaftsrechte einzugreifen sowie auch die Rechte der am Schuldner beteiligten Personen umzugestalten. Damit ist die Möglichkeit geschaffen worden, die Gesellschafterrechte in den Insolvenzplan einzubeziehen. Die Regelung verfolgt den Zweck, dass über die Änderung ihrer Rechte die Anteilsinhaber künftig im Rahmen des Insolvenzverfahrens sollen mitentscheiden dürfen, zur Abwehr von Störerstrategien für sie aber – wie schon bisher für die Gläubiger- ein Obstruktionsverbot gilt, wobei für überstimmte Anteilsinhaber ein Minderheitenschutz greift und in dieser Hinsicht wie auch im Hinblick auf Rechtsmittel die Anteilsinhaber den Gläubigern gleichgestellt sind.[297] Die Gesellschafter werden zu Beteiligten des Insolvenzplanverfahrens, dürfen über den Insolvenzplan abstimmen, wobei ihre fehlende Zustimmung durch Erweiterung des in § 245 InsO geregelten Obstruktionsverbots überwunden werden kann.[298] Die Zustimmung der Altanteilsinhaber kann durch Abstimmungsmehrheit über §§ 244, 245 UmwG

118

---

293 Vgl. eingehend Haas, in: FS für Konzen, 2006, 159 ff., s. a. Eidenmüller, ZGR 2001, 688 ff.; H. F. Müller, Der Verband in der Insolvenz, S. 308.
294 Haas, in: FS für Konzen, 2006, S. 160 ff.
295 Flessner, in: HK-InsO § 221 Rn 3; Sassenrath, ZIP 2003, 1517 ff.; Noack/Bunke, KTS 2005, 129, 131.
296 Heckschen in: Beck'sches Notar-Handbuch, DIV Rn. 136; Kahlert/Gerke, DStR 2013, 975, 979; Simon/Merkelbach, NZG 2012, 121, 128; Bous in: Eckhardt/Hermanns Kölner Handbuch Gesellschaftsrecht, 2. Aufl. 2014, E Rn. 233 ff.
297 Vgl. RegE BT-Drucks. 17/5712, S. 18.
298 Vgl. Simon/Merkelbach, NZG 2012, 121, 128; Wellensiek/Schluck-Amend in: Römermann, Münchener Anwaltshandbuch GmbH-Recht, § 23 Rn. 337 ff.; Kahlert/Gerke, DStR 2013, 975; OLG Frankfurt, NZG 2013, 1388; LG Frankfurt a. M. NZI 2013, 749; NZI 2013, 981; NZI 2013, 986; Lang/Muschalle, NZI 2013, 953; Thole, ZIP 2013, 1937; Möhlenkamp, BB 2013, 2828.

ersetzt werden. Nach Maßgabe des § 245 InsO kann demzufolge eine gesellschaftsrechtliche Maßnahme auch ohne oder sogar gegen den Willen aller oder einzelner Gesellschafter erfolgen.[299] Nicht erfasst von dieser Regelung sind naturgemäß die an der Umwandlung (Verschmelzung und Spaltung) anderen beteiligten Rechtsträger.[300] Der Verschmelzungs- oder Spaltungsvertrag bedarf daher auch der **Zustimmung der Gesellschafterversammlung der anderen beteiligten Gesellschaften**. Da dieser Zustimmungsbeschluss mangels Verschmelzungs- bzw. Spaltungsfähigkeit erst nach Aufhebung des Insolvenzverfahrens gefasst werden kann, stellt sich das Problem der Abstimmung. § 249 InsO hat dem Bedürfnis Rechnung getragen, dass insb. der gestaltende Teil des Insolvenzplans von bestimmten gesellschaftsrechtlichen Beschlüssen abhängig sein kann. Die Vorschrift sieht daher die Möglichkeit vor, dass der Plan erst bestätigt wird, wenn die Voraussetzungen erfüllt sind. Die Begründung zum RegE der InsO nennt als Bedingung für die Änderung der Rechtsstellung der Gläubiger etwa, dass bestimmte gesellschaftsrechtliche Beschlüsse gefasst werden, etwa eine Kapitalerhöhung. Die Vorschrift schaffe die Möglichkeit, da solche gesellschaftsrechtlichen Beschlüsse erst dann gefasst werden müssen, wenn die Zustimmung der Gläubiger für den Plan feststehe, dass andererseits aber der Plan nicht wirksam werde, wenn die vorgesehenen gesellschaftsrechtlichen Beschlüsse ausblieben. Gesellschaftsrechtliche und insolvenzrechtliche Beschlussfassungen könnten sinnvoll miteinander verzahnt werden.[301] Diese Möglichkeit dürfte auch i. R. d. Umwandlung eine Rolle spielen. Ist etwa im Insolvenzplan vorgesehen, dass eine Sanierungsfusion stattfinden soll, kann die Bedingung der gesellschaftsrechtlichen Zustimmungsbeschlüsse aufgenommen werden. Auch das Umwandlungsrecht bietet gem. § 4 Abs. 2 UmwG die Möglichkeit, dass der Vertrag erst nach den Zustimmungsbeschlüssen geschlossen wird und den **Zustimmungsbeschlüssen** der Gesellschafterversammlung lediglich ein **schriftlicher Entwurf** des Verschmelzungs- oder Spaltungsvertrages zugrunde liegt.[302] Im nächsten Schritt schließen schließlich die an der Umwandlungsmaßnahme beteiligten Gesellschaften in einem den notariell zu beurkundenden Verschmelzungs- bzw. Spaltungsvertrag.[303]

3. Weitere Umwandlungsformalien

119 Noch nicht geklärt ist, welche weiteren Vorgaben des UmwG im Rahmen der Sanierungsumwandlung eingehalten werden müssen und welche durch den Insolvenzplan ersetzt werden. So stellt sich die Frage, ob ein **Umwandlungs-/Verschmelzungs- bzw. Spaltungsbericht** und -prüfung samt Prüfungsbericht erforderlich sind. Z. T. ist die Literatur der Auffassung, dass der darstellende Teil des Insolvenzplans die durch den Umwandlungsbericht und Prüfung bedingte Information der Anteilsinhaber ersetzt.[304] Z.T. wird empfohlen, die Verzichtserklärungen nach §§ 8 Abs. 3, 9 Abs. 3, 12 Abs. 3 UmwG in den Insolvenzplan aufzunehmen.[305] Das erscheint ein gangbarer Weg. Dasselbe gilt, wenn nach dem UmwG spezielle Zustimmungserfordernisse vorgesehen sind.[306] Auch die Information des Betriebsrates nach § 5 Abs. 3 UmwG wird wegen der Beteili-

---

299 So zu Recht Thies in: A. Schmidt: Hamburger Kommentar zum Insolvenzrecht, § 225a InsO, Rn. 8; vgl. auch Heckschen in: Reul/Heckschen/Wienberg, Insolvenzrecht in der Gestaltungspraxis, § 4 Rn. 609 ff.; Gontschar, Umwandlungsmaßnahmen im Insolvenzplanverfahren, S. 133 ff.; Kallmeyer/Kocher UmwG Anh II. Rn. 48 ff.
300 Heckschen in: Beck'sches Notar-Handbuch, DIV Rn. 136; ders. in: Reul/Heckschen/Wienberg, Insolvenzrecht in der Gestaltungspraxis, § 4 Rn. 612.
301 Vgl. Begründung zum RegE bei Kübler/Prütting, InsO, S. 488 und Uhlenbruck, Das neue Insolvenzrecht, S. 637.
302 Heckschen in: Beck"sches Notar-Handbuch, DIV Rn. 136.
303 Heckschen in: Beck'sches Notar-Handbuch, DIV Rn. 136.
304 So Kallmeyer/Kocher UmwG Anh II. Rn. 47; Becker, InsO 2013, 1885, 1889; Brünkmanns ZinsO 2014, 2533, 2537 f.; Madaus in: Kübler § 33 Rn. 63.
305 Gontschar, Umwandlungsmaßnahmen im Insolvenzplanverfahren, S. 146.
306 Gontschar, Umwandlungsmaßnahmen im Insolvenzplanverfahren, S. 14 2 ff.

gung im Insolvenzverfahren als überflüssig angesehen.³⁰⁷ Auch dem wird man zustimmen können. Dies alles gilt natürlich nicht für den anderen nicht insolventen Rechtsträger. Bis zu einer verlässlichen Klärung dieser Fragen sollte die Praxis die umwandlungsrechtlichen Vorgaben einhalten bzw. dies am Anfang mit dem Registergericht klären.

4. Abschluss und Inhalt des Verschmelzungs-/Spaltungsvertrages

Auch im Rahmen der Insolvenz bedarf die Verschmelzung bzw. Spaltung eines Verschmelzungs- bzw. Spaltungsvertrages.³⁰⁸ Bei der Spaltung zur Neugründung ist lediglich ein Spaltungsplan erforderlich (§ 136 UmwG vgl. oben Teil 3 Rdn. 179). In der Literatur ist dabei umstritten, ob ein Insolvenzplan einen Verschmelzungsvertrag (aufschiebend bedingt auf die Bestätigung des Insolvenzplans) enthalten kann oder ob er diesen nur vorbereiten kann, so dass immer zusätzlich ein separater Verschmelzungs-/Spaltungsvertrag erforderlich ist bzw. wie der Umwandlungsvertrag mit dem Insolvenzplan koordiniert werden kann. Zu beachten ist, dass der Vertrag von der insolventen Gesellschaft auf der einen und der solventen auf der anderen zu schließen ist. Denkbar ist allerdings auch eine Konstellation, auf der auf beiden Seiten insolvente Gesellschaften vorhanden sind.³⁰⁹ Auf Seiten der insolventen Gesellsschaft schließt der Insolvenzverwalter den Vertrag ab.³¹⁰ Fraglich ist, wie die Willenserklärungen der anderen Gesellschaft erklärt werden müssen. § 230 Abs. 3 InsO bestimmt zunächst wie mit Erklärungen Dritter im Insolvenzplan grdsl. umzugehen ist: Hat ein Dritter für den Fall der Bestätigung des Plans Verpflichtungen gegenüber den Gläubigern übernommen, so ist dem Plan die Erklärung des Dritten als Plananlage beizufügen. Die Literatur erweitert zunächst die Vorschrift dahingehend nicht nur Erklärungen gegenüber Gläubigern, sondern auch gegenüber Schuldnern darunter zu fassen.³¹¹ Dies erscheint schon angesichts des Wortlautes fraglich. Zu klären ist dabei auch die **Reichweite der Formfiktion** des § 254a Abs. 3 InsO. Dort ist bestimmt, dass wenn die Anteils- oder Mitgliedschaftsrechte der am Schuldner beteiligten Personen in den Plan einbezogen sind (§ 225a InsO), gelten die in den Plan aufgenommenen Beschlüsse der Anteilsinhaber oder sonstigen Willenserklärungen der Beteiligten als in der vorgeschriebenen Form abgegeben. Vollständig geklärt ist die Bedeutung dieser Vorschrift noch nicht.³¹² Fest steht, dass die Formfiktion des § 254a InsO nicht ohne weiteres für Erklärungen Dritter gelten kann, die in den Insolvenzplan nicht zwangsweise einbezogen sind, so dass zumindest die Erklärung der solventen Gesellschaft erforderlich ist und auch notariell beurkundet werden müsste.³¹³ Z.T. wird in der Literatur allerdings angenommen, dass die Formfiktion anders als § 254a Abs. 1 und 2 InsO nicht auf die Erklärungen der Beteiligten beschränkt sei, so dass auch Verpflichtungserklärungen Dritter, diese wieder im Rahmen von § 230 Abs. 3 InsO davon erfasst seien.³¹⁴ Das ist m.E. abzulehnen. Der Verschmelzungs-/Spaltungsvertrag ist für alle beteiligten Rechtsträger ein Organisationsvertrag, der die Struktur der beteiligten Rechtsträger ähnlich wie bei einer Satzungsänderung grundlegend ändert (vgl. oben Teil 2 Rdn. 52 ff.). Ferner

---

307 Kallmeyer/Kocher UmwG Anh II. Rn. 44; Becker, InsO 2013, 1885, 1889; Brünkmanns ZinsO 2014, 2533, 2538; Madaus in: Kübler § 33 Rn. 64.
308 Vgl. Kallmeyer/Kocher UmwG Anh. II Rn. 40, 69; Gontschar, Umwandlungsmaßnahmen im Inoslvenzplanverfahren, S. 136 ff.
309 So der Sachverhalt beim Gutachten des DNotI Nr. 147185.
310 Vgl. Kübler/Madaus § 33 InsO Rn. 455; Thole, Gesellschaftsrechtliche Maßnahmen in der Insolvenz, Rn. 82; Kallmeyer/Kocher UmwG Anh. II Rn. 40; Heckschen in: Reul/Heckschen/Wienberg, Insolvenzrecht in der Gestaltungspraxis, § 4 Rn. 612.
311 Vgl. MünchKomm/InsO/Madaus § 254a Rn. 18; ders. ZIP 2012, 2133, 2138; KH-InsO/Haas § 254a Rn. 7; Uhlenbruck/Lüer/Streit § 254a InsO Rn. 16.
312 Vgl. dazu Brünkmanns, ZIP 2015, 1052 ff.
313 Vgl. Brünkmanns, ZIP 2015, 1052 ff.; Kallmeyer/Kocher UmwG Anh. II Rn. 41.
314 So MünchKomm/InsO/Madaus § 254a Rn. 18; ders. ZIP 2012, 2133, 2138; KH-InsO/Haas § 254a Rn. 7; Uhlenbruck/Lüer/Streit § 254a InsO Rn. 16; Gontschar, Umwandlungsmaßnahmen im Inoslvenzplanverfahren, S. 139 ff.

hat er auch mittelbar dingliche Wirkungen. Vor diesem Hintergrund passt schon § 230 Abs. 3 InsO nicht. Darüberhinaus ist nicht ersichtlich, warum der solvente Rechtsträger nicht den spezifischen Schutz der notariellen Beurkundung bei einer derartig weitreichenden Maßnahme erhalten soll (vgl. dazu oben Teil 2 Rdn. 61 ff.). Es ist daher mindestens die Willenserklärung des solventen Rechtsträgers nach den allgemeinen Vorschriften zu beurkunden.[315]

▶ **Hinweis:**

121 Folgendes Verfahren bietet sich auch bei der Sanierungsfusion oder -spaltung im Insolvenzverfahren an: Zunächst wird ein Insolvenzplan aufgestellt unter der Bedingung, dass die Gesellschafterversammlungen dem Entwurf eines bestimmten Verschmelzungs- oder Spaltungsvertrages zustimmen. Sodann werden die entsprechenden Gesellschafterbeschlüsse eingeholt, dann der Insolvenzplan bestätigt und das Insolvenzverfahren aufgehoben. Im Anschluss hieran können die Geschäftsführer der Gesellschaften den Verschmelzungs- oder Spaltungsvertrag abschließen und die Anmeldung im Handelsregister vornehmen. Wegen der beiden Regelungsebenen Insolvenz- und Gesellschaftsrecht müssen die Maßnahme der Innen- und Außenseite einer Reorganisation abgestimmt sein.[316] Denkbar ist es auch den Verschmelzungs-/Spaltungsvertrag vorab abzuschließen unter der aufschiebenden Bedingung, dass der Insolvenzplan Rechtswirksamkeit erlangt.

Der **Inhalt** des Verschmelzungs-/Spaltungsvertrages richtet sich nach den allgemeinen Vorschriften. Unklar war, ob es zulässig ist, den **Umwandlungsstichtag** nicht datumsmäßig konkret zu benennen, sondern an den Folgetag nach dem Beschluss des Insolvenzgerichts gem § 258 InsO »über die Aufhebung des Insolvenzverfahrens« zu knüpfen. Das OLG Bremen hat dies zu Recht bejaht.[317] Eine derartige Umschreibung des Verschmelzungsstichtages ist nach Auffassung des OLG Bremen ausreichend, um die Anforderungen des § 5 Abs. 1 Nr. 5 UmwG zu erfüllen. Wenn der Aufhebungsbeschluss in das elektronische Handelsregister eingestellt werde, werde es jedem Interessierten auf diese Weise ohne Weiteres ermöglicht, den Verschmelzungsstichtag zweifelsfrei festzustellen, ohne dass es darüber hinaus der Einsichtnahme in die Insolvenzakten bedürfe.

5. Anmeldung zum Handelsregister

122 Auch bei der Sanierungsumwandlung ist die Umwandlung nach allgemeinen Vorschriften zum Handelsregister anzumelden.[318] Die Anmeldung kann auf Seiten der insolventen Gesellschaft vom Insolvenzverwalter (§ 254a Abs. 2 Satz 3 InsO) oder von den zuständigen Organen der Gesellschaft vorgenommen werden.[319] Die Prüfungskompetenz der Registergerichte ist dabei umstritten.[320] Nach einer vor allem in der insolvenzrechtlichen Literatur vertretenen Meinung beschränkt sich die Prüfung auf die formalen und registerverfahrensrechtlichen Eintragungsvoraussetzungen; eine materiell-rechtliche Prüfung darf nach Rechtskraft des Planbestätigungsbeschlusses nach

---

315 So auch Brünkmanns, ZInsO 2014, 2533, 2537; Becker, ZinsO 2013, 1885, 1888 f.; Heckschen in: Beck'sches Notar-Handbuch, DIV Rn. 136; ders. in: Reul/Heckschen/Wienberg, Insolvenzrecht in der Gestaltungspraxis, § 4 Rn. 612; Widmann/Mayer/Heckschen § 13 Rn. 149.6; zumindest aus Vorsichtsgründen für Beurkundung Kallmeyer/Kocher UmwG Anh. II Rn. 41.
316 Heckschen in: Reul/Heckschen/Wienberg, Insolvenzrecht in der Gestaltungspraxis, § 4 Rn. 612; Haas, in: FS für Konzen, 2006, S. 173, Noack, in: FS für Zöllner, 1999, Bd. I, S. 411, 421; H. F. Müller, Der Verband in der Insolvenz, S. 308.
317 ZIP 2016, 1480.
318 Kallmeyer/Kocher UmwG Anh. II Rn. 59.
319 Vgl. Kallmeyer/Kocher UmwG Anh. II Rn. 60; MünchKomm/InsO/Madaus § 254a InsO Rn. 21; Uhlenbruck/Lüer/Streit § 254a InsO Rn. 12 f.
320 Vgl. Kallmeyer/Kocher UmwG Anh. II Rn. 63; MünchKomm/InsO/Madaus § 33 InsO Rn. 100; Brünkmans, ZinsO 2014, 2533, 2541 f.

§ 248 InsO nicht mehr vorgenommen werden.[321] Nach anderer Auffassung hat das Registergericht auch die gesellschaftsrechtlichen Voraussetzungen der im Plan beschlossenen Maßnahme zu prüfen, weil das Insolvenzgericht im Rahmen der Planfeststellung nach § 48 InsO nur die Einhaltung der planverfahrensrechtlichen Vorschriften, nicht aber die registerrechtliche Eintragungsfähigkeit der im Plan getroffenen Maßnahmen zu prüfen hatte.[322] Das AG Charlottenburg[323] hat dazu entschieden, dass die Prüfungskompetenz und Prüfungspflicht des Registergerichts nicht durch eine vorrangige Zuständigkeit des Insolvenzgerichts beschränkt ist, auch binde die vom Insolvenzgericht getroffene Bestätigung des Insolvenzplans nicht das Registergericht.

F. Umwandlung von aufgelösten Rechtsträgern außerhalb des Insolvenzverfahrens

I. Überblick

Schwierig zu behandeln sind die Fälle, in denen ein Rechtsträger aufgelöst ist, aber ein **Insolvenzverfahren nicht durchgeführt** wird. Bereits zum vor 1995 geltenden Recht wurde in den weitaus überwiegenden Teilen der Fälle, in denen Anträge auf Eröffnung des Insolvenzverfahrens gestellt wurden, der Erlass eines Eröffnungsbeschlusses mangels Masse abgelehnt.[324] Die InsO sollte Abhilfe schaffen, indem in § 26 InsO die Verfahrenseröffnung erleichtert wird.[325] Dennoch wird ein Teil der Verfahren – zu befürchten bleibt der größere – ein Fall der »Massearmut« bleiben, sodass auch in diesen Fällen nach § 207 InsO eine Einstellung erfolgt.[326] In diesen Fällen stellt sich die Frage, inwieweit die Instrumente der Sanierungsumwandlung eingesetzt werden können. 123

Durch das am 01.01.1999 in Kraft getretene Einführungsgesetz zur InsO wurde auch das Gesetz über die Auflösung und Löschung von Gesellschaften und Genossenschaften v. 09.10.1934 (LöschG) aufgehoben. Der in der Praxis bisher häufige Auflösungstatbestand des § 1 LöschG nach Konkursabweisung mangels Masse befindet sich jetzt in § 60 Abs. 1 Nr. 5 GmbHG (vgl. auch § 262 Abs. 1 Nr. 4 AktG, § 81a Nr. 1 GenG, § 131 Abs. 2 Nr. 1 HGB). In diesen Fällen wird die Gesellschaft mit der Rechtskraft des Beschlusses, durch den die Eröffnung des Insolvenzverfahrens **mangels Masse** (§ 26 InsO) abgelehnt wird, aufgelöst. 124

II. Umwandlung von aufgelösten Gesellschaften außerhalb des Insolvenzverfahrens

In der Praxis stellt sich auch die Frage, ob eine aufgelöste Gesellschaft auch außerhalb eines Insolvenzverfahrens an einer Umwandlung beteiligt sein kann. Auch hier ist im UmwG wieder § 3 Abs. 3 einschlägig, wonach grds. an der Verschmelzung auch als **übertragende Rechtsträger** aufgelöste Rechtsträger beteiligt sein können, wenn die **Fortsetzung dieser Rechtsträger beschlossen werden könnte**. Die Frage, ob ein aufgelöster Rechtsträger auch als aufnehmender Rechtsträger beteiligt sein kann, wird vom Gesetz nicht geregelt. 125

Das KG[327] war zum alten LöschG der Auffassung, dass eine GmbH, die nach § 1 Abs. 1 Satz 1 LöschG aufgelöst ist und ihre Fortsetzung nicht mehr beschließen kann, von der Beteiligung an einer Verschmelzung als übernehmende Rechtsträgerin ausgeschlossen sei. Die herrschende Mei- 126

---

321 Vgl. MünchKomm/InsO/Eidenmüller, § 225 a Rn. 103; Thole, Gesellschaftsrechtliche Maßnahmen in der Insolvenz, Rn. 266; Madaus, ZIP 2012, 2133, 2138 f.; Haas, NZG 2012, 961, 966.
322 Kallmeyer/Kocher UmwG Anh. II Rn. 65; Horstkotte, ZInsO 2015, 416.
323 NZG 2015, 1326 = ZInsO 2015, 413.
324 § 107 KO, § 4 Abs. 2 GesO; vgl. Schulz, Die masselose Liquidation der GmbH, 1995; Smid, WM 1998, 1313.
325 Vgl. Häsemeyer, in: Leipold, Insolvenzrecht im Umbruch, S. 101, 110; Uhlenbruck, Das neue Insolvenzrecht, S. 44.
326 Vgl. allgemein zur Abwicklung masseunzulänglicher Insolvenzverfahren nach neuem Recht: Smid, WM 1998, 1313 ff.; J. Uhlenbruck, in: Kölner Schrift zum Insolvenzrecht, S. 905 ff.
327 DNotZ 1999, 148 m. Anm. Limmer.

nung zu § 3 Abs. 3 UmwG geht davon aus, dass auch ein übernehmender Rechtsträger grds. an der Verschmelzung beteiligt sein kann, wenn er rechtlich in der Lage ist, seine Fortsetzung zu beschließen. Umstritten ist dabei, ob ein aufgelöster übernehmender Rechtsträger vor der Verschmelzung seine Fortsetzung beschlossen haben muss[328] oder ob es ausreicht, wenn er seine Fortsetzung als werbendes Unternehmen beschließen könnte.[329] Die wohl überwiegend Literatur ist der Meinung, dass der Umwandlungs-/Verschmelzungsbeschluss den Fortsetzungsbeschluss ersetzt.[330] Aus Klarstellungsgründen wird allerdings empfohlen, diesen **Fortsetzungsbeschluss** ausdrücklich zu fassen.[331]

Anders als z. B. in § 2 Abs. 1 UmwG a. F. hat der Gesetzgeber in § 3 Abs. 3 UmwG für die Verschmelzungsfähigkeit nicht vorausgesetzt, dass **noch nicht** mit der Verteilung des Vermögens begonnen worden sein darf. Dieses Erfordernis gilt aber weiterhin, denn es folgt aus dem Gesellschaftsrecht und nicht aus dem Umwandlungsrecht. Die Begründung zum RegE weist daher ebenfalls darauf hin, dass für einen Fortsetzungsbeschluss Voraussetzung ist, dass noch nicht mit der Verteilung des Vermögens an die Anteilsinhaber begonnen worden ist.[332] Bei der AG ist dieses Erfordernis der Nichtverteilung als Voraussetzung für den Fortsetzungsbeschluss in § 274 Abs. 1 AktG geregelt. Nach ganz herrschender Meinung gilt dieses Erfordernis entsprechend § 274 Abs. 1 AktG auch bei der GmbH.[333]

In der Literatur hat sich eine differenziertere Auffassung entwickelt, die zu Recht darauf hinweist, dass unter bestimmten Voraussetzungen keine Interessen durch die Beteiligung eines aufgelösten Rechtsträgers als Zielgesellschaft gefährdet sind, sodass z. B. zur Durchführung einer gemeinsamen Liquidation zur Ersparung von Abwicklungskosten auch die Beteiligung eines aufgelösten Rechtsträgers als aufnehmender möglich sein muss.[334] Im Ansatz folgt das KG in der genannten Entscheidung[335] wohl dieser interessen- und praxisorientierten Auffassung. M. E. sind die Interessen aller beteiligten Personengruppen auch dann gewahrt, wenn die Fortsetzung des aufnehmenden Rechtsträgers beschlossen werden könnte, der Fortsetzungsbeschluss aber unterbleibt, weil alle beteiligten Rechtsträger und ihre Gesellschafter die einheitliche Liquidation wollen. Dennoch lehnt das KG im Ergebnis eine Verschmelzung ab, da es der herrschenden Meinung zu § 1 LöschG folgt, nach der die Fortsetzung einer nach § 1 LöschG aufgelösten Gesellschaft ausgeschlossen ist.[336] M. E. wird man aber auch bei dieser Form der Fusion entscheidend darauf abstellen müssen, ob die Interessen der beteiligten Personen beeinträchtigt werden oder nicht. Letzteren Falls kann allein das Formargument, dass die Gesellschaft nach dem LöschG aufgelöst ist, der Verschmelzung nicht entgegenstehen. Insb. die Gesellschafter der übertragenden Gesellschaft sind nicht schutzbedürftig, wenn sie der Verschmelzung einstimmig zustimmen. Insofern wird man hier entscheidend auf die Vereinbarungen abstellen müssen.

---

328 So OLG Naumburg, NJW-RR 1998, 178.
329 So Bayer, ZIP 1997, 1613; Lutter/Drygala, UmwG, § 3 Rn. 23; Stratz, in: Schmitt/Hörtnagl/Stratz, UmwG, UmwStG, § 3 UmwG Rn. 52; Heckschen, DB 1998, 1385, 1387; Widmann/Mayer/Fronhöfer, Umwandlungsrecht, § 3 UmwG Rn. 48; Kallmeyer/Marsch-Barner, UmwG, § 3 Rn. 24.
330 Lutter/Drygala, UmwG, § 3 Rn. 26; Stengel in: Semler/Stengel, § 3 UmwG Rn. 43; Stratz, in: Schmitt/Hörtnagl/Stratz, UmwG, UmwStG, § 3 UmwG Rn. 52; Heckschen, DB 1998, 1385, 1387; Widmann/Mayer/Fronhöfer, Umwandlungsrecht, § 3 UmwG Rn. 48; Kallmeyer/Marsch-Barner, UmwG, § 3 Rn. 24.
331 Kallmeyer/Marsch-Barner, UmwG, § 3 Rn. 24, AG Erfurt, Rpfleger 1996, 163.
332 Begründung zum RegE bei Limmer, Umwandlungsrecht, S. 277.
333 Vgl. OLG Düsseldorf, GmbHR 1979, 276; Lutter/Hommelhoff/Kleindiek, GmbHG, § 60 Rn. 29 f.; BeckOGK/Drinhausen/Keinath UmwG § 3 Rn. 30; Kallmeyer/Marsch-Barner § 3 UmwG Rn. 23; Semler/Stengel/Stengel § 3 UmwG Rn. 38.
334 Heckschen, DB 1998, 1387; Bayer, ZIP 1997, 1613; Widmann/Mayer/Fronhöfer, Umwandlungsrecht, § 3 UmwG Rn. 448.
335 DNotZ 1999, 148.
336 BayObLG, NJW 1994, 594; KG, NJW-RR 1994, 229; OLG Schleswig, ZIP 1993, 215.

III. Sanierungsverschmelzung einer aufgelösten überschuldeten Gesellschaft

Das BayObLG[337] hatte die Frage zu entscheiden, inwieweit die Verschmelzung einer durch Gesellschafterbeschluss aufgelösten GmbH als übertragende Gesellschaft zulässig ist, wenn die Fortsetzung der Gesellschaft **wegen ihrer Überschuldung** nicht mehr beschlossen werden könnte. Das BayObLG hat die Verschmelzung in diesem Fall weitgehend abgelehnt. Es schließt sich der früheren herrschenden Meinung an, wonach eine Überschuldung einer Gesellschaft i. S. d. § 63 GmbHG der Fortsetzung auch dann entgegensteht, wenn die Auflösung auf einen Beschluss der Gesellschafter beruht. Auch eine Verschmelzung soll in diesen Fällen nicht zulässig sein. Der Fall des BayObLG betraf die Verschmelzung einer überschuldeten Gesellschaft auf den Alleingesellschafter. Das BayObLG verneint im Ergebnis die Verschmelzung unter Hinweis auf § 3 Abs. 3 UmwG dann, wenn eine Überschuldung i. S. v. § 63 GmbHG vorliegt. Es folgt dies aus der **formalen Anwendung** des § 3 Abs. 3 UmwG. Wie dargelegt, ist dies nur zulässig, wenn die Fortsetzung des Rechtsträgers beschlossen werden könnte. Hierzu ist zunächst nach den jeweiligen **Spezialgesetzen** erforderlich, dass noch nicht mit der Verteilung des Vermögens an die Gesellschafter begonnen worden ist. Aus gesellschaftsrechtlicher, nicht umwandlungsrechtlicher Sicht ist in diesem Zusammenhang die Frage umstritten, welche Kapitalausstattung eine aufgelöste GmbH für die Fortsetzung haben muss.

Das BayObLG folgt der im Gesellschaftsrecht überwiegenden Auffassung, dass die GmbH nur fortgesetzt werden darf, wenn keine Pflicht zur Stellung eines Insolvenzantrages besteht und damit keine Überschuldung vorliegt oder diese beseitigt ist.[338] Dabei verkennt es m. E. aber, dass weder das GmbHG noch das UmwG die Frage der Fortsetzung regelt und demgemäß in allen Fällen eine Einzelbetrachtung unter Berücksichtigung der Gläubigerinteressen erforderlich ist. Auch die Literatur weist zu Recht darauf hin, dass in diesen Fällen eine **gläubigerinteressenorientierte Auslegung** bei der Frage der Fortsetzungsmöglichkeit notwendig ist.[339] Wird, wie in der Entscheidung des BayObLG, die überschuldete GmbH auf eine natürliche Person als Alleingesellschafter verschmolzen, dann geht das gesamte Vermögen mit allen Aktiva und Passiva auf den Alleingesellschafter über, dieser haftet für die Schulden der GmbH unbeschränkt. Gläubigerinteressen werden hierdurch nicht beeinträchtigt, im Gegenteil: Die Gläubiger stehen nach der Fusion deutlich besser dar, da ihnen ein unbeschränktes Haftungsobjekt zur Verfügung steht, während sie in der Insolvenz nur eine Quote erhalten. M. E. müsste in diesen Fällen eine großzügigere Anwendung und Auslegung des § 3 Abs. 3 UmwG erfolgen. Auch die Insolvenzantragspflicht nach § 64 GmbHG dürfte in diesen Fällen einer Verschmelzung nicht entgegenstehen, wenn es sich um eine Sanierungsmaßnahme handelt.

Zwar besteht nach der herrschenden Meinung **kein generelles Sanierungsprivileg**.[340] Die Insolvenzantragspflicht entfällt aber dann, wenn die Sanierungsbemühungen, etwa bei einer Verschmelzung, bereits soweit konkretisiert und in die Tat umgesetzt worden sind, dass die Lebensfähigkeit des Unternehmens für die Zukunft außer Zweifel steht und die Gläubigerinteressen nicht beeinträchtigt werden.[341] Der Abschluss eines Verschmelzungsvertrages, der dazu führt, dass der übernehmende Rechtsträger die Verbindlichkeiten des Überschuldeten übernimmt, dürfte ausreichend

---

337 DNotZ 1999, 145 m. Anm. Limmer = ZIP 1998, 739 = NJW-RR 1998, 902 = Rpfleger 1998, 251 = EWiR 1998, 515 m. Anm. Kiem.
338 Vgl. Kallmeyer/Marsch-Barner, UmwG, § 3 Rn. 23; Lutter/Hommelhoff/Kleindiek, GmbHG § 60 Rn. 33; Stengel in: Semler/Stengel, § 3 UmwG Rn. 44; Stratz, in: Schmitt/Hörtnagl/Stratz, UmwG, UmwStG, § 3 UmwG Rn. 52; BeckOGK/Drinhausen/Keinath UmwG § 3 Rn. 31; Baumbach/Hueck/Haas GmbHG § 60 Rn. 91.
339 Lutter/Hommelhoff/Kleindiek, GmbHG § 60 Rn. 33; Roth/Altmeppen, GmbHG, § 60 Rn. 24; Scholz/K. Schmidt, GmbHG, § 60 Rn. 46.
340 Scholz/K. Schmidt, GmbHG, § 64 Rn. 20; Lutter/Hommelhoff/Kleindiek, GmbHG, Anh § 64 Rn. 28.
341 Vgl. OLG Hamm, NJW-RR 1993, 1445; Lutter/Hommelhoff/Kleindiek, GmbHG, Anh § 64 Rn. 28.

sein, dass zumindest im Zeitpunkt der Verschmelzung, also mit der Eintragung der Verschmelzung, der Insolvenzgrund beseitigt wäre. Nur eine wirtschaftliche Gesamtbetrachtung der Sanierungsfusion wird den dahinterstehenden Interessen gerecht, bei der Auslegung des § 3 Abs. 3 UmwG kommt es daher m. E. bei der Frage der Fortsetzungsmöglichkeit einer aufgelösten Gesellschaft nicht darauf an, ob und in welcher Höhe Gesellschaftsvermögen vorhanden ist, wenn nach der Verschmelzung durch das Vermögen des aufnehmenden Rechtsträgers die Unterdeckung oder Überschuldung beseitigt wird und keine Gläubigerinteressen beeinträchtigt werden.

Kapitel 3 Umwandlung und Euroumstellung

Übersicht	Rdn.
A. Euroumstellung bei der Umwandlung unter Beteiligung einer GmbH	129
I. Allgemeine Fragen der Euroanpassung	129
II. Einzelfragen bei der Euroumstellung	131
1. Rein rechnerische Umstellung	132
2. Anpassung des Stammkapitals auf gerade Euro-Beträge	134
III. Umwandlungen und Euroumstellung	136
1. Umwandlung zur Neugründung	138
2. Umwandlung zur Aufnahme	139
IV. Beispiel	155
B. Euroumstellung bei der AG	157
I. Allgemeine Frage der Euroanpassung	157
II. Euroumstellung	162
1. Allgemeines	162
2. Nennbetragsaktien	167
3. Stückaktien	168
III. Besonderheiten bei der Umwandlung	170
IV. Beispiel	171
C. Besonderheiten beim Formwechsel	173
D. Besonderheiten bei Personengesellschaften	175
E. Besonderheiten bei Genossenschaften	178

A. Euroumstellung bei der Umwandlung unter Beteiligung einer GmbH

I. Allgemeine Fragen der Euroanpassung

Das Verhältnis von Euroanpassung und Umwandlungsrecht lässt sich nur verstehen, wenn zunächst die **Grundlagen der Euroanpassung** bei der GmbH beachtet werden:[342] 129

– Im **GmbH-Recht** ist die Euroanpassung nach dem MoMiG v. 23.10.2008[343] in § 1 EGGmbHG[344] geregelt. Die Vorschrift unterscheidet, ob eine Gesellschaft vor dem 01.01.1999 in das Handelsregister eingetragen oder zur Eintragung angemeldet worden ist, ob sie erst zwischen dem 01.01.1999 und dem 31.12.2001 angemeldet und eingetragen ist oder wird, oder ob sie erst nach dem 31.12.2001 eingetragen wurde.

– **Altgesellschaften** sind nach § 1 Abs. 1 Satz 1 Halbs. 1 EGGmbHG die Gesellschaften, die vor dem 01.01.1999 in das Handelsregister eingetragen oder zumindest angemeldet worden sind. Diese dürfen ihr auf DM lautendes Stammkapital beibehalten.

– Behält die Altgesellschaft ihr Kapital in DM, so sind alle Kapitalmaßnahmen wie früher an 130 diesen Maßstäben zu orientieren. Dies gilt grds. auch nach dem 31.12.2001. Allerdings besteht nach § 1 Abs. 1 Satz 4 EGGmbHG die sog. **Registersperre**: Eine Änderung des Stammkapitals bei Altgesellschaften darf nach dem 31.12.2001 nur eingetragen werden, wenn das Kapital auf Euro umgestellt wird. Die Altgesellschaft kann daher auch über den Stichtag des 01.01.2002 hinaus die Umstellung auf Euro solange aufschieben, bis aus sonstigen Gründen eine Kapitalmaßnahme erforderlich ist.

---

[342] Vgl. allgemein dazu Kopp/Heidinger, Notar und Euro, 2. Aufl. 2001; Kopp, MittBayNot 1999, 161; Heidinger, GmbHR 20000, 414 ff.; ders. DNotZ 2001, 750 ff.; ders., NZG 20000, 532 ff.; Mitzlaff, ZNotP 1998, 226; Führmann, DB 1997, 1381; Waldner, ZNotP 1998, 490; Theile/Köhler, GmbHR 1999, 516; Mehler/Birner, MittBayNot 1999, 269; Ries, GmbHR 2000, 264.
[343] BGBl. I 2008, S. 2026.
[344] Früher § 86 GmbHG.

– Bei **Neugründungen** nach dem 31.12.1998 unterscheidet das Gesetz zwischen der Übergangsphase v. 01.01.1999 bis zum 31.12.2001 und der Europhase seit 01.01.2002. In der **Europhase** seit 01.01.2002 ist der Euro die einzige amtliche Währung, seit diesem Zeitpunkt kann eine GmbH nur noch in Euro gegründet werden.

II. Einzelfragen bei der Euroumstellung

131 Bei der **Umstellung auf Euro** sind zwei Arten zu unterscheiden: Die rein **rechnerische Umstellung** und die **Anpassung des Stammkapitals** auf gerade Euro-Beträge (Glättung). Bis zum 01.01.1999 konnten alle Gesellschaften die Euroumstellung in beiden Varianten wählen. Seit dem 01.01.2002 besteht auch für Altgesellschaften die Pflicht zur Glättung, wenn eine Kapitalmaßnahme durchgeführt wird (§ 1 Abs. 1 Satz 4 EGGmbHG):

1. Rein rechnerische Umstellung

132 Die rein **rechnerische Umstellung** richtet sich nach § 1 Abs. 3 EGGmbHG. Die Vorschrift sieht einige Verfahrenserleichterungen für diesen reinen Umstellungsbeschluss vor.[345] Der **Umstellungsbeschluss** konnte mit einfacher Mehrheit der Gesellschafterversammlung gefasst werden. Er brauchte nicht notariell beurkundet werden. Die Handelsregisteranmeldung ist formlos möglich. Der Beschluss ist kostenprivilegiert.[346] Die rein rechnerische Umstellung bedeutet nur die Umstellung des auf DM lautenden Stammkapitals und der Geschäftsanteile auf den umgerechneten Euro-Betrag.

▶ Beispiel:

133 Stammkapital 50.000,00 DM = 25.564,59 €

Geschäftsanteil 12.500,00 DM = 6.391,15 €

Bei der rein rechnerischen Umstellung besteht ein Rundungsproblem. Die überwiegende Meinung lässt – ohne ausdrückliche gesetzliche Grundlage bzw. in Analogie zu § 3 Abs. 4 EGAktG – die Rundung auf zwei Stellen hinter dem Komma zu.[347] Z. T. wird allerdings verlangt, dass auf die fehlende Rechtswirkung der Rundung entsprechend § 3 Abs. 4 Satz 3 EGAktG in den Beschlüssen und der Satzung hinzuweisen ist.[348]

Findet nur eine rein rechnerische Umstellung statt, so erhält die GmbH ein krummes Stammkapital und krumme Geschäftsanteile.

2. Anpassung des Stammkapitals auf gerade Euro-Beträge

134 In der Praxis empfehlenswert und üblich ist die Glättung auf gerade Euro-Beträge, wenn eine Euro-Umstellung erfolgen soll. Hier sind verschiedene Möglichkeiten denkbar.[349] In der Praxis die häufigste und einfachste Anpassung ist die Glättung durch **Kapitalerhöhung gegen Einlage** oder aus Gesellschaftsmitteln. Damit die Stammeinlagen auf einen geraden Euro-Betrag gestellt werden können, kann die Kapitalerhöhung nicht gegen Ausgabe neuer Geschäftsanteile erfolgen, sondern nur im Wege der sog. Aufstockung. Für diese Kapitaländerungsmaßnahmen gelten die allgemeinen Vorschriften.[350] Die Kapitaländerung erfolgt in zwei Schritten:

---

345 Vgl. Lutter/Hommelhoff/Bayer, GmbHG, § 1 EGGmbHG Rn. 10; Kopp/Heidinger, Notar und Euro, S. 13; Kopp, MittBayNot 1999, 162.
346 Art. 45 Abs. 2 EGHGB; vgl. Waldner, ZNotP 1998, 490; Tiedtke, MittBayNot 1999, 166.
347 Kopp/Heidinger, Notar und Euro, S. 15; Kopp, MittBayNot 1999, 162.
348 Ries, GmbHR 2000, 264.
349 Vgl. zusammenfassend Kopp/Heidinger, Notar und Euro, S. 15; Kopp, MittBayNot 1999, 163; Lutter/Hommelhoff/Bayer, GmbHG, § 1 EGGmbHG Rn. 12 ff.
350 Lutter/Hommelhoff/Bayer, GmbHG, § 1 EGGmbHG Rn. 12.

– rechnerische Umrechnung auf Euro-Betrag,
– Kapitalerhöhung zur Glättung.

Nach den Änderungen durch das MoMiG müssen die neuen Geschäftsanteile nur noch auf volle Euro lauten.[351] Die früheren Probleme der Disproportionalität haben sich damit erledigt (zu den Problemen vgl. Vorauflage Rn. 2979 ff.).

III. Umwandlungen und Euroumstellung

Die Frage der Euroumstellung hat der Gesetzgeber in § 318 Abs. 2 UmwG nur bei der Umwandlung oder Beteiligung von Kapitalgesellschaften geregelt. Die Vorschrift bestimmt, dass die Neufestsetzung der Nennbeträge von Anteilen einer Kapitalgesellschaft als übernehmendem Rechtsträger, deren Anteile noch der bis dahin gültigen Nennbetragseinteilung der alten DM-Beträge entsprechen, nach den bis zu diesem Zeitpunkt geltenden Vorschriften durchgeführt wird.

Verweist das UmwG dagegen auf die Gründungsvorschriften (Verschmelzung und Spaltung zur Neugründung) oder liegt ein Wechsel in eine neue Rechtsform (Formwechsel) vor, so verweist das UmwG auf die für den neuen Rechtsträger geltenden Gründungsvorschriften und es gelten die spezifischen Übergangsvorschriften für neu gegründete Gesellschaften.

1. Umwandlung zur Neugründung

Umwandlungen zur Neugründung, also **Verschmelzung und Spaltung zur Neugründung**, sind nach Ablauf der Übergangsvorschriften nur noch nur in Euro möglich.

2. Umwandlung zur Aufnahme

Bei **Verschmelzungen und Spaltungen zur Aufnahme** gilt der Grundsatz – wenn eine Kapitalmaßnahme wie in den meisten Fällen erforderlich ist – dass die Pflicht zur Umstellung auf Euro und Glättung besteht.

Möglich wäre die rein **rechnerische Umstellung auf Euro**, die dann allerdings vor der Kapitalerhöhung durchgeführt werden müsste.

▶ Hinweis:
Bei der Umwandlung muss also entschieden werden, ob vorher eine rechnerische Umstellung stattfindet mit der Folge der schwer handhabaren krummen Folgebeträge. Dies dürfte in der Praxis nicht zu empfehlen sein.

Die andere praxisgerechte Alternative ist, dass vor der Verschmelzung oder Spaltung und der damit verbundenen Kapitalerhöhung bei der aufnehmenden Gesellschaft eine **Euroumstellung samt Glättung auf gerade Euro-Beträge** durchgeführt wird. Dann ist die aufnehmende GmbH vor der Kapitalerhöhung zur Umwandlung bereits auf gerade Euro-Beträge umgestellt mit der Folge, dass dann die Kapitalerhöhung nach Euro-Beträgen erfolgen kann. Dies dürfte der empfehlenswertere Weg sein, wenn i. R. d. Umwandlung eine Euroanpassung erfolgen soll.

▶ Hinweis:
Für die Praxis gilt daher, dass bei Verschmelzung und Spaltung zur Aufnahme im Regelfall vorher Euroumstellung und Glättung erfolgen sollten, und zwar i. d. R. durch Nennwertaufstockung zum nächstmöglichen durch Euro-Betrag nach obigen Grundsätzen, auch wenn es sich um eine reine Schwesterverschmelzung bzw. -spaltung handelt.[352]

---

351 Vgl. Lutter/Hommelhoff/Bayer, GmbHG, § 1 EGGmbHG Rn. 14.
352 Ebenso Widmann/Mayer/Mayer, Umwandlungsrecht, § 55 UmwG Rn. 45; BeckOGK/Annuß UmwG § 318 Rn. 4.

144 Die im Anschluss notwendige Kapitalerhöhung zur Durchführung der Verschmelzung sollte dann aufschiebend bedingt auf das Wirksamwerden der Eurokapitalerhöhung erfolgen.[353]

145 Es bleibt noch die **Problematik des Kapitalnachweises**, wenn die zu verschmelzenden oder zu spaltenden Gesellschaften vor der Umwandlung ihr Stammkapital in DM ausgewiesen haben. Wird nämlich i. R. d. Verschmelzung oder Spaltung das Kapital erhöht, so gelten die Grundsätze der Kapitalerhöhung auch i. R. d. Verschmelzung oder Spaltung. Der Betrag, um den das Kapital erhöht wird, um neue Geschäftsanteile an die Gesellschafter der übertragenden Gesellschaft auszugeben, muss durch das Vermögen der übertragenden Gesellschaft gedeckt sein.

146 Auch bei der Verschmelzung ist eine sog. unter-pari-Emission nicht zulässig.[354] Dem Registergericht obliegt dabei die Prüfung, ob eine Überbewertung des eingebrachten Vermögens im Wege der Verschmelzung oder Spaltung vorliegt und damit gegen das Verbot der **unter-pari-Emission** verstoßen wurde. I. d. R. wird als geeignete Unterlage für die Prüfung der Kapitalerhaltung die Schlussbilanz der übertragenden Gesellschaft vorgelegt. Aus dieser lässt sich dann allerdings auch relativ leicht durch Euroumrechnung feststellen, dass auch die neuen Euro-Beträge erreicht werden. Insofern stellen sich keine großen praktischen Probleme.

147 Zusammenfassend ist also festzustellen, dass bei der Verschmelzung oder Spaltung und der Euroumstellung **grds. drei Maßnahmen zu unterscheiden** sind:
– rechnerische Umstellung des DM-Stammkapitals auf Euro,
– Kapitalerhöhung zur Glättung,
– allgemeine Kapitalerhöhung zur Umwandlung nach § 55 UmwG.

148 Es bedarf daher auch zur Euroumstellung eines **ausdrücklichen Umstellungsbeschlusses**, eines Kapitalerhöhungsbeschlusses zur Glättung und danach des Beschlusses über die Kapitalerhöhung nach neuen Euro-Beträgen zur Verschmelzung oder Spaltung. Die Vermischung der Kapitalerhöhung zur Verschmelzung und zur Umstellung ist an sich nicht zulässig.

149 Es fragt sich, wie eine **Glättung i. R. d. Umwandlung** erreicht werden kann. Zunächst bleibt selbstverständlich die Möglichkeit der Glättung nach allgemeinen Grundsätzen, die oben dargestellt wurden: Kapitalerhöhung aus Gesellschaftsmitteln bzw. Kapitalerhöhung zur Aufstockung durch Bareinlage.

150 Es bleibt die Frage, ob die i. R. d. Verschmelzung oder Spaltung durchzuführende **Kapitalerhöhung beim aufnehmenden Rechtsträger auch zur Glättung verwandt** werden kann, ob also das Vermögen der übertragenden Gesellschaft zumindest z. T. verwendet werden kann, um eine der Glättung entsprechende Aufstockung der Geschäftsanteile zu erreichen. Dies hätte den Vorteil, dass dann keine Bareinlage zur Glättung erforderlich wäre. Auch bei diesem Verfahren ist zunächst die rechnerische Umstellung des Stammkapitals und der Geschäftsanteile auf Euro erforderlich, und zwar durch einen entsprechenden Umstellungsbeschluss. Sodann würde im nächsten Schritt das Kapital auf einen geraden Euro-Betrag erhöht, wobei Einlage die Sacheinlage i. R. d. Verschmelzung wäre. Dies würde zunächst voraussetzen, dass i. R. d. Verschmelzung die Kapitalerhöhung nicht nur gegen Ausgabe neuer Geschäftsanteile zulässig wäre, sondern auch zur Aufstockung. § 55 UmwG, der die Kapitalerhöhung i. R. d. Verschmelzung regelt und auch bei der Spaltung gilt, geht offenbar davon aus, dass neue Geschäftsanteile gebildet werden (§ 55 Abs. 1 Satz 2 UmwG). Es sprechen keine grundsätzlichen Erwägungen gegen eine Kapitalerhöhung zur Aufstockung. Zwar geht die überwiegende Meinung von einer sog. Geschäftsanteilsgewährungspflicht aus: i. R. d. Verschmelzung oder Spaltung sind nach dem Wesen der Verschmelzung oder Spaltung den Gesellschaftern der übertragenden Gesellschaft Geschäftsanteile in der neuen Gesellschaft zu gewähren, anderenfalls wäre die Verschmelzung nichtig.[355] Andererseits geht es

---

353 Widmann/Mayer/Mayer, Umwandlungsrecht, § 55 UmwG Rn. 45.
354 Vgl. Widmann/Mayer/Mayer, Umwandlungsrecht, § 55 UmwG Rn. 12; vgl. oben Teil 2 Rdn. 290 ff.
355 Vgl. Widmann/Mayer/Mayer, Umwandlungsrecht, § 5 UmwG Rn. 15 ff.

im Grund darum, dass der Kapitalanteil an der aufnehmenden Gesellschaft die Gegenleistung für das Vermögen der übertragenden Gesellschaft ist, sodass dieser Grundsatz allein wohl nicht gegen die Aufstockung sprechen würde. Bei der Verschmelzung von Personengesellschaften ist die Aufstockung der Kapitalanteile auch die einzige Möglichkeit, da nach herrschender Meinung bei der Personengesellschaft ein Gesellschafter, der z. B. schon an der aufnehmenden Gesellschaft beteiligt ist, nicht mehrere Anteile halten kann. Insofern spricht einiges dafür, auch bei der Verschmelzung und bei der Spaltung eine Aufstockung im Rahmen einer Kapitalerhöhung zuzulassen.

Unproblematisch ist die Situation allerdings nur bei der Verschmelzung von sog. **Schwestergesellschaften**, bei denen die Gesellschafter der übertragenden Gesellschaft auch im gleichen Anteilsverhältnis an der übernehmenden Gesellschaft beteiligt sind. Dann führt die Aufstockung ihrer Anteile an der übernehmenden Gesellschaft dazu, dass sie wirtschaftlich eine Gegenleistung für das Vermögen der übertragenden Gesellschaft erhalten. 151

Die Literatur ist daher der Auffassung, dass in dem Fall, wenn ein Anteilsinhaber des übertragenden Rechtsträgers bereits Gesellschafter der übernehmenden GmbH ist, mit seiner Zustimmung auch die Zuweisung des neuen Anteils im Wege der Erhöhung des Nennbetrags seines Geschäftsanteils bei der übernehmenden GmbH erfolgen kann.[356] 152

Besteht keine **Schwestersituation**, sind also unterschiedliche Gesellschafter an der aufnehmenden und an der übertragenden Gesellschaft beteiligt, müsste das übertragende Vermögen i. R. d. Verschmelzung teilweise dazu genutzt werden, neue Geschäftsanteile zu bilden und teilweise zur Aufstockung und Glättung des Stammkapitals der aufnehmenden Gesellschaft. 153

In diesem Fall ist nach der wohl herrschenden Literaturauffassung eine – teilweise – Aufstockung nicht zulässig, da die Kapitalerhöhung nach § 55 UmwG nur zulässig »zur Durchführung der Verschmelzung« ist. Dies hat zur Folge, dass Verschmelzung und Kapitalerhöhung sich gegenseitig bedingen, sodass die Kapitalerhöhung unzulässig wäre, wenn ausschließlich oder teilweise neue Anteile für die bisherigen Gesellschafter gewährt werden sollen.[357] Die Verschmelzung kann in diesen Fällen allerdings mit einer ordentlichen Kapitalerhöhung verbunden werden.[358] 154

IV. Beispiel

▶ An der B-GmbH sind die Gesellschafter 1, 2 und 3 beteiligt und zwar mit Anteilen i. H. v. 20.000,00 DM, 10.000,00 DM und 30.000,00 DM. Die B-GmbH will eine Euroumstellung durchführen und anschließend das Kapital um 25.000,00 € erhöhen, um die A-GmbH, an der Herr Z als einziger Gesellschafter beteiligt ist, aufzunehmen. 155

▶ Formulierungsbeispiel: Euroumstellung unter Beteiligung einer GmbH

– Auszug aus dem Verschmelzungsbeschluss – 156

Wir sind die alleinigen Gesellschafter der B-GmbH in Z-Stadt, HRB...... Das Stammkapital der Gesellschaft i. H. v. 60.000,00 DM ist voll eingezahlt. Die Gesellschafter halten folgende Geschäftsanteile:
– Herr 1: 20.000,00 DM,
– Herr 2: 10.000,00 DM,
– Herr 3: 30.000,00 DM.

Unter Verzicht auf die Einhaltung der Form- und Fristvorschriften halten wir eine Gesellschafterversammlung ab und beschließen einstimmig Folgendes:

---

356 Widmann/Mayer/Mayer, Umwandlungsrecht, § 5 UmwG Rn. 90.
357 Widmann/Mayer/Mayer, Umwandlungsrecht, § 55 UmwG Rn. 11; Lutter/Winter/Vetter, UmwG, § 55 Rn. 8; vgl. auch Kallmeyer/Kallmeyer, UmwG, § 55 Rn. 1.
358 Vgl. Widmann/Mayer/Mayer, Umwandlungsrecht, § 55 UmwG Rn. 115.

A. Zustimmung zum Verschmelzungsvertrag

(*Anm.*: Es folgt die übliche Formulierung.)

B. Euroumstellung

Das Stammkapital und die Geschäftsanteile der Gesellschaft sowie sämtliche Betragsangaben in der Satzung mit Ausnahme des Gründungsaufwandes werden auf Euro umgestellt. Nach dem amtlichen Umrechnungskurs von 1,00 € = 1,95583 DM beträgt das Stammkapital somit 30.677,52 € (gerundet), die Geschäftsanteile der Gesellschafter verteilen sich wie folgt:
- Herr 1: 10.225,84 € (gerundet),
- Herr 2: 5.112,92 € (gerundet),
- Herr 3: 15.338,76 € (gerundet).

Die eventuelle Rundung hat keine Rechtswirkungen.

C. Barkapitalerhöhung zur Glättung

Das Stammkapital der A-GmbH von 30.677,52 € wird um 0,48 € auf 30.678,00 € erhöht.

Zur Übernahme werden die Gesellschafter zugelassen. Die Kapitalerhöhung erfolgt durch Aufstockung der Geschäftsanteile. Die Geschäftsanteile werden wie folgt erhöht:

Herr 1: von 10.225,84 € um 0,16 auf 10.226,00 €,

Herr 2: von 5.112,92 € um 0,08 auf 5.113,00 €,

Herr 3: von 15.338,76 € um 0,24 € auf 15.339,00 €.

Die neuen Einlagen zur Aufstockung der Geschäftsanteile sind sofort in voller Höhe in bar zu leisten.

Die erhöhten Geschäftsanteile sind gewinnberechtigt ab......

Die Satzung wird wie folgt geändert:

§ 5 der Satzung lautet:

»Das Stammkapital der Gesellschaft beträgt 30.678,00 €«.

D. Kapitalerhöhung zur Durchführung der Verschmelzung

Aufschiebend bedingt auf das Wirksamwerden der Kapitalerhöhung nach vorstehend C wird das Stammkapital der B-GmbH zur Durchführung der Verschmelzung der A-GmbH auf die B-GmbH von 30.678,00 € um 25.000,00 € auf 55.678,00 € erhöht. Die Kapitalerhöhung erfolgt zur Durchführung der Verschmelzung gem. § 54 UmwG.

Es wird ein Geschäftsanteil i. H. v. 25.000,00 € gebildet. Diese wird Herrn Z als Gegenleistung für die Übertragung des Vermögens der A-GmbH auf die B-GmbH gewährt.

Die Satzung wird wie folgt geändert:

§ 5 der Satzung lautet:

»Das Stammkapital der Gesellschaft beträgt 55.678,00 €«.

B. Euroumstellung bei der AG

I. Allgemeine Frage der Euroanpassung

157 Im Aktienrecht ist die Euroanpassung in §§ 1 ff. EGAktG geregelt.[359] Es findet sich die gleiche Unterscheidung zwischen **Altgesellschaften** und **Neugründung** wie bei der GmbH.

---

[359] Vgl. dazu Kopp/Heidinger, Notar und Euro, S. 24 ff.; Schürmann, NJW 1998, 3162 ff.; Ihrig/Streit, NZG 1998, 201 ff.; Kopp, BB 1998, 701 ff.; Schröer, ZIP 1998, 306 ff.; Schröer, ZIP 1998, 529 ff.; Mitzlaff, ZNotP 1998, 226 ff.

Altgesellschaften, die vor dem 01.01.1999 in das Handelsregister eingetragen worden sind, dürfen die Nennbeträge ihres Grundkapitals und ihre Aktien weiter in DM bezeichnen (§ 1 Abs. 2 EGAktG). Für diese Altgesellschaften bleibt auch noch § 2 EGAktG der bis dahin gültige Mindestbetrag des Grundkapitals von 100.000,00 DM maßgeblich.

158

Dies gilt, ebenso wie bei der GmbH, auch nach dem 31.12.2001. Bei der AG besteht allerdings dann nach § 3 Abs. 5 EGAktG die sog. **Registersperre**: Beschließt die Gesellschaft die Änderung ihres Grundkapitals, darf der Beschluss nach dem 31.12.2001 in das Handelsregister nur eingetragen werden, wenn zugleich eine Satzungsänderung über die Anpassung der Aktiennennbeträge an die neuen Euro-Beträge des § 8 AktG eingetragen wird.

159

Wie bei der GmbH kann bei Neugründungen ab 01.01.2002 die AG nur noch in Euro gegründet werden.

160

Im **Gesetz über die Zulassung von Stückaktien**[360] wurde für die AG die Stückaktie eingeführt. Im Gegensatz zur **Nennbetragsaktie** lautet die Stückaktie nicht auf einen bestimmten Nennbetrag, sondern auf sie entfällt der ihrem Anteil an der Gesamtzahl aller ausgegebenen Aktien entsprechende Teilbetrag des sich aus der Satzung der AG ergebenden Grundkapitals. Dieser Teilbetrag je Aktie muss mindestens 1,00 € betragen (§ 8 Abs. 3 Satz 3 AktG). Ist eine AG mit Stückaktien vorhanden oder werden die Nennbetragsaktien in Stückaktien umgestellt, so besteht kein Bedarf zur Anpassung der Aktien, allenfalls zur Anpassung des Grundkapitals, wobei allerdings § 3 Abs. 5 EGAktG für die Zeit nach dem 31.12.2001 nur die Registersperre zur Anpassung der Aktiennennbeträge vorsieht. In der Praxis dürfte sich aber empfehlen, ohne gesetzgeberische Verpflichtung und Registersperre dennoch eine Umstellung auf Euro auch bei AG durchzuführen, die nur Stückaktien ausgegeben haben.[361]

161

II. Euroumstellung

1. Allgemeines

Auch bei der Umstellung auf Euro sind bei der AG ebenfalls zwei Arten zu unterscheiden: die **rein rechnerische Umstellung** und die **Anpassung des Stammkapitals auf gerade Euro-Beträge** (Glättung). Die rein rechnerische Umstellung war nur in der Zeit v. 01.01.1999 bis zum 31.12.2001 möglich.

162

▶ Hinweis:

In der Praxis haben die meisten größeren Gesellschaften von der Möglichkeit der Einführung der Stückaktie Gebrauch gemacht, die, wie ausgeführt, den Vorteil auch bei der Euroumstellung hat, dass keine Aktiennennbeträge, sondern nur das Grundkapital umgestellt bzw. angepasst werden muss. In der Praxis findet häufig mit der Umstellung auf Stückaktien auch die Euroanpassung des Grundkapitals statt.

163

Die **Umstellung auf Stückaktien** stellt eine Satzungsänderung dar, der entsprechende Hauptversammlungsbeschluss bedarf daher einer 3/4-Mehrheit des bei der Beschlussfassung vertretenen Grundkapitals, sofern die Satzung nicht eine andere Mehrheit vorschreibt.[362] Weiterer Anpassungsbedarf besteht bei den Satzungen, wo bestimmte Rechte an Aktiennennwerte anknüpfen.

164

▶ Beispiel:

Eine Vorzugsdividende, die dann einen bestimmten Prozentsatz des Nennwertes der Stammaktien anknüpft.

165

---

360 BGBl. 1998 I, S. 590 ff.
361 Vgl. Kopp/Heidinger, Notar und Euro, S. 27 f.
362 § 179 Abs. 2 Satz 1 und Satz 2 AktG, vgl. dazu Schröer, ZIP 1998, 306 f.; Mitzlaff, ZNotP 1998, 226, 230.

▶ **Hinweis:**

166 In der Praxis werden die Anpassungsmaßnahmen aber häufig mit der Euroumstellung verknüpft. Hier werden die Nennbeträge im Regelfall durch eine Kapitalerhöhung aus Gesellschaftsmitteln auf den nächsten ganzen Euro geglättet. Der Weg der Kapitalerhöhung gegen Einlagen ist bei der AG, anders als bei einer GmbH, nicht möglich. Die Kapitalerhöhung gegen Einlagen kann nach § 182 Abs. 1 Satz 4 AktG nur durch Ausgabe neuer Aktien ausgeführt werden, hierdurch wird aber dann keine Glättung erreicht. Denkbar wäre auch die Kapitalherabsetzung, die allerdings in der Praxis wenig Gefolgschaft gefunden hat.

2. Nennbetragsaktien

167 Hat die AG Nennbetragsaktien, so bedarf es sowohl bzgl. des Grundkapitals als auch bzgl. der Aktien eines **Umstellungsbeschlusses**. Börsennotierte Gesellschaften mussten in jedem Fall bis zum 01.01.2002 ihr Aktienkapital geglättet haben, für die nicht börsennotierten AG besteht die Registersperre nach diesem Zeitpunkt.

3. Stückaktien

168 Ist oder wird im Zuge der Euroumstellung die Stückaktie eingeführt, so müsste nach dem oben Ausgeführten **keine Glättungsmaßnahme** durchgeführt werden, da auch eine krumme Grundkapitalziffer, die nach der Euroumstellung entsteht, bei Stückaktien zulässig ist. § 8 Abs. 3 Satz 3 AktG verlangt nur, dass der auf eine einzelne Stückaktie entfallende anteilige Betrag des Grundkapitals 1,00 € nicht unterschreiten darf, verlangt aber nicht, dass es immer ein glatter Euro-Betrag sein muss, sodass auch Kommabeträge zulässig sind.[363] Auch das Euroumstellungsgesetz verlangt in § 3 Abs. 5 EGAktG ab dem 01.01.2000 nur die Anpassung auf glatte Aktiennennbeträge, nicht jedoch auf einen glatten Grundkapitalbetrag. Somit besteht für Altgesellschaften mit Stückaktien auch nach dem 01.01.2002 grds. keine Umstellungspflicht. Das Grundkapital kann weiterhin in krummen, ja sogar Kommabeträgen ausgewiesen werden.

169 Häufig wird allerdings eine **Glättung gewünscht**. In diesen Fällen bedarf nur die Grundkapitalziffer einer Umstellung und Glättung.[364]

III. Besonderheiten bei der Umwandlung

170 Auch bei der Umwandlung und der Euroumstellung unter Beteiligung von AG gilt § 318 Abs. 2 UmwG, die Probleme sind daher dieselben wie bei der Beteiligung von einer GmbH, sodass auf die obigen Ausführungen verwiesen werden kann. In der Praxis empfiehlt es sich auch bei Beteiligung von AG, **zunächst die Euroumstellung** durchzuführen, um **anschließend die Kapitalerhöhung** zur Durchführung der Verschmelzung auszuführen. Verschmelzung und Spaltung zur Neugründung müssen zwingend den neuen Signalbeträgen genügen; in der Praxis sollten daher die Verschmelzung und die Spaltung zur Neugründung immer gleich auf Euro erfolgen unter Beachtung des Mindestbetrags von 1,00 € (§ 8 AktG) und des Mindestgrundkapitals von 50.000,00 € (§ 7 AktG). Bei der Verschmelzung und Spaltung zur Aufnahme gilt das Gleiche wie bei der GmbH. Eine Besonderheit besteht – wie dargelegt – bei einer AG, die Stückaktien ausgegeben hat. Hier sind keine Glättungsmaßnahmen erforderlich, da das Kapital auch in krummen Beträgen ausgewiesen werden kann.

---

363 Vgl. Hüffer, AktG, § 8 Rn. 22.
364 Vgl. Schröer, ZIP 1998, 306, 308.

IV. Beispiel

▶ Die A-AG hat ein Stammkapital i. H. v. 350 Mio. DM und ist eingeteilt in Nennbetragsaktien im Nennbetrag von 50,00 DM.

Der einfachste Weg der Umstellung liegt darin, das Grundkapital neu in Stückaktien einzuteilen, zwar noch in DM-Beträgen. An die Stelle einer Aktie im Nennbetrag von 50,00 DM könnte eine Stückaktie treten (möglich wären auch 50 Stückaktien). Hat eine Gesellschaft Aktien mit unterschiedlichen Nennbeträgen (z. B. 5,00 DM, 50,00 DM, 1.000,00 DM), muss vor einer Umstellung auf Stückaktien eine einheitliche Stückelung hergestellt werden, da Stückaktien zwingend denselben Anteil am Grundkapital verkörpern. Es ist dann ein Aktiensplitt erforderlich.

Im obigen Beispiel könnten die Beschlüsse wir folgt lauten:

▶ Formulierungsbeispiel: Euroumstellung unter Beteiligung einer AG

»Vorstand und Aufsichtsrat schlagen vor zu beschließen:

1. Das Grundkapital wird eingeteilt in Stückaktien. An die Stelle einer Aktie im Nennbetrag von 50,00 DM tritt eine Stückaktie. Bis zur Kraftloserklärung bzw. zum Umtausch der für die bisherigen Nennbetragsaktien ausgegebenen Aktienurkunden verkörpern je 50,00 DM einer Aktienurkunde eine Stückaktie.

2. Die Beschlüsse der Hauptversammlung der Gesellschaft von...... über die Ermächtigung des Vorstandes, das Grundkapital der Gesellschaft um bis zu...... DM und bis zu...... DM durch Ausgabe neuer Inhaberstammaktien zu erhöhen, werden dahin geändert, dass die Erhöhung jeweils durch die Ausgabe neuer, auf den Inhaber lautende Stückaktien erfolgen.

3. Das Grundkapital der Gesellschaft, das genehmigte Kapital I und II sowie alle weiteren in der Satzung in DM genannten Beträge werden, ausgenommen die Gründungskosten, auf Euro und volle Cent bzw. auf volle Euro gerundet wie folgt umgestellt unter Zugrundelegung des amtlich festgelegten Umrechnungskurses von 1,00 € = 1,95583 DM.

Das Grundkapital auf 178.952.000,00 €.

Das genehmigte Kapital I auf 71.580.863,00 €.

Das genehmigte Kapital II auf 17.895.215,00 €.

4. Zur Anpassung an die Umstellung auf Stückaktien, die Neueinteilung des Grundkapitals und die Umstellung der in der Satzung in DM genannten Beträge werden die folgenden Satzungsbestimmungen geändert und wie folgt vollständig neu gefasst...... Aufnahme des entsprechenden vollständigen Wortlautes der geänderten Satzung.

5. Rundungen haben keine Rechtswirkungen.«

C. Besonderheiten beim Formwechsel

Der Formwechsel in eine Kapitalgesellschaft anderer Rechtsform wird nach § 318 Abs. 2 Satz 2 UmwG **einer Umwandlung zur Neugründung gleichgestellt**. Der Formwechsel von der GmbH in die AG oder von der AG in die GmbH wird daher vom Gesetzgeber so behandelt, als würde eine Neugründung stattfinden, sodass die obigen Vorschriften über die Neugründung gelten. Grds. möglich wäre zwar noch der Formwechsel unter Beibehaltung von DM-Beträgen, dann müssten allerdings beim Zielrechtsträger die Euro-Signalbeträge beachtet werden, die dann zwangsläufig zu krummen Beträgen führen. Insofern ist in der Praxis von einem DM-Formwechsel ab dem 01.01.1999 abzuraten und das Stammkapital beim Zielrechtsträger in Euro, und zwar unter Berücksichtigung der Mindestbeträge und Signalbeträge, auszuweisen (GmbH: Mindeststammkapital 25.000,00 €, Geschäftsanteil auf volle Euro bzw. beim Formwechsel in die AG Mindeststammkapital 50.000,00 €, Mindestaktiennennbetrag 1,00 € bzw. Stückaktien Mindestbetrag 1,00 €).

174 In der Praxis ist ein **Kollisionsproblem mit § 247 UmwG** aufgedeckt worden.[365] Nach dieser Vorschrift wird das bisherige Stammkapital einer formwechselnden GmbH zum Grundkapital einer AG oder das bisherige Grundkapital der formwechselnden AG zum Stammkapital der GmbH. Der Formwechsel zwischen Kapitalgesellschaft, der gleichzeitig von einem DM-Stammkapital in ein Euro-Stammkapital stattfindet, führt zwangsläufig zum Verstoß gegen die Teilbarkeitsvorschriften, da krumme Beträge entstehen. Etwas anderes gilt nur bei Stückaktien, da hier – wie dargelegt – das Grundkapital auch einen krummen Betrag ausweisen kann. Der Formwechsel der GmbH in die AG kann daher unter einfacher Umrechnung in Euro-Beträge ohne Weiteres erfolgen, wenn Stückaktien ausgegeben werden. Der Formwechsel von der AG in die GmbH oder die Ausgabe von Nennbetragsaktien ist danach nicht ohne Weiteres möglich. Das UmwG sieht keine Möglichkeit vor, im Umwandlungsbeschluss durch den Formwechsel die Kapitalziffer zu ändern.[366] In der Literatur war umstritten, ob § 247 UmwG entsprechend einschränkend auszulegen ist.[367] Happ will es zulassen, dass das umgerechnete Nennkapital nach dem Formwechsel unter dem bisherigen liegt und die entsprechende Differenz in einem vorübergehenden Abgrenzungsposten aus Kapitalumstellung ausgewiesen wird. Dieser Auffassung ist zu Recht Heidinger entgegengetreten, der darauf hinweist, dass unter Anwendung der allgemeinen Vorschriften vor dem Formwechsel eine Anpassung des Kapitals erfolgen kann und soll.[368] Die erforderliche Umstellung und Kapitalmaßnahme muss dann nur noch nach dem Recht des Ausgangsrechtsträgers erfolgen.

D. Besonderheiten bei Personengesellschaften

175 Das EuroEG enthält zu den **Personengesellschaften keine Regelungen**.[369]

176 Soll eine **Umwandlung in eine Personengesellschaft** erfolgen (z. B. Formwechsel GmbH in KG, Verschmelzung GmbH auf KG o. ä.), so bedarf es einer Euroumstellung.

177 Soll – wie in der Praxis üblich – mit der Umwandlung auch eine Euro-Gründung der Personengesellschaft erfolgen, so gelten dafür **keine Besonderheiten**. Die Gesellschafter sind grds. frei, wie sie z. B. bei einer KG als Zielrechtsträger das übergehende Vermögen verteilen. Das Stammkapital muss nicht zwingend zur Hafteinlage werden, da eine § 247 UmwG vergleichbare Vorschrift, die die Identität des Stammkapitals beim Formwechsel von Kapitalgesellschaften vorschreibt, beim Formwechsel in die Personengesellschaft fehlt.[370] Deshalb kann auch das Vermögen der übergehenden Gesellschaft beliebig zur Euroumstellung verwendet werden, ohne dass es genauer Umrechnungen oder Anpassungsmaßnahmen bedarf. Einziger Grundsatz ist, dass das Vermögen ausreichend sein muss, um die Euro-Hafteinlage zu decken. Suchwertmäßige Änderungen sind zulässig, wenn alle Gesellschafter damit einverstanden sind.

E. Besonderheiten bei Genossenschaften

178 Durch das EuroEinfG v. 09.06.1998[371] wurde für die Genossenschaft **keine Verpflichtung zur Umstellung auf Euro** begründet. Das GenG schreibt weder ein bestimmtes Kapital noch einen Mindestbetrag für die Geschäftsanteile vor. Vielmehr wird die Höhe der Geschäftsanteile gem. § 7 GenG durch das Statut bestimmt. Die letzten gesetzlichen Vorgaben, dass der Betrag der Geschäftsanteile einer Genossenschaft mindestens 1,00 DM betragen und auf volle DM lauten müsse (§ 64 Abs. 2 DM-Bilanzgesetz v. 1949) sind durch das EuroEinfG (Art. 3 § 7) aufgeho-

---

365 Vgl. dazu Heidinger, NZG 2000, 532; Lutter/Happ, UmwG, § 247 Rn. 4.
366 Heidinger, NZG 2000, 532.
367 So Lutter/Happ, UmwG, § 247 Rn. 5.
368 Heidinger, NZG 2000, 533; ebenso Ries, GmbHR 2000, 266.
369 Kopp/Heidinger, Notar und Euro, S. 32.
370 Vgl. Lutter/Göthel UmwG, § 234 Rn. 32; LG Osnabrück, Beschl. v. 03.03.2000, unveröffentlicht.
371 BGBl. I, S. 1242.

worden. Zwar können ab 01.01.2002 nur noch Genossenschaften gegründet werden, deren Statut Beträge in Euro enthalten.[372] Für die Umstellung bestehender Genossenschaften hat sich der Gesetzgeber auf eine als § 164 GenG eingefügte **Übergangsbestimmung** beschränkt. Darin wird nicht nach den verschiedenen Zeiträumen der Übergangsfrist v. 01.01.1999 bis 31.12.2001 bzw. danach unterschieden. Die Genossenschaft kann – muss aber nicht – durch die bloße Umstellung der Geschäftsanteile auf Euro nichts an der Höhe der einzelnen Anteile verändern. Dabei entstehen anstelle der bisher glatten DM-Beträge gebrochene Euro-Beträge. Über diese Umstellung, die durch Änderung des Statuts i. S. d. § 16 Abs. 1 GenG erfolgt, beschließt die Generalversammlung abweichend von § 16 Abs. 4 GenG mit einfacher Stimmenmehrheit. Dies gilt auch dann, wenn damit eine Herabsetzung der Anteile verbunden ist, durch die deren Betrag auf volle Euro gestellt wird (§ 164 Abs. 1 Satz 1, 2 GenG). Im Fall einer Erhöhung der Anteile ist dagegen § 16 Abs. 2 GenG anzuwenden (3/4-Mehrheit). Bei der Herabsetzung des Anteils ist die Gläubigerschutzvorschrift des § 22 Abs. 1 bis Abs. 4 GenG stets zu beachten (Bekanntmachung, Sicherheitsleistung, Auszahlungsverbot, Rechnungsverbot). Der Beschluss über die Änderung des Statuts ist nach §§ 164 Abs. 1 Satz 3, 16 Abs. 5, 11 Abs. 1 GenG vom Vorstand zur Eintragung in das Genossenschaftsregister anzumelden. Er wird gem. § 16 Abs. 6 GenG erst mit der Eintragung wirksam. Die Anmeldung bedarf gem. § 164 Abs. 2 Satz 1 GenG nicht der öffentlich beglaubigten Form nach § 157 GenG, wenn der Beschluss lediglich der Umstellung der Geschäftsanteile zum amtlich festgelegten Kurs dient. Demgegenüber findet § 157 GenG Anwendung, wenn zugleich eine Glättung der Geschäftsanteile beschlossen wird. Nach §§ 156 Abs. 1 Satz 2, 16 Abs. 5 Satz 2, 12 Abs. 2 GenG erfolgt eine Bekanntmachung der Registereintragung nicht, sofern der Beschluss über die Umstellung nicht mit einer Herabsetzung der Geschäftsanteile verbunden ist (§ 22 Abs. 1 bis Abs. 3 GenG).

Im Fall der Umwandlung stellt sich die Frage, ob die **mögliche Umstellung auf Euro bei der Genossenschaft überhaupt erforderlich** ist. Der Formwechsel selbst ist aus Sicht der Genossenschaft ebenfalls grds. kein Grund auf Euro umzustellen. Allerdings stellt sich bei einem Formwechsel je nach beteiligten Rechtsträgern teilweise das Problem, dass dies zur Vorbereitung eines zulässigen Formwechsels noch beim Ausgangsrechtsträger (hier: e. G.) erforderlich sein könnte. Diese Problematik wird – wie bereits erörtert – beim Formwechsel der GmbH in eine AG und umgekehrt diskutiert.[373] Denn § 318 Abs. 2 Satz 2 Halbs. 1, 2. Alt. UmwG setzt den Formwechsel einer Umwandlung zur Neugründung gleich. Daher müssen auch im Fall des Formwechsels in eine GmbH aus Sicht der durch den Formwechsel entstehenden GmbH bzgl. des Euro sowie der Teilbarkeit der Geschäftsanteile und der Höhe der Mindestgeschäftsanteile die Regelungen der Neugründung, also insb. §§ 86 Abs. 1 und Abs. 3 GmbH beachtet werden. Daraus ergibt sich, dass bei der GmbH, die durch den Formwechsel entsteht, grds. unmittelbar Geschäftsanteile mit glatten Euro-Beträgen entstehen müssen, die den Vorgaben des § 5 Abs. 1 und Abs. 3 GmbHG (mindestens 100.00,00 € und Teilbarkeit durch 50) entsprechen müssen. Diese Problematik wird besonders virulent beim Formwechsel der AG in die GmbH und umgekehrt, da § 247 UmwG zwingend vorschreibt, dass das Grundkapital der Ausgangs-AG identisch ist mit dem Stammkapital der entstehenden GmbH oder umgekehrt. Daraus wird die Notwendigkeit abgeleitet, dass schon beim Ausgangsrechtsträger ein entsprechendes Grund- bzw. Stammkapital gebildet wird, wie es beim Zielrechtsträger ebenfalls nach Eintragung des Formwechsels zulässig bleibt. Diese Problematik hat sich auch schon früher außerhalb der Euroumstellung beim Formwechsel der GmbH in eine AG gestellt, wenn die GmbH kein genügendes Stammkapital hatte, um die Anforderungen an das Mindestgrundkapital der entstehenden AG zu erfüllen.

Bei dem **Formwechsel einer eingetragenen Genossenschaft in eine Kapitalgesellschaft** (z. B. GmbH) stellt sich die Frage, welche konkreten Auswirkungen diese Problematik hat. § 247 GmbHG gilt nur für den Formwechsel einer Kapitalgesellschaft in eine Kapitalgesellschaft anderer

---

372 Kopp/Heidinger, Notar und Euro, S. 34.
373 Vgl. oben Teil 5 Rdn. 174 und ausführlich Heidinger, NZG 2000, 532 ff.

Rechtsform. Da diesbezüglich die eingetragene Genossenschaft nicht als Kapitalgesellschaft angesehen werden kann, ist § 247 UmwG nicht einschlägig. Aber auch beim Formwechsel eingetragener Genossenschaften wird eine Relation zwischen dem Geschäftsguthaben der Ausgangsgenossenschaft und dem Nennbetrag der Geschäftsanteile der Zielrechts-GmbH hergestellt. Einerseits regelt § 258 Abs. 2 UmwG, dass auf jeden Genossen, der an der Gesellschaft mit neuer Rechtsform beteiligt wird, als beschränkt haftender Gesellschafter ein Geschäftsanteil, dessen Nennbetrag auf volle Euro lautet, oder als Aktionär mindestens eine volle Aktie entfällt. Darüber hinaus regelt § 263 Abs. 2 UmwG, dass in dem Formwechselbeschluss zu bestimmen ist, dass an dem Stammkapital der neu entstehenden GmbH jeder Genosse, der die Rechtsstellung eines beschränkt haftenden Gesellschafters erlangt, in dem Verhältnis beteiligt wird, in dem am Ende des letzten vor der Beschlussfassung über den Formwechsel abgelaufenen Geschäftsjahres sein Geschäftsguthaben zur Summe der Geschäftsguthaben aller Genossen gestanden hat, die durch den Formwechsel Gesellschafter geworden sind. Damit wird zwar nicht die Gesamtsumme der Geschäftsguthaben der eingetragenen Genossenschaft als zukünftiges Stammkapital bei der GmbH festgeschrieben. Allerdings wird das Beteiligungsverhältnis der Genossen des Ausgangsrechtsträgers zum Stichtag der Bilanz des abgelaufenen Geschäftsjahres insofern geschützt, als dieses bei der entstehenden GmbH beizubehalten ist. Diese Regelung des § 263 Abs. 2 UmwG ist nach überwiegender Meinung in der Literatur zwingend.[374] Bei abweichender Regelung ist bei dennoch erfolgender Eintragung des Formwechselbeschlusses diese Regelung und nicht § 263 Abs. 2 UmwG für die Zuweisung der Geschäftsanteile entscheidend. Dafür lässt das UmwG in § 266 Abs. 1 Satz 1 UmwG aber ausdrücklich auch die Entstehung von Teilrechten an der entstehenden GmbH zu. Zwar soll die Entstehung von Teilrechten so gering wie möglich gehalten werden (vgl. § 263 Abs. 3 Satz 1 und § 263 Abs. 2 Satz 2 UmwG). Nach § 263 Abs. 2 UmwG sind dergestalt entstehende Teilrechte selbstständig veräußerlich und vererblich. Für die Ausübung der Rechte aus den Teilrechten eines GmbH-Geschäftsanteiles greift vom Wortlaut her zwar § 263 Abs. 3 UmwG nicht ein. Dennoch wird von der herrschenden Meinung eine solche Ausübungssperre aus der entsprechenden Anwendung des § 57k GmbHG der Regelung für die Kapitalerhöhung aus Gesellschaftsmitteln abgeleitet.[375]

181 Aus diesen Überlegungen ergeben sich daher folgende möglichen **Vorgehensweisen beim Formwechsel einer eingetragenen Genossenschaft in eine GmbH**:
– Die unproblematischste Möglichkeit erscheint die **Umstellung der Genossenschaft auf Euro schon vor dem Formwechselbeschluss mit Glättung** zum nach § 263 Abs. 2 UmwG relevanten Stichtag (Ende des abgelaufenen Geschäftsjahres) der Geschäftsguthaben.
– Umwandlungsrechtlich zulässig erscheint aber auch die Möglichkeit, die genossenschaftsrechtlich am Ende des letzten abgelaufenen Geschäftsjahres feststehenden Geschäftsguthaben unverändert in entsprechende GmbH-Geschäftsanteile überzuführen.

---

374 Vgl. oben Teil 3 Rdn. 559 und Schmitz/Riol, Der Formwechsel der eingetragenen Genossenschaft in die Kapitalgesellschaft, S. 90; Lutter/Bayer, UmwG, § 263 Rn. 23; Widmann/Mayer/Schwarz, Umwandlungsrecht, § 263 UmwG Rn. 8.
375 Lutter/Bayer, UmwG, § 266 Rn. 9 ff.; Widmann/Mayer/Schwarz, Umwandlungsrecht, § 266 UmwG Rn. 5; Flesch, ZIP 1996, 2153, 2155.

Kapitel 4 Kapitalmarktrecht und Umwandlungsrecht, Transparenzregister

Übersicht Rdn.
A. Übernahmerecht 182
B. Mitteilungspflichten nach § 21 WpHG 183
C. Transparenzregister 185

A. Übernahmerecht

Ab 01.01.2002 gilt das Wertpapier- und Übernahmegesetz.[376] Das WpÜG gibt die Rahmenbedingungen vor für Angebot zum Erwerb von Wertpapieren, zu Übernahmeangeboten und Pflichtangaben und soll ein geordnetes und faires Verfahren gewährleisten. Das WpÜG soll umfassende Transparenz bei Übernahmen gewährleisten, dafür sorgen, dass alle Aktionäre der Zielgesellschaft gleichbehandelt werden und ein rasches Übernahmeverfahren sichergestellt wird. Dementsprechend enthält es **Erwerbs-, Übernahme- und Pflichtangebot**e. Im Zusammenhang mit Umwandlungen, insb. Verschmelzung und Spaltung spielt besonders **§ 35 Abs. 2 WpÜG** eine Rolle. § 35 WpÜG bestimmt, dass jeder Anteilsinhaber, der Kontrolle i. S. d. WpÜG, d. h. mehr als 30 % der Aktien an einer börsennotierten Gesellschaft (§ 29 WpÜG) erlangt hat, verpflichtet ist, den übrigen Anteilsinhabern ein **Angebot zur Übernahme der Anteile zu machen**. Die Art des Erwerbes spielt keine Rolle, der Erwerb kann börslich wie außerbörslich oder auch von Gesetzes wegen erfolgen.[377] Vom Wortlaut der Vorschrift können daher auch Umwandlungen, insb. Verschmelzungs- und Spaltungsvorgänge zum kritischen Beteiligungserwerb führen; Verschmelzung und Spaltung kann auch zur Übertragung von Aktienpaketen genutzt werden.[378] Die **Abgrenzung Umwandlungs- und Übernahmerecht** war dem Gesetzgeber bewusst, er hat sie aber ausdrücklich offengelassen.[379] Praktisch kann die Frage werden, wenn ein Gesellschafter, der an der Verschmelzung beteiligt ist, durch die Verschmelzung an der aufnehmenden Gesellschaft die 30 %-Schwelle der §§ 35 Abs. 2, 29 WpÜG erreicht. Dies kann dann geschehen, wenn einem Gesellschafter einer übertragenden Gesellschaft im Zuge der Verschmelzung an der aufnehmenden Gesellschaft neue Anteile oder insgesamt so viele Anteile zugewendet werden, dass die 30-%-Schwelle erreicht wird.[380]

In der Literatur ist umstritten, ob **die Umwandlung zur Anwendung des § 35 WpÜG** führen kann.[381] Teilweise wird eine parallele Anwendung des WpÜG und des UmwG verneint, weil das UmwG mit der Festsetzung eines festen Umtauschverhältnisses und seinen Berichtspflichten einen hinreichenden Schutz der Minderheitsaktionäre gewährleiste.[382]

---

376 WpÜG; vgl. BGBl. 2001 I, S. 3822.
377 Vgl. Begründung zum RegE, BT-Drucks. 14/7034, S. 59; Burghard, WM 2000, 616; Grabbe/Fett, NZG 2003, 755.
378 Semler/Volhard/Reichert/Ott, Arbeitshandbuch für die Hauptversammlung; § 35 Rn. 35.
379 Vgl. Begründung zum RegE BT-Drucks. 14/7034, S. 31.
380 Vgl. Widmann/Mayer/Mayer, Umwandlungsrecht, § 5 UmwG Rn. 268.
381 Vgl. Burg/Braun, AG 2009, 22 ff.; Grabbe/Fett, NZG 2003, 755 ff.; eingehend Faden, Das Pflichtangebot nach dem Wertpapiererwerbs- und Übernahmegesetz, 2008, S. 135 ff.; Schwarte, Das Pflichtangebot im Anschluss an Verschmelzung und Spaltung, 2006.
382 So Angerer, in: Geibel/Süssman, § 1 WpÜG Rn. 106; Weber/Rey/Schütz, AG 2001, 325, 328; Grabbe/Fett, NZG 2003, 755, 759 ff.; Vetter, WM 2002, 1999 ff.; Heckschen in Heckschen/Simon § 6 Rn 16; Süßmann WM 2003, 1453, 1455; Grabbe/Fett NZG 2003, 755, 759 ff.

Nach wohl h.M. stehen die Schutzmechanismen des UmwG und des WpÜG nebeneinander und müssen daher nebeneinander angewendet werden.[383] Darüber hinaus gibt es auch Vorschläge, die je nach Verschmelzungsvariante zu unterschiedlichen Lösungen kommen.[384] Gegen eine Anwendung spricht, dass es sich bei dem Zurechnungstatbestand des WpÜG um eine externe, im Prinzip ungeregelte Veränderung der Beteiligungsstruktur – beim Verschmelzungs- oder Spaltungsrecht demgegenüber um eine interne Veränderung der Gesellschafterstruktur – handelt, bei der das UmwG mit einer Vielzahl von Minderheitenschutzmechanismen vorsieht, sodass man von einem Vorrang des UmwG ausgehen sollte.[385] In der Praxis kann sich allerdings empfehlen, vorsichtshalber bis zur vollständigen Klärung der Rechtslage auch die Vorschrift des § 35 Abs. 2 WpÜG zu beachten. Noack/Zetzsche[386] weisen allerdings zu Recht daraufhin, dass verschiedene Konstellationen zu beachten sind: Vom WpÜG erfasst ist nur die übertragende Verschmelzung einer börsennotierten AG auf eine börsennotierte AG. Das Pflichtangebot ist nur den Aktionären zu machen, bei deren AG durch die Verschmelzung bzw. Spaltung eine neue Kontrollsituation entsteht. Andere Konstellationen (die aufnehmende Gesellschaft ist keine Aktiengesellschaft oder keine börsennotierte Aktiengesellschaft) bleiben von vornherein außerhalb des Anwendungsbereichs des WpÜG.[387] Z.T. wurde die Anwendung auch für die sog. **Delisting-Fälle** befürwortet.[388] Der Gesetzgeber hat im Zweiten Gesetz zur Änderung des UmwG den Fall des Austritts wegen Mischverschmelzung auch auf den Fall der Verschmelzung einer börsennotierten AG auf eine nicht börsennotierte AG (»kaltes Delisting«) ausgedehnt.[389] Die Begründung zum RegE[390] weist darauf hin, dass bei der Verschmelzung einer börsennotierten AG auf einen nichtbörsenfähigen Rechtsträger anderer Rechtsform die widersprechenden Aktionäre dieser Gesellschaft das Recht hätten, gegen Barabfindung auszuscheiden. Gleichgestellt werden solle der Fall der Verschmelzung auf eine nicht börsennotierte AG. Der Verlust der Börsennotierung erschwere zwar nicht rechtlich aber faktisch die Veräußerungsmöglichkeit der Anteile, sodass die Anwendbarkeit des § 29 UmwG sachlich gerechtfertigt erscheine. Für die Anwendung des WpÜG ist damit für diese Fälle nach der klaren gesetzlichen Lösung kein Raum mehr.[391]

Liegt ein Fall des § 35 WpÜG vor, so muss dies bereits bei der Beschlussfassung über die Umwandlung bedacht werden.[392] Ott weist daher zu Recht darauf hin, dass sofern sich durch umwandlungsrechtliche Maßnahmen in einer börsennotierten AG die Beteiligungsverhältnisse derart verschieben, dass ein Kontrollwechsel stattfindet, ist dies der Hauptversammlung bei der Beschlussfassung mitzuteilen. Ferner sei zu beachten, dass als Konsequenz sowohl die umwandlungsrechtlichen als auch die übernahmerechtlichen Verfahrensvorschriften anzuwenden seien.

---

383 So Schlitt/Ries in: MünchKommAktG; § 35 WpÜG Rn. 125 ff.; Schwark/Zimmer/Noack/Zetzsche WpÜG § 35 Rn. 20ff.; Assmann/Pötzsch/Schneider/Krause/Pötzsch, § 35 WpÜG Rn. 139; Kleindiek, ZGR 2002, 4, 5; Seibt/Heiser, ZHR 165, 466, 475; KK-WpÜG/Bülow, § 35 WpÜG Rn. 68; Faden, Das Pflichtangebot nach dem Wertpapiererwerbs- und Übernahmegesetz, S. 139; Lenz/Linke AG 2002, 361, 367 f.; Fleischer/Kalss, Wertpapiererwerbs- und Übernahmegesetz, S. 69; Fleischer NZG 2002, 545, 549 f.; Hopt ZHR 166, 2002, 466, 477; Holzborn/Blank NZG 2002, 948, 953; Kleindiek ZGR 2002, 546, 568 ff.; Ekkenga/Hofschroer DStR 2002, 768, 774; Süßmann WM 2003, 1453, 1455.
384 Technau, AG 2002, 260, 261.
385 So auch Widmann/Mayer/Mayer, Umwandlungsrecht, § 5 UmwG Rn. 269.
386 In: Schwark/Zimmer WpÜG § 35 Rn. 20 ff.; ausführlich auch MünchKommAktG/Schlitt WpÜG § 35 Rn. 138 ff.
387 Schwark/Zimmer/Noack/Zetzsche WpÜG § 35 Rn. 24.
388 Kleindiek, ZGR 2002, 546, 573 f., vgl. allg. dazu oben Teil 2 Rdn. 590 ff.; Teil 4 Rdn. 54.
389 Vgl. Lutter/Grunewald, UmwG, § 29 Rn. 3; Widmann/Mayer/Wälzholz, Umwandlungsrecht, § 29 UmwG Rn. 15; Kallmeyer/Marsch-Barner, UmwG, § 29 Rn. 4a ff.; Stratz, in: Schmitt/Hörtnagl/Stratz, § 29 UmwG Rn. 9; Kalss, in: Semler/Stengel, UmwG, § 29 Rn. 6 ff.
390 BT-Drucks. 16/2619, S. 13.
391 Schwark/Zimmer/Noack/Zetzsche WpÜG § 35 Rn. 24; Schlitt/Ries in: MünchKommAktG § 35 WpÜG Rn. 144.
392 So zu Recht Semler/Volhard/Reichert/Ott, Arbeitshandbuch für die Hauptversammlung; § 35 Rn. 36.

Insbesondere müsse der Vorstand im Umwandlungsbericht (§§ 8, 60, 125 Satz 1 UmwG) auf die rechtlichen und wirtschaftlichen Folgen der Umwandlung hinweisen, also auch auf eine daraus resultierende Verpflichtung zur Abgabe eines Pflichtangebots.[393] Sparfeld/Schütz raten ferner dazu bis zu einer Klärung dieser Frage durch Rechtsprechung oder den Gesetzgeber, umwandlungsrechtliche Maßnahmen im Anwendungsbereich des WpÜG frühzeitig mit der BaFin abzustimmen.[394]

B. Mitteilungspflichten nach § 21 WpHG

Kapitalmarktrechtliche Mitteilungspflichten enthält § 21 WpHG. Die Vorschrift bestimmt, dass derjenige, der durch Erwerb, Veräußerung oder auf sonstige Weise 3 %, 5 %, 10 %, 15 %, 20 %, 25 %, 30 %, 50 % oder 75 % der Stimmrechte für einen Emittenten für Aktien erwirbt, wenn dieser seinen Sitz in Deutschland hat und seine Aktien an einem organisierten Markt in Deutschland, einem anderen Mitgliedsstaat der EU oder einem EWR-Staat zugelassen sind (§ 3 Abs. 6 WpHG), diesen Stimmrechtserwerb unverzüglich, spätestens innerhalb von 4 Handelstagen sowohl dem Emittenten als auch der BaFin mitteilen muss. Gem. § 18 WpAIV ist die Mitteilung **schriftlich** oder **mittels Telefax** in deutscher oder englischer Sprache an den Emittenten und die BaFin zu übersetzen. Die BaFin hat auf ihrer Homepage Hinweise für den Inhalt der Mitteilung erteilt. Die betroffene börsennotierte Gesellschaft hat die Information nach § 21 Abs. 1 Satz 1 WpHG unverzüglich, spätestens 3 Handelstage nach Zugang der Mitteilung zu veröffentlichen. Gem. § 19 WpAIV muss die Veröffentlichung die Angaben der Mitteilung enthalten, der Mitteilungspflichtige ist hierbei mit vollständigem Namen, Sitz und Staat, in dem sich sein Wohnort oder Sitz befindet, anzugeben. Gem. § 26 Abs. 1 Satz 1 WpHG hat der Emittent die Mitteilung auch unverzüglich an das Unternehmensregister zu übermitteln. Die Übermittlung darf jedoch nicht vor der Veröffentlichung der Mitteilung erfolgen.

183

Die Mitteilungspflichten betreffen nicht einen übertragenden Rechtsträger, da dieser im Zuge der Verschmelzung erlischt.[395] Der **übernehmende Rechtsträger** hat jedoch i. R. d. Verschmelzung **zu prüfen**, **welches Vermögen** des übertragenden Rechtsträgers im Wege der Gesamtrechtsnachfolge auf ihn übergeht. Sind Beteiligungen an dritten börsennotierten Gesellschaften enthalten, sind die Mitteilungsschwellen zu beachten.[396]

184

C. Transparenzregister

Am 26.06.2017 ist das Gesetz zur Umsetzung der Vierten EU-Geldwäscherichtlinie, zur Ausführung der EU-Geldtransferverordnung und zur Neuorganisation der Zentralstelle für Finanztransaktionsuntersuchungen in Kraft getreten.[397] Einer der wesentlichen Bestandteile des neuen Geldwäschegesetzes (GwG) ist das neue **elektronische Transparenzregister**. Dieses sieht Angaben zu den Eigentümerstrukturen – das heißt wirtschaftlich Berechtigten – von Unternehmen (insbesondere GmbH und Personengesellschaften), Stiftungen und ähnlichen Gestaltungen sowie entsprechende Mitteilungspflichten der Betroffenen vor.[398] Ziel der Meldung an das neu geschaffene Transparenzregister ist es, den sog. wirtschaftlich Berechtigten, der hinter einer Kapital- oder Personengesellschaft steht, transparent zu machen. Nach der Definition in § 3 Abs. 2 GwG, der

185

---

393 Semler/Volhard/Reichert/Ott, Arbeitshandbuch für die Hauptversammlung; § 35 Rn. 36, ausführlich auch Seibt/Heiser ZHR 165 (2001), 466, 470 ff.
394 In: Bürgers/Fett, Kommanditgesellschaft auf Aktien, § 11 Rn. 10.
395 So Widmann/Mayer/Mayer, Umwandlungsrecht, § 5 UmwG Rn. 261; Heppe, WM 2002, 60, 64.
396 Heppe, WM 2002, 60 ff.; Schwark/Zimmer/Schwark WpHG § 21 Rn. 18; MünchKommAktG/Bayer WpHG § 21 Rn. 28.
397 BGBl I 2018, 1822.
398 Vgl. dazu Seibert, GmbHR 2017, R97; Assmann/Hütten, AG 2017, 449 ff.; Longrée/Pesch, NZG 2017, 1081 ff.; Kotzenberg/Lorenz, NJW 2017, 2433 ff.; dies. NZG 2017, 1325 ff.; Schaub, DStR 2017, 1438 ff., Friese/Brehm, GWR 2017, 271 ff.; Gutachten DNotI-Report 2017, 179 ff.

die vierte Geldwäscherichtlinie[399] umsetzt, ist wirtschaftlich Berechtigter jede natürliche (nicht aber juristische) Person, die unmittelbar mehr als 25 % der Kapitalanteile als Anteilsinhaber hält oder mittelbar (also vor allem über eine zwischengeschaltete Gesellschaft, § 3 Abs. 2 GwG) kontrolliert. Gleiches gilt, wenn eine natürliche Person mehr als 25 % der Stimmrechte kontrolliert oder auf vergleichbare Weise Kontrolle über eine Gesellschaft ausübt. Haben mehrere Personen jeweils mehr als 25 %, hat die GmbH also mehrere wirtschaftlich Berechtigte. Bei Beteiligungsketten,[400] mehrstufigen Beteiligungsstrukturen und Konzernverpflichtungen verweist § 3 Abs. 2 Satz 4 GwG auf § 290 Abs. 2 bis 4 HGB. Danach ist eine wirtschaftliche Berechtigung des Hintermanns als natürliche Person auf der zweiten oder höheren Ebene nur anzunehmen, wenn eine tatsächliche Kontrolle über die zwischengeschaltete Gesellschaft gegeben ist. Soweit sich diese nicht aus anderen Umständen ergibt, indiziert regelmäßig das Halten von mehr als 50 % der Kapital- oder Stimmrechtsanteile eine beherrschende Stellung über die zwischengeschaltete Gesellschaft.[401] Die Meldepflicht ist in elektronischer Form beim Transparenzregister zu erfüllen.[402] Dabei sind Vor- und Nachname, Geburtsdatum, Wohnort sowie Art und Umfang des wirtschaftlichen Interesses anzugeben (§ 19 GWG). Das Bundesverwaltungsamt hat am 22.9.2017 als Aufsichtsbehörde auf seiner Internetseite[403] erste Auslegungs- und Anwendungshinweise in Form von häufig gestellten Fragen zum Transparenzregister nach dem Geldwäschegesetz veröffentlicht.[404]

186 Ähnlich wie beim WpÜG können daher auch Umwandlungen, insb. Verschmelzungs- und Spaltungsvorgänge zum kritischen Beteiligungserwerb führen und dann die Meldepflichten auslösen. Im Bereich der Gesellschafterliste bei GmbH und Eintragungen im Handelsregister wurde eine Ausnahme in Form einer **Meldefiktion** geschaffen: § 20 Abs. 2 GwG bestimmt, dass die Pflicht zur Mitteilung an das Transparenzregister als erfüllt gilt, wenn sich die Angaben zum wirtschaftlich Berechtigten bereits aus den in § 22 Abs. 1 aufgeführten Dokumenten und Eintragungen ergeben, die elektronisch abrufbar sind aus dem Handelsregister, dem Partnerschaftsregister, dem Genossenschaftsregister, dem Vereinsregister oder dem Unternehmensregister. In der Praxis kann i.Erg. nur die Gesellschafterliste bei der GmbH nach § 40 GmbHG und u.U. der Eintragung im Handelsregister bei OHG und KG bzw. PartG ergeben. Zur Gesellschafterliste ist streitig,[405] ob die Meldefiktion bei mehrstufigen Beteiligungsketten eingreift. Denn z. B. aus der Gesellschafterliste einer GmbH ist nur deren unmittelbarer Gesellschafter ersichtlich, nicht hingegen ein evtl. hinter diesem stehender wirtschaftlich Berechtigter, der aber ggf. aus dem Register des unmittelbaren Gesellschafters ersichtlich ist.[406] Der wirtschaftlich Berechtigte lässt sich in diesen Fällen somit nicht unmittelbar aus dem Register der an sich mitteilungspflichtigen Vereinigung entnehmen. Die wohl überwiegende Meinung ist aber mittlerweile der Auffassung, dass dies genügt: Die wirtschaftlich Berechtigten einer Gesellschaft muss sich nicht unmittelbar allein aus den Handelsregistereintragungen,und der Gesellschafterliste etc. der in Rede stehenden Gesellschaft ergeben, sondern kann auch aus einer Gesamtschau der Dokumente ermittelt werden.[407] Bei Personengesellschaften geht der Gesetzgeber wohl davon aus, dass bei eingetragenen Personengesellschaften im Ausgangspunkt keine Meldung zu erfolgen hat, auch wenn die exakte kapitalmäßige Beteiligung nicht ersichtlich ist. Insoweit soll es für die Anwendung der Mitteilungsfiktion ausreichen,

---

399 RL [EU] 2015/849.
400 S. dazu Ulrich, GmbHR 2017, R293; Assmann/Hütten, AG 2017, 449 ff., 455 ff. m. Bspn.
401 Seibert, GmbHR 2017, R97; Assmann/Hütten, AG 2017, 449 ff., 455.
402 www.transparenzregister.de.
403 www.bva.bund.de.
404 Vgl. dazu auch Kotzenberg/Lorenz, NZG 2017, 1325 ff.
405 Vgl. zum Meinungsstand: Gutachten DNotI-Report 2017, 179 ff.
406 Vgl. Rieg, B 2017, 2310, 2312.
407 Gutachten DNotI-Report 2017, 179 ff.; Longrée/Pesch, NZG 2017, 1081, 1086, Seibert/Bochmann/Cziupka, GmbHR 2017, 1128, so auch das Bundesamt vgl. http://www.bva.bund.de/DE/Organisation/Abteilungen/Abteilung_ZMV/Transparenzregister/FAQ/faq_node.html.

dass der oder die vertretungsberechtigten Gesellschafter im Handelsregister eingetragen sind. Deren starke gesellschaftsrechtliche Stellung indiziert die Ausübung von Kontrolle über die betreffende Gesellschaft, sodass diese als wirtschaftlich Berechtigte anzusehen sind.[408] Etwas anderes gilt wohl, wenn die Eintragung im Handelsregister von der tatsächlichen Beteiligungshöhe laut Gesellschaftsvertrag abweicht.

---

408 Vgl. Schaub, DStR 2017, 1438, 1440; Fisch, NZG 2017, 408, 410.

Teil 6 Grenzüberschreitende Umwandlungen

Kapitel 1 Überblick und Grundlagen

Literatur zu Teil 6 Kapitel 1–8:

Allmendinger, Die Beschlussfassung zum grenzüberschreitenden Wegzug im Binnenmarkt, 2016; Altmeppen, Schutz vor »europäischen« Kapitalgesellschaften, NJW 2004, 97; Armour/Fleischer/Knapp/Winner, Brexit and Corporate Citizenship, EBOR 18 (2017), 225; Bachmann, Vertikaler Regulierungswettbewerb im Europäischen Gesellschaftsrecht in: FS Hommelhoff, 2012, S. 21; Bartels, Zuzug ausländischer Kapitalgesellschaften unter der Sitztheorie, ZHR 176 (2012), 412; Basedow, Brexit und das Privat- und Wirtschaftsrecht, ZEuP 2016, 567; Baums/Teichmann, Der European Model Company Act (EMCA) – Inspiration für Gesetzgeber und Wissenschaft im Kapitalgesellschaftsrecht, AG 2018, 562; Bauckhage-Hoffer/Rupietta, Implementierung von Mitbestimmungssystemen bei grenzüberschreitenden Verschmelzungen, EWS 2012, 417; Bayer, Die EuGH-Entscheidung Inspire Art und die deutsche GmbH im Wettbewerb der europäischen Rechtsordnungen, BB 2003, 2357; ders., Fehlerhafte Bewertung: Aktien als Ausgleich bei Sachkapitalerhöhung und Verschmelzung?, ZHR 172 (2008), 24; Bayer/J. Schmidt, Die neue Richtlinie über die grenzüberschreitende Verschmelzung von Kapitalgesellschaften – Inhalt und Anregungen zur Umsetzung in Deutschland, NJW 2006, 401; dies., Der Regierungsentwurf zur Änderung des Umwandlungsgesetzes – Eine kritische Stellungnahme, NZG 2006, 841; dies., Der Schutz der grenzüberschreitenden Verschmelzung durch die Niederlassungsfreiheit, ZIP 2006, 210; dies., Das Vale-Urteil des EuGH: Die endgültige Bestätigung der Niederlassungsfreiheit als »Formwechselfreiheit«, ZIP 2012, 1481; dies., BB-Gesetzgebungs- und Rechtsprechungsreport Europäisches Unternehmensrecht 2012, BB 2013, 3; dies., Der Referentenentwurf zum 3. UmwÄndG: Vereinfachungen bei Verschmelzungen und Spaltungen und ein neuer verschmelzungsspezifischer Squeeze out, ZIP 2010, 953; dies., Grenzüberschreitende Sitzverlegung und grenzüberschreitende Restrukturierungen nach MoMiG, Cartesio und Trabrennbahn, ZHR 173 (2009), 735; dies., Gläubigerschutz bei (grenzüberschreitenden) Verschmelzungen, ZIP 2016, 841; dies., Grenzüberschreitende Mobilität von Gesellschaften: Formwechsel durch isolierte Satzungssitzverlegung, ZIP 2017, 1225; dies., BB-Gesetzgebungs- und Rechtsprechungsreport zum Europäischen Unternehmensrecht 2017/18, BB 2018, 2562; Becht/Mayer/Wagner, Where do firms incorporate? – Deregulation and the cost of entry, Journal of Corporate Finance 2008 (14), 241; Behme, Der grenzüberschreitende Formwechsel von Gesellschaften nach Cartesio und Vale, NZG 2012, 936; ders., Rechtsformwahrende Sitzverlegung und Formwechsel von Gesellschaften über die Grenze, 2015; ders., Europäisches Umwandlungsrecht – Stand und Perspektiven, ZHR 182 (2018), 32; ders., Bestandsschutz für die britische Limited nach dem Brexit?, ZRP 2018, 204; ders./Nohlen, Anmerkung zu EuGH, Urteil vom 16.12.2008, Rs. C-210/06, BB 2009, 13; P. Behrens, Das Internationale Gesellschaftsrecht nach dem Centros-Urteil des EuGH, IPRax 1999, 323; ders., Das Internationale Gesellschaftsrecht nach dem Überseering-Urteil des EuGH und den Schlussanträgen zu Inspire Art, IPRax 2003, 193; ders., Gemeinschaftliche Grenzen der Anwendung inländischen Gesellschaftsrechts auf Auslandsgesellschaften nach Inspire Art, IPRax 2004, 20; ders., Die neue Lektion aus Luxemburg zur internationalen Mobilität von Gesellschaften: Grenzüberschreitende Verschmelzungen sind möglich!, EuZW 2006, 65; ders., Anmerkung zum Urteil des EuGH vom 12.07.2012 (C-378/10, EuZW 2012, 621) – Zur Niederlassungsfreiheit bei grenzüberschreitender Umwandlung von Gesellschaften, EuZW 2012, 625; F. O. Behrens, Die grenzüberschreitende Verschmelzung nach der Richtlinie 2005/56/EG (Verschmelzungsrichtlinie), 2007; Beitzke, Internationalrechtliches zur Gesellschaftsfusion, in: FS Hallstein, 1966, S. 14; Benrath/König, Nicht überraschend doch erforderlich: Die Rechtsprechung des EuGH zur grenzüberschreitenden Umwandlung durch Formwechsel, Der Konzern 2012, 377; Bergmann, Niederlassungsfreiheit: Wegzug und Zuzug von Gesellschaften in der EU, ZEuS 2012, 233; Binge/Thölke, »Everything goes!« – Das deutsche Internationale Gesellschaftsrecht nach »Inspire Art«, DNotZ 2004, 21; Biermeyer, Shaping the space of cross-border conversions in the EU. Between right and autonomy: VALE Építési kft, CMLR 2013, 571; Biermeyer/Meyer, Cross-border Corporate Mobility in the EU: Empirical Findings 2018, SSRN: http://dx.doi.org/10.2139/ssrn.3253048; Bock, Der Harmonisierungserfolg der Publizitätsrichtlinie, 2016; ders., Online-Gründung und Digitalisierung im Gesellschaftsrecht – Der Richtlinienvorschlag der Europäischen Kommission, DNotZ 2018, 643; ders., Verknüpfung der Handels- und Gesellschaftsregister in Europa, GmbHR 2018, 281; Böttcher/Kraft, Grenzüberschreitender Formwechsel und tatsächliche Sitzverlegung – Die Entscheidung VALE des EuGH, NJW 2012, 2701; Bollacher, Referentenentwurf zur Regelung des Internationalen Gesellschaftsrechts, RIW 2008, 200; ders., Keine Verletzung der Niederlassungsfreiheit durch nationale Beschränkungen des Wegzugs von Gesellschaften, RIW 2009, 150; Bormann/Trautmann, Ungeklärte Fragen zum Verschmelzungsstichtag und zur Bilanz bei grenzüberschreitenden Verschmelzungen, KSzW 2013, 70; Bormann/Stelmaszczyk, Das kontinentaleuropäische Gesellschaftsrecht im Wettbewerb der Rechtsordnungen,

ZIP 2018, 764; Brandes, Mitbestimmung in der SPE 2.0, GmbHR 2018, 825; Brandi, Grenzüberschreitender (Heraus-)Formwechsel – praktische Erfahrungen und Vergleich mit Reformvorschlägen im EU Company Law Package, BB 2018, 2626; Brandi/M. K. Schmidt, Die britische Limited nach dem Brexit – RefE zur Änderung des UmwG mit weiteren Handlungsoptionen für betroffene Gesellschaften, DB 2018, 2417; Braun, Die Wegzugsfreiheit als Teil der Niederlassungsfreiheit, 2010; ders., Der grenzüberschreitende Rechtsformwechsel von Gesellschaften im Lichte des Konzepts und der Dogmatik der Niederlassungsfreiheit, DZWiR 2012, 411; Breithecker/Herbort, Status quo der Mobilität von Gesellschaften innerhalb der EU und des EWR und hieraus resultierende Konstellationen für grenzüberschreitende Verschmelzungen, StuW 2015, 147; Bronger/Scherer/Söhnchen, Brexit: Rechtliche Auswirkungen im Fall der Fälle, EWS 2016, 131; Bungert, Grenzüberschreitende Verschmelzungsmobilität – Anmerkung zur Sevic-Entscheidung des EuGH, BB 2006, 53; ders., Grenzüberschreitender Formwechsel in der EU, DB 2014, 761; Bungert/de Raet, Grenzüberschreitender Formwechsel in der EU, BB 2014, 761; Bungert/Wansleben, Grenzüberschreitende Spaltungen nach dem Richtlinienentwurf der EU-Kommission, DB 2018, 2094; Butterstein, Modernisierung des EU-Gesellschaftsrechts zur Stärkung der grenzüberschreitenden Mobilität von Gesellschaften, EuZW 2018, 838; Cannivé/Seebach, Unternehmergesellschaft (haftungsbeschränkt) versus Europäische Privatgesellschaft (SPE): Wettbewerb der Ein-Euro-Gesellschaften, GmbHR 2009, 519; Casper/Weller, Mobilität und grenzüberschreitende Umstrukturierung der SE, NZG 2009, 681; Deck, Isolierter grenzüberschreitender Formwechsel von Niederlassungsfreiheit umfasst – neue Gestaltungsmöglichkeiten für deutsche Gesellschaften (oder solche, die es werden wollen) trotz fortbestehenden Reformbedarfs im Gesellschaftskollisionsrecht, GPR 2018, 8; Di Marco, Der Vorschlag der Kommission für eine 14. Richtlinie, ZGR 1999, 3; Doralt, OGH zur verschmelzenden Umwandlung über die Grenze – ein Meilenstein im internationalen Gesellschaftsrecht?, GesRZ 2004, 26; dies, Sevic: Traum und Wirklichkeit – die grenzüberschreitende Verschmelzung ist Realität, IPRax 2006, 572; Dorr/Stukenborg, »Going to the Chapel«: Grenzüberschreitende Ehen im Gesellschaftsrecht – Die ersten transnationalen Verschmelzungen nach dem UmwG (1994), DB 2003, 647; Dostal, § 26: Die GmbH im internationalen Rechtsverkehr, in: Münchener Anwaltshandbuch GmbH-Recht, 4. Aufl. 2018; Dötsch, Inländische Umwandlungsvorgänge mit Auslandsberührung, BB 1998, 1029; Drinhausen/Keinath, Die grenzüberschreitende Verschmelzung inländischer Gesellschaften nach Erlass der Richtlinie zur grenzüberschreitenden Verschmelzung von Kapitalgesellschaften in Europa, RIW 2006, 81; dies., Referentenentwurf eines Zweiten Gesetzes zur Änderung des Umwandlungsgesetzes – Erleichterung grenzüberschreitender Verschmelzungen für deutsche Kapitalgesellschaften?, BB 2006, 725; dies., Mitbestimmung bei grenzüberschreitender Verschmelzung mitbestimmungsfreier Gesellschaften, AG 2010, 398; Drygala, Bemerkungen zur Bewegungsfreiheit deutscher Unternehmen in Europa, ZIP 2005, 1995; ders./Bressensdorf, Gegenwart und Zukunft grenzüberschreitender Verschmelzungen und Spaltungen, NZG 2016, 1161; Dzida, Die Unterrichtung des »zuständigen« Betriebsrats bei innerstaatlichen und grenzüberschreitenden Verschmelzungen, GmbHR 2009, 459; ders./Schramm, Arbeitsrechtliche Pflichtangaben bei innerstaatlichen und grenzüberschreitenden Verschmelzungen, NZG 2008, 521; Ebenroth/Sura, Das Problem der Anerkennung im internationalen Gesellschaftsrecht, RabelsZ 43 (1979), 315; Ebke, Überseering: »Die wahre Liberalität ist Anerkennung«, JZ 2003, 927; Ebke, Gesellschaften aus Delaware auf dem Vormarsch: Der BGH macht es möglich, RIW 2004, 740; Ege/Klett, Praxisfragen der grenzüberschreitenden Mobilität von Gesellschaften, DStR 2012, 2442; Ego, Isolierter Hinausformwechsel vor dem EuGH, DB 2017, 1318; Eidenmüller, Wettbewerb der Gesellschaftsrechte in Europa, ZIP 2002, 2233; ders., Ausländische Kapitalgesellschaften im deutschen Recht, 2004; ders., Mobilität und Restrukturierung von Unternehmen im Binnenmarkt, JZ 2004, 24; ders., Die GmbH im Wettbewerb der Rechtsformen, ZGR 2007, 168; Feldhaus, Das Erfordernis wirtschaftlicher Inlandstätigkeit beim grenzüberschreitenden (Herein-) Formwechsel nach »Polbud«, BB 2017, 2819; Feldman, Grenzüberschreitende Umwandlungen von Gesellschaften in der Europäischen Union, 2015; Fingerhut/Rumpf, MoMiG und die grenzüberschreitende Sitzverlegung – Die Sitztheorie ein (lebendes) Fossil?, IPRax 2008, 90; Fisch, Der Übergang ausländischen Vermögens bei Verschmelzungen und Spaltungen, NZG 2016, 448; Forsthoff, EuGH fördert Vielfalt im Gesellschaftsrecht – Traditionelle deutsche Sitztheorie verstößt gegen Niederlassungsfreiheit, DB 2002, 2471; ders. Internationale Verschmelzungsrichtlinie: Verhältnis zur Niederlassungsfreiheit und Vorwirkung; ders., Handlungszwang für Mitbestimmungsreform, DStR 2006, 613; Frank, Formwechsel im Binnenmarkt, 2016; Franz, Grenzüberschreitende Sitzverlegung und Niederlassungsfreiheit – eine systematische Betrachtung offener und geklärter Fragen, EuZW 2016, 930; Freitag, Der Wettbewerb der Rechtsordnungen im Internationalen Gesellschaftsrecht, EuZW 1999, 267; Freitag/Korch, Gedanken zum Brexit – Mögliche Auswirkungen im Internationalen Gesellschaftsrecht, ZIP 2016, 1361; Frenzel, Grenzüberschreitende Verschmelzung von Kapitalgesellschaften, 2008; ders., Grenzüberschreitende Verschmelzung von Kapitalgesellschaften – nach dem Ablauf der Umsetzungsfrist, RIW 2008, 12; ders., Grenzüberschreitender Formwechsel auch ohne Sitzverlegungsrichtlinie möglich, NotBZ 2012, 349; Freundorfer/Festner, Praxisempfehlungen für die grenzüberschreitende Verschmelzung, GmbHR 2010, 195; Frenzel, Immer noch keine Wegzugsfreiheit für Gesellschaften im Europäischen Binnenmarkt – die Cartesio-Entscheidung des EuGH, EWS 2009, 158; Frobenius, Partielle Wegzugsfreiheit für Gesellschaften in Europa, DStR 2009, 487; Ganske, Internationale Fusion von Gesellschaften in der Europäischen Gemeinschaft – ein neuer Ansatz, DB 1985, 581; Gebauer/Teichmann, Enzyklopädie Europarecht, Band 6: Europäisches Privat- und Unternehmensrecht, 2016; Gesell/Krömker, Grenzüberschreitende Verschmelzungen nach SEVIC, DB 2006, 2558; Gesell/Goette, Auslandsbeurkundungen im Kapitalgesellschaftsrecht, DStR 1996, 712; Grobys, SE-Betriebsrat und Mitbestimmung in der Europäischen Gesellschaft, NZA 2005, 84; Geyrhalter/Weber, Transnationale Verschmelzungen – im Spannungsfeld zwischen SEVIC Systems und der Verschmelzungsrichtlinie, DStR 2006, 146; Götz, Die Einpersonengesellschaft als Vehikel grenzüberschreitender unternehmerischer Tätigkeit (Diss. Würzburg, im Erscheinen); Gottschalk, Grenzüberschreitende Verschmelzungen und Ablehnung ihrer Eintragung in nationales Handelsregister, EuZW 2006, 83; Günes, Grenzüberschreitende Verschmelzung unter Beteiligung von EU/EWR- und Drittstaaten-Kapitalgesellschaften, 2012; ders., Grenzüberschreitende Verschmelzungen unter Beteiligung von Kapitalgesellschaften aus Drittstaaten, IStR 2013, 213; Habersack, Sekundärrechtlicher grenzüberschreitender Formwechsel ante portas, ZHR 182 (2018), 495; Hagemann/v. d. Höh, Brexit: Handlungsoptionen für eine Sitzverlegung aus dem Vereinigten Königreich nach Deutschland, DB 2017, 830; Hansen, The Vale Decision and the Court's Case Law on the Nationality of Companies, ECFR 2013, 1; Harbarth, SPE 2.0 – Die rechtspolitische Perspektive, GmbHR 2018, 657; Haritz/v. Wolf, Zum Entwurf eines Zweiten Gesetzes zur Änderung des Umwandlungsgesetzes, GmbHR 2006, 340; Heckschen, Die Reform des Umwandlungsrechts, DNotZ 2007, 444; ders., Grenzüberschreitender Formwechsel, ZIP 2015, 2049; ders., Grenzüberschreitende Sitzverlegung von Kapitalgesellschaften, in: FS Elsing, 2015, S. 823; Heckschen/Strnad, Aktuelles zum grenzüberschreitenden Formwechsel und seiner praktischen Umsetzung, notar 2018, 83; Heidenhain, Ausländische Kapitalgesellschaften mit Verwaltungssitz in Deutschland, NZG 2002, 1141, 1142; Heine, Regulierungswettbewerb im Gesellschaftsrecht, 2003; Heinze, Einreichungs- und Nachweispflichten bei nachträglichen Handelsregisteranmeldungen betreffend Zweigniederlassungen ausländischer Kapitalgesellschaften, RNotZ 2009, 586; Hellgardt/Illmer, Wiederauferstehung der Sitztheorie?, NZG 2009, 94; Hermanns, Die grenzüberschreitende Sitzverlegung in der notariellen Praxis, MittBayNot 2016, 297; Herrler, Gewährleistung des Wegzugs von Gesellschaften durch Art. 43, 48 EG nur in Form der Herausumwandlung – Anmerkungen zum Urt. des EuGH v. 16.12.2008 – Rs. C-210/06 (Cartesio), DNotZ 2009, 484 ff.; ders., Ermöglichung grenzüberschreitender Verschmelzungen von Kapitalgesellschaften durch Änderung des Umwandlungsgesetzes – Umsetzung der Verschmelzungsrichtlinie unter Vernachlässigung der primärrechtlichen Rahmenbedingungen, EuZW 2007, 295; Herrler/Schneider, Von der Limited zur GmbH, 2010; dies., Grenzüberschreitende Verschmelzungen von Gesellschaften mit beschränkter Haftung zwischen Deutschland und Österreich, GmbHR 2011, 795 f.; Hess, Back to the Past: BREXIT und das europäische internationale Privat- und Verfahrensrecht, IPRax 2016, 409; Hippeli, jurisPR-HaGesR 7/2018 Anm. 1; Hirte, Die Europäische Aktiengesellschaft, NZG 2002, 1; Hirte/Teichmann (Hrsg.), The European Private Company, 2013; Hommelhoff/Schubel/Teichmann (Hrsg.), Societas Privata Europaea (SPE) – die europäische Kapitalgesellschaft für den Mittelstand, 2014; J. Hoffmann, Das Anknüpfungsmoment der Gründungstheorie, ZVglRWiss 101 (2002), 283; ders., Die stille Bestattung der Sitztheorie durch den Gesetzgeber, ZIP 2007, 1581; ders., Mitbestimmungsfreie Gesellschaften deutschen Rechts durch grenzüberschreitenden Formwechsel?, EuZW 2018, 785; Hoger/Lieder, Die grenzüberschreitende Anwachsung, ZHR 180 (2016), 613; Horn, Deutsches und europäisches Gesellschaftsrecht und die EuGH-Rechtsprechung zur Niederlassungsfreiheit – Inspire Art, NJW 2004, 893; Hushahn, Grenzüberschreitende Formwechsel im EU/EWR-Raum – die identitätswahrende statutenwechselnde Verlegung des Satzungssitzes in der notariellen Praxis, RNotZ 2014, 137; ders., Der isolierte grenzüberschreitende Formwechsel – Zugleich Anmerkung zum Urteil des EuGH v. 25.10.2017 in der Rechtssache Polbud, RNotZ 2018, 23; Ihrig/Wagner, Das Gesetz zur Einführung der Europäischen Gesellschaft (SEEG) auf der Zielgeraden, BB 2004, 1749; Jaensch, Der grenzüberschreitende Formwechsel: Das EuGH-Urteil VALE, EWS 2012, 353; Janisch, Die grenzüberschreitende Sitzverlegung von Kapitalgesellschaften in der EU, 2015; Jennewein, Grenzüberschreitende Sitzverlegung einer deutschen GmbH nach Österreich, GesRZ 2016, 277; Jentsch, Der grenzüberschreitende Formwechsel: Das EuGH-Urteil VALE, EWS 2012, 353; Jung/Krebs/Stiegler (Hrsg.), Gesellschaftsrecht in Europa, 2019; Just, Die englische Limited in der Praxis, 4. Aufl. 2012; Kappes, Zulässigkeit grenzüberschreitender Verschmelzungen, NZG 2006, 101; Kainer/Herzog, Der Marktausgang im Konzept der Grundfreiheiten, EuR 2018, 405; Kallmeyer/Kappes, Grenzüberschreitende Verschmelzungen und Spaltungen nach SEVIC Systems und der EU-Verschmelzungsrichtlinie, AG 2006, 224; Kalss/Zollner, Der Weg aus der SE, RdW 2004, 587; Kappes, Zulässigkeit grenzüberschreitender Verschmelzungen, NZG 2006, 101; Kaulen, Die Anerkennung von Gesellschaften unter Artikel XXV Abs. 5 Satz 2 des deutsch-US-amerikanischen Freundschafts-, Handels- und Schifffahrtsvertrags von 1954, 2008; Kiem, Die Regelung der grenzüberschreitenden Verschmelzung im deutschen Umwandlungsgesetz, WM 2006, 1091; ders., Erwartungen der Praxis an eine künftige EU-Sitzverlegungsrichtlinie, ZHR 180 (2016), 289; Kindler, Der Wegzug von Gesellschaften in Europa, Der Konzern 2006, 811; ders., GmbH-Reform und internationales Gesellschaftsrecht, AG 2007, 721; ders., Ende der Diskussion über die so genannte Wegzugsfreiheit, NZG 2009, 130; ders., Internationales Gesellschaftsrecht 2009: MoMiG, Trabrennbahn, Cartesio und die Folgen, IPRax 2009, 189; ders., Zuständigkeitsfragen beim Binnenstreit in der Auslandsgesellschaft, NZG 2010, 576; ders., Der reale Niederlassungsbegriff nach dem VALE-Urteil des EuGH, EuZW 2012, 888; ders., Kindler, Die Einpersonen-Kapitalgesellschaft als Konzernbaustein – Bemerkungen zum Kompromissvorschlag der italienischen Ratspräsidentschaft für eine Societas Unius Personae (SUP), ZHR 179 (2015), 330; ders., Unternehmensmobilität nach »Polbud«: Der grenzüberschreitende Formwechsel in Gestaltungspraxis und Rechtspolitik, NZG 2018, 1; Kieninger, Niederlassungsfreiheit als Rechtswahlfreiheit – Die Entscheidung des EuGH in der Sache Centros, ZGR 1999, 724; dies., Wettbewerb der Privatrechtsordnungen im Europäischen Binnenmarkt, 2002; dies., Internationales Gesellschaftsrecht nach »Centros«, »Überseering« und »Inspire Art«: Antworten, Zweifel und offene Fragen, ZEuP 2004, 685; dies., Grenzüberschreitende Verschmelzungen in der EU – das SEVIC-Urteil des EuGH, EWS 2006, 49; dies., Niederlassungsfreiheit als Freiheit der nachträglichen Rechtswahl, NJW 2017, 3624; dies., Internationales Gesellschaftsrecht zwischen Polbud, Panama und Paradise, ZEuP 2018, 309; Kleba, Die grenzüberschreitende Spaltung von Kapitalgesellschaften aus deutscher Sicht, RNotZ 2016, 273; Klein, Grenzüberschreitende Verschmelzung von Kapitalgesellschaften, RNotZ 2007, 565; Kleinert/Probs, Endgültiges Aus für Sonderanknüpfungen bei (Schein-)Auslandsgesellschaften, DB 2003, 2217; Knaier, Crossing borders, digitally? Das »Company Law Package« auf dem Prüfstand, GmbHR 2018, R148; ders., Digital first, Bedenken second, GmbHR 2018, 560; ders., Unionales Umwandlungsrecht – Die Zukunft der Unternehmensmobilität im Binnenmarkt, GmbHR 2018, 607; ders., Das Verfahren der grenzüberschreitenden Hineinverschmelzung – Welche Änderungen bringt der Referentenentwurf zum Vierten Gesetz zur Änderung des Umwandlungsgesetzes?, ZNotP 2018, 341; ders., Eine Rechtsformvariante bewegt Europa – 10 Jahre Unternehmergesellschaft in Deutschland und der EU, GmbHR 2018, 1181; Knaier/Pfleger, Der grenzüberschreitende Herausformwechsel einer deutschen GmbH, GmbHR 2018, 859; Knaier/Scholz, Rechtsschutz in Großbritannien und der EU nach dem »Brexit«, EWS 2018, 10; Knapp, Überseering: Zwingende Anerkennung von ausländischen Gesellschaften? – Zugleich Anmerkungen zum Urt. des EuGH v. 05.11.2002 – Rs. C-208/00 (Überseering), DNotZ 2003, 85; Koch/Eickmann, Gründungs- oder Sitztheorie? Eine »never ending story«?, AG 2009, 73; König/Bormann, »Genuine Link« und freie Rechtsformwahl im Binnenmarkt, NZG 2012, 1241; Köstler/Pütz, Neueste Fakten zur SE und zur grenzüberschreitenden Verschmelzung, AG 2013, R180; Korch/Thelen, Von der Niederlassungsfreiheit zur Freiheit der Rechtsformwahl – Die praktischen Folgen der Polbud-Entscheidung des EuGH, IPRax 2018, 248; Korom/Metzinger, Freedom of Establishment for Companies: the European Court of Justice confirms and refines its Daily Mail Decision in the Cartesio Case C-210/06, ECFR 2009, 125; Kossmann/Heinrich, Möglichkeiten der Umwandlung einer bestehenden SE, ZIP 2007, 164; Kovács/Keve, Der grenzüberschreitende (Herein-)Formwechsel in der Praxis nach dem Polbud-Urteil des EuGH, ZIP 2018, 253; Krause: Die Mitbestimmung der Arbeitnehmer in der Europäischen Gesellschaft (SE); BB 2005, 1221; Krause/Kulpa, Grenzüberschreitende Verschmelzungen, ZHR 171 (2007), 38; Krebs, Gründung der Europäischen Genossenschaft (SCE) durch Rechtsformwechsel, EWS 2012, 407; ders., Grenzüberschreitender Formwechsel nach Deutschland, GWR 2014, 144; Kronke, Deutsches Gesellschaftsrecht und grenzüberschreitende Strukturänderungen, ZGR 1994, 29; Kruis/Widmayer, Grenzüberschreitende Umstrukturierungen nach der »VALE«-Entscheidung des EuGH – Gesellschafts- und steuerrechtliche Perspektiven, CFL 2012, 349; Kruse/Kruse, Grenzüberschreitende Konzernverschmelzungen – Vorgaben und Vereinfachungen der §§ 122a ff. UmwG, BB 2010, 3025 ff.; Kühn/Krafka, Die Handelsregistereintragung auf die Zweigniederlassung beschränkter Prokuren bei ausländischen Kapitalgesellschaften, NZG 2011, 209; Kulenkamp, Die grenzüberschreitende Verschmelzung von Kapitalgesellschaften in der EU, 2008; Kumpan/Pauschinger, Entwicklung des europäischen Gesellschaftsrechts, EuZW 2017, 327; Kußmaul/Richter/Ruiner, Die Sitztheorie hat endgültig ausgedient, DB 2008, 451; dies., Grenzenlose Mobilität?! – Zum Zuzug und Wegzug von Gesellschaften in Europa, EWS 2009, 1; Lehmann/Zetsche, Die Auswirkungen des Brexit auf das Zivil- und Wirtschaftsrecht, JZ 2017, 62; Leible, Niederlassungsfreiheit und Sitzverlegungsrichtlinie, ZGR 2004, 531; ders., Warten auf die Sitzverlegungsrichtlinie, in: FS Roth, 2011, S. 447; Leible/Hoffmann, »Überseering« und das (vermeintliche) Ende der Sitztheorie, RIW 2002, 925; dies., »Überseering« und das deutsche Gesellschaftskollisionsrecht, ZIP 2003, 925; dies., Wie inspiriert ist »Inspire Art«?, EuZW 2003, 677; dies., Grenzüberschreitende Verschmelzungen im Binnenmarkt nach »Sevic«, RIW 2006, 161; dies., Cartesio – fortgeltende Sitztheorie, grenzüberschreitender Formwechsel und Verbot materiellrechtlicher Wegzugsbeschränkungen, BB 2009, 58; Leible/Galneder/Wißling, Englische Kapitalgesellschaften mit deutschem Verwaltungssitz nach dem Brexit, RIW 2017, 718; Leible/Reichert (Hrsg.), Münchener Handbuch des Gesellschaftsrechts, Bd. 6: Internationales Gesellschaftsrecht Grenzüberschreitende Umwandlungen, 4. Aufl. 2013; Leitzen, Die GmbH mit Verwaltungssitz im Ausland, NZG 2009, 728; Leuering, Die GmbH und der internationale Wettbewerb der Rechtsformen, ZRP 2006, 201; Lieder, Digitalisierung des Europäischen Unternehmensrechts – Online-Gründung, Online-Einreichung, Online-Zweigniederlassung, NZG 2018, 1081; Lieder/Bialluch, Umwandlungsrechtliche Implikationen des Brexit, NotBZ 2017, 165; Limmer, Grenzüberschreitende Umwandlungen nach dem Sevic-Urteil des EuGH und den Neuregelungen des UmwG, ZNotP 2007, 282; Lösekrug, Die Umsetzung der Kapital-, Verschmelzungs- und Spaltungsrichtlinie der EG in das nationale deutsche Recht, 2004; Louven, Umsetzung der Verschmelzungsrichtlinie, ZIP 2006, 2021; ders./Dettmeier/Pöschke/Wenig, Optionen grenzüberschreitender Verschmelzungen innerhalb der EU – gesellschafts- und steuerrechtliche Grundlagen, BB 2006, 1; Lutter, Überseering und die Folgen, BB 2003, 7; Lutter/Bayer/J. Schmidt, Europäisches Unternehmens- und Kapitalmarktrecht, 6. Aufl. 2018; Lutter/Drygala, Internationale Verschmelzungen in Europa, JZ 2006, 770; Lutter/Hommelhoff/Teichmann, SE-Kommentar, 2. Aufl. 2015; Lutter/Koch (Hrsg.), Societas Unius Personae (SUP), 2015; Lutz, Hinweise für den Vertragsgestalter bei einer grenzüberschreitenden Verschmelzung unter dem besonderen Gesichtspunkt der Hinausverschmelzung, BWNotZ 2010, 23; Maul/Teichmann/Wenz, Der Richtlinienvorschlag zur grenzüberschreitenden Verschmelzung von Kapitalgesellschaften, BB 2003, 2633; Mävers, Die Mitbestimmung der Arbeitnehmer in der Europäischen Aktiengesellschaft, 2002; Maul/Schmidt, Inspire Art – Quo vadis Sitztheorie?, BB 2003, 2300; Meckbach, Wahl des Satzungssitzes der Kapitalgesellschaft: Forum Shopping bei inländischen Gesellschaften?, NZG 2014, 526; Meilicke, Anm zum EuGH-Urt v 09.03.1999 »EuGH kippt Sitztheorie«, DB 1999, 627; ders., Die Niederlassungsfreiheit nach »Überseering«, GmbHR 2003, 793; Meilicke/Rabback, Die EuGH-Entscheidung in der Rechssache Sevic und die Folgen für das deutsche Umwandlungsrecht nach Handels- und Steuerrecht, GmbHR 2006, 123; Melchior, Zuzug einer GmbH aus einem anderen EU-Mitgliedstaat nach Deutschland – leicht gemacht?, GmbHR 2014, R305; Mentzel, Haftungsfalle Limited, IWRZ 2017, 248; Messenzehl/Schwarzfischer, Anmerkung zur Entscheidung des EuGH vom 12.07.2012 (C-378/10; BB 2012, 2069) – Zur grenzüberschreitenden Umwandlung einer Gesellschaft innerhalb der EU, BB 2012, 2072; Metzinger, Rechtsfolgen des Erlöschens einer in Deutschland tätigen Limited, EWS 2017, 92; Moench, Die Societas Unius Personae (SUP), 2016; Mörsdorf, The legal mobility of companies within the European Union through cross-border conversion, CMLR 49 (2012), 629; ders., Nun also doch! – Die überraschende Umdeutung der Niederlassungsfreiheit zur Rechtswahlfreiheit durch den EuGH im Urteil Polbud, ZIP 2017, 2381; Mörsdorf/Jopen, Anmerkung zum Urteil des EuGH vom 12.07.2012, Aktenzeichen: C-378/10 – Zur »Ob« und »Wie« eines grenzüberschreitenden Formwechsels innerhalb der Europäischen Union, ZIP 2012, 1398; Mitterecker, Grenzüberschreitende Sitzverlegungen, 2015; Mohamed, Effekte des Brexit aus europäisch gesellschaftsrechtlicher Perspektive, ZVglRWiss 117 (2018), 189; Mückl/Götte, Unternehmensmitbestimmung und grenzüberschreitende Unternehmensmobilität, BB 2018, 2036; Müller, Die grenzüberschreitende Verschmelzung nach dem neuen Richtlinienentwurf der EU-Kommission, ZIP 2004, 1790; ders., Die grenzüberschreitende Verschmelzung nach dem Referentenentwurf des Bundesjustizministeriums, NZG 2006, 286; ders., Internationalisierung des deutschen Umwandlungsrechts: Die Regelung der grenzüberschreitenden Verschmelzung, ZIP 2007, 1081; Müller-Bonanni/Müntefering, Arbeitnehmerbeteiligung bei SE-Gründung und grenzüberschreitender Verschmelzung im Vergleich, BB 2009, 1699; Mucha, New chapter in the corporate mobility in Europe, 2017, abrufbar unter https://papers.ssrn.com/sol3/papers.cfm?abstract_id=2954639 (Stand: 02.11.2018); Mucha/Oplustil, Redefining the Freedom of Establishment under EU Law as the Freedom to Choose the Applicable Company Law: A Discussion after the Judgment of the Court of Justice (Grand Chamber) of 25 October 2017 in Case C-106/16, Polbud, ECFR 2018, 270; Nentwig, Verlegung des Satzungssitzes einer deutschen GmbH ins europäische Ausland – dargestellt am Beispiel Luxemburg, GWR 2015, 447; Neye, Das neue Umwandlungsrecht vor der Verabschiedung im Bundestag, ZIP 1994, 917; ders., Die neue Richtlinie zur grenzüberschreitenden Verschmelzung von Kapitalgesellschaften, ZIP 2005, 1893; Neye/Timm, Die geplante Umsetzung der Richtlinie zur grenzüberschreitenden Verschmelzung von Kapitalgesellschaften im Umwandlungsprozess, DB 2006, 488; dies., Mehr Mobilität für die GmbH in Europa – Das neue Recht der grenzüberschreitenden Verschmelzungen, NotBZ 2007, 239; Niemeier, GmbH und Limited im Markt der Unternehmensrechtsträger – Marktdaten zur Reformdebatte, ZIP 2006, 2237; M. Noack, Das Company Law Package – Vorschläge der Europäischen Kommission zur Harmonisierung des materiellen Schutzes der Minderheitsgesellschafter bei grenzüberschreitenden Verschmelzungen, AG 2018, 780; U. Noack, Online-Gründung von Kapitalgesellschaften in Europa – Der neue Richtlinienvorschlag im Company Law Package, DB 2018, 1324; U. Noack/Kraft, Grenzüberschreitende Unternehmensmobilität – Der Richtlinienvorschlag im Company Law Package, DB 2018, 1577; Oechsler, Die Zulässigkeit grenzüberschreitender Verschmelzungen, NJW 2006, 812; ders., Die Richtlinie 2005/56/EG über die Verschmelzung von Kapitalgesellschaften aus verschiedenen Mitgliedstaaten, NZG 2006, 161; ders., Die Polbud-Entscheidung und die Sitzverlegung der SE, ZIP 2018, 1269; Oplustil/Schneider, Zur Stellung der Europäischen Aktiengesellschaft im Umwandlungsrecht, NZG 2003, 13; Oplustil/Sikora, Grenzüberschreitende Verlegung des statutarischen Gesellschaftssitzes aus der Perspektive des Gründungsstaates: Vorlagefragen des polnischen Obersten Gerichts an den EuGH, EWS 2017, 134; Oplustil/Włudyka, Grenzüberschreitender Herausformwechsel einer polnischen Kapitalgesellschaft im Lichte der neuesten Rechtsprechung des EuGH, in: FS Müller-Graff, 2015, S. 205; Otte, Folgen der Trennung von Verwaltungs- und Satzungssitz für die gesellschaftsrechtliche Praxis, BB 2009, 344; Paefgen, Gezeitenwechsel im Gesellschaftskollisionsrecht – Anmerkung zu EuGH, Urteil vom 05.11.2002 – Rs. C-208/00 = WM 2002, 2372 »Überseering« –, WM 2003, 561; ders., »Cartesio«: Niederlassungsfreiheit minderer Güte – Zum Urteil des EuGH vom 16.12.2008 (»Cartesio«) = WM 2009, 223 ff., WM 20009, 529; ders., »Polbud«: Niederlassungsfreiheit als Sitzspaltungsfreiheit – Zum Urteil des EuGH vom 25.10.2017 in der Rechtssache »Polbud« = WM 2017, 2359 – Teil I, WM 2018, 981; ders., »Polbud«: Niederlassungsfreiheit als Sitzspaltungsfreiheit – Zum Urteil des EuGH vom 25.10.2017 in der Rechtssache »Polbud« = WM 2017, 2359 – Teil II, WM 2018, 1029; Pfeiffer/Heilmeier, Einreichung und Bekanntmachung des Verschmelzungsplans bei grenzüberschreitender Verschmelzung, GmbHR 2009, 1317; Pfleger, Die Problematik der unternehmerischen Mitbestimmung in der Europäischen Privatgesellschaft (SPE), 2014, URN: urn:nbn:de:bvb:20-opus-97350; Preuß, Die Wahl des Satzungssitzes im geltenden Gesellschaftsrecht und nach dem MoMiG-Entwurf, GmbHR 2007, 57; Priester, Das neue Verschmelzungsrecht, NJW 1983, 1459; Prüm, Die grenzüberschreitende Spaltung, 2006; Pyszka, Die US-amerikanische LLC mit tatsächlichem Verwaltungssitz in Deutschland, GmbHR 2015, 1077; Reinhard, Umwandlung der Aktiengesellschaft in die Europäische Gesellschaft (Societas Europaea), Der Konzern 2005, 407; Reithmann/Martiny, Internationales Vertragsrecht, 8. Aufl. 2015; Riesenhuber, Die Verschmelzungsrichtlinie: »Basisrechtsakt für ein Europäisches Recht der Strukturmaßnahmen«, NZG 2004, 15; Ringe, Corporate Mobility in the European Union – a Flash in the Pan? An empirical study on the success of lawmaking and regulatory competition, ECFR 2013, 230; Rixen/Boetticher, Erfahrungsbericht über eine transnationale Verschmelzung, GmbHR 1993, 572; Roesener, Das Warten auf Aktion: Der Aktionsplan zum Europäischen Gesellschaftsrecht und die Societas Privata Europaea, NZG 2013, 241; Römermann, Die Limited in Deutschland – eine Alternative zur GmbH?, NJW 2006, 2065; Roth, Internationales Gesellschaftsrecht nach Überseering, IPRax 2003, 117; ders., Das Ende der Briefkastengründung? – Vale contra Centros, ZIP 2012, 1744; ders., Grenzüberschreitender Rechtsformwechsel nach VALE, in: FS Hoffmann-Becking, 2013, S. 965; Rotheimer, Referentenentwurf zum Internationalen Gesellschaftsrecht, NZG 2008, 181; Sandrock, Die Konkretisierung der Überlagerungstheorie in einigen zentralen Einzelfragen. Ein Beitrag zum internationalen Gesellschaftsrecht in: FS Beitzke, 1979, S. 669; ders., Centros: ein Etappensieg für die Überlagerungstheorie, BB 1999, 1337; Schall, Ohne Mindestkapital von England nach Deutschland wechseln – die UG & Co. GmbH als Zielrechtsträger eines grenzüberschreitenden Formwechsels, GmbHR 2017, 25; ders., Grenzüberschreitende Umwandlungen der Limited (UK) mit deutschem Verwaltungssitz – Optionen für den Fall des Brexit, ZfPW 2016, 407; ders., Der grenzüberschreitende Formwechsel in Europa nach Polbud, ZfPW 2018, 176; Schaper, Grenzüberschreitender Formwechsel und Sitzverlegung: Die Umsetzung der Vale-Rechtsprechung des EuGH, ZIP 2014, 810; Schiefer/Quinten, Berücksichtigung »finaler Verluste« durch grenzüberschreitende Verschmelzung, IStR 2013, 261; J. Schmidt, »Deutsche« vs. »britische« Societas Europaea (SE), 2. Aufl. 2010; dies., Grenzüberschreitende Mobilität von Gesellschaften – Vergangenheit, Gegenwart und Zukunft, ZVglRWiss 116 (2017), 313; dies., Der European Model Company Act, ZHR 181 (2017), 43; dies., EU Company Law Package 2018 – Mehr Digitalisierung und Mobilität von Gesellschaften (Teil 1), Der Konzern 2018, 229; dies., EU Company Law Package 2018 – Mehr Digitalisierung und Mobilität von Gesellschaften (Teil 2), Der Konzern 2018, 273; dies., Ein »Rettungsanker« für die Limiteds – Der RefE für ein 4. UmwÄndG, GmbHR 2018, R292; L. Schmidt, Die Bedeutung des Model Business Corporation Act im US-amerikanischen Gesellschaftsrecht, RIW 2016, 718; Schmidtbleicher, Verwaltungssitzverlegung deutscher Kapitalgesellschaften in Europa: Sevic als Leitlinie für Cartesio?, BB 2007, 613; A. Schneider, Grenzüberschreitender Formwechsel einer deutschen GmbH ins EU-Ausland, DB 2018, 941; C. Schneider, Internationales Gesellschaftsrecht vor der Kodifizierung, BB 2008, 566; Schockenhoff, Die Polbud-Entscheidung des EuGH – Freie Rechtswahl für EU-Gesellschaften, Der Konzern 2018, 106; Schön, Das System der gesellschaftsrechtlichen Niederlassungsfreiheit nach VALE, ZGR 2013, 333; Schönhaus/Müller, Grenzüberschreitender Formwechsel aus gesellschafts- und steuerrechtlicher Sicht, IStR 2013, 174; Schollmeyer, Von der Niederlassungsfreiheit zur Rechtswahlfreiheit?, ZGR 2018, 186; ders., Die »künstliche Gestaltung« – der Herr Tur Tur unter den Rechtsfiguren, NZG 2018, 977; Schrade, Steuerplanerische Überlegungen zum Brexit, DStR 2018, 1898; Schubel, SPE 2.0: Die Perspektive Mittel- und Osteuropas, GmbHR 2018, 769; Schubert, Mitbestimmung der Arbeitnehmer bei grenzüberschreitender Verschmelzung, RdA 2007, 9; Schulze/Wiese, Die SCE und die Reform des deutschen Genossenschaftsrechts, ZfgG 2006, 108; Sedemund, EU-weite Verschmelzungen, BB 2006, 519; Seeger, Die Folgen des »Brexit« für die britische Limited mit Verwaltungssitz in Deutschland, DStR 2016, 1817; Seibold, Der grenzüberschreitende Herein-Formwechsel in eine deutsche GmbH – Geht doch!, ZIP 2017, 456; Selent, Die Mitbestimmung nach dem Company Law Package aus Perspektive des deutschen Kompromissvorschlags zur europäischen Mitbestimmung, NZG 2018, 1171; Siem, SEVIC: Der letzte Mosaikstein im Internationalen Gesellschaftsrecht der EU?, EuZW 2006, 135; Simon/Rubner, Die Umsetzung der Richtlinie über grenzüberschreitende Verschmelzungen ins deutsche Recht, Der Konzern 2006, 835; Spahlinger/Wegen, Deutsche Gesellschaften in grenzüberschreitenden Umwandlungen nach »SEVIC« und der Verschmelzungsrichtlinie in der Praxis, NZG 2006, 721; Sparfeld, Grenzüberschreitender Formwechsel nach »Polbud«, WPg 2018, 55; Spindler/Berner, Inspire Art – Der europäische Wettbewerb um das Gesellschaftsrecht ist endgültig eröffnet, RIW 2003, 949; Stelmaszczyk, Grenzüberschreitender Formwechsel durch isolierte Verlegung des Satzungssitzes, EuZW 2017, 890; Stiegler, Der grenzüberschreitende Rechtsformwechsel in der Europäischen Union, 2013; ders., Die Durchführung eines grenzüberschreitenden Herausformwechsels aus Deutschland, KSzW 2014, 107; ders., Zehn Jahre Internationale Verschmelzungsrichtlinie, GmbHR 2016, 404; ders., Grenzüberschreitende Sitzverlegung nach deutschem und europäischem Recht, 2017; ders., Grenzüberschreitender Formwechsel: Zulässigkeit eines Herausformwechsels, AG 2017, 846; ders., Grenzüberschreitende Mobilität von Personengesellschaften, ZGR 2017, 312; ders., 4. UmwÄndG – Brexit und Verschmelzung auf Personengesellschaften: Way to go oder halbherziger Kompromiss?, erscheint in ZIP 2018; Süß, Exit vor dem Brexit: Die Flucht aus der Limited – leichtes Spiel oder teurer Spaß?, ZIP 2018, 1277; Szydlo, Cross-border conversion of companies under freedom of establishment: Polbud and beyond, CMLR 2018, 1549; Tebben/Tebben Der Weg aus der Limited: Die grenzüberschreitende Verschmelzung auf eine GmbH, DB 2007, 2355; Teichmann, Die Einführung der Europäischen Aktiengesellschaft, ZGR 2002, 383; ders., Binnenmarktkonformes Gesellschaftsrecht, 2006; ders., Binnenmarktmobilität von Gesellschaften nach »Sevic«, ZIP 2006, 355; ders., Grenzüberschreitende Verschmelzungen in Europa, in: Dillmann/Laier/Lammel/Reimer/Schmitz, Europäisches Gesellschafts- und Steuerrecht, 2007, S. 59; ders., Gestaltungsfreiheit in Mitbestimmungsvereinbarungen, AG 2008, 797; ders., Cartesio: Die Freiheit zum formwechselnden Wegzug, ZIP 2009, 393; ders., EuGH: Grenzüberschreitender Wegzug von Gesellschaften, LMK 2009, 275584; ders., Gesellschaftsrecht im System der Europäischen Niederlassungsfreiheit, ZGR 2011, 639; ders., Der grenzüberschreitende Formwechsel ist spruchreif: das Urteil des EuGH in der Rs. Vale, DB 2012, 2085; ders., Mitbestimmungserstreckung auf Auslandsgesellschaften, ZIP 2016, 899; ders., Corporate Restructuring under the EMCA, ECFR 2016, 277; ders., Modellgesetze für Kapitalgesellschaften in den USA (MBCA) und Europa (EMCA), in: FS Baums, 2017, S. 1227; ders., Grenzüberschreitender Formwechsel kraft vorauseilender Eintragung im Aufnahmestaat, ZIP 2017, 1190; ders., Der Fall »Polbud«: Formwechsel in die Briefkastengesellschaft, GmbHR 2017, R358; ders., Cross-border Conversions after Vale – the German Experience, in: Koster/Pennings/Rusu (Hrsg.), Essays on Private and Business Law, 2017, S. 249; ders., Die GmbH im europäischen Wettbewerb der Rechtsformen, ZGR 2017, 543; ders., SPE 2.0 – Die inhaltliche Konzeption, GmbHR 2018, 713; ders., Digitale Errichtung von Kapitalgesellschaften und Zweigniederlassungen – Analyse des Richtlinienvorschlags der EU-Kommission vom 25. April 2018, erscheint in ZIP 2018; ders., Grundlinien eines Europäischen Umwandlungsrechts, erscheint in NZG 2019; Teichmann/Knaier, Die deutsche Unternehmergesellschaft als Alternative für österreichische Gründer – eine empirische Annäherung, GesRZ 2014, 285; dies., Brexit – Was nun?, IWRZ 2016, 243; dies., Grenzüberschreitender Formwechsel nach »Polbud« – Die neue Umwandlungsfreiheit im Binnenmarkt, GmbHR 2017, 1314; dies., Grenzüberschreitender Formwechsel nach den EuGH-Entscheidungen VALE und Polbud, erscheint in: Aktuelle notarielle Herausforderungen in der Praxis des Gesellschaftsrechts – 7. Symposium des Instituts für Notarrecht der Juristischen Fakultät der Georg-August-Universität Göttingen, Bonn 2019; Teichmann/Ptak, Die grenzüberschreitende Sitzverlegung aus deutsch-polnischer Perspektive, RIW 2010, 817; Thiermann, Grenzüberschreitende Verschmelzungen deutscher Gesellschaften, 2010; Thümmel/Hack, Die grenzüberschreitende Verschmelzung von Personengesellschaften, Der Konzern 2009, 1; Trautrims, Geschichte und Bedeutung von Sitz- und Gründungstheorie im deutschen Recht, ZHR 176 (2012), 435; Triebel/v. Hase, Wegzug und grenzüberschreitende Umwandlungen deutscher Gesellschaften nach Überseering und Inspire Art, BB 2003, 2409; Trost, Ausgewählte Fragen der Mitbestimmungsgestaltung bei grenzüberschreitenden Verschmelzungen, 2016; van den Broek, Cross-Border Mergers within the EU, 2012; Tschorr, Die Verlegung des Satzungssitzes innerhalb der Europäischen Union, 2013; Ulmer, Gläubigerschutz bei Scheinauslandsgesellschaften – Zum Verhältnis zwischen gläubigerschützendem nationalen Gesellschafts-, Delikts- und Insolvenzrecht und der EG-Niederlassungsfreiheit, NJW 2004, 1201; van Eck/Roelofs, Vale: Increasing Corporate Mobility from Outbound to Inbound Cross-Border Conversion?, ECL 9 (2012), 319; Veil, Kollisionsrechtliche und sachrechtliche Lösungen für eine Verschmelzung und eine Spaltung über die Grenze, Der Konzern 2007, 98; Verse, Niederlassungsfreiheit und grenzüberschreitende Sitzverlegung – Zwischenbilanz nach »National Grid Indus« und »Vale«, ZEuP 2013, 458; Verse/Wiersch, Die Entwicklung des europäischen Gesellschaftsrechts 2014–2015, EuZW 2016, 330; Vetter, Die Regelung der grenzüberschreitenden Verschmelzung im

UmwG?, AG 2006, 613; von Halen, Das Gesellschaftsstatut nach der Centros-Entscheidung des EuGH, 2001; Vossius, Gründung und Umwandlung der deutschen Europäischen Gesellschaft (SE), ZIP 2005, 741; ders., Der verlorene Sohn oder die Limited nach dem Brexit, notar 2016, 314; Wachter, Auswirkungen des EuGH-Urteils in Sachen Inspire Art Ltd. auf Beratungspraxis und Gesetzgebung, GmbHR 2004, 88; ders., Kreditvergabe und Kapitalschutz bei der GmbH & Co. KG, GmbHR 2004, 1249; ders., Zweigniederlassungen englischer private limited companies im deutschen Handelsregister, ZNotP 2005, 122; ders., Zur Anmeldung der inländischen Zweigniederlassung einer englischen private limited company, GmbHR 2005, 1131; ders., Grenzüberschreitender Herein-Formwechsel in die deutsche GmbH, GmbHR 2016, 738; ders., Neues zum Europäischen Gesellschaftsrecht: Digitalisierung im GmbH-Recht (I) – Überblick über die vorgeschlagenen Neuregelungen, GmbH-StB 2018, 214; ders., Neues zum Europäischen Gesellschaftsrecht: Digitalisierung im GmbH-Recht (II) – Mögliche Auswirkungen auf das deutsche Gesellschaftsrecht, GmbH-StB 2018, 263; ders., Neues zum Europäischen Umwandlungsrecht (I) – Grenzüberschreitende Verschmelzungen, Spaltungen und Formwechsel, GmbH-StB 2018, 283; ders., Neues zum Europäischen Umwandlungsrecht (II) – Grenzüberschreitende Verschmelzungen, Spaltungen und Formwechsel, GmbH-StB 2018, 317; Wagner/Timm, Der Referentenentwurf eines Gesetzes zum Internationalen Privatrecht der Gesellschaften, Vereine und juristischen Personen, IPrax 2008, 81; Wasmeier, Grenzüberschreitende Umstrukturierung von Kapitalgesellschaften durch Sitzverlegung und formwechselnde Umwandlung, 2014; Weller, »Inspire Art«: Weitgehende Freiheiten beim Einsatz ausländischer Briefkastengesellschaften, DStR 2003, 1800; ders., Niederlassungsfreiheit via völkerrechtlicher EG-Assoziierungsabkommen – Zugleich Besprechung der Entscheidung BGH NJW 2005, 3351, ZGR 2006, 748; ders., Unternehmensmitbestimmung für Auslandsgesellschaften, in: FS Hommelhoff, 2012, S. 1275; Weller/Thomale/Benz, Englische Gesellschaften und Unternehmensinsolvenzen in der Post-Brexit-EU, NJW 2016, 2378, Wenglorz, Die grenzüberschreitende Heraus-Verschmelzung einer deutschen Kapitalgesellschaft: Und es geht doch!, BB 2004, 1061; Werner, Das deutsche Internationale Gesellschaftsrecht nach Cartesio und Trabrennbahn, GmbHR 2009, 191; Wicke, Zulässigkeit des grenzüberschreitenden Formwechsels, DStR 2012, 1756; Winter, Planung und Vorbereitung einer grenzüberschreitenden Verschmelzung, Der Konzern 2007, 24; Winter/Marx/De Decker, Von Frankfurt nach Rom – zur Praxis grenzüberschreitender »Hinausformwechsel«, DStR 2017, 1664; Wohlrab, Der grenzüberschreitende Formwechsel als Mittel der Mobilität im Binnenmarkt, GPR 2012, 316; Ziemons, Freie Bahn für den Umzug von Gesellschaften nach Inspire Art?!, ZIP 2003, 1919; Zimmer, Wie es Euch gefällt? – Offene Fragen nach dem Überseering-Urteil des EuGH, BB 2003, 1; ders., Nach »Inspire Art«: Grenzenlose Gestaltungsfreiheit für deutsche Unternehmen?, NJW 2003, 3585; Zimmer/Naendrup, Das Cartesio-Urteil des EuGH: Rück- oder Fortschritt für das internationale Gesellschaftsrecht?, NJW 2009, 545; Zuhorn, Grenzüberschreitende Verschmelzungen zwischen deutschen und englischen börsennotierten Aktiengesellschaften – ein Harmonisierungserfolg?, 2017; Zwirlein, Grenzüberschreitender Formwechsel – europarechtlich veranlasste Substitution im UmwG, ZGR 2017, 114; Zwirlein/Großerichter/Gätsch, Exit before Brexit, NZG 2017, 1041.

Übersicht

	Rdn.
A. Entwicklung des unionalen Umwandlungsrechts	3
I. Verordnungs- und Richtlinienrecht	4
1. Fusionsrichtlinie	5
2. Fusionssteuer-Richtlinie	6
3. SE-Verordnung	7
4. Verschmelzungsrichtlinie	8
5. Kein kodifizierter Rechtsrahmen für grenzüberschreitende Spaltungen	9
6. Kein kodifizierter Rechtsrahmen für grenzüberschreitende Sitzverlegungen	10
7. Richtlinie über bestimmte Aspekte des Gesellschaftsrechts	11
8. Company Law Package	12
9. »European Model Company Act« (EMCA)	14.1
II. Rechtsprechung des EuGH	15
1. Sitztheorie und Gründungstheorie	16
2. Neubestimmung durch den EuGH: »Daily-Mail« bis »Überseering«	17
3. Zulässigkeit der grenzüberschreitenden Verschmelzung: »SEVIC«	23
4. Zulässigkeit des grenzüberschreitenden Herausformwechsels: »Cartesio«	26
5. Zulässigkeit des grenzüberschreitenden Herewinformwechsels: »VALE«	27
6. Zulässigkeit des grenzüberschreitenden Formwechsels auch ohne wirtschaftliche Tätigkeit im Zuzugsstaat: »Polbud«	34

		Rdn.
	7. Die Art. 49, 54 AEUV als Umwandlungsfreiheit	41
B.	**Unionsrechtliche Prägung nationalen Rechts**	43
I.	Umsetzungsakte zu unionalem Sekundärrecht	44
II.	Durch unional beeinflusste Gegebenheiten geschaffenes Recht	46
	1. MoMiG und Zulassung der Sitzaufspaltung	46
	2. Folgen des Limited-Booms und »Brexit«	47
	3. Referentenentwurf »Gesetz zum Internationalen Privatrecht der Gesellschaften, Vereine und juristischen Personen«	50
C.	**Unionsrechtliche Prägung nationaler Rechtsprechung**	53
I.	Anerkennung der Gründungstheorie für EU-Gesellschaften	54
II.	Grenzüberschreitende Umwandlungsvorgänge in der Rechtsprechung	60
	1. Hineinformwechsel in der Rechtsprechung	61
	2. Herausformwechsel in der Rechtsprechung	64
D.	**Unternehmensumwandlungen in EWR-Staaten**	67
E.	**Unternehmensumwandlungen in Drittstaaten**	69

In Deutschland war lange Zeit herrschende Meinung, dass **grenzüberschreitende Umwandlungen** nach dem geltenden nationalen Umwandlungsrecht **nicht zulässig** seien.[1] § 1 Abs. 1 UmwG verlangt auch heute noch, dass alle an dem Umwandlungsvorgang beteiligten Gesellschaften ihren Sitz im Inland haben müssen.[2] Bereits die Gesetzesbegründung zum UmwG wies darauf hin, dass die grenzüberschreitende Umwandlung durch das UmwG nicht geregelt werden sollte, u. a. auch um einer europaweit einheitlichen Lösung der internationalen Umwandlung nicht vorzugreifen.[3]

1

Gleichwohl hat sich die Thematik der grenzüberschreitenden Unternehmensumwandlungen in den letzten Jahren zu einem für die Praxis bedeutsamen und in stetem Wandel begriffenen Rechtsgebiet entwickelt. In der gesamten EU ist mittlerweile eine beachtliche und stetig steigende Zahl an grenzüberschreitenden Umwandlungsvorgängen zu verzeichnen.[4] Von der Materie sind eine Vielzahl von Fallgestaltungen, die bereits aus dem nationalen Recht geläufig sind betroffen. Grundsätzlich denkbar sind als grenzüberschreitende Umwandlung alle auch im nationalen Recht möglichen Umwandlungsvarianten (hierzu Teil 1 Rdn. 132 ff.). Zu den insofern aus dem nationalen Recht bekannten Schwierigkeiten treten Probleme des anwendbaren Rechts und Fragen nach den tatsächlichen Möglichkeiten von Unternehmensumwandlungen.[5]

2

A. Entwicklung des unionalen Umwandlungsrechts

Die Entwicklung des unionalen Umwandlungsrechts ruht im Wesentlichen auf zwei tragenden Säulen: Der Rechtsprechung des EuGH zur primärrechtlichen Niederlassungsfreiheit (Rdn. 15 ff.) und der Sekundärrechtsschaffung (Rdn. 4 ff.) – zusammen mit deren teilweise erforderlicher Transformation ins nationale Recht.[6]

3

---

1 Neye, ZIP 1994, 917, 919; Dötsch, BB 1998, 1029 f. zur Entwicklung der grenzüberschreitenden Verschmelzung vgl. Kulenkamp, Die grenzüberschreitende Verschmelzung von Kapitalgesellschaften in der EU, 2008, S. 49 ff.
2 Lutter/Drygala, UmwG, § 1 Rn. 4; Kallmeyer/Kallmeyer/Marsch-Barner, UmwG, § 1 Rn. 3.
3 Begr. Reg-E UmwBerG, BT-Drs. 12/6699, S. 80.
4 Siehe hierzu jüngst die empirische Untersuchung von Biermeyer/Meyer, Cross-border Corporate Mobility in the EU: Empirical Findings 2018, SSRN: http://dx.doi.org/10.2139/ssrn.3253048.
5 Hierzu auch Knaier, in: Würzburger NotHdb, Teil 5 Kap. 6 Rn. 334 ff.
6 Zur Entwicklung des unionalen Umwandlungsrechts siehe auch Knaier, in: Würzburger NotHdb, Teil 5 Kap. 6 Rn. 335 ff.; Lieder, in: MünchHdb GesR Bd. VIII, § 5 Rn. 1 ff.

I. Verordnungs- und Richtlinienrecht

4 Im Bereich der grenzüberschreitenden Unternehmensumwandlungen existiert vergleichsweise wenig Sekundärrecht. Die SE-Verordnung (Rdn. 7) sieht für die Societas Europaea explizit die grenzüberschreitende Verschmelzung als Gründungsform vor. SE, EWIV und SCE können zudem ihren Sitz grenzüberschreitend in der Union verlegen (Rdn. 338 ff.). Ansonsten wurde bisher lediglich die Verschmelzungsrichtlinie (Rdn. 8, jetzt in die die Richtlinie über bestimmte Aspekte des Gesellschaftsrechts integriert, dazu Rdn. 11) erlassen, welche grenzüberschreitende Sachverhalte regelt. Mit dem Company Law Package (Rdn. 12 ff.) plant die Europäische Kommission nun aber, das Recht der grenzüberschreitenden Verschmelzung (zur aktuellen Rechtslage Rdn. 74 ff.) zu novellieren und einen Rechtsrahmen für die grenzüberschreitende Spaltung (zur aktuellen Rechtslage Rdn. 310 ff.) und den grenzüberschreitenden Formwechsel (zur aktuellen Rechtlage Rdn. 248 ff.) zu schaffen.[7]

1. Fusionsrichtlinie

5 Bereits 1970 legte die Kommission einen Entwurf für eine 3. Gesellschaftsrechtliche Richtlinie, die Fusionsrichtlinie, vor.[8] Die Fusionsrichtlinie (3. Gesellschaftsrechtliche RL)[9] wurde am 09.10.1978 verabschiedet und galt nur für die innerstaatlichen Verschmelzungen – also solche, bei denen alle beteiligten Rechtsträger dem Recht des gleichen Mitgliedstaates unterliegen – von Aktiengesellschaften in den jeweiligen nationalen Formen der Mitgliedstaaten. Erfasst waren zudem nur die Verschmelzung zur Aufnahme (Teil 2 Rdn. 246, 256 ff.) und die Verschmelzung zur Neugründung (Teil 2 Rdn. 247, 250 ff.). Die Fusionsrichtlinie wurde seitdem nur punktuell modernisiert.[10] Durch die Richtlinie 2007/63EG[11] wurde die Möglichkeit des Verzichts auf eine Verschmelzungsprüfung normiert und durch die Richtlinie 2009/109/EG[12] wurden v.a. die Berichts- und Dokumentationspflichten modernisiert. Anschließend wurde die Fusionsrichtlinie im Rahmen des Projekts zur Kodifizierung des Acquis communautaire als Richtlinie 2011/35/EU[13] erlassen. Der Regelungsgehalt der Richtlinie findet sich heute in den Art. 87–117 der Richtlinie über bestimmte Aspekte des Gesellschaftsrechts (dazu genauer Rdn. 11). In Deutschland wurde die Richtlinie durch das VerschmRiLiG[14] zunächst überschießend auch für andere Gesellschaftsformen als die Aktiengesellschaft umgesetzt. Eine Konsolidierung der verstreuten Verschmelzungsvorschriften erfolgte jedoch erst durch das UmwG (Teil 1 Rdn. 1 ff.).

---

7 Siehe zum Mobilitätsvorschlag im Company Law Package auch Knaier, GmbHR 2018, 607; J. Schmidt, Der Konzern 2018, 229, 235 ff. und 273; Wachter, GmbH-StB 2018, 283 und 317; Noack/Kraft, DB 2018, 1577; Schollmeyer, NZG 2018, 977; Bungert/Wansleben, DB 2018, 2094; Selent, NZG 2018, 1171.
8 Zur Entstehungsgeschichte der Fusionsrichtlinie Lutter/Bayer/J. Schmidt, Europäisches Unternehmens- und Kapitalmarktrecht, § 20 Rn. 20.1 ff.; siehe auch Lieder, in: MünchHdb GesR Bd. VIII, § 5 Rn. 2.
9 78/855/EWG, ABl. v. 20.10.1978, L 295/36.
10 Lutter/Bayer/J. Schmidt, Europäisches Unternehmens- und Kapitalmarktrecht, § 20, Rn. 20.4.
11 ABl. v. 17.11.2007, L 300/47.
12 ABl. v. 02.10.2009, L 259/14.
13 ABl. v. 29.04.2011, L 110/1.
14 Gesetz zur Durchführung der Dritten Richtlinie des Rates der Europäischen Gemeinschaften zur Koordinierung des Gesellschaftsrechts (Verschmelzungsrichtlinie-Gesetz) v. 25.10.1982, BGBl. I, S. 1425; hierzu Priester, NJW 1983, 1459.

2. Fusionssteuer-Richtlinie

1990 wurde durch die Fusionssteuer-Richtlinie[15] ein Rahmen für eine steuerneutrale Durchführung grenzüberschreitender Verschmelzungen geschaffen. Die Richtlinie wurde in Deutschland durch das SEStEG[16] umgesetzt.

6

3. SE-Verordnung

Mit der nach Jahrzehnten der Diskussion[17] im Jahre 2001 verabschiedeten SE-Verordnung[18] wurde erstmals eine Regelung betreffend grenzüberschreitender Umwandlungsvorgänge in Europa getroffen.[19] Charakteristikum der Societas Europaea ist deren Supranationalität, sodass die SE-Verordnung ausdrücklich eine Gründung durch die grenzüberschreitende Verschmelzung zweier Aktiengesellschaften aus unterschiedlichen Mitgliedstaaten vorsieht (Rdn. 340 f.). Auch eröffnet die Verordnung bereits die Möglichkeit einer identitätswahrenden Sitzverlegung für die SE innerhalb der Union (Rdn. 350 ff.). In Deutschland wurden die SE-Verordnung und die dazugehörige SE-Richtlinie[20] durch das SEEG,[21] welches das SEAG – durch das den zahlreichen Regelungsaufträgen und Wahlrechten der SE-VO nachgekommen wird – und das SEBG – welches die SE-RL zur Arbeitnehmerbeteiligung umsetzt – enthält, in deutsches Recht implementiert.[22]

7

4. Verschmelzungsrichtlinie

Ermutigt durch den Abschluss des Projektes einer SE-Verordnung legte die Kommission im Jahr 2003 einen neuen Entwurf einer Richtlinie über grenzüberschreitende Verschmelzungen vor.[23] Bereits 1985 war ein solcher Vorschlag unterbreitet worden, der letztlich jedoch aufgrund der Mitbestimmungsproblematik im Entwurfsstadium stecken blieb und 2003 offiziell zurückgezogen wurde.[24] Zwischenzeitlich wurde im Rahmen der SE-Verordnung durch die Verhandlungslösung

8

---

15 Richtlinie über das gemeinsame Steuersystem für Fusionen, Spaltungen, die Einbringung von Unternehmensteilen und den Austausch von Anteilen, die Gesellschaften verschiedener Mitgliedstaaten betreffen v. 23.07.1990, Abl. L 225/1 v. 20.08.1990; jetzt kodifiziert als Richtlinie 2009/133/EG über das gemeinsame Steuersystem für Fusionen, Spaltungen, Abspaltungen, die Einbringung von Unternehmensteilen und den Austausch von Anteilen, die Gesellschaften verschiedener Mitgliedstaaten betreffen, sowie für die Verlegung des Sitzes einer Europäischen Gesellschaft oder einer Europäischen Genossenschaft von einem Mitgliedstaat in einen anderen Mitgliedstaat v. 19.10.2009, Abl. L 310/34 v. 25.11.2009.
16 Gesetz über steuerliche Begleitmaßnahmen zur Einführung der Europäischen Gesellschaft und zur Änderung weiterer steuerrechtlicher Vorschriften v. 07.12.2006, BGBl. I, S. 2782.
17 Die Idee einer überstaatlichen Kapitalgesellschaftsform reicht offenbar sogar bis 1926 zurück und gewann 1959 erste konkrete Züge, ausführlich dazu Lutter/Bayer/J. Schmidt, Europäisches Unternehmens- und Kapitalmarktrecht, § 45.
18 Verordnung (EG) 2157/2001 über das Statut der Europäischen Gesellschaft (SE) v. 08.10.2001, Abl. L 294/1 v. 10.11.2001.
19 Behrens, Die grenzüberschreitende Verschmelzung, 2007, S. 3; Teichmann, in: MünchHdb GesR, Bd. 6, § 49, Rn. 17; zur Entstehungsgeschichte der SE-VO ausführlich J. Schmidt, »Deutsche« vs. »britische« Societas Europaea (SE), 2. Aufl. 2010, S. 52 ff.
20 Richtlinie zur Ergänzung des Statuts der Europäischen Gesellschaft hinsichtlich der Beteiligung der Arbeitnehmer 2001/86/EG v. 08.10.2001, Abl. L 294/22 v. 10.11.2001.
21 Gesetz zur Einführung der Europäischen Gesellschaft v. 22.12.2004, BGBl. I, S. 3675.
22 Hierzu Lutter, in: Lutter/Hommelhoff/Teichmann, SE, Einl. SE-VO, Rn. 20 und Oetker, in: Lutter/Hommelhoff/Teichmann, SE, Vor. § 1 SEBG, Rn. 13 ff.; zur Diskussion ebenfalls Ihrig/Wagner, BB 2004, 1749.
23 Vorschlag für eine Richtlinie des Europäischen Parlaments und des Rates über die Verschmelzung von Kapitalgesellschaften aus verschiedenen Mitgliedstaaten, COM(2003) 703 final.
24 Lutter/Bayer/J. Schmidt, Europäisches Unternehmens- und Kapitalmarktrecht, § 22 Rn. 22.2 ff.

das Mitbestimmungsdilemma gelöst.[25] Die Richtlinie 2005/56/EG v. 26.10.2005 über die Verschmelzung von Kapitalgesellschaften aus verschiedenen Mitgliedstaaten[26] (im Folgenden: »Verschmelzungsrichtlinie«) wurde dann schon am 26.10.2005 verabschiedet und durch Beschluss vom 22.09.2006 auch auf die EWR-Staaten ausgedehnt (Rdn. 67 f.). Die Richtlinie baut auf der Fusionsrichtlinie auf und sucht ein europaweit einheitlich ausgestaltetes Grundgerüst für grenzüberschreitende Verschmelzungen zu errichten. Sie verpflichtet die Mitgliedstaaten dazu, Regelungen für die Verschmelzung von Kapitalgesellschaften, die nach dem Recht eines Mitgliedstaats gegründet worden sind und ihren satzungsmäßigen Sitz, ihre Hauptverwaltung oder ihre Hauptniederlassung in der Gemeinschaft haben, in nationales Recht umzusetzen. Der Anwendungsbereich der Verschmelzungsrichtlinie ist damit auf Kapitalgesellschaften beschränkt. Kleinere Änderungen ergaben sich für die Verschmelzungsrichtlinie ebenfalls durch die Richtlinie 2009/109/EG. Der Regelungsgehalt der Richtlinie findet sich heute in den Art. 118–134, 161 der Richtlinie über bestimmte Aspekte des Gesellschaftsrechts (dazu genauer Rdn. 11). Der deutsche Gesetzgeber hat die Verschmelzungsrichtlinie durch das **Zweite Gesetz zur Änderung des UmwG**[27] in den §§ 122a-122l UmwG umgesetzt. Die Regelungen zur Arbeitnehmermitbestimmung wurden in diesem Zusammenhang im MgVG[28] implementiert (dazu Rdn. 200 ff.). Die Verschmelzungsrichtlinie wurde mittlerweile von allen Mitgliedstaaten der EU umgesetzt (zur Umsetzung in ausgewählten Rechtsordnungen Rdn. 83).[29]

5. Kein kodifizierter Rechtsrahmen für grenzüberschreitende Spaltungen

9 Ursprünglich war geplant, in der Fusionsrichtlinie (Rdn. 5) auch die Spaltung zu regeln.[30] Hiervon wurde letztlich jedoch abgesehen und 1982 mit der Spaltungsrichtlinie[31] eine separate Richtlinie für die innerstaatliche Spaltung von Aktiengesellschaften erlassen, welche 1994/95 auf die EWR-Staaten ausgedehnt wurde. Mit der Richtlinie wurde das Ziel verfolgt, Aktionären und Dritten den gleichen Schutz wie bei Verschmelzungen zu gewähren. Die Spaltungsrichtlinie verpflichtet die Mitgliedstaaten jedoch nicht zur Etablierung des Rechtsinstituts der Spaltung im nationalen Recht. Sie wurde gleichwohl von allen Mitgliedstaaten der EU mit Ausnahme von Kroatien umgesetzt.[32] Die Richtlinie erfuhr eine Modernisierung durch die Richtlinie 2007/63EG und Richtlinie 2009/109/EG. In Deutschland war die Spaltung zunächst nicht bekannt und wurde im Rahmen der Wiedervereinigung für einzelne Rechtsformen der ehemaligen DDR vorgesehen und 1994 durch das UmwG generell zugelassen. Ein kodifizierter rechtlicher Rahmen für

---

25 Hierzu Krause, BB 2005, 1221; Grobys, NZA 2005, 84; Mävers, Die Mitbestimmung der Arbeitnehmer in der Europäischen Aktiengesellschaft, 2002, S. 95 ff.; siehe aktuell zur Ausgestaltung der Mitbestimmung im Company Law Package der Kommission (dazu allgemein Rdn. 12 ff.) ausführlich Selent, NZG 2018, 1171; Mückl/Götte, BB 2018, 2036; zum Lösungsansatz des Mitbestimmungsproblems im SPE-Vorschlag Pfleger, Die Problematik der unternehmerischen Mitbestimmung in der Europäischen Privatgesellschaft (SPE), 2014, URN: urn:nbn:de:bvb:20-opus-97350.
26 Abl. L 310/1 v. 25.11.2005; zur Entwicklungsgeschichte der Verschmelzungsrichtlinie ausführlich Lutter/Bayer/J. Schmidt, Europäisches Unternehmens- und Kapitalmarktrecht, § 22.
27 BGBl. 2007 I, S. 542 ff.; vgl. oben Teil 1 Rdn. 34 ff.
28 Gesetz über die Mitbestimmung der Arbeitnehmer bei einer grenzüberschreitenden Verschmelzung v. 21.12.2006, BGBl. I, S. 3332; siehe hierzu und zur Entwicklung des MgVG Trost, Ausgewählte Fragen der Mitbestimmungsgestaltung bei grenzüberschreitenden Verschmelzungen, 2016, S. 81 ff.
29 Vgl. Study on the Application of the Cross-border Mergers Directive, S. 240 ff., abrufbar unter: http://ec.europa.eu/internal_market/company/docs/mergers/131007_study-cross-border-merger-directive_en.pdf (Stand: 05.09.2018).
30 Riesenhuber, NZG 2004, 14, 16; Lösekrug, Die Umsetzung der Kapital-, Verschmelzungs- und Spaltungsrichtlinie der EG in das nationale deutsche Recht, 2004, S. 313.
31 Richtlinie 82/891/EWG v. 17.12.1982, ABl. v. 31.12.1982, L 378/47; zur Entwicklungsgeschichte der Spaltungsrichtlinie ausführlich Lutter/Bayer/J. Schmidt, Europäisches Unternehmens- und Kapitalmarktrecht, § 23.
32 Vgl. Veith, in: BeckHdb Umwandlungen international, Teil 3, Rn. 1.

A. Entwicklung des unionalen Umwandlungsrechts　　　　　　　　　　　　　Teil 6　Kapitel 1

grenzüberschreitende Spaltungen besteht derzeit nicht. Die Kommission hat in ihrem Aktionsplan 2012 angekündigt evtl. einen Rechtsrahmen für die grenzüberschreitende Spaltung zu schaffen.[33] Auch im Arbeitsprogramm der Kommission für 2017 wird die grenzüberschreitende Spaltung erwähnt.[34] In ihrem am 25.04.2018 veröffentlichten Company Law Package unterbreitet die Europäische Kommission nun einen umfassenden Regelungsvorschlag für grenzüberschreitende Spaltungen in der EU (dazu Rdn. 12 ff.).[35]

6. Kein kodifizierter Rechtsrahmen für grenzüberschreitende Sitzverlegungen

Für eine Sitzverlegungsrichtlinie (14. Gesellschaftsrechtliche Richtlinie) existiert ein auf einer Konsultation der Kommission beruhender Vorentwurf aus dem Jahre 1997.[36] Der Vorentwurf sieht eine grenzüberschreitende Sitzverlegung unter Änderung des anwendbaren Rechts vor. Dieser wurde aufgrund der Rechtsprechung des EuGH, die sich in mehreren Entscheidungen mit der grenzüberschreitenden Sitzverlegung befasste, von der Kommission zwischenzeitlich ruhen gelassen. Allerdings wurden ab 2007 wieder Arbeiten seitens der Kommission aufgenommen und auch seit den EuGH-Entscheidungen Cartesio (Rdn. 26) und VALE (Rdn. 27 ff.) werden vermehrt Forderungen nach einer Sitzverlegungsrichtlinie laut, da die EuGH-Rechtsprechung allein keinen rechtssicheren Rahmen bietet.[37] Dies zeigt sich eindrücklich auch an immer wieder auftretenden Problemen in der Praxis (dazu die Entscheidungen in den Rdn. 60 ff.). Ein kodifizierter rechtlicher Rahmen besteht daher derzeit für die grenzüberschreitende Sitzverlegung nicht. Jedoch hat die Europäische Kommisssion mit ihrem am 25.04.2018 veröffentlichten Company Law Package auch einen umfassenden Regelungsvorschlag für den grenzüberschreitenden Formwechsel vorgelegt (dazu Rdn. 12 ff.).

10

7. Richtlinie über bestimmte Aspekte des Gesellschaftsrechts

Die jüngst verabschiedete **Richtlinie über bestimmte Aspekte des Gesellschaftsrechts**[38] konsolidiert die frühere Publizitätsrichtlinie,[39] die frühere Kapitalrichtlinie,[40] die frühere Fusionsrichtli-

11

33　Aktionsplan v. 12.12.2012 COM(2012) 740/2, S. 15, abrufbar unter http://ec.europa.eu/internal_market/company/docs/modern/121212_company-law-corporate-governance-action-plan_de.pdf (Stand: 31.10.2018).
34　Arbeitsprogramm der Kommission 2017, COM(2016) 710 final v. 25.10.2016, S. 8, abrufbar unter https://ec.europa.eu/info/publications/work-programme-commission-key-documents-2017_en (Stand: 31.10.2018).
35　Siehe zu Spaltungen im nach dem Company Law Package Knaier, GmbHR 2018, 607, 622 ff.; Noack/Kraft, DB 2018, 1577, 1578 ff.; Wachter, GmbH-StB 2018, 317, 328 ff.; Bungert/Wansleben, DB 2018, 2094; J. Schmidt, Der Konzern 2018, 273, 274 ff.
36　Di Marco, ZGR 1999, 3; K. Schmidt, ZGR 1999, 20; Kiem, ZHR 180 (2016), 289, 296; zur Entwicklungsgeschichte der nie verabschiedeten 14. Gesellschaftsrechtlichen Richtlinie ausführlich Lutter/Bayer/J. Schmidt, Europaisches Unternehmens- und Kapitalmarktrecht, § 30.
37　Dazu ausführlich Teichmann, in: Gebauer/Teichmann, EnzEuR, Bd. 6, § 6, Rn. 272 ff.; Kiem, ZHR 180 (2016), 289; am weitesten ging vor der Veröffentlichung des Company Law Package (dazu Rdn. 12 ff.) wohl der Vorschlag von J. Schmidt, die in einer Studie für den JURI empfiehlt, die Verschmelzungsrichtlinie zu einer umfassenden Unternehmensmobilitäts-Richtlinie auszubauen, J. Schmidt, Cross-border mergers and divisions, transfers of seat: Is there a need to legislate?, study upon request of the JURI committee of the European Parliament, Juni 2016, PE 559.960, abrufbar unter http://www.europarl.europa.eu/RegData/etudes/STUD/2016/556960/IPOL_STU(2016)556960_EN.pdf (Stand: 31.10.2018); diesen Vorschlag befürworten Oplustil/Sikora, EWS 2017, 134; Teichmann, ZIP 2017, 1190, 1194 empfiehlt die Schaffung einer deutschen Regelung zum grenzüberschreitenden Formwechsel; dies empfehlen im Hinblick auf den Schutz von Schutz von Gläubigern, Minderheitsgesellschaftern und Arbeitnehmern nach der »Polbud«-Entscheidung des EuGH (dazu Rdn. 34 ff.) auch Teichmann/Knaier, GmbHR 2017, 1314, 1324.
38　RL (EU) 2017/1132 v. 14.07.2017, Abl. L 169/46 v. 30.06.2017.
39　Dazu ausführlich Lutter/Bayer/J. Schmidt, Europäisches Unternehmens- und Kapitalmarktrecht, § 18.
40　Dazu ausführlich Lutter/Bayer/J. Schmidt, Europäisches Unternehmens- und Kapitalmarktrecht, § 19.

nie (dazu Rdn. 5), die frühere Spaltungsrichtlinie (dazu Rdn. 9), die frühere Verschmelzungsrichtlinie (dazu Rdn. 8) und die frühere Zweigniederlassungsrichtlinie[41] in einer einheitlichen Richtlinie. Inhaltliche Änderungen im Regelungsgegenstand der zusammengefassten Richtlinien ergaben sich durch die Neukodifizierung nicht. Für umwandlungsrechtliche Gestaltungen bedeutet die Richtlinie über bestimmte Aspekte des Gesellschaftsrechts daher keine Änderungen auf Ebene des Sekundärrechts, sondern lediglich eine Neuverortung.[42]

Synopse der Fusionsrichtlinie, der Verschmelzungsrichtlinie und der Spaltungsrichtlinie zur Richtlinie über bestimmte Aspekte des Gesellschaftsrechts

Fusionsrichtlinie[43]	Verschmelzungsrichtlinie[44]	Spaltungsrichtlinie[45]	Richtlinie über bestimmte Aspekte des Gesellschaftsrechts
Art. 1			Art. 87
Art. 2			Art. 88
Art. 3			Art. 89
Art. 4			Art. 90
Art. 5			Art. 91
Art. 6			Art. 92
Art. 7			Art. 93
Art. 8			Art. 94
Art. 9			Art. 95
Art. 10			Art. 96
Art. 11			Art. 97
Art. 12			Art. 98
Art. 13			Art. 99
Art. 14			Art. 100
Art. 15			Art. 101
Art. 16			Art. 102
Art. 17			Art. 103
Art. 18			Art. 104
Art. 19			Art. 105
Art. 20			Art. 106
Art. 21			Art. 107
Art. 22			Art. 108
Art. 23			Art. 109

---

41 Dazu ausführlich Lutter/Bayer/J. Schmidt, Europäisches Unternehmens- und Kapitalmarktrecht, § 26.
42 Siehe hierzu Lutter/Bayer/J. Schmidt, Europäisches Unternehmens- und Kapitalmarktrecht, § 5 Rn. 5.73, § 18 Rn. 18.8, § 19 Rn. 19.12, § 20 Rn. 20.7, § 21 Rn. 21.5, § 22 Rn. 22.10, § 26 Rn. 26.5; siehe auch Heckschen, in: Heckschen/Heidinger, Die GmbH in der Gestaltungs- und Beratungspraxis, Kap. 1 Rn. 56a.
43 RL 2011/35/EU, dazu Rdn. 5.
44 2005/56/EG, dazu Rdn. 8.
45 RL 82/891/EWG, dazu Rdn. 9.

A. Entwicklung des unionalen Umwandlungsrechts

Fusionsrichtlinie[43]	Verschmelzungsrichtlinie[44]	Spaltungsrichtlinie[45]	Richtlinie über bestimmte Aspekte des Gesellschaftsrechts
Art. 24			Art. 110
Art. 25			Art. 111
Art. 26			Art. 112
Art. 27			Art. 113
Art. 28			Art. 114
Art. 29			Art. 115
Art. 30			Art. 116
Art. 31			Art. 117
Art. 32			----------
Art. 33			----------
Art. 34			----------
Anhang I			----------
Anhang II			----------
	Art. 1		Art. 118
	Art. 2		Art. 119
	Art. 3		Art. 120
	Art. 4		Art. 121
	Art. 5		Art. 122
	Art. 6		Art. 123
	Art. 7		Art. 124
	Art. 8		Art. 125
	Art. 9		Art. 126
	Art. 10		Art. 127
	Art. 11		Art. 128
	Art. 12		Art. 129
	Art. 13		Art. 130
	Art. 14		Art. 131
	Art. 15		Art. 132
	Art. 16		Art. 133
	Art. 17		Art. 134
	Art. 17a		Art. 161
	Art. 18		----------
	Art. 19		----------
	Art. 20		----------
	Art. 21		----------
		Art. 1	Art. 135
		Art. 2	Art. 136

Fusionsrichtlinie[43]	Verschmelzungsrichtlinie[44]	Spaltungsrichtlinie[45]	Richtlinie über bestimmte Aspekte des Gesellschaftsrechts
		Art. 3 Abs. 1, 2	Art. 137 Abs. 1, 2
		Art. 3 Abs. 3 lit. a)	Art. 137 Abs. 3 UA 1
		Art. 3 Abs. 3 lit. b)	Art. 137 Abs. 3 UA 2
		Art. 4	Art. 138
		Art. 5	Art. 139
		Art. 6	Art. 140
		Art. 7	Art. 141
		Art. 8	Art. 142
		Art. 9	Art. 143
		Art. 10	Art. 144
		Art. 11	Art. 145
		Art. 12	Art. 146
		Art. 13	Art. 147
		Art. 14	Art. 148
		Art. 15	Art. 149
		Art. 16	Art. 150
		Art. 17	Art. 151
		Art. 18	Art. 152
		Art. 19	Art. 153
		Art. 20 lit. a) und lit b)	Art. 154 lit. a) und lit. b)
		Art. 20 lit. d)	Art. 154 lit. c)
		Art. 21	Art. 155
		Art. 22 Abs. 1, 2, 3	Art. 156 Abs. 1, 2, 3
		Art. 22 Abs. 5	Art. 156 Abs. 4
		Art. 23	Art.157
		Art. 24	Art. 158
		Art. 25	Art. 159
		Art. 26 Abs. 1	----------
		Art. 26 Abs. 2	Art. 160 Abs. 1
		Art. 26 Abs. 3	----------
		Art. 26 Abs. 4	Art. 160 Abs. 2
		Art. 26 Abs. 5	----------
		Art. 27	----------

8. Company Law Package

Am 25.04.2018 veröffentlichte die Europäische Kommission ihr lange erwartetes **Company Law Package**.[46] Dieses bisher umfangreichste Maßnahmenpaket im unionalen Gesellschaftsrecht ruht auf zwei Säulen: Zum einen soll der Einsatz digitaler Technologien im Gesellschaftsrecht voran gebracht werden,[47] zum anderen soll die grenzüberschreitende Mobilität von Gesellschaften im Binnenmarkt durch grenzüberschreitende Sitzverlegung, Verschmelzung und Spaltung gefördert werden.[48] Die Kommission hatte bereits 2012 in ihrem Aktionsplan angekündigt, einen Rechtsrahmen für die grenzüberschreitende Spaltung zu schaffen (dazu Rdn. 9).[49] Auch im Arbeitsprogramm der Kommission für 2017 wurden grenzüberschreitende Umwandlungen erwähnt (dazu Rdn. 9).[50] Nun präsentierte die Kommission sogar einen deutlich umfangreicheren Vorschlag als von Vielen im Vorfeld erwartet.

12

Regelungstechnisch schlägt die Kommission keine neuen selbstständigen Richtlinien vor, sondern beabsichtigt eine Ergänzung der erst im vergangenen Jahr konsolidierten Richtlinie über bestimmte Aspekte des Gesellschaftsrechts (Rdn. 11). Eine neue Zählung der Artikel dieser Richtlinie erfolgt dabei nicht. Die neuen Vorschriften sollen stattdessen an geeigneter Stelle eingefügt werden. Dies erschwert den Umgang mit der Richtlinie und verschlechtert deren Übersichtlichkeit.[51] Der Vorschlag soll den Rechtsrahmen für grenzüberschreitende Verschmelzungen novellieren. Insbesondere soll eine Harmonisierung der Gläubiger- und Gesellschafterrechte[52] im Verschmelzungsplan erreicht werden und der Einsatz digitaler Mittel während des gesamten grenzüberschreitenden Verschmelzungsverfahrens gefördert werden.[53] Den Mitgliedstaaten bleibt

13

---

46 Das gesamte Paket ist in englischer Originalfassung abrufbar unter https://ec.europa.eu/info/publications/company-law-package_de (Stand: 31.10.2018). Die in diesem Teil gewählten Begrifflichkeiten sind weitgehend der englischen Sprachfassung entlehnt und nicht amtlich. Zwischenzeitlich wurde eine deutsche Übersetzung des Vorschlags betreffend grenzüberschreitende Umwandlungen, Verschmelzungen und Spaltungen veröffentlicht, abrufbar unter: https://ec.europa.eu/transparency/regdoc/rep/1/2018/DE/COM-2018–241-F1-DE-MAIN-PART-1.PDF (Stand: 31.10.2018).
47 Vorschlag für eine Richtlinie des Europäischen Parlaments und des Rates zur Änderung der Richtlinie (EU) 2017/1132 im Hinblick auf den Einsatz digitaler Werkzeuge und Verfahren im Gesellschaftsrecht, COM(2018) 241 final; Überblick hierzu bei Knaier, GmbHR 2018, R148; Bayer/J. Schmidt, BB 2018, 2562, 2566 ff.; ausführlich Knaier, GmbHR 2018, 560; J. Schmidt, Der Konzern 2018, 229; Wachter, GmbH-StB 2018, 214 und 263; Lieder, NZG 2018, 1081; Noack, DB 2018, 1324; Bock, DNotZ 2018, 643; Teichmann, Digitale Errichtung von Kapitalgesellschaften und Zweigniederlassungen, erscheint in ZIP 2018.
48 Vorschlag für eine Richtlinie des Europäischen Parlaments und des Rates zur Änderung der Richtlinie (EU) 2017/1132 in Bezug auf grenzüberschreitende Umwandlungen, Verschmelzungen und Spaltungen COM(2018) 241 final; Überblick hierzu bei Knaier, GmbHR 2018, R148; Bayer/J. Schmidt, BB 2018, 2562, 2568 ff.; ausführlich Knaier, GmbHR 2018, 607; J. Schmidt, Der Konzern 2018, 229, 235 ff. und 273; Wachter, GmbH-StB 2018, 283 und 317; Noack/Kraft, DB 2018, 1577; Butterstein, EuZW 2018, 838; Schollmeyer, NZG 2018, 977; Hippeli, jurisPR-HaGesR 7/2018 Anm. 1; Brandi, BB 2018, 2626; Bungert/Wansleben, DB 2018, 2094.
49 Aktionsplan v. 12.12.2012 COM(2012) 740/2, S. 15, abrufbar unter http://ec.europa.eu/internal_market/company/docs/modern/121212_company-law-corporate-governance-action-plan_de.pdf (Stand: 31.10.2018).
50 Arbeitsprogramm der Kommission 2017, COM(2016) 710 final v. 25.10.2016, S. 8, abrufbar unter https://ec.europa.eu/info/publications/work-programme-commission-key-documents-2017_en (Stand: 31.10.2018).
51 Zur Regelungstechnik Knaier, GmbHR 2018, 607, 612; siehe auch Wachter, GmbH-StB 2018, 283, 285.
52 Dazu J. Schmidt, Der Konzern 2018, 229, 236 ff.; Bayer/J. Schmidt, BB 2018, 2562, 2568; Wachter, GmbH-StB 2018, 283, 293 ff.
53 COM(2018) 241 final, S. 10; hierzu Knaier, GmbHR 2018, 607, 616; Wachter, GmbH-StB 2018, 283, 285.

es indes weiterhin überlassen, z.B. die Zahlung von Steuern oder Sozialversicherungsbeiträgen auf einem höheren Schutzniveau zu sichern.[54]

Das Verfahren zur grenzüberschreitenden Sitzverlegung soll in den neuen Art. 86a – 86u geregelt werden (hierzu ausführlich die Hinweise in Rdn. 270 ff.). Die Kommission will so den Rechtsunsicherheiten begegnen, die mit dem grenzüberschreitenden Sitzverlegungsverfahren lediglich auf Grundlage der EuGH-Rechtsprechung einhergehen.[55] Besonders hat die Kommission die Förderung der Mobilität kleiner und mittlerer Unternehmen sowie den Schutz von Arbeitnehmern, Gläubigern und Gesellschaftern im Blick.[56] Der Vorschlag über die grenzüberschreitende Sitzverlegung orientiert sich in verfahrensrechtlicher Hinsicht im Wesentlichen an den Regeln zur grenzüberschreitenden Verschmelzung unter Beachtung der vom EuGH aufgestellten Grundsätze für grenzüberschreitende Sitzverlegungen.[57] Insbesondere versucht die Kommission die Vorgaben des EuGH für das auf den jeweiligen Verfahrensabschnitt anzuwendende Recht zu beachten und ein zweistufiges Verfahren unter Einsatz einer Sitzverlegungsbescheinigung (»pre-conversion-certificate«) zu etablieren (dazu auch Rdn. 291 ff.).[58]

Mit noch größeren Unsicherheiten als die grenzüberschreitende Sitzverlegung war bisher das Verfahren der grenzüberschreitenden Spaltung behaftet, sodass in der Praxis häufig so verfahren wird, dass zunächst ein Teilbetrieb nach nationalen Vorschriften ausgegliedert und dann grenzüberschreitend verschmolzen wird (dazu auch Rdn. 319).[59] Die Kommission schlägt nun in Anlehnung an die Regeln über grenzüberschreitende Verschmelzungen und den bestehenden Rechtsrahmen für innerstaatliche Spaltungen (s. Rdn. 9 und zum jetzigen Standort in der Richtlinie über bestimmte Aspekte des Gesellschaftsrechts Rdn. 11) Regeln zur grenzüberschreitenden Spaltung in den neu einzufügenden Art. 160a – 160w vor.[60] Ebenso wie bei den vorgeschlagenen Regeln über grenzüberschreitende Sitzverlegungen liegt der Fokus auf der Förderung der Unternehmensmobilität mittels Spaltungen sowie auf dem Schutz von Arbeitnehmern, Gläubigern und Gesellschaftern.[61]

14 Gestützt wird der Regelungsvorschlag auf Art. 50 Abs. 1 und 2 AEUV.[62] Speziell gibt die Kommission an, dass Art. 50 Abs. 2 lit. f AEUV eine schrittweise Aufhebung der Beschränkungen der Niederlassungsfreiheit und Art. 50 Abs. 2 lit. g AEUV Koordinierungsmaßnahmen zum Schutz der Interessen von Unternehmen und anderen Interessengruppen vorsieht.[63] Die Kommission stützt den Vorschlag damit auf die gleiche Rechtsgrundlage wie auch den Vorschlag über den Einsatz digitaler Instrumente und Verfahren im Gesellschaftsrecht.[64] Im Hinblick auf den Subsidiaritätsgrundsatz (Art. 5 Abs. 3 EUV) verweist die Kommission darauf, dass die Hauptprobleme

---

54 COM(2018) 241 final, S. 6 f.; Knaier, GmbHR 2018, R148.
55 COM(2018) 241 final, S. 3 f.; ausführlich Knaier, GmbHR 2018, 607, 617 ff.; J. Schmidt, Der Konzern 2018, 229, 235 f.; Noack/Kraft, DB 2018, 1577, 1577; Butterstein, EuZW 2018, 838, 840; Wachter, GmbH-StB, 283, 284 f.
56 COM(2018) 241 final, S. 4; siehe auch Selent, NZG 2018, 1171, 1172.
57 Knaier, GmbHR 2018, 607, 617; zu diesem Ergebnis kommt auch Butterstein, EuZW 2018, 838, 840; siehe auch das Impact Assessment der Kommission, SWD(2018) 141, S. 55.
58 Knaier, GmbHR 2018, 607, 620 ff.; zu den Modalitäten auf Grundlage der bisherigen EuGH-Rechtsprechung unter Anwendung der »Abschnittstheorie« ausführlich Knaier/Pfleger, GmbHR 2017, 859, 861 ff.
59 Heckschen, in: BeckNotHdb, D. IV., Rn. 183; Knaier, in: WürzburgerNotHdb, Teil 5 Kap. 6 Rn. 417.
60 COM(2018) 241 final, S. 7 f.; hierzu ausführlich Bungert/Wansleben, DB 2018, 2094; Knaier, GmbHR 2018, 607, 622 ff.; J. Schmidt, Der Konzern 2018, 273, 273 f.
61 COM(2018) 241 final, S. 8; siehe auch Bungert/Wansleben, DB 2018, 2094, 2101 ff.; Selent, NZG 2018, 1171, 1172.
62 COM(2018) 241 final, S. 12.
63 COM(2018) 241 final, S. 12.
64 Vgl. COM(2018) 239 final, S. 7; dazu Knaier, GmbHR 2018, 560, 561; siehe auch Wachter, GmbH-StB 2018, 214, 215.

A. Entwicklung des unionalen Umwandlungsrechts

im Zusammenhang mit grenzüberschreitenden Sitzverlegungen und Spaltungen auf divergierende, sich widersprechende oder sich überschneidende nationale Verfahrensvorschriften zurückzuführen sind.[65] Dies betrifft nach Ansicht der Kommission besonders die Verfahren zum Schutz der stakeholder-Rechte. Diesen Problemen kann mit nationalen Regeln nicht entgegengewirkt werden, so dass ein Handeln der EU notwendig sei. Im Hinblick auf den Verhältnismäßigkeitsgrundsatz führt die Kommission erhebliche Effizienz- und Kostenvorteile an, die durch die vorgeschlagenen Verfahren erreicht werden können.[66] Folglich bestehen grundsätzlich keine Bedenken dagegen, dass die Kommission von ihrem Initiativrecht zu Recht Gebrauch gemacht hat. In den bisherigen Verhandlungen über das Company Law Package trat jedoch in dieser Hinsicht die Frage auf, ob die Figur des »artificial arrangement« überhaupt von der Rechtsgrundlage, auf welche die Kommission das Company Law Package stützt, gedeckt sei oder ob nicht vielmehr hier eine steuerrechtliche Regelung in einen gesellschaftsrechtlichen Zusammenhang untergeschoben wird.[67] Es bleibt daher abzuwarten, ob die Bereichsausnahme letztlich nicht doch noch gestrichen wird. Der Kommissionsvorschlag wird als nächstes im sog. ordentlichen Gesetzgebungsverfahren[68] der Union nach Art. 294 AEUV behandelt werden. Als erstes wird sich daher nun der zuständige Rechtsausschuss des Europäischen Parlaments mit dem Kommissionsentwurf befassen und ggf. Änderungen vorschlagen, über die dann das Plenum abstimmt. In der Vergangenheit verliefen ordentliche Gesetzgebungsverfahren gerade im Gesellschaftsrecht nicht reibungslos,[69] so dass man sich voraussichtlich auf eine längere Verhandlungsphase einstellen muss.[70]

9. »European Model Company Act« (EMCA)

Neben den umgesetzten und geplanten Rechtssetzungsvorhaben auf EU-Ebene befasst sich die Wissenschaft ebenfalls mit der Fortentwicklung des Europäischen Gesellschaftsrechts im Bereich der Gesellschaftsmobilität. Das bisher am weitesten fortgeschrittene Projekt in dieser Hinsicht ist der »European Model Company Act« (EMCA). Dieser soll ein modernes und europaweit funktionsfähiges Modellgesetz nach Vorbild des U.S.-amerikanischen »Revised Model Business Corporation Act« (RMBCA) für Kapitalgesellschaften anbieten.[71] Entwickelt wurde der EMCA von einer internationalen Expertengruppe, die politisch und finanziell unabhängig tätig wurde.[72]

14.1

---

65 COM(2018) 241 final, S. 12.
66 COM(2018) 241 final, S. 13.
67 Siehe hierzu die Diskussionsberichte zum 12. ECFR-Syposium, erscheint in ECFR 1/2019; dies kritisiert auch Schollmeyer, NZG 2018, 977, 978.
68 S. zum konkreten Ablauf ausführlich Kluth, in: Calliess/Ruffert, EUV/AEUV, Art. 294 AEUV Rn. 4 ff.; Krajewski/Rösslein, in: Grabitz/Hilf/Nettesheim, Das Recht der Europäischen Union, Art. 294 AEUV, Rn. 13 ff.
69 S. etwa Verse/Wiersch, EuZW 2016, 330, 336 f. zur Leidensgeschichte des SUP-Vorschlags; zur Blockadewirkung der unternehmerischen Mitbestimmung bei den Verhandlungen über die Schaffung einer SPE Pfleger, Die Problematik der unternehmerischen Mitbestimmung in der Europäischen Privatgesellschaft (SPE), 2014, URN: urn:nbn:de:bvb:20-opus-97350.
70 Knaier, GmbHR 2018, 607, 612; ebenso Wachter, GmbH-StB 2018, 214, 215; optimistischer Bungert/Wansleben, DB 2018, 2094, 2095: »Informationen aus Brüssel zufolge erwartet die Kommission ein zügiges Rechtssetzungsverfahren, sodass das Paket womöglich innerhalb eines Jahres verabschiedet werden könnte.«, die jedoch als Quellenangabe in Fn. 17 lediglich auf Knaier, GmbHR 2018, 607, 612 verweisen, der gerade von einer längeren Verhandlungsphase ausgeht; Selent, NZG 2018, 1171, 1176 mit Fn. 76 betont die politische Chance des Mitbestimmungsverfahrens nach dem Vorbild der SE-Beteiligung; Pfleger, Die Problematik der unternehmerischen Mitbestimmung in der Europäischen Privatgesellschaft (SPE), 2014, URN: urn:nbn:de:bvb:20-opus-97350 stellt die SPE-Mitbestimmung als Hemmschuh für das Gesamtprojekt dar.
71 Zur Geschichte des MBCA: Teichmann, in: FS Baums, 2017, S. 1228, 1231 ff.; L. Schmidt, RIW 2016, 718.
72 Zu den Anfängen des EMCA: Baums/Krüger Andersen, in: FS Wymeersch, 2009, S. 5 ff.; s. auch Baums, in: FS von Rosen, 2008, S. 525, 527.

Die Bestimmungen des EMCA sollen als Vorbild für entsprechende Regelungen in den jeweiligen nationalen Rechtsordnungen entweder ganz oder teilweise in den jeweiligen europäischen Staaten implementiert werden können. Der EMCA soll als Maßstab dienen und die Basis für europaweit einheitlich gestaltete nationale Rechtsformen sein.[73] Er soll als Inspiration für Gesetzgeber und Wissenschaft im Kapitalgesellschaftsrecht dienen.[74] Im Gegensatz zu unionalen Sekundärrecht besteht kein Druck zur Umsetzung und auch Staaten, die nicht Mitglied der EU sind können auf den EMCA zurückgreifen. Die Schöpfer des Modellgesetzes hatten sich das ehrgeizige Ziel gesetzt Ende 2012 einen ersten Gesamtentwurf vorzustellen.[75] Dieses Ziel wurde nicht erreicht und erst im September 2015 wurde der EMCA-Entwurf in Wien der Öffentlichkeit vorgestellt.[76] Die finale Fassung wurde im März 2017 in Rom präsentiert und im September 2017 veröffentlicht.[77] Der EMCA bietet in »Chapter 13: Restructurings« ein umfassendes Konzept für die grenzüberschreitende Mobilität von Kapitalgesellschaften an, welches ausdifferenzierte Regelungen für die grenzüberschreitende Verschmelzung, die grenzüberschreitende Spaltung und den grenzüberschreitenden Formwechsel beinhaltet.[78]

II. Rechtsprechung des EuGH

15 Die Rechtsprechung des EuGH zur Niederlassungsfreiheit der Art. 49, 54 AEUV und zur Mobilität von Gesellschaften hat in den vergangenen Jahren deren Binnenmarktmobilität in erheblichem Maße geprägt und in vielerlei Hinsicht grenzüberschreitende Umwandlungsvorgänge ermöglicht bzw. diesen sogar einen grundsätzlichen rechtlichen Rahmen gegeben.[79]

1. Sitztheorie und Gründungstheorie

16 Neben den spezifisch grenzüberscheitende Umwandlungsvorgänge betreffenden Entscheidungen des EuGH ist auch dessen Rechtsprechung zur Niederlassungsfreiheit und damit verbunden insbesondere dessen Ansichten zur Sitz- und zur Gründungstheorie von Bedeutung für grenzüberschreitende Unternehmensumwandlungen.[80] In Deutschland und den meisten westeuropäischen Staaten ist das Gesellschaftsstatut nicht gesetzlich fixiert und es wird grds. nach der **Sitztheorie** angeknüpft,[81] wonach darauf abzustellen war, wo sich der tatsächliche Sitz der Hauptverwaltung der Gesellschaft befand.[82] Nach der früheren Rechtsprechung zum deutschen internationalen Gesellschaftsrecht beurteilte sich die Rechtsfähigkeit einer Gesellschaft nach dem Recht am Ort

---

73 Roesener, NZG 2013, 241; aktuell zum EMCA J. Schmidt, ZHR 181 (2017), 43; Baums/Teichmann, AG 2018, 562.
74 Hierzu ausführlich Baums/Teichmann, AG 2018, 562.
75 Hierzu Heckschen, in: Heckschen/Heidinger, Die GmbH in der Gestaltungs- und Beratungspraxis, Kap. 1 Rn. 56.
76 Siehe hierzu die Beiträge in ECFR 2/2016, 197–466.
77 Die Gesamtfassung ist verfügbar unter: https://poseidon01.ssrn.com/delivery.php?ID=680074 08212111401900508202212209311300503504607809001709911700206408609310811502507711400700711505902306206402508811807502409112101203707304507309706907211511609102301906605402109401310406408308411702400306702107110000311112501910612009512102308908208 8äEXT=pdf (Stand: 05.11.2018).
78 Ausführlich hierzu Teichmann, ECFR 2016, 277.
79 Zur Entwicklung des Umwandlungsrechts auf Grundlage der EuGH-Rechtsprechung s.a. Knaier, in: WürzburgerNotHdb, Teil 5 Kap. 6 Rn. 343 ff.; Knaier, GmbHR 2018, 607, 607 ff.; Lutter/Bayer/J. Schmidt, Europäisches Unternehmens- und Kapitalmarktrecht, § 7 Rn. 7.13 ff.; Stiegler, in: Jung/Krebs/Stiegler, Gesellschaftsrecht in Europa, 2019, § 10.
80 Zu dieser Entwicklung ausführlich Teichmann, in: Gebauer/Teichmann, EnzEuR, Bd. 6, § 6, Rn. 19 ff.
81 Großfeld, in: FS H. Westermann, 1974, S. 199, 203 ff.; Trautrims, ZHR 176 (2012), 435.
82 BGH, Urt. v. 21.03.1986 – V ZR 10/85, BGHZ 97, 269 = NJW 1986, 2194; BGH Urt. v. 28.11.1994 – II ZR 211/93, NJW 1995, 1032; MünchKomm-BGB/Kindler, Bd. 12, IntGesR Rn. 5, 420 ff.; Lutter/Hommelhoff/Bayer, GmbHG § 4a Rn. 9.

ihres tatsächlichen (effektiven) Verwaltungssitzes.[83] Das galt auch dann, wenn eine Gesellschaft in einem anderen Staat wirksam gegründet worden war und anschließend ihren Verwaltungssitz in die BRD verlegte. Aus der Sitztheorie folgte bspw. die Meinung, dass die grenzüberschreitende Sitzverlegung einer Kapitalgesellschaft zwingend zur Auflösung der Gesellschaft und deren Liquidation führt.[84]

Das v.a. aus dem anglo-amerikanischen Rechtskreis bekannte Gegenmodell ist die **Gründungstheorie**, der zufolge auf eine Gesellschaft unabhängig von ihrem effektiven Verwaltungssitz das Recht des Staates, nach welchem sie gegründet wurde, anwendbar ist.[85] Letztendlich war auch die Auslegung des § 1 Abs. 1 UmwG,[86] wonach eine grenzüberschreitende Umwandlung nicht zulässig sein soll, von diesem langjährigen Gedanken des deutschen internationalen Gesellschaftsrechts geprägt. Beispiel für die Anwendung der Gründungstheorie ist die englische Limited (zur Limited in Deutschland siehe auch Rdn. 17 ff., 47 ff.). Allgemein bekannt ist, dass diese nach ihrem Gründungsrecht ohne Weiteres ihren tatsächlichen Verwaltungssitz nach Deutschland verlegen konnte und als solche weiter existent war. Eine Eintragung im deutschen Handelsregister kann »nur« nach § 13d HGB als Zweigniederlassung erfolgen.[87] Für EU-Sachverhalte hat der EuGH das Bild des Vorherrschens der Sitztheorie verschoben.

2. Neubestimmung durch den EuGH: »Daily-Mail« bis »Überseering«

Basis der EuGH-Judikatur zur Niederlassungsfreiheit ist in diesem Zusammenhang das Urteil in der Rechtssache »***Daily Mail***«.[88] Der EuGH führte hierzu aus, dass die Niederlassungsfreiheit einer Gesellschaft, die nach dem Recht eines Mitgliedstaates der EU gegründet wurde, nicht das Recht gewährleiste, unter Wahrung ihres Status als Gesellschaft des Gründungsstaates ihre Geschäftsleitung in einen anderen Mitgliedstaat zu verlegen. Gesellschaften seien Geschöpfe einer nationalen Rechtsordnung, welche ihre Gründung und Existenz regle und jenseits derer sie keine Realität hätten.

17

Während die »Daily-Mail«-Entscheidung aus dem Jahr 1988 im Grundsatz noch die Anerkennung der Sitztheorie und damit die Einschränkung einer internationalen Gesellschaftssitzverlegung

18

---

83 Kindler, in: MünchKommBGB, Bd. 12, IntGesR, Rn. 420 ff.; Ebenroth/Sura, RabelsZ 43 (1979), 315, 322 ff.
84 Vgl. BayObLG, Beschl. v. 07.05.1992 – §Z BR 14/92, BayObLGZ 1992, 113; OLG Hamm, Beschl. v. 30.04.1997 – 15 W 91/97, ZIP 1997, 1696; OLG Düsseldorf, Beschl. v. 26.03.2001 – 3 Wx 88/01, NJW 2001, 2184; Staudinger/Großfeld, Internationales Gesellschaftsrecht, Rn. 634; Leible, in: Michalski/Heidinger/Leible/J. Schmidt, GmbHG, Syst. Darst. 2, Rn. 4 ff.; Cziupka, in: Scholz, GmbHG, GmbHG § 4 Rn. 23.
85 Kindler, in: MünchKommBGB, Bd. 12, IntGesR, Rn. 359 ff.; Hoffmann, ZVglRWiss 101 (2002), 283; vgl. Staudinger/Großfeld, Internationales Gesellschaftsrecht, Rn. 18, 31, 156; Lutter/Hommelhoff/Bayer, GmbHG, § 4a Rn. 9; Bayer, BB 2003, 2357, 2363 f.; Altmeppen, NJW 2004, 97 ff.; Reithmann/Martiny/Hausmann, Internationales Vertragsrecht, Rn. 2199 ff.; OLG Hamburg, Zwischenurt. v. 30.03.2007 – 11 U 231/04, NZG 2007, 597; Leible/Hoffmann, ZIP 2003, 925; Kußmaul/Richter/Ruiner, EWS 2009, 1.
86 Zur Entwicklung der unionsrechtskonformen Auslegung der Norm Hörtnagl, in: Schmitt/Hörtnagl/Stratz, UmwG, § 1 Rn. 45 ff.; Drygala, in: Lutter, UmwG, § 1 Rn. 4 ff.; Marsch-Barner, in: Kallmeyer, UmwG, § 1 Rn. 2 ff.
87 Vgl. Kienle, Münchener Handbuch des Gesellschaftsrechts, Band 6, § 21 Rn. 1 ff.; Kühn/Kafka, NZG 2011, 209; Wachter, GmbHR 2005, 1131; Wachter, ZNotP 2005, 122; als Sanktion für einen Verstoß gegen diese Pflicht kommt jedoch lediglich gem. § 14 HGB i.V.m. §§ 388 ff. FamFG ein Zwangsgeld in Höhe von maximal 5.000 Euro pro einzeln festgesetztem Zwangsgeld in Frage, siehe BGH, Urt. v. 14.3.2005 – II ZR 5/03, DStR 2005, 839, 841; Just, Die englische Limited in der Praxis, Rn. 42.
88 EuGH, Urt. v. 27.09.1988 – C-81/87, NJW 1989, 2186; dazu Lutter/Bayer/J. Schmidt, Europäisches Unternehmens- und Kapitalmarktrecht, § 7, Rn. 7.14 ff.

anerkannt hat, wurde durch die »***Centros***«-Entscheidung[89] vom 09.03.1999 vom EuGH die Niederlassungsfreiheit auch für Fragen grenzüberschreitender Gesellschaftsveränderungen ausgedehnt. Die Entscheidung betraf die Weigerung der dänischen Behörden, die Zweigniederlassung einer englischen Gesellschaft in das dänische Handelsregister einzutragen, weil die nach englischem Recht wirksam errichtete Gesellschaft mithilfe der Zweigniederlassung ihre gesamte Geschäftstätigkeit in Dänemark ausüben wollte, ohne eine Tochtergesellschaft zu errichten. Der tatsächliche Verwaltungssitz der Gesellschaft sollte in Dänemark liegen, wo eine Zweigniederlassung der Centros Ltd. registriert werden sollte. Die dänische Registerbehörde verweigerte die Eintragung der Zweigniederlassung, weil die Umgehung des dänischen Gesellschaftsrechts rechtsmissbräuchlich sei. Die dänische Behörde lehnte die Eintragung u. a. mit der Begründung ab, die Centros Ltd., die seit ihrer Errichtung keine Geschäftstätigkeit im Vereinigten Königreich entfaltet habe, beabsichtige unter Umgehung der nationalen Vorschriften insbesondere über die Einzahlung eines Mindestgesellschaftskapitals von 200.000 DKR gemäß dem Gesetz Nr. 886 vom 21. Dezember 1991 in Wirklichkeit, in Dänemark nicht eine Zweigniederlassung, sondern einen Hauptsitz zu errichten. Der EuGH entschied, dass ein Verbot der Eintragung nicht gerechtfertigt sei. Für die Geltung der Niederlassungsfreiheit sei es nicht entscheidend, ob eine Gesellschaft in einem Mitgliedstaat nur errichtet werde, um sich anschließend in einem anderen Mitgliedstaat niederzulassen, als in dem, in welchem die Geschäftstätigkeit ausgeübt werden solle. Zwar sei es den Mitgliedstaaten möglich, Maßnahmen zu treffen, um zu verhindern, dass sich ihre Staatsangehörigen unter Missbrauch der durch das Unionsrecht geschaffenen Möglichkeiten der Anwendung ihres nationalen Rechts entziehen, allerdings stehe es den Staatsangehörigen eines Mitgliedstaates frei, eine Gesellschaft in dem Mitgliedstaat zu gründen, dessen gesellschaftsrechtliche Vorschriften ihnen die größte Freiheit gewähren und anschließend in anderen Mitgliedstaaten Zweigniederlassungen zu errichten. Die Auswirkungen dieser Entscheidung auf die Sitztheorie wurden in der Literatur zunächst heftig diskutiert.[90]

19   Der EuGH begründete seine Ansicht wie folgt:

> »(…) Nach ständiger Rechtsprechung umfasst die Niederlassungsfreiheit, die Artikel 52 EG-Vertrag den Gemeinschaftsangehörigen zuerkennt, das Recht zur Aufnahme und Ausübung selbständiger Erwerbstätigkeiten sowie zur Errichtung von Unternehmen und zur Ausübung der Unternehmertätigkeit nach den Bestimmungen, die im Niederlassungsstaat für dessen eigene Angehörigen gelten. Außerdem stellt Artikel 58 EG-Vertrag die nach dem Recht eines Mitgliedstaats gegründeten Gesellschaften, die ihren satzungsmäßigen Sitz, ihre Hauptverwaltung oder ihre Hauptniederlassung innerhalb der Gemeinschaft haben, den natürlichen Personen gleich, die Angehörige der Mitgliedstaaten sind. Hieraus folgt unmittelbar, dass diese Gesellschaften das Recht haben, ihre Tätigkeit in einem anderen Mitgliedstaat durch eine Agentur oder eine Zweigniederlassung oder Tochtergesellschaft auszuüben, wobei ihr satzungsmäßiger Sitz, ihre Hauptverwaltung oder ihre Hauptniederlassung, ebenso wie die Staatsangehörigkeit bei natürlichen Personen, dazu dient, ihre Zugehörigkeit zur Rechtsordnung eines Mitgliedstaats zu bestimmen (vgl. in diesem Sinne die Urteile Segers, Randnr. 13; vom 28. Januar 1986 in der Rechtssache 270/83,

---

89 EuGH, Urt. v. 09.03.1999 – C-212/97, NJW 1999, 2027; dazu Ebke, JZ 1999, 656; Görk, GmbHR 1999, 793.
90 Vgl. etwa v. Halen, Das Gesellschaftsstatut nach der Centros-Entscheidung des EuGH, 2001; Meilicke, DB 1999, 627; Freitag, EuZW 1999, 267, 269: damit bleibt auch dem deutschen Gesellschaftsrecht […] nur noch die Aufgabe der Sitztheorie; Sedemund/Hausmann BB 1999, 809, 810: Kehrtwendung gegenüber »Daily Mail«; Werlauff, ZIP 1999, 867, 875: Centros als Epitaph für das Hauptsitzkriterium; Behrens, IPRax 1999, 323, 326: damit ist die Sitztheorie im Anwendungsbereich des Gemeinschaftsrechts […] ihrer kollisionsrechtlichen Bedeutung entkleidet; Sandrock, BB 1999, 1337: Fall der Sitztheorie; Neye, EWiR 1999, 259, 260: der EuGH hat der deutschen Rechtsprechung, jedenfalls soweit es um die Anerkennung EU-ausländischer Gesellschaften geht, den Boden entzogen; W. H. Roth ZIP 1999, 861, 867: Schlag gegen die Sitztheorie; Kieninger ZGR 1999, 724, 746: der Sitztheorie den Boden entzogen; Reithmann/Martiny/Hausmann, Internationales Vertragsrecht, Rn. 2275 ff.; siehe zur Diskussion auch Kindler, in: MünchKommBGB, Bd. 12, IntGesR, Rn. 117 ff. m. w. N.

A. Entwicklung des unionalen Umwandlungsrechts

Kommission/Frankreich, Slg. 1986, 273, Randnr. 18; vom 13. Juli 1993 in der Rechtssache C-330/91, Commerzbank, Slg. 1993, I-4017, Randnr. 13; und vom 16. Juli 1998 in der Rechtssache C-264/96, ICI, Slg. 1998, I-4695, Randnr. 20). Verweigert ein Mitgliedstaat unter bestimmten Umständen die Eintragung der Zweigniederlassung einer Gesellschaft, die ihren Sitz in einem anderen Mitgliedstaat hat, so werden die nach dem Recht dieses anderen Mitgliedstaats gegründeten Gesellschaften an der Wahrnehmung ihres Niederlassungsrechts aus den Artikeln 52 und 58 EG-Vertrag gehindert. Ein solches Vorgehen beschränkt also die Ausübung der in diesen Bestimmungen gewährleisteten Freiheiten.«

Mit der »*Überseering*«-Entscheidung[91] aus dem Jahr 2002 hat der EuGH seine in »Centros« begonnene Rechtsprechung eindeutig fortgesetzt. Die Überseering BV war eine Kapitalgesellschaft, die nach niederländischem Recht gegründet wurde und im Handelsregister von Amsterdam eingetragen war. Anteilseigner waren zwei deutsche Staatsangehörige, die den Verwaltungssitz der Gesellschaft an ihren Wohnsitz nach Düsseldorf verlegt hatten und von dort aus die tatsächliche Geschäftsführung ausgeübt hatten. Es kam zu einem Rechtsstreit mit einem deutschen Bauunternehmen, gegen welches die Überseering BV vor einem deutschen Gericht vorgehen wollte. Der BGH[92] kam allerdings wie schon die Vorinstanzen[93] zu dem Ergebnis, dass die Überseering BV nicht prozessfähig sei. Nach der in Deutschland (damals) herrschenden Sitztheorie wurde deutsches Recht angewandt und der niederländischen Kapitalgesellschaft mangels Neugründung und Eintragung in das deutsche Handelsregister die Rechts- und Parteifähigkeit versagt. Der EuGH stellte die Überseering BV als Gesellschaft niederländischen Rechts unter den Schutz der Niederlassungsfreiheit und stufte die Versagung der Rechtsfähigkeit als nicht zu rechtfertigenden Eingriff in diese ein. Nach Ansicht des Gerichtshofs verstoße es gegen die Art. 43 und 48 EG (jetzt Art. 49 und 54 AEUV), wenn einer Gesellschaft, die nach dem Recht des Mitgliedstaats, in dessen Hoheitsgebiet sie ihren satzungsmäßigen Sitz hat, gegründet worden ist und von der nach dem Recht eines anderen Mitgliedstaats angenommen wird, dass sie ihren tatsächlichen Verwaltungssitz dorthin verlegt hat, in letzterem Mitgliedstaat die Rechtsfähigkeit und damit die Parteifähigkeit vor seinen nationalen Gerichten für das Geltendmachen von Ansprüchen aus einem Vertrag abgesprochen werde. Ist eine Gesellschaft nach dem Recht eines EG-Mitgliedstaates gegründet worden und ist sie in ihrem Gründungsstaat als Kapitalgesellschaft rechtsfähig, dann steht ihr dieses Recht nach der Entscheidung des EuGH auch in einem anderen Mitgliedstaat zu.

Der EuGH führte dazu aus:

»(…) Überseering, die in den Niederlanden wirksam gegründet worden ist und dort ihren satzungsmäßigen Sitz hat, genießt aufgrund der Artikel 43 EG und 48 EG das Recht, als Gesellschaft niederländischen Rechts in Deutschland von ihrer Niederlassungsfreiheit Gebrauch zu machen. Insoweit ist es unbeachtlich, dass nach der Gründung dieser Gesellschaft deren gesamtes Kapital von in Deutschland ansässigen deutschen Staatsangehörigen erworben wurde, denn dieser Umstand hat offenbar nicht zum Verlust der Rechtspersönlichkeit geführt, die ihr die niederländische Rechtsordnung zuerkennt.

Ihre Existenz hängt sogar untrennbar mit ihrer Eigenschaft als Gesellschaft niederländischen Rechts zusammen, da eine Gesellschaft, wie bereits ausgeführt wurde, jenseits der nationalen Rechtsordnung, die ihre Gründung und ihre Existenz regelt, keine Realität hat (in diesem Sinne Urteil Daily Mail and General Trust, Randnr. 19). Das Erfordernis, dieselbe Gesellschaft in Deutschland neu zu gründen, kommt daher der Negierung der Niederlassungsfreiheit gleich. Unter diesen Umständen stellt es eine mit den Artikeln 43 EG und 48 EG grundsätzlich nicht vereinbare Beschränkung der Niederlassungsfreiheit dar, wenn ein Mitgliedstaat sich u. a. deshalb weigert, die Rechtsfähigkeit einer Gesellschaft, die nach dem Recht eines anderen Mitgliedstaats gegründet worden ist und dort ihren satzungsmäßigen Sitz hat,

---

91 EuGH, Urt. v. 05.11.2002 – C-208/00, NJW 2002, 3614; dazu Knapp, DNotZ 2003, 85; Roth, IPRax 2003, 117.
92 Beschl. v. 30.03.2000 – VII ZR 370/98, DNotZ 2000, 782 = ZNotP 2000, 282 = NZG 2000, 926.
93 OLG Düsseldorf, Urt. V. 10.09.1998 – 5 U 1/98, JZ 2000, 203 m.Anm. Ebke; zuvor LG Düsseldorf, Urt. v. 05.11.1997.

anzuerkennen, weil die Gesellschaft im Anschluss an den Erwerb sämtlicher Geschäftsanteile durch in seinem Hoheitsgebiet wohnende eigene Staatsangehörige, ihren tatsächlichen Verwaltungssitz in sein Hoheitsgebiet verlegt haben soll, mit der Folge, dass die Gesellschaft im Aufnahmemitgliedstaat nicht zu dem Zweck parteifähig ist, ihre Ansprüche aus einem Vertrag geltend zu machen, es sei denn, dass sie sich nach dem Recht dieses Aufnahmestaats neu gründet (...).«

21 Schließlich hat der EuGH die Rechtsprechung in der Entscheidung »*Inspire-Art*«[94] aus dem Jahr 2003 bestätigt. Die Inspire Art Ltd. wurde am 28. Juli 2000 als »private company limited by shares« englischen Rechts mit Sitz in Folkestone (Vereinigtes Königreich) gegründet. Nach ihrer Registrierung in Großbritannien errichtete sie eine Zweigniederlassung in den Niederlanden. Die Geschäftstätigkeit wurde ausschließlich in den Niederlanden ausgeübt. Die Zweigniederlassung der Gesellschaft war im niederländischen Handelsregister eingetragen. Aufgrund nationaler Bestimmungen verlangte die Handelskammer, dass die Eintragung der »Inspire Art Ltd.« um die Bezeichnung »formal ausländische Gesellschaft« erweitert wird.[95] Damit wären auf Inspire Art Ltd. restriktiven Publizitäts-, Rechnungslegungs- und Mindestkapitalvorschriften eines speziellen niederländischen Gesetzes anwendbar gewesen.

Der EuGH sah in der Publizitätsrichtlinie (jetzt integriert in die GesellschaftsrechtsRL, dazu Rdn. 11) eine abschließende Regelung über Offenlegungspflichten und im niederländischen Mindestkapitalerfordernis eine Beschränkung der Niederlassungsfreiheit, die nicht gerechtfertigt, da zumindest nicht erforderlich, sei, zumal die Gläubiger auf Basis der Publizitätsrichtlinie zu ihrem Schutz ausreichende Informationen zu Herkunft und Rechtsform der Gesellschaft erhalten. Nach der Entscheidung stehen Regelungen eines Mitgliedstaats der Niederlassungsfreiheit entgegen, welche die Ausübung der Freiheit zur Errichtung einer Zweigniederlassung in diesem Staat durch eine nach dem Recht eines anderen Mitgliedstaats gegründete Gesellschaft von bestimmten Voraussetzungen abhängig machen, die im innerstaatlichen Recht für die Gründung von Gesellschaften bzw. des Mindestkapitals und der Haftung der Geschäftsführer vorgesehen seien.

Der EuGH begründete dies damit:

» (...) Nach der Rechtsprechung des Gerichtshofes sind nationale Maßnahmen, die die Ausübung der durch den EG-Vertrag garantierten Grundfreiheiten behindern oder weniger attraktiv machen können, gerechtfertigt, wenn vier Voraussetzungen erfüllt sind: Sie müssen in nichtdiskriminierender Weise angewandt werden, sie müssen aus zwingenden Gründen des Allgemeininteresses gerechtfertigt sein, sie müssen zur Erreichung des verfolgten Zieles geeignet sein, und sie dürfen nicht über das hinausgehen, was zur Erreichung dieses Zieles erforderlich ist (vgl. die Urteile vom 31. März 1993 in der Rechtssache C-19/92, Kraus, Slg. 1993, I-1663, Randnr. 32, vom 30. November 1995 in der Rechtssache C-55/94, Gebhard, Slg. 1995, I-4165, Randnr. 37, und Centros, Randnr. 34).

Folglich ist zu prüfen, ob Bestimmungen über das Mindestkapital wie die des Ausgangsverfahrens diese Voraussetzungen erfüllen.

Erstens ist zum Gläubigerschutz ohne weitere Prüfung, ob die Vorschriften über das Mindestkapital als solche einen geeigneten Schutzmechanismus bilden, festzustellen, dass die Inspire Art als Gesellschaft englischen Rechts und nicht als niederländische Gesellschaft auftritt. Ihre potenziellen Gläubiger sind hinreichend darüber unterrichtet, dass sie anderen Rechtsvorschriften als denen unterliegt, die in den Niederlanden die Gründung von Gesellschaften mit beschränkter Haftung regeln, u. a., was die Vorschrif-

---

94 EuGH, Urt. v. 30.09.2003 – C-167/01, NJW 2003, 3331 = NZG 2003, 1064 m. Anm. Kindler NZG 2003, 1086; dazu Behrens, IPRax 2004, 20; Spindler/Berner, RIW 2003, 949; Binge/Thölke DNotZ 2004, 21; Eidenmüller JZ 2004, 24; Kieninger ZEuP 2004, 685; Leible/Hoffmann EuZW 2003, 677; Ulmer NJW 2004, 1201; Wachter GmbHR 2004, 88; Wachter GmbHR 2004, 1254; Weller DStR 2003, 1800; Zimmer NJW 2003, 3585.
95 Siehe hierzu das »Wet op de formeel buitenlandse vennootschappen« vom 17.12.1997; eine deutsche Übersetzung findet sich unter Nr. 2 der Schlussanträge des GA Alber vom 30.01.2003, NZG 2003, 262 = DB 2003, 377.

ten über das Mindestkapital und die Haftung der Geschäftsführer betrifft. Wie der Gerichtshof in Randnummer 36 des Urteils Centros ausgeführt hat, können sich die Gläubiger ferner auf bestimmte gemeinschaftsrechtliche Schutzregelungen wie die Vierte und die Elfte Richtlinie berufen.

Zweitens ist bezüglich der Bekämpfung der missbräuchlichen Ausnutzung der Niederlassungsfreiheit daran zu erinnern, dass ein Mitgliedstaat berechtigt ist, Maßnahmen zu treffen, die verhindern sollen, dass sich einige seiner Staatsangehörigen unter Ausnutzung der durch den Vertrag geschaffenen Möglichkeiten in missbräuchlicher Weise der Anwendung des nationalen Rechts entziehen; die missbräuchliche oder betrügerische Berufung auf Gemeinschaftsrecht ist nicht gestattet (Urteil Centros, Randnr. 24 und die dort zitierte Rechtsprechung) (…).«

Daraus wurde weitgehend gefolgert, dass die Art. 49, 54 AEUV (zuvor Art. 43, 48 EG) die Mitgliedstaaten nicht nur dazu verpflichten, auf der sachrechtlichen Ebene die Rechts- und Parteifähigkeit zugezogener Gesellschaften sicherzustellen, sondern die Anerkennung der Gesellschaft auf der Ebene des Kollisionsrechts erforderten.[96] Mit den Urteilen »Centros«, »Überseering« und »Inspire Art« schuf der EuGH durch seine Interpretation der Niederlassungsfreiheit die Grundlage für die unionsweite Mobilität von Gesellschaften sowie die faktische Möglichkeit der Verlegung des Verwaltungssitzes innerhalb der EU (Rdn. 254 ff.) und eröffnete damit den Wettbewerb der Gesellschaftsrechtsordnungen.[97] Weitgehend ist damit nun innerhalb der Union die Gründungstheorie für EU-Gesellschaften anerkannt.[98] Aufgrund der genannten Entscheidungen kam es in Deutschland[99] und dem Rest der EU[100] zu einem Limited-Boom, der dazu führte, dass in den kontinentaleuropäischen Mitgliedstaaten zahlreiche Briefkastengesellschaften auftraten. Das Schicksal dieser Briefkastengesellschaften ist mit dem bevorstehenden »Brexit« unsicher (dazu Rdn. 47 ff.). 22

3. Zulässigkeit der grenzüberschreitenden Verschmelzung: »SEVIC«

Während die vorgenannte Rechtsprechung in erster Linie Fragen der grenzüberschreitenden Sitzverlegung und Anerkennung ausländischer Gesellschaften, die aber im Grundsatz ihren Gründungssitz weiterhin im Ausgangsstaat beibehielten, betraf und diese Entscheidungen damit nur mittelbar internationale Umwandlungsfälle betreffen konnten, hat der EuGH in der Entscheidung 23

---

96 Vgl. Reithmann/Martiny/Hausmann, Internationales Vertragsrecht, Rn. 2282.
97 Lutter/Bayer/J. Schmidt, Europäisches Unternehmens- und Kapitalmarktrecht, § 7, Rn. 69 ff.; Teichmann/Knaier, GesRZ 2014, 285, 285 f.; Bayer, BB 2003, 2357; Eidenmüller, ZIP 2002, 2233; Leuering, ZRP 2006, 201; monographisch hierzu etwa Kieninger, Wettbewerb der Privatrechtsordnungen im Europäischen Binnenmarkt, 2002 und Heine, Regulierungswettbewerb im Gesellschaftsrecht, 2003; zum vertikalen Regulierungswettbewerb zwischen nationalen und supranationalen Rechtsformen im unionalen Gesellschaftsrecht Bachmann, in: FS Hommelhoff, 2012, S. 21; jüngst zur GmbH im europäischen Wettbewerb der Rechtsformen Teichmann, ZGR 2017, 543; jüngst zum kontinentaleuropäischen Gesellschaftsrecht im Wettbewerb der Rechtsordnungen Bormann/Stelmaszczyk, ZIP 2018, 764; zur UG (haftungsbeschränkt) im Wettbewerb der Rechtsordnungen Knaier, GmbHR 2018, 1181.
98 Vgl. Lutter, DB 2003, 7; Behrens, IPrax 2003, 193 ff.; Palandt/Thorn, BGB, Anh. zu Art. 12 EGBGB Rn. 6 ff.; Lutter, BB 2003, 7, 9; Eidenmüller, ZIP 2002, 2233, 2238; Heidenhain, NZG 2002, 1141, 1142; Großerichter, DStR 2003, 1, 15; Forsthoff, DB 2002, 2471, 2476; Leible/Hofmann, RIW 2002, 925, 929; Zimmer, BB 2003, 1, 5; siehe auch Kindler, in: MünchKommBGB, Bd. 12, IntGesR, Rn. 152 ff.
99 Vgl. Römermann, NJW 2006, 2065; Eidenmüller, ZGR 2007, 168, 173; Niemeier, ZIP 2006, 2237.
100 Siehe Becht/Mayer/Wagner, Journal of Corporate Finance 2008, 241; Ringe, ECFR 2013, 230 mit ausführlicher statistischer Untersuchung; siehe auch Teichmann/Knaier, GesRZ 2014, 285, 286.

»SEVIC«[101] die **Beschränkungen des deutschen Umwandlungsrechts** auf Rechtsträger mit Sitz im Inland überprüft und als **Verstoß gegen die Niederlassungsfreiheit** gekennzeichnet. Die Entscheidung erging im Rahmen einer Beschwerde der SEVIC-Systems-AG mit Sitz in Neuwied (Deutschland) gegen einen Beschluss des AG Neuwied, mit dem ihr Antrag auf Eintragung ihrer Verschmelzung mit der in Luxemburg ansässigen Gesellschaft in das deutsche Handelsregister zurückgewiesen wurde. Zwischen der Security Vision Concept SA – einer Gesellschaft luxemburgischen Rechts – und der SEVIC Systems AG nach deutschem Recht bestand ein Verschmelzungsvertrag, nach dem die Security Vision Concept SA ohne Abwicklung aufgelöst werden und ihr Vermögen als Ganzes auf die SEVIC Systems AG übertragen werden sollte. Unter Berufung auf § 1 Abs. 1 Nr. 1 UmwG, welcher nur die Verschmelzung von Rechtsträgern mit Sitz in Deutschland vorsah, verweigerte das Amtsgericht die Eintragung der Verschmelzung.

Der EuGH bejahte zunächst die Anwendbarkeit der Niederlassungsfreiheit auf grenzüberschreitende Verschmelzungen. Von der Niederlassungsfreiheit seien nämlich alle Maßnahmen erfasst, die den Zugang zu einem anderen Mitgliedstaat als dem Sitzmitgliedstaat und die Ausübung einer wirtschaftlichen Tätigkeit in jenem Staat dadurch ermöglichen oder auch nur erleichtern, dass sie die tatsächliche Teilnahme der betroffenen Wirtschaftsbeteiligten am Wirtschaftsleben des letztgenannten Mitgliedstaats unter denselben Bedingungen gestatten, die für die inländische Wirtschaftsbeteiligten gelten. Grenzüberschreitende Umwandlungsvorgänge seien wichtige Modalitäten der Ausübung der Niederlassungsfreiheit und gehörten zu den wirtschaftlichen Tätigkeiten, bzgl. derer die Mitgliedstaaten die Niederlassungsfreiheit beachten müssen. Die deutsche Regelung stelle insofern eine Beschränkung der Niederlassungsfreiheit dar, als sie eine unterschiedliche Behandlung von innerstaatlichen und grenzüberschreitenden Verschmelzungen vorsehe und dadurch geeignet sei, Gesellschaften davon abzuhalten, von ihrer Niederlassungsfreiheit Gebrauch zu machen. Die von den beteiligten Regierungen vorgebrachten Rechtfertigungsgründe, die gegen eine grenzüberschreitende Verschmelzung sprechen, wurden vom EuGH nicht akzeptiert. Zwar können zwingende Gründe des Allgemeininteresses wie der Schutz der Interessen von Gläubigern, Minderheitsgesellschaften und Arbeitnehmern sowie die Wahrung der Wirksamkeit der Steueraufsicht und der Lauterkeit des Handelsverkehrs unter bestimmten Umständen auch die Niederlassungsfreiheit beschränkende Maßnahmen rechtfertigen. Eine generelle Verweigerung grenzüberschreitender Verschmelzungen könne damit allerdings nicht begründet werden.

24 Die Entscheidung betraf ein **Hineinverschmelzen** nach Deutschland; die **Hinausverschmelzung** aus Deutschland heraus behandelte der EuGH nicht. Der Generalanwalt Tizzano war in seinen Schlussanträgen[102] der Auffassung, dass neben dem Zuzug auch der Wegzug einer Gesellschaft in einen anderen EU-Mitgliedstaat von der Niederlassungsfreiheit geschützt sei. In der Literatur wird aus den Formulierungen des EuGH überwiegend geschlossen, dass aufgrund der allgemein gehaltenen Entscheidungsgründe auch die Hinausverschmelzung von der Niederlassungsfreiheit gedeckt sei.[103] Teilweise wird dies allerdings auch verneint, da die Herausverschmelzung zu einem deutlichen Wertungswiderspruch ggü. der Behandlung der grenzüberschreitenden Sitzverlegung führen würde,[104] da nach den vorherigen EuGH-Urteilen eine Sitzverlegung aus dem Inland heraus auch vom Herkunftsstaat verhindert werden könne. Mit der Verschmelzungsrichtlinie (dazu Rdn. 8; jetzt integriert in die GesellschaftsrechtsRL, dazu Rn. 11) besteht mittlerweile ein

---

101 EuGH, Urt. v. 13.12.2005 – C-411/03, NJW 2006, 425 = DB 2005, 2804 = GmbHR 2006, 140; dazu Doralt, IPRax 2006, 572; Teichmann, ZIP 2006, 355; Bayer/J. Schmidt, ZIP 2006, 210; P. Behrens, EuZW 2006, 65; Bungert, BB 2006, 53; Kappes, NZG 2006, 101; Kieninger, EWS 2006, 49; Leible/Hoffmann, RIW 2006, 161; Lutter/Drygala, JZ 2006, 770; Meilicke/Rabback, GmbHR 2006, 123; Oechsler, NJW 2006, 812; Sedemund, BB 2006, 519; Siems, EuZW 2006, 135.
102 V. 07.07.2005, DB 2005, 1510.
103 Kallmeyer/Kappes, AG 2006, 224, 226; Krause/Kulpa, ZHR 171 (2007), 38, 45; Meilicke, GmbHR 2003, 793, 803; Zimmer, BB 2003, 1, 3.
104 Leible/Hoffmann, RIW 2006, 161, 165.

kodifizierter Rechtsrahmen für grenzüberschreitende Hinein- und Herausverschmelzungen von Kapitalgesellschaften in der EU, sodass auf die Grundsätze der »SEVIC«-Entscheidung zwingend nur noch bei der grenzüberschreitenden Verschmelzung unter Beteiligung von Personengesellschaften zurückgegriffen werden muss (Rdn. 370 ff.).

Das Urteil wurde in der Folgezeit vielfach kritisiert.[105] Besonders bemerkenswert war der Kontext der Entscheidung. Nur wenige Wochen zuvor war die Verschmelzungsrichtlinie verabschiedet worden (Rdn. 8), die nach ihrer Umsetzung in den Mitgliedstaaten die Grundlage für grenzüberschreitende Verschmelzungen von Kapitalgesellschaften bilden sollte. Durch die Entscheidung gab der EuGH zu verstehen, dass grenzüberschreitende Umwandlungen zu den wirtschaftlichen Tätigkeiten gehören, hinsichtlich derer die Mitgliedstaaten die Niederlassungsfreiheit zu beachten haben, ohne dass es einer vorherigen sekundärrechtlichen Harmonisierung bedürfte. Der EuGH stellte jedoch nicht klar, welche der beteiligten Gesellschaften bei einer grenzüberschreitenden Verschmelzung unter Auflösung des einen Rechtsträgers Trägerin der Niederlassungsfreiheit sein soll.[106]

4. Zulässigkeit des grenzüberschreitenden Herausformwechsels: »Cartesio«

Die **Frage des Wegzugs** wurde in der Sache »**Cartesio**«[107] vom EuGH geklärt. Das ungarische Regionalgericht Szeged hatte sich mit einer Wegzugskonstellation befasst. Die Cartesio Oktató és Szolgáltató Bt war eine Gesellschaft ungarischen Rechts und hatte ihren effektiven Verwaltungssitz nach Italien verlegt. Beim ungarischen Bezirksgericht, bei dem sie eingetragen war, beantragte die Gesellschaft, die Sitzverlegung nach Italien zu bestätigen und den neuen Sitz einzutragen. Der Antrag wurde vom Bezirksgericht mit der Begründung abgelehnt, dass nach ungarischem Recht eine Sitzverlegung ins Ausland unter Beibehaltung des ungarischen Gesellschaftsstatuts nicht möglich sei. Das dann mit der Sache befasste Regionalgericht hat das Verfahren ausgesetzt und die Frage dem EuGH vorgelegt.[108] Der Generalanwalt hatte in seinem Schlussantrag – im Widerspruch zur Entscheidung des EuGH in Sachen »**Daily Mail**« (dazu Rdn. 17) – die Ansicht vertreten, die Niederlassungsfreiheit verlange hier die Möglichkeit, den Geschäftssitz in einen anderen Mitgliedstaat verlegen zu können.[109] Der EuGH entschied hierzu, dass es keine Beschränkung der Niederlassungsfreiheit darstelle, wenn ein Mitgliedstaat einer nach seinem Recht gegründeten Gesellschaft vorschreibe, dass sich deren effektiver Verwaltungssitz in seinem Hoheitsgebiet befinden muss. Dies stellte der EuGH im Hinblick auf die »Daily Mail«-Entscheidung jedoch nur insoweit fest, als der Mitgliedstaat bestimmen könne, welche Anforderungen er für den Erhalt der Eigenschaft, eine Gesellschaft seines Rechts zu sein, an die Gesellschaften stellt. Indes könne der Mitgliedstaat einer Gesellschaft seines nationalen Rechts nur verwehren, ihren effektiven Verwaltungssitz in einen anderen Mitgliedstaat zu verlegen, wenn die Gesellschaft ihre Eigenschaft als Gesellschaft des Wegzugsstaates erhalten wolle. Hiervon zu unterscheiden sei der Fall, dass die Gesellschaft ihren effektiven Verwaltungssitz in einen anderen Mitgliedstaat verlegen will und dabei akzeptiert, dass sich das auf sie anwendbare Recht ändert. In der Folge untersage es die

---

105 Siehe nur Kindler, Der Konzern 2006, 811, 818 ff.; Kindler, in MünchKommBGB, Bd. 12, IntGesR, Rn. 127: Auch in der Sache ist »SEVIC« nicht haltbar; Frank, Formwechsel im Binnenmarkt, 2016, S. 26 f. m.w.N.
106 Teichmann, ZIP 2006, 355, 356; Kindler, in: MünchKommBGB, Bd. 12, IntGesR, Rn. 127.
107 EuGH, Urt. v. 16.12.2008 – C-210/06, NJW 2009, 569 = DNotZ 2009, 553 = BB 2009, 1 = NotBZ 2009, 109 = ZIP 2009, 24; dazu Frobenius, DStR 2009, 487; Korom/Metzinger, ECFR 2009, 125; Mörsdorf, CMLR 49 (2012), 629, 633 ff.; Teichmann, ZIP 2009, 393; Kindler, IPRax 2009, 189, 190 ff.; Bayer/J. Schmidt, ZHR 173 (2009), 735; Bollacher, RIW 2009, 150; Frenzel, EWS 2009, 158; Herrler, DNotZ 2009, 484; Hoffmann/Leible, BB 2009, 58; Kußmaul/Richter/Ruiner, EWS 2009, 1; Paefgen, WM 2009, 529; Verse, ZEuP 2013, 458, 461 f.; Zimmer/Naendrup, NJW 2009, 545.
108 ABl. EU C165/17, dazu ZIP 2006, 1536 = EWiR Art. 43 EG 1/06, 459 m. Anm. Neye, vgl. auch Schmidtbleicher, BB 2007, 613.
109 Schlussantrag v. 22.05.2008, DNotI-Report 2008, 103.

Niederlassungsfreiheit, dass ein Mitgliedstaat eine Gesellschaft seines Rechts unter Verlangen ihrer Auflösung und Liquidation daran hindere, sich in eine Rechtsform eines anderen Mitgliedstaates umzuwandeln, wenn dies das dortige Recht zulasse. Der Wegzugsstaat kann also nicht verhindern, dass die Gesellschaft nach Wegzug im Wege eines grenzüberschreitenden Formwechsels in eine Gesellschaft nach dem Recht des Zuzugsstaates umgewandelt wird. Im Ergebnis deutet der EuGH damit an, den **grenzüberschreitenden Formwechsel** (Rdn. 270 ff.) nach Maßgabe des nationalen Rechts des aufnehmenden Mitgliedstaates und damit die **Herausumwandlung** der Niederlassungsfreiheit zu unterstellen und entwickelt in dieser Hinsicht seine Rechtsprechung in der Rs. »SEVIC« (dazu Rdn. 23 ff.) fort.[110]

Der EuGH führt konkret aus:

»In Ermangelung einer einheitlichen gemeinschaftsrechtlichen Definition der Gesellschaften, denen die Niederlassungsfreiheit zugutekommt, anhand einer einheitlichen Anknüpfung, nach der sich das auf eine Gesellschaft anwendbare Recht bestimmt, ist die Frage, ob Art. 43 EG auf eine Gesellschaft anwendbar ist, die sich auf die dort verankerte Niederlassungsfreiheit beruft, ebenso wie im Übrigen die Frage, ob eine natürliche Person ein Staatsangehöriger eines Mitgliedstaats ist und sich aus diesem Grund auf diese Freiheit berufen kann, daher gemäß Art. 48 EG eine Vorfrage, die beim gegenwärtigen Stand des Gemeinschaftsrechts nur nach dem geltenden nationalen Recht beantwortet werden kann. Nur wenn die Prüfung ergibt, dass dieser Gesellschaft in Anbetracht der in Art. 48 EG genannten Voraussetzungen tatsächlich die Niederlassungsfreiheit zugutekommt, stellt sich die Frage, ob sich die Gesellschaft einer Beschränkung dieser Freiheit im Sinne des Art. 43 EG gegenübersieht.

Ein Mitgliedstaat kann somit sowohl die Anknüpfung bestimmen, die eine Gesellschaft aufweisen muss, um als nach seinem innerstaatlichen Recht gegründet angesehen werden und damit in den Genuss der Niederlassungsfreiheit gelangen zu können, als auch die Anknüpfung, die für den Erhalt dieser Eigenschaft verlangt wird. Diese Befugnis umfasst die Möglichkeit für diesen Mitgliedstaat, es einer Gesellschaft seines nationalen Rechts nicht zu gestatten, diese Eigenschaft zu behalten, wenn sie sich durch die Verlegung ihres Sitzes in einen anderen Mitgliedstaat dort neu organisieren möchte und damit die Anknüpfung löst, die das nationale Recht des Gründungsmitgliedstaats vorsieht.

Der Fall einer solchen Verlegung des Sitzes einer nach dem Recht eines Mitgliedstaats gegründeten Gesellschaft in einen anderen Mitgliedstaat ohne Änderung des für sie maßgeblichen Rechts ist jedoch von dem Fall zu unterscheiden, dass eine Gesellschaft aus einem Mitgliedstaat in einen anderen Mitgliedstaat unter Änderung des anwendbaren nationalen Rechts verlegt und dabei in eine dem nationalen Recht des zweiten Mitgliedstaats unterliegende Gesellschaftsform umgewandelt wird.

Denn in diesem zweiten Fall kann die in Randnr. 110 des vorliegenden Urteils angesprochene Befugnis – die keinesfalls irgendeine Immunität des nationalen Rechts über die Gründung und Auflösung von Gesellschaften im Hinblick auf die Vorschriften des EG-Vertrags über die Niederlassungsfreiheit impliziert – insbesondere nicht rechtfertigen, dass der Gründungsmitgliedstaat die Gesellschaft dadurch, dass er ihre Auflösung und Liquidation verlangt, daran hindert, sich in eine Gesellschaft nach dem nationalen Recht dieses anderen Mitgliedstaats umzuwandeln, soweit dies nach diesem Recht möglich ist.

Ein solches Hemmnis für die tatsächliche Umwandlung, ohne vorherige Auflösung und Liquidation, einer solchen Gesellschaft in eine Gesellschaft des nationalen Rechts des Mitgliedstaats, in den sie sich begeben möchte, stellt eine Beschränkung der Niederlassungsfreiheit der betreffenden Gesellschaft dar, die, wenn sie nicht zwingenden Gründen des Allgemeininteresses entspricht, nach Art. 43 EG verboten ist (vgl. in diesem Sinne insbesondere Urteil CaixaBank France, Randnrn. 11 und 17).

Darüber hinaus ist festzustellen, dass die in den Art. 44 Abs. 2 Buchst. g EG und 293 EG vorgesehenen legislativen und vertraglichen Arbeiten im Bereich des Gesellschaftsrechts seit den Urteilen Daily Mail and General Trust und Überseering bisher nicht die in diesen Urteilen aufgezeigten Unterschiede der nationalen Rechtsvorschriften betroffen haben, so dass diese nach wie vor bestehen. (...)

---

110 Teichmann, in: Gebauer/Teichmann, EnzEuR, Bd. 6, § 6, Rn. 56 f.; eingehend Leible/Hoffmann, BB 2009, 58.

Hierzu ist festzustellen, dass diese auf der Grundlage von Art. 308 EG erlassenen Verordnungen zwar tatsächlich eine Regelung enthalten, wonach die mit ihnen eingeführten neuen Rechtsformen ihren satzungsmäßigen Sitz und damit auch ihren wahren Sitz, die nämlich in demselben Mitgliedstaat gelegen sein müssen, in einen anderen Mitgliedstaat verlegen können, ohne dass dies zur Auflösung der ursprünglichen juristischen Person und zur Schaffung einer neuen juristischen Person führt, dass eine solche Verlegung aber dennoch zwangsläufig die Änderung des auf die betreffende Einheit anwendbaren nationalen Rechts mit sich bringt.«

Im Ergebnis stellt der EuGH damit fest, dass die Art. 43 EG und 48 EG (jetzt geregelt in Art. 49 und Art 54 AEUV) beim gegenwärtigen Stand des Gemeinschaftsrechts dahin auszulegen sind, dass sie Rechtsvorschriften eines Mitgliedstaats nicht entgegenstehen, die es einer nach dem nationalen Recht dieses Mitgliedstaats gegründeten Gesellschaft verwehren, ihren Sitz in einen anderen Mitgliedstaat zu verlegen und dabei ihre Eigenschaft als Gesellschaft des nationalen Rechts des Mitgliedstaats, nach dessen Recht sie gegründet wurde, zu behalten. Lediglich der Wegzug in der Form der Herausumwandlung unterfällt dem Schutzbereich der Niederlassungsfreiheit. I. Ü. steht es den Mitgliedstaaten frei, den Wegzug zu begrenzen oder gar zu verbieten. Anders als die Verlegung von Verwaltungs- oder Satzungssitz in einen anderen Mitgliedstaat fallen **grenzüberschreitende Umwandlungsvorgänge** – wie vom EuGH in einem *obiter dictum* festgestellt – grds. umfassend in den Schutzbereich der Niederlassungsfreiheit.[111] Im Ergebnis bedeutet dies, dass bis zum Eintritt der rechtsformwechselnden Sitzverlegung das nationale Recht des Wegzugstaates anwendbar ist, ab Wirksamkeit des Wegzuges wird die Gesellschaft dann von dem Recht des Aufnahmestaates geregelt.[112]

5. Zulässigkeit des grenzüberschreitenden Herewinformwechsels: »VALE«

Die Frage des grenzüberschreitenden Formwechsels in Form der Hereinumwandlung war Gegenstand der »VALE«-Entscheidung des EuGH.[113] Die Gesellschaft italienischen Rechts VALE Costruzioni S.r.l. beabsichtigte, ihren Sitz und ihre Geschäftstätigkeit nach Ungarn zu verlegen und beantragte daher die Löschung im italienischen Handelsregister. Das Handelsregister löschte die Eintragung und vermerkte, dass die Gesellschaft ihren Sitz nach Ungarn verlegt habe. In der Folge schloss der Geschäftsführer der VALE Costruzioni S.r.l. mit einer dritten Person den Gesellschaftsvertrag der VALE Építési Kft, einer Gesellschaft ungarischen Rechts. Nach erfolgter Kapitalaufbringung beantragte die VALE Építési Kft ihre Eintragung unter Angabe der VALE Costruzioni S.r.l. als Rechtsvorgängerin. Die Eintragung wurde jedoch unter der Begründung abgelehnt, dass eine Gesellschaft italienischen Rechts nach ungarischem Recht nicht als Rechtsvorgängerin eingetragen werden könne. Die Gerichte des Rechtswegs teilten die Auffassung, dass die ungarischen Umwandlungsvorschriften nur auf innerstaatliche Sachverhalte anwendbar wären. Es ging hier um einen Zuzugsfall, d. h. um die Frage, ob die Niederlassungsfreiheit auch einen rechtsformkon-

27

---

111 Vgl. Herrler, DNotZ 2009, 484 ff.; Leible/Hoffmann, BB 2009, 58 ff.; Behme/Nohlen, BB 2009, 13 ff.; Kindler, NZG 2009, 130 ff.; Nolting, NotBZ 2009, 109 ff.; Teichmann, ZIP 2009, 393 ff.; Werner, GmbHR 2009, 191 f.; Zimmer/Naendrup, NJW 2009, 545 ff.; Koch/Eickmann, AG 2009, 73 ff.; Paefgen, WM 20009, 529 ff.
112 Vgl. Leible/Hoffmann, BB 2009, 58, 60; Behme/Nohlen, BB 2009, 13, 14; Zimmer/Naendrup, NJW 2009, 545, 547 f.
113 EuGH, Urt. v. 12.07.2012 – C-378/10, NJW 2012, 2715 = EuZW 2012, 621 Anm. Behrens = JuS 2012, 1142 (Streinz), dazu Jaensch, EWS 2012, 353; Bayer/J. Schmidt, ZIP 2012, 1481; Bayer/J.Schmidt, BB 2013, 3, 9 f.; Behme, NZG 2012, 936; Behrens, EuZW 2012, 625; Böttcher/Kraft, NJW 2012, 2701; Braun, DZWiR 2012, 411; Ege/Klett, DStR 2012, 2442; Frenzel, NotBZ 2012, 349; Kindler, EuZW 2012, 888; König/Bormann, NZG 2012, 1241; Kruis/Widmayer, CFL 2012, 349; Menjucq, JCP G 2012, 1089; Messenzehl/Schwarzfischer, BB 2012, 2072; Mörsdorf/Jopen, ZIP 2012, 1398; Roth, ZIP 2012, 1744; Teichmann, DB 2012, 2085; van Eck/Roelofs, ECL 9 (2012), 319; Wicke, DStR 2012, 1756; Wohlrab, GPR 2012, 316; Hansen, ECFR 2013, 1; Biermeyer, CMLR 2013, 571; McEleavy, ICQLQ (62) 2013, 503.

gruenten, identitätswahrenden Formwechsel über die Grenze in einen bestimmten Mitgliedstaat hinein schützt.

28 Die erste wesentliche Aussage des Urteils besteht darin, dass der EuGH seine Aussagen, die er obiter in der Rechtssache »Cartesio« getroffen hat, bestätigt und ergänzt. Während dort nämlich die grenzüberschreitende Herausumwandlung (also die Wegzugsseite der grenzüberschreitenden Umwandlung) dem Schutz der Niederlassungsfreiheit unterstellt wird, ist seit »VALE« auch die Zuzugsseite, das heißt die **Hineinumwandlung in Gestalt eines Hineinformwechsels**, von den Gewährleistungen der Niederlassungsfreiheit erfasst.[114]

Der EuGH hat entschieden:

»1. Die Art. 49 AEUV und 54 AEUV sind dahin auszulegen, dass sie einer nationalen Regelung entgegenstehen, die zwar für inländische Gesellschaften die Möglichkeit einer Umwandlung vorsieht, aber die Umwandlung einer dem Recht eines anderen Mitgliedstaats unterliegenden Gesellschaft in eine inländische Gesellschaft mittels Gründung der letzt genannten Gesellschaft generell nicht zulässt.

2. Die Art. 49 AEUV und 54 AEUV sind im Kontext einer grenzüberschreitenden Umwandlung einer Gesellschaft dahin auszulegen, dass der Aufnahmemitgliedstaat befugt ist, das für einen solchen Vorgang maßgebende innerstaatliche Recht festzulegen und somit die Bestimmungenseines nationalen Rechts über innerstaatliche Umwandlungen anzuwenden, die – wie die Anforderungen an die Erstellung einer Bilanz und eines Vermögensverzeichnisses – die Gründung und die Funktionsweise einer Gesellschaft regeln. Der Äquivalenzgrundsatz und der Effektivitätsgrundsatz verwehren es jedoch dem Aufnahmemitgliedstaat, – bei grenzüberschreitenden Umwandlungen die Eintragung der die Umwandlung beantragenden Gesellschaft als »Rechtsvorgängerin« zu verweigern,

– wenn eine solche Eintragung der Vorgängergesellschaft im Handelsregister bei innerstaatlichen Umwandlungen vorgesehen ist, und

– sich zu weigern, den von den Behörden des Herkunftsmitgliedstaats ausgestellten Dokumenten im Verfahren zur Eintragung der Gesellschaft gebührend Rechnung zu tragen.«

Damit ist nun geklärt, dass der Aufnahmestaat (hier Ungarn) grenzüberschreitende Formwechsel nicht pauschal verbieten darf, sondern dann, wenn er für nationale Gesellschaften die Umwandlung zulässt, diese aus Gründen der Niederlassungsfreiheit (Art. 49, 54 AEUV) auch ausländischen gewähren muss.

Der EuGH stellt hierzu fest:

»Da die im Ausgangsverfahren in Rede stehende nationale Regelung nur die Umwandlung einer Gesellschaft vorsieht, die ihren Sitz schon im betreffenden Mitgliedstaat hat, begründet diese Regelung eine unterschiedliche Behandlung von Gesellschaften in Abhängigkeit davon, ob es sich um eine innerstaatliche oder um eine grenzüberschreitende Umwandlung handelt; diese unterschiedliche Behandlung ist geeignet, Gesellschaften mit Sitz in anderen Mitgliedstaaten davon abzuhalten, von der im AEU-Vertrag verankerten Niederlassungsfreiheit Gebrauch zu machen, und stellt somit eine Beschränkung im Sinne der Art. 49 AEUV und 54 AEUV dar (vgl. in diesem Sinne Urteil SEVIC Systems, Randnrn. 22 und 23).«

29 Der aufnehmende Mitgliedsstaat ist nach Auffassung des EuGH allerdings berechtigt, die für einen solchen Umwandlungsvorgang maßgeblichen innerstaatlichen Regelungen zu bestimmen, etwa Vorschriften des Minderheiten-, Arbeitnehmer- und des Gläubigerschutzes. Allerdings müsse bei der Anwendung inländischen Rechts der Äquivalenz- und Effektivitätsgrundsatz gewahrt bleiben, der die Ungleichbehandlung von in- und ausländischen Gesellschaften verbietet und die gebührende Berücksichtigung von Dokumenten der Behörden des Herkunftsmitgliedstaats gebietet. Eine Verpflichtung, bestimmte Umwandlungsvorgänge überhaupt in der Rechtsordnung zu

---

114 Kindler, EuZW 2012, 888, 890; Teichmann, DB 2012, 2085; Wicke, DStR 2012, 1756, 1758.

ermöglichen, besteht für die Mitgliedstaaten jedoch nicht. Für die Durchführung des Vorgangs ist nach dem EuGH eine sukzessive Anwendung der Rechtsordnungen der am Formwechsel beteiligten Mitgliedstaaten erforderlich.

Der EuGH stellt dazu fest:

»In Bezug auf eine Rechtfertigung durch zwingende Gründe des Allgemeininteresses wie den Schutz der Interessen von Gläubigern, Minderheitsgesellschaftern und Arbeitnehmern sowie der Wahrung der Wirksamkeit steuerlicher Kontrollen und der Lauterkeit des Handelsverkehrs steht fest, dass solche Gründe eine die Niederlassungsfreiheit beschränkende Maßnahme nur dann rechtfertigen können, wenn eine solche Maßnahme zur Erreichung der verfolgten Ziele geeignet ist und nicht über das hinausgeht, was zu ihrer Erreichung erforderlich ist (vgl. Urteil SEVIC Systems, Randnrn. 28 und 29).«

Zum Verfahren des grenzüberschreitenden Formwechsels gibt er vor: 30

»Solche (grenzüberschreitende) Umwandlungen setzen nämlich die sukzessive Anwendung von zwei nationalen Rechtsordnungen voraus.«

»Hierzu ist erstens darauf hinzuweisen, dass das abgeleitete Unionsrecht derzeit keine speziellen Vorschriften für grenzüberschreitende Umwandlungen enthält, so dass die einen solchen Vorgang ermöglichenden Bestimmungen nur im nationalen Recht zu finden sein können, und zwar im Recht des Herkunftsmitgliedstaats, dem die Gesellschaft unterliegt, die eine Umwandlung vornehmen möchte, und im Recht des Aufnahmemitgliedstaats, dem die Gesellschaft nach der Umwandlung unterliegen wird.«

Die anwendbaren Vorschriften sind daher 31

»Sache der innerstaatlichen Rechtsordnung eines jeden Mitgliedstaats sind; sie dürfen jedoch nicht ungünstiger sein als diejenigen, die gleichartige innerstaatliche Sachverhalte regeln (Äquivalenzgrundsatz), und die Ausübung der durch die Unionsrechtsordnung verliehenen Rechte nicht praktisch unmöglich machen oder übermäßig erschweren (Effektivitätsgrundsatz).«

Auch zur Frage der Anerkennung der Dokumente des Ausgangsstaates macht der EuGH Vorgaben: 32

»Eine Praxis der Behörden des Aufnahmemitgliedstaats, die dahin geht, eine Berücksichtigung der von den Behörden des Herkunftsmitgliedstaats ausgestellten Dokumente im Rahmen des Eintragungsverfahrens generell abzulehnen, birgt aber die Gefahr, dass es der die Umwandlung beantragenden Gesellschaft unmöglich gemacht wird, nachzuweisen, dass sie den Anforderungen des Herkunftsmitgliedstaats tatsächlich entsprochen hat, und gefährdet dadurch die Verwirklichung der von der Gesellschaft eingeleiteten grenzüberschreitenden Umwandlung.

Infolgedessen sind die Behörden des Aufnahmemitgliedstaats nach dem Effektivitätsgrundsatz verpflichtet, bei der Prüfung eines Eintragungsantrags einer Gesellschaft den von den Behörden des Herkunftsmitgliedstaats ausgestellten Dokumenten, die bestätigen, dass die Gesellschaft dessen Bedingungen tatsächlich entsprochen hat, gebührend Rechnung zu tragen, sofern diese Bedingungen mit dem Unionsrecht vereinbar sind.«

Das bedeutet, dass zum einen die ausländische Gesellschaft entsprechend dem Äquivalenzgrundsatz als Rechtsvorgängerin eingetragen werden muss, sofern der Aufnahmestaat den Rechtsvorgängervermerk für innerstaatliche Umwandlungen kennt, also die Identitätswahrung auch deutlich gemacht wird. Zum anderen sind im Verfahren die Registerbehörden des Zuzugsstaates verpflichtet, ausländische Löschurkunden »hinreichend [zu] würdigen«. 33

6. Zulässigkeit des grenzüberschreitenden Formwechsels auch ohne wirtschaftliche Tätigkeit im Zuzugsstaat: »Polbud«

34 Den vorläufigen Abschluss der spezifisch grenzüberschreitende Umwandlungsvorgänge betreffenden Judikatur des EuGH bildet die Entscheidung »**Polbud**«.[115] Die polnische Polbud sp. z o.o. wollte ihren Satzungssitz nach Luxemburg verlegen und dadurch eine haftungsbeschränkte Gesellschaft luxemburgischen Rechts (Sàrl) werden.[116] Das Handelsregister in Luxemburg trug den Vorgang dem Antrag entsprechend ein, wohingegen das polnische Handelsregister die Löschung der Gesellschaft mit dem Hinweis, sie müsse zunächst ein Liquidationsverfahren nach polnischem Recht durchlaufen, verweigerte.[117] Der folgende Rechtsstreit führte zum polnischen Obersten Gerichtshof, der den Fall dem EuGH zur Vorabentscheidung vorlegte.

35 Die Vorlagefragen des polnischen Obersten Gerichtshofes richteten sich darauf,[118]

(1) ob der Gründungsstaat eine Gesellschaft, die ihren Sitz in einen anderen Mitgliedstaat verlegt, dem Auflösungsverfahren nach nationalem Recht unterwerfen dürfe,

(2) ob ein solches Auflösungsverfahren als verhältnismäßige Maßnahme zum Schutz der Gläubiger, Minderheitsgesellschafter und Arbeitnehmer der Gesellschaft angesehen werden könne und

(3) ob die EU-Niederlassungsfreiheit auch einen Sachverhalt abdecke, bei dem mit der Satzungssitzverlegung keine Verlegung der Hauptverwaltung verbunden sei.

36 Die dritte Vorlagefrage hatte im Verfahren vor dem EuGH für gewisse Irritationen gesorgt. Das vorlegende polnische Gericht war davon ausgegangen, dass Polbud weder seine Hauptverwaltung nach Luxemburg verlegen wolle noch sonst in irgendeiner Weise dort einer Aktivität nachgehen möchte. Ob eine dann ggf. vorliegende »isolierte Satzungssitzverlegung« überhaupt in den Anwendungsbereich der Niederlassungsfreiheit fällt, war bisher umstritten.[119] Die Schlussanträge der Generalanwältin[120] waren gleichfalls von der Prämisse getragen, dass Polbud in Luxemburg keine

---

115 EuGH, Urt. v. 25.10.2017 – C-106/16, NJW 2017, 3639; dazu Teichmann/Knaier, GmbHR 2017, 1314; Schall, ZfPW 2018, 176; Paefgen, WM 2018, 981 und 1029; Feldhaus, BB 2017, 2819; Hushahn, RNotZ 2018, 23; Kieninger, NJW 2017, 3624; Kieninger, ZEuP 2018, 309; Kindler, NZG 2018, 1; Deck, GPR 2018, 8; Korch/Thelen, IPRax 2018, 248; Kovács/Keve, ZIP 2018, 253; Mörsdorf, ZIP 2017, 2381; Oechsler, ZIP 2018, 1269; Schockenhoff, Der Konzern 2018, 106; Schollmeyer, ZGR 2018, 186; Stiegler, AG 2017, 846; Sparfeld, WPg 2018, 55; Szydlo, CMLR 2018, 1549; Teichmann, GmbHR 2017, R356; Mucha/Oplustil, ECFR 2018, 270.
116 Ausführlich zum Ausgangsfall und den damit zusammenhängenden Fragen des polnischen Rechts: Oplustil/Sikora, EWS 2017, 134 ff.; Mucha/Oplustil, ECFR 2018, 270, 274 ff.; Mucha, New chapter in the corporate mobility in Europe, 2017, abrufbar unter https://papers.ssrn.com/sol3/papers.cfm?abstract_id=2954639 (Stand: 02.11.2018).
117 Ausführlich zum Verfahrensgang in Polen und Luxemburg mit graphischer Darstellung des Ablaufs Teichmann/Knaier, GmbHR 2017, 1314, 1314 f.
118 Die Reihenfolge und Formulierung der Vorlagefragen führte im Vorfeld der Entscheidung zu einiger Verwirrung, siehe hierzu und zu der Reihenfolge der Darstellung der Vorlagefragen Teichmann/Knaier, GmbHR 2017, 1314, 1315.
119 Ausführlich zum Streitstand vor der Polbud-Entscheidung in detaillierter Auseinandersetzung mit der bisherigen EuGH-Rechtsprechung Stiegler, Grenzüberschreitende Sitzverlegungen nach deutschem und europäischem Recht, 2017, S. 157 ff.; weiterhin Bayer/J. Schmidt, ZIP 2017, 1225 ff., unter IV.2.1; befürwortend bisher Bayer/J. Schmidt, ZIP 2012, 1481, 1486 f.; Schön, ZGR 2013, 333, 358 ff.; Schaper, ZIP 2014, 810, 816; Lutter/Bayer/J. Schmidt, Europäisches Unternehmens- und Kapitalmarktrecht, 5. Aufl. 2012, § 6 Rn. 59; ablehnend bisher W.-H. Roth in FS Hoffmann-Becking, 2013, S. 965, 977, 991 f.; Kindler in Münch.Komm.BGB, Bd. 12, IntGesR, Rn. 831 f.; Wicke, DStR 2012, 1756, 1758; Böttcher/Kraft, NJW 2012, 2701, 2702; Jaensch, EWS 2012, 353, 357; Teichmann, DB 2012, 2085, 2087 f.
120 GA Kokott, ZIP 2017, 1319, 1321, Rn. 32 ff.; dazu auch Ego, DB 2017, 1318.

Aktivitäten entfalten wolle. Im Lichte dessen hatte die Gesellschaft beantragt, die mündliche Verhandlung erneut zu eröffnen, um vortragen zu können, dass durchaus eine Ansiedlung in Luxemburg geplant sei. Diesen Antrag lehnte der Gerichtshof ab. Er entschied den Fall – prozessual korrekt – auf Basis des Sachverhalts, den ihm das nationale Gericht vorgelegt hatte.[121]

Der EuGH beantwortet diese dritte Vorlagefrage zuerst und stellt fest:

> [Art. 49 und 54 AEUV sind dahingehend auszulegen], »dass die Niederlassungsfreiheit für die Verlegung des satzungsmäßigen Sitzes einer nach dem Recht eines Mitgliedstaates gegründeten Gesellschaft in einen anderen Mitgliedstaat gilt, durch die diese unter Einhaltung der dort geltenden Bestimmungen ohne Verlegung ihres tatsächlichen Sitzes in einem dem Recht dieses anderen Mitgliedstaates unterliegende Gesellschaft umgewandelt werden soll.«

Mit dem zitierten Leitsatz ist zunächst nur entschieden, dass die Niederlassungsfreiheit den Sachverhalt erfasst, nicht aber, ob eine konkrete Beschränkung der Niederlassungsfreiheit vorliegt. Schwierigkeiten hiermit ergaben sich aus dem Umstand, dass in der deutschen Fassung das polnische Gericht danach fragt, ob »eine Beschränkung der Niederlassungsfreiheit vorliegt«, wenn eine Gesellschaft ihren satzungsmäßigen Sitz verlegt, ohne den tatsächlichen Sitz zu verlegen.[122] Eine Beschränkung kann jedoch nur dann vorliegen, wenn die Niederlassungsfreiheit überhaupt anwendbar ist.[123] Der EuGH stellte also zunächst klar,[124] dass der Anwendungsbereich der Niederlassungsfreiheit eröffnet ist, wenn eine Gesellschaft einen grenzüberschreitenden Formwechsel mit dem Ziel anstrebt, mit der künftig ausländischem Recht unterliegenden Gesellschaft eine inländische Niederlassung zu betreiben.[125] Ein grenzüberschreitender Formwechsel setzt dabei nicht voraus, dass im Zuzugsstaat der Verwaltungssitz angesiedelt wird. Der Zuzugsstaat kann eine solche Anforderung allerdings festlegen. Es bleibt jedem Mitgliedstaat überlassen, autonom darüber zu entscheiden, welches Anknüpfungskriterium für eine Anwendung des eigenen Gesellschaftsrechts erfüllt sein muss.

37

Anschließend prüft der EuGH die für das polnische Recht unterstellte Regelung, dass vor der Sitzverlegung ein Auflösungsverfahren durchzuführen sei. Hierzu stellt er fest,

> »dass die im Ausgangsverfahren in Rede stehende nationale Regelung geeignet ist, die grenzüberschreitende Umwandlung einer Gesellschaft zu erschweren oder gar zu verhindern. Folglich stellt sie eine Beschränkung der Niederlassungsfreiheit dar.«

An die Feststellung einer Beschränkung schließt sich die Prüfung von möglichen Rechtfertigungsgründen an.[126] Die Rechtfertigungsprüfung läuft im Kern auf einen Verhältnismäßigkeitstest hinaus. Da die Auflösung nach polnischem Recht ganz generell und ohne Rücksicht auf konkret

38

---

121 EuGH, Urt. v. 25.10.2017 – C-106/16, NJW 2017, 3639, Rn. 19 ff. sowie 26.
122 ABl. C 211 v. 13.6.2016, S. 23, 24.
123 Dies kritisieren bereits Oplustil/Sikora, EWS 2017, 134, 137 mit Fn. 24; hierzu auch Teichmann/Knaier, GmbHR 2017, 1314, 1316, die auf die genauere französische Sprachfassung verweisen.
124 Ausführlich zu den einzelnen Vorlagefragen Teichmann/Knaier, GmbHR 2017, 1314, 1315 f.; Oplustil/Sikora, EWS 2017, 134 ff.
125 Teichmann/Knaier, GmbHR 2017, 1314, 1320; vgl. hierzu bereits die von Schön, ZGR 2013, 333, 354 angestellten Überlegungen, wonach der angestrebte Zustand entscheidend sei und nicht der Weg dorthin.
126 Ausführlich hierzu Teichmann/Knaier, GmbHR 2017, 1314, 1320; bereits Art. 36 AEUV spricht im Hinblick auf die Warenverkehrsfreiheit davon, dass Beschränkungen »gerechtfertigt« sein können; s. allgemein Müller-Graff in Hatje/Müller-Graff, EnzEuR, Bd. 1, § 9, Rn. 48 ff., m.w.N.; s. auch die grundlegenden Entscheidungen des EuGH v. 20.2.1979 – 120/78, Slg. 1979, 649; EuGH v. 24.11.1993 – C-267/91; sowie EuGH v. 12.7.2012 – C-378/10, NJW 2012, 2715, in welcher er die Rechtfertigungsprüfung für den grenzüberschreitenden Formwechsel konkretisiert.

bestehende Gefahren für Gläubiger, Minderheitsgesellschafter und Arbeitnehmer angeordnet wird, geht sie nach Auffassung des EuGH über das zum Schutz der betroffenen Interessen erforderliche Maß hinaus.

Der EuGH fasst diese Überlegungen im zweiten Leitsatz der Entscheidung zusammen, wonach die Art. 49, 54 AEUV dahingehend auszulegen sind,

> »dass sie der Regelung eines Mitgliedstaates entgegenstehen, die die Verlegung des satzungsmäßigen Sitzes einer nach dem Recht eines Mitgliedstaates gegründeten Gesellschaft in einen anderen Mitgliedstaat, durch die sie unter Einhaltung der dort geltenden Bestimmungen in eine dem Recht dieses anderen Mitgliedstaates unterliegende Gesellschaft umgewandelt werden soll, von der Auflösung der ersten Gesellschaft abhängig macht.«

39 Trotz dieser Entscheidung ist für eine Anwendung der Niederlassungsfreiheit weiterhin zumindest eine tatsächliche Ansiedlung erforderlich.[127] Die Gesellschaft, die einem bestimmten Mitgliedstaat angehört, darf sich im Hoheitsgebiet eines anderen Mitgliedstaates niederlassen. An diese Verbindung knüpft die Niederlassungsfreiheit. Der Fall »Polbud« fügt sich insoweit in dieses Bild, als hier angestrebt war, ein polnisches Unternehmen durch eine luxemburgische Gesellschaft zu führen. Diese Konstellation unterliegt der Niederlassungsfreiheit. Der Schritt von der Gründungs- zur Umwandlungsfreiheit[128] dient vor allem dazu, den Anteilseignern unnötige Zwischenschritte bei der Überführung ihres Unternehmens in eine unionsausländische Gesellschaft zu ersparen.

40 Nach der Entscheidung in der Rs. »Polbud« ist der Anwendungsbereich der Niederlassungsfreiheit eröffnet, wenn eine Gesellschaft einen grenzüberschreitenden Formwechsel mit dem Ziel anstrebt, mittels der künftig ausländischem Recht unterliegenden Gesellschaft eine inländische Niederlassung zu betreiben.[129] Diese Überlegung lässt sich auf alle Umwandlungsformen übertragen, die das innerstaatliche Recht anbietet.[130] Der EuGH erwähnt bereits in »SEVIC« (dazu Rdn. 23 ff.), dass neben der grenzüberschreitenden Verschmelzung auch andere Formen der Gesellschaftsumwandlung eine Modalität der Niederlassungsfreiheit darstellen. In den Entscheidungen »Cartesio« (dazu Rdn. 26), »VALE« (dazu Rdn. 27 ff.) und Polbud wurde dies für den grenzüberschreitenden Formwechsel weitergeführt. Für eine grenzüberschreitende Spaltung muss dasselbe gelten, wenngleich es hierzu bislang kein europäisches Fallmaterial und keine Richtlinie gibt (siehe auch Rdn. 9, 310 ff.).[131] Die Grundfreiheiten sind in allen Mitgliedstaaten unmittelbar anwendbar, es ist also kein zulässiger Einwand, dass man zunächst auf eine Richtlinie warten müsse.[132] Eine grenzüberschreitende Umwandlung muss nach den unionsrechtlichen Grundsätzen der Äquivalenz und Effizienz schon heute ermöglicht werden.[133]

7. Die Art. 49, 54 AEUV als Umwandlungsfreiheit

41 Im Bereich der Gründung von Kapitalgesellschaften im Binnenmarkt ist durch die EuGH-Rechtsprechung ein Wandel von der Sitz- zur Gründungstheorie vollzogen worden (dazu Rdn. 17 ff.).

---

127 Hierzu ausführlich Teichmann/Knaier, GmbHR 2017, 1314, 1318 ff.
128 So Teichmann/Knaier, GmbHR 2017, 1314, 1319 ff.; siehe auch Schön, ZGR 2013, 333, 354, der von »Organisationsfreiheit« spricht.
129 Teichmann/Knaier, GmbHR 2017, 1314, 1319; siehe hierzu auch bereits die von Schön, ZGR 2013, 333, 354 angestellten Überlegungen, wonach der angestrebte Zustand entscheidend sei und nicht der Weg dorthin.
130 Teichmann/Knaier, GmbHR 2017, 1314, 1319.
131 Ausdrücklich Teichmann/Knaier, GmbHR 2017, 1314, 1319; siehe dazu auch J. Schmidt, ZVglRWiss 116 (2017), 313, 331 f. m.w.N.
132 Ausdrücklich EuGH v. 13.12.2005 – C-411/03, GmbHR 2006, 140.
133 EuGH v. 12.7.2012 – C-378/10, NJW 2012, 2715, Rn. 48 ff.; siehe Teichmann/Knaier, GmbHR 2017, 1314, 1319.

Wengleich die konkrete Reichweite der von der Niederlassungsfreiheit bedingten Gründungstheorie nicht abschließend geklärt ist, ergibt sich für den Bereich der grenzüberschreitenden Unternehmensumwandlung in der EU, dass die Niederlassungsfreiheit eine grenzüberschreitende Umwandlung in den Formen schützt und gewährleistet, in denen es das Heimatrecht eines aufnehmenden Staates zulässt.

Letztlich hat der EuGH mit den Entscheidungen »Cartesio« (dazu Rdn. 26), »VALE« (dazu Rdn. 27 ff.) und besonders zuletzt »Polbud« (dazu Rdn. 34 ff.) die Gründungsfreiheit, welche die Art. 49, 54 AEUV ausdrücklich vorgeben, zu einer Umwandlungsfreiheit fortentwickelt.[134] Das ist nach dem Wortlaut des AEUV zwar nicht zwingend, aber vom Sinn und Zweck der Regelung her durchaus folgerichtig.[135] Aus der Perspektive des Umwandlungsrechts entspricht der Formwechsel funktional einer Gründung. Der Rechtsträger bleibt zwar erhalten, im Übrigen finden aber die Gründungsvorschriften des neuen Rechtsträgers entsprechende Anwendung (vgl. § 190 UmwG). Für die Gründung wiederum ist anerkannt, dass die Gründer diejenige Rechtsordnung wählen dürfen, deren Rechtsregeln ihnen am günstigsten erscheinen.[136] Dasselbe muss dann auch für die Umwandlung gelten.[137] Daraus ergibt sich eine Freiheit der Rechtswahl im Gesellschaftsrecht, die nicht allein bei der Gründung greift, sondern auch einen nachträglichen Wechsel der gewählten Rechtsordnung ermöglicht.[138] 42

B. Unionsrechtliche Prägung nationalen Rechts

Die Entwicklung des Verordnungs- und Richtlinienrechts sowie die Folgen der Rechtsprechung des EuGH führten im deutschen Recht zu zahlreichen Änderungen. 43

I. Umsetzungsakte zu unionalem Sekundärrecht

Das neue Umwandlungsgesetz ist betreffend der Verschmelzung stark unionsrechtlich determiniert (Rdn. 5, 8 und Teil 1 Rdn. 6 ff.). Die Regelungen über die Spaltung wurden aus anderen Gründen eingeführt (Rdn. 9 und Teil 1 Rdn. 6 ff.), wenngleich dadurch die Anforderungen der Spaltungsrichtlinie (Rdn. 9) erfüllt wurden. Die §§ 122a-122l UmwG dienen der Umsetzung der Verschmelzungsrichtlinie (Rdn. 8) und ermöglichen grenzüberschreitende Verschmelzungen. Weitere Normen des UmwG sind zudem unionsrechtskonform auszulegen. Die unionsrechtskonforme Auslegung betrifft bisher v.a. Fälle des Formwechsels, §§ 190 ff. UmwG (Rdn. 270 ff.). 44

Das Company Law Package (dazu Rdn. 12 ff.) würde, falls es als Änderungsrichtlinie zur Richtlinie über bestimmte Aspekte des Gesellschaftsrechts (dazu Rdn. 11) verabschiedet wird, weitreichende Änderungen des Umwandlungsgesetzes durch seine Umsetzung in deutsches Recht nach sich ziehen, insbesondere durch die Einführung eines kodifizierten Verfahrens der grenzüberschreitenden Sitzverlegung (zur derzeitigen Rechtslage auch Rdn. 270 ff.) und der grenzüberschreitenden Spaltung (zur derzeitigen Rechtslage auch Rdn. 310 ff.). 45

II. Durch unional beeinflusste Gegebenheiten geschaffenes Recht

1. MoMiG und Zulassung der Sitzaufspaltung

Durch die Rechtsprechung des EuGH und deren Folgen wurde in Deutschland maßgeblich das MoMiG[139] angestoßen und damit auch durch die Streichung von § 4a Abs. 2 GmbHG und 46

---

134 Begriff nach Teichmann/Knaier, GmbHR 2017, 1314, 1319 ff.; vergleichbar Schön, ZGR 2013, 333, 354, der von »Organisationsfreiheit« spricht.
135 So auch Teichmann/Knaier, GmbHR 2018, 1314, 1319 ff.
136 EuGH v. 9.3.1999 – C-212/97, GmbHR 1999, 474, Rn. 27.
137 EuGH v. 25.10.2017, – C-106/16, NJW 2017, 3639, Rn. 40.
138 Teichmann/Knaier, GmbHR 2017, 1314, 1319; Kieninger, NJW 2017, 3624, 3626 f.; in diese Richtung auch schon Schön, ZGR 2013, 333, 353 ff.
139 Gesetz zur Modernisierung des GmbH-Rechts und zur Bekämpfung von Missbräuchen v. 23.10.2008, BGBl. I, S. 2026.

§ 5 Abs. 2 AktG erstmals eine sanktionslose Verwaltungssitzverlegung ins Ausland ermöglicht (Rdn. 255 ff.). Nach § 4a GmbHG und § 5 AktG ist Sitz der Gesellschaft der Ort im Inland, den die Satzung bestimmt. Im Gegensatz zur früheren Rechtslage gibt es für den Sitz der Gesellschaft keine weiteren Anforderungen mehr. Insbesondere muss sich der Satzungssitz damit nicht mehr an einem Ort befinden, an dem die Gesellschaft einen Betrieb, ihre Geschäftsleitung oder ihre Verwaltung hat (z. B. § 5 Abs. 2 AktG a. F.). Zulässig ist nach neuer Rechtslage, dass die Gesellschaft ihren »Satzungssitz« nach § 5 AktG im Inland wählt, während der eigentliche »Verwaltungssitz«, an dem sich also die Geschäftsleitung befindet, im Ausland liegt.

2. Folgen des Limited-Booms und »Brexit«

47 Die Folgen des Limited-Booms, den der EuGH ermöglichte (dazu die Entscheidungen in den Rdn. 17 ff.), stellen die kontinentaleuropäischen Rechtsordnungen angesichts des »Brexit« vor neue Herausforderungen. Nach Wirksamwerden eines »harten« Brexit gilt die unionsrechtlich garantierte Niederlassungsfreiheit der Art. 49, 54 AEUV nicht weiter zu Gunsten britischer Gesellschaften.[140] In der Folge würden die Grundsätze der Rechtsprechung des EuGH, die vor allem in den Entscheidungen »Daily Mail« (Rdn. 17), »Centros« (Rdn. 18 ff.), »Überseering« (Rdn. 20) und »Inspire Art« (Rdn. 21) entwickelt wurden, nicht weiter für Gesellschaften mit Satzungssitz in Großbritannien und Verwaltungssitz in Deutschland gelten. Mit dem Wegfallen dieser Gewährleistungen wäre davon auszugehen, dass in Deutschland nach der bisherigen Rechtsprechung des BGH[141] zu Drittstaatsgesellschaften Limiteds, PLCs und LLPs zukünftig nicht mehr als Gesellschaften anerkannt würden. Vielmehr würden diese Gesellschaften in ein nationalrechtliches Gesellschafts-Pendant umqualifiziert werden. Für die besonders betroffenen Limiteds würde dies bedeuten, dass sie als OHG behandelt würden, falls sie ein Handelsgewerbe betreiben und im Übrigen als GbR gelten würden.[142] Sollten die Limiteds nur einen einzigen Gesellschafter haben, würde dies dazu führen, dass sie als Einzelkaufmann oder als gewöhnliche Einzelperson behandelt werden,[143] da das deutsche Recht eine »Einpersonen-Personengesellschaft« nicht kennt.[144] In den genannten Fällen würde für die Gesellschafter jeweils eine unbeschränkte Haftung für Verbindlichkeiten der früheren Limited bestehen.

48 Diese Folgen ließen sich nur durch eine Anerkennungs-Regelung in einem Austrittsabkommen zwischen Großbritannien und der EU abmildern oder verhindern, welches derzeit jedoch nicht

---

140 Dazu Teichmann/Knaier, IWRZ 2016, 243, 244 ff.; Süß, ZIP 2018, 1277, 1277 f.; Zwirlein/Großerichter/Gätsch, NZG 2017, 1041, 1042; Seeger, DStR 2016, 1817, 1817 ff.; Armour/Fleischer/Knapp/Winner, EBOR 18 (2017), 225, 232 ff.; Basedow, ZEuP 2016, 567, 569; Bronger/Scherer/Söhnchen, EWS 2016, 131, 134 f.; Freitag/Korch, ZIP 2016, 1361; Lehmann/Zetsche, JZ 2017, 62, 67 ff.; Leible/Galneder/Wißling, RIW 2017, 718; Hess, IPRax 2016, 409, 417 f.; Kumpan/Pauschinger, EuZW 2017, 327, 331 f.; Lieder/Bialluch, NotBZ 2017, 165, 169 ff.; Schall, ZfPW 2016, 407; Schall, GmbHR 2017, 25; siehe zur Behandlung von EU-Auslandsgesellschaften durch deutsche Gerichte auch Dostal, in: MAH-GmbHR, § 26 Rn. 161 ff.
141 V. 27.10.2008 – II ZR 158/06, ZNotP 2009, 21 in Bezug auf die Behandlung einer schweizerischen AG; siehe zur Anwendung von Sitz- und Gründungstheorie in Deutschland auch Bartels, ZHR 176 (2012), 412, 415 ff.
142 Teichmann/Knaier, IWRZ 2016, 243, 244 f.; Bayer/J. Schmidt, BB 2016, 1923, 1933; Seeger, DStR 2016, 1817, 1818; Freitag/Korch ZIP 2016, 1361, 1362 f.; Lieder/Bialluch, NotBZ 2017, 165, 169 f.; Schall, ZfPW 2016, 407,411; Weller/Thomale/Benz, NJW 2016, 2378, 2380 f.
143 Teichmann/Knaier, IWRZ 2016, 243, 244f.; Metzinger, EWS 2017, 92, 100; siehe auch OLG Hamm v. 11.04.2014 – I-12 U 142/13 NZG 2014, 703, 705.
144 Schäfer, in: MünchKommBGB, § 705 Rn. 60 ff. m.w.N.; K. Schmidt, in: MünchKommHGB, § 105 Rn. 24 m.w.N.; Eckardt, NZG 2000, 449, 450 f. m.w.N.; Fett/Brand, NZG 1999, 45; Seeger, Das Ausscheiden des einzigen Komplementärs, 2010, S. 127 ff.

unbedingt in Sicht ist.¹⁴⁵ Mit dem Referentenentwurf eines Vierten Gesetzes zur Änderung des Umwandlungsgesetzes¹⁴⁶ versucht der Bundesgesetzgeber, den in Deutschland tätigen britischen Gesellschaften mit Satzungssitz in Großbritannien eine rasch durchzuführende Rettungsmöglichkeit vor den mit dem Brexit verbundenen Rechtsfolgen zu bieten.¹⁴⁷

Geplant ist eine Ergänzung der Vorschriften über die grenzüberschreitende Verschmelzung in den §§ 122a ff. UmwG.¹⁴⁸ Hierdurch soll den vom Brexit betroffenen Gesellschaften eine zusätzliche Variante für einen geordneten Wechsel in eine inländische Gesellschaftsform zur Verfügung gestellt werden.¹⁴⁹ Dies soll zu mehr Rechtssicherheit führen und auch kleine Unternehmen mit geringer Kapitalausstattung in die Lage versetzen, eine Limited in eine deutsche Rechtsform zu überführen.¹⁵⁰ Insbesondere soll der Katalog verschmelzungsfähiger Rechtsträger erweitert werden (dazu Rdn. 92). Zudem sollen verfahrensrechtliche Anpassungen durchgeführt werden, die auf die besonderen Gegebenheiten einer grenzüberschreitenden Verschmelzung im Zusammenhang mit dem Brexit bzw. unter Beteiligung einer Personengesellschaft einhergehen. Dies ist vor allem deshalb interessant, weil eine KG als Zielrechtsträger dann auch als GmbH & Co. KG oder UG & Co. KG ausgestaltet werden kann.¹⁵¹ Daneben sieht der Gesetzgeber im neu zu schaffenden § 122m UmwG eine Übergangsfrist für grenzüberschreitende Verschmelzungen vor, die bereits vor dem Brexit begonnen haben, jedoch erst nach Wirksamwerden des Brexit abgeschlossen werden können (dazu auch Rdn. 106). 49

Der Referentenentwurf bietet nicht auf alle sich ergebenden Fragen und Problemstellungen eine Antwort, die betroffenen britischen Gesellschaften mit Verwaltungssitz in Deutschland weiterhelfen kann.¹⁵² Daher soll im Folgenden ein knapper Überblick über denkbare Gestaltungsalternativen für vom Brexit betroffene britische Gesellschaften gegeben werden.¹⁵³ 49.1

---

145 Zu den möglichen Gestaltungsoptionen eines Austrittsabkommens ausführlich Teichmann/Knaier, IWRZ 2016, 243, 243 f.
146 Abrufbar unter https://www.bmjv.de/SharedDocs/Gesetzgebungsverfahren/Dokumente/RefE_Umwandlungsgesetz.pdf?blob=publicationFile&v=1 (Stand: 15.09.2018).
147 Eingehend zum Verfahren einer grenzüberschreitenden Hineinverschmelzung nach Deutschland unter Berücksichtigung des Referentenentwurfs Knaier, ZNotP 2018, 341, 342 ff.; siehe auch J. Schmidt, GmbHR 2018, R292; Stiegler, 4. UmwÄndG – Brexit und Verschmelzung auf Personengesellschaften: Way to go oder halbherziger Kompromiss?, erscheint in ZIP 2018.
148 Siehe zum Ganzen J. Schmidt, GmbHR 2018, R292; siehe auch die Stellungnahme des DNotV, abrufbar unter: https://www.dnotv.de/stellungnahmen/viertes-gesetz-zur-aenderung-des-umwandlungsgesetzes-referentenentwurf/ (Stand: 24.09.2018).
149 UmwG-RefE, S. 1, abrufbar unter: https://www.bmjv.de/SharedDocs/Gesetzgebungsverfahren/Dokumente/RefE_Umwandlungsgesetz.pdf?__blob=publicationFile&v=1 (Stand: 12.09.2018).
150 UmwG-RefE, S. 1, abrufbar unter: https://www.bmjv.de/SharedDocs/Gesetzgebungsverfahren/Dokumente/RefE_Umwandlungsgesetz.pdf?__blob=publicationFile&v=1 (Stand: 12.09.2018); zu Recht kritisch hierzu aber die Stellungnahme des DNotV, S. 9 f., abrufbar unter: https://www.dnotv.de/stellungnahmen/viertes-gesetz-zur-aenderung-des-umwandlungsgesetzes-referentenentwurf/ (Stand: 24.09.2018).
151 UmwG-RefE, S. 5, abrufbar unter: https://www.bmjv.de/SharedDocs/Gesetzgebungsverfahren/Dokumente/RefE_Umwandlungsgesetz.pdf?__blob=publicationFile&v=1 (Stand: 12.09.2018); J. Schmidt, GmbHR 2018, R292, R293.
152 Hierzu ausführlich Knaier, ZNotP 2018, 241, 249 ff; Stiegler, 4. UmwÄndG – Brexit und Verschmelzung auf Personengesellschaften: Way to go oder halbherziger Kompromiss?, erscheint in ZIP 2018; Brandi/M. K. Schmidt, DB 2018, 2417.
153 Ein guter Überblick über die bisher angedachten Gestaltungsalternativen findet sich bei Dostal, in: MAH-GmbHR, § 26 Rn. 485 ff.; siehe auch Wachter, GmbHR 2018, R260, R261 f.; Süß, ZIP 2018, 1277, 1278 ff.; Mentzel, IWRZ 2017, 248; Brandi/M. K. Schmidt, DB 2018, 2417, 2418 ff.

49.2 Für die sehr einfach strukturierten Limited könnte eine **Vermögensübertragung (Asset Deal)** infrage kommen.[154] Hierbei würde in Deutschland zunächst eine neue Gesellschaft gegründet und im Anschluss daran im Rahmen einer Liquidation sämtliche Vermögensgegenstände der Limited an den neuen Rechtsträger übertragen werden. Problematisch hierbei ist, dass neben der Auffindung und Übertragung sämtlicher Aktiva insbesondere auch Dauerschuldverhältnisse mitübertragen werden müssten, was jedoch die Zustimmung des Vertragspartners erfordert.[155] Zudem besteht das Risiko der Aufdeckung stiller Reserven.[156] Daneben müsste die weiterhin bestehende britische Gesellschaft auch nach der Vermögensübertragung noch nach britischem Recht liquidiert werden.[157] Die Vermögensübertragung ist daher für wirtschaftlich aktive Limiteds nicht besonders gut geeignet.

49.3 Vielversprechend erscheint hingegen auf den ersten Blick der **grenzüberschreitende Formwechsel** (dazu Rdn. 270 ff.). Die Rechtsprechung des EuGH, insbesondere in der Rs. »Cartesio« (dazu Rdn. 26), in der Rs. »Vale« (dazu Rdn. 27 ff.) und in der Rs. »Polbud« (dazu Rdn. 34 ff.), hat dazu geführt, dass in der EU mittlerweile anerkannt ist, dass eine Gesellschaft ihren Satzungssitz unter Wahrung ihrer Rechtspersönlichkeit und unter gleichzeitigem Wechsel ihrer Rechtsform von einem in einen anderen Mitgliedstaat verlegen kann (dazu auch Rdn. 271 ff.). In Deutschland haben in den letzten Jahren einige Hinein- und Herausformwechsel stattgefunden.[158] Die deutsche Rechtspraxis musste jedoch erfahren, dass trotz der gefestigten EuGH-Rechtsprechung das für das Verfahren in Großbritannien zuständige Companies House die Durchführung und Eintragung eines grenzüberschreitenden Formwechsels unter Hinweis darauf verweigert, dass bisher keine unionale Richtlinie über die grenzüberschreitende Sitzverlegung erlassen wurde und das britische Recht ein derartiges Verfahren nicht kenne, womit es an einer gesetzlichen Grundlage mangle.[159] Vor Wirksamwerden des Brexit erscheint es aussichtslos, rechtzeitig Rechtsschutz vor dem EuGH für dieses unionsrechtswidrige Verhalten zu erlangen.[160] Der grenzüberschreitende Formwechsel stellt damit derzeit bei näherer Betrachtung keine sinnvolle Gestaltungsalternative für die betroffenen Gesellschaften dar.

49.4 Teilweise wird auch erwogen, bei einer Limited, die in Deutschland ein Unternehmen betreibt, dieses inländische Unternehmen im Wege der **Spaltung zur Neugründung** in eine Gesellschaftsform deutschen Rechts zu überführen.[161] Nach den Vorgaben des EuGH dürfte ein solcher

---

154 Siehe hierzu Teichmann/Knaier, IWRZ 2016, 243, 246; Seeger, DStR 2016, 1817, 1822; Metzing, ZEuS 2017, 43, 80; Süß, ZIP 2018, 1277, 1278.
155 Herrler, in: Herrler, Gesellschaftsrecht in der Notar- und Gestaltungspraxis, 2017, § 1 Rn. 34; Dostal, in: MAH-GmbHR, § 26 Rn. 486.
156 Mayer/Manz, BB 2016, 1731, 1734; Seeger, DStR 2016, 1817, 1822.
157 Teichmann/Knaier, IWRZ 2016, 243, 246; Süß, ZIP 2018, 1277, 1278.
158 Dies zeigt allein schon die obergerichtliche Rechtsprechung in Deutschland: OLG Nürnberg v. 19.06.2013 – 12 W 520/13, GmbHR 2014, 96 m. Anm. Wachter; KG v. 21.03.2016 – 22 W 64/15, GmbHR 2016, 763, dazu Zwirlein, ZGR 2017, 114; OLG Düsseldorf v. 19.07.2017 – I-3 Wx 171/16, GmbHR 2017, 1274, jeweils zum Hineinformwechsel nach Deutschland; OLG Frankfurt a. M. v. 03.01.2017 – 20 W 88/15, GmbHR 2017, 420 = DNotZ 2017, 381 m. krit. Anm. Knaier; dazu Stiegler, GmbHR 2017, 392 ff. sowie Teichmann, ZIP 2017, 1190 ff. und Knaier/Pfleger, GmbHR 2017, 859, zum Herausformwechsel; siehe auch Jennewein, GesRZ 2016, 277 ff., der die erfolgreiche Sitzverlegung einer deutschen GmbH unter gleichzeitigem Formwechsel nach Hall in Tirol unter Heranziehung der VALE-Grundsätze beschreibt; siehe zu den genannten Fällen auch Rdn. 61 ff.
159 Heckschen, in: Heckschen/Heidinger, Die GmbH in der Gestaltungs- und Beratungspraxis, Kap. 2 Rn. 53; Heckschen, NotBZ 2017, 401, 404 f.; ein entsprechendes Schreiben des Companies House ist abrufbar unter: https://www.heckschen-vandeloo.de/cdn/user_upload/content/pdf/rechtsprechung/schreiben-companies-house-08–02–2017.pdf (Stand: 01.11.2018); hierzu auch Süß, ZIP 2018, 1277, 1279.
160 Hierzu Knaier/Scholz, EWS 2018, 10, 14; Knaier, ZNotP 2018, 241, 249 f.
161 Siehe hierzu Süß, ZIP 2018, 1277, 1279; siehe auch Vossius, notar 2016, 314, 315.

(grenzüberschreitender Spaltungs-)Vorgang möglich sein (dazu auch Rdn. 310 ff.). Das britische Recht kennt jedoch nur für PLCs den Vorgang der Spaltung, so dass auch nur für solche Gesellschaften das grenzüberschreitende Spaltungsverfahren zu eröffnen ist.[162] Für die Limited würde dies bedeuten, dass sie sich zunächst nach britischem Recht in eine PLC umwandeln müsste. In jedem Fall stünde bei diesem Vorgang wohl wieder das Companies House im Wege, welches mit den gleichen Argumenten wie bei der grenzüberschreitenden Sitzverlegung die Eintragung verweigern dürfte.[163]

Ebenfalls angedachte **Anwachsungsmodelle** unter Beteiligung von Gesellschaften anderer Rechtsordnungen lassen sich nur mit Personengesellschaften verwirklichen, wodurch dieser Weg für die Limited direkt ausscheidet.[164] Bei diesen Modellen würden bspw. sämtliche Anteile an einer LLP auf eine Partnerschaftsgesellschaft nach deutschem Recht übertragen werden, womit sich sämtliche Anteile an der LLP in einer Hand vereinigen. Das britische Recht kennt ebenso wie das deutsche Recht keine Einpersonen-Personengesellschaft, was zur Folge hat, dass die LLP mit dem Ausscheiden des vorletzten Gesellschafters erlischt. Das Vermögen wächst im Wege der Universalsukzession dem verbliebenen Alleingesellschafter an.[165] Eine denkbare vorherige Umwandlung der Limited nach britischem Recht in bspw. eine LLP wäre angesichts des nahenden Brexit zu komplex und zeitaufwendig.[166] Ein Vorgehen unter Ausnutzung eines derartigen Anwachsungsmodelles ist daher derzeit für betroffene Limited ebenfalls nicht geeignet.

49.5

Jüngst wird auch angesichts der beschriebenen Nachteile der zuvor behandelten Gestaltungsalternativen vorgeschlagen, nach einer Art »**modifizierten Anwachsungsmodell**«[167] vorzugehen. Demnach würde in Deutschland eine GmbH oder eine UG (haftungsbeschränkt) als Zielrechtsträger gegründet, auf welchen noch vor Wirksamwerden des Brexit alle Anteile der britischen Ltd. übertragen werden. Die Übertragung kann bei der GmbH sogar im Wege der Sachgründung nach § 5 Abs. 4 GmbHG erfolgen, wobei dann zu beachten ist, dass ein Sachgründungsbericht und evtl. auch ein Wertgutachten erstellt werden müssten.[168] Bei einer UG (haftungsbeschränkt) kommt aufgrund des Sacheinlageverbotes nach § 5a Abs. 2 Satz 2 GmbHG keine Sachgründung in Betracht.[169] Jedoch wird vorgeschlagen, die Anteile an der Limited nach erfolgter Bargründung und Eintragung auf die UG (haftungsbeschränkt) zu übertragen.[170] Hierbei besteht jedoch das Risiko einer verdeckten Sacheinlage, wenn in zeitlicher Nähe zur Gründung der UG die Anteilsübertragung entgeltlich stattfindet.[171] Die Übertragung der Anteile der Limited erfolgt bei share warrants durch die bloße Übereignung der Anteilsurkunde (Reg. 779 Abs. 2 CA 2006). Bei registered shares ist für die Übertragung neben der Übergabe der Anteilsurkunde eine formlose Abtretungsvereinbarung vorausgesetzt. Empfohlen wird, diese Abtretungsvereinbarung in einem von den bisherigen Inhabern unterzeichneten stock transfer form festzuhalten und an die erwer-

49.6

---

162 Siehe Reg. 919 CA 2006; dazu Ringe, in: Schall, Companies Act, 2014, Reg. 919 Rn. 2; siehe auch Süß, ZIP 2018, 1277, 1279.
163 Knaier, ZNotP 2018, 241, 250.
164 So auch Süß, ZIP 2018, 1277, 1279; Zwirlein/Großerichter/Gätsch, NZG 2017, 1041, 1044 f.; Kindler, in: MünchKommBGB, Bd. 12, IntGesR Rn. 718; allgemein zu Gestaltungsmöglichkeiten mittels grenzüberschreitender Anwachsung Hoger/Lieder, ZHR 180 (2016), 613.
165 Ausführlich hierzu Süß, ZIP 2018, 1277, 1279 f.
166 Knaier, ZNotP 2018, 241, 250.
167 Miras/Tonner, GmbHR 2018, 601 bezeichnen dieses Vorgehen als »Beteiligungsgleiche GmbH/UG als Alleingesellschafterin der Limited«; Süß, ZIP 2018, 1277, 1280 spricht von einem »Smart-Modell«.
168 Ausführlich hierzu Miras/Tonner, GmbHR 2018, 601, 605.
169 Siehe Heckschen/Strnad, in: Heckschen/Heidinger, Die GmbH in der Gestaltungs- und Beratungspraxis, Kap. 5 Rn. 54 f.; J. Schmidt, in:Michalski/Heidinger/Leible/J. Schmidt, GmbHG, § 5a Rn. 9.
170 Miras/Tonner, GmbHR 2018, 601, 605.
171 Ausführlich zur Behandlung verdeckter Sacheinlagen bei der UG Heckschen/Strnad, in: Heckschen/Heidinger, Die GmbH in der Gestaltungs- und Beratungspraxis, Kap. 5 Rn. 58 ff. m. w. N.

bende Gesellschaft auszuhändigen.[172] Auf Seiten der Limited ist sodann noch die Eintragung der GmbH als neue Gesellschafterin in die Gesellschafterliste der Limited (Reg. 771 CA 2006) zu veranlassen. Mit Wirksamwerden des Brexit würde nun die Limited aus deutscher Sicht in einen Einzelkaufmann umqualifiziert, was einem Erlöschen des Rechtsträgers gleichkäme (siehe Rdn. 47).[173] Damit geht das in Deutschland belegene Vermögen im Rahmen einer Universalsukzession auf die Auffanggesellschaft über.[174] Die in Deutschland eingetragene Zweigniederlassung der Limited kann nun im Handelsregister gelöscht werden. In Großbritannien besteht die Limited jedoch weiter. Wird dort nichts unternommen, ist davon auszugehen, dass die Limited nach einiger Zeit im Companies Register gelöscht wird.[175] Riskant ist diese Gestaltungsmöglichkeit jedoch evtl. steuerlich, wenn die Gesellschaft durch Nichtabgabe der Annual Returns durch Amtslöschung aus dem Register gestrichen wird und der Einbringungsgewinn II nach § 22 Abs. 2 Satz 6 i. V. m. Abs. 1 Satz 6 Nr. 3 UmwStG zu versteuern ist.[176] Probleme ergeben sich zudem, wenn die Limited über Aktivität oder Vermögen im Vereinigten Königreich oder einem anderen Staat verfügt, der der Gründungstheorie folgt. Dann nämlich droht eine dauerhaft gespaltene rechtliche Behandlung der Gesellschaft in den jeweiligen Rechtsordnungen.[177]

49.7 Für britische Gesellschaften wird durch den Referentenentwurf wohl nur eine scheinbare Verbesserung erzielt.[178] Soll ein Verfahren der grenzüberschreitenden Verschmelzung (dazu ausführlich Rdn. 83 ff.) zur »Rettung« einer Limited genutzt werden, sollte die Verschmelzungsbescheinigung (dazu Rdn. 167 ff.) vom Companies House in jedem Fall noch vor Wirksamwerden des Brexit ausgestellt werden, um das Verfahren auch nach dem Brexit abschließen zu können. Vom Brexit betroffenen britischen Gesellschaften ist in jedem Fall zu empfehlen, unverzüglich zu handeln und die britische Gesellschaft in eine deutsche Rechtsform zu überführen. Vielversprechend ist neben der grenzüberschreitenden Verschmelzung – die, je näher der Brexit rückt, immer schwieriger abzuschließen sein wird – hierfür ein »modifiziertes Anwachsungsmodell« mit Gründung eines Auffangrechtsträgers als »zweitbeste Lösung«.[179]

3. Referentenentwurf »Gesetz zum Internationalen Privatrecht der Gesellschaften, Vereine und juristischen Personen«

50 Am 07.01.2008 hat das Bundesministerium der Justiz einen Referentenentwurf des »Gesetzes zum Internationalen Privatrecht der Gesellschaften, Vereine und juristischen Personen« vorgelegt.[180] Die vorgesehenen Regelungen beruhen in wesentlichen Teilen auf Vorarbeiten der Sonderkommission »Internationales Gesellschaftsrecht« des Deutschen Rates für Internationales Privatrecht.[181]

---

172 Miras/Tonner, GmbHR 2018, 601, 605; Just, Die englische Limited in der Praxis, Rn. 242.
173 Dazu Knaier, ZNotP 2018, 241, 241 f. m. w. N.
174 Miras/Tonner, GmbHR 2018, 601, 604; Süß, ZIP 2018, 1277, 1280.
175 Hierzu Süß, ZIP 2018, 1277, 1280.
176 Siehe hierzu Wachter, GmbHR 2018, R260, R262; Jordan, DStR 2018, 1841; Stellungnahme des DNotV zum Referentenentwurf, S. 6: erhebliches Risiko, abrufbar unter: https://www.dnotv.de/stellungnahmen/viertes-gesetz-zur-aenderung-des-umwandlungsgesetzes-referentenentwurf/(Stand: 01.11.2018).
177 Hierauf weist auch Knaier, ZNotP 2018, 241, 250 hin.
178 Knaier, ZNotP 2018, 241, 251; J. Schmidt, GmbHR 2018, R292, R293 spricht daher durchaus berechtigt von »Brexit-Aktionismus« und Halbherzigkeit; siehe auch die entsprechende Kritik in der Stellungnahme des DNotV zum Referentenentwurf, S. 8 ff., abrufbar unter: https://www.dnotv.de/stellungnahmen/viertes-gesetz-zur-aenderung-des-umwandlungsgesetzes-referentenentwurf/(Stand: 01.11.2018).
179 Siehe schon Knaier, ZNotP 2018, 241, 250 f.
180 Vgl. dazu Kußmaul/Richter/Ruiner, DB 2008, 451 ff.; Schneider, BB 2008, 566 ff.; Wagner/Timm, IPrax 2008, 81 ff.; Rotheimer, NZG 2008, 181 ff.; Bollacher, RIW 2008, 200 ff.
181 Vgl. dazu RIW, Beilage zu Heft 4/2006.

Wesentliche Eckpunkte des Entwurfs sind:
- Gesellschaften, Vereine und juristische Personen unterliegen dem Recht des Staates, in dem sie in ein öffentliches Register eingetragen sind (Gesellschaftsstatut);

▶ **Beispiel:**

Auf eine in Großbritannien im Handelsregister eingetragene Private Limited Company kommt englisches Recht zur Anwendung, auch wenn die Gesellschaft ihre Tätigkeit ausschließlich in einer Niederlassung in Deutschland ausübt.

51

- Das Gesellschaftsstatut gilt insb. für Fragen der inneren Verfassung der Gesellschaft und ihres Auftretens im Rechtsverkehr sowie für die Haftung der Gesellschaft und ihrer Mitglieder;
- Das Verfahren der Umwandlung einer Gesellschaft, eines Vereins oder einer juristischen Person, das vor allem bei Unternehmenszusammenschlüssen zum Tragen kommt, richtet sich künftig nach dem Recht des Gründungsstaates;
- Die Gesellschaft kann unter Wahrung ihrer Identität dem Recht eines anderen Staates unterstellt werden, wenn die betroffenen Rechtsordnungen dies zulassen (grenzüberschreitender Rechtsformwechsel).

▶ **Beispiel:**

Eine deutsche GmbH kann unter bestimmten Voraussetzungen ihren Sitz nach Frankreich verlegen, indem sie sich als »Société à responsabilité limitée« (S. A. R. L.) in das französische Register eintragen und im deutschen Handelsregister löschen lässt.

52

Die weitere Entwicklung dieses Gesetzgebungsvorhabens bleibt abzuwarten.

C. Unionsrechtliche Prägung nationaler Rechtsprechung

In besonderem Maße mussten sich die nationalen Gerichte mit den Folgen der Rechtsprechung des EuGH auseinandersetzen und dabei insbesondere mit Mitteln der unionsrechtskonformen Auslegung und Rechtsfortbildung dem Unionsrecht zur Wirksamkeit verhelfen.[182]

53

I. Anerkennung der Gründungstheorie für EU-Gesellschaften

Aufgrund der Rechtsprechung des Europäischen Gerichtshofs in den Entscheidungen »Centros« (Rdn. 18 ff.), »Überseering« (Rdn. 20) und »Inspire Art« (Rdn. 21) hat sich auch der BGH für diejenigen Auslandsgesellschaften, die in einem Mitgliedstaat der Europäischen Union oder des EWR oder in einem mit diesen aufgrund eines Staatsvertrages in Bezug auf die Niederlassungsfreiheit gleichgestellten Staat gegründet worden sind, der Gründungstheorie angeschlossen.[183]

54

Danach ist die Rechtsfähigkeit einer Gesellschaft nach dem Recht ihres Gründungsstaats zu beurteilen. In der Entscheidung v. 21.07.2011 hat der BGH[184] erneut bestätigt, dass das Gesellschaftsstatut sich nach dem Gründungsstatut richtet. Nach den Entscheidungen des EuGH in den Sachen »Centros« (Rdn. 18 ff.), »Überseering« (Rdn. 20) und »Inspire Art« (Rdn. 21) sei es allgemeine Auffassung geworden, dass sich das Gesellschaftsstatut solcher Gesellschaften, die in einem

55

---

182 Dies betrifft bisher besonders eine unionsrechtskonforme Auslegung des § 1 Abs. 1 Nr. 4 UmwG und damit den Rückgriff auf eine analoge Anwendung der §§ 190 ff. UmwG (dazu Rdn. 271 ff.). Siehe Krafka/Kühn, RegisterR, Rn. 1211b; Schönhaus/Müller, IStR 2013, 174; Schall, ZfPW 2016, 407, 429; Seibold, ZIP 2017, 456, 458 f.; Knaier/Pfleger, GmbHR 2017, 859, 860 ff.; so auch jüngst OLG Frankfurt, Beschl. v. 03.01.2017 – 20 W 88/15, DNotZ 2017, 381 m.Anm. Knaier; OLG Düsseldorf, Beschl. v. 19.07.2017 – I-3 Wx 171/16, NZG 2017, 1354.
183 BGH, Urt. v. 13.03.2003 – VII ZR 370/98, BGHZ 154, 185; BGH, Urt. v. 19.09.2005 – II ZR 372/03, BGHZ 164, 148; BGH, Urt. v. 14.03.2005 – II ZR 5/03, ZIP 2005, 805,; BGH, Urt. v. 12.07.2011 – II ZR 28/10, NJW 2011, 3372.
184 BGH, Urt. v. 21.07.2011 – IX ZR 185/10, NJW 2011, 3784 = DB 2011, 2140.

Mitgliedstaat der europäischen Gemeinschaft gegründet worden sind, nicht nach dem Verwaltungssitz, sondern nach dem Gründungsort richten, weil nur so die unionsrechtlich verbürgte Niederlassungsfreiheit gewährt werden kann.[185]

56 Die Rechtsfähigkeit von Gesellschaften, die in einem »Drittstaat« gegründet worden sind, der weder der Europäischen Union angehört noch aufgrund von Verträgen hinsichtlich der Niederlassung gleichgestellt ist, hat die Rechtsprechung dagegen weiter nach der Sitztheorie beurteilt, wonach für die Rechtsfähigkeit einer Gesellschaft das Recht des Sitzstaates maßgeblich ist.[186]

57 Nach der Rechtsprechung des EuGH ist daher die in einem Vertragsstaat nach dessen Vorschriften wirksam gegründete Gesellschaft in einem anderen Vertragsstaat – unabhängig von dem Ort ihres tatsächlichen Verwaltungssitzes – in der Rechtsform anzuerkennen, in der sie gegründet wurde.[187] Aus der Anerkennung der Rechtsfähigkeit einer solchen Gesellschaft folgt zugleich, dass deren Personalstatut auch in Bezug auf die Haftung für in ihrem Namen begründete rechtsgeschäftliche Verbindlichkeiten einschließlich der Frage nach einer etwaigen diesbezüglichen persönlichen Haftung ihrer Gesellschafter oder Geschäftsführer gegenüber den Gesellschaftsgläubigern maßgeblich ist.[188]

58 Die Anwendung der Gründungstheorie auf Auslandsgesellschaften, die in einem Mitgliedstaat der Europäischen Union gegründet wurden, hängt nach Auffassung des BGH auch nicht davon ab, ob ein über den reinen Registertatbestand hinausgehender realwirtschaftlicher Bezug zum Gründungsstaat (»genuine link«) gegeben ist.[189]

59 In der Entscheidung vom 27.10.2008 hat der BGH[190] dies allerdings für Drittstaaten, wie z. B. die Schweiz offengelassen. Er weist darauf hin, dass nach allgemeinen Regeln des deutschen Privatrechts die Rechtsfähigkeit einer in der Schweiz gegründeten Gesellschaft nach dem Recht des Ortes zu beurteilen sei, an dem sie ihren Verwaltungssitz habe.[191] Eine in der Schweiz gegründete Aktiengesellschaft sei also nur dann in Deutschland rechtsfähig, wenn sie im deutschen Handelsregister eingetragen sei, was eine Neugründung voraussetze. Der BGH sehe keinen Anlass, diese Rechtsprechung grundsätzlich aufzugeben. Allerdings herrsche im Schrifttum Streit über die Frage, ob der Übergang von der »Gründungstheorie« zur »Sitztheorie« für Gesellschaften unter dem Regime der europarechtlichen Niederlassungsfreiheit einen ebensolchen Schritt für Gesell-

---

185 Vgl. auch Fastrich, in: Baumbach/Hueck, GmbHG, Einleitung Rn. 60; Leible, in: Michalski/Heidinger/Leible/J. Schmidt, GmbHG, Systematische Darstellung 2 Rn. 44 ff.; Palandt/Thorn, BGB, Anh. zu Art. 12 EGBGB Rn. 6 ff.
186 BGH, Urt. v. 29.01.2003 – VIII ZR 155/02, BGHZ 153, 353, 355; BayObLG, Beschl. v. 20.02.2003 – 1Z AR 160/02, DB 2003, 819; OLG Hamburg, Urt. v. 30.03.2007 – 11 U 231/04, ZIP 2007, 1108.
187 Vgl. EuGH, Urt. v. 05.11.2002 – C-208/00, ZIP 2002, 2037 (dazu Rdn. 20); bestätigt durch EuGH, Urt. v. 30.09.2003 – C-167/01, ZIP 2003, 1885 (dazu Rdn. 21); vgl. auch BGH, Urt. 13.03.2003 – VII ZR 370/98, BGHZ 154, 185, 189; vgl. ferner zur vergleichbaren Rechtslage beim Deutsch-Amerikanischen Freundschafts-, Handels- und Schifffahrtsvertrag: BGH, Urt. v. 29.01.2003 – VIII ZR 155/02, BGHZ 153, 353, 356 f.; BGH, Urt. v. 14.06.2004 – II ZR 395/01, ZIP 2004, 1402 m. w. N.; BGH, Urt. v. 13.10.2004 – I ZR 245/01, ZIP 2004, 2230, 2231.
188 Vgl. BGH, Urt. 13.03.2003 – VII ZR 370/98, BGHZ 154, 185, 189 – auch zur passiven Parteifähigkeit; BGH, Urt. v. 23.04.2002 – XI ZR 136/01, NJW-RR 2002, 1359; BGH, Urt. v. 14.06.2004 – II ZR 395/01, ZIP 2004, 1402.
189 Vgl. BGH, Urt. v. 14.03.2005 – II ZR 5/03, ZIP 2005, 805, 806; Paefgen, in: Westermann, Handbuch der Personengesellschaften, 62. Ergänzungslieferung 05/2018, § 60 Internationales Privatrecht Rn. 4118a; Servatius, in: Henssler/Strohn, Gesellschaftsrecht, IntGesR Rn. 27; a. A. Roth, in: Altmeppen/Roth, GmbHG, § 4a Rn. 43 f.; Kindler, NZG 2010, 576, 578.
190 II ZR 158/06, Trabrennbahn, NJW 2009, 289 = DNotZ 2009, 385 = DNotI-Report 2009, 7.
191 BGH, Urt. v. 21.03.1986 – V ZR 10/85, BGHZ 97, 269, 271.

schaften aus Drittstaaten rechtfertige oder gar erfordere. Die dies befürwortenden Autoren[192] berufen sich zur Begründung ihrer Meinung vor allem auf die Einheit des deutschen Kollisionsrechts und den durch die »Gründungstheorie« ausgelösten Wettbewerb der internationalen Gesellschaftsformen.[193] Die Gegenmeinung sehe die Gründe für die ursprünglich umfassende Geltung der »Sitztheorie« – Schutz der Gläubiger und Minderheitsgesellschafter nach deutschen Standards, Verhinderung einer Flucht in Gesellschaftsrechte mit den geringsten Anforderungen (»race to the bottom«) – im Verhältnis zu den Drittstaaten als nach wie vor gegeben an und will deshalb ein »gespaltenes« Kollisionsrecht in Kauf nehmen.[194] Der Gesetzgeber habe dazu bisher noch keine Regelung getroffen. Insbesondere enthalte § 4a GmbHG i. d. F. des Gesetzes zur Modernisierung des GmbH-Rechts und zur Verhinderung von Missbräuchen (MoMiG)[195] vom 23. Oktober 2008 keine Regelung über die Anerkennung ausländischer Gesellschaften mit Verwaltungssitz im Inland.[196] Wohl habe der Gesetzgeber – einer Empfehlung des Deutschen Rates für Internationales Privatrecht folgend[197] – am 14. Dezember 2007 einen Referentenentwurf eines Gesetzes zum Internationalen Privatrecht der Gesellschaften, Vereine und juristischen Personen vorgelegt. Darin schlage er vor, die »Gründungstheorie« im deutschen Recht zu kodifizieren (Art. 10 EGBGB-E). Dieses Gesetzgebungsvorhaben sei indes noch nicht abgeschlossen. Gegen die generelle Geltung der »Gründungstheorie« seien im politischen Meinungsbildungsprozess Bedenken geäußert worden. Angesichts dessen sei es schon vom Ansatz her nicht Sache des BGH, der Willensbildung des Gesetzgebers vorzugreifen und die bisherige Rechtsprechung zu ändern. Damit hat die Sitztheorie außerhalb der EU/EWR weiter Geltung.[198]

II. Grenzüberschreitende Umwandlungsvorgänge in der Rechtsprechung

Bereits vor den erläuterten Entscheidungen des EuGH, insbesondere in der Rs. »VALE« (Rdn. 27 ff.) gab es Berichte von verschiedenen grenzüberschreitenden Umwandlungsvorgängen, die in der EU von mitgliedstaatlichen Gerichten zugelassen wurden. So berichten Rixen/Boetticher[199] von einer deutsch-französischen Verschmelzung, Kronke[200] berichtet von einer vom Registergericht Hannover vollzogenen internationalen Umwandlung. Beim OLG Düsseldorf[201] wurde die Verschmelzung einer italienischen SRRL auf eine deutsche GmbH, sowie die Verschmelzung

60

---

[192] Balthasar RIW 2009, 221, 223 ff.; Bayer/Schmidt ZHR 173 (2009), 735, 740 f.; Eidenmüller ZIP 2002, 2233, 2244.
[193] Zum Wettbewerb der Gesellschaftsrechtsordnungen Bayer, BB 2003, 2357; Eidenmüller, ZIP 2002, 2233; Leuering, ZRP 2006, 201; monographisch hierzu etwa Kieninger, Wettbewerb der Privatrechtsordnungen im Europäischen Binnenmarkt, 2002 und Heine, Regulierungswettbewerb im Gesellschaftsrecht, 2003; zum vertikalen Regulierungswettbewerb zwischen nationalen und supranationalen Rechtsformen im unionalen Gesellschaftsrecht Bachmann, in: FS Hommelhoff, 2012, S. 21; jüngst zur GmbH im europäischen Wettbewerb der Rechtsformen Teichmann, ZGR 2017, 543; jüngst zum kontinentaleuropäischen Gesellschaftsrecht im Wettbewerb der Rechtsordnungen Bormann/Stelmaszczyk, ZIP 2018, 764; zur UG (haftungsbeschränkt) im Wettbewerb der Rechtsordnungen Knaier, GmbHR 2018, 1181.
[194] Hüffer/Koch, AktG § 1 Rn. 35 f.; Münch-KommBGB/Kindler, Bd. 12, IntGesR, Rn. 364 ff., 420, 455; Bayer, BB 2003, 2357, 2363 f.; Ebke, JZ 2003, 927, 929 f.; Horn, NJW 2004, 893, 897; Wachter, GmbHR 2005, 1484, 1485; Weller, ZGR 2006, 748, 765.
[195] Gesetz zur Modernisierung des GmbH-Rechts und zur Bekämpfung von Missbräuchen v. 23.10.2008, BGBl. I, S. 2026.
[196] Kindler, AG 2007, 721, 725 f.
[197] Abgedruckt bei Sonnenberger/Bauer, RIW 2006 Beil. 1 zu Heft 4.
[198] Bestätigt durch BGH, Urt. v. 15.03.2010 – II ZR 27/09, ZIP 2010, 1003; BGH, Urt. v. 12.07.2011 – II ZR 28/10, NJW 2011, 3372.
[199] GmbHR 1993, 572.
[200] ZGR 1994, 29.
[201] Dazu Dorr/Stukenborg, DB 2003, 647.

einer französischen SA auf eine deutsche GmbH zugelassen. Das AG Amsterdam[202] hatte in einer Entscheidung im Jahre 2007 die Verschmelzung einer niederländischen auf eine deutsche Kapitalgesellschaft unter Hinweis auf die »Sevic«-Entscheidung zugelassen. In einer Entscheidung aus dem Jahre 2003 hat der österreichische OGH[203] die Zulässigkeit der grenzüberschreitenden verschmelzenden Umwandlung (Umwandlung durch Übertragung des Unternehmens auf einen deutschen Alleingesellschafter) zugelassen. Auch in diesem Fall handelt es sich um eine Hinausumwandlung. Der OGH bewilligte die Eintragung der grenzüberschreitenden verschmelzenden Umwandlung und wendete auf den gesamten Vorgang österreichisches Recht an.

1. Hineinformwechsel in der Rechtsprechung

61 Der EuGH-Rechtsprechung nach der Entscheidung in der Rs. »VALE« (dazu Rdn. 27 ff.) hat sich als erstes mit den entsprechenden Fragen des grenzüberschreitenden Formwechsels befasstes deutsches Obergericht auch das OLG Nürnberg im Fall »Moor Park II«[204] angeschlossen. Die Moor Park S.A.R.L. war eine Gesellschaft mit beschränkter Haftung nach luxemburgischen Recht. Letzter Sitz der Gesellschaft war Luxemburg. Zur Urkunde eines luxemburgischen Notars beschlossen die beiden Gesellschafterinnen der S.A.R.L. in einer außerordentlichen Generalversammlung, »im Einklang mit Artikel 67–1 (1) über die Handelsgesellschaften, den Gesellschafts- und Verwaltungssitz von Luxemburg in die Bundesrepublik Deutschland zu verlegen und das deutsche Recht seitens der Gesellschaft anzunehmen.« Die Generalversammlung stellte hierzu fest, »dass die Verlegung des Gesellschaftssitzes in die Bundesrepublik Deutschland keine Gründung einer neuen Gesellschaft darstellt.« Weiterhin beschloss die Generalversammlung, die Form einer deutschen GmbH anzunehmen und unter der Bezeichnung »Moor Park-GmbH« ihre Aktivitäten am neuen Gesellschaftssitz in Erlangen fortzusetzen. Im Übrigen beschloss sie die Abänderung des Gesellschaftszwecks und eine Satzung für die künftige GmbH deutschen Rechts.

Am 24.02.2012 wurde die S.A.R.L. im Registre de Commerce et des Sociétés in Luxemburg mit der Begründung gelöscht, dass der Sitz der Gesellschaft ins Ausland verlegt wurde (»transfert du siège à l'étranger«). Am 16.10.2012 hielten die Gesellschafter nach deutschem Recht eine Gesellschafterversammlung der Moor Park S.A.R.L. ab. Hierbei bestätigten bzw. wiederholten sie die Beschlüsse aus der vorgenannten Urkunde des luxemburgischen Notars zur Urkunde eines deutschen Notars. Insbesondere beschlossen sie nochmals die Satzung der D-GmbH deutschen Rechts und die Bestellung eines allein vertretungsberechtigten Geschäftsführers. Weiter beschlossen sie, dass die C Moor Park S.A.R.L zum Stichtag 01.10.2012 formwechselnd analog den §§ 190 ff. UmwG in eine GmbH nach deutschem Recht umgewandelt wird.

Folgendes wurde beschlossen:

> »Mit diesamtlicher Urkunde vom 18. Juli 2011, URNr. R 1555/11, wurde aufgrund der Sitzverlegung die in der Gesellschaftsversammlung beschlossene Firma MOOR PARK GmbH mit dem Sitz in Erlangen zur Eintragung in Handelsregister angemeldet. Die Beschwerde, die gegen die zu der Anmeldung ergangene Zwischenverfügung des Registergerichts Fürth eingelegt wurde, hat das Oberlandesgericht Nürnberg unter AZ: 12 W 2361/11 im Wesentlichen mit der Begründung zurückgewiesen, dass das deutsche Gesellschaftsrecht eine grenzüberschreitende Verlegung des Satzungs- und Verwaltungssitzes unter identitätswahrendem Formwechsel nicht kenne und dass, selbst wenn aus Artikel 49, 54 AEUV eine Verpflichtung folgen solle, eine grenzüberschreitende Sitzverlegung unter entsprechender Anwendung der nationalen Umwandlungsvorschriften zuzulassen, jedenfalls deren Voraussetzungen nicht erfüllt seien. Am 24. Februar 2012 wurde die Moor Park S. a. r. l. im Registre de Commerce et des Socits in

---

202 V. 29.01.2007, DB 2007, 677. Damit hat es auch insbesondere den Fall der Hinausverschmelzung aus Sicht niederländischen Rechts und damit auch von der EuGH-Entscheidung als erfasst angesehen.
203 V. 20.03.2003, ZIP 2003, 1086; dazu Doralt, GesRZ 2004, 26.
204 OLG Nürnberg, Beschl. v. 19.06.2013 – 12 W 520/13, DNotZ 2014, 150 m.Anm. Hushahn.

Luxemburg mit der Begründung gelöscht, dass der Sitz der Gesellschaft ins Ausland verlegt wurde.

Mit Urteil vom 12. Juli 2012 – AZ: C-378110 – hat der EuGH folgendes entschieden:

1.

Die Artikel 49 AEUV und 54 AEUV sind dahin auszulegen, dass sie einer nationalen Regelung entgegenstehen, die zwar für inländische Gesellschaften die Möglichkeit einer Umwandlung vorsieht, aber die Umwandlung einer dem Recht eines anderen Mitgliedsstaats unterliegenden Gesellschaft in eine inländische Gesellschaft mittels Gründung der letztgenannten Gesellschaft generell nicht zulässt.

2.

Die Artikel 49 AEUV und 54 AEUV sind im Kontext einer grenzüberschreitenden Umwandlung einer Gesellschaft dahin auszulegen, dass der Aufnahmemitgliedstaat befugt ist, das für einen solchen Vorgang maßgebende innerstaatliche Recht festzulegen und somit die Bestimmungen seines nationalen Rechts über die innerstaatlichen Umwandlungen anzulegen, die – wie die Anforderungen an die Erstellung einer Bilanz und eines Vermögensverzeichnisses – die Gründung und die Funktionsweise einer Gesellschaft regeln. Aufgrund dieser Entscheidung ist ein Mitgliedsstaat, der für inländische Gesellschaften die Möglichkeit einer Umwandlung (Formwechsel) vorsieht, verpflichtet, dieselbe Möglichkeit auch Gesellschaften zu geben, die dem Recht eines anderen Mitgliedsstaats unterliegen und sich in Gesellschaften nach dem Recht des aufnehmenden Mitgliedsstaats umwandeln möchten.

Im Lichte dieses Urteils werden die Beschlüsse gefasst.

Beschlüsse

Die beiden vorbezeichneten Gesellschafterinnen, vertreten durch Herrn A, halten hiermit vorsorglich nochmals unter Verzicht auf alle Frist und Formvorschriften nach deutschem Recht eine Gesellschafterversammlung der MOOR PARK MB 18 Kiel-Umspannwerk S. a. r. l. ab und beschließen einstimmig folgendes:

1)

Sie bestätigen bzw. wiederholen die in der vorgenannten Urkunde des Notars S. gefassten Beschlüsse, insbesondere beschließen sie nochmals die hier als Anlage beigefügte Satzung der nunmehrigen GmbH und die Bestellung von Herrn A als deren stets einzeln vertretungsberechtigten, von den Beschränkungen des § 181 BGB und jedem Wettbewerbsverbot befreiten Geschäftsführer.

2)

Die Gesellschafter verzichten weiter vorsorglich auf die Erstattung eines Umwandlungsberichtes samt Prüfungsbericht und Vermögensaufstellung, auf die Anfechtung des nachfolgenden Beschlusses und ein Abfindungsangebot und fassen folgenden Formwechselbeschluss:

a. Die Moor Park S. a. r. I. wird formwechselnd analog den § 190 ff. UmwG in eine Gesellschaft mit beschränkter Haftung nach deutschem Recht umgewandelt.

b. Die GmbH führt die Firma Moor Park GmbH und hat ihren Sitz in Erlangen.

c. Am Stammkapital der Gesellschaft in Höhe von 25.000,00 Euro sind beteiligt:

Die Firma A mit 22.500 22.500 Geschäftsanteilen im Nennwert von jeweils 1,00 EUR (lfde. Nrn. 1 bis 22.500) die Firma B mit 2.500 Geschäftsanteilen im Nennwert von jeweils 1,00 EUR (lfde. Nrn. 22.501 bis 25.000).

d. Art und Umfang der Beteiligung an der GmbH sowie die Rechte der

Gesellschafter im Einzelnen ergeben sich aus der hiermit festgestellten Satzung der GmbH, die Bestandteil dieses Umwandlungsbeschlusses und hier als Anlage beigefügt ist.

e. Einzelnen Gesellschaftern werden keine Sonderrechte oder Vorzüge gewährt.

f. Alle Arbeitnehmer der bisherigen S. a. r.l bleiben auch bei der GmbH beschäftigt. Ihre Rechte und Pflichten aus den bestehenden Anstellungs- und Arbeitsverträgen bleiben also unberührt. Ein Betriebsrat besteht nicht.

g. Der Formwechsel erfolgt zum 1. Oktober 2012 (Stichtag).«

Am 16.10.2012 wurde beim Amtsgericht – Registergericht – Fürth durch Sitzverlegung der Moor Park S.A.R.L. von Luxemburg nach Deutschland die unter Annahme des deutschen Rechts entstandene Moor Park-GmbH zur Eintragung in das Handelsregister beantragt. Vorgelegt wurden eine beglaubigte Abschrift der Gesellschafterversammlung mit beschlossener neuer Satzung vom 16.10.2012, eine beglaubigte Abschrift der vorgenannten Urkunde des Notars aus Luxemburg vom 20.05.2011 über die nach luxemburgischem Recht abgehaltene Generalversammlung der Moor Park S.A.R.L, ein Sachgründungsbericht sowie eine Gesellschafterliste.

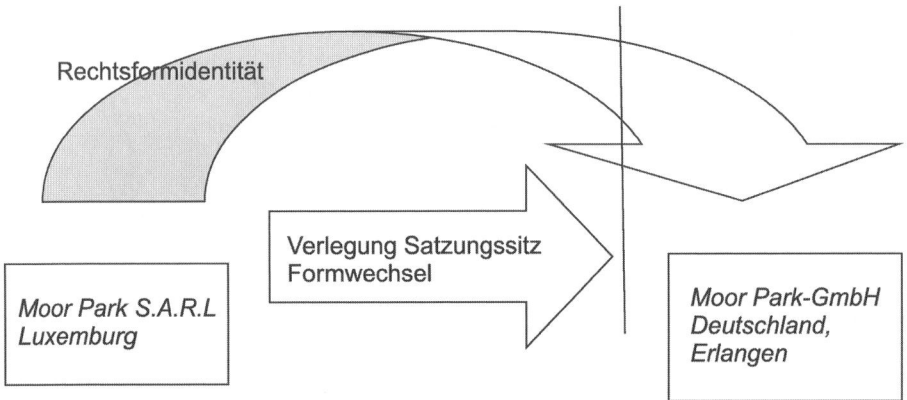

Mit Beschluss vom 27.02.2013 wies das Amtsgericht – Registergericht – Fürth den Eintragungsantrag vom 16.10.2012 zurück.[205] Hiergegen richtete sich die Beschwerde beim OLG Nürnberg. Das OLG Nürnberg gab der Beschwerde statt. Interessant ist, dass das OLG in derselben Sache die Sitzverlegung mit Beschluss vom 13.02.2012[206] noch abgelehnt hatte.

Dort stellt es noch fest:

»Die Verlegung des Satzungs- und Verwaltungssitzes einer ausländischen Kapitalgesellschaft (hier: Société à responsabilité limitée luxemburgischen Rechts) nach Deutschland unter identitätswahrendem Formwechsel in eine Kapitalgesellschaft deutschen Rechts (hier: GmbH) ist nach deutschem Sachrecht unzulässig.«

Nach Löschung im luxemburgischen Register unter Hinweis auf eine Sitzverlegung ins Ausland wurden die getroffenen Beschlüsse vor einem deutschen Notar wiederholt und ein Formwechsel nach §§ 190 ff. UmwG analog beschlossen. Der entsprechende Eintragungsantrag in das deutsche Handelsregister wurde vom Registergericht Fürth abgelehnt. In der Beschwerde an das

---

205 AG Fürth, Beschl. v. 27.02.2013 – 61 AR 442/12, n.v.
206 OLG Nürnberg, Beschl. v. 13.02.2012 – 12 W 2361/11, NotBZ 2012, 180.

OLG Nürnberg hierzu änderte dieses seine Rechtauffassung zu derselben Sache, gab der Beschwerde statt und ließ die Eintragung als GmbH zu.

In der Folge setzte sich auch das KG[207] mit einem ähnlichen Fall auseinander, in dem es um den Zuzug einer französischen S.à.r.l. nach Deutschland ging. Das KG stellte hierzu fest, dass auf die Fallgestaltung die §§ 190 ff. UmwG zum Formwechsel anzuwenden sind. Die entsprechende Regelung zur Sitzverlegung einer SE aus Art. 8 SE-VO wurde auch in Betracht gezogen, jedoch im konkreten Fall ausgeschlossen, da eine Benachteiligung für die S.à.r.l. gegenüber einer deutschen GmbH darin gesehen wurde, dass man die auf Großunternehmen zugeschnittenen Regeln der SE-VO anwende. 62

Jüngst war das OLG Düsseldorf[208] mit einem weiteren Fall des Hineinformwechsels befasst, in welchem es um den Zuzug einer niederländischen B.V. ging. Der Alleingesellschafter der niederländischen B.V. hatte die Umwandlung der Gesellschaft im Wege eines grenzüberschreitenden Formwechsels in eine deutsche GmbH, die Verlegung ihres Satzungs- und Verwaltungssitzes nach Deutschland sowie die Änderung der Firmierung des Unternehmens beschlossen. Das zuständige Handelsregister lehnte eine Eintragung jedoch unter Berufung auf die Nichtnennung der B.V. in der abschließenden Regelung über umwandlungsfähige Rechtsträger in § 1 UmwG ab. Das OLG Düsseldorf entschied den Fall korrekt und ließ den Hineinformwechsel nach den Grundsätzen der »VALE«-Entscheidung (dazu Rdn. 27 ff.) unter sukzessiver Anwendung von zwei nationalen Rechtsordnungen zu, wobei die Eintragungsvoraussetzungen unter unionsrechtskonformer Auslegung des deutschen Rechts zu prüfen seien. 63

2. Herausformwechsel in der Rechtsprechung

Mittlerweile hat sich auch das OLG Frankfurt[209] als erstes deutsches Obergericht mit einem Fall des Herausformwechsels einer deutschen GmbH auf eine italienische S.r.l. befasst (s.a. Rdn. 270 ff.). Im Grundsatz zutreffend stellte es fest, dass aufgrund der Niederlassungsfreiheit aus Art. 49, 54 AEUV und der Interpretation dieser Normen durch den EuGH einer deutschen GmbH eine Satzungssitzverlegung im Zuge eines Herausformwechsels in eine Rechtsform eines anderen Mitgliedstaates der EU zu gestatten sei. Ebenfalls zutreffend stellt es fest, dass auch ein rechtsformkongruenter Formwechsel einer deutschen GmbH in das ausländische Pendant einer GmbH im Zuzugsstaat möglich ist. Bezüglich des anwendbaren Rechts erkennt das OLG die vom EuGH in der Rechtssache »VALE«[210] vorgegebene Vereinigungstheorie auch für den vorliegenden Fall des Herausformwechsels an, wonach die grenzüberschreitende Umwandlung die sukzessive Anwendung von zwei nationalen Rechtsordnungen erfordert – also des Rechts des Herkunftsmitgliedstaates, dem die Gesellschaft unterliegt, die einen grenzüberschreitenden Formwechsel vornehmen möchte, und des Rechts des Aufnahmemitgliedstaates, dem die Gesellschaft nach dem Formwechsel unterliegen wird.[211] In der Konsequenz hält das OLG zumindest die §§ 190 ff. UmwG für analog anwendbar. 64

Zwar wird im Beschluss von einer

> »(…) europarechtskonforme(n) entsprechende(n) Anwendung (…)«

---

207 Beschl. v. 21.03.2016 – 22 W 64/15, DStR 2016, 1427; dazu Winter/Marx/De Decker, DStR 2016, 1997; Zwirlein, ZGR 2017, 114.
208 Beschl. v. 19.07.2017 – I-3 Wx 171/16, NZG 2017, 1354 = GWR 2017, 399 m.Anm. Nentwig = EWiR 2018, 73 m.Anm. Rosner.
209 Beschl. v. 03.01.2017 – 20 W 88/15, DNotZ 2017, 381 m.Anm. Knaier.
210 EuGH, Urt. v. 12.7.2012 – Rs. C-378/10, NJW 2012, 2715, dazu auch Rdn. 27 ff.
211 Zu den Einzelheiten eines grenzüberschreitenden Herausformwechsels unter der Berücksichtigung der Vereinigungs- und der Abschnittstheorie ausführlich Knaier/Pfleger, GmbHR 2017, 859, 861 ff.

gesprochen, jedoch bedeutet dies konkret nichts anderes als eine analoge Anwendung der Vorschriften im allgemeinen Rahmen der deutschen Voraussetzungen einer Analogie im Einklang mit zwingenden unionsrechtlichen Vorgaben. Was diese Ausführungen betrifft, ist der Beschluss des OLG zu begrüßen und steht sowohl mit den Vorgaben des EuGH als auch großen Teilen der Literatur und der bisherigen deutschen Rechtsprechung zum umgekehrten Fall des Hineinformwechsels im Einklang.[212]

Im Fall des OLG Frankfurt war die Gesellschaft zum Zeitpunkt des Beschlusses vom italienischen Handelsregister in Rom/Italien bereits als S.r.l. unter dem Verweis auf die GmbH als Rechtsvorgängerin eingetragen worden. Eine Bescheinigung über den ordnungsgemäßen Verfahrensablauf in Deutschland lag jedoch nicht vor (dazu Rdn. 292 f.). Überraschend zieht das OLG zur Lösung der Frage § 202 Abs. 1, 2 und 3 UmwG entsprechend heran, ohne dass dieses Vorgehen in einer Konstellation wie der zu entscheidenden zuvor tatsächlich in der Literatur diskutiert worden wäre.[213] Für eine analoge Anwendung des § 202 Abs. 1 Nr. 1 und 3, Abs. 2 und 3 UmwG fehlten im Fall des OLG Frankfurt bei näherer Betrachtung jedoch sogar schon ganz grundsätzlich die Voraussetzungen.[214] Bei der Anwendung von § 202 Abs. 1 Nr. 1 und 3, Abs. 2 und 3 UmwG entsprechend verkennt das OLG sodann, dass durch ein solches Vorgehen ein Eingreifen der deutschen Schutzmechanismen von vornherein völlig entfällt, was zu einem enormen Missbrauchspotenzial führt, das durch die Verfahrensregeln gerade eingedämmt werden soll.[215] Richtigerweise hätte das OLG das Formwechselverfahren als noch nicht abgeschlossen betrachten müssen und die Verfahrensregeln auf deutscher Seite nachholen lassen müssen.[216]

65 Insgesamt wird man die Entscheidung des OLG Frankfurt als Fehlurteil einstufen müssen, bei dem zu hoffen bleibt, dass es ein vereinzelter Irrläufer im Spektrum der bisherigen deutschen Entscheidungen zum grenzüberschreitenden Formwechsel bleiben wird.[217]

66 Wie ein grenzüberschreitender Herausformwechsel einer deutschen GmbH nach den Vorgaben aus VALE (Rdn. 27 ff.) erfolgreich und auch ohne gerichtliche Zwangsdurchsetzung ablaufen kann, beschreibt Jennewein,[218] Richter am LG Innsbruck in Firmenbuchsachen. In dem von ihm beschriebenen Fall verlegte eine deutsche GmbH ihren Satzungssitz unter gleichzeitigem Formwechsel aus Deutschland heraus nach Hall in Tirol. In dem Verfahren orientierten sich die

---

212 Vgl. KG, Beschl. v. 21.3.2016 – 22 W 64/15, DStR 2016, 1427, für den Hineinformwechsel einer französischen S.à.r.l.; OLG Nürnberg, Beschl. v. 19.6.2013 – 12 W 520/13, DNotZ 2014, 150 m. Anm. Hushahn zum Hineinformwechsel einer luxemburgischen S.à.r.l; Frank, Formwechsel im Binnenmarkt, 2016, 174 ff.; Heckschen, ZIP 2015, 2049, 2059 ff.; s.a. Hushahn, RNotZ 2014, 137.
213 Das OLG verweist zwar auf Krafka/Kühn, Registerrecht, Rn. 1211d, diese beziehen sich mit der Anwendung von § 202 Abs. 1 und 2 UmwG jedoch wohl nur allgemein auf die Rechtsfolgen der Eintragung eines abgeschlossenen Formwechsels; die vom OLG ebenfalls in Bezug genommenen Decher/Hoger in Lutter, UmwG, § 202 Rn. 55, gehen ebenfalls nur von einem abgeschlossenen Formwechsel aus; Frank, Formwechsel im Binnenmarkt, 2016, S. 201, weist zwar im Hinblick auf § 202 Abs. 3 UmwG auf die Irreversibilität des Formwechsels hin, geht jedoch wohl aber auch nur von einem abgeschlossenen Formwechselvorgang aus.
214 Ausführlich hierzu Knaier, DNotZ 2017, 390, 391 f. (Anm. zu OLG Frankfurt, Beschl. v. 03.01.2017 – 20 W 88/15, DNotZ 2017, 381).
215 Ausführlich zu den betroffenen Interessen und deren Schutz Janisch, Die grenzüberschreitende Sitzverlegung von Kapitalgesellschaften in der Europäischen Union, 2015, 117 ff.; siehe auch Frank, Formwechsel im Binnenmarkt, 2016, S. 176 ff.
216 Ausführlich hierzu Knaier, DNotZ 2017, 390, 393 (Anm. zu OLG Frankfurt, Beschl. v. 03.01.2017 – 20 W 88/15, DNotZ 2017, 381); Knaier/Pfleger, GmbHR 2017, 859, 865 ff.
217 Die Entscheidung wurde daher zu Recht in der Literatur auch heftig kritisiert: Teichmann, ZIP 2017, 1190; Hushahn, RNotZ 2017, 263; Knaier, DNotZ 2017, 390; Knaier/Pfleger, GmbHR 2017, 859, 861 ff.; die Entscheidung des OLG Frankfurt ohne nähere Auseinandersetzung mit dieser zentralen Problematik in ihrer Anm. begrüßend Klett, NZG 2017, 428.
218 GesRZ 2016, 277.

D. Unternehmensumwandlungen in EWR-Staaten

Beteiligten an den »VALE«-Grundsätzen (Rdn. 27 ff.), beachteten Schutzvorschriften des deutschen Rechts (ausführlich Rdn. 270 ff.), und das Registergericht Landshut erstellte eine Bescheinigung über den ordnungsgemäßen Ablauf des Verfahrens auf deutscher Seite (vgl. Rdn. 292 f.). Erst danach und nach der Überprüfung der in Österreich durchzuführenden Verfahrensschritte[219] (allgemein Rdn. 294 f.) wurde die Sitzverlegung am LG Innsbruck eingetragen.

D. Unternehmensumwandlungen in EWR-Staaten

Bereits früh setzte man sich im Rahmen eines 1962 in Hamburg abgehaltenen Kongresses für Rechtsvergleichung mit der Frage nach der Ermöglichung internationaler Unternehmensumwandlungen auseinander.[220] Auf Ebene der EU hat sich seither viel bewegt. Was die Rechtslage betreffend Umwandlungsvorgänge unter Beteiligung von Unternehmen, die nicht dem Recht eines Mitgliedstaates der Union unterliegen, angeht, herrscht jedoch auch noch heute vielfach große Unsicherheit. Für derartige Unternehmensumwandlungen muss zunächst danach unterschieden werden, ob ein Unternehmen, welches dem Sonderrecht des EWR unterliegt oder eines, welches dem Recht eines sonstigen Drittstaates unterliegt, beteiligt ist. Neben den grenzüberschreitenden Unternehmensumwandlungen innerhalb der EU spielen besonders Unternehmensumwandlungen zwischen Unternehmen aus EU-Mitgliedstaaten und EWR-Staaten eine wichtige Rolle in der Praxis.

67

Nach Art. 31 des EWR-Abkommens[221] gilt die Niederlassungsfreiheit und damit die Gründungstheorie sowie deren Auslegung durch den EuGH für Gesellschaften mit Satzungssitz in einem der EWR-Staaten Island, Liechtenstein und Norwegen.[222] Für Gesellschaften dieser Staaten bedeutet dies, dass die Ausführungen zu grenzüberschreitenden Verlegungen des Verwaltungssitzes (Rdn. 254 ff.), grenzüberschreitenden Formwechselvorgängen (Rdn. 270 ff.), grenzüberschreitenden Verschmelzungen (Rdn. 230 ff.) und grenzüberschreitenden Spaltungen (Rdn. 310 ff.) auf Grundlage der Rechtsprechung des EuGH entsprechend gelten. Die Verschmelzungsrichtlinie (dazu Rdn. 8, 230 ff.) – jetzt in die Richtlinie über bestimmte Aspekte des Gesellschafsrechts integriert (dazu Rdn. 11) – gilt zudem für die EWR-Staaten und wurde dort auch ins nationale Recht umgesetzt.[223]

68

E. Unternehmensumwandlungen in Drittstaaten

Komplexer gestaltet sich die Rechtslage bzgl. sonstiger Drittstaaten. Hier ist stets zu prüfen, welche Art von Umwandlungsvorgang angestrebt ist und ob dieser von bilateralen Abkommen o.ä. beeinflusst wird.

69

GmbH und AG können ihren **Verwaltungssitz** nach dem MoMiG auch in einen Drittstaat verlegen (Rdn. 255 ff.). Im umgekehrten Fall, bei der Verlegung des Verwaltungssitzes aus einem Drittstaat nach Deutschland hinein, gilt in Deutschland weiterhin grds. die Sitztheorie, sodass die Gesellschaft einer der in Deutschland bestehenden Gesellschaftsformen zuzuordnen ist (Rdn. 16 ff., 266 ff.).[224] Ausnahmen können jedoch aufgrund bilateraler internationaler Abkom-

70

---

219 Jennewein, GesRZ 2016, 277, 278 ff. verweist hierbei auf die einzuhaltenden Vorgaben des OGH, Beschl. v. 10.04.2014 – 6 Ob 224/13d, GesRZ 2014, 317 m.Anm. Artmann für einen grenzüberschreitenden Hineinformwechsel nach Österreich.
220 Vgl. Beitzke, in: FS Hallstein, 1966, S. 14, 16.
221 Abkommen über den Europäischen Wirtschaftsraum v. 03.10.1994, ABl. L 1, 3.
222 Servatius, in: Hensler/Strohn, GesR, IntGesR, Rn. 20; vgl. auch BGH Urt. v. 19.09.2005 – II ZR 372/03, NJW 2005, 3351; BGH Urt. v. 27.10.2008 – II ZR 158/06, NJW 2009, 289, 290.
223 Vgl. Study on the Application of the Cross-border Mergers Directive, S. 509 ff.; 613 ff.; 740 ff., abrufbar unter: http://ec.europa.eu/internal_market/company/docs/mergers/131007_study-cross-border-merger-directive_en.pdf (Stand: 08.10.2018).
224 Kieninger, in: MünchHdbGesR, Bd. 6, § 52, Rn. 9; Behme, Rechtsformwahrende Sitzverlegung, 2015, S. 12 ff.

men gelten. So sieht Art. XXV Abs. 5 Satz 2 des deutsch-US-amerikanischen Freundschafts-, Handels- und Schifffahrtsvertrag (FHSV) von 1954[225] bspw. vor, dass die beiden Staaten die Rechtsfähigkeit der Gesellschaften, die nach dem Recht des jeweils anderen Staates gegründet wurden, anerkennen. Aufgrund der über diese Kollisionsnorm angeknüpften Anwendung der Gründungstheorie im Verhältnis zu US-Gesellschaften können diese wie Gesellschaften aus EU-Mitgliedstaaten ihren Verwaltungssitz rechtsformwahrend nach Deutschland hineinverlegen.[226] Eine solche US-Gesellschaft muss nach Maßgabe der §§ 13d ff. HGB jedoch eine ausländische Zweigniederlassung in Deutschland anmelden.[227] In bilateralen Abkommen mit anderen Staaten kann jedoch auch eine andere Anknüpfung – bspw. an die Sitztheorie – gewählt werden.[228]

71 Für eine **Satzungssitzverlegung** mit **Formwechsel** (Rdn. 270 ff.) kann sich gleichsam aus einem bilateralen Vertrag ein Recht ergeben, den Satzungssitz identitätswahrend in einen anderen Staat zu verlegen. Misst man bspw. dem FHSV eine so weit gehende Möglichkeit bei,[229] bestehen trotzdem erhebliche Rechtsunsicherheiten. Es ist unsicher, ob ein Verfahren wie in der EU unter der Vereinigungstheorie (dazu ausführlich Rdn. 271 ff.) ablaufen würde oder nicht. Hinzu kommt die Problematik, dass die jeweiligen Register nicht ohne Weiteres von der Eintragung des Vorgangs überzeugt werden könnten und auch eine ggf. ausgestellte Bescheinigung über das Verfahren im Herkunftsstaat im Zielstaat nicht anerkannt werden könnte.[230] Für die Praxis ist der Formwechsel mit Drittstaatsbeteiligung daher momentan kein gangbarer Weg.

72 Grundsätzlich ist eine grenzüberschreitende Verschmelzung unter Beteiligung von Drittstaatsgesellschaften nach deutschem Recht nicht zugelassen, vgl. § 1 Abs. 1, § 122a Abs. 1 UmwG.[231] Str. diskutiert wird aber die Frage, ob nach Umsetzung der VerschmelzungsRL (zur Integration in die Richtlinie über bestimmte Aspekte des Gesellschaftsrechts Rdn. 11) auch für Drittstaatsgesellschaften eine **grenzüberschreitende Verschmelzung** mit einem deutschen Rechtsträger möglich ist, soweit sich aus einem bilateralen Vertrag ein Recht zur Meistbegünstigung ergibt.[232] Selbst wenn man von der Zulässigkeit einer grenzüberschreitenden Verschmelzung unter Beteiligung von Drittstaatsgesellschaften ausginge, bestünden in der Praxis erhebliche Unsicherheiten bzgl. des durchzuführenden Verfahrens. Gleichzeitig bestünde erhebliche Unsicherheit über den Umgang der beteiligten Register mit dem Vorgang.[233]

73 Die gleichen Überlegungen gelten für die **grenzüberschreitende Spaltung** unter Beteiligung von Drittstaatsgesellschaften. Für die Praxis sind daher vergleichsweise rechtssicherere Alternativgestal-

---

225 Freundschafts-, Handels- und Schifffahrtsvertrag zwischen der Bundesrepublik Deutschland und den Vereinigten Staaten von Amerika v. 29.10.1954, BGBl. 1956 II, S. 487; s.a. zu anderen bilateralen Abkommen Servatius, in: MünchHdbGesR, Bd. 6, § 15, Rn. 21 ff.
226 Dazu Kaulen, Die Anerkennung von Gesellschaften unter Artikel XXV Abs. 5 Satz 2 des deutsch-US-amerikanischen Freundschafts-, Handels- und Schifffahrtsvertrags von 1954, 2008, S. 283 f.; Kieninger, in: MünchHdbGesR, Bd. 6, § 52, Rn. 10.
227 Pyszka, GmbHR 2015, 1077, 1081 zur LLC; Siems, ZVglRWiss 107 (2008), 60, 72 zur LLP.
228 Bspw. wurde in Abkommen mit Japan oder Russland eine mit der Sitztheorie vergleichbare Anknüpfung gewählt, vgl. Rehm, in: Eidenmüller, Ausländische Kapitalgesellschaften, § 2, Rn. 16.
229 So Zwirlein, ZGR 2017, 114, 120; Ebke, RIW 2004, 740, 742.
230 Siehe auch Knaier, in: WürzburgerNotHdb, Teil 5 Kap. 6 Rn. 437.
231 Herrler/Herrler, in: Süß/Wachter, Hdb internationales GmbH-Recht, § 5, Rn. 8; zu diesem Ergebnis kommt auch Drygala, in: Lutter, UmwG, § 1 Rn. 28 f., der jedoch fordert, allgemein gegenüber Drittstaatsgesellschaften zur Gründungstheorie überzugehen; siehe aber zu den angedachten Möglichkeiten im Referentenentwurf für ein Viertes Gesetz zur Änderung des Umwandlungsgesetzes Rdn. 47 ff..
232 Ausführlich zum Streit und letztlich zurecht ablehnend Günes, Grenzüberschreitende Verschmelzung, 2012, S. 191 ff. m.w.N.; grds. zulässig: Krüger, in: BeckHdb Umwandlungen international, Teil 2, Rn. 316 ff., 684 ff. jew. m.w.N., der auch Argumente zur Überzeugung der Register vorschlägt.
233 Hierauf weist auch Krüger, in: BeckHdb Umwandlungen international, Teil 2, Rn. 316 ff., 684 ff. hin.

tungen wie ein grenzüberschreitender **Asset Deal** vorzugswürdig.[234] Ein solcher würde allerdings nicht zu einer Gesamtrechtsnachfolge führen und könnte nicht steuerneutral durchgeführt werden.[235] Daneben sind auch, je nach beteiligten Rechtsträgern und sonstigen Umständen des Einzelfalls, andere Alternativgestaltungen denkbar, wenngleich diese ihrerseits auch teilweise mit Rechtsunsicherheiten verbunden sind.[236]

---

234 Krämer/Friedl, in: BeckHdb Umwandlungen international, Teil 2, Rn. 1, 23 ff.; dies entspricht dem häufigen Vorgehen vor der VerschmelzungsRL und der EuGH-Entscheidung »SEVIC«, vgl. Althoff, in: NK-UmwR, Vor. § 122a ff., Rn. 4; Heckschen, in: Widmann/Mayer, UmwR, Vor. §§ 122a ff., Rn. 4.
235 Krämer/Friedl, in: BeckHdb Umwandlungen international, Teil 2, Rn. 28.
236 S. bspw. zur grenzüberschreitenden Anwachsung Hoger/Lieder, ZHR 180 (2016), 613; Hoffmann, in: MünchHdbGesR, Bd. 6, § 55; Süß, in: Herrler, Gesellschaftsrecht in der Notar- und Gestaltungspraxis, § 12, Rn. 132 ff.

Kapitel 2 Grenzüberschreitende Verschmelzung nach den §§ 122a ff. UmwG

Übersicht   Rdn.
- **A. Allgemeines** 74
  - I.   Unionsrechtliche Grundlagen 74
  - II. Abgrenzung zur Umwandlung aufgrund Niederlassungsfreiheit.................................. 78
  - III. Regelungstechnik... 80
  - IV. Definition grenzüberschreitender Verschmelzung, Verschmelzungsarten 81
    1. Definition 81
    2. Verschmelzungsarten 82
  - V.   Anwendbare Vorschriften, Verfahren 83
  - VI. Verschmelzungsfähige Rechtsträger... 86
- **B. Verschmelzungsverfahren** 98
  - I.   Checkliste: Ablauf des Verschmelzungsverfahrens bei grenzüberschreitenden Verschmelzungen .. 98
  - II. Verschmelzungsplan 99
    1. Überblick 99
    2. Planaufstellung 100
    3. Sprache... 102
    4. Form 105
    5. Notwendiger Inhalt des Verschmelzungsplans (§ 122c Abs. 2 UmwG)................... 107
       - a) Rechtsform, Firma und Sitz der übertragenden und der übernehmenden oder neuen Gesellschaft (§ 122c Abs. 2 Nr. 1 UmwG) 109
       - b) Umtauschverhältnis der Geschäftsanteile/Höhe barer Zuzahlung (§ 122c Abs. 2 Nr. 2 UmwG) 110
       - c) Einzelheiten hinsichtlich der Übertragung der Gesellschaftsanteile der übernehmenden oder neuen Gesellschaft (§ 122c Abs. 2 Nr. 3 UmwG) 111
       - d) Voraussichtliche Auswirkungen der Verschmelzung auf die Beschäftigung (§ 122c Abs. 2 Nr. 4 UmwG) 112
       - e) Zeitpunkt und Besonderheiten des Gewinnanspruchs (§ 122c Abs. 2 Nr. 5 UmwG) ... 114
       - f) Festlegung des Verschmelzungsstichtages (§ 122c Abs. 2 Nr. 6 UmwG).......... 115
       - g) Sonderrechte (§ 122c Abs. 2 Nr. 7 UmwG) 116
       - h) Vorteile für sonstige Beteiligte (§ 122c Abs. 2 Nr. 8 UmwG) 117
       - i) Satzung der übernehmenden oder neuen Gesellschaft (§ 122c Abs. 2 Nr. 9 UmwG) ... 118
       - j) Angaben zum Verfahren der Arbeitnehmermitbestimmung (§ 122c Abs. 2 Nr. 10 UmwG).. 119
       - k) Angaben zur Bewertung des Aktiv- und Passivvermögens (§ 122c Abs. 2 Nr. 11 UmwG) ... 120
       - l) Stichtag der Jahresabschlüsse (§ 122c Abs. 2 Nr. 12 UmwG) 122
    6. Mutter-Tochter-Verschmelzung 124
    7. Verschmelzungen von Schwestergesellschaften 125
    8. Verschmelzung zur Aufnahme und Verschmelzung zur Neugründung 127
  - III. Abfindungsangebot im Verschmelzungsplan (§ 122i UmwG)................................... 129
  - IV. Bekanntmachung des Verschmelzungsplans (§ 122d UmwG).................................. 137
  - V.   Unterrichtung des Betriebsrates 139
  - VI. Verschmelzungsbericht (§ 122e UmwG).. 140
    1. Überblick 140
    2. Verschmelzungsbericht durch Vertretungsorgane.. 141
    3. Inhalt.. 143
    4. Erweiterung der Berichtspflicht bei verbundenen Unternehmen 147
    5. Einschränkung der Berichtspflicht 148
    6. Kein Verzicht auf Verschmelzungsbericht bzw. bei Konzernverschmelzung 149
  - VII. Zuleitung Verschmelzungsbericht an Betriebsrat/Arbeitnehmer............................... 150
  - VIII. Verschmelzungsprüfung (§ 122f UmwG) 151
    1. Notwendigkeit der Verschmelzungsprüfung 152
    2. Keine Prüfung bei Verzichts- oder Konzernverschmelzung 154
    3. Monatsfrist 155
  - IX. Vorbereitung der Gesellschafterversammlungen 156
  - X.   Verschmelzungsbeschlüsse... 157

	Rdn.
XI. Vorabbescheinigung und Registerverfahren	165
1. Überblick	165
2. Verschmelzungsbescheinigung (§ 122k UmwG), Anmeldung zum Handelsregister und Eintragung (§ 122l UmwG)	167
a) Überblick	167
b) Anmeldung zum Handelsregister und Eintragung (§ 122l UmwG)	175
aa) Grundsatz	175
bb) Anmeldung bei Hineinverschmelzung	181
cc) Anmeldung bei Herausverschmelzung	183
3. Wirksamkeit	187
XII. Gläubigerschutz	188
C. **Mitbestimmung nach dem Gesetz über die Mitbestimmung der Arbeitnehmer bei einer grenzüberschreitenden Verschmelzung (MgVG)**	192
I. Grundlagen	192
1. Allgemeines	192
2. Vorgaben der Richtlinie	193
II. Gesetz über die Mitbestimmung der Arbeitnehmer bei einer grenzüberschreitenden Verschmelzung (MgVG)	200
1. Systematik	200
2. Sitzstaatsrecht	202
3. Voraussetzung einer Verhandlung (§ 5 MgVG)	203
4. Mitbestimmung aufgrund Entscheidung der Verwaltung (§ 23 Abs. 1 Nr. 3 MgVG)	205
5. Verhandlungsgremium und dessen Information (§§ 6 f. MgVG)	207
a) Verhandlungsbeteiligte	208
b) Information	209
6. Verhandlungsverfahren (§§ 13 ff. MgVG)	217
7. Verhandlungsergebnis (§ 22 MgVG)	220
8. Auffangregelung: Mitbestimmung kraft Gesetzes (§§ 23 ff. MgVG)	223
9. Arbeitnehmermitbestimmung bei der grenzüberschreitenden Verschmelzung nach dem Company Law Package	227

A. Allgemeines

I. Unionsrechtliche Grundlagen

Am 15.12.2005 ist die **Verschmelzungsrichtlinie – Richtlinie** 2005/56/EG über die Verschmelzung von Kapitalgesellschaften aus verschiedenen Mitgliedstaaten – in Kraft getreten.[237] Der Regelungsgehalt dieser Richtlinie wurde mittlerweile – ohne inhaltliche Änderungen – in die Art. 118–134 und 161 der Richtlinie über bestimmte Aspekte des Gesellschaftsrechts[238] überführt (hierzu bereits Rdn. 11). 74

Seit 2005 schrieb dieser sekundärrechtliche Rahmen für grenzüberschreitende Verschmelzungen mit insgesamt über 3.000 Verschmelzungsverfahren eine wahre Erfolgsgeschichte. In der Zeit von 2005–2008 konnten seitens der EU-Kommission 1.227 grenzüberschreitende Verschmelzungen 74.1

---

237 ABl. L 310/1 v. 25.11.2005; s. zur Entwicklungsgeschichte der Verschmelzungsrichtlinie Rdn. 8, 11.
238 RL (EU) 2017/1132 v. 14.07.2017, Abl. L 169/46 v. 30.06.2017; ein Überblick, wo die entsprechenden Regeln der Verschmelzungsrichtlinie nun kodifiziert sind, findet sich in Rdn. 11.

verzeichnet werden.[241] Von Biermeyer/Meyer[242] wurden zwischen 2013 und etwa Mitte 2018[243] sogar 1.936 grenzüberschreitende Verschmelzungen erfasst. Von diesen 1.936 Vorgängen fanden 685 mit deutscher Beteiligung statt, davon 358 als Hineinverschmelzung nach Deutschland und 327 als Herausverschmelzung aus Deutschland.[244] Die meisten Hineinverschmelzungen fanden demnach mit Gesellschaften aus Österreich, Großbritannien und den Niederlanden statt;[245] die meisten Herausverschmelzungen hatten Luxemburg, die Niederlande, Österreich und Großbritannien zum Ziel.[246]

75 Nach Art. 19 der früheren Verschmelzungsrichtlinie waren die Mitgliedstaaten verpflichtet, die Richtlinie bis Dezember 2007 **in nationales Recht umzusetzen**. Dem ist der deutsche Gesetzgeber durch das Zweite Gesetz zur Änderung des UmwG[247] gefolgt (Dazu auch Teil 1 Rdn. 34 ff.). Die Begründung zum RegE weist darauf hin, dass mit der Umsetzung der Richtlinie auch die Anforderungen erfüllt werden, die der Europäische Gerichtshof im »SEVIC«-Urteil für den wirtschaftlich wichtigen Bereich der grenzüberschreitenden Verschmelzung von Kapitalgesellschaften aufgestellt hat.[248] Kritisch ist dies jedoch im Zusammenhang damit zu sehen, dass der EuGH insbesondere auch in seiner »SEVIC«-Entscheidung unter der Niederlassungsfreiheit keine Beschränkung auf Kapitalgesellschaften vorsieht.[249] Dies ist in den §§ 122a ff. UmwG jedoch geschehen.[250]

---

241 Study on the Application of the Cross–border Mergers Directive, abrufbar unter: http://ec.europa.eu/internal_market/company/docs/mergers/131007_study-cross-bordermerger-directive_en.pdf (Stand: 08.10.2018).
242 Cross–border Corporate Mobility in the EU: Empirical Findings 2018, SSRN: http://dx.doi.org/10.2139/ssrn.3253048, S. 5 ff. In der Studie waren 2016 mit 428 und 2017 mit 432 die Jahre mit den meisten erfassten grenzüberschreitenden Verschmelzungsvorgängen.
243 Teilweise wurden Daten in einzelnen Mitgliedstaaten nur vom 01.01.2013 bis 30.06.2017 erfasst, dazu die ausführliche Darstellung des methodischen Vorgehens Biermeyer/Meyer, Cross–border Corporate Mobility in the EU: Empirical Findings 2018, SSRN: http://dx.doi.org/10.2139/ssrn.3253048, S. 2 ff.
244 Biermeyer/Meyer, Cross–border Corporate Mobility in the EU: Empirical Findings 2018, SSRN: http://dx.doi.org/10.2139/ssrn.3253048, S. 29 f. mit graphischer Darstellung des Zu- und Wegzugs.
245 Biermeyer/Meyer, Cross–border Corporate Mobility in the EU: Empirical Findings 2018, SSRN: http://dx.doi.org/10.2139/ssrn.3253048, S. 29 f. verzeichnen 89 Hineinverschmelzungen aus Österreich, 78 aus Großbritannien und 48 aus den Niederlanden.
246 Biermeyer/Meyer, Cross–border Corporate Mobility in the EU: Empirical Findings 2018, SSRN: http://dx.doi.org/10.2139/ssrn.3253048, S. 30 f. verzeichnen 119 Herausverschmelzungen nach Luxemburg, 76 in die Niederlande, 37 nach Österreich und 24 nach Großbritannien.
247 V. 19.04.2007, BGBl. I, S. 542.
248 Vgl. Begründung zum RegE BR-Drucks. 548/06, S. 19.
249 Kallmeyer, in: Kallmeyer, UmwG, § 122b Rn. 6: entspricht RL, nicht aber EuGH-Rechtsprechung; Drygala, in: Lutter, UmwG, § 1 Rn. 12 ff.; Louven, ZIP 2006, 2021, 2023 f.; Thiermann, Grenzüberschreitende Verschmelzungen, 2010, S. 220 ff.; Dostal, in: MAH-GmbHR, 4. Aufl. 2018, § 26 Rn. 320; siehe hierzu jüngst im Zusammenhang mit der geplanten Erweiterung der verschmelzungsfähigen Rechtsträger in § 122b Abs. 1 Nr. 2 UmwG-RefE (Rdn. 49, 92) Knaier, ZNotP 2018, 341, 342 f.; siehe auch J. Schmidt, GmbHR 2018, R292, R292.
250 Auch der Referentenentwurf für ein Viertes Gesetz zur Änderung des Umwandlungsgesetzes (dazu Rdn. 47 ff.) sieht eine Erweiterung der verschmelzungsfähigen Rechtsträger auf Personengesellschaften nur vor, wenn diese übernehmende Rechtsträger sind; dazu Knaier, ZNotP 2018, 341, 342 f.; Brandi/M. K. Schmidt, DB 2018, 2417, 2420; J. Schmidt, GmbHR 2018, R292, R293 wirft die berechtigte Frage auf, warum der Referentenentwurf nicht gleich allgemein den Anwendungsbereich der §§ 122a ff. UmwG auf alle Rechtsträger i.S.d. Art. 54 AEUV erweitert.

Die **Geschichte der Richtlinie** ist lang (vgl. oben ausführlich Rdn. 8; Teil 1 Rdn. 34 ff.).[251] 76
Bereits 1985 wurde von der EU-Kommission ein entsprechender Text vorgeschlagen.[252] Insbesondere die Frage der Mitbestimmung hat das Projekt sehr lange verzögert. Erst der politische Durchbruch der europäischen AG (SE) im Jahr 2000 machte auch den Weg frei für eine Fortsetzung der Arbeiten an der Richtlinie zur grenzüberschreitenden Verschmelzung (dazu auch Rdn. 8).[253] Nach Vorarbeiten einer Expertengruppe, die ihren Niederschlag in einem Abschlussbericht vom November 2002 fand, kündigte die Kommission in ihrem Aktionsplan »Modernisierung des Gesellschaftsrechts und Verbesserung der Corporate Governance in der Europäischen Union« im Mai 2003 die kurzfristige Vorlage eines neuen Richtlinienvorschlags an.[254] Dieser wurde Ende 2003 als »Vorschlag für eine Richtlinie des Europäischen Parlamentes und des Rates über die Verschmelzung von Kapitalgesellschaften aus verschiedenen Mitgliedstaaten« publik gemacht.[255]

Auch die **deutsche Gesetzgebungsarbeit** ging zügig voran (vgl. oben Teil 1 Rdn. 34 ff.). Anfang 77
2006 wurde bereits der RefE vorgestellt.[256] Am 11.08.2006 schließlich wurde der Gesetzesentwurf der Bundesregierung zum Entwurf eines Zweiten Gesetzes zur Änderung des UmwG vorgestellt.[257] Auch in der Literatur wurde die Umsetzung der Richtlinie frühzeitig mit Stellungnahmen begleitet.[258]

II. Abgrenzung zur Umwandlung aufgrund Niederlassungsfreiheit

Der Gesetzgeber hat sich über die Frage der Abgrenzung zu der durch die »SEVIC«-Rechtsprechung eröffnete Umwandlungsmöglichkeit aufgrund allgemeiner Niederlassungsfreiheit ebenfalls 78
Gedanken gemacht.[259] Er weist darauf hin, dass für andere Umwandlungsarten als die Verschmelzung von Kapitalgesellschaften **derzeit keine gemeinschaftsrechtlichen Harmonisierungsregelungen** bestünden. Es sei auch kaum damit zu rechnen, dass solche Regelungen in Zukunft geschaffen würden. In diesem nicht harmonisierten Bereich ergebe sich aber bei demnächst 27 Mitgliedstaaten und weiteren drei EWR-Staaten eine nahezu unüberschaubare Anzahl von Kombinationsmöglichkeiten, sowohl was die möglichen Umwandlungsarten als auch die beteiligten Rechtsformen angehe. Vor diesem Hintergrund scheide zwangsläufig aus, alle im Anwendungsbereich des Art. 48 EG (jetzt Art. 54 AEUV) unionsweit denkbaren Umwandlungen unter Berücksichtigung sämtlicher von dieser Vorschrift erfassten Rechtsformen mit der bisher vom UmwG gekannten Regelungstiefe zu kodifizieren. Der Gesetzgeber müsse hier vielmehr einen anderen Weg beschreiten. Nach dem Vorbild ausländischer Rechtsordnungen (z.B. das Schweizer Recht) solle ein kollisionsrechtlicher Ansatz gewählt werden. Auf der Grundlage eines Vorschlags des

---

251 Ausführlich zur Entwicklungsgeschichte der Verschmelzungsrichtlinie auch Lutter/Bayer/J. Schmidt, Europäisches Unternehmens- und Kapitalmarktrecht, § 22 Rn. 22.1 ff.
252 ABl. EG Nr. C 23 v. 25.01.1985, S. 11 ff.; dazu Ganske, DB 1985, 581; Neye/Timm, DB 2006, 488; dies., ZNotP 2007, 239 ff. Lutter/Bayer/J. Schmidt, Europäisches Unternehmens- und Kapitalmarktrecht, § 22 Rn. 22.2; sowie oben Teil 1 Rdn. 40.
253 Hirte, NZG 2002, 1, 1 f.: »Wunder von Nizza«; vgl. zur Gesetzgebungsgeschichte oben ausführlich Rdn. 8, 11, 47 ff. und Teil 1 Rdn. 34 ff.
254 Vgl. die Beilage zur NZG 2003, Heft 13.
255 Vgl. Dok 2003/0277, veröffentlicht als BR-Drucks. 915/03; vgl. dazu Maul/Teichmann/Wenz, BB 2003, 2633; Müller, ZIP 2004, 1790.
256 Entwurf eines Zweiten Gesetzes zur Änderung des Umwandlungsgesetzes v. 13.02.2006, abrufbar unter: https://rsw.beck.de/docs/librariesprovider5/rsw-dokumente/Referentenentwurf (Stand: 01.10.2018); vgl. dazu Neye/Timm, DB 2006, 488.
257 BR-Drucks. 548/06.
258 Siehe etwa Simon/Rubner, Der Konzern 2006, 835; Kallmeyer/Kappes, AG 2006, 224; Bayer/J. Schmidt, NZG 2006, 841; Louven, ZIP 2006, 2221; Drinhausen/Keinath, RIW 2006, 81; Haritz/v. Wolf, GmbHR 2006, 340; schon zum Richtlinienvorschlag Maul/Teichmann/Wenz, BB 2003, 2633.
259 Vgl. BR-Drucks. 548/06, S. 20.

Deutschen Rats für internationales Privatrecht[260] solle generell geregelt werden, welches Recht auf Gesellschaften anwendbar sei, die eine Verbindung zum Recht mehrerer Staaten aufweisen. In diesen Zusammenhang sollten auch die Grundprinzipien für grenzüberschreitende Umstrukturierungsvorgänge normiert werden. Am 07.01.2008 hat des Bundesministerium der Justiz einen Referentenentwurf[261] des »Gesetzes zum Internationalen Privatrecht der Gesellschaften, Vereine und juristischen Personen« vorgelegt (vgl. oben Rdn. 50 ff.), das diese Fragen im Internationalen Privatrecht regeln soll. Nach Stellungnahmen des DRB,[262] des DNotV[263] und der BRAK[264] wurde dieser Vorschlag zumindest bisher nicht weiter verfolgt.

▶ Hinweis:

79 Das bedeutet für die Praxis, dass bis zum Erlass derartiger kollisionsrechtlicher Regelungen die unter Rdn. 230 ff. dargestellten Prinzipien der Vereinigungstheorie mit all den Unsicherheiten gelten, nur für den Bereich der Kapitalgesellschaften sind nun in den §§ 122a ff. UmwG ausreichende Regelungen erlassen worden.

III. Regelungstechnik

80 Entsprechend der bisherigen Systematik des UmwG wurden in den §§ 122a ff. UmwG **keine eigenständigen Regelungen grenzüberschreitender Verschmelzungen** geschaffen, sondern diese regeln nur die Besonderheiten grenzüberschreitender Verschmelzungsvorgänge, verweisen aber i. Ü. auf die allgemeinen Vorschriften des UmwG. § 122a Abs. 2 UmwG bestimmt daher, dass auf die Beteiligung einer Kapitalgesellschaft an einer grenzüberschreitenden Verschmelzung die Vorschriften des Ersten Teils und des Zweiten, Dritten und Vierten Abschnitts des Zweiten Teils entsprechend anzuwenden sind, soweit sich aus den §§ 122a ff. UmwG nichts anderes ergibt.[265] Die Regelung über die innerstaatliche Verschmelzung von Kapitalgesellschaften soll daher grds. auch für die grenzüberschreitende Verschmelzung gelten. **Neue Vorschriften** wurden nur für die Fälle geschaffen, in denen die Richtlinie abweichende oder zusätzliche Anforderungen formuliert.[266]

▶ Hinweis:

Derzeit deuten sich Änderungen im deutschen Recht der grenzüberschreitenden Verschmelzung aus zwei Richtungen an:

---

260 Vgl. RIW, Beilage zu Heft 4/2006.
261 Abrufbar unter: http://www.gesmat.bundesgerichtshof.de/gesetzesmaterialien/16_wp/int_gesr/refe.pdf (Stand: 01.10.2018).
262 Abrufbar unter: http://www.gesmat.bundesgerichtshof.de/gesetzesmaterialien/16_wp/int_gesr/stellung_refe_drb.pdf (Stand: 01.10.2018).
263 Abrufbar unter: http://www.gesmat.bundesgerichtshof.de/gesetzesmaterialien/16_wp/int_gesr/stellung_refe_dnotv.pdf (Stand: 01.10.2018).
264 Abrufbar unter: http://www.gesmat.bundesgerichtshof.de/gesetzesmaterialien/16_wp/int_gesr/stellung_brak_03_08.pdf (Stand: 01.10.2018).
265 Zu den den verdrängten, ergänzenden und bzw. oder gem. § 122a Abs. 2 UmwG anwendbaren Normen des UmwG ausführlich Heckschen, in: Widmann/Mayer, UmwR, § 122a UmwG Rn. 90 ff., mit Übersicht in Rn. 193; siehe auch Oppenhoff, in: MünchHdbGesR VIII, § 18 Rn. 20 ff.
266 Vgl. BR-Drucks. 548/06, S. 23.

A. Allgemeines

Zum einen sieht das Company Law Package (hierzu allgemein Rdn. 12 ff.) eine Ergänzung des bestehenden Regelungssystems für grenzüberschreitende Verschmelzungen[267] auf unionaler Ebene in der GesellschaftsrechtsRL vor.[268] Je nach Verhandlungsfortschritt könnten die entsprechenden Änderungen der GesellschaftsrechtsRL[269] schon in naher Zukunft wirksam werden und müssten vom deutschen Gesetzgeber umgesetzt werden. In der Darstellung des Verschmelzungsverfahrens wird daher im Folgenden in Form von Hinweisen auch schon auf mögliche Rechtsentwicklungen auf unionaler Ebene Bezug genommen.

Zum anderen liegt seit Kurzem der Referentenentwurf für ein Viertes Gesetz zur Änderung des Umwandlungsgesetzes (hierzu allgemein Rdn. 47 ff.) vor.[270] Durch dieses sollen die §§ 122a ff. UmwG einige Änderungen erfahren. Die Regelung soll allen voran dazu dienen, den vom Brexit betroffenen Gesellschaften eine zusätzliche Variante für einen geordneten Wechsel in eine inländische Gesellschaftsform zur Verfügung zu stellen.[271] In der Darstellung des Verschmelzungsverfahrens wird daher im Folgenden gleichermaßen auf mögliche Änderungen der §§ 122a ff. UmwG durch diesen Referentenentwurf Bezug genommen.

IV. Definition grenzüberschreitender Verschmelzung, Verschmelzungsarten

1. Definition

Nach § 122a UmwG ist eine grenzüberschreitende Verschmelzung eine Verschmelzung, bei der mindestens eine der beteiligten Gesellschaften dem Recht eines anderen Mitgliedstaats der EU (oder eines anderen Vertragsstaats des Abkommens über den europäischen Wirtschaftsraum) unterliegt. Die Vorschrift **definiert die grenzüberschreitende Verschmelzung** in Übereinstimmung mit Art. 118 GesellschaftsrechtsRL (früher Art. 1 Verschmelzungsrichtlinie).[272] Die Regelung stellt nur auf die beteiligten Gesellschaften ab, womit von der Definition einer grenzüberschreitenden Verschmelzung nach § 122a UmwG auch eine Verschmelzung zur Neugründung erfasst ist, bei der zwei deutsche Gesellschaften zu einem neuen ausländischen Rechtsträger verschmolzen werden.[273] Grenzüberschreitende Verschmelzungen sind auch mit Gesellschaften aus Island, Liechtenstein und Norwegen möglich (hierzu auch Rdn. 67 f.). Die Verschmelzungsrichtli-

81

---

267 Vorschlag für eine Richtlinie des Europäischen Parlaments und des Rates zur Änderung der Richtlinie (EU) 2017/1132 in Bezug auf grenzüberschreitende Umwandlungen, Verschmelzungen und Spaltungen v. 25.04.2018, COM(2018) 241 final; Überblick hierzu bei Knaier, GmbHR 2018, R148; ausführlich Knaier, GmbHR 2018, 607; J. Schmidt, Der Konzern 2018, 229, 235 ff. und 273; Wachter, GmbH-StB 2018, 283 und 317; Noack/Kraft, DB 2018, 1577; Schollmeyer, NZG 2018, 977; Butterstein, EuZW 2018, 838; Brandi, BB 2018, 2626; Bungert/Wansleben, DB 2018, 2094; Hippeli, jurisPR-HaGesR 7/2018 Anm. 1; Bayer/J. Schmidt, BB 2018, 2562, 2568 ff.
268 COM(2018) 241 final, S. 11, 25 f.; ausführlich zu den Änderungen Knaier, GmbHR 2018, 607, 612 ff.; hierzu auch Teichmann, Grundlinien eines Europäischen Umwandlungsrechts, erscheint in NZG 2019; Schmidt, Der Konzern 2018, 229, 236 ff.; Bayer/J. Schmidt, BB 2018, 2562, 2568 ff.
269 Zur Regelungstechnik im Vorschlag ausführlich Knaier, GmbHR 2018, 607, 612.
270 Dazu Knaier, ZNotP 2018, 341; J. Schmidt, GmbHR 2018, R292; Bayer/J. Schmidt, BB 2018, 2562, 2568.
271 UmwG-RefE, S. 1, abrufbar unter: https://www.bmjv.de/SharedDocs/Gesetzgebungsverfahren/Dokumente/RefE_Umwandlungsgesetz.pdf?__blob=publicationFile&v=1 (Stand: 12.09.2018).
272 Neye/Timm, NotBZ 2007, 239.
273 MünchHdbGesR VIII/Oppenhoff, § 18 Rn. 26; Semler/Stengel/Drinhausen, UmwG, § 122a Rn. 10; Schmitt/Hörtnagl/Stratz/Hörtnagl, § 122a UmwG Rn. 9; dies ablehnend Widmann/Mayer/Heckschen, Umwandlungsrecht, § 122a Rn. 6, 72; Spahlinger/Wegen, NZG 2006, 721, 722; Winter, Der Konzern 2007, 24, 27.

nie ist durch Beschluss des gemeinsamen EWR-Ausschusses Nr. 177/2006 auf die EWR-Staaten Island, Liechtenstein und Norwegen ausgedehnt worden.[274]

2. Verschmelzungsarten

82 Wie sich aus der Formulierung des § 122b Abs. 1 UmwG – »*an einer grenzüberschreitenden Verschmelzung können als übertragende, **übernehmende oder neue Gesellschaften***« – ergibt, kann es sich bei einer Verschmelzung nach § 122a ff. UmwG um eine **Verschmelzung zur Aufnahme oder eine Verschmelzung zur Neugründung** handeln.[275] Entsprechend der Vorgabe der Richtlinie sieht das Gesetz die Verschmelzung zur Aufnahme sowie zur Neugründung und – systematisch wenig überzeugend – die Verschmelzung der Tochtergesellschaft auf die 100%ige Muttergesellschaft vor. Aus welchen Gründen der Richtliniengeber in Art. 119 Nr. 2 GesellschaftsrechtsRL diese Art der Konzernverschmelzung gesondert hervorgehoben hat, bleibt unklar. Im Ergebnis ist aber jede andere Art der Verschmelzung im Konzern, so z.B. auch die Verschmelzung der Mutter- auf die Tochtergesellschaft, ebenfalls zulässig.[276]

V. Anwendbare Vorschriften, Verfahren

83 Aus der vorgenannten Systematik folgt, dass im Fall einer grenzüberschreitenden Verschmelzung nicht nur die §§ 122a ff. UmwG und die allgemeinen Vorschriften des deutschen Umwandlungsrechts zu beachten sind, sondern auch die entsprechenden nationalen Regelungen des Staats, denen die anderen an der Verschmelzung beteiligten Rechtsträger angehören.[277] Im Ergebnis hat der Gesetzgeber insoweit auch die **Vereinigungstheorie** übernommen. Klargestellt wird durch die gesetzgeberischen Maßnahmen, dass sowohl die Herein- wie auch die Hinausverschmelzung möglich sind, sodass die Streitfrage, die bei Anwendung der allgemeinen Niederlassungsfreiheit besteht, in diesem Bereich geklärt ist. Art. 121 GesellschaftsrechtsRL (früher Art. 4 Verschmelzungsrichtlinie) hat den Grundsatz festgeschrieben, dass auf grenzüberschreitende Verschmelzungen so weit wie möglich, dass jeweils für die beteiligten Gesellschaften geltende nationale Recht maßgeblich ist.[278] So sollten grenzüberschreitende Verschmelzungen nur zwischen solchen Rechtsformen möglich sein, die auch innerstaatlich verschmelzen können. Dem ist der Gesetzgeber durch die vorgenannte Systematik gefolgt. Dieses Regelungskonzept führt jedoch auch dazu, dass besonders bei einer Herausverschmelzung auf eine ausländische Rechtsform ganz wesentlich auch die Regelungen des Zielstaates eine entscheidende Rolle spielen.[279] Als grobe Orientierungshilfe für die Normen zur Umsetzung der früheren VerschmelzungsRL in einigen Mitgliedstaaten der EU kann folgende Übersicht dienen, wobei jedoch ebenso wie in der deutschen Umsetzung

---

274 ABl. Nr. 333 v. 30.11.2006, S. 59; vgl. auch Neye/Timm, NotBZ 2007, 239 in Fn. 7; Widmann/Mayer/Heckschen, Umwandlungsrecht, § 122a ff. UmwG Rn. 81 ff., 88 ff.; Kallmeyer/Marsch-Barner, § 122a UmwG Rn. 2; Schmitt/Hörtnagl/Stratz/Hörtnagl, § 122a UmwG Rn. 10; siehe zur Umsetzung ins jeweilige nationale Recht dieser Staaten die Study on the Application of the Cross-border Mergers Directive, S. 509 ff.; 613 ff.; 740 ff., abrufbar unter: http://ec.europa.eu/internal_market/company/docs/mergers/131007_study-cross-bordermerger-directive_en.pdf (Stand: 08.10.2018).
275 Ausführlich hierzu Widmann/Mayer/Heckschen, Umwandlungsrecht, § 122a UmwG Rn. 48 ff.; MünchHdbGesR VIII/Oppenhoff, § 18 Rn. 14 ff.
276 Widmann/Mayer/Heckschen, Umwandlungsrecht, § 122a UmwG Rn. 48 ff.; Kallmeyer/Marsch-Barner, § 122a UmwG Rn. 2 ff.; Lutter/Bayer, § 122a UmwG Rn. 25 ff.; Hörtnagl, in: Schmitt/Hörtnagl/Stratz, § 122a UmwG Rn. 9; Frenzel, RIW 2008, 12, 14; Geyrhalter/Weber, DStR 2006, 146, 150; Heckschen, DNotZ 2007, 444, 455.
277 Simon/Rubner, Der Konzern 2006, 836; Krause/Kulpa, ZHR 171 (2007), 38, 54; Drinhausen/Keinath, DB 2006, 726.
278 Siehe dazu Oppenhoff, in MünchHdbGesR VIII, § 18 Rn. 3, 8, 28 f.; Heckschen, in Widmann/Mayer, UmwR, § 122a UmwG Rn. 17 ff.
279 Dazu Oppenhoff, in MünchHdbGesR VIII, § 18 Rn. 3, 28; siehe zum jeweils anwendbaren Recht bei einer Herausverschmelzung auch Knaier, in: Würzburger NotHdb, Teil 5 Kap. 6 Rn. 402 ff.

zahlreiche Besonderheiten und Regelungen, die das allgemeine Recht des jeweiligen Mitgliedstaates bereithält, zu beachten sind:

Übersicht über die Umsetzung der Gesellschaftsrechtsrichtlinie/Verschmelzungsrichtlinie in ausgewählten Mitgliedstaaten:

Gesellschafts-rechtsRL	Art. 122	Art. 123	Art. 124	Art. 125	Art. 126	Art. 127	Art. 128	Art. 129	Art. 130	Art. 131	Art. 133
VerschmelzungsRL	Art. 5	Art. 6	Art. 7	Art. 8	Art. 9	Art. 10	Art. 11	Art. 12	Art. 13	Art. 14	Art. 16
Deutschland (UmwG)	§ 122c	§ 122d	§ 122e	§ 122f	§ 122g	§ 122k § 122h § 122l	§ 122l	§ 122a Abs. 2, § 20	§ 122l	§ 122a Abs. 2, § 20	MgVG
Österreich (EU-VerschG)[280]	§ 5	§ 8	§ 6	§ 7	§§ 3, 9	§ 12	§ 15	§ 3 Abs. 3	§ 15 Abs. 4	§ 225a öAktG § 96 öGmbHG	§§ 258 ff ArbVG
Großbritannien (CCBMR)[281]	§ 7	§§ 11, 12	§ 8	§ 9	§§ 13, 14	§ 6	§ 16	§ 16 Abs. 2	§ 19 Abs. 2, 3, § 16 Abs. 2	§ 17	§§ 22 ff.
Frankreich (CdC)[282]	R236–14	R236–15, R 236–8, R236–2	R236–27, R236–16	L236–10	L236–2	L.236–6, L236–29, R236–17	R236–19, L 236–30	L236–31	R123–74–1	L236–3	Code du travail

Vom Prinzip her nimmt der Richtliniengeber und in der Folge auch der deutsche Gesetzgeber die **Grundstruktur des Verfahrens für nationale Verschmelzungen** basierend auf der sog. Dritten Richtlinie aus dem Jahr 1978 (dazu auch Rdn. 5),[283] die durch die Spaltungsrichtlinie (dazu auch

---

[280] Bundesgesetz über die grenzüberschreitende Verschmelzung von Kapitalgesellschaften in der Europäischen Union v. 15.12.2007, BGBl. I Nr. 72/2007, abrufbar unter https://www.jusline.at/EU-_Verschmelzungsgesetz_(EU-VerschG)_Langversion.html (Stand: 01.10.2018).

[281] The Companies (Cross-Border Mergers) Regulations 2007 v. 15.12.2007, 2007 No. 2974, abrufbar unter http://www.legislation.gov.uk/uksi/2007/2974/pdfs/uksi_20072974_en.pdf (Stand: 01.10.2018); ausführlich zum Verfahren zwischen deutschen und englischen Gesellschaften mit schwerpunktmäßiger Betrachtung börsennotierter Aktiengesellschaften Zuhorn, Grenzüberschreitende Verschmelzungen zwischen deutschen und englischen börsennotierten Aktiengesellschaften – ein Harmonisierungserfolg?, 2017; zur grenzüberschreitenden Verschmelzung zwischen britischen und deutschen Gesellschaften mit schwerpunktmäßiger Betrachtung des Brexit siehe auch Herrler, in: Herrler, Gesellschaftsrecht in der Notar- und Gestaltungspraxis, 2017, § 1 Rn. 36 ff.; siehe zur grenzüberschreitenden Hineinverschmelzung von Großbritannien nach Deutschland unter Berücksichtigung des Referentenentwurfs eines Vierten Gesetzes zur Änderung des Umwandlungsgesetzes auch Knaier, ZNotP 2018, 341.

[282] Code de commerce v. 02.03.2017, abrufbar unter https://www.legifrance.gouv.fr/affichCode.do?cidTexte=LEGITEXT000005634379 (Stand: 01.10.2018).

[283] Richtlinie 78/855/EWG v. 09.10.1978 gem. Art. 54 Abs. 3g des Vertrages betreffend die Verschmelzung von AG, ABl. L 295/36 v. 20.10.1978.

Rdn. 9)[284] fortgeschrieben und auch i. R. d. SE-Verordnung (dazu auch Rdn. 7),[285] der SE-Richtlinie[286] und der SCE-Verordnung (hierzu auch Rdn. 357)[287] fortgeschrieben wurde, auf.

85 Das Verfahren unterteilt sich bei jeder der beteiligten Kapitalgesellschaften in eine **Vorbereitungs-, eine Beschluss- und eine Vollzugsphase**.[288] Während für die Vorbereitungs- und die Beschlussphase nun das jeweilige nationale Recht des Ausgangsrechtsträgers unter Berücksichtigung der ins nationale Recht transferierten Verschmelzungsrichtlinie zu berücksichtigen ist, gilt für den aufnehmenden bzw. neu entstehenden Rechtsträger das Recht im Aufnahme-/Zielstaat.[289] Die Eintragung am Zielrechtsträger wird dadurch erleichtert, dass die Einhaltung der Vorschriften im Ausgangsrechtsstaat jeweils durch eine Rechtsmäßigkeitsbescheinigung attestiert und dann im Zielstaat nicht nochmals kontrolliert werden muss (vgl. nachstehend Rdn. 165 ff.). Hinsichtlich der Beteiligung der Arbeitnehmer werden in Grundzügen die Regelungen aus der SE-Richtlinie und der dementsprechenden nationalen Umsetzung übernommen,[290] wobei jedoch signifikante Erleichterungen für die Unternehmen vorgesehen sind (siehe hierzu Rdn. 192 ff.).

VI. Verschmelzungsfähige Rechtsträger

86 In § 122b UmwG sind die **verschmelzungsfähigen Rechtsträger definiert**: An einer grenzüberschreitenden Verschmelzung können als übertragende, übernehmende oder neue Gesellschaften nur Kapitalgesellschaften i. S. d. Art. 2 Nr. 1 Verschmelzungsrichtlinie (jetzt Art. 119 Nr. 1 GesellschaftsrechtsRL) aus verschiedenen Mitgliedstaaten beteiligt sein, die nach dem Recht eines Mitgliedstaats der EU (oder eines anderen Vertragsstaats des Abkommens für den europäischen Wirtschaftsraum) gegründet worden sind und ihren satzungsmäßigen Sitz, ihre Hauptverwaltung und ihre Niederlassung in einem Mitgliedstaat der EU (oder einem anderen Vertragsstaat des Abkommens über den europäischen Wirtschaftsraum) haben. Die Verschmelzungsrichtlinie ist durch Beschluss des gemeinsamen EWR-Ausschusses Nr. 177/2006 v. 22.09.2006 auf die EWR-Staaten Island, Liechtenstein und Norwegen ausgedehnt worden.[291]

▶ Hinweis:

Das Company Law Package (hierzu allgemein Rdn. 12 ff.) sieht vor, Art. 121 Abs. 1 lit. a) GesellschaftsrechtsRL zu streichen. Nach dieser Regelung waren grenzüberschreitende Verschmelzungen bisher nur zwischen Gesellschaften solcher Rechtsformen, die sich nach dem nationalen Recht der betroffenen Mitgliedstaaten verschmelzen dürfen möglich. Hierdurch

---

284 Sechste Richtlinie 82/891/EWG v. 17.12.1982 gem. Art. 54 Abs. 3g des Vertrages betreffend die Spaltung von AG, ABl. L 378/47 v. 17.12.1982.
285 Verordnung (EG) Nr. 2157/2001 v. 08.10.2001 über das Statut der Europäischen Gesellschaft (SE), ABl. L 294/1 v. 10.11.2001.
286 Richtlinie 2001/86/EG v. 08.10.2001 zur Ergänzung des Statuts der Europäischen Gesellschaft hinsichtlich der Beteiligung der Arbeitnehmer, ABl. L 294/22 v. 10.11.2001.
287 Verordnung (EG) Nr. 1435/2003 v. 22.07.2003 über das Statut der Europäischen Genossenschaft (SCE), ABl. L 207/1 v. 18.08.2003.
288 Zum Ablauf der grenzüberschreitenden Verschmelzung ausführlich Heckschen, in: Widmann/Mayer, UmwR, Vor. § 122a UmwG Rn. 233 ff., mit Ablaufschemata in Rdn. 271 ff.
289 Siehe hierzu auch Heckschen, in: Widmann/Mayer, UmwR, Vor. § 122a UmwG Rn. 233 ff.
290 Siehe hierzu im Kontext des früheren Art. 16 Verschmelzungsrichtlinie (jetzt Art. 133 GesellschaftsrechtsRL) ausführlich Trost, Mitbestimmungsgestaltung, 2016, S. 81 ff.; zum Vergleich der Regelungen nach der SE-VO und nach dem MgVG Müller-Bonanni/Müntefering, BB 2009, 1699; siehe zu den möglichen Modifikationen der Mitbestimmungsgestaltung bei der grenzüberschreitenden Verschmelzung durch das Company Law Package (Rdn. 12 ff.) Selent, NZG 2018, 1171, 1175.
291 ABl. Nr. 33 v. 30.11.2006, S. 59; vgl. auch Neyel/Timm, NotBZ 2007, 239; siehe zur Umsetzung ins jeweilige nationale Recht dieser Staaten die Study on the Application of the Cross-border Mergers Directive, S. 509 ff.; 613 ff.; 740 ff., abrufbar unter: http://ec.europa.eu/internal_market/company/docs/mergers/131007_study-cross-bordermerger-directive_en.pdf (Stand: 08.10.2018).

sollte verhindern, dass die Mitgliedstaaten bei grenzüberschreitenden Verschmelzungen Kombinationen zulassen müssen, die ihrem nationalen Recht fremd sind.[292] Deutschland hat in § 3 Abs. 1 Nr. 2 u. Abs. 4 UmwG bereits die innerstaatliche Verschmelzung für alle Kapitalgesellschaftsformen und nicht nur für Aktiengesellschaften eröffnet, wie es die Fusionsrichtlinie vorgibt (dazu auch Rdn. 5). Nach § 122b können bei grenzüberschreitenden Verschmelzungen ebenfalls sämtliche deutsche Kapitalgesellschaften gleicher oder verschiedener Form übertragender, übernehmender oder neuer Rechtsträger sein.[293] Die vorgeschlagene Neuregelung ergibt für das deutsche Recht somit keine Änderung, da ohnehin schon umfassend alle Kapitalgesellschaftsarten verschmelzungsfähige Rechtsträger sind.[294] Die Regelung des § 122b Abs. 2 Nr. 1 UmwG, der zufolge Genossenschaften nicht an einer grenzüberschreitenden Verschmelzung beteiligt sein können, entspricht weiterhin den Vorgaben der Gesellschaftsrechts-RL, da Art. 120 Abs. 2, der hierzu ermächtigt, unverändert bleibt.[295]

Nach deutschem Recht sind also **AG, KGaA, GmbH und SE mit Sitz in Deutschland** verschmelzungsfähig. Für die Verschmelzung zur Neugründung einer europäischen AG (SE), d. h. in den Fällen, bei denen eine neu gegründete SE übernehmender Rechtsträger ist (hierzu auch Rdn. 339 ff.), sind weiterhin die Art. 2, 17 SE-Verordnung als leges speciales heranzuziehen.[296] Angesichts der Formulierung in Art. 1 Verschmelzungsrichtlinie (jetzt Art. 118 GesellschaftsrechtsRL) bestanden Zweifel, ob auch die SE an einer derartigen Verschmelzungsmaßnahme teilnehmen kann. Maßgeblich muss hier aber sein, dass einerseits die SE-Verordnung das Gründungsverfahren der SE regelt, andererseits aber die SE nach Art. 9 der SE-Verordnung wie eine AG nationalen Rechts zu behandeln ist.[297] Sie darf deswegen auch nicht diskriminiert werden. Richtigerweise folgt daraus, dass aus einem grenzüberschreitenden Vorgang eine SE grds. nicht neu entstehen kann, aber i. Ü. die SE in vollem Umfang beteiligungsfähig ist.[298] Eine Sonderkonstellation ist jedoch gegeben, wenn bei mehreren bestehenden SEen eine Verschmelzung zur Aufnahme durchgeführt wird, was nach wohl überwiegender Meinung keinen gründungsrelevanten Tatbestand i.S.d. Art. 2 Abs. 1 SE-VO (teleologische Reduktion) darstellt, da es entscheidend am Merkmal des Verlassens einer nationalen Gesellschaftsform fehle und dieser Aspekt eigentlich von

87

---

292 Lutter/Bayer/J. Schmidt, Europäisches Unternehmens- und Kapitalmarktrecht, § 22, Rn. 22, 30: Schutzklausel.
293 Semler/Stengel/Drinhausen, UmwG, § 122b Rn. 4 ff.; Schmitt/Hörtnagl/Stratz/Hörtnagl, UmwG, § 122b, Rn. 5 ff.
294 Ebenso J. Schmidt, Der Konzern 2018, 229, 240: aus deutscher Sicht war die Klausel mangels entsprechender Einschränkungen im nationalen Recht ohnehin nie ein Problem; Knaier, GmbHR 2018, 607, 613.
295 Knaier, GmbHR 2018, 607, 613.
296 Widmann/Mayer/Heckschen, Umwandlungsrecht, § 122b UmwG Rn. 40 ff.; Kallmeyer/Marsch-Barner, § 122b UmwG Rn. 2 ff.; Lutter/Bayer, § 122b UmwG Rn. 25 ff.;: Schmitt/Hörtnagl/Stratz/Hörtnagl, § 122b UmwG Rn. 7; Drinhausen/Keinath, BB 2006, 726; Krause/Kulpa, ZHR 171 (2007), 38, 54; abweichend aber Louven, ZIP 2006, 2021, 2024.
297 Ausführlich zur Verknüpfung von nationalem und unionalem Recht bei der SE Lutter/Hommelhoff/Teichmann, SE, Art. 9 SE-VO Rn. 2 ff.
298 So die Begründung zum RegE, BT-Drucks. 16/2919, S. 14; Louven, ZIP 2006, 2021, 2024; Drinhausen/Keinath, BB 2006, 725, 726; Haritz/v. Wolff, GmbHR 2006, 340, 341; Bayer/Schmidt, NJW 2006, 401; Oechsler, NZG 2006, 161 f.; Kallmeyer/Kappes, AG 2006, 224, 232; Müller, NZG 2006, 286, 287; Simon/Rubner, Der Konzern 2006, 835, 836; Vetter, AG 2006, 613, 615; Spahlinger/Wegen, NZG 2006, 721, 723; Kiem, WM 2006, 1091, 1093; Widmann/Mayer/Heckschen, Umwandlungsrecht, § 122b UmwG Rn. 58 ff.; Kallmeyer/Marsch-Barner, § 122b UmwG Rn. 3; Lutter/Bayer, § 122b UmwG Rn. 25 ff.; Schmitt/Hörtnagl/Stratz/Hörtnagl, § 122b UmwG Rn. 7.

der Vorschrift ins Auge gefasst wird.[299] Dies gilt auch allgemein für eine grenzüberschreitende Verschmelzung zur Aufnahme auf eine bestehende SE.[300]

88 Die durch das MoMiG[301] in Deutschland geschaffene **UG (haftungsbeschränkt)** ist zwar eine Rechtsformvariante der GmbH[302] und als solche grds. nach § 122b Abs. 1 UmwG verschmelzungsfähig bei der grenzüberschreitenden Verschmelzung.[303] Jedoch gilt für sie nach § 5a Abs. 2 Satz 2 GmbHG ein umfassendes Sacheinlageverbot bei der Gründung[304] und bei der Kapitalerhöhung,[305] womit sie als neue Gesellschaft bei der Verschmelzung zur Neugründung gänzlich ausscheidet[306] und nur übernehmende Gesellschaft sein kann, wenn bei der Verschmelzung das Stammkapital der UG das Mindestkapital nach § 5 Abs. 1 GmbHG erreicht.[307] Sie kann jedoch stets übertragende Gesellschaft sein.[308]

89 Diskutiert wird zudem die Verschmelzungsfähigkeit von **Vor-GmbH und Vor-AG** nach § 122b Abs. 1 UmwG.[309] In unionsrechtlicher Hinsicht erscheint eine solche Einbeziehung von Vorgesellschaften jedenfalls nicht unbedingt gewünscht, da der frühere Art. 2 Nr. 1 VerschmelzungsRL explizit auf die Publizitätsrichtlinie[310] Bezug nahm und die Verschmelzungsfähigkeit nur für Gesellschaftsformen, die Publizitätspflichten unterlagen, vorgab. Mittlerweile nimmt Art. 119 Nr. 1 GesellschaftsrechtsRL (zur Integration der VerschmelzungsRL in die GesellschaftsrechtsRL

---

299 MünchHdbGesR VIII/Oppenhoff, § 18 Rn. 31; Oechsler, NZG 2006, 161 f.; Spindler/Stilz/Casper, AktG, Art. 3 SE-VO Rn. 33.

300 Drinhausen/Keinath, BB 2006, 725 f.; Simon/Rubner, Der Konzern 2006, 835, 837; Louven, ZIP 2006, 2021, 2024.

301 Gesetz zur Modernisierung des GmbH-Rechts und zur Bekämpfung von Missbräuchen v. 23.08.2008, BGBl. I, S. 2026.

302 So ausdrücklich BegrRegE MoMiG, BT-Drucks. 16/1640, S. 31; siehe hierzu auch Heidinger/Leible/J. Schmidt/J. Schmidt, GmbHG, § 5a Rn. 3.

303 Siehe zur grds. Umwandlungsfähigkeit der UG (haftungsbeschränkt) BGH v. 11.04.2011 – II ZB 9/10, NZG 2011, 666 Rn 14; Berninger, GmbHR 2010, 63, 65; Cannivé/Seebach, GmbHR 2009, 519, 525; Lutter/Drygala, UmwG, § 1 Rn 50; Gasteyer, NZG 2009, 1364, 1367; Heidinger/Leible/J. Schmidt/J. Schmidt, GmbHG, § 5a Rn. 44 ff.; MünchKommGmbHG/Rieder, § 5a Rn. 49.

304 Ausführlich zum Sacheinalgeverbot bei der UG-Gründung Heidinger/Leible/J. Schmidt/J. Schmidt, GmbHG, § 5a Rn. 9 ff.; Heckschen/Strnad, in: Heckschen/Heidinger, Die GmbH in der Gestaltungs- und Beratungspraxis, Kap. 5 Rn. 53ff.; MünchKommGmbHG/Rieder, § 5a Rn. 19 ff.

305 BGH v. 19.04.2011 – II ZB 25/10, NZG 2011, 664 = GmbHR 2011, 699; siehe dazu ausführlich Heckschen/Heidinger/Heckschen/Strnad, Die GmbH in der Gestaltungs- und Beratungspraxis, Kap. 5 Rn. 55 f.; a.A. nur auf Gründungsvorgang beschränkt: Hennrichs/Klavina, JA 2012, 169, 173 f.; Hennrichs, NZG 2009, 1161, 1162 f.; Klein, NZG 2011, 377, 378.

306 Widmann/Mayer/Heckschen, Umwandlungsrecht, § 122b UmwG Rn. 55.1; MünchHdbGesR VIII/Oppenhoff, § 18 Rn. 33; Schmitt/Hörtnagl/Stratz/Stratz, § 3 UmwG Rn. 20; jüngst auch Heckschen, GmbHR 2018, 1083, 1102 f.

307 Siehe BGH v. 19.04.2011 – II ZB 25/10, NZG 2011, 664 = GmbHR 2011, 699; Widmann/Mayer/Heckschen, Umwandlungsrecht, § 122b UmwG Rn. 55.1; Lutter/Bayer, UmwG, § 122b Rn. 4.

308 Lutter/Drygala, UmwG, § 3 Rn. 12; Heidinger/Leible/J. Schmidt/J. Schmidt, GmbHG, § 5a Rn. 49; MünchKommGmbHG/Rieder, § 5a Rn. 50.

309 Tendenziell für Verschmelzungsfähigkeit wohl Widmann/Mayer/Heckschen, Umwandlungsrecht, § 122b UmwG Rn. 26; ablehnend Lutter/Bayer, UmwG, § 122b Rn. 9; Lutz, BWNotZ 2010, 23, 27; MünchHdbGesR VIII/Oppenhoff, § 18 Rn. 34.

310 Richtlinie 2009/101/EG des Europäischen Parlaments und des Rates zur Koordinierung der Schutzbestimmungen, die in den Mitgliedstaaten den Gesellschaften im Sinne des Artikels 48 Absatz 2 des Vertrags im Interesse der Gesellschafter sowie Dritter vorgeschrieben sind, um diese Bestimmungen gleichwertig zu gestalten v. 16.09.2009, ABl. v. 01.10.2009, L 258/11; dazu Bock, Der Harmonisierungserfolg der Publizitätsrichtlinie, 2016, S. 27 ff.; Der Regelungsgehalt der Publizitätsrichtlinie wurde mittlerweile – ohne inhaltliche Änderungen – in die Richtlinie über bestimmte Aspekte des Gesellschaftsrechts überführt, hierzu Lutter/Bayer/J. Schmidt, Europäisches Unternehmens- und Kapitalmarktrecht, § 18 Rn. 18.8.

Rdn. 11) einheitlich auf Anhang II zu dieser Richtlinie Bezug. Jedoch hat sich inhaltlich hierdurch nichts verändert und Anhang II wird gleichsam von Art. 13 GesellschaftsrechtsRL in Bezug genommen, der den Anwendungsbereich derjenigen Vorschriften (Art. 14 ff. GesellschaftsrechtsRL) vorgibt, in welche der Inhalt der früheren Publizitätsrichtlinie überführt wurde.[311] Für die Praxis ist daher davon abzuraten, eine grenzüberschreitende Verschmelzung unter Beteiligung einer Vorgesellschaft durchzuführen.[312]

§ 122a UmwG stellt ferner die Anforderung, dass die an der Verschmelzung beteiligten Kapitalgesellschaften **nach dem Recht eines EU- oder EWR-Mitgliedstaats gegründet sein** müssen und ihren **satzungsmäßigen Sitz, ihre Hauptverwaltung oder Niederlassung in einem Mitgliedstaat der EU** oder eines anderen Vertragsstaats des EWR-Abkommens haben müssen. Grund dieses Erfordernisses ist, dass eine Gesellschaft nicht zwingend ihrem Gründungsrecht unterliegen muss. Es ist jedoch nicht gesagt, dass in all diesen Staaten das auf die Gesellschaft anwendbare Recht immer das Gründungsrecht der Gesellschaft ist. Weiterhin ist denkbar, dass Staaten Gesellschaften, die nach ihrem Recht gegründet sind, den identitätswahrenden Wegzug in einen Drittstaat erlauben. Daher sollen sowohl das Erfordernis, dass die beteiligten Gesellschaften nach dem Recht eines Mitgliedstaats gegründet sind, als auch das Erfordernis, dass sie ihren Sitz, ihre Hauptverwaltung oder Hauptniederlassung in der Gemeinschaft haben müssen, aufgenommen werden.[313]

90

Für die **im EU-Ausland beteiligten Rechtsträger** sind die Umsetzungsnormen des Art. 119 GesellschaftsrechtsRL in den nationalen Rechtsordnungen der Mitgliedstaaten zu beachten, wobei zumindest Kapitalgesellschaften i.S.d. Art. 119 Nr. 1 GesellschaftsrechtsRL, der auf Anhang II der GesellschaftsrechtsRL verweist, stets nach dem Recht des anderen Mitgliedstaats verschmelzungsfähig sein dürften.

91

Wie bereits erwähnt, sind andere Gesellschaftsformen nicht nach § 122a UmwG verschmelzungsfähige Rechtsträger, für diese gelten die allgemeinen Regelungen und eine grenzüberschreitende Verschmelzung ist lediglich auf Grundlage der EuGH-Rechtsprechung möglich (vgl. Rdn. 230 ff.). Dies gilt also etwa für **Personengesellschaften, GmbH & Co. KG** etc.[314]

92

▶ Hinweis:

Der Referentenentwurf für ein Viertes Gesetz zur Änderung des Umwandlungsgesetzes (dazu Rdn. 47 ff.) erweitert in § 122b Abs. 1 Nr. 2 UmwG-RefE nun den Katalog verschmelzungsfähiger Rechtsträger um Personenhandelsgesellschaften i.S.d. § 3 Abs. 1 Nr. 1 UmwG.[315] Hierbei handelt es sich um die OHG und die KG. Zu beachten ist jedoch, dass die geplante Erweiterung nur insoweit gilt, als es sich bei den Personengesellschaften um die **übernehmende oder neue Gesellschaft** bei der grenzüberschreitenden Verschmelzung handelt. Der Gesetzgeber erweitert mit diesem Vorschlag den Katalog der möglichen Rechtsformen bei übernehmenden oder neuen Gesellschaften bei der grenzüberschreitenden Verschmelzung generell auf Personenhandelsgesellschaften. Es wäre nach dem Entwurf daher möglich, sämtliche in anderen Mitgliedstaaten verschmelzungsfähige Rechtsträger auch auf die deutsche OHG oder KG

---

311 Hierzu Lutter/Bayer/J. Schmidt, Europäisches Unternehmens- und Kapitalmarktrecht, § 18 Rn. 18.8.
312 Mit ausführicher Begründung und im Ergbnis ebenso MünchHdbGesR VIII/Oppenhoff, § 18 Rn. 34.
313 Vgl. BR-Drucks. 548/06, S. 30.
314 Vgl. Neye/Timm, NotBZ 2007, 239 f.; Widmann/Mayer/Heckschen, Umwandlungsrecht, Vor §§ 122a ff. UmwG Rn. 73 ff., § 122 UmwG Rn. 52; Kallmeyer/Marsch-Barner, § 122a UmwG, Rn. 6.
315 Hierzu ausführlich Knaier, ZNotP 2018, 341, 342 f.; siehe auch J. Schmidt, GmbHR 2018, R292; Bayer/Schmidt, BB 2018, 2562, 2578; Stiegler, 4. UmwÄndG – Brexit und Verschmelzung auf Personengesellschaften: Way to go oder halbherziger Kompromiss?, erscheint in ZIP 2018.

grenzüberschreitend zu verschmelzen.[316] Die vorgenommene Erweiterung der verschmelzungsfähigen Rechtsträger ist mit den Vorgaben der GesellschaftsrechtsRL vereinbar, da die Richtlinie für grenzüberschreitende Verschmelzungen nur eine partielle Harmonisierung[317] schafft.[318] Nach den Vorgaben des EuGH in der Rs. »SEVIC«[319] ist ohnehin auch derzeit schon eine grenzüberschreitende Verschmelzung auf eine Personengesellschaft (hierzu ausführlich Rdn. 370 ff.) zuzulassen, wenngleich hierfür kein kodifizierter Rechtsrahmen besteht.[320]

93 Die Aufnahme von **Genossenschaften** wurde vom Gesetzgeber abgelehnt, da die Ausgestaltung der Genossenschaft in den Mitgliedstaaten sehr unterschiedlich sein könne, für die Beteiligung von Genossenschaften an grenzüberschreitenden Verschmelzungen ist daher nach Auffassung des Gesetzgebers kein Bedürfnis erkennbar. Die Möglichkeit der Gründung einer europäischen Genossenschaft aufgrund der Verordnung EG-Nr. 1435/2003 über das Statut der europäischen Genossenschaft erscheine ausreichend.[321] Der Gesetzgeber macht von der Möglichkeit des Art. 3 Abs. 2 der Verschmelzungsrichtlinie Gebrauch (sog. Opting out) und entscheidet sich gegen die Einbeziehung dieser Rechtsform.

94 Ebenfalls auf der Grundlage von Art. 3 Abs. 3 Verschmelzungsrichtlinie (jetzt Art. 120 Abs. 3 GesellschaftsrechtsRL) ist die Regelung in **§ 122b Abs. 2 Nr. 2 UmwG zu** sehen, nicht erfasst sind auch Gesellschaften deren Ziel die gemeinsame Anlage von Wertpapieren ist, Anlagegesellschaften dieser Art unterliegen europaweiten Sondervorschriften.[322]

95 Auch ein in Liquidation befindlicher Rechtsträger kann nach §§ 122a Abs. 2, 3 Abs. 3, 4 UmwG Ausgangsrechtsträger sein, wenn mit der Verteilung des Vermögens noch nicht begonnen wurde.[323] Als übertragender Rechtsträger kommt auch ein aufgelöster Rechtsträger nach §§ 122a Abs. 2, 3 Abs. 3 UmwG in Betracht, wenn die Fortsetzung beschlossen werden könnte.[324] Wurde über einen Rechtsträger bereits das Insolvenzverfahren eröffnet, ist er grds. nicht mehr verschmel-

---

316 So auch J. Schmidt, GmbHR 2018, R292, R293, mit Beispielen von Gesellschaftsformen aus anderen EU-Mitgliedstaaten; ebenso Bayer/Schmidt, BB 2018, 2562, 2578; Knaier, ZNotP 2018, 341, 342 f.; siehe auch Stiegler, 4. UmwÄndG – Brexit und Verschmelzung auf Personengesellschaften: Way to go oder halbherziger Kompromiss?, erscheint in ZIP 2018.
317 Lutter/Bayer, UmwG, 5. Aufl. 2014, § 122a Rn. 6; Bayer/J. Schmidt, NJW 2006, 401, 402: europaweit uniformes Grundgerüst; ebenso Lutter/Bayer/J. Schmidt, Europäisches Unternehmens- und Kapitalmarktrecht, § 22 Rn. 22.3.
318 Teilweise wird dies sogar als zwingend angesehen, da die Rechtsprechung des EuGH, insbesondere in der Rs. »SEVIC«, unter der Niederlassungsfreiheit keine Beschränkung auf Kapitalgesellschaften vorsehe, vgl. Kallmeyer, in: Kallmeyer, UmwG, 6. Aufl. 2017, § 122b Rn. 6: entspricht RL, nicht aber EuGH-Rechtsprechung; J. Schmidt, GmbHR 2018, R292, R293 wirft die berechtigte Frage auf, warum der Referentenentwurf nicht gleich allgemein den Anwendungsbereich der §§ 122a ff. UmwG auf alle Rechtsträger i.S.d. Art. 54 AEUV erweitert.
319 Urt. v. 13.12.2005 – C-411/03, NJW 2006, 425; dazu Doralt, IPRax 2006, 572; Teichmann, ZIP 2006, 355.
320 Siehe hierzu Knaier, in: WürzburgerNotHdB, Teil 5 Kap. 6 Rn. 433; J. Schmidt, GmbHR 2018, R292, R293; Drygala, in: Lutter, UmwG, § 1 Rn. 12 ff.; Louven, ZIP 2006, 2021, 2023 f.; siehe auch Thiermann, Grenzüberschreitende Verschmelzungen, 2010, S. 220 ff.
321 Vgl. BR-Drucks. 548/06, S. 30.
322 Vgl. Richtlinie 85/611/EWG des Rates zur Koordinierung der Rechts- und Verwaltungsvorschriften betreffend bestimmte Organismen für gemeinsame Anlagen in Wertpapieren, OGAW, ABl. L 375/3 v. 31.12.1985; siehe zum Ausschluss von OGAW auch Lutter/Bayer/J. Schmidt, Europäisches Unternehmens- und Kapitalmarktrecht, § 22 Rn. 22.
323 Widmann/Mayer/Heckschen, Umwandlungsrecht, § 122b UmwG Rn. 45.
324 MünchHdbGesR VIII/Oppenhoff, § 18 Rn. 39 und Widmann/Mayer/Heckschen, Umwandlungsrecht, § 122b UmwG Rn. 56 empfehlen daher zu Recht schon vor Aufnahme des Verschmelzungsverfahrens den Fortsetzungsbeschluss zu fassen.

zungsfähig.[325] Durch das mit dem ESUG[326] eingeführte Insolvenzplanverfahren ist eine Restrukturierung mittels einer grenzüberschreitenden Verschmelzung nun jedoch denkbar.[327]

▶ Hinweis:

Das Company Law Package (hierzu allgemein Rdn. 12 ff.) sieht vor in Art. 120 Abs. 4 GesellschaftsrechtsRL die Bereichsausnahme für Gesellschaften in wirtschaftlichen Schwierigkeiten zu erweitern. Diese galt nach dem bisherigen Art. 120 Abs. 4 GesellschaftsrechtsRL für Gesellschaften, die Gegenstand von in Titel IV der Richtlinie 2014/59/EU[328] vorgesehenen Abwicklungsinstrumenten, -befugnissen und -mechanismen sind. Das Verfahren soll künftig nur noch Gesellschaften offen stehen, für die kein Auflösungs-, Abwicklungs- oder Insolvenzverfahren eröffnet wurde oder andere Restrukturierungsmaßnahmen eingeleitet bzw. entsprechende Präventivmaßnahmen zur Vermeidung solcher Verfahren getroffen wurden.[329] Auch wenn die Gesellschaft ihre Zahlungen vorläufig eingestellt hat, soll sie nicht an dem Verfahren teilnehmen können. Das deutsche Insolvenzrecht kennt nach § 17 Abs. 2 Satz 2 InsO die Zahlungseinstellung bereits als Indiz für die Zahlungsunfähigkeit.[330] Die Erweiterung der Bereichsausnahme soll damit verhindern, dass eine grenzüberschreitende Verschmelzung als Sanierungsinstrument verwendet werden kann und Gläubiger durch ein fehlendes geordnetes Abwicklungsverfahren benachteiligt werden können.[331]

Das Company Law Package sieht für die grenzüberschreitende Verschmelzung – entgegen der Regelung des Art. 86c Abs. 3 GesellschaftsrechtsRL für grenzüberschreitende Formwechselvorgänge (dazu Rdn. 282) und der Regelung des Art. 160d Abs. 3 GesellschaftsrechtsRL für grenzüberschreitende Spaltungen (dazu Rdn. 313) keine Einschränkung vor, falls die grenzüberschreitende Verschmelzung lediglich ein »artificial arrangement« darstellt und einzig dazu dient, unrechtmäßige Steuervorteile zu erlangen oder die gesetzlichen oder vertraglichen Rechte der Arbeitnehmer, Gläubiger oder Minderheitsgesellschafter unrechtmäßig zu beschneiden.

Die frühere Verschmelzungsrichtlinie (dazu Rdn. 8) sieht ebenso wenig wie die Gesellschaftsrechtsrichtlinie in welche sie integriert wurde (dazu Rdn. 11) besondere Regelungen für die Verschmelzung von Schwestergesellschaften im Konzern (sog. »side-step merger«) vor.[332] Grundsätzlich dürften derartige Verschmelzungsvorgänge aber vom Anwendungsbereich der Richtlinie erfasst und zulässig sein.[333] Verfahrenserleichterungen sind hierbei jedoch nicht vorgesehen und können daher auch nicht zugelassen werden.[334] Insbesondere kommt derzeit kein Verzicht auf

96

---

325 MünchHdbGesR VIII/Oppenhoff, § 18 Rn. 40; Widmann/Mayer/Heckschen, Umwandlungsrecht, § 122b UmwG Rn. 46.
326 Gesetz zur weiteren Erleichterung der Sanierung von Unternehmen v. 13.12.2011, BGBl. I, S. 2582.
327 Widmann/Mayer/Heckschen, Umwandlungsrecht, § 122b UmwG Rn. 46; siehe auch Lutter/Drygala, UmwG, § 3 Rn. 27.
328 V. 15.5.2014, Abl. L173/190 v. 12.6.2014. Hierbei handelt es sich um die Abwicklung von Kreditinstituten und Wertpapierfirmen.
329 Ausführlich hierzu Knaier, GmbHR 2018, 607, 612 f.; J. Schmidt, Der Konzern 2018, 229, 239 f.; siehe auch Wachter, GmbH-StB 2018, 283, 287.
330 Dazu K. Schmidt/K. Schmidt, InsO, 19. Aufl. 2016, § 17 Rn. 39 f.; Uhlenbruck/Mock, InsO, 14. Aufl. 2015, § 17 Rn. 146 ff.; Braun/Bußhardt, InsO, 7. Aufl. 2017, § 17 Rn. 45 ff.
331 Knaier, GmbHR 2018, 607, 612 f.; so auch J. Schmidt, Der Konzern 2018, 229, 239 f.; Noack/Kraft, DB 2018, 1577, 1578; siehe auch Wachter, GmbH-StB 2018, 283, 287.
332 Gutkès, in: Sagasser/Bula/Brünger, Umwandlungen, § 13 Rn. 255.
333 Siehe Heckschen, in: Widmann/Mayer, UmwR, Vor. § 122a UmwG Rn. 227; Lutter/Bayer/J. Schmidt, Europäisches Unternehmens- und Kapitalmarktrecht, § 7 Rn. 20.99, 22.125; Lutz, BWNotZ 2010, 23, 28.
334 Heckschen, in: Widmann/Mayer, UmwR, Vor. § 122a UmwG Rn. 227; Gutkès, in: Sagasser/Bula/Brünger, Umwandlungen, § 13 Rn. 255; dies fordert aber Berebrok, in: Sudhoff, Unternehmensnachfolge, § 64 Rn. 15 ff.

Anteilsgewährung nach § 122a Abs. 2 i.V.m. §§ 54, 68 UmwG in Betracht, da die Art. 131 und 132 GesellschaftsrechtsRL für den Anteilsverzicht eine abschließende Regelung darstellen.[335]

▶ Hinweis:

97   Das Company Law Package (hierzu allgemein Rdn. 12 ff.) sieht vor Art. 119 GesellschaftsrechtsRL um den Fall zu ergänzen, dass die übertragende Gesellschaft ihr gesamtes Aktiv- und Passivvermögen auf die übernehmende Gesellschaft überträgt, ohne dass neue Anteile ausgegeben werden. Erfasst wird dieser Vorgang dann, wenn dieselbe Person Eigentümer der sich verschmelzenden Gesellschaften ist oder wenn die Eigentumsverhältnisse nach Vollzug der Verschmelzung in allen sich verschmelzenden Gesellschaften gleich bleiben. Von der Regelung sind damit Verschmelzungen von Schwestergesellschaften in Konzernkonstellationen (sog. »side-step merger«) erfasst. Die Regelung hat eher klarstellenden Charakter, da auch bisher schon[336] überwiegend davon ausgegangen wurde, dass derartige Konstellationen vom Anwendungsbereich der Richtlinie erfasst sind (dazu auch Rdn. 96).[337]

Nach dem Company Law Package (dazu Rdn. 12 ff.) ist nach dem neuen Art. 132 Abs. 1 GesellschaftsrechtsRL der Verschmelzungsbericht bei upstream-mergers einer 100%-igen Tochter sowie bei side-step-mergers entbehrlich (dazu Rdn. 140).[338]

B. Verschmelzungsverfahren

I. Checkliste: Ablauf des Verschmelzungsverfahrens bei grenzüberschreitenden Verschmelzungen

▶

98
- ❏ U. U. Einsetzung eines besonderen Verhandlungsgremiums und Beginn der Verhandlung über die künftige Mitbestimmung nach MgVG (vgl. dazu Rdn. 192 ff.),
- ❏ Verschmelzungsplan (§ 122c UmwG),
- ❏ Verschmelzungsbericht (§§ 8 UmwG, 122e UmwG),
- ❏ Verschmelzungsprüfung (§§ 10 UmwG, 122f UmwG),
- ❏ Bekanntmachung des Verschmelzungsplans, Information der Arbeitnehmervertretungen, z.B. Betriebsrat (§ 6 MgVG), Unternehmensbewertungen zur Ermittlung des Umtauschverhältnisses und der Barabfindungen (§ 122i Abs. 1 UmwG),
- ❏ Auslage des Verschmelzungsberichts für Anteilsinhaber (§ 122e UmwG),
- ❏ Zugänglichmachung des Verschmelzungsberichts zum Betriebsrat bzw. Arbeitnehmern (§ 122e UmwG),
- ❏ Abschluss einer Mitbestimmungsvereinbarung (§ 22 MgVG),
- ❏ Ladung der Gesellschafter, Anteilsinhaber,
- ❏ Verschmelzungsbeschlüsse der Anteilsinhaber der übertragenden Gesellschaft und der Anteilsinhaber der übernehmenden Gesellschaft (§§ 13 UmwG, 122g UmwG), notwendige Zustimmungserklärung (§§ 13 Abs. 2, 50 Abs. 2, 51 UmwG etc.),
- ❏ Kapitalerhöhung soweit erforderlich (§§ 54, 55 UmwG für GmbH, §§ 68, 69 UmwG für AG),
- ❏ Verschmelzungsbescheinigung (§ 122k Abs. 2 UmwG),

---

335 Ausführlich Mayer, in: Widmann/Mayer, UmwR, § 122c UmwG Rn. 69 ff.; a.A. Lutz, BWNotZ 2010, 23, 28.
336 Siehe Heckschen, in: Widmann/Mayer, UmwR, Vor. § 122a UmwG Rn. 227; Lutter/Bayer/J. Schmidt, Europäisches Unternehmens- und Kapitalmarktrecht, § 7 Rn. 20.99, 22.125 mit praktischem Beispiel in Fn. 367; Lutz, BWNotZ 2010, 23, 28.
337 Knaier, GmbHR 2018, 607, 613; J. Schmidt, Der Konzern 2018, 229, 243 f.
338 Knaier, GmbHR 2018, 607, 615; J. Schmidt, Der Konzern 2018, 229, 243: willkommene Erleichterung für die Praxis.

- Anmeldungen zum Handelsregister bei der übertragenden Gesellschaft und bei der übernehmenden Gesellschaft: Unter Vorlage der notwendigen Unterlagen und Abgabe einer Negativerklärung nach § 16 Abs. 2 UmwG sowie einer Erklärung zum Gläubigerschutz (§ 122k Abs. 1 Satz 2 UmwG), Vorlage der Verschmelzungsbescheinigung durch das Vertretungsorgan der übertragenden Gesellschaft innerhalb von 6 Monaten zusammen mit dem Verschmelzungsplan bei der zuständigen Stelle des Staats, bei dem die übernehmende oder die neue Gesellschaft eingetragen wird (§ 122k Abs. 3 UmwG),
- Eintragung der Verschmelzung in das Register des Sitzes jeder der übertragenden Gesellschaften, Eintragung mit Vorbehalt und Verschmelzungsbescheinigung (§§ 16 Abs. 2, 3, 17 UmwG, 122k UmwG),
- Eintragung zum Register der übernehmenden Gesellschaft, Mitteilung an Register der übertragenden Gesellschaft (§ 122l UmwG),
- Ad-hoc-Publizitätspflichten (§ 15 WPHG).

II. Verschmelzungsplan

1. Überblick

In § 122c UmwG ist der sog. **Verschmelzungsplan** geregelt.[339] Die Vorschrift setzt Art. 122 Satz 1 GesellschaftsrechtsRL (früher Art. 5 Satz 1 Verschmelzungsrichtlinie) um, wonach die an der Verschmelzung beteiligten Gesellschaften einen gemeinsamen Verschmelzungsplan aufzustellen haben. Bei einer grenzüberschreitenden Verschmelzung tritt dieser an die Stelle des Verschmelzungsvertrages.[340] Die Formulierung des § 122c Abs. 1 UmwG trägt der Tatsache Rechnung, dass hier lediglich eine Verpflichtung für die beteiligten Kapitalgesellschaften geregelt werden kann, die dem deutschen Recht unterliegen. In der Literatur wurde teilweise kritisiert, dass das Institut eines Plans im deutschen Schuldrecht nicht geläufig sei.[341] Die Literatur geht aber zu Recht davon aus, dass es sich in rechtsdogmatischer Hinsicht **nicht um eine neue rechtsgeschäftliche Kategorie**, sondern um einen gesellschaftsrechtlichen Organiationsakt handelt, der inhaltlich dem Verschmelzungsvertrag nach nationalem Umwandlungsrecht und der weitgehend den Vorgaben des § 5 UmwG im Grundsatz entspricht.[342] Letztendlich bedeutet der Begriff der Aufstellung des Verschmelzungsplans (§ 122c Abs. 1 UmwG) nichts anderes als den Vertragsschluss im nationalen Umwandlungsrecht.[343] Auch die Anforderungen an seinen Inhalt sind weitgehend deckungsgleich mit denen des § 5 UmwG, der Gesetzgeber hat jedoch zur Vermeidung von Unklarheiten alle von der Verschmelzungsrichtlinie geforderten Angaben im Einzelnen nochmals festgeschrieben.[344] Allerdings enthält auch § 122c UmwG einige durch die Richtlinie bedingte Besonderheiten im Vergleich zu § 5 UmwG. Grds. wird man bei Auslegungsfragen und Problemstellungen, die in § 122c UmwG nicht geregelt sind, auf die allgemeinen Prinzipien des Verschmelzungsvertrages, wie sie in § 5 UmwG entwickelt wurden, zurückgreifen können (vgl. dazu oben Teil 2 Rdn. 52 ff.). Für die Praxis empfehlenswert erscheint aus Rechtssicherheitsgesichts-

99

---

339 Vgl. Neye/Timm, NotBZ 2007, 239 f.; Hörtnagl, in: Schmitt/Hörtnagl/Stratz, UmwG, § 122c Rn. 1 ff.
340 Begründung RegE BR-Drucks. 548/06, S. 31; MünchHdbGesR VIII/Oppenhoff, § 18 Rn. 65 spricht von einer bewussten terminologischen Abgrenzung zum Verschmelzungsvertrag.
341 Vetter, AG 2006, 617.
342 Forsthoff, DStR 2006, 614; Krause/Kulpa, ZHR 171 (2007), 38, 56; Vetter, AG 2006, 617; Simon/Rubner, Der Konzern 2006, 837; Lutter/Bayer, § 122c UmwG Rn. 3; Widmann/Mayer/Mayer, Umwandlungsrecht, § 122c UmwG Rn. 15 ff.; Kallmeyer/Müller, § 122c UmwG Rn. 1 ff.; Kallmeyer, AG 2007, 472, 474; Schmitt/Hörtnagl/Stratz/Hörtnagl, § 122c UmwG Rn. 5; Kruse/Kruse, BB 2010, 3035 ff.; MünchHdbGesR VIII/Oppenhoff, § 18 Rn. 65; Lutter/Bayer, UmwG, § 122c Rn. 3; Frenzel, Grenzüberschreitende Verschmelzung von Kapitalgesellschaften, 2008, S. 202.
343 Simon/Rubner, Der Konzern 2006, 837.
344 Begründung RegE, BT-Drucks. 12/2919, S. 33, krit. dazu Bayer/Schmidt, NZG 2006, 842.

punkten dennoch eine Klarstellung im Verschmelzungsplan über den Rechtsübergang durch Gesamtrechtsnachfolge.[345]

2. Planaufstellung

100 § 122c UmwG bestimmt, dass das Vertretungsorgan einer der beteiligten Gesellschaften zusammen mit den Vertretungsorganen der übrigen beteiligten Gesellschaft **einen gemeinsamen Verschmelzungsplan aufstellt**.[346] Gemeint ist damit die Errichtung eines einheitlichen Dokuments für die beteiligten Rechtsträger, gleichlautende, aber in unterschiedlichen Dokumenten enthaltene, Pläne reichen nicht aus.[347] Auch hier wird man davon ausgehen können, dass Vertragspartner die beteiligten Rechtsträger und nicht deren Anteilsinhaber sind. Die Verpflichtung zur Aufstellung kann im deutschen Recht nur für die deutschen beteiligten Gesellschaften geregelt werden, § 122c Abs. 1 UmwG trägt deshalb dem Rechnung.[348] Abweichend von Art. 122 Satz 1 GesellschaftsrechtsRL spricht der Gesetzgeber nicht vom Leitungs- oder Verwaltungsorgan, sondern dem Vertretungsorgan. Dies wurde in der Literatur kritisiert.[349] Hier hat der Gesetzgeber sich aber an die Terminologie des UmwG gehalten, sodass die allgemeinen Regelungen (vgl. oben Teil 2 Rdn. 69 ff.) auch hier gelten.[350] Die Aufstellung durch die Vertretungsorgane der beteiligten Gesellschaften entspricht dem Vertragsschluss. Unklar ist allerdings, wer damit bei einer SE mit monistischem System zuständig ist. Veretretungsorgan sind nach § 41 Abs. 1 SEAG die geschäftsführenden Direktoren, Leitungsorgan ist hingegen der Verwaltungsrat (Art. 43 Abs. 1 SE-VO, § 22 Abs. 1 SEAG). Die Literatur geht daher aufgrund richtlinienkonformer Auslegung von der Zuständigkeit des Verwaltungsrates aus.[351]

101 Ein Verstoß gegen § 122c UmwG hat die Nichtigkeit des Verschmelzungsplans zur Folge. Der Verschmelzungsplan kann geändert werden, dieser Vorgang steht jedoch einer Neuaufstellung gleich, sodass auch falls von der Änderung eine Tatsache nach § 122d Satz 2 UmwG (dazu Rdn. 137 f.) betroffen ist, diese neu bekanntzumachen ist.[352] Auch eine Aufhebung des Verschmelzungsplans ist möglich.[353] Haben die Gesellschafter bereits den Verschmelzungsbeschluss gefasst (dazu Rdn. 157 ff.) ist eine Aufhebung nur noch durch einen Aufhebungsbeschluss der Gesellschafterversammlung möglich, während zuvor die Leitungs- oder Verwaltungsorgane die Verschmelzung noch selbst stoppen können.[354] Hierbei ist jedoch noch str. mit welcher Mehrheit

---

345 Widmann/Mayer/Mayer, Umwandlungsrecht, § 122c UmwG Rn. 51; MünchHdbGesR VIII/Oppenhoff, § 18 Rn. 65.
346 Vgl. Lutter/Bayer, § 122c UmwG Rn. 6; Widmann/Mayer/Mayer, Umwandlungsrecht, § 122c UmwG Rn. 22; Kallmeyer/Müller, § 122c UmwG Rn. 5 ff.; Schmitt/Hörtnagl/Stratz/Hörtnagl, § 122c UmwG Rn. 8; Krause/Kulpa, ZHR 171 (2007), 38, 57; Herrler/Schneider, GmbHR 2011, 795, 796.
347 Widmann/Mayer/Mayer, § 122c UmwG Rn. 19 ff.; Lutter/Bayer, § 122c UmwG Rn. 7; Semler/Stengel/Drinhausen, § 122c UmwG Rn. 5; Kallmeyer/Marsch-Barner, § 122c UmwG Rn. 6; MünchHdbGesR VIII/Oppenhoff, § 18 Rn. 67.
348 Vgl. Begründung RegE, BR-Drucks. 548/06, S. 31.
349 Drinhausen/Keinath, BB 2006, 727; Krause/Kulpa, ZHR 171 (2007), 38, 57; Widmann/Mayer/Mayer, Umwandlungsrecht, § 122c UmwG, Rn. 22: zumindest missverständlich bei nach monistischen System organisierter SE.
350 Hörtnagl, in: Schmitt/Hörtnagl/Stratz, UmwG, § 122c Rn. 8; Drinhausen/Keinath, BB 2006, 727.
351 Widmann/Mayer/Mayer, Umwandlungsrecht § 122c UmwG, Rn. 22; Lutter/Bayer, § 122c UmwG Rn. 6; Semler/Stengel/Drinhausen, § 122c UmwG Rn. 9; Hörtnagl, in: Schmitt/Hörtnagl/Stratz, UmwG, § 122c Rn. 8; Kallmeyer/Marsch-Barner, § 122c UmwG Rn. 5.
352 Widmann/Mayer/Mayer, Umwandlungsrecht, § 122c UmwG, Rn. 169.
353 Hierfür gelten die gleichen Grundsätze wie für die Aufhebung des Verschmelzungsvertrags nach nationalem Recht (dazu Teil 2 Rdn. 78), siehe hierzu ausführlich Widmann/Mayer/Mayer, Umwandlungsrecht, § 122c UmwG Rn. 166 ff.
354 Widmann/Mayer/Mayer, Umwandlungsrecht, § 122c UmwG Rn. 167; Oppenhoff, in: MünchHdbGesR VIII, § 18 Rn. 71.

der Aufhebungsbeschluss zu fassen ist.[355] Für die Praxis ist daher zu empfehlen für den Aufhebungsbeschluss die selbe Mehrheit wie für den Verschmelzungsbeschluss zu verlangen.[356] Der Aufhebungsbeschluss bedarf dabei ebenfalls einer notariellen Beurkundung.[357]

3. Sprache

Im Gesetz ist nicht geregelt, **in welcher Sprache** oder welchen Sprachen der gemeinsame Verschmelzungsplan aufzustellen ist. Aus § 122d UmwG folgt mittelbar, dass dieser zumindest auch in deutscher Sprache vorliegen muss.[358] Die Vorschrift bestimmt nämlich, dass der Verschmelzungsplan zum Register einzureichen sei. Daraus wird zu Recht gefolgert, dass nach § 488 FamFG i. V. m. §§ 8, 184 GVG deutsch weiterhin Gerichtssprache ist. Die Literatur folgert daraus, dass er zumindest auch in Deutsch vorliegen muss.[359] Es wird empfohlen eine **mehrsprachige Fassung** zu erstellen.[360] Daraus folgt aber nicht **zwingend, dass der Plan in deutscher Sprache beurkundet** werden muss. Insoweit ist die deutsche Rechtsordnung, anders als viele andere, sehr international. Vielmehr ist es ausreichend, wenn sich bspw. die Parteien auf eine englischsprachige Fassung einigen und diese dann für ihre nationalen Registergerichte in die jeweilige Amtssprache übersetzen lassen oder aber der Notar eine Übersetzung mit entsprechender Bescheinigung gem. § 50 Abs. 1 BeurkG einreicht.[361] § 5 BeurkG bestimmt zwar, dass Urkunden in deutscher Sprache errichtet werden. Der Notar kann aber auf Verlangen Urkunden auch in einer anderen Sprache errichten. Er soll dem Verlangen nur entsprechen, wenn er der fremden Sprache hinreichend kundig ist. Insofern kann der Notar ohne Weiteres bei Vorliegen dieser Voraussetzungen den Plan **in einer fremden Sprache** beurkunden.[362]

102

§ 5 Abs. 2 BeurkG gestattet es auch, eine **doppelsprachige Urkunde** zu errichten, sodass zwei authentische Texte vorliegen.[363] Auslegungsprobleme können dann zwar bestehen, aber relativ leicht dadurch beseitigt werden, dass eine bei Zweifelsfragen maßgebliche Sprache bestimmt wird, wie dies bei internationalen Abkommen gängige Praxis ist. Fehlt eine solche Bestimmung, so dürfte wegen des Vorrangs der deutschen Sprache (§ 5 Abs. 1 BeurkG) die deutsche Fassung allein maßgebend sein.

103

Zulässig ist es auch, der (deutschen oder fremdsprachigen) Niederschrift eine vom Notar oder einem Dolmetscher verfasste Übersetzung beizufügen, die als solche zweifelsfrei gekennzeichnet

---

355 Für gleiche Mehrheit wie bei Verschmelzungsbeschluss: Widmann/Mayer/Mayer, Umwandlungsrecht, § 122c UmwG Rn. 167; dagegen Oppenhoff, in: MünchHdbGesR VIII, § 18 Rn. 71.
356 Ebenso Widmann/Mayer/Mayer, Umwandlungsrecht, § 122c UmwG Rn. 167.
357 Ebenso Widmann/Mayer/Mayer, Umwandlungsrecht, § 122c UmwG Rn. 167; dagegen Oppenhoff, in: MünchHdbGesR VIII, § 18 Rn. 71.
358 Ebenso Knaier, in Würzburger NotHdb, Teil 5 Kap. 6 Rn. 382; Freundorfer/Festner, GmbHR 2010, 195, 197 f.; Althoff, in: NK-UmwR, § 122c, Rn. 11.
359 Haritz/v. Wolf, GmbHR 2006, 341 in Fn. 7; Winter, Der Konzern 2007, 33; Freundorfer/Festner, GmbHR 2010, 195, 197; Lutter/Bayer, § 122c UmwG Rn. 10; Widmann/Mayer/Heckschen, Umwandlungsrecht, § 122c UmwG Rn. 24 ff.; Kallmeyer/Müller, § 122c UmwG, Rn. 7; Hörtnagl, in: Schmitt/Hörtnagl/Stratz, § 122c UmwG Rn. 42; Krause/Kulpa, ZHR 171 (2007), 38, 57; Klein, RNotZ 2007, 565, 588.
360 Vgl. Widmann/Mayer/Heckschen, Umwandlungsrecht, § 122c UmwG Rn. 24 ff.; Kallmeyer/Müller, § 122c UmwG Rn. 7; Lutter/Bayer, § 122c UmwG Rn. 10; Müller, ZIP 2007, 1081, 1083.
361 So zu Recht Heckschen, DNotZ 2007, 444, 458; Lutter/Bayer, § 122c UmwG Rn. 10; Kallmeyer/Müller, § 122c UmwG, Rn. 41; Hörtnagl, in: Schmitt/Hörtnagl/Stratz, § 122c UmwG Rn. 8; Tebben/Tebben, DB 2007, 2355, 2357; Freundorfer/Festner, GmbHR 2010, 195, 197.
362 Vgl. Kallmeyer/Müller, § 122c UmwG Rn. 41; Hörtnagl, in: Schmitt/Hörtnagl/Stratz, § 122c UmwG Rn. 8; Tebben/Tebben, DB 2007, 2355, 2357; Freundorfer/Festner, GmbHR 2010, 195, 197.
363 Vgl. eingehend Hertel, in: FS für Wolfsteiner, 2007, S. 51 ff.; Preuß, in: Armbrüster/Preuß/Renner, BeurkG/DONot, § 5 BeurkG Rn. 89; Grziwotz, in: Grziwotz/Heinemann, BeurkG, § 5 Rn. 10; Ott, RNotZ 2015, 189, 191.

ist, also den Vorrang bei dem anderen (authentischen) Text belässt. Die beiden Texte können – mit vorgenannter Einschränkung – ohne Weiteres räumlich nebeneinander stehen.[364] Zulässig ist es ferner, dass der Notar die deutsche Übersetzung einer Urkunde **mit der Bescheinigung der Richtigkeit und Vollständigkeit** versieht, wenn er die Urkunde selbst in fremder Sprache errichtet hat oder für die Erteilung einer Ausfertigung zuständig ist (§ 50 Abs. 1 Satz 1 BeurkG).[365] Eine derartige Übersetzung gilt widerlegbar als richtig und vollständig (§ 50 Abs. 2 BeurkG). Die Übersetzung wird mit Urschrift verwahrt.[366]

104 Es ist wohl davon auszugehen, dass viele Mitgliedstaaten, denen die anderen beteiligten Rechtsträger angehören, die **Aufstellung des Plans in ihrer jeweiligen Amtssprache verlangen** werden. Ungeklärt ist, was bei Divergenzen in der Übersetzung gelten soll, hier empfiehlt es sich, eine Klarstellungsklausel in den Verschmelzungsplan aufzunehmen.[367] Letztendlich spricht viel dafür, die Fassung in der Amtssprache als maßgeblich anzusehen, die am Sitz der aufnehmenden Gesellschaft gilt, weil die zuständigen Behörden dieser Gesellschaft die abschließende und endgültige Entscheidung über die Verschmelzung treffen.[368]

▶ Hinweis:

Durch das Company Law Package (hierzu allgemein Rdn. 12 ff.) soll über Art. 122 Abs. 2 GesellschaftsrechtsRL nun eine Sprachenregelung für den Verlegungsplan getroffen werden.[369] Demnach müssen die Mitgliedstaaten der formwechselnden Gesellschaft gestatten, den Verlegungsplan nicht nur in den Amtssprachen des Wegzugs- und des Zuzugsmitgliedstaates, sondern auch in einer in der internationalen Wirtschafts- und Finanzwelt gebräuchlichen Verkehrssprache zu erstellen. Der Verlegungsplan kann daher auch in englischer Sprache erstellt werden.[370] Bisher ist der Verschmelzungsplan zumindest auch in deutscher Sprache aufzustellen, da er nach § 122d UmwG zum Handelsregister einzureichen ist.[371] Die Formulierung des Kommissionsvorschlages wirft jedoch Fragen auf, da nach dem Wortlaut auch nur die Erstellung des Verschmelzungsplans in der Sprache des Mitgliedstaates, aus dem die andere an der Verschmelzung beteiligte Gesellschaft stammt, in Frage kommt. Ein deutsches Register wird jedoch kaum in der Lage sein die Ordnungsmäßigkeit des Verlegungsplanes zu prüfen, wenn dieser nur in einer anderen mitgliedstaatlichen Sprache abgefasst ist (dazu auch Rdn. 102 ff.). Das Registergericht wird in einem solchen Fall jedoch zumindest eine beglaubigte Übersetzung des originalen Verschmelzungsvertrages anfordern dürfen, um seinen Prüfungspflichten überhaupt nachkommen zu können.[372] Den Mitgliedstaaten verbleibt jedoch die Kompetenz zu regeln, welche der Sprachfassungen bei Divergenzen verbindlich ist. Dies erlaubt es jedoch offenbar nicht, immer auch eine deutsche oder englische Fassung zu fordern. Hinzu kommt das Problem, dass jeder Mitgliedstaat eine andere Sprachfassung im Konfliktfall als verbindlich

---

364 Keidel/Winkler, BeurkG § 5 Rn. 1; Höfer/Huhn, Allgemeines Urkundenrecht, S. 81; Jansen, BeurkG § 5 Rn. 5.
365 Dazu Ott, RNotZ 2015, 189, 190 f.
366 Dazu Ott, RNotZ 2015, 189, 191.
367 Dazu Grziwotz, in: Grziwotz/Heinemann, BeurkG, § 5 Rn. 10; Ott, RNotZ 2015, 189, 193.
368 So Krause/Kulpa, ZHR 171 (2007), 38, 60.
369 Dazu Knaier, GmbHR 2018, 607, 614; J. Schmidt, Der Konzern 2018, 229, 240; Wachter, GmbHStB 2018, 283, 289 f.; Bayer/Schmidt, BB 2018, 2562.
370 Die Formulierung der Sprachenregelung gelingt hier besser als im Regelungsvorschlag betreffend den Einsatz digitaler Instrumente und Verfahren im Gesellschaftsrecht (COM[2018] 239 final), in welchem auch ein template in englischer Sprache zur Verfügung gestellt werden sollte. Die dortige Anknüpfung an eine Amtssprache der EU ist indes wenig gelungen, da Englisch nach dem »Brexit« als solche ausscheiden könnte, dazu ausführlich Knaier, GmbHR 2018, 560, 567; diese Bedenken teilt J. Schmidt, Der Konzern 2018, 229, 230 nicht.
371 Freundorfer/Festner, GmbHR 2010, 195 (197 f.); Althoff, in: NK-UmwR, 2015, § 122c Rn. 11.
372 So auch Knaier, GmbHR 2018, 607, 614.

anerkennen kann und so weitere Rechtsunsicherheit entsteht.[373] Im weiteren Normgebungsverfahren sollte hier eine klarere Regelung geschaffen werden.

4. Form

Nach § 122c Abs. 4 UmwG ist der Verschmelzungsplan **notariell zu beurkunden**.[374] Die Begründung zum RegE weist darauf hin, dass dies der Regelung für den Verschmelzungsvertrag in § 6 UmwG entspreche.[375] Auch hier gelten im Prinzip die allgemeinen Regelungen wie oben dargestellt (Teil 2 Rdn. 61 ff.). Ungeregelt ist die Frage, inwieweit die Beurkundung **durch einen deutschen Notar** zumindest für die Erfüllung der deutschen Formvorschrift erforderlich ist. Im deutschen Verschmelzungsrecht ist eine starke Meinung der Auffassung, dass Auslandsbeurkundungen weder bei der Beurkundung des Verschmelzungsvertrages noch bei der der Verschmelzungsbeschlüsse zulässig seien (vgl. oben Teil 2 Rdn. 503 f.; Teil 2 Rdn. 61 ff.).[376] Insb. im Hinblick auf die Rechtsprechung des BGH zum Gesellschaftsrecht, nach der die notarielle Beurkundung die materielle Richtigkeitsgewähr garantiert,[377] wurden Auslandsbeurkundungen nicht mehr als ausreichend angesehen.[378]

Generell gilt, dass die Frage, inwieweit eine durch einen ausländischen Notar vorgenommene Beurkundung die inländische Formvorschrift, wie hier des § 122c Abs. 4 UmwG erfüllt, **nicht einheitlich und generell beantwortet** werden kann, sondern es kommt auf den spezifischen **Schutzzweck der Formvorschrift** an.[379] Notarielle Formvorschriften dienen nicht nur dem Schutz der Beteiligten durch Überlegungssicherung und Belehrungssicherung, sondern auch generell dem Rechtsverkehr durch erhöhte Beweissicherung und Gerichtsentlastung. Insbesondere bei den Beurkundungen, die Grundlage für eine Registereintragung sind, erfüllt der Notar durch Einhaltung des spezifischen Beurkundungsverfahrens **öffentlich-rechtliche Aufgaben**:
– Legalitätskontrolle (§ 14 Abs. 2 BNotO),
– Identitätskontrolle (§ 10 BeurkG),
– Prüfung der Geschäftsfähigkeit (§ 11 BeurkG),
– Prüfung der Vertretungsmacht (§ 12 BeurkG).

Mit der Wahrnehmung dieser im öffentlichen Interesse bestehenden Pflichten, wird die Richtigkeit der zum Zweck des öffentlichen Verkehrsschutzes geschaffenen Register und Grundbücher garantiert. Damit ist der **Notar Teil des Registerverfahrens** und nimmt Zwecke des inländischen Rechts wahr, die durch einen ausländischen Notar so nicht wahrgenommen werden können. Darüber hinaus bestehen vielfältige Mitteilungspflichten des öffentlichen Rechts und des Steuerrechts, deren Erfüllung allein im öffentlichen Interesse erfolgt und die zwingend mit der Beurkundung verknüpft sind; für die Verschmelzung z.B. § 54 EStDV ggü. dem Finanzamt. Die notarielle

---

373 Dies kritisieren auch J. Schmidt, Der Konzern 2018, 229, 240 und Knaier, GmbHR 2018, 607, 614.
374 Vgl. Lutter/Bayer, § 122c UmwG Rn. 10; Widmann/Mayer/Heckschen, Umwandlungsrecht, § 122c UmwG Rn. 189 ff.; Kallmeyer/Müller, § 122c UmwG, Rn. 41; Hörtnagl, in: Schmitt/Hörtnagl/Stratz, § 122c UmwG Rn. 5; Freundorfer/Festner, GmbHR 2010, 195, 197.
375 BR-Drucks. 548/06.
376 So Lutter/Drygala, UmwG, § 13 Rn. 18; Widmann/Mayer/Heckschen, Umwandlungsrecht, § 13 UmwG Rn. 230; ausführlich Gutachten DNotI-Report 2016, 93 ff.; Kallmeyer/Zimmermann, § 6 UmwG Rn. 110 f.; Widmann/Mayer/Heckschen, § 6 UmwG Rn. 70; Mayer, in: Widmann/Mayer, § 122c UmwG Rn. 183; Wilken, EWiR 1996, 937, 938; Winkler, BeurkG Einl. Rn. 96; Henssler/Strohn/Heidinger, § 6 UmwG Rn. 6: Der Praxis ist bis zu einer Klärung durch den BGH von einer Auslandsbeurkundung abzuraten.
377 BGH, Beschl. v. 24.10.1988 – II ZB 7/88, GmbHR 1989, 25 = BGHZ 105, 324.
378 Goette, in: FS Boujong, 1996, S. 131 = DStR 1996, 109; ders., MittRhNotK 1997, 1; Kallmeyer/Zimmermann, UmwG, § 6 Rn. 10 ff.
379 Vgl. Winkler, BeurkG, Einleitung Rn. 54; Reithmann/Martiny, Internationales Vertragsrecht, Rn. 573 ff.; Eylmann/Vaasen/Limmer, BeurkG, § 2 Rn. 16.

Beurkundung dient daher nicht nur dem Zweck der Errichtung einer beweissicheren Urkunde und dem Beteiligtenschutz, sondern vielfältigen öffentlich-rechtlichen, steuerrechtlichen und Verkehrsschutzinteressen. Da ausländische Notare weder den öffentlich-rechtlichen und steuerrechtlichen Mitteilungspflichten noch dem inländischen Verkehrsschutz und dem inländischen Registerverfahren verpflichtet sind, kann von einer Gleichwertigkeit, wie sie auch der Gesetzgeber in der Begründung zu § 122c Abs. 4 UmwG erwähnt,[380] nur dann ausgegangen werden, wenn dem ausländischen Notar die gleichen Verpflichtungen auferlegt sind, was i. d. R. nicht der Fall ist.[381]

Darüber hinaus wird man an der o. g. **BGH-Rechtsprechung** festhalten müssen, dass in Fällen, in denen die gesellschaftsrechtlichen Grundlagen der Gesellschaft, die sog. Verfassung, betroffen sind, eine Gleichwertigkeit von vornherein ausscheidet.[382] Die Verschmelzung betrifft aber die Verfassung einer Gesellschaft in ihrer ureigensten Form.[383] Insofern wird man auch bei § 122c Abs. 4 UmwG davon ausgehen müssen, dass der Verschmelzungsplan für die deutsche Gesellschaft durch einen deutschen Notar beurkundet werden muss.[384]

106 **Ausländische Rechtsordnungen** sehen dies oft ähnlich und verlangen die Einbindung eines nationalen Hoheitsträgers zum Schutz der vielfältigen mit der Verschmelzung verbundenen Verkehrs- und Beteiligteninteressen, sowie der öffentlichen Interessen, sodass auch diese Rechtsordnungen häufig die Beurkundung durch einen inländischen Notar verlangen. In den Fällen, in denen umgekehrt die Beurkundung durch den deutschen Notar dem ausländischen Recht nicht genügt, ist eine **doppelte Beurkundung erforderlich**.[385] Letztendlich ist dies auch Ausfluss der sog. Vereinigungstheorie, die der Verschmelzungsrichtlinie und dem Umsetzungsgesetz zugrunde liegt (dazu Rdn. 83). Dies ist auch angemessen angesichts der erheblichen Auswirkungen, die eine grenzüberschreitende Verschmelzung für die Beteiligten mit sich bringt, insbesondere Minderheitengesellschafter und die Wahrung von deren Interessen sowie der Schutz der Gläubiger, Arbeitnehmer und des öffentlichen Rechtsverkehrs durch die Register.

▶ Hinweis:

Der Referentenentwurf für ein Viertes Gesetz zur Änderung des Umwandlungsgesetzes (dazu Rdn. 47 ff.) knüpft an die notarielle Beurkundung des Verschmelzungsplans für die Geltung der Übergangsregelung des § 122m UmwG-RefE an.[386] Falls die übernehmende oder neue Gesellschaft deutschem Recht unterliegt, soll nach der Vorschrift eine grenzüberschreitende Verschmelzung nach den § 122a ff. UmwG auch dann vorliegen, wenn eine übertragende Gesellschaft beteiligt ist, die dem Recht des Vereinigten Königreichs unterliegt, sofern der Verschmelzungsplan nach § 122c Abs. 4 UmwG vor dem Ausscheiden des Vereinigten Königreichs aus der EU – bzw. vor dem Ablauf einer Übergangsfrist – notariell beurkundet worden

---

380 BR-Drucks. 548/06, S. 31.
381 Vgl. Reithmann/Martiny, Internationales Vertragsrecht, Rn. 573; Langhein, Kollisionsrecht, S. 100 ff.; ders., Rpfleger 1996, 45 ff.
382 So auch OLG Hamm, Beschl. v. 01.02.1974 – 15 Wx 6/74, NJW 1974, 1057; OLG Karlsruhe, Urt. v. 10.04.1979 – 11 W 104/78, RIW 1979, 567, 568; LG Augsburg, Beschl. v. 04.06.1996 – 2 HK T 2093/96, NJW-RR 1997, 420; Goette, DStR 1996, 712.
383 So zu Recht Krause/Kulpa, ZHR 171 (2007), 938, 950; vgl. auch Widmann/Mayer/Heckschen, Umwandlungsrecht, Anhang 14 Rn. 202 ff.; MünchKomm-AktG/Schäfer, Bd. 9/2, Art. 20 SE-VO Rn. 7.
384 So auch Krause/Kulpa, ZHR 171 (2007), 938, 950; Heckschen, DNotZ 2007, 444, 458; wohl auch Vetter, AG 2006, 617.
385 Ebenso Vetter, AG 2006, 617; Winter, Der Konzern, 2007, 33; Simon/Rubner, Der Konzern 2006, 837; Freundorfer/Festner, GmbHR 2010, 195, 197; Müller, ZIP 2007, 1081, 1083; Widmann/Mayer/Heckschen, Umwandlungsrecht, § 122c UmwG Rn. 209.
386 Hierzu ausführlich Stiegler, 4. UmwÄndG – Brexit und Verschmelzung auf Personengesellschaften: Way to go oder halbherziger Kompromiss?, erscheint in ZIP 2018; Knaier, ZNotP 2018, 341, 344 f.; Brandi/M. K. Schmidt, DB 2018, 2417, 2420 f.

ist. Diese Übergangsregelung gilt jedoch nur, wenn die grenzüberschreitende Verschmelzung unverzüglich, spätestens aber zwei Jahre nach diesem Zeitpunkt, mit den erforderlichen Unterlagen zur Registereintragung angemeldet wird. Zwei Jahre erscheinen als Grenzzeitraum für den Begriff »unverzüglich« relativ großzügig bemessen, jedoch angesichts der zu erwartenden Probleme im Hinblick auf den Verfahrensabschnitt der grenzüberschreitenden Verschmelzung, der sich nach britischem Recht richtet (dazu Rdn. 165 ff.),[387] durchaus realistisch für die Verfahrensdauer.[388] Wurde der Verschmelzungsplan nach § 122c Abs. 4 UmwG vor dem Ausscheiden des Vereinigten Königreichs aus der EU nicht nach § 122c Abs. 4 UmwG notariell beurkundet, besteht für eine britische Gesellschaft keine Möglichkeit mehr, das Verfahren der grenzüberschreitenden Verschmelzung nach §§ 122a ff. UmwG in Anspruch zu nehmen, da dieses nach wie vor außerhalb des Regelungsbereichs des § 122m UmwG nur EU-Gesellschaften[389] offen steht.

Wie mit Verträgen umgegangen werden soll, welche durch die frühere Limited nach Wirksamwerden des Brexit und nach vorheriger Beurkundung des Verschmelzungsvertrages abgeschlossen werden, wird vom Gesetzgeber nicht thematisiert.[390]

5. Notwendiger Inhalt des Verschmelzungsplans (§ 122c Abs. 2 UmwG)

§ 122c Abs. 2 UmwG regelt den **Inhalt des Verschmelzungsplans** und enthält ebenso wie § 5 UmwG einen **Katalog von Mindestangaben** für den Inhalt und setzt damit Art. 5 Satz 2 Verschmelzungsrichtlinie (jetzt Art. 122 GesellschaftsrechtsRL) in deutsches Recht um.[391] Dabei wurden zur Vermeidung von Unklarheiten alle von der Richtlinie geforderten Angaben aufgenommen, auch soweit sie weitgehend dem Inhalt des für innerstaatliche Verschmelzung nach § 5 UmwG vorgeschriebenen Verschmelzungsvertrag sachlich entsprechen und eine Verweisung möglich gewesen wäre.[392] Die Beteiligten können auf freiwilliger Basis weitere Informationen und Regelungen in den Verschmelzungsplan aufnehmen.[393] 107

Der Verschmelzungsplan oder sein Entwurf muss **mindestens folgende Angaben** enthalten:[394] 108

§ 122c Abs. 2 Nr. 1 UmwG	Rechtsform, Firma und Sitz der übertragenden und übernehmenden oder neuen Gesellschaft,
§ 122c Abs. 2 Nr. 2 UmwG	das Umtauschverhältnis der Gesellschaftsanteile und ggf. die Höhe der baren Zuzahlungen,

---

387 Ausführlich Knaier, ZNotP 2018, 341, 344 f.
388 Siehe hierzu auch J. Schmidt, GmbHR 2018, R292, R293; Knaier, ZNotP 2018, 341, 344; Stiegler, 4. UmwÄndG – Brexit und Verschmelzung auf Personengesellschaften: Way to go oder halbherziger Kompromiss?, erscheint in ZIP 2018.
389 Hörtnagl, in: Schmitt/Hörtnagl/Stratz, UmwG, § 122b Rn. 11 ff.; Polley, in: Henssler/Strohn, GesR, § 122b UmwG Rn. 8 f.; siehe hierzu im Hinblick auf die Vorgaben der früheren Verschmelzungsrichtlinie Lutter/Bayer/J. Schmidt, Europäisches Unternehmens- und Kapitalmarktrecht, 6. Aufl. 2018, § 22 Rn. 22.14; Teichmann, in: Gebauer/Teichmann, EnzEuR, Bd. 6, 2016, § 6 Rn. 249.
390 Dazu ausführlich Knaier, ZNotP 2018, 341, 344 f.
391 Hierzu auch Knaier, in: Würzburger NotHdb, Teil 5 Kap. 6 Rn. 381 ff.; Oppenhoff, in: MünchHdbGesR VIII, § 18 Rn. 76 ff.
392 BR-Drucks. 548/06, S. 31.
393 Begründung zum RegE, BR-Drucks. 548/06, S. 31; Krause/Kulpa, ZHR 171 (2007), 39, 57; Heckschen, DNotZ 2007, 444, 456; Kallmeyer/Marsch-Barner, § 122c UmwG Rn. 4; Lutter/Bayer, § 122c UmwG Rn. 18; Widmann/Mayer/Heckschen, Umwandlungsrecht, § 122c UmwG Rn. 18; Hörtnagl, in: Schmitt/Hörtnagl/Stratz, § 122c UmwG Rn. 5.
394 Vgl. Kallmeyer/Marsch-Barner/Lanfermann/Willemsen, § 122c UmwG Rn. 8 ff.; Lutter/Bayer, § 122c UmwG Rn. 13 ff.; Widmann/Mayer/Heckschen, Umwandlungsrecht, § 122c UmwG Rn. 36 ff.; Hörtnagl, in: Schmitt/Hörtnagl/Stratz, § 122c UmwG Rn. 10 ff.; Lutz, BWNotZ 2010, 23, 28 ff.

§ 122c Abs. 2 Nr. 3 UmwG	die Einzelheiten hinsichtlich der Übertragung der Gesellschaftsanteile der übernehmenden oder neuen Gesellschaft,
§ 122c Abs. 2 Nr. 4 UmwG	die voraussichtlichen Auswirkungen der Verschmelzung auf die Beschäftigung,
§ 122c Abs. 2 Nr. 5 UmwG	den Zeitpunkt, von dem an die Gesellschaftsanteile deren Inhabern das Recht auf Beteiligung am Gewinn gewähren, sowie alle Besonderheiten, die eine Auswirkung auf dieses Recht haben,
§ 122c Abs. 2 Nr. 6 UmwG	den Zeitpunkt, von dem an die Handlungen der übertragenden Gesellschaften unter dem Gesichtspunkt der Rechnungslegung als für Rechnung der übernehmenden oder neuen Gesellschaft vorgenommen gelten (Verschmelzungsstichtag),
§ 122c Abs. 2 Nr. 7 UmwG	die Rechte, die die übernehmende oder neue Gesellschaft den mit Sonderrechten ausgestatteten Gesellschaftern und den Inhabern von anderen Wertpapieren als Gesellschaftsanteilen gewährt, oder die für diese Personen vorgeschlagenen Maßnahmen,
§ 122c Abs. 2 Nr. 8 UmwG	etwaige besondere Vorteile, die den Sachverständigen, die den Verschmelzungsplan prüfen, oder den Mitgliedern der Verwaltungs-, Leitungs-, Aufsichts- oder Kontrollorgane der an der Verschmelzung beteiligten Gesellschaften gewährt werden,
§ 122c Abs. 2 Nr. 9 UmwG	die Satzung der übernehmenden oder neuen Gesellschaft,
§ 122c Abs. 2 Nr. 10 UmwG	ggf. Angaben zu dem Verfahren, nach dem die Einzelheiten über die Beteiligung der Arbeitnehmer an der Festlegung ihrer Mitbestimmungsrechte in der aus der grenzüberschreitenden Verschmelzung hervorgehenden Gesellschaft geregelt werden,
§ 122c Abs. 2 Nr. 11 UmwG	Angaben zur Bewertung des Aktiv- und Passivvermögens, das auf die übernehmende oder neue Gesellschaft übertragen wird,
§ 122c Abs. 2 Nr. 12 UmwG	den Stichtag der Bilanzen der an der Verschmelzung beteiligten Gesellschaften, die zur Festlegung der Bedingungen der Verschmelzung verwendet werden.

▶ **Hinweis:**

Das Company Law Package (hierzu allgemein Rdn. 12 ff.) sieht Änderungen im Hinblick auf den Inhalt des Verschmelzungsplans vor.[395] Art. 122 GesellschaftsrechtsRL sieht nun der Verschmelzungsplan Einzelheiten zum Angebot einer Barabfindung nach Art. 126a für die Gesellschafter enthält, welche die grenzüberschreitende Verschmelzung ablehnen. Weiterhin sind Informationen über die den Gläubigern angebotenen Sicherheiten aufzunehmen.

Im deutschen Recht sieht Art. 122i bereits heute für die Gesellschafter der übertragenden Gesellschaft bei einer Herausverschmelzung vor, dass jedem Anteilsinhaber, der gegen den Verschmelzungsbeschluss der Gesellschaft Widerspruch zur Niederschrift erklärt, der Erwerb seiner Anteile gegen eine angemessene Barabfindung anzubieten ist (Rdn. 129 ff.). Dieses zwingende Barabfindungsangebot ist in den Verschmelzungsplan aufzunehmen.[396] Art. 126a Abs. 1 – 7 GesellschaftsrechtsRL geht über diese Regelung hinaus und gewährt dieses Recht sämtlichen Gesellschaftern aller an der Verschmelzung beteiligten Gesellschaften mit stimmberechtigten Anteilen, die nicht für den Verschmelzungsplan gestimmt haben, sowie sämtlichen Gesellschaftern mit stimmrechtslosen Anteilen. Als Schuldner des Barabfindungsanspruches kommen nach Art. 126a Abs. 2 GesellschaftsrechtsRL die sich verschmelzenden Gesellschaften, die verbleibenden Gesellschafter der sich verschmelzenden Gesellschaften oder Dritte im Einvernehmen mit den sich verschmelzenden Gesellschaften in Betracht. Die Modalitäten der

---

395 Dazu Knaier, GmbHR 2018, 607, 613 f.; J. Schmidt, Der Konzern 2018, 229, 240 f.; Wachter, GmbH-StB 2018, 283, 289.
396 Bayer, in: Lutter, UmwG, § 122i Rn. 11; Marsch-Barner, in: Kallmeyer, UmwG, § 122i Rn. 3; siehe auch Wachter, GmbH-StB 2018, 283, 293; Knaier, GmbHR 2018, 607, 613.

Annahme des Barabfindungsangebots dürfen die Mitgliedstaaten regeln.[397] § 122i Abs. 1 Satz 3, § 30 Abs. 2 UmwG sehen im deutschen Recht bereits vor, dass eine Prüfung der Barabfindung durch den Verschmelzungsprüfer (Rdn. 135) stattfinden muss. Dies greift Art. 126a Abs. 5 GesellschaftsrechtsRL ebenfalls auf. Diejenigen Gesellschafter, die das Barabfindungsangebot angenommen haben und es für nicht angemessen erachten, haben nach Art. 126a Abs. 6 GesellschafstrechtsRL zudem das Recht, innerhalb eines Monats nach der Annahme bei einem nationalen Gericht eine Neuberechnung zu verlangen. Maßgeblich ist nach Art. 126a Abs. 7 GesellschaftsrechtsRL für die Rechte nach den Abs. 1 – 6 das Recht des Mitgliedstaates, dem die jeweilige sich verschmelzende Gesellschaft unterliegt. Zugleich sind die Gerichte dieses Mitgliedstaates auch international zuständig.[398]

Nach § 122c Abs. 2 Nr. 2 UmwG ist das Umtauschverhältnis der Gesellschaftsanteile im Verschmelzungsplan anzugeben. Bei der Herausverschmelzung können die Minderheitsgesellschafter der deutschen Gesellschaft nach § 122h i.V.m. § 15 UmwG eine Verbesserung des Umtauschverhältnisses verlangen. Die Regelungen des Kommissionsvorschlags zur Verbesserung des Umtauschverhältnisses nach Art. 126a Abs. 8 – 10 GesellschaftsrechtsRL gehen hierüber ebenfalls hinaus.[399] Art. 126a Abs. 8 GesellschaftsrechtsRL gestattet sämtlichen Gesellschaftern aller an der Verschmelzung beteiligter Gesellschaften, welche die grenzüberschreitende Verschmelzung nicht abgelehnt haben, ein unangemessenes Umtauschverhältnisses innerhalb eines Monats nach Wirksamwerden der grenzüberschreitenden Verschmelzung vor einem nationalen Gericht anzufechten. Das deutsche Recht entsprechend zu reformieren wurde bereits vielfach gefordert.[400] Befindet das angerufene Gericht das Umtauschverhältnis für nicht angemessen, kann es anordnen, dass die aus der Verschmelzung hervorgegangene Gesellschaft den Gesellschaftern, die das Verhältnis erfolgreich angefochten haben, eine Abfindung zu zahlen hat (Art. 126a Abs. 9 GesellschaftsrechtsRL). Neben einem Barausgleich kann das Gericht auch die zusätzliche Gewährung von Anteilen anordnen (Art. 126a Abs. 9 Satz 3 GesellschaftsrechtsRL). Während jedoch nach der deutschen Rechtslage die gerichtliche Entscheidung nach § 13 SpruchG für und gegen alle Anteilsinhaber wirkt, einschließlich derjenigen, die bereits gegen die ursprünglich angebotene Barabfindung ausgeschieden sind, entfaltet die Entscheidung nach dem Kommissionsvorschlag nur gegenüber den Verfahrensbeteiligten Wirkung.[401] Hier besteht im Sinne des Gleichbehandlungsinteresses sämtlicher Gesellschafter Nachbesserungsbedarf.[402]

Bei der Herausverschmelzung ist im aktuellen deutschen Recht § 122j UmwG zum Schutz der Gläubiger der übertragenden deutschen Gesellschaft zu beachten. Dieser sieht vor, dass den Gläubigern Sicherheit zu leisten ist, soweit sie nicht Befriedigung verlangen können (§ 122j Abs. 1 Satz 1 UmwG). Hierfür müssen diese gemäß § 122j Abs. 1 Satz 2 UmwG binnen zwei Monaten nach dem Tag, an dem der Verschmelzungsplan oder sein Entwurf bekannt gemacht worden ist, ihren Anspruch nach Grund und Höhe schriftlich anmelden und glaubhaft machen, dass durch die Verschmelzung die Erfüllung ihrer Forderung gefährdet wird. § 122j Abs. 2 UmwG beschränkt dieses Recht auf Forderungen, die vor oder bis zu 15 Tage nach Bekanntmachung des Verschmelzungsplans oder seines Entwurfs entstanden sind. Nach dem

---

397 S. hierzu ausführlich Knaier, GmbHR 2018, 607, 613; J. Schmidt, Der Konzern 2018, 229, 237 f.; siehe auch Noack/Kraft, DB 2018, 1577, 1581.
398 Knaier, GmbHR 2018, 607, 613; J. Schmidt, Der Konzern 2018, 229, 237 f.
399 Zur Harmonisierung des materiellen Schutzes der Minderheitsgesellschafter bei grenzüberschreitenden Verschmelzungen nach dem Company Law Package ausführlich M. Noack, AG 2018, 780.
400 S. etwa Bayer, in: Lutter, UmwG, § 122h Rn. 4; Marsch-Barner, in: Kallmeyer, UmwG, § 15 Rn. 3; Bayer/J. Schmidt, ZIP 2010, 953, 963; s. auch den Regelungsvorschlag des Handelsrechtsausschusses des DAV, NZG 2007, 497, 503; dazu Bayer, ZHR 172 (2008), 24.
401 Knaier, GmbHR 2018, 607, 613 f.; J. Schmidt, Der Konzern 2018, 229, 238.
402 Dies kritisieren auch J. Schmidt, Der Konzern 2018, 229, 238; Knaier, GmbHR 2018, 607, 613 f.

EuGH-Urteil in der Rs. KA Finanz[403] wird die Unionsrechtskonformität der deutschen Regelung stark bezweifelt bzw. sogar verneint, da es an der Regelungskompetenz des deutschen Gesetzgebers fehle.[404] Indes erfüllt die Norm m.E. vielmehr umgekehrt die neu aufgestellten Anforderungen des Art. 122 Satz 2 lit. n) GesellschaftsrechtsRL an den Gläubigerschutz bereits heute.[405]

Art. 126b GesellschaftsrechtsRL enthält daneben weitere Schutzbestimmungen für Gläubiger. Zum einen können die Mitgliedstaaten vom Leitungs- oder Verwaltungsorgan der sich verschmelzenden Gesellschaft eine Erklärung dahingehend verlangen, dass aus Sicht der Gesellschaft kein Grund zu der Annahme besteht, dass die aus der Verschmelzung hervorgehende Gesellschaft nicht in der Lage sein könnte, ihren Verbindlichkeiten nachzukommen (Art. 126b Abs. 1 GesellschaftsrechtsRL). Den Mitgliedstaaten soll überlassen bleiben, an eine fehlerhafte Erklärung Sanktionen wie eine Haftung der Organmitglieder zu knüpfen.[406] Daneben erhalten Gläubiger, die den im Verschmelzungsplan vorgesehenen Schutz für nicht ausreichend erachten, das Recht, innerhalb eines Monats nach Offenlegung des Verschmelzungsplans bei der zuständigen Behörde (Rdn. 137 f.) angemessene Sicherheiten zu beantragen (Art. 126b Abs. 2 GesellschaftsrechtsRL). Die zuständige Behörde geht allerdings von der widerlegbaren Vermutung aus, dass Gläubigern durch eine grenzüberschreitende Verschmelzung kein Nachteil entsteht, wenn die Gesellschaft einen Zahlungsanspruch in Höhe des Werts der ursprünglichen Forderung entweder gegen einen fremden Sicherungsgeber oder gegen die aus der Verschmelzung hervorgehenden Gesellschaft anbietet, sofern dieser Anspruch vor demselben Gericht wie die ursprüngliche Forderung geltend gemacht werden kann, oder wenn in dem Bericht des unabhängigen Sachverständigen, der den Gläubigern zur Kenntnis gebracht wurde, bestätigt wird, dass die Gesellschaft in der Lage sein wird ihre Gläubiger zu befriedigen (Art. 126b Abs. 3 GesellschaftsrechtsRL). Die Bestimmungen über den Gläubigerschutz lassen die Anwendung nationaler Rechtsvorschriften zur Befriedigung oder Sicherung von Forderungen der öffentlichen Hand unberührt (Art. 126b Abs. 4 GesellschaftsrechtsRL).

a) Rechtsform, Firma und Sitz der übertragenden und der übernehmenden oder neuen Gesellschaft (§ 122c Abs. 2 Nr. 1 UmwG)

109 Ebenso wie § 5 Abs. 1 Nr. 1 UmwG sind die beteiligten Gesellschaften mit ihrer **Rechtsform**, ihrer **Firma** und ihrem **Sitz** anzugeben.[407] Mit Sitz im Sinne dieser Vorschrift ist der Satzungssitz gemeint, nicht etwa der Verwaltungssitz. Wie bereits erläutert, besteht zumindest in Deutschland die Möglichkeit Verwaltungssitz und Satzungssitz in verschiedenen Staaten zu haben (dazu Rdn. 46). In der Literatur besteht Einigkeit, dass hier nur der Satzungssitz gemeint sein kann, da nur dieser eine klare und rechtssichere Identifizierung der Gesellschaft und damit auch des anwendbaren Rechts gewährleistet.[408] Empfohlen wird zudem die Angabe der inländischen Geschäftsanschrift.[409].

---

403 EuGH v. 7.4.2016 – C-483/14, ZIP 2016, 712.
404 So ausführlich Bayer/J. Schmidt, ZIP 2016, 841, 846 f.; zur vielfältigen Kritik an dieser Gesetzgebung bereits zuvor Lutter/Bayer/J. Schmidt, Europäisches Unternehmens- und Kapitalmarktrecht, 6. Aufl. 2018, § 22 Rn. 22.152 ff.; a.A. Knaier, in: Würzburger Notarhandbuch, 5. Aufl. 2017, Teil 5 Kap. 6 Rn. 409.
405 Siehe schon Knaier, GmbHR 2018, 607, 614.
406 So Erwägungsgrund 34, COM(2018) 241 final.
407 Kallmeyer/Marsch-Barner, § 122c UmwG Rn. 9; Lutter/Bayer, § 122c UmwG Rn. 13 ff.; Widmann/Mayer/Mayer, Umwandlungsrecht, § 122c UmwG Rn. 42 ff.; Hörtnagl, in: Schmitt/Hörtnagl/Stratz, § 122c UmwG Rn. 12.
408 Widmann/Mayer/Mayer, § 122c UmwG, Rn. 43 ff.; Drinhausen, in: Semler/Stengel, § 122c UmwG Rn. 12; Marsch-Barner/Kallmeyer, § 122c UmwG Rn. 9.
409 Knaier, in: Würzburger NotHdb, Teil 5 Kap. 6 Rn. 381; Herrler/Herrler, in: Süß/Wachter, Hdb internationales GmbH-Recht, § 5, Rn. 40; Polley, in: Henssler/Strohn, GesR, § 122c UmwG, Rn. 12.

b) Umtauschverhältnis der Geschäftsanteile/Höhe barer Zuzahlung (§ 122c Abs. 2 Nr. 2 UmwG)

Das Erfordernis, das Umtauschverhältnis der Gesellschaftsanteile und gegebenenfalls die Höhe der baren Zuzahlungen im Verschmelzungsplan anzugeben, entspricht weitgehend § 5 Abs. 1 Nr. 3 UmwG. Auch die grenzüberschreitende Verschmelzung ist im Grundsatz eine **Verschmelzung gegen Anteilsgewährung** und ausnahmsweise gegen bare Zuzahlungen. Grds. kann auf die obigen Ausführungen verwiesen werden (Teil 2 Rdn. 100 ff.).[410] Bei der Ermittlung des Umtauschverhältnisses ist jedoch besonders darauf zu achten, dass die Wertrelation zumindest nach vergleichbaren Bewertungsmethoden bestimmt wird, da außerhalb Deutschlands insbesondere die Ertragswertmethode nicht unbedingt herangezogen wird.[411] Nach § 122c Abs. 3 UmwG können ebenso wie beim Verschmelzungsvertrag nach § 5 Abs. 2 UmwG die Angaben über den Umtausch der Anteile entfallen, wenn sich alle Anteile einer übertragenden Gesellschaft in der Hand der übernehmenden Gesellschaft befinden (Tochter-Mutter-Verschmelzung).[412] Insofern besteht auch bei grenzüberschreitenden Verschmelzungen der Grundsatz der Anteilsgewährung, wenn keine Ausnahme vorliegt. Umstritten ist, ob bei einer übernehmenden deutschen GmbH oder AG nach § 122a Abs. 2 iVm §§ 54 Abs. 1 Satz 3, 68 Abs. 1 Satz 3, 78 UmwG von der Anteilsgewährung abgesehen werden kann, wenn alle Anteilsinhaber eines übertragenden Rechtsträgers darauf verzichten.[413] In der Literatur wird jedenfalls für die Hineinverschmelzung die entsprechende Anwendung auch der §§ 54 Abs. 1 Satz 3 und 68 Abs. 3 UmwG befürwortet.[414]

Demgegenüber äußert Mayer[415] Bedenken. Die internationale Verschmelzungsrichtlinie (jetzt integriert in die GesellschaftsrechtsRL, dazu Rdn. 11) sehe Ausnahmen von der Anteilsgewährungspflicht nur für den Sonderfall der Verschmelzung einer 100 %-igen Tochtergesellschaft auf ihre Muttergesellschaft und für den Fall, dass bei der übertragenden Gesellschaft eigene Anteile vorhanden sind, vor. Weitere Ausnahmen von der Anteilsgewährungspflicht, insbesondere die Ermächtigung für die Mitgliedstaaten, eine Anteilsgewährung bei Verzicht bestimmter Anteilsinhaber einzuräumen, könne der internationalen Verschmelzungsrichtlinie nicht entnommen werden. Daher seien die Bestimmungen der §§ 54 Abs. 1 Satz 3 und 68 Abs. 1 Satz 3 UmwG nicht richtlinienkonform und könnten bei einer deutschen Kapitalgesellschaft, die im Rahmen einer grenzüberschreitenden Verschmelzung als übernehmender bzw. neu gegründeter Rechtsträger mitwirkt, keine Anwendung finden. Für bare Zuzahlungen sollte beachtet werden, dass es bei den nicht deutschem Recht unterliegenden Beteiligten zu Abweichungen von der hiesigen 10%-Grenze kommen kann.[416]

c) Einzelheiten hinsichtlich der Übertragung der Gesellschaftsanteile der übernehmenden oder neuen Gesellschaft (§ 122c Abs. 2 Nr. 3 UmwG)

Auch dies entspricht weitgehend der Regelung in § 5 Nr. 4 UmwG,[417] sodass auf die obigen Ausführungen verwiesen werden kann (Teil 2 Rdn. 163 ff.).

---

410 Siehe auch Kallmeyer/Lanfermann, § 122c UmwG Rn. 10 ff.; Lutter/Bayer, § 122c UmwG Rn. 16 f.; Widmann/Mayer/Mayer, Umwandlungsrecht, § 122c UmwG Rn. 52 ff.; Hörtnagl, in: Schmitt/Hörtnagl/Stratz, § 122c UmwG Rn. 12.
411 Lanfermann, in: Kallmeyer, UmwG, § 122c, Rn. 11; ausführlich Reuter, AG 2007, 881.
412 Vgl. Neye/Timm, NotBZ 2007, 239 f.; Neye/Timm, GmbHR 2007, 561, 562; Frenzel, Grenzüberschreitende Verschmelzung von Kapitalgesellschaften, 2008, S. 211 f.
413 Ausführlich zum Streitstand Süß, in: Herrler, Gesellschaftsrecht in der Notar- und Gestaltungspraxis, § 12, Rn. 30; Oppenhoff, in: MünchHdbGesR VIII, § 18 Rn. 84.
414 Hörtnagl, in: Schmitt/Hörtnagl/Stratz, UmwG, § 122c Rn. 16; Lutz, BWNotZ 2010, 23, 28.
415 Widmann/Mayer, Umwandlungsrecht, § 122c UmwG Rn. 64 ff.; krit. auch Mayer/Weiler, DB 2007, 1235, 1239.
416 Dies betrifft Fälle der Herausverschmelzung, vgl. Lanfermann, in: Kallmeyer, § 122c, Rn. 13; Hörtnagl, in: Schmitt/Hörtnagl/Stratz, UmwG, § 122c, Rn. 14; für strikte Einhaltung auch bei Herausverschmelzung Mayer, in: Widmann/Mayer, UmwR, § 122c, Rn. 88.
417 Bayer, in: Lutter, UmwG, § 122c, Rn. 17; Drinhausen, in: Semler/Stengel, UmwG, § 122c, Rn. 17 f.

d) Voraussichtliche Auswirkungen der Verschmelzung auf die Beschäftigung (§ 122c Abs. 2 Nr. 4 UmwG)

112 Es ist umstritten, ob der Verschmelzungsplan anders als der Verschmelzungsvertrag nach nationalem Umwandlungsrecht (§ 5 Abs. 3 UmwG) **nicht dem Betriebsrat** zuzuleiten ist oder ob dies doch geboten ist. Ein Teil der Literatur ist der Meinung, dass stattdessen bei grenzüberschreitender Verschmelzung eine Zuleitung des Verschmelzungsberichts nach § 122e Satz 2 UmwG n. F. erfolge, nicht aber des Plans.[418] Dieser ist dem zuständigen Betriebsrat oder, falls es keinen Betriebsrat gibt, den Arbeitnehmern der an der grenzüberschreitenden Verschmelzung beteiligten Gesellschaften spätestens einen Monat vor der Versammlung der Anteilsinhaber zugänglich zu machen. Nach a. A. gilt § 5 Abs. 3 UmwG (Pflicht zur Zuleitung des Vertrages an den Betriebsrat) analog.[419] Auch hier gilt, dass bis zur gerichtlichen Klärung die Zuleitung zu empfehlen ist.[420]

113 Es stellt sich daher dabei auch die Frage, ob die Angaben nach § 122c Abs. 2 Nr. 4 UmwG den Angaben des § 5 Abs. 1 Nr. 9 UmwG entsprechen (vgl. dazu oben Teil 2 Rdn. 193 ff.). Die Gesetzesformulierung ist unterschiedlich, da § 122c UmwG von den voraussichtlichen Auswirkungen der Verschmelzung auf die Beschäftigung spricht. In der Literatur wird aus der **unterschiedlichen Zuleitungsfunktion** und der Tatsache, dass die Arbeitnehmer den Verschmelzungsvertrag nicht erhalten, zu Recht gefolgert, dass die Angaben nach § 122c UmwG **nur die Gesellschafter betreffen** und daher nur solche **beschäftigungsbezogenen Informationen** in den Verschmelzungsplan aufzunehmen sind, die für die Anteilseigner relevant sind.[421] Für die Gesellschafter regelmäßig interessant sind insbesondere die aktuell zu erwartenden Mitarbeiterzahlen, künftige Mitbestimmungsregeln und mit einem etwaigen Arbeitsplatzabbau verbundene Kosten.[422] Daraus ist i. V. m. den abweichenden Regelungen zum Verschmelzungsbericht zu schließen, dass der Verschmelzungsplan nun keine Angaben mehr zu den Auswirkungen der Verschmelzung auf die Arbeitnehmervertretungen zu enthalten hat.[423] Nach anderer Meinung hat der Gesetzgeber sich sachlich an der Regelung des § 5 Abs. 1 UmwG orientiert, sodass die Angaben weitgehend identisch seien.[424] Mayer[425] empfiehlt daher aus Vorsichtsgründen keinen geringeren Standard bei den Informationen als bei der nationalen Verschmelzung aufzunehmen.

e) Zeitpunkt und Besonderheiten des Gewinnanspruchs (§ 122c Abs. 2 Nr. 5 UmwG)

114 Festzusetzen ist der **Zeitpunkt**, von dem an die Gesellschaftsanteile deren **Inhabern das Recht auf Beteiligung am Gewinn gewähren**, sowie alle Besonderheiten, die eine Auswirkung auf dieses Recht haben (§ 122c Abs. 2 Nr. 5 UmwG).[426] Hier kann auf die obigen Ausführungen verwiesen werden (Teil 2 Rdn. 168 ff.).

---

418 So Lutter/Bayer, § 122c UmwG Rn. 32; Kallmeyer/Willemsen, § 122c UmwG Rn. 18; Widmann/Mayer/Heckschen, Umwandlungsrecht, § 122a UmwG Rn. 132; Widmann/Mayer/Mayer, Umwandlungsrecht, § 122c UmwG Rn. 10, 29 ff.; Simon/Hinrichs, NZA 2008, 391, 392; Dzida, GmbHR 2009, 459, 465; Kallmeyer/Kappes, AG 2006, 224, 238; Oppenhoff, in: MünchHdbGesR VIII, § 18 Rn. 152: Informationsbedürfnis wird bereits über Verschmelzungsbericht erfüllt.
419 Drinhausen/Keinath, BB 2006, 725, 727; Herrler, EuZW 2007, 295, 296; Müller, ZIP 2007, 1081, 1083; Krause/Kulpa, ZHR 171, 2007, 38, 60.
420 Vgl. Kallmeyer/Willemsen, § 122c UmwG, Rn. 19; Knaier, in: Würzburger NotHdb, Teil 5 Kap. 6 Rn. 386.
421 So Vetter, AG 2006, 619; Simon/Rubner, Der Konzern 2006, 838; Heckschen, DNotZ 2007, 444, 456; Lutter/Bayer, § 122c UmwG Rn. 9; Klein, NotBZ 2007, 565, 581.
422 Simon/Rubner, Der Konzern 2006, 838.
423 So Heckschen, DNotZ 2007, 444, 456.
424 Kallmeyer/Willemsen, § 122c UmwG, Rn. 16; Drinhausen, in: Semler/Stengel, § 122c UmwG Rn. 21.
425 Widmann/Mayer/Mayer, Umwandlungsrecht, § 122c UmwG Rn. 97, ähnlich speziell zur deutsch/österreichischen Verschmelzung Herrler/Schneider, GmbHR 2011, 795.
426 Althoff, in: NK-UmwR, § 122c, Rn. 20; Bayer, in: Lutter, UmwG, § 122c, Rn. 21.

f) Festlegung des Verschmelzungsstichtages (§ 122c Abs. 2 Nr. 6 UmwG)

Nach § 122c Abs. 2 Nr. 6 UmwG ist in dem Verschmelzungsplan auch der Zeitpunkt aufzunehmen, von dem an die Handlungen der übertragenden Gesellschaften unter dem Gesichtspunkt der **Rechnungslegung** als Verrechnung der übernehmenden **auf die neue Gesellschaft vorgenommen gelten**; dies entspricht der Festlegung des Verschmelzungsstichtages nach § 5 Abs. 1 Nr. 6 UmwG (vgl. dazu oben Teil 2 Rdn. 172 ff.). Zu beachten sind ggf. ausländische Vorgaben für den Verschmelzungsstichtag.[427] Die deutsche Möglichkeit der Rückbeziehung bis zu 8 Monaten muss nicht in den ausländischen Rechtsordnungen zulässig sein. Teilweise sind die Fristen kürzer, häufig maximal 6 Monate.[428]

g) Sonderrechte (§ 122c Abs. 2 Nr. 7 UmwG)

Nach § 122c Abs. 2 Nr. 7 UmwG sind ferner die Rechte, welche die übernehmende oder neue Gesellschaft den **mit Sonderrechten ausgestatteten Gesellschaftern** oder den Inhabern von anderen Wertpapieren als Gesellschaft Anteile gewährt, oder die für diese Personen vorgeschlagenen Maßnahmen. Auch dies entspricht weitgehend der Regelung in § 5 Abs. 1 Nr. 7 UmwG,[429] sodass auf die obigen Ausführungen verwiesen werden kann (Teil 2 Rdn. 189 ff.). Die Begriffe »Sonderrechte« und »Wertpapiere« sind nach den beteiligten ausländischen Rechtsordnungen zu bestimmen.[430]

h) Vorteile für sonstige Beteiligte (§ 122c Abs. 2 Nr. 8 UmwG)

Nach § 122c Abs. 2 Nr. 8 UmwG sind etwaige **besondere Vorteile** aufzunehmen, die den Sachverständigen und den Verschmelzungsplan prüfen oder den Mitgliedern der Verwaltungs-, Leitungs-, Aufsichts- oder Kontrollorgane der an der Verschmelzung beteiligten Gesellschaften gewährt werden. Auch hier kann auf die obigen Ausführungen verwiesen werden (Teil 2 Rdn. 191 ff.).

i) Satzung der übernehmenden oder neuen Gesellschaft (§ 122c Abs. 2 Nr. 9 UmwG)

Nach § 122c Abs. 2 Nr. 9 UmwG ist die **Satzung der übernehmenden oder neuen Gesellschaft** im Verschmelzungsplan anzugeben. Anders als bei nationalen Verschmelzungen ist also auch bei der Verschmelzung zur Aufnahme die Satzung Bestandteil des Verschmelzungsplanes. Dies ist insofern sinnvoll, da die Gesellschafter eines Verschmelzungspartners aus einem anderen Mitgliedstaat stammen und mit Satzungen der anderen beteiligten Rechte häufig nicht vertraut sind.[431] Die Satzung kann als Anlage zum Verschmelzungsplan aufgenommen werden.[432] Dies gilt unabhängig davon, ob die Satzung des übernehmenden Rechtsträgers überhaupt geändert oder angepasst werden muss.[433]

---

427 Vgl. dazu Herrler/Schneider, DStR 209, 2433, 2438; Widmann/Mayer/Mayer, § 122c UmwG, Rn. 105.1.
428 Widmann/Mayer/Mayer, § 122c UmwG, Rn. 105.1.
429 Auch zu den Unterschieden Bayer, in: Lutter, UmwG, § 122c, Rn. 23; Mayer, in: Widmann/Mayer, UmwR, § 122c, Rn. 110 ff.
430 Kallmeyer/Marsch-Barner, § 122c UmwG Rn. 24; Drinhausen, in: Semler/Stengel, § 122c UmwG Rn. 28.
431 So zu Recht Vetter, AG 2006, 618 Widmann/Mayer/Mayer, § 122c UmwG, Rn. 118; Drinhausen, in: Semler/Stengel, § 122c UmwG Rn. 30; Marsch-Barner, in: Kallmeyer, § 122c UmwG Rn. 26.
432 Widmann/Mayer/Mayer, § 122c UmwG, Rn. 121; Lutter/Bayer, § 122c UmwG Rn. 25; Drinhausen, in: Semler/Stengel, § 122c UmwG Rn. 30.
433 Heckschen, DNotZ 2007, 444, 456; Kallmeyer/Marsch-Barner, § 122 c Rn. 26; Widmann/Mayer/Mayer, Umwandlungsrecht, § 122c UmwG Rn. 121; Klein, RNotZ 2007, 565, 581; Lutter/Bayer, § 122c UmwG Rn. 24.

> Hinweis:

Der Referentenentwurf für ein Viertes Gesetz zur Änderung des Umwandlungsgesetzes (dazu Rdn. 47 ff.) erweitert in § 122b Abs. 1 Nr. 2 UmwG-RefE nun den Katalog verschmelzungsfähiger Rechtsträger um Personenhandelsgesellschaften i.S.d. § 3 Abs. 1 Nr. 1 UmwG.[434] Bei der Beteiligung von Personengesellschaften nach dem Referentenentwurf ist anstelle der Satzung der Gesellschaftsvertrag[435] der aus der Verschmelzung hervorgehenden Gesellschaft anzugeben.[436]

j) Angaben zum Verfahren der Arbeitnehmermitbestimmung (§ 122c Abs. 2 Nr. 10 UmwG)

119 Anders als im § 5 UmwG sieht § 122c Abs. 2 Nr. 10 UmwG vor, dass **Angaben zu dem Verfahren** aufgenommen werden, nach dem die Einzelheiten über die Beteiligung der Arbeitnehmer an der Festlegung ihrer Mitbestimmungsrechte geregelt werden – sofern es zu einem derartigen Verfahren überhaupt kommt (dazu auch Rdn. 192 ff.).[437] In der Literatur ist die überwiegende Meinung der Auffassung, dass die Vertretungsorgane – v. a., wenn noch keine konkreten Ergebnisse vorliegen – sich auf die Wiedergabe der abstrakten Gesetzeslage oder grober Umschreibung des Verfahrens beschränken können.[438] Nach anderen Meinung sind konkrete Angaben über das Verhandlungsergebnis zu machen.[439] Soweit noch keine Ergebnisse der Verhandlung vorliegen, kann nur der bisherige Stand wiedergegeben werden. Simon/Rubner[440] weisen darauf hin, dass die Anteilseigner es in der Hand haben, dem Verschmelzungsplan uneingeschränkt zuzustimmen und dabei in Kauf zu nehmen, dass in den Verhandlungen zwischen den Unternehmensleitungen und dem sog. **besonderen Verhandlungsgremium** (§§ 6 ff. MgVG) keine oder aus Sicht der Anteilsinhaber ungünstige Mitbestimmungsvereinbarungen getroffen werden. Im Ergebnis sollte der großzügigeren Auffassung gefolgt werden, nach der eine knappe abstrakte Darstellung der denkbaren Ergebnisse genügt.[441]

k) Angaben zur Bewertung des Aktiv- und Passivvermögens (§ 122c Abs. 2 Nr. 11 UmwG)

120 Ebenfalls neu für das deutsche Recht ist die Regelung in § 122 Abs. 2 Nr. 11 UmwG zu den **Angaben zur Bewertung des Aktiv- und Passivvermögens** der übertragenden Rechtsträger; diese beruht auf Art. 5 lit. k) Verschmelzungsrichtlinie (jetzt Art. 122 lit. k) GesellschaftsrechtsRL). Die Bedeutung dieser Regelung erschließt sich nicht sofort.[442] Die Literatur weist zu Recht darauf hin, dass die Unternehmensbewertung im Grundsatz nichts mit der Bewertung des Aktiv- und Passivvermögens zu tun hat, da die Unternehmensbewertung die der Ertragskraft nach den einschlägigen Methoden bewertet (vgl. oben Teil 2 Rdn. 409 ff.). Die Unternehmensbewertung spie-

---

434 Hierzu ausführlich Knaier, ZNotP 2018, 341, 342 f.; Stiegler, 4. UmwÄndG – Brexit und Verschmelzung auf Personengesellschaften: Way to go oder halbherziger Kompromiss?, erscheint in ZIP 2018; J. Schmidt, GmbHR 2018, R292, R293.
435 Der Referentenentwurf nimmt eine entsprechende redaktionelle Änderung des § 122c vor, siehe UmwG-RefE, S. 4, 8, abrufbar unter: https://www.bmjv.de/SharedDocs/Gesetzgebungsverfahren/Dokumente/RefE_Umwandlungsgesetz.pdf?__blob=publicationFile&v=1 (Stand: 12.09.2018).
436 Hierzu Knaier, ZNotP 2018, 341, 344.
437 Kallmeyer/Willemsen, § 122 c Rn. 27; Widmann/Mayer/Mayer, Umwandlungsrecht, § 122c UmwG Rn. 125 ff.
438 So Kallmeyer/Willemsen, § 122c Rn. 29 ff.; Widmann/Mayer/Mayer, Umwandlungsrecht, § 122c UmwG Rn. 135; Klein, RNotZ 2007, 565, 582; Dzida/Schramm, NZG 2008, 512, 527.
439 Simon/Rubner, Der Konzern 2006, 838.
440 Der Konzern 2006, 838.
441 Anders noch Limmer, ZNotP 2007, 242, 254.
442 Zur Bedeutung der Regelung auch Süß, in: Herrler, Gesellschaftsrecht in der Notar- und Gestaltungspraxis, § 12, Rn. 29 m.w.N.

gelt sich im Umtauschverhältnis wieder.⁴⁴³ Die überwiegende Meinung ist der Auffassung, dass die einzig sinnvolle Auslegung darin bestehe, Informationen über die Art und Weise zu geben, wie das übertragene Vermögen im Rechnungswesen des übernehmenden Rechtsträgers fortgeführt werde, ob also die Buchwerte oder Teil- oder Zwischenwerte angesetzt werden.⁴⁴⁴ Auch Simon/Rubner⁴⁴⁵ bestätigen dies. Dies entspreche auch der historischen Wurzel der zugrunde liegenden Richtlinienregelung in Art. 5 lit. k) Verschmelzungsrichtlinie (jetzt Art. 122 lit. k), die auf das französische Verschmelzungsrecht zurückgehe. Danach ist, abweichend vom deutschen Konzept, bereits der Verschmelzungsvertrag selbst festzulegen, ob die Verschmelzung Buchwerte verknüpft oder nach dem Anschaffungskostenprinzip und ggf. mit welchen Wertansätzen durchgeführt werden sollen.⁴⁴⁶ Nach deutschem Recht muss das Wahlrecht nach § 94 UmwG nicht den Verschmelzungsvertrag, sondern erst bei der Aufstellung des Jahresabschlusses ausgeübt werden. Umstritten ist auch, ob nach § 122c Abs. 2 Nr. 11 UmwG nun diese Angaben und damit auch die Ausübung des Wahlrechts im Verschmelzungsplan selbst gemacht werden müssen⁴⁴⁷ oder ob es genügt, wenn nur die Angabe gemacht wird, dass die endgültige Bewertung i. R. d. Feststellung des Jahresabschlusses erfolgen wird.⁴⁴⁸

In der Literatur wird zu Recht darauf hingewiesen, dass das Gesetz und auch die Verschmelzungsrichtlinie (jetzt integriert in die GesellschaftsrechtsRL, dazu Rdn. 11) **keine Verpflichtung zur endgültigen und unabweisbaren Entscheidung über die Buchwertfortführung** und die Wertansätze verlangen, sodass wohl auch Angaben zulässig sind, dass die endgültige Festlegung der Bewertung erst im Zusammenhang mit der Aufstellung des Jahresabschlusses des übernehmenden Rechtsträgers erfolgt, soweit keine der beteiligten Rechtsordnungen zwingend die Entscheidung über die Festlegung der Bilanzansätze im Verschmelzungsplan selbst verlangt.⁴⁴⁹ 121

l) Stichtag der Jahresabschlüsse (§ 122c Abs. 2 Nr. 12 UmwG)

Nach § 122c Abs. 2 Nr. 12 UmwG sind anzugeben der **Stichtag der Jahresabschlüsse** der an der Verschmelzung beteiligten Gesellschaften, die zur Festlegung der Bedingungen der Verschmelzung verwendet werden. 122

Auch diese Regelung erschließt sich nur aus den **Besonderheiten des französischen Verschmelzungsrechts**.⁴⁵⁰ Teilweise wird daraus gefordert, dass die Bilanzen selbst Teil des Verschmelzungsplans sein müssten.⁴⁵¹ Dem kann man sicherlich nicht folgen, da die Bilanzen für die Festlegung des Umtauschverhältnisses, wie dargelegt, nicht maßgeblich sind, sondern die Unternehmensbewertung, die nach ganz anderen Prinzipien als den bilanziellen funktioniert (vgl. oben Rdn. 120). 123

---

443 So zu Recht Simon/Rubner, Der Konzern 2006, 838; Kallmeyer/Lanfermann, § 122 c Rn. 31.
444 Vetter, AG 2006, 618; im Ergebnis auch Kiehm, WM 2006, 1095; Kallmeyer/Lanfermann, § 122 c Rn. 31; Widmann/Mayer/Mayer, Umwandlungsrecht, § 122c UmwG Rn. 138; Drinhausen, in: Semler/Stengel, § 122c UmwG 35; Lutter/Bayer, § 122c UmwG Rn. 26.
445 Der Konzern 2006, 838.
446 Vgl. auch Widmann/Mayer/Mayer, § 122c UmwG, Rn. 137; Lutter/Bayer, § 122c UmwG Rn. 27; Drinhausen, in: Semler/Stengel, § 122c UmwG Rn. 35; Lanfermann, in: Kallmeyer, § 122c UmwG Rn. 31.
447 So Kallmeyer/Lanfermann, § 122c Rn. 34; Drinhausen, in: Semler/Stengel, § 122c UmwG 35; Lutter/Bayer, § 122c UmwG Rn. 26.
448 So Vetter, AG 2006, 618; Simon/Rubner, Der Konzern 2006, 838; Stellungnahme des Handelsrechtsausschusses des DAV zum Zweiten Gesetz zur Änderung des UmwG, NZG 2006, 737, 740; Louven, ZIP 2006, 2021, 2025; Kiem, WM 2006, 1091, 1095.
449 So Vetter, AG 2006, 619; ebenso Simon/Rubner, Der Konzern 2006, 838.
450 Vetter, AG 2006, 619; Simon/Rubner, Der Konzern 2006, 838; Louven, ZIP 2006, 2021, 2025; Kiem, WM 2006, 1091, 1095; Widmann/Mayer/Mayer, Umwandlungsrecht, § 122c UmwG Rn. 139; Lutter/Bayer, § 122c UmwG Rn. 29; Drinhausen, in: Semler/Stengel, § 122c UmwG Rn. 35; Lanfermann, in: Kallmeyer, § 122c UmwG Rn. 37.
451 So Haritz/v. Wolf, GmbHR 2006, 340 f.

Vetter weist zu Recht darauf hin, dass die Regelung das Missverständnis offenbare, das Umtauschverhältnis könne aus den Bilanzen abgeleitet werden; das ist eindeutig nicht der Fall.[452] Maßgeblich sind die letzten Bilanzen nur für die Frage der Eröffnungsbilanz bei der aufnehmenden oder neuen Gesellschaft. Die Literatur vertritt daher überwiegend zu Recht, dass nur die Stichtage der letzten Bilanzen der übertragenden Rechtsträger vor bzw. am Verschmelzungsstichtag anzugeben sind.[453] Bei einem zukünftigen Verschmelzungsstichtag können diese im Zeitpunkt der Aufstellung des Verschmelzungsplans zukünftige Bilanzen sein. Im Ergebnis wird man aus dieser Vorschrift kaum zusätzliche Angaben ableiten können, es sei denn das Recht eines der beteiligten Rechtsträger verlangt weitergehende Angaben zu entsprechenden Stichtagen über den Verschmelzungsstichtag oder den Stichtag der Schlussbilanz hinaus.

6. Mutter-Tochter-Verschmelzung

124 Ebenso wie § 5 Abs. 2 UmwG sieht § 122c Abs. 3 UmwG Erleichterungen bei einer 100 %igen Verschmelzung der Tochter auf die Mutter: Die Angaben über den Umtausch der Anteile entfallen, wenn sich alle Anteile einer übertragenden Gesellschaft in der Hand der übernehmenden Gesellschaft befinden. Diese Vorschrift setzt insofern die Ausnahme des Art. 15 Abs. 1 erster Spiegelstrich Verschmelzungsrichtlinie um. Wegen der Einzelheiten kann auf die obigen Ausführungen verwiesen werden (oben Teil 2 Rdn. 227 f.).

7. Verschmelzungen von Schwestergesellschaften

125 Die frühere Verschmelzungsrichtlinie (dazu Rdn. 8) sieht ebenso wenig wie die Gesellschaftsrechtsrichtlinie in welche sie integriert wurde (dazu Rdn. 11) besondere Regelungen für die Verschmelzung von Schwestergesellschaften im Konzern (sog. »side-step merger«) vor.[454] Grundsätzlich dürften derartige Verschmelzungsvorgänge aber vom Anwendungsbereich der Richtlinie erfasst und zulässig sein.[455] Verfahrenserleichterungen sind hierbei jedoch nicht vorgesehen und können daher auch nicht zugelassen werden.[456] Insbesondere kommt derzeit kein Verzicht auf Anteilsgewährung nach § 122a Abs. 2 i.V.m. §§ 54, 68 UmwG in Betracht, da die Art. 131 und 132 GesellschaftsrechtsRL für den Anteilsverzicht eine abschließende Regelung darstellen.[457]

▶ **Hinweis:**

126 Das Company Law Package (hierzu allgemein Rdn. 12 ff.) sieht vor Art. 119 GesellschaftsrechtsRL um den Fall zu ergänzen, dass die übertragende Gesellschaft ihr gesamtes Aktiv- und Passivvermögen auf die übernehmende Gesellschaft überträgt, ohne dass neue Anteile ausgegeben werden. Erfasst wird dieser Vorgang dann, wenn dieselbe Person Eigentümer der sich verschmelzenden Gesellschaften ist oder wenn die Eigentumsverhältnisse nach Vollzug der Verschmelzung in allen sich verschmelzenden Gesellschaften gleich bleiben. Von der Regelung sind damit Verschmelzungen von Schwestergesellschaften in Konzernkonstellationen (sog. »side-step merger«) erfasst. Die Regelung hat eher klarstellenden Charakter, da auch bisher

---

452 Vetter, AG 2006, 619.
453 Kallmeyer/Lanfermann, § 122 c Rn. 36 ff.; Widmann/Mayer/Mayer, Umwandlungsrecht, § 122c UmwG Rn. 141; Lutter/Bayer, § 122c UmwG Rn. 28; Drinhausen, in: Semler/Stengel, § 122c UmwG 37; Vetter, AG 2006, 619; Simon/Rubner, Der Konzern 2006, 838 f.
454 Gutkès, in: Sagasser/Bula/Brünger, Umwandlungen, § 13 Rn. 255.
455 Siehe Heckschen, in: Widmann/Mayer, UmwR, Vor. § 122a UmwG Rn. 227; Lutter/Bayer/J. Schmidt, Europäisches Unternehmens- und Kapitalmarktrecht, § 20 Rn. 20.99, § 22 Rn. 22.125; Lutz, BWNotZ 2010, 23, 28.
456 Heckschen, in: Widmann/Mayer, UmwR, Vor. § 122a UmwG Rn. 227; Gutkès, in: Sagasser/Bula/Brünger, Umwandlungen, § 13 Rn. 255; dies fordert aber Berebrok, in: Sudhoff, Unternehmensnachfolge, § 64 Rn. 15 ff.
457 Ausführlich Mayer, in: Widmann/Mayer, UmwR, § 122c UmwG Rn. 69 ff.; a.A. Lutz, BWNotZ 2010 S. 23, 28.

schon[458] überwiegend davon ausgegangen wurde, dass derartige Konstellationen vom Anwendungsbereich der Richtlinie erfasst sind (dazu auch Rdn. 96).[459]

8. Verschmelzung zur Aufnahme und Verschmelzung zur Neugründung

Wie sich aus der Formulierung des § 122b Abs. 1 UmwG – »*an einer grenzüberschreitenden Verschmelzung können als übertragende, **übernehmende oder neue Gesellschaften***« – und den Vorgaben der Verschmelzungsrichtlinie ergibt, kann es sich bei einer Verschmelzung nach § 122a ff. UmwG um eine **Verschmelzung zur Aufnahme oder eine Verschmelzung zur Neugründung** handeln.

127

Es sind daher die **weiteren Besonderheiten** je nach Art der Verschmelzung zu beachten, z.B. Kapitalerhöhung, Neugründung etc. (dazu s. o. Teil 2 Rdn. 246 ff.).

128

III. Abfindungsangebot im Verschmelzungsplan (§ 122i UmwG)

§ 122i Abs. 1 UmwG sieht vor, dass ein **Abfindungsangebot** den Gesellschaftern des deutschen Verschmelzungspartners immer zu machen ist, wenn die übernehmende oder neue Gesellschaft ihren Sitz im Ausland hat. Die Vorschrift ist nicht anzuwenden, sofern von einer ausländischen Gesellschaft auf eine deutsche verschmolzen wird.[460] Hier richtet sich der Minderheitenschutz nach dem Recht des ausländischen Staates.[461] Die Vorschrift stellt nur darauf ab, ob die übernehmende oder neue Gesellschaft nicht dem deutschen Recht unterliegt. Deutsche Gesellschaften, die nur ihren Verwaltungssitz im Ausland haben, fallen daher auch nicht darunter, ausländische mit nur Verwaltungssitz in Deutschland, z.B. englische limited dagegen schon.[462] Im Fall einer sog. Hinausverschmelzung ist daher jedem widersprechenden Anteilsinhaber der Erwerb seiner Anteile gegen angemessene Barabfindung anzubieten. Damit führt der deutsche Gesetzgeber den Rechtsgedanken des § 29 UmwG fort, dass kein Anteilsinhaber gegen seinen Willen einen Wechsel der Rechtsform hinnehmen muss. Dies soll selbst dann gelten, wenn auch die übernehmende Gesellschaft börsennotiert ist.[463]

129

Grundlage der Regelung ist Art. 4 Abs. 2 Satz 2 Verschmelzungsrichtlinie (jetzt Art. 121 Abs. 2 Satz 2 GesellschaftsrechtsRL), wonach jeder Mitgliedstaat in Bezug auf beteiligte Gesellschaften, die seinem Recht unterliegen, Vorschriften erlassen kann, um einen angemessenen Schutz derjenigen Minderheitsgesellschafter zu gewährleisten, die sich gegen die Verschmelzung ausgesprochen haben.

130

§ 122i Abs. 1 Satz 1 UmwG sieht zum Schutz der Minderheitsgesellschafter ein **Austrittsrecht** vor, wenn die aus der grenzüberschreitenden Verschmelzung hervorgegangene Gesellschaft nicht dem deutschen Recht unterliegt. Dem liegt der Gedanke zugrunde, dass kein Anteilsinhaber gezwungen werden soll, die mit diesem Wechsel in eine ausländische Rechtsform verbundene Änderung seiner Rechte und Pflichten hinzunehmen. Lediglich die Veränderung der Rechtsstellung der Anteilsinhaber ist ausschlaggebend.[464]

131

---

458 Siehe Heckschen, in: Widmann/Mayer, UmwR, Vor. § 122a UmwG Rn. 227; Lutter/Bayer/J. Schmidt, Europäisches Unternehmens- und Kapitalmarktrecht, § 7 Rn. 20.99, 22.125 mit praktischem Beispiel in Fn. 367; Lutz, BWNotZ 2010, 23, 28.
459 Knaier, GmbHR 2018, 607, 613; J. Schmidt, Der Konzern 2018, 229, 243 f.
460 Widmann/Mayer/Vossius, § 122i UmwG, Rn. 6; Lutter/Bayer, § 122i UmwG Rn. 8; Marsch-Barner, in: Kallmeyer, § 122i UmwG Rn. 4.
461 Vossius, in: Widmann/Mayer, UmwR, § 122i, Rn. 6 ff.; Simon/Rubner, in: KK-UmwG, § 122i, Rn. 4 ff.
462 Widmann/Mayer/Mayer, § 122i UmwG, Rn. 8 f.
463 Winter, Der Konzern 2007, 33; a.A. wohl Kallmeyer/Marsch-Barner, § 122i Rn. 2; Lutter/Bayer, § 122i UmwG Rn. 6.
464 BR-Drucks. 548/06, S. 31.

132 Die Abfindung ist im Verschmelzungsplan »*oder seinem Entwurf*« anzubieten. Diese Formulierung wurde aus § 29 Abs. 1 Satz 1 UmwG übernommen, obwohl sich § 29 UmwG auf den Verschmelzungsvertrag und nicht auf den Verschmelzungsplan bezieht. Da jedoch auch der **Verschmelzungsplan** gem. § 122c Abs. 4 UmwG **notariell zu beurkunden** ist, ist auch hier der Fall denkbar, dass der Verschmelzungsplan bei Beschlussfassung der Hauptversammlung noch nicht beurkundet und somit lediglich als Entwurf anzusehen ist.

133 Die **Verpflichtung zur Barabfindung** der Anteilsinhaber einer übertragenden Gesellschaft, die dem deutschen Recht unterliegt, geht mit Wirksamwerden der Verschmelzung im Wege der Universalsukzession auf die aus der Verschmelzung hervorgegangene Gesellschaft über.[465]

Dies ergibt sich aus den in Umsetzung von Art. 14 Abs. 1 und Abs. 2 Verschmelzungsrichtlinie erlassenen Rechtsvorschriften desjenigen Mitgliedstaats, dessen Recht die übernehmende oder neue Gesellschaft unterliegt.

134 Die Verpflichtung zum Anteilserwerb entsteht mit Wirksamwerden der Verschmelzung.[466] Die Ausschlussfrist von 2 Monaten beginnt danach mit Eintragung und Bekanntmachung der Verschmelzung im Sitzstaat der übernehmenden oder neuen Gesellschaft.[467] Die Übernahme der Anteile ist bei einer AG ein **Erwerb eigener Aktien** und bei einer GmbH ein **Erwerb eigener Geschäftsanteile**. § 122i Abs. 1 Satz 2 UmwG erklärt daher die Regelungen im AktG und im GmbHG für entsprechend anwendbar. Ebenso wie in § 29 UmwG wird von der Anwendung des Verbots des Erwerbs eigener Aktien bzw. eigener Geschäftsanteile in § 71 Abs. 4 Satz 2 AktG und § 33 Abs. 2 Satz 3 GmbHG ausdrücklich abgesehen.

135 Nach § 122i Abs. 1 Satz 3 UmwG ist auf das Abfindungsangebot im Verschmelzungsplan § 29 Abs. 1 Satz 4 und Satz 5 und Abs. 2 UmwG entsprechend anzuwenden. § 29 Abs. 1 Satz 2 UmwG hat für die grenzüberschreitende Verschmelzung keinen Anwendungsbereich. Auch der in § 29 Abs. 1 Satz 3 UmwG geregelte Fall, dass keine Anteile angeboten werden können, ist bei den an einer grenzüberschreitenden Verschmelzung ausschließlich beteiligten Kapitalgesellschaften nicht denkbar. Entsprechend anwendbar sind aber die **Vorschriften über den Inhalt des Anspruchs auf Barabfindung** und deren Prüfung (§ 30 UmwG), die **Annahme des Angebots** (§ 31 UmwG) und die **anderweitige Veräußerung von Anteilen** (§ 33 UmwG).[468]

136 § 122i Abs. 2 UmwG bestimmt die Voraussetzungen zur Anwendung des § 32 UmwG (Ausschluss der Anfechtungsklage zur Überprüfung der Barabfindung) und § 34 UmwG (stattdessen Spruchverfahren). Es handelt sich um die Parallelregelung zu § 122h UmwG.[469] Das Spruchverfahren wird wie dort nur eröffnet, wenn gem. Art. 10 Abs. 3 Satz 1 Verschmelzungsrichtlinie die Anteilseigner der ausländischen Gesellschaft ausdrücklich zustimmen oder das ausländische Recht ebenfalls ein solches Überprüfungsverfahren vorsieht. Liegen diese Voraussetzungen nicht vor, verbleibt es bei der Möglichkeit, den Verschmelzungsbeschluss auch hinsichtlich der Barabfindung anzufechten.[470]

IV. Bekanntmachung des Verschmelzungsplans (§ 122d UmwG)

137 Ähnlich wie § 61 UmwG bei der Verschmelzung von AG sieht § 122d UmwG eine **besondere Bekanntmachungspflicht** durch Einreichung des Verschmelzungsplans zum Register vor.[471] Der

---

465 Vgl. Kallmeyer/Marsch-Barner, § 122i Rn. 5.
466 So Kallmeyer/Marsch-Barner, § 122i Rn. 5; Simon/Rubner, Der Konzern 2006, 838, 840; Klein, RNotZ 2007, 565, 601; a.A. Drinhausen, in: Semler/Stengel, § 122i UmwG Rn. 9.
467 Vgl. Kallmeyer/Marsch-Barner, § 122i Rn. 5; Lutter/Bayer, § 122i UmwG Rn. 17.
468 Siehe hierzu auch Drinhausen, in: Semler/Stengel, UmwG, § 122i Rn. 10.
469 Hörtnagl, in: Schmitt/Hörtnagl/Stratz, UmwG, § 122i Rn. 17; Polley, in: Henssler/Strohn, GesR, § 122i UmwG Rn. 10.
470 Vgl. BR-Drucks. 548/06, S. 31.
471 Pfeiffer/Heilmeier, GmbHR 2009, 1317; Lutz, BWNotZ 2010, 23, 32.

Verschmelzungsplan oder sein Entwurf[472] ist **spätestens einen Monat** vor der Versammlung der Anteilsinhaber, die nach § 13 UmwG über die Zustimmung zum Verschmelzungsplan beschließen soll, von den jeweils beteiligten Gesellschaften elektronisch zum Register einzureichen.[473] Das Gericht hat in der Bekanntmachung nach § 10 HGB unverzüglich die **folgenden Angaben bekannt zu machen**:

§ 122d Nr. 1 UmwG	einen Hinweis darauf, dass der Verschmelzungsplan oder sein Entwurf beim Handelsregister eingereicht worden ist,
§ 122d Nr. 2 UmwG	Rechtsform, Firma und Sitz der an der grenzüberschreitenden Verschmelzung beteiligten Gesellschaften,
§ 122d Nr. 3 UmwG	die Register, bei denen die an der grenzüberschreitenden Verschmelzung beteiligten Gesellschaften eingetragen sind, sowie die jeweilige Nummer der Eintragung,
§ 122d Nr. 4 UmwG	einen Hinweis auf die Modalitäten für die Ausübung der Rechte der Gläubiger und der Minderheitsgesellschafter der an der grenzüberschreitenden Verschmelzung beteiligten Gesellschaften sowie die Anschrift, unter der vollständige Auskünfte über diese Modalitäten kostenlos eingeholt werden können.

Die bekannt zu machenden Angaben sind dem Register bei Einreichung des Verschmelzungsplans oder seines Entwurfs mitzuteilen. Die Einreichung hat durch die jeweils beteiligten Gesellschaften gem. § 12 Abs. 2 HGB in elektronischer Form zu erfolgen.[474] Art. 6 Abs. 1 der Verschmelzungsrichtlinie (jetzt Art. 123 GesellschaftsrechtsRL) sieht vor, dass der Hinweis spätestens einen Monat vor der Versammlung veröffentlicht sein muss. Es ist daher unklar, ob die deutsche Umsetzung mit der Richtlinie vereinbar ist.[475] Im deutschen Recht genügt die Einreichung eines Entwurfs, der von den zuständigen Organen erstellt wurde. In manchen Ländern genügt dies nicht.[476]

Im Unterschied zu § 122d Satz 2 UmwG sieht § 61 UmwG jedoch nur die Bekanntmachung eines Hinweises auf die Einreichung eines Verschmelzungsplans durch das Registergericht vor, während § 122d Satz 2 Nr. 2 bis Nr. 4 UmwG die **zusätzlichen Angaben** des Art. 6 Abs. 2 Verschmelzungsrichtlinie enthält. Um dem Register die Bekanntmachung der in § 122 Satz 2 UmwG genannten Angaben zu ermöglichen, schreibt das Gesetz vor, dass diese Angaben dem Registergericht bei Einreichung des Verschmelzungsplans oder seines Entwurfs mitzuteilen sind.

138

---

472 In manchen EU-Mitgliedstaaten ist die bloße Einreichung des Entwurfes nicht ausreichend, Herrler/Schneider, GmbHR 2011, 795, 797 f. für das Beispiel Österreich. In diesen Fällen sind die strengeren Anforderungen der anderen Rechtsordnung zu beachten, sodass ein Entwurf nicht mehr ausreicht. In Zweifelsfällen ist eine Abstimmung mit dem Registergericht zu dieser Frage zu empfehlen, s. Herrler/Herrler, in: Süß/Wachter, Hdb internationales GmbH-Recht, § 5, Rn. 50 f.

473 Hörtnagl, in: Schmitt/Hörtnagl/Stratz, UmwG, § 122c, Rn. 5; Polley, in: Henssler/Strohn, GesR, § 122d UmwG, Rn. 5.

474 Vgl. Widmann/Mayer/Mayer, Umwandlungsrecht, § 122d UmwG Rn. 28 f.; zu den weiteren Einzelheiten des Verfahrens vgl. auch Kallmeyer/Marsch-Barner, § 122d Rn. 1; Lutter/Bayer; § 122d UmwG Rn. 5; Herrler/Schneider, GmbHR 2011, 795, 797 speziell zur deutsch/österreichischen Verschmelzung.

475 Vgl. Herrler/Schneider, GmbHR 2011, 795, 797; Lutter/Bayer, § 122d UmwG Rn. 7; Pfeiffer/Heilmeier, GmbHR 2009, 1317, 1318.

476 Vgl. Herrler/Schneider, GmbHR 2011, 795, 797 speziell zur deutsch/österreichischen Verschmelzung. In diesen Fällen sind die strengeren Anforderungen der anderen Rechtsordnung zu beachten, sodass ein Entwurf nicht mehr ausreicht. In Zweifelsfällen ist eine Abstimmung mit dem Registergericht zu dieser Frage zu empfehlen, s. Herrler/Herrler, in: Süß/Wachter, Hdb internationales GmbH-Recht, § 5, Rn. 50 f.

▶ Hinweis:

Das Company Law Package (hierzu allgemein Rdn. 12 ff.) bringt auch Neuerungen für die Bekanntmachung des Verschmelzungsplans.[477] Der Verschmelzungsplan ist nach Art. 123 GesellschaftsrechtsRL im Handelsregister zu veröffentlichen. Hierfür muss der Verschmelzungsplan oder dessen Entwurf[478] von den jeweils beteiligten Gesellschaften elektronisch[479] zum Handelsregister eingereicht werden.[480] Den Mitgliedstaaten steht es jedoch offen, die sich verschmelzenden Gesellschaften von dieser Offenlegungspflicht zu befreien, wenn diese den Verschmelzungsplan ununterbrochen mindestens einen Monat vor der über die grenzüberschreitende Verschmelzung entscheidenden Gesellschafterversammlung auf ihrer Website kostenfrei zugänglich machen. Weitere Anforderungen an diese Art der Veröffentlichung dürfen die Mitgliedstaaten jedoch nicht stellen, abgesehen von Maßnahmen, die zur Wahrung der Sicherheit der Website und der Echtheit der Unterlagen erforderlich sind. Bisher war diese mitgliedstaatliche Option eine Grundregelung, von der jedoch abgewichen werden konnte (vgl. Art. 123 Abs. 1 Unterabs. 1 u. 2 GesellschaftsrechtsRL).[481] In Deutschland wurde mittels § 122d UmwG, der eine Veröffentlichung im Handelsregister verlangt, von diesem Opt-out Gebrauch gemacht.[482] Der deutsche Gesetzgeber sollte aus Gründen der Rechtssicherheit keinen Gebrauch vom geplanten Opt-in machen und weiter an der ausschließlichen Veröffentlichung im Handelsregister festhalten.[483] Erfreulich ist indes, dass der Verschmelzungsplan künftig auch über das Systems der Registervernetzung – BRIS[484] zugänglich sein soll (Art. 123 Abs. 1 Satz 2). Dies erhöht Zugänglichkeit und Transparenz.

V. Unterrichtung des Betriebsrates

139 **Umstritten ist**, ob der Verschmelzungsplan gem. § 5 Abs. 3 UmwG i. V. m. der Verweisung in § 122a Abs. 2 UmwG einen Monat vor dem Tag der über die Verschmelzung entscheidenden Gesellschafterversammlung dem Betriebsrat zuzuleiten ist. Grds. sind nach § 122a Abs. 2 UmwG die Vorschriften des Ersten Teils entsprechend anzuwenden, soweit sich nicht aus dem Zehnten Abschnitt etwas anderes ergibt. Ein Teil der Literatur ist der Meinung, dass stattdessen bei grenzüberschreitender Verschmelzung eine Zuleitung des Verschmelzungsberichts nach § 122e Satz 2 UmwG n. F. erfolge, nicht aber des Plans.[485] Dieser ist dem zuständigen Betriebsrat oder, falls es keinen Betriebsrat gibt, den Arbeitnehmern der an der grenzüberschreitenden Verschmelzung

---

477 Dazu Knaier, GmbHR 2018, 607, 615; J. Schmidt, Der Konzern 2018, 229, 241.
478 In manchen EU-Mitgliedstaaten ist die bloße Einreichung des Entwurfs nicht ausreichend, Herrler/Schneider, GmbHR 2011, 795, 797 f. für das Beispiel Österreich. In diesen Fällen sind die strengeren Anforderungen der anderen Rechtsordnung zu beachten, so dass ein Entwurf nicht mehr ausreicht. In Zweifelsfällen ist eine Abstimmung mit dem Registergericht zu dieser Frage zu empfehlen, s. Herrler/Herrler, in: Süß/Wachter (Hrsg.), Hdb internationales GmbH-Recht, § 5 Rn. 50 f.
479 Die Möglichkeit der in Deutschland ohnehin zwingenden digitalen Einreichung schreibt der Kommissionsvorschlag nun ausdrücklich vor, Art. 123 Abs. 4.
480 Hörtnagl, in: Schmitt/Hörtnagl/Stratz, UmwG, § 122c Rn. 5; Polley, in: Henssler/Strohn, GesR, § 122d UmwG Rn. 5.
481 Dies kritisiert J. Schmidt, Der Konzern 2018, 229, 241.
482 Hörtnagl, in: Schmitt/Hörtnagl/Stratz, UmwG, 7. Aufl. 2016, § 122c Rn. 1, a.E.
483 So Knaier, GmbHR 2018, 607, 615.
484 Business Registers Interconnection System – BRIS, nutzbar über https://e-justice.europa.eu/content_find_a_company-489-de.do?clang=de (Stand: 04.11.2018); ausführlich hierzu Lutter/Bayer/J. Schmidt, Europäisches Unternehmens- und Kapitalmarktrecht, 6. Aufl. 2018, § 18 Rn. 18.17; Bock, GmbHR 2018, 281.
485 So Lutter/Bayer, § 122c UmwG Rn. 32; Kallmeyer/Willemsen, § 122c UmwG, Rn. 18; Widmann/Mayer/Heckschen, Umwandlungsrecht, § 122a UmwG Rn. 132; Widmann/Mayer/Mayer, Umwandlungsrecht, § 122c UmwG Rn. 10, 29 ff.; Simon/Hinrichs, NZA 2008, 391, 392; Dzida, GmbHR 2009, 459, 465; Kallmeyer/Kappes, AG 2006, 224, 238.

beteiligten Gesellschaften spätestens einen Monat vor der Versammlung der Anteilsinhaber zugänglich zu machen. Nach a. A. gilt § 5 Abs. 3 UmwG.[486] Auch hier gilt, dass bis zur gerichtlichen Klärung die Zuleitung zu empfehlen ist.[487]

M. E. ist dies nicht erforderlich, da bei grenzüberschreitenden Verschmelzungen § 122e Satz 2 UmwG **ausdrücklich nur die Zuleitung des Verschmelzungsberichts** und dementsprechend spezielle Angaben im Verschmelzungsbericht vorsieht (§ 122e Satz 2 UmwG). Dies ist nicht erforderlich, da bei grenzüberschreitenden Verschmelzungen § 122e Satz 2 UmwG ausdrücklich nur die Zuleitung des Verschmelzungsberichts und dementsprechend spezielle Angaben im Verschmelzungsbericht vorsieht (§ 122e Satz 2 UmwG). Die im nationalen Recht mit dem Verschmelzungsvertrag verbundene **Informationsfunktion des Betriebsrates** wird bei internationalen Verschmelzungen durch den Verschmelzungsbericht ausgefüllt. Dementsprechend muss § 122e UmwG als Spezialvorschrift ggü. § 5 Abs. 3 UmwG gesehen werden und eine Zuleitung des Verschmelzungsplans ist daher nicht erforderlich.[488]

VI. Verschmelzungsbericht (§ 122e UmwG)

1. Überblick

§ 122e UmwG konkretisiert und ergänzt § 8 UmwG, wonach die Vertretungsorgane jeden an der Verschmelzung beteiligten Rechtsträgers einen **ausführlichen Bericht zu erstatten** haben.[489] § 122e Satz 1 UmwG bestimmt ausdrücklich, dass im Verschmelzungsbericht auch die **Auswirkungen auf die Gläubiger und Arbeitnehmer zu erläutern** sind. Entsprechend ist der Verschmelzungsbericht und nicht der Verschmelzungsplan den Betriebsräten bzw. den Arbeitnehmern zugänglich zu machen.[490] Grds. finden die für die innerdeutsche Verschmelzung geltenden Regelungen entsprechend Anwendung (§ 122a Abs. 2 UmwG i. V. m. § 8 UmwG). Nach § 8 UmwG dient der Verschmelzungsbericht in erster Linie der Unterrichtung und Meinungsbildung der Gesellschafter (vgl. oben Teil 2 Rdn. 380). Dieses Informationsspektrum wird durch die Verschmelzungsrichtlinie und das Umsetzungsgesetz erweitert, es sollen auch Gläubiger und Arbeitnehmer informiert werden. Im Hinblick auf die Gläubiger ist allerdings darauf hinzuweisen, dass der Verschmelzungsbericht nicht öffentlich zugänglich gemacht wird. Daraus wird zu Recht gefolgert, dass er nicht dem Schutz der Gläubiger dient, sondern allein deren Information.[491]

140

▶ Hinweis:

Das Company Law Package (hierzu allgemein Rdn. 12 ff.) enthält auch eine Neugestaltung für die Regelungen über den Verschmelzungsbericht.

Die Art. 124 und 124a GesellschaftsrechtsRL sprechen nunmehr von je einem an die Gesellschafter und von einem an die Arbeitnehmer adressierten Verschmelzungsbericht.

Nach Art. 124 GesellschaftsrechtsRL sollen in den Bericht an die Gesellschafter der sich verschmelzenden Gesellschaften neben einer Erläuterung über die rechtlichen und wirtschaftlichen Aspekte der grenzüberschreitenden Verschmelzung auch die Auswirkungen der grenzüberschreitenden Verschmelzung auf die künftige Geschäftstätigkeit und die Geschäftsstrategie

---

[486] Pflicht zur Zuleitung des Vertrages an den Betriebsrat analog (Drinhausen/Keinath, BB 2006, 725, 727; Herrler, EuZW 2007, 295, 296; Müller, ZIP 2007, 1081, 1083; Krause/Kulpa, ZHR 171, 2007, 38, 60.
[487] Vgl. Kallmeyer/Willemsen, § 122c UmwG Rn. 19.
[488] Ebenso Simon/Rubner, Der Konzern 2006, 837; Widmann/Mayer/Mayer, § 122c UmwG, Rn. 29 ff., 97; Lutter/Bayer, § 122c UmwG Rn. 33; Drinhausen, in: Semler/Stengel, § 122c UmwG Rn. 44; Willemsen/Kallmeyer, § 122c UmwG Rn. 19; Oppenhoff, in: MünchHdbGesR VIII, § 18 Rn. 152.
[489] Vgl. Neye/Timm, NotBZ 2007, 239 f.
[490] Str., vgl. oben Rdn. 139, Vetter, AG 2006, 620; Simon/Rubner, Der Konzern 2006, 837.
[491] Vgl. Vetter, AG 2006, 620.

aufgenommen werden sowie die Auswirkungen auf die Gesellschafter. In dem Bericht ist überdies auf das Umtauschverhältnis der Gesellschaftsanteile, etwaige besondere Schwierigkeiten bei der Bewertung sowie auf die bestimmten Gesellschaftern zustehenden Rechtsbehelfe einzugehen. Die Aufzählung dieser Berichtsgegenstände ist nicht abschließend und kann daher von den Mitgliedstaaten ergänzt werden. Der vom Leitungs- oder Verwaltungsorgan der Gesellschaft zu erstellende Bericht muss den Gesellschaftern, aber auch den Arbeitnehmern, wenigstens in elektronischer Form, spätestens einen Monat vor der Gesellschafterversammlung, die über den Verschmelzungsplan beschließt, zugänglich gemacht werden. Auf den Bericht kann verzichtet werden, wenn alle Gesellschafter der sich verschmelzenden Gesellschaften dem zustimmen (Art. 124 Abs. 4 GesellschaftsrechtsRL). Zudem ist der Bericht nach Art. 132 Abs. 1 GesellschaftsrechtsRL bei upstream-mergers einer 100 %igen Tochter sowie bei side-step mergers entbehrlich.[492] Hiermit wurde nun eine erfreulich klare Regelung über die Voraussetzungen des Verzichts getroffen, der auch keine Bedenken im Hinblick auf die etwaige Umgehung von Schutzbedürfnissen anderer stakeholder entgegenstehen, da der Verschmelzungsbericht für die Gesellschafter klar auf diese und ihre Interessen zugeschnitten ist.[493]

Nach Art. 124a GesellschaftsrechtsRL muss jede der sich verschmelzenden Gesellschaften durch ihr jeweiliges Leitungs- oder Verwaltungsorgan für ihre Arbeitnehmer einen Bericht erstellen, in dem auf für die Arbeitnehmer wichtige Aspekte der grenzüberschreitenden Verschmelzung eingegangen wird. Hierzu findet sich wie beim Bericht an die Gesellschafter ein nicht abschließender Katalog über die Berichtsgegenstände, die für Arbeitnehmer relevant sind, in Art. 124 Abs. 2 GesellschaftsrechtsRL. Die Arbeitnehmervertreter oder – falls es keine Vertretung gibt – die Arbeitnehmer selbst haben ein Recht auf Stellungnahme. Eine etwaige Stellungnahme muss den Gesellschaftern zugeleitet und dem Bericht beigefügt werden. Auf den Verschmelzungsbericht an die Arbeitnehmer kann nicht verzichtet werden, jedoch ist eine Erstellung nicht erforderlich, wenn die sich verschmelzenden Gesellschaften und gegebenenfalls ihre Tochtergesellschaften keine anderen Arbeitnehmer als diejenigen, die dem Leitungs- oder dem Verwaltungsorgan angehören haben (Art. 124a Abs. 5 GesellschaftsrechtsRL).

§ 122e UmwG erfüllt diese neuen Vorgaben inhaltlich im Grunde bereits derzeit.[494] Jedoch geht die Norm von einem einheitlichen Verschmelzungsbericht aus. Die Konzeption des Kommissionsvorschlags ist aber gerade auf zwei getrennte Berichte ausgelegt, um die seit langem strittige[495] Frage nach der Verzichtbarkeit des (jeweiligen) Verschmelzungsberichts rechtssicher klären zu können. Der deutsche Gesetzgeber müsste hier demnach in jedem Fall eine Anpassung dergestalt vornehmen, dass zwei getrennte Berichte zu fordern sind.

2. Verschmelzungsbericht durch Vertretungsorgane

141 **Berichtspflichtig sind die Vertretungsorgane**, es gelten die allgemeinen Ausführungen (vgl. oben Teil 2 Rdn. 385 ff.).[496] Der Bericht ist von den Vertretungsorganen der beteiligten Rechtsträger

---

492 Dies begrüßt J. Schmidt, Der Konzern 2018, 229, 241 f., mit Hinweis auf die ausschließliche Schutzfunktion des Berichts zugunsten der Gesellschafter.
493 Ebenso J. Schmidt, Der Konzern 2018, 229, 241 f.; Knaier, GmbHR 2018, 607, 615; hierzu auch Teichmann, Grundlinien eines Europäischen Umwandlungsrechts, erscheint in NZG 2019.
494 Zu den Anforderungen an den Verschmelzungsbericht nach § 122e UmwG ausführlich Knaier, in: Würzburger Notarhandbuch, Teil 5 Kap. 6 Rn. 388 f.; Oppenhoff, in: Münch.Hdb.GesR, Bd. VIII, 5. Aufl. 2018, § 18 Rn. 153 ff.; Süß, in: Herrler (Hrsg.), Gesellschaftsrecht in der Notar- und Gestaltungspraxis, 2017, § 12 Rn. 49 ff.
495 Ausführlich zum Streitstand Mayer, in: Widmann/Mayer, UmwG, 143. Erg.-Lfg. April/2014, Vor § 122e Rn. 37 f.
496 Vgl. auch Kallmeyer/Marsch-Barner, § 122e Rn. 2.

zu erstellen und von deren Mitgliedern in vertretungsberechtigter Anzahl zu unterschreiben.[497] Der Verschmelzungsbericht ist schriftlich zu erstatten.[498]

§ 8 Abs. 1 Satz 1 Halbs. 2 UmwG sieht nunmehr für innerstaatliche Verschmelzungen ausdrücklich vor, dass der Bericht von dem Vertretungsorgan auch gemeinsam erstattet werden kann (gemeinsamer Bericht; vgl. oben Teil 2 Rdn. 385). In der Literatur zur Umsetzung der Verschmelzungsrichtlinie wird darauf hingewiesen, dass es zweifelhaft sei, ob diese Möglichkeit bei grenzüberschreitenden Verschmelzungen gangbar sei.[499] Mindestvoraussetzung ist, dass die nationalen Rechte der anderen beteiligten Gesellschaften einen solchen **gemeinsamen Bericht ebenso zulassen**.[500] Dies muss daher im Einzelfall geprüft werden, damit auch die ausländischen Anforderungen an die Verschmelzung eingehalten werden. Fraglich ist auch, ob ein gemeinsamer Bericht durch die Verschmelzungsrichtlinie gedeckt ist. Diese selbst erwähnt die Problematik nicht. Zu Recht hat allerdings die Literatur aus Art. 8 Abs. 2 Verschmelzungsrichtlinie, die die gemeinsame Verschmelzungsprüfung zulässt, gefolgert, dass das Gleiche auch für den Verschmelzungsbericht gelten müsse.[501]

142

3. Inhalt

Zunächst gelten bzgl. der inhaltlichen Anforderungen an den Verschmelzungsbericht die **allgemeinen Regelungen** des § 8 UmwG (vgl. dazu oben Teil 2 Rdn. 386 ff.). Die deutsche Umsetzung des Art. 7 VerschmelzungsRL (jetzt Art. 124 GesellschaftsrechtsRL) geht damit deutlich über die Mindestvorgaben hinaus.[502]

143

Darüber hinaus sind es die **besonderen Berichtserfordernisse** bei grenzüberschreitenden Verschmelzungen, die § 122e UmwG im **Hinblick auf Gläubiger** und Arbeitnehmer verlangt, zu berücksichtigen.[503] Im Verschmelzungsbericht sind auch die Auswirkungen der grenzüberschreitenden Verschmelzung auf die Gläubiger und Arbeitnehmer der an der Verschmelzung beteiligten Gesellschaft zu erläutern. Der Verschmelzungsbericht ist den Anteilsinhabern sowie dem zuständigen Betriebsrat oder, falls es keinen Betriebsrat gibt, den Arbeitnehmern der an der grenzüberschreitenden Verschmelzung beteiligten Gesellschaft spätestens einen Monat vor der Versammlung der Anteilsinhaber, die nach § 13 UmwG über die Zustimmung zum Verschmelzungsplan beschließen soll, nach § 63 Abs. 1 Nr. 4 UmwG zugänglich zu machen.[504] Nach Art. 7 Verschmelzungsrichtlinie (jetzt Art. 124 GesellschaftsrechtsRL) ist ein Verschmelzungsbericht zu erstellen. Kraft der Verweisung in § 122a Abs. 2 UmwG gilt für den Verschmelzungsbericht grds. die Regelung in § 8 UmwG entsprechend. § 8 Abs. 1 Satz 1 UmwG regelt in Übereinstimmung mit Art. 7 Verschmelzungsrichtlinie (jetzt Art. 124 GesellschaftsrechtsRL) zusätzliche Anforderungen an den Inhalt des Berichts. Danach sind auch die Auswirkungen auf Gläubiger und Arbeitnehmer zu erläutern. § 8 Abs. 1 Satz 2 UmwG setzt die in Art. 7 Abs. 2 Verschmelzungsrichtlinie

144

---

497 BGH, Beschl. v. 21.05.2007 – II ZR 266/04, NZG 2007, 714; Althoff, in: NK-UmwR, § 122c Rn. 4; Drinhausen, in: Semler/Stengel, UmwG, § 122e Rn. 3 f.
498 Mayer, in: Widmann/Mayer, UmwR, § 122e Rn. 10 m.w.N.; sogar Textform ausreichen lassend Süß, in: Herrler, Gesellschaftsrecht in der Notar- und Gestaltungspraxis, § 12, Rn. 51.
499 Vgl. Drinhausen/Keinath, BB 2006, 725, 728; Krause/Kulpa, ZHR 171, 2007, 62.
500 Vgl. Kallmeyer/Marsch-Barner, § 122e Rn. 4; Widmann/Mayer/Mayer, Umwandlungsrecht, § 122e UmwG Rn. 35 f.; Heckschen, DNotZ 2007, 444, 459; Bayer/Schmidt, NJW 2006, 401, 403; Drinhausen/Keinath, BB 2006, 725, 728; Klein, RNotZ 2007, 565, 592; Limmer, ZNotP 2007, 282; Herrler/Schneider, GmbHR 2011, 795, 798 speziell zur deutsch/österreichischen Verschmelzung; Süß, in: Herrler, Gesellschaftsrecht in der Notar- und Gestaltungspraxis, § 12, Rn. 57.
501 Vgl. Krause/Kulpa, ZHR 171, 2007, 62.
502 Heckschen, in: Widmann/Mayer, UmwR, § 122a, Rn. 30, 193.
503 Kallmeyer/Marsch-Barner, § 122e Rn. 7; Widmann/Mayer/Mayer, Umwandlungsrecht, § 122e UmwG Rn. 22 ff.
504 Bayer, in: Lutter, UmwG, § 122e, Rn. 15 ff.; Mayer, in: Widmann/Mayer, UmwR, § 122e Rn. 11 ff.

(jetzt Art. 124 Abs. 2 GesellschaftsrechtsRL) geregelte Pflicht um, den Bericht den Gesellschaftern und der Arbeitnehmerseite spätestens einen Monat vor der beschlussfassenden Gesellschafterversammlung zugänglich zu machen. Dies erfolgt gem. § 63 Abs. 1 Nr. 4 UmwG durch Auslage in den Geschäftsräumen der Gesellschaft.[505]

145 Welche **Informationen den Arbeitnehmern** im Verschmelzungsbericht zu geben sind, ergibt sich m. E. aus der Gegenüberstellung der Angaben in § 122c Abs. 2 Nr. 4 UmwG (Angaben im Verschmelzungsplan) und § 122e Satz 1 UmwG (Auswirkungen der grenzüberschreitenden Verschmelzung auf die Arbeitnehmer). Im Verschmelzungsbericht sind auch die für die Arbeitnehmer maßgeblichen Informationen aufzunehmen. Insofern hat der Verschmelzungsbericht die Funktion, die der Verschmelzungsvertrag bei der innerstaatlichen Verschmelzung hat. Dementsprechend wird man wohl auf die Auslegungsergebnisse zu § 5 Abs. 1 Nr. 9 UmwG (Angaben der Folgen der Verschmelzung für die Arbeitnehmer im Verschmelzungsvertrag) zurückgreifen können.[506] Es kann daher auf die obigen Ausführungen bzgl. der notwendigen Angaben zu den individual- und kollektiv-rechtlichen Folgen der Verschmelzung und etwaigen vorgesehenen Maßnahmen verwiesen werden (vgl. oben Teil 2 Rdn. 193 ff.).[507]

146 Ursprünglich war unklar, was unter »**Zugänglichmachung**« zu verstehen ist. Im Gesetz ist eine Klarstellung durch einen direkten Verweis auf § 63 Abs. 1 Nr. 4 UmwG vorgenommen worden, sodass die Auslegung in den Geschäftsräumen der Gesellschaft insgesamt für alle Adressaten des § 122e UmwG also auch die Arbeitnehmer, ausreichend ist. § 63 Abs. 1 UmwG bestimmt also, dass von der Einberufung der Gesellschafterversammlung an, die über die Zustimmung zum Verschmelzungsvertrag beschließen soll, in dem Geschäftsraum der Gesellschaft die zu erstattenden Verschmelzungsberichte zur Einsicht der Gesellschafter und damit auch der Arbeitnehmer auszulegen sind. Eine ersatzweise Veröffentlichung auf der Internetseite ist nicht ausdrücklich vorgesehen, sodass unklar ist, ob die Erleichterung des § 63 Abs. 4 UmwG i. d. F. des ARUG[508] auch hier gilt.[509]

4. Erweiterung der Berichtspflicht bei verbundenen Unternehmen

147 Die **Erweiterung in § 8 Abs. 1 Satz 3 und Satz 4 UmwG** für den Fall verbundener Unternehmen gelten bei grenzüberschreitenden Verschmelzungen ebenso (vgl. Teil 2 Rdn. 397).

5. Einschränkung der Berichtspflicht

148 § 8 Abs. 2 UmwG wird von § 122e UmwG nicht ausgeschlossen, sodass diese **Einschränkungen** gelten. In den Bericht brauchen daher Tatsachen nicht aufgenommen zu werden, deren Bekanntmachung geeignet ist, einem der beteiligten Rechtsträger oder einem verbundenen Unternehmen einen nicht unerheblichen Nachteil zuzufügen.[510] In diesem Fall sind in dem Bericht die Gründe, aus denen die Tatsachen nicht aufgenommen worden sind, darzulegen.

6. Kein Verzicht auf Verschmelzungsbericht bzw. bei Konzernverschmelzung

149 Während § 8 Abs. 3 UmwG vorsieht, dass der Bericht nicht erforderlich ist, wenn entweder alle Anteilsinhaber in notariell beurkundeten Verzichtserklärungen auf diese Stellung verzichtet haben

---

505 Bayer, in: Lutter, UmwG, § 122e, Rn. 20; J. Schmidt, NZG 2008, 734, 736.
506 Ebenso Vetter, AG 2006, 620; Knaier, in: Würzburger NotHdb, Teil 5 Kap. 6 Rn. 389.
507 Vgl. auch Kallmeyer/Marsch-Barner, § 122e Rn. 8; Widmann/Mayer/Mayer, Umwandlungsrecht, § 122e UmwG Rn. 30; Simon/Heinrichs, NZA 2008, 391, 393; Dzida/Schramm, NZG 2008, 521, 525 f.; Herrler/Schneider, GmbHR 2011, 795, 798 speziell zur deutsch/österreichischen Verschmelzung.
508 BGBl. 2009 I, S. 2479.
509 Vgl. Kallmeyer/Marsch-Barner, § 122e Rn. 6.
510 Krause/Kulpa, ZHR 171 (2007), 35, 61; Bayer, in: Lutter, UmwG, § 122e, Rn. 10.

oder sich alle Anteile des übertragenden Rechtsträgers in der Hand des Übernehmenden befinden (100 %iges Mutter-Tochter-Verhältnis) wird diese Regelung **ausdrücklich in § 122 Satz 3 UmwG ausgeschlossen**.[511] Die Begründung zum RegE weist darauf hin, dass die Vorschrift ausdrücklich ausgeschlossen werden müsse, da die dort für innerstaatliche Verschmelzungen geregelten Ausnahmen von der Berichtspflicht in der Verschmelzungsrichtlinie nicht vorgesehen seien.[512] In der Literatur war diese Interpretation der Verschmelzungsrichtlinie, insbesondere die Frage, ob der Ausschluss der Verzichtbarkeit zwingend durch die Verschmelzungsrichtlinie vorgegeben ist, umstritten.[513] So wurde z. T. darauf hingewiesen, dass soweit die beteiligte deutsche Gesellschaft keine Arbeitnehmer habe, denen der Bericht zugänglich gemacht werden könne, und die Gesellschafter auf den Bericht verzichteten, es keine sachliche Rechtfertigung für die Erstellung eines kostenaufwendigen Berichts gäbe.[514] Der Gesetzgeber ist diesen Bedenken nicht gefolgt und hat generell die Verzichtsmöglichkeit ausgeschlossen, sodass in allen Fällen ein Verschmelzungsbericht erstellt werden muss. In der Literatur wird allerdings eine **Verzichtsmöglichkeit** angenommen, wenn alle Anteilsinhaber und alle Arbeitnehmer bzw. der Betriebsrat verzichten bzw. solche gar nicht vorhanden sind.[515] Da diese Frage höchst ungeklärt ist, empfiehlt sich für die Praxis nicht davon Gebrauch zu machen.[516]

VII. Zuleitung Verschmelzungsbericht an Betriebsrat/Arbeitnehmer

Da der Verschmelzungsbericht, wie ausgeführt (vgl. oben Teil 2 Rdn. 380 ff.) auch **Informationsfunktion ggü. den Arbeitnehmern** hat und die Informationsfunktion, die an sich § 5 Abs. 3 UmwG erfüllt, ersetzt, sieht § 122e Satz 2 UmwG vor, dass der Verschmelzungsbericht dem zuständigen Betriebsrat oder, falls es keinen Betriebsrat gibt, den Arbeitnehmern der an der Verschmelzung beteiligten Gesellschaften spätestens einen Monat vor der Gesellschafterversammlung, die über den Plan beschließt, zugänglich gemacht werden muss.[517]

150

VIII. Verschmelzungsprüfung (§ 122f UmwG)

▶ Hinweis:

Das Company Law Package (hierzu allgemein Rdn. 12 ff.) konkretisiert die Anforderungen an die Unabhängigkeit der Verschmelzungsprüfer, Art. 125 Abs. 1 Unterabs. 2 GesellschaftsrechtsRL. Für die Prüfung der Unabhängigkeit des Verschmelzungsprüfers ist der durch die Abschlussprüferrichtlinie[518] vorgegebene Rahmen zu berücksichtigen. Nach § 122f Satz 1, § 11 Abs. 2 UmwG richtet sich im deutschen Recht bereits heute die Haftung des Verschmelzungsprüfers nach den für Abschlussprüfer geltenden Maßstäben, so dass diese Neuerung in der GesellschaftsrechtsRL für den deutschen Gesetzgeber keine Herausforderung darstellt.[519]

151

---

511 Marsch-Barner, in: Kallmeyer, UmwG, § 122e, Rn. 11; zur teleologischen Reduktion bei arbeitnehmerlosen Gesellschaften Drinhausen, in: Semler/Stengel, UmwG, § 122e, Rn. 13; Süß, in: Herrler, Gesellschaftsrecht in der Notar- und Gestaltungspraxis, § 12, Rn. 60, jew. m.w.N.
512 BR-Drucks. 54/06, S. 32.
513 Gegen Verzichtbarkeit Drinhausen/Keinath, RIW 2006, 83; dies., BB 2006, 728; Müller, NZG 2006, 288 in Fn. 37; dies ablehnend Bayer/Schmidt, NJW 2006, 403; Vetter, AG 2006, 620.
514 Vetter, AG 2006, 620.
515 So Kallmeyer/Marsch-Barner, § 122e Rn. 11; Lutter/Bayer, § 122e UmwG Rn. 10; Drinhausen, in: Semler/Stengel, § 122e UmwG Rn. 14; Bayer/Schmidt, NJW 2006, 401, 403.
516 So auch Freundorfer/Festner, GmbHR 2010, 196, 198.
517 Siehe hierzu auch Bayer, in: Lutter, UmwG, § 122e, Rn. 15 ff.; Mayer, in: Widmann/Mayer, UmwR, § 122e, Rn. 11 ff.
518 RL 2006/43/EG v. 17.5.2006, ABl. L 157/87 v. 9.6.2006; zur Transformation der Abschlussprüferrichtlinie in das deutsche Recht Naumann/Feld, WPg 2006, 873 ff.; Lanfermann/Maul, DB 2006, 1505 ff.; s. zum Besorgnis der Befangenheit beim Abschlussprüfer ausführlich Ebke, in: Münch.Komm.HGB, § 319 Rn. 22 ff.
519 So Knaier, GmbHR 2018, 607, 616; J. Schmidt, Der Konzern 2018, 229, 242.

Nach Art. 133a GesellschaftsrechtsRL müssen die Mitgliedstaaten die zivilrechtliche Haftung des unabhängigen Sachverständigen regeln, der den Verschmelzungsprüfungsbericht nach Art. 125 GesellschaftsrechtsRL und den etwaigen Gläubigerschutzbericht[520] nach Art. 126b Abs. 2 lit. a GesellschaftsrechtsRL zu erstellen hat, insbesondere in Bezug auf Fehlverhalten bei der Erfüllung seiner Aufgaben. Der sehr weite Wortlaut der Norm legt nahe, dass die Mitgliedstaaten die zivilrechtliche Haftung auch gegenüber sonstigen Dritten zu regeln haben, die durch die Pflichtverletzung einen Schaden erleiden. Dies scheint ein zu weit gehender Regelungsauftrag angesichts der Fülle der denkbaren Haftungskonstellationen, weshalb hier im weiteren Normgebungsverfahren eine Konkretisierung erfolgen sollte.[521]

1. Notwendigkeit der Verschmelzungsprüfung

152 Art. 8 Verschmelzungsrichtlinie (jetzt Art. 125 GesellschaftsrechtsRL) fordert **Berichte unabhängiger Sachverständiger**, die zumindest Angaben zum Umtauschverhältnis nach Art. 10 Abs. 2 der Dritten gesellschaftsrechtlichen Richtlinien (dazu Rdn. 5) enthalten müssen. Nach Art. 8 Abs. 2 Verschmelzungsrichtlinie (jetzt Art. 125 Abs. 2 GesellschaftsrechtsRL) besteht auch die Möglichkeit, dass die Gesellschaften einen gemeinsamen Sachverständigen heranziehen.[522] Der Bericht muss spätestens einen Monat vor der Gesellschafterversammlung den Gesellschaftern vorliegen. Prüfung und Bericht sind auch nach der Richtlinie entbehrlich, wenn alle Gesellschafter der beteiligten Gesellschaften hierauf verzichten (Art. 8 Abs. 4 Verschmelzungsrichtlinie, jetzt Art. 125 Abs. 4 GesellschaftsrechtsRL).[523]

153 In §§ 122f UmwG sind diese Regelungen umgesetzt. Der Verschmelzungsplan oder sein Entwurf ist nach den §§ 9 bis 12 UmwG zu prüfen, § 48 UmwG ist nicht anwendbar. Damit ist auch der Verschmelzungsvertrag für eine GmbH zu prüfen, während nach § 48 UmwG dies nur auf Verlangen eines Gesellschafters notwendig wäre.[524] Die Prüfungspflicht gilt damit für alle grenzüberschreitenden Verschmelzungen.[525] Es gelten grds. die allgemeinen Vorschriften, sodass auf die obigen Ausführungen verwiesen werden kann (vgl. oben Teil 2 Rdn. 409 ff.). Dies gilt insbesondere für die Fragen gemeinsamer Verschmelzungsprüfer, was nach § 122a Abs. 2 UmwG i. V. m. § 10 Abs. 1 Satz 2 und § 12 Abs. 1 Satz 2 UmwG möglich ist.[526]

2. Keine Prüfung bei Verzichts- oder Konzernverschmelzung

154 Auch § 9 Abs. 2 UmwG gilt durch die Verweisung in § 122f Satz 1 UmwG und ist auch aufgrund der Verschmelzungsrichtlinie zugelassen. Eine **Verschmelzungsprüfung entfällt daher**, wenn sich alle Anteile eines übertragenden Rechtsträgers in der Hand des übernehmenden befinden (100 %iges Mutter-Tochter-Verhältnis).[527] Aus der Vorgabe der Verschmelzungsrichtlinie und der

---

520 Das Gläubigerschutzkonzept des Art. 126b sieht vor, dass vermutet wird, dass den Gläubigern der sich verschmelzenden Gesellschaften durch die grenzüberschreitende Verschmelzung u.a. dann kein Nachteil entsteht, wenn die sich verschmelzenden Gesellschaften zusammen mit dem Plan für die grenzüberschreitende Verschmelzung den Bericht eines unabhängigen Sachverständigen offenlegen, der zu dem Ergebnis gelangt, dass nach vernünftigem Ermessen eine übermäßige Beeinträchtigung der Rechte der Gläubiger nicht zu erwarten ist.
521 Knaier, GmbHR 2018, 607, 616; zweifelnd daher auch J. Schmidt, Der Konzern 2018, 229, 242.
522 Drinhausen, in: Semler/Stengel, UmwG, § 122f, Rn. 5; Simon/Rubner, in: KK-UmwG, § 122f, Rn. 5.
523 Müller, NZG 2006, 286, 288; Drinhausen/Keinath, BB 2006, 725, 729; Neye/Timm, GmbHR 2007, 561, 563; Mayer, in: Widmann/Mayer, UmwR, § 122f, Rn. 24 f.; Lanfermann, in: Kallmeyer, UmwG, § 122f, Rn. 4; Günes, Grenzüberschreitende Verschmelzung, 2012, S. 148 f.
524 Hörtnagl, in: Schmitt/Hörtnagl/Stratz, UmwG, § 122f, Rn. 1; Mayer, in: Widmann/Mayer, UmwR, § 122f, Rn. 1.
525 Vgl. Kallmeyer/Marsch-Barner, § 122f Rn. 2; Herrler/Schneider, GmbHR 2011, 795, 798.
526 Neye/Timm, NotBZ 2007, 239, 241; Kallmeyer/Marsch-Barner, § 122f Rn. 9.
527 Althoff, in: NK-UmwR, § 122f, Rn. 12; Mayer, in: Widmann/Mayer, UmwR, § 122f, Rn. 26.

Vorschrift des § 122f UmwG wird nicht ganz klar, ob auf eine derartige Prüfung entsprechend § 9 Abs. 3 UmwG durch notarielle Erklärung aller Anteilseigner, auch der ausländischen Gesellschaft verzichtet werden kann. Dies ist zu bejahen.[528] Es besteht also die Möglichkeit, dass durch notariell beurkundete Erklärung aller Gesellschafter auf die Prüfung verzichtet werden kann (vgl. oben Teil 2 Rdn. 420).[529]

Bzgl. der Frage nach Bestellung und Auswahl der Verschmelzungsprüfer, Prüfungsgegenstand, Inhalt des Prüfungsberichts und Unternehmensbewertung kann auf die obigen Ausführungen verwiesen werden (vgl. Teil 2 Rdn. 422 ff.).

3. Monatsfrist

Nach § 122f Satz 2 UmwG muss der Prüfungsbericht spätestens einen Monat vor der Versammlung der Anteilsinhaber, die nach § 13 UmwG den Verschmelzungsbeschluss fassen, vorliegen.

155

IX. Vorbereitung der Gesellschafterversammlungen

Spezielle Regelungen für die Vorbereitung der Gesellschafterversammlung enthalten die §§ 122a ff. UmwG nicht. Es gelten daher die allgemeinen Vorschriften, wobei auch die Besonderheiten der einzelnen Rechtsformen und deren Einberufungsmodalitäten zu berücksichtigen sind (vgl. oben Teil 2 Rdn. 449 ff. allgemein sowie Teil 2 Rdn. 981 ff. für GmbH und Teil 2 Rdn. 1069 ff. für AG).[530] Zu berücksichtigen ist hierbei, dass in allen Fällen, unabhängig ob eine GmbH oder AG beteiligt ist, nach § 122e Satz 2 UmwG der **Verschmelzungsbericht** spätestens einen Monat vor der Versammlung der Gesellschafter nach **§ 63 Abs. 1 Nr. 4 UmwG zugänglich zu machen** ist, d. h. der Verschmelzungsbericht ist auch für die Gesellschafter und die Arbeitnehmer in dem Geschäftsraum der Gesellschaft zur Einsicht auszulegen (vgl. oben Teil 6 Rdn. 146). Bei der GmbH ist § 47 UmwG zu berücksichtigen, nach dem der Verschmelzungsvertrag oder der Entwurf von den verschmelzungsberichtigenden Gesellschaftern spätestens mit der Einberufung der Versammlung zu übersenden ist.[531] Bei der AG oder europäischen AG (SE) sind die in § 63 UmwG genannten Unterlagen ab Einberufung der Hauptversammlung in den Geschäftsräumen auszulegen, hierzu gehören insbesondere der gemeinsame Verschmelzungsplan, der Verschmelzungsbericht, der Verschmelzungsprüfungsbericht sowie die Jahresabschlüsse der letzten 3 Jahre aller an der Verschmelzung beteiligten Rechtsträger ggf. auch Zwischenbilanzen (vgl. oben Teil 2 Rdn. 1079).[532] In der Literatur wurde darauf hingewiesen, dass im Fall einer grenzüberschreitenden Verschmelzung die genannten Auslegungspflichten auch die entsprechenden Unterlagen der ausländischen Rechtsträger betreffen.[533] Aufgrund der Verweisung in § 122e UmwG auf

156

---

528 BR-Drucks. 54/06, S. 32; Simon/Rubner, Der Konzern 2006, 835, 839; Müller, NZG 2006, 286, 288; Drinhausen/Keinath, BB 2006, 725, 729; Neye/Timm, DB 2006, 488, 491; Kiem, WM 2006, 1091, 1097; Widmann/Mayer/Mayer, Umwandlungsrecht, § 122f UmwG Rn. 24; Kallmeyer/Marsch-Barner, § 122f Rn. 4; Lutter/Bayer, § 122f UmwG Rn. 16; Drinhausen, in: Semler/Stengel, § 122f UmwG Rn. 7; Herrler/Schneider, GmbHR 2011, 795, 798 speziell zur deutsch/österreichischen Verschmelzung.
529 Widmann/Mayer/Mayer, § 122f UmwG, Rn. 24 ff.; Lutter/Bayer, § 122f UmwG Rn. 16; Drinhausen, in: Semler/Stengel, § 122f UmwG Rn. 7; Kallmeyer/Müller, § 122f UmwG Rn. 4.
530 Vgl. auch Krause/Kulpa, ZHR 171 (2007), 35, 65; Günes, Grenzüberschreitende Verschmelzung, 2012, S. 151 ff.; Lutz, BWNotZ 2010, 23, 33 f.; Herrler/Schneider, GmbHR 2011, 795, 798 speziell zur deutsch/österreichischen Verschmelzung.
531 Zimmermann, in: Kallmeyer, UmwG, § 122g, Rn. 7; Polley, in: Henssler/Strohn, GesR, § 122g UmwG, Rn. 2; Winter/Vetter, in: Lutter, UmwG, § 122i, Rn. 10; a.A. Mayer, in: Widmann/Mayer, UmwR, § 47, Rn. 4.
532 Freundorfer/Festner, GmbHR 2010, 195.
533 Drinhausen/Keinath, BB 2006, 729; Krause/Kulpa, ZHR 171, 2007, 64.

§ 49 Abs. 2 und § 63 Abs. 1 Nr. 3 UmwG sollten auch die **Jahresabschlüsse** der letzten 3 Jahre aller beteiligten Gesellschaften ausgelegt werden.[534]

X. Verschmelzungsbeschlüsse

157 Art. 9 Verschmelzungsrichtlinie (jetzt Art. 126 GesellschaftsrechtsRL) sieht die Beschlussfassung der Anteilsinhaber vor. Nach § 122a Abs. 2 UmwG gelten insoweit die **allgemeinen Vorschriften**, d. h.:[535]

Allgemein	§ 13 UmwG
GmbH	§§ 50, 56 UmwG
AG	§§ 65, 73, 78 UmwG

158 Die Verschmelzungsrichtlinie und auch das Gesetz geben insoweit **keine Besonderheiten** vor, es gelten daher die allgemeinen Mehrheitsklauseln und die allgemeinen Prinzipien für die Fassung der Verschmelzungsbeschlüsse (vgl. oben Teil 2 Rdn. 461 ff.). Für die GmbH sieht § 50 Abs. 1 UmwG vor, dass der Beschluss einer Mehrheit von mindestens 3/4 der abgegebenen Stimmen bedarf. Für die AG sieht § 65 UmwG vor, dass der Beschluss einer Mehrheit bedarf, die mindestens 3/4 des bei der Beschlussfassung vertretenen Grundkapitals umfasst.

159 Das **Einberufungs- und Beschlussverfahren** richtet sich entsprechend Art. 4 Abs. 1b Satz 2 Verschmelzungsrichtlinie nach dem nationalen Recht, es gelten die obigen Ausführungen (vgl. Teil 2 Rdn. 470 ff.).

160 Es ist eine **notariell beurkundete Beschlussfassung** gem. § 13 Abs. 3 Satz 1 UmwG erforderlich. Unabhängig von der Frage, ob die Satzung des deutschen Rechtsträgers eine Beurkundung im Ausland zulässt und auch unabhängig von der weiteren Frage, ob eine derartige Versammlung überhaupt im Ausland abgehalten werden kann, stellt sich die Frage der **Wirksamkeit der Auslandsbeurkundung**. Für den beteiligten deutschen Rechtsträger ist dies nach den Grundsätzen zu beantworten, die zu § 13 UmwG entwickelt worden sind (vgl. oben Teil 2 Rdn. 62, Teil 2 Rdn. 503 f.).[536]

161 Befinden sich **alle Anteile einer übertragenden Gesellschaft** in der Hand der übernehmenden Gesellschaft, so ist ein Verschmelzungsbeschluss der Anteilsinhaber der übertragenden Gesellschaft nicht erforderlich (§ 122e Abs. 2 UmwG **100 %iges Mutter-Tochter-Verhältnis**[537]).

162 Art. 4 Abs. 2 Satz 1 Verschmelzungsrichtlinie (jetzt Art. 121 Abs. 2 Satz 1 GesellschaftsrechtsRL) sieht vor, dass sich der Schutz der Anteilseigner nach dem für die verschmelzenden Gesellschaften nationalen Recht richtet. Damit gilt in Deutschland der generelle Verweis des § 122a Abs. 2 UmwG, sodass die entsprechenden **Zustimmungsvorbehalte, die dem Minderheitenschutz** dienen, auch entsprechend gelten (vgl. oben Teil 2 Rdn. 545 ff., Teil 2 Rdn. 561 ff.). Die allgemeinen Regelungen des Minderheitenschutzes und der Zustimmung von Sonderrechtsinhabern gelten daher entsprechend (vgl. dazu oben Teil 2 Rdn. 557 ff.).

163 Eine **Besonderheit** sieht § 122g Abs. 1 UmwG vor: Für den Zustimmungsbeschluss ist weiterhin zu berücksichtigen, dass die oben erwähnte Beteiligung der Arbeitnehmer durchzuführen ist. Zum Zeitpunkt des Zustimmungsbeschlusses wissen die Anteilseigner u. U. nicht, wie das Ergebnis

---

534 Vgl. Freundorfer/Festner, GmbHR 2010, 196, 199.
535 Siehe auch Zimmermann, in: Kallmeyer, UmwG, § 122g, Rn. 1.
536 Heckschen, in: BeckNotHdb, D. IV., Rn. 142; Vetter, AG 2006, 613, 617; s.a. Süß, in: Herrler, Gesellschaftsrecht in der Notar- und Gestaltungspraxis, § 12, Rn. 71.
537 Vgl. zu den Besonderheiten der Konzernverschmelzungen Kruse/Kruse, BB 2010, 3035; Drinhausen, in: Semler/Stengel, UmwG, § 122g, Rn. 14; Herrler/Schneider, GmbHR 2011, 795, 800 speziell zur deutsch/österreichischen Verschmelzung.

der Verhandlungen mit dem besonderen Verhandlungsgremium aussieht. Die Anteilsinhaber können nach § 122g Abs. 1 UmwG ihre Zustimmung davon abhängig machen, dass die **Art und Weise der Mitbestimmung** der Arbeitnehmer der übernehmenden oder neuen Gesellschaft ausdrücklich von ihnen bestätigt wird (**Bestätigungsvorbehalt**).[538] Die Sonderregel räumt den Gesellschaftern damit ein Letztentscheidungsrecht über die Ausgestaltung der Mitbestimmung ein.[539] Bzgl. der Bestätigung der Mitbestimmung gelten grds. dieselben Mehrheitserfordernisse wie für den Zustimmungsbeschluss selbst.[540] In der Literatur wird es zu Recht zugelassen, dass die Versammlung einen **bedingten Verschmelzungsbeschluss** fasst.[541] Der Vorbehalt ist Teil des Verschmelzungsbeschlusses und wird von dessen Erfordernissen, besonders bzgl. der Mehrheit erfasst.[542] Die Bestätigung ist in einem weiteren Beschluss der Anteilseigner zu fassen.[543]

Vom Gesetz nicht ausdrücklich vorgesehen ist die Möglichkeit, die **Kompetenz zur Bestätigung** der Mitbestimmungsregeln **auf bestimmte Personen** oder Gremien, etwa einen Beirat oder Aufsichtsrat **zu übertragen**. Auch hier hat die Literatur gegen die Zulässigkeit einer solchen Regelung keine Bedenken angenommen.[544] Dem ist zuzustimmen.

164

XI. Vorabbescheinigung und Registerverfahren

1. Überblick

Nach dem Vorbild bei der europäischen AG (SE), d. h. den Art. 24 und 25 der SE-Verordnung ist auch in der Verschmelzungsrichtlinie in den Art. 10 und 11 ein **zweistufiges Rechtmäßigkeitskontrollverfahren** vorgesehen.[545] Diese Kontrolle wird entsprechend der Regelung im jeweiligen Mitgliedstaat durch ein Gericht, einen Notar oder eine zuständige Behörde durchgeführt.[546] Im **Sitzstaat der übertragenden Gesellschaften** wird zunächst geprüft, ob der gemeinsame Verschmelzungsplan wie vorgeschrieben aufgestellt und publiziert worden ist. Darüber soll nach Art. 10 Abs. 2 VerschmelzungsRL (jetzt Art. 127 Abs. 2 GesellschaftsrechtsRL) eine entsprechende Bescheinigung ausgestellt werden. Auf der **zweiten Stufe** wird diese Bescheinigung im Sitzstaat der übernehmenden oder neuen Gesellschaft der dort jeweils zuständigen Stelle vorgelegt. Dabei wird gem. Art. 11 VerschmelzungsRL (jetzt Art. 128 GesellschaftsrechtsRL) insbesondere geprüft, ob alle Gesellschaften einem gleichlautenden Verschmelzungsplan zugestimmt haben und ob eine Mitbestimmungsvereinbarung abgeschlossen wurde.[547]

165

---

538 Bayer, in: Lutter, UmwG, § 122g, Rn. 27 ff.; Drinhausen, in: Semler/Stengel, UmwG, § 122g, Rn. 8.
539 Polley, in: Henssler/Strohn, GesR, § 122g UmwG, Rn. 5; Heckschen, in: Widmann/Mayer, UmwR, § 122g, Rn. 3 f.
540 Simon/Rubner, Der Konzern 2006, 839; Heckschen, in: Widmann/Mayer, UmwR, § 122g Rn. 109 ff.; Hörtnagl, in: Schmitt/Hörtnagl/Stratz, UmwG, § 122g, Rn. 8; Polley, in: Henssler/Strohn, GesR, § 122g UmwG, Rn. 6; Simon/Rubner, in: KK-UmwG, § 122g, Rn. 16; Zimmermann, in: Kallmeyer, UmwG, § 122g, Rn. 16.
541 Simon/Rubner, Der Konzern 2006, 839; Widmann/Mayer/Heckschen, Umwandlungsrecht, § 122g UmwG Rn. 106 ff.; Kallmeyer/Marsch-Barner, § 122g Rn. 16 f.; Klein, RNotZ 2007, 565, 597; Lutter/Bayer, § 122g UmwG Rn. 30; Drinhausen, in: Semler/Stengel, § 122g UmwG Rn. 10.
542 Vgl. Widmann/Mayer/Heckschen, Umwandlungsrecht, § 122g UmwG Rn. 106 ff.; Kallmeyer/Marsch-Barner, § 122g Rn. 16 f.; Klein, RNotZ 2007, 565, 597; a.A. Lutter/Bayer, § 122g UmwG Rn. 30; Drinhausen, in: Semler/Stengel, § 122g UmwG Rn. 10.
543 Widmann/Mayer/Heckschen, Umwandlungsrecht, § 122g UmwG Rn. 113; Kallmeyer/Marsch-Barner, § 122g Rn. 19; Drinhausen, in: Semler/Stengel, § 122g UmwG Rn. 1.
544 Simon/Rubner, Der Konzern 2006, 839.
545 Vgl. Neye/Timm, NotBZ 2007, 242 f.; Lutter/Bayer, § 122k UmwG Rn. 2; Widmann/Mayer/Vossius, Umwandlungsrecht, § 122k UmwG Rn. 3 ff.; Freundorfer/Festner, GmbHR 2010, 196, 199; Günes, Grenzüberschreitende Verschmelzung, 2012, S. 155 f.; Krause/Kulpa, ZHR 171 (2007), 35, 65.
546 Vgl. Neye/Timm, DB 2006, 489; Behrens, Die grenzüberschreitende Verschmelzung, 2007, S. 135; Krause/Kulpa, ZHR 171 (2007), 35, 65.
547 Vgl. Neye/Timm, DB 2006, 489.

166 Das **Verfahren nach der Verschmelzungsrichtlinie** stellt sich also wie folgt dar:

Art. 10 VerschmelzungsRL (jetzt Art. 127 GesellschaftsrechtsRL): Vorabbescheinigung	Jeder Mitgliedstaat benennt das Gericht, den Notar oder die zuständige Behörde, die die Rechtmäßigkeit der grenzüberschreitenden Verschmelzung für die Verfahrensabschnitte kontrolliert bzgl. der Gesellschaften, die seinem innerstaatlichen Recht unterliegen. Diese Stelle stellt dann eine Vorabbescheinigung aus, aus der zweifelsfrei hervorgeht, dass die der Verschmelzung vorangehenden Rechtshandlungen und Formalitäten ordnungsgemäß vollzogen wurden.
Art. 11 VerschmelzungsRL (jetzt Art. 128 GesellschaftsrechtsRL): Überprüfung der Rechtmäßigkeit	Jeder Mitgliedstaat benennt nach Art. 11 VerschmelzungsRL (jetzt Art. 128 GesellschaftsrechtsRL) das Gericht, den Notar oder die sonstige zuständige Behörde, die die Rechtmäßigkeit der Verschmelzung für die Verfahrensabschnitte kontrolliert, welche die Durchführung der grenzüberschreitenden Verschmelzung und ggf. die Gründung einer neuen Gesellschaft betreffen. Die Stelle muss sicherstellen, dass die verschmelzenden Gesellschaften einem gemeinsamen, gleichlautenden Verschmelzungsplan zugestimmt haben sowie ggf. eine Vereinbarung über die Mitbestimmung der Arbeitnehmer geschlossen haben.
Art. 13 VerschmelzungsRL (jetzt Art. 130 GesellschaftsrechtsRL): Eintragungsverfahren	Nach dem Recht des Mitgliedstaats bestimmt sich das Eintragungsverfahren.

▶ Hinweis:

Auch nach dem Company Law Package (hierzu allgemein Rdn. 12 ff.) findet die Rechtmäßigkeitskontrolle der grenzüberschreitenden Verschmelzung weiterhin zweistufig nach den Art. 127, 128 GesellschaftsrechtsRL statt. Der Kommissionsvorschlag bringt im konkreten Verfahren jedoch einige Änderungen mit sich.[548] Die für die Beantragung der Verschmelzungsbescheinigung und die Rechtmäßigkeitskontrolle erforderlichen Informationen und Dokumente müssen künftig vollständig digital eingereicht werden können.[549] Daneben muss die Verschmelzungsbescheinigung künftig von den zuständigen Behörden der Mitgliedstaaten der jeweiligen sich verschmelzenden Gesellschaften unmittelbar über das BRIS[550] an die zuständige Kontrollbehörde in dem Mitgliedstaat, dessen Recht die aus der grenzüberschreitenden Verschmelzung hervorgehende Gesellschaft unterliegt, übermittelt werden. Dies bringt verfahrenstechnische Erleichterungen und kann die grenzüberschreitende Verschmelzung beschleunigen.

Die grenzüberschreitende Verschmelzung wird gemäß Art. 129 GesellschaftsrechtsRL zu dem Zeitpunkt wirksam, den das Recht des Mitgliedstaates bestimmt, welchem die Gesellschaft, die aus der grenzüberschreitenden Verschmelzung hervorgeht, unterliegt. Daher gilt § 122a Abs. 2 UmwG i.V.m. § 20 UmwG für die Hineinverschmelzung. Folglich begründet die konstitutive Registereintragung die Wirksamkeit und für die Vermögensübertragung gelten die allgemeinen Grundsätze.

Art. 131 Abs. 1 lit. a) u. Abs. 2 lit. a) GesellschaftsrechtsRL stellen zudem klar, dass das im Wege der Universalsukzession übergehende gesamte Aktiv- und Passivvermögen der übertra-

---

548 Hierzu ausführlich Knaier, GmbHR 2018, 607, 616; J. Schmidt, Der Konzern 2018, 229, 242 f.
549 Dies stellt eine erfreulich konsequente Fortsetzung der neuen Vorgaben über die digitale Kommunikation mit Registern aus dem Kommissionsvorschlag betreffend den Einsatz digitaler Instrumente und Verfahren im Gesellschaftsrecht (COM[2018] 239 final) dar, dazu Knaier, GmbHR 2018, 560, 568; siehe auch J. Schmidt, Der Konzern 2018, 229, 242 f.
550 Business Registers Interconnection System – BRIS, nutzbar über https://e-justice.europa.eu/content_find_a_company-489-de.do?clang=de (Stand: 04.11.2018); ausführlich hierzu Lutter/Bayer/J. Schmidt, Europäisches Unternehmens- und Kapitalmarktrecht, 6. Aufl. 2018, § 18 Rn. 18.17; Bock, GmbHR 2018, 281.

genden bzw. sich verschmelzenden Gesellschaft(en) alle Verträge, Kredite, Rechte und Pflichten beinhaltet und dass diese von der aufnehmenden bzw. neuen Gesellschaft weitergeführt werden.[551]

Der neue Art. 122a GesellschaftsrechtsRL legt nun fest, von welchem Zeitpunkt an die Handlungen der sich verschmelzenden Gesellschaften für Rechnungslegungszwecke relevant sind. Bilanziert die aus der grenzüberschreitenden Verschmelzung hervorgehende Gesellschaft nach IFRS,[552] ist der Stichtag nach Maßgabe dieser Rechnungslegungsstandards zu bestimmen. Ansonsten ist der Rechnungslegungsstichtag gem. Art. 129 GesellschaftsrechtsRL grundsätzlich der Tag, an dem die grenzüberschreitende Verschmelzung wirksam wird. Den sich verschmelzenden Gesellschaften wird jedoch freigestellt, einen anderen Stichtag festzulegen, um den Verschmelzungsvorgang zu erleichtern. Dieser darf nicht vor dem Bilanzstichtag des letzten Jahresabschlusses liegen, der von einer der sich verschmelzenden Gesellschaften aufgestellt und veröffentlicht wird und muss es der aus der grenzüberschreitenden Verschmelzung hervorgehenden Gesellschaft ermöglichen, ihren Jahresabschluss, der den Auswirkungen der Verschmelzung Rechnung trägt, im Einklang mit dem Unionsrecht und dem Recht der Mitgliedstaaten zum Bilanzstichtag unmittelbar nach dem Tag aufzustellen, an dem die grenzüberschreitende Verschmelzung wirksam wird.[553]

▶ Hinweis:

Der Referentenentwurf für ein Viertes Gesetz zur Änderung des Umwandlungsgesetzes (dazu Rdn. 47 ff.) sieht im neu zu schaffenden § 122m UmwG eine Übergangsfrist für grenzüberschreitende Verschmelzungen vor, die bereits vor dem Brexit begonnen haben, jedoch erst nach Wirksamwerden des Brexit abgeschlossen werden können.[554]

Für die grenzüberschreitende Hereinverschmelzung einer britischen Gesellschaft bedeutet das dargestellte zweistufige Rechtmäßigkeitskontrollsystem, dass in jedem Fall, unabhängig von den Regelungen des UmwG-RefE, vom Companies House eine Verschmelzungsbescheinigung, welche die ordnungsgemäße Durchführung des Verfahrens der grenzüberschreitenden Verschmelzung in Großbritannien bescheinigt, ausgestellt werden muss, bevor das deutsche Register tätig werden darf.[555] Hier offenbart sich eine große Schwäche des UmwG-RefE. Ist das Companies House nach Wirksamwerden des Brexit nicht mehr bereit, eine Verschmelzungsbescheinigung zu erstellen, weil das Unionsrecht nicht mehr dazu zwingt, wird die deutsche Übergangsregelung aus § 122m UmwG-RefE völlig ins Leere laufen.[556] Die Verschmelzung kann nicht ordnungsgemäß abgeschlossen werden. Dieses Szenario ist angesichts des derzeitigen Umgangs, welchen das Companies House mit Anträgen zur grenzüberschreitenden Sitzverlegung pflegt (dazu Rdn. 49),[557] m.E. mehr als wahrscheinlich. Angesichts dieser tatsächlichen

---

551 Knaier, GmbHR 2018, 607, 616; s. zu den Hintergründen dieser Regelung J. Schmidt, Der Konzern 2018, 229, 243.
552 International Financial Reporting Standards; s. IFRS 3.8, 3.9.
553 Dazu Knaier, GmbHR 2018, 607, 616; J. Schmidt, Der Konzern 2018, 229, 240 f.
554 Siehe hierzu Knaier, ZNotP 2018, 341, 347 f.; J. Schmidt, GmbHR 2018, R292; Stiegler, 4. UmwÄndG – Brexit und Verschmelzung auf Personengesellschaften: Way to go oder halbherziger Kompromiss?, erscheint in ZIP 2018; Brandi/M. K. Schmidt, DB 2018, 2417, 2420 f.
555 Mentzel, IWRZ 2017, 248, 252; Herrler, in: Herrler, Gesellschaftsrecht in der Notar- und Gestaltungspraxis, 2017, § 1 Rn. 45 f.
556 Dies kritisieren auch Knaier, ZNotP 2018, 341, 347 f.; J. Schmidt, GmbHR 2018, R292, R 293; ebenso die Stellungnahme des DNotV, S. 10, abrufbar unter: https://www.dnotv.de/stellungnahmen/viertes-gesetz-zur-aenderung-des-umwandlungsgesetzes-referentenentwurf/(Stand: 24.09.2018).
557 Dazu Knaier, ZNotP 2018, 341, 349 f.; siehe auch Heckschen, in: Heckschen/Heidinger, Die GmbH in der Gestaltungs- und Beratungspraxis, 18, Kap. 2 Rn. 53; Heckschen, NotBZ 2017, 401, 404 f.

Gegebenheiten wirkt die in der Begründung des UmwG-RefE[558] zum Ausdruck kommende Hoffnung, dass »[…] durch die Neuregelung der §§ 122a ff. UmwG die Bereitschaft der zuständigen Behörden in dem Vereinigten Königreich Großbritannien und Nordirland, an dem Verschmelzungsverfahren mitzuwirken, gefördert werden [soll]« geradezu blauäugig. Sinnvoller wäre daher eine Regelung, wie sie von der DNotV[559] vorgeschlagen wird, die betroffenen Gesellschaften, deren Zweigniederlassung im deutschen Handelsregister eingetragen ist,[560] eine erleichterte Umstrukturierung ermöglicht, die unter engen Voraussetzungen eine persönliche Haftung nach Vorbild des § 27 Abs. 2 HGB ausschließt.

2. Verschmelzungsbescheinigung (§ 122k UmwG), Anmeldung zum Handelsregister und Eintragung (§ 122l UmwG)

a) Überblick

167 Nach Art. 10 Abs. 1 VerschmelzungsRL (jetzt Art. 127 Abs. 1 GesellschaftsrechtsRL) hat jeder Mitgliedstaat eine **staatliche Stelle zu benennen**, die die Rechtmäßigkeit der grenzüberschreitenden Verschmelzung in Bezug auf die Verfahrensabschnitte kontrolliert, die seinem Recht unterliegende, sich verschmelzende Gesellschaften betreffen. Für übertragende deutsche Gesellschaften ist dies in Anlehnung an die Regelung in § 16 Abs. 1 Satz 1 UmwG das Registergericht des Sitzes der Gesellschaft.[561] Ist eine deutsche Gesellschaft übertragender Rechtsträger, hat nach § 122k UmwG das Vertretungsorgan der übertragenden deutschen Gesellschaft das Vorliegen aller die Gesellschaft betreffenden Voraussetzungen einer grenzüberschreitenden Verschmelzung **zur Eintragung beim Register am Sitz der Gesellschaft anzumelden**. Die Bescheinigung schafft eine Verfahrenserleichterung. Die übertragende Gesellschaft muss sich nur an ihr Register wenden, um die Voraussetzungen der Verschmelzung nachzuweisen.[562]

168 Von den Mitgliedern des Vertretungsorgans ist nach § 122k Abs. 1 Satz 3 UmwG eine **Versicherung** abzugeben, dass **allen Gläubigern** der übertragenden Gesellschaft, die einen Anspruch auf eine Sicherheitsleistung nach § 122j UmwG haben, eine **angemessene Sicherheit** geleistet wurde.[563] Die Abgabe der Versicherung ist strafbewehrt (§ 314a UmwG). Ohne die Versicherung darf die Verschmelzungsbescheinigung nicht erteilt werden (§ 122k Abs. 2 Satz 4 UmwG).

169 § 122k UmwG enthält ferner eine Klarstellung, dass daneben § 16 Abs. 2 und Abs. 3 UmwG sowie § 17 UmwG entsprechend gelten. Es sind daher bei der Umwandlung **die in § 17 UmwG genannten Unterlagen beizufügen** (vgl. oben Teil 3 Rdn. 377) und die nach **§ 16 Abs. 2 UmwG erforderliche Negativerklärung** abzugeben (vgl. oben Teil 2 Rdn. 668, Teil 2 Rdn. 742 ff.).[564]

---

558 UmwG-RefE, S. 6, abrufbar unter: https://www.bmjv.de/SharedDocs/Gesetzgebungsverfahren/Dokumente/RefE_Umwandlungsgesetz.pdf?__blob=publicationFile&v=1 (Stand: 12.09.2018).
559 Stellungnahme des DNotV, S. 11 ff., abrufbar unter: https://www.dnotv.de/stellungnahmen/viertes-gesetz-zur-aenderung-des-umwandlungsgesetzes-referentenentwurf/(Stand: 24.09.2018).
560 Hierdurch könnten gleichzeitig die bisher nicht mit einer Zweigniederlassung eingetragenen Limiteds in Deutschland »aufgedeckt« werden, siehe Stellungnahme des DNotV, S. 10 ff., abrufbar unter: https://www.dnotv.de/stellungnahmen/viertes-gesetz-zur-aenderung-des-umwandlungsgesetzes-referentenentwurf/(Stand: 24.09.2018).
561 BegrRegE, BR-Drucks. 548/06, S. 37; Vossius, in: Widmann/Mayer, UmwR, § 122k, Rn. 9; Simon/Rubner, in: KK-UmwG, § 122k, Rn. 4.
562 Neye/Timm, NotBZ 2007, 239, 243; Herrler/Schneider, GmbHR 2011, 795, 800 speziell zur deutsch/österreichischen Verschmelzung.
563 Siehe Knaier, in: Würzburger NotHdb, Teil 5 Kap. 6 Rn. 413.
564 Vgl. auch Kallmeyer/Marsch-Barner, § 122k Rn. 6 ff., 11 f.; Lutter/Bayer, § 122k UmwG Rn. 12; Widmann/Mayer/Vossius, Umwandlungsrecht, § 122k UmwG Rn. 27 ff.; Herrler/Schneider, GmbHR 2011, 795, 800 f. speziell zur deutsch/österreichischen Verschmelzung.

Die Vorlage und Erklärungspflicht besteht aber **nur in Bezug auf die deutsche übertragende Gesellschaft**. Die ausländischen Gesellschaften unterliegen der Kontrolle in ihrem Sitzstaat und müssen dort entsprechende Erklärungen und Nachweise erbringen.[565] So ist bspw. in entsprechender Anwendung von § 17 UmwG nur der Verschmelzungsbeschluss der übertragenden deutschen Gesellschaft beim Registergericht vorzulegen. Die Negativerklärung nach § 16 Abs. 2 UmwG ist ebenfalls nur im Hinblick auf den Verschmelzungsbeschluss der deutschen Gesellschaft abzugeben.[566] Sie kann durch einen rechtskräftigen gerichtlichen Beschluss in einem Freigabeverfahren nach § 16 Abs. 3 UmwG ersetzt werden.[567]

170

Sodann prüft das deutsche Registergericht, ob die Voraussetzungen für die Verschmelzung vorliegen und stellt unverzüglich eine **Verschmelzungsbescheinigung aus (§ 122k Abs. 2 UmwG)**. Durch § 122k Abs. 2 Satz 2 UmwG wird klargestellt, dass die Nachricht über die Eintragung in das Register als Verschmelzungsbescheinigung gilt.[568] Einer gesonderten Verschmelzungsbescheinigung bedarf es daher in Deutschland insoweit nicht.[569]

171

Der Eintragung ist ein **Vermerk beizufügen**, dass die grenzüberschreitende Verschmelzung unter den Voraussetzungen des Rechts des Staats, dem die übernehmende oder neue Gesellschaft unterliegt, wirksam wird (§ 122k Abs. 2 Satz 3 UmwG).

172

Diese Umsetzung wurde in der Literatur kritisiert, da offenbar eine **Abweichung vom zweistufigen Rechtmäßigkeitskontrollverfahren** vorliegt.[570] Ferner wurde kritisiert, dass die Eintragung im Register und der beigefügte Vermerk keine Verschmelzungsbescheinigung – wie von der Verschmelzungsrichtlinie vorgesehen – sei. Es sei mehr als zweifelhaft, ob allein die Eintragung den Vorgaben von Art. 10 Abs. 2 Verschmelzungsrichtlinie gerecht werde. Denn dort werde eine Bescheinigung verlangt, »aus der zweifelsfrei hervorgehe, dass die der Verschmelzung vorangehenden Rechtshandlungen und Formalitäten ordnungsgemäß vollzogen wurden«.[571] Es wurde daher verlangt, dass ebenso wie bei der SE die Form eines Beschlusses mit Tatbestand und Entscheidungsgründen vorliegen müsse. Der Gesetzgeber ist diesen Wünschen in der Literatur nicht gefolgt und hat es dabei belassen, dass als Verschmelzungsbescheinigung die Nachricht über die Eintragung im Register gilt. Z. T. wird eine solche verlangt, wenn die Eintragungsnachricht im Ausland als nicht ausreichend angesehen wird.[572]

173

Das Vertretungsorgan der Gesellschaft hat die Verschmelzungsbescheinigung **innerhalb von 6 Monaten** nach ihrer Ausstellung zusammen mit dem Verschmelzungsplan der zuständigen Stelle des Staats vorzulegen, dessen Recht die übernehmende oder neue Gesellschaft unterliegt (§ 122k Abs. 3 UmwG).

174

---

565 Günes, Grenzüberschreitende Verschmelzung, 2012, S. 160; Zimmermann, in: Kallmeyer, UmwG, § 122k, Rn. 20.
566 Vgl. Neye/Timm, NotBZ 2007, 239, 243.
567 Vgl. BR-Drucks. 54/06, S. 32.
568 Diese Umsetzung wurde teilweise als nicht ausreichend im Hinblick auf Art. 10 Abs. 2 VerschmelzungsRL kritisiert, der explizit von einer »... Bescheinigung [aus], aus der zweifelsfrei hervorgeht, dass die der Verschmelzung vorangehenden Rechtshandlungen und Formalitäten ordnungsgemäß vollzogen wurden.« spricht, vgl. Haritz/v. Wolff, GmbHR 2006, 340, 344; Heckschen, in: Widmann/Mayer, UmwR, Vor §§ 122a ff., Rn. 108; Beutel, Der neue rechtliche Rahme grenzüberschreitender Verschmelzungen in der EU, 2008, S. 217; Frenzel, Grenzüberschreitende Verschmelzung von Kapitalgesellschaften, S. 381; Günes, Grenzüberschreitende Verschmelzung, 2012, S. 159 weist zurecht darauf hin, dass zweifelsfrei nicht mit ausdrücklich gleichzusetzen ist.
569 Vgl. Neye/Timm, NotBZ 2007, 239, 243; Kallmeyer/Marsch-Barner, § 122k Rn. 15; Widmann/Mayer/Vossius, Umwandlungsrecht, § 122k UmwG Rn. 5.
570 Vgl. Haritz/v. Wolf, GmbHR 2006, 343 f.
571 Vgl. Bayer/Schmidt, NZG 2006, 843; Haritz/v. Wolff, GmbHR 2006, 340, 344.
572 Vgl. Drinhausen, in: Semler/Stengel, § 122k UmwG Rn. 22.

b) Anmeldung zum Handelsregister und Eintragung (§ 122l UmwG)

aa) Grundsatz

175 Das Anmeldeverfahren richtet sich nach den **allgemeinen Regelungen und den Besonderheiten** des § 122l Abs. 1 UmwG. Unterliegt die aufnehmende oder neu gegründete Gesellschaft deutschem Recht, gelten zunächst die allgemeinen Vorschriften. Die Verschmelzung ist nach § 16 Abs. 1 Satz 2 UmwG anzumelden, bei der Verschmelzung durch Neugründung ist die neu gegründete Gesellschaft in Anlehnung an § 38 Abs. 2 UmwG anzumelden.

▶ Hinweis Brexit:

Ein ausfüllbares Muster für die Anmeldung beim Companies Register bei Beteiligung einer britischen Ltd. ist abrufbar unter: https://www.gov.uk/government/uploads/system/uploads/attachment_data/file/283524/CB01_notice_of_a_cross_border_merger_involving_a_uk_registered_company.pdf

176 Bei einer **Verschmelzung durch Aufnahme** hat daher das Vertretungsorgan der inländischen übernehmenden Gesellschaft die Verschmelzung und bei einer Verschmelzung durch Neugründung haben die Vertretungsorgane der übertragenden Gesellschaften die neue Gesellschaft zur Eintragung in das Handelsregister des Sitzes der Gesellschaft anzumelden.[573] Der Anmeldung sind die Verschmelzungsbescheinigungen aller übertragenden Gesellschaften, der gemeinsame Verschmelzungsplan und ggf. die Vereinbarung über die Beteiligung der Arbeitnehmer beizufügen. Die Verschmelzungsbescheinigungen dürfen nicht älter als 6 Monate sein; § 16 Abs. 2 und Abs. 3 UmwG und § 17 UmwG finden nur auf die inländische Gesellschaft, nicht auf die übertragenden ausländischen Gesellschaften Anwendung, eine Negativerklärung kann von den ausländischen Vertretungsorganen nicht verlangt werden.[574] Als Anlagen sind i. Ü. die allgemeinen Anlagen beizufügen (vgl. oben Teil 2 Rdn. 673 ff.).[575]

177 Die Prüfung der Eintragungsvoraussetzungen erstreckt sich insb. darauf, ob die Anteilsinhaber aller an der grenzüberschreitenden Verschmelzung beteiligten Gesellschaften einem **gemeinsamen, gleichlautenden Verschmelzungsplan zugestimmt** haben und ob ggf. eine **Vereinbarung über die Beteiligung der Arbeitnehmer** geschlossen worden ist.

178 Grds. gelten daher zunächst die allgemeinen Anmeldeprinzipien bei Verschmelzungen (vgl. oben Teil 2 Rdn. 640 ff., Teil 2 Rdn. 738 ff.).

▶ Hinweis:

179 Dabei ist zu beachten, dass der Anmeldung die Verschmelzungsbescheinigungen aller übertragenden Gesellschaften, der gemeinsame Verschmelzungsplan und ggf. die Vereinbarung über die beteiligten Arbeitnehmer beizufügen ist (§ 122l Abs. 1 Satz 2 UmwG). Die Verschmelzungsbescheinigung darf nicht älter als 6 Monate sein (§ 122l Abs. 1 Satz 2 UmwG). Für die übertragenden Gesellschaften werden mit der Bescheinigung sämtliche Formalitäten erledigt. Deshalb bestimmt § 122l Abs. 1 Satz 2 Halbs. 2 UmwG, dass § 16 Abs. 2 und Abs. 3 UmwG und § 17 UmwG auf die übertragenden Gesellschaften keine Anwendung finden. Das Vorlie-

---

573 Neye/Timm, NotBZ 2007, 239, 243; Widmann/Mayer/Vossius, Umwandlungsrecht, § 122l UmwG Rn. 5; Kallmeyer/Marsch-Barner, § 122l Rn. 2 f.; Herrler/Schneider, GmbHR 2011, 795, 802 speziell zur deutsch/österreichischen Verschmelzung.

574 Widmann/Mayer/Vossius, Umwandlungsrecht, § 122l UmwG Rn. 10; Kallmeyer/Marsch-Barner, § 122l Rn. 11; Drinhausen, in: Semler/Stengel, § 122l UmwG Rn. 8; Lutter/Bayer, § 122l UmwG Rn. 10.

575 Vgl. auch Widmann/Mayer/Vossius, Umwandlungsrecht, § 122l UmwG Rn. 14; Kallmeyer/Marsch-Barner, § 122l Rn. 16.

gen der ausländischen Rechtmäßigkeitsvoraussetzungen, wird also nur durch die Vorlage der Verschmelzungsbescheinigung dokumentiert, weitere Unterlagen sind nicht beizubringen.[576]

Das **zuständige Registergericht** prüft sodann anhand der ihm vorgelegten Unterlagen, ob die **Voraussetzungen einer Verschmelzung** vorliegen (§ 122l Abs. 2 UmwG). Von Amts wegen hat das Registergericht den Tag der Eintragung jedem Register mitzuteilen, bei dem eine der übertragenden Gesellschaften Unterlagen zu hinterlegen hat. Dies betrifft ebenso die ausländischen Register. Die Bekanntmachung der Eintragung richtet sich nach den allgemeinen Vorschriften des UmwG zur Verschmelzung (§ 122a Abs. 2 UmwG i. V. m. §§ 19 Abs. 3 und 20, 21 UmwG).

bb) Anmeldung bei Hineinverschmelzung

Aus den vorstehenden Regelungen folgt also für den Fall der Hineinverschmelzung einer ausländischen Gesellschaft auf eine deutsche, dass das **Vertretungsorgan** der übernehmenden deutschen Gesellschaft die **Verschmelzung zur Eintragung in das deutsche Handelsregister** des Sitzes der deutschen Gesellschaft anzumelden hat. Bei einer Hineinverschmelzung zur Neugründung obliegt dies den Vertretungsorganen der übertragenden Gesellschaften.[577] Die Anmeldung hat die Negativerklärung nach § 16 Abs. 2 UmwG zu enthalten. Als Anlagen sind die in § 17 UmwG enthaltenen Dokumente für die deutsche Gesellschaft beizufügen (vgl. oben Teil 2 Rdn. 673 ff.).[578] Beigefügt werden muss ferner die Verschmelzungsbescheinigung für die übertragende ausländische Gesellschaft, der gemeinsame Verschmelzungsplan und ggf. die Vereinbarung über Arbeitnehmerbeteiligung (§ 122l Abs. 1 Satz 2 UmwG). Nicht anzuwenden sind nach § 122l Abs. 1 Satz 3 UmwG, § 16 Abs. 2 und Abs. 3 UmwG und § 17 UmwG auf die übertragende Gesellschaften, denn diese Unterlagen werden durch die ausländische Bescheinigung dokumentiert.[579] Ist eine deutsche Gesellschaft aufnehmender Rechtsträger oder soll die neu errichtete Gesellschaft in Deutschland ihren Satzungssitz erhalten, so sieht der nationale Gesetzgeber für einen an einem derartigen Vorgang beteiligten Rechtsträger keine vorherige Rechtmäßigkeitsprüfung vor. Die Prüfung der die deutsche aufnehmende Gesellschaft betreffenden Voraussetzungen erfolgt direkt bei der Eintragung der Verschmelzung.[580]

Die Anmeldung beim übertragenden **ausländischen Rechtsträger** richtet sich **nach dessen Recht**.

▶ Hinweis Brexit:

Ein ausfüllbares Muster für die Anmeldung beim Companies Register bei Beteiligung einer britischen Ltd. ist abrufbar unter:https://www.gov.uk/government/uploads/system/uploads/attachment_data/file/283524/CB01_notice_of_a_cross_border_merger_involving_a_uk_registered_company.pdf

---

576 Krafka/Kühn, RegisterR, Rn. 1188e; Krüger, in: BeckHdb Umwandlungen international, Teil 2, Rn. 418.
577 Herrler/Herrler, in: Süß/Wachter, Hdb internationales GmbH-Recht, § 5, Rn. 98; Heckschen, in: BeckNotHdb, D. IV., Rn. 153 f.
578 Widmann/Mayer/Vossius, Umwandlungsrecht, § 122l UmwG Rn. 14; Kallmeyer/Marsch-Barner, § 122l Rn. 16; Herrler/Schneider, GmbHR 2011, 795, 802 speziell zur deutsch/österreichischen Verschmelzung.
579 Vgl. Widmann/Mayer/Vossius, Umwandlungsrecht, § 122l UmwG Rn. 10; Kallmeyer/Marsch-Barner, § 122l Rn. 11; Drinhausen, in: Semler/Stengel, § 122l UmwG Rn. 8; Lutter/Bayer, § 122l UmwG Rn. 10; Herrler/Schneider, GmbHR 2011, 795, 802 speziell zur deutsch/österreichischen Verschmelzung.
580 Neye/Timm, NotBZ 2007, 239, 243.

cc) Anmeldung bei Herausverschmelzung

183 Aus den vorstehenden Regelungen folgt für den Fall der Herausverschmelzung einer deutschen Gesellschaft auf eine ausländische, dass das Vertretungsorgan der übertragenden deutschen Gesellschaft die Verschmelzung **zur Eintragung in das Handelsregister des Sitzes** der deutschen Gesellschaft **anzumelden** hat (§ 122k Abs. 1 Satz UmwG) und dabei die Versicherung nach § 122k Abs. 1 Satz 3 UmwG abgeben muss, dass **allen Gläubigern** der übertragenden Gesellschaft, die einen Anspruch auf eine Sicherheitsleistung nach § 122j UmwG haben, eine **angemessene Sicherheit** geleistet wurde.[581]

184 Die Anmeldung hat ferner nach § 122k Abs. 1 Satz 2 UmwG die **Negativerklärung** nach § 16 Abs. 2 UmwG zu enthalten. Als **Anlagen** sind die in § 17 UmwG enthaltenen Dokumente für die deutsche Gesellschaft beizufügen (vgl. oben Teil 2 Rdn. 673 ff.).[582]

185 Sodann prüft das deutsche Registergericht, ob die Voraussetzungen für die Verschmelzung vorliegen und stellt unverzüglich eine **Verschmelzungsbescheinigung aus (§ 122k Abs. 2 UmwG)**. Nach § 122k Abs. 2 Satz 2 UmwG wird klargestellt, dass die **Nachricht über die Eintragung in das Register** als Verschmelzungsbescheinigung gilt. Eine gesonderte Verschmelzungsbescheinigung wird daher in Deutschland nicht erteilt (zur Kritik vgl. oben Rdn. 172 f.). Es bleibt abzuwarten, ob für das ausländische Gericht die sehr knappe Eintragungsmitteilung als Verschmelzungsbescheinigung genügt.

186 Die Anmeldung bei aufnehmenden **ausländischen Rechtsträgern** richtet sich **nach dessen Recht**.[583]

> **Hinweis Brexit:**
>
> Ein ausfüllbares Muster für die Anmeldung beim Companies Register bei Beteiligung einer britischen Ltd. ist abrufbar unter: https://www.gov.uk/government/uploads/system/uploads/attachment_data/file/283524/CB01_notice_of_a_cross_border_merger_involving_a_uk_registered_company.pdf

3. Wirksamkeit

187 Art. 12 Verschmelzungsrichtlinie bestimmt den **Zeitpunkt der Wirksamkeit grenzüberschreitender Verschmelzungen**. Der Zeitpunkt, an dem die grenzüberschreitende Verschmelzung wirksam wird, bestimmt sich nach dem Recht des Mitgliedstaats, dem die aus der grenzüberschreitenden Verschmelzung hervorgehende Gesellschaft unterliegt (Art. 12 Verschmelzungsrichtlinie, jetzt Art. 129 GesellschaftsrechtsRL). Die §§ 122a ff. UmwG haben insoweit keine Sonderregelung geschaffen. Es gelten daher die allgemeinen Prinzipien über § 122a Abs. 2 UmwG und § 20 UmwG. Damit bewirkt die konstitutive Registereintragung die Wirksamkeit, es gelten insoweit die allgemeinen Regelungen bzgl. der Vermögensübertragung (vgl. oben Teil 1 Rdn. 101, Teil 1 Rdn. 132 ff.).

XII. Gläubigerschutz

188 Nach § 122j Abs. 1 UmwG ist **den Gläubigern** einer übertragenden Gesellschaft, wenn sie binnen 2 Monaten nach dem Tag, an dem der Verschmelzungsplan oder sein Entwurf bekannt gemacht worden ist, ihren Anspruch nach Grund und Höhe schriftlich anmelden, **Sicherheit zu**

---

581 Knaier, in: Würzburger NotHdb, Teil 5 Kap. 6 Rn. 413.
582 Kallmeyer/Marsch-Barner, § 122k Rn. 3 ff.; Bayer, in: Lutter, UmwG, § 122, Rn. 10 f.
583 Knaier, in: Würzburger NotHdb, Teil 5 Kap. 6 Rn. 414.

leisten, soweit sie nicht Befriedigung verlangen können.[584] Dieses Recht steht den Gläubigern jedoch nur zu, wenn sie glaubhaft machen, dass durch die Verschmelzung die Erfüllung ihrer Forderungen gefährdet wird. Nach § 122j Abs. 2 UmwG steht das Recht auf Sicherheitsleistung den Gläubigern nur im Hinblick auf solche Forderungen zu, die vor oder bis zu 15 Tage nach Bekanntmachung des Verschmelzungsplans oder seines Entwurfs entstanden sind.

Grundlage dieser Regelung ist Art. 4 Abs. 2 Satz 1 Verschmelzungsrichtlinie (jetzt Art. 121 Abs. 2 Satz 1 GesellschaftsrechtsRL).[585] Danach richtet sich der Schutz der Gläubiger grds. nach dem anzuwendenden nationalen Recht, wobei der grenzüberschreitende Charakter der Verschmelzung zu berücksichtigen ist. § 122j UmwG trägt diesem **speziellen Schutzbedürfnis der Gläubiger** einer übertragenden Gesellschaft bei einer grenzüberschreitenden Verschmelzung Rechnung. Die Vorschrift lehnt sich an die entsprechende Regelung bei der innerstaatlichen Verschmelzung in § 22 UmwG an. § 22 UmwG gewährt jedoch nur einen nachgeordneten Gläubigerschutz: Die Gläubiger können binnen 6 Monaten nach Eintragung der Verschmelzung ihren Anspruch schriftlich anmelden und ggf. Sicherheit verlangen. Insb. wenn die aus der grenzüberschreitenden Verschmelzung hervorgehende Gesellschaft ihren Sitz im Ausland hat oder einer anderen Rechtsordnung unterliegt, wird ein nachgeordneter Schutz den Interessen der Gläubiger in manchen Fällen möglicherweise nicht gerecht. Sie müssen ihre Interessen bereits vor Vollzug der Verschmelzung geltend machen können. Dies gewährleistet § 122j UmwG. Die Gläubiger haben geltend zu machen, dass die grenzüberschreitende Verschmelzung die Erfüllung ihrer Forderungen konkret gefährdet. Diese Voraussetzung bietet den Gerichten ausreichenden Spielraum, um Kriterien zu entwickeln, die einen angemessenen Ausgleich zwischen dem Interesse der Gesellschaft am Vollzug der Verschmelzung und dem Schutz der Interessen der Gläubiger herstellen. Nach dem EuGH-Urteil in der Rs. »KA Finanz«[586] wird die Unionsrechtskonformität der deutschen Regelung stark bezweifelt bzw. sogar abgelehnt.[587] Die deutsche Regelung ist weiterhin zu beachten, allerdings sollten die Konsequenzen einer Unionsrechtswidrigkeit und damit Unanwendbarkeit des § 122j UmwG ins Auge gefasst werden, sodass zumindest über § 122 Abs. 2 i.V.m. § 22 UmwG ein nachgelagerter Gläubigerschutz eingreifen könnte.[588]

189

Für die Gläubiger einer übernehmenden deutschen Gesellschaft ist aufgrund der Verweisung in § 122a Abs. 2 UmwG die allgemeine Regelung in § 22 UmwG anzuwenden, sodass diese den Anspruch auf Sicherheitsleistung innerhalb von sechs Monaten nach Bekanntmachung der Eintragung der Verschmelzung im Handelsregister geltend machen müssen.[589]

190

Weiter **verstärkt wird der Gläubigerschutz** durch die Regelung in § 122k Abs. 1 Satz 3 UmwG, die durch § 314a UmwG strafbewehrt ist.[590]

191

---

584 Siehe hierzu Herrler/Herrler, in: Süß/Wachter, Hdb internationales GmbH-Recht, § 5, Rn. 46; Günes, Grenzüberschreitende Verschmelzung, 2012, S. 173; Süß, in: Herrler, Gesellschaftsrecht in der Notar- und Gestaltungspraxis, § 12, Rn. 90 ff.
585 Hierdurch soll die etwaige Schutzlücke für Gläubiger bei grenzüberschreitenden Verschmelzungen geschlossen werden, die allein durch den nachgelagerten Gläubigerschutz aus § 122a Abs. 2 i.V.m. § 22 UmwG bei grenzüberschreitenden Sachverhalten nicht ausreichend berücksichtigt werden kann, vgl. Begr. RegE, BT-Drs.16/2919, S. 17.
586 EuGH, Urt. v. 07.04.2016 – C-483/14, ZIP 2016, 712.
587 So ausführlich Bayer/J. Schmidt, ZIP 2016, 841, 846 f.; zur vielfältigen Kritik an dieser Gesetzgebung bereits zuvor Lutter/Bayer/J. Schmidt, Europäisches Unternehmens- und Kapitalmarktrecht, § 22 Rn. 154 m.w.N.
588 Bayer/J. Schmidt, ZIP 2016, 841, 847; Bayer, in: Lutter, UmwG, § 122j Rn. 6.
589 Knaier, in: Würzburger NotHdb, Teil 5 Kap. 6 Rn. 384; Herrler/Herrler, in: Süß/Wachter, Hdb internationales GmbH-Recht, § 5, Rn. 89; Bayer, in: Lutter, UmwG, § 122j, Rn. 3, 7 ff.; Süß, in: Herrler, Gesellschaftsrecht in der Notar- und Gestaltungspraxis, § 12, Rn. 94.
590 Kuhlen, in: Lutter, UmwG, § 314a Rn. 1; Rönnau, in: KK-UmwG, § 314a Rn. 2; Marsch-Barner, in: Kallmeyer, UmwG, § 314a Rn. 1.

C. Mitbestimmung nach dem Gesetz über die Mitbestimmung der Arbeitnehmer bei einer grenzüberschreitenden Verschmelzung (MgVG)

I. Grundlagen

1. Allgemeines

192 Die frühere Verschmelzungsrichtlinie hat die Mitbestimmung bei grenzüberschreitenden Verschmelzungen in Art. 16 (jetzt Art. 133 GesellschaftsrechtsRL) geregelt. Die Regelung wurde dem Mitbestimmungssystem für die SE nachgebildet.[591] Der deutsche Gesetzgeber hat ein gesondertes Gesetz über die Arbeitnehmerbeteiligung, das **Gesetz über die Mitbestimmung der Arbeitnehmer bei einer grenzüberschreitenden Verschmelzung**[592] erlassen.

2. Vorgaben der Richtlinie

193 Nach Art. 16 Abs. 1 (jetzt Art. 133 Abs. 1 GesellschaftsrechtsRL) Verschmelzungsrichtlinie findet grds. auf die aus der grenzüberschreitenden Verschmelzung hervorgehende Gesellschaft die Regelung für die Arbeitnehmermitbestimmung Anwendung, die ggf. in dem Mitgliedstaat gilt, in dem diese **Gesellschaft ihren Sitz hat**.

194 Abweichend von Art. 16 Abs. 1 Verschmelzungsrichtlinie (jetzt Art. 133 Abs. 1 GesellschaftsrechtsRL), der auf das Sitzstaatsrecht abstellt, soll die **Mitbestimmung der Arbeitnehmer** nach Art. 16 Abs. 2 Verschmelzungsrichtlinie (jetzt Art. 133 Abs. 2 GesellschaftsrechtsRL) vorrangig im Verhandlungsweg gesichert werden.

Nach Art. 16 Abs. 2 Verschmelzungsrichtlinie (jetzt Art. 133 Abs. 2 GesellschaftsrechtsRL) finden diese Arbeitnehmermitbestimmungsregelungen des Sitzstaats nämlich keine Anwendung,
– wenn in den 6 Monaten vor der Veröffentlichung des Verschmelzungsplans mindestens eine der an der Verschmelzung beteiligten Gesellschaften durchschnittlich mehr als 500 Arbeitnehmer beschäftigt und in dieser Gesellschaft ein System der Arbeitnehmermitbestimmung i. S. d. Art. 2 lit. k) der Richtlinie 2001/86/EG besteht, oder
– wenn das für die aus der grenzüberschreitenden Verschmelzung hervorgehende Gesellschaft maßgebende innerstaatliche Recht
a) nicht mindestens den gleichen Umfang an Mitbestimmung der Arbeitnehmer vorsieht, wie er in den jeweiligen an der Verschmelzung beteiligten Gesellschaften bestand, wobei dieser Umfang als der Anteil der die Arbeitnehmer vertretenden Mitglieder des Verwaltungs- oder des Aufsichtsorgans oder ihrer Ausschüsse oder des Leitungsgremiums ausgedrückt wird, das für die Ergebniseinheiten der Gesellschaft zuständig ist, wenn eine Arbeitnehmermitbestimmung besteht, oder
b) für Arbeitnehmer in Betrieben der aus der grenzüberschreitenden Verschmelzung hervorgehenden Gesellschaft, die sich in anderen Mitgliedstaaten befinden, nicht den gleichen Anspruch auf Ausübung von Mitbestimmungsrechten vorsieht, wie sie den Arbeitnehmern in demjenigen Mitgliedstaat gewährt werden, in dem die aus der grenzüberschreitenden Verschmelzung hervorgehende Gesellschaft ihren Sitz hat.

In diesen Fällen des Art. 16 Abs. 2 Verschmelzungsrichtlinie (jetzt Art. 133 Abs. 2 GesellschaftsrechtsRL) sind die Mitgliedstaaten verpflichtet, die Mitbestimmung der Arbeitnehmer in der aus der grenzüberschreitenden Verschmelzung hervorgehenden Gesellschaft sowie ihre Mitwirkung an der Festlegung dieser Rechte entsprechend den Grundsätzen und Modalitäten der SE-Verordnung

---

[591] Dazu ausführlich Trost, Mitbestimmungsgestaltung, 2016, S. 81 ff.; zum Vergleich der Regelungen nach der SE-VO und nach dem MgVG Müller-Bonanni/Müntefering, BB 2009, 1699.
[592] MgVG, BGBl. 2006 I, S. 3332.

(Art. 12 Abs. 2, Abs. 3 und Abs. 4 SE-Verordnung[593]) und der SE-Richtlinie[594] zu regeln. Allerdings sieht die Verschmelzungsrichtlinie (jetzt integriert in die Gesellschaftsrechtsrichtlinie, dazu Rn. 11) einige Modifikationen vor.

Hiernach sind die Vorschriften über die **Mitbestimmung der Arbeitnehmer** in den Unternehmensorganen nach der SE-Richtlinie[595] auch in der aus einer **grenzüberschreitenden Verschmelzung hervorgehenden Gesellschaft** unter folgenden Voraussetzungen anwendbar:[596] 195
– eine der an der grenzüberschreitenden Verschmelzung beteiligten Gesellschaften ist mitbestimmt und beschäftigte in den 6 Monaten vor der Veröffentlichung des Verschmelzungsplans i. d. R. mehr als 500 Arbeitnehmer (Art. 16 Abs. 2 Verschmelzungsrichtlinie, jetzt Art. 133 GesellschaftsrechtsRL) oder
– das innerstaatliche Recht, das für die aus der grenzüberschreitenden Verschmelzung hervorgehende Gesellschaft maßgeblich ist, gewährleistet nicht mindestens den gleichen Umfang an Mitbestimmung, wie er in den jeweiligen an der Verschmelzung beteiligten Gesellschaften bestand (Art. 16 Abs. 2 lit. a) Verschmelzungsrichtlinie, jetzt Art. 133 Abs. 2 lit. a) GesellschaftsrechtsRL), oder
– das für die aus der grenzüberschreitenden Verschmelzung hervorgehende Gesellschaft maßgebende innerstaatliche Recht gewährt Arbeitnehmern in Betrieben anderer Mitgliedstaaten nicht den gleichen Anspruch auf Ausübung von Mitbestimmungsrechten wie denjenigen Arbeitnehmern, die am Sitzstaat der Gesellschaft beschäftigt sind (Art. 16 Abs. 2 Buchst. b) Verschmelzungsrichtlinie, jetzt Art. 133 Abs. 2 lit. b) GesellschaftsrechtsRL).

Regelmäßig werden **zwei der genannten Voraussetzungen** bei einer grenzüberschreitenden Verschmelzung zu einer Kapitalgesellschaft mit Sitz in Deutschland **erfüllt sein**. Denn soweit eine nach den Mitbestimmungsgesetzen mitbestimmte Gesellschaft mit Sitz in Deutschland an der Verschmelzung beteiligt ist, greift bereits die erste Variante, da der Schwellenwert von Art. 16 Abs. 2 Verschmelzungsrichtlinie (jetzt Art. 133 Abs. 2 GesellschaftsrechtsRL) mit den Vorgaben des § 1 Abs. 1 Satz 1 Nr. 1 Drittelbeteiligungsgesetz übereinstimmt. Zudem wird die Variante des Art. 16 Abs. 2 lit. b) Verschmelzungsrichtlinie (jetzt Art. 133 Abs. 2 lit. b) GesellschaftsrechtsRL) eingreifen, da den in einem anderen Mitgliedstaat beschäftigten Arbeitnehmern der Gesellschaft kein aktives Wahlrecht kraft Gesetzes für die Wahl der Arbeitnehmervertreter in den Aufsichtsrat und damit kein gleicher Anspruch auf Ausübung von Mitbestimmungsrechten eingeräumt wird. 196

Auch in anderen Mitgliedstaaten wird denjenigen Arbeitnehmern, die **außerhalb des Sitzstaats der Gesellschaft beschäftigt werden**, kein aktives Wahlrecht zugebilligt. Dort wird wegen Art. 16 Abs. 2 Buchst. b) Verschmelzungsrichtlinie (jetzt Art. 133 Abs. 2 lit. b) GesellschaftsrechtsRL) die Mitbestimmung der Arbeitnehmer durch die Verhandlungs-/Auffangregelung normiert. 197

Durch die Verweisung in Art. 16 Abs. 3 Verschmelzungsrichtlinie (jetzt Art. 133 Abs. 3 GesellschaftsrechtsRL) auf die SE-Richtlinie gibt der europäische Gesetzgeber den Mitgliedstaaten in den Fällen des Abs. 2 eine **einheitliche Grundstruktur für die Ausgestaltung der Mitbestimmung der Arbeitnehmer** in der aus einer grenzüberschreitenden Verschmelzung hervorgehenden Gesellschaft vor. 198

Entscheidendes Grundprinzip ist der Schutz erworbener Rechte der Arbeitnehmer durch das »Vorher-Nachher-Prinzip«.[597] Demnach soll sich der vorhandene Umfang an Mitbestimmungsrechten der Arbeitnehmer von den an der Verschmelzung beteiligten Gesellschaften grds. auch in 199

---

593 Verordnung [EG] Nr. 2157/2001.
594 Richtlinie 2001/86/EG.
595 Richtlinie zur Ergänzung des Statuts der Europäischen Gesellschaft hinsichtlich der Beteiligung der Arbeitnehmer v. 08.10.2001, ABl. EG Nr. L 294, S. 22 ff.
596 Vgl. Begr. RegE, BT-Drucks. 16/2922, S. 15 f.
597 Begr. RegE, BT-Drucks. 16/2922, S. 15 f.

der aus der grenzüberschreitenden Verschmelzung hervorgehenden Gesellschaft wieder finden. Dabei müssen aufgrund des grenzüberschreitenden Charakters der aus einer Verschmelzung hervorgehenden Gesellschaft **unterschiedliche Rechtslagen** verschiedener Mitgliedstaaten, in denen sie Arbeitnehmer beschäftigt, **berücksichtigt werden**. Die Verschmelzungsrichtlinie sieht daher in den Fällen des Art. 16 Abs. 2 Verschmelzungsrichtlinie (jetzt Art. 133 Abs. 2 GesellschaftsrechtsRL) ein von der SE und SCE her bekanntes **Verfahren zur Festlegung der Mitbestimmung der Arbeitnehmer** vor. Dabei haben praxisnahe Verhandlungslösungen über die Mitbestimmung der Arbeitnehmer Vorrang vor gesetzlich vorgeschriebenen Regelungen. Der Vorrang der Verhandlungslösung ermöglicht einen sinnvollen Ausgleich der in den einzelnen Mitgliedstaaten bestehenden Rechtslagen und zugleich eine sachgerechte Anpassung an die Bedürfnisse und Strukturen der zukünftigen Gesellschaft.

II. Gesetz über die Mitbestimmung der Arbeitnehmer bei einer grenzüberschreitenden Verschmelzung (MgVG)

1. Systematik

200 Das **MgVG** ist dem SEBG vergleichbar aufgebaut: Es gilt nach § 4 MgVG grds. das Sitzstaatsrecht, wenn nicht die Voraussetzungen einer Verhandlungspflicht nach § 5 MgVG vorliegen.[598] Dann ist ein **besonderes Verhandlungsgremium** zu bilden (§§ 6 bis 12 MgVG), ein **Verhandlungsverfahren** findet statt (§§ 13 bis 21 MgVG), und es gibt schließlich eine **Mitbestimmung kraft Vereinbarung** (§ 22 MgVG) bzw. **kraft Gesetzes** (§§ 23 bis 28 MgVG).

201 Ist eine **grenzüberschreitende Verschmelzung von Kapitalgesellschaften** geplant und liegen die Voraussetzungen des Art. 16 Abs. 2 Verschmelzungsrichtlinie (jetzt Art. 133 Abs. 2 GesellschaftsrechtsRL) vor, leitet die Unternehmensseite die erforderlichen Schritte ein, um mit der Arbeitnehmerseite über die **Ausgestaltung einer Mitbestimmung** der Arbeitnehmer in der geplanten Gesellschaft zu verhandeln. Hierzu gehört u. a. die Information über die Identität der an der Verschmelzung beteiligten Gesellschaften und die Zahl der dort jeweils beschäftigten Arbeitnehmer. Die Registereintragung einer aus einer grenzüberschreitenden Verschmelzung hervorgehenden Gesellschaft in dem geplanten Sitzstaat kann erst nach einem Verfahren über die Ausgestaltung der Mitbestimmung der Arbeitnehmer erfolgen. Ein derartiges Verfahren ist entbehrlich, wenn die Leitungsorgane der an der Verschmelzung beteiligten Gesellschaften unmittelbar die Anwendung der Auffangregelung ohne jede vorhergehende Verhandlung beschließen (Art. 16 Abs. 4 lit. a) Verschmelzungsrichtlinie, jetzt Art. 133 Abs. 4 lit. a) GesellschaftsrechtsRL).

2. Sitzstaatsrecht

202 Vorbehaltlich des § 5 MgVG finden auf die aus einer grenzüberschreitenden Verschmelzung hervorgehende Gesellschaft die Regelungen über die Mitbestimmung der Arbeitnehmer in den Unternehmensorganen des Mitgliedstaats Anwendung, in dem diese Gesellschaft ihren Sitz hat (§ 4 MgVG). Die Vorschrift setzt Art. 16 Abs. 1 Verschmelzungsrichtlinie (jetzt Art. 133 Abs. 1 GesellschaftsrechtsRL) in nationales Recht um. Mit der vorgesehenen **Anwendung des Sitzstaatsrechts** wird dem Umstand Rechnung getragen, dass aus der grenzüberschreitenden Verschmelzung – anders als bei der Gründung einer SE oder einer SCE – keine europäische, sondern eine nationale Rechtsform (z.B. AG, GmbH) hervorgeht. Das Sitzstaatsrecht dürfte jedoch bei grenzüberschreitenden Verschmelzungen infolge der weit gefassten Regelung des § 5 MgVG nur selten zur Anwendung kommen.

---

[598] Dazu ausführlich Trost, Mitbestimmungsgestaltung, 2016, S. 105 ff.; Nagel, NZG 2007, 57, 58; zur Mitbestimmungsproblematik bei vor der grenzüberschreitenden Verschmelzung mitbestimmungsfreien Gesellschaften Drinhausen/Keinath, AG 2010, 398.

3. Voraussetzung einer Verhandlung (§ 5 MgVG)

In § 5 MgVG sind die Voraussetzungen normiert, unter denen die **Regelungen über die Mitbestimmung der Arbeitnehmer kraft Vereinbarung und kraft Gesetzes** zur Anwendung gelangen, die im Wesentlichen den Regelungen über die Verhandlungs-/Auffangregelung im SEBG entsprechen. In § 5 MgVG sind also die Fälle geregelt, nach denen Verhandlungen aufgenommen werden müssen.[599]

Danach ist über die Mitbestimmung zu verhandeln, wenn **eine der folgenden Voraussetzungen des § 5 MgVG** vorliegt, entweder:[600]

§ 5 Nr. 1 MgVG	in den 6 Monaten vor der Veröffentlichung des Verschmelzungsplans mindestens eine der beteiligten Gesellschaften durchschnittlich mehr als 500 Arbeitnehmer beschäftigt und in dieser Gesellschaft ein System der Mitbestimmung i. S. d. § 2 Abs. 7 besteht,
§ 5 Nr. 2 MgVG	das für die aus einer grenzüberschreitenden Verschmelzung hervorgehende Gesellschaft maßgebende innerstaatliche Recht nicht mindestens den gleichen Umfang an Mitbestimmung der Arbeitnehmer vorsieht, wie er in den jeweiligen an der Verschmelzung beteiligten Gesellschaften bestand; der Umfang an Mitbestimmung der Arbeitnehmer bemisst sich nach dem Anteil der Arbeitnehmervertreter a) im Verwaltungs- oder Aufsichtsorgan, b) in Ausschüssen, in denen die Mitbestimmung der Arbeitnehmer erfolgt oder c) im Leitungsgremium, das für die Ergebniseinheiten der Gesellschaften zuständig ist; oder
§ 5 Nr. 3 MgVG	das für die aus einer grenzüberschreitenden Verschmelzung hervorgehende Gesellschaft maßgebende innerstaatliche Recht für Arbeitnehmer in Betrieben dieser Gesellschaft, die sich in anderen Mitgliedstaaten befinden, nicht den gleichen Anspruch auf Ausübung von Mitbestimmung vorsieht, wie sie den Arbeitnehmern in demjenigen Mitgliedstaat gewährt werden, in dem die aus der grenzüberschreitenden Verschmelzung hervorgehende Gesellschaft ihren Sitz hat.

4. Mitbestimmung aufgrund Entscheidung der Verwaltung (§ 23 Abs. 1 Nr. 3 MgVG)

Es besteht auch die Möglichkeit, dass die Leitungen der beteiligten Gesellschaften gem. § 23 Abs. 1 Nr. 3 MgVG von vornherein vereinbaren, dass die **Auffangregelung nach §§ 23 ff. MgVG greifen** soll, d. h. die Leitungen der an der grenzüberschreitenden Verschmelzung beteiligten Gesellschaften können entscheiden, die Regelungen über die Mitbestimmung kraft Gesetzes ohne vorhergehende Verhandlung unmittelbar ab dem Zeitpunkt der Eintragung anzuwenden. In diesem Fall findet **keine Verhandlung** statt, die Mitbestimmung gilt unmittelbar.[601]

Wenn sich die Unternehmensleitungen für diesen Weg entscheiden, ist die **Bildung eines besonderen Verhandlungsgremiums nicht notwendig.**[602] Dies hat den Vorteil, dass den Arbeitnehmern und ihren Vertretungen die Möglichkeit aus der Hand genommen wird, bewusst das Verschmelzungsverfahren durch eine verzögerte Bildung des Verhandlungsgremiums und durch das Hinauszögern der Verhandlungen zeitlich zu unterlaufen.[603]

---

599 Vgl. Schubert, RdA 2007, 9 f.
600 Dazu ausführlich Trost, Mitbestimmungsgestaltung, 2016, S. 105 ff.; Nagel, NZG 2007, 57, 58; zur Mitbestimmungsproblematik bei vor der grenzüberschreitenden Verschmelzung mitbestimmungsfreien Gesellschaften Drinhausen/Keinath, AG 2010, 398.
601 Habersack, in: Ulmer/Habersack/Henssler, MitbestimmungsR, § 23 MgVG, Rn. 3; Drinhausen/Keinath, RIW 2006, 81, 85; Süß, in: Herrler, Gesellschaftsrecht in der Notar- und Gestaltungspraxis, § 12, Rn. 8.
602 Schubert, RdA 2007, 9, 14.
603 Vgl. Heckschen, DNotZ 2007, 444, 460 f.; Kienast, in: Jannott/Frodermann, Handbuch der Europäischen AG – Societas Europaea –, Kap. 13 Rn. 155 ff.

5. Verhandlungsgremium und dessen Information (§§ 6 f. MgVG)

207 Wenn eine Verhandlung notwendig ist, ist **folgendes Verfahren einzuschlagen.**[604]

a) Verhandlungsbeteiligte

208 Ist eine grenzüberschreitende Verschmelzung von Kapitalgesellschaften geplant und liegen die Voraussetzungen des Art. 16 Abs. 2 Verschmelzungsrichtlinie (jetzt Art. 133 Abs. 2 GesellschaftsrechtsRL) vor, **leitet die Unternehmensseite die erforderlichen Schritte ein**, um mit der Arbeitnehmerseite über die Ausgestaltung einer Mitbestimmung der Arbeitnehmer in der geplanten Gesellschaft zu verhandeln.[605] Hierzu gehört u. a. die **Information über die Identität der an der Verschmelzung beteiligten Gesellschaften** und die Zahl der dort jeweils beschäftigten Arbeitnehmer. Die Registereintragung einer aus einer grenzüberschreitenden Verschmelzung hervorgehenden Gesellschaft in dem geplanten Sitzstaat kann erst nach einem Verfahren über die Ausgestaltung der Mitbestimmung der Arbeitnehmer erfolgen. Ein derartiges Verfahren ist entbehrlich, wenn die Leitungsorgane der an der Verschmelzung beteiligten Gesellschaften unmittelbar die Anwendung der Auffangregelung ohne jede vorhergehende Verhandlung beschließen (Art. 16 Abs. 4 lit. a) Verschmelzungsrichtlinie, jetzt Art. 133 Abs. 4 lit. a) GesellschaftsrechtsRL). Auf Unternehmensseite werden die Verhandlungen von den Leitungs- oder Verwaltungsorganen der beteiligten Gesellschaften geführt. Auf Arbeitnehmerseite ist ein besonderes Verhandlungsgremium zu errichten, für dessen Bildung die Richtlinie die Berücksichtigung regionaler mitgliedstaatenbezogener und proportionaler Aspekte in Bezug auf die Anzahl der beschäftigten Arbeitnehmer vorschreibt (Art. 16 Abs. 3 lit. a) Verschmelzungsrichtlinie [jetzt Art. 133 Abs. 3 lit. a) GesellschaftsrechtsRL] i. V. m. Art. 3 Abs. 2 Buchst. a) SE-Richtlinie).

b) Information

209 Die Verhandlungen werden auf Arbeitnehmerseite von einem **besonderen Verhandlungsgremium** geführt, das zu diesem Zweck zu bilden ist. Die Bildung erfolgt nach § 6 MgVG aufgrund einer schriftlichen Aufforderung der Leitungen der an der Verschmelzung beteiligten Gesellschaften.[606] Diese führen auch die Verhandlungen für die Unternehmensseite. Ziel der Verhandlungen ist eine **schriftliche Vereinbarung über die Mitbestimmung**.

210 § 6 Abs. 2 MgVG stellt die Verbindung her zwischen dem gesellschaftsrechtlichen Ablauf der Verschmelzung und dem Verhandlungsverfahren über die Mitbestimmung der Arbeitnehmer. Wenn die Leitungen eine grenzüberschreitende Verschmelzung planen, informieren sie nach § 6 Abs. 2 MgVG die **Arbeitnehmervertretungen** und **Sprecherausschüsse** in den beteiligten Gesellschaften, betroffenen Tochtergesellschaften und betroffenen Betrieben über das Verschmelzungsvorhaben. Besteht keine Arbeitnehmervertretung, erfolgt die Information ggü. den Arbeitnehmern. Die Information erfolgt unaufgefordert und unverzüglich nach Offenlegung des Verschmelzungsplans.

211 § 6 Abs. 3 MgVG beschreibt, **welche Informationen die Leitungen zu erteilen haben**. Dies sind zumindest die Daten, die für die ordnungsgemäße Bildung und für das Abstimmungsverfahren **innerhalb des besonderen Verhandlungsgremiums** erforderlich sind. Hierzu gehören die Angaben über die Gesellschaften, in denen Mitbestimmung besteht, einschließlich der Anzahl der bei ihnen beschäftigten Arbeitnehmer. Die **Aufzählung ist nicht abschließend**.[607] Die Information erstreckt sich danach insb. auf

§ 6 Abs. 3 Nr. 1 MgVG   die Identität und Struktur der beteiligten Gesellschaften, betroffenen

---

604 Siehe auch Knaier, in: Würzburger NotHdb, Teil 5 Kap. 6 Rn. 401.
605 Krause/Janko, BB 2007, 2194, 2196 f.; Knaier, in: Würzburger NotHdb, Teil 5 Kap. 6 Rn. 401.
606 Heither/v. Morgen, in: NK-ArbR, § 6 MgVG, Rn. 2; Simon/Heinrichs, NZA 2008, 391, 395.
607 Vgl. Heither/v. Morgen, in: NK-ArbR, § 6 MgVG, Rn. 11 ff.

	Tochtergesellschaften und betroffenen Betriebe und deren Verteilung auf die Mitgliedstaaten,
§ 6 Abs. 3 Nr. 2 MgVG	die in diesen Gesellschaften und Betrieben bestehenden Arbeitnehmervertretungen,
§ 6 Abs. 3 Nr. 3 MgVG	die Zahl der in diesen Gesellschaften und Betrieben jeweils beschäftigten Arbeitnehmer sowie die daraus zu errechnende Gesamtzahl der in einem Mitgliedstaat beschäftigten Arbeitnehmer und
§ 6 Abs. 3 Nr. 4 MgVG	die Zahl der Arbeitnehmer, denen Mitbestimmungsrechte in den Organen dieser Gesellschaften zustehen,
§ 7 MgVG	Zusammensetzung und Bildung des besonderen Verhandlungsgremiums

In dem besonderen Verhandlungsgremium sollen die in jedem Mitgliedstaat beschäftigten Arbeitnehmer der beteiligten Gesellschaften repräsentiert sein.[608] Bei seiner Bildung sind zwei **Schritte zu vollziehen**: Zunächst ist zu ermitteln, wie viele Sitze aus jedem Mitgliedstaat zu besetzen sind. Die SE-Richtlinie, auf die in Art. 16 Abs. 3 Verschmelzungsrichtlinie (jetzt Art. 133 Abs. 3 GesellschaftsrechtsRL) verwiesen wird, sieht dafür ein Verfahren vor, das eine Proportionalität zwischen Mitgliedstaaten, Unternehmen und Arbeitnehmerzahlen herstellen soll.[609] Diese Verteilung auf die Mitgliedstaaten regelt § 7 MgVG. Danach ist zu entscheiden, welche Personen die Sitze aus dem einzelnen Mitgliedstaat einnehmen. 212

Für die in jedem Mitgliedstaat beschäftigten Arbeitnehmer der beteiligten Gesellschaften, betroffenen Tochtergesellschaften und betroffenen Betriebe werden nach § 7 Abs. 1 MgVG **Mitglieder für das besondere Verhandlungsgremium gewählt** oder bestellt. Für jeden Anteil der in einem Mitgliedstaat beschäftigten Arbeitnehmer, der 10 % der Gesamtzahl der in allen Mitgliedstaaten beschäftigten Arbeitnehmer der beteiligten Gesellschaften und der betroffenen Tochtergesellschaften oder betroffenen Betriebe oder einen Bruchteil davon beträgt, ist ein Mitglied aus diesem Mitgliedstaat in das besondere Verhandlungsgremium zu wählen oder zu bestellen. 213

§ 7 Abs. 1 MgVG bestimmt als Grundsatz, dass die in jedem Mitgliedstaat beschäftigten Arbeitnehmer der beteiligten Gesellschaften, betroffenen Tochtergesellschaften und betroffenen Betriebe **im besonderen Verhandlungsgremium vertreten** sein müssen.[610] Dafür ist zu ermitteln, wie die Gesamtarbeitnehmerzahl der beteiligten Gesellschaften und der betroffenen Tochtergesellschaften oder betroffenen Betriebe auf die einzelnen Mitgliedstaaten prozentual verteilt ist.[611] Je angefangene 10 % aus jedem Mitgliedstaat ist ein Sitz zu besetzen. Daraus ergibt sich eine Mindestgröße des besonderen Verhandlungsgremiums von zehn Mitgliedern, bei Verteilung auf mehrere Mitgliedstaaten kann sich aber auch eine größere Zahl ergeben.[612] 214

▶ Beispiel:

Verschmelzen die Gesellschaft B aus Italien mit 3.000 Arbeitnehmern und die Gesellschaft C aus Österreich mit 1.500 Arbeitnehmern auf die Gesellschaft A aus Deutschland mit 2.500 Arbeitnehmern, so beträgt die Gesamtarbeitnehmerzahl 7.000. Davon fallen 35,7 % auf Deutschland, 42,9 % auf Italien und 21,4 % auf Österreich; Deutschland erhält folglich vier Sitze, Italien fünf Sitze, Österreich drei Sitze. 215

Jede beteiligte Gesellschaft, die Arbeitnehmer beschäftigt und infolge der Verschmelzung als eigene Rechtspersönlichkeit erlöschen wird, soll **durch mindestens ein Mitglied im besonderen Verhandlungsgremium vertreten** sein. Dies ist ggf. durch die Wahl oder Bestellung zusätzlicher

---

[608] Zum Besetzungsverfahren Lunk/Hinrichs, NZA 2007, 773, 776 f.; Trost, Mitbestimmungsgestaltung, 2016, S. 128 f.
[609] Siehe Lunk/Hinrichs, NZA 2007, 773, 776 f.; Trost, Mitbestimmungsgestaltung, 2016, S. 128 f.
[610] Lunk/Hinrichs, NZA 2007, 773, 776; Trost, Mitbestimmungsgestaltung, 2016, S. 128 f.
[611] Lunk/Hinrichs, NZA 2007, 773, 776 mit Beispiel.
[612] Lunk/Hinrichs, NZA 2007, 773, 776; Trost, Mitbestimmungsgestaltung, 2016, S. 128 f.

Mitglieder zu gewährleisten. Die Wahl oder Bestellung zusätzlicher Mitglieder darf nicht dazu führen, dass Arbeitnehmer im besonderen Verhandlungsgremium doppelt vertreten werden.

Die **persönlichen Voraussetzungen** der Mitglieder des besonderen Verhandlungsgremiums richten sich nach § 8 Abs. 1 MgVG nach den jeweiligen Bestimmungen der Mitgliedstaaten, in denen sie gewählt oder bestellt werden.[613] Zu Mitgliedern des besonderen Verhandlungsgremiums wählbar sind im Inland Arbeitnehmer der Gesellschaften und Betriebe sowie Gewerkschaftsvertreter. Frauen und Männer sollen entsprechend ihrem zahlenmäßigen Verhältnis gewählt werden. Für jedes Mitglied ist ein Ersatzmitglied zu wählen.

216 Die Mitglieder des Verhandlungsgremiums werden nach den §§ 10 ff. MgVG **von einem Wahlgremium gewählt**.[614] Um Aufwand und Kosten gering zu halten, wird – soweit möglich – aus den vorhandenen Betriebsratsstrukturen (Betriebsrat, Gesamtbetriebsrat, Konzernbetriebsrat, Spartenbetriebsrat und andere vereinbarte Formen nach § 3 BetrVG) ein Wahlgremium gebildet. Ist aus dem **Inland nur eine Unternehmensgruppe** an der Verschmelzung beteiligt, besteht das Wahlgremium aus den Mitgliedern des Konzernbetriebsrats oder, sofern ein solcher nicht besteht, aus den Mitgliedern der Gesamtbetriebsräte oder, sofern ein solcher in einem Unternehmen nicht besteht, aus den Mitgliedern des Betriebsrats. Betriebsratslose Betriebe und Unternehmen einer Unternehmensgruppe werden vom Konzernbetriebsrat, Gesamtbetriebsrat oder Betriebsrat mit vertreten (§ 10 Abs. 2 MgVG). Ist aus dem Inland nur ein Unternehmen an der Verschmelzung beteiligt, besteht das Wahlgremium aus den Mitgliedern des Gesamtbetriebsrats oder, sofern ein solcher nicht besteht, aus den Mitgliedern des Betriebsrats. Betriebsratslose Betriebe eines Unternehmens werden vom Gesamtbetriebsrat oder Betriebsrat mit vertreten (§ 10 Abs. 3 MgVG). Ist aus dem Inland nur ein Betrieb von der Verschmelzung betroffen, besteht das Wahlgremium aus den Mitgliedern des Betriebsrats (§ 10 Abs. 4 MgVG). Bei Unternehmensgruppen gilt § 10 Abs. 5 MgVG. Das Wahlgremium besteht aus höchstens 40 Mitgliedern (§ 10 Abs. 6 MgVG). Besteht keine Arbeitnehmervertretung, wählen die Arbeitnehmer die Mitglieder des besonderen Verhandlungsgremiums in geheimer und unmittelbarer Wahl (§ 10 Abs. 7 MgVG).

6. Verhandlungsverfahren (§§ 13 ff. MgVG)

217 **Ziel des Verhandlungsverfahrens** ist der Abschluss einer Vereinbarung mit den Leitungen über die Mitbestimmung der Arbeitnehmer.[615] Das Verfahren wird in den §§ 13 ff. MgVG geregelt. Das besondere Verhandlungsgremium schließt nach § 15 Abs. 1 MgVG mit den Leitungen eine schriftliche Vereinbarung über die Mitbestimmung der Arbeitnehmer in der aus der grenzüberschreitenden Verschmelzung hervorgehenden Gesellschaft ab. Die Leitungen haben nach § 15 Abs. 2 MgVG dem besonderen Verhandlungsgremium rechtzeitig alle erforderlichen Auskünfte zu erteilen und die erforderlichen Unterlagen zur Verfügung zu stellen.[616] Das besondere Verhandlungsgremium ist insb. über das Verschmelzungsvorhaben und den Verlauf des Verfahrens bis zur Eintragung der aus der grenzüberschreitenden Verschmelzung hervorgehenden Gesellschaft zu unterrichten. Zeitpunkt, Häufigkeit und Ort der Verhandlungen werden zwischen den Leitungen und dem besonderen Verhandlungsgremium einvernehmlich festgelegt.

---

613 Lunk/Hinrichs, NZA 2007, 773, 777; Trost, Mitbestimmungsgestaltung, 2016, S. 128 f.
614 Ausführlich Heither/v. Morgen, in: NK-ArbR, § 12 MgVG, Rn. 4 ff.; Lunk/Hinrichs, NZA 2007, 773, 778; Cannistra, Das Verhandlungsverfahren zur Regelung der Mitbestimmung der Arbeitnehmer bei Gründung einer Societas Europaea und bei Durchführung einer grenzüberschreitenden Verschmelzung, 2014, S. 123 ff.
615 Ausführlich zum Verhandlungsverfahren: Cannistra, Das Verhandlungsverfahren zur Regelung der Mitbestimmung der Arbeitnehmer bei Gründung einer Societas Europaea und bei Durchführung einer grenzüberschreitenden Verschmelzung, 2014.
616 Cannistra, Das Verhandlungsverfahren zur Regelung der Mitbestimmung der Arbeitnehmer bei Gründung einer Societas Europaea und bei Durchführung einer grenzüberschreitenden Verschmelzung, 2014, S. 115 ff.

Das besondere Verhandlungsgremium kann nach § 18 MgVG auch beschließen, **keine Verhandlungen aufzunehmen** oder bereits **aufgenommene Verhandlungen abzubrechen**.[617] Für diesen Beschluss ist eine Mehrheit von 2/3 der Mitglieder erforderlich, die mindestens 2/3 der Arbeitnehmer in mindestens zwei Mitgliedstaaten vertreten. Die Vorschriften über die Mitbestimmung der Arbeitnehmer, die in dem Mitgliedstaat gelten, in dem die aus der grenzüberschreitenden Verschmelzung hervorgehende Gesellschaft ihren Sitz haben wird, finden Anwendung. 218

Die Verhandlungen **beginnen** nach § 21 Abs. 1 MgVG **mit der Einsetzung des besonderen Verhandlungsgremiums** und können bis zu 6 Monate dauern. Einsetzung bezeichnet den Tag, zu dem die Leitungen zur konstituierenden Sitzung des besonderen Verhandlungsgremiums eingeladen haben. Nach § 21 Abs. 1 MgVG können die Parteien einvernehmlich beschließen, die Verhandlungen über diesen Zeitraum hinaus bis zu insgesamt einem Jahr ab der Einsetzung des besonderen Verhandlungsgremiums fortzusetzen. 219

7. Verhandlungsergebnis (§ 22 MgVG)

Die **Inhalte einer Vereinbarung** über die Mitbestimmung der Arbeitnehmer können weitgehend frei ausgehandelt werden.[618] Dies ermöglicht einen sinnvollen Ausgleich der in den jeweiligen Mitgliedstaaten bestehenden Rechtslagen und zugleich eine sachgerechte Anpassung an die Bedürfnisse und Strukturen der aus einer grenzüberschreitenden Verschmelzung hervorgehenden Gesellschaft. Zu folgenden Regelungsbereichen muss die Vereinbarung eine Aussage treffen (§ 22 Abs. 1 und Abs. 2 MgVG), hieran ist dann die Satzung einer aus einer grenzüberschreitenden Verschmelzung hervorgehenden Gesellschaft gebunden: 220

§ 22 Abs. 1 Nr. 1 MgVG	der Geltungsbereich der Vereinbarung, einschließlich der außerhalb des Hoheitsgebietes der Mitgliedstaaten liegenden Unternehmen und Betriebe, sofern diese in den Geltungsbereich einbezogen werden;
§ 22 Abs. 1 Nr. 2 MgVG	der Zeitpunkt des Inkrafttretens der Vereinbarung und ihre Laufzeit; ferner die Fälle, in denen die Vereinbarung neu ausgehandelt werden soll und das dabei anzuwendende Verfahren;
§ 22 Abs. 1 Nr. 3 MgVG	die Zahl der Mitglieder des Aufsichts- oder Verwaltungsorgans der aus der grenzüberschreitenden Verschmelzung hervorgehenden Gesellschaft, welche die Arbeitnehmer wählen oder bestellen können oder deren Bestellung sie empfehlen oder ablehnen können;
§ 22 Abs. 1 Nr. 4 MgVG	das Verfahren, nach dem die Arbeitnehmer diese Mitglieder wählen oder bestellen oder deren Bestellung empfehlen oder ablehnen können und
§ 22 Abs. 1 Nr. 5 MgVG	die Rechte dieser Mitglieder.

In der Vereinbarung soll nach § 22 Abs. 2 MgVG auch festgelegt werden, dass **auch vor strukturellen Änderungen** der aus der grenzüberschreitenden Verschmelzung hervorgehenden Gesellschaft Verhandlungen über die Mitbestimmung der Arbeitnehmer aufgenommen werden. Die Parteien können das dabei anzuwendende Verfahren regeln. 221

Die Vereinbarung kann bestimmen, dass die Regelungen der §§ 23 bis 27 MgVG über die Mitbestimmung kraft Gesetzes ganz oder in Teilen gelten. 222

8. Auffangregelung: Mitbestimmung kraft Gesetzes (§§ 23 ff. MgVG)

Die Verhandlungen können **bis zu 6 Monate**, im Fall eines einvernehmlichen Beschlusses der Verhandlungsparteien auch bis zu einem Jahr dauern. Erfolgt während des Verhandlungszeitraums 223

---

617 Dazu Cannistra, Das Verhandlungsverfahren zur Regelung der Mitbestimmung der Arbeitnehmer bei Gründung einer Societas Europaea und bei Durchführung einer grenzüberschreitenden Verschmelzung, 2014, S. 129 ff.
618 Dazu Trost, Mitbestimmungsgestaltung, 2016, S. 135 f.

keine Einigung über die Mitbestimmung der Arbeitnehmer in der geplanten Gesellschaft, sind die Verhandlungen gescheitert. In diesem Fall (sowie nach einer entsprechenden Entscheidung der Leitungen der an der Verschmelzung beteiligten Gesellschaften) kommt zur Sicherung der Mitbestimmungsrechte der Arbeitnehmer eine Auffangregelung in den §§ 23 ff. MgVG zur Anwendung.[619]

224 Die Auffangregelungen finden nach § 23 Abs. 1 MgVG ab dem **Zeitpunkt der Eintragung** der aus der grenzüberschreitenden Verschmelzung hervorgehenden Gesellschaft Anwendung, wenn

§ 23 Abs. 1 Nr. 1 MgVG	die Parteien dies vereinbaren oder
§ 23 Abs. 1 Nr. 2 MgVG	bis zum Ende des in § 21 angegebenen Zeitraums keine Vereinbarung zustande gekommen ist und das besondere Verhandlungsgremium keinen Beschluss nach § 18 gefasst hat oder
§ 23 Abs. 1 Nr. 3 MgVG	die Leitungen der an der Verschmelzung beteiligten Gesellschaften entscheiden, diese Regelungen ohne vorherigende Verhandlung unmittelbar ab dem Zeitpunkt der Eintragung anzuwenden.

225 Den **Umfang der Mitbestimmung kraft Gesetzes** regelt § 24 MgVG: Danach bemisst sich die Zahl der Arbeitnehmervertreter im Aufsichts- oder Verwaltungsorgan der aus der grenzüberschreitenden Verschmelzung hervorgehenden Gesellschaft nach dem höchsten Anteil an Arbeitnehmervertretern, der in den Organen der beteiligten Gesellschaften vor der Eintragung der aus der grenzüberschreitenden Verschmelzung hervorgehenden Gesellschaft bestanden hat. Handelt es sich bei der aus der grenzüberschreitenden Verschmelzung hervorgehenden Gesellschaft um eine GmbH, so ist gem. § 24 Abs. 2 MgVG zwingend ein Aufsichtsrat zu errichten.

226 Hinsichtlich der Mitbestimmung soll daher – abhängig vom Anteil der Arbeitnehmer der aus der grenzüberschreitenden Verschmelzung hervorgehenden Gesellschaft, denen vor der Verschmelzung Mitbestimmungsrechte zustanden – die **weitestgehende Mitbestimmung** entweder unmittelbar oder erst nach einem entsprechenden Beschluss des besonderen Verhandlungsgremiums zur Anwendung kommen. Die Auffangregelung findet unmittelbar Anwendung, wenn der vorgesehene Schwellenwert (1/3 der Gesamtzahl der Arbeitnehmer standen in den an der Verschmelzung beteiligten Gesellschaften Mitbestimmungsrechte zu) erreicht wird; bei einem Unterschreiten dieses Wertes ist für die Anwendung der Auffangregelung ein Beschluss des besonderen Verhandlungsgremiums notwendig, der mit der absoluten Mehrheit seiner Mitglieder gefasst werden kann. Die weitestgehende Mitbestimmung bemisst sich auch hier nicht nach qualitativen Aspekten, sondern nach dem höchsten Anteil an Arbeitnehmervertretern, der vor der Verschmelzung in den Organen der beteiligten Gesellschaften bestanden hat. Das Verfahren zur Bestellung der einzelnen nationalen Mitglieder des Aufsichts- oder Verwaltungsorgans der aus der grenzüberschreitenden Verschmelzung hervorgehenden Gesellschaft können die Mitgliedstaaten frei regeln. Steht die **Satzung** der aus einer grenzüberschreitenden Verschmelzung hervorgehenden Gesellschaft **im Widerspruch** zu den Regelungen über die Mitbestimmung kraft **Gesetzes**, ist die nach § 24 Abs. 3 MgVG Satzung anzupassen.

9. Arbeitnehmermitbestimmung bei der grenzüberschreitenden Verschmelzung nach dem Company Law Package

227 Während das Company Law Package (dazu allgemein Rdn. 12 ff.) erstmals einen kodifizierten Rechtsrahmen für grenzüberschreitende Sitzverlegungen und grenzüberschreitende Spaltungen schaffen will, existiert bereits seit 2005 eine sekundärrechtliche Regelung für die grenzüberschreitende Verschmelzung (dazu Rdn. 8), welche auch die Arbeitnehmerbeteiligung berücksichtigt. Dementsprechend wurden auch ganz neue Regelungen über die Arbeitnehmerbeteiligung für die

---

[619] Siehe hierzu Nagel, NZG 2007, 57, 58 f.; s.a. Süß, in: Herrler, Gesellschaftsrecht in der Notar- und Gestaltungspraxis, § 12, Rn. 86 ff.

grenzüberschreitende Sitzverlegung (dazu Rdn. 304) und die grenzüberschreitende Spaltung (dazu Rdn. 337) konzipiert, während das Company Law Package lediglich zwei Modifikationen in diesem Bereich bei der grenzüberschreitenden Verschmelzung vorsieht.[620] Grund für die legislatorische Zurückhaltung in diesem Teilbereich dürfte sein, dass Fragen der Arbeitnehmerbeteiligung politisch besonders brisant sind und in der Vergangenheit[621] mehrfach Probleme für Vorhaben auf EU-Ebene bereitet haben.[622]

Die erste der angedachten Änderungen betrifft die Missbrauchsklausel des Art. 133 Abs. 7 GesellschaftsrechtsRL. Mit dieser Regelung soll bisher schon verhindert werden, dass nach Durchführung einer grenzüberschreitenden Verschmelzung durch nachfolgende innerstaatliche Verschmelzungen innerhalb eines Zeitraums von drei Jahren nach Wirksamwerden der grenzüberschreitenden Verschmelzung eine sog. »Flucht aus der Mitbestimmung« erfolgen kann.[623] Der Anwendungsbereich der Norm soll durch das Company Law Package nun auf innerstaatliche Spaltungen und Formwechsel und zugleich auf nachfolgende grenzüberschreitende Verschmelzungen, Spaltungen und Formwechsel erweitert werden.[624] 228

Daneben soll Art. 133 GesellschaftsrechtsRL um einen neuen Abs. 8 erweitert werden. Diesem zufolge muss die Gesellschaft die Arbeitnehmer informieren, ob sie direkt gem. Art. 133 Abs. 4 lit. a) GesellschaftsrechtsRL die Auffanglösung anwendet oder ob sie Verhandlungen über die Arbeitnehmermitbestimmung führen will.[625] 229

---

620 Dazu J. Schmidt, Der Konzern 2018, 229, 244; allgemein zur Mitbestimmung nach dem Company Law Package Selent, NZG 2018, 1171.
621 S. etwa Verse/Wiersch, EuZW 2016, 330, 336 f. zur Leidensgeschichte des SUP-Vorschlags; zur Blockadewirkung der unternehmerischen Mitbestimmung bei den Verhandlungen über die Schaffung einer SPE Pfleger, Die Problematik der unternehmerischen Mitbestimmung in der Europäischen Privatgesellschaft (SPE), 2014, URN: urn:nbn:de:bvb:20-opus-97350; Selent, NZG 2018, 1171, 1176 mit Fn. 76 betont hingegen die politische Chance des Mitbestimmungsverfahrens nach dem Vorbild der SE-Beteiligung.
622 So J. Schmidt, Der Konzern 2018, 229, 244; Knaier, GmbHR 2018, R148, R149: Arbeitnehmerbeteiligung als potentielle Hürde für das gesamte Paket.
623 Siehe hierzu Lutter/Bayer/J. Schmidt, Europäisches Unternehmens- und Kapitalmarktrecht, § 22 Rn. 22.163.
624 J. Schmidt, Der Konzern 2018, 229, 244.
625 Siehe hierzu J. Schmidt, Der Konzern 2018, 229, 244.

Kapitel 3 Grenzüberschreitende Verschmelzung auf der Grundlage der EuGH-Rechtsprechung

Übersicht
		Rdn.
A.	Abgrenzung zur Verschmelzung aufgrund der Richtlinienumsetzung.	230
B.	Anwendungsfelder und Problemstellungen der grenzüberschreitenden Verschmelzung auf Grundlage der Niederlassungsfreiheit	234
I.	Personengesellschaften.	235
II.	Problemfall Herausverschmelzung.	236
C.	Verfahren einer grenzüberschreitenden Verschmelzung auf Grundlage der »SEVIC«-Entscheidung	237
I.	Anwendbares Recht.	238
II.	Verschmelzungsfähigkeit.	241
III.	Verschmelzungsverfahren	242

A. Abgrenzung zur Verschmelzung aufgrund der Richtlinienumsetzung

230 Nachdem die Verschmelzungsrichtlinie[626] (dazu Rdn. 8) – jetzt integriert in die Richtlinie über bestimmte Aspekte des Gesellschaftsrechts (dazu Rdn. 11) – durch das **Zweite Gesetz zur Änderung des UmwG**[627] in deutsches Recht umgesetzt wurde, stellt sich die Frage, welche Bedeutung dem »SEVIC«-Urteil (dazu Rdn. 23 ff.) und der daraus resultierenden Umwandlungsmöglichkeit aufgrund primärrechtlicher Niederlassungsfreiheit noch zukommt. Die Literatur geht überwiegend von einem **Nebeneinander der beiden Rechtsebenen** aus.[628] Mit dem Inkrafttreten der deutschen Umsetzung der Verschmelzungsrichtlinie ist es daher im Grundsatz möglich eine grenzüberschreitende Verschmelzung sowohl auf Grundlage der primärrechtlichen Niederlassungsfreiheit entsprechend der »SEVIC«-Entscheidung als auch nach den §§ 122a ff. UmwG auf Basis der Richtlinienumsetzung durchzuführen (dazu Rdn. 74 ff.).

231 Dass dieses Nebeneinander auch nach Inkrafttreten der Richtlinie Bedeutung hat, ergibt sich v.a. daraus, dass die Verschmelzungsrichtlinie und das deutsche Umsetzungsgesetz zunächst nur die grenzüberschreitende Verschmelzung von Kapitalgesellschaften regeln, nicht aber den grenzüberschreitenden Formwechsel und die grenzüberschreitende Spaltung (dazu Rdn. 74 ff.). Grenzüberschreitende Verschmelzungen sind nach aktueller Rechtslage daher nur der SE, der deutschen AG, GmbH und KGaA möglich (zu den verschmelzungsfähigen Rechtsträgern bei einer grenzüberschreitenden Verschmelzung nach den §§ 122a ff. UmwG Rdn. 86 ff.).[629] Das Zweite Gesetz zur Änderung des UmwG bezieht sich sehr stark auf die Verschmelzungsrichtlinie und deren Umsetzung, **regelt aber nicht die weiter gehende Umwandlungsfreiheit**, die aus dem »SEVIC«-Urteil folgt. Dies wurde von der Literatur z. T. kritisiert.[630] Aus Sicht des Gesetzgebers ist allerdings die

---

626 Richtlinie 2005/56/EG des europäischen Parlaments und Rates v. 26.10.2005 über die Verschmelzung von Kapitalgesellschaften aus verschiedenen Mitgliedstaaten, Abl. L 310/1 v. 25.11.2005.
627 V. 25.04.2007, BGBl. 2007 I, S. 542 ff.; vgl. oben Teil 1 Rdn. 34 ff.
628 Leible/Hoffmann, RIW 2006, 161, 167; Kallmeyer/Kappes, AG 2006, 224 ff.; Gesell/Krömker, DB 2006, 2558 ff.; Spahlinger/Wegen, NZG 2006, 721; Widmann/Mayer/Heckschen, Umwandlungsrecht, Vor §§ 122a ff. UmwG Rn. 66 ff.; Kallmeyer/Marsch-Barner, Vor §§ 122a ff. UmwG, Rn. 5 f.; Drinhausen, in: Semler/Stengel, Einl C Rn. 21 ff.
629 Siehe § 122b UmwG; vgl. Drinhausen, in: Semler/Stengel, Einl C Rn. 30; Kallmeyer/Marsch-Barner, Vor §§ 122a ff. UmwG Rn. 9 ff.; Lutter/Drygala, § 1 UmwG Rn. 9; Kallmeyer/Marsch-Barner, Vor §§ 122a ff. UmwG Rn. 85 ff.; Thümmel/Hack, Der Konzern 2009, 1, 3; Herrler, EuZW 2007, 299; Veil, Der Konzern 2007, 98, 99.
630 Vgl. Krause/Kulpa, ZHR 171 (2007), 38, 78; siehe auch Drygala, in: Lutter, UmwG, 5. Aufl. 2014, § 1 Rn. 12 ff.; Louven, ZIP 2006, 2021, 2023 f.; Thiermann, Grenzüberschreitende Verschmelzungen, 2010, S. 220 ff.

Umsetzung der Richtlinie konsequent, da die »SEVIC«-Entscheidung im Ergebnis wohl anderweitig, insbesondere über kollisionsrechtliche Vorschriften umgesetzt werden muss. Bis dahin wird aber die Praxis grds. von einem Nebeneinander auszugehen haben.

▶ Hinweis:

Für die Praxis ist empfehlenswert – soweit möglich – eine grenzüberschreitende Verschmelzung im Regelungsbereich der Richtlinie, also im Anwendungsbereich der §§ 122a ff. UmwG durchzuführen. Aufgrund des kodifizierten Rechtsrahmens besteht eine rechtssichere Gestaltungsmöglichkeit und auch die beteiligten Registergerichte müssen nicht erst mühsam oder mit gerichtlichem Zwang von der Durchführung der Eintragung überzeugt werden. 232

Durch die Umsetzung in den §§ 122a ff. UmwG wird man wohl davon ausgehen müssen, dass für die von der Verschmelzungsrichtlinie erfassten Umwandlungsmöglichkeiten, also Verschmelzung der genannten Kapitalgesellschaften, die §§ 122a ff. UmwG als durch sekundärrechtliche Konkretisierungsvorschrift die primärrechtliche Niederlassungsfreiheit verdrängende vorgängigen Vorschriften sind, sodass allein diese Umwandlungsvorschriften maßgebend sind.[631] Die Verschmelzungsrichtlinie ist im Bereich grenzüberschreitender Verschmelzungen jedoch **nicht abschließend**.[632] Maßgeblich ist vielmehr die materielle Reichweite der Niederlassungsfreiheit u.a. aufgrund der »SEVIC«-Entscheidung. 233

B. Anwendungsfelder und Problemstellungen der grenzüberschreitenden Verschmelzung auf Grundlage der Niederlassungsfreiheit

Dennoch verbleiben Anwendungsfelder für die grenzüberschreitende Verschmelzung auf Grundlage der Niederlassungsfreiheit unter Berücksichtigung der Vorgaben des EuGH. Wählt man diesen Weg der grenzüberschreitenden Verschmelzung, korrelieren hiermit jedoch Problemfelder, die sich bei einem Vorgehen auf Grundlage der Richtlinienumsetzung in den jeweilgen Mitgliedstaaten nicht stellen. 234

I. Personengesellschaften

Die Verschmelzungsrichtlinie regelt nur die **grenzüberschreitende Verschmelzung von Kapitalgesellschaften**.[633] Der Gesetzgeber ist der Forderung der Literatur,[634] die Verschmelzungsrichtlinie auch auf die Beteiligung von Personengesellschaften auszudehnen, nicht gefolgt. Für Personengesellschaften bleibt daher derzeit nur die grenzüberschreitende Verschmelzung aufgrund der primärrechtlichen Niederlassungsfreiheit (siehe dazu auch Rdn. 92).[635] Hierbei ergibt sich 235

---

631 Spahlinger/Wegen, NZG 2006, 721, 725; Bayer/Schmidt, ZIP 2006, 210, 212; vgl. auch Forsthoff, DStR 2006, 613, 617; Kallmeyer/Kappes, AG 2006, 224, 226.
632 Hierzu auch jüngst im Kontext des Referentenentwurfes für ein Viertes Gesetz zur Änderung des Umwandlungsgesetzes Knaier, ZNotP 2018, 341, 342 f.; siehe auch Bayer, in: Lutter, UmwG, § 122a Rn. 6; Bayer/J. Schmidt, NJW 2006, 401, 402: europaweit uniformes Grundgerüst; ebenso Lutter/Bayer/J. Schmidt, Europäisches Unternehmens- und Kapitalmarktrecht, § 22, Rn. 22.3.
633 Widmann/Mayer/Heckschen, Umwandlungsrecht, Vor §§ 122a ff. UmwG Rn. 73 ff., § 122 UmwG Rn. 52; Kallmeyer/Marsch-Barner, Vor. § 122a UmwG Rn. 9; Hörtnagl, in: Schmitt/Hörtnagl/Stratz, UmwG, Vor. §§ 122a–122l Rn. 1 ff.; Oppenhoff, in: MünchHdbGesR VIII, § 18 Rn. 1 ff.
634 Drinhausen/Keinath, RIW 2006, 81, 87; Forsthoff, DStR 2006, 613, 618.
635 Widmann/Mayer/Heckschen, Umwandlungsrecht, Vor §§ 122a ff. UmwG Rn. 73 ff., § 122 UmwG Rn. 52; Kallmeyer/Marsch-Barner, § 122a UmwG Rn. 6; Drinhausen, in: Semler/Stengel, UmwG Einl C Rn. 27; siehe zur möglichen Ausdehnung auf Personengesellschaften als übernehmende Rechtsträger durch den Referentenentwurf für ein Viertes Gesetz zur Änderung des Umwandlungsgesetzes jüngst Knaier, ZNotP 2018, 341; Stiegler, 4. UmwÄndG – Brexit und Verschmelzung auf Personengesellschaften: Way to go oder halbherziger Kompromiss?, erscheint in ZIP 2018; J. Schmidt, GmbHR 2018, R292, R293 wirft die berechtigte Frage auf, warum der Referentenentwurf nicht gleich allgemein den Anwendungsbereich der §§ 122a ff. UmwG auf alle Rechtsträger i.S.d. Art. 54 AEUV erweitert; hierzu auch Rdn. 92.

II. Problemfall Herausverschmelzung

236 Wie bereits dargestellt, wird die Frage der Zulässigkeit der Herausverschmelzung kontrovers diskutiert (vgl. oben Rdn. 23 ff., 81 ff.). Der EuGH hat bekanntlich die Frage nach der Zulässigkeit von Herausverschmelzungen nicht behandelt. In der Literatur wird daher **teilweise die Herausverschmelzung nicht zugelassen**.[636] Nach anderer Auffassung beeinträchtigt ein Verbot der Hinausverschmelzung immer auch die aufnehmende ausländische Gesellschaft, sodass sie aus unionsrechtlichen Erwägungen zulässig sein müsse.[637] Auch hier wird aus der Entscheidung »Cartesio« (Rdn. 26) gefolgert, dass eine grenzüberschreitende Hinausverschmelzung vom Wegzugsstaat im Prinzip (wenn nicht Gründe des Allgemeininteresses dagegen sprechen) zugelassen werden muss.[638] Im Bereich der §§ 122a ff. UmwG ist dies gesetzlich geregelt, i. Ü. wird z. T. auch die analoge Anwendung der §§ 122a ff. UmwG befürwortet.[639] Probleme können sich in der Praxis daher besonders dann ergeben, wenn eine grenzüberschreitende Hinausverschmelzung unter Beteiligung einer Personengesellschaft erfolgen soll und daher jedwede Anknüpfung an die Richtlinienumsetzung fehlt.[640]

C. Verfahren einer grenzüberschreitenden Verschmelzung auf Grundlage der »SEVIC«-Entscheidung

237 Wird eine grenzüberschreitende Verschmelzung außerhalb der Umsetzungsakte zur Verschmelzungsrichtlinie – jetzt integriert in die Richtlinie über bestimmte Aspekte des Gesellschaftsrechts (dazu Rdn. 11) – durchgeführt, ist maßgeblich auf die Grundsätze der »SEVIC«-Entscheidung des EuGH (dazu Rdn. 23 ff.) abzustellen. Grundsätzlich wird bei der Durchführung des Verfahrens mit einigen Verzögerungen und Rechtsunsicherheiten zu rechnen sein.

I. Anwendbares Recht

238 Die Behandlung der grenzüberschreitenden Verschmelzung außerhalb des UmwG lässt sich nur durch einen Blick auf das maßgebliche Kollisionsrecht i. V. m. dem nationalen Recht verstehen.[641] Kollisionsrechtlich ist davon auszugehen, dass die internationale Verschmelzung dem **Gesell-**

---

636 Kappes, NZG 2006, 101; Leible/Hoffmann, RIW 2006, 161, 165 f.; Oechsler, NJW 2006, 812, 813; Meilicke/Rabback, GmbHR 2006, 123, 125; Forsthoff, DStR 2006, 613, 617; siehe zum Ganzen auch MünchKomm-BGB/Kindler, Bd. 12, IntGesR, Rn. 844 ff.
637 Drygala, ZIP 2005, 1995, 1997; Spahlinger/Wegen, NZG 2006, 724; Geyrhalter/Weber, DStR 2006, 146, 149; Krause/Kulpa, ZHR 171, 2007, 44 ff.
638 So Drinhausen, in: Semler/Stengel, UmwG Einl C Rn. 30.
639 Vgl. Lutter/Drygala, § 1 UmwG Rn. 20; Kallmeyer/Kallmeyer, § 1 UmwG Rn. 13; Veil, Der Konzern 2007, 98, 105; Vetter, AG 2006, 613, 616.
640 Auch der Referentenentwurf für ein Viertes Gesetz zur Änderung des Umwandlungsgesetzes (dazu Rdn. 47 ff.) sieht eine Erweiterung der verschmelzungsfähigen Rechtsträger auf Personengesellschaften nur vor, wenn diese übernehmende Rechtsträger sind; dazu Knaier, ZNotP 2018, 341, 342 f.; Stiegler, 4. UmwÄndG – Brexit und Verschmelzung auf Personengesellschaften: Way to go oder halbherziger Kompromiss?, erscheint in ZIP 2018; Brandi/M. K. Schmidt, DB 2018, 2417, 2420 f.; J. Schmidt, GmbHR 2018, R292, R293 wirft die berechtigte Frage auf, warum der Referentenentwurf nicht gleich allgemein den Anwendungsbereich der §§ 122a ff. UmwG auf alle Rechtsträger i.S.d. Art. 54 AEUV erweitert.
641 Vgl. MünchKomm-BGB/Kindler, Bd. 12, IntGesR, Rn. 791 ff.; Widmann/Mayer/Heckschen, Umwandlungsrecht, Vor §§ 122a ff. UmwG Rn. 73 ff., 88 ff.; Kallmeyer/Marsch-Barner, Vor §§ 122a ff. UmwG Rn. 4, 12 ff.; Lutter/Drygala, § 1 UmwG Rn. 10 ff.; Hörtnagl, in: Schmitt/Hörtnagl/Stratz, § 1 UmwG Rn. 60; Veil, Der Konzern 2007, 98, 105; Thümmel/Hack, Der Konzern 2009, 1, 5; Koppensteiner, Der Konzern 2006, 40, 43.

schaftsstatut unterliegt.⁶⁴² Herrschend ist mittlerweile die sog. **Vereinigungstheorie**⁶⁴³ nach der auf grenzüberschreitende Verschmelzungen sowohl das Sachrecht des übertragenden als auch das Sachrecht des übernehmenden Rechtsträgers nebeneinander zu berücksichtigen sind.⁶⁴⁴ Das Recht der übertragenden Gesellschaft ist demnach insoweit einschlägig, als es auf die mit dieser Gesellschaft verknüpften Interessen zielt; für die übernehmende gilt entsprechendes. Soweit für den Verschmelzungsvertrag die Interessen beider Rechtsträger berührt sind, setzt sich das jeweils strengere Recht durch.⁶⁴⁵

Auch das **OLG München** hat sich im Urt. v. 02.05.2006⁶⁴⁶ für die Vereinigungstheorie ausgesprochen. Hiernach ist das Recht sämtlicher an der grenzüberschreitenden Verschmelzung beteiligten Unternehmen zu berücksichtigen. In dem zu entscheidenden Fall ging es um die M-Limited, die ihren Sitz in Großbritannien hatte aber über eine Zweigniederlassung in Deutschland verfügte. Die F-GmbH hatte ihren Sitz ebenfalls in Deutschland. Die M-Limited meldete die Verschmelzung der F-GmbH durch Aufnahme beim Handelsregister der Zweigniederlassung an. Dabei legte sie die entsprechenden notariellen Urkunden vor. Das Registergericht weigerte sich die Verschmelzung einzutragen. Das OLG München entschied, dass es der Eintragung grds. nicht entgegenstehe, dass an der Verschmelzung eine Gesellschaft beteiligt sei, die ihren Sitz nicht in Deutschland, sondern in einem anderen Mitgliedstaat der EU habe. Der EuGH habe im »SEVIC«-Urteil klargestellt, dass grenzüberschreitende Verschmelzungen, wie andere Gesellschaftsumwandlungen zu den wirtschaftlichen Tätigkeiten gehörten und dass hier die Mitgliedstaaten die Niederlassungsfreiheit nach Art. 43 EG (nun Art. 49 AEUV) beachten müssen. In dem umgekehrten Fall, dass eine deutsche GmbH auf eine englische Limited verschmolzen wird, war aber das OLG München der Auffassung, dass nicht das deutsche Handelsregister der Zweigniederlassung zuständig ist, sondern die Verschmelzung müsste im Register am Satzungssitz der englischen Gesellschaft, also in England, zur Eintragung vorgenommen werden. Denn die Eintragung für eine Filiale müsse grds. immer in das Register der Hauptniederlassung erfolgen.

239

Aus der Vereinigungstheorie ist daher zu folgern, dass sich Sachverhalte, die sich nur auf einen der beteiligten Rechtsträger beziehen, nach **dessen Sachrecht** bestimmen. Betrifft dagegen ein Sachverhalt beide Rechtsträger gleichermaßen, so sind die Fragen kumulativ nach allen betroffenen Gesellschaftsstatuten anzuknüpfen. Die strengste Sachnorm setzt sich dabei durch. Soweit Normwidersprüche auftreten, sind diese im Wege der Anpassung aufzulösen.⁶⁴⁷

240

II. Verschmelzungsfähigkeit

Die aktive und passive Verschmelzungsfähigkeit beurteilt sich nach dem **jeweiligen Personalstatut**.⁶⁴⁸ Für Deutschland ist daher § 1 Abs. 1 UmwG maßgeblich,⁶⁴⁹ allerdings muss die Vorschrift

241

---

642 Dazu ausführlich MünchKomm-BGB/Kindler, Bd. 12, IntGesR, Rn. 799 ff.
643 Hierzu und zu den weiteren vertretenen Einzeltheorien ausführlich Kindler, in: MünchKommBGB, Bd. 12, IntGesR, Rn. 794 4ff.
644 Vgl. OLG München, Beschl. v. 02.05.2006 – 31 Wx 9/06, NZG 2006, 513 = NotBZ 2006, 405 = ZIP 2006, 109; Kallmeyer/Marsch-Barner, Vor §§ 122a ff. UmwG Rn. 12; Eidenmüller/Engert, Ausländische Kapitalgesellschaften im deutschen Recht, § 4 Rn. 100 ff.; Louven/Dettmeier/Pöschke/Weng, BB 2006, 1, 5; C. Schmidt/Maul, BB 2006, 13; Wenglorz, BB 2006, 1061; Gottschalk, EuZW 2006, 83; Paefgen, GmbHR 2004, 46.
645 Vgl. im Einzelnen Koppensteiner, Der Konzern 2006; Gesell/Krömker, DB 2006, 2560; Spahlinger/Wegen, NZG 2006, 721; Krause/Kulpa, ZHR 171, 2007, 50; MünchKomm-BGB/Kindler, Bd. 412, IntGesR, Rn. 809; Kallmeyer/Kappes, AG 2006, 230; Bungert, BB 2006, 53, 54.
646 NotBZ 2006, 405 = ZIP 2006, 1049 = NZG 2006, 513.
647 Koppensteiner, Der Konzern 2006, 44.
648 MünchKomm-BGB/Kindler, Bd. 12, IntGesR, Rn. 807.
649 Siehe zur Entwicklung der unionsrechtskonformen Auslegung der Norm Hörtnagl, in: Schmitt/Hörtnagl/Stratz, UmwG, § 1 Rn. 45 ff.; Drygala, in: Lutter, UmwG, § 1 Rn. 4 ff.; Marsch-Barner, in: Kallmeyer, UmwG, § 1 Rn. 2 ff.

im Licht der »SEVIC«-Entscheidung (Rdn. 23 ff.) interpretiert werden, sodass auch ausländische Rechtsträger mit Sitz in einem EU-Staat beteiligt sein können. Der Kreis der verschmelzungsfähigen ausländischen Rechte ist hierbei auf diejenigen beschränkt, die entsprechend zu den in § 3 UmwG dargestellten verschmelzungsfähigen Gesellschaftsformen gehören.[650]

III. Verschmelzungsverfahren

242 Das **Verfahren** ist, wie dargelegt, kumulativ aus den beteiligten Rechtsordnungen zu entwickeln. Für die deutsche beteiligte Gesellschaft gelten daher die allgemeinen Vorschriften des Umwandlungsgesetzes.

243 Dementsprechend sind im Grundsatz die allgemeinen Schritte **nach deutschem Recht** vorzusehen:

Ablauf einer grenzüberschreitenden Verschmelzung auf Grundlage der EuGH-Rechtsprechung (nach deutschem Recht)

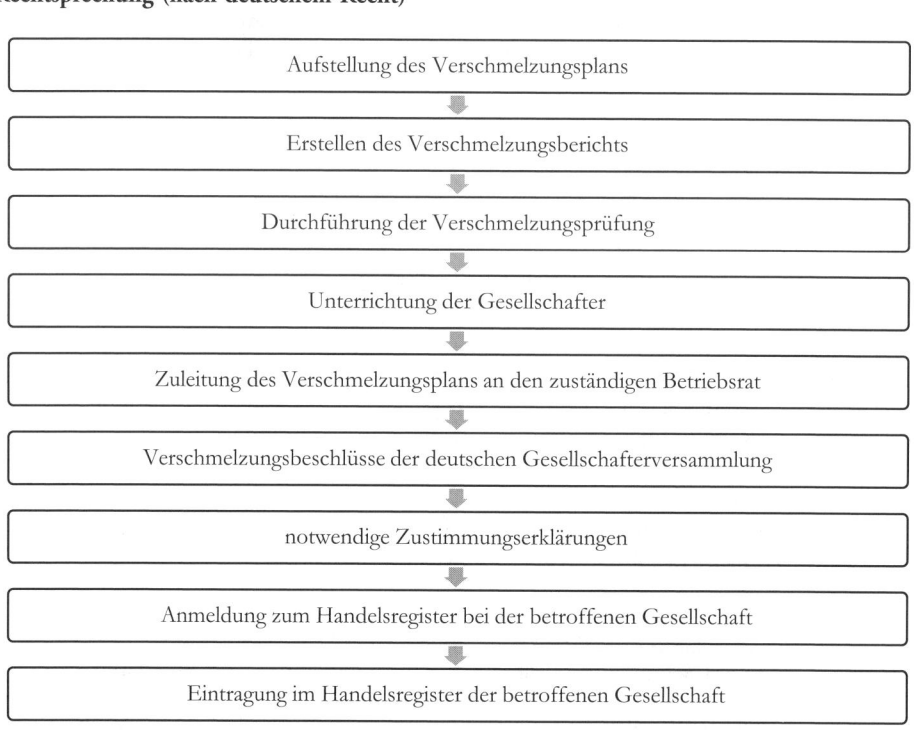

244 Für die **ausländischen Gesellschaften** sind deren Verfahrensregeln grds. einzuhalten. Bei der **Erstellung des Verschmelzungsplans** ist zu beachten, dass, da dieses beide Rechtsordnungen betrifft, sich Dokument notwendigerweise nach beiden Rechtsordnungen kumulativ zu richten hat.[651] So enthält z.B. § 5 Abs. 1 UmwG insofern einen Katalog, der in zwei Punkten über das in Österreich Verlangte (§ 220 Abs. 2 Österr. AktG) hinausgeht. Zwar handelt es sich dabei um die Einzelheiten bei der Übertragung der Anteile des übernehmenden Rechtsträgers oder den

---

650 Bungert, BB 2006, 53, 55; Krause/Kulpa, ZHR 171 (2007), 49.
651 Koppensteiner, Der Konzern 2006, 44; Marsch-Barner, in: Kallmeyer, UmwG, Vor. §§ 122a-122l Rn. 12; Kindler, in: MünchKommBGB, Bd. 12, IntGesR Rn. 807, 809.

Erwerb der Mitgliedschaft bei dem übernehmenden Rechtsträger einerseits und um die Folgen der Verschmelzung für die Arbeitnehmer und ihre Vertretungen andererseits.[652] Ungeklärt ist die Frage, in welcher Sprache ein Verschmelzungs-/Spaltungsvertrag abzufassen ist. Hier wird es wohl notwendig sein, allein aus praktischen Gründen, dass der Vertrag zweisprachig gestaltet wird. Fordert eine Rechtsordnung die notarielle Beurkundung, so ist der gesamte Vertrag notariell zu beurkunden.[653]

Gesell/Krömker[654] beschreiben den **Praxisbericht über die Verschmelzung einer niederländischen auf eine deutsche Kapitalgesellschaft**. Danach wäre etwa nach niederländischem Recht Folgendes zu beachten: 245

---

652 Koppensteiner, Der Konzern 2006, 44.
653 Koppensteiner, Der Konzern 2006, 44; Eidenmüller/Engert, Ausländische Kapitalgesellschaften im deutschen Recht, S. 122; Kindler, in: MünchKommBGB, Bd. 12, IntGesR Rn. 807, 809; wohl auch Krause/Kulpa, ZHR 171 (2007), 49, 50 f.
654 DB 2006, 2558, 2561.

Ablauf einer grenzüberschreitenden Verschmelzung auf Grundlage der EuGH-Rechtsprechung (nach niederländischem Recht)

- Aufstellung eines Verschmelzungsplans durch die Vertretungsorgane der beteiligten Rechtsträger
- Erläuterung des Verschmelzungsplans durch die Vertretungsorgane der beteiligten Rechtsträger
- Aufstellung einer Zwischenbilanz durch den übernehmenden Rechtsträger
- Einreichung des Verschmelzungsplans zum Handelsregister der Industrie- und Handelskammer zur Einsichtnahme mindestens einen Monat vor Vollzug der Verschmelzung
- Auslegung des Verschmelzungsplans und der Erläuterung der Vertretungsorgane in den Geschäftsräumen beider beteiligter Rechtsträger
- Veröffentlichung, dass die o. g. Dokumente bei dem Handelsregister und den Gesellschaften hinterlegt worden sind, in einer überregionalen Zeitung
- Bestätigung durch die Geschäftsstelle des erstinstanzlichen Zivilgerichts, dass kein Gläubiger innerhalb eines Monats nach der Veröffentlichung eine Gegenvorstellung gegen die Verschmelzung bei Gericht eingereicht hat
- Verschmelzungsbeschluss der Gesellschafterversammlungen der beteiligten Rechtsträger
- Unterzeichnung einer notariellen Urkunde durch die Verschmelzungsorgane der beteiligten Rechtsträger, mit denen die Verschmelzung vollzogen wird, nebst Bestätigung eines niederländischen Notars, ob alle Voraussetzungen für die Verschmelzung vorgelegen haben
- Einreichung der Verschmelzungsvollzugsurkunde nebst notarieller Bestätigung zu dem Handelsregister der Industrie- und Handelskammer
- deklaratorische Eintragung der Verschmelzung in das Handelsregister

C. Verfahren auf Grundlage der »SEVIC«-Entscheidung

Wenn die einzelnen Rechtsordnungen (z.B. beim Verschmelzungsplan) unterschiedliche Anforderungen vorsehen, kann es u. U. auch erforderlich sein, dass einzelne Maßnahmen mehrfach vorgenommen werden.[655]

246

Auch für die Frage des **Verschmelzungsberichts** ist ggf. kumulativ nach den betroffenen Rechtsordnungen zu beurteilen, ob ein gemeinsamer Bericht zulässig ist.[656] Die Frage der **Handelsregisteranmeldung** wiederum richtet sich nach den zuständigen beteiligten Rechtsordnungen, die häufig ähnlich sind.[657] Allerdings ist zu beachten, dass, wie das Beispiel Niederlande zeigt (Rdn. 245), **weitergehende Dokumente** notwendig sein können, etwa eine Entsprechensbescheinigung durch einen niederländischen Notar. Problematisch kann sein, dass nach Vorgabe der beteiligten Rechtsordnungen der Zeitpunkt des Wirksamwerdens der grenzüberschreitenden Verschmelzung auseinanderfallen kann. So wird etwa nach niederländischem Recht die Verschmelzung an dem Tag nach Beurkundung der Verschmelzungsvollzugsurkunde wirksam,[658] während nach deutschem Recht nach § 20 UmwG der Wirksamkeitszeitpunkt der der Eintragung im Register des übernehmenden Rechtsträgers ist. Diesen Widerspruch löst jedoch die Vereinigungslehre auf, nach der eine grenzüberschreitende Verschmelzung kumulativ die Einhaltung der Verschmelzungsrechte beider Beteiligten erfordert. Die kumulative Anforderung, etwa im niederländischen Beispiel (Rdn. 245), ist jedoch erst mit der Eintragung im deutschen Handelsregister erfüllt, sodass die Verschmelzung am Tag der Eintragung im deutschen Handelsregister wirksam wird.[659]

247

---

[655] Vgl. Gesell/Krömker, DB 2006, 2561; siehe auch Kindler, in: MünchKommBGB, Bd. 12, IntGesR Rn. 807, 809.
[656] Siehe auch Kindler, in: MünchKommBGB, Bd. 12, IntGesR Rn. 807, 809.
[657] Siehe hierzu auch Kindler, in: MünchKommBGB, Bd. 12, IntGesR Rn. 810.
[658] Vgl. Gesell/Krömker, DB 2006, 2563.
[659] So Gesell/Krömker, DB 2006, 2563.

Kapitel 4 Grenzüberschreitende Sitzverlegung in der EU

Übersicht	Rdn.
A. Überblick und Grundlagen	249
B. Grenzüberschreitende Verlegung des Verwaltungssitzes	254
I. Herausverlegung des Verwaltungssitzes	255
1. Zulässigkeit nach deutschem Recht	256
2. Zulässigkeit nach dem Recht des Zuzugstaates	261
3. Formale Anforderungen	263
4. Missbrauchskontrolle	264
5. Gestaltungsmöglichkeiten	265
II. Hineinverlegung des Verwaltungssitzes	266
C. Grenzüberschreitende Verlegung des Satzungssitzes	270
I. Überblick und Grundlagen	271
II. Formwechselfähige Rechtsträger	276
III. Verlegungsplan	283
IV. Verlegungsbericht	286
V. Verlegungsprüfung	288
VI. Verlegungsbeschluss	290
VII. Abschluss der Sitzverlegung und Rechtswirkungen	291
VIII. Schutzvorschriften zugunsten bestimmter Gruppen	300
1. Minderheitenschutz	301
2. Gläubigerschutz	302
3. Arbeitnehmerschutz	303
4. Weitergehende materielle Schutzvorschriften	305
5. Tatsächliche wirtschaftliche Tätigkeit im Zuzugstaat	307
D. Verlegung der Geschäftsanschrift	309

248 In der deutschen Rechtspraxis sind Formwechsel und Sitzverlegung an sich wenig bedeutsam, jedoch in manchen Fällen, insbesondere aufgrund steuerlicher Aspekte und aufgrund der im Umwandlungsrecht ansonsten nicht gegebenen wirtschaftlichen Kontinuität des Rechtsträgers, durchaus interessant (Teil 4 Rdn. 333 ff.).[660] Besonders die wirtschaftliche Kontinuität macht grenzüberschreitende Sitzverlegungs- und Formwechselvorgänge auch für kleinere und mittlere Unternehmen, die im Binnenmarkt tätig sein wollen, attraktiv (dazu auch Rdn. 270). Eine jüngst von Biermeyer/Meyer[661] veröffentlichte Studie zeigt, dass sich die grenzüberschreitende Sitzverlegung, besonders in Gestalt der grenzüberschreitenden Satzungssitzverlegung (dazu Rdn. 270 ff.), auch ohne sekundärrechtlichen Rahmen großer Beliebtheit erfreut. Zwischen 2013 und 2018 verzeichnet die Untersuchung auf Grundlage der Amtsblätter[662] der Mitgliedstaaten Deutschland,

---

[660] Zu auch rechtsmissbräuchlichen Beweggründen Kindler, in: MünchKommBGB, Bd. 12, IntGesR, Rn. 818 m.w.N.; allgemein zu den Beweggründen grenzüberschreitender Sitzverlegungen Stiegler, Grenzüberschreitende Sitzverlegungen nach deutschem und europäischem Recht, 2017, S. 50 ff.; Knaier/Pfleger, GmbHR 2017, 859, 859 f.; Behme, in: MünchHdbGesR VIII, § 39 Rn. 3 ff.; s.a. die Ergebnisse einer 2013 von der Europäischen Kommission durchgeführten Konsultation zur grenzüberschreitenden Sitzverlegung: Summary of responses to the Public Consultation on Cross-border transfers of registered offices of companies, September 2013, abrufbar unter http://ec.europa.eu/internal_market/consultations/2013/seat-transfer/docs/summary-of-responses_en.pdf (Stand: 05.11.2018); ausführlich vergleichend mit anderen grenzüberschreitenden Umstrukturierungsmöglichkeiten Frank, Formwechsel im Binnenmarkt, 2016, S. 50 ff.

[661] Biermeyer/Meyer, Cross-border Corporate Mobility in the EU: Empirical Findings 2018, SSRN: http://dx.doi.org/10.2139/ssrn.3253048, S. 59 ff.

[662] Zur Methodik der Studie im Hinblick auf grenzüberschreitende Sitzverlegungen Biermeyer/Meyer, Cross-border Corporate Mobility in the EU: Empirical Findings 2018, SSRN: http://dx.doi.org/10.2139/ssrn.3253048, S. 59.

Frankreich, Großbritannien, Irland, den Niederlanden, Schweden, Spanien und Tschechien 324 grenzüberschreitende Sitzverlegungen.[663] Demzufolge war Deutschland in 103 Fällen Zielstaat einer grenzüberschreitenden Sitzverlegung und in 55 Fällen fand ein Herausformwechsel aus Deutschland statt.[664] Die zunehmende Bedeutung grenzüberschreitender Sitzverlegungen sowie die steigende Fallzahl spiegelt sich auch in der deutschen obergerichtlichen Rechtsprechung wieder (siehe hierzu die Entscheidungen in den Rdn. 61 ff.).[665]

A. Überblick und Grundlagen

Für die grenzüberschreitende Sitzverlegung und den grenzüberschreitenden Formwechsel bietet der »**Sitz der Gesellschaft**« den wesentlichen Anknüpfungspunkt. Der Begriff des Sitzes beurteilt sich je nach Zusammenhang teilweise anders.[666] Hinzu kommt, dass der Sitz eine materiellrechtliche Bedeutung im nationalen Recht und zugleich eine kollisionsrechtliche Bedeutung bei grenzüberschreitenden Vorgängen hat.[667] Aus Sicht des deutschen Sachrechts ist eine Unterscheidung zwischen den verschiedenen Sitzbegriffen geboten. Die Satzung einer Kapitalgesellschaft legt einen Sitz fest, der sodann der sog. Satzungssitz ist (zum »Satzungssitz« bei Personengesellschaften Rdn. 360 ff.). Wird die Gesellschaft in einem Handelsregister eingetragen, bestimmt sich durch den Ort des Registers der sog. Registersitz. Unabhängig von diesen beiden Begriffen besitzt die Gesellschaft einen (effektiven) Verwaltungssitz, an welchem sich die Geschäftsleitung befindet und die Gesellschaft ihr Tätigkeitszentrum innehat. Diese Unterscheidung zwischen Satzungs- und Verwaltungssitz ist den meisten Mitgliedstaaten der EU geläufig.[668] Seit dem MoMiG[669] sprechen die §§ 8 Abs. 4 Nr. 1, 10 Abs. 1 GmbHG und die §§ 37 Abs. 2 Nr. 2, 39 Abs. 1 Satz 1 AktG daneben von der »inländischen Geschäftsanschrift«, die bei der Anmeldung zum Handelsregister anzugeben ist.

249

Bei der grenzüberschreitenden Sitzverlegung einer Gesellschaft müssen zunächst zwei Arten von Sitzverlegungen unterschieden werden:
– Verlegung des Satzungssitzes
– Verlegung des Verwaltungssitzes

250

Verwaltungssitz und Satzungssitz können auch kombiniert verlegt werden.[670] Dann sind die nachfolgenden Erörterungen gemeinsam zu berücksichtigen. Unter einer grenzüberschreitenden Verwaltungssitzverlegung ist die Verlegung des Hauptverwaltungssitzes in einen anderen Staat und eine andere Rechtsordnung zu verstehen, ohne das gleichzeitig der Satzungssitz bzw. der Registrierungsort geändert wird. Der Verwaltungssitz ist der tatsächliche Sitz der Hauptverwaltung,[671] im

251

---

663 Biermeyer/Meyer, Cross-border Corporate Mobility in the EU: Empirical Findings 2018, SSRN: http://dx.doi.org/10.2139/ssrn.3253048, S. 60.
664 Biermeyer/Meyer, Cross-border Corporate Mobility in the EU: Empirical Findings 2018, SSRN: http://dx.doi.org/10.2139/ssrn.3253048, S. 61 f.
665 Biermeyer/Meyer, Cross-border Corporate Mobility in the EU: Empirical Findings 2018, SSRN: http://dx.doi.org/10.2139/ssrn.3253048, S. 60 verzeichnen 2017 134 grenzüberschreitende Sitzverlegungen und erwarten aufgrund zahlreicher laufender Verfahren für 2018 einen signifikanten Anstieg der bis dahin 6 im Erfassungszeitraum abgeschlossenen grenzüberschreitenden Sitzverlegungen.
666 Behme, Rechtsformwahrende Sitzverlegung, 2015, S. 7 ff.; Teichmann, in: Süß/Wachter, Hdb internationales GmbH-Recht, § 4 Rn. 1 ff.; Kieser, Typenvermischung über die Grenze, 1988, S. 22 ff.
667 Hierzu Teichmann, in: Süß/Wachter, Hdb internationales GmbH-Recht, § 4 Rn. 4 ff.
668 Gsell/Flaßhoff/Krömker, in: van Hulle/Gesell, European Corporate Law, 2006, S. 25 ff.; s.a. im Detail die Länderberichte bei Süß/Wachter, Hdb internationales GmbH-Recht.
669 Gesetz zur Modernisierung des GmbH-Rechts und zur Bekämpfung von Missbräuchen v. 23.08.2008, BGBl. I, S. 2026. Zur Begründung der Änderungen Begr. Reg-E MoMiG, BT-Drucks. 16/6140, S. 35, 52.
670 Siehe auch Knaier, in: Würzburger NotHdb, Teil 5 Kap. 6 Rn. 360.
671 BGH, Urt. v. 21.03.1986 – V ZR 10/85, BGHZ 97, 269 = NJW 1986, 2194, 2195; Löbbe in Ulmer/Habersack/Löbbe, GmbHG, § 4a Rn. 6; Meckbach, NZG 2014, 526, 527.

Steuerrecht gleichbedeutend mit dem Ort der Geschäftsleitung nach § 10 AO. Es wurde bereits dargelegt, dass in den letzten Jahren in der Praxis eine häufige Erscheinungsform die Verlegung des Verwaltungssitzes einer englischen Limited nach Deutschland war (hierzu auch Rdn. 17 ff., 54 ff.). Diese Gesellschaften haben weiterhin ihren Satzungssitz und Registrierungsort in England, aber ihren Verwaltungssitz nach Deutschland verlegt und zu diesem Zweck eine inländische Zweigniederlassung errichtet.[672] Die Verwaltungssitzverlegung kann sich rein tatsächlich vollziehen. Der Verwaltungssitz muss nicht in der Satzung festgeschrieben werden, bei grenzüberschreitenden Fällen kann dies allerdings auch aus Klarheitsgründen zweckmäßig sein.[673]

252 Zu unterscheiden sind bei beiden Typen der Sitzverlegung zudem zwei verschiedene Konstellationen:
– Hineinverlegung des Sitzes (nach Deutschland)
– Herausverlegung des Sitzes (aus Deutschland)

253 Zudem ist noch danach zu unterscheiden, ob der Zuzugs- oder Wegzugsstaat ein EU-Mitgliedsstaat bzw. EWR/EFTA-Staat (dazu auch Rdn. 67 f.) ist oder ein Drittstaat (dazu auch Rdn. 69 ff.).[674]

B. Grenzüberschreitende Verlegung des Verwaltungssitzes

254 Der Verwaltungssitz stellt in rein tatsächlicher Hinsicht den Sitz der Hauptverwaltung der Gesellschaft dar. Nach deutschem Verständnis ist der Verwaltungssitz »der Tätigkeitsort der Geschäftsführung und der dazu berufenen Vertretungsorgane, also der Ort, wo die grundlegenden Entscheidungen der Unternehmensleitung effektiv in laufende Geschäftsführungsakte umgesetzt werden«.[675] Die Verwaltungssitzverlegung kann rein tatsächlich erfolgen. Dies war Sachverhalt in der EuGH-Entscheidung »Überseering« (dazu Rdn. 20).[676] In den meisten Fällen wird die Verwaltungssitzverlegung jedoch auf der Grundlage eines Beschlusses erfolgen. Ein solcher wird nach gesellschaftsrechtlichen Gründen in der Regel auch erforderlich sein, denn außergewöhnliche Maßnahmen der Geschäftsführung bedürfen eines Gesellschafterbeschlusses.[677] Ausreichend und zu empfehlen ist ein Beschluss mit satzungsändernder Mehrheit.[678] Fälle der Verlegung des Verwaltungssitzes innerhalb der EU sind stets Fälle der rechtsformwahrenden Sitzverlegung, wenn der Gründungsstaat eine Verwaltungssitzverlegung ins Ausland gestattet (Rdn. 261 f., 266 ff.).[679]

I. Herausverlegung des Verwaltungssitzes

255 Bei der Verwaltungssitzverlegung ist das materielle Gesellschaftsrecht und das Kollisionsrecht ggf. aus der Perspektive des Wegzugs- und des Zuzugsstaates zu betrachten. Aus der Entscheidung

---

672 Vgl. Heinze, RNotZ 2009, 586.
673 Zu Recht Leitzen, NZG 2009, 728, 729; Heckschen, in: Heckschen/Heidinger, Kap. 4 Rn. 196 mit Musterformulierung.
674 Vgl. eingehend Kieninger, in: MünchHdbGesR VI, § 52 Rn. 2 ff.
675 BGH, Urt. v. 21.03.1986 – V ZR 10/85, NJW 1986, 2194; zuvor schon Sandrock, in: FS Beitzke, 1979, S. 669, 683; ausführlich zu den einzelnen Kriterien der Bestimmung des Verwaltungssitzes, Thölke, in: MünchHdb GesR, Bd. 6, § 1 Rn. 72 ff.; Leible, in: Michalski/Heidinger/Leible/J. Schmidt, GmbHG, Syst. Darst. 2, Rn. 84 ff.
676 Vgl. Kieninger, in: Münchener Handbuch des Gesellschaftsrechts, Band 6, § 52 Rn. 1.
677 BGH, Urt. v. 05.12.1983 – II ZR 56/82, NJW 1984, 1461. Unklar ist, ob dieser einer 3/4-Mehrheit bedarf, vgl. Leitzen, NZG 2009, 728, 729; Heckschen, DStR 2007, 1442, 1447; Katschinski/Rawert, ZIP 2008, 1993, 1998.
678 Str.: für Zustimmung aller Gesellschafter Leitzen, NZG 2009, 728, 729; für 3/4-Mehrheit Heckschen, DStR 2007, 1442, 1447 und Katschinski/Rawert, ZIP 2008, 1993, 1998; für einfache Mehrheit J. Schmidt, in: Michalski/Heidinger/Leible/J. Schmidt, GmbHG, § 4a Rn. 17, 12.
679 Siehe auch Knaier, in: Würzburger NotHdb, Teil 5 Kap. 6 Rn. 355, 359.

»Cartesio« (Rdn. 26) lässt sich schließen, dass für die **Herausverlegung des Verwaltungssitzes** das autonome Recht des Mitgliedstaates gilt, nach dem die Gesellschaft gegründet wurde.

1. Zulässigkeit nach deutschem Recht

Als anschauliches Beispiel für die aufgeworfenen Fragen bei einer Herausverlegung des Verwaltungssitzes aus Deutschland kann folgender Fall des Deutschen Notarinstituts dienen:[680]

256

▸ Eine GmbH mit im Handelsregister des Amtsgerichtes P eingetragenen Sitz in P hat nach dem 01.11.2008 ihren Verwaltungssitz nach London verlegt. Der satzungsgemäße Sitz der Gesellschaft wurde nach G im Bezirk des Amtsgerichtes S verlegt. In G befindet sich die inländische Geschäftsanschrift der Gesellschaft nach § 8 Abs. 4 Nr. 1 GmbH. Die zuständige Amtsrichterin des Handelsregisters in S will die Sitzverlegung nach G nicht ins Register eintragen. Sie verlangt die Vorlage eines Mietvertrages oder einer Gewerbeanmeldung, aus welchen sich ergeben soll, dass die GmbH nicht »missbräuchlich« ihren Satzungssitz nach G verlegt hat.

Im Wegzugsfall verlegt eine deutsche GmbH oder AG ihren tatsächlichen Verwaltungssitz ins Ausland. Wie bereits dargelegt, hat der EuGH in der Sache »Cartesio« (Rdn. 26) seine in der »Daily Mail«-Entscheidung (Rdn. 17) getroffene Feststellung bestätigt, dass es der EU-Vertrag zulasse, dass das Gesellschaftsrecht der Mitgliedstaaten für die nach ihrem Recht gegründeten Gesellschaften einen effektiven Verwaltungssitz im Inland verlange.

Insofern kann also ein Mitgliedstaat einen Wegzugsfall in Form einer Verwaltungssitzverlegung grundsätzlich verhindern. Bekanntlich war dies auch in Deutschland vor der Gesetzesänderung durch das MoMiG der Fall. Nach der früheren Regelung des § 4a Abs. 2 GmbHG hatte

257

> »[…] der Gesellschaftsvertrag als Sitz der Gesellschaft in der Regel den Ort zu bestimmen, an dem die Gesellschaft einen Betrieb hat, sich die Geschäftsleitung befindet oder die Verwaltung geführt wird.«

Ein Gesellschafterbeschluss wonach der Verwaltungssitz in einen anderen Mitgliedstaat verlegt wurde, führte nach alter Regelung zwingend zur Auflösung und Abwicklung der Gesellschaft.[681] Damit einher ging eine Prüfungsbefugnis durch die Registergerichte, die sich die Übereinstimmung des in der Satzung angegebenen Sitzes der Gesellschaft mit den tatsächlichen Gegebenheiten nachweisen lassen konnten.[682]

Durch das MoMiG wurden nun § 4a Abs. 2 GmbHG ersatzlos gestrichen. § 4a GmbHG lautet wie folgt:

258

> »Sitz der Gesellschaft ist der Ort im Inland, der den Gesellschaftsvertrag bestimmt«.

Damit ist im Prinzip klargestellt, dass der Satzungssitz sich nicht mehr an einem Ort befinden muss, an dem die Gesellschaft einen Betrieb, eine Geschäftsleitung oder ihre Verwaltung hat.

Umstritten war in der Zeit nach dem MoMiG allerdings trotzdem die Frage, ob die Vorschrift es zulässt, dass die Gesellschaft ihren Satzungssitz nach § 5 AktG bzw. § 4a GmbHG im Inland wählt, während der eigentliche Verwaltungssitz, an dem sich also die Geschäftsführung befindet, im Ausland liegt. Ob das neue Recht GmbHen mit Verwaltungssitz im Ausland – insbesondere

259

---

680 Gutachten 90292 v. 08.12.2008.
681 Vgl. OLG Hamm, Beschl. v. 01.02.2001 – 15 W 390/00, NJW 2001, 2183; BayObLG, Beschl. v. 07.05.1992 – 3Z BR 14/92, DNotZ 1993, 187; Staudinger/Großfeld, IntGesR, Rn. 651 ff.; Baumbach/Hueck/Fastrich, GmbHG, § 4a Rn. 10; Bayer, BB 2003, 2357, 2359 f.; offenlassend: BayObLG, DNotZ 2004, 72.
682 BGH Beschl. v. 02.06.2008 – II ZB 1/06, ZNotP 2008, 453 = GmbHR 2008, 990 = NZG 2008, 707 = NotBZ 2008, 394 = DStR 2008, 1935 = NJW 2008, 2914; Scholz/Emmerich, GmbHG, 10. Aufl. 2006, § 4a Rn. 3.

außerhalb der EU – tatsächlich zulässt, ist auf Grund des Fehlens einer ausdrücklichen Regelung des Verhältnisses zwischen § 4a GmbHG und dem Gesellschaftskollisionsrecht noch immer nicht vollständig geklärt.[683] Ein Teil der Literatur lehnte dies ab mit der Begründung, dass es sich bei § 4a GmbHG um eine rein sachrechtliche Regelung handele und der Wegzug einer deutschen GmbH nicht möglich sei, solange die Sitztheorie gelte.[684] Die überwiegende Meinung hingegen sieht insoweit keine Beschränkungen und entnimmt der Vorschrift auch einen kollisionsrechtlichen Gehalt.[685]

In der Gesetzesbegründung heißt es hierzu:[686]

»Durch die Streichung des § 4a Abs. 2 und der älteren Parallelnorm des § 5 Abs. 2 AktG (s. Artikel 5 Nr. 1) soll es deutschen Gesellschaften ermöglicht werden, einen Verwaltungssitz zu wählen, der nicht notwendig mit dem Satzungssitz übereinstimmt. Damit soll der Spielraum deutscher Gesellschaften erhöht werden, ihre Geschäftätigkeit auch ausschließlich im Rahmen einer (Zweig-)Niederlassung, die alle Geschäftsaktivitäten erfasst, außerhalb des deutschen Hoheitsgebiets zu entfalten. EU-Auslandsgesellschaften, deren Gründungsstaat eine derartige Verlagerung des Verwaltungssitzes erlaubt, ist es aufgrund der EuGH-Rechtsprechung nach den Urteilen Überseering vom 5. November 2002 (Rs. C-208/00) und Inspire Art vom 30. September 2003 (Rs. C-167/01) bereits heute rechtlich gestattet, ihren effektiven Verwaltungssitz in einem anderen Staat – also auch in Deutschland – zu wählen. Diese Auslandsgesellschaften sind in Deutschland als solche anzuerkennen. Umgekehrt steht diese Möglichkeit deutschen Gesellschaften schon aufgrund der Regelung in § 4a Abs. 2 GmbHG bzw. in § 5 Abs. 2 AktG nicht zur Verfügung. Es ist für ein ausländisches Unternehmen nicht möglich, sich bei der Gründung eines Unternehmens für die Rechtsform der deutschen Aktiengesellschaft bzw. der GmbH zu entscheiden, wenn die Geschäftätigkeit ganz oder überwiegend aus dem Ausland geführt werden soll. Es ist einer deutschen Konzernmutter nicht möglich, ihre ausländischen Tochtergesellschaften mit der Rechtsform der GmbH zu gründen. Unabhängig von der Frage, ob die neuere EuGH-Rechtsprechung zur Niederlassungsfreiheit gemäß den Artikeln 43 und 48 EG allein die Freiheit des Zuzuges von Gesellschaften in einen Mitgliedstaat verlangt hat oder damit konsequenterweise auch der Wegzug von Gesellschaften ermöglicht werden muss, sind Gesellschaften, die nach deutschem Recht gegründet worden sind, in ihrer Mobilität unterlegen. In Zukunft soll für die deutsche Rechtsform der Aktiengesellschaft und der GmbH durch die Möglichkeit, sich mit der Hauptverwaltung an einem Ort unabhängig von dem in der Satzung oder im Gesellschaftsvertrag gewählten Sitz niederzulassen, ein level playing field, also gleiche Ausgangsbedingungen gegenüber vergleichbaren Auslandsgesellschaften geschaffen werden. Freilich bleibt es nach dem Entwurf dabei, dass die Gesellschaften eine Geschäftsanschrift im Inland im Register eintragen und aufrechterhalten müssen.«

Daraus folgert die ganz herrschende Meinung, dass auch eine Verlegung des Verwaltungssitzes ins Ausland nach deutschem Recht möglich ist.[687]

260 Aus Deutschland kann der Verwaltungssitz einer GmbH damit seit dem MoMiG durch die Streichung von § 4a Abs. 2 GmbHG sanktionslos herausverlegt werden. Gleiches gilt für die AG nach Streichung des § 5 Abs. 2 AktG (siehe zu beiden Änderungen auch schon Rdn. 46). Die Änderung der beiden Regelungen zielt darauf ab, die deutschen Kapitalgesellschaften nun interna-

---

[683] Vgl. Leitzen, NZG 2009, 728.
[684] Kindler, AG 2007, 721; Eidenmüller, ZGR 2007, 168, 205 f.; Preuß, GmbHR 2007, 57, 60.
[685] Vgl. Otte, BB 2009, 344; Lutter/Hommelhoff/Bayer, GmbHG § 4a Rn. 1 ff., 15; Widmann/Mayer/Heckschen, Umwandlungsrecht, Vor §§ 122a ff. UmwG Rn. 4 ff.; Hüffer, § 5 AkG, Rn. 3 ff.; Bormann/König, DNotZ 2008, 652, 658; Oppenhoff, BB 2008, 1630, 1633; Böhringer, BWNotZ 2008, 104, 105; Wachter, NotBZ 2008, 361, 382; Leitzen, NZG 2009, 728; ders. RNotZ 2011, 536, 537.
[686] BT-Drucksache 16/6140, S. 29.
[687] Vgl. Lutter/Hommelhoff/Bayer, GmbHG, § 4a Rn. 15; Peters, GmbHR 2008, 245, 247; Hirte, NZG 2008, 761, 766; Kieninger, in: Münchener Handbuch des Gesellschaftsrechts, Band 6, § 52 Rn. 19; Hüffer, AktG § 5 Rn. 3; Leitzen, NZG 2009, 728.

tional im Wettbewerb der Rechtsordnungen konkurrenzfähig zu machen.[688] Um eine Gesellschaftsform in diesem Wettbewerb anbieten zu können, ist eine derartige Aufspaltung von Satzungs- und Verwaltungssitz zwingende Voraussetzung.[689] Für andere Staaten gilt insofern ebenfalls das dort maßgebliche nationale Recht, sodass zu prüfen ist, ob die Rechtsordnung des Wegzugsstaates eine Verwaltungssitzverlegung ins Ausland gestattet. In vielen Fällen droht als Sanktion die Auflösung der Gesellschaft, wie es früher auch im deutschen Recht der Fall war.[690] Innerhalb der EU hat der EuGH eine derartige Sanktion im Fall »Cartesio« zwar grds. gebilligt, jedoch die Möglichkeit eines grenzüberschreitenden Formwechsels angedeutet (Rdn. 26). Die Änderungen in beiden Regelungen durch das MoMiG beschränken sich dabei nicht auf die EU. Soweit der Zuzugsstaat dies gestattet, können GmbH und AG ihren Verwaltungssitz auch in einen beliebigen Drittstaat verlegen.[691]

2. Zulässigkeit nach dem Recht des Zuzugstaates

Im nächsten Schritt ist zu prüfen, wie das Recht des aufnehmenden Staates die zugezogene GmbH oder AG beurteilt. Dies richtet sich nach dessen Rechtsordnung. Wenn aus der Warte des Wegzugsstaates eine Verwaltungssitzverlegung ins Ausland ermöglicht wird, ist dennoch für die Bestimmung des anwendbaren Gesellschaftsrechtes das Kollisionsrecht zu beachten. Maßgeblich kommt es hierbei im Bereich des Gesellschaftsrechts darauf an, ob Wegzugs- und/oder Zuzugsstaat der Sitz- oder der Gründungstheorie folgen. Folgt der Herkunftsstaat der Sitztheorie, führt dies zu einer (Gesamtnorm-)Verweisung auf das Recht des Aufnahmestaates, dessen Kollisionsrecht eingeschlossen.[692] In der Folge bedeutet dies, falls der Aufnahmestaat ebenfalls der Sitztheorie folgt, ist dessen Recht anwendbar und die Gesellschaft ist einer dort existierenden Gesellschaftsform zuzuordnen.[693] Falls der Aufnahmestaat der Gründungstheorie folgt, wird auf das Recht des Herkunftsstaates zurückverwiesen und dieses ist anwendbar, wenn dessen Recht die Rückverweisung annimmt.[694] Folgt der Herkunftsstaat der Gründungstheorie und der Aufnahmestaat ebenfalls, bleibt das Recht des Herkunftsstaates anwendbar.[695] Im Falle, dass der Herkunftsstaat der

---

688 Hierzu mit empirischen Untersuchungen zur Nutzung von GmbH und UG in Österreich Teichmann/Knaier, GesRZ 2014, 285; siehe zum Wettbewerb der Gesellschaftsrechtsordnungen Bayer, BB 2003, 2357; Eidenmüller, ZIP 2002, 2233; Leuering, ZRP 2006, 201; monographisch hierzu etwa Kieninger, Wettbewerb der Privatrechtsordnungen im Europäischen Binnenmarkt, 2002 und Heine, Regulierungswettbewerb im Gesellschaftsrecht, 2003; zum vertikalen Regulierungswettbewerb zwischen nationalen und supranationalen Rechtsformen im unionalen Gesellschaftsrecht Bachmann, in: FS Hommelhoff, 2012, S. 21; jüngst zur GmbH im europäischen Wettbewerb der Rechtsformen Teichmann, ZGR 2017, 543; jüngst zum kontinentaleuropäischen Gesellschaftsrecht im Wettbewerb der Rechtsordnungen Bormann/Stelmaszczyk, ZIP 2018, 764; zur UG (haftungsbeschränkt) im Wettbewerb der Rechtsordnungen Knaier, GmbHR 2018, 1181.
689 Kieninger, Wettbewerb der Privatrechtsordnungen im Europäischen Binnenmarkt, 2002, S. 116 ff.; Teichmann, Binnenmarktkonformes Gesellschaftsrecht, 2006, S. 363 ff.
690 Mit umfassenden Nachweisen zum Meinungsbild vor dem MoMiG Mayer, in: MünchKommGmbHG, § 4a, Rn. 67.
691 Hermanns, MittBayNot 2016, 297, 298; Kieninger, in: MünchHdbGesR, Bd. 6, § 52 Rn. 21 ff.; Mülsch/Nolan, ZIP 2008, 1358, 1360; Teichmann, ZIP 2009, 393, 401.
692 Süß, in: Süß/Wachter, Hdb internationales GmbH-Recht, § 1 Rn. 37 f.; Triebel/v. Hase, BB 2003, 2409, 2411 f.
693 Teichmann, in: Süß/Wachter, Hdb internationales GmbH-Recht, § 4 Rn. 30; Behme, Rechtsformwahrende Sitzverlegung, 2015, S. 12 f.
694 Teichmann, in: Süß/Wachter, Hdb internationales GmbH-Recht, § 4 Rn. 29; Behme, Rechtsformwahrende Sitzverlegung, 2015, S. 12 ff.
695 Teichmann, in: Süß/Wachter, Hdb internationales GmbH-Recht, § 4 Rn. 28.

Gründungstheorie folgt und der Aufnahmestaat der Sitztheorie, führt dies dazu, dass die Gesellschaft im jeweiligen Staat nach dessen nationalen Regeln behandelt wird.[696]

262 EU-/EWR-Staaten sind hierbei nach der Rechtsprechung des EuGH (Rdn. 17 ff., 54 ff.) verpflichtet, die Gesellschaft grundsätzlich nach ihrem Gründungsrecht, also nach deutschem Recht zu beurteilen.[697] Da der Gesetzgeber ausdrücklich die Möglichkeit der Verwaltungssitzverlegung auch ins Ausland eröffnet hat, kann dies – wenn nicht noch andere Gründe eine Rolle spielen[698] – nicht als rechtsmissbräuchlich angesehen werden; auch weitere Nachweisanforderungen des Registergerichtes, wie im DNotI-Gutachtenfall, sind m. E. nicht mehr statthaft.[699] Ist die Gesellschaft nach beiden betroffenen Rechtsordnungen anerkannt, bestimmt das Gesellschaftsstatut – hier also das deutsche GmbHG oder AktG – über die Verfassung der Gesellschaft.[700]

3. Formale Anforderungen

263 Zu beachten ist, dass auch in diesen Fällen eine inländische Geschäftsanschrift im Handelsregister eingetragen werden muss, §§ 8 Abs. 4 GmbHG, 37 Abs. 3 Nr. 1 AktG (dazu Rdn. 259, 309). Bei ausländischem Verwaltungssitz kann dies auch ein Zustellungsbevollmächtigter (z.B. Rechtsanwalt, Steuerberater etc.) sein.[701] Nach § 24 Abs. 2 HRV ist die »Lage der Geschäftsräume« nur noch anzugeben, wenn sie mit der inländischen Geschäftsanschrift nicht übereinstimmt.[702]

4. Missbrauchskontrolle

264 Unklar ist, ob bei der Wahl des Verwaltungssitzes eine Kontrolle über das Rechtsmissbrauchsverbot stattfindet.[703] Z. T. wird dies für die Wahl eines Satzungssitzes im Inland angenommen zu dem keinerlei räumliche Beziehung besteht.[704] Die h. M. lehnt dies allerdings zu Recht ab.[705]

5. Gestaltungsmöglichkeiten

265 Für deutsche GmbH und AG bedeutet dies, dass eine sanktionslose Verwaltungssitzverlegung ins Ausland nun grds. möglich ist und innerhalb der EU die anderen Mitgliedstaaten dies auch zulassen müssen. Dies wurde in einigen Fällen auch schon praktiziert.[706] Streit besteht jedoch noch über die Reichweite der neuen Möglichkeiten durch das GmbHG und AktG. In der Entscheidung »Trabrennbahn«[707] hat sich der BGH grds. dazu bekannt, dass außer in den Fällen, in denen die Niederlassungsfreiheit etwas anderes gebietet, in Deutschland weiterhin die Sitztheorie gilt. Dazu geäußert, wie eine deutsche Gesellschaft mit ausländischem Verwaltungssitz in Dritt-

---

696 So lag es bspw. in der Entscheidung »Trabrennbahn«, BGH, Urt. v. 27.10.2008 – II ZR 158/06, NJW 2009, 289 m.Anm. Kieninger, zumal nach Ansicht des BGH in Deutschland nach wie vor grds. die Sitztheorie gilt und die Schweiz der Gründungstheorie folgt; vgl. dazu Gottschalk, ZIP 2009, 948; Hellgardt/Illmer, NZG 2009, 94.
697 Vgl. Kieninger, in: Münchener Handbuch des Gesellschaftsrechts, Band 6, § 52 Rn. 21; Fingerhut/Rumpf, IPRax 2008, 90, 92.
698 Vgl. z.B. KG Beschl. v. 25.07.2011 – 25 W 33/11, ZIP 2011, 1566.
699 So auch Leitzen, RNotZ 2011, 536, 537.
700 Süß/Wachter, Handbuch des internationalen GmbH-Rechts, § 1; Leitzen, NZG 2009, 728, 729.
701 Lutter/Hommelhoff/Bayer, GmbHG, § 8 Rn. 20; Steffek, BB 2007, 2077; Gehrlein, Der Konzern 2007, 771, 777.
702 Vgl. Meckbach, NZG 2014, 526, 527.
703 Vgl. zuletzt Meckbach, NZG 2014, 526 ff.
704 Baumbach/Hueck/Fastrich, GmbHG, § 4a Rn. 4.
705 Leitzen, RNotZ 2011, 536; MüKoGmbHG/Mayer, 2010, § 4a Rn. 9; Roth/Altmeppen, GmbHG, § 4a Rn. 7, 9; vgl. auch Hoffmann, ZIP 2007, 1581, 1584.
706 Vgl. hierzu die Statistiken zu operativ in Österreich tätigen deutschen GmbH und UG bei Teichmann/Knaier, GesRZ 2014, 285, 290 ff.
707 BGH, Urt. v. 27.10.2008 – II ZR 158/06, NJW 2009, 289 m.Anm. Kieninger.

staaten zu behandeln ist, hat sich der BGH indes nicht. Zwar hat der MoMiG-Gesetzgeber durch die Streichung eine zunächst nur materielle Änderung bewirkt, angesichts des verfolgten Ziels, deutsche Gesellschaften mit ausländischem Verwaltungssitz zu ermöglichen,[708] wird man den Regelungen dennoch einen kollisionsrechtlichen Gehalt beimessen müssen, da dieses Ziel andernfalls nicht zu erreichen wäre.[709] Zumindest partiell für die vom Gesetzgeber ins Auge gefassten Fälle, wird bei § 4a Abs. 1 GmbHG und § 5 Abs. 1 AktG daher die Gründungstheorie greifen.

II. Hineinverlegung des Verwaltungssitzes

Für den umgekehrten Fall der **Verwaltungssitzverlegung nach Deutschland hinein**, existiert über die Rechtsprechung des EuGH ein relativ rechtssicherer und von der Praxis vielfach genutzter Rahmen.

266

Das DNotI hatte folgende Fallgestaltung zu begutachten:[710]

▶ Eine im luxemburgischen Handelsregister eingetragene S.à.r.l. beabsichtigt, ihren Hauptsitz nach Koblenz zu verlegen. Dabei soll sie auch als S.à.r.l. in das deutsche Handelsregister eingetragen werden.

Der EuGH stellt die sog. »Zuzugsfälle« aus Sicht des aufnehmenden Mitgliedstaates umfassend unter den Schutz der Niederlassungsfreiheit.[711] Bereits im Fall »Überseering« (dazu Rdn. 20), dem eine Verwaltungssitzverlegung einer niederländischen Gesellschaft nach Deutschland zugrunde lag, bestätigte der EuGH, dass die Gerichte des Mitgliedsstaats verpflichtet sind, die Gesellschaft als solche des Herkunftslandes zu achten und deren Rechtsfähigkeit auch dann anzuerkennen, wenn sie ihren Verwaltungssitz in diesen Staat verlegt hat. Eine Gesellschaft kann – wenn es das Recht des Herkunftsmitgliedstaates erlaubt – ihren Verwaltungssitz beliebig in einen anderen Mitgliedstaat verlegen. Voraussetzung für die Anerkennung einer EU-ausländischen Gesellschaft mit Verwaltungssitz in Deutschland ist dann lediglich, dass die Gesellschaft wirksam nach dem Recht ihres Heimatstaates gegründet wurde und der Gründungsstaat weiterhin ihre Rechts- und Parteifähigkeit anerkennt, obwohl der Verwaltungssitz ins Ausland verlegt wurde.[712]

267

Insoweit erkennt auch der BGH die Gründungstheorie an.[713] Die in dem anderen Mitgliedstaat der EU gegründete Gesellschaft ist daher auch aus deutscher Sicht hinsichtlich ihrer Rechtsfähigkeit weiterhin nach dem Recht des Gründungsstaates zu beurteilen, und zwar selbst dann, wenn sie ihren Hauptverwaltungssitz ins Inland verlegt hat.[714] Im Urteil vom 14.3.2005[715] hat der BGH bzgl. einer englischen Limited, die ihren Verwaltungssitz in Deutschland hatte, entschieden, dass nach der Rechtsprechung des EuGH die in einem Vertragsstaat nach dessen Vorschriften wirksam gegründete Gesellschaft in einem anderen Vertragsstaat – unabhängig von dem Ort ihres tatsächlichen Verwaltungssitzes – in der Rechtsform anzuerkennen sei, in der sie gegründet wurde. Das bedeutet, dass die zugezogene Gesellschaft nach ihrem Gründungsrecht zu beurteilen ist.

268

---

708 Begr. Reg-E MoMiG, BT-Drs. 16/6140, S. 29.
709 Verse, ZEuP 2013, 458, 466 f.; Hoffmann, ZIP 2007, 1581; Leitzen, NZG 2009, 728; Tebben, RNotZ 2008, 441; J. Schmidt, in: Michalski/Heidinger/Leible/J. Schmidt, GmbHG, § 4a Rn. 14; ausführlich m.w.N. Stiegler, Grenzüberschreitende Sitzverlegungen nach deutschem und europäischem Recht, 2017, S. 216 ff.
710 Gutachten 129445 vom 01.10.2013.
711 Kieninger, in: MünchHdbGesR, Bd. 6, § 52 Rn. 2 ff.; Behme, Rechtsformwahrende Sitzverlegung, 2015, S. 42 ff. und S. 111 ff.
712 Ausführlich m.w.N.: Frank, Formwechsel im Binnenmarkt, 2016, S. 112 ff.; Behme, Rechtsformwahrende Sitzverlegung, 2015, S. 107 ff.
713 BGH, Urt. v. 13.03.2003 – VII ZR 370/98, NJW 2003, 1461.
714 BGH, Urt. v. 13.03.2003 – VII ZR 370/98, BGHZ 154, 185 = NJW 2003, 1461.
715 BGH, Urt. v. 14.03.2005 – II ZR 5/03, NJW 2005, 1648 = DNotZ 2005, 712 = DNotI-Report 2005, 87.

Etwas anderes kann allerdings gelten, wenn der Gründungsstaat der Sitztheorie folgt und danach die Gesellschaft ihre Rechtsfähigkeit verliert.[716]

Das DNotI führte zum Ausgangsfall aus:

»Ob dies für das luxemburgische Gesellschaftsrecht gilt, erscheint uns zweifelhaft. Nach luxemburgischen Recht ist gem. Art. 159 der Lois sur les Sociétés Commerciales (LSC) offenbar weiterhin der Hauptverwaltungssitz (principal etablissement) für die Bestimmung des Gesellschaftsstatuts maßgeblich. Die Änderung der Nationalität einer luxemburgischen Gesellschaft ohne Verlust der Rechtspersönlichkeit bedarf des Einverständnisses aller Gesellschafter. Dies gilt gem. Art. 67–1 Abs. 1 LSC sowohl für die Verlegung des Hauptverwaltungssitzes als auch für die Verlegung des Satzungssitzes ins Ausland.[717] Ein Beschluss, den Hauptverwaltungssitz einer S.à.r. l. in einen ausländischen Staat zu verlegen, führt dazu, dass die Gesellschaft nicht mehr weiterhin Gegenstand des luxemburgischen Rechts ist. Sie kann jedoch nach dem ausländischen Recht des Staates, in dem sich neuerdings der Hauptverwaltungssitz der Gesellschaft befindet, ihre Rechtsfähigkeit fortsetzen, wenn nach dem Recht dieses Staates die Sitzverlegung nicht zur Auflösung der Gesellschaft führt und die Gesellschaft nach dem Recht des Zuzugsstaats fortgesetzt werden kann.[718]«

269 Für Drittstaaten gelten diese Ausführungen nicht ohne weiteres (hierzu Rdn. 69 f.), sodass der jeweilige Einzelfall zu prüfen ist, insbesondere im Hinblick auf etwaige bilaterale Abkommen. Der im Inland errichtete Hauptverwaltungssitz ist dann allerdings nach den inländischen Handelsregistervorschriften als »Zweigniederlassung« anzumelden.[719]

C. Grenzüberschreitende Verlegung des Satzungssitzes

270 Für deutsche Unternehmen sind vor allem wirtschaftliche Motive[720] von Bedeutung bei der strategischen Entscheidung, grenzüberschreitend mobil zu werden.[721] Eine 2013 von der Europäischen Kommission durchgeführte Konsultation zur grenzüberschreitenden Sitzverlegung[722] zeigt, dass etwa ein Viertel der befragten Unternehmen aufgrund eines besseren Geschäftsklimas ihren Sitz in einen anderen Mitgliedstaat verlegen. Steuerliche Beweggründe gaben 45 % der Befragten an.[723] Ebenso können Unterschiede in der Wirtschaftsregulierung den Ausschlag für die positive Entscheidung über eine Sitzverlegung in einen anderen Mitgliedstaat geben, wie etwa 15 % der Teilnehmer der Befragung angaben. Das unter dem Begriff »Insolvenztourismus«[724] geläufige Phänomen eines günstigeren Insolvenzrechts im Zuzugsstaat spielt offenbar ebenfalls eine Rolle. 10 %

---

716 Vgl. Kieninger, in: Münchener Handbuch des Gesellschaftsrechts, Band 6, § 52 Rn. 7.
717 So Schwachtgen, in: Süß/Wachter, Handbuch des internationalen GmbH-Rechts, 2. Aufl. 2010, Länderbericht Luxemburg, Rn. 120.
718 So Schmit/Gaozès, in: Van Hulle/Gesell, European Corporate Law, 2006, Länderbericht Luxemburg, Rn. 2, 3; Winandy, Manuel de Droit des Sociétés 2008, Luxemburg, 2008, S. 768.
719 S. bereits EuGH-Urt. v. 9.3.1999 – Centros Limited – NJW 1999, 2027 = DNotZ 1999, 593.
720 Zu den Motiven für einen grenzüberschreitenden Formwechsel ausführlich Knaier/Pfleger, GmbHR 2017, 859, 859 f.; Behme, in: MünchHdbGesR VIII, § 39 Rn. 3 ff.; zu auch rechtsmissbräuchlichen Beweggründen Kindler, in: MünchKommBGB, Bd. 12, IntGesR, Rn. 818 m.w.N.;.
721 S. ausführlich zu den Beweggründen eines grenzüberschreitenden Formwechsels Frank, Formwechsel im Binnenmarkt, 2016, S. 43 ff.; Stiegler, Grenzüberschreitende Sitzverlegungen nach deutschem und europäischem Recht, 2017, S. 56 ff.; s. auch Hushahn, RNotZ 2014, 137, 138.
722 Summary of responses to the Public Consultation on Cross-border transfers of registered offices of companies, September 2013, S. 11, abrufbar unter http://ec.europa.eu/internal_market/consultations/2013/seat-transfer/docs/summary-of-responses_en.pdf (Stand: 05.11.2018).
723 Bei einer als Alternative denkbaren grenzüberschreitenden Verschmelzung fällt möglicherweise Grunderwerbsteuer an. Außerdem gehen etwaige Verlustvorträge unter, Haritz/Menner, UmwStG, 4. Aufl. 2015, § 4 Rn. 200 ff., § 12 Rn. 99 ff.
724 Dazu Goslar, NZI 2012, 912 ff.; Hergenröder, DZWiR 2009, 309 ff.; Kindler, KTS 2014, 25, 33.

der Konsultationsteilnehmer bestätigten dies.[725] Der grenzüberschreitende Formwechsel ist für ein operativ im Zuzugsstaat tätiges Unternehmen zudem aufgrund der Identität des Rechtsträgers attraktiv. Auch wenn die Gründungsvorschriften des Zuzugsstaates einzuhalten sind, wird eine aufwändige vollständige Neugründung vermieden.[726] Dennoch genießt dann der neue Rechtsträger im Zielstaat das höhere Vertrauen des Wirtschaftsverkehrs in eine für ihn »einheimische« Rechtsform.[727] Da allerdings Konzerne für diesen Effekt der gesteigerten Akzeptanz im jeweiligen Tätigkeitsstaat häufig ohnehin eine einheimische Tochtergesellschaft gründen[728] und große Kapitalgesellschaften, namentlich Aktiengesellschaften, mittels einer Societas Europaea (SE) im gesamten Binnenmarkt tätig sein können, ist der grenzüberschreitende Formwechsel besonders für kleine und mittlere Unternehmen (KMU) interessant, die europäische Auslandsmärkte erschließen wollen. Auch die relativ geringen Kosten für den grenzüberschreitenden Formwechsel von zumeist zwischen 10.000 und 50.000 € stellen keine allzu große Hürde für KMU dar.[729] Es verwundert daher nicht, dass die Fälle zum grenzüberschreitenden Formwechsel, mit welchen sich die deutsche Rechtsprechung bisher befassen durfte, jeweils die GmbH bzw. deren ausländische Äquivalente betrafen (dazu Rdn. 61 ff.).

I. Überblick und Grundlagen

Von den Fällen der rechtsformwahrenden Verlegung des Verwaltungssitzes sind die – oft damit einhergehenden (dazu auch Rdn. 251) – Fälle der Verlegung des Satzungssitzes zu unterscheiden. Die Verlegung des Satzungssitzes kann ganz grundsätzlich rechtsformwahrend erfolgen oder mit einem Formwechsel einhergehen.[730] Soweit ersichtlich, gestattet derzeit jedoch kein Mitgliedstaat der EU eine Satzungssitzverlegung ins Ausland unter Wahrung der Rechtsform.[731] Die Verlegung des Satzungssitzes innerhalb der EU geht daher auch stets mit einem Formwechsel einher.[732] Nachdem Deutschland grundsätzlich weiterhin der Sitztheorie folgt (Rdn. 54 ff., 70), kann die bloße Verlegung des Satzungssitzes ins Ausland unter Beibehaltung der deutschen Rechtsform nicht im Handelsregister eingetragen werden, sodass die Gesellschaft aufzulösen oder der entsprechende Gesellschafterbeschluss als nichtig anzusehen wäre.[733] Bei der Durchführung des Formwechsels ist insbesondere die EuGH-Rechtsprechung zu beachten (Rdn. 26 ff.). Im Wesentlichen kommen sowohl die Rechtsordnung des Wegzugsstaates als auch die Rechtsordnung des Zuzugsstaates komplementär zur Anwendung.[734] Im Rahmen dieser »Vereinigungstheorie« sind diese beiden Rechtsordnungen jedoch nicht schlicht zu kumulieren. Vielmehr sind Vorgänge, die nur

271

---

725 Summary of responses to the Public Consultation on Cross-border transfers of registered offices of companies, September 2013, S. 12, abrufbar unter http://ec.europa.eu/internal_market/consultations/2013/seat-transfer/docs/summary-of-responses_en.pdf (Stand: 13.7.2017); diesem Phänomen sollte jedoch mit der Novellierung der EUInsVO entgegengetreten werden, vgl. VO (EU) 2015/848 v. 20.5.2015, ABl. v. 5.6.2015, L 141/19, Erwägungsgründe 5, 29 u. 31, die im Wesentlichen ab dem 26.6.2017 gilt; s. zu den Einschränkungen durch den neuen Art. 3 Abs. 1 EUInsVO in diesem Kontext auch Stiegler, Grenzüberschreitende Sitzverlegungen nach deutschem und europäischem Recht, 2017, S. 62 f.
726 So auch Frank, Formwechsel im Binnenmarkt, 2016, S. 53 f., m.w.N.
727 Frank, Formwechsel im Binnenmarkt, 2016, S. 53 f.
728 Vgl. Hommelhoff, ZGR 2012, 535, 536 f., m.w.N.
729 Vgl. Summary of responses to the Public Consultation on Cross-border transfers of registered offices of companies, September 2013, S. 13, abrufbar unter http://ec.europa.eu/internal_market/consultations/2013/seat-transfer/docs/summary-of-responses_en.pdf (Stand: 13.7.2017).
730 Schön, ZGR 2013, 333, 355 f.; Leible, ZGR 2004, 531, 553 f.
731 Behme, Rechtsformwahrende Sitzverlegung, 2015, S. 9; Braun, Die Wegzugsfreiheit als Teil der Niederlassungsfreiheit, 2010, S. 222.
732 Janisch, Die grenzüberschreitende Sitzverlegung, 2015, S. 72; Leible, in: FS Roth, 2011, S. 447, 451.
733 Krafka/Kühn, RegisterR, Rn. 339; Krafka, in: MünchKommHGB, § 13h Rn. 14 f.; Fastrich, in: Baumbach/Hueck, GmbHG, § 4a Rn. 9 f.
734 Bayer/J. Schmidt, ZIP 2012, 1481, 1490; Hushahn, RNotZ 2014, 137, 138.

einen Mitgliedstaat allein betreffen, ausschließlich nach dessen Recht zu beurteilen (auch unter dem Begriff »Abschnittstheorie« zusammengefasst[735]).[736] Zu einer eigentlichen Kombination der Rechtsordnungen kommt es nur, wenn die Regelungsmaterie beide Mitgliedstaaten gleichermaßen betrifft und nur einheitlich geregelt werden kann.[737]

272 Mangels einschlägiger Vorschriften stellt sich die Frage, nach welchen Regelungen ein derartiger Formwechsel abgewickelt werden muss und welche Vorschriften und Vorgaben dabei zu beachten sind.[738] In der Literatur wurden bereits nach der »VALE«-Entscheidungen verschiedene Ansätze vorgeschlagen. Ein Teil der Literatur plädierte für eine entsprechende Anwendung der §§ 190 ff. UmwG.[739] Als weitere Analogiegrundlage werden die europäischen Regelungen zur SE (Art. 8 SE-VO) sowie die Ausführungsvorschriften im deutschen Recht (§§ 12 ff. SE – AG) vorgeschlagen.[740] Z. T. wird auch durch die Heranziehung der §§ 122a ff. UmwG, also der Vorschriften der grenzüberschreitenden Verschmelzung angeregt.[741]

Das OLG Nürnberg schloss sich in der »Moor-Park-II«-Entscheidung (dazu Rdn. 61) dem von der Literatur vorgeschlagenen Weg einer europarechtskonformen Anwendung der §§ 190 ff. UmwG an. Offenbar hatte das luxemburgische Handelsregister für die Eintragung der Wegzugs-Löschung im Rahmen des Wegzugs seine nationalen Vorschriften angewendet, insbesondere Art. 67–1 des Gesetzes über Handelsgesellschaften. In Art. 67–1 ist folgendes geregelt:

> »Sofern nicht anderweitig in der Satzung geregelt, kann eine außerordentliche Generalversammlung die Satzung in all ihren Bestimmungen ändern. Änderungen der Nationalität der Gesellschaft und die Erhöhung des Kapitals (… können nur einstimmig gefasst werden«.

Luxemburg lässt in Art. 67–1 eine grenzüberschreitende Satzungssitzverlegung ins Ausland zu, ohne dass dies zu einer Auflösung der Gesellschaft führt.[742] Die ergänzende Anwendung von § 122a ff. UmwG oder Art. 8 SE-VO forderte das OLG Nürnberg nicht.[743]

Aus deutscher Sicht ist für den Formwechsel sinnvollerweise jedenfalls eine unionsrechtskonforme Auslegung des § 1 Abs. 1 Nr. 4 UmwG angezeigt und damit auf eine analoge Anwendung der §§ 190 ff. UmwG zurückzugreifen.[744] Die ebenfalls vorgeschlagene[745] analoge Anwendung der

---

735 So Knaier/Pfleger, GmbHR 2017, 859, 861 ff.
736 Stiegler, KSzW 2014, 107, 109; Frank, Formwechsel im Binnenmarkt, 2016, S. 160; ausführlich hierzu Knaier/Pfleger, GmbHR 2017, 859.
737 Drygala, in: Lutter, UmwG, § 1, Rn. 45; Frank, Formwechsel im Binnenmarkt, 2016, S. 161; ausführlich hierzu Knaier/Pfleger, GmbHR 2017, 859.
738 Vgl. Hushahn, RNotZ 2014, 137 ff.; Widmann/Mayer/Vossius, § 191 UmwG Rn. 61 ff.; Checklisten des AG Charlottenburg vgl. Melchior, GmbHR 2014, R305 ff.
739 So Frenzel, NotBZ 2012, 349, 351; Teichmann, DB 2012, 2085, 2091; Wicke, DSTR 2012, 1756, 1759; Schön, ZGR 2013, 333, 362 f.; Krafka/Kühn, Registerrecht, 9. Auflage 2013, Rn. 1211a ff.; Verse, EuZW 2013, 336, 337 für den Hineinformwechsel Schall, ZfPW 2016, 407, 429; Seibold, ZIP 2017, 456, 458 f.; für den Herausformwechsel Heckschen, ZIP 2015, 2049, 2059.
740 Bayer/Schmidt, ZIP 2012, 1481, 1488; Jentsch, EWS 2012, 353, 358.
741 Bayer/Schmitt, ZHR 173, 2009, 757 f.; wohl auch Widmann/Mayer/Vossius, § 191 UmwG Rn. 52 ff.
742 Winandy, Manuell de Droit des Societes, 2011, S. 259.
743 Das Amtsgericht Charlottenburg hat eine Checkliste entwickelt für die generell anwendbare Verfahrensweise für Zuzugs- und Wegzugsfälle auf der Grundlage der EuGH Rechtsprechung, vgl. Melchior, AG Charlottenburg, GmbHR 2014, R305.
744 Krafka/Kühn, RegisterR, Rn. 1211b; Schönhaus/Müller, IStR 2013, 174; Schall, ZfPW 2016, 407, 429; Seibold, ZIP 2017, 456, 458 f.; Knaier/Pfleger, GmbHR 2017, 859, 861 f.; ein Überblick über die konkret analog anzuwenden Normen bei Heranziehung der §§ 191 ff. UmwG für den Herausformwechsel findet sich bei Stiegler, in: Jung/Krebs/Stiegler, Gesellschaftsrecht in Europa, 2019, § 10 Rn. 139; so auch jüngst OLG Frankfurt, Beschl. v. 03.01.2017 – 20 W 88/15, DNotZ 2017, 381 m.Anm. Knaier; dazu auch Teichmann, ZIP 2017, 1190.
745 Ausführlich Hushahn, RNotZ 2014, 137, 140 ff.; Behme, in: MünchHdbGesR VIII, § 39 Rn. 46 ff.

Vorschriften der SE-VO (dazu auch Rdn. 339 ff.) kann zu einer Benachteiligung von kleinen Unternehmen führen.[746] Es empfiehlt sich aufgrund der unsicheren Rechtslage und der im Ergebnis nur geringen Unterschiede jedoch, falls möglich, bis auf weiteres die Vorgaben beider Regelungsregime zu beachten. Bei der rechtspraktischen Durchführung der grenzüberschreitenden Satzungssitzverlegung empfiehlt sich zudem eine Abstimmung mit den beteiligten Registergerichten.[747]

Auf Grundlage einer analogen Anwendung der §§ 191 UmwG gestaltet sich der zeitliche Ablauf eines Herausformwechsels etwa wie folgt:[748]

---

746 Das KG, Beschl. v. 21.03.2016 – 22 W 64/15, DStR 2016, 1427, 1428 führt hierzu aus, die supranationale Rechtsform der SE sei vor allem auf Großunternehmen zugeschnitten. Die im Fall involvierte französische Ausgangsgesellschaft sei hingegen mit der deutschen GmbH vergleichbar. Eine analoge Anwendung der SE-Vorschriften auf die »kleine« S.á.r.l. würde daher zu einer »erheblichen Benachteiligung« gegenüber der vergleichbaren deutschen GmbH führen; s.a. Winter/Marx/De Decker, DStR 2016, 1997; Zwirlein, ZGR 2017, 114.
747 So auch Behme, in: MünchHdbGesR VIII, § 39 Rn. 47; Brandi, BB 2018, 2626, 2628.
748 Siehe zum zeitlichen Ablauf eines Herausformwechsels nach §§ 191 ff. UmwG analog auch den Überblick bei Stiegler, in: Jung/Krebs/Stiegler, Gesellschaftsrecht in Europa, 2019, § 10 Rn. 140.

Zeitlicher Ablauf eines grenzüberschreitenden Herausformwechsels aus Deutschland auf Verschmelzung auf Grundlage der §§ 191 UmwG analog

```
┌─────────────────────────────────────────────────────────────────┐
│        Vorbereitung des grenzüberschreitenden Formwechsels       │
└─────────────────────────────────────────────────────────────────┘
                                ▼
┌─────────────────────────────────────────────────────────────────┐
│              Erstellen des Entwurfs des Verlegungsplans          │
└─────────────────────────────────────────────────────────────────┘
                                ▼
┌─────────────────────────────────────────────────────────────────┐
│                   Erstellen des Verlegungsberichts               │
└─────────────────────────────────────────────────────────────────┘
                                ▼
┌─────────────────────────────────────────────────────────────────┐
│         Einleitung von Maßnahmen zur Arbeitnehmerbeteiligung     │
└─────────────────────────────────────────────────────────────────┘
                                ▼
┌─────────────────────────────────────────────────────────────────┐
│  Zuleitung des Entwurfs des Verlegungsplans an den zuständigen Betriebsrat │
└─────────────────────────────────────────────────────────────────┘
                                ▼
┌─────────────────────────────────────────────────────────────────┐
│         Bekanntmachung des Verlegungsplans bzw. des Entwurfs     │
└─────────────────────────────────────────────────────────────────┘
                                ▼
┌─────────────────────────────────────────────────────────────────┐
│       Durchführung eines Verfahrens zur Arbeitnehmerbeteiligung  │
└─────────────────────────────────────────────────────────────────┘
                                ▼
┌─────────────────────────────────────────────────────────────────┐
│               Einberufung der Gesellschafterversammlung          │
└─────────────────────────────────────────────────────────────────┘
                                ▼
┌─────────────────────────────────────────────────────────────────┐
│         Verlegungsbeschluss der Gesellschafterversammlung        │
└─────────────────────────────────────────────────────────────────┘
                                ▼
┌─────────────────────────────────────────────────────────────────┐
│ Anmeldung der grenzüberschreitenden Sitzverlegung beim zuständigen Handelsregister │
└─────────────────────────────────────────────────────────────────┘
                                ▼
┌─────────────────────────────────────────────────────────────────┐
│              Ausstellung der Sitzverlegungsbescheinigung         │
└─────────────────────────────────────────────────────────────────┘
                                ▼
┌─────────────────────────────────────────────────────────────────┐
│      Anmeldung und Eintragung der Sitzverlegung im Aufnahmestaat │
└─────────────────────────────────────────────────────────────────┘
```

273 Bei Herausformwechseln einer AG und ggf. auch schon bei der (Publikums-)GmbH – ab einer gewissen Größe oder in Sonderkonstellationen[749] – sollten bei der rechtspraktischen Durchführung des Formwechsels sowohl die Vorgaben nach den §§ 190 UmwG analog wie auch Art. 8 SE-VO analog beachtet werden. Insbesondere ist in den Bereichen, die von keiner der beteiligten Rechtsordnungen erfasst werden, ohnehin ein Rückgriff auf die SE-VO geboten, was v.a. die

---

749 Jedenfalls wenn für die Gesellschaft aufgrund ihrer Mitarbeiterzahl ab 500 Beschäftigten die Arbeitnehmermitbestimmung zu beachten ist, aber auch schon zuvor, wenn bspw. ein fakultativer mitbestimmter Aufsichtsrat bei einer GmbH qua Satzung etabliert wurde (§ 52 Abs. 1 GmbHG), sollten die Vorschriften der SE-VO analog ergänzend berücksichtigt werden; dazu auch Knaier, in: Würzburger NotHdb, Teil 5 Kap. 6 Rn. 361.

Bescheinigung nach Art. 8 Abs. 8 SE-VO als »Brückennorm« betrifft (Rdn. 353).[750] In der Regel wird durch diese Vorgehensweise – insbesondere in verfahrensrechtlicher Hinsicht – der grenzüberschreitende Formwechsel vollumfänglich erfasst werden können, sodass ein Rückgriff auf die strukturell anderen Regeln zur grenzüberschreitenden Verschmelzung nach §§ 122a ff. UmwG nicht erforderlich ist.[751] Letztere Vorschriften regeln zwar eine Form grenzüberschreitender Umwandlungsvorgänge, passen jedoch in vielen Einzelfragen nicht auf den grenzüberschreitenden Formwechsel, da dieser im Gegensatz zur Verschmelzung gerade die wirtschaftliche Kontinuität zur Folge hat.[752] Sie sollten daher nur soweit Berücksichtigung finden, wie sie Schutzvorschriften für Beteiligte am Formwechsel enthalten.[753]

Das DNotI hatte einen Herausformwechsel aus Deutschland zu begutachten.[754] In diesem Fall wollte eine deutsche GmbH mit Satzungs- und Verwaltungssitz in Augsburg ihren Satzungssitz nach Liechtenstein verlegen. Eine entsprechende Satzungsänderung wurde notariell beurkundet und zum Handelsregister angemeldet. Das Amtsgericht Augsburg hat die Anmeldung beanstandet und folgendes in der Zwischenverfügung ausgeführt: 274

»Es handelt sich hier um eine Gesellschaft, die nach deutschem Recht gegründet wurde, so dass § 4a GmbHG Anwendung findet, nachdem der satzungsmäßige Sitz in Deutschland liegen muss. Eine Satzungsänderung, nach der ein satzungsmäßiger Sitz außerhalb Deutschlands festgelegt wird, ist danach unwirksam. Daran ändert auch die Entscheidung des europäischen Gerichtshofes vom 16.12.2008 nichts, welche wohl zumindest unmittelbar auf den vorliegenden Fall keine Anwendung finden kann, da Liechtenstein nicht zur EU gehört. Das Gericht versteht die Entscheidung des Europäischen Gerichtshofs dahingehend, dass zwar eine Sitzverlegung ins Ausland nicht automatisch die Auflösung der Gesellschaft im Gründungsstaat zufolge hat, die Sitztheorie damit jedoch nicht zwangsweise aufgegeben wurde. Dies bedeutet, dass die Gesellschaft jeweils dem Gesellschaftsstatut unterliegt, in dem sie ihren satzungsmäßigen Sitz hat. Eine Gesellschaft, die ihren satzungsmäßigen Sitz in Liechtenstein hat, muss deshalb eine Rechtsform tragen, die sich nach liechtensteinischem Recht bestimmt. Eine solche Umwandlung hat jedoch vorliegend nicht stattgefunden. Ob sie nach internationalem Umwandlungsrecht überhaupt zulässig wäre, nachdem im UmwG – anders als bei der Verschmelzung – Regelungen für eine Umwandlung in Bezug auf ausländisches Recht fehlen, ist vorliegend nicht geprüft worden. Dagegen spricht zumindest gegenwärtig § 191 Abs. 2 UmwG, der lediglich inländische Gesellschaften als Rechtsträger der neuen Rechtsform aufzählt. (…)«

Bis zur »VALE«-Entscheidung des EuGH und der Entscheidung des OLG Nürnberg ging die bisherige Rechtsprechung einhellig davon aus, dass das geltende deutsche Recht die identitätswahrende Auswanderung qua Formwechsel einer deutschen Kapitalgesellschaft nicht zulasse.[755] Das OLG München[756] hatte etwa folgendes ausgeführt:

»Aus Art. 43 und 48 EG ergibt sich nichts anderes. Die Frage, ob eine nach dem Recht eines Mitgliedstaates gegründete Kapitalgesellschaft ihren (Satzungs-) Sitz identitätswahrend in einen anderen Mitgliedstaat verlegen kann, berührt zwar die Niederlassungsfreiheit. Diese gebietet es jedoch nicht, ohne die in Vorbereitung befindliche Rechtssetzung die Verlegung des Satzungssitzes einer nach deutschem Recht gegründe-

---

750 Knaier/Pfleger, GmbHR 2017, 859, 862, 865 f.; Behme, in: MünchHdbGesR VIII, § 39 Rn. 64 ff.
751 So aber Vossius, in: Widmann/Mayer, UmwR, § 191 Rn. 52; sich mit diesem Verhältnis auseinandersetzend und die verfahrensrechtliche Nähe zur SE-VO hervorhebend Teichmann, in: Herrler, Aktuelle gesellschaftsrechtliche Herausforderungen, 2016, S. 111, 123 f., insbesondere Fn. 37.
752 Ebenso Schall, ZfPW 2016, 407, 422; Seibold, ZIP 2017, 456, 458; Zwirlein, ZGR 2017, 114, 121 ff.
753 So auch Janisch, Die grenzüberschreitende Sitzverlegung, 2015, S. 293 m.w.N.
754 Internetgutachten 93683 vom 04.05.2009.
755 OLG München, Beschl. v. 04.10.2007 – 31 Wx 036/07, DNotZ 2008, 397 = NZG 2007, 915; vgl. BayObLG, Beschl. v. 11.2.2004 – 3Z BR 175/03, DStR 2004, 1224 = GmbHR 2004, 490 = ZIP 2004, 806; OLG Brandenburg, Beschl. v. 30.11.2004 – 6 Wx 4/04, NotBZ 2005, 219 = DB 2005, 604; OLG Düsseldorf, Beschl. v. 26.03.2001 – 3 Wx 88/01, WM 2002, 1008.
756 Beschl. v. 04.10.2007 – 31 Wx 036/07, DNotZ 2008, 397, 398.

ten GmbH in einen anderen Mitgliedstaat zuzulassen. Die grenzüberschreitende Verlegung des Satzungssitzes, die das deutsche Gesellschaftsrecht nicht vorsieht, bringt wegen des mit ihm verbundenen Wechsels der Rechtsform Gefahren für Gesellschafter und Gesellschaftsgläubiger mit sich.[757] Die Unterschiede, die die Rechtsordnungen der Mitgliedstaaten hinsichtlich der für ihre Gesellschaften erforderlichen Anknüpfung sowie hinsichtlich der Möglichkeit und gegebenenfalls der Modalitäten einer Verlegung des satzungsmäßigen oder des tatsächlichen Sitzes aufweisen, stellen Fragen dar, die durch die Bestimmungen über die Niederlassungsfreiheit nicht gelöst sind, sondern einer Lösung im Wege der Rechtssetzung oder des Vertragsschlusses bedürfen.[758] Ein Richtlinienvorschlag für die grenzüberschreitende Verlegung des Satzungssitzes von Kapitalgesellschaften wird derzeit von der Kommission erarbeitet. Dieser soll eine rechtliche Koordinierung der einzelstaatlichen Rechtsvorschriften in die Wege leiten, um Kapitalgesellschaften die Ausübung des Niederlassungsrechts in Form der Verlegung des Satzungssitzes zu ermöglichen mit dem Ziel, dort Rechtspersönlichkeit zu erlangen und sich dem dort geltenden Recht zu unterstellen, das ihrer Ansicht nach besser ihren Erfordernissen entspricht, ohne sich auflösen zu müssen. Dabei soll unter anderem dem Herkunftsmitgliedstaat die Möglichkeit eingeräumt werden, den Rechten bestimmter Personengruppen, insb. der Minderheitsaktionäre und Gläubiger, unter Beachtung des Verhältnismäßigkeitsprinzips besonderen Schutz zu gewähren (vgl. ec.europa.). Solange die auch vom EuGH für erforderlich angesehene Regelung auf Gemeinschaftsebene fehlt, kann deshalb die im nationalen Recht nicht vorgesehene Satzungssitzverlegung in einen anderen Mitgliedstaat auch nicht unmittelbar aus der Niederlassungsfreiheit hergeleitet werden.«[759]

Jedenfalls nach der alten herrschenden Meinung führte der Statutenwechsel, der nach der damals herrschenden Sitztheorie an eine tatsächliche Verlegung des Verwaltungssitzes anknüpfte, zur Auflösung der Gesellschaft.[760] Wie bereits erläutert, wurde diese Rechtsprechung zum Teil schon im Anschluss an die »SEVIC«-Eentscheidung des EuGH kritisiert. Die Zweifel an der Unionsrechtskonformität des deutschen Rechts haben dann nach der EuGH-Entscheidung in Sachen »Cartesio« weiter zugenommen. Da, wie dargelegt, der EuGH in einem obiter dictum feststellte, dass die unionsrechtlichen Vorschriften nicht erlauben, »dass der Gründungsmitgliedstaat die Gesellschaft dadurch, dass er ihre Auflösung und Liquidation verlangt, daran hindert, sich in eine Gesellschaft nach dem nationalen Rechts eines anderen Mitgliedstaats umzuwandeln, soweit dies nach seinem Recht möglich ist.« Der EuGH vertritt also die Auffassung, dass Art. 43 EG (jetzt Art. 49 AEUV) verletzt ist, wenn ein Mitgliedsstaat eine nach seinem Recht gegründete und existente Gesellschaft an einem identitätswahrenden Wegzug dadurch hindert, dass er die Auflösung und Liquidation der Gesellschaft verlangt, und wenn hierfür keine zwingenden Gründe des Allgemeinwohls vorliegen. In der Literatur wurde bereits damals, die Unionsrechtswidrigkeit des deutschen Rechts gefolgert, wenn und soweit es einen grenzüberschreitenden Formwechsel schlechtweg verbietet.[761]

▶ Hinweis:

275 Derzeit deutet sich an, dass ein sekundärrechtlicher Rahmen für grenzüberschreitende Sitzverlegungen alsbald geschaffen werden könnte.

Das Company Law Package der Europäischen Kommission (hierzu allgemein Rdn. 12 ff.) sieht nun Regeln zur grenzüberschreitenden Sitzverlegung in den neu einzufügenden Art. 86a–86u

---

757 Vgl. Habersack, Europ. GesR, 3. Aufl., § 4 Rn. 36 f.
758 Vgl. EuGH, Slg. 1988, I-5483 = NJW 1989, 2186 [2188] – Daily Mail.
759 Vgl. Kindler, in: MünchKomm-BGB, 4. Aufl., IntGesR, Rn. 509; Baumbach/Hueck/Fastrich, GmbHG, Einl. Rn. 42.
760 Roth/Altmeppen, GmbHG, 5. Aufl. 2005, § 4a Rn. 10, 22; vgl. auch BGH, Beschl. v. 02.06.2008 – II ZB 1/06, NJW 2008, 2914 zur faktischen Sitzverlegung als Satzungsmangel; in der Literatur war die Frage sehr umstritten, vgl. Ziemons, ZIP 2003, 1919; Maul/Schmidt, BB 2003, 2300; Bayer, BB 2003, 2363; Berner/Spindler, RIW 2003, 956; Triebel/v. Hase, BB 2003, 2409; Kleinert/Probs, DB 2217; Eidenmüller, ZIP 2002, 2233, 2243; ders., JZ 2004, 29; Meilicke, GmbHR 2003, 793, 803.
761 So Zimmer/Naendrup, NJW 2009, 545, 548 f.; Teichmann, LMK 2009, 275584; Leible/Hoffmann, BB 2009, 58, 60; Meilicke, GmbHR 2009, 92, 93.

GesellschaftsrechtsRL vor.[762] Die Gesellschaftsrechtsrichtlinie regelt jedoch auch in ihrer Neufassung lediglich die grenzüberschreitende Verlegung des Satzungssitzes, die mit einem Formwechsel einhergeht,[763] nicht die grenzüberschreitende Verlegung des Verwaltungssitzes.[764] Die Verlegung des Satzungssitzes soll nach der Definition des Art. 86b Abs. 2 GesellschaftrechtsRL sowohl isoliert als auch gemeinsam mit dem Verwaltungssitz erfolgen können.[765] Das Verfahren nach der Gesellschaftsrechts-RL orientiert sich dabei weniger an den bisher in der Literatur vorgeschlagenen Verfahrensabläufen[766] als vielmehr an den novellierten Regeln für grenzüberschreitende Verschmelzungen (dazu auch die Hinweise in den Rdn. 74 ff.).[767]

Je nach Verhandlungsfortschritt könnten die entsprechenden Änderungen der GesellschaftsrechtsRL[768] schon in naher Zukunft wirksam werden und müssten vom deutschen Gesetzgeber umgesetzt werden. In den Ausführungen zur grenzüberschreitenden Sitzverlegung wird daher im Folgenden in Form von Hinweisen auch schon auf mögliche Rechtsentwicklungen auf unionaler Ebene Bezug genommen.

II. Formwechselfähige Rechtsträger

Soweit ersichtlich, gestattet derzeit kein Mitgliedstaat der EU eine Satzungssitzverlegung ins Ausland unter Wahrung der Rechtsform, sodass eine Satzungssitzverlegung nach Deutschland hinein ebenfalls zwingend mit einem Formwechsel auf eine deutsche Rechtsform einhergeht (Rdn. 271). Kollisionsrechtlich entscheidet der Wegzugsstaat, ob eine seiner Gesellschaftsformen umwandlungsfähig ist und damit an einem grenzüberschreitenden Formwechsel teilnehmen kann.[769] 276

Aus deutscher Sicht gilt es bei einem Hineinformwechsel nach Deutschland die Einschränkung zu beachten, dass nur solche ausländischen Rechtsformen als **Ausgangsrechtsform** in Betracht 277

---

762 COM(2018) 241 final, S. 7 f.; dazu ausführlich Knaier, GmbHR 2018, 607, 617 ff.; J. Schmidt, Der Konzern 2018, 273, 282 ff.; Brandi, BB 2018, 2626; Wachter, GmbH-StB 2018, 317; Noack/Kraft, DB 2018, 1577, 1578 ff.
763 So auch die Erläuterung zu Art. 86b, COM(2018) 241 final, S. 22. Die Verlegung des Satzungssitzes kann ganz grundsätzlich rechtsformwahrend erfolgen oder mit einem Formwechsel einhergehen, vgl. Schön, ZGR 2013, 333, 355 f.; Leible, ZGR 2004, 531, 553 f. Soweit ersichtlich, gestattet derzeit jedoch kein Mitgliedstaat der EU eine Satzungssitzverlegung ins Ausland unter Wahrung der Rechtsform, s. dazu Behme, Rechtsformwahrende Sitzverlegung, 2015, S. 9; Braun, Die Wegzugsfreiheit als Teil der Niederlassungsfreiheit, 2010, S. 222. Die Verlegung des Satzungssitzes innerhalb der EU geht daher stets mit einem Formwechsel einher, vgl. Janisch, Die grenzüberschreitende Sitzverlegung, 2015, S. 72; Leible in FS Roth, 2011, S. 447, 451.
764 Knaier, GmbHR 2018, 607, 617. Zu Unrecht setzt dabei offenbar Brandi, BB 2018, 2626, 2630 mit Fn. 56 eine mit einer grenzüberschreitenden Satzungssitzverlegung kombinierte Verlegung des Verwaltungssitzes (dazu Rdn. 251) und eine Verlegung des Verwaltungssitzes i.e.S. (dazu Rdn. 254 ff.) – die das Company Law Package gerade nicht regelt – gleich. Siehe zur Verlegung des Verwaltungssitzes ausführlich Knaier in Würzburger Notarhandbuch, 5. Aufl. 2017, Teil 5 Kap. 6 Rn. 355 ff.; Kieninger, in: Münch.Hdb.GesR, Bd. VI, 4. Aufl. 2013, § 52.
765 Brandi, BB 2018, 2626, 2630.
766 S. z.B. für Heraus- und Hineinverlegung Knaier in Würzburger Notarhandbuch, Teil 5 Kap. 6 Rn. 360 ff.; Behme in Münch.Hdb.GesR, Bd. VIII, § 39 Rn. 15 ff.; Hushahn, RNotZ 2014, 137 ff.; Heckschen, ZIP 2015, 2049; jüngst unter besonderer Berücksichtigung der Polbud-Entscheidung des EuGH Heckschen/Strnad, notar 2018, 83; speziell für den Herausformwechsel einer deutschen GmbH ins EU-Ausland Knaier/Pfleger, GmbHR 2017, 859; Schneider, DB 2018, 941; für den Hineinformwechsel in eine deutsche GmbH Seibold, ZIP 2017, 456.
767 Vgl. das Impact Assessment der Kommission, SWD(2018) 141, S. 55; s. dazu auch Teichmann, Grundlinien eines Europäischen Umwandlungsrechts, erscheint in NZG 2018.
768 Zur Regelungstechnik im Vorschlag ausführlich Knaier, GmbHR 2018, 607, 612.
769 Heckschen, ZIP 2015, 2049, 2051; Hushahn, RNotZ 2014, 137, 141; Behme, in: MünchHdbGesR VIII, § 39 Rn. 82; Brandi, BB 2018, 2626, 2828.

kommen, die gem. § 191 Abs. 1 UmwG analog den dort genannten Rechtsträgern ihrer Rechtsnatur nach gleichzustellen sind.[770] Jedenfalls erfasst sind alle Kapitalgesellschaften nach Art. 2 Nr. 1 RL 2005/56/EG (jetzt Art. 119 Nr. 1 GesellschaftsrechtsRL, dazu Rdn. 11), die in Art. 1 der Publizitäts-RL 2009/101/EG[771] (jetzt Anhang II GesellschaftsrechtsRL, dazu Rdn. 11) aufgezählt werden.

278 Aus Gründen eines vom Gesetzgeber unter Hinweis auf die SCE (Rdn. 357) genannten mangelnden Bedürfnisses nach grenzüberschreitenden Verschmelzungen von Genossenschaften sah er für diese keine Möglichkeit der grenzüberschreitenden Verschmelzung vor, § 122b Abs. 2 UmwG.[772] Berücksichtigt man dies, werden für einen grenzüberschreitenden Hineinformwechsel – konform mit dem Willen des Gesetzgebers – wohl auch alle Genossenschaften in Frage kommen, die für die Gründung einer SCE nach Art. 2 Abs. 1 Spiegelstrich 4 und 5 VO (EG) Nr. 1435/2003 in Frage kommen.[773]

279 Für Personengesellschaften ist § 191 Abs. 1 Nr. 1 UmwG zu beachten, sodass sich die Frage nach dem Erfordernis des Betriebs eines Handelsgewerbes und der Eintragung in ein ausländisches Register stellt. Sachgerecht und unionsrechtskonform erscheint es, nur diejenigen Gesellschaften auszuschließen, die einer Innen-GbR entsprechen oder rein karitative bzw. kulturelle Zwecke verfolgen, nachdem auch im deutschen Recht für den Status einer OHG nicht mehr zwingend ein Handelsgewerbe betrieben werden muss.[774]

280 Ob zum Zeitpunkt des Verlegungsbeschlusses (dazu Rdn. 290) der umwandlungsfähige Rechtsträger noch bestand, ist entgegen den allgemeinen Voraussetzungen des deutschen Rechts (dazu Teil 4 Rdn. 54 ff. und Teil 5 Rdn. 110 ff.) aufgrund der Niederlassungsfreiheit (Rdn. 15 ff.) ausnahmsweise nicht entscheidend.[775] Dieses Verständnis kann jedoch nur in den Fällen durchgreifen, in denen der Rechtsträger lediglich aufgrund einer Löschung im ausländischen Register nicht mehr besteht, die auf Grundlage der Verlegung des Satzungssitzes ins Ausland vorgenommen wurde.[776]

281 Als **Zielrechtsform** kommen in Deutschland abschließend nur die in § 191 Abs. 2 UmwG genannten Rechtsträger in Betracht. Hierunter fällt jedoch nicht die UG (haftungsbeschränkt) als Rechtsformvariante der GmbH, da diesbezüglich das Sacheinlageverbot nach § 5a Abs. 2 Satz 2 GmbHG entgegensteht.[777] Eine Erweiterung ist auch aufgrund der Niederlassungsfreiheit nicht geboten, da diese in Ansehung des Äquivalenzgrundsatzes nur vorgibt, grenzüberschreitende Sachverhalte nicht schlechter zu behandeln als rein inländische, aber keineswegs die Schaffung neuer, im nationalen Recht gar nicht vorgesehener Möglichkeiten gebietet.[778]

---

770 Frank, Formwechsel im Binnenmarkt, 2016, S. 274; Bayer/J. Schmidt, ZHR 173 (2009), 735, 764; s.a. ausführlich Zwirlein, ZGR 2017, 114, 123 ff.
771 ABl. v. 01.10.2009, L 258/11, dazu Bock, Der Harmonisierungserfolg der Publizitätsrichtlinie, 2016, S. 27 ff.
772 BT-Drs. 16/2919, S. 14 f.; Heckschen, in: Widmann/Mayer, UmwR, § 122b Rn. 98 f. weist darauf hin, dass sich der Gesetzgeber offen hält, § 122b Abs. 2 Nr. 1 UmwG zu öffnen.
773 So auch Heckschen, ZIP 2015, 2049, 2051 f.
774 So auch Heckschen, ZIP 2015, 2049, 2052.
775 Ebenso Knaier, in: Würzburger NotHdb, Teil 5 Kap. 6 Rn. 361.
776 Schaper, ZIP 2014, 810, 811 f.; Heckschen, ZIP 2015, 2049, 2052 f.
777 Ebenso Frank, Formwechsel im Binnenmarkt, 2016, S. 276; siehe hierzu jüngst wieder Heckschen, GmbHR 2018, 1093, 1102 f.; a.A. Schall, ZfPW 2016, 407, 439 und Schall, GmbHR 2017, 25, 28 für die Zulässigkeit des Formwechsels auf eine UG & Co. KG.
778 Schall, ZfPW 2016, 407, 429; Heckschen, ZIP 2015, 2049, 2053.

Auch ein rechtsformkongruenter Formwechsel in eine deutsche Gesellschaftsform, die der ausländischen entspricht, kommt in Frage, da es sich hierbei um verschiedene nationale Rechtsformen handelt.[779]

Als **Zielrechtsformen bei einem Herausformwechsel** kommen diejenigen Gesellschaftsformen in Betracht, die der Zuzugsstaat für einen Formwechsel vorsieht.[780] Hingegen kommt es nicht wie bei einem innerstaatlichen Formwechsel auf § 191 Abs. 2 UmwG an, sondern nur auf das Recht des Zuzugsstaates (Rdn. 277). Allerdings gilt die Einschränkung des § 191 Abs. 3 UmwG auch bei einem Herausformwechsel.[781] Dem steht Art. 54 Abs. 1 AEUV auch nicht entgegen, da nur gewerblich noch tätige Gesellschaften dem Schutz der Niederlassungsfreiheit unterfallen können.[782]

282

▶ Hinweis:

Das Company Law Package (hierzu allgemein Rdn. 12 ff.) sieht nach den neuen Art. 86a Abs. 1, 86b Abs. 1 GesellschaftsrechtsRL vor, dass nur Kapitalgesellschaften i.S.d. Anhang II GesellschaftsrechtsRL, die nach dem Recht eines Mitgliedstaates gegründet wurden und ihren Satzungs- oder Verwaltungssitz in der EU haben, am neugestalteten grenzüberschreitenden Formwechsel teilnehmen können. Genossenschaften können indes vom Anwendungsbereich ausgenommen werden (Art. 86a Abs. 3 GesellschaftsrechtsRL).[783] Das Verfahren steht zudem wiederum nur Gesellschaften offen, für die kein Auflösungs-, Abwicklungs- oder Insolvenzverfahren eröffnet wurde oder andere Restrukturierungsmaßnahmen eingeleitet bzw. entsprechende Präventivmaßnahmen zur Vermeidung solcher Verfahren getroffen wurden (Art. 86c Abs. 2 GesellschaftsrechtsRL). Auch wenn die Gesellschaft ihre Zahlungen vorläufig eingestellt hat, soll sie nicht an dem Verfahren teilnehmen können. Wie bereits bei der Verschmelzung (s. Rdn. 95) soll die Regelung dadurch verhindern, dass ein grenzüberschreitender Formwechsel als (missbräuchliches) Sanierungsinstrument verwendet werden kann. Für den grenzüberschreitenden Formwechsel von Personengesellschaften werden im Vorschlag keine Regelungen getroffen, so dass dieser weiterhin nur nach den Grundsätzen der Rechtsprechung des EuGH durchführbar ist.[784]

---

779 Für den Herausformwechsel OLG Frankfurt a. M. v. 3.1.2017 – 20 W 88/15, GmbHR 2017, 420 = DNotZ 2017, 381 m. Anm. Knaier; für den Hineinformwechsel schon OLG Nürnberg v. 19.6.2013 – 12 W 520/13, GmbHR 2014, 96 m. Komm. Wachter; KG v. 21.3.2016 – 22 W 64/15, GmbHR 2016, 763; Stiegler, Grenzüberschreitende Sitzverlegungen nach deutschem und europäischem Recht, 2017, S. 152 ff. Frank, Formwechsel im Binnenmarkt, 2016, S. 276 f.; Stiegler, Der grenzüberschreitende Rechtsformwechsel, 2013, S. 5 f., 142 f.
780 Heckschen, ZIP 2015, 2049, 2059; Melchior, GmbHR 2014, R 311; Hushahn, RNotZ 2014, 137, 144; Behme, in: MünchHdbGesR VIII, § 39 Rn. 43;.
781 Ausführlich zu den Einschränkungen Heckschen, ZIP 2015, 2049, 2059.
782 Korte, in: Calliess/Ruffert, Art. 54 AEUV, Rn. 9; Heckschen, ZIP 2015, 2049, 2059; a.A. Forsthoff, in: Grabitz/Hilf/Nettesheim, Art. 54 AEUV, Rn. 4 ff.; zur Sitzverlegung zum Zwecke der wirtschaftlichen Neugründung Heckschen, ZIP 2015, 2049, 2059 f.
783 Für die Fähigkeit von Genossenschaften i.S.d. Art. 2 Abs. 1 Spiegelstrich 4 u. 5 VO (EG) Nr. 1435/2003 Ausgangsrechtsform eines grenzüberschreitenden Herausformwechsels zu sein bisher schon Knaier in Würzburger Notarhandbuch, 5. Aufl. 2017, Teil 5 Kap. 6 Rn. 355; Heckschen, ZIP 2015, 2049, 2051 f.
784 Bei deutschen Personengesellschaften kommt hinzu, dass nach aktueller Rechtslage eine Trennung zwischen Verwaltungssitz und (gesellschaftsvertraglich) vereinbartem Sitz nicht möglich ist, womit nur deren Verwaltungssitz Bedeutung hat, vgl. ausführlich Stiegler, Grenzüberschreitende Sitzverlegung nach deutschem und europäischem Recht, 2017, S. 397 f., 39 ff.; Stiegler, ZGR 2017, 312, 314 ff. Ein Herausformwechsel wird für deutsche Personengesellschaften zwar diskutiert, begegnet derzeit jedoch erheblichen Unsicherheiten, so dass auf rechtssicherere Alternativgestaltungen, wie auf die grenzüberschreitende Anwachsung zurückgegriffen werden sollte, s. dazu ausführlich Stiegler, Grenzüberschreitende Sitzverlegung nach deutschem und europäischem Recht, 2017, S. 397 ff.; Stiegler, ZGR 2017, 312, 333 ff.; siehe hierzu auch Rdn. 360 ff.

Der Vorschlag trifft zudem eine Einschränkung, wenn die grenzüberschreitende Sitzverlegung lediglich ein »artificial arrangement«[785] darstellt und einzig dazu dient, unrechtmäßige Steuervorteile zu erlangen oder die gesetzlichen oder vertraglichen Rechte der Arbeitnehmer, Gläubiger oder Minderheitsgesellschafter unrechtmäßig zu beschneiden (Art. 86c Abs. 3 GesellschaftsrechtsRL). Eine weitere Konkretisierung erfolgt nicht. Im weiteren Verfahren wäre eine solche jedoch sinnvoll, ggf. muss der nationalen Gesetzgeber nachbessern, um Rechtssicherheit zu gewährleisten.[786] Der Kommissionsvorschlag greift hier in zweifacher Hinsicht die Rechtsprechung des EuGH auf.[787] In den Entscheidungen »Centros« (Rdn. 18 f.), »Inspire Art« (Rdn. 21) und »Polbud« (Rdn. 34 ff.) wies der Gerichtshof bereits darauf hin, dass die Berufung auf die Niederlassungsfreiheit ausgeschlossen ist, wenn im Einzelfall ein Missbrauch nachgewiesen wird.[788] In der Entscheidung »Cadbury Schweppes«[789] stellte der EuGH zudem klar, dass Beschränkungen der Niederlassungsfreiheit insbesondere dann gerechtfertigt sein können, wenn der Mitgliedstaat durch seine Maßnahmen rein künstliche Gestaltungen verhindern will. Diese Einschränkung wird für die grenzüberschreitende Verschmelzung nicht getroffen (Rdn. 95). Im weiteren Normgebungsverfahren sollte diese Lücke geschlossen werden, um keine Anreize für Umgehungskonstruktionen zu setzen.[790] In den bisherigen Verhandlungen über das Company Law Package trat zudem die Frage auf, ob die Figur des »artificial arrangement« überhaupt von der Rechtsgrundlage, auf welche die Kommission das Company Law Package stützt (dazu Rdn. 14) gedeckt sei oder ob nicht vielmehr hier eine steuerrechtliche Regelung in einen gesellschaftsrechtlichen Zusammenhang untergeschoben wird.[791] Es bleibt daher abzuwarten, ob die Bereichsausnahme letztlich nicht doch noch gestrichen wird.

Für das jeweils anwendbare Recht trifft Art. 86c Abs. 4 GesellschaftsrechtsRL die Grundregel, dass das nationale Recht des Wegzugsmitgliedstaates für die Abschnitte des Verfahrens maßgeblich ist, die im Zusammenhang mit der grenzüberschreitenden Sitzverlegung bzgl. der Erstellung des pre-conversion certificate (Rdn. 299) relevant sind. Für die Teile des Verfahrens, die nach der Erstellung der Verlegungsbescheinigung durchzuführen sind, ist indes das nationale Recht des Zuzugsmitgliedstaates maßgeblich. Die Vorgaben über das anwendbare Recht im Hinblick auf die einzelnen Verfahrensabschnitte orientieren sich im Vorschlag stark an den Vorgaben des EuGH, insbesondere aus der »VALE«-Entscheidung (Rdn. 27 ff.) und stimmen mit zahlreichen Vorschlägen aus der bisherigen Literatur[792] überein.

---

785 Dazu Schollmeyer, NZG 2018, 977; Brandi, BB 2018, 2626, 2632 f.; Knaier, GmbHR 2018, 607, 617 f.; siehe auch Noack/Kraft, DB 1577, 1580; J. Schmidt, Der Konzern 2018, 273, 282.
786 Knaier, GmbHR 2018, 607, 617; in diese Richtung auch Brandi, BB 2018, 2626, 2633.
787 So die Erläuterung zu Art. 86c, COM(2018) 241 final, S. 22 f.; Knaier, GmbHR 2018, 607, 617.
788 Vgl. EuGH v. 9.3.1999 – C-212/97 – Centros, GmbHR 1999, 474, Rn. 25; v. 30.9.2003 – C-167/01 – Inspire Art, GmbHR 2003, 1260 m. Komm. W. Meilicke, Rn. 143; EuGH v. 25.10.2017 – C-105/16 – Polbud, GmbHR 2017, 1261 m. Komm. Bochmann/Cziupka, Rn. 39, 60.
789 EuGH v. 12.9.2006 – C-196/04, GmbHR 2006, 1049 m. Komm. Kleinert, Rn. 51.
790 Dies betont auch J. Schmidt, J. Schmidt, Der Konzern 2018, 273, 275 f. im Zusammenhang mit der Neuregelung zur grenzüberschreitenden Spaltung; Knaier, GmbHR 2018, 607, 618; so auch die Forderung der Stellungnahme des DNotV zu den Vorschlägen der EU-Kommission zum Company Law Package, S. 30, abrufbar unter https://www.dnotv.de/wp-content/uploads/StN-Master-Company-Law-Package-2018–07–04_final.pdf (Stand: 05.11.2018); s. auch Teichmann, Grundlinien eines Europäischen Umwandlungsrechts, erscheint in NZG 2018.
791 Siehe hierzu die Diskussionsberichte zum 12. ECFR-Syposium, erscheint in ECFR 1/2019; dies kritisiert auch Schollmeyer, NZG 2018, 977, 978.
792 S. hierzu ausführlich Knaier/Pfleger, GmbHR 2017, 859, 861 unter Berufung auf die im Einklang mit den Vorgaben des EuGH stehende sog. »Abschnittstheorie«; siehe aus der Praxisliteratur auch Knaier, in: Würzburger Notarhandbuch, Teil 5 Kap. 6 Rn. 360 ff.; Behme, in: Münch.Hdb.GesR, Bd. VIII, § 39 Rn. 30 ff.

C. Grenzüberschreitende Verlegung des Satzungssitzes

III. Verlegungsplan

Über das konkrete Verfahren des Herausformwechsels besteht derzeit noch wenig Rechtssicherheit. In Deutschland ist bei einem Herausformwechsel zunächst ein **Verlegungsplan** für den grenzüberschreitenden Formwechsel[793] als Vorbereitung für den **Formwechsel-/Verlegungsbeschluss** zu erstellen.[794] Maßgeblich hierfür ist v.a. § 194 Abs. 1 UmwG analog und ggf. Art. 8 Abs. 2, 3 SE-VO analog.[795] Demnach sollte der Verlegungsplan enthalten:[796]

– die neue Rechtsform der Gesellschaft (§ 194 Abs. 1 Nr. 1 UmwG),
– den vorgesehenen neuen Sitz der Gesellschaft (Art. 8 Abs. 2 Satz 2 lit. a) SE-VO),
– die für die Gesellschaft vorgesehene Satzung (§ 218 Abs. 1 Satz 1 UmwG bzw. § 234 Nr. 3 UmwG, Art. 8 Abs. 2 Satz 2 SE-VO),
– die neue Firma (§ 194 Abs. 1 Nr. 2 UmwG, Art. 8 Abs. 2 Satz 2 lit. b) SE-VO),
– die Beteiligung der bisherigen Anteilsinhaber an dem Rechtsträger, nach den für die neue Rechtsform geltenden Vorschriften (§ 194 Abs. 1 Nr. 3 UmwG),
– Zahl, Art und Umfang der Anteile, welche die Anteilsinhaber durch den Formwechsel erlangen sollen (§ 194 Abs. 1 Nr. 4 UmwG),
– etwaige zum Schutz der Gesellschafter und/oder der Gläubiger vorgesehene Rechte (§ 194 Abs. 1 Nr. 5, 6 UmwG, Art. 8 Abs. 2 Satz 2 lit e) SE-VO),
– die Rechte, die einzelnen Anteilsinhabern sowie den Inhabern besonderer Rechte, wie Anteile ohne Stimmrecht, Vorzugsaktien, Mehrstimmrechtsaktien, Schuldverschreibungen und Genussrechte in dem Rechtsträger gewährt werden sollen oder die Maßnahmen, die für diese Personen vorgesehen sind (§ 194 Abs. 1 Nr. 5 UmwG),
– das Abfindungsangebot nach § 207 UmwG, Art. 8 Abs. 5 SE-VO i. V. m. § 12 SEAG, sofern nicht der Umwandlungsbeschluss zu seiner Wirksamkeit der Zustimmung aller Anteilsinhaber bedarf oder an dem formwechselnden Rechtsträger nur ein Anteilsinhaber beteiligt ist (§ 194 Abs. 1 Nr. 6 UmwG),
– die Folgen des Formwechsels für die Arbeitnehmer und ihre Vertretungen sowie die insoweit vorgesehenen Maßnahmen (§ 194 Abs. 1 Nr. 7 UmwG, Art. 8 Abs. 2 Satz 2 lit. c) SE-VO),[797]

283

---

[793] Ausführlich zum Herausformwechsel bei einer deutschen GmbH Knaier/Pfleger, GmbHR 2017, 859; Stiegler, in: Jung/Krebs/Stiegler, Gesellschaftsrecht in Europa, 2019, Rn. 132 ff.; Behme, in: MünchHdbGesR VIII, § 39 Rn. 39 ff.

[794] Kiem, ZHR 180 (2016), 289, 304 ff.; Heckschen, ZIP 2015, 2049, 2060; zum Inhalt des Verlegungsplans beim Herausformwechsel einer deutschen GmbH Knaier/Pfleger, GmbHR 2017, 859.

[795] Heckschen, ZIP 2015, 2049, 2060; Melchior, GmbHR 2014, R 311; Hushahn, RNotZ 2014, 137, 144; Hermanns, MittBayNot 2016, 297, 298; Brandi, BB 2018, 2626, 2628; Nach der EuGH-Entscheidung in der Rs. Polbud (dazu Rdn. 34 ff.) wird man nicht mehr eine (geplante) wirtschaftliche Tätigkeit im Zuzugsstaat als Voraussetzung für die Gestattung des Wegzugs verlangen können, dazu Teichmann/Knaier, GmbHR 2017, 1314, 1320; Kieninger, ZEuP 2018, 309, 312; Kindler, NZG 2018, 1, 4 ff.; Stiegler, AG 2017, 846, 849 ff.

[796] S.a. Hushahn, RNotZ 2014, 137, 142 f.; vgl. a. Stiegler, Grenzüberschreitende Sitzverlegungen nach deutschem und europäischem Recht, 2017, S. 277 ff.

[797] Str. ist jedoch, wie hierbei bestehende Mitbestimmungsstandards zu gewährleisten sind. Teilweise wird vorgeschlagen, wie bei der grenzüberschreitenden Verschmelzung Verhandlungen nach dem MgVG zu führen, vgl. Teichmann/Ptak, RIW 2010, 817, 820; Stiegler, KSzW 2014, 107, 115; Stiegler, in: Jung/Krebs/Stiegler, Gesellschaftsrecht in Europa, 2019, § 10 Rn. 138. Nachdem es sich bei einem grenzüberschreitenden Formwechsel jedoch um einen gründungsgleichen Tatbestand handelt, steht diesem Strukturvorgang die Regelung des § 18 Abs. 3 SEBG näher, siehe Heckschen, ZIP 2015, 2049, 2060 f.; Hushahn, RNotZ 2014, 137, 144. Nach § 18 Abs. 3 SEBG analog besteht eine Verhandlungspflicht über die Mitbestimmung bei Minderung von Beteiligungsrechten durch den Formwechsel. Zu Fragen der Unternehmensmitbestimmung ausführlich Janisch, Die grenzüberschreitende Sitzverlegung, 2015, S. 296 ff.; Borsutzky, Unternehmensmitbestimmung bei grenzüberschreitender Sitzverlegung, 2014; Behme, in: MünchHdbGesR VIII, § 39 Rn. 53 ff.

- den vorgesehenen Zeitplan für den Formwechsel (Art. 8 Abs. 2 Satz 2 lit. d) SE-VO),[798]
- den Hinweis auf das Gläubigerrecht nach § 204 i.V.m. §§ 22 f. UmwG/[799] Art. 8 Abs. 7 SE-VO i.V.m. § 13 Abs. 1 SEAG.[800]

284 Wegen der Berührung maßgeblicher Gläubiger- und Arbeitnehmerinteressen ist der Verlegungsplan wenigstens schriftlich abzufassen, vorzugswürdigerweise aufgrund der noch unsicheren Rechtslage jedoch darüber hinaus notariell zu beurkunden.[801] Bei Rückgriff auf die Vorschriften der SE-VO sind für die Offenlegung des Verlegungsplanes Art. 8 Abs. 2 SE-VO analog und Art. 8 Abs. 6 Satz 1 SE-VO analog zu beachten, sodass er zum Handelsregister einzureichen und die Einreichung mindestens zwei Monate vor der Gesellschafterversammlung im elektronischen Bundesanzeiger bekannt zu machen ist.[802]

285 Beim Hineinformwechsel nach Deutschland richten sich die Modalitäten des **Verlegungsplans** für den grenzüberschreitenden Formwechsel[803] als Vorbereitung für den **Formwechsel-/Verlegungsbeschluss** maßgeblich nach den Vorschriften des Herkunftsstaates.[804] Zu beachten ist, dass einige EU-Mitgliedstaaten ein kodifiziertes Verfahren für die grenzüberschreitende Satzungssitzverlegung vorweisen können.[805]

▶ Hinweis:

Das Company Law Package (hierzu allgemein Rdn. 12 ff.) macht in Art. 86d GesellschaftsrechtsRL Vorgaben zum Verlegungsplan, der im Wegzugsstaat zu erstellen ist.[806]

Das Verfahren nach der Gesellschaftsrechts-RL orientiert sich eher an dem Verfahren für die grenzüberschreitende Verschmelzung (Rdn. 74 ff.). Im Verlegungsplan sind Angaben über die Ausgangsgesellschaft, über die aus dem Formwechsel hervorgehende Gesellschaft sowie über den Schutz der Beteiligten, insbesondere der Gesellschafter, Gläubiger und Arbeitnehmer, aufzunehmen.

Neben grundlegenden Informationen wie denjenigen über Rechtsform, Satzungssitz und Firma der Gesellschaft im Zuzugs- und im Wegzugsstaat muss nach der Gesellschaftsrechts-RL auch ein Zeitplan für die grenzüberschreitende Sitzverlegung enthalten sein. Zudem ist die Satzung oder der sonst vorgesehene Errichtungsakt der Gesellschaft im Zuzugsstaat mit aufzunehmen.

---

798 Knaier/Pfleger, GmbHR 2017, 859, 862, 864; dies empfiehlt auch Stiegler, in: Jung/Krebs/Stiegler, Gesellschaftsrecht in Europa, 2019, § 10 Rn. 139 Fn. 601.
799 Stiegler, in: Jung/Krebs/Stiegler, Gesellschaftsrecht in Europa, 2019, § 10 Rn. 139; Behme, in: MünchHdbGesR VIII, § 39 Rn. 52.
800 Die Gläubiger können bei Glaubhaftmachung einer Gefährdung ihrer Forderungen Sicherheiten verlangen, Hushahn, RNotZ 2014, 137, 143 m.w.N.
801 Hermanns, MittBayNot 2016, 297, 299; Hushahn, RNotZ 2014, 137, 144, der dies auf eine entsprechende Anwendung von § 122c Abs. 4 UmwG stützt; Knaier, in: Würzburger NotHdb, Teil 5 Kap. 6 Rn. 371; a.A. Behme, in: MünchHdbGesR VIII, § 39 Rn. 48: schriftlich, notarielle Beurkundung ist nicht erforderlich.
802 Hushahn, RNotZ 2014, 137, 144; Stiegler, Grenzüberschreitende Sitzverlegungen nach deutschem und europäischem Recht, 2017, S. 287 f. stützt sich bei der Bekanntmachung des Verlegungsplanes maßgeblich auf § 122d UmwG analog und die Einreichung beim Registergericht mindestens einen Monat vor der Gesellschafterversammlung, empfiehlt aufgrund der unsicheren Rechtslage gleichwohl ein Vorgehen nach Art. 8 Abs. 6 S. 1 SE-VO.
803 Ausführlich zum Hineinformwechsel auf eine deutsche GmbH Seibold, ZIP 2017, 456.
804 Behme, in: MünchHdbGesR VIII, § 39 Rn. 92; Stiegler, in: Jung/Krebs/Stiegler, Gesellschaftsrecht in Europa, 2019, § 10 Rn. 145, 147.
805 Siehe hierzu jüngst die Studie von Biermeyer/Meyer, Cross-border Corporate Mobility in the EU: Empirical Findings 2018, SSRN: http://dx.doi.org/10.2139/ssrn.3253048, S. 59.
806 Dazu ausführlich Knaier, GmbHR 2018, 607, 618 f.; siehe auch J. Schmidt, Der Konzern 2018, 273, 283; Noack/Kraft, DB 2018, 1577, 1578; Wachter, GmbH-StB 2018, 317, 319.

Die in den Verlegungsplan einzustellenden Informationen zum Schutz der Gesellschafter und der Gläubiger entsprechen im Übrigen inhaltlich weitestgehend den Informationen, die in den Verschmelzungsplan einzustellen sind (Rdn. 107 ff.). Nachdem aber nicht mehrere Gesellschaften beteiligt sind, bedarf es keiner Angaben zum Umtauschverhältnis. Ungewöhnlich ist indessen, dass nach Art. 86d Abs. 1 Satz 2 nur Sondervorteile zugunsten von Organmitgliedern anzugeben sind, nicht jedoch Sondervorteile zugunsten der Verlegungsprüfer. Für diese Abweichung in den Regelungskonzepten ist kein Sachgrund ersichtlich, weshalb hier noch eine Angleichung vorgenommen werden sollte.[807]

Explizite Vorgaben zur Form des Verlegungsplans macht der Kommissionsvorschlag nicht. Sinnvoll erscheint es aber, bei der Umsetzung in Deutschland für den Verlegungsplan die notarielle Beurkundung parallel zum Verschmelzungsplan bei der grenzüberschreitenden Verschmelzung nach § 122c Abs. 4 UmwG zu fordern.[808]

Der Verlegungsplan ist nach Art. 86h Abs. 1 lit. a) GesellschaftsrechtsRL im Handelsregister zu veröffentlichen. Den Mitgliedstaaten steht es jedoch offen, die Gesellschaft des Wegzugsstaates von dieser Offenlegungspflicht zu befreien, wenn diese den Verlegungsplan ununterbrochenen mindestens einen Monat vor der über die grenzüberschreitende Sitzverlegung entscheidenden Gesellschafterversammlung (Rdn. 290) auf ihrer Website kostenfrei zugänglich macht. Weitere Anforderungen an diese Art der Veröffentlichung dürfen die Mitgliedstaaten jedoch nicht stellen, abgesehen von Maßnahmen, die zur Wahrung der Sicherheit der Website und der Echtheit der Unterlagen erforderlich sind. In Deutschland sollte aus Gründen der Rechtssicherheit kein Gebrauch von dieser Befreiungsoption gemacht und weiter an der Veröffentlichung im Handelsregister festgehalten werden.

Art. 86d Abs. 2 GesellscahftsrechtsRL trifft eine Sprachenregelung für den Verlegungsplan. Demnach müssen die Mitgliedstaaten der formwechselnden Gesellschaft gestatten, den Verlegungsplan neben den Amtssprachen des Wegzugs- und des Zuzugsmitgliedstaates auch in einer in der internationalen Wirtschafts- und Finanzwelt gebräuchlichen Verkehrssprache zu erstellen.[809] Der Verlegungsplan kann daher auch in englischer Sprache erstellt werden.[810] Die Regelung erlaubt m.E., den Verlegungsplan in der Sprache des Wegzugsmitgliedstaates zu erstellen oder in der Sprache des Zuzugsmitgliedstaates oder auf Englisch. Denkbar erscheint angesichts der Formulierung auch eine Erstellung in allen drei Sprachen oder in nur zwei oder einer dieser Sprachen. Aus der Regelung des Art. 86h Abs. 1 lit. a) GesellschaftsrechtsRL zur Veröffentlichung des Verlegungsplans im Handelsregister wird man folgern müssen, dass bspw. das deutsche Handelsregister auch einen englischen Verlegungsplan akzeptieren und veröffentlichen muss. Gleiches wird bspw. bei einer grenzüberschreitenden Sitzverlegung nach Polen für einen polnischen Verlegungsplan gelten. Bei der grenzüberschreitenden Verschmelzung müsste der Verschmelzungsplan in Deutschland aufgrund der Pflicht nach § 122d UmwG, ihn zum

---

807 Ebenso Knaier, GmbHR 2018, 607, 618; J. Schmidt, Der Konzern 2018, 273, 283.
808 Knaier, in: Würzburger Notarhandbuch, 5. Aufl. 2017, Teil 5 Kap. 6 Rn. 371; Hermanns, MittBayNot 2016, 297, 299; Hushahn, RNotZ 2014, 137, 144, der dies auf die entsprechende Anwendung von § 122c Abs. 4 UmwG stützt.
809 Die Formulierung der Sprachenregelung gelingt hier besser als im Regelungsvorschlag betreffend den Einsatz digitaler Instrumente und Verfahren im Gesellschaftsrecht (COM[2018] 239 final), in welchem auch ein template in englischer Sprache zur Verfügung gestellt werden sollte. Die dortige Anknüpfung an eine Amtssprache der EU ist indes wenig gelungen, da Englisch nach dem »Brexit« als solche ausscheiden könnte, dazu ausführlich Knaier, GmbHR 2018, 560, 567; siehe auch Knaier, GmbHR 2018, 607, 619; diese Bedenken teilt J. Schmidt, Der Konzern 2018, 229, 230 nicht.
810 S. hierzu Knaier, GmbHR 2018, 607, 619; J. Schmidt, Der Konzern 2018, 229, 230 allgemein zur Zulassung von Englisch als Sprache im Company Law Package; J. Schmidt, Der Konzern 2018, 273, 283; Brandi, BB 2018, 2626, 2630.

Handelsregister einzureichen, jedenfalls auch auf Deutsch erstellt werden.[811] Die Regelung böte insofern für das deutsche Recht eine nicht unerhebliche Neuerung. Angesichts der Prüfung der Einhaltung der Verfahrensschritte durch das Registergericht des Wegzugsstaates beim Herausformwechsel (Rdn. 299) wirft die Sprachenregelung jedoch Fragen auf. Ein deutsches Register wird kaum in der Lage sein die Ordnungsmäßigkeit des Verlegungsplanes zu prüfen, wenn dieser in einer anderen mitgliedstaatlichen Sprache abgefasst ist. Das Registergericht wird in einem solchen Fall jedoch zumindest eine beglaubigte Übersetzung des originalen Verschmelzungsvertrages anfordern dürfen, um seinen Prüfungspflichten überhaupt nachkommen zu können. Den Mitgliedstaaten verbleibt jedoch die Möglichkeit zu regeln, welche der Sprachfassungen bei Divergenzen verbindlich ist.

IV. Verlegungsbericht

286 Nach § 192 UmwG analog und ggf. Art. 8 Abs. 3 SE-VO analog ist ein **Verlegungsbericht** zu erstellen. Aus Gründen des Gläubiger- und Arbeitnehmerschutzes ist die Erstellung eines Verlegungsberichts zwingend.[812] In den Verlegungsbericht sind jedenfalls nach § 192 Abs. 1 UmwG analog der Entwurf des Verlegungsbeschlusses, einschließlich des Entwurfes der Satzung der späteren ausländischen Gesellschaft und rechtlicher und wirtschaftlicher Erläuterungen der künftigen Beteiligung der Anteilsinhaber an diesem Rechtsträger aufzunehmen.[813] Zur Sicherheit sollte nach §§ 194 Abs. 2 UmwG analog der Verlegungsbericht samt Entwurf des Verlegungsbeschlusses dem Betriebsrat, Anteilsinhabern und Gläubigern einen Monat vor der Gesellschafterversammlung, die den Verlegungsbeschluss trifft, zugänglich gemacht werden.[814]

287 Beim Hineinformwechsel nach Deutschland ist das Erfordernis der Erstellung eines **Verlegungsberichts** nach § 192 Abs. 1 UmwG analog bzw. Art. 8 Abs. 3 SE-VO analog str.: Dieser wird teilweise für erforderlich gehalten, da er dem Schutz der Gläubiger dient.[815] Teilweise wird hiervon jedoch nicht die Eintragung abhängig gemacht.[816] Im Ergebnis ist der Verlegungsbericht für die Auflösung im Wegzugsstaat erforderlich und somit nach dessen Recht zu prüfen.[817] Zu beachten ist, dass einige EU-Mitgliedstaaten ein kodifiziertes Verfahren für die grenzüberschreitende Satzungssitzverlegung vorweisen können.[818]

▶ Hinweis:

Das Company Law Package (hierzu allgemein Rdn. 12 ff.) regelt in den neuen Art. 86e und 86f GesellschaftsrechtsRL den Verlegungsbericht.

---

811 Mayer, in: Widmann/Mayer, UmwG, 143. Erg.-Lfg. April/2014, Vor § 122e Rn. 24; Freundorfer/Festner, GmbHR 2010, 195, 197 f.; Althoff, in: NK-UmwR, 2015, § 122c Rn. 11.
812 Melchior, GmbHR 2014, R 311; Hushahn, RNotZ 2014, 137, 145; anders wohl Frank, Formwechsel im Binnenmarkt, 2016, S. 238 f., der die Schutzfunktion des Verlegungsplans bezüglich Gläubiger und Arbeitnehmer verneint; anders auch Stiegler, Grenzüberschreitende Sitzverlegungen nach deutschem und europäischem Recht, 2017, S. 299 ff., der Voraussetzungen für einen Verzicht erläutert; Teichmann, ZIP 2017, 1190, 1193 f. geht anhand eines hypothetischen Beispielfalls auf Fragen des Drittschutzes beim grenzüberschreitenden Formwechsel ein.
813 Hushahn, RNotZ 2014, 137, 145; s.a. Mayer, in: Widmann/Mayer, UmwR, § 192, Rn. 28 ff. Die Beifügung der künftigen Satzung und das Erfordernis wirtschaftlicher Erläuterungen der künftigen Beteiligung der Anteilsinhaber an dem ausländischen Rechtsträger ergeben sich aus §§ 243 Abs. 1 Satz 1, 218 Abs. 1 UmwG.
814 Melchior, GmbHR 2014, R 311; Hushahn, RNotZ 2014, 137, 145.
815 OLG Nürnberg, Beschl. v. 19.06.2013 – 12 W 520/13, DNotZ 2014, 150, 155 m.Anm. Hushahn.
816 KG, Beschl. 26.03.2012 – 25 W 38/10, DStR 2012, 2346; Melchior, GmbHR 2014, R311, R312; Frank, Formwechsel im Binnenmarkt, 2016, S. 271 ff.
817 So auch Heckschen, ZIP 2015, 2049, 2057.
818 Siehe hierzu jüngst die Studie von Biermeyer/Meyer, Cross-border Corporate Mobility in the EU: Empirical Findings 2018, SSRN: http://dx.doi.org/10.2139/ssrn.3253048, S. 59.

In beiden Fällen ist der Bericht durch das Leitungs- oder Verwaltungsorgan der Gesellschaft zu erstellen, bei einem Herausformwechsel aus Deutschland also durch den Vorstand der AG oder durch die Geschäftsführer der GmbH. Wie bei der grenzüberschreitenden Verschmelzung (Rdn. 140) sind zwei separate Verlegungsberichte erforderlich, nämlich einmal für die Gesellschafter (Art. 86e GesellschaftsrechtsRL) und einmal für die Arbeitnehmer (Art. 86f GesellschaftsrechtsRL). Die Ausgestaltung der Verlegungsberichte entspricht nahezu vollumfänglich derjenigen bei der grenzüberschreitenden Verschmelzung (Rdn. 140). Die Frist für die Zugänglichmachung beträgt beim grenzüberschreitenden Formwechsel allerdings nicht nur einen Monat wie bei der grenzüberschreitenden Verschmelzung, sondern zwei Monate. Dies ist darauf zurückzuführen, dass die Verlegungsberichte dem Antrag auf Bestellung des independent expert beigefügt werden müssen und dieser Antrag spätestens zwei Monate vor der über die grenzüberschreitende Sitzverlegung entscheidenden Gesellschafterversammlung gestellt werden muss (Rdn. 290).[819]

V. Verlegungsprüfung

Unklar ist, ob auch eine Verlegungsprüfung erforderlich ist. Anders als bei Verschmelzung und Spaltung ist im deutschen Recht des Formwechsels eine Formwechselprüfung nicht mehr vorgesehen. Eine Ausnahme vom Prüfungsverzicht enthält § 208 i. V. m. § 30 Abs. 2 UmwG. Ist ein Barabfindungsangebot gem. §§ 207, 194 Abs. 6 UmwG erforderlich, so ist dieses Angebot gem. § 30 Abs. 2 UmwG stets auf seine Angemessenheit zu prüfen. Gem. § 30 Abs. 2 UmwG sind auf diese Prüfung die Vorschriften über die Verschmelzungsprüfung anzuwenden, also die §§ 10–12 UmwG. Die Berechtigten können allerdings auf die Prüfung oder den Prüfungsbericht durch notariell beurkundete Erklärungen verzichten. Da nach § 197 UmwG auf den Formwechsel die für die neue Rechtsform geltenden Gründungsvorschriften anzuwenden sind, ist beim Formwechsel in die AG oder KGaA eine Gründungsprüfung nach §§ 32 ff. AktG erforderlich (vgl. §§ 220 Abs. 3 Satz 1, 245 Abs. 1 Satz 2, Abs. 2 Satz 2, Abs. 3 Satz 2, 264 Abs. 3 Satz 1, 277, 295, 303 Abs. 1). 288

Das OLG Nürnberg (dazu Rdn. 61) verlangte keine Prüfung. Art. 8 VerschmelzungsRL (jetzt Art. 125 GesellschaftsrechtsRL, dazu Rdn. 11) fordert hingegen Berichte unabhängiger Sachverständiger, die zumindest Angaben zum Umtauschverhältnis nach Art. 10 Abs. 2 (jetzt Art. 127 Abs. 2 GesellschaftsrechtsRL, dazu Rdn. 11) der Dritten gesellschaftsrechtlichen Richtlinien enthalten müssen. Nach Art. 8 Abs. 2 VerschmelzungsRL (jetzt Art. 125 Abs. 2 GesellschaftsrechtsRL, dazu Rdn. 11) besteht auch die Möglichkeit, dass die Gesellschaften einen gemeinsamen Sachverständigen heranziehen. Der Bericht muss spätestens einen Monat vor der Gesellschafterversammlung den Gesellschaftern vorliegen. Prüfung und Bericht sind auch nach der Richtlinie entbehrlich, wenn alle Gesellschafter der beteiligten Gesellschaften hierauf verzichten, Art. 8 Abs. 4 VerschmelzungsRL (jetzt Art. 125 Abs. 4 GesellschaftsrechtsRL, dazu Rdn. 11).

In §§ 122 f. UmwG n. F. sind diese Regelungen für die grenzüberschreitende Verschmelzung umgesetzt. Der Verschmelzungsplan oder sein Entwurf ist in diesem Rahmen nach den §§ 9 bis 12 UmwG zu prüfen, § 48 UmwG ist nicht anwendbar. Damit ist auch der Verschmelzungsvertrag für eine GmbH zu prüfen, während nach § 48 UmwG dies nur auf Verlangen eines Gesellschafters notwendig wäre. Dies gilt insbes. für die Fragen gemeinsamer Verschmelzungsprüfer, was nach § 122a Abs. 2 UmwG n. F. i. V. m. § 10 Abs. 1 Satz 2 und § 12 Abs. 1 Satz 2 UmwG möglich ist.[820] Auch § 9 Abs. 2 UmwG gilt durch die Verweisung in § 122f Satz 1 UmwG n. F. und ist auch aufgrund der Verschmelzungsrichtlinie zugelassen. Eine Verschmelzungsprüfung entfällt daher, wenn sich alle Anteile eines übertragenden Rechtsträgers in der Hand des übernehmenden befinden (100 %iges Mutter-Tochter-Verhältnis). Aus der Vorgabe der VerschmelzungsRL 289

---

[819] Siehe schon Knaier, GmbHR 2018, 607, 619; ebenso J. Schmidt, Der Konzern 2018, 273, 283.
[820] Neye/Timm, NotBZ 2007, 239, 241.

(jetzt integriert in die GesellschaftsrechtsRL, dazu Rdn. 11) und der Vorschrift des § 122f UmwG n. F. wird nicht ganz klar, ob auf eine derartige Prüfung entsprechend § 9 Abs. 3 UmwG durch notarielle Erklärung der Anteilseigner verzichtet werden kann. Dies ist indes zu bejahen.[821] Es besteht also die Möglichkeit, dass durch notariell beurkundete Erklärung aller Gesellschafter auf die Prüfung verzichtet werden kann. Für die Praxis empfiehlt sich daher vorsichtshalber einen Verzicht aufzunehmen.

▶ Hinweis:

Das Company Law Package (hierzu allgemein Rdn. 12 ff.) sieht für die grenzüberschreitende Sitzverlegung die Verpflichtung zur Durchführung einer Verlegungsprüfung durch einen sog. »independent expert« vor, Art. 86g GesellschaftsrechtsRL. Lediglich für Kleinstunternehmen und kleine Unternehmen[822] gilt diese Verpflichtung nicht (Art. 86g Abs. 6 GesellschaftsrechtsRL).

Die Aufgabe des independent expert besteht darin, den Verlegungsplan, sowie die Verlegungsberichte für Gesellschafter und Arbeitnehmer zu prüfen und zu bewerten. Die Bestellung des independent expert muss zwei Monate vor der über die grenzüberschreitende Sitzverlegung entscheidenden Gesellschafterversammlung (Rdn. 290) beim Registergericht (zur Zuständigkeit hierfür siehe auch Rdn. 291 ff.) beantragt werden, unter Beifügung der genannten zu prüfenden Unterlagen. Das Registergericht bestellt sodann innerhalb von fünf Arbeitstagen eine natürliche oder juristische Person (Prüfer oder Prüfungsgesellschaft[823]) als independent expert. Für die Prüfung der Unabhängigkeit des Sachverständigen ist der durch die Abschlussprüferrichtlinie[824] vorgegebene Rahmen zu berücksichtigen.

Aufgabe des independent expert ist es, einen schriftlichen Prüfbericht zu erstellen. Dieser Bericht ist nach Art. 86h Abs. lit. b) GesellschaftsrechtsRL im Handelsregister zu veröffentlichen. Dem independent expert sind für Prüfzwecke von der Gesellschaft sämtliche erforderlichen Unterlagen und Informationen bereitzustellen. Jedoch darf er diese ausschließlich für die Erstellung seines Berichts verwenden und vertrauliche Informationen, insbesondere Geschäftsgeheimnisse, nicht offenlegen. Neben der Prüfung der Richtigkeit der genannten Berichte und der Informationen bereitet der independent expert auch die Prüfung des Registergerichts für die Erstellung des pre-conversion certificate (Rdn. 299) vor. Hierfür erstellt er eine Beschreibung aller Umstände, die für das Registergericht erforderlich sind, um beurteilen zu können, ob es sich bei der geplanten grenzüberschreitenden Sitzverlegung um ein sog. artificial arrangement (Rdn. 282) handelt. Hierzu zählen zahlreiche Indikatoren, welche die Niederlassung im Zuzugsmitgliedstaat betreffen, wie der Gesellschaftszweck, die Zahl der Arbeitnehmer, Vermögenswerte und ihre Belegenheit, der gewöhnliche Arbeitsort der Arbeitnehmer oder auch die Geschäftsrisiken, welche die Gesellschaft im Zuzugsmitgliedstaat und im Wegzugsmitgliedstaat trägt. In der Praxis wird es dem independent expert wohl oft schwer fallen, ein zuverlässiges

---

821 BR-Drucks. 54/06, S. 32; Widmann/Mayer/Vossius, § 191 UmwG Rn. 138; Simon/Rubner, Der Konzern 2006, 835, 839; Müller, NZG 2006, 286, 288; Drinhausen/Keinath, BB 2006, 725, 729; Neye/Timm, DB 2006, 488, 491; Kiem, WM 2006, 1091, 1097.
822 Nach Art. 2 Abs. 3 der Empfehlung 2003/361/EG der Kommission v. 6.5.2003 betreffend die Definition der Kleinstunternehmen sowie der kleinen und mittleren Unternehmen, ABl. L 124/36 v. 20.5.2003 beschäftigt ein Kleinstunternehmen weniger als 10 Personen und weist einen Jahresumsatz bzw. eine Jahresbilanz von höchstens 2 Mio. € auf und ein kleines Unternehmen i.S.d. Art. 2 Abs. 2 beschäftigt weniger als 50 Personen und weist einen Jahresumsatz bzw. eine Jahresbilanz auf, die 10 Mio. € nicht übersteigt.
823 Hierzu ausführlich beim Abschlussprüfer Ebke, in: Münch.Komm.HGB, 3. Aufl. 2013, § 319 Rn. 8 ff.
824 RL 2006/43/EG v. 17.5.2006, ABl. L 157/87 v. 9.6.2006; zur Transformation der Abschlussprüferrichtlinie in das deutsche Recht Naumann/Feld, WPg 2006, 873 ff.; Lanfermann/Maul, DB 2006, 1505 ff.; s. zum Besorgnis der Befangenheit beim Abschlussprüfer ausführlich Ebke, in: Münch.Komm.HGB, 3. Aufl. 2013, § 319 Rn. 22 ff.

Bild über diese Indikatoren zu vermitteln, da gerade während des Sitzverlegungsverfahrens oftmals noch Unklarheit über die konkrete Niederlassung im Zuzugsstaat herrschen wird, zugleich aber nach den Maßgaben der Polbud-Rechtsprechung des EuGH (Rdn. 34 ff.) nicht jeder Sitzverlegungsvorgang ohne tatsächlich zum Prüfzeitpunkt bestehende Niederlassung im Zuzugsmitgliedstaat verhindert werden darf. Der deutsche Gesetzgeber sollte bei der Umsetzung versuchen, eine weitere Konkretisierung der beispielhaft aufgezählten Indikatoren zu erreichen, um mehr Rechtssicherheit zu gewährleisten. Die Aufgabenzuweisung an den independent expert erscheint in dieser Hinsicht jedoch sinnvoll, auch wenn ein weitaus umfangreicherer Bericht als bei der grenzüberschreitenden Verschmelzung zu erwarten ist, da das Registergericht bei der Erstellung des pre-conversion certificate jedenfalls nicht besser als der independent expert in der Lage sein wird, den Sachverhalt zu ermitteln.

Die Mitgliedstaaten müssen nach Art. 86t für den independent expert ein Regelungskonzept für dessen Haftung entwickeln. Die Vorgaben hierfür entsprechen denen zur Haftung des Sachverständigen bei grenzüberschreitenden Verschmelzungen gemäß Art. 133a (Rdn. 151).

VI. Verlegungsbeschluss

Der **Verlegungsbeschluss** ist beim Herausformwechsel rechtsformunabhängig nach §§ 193, 194 UmwG analog zu treffen und notariell zu beurkunden.[825] Ggf. ist er zudem nach § 12 Abs. 1 Satz 1 SEAG analog zu protokollieren.[826] Rechtsformspezifisch sind zudem grds. die Bestimmungen der §§ 214 ff. UmwG zu beachten.[827] Für die Zustimmungserfordernisse gilt ggf. § 240 Abs. 2 Satz 1 UmwG analog bei persönlicher Haftung der Gesellschafter in der ausländischen Rechtsform, § 252 Abs. 1 UmwG analog bei Nachschusspflichten, § 193 Abs. 2 UmwG analog bei vinkulierten Anteilen, §§ 241, 50 Abs. 2 UmwG analog bei Minderheitsrechten sowie etwaigen satzungsmäßigen Zustimmungserfordernissen.[828] Auch die etwaigen Zustimmungserklärungen bedürfen der notariellen Beurkundung nach § 193 Abs. 3 Satz 1 UmwG analog. Nicht anzuwenden sind in diesem Stadium der Verlegung indes Regelungen, die gesellschaftsrechtliche Bestimmungen der ausländischen Zielrechtsform betreffen, da hierfür allein die Bestimmungen des Zuzugsstaates gelten. Inhaltlich muss er alle Aspekte umfassen, die der Verlegungsplan adressiert (Rdn. 283, 285). Ggf. muss der Beschluss inhaltlich zusätzlich die Anforderungen des Art. 8 Abs. 2 Satz 2 SE-VO analog erfüllen. Zudem ist zu beachten, dass der Verlegungsbeschluss ggf. gem. Art. 8 Abs. 6 SE-VO analog erst zwei Monate nach Offenlegung gefasst werden darf und die Beschlussmehrheit einer $^3/_4$-Mehrheit der abgegebenen Stimmen bzw. des bei der Abstimmung vertretenen Grundkapitals bedarf, § 240 Abs. 1 UmwG beim Formwechsel einer deutschen Kapitalgesellschaft in eine ausländische bzw. allgemein Art. 8 Abs. 2 Satz 2, Abs. 6 i.V.m. Art. 59 SE-VO analog.[829]

290

Obwohl bei einem Hineinformwechsel nach Deutschland für das Verfahren bei der Ausgangsgesellschaft das Recht des Wegzugsstaates maßgeblich ist, ist in Deutschland ein **notariell beurkundeter Verlegungsbeschluss** nach § 193 Abs. 3 Satz 1 UmwG analog zu fassen, da es sich hierbei um einen essentiellen Bestandteil der Neugründung im Hineinformwechselszenario handelt.[830]

---

825 Frank, Formwechsel im Binnenmarkt, 2016, S. 241 f.; Heckschen, ZIP 2015, 2049, 2061.
826 Heckschen, ZIP 2015, 2049, 2061; Hushahn, RNotZ 2014, 137, 146.
827 Dazu auch Heckschen, ZIP 2015, 20149, 2061; Hushahn, RNotZ 2014, 137, 145 f.
828 S.a. Hushahn, RNotZ 2014, 137, 145 und Heckschen, ZIP 2015, 2049, 2061 jew. m.w.N.
829 Für gleiche Mehrheit, aber generell auf Art. 8 Abs. 2 S. 2, Abs. 6 i.V.m. Art. 59 SE-VO analog abstellend Hermanns, MittBayNot 2016, 297, 301; Heckschen, ZIP 2015, 2049, 2061.
830 OLG Nürnberg, Beschl. v. 19.06.2013 – 12 W 520/13, DNotZ 2014, 150 m.Anm. Hushahn; Heckschen, ZIP 2015, 2049, 2057; Hushahn, RNotZ 2014, 137, 150; beim Formwechsel in eine deutsche Kapitalgesellschaft auch Frank, Formwechsel im Binnenmarkt, 2016, S. 282 ff.; a.A. unter nicht weiter begründetem Verweis auf VALE Stiegler, Grenzüberschreitende Sitzverlegungen nach deutschem und europäischem Recht, 2017, S. 342 ff.

Inhaltlich richtet dieser sich v.a. nach den Anforderungen des Herkunftsstaates.[831] Daneben muss der Verlegungsbeschluss aber auch § 194 UmwG analog gerecht werden, soweit auf die rechtliche Ausgestaltung der Zielrechtsform Bezug genommen wird.[832] Zudem sind rechtsformspezifisch die §§ 217, 218, 225c, 243 UmwG analog zu beachten.[833]

▶ Hinweis:

Das Company Law Package (hierzu allgemein Rdn. 12 ff.) gibt für die grenzüberschreitende Sitzverlegung Art. 86i GesellschaftsrechtsRL Anforderungen an den Verlegungsbeschluss vor.

Inhaltlich muss die Gesellschafterversammlung im Beschluss feststellen, ob die grenzüberschreitende Sitzverlegung eine Änderung der Errichtungsakte der Gesellschaft erforderlich macht. Für den Verlegungsbeschluss enthält zudem Art. 86i Abs. 3 GesellschaftsrechtsRL eine spezielle Regelung zum Mehrheitserfordernis. Die Mitgliedstaaten müssen für den Beschluss eine Mehrheit von mindestens 2/3 und maximal 90 % der Stimmen der vertretenen Anteile oder des vertretenen Kapitals vorsehen. Gleichzeitig darf der gewählte Schwellenwert nicht höher sein als der im nationalen Recht für die Zustimmung zu einer grenzüberschreitenden Verschmelzung vorgesehene. Bei grenzüberschreitenden Verschmelzungen wird das Mehrheitserfordernis nach Art. 121 Abs. 1 Satz 1, Abs. 2 GesellschaftsrechtsRL vollständig dem jeweiligen nationalen Recht überlassen. Insofern richtet sich die Beschlussfassung in Deutschland aufgrund von § 122a Abs. 2 UmwG nach den allgemeinen Vorschriften des § 13 UmwG sowie daneben bei der GmbH nach §§ 50, 56 UmwG und bei der AG bzw. SE nach §§ 65, 73, 78 UmwG.[834] Bei Beteiligung einer GmbH ist der Verschmelzungsbeschluss nach § 50 Abs. 1 UmwG mit einer 3/4-Mehrheit der abgegebenen Stimmen zu treffen, bei Beteiligung einer AG nach § 65 Abs. 1 UmwG ebenfalls mit einer 3/4-Mehrheit des bei der Beschlussfassung vertretenen Grundkapitals. Entsprechend ist dem deutschen Gesetzgeber zu empfehlen die Mehrheitsanforderungen an den Verlegungsbeschluss entsprechend zu regeln. Nach Art. 86i Abs. 1 Satz 2 GesellschaftsrechtsRL muss die Gesellschaft die nach Art. 86m Abs. 1 für die Verlegungsprüfung zuständige Behörde (Rdn. 299) über den Beschluss unterrichten.

VII. Abschluss der Sitzverlegung und Rechtswirkungen

291   Beim Abschluss des grenzüberschreitenden Formwechsels ist sodann der Abschnitt des Verfahrens in Deutschland vom Stadium des Verfahren im anderen beteiligten Mitgliedstaat zu unterscheiden.[835]

Beim Herausformwechsel ist **in Deutschland** nach § 198 Abs. 1 UmwG analog, § 4 SEAG i.V.m. § 377 FamFG der grenzüberschreitende Formwechsel von den Vertretungsberechtigten in vertre-

---

831 Frank, Formwechsel im Binnenmarkt, 2016, S. 277 ff.; Stiegler, Grenzüberschreitende Sitzverlegungen nach deutschem und europäischem Recht, 2017, S. 342 f.
832 Frank, Formwechsel im Binnenmarkt, 2016, S. 280; s.a. Heckschen, ZIP 2015, 2049, 2057.
833 OLG Nürnberg, Beschl. v. 19.06.2013 – 12 W 520/13, DNotZ 2014, 150 m.Anm. Hushahn; Heckschen, ZIP 2015, 2049, 2057; Frank, Formwechsel im Binnenmarkt, 2016, S. 280 ff.
834 Zimmermann, in: Kallmeyer, UmwG, 6. Aufl. 2017, § 122g Rn. 1.
835 Teilweise wird jedoch – entgegen der Ansicht des EuGH – erwogen, dass sich der Vollzug des Formwechsels, insbesondere die Registrierung allein nach dem Recht des Zuzugsstaates richten solle, so Ege/Klett, DStR 2012, 2442, 2445. Auf Ebene des Vollzugs sollte unter Beachtung der Vereinigungstheorie jedoch nicht auf die Einhaltung der Vollzugsvorgaben des Wegzugsstaates verzichtet werden, s.a. Frank, Formwechsel im Binnenmarkt, 2016, S. 241 f. Ausführlich zu diesen Aspekten Knaier/Pfleger, GmbHR 2017, 859.

tungsberechtigter Anzahl beim Register der formwechselnden Gesellschaft anzumelden.[836] Hierbei sind nur solche Tatsachen anzumelden, die nicht die Zielrechtsform betreffen.[837]

Findet beim Formwechsel eine Registeränderung statt, ist analog § 198 Abs. 2 UmwG anwendbar (bei Sitzverlegung oder Wechsel der Art des Registers), dann ist nicht die neue Rechtsform anzumelden, sondern der Rechtsträger ist als solcher in seiner neuen Rechtsform Gegenstand der Anmeldung. Da i. d. R. mit dem Formwechsel auch weitere Beschlüsse gefasst werden, ist zu prüfen, ob auch diese der Anmeldung bedürfen: etwa die Bestellung von Geschäftsführern oder die Sitzverlegung. Auch diese bedürfen nach den entsprechenden gesellschaftsrechtlichen Vorschriften der Anmeldung. Auch hier ist wiederum zu prüfen, ob weitere Versicherungen erforderlich sind, wie etwa gem. § 8 Abs. 2 GmbHG, dass keine Umstände vorliegen, die der Bestellung als Geschäftsführer entgegenstehen oder die Belehrung über die unbeschränkte Auskunftspflicht. Die Anmeldung muss ferner folgende Punkte des besonderen Gründungsrechts enthalten: **292**
– Gründung der Gesellschaft, Bestellung der Geschäftsführer
– Versicherung, nach § 8 Abs. 2 GmbHG
– Versicherung, dass keine Umstände vorliegen, die der Bestellung der Geschäftsführer nach § 6 Abs. 2 GmbHG entgegenstehen und dass sie über ihre unbeschränkte Auskunftspflicht gegenüber dem Gericht belehrt worden sind
– Vertretungsmacht

Die Anlagen nach § 199 UmwG sind beizufügen. Die nach deutschem Recht bei einem Formwechsel abzugebenden Versicherungen sind gleichsam beim grenzüberschreitenden Herausformwechsel abzugeben.[838] Zudem sind die Versicherungen entsprechend Art. 8 Abs. 4, Abs. 15 SE-VO, § 13 Abs. 3 SEAG, und § 18 Abs. 3, § 21 SEBG, sowie in Gesamtanalogie zu § 198 Abs. 3, § 16 Abs. 2 UmwG, § 14 SEAG eine Versicherung über die Nichtanhängigkeit von Klagen abzugeben.[839]

Das deutsche Handelsregister hat nach dem Rechtsgedanken des § 122k Abs. 2 UmwG nach Art. 8 Abs. 8 SE-VO analog eine Sitzverlegungsbescheinigung zu erstellen, aus der sich ergibt, dass die der Sitzverlegung vorangegangenen Rechtshandlungen und Formalitäten durchgeführt und eingehalten wurden.[840] Die Bescheinigung enthält den Vermerk, dass der grenzüberschreitende Formwechsel erst mit Eintragung beim zuständigen Register des Aufnahmestaates wirksam wird.[841] Zudem sind ggf. nach § 122k Abs. 2 Satz 5 UmwG analog in der Bescheinigung Angaben über ein anhängiges Spruchverfahren nach § 7 Abs. 7 SEAG zu machen.[842] **293**

Die **Eintragung im Zuzugsstaat** richtet sich nach den jeweiligen Modalitäten im Zuzugsstaat, insbesondere nach den dort für die Zielrechtsform vorgesehenen Gründungsmodalitäten, im Einklang mit den diesbezüglichen Vorgaben des EuGH zur Niederlassungsfreiheit (Rdn. 27 ff.).[843] Entsprechend Art. 8 Abs. 11 Satz 2 SE-VO ist die Gesellschaft im Wegzugsregister zu löschen, sobald dieses vom Zuzugsregister entsprechend Art. 8 Abs. 11 S.1 SE-VO die Eintragung der Gesellschaft gemeldet bekommen hat.[844] **294**

---

836 Heckschen, ZIP 2015, 2049, 2061; Hushahn, RNotZ 2014, 137, 146; Krafka/Kühn, RegisterR, Rn. 1211c.
837 Heckschen, ZIP 2015, 2049, 2061; Hushahn, RNotZ 2014, 137, 146.
838 Heckschen, ZIP 2015, 2049, 2061 f.
839 Heckschen, ZIP 2015, 2049, 2062; Hushahn, RNotZ 2014, 137, 146 f.; Hermanns, MittBayNot 2016, 297, 303.
840 Stiegler, KSzW 2014, 107, 116; Heckschen, ZIP 2015, 2049, 2062; Hermanns, MittBayNot 2016, 297, 303.
841 Heckschen, ZIP 2015, 2049, 2062; Hushahn, RNotZ 2014, 137, 147; Verse, ZEuP 2013, 458, 486.
842 Heckschen, ZIP 2015, 2049, 2062; Hushahn, RNotZ 2014, 137, 148.
843 Frank, Formwechsel im Binnenmarkt, 2016, S. 254; Krafka/Kühn, RegisterR, Rn. 1211c; Stiegler, KSzW 2014, 107, 116.
844 Hushahn, RNotZ 2014, 137, 149.

295 Jüngst hatte das OLG Frankfurt[845] (dazu auch Rdn. 64 f.) über einen rechtsformkongruenten Herausformwechsel einer deutschen GmbH nach Italien zu entscheiden. Im italienischen Zielregister wurde die Gesellschaft in der Form einer italienischen S.r.l. als Rechtsnachfolgerin einer nach ausländischem Recht gegründeten Gesellschaft bereits eingetragen, während sich das deutsche Register weigerte, die Gesellschaft in Deutschland zu röten. Das OLG stellte zutreffend fest, dass unter Berücksichtigung der EuGH-Rechtsprechung ein Herausformwechsel nach Italien grds. zulässig ist. Es stellte auch zutreffend fest, dass durch den EuGH im Sinne der Vereinigungstheorie (Rdn. 271 ff.) sowohl das Recht des Wegzugs- als auch des Zuzugsstaates zur Anwendung kommen.

Das OLG ging dabei jedoch so weit, auch § 202 Abs. 1 Nr. 1 und Nr. 3, Abs. 2, Abs. 3 UmwG analog unter Bezugnahme auf den Äquivalenzgrundsatz anzuwenden, weil die heilende Wirkung der Norm nicht bloß aufgrund des Umstandes verwehrt werden dürfe, dass es sich bei dem italienischen Register nicht um ein deutsches Register handle. Das Gericht setzt sich dabei ausdrücklich über die Erfordernisse von Verlegungsbericht (Rdn. 286 f.) und –beschluss (Rdn. 290) hinweg. Dabei übersieht es die Schutzfunktionen, die im deutschen Recht durch diese Erfordernisse erfüllt werden sollen. In diesem Zusammenhang soll der Äquivalenzgrundsatz eine Schlechterstellung nicht innerstaatlicher Sachverhalte verhindern, aber nicht berechtigte, im nationalen Recht geltende Schutzmechanismen für Gläubiger, Arbeitnehmer und Gesellschafter (dazu Rdn. 300 ff.) leer laufen lassen.[846] Dies erkennt auch das OLG, sieht aber nicht, dass der Äquivalenzgrundsatz gerade im Zusammenhang mit der vom EuGH postulierten Vereinigungstheorie jedenfalls nicht so weit geht, dass sich eine fremde Rechtsordnung eine deutsche Gesellschaft ohne Rücksicht auf das deutsche Verfahrensrecht aneignen könnte. Auch steht es demnach dem Zuzugsstaat nicht zu, eine Eintragung vorher vorzunehmen, dadurch das Verfahren des Wegzugsstaates völlig zu ersetzen und so pauschal die Rechtmäßigkeit des Vorganges zu bescheinigen. In diesem Zusammenhang verbietet es in Ansehung der Rechtsprechung des EuGH gleichsam der Grundsatz der loyalen Zusammenarbeit zwischen den Mitgliedstaaten[847] nach Art. 4 Abs. 3 EUV, dass durch den Zuzugsstaat Maßnahmen getroffen werden, die der Beachtung der Niederlassungsfreiheit in der vom Wegzugsstaat getroffenen Form widersprechen. Es ist daher trotz der Entscheidung des OLG Frankfurt zu empfehlen, beim Herausformwechsel das beschriebene Verfahren einzuhalten.[848]

Vielmehr hat es das Register des Zuzugsstaates zu unterlassen, ohne eine Bescheinigung nach Art. 8 Abs. 8 SE-VO analog aus dem Wegzugsstaat (Rdn. 293, 296) eine zuziehende rechtsformwechselnde Gesellschaft einzutragen.[849]

296 Beim Hineinformwechsel nach Deutschland muss die zuziehende Gesellschaft zunächst das im Herkunftsstaat vorgesehene Verfahren durchlaufen und die im Herkunftsstaat aufgestellten Vor-

---

845 OLG Frankfurt, Beschl. v. 03.01.2017 – 20 W 88/15, DNotZ 2017, 381 m.Anm. Knaier; ähnlich gelagert war der Sachverhalt in der EuGH-Entscheidung »Polbud« (dazu Rdn. 34 ff.).
846 Ausführlich zu den betroffenen Interessen und deren Schutz Janisch, Die grenzüberschreitende Sitzverlegung, 2015, S. 117 ff.; Teichmann, ZIP 2017, 1190, 1193 f. geht anhand eines hypothetischen Beispielfalls auf Fragen des Drittschutzes beim grenzüberschreitenden Formwechsel ein.
847 Dazu Calliess/Kahl/Puttler, in: Calliess/Ruffert, EUV/AEUV, Art. 3 EUV, Rn. 116 ff.; hierauf stellt auch Knaier, DNotZ 2017, 390, 394 in seiner Anmerkung zu der Entscheidung des OLG Frankfurt ab; dies greift auch Teichmann, ZIP 2017, 1190, 1193 auf.
848 Dies empfehlen zu Recht auch Teichmann, ZIP 2017, 1190 sowie Hushahn, RNotZ 2017, 263 und Knaier, DNotZ 2017, 390 in ihren Anmerkungen zu der Entscheidung des OLG Frankfurt.
849 Teichmann, ZIP 2017, 1190, 1191 vergleicht dies zutreffend mit einem »Akt der Seeräuberei«; zu dieser Vorgehensweise ausführlich mit detaillierter Behandlung des Falles vollständig fehlender Beteiligung der Rechtsordnung des Herkunftsstaates und des Falles eines fehlerhaften Verfahrens im Herkunftsstaat Knaier/Pfleger, GmbHR 2017, 859.

aussetzungen erfüllen.[850] Eine Prüfung anhand des deutschen Rechts findet grds. bei diesem Verfahren nicht statt, insbesondere nicht betreffend der Einhaltung von Regeln über den Schutz von Gläubigern, Anteilsinhabern und Arbeitnehmern (dazu auch Rdn. 300 ff.).[851] Der Herkunftsstaat erstellt nach dem abgeschlossenen Verfahren eine Bescheinigung entsprechend Art. 8 Abs. 8 SE-VO (siehe auch Rdn. 293).

Nachdem der Hineinformwechsel in Deutschland ein Akt der korporativen Neugründung ist, sind zudem jedenfalls bei Kapitalgesellschaften die **Gründungsvorschriften** des jeweiligen Zielrechtsträgers zu beachten, insbesondere betreffend Kapitalaufbringung (v.a. Sachgründungsbericht), Beurkundungserfordernissen und Organbestellung, § 197 UmwG analog.[852] Hinzu kommt, dass evtl. weitere Besonderheiten aufgrund des Rechtsstatus des Ausgangsrechtsträgers zu beachten sind. Wurde dieser als Kapitalgesellschaft im Herkunftsstaat schon aufgelöst, handelt es sich aus deutscher Sicht streng genommen um eine Personengesellschaft, sodass auch die Vorschriften über den Formwechsel einer Personen- in eine Kapitalgesellschaft anzuwenden sind, § 214 ff. UmwG analog.[853] Aus Gründen der Rechtssicherheit und da einige ausländische Gesellschaften nicht vollumfassend in das deutsche System der Gesellschaftstypen eingeordnet werden können, sollten bis auf Weiteres in einer Gesamtanalogie zu §§ 190 ff. UmwG diese Vorschriften ergänzend zur Gewährleistung der in Deutschland bestehenden Schutzstandards angewendet werden.[854]

297

Anmeldung und Eintragung des Formwechsels richten sich beim Hineinformwechsel grds. nach deutschem Recht. Die bisher nicht in einem deutschen Register eingetragene Gesellschaft ist nach § 198 Abs. 2 UmwG analog bei dem für sie maßgeblichen Register einzutragen.[855]

298

Die Anmeldung ist jedenfalls durch alle Mitglieder des Leitungsorgans der Gesellschaft in neuer Rechtsform vorzunehmen, wenn diese eine Kapitalgesellschaft ist.[856] Das Registergericht kann Nachweise über die Vertretungsmacht verlangen.[857] Der Anmeldung ist nach § 199 UmwG analog eine Niederschrift des Verlegungsbeschlusses, der die Satzung der Zielrechtsform enthält, beizufügen.[858]

Das Registergericht überprüft die Anmeldung nur eingeschränkt: Der EuGH stellte hierzu fest, dass der Aufnahmestaat der nach Art. 8 Abs. 8 SE-VO analog im Wegzugsstaat erstellten **Bescheinigung** gebührend Rechnung zu tragen hat.[859] Durch diese werden regelmäßig die Ordnungsmäßigkeit aller den Wegzug betreffenden Verfahrenshandlungen im Herkunftsstaat versichert und die Anlagen nach § 199 UmwG – mit Ausnahme des Verlegungsbeschlusses – ersetzt.[860] In der Regel wird das deutsche Registergericht nicht mit den Einzelheiten des Verfahrensrechts des Herkunftsstaates vertraut sein, sodass beim grenzüberschreitenden Formwechsel die zu Art. 8 Abs. 8 SE-VO und § 122k UmwG entwickelten Grundsätze herangezogen werden sollten und die

299

---

850 Hushahn, RNotZ 2014, 137, 149; Frank, Formwechsel im Binnenmarkt, 2016, S. 277 f.
851 Teichmann/Ptak, RIW 2010, 817, 821 f.; Frank, Formwechsel im Binnenmarkt, 2016, S. 277 f.
852 Ausführlich Frank, Formwechsel im Binnenmarkt, 2016, S. 262 ff., 278 f.; Hushahn, RNotZ 2014, 137, 150 f.
853 OLG Nürnberg, Beschl. v. 19.06.2013 – 12 W 520/13, DNotZ 2014, 150 m.Anm. Hushahn; Heckschen, ZIP 2015, 2049, 2056.
854 Heckschen, ZIP 2015, 2049, 2056 f.; Hushahn, RNotZ 2014, 137, 141 f.
855 Hushahn, RNotZ 2014, 137, 151; Krafka/Kühn, RegisterR, Rn. 1211 f.
856 Frank, Formwechsel im Binnenmarkt, 2016, S. 286 f.; Hushahn, RNotZ 2014, 137, 151; Heckschen, ZIP 2015, 2049, 2057; vgl. für die GmbH auch Seibold, ZIP 2017, 456, 460.
857 Frank, Formwechsel im Binnenmarkt, 2016, S. 286.
858 Frank, Formwechsel im Binnenmarkt, 2016, S. 286; ausführlich auch zu ggf. weiteren vorzulegenden Unterlagen Stiegler, Grenzüberschreitende Sitzverlegungen nach deutschem und europäischem Recht, 2017, S. 370 ff.
859 EuGH, Urt. v. 12.07.2012 – C-378/10, Rs. VALE, NJW 2012, 2715.
860 Heckschen, ZIP 2015, 2049, 2057; Frank, Formwechsel im Binnenmarkt, 2016, S. 286.

Bescheinigung umfassende Bindungswirkung entfaltet, soweit sie nicht offensichtlich unrichtig ist.[861] Ohne dass eine Bescheinigung nach Art. 8 Abs. 8 SE-VO vorliegt, sollte daher das deutsche Registergericht die Eintragung auch nicht vornehmen.[862]

Das Registergericht prüft jedoch die Voraussetzungen der Gründung des neuen Rechtsträgers und die sonstigen nach deutschem Recht zu beachtenden Vorschriften des UmwG (Rdn. 271 ff.).[863] Die Registergerichte hören zusätzlich offenbar regelmäßig die zuständige IHK an.[864] Etwaige Fragen der **Mitbestimmung** (dazu auch Rdn. 303 f.) der Ausgangsgesellschaft unterliegen grds. dem Recht des Herkunftsstaates, sodass das Registergericht hieran keine Anforderungen zu stellen hat, zumal ohnehin die neue Gesellschaft dem deutschen Mitbestimmungsrecht unterliegt.[865]

Liegen die Voraussetzungen für den konkreten Formwechsel vor, trägt das Registergericht diesen nach § 198 Abs. 2 Satz 5 UmwG analog in das für die Zielrechtsform zuständige Register mit einem Hinweis auf die ausländische Ausgangsrechtsform ein.[866] Diese Eintragung ist für den Formwechsel nach § 202 Abs. 2 UmwG analog konstitutiv.[867] Der Formwechsel ist als Neueintragung nach § 201 UmwG analog i.V.m. § 10 HGB bekanntzumachen.[868]

▶ Hinweis:

Das Company Law Package (hierzu allgemein Rdn. 12 ff.) sieht für die grenzüberschreitende Sitzverlegung in Art. 86m–86p GesellschaftsrechtsRL ein zweistufiges Rechtmäßigkeitskontrollverfahren vor.

Die Art. 86m u. 86n GesellschaftsrechtsRL regeln die Prüfung der Rechtmäßigkeit einer grenzüberschreitenden Sitzverlegung durch die zuständige Behörde des Wegzugsmitgliedstaates. Dieser Mitgliedstaat prüft, ob das der grenzüberschreitenden Sitzverlegung nach nationalem Recht vorangehende Verfahren durchgeführt wurde. Insbesondere überprüft die zuständige Behörde, ob die Gesellschaft alle Verfahrenshandlungen durchgeführt und alle Formalitäten beachtet hat. In Deutschland wird diese Behörde konsequenterweise das Registergericht sein.[869] Nach Art. 86m Abs. 2 GesellschaftsrechtsRL sind hierfür der Verlegungsplan, die Verlegungsberichte, der Verlegungsprüfungsbericht und Informationen zum Zustimmungsbeschluss der Gesellschafterversammlung einzureichen. All diese Informationen und Dokumente müssen grund-

---

861 Hushahn, RNotZ 2014, 137, 149 f. m.w.N.; Frank, Formwechsel im Binnenmarkt, 2016, S. 288 f. weist auf die praktischen Schwierigkeiten für das Registergericht hierbei hin; einschränkend wohl Krafka/Kühn, RegisterR, Rn. 1211e f.: Möglichkeit des Registergerichts von einer Prüfung der Einhaltung der ausländischen Vorschriften abzusehen.
862 S.a. zum umgekehrten Fall einer Eintragung in Italien ohne Bescheinigung aus Deutschland OLG Frankfurt, Beschl. v. 03.01.2017 – 20 W 88/15, DNotZ 2017, 381 m.Anm. Knaier; dazu auch Rdn. 64 f.
863 Frank, Formwechsel im Binnenmarkt, 2016, S. 289; zu den Einzelheiten Seibold, ZIP 2017, 456, 460 ff.
864 Vgl. Seibold, ZIP 2017, 456, 461; Heckschen, ZIP 2015, 2049, 2058.
865 Krebs, GWR 2014, 144, 146; dazu auch Heckschen, ZIP 2015, 2049, 2058.
866 Krafka/Kühn, RegisterR, Rn. 1211g; Frank, Formwechsel im Binnenmarkt, 2016, S. 291.
867 OLG Nürnberg, Beschl. v. 19.06.2013 – 12 W 520/13, DNotZ 2014, 150, 155 m.Anm. Hushahn.
868 Krafka/Kühn, RegisterR, Rn. 1211g; Frank, Formwechsel im Binnenmarkt, 2016, S. 293; Stiegler, Grenzüberschreitende Sitzverlegungen nach deutschem und europäischem Recht, 2017, S. 384.
869 Das Registergericht ist in Deutschland auch zuständig für die Überprüfung der Voraussetzungen der grenzüberschreitenden Verschmelzung und die Erstellung der Verschmelzungsbescheinigung, § 122k Abs. 1, 2 UmwG. Zudem ist der innerstaatliche Formwechsel ebenfalls beim Handelsregister anzumelden, § 198 UmwG. Auch die bisher durchgeführten grenzüberschreitenden Formwechsel wurden über das Handelsregister abgewickelt. Eine Zuständigkeitszuweisung wäre daher nur konsequent.

sätzlich online eingereicht werden können (Art. 86m Abs. 3 GesellschaftsrechtsRL).[870] Nach Art. 86m Abs. 5 GesellschaftsrechtsRL sind die genannten Unterlagen zu überprüfen, ebenso wie die von Beteiligten übermittelten Bemerkungen, sowie ggf. die Angabe der Gesellschaft, dass die Verhandlungen über die Arbeitnehmerbeteiligung nach Art. 86l GesellschaftsrechtsRL begonnen haben. Die zuständige Behörde muss sich zudem davon überzeugen, dass es sich bei der geplanten Umwandlung nicht um ein artificial arrangement handelt. Hat die Behörde ernste Bedenken, dass es sich bei der grenzüberschreitenden Umwandlung um eine künstliche Gestaltung handeln könnte, kann sie eine eingehende Prüfung vornehmen. Nach Art. 86m Abs. 7 GesellschaftsrechtsRL hat das Registergericht für die Entscheidung in diesem regulären Prüfungsverfahren ab Erhalt der Information über den Verlegungsbeschluss einen Monat Zeit. Für die Entscheidung stehen dem Registergericht drei Optionen zur Verfügung: Zum einen die Ausstellung des pre-conversion certificate, wenn die grenzüberschreitende Sitzverlegung in den Anwendungsbereich der nationalen Umsetzungsvorschriften fällt und alle erforderlichen Verfahren und Formalitäten erledigt sind oder zum anderen die Ablehnung der Ausstellung der Vorabbescheinigung unter Angabe der Gründe hierfür, wenn die grenzüberschreitende Sitzverlegung nicht in den Anwendungsbereich der nationalen Umsetzungsvorschriften fällt bzw. wenn nicht alle Voraussetzungen erfüllt sind und die Gesellschaft diese auch innerhalb einer Nachfrist nicht erfüllt hat oder zum dritten die Einleitung einer eingehenden Prüfung nach Art. 86n GesellschaftsrechtsRL, wenn die zuständige Behörde ernsthafte Bedenken hat, dass es sich um ein artificial arrangement (Rdn. 282) handelt.

Entscheidet das Registergericht, in die eingehende Prüfung einzutreten, richtet sich diese nach Art. 86n. Art. 86n Abs. 1 stellt einen umfassenden Katalog an Anhaltspunkten auf, die bei der eingehenden Prüfung zu berücksichtigen sind. Genannt werden hier u.a. die Merkmale der Niederlassung in den betreffenden Mitgliedstaaten wie Gesellschaftszweck, Branche, Nettoumsatz, Zahl der Arbeitnehmer, Steuersitz, Vermögenswerte und ihre Belegenheit. Art. 86n Abs. 1 Unterabs. 2 GesellschaftsrechtsRL stellt jedoch klar, dass diese beispielhafte Aufzählung nur Anhaltspunkte im Rahmen der Gesamtprüfung sein können und nicht isoliert zu betrachten sind. Vielmehr hat das Registergericht daher alle relevanten Tatsachen und Umstände eingehend zu prüfen. Die eingehende Prüfung fußt grundsätzlich auch auf dem Bericht des independent expert. Jedoch kann das Registergericht die Gesellschaft und alle Personen, die nach Art. 86h Abs. 1 lit. c) GesellschaftsrechtsRL Bemerkungen übermittelt haben, anhören sowie nach Maßgabe des nationalen Rechts betroffene Dritte. In diesem Verfahren muss die abschließende Entscheidung über die Ausstellung der Vorabbescheinigung innerhalb von zwei Monaten ab Beginn der eingehenden Prüfung ergehen (Art. 86n Abs. 2 GesellschaftsrechtsRL).

In den Art. 86m u. 86n GesellschaftsrechtsRL kommt zum Ausdruck, dass sich die Kommission keinesfalls dem Vorwurf aussetzen will, durch eine gesteigerte Binnenmarktmobilität politisch verpönten »Umgehungsgestaltungen« Vorschub zu leisten. Leider wird diesbezüglich nur mit dem diffusen Begriff des artificial arrangement gearbeitet, anstatt tatsächliche Interessengefährdungen zu definieren. Aus Sicht der Arbeitnehmer stellt vor allem die isolierte Satzungssitzverlegung eine Gefahr dar, weil sich hierdurch die Rechtsform und damit nach derzeitiger deutscher Rechtslage die Mitbestimmungsregelung verändert.[871] Diesem Risiko versucht der Vorschlag mit der Verhandlungslösung (dazu Rdn. 304) zu begegnen.[872] Aus Gläubigersicht erschwert hingegen die Verlegung des Verwaltungssitzes möglicherweise den Zugriff auf das

---

870 Dies stellt eine erfreuliche konsequente Fortsetzung der neuen Vorgaben über die digitale Kommunikation mit Registern aus dem Kommissionsvorschlag betreffend den Einsatz digitaler Instrumente und Verfahren im Gesellschaftsrecht (COM[2018] 239 final) dar, dazu Knaier, GmbHR 2018, 560, 568.
871 A.A. aber Weller, in: FS Hommelhoff, 2012, S. 1275, 1286 ff., der die Mitbestimmung als zwingende Eingriffsnorm qualifiziert. Für eine Anknüpfung an den Arbeitsort de lege ferenda Teichmann, ZIP 2016, 899, 903.
872 Hierzu ausführlich Selent, NZG 2018, 1171; siehe auch Knaier, GmbHR 2018, 607, 621.

Gesellschaftsvermögen und ändert das anwendbare Insolvenzrecht.[873] Unter steuerlichen Gesichtspunkten kommt es zumeist auf die steuerliche Ansässigkeit an, welche zumeist mit dem Verwaltungssitz der Gesellschaft zusammenfallen dürfte. Insofern darf zumindest bezweifelt werden, ob die Missbrauchskontrolle des Kommissionsvorschlags hier hinreichend zwischen Satzungs- und Verwaltungssitzverlegung differenziert.

Wird das pre-conversion certificate durch das Registergericht erstellt, ist sie nach Art. 86o Abs. 2 GesellschaftsrechtsRL der zuständigen Prüfbehörde im Zuzugsstaat zu übermitteln. Wie bei der Verschmelzungsbescheinigung (Rdn. 166) sind die Beschlüsse über die Ausstellung oder Versagung des pre-conversion certificate über das BRIS zugänglich zu machen.

Im Zuzugsmitgliedstaat überprüft die dort zuständige Behörde die Rechtmäßigkeit der grenzüberschreitenden Sitzverlegung im Hinblick auf die Verfahrensabschnitte, für die das Recht des Zuzugsmitgliedstaates maßgebend ist. Dies wird insbesondere die Vorschriften zur Errichtung des Zielrechtsträgers umfassen.[874] Die Regelung zu Prüfverfahren und Prüfprogramm entspricht weitgehend derjenigen in Art. 128 GesellschaftsrechtsRL für die grenzüberschreitende Verschmelzung. Zusätzlich hat die im Zuzugsstaat zuständige Behörde jedoch unverzüglich den Eingang des pre-conversion certificate und der übrigen erforderlichen Informationen und Unterlagen zu bestätigen (Art. 86o Abs. 4 GesellschaftsrechtsRL). Erfreulicherweise stellt Art. 86o Abs. 5 GesellschaftsrechtsRL klar, dass das pre-conversion certificate aus dem Herkunftsstaat von der im Zuzugsstaat zuständigen Behörde als schlüssiger Beweis für den ordnungsgemäßen Verfahrensablauf nach dem nationalen Recht des Wegzugsmitgliedstaates anzuerkennen ist, ohne den die grenzüberschreitende Umwandlung nicht genehmigt werden kann. Das pre-conversion certificate ist somit verbindlich im Hinblick auf die Erfüllung der Voraussetzungen der grenzüberschreitenden Sitzverlegung im Herkunftsstaat. Zugleich dürfte eine Eintragung im Zuzugsstaat ohne pre-conversion certificate zur Nichtigkeit des Formwechsels führen. Durch diese begrüßenswerte Regelung werden unzulässige (verfrühte) Voreintragungen im Zuzugsstaat verhindert, mit denen bisher in Einzelfällen Schutzmechanismen des Herkunftsstaates umgangen und Gesellschaften von anderen Mitgliedstaaten »gekapert«[875] werden konnten.[876] Ein fehlerhaftes oder unvollständiges pre-conversion certificate dürfte die Eintragung im Zuzugsstaat hingegen nicht nichtig machen. Vielmehr darf sich die zuständige Behörde im Zuzugsstaat darauf verlassen, dass das pre-conversion certificate aus dem Wegzugsstaat verbindlich die ordnungsgemäße Verfahrensdurchführung bescheinigt bzw. etwaige Fehler durch diese Bescheinigung »geheilt« werden, vergleichbar dem deutschen § 202 UmwG.[877]

---

873 S. zur Anknüpfung der internationalen Zuständigkeit für das Insolvenzverfahren an das Centre of Main Interests (COMI) und des Verhältnis zu Satzungs- und Verwaltungssitz bei Gesellschaften Thole, in: Münch.Komm.InsO, 3. Aufl. 2016, Art. 3 EUInsVO Rn. 3, 8; Mankowski, in: Mankowski/Müller/J. Schmidt, EuInsVO 2015, 1. Aufl. 2016, Art. 3 Rn. 44 ff.; Tashiro/Delzant, in: Braun, InsO, 7. Aufl. 2017, Art. 3 EuInsVO Rn. 11 ff.
874 S. etwa Frank, Formwechsel im Binnenmarkt, 2016, S. 254; Krafka/Kühn, Registerrecht, 10. Aufl. 2017, Rn. 1211c; Stiegler, KSzW 2014, 107, 116.
875 So die Formulierung bei Teichmann, ZIP 2017, 1190, 1191; s. auch Knaier/Pfleger, GmbHR 2017, 859, 866: Annexion durch bloße Eintragung.
876 So etwa der Fall des OLG Frankfurt a. M. v. 3.1.2017 – 20 W 88/15, GmbHR 2017, 420 = DNotZ 2017, 381 m. krit. Anm. Knaier, in denen eine vorauseilende Eintragung in Italien zu einem wirksamen Herausformwechsel einer deutschen GmbH geführt hat, ohne dass etwaige Schutzvorschriften zugunsten von Gläubigern, Gesellschaftern oder Arbeitnehmern geprüft werden konnten. Kritisch dazu Teichmann, ZIP 2017, 1190 ff.; Knaier/Pfleger, GmbHR 2017, 859, 866 f.; Heckschen/Strnad, notar 2018, 83, 84; Hushahn, RNotZ 2017, 263, 264; Stiegler, GmbHR 2017, 392, 394 f.
877 In diese Richtung schon Knaier/Pfleger, GmbHR 2017, 859, 867 nach den Vorgaben des EuGH zum grenzüberschreitenden Formwechsel. Falsch ist dagegen die analoge Anwendung von § 202 UmwG, wenn überhaupt keine Bescheinigung vorliegt, so aber OLG Frankfurt a. M. v. 3.1.2017 – 20 W 88/15, GmbHR 2017, 420.

Art. 86r GesellschaftsrechtsRL bestimmt, dass die grenzüberschreitende Sitzverlegung an dem Tag wirksam wird, an dem die Gesellschaft nach der in Art. 86p GesellschaftsrechtsRL genannten Rechtmäßigkeitsprüfung und Genehmigung im Zuzugsmitgliedstaat eingetragen wird. Auf die Löschung im Register des Wegzugsstaates kommt es daher nicht an. Dies ist jedoch insofern unbedenklich, als die Vorabbescheinigung aus dem Wegzugsmitgliedstaates obligatorische Voraussetzung für die Eintragung im Zuzugsstaat ist und so kein Raum für die Aushebelung von Mechanismen zum Schutz bestimmter stakeholder im Wegzugsstaat verbleiben dürften.[878]

Art. 86q GesellschaftsrechtsRL entspricht für die Eintragung der grenzüberschreitenden Sitzverlegung im Wesentlichen der Regelung für die grenzüberschreitende Verschmelzung nach Art. 130 GesellschaftsrechtsRL. Zusätzlich bestimmt Art. 86q Abs. 2 GesellschaftsrechtsRL jedoch, dass einige grundlegende Informationen der Gesellschaft in das Register eingetragen und über das BRIS kostenfrei zugänglich gemacht werden müssen.

Art. 86s stellt die Wirkungen der grenzüberschreitenden Sitzverlegung dar. Unglücklicherweise werden hierbei jedoch schlicht die Formulierungen angeführt, wie sie auch für die grenzüberschreitende Verschmelzung gewählt wurden, obwohl derselbe Rechtsträger in anderer Form weiterbesteht und gerade kein neuer Rechtsträger auftritt. Aktiva, Passiva und Arbeitsverhältnisse werden nicht »transferred«, also übertragen, und die Gesellschafter des formwechselnden Rechtsträgers sind bereits an dem umgewandelten Rechtsträger beteiligt.[879] Hier besteht im weiteren Normgebungsverfahren Klarstellungsbedarf.

VIII. Schutzvorschriften zugunsten bestimmter Gruppen

An verschiedenen Stellen des grenzüberschreitenden Sitzverlegungsverfahrens können Schutzvorschriften zugunsten bestimmter Gruppen, wie Gläubigern, Arbeitnehmern oder Minderheitsgesellschaftern zu beachten sein.[880]

1. Minderheitenschutz

Einigkeit besteht in der Literatur, dass die Fragen des Minderheiten- und Gläubigerschutzes ebenfalls in Anlehnung an die bestehenden Vorschriften getroffen behandelt werden sollten. Nach § 207 Abs. 1 Satz 1 UmwG hat der formwechselnde Rechtsträger jedem Anteilsinhaber, der gegen den Umwandlungsbeschluss Widerspruch zur Niederschrift erklärt, den Erwerb seiner umgewandelten Anteile der Mitgliedschaften gegen eine angemessene Barabfindung anzubieten. Zu dieser Frage hat das OLG Nürnberg (Rdn. 61) nicht zu entscheiden, da der Beschluss einstimmt gefasst wurde. Eine ähnliche Regelung sieht auch Art. 8 Abs. 5 SE-VO in Verbindung mit § 12 SE-AG vor. Angesichts der unter Umständen deutlich veränderten Rechtssituation nach ausländischem Recht, wird man auch beim grenzüberschreitenden Formwechsel ein derartiges Abfindungsgebot verlangen müssen.[881] Ein Verzicht auf Barabfindung ist allerdings wie bei § 29 UmwG durch notariell beurkundete Verzichtserklärung aller Anteilsinhaber möglich.

2. Gläubigerschutz

Für den Gläubigerschutz wird wohl § 204 UmwG anwendbar sein. Gem. § 204 UmwG i. V. m. § 22 UmwG ist den Gläubigern des formwechselnden Rechtsträgers auf Verlangen Sicherheit zu

---

[878] Dies gilt an sich auch nach dem grenzüberschreitenden Formwechselverfahren nach den Vorgaben des EuGH, vgl. ausführlich Knaier/Pfleger, GmbHR 2017, 859, 865 ff.
[879] Zu Recht kritisch daher auch J. Schmidt, Der Konzern 2018, 273, 283.
[880] Siehe zu den geplanten Schutzvorschriften zugunsten bestimmter Gruppen im Company Law Package (dazu Rdn. 12 ff.) J. Schmidt, Der Konzern 2018, 273, 284; Knaier, GmbHR 2018, 607, 618 ff.; Wachter, GmbH-StB 2018, 317, 321 f.; Noack/Kraft, DB 2018, 1577, 1580 ff.; Brandi, BB 2018, 2626, 2631 f.
[881] So auch Hushahn, RNotZ 2014, 143; Bungert, DB 2014, 761, 764; Widmann/Mayer/Vossius, § 191 UmwG Rn. 104 analog § 122i UmwG.

leisten, wenn sie glaubhaft machen, dass durch den Formwechsel die Erfüllung ihrer Forderung gefährdet wird. Art. 8 Abs. 7 SE-VO i. V. m. § 13 Abs. 1 Satz 3 SEAG und § 122j UmwG sehen Ähnliches vor.[882] In der Entscheidung Moor-Park II (dazu Rdn. 61) wurde ein entsprechender Vermerk im Handelsregister eingetragen.

3. Arbeitnehmerschutz

303 Schwierig einzuordnen sind Fragen des Arbeitnehmerschutzes und der -mitbestimmung. In der Entscheidung des OLG Nürnberg (Rdn. 61) spielte dies keine Rolle, da offenbar keine größere Anzahl von Arbeitnehmern und auch kein Betriebsrat vorhanden war. Gem. § 194 Abs. 2 UmwG ist der Entwurf des Umwandlungsbeschlusses spätestens einen Monat vor dem Tag der Versammlung der Anteilsinhaber, die den Formwechsel beschließen soll, dem zuständigen Betriebsrat des formwechselnden Rechtsträgers zuzuleiten. Durch die Pflicht soll ebenso wie bei der Verschmelzung der Betriebsrat in die Lage versetzt werden, die Rechte der Arbeitnehmer im Hinblick auf die Umwandlung wahrzunehmen. Dies wird man auch beim grenzüberschreitenden Formwechsel verlangen müssen.

304 Der Verschmelzungsplan bei einer internationalen Verschmelzung ist anders als der Verschmelzungsvertrag nach nationalem Umwandlungsrecht (§ 5 Abs. 3 UmwG) nicht dem Betriebsrat zuzuleiten. Stattdessen erfolgt bei grenzüberschreitender Verschmelzung eine Zuleitung des Verschmelzungsberichts nach § 122e Satz 2 UmwG n. F. Dieser ist dem zuständigen Betriebsrat oder, falls es keinen Betriebsrat gibt, den Arbeitnehmern der an der grenzüberschreitenden Verschmelzung beteiligten Gesellschaften spätestens einen Monat vor der Versammlung der Anteilsinhaber zugänglich zu machen. Auch hier empfiehlt sich ggf. beide Vorschriften einzuhalten. Zum Teil wird die Anwendung der Vorschriften über eine grenzüberschreitende Verschmelzung (MGVG) vorgeschlagen.[883]

Andere wiederum schlagen die Anwendung des § 18 Abs. 3 Satz 1 SEBG vor,.[884] Danach würde eine Verhandlungspflicht bestehen, wenn durch den Formwechsel Beteiligungsrechte gemindert werden können. Werden hingegen keine Beteiligungsrechte gemindert, gilt das Mitbestimmungsrecht des Zuzugsstaates nach Wirksamwerden des Formwechsels. Das OLG Nürnberg (Rdn. 61) verlangte dies hingegen nicht.

▶ Hinweis:

Das Company Law Package (hierzu allgemein Rdn. 12 ff.) trifft in Art. 86l GesellschaftsrechtsRL für die grenzüberschreitende Sitzverlegung eine Regelung zum Schutz der Arbeitnehmer und übernimmt bzgl. der Erhaltung der Mitbestimmung der Arbeitnehmer weitgehend das nach Art. 133 GesellschaftsrechtsRL für die grenzüberschreitende Verschmelzung geltende Konzept aus Verhandlungsmodell und Auffanglösung (zum Verfahren der Arbeitnehmerbeteiligung bei grenzüberschreitenden Verschmelzungen schon Rdn. 192 ff.).[885]

Teilweise weicht das neue Konzept jedoch ab.[886] Dies betrifft zunächst den auslösenden Tatbestand des Art. 86l Abs. 2 GesellschaftsrechtsRL. Diesem zufolge kommt es zum Eingreifen des Verhandlungsmodells, wenn die sich spaltende Gesellschaft in den letzten sechs Monaten vor

---

882 Vgl. Hushahn, RNotZ 2014, 143; Bungert, DB 2014, 764; Widmann/Mayer/Vossius, § 191 UmwG Rn. 142 ff.
883 Teichmann/Ptak, RIW 2010, 817, 820.
884 Hushahn, RNotZ 2014, 144; ders., notar 2014, 176.
885 Hierzu Lutter/Bayer/J. Schmidt, Europäisches Unternehmens- und Kapitalmarktrecht, § 22 Rn. 22. 159 ff.
886 Ausführlich hierzu Selent, NZG 2018, 1171; siehe auch ZHR 2018, 495; J. Schmidt, Der Konzern 2018, 273, 284; Knaier, GmbHR 2018, 607, 622; Brandi, BB 2018, 2626, 2632; dazu auch Teichmann, Grundlinien eines Europäischen Umwandlungsrechts, erscheint in NZG 2019.

Veröffentlichung des Spaltungsplans eine durchschnittliche Zahl von Arbeitnehmern beschäftigt, die vier Fünfteln des in ihrem nationalen Recht vorgesehenen Schwellenwerts für das Eingreifen einer Form der Arbeitnehmermitbestimmung vorsieht. Anders als bei der grenzüberschreitenden Verschmelzung ist nicht der feste Schwellenwert von 500 Arbeitnehmern entscheidend. Bei einer deutschen Gesellschaft die ihren Sitz verlegt würde das Verhandlungsmodell somit ab durchschnittlich 400 Arbeitnehmern[887] eingreifen. Zudem gibt es für die Verhandlungsorgane der Gesellschaft die ihren Sitz verlegt nicht wie in Art. 133 Abs. 4 lit. a) GesellschaftsrechtsRL die Möglichkeit, ohne vorherige Verhandlungen unmittelbar die Auffanglösung zu wählen.[888]

Die Mitbestimmungsfrage erwies sich bereits bei den bislang nicht erfolgreichen Vorschlägen zur SPE[889] und zur SUP[890] als Stolperstein, weshalb dieser Aspekt möglicherweise auch für den Vorschlag zur grenzüberschreitenden Sitzverlegung eine politische Hürde darstellen wird.[891]

4. Weitergehende materielle Schutzvorschriften

Das OLG Nürnberg (Rdn. 61) hatte darauf hingewiesen, dass die Eintragung auch das Vorhandensein eines ausreichenden Stammkapitals erfordere. In der Literatur wurde bereits vor der OLG-Nürnberg-Entscheidung verlangt, dass die Gründungsvoraussetzungen der Zielrechtsform beachtet werden müssen.[892]

305

In § 197 UmwG ist allgemein geregelt, dass auf den Formwechsel die für die neue Rechtsform geltenden Gründungsvorschriften grundsätzlich anzuwenden sind. Der Formwechsel einer deutschen Gesellschaft wird durch eine analoge Anwendung des § 197 UmwG sichergestellt. Dies bedeutet namentlich, dass die Regelungen über die Errichtung der Gesellschaft sowie die Aufbringung des vorgesehenen Kapitals eingehalten werden müssen.

306

Analog § 220 Abs. 2 UmwG ist daher beim Formwechsel in eine GmbH immer ein Sachgründungsbericht erforderlich. Der Sachgründungsbericht nach § 5 Abs. 4 Satz 2 GmbH i. V. m. § 197 UmwG hat die Aufgabe plausibel zu machen, welche Überlegungen für den Einlagewert des Vermögens der formwechselnden Gesellschaft sprechen. Durch ihn soll insbesondere die Werthaltigkeit im Hinblick auf § 220 UmwG nachgewiesen werden. Der Bericht bedarf der Schriftform und ist von den Gründern (§ 219 UmwG) zu unterschreiben. Gem. § 220 Abs. 2 UmwG

---

887 § 1 Abs. 1 DrittelbG stellt für das Eingreifen der Arbeitnehmermitbestimmung auf eine Zahl von 500 Arbeitnehmern ab. 4/5 hiervon sind 400 Beschäftigte.
888 Dies kritisiert J. Schmidt, Der Konzern 2018, 273, 281 f. im Hinblick auf die zu befürchtende Verzögerung der Verfahren der grenzüberschreitenden Sitzverlegung und der grenzüberschreitenden Spaltung.
889 Ausführlich zu den Problemen mit dem Arbeitnehmermitbestimmungskonzept in der SPE Pfleger, Die Problematik der unternehmerischen Mitbestimmung in der Europäischen Privatgesellschaft (SPE), 2014, abrufbar unter: https://opus.bibliothek.uni-wuerzburg.de/opus4-wuerzburg/frontdoor/deliver/index/docId/9735/file/Pfleger_SPE-Mitbestimmung_WAWR04_pdfA.pdf (Stand: 29.5.2018).
890 Siehe etwa Verse/Wiersch, EuZW 2016, 330, 336 f. zur Leidensgeschichte des SUP-Vorschlags.
891 S. schon Knaier, GmbHR 2018, R148, R149; Knaier, GmbHR 2018, 607, 612; ebenso Wachter, GmbH-StB 2018, 214, 215; optimistischer Bungert/Wansleben, DB 2018, 2094, 2095: »Informationen aus Brüssel zufolge erwartet die Kommission ein zügiges Rechtsetzungsverfahren, sodass das Paket womöglich innerhalb eines Jahres verabschiedet werden könnte.«, die jedoch als Quellenangabe in Fn. 17 lediglich auf Knaier, GmbHR 2018, 607, 612 verweisen, der gerade von einer längeren Verhandlungsphase ausgeht; Selent, NZG 2018, 1171, 1176 mit Fn. 76 betont die politische Chance des Mitbestimmungsverfahrens nach dem Vorbild der SE-Beteiligung; Pfleger, Die Problematik der unternehmerischen Mitbestimmung in der Europäischen Privatgesellschaft (SPE), 2014, URN: urn:nbn:de:bvb:20-opus-97350 stellt die SPE-Mitbestimmung als Hemmschuh für das Gesamtprojekt dar; politische Probleme sieht in diesem Zusammenhang auch J. Schmidt, Der Konzern 2018, 273, 281 f.
892 Schön, ZGR 2013, 333, 360.

sind darüber hinaus der Geschäftsverlauf und die Lage der formwechselnden Gesellschaft darzulegen. In der OLG Nürnberg-Entscheidung wurde ein solcher vorgelegt.

5. Tatsächliche wirtschaftliche Tätigkeit im Zuzugstaat

307 Erst kürzlich wurde in der Rs. »Polbud« (dazu Rdn. 34 ff.) vom EuGH die Frage entschieden, ob eine tatsächliche wirtschaftliche Aktivität im Zuzugsstaat seitens der formwechselwilligen Gesellschaft bestehen oder angestrebt werden muss oder ob auch eine isolierte Satzungssitzverlegung möglich ist.[893] Zuvor wurde nicht zuletzt aus Gründen der Rechtssicherheit empfohlen den Verwaltungssitz der Gesellschaft in den Zielstaat zu verlegen.[894] Dies sollte nicht nur aus unternehmerischer Perspektive eine ausreichende Grundlage für die wirtschaftliche Entscheidung, das Unternehmen in eine Rechtsform des Auslandes umzuwandeln bieten, vielmehr sollte dadurch – wie in der »Moor-Park-II«-Entscheidung des OLG Nürnberg[895] angedeutet (dazu Rdn. 61) – den Formwechsel im Zielstaat erleichtert werden. Falls eine Verlegung des Verwaltungssitzes nicht vor der Verlegung des Satzungssitzes durchführbar war, sollte zumindest im Herkunftsstaat eine Versicherung über die angestrebte wirtschaftliche Tätigkeit im Zuzugsstaat abgegeben werden.[896]

Diese frühere Meinung bezog sich wesentlich auf die Einschränkung in der VALE Entscheidung des EuGH (Rdn. 27 ff.), der dort entschieden hat:

> »In Bezug auf das Vorliegen einer Beschränkung der Niederlassungsfreiheit ist darauf hinzuweisen, dass der Niederlassungsbegriff im Sinne der Bestimmungen des Vertrags über die Niederlassungsfreiheit die tatsächliche Ausübung einer wirtschaftlichen Tätigkeit mittels einer festen Einrichtung im Aufnahmemitgliedstaat auf unbestimmte Zeit impliziert. Daher setzt er eine tatsächliche Ansiedlung der betreffenden Gesellschaft und die Ausübung einer wirklichen wirtschaftlichen Tätigkeit in diesem Staat voraus (Urteil vom 12. September 2006, Cadbury Schweppes und Cadbury Schweppes Overseas, C-196/04, Slg. 2006, I-7995, Randnr. 54 und die dort angeführte Rechtsprechung).«

308 Der EuGH[897] (ausführlich Rdn. 34 ff.) stellte fest, dass der Anwendungsbereich der Niederlassungsfreiheit eröffnet ist, wenn eine Gesellschaft einen grenzüberschreitenden Formwechsel mit dem Ziel anstrebt, mit der künftig ausländischem Recht unterliegenden Gesellschaft eine inländische Niederlassung zu betreiben.[898] Der grenzüberschreitende Formwechsel setzt dabei nicht voraus, dass im Zuzugstaat der Verwaltungssitz angesiedelt wird. Der Zuzugstaat kann eine solche Anforderung allerdings festlegen. Denn jeder Mitgliedstaat entscheidet autonom über das Anknüpfungskriterium, das für eine Anwendung des eigenen Gesellschaftsrechts erfüllt sein muss. Im Verlegungsplan sollte nun keine Klausel mehr über eine (angestrebte) wirtschaftliche Tätigkeit

---

893 Zum Streitstand vor der »Polbud«-Entscheidung (dazu Rdn. 34 ff.) Franz, EuZW 2016, 930, 935; Behme, Rechtsformwahrende Sitzverlegung, 2015, S. 150 ff., jew. m.w.N.; siehe auch noch die Schlussanträge der GA Kokott v. 04.05.2017, ZIP 2017, 1319, in denen schon die bloße Absicht einer geschäftlichen Aktivität am Zielort ausreichen soll (Rn. 36), allgemein Nentwig, GWR 2017, 261; zustimmend Stiegler, GmbHR 2017, 650; grds. ebenfalls zustimmend Wicke, NZG 2017, 701, jedoch einen »ernst zu nehmenden genuine link« fordernd; kritisch Ego, DB 2017, 1318.
894 Sehr str.: dafür Heckschen, ZIP 2015, 2049, 2054 ff. m.w.N. auch der Gegenmeinung; jedenfalls für die Satzungssitzverlegung in einen Sitztheoriestaat ist dies dringend zu empfehlen.
895 OLG Nürnberg, Beschl. v. 19.06.2013 – 12 W 520/13, DNotZ 2014, 150 m.Anm. Hushahn.
896 Heckschen, ZIP 2015, 2049, 2062; dazu ausführlich Wasmeier, Grenzüberschreitende Umstrukturierung von Kapitalgesellschaften, 2014, S. 134 ff.; kritisch Behme, Rechtsformwahrende Sitzverlegung, 2015, S. 151 ff.
897 Ausführlich zu den einzelnen Vorlagefragen Teichmann/Knaier, GmbHR 2017, 1314, 1316 f.; Oplustil/Sikora, EWS 2017, 134 ff.
898 Teichmann/Knaier, GmbHR 2017, 1314, 1320; vgl. hierzu bereits die von Schön, ZGR 2013, 333, 354 angestellten Überlegungen, wonach der angestrebte Zustand entscheidend sei und nicht der Weg dorthin.

im Zuzugsstaat aufgenommen werden, ebenso wenig wie dies bei der Anmeldung der grenzüberschreitenden Sitzverlegung versichert werden sollte (dazu die Muster in den Rdn. 382 f.).

D. Verlegung der Geschäftsanschrift

Nach §§ 8 Abs. 4 Nr. 1, 10 Abs. 1 GmbHG und §§ 37 Abs. 2 Nr. 2, 39 Abs. 1 Satz 1 AktG muss die Gesellschaft bei der Anmeldung zum Handelsregister eine inländische Geschäftsanschrift angeben, die auch zur Anmeldung im Handelsregister anzumelden ist. Die Eintragung der inländischen Geschäftsanschrift zieht die unwiderlegliche Vermutung nach sich, dass unter dieser Vertreter der Gesellschaft erreichbar sind.[899] Die inländische Geschäftsanschrift kann frei gewählt werden und muss nicht mit dem Satzungs- oder Verwaltungssitz übereinstimmen.[900] Nachdem sie auch kein Satzungsbestandteil ist, kann sie auch jederzeit frei ohne Satzungsänderung verlegt werden, muss dann aber nach § 31 Abs. 1 HGB zum Handelsregister angemeldet werden.[901] Die Regelungen für GmbH und AG sehen jedoch zwingend eine inländische Geschäftsanschrift vor, sodass von vorneherein eine Verlegung dieser ins Ausland nicht in Betracht kommt.

309

---

[899] Ulmer/Löbbe, in: Ulmer/Habersack/Löbbe, GmbHG, § 4a Rn. 13; Pentz, in: MünchKommAktG, § 37 Rn. 52; zu den Modalitäten der Eintragung und Einsicht bei der inländischen Geschäftsanschrift Tebben, in: Michalski/Heidinger/Leible/J. Schmidt, GmbHG, § 8 Rn. 48.
[900] Blasche, GWR 2010, 25, 27; Stenzel, NZG 2011, 851; KG, Beschl. 26.03.2012 – 25 W 38/10, DStR 2012, 2346, 2347.
[901] Teichmann, in: Süß/Wachter, Hdb internationales GmbH-Recht, § 4 Rn. 14; Wicke, GmbHG, § 8 Rn. 17; dies kann auch durch ein Zwangsgeld nach § 14 HGB, §§ 388 ff. FamFG erzwungen werden, vgl. Tebben, in: Michalski/Heidinger/Leible/J. Schmidt, GmbHG, §8 Rn. 50.

Kapitel 5 Grenzüberschreitende Spaltungen in der EU

Übersicht
		Rdn.
A.	**Überblick und Grundlagen**	310
B.	**Spaltungsfähige Rechtsträger**	320
C.	**Spaltungsplan**	322
D.	**Spaltungsbericht**	325
E.	**Spaltungsprüfung**	327
F.	**Spaltungsbeschluss**	329
G.	**Abschluss der Spaltung und Rechtswirkungen**	331
H.	**Arbeitnehmerschutz und Arbeitnehmermitbestimmung**	334

A. Überblick und Grundlagen

310 Die grenzüberschreitende Spaltung ist **durch die Umsetzung der Verschmelzungsrichtlinie nicht geregelt** worden.[902] Für die grenzüberschreitende Spaltung besteht derzeit auch kein sekundärrechtlicher Rahmen (zur geplanten Kodifizierung durch das Comapny Law Package Rdn. 12 ff.).

▶ Hinweis:

Derzeit deutet sich jedoch an, dass ein sekundärrechtlicher Rahmen für grenzüberschreitende Spaltungen alsbald geschaffen werden könnte.

Das Company Law Package der Europäischen Kommission (hierzu allgemein Rdn. 12 ff.) sieht nun in Anlehnung an die Regeln über grenzüberschreitende Verschmelzungen und den bestehenden Rechtsrahmen für innerstaatliche Spaltungen (s. Rdn. 9 und zum jetzigen Standort in der Richtlinie über bestimmte Aspekte des Gesellschaftsrechts Rdn. 11) Regeln zur grenzüberschreitenden Spaltung in den neu einzufügenden Art. 160a – 160w der GesellschaftsrechtsRL vor.[903] Je nach Verhandlungsfortschritt könnten die entsprechenden Änderungen der GesellschaftsrechtsRL[904] schon in naher Zukunft wirksam werden und müssten vom deutschen Gesetzgeber umgesetzt werden. In den Ausführungen zur grenzüberschreitenden Spaltung wird daher im Folgenden in Form von Hinweisen auch schon auf mögliche Rechtsentwicklungen auf unionaler Ebene Bezug genommen.

311 In der Literatur wird die »SEVIC«-Entscheidung (dazu Rdn. 23 ff.) als Votum auch für die Zulassung grenzüberschreitender Spaltungen gesehen.[905] Der EuGH führte im »SEVIC«-Urteil unter Erwägungsgrund 19 aus:

»Grenzüberschreitende Verschmelzungen entsprechen wie andere Gesellschaftsumwandlungen den Zusammenarbeits- und Umgestaltungsbedürfnissen von Gesellschaften mit Sitz in verschiedenen Mitgliedstaaten. Sie stellen besondere, für das reibungslose Funktionieren des Binnenmarktes wichtige Modalitäten der Ausübung der Niederlassungsfreiheit dar und gehören damit zu den wirtschaftlichen Tätigkeiten, hinsichtlich derer die Mitgliedstaaten die Niederlassungsfreiheit nach Art. 43 EG beachten müssen.«

---

902 Widmann/Mayer/Heckschen, Umwandlungsrecht, Vor §§ 122a ff. UmwG Rn. 85, § 122a Rn. 48 ff.; Kallmeyer/Marsch-Barner, Vor §§ 122a ff. UmwG Rn. 11.
903 COM(2018) 241 final, S. 7 f.; hierzu ausführlich Bungert/Wansleben, DB 2018, 2094; Knaier, GmbHR 2018, 607, 622 ff.; J. Schmidt, Der Konzern 2018, 273, 274 ff.; Wachter, GmbH-StB 2018, 317, 329 ff.; Noack/Kraft, DB 2018, 1577, 1578 ff.
904 Zur Regelungstechnik im Vorschlag ausführlich Knaier, GmbHR 2018, 607, 612.
905 Krause/Kulpa, ZHR 171, 2007, 38, 46; Spahlinger/Wegen, NZG 2006, 727; Kallmeyer/Kappes, AG 2006, 224, 234; Kallmeyer/Marsch-Barner, Vor §§ 122a ff. UmwG Rn. 11 ff.; Lutter/Drygala, § 1 UmwG Rn. 20; Veil, Der Konzern 2007, 98, 105; Thümmel/Hack, Der Konzern 2009, 1, 5; Drinhausen, in: Semler/Stengel, UmwG Einl C Rn. 28; Knaier, in: Würzburger NotHdb, Teil 5 Kap. 6 Rn. 417.

Dementsprechend folgt die Literatur, dass auch Spaltungen vom Urteil als erfasst anzusehen seien,[906] womit die grenzüberschreitende Spaltung möglich ist, wenn die beteiligten Rechtsordnungen das Institut der innerstaatlichen Spaltung zulassen (s.a. Rdn. 9).[907]

312

▸ Hinweis:

Das Company Law Package (hierzu allgemein Rdn. 12 ff.) sieht eine Einschränkung der Zulässigkeit vor, wenn eine grenzüberschreitende Spaltung lediglich ein sog. »artificial arrangement«[908] darstellt und damit einzig dazu dient, unrechtmäßige Steuervorteile zu erlangen oder die gesetzlichen oder vertraglichen Rechte der Arbeitnehmer, Gläubiger oder Minderheitsgesellschafter unrechtmäßig zu beschneiden (Art. 160d Abs. 3 GesellschaftsrechtsRL). Eine weitere Konkretisierung erfolgt nicht. Im weiteren Verfahren wäre eine solche jedoch sinnvoll, ggf. muss der nationalen Gesetzgeber nachbessern, um Rechtssicherheit zu gewährleisten.

313

Der Kommissionsvorschlag greift hier in zweifacher Hinsicht die Rechtsprechung des EuGH auf.[909] In den Entscheidungen »Centros« (Rdn. 18 f.), »Inspire Art« (Rdn. 17) und »Polbud« (dazu Rdn. 34 ff.) wies der Gerichtshof bereits darauf hin, dass die Berufung auf die Niederlassungsfreiheit ausgeschlossen ist, wenn im Einzelfall ein Missbrauch nachgewiesen wird.[910] In der Entscheidung »Cadbury Schweppes«[911] stellte der EuGH zudem klar, dass Beschränkungen der Niederlassungsfreiheit insbesondere dann gerechtfertigt sein können, wenn der Mitgliedstaat durch seine Maßnahmen rein künstliche Gestaltungen verhindern will. Diese Einschränkung wird für die grenzüberschreitende Verschmelzung im Company Law Package jedoch nicht getroffen.[912] Im weiteren Normgebungsverfahren sollte diese Lücke geschlossen werden, um keine Anreize für Umgehungskonstruktionen zu setzen.[913]

In den bisherigen Verhandlungen über das Company Law Package trat zudem die Frage auf, ob die Figur des »artificial arrangement« überhaupt von der Rechtsgrundlage, auf welche die Kommission das Company Law Package stützt (dazu Rdn. 14), gedeckt sei oder ob nicht vielmehr hier eine steuerrechtliche Regelung in einen gesellschaftsrechtlichen Zusammenhang untergeschoben wird.[914] Es bleibt daher abzuwarten, ob die Bereichsausnahme letztlich nicht doch noch gestrichen wird.

---

906 Meilicke/Rabback, GmbHR 2006, 123, 126; Geyrhalter/Weber, DStR 2006, 146, 150; Kallmeyer/Kappes, AG 2006, 224, 234; für Hineinspaltungen auch Bungert, BB 2006, 53, 55; Leible/Hoffmann, RIW 2006, 161, 165; Gottschalk, EuZW 2006, 83, 84; Kallmeyer/Marsch-Barner, Vor §§ 122a ff. UmwG Rn. 11 ff.; Lutter/Drygala, § 1 UmwG Rn. 18, 20; Veil, Der Konzern 2007, 98, 105; Thümmel/Hack, Der Konzern 2009, 1, 5.
907 Kleba, RNotZ 2016, 273, 275 f.; ausführlich Prüm, Die grenzüberschreitende Spaltung, 2006, S. 108 ff.; Hoffmann, in: MünchHdbGesR, Bd. 6, § 56 Rn. 14 ff.; Knaier, in: Würzburger NotHdb, Teil 5 Kap. 6 Rn. 417 ff.
908 Zu dieser Rechtsfigur Bungert/Wansleben, DB 2018, 2100; Knaier, GmbHR 2018, 607, 622, 618; J. Schmidt, Der Konzern 2018, 273, 276; Schollmeyer, NZG 2018, 977; Noack/Kraft, DB 2018, 1577, 1580.
909 So die Erläuterung zu Art. 86c, COM(2018) 241 final, S. 22 f.
910 Vgl. EuGH v. 9.3.1999 – C-212/97 – Centros, GmbHR 1999, 474, Rn. 25; v. 30.9.2003 – C-167/01 – Inspire Art, GmbHR 2003, 1260 m. Komm. W. Meilicke, Rn. 143; EuGH v. 25.10.2017 – C-105/16 – Polbud, GmbHR 2017, 1261 m. Komm. Bochmann/Cziupka, Rn. 39, 60.
911 EuGH v. 12.9.2006 – C-196/04, GmbHR 2006, 1049 m. Komm. Kleinert, Rn. 51.
912 Dazu Knaier, GmbHR 2018, 607, 622, 618.
913 Dies betonen auch J. Schmidt, Der Konzern 2018, 273, 274, 276; Knaier, GmbHR 2018, 607, 622, 618; so auch die Forderung der Stellungnahme des DNotV zu den Vorschlägen der EU-Kommission zum Company Law Package, S. 30, abrufbar unter https://www.dnotv.de/wp-content/uploads/StN-Master-Company-Law-Package-2018–07–04_final.pdf (Stand: 05.11.2018); s. auch Teichmann, Grundlinien eines Europäischen Umwandlungsrechts, erscheint in NZG 2018.
914 Siehe hierzu die Diskussionsberichte zum 12. ECFR-Syposium, erscheint in ECFR 1/2019; dies kritisiert auch Schollmeyer, NZG 2018, 977, 978.

314 Bei der grenzüberschreitenden Spaltung ist zwischen der Hinein- und der Herausspaltung sowie zwischen der Abspaltung (Teil 3 Rdn. 23, 38 ff.) und der Aufspaltung (Teil 3 Rdn. 18, 23, 38 ff.) zu unterscheiden. Grundsätzlich ist grenzüberschreitend zudem eine Spaltung zur Neugründung (dazu Teil 3 Rdn. 231 ff.) ebenso denkbar wie eine Spaltung zur Aufnahme (Teil 3 Rdn. 38 ff.).

▶ Hinweis:

315 Das Company Law Package (hierzu allgemein Rdn. 12 ff.) gestattet in einem neuen Art. 160b ebenfalls die Aufspaltung und die Abspaltung als zulässige Varianten einer grenzüberschreitenden Spaltung.[915]

Die Aufspaltung wird nach Art. 160b Abs. 3 lit. a) GesellschaftsrechtsRL als Vorgang definiert, bei welchem die sich spaltende Gesellschaft ihr gesamtes Aktiv- und Passivvermögen im Wege der Auflösung ohne Abwicklung auf zwei oder mehr Gesellschaften (sog. »begünstigte Gesellschaften«) überträgt. Die Gesellschafter der sich spaltenden Gesellschaft erhalten hierfür Anteile an den begünstigten Gesellschaften und ggf. eine bare Zuzahlung.

Unter einer Abspaltung versteht der Vorschlag nach Art. 160b Abs. 3 lit. b) einen Vorgang, bei dem die sich spaltende Gesellschaft bestehen bleibt und nur einen Teil ihrer Aktiva und Passiva auf eine oder mehrere Gesellschaften (»begünstigte Gesellschaften«) überträgt.

Nach dem neuen Art. 160b Abs. 3 GesellschaftsrechtsRL soll allerdings ausschließlich die Spaltung zur Neugründung als grenzüberschreitende Spaltung möglich sein.[916] Laut Kommission könnte die Erstreckung auf Spaltungen zur Aufnahme nochmals evaluiert werden, sobald erste Erfahrungen mit den neuen Regelungen vorliegen.[917]

Ebenfalls zulässig soll nach den Vorschlägen des Company Law Package (dazu genauer Rdn. 12 ff.) eine nicht-verhältniswahrende Spaltung sein, bei der sich die Beteiligungsquoten verschieben (vgl. Art. 160b Abs. 3 lit b] sowie spezifisch 160e Abs. 1 Satz 2 lit. p]).[918]

Nicht zulässig ist hingegen die Ausgliederung, bei der im Unterschied zur Abspaltung die als Gegenwert gewährten Anteile des neuen oder aufnehmenden Rechtsträgers nicht an die Anteilseigner des übertragenden Rechtsträgers gewährt werden, sondern an den übertragenden Rechtsträger selbst.[919] Der Kommissionsvorschlag gibt in Art. 160b Abs. 3 lit. b) zwingend vor, dass die Abspaltung gegen die Ausgabe von Anteilen oder bare Zuzahlung erfolgen muss, was bei der Ausgliederung gerade nicht der Fall ist. Soweit das nationale Recht (in überschießender Umsetzung der Spaltungsrichtlinie) eine Ausgliederung kennt, müsste diese allerdings wohl in konsequenter Anwendung der »SEVIC«-Grundsätze (dazu Rdn. 23 ff.) auch grenzüberschreitend möglich bleiben.

316 Wie beim grenzüberschreitenden Formwechsel stellt sich die Frage nach dem anwendbaren Recht. Die Spaltung ist der spiegelbildliche Vorgang zur Verschmelzung,[920] sodass teilweise vertreten

---

915 Ausführlich zu diesen Begrifflichkeiten im Kommissionsvorschlag J. Schmidt, Der Konzern 2018, 273, 275 f., die im Hinblick auf die Art der Anteilsgewährung in der Definition zu Recht von einem dogmatischen Missverständnis spricht; siehe auch Bungert/Wansleben, DB 2018, 2095.
916 Die Kommission weist in Erwägungsgrund 38 COM(2018) 241 final auf die Komplexität der Spaltung zur Aufnahme hin, die daher und aufgrund zusätzlicher Betrugs- und Umgehungsrisiken nicht erfasst werden soll.
917 Vgl. COM(2018) 241 final, S. 8; J. Schmidt, Der Konzern 2018, 273, 275 f. fordert hingegen eine entsprechende Erweiterung bereits im kommenden Normgebungsverfahren.
918 Ebenso Knaier, GmbHR 2018, 607, 623; J. Schmidt, Der Konzern 2018, 273, 275 f.; siehe auch Bungert/Wansleben, DB 2018, 2094, 2095 f.
919 S. zur Abgrenzung Hörtnagl, in: Schmitt/Hörtnagl/Stratz, UmwG/UmwStG, 7. Aufl. 2016, § 123 UmwG Rn. 11 f.; A. Teichmann, in: Lutter, UmwG, 5. Aufl. 2014, § 123 Rn. 24 ff.
920 Sagasser, in: Sagasser/Bula/Brünger, Umwandlungen, § 17, Rn. 4; Drygala, in: Lutter, UmwG, § 1 Rn. 20.

wird, in erster Linie die Regelungen zur grenzüberschreitenden Verschmelzung aus der VerschmelzungsRL (jetzt in die Richtlinie über bestimmte Aspekte des Gesellschaftsrechts integriert, Rdn. 11), im deutschen Recht umgesetzt in den §§ 122a – 122l UmwG, analog anzuwenden.[921]

▶ Hinweis:

Im Hinblick auf das jeweils anwendbare Recht gibt das Company Law Package (hierzu allgemein Rdn. 12 ff.) in Art. 160d Abs. 4 GesellschaftsrechtsRL vor, dass das nationale Recht des Mitgliedstaates, dem die sich spaltende Gesellschaft unterliegt, für die Abschnitte des Verfahrens bis zur Erstellung des pre-division certificate (dazu Rdn. 331 ff.) maßgeblich ist. Für die Teile des Verfahrens, die nach der Erstellung der Vorabbescheinigung angesiedelt sind, ist indes das nationale Recht des Zielmitgliedstaates der Spaltung maßgeblich.[922]

317

Allerdings hat der deutsche Gesetzgeber in den §§ 123 ff. UmwG die Spaltungsrichtlinie (Rdn. 9) separat ins deutsche Recht transformiert, sodass die dort geregelten Besonderheiten für Spaltungsvorgänge zu berücksichtigen sind. Überzeugender ist daher, wie beim grenzüberschreitenden Formwechsel, vorrangig die Sonderregeln zur Spaltung nach den §§ 123 ff. UmwG anzuwenden und auf die Regelungen der §§ 122a ff. UmwG analog nur ergänzend zurückzugreifen.[923] Wie beim grenzüberschreitenden Formwechsel gilt dies nur, wenn im Rahmen der Vereinigungstheorie das deutsche Sachrecht anzuwenden ist (dazu Rdn. 27 ff., 271 ff.).[924]

318

In der Praxis wird häufig zunächst ein Teilbetrieb nach nationalen Vorschriften ausgegliedert und dann grenzüberschreitend verschmolzen.[925] Bei den Einzelschritten dieses Vorganges besteht jeweils ein gesicherter Rechtsrahmen, sodass dieses Vorgehen bis auf Weiteres sowohl für eine Hinein-, als auch für eine Herausspaltung zu empfehlen ist.

319

B. Spaltungsfähige Rechtsträger

Sowohl bei Hinein- als auch bei Herausspaltung dürfen nur **spaltungsfähige Rechtsträger** beteiligt sein.[926] Bei Hineinspaltungen auf eine deutsche Rechtsform richtet sich die passive Spaltungsfähigkeit nach deutschem Recht, die aktive nach dem Recht des Herkunftsstaates, wobei zu beachten ist, dass die ausländische Rechtsform den in § 124 Abs. 1 i.V.m. § 3 Abs. 1 UmwG genannten Rechtsträgern ihrer Rechtsnatur nach gleichzustellen sein muss (s. schon beim grenzüberschreitenden Formwechsel Rdn. 277 ff.).[927] Im umgekehrten Fall der Herausspaltung richtet sich die aktive Spaltungsfähigkeit nach deutschem Recht und die passive nur nach dem Recht des Zuzugsstaates, ohne dass es bei letzterem auf Einschränkungen nach deutschem Recht ankäme (s. schon beim grenzüberschreitenden Formwechsel Rdn. 282).[928]

320

---

921 Kallmeyer/Kappes, AG 2006, 224, 235; Drygala, in: Lutter, UmwG, § 1 Rn. 36; Drygala/Bressensdorf, NZG 2016, 1161, 1165.
922 Dazu Bungert/Wansleben, DB 2018, 2094, 2095 f.; Knaier, GmbHR 2018, 607, 623; J. Schmidt, Der Konzern 2018, 273, 276 f.
923 Veith, in: BeckHdb Umwandlungen international, Teil 3, Rn. 24, mit Verweis auf Veil, Der Konzern 2006, 98, 104 f.; Kleba, RNotZ 2016, 273, 276 f. wendet grds. die §§ 122a ff. UmwG an und berücksichtigt ergänzend die §§ 125 ff. UmwG.
924 Veith, in: BeckHdb Umwandlungen international, Teil 3, Rn. 18 ff.; Hoffmann, in: MünchHdbGesR, Bd. 6, § 56 Rn. 37 f.
925 Heckschen, in: BeckNotHdb, D. IV., Rn. 183; s.a. Süß, in: Herrler, Gesellschaftsrecht in der Notar- und Gestaltungspraxis, § 12 Rn. 114.
926 Veith, in: BeckHdb Umwandlungen international, Teil 3, Rn. 30; Hoffmann, in: MünchHdbGesR, Bd. 6, § 56 Rn. 40.
927 Einschränkend wohl Veith, in: BeckHdb Umwandlungen international, Teil 3, Rn. 32 ff. der bei der Herausspaltung Funktionsäquivalenz des Zielrechtsträgers verlangt.
928 Vgl. Veith, in: BeckHdb Umwandlungen international, Teil 3, Rn. 203.

> Hinweis:

321 Das Company Law Package (hierzu allgemein Rdn. 12 ff.) sieht in einem neuen Art. 160a Abs. 1 GesellschaftsrechtsRL vor, dass als spaltungsfähige Rechtsträger – wie auch bei der grenzüberschreitenden Verschmelzung (dazu Rdn. 86 ff.) – nur Kapitalgesellschaften i.S.d. Anhang II Gesellschaftsrechts-RL zugelassen sind.[929] In Deutschland sind dies die AG, die GmbH mit ihrer Rechtsformvariante der UG (haftungsbeschränkt) und die KGaA.

C. Spaltungsplan

322 Bei der Hineinspaltung ist ein gemeinsamer **Spaltungs- und Übernahmeplan** im Falle der Spaltung zur Aufnahme nach § 126 UmwG analog und ein Spaltungsplan nach § 136 UmwG analog im Falle der Spaltung zur Neugründung zu erstellen.[930] Der Mindestinhalt[931] ergibt sich aus § 126 UmwG analog, ergänzt durch erforderliche Angaben nach § 122c UmwG (dazu Rdn. 107 ff.).[932] Die ebenfalls beachtlichen Voraussetzungen der Rechtsordnung des anderen an der Spaltung beteiligten Rechtsträgers dürften in den meisten Fällen aufgrund der SpaltungsRL (Rdn. 9) den Anforderungen nach deutschem Recht ähnlich sein, sind aber ggf. unter der Vereinigungstheorie ergänzend zu berücksichtigen.[933] Der Spaltungsplan ist jedenfalls auch in deutscher Sprache abzufassen.[934] Aufgrund der kumulativen Anwendung der beteiligten Rechtsordnungen ist der Spaltungsplan nach § 125 i.V.m. § 6 UmwG analog notariell zu beurkunden.[935]

323 Für die Zuleitung an den Betriebsrat gelten die gleichen Vorgaben wie bei der grenzüberschreitenden Verschmelzung (Rdn. 139). Auf deutscher Seite ist bei einer Herausspaltung ein Abfindungsangebot nach § 125 Satz 1 i.V.m. § 29 UmwG analog zu machen.[936] Bei der Hineinspaltung kommt dies nur in Frage, wenn es die Rechtsordnung des Wegzugsstaates vorsieht.[937] Der Spaltungsplan ist nicht nach § 122d UmwG analog bekanntzumachen, da für eine Analogie eine entsprechende Regelungslücke aufgrund der vorrangigen Anwendung von § 125 i.V.m. § 47 bzw. § 61 UmwG analog (siehe auch Rdn. 137 f.) nicht besteht, sodass die dort vorgesehenen Arten der Mitteilung des Spaltungsplans an die Gesellschafter ausreichend sind.[938] Bei einer Herausspaltung sollte zum Schutz der Minderheitsgesellschafter ggf. § 122h UmwG analog berücksichtigt werden (Teil 1 Rdn. 117 f.).[939] Bei einer Hineinspaltung ist der Gläubigerschutz nach § 125

---

929 Hierzu Knaier, GmbHR 2018, 607, 622.
930 Veith, in: BeckHdb Umwandlungen international, Teil 3, Rn. 37 ff. für die Herausspaltung und Rn. 204 ff. für die Hineinspaltung; Hoffmann, in: MünchHdbGesR, Bd. 6, § 56 Rn. 40 stützt dies auf die VerschmelzungsRL.
931 Ausführlich Veith, in: BeckHdb Umwandlungen international, Teil 3, Rn. 39 f. für die Herausspaltung und Rn. 210 f. für die Hineinspaltung.
932 Ausführlich zum Inhalt unter grds. Anwendung von § 122c UmwG, ergänzt um Angaben nach § 126 UmwG und solchen nach dem Recht der anderen beteiligten Rechtsordnung Kleba, RNotZ 2016, 273, 278 f.
933 So auch Kleba, RNotZ 2016, 273, 278; Veith, in: BeckHdb Umwandlungen international, Teil 3, Rn. 210.
934 Kleba, RNotZ 2016, 273, 280 f.; Veith, in: BeckHdb Umwandlungen international, Teil 3, Rn. 41 lässt auch eine beglaubigte Übersetzung ausreichen.
935 Veith, in: BeckHdb Umwandlungen international, Teil 3, Rn. 43; auch zur Auslandsbeurkundung Kleba, RNotZ 2016, 273, 279 f., der dieses Erfordernis auf § 122c Abs. 4 UmwG stützt.
936 Veith, in: BeckHdb Umwandlungen international, Teil 3, Rn. 58 ff.; ähnlich Kleba, RNotZ 2016, 273, 279 stützt dies auf § 122i UmwG (analog), dazu auch Rdn. 117.
937 Veith, in: BeckHdb Umwandlungen international, Teil 3, Rn. 223.
938 So Veith, in: BeckHdb Umwandlungen international, Teil 3, Rn. 70 ff.; a.A. Kleba, RNotZ 2016, 273, 281 f.
939 Hierzu Kleba, RNotZ 2016, 273, 284 f., auch zu möglichen Einschränkungen bei Abspaltungen.

Satz 1 i.V.m. § 22 UmwG analog zu beachten.[940] Ggf. soll bei einer Herausspaltung zum Gläubigerschutz auch § 122j UmwG analog zu beachten sein (s.a. Teil 1 Rdn. 121 ff.).[941]

▶ Hinweis:

Das Company Law Package (hierzu allgemein Rdn. 12 ff.) macht in Art. 160e Abs. 1 Satz 2 GesellschaftsrechtsRL inhaltlich Vorgaben, die weitestgehend denjenigen zum Verschmelzungsplan bei der grenzüberschreitenden Verschmelzung (dazu Rdn. 107 ff.) entsprechen.[942]

Art. 160e Abs. 1 Satz 2 lit. d) GesellschaftsrechtsRL sieht zudem vor, dass ein Zeitplan für den Ablauf der grenzüberschreitenden Spaltung in den Spaltungsplan integriert wird.[943]

Zudem legt Art. 160e Abs. 1 Satz 2 lit. m) GesellschaftsrechtsRL fest, dass eine genaue Beschreibung und Zuteilung der zu übertragenden Aktiva und Passiva in den Spaltungsplan aufgenommen wird. Daneben müssen nach Art. 160e Abs. 1 Satz 2 lit. p) GesellschaftsrechtsRL Angaben zur Zuteilung der Anteile an die Gesellschafter der sich spaltenden Gesellschaft sowie zum Aufteilungsmaßstab gemacht werden.

Art. 160e Abs. 4 enthält eine Sprachenregelung, die der bei der grenzüberschreitenden Verschmelzung (Rdn. 104) und bei der grenzüberschreitenden Sitzverlegung (Rdn. 285) entspricht.

Der Spaltungsplan ist nach Art. 160j GesellschaftsrechtsRL offenzulegen. Die Regelung stellt hieran die gleichen Anforderungen wie Art. 86h GesellschaftsrechtsRL für die grenzüberschreitende Sitzverlegung (dazu Rdn. 285).

D. Spaltungsbericht

Nach § 127 UmwG analog ist sowohl bei Heraus- als auch bei Hineinspaltung ein **Spaltungsbericht** durch die Leitungsorgane der beteiligten Gesellschaften zu erstellen.[944] Ein gemeinsamer Spaltungsbericht ist hierbei nach § 125 Satz 1 i.V.m. § 8 Abs. 1 Satz 1 Hs. 2 UmwG analog zulässig, wenn auch die Rechtsordnung des beteiligten ausländischen Rechtsträgers dies gestattet.[945] Dieser muss aufgrund des Erfordernisses der Einreichung zum Handelsregister nach § 125 Satz 1 i.V.m. § 17 Abs. 1 UmwG jedenfalls auch in deutscher Sprache verfasst werden.[946] Inhaltlich bestehen grds. keine Besonderheiten im Vergleich zum Spaltungsbericht bei einer rein nationalen Spaltung (siehe dazu Teil 3 Rdn. 289 ff.), jedoch muss der Bericht auch Informationen zu der ausländischen Gesellschaft enthalten.[947]

▶ Hinweis:

Das Company Law Package (hierzu allgemein Rdn. 12 ff.) regelt in den neuen Art. 160g und 160h GesellschaftsrechtsRL den Spaltungsbericht.

---

940 Zur Problematik Veith, in: BeckHdb Umwandlungen international, Teil 3, Rn. 265 ff.; im Ergebnis auch Kleba, RNotZ 2016, 273, 285.
941 Dies schlägt Kleba, RNotZ 2016, 273, 285 f. vor, siehe zu § 122j UmwG auch Rdn. 121.
942 Hierzu Bungert/Wansleben, DB 2018, 2094, 2095 f.; Knaier, GmbHR 2018, 607, 623; J. Schmidt, Der Konzern 2018, 273, 277.
943 Hierzu Bungert/Wansleben, DB 2018, 2094, 2095 f.; Knaier, GmbHR 2018, 607, 623; J. Schmidt, Der Konzern 2018, 273, 277.
944 Veith, in: BeckHdb Umwandlungen international, Teil 3, Rn. 65 f., 228.
945 Veith, in: BeckHdb Umwandlungen international, Teil 3, Rn. 67; Kleba, RNotZ 2016, 273, 282 empfiehlt separate Spaltungsberichte.
946 Veith, in: BeckHdb Umwandlungen international, Teil 3, Rn. 68 lässt auch eine beglaubigte deutsche Abschrift ausreichen.
947 Kleba, RNotZ 2016, 273, 282.

In beiden Fällen ist der Bericht durch das Leitungs- oder Verwaltungsorgan der Gesellschaft zu erstellen. Wie bei der grenzüberschreitenden Verschmelzung (dazu Rdn. 140) und bei den vorgesehenen Regelungen über die grenzüberschreitende Sitzverlegung (dazu Rdn. 287) sind zwei separate Spaltungsberichte erforderlich, nämlich einmal für die Gesellschafter (Art. 160g GesellschaftsrechtsRL) und einmal für die Arbeitnehmer (160h GesellschaftsrechtsRL). Die Ausgestaltung der Spaltungsberichte entspricht nahezu vollumfänglich derjenigen bei der grenzüberschreitenden Verschmelzung (dazu Rdn. 140 ff.). Die Frist für die Zugänglichmachung beträgt bei der grenzüberschreitenden Spaltung allerdings nicht nur einen Monat wie bei der grenzüberschreitenden Verschmelzung (dazu Rdn. 140), sondern zwei Monate wie bei der grenzüberschreitenden Sitzverlegung (Rdn. 287).

E. Spaltungsprüfung

327 Nach § 125 Satz 1 i.V.m. § 48 UmwG analog ist bei Beteiligung einer deutschen GmbH eine **Spaltungsprüfung** nur auf Verlangen eines Gesellschafters erforderlich. Schreibt jedoch das Recht, dem die beteiligte ausländische Gesellschaft unterliegt, eine Prüfung zwingend vor, ist diese auch unabhängig vom Verlangen eines Gesellschafters durchzuführen.[948] Bei Beteiligung einer AG ist eine Prüfung nach §§ 9 – 12 UmwG gem. § 125 Satz 1 i.V.m. § 60 UmwG analog vorgesehen.[949]

Nach § 125 Satz 1 i.V.m. § 10 UmwG analog kann eine gemeinsame Spaltungsprüfung vorgenommen werden, wenn auch die Rechtsordnung des beteiligten ausländischen Rechtsträgers dies gestattet.[950]

Der Spaltungsprüfbericht ist, nachdem er gem. § 125 Satz 1 i.V.m. § 17 Abs. 1 UmwG zum Handelsregister einzureichen ist, auch wenigstens in deutscher Sprache abzufassen.[951]

▶ Hinweis:

328 Das Company Law Package (hierzu allgemein Rdn. 12 ff.) sieht für die grenzüberschreitende Spaltung ebenfalls die Verpflichtung zur Durchführung einer Spaltungsprüfung durch einen sog. »independent expert« vor, Art. 160i GesellschaftsrechtsRL. Lediglich für Kleinstunternehmen und kleine Unternehmen[952] gilt diese Verpflichtung nicht (Art. 160i Abs. 6 GesellschaftsrechtsRL).

Die Aufgabe des independent expert besteht darin, den Spaltungsplan (dazu Rdn. 322 ff.), sowie die Spaltungsberichte (dazu Rdn. 325 f.) für Gesellschafter und Arbeitnehmer zu prüfen und zu bewerten. Die Bestellung des independent expert muss zwei Monate vor der über die grenzüberschreitende Spaltung entscheidenden Gesellschafterversammlung (dazu Rdn. 329 f.) beim Registergericht (zur Zuständigkeit hierfür siehe auch Rdn. 331 ff.) unter Beifügung der genannten zu prüfenden Unterlagen beantragt werden. Das Registergericht bestellt sodann innerhalb von fünf Arbeitstagen eine natürliche oder juristische Person (Prüfer oder Prüfungs-

---

948 Veith, in: BeckHdb Umwandlungen international, Teil 3, Rn. 71.
949 Veith, in: BeckHdb Umwandlungen international, Teil 3, Rn. 71, 229; Kleba, RNotZ 2016, 273, 283 leitet dies aus § 122f UmwG her.
950 Veith, in: BeckHdb Umwandlungen international, Teil 3, Rn. 72, 230.
951 Veith, in: BeckHdb Umwandlungen international, Teil 3, Rn. 74 hält dies zum Schutz der Anteilsinhaber für notwendig, lässt aber auch eine beglaubigte Übersetzung ausreichen.
952 Nach Art. 2 Abs. 3 der Empfehlung 2003/361/EG der Kommission v. 6.5.2003 betreffend die Definition der Kleinstunternehmen sowie der kleinen und mittleren Unternehmen, ABl. L 124/36 v. 20.5.2003 beschäftigt ein Kleinstunternehmen weniger als 10 Personen und weist einen Jahresumsatz bzw. eine Jahresbilanz von höchstens 2 Mio. € auf und ein kleines Unternehmen i.S.d. Art. 2 Abs. 2 beschäftigt weniger als 50 Personen und weist einen Jahresumsatz bzw. eine Jahresbilanz auf, die 10 Mio. € nicht übersteigt.

gesellschaft[953]) als independent expert. Für die Prüfung der Unabhängigkeit des Sachverständigen ist der durch die Abschlussprüferrichtlinie[954] vorgegebene Rahmen zu berücksichtigen.

Aufgabe des »independent expert« ist es auch bei der grenzüberschreitenden Spaltung, einen schriftlichen Prüfbericht zu erstellen. Dieser Bericht ist nach Art. 160j Abs. 1 lit. b) GesellschaftsrechtsRL) im Handelsregister zu veröffentlichen. Die weiteren Anforderungen an den Prüfungsbericht und die Befugnisse des »independent expert« entsprechen inhaltlich den Vorgaben des Art. 86g GesellschaftsrechtsRL für die grenzüberschreitende Sitzverlegung (dazu Rdn. 289).

Art. 160v GesellschaftsrechtsRL sieht für die Mitgliedstaaten die Pflicht zur Regelung der Haftung des »independent expert« vor. Diese Regelung entspricht der des Art. 133a GesellschaftsrechtsRL für die grenzüberschreitende Verschmelzung (dazu Rdn. 151) und der des Art. 86t GesellschaftsrechtsRL für die grenzüberschreitende Sitzverlegung (dazu Rdn. 289).

F. Spaltungsbeschluss

Beim **Spaltungsbeschluss** ist auf deutscher Seite § 125 Satz 1 i.V.m. § 13 UmwG analog zu beachten (siehe Teil 3 Rdn. 314 ff.).[955] Für die Vorbereitung und Durchführung sowie die erforderlichen Mehrheiten, gelten auf deutscher Seite daher die Regeln wie bei einer innerstaatlichen Spaltung.[956] Der Spaltungsbeschluss ist bei der deutschen Gesellschaft notariell zu beurkunden nach § 125 Satz 1 i.V.m. § 13 Abs. 3 Satz 1 UmwG analog. 329

Ergänzend sollten die Verfahrens- und Publizitätsvorschriften, die dem Schutz von Gläubigern, Gesellschaftern und Arbeitnehmern dienen, wie bei der grenzüberschreitenden Verschmelzung berücksichtigt werden (Rdn. 156 ff.).[957]

Bei einer Auf- oder Abspaltung ist bei der übernehmenden Gesellschaft regelmäßig ein Kapitalerhöhungsbeschluss erforderlich, bei einer Abspaltung eines Teils des Vermögens der übertragenden Gesellschaft ist regelmäßig ein Kapitalherabsetzungsbeschluss bei dieser zur Verhinderung einer Unterbilanz erforderlich, was sich jeweils ausschließlich nach dem nationalen Recht der betroffenen Gesellschaft richtet.[958]

▶ Hinweis:

Das Company Law Package (hierzu allgemein Rdn. 12 ff.) sieht für die grenzüberschreitende Spaltung in Art. 160k GesellschaftsrechtsRL inhaltlich eine gleichlautende Regelung für den Spaltungsbeschluss vor, wie sie Art. 86i GesellschaftsrechtsRL für den Verlegungsbeschluss bei der grenzüberschreitenden Sitzverlegung statuiert (dazu Rdn. 290). 330

G. Abschluss der Spaltung und Rechtswirkungen

Zum **Abschluss der Spaltung** ist diese anzumelden. Bei einer Herausspaltung prüft das deutsche Registergericht, ob die Voraussetzungen für die grenzüberschreitende Spaltung nach deutschem Recht vorliegen und erstellt eine entsprechende Bescheinigung nach § 122k Abs. 2 Satz 1 UmwG 331

---

953 Hierzu ausführlich beim Abschlussprüfer Ebke, in: Münch.Komm.HGB, 3. Aufl. 2013, § 319 Rn. 8 ff.
954 RL 2006/43/EG v. 17.5.2006, ABl. L 157/87 v. 9.6.2006; zur Transformation der Abschlussprüferrichtlinie in das deutsche Recht Naumann/Feld, WPg 2006, 873 ff.; Lanfermann/Maul, DB 2006, 1505 ff.; s. zum Besorgnis der Befangenheit beim Abschlussprüfer ausführlich Ebke, in: Münch.Komm.HGB, 3. Aufl. 2013, § 319 Rn. 22 ff.
955 Kleba, RNotZ 2016, 273, 283; Veith, in: BeckHdb Umwandlungen international, Teil 3, Rn. 77 f.
956 Veith, in: BeckHdb Umwandlungen international, Teil 3, Rn. 77 ff., 231.
957 Kleba, RNotZ 2016, 273, 283.
958 Veith, in: BeckHdb Umwandlungen international, Teil 3, Rn. 84 f., 250 ff.

analog (siehe auch Rdn. 165 ff.). Diese Bescheinigung ist der zuständigen Registerstelle im Zuzugsstaat innerhalb von sechs Monaten nach ihrer Erstellung von den Leitungsorganen vorzulegen, die dann nicht mehr die Voraussetzungen nach deutschem Recht prüft.[959] Das Register des Zuzugsstaates prüft die Voraussetzungen nach dem Recht des Zuzugsstaates. Nach Art. 149 GesellschaftsrechtsRL (früher Art. 15 SpaltungsRL, dazu Rdn. 11) bestimmt allerdings jeder umsetzende Mitgliedstaat selbst den Zeitpunkt des Wirksamwerdens der Spaltung, sodass es hierbei zu Abweichungen im Vergleich zum deutschen Recht kommen kann.[960]

332 Bei einer Hineinspaltung ist dem deutschen Registergericht für den übertragenden Rechtsträger eine Bescheinigung nach § 122k Abs. 1 Satz 1 UmwG analog für das Verfahren im Herkunftsstaat vorzulegen.[961] Das deutsche Handelsregister ist an diese Bescheinigung gebunden und prüft nicht die Verfahrensvoraussetzungen des Herkunftsstaates.[962] Das deutsche Registergericht prüft allerdings nach § 122l Abs. 2 UmwG analog, ob die Anteilsinhaber der ausländischen Gesellschaft einem gemeinsamen, gleichlautenden Spaltungs- und Übernahmeplan zugestimmt haben.[963] Liegen die Voraussetzungen vor, trägt das deutsche Handelsregister die Spaltung ein und die Wirkungen nach § 131 und § 137 UmwG analog treten ein.[964]

▶ Hinweis:

333 Das Company Law Package (hierzu allgemein Rdn. 12 ff.) sieht für die grenzüberschreitende Spaltung in Art. 160o – 160r GesellschaftsrechtsRL ein zweistufiges Rechtmäßigkeitskontrollverfahren vor, welches inhaltlich demjenigen in Art. 86m – 86p GesellschaftsrechtsRL für die grenzüberschreitende Sitzverlegung (dazu Rdn. 299) entspricht.[965]

Art. 160t GesellschaftsrechtsRL regelt, dass sich das Wirksamwerden der grenzüberschreitenden Spaltung nach dem Recht des Mitgliedstaates, dem die sich spaltende Gesellschaft unterliegt bestimmt. Die Spaltung kann jedoch erst dann wirksam werden, wenn die Prüfung nach Art. 160o, 160p, 160r GesellschaftsrechtsRL abgeschlossen ist und alle Mitteilungen nach Art. 160s Abs. 3 GesellschaftsrechtsRL vorliegen.[966]

Die Regelung des Art. 160s GesellschaftsrechtsRL zur Eintragung der grenzüberschreitenden Spaltung entspricht derjenigen in Art. 86q GesellschaftsrechtsRL für die grenzüberschreitende Sitzverlegung (dazu Rdn. 299).[967]

Art. 160u GesellschaftsrechtsRL bestimmt die Rechtswirkungen der Aufspaltung (Abs. 1) und der Abspaltung (Abs. 3). Hierzu zählen vor allem jeweils die partielle Universalsukzession (Abs. 1 lit. a], Abs. 3 lit. a]) der »Anteilstausch« (Abs. 1 lit. b], Abs. 3 lit. b]) sowie im Falle der vollständigen Spaltung das Erlöschen der sich spaltenden Gesellschaft (Abs. 1 lit. d]).[968]

---

959 Kleba, RNotZ 2016, 273, 287.
960 Veith, in: BeckHdb Umwandlungen international, Teil 3, Rn. 87.
961 Veith, in: BeckHdb Umwandlungen international, Teil 3, Rn. 258; Kleba, RNotZ 2016, 273, 287.
962 Veith, in: BeckHdb Umwandlungen international, Teil 3, Rn. 258; Kleba, RNotZ 2016, 273, 287; s.a. Rdn. 181.
963 Kleba, RNotZ 2016, 273, 287.
964 Veith, in: BeckHdb Umwandlungen international, Teil 3, Rn. 259 ff.; Kleba, RNotZ 2016, 273, 287 f.
965 Hierzu Knaier, GmbHR 2018, 607, 624; Noack/Kraft, DB 2018, 1577, 1580; ausführlich Bungert/Wansleben, DB 2018, 2094, 2099 ff.
966 Siehe hierzu auch J. Schmidt, Der Konzern 2018, 273, 280; Wachter, GmbH–StB 2018, 317, 331; siehe auch Bungert/Wansleben, DB 2018, 2094, 2100.
967 Siehe hierzu auch Bungert/Wansleben, DB 2018, 2094, 2100 f.; Knaier, GmbHR 2018, 607, 624; J. Schmidt, Der Konzern 2018, 273, 280.
968 Hierzu ausführlich J. Schmidt, Der Konzern 2018, 273, 280; siehe auch Bungert/Wansleben, DB 2018, 2094, 2101.

Art. 160f statuiert eine im Wesentlichen dem neuen Art. 122a entsprechende Regelung zum Rechnungslegungsstichtag, jedoch ohne eine Sonderregelung für nach IFRS bilanzierende Gesellschaften festzuhalten.[969]

H. Arbeitnehmerschutz und Arbeitnehmermitbestimmung

334 Nach § 126 Abs. 1 Nr. 11 UmwG analog (bzw. nach § 136 Satz 2 i.V.m. § 126 Abs. 1 Nr. 11 UmwG analog) müssen im Spaltungsplan auch die Folgen der Spaltung für die Arbeitnehmer und ihre Vertretungen sowie die insoweit vorgesehenen Maßnahmen dargestellt werden. Eine Hineinspaltung führt zu keinen negativen Auswirkungen auf die Arbeitnehmermitbestimmung, kann aber durch den Zuwachs an Arbeitnehmern dazu führen, dass die einschlägigen Schwellenwerte für die Anwendbarkeit des Drittelbeteiligungsgesetzes oder des Mitbestimmungsgesetzes überschritten werden.[970]

335 Bei einer Herausspaltung kann es zu Änderungen bei der Arbeitnehmermitbestimmung kommen. Wird ein Unternehmensteil zur Neugründung in einer ausländischen Rechtsform abgespalten, unterfällt dieser Teil nicht mehr der deutschen Mitbestimmung. Gleiches kann bei einer Aufspaltung geschehen. Für die übernehmenden bzw. neuen Rechtsträger gelten hinsichtlich der Mitbestimmung die allgemeinen Regeln und die Mitbestimmung kann entfallen.[971]

336 In beiden Fällen kann beim in Deutschland verbleibenden übertragenden Rechtsträger die Arbeitnehmerzahl jedoch unter die Schwellenwerte für die Mitbestimmung fallen und die Mitbestimmung auch hier entfallen. Für diesen Fall erhält § 325 Abs. 1 UmwG für einen Zeitraum von fünf Jahren nach dem Wirksamwerden der Abspaltung grds. das vorherige Mitbestimmungsniveau.[972]

▶ Hinweis:

337 Das Company Law Package (hierzu allgemein Rdn. 12 ff.) sieht für die grenzüberschreitende Spaltung in Art. 160n GesellschaftsrechtsRL bzgl. der Mitbestimmung der Arbeitnehmer eine inhaltlich mit Art. 86l GesellschaftsrechtsRL für die grenzüberschreitende Sitzverlegung (dazu Rdn. 304) übereinstimmende Regelung vor.[973]

---

969 J. Schmidt, Der Konzern 2018, 273, 277 mit Fn. 200 weist darauf hin, dass dies darauf zurückzuführen sein dürfte, dass es in den IFRS-Standards keine speziellen Sonderregeln für Spaltungen gibt.
970 Veith, in: BeckHdb Umwandlungen international, Teil 3, Rn. 269.
971 Ausführlich Veith, in: BeckHdb Umwandlungen international, Teil 3, Rn. 114 ff.; s.a. Simon, in: Semler/Stengel, UmwG, § 325 Rn. 2.
972 Ausführlich Simon, in: Semler/Stengel, UmwG, § 325 Rn. 2 ff.; Wißmann, in: Widmann/Mayer, UmwR, § 325 Rn. 28 ff. und Rn. 33 zu den Ausnahmen.
973 Hierzu ausführlich Selent, NZG 2018, 1171; siehe auch Habersack, ZHR 182 (2018), 495; kritisch in diesem Zusammenhang die Stellungnahme des DGB zum Company Law Package, zum download verfügbar auf http://www.dgb.de/themen/++co++cff3f09e-6f0d-11e8-87cd-52540088cada (Stand: 05.11.2018).

Kapitel 6 Grenzüberschreitende Umwandlungen bei supranationalen Rechtsträgern

Übersicht
	Rdn.
A. **Überblick und Grundlagen**	338
B. **Grenzüberschreitende Umwandlungen bei einer SE**	339
I. Grenzüberschreitende Verschmelzung als Gründungsform der SE	341
II. Beteiligung einer bestehenden SE an Umwandlungsvorgängen	342
III. Grenzüberschreitende Sitzverlegung bei der SE	350
C. **Grenzüberschreitende Umwandlungen bei einer EWIV**	355
D. **Grenzüberschreitende Umwandlungen bei einer SCE**	357

A. Überblick und Grundlagen

338 Derzeit existieren mit der *Societas Europaea* (SE), der *Societas Cooperativa Europaea* (SCE) und der Europäischen wirtschaftlichen Interessenvereinigung (EWIV) drei supranationale Gesellschaftsformen. Der Vorschlag für eine Verordnung über eine supranationale »kleine« Kapitalgesellschaft in Form der *Societas Privata Europaea* (SPE)[974] wurde nach langen und umstrittenen Diskussionen im Oktober 2013 von der Kommission zurückgezogen.[975] Aktuell gibt es Bestrebungen in einem zweiten Anlauf das Projekt mittels einer »SPE 2.0« wiederzubeleben.[976] Der Koalitionsvertrag der aktuellen Bundesregierung bestehend aus CDU, CSU und SPD enthält ein Bekenntnis zu weiteren Bemühungen in dieser Richtung.[977] Derzeit wird über eine Novellierung der Einpersonengesellschaftsrichtlinie (12. Gesellschaftsrechtliche RL) beraten und damit verbunden über die Schaffung einer Societas Unius Personae (SUP).[978] Die Diskussion ist bei der Behandlung im Parlament aber mittlerweile ins Stocken geraten.[979]

B. Grenzüberschreitende Umwandlungen bei einer SE

339 Am 08.10.2004 ist die EU-Verordnung über das Statut der europäischen Gesellschaft in Kraft getreten.[980] Am 29.12.2004 ist das Gesetz zur Einführung der Europäischen Gesellschaft (SEEG) v. 22.12.2004[981] in Deutschland in Kraft getreten.

---

974 Vorschlag für eine Verordnung des Rates über das Statut der Europäischen Privatgesellschaft, KOM (2008) 396; siehe hierzu und den Änderungen des Vorschlags im weiteren Verfahren die Beiträge in Hirte/Teichmann (Hrsg.), The European Private Company, 2013 und in Hommelhoff/Schubel/Teichmann (Hrsg.), Societas Privata Europaea (SPE) – die europäische Kapitalgesellschaft für den Mittelstand, 2014.
975 Ausführlich zur Entwicklungsgeschichte des SPE-Vorschlags Harbarth, GmbHR 2018, 657, 657 ff.
976 Siehe hierzu Harbarth, GmbHR 2018, 657; Teichmann, GmbHR 2018, 713; Schubel, GmbHR 2018, 769; Brandes, GmbHR 2018, 825.
977 Siehe Ein Aufbruch für Europa – Eine neue Dynamik für Deutschland – Ein neuer Zusammenhalt für unser Land, Koalitionsvertrag zwischen CDU, CSU und SPD v. 14.03.2018, Zeilen 6151 ff., abrufbar unter: https://www.cdu.de/system/tdf/media/dokumente/koalitionsvertrag_2018.pdf?file=1 (Stand: 05.11.2018).
978 Vorschlag für eine Richtlinie des Europäischen Parlaments und des Rates über Gesellschaften mit beschränkter Haftung mit einem einzigen Gesellschafter v. 09.04.2014, COM(2014) 212 final; siehe hierzu und zur Entwicklung des Vorschlages ausführlich Moench, Die Societas Unius Personae (SUP), 2016; Götz, Die Einpersonengesellschaft als Vehikel grenzüberschreitender unternehmerischer Tätigkeit (Diss. Würzburg, im Erscheinen); siehe auch die Beiträge in Lutter/Koch (Hrsg.), Societas Unius Personae (SUP), 2015; zur Kritik an diesem Vorschlag umfassend Kindler, ZHR 179 (2015), 330.
979 Zur Leidensgeschichte der SUP Verse/Wiersch, EuZW 2016, 330, 336 f.
980 ABl. L 294/1 v. 10.11.2001.
981 BGBl. I, S. 3675.

Die Societas Europaea (**SE**, hierzu auch Rdn. 7) ist die wohl bedeutendste der drei supranationalen Rechtsformen.[982] Eine SE kann u.a. durch Verschmelzung zur Aufnahme oder durch Verschmelzung zur Neugründung zweier Aktiengesellschaften gegründet werden, Art. 2 Abs. 1, Art. 17 ff. SE-VO.[983]

Für die Gründung einer SE stehen insgesamt **vier verschiedene Möglichkeiten** zur Verfügung:[984]   340
– Gründung durch Verschmelzung von AGen aus verschiedenen EU-/EWR-Staaten,[985]
– Gründung einer Holding-SE durch GmbHen oder AGen aus mindestens zwei unterschiedlichen EU-/EWR-Staaten,[986]
– Gründung einer Tochter-SE durch Gesellschaften gleich welcher Rechtsform aus mindestens zwei unterschiedlichen EU-/EWR-Staaten oder durch Gründung einer Tochter-SE durch eine bereits existierende SE,[987]
– Umwandlung in eine SE.[988]

I. Grenzüberschreitende Verschmelzung als Gründungsform der SE

Das Verfahren der grenzüberschreitenden Verschmelzung zur Gründung einer SE ist dem Verfahren nach der RL 78/855/EWG (dazu Rdn. 5) nachgebildet und dem der grenzüberschreitenden Verschmelzung nach der VerschmelzungsRL (jetzt integriert in die Richtlinie über bestimmte Aspekte des Gesellschaftsrechts, dazu Rdn. 11) sehr ähnlich, insbesondere bzgl. Verschmelzungsplan, Verschmelzungsbericht und dem Verfahren der zweistufigen Rechtmäßigkeitsprüfung durch die Register.[989] Anwendbar ist nach Art. 18 SE-VO das jeweilige nationale Recht, wenn keine besondere Regelung nach Art. 20–31 SE-VO eingreift, sodass in Deutschland in weitem Umfang AktG, UmwG, SEAG und SEBG anzuwenden sind. Grds. spielt das Umwandlungsgesetz für die Gründung einer SE daher nur eine geringe Rolle. Art. 15 Abs. 1 SE-Verordnung stellt klar, dass die Bestimmungen der SE-Verordnung vorrangig gelten. Nur soweit diese Bestimmungen Raum für ergänzende Regelungen lassen, greift das am Sitz geltende Aktienrecht ein und damit auch mittelbar das UmwG. Die Abgrenzung dieser verschiedenen Normenhierarchien ist in der Literatur noch umstritten und nicht vollständig geklärt.[990]   341

II. Beteiligung einer bestehenden SE an Umwandlungsvorgängen

Zahlreiche Problemstellungen treten auf, wenn eine bestehende SE an Umwandlungsvorgängen beteiligt werden soll.   342

Besondere Bedeutung hat dabei Art. 66 Abs. 1 Satz 1 SE-VO. Dort ist bestimmt, dass eine SE in eine dem Recht ihres Sitzstaats unterliegende AG umgewandelt werden kann. Ein Umwandlungsbeschluss darf erst 2 Jahre nach Eintragung der SE oder nach Genehmigung der ersten

---

982 Derzeit bestehen 3102 SE in Europa, davon 546 mit Sitz in Deutschland, vgl. http://ecdb.worker-participation.eu (Stand: 05.11.2018; siehe hierzu auch Bayer/Schmidt, BB 2018, 2562, 2565).
983 Habersack, in: Habersack/Drinhausen, SE-Recht, Art. 2 SE-VO, Rn. 11; Teichmann, ZGR 2002, 383, 415.
984 Ausführlich hierzu Schröder, in: NK-SE, Art. 2 SE-VO, Rn. 2 ff.; Bayer, in: Lutter(Hommelhoff/Teichmann, SE-Kommentar, Art. 2 SE-VO Rn. 1 ff.
985 Larisch, in: MünchHdbGesR VIII, § 19.
986 Dazu ausführlich Johannsen-Roth, in: MünchHdbGesR VIII, § 43.
987 Dazu ausführlich Johannsen-Roth, in: MünchHdbGesR VIII, § 43.
988 Zur SE-Gründung durch Spaltung ausführlich Kraft/Redenius-Hövermann, in: MünchHdbGesR VIII, § 31; zur SE-Gründung durch Formwechsel ausführlich Wilk, in: MünchHdbGesR VIII, § 40.
989 Bayer, in: Lutter/Hommelhoff/Teichmann, SE-Recht, Art. 17 SE-VO, Rn. 9; ausführlich Schröder, in: NK-SE, Art. 17 SE-VO, Rn. 2 ff.
990 Vgl. dazu Kallmeyer/Marsch-Barner, UmwG, Anhang Rn. 5 ff.; Reinhard, Der Konzern 2005, 407; Vossius, ZIP 2005, 741; Marsch-Barner, in: FS für Haupt, 2006, S. 165 ff.; Oplustil/Schneider, NZG 2003, 13; Kossmann/Heinrich, ZIP 2007, 164.

beiden Jahresabschlüsse gefasst werden. Es wird daher in der Literatur die Frage gestellt, ob diese Vorschrift eine abschließende Regelung darstellt und die Möglichkeit anderer Umwandlungen einer SE ausschließt. Besondere Dynamik hat diese Frage wiederum durch die Regelung in § 122b UmwG erhalten. Nach dieser Vorschrift können sich an einer grenzüberschreitenden Verschmelzung nur Kapitalgesellschaften i. S. d. Art. 2 Nr. 1 Verschmelzungsrichtlinie (jetzt Art. 119 Nr. 1 GesellschaftsrechtsRL, dazu Rdn. 11) beteiligen. Im deutschen Recht sind dies die in § 3 Abs. 1 Nr. 2 UmwG genannten Rechtsträger, d. h. AG, KGaA, GmbH und SE mit Sitz in Deutschland. Diese Regelung beruht auf Art. 2 Nr. 1a Verschmelzungsrichtlinie (jetzt Art. 119 Nr. 1 GesellschaftsrechtsRL, dazu Rdn. 11), wonach alle in Art. 1 Publizitätsrichtlinie (jetzt Anhang II GesellschaftsrechtsRL, dazu auch Rdn. 11) genannten Kapitalgesellschaften beteiligt sein dürfen. Dazu gehört auch die SE.[991]

343 Nach einer Ansicht ist Art. 66 SE-Verordnung abschließend.[992] Danach gestattet diese Vorschrift den Formwechsel einer bestehenden SE in eine AG unter der Einschränkung aus zwei Gründen:
– zum einen soll auch in denjenigen Mitgliedstaaten der Formwechsel einer SE ermöglicht werden, die diese Umwandlungsvarianten nicht im nationalen Recht vorsehen,
– zum anderen soll Missbräuchen vorgebeugt werden.

344 Der Unionsnormgeber habe nur die **rein nationale Umwandlung als regelbedürftig** angesehen und daher nur einen Formwechsel nach Art. 66 SE-Verordnung anerkannt. Daraus wird gefolgert, dass der Formwechsel einer deutschen SE nur in eine AG in Betracht kommt, die Verschmelzung einer SE nur mit einer anderen deutschen SE oder einer deutschen AG möglich ist und eine Spaltung der SE ausscheidet.[993] Diese Auffassung schließt aus dem Wortlaut des Art. 66 SE-VO, dass diese Vorschrift eine abschließende Regelung für alle zulässigen Möglichkeiten des Formwechsels der SE enthalte und leitet daraus eine Sperrwirkung für das deutsche Umwandlungsrecht ab.[994]

345 Demgegenüber ist ein anderer überwiegender Teil der Literatur der Auffassung, dass Art. 66 SE-Verordnung **nur eine eng auszulegende Ausnahmevorschrift** ist, die nur den Formwechsel einer SE in eine AG einschränkt, sodass die Vorschriften des deutschen UmwG ohne Einschränkung gelten und eine Verschmelzung oder Spaltung der SE ohne Weiteres möglich ist.[995] Nach der überwiegenden Gegenansicht in der Literatur kann daher aus der Regelung des Art. 66 SE-VO kein Wille des Verordnungsgebers abgeleitet werden, den Formwechsel der SE abschließend zu regeln.[996] Auch das OLG Frankfurt[997] hat entschieden, dass Art. 66 SE-VO nicht abschließend ist. Im Ergebnis sprechen wohl die aktuellen Entwicklungen durch das »**SEVIC**«-Urteil

---

991 Vgl. Öchsler, NZG 2006, 161; Neye/Timm, DB 2006, 490; Forsthoff, DStR 2006, 613; Kossmann/Heinrich, ZIP 2007, 166.
992 Ausführlich zum Meinungsbild Casper, in: Spindler/Stilz, AktG, Art. 66 SE-VO Rn. 1; Schäfer, in: MünchKommAktG, Art. 66 SE-VO Rn. 1.
993 Vgl. Kalss/Zollner, RdW 2004, 587 f.
994 Veil, in: Jannott/Frodermann, Handbuch der Europäischen Aktiengesellschaft, 2005, Kap. 10 Rn. 20; Vossius, ZIP 2005, 741, 749.
995 So Widmann/Mayer/Vossius, Umwandlungsrecht, § 20 UmwG Rn. 425; Kallmeyer/Marsch-Barner, UmwG, Anh. Rn. 127 ff.; Kossmann/Heinrich, ZIP 2007, 164 ff.; Oplustil/Schneider, NZG 2003, 13 ff.
996 Gutachten, DNotI-Report 2010, 184; MünchKom-AktG/Schäfer Art. 66-SE-VO Rn. 1, 14 unter Aufgabe der Auffassung der Vorauflage; Bayer, in: Lutter/Hommelhoff, Die Europäische Gesellschaft, S. 25, 27 f.; Binder/Jünemann/Merz/Sinewe, Die Europäische Aktiengesellschaft, 2007, Kap. 4 Rn. 39; Kallmeyer/Marsch-Barner, Anhang Rn. 133 ff.; Kallmeyer/Meister/Klöcker, § 191 Rn. 6; KölnKomm-AktG/Kiem, Art. 66 SE-VO Rn. 11; KölnKomm-UmwG/Simon, § 3 Rn. 30; Kossmann/Heinrich, ZIP 2007, 164, 168; Lutter/Göthel, § 226 UmwG Rn. 3, Fn. 3; Lutter/Hommelhoff/Seibt, SE, 2008, Art. 66 SE-VO Rn. 3 f.; Marsch-Barner, liber amicorum Happ, 2006, S. 165, 177; Spindler/Stilz/Casper, AktG, Art. 2, 3 SE-VO Rn. 39.
997 Beschl. v. 02.12.2010 – 5 Sch 3/10, NZG 2012, 351.

(Rdn. 23 ff.) und auch die Anerkennung der SE als verschmelzungsfähiger Rechtsträger in § 122a UmwG dafür, dass Art. 66 SE-Verordnung keine vollständige Umwandlungssperre beinhalten wollte. Damit spricht einiges dafür, dass die SE mit Sitz in Deutschland umwandlungsfähiger Rechtsträger i. S. d. § 1 Abs. 2 UmwG ist.

Darüber hinaus stellt sich die Frage, ob die in Art. 66 SE-Verordnung normierte **2-Jahres-Frist generell für alle Umwandlungen** gilt. Nach einer Ansicht gilt die Regelung entsprechend dem Wortlaut nur für den Formwechsel einer SE in eine deutsche AG.[998] Nach a. A. sind die Einschränkungen des Art. 66 SE-VO für alle Umwandlungen anwendbar.[999] Denn die Sperrfrist soll einen Missbrauch der SE zum Zweck einer grenzüberschreitenden Sitzverlegung entgegenwirken. Sinn und Zweck der Sperrfrist besteht darin, eine Flucht aus der Mitbestimmung temporär zu verhindern. Es soll vermieden werden, dass die Gründung einer SE zum Zweck der identitätswahrenden Sitzverlegung einer nationalen Aktiengesellschaft missbraucht wird, um dadurch das Mitbestimmungsniveau abzusenken.[1000] Diesem Zweck entsprechend gilt die Sperrfrist daher auch für andere Wege aus der SE, also z. B. bei einem Formwechsel in eine GmbH, Spaltung oder Verschmelzung. Über die Generalverweisung des Art. 9 SE-VO ist die SE in allen Bereichen, die nicht oder nur teilweise von der SE-VO geregelt sind, einer Aktiengesellschaft nationalen Rechts gleichgestellt.[1001] Überzeugend ist daher Art. 66 SE-VO als Ausnahmevorschrift anzusehen, durch die verhindert werden soll, dass eine SE zur Umgehung nationaler Schutzvorschriften genutzt und nach einer Sitzverlegung ins Ausland dort wieder in eine Gesellschaft nationalen Rechts (mit geringerem Schutzniveau) umgewandelt wird.[1002] Um diesen Zweck nicht einzuschränken, wird die zweijährige Sperrfrist für »alle Wege aus der SE« gelten müssen, sodass die SE erst nach Ablauf der zwei Jahre an Umwandlungsvorgängen beteiligt sein kann.[1003] Im Übrigen, wenn der Schutzzweck nicht betroffen ist, ist kein Raum für eine entsprechende Anwendung der Vorschrift. Ist die SE daher an einer Verschmelzung durch Aufnahme als übernehmender Rechtsträger beteiligt, fehlt es an einer für die entsprechende Anwendung des Art. 66 Abs. 1 Satz 2 SE-VO vergleichbaren Interessenlage.[1004]

346

Nach der hier vertretenen Auffassung kann die **SE grds. auch an Umwandlungsvorgängen nach dem UmwG beteiligt** sein, da Art. 66 SE-VO keine Sperrwirkung für eine derartige Beteiligung entfaltet. Eine SE mit Sitz in Deutschland kann daher grds. wie eine AG an einer Verschmelzung beteiligt sein (dazu auch Rdn. 87), bei der Verschmelzung zur Aufnahme kann die SE sowohl übernehmender als auch übertragender Rechtsträger sein. Eine SE deutschen Rechts kann sich daher wie eine AG auch an einer Verschmelzung durch Neugründung beteiligen. Allerdings kann die SE dabei nur übertragender Rechtsträger sein. Eine SE als neuer Rechtsträger ist dagegen ausgeschlossen, weil die Gründung einer SE durch Verschmelzung in Art. 2 Abs. 1, Art. 17 ff. SE-

347

---

998 Vossius, ZIP 2005, 748 f.
999 Kallmeyer/Marsch-Barner, UmwG, Anh. Rn. 130; Schwarz, SE-VO, Art. 66 Rn. 31; MünchKomAktG/Schäfer Art. 66-SE-VO Rn. 1, 14.
1000 So Casper in: Spindler/Stilz, Aktiengesetz Art. 66 SE-Vo Rn. 4; MünchKom-AktG/Schäfer Art. 66-SE-VO Rn. 1, 14.
1001 Oplustil/Schneider, NZG 2003, 13, 15 ff.; ausführlich zur Generalverweisung Hommelhoff/Teichmann, in: Lutter/Hommelhoff/Teichmann, SE-Recht, Art. 9 SE-VO, Rn. 26 ff.; Veil, in: KK-AktG, Bd. 8/1, Art. 9 SE-VO, Rn. 72 ff.
1002 Schäfer, in: MünchKommAktG, Art. 66 SE-VO, Rn. 1, 5; Casper, in: Spindler/Stilz, AktG, Art. 66 SE-VO, Rn. 4.
1003 Ebenso Teichmann, in: MünchHdbGesR, Bd. 6, § 49, Rn. 108 f.; ausführlich Oplustil/Schneider, NZG 2003, 13, 15 ff.
1004 So zu Recht Drinhausen in: Habersack/Drinhausen, SE-Recht Art. 66-SE-VO Rn. 42; a. A. MarschBarner FS Happ, 2006, S. 165, 174, demzufolge die Sperrfrist nach Art. 66 Abs. 1 Satz 2 auch für die aufnehmende SE gelten soll.

Verordnung abschließend geregelt ist.[1005] I.R.d. § 122a UmwG kann die SE daher auch an einer grenzüberschreitenden Verschmelzung beteiligt sein. Dies hat der Gesetzgeber bei der Neuregelung ausdrücklich klargestellt.

348 Grds. kann die SE **auch an einer Spaltung** nach Art. 9 Abs. 1 lit. c) ii SE-VO nach Maßgabe des UmwG beteiligt sein.[1006] Dabei sind allerdings die Vorgaben des Gründungsrechts der SE-Verordnung zu berücksichtigen, sodass die SE durch Spaltung nicht entstehen kann. Die Bildung einer SE durch Auf- oder Abspaltung zur Neugründung ist daher i.R.d. Art. 3 Abs. 2 SE-VO nicht möglich.[1007] Im Prinzip ist daher wegen des numerus clausus in Art. 1 SE-VO die sekundäre Gründung einer SE durch Spaltung nicht möglich.[1008] I.Ü. aber kann sich eine SE deutschen Rechts an jeder Form der Aufspaltung, Abspaltung oder Ausgliederung wie eine AG beteiligen. Sie kann Teile ihres Vermögens auf einen oder mehrere andere Rechtsträger abspalten oder sich selbst in mehrere neue Rechtsträger aufspalten.[1009]

349 Soll eine **AG in eine SE umgewandelt** werden, so gelten wieder allein die Regelungen nach Art. 2 Abs. 4, 37 SE-VO. Art. 66 SE-VO regelt zunächst ausdrücklich den Fall, dass eine SE in eine dem Recht des Sitzstaats unterliegende AG umgewandelt wird. Hier gilt die 2-Jahres-Sperrfrist. Dabei stellt sich wiederum die Frage, ob der Formwechsel einer SE in eine andere Rechtsform als die der AG ausgeschlossen werden soll. Auch hier wird insoweit vertreten, der **abschließende Charakter von Art. 66 SE-VO** verbiete den unmittelbaren Formwechsel in eine andere Rechtsform.[1010] Nach anderer Auffassung wird auch insoweit Art. 66 SE-VO keine abschließende Regelung entnommen werden können.[1011] Letztendlich könnte der Weg in die andere Rechtsform über den Formwechsel in die AG gegangen werden, z. B. zunächst durch einen Formwechsel einer SE in eine AG und dann in eine GmbH, sodass der Umweg über die AG nur eine Formalität wäre.[1012] Zu Recht wird daher die direkte Umwandlung der SE in eine andere Rechtsform als die der AG zugelassen, wiederum unter Beachtung der 2-Jahres-Frist.[1013]

III. Grenzüberschreitende Sitzverlegung bei der SE

350 Art. 8 SE-VO sieht ein Verfahren der **grenzüberschreitenden Verlegung des Satzungssitzes** einer bestehenden SE unter Wahrung ihrer Identität vor, was Gesellschaftsformen der Mitgliedstaaten in der EU ansonsten bisher nicht möglich ist (Rdn. 10). Nach Art. 7 Satz 1 SE-VO müssen allerdings Satzungssitz und Hauptverwaltung der SE im selben Mitgliedstaat liegen, sodass bei

---

1005 Kallmeyer/Marsch-Barner, Anhang, Rn. 9; Kossmann/Heinrich, ZIP 2007, 164 ff.; Lutter/Teichmann, § 124 UmwG Rn. 6 f.; Drinhausen in: Habersack/Drinhausen, SE-Recht Art. 66-SE-VO Rn. 42; MünchKom-AktG/Schäfer Art. 66-SE-VO Rn. 14.
1006 Vgl. Widmann/Mayer/Heckschen, Umwandlungsrecht, Anh. 14 Rn. 529; Kallmeyer/Marsch-Barner, UmwG, Anh. Rn. 137 ff.; Lutter/Teichmann, § 124 UmwG Rn. 6; Oplustil/Schneider, NZG 2003, 17; Schwarz, SE-VO, Art. 66 Rn. 29; Kossmann/Heinrich, ZIP 2007, 168; MünchKom-AktG/Schäfer Art. 66-SE-VO Rn. 1, 14; Drinhausen in: Habersack/Drinhausen, SE-Recht Art. 66-SE-VO Rn. 41.
1007 Lutter/Teichmann, UmwG, § 124 Rn. 7; Kallmeyer/Marsch-Barner, UmwG, Anhang Rn. 11; Kossmann/Heinrich, ZIP 2007, 168; Drinhausen in: Habersack/Drinhausen, SE-Recht Art. 66-SE-VO Rn. 42; MünchKom-AktG/Schäfer Art. 66-SE-VO Rn. 14.
1008 Kossmann/Heinrich, ZIP 2007, 168; Lutter/Teichmann, UmwG, § 124 Rn. 7, a. A. Bayer, in: Lutter/Hommelhoff, Die europäische AG, S. 28.
1009 Vgl. Kallmeyer/Marsch-Barner, UmwG, Anhang Rn. 12.
1010 MünchKomm-AktG/Schäfer, Art. 66 SE-VO Rn. 14; Semler/Stengel/Bärwaldt UmwG § 197 Rn. 55a.
1011 Gutachten, DNotI-Report 2010, 184 Formwechsel SE in KGaA; Lutter/Decher/Hoger, Vor § 191 UmwG Rn. 32.
1012 Vgl. Kossmann/Heinrich, ZIP 2007, 168.
1013 Schwarz, SE-VO, Art. 66 Rn. 30 f.; Lutter/Decher/Hoger, Vor § 191 UmwG Rn. 32; Oplustil/Schneider, NZG 2003, 15; Kossmann/Heinrich, ZIP 2007, 168; Gutachten, DNotI-Report 2010, 184.

einer Verlegung des Satzungssitzes auch die Hauptverwaltung mitverlegt werden muss (zu den jüngsten Neuerungen bei grenzüberschreitenden Sitzverlegungen im allgemeinen durch die »Polbud«-Entscheidung des EuGH Rdn. 34 ff.).[1014] Bei einer Sitzaufspaltung droht andernfalls die Auflösung der SE nach Art. 64 SE-VO, § 52 SEAG.[1015]

Nach Art. 8 Abs. 2 SE-VO ist zunächst durch das Leitungs- oder Verwaltungsorgan ein Verlegungsplan zu erstellen. Dieser enthält die bisherige Firma, den bisherigen Sitz und die bisherige Registriernummer der SE sowie den vorgesehenen neuen Sitz der SE, die für die SE vorgesehene Satzung sowie gegebenenfalls die neue Firma, die etwaigen Folgen der Verlegung für die Beteiligung der Arbeitnehmer, den vorgesehenen Zeitplan für die Verlegung und etwaige zum Schutz der Aktionäre und/oder Gläubiger vorgesehene Rechte.[1016] 351

Zudem erstellt das Leitungs- oder Verwaltungsorgan einen Verlegungsbericht nach Art. 8 Abs. 3 SE-VO, der die rechtlichen und wirtschaftlichen Aspekte der Verlegung erläutert und begründet sowie die Auswirkungen der Verlegung für die Aktionäre, die Gläubiger und die Arbeitnehmer darstellt.[1017] Dieser ist beim Handelsregister einzureichen und von diesem offenzulegen, zwei Monate bevor die Hauptversammlung, die über die Sitzverlegung beschließen soll, stattfindet, Art. 8 Abs. 2 S.1, Abs. 6 Satz 1 SE-VO. Gem. Art. 8 Abs. 4 SE-VO müssen Verlegungsplan und Verlegungsbericht mindestens einen Monat vor der Hauptversammlung, die über die Sitzverlegung beschließen soll, am Sitz der SE ausliegen. 352

Der Verlegungsbeschluss wird mit satzungsändernder Mehrheit von der Hauptversammlung getroffen, Art. 8 Abs. 6 Satz 2 i. V. m. Art. 59 SE-VO.[1018]

Die SE-VO sieht eine zweistufige Rechtmäßigkeitsprüfung unter Zusammenarbeit der an der Sitzverlegung beteiligten nationalen Register vor.[1019] Jedes nationale Register soll demnach die Einhaltung der jeweiligen Anforderungen an Rechtshandlungen und Formalitäten überprüfen.[1020] Im Wegzugsstaat wird durch das dort zuständige Register – in Deutschland das Handelsregister – eine Wegzugsbescheinigung nach Art. 8 Abs. 8 SE-VO erstellt, die bestätigt, dass die der Verlegung vorangegangenen Rechtshandlungen und Formalitäten durchgeführt wurden. Bei einer deutschen SE die ihren Sitz ins Ausland verlegt ist insbesondere das Vorliegen einer Negativerklärung nach § 14 SEAG, dass Klagen gegen die Wirksamkeit des Verlegungsbeschlusses nicht oder nicht fristgemäß erhoben oder rechtskräftig abgewiesen bzw. zurückgenommen worden sind, zu prüfen. Für das Register des Zuzugsstaats hat diese Bescheinigung bindende Wirkung bzgl. der Prüfung der Voraussetzungen im Wegzugsstaat.[1021] Das Register des Zuzugsstaates prüft nur, ob die dort erforderlichen Formalitäten erfüllt wurden und trägt sodann den neuen Sitz der SE ein, Art. 8 Abs. 9 SE-VO. Die Prüfung im neuen Sitzstaat umfasst, ob die Satzung der SE dem Aktienrecht 353

1014 Zang, Sitz und Verlegung des Sitzes einer Europäischen Aktiengesellschaft mit Sitz in Deutschland, 2005, S. 234 f.; Casper/Weller, NZG 2009, 681, 684.
1015 Ehricke, in: Lutter/Hommelhoff/Teichmann, SE-Recht, Art. 64 SE-VO, Rn. 8; Teichmann, ZGR 2002, 383, 457 f.
1016 Ausführlich dazu Schröder, in: NK-SE, Art. 8 SE-VO, Rn. 32 ff.; Ringe, in: Lutter/Hommelhoff/Teichmann, SE-Recht, Art. 8 SE-VO, Rn. 22 ff.
1017 Ringe, in: Lutter/Hommelhoff/Teichmann, SE-Recht, Art. 8 SE-VO, Rn. 27; Schröder, in: NK-SE, Art. 8 SE-VO, Rn. 40 ff.
1018 Grds. zum Mehrheitserfordernis Ringe, in: Lutter/Hommelhoff/Teichmann, SE-Recht, Art. 8 SE-VO, Rn. 39; speziell zur $^3/_4$-Mehrheit für deutsche SE: Heckschen, DNotZ 2003, 251, 266; Teichmann, in: MünchHdbGesR, Bd. 6, § 49, Rn. 103.
1019 Teichmann, in: MünchHdbGesR, Bd. 6, § 49, Rn. 104; Dickmann, in: Habersack/Drinhausen, SE-Recht, Art. 8 SE-VO, Rn. 76 ff.
1020 Teichmann, in: MünchHdbGesR, Bd. 6, § 49, Rn. 104; s.a. Veil, in: KK-AktG, Bd. 8/1, Art. 8 SE-VO, Rn. 84 ff.
1021 Ringe, in: Lutter/Hommelhoff/Teichmann, SE-Recht, Art. 8 SE-VO, Rn. 69; Bayer/J. Schmidt, ZIP 2012, 1481, 1490.

des neuen Sitzstaates angepasst wurde.[1022] Eine aktienrechtliche Gründungsprüfung findet allerdings nicht statt.[1023] Durch die Sitzverlegung ändert sich das aufgrund der zahlreichen Verweisungen in der SE-VO auf die SE subsidiär anwendbare Recht, sodass die §§ 12, 13 SEAG Maßnahmen zum Schutz der Aktionäre und Gläubiger vorsehen.[1024]

354 Str. ist, ob bei der Satzungssitzverlegung nach § 18 Abs. 3 SEBG erneut Verhandlungen über die Arbeitnehmermitbestimmung geführt werden müssen.[1025]

C. Grenzüberschreitende Umwandlungen bei einer EWIV

355 Die **EWIV** ist typologisch[1026] eine Personengesellschaft und in der EWIV-VO[1027] sowie in Deutschland durch das EWIV-AusführungsG[1028] geregelt. Subsidiär sind auf die EWIV in Deutschland die Regeln der OHG anwendbar.[1029] Gedacht ist die EWIV für die grenzüberschreitende Zusammenarbeit bereits bestehender Unternehmen. Zum 26.08.2018 existierten in der EU 2167 EWIV.[1030]

356 In umwandlungsrechtlicher Hinsicht ist Besonderheit der EWIV, dass sie in der Union grenzüberschreitend ihren Sitz identitätswahrend verlegen kann. Dieser Vorgang ist in den Art. 13, 14 EWIV-VO geregelt. Voraussetzungen sind v.a. die Erstellung eines Verlegungsplanes und ein einstimmiger Verlegungsbeschluss.[1031] Mit der Sitzverlegung ändert sich das auf die EWIV nach Art. 2 Abs. 1 EWIV-VO subsidiär anwendbare nationale Recht.[1032]

D. Grenzüberschreitende Umwandlungen bei einer SCE

357 Die **SCE** – welche als supranationale Genossenschaft konzipiert ist –[1033] wird bisher von der Praxis nur wenig genutzt und erst nach zehn Jahren seit Erlass der SCE-VO[1034] wurde die erste SCE gegründet.[1035] Eine Gründungsvariante der SCE ist die grenzüberschreitende Verschmelzung von mehreren Genossenschaften, Art. 2 Abs. 1 SCE-VO.[1036] Auch die SCE kann nach Art. 7 SCE-VO ihren Satzungssitz identitätswahrend innerhalb der EU verlegen.[1037]

1022 Schröder, in: NK-SE, Art. 8 SE-VO, Rn. 98; Dickmann, in: Habersack/Drinhausen, SE-Recht, Art. 8 SE-VO, Rn. 94.
1023 Ringe, in: Lutter/Hommelhoff/Teichmann, SE-Recht, Art. 8 SE-VO, Rn. 70; Oechsler/Mihaylova, in: MünchKommAktG, Art. 8 SE-VO, Rn. 51.
1024 Teichmann, in: MünchHdbGesR, Bd. 6, § 49, Rn. 105 f.; Schröder, in: NK-SE, Art. 8 SE-VO, Rn. 18 ff.
1025 Ausführlich zum Streitstand Teichmann, AG 2008, 797, 801.
1026 Zur Rechtsnatur der EWIV Lutter/Bayer/J. Schmidt, Europäisches Unternehmens- und Kapitalmarktrecht, § 44 Rn. 44.8 ff.
1027 Verordnung (EWG) 2137/85 des Rates über die Schaffung einer Europäischen wirtschaftlichen Interessenvereinigung v. 25.07.1985, ABl. L 199/1 v. 31.07.1985.
1028 Gesetz zur Ausführung der EWG-Verordnung über die Europäische wirtschaftliche Interessenvereinigung (EWIV-Ausführungsgesetz) v. 14.04.1988, BGBl. I, S. 514.
1029 K. Schmidt, in: MünchKommHGB, § 105, Rn. 273; Roth, in: Baumbach/Hopt, HGB, § 160 Anh., Rn. 10.
1030 http://www.libertas-institut.com/wp-content/uploads/2018/08/ewiv-statistik.pdf (Stand: 05.11.2018); siehe auch Bayer/Schmidt, BB 2018, 2562, 2566.
1031 Ausführlich zum Verfahren Salger/Neye, in: MünchHdbGesR, Bd. 1, § 95, Rn. 22 ff. m.w.N.
1032 Dazu Lutter/Bayer/J. Schmidt, Europäisches Unternehmens- und Kapitalmarktrecht, § 44 Rn. 44.23 f.
1033 Dazu Lutter/Bayer/J. Schmidt, Europäisches Unternehmens- und Kapitalmarktrecht, § 46 Rn. 46.6 ff.
1034 VO (EG) Nr. 1435/2003, ABl. v. 18.08.2003, L 207/1.
1035 Dazu Krebs, EWS 2012, 407; derzeit bestehen in der EU 42 SCE, vgl. http://www.libertas-institut.com/wp-content/uploads/2018/08/sce-list.pdf (Stand: 05.11.2018); siehe hierzu auch Bayer/J. Schmidt, BB 2018, 2562, 2566.
1036 Dazu ausführlich Lutter/Bayer/J. Schmidt, Europäisches Unternehmens- und Kapitalmarktrecht, § 46 Rn. 46.21 ff.
1037 Zum Verfahren Schulze/Wiese, ZfgG 2006, 108, 110 f.; Fandrich, in: Pöhlmann/Fandrich/Bloehs, GenG, Einf., Rn. 20.

Kapitel 7 Grenzüberschreitende Umwandlungen von Personengesellschaften

Übersicht

		Rdn.
A.	Überblick und Grundlagen	358
B.	Grenzüberschreitende Sitzverlegung	359
I.	Bestimmung des Sitzes bei Personengesellschaften	360
II.	Verlegung des Verwaltungssitzes	364
III.	Verlegung des Satzungssitzes	366
C.	Grenzüberschreitende Verschmelzung	370
D.	Grenzüberschreitende Spaltung	373

A. Überblick und Grundlagen

Die in den Kapiteln zuvor dargestellten Möglichkeiten der grenzüberschreitenden Unternehmensumwandlungen stehen vielfach auch Personengesellschaften offen.[1038] Neben den Problemen, die mit den besonderen Strukturmerkmalen von Personengesellschaften einhergehen bestehen praktische Schwierigkeiten besonders darin, dass bisher für die grenzüberschreitende Umwandlung von Personengesellschaften keine gefestigten und ausdifferenzierten Rechtsprechungslinien des EuGH wie im Bereich der Umwandlung von Kapitalgeselslchaften bestehen (siehe Rdn. 17 ff.). Dennoch fallen grenzüberschreitende Umwandlungsmaßnahmen unter Beteiligung von Personengesellschaften in den Gewährleistungsgehalt der Niederlassungsfreiheit.[1039] Während das Company Law Package (dazu Rdn. 12 ff.) für die grenzüberschreitende Umwandlung von Kapitalgesellschaften in der Zukunft ein umfassendes Regelungskonzept bereitstellen könnte, gelten weder die Vorschläge betreffend der grenzüberschreitenden Verschmelzung, noch die der grenzüberschreitenden Sitzverlegung und Spaltung für Personengesellschaften.[1040] Auf absehbare Zeit ist daher wohl auch nicht zu erwarten, dass der unionale Normgeber hier tätig wird. Die grenzüberschreitende Umwandlung von Personengesellschaften stellt sich damit derzeit als ein mit vielen Unwägbarkeiten behaftetes Gebiet dar, da hierfür keine gesetzliche Grundlage besteht.[1041]

358

B. Grenzüberschreitende Sitzverlegung

Ebenso wie Kapitalgesellschaften ist es Personengesellschaften möglich ihren Sitz zu verlegen.[1042] Dies ist im Grunde sowohl in Gestalt der Verlegung des Verwaltungssitzes denkbar, als auch in Gestalt einer Satzungssitzverlegung. Die EuGH-Entscheidungen »Cartesio« (Rdn. 26), »VALE« (Rdn. 27 ff.) und »Polbud« (Rdn. 34 ff.) betrafen unmittelbar zwar ausschließlich Sitzverlegungs Vorgänge von Kapitalgesellschaften. Die primärrechtlich garantierte Niederlassungsfreiheit für Gesellschaften (Art. 49, 54 AEUV) gilt jedoch für Kapital- und Personengesellschaften in glei-

359

1038 Stiegler, in: Jung/Krebs/Stiegler, Gesellschaftsrecht in Europa, 2019, § 10 Rn. 117 ff., 157 f.; zu den gegenwärtig bestehenden Möglichkeiten grenzüberschreitender Unternehmensumwandlungen unter Beteiligung von Personengesellschaften ausführlich Stiegler, ZGR 2017, 312; siehe hierzu auch Stiegler, Grenzüberschreitende Sitzverlegungen nach deutschem und europäischem Recht, 2017, S. 389 ff.
1039 Dostal, in: MAH GmbH-Recht, § 26 Rn. 319; Stiegler, Grenzüberschreitende Sitzverlegungen nach deutschem und europäischem Recht, 2017, S. 389 ff.
1040 Knaier, GmbHR 2018, 607, 617.
1041 Knaier, in: Würzburger NotHdb, Teil 5 Kap. 6 Rn. 341; Drinhausen, in: Semler/Stengel, UmwG, Einl. C Rn. 2 f.; Dostal, in: MAH GmbH-Recht, § 26 Rn. 319.
1042 Knaier, in: Würzburger NotHdb, Teil 5 Kap. 6 Rn. 431 ff.; ausführlich hierzu Stiegler, ZGR 2017, 312, 325 ff.; Stiegler, Grenzüberschreitende Sitzverlegungen nach deutschem und europäischem Recht, 2017, S. 389 ff.

chem Maße,[1043] sodass grenzüberschreitende Verlegungen des Verwaltungs- und Satzungssitzes auch deren Gewährleistungsgehalt unterliegen.[1044]

I. Bestimmung des Sitzes bei Personengesellschaften

360 Seit langem ist umstritten, wie der Sitz bei Personengesellschaften zu bestimmen ist.[1045] In Deutschland enthält das Gesetz selbst keine konkrete Bestimmung, aus der sich der Sitz einer Personengesellschaft bestimmen lässt. Für die OHG gibt § 106 Abs. 1 HGB lediglich vor, dass die Gesellschaft bei dem Registergericht zur Eintragung ins Handelsregister anzumelden ist, in dessen Bezirk sie ihren Sitz hat. § 106 Abs. 1 HGB i.V.m. § 161 Abs. 2 HGB regelt entsprechendes für die KG. § 106 Abs. 2 Nr. 2 HGB gibt vor, dass die Eintragung der Gesellschaft diesen Sitz zu enthalten hat. Was unter dem Sitz zu verstehen ist ergibt sich aus diesen Normen nicht.

361 Überwiegend wird in Rechtsprechung[1046] und Literatur[1047] davon ausgegangen, dass der Sitz einer Personengesellschaft ihr Verwaltungssitz ist. Hierunter wird der »Tätigkeitsort der Geschäftsführung und der dazu berufenen Vertretungsorgane, also de[r] Ort, wo die grundlegenden Entscheidungen der Unternehmensleitung effektiv in laufende Geschäftsführungsakte umgesetzt werden«[1048] verstanden. Dieser Verwaltungssitz ist nach objektiven Kriterien zu bestimmen. Entscheidend ist daher, ob für den Rechtsverkehr erkennbar an diesem Ort die unternehmerischen Entscheidungen in tatsächliches Handeln umgesetzt werden.[1049] Der nach diesen objektiven Kriterien bestimmte Sitz gilt als Sitz der Personengesellschaft, selbst wenn die Gesellschafter selbst einen anderen Ort als Sitz der Gesellschaft definieren oder verstehen.[1050] Konsequenterweise lässt sich unter diesem Verständnis der im Gesellschaftsvertrag bestimmte Sitz und der Verwaltungssitz nicht trennen.[1051]

362 Eine im Vordringen befindliche Meinung[1052] geht indes davon aus, dass unter dem Sitz der Personengesellschaft der im Gesellschaftsvertrag bestimmte Sitz zu verstehen sei. Dieser Sitz sei frei wählbar und auch vom Verwaltungssitz abtrennbar. Diese Ansicht stützt sich ganz wesentlich darauf, dass durch das MoMiG[1053] der GmbH und der AG durch die Streichung von § 4 Abs. 2 GmbHG bzw. § 5 Abs. 2 AktG ermöglicht wurde, ihren Sitz frei und auch abweichend vom Verwaltungssitz zu bestimmen (dazu schon Rdn. 260).[1054] Für die Personengesellschaften wurde entsprechendes jedoch nicht geregelt. Dies sei jedoch auch nicht in vergleichbarer Weise wie bei

---

1043 Dostal, in: MAH GmbH-Recht, § 26 Rn. 319; Stiegler, Grenzüberschreitende Sitzverlegungen nach deutschem und europäischem Recht, 2017, S. 389 ff.
1044 Knaier, in: Würzburger NotHdb, Teil 5 Kap. 6 Rn. 431 ff.; ausführlich hierzu Stiegler, ZGR 2017, 312, 325 ff.; Stiegler, Grenzüberschreitende Sitzverlegungen nach deutschem und europäischem Recht, 2017, S. 389 ff.
1045 Ein guter und aktueller Überblick zum Meinungsstand findet sich bei Stiegler, ZGR 2017, 312, 315 ff.
1046 BGH v. 27.05.1957 –, WM 1957, 999, 1000; BGH v. 09.01.1969 –, WM 1969, 293, 294; KG v. 14.04.1955 – 1 W Umw 926/55, NJW 1955, 1442, 1443; auch nach dem MoMiG KG v. 16.04.2012 – 25 W 39/12, ZIP 2012, 1668.
1047 Krafka/Kühn, RegisterR, Rn. 611; Langhein, in: MünchKommHGB, § 106 Rn. 30; Kindler, in: Koller/Kindler/Roth/Morck, HGB, § 106 Rn. 2; Hoffmann, ZIP 2007, 1581, 1588.
1048 BGH, Urt. v. 21.03.1986 – V ZR 10/85, NJW 1986, 2194; zuvor schon Sandrock, in: FS Beitzke, 1979, S. 669, 683.
1049 Sandrock, in: FS Beitzke, 1979, S. 669, 684.
1050 Thorn, in: Palandt, BGB, Anh. Art. 12 EGBGB Rn. 11.
1051 Langhein, in: MünchKommHGB, § 106 Rn. 28 f.; siehe hierzu auch Stiegler, ZGR 2017, 312, 316.
1052 Siehe etwa Koch, ZHR 173 (2009), 101, 118; Haas, in: Röhricht/Graf von Westphalen/Haas, HGB, § 106 Rn. 11.
1053 Gesetz zur Modernisierung des GmbH-Rechts und zur Bekämpfung von Missbräuchen v. 23.08.2008, BGBl. I, S. 2026.
1054 Siehe etwa Vgl. Otte, BB 2009, 344; Lutter/Hommelhoff/Bayer, GmbHG § 4a Rn. 1 ff., 15.

Kapitalgesellschaften möglich gewesen, da sich das Zusammenfallen von Verwaltungssitz und gesellschaftsvertraglichem Sitz nicht aus einer gesetzlichen Vorgabe ergäbe, sondern von Rechtsprechung Literatur entwickelt worden sei.[1055] Es gäbe keinen sachlichen Grund Personengesellschaften in diesem Zusammenhang strenger zu regulieren als Kapitalgesellschaften, da auch bezüglich des Inhalts des Gesellschaftsvertrags von Personengesellschaften wesentlich größere Gestaltungsfreiheit bestünde als bei Kapitalgesellschaften.[1056] Dem wird jedoch entgegengehalten, dass Personengesellschaften den Gesellschaftsvertrag, in dem sich eine etwaige Sitzbestimmung befindet, dem Registergericht gar nicht vorlegen müssten.[1057] Gleichwohl sind Personengesellschaften dazu verpflichtet für die Registereintragung ihren Sitz gegenüber dem Register anzugeben, § 106 Abs. 2 Nr. 2 HGB.[1058] Gleiches gilt auch in Fällen der Sitzverlegung.[1059] Daneben wird angeführt, dass seit dem MoMiG auch bei Personengesellschaften nach § 106 Abs. 2 Nr. 2 HGB bei der Anmeldung eine inländische Geschäftsanschrift zur Eintragung ins Handelsregister anzugeben ist.[1060] Dem Gesetzgeber ging es bei dieser Änderung allerdings vorwiegend um Schaffung von mehr Transparenz, nicht um eine Neubestimmung des Verständnisses des Sitzes einer Personengesellschaft.[1061]

Auch wenn die im Vordringen befindliche Meinung, die sich für eine freie Wählbarkeit des gesellschaftsvertraglichen Sitzes von Personengesellschaften und damit verbunden für eine Trennung zwischen diesem und dem Verwaltungssitz ausspricht durchaus beachtliche Argumente aufweist, bleibt es für die praktische Handhabung dabei, dass unter dem Sitz einer Personengesellschaft deren Verwaltungssitz zu verstehen ist. Die Rechtsprechung[1062] nach dem MoMiG zeigt, dass bei einer Anmeldung einer OHG oder KG zur Eintragung ins Handelsregister dieses Sitzverständnis maßgeblich ist. Gleichwohl werden in letzter Zeit die Rufe nach einem gesetzgeberischen Tätigwerden lauter und es wird vorgeschlagen, dass Personengesellschaften ebenso wie Kapitalgesellschaften ihren Verwaltungssitz, auch unabhängig vom satzungsmäßigen Sitz, im In- und Ausland frei wählen können sollten.[1063]

II. Verlegung des Verwaltungssitzes

Die bereits dargestellten Möglichkeiten der Verwaltungssitzverlegung aus Deutschland heraus (Rdn. 255 ff.) gelten bisher nur für Kapitalgesellschaften. Personenhandelsgesellschaften, Vereinen, GbR, Genossenschaften und Partnerschaftsgesellschaften droht nach deutschem Recht die Auflösung bei einer Verwaltungssitzverlegung ins Ausland.[1064] Denkbar ist jedoch, dass die Personengesellschaft im Zuzugsstaat einen Statuswechsel erfährt und dort neu als Personenhandelsgesellschaft des dortigen Rechts existiert.[1065] Dies führt dazu, dass eine identitätswahrende Verwaltungssitzverlegung einer deutschen Personengesellschaft ins Ausland unter Beibehaltung ihrer

---

1055 Hoffmann, ZIP 2007, 1581, 1588; zum Meinungsbild ausführlich Stiegler, ZGR 2017, 312, 317 ff.
1056 So etwa Nenntwig, GmbHR 2015, 1145, 1146.
1057 Siehe Stiegler, ZGR 2017, 312, 319; Melchior, GmbHR 2013, 853, 856.
1058 Stiegler, ZGR 2017, 312, 319.
1059 Überzeugend Stiegler, ZGR 2017, 312, 319 f.
1060 Koch, ZHR 173 (2009), 101, 111.
1061 Begr.RegE MoMiG, BT-Drs. 16/6140, S. 49.
1062 Siehe KG, Beschl. v. 16.04.2012 – 25 W 39/12, FGPrax 2012, 172, 173 m.Anm. Heinemann.
1063 Hierfür sprach sich auch der 71. Deutsche Juristentag mit deutlicher Mehrheit aus, vgl. Beschluss 26 der Abteilung Wirtschaftsrecht, abrufbar unter: https://www.djt.de/fileadmin/downloads/71/Beschluesse_gesamt.pdf, S. 36 (Stand: 10.09.2018). Siehe zur rechtspolitischen Kritik an der derzeit von Rechtsprechung und Literatur überwiegend vorgenommenen Behandlung des Sitzes von Personengesellschaften ausführlich Stiegler, ZGR 2017, 312, 322 ff.
1064 Kieninger, in: MünchHdbGesR, Bd. 6, § 52, Rn. 24 ff.; ausführlich Stiegler, Grenzüberschreitende Sitzverlegung nach deutschem und europäischem Recht, 2017, S. 389 ff.
1065 Vgl. Süß, in: Herrler, Gesellschaftsrecht in der Notar- und Gestaltungspraxis, § 12, Rn. 115 ff.

Rechtsform derzeit nicht möglich ist.[1066] Für den umgekehrten Fall (Rdn. 266 ff.) scheint nach der bisherigen Judikatur eine Verwaltungssitzverlegung nach Deutschland hinein für Personengesellschaften als Träger der Niederlassungsfreiheit der Art. 49, 54 AEUV[1067] möglich, wenn dies der Herkunftsstaat zulässt und die Gesellschaft trotz dessen als rechtsfähig anerkennt.[1068]

365 Das DNotI hatte folgenden Frage zu begutachten:[1069]

> ▶ Es geht um die Verlegung des Verwaltungssitzes bei einer in Deutschland registrierten GmbH & Co. KG. Die Kommanditgesellschaft ist Eigentümerin in Deutschland belegenen Grundbesitzes. Es soll nun der Verwaltungssitz der Gesellschaft in die Niederlande verlegt werden, weil hiermit steuerliche Vorteile verbunden sein.

Da nach der »Trabrennbahn«-Entscheidung des BGH[1070] (dazu auch Rdn. 59) sich das auf gesellschaftsrechtliche Rechtsverhältnisse anwendbare Recht weiterhin grundsätzlich nach der Sitztheorie (Rdn. 16) richtet, ist auch hier maßgeblich das Recht des Staates, in dem sich der Hauptverwaltungssitz der Gesellschaft befindet.

Insoweit findet daher grundsätzlich mit Verlegung des Hauptverwaltungssitzes aus Deutschland in die Niederlande ein Statutenwechsel statt. Ab diesem Zeitpunkt wäre im Beispiel des DNotI-Gutachtens grundsätzlich das niederländische Recht anzuwenden. Diese Verweisung auf das niederländische Recht erfasst aber gem. Art. 4 Abs. 1 Satz 1 EGBGB auch das niederländische Internationale Privatrecht. Insbesondere wäre gem. Art. 4 Abs. 1 Satz 2 EGBGB eine Rückverweisung durch das niederländische IPR auf das deutsche Recht zu beachten.[1071]

In den Niederlanden ist das internationale Gesellschaftsrecht seit dem 1.1.2012 in Art. 10:118 des Burgerlijk Wetboek[1072] geregelt. Eine Kapitalgesellschaft, die nach ihrem Gesellschaftsvertrag oder ihrer Gründungsurkunde ihren statutarischen Sitz oder ihr Hauptverwaltungsbüro bzw. mangels solcher ihr nach außen tätiges Zentrum ihrer Aktivitäten in dem Gebiet des Staates hat, nach dessen Recht sie errichtet worden ist, unterliegt dem Recht dieses Staates. Dabei gelten als Kapitalgesellschaft (corporatie) in diesem Sinne gem. Art. 117 lit. a Burgerlijk Wetboek auch Personengesellschaften.

Mithin bleibt nach niederländischem IPR auch nach Verlegung des Hauptverwaltungssitzes der in Deutschland eingetragenen Kommanditgesellschaft, die in Deutschland auch ursprünglich ihren Hauptverwaltungssitz hatte, in die Niederlande, das deutsche Recht weiterhin anwendbar. Insoweit ändert sich mithin durch die Verlegung des Sitzes in kollisionsrechtlicher Hinsicht nichts. Vielmehr bleibt die Fortgeltung des deutschen Personengesellschaftsrechts gewahrt.

In der deutschen Literatur[1073] findet sich noch verbreitet der Hinweis, dass eine Personenhandelsgesellschaft nach deutschem Recht in das Liquidationsstadium übergehe (ungeschriebener Auflösungsgrund), wenn sie ihren Sitz ins Ausland verlege. Ein inländischer Verwaltungssitz sei unge-

---

1066 Stiegler, Grenzüberschreitende Sitzverlegung nach deutschem und europäischem Recht, 2017, S. 390 f.; s.a. Mitterecker, Grenzüberschreitende Sitzverlegungen, 2015, S. 456 für österreichische Personengesellschaften.
1067 Forsthoff, in: Grabitz/Hilf/Nettesheim, Art. 54 AEUV, Rn. 3; Korte, in: Calliess/Ruffert, Art. 54 AEUV, Rn. 23.
1068 Ausführlich Stiegler, Grenzüberschreitende Sitzverlegung nach deutschem und europäischem Recht, 2017, S. 392 ff.
1069 Gutachten 134625 vom 10.06.2014.
1070 BGH, Urt. v. 27.10.2008 – II ZR 158/06, NJW 2009, 289 m.Anm. Kieninger.
1071 Vgl. BGH, Urt. v. 02.12.2004 – III ZR 358/03, BGHZ 161, 224 und BGH, Urt. v. 13.09.2004 – II ZR 276/02, NJW 2004, 3707; BGH, Urt. v. 29.06.2010 – VI ZR 122/09, NZG 2010, 909.
1072 Abrufbar unter http://www.wetboek-online.nl/wet/BW1.html (Stand: 05.11.2018).
1073 Siehe MünchHbd-GesR/Kieninger, Bd. 6, Internationales Gesellschaftsrecht, 4. Aufl. 2012, § 52 Rn. 26; NK-BGB/Hofmann, 2. Aufl. 2012, Anh. Zu Art. 12 EGBGB Rn. 178.

schriebene Voraussetzung für den Fortbestand einer Gesellschaft, auch einer Gesellschaft bürgerlichen Rechts. Eine Liquidation könne wiederum nicht erzwungen werden.[1074]

Daraus ergäbe sich im vorliegenden Fall folgende Konsequenz: Bei einer Kommanditgesellschaft gibt es, da es sich hierbei nicht um eine Kapitalgesellschaft handelt, keinen echten statutarischen Sitz. Maßgeblicher Sitz i. S. v. § 106 HGB ist vielmehr ausschließlich der Verwaltungssitz (dazu Rdn. 360 ff.).[1075] Würde die Kommanditgesellschaft mithin ihren Verwaltungssitz in die Niederlande verlegen, fiele die Zuständigkeit des inländischen Handelsregisters für die Registrierung der Gesellschaft fort. Die KG wäre mithin aus dem deutschen Handelsregister zu löschen. Folge wäre, dass die Kommanditisten sich nicht länger auf ihre Haftungsbeschränkung berufen könnten. Auch ergäben sich dann mangels Registernachweises erhebliche Probleme beim Nachweis der Existenz und Vertretung gegenüber dem Grundbuchamt.

III. Verlegung des Satzungssitzes

Bei einer Satzungssitzverlegung mit einhergehendem Formwechsel wäre für Personengesellschaften zwischen Heraus- und Hineinformwechsel zu unterscheiden und danach, ob sie als Ausgangs- oder als Zielrechtsform fungieren sollen. Bei einem Herausformwechsel kommen als Zielrechtsform Personengesellschaften insoweit in Betracht, als es der Zuzugsstaat vorsieht (siehe Rdn. 282). 366

Problematisch ist hierbei, inwiefern eine deutsche Personengesellschaft überhaupt einen »Satzungssitz« inne hat (dazu Rdn. 360 ff.). Nach aktueller Lage ist eine Trennung zwischen Verwaltungssitz und (gesellschaftsvertraglich) vereinbartem Sitz bei deutschen Personengesellschaften nicht möglich, womit nur deren Verwaltungssitz Bedeutung hat.[1076] 367

Ein Herausformwechsel wird für deutsche Personengesellschaften zwar diskutiert, begegnet derzeit jedoch erheblichen Unsicherheiten, sodass auf rechtssicherere Alternativgestaltungen, wie auf die grenzüberschreitende Anwachsung zurückgegriffen werden sollte.[1077] 368

Beim Hineinformwechsel kommen nur solche ausländischen Personengesellschaften als Ausgangsrechtsträger nicht in Frage, die einer Innen-GbR entsprechen oder rein karitative bzw. kulturelle Zwecke verfolgen (siehe Rdn. 279). Als deutsche Zielrechtsform kommen die in § 191 Abs. 2 UmwG genannten Rechtsträger und auch die dort genannten Personengesellschaften in Betracht (siehe Rdn. 279). 369

C. Grenzüberschreitende Verschmelzung

Die VerschmelzungsRL (jetzt integriert in die Richtlinie über bestimmte Aspekte des Gesellschaftsrechts, dazu Rdn. 11) gilt nur für Kapitalgesellschaften und optional für Genossenschaften, sodass hier kein allgemeiner Rahmen für grenzüberschreitende Verschmelzungen von Personengesellschaften geschaffen wurde. Auch das Company Law Package der Europäischen Kommission (dazu Rdn. 12 ff.) sieht keine Erweiterung auf Personengesellschaften vor. 370

▶ Hinweis:

> Derzeit deutet sich jedoch eine für Personengesellschaften relevante Änderung im deutschen Recht der grenzüberschreitenden Verschmelzung an: Seit Kurzem liegt der Referentenentwurf für ein Viertes Gesetz zur Änderung des Umwandlungsgesetzes (hierzu allgemein Rdn. 47 ff.)

1074 So z. B. MünchHbd-GesR/Kieninger, Bd. 6, Internationales Gesellschaftsrecht, 4. Aufl. 2012, § 52 Rn. 26; NK-BGB/Hofmann, 2. Aufl. 2012, Anh. Zu Art. 12 EGBGB Rn. 178.
1075 BGH WM 1957, 999; MünchKomm/Langhein, HGB, § 106 Rn. 26.
1076 Ausführlich Stiegler, Grenzüberschreitende Sitzverlegung nach deutschem und europäischem Recht, 2017, S. 397 f., 39 ff.
1077 Hierzu ausführlich Stiegler, Grenzüberschreitende Sitzverlegung nach deutschem und europäischem Recht, 2017, S. 397 ff.

vor. Durch dieses sollen die §§ 122a ff. UmwG einige Änderungen erfahren. Die Regelung soll allen voran dazu dienen, den vom Brexit betroffenen Gesellschaften eine zusätzliche Variante für einen geordneten Wechsel in eine inländische Gesellschaftsform zur Verfügung zu stellen.[1078]

Der Referentenentwurf erweitert in § 122b Abs. 1 Nr. 2 UmwG-RefE nun den Katalog verschmelzungsfähiger Rechtsträger um Personenhandelsgesellschaften i.S.d. § 3 Abs. 1 Nr. 1 UmwG. Hierbei handelt es sich um die OHG und die KG. Zu beachten ist jedoch, dass die geplante Erweiterung nur insoweit gilt, als es sich bei den Personengesellschaften um die übernehmende oder neue Gesellschaft bei der grenzüberschreitenden Verschmelzung handelt. Der Gesetzgeber erweitert mit diesem Vorschlag den Katalog der möglichen Rechtsformen bei übernehmenden oder neuen Gesellschaften bei der grenzüberschreitenden Verschmelzung generell auf Personenhandelsgesellschaften. Es wäre nach dem Entwurf daher möglich, sämtliche in anderen Mitgliedstaaten verschmelzungsfähige Rechtsträger auch auf die deutsche OHG oder KG grenzüberschreitend zu verschmelzen.[1079]

Die vorgenommene Erweiterung der verschmelzungsfähigen Rechtsträger ist mit den Vorgaben der GesellschaftsrechtsRL vereinbar, da die Richtlinie für grenzüberschreitende Verschmelzungen nur eine partielle Harmonisierung[1080] schafft.[1081] Nach den Vorgaben des EuGH in der Rs. »SEVIC«[1082] ist ohnehin auch derzeit schon eine grenzüberschreitende Verschmelzung auf eine Personengesellschaft zuzulassen, wenngleich hierfür kein kodifizierter Rechtsrahmen besteht (dazu auch Rdn. 23 ff., 230 ff.).[1083]

371 Allerdings bleibt trotz dessen für Personengesellschaften die Möglichkeit einer grenzüberschreitenden Verschmelzung nach Maßgabe der EuGH-Rechtsprechung (Rdn. 23 ff., 230 ff.).[1084] Eine grenzüberschreitende Verschmelzung von Personengesellschaften ist daher im selben Umfang

---

1078 UmwG-RefE, S. 1, abrufbar unter: https://www.bmjv.de/SharedDocs/Gesetzgebungsverfahren/Dokumente/RefE_Umwandlungsgesetz.pdf?__blob=publicationFile&v=1 (Stand: 12.09.2018); siehe hierzu auch Stiegler, 4. UmwÄndG – Brexit und Verschmelzung auf Personengesellschaften: Way to go oder halbherziger Kompromiss?, erscheint in ZIP 2018; Brandi/M. K. Schmidt, DB 2018,2417; Knaier, ZNotP 2018, 341.
1079 So auch J. Schmidt, GmbHR 2018, R292, R293, mit Beispielen von Gesellschaftsformen aus anderen EU-Mitgliedstaaten; siehe auch Stiegler, 4. UmwÄndG – Brexit und Verschmelzung auf Personengesellschaften: Way to go oder halbherziger Kompromiss?, erscheint in ZIP 2018.
1080 Bayer, in: Lutter, UmwG, 5. Aufl. 2014, § 122a Rn. 6; Bayer/J. Schmidt, NJW 2006, 401, 402: europaweit uniformes Grundgerüst; ebenso Lutter/Bayer/J. Schmidt, Europäisches Unternehmens- und Kapitalmarktrecht, § 22, Rn. 22.3.
1081 Teilweise wird dies sogar als zwingend angesehen, da die Rechtsprechung des EuGH, insbesondere in der Rs. »SEVIC«, unter der Niederlassungsfreiheit keine Beschränkung auf Kapitalgesellschaften vorsehe, vgl. Kallmeyer, in: Kallmeyer, UmwG, § 122b Rn. 6: entspricht RL, nicht aber EuGH-Rechtsprechung; J. Schmidt, GmbHR 2018, R292, R293 wirft die berechtigte Frage auf, warum der Referentenentwurf nicht gleich allgemein den Anwendungsbereich der §§ 122a ff. UmwG auf alle Rechtsträger i.S.d. Art. 54 AEUV erweitert.
1082 Urt. v. 13.12.2005 – C-411/03, NJW 2006, 425; dazu Doralt, IPRax 2006, 572; Teichmann, ZIP 2006, 355.
1083 Siehe hierzu Knaier, in: WürzburgerNotHdB, Teil 5 Kap. 6 Rn. 433; J. Schmidt, GmbHR 2018, R292; Drygala, in: Lutter, UmwG, § 1 Rn. 12 ff.; Louven, ZIP 2006, 2021, 2023 f.; s.a. Thiermann, Grenzüberschreitende Verschmelzungen, 2010, S. 220 ff.
1084 Ausführlich Drygala, in: Lutter, UmwG, § 1 Rn. 12 ff.; Louven, ZIP 2006, 2021, 2023 f.; s.a. Thiermann, Grenzüberschreitende Verschmelzungen, 2010, S. 220 ff.; Stiegler, in: Jung/Krebs/Stiegler, Gesellschaftsrecht in Europa, 2019, § 10 Rn. 157 f.

zulässig wie bei innerstaatlichen Verschmelzungen, sodass § 3 Nr. 1 UmwG in den Grenzen des Art. 54 Abs. 2 AEUV für Sachverhalte mit deutscher Beteiligung zu beachten ist.[1085]

Die grenzüberschreitende Verschmelzung von Personengesellschaften ist jedoch ebenfalls mit zahlreichen Rechtsunsicherheiten belastet und steht vor der Herausforderung, die Register mehrerer Mitgliedstaaten zu überzeugen.[1086] Für die Praxis empfiehlt sich daher eher, eine Personengesellschaft zunächst mittels eines innerstaatlichen Formwechsels (Teil 4 Rdn. 367 ff.) in eine Kapitalgesellschaft umzuwandeln und dann grenzüberschreitend das rechtssichere Verfahren nach der VerschmelzungsRL (jetzt integriert in die Richtlinie über bestimmte Aspekte des Gesellschaftsrechts, dazu Rdn. 11) zu nutzen.[1087]

D. Grenzüberschreitende Spaltung

Vergleichbar stellt sich die Lage bei der **grenzüberschreitenden Spaltung** dar.[1088] Für die Praxis kann eine grenzüberschreitende Spaltung unter Beteiligung von Personengesellschaften jedoch keinesfalls empfohlen werden, da es nahezu aussichtslos sein wird, die beteiligten Register von der Zulässigkeit des Verfahrens in seinen Einzelheiten zu überzeugen.

1085 Hoffmann, in: MünchHdbGesR, Bd. 6, § 53, Rn. 117 ff.; zu weit Drygala, in: Lutter, UmwG, § 1 Rn. 30, der sogar auf das nach Art. 54 Abs. 2 AEUV erforderliche Kriterium des Erwerbszwecks verzichten will.
1086 Krüger, in: BeckHdb Umwandlungen international, Teil 2, Rn. 10; Bayer/J. Schmidt, NZG 2006, 841, 841; s.a. Hoffmann, in: MünchHdbGesR, Bd. 6, § 53, Rn. 120.
1087 Ebenso Krüger, in: BeckHdb Umwandlungen international, Teil 2, Rn. 10.
1088 Dazu Veith, in: BeckHdb Umwandlungen international, Teil 3, Rn. 30 ff.

Kapitel 8 Muster

Übersicht	Rdn.
A. Verschmelzungsplan einer holländischen BV auf eine deutsche GmbH zur Aufnahme	375
B. Verschmelzungsplan einer britischen Ltd. auf eine deutsche GmbH zur Aufnahme	377
C. Verschmelzungsbeschluss der deutschen GmbH	378
D. Handelsregisteranmeldung der übernehmenden deutschen GmbH bei Verschmelzung zur Aufnahme	379
E. Klausel zum Abfindungsangebot nach § 122i UmwG	380
F. Handelsregisteranmeldung bei grenzüberschreitendem Formwechsel auf eine deutsche GmbH	381
G. Verlegungsplan einer deutschen Gesellschaft ins EU-Ausland	382

374 Die folgenden Muster stellen nur **Vorschläge aus deutscher Sicht** dar und müssen ggf. mit dem ausländischen Recht abgeglichen und ggf. auch in fremder Sprache zweisprachig errichtet werden.[1089]

A. Verschmelzungsplan einer holländischen BV auf eine deutsche GmbH zur Aufnahme

375 Der Plan muss ggf. mehrsprachig und zusätzlich durch einen ausländischen Notar beurkundet werden.

▶ Muster: Verschmelzungsplan einer holländischen BV auf eine deutsche GmbH zur Aufnahme

376 Verhandelt zu […]

am […]

Vor dem unterzeichnenden

[…]

Notar mit dem Amtssitz in […]

erschienen:
1. a) Herr […] (Name, Geburtsdatum, Adresse),
   b) Frau […] (Name, Geburtsdatum, Adresse),
   beide handelnd nicht im eigenen Namen, sondern als gemeinsam vertretungsberechtigte Geschäftsführer der A-GmbH mit dem Sitz in […], eingetragen im Handelsregister des Amtsgerichts unter HRB […],
2. Herr […] (Name, Geburtsdatum, Adresse),
   handelnd nicht im eigenen Namen, sondern als Director für B. V. Nederlandse B mit dem Sitz […] Niederlande, eingetragen im Handelsregister Kamer von Koophandel, Amsterdam, Dossiernummer […],

Die Erschienenen wiesen sich dem Notar gegenüber aus durch Vorlage ihrer amtlichen Lichtbildausweise.

Die Erschienenen ließen folgenden

Verschmelzungsplan

[1089] Vgl. auch Herrler/Schneider, GmbH 2010, S. 49 ff., umfangreiche Muster zur Verschmelzung einer Limited auf eine GmbH; siehe auch die Muster für grenzüberschreitende Unternehmensumwandlungen bei Knaier, in: Würzburger NotHdb, Teil 5 Kap. 6; sowie die Muster zur grenzüberschreitenden Verschmelzung bei Süß, in: Herrler, Gesellschaftsrecht in der Notar- und Gestaltungspraxis, § 30 Rn. 9 (spanische S.A. auf GmbH) und Herrler, in: Herrler, Gesellschaftsrecht in der Notar- und Gestaltungspraxis, § 30 Rn. 10 ff. (britische Ltd. auf GmbH).

beurkunden und erklärten, handelnd wie angegeben:

I. Beteiligte Gesellschaften

An der Gesellschaft sind folgende Gesellschaften beteiligt:

A-GmbH mit dem Sitz in […],

eingetragen im Handelsregister des Amtsgerichts unter HRB […]

B. V. Nederlandse B mit dem Sitz in […] Niederlande

eingetragen im Handelsregister Kamer von Koophandel, Amsterdam, Dossiernummer […]

II. Verschmelzung

Die B. V. Nederlandse B mit dem Sitz in […] überträgt ihr Vermögen als Ganzes mit allen Rechten und Pflichten unter Ausschluss der Abwicklung auf die A-GmbH mit dem Sitz in […] im Wege der Verschmelzung durch Aufnahme. Die A-GmbH gewährt als Ausgleich hierfür den Gesellschaftern der B. V. Nederlandse B mit dem Sitz in […] Geschäftsanteile an der A-GmbH.

III. Einzelheiten der Übertragung der Gesellschaftsanteile, bare Zuzahlungen, Umtauschverhältnis

1. Die A-GmbH gewährt den Gesellschaftern der BV folgende Anteile:
   a) dem Gesellschafter X einen Geschäftsanteil im Nennbetrag von […] €,
   b) dem Gesellschafter Y einen Geschäftsanteil im Nennbetrag von […] €.
2. Die Geschäftsanteile werden kostenfrei und mit Gewinnberechtigung ab dem […] gewährt.
3. Zur Durchführung der Verschmelzung wird die A-GmbH ihr Stammkapital von bislang […] € um […] € auf […] € erhöhen, und zwar durch Bildung eines Geschäftsanteils im Nennbetrag von […] € und eines weiteren Geschäftsanteils im Nennbetrag von […] €. Als bare Zuzahlung erhält […] einen Betrag von […] € und […] einen Betrag von […] €.
4. Das Umtauschverhältnis beträgt […]

IV. Voraussichtliche Auswirkungen der Verschmelzung auf die Beschäftigung

Für die Arbeitnehmer der Gesellschaften ergeben sich folgende Auswirkungen […]

V. Bilanzstichtag

Der Verschmelzung wird die mit B. V. Nederlandse B zum […] als Schlussbilanz zugrunde gelegt. Die beiden letzten Schlussbilanzen der beiden Gesellschaften haben folgende Stichtage: […] (*Anm.*: Str. ist, ob die Bilanz beizufügen ist).

VI. Verschmelzungsstichtag

Die Übernahme des Vermögens der B. V. Nederlandse B erfolgt im Innenverhältnis mit Wirkung zum Ablauf des […]. Vom […] an gelten alle Handlungen und Geschäfte der B-GmbH als für Rechnung der A-GmbH vorgenommen.

VII. Besondere Rechte

Besondere Rechte i. S. v. § 122c Abs. 2 Nr. 7 UmwG bestehen bei der B-GmbH nicht. Einzelnen Anteilsinhabern werden i. R. d. Verschmelzung keine besonderen Rechte gewährt.

VIII. Besondere Vorteile

Besondere Vorteile i. S. v. § 122c Abs. 2 Nr. 8 UmwG werden den Sachverständigen, die den Verschmelzungsplan prüfen, oder den Mitgliedern der Verwaltungs-, Leitungs-, Aufsichts- oder Kontrollorgane der an der Verschmelzung beteiligten Gesellschaften nicht gewährt.

IX. Satzung der übernehmenden GmbH

Die Satzung der A-GmbH ist dieser Urkunde als Anlage beigefügt. Auf diese wird nach § 9 BeurkG verwiesen, sie ist Bestandteil der Urkunde.

X. Angaben zum Verfahren der Arbeitnehmermitbestimmung

Angaben zu dem Verfahren, nach dem die Einzelheiten über die Beteiligung der Arbeitnehmer an der Festlegung ihrer Mitbestimmungsrechte in der aus der grenzüberschreitenden Verschmelzung hervorgehenden Gesellschaft geregelt werden, sind nur erforderlich, wenn die Voraussetzungen des § 5 MgVG vorliegen.

XI. Angaben zur Bewertung des Aktiv- und Passivvermögens, das auf die A-GmbH übertragen wird

Die A-GmbH wird das aufgrund der Verschmelzung übertragene Vermögen der B. V. Nederlandse B mit folgenden Werten in ihrer Bilanz ansetzen: Buchwert oder Teil- oder Zwischenwert.

(*Anm.*: Es ist str., ob auch folgende Formulierung zulässig ist:

»Die endgültige Festlegung der Bewertung erfolgt erst im Zusammenhang mit der Aufstellung des Jahresabschlusses des A-GmbH.«)

XII. Abfindungsangebot

Entfällt hier nach § 122i UmwG, wenn nicht sonstige Voraussetzungen dies erforderlich machen.

(*Anm.*: Falls doch ein Abfindungsangebot erforderlich ist, empfiehlt sich folgende Formulierung:

»Für den Fall, dass ein Gesellschafter der B. V. Nederlandse B bei der Beschlussfassung seinen Widerspruch gegen Verschmelzung zur Niederschrift erklärt, macht die A-GmbH ihm schon jetzt folgendes Abfindungsangebot: Die A-GmbH verpflichtet sich, an jeden Gesellschafter für je 100,00 € Kapitalanteil einen Barbetrag i. H.v. .. .. € zu zahlen, sofern der Gesellschafter seinen Austritt aus der A-GmbH erklärt. Die Kosten der Abfindung trägt die A-GmbH. Folgende Abfindungsbeträge werden somit angeboten:
– Gesellschafter X: [...] €,
– Gesellschafter Y: [...] €.«

XIII. Änderung der Firma

Die Firma der A-GmbH wird geändert in:

A & B-GmbH

XIV. Kosten

Die durch diesen Vertrag und seiner Durchführung bei beiden Gesellschaften entstehenden Kosten trägt die A-GmbH. Sollte die Verschmelzung nicht wirksam werden tragen die Kosten dieses Vertrages die Gesellschaften zu gleichen Teilen; alle übrigen Kosten trägt die jeweils betroffene Gesellschaft alleine.

Diese Niederschrift wurde den Erschienenen vom Notar vorgelesen, von ihnen genehmigt und von ihnen und dem Notar eigenhändig, wie folgt, unterschrieben:

[...]

B. Verschmelzungsplan einer britischen Ltd. auf eine deutsche GmbH zur Aufnahme

▶ Muster: Verschmelzungsplan einer britischen Ltd. auf eine deutsche GmbH zur Aufnahme:[1090]

Verhandelt zu [...]

am [...]

[1090] S.a. Herrler/Schneider, Von der Limited zur GmbH, 2010, S. 69 ff., auch mit englischer Fassung; Süß, in: Herrler, Gesellschaftsrecht in der Notar- und Gestaltungspraxis, § 30, Rn. 9 bei einer spanischen S.A. Grds. kann das Muster durch entsprechende Änderungen auch für die Hineinverschmelzung von Gesellschaften aus anderen Mitgliedstaaten verwendet werden, wobei jedoch stets die Umsetzung der VerschmelzungsRL im jeweiligen Mitgliedstaat beachtet werden sollte. Der Verschmelzungsplan muss ggf. mehrsprachig gefasst und durch einen ausländischen Notar beurkundet werden.

B. Verschmelzungsplan Ltd. – GmbH zur Aufnahme

Vor dem unterzeichnenden [...]

Notar mit dem Amtssitz in [...]

erschienen:
1. a) Herr [Name, Geburtsdatum, Adresse],
   b) Frau [Name, Geburtsdatum, Adresse],
   beide nicht im eigenen Namen handelnd, sondern als gemeinsam vertretungsberechtigte Geschäftsführer der [...] GmbH mit dem Sitz in [...], eingetragen im Handelsregister des Amtsgerichts unter HRB [...],
2. Herr [Name, Geburtsdatum, Adresse],
   nicht im eigenen Namen handelnd, sondern als Director für [...] Ltd. mit dem Sitz [...], Großbritannien, eingetragen im Registrar of Companies for England and Wales, Cardiff, Company No. [...].

Die Erschienenen wiesen sich dem Notar gegenüber durch Vorlage ihrer amtlichen Lichtbildausweise aus.

Die Erschienenen ließen folgenden **Verschmelzungsplan** beurkunden und erklärten, handelnd wie angegeben:

I. Beteiligte Gesellschaften

An der Verschmelzung sind folgende Gesellschaften beteiligt:

[...] GmbH mit dem Sitz in [...],

eingetragen im Handelsregister des Amtsgerichts unter HRB [...], im Folgenden bezeichnet als [...].

An der [...] GmbH sind folgende Gesellschafter beteiligt:

[Name, Geburtsdatum, Adresse] mit [...] der Anteile;

[...].

[...] Ltd. mit dem Sitz in [...] Großbritannien,

eingetragen im Registrar of Companies for England and Wales, Cardiff, Company No. [...], im Folgenden bezeichnet als [...].

An der [...] Ltd. sind folgende Gesellschafter beteiligt:

[Name, Geburtsdatum, Adresse] mit [...] der Anteile;

[...].

II. Verschmelzung

Die [...] Ltd. mit dem Sitz in [...] überträgt ihr Vermögen als Ganzes mit allen Rechten und Pflichten unter Ausschluss der Abwicklung auf die [...] GmbH mit dem Sitz in [...] im Wege der Verschmelzung durch Aufnahme. Die [...] GmbH gewährt als Ausgleich hierfür den Gesellschaftern der [...] Ltd. mit dem Sitz in [...], Großbritannien Geschäftsanteile an der [...] GmbH.

III. Einzelheiten der Übertragung der Gesellschaftsanteile, bare Zuzahlungen, Umtauschverhältnis

1. Die [...]-GmbH gewährt den Gesellschaftern der [...] Ltd. folgende Anteile:
   a) dem Gesellschafter [...] einen Geschäftsanteil im Nennbetrag von [...] € mit der Nr. [...],
   b) dem Gesellschafter [...] einen Geschäftsanteil im Nennbetrag von [...] € mit der Nr. [...].

2. Die Geschäftsanteile werden kostenfrei und mit Gewinnberechtigung ab dem [...] gewährt.[1091]
3. Zur Durchführung der Verschmelzung wird die [...]-GmbH ihr Stammkapital von bislang [...] € um [...] € auf [...] € erhöhen, und zwar durch Bildung eines Geschäftsanteils im Nennbetrag von [...] € und eines weiteren Geschäftsanteils im Nennbetrag von [...] €.
4. Das Umtauschverhältnis beträgt [...].

IV. Voraussichtliche Auswirkungen der Verschmelzung auf die Beschäftigten und Angaben zum Verfahren der Arbeitnehmermitbestimmung

Für die Arbeitnehmer der Gesellschaften ergeben sich folgende Auswirkungen:
1. Die Folgen der Verschmelzung für die Arbeitnehmer der [...] Ltd. ergeben sich aus § 20 Abs. 1 Nr. 1 und 2, § 324 UmwG sowie § 613a Abs. 1 und 4 bis 6 BGB.
2. Mit dem Wirksamwerden der Verschmelzung, d.h. dem Tag der Eintragung der Verschmelzung in das Handelsregister der übernehmenden Rechtsträgerin, gehen sämtliche Arbeitsverhältnisse, die mit der übertragenden Rechtsträgerin bestehen, gemäß § 613a Abs.1 BGB kraft Gesetz mit allen Rechten und Pflichten auf die übernehmende Rechtsträgerin über. Diese Arbeitsverhältnisse können nicht wegen der Verschmelzung gekündigt werden.
3. Im ersten Jahr gilt das befristete Verschlechterungsverbot gemäß § 324 UmwG, § 613a Abs. 1 Sätze 2 bis 4 BGB.
4. Die von dem Übergang betroffenen Arbeitnehmer werden gemäß § 613a Abs. 5 BGB von dem Übergang, dem Zeitpunkt oder dem geplanten Zeitpunkt des Übergangs, dem Grund für den Übergang, den rechtlichen, wirtschaftlichen und sozialen Folgen des Übergangs für die Arbeitnehmer und den hinsichtlich der Arbeitnehmer in Aussicht genommenen Maßnahmen in Textform unterrichtet.
5. Ein Widerspruchsrecht nach § 613a Abs.6 BGB steht den Arbeitnehmern nicht zu.
6. Mitbestimmungsrechtliche Auswirkungen ergeben sich durch die Verschmelzung nicht, da die übernehmende Gesellschaft auch nach Wirksamwerden der Verschmelzung weniger als 500 Arbeitnehmer hat. Weder bei der übertragenden noch bei der übernehmenden Gesellschaft besteht ein Betriebsrat.[1092]
7. Andere als die oben beschriebenen Folgen und Maßnahmen bestehen im Rahmen dieser Verschmelzung nicht, insbesondere ergeben sich keine Folgen für die Arbeitnehmer der übernehmenden Rechtsträgerin.

V. Bilanzstichtag
1. Der Verschmelzung wird die Bilanz der [...] Ltd. vom [...] als Schlussbilanz zugrunde gelegt. Die beiden letzten Schlussbilanzen der beiden Gesellschaften haben folgende Stichtage: [...]
2. Die Schlussbilanz der [...] Ltd. vom [...] ist dieser Urkunde als Anlage 1 beigefügt [Verweis nach § 14 BeurkG].[1093]

[1091] Der CCBMR (s.a. Rdn. 83) sieht zwei Hearings vor dem High Court im Zuge des grenzüberschreitenden Verschmelzungsvorganges vor. Dies führt in der Praxis wohl regelmäßig zu erheblichen Verzögerungen. Daher sollte nach Möglichkeit ein variabler Stichtag für die Gewinnberechtigung gewählt werden. Zulässig wäre etwa zu vereinbaren, dass sich der Beginn der Gewinnberechtigung um ein Jahr verschiebt, sofern die Verschmelzung nicht bis zur nächsten turnusmäßigen Beschlussfassung über die Gewinnverteilung beim übertragenden Rechtsträger ins Handelsregister des übernehmenden Rechtsträgers eingetragen worden ist, vgl. BGH, Urt. v. 04.12.2012 – II ZR 17/12, ZIP 2013, 358; s.allg. hierzu Heckschen, in: BeckNotHdb, D. IV., Rn. 46; s.a. Heidinger, in: WürzburgerNotHdb, Teil 5 Kap. 6 Rn. 128.

[1092] Angaben zu dem Verfahren, nach dem die Einzelheiten über die Beteiligung der Arbeitnehmer an der Festlegung ihrer Mitbestimmungsrechte in der aus der grenzüberschreitenden Verschmelzung hervorgehenden Gesellschaft geregelt werden, sind nur erforderlich, wenn die Voraussetzungen des § 5 MgVG vorliegen, vgl. Rdn. 203 f.

[1093] Str. ist, ob eine Schlussbilanz des übertragenden Rechtsträgers bei der Hineinverschmelzung beizufügen ist: dagegen Heckschen, in: BeckNotHdb, D. IV., Rn. 153; Bormann/Trautmann, KSzW 2013, 70, 71 f.; dafür: Haritz/v. Wolff, GmbHR 2006, 340, 341.

VI. Verschmelzungsstichtag[1094]

Die Übernahme des Vermögens der [...] Ltd. erfolgt im Innenverhältnis mit Wirkung zum Ablauf des [...]. Vom [...] an gelten alle Handlungen und Geschäfte der [...] GmbH als für Rechnung der [...] GmbH vorgenommen.

VII. Besondere Rechte

Besondere Rechte i.S.v. § 122c Abs. 2 Nr. 7 UmwG bzw. Art. 7 (2) (g) CCBMR bestehen weder bei der [...] GmbH noch bei der [...] Ltd. Einzelnen Anteilsinhabern werden i.R.d. Verschmelzung keine besonderen Rechte gewährt. Es sind auch keine besonderen Maßnahmen im Sinne dieser Vorschrift für diese Personen vorgesehen.

VIII. Besondere Vorteile

Besondere Vorteile i.S.v. § 122c Abs. 2 Nr. 8 UmwG bzw. Art. 7 (2) (h) CCBMR werden den Sachverständigen, die den Verschmelzungsplan prüfen, oder den Mitgliedern der Verwaltungs-, Leitungs-, Aufsichts- oder Kontrollorgane der an der Verschmelzung beteiligten Gesellschaften nicht gewährt.

IX. Satzung der übernehmenden GmbH

Die Satzung der [...] GmbH ist dieser Urkunde als Anlage beigefügt (**Anlage 2**). Auf diese wird nach § 9 BeurkG verwiesen, sie ist Bestandteil der Urkunde.

X. Angaben zum Verfahren der Arbeitnehmermitbestimmung

Die Voraussetzungen des § 5 MgVG liegen nicht vor.

XI. Angaben zur Bewertung des Aktiv- und Passivvermögens, das auf die [...] GmbH übertragen wird

Die [...] GmbH wird das aufgrund der Verschmelzung übertragene Vermögen der [...] Ltd. mit folgenden Werten in ihrer Bilanz angesetzt: [Buchwert oder Teil- oder Zwischenwert].

XII. Änderung der Firma

Die Firma der [...] GmbH wird geändert in:

[...] **GmbH**

XIII. Vollmacht

Die Vertragsteile ermächtigen für sich und ihre Rechtsnachfolger die Notariatsmitarbeiter [...] und [...], alle dienstanssässig bei dem amtierenden Notar, je einzeln und unter Befreiung von den Beschränkungen des § 181 BGB, erforderliche und zweckdienliche Änderungen und Ergänzungen dieser Urkunde für sie zu beschließen und zum Handelsregister anzumelden.

XIV. Schlussbestimmungen
1. Die durch diesen Vertrag und seiner Durchführung bei beiden Gesellschaften entstehenden Kosten trägt die [...] GmbH. Sollte die Verschmelzung nicht wirksam werden, tragen die Kosten dieses Vertrages die Gesellschaften zu gleichen Teilen; alle übrigen Kosten trägt die jeweils betroffene Gesellschaft alleine.
2. Der Notar hat die Beteiligten auf den weiteren Verfahrensablauf bis zum Wirksamwerden der Verschmelzung und auf den Wirksamkeitszeitpunkt sowie die Rechtsfolgen der Verschmelzung hingewiesen. Der Notar hat keine steuerliche Beratung übernommen.
3. Dieser Text unterliegt deutschem Recht und soll nach deutschem Rechtsverständnis ausgelegt werden. Er wird in deutscher und englischer Sprache ausgefertigt. Im Falle von Abweichungen zwischen der deutschen Fassung und der englischen Fassung hat die deutsche Fassung Vorrang.

[1094] Der CCBMR sieht zwei Hearings vor dem High Court im Zuge des grenzüberschreitenden Verschmelzungsvorganges vor. Dies führt in der Praxis wohl regelmäßig zu erheblichen Verzögerungen. Daher sollte ein variabler Verschmelzungsstichtag erwogen werden; s. Mayer, in: Widmann/Mayer, UmwR, § 122c, Rn. 101; s.a. Heidinger, in: WürzburgerNotHdb, Teil 5 Kap. 6 Rn. 128 f.

Diese Niederschrift wurde den Erschienenen vom Notar vorgelesen, von ihnen genehmigt und von ihnen und dem Notar eigenhändig, wie folgt, unterschrieben:

C. Verschmelzungsbeschluss der deutschen GmbH

▶ Muster: Verschmelzungsbeschluss der deutschen GmbH:[1095]

378 **Niederschrift über eine Gesellschafterversammlung**

Heute, den […], erschienen vor mir, dem unterzeichnenden Notar […], mit dem Amtssitz in […]
1. Herr […], Kaufmann, wohnhaft in […],
2. Herr […], Kaufmann, wohnhaft in […].

Beide Beteiligten sind mir, […], persönlich bekannt.

Auf Antrag beurkunde ich den vor mir abgegebenen Erklärungen gemäß Folgendes:

I. Sachstand

Die Erschienenen sind Gesellschafter der […] GmbH, eingetragen im Handelsregister des Amtsgerichts […] unter HRB […], mit einem Stammkapital von […] €.

Herr […] hält einen Geschäftsanteil i.H.v. […] €.

Herr […] hält einen Geschäftsanteil i.H.v. […] €.

Die Gesellschafter erklären, dass alle Einlagen voll einbezahlt sind, sodass keine Zustimmungspflicht nach § 51 UmwG besteht.

II. Gesellschafterversammlung

Die vorgenannten Gesellschafter halten unter Verzicht auf alle Frist- und Formvorschriften eine Gesellschafterversammlung ab und stellen fest, dass die Gesellschafterversammlung als Vollversammlung beschlussfähig ist.

Die Gesellschafter beschließen mit allen Stimmen Folgendes:

§ 1

Zustimmung zum Verschmelzungsvertrag

Dem Verschmelzungsplan, Urkunde des Notars […], in […], vom […], UR-Nr. […], wird mit allen Stimmen vorbehaltlos zugestimmt. Er ist dieser Niederschrift als Anlage 1 zu Beweiszwecken beigefügt.

§ 2

Kapitalerhöhung
1. Das Stammkapital der Gesellschaft i.H.v. […] € wird um […] € auf […] € zur Durchführung der Verschmelzung gem. § 55 UmwG erhöht. Die Kapitalerhöhung erfolgt zum Zweck der Durchführung der unter § 1 beschlossenen Verschmelzung.
2. Es werden zwei Einlagen i.H.v. je […] € gebildet. Diese Einlagen werden jeweils an Herrn […] und Herrn […], bisherige Gesellschafter der übertragenden […] Ltd., als Gegenleistung für die Übertragung des Vermögens der […] Ltd. ausgegeben.
3. Sie leisten ihre SEinlage durch die Übertragung des Vermögens der […] Ltd. nach Maßgabe des unter § 1 genannten Verschmelzungsvertrages. Der Übertragung des Vermögens liegt die dieser Urkunde als Anlage 2 beigefügte Verschmelzungsbilanz der […] Ltd. zum 31.12.[…] zugrunde [Verweis nach § 14 BeurkG].
4. Die neuen Geschäftsanteile sind ab 01.01.[…] gewinnbezugsberechtigt.
5. Mit der Durchführung der Verschmelzung sind die neuen Einlagen in voller Höhe bewirkt.

1095 Herrler/Schneider, Von der Limited zur GmbH, 2010, S. 86 f.

§ 3
Satzungsänderung
1. Der Gesellschaftsvertrag der [...]-GmbH wird in § 3 (Stammkapital) wie folgt geändert:
   »Das Stammkapital der Gesellschaft beträgt [...] € (in Worten: [...] Euro)«.
2. Außerdem wird § 1 (Firma) des Gesellschaftsvertrages wie folgt geändert:
   »Die Firma lautet: [...] GmbH«.

III. Verzichtserklärungen, Sonstiges

Alle Gesellschafter verzichten auf eine Prüfung der Verschmelzung, auf Erstattung eines Verschmelzungsberichts und eines Verschmelzungsprüfungsberichts und auf eine Klage gegen die Wirksamkeit des Verschmelzungsbeschlusses.

Alle Gesellschafter erklären, dass der Verschmelzungsvertrag ihnen spätestens zusammen mit der Einberufung der Gesellschafterversammlung übersendet wurde.

Der beurkundende Notar wies die Gesellschafter darauf hin, dass jeder von Ihnen die Erteilung einer Abschrift der Niederschrift über diese Gesellschafterversammlung und des Verschmelzungsvertrages verlangen kann und dass ihnen ein Anspruch gegen die Geschäftsführer auf Auskunft auch über alle für die Verschmelzung wesentlichen Angelegenheiten der anderen beteiligten Gesellschaften zusteht.

Vorgelesen vom Notar, von den Erschienenen genehmigt und eigenhändig unterschrieben.

D. Handelsregisteranmeldung der übernehmenden deutschen GmbH bei Verschmelzung zur Aufnahme

▶ Muster: Handelsregisteranmeldung der übernehmenden deutschen GmbH bei Verschmelzung zur Aufnahme:[1096]

An das

Amtsgericht

– Handelsregister B –

Betrifft: HRB [...].

[...] GmbH

In der Anlage überreichen wir, die unterzeichnenden alleinigen Geschäftsführer der o.a. GmbH:
1. Ausfertigung des Verschmelzungsplans vom [...] – UR.Nr. [...] des beglaubigenden Notars [...] – samt beglaubigter Abschrift der Vertretungsbescheinigung der [...] Ltd.,
2. Ausfertigung des Zustimmungsbeschlusses der Gesellschafter der [...] GmbH vom [...] – UR.Nr. [...] des beglaubigenden Notars [...] –, samt Verzichtserklärungen der Gesellschafter der [...] GmbH auf Erstellung eines Verschmelzungsberichts, der Durchführung der Verschmelzungsprüfung und Erstellung eines Verschmelzungsprüfungsberichts sowie Verzicht auf Anfechtung des Zustimmungsbeschlusses,
3. Verschmelzungsbescheinigung der für die [...] Ltd. zuständigen Behörde [High Court], die bescheinigt, dass die Voraussetzungen für die grenzüberschreitende Verschmelzung für die [...] Ltd. vorliegen [nicht älter als sechs Monate],[1097]
4. Verschmelzungsbericht,
5. vollständigen Satzungswortlaut nebst notarieller Übereinstimmungsbescheinigung,
6. Liste der Übernehmer,
8. Schlussbilanz der [...] Ltd. zum 31.12. [...],

1096 Herrler/Schneider, Von der Limited zur GmbH, 2010, S. 93 f.; Knaier, in: Würzburger NotHdb, Teil 5 Kap. 6 Rn. 399; Süß, in: Herrler, Gesellschaftsrecht in der Notar- und Gestaltungspraxis, § 12, Rn. 98 für die Verschmelzung einer spanischen S.A. auf eine deutsche GmbH.
1097 Für eine Ltd. ist dies das pre merger certificate nach § 6 CCBMR.

9. [ggf. Vereinbarung über die Beteiligung der Arbeitnehmer],
10. [Nachweis über Betriebsratszuleitung]

und melden zur Eintragung in das Handelsregister an:
1. Die […] Ltd. ist im Wege der Verschmelzung durch Aufnahme auf die […] GmbH verschmolzen.
2. Das Stammkapital der […] GmbH ist zum Zweck der Durchführung der Verschmelzung von […] € um […] € auf […] € erhöht worden. Dementsprechend ist § 3 des Gesellschaftsvertrages – Stammkapital – geändert und neu gefasst worden.
3. Die Firma der […] GmbH ist geändert in:
»**[…] GmbH**«.

Dementsprechend ist der Gesellschaftsvertrag in § 1 – Firma – geändert.

Wir erklären, dass der Verschmelzungsbeschluss der Gesellschafter der […] GmbH nicht angefochten worden ist und der Verschmelzungsbericht für die Dauer eines Monats vor Fassung des Verschmelzungsbeschlusses in den Geschäftsräumen der […] GmbH zur Einsichtnahme durch die Gesellschafter und der Arbeitnehmer auslag.

Wir beantragen, die Kapitalerhöhung (Ziff. 2.) zunächst zu vollziehen und erst danach die Verschmelzung und die Änderung der Firma (Ziff. 1. und Ziff. 3.).

[…], den […]

[Ort, Datum, notariell beglaubigte Unterschriften]

E. Klausel zum Abfindungsangebot nach § 122i UmwG

▶ Muster: Klausel zum Abfindungsangebot nach § 122i UmwG:[1098]

380 Für den Fall, dass ein Gesellschafter der […] Ltd. bei der Beschlussfassung seinen Widerspruch gegen die Verschmelzung zur Niederschrift erklärt, macht die […] GmbH ihm schon jetzt folgendes Abfindungsangebot: Die […] GmbH verpflichtet sich, an jeden Gesellschafter für je 100,00 € Kapitalanteil einen Barbetrag i.H.v […] € zu zahlen, sofern der Gesellschafter seinen Austritt aus der […] GmbH erklärt. Die Kosten der Abfindung trägt die […] GmbH. Folgende Abfindungsbeträge werden somit angeboten:
– Gesellschafter […]: […] €,
– Gesellschafter […]: […] €.
– […]

F. Handelsregisteranmeldung bei grenzüberschreitendem Formwechsel auf eine deutsche GmbH

▶ Muster: Handelsregisteranmeldung bei grenzüberschreitendem Formwechsel auf eine deutsche GmbH:[1099]

381 An das

Amtsgericht

– Handelsregister B –

Betrifft: Neueintragung der […] GmbH wegen grenzüberschreitenden Formwechsels

Als Anlagen werden überreicht:
1. Elektronische beglaubigte Abschrift der [ggf. apostillierten] Bescheinigung entsprechend Art. 8 Abs. 8 SE-VO [ggf.: nebst beglaubigter Übersetzung],

---

1098 Siehe auch Knaier, in: WürzburgerNotHdb, Teil 5 Kap. 6 Rn. 408.
1099 S.a. Hushahn, RNotZ 2014, 137, 152 f.; Knaier, in: Würzburger NotHdb, Teil 5 Kap. 6 Rn. 369, wobei auf »8. Nachweis über die Ausübung einer tatsächlichen wirtschaftlichen Tätigkeit in Deutschland« verzichtet werden sollte (dazu auch Rdn. 283).

2. Elektronisch beglaubigte Abschrift der notariellen Niederschrift vom [UR-Nr. des Notars in ...]; die den Verlegungsbeschluss und den Gesellschaftsvertrag enthält,
3. Beschluss über die Bestellung der Geschäftsführer,
4. [ggf. Beschluss über die Bestellung der Mitglieder des Aufsichtsrats,][1100]
5. von den Geschäftsführern unterzeichnete Liste der Gesellschafter,
6. Sachgründungsbericht der Gesellschafter vom [Datum],
7. Bilanz der [Ausgangsrechtsform] auf den [Datum] nebst Bescheinigung über die Kapitaldeckung,
8. Nachweis über die rechtzeitige Zuleitung des Entwurfs des Umwandlungsbeschlusses an den Betriebsrat durch datierte Empfangsquittung des Betriebsratsvorsitzenden, [alternativ: Versicherung, dass ein Betriebsrat nicht vorhanden ist].

Zur Eintragung in das Handelsregister wird angemeldet:
a) Die [Ausgangsrechtsform], [bisheriger Sitz und Registerangaben], hat ihren Sitz nach [Ort] verlegt und wurde durch grenzüberschreitenden Formwechsel nach Maßgabe des Verlegungsplans vom [Datum] und des Verlegungsbeschlusses vom [Datum] in eine Gesellschaft mit beschränkter Haftung mit der Firma [Zielrechtsform] GmbH umgewandelt
b) Die Herren [Name, Geburtsdatum, Adresse] und [Name, Geburtsdatum, Adresse] sind zu Geschäftsführern bestellt worden.

Für die Vertretungsbefugnis gilt:

[abstrakte und konkrete Vertretungsbefugnis der Geschäftsführer]

Jeder Geschäftsführer versichert, dass keine Umstände vorliegen, aufgrund derer er nach § 6 Abs. 2 GmbHG von dem Amt eines Geschäftsführers ausgeschlossen wäre und dass er vom beglaubigenden Notar über seine unbeschränkte Auskunftpflicht gegenüber dem Gericht gemäß § 8 Abs. 3, Abs. 2 GmbHG belehrt worden ist.

Jeder Geschäftsführer versichert im Einzelnen:

[übliche Geschäftsführerversicherung]

Es wird weiter versichert, dass
– eine Klage gegen die Wirksamkeit des Verlegungsbeschlusses nicht oder nicht fristgemäß erhoben oder eine solche Klage rechtskräftig abgewiesen oder zurückgenommen worden ist; [alternativ Beifügung notariell beglaubigter Abschriften der Verzichtserklärung aller Gesellschafter]
– sich das Vermögen der [Ausgangsrechtsform], das mit der Eintragung des grenzüberschreitenden Formwechsels zum Vermögen der GmbH wird, endgültig zur freien Verfügung der Geschäftsführung befindet,

Die inländische Geschäftsanschrift lautet: [Adresse].

[Ort, Datum, notariell beglaubigte Unterschriften]

G. Verlegungsplan einer deutschen Gesellschaft ins EU-Ausland

▶ Muster: Verlegungsplan einer deutschen Gesellschaft ins EU-Ausland:[1101]

Heute, den [...], erschienen vor mir, dem unterzeichnenden Notar [...], mit dem Amtssitz in [...]
1. Herr [...], Kaufmann, wohnhaft in [...],
2. Herr [...], Kaufmann, wohnhaft in [...].

Beide Beteiligten sind mir, [...], persönlich bekannt.

I. Vorbemerkungen
1. Ausweislich der zuletzt im Handelsregister aufgenommenen Gesellschafterliste vom [...] sind die Beteiligten die alleinigen Gesellschafter der im Handelsregister des AG [...] unter

---

1100 Ggf. sollte dann auch eine Liste der Mitglieder des Aufsichtsrates eingereicht werden.
1101 S.a. Hermanns, MittBayNot 2016, 297, 300; Knaier, in: Würzburger NotHdb, Teil 5 Kap. 6 Rn. 372.

HRB [...] eingetragenen [...] GmbH mit dem Sitz in [...] (Inländische Geschäftsanschrift: [...]), deren voll eingezahltes Stammkapital [...] € beträgt.
2. Die Beteiligten sind ausweislich der vorbezeichneten Gesellschafterliste Inhaber folgender Geschäftsanteile:
   a) [...] ist Inhaber von [...] Geschäftsanteilen im Nennbetrag von je [...] €, mit lfd. Nummern [...],
   b) [...]
3. Die Gesellschaft wird bei dem Finanzamt [...] unter der Steuernummer [...] steuerlich geführt und verfügt nicht über Grundbesitz.

II. Verlegungsplan

Für die oben genannte Gesellschaft wird folgender Verlegungsplan erstellt:
1. Der Sitz der Gesellschaft wird von [...] nach [...] verlegt.
2. Zur Durchführung der Sitzverlegung nach [...] wird der Gesellschaftsvertrag insgesamt neu gefasst und erhält den in der Anlage ersichtlichen Wortlaut. Die neue Firma der Gesellschaft lautet [...] [Rechtsformbezeichnung im Zuzugsstaat], im Folgenden auch »Zielgesellschaft« genannt.
3. Am Kapital der Zielgesellschaft in Höhe von [...] € sind die bisherigen Gesellschafter mit Geschäftsanteilen im Nennbetrag von jeweils [...] € beteiligt, deren Anzahl ihrer derzeitigen Beteiligung an der Gesellschaft entspricht. Demzufolge halten
   a) [...] Geschäftsanteile im Nennbetrag von je [...] € mit lfd. Nummern [...],
   b) [...]
4. Art und Umfang der Beteiligung an der Zielgesellschaft sowie die Rechte der Gesellschafter im Einzelnen ergeben sich aus der in der Anlage zu dieser Niederschrift festgestellten Satzung der Zielgesellschaft.
5. Auf die Arbeitnehmer, die sämtlich nicht in einem Betriebsrat oder einem anderen Gremium organisiert sind, wirkt sich der Formwechsel wie folgt aus:
   a) Die Rechte und Pflichten der Arbeitnehmer aus den bestehenden Anstellungs- und Arbeitsverträgen bleiben unberührt. Die Direktionsbefugnisse des Arbeitgebers werden nach der Sitzverlegung von der Geschäftsleitung der Zielgesellschaft ausgeübt.
   b) Etwa bestehende Betriebsvereinbarungen und Tarifverträge bleiben nach Maßgabe der jeweiligen Vereinbarungen bestehen.
6. Es ist beabsichtigt,
   a) diesen Verlegungsplan am [...] zum Zwecke der Offenlegung bei dem zuständigen Registergericht einzureichen,
   b) ab dem in vorstehender lit. a) bezeichneten Datum am Sitz der Gesellschaft den Verlegungsplan und den Verlegungsbericht auszulegen und auf Verlangen unentgeltlich Abschriften dieser Unterlagen auszuhändigen,
   c) am [...] den Verlegungsbeschluss zu fassen,
   d) am [...] bei dem zuständigen Handelsregister eine Bescheinigung zu beantragen, aus der zweifelsfrei hervorgeht, dass die der Verlegung vorangehenden Rechtshandlungen und Formalitäten durchgeführt wurden (Art. 8 Abs. 8 SE-VO analog),
   e) nach Vorlage der in vorstehender lit. d) bezeichneten Bescheinigung die Eintragung beim zuständigen Gesellschaftsregister in [...] zu beantragen.

III. Vollmachten, Hinweise, Schlussbestimmungen

1. Die Notariatsmitarbeiter [...] und [...], alle dienstansässig bei dem amtierenden Notar, sind je einzeln und unter Befreiung von den Beschränkungen des § 181 BGB bevollmächtigt, alle Erklärungen abzugeben, die ihnen zum registerrechtlichen Vollzug dieses Verlegungsplans erforderlich oder zweckmäßig erscheinen.
2. Der Notar hat die Beteiligten über den weiteren Vollzug dieses Verlegungsplans informiert und insbesondere darauf hingewiesen, dass die Verlegung des Sitzes der Gesellschaft erst

wirksam ist [mit Eintragung der Zielgesellschaft in dem für sie zuständigen Handelsregister].
3. Die mit dieser Urkunde und ihrer Durchführung verbundenen Kosten trägt die Gesellschaft.[1102]

Diese Niederschrift wurde den Erschienenen von dem Notar vorgelesen, von ihnen genehmigt und von ihnen und dem Notar

wie folgt eigenhändig unterschrieben:

[…]

[1102] Die Wirksamkeit des grenzüberschreitenden Formwechsels richtet sich nach den Vorgaben im Zuzugsstaat, sodass hier auch andere Voraussetzungen als eine Registereintragung entscheidend sein können und diese anstelle dieser Formulierung genannt werden sollten, vgl. Rdn. 294.

Teil 7 Steuerrechtliche und bilanzrechtliche Aspekte des Umwandlungsrechts

Kapitel 1 Steuerrecht

Übersicht

		Rdn.
A.	**Grundlagen**	1
I.	Einleitung	1
II.	Aufbau des UmwStG	7
	1. Anwendungsbereich	7
	a) Rechtsformen und Ansässigkeitserfordernis	11
	b) Anwendbarkeit des UmwG oder vergleichbarer ausländischer Regelungen	18
	c) Schematische Darstellung	23
	2. Zeitliche Anwendbarkeit des UmwStG	24
B.	**Verschmelzung von Körperschaften auf Personengesellschaften oder natürliche Personen**	29
I.	Einleitung	29
II.	Wertansätze in der steuerlichen Schlussbilanz der übertragenden Körperschaft	35
	1. Einleitung	35
	2. Steuerliche Schlussbilanz	41
	3. Fortführung der Buchwerte/Ansatz von Zwischenwerten	44
	4. Ansatz zum gemeinen Wert	48
	5. Keine Maßgeblichkeit der Handelsbilanz für die Steuerbilanz	56
	6. Antragstellung	60
	7. Kriterien für die Ausübung des Bilanzierungswahlrechts bei der übertragenden Kapitalgesellschaft	67
III.	Besteuerung der übernehmenden Personengesellschaft sowie der Gesellschafter der übertragenden Körperschaft	77
	1. Einleitung	77
	2. Beteiligungskorrekturgewinn	79
	3. Einlage- bzw. Überführungsfiktion	88
	4. Ermittlung des Übernahmeergebnisses und Vollausschüttungsfiktion	98
	a) Vollausschüttungsfiktion	102
	b) Kapitalertragsteuer	112
	c) Ermittlung des »verbleibenden Übernahmeergebnisses«	116
	d) Körperschaftsteuerguthaben	121
	5. Steuerliche Behandlung eines Übernahmeverlustes (§ 4 Abs. 6 UmwStG)	123
	6. Steuerliche Behandlung eines Übernahmegewinns (§ 4 Abs. 7 UmwStG)	133
	7. Darstellung anhand von Beispielen	135
	8. Gewerbesteuer	137
	9. Steuerliche Wertverknüpfung und steuerliche Rechtsnachfolge	143
IV.	Gewinnerhöhung durch Vereinigung von Forderungen und Verbindlichkeiten (sog. Konfusionsgewinn/-verlust)	149
V.	Umwandlung von einer Kapital- in eine Personengesellschaft beim Unternehmenskauf?	156
VI.	Vermögensübertragung von einer Kapital- auf eine Personengesellschaft mit Auslandsberührung	160
	1. Verschmelzung einer inländischen Kapitalgesellschaft mit ausländischer Betriebsstätte auf eine inländische Personengesellschaft	163
	2. Besteuerung beschränkt steuerpflichtiger Gesellschafter der übertragenden Kapitalgesellschaft	166
VII.	Steuerliche Rückwirkung	173
VIII.	Formwechsel einer Kapitalgesellschaft in eine Personengesellschaft	192
C.	**Verschmelzung von Körperschaften auf Körperschaften**	196
I.	Verschmelzung von zwei inländischen Kapitalgesellschaften ohne Auslandsberührung	202
	1. Einleitung	202
	2. Steuerliche Konsequenzen bei der übertragenden und der übernehmenden Körperschaft	206
	a) Schlussbesteuerung des übertragenden Rechtsträgers	206
	b) Ansatz in der steuerlichen Schlussbilanz	210
	aa) Steuerpflicht der übernehmenden Körperschaft	214
	bb) Sicherstellung des deutschen Besteuerungsrechts	218
	cc) Gegenleistung	220
	dd) Besteuerung des Übertragungsgewinns/Kriterien für die Wahlrechtsausübung	229

			Rdn.
	c)	Bilanzierung des Vermögensübergangs bei der übernehmenden Körperschaft	243
		aa) Ermittlung eines Übernahmegewinns/-verlustes	251
		bb) Verschmelzungskosten	257
		cc) Steuerliche Behandlung barer Zuzahlungen bei der übernehmenden Körperschaft	262
	d)	Untergang des Verlustvortrages des übertragenden Rechtsträgers	263
	e)	Nutzbarkeit steuerlicher Verluste des übernehmenden Rechtsträgers	265
	f)	Zusammenfassendes Beispiel zu den Konsequenzen bei übertragender Körperschaft und übernehmender Körperschaft	274
	3. Besteuerung der Anteilseigner der übertragenden Körperschaft		275
	a)	Gesellschafter erhalten ausschließlich Gesellschaftsrechte an der übernehmenden Gesellschaft	278
	b)	Gesellschafter erhalten zusätzlich oder ausschließlich andere Gegenleistungen	290
	c)	Gesellschafter erhalten überhaupt keine Gegenleistung	292
II.	Inlandsverschmelzung von zwei inländischen Kapitalgesellschaften mit Auslandsberührung		295
	1. Behandlung beschränkt steuerpflichtiger Gesellschafter		295
	2. Verschmelzung von zwei inländischen Kapitalgesellschaften mit Auslandsvermögen		303
III.	Verschmelzung von zwei ausländischen Kapitalgesellschaften mit Inlandsvermögen		306
IV.	Hinausverschmelzung einer inländischen Körperschaft auf eine ausländische Körperschaft		311
	1. Steuerliche Konsequenzen bei der inländischen übertragenden Körperschaft		313
	2. Steuerliche Konsequenzen bei der ausländischen Übernehmerin		322
	3. Steuerliche Konsequenzen für die Gesellschafter der übertragenden Körperschaft		325
V.	Hereinverschmelzung		330
VI.	Steuerliche Rückwirkung		336
D.	**Spaltung von Körperschaften**		**339**
I.	Aufspaltung, Abspaltung und Teilübertragung auf andere Körperschaften		347
	1. Spaltungsvoraussetzungen		347
	a)	Begriff des Teilbetriebs	350
	b)	Zuordnung von Wirtschaftsgütern zu den einzelnen Teilbetrieben	362
	2. Konsequenzen bei Vorliegen der Spaltungsvoraussetzungen		375
	a)	Bei der übertragenden Körperschaft	375
	b)	Bei der übernehmenden Körperschaft	381
	c)	Bei den Gesellschaftern der übertragenden Körperschaft	383
	3. Konsequenzen bei Nichtvorliegen der Spaltungsvoraussetzungen nach § 15 Abs. 1 UmwStG		390
	4. Missbrauchsklausel nach § 15 Abs. 2 UmwStG		392
	a)	Erwerb oder Aufstockung von Beteiligungen durch die Einbringung von Einzelwirtschaftsgütern	392
	b)	Anteilsveräußerungen im Anschluss an eine Spaltung	395
	c)	Steuerliche Konsequenzen der Missbrauchsklauseln	404
	d)	Trennung von Gesellschafterstämmen	406
	e)	Verlustabzug, Zinsvortrag und EBITDA-Vortrag	407
II.	Aufspaltung oder Abspaltung auf eine Personengesellschaft		409
III.	Gewerbesteuer		414
E.	**Einbringungsvorgänge**		**418**
I.	Einbringung von Betrieben, Teilbetrieben oder Mitunternehmeranteilen in Kapitalgesellschaften		418
	1. Allgemeines		418
	2. Persönlicher Anwendungsbereich		424
	3. Gegenstand der Einbringung		427
	4. Definition des Einbringenden		436
	5. Gewährung neuer Anteile und sonstige Gegenleistung		437
	6. Bewertung des übergehenden Betriebsvermögens und der Gegenleistung beim übernehmenden Rechtsträger		447
	a)	Ausübung des Bewertungswahlrechts	447
	b)	Maßgebliche Bilanzen	461
	c)	Beispiele	466
	7. Besteuerung des Einbringenden		469
	a)	Anschaffungskosten der neuen Anteile und Besteuerung des Einbringungsgewinns	469

A. Grundlagen   Teil 7 Kapitel 1

                                                                          Rdn.
    b) Behandlung von Einbringungskosten.................................. 472
    c) Rückwirkende Besteuerung des Einbringungsgewinns I 473
    d) Ersatzrealisationstatbestände....................................... 486
       aa) Unentgeltliche Übertragung der erhaltenen Anteile auf eine Kapitalgesellschaft
           oder eine Genossenschaft...................................... 487
       bb) Entgeltliche Übertragung...................................... 492
       cc) Auflösung oder Kapitalherabsetzung bei der Übernehmerin 502
       dd) Ketteneinbringung... 508
       ee) Ketteneinbringung mit anschließender schädlicher Verfügung über die erhaltenen
           Anteile.. 510
       ff) Wegfall der Ansässigkeitsvoraussetzung 513
    e) Unentgeltliche Rechtsnachfolge (§ 22 Abs. 6 UmwStG) 516
    f) Mitverstrickung (§ 22 Abs. 7 UmwStG).............................. 517
    g) Nachweis der Zuordnung der sperrfristbehafteten Anteile 518
  8. Auswirkungen bei der übernehmenden Kapitalgesellschaft 520
    a) Ermittlung der Abschreibungen und Behandlung von Konfusionsgewinnen 520
    b) Behandlung von Kapitalerhöhungskosten............................. 526
    c) Buchwertaufstockung bei rückwirkender Besteuerung des Einbringungsgewinns 527
  9. Grenzüberschreitende Einbringungsvorgänge........................... 532
  10. Rückwirkung 536
 II. Anteilstausch 545
  1. Einbringung im Wege des Anteilstausches nach § 21 UmwStG 545
    a) Bewertung der übergehenden Anteile bei der Übernehmerin 551
    b) Bewertung der erhaltenen Anteile bei dem Einbringenden............ 556
    c) Veräußerung der erhaltenen Anteile durch den Einbringenden........ 558
  2. Anteilstausch mit im EU-Ausland ansässiger übernehmender Kapitalgesellschaft 569
III. Einbringung in eine Personengesellschaft 577
  1. Allgemeines 577
  2. Bewertung des eingebrachten Betriebsvermögens 591
  3. Besteuerung des Einbringenden 596
  4. Auswirkungen bei der übernehmenden Personengesellschaft 605
  5. Rückwirkung 610
 IV. Formwechsel einer Personengesellschaft in eine Kapitalgesellschaft.. 611
  F. **Grunderwerbsteuer** 614

A. Grundlagen

I. Einleitung

Das Umwandlungssteuergesetz (**UmwStG**) gilt heute in einer zuletzt 2006 grundlegend überarbeiteten Fassung. Neben rein nationalen Umwandlungsvorgängen, die nach wie vor den ganz überwiegenden Teil der Anwendungsfälle ausmachen, sind seither aufgrund einer »Europäisierung des Umwandlungssteuerrechts« auch Umwandlungsvorgänge in und unter Beteiligung von anderen EU-Mitgliedsstaaten mögliche Anwendungsfälle des deutschen UmwStG. Auf die Anwendung des UmwStG kommt es in der Regel dann an, wenn in Deutschland steuerpflichtiges Betriebsvermögen durch einen deutschen oder EU-ausländischen Umwandlungsvorgang übertragen werden soll. Dasselbe gilt, wenn eine Gesellschaft mit in Deutschland steuerpflichtigem Betriebsvermögen einen Formwechsel durchführen will, bei dem es zum Wechsel des Besteuerungsregimes kommt, d. h. von einer Körperschaft in eine Personengesellschaft und umgekehrt.   1

Ziel des UmwStG war und ist es unter anderem, wirtschaftlich sinnvolle Umstrukturierungen auch steuerneutral durchführen zu können. Dies ist nicht selbstverständlich, da jede Übertragung von Betriebsvermögen zwischen zwei Rechtsträgern unabhängig davon, auf welcher Basis die Übertragung erfolgt, nach allgemeinen steuerlichen Grundsätzen erst einmal zu einer Realisierung der in dem übertragenen Betriebsvermögen enthaltenen stillen Reserven und zu deren Besteue-   2 rung beim übertragenden Rechtsträger führt. Das UmwStG sieht zwar für übertragenes Betriebsvermögen als Grundfall auch eine Bewertung zum gemeinen Wert vor, lässt jedoch unter bestimmten Voraussetzungen einen Ansatz mit dem steuerlichen Buchwert und somit eine steuerneutrale Durchführung der Umwandlung zu. Daneben ist auch der Ansatz eines Zwischenwertes möglich, der zu einer teilweisen Gewinnrealisierung führt, wobei die entstehenden Gewinne beispielsweise mit vorhandenen Verlusten verrechnet werden können. Das UmwStG ist insoweit *lex specialis* zu den allgemeinen steuerrechtlichen Normen.

3   Regelungen für andere Bereiche des Steuerrechts, wie zum Beispiel das Erbschaftsteuerrecht, das Grunderwerbsteuerrecht oder das Umsatzsteuerrecht, enthält das UmwStG jedoch nicht. Insoweit verbleibt es bei den dort getroffenen Regelungen. Damit kann eine Umwandlung zwar ertragsteuerneutral sein, aber gleichwohl eine Belastung mit Erbschaft-, Grunderwerb- oder Umsatzsteuer auslösen.

4   Neben dem nationalen Recht im UmwG und UmwStG sind für Umwandlungen europäische Rechtsnormen von zentraler Bedeutung. Dabei handelt es sich aus gesellschaftsrechtlicher Sicht insbesondere um die Richtlinie zur Verschmelzung von Aktiengesellschaften,[1] die Richtlinie zur Verschmelzung von Kapitalgesellschaften[2] sowie die SE-Verordnung.[3] Aus steuerlicher Sicht ist insbesondere die Fusionsrichtlinie[4] von Bedeutung. Während die gesellschaftsrechtlichen Richtlinien die Möglichkeiten für grenzüberschreitende Umwandlungen bzw. Sitzverlegungen schaffen, enthält die Fusionsrichtlinie für bestimmte Maßnahmen die Vorgabe, dass diese unter bestimmten Voraussetzungen steuerneutral möglich sein müssen.

5   Die Fusionsrichtlinie existiert in vergleichbarer Fassung bereits seit 1990. Während der deutsche Gesetzgeber bis 2006 mit der Umsetzung der europarechtlichen Vorgaben teilweise zurückhaltend war, ist mit Inkrafttreten des Gesetzes über steuerliche Begleitmaßnahmen zur Einführung der Europäischen Gesellschaft und zur Änderung weiterer steuerrechtlicher Vorschriften[5] eine weitgehende Gleichstellung von nationalen und grenzüberschreitenden Umwandlungen im Bereich der EU und des EWR erfolgt. Dies beruht darauf, dass solche grenzüberschreitenden Umwandlungen im Vergleich zu rein nationalen Umwandlungen steuerlich nicht schlechter gestellt werden dürfen (europarechtliches Diskriminierungsverbot).

6   Während das SEStEG generell für grenzüberschreitende Umwandlungen beachtliche Verbesserungen gebracht hat, haben sich für rein nationale Umwandlungen gewisse Verschlechterungen ergeben. So ist beispielsweise die Übertragbarkeit von Verlustvorträgen bei bestimmten Umstrukturierungsvorgängen weggefallen, weil diese ansonsten auch bei grenzüberschreitenden Vorgängen und somit auch für ausländische Rechtsträger gewährt werden hätte müssen. Die Finanzverwaltung hat erst im November 2011 ein umfassendes Anwendungsschreiben, den sog. Umwandlungssteuererlass 2011[6] herausgegeben. Während der UmwStE an vielen Stellen eine notwendige und begrüßenswerte Klärung bringt, enthält der UmwStE aber auch zahlreiche kontroverse Aussagen der Finanzverwaltung. Es ist davon auszugehen, dass erst der BFH einige der offenen Streitfragen des UmwStG entscheiden wird. Bis dahin ist den Steuerpflichtigen nur zu raten, sich im Vorfeld einer Umwandlung umfassende Beratung zur Gestaltung der Sachverhalte und zur steuerrechtlichen Behandlung der geplanten Maßnahme einzuholen. Soweit möglich und mit Blick auf die drohende Steuerbelastung sinnvoll, sollten offene steuerliche Fragen durch eine verbindliche Auskunft der Finanzverwaltung abgeklärt werden. Dadurch lassen sich oftmals zeitraubende und in bestimmten Fällen sogar existenzbedrohende Streitigkeiten mit der Finanzverwaltung vermeiden.

---

1   RL 2011/35/EU vom 05.04.2011, ABl. L 110 vom 29.04.2011, 1.
2   RL 2005/56/EG vom 26.10.2005, ABl. L 310 vom 25.11.2005, 1.
3   VO (EG) Nr. 2157/2001 vom 08.10.2001, ABl. L 294 vom 10.11.2001, 1.
4   RL 2009/133/EG vom 19.10.2009, ABl. L 310 vom 25.11.2009, 34.
5   **SEStEG** vom 07.12.2006, BGBl. I 2006, 2782, ber. BGBl. I 2007, 68.
6   **UmwStE**, BMF-Schreiben v. 11.11.2011 – IV C 2 – S 1978-b/08/10001, BStBl. I 2011, 1314.

II. Aufbau des UmwStG

1. Anwendungsbereich

Das UmwStG war bis zum Jahr 2006 in weiten Teilen ein sog. Annexgesetz zum UmwG und erlaubte es, die dort geregelten Umwandlungen weitgehend steuerneutral durchzuführen. Vorgänge, die nicht unter das UmwG fielen, wurden auch nicht vom Umwandlungssteuergesetz begünstigt. Lediglich im Bereich der sog. Einbringungen in Kapital- und Personengesellschaften begünstigte das UmwStG auch Vorgänge, die nicht nach dem UmwG, sondern im Wege der Einzelrechtsnachfolge durchgeführt wurden. 7

Durch das SEStEG ist der **Anwendungsbereich** des UmwStG in dessen § 1 wesentlich erweitert worden. Der Anwendungsbereich wurde geöffnet für sämtliche Umwandlungsvorgänge und Gesellschaftsrechtsformen, die dem Recht eines EU/EWR-Staates unterliegen. 8

Voraussetzung für die Anwendbarkeit des deutschen Umwandlungssteuerrechts auf nach ausländischem Recht vorzunehmende Umstrukturierungen ist allerdings, dass Deutschland durch den Umwandlungsvorgang überhaupt berührt ist, sei es aufgrund der Ansässigkeit eines der an der Umwandlung beteiligten Rechtsträger, der Ansässigkeit von Gesellschaftern oder aufgrund der Belegenheit von Betriebsvermögen in Deutschland. 9

Das UmwStG erfasst daher die folgenden Vorgänge: 10
– Umstrukturierung (Verschmelzung, Auf-/Abspaltung, Ausgliederung) unter Beteiligung von zwei inländischen Rechtsträgern. Diese können entweder nur über inländisches Betriebsvermögen oder auch über ausländische Betriebsstätten verfügen. Außerdem können an den beteiligten Rechtsträgern sowohl unbeschränkt als auch beschränkt steuerpflichtige Gesellschafter beteiligt sein.
– Umstrukturierung (Verschmelzung, Auf-/Abspaltung, Ausgliederung) unter Beteiligung eines inländischen und eines EU/EWR-ausländischen Rechtsträgers. Hierbei ist wiederum danach zu unterscheiden, ob Vermögen aus dem Ausland in das Inland übertragen wird (z. B. durch eine sog. Hereinverschmelzung) oder ob Vermögen von einem inländischen auf einen ausländischen Rechtsträger übergeht (z. B. durch eine sog. Hinausverschmelzung).
– Umstrukturierung (Verschmelzung, Auf-/Abspaltung, Ausgliederung) von zwei EU/EWR-ausländischen Rechtsträgern, wenn mindestens ein Gesellschafter des übertragenden Rechtsträgers im Inland unbeschränkt steuerpflichtig ist oder wenn der übertragende Rechtsträger über eine inländische Betriebsstätte verfügt.
– Formwechsel eines inländischen oder im EU/EWR-Ausland ansässigen Rechtsträgers, der entweder über eine inländische Betriebsstätte verfügt oder dessen Gesellschafter im Inland ansässig sind.

a) Rechtsformen und Ansässigkeitserfordernis

Das UmwStG definiert seinen Anwendungsbereich in § 1 Abs. 1 UmwStG über die Aufzählung bestimmter Umwandlungsvorgänge des deutschen UmwG und erweitert den so definierten Anwendungsbereich um mit diesen Umwandlungsvorgängen vergleichbare ausländische Vorgänge. Der zweite bis fünfte Teil des UmwStG befasst sich mit der Verschmelzung, Auf- und Abspaltung sowie dem Formwechsel von Körperschaften auf Personengesellschaften bzw. auf andere Körperschaften. Der sechste bis achte Teil des UmwStG hingegen befasst sich mit der Einbringung und dem Anteilstausch in Kapitalgesellschaften, der Einbringung in Personengesellschaften sowie der Verschmelzung, Auf- und Abspaltung sowie dem Formwechsel von Personengesellschaften auf Körperschaften bzw. auf andere Personengesellschaften. 11

Darüber hinaus grenzt § 1 Abs. 2 UmwStG den Anwendungsbereich insoweit ein, als natürliche Personen ihren Wohnsitz oder gewöhnlichen Aufenthaltsort innerhalb der EU/EWR haben müssen bzw. Gesellschaften in der EU/EWR gegründet sein und in diesem Gebiet den Ort ihrer Geschäftsleitung unterhalten müssen (sog. **doppeltes Ansässigkeitserfordernis**). Umwandlungen 12 in Drittstaaten werden vom zweiten bis fünften Teil des UmwStG daher nicht erfasst (zu Drittstaatenverschmelzungen vgl. Teil 7 Rdn. 308 ff.; zu Drittstaatenspaltungen vgl. Teil 7 Rdn. 345). Das doppelte Ansässigkeitserfordernis gilt jedoch nur für die an der Umwandlung beteiligten Rechtsträger, nicht aber für deren Anteilseigner. Der zweite bis fünfte Teil des UmwStG findet daher auch Anwendung wenn die Anteilseigner der beteiligten Rechtsträger in einem Drittstaat ansässig sind.

13 Der sechste bis achte Teil des UmwStG erfasst dagegen in wenigen Fällen auch Umwandlungen in Drittstaaten. So ist der persönliche Anwendungsbereich des § 24 UmwStG bei Einbringungen in Personengesellschaften weder hinsichtlich des Einbringenden, noch des übernehmenden Rechtsträgers beschränkt (§ 1 Abs. 4 Satz 2 UmwStG). Im Falle des Anteilstausches nach § 21 UmwStG ist lediglich Voraussetzung, dass der übernehmende Rechtsträger eine nach dem Recht eines EU/EWR-Staates gegründete Gesellschaft mit Ansässigkeit innerhalb der EU/EWR sein muss (§ 1 Abs. 4 Satz 1 Nr. 1 UmwStG). Der Einbringende unterliegt diesen Anforderungen hingegen nicht, denn § 1 Abs. 4 Satz 1 Nr. 2 UmwStG gilt für den Anteilstausch nicht. In den übrigen unter den sechsten bis achten Teil des UmwStG fallenden Fällen muss dagegen neben dem übernehmenden Rechtsträger auch der einbringende bzw. übertragende Rechtsträger nach dem Recht eines EU/EWR-Staates gegründet und in einem solchen ansässig sein (§ 1 Abs. 4 Satz 1 Nr. 1 und Nr. 2 UmwStG).

14 Die unter das UmwStG fallenden Rechtsformen werden somit über das deutsche UmwG und die UmwG der jeweiligen Länder bestimmt. Die dort enthaltenen Regelungen über mögliche beteiligte Rechtsträger und die dargestellte Begrenzung durch das doppelte Ansässigkeitserfordernis geben den Rahmen für die möglicherweise unter das UmwStG fallenden Rechtsträger vor.

15 Das deutsche UmwG lässt für rein nationale Umwandlungen die folgenden Rechtsformen zu (§ 3 UmwG):
 – Kapitalgesellschaften,
 – Personenhandelsgesellschaften,
 – Partnerschaftsgesellschaften,
 – Einzelunternehmer,
 – eingetragene Genossenschaften,
 – eingetragene Vereine, wirtschaftliche Vereine, genossenschaftliche Prüfungsverbände,
 – Versicherungsvereine auf Gegenseitigkeit, sowie
 – Körperschaften und Anstalten des öffentlichen Rechts.

16 Um bei einer Umstrukturierung unter Beteiligung ausländischer Gesellschaften entscheiden zu können, welche Vorschriften des UmwStG einschlägig sind, ist durch einen **Typenvergleich** zu prüfen, ob die ausländische Gesellschaft als Personen- oder als Kapitalgesellschaft einzustufen ist.[7] Diese Beurteilung ist aus Sicht und unter Anwendung der Kriterien des deutschen Steuerrechts vorzunehmen. Für die Einordnung einer ausländischen Gesellschaft sind die von der Rechtsprechung des RFH und des BFH entwickelten Grundsätze eines zweistufigen Rechtstypenvergleichs anzuwenden. Diese Grundsätze stellen darauf ab, ob ein nach ausländischem Recht errichtetes Gebilde einer inländischen Körperschaft im Sinne des § 1 Abs. 1 Nr. 1 KStG oder einer sonstigen juristischen Person im Sinne des § 1 Abs. 1 Nr. 4 KStG gleicht.[8] Ein ausländisches Gebilde ist hiernach als Körperschaft einzuordnen, wenn sich bei einer Gesamtbetrachtung der einschlägigen ausländischen Bestimmungen und der getroffenen Vereinbarungen über die Organisation und die Struktur des Gebildes ergibt, dass dieses rechtlich und wirtschaftlich einer inländischen Körperschaft oder sonstigen juristischen Person gleicht. Für den Vergleich sind alle Elemente heranzuzie-

---

7 Vgl. Randnr. 01.27 UmwStE.
8 RFH v. 12.02.1930, RStBl. 1930, 444; BFH-Urteil v. 17.07.1968 – I 121/64, BStBl. II 1968, 695; v. 03.02.1988 – I R 134/84, BStBl. II 1988, 588; v. 23.06.1992 – IX R 182/87, BStBl. II 1992, 972; v. 16.12.1992 – I R 32/92, BStBl. II 1993, 399.

hen, die nach deutschem Recht die wesentlichen Strukturmerkmale einer Körperschaft ausmachen.[9]

Die Öffnung des deutschen Umwandlungssteuerrechts für grenzüberschreitende Umstrukturierungen hat wohl die größte Relevanz für grenzüberschreitende Umstrukturierungen von Kapitalgesellschaften, denn sowohl die Fusionsrichtlinie als auch die Verschmelzungsrichtlinie gelten nur für Kapitalgesellschaften. Für eine grenzüberschreitende Umwandlung unter Beteiligung von Personengesellschaften gibt es auf europarechtlicher Ebene weder eine gesellschaftsrechtliche Regelung noch eine konkrete Anforderung an Steuerneutralität. Letztere könnte sich allenfalls unmittelbar aus der Niederlassungsfreiheit ergeben. Allerdings wurde der Anwendungsbereich der Fusionsrichtlinie im Jahr 2005 auch auf die sog. »**transparenten Gesellschaften**« ausgedehnt. Es handelt sich hierbei um solche Gesellschaften, die zwar nach dem Recht ihres Gründungsstaates als selbstständiges Körperschaftsteuersubjekt angesehen werden, jedoch aufgrund ihrer gesellschaftsrechtlichen Ausgestaltung von anderen Staaten für Zwecke der Besteuerung als Personengesellschaft qualifiziert werden. Diese Gesellschaften werden auch als sog. **hybride Gesellschaften** bezeichnet. Zur Beurteilung der Frage, welche Regelungen des UmwStG auf Umstrukturierungen anzuwenden sind, an denen hybride Gesellschaften beteiligt sind, kommt es daher – unabhängig von der zivilrechtlichen Würdigung – auf das Ergebnis der Typenvergleichsprüfung an. 17

b) Anwendbarkeit des UmwG oder vergleichbarer ausländischer Regelungen

Auch das UmwStG in der Fassung nach dem SEStEG knüpft grundsätzlich an die im UmwG geregelten Umstrukturierungsvorgänge an. Während nach der bis 2006 geltenden Rechtslage allerdings nur die im deutschen UmwG geregelten Umstrukturierungsvorgänge Verschmelzung, Spaltung, Vermögensübertragung und Formwechsel die Fälle der steuerlich begünstigten Umstrukturierungen definierten, werden seither auch Vorgänge nach ausländischem Recht, die mit einer Verschmelzung, Aufspaltung und Abspaltung im Sinne der §§ 2, 123 Abs. 1 und 2 UmwG vergleichbar sind, sowie grenzüberschreitende Umstrukturierungsvorgänge (z. B. nach § 122a UmwG oder vergleichbaren ausländischen Regelungen) erfasst. Auch die Umwandlungsvorgänge zur Errichtung einer europäischen AG (SE; Art. 17 der Verordnung [EG] Nr. 2157/2001) oder zur Errichtung einer europäischen Genossenschaft (SCE; Art. 19 der Verordnung [EG] Nr. 1435/2003) können unter die begünstigenden Regelungen des Umwandlungssteuergesetzes fallen.[10] 18

Der UmwStE enthält in den Randnr. 01.20 ff. ausführliche Ausführungen, wie die Vergleichbarkeit eines ausländischen Umwandlungsvorgangs zu prüfen ist. Der Vergleich betrifft dabei insbesondere 19
– die beteiligten Rechtsträger,
– die Rechtsnatur bzw. Rechtsfolgen des Umwandlungsvorgangs (Strukturmerkmale) und
– sonstige Vergleichskriterien.

Die Finanzverwaltung verlangt, dass der ausländische Vorgang im Grundsatz auch nach dem UmwG wirksam abgewickelt werden könnte.[11] Wird beispielsweise bei einer Verschmelzung nach ausländischem Recht zulässiger Weise eine bare Zuzahlung von 50 % vereinbart, fällt dieser Vorgang wegen eines Verstoßes gegen die im UmwG vorgesehene Begrenzung der baren Zuzahlung auf 10 % mangels Vergleichbarkeit mit einer inländischen Umwandlung nicht unter das UmwStG. Das Schwergewicht der Vergleichbarkeitsprüfung liegt auf den Strukturmerkmalen der jeweiligen Umwandlung. Hierzu werden für die Umwandlungsarten Verschmelzung, Auf- und Abspaltung sowie Formwechsel von der Finanzverwaltung recht detaillierte Prüfungskataloge auf- 20

---

9 Vgl. BMF v. 19.03.2004 – IV B 4 – S 1301 USA 22/04, Tz. IV.
10 Vgl. Randnr. 01.42 UmwStE.
11 Vgl. Randnr. 01.25 UmwStE.

gestellt.[12] Insoweit ist jedem steuerlichen Berater zu empfehlen, für die Vergleichbarkeitsprüfung ggf. Unterstützung bei einem Notar oder im UmwG versierten Anwalt einzuholen.

21 Ein teilweise kritischer Punkt ist erfahrungsgemäß insbesondere die Frage, ob die ausländische Umwandlung eine Gesamtrechtsnachfolge nach deutschem Vorbild beinhaltet. Die Finanzverwaltung verweist zwar im UmwStE lediglich darauf, dass ein vergleichbarer ausländischer Umwandlungsvorgang einen Vermögensübergang »kraft Gesetzes« beinhalten muss,[13] so dass eine Gesamtrechtsnachfolge nach deutschem Vorbild nicht zwingend erscheint. Dies wird allerdings insoweit relativiert, als nach expliziter Aussage der Finanzverwaltung eine Vermögensübertragung durch Einzelübertragungen nicht ausreichend sein soll, um einen vergleichbaren Vorgang anzunehmen.[14] Insoweit muss eine detaillierte Prüfung des ausländischen Umwandlungsvorganges auch in seinen technischen Details erfolgen. Soweit nach ausländischer Umwandlungspraxis zusätzlich zum möglicherweise vorhandenen Vermögensübergang kraft Gesetzes noch eine Einzelübertragung vorgenommen wird, ist darauf zu achten, dass diese nicht die Vergleichbarkeitsprüfung in Deutschland torpediert. Insbesondere eine dem gesetzlichen Vermögensübergang vorgelagerte Einzelübertragung könnte insoweit eine unzulässige Abweichung vom deutschen UmwG darstellen.

22 Die Ausführungen im UmwStE zur Vergleichbarkeitsprüfung enthalten noch einige weitere wichtige Punkte. Eine Erleichterung ist die Feststellung, dass bei der Vergleichbarkeit des ausländischen Rechts nicht auf die Rechtsvorschriften als solche, sondern auf den konkret ausgestalteten Umwandlungsvorgang abgestellt wird.[15] Wird also der konkrete Umwandlungsvorgang so ausgestaltet, dass er in dieser Form auch nach den nationalen Rechtsvorschriften hätte durchgeführt werden können, dann ist dieser Umwandlungsvorgang vergleichbar. Die Tatsache, dass das ausländische Recht auch die Möglichkeit eingeräumt hätte, den Umwandlungsvorgang so auszugestalten, dass er mit den nationalen Vorschriften nicht mehr vergleichbar gewesen wäre, ist dann unschädlich. Positiv ist auch, dass die Finanzverwaltung die Regelungen des ausländischen Rechts zur gesellschaftsrechtlichen Rückwirkungsdauer für die Vergleichbarkeit mit deutschem Recht nicht für relevant hält.[16] Maßgeblich ist daher im konkreten Einzelfall, dass die im deutschen Recht vorgesehene Frist von acht Monaten für die Rückwirkung nicht überschritten wird. Unberührt bleibt die Vorschrift des § 2 Abs. 3 UmwStG zur Vermeidung weißer Einkünfte bei unterschiedlichen steuerlichen Rückbeziehungen in verschiedenen Staaten. Demgegenüber verbreitet die Auffassung der Finanzverwaltung zu einem dritten Punkt überwiegend Unsicherheit, und dies betrifft die gesellschaftsrechtliche Zulässigkeit eines Umwandlungsvorgangs nach dem jeweils geltenden Recht. Zwar erkennt die Finanzverwaltung grundsätzlich an, dass die gesellschaftsrechtliche Zulässigkeit des Umwandlungsvorgangs von der Entscheidung der ausländischen Registerbehörden abhängt. Das bedeutet, dass eine Umwandlung wohl zulässig ist, wenn sie eingetragen wird. Allerdings macht die Finanzverwaltung dann jedoch in Randnr. 01.23 UmwStE die Einschränkung, dass dies nicht gelten soll, wenn die Umwandlung an »gravierenden Mängeln« leidet. Es erschließt sich dem Rechtsanwender nicht, was ein »gravierender Mangel« sein soll und wie das von einem deutschen Finanzamt überhaupt geprüft werden soll, wenn noch nicht einmal das ausländische Registergericht den »gravierenden Mangel« erkannt hat.

c) Schematische Darstellung

23 Im Einzelnen sind die Regelungen des UmwStG somit auf folgende Vorgänge nach dem UmwG, nach anderen Vorschriften und vergleichbare ausländische Vorgänge anwendbar, wenn für die

---

12 Vgl. Randnr. 01.30–01.32 für die Verschmelzung, Randnr. 01.33–01.38 für die Auf- und Abspaltung und Randnr. 01.39 für den Formwechsel.
13 Vgl. Randnr. 01.30 UmwStE.
14 Vgl. Randnr. 01.31 UmwStE.
15 Vgl. Randnr. 01.25 UmwStE.
16 Vgl. Randnr. 01.41 UmwStE.

A. Grundlagen

betreffenden Umwandlungsvorgänge und die beteiligten Rechtsträger die bereits dargestellten Voraussetzungen erfüllt sind:

Verschmelzung von Körperschaften auf natürliche Personen (Einzelunternehmer) oder Personengesellschaften	2. Teil, §§ 3 bis 8 UmwStG
Formwechsel einer Körperschaft in eine Personengesellschaft	2. Teil, § 9 in Verbindung mit §§ 3 bis 8 UmwStG
Verschmelzung von Körperschaften	3. Teil, §§ 11 bis 13 UmwStG
Aufspaltung und Abspaltung von Körperschaften auf Körperschaften	4. Teil, § 15 in Verbindung mit §§ 11 bis 13 UmwStG
Aufspaltung und Abspaltung von Körperschaften auf natürliche Personen oder Personengesellschaften	4. Teil, § 16 in Verbindung mit §§ 3 bis 10 UmwStG
Einbringung (im Wege der Ausgliederung nach dem UmwG oder außerhalb des UmwG durch Einzelrechtsübertragung) von Unternehmensteilen in eine Kapitalgesellschaft oder Genossenschaft	6. Teil, §§ 20 bis 23 UmwStG
Anteilstausch von Anteilen an Kapitalgesellschaften in Anteile einer Kapitalgesellschaft	
Einbringung (im Wege der Ausgliederung nach dem UmwG oder außerhalb des UmwG durch Einzelrechtsübertragung) eines Betriebs, Teilbetriebs oder Mitunternehmeranteils in eine Personengesellschaft	7. Teil, § 24 UmwStG
Verschmelzung, Aufspaltung und Abspaltung von Personengesellschaften	
Formwechsel einer Personengesellschaft in eine Kapitalgesellschaft	8. Teil, § 25 in Verbindung mit §§ 20 bis 23 UmwStG

2. Zeitliche Anwendbarkeit des UmwStG

Gem. § 27 Abs. 1 Satz 1 UmwStG ist die durch das SEStEG vorgenommene Neufassung des UmwStG erstmals auf Umwandlungen und Einbringungen anzuwenden, bei denen die Anmeldung zur Eintragung in das für die Wirksamkeit des jeweiligen Vorgangs maßgebende öffentliche Register nach dem 12.12.2006 erfolgt ist. Diese Regelung betrifft naturgemäß nur solche Umwandlungen, die nach den einschlägigen inländischen oder ausländischen Rechtsvorschriften in ein öffentliches Register einzutragen sind.

24

Für Einbringungen, deren Wirksamkeit keine Eintragung in ein öffentliches Register voraussetzt – dies ist z. B. bei Einbringungen in eine Personengesellschaft der Fall – ist die Neufassung des Gesetzes nach § 27 Abs. 1 Satz 2 UmwStG erstmals anzuwenden, wenn das wirtschaftliche Eigentum an den eingebrachten Wirtschaftsgütern nach dem 12.12.2006 übergegangen ist.

25

Daher ist das Umwandlungssteuergesetz a. F. letztmals auf Vorgänge anzuwenden, die vor dem 12.12.2006 zur Eintragung in ein öffentliches Register angemeldet worden sind oder bei denen das wirtschaftliche Eigentum an den eingebrachten Wirtschaftsgütern bis zum 12.12.2006 übergegangen ist (§ 27 Abs. 2 UmwStG).

26

Jedoch sind einige Ausnahmen zu beachten:
– Für die Fälle der Vermögensübertragung von Körperschaften auf Personengesellschaften oder natürliche Personen gab es in § 5 Abs. 4 UmwStG a. F. eine Regelung, die die Einlagefiktion von nach altem Recht entstandenen **einbringungsgeborenen Anteilen** betraf. Diese Regelung wurde abgeschafft, da das neue System der rückwirkenden Besteuerung nach § 22 UmwStG eine solche Regelung überflüssig gemacht hat. Gleichwohl gibt es aber natürlich noch die nach altem Recht entstandenen einbringungsgeborenen Anteile. Wird eine Kapitalgesellschaft, deren Anteile nach altem Recht einbringungsgeboren sind, in eine Personengesellschaft umge-

27

wandelt, dann gilt die in § 5 Abs. 4 UmwStG a. F. geregelte Einlagefiktion auch im neuen Recht. Dies stellt § 27 Abs. 3 Nr. 1 UmwStG klar.
– Außerdem gelten für die nach altem Recht entstandenen einbringungsgeborenen Anteile auch für die Zukunft die Realisationstatbestände des bisherigen § 21 UmwStG a. F. weiter (§ 27 Abs. 3 Nr. 3 UmwStG).
– Soweit einbringungsgeborene Anteile alten Rechts veräußert werden, gelten auch die Regelungen des § 8b Abs. 4 KStG a. F. und des § 3 Nr. 40 Sätze 3 und 4 EStG a. F. weiter. Das bedeutet, dass die Gewinne aus der Veräußerung derartiger Anteile innerhalb von 7 Jahren nach dem Einbringungsvorgang der vollen Veräußerungsgewinnbesteuerung unterliegen und nicht von der Steuerbefreiung bzw. dem Teileinkünfteverfahren begünstigt sind. Diese Siebenjahresfrist lief somit unverändert weiter. Im Fall der Veräußerung solcher Anteile gelten daher die Neuregelungen der §§ 22, 23 und 24 Abs. 5 UmwStG nicht. Dies stellt § 27 Abs. 4 UmwStG klar.

28 Bedeutsame zwischenzeitliche Ergänzungen finden sich insbesondere in § 2 Abs. 4 UmwStG (Einschränkung der Verlustnutzung bei rückwirkender Umwandlung). Für diese Regelungen gelten jeweils eigene Anwendungsvorschriften in § 27 Abs. 9 ff. UmwStG.

B. Verschmelzung von Körperschaften auf Personengesellschaften oder natürliche Personen

I. Einleitung

29 Kapital- und Personengesellschaften unterliegen im deutschen Steuerrecht einem unterschiedlichen Besteuerungsregime. Während Kapitalgesellschaften für alle Steuerarten grundsätzlich eigenständige Steuersubjekte sind und daher mit ihren Gewinnen selbst der Körperschaft- und Gewerbesteuer unterliegen, sind Personengesellschaften für Zwecke der Einkommen- und Körperschaftsteuer transparent, d. h. die Gewinne von Personengesellschaften werden unabhängig davon, ob diese Gewinne tatsächlich ausgeschüttet werden oder nicht, auf Ebene der jeweiligen Gesellschafter versteuert. Für Gewerbesteuerzwecke ist die Personengesellschaft hingegen selbst Steuersubjekt.

30 Dieses unterschiedliche Besteuerungsregime hat allerdings nicht zur Folge, dass jede Verschmelzung einer Körperschaft auf eine Personengesellschaft zwingend gewinnrealisierend ist. Es besteht auch insoweit unter bestimmten Voraussetzungen ein Wahlrecht, abweichend vom gesetzlichen Regelfall des Ansatzes zum gemeinen Wert für das anlässlich der Verschmelzung von der Körperschaft auf die Personengesellschaft übergehende Vermögen den Buchwert oder einen Zwischenwert anzusetzen.

31 Allerdings werden Verschmelzungen von Körperschaften auf Personengesellschaften dennoch häufig nicht ohne eine Steuerbelastung möglich sein. Dies beruht darauf, dass der Gesellschafter einer Personengesellschaft Gewinne aus der Gesellschaft entnehmen kann, ohne dass dies eine Besteuerung auslöst, während die Gewinne einer Kapitalgesellschaft bei Ausschüttung von den Gesellschaftern zu versteuern sind. Diese Besteuerung erfolgt nach den Regeln des Teileinkünfteverfahrens bzw. der Abgeltungsteuer, soweit es sich bei den Gesellschaftern um natürliche Personen handelt und nach den Regeln des § 8b KStG, soweit es sich bei den Gesellschaftern um Körperschaften handelt. Da mit der Verschmelzung einer Kapitalgesellschaft auf eine Personengesellschaft die Besteuerung von Ausschüttungen wegfällt, muss es anlässlich dieser Umwandlung zu einer Besteuerung der noch nicht ausgeschütteten Gewinne der Körperschaft kommen, damit diese Gewinne nicht nachfolgend ohne weitere Besteuerung aus der Personengesellschaft entnommen werden können.

32 Vor diesem Hintergrund können die steuerlichen Konsequenzen der Verschmelzung einer inländischen Kapital- auf eine inländische Personengesellschaft im Überblick wie folgt beschrieben werden:

- Die übertragende Kapitalgesellschaft kann bei Vorliegen bestimmter Voraussetzungen ihr Betriebsvermögen in ihrer steuerlichen Schlussbilanz mit den **Buchwerten** ansetzen. Diese Wertansätze sind von der übernehmenden Personengesellschaft fortzuführen. Hierdurch wird eine Aufdeckung der bei der Kapitalgesellschaft vorhandenen stillen Reserven vermieden. Zur Versteuerung dieser stillen Reserven kommt es erst bei der das Vermögen übernehmenden Personengesellschaft bzw. der natürlichen Person bei Realisierung der stillen Reserven. Damit besteht für die stillen Reserven eine Steuerstundung.
- Werden die Wirtschaftsgüter der übertragenden Körperschaft in der steuerlichen Schlussbilanz mit einem über dem Buchwert liegenden Wert – max. dem gemeinen Wert – angesetzt, so führt diese Buchwertaufstockung zur Entstehung eines **Übertragungsgewinns**, welcher der Körperschaftsteuer und der Gewerbesteuer unterliegt, soweit er nicht durch laufende steuerliche Verluste oder Verlustvorträge ausgeglichen werden kann.
- Neben dem Übertragungsgewinn kommt es zu einer Besteuerung der Gewinnrücklagen der übertragenden Kapitalgesellschaft, obwohl tatsächlich keine Ausschüttung stattgefunden hat (**Vollausschüttungsfiktion**). Es kommt diesbezüglich zu einer Besteuerung auf Anteilseignerebene, soweit die Ausschüttung nicht aus einem ggf. vorhandenen steuerlichen Einlagekonto finanziert wird und dies auch entsprechend bescheinigt wird.
- Bei der übernehmenden Personengesellschaft ergibt sich entweder ein (nur mit der fiktiven Dividende verrechenbarer) Übernahmeverlust oder ein Übernahmegewinn, der den normalen Regelungen zu Besteuerung von Gewinnen aus der Veräußerung von Anteilen an Kapitalgesellschaften unterliegt.

Insgesamt ergeben sich die **steuerlichen Folgen einer Umwandlung somit auf drei Ebenen:** bei der übertragenden Kapitalgesellschaft, bei der übernehmenden Personengesellschaft bzw. natürlichen Person und bei den Gesellschaftern der übertragenden Kapitalgesellschaft.

Die dargestellten Grundsätze gelten sowohl für rein inländische als auch für ausländische oder grenzüberschreitende Umwandlungsvorgänge, soweit in Deutschland steuerpflichtiges Betriebsvermögen und somit das deutsche Besteuerungsrecht von dem Umstrukturierungsvorgang betroffen ist.

II. Wertansätze in der steuerlichen Schlussbilanz der übertragenden Körperschaft

1. Einleitung

Das aktuelle UmwStG geht für die Wertansätze in der steuerlichen Schlussbilanz der Übertragerin von einem Regel-Ausnahme-Prinzip aus, bei dem die Aufdeckung der stillen Reserven die Regel und die Buchwertfortführung die Ausnahme darstellt.

Regel:

Gem. § 3 Abs. 1 UmwStG hat der übertragende Rechtsträger eine steuerliche Schlussbilanz zu erstellen und die übergehenden Wirtschaftsgüter in seiner steuerlichen Schlussbilanz grundsätzlich mit dem gemeinen Wert anzusetzen und sämtliche stillen Reserven zu versteuern.

Ausnahme:

§ 3 Abs. 2 UmwStG erlaubt auf Antrag, die übergehenden Wirtschaftsgüter einheitlich mit dem Buchwert oder einem höheren Wert, höchstens jedoch mit dem gemeinen Wert anzusetzen, soweit die folgenden Voraussetzungen kumulativ erfüllt sind:

(1) Die übergehenden Wirtschaftsgüter müssen Betriebsvermögen der übernehmenden Personengesellschaft oder natürlichen Person werden und es muss sichergestellt sein, dass sie später der Besteuerung mit Einkommen- oder Körperschaftsteuer unterliegen.
Bei einer rein inländischen Umstrukturierung ist diese Voraussetzung immer dann erfüllt, wenn die übernehmende Personengesellschaft gewerblich tätig oder gewerblich geprägt ist bzw. die übergehenden Wirtschaftsgüter bei einer übernehmenden natürlichen Person zum Betriebsvermögen ihres Einzelunternehmens gehören. Die Steuerverhaftung muss sich nach

dem ausdrücklichen Wortlaut des Gesetzes nur auf die Einkommen- bzw. Körperschaftsteuer, nicht jedoch auf die Gewerbesteuer beziehen.

Die Vorschrift verlangt aber nicht, dass es sich um ein inländisches Betriebsvermögen handeln muss. Das Betriebsvermögen kann auch im Ausland belegen sein (Randnr. 03.15 UmwStE) und bei der geforderten künftigen Besteuerung mit Einkommen- oder Körperschaftsteuer kann es sich auch um eine vergleichbare ausländische Steuer handeln (Randnr. 03.17 UmwStE).

Handelt es sich bei der Übernehmerin um eine vermögensverwaltende Personengesellschaft, geht das übergehende Vermögen nicht in ein Betriebsvermögen über. Dies gilt nach Ansicht der Finanzverwaltung gleichermaßen, wenn es sich um eine sog. **Zebragesellschaft** handelt, die zwar nicht selbst gewerblich tätig oder geprägt ist, deren Anteile jedoch sämtlich von den Gesellschaftern in einem Betriebsvermögen gehalten werden.[17] Diese Ansicht ist nicht recht nachvollziehbar und wird daher in der Literatur auch kritisiert.[18]

39 (2) Das Recht Deutschlands zur Besteuerung des Gewinns aus der Veräußerung der übertragenen Wirtschaftsgüter darf bei den Gesellschaftern der übernehmenden Personengesellschaft oder bei der übernehmenden natürlichen Person nicht ausgeschlossen oder beschränkt werden.

Bei einer rein innerdeutschen Umstrukturierung, bei der die beteiligten Rechtsträger im Inland ansässig sind, keine ausländische Betriebsstätte unterhalten oder begründen und auch keine ausländischen Mitunternehmer beteiligt sind, ist diese Voraussetzung regelmäßig erfüllt. Eine solche Einschränkung bzw. ein solcher Verlust des deutschen Besteuerungsrechts ist allenfalls dann denkbar, wenn die Umwandlung auf eine ausländische Personengesellschaft oder auf eine Personengesellschaft mit ausländischen Mitunternehmern erfolgt. Selbst in diesen Fällen besteht jedoch für alle Wirtschaftsgüter, die einer inländischen gewerblichen Betriebsstätte der Personengesellschaft zuzuordnen sind, das deutsche Besteuerungsrecht nach § 49 Abs. 1 Nr. 2 Buchst. a EStG weiter. Die von Deutschland abgeschlossenen Doppelbesteuerungsabkommen ändern hieran nichts, da gewerbliche Gewinne einer Personengesellschaft auch nach diesen Regeln in Deutschland steuerpflichtig sind.

Etwas anderes kann jedoch dann gelten, wenn die Umwandlung nicht auf eine gewerblich tätige, sondern auf eine nur gewerblich geprägte Personengesellschaft erfolgt. Nach einem Urteil des BFH begründet eine nur gewerblich geprägte, jedoch nicht gewerblich tätige Personengesellschaft in Deutschland für abkommensrechtliche Zwecke keine Betriebsstätte, d. h. die daraus erwirtschafteten Gewinne sind in Deutschland nur dann steuerpflichtig, wenn die Doppelbesteuerungsabkommen für die spezielle Einkunftsart Deutschland das Besteuerungsrecht zuweisen.[19] Dies ist insbesondere bei Veräußerungsgewinnen aus Anteilen an Kapitalgesellschaften regelmäßig nicht der Fall, so dass diese Gewinne bei einer nur gewerblich geprägten Personengesellschaft aus abkommensrechtlicher Sicht regelmäßig im Ansässigkeitsstaat des Mitunternehmers besteuert werden, d. h. Deutschland würde insoweit das Besteuerungsrecht verlieren. Die Verschmelzung einer nur Anteile an anderen Kapitalgesellschaften haltenden Kapitalgesellschaft auf eine nur gewerblich geprägte Personengesellschaft, die auch nach der Verschmelzung nicht gewerblich tätig wird, wäre somit nicht steuerneutral zu Buchwerten möglich.[20]

Die Finanzverwaltung verweist in Randnr. 03.18 UmwStE zur Interpretation dieser Vorschrift auf die Entstrickungstatbestände in § 4 Abs. 1 Satz 3 EStG und § 12 Abs. 1 KStG. Insbesondere wird ausdrücklich auf das Regelbeispiel des § 4 Abs. 1 Satz 4 EStG bzw. § 12 Abs. 1 Satz 2 KStG verwiesen, wonach ein Ausschluss oder eine Beschränkung des Besteuerungsrechts hinsichtlich des Gewinns aus der Veräußerung eines Wirtschaftsguts insbesondere dann

---

17 Randnr. 03.16 UmwStE.
18 Vgl. z. B. Schmitt in: Schmitt/Hörtnagl/Stratz, UmwG/UmwStG, § 3 UmwStG Rn. 139.
19 Vgl. Urteil v. 28.04.2010 – I R 81/09, BStBl. II 2014, 754 und BMF vom 26.09.2014, BStBl. I 2014, 1258.
20 Vgl. auch Nitzschke, IStR 2011, 838; anders noch Randnr. 03.15 UmwStE.

vorliegen soll, wenn ein bisher einer inländischen Betriebsstätte des Steuerpflichtigen zuzuordnendes Wirtschaftsgut nunmehr einer ausländischen Betriebsstätte zuzuordnen ist. In diesem Zusammenhang ist allerdings zu berücksichtigen, dass die hier zitierten Vorschriften nach der Rechtsprechung des BFH[21] sowie der herrschenden Meinung in der Literatur[22] regelmäßig gerade nicht geeignet sind, anlässlich einer Überführung von Wirtschaftsgütern in eine ausländische Betriebsstätte eine Besteuerung auszulösen, denn Deutschland verliert in derartigen Überführungsfällen i. d. R. das Besteuerungsrecht für die in der Vergangenheit bis zum Zeitpunkt der Überführung angesammelten stillen Reserven nicht und das Besteuerungsrecht an diesen bereits vorhandenen stillen Reserven wird auch nicht eingeschränkt. Die Tatbestandsmerkmale der Entstrickungsvorschrift sind damit nach dieser Auffassung zum Überführungszeitpunkt nicht erfüllt, die Vorschrift läuft »ins Leere«.

Darüber hinaus soll es in den Fällen einer »Hinausverschmelzung«, mittels derer anstelle der bisherigen inländischen Kapitalgesellschaft lediglich eine inländische Betriebsstätte einer ausländischen Personengesellschaft verbleibt, zu einer »Zwangsüberführung« kommen können. Diese beruht auf der sogenannten »Attraktionskraft des Stammhauses«, die von der Finanzverwaltung in Tz. 2.4 der Betriebsstättenverwaltungsgrundsätze[23] begründet wird. Der Grundgedanke dabei ist, dass verschiedene Wirtschaftsgüter, insbesondere Beteiligungen und originäre immaterielle Wirtschaftsgüter, regelmäßig dem Stammhaus eines Unternehmens zuzuordnen sind. Wenn es zu einer solchen »automatischen« Zuordnung von Wirtschaftsgütern zu dem nunmehr im Ausland belegenen Stammhaus kommt, könnte weiterhin gefolgert werden, dass ein daraus resultierender Entstrickungsgewinn auch unter die Rückwirkung des § 2 UmwStG fällt und demgemäß bereits am steuerlichen Übertragungsstichtag entsteht. Diesen Überlegungen tritt die Finanzverwaltung jedoch in Randnr. 03.20 UmwStE entgegen. Hier wird zunächst klargestellt, dass sich durch eine grenzüberschreitende Umwandlung per se nicht die abkommensrechtliche Zuordnung von Wirtschaftsgütern zu einer in- oder ausländischen Betriebsstätte ändert. Vielmehr muss es anlässlich der Umwandlung auch zu einer Änderung der maßgeblichen betriebswirtschaftlichen Verhältnisse kommen, die für die Zuordnung des jeweiligen Wirtschaftsguts maßgeblich sind. Wurde z. B. die Beteiligungsverwaltung vor der Umwandlung von dem inländischen Stammhaus ausgeübt und wird diese inländische Tätigkeit nach der Umwandlung nicht geändert, sodass die entstandene inländische Betriebsstätte weiterhin die aktive Beteiligungsverwaltung durchführt, so sollten die Beteiligungen auch weiterhin dieser Betriebsstätte zugeordnet werden können und es käme zu keiner Zwangsüberführung.[24]

Wird ein Entstrickungsgewinn erst durch die tatsächliche Veränderung betriebswirtschaftlicher Gegebenheiten ausgelöst, entsteht er auch erst in dem Zeitpunkt, in dem es zu der maßgeblichen Veränderung der betriebswirtschaftlichen Abläufe kommt, und nicht bereits rückwirkend am steuerlichen Übertragungsstichtag.

Leider enthält weder das Gesetz noch der UmwStE eine Regelung zu dem umgekehrten Fall, in dem es anlässlich einer Umwandlung zu einer erstmaligen Verstrickung von Wirtschaftsgütern im Inland kommt. Unklar ist hier, ob die allgemeinen Regelung des § 4 Abs. 1 Satz 8 Halbs. 2 EStG Anwendung finden, wonach eine Verstrickung mit dem gemeinen Wert erfolgt, oder ob die Regelungen des UmwStG vorrangig sind, wonach eine Buchwertfortführung bzw.

---

21 Urteil v. 17.07.2008 – I R 77/06, BStBl. II 2009, 464 und vom 28.10.2009 – I R 99/08, BStBl. II 2011 II, (1019).
22 Vgl. beispielhaft Stadler/Elser/Bindl, DB Beilage 1 zu Heft 2/2012, 14 [18]; Gosch, BFH/PR 2008, 499.
23 BMF-Schreiben v. 24.12.1999, BStBl. I 1999, 1076, zuletzt geändert durch BMF-Schreiben v. 25.08.2009, BStBl. I 2009, 888.
24 Vgl. Beinert/Benecke, FR 2010, 1018; Rautenstrauch/Seitz, Ubg 2012, 14 [17]; zur Zuordenbarkeit von Beteiligungen zu Betriebsstätten vgl. ebenfalls BFH-Urteil v. 19.12.2007 – I R 66/06, BStBl. II 2008, 510.

ein Zwischenwertansatz einheitlich für alle Wirtschaftsgüter auszuüben ist. Im letzten Fall käme es zu einer Verstrickung von stillen Reserven, die vor der Überführung des Wirtschaftsguts in die inländische Steuerpflicht entstanden sind.[25]

40 (3) Eine Gegenleistung für die Vermögensübertragung darf nicht gewährt werden oder nur in Gesellschaftsrechten bestehen.

Diese Voraussetzung führt dazu, dass die Umstrukturierungen, in denen z. B. ein Spitzenausgleich zu zahlen ist, nicht vollständig steuerneutral durchgeführt werden können.

Zu beachten ist, dass Zahlungen an ausscheidende Anteilseigner aufgrund Barabfindung nach §§ 29, 125 oder 207 UmwG keine schädlichen Gegenleistungen im Sinne des § 3 Abs. 2 Satz 1 Nr. 3 UmwStG darstellen (Randnr. 03.22 UmwStE).

Wird eine schädliche Gegenleistung gewährt, sind die Buchwerte der übergehenden Wirtschaftsgüter in der steuerlichen Schlussbilanz der übertragenden Körperschaft insoweit mindestens mit dem Wert der Gegenleistung anzusetzen und es ergibt sich ein steuerpflichtiger Übertragungsgewinn (Randnr. 03.23 UmwStE).

2. Steuerliche Schlussbilanz

41 Die Finanzverwaltung hat im UmwStE auch zum Charakter der steuerlichen Schlussbilanz und ihrem Verhältnis zur »normalen« Steuerbilanz zum Ende eines Wirtschaftsjahres Stellung genommen. Gemäß Randnr. 03.01 UmwStE ist die steuerliche Schlussbilanz im Sinne des § 3 Abs. 1 Satz 1 UmwStG eine eigenständige Bilanz, die von der Gewinnermittlungsbilanz im Sinne des § 4 Abs. 1, § 5 Abs. 1 EStG zu unterscheiden ist.

42 Die steuerliche Schlussbilanz ist völlig unabhängig von der Handelsbilanz und den dortigen Wertansätzen.,[26] Die in § 3 Abs. 1 UmwStG vorgesehenen Bewertungswahlrechte können somit – bei Vorliegen der dort geregelten Voraussetzungen – unabhängig von der Bilanzierung in der Handelsbilanz vorgenommen werden. Auch die früher von der Finanzverwaltung vertretene Auffassung[27] dass bei einer umwandlungsbedingten Aufstockung der Handelsbilanzwerte auf den Zeitwert auch in der ersten folgenden Steuerbilanz die Werte gewinnrealisierend und somit steuerpflichtig aufzustocken sind, wird von der Finanzverwaltung nicht mehr vertreten.

43 Da die steuerliche Schlussbilanz im Sinne des § 3 UmwStG eine eigenständige Bilanz ist, gelten bei einer Aufstockung der Buchwerte auf Zwischen- oder gemeine Werte auch die steuerlichen Bewertungsvorbehalte des EStG für die steuerliche Schlussbilanz nicht.[28]

3. Fortführung der Buchwerte/Ansatz von Zwischenwerten

44 Sofern die genannten Voraussetzungen vorliegen, können in der Schlussbilanz der Überträgerin die Buchwerte angesetzt werden. Es kommt bei dem übertragenden Rechtsträger zu keiner Aufdeckung stiller Reserven.

45 Das Vorliegen der Voraussetzungen für die Ausübung des Bewertungswahlrechts ist für jedes übergehende Wirtschaftsgut gesondert zu prüfen. Werden z. B. einzelne Wirtschaftsgüter anlässlich einer grenzüberschreitenden Umstrukturierung in das Ausland verbracht (z. B. aufgrund der von der Finanzverwaltung angenommen »Attraktionskraft des Stammhauses«) und dort in einem ausländischen Betriebsvermögen weiterhin zur Einkünfteerzielung genutzt, dann wird hierdurch das Besteuerungsrecht Deutschlands entweder vollständig beendet oder zumindest der Höhe nach beschränkt. Diese Wirtschaftsgüter können dann nicht mit den Buchwerten oder Zwischenwerten angesetzt werden, sondern sind mit ihrem gemeinen Wert zu bewerten. Die übrigen, im Inland

---

25 Hruschka, DStR Beiheft zu Heft 2/2012, 4 [7].
26 Vgl. Randnr. 03.10 UmwStE.
27 Vgl. Randnr. 03.02 UmwStE 1998.
28 Vgl. Randnr. 03.06 UmwStE.

verbleibenden Wirtschaftsgüter können jedoch weiterhin mit dem Buchwert angesetzt werden. Das Wort »soweit« in § 3 Abs. 2 Satz 1 UmwStG macht deutlich, dass nur die Wirtschaftsgüter, bei denen die zitierten Voraussetzungen nicht gegeben sind, mit dem gemeinen Wert anzusetzen sind, während für alle anderen Wirtschaftsgüter, bei denen die genannten Voraussetzungen erfüllt sind, das Bewertungswahlrecht weiterhin ausgeübt werden kann.[29]

Sofern die Voraussetzungen für die Ausübung des Bewertungswahlrechts erfüllt sind, ist neben einer Buchwertfortführung wahlweise auch der Ansatz höherer Werte möglich. Sofern ein Ansatz zu Zwischenwerten gewählt wird, stellt sich die Frage, wie die Aufstockung vorzunehmen ist. Da in der steuerlichen Schlussbilanz im Fall der Buchwertaufstockung nicht nur die bilanzierten, sondern auch die originären immateriellen Wirtschaftsgüter zu bilanzieren sind, könnte eine Buchwertaufstockung gleichmäßig für alle vorhandenen Wirtschaftsgüter vorgenommen werden oder es könnte nach der vom BFH entwickelten 3-Stufen-Theorie vorgegangen werden.[30] Hiernach wären zunächst die bilanzierten Wirtschaftsgüter bis zu ihrem gemeinen Wert aufzustocken, danach die originären immateriellen Wirtschaftsgüter und erst zum Schluss der Firmenwert. Die Anwendung der 3-Stufen-Theorie liegt bereits aus praktischen Gründen nahe, da ansonsten selbst für eine geringe Aufstockung auf Zwischenwerte bereits eine Unternehmensbewertung durchgeführt werden müsste, um berechnen zu können, in welchem Umfang es zum Ansatz eines anteiligen Firmenwertes kommt. Diese Vorgehensweise entspricht denn auch langjähriger Praxis und war bisher auch die von der Finanzverwaltung bevorzugte Methode.[31] Aus nicht ersichtlichen Gründen ist die Finanzverwaltung im UmwStE jedoch von dieser langjährigen Praxis abgewichen und verlangt nunmehr in Randnr. 03.25 UmwStE, dass die übergehenden aktiven und passiven Wirtschaftsgüter einschließlich nicht entgeltlich erworbener und selbst geschaffener immaterieller Wirtschaftsgüter einheitlich mit einem Zwischenwert angesetzt werden müssen. Der einzige Grund für diese Änderung kann nur darin gesehen werden, den Ansatz von Zwischenwerten zur Nutzung von Verlustvorträgen des übertragenden Rechtsträgers zu erschweren. Allerdings ist positiv zu erwähnen, dass die Finanzverwaltung nunmehr auch das vereinfachte Ertragswertverfahren zur Ermittlung des Unternehmenswerts des übertragenden Rechtsträgers anerkennt.[32] Es muss also nicht unbedingt ein IDW S1-Gutachten erstellt werden, nur um für steuerliche Zwecke einen Zwischenwert ansetzen zu können.

Liegt der gemeine Wert der Sachgesamtheit des übergehenden Vermögens unter dem Buchwert, ist nach Auffassung der Finanzverwaltung ein Ansatz zu Buchwerten oder Zwischenwerten nicht zulässig. Vielmehr ist zwingend der niedrigere gemeine Wert anzusetzen.[33] Dieser Fall ist immer dann gegeben, wenn die vorhandenen stillen Lasten die stillen Reserven übersteigen. Kann ein entstehender Übertragungsverlust nicht mit laufenden Gewinnen verrechnet werden, geht er im Zuge der Umwandlung unter. Handelt es sich bei dem übertragenden Rechtsträger um eine Organgesellschaft, so ist besonders zu beachten, dass ein Übertragungsgewinn oder -verlust in der steuerlichen Schlussbilanz nach Ansicht der Finanzverwaltung nicht in die Gewinnabführung an den Organträger einzubeziehen ist, wenn es sich bei der Umwandlung um eine Verschmelzung bzw. eine Aufspaltung handelt.[34] Folgt man der Auffassung der Finanzverwaltung, bleibt ein Übertragungsverlust in diesen Fällen regelmäßig ungenutzt. Bogenschütz[35] empfiehlt in diesen

---

29 Randnr. 03.13 UmwStE.
30 Vgl. Dötsch/Pung, DB 2006, 2709.
31 Vgl. Randnr. 04.33 UmwStE 1998.
32 Vgl. 03.07 UmwStE.
33 Randnr. 03.12 UmwStE; kritisch hierzu Schumacher/Neitz/Hackstein, Ubg 2011, 409 [411]; Zimmermann, Ubg 2018, 22.
34 Vgl. Randnr. Org. 27 UmwStE; zum Formwechsel einer Organgesellschaft in eine Personengesellschaft wird hier keine Aussage getroffen, aber es ist davon auszugehen, dass die Finanzverwaltung den Formwechsel insoweit einer Verschmelzung gleichsetzt.
35 Ubg 2011, 393 [399].

Fällen, einen vorherigen asset deal zu prüfen, um etwaige Veräußerungsverluste für den Organträger nutzbar zu machen. In der Literatur wird die Auffassung der Finanzverwaltung zur Behandlung der Übertragungsergebnisse bei Organgesellschaften auch überwiegend kritisiert und die Auffassung vertreten, dass diese Ergebnisse an den Organträger abzuführen wären, und zwar i. d. R. als steuerliche Mehrabführung.[36]

4. Ansatz zum gemeinen Wert

48 Grundsätzlich sind die einzelnen Wirtschaftsgüter nach § 3 Abs. 1 Satz 1 UmwStG mit dem gemeinen Wert anzusetzen. Dies gilt nicht nur für die regulär bilanzierungsfähigen Wirtschaftsgüter, sondern auch für die normalerweise nicht bilanzierungsfähigen originären immateriellen Wirtschaftsgüter, wie z. B. den Firmenwert. Hierdurch kommt es zu einer Aufdeckung und Versteuerung sämtlicher in dem übergehenden Vermögen ruhenden stillen Reserven bei dem übertragenden Rechtsträger.

49 Der gemeine Wert ist nicht separat für die einzelnen Wirtschaftsgüter, sondern für das gesamte übergehende Vermögen als Sachgesamtheit zu ermitteln.[37]

50 Bei einem Ansatz des übergehenden Vermögens zu gemeinen Werten kommt es allerdings nach Ansicht der Finanzverwaltung nicht nur zu einer Aufdeckung stiller Reserven, sondern auch zu einer Aufdeckung stiller Lasten. Die steuerlichen Ansatzverbote des § 5 EStG sollen insoweit für die steuerliche Schlussbilanz nicht gelten.[38] Es sind somit insbesondere Drohverlustrückstellungen, Jubiläumsrückstellungen und Altersteilzeitrückstellungen mit ihren tatsächlichen Werten anzusetzen. Nur für die Pensionsrückstellungen gilt eine Sonderregelung, dass diese gleichwohl mit dem nach § 6a EStG ermittelten Wert anzusetzen sind. Die Rechtsauffassung zur Nichtgeltung der Bilanzierungsverbote ist allerdings umstritten, denn das UmwStG ist ein Spezialgesetz zum EStG/KStG und der Gesetzeswortlaut nennt lediglich die selbst geschaffenen immateriellen Wirtschaftsgüter und den selbst geschaffenen Firmenwert als ausdrückliche Durchbrechung der Bilanzierungsverbote des § 5 EStG.[39] Durch die Pflicht zur Aufdeckung der stillen Lasten wird das Verlustnutzungspotenzial, welches ansonsten dem Betrag der aufzudeckenden stillen Reserven entsprochen hätte, entsprechend gemindert.

51 Durch die Aufdeckung der stillen Lasten kommt es auf der Aktivseite der steuerlichen Schlussbilanz bei Ansatz gemeiner Werte zu einem entsprechend höheren Ausweis eines Geschäfts- oder Firmenwerts, denn der Wert der Aktiva ergibt sich aus dem Wert des Eigenkapitals (= Unternehmenswert) zuzüglich der zu bilanzierenden Passiva. Dieser Betrag wird zunächst auf die aktiven Einzelwirtschaftsgüter verteilt und ein verbleibender Betrag entfällt auf den Firmenwert.

52 Die beschriebene Unanwendbarkeit des § 5 EStG soll aber nur für die steuerliche Schlussbilanz des übertragenden Rechtsträgers, nicht hingegen für die nächste reguläre Gewinnermittlungsbilanz des übernehmenden Rechtsträgers gelten. In dieser soll es vielmehr zu einer ertragswirksamen Auflösung der entsprechenden Passivposten kommen.[40] Dies widerspricht jedoch der vom Gesetz in § 4 Abs. 2 Satz 1 UmwStG angeordneten steuerlichen Rechtsnachfolge sowie der vom BFH[41]

---

36 Vgl. z. B. Käshammer/Schümmer, Ubg 2011, 244 ff.; Rödder, DStR 2011, 1053 [1058].
37 Randnr. 03.07 UmwStE.
38 Vgl. Randnr. 03.06 UmwStE.
39 Vgl. Schumacher/Neitz-Hackstein, Ubg 2011, 409; Stadler/Elser/Bindl, DB Beilage 1 zu Heft 2/2012, 14 [16]; Rödder in: Rödder/Herlinghaus/van Lishaut, UmwStG, § 11 Rn. 66a; a. A. Benecke in: PwC, Reform des UmwSt-Rechts, 150.
40 Vgl. Randnr. 04.16 UmwStE.
41 Urteil v. 16.12.2009 – I R 102/08, DStR 2010, 265 sowie BFH-Urteil v. 14.12.2011 – I R 72/10, DStR 2012, 452.

zum Erwerb nicht passivierungsfähiger Rückstellungen entwickelten Rechtsprechung und sollte demgemäß in der Praxis nicht akzeptiert werden.[42]

Der durch Buchwertaufstockungen in der steuerlichen Schlussbilanz entstehende Gewinn unterliegt der regulären Besteuerung. Allerdings sind auch die sonst geltenden Steuerbefreiungsvorschriften anzuwenden, z. B. soweit der Aufstockungsgewinn auf Beteiligungen an Kapitalgesellschaften entfällt (**Steuerbefreiung** nach § 8b Abs. 2 KStG) oder soweit ein einschlägiges DBA für im Ausland befindliches Vermögen die Freistellung von der inländischen Besteuerung anordnet. 53

Befindet sich im Betriebsvermögen der übertragenden Körperschaft ein Mitunternehmeranteil, ist der steuerliche Bilanzansatz immer identisch mit dem auf diese Beteiligung entfallenden anteiligen Kapitalkonto bei der Personengesellschaft einschließlich etwaiger Sonder- oder Ergänzungsbilanzen (sog. **Spiegelbildtheorie**).[43] Dies gilt auch im Fall der **Buchwertaufstockung**. Wird also der Beteiligungsansatz in der Bilanz der übertragenden Kapitalgesellschaft auf einen Zwischenwert oder den gemeinen Wert aufgestockt, so ist bei der Personengesellschaft eine entsprechende Ergänzungsbilanz zu erstellen, die diese Buchwertaufstockung widerspiegelt. 54

Für den Fall des Ansatzes der Wirtschaftsgüter mit dem gemeinen Wert in der steuerlichen Schlussbilanz hat der Gesetzgeber in § 3 Abs. 1 Satz 2 UmwStG für die Bewertung der **Pensionsrückstellungen** eine Sonderregelung getroffen und festgeschrieben, dass diese nicht wie die anderen aktiven Wirtschaftsgüter mit ihrem gemeinen Wert, sondern nur mit dem nach § 6a EStG maßgebenden Betrag anzusetzen sind. Dieser Wert liegt jedoch regelmäßig unter der tatsächlich bestehenden Pensionslast. Fraglich ist, wie sich diese Regelung auf die Ermittlung des Unternehmenswerts bzw. den Ausweis eines etwaigen Geschäfts- oder Firmenwerts auswirkt. Die Finanzverwaltung ist der Auffassung, dass sich durch die Verpflichtung zum Ansatz einer Pensionsrückstellung mit einem unter dem gemeinen Wert liegenden Wert nach § 6a EStG der Firmenwert nicht verringern darf. Das bedeutet, dass schon bei der Ermittlung des Unternehmenswerts die Pensionslast nicht mit dem tatsächlichen Wert, sondern nur mit dem § 6a EStG-Wert berücksichtigt werden darf. Damit wäre die gesetzliche Regelung des § 3 Abs. 1 Satz 2 UmwStG nicht lediglich eine Bilanzierungsregel, die sich erst bei der Verteilung des Unternehmenswerts auf die einzelnen zu bilanzierenden Aktiva und Passiva auswirkt, sondern bereits eine bewertungsrelevante Vorschrift.[44] Zur Erreichung dieses Ziels wird in der Literatur vorgeschlagen, bei einer Bewertung nach einem Ertragswertverfahren den Equity Value vor Berücksichtigung des Pensionsaufwands zu ermitteln und von diesem dann die Pensionsrückstellung nach § 6a EStG abzuziehen.[45] Der UmwStE geht in Randnr. 03.08 im Ergebnis wohl ebenfalls davon aus, dass ein Unternehmenswert faktisch um die in den Pensionsrückstellungen ruhenden stillen Lasten zu erhöhen ist. Die Auffassung der Finanzverwaltung wird von der herrschenden Meinung in der Literatur kritisiert.[46] Hier wird regelmäßig die Auffassung vertreten, dass der Unternehmenswert zunächst nach allgemeinen Grundsätzen der Unternehmensbewertung zu ermitteln ist, also unter Berücksichtigung des tatsächlichen Wertes der Pensionslast. Erst anschließend, nämlich bei der Verteilung des Unternehmenswerts auf die Aktiva und Passiva, ist die Pensionsrückstellung mit ihrem niedrigeren Wert nach § 6a EStG anzusetzen. Das hat zur Folge, dass sich der Firmenwert um den Betrag der Unterbewertung der Pensionsrückstellung vermindert. Es kommt demnach nach dieser Auffassung in der steuerlichen Schlussbilanz durch das Verbot zu Aufdeckung einer stillen Last zu einer entsprechend geringeren Aufdeckung stiller Reserven. Damit wäre das Ziel der Finanzver- 55

---

42 Vgl. Bogenschütz, Ubg 2011, 393 [402]; Kröner/Momen, DB 2012, 71 [74]; Schumacher/Neitz-Hackstein, Ubg 2011, 409 [413].
43 Vgl. Randnr. 03.10 UmwStE.
44 Vgl. hierzu Randnr. 03.08 UmwStE.
45 Vgl. Bogenschütz, Umwandlung von Kapital- in Personengesellschaften, Ubg 2011, 393 [399].
46 Vgl. z. B. Schumacher/Neitz/Hackstein, Ubg 2011 S. 409 [410]; Oppen/Polatzky, GmbHR 2012, 263 [267]; Rödder, DStR 2011, 1059 [1061]; Schneider/Ruoff/Sistermann, FR 2012, 1 [2].

waltung, bei Ansatz gemeiner Werte einen Übertragungsgewinn zu versteuern, der um die in der Pensionsrückstellung ruhende stille Last erhöht ist, nicht erreicht.

5. Keine Maßgeblichkeit der Handelsbilanz für die Steuerbilanz

56 Während früher im Umwandlungssteuerrecht streitig war, ob bei der Erstellung der steuerlichen Schlussbilanz des übertragenden Rechtsträgers die **Maßgeblichkeit** der Handelsbilanz für die Steuerbilanz zu beachten ist, hat das aktuelle UmwStG die Bindung der Steuerbilanz an die Handelsbilanz aufgegeben. Der übertragende Rechtsträger kann vielmehr die Bilanzierungswahlrechte des UmwStG völlig unabhängig von den handelsbilanziellen Wertansätzen ausüben.

57 Der übernehmende Rechtsträger ist hinsichtlich des Wertansatzes der Wirtschaftsgüter an die Werte in der steuerlichen Schlussbilanz der Übertragerin gebunden (**steuerliche Wertverknüpfung**).

58 Die steuerlichen Wertansätze sind damit unabhängig davon, welche Werte in der handelsrechtlichen Schlussbilanz des übertragenden Rechtsträgers und in der handelsrechtlichen Übernahmebilanz des übernehmenden Rechtsträgers angesetzt werden. Es gibt insoweit weder eine Maßgeblichkeit, noch eine umgekehrte Maßgeblichkeit.

59 Für die Handelsbilanz verbleibt es bei den bisher geltenden Regelungen. In der handelsrechtlichen Schlussbilanz der Übertragerin sind die Wirtschaftsgüter nach § 17 Abs. 2 UmwG mit den fortgeführten Buchwerten anzusetzen. Die Übernehmerin hat gem. § 24 UmwG dagegen ein Bilanzierungswahlrecht, die übergehenden Wirtschaftsgüter entweder mit ihren Buchwerten zu übernehmen, oder sie mit den Anschaffungskosten anzusetzen. Kommt es bei der Übernehmerin aufgrund einer unterschiedlichen Ausübung der bestehenden Wahlrechte zu einem Auseinanderfallen von handels- und steuerrechtlichen Buchwerten, ergeben sich hierdurch regelmäßig aktive oder passive latente Steuern. Ein weiteres Bilanzierungswahlrecht besteht bei dem Gesellschafter der Übertragerin, der im Gegenzug für die Vermögensübertragung neue Anteile an der Übernehmerin erhält. Hier besteht ein handelsrechtliches Bilanzierungswahlrecht, die neuen Anteile mit dem Buchwert oder mit dem Zeitwert der hingegebenen Anteile anzusetzen (Tauschgrundsätze). Auf dieser Ebene besteht somit ebenfalls die Möglichkeit, handelsrechtlich stille Reserven aufzudecken, ohne dass dies entsprechende steuerliche Konsequenzen nach sich zieht.

6. Antragstellung

60 Der Antrag zur Buchwertfortführung bzw. zum Ansatz von Zwischenwerten ist vom übertragenden Rechtsträger bzw. von dem übernehmenden Rechtsträger als steuerlichem Rechtsnachfolger (§ 4 Abs. 2 Satz 1 UmwStG) spätestens bis zur erstmaligen Abgabe der steuerlichen Schlussbilanz zu stellen.[47] Damit ist nicht die steuerliche Gewinnermittlungsbilanz im Sinne der § 4 Abs. 1, § 5 Abs. 1 EStG gemeint, sondern die in § 3 UmwStG vorgesehene steuerliche Schlussbilanz. Ein separater förmlicher Antrag ist nicht erforderlich, aber gleichwohl ratsam, wenn bereits sicher ist, dass die Buchwerte oder ein Zwischenwert angesetzt werden soll. Wird nur eine »normale« Steuerbilanz im Sinne des § 4 Abs. 1, § 5 Abs. 1 EStG eingereicht, bedarf es einer ausdrücklichen Erklärung, dass diese Steuerbilanz auch die steuerliche Schlussbilanz im Sinne des § 3 UmwStG sein soll. Diese Erklärung enthält den konkludenten Antrag auf Buchwertfortführung.[48] Auf eine Vereinbarung in einem Verschmelzungsvertrag kommt es hingegen nicht an, diese ist für die Ausübung des steuerlichen Ansatzwahlrechtes unbeachtlich.[49]

---

47 Vgl. Randnr. 03.28 UmwStE.
48 Vgl. Randnr. 03.29 UmwStE.
49 BFH-Urteil v. 20.08.2015 – IV R 34/12, BFH/NV 2016, 41.

Der Antrag ist bedingungsfeindlich und unwiderruflich.[50] Aus der Tatsache, dass die steuerliche Schlussbilanz eine von der regulären Gewinnermittlungsbilanz zu unterscheidende eigenständige Bilanz ist, ergibt sich, dass durch die Einreichung von regulären Jahresbilanzen und -steuererklärungen das Wahlrecht noch nicht unwiderruflich ausgeübt worden ist.[51] Lediglich dann, wenn zusammen mit der Gewinnermittlungsbilanz eine Erklärung abgegeben worden ist, dass diese auch die steuerliche Schlussbilanz für die Umwandlung sein soll, gilt der Antrag als gestellt.[52]

Wird zusammen mit der Abgabe der normalen Steuerbilanz kein Antrag gestellt, sind von Amts wegen die gemeinen Werte anzusetzen. Allerdings ist dem Steuerpflichtigen nach § 91 Abs. 1 Satz 2 AO vorab rechtliches Gehör zu gewähren. Der Steuerpflichtige kann dann den Antrag bis zur Bestandskraft des Steuerbescheids für den Veranlagungszeitraum, in den der steuerliche Übertragungsstichtag fällt, noch nachholen.[53]

Sind die gesetzlichen Voraussetzungen erfüllt, hat das Finanzamt keinen Ermessensspielraum, den Antrag abzulehnen.

Aus dem Antrag muss sich eindeutig ergeben, ob Buchwerte oder Zwischenwerte angesetzt werden sollen. Im Fall von Zwischenwerten muss sich ausdrücklich ergeben, in welcher Höhe oder zu welchem Prozentsatz die stillen Reserven aufzudecken sind.[54] Es ist zu empfehlen, von der Angabe eines Prozentsatzes abzusehen, da dieser immer abhängig ist von einem – ggf. in der Höhe streitanfälligen – gemeinen Wert. Daher ist in der Praxis die Angabe eines fixen Aufstockungsbetrags vorzugswürdig.

Der Antrag kann nicht auf einzelne Wirtschaftsgüter beschränkt werden. Er gilt immer umfänglich für den Ansatz des gesamten übergehenden Vermögens.[55]

Der Antrag ist bei dem für die Besteuerung der übertragenden Körperschaft nach §§ 20, 26 AO zuständigen Finanzamt zu stellen.[56] Handelt es sich bei dem übertragenden Rechtsträger um eine ausländische Kapitalgesellschaft, für deren Besteuerung bisher kein inländisches Finanzamt zuständig war, ist das Finanzamt zuständig, das nach der Umwandlung die gesonderte und einheitliche Feststellung der Einkünfte der übernehmenden Personengesellschaft durchführen wird.[57]

7. Kriterien für die Ausübung des Bilanzierungswahlrechts bei der übertragenden Kapitalgesellschaft

Sofern die Voraussetzungen des § 3 UmwStG erfüllt sind und der übertragende Rechtsträger ein Bilanzierungs- und Bewertungswahlrecht hat, stellt sich die Frage, nach welchen Kriterien er dieses ausüben sollte. Insbesondere ist zu überlegen, bei welchen Fallkonstellationen es sich lohnen kann, bereits in der steuerlichen Schlussbilanz der übertragenden Kapitalgesellschaft die Wirtschaftsgüter mit Zwischenwerten oder gemeinen Werten anzusetzen.

Setzt der übertragende Rechtsträger die Wirtschaftsgüter in seiner steuerlichen Schlussbilanz mit über den Buchwerten liegenden Werten an, so entsteht durch diese Buchwertaufstockung ein Übertragungsgewinn, der in der Regel vollumfänglich der Körperschaftsteuer und der Gewerbesteuer unterliegt. Daher kann festgehalten werden, dass eine **Buchwertaufstockung** immer dann

---

50 Vgl. Randnr. 03.29 UmwStE.
51 Ebenso Kröner/Momen, Neuerungen des UmwSt-Erlasses 2011 – Ein Überblick, DB 2012, 71 [73].
52 Vgl. Randnr. 03.01; 03.29 UmwStE.
53 Vgl. Hruschka, Umwandlung von Kapital- auf Personengesellschaften (§§ 3 ff. UmwStG) in: Der neue Umwandlungssteuer-Erlass, DStR Beihefter zu Heft 2/2012, 4 [5].
54 Randnr. 03.29 UmwStE.
55 Vgl. Randnr. 03.28 UmwStE.
56 Randnr. 03.27 UmwStE.
57 Vgl. hierzu ebenfalls Randnr. 03.27 UmwStE.

nachteilig ist, wenn der entstehende Gewinn nicht mit laufenden steuerlichen Verlusten oder Verlustvorträgen verrechnet werden kann.

69 Verfügt die übertragende Körperschaft allerdings noch über **Verlustvorträge**, so ist zu beachten, dass diese Verlustvorträge **nicht** auf die übernehmende Personengesellschaft bzw. das übernehmende Einzelunternehmen übergehen können (§ 4 Abs. 2 UmwStG). Sie gehen vielmehr unter. Dasselbe gilt nach § 4 Abs. 2 Satz 2 UmwStG für vom übertragenden Rechtsträger nicht ausgeglichene negative Einkünfte. Diese Klarstellung hat der Gesetzgeber wohl aufgrund des etwas verwirrenden Urteils des BFH v. 31.05.2005[58] aufgenommen, in dem dieser bezüglich der Nutzbarkeit des im letzten Jahr vor der Verschmelzung bei dem übertragenden Rechtsträger eingetretenen Fehlbetrages danach unterschieden hat, ob der steuerliche Übertragungsstichtag mit dem Ende des Veranlagungszeitraums übereinstimmte (in diesem Fall war der Fehlbetrag Bestandteil des Verlustvortrages und nur unter den Voraussetzungen des § 12 Abs. 3 Satz 2 UmwStG a. F. übertragbar) oder ob er davor lag (in diesem Fall sollte der Fehlbetrag von der Übernehmerin in jedem Fall genutzt werden können).[59] Nunmehr ist klargestellt, dass weder der laufende Verlust des Wirtschaftsjahres der Umstrukturierung noch ein gesondert festgestellter Verlustvortrag durch die Übernehmerin nutzbar ist.

70 Vor diesem Hintergrund des Untergangs von Verlustvorträgen kann überlegt werden, durch den **Ansatz von Zwischenwerten oder gemeinen Werten** den Verlustvortrag teilweise oder vollständig auszunutzen. Das durch die Aufstockung gewonnene Abschreibungsvolumen geht auf die übernehmende Personengesellschaft oder natürliche Person über, denn diese tritt bezüglich der Abschreibungen in die Stellung der Kapitalgesellschaft ein.

71 Allerdings ist bei Buchwertaufstockungen zum Zweck der Verrechnung des entstehenden Aufstockungsgewinns mit vorhandenen Verlustvorträgen die **Mindestbesteuerung** nach § 10d EStG zu beachten. Diese besagt, dass ein Gewinn nur bis zu einem Betrag von 1 Mio. € unbeschränkt mit einem vorhandenen Verlustvortrag verrechnet werden darf. Ein diesen Betrag übersteigender Gewinn ist nur zu 60 % mit dem noch vorhandenen Verlustvortrag verrechenbar, der Restbetrag ist steuerpflichtig. Die Frage, in welchem Umfang Buchwertaufstockungen freiwillig vorgenommen werden sollten, ist also u. a. abhängig von dem laufenden Ergebnis des letzten Wirtschaftsjahres des übertragenden Rechtsträgers. Wenn dieses bereits den Betrag von 1 Mio. € übersteigt, führt eine Buchwertaufstockung in der steuerlichen Schlussbilanz des übertragenden Rechtsträgers trotz noch nicht verbrauchter Verlustvorträge aufgrund der Mindestbesteuerung i. H. v. 40 % zu einem steuerpflichtigen Ertrag. Daher wird es in vielen Fällen wohl nur in dem Umfang zu Buchwertaufstockungen kommen, in dem der Aufstockungsgewinn zusammen mit dem laufenden Gewinn des letzten Geschäftsjahres 1 Mio. € beträgt. Bei einer darüber hinausgehenden Buchwertaufstockung ist eine steuerliche Vorteilhaftigkeitsanalyse durchzuführen, bei der die durch die Mindestbesteuerung hervorgerufene Steuerbelastung mit dem Barwert der sich aus den künftig erhöhten Abschreibungen ergebenden Steuerersparnis verglichen wird. Im Zusammenhang mit der Mindestbesteuerung ist allerdings darauf hinzuweisen, dass die Verfassungsmäßigkeit des § 10d Abs. 2 EStG in Fällen, in denen es nachfolgend zu einem Untergang nicht genutzter Verlustvorträge kommt (sog. »Definitiveffekt«), derzeit vom BVerfG in dem Verfahren 2 BvL 19/14[60] überprüft wird. Ist beim übertragenden Rechtsträger eine Mindestbesteuerung berücksichtigt worden, sollten die Bescheide insoweit offen gehalten werden.

72 Außerdem ist die Regelung in § 2 Abs. 4 UmwStG zu berücksichtigen. Nach § 2 Abs. 4 S. 1 UmwStG ist die Verrechnung eines Übertragungsgewinnes mit steuerlichen Verlusten beim übertragenden Rechtsträger nur dann möglich, wenn dem übertragenden Rechtsträger die Nutzung dieser Verluste auch ohne die steuerliche Rückwirkung auf den steuerlichen Übertragungsstichtag

---

58 I R 68/03, BStBl. II 2006, 380.
59 Vgl. zu diesem Urteil Anmerkung von Dötsch, Der Konzern 2005, 512 ff.
60 Vorlagebeschluss des BFH vom 26.02.2014 – I R 59/12, BStBl. II 2014, 1016.

noch möglich gewesen wäre. Damit sollen insbesondere Fälle, in denen es im Rückwirkungszeitraum zu einem Verlustuntergang beim übertragenden Rechtsträger nach § 8c KStG gekommen ist, von einer rückwirkenden Verlustnutzung durch die Umwandlung ausgeschlossen werden. Es soll somit nicht mehr möglich sein, beispielsweise am 1. März alle Anteile an einer Verlust-Körperschaft zu erwerben und diese dann rückwirkend auf den 31. Dezember zu gemeinen Werten auf eine Personengesellschaft zu verschmelzen, den Übertragungsgewinn mit den ansonsten untergehenden steuerlichen Verlusten zu verrechnen und zukünftig die erhöhte Abschreibung steuerlich geltend zu machen. § 2 Abs. 4 Satz 2 UmwStG bezieht insoweit auch im Rückwirkungszeitraum erwirtschaftete Verluste mit ein. Diese entstehen zivilrechtlich beim übertragenden Rechtsträger, werden aber aufgrund der Rückwirkung ertragsteuerlich dem übernehmenden Rechtsträger zugerechnet. Auch solche Verluste können vom übernehmenden Rechtsträger nur insoweit genutzt werden, wie dies auch dem übertragenden Rechtsträger möglich gewesen wäre.

Während sich § 2 Abs. 4 Satz 1 und 2 UmwStG auf Verluste des übertragenden Rechtsträgers beziehen, beschränken die Sätze 3 bis 6 die Verrechnung von positiven Einkünften des übertragenden Rechtsträgers im Rückwirkungszeitraum mit Verlusten des übernehmenden Rechtsträgers. Die Verschmelzung einer Gewinne erwirtschaftenden Gesellschaft auf eine Verlustgesellschaft zur Nutzung von bei dieser vorhandenen Verlustvorträgen stellt zwar nicht generell einen Missbrauch steuerlicher Gestaltungsmöglichkeiten i.S.d. § 42 AO dar.[61] § 2 Abs. 4 Sätze 3 bis 6 UmwStG schließen aber die Möglichkeit der Saldierung von im Rückwirkungszeitraum noch durch den übertragenden Rechtsträger erwirtschafteten Gewinnen mit (eigenen) verrechenbaren Verlusten, verbleibenden Verlustvorträgen und nicht ausgeglichenen negativen Einkünften des übernehmenden Rechtsträgers aus. Diese Verluste des übernehmenden Rechtsträgers gehen nach § 2 Abs. 4 Sätze 3 bis 6 UmwStG nicht unter (möglicherweise aber nach § 8c KStG), ihre Verrechnung wird insoweit nur zeitlich begrenzt ausgeschlossen. Zudem enthält § 2 Abs. 4 Satz 6 UmwStG eine Ausnahme für Umwandlungen zwischen verbundenen Unternehmen. 73

Bei Prüfung der Frage, ob eine Buchwertaufstockung durch die übertragende Körperschaft vorteilhaft ist, muss der Steuerplaner aber nicht nur die steuerliche Situation der Übertragerin, sondern auch die der Gesellschafter im Blick haben. Die Aufstockung des Vermögens auf Ebene der übertragenden Körperschaft führt ggf. zu höheren Gewinnrücklagen, die anschließend im Rahmen der **Vollausschüttungsfiktion** von den Gesellschaftern zu versteuern sind. Führt die Buchwertaufstockung bei der Übernehmerin daher nicht zu einer Verminderung eines etwaigen Bilanzverlustes, sondern zur Entstehung oder Erhöhung eines Bilanzgewinns, so erhöht dies die steuerpflichtigen Einkünfte der Gesellschafter. 74

▶ Hinweis:

Eine Aufstockung in der Schlussbilanz der Übertragerin kann also durchaus sinnvoll sein, wenn
– die Übertragerin über laufende steuerliche Verluste oder Verlustvorträge verfügt, wobei zu beachten ist, dass die körperschaftsteuerlichen und die gewerbesteuerlichen Verluste und Verlustvorträge unterschiedlich hoch sein können,
– eine Verlustnutzung wegen steuerlich rückwirkender Umwandlung nicht wegen § 2 Abs. 4 UmwStG ausgeschlossen ist und
– die höhere fiktive Dividende bei den Gesellschaftern mit einem etwaigen Übernahmeverlust verrechnet werden kann und/oder auf Ebene des Gesellschafters keine signifikante Steuerbelastung zu erwarten ist, z. B. wenn der Gesellschafter durch § 8b KStG begünstigt ist. 75

Auf dieselbe Weise wie der Ansatz von Zwischenwerten wirkt im Ergebnis ein Verkauf von Einzelwirtschaftsgütern an den übernehmenden Rechtsträger vor Durchführung der Umwandlung. Allerdings kann hier gezielt gesteuert werden, von welchen Wirtschaftsgütern die stillen Reserven 76

---

61 BFH-Urteil v. 18.12.2013 – I R 25/12, BFH/NV 2014, 904.

aufgedeckt werden, sodass das Abschreibungspotenzial ggf. schneller genutzt werden kann, als wenn es zu einer anteiligen Aufstockung sämtlicher Wirtschaftsgüter des übertragenden Rechtsträgers kommt.

III. Besteuerung der übernehmenden Personengesellschaft sowie der Gesellschafter der übertragenden Körperschaft

1. Einleitung

77 Damit offene Gewinnrücklagen bei der Vermögensübertragung von einer Kapital- auf eine Personengesellschaft aufgrund des steuerlichen Systemwechsels nicht der Besteuerung auf Ebene der Gesellschafter entzogen werden, sind diese anlässlich des Umwandlungsvorgangs der Besteuerung zu unterwerfen.

78 Diese Besteuerung der offenen Reserven/Gewinnrücklagen der übertragenden Körperschaft wird dadurch sichergestellt, dass eine Vollausschüttung dieser Erträge an die Gesellschafter der übertragenden Körperschaft fingiert und die fiktive Dividende den Gesellschaftern als Einkünfte im Sinne des § 20 EStG zugerechnet wird. Das bedeutet aber nicht, dass diese fiktive Dividende auch in jedem Fall bei den Gesellschaftern der Besteuerung unterliegt. Vielmehr wird – wie im Folgenden detailliert erläutert wird – bei der übernehmenden Personengesellschaft auch noch ein Übernahmegewinn/-verlust ermittelt. Ergibt sich ein Übernahmeverlust, kann dieser bei dem betroffenen Gesellschafter unter bestimmten Voraussetzungen direkt mit der fiktiven Dividende verrechnet werden, was zu einer entsprechenden Minderung des steuerpflichtigen Ertrags auf der Ebene des Gesellschafters führt.

2. Beteiligungskorrekturgewinn

79 Als erster Schritt ist bei den Gesellschaftern der übertragenden Gesellschaft, die ihre Beteiligung in einem Betriebsvermögen halten, der Bilanzansatz der Anteile an der Übertragerin zu prüfen. Hierbei ist es zunächst unerheblich, ob sich diese Anteile im Betriebsvermögen der übernehmenden Personengesellschaft oder in einem anderen Betriebsvermögen eines der Gesellschafter befinden.

80 Sind diese Anteile mit ihren ursprünglichen Anschaffungskosten aktiviert, so ergeben sich keine Besonderheiten.

81 Waren die Anteile jedoch in der Vergangenheit in ihrem Wert gemindert, ist aufgrund dessen eine Teilwertabschreibung vorgenommen worden und ist der Wert der Anteile zwischenzeitlich wieder angestiegen, so ist der Buchwert durch entsprechende Zuschreibungen wieder zu erhöhen (**Wertaufholung**). Soweit die Werterhöhung im letzten Wirtschaftsjahr vor der Umwandlung stattgefunden hat, ist eine solche Zuschreibung gem. § 4 Abs. 1 Satz 2 bzw. § 5 Abs. 3 Satz 1 UmwStG bei den Gesellschaftern der Übertragerin noch unmittelbar vor der Umwandlung vorzunehmen. Der gemeine Wert der Anteile darf jedoch nicht überschritten werden. Dasselbe gilt für Anteile, deren Buchwert aufgrund von Abzügen nach § 6b EStG (Reinvestitionsrücklage) unter ihren ursprünglichen Anschaffungskosten liegt. Auch diese Buchwertminderung ist in der Bilanz zum steuerlichen Übertragungsstichtag durch entsprechende Zuschreibungen rückgängig zu machen.

82 Kommt es zur Wertaufholung einer Teilwertabschreibung, die sich in der Vergangenheit (vor dem Systemwechsel im Körperschaftsteuerrecht, d. h. grob gesagt vor 2001 bzw. vor 2002) voll steuermindernd ausgewirkt hat, so gelten für die Besteuerung des Zuschreibungsgewinns (sog. Beteiligungskorrekturgewinn) die Regelungen des § 8b Abs. 2 Satz 4 und 5 KStG sowie § 3 Nr. 40 Buchst. a) Satz 2 und 3 EStG. Das bedeutet, dass diese Zuschreibungsgewinne in vollem Umfang steuerpflichtig sind. Eine Steuerfreistellung oder die Anwendung des Teileinkünfteverfahrens ist nicht vorgesehen.

Wurde die Teilwertabschreibung allerdings erst nach dem Systemwechsel im Körperschaftsteuerrecht zu einem Zeitpunkt vorgenommen, in dem sie sich entweder nach § 8b Abs. 3 KStG gar nicht oder nach § 3c Abs. 2 EStG im Rahmen des Halb-/Teileinkünfteverfahrens nur anteilig steuermindernd ausgewirkt hat, ist der Zuschreibungsertrag ebenfalls nicht bzw. nur im Rahmen des Teileinkünfteverfahrens zu erfassen. Zu beachten ist allerdings, dass der Zuschreibungsertrag bei Körperschaften in Höhe von 5 % als fiktive nicht abzugsfähige Betriebsausgabe gem. § 8b Abs. 3 KStG der Besteuerung unterworfen wird. Abhängig vom Volumen des Zuschreibungsertrages können sich selbst dadurch signifikante Steuerbelastungen ergeben. Jedenfalls im Anwendungsbereich des § 8b Abs. 3 KStG macht es daher regelmäßig keinen Sinn, eine nicht steuerwirksame Teilwertabschreibung auf Anteile an anderen Körperschaften vorzunehmen, wenn ein eventueller späterer Wertaufholungsgewinn gleichwohl zu 5 % besteuert wird. Die steuerlichen Wahlrechte zur Vornahme von Teilwertabschreibungen in § 6 Absatz 1 Nr. 1 Satz 2 und Nr. 2 Satz 2 EStG können unabhängig von der Handelsbilanz ausgeübt werden.[62]

83

Sind in der Vergangenheit sowohl steuerwirksame als auch nicht steuerwirksame Teilwertabschreibungen vorgenommen worden und ist zum Umwandlungsstichtag nur eine teilweise Wertaufholung eingetreten, so sollen nach Randnr. 04.07 Satz 3 UmwStE die steuerwirksamen vor den steuerunwirksamen Teilwertabschreibungen hinzuzurechnen sein. Diese Auffassung der Finanzverwaltung widerspricht jedoch der BFH-Rechtsprechung.[63] Es ist zu hoffen, dass die Finanzverwaltung bei Anwendung der vorrangigen allgemeinen Wertaufholungsregeln nach Randnr. 04.07 Satz 2 UmwStE die BFH-Rechtsprechung berücksichtigen wird, so dass für die missliche Regelung in Satz 3 kaum ein Anwendungsbereich verbleiben würde.[64]

84

Durch die Festlegung einer Bewertungsobergrenze i. H. d. gemeinen Wertes wird sichergestellt, dass nur solche Wertminderungen der Vergangenheit nachversteuert werden, die durch eine zwischenzeitlich eingetretene Wertsteigerung wieder kompensiert worden sind. In Bezug auf die in der Vergangenheit vorgenommenen Teilwertabschreibungen wird der Anwendungsbereich dieser Vorschriften daher auch recht gering sein, denn aufgrund des steuerlichen Zuschreibungsgebotes ist ohnehin in jedem Wirtschaftsjahr, in dem eine entsprechende Werterhöhung eintritt, eine Zuschreibung vorzunehmen. Der größere Anwendungsbereich dürfte daher auf die durch § 6b-Rücklagen geminderten Beteiligungsansätze entfallen.

85

Vor dem Hintergrund des geringen Anwendungsbereichs dieser Vorschriften und der Komplexität ihrer Ausgestaltung stellt sich die Frage, ob es nicht der Steuervereinfachung gedient hätte, diese Regelungen wegzulassen und auf die Nachversteuerung dieser Beträge zu verzichten. Wahrscheinlich hatte der Gesetzgeber hier aber ganz bestimmte Branchen im Visier, die in besonders großem Ausmaß in der Vergangenheit § 6b-Rücklagen auf Beteiligungen übertragen haben, wie z. B. Wohnungsbaugesellschaften. Diese könnten sich ansonsten durch eine gezielte Umwandlung einer künftigen Nachversteuerung dieser Veräußerungsgewinne entziehen.

86

Der Beteiligungskorrekturgewinn fällt eine logische Sekunde vor der Vermögensübertragung an.

87

3. Einlage- bzw. Überführungsfiktion

Die Grundkonzeption des § 4 UmwStG geht davon aus, dass die übernehmende Personengesellschaft vor der Verschmelzung alle Anteile an der übertragenden Kapitalgesellschaft hält. Der Vermögensübergang führt in diesem Fall bei der übernehmenden Personengesellschaft zu einem Aktivtausch, denn die Anteile an der Kapitalgesellschaft gehen unter und an ihre Stelle tritt das übergehende Vermögen. Dieser Aktivtausch führt bei der Personengesellschaft zu einem Gewinn oder Verlust, da der untergehende Buchwert der Beteiligung und die zu übernehmenden Werte

88

---

62 Vgl. BMF vom 12.03.2010, BStBl. I 2010, 239 Tz. 15.
63 Vgl. BFH-Urteil v. 19.08.2009 – I R 2/09, BStBl. II 2010, 760.
64 Vgl. auch van Lishaut, in Rödder/Herlinghaus/van Lishaut, UmwStG, § 4 Rn. 45.

der übergehenden Wirtschaftsgüter i. d. R. nicht identisch sind. Da eine Personengesellschaft zwar Gewinnermittlungsobjekt, jedoch kein Steuersubjekt der Einkommen- bzw. Körperschaftsteuer ist, kann dieser Gewinn oder Verlust sich einkommensteuerlich nur auf der Ebene ihrer Gesellschafter auswirken.

89 Auch wenn diese Konstellation zwar in einigen Fällen unmittelbar vor der Verschmelzung so bestehen mag, gibt es naturgemäß zahlreiche Fälle, in denen diese Beteiligungsstruktur so nicht gegeben ist, sondern der übertragende Rechtsträger nur oder zumindest auch andere Gesellschafter hat. Ziel des Gesetzes ist es jedoch, für all diejenigen Gesellschafter des übertragenden Rechtsträgers, deren Anteile steuerverhaftet sind, das Übernahmeergebnis auf dieselbe Weise zu ermitteln, und zwar auf der Ebene der übernehmenden Personengesellschaft. Aus diesem Grund enthält das Gesetz in **§ 5 Abs. 2 UmwStG** eine Einlagefiktion und in **§ 5 Abs. 3 UmwStG** eine Überführungsfiktion:
– Anteile an der übertragenden Körperschaft, die im Privatvermögen gehalten werden und nach § 17 EStG steuerverstrickt sind, gelten als mit ihren Anschaffungskosten in das Betriebsvermögen der Übernehmerin eingelegt. Zu dieser Kategorie von Anteilen gehören:
– Beteiligungen, wenn der Inhaber oder ein unentgeltlicher Rechtsvorgänger innerhalb der letzten 5 Jahre mittelbar oder unmittelbar zu mindestens 1 % am Kapital der Gesellschaft beteiligt war
– Beteiligungen, die durch eine Einbringung nach § 20 UmwStG unter dem gemeinen Wert entstanden sind (§ 17 Abs. 6 Nr. 1 EStG)
– Beteiligungen von weniger als 1 %, wenn diese durch einen Einbringungsvorgang entstanden ist und der Gesellschafter zuvor am übertragenden Rechtsträger eine Beteiligung von mehr als 1 % innehatte (§ 17 Abs. 6 Nr. 2 EStG).
– Anteile an der übertragenden Körperschaft, die in einem Betriebsvermögen gehalten werden, gelten als zum Buchwert in das Betriebsvermögen der übernehmenden Personengesellschaft überführt (§ 5 Abs. 3 UmwStG). Anzusetzen ist hier der Buchwert, der sich nach Anwendung der Regelungen über den Beteiligungskorrekturgewinn (d. h. Rückgängigmachung früherer Teilwertabschreibungen oder Abzüge nach § 6b EStG) ergibt.

90 Abweichend von dem Grundsatz des § 6 Abs. 1 Nr. 5 EStG, dass Einlagen in ein Betriebsvermögen stets zum Teilwert erfolgen, sind nach § 6 Abs. 1 Nr. 5 Buchst. b) EStG bei der Einlage einer Beteiligung im Sinne des § 17 Abs. 1 oder Abs. 6 EStG in ein Betriebsvermögen stets die **Anschaffungskosten** anzusetzen. Dieser Ansatz mit den Anschaffungskosten ist auch in § 5 Abs. 2 UmwStG für die nicht tatsächliche, sondern nur fingierte Einlage der Anteile vor der Verschmelzung vorgesehen.

91 Liegt der **Teilwert der Beteiligung über den Anschaffungskosten**, so führt der Ansatz der Beteiligung mit den Anschaffungskosten dazu, dass die vor der Einlage gebildeten stillen Reserven im Privatvermögen nicht realisiert werden, aber nach der Einlage im Betriebsvermögen steuerverhaftet sind. Diese Regelung ist sachgerecht, denn auch ohne die Einlage wären die stillen Reserven im Privatvermögen nach § 17 EStG steuerverhaftet gewesen.

92 Liegt der **Teilwert der Beteiligung unter den Anschaffungskosten** (wertgeminderte Beteiligung), so sind nach der gesetzlichen Regelung des § 5 Abs. 2 EStG gleichwohl die Anschaffungskosten maßgeblich für den Einlagewert, denn § 5 Abs. 2 EStG bestimmt die Anschaffungskosten nicht als Bewertungsobergrenze, sondern legt die Anschaffungskosten ohne Wahlrecht als Einlagewert fest.[65]

93 Die Einlagefiktion findet eine logische Sekunde vor der Verschmelzung statt.

---

65 Vgl. Schmitt/Hörtnagl/Stratz, UmwG/UmwStG, § 5 UmwStG Rn. 31; Rödder/Herlinghaus/van Lishaut, § 5 UmwStG, Rn. 26; Widmann/Mayer, § 5 UmwStG, Rn. 385.

Durch die Einlagefiktion wird erreicht, dass die übernehmende Personengesellschaft – soweit die 94
Anteile an der Einlagefiktion teilnehmen – als Gesellschafterin (Muttergesellschaft) der übertragenden Kapitalgesellschaft gilt und sich daher bei ihr anlässlich der nun folgenden Vermögensübertragung ein steuerlich relevantes Übernahmeergebnis (Übernahmegewinn oder Übernahmeverlust) ermitteln lässt. Die Mitunternehmerstellung erlangen die Anteilseigner der übertragenden Körperschaft jedoch nicht durch die fingierte Einlage, sondern durch die Verschmelzung der übertragenden Körperschaft auf die übernehmende Personengesellschaft.

Die Einlagefiktion gilt nicht für Anteile, die nicht die Voraussetzungen des § 17 EStG erfüllen, 95
es sich also um Anteile von weniger als 1 % handelt, die in einem Privatvermögen gehalten werden und die nicht durch einen Einbringungsvorgang entstanden sind. Für diese Gesellschafter ist somit kein Übernahmeergebnis zu ermitteln, vielmehr findet ausschließlich § 7 UmwStG Anwendung.

Bei der Anwendung der Einlagefiktion ist es unerheblich, ob es sich um einen unbeschränkt oder 96
einen beschränkt steuerpflichtigen Anteilseigner handelt, der sowohl innerhalb als auch außerhalb der EU ansässig sein kann.

▶ Beispiel: Inlandsverschmelzung einer Kapital- auf eine Personengesellschaft

Die CD-GmbH soll auf die A-KG verschmolzen werden. Im Gegenzug erhalten die Gesell- 97
schafter C-GmbH und D Mitunternehmeranteile an der A-KG. D hält die 0,5 %ige Beteiligung an der CD-GmbH im Privatvermögen; die Beteiligung ist nicht durch einen anderen Einbringungsvorgang entstanden.

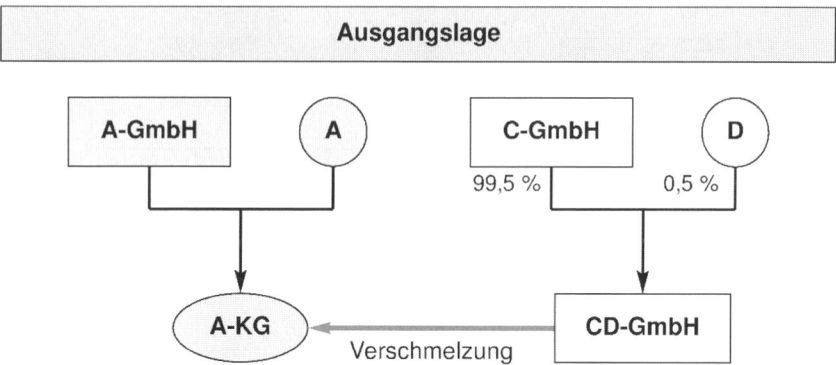

Die Überführungsfiktion gilt für die C-GmbH, nicht jedoch für D, denn seine Beteiligung beträgt weniger als 1 %.

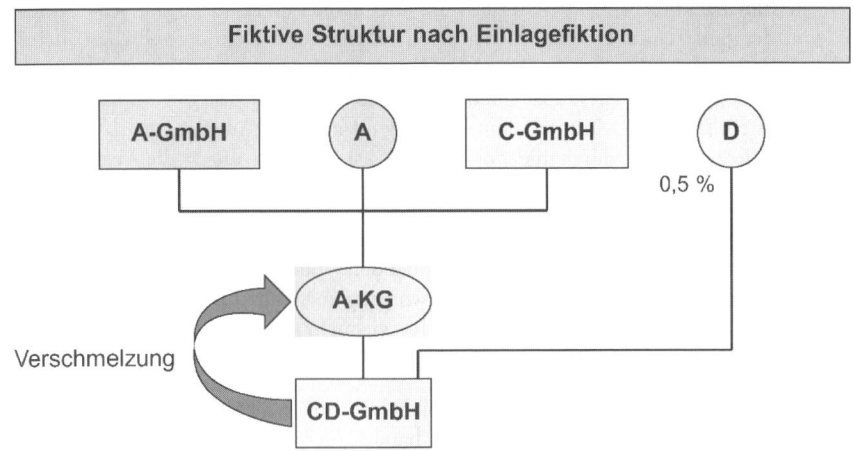

Die Beteiligung der C-GmbH an der CD-GmbH gilt somit eine logische Sekunde vor der Verschmelzung als in die übernehmende A-KG überführt. Für D findet demgegenüber der Austausch der Beteiligungen erst im Zuge der tatsächlichen Verschmelzung statt. Für ihn gilt insoweit auch nicht die steuerliche Rückwirkung.

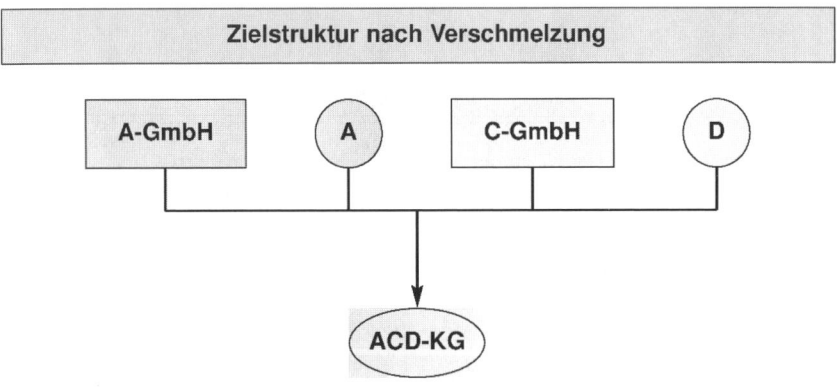

4. Ermittlung des Übernahmeergebnisses und Vollausschüttungsfiktion

98 In einem zweiten Schritt ist bei der Übernehmerin ein Übernahmegewinn bzw. -verlust zu ermitteln, der sich buchhalterisch dadurch ergibt, dass die Anteile an der Überträgerin wegfallen und stattdessen deren Betriebsvermögen mit den in ihrer steuerlichen Schlussbilanz enthaltenen Werten übernommen wird.

99 Die Ermittlung eines Übernahmeergebnisses wird nur für die Anteile durchgeführt, die sich zum steuerlichen Übertragungszeitpunkt tatsächlich oder aufgrund der beschriebenen Einlage- bzw. Überführungsfiktion im Betriebsvermögen der Übernehmerin befinden. Gleichwohl wird das Übernahmeergebnis rechnerisch für jeden dieser Gesellschafter individuell ermittelt und ergibt sich – abgesehen von bestimmten Korrekturen – als Unterschiedsbetrag zwischen dem Buchwert des anteilig auf diesen Gesellschafter entfallenden Betriebsvermögens der der übertragenden Kör-

perschaft und dem Buchwert/den Anschaffungskosten seiner untergehenden Beteiligung an der übertragenden Körperschaft.

Maßgebliche Grundlage der Ermittlung des Übernahmeergebnisses ist der Wert, mit dem das übergehende Vermögen von der übernehmenden Personengesellschaft anzusetzen ist. Dies ist der Wert (Buch-, Zwischen- oder gemeiner Wert), mit dem das Vermögen in der steuerlichen Schlussbilanz der übertragenden Körperschaft angesetzt wurde. Es gilt eine zwingende Wertverknüpfung gem. § 4 Abs. 1 UmwStG (vgl. hierzu eingehender Teil 7 Rdn. 143 ff.). 100

Das Übernahmeergebnis ist grundsätzlich in zwei Schritten zu ermitteln. Zunächst ist nach § 7 UmwStG vorrangig und unabhängig vom Übernahmeergebnis nach §§ 4 und 5 UmwStG eine fiktive Vollausschüttung der offenen Rücklagen (im Grundsatz: steuerliches Eigenkapital abzüglich Nennkapital und steuerliches Einlagekonto), d. h. eine fiktive Dividende an die Anteilseigner der übertragenden Körperschaft, anzunehmen. Erst dann ist das danach »verbleibende Übernahmeergebnis« nach §§ 4 und 5 UmwStG zu ermitteln. 101

a) Vollausschüttungsfiktion

Nach den Regelungen des UmwStG gilt für sämtliche offenen Reserven der Überträgerin eine Vollausschüttungsfiktion (§ 7 UmwStG). Hiernach wird das gesamte ausschüttungsfähige Eigenkapital abzüglich des Bestands des steuerlichen Einlagekontos den Gesellschaftern der Überträgerin anteilig als Einkünfte aus Kapitalvermögen im Sinne des § 20 EStG zugerechnet. 102

Die fiktive Ausschüttung gilt als mit Ablauf des steuerlichen Übertragungsstichtages der Umwandlung zugeflossen.[66] Die Ausschüttungsfiktion greift allerdings erst nach Berücksichtigung des Wertansatzes bei der übertragenden Körperschaft. Wenn dort also die übergehenden Wirtschaftsgüter mit dem gemeinen Wert oder einem Zwischenwert anzusetzen sind und es somit zu einem Übertragungsgewinn bei der übertragenden Körperschaft kommt, erfasst die Ausschüttungsfiktion auch die hierdurch entstandenen offenen Rücklagen. 103

Für die steuerliche Erfassung der fiktiven Ausschüttung ist zu unterscheiden, ob die Anteile an der übertragenden Körperschaft im Betriebsvermögen der übernehmenden Personengesellschaft sind (tatsächlich oder aufgrund der Einlage- bzw. Überführungsfiktion, vgl. § 5 Abs. 2 und 3 UmwStG) oder ob die Anteile an der übertragenden Körperschaft im Privatvermögen verblieben sind (im Wesentlichen: unter 1 %ige Beteiligungen, die nicht aus einer steuerneutralen Umwandlung stammen). 104

Für Anteile, die tatsächlich oder fiktiv zum Betriebsvermögen der übernehmenden Personengesellschaft gehören, gilt das Folgende: 105

Sofern die fiktive Dividende natürlichen Personen bzw. Personengesellschaften mit natürlichen Personen als Gesellschafter zugerechnet wird, erfolgt eine Besteuerung nach dem Teileinkünfteverfahren gem. § 3 Nr. 40 EStG, d. h. im Ergebnis werden 40 % der fiktiven Dividende freigestellt und 60 % besteuert. 106

Sofern die fiktive Dividende unmittelbar oder mittelbar über eine Personengesellschaft einem körperschaftsteuerpflichtigen Gesellschafter (Körperschaft, Personenvereinigung oder Vermögensmasse) als Empfänger zugerechnet wird, ist § 8b KStG anzuwenden. Soweit die Körperschaft seit Beginn des Kalenderjahres zu mindestens 10 % an der übertragenden Körperschaft beteiligt war oder im Laufe des Kalenderjahres eine mindestens 10 %ige Beteiligung in einem Schritt erworben hat, werden nach § 8b Abs. 1 und 5 KStG im Ergebnis 95 % der fiktiven Dividende freigestellt und 5 % der fiktiven Dividende erhöhen als fiktive nicht abzugsfähige Betriebsausgaben das steuerliche Ergebnis. Soweit die Körperschaft zu Beginn des Kalenderjahres eine geringere Beteiligung 107

---

66 Vgl. Randnr. 07.07 UmwStE.

gehalten bzw. im Laufe des Kalenderjahres erworben hat,[67] ist die 95 %ige Steuerbefreiung nach § 8b Abs. 4 KStG ausgeschlossen und die fiktive Dividende voll steuerpflichtig.

108 Handelt es sich bei der Körperschaft, der die fiktive Dividende zugerechnet wird, jedoch um ein Kreditinstitut, ein Finanzdienstleistungsinstitut, ein Finanzunternehmen oder eine Lebens- bzw. Krankenversicherung, auf deren Anteile nach § 8b Abs. 7 und Abs. 8 Satz 1 KStG die Steuerbefreiung des § 8b Abs. 1 KStG keine Anwendung findet, ist die fiktive Dividende bei diesen in voller Höhe steuerpflichtig.

109 Die fiktive Dividende wird im Rahmen der einheitlichen und gesonderten Feststellung für die übernehmende Personengesellschaft erfasst.[68] Die fiktive Dividende unterliegt daher grundsätzlich auch der Gewerbesteuer, soweit nicht die Kürzungen nach § 9 Nr. 2a GewStG (Beteiligung mindestens 15 % zu Beginn des Erhebungszeitraumes) bzw. nach § 9 Nr. 7 GewStG (Beteiligung mindestens 15 % während des gesamten Erhebungszeitraumes) eingreifen. Soweit die fiktive Dividende auf Anteile entfällt, die nur aufgrund der Einlagefiktion des § 5 Abs. 2 UmwStG zum Betriebsvermögen der übernehmenden Personengesellschaft gehören, unterliegt die fiktive Dividende nicht der Gewerbesteuer (vgl. § 18 Abs. 2 Satz 2 UmwStG).

110 Allerdings ist diese Dividende nicht in jedem Fall auch tatsächlich von dem Gesellschafter zu versteuern, sondern kann ggf. mit einem sich ergebenden Umwandlungsverlust verrechnet werden.

111 Bei Anteilen, die im Privatvermögen verbleiben (im Wesentlichen: unter 1 %ige Beteiligungen, die nicht aus einer Umwandlung stammen), unterliegt die fiktive Dividende der Abgeltungsteuer nach §§ 32d, 43 Abs. 5 EStG. Insoweit kommt es ebenfalls nicht zu einer Belastung mit Gewerbesteuer.

b) Kapitalertragsteuer

112 Für die fiktive Ausschüttung der offenen Rücklagen hat die Überträgerin 25 % Kapitalertragsteuer plus Solidaritätszuschlag einzubehalten und an das Finanzamt abzuführen. Soweit die fiktive Dividende bei den Gesellschaftern in eine Veranlagung einbezogen wird, kann die einbehaltene Steuer angerechnet oder erstattet werden.

113 Die Vollausschüttungsfiktion erlaubt es, die offenen Reserven einer umzuwandelnden Kapitalgesellschaft umfassend der Kapitalertragsteuer zu unterwerfen. Nach der Gesetzesbegründung dient dies der Sicherung deutscher Besteuerungsrechte an den offenen Rücklagen. Damit soll die Vollausschüttungsfiktion also insbesondere Steuerausländer treffen, bei denen die Kapitalertragsteuer im Inland nicht angerechnet bzw. erstattet wird. Flankiert wird diese Maßnahme durch eine Regelung in § 43b Abs. 1 Satz 4 EStG, wonach die von der EU-Mutter-Tochter-Richtlinie angeordnete Kapitalertragsteuerbefreiung für Dividenden einer inländischen Tochtergesellschaft an ihre im EU-Ausland ansässige Muttergesellschaft in derartigen Umwandlungsfällen nicht anwendbar ist. Die Kapitalertragsteuer ist somit auf sämtliche offenen Reserven der Überträgerin mit Ausnahme des steuerlichen Einlagekontos und des Nennkapitals einzubehalten und abzuführen.

114 Für die fiktive Dividende gilt die Rückwirkungsfiktion des § 2 Abs. 1, 2 UmwStG. Das bedeutet, dass die fiktive Dividende als mit Ablauf des steuerlichen Übertragungsstichtags bezogen gilt. Wird eine Umwandlung handelsrechtlich mit Wirkung zum 01.01. eines Jahres durchgeführt, so ist der steuerliche Übertragungsstichtag gem. § 2 Abs. 1 UmwStG der 31.12. des Vorjahres. Denn auf diesen Stichtag ist die Schlussbilanz der übertragenden Körperschaft zu erstellen. Die fiktive Dividende gilt also als im bereits abgelaufenen Veranlagungszeitraum bezogen. Allerdings entsteht

---

67 Zu den Details der Mindestbeteiligungsquote von 10 % vgl. OFD Frankfurt am Main vom 02.12.2013, DStR 2014, 426 aus Sicht der Finanzverwaltung.
68 Vgl. 07.07 UmwStE.

die Kapitalertragsteuer erst im Zeitpunkt des zivilrechtlichen Wirksamwerdens der Umwandlung, also mit Eintragung der Umwandlung in das Handelsregister.[69] Damit fallen die Versteuerung der fiktiven Dividende und die Entstehung der Kapitalertragsteuer in verschiedene Veranlagungszeiträume. Dies steht einer Anrechnung der Kapitalertragsteuer in dem Veranlagungszeitraum, in dem der steuerliche Übertragungsstichtag liegt, jedoch nicht entgegen, denn Voraussetzung für die Anrechnung der Kapitalertragsteuer ist gem. § 36 Abs. 2 Nr. 2 EStG nur, dass die durch Steuerabzug erhobene Steuer auf die bei der Veranlagung erfassten Einkünfte entfällt.

Zu beachten ist, dass die fiktive Dividende nach der Konzeption der §§ 4 und 7 UmwStG nicht etwa als letzter Akt der Überträgerin zuzuordnen ist. Vielmehr ist sie als Bestandteil des bei der Übernehmerin anfallenden Übernahmeergebnisses anzusehen. Damit ist die Kapitalertragsteuer nicht von der übertragenden Körperschaft, sondern von der übernehmenden Personengesellschaft bzw. dem übernehmenden Einzelunternehmen abzuführen. Die Kapitalertragsteuer ist nicht aufwandswirksam, sondern als Entnahme über das Kapitalkonto des jeweiligen Gesellschafters zu verbuchen. 115

c) Ermittlung des »verbleibenden Übernahmeergebnisses«

In einem nächsten Schritt ist auf der Ebene der Übernehmerin das Übernahmeergebnis zu ermitteln. Das Gesetz (§ 4 Abs. 4 und 5 UmwStG) sieht hierfür folgendes Schema vor: 116
  Wert, mit dem die übergegangenen Wirtschaftsgüter zu übernehmen sind
  + Zuschlag für neutrales Vermögen (§ 4 Abs. 4 Satz 2 UmwStG; vgl. Teil 7 Rdn. 164)
  ./. (korrigierter) Wert der Anteile an der übertragenden Körperschaft
  ./. Umwandlungskosten
  = **Übernahmeergebnis (erster Stufe)**
  + Sperrbetrag nach § 50c EStG
  ./. Bezüge nach § 7 UmwStG (fiktive Dividende)
  = **Übernahmeergebnis (zweiter Stufe)**

Das Übernahmeergebnis der ersten Stufe wird also gemindert durch die dem Gesellschafter bereits zugerechnete fiktive Dividende (§ 4 Abs. 5 Satz 2 UmwStG). Hierdurch kann aus einem Übernahmegewinn auf der ersten Stufe ein Übernahmeverlust zweiter Stufe werden. 117

Die Feststellung des Übernahmeergebnisses erfolgt verfahrensrechtlich im Rahmen der **einheitlichen und gesonderten Gewinnfeststellung** der Personengesellschaft. Dabei ist die Berechnung für jeden einzelnen Gesellschafter gesondert vorzunehmen. Das Übernahmeergebnis ist zwar einheitlich auf der Ebene der Personengesellschaft festzustellen, die Ermittlung selbst erfolgt aber gesondert für jeden Gesellschafter.[70] Das bedeutet, dass gemäß der o. g. Berechnung bei jedem einzelnen Gesellschafter der Buchwert der von ihm gehaltenen Anteile dem anteilig auf ihn entfallenden Betriebsvermögen gegenüberzustellen ist. 118

▶ Hinweis:

Bei der Ermittlung des Übernahmeergebnisses ist somit maßgeblich, wie hoch die Anschaffungskosten der Anteile waren bzw. mit welchem Wert die Anteile bilanziert sind. Da diese Werte für jeden Gesellschafter unterschiedlich hoch sein können, ergibt sich für jeden Gesellschafter auch ein unterschiedlich hohes Übernahmeergebnis. 119

[nicht belegt] 120

---

69 Vgl. Randnr. 07.08 UmwStE.
70 Vgl. Dötsch/Pung, DB 2006, 2710.

d) Körperschaftsteuerguthaben

121 Verfügt die übertragende Körperschaft aus der Zeit des Anrechnungsverfahrens noch über ein Körperschaftsteuerguthaben, so ist dieses nach § 37 Abs. 4 Satz 1 KStG letztmalig zum 31.12.2006 zu ermitteln und gesondert festzustellen. In Umwandlungsfällen, die nach dem 12.12.2006 zur Eintragung in das Handelsregister angemeldet worden sind, wird das Körperschaftsteuerguthaben bei der übertragenden Körperschaft letztmalig auf den vor dem 31.12.2006 liegenden steuerlichen Übertragungsstichtag ermittelt.

122 Gem. § 37 Abs. 5 KStG hat die Körperschaft innerhalb eines Auszahlungszeitraums von 2008 bis 2017 einen Anspruch auf Auszahlung des Körperschaftsteuerguthabens in 10 gleichen Jahresbeträgen. Diese Neuregelung hat dazu geführt, dass das Körperschaftsteuerguthaben abgezinst zum 31.12.2006 in den Schlussbilanzen der betroffenen Körperschaften als Erstattungsanspruch ggü. dem Finanzamt zu aktivieren war. Überträgt eine Kapitalgesellschaft im Wege der Gesamtrechtsnachfolge durch Verschmelzung oder Spaltung Vermögen auf eine Personengesellschaft, tritt diese in die Rechtsstellung der Übertragerin ein und erhält dementsprechend nach der Umwandlung die jährlichen Erstattungsbeträge. Anlässlich einer solchen Umwandlung kommt es daher – entgegen der bis zum 13.12.2006 geltenden Rechtslage – nicht mehr zu einer sofortigen Realisation des noch vorhandenen Körperschaftsteuerguthabens.

5. Steuerliche Behandlung eines Übernahmeverlustes (§ 4 Abs. 6 UmwStG)

123 Ein Übernahmeverlust bleibt außer Ansatz, soweit er auf eine körperschaftsteuerpflichtige Person (Körperschaft, Personenvereinigung oder Vermögensmasse) als Mitunternehmerin der übernehmenden Personengesellschaft entfällt. Dies erscheint sachgerecht, da insoweit auch ein Veräußerungsverlust nach § 8b Abs. 3 KStG steuerlich nicht zu berücksichtigen gewesen wäre.

124 Entfällt der Übernahmeverlust jedoch auf ein Kreditinstitut, ein Finanzdienstleistungsinstitut, ein Finanzunternehmen oder einen Lebens- bzw. Krankenversicherer, auf deren Anteile nach § 8b Abs. 7 und Abs. 8 Satz 1 KStG die Steuerbefreiungen des § 8b Abs. 1 und 2 KStG keine Anwendung finden, so ist der Übernahmeverlust bis zur Höhe der diesem Gesellschafter zugerechneten fiktiven Dividende (Bezüge nach § 7 UmwStG) steuerlich zu berücksichtigen. Ein die fiktive Dividende übersteigender Übernahmeverlust ist steuerlich unwirksam.

125 Eine natürliche Person kann einen auf sie entfallenden anteiligen Übernahmeverlust zu 60 %, höchstens jedoch i. H. v. 60 % der dieser Person zugerechneten fiktiven Dividende geltend machen. Ein darüber hinausgehender Übernahmeverlust bleibt außer Ansatz. Der BFH hält diese lediglich beschränkte Berücksichtigung eines Übernahmeverlustes selbst in den Fällen für verfassungsgemäß, in denen der Übernahmeverlust vollständig außer Ansatz bleibt, weil keine fiktive Dividende angefallen ist.[71]

126 Ein Veräußerungsverlust bleibt hingegen nach § 4 Abs. 6 Satz 6 UmwStG stets außer Ansatz, soweit
- bei Veräußerung der Anteile an der übertragenden Körperschaft ein Veräußerungsverlust nach § 17 Abs. 2 Satz 6 EStG nicht zu berücksichtigen wäre oder
- die Anteile innerhalb der letzten 5 Jahre vor dem steuerlichen Übertragungsstichtag entgeltlich erworben worden sind.

127 Durch die erste Alternative des Satz 6 soll vermieden werden, dass nicht von § 17 EStG erfasste Anteile des Privatvermögens kurzfristig vor der Umwandlung »zusammengelegt« werden, um einen Übernahmeverlust geltend machen zu können. Für unentgeltlich erworbene Anteile kommt es daher darauf an, ob der Rechtsvorgänger seinerseits den Verlust geltend machen hätte können.

---

71 BFH-Urteil v. 22.10.2015 – IV R 37/13, BStBl. II 2016, 919.

Für entgeltlich erworbene Anteile ist grundsätzlich eine Haltefrist von fünf Jahren zu berücksichtigen, für die es allerdings gewisse Ausnahmen gibt (vgl. § 17 Abs. 2 Satz 6 Buchst. b) EStG).

Durch die zweite Alternative des Satz 6 wird allgemein eine Mindesthaltefrist von fünf Jahren für die Geltendmachung des Übernahmeverlustes vorgesehen. Diese Regelung kann zu sachlich nicht gerechtfertigten und deutlich überschießenden Ergebnissen führen, was auch von Vertretern der Finanzverwaltung eingeräumt wird.[72] Für die Berechnung dieser Fünfjahresfrist kommt es auf den steuerlichen Übertragungsstichtag an.[73] 128

Nach Auffassung der Finanzverwaltung findet die Regelung des § 4 Abs. 6 Satz 6 UmwStG auch Anwendung, wenn die Anteile erst nach dem steuerlichen Übertragungsstichtag angeschafft wurden.[74] 129

Für die Gesellschafter der Übertragerin, die entweder an der Einlagefiktion gar nicht erst teilnehmen, oder zwar teilnehmen, aber einen sich möglicherweise ergebenden Übernahmeverlust nach § 4 Abs. 6 Satz 6 UmwStG nicht verwerten können, stellt sich die Frage, ob sie ihre Situation dadurch verbessern können, dass sie ihre Beteiligung vor der Umwandlung tatsächlich in ein Betriebsvermögen einlegen. In Betracht käme hier zunächst eine Einlage in das Betriebsvermögen der übernehmenden Personengesellschaft bzw. des übernehmenden Einzelunternehmens. Möglich wäre aber auch die Einlage in ein anderes Betriebsvermögen des Steuerpflichtigen. Bei einer anschließenden Umwandlung greift dann § 5 Abs. 3 Satz 1 UmwStG, wonach die Anteile als zu Buchwerten in das Betriebsvermögen der übernehmenden Personengesellschaft bzw. des übernehmenden Einzelunternehmens überführt gelten. 130

Ob eine solche Einlage die steuerliche Situation des Gesellschafters im Hinblick auf die Ermittlung des Übernahmeergebnisses tatsächlich verbessert, ist allerdings fraglich und im Wesentlichen davon abhängig, zu welchem Wert die Einlage der Beteiligung zu erfolgen hat bzw. mit welchem Wert sie dann an der Ermittlung des Umwandlungsergebnisses teilnimmt. **Beteiligungen des Privatvermögens, die nicht unter § 17 EStG fallen**, werden nach § 6 Abs. 1 Nr. 5 Buchst. c) EStG mit den Anschaffungskosten in ein Betriebsvermögen eingelegt. Die Einlage von **Beteiligungen im Sinne des § 17 EStG** erfolgt ebenfalls mit den Anschaffungskosten. In beiden Fällen ist daher einerseits zu prüfen, ob sich unter diesen Umständen überhaupt ein Umwandlungsverlust ergibt bzw. ob dieser nach den Voraussetzungen des § 4 Abs. 6 UmwStG verwertbar ist. 131

Die steuerliche Geltendmachung des Übernahmeverlustes i. H. d. zugerechneten fiktiven Dividende führt – sofern der Übernahmeverlust hierfür ausreicht – dazu, dass die zugerechnete fiktive Dividende bei dem Anteilseigner im Ergebnis nicht besteuert wird. 132

6. Steuerliche Behandlung eines Übernahmegewinns (§ 4 Abs. 7 UmwStG)

Soweit der Übernahmegewinn auf ein körperschaftsteuerpflichtiges Steuersubjekt (Körperschaft, Personenvereinigung oder Vermögensmasse) als Mitunternehmerin der Personengesellschaft entfällt, ist § 8b Abs. 2 KStG anzuwenden. Der Übernahmegewinn ist somit steuerfrei, es erfolgt jedoch der Ansatz einer fiktiven 5 %igen nicht abzugsfähigen Betriebsausgabe nach § 8b Abs. 3 KStG, die der Besteuerung zu unterwerfen ist. 133

Entfällt der Übernahmegewinn hingegen anteilig auf eine natürliche Person, ist er nach Maßgabe des Teileinkünfteverfahrens zu 60 % zu versteuern. 134

---

72 Vgl. van Lishaut, in: Rödder/Herlinghaus/van Lishaut, UmwStG, § 4 Rn. 122.
73 Vgl. van Lishaut, in: Rödder/Herlinghaus/van Lishaut, UmwStG, § 4 Rn. 122.
74 Randnr. 04.43 UmwStE; a. A. Widmann in Widmann/Mayer, § 4 UmwStG Rn. 629.17.

7. Darstellung anhand von Beispielen

▶ **Beispiel: Besteuerung des Übernahmegewinns**

135 Die T-GmbH wird auf ihre Muttergesellschaft – die M-KG – verschmolzen. Am Vermögen der M-KG sind die A-GmbH und die natürliche Person B zu je 50 % beteiligt. Die M-KG hatte die T-GmbH vor 6 Jahren bar gegründet. Das Nominalkapital der T-GmbH i. H. v. 50.000 € entspricht somit dem Buchwert der Beteiligung in der Bilanz der M-KG. Darüber hinaus hat die T-GmbH in den vergangenen 2 Jahren Gewinne erwirtschaftet, die nur z. T. ausgeschüttet und z. T. thesauriert worden sind. Der hieraus resultierende Gewinnvortrag beträgt 100.000 €. Die Aktiva der T-GmbH enthalten keine stillen Reserven.

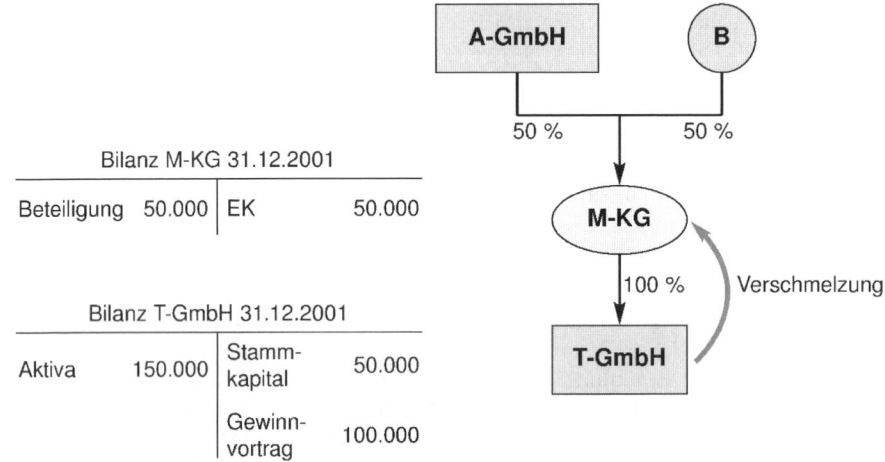

Die Ermittlung des Übernahmeergebnisses erfolgt gesellschafterbezogen.

Steuerliche Konsequenzen für die A-GmbH:

Der A-GmbH ist eine fiktive Dividende von 50.000 € zuzurechnen, die nach § 8b Abs. 1 KStG steuerfrei ist, allerdings erfolgt eine Hinzurechnung i. H. v. 5 % der Dividende nach § 8b Abs. 5 KStG.

Ermittlung des Übernahmeergebnisses:	
Wert, mit dem die übergegangenen Wirtschaftsgüter zu übernehmen sind	75.000 €
./. Umwandlungskosten	
./. anteiliger Buchwert der Anteile an der übertragenden Körperschaft	25.000 €
= Übernahmeergebnis (erster Stufe)	**50.000 €**
+ Sperrbetrag nach § 50c EStG	
./. Bezüge nach § 7 UmwStG	50.000 €
= Übernahmeergebnis (zweiter Stufe)	**0 €**

Es ergibt sich somit weder ein Übernahmegewinn noch ein Übernahmeverlust.

Steuerliche Konsequenzen für B:

Auch B ist eine fiktive Dividende von 50.000 € zuzurechnen, die nach dem Teileinkünfteverfahren zu besteuern ist. Demgemäß sind 60 % der Dividende (30.000 €) steuerpflichtig.

Die Ermittlung des Übernahmeergebnisses ist identisch zu der Berechnung der A-GmbH, weil die M-KG in dem hier vorliegenden Sachverhalt die T-GmbH selbst gegründet hat zu einem

Zeitpunkt, als beide Gesellschafter bereits Mitunternehmer waren. Daher ist für beide Gesellschafter bei der Ermittlung des Übernahmeergebnisses der auf sie entfallende anteilige Buchwert der Beteiligung betragsmäßig identisch und es ergibt sich dasselbe Übernahmeergebnis.

▶ Beispiel: Steuerliche Behandlung eines Übernahmeverlustes

Es wird eine Aufwärtsverschmelzung wie in Beispiel 5 angenommen, jedoch hat die M-KG die Anteile an der T-GmbH in Abwandlung des Sachverhalts 6 Jahre vor der Verschmelzung zu einem Preis von 500.000 € erworben. 136

Steuerliche Konsequenzen für die A-GmbH:

Auch in diesem Fall ist der A-GmbH eine fiktive Dividende von 50.000 € zuzurechnen, die nach § 8b Abs. 1 KStG steuerfrei ist bei gleichzeitiger Hinzurechnung i. H. v. 5 % der Dividende nach § 8b Abs. 5 KStG zum Einkommen der Gesellschaft.

Ermittlung des Übernahmeergebnisses:

Wert, mit dem die übergegangenen Wirtschaftsgüter zu

übernehmen sind	75.000 €
./. Umwandlungskosten	
./. anteiliger Buchwert der Anteile an der übertragenden Körperschaft	250.000 €
= Übernahmeergebnis (erster Stufe)	**– 175.000 €**
+ Sperrbetrag nach § 50c EStG	
./. Bezüge nach § 7 UmwStG	50.000 €
= Übernahmeergebnis (zweiter Stufe)	**– 225.000 €**

Der Übernahmeverlust zweiter Stufe ist steuerlich unwirksam.

Steuerliche Konsequenzen für B:

B ist wiederum eine fiktive Dividende von 50.000 € zuzurechnen, die nach dem Teileinkünfteverfahren zu besteuern ist. Demgemäß sind 60 % der Dividende (30.000 €) steuerpflichtig.

Darüber hinaus ergibt sich auch für ihn ein anteiliger Übernahmeverlust zweiter Stufe von 225.000 €. Dieser Übernahmeverlust ist steuerlich wirksam in Höhe von 60 % der fiktiven Dividende von 50.000, € – also i. H. v. € 30.000.

Im Ergebnis kommt es somit zu einer Verrechnung des anteiligen Übernahmeverlustes mit dem steuerpflichtigen Teil der fiktiven Dividende. Es kommt daher bei B unter dem Strich nicht zu positiven Einkünften aus dieser Umwandlung.

8. Gewerbesteuer

§ 18 Abs. 1 Satz 1 UmwStG sieht vor, dass die für die einkommensteuerliche bzw. körperschaftsteuerliche Gewinnermittlung aufgestellten Regelungen zur Besteuerung der Umwandlung einer Kapital- in eine Personengesellschaft auch für die Gewerbesteuer gelten. Dieser Verweis bezieht sich insbesondere auf die Besteuerung eines etwaigen Übertragungsgewinns bei der Überträgerin sowie die Regelungen zur steuerlichen Wertverknüpfung. 137

§ 18 Abs. 1 Satz 2 UmwStG stellt klar, dass die in § 4 Abs. 2 Satz 2 UmwStG getroffene Regelung zum Untergang der von der Überträgerin erwirtschafteten körperschaftsteuerlichen Fehlbeträge und Verlustvorträge auch für die gewerbesteuerlichen Verluste und Fehlbeträge gilt (vgl. hierzu auch Teil 7 Rdn. 69). 138

Nach § 18 Abs. 2 Satz 1 UmwStG ist ein Übernahmegewinn oder -verlust, der sich bei der übernehmenden Personengesellschaft ergibt, gewerbesteuerlich nicht zu erfassen. Diese Regelung ist systemgerecht, denn obwohl das Übernahmeergebnis steuertechnisch auf der Ebene der überneh- 139

140 Zu beachten ist die Regelung des § 18 Abs. 2 Satz 2 UmwStG, wonach in den Fällen des § 5 Abs. 2 UmwStG ein Gewinn nach § 7 UmwStG nicht zu erfassen ist. Betroffen von dieser Regelung ist die fiktive Dividende nach § 7 UmwStG, soweit sie auf im Privatvermögen befindliche Anteile im Sinne des § 17 EStG entfällt, die nach § 5 Abs. 2 UmwStG der Einlagefiktion unterliegen und damit an der Ermittlung des Übernahmeergebnisses teilnehmen. Diese Regelung soll sicherstellen, dass der nicht als Teil des Übernahmegewinns geltende Gewinn nach § 7 UmwStG bei der aufnehmenden Personengesellschaft nicht der Gewerbesteuer unterliegt, soweit er auf diese Anteile entfällt. Diese Vorschrift hat neben ihrer Bedeutung für die Gewerbebesteuerung der fiktiven Dividende auch noch eine klarstellende Bedeutung für die Systematik der Behandlung der fiktiven Dividende. Die Regelung macht deutlich, dass die fiktive Dividende auf der Ebene der Personengesellschaft anfällt und nicht den betreffenden Gesellschaftern direkt als fiktive Einkünfte in das Privatvermögen zuzurechnen ist.

141 Außerdem enthält der § 18 UmwStG darüber hinaus in Abs. 3 eine Missbrauchsvorschrift für den Fall eines Veräußerungs- oder Entnahmevorgangs innerhalb der ersten 5 Jahre nach der Umwandlung.

142 Nach § 18 Abs. 2 UmwStG unterliegt ein beim übernehmenden Rechtsträger entstehender Übernahmegewinn nicht der **Gewerbesteuer**. Wird die übernehmende Personengesellschaft bzw. das Einzelunternehmen nach der Umwandlung aufgegeben oder veräußert, so unterläge ein hierdurch entstehender Veräußerungs- bzw. Aufgabegewinn nach den allgemeinen Grundsätzen auch nicht der Gewerbesteuer, soweit er auf eine natürliche Person als unmittelbar beteiligter Mitunternehmer entfällt. Die Steuerbefreiung des § 18 Abs. 2 UmwStG würde daher für sich gesehen ermöglichen, dass eine von natürlichen Personen gehaltene Kapitalgesellschaft durch vorbereitende Umwandlung in eine Personengesellschaft gewerbesteuerfrei liquidiert oder veräußert werden konnte. Um dies zu verhindern, wurde die Vorschrift des § 18 Abs. 3 UmwStG konzipiert.[75] Hiernach unterliegt ein Auflösungs- oder Veräußerungsgewinn der Gewerbesteuer, wenn der Betrieb der Personengesellschaft oder der natürlichen Person innerhalb von 5 Jahren nach dem Vermögensübergang aufgegeben oder veräußert wird. Dasselbe gilt entsprechend, soweit ein Teilbetrieb oder ein Anteil an der Personengesellschaft aufgegeben oder veräußert wird. Durch das Jahressteuergesetz 2008 wurde in der Regelung außerdem die zuvor äußerst umstrittene Auffassung der Finanzverwaltung[76] kodifiziert, dass der Gewerbesteuer auch der Teil des Aufgabe- oder Veräußerungsgewinns unterliegt, der auf Betriebsvermögen entfällt, das bereits vor der Umwandlung im Betrieb der übernehmenden Personengesellschaft oder der natürlichen Person vorhanden war. Nach § 18 Abs. 3 UmwStG wird nicht die bereits abgeschlossene Umwandlung rückwirkend besteuert, sondern es wird die ansonsten gewerbesteuerfreie Veräußerung bzw. Aufgabe eines Betriebes, Teilbetriebes oder Mitunternehmeranteils insgesamt und unabhängig vom Umfang des durch die Umwandlung zugeführten Betriebsvermögens der Gewerbesteuer unterworfen. Dabei unterliegen auch die nach der Umwandlung neu gebildeten stillen Reserven der Gewerbesteuer.

9. Steuerliche Wertverknüpfung und steuerliche Rechtsnachfolge

143 Nach § 4 Abs. 1 UmwStG hat die Personengesellschaft die von der übertragenden Körperschaft übernommenen Wirtschaftsgüter mit den Werten zu übernehmen, mit denen sie in der steuerlichen Schlussbilanz der übertragenden Körperschaft ausgewiesen sind.

---

75 Vgl. Schmitt, in: Schmitt/Hörtnagl/Stratz, UmwG/UmwStG, § 18 UmwStG Rn. 31.
76 Vgl. Randnr. 18.07 UmwStE 1998; zur Kritik vgl. z. B. Schmitt: in: Schmitt/Hörtnagl/Stratz, UmwG/UmwStG, 6. Aufl., § 18 UmwStG Rn. 37, Schaumburg, FR 1995, 211, 217.

B. Verschmelzung von Körperschaften auf Personengesellschaften

Dies soll auch gelten, wenn es sich bei dem übertragenden Rechtsträger um eine steuerbefreite oder eine ausländische Körperschaft handelt.[77]

144

Als **Folge der Wertverknüpfung** bestimmt § 4 Abs. 2 UmwStG, dass die übernehmende Personengesellschaft bzw. natürliche Person hinsichtlich der Absetzungen für Abnutzung, der erhöhten Absetzungen, der Sonderabschreibungen, der Inanspruchnahme eines Bewertungswahlrechts oder eines Bewertungsabschlags, der den steuerlichen Gewinn mindernden Rücklagen sowie der Anwendung des § 6 Abs. 1 Nr. 2 Satz 2 und 3 EStG in die Rechtsstellung der übertragenden Körperschaft eintritt. Auch der Zeitraum der Zugehörigkeit einzelner Wirtschaftsgüter zum Betriebsvermögen der übertragenden Körperschaft wird gem. § 4 Abs. 2 UmwStG bei der übernehmenden Personengesellschaft bzw. natürlichen Person angerechnet, was z. B. Bedeutung für eine vorhandene Rücklage nach § 6b EStG hat.

145

Dementsprechend regelt § 4 Abs. 3 UmwStG, dass die **Absetzungen für Abnutzung (AfA)** bei der übernehmenden Personengesellschaft bzw. natürlichen Person wie folgt zu bemessen sind:
– In den Fällen des § 7 Abs. 4 Satz 1 und Abs. 5 EStG ist die AfA nach der bisherigen Bemessungsgrundlage, vermehrt um den Unterschiedsbetrag zwischen dem Buchwert der Gebäude und dem Wert, mit dem die Körperschaft die Gebäude in der Übertragungsbilanz angesetzt hat und dem geltenden Vomhundertsatz zu bemessen. Wird in den Fällen des § 7 Abs. 4 Satz 1 EStG die volle Absetzung innerhalb der tatsächlichen Nutzungsdauer nicht erreicht, kann die Absetzung für Abnutzung nach der Restnutzungsdauer der Gebäude bemessen werden.[78]
– In allen anderen Fällen hat die Ermittlung der AfA nach dem Buchwert vermehrt um den Unterschiedsbetrag zwischen dem Buchwert der einzelnen Wirtschaftsgüter und dem Wert, mit dem die Körperschaft die Wirtschaftsgüter in der Übertragungsbilanz angesetzt hat und der Restnutzungsdauer der Wirtschaftsgüter zu erfolgen.

146

Damit ergibt sich für die Abschreibung von Gebäuden folgendes: Aufgrund der steuerlichen Rechtsnachfolge hat die übernehmende Personengesellschaft die **Abschreibungsmethode** (linear oder degressiv) der übertragenden Kapitalgesellschaft fortzuführen. Bei einer Vermögensübertragung zu Zwischenwerten oder gemeinen Werten ist für die weitere Berechnung der Gebäude-AfA nicht der Buchwert des Gebäudes maßgebend. Vielmehr ist die ursprüngliche Bemessungsgrundlage um den auf das Gebäude entfallenden Aufstockungsbetrag zu erhöhen. Eine weitere Abschreibung mit dem geltenden Vomhundertsatz führt dann dazu, dass nach Ablauf der ursprünglich zugrunde gelegten Nutzungsdauer ein nicht abgeschriebener Restbetrag verbleibt. Die Nutzungsdauer verlängert sich somit. Nur wenn die **tatsächliche Nutzungsdauer** hierdurch überschritten wird, ist eine Bemessung der AfA nach der Restnutzungsdauer der Gebäude möglich. Eine Auslegung des § 4 Abs. 3 UmwStG dahin, dass die neue Bemessungsgrundlage **auf die im Vergleich zur ursprünglichen Nutzungsdauer angenommene Restnutzungsdauer** zu verteilen ist, ist zwar vom Gesetzeswortlaut selbst, nicht jedoch von der Gesetzesbegründung gedeckt, die bei Gebäuden die Anwendung des geltenden Vomhundertsatzes besonders betont.

147

Der UmwStE hat in den Randnr. 04.10 diese Regelungen übernommen. Die dargestellten Regelungen sollen aber nach der dort von der Finanzverwaltung vertretenen Ansicht nicht für einen in der steuerlichen Schlussbilanz bereits ausgewiesenen derivativen Firmenwert gelten. Hier soll die Abschreibung nicht nach Maßgabe der noch verbleibenden Restnutzungsdauer fortgeführt werden, sondern es soll eine neue Abschreibungsdauer von weiteren 15 Jahren beginnen. Diese Rechtsauffassung ist zumindest für die Fälle der Buchwertfortführung zu kritisieren. Bei einer Buchwertfortführung kommt es anlässlich der Umwandlung nicht zu einer Aufdeckung eines originären Firmenwerts des übertragenden Rechtsträgers. Der bisher als derivativ ausgewiesene Firmenwert geht also nicht in einem originären Firmenwert auf, sondern wird vollständig separat

148

---
77 Randnr. 04.01 UmwStE.
78 Vgl. Randnr. 04.10 UmwStE.

weitergeführt. Es ist kein sachlicher Grund ersichtlich, warum hier die steuerliche Rechtsnachfolge bezüglich der noch verbleibenden Rechtsnutzungsdauer nicht gelten soll. Anders liegt der Fall allerdings zu beurteilen, wenn der übertragende Rechtsträger Zwischenwerte oder gemeine Werte angesetzt hat und es hierdurch zu einem vollständigen oder anteiligen Ansatz des originären Firmenwerts des übertragenden Rechtsträgers kommt. Ein bisher bilanzierter derivativer Firmenwert ist dann nicht mehr separat zu bilanzieren, sondern geht in einem einheitlichen Firmenwert des übertragenden Rechtsträgers auf. In einem solchen Fall wäre daher auch die Rechtsauffassung begründbar, diesen einheitlichen Firmenwert nach der Umwandlung bei dem übernehmenden Rechtsträger wieder auf 15 Jahre abzuschreiben.

IV. Gewinnerhöhung durch Vereinigung von Forderungen und Verbindlichkeiten (sog. Konfusionsgewinn/-verlust)

149 Im Fall einer Verschmelzung gehen zivilrechtlich die zwischen dem übertragenden und dem übernehmenden Rechtsträger bestehenden gegenseitigen Forderungen und Schulden infolge **Konfusion** unter. Evtl. bestehende Rückstellungen für Ansprüche des anderen Rechtsträgers gehen ebenso unter. Wenn sich die Forderungen und Verbindlichkeiten bzw. aktivierten Ansprüche und passivierten Rückstellungen nicht in gleicher Höhe gegenüberstehen, entsteht ein Gewinn oder Verlust. Im Regelfall entsteht ein **Konfusionsgewinn**, weil die Forderung in der Vergangenheit teilwertberichtigt wurde und dementsprechend mit einem geringeren Wert zu Buche steht als die entsprechende Verbindlichkeit.

150 Während ein **Konfusionsverlust** sofort steuerlich relevant wird, kann der Gewinn durch eine Rücklage zunächst neutralisiert werden (§ 6 Abs. 1 Satz 1 UmwStG). Die Rücklage ist in den auf ihre Bildung folgenden 3 Wirtschaftsjahren mit mindestens je einem Drittel gewinnerhöhend aufzulösen (§ 6 Abs. 1 Satz 2 UmwStG).

151 Nach § 6 Abs. 2 UmwStG kann eine Rücklage gebildet werden, wenn bei einem Gesellschafter der Übernehmerin ein Gewinn entsteht, weil bspw. eine Forderung oder Verbindlichkeit von der Überträgerin auf die Übernehmerin übergeht oder weil anlässlich der Umstrukturierung eine Rückstellung aufzulösen ist.

152 Die Finanzverwaltung macht in Randnr. 06.02 UmwStE deutlich, dass ein Konfusionsgewinn immer steuerpflichtig sein soll, und zwar auch dann, wenn er aufgrund einer Vereinigung von Forderung und Verbindlichkeit entsteht und die Abschreibung der Forderung sich wegen § 8b Abs. 3 Satz 4 ff. KStG gar nicht ausgewirkt hat. Diese Rechtsauffassung ist nicht systemgerecht, denn es handelt sich hierbei um nichts anderes als die Rückgängigmachung einer Teilwertabschreibung, die – separat vorgenommen – nach § 8b Abs. 3 Satz 8 KStG ja auch keine Steuerpflicht auslösen würde. Das FG Baden-Württemberg hat eine solche systematische Auslegung jedoch wegen des eindeutigen Wortlautes der §§ 4 Abs. 1 und 6 Abs. 1 UmwStG abgelehnt.[79] In der Praxis sollte das Problem dadurch umgangen werden, dass in der Steuerbilanz vom Wertbeibehaltungswahlrecht des § 6 Abs. 1 Nr. 1 EStG Gebrauch gemacht und auf die Teilwertabschreibung verzichtet wird, wenn diese ohnehin steuerlich irrelevant ist. Sollte hingegen eine steuerliche Teilwertabschreibung gebucht worden sein, besteht wohl auch die Möglichkeit, das Bewertungswahlrecht des § 6 Abs. 1 Nr. 1 EStG dahin gehend auszuüben, dass in der regulären Gewinnermittlungsbilanz auf den steuerlichen Übertragungsstichtag eine entsprechende Zuschreibung vorgenommen wird. Wenn es möglich ist, eine wertgeminderte Forderung in der Steuerbilanz weiterhin mit einem höheren Wert auszuweisen, dann sollte es auch möglich sein, eine solche Forderung – steuerneutral – wieder zuzuschreiben, obwohl die Wertminderung noch andauert.

---

[79] FG Baden-Württemberg Urteil v. 21.06.2016 – 11 K 1536/14, EFG 2016, 1571, siehe unten Teil 7 Rdn. 153.

Die Problematik kann sich auch bei Forderungen des Übernehmers gegen die übertragende Gesellschaft ergeben, die dem Privatvermögen des Übernehmers zuzuordnen sind. In einem solchen Fall gilt die Forderung steuerrechtlich als eine logische Sekunde nach dem steuerlichen Übertragungsstichtag zu ihrem Teilwert nach § 6 Abs. 1 Nr. 5 EStG in das Einzelunternehmen eingelegt. Anschließend fällt sie zusammen mit der Verbindlichkeit aufgrund von Konfusion weg.[80] Ist der Teilwert der Forderung niedriger als der Buchwert der Verbindlichkeit bei der übertragenden Gesellschaft, entsteht daher ein Übernahmefolgegewinn.[81] Dies soll ausdrücklich auch dann gelten, wenn sich die Wertminderung der Forderung beim Übernehmer nicht steuermindernd ausgewirkt hat, weil es sich um eine Forderung des Privatvermögens handelte.[82] Gewährt also der Gesellschafter seiner GmbH ein Darlehen in Höhe von 100.000 € aus seinem Privatvermögen und wird diese Forderung aufgrund einer Überschuldung der GmbH anschließend wertlos, wirkt sich dies für den Gesellschafter zunächst ertragsteuerlich nicht aus. Wird die GmbH anschließend auf den Gesellschafter verschmolzen, so legt dieser die Forderung zu ihrem Teilwert (0 €) ein, anschließend fallen die Forderung (0 €) und die Verbindlichkeit (100.000 €) durch Konfusion weg, so dass ein Übernahmefolgegewinn von 100.000 € entsteht. Angesichts der anhängigen Revision sollten Steuerfestsetzungen in solchen Fällen bis zu einer Entscheidung des BFH offen gehalten werden.

In dem umgekehrten Fall, in dem eine Körperschaft auf ihren Alleingesellschafter verschmolzen wird und eine Forderung der Körperschaft gegen diesen Alleingesellschafter besteht, die bei diesem dem Privatvermögen zuzurechnen ist, gilt diese Forderung als nach der Verschmelzung aus dem Betriebsvermögen entnommen. Die Entnahme ist gem. § 6 Abs. 1 Nr. 4 EStG mit dem Teilwert zu bewerten. Übersteigt dieser den Buchwert der Forderung, so kommt es insoweit zu einem Gewinn. Auf diesen ist § 6 UmwStG nicht anwendbar.[83]

Zu beachten ist, dass die **Anwendbarkeit** des § 6 Abs. 1, 2 UmwStG gem. § 6 Abs. 3 UmwStG – unter Änderung bereits erteilter Bescheide – rückwirkend **entfällt**, wenn die Übernehmerin den auf sie übergegangenen Betrieb innerhalb von 5 Jahren nach dem steuerlichen Übertragungsstichtag in eine Kapitalgesellschaft einbringt oder ohne triftigen Grund veräußert oder aufgibt. Die Nichtanwendbarkeit der Abs. 1 und 2 bedeutet, dass ein Konfusionsgewinn in dem Wirtschaftsjahr, in das der steuerliche Übertragungsstichtag fällt, sofort und in voller Höhe zu versteuern ist. Die zunächst zulässigerweise gebildete steuerfreie Rücklage wird nachträglich gestrichen. Die Veräußerung oder Aufgabe des Betriebes innerhalb von 5 Jahren nach der Umwandlung ist insoweit ein rückwirkendes Ereignis, welches eine Änderung des ursprünglichen Steuerbescheides der übernehmenden Personengesellschaft ermöglicht.

V. Umwandlung von einer Kapital- in eine Personengesellschaft beim Unternehmenskauf?

Bei der Veräußerung von Unternehmen, die von Kapitalgesellschaften geführt werden, haben die Veräußerer aus rein steuerlicher Sicht in der Regel ein Interesse, die Anteile zu verkaufen und die daraus resultierenden Gewinne im Teileinkünfteverfahren zu versteuern (natürliche Personen) bzw. weitgehend steuerfrei zu vereinnahmen (Kapitalgesellschaften). Der Erwerber wird hingegen ein Interesse haben, die Wirtschaftsgüter zu erwerben (asset deal), um das daraus resultierende Abschreibungspotential nutzen zu können. Der Grund hierfür liegt darin, dass der Erwerber einer Kapitalbeteiligung keine Möglichkeit hat, die Anschaffungskosten der Beteiligung in Abschreibungspotenzial umzuwandeln. Die Interessen des Verkäufers stehen somit denen des Erwerbers diametral entgegen.

---

80 Birkemeier in: Rödder/Herlinghaus/van Lishaut, UmwStG, § 6 UmwStG, Rn. 29.
81 Schmitt in: Schmitt/Hörtnagl/Stratz, UmwG/UmwStG, § 6 UmwStG Rn. 22.
82 FG Baden-Württemberg Urteil v. 21.06.2016 – 11 K 1536/14, EFG 2016, 1571, Revision beim BFH anhängig unter Az. X R 23/16.
83 Vgl. Patt, in: Dötsch/Pung/Möhlenbrock, Die Körperschaftsteuer, § 6 UmwStG Rn. 8.

157 Unter Berücksichtigung dieser steuerlichen Situation ist es sehr schwierig, beim Verkauf eines Unternehmens in der Rechtsform einer Kapitalgesellschaft einen für beide Parteien akzeptablen Kompromiss zu finden. Besteht der Veräußerer auf einer Veräußerung seiner Kapitalbeteiligung, so hat der Erwerber eine schlechte steuerliche Position. Insbesondere die aus Sicht des Erwerbers »fehlenden« Abschreibungsbeträge und die damit einhergehende Steuermehrbelastung in der Zukunft wird der Erwerber durch eine Minderung des Kaufpreises auf den Veräußerer »abzuwälzen« versuchen. Setzt sich demgegenüber der Erwerber in den Verhandlungen mit seiner Forderung durch, einen asset deal durchzuführen, so wird der Veräußerer versuchen, seine steuerliche Mehrbelastung durch eine Erhöhung des Kaufpreises ganz oder zumindest teilweise zu kompensieren.

158 Die zuvor erläuterten Regelungen insbesondere zur Ermittlung und steuerlichen Unbeachtlichkeit von Übernahmeverlusten zielen darauf ab, in früheren Jahren häufig genutzte Modelle zur Transformation des Kaufpreises für Kapitalgesellschaftsanteile in Abschreibungsvolumen zu torpedieren. Nach dem sogenannten Umwandlungsmodell konnte der Erwerber einer Kapitalgesellschaft durch deren Verschmelzung auf eine Personengesellschaft seine Anschaffungskosten für die Anteile an der Kapitalgesellschaft in Anschaffungskosten der Wirtschaftsgüter der Personengesellschaft transformieren. Diese steuerneutrale Aufstockung der Wirtschaftsgüter ist bereits seit geraumer Zeit nicht mehr möglich.[84]

159 Aktuell ist festzuhalten, dass eine Umwandlung nicht mehr genutzt werden kann, um Anschaffungskosten für Anteile an einer Kapitalgesellschaft in steuerlich berücksichtigungsfähiges Abschreibungsvolumen beim Erwerber zu transformieren.

VI. Vermögensübertragung von einer Kapital- auf eine Personengesellschaft mit Auslandsberührung

160 Die Regelungen der §§ 3 bis 10 UmwStG sind auch bei grenzüberschreitenden Sachverhalten anwendbar. Allerdings existieren bisher keine gesellschaftsrechtlichen Regelungen zur grenzüberschreitenden Umstrukturierung unter Beteiligung von Personengesellschaften. Sowohl die Möglichkeiten zur grenzüberschreitenden Umstrukturierung mit dem Ziel der Errichtung einer SE als auch die durch die Verschmelzungsrichtlinie geschaffenen Möglichkeiten beziehen sich ausschließlich auf Kapitalgesellschaften. Dasselbe gilt für die bisherigen europarechtlichen Regelungen zur Sitzverlegung von Gesellschaften. Grundsätzlich überrascht dies, weil Personengesellschaften keine geringeren Rechte z. B. in Bezug auf die Niederlassungsfreiheit haben als Kapitalgesellschaften. Außerdem hat der EuGH in seinem Urteil zur Rechtssache SEVIC die Möglichkeit einer grenzüberschreitenden Verschmelzung sämtlichen Gesellschaften im Sinne der Art. 49, 54 AEUV eingeräumt und hierzu gehören auch Personengesellschaften. Es ist somit davon auszugehen, dass es rein rechtlich möglich ist, eine deutsche Kapitalgesellschaft auf eine ausländische Personengesellschaft oder eine ausländische Kapital- auf eine inländische Personenhandelsgesellschaft zu verschmelzen.

161 Außerdem schließt die EU-Fusionsrichtlinie in ihrer neuen Fassung auch sog. hybride Gesellschaften in ihren Anwendungsbereich ein. Hierbei handelt es sich um Gesellschaften, die nach dem Recht ihres Gründungslandes als Kapitalgesellschaften anzusehen sind, aufgrund ihrer spezifischen gesellschaftsrechtlichen Ausgestaltung aus deutscher Sicht für Zwecke der Besteuerung jedoch als Personengesellschaften behandelt werden. Wird eine deutsche Kapitalgesellschaft auf eine solche ausländische hybride Gesellschaft verschmolzen, dann handelt es sich für die Anwendung des deutschen Umwandlungssteuerrechts um eine grenzüberschreitende Verschmelzung einer inländischen Kapital- auf eine ausländische Personengesellschaft.

---

84 Vgl. zu diesem und anderen Modellen van Lishaut, in: Rödder/Herlinghaus/van Lishaut, UmwStG, § 4 Rn. 127.

1. Verschmelzung einer inländischen Kapitalgesellschaft mit ausländischer Betriebsstätte auf eine inländische Personengesellschaft

Soweit sich in dem anlässlich der Verschmelzung einer inländischen Kapital- auf eine inländische Personengesellschaft übergehenden Betriebsvermögen eine ausländische Betriebsstätte befindet, stellt sich die Frage, ob sich hierdurch besondere steuerliche Konsequenzen ergeben. Dies könnte auf der Ebene des übertragenden Rechtsträgers nach § 3 Abs. 1 und 2 UmwStG insbesondere dann der Fall sein, wenn das Besteuerungsrecht Deutschlands bezüglich dieses Vermögens ausgeschlossen oder beschränkt würde. I. d. R. wird dies jedoch nicht der Fall sein, weil sich bei der hier vorliegenden Sachverhaltskonstellation das Besteuerungsrecht der Bundesrepublik bezüglich des ausländischen Betriebsstättenvermögens nicht ändern kann. Es ist vielmehr vor und nach der Umwandlung dasselbe DBA einschlägig.

Eine Umstrukturierung mit Auslandsberührung ist aber nicht nur dann gegeben, wenn die an der Umstrukturierung beteiligten Rechtsträger nach dem Recht verschiedener Mitgliedsstaaten oder nur eines anderen ausländischen Mitgliedsstaates gegründet wurden. Auch bei rein inländischen Vorgängen ergeben sich besondere Komplikationen, wenn der übertragende Rechtsträger über im Ausland belegenes Vermögen verfügt.

Allerdings können sich gleichwohl steuerliche Besonderheiten bei der Ermittlung des Übernahmegewinns ergeben, denn in einem solchen Fall ist das ausländische Betriebsstättenvermögen bei der Ermittlung des Übernahmeergebnisses mit dem gemeinen Wert und nicht mit dem Buchwert oder einem Zwischenwert anzusetzen, wenn es in einem Land belegen ist, mit dem Deutschland ein DBA mit Freistellungsmethode für Betriebsstätteneinkünfte abgeschlossen hat (sog. »neutrales Vermögen«). Der Grund hierfür liegt in der Tatsache, dass die stillen Reserven trotz der im DBA geregelten Freistellungsmethode im Inland steuerverhaftet waren, und zwar in den Anteilen an der übertragenden Körperschaft. Wären diese Anteile vor der Umwandlung veräußert worden, dann hätte der Erwerber in dem Kaufpreis die in der ausländischen Betriebsstätte ruhenden stillen Reserven mit vergütet. Diese mittelbare Steuerverhaftung der stillen Reserven geht durch die Umwandlung verloren, denn im Fall einer späteren Veräußerung der Mitunternehmeranteile an der übernehmenden Personengesellschaft darf der anteilig auf die ausländische Betriebsstätte entfallende Veräußerungsgewinn nicht mehr der inländischen Besteuerung unterworfen werden, weil Deutschland insoweit nach dem DBA kein Besteuerungsrecht mehr hat. Aus diesem Grund regelt § 4 Abs. 4 Satz 2 UmwStG, dass die der ausländischen Betriebsstätte zuzuordnenden Wirtschaftsgüter bei der Ermittlung des Übernahmeergebnisses mit dem gemeinen Wert anzusetzen sind. Rein technisch erfolgt die Berücksichtigung der in dem neutralen Vermögen ruhenden stillen Reserven durch einen Zuschlag bei der Ermittlung des Übernahmeergebnisses i. H. d. Differenz zwischen dem gemeinen Wert des Auslandsvermögens und dessen Wert in der steuerlichen Schlussbilanz des übertragenden Rechtsträgers.[85]

▶ Beispiel:

Die deutsche A-GmbH wird auf ihre Gesellschafterin, die deutsche M-KG verschmolzen. Die A-GmbH unterhält eine ausländische Betriebsstätte. Diese Betriebsstätte geht naturgemäß im Rahmen der Verschmelzung mit auf die M-KG über und ist ihr damit künftig zuzurechnen.

---

85 Randnr. 04.29 UmwStE.

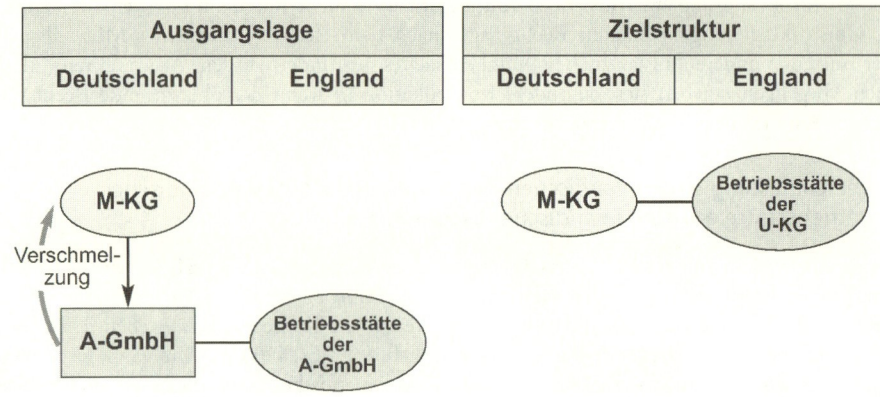

Der übertragende Rechtsträger kann die Wirtschaftsgüter in seiner steuerlichen Schlussbilanz zu Buchwerten ansetzen, und zwar unabhängig davon, ob mit dem Betriebsstättenstaat ein DBA besteht oder nicht bzw. ob ein DBA die Freistellungmethode vorsieht oder die Anrechnungsmethode.

Das im Inland belegene Betriebsvermögen der A-GmbH geht auf die M-KG über und gehört nach der Umwandlung zu dessen inländischem Betriebsvermögen. Es bleibt somit unverändert im Inland steuerlich verhaftet.

Auch bezüglich der ausländischen Betriebsstätte ändert sich das deutsche Besteuerungsrecht grundsätzlich nicht. Wenn kein DBA besteht oder ein DBA die Anrechnungsmethode vorsieht, wird sich hieran durch die Umwandlung nichts ändern. Besteht ein DBA mit Freistellungsmethode, so hatte Deutschland bereits vor der Umstrukturierung kein Besteuerungsrecht. Ein solches kann daher durch die Umwandlung auch nicht ausgeschlossen oder beschränkt werden. Einem Buchwertansatz in der steuerlichen Schlussbilanz des übertragenden Rechtsträges steht somit nichts entgegen. Ein Übertragungsgewinn entsteht nicht.

Bei der Ermittlung des Übernahmeergebnisses ist das ausländische Betriebsstättenvermögen jedoch nach § 4 Abs. 4 Satz 2 UmwStG mit gemeinen Werten anzusetzen. Ein Buchwertansatz ist nicht zulässig. Dieser Ansatz führt zu einer Erhöhung eines Übernahmegewinns bzw. zu einer Verminderung eines Übernahmeverlustes und kann bei einer Zurechnung zu natürlichen Personen – je nach Fallgestaltung – zu einer Teileinkünftebesteuerung führen.

2. Besteuerung beschränkt steuerpflichtiger Gesellschafter der übertragenden Kapitalgesellschaft

166 Verfügt der übertragende Rechtsträger über einen oder mehrere ausländische Gesellschafter, so stellt sich die Frage, ob sich für diesen Gesellschafterkreis besondere steuerliche Konsequenzen ergeben. Dies ist von der Besteuerungssystematik her jedoch nicht der Fall, denn ein Ziel der Neufassung des Umwandlungssteuergesetzes war es, grenzüberschreitende Vorgänge im Vergleich zu den rein nationalen weitgehend gleich zu behandeln.

167 Der ausländische Gesellschafter der Überträgerin wird durch die Verschmelzung Mitunternehmer der übernehmenden Personengesellschaft. Das Übernahmeergebnis wird für ihn in der gleichen Weise ermittelt wie bei den inländischen Gesellschaftern. Sofern Deutschland allerdings nach dem einschlägigen DBA kein Besteuerungsrecht bezüglich der Gewinne aus einer Veräußerung der Anteile an der übertragenden Kapitalgesellschaft hatte, bleibt das auf diesen Gesellschafter entfal-

lende Übernahmeergebnis bei der gesonderten und einheitlichen Feststellung außer Ansatz, weil nur steuerpflichtige Einkünfte festzustellen sind.[86]

Die auf den ausländischen Gesellschafter entfallende fiktive Dividende ist allerdings in die Feststellung einzubeziehen, da Deutschland diesbezüglich regelmäßig ein Quellensteuerrecht hat.[87] Das gilt selbst dann, wenn der Gesellschafter in der EU ansässig ist und normalerweise die Vergünstigungen der Mutter-Tochter-Richtlinie in Anspruch nehmen könnte, da diese Vergünstigungen für Umwandlungsfälle gem. § 43b EStG keine Anwendung finden. Es ist daher regelmäßig Kapitalertragsteuer einzubehalten. Ist ein DBA einschlägig, so findet auf die fiktive Dividende die dem Art. 10 OECD-MA entsprechende Vorschrift des einschlägigen DBA Anwendung und es kommt ggf. zu einer entsprechenden Reduktion der Kapitalertragsteuer.[88] Die fiktive Dividende ist gem. Randnr. 04.27 UmwStE in das Feststellungsverfahren auf Ebene der übernehmenden Personengesellschaft einzubeziehen und führt für den beschränkt Steuerpflichtigen zu entsprechenden Einkünften aus Gewerbebetrieb. Auf die sich daraus ergebende Einkommen- bzw. Körperschaftsteuer ist die einbehaltene Kapitalertragsteuer anzurechnen. 168

▶ Beispiel: Beteiligung beschränkt steuerpflichtiger Gesellschafter

Die inländische CD-GmbH, die sich je zur Hälfte im Anteilsbesitz von C und D befindet, wird auf die inländische A-KG verschmolzen. D ist im Ausland ansässig und daher im Inland nur beschränkt steuerpflichtig. Das Eigenkapital der CD-GmbH beträgt 600.000 € und setzt sich zusammen aus einem Stammkapital von 200.000 € und einem Gewinnvortrag von 400.000 €. C und D haben ihre Anteile vor mehr als 5 Jahren erworben zu einem Kaufpreis von je 1.000.000 €. 169

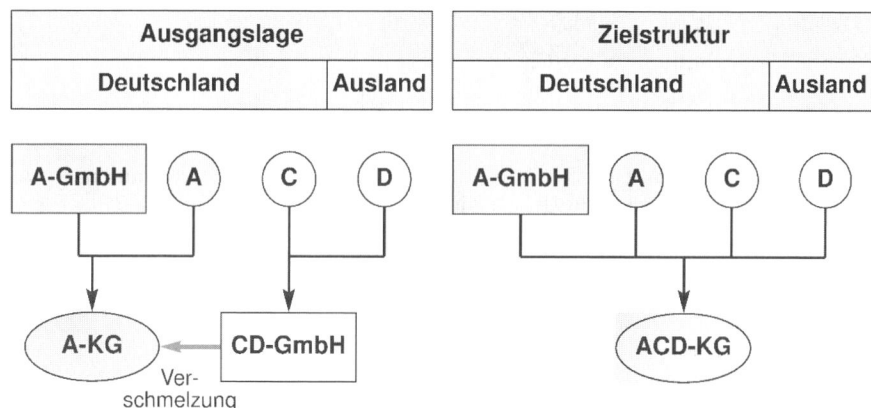

Steuerliche Konsequenzen für den übertragenden Rechtsträger:

Die CD-GmbH kann in ihrer steuerlichen Schlussbilanz die Wirtschaftsgüter mit ihren Buchwerten ansetzen, denn das Besteuerungsrecht Deutschlands an diesen stillen Reserven wird durch die Vermögensübertragung weder ausgeschlossen noch beschränkt, weil das Betriebsvermögen bei der übernehmenden A-KG auch künftig steuerverhaftet ist. Die inländische Personengesellschaft begründet für alle an ihr beteiligten Gesellschafter am Ort ihrer Geschäftsleitung eine Betriebsstätte. Das gilt auch für den ausländischen beschränkt steuerpflichtigen

---

86 Vgl. das Beispiel in Randnr. 04.27 UmwStE.
87 Vgl. auch insoweit Randnr. 04.27 UmwStE.
88 Randnr. 07.02 UmwStE.

Mitunternehmer, dessen Gewinnanteil folglich als inländische gewerbliche Einkünfte gem. § 49 Abs. 1 Nr. 2a EStG der inländischen Besteuerung unterliegt. Das gilt auch unter Berücksichtigung etwaiger DBA, denn diese sehen regelmäßig das Betriebsstättenprinzip vor.

Etwas anderes gilt jedoch nach neuer Rechtsprechung des BFH, wenn die übernehmende Personengesellschaft nicht selbst gewerblich tätig, sondern nur gewerblich geprägt ist. In diesem Fall vermittelt die Personengesellschaft in Deutschland für abkommensrechtliche Zwecke keine (gewerblich tätige) Betriebsstätte. Die von der Personengesellschaft erwirtschafteten Gewinne sind in Deutschland nur dann steuerpflichtig, wenn die Doppelbesteuerungsabkommen für die spezielle Einkunftsart Deutschland das Besteuerungsrecht zuweisen.[89] Dies ist bei Veräußerungsgewinnen aus Anteilen an Kapitalgesellschaften regelmäßig nicht der Fall. Solche Gewinne werden bei einer nur gewerblich geprägten Personengesellschaft aus abkommensrechtlicher Sicht regelmäßig im Ansässigkeitsstaat des Mitunternehmers besteuert. Deutschland würde insoweit das Besteuerungsrecht verlieren und die Verschmelzung einer nur Anteile an anderen Kapitalgesellschaften haltenden Kapitalgesellschaft auf eine nur gewerblich geprägte Personengesellschaft wäre nicht steuerneutral zu Buchwerten möglich.[90] In Reaktion auf diese BFH-Rechtsprechung hat der Gesetzgeber § 50i EStG eingefügt. Dieser Treaty Override sollte eine nach der BFH-Rechtsprechung mögliche steuerfreie Entstrickung verhindern. Unter den dort genannten Voraussetzungen sollte Deutschland unabhängig von entgegenstehenden DBA-Vorschriften das Besteuerungsrecht an bestimmten in das Betriebsvermögen einer gewerblich geprägten Personengesellschaft überführten Wirtschaftsgütern behalten. Die stark umstrittene Vorschrift wurde in kurzer Zeit mehrfach geändert und zuletzt erheblich entschärft. § 50i EStG gilt nach der letzten Neufassung durch das BEPS-UmsG vom 20.12.2016[91] nur noch für Fälle, in denen eine Entstrickung vor dem 01.01.2017 eingetreten ist. Auf spätere Vorgänge ist die Norm nicht mehr anwendbar, hier gelten nunmehr die allgemeinen Entstrickungsregelungen.[92]

Steuerliche Konsequenzen für C:

C ist eine fiktive Dividende von 200.000 € zuzurechnen, für die Kapitalertragsteuer einzubehalten ist und die grundsätzlich nach dem Teileinkünfteverfahren der ESt unterliegt.

C unterliegt der Einlagefiktion und nimmt an der Ermittlung des Übernahmeergebnisses teil. Sein Übernahmeergebnis ermittelt sich wie folgt:

Anteiliger Wert, mit dem die übergegangenen Wirtschaftsgüter zu übernehmen sind	300.000 €
./. Umwandlungskosten	
./. (korrigierter) Wert der Anteile an der übertragenden Körperschaft	1.000.000 €
= **Übernahmeergebnis (erster Stufe)**	**– 700.000 €**
+ Sperrbetrag nach § 50c EStG	
./. Bezüge nach § 7 UmwStG n. F.	200.000 €
= **Übernahmeergebnis (zweiter Stufe)**	**– 900.000 €**

C kann den Übernahmeverlust geltend machen bis zur Höhe der Hälfte der fiktiven Dividende, also i. H. v. 100.00 €, denn seine Beteiligung beträgt mindestens 1 % und befindet sich seit mehr als 5 Jahren in seinem Anteilsbesitz. Der restliche Betrag des Übernahmeverlustes ist steuerlich unwirksam. Im Ergebnis kommt es dazu, dass er aus dieser Umwandlung keine

---

89 Vgl. Urteil v. 28.04.2010 – I R 81/09, BStBl. II 2014, 754 und BMF vom 26.09.2014, BStBl. I 2014, 1258.
90 Vgl. auch Nitzschke, IStR 2011, 838; anders noch Randnr. 03.15 UmwStE.
91 BGBl. I 2016, 3000.
92 Vgl. ausführlich Liekenbrock, DStR 2017, 177.

positiven Einkünfte zu versteuern hat und die Kapitalertragsteuer im Rahmen der Einkommensteuerveranlagung erstattet wird.

Steuerliche Konsequenzen für D:

Für D als beschränkt steuerpflichtigen Gesellschafter gilt ebenso wie für C die Einlagefiktion. Auch er nimmt also an der Ermittlung des Übernahmeergebnisses teil.

Da die Beteiligungshöhe, die Höhe der Anschaffungskosten der Anteile und der Zeitpunkt der Anschaffung der Anteile für beide Gesellschafter identisch sind, ergibt sich für D in derselben Höhe eine fiktive Dividende und ein Übernahmeverlust. Der Übernahmeverlust bleibt mangels inländischen Besteuerungsrechts außer Ansatz. Die fiktive Dividende ist hingegen in die einheitliche und gesonderte Feststellung bei der übernehmenden Personengesellschaft einzubeziehen. Die einbehaltene Kapitalertragsteuer ist anzurechnen.

Die fiktive Dividende ist auch abkommensrechtlich als solche einzuordnen, sodass Deutschland auch im Fall eines DBA das Recht hat, Quellensteuer einzubehalten.[93] Durch die Einlagefiktion des § 5 UmwStG ist die fiktive Dividende für Zwecke der inländischen Besteuerung dem inländischen Betriebsvermögen der übernehmenden Personengesellschaft zuzurechnen und daher auch in die gesonderte und einheitliche Feststellung auf dieser Ebene einzubeziehen.[94] Damit hat die Kapitalertragsteuer gem. § 50 Abs. 2 Nr. 1 EStG keine Abgeltungswirkung, sondern ist im Rahmen der Veranlagung auch bei beschränkt Steuerpflichtigen anrechenbar. 170

Das Übernahmeergebnis fällt im Nicht-DBA-Fall als inländische Einkünfte aus Gewerbebetrieb unter § 49 Abs. 1 Nr. 2a EStG. Im Beispielsfall ergibt sich ein Übernahmeverlust. Seine Verrechenbarkeit mit der fiktiven Dividende ist aber nur dann gegeben, wenn diese als Folge der Einlagefiktion als von der übernehmenden Personengesellschaft bezogen gilt. Dies ist im Nicht-DBA-Fall gegeben, denn die Bundesrepublik hat dann ein Besteuerungsrecht, welches durch die Regelungen des UmwStG zur Ermittlung des Übernahmeergebnisses wahrgenommen wird. Ein sich ergebender Übernahmegewinn ist daher nach den allgemeinen Regelungen zur Besteuerung von Gewinnen aus der Veräußerung von Kapitalgesellschaftsbeteiligungen steuerpflichtig. Ein Übernahmeverlust ist mit einer fiktiven Dividende verrechenbar. 171

Im DBA-Fall hat Deutschland an dem Übernahmeergebnis grundsätzlich kein Besteuerungsrecht, denn es handelt sich abkommensrechtlich um einen Gewinn aus der Veräußerung einer Beteiligung, für den das Besteuerungsrecht gem. Art. 13 Abs. 5 OECD-MA regelmäßig dem Ansässigkeitsstaat des Gesellschafters und nicht Deutschland zusteht. Daher kann für die beschränkt steuerpflichtigen Gesellschafter im DBA-Fall kein Übernahmeergebnis ermittelt werden. Insbesondere dann, wenn diesem Gesellschafter eine fiktive Dividende aufgrund der Existenz offener Rücklagen zugerechnet wird und sich ein mit dieser fiktiven Dividende verrechenbarer Übernahmeverlust ergeben hätte, wirkt sich das DBA zulasten des betroffenen Steuerpflichtigen aus. Darüber hinaus ist die Europarechtskonformität dieser Regelungen fraglich, wenn der beschränkt Steuerpflichtige in einem EU-Staat ansässig ist, mit dem Deutschland ein DBA abgeschlossen hat, welches eine dem Art. 13 Abs. 5 OECD-MA entsprechende Regelung enthält – was in den meisten dieser DBA der Fall ist. 172

VII. Steuerliche Rückwirkung

Einer Umwandlung nach dem UmwG kann gem. § 17 UmwG eine Bilanz zugrunde gelegt werden, die auf einen Stichtag bis zu 8 Monate vor der Anmeldung zum Handelsregister aufgestellt ist. In den Umwandlungsverträgen ist gem. § 5 Abs. 1 Nr. 6 UmwG ein handelsrechtlicher Umwandlungsstichtag festzulegen, der den Zeitpunkt festlegt, ab dem die Handlungen des über- 173

---

93 Vgl. Randnr. 07.02 UmwStE.
94 Vgl. Randnr. 05.07 UmwStE.

tragenden Rechtsträgers für Rechnung des übernehmenden Rechtsträgers ausgeführt gelten. Es handelt sich hierbei um eine rein schuldrechtliche Rückwirkung des Umwandlungsvorgangs auf den Umwandlungsstichtag, der regelmäßig einen Tag nach dem Stichtag der Schlussbilanz liegt (d. h. Stichtag der Schlussbilanz 31.12.01 = handelsrechtlicher Umwandlungsstichtag 01.01.02).

174 Für Zwecke der Besteuerung ist die Rückwirkungsfiktion des § 2 UmwStG zu beachten. Nach § 2 Abs. 1 UmwStG sind das Einkommen und das Vermögen der übertragenden Körperschaft sowie der Übernehmerin so zu ermitteln, als ob das Vermögen der Körperschaft mit Ablauf des Stichtages der Bilanz, die dem Vermögensübergang zugrunde liegt (steuerlicher Übertragungsstichtag) ganz oder teilweise auf die Übernehmerin übergegangen wäre. Das gleiche gilt für die Ermittlung der Bemessungsgrundlage bei der Gewerbesteuer. Ist die Übernehmerin eine Personengesellschaft, so gilt dasselbe für das Einkommen und das Vermögen der Gesellschafter (§ 2 Abs. 2 UmwStG).

175 Wurde eine Umwandlung z. B. im März 2015 beschlossen und als handelsrechtlicher Umwandlungsstichtag der 01.01.2015 gewählt, so wird dem Umwandlungsvorgang die handelsrechtliche Schlussbilanz zum 31.12.2014 zugrunde gelegt. Der 31.12.2014 ist somit nach § 2 Abs. 1 UmwStG der steuerliche Übertragungsstichtag. Alle ertragsteuerlichen Konsequenzen der Umwandlung treten zu diesem Stichtag ein. Sowohl ein eventueller Übertragungsgewinn als auch das Übernahmeergebnis der übernehmenden Personengesellschaft/des übernehmenden Einzelunternehmens entstehen daher an diesem Stichtag. Die übernehmende Personengesellschaft/das übernehmende Einzelunternehmen hat daher zum 31.12.2014 eine Steuerbilanz zu erstellen, die das übergegangene Vermögen bereits ausweist. Der Übernahmegewinn/-verlust sowie die fiktive Dividende gelten als zum steuerlichen Übertragungsstichtag entstanden und sind daher bereits im Veranlagungszeitraum 2014 der Besteuerung zu unterwerfen.

176 Das FG Köln hat entschieden, dass die Rückwirkungsfiktion des § 2 Abs. 1 Satz 1 UmwStG zu einer steuerbilanziellen Neuermittlung und Neubewertung des gesamten Vermögens und nicht nur des im Wege der Verschmelzung übergegangenen Vermögens zwinge. Dies ergebe sich bereits aus dem Gesetzeswortlaut, welcher lediglich von »Vermögen« und nicht von »übergegangenem Vermögen« spreche.[95] Das hätte zur Folge, dass der Vermögensübergang auch bei der Bewertung des übrigen Vermögens zu berücksichtigen wäre und somit auch mit dem Vermögensübergang verbundene mittelbare Folgen bereits am Übertragungsstichtag zu berücksichtigen wären.[96]

▶ Beispiel:[97]

177 Die A-KG (Übernehmerin) gibt in 01 eine Umtauschanleihe über einen Betrag von 1.000 aus. Der Börsenkurs der Aktien, die zu liefern sie sich verpflichtet, beträgt im Ausgabezeitpunkt ebenfalls 1.000. Die A-KG selbst verfügt nicht über derartige Aktien. Im Jahr 02 erhöht sich der Anschaffungspreis für die zu liefernden Aktien auf 1.500. Im August 03 wird die T-GmbH auf die A-KG verschmolzen, steuerlicher Übertragungsstichtag ist der 31.12.02. Im Vermögen der T-GmbH befinden sich auch die Aktien, zu deren Lieferung die A-KG aufgrund der vorgenannten Umtauschanleihe verpflichtet ist.

Lösung nach FG Köln v. 18.01.2017 – 10 K 3615/14, EFG 2017, 1012:

Die A-KG hat im Jahr 01 eine Anleiheverbindlichkeit von 1.000 zu passivieren. Im Jahr 02 wäre eigentlich wegen des gestiegenen Anschaffungspreises der zu liefernden Aktien eine Bewertung dieser Verbindlichkeit auf den 31.12.02 mit einem Teilwert von 1.500, bzw. die Bildung einer Rückstellung von 500 angezeigt. Dies kommt jedoch nach Ansicht des FG Köln schon deshalb nicht in Betracht, weil sich die A-KG das Vermögen der T-GmbH auf den

---

95 FG Köln Urteil v. 18.01.2017 – 10 K 3615/14, EFG 2017, 1012.
96 So auch Hörtnagl in: Schmitt/Hörtnagl/Stratz, UmwG/UmwStG, § 2 UmwStG, Rn. 91.
97 Nach Müller, FR 2017, 1054.

steuerlichen Übertragungsstichtag zurechnen lassen muss und sich in diesem Vermögen die zu liefernden Aktien befanden. Dies müsse aufgrund der Rückwirkungsfiktion bereits bei der Bewertung des Vermögens der A-KG auf den 31.12.02 berücksichtigt werden, auch wenn die Aktien zivilrechtlich in diesem Zeitpunkt noch der T-GmbH gehörten. Sollte die A-KG bereits eine Steuerbilanz auf den 31.12.02 aufgestellt haben, so sei diese zu berichtigen, sofern dies noch möglich sei.

Das Urteil ist zum Teil kritisch aufgenommen worden.[98] Es bleibt abzuwarten, wie der BFH im Revisionsverfahren[99] entscheiden wird. 178

Die Steuerpflicht der Übertragerin endet somit am steuerlichen Übertragungsstichtag. Sämtliche Geschäftsvorfälle der übertragenden Körperschaft, die nach dem steuerlichen Übertragungsstichtag vorgenommen wurden, werden der Übernehmerin zugerechnet. Dies gilt auch dann, wenn diese am steuerlichen Übertragungsstichtag zivilrechtlich noch gar nicht bestand.[100] Im Einzelnen gilt Folgendes: 179

Laufende Geschäftsvorfälle mit nicht an der Verschmelzung beteiligten Dritten werden direkt dem übernehmenden Rechtsträger zugerechnet. 180

Lieferungs- und Leistungsbeziehungen zwischen der übertragenden Körperschaft und der übernehmenden Personengesellschaft, die erst nach dem steuerlichen Übertragungsstichtag begründet werden, sind als sog. »Innenumsätze« anzusehen und wirken sich auf das Einkommen der beiden Rechtsträger nicht mehr aus. Wurde der Geschäftsvorfall allerdings bereits vor dem steuerlichen Übertragungsstichtag durchgeführt, sind die hierdurch entstandenen Forderungen/Verbindlichkeiten in der steuerlichen Schlussbilanz der übertragenden Körperschaft auszuweisen. Im Zeitpunkt der Verschmelzung erlöschen diese Schuldverhältnisse durch Konfusion. 181

Durch den übertragenden Rechtsträger im Rückwirkungszeitraum gezahlte Aufsichtsratsvergütungen gelten steuerlich nach § 2 Abs. 1 UmwStG als durch die übernehmende Personengesellschaft/das übernehmende Einzelunternehmen geleistet und unterliegen daher nicht mehr dem teilweisen Abzugsverbot des § 10 Nr. 4 KStG. 182

Für die Gesellschafter der übertragenden Körperschaft gilt die Rückwirkungsfiktion nur insoweit, als diese an der Verschmelzung teilnehmen.[101] Scheiden die Gesellschafter der übertragenden Körperschaft jedoch im Rückwirkungszeitraum ganz oder teilweise aus, so gilt die Rückwirkungsfiktion für sie nicht. Die Gesellschafter veräußern in diesem Fall auch nach dem steuerlichen Übertragungsstichtag eine Beteiligung an der übertragenden Körperschaft und nicht an der übernehmenden Personengesellschaft. Für den Erwerber des Anteils gilt jedoch die Rückwirkungsfiktion. Er erwirbt hiernach auf den steuerlichen Übertragungsstichtag eine Beteiligung an der übertragenden Körperschaft. An ihre Stelle tritt im Rahmen der Umwandlung die Beteiligung an der übernehmenden Personengesellschaft. 183

Ähnliche Differenzierungen sind vorzunehmen, wenn **nach dem steuerlichen Übertragungsstichtag** noch **Gewinnausschüttungen** vorgenommen werden. Hier sind folgende Fälle zu unterscheiden: 184
– Gewinnausschüttungen, die bereits vor dem steuerlichen Übertragungsstichtag beschlossen, jedoch erst danach ausgezahlt werden, sind vollumfänglich noch bei der übertragenden Körperschaft zu erfassen. Dasselbe gilt für verdeckte Gewinnausschüttungen, die sich vor dem steuerlichen Übertragungsstichtag auf das Einkommen der übertragenden Körperschaft bereits

---

98 Vgl. Prinz, FR 2017, 735.
99 Anhängig unter dem Az. I R 20/17.
100 Vgl. Randnr. 02.11 UmwStE.
101 Vgl. Randnr. 02.18 UmwStE.

ausgewirkt haben, jedoch noch nicht ausbezahlt worden sind. Die übertragende Körperschaft hat den Ausschüttungsbetrag als Schuldposten auszuweisen.[102]
Handelt es sich bei den Dividendenempfängern um Gesellschafter, für die die Rückwirkungsfiktion gilt, gelten diese Ausschüttungen dem Anteilseigner nach § 2 Abs. 2 UmwStG bereits als am steuerlichen Übertragungsstichtag zugeflossen. Bei den übrigen Gesellschaftern sind die Ausschüttungen nach den allgemeinen Grundsätzen im Zeitpunkt der Fälligkeit zu erfassen.[103] Bei der übernehmenden Personengesellschaft stellt der Abfluss der Gewinnausschüttung im Rückwirkungszeitraum grundsätzlich eine erfolgsneutrale Erfüllung einer Ausschüttungsverbindlichkeit dar.[104]

– Bei Gewinnausschüttungen, die erst nach dem steuerlichen Übertragungsstichtag beschlossen wurden, ist danach zu unterscheiden, ob die empfangenden Gesellschafter an der Verschmelzung teilnehmen oder nicht.
  1. Soweit die Ausschüttung auf an der Verschmelzung teilnehmende Gesellschafter entfällt, gilt die Rückwirkungsfiktion und dieser Vorgang ist bereits dem übernehmenden Rechtsträger zuzurechnen. Bei dem hier vorliegenden Vermögensübergang auf eine Personengesellschaft bzw. ein Einzelunternehmen handelt es bei diesem somit um eine Entnahme.[105]
  2. Soweit die Ausschüttung allerdings auf im Rückwirkungszeitraum ganz oder teilweise ausscheidende Gesellschafter entfällt, ist sie diesen Gesellschaftern als Einnahmen nach § 20 Abs. 1 Nr. 1 EStG zuzurechnen und nach den allgemeinen Grundsätzen zu besteuern.[106] In der steuerlichen Übertragungsbilanz ist i. H. d. erst nach dem steuerlichen Übertragungsstichtag begründeten Ausschüttungsverbindlichkeit ein passiver Korrekturposten einzustellen.
  3. Ist der Empfänger einer solchen Gewinnausschüttung allerdings der übernehmende Rechtsträger, so ist dieser Vorgang i. d. R. insoweit nicht als Gewinnausschüttung, sondern als Vorwegübertragung von Vermögen anzusehen.[107] Die Kapitalertragsteueranmeldung kann insoweit berichtigt werden.

185 Für grenzüberschreitende Umstrukturierungen ist die Regelung des § 2 Abs. 3 UmwStG zu beachten, wonach die Rückwirkungsregelungen keine Anwendung finden, soweit Einkünfte aufgrund abweichender Regelungen zur Rückbeziehung in einem anderen Staat der Besteuerung entzogen werden. Es handelt sich hierbei um eine »Auffangvorschrift«, falls es durch das Zusammentreffen mit abweichenden Rückwirkungsregelungen anderer beteiligter Länder zu weißen Einkünften kommen sollte.

186 § 2 Abs. 4 UmwStG enthält verschiedene Regelungen, welche die Nutzbarkeit steuerlicher Verluste des übertragenden und des übernehmenden Rechtsträgers durch rückwirkende Umwandlungen beschränken. Während § 2 Abs. 4 Satz 1 und 2 UmwStG die Nutzbarkeit von steuerlichen Verlusten des übertragenden Rechtsträgers betreffen, behandeln § 2 Abs. 4 Satz 3 bis 6 UmwStG die Nutzbarkeit von steuerlichen Verlusten des übernehmenden Rechtsträgers. Über Verweisungen in § 9 Satz 3 UmwStG und § 20 Abs. 6 Satz 4 UmwStG gilt § 2 Abs. 4 UmwStG auch für den Formwechsel in eine Personengesellschaft und die Einbringung in Kapitalgesellschaften.

187 § 2 Abs. 4 Satz 1 und Satz 2 UmwStG setzen als ungeschriebenes Tatbestandsmerkmal einen Untergang steuerlicher Verluste nach § 8c KStG bei einem an der Umwandlung beteiligten Rechtsträger voraus.[108]

---

102 Randnr. 02.27 UmwStE.
103 Randnr. 02.28 UmwStE.
104 Randnr. 02.30 UmwStE.
105 Randnr. 02.32 UmwStE.
106 Randnr. 02.33 UmwStE.
107 Randnr. 02.35 UmwStE.
108 Vgl. van Lishaut, in: Rödder/Herlinghaus/van Lishaut, Umwandlungssteuergesetz, § 2, Rn. 116.

§ 2 Abs. 4 Satz 1 UmwStG versagt es einer übertragenden Körperschaft zunächst, bei einer Umwandlung durch den Ansatz des gemeinen Wertes oder von Zwischenwerten anfallende Übertragungsgewinne mit Verlusten zu verrechnen, soweit die Verlustnutzung nicht auch ohne die Rückwirkung möglich gewesen wäre. Diese Regelung betrifft Fälle, in denen beispielsweise im März 2015 ein schädlicher Anteilserwerb nach § 8c KStG zum vollständigen Untergang aller steuerlichen Verluste bei der übertragenden Körperschaft geführt hat. Wird nun im April 2015 eine steuerlich auf den 31.12.2014 rückwirkende Verschmelzung der Verlust-Körperschaft beschlossen, so könnte man grundsätzlich auf die Idee kommen, anlässlich der Verschmelzung den gemeinen Wert für die übergehenden Wirtschaftsgüter anzusetzen. Auf diesem Wege könnten mit Ablauf des 31.12.2014 die ansonsten im März 2015 untergehenden steuerlichen Verluste im Rahmen der Mindestbesteuerung genutzt werden. § 2 Abs. 4 Satz 1 UmwStG untersagt jedoch eine solche Verlustnutzung, weil die übertragende Körperschaft im April 2015 aufgrund des im März 2015 eingetretenen Verlustuntergangs die Verluste ohne die Rückwirkung nicht mehr nutzen hätte können. Der mit Ablauf des 31.12.2014 entstehende Übertragungsgewinn wäre somit voll steuerpflichtig.

§ 2 Abs. 4 Satz 2 UmwStG will hingegen die Nutzung eines laufenden steuerlichen Verlustes, der im Rückwirkungszeitraum entstanden ist, beim übernehmenden Rechtsträger ausschließen. Die Regelung ist sprachlich nicht unbedingt eindeutig und lässt insbesondere die Frage offen, ob der gesamte im Rückwirkungszeitraum entstandene Verlust oder nur der bis zum Eintritt des nach § 8c KStG schädlichen Ereignisses eingetretene Verluste steuerlich nicht nutzbar sein soll.[109]

Schließlich sieht § 2 Abs. 4 Satz 3 UmwStG auch noch ein Verrechnungsverbot für die beim übernehmenden Rechtsträger angefallenen Verluste mit den beim übertragenden Rechtsträger angefallenen Gewinnen vor.[110] Entsteht also im Rückwirkungszeitraum bei der übertragenden Körperschaft ein positives Ergebnis, bei der übernehmenden Personengesellschaft jedoch ein negatives Ergebnis, so können diese Ergebnisse nicht verrechnet werden. Eine Rückausnahme gilt nach § 2 Abs. 4 Satz 6 UmwStG allerdings dann, wenn der übertragende und der übernehmende Rechtsträger vor Ablauf des steuerlichen Übertragungsstichtages bereits verbundene Unternehmen i. S. v. § 271 Abs. 2 HGB sind.

Die Regelungen des § 2 Abs. 4 UmwStG erfordern eine intensive Überprüfung der Ergebnissituation vor dem steuerlichen Übertragungsstichtag und auch im Rückwirkungszeitraum sowohl beim übertragenden als auch beim übernehmenden Rechtsträger.

VIII. Formwechsel einer Kapitalgesellschaft in eine Personengesellschaft

Nach § 190 UmwG kann u.a. auch eine Kapitalgesellschaft in eine Personengesellschaft formgewechselt werden, also z.B. eine GmbH oder AG in eine oHG oder KG. Zivilrechtlich findet beim Formwechsel keine Vermögensübertragung statt. Der Rechtsträger wechselt lediglich seine Rechtsform, wahrt jedoch seine rechtliche und wirtschaftliche Identität (vgl. Teil 4 Rdn. 10). Das Steuerrecht folgt dem nur dann, wenn es durch den Formwechsel nicht zu einem Wechsel des Besteuerungsregimes kommt. Gerade das ist aber bei einem Formwechsel einer Kapitalgesellschaft in eine Personengesellschaft der Fall. Während die Kapitalgesellschaft selbst Steuersubjekt der Körperschaftsteuer ist, sind es bei der Personengesellschaft die Gesellschafter, denen der Gewinn der Personengesellschaft zugerechnet wird und die diesen der Einkommen- oder Körperschaftsteuer zu unterwerfen haben. Die Personengesellschaft selbst ist also ertragsteuerlich nicht Steuersubjekt.

---

109 Für eine Begrenzung der Anwendung des § 2 Abs. 4 Satz 2 UmwStG auf den bis zum schädlichen Ereignis entstandenen Verlust vgl. van Lishaut, in: Rödder/Herlinghaus/van Lishaut, Umwandlungssteuergesetz, § 2, Rn. 113.
110 Vgl. Mückl, GmbHR 2014, 1084 und Behrendt/Klages, BB 2013, 1815.

193 Das UmwStG fingiert daher eine Vermögensübertragung, auch wenn eine solche zivilrechtlich nicht stattfindet.[111] Für den Fall des Formwechsels einer Kapitalgesellschaft in eine Personengesellschaft (und vergleichbare ausländische Vorgänge, § 1 Abs. 1 Satz 1 Nr. 2 Halbsatz 1 UmwStG) ordnet § 9 UmwStG insoweit die Anwendung der §§ 3 bis 8 UmwStG an. Der Vorgang wird steuerlich wie die Verschmelzung einer Kapitalgesellschaft auf eine Personengesellschaft behandelt.

194 Weil der Formwechsel handelsrechtlich nicht zu einem Vermögensübergang führt, sind insoweit auch keine Übertragungsbilanzen aufzustellen. § 9 Satz 2 UmwStG ordnet ertragsteuerlich für die Kapitalgesellschaft die Aufstellung einer Übertragungsbilanz auf den Zeitpunkt an, in dem der Formwechsel wirksam wird und für die Personengesellschaft die Aufstellung einer Eröffnungsbilanz. Diese Bilanzen sind grundsätzlich auf den Zeitpunkt der Registereintragung des Formwechsels (§ 202 Abs. 1 Nr. 1 UmwG) aufzustellen.[112] Die Bilanzen können jedoch gem. § 9 Satz 3 UmwStG auch auf einen bis zu acht Monate vor der Anmeldung des Formwechsels zur Eintragung in ein öffentliches Register liegenden Stichtag aufgestellt werden. Dadurch wird für den Formwechsel eine eigene steuerliche Rückwirkungsregelung geschaffen. Das ist erforderlich, weil es für eine Rückwirkung nach § 2 Abs. 1 UmwStG mangels aufzustellender handelsrechtlicher Übertragungsbilanz an einem Anknüpfungspunkt fehlt. Allerdings ordnet § 9 Satz 3 Halbsatz 2 UmwStG die entsprechende Anwendung von § 2 Abs. 3 und 4 UmwStG (siehe dazu Teil 7 Rdn. 185 ff.) an.

195 Hinsichtlich der Gewerbesteuer gelten für den Formwechsel keine Besonderheiten, § 18 UmwStG ist für die formgewechselte Gesellschaft zu beachten (vgl. Teil 7 Rdn. 137 ff.). In dem Sonderfall, dass die Kapitalgesellschaft (Obergesellschaft), die in eine Personengesellschaft formgewechselt wird, Mitunternehmerin einer anderen Personengesellschaftern (Untergesellschaft) ist, führt der Formwechsel auf Ebene der Untergesellschaft nicht zu einem (anteiligen) Untergang gewerbesteuerlicher Verlustvorträge.[113] Da ein Rechtsträgerwechsel nicht stattgefunden hat (§ 202 Abs. 1 Nr. 1 UmwG) kommt es auch nicht zu einem Wechsel des Mitunternehmers, so dass die erforderliche Unternehmeridentität (vgl. hierzu Kap. 7. Rdn. 609) trotz des Formwechsels bestehen bleibt. § 18 UmwG ist nur auf Ebene der formgewechselten Gesellschaft, nicht aber auf Ebene der Untergesellschaft anzuwenden. Die GewStR enthalten zu dieser Frage keine Äußerung der Finanzverwaltung, jedoch soll nach R 10a.3 Abs. 3 Satz 9 Nr. 8 Satz 5 GewStR 2017 der umgekehrte Fall des Formwechsels der Obergesellschaft in eine Kapitalgesellschaft nicht zu einem Untergang von Verlusten auf Ebene der Untergesellschaft führen.

C. Verschmelzung von Körperschaften auf Körperschaften

196 Bei einer Verschmelzung von Körperschaften geht das gesamte Vermögen einer oder mehrerer Körperschaften im Wege der Gesamtrechtsnachfolge auf eine bereits bestehende Körperschaft (Verschmelzung zur Aufnahme) oder auf eine neugegründete Körperschaft (Verschmelzung zur Neugründung) über. Die übertragende Körperschaft wird im Zuge der Verschmelzung ohne Abwicklung aufgelöst. Sie hört somit auf zu existieren.

197 Im UmwStG bildet die Verschmelzung von Körperschaften den 3. Teil, der die §§ 11 bis 13 UmwStG umfasst. § 11 UmwStG regelt die steuerlichen Konsequenzen der Verschmelzung für die übertragende Körperschaft, § 12 UmwStG beinhaltet die Auswirkungen für die übernehmende Körperschaft und § 13 UmwStG die für die Gesellschafter der übertragenden Körperschaft.

198 Die Regelungen in §§ 11 bis 13 UmwStG gelten sowohl für die Aufwärtsverschmelzung einer Tochter- auf die Muttergesellschaft (mit 100 %iger oder geringerer Beteiligung der Mutter an der Tochter) als auch für Verschmelzungen von Gesellschaften, zwischen denen kein Beteiligungsverhältnis besteht.

---

111 Vgl. BT-Drucks. 12/6885, S. 26.
112 Randnr. 09.01 UmwStE.
113 FG Schleswig-Holstein Urteil v. 28.09.2016 – 2 K 41/16, EFG 2016, 1977, rkr.

C. Verschmelzung von Körperschaften auf Körperschaften

Für das UmwStG a. F. ging die Finanzverwaltung davon aus, dass die Abwärtsverschmelzung einer Mutter- auf die Tochtergesellschaft von den §§ 11 bis 13 UmwStG a. F. grundsätzlich nicht erfasst sei. Trotzdem ließ die Finanzverwaltung[114] die Anwendung der §§ 11 bis 13 UmwStG auch auf diesen Fall aus Billigkeitsgründen unter bestimmten Voraussetzungen zu. Mit dem seit Ende 2006 geltenden UmwStG wurde diese Unsicherheit beseitigt. Für die Abwärtsverschmelzung wird nämlich nunmehr in § 11 Abs. 2 Satz 2 UmwStG der Wertansatz von Anteilen an der übernehmenden Körperschaft in der Schlussbilanz der übertragenden Körperschaft geregelt. Damit ist gesetzlich klargestellt, dass auch die Abwärtsverschmelzung unter die §§ 11 bis 13 UmwStG fällt.

Die §§ 11 bis 13 UmwStG sind nicht nur auf Verschmelzungen inländischer Körperschaften, sondern auch auf Verschmelzungen unter Beteiligung ausländischer Körperschaften anwendbar. Voraussetzung ist wiederum, dass der Sitz und der Ort der Geschäftsleitung der Körperschaften innerhalb des Hoheitsgebietes eines der EU/EWR-Staaten liegt (§ 1 Abs. 2 Nr. 2 UmwStG) und deutsche Besteuerungsinteressen durch diese Verschmelzung berührt sind. Dies ist regelmäßig der Fall, wenn entweder einer der beteiligten Rechtsträger, ein Gesellschafter oder übergehendes Betriebsvermögen in Deutschland steuerpflichtig bzw. steuerverhaftet ist.

Von den §§ 11 bis 13 UmwStG werden somit die folgenden Fälle erfasst, auf die nachstehend näher eingegangen werden soll:
– Verschmelzung von zwei inländischen Kapitalgesellschaften ohne Auslandsberührung,
– Verschmelzung von zwei inländischen Kapitalgesellschaften mit Auslandsberührung,
– Verschmelzung von zwei ausländischen Kapitalgesellschaften mit Inlandsvermögen,
– Hinausverschmelzung einer inländischen auf eine ausländische Kapitalgesellschaft,
– Hereinverschmelzung einer ausländischen auf eine inländische Kapitalgesellschaft.

I. Verschmelzung von zwei inländischen Kapitalgesellschaften ohne Auslandsberührung

1. Einleitung

Bei einer Verschmelzung von Kapitalgesellschaften kommt es nicht zu einer Änderung des Besteuerungssystems auf der Ebene der beteiligten Gesellschaften oder bei den Gesellschaftern. Daher ist die Systematik der Besteuerungsfolgen wesentlich einfacher ausgestaltet als bei der Vermögensübertragung von einer Kapital- auf eine Personengesellschaft.

Eine Verschmelzung von zwei inländischen Kapitalgesellschaften kann bei Vorliegen bestimmter Voraussetzungen zu Buchwerten vorgenommen werden. Eine Versteuerung stiller Reserven oder eine fiktive Ausschüttung offener Reserven findet dann nicht statt. Auch bei den Gesellschaftern kann der Anteilstausch daher regelmäßig steuerneutral durchgeführt werden.

Lediglich soweit die übernehmende Kapitalgesellschaft an der übertragenden beteiligt ist und sich in Höhe der Differenz zwischen dem steuerlichen Buchwert der untergehenden Beteiligung und dem anteiligen steuerlichen Buchwert des übergehenden Vermögens ein sog. »Übernahmegewinn« ergibt, wird auf diesen Übernahmegewinn § 8b KStG angewendet, d. h. der Übernahmegewinn ist grundsätzlich nach § 8b Abs. 2 Satz 1 KStG steuerbefreit, es werden aber nach § 8b Abs. 3 Satz 1 KStG 5 % des Übernahmegewinns als fiktive nicht abzugsfähige Betriebsausgaben hinzugerechnet.[115]

Die übernehmende Körperschaft tritt zwar grundsätzlich in die steuerliche Rechtsstellung der übertragenden Körperschaft ein. Dies gilt allerdings nicht für steuerliche Verlustvorträge der übertragenden Körperschaft. Diese gehen nicht von der übertragenden Körperschaft auf die überneh-

---

114 Vgl. Randnr. 11.24 UmwStE 1998.
115 Vgl. Randnr. 12.06 UmwStE.

mende Körperschaft über, sondern fallen mit der Verschmelzung weg. Insoweit besteht dieselbe Situation wie bei der Verschmelzung einer Kapital- auf eine Personengesellschaft, bei der steuerliche Verluste der übertragenden Körperschaft ebenfalls nicht übergehen.

2. Steuerliche Konsequenzen bei der übertragenden und der übernehmenden Körperschaft

a) Schlussbesteuerung des übertragenden Rechtsträgers

206 Mit der Eintragung einer Verschmelzung in das Handelsregister hört der übertragende Rechtsträger auf zu existieren. Für ihn ist daher eine Schlussbesteuerung durchzuführen. Maßgeblicher Stichtag für diese Schlussbesteuerung ist jedoch nicht der Tag der Handelsregistereintragung, an dem die Körperschaft untergeht, sondern der steuerliche Übertragungsstichtag (§ 2 UmwStG).

207 Der steuerliche Übertragungsstichtag entspricht nach § 2 UmwStG dem Stichtag der Bilanz, die dem Vermögensübergang zugrunde liegt. Es handelt sich hierbei um die handelsrechtliche Übertragungsbilanz, die nach § 17 Abs. 2 UmwG der Handelsregisteranmeldung beizufügen ist. Diese Bilanz muss auf einen höchstens 8 Monate vor der Anmeldung zum Handelsregister liegenden Stichtag aufgestellt worden sein.

208 § 2 Abs. 1 UmwStG enthält eine **Rückwirkungsfiktion**. Obwohl die Verschmelzung zivilrechtlich erst mit der später stattfindenden Handelsregistereintragung erfolgt, sind das Einkommen und das Vermögen der übertragenden Körperschaft sowie der Übernehmerin für die Zwecke der Besteuerung so zu ermitteln, als ob das Vermögen der Körperschaft mit Ablauf des steuerlichen Übertragungsstichtages auf die Übernehmerin übergegangen wäre. Dies gilt auch für die Ermittlung der **Bemessungsgrundlage bei der Gewerbesteuer**. Es wird also fingiert, die Verschmelzung sei bereits am steuerlichen Übertragungsstichtag erfolgt. Damit hört der übertragende Rechtsträger aus ertragsteuerlicher Sicht bereits mit Ablauf des steuerlichen Übertragungsstichtages auf zu existieren. Alle nach diesem Zeitpunkt erfolgten laufenden Geschäftsvorfälle werden steuerlich bereits dem übernehmenden Rechtsträger zugerechnet (vgl. hierzu Teil 7 Rdn. 173 ff.).

209 Für den übertragenden Rechtsträger markiert der steuerliche Übertragungsstichtag somit das Ende des letzten Wirtschaftsjahres. Auf diesen Stichtag ist daher eine steuerliche Schlussbilanz zu erstellen, aus der sich ein steuerpflichtiger Übertragungsgewinn ergeben kann. Ob ein solcher entsteht, ist abhängig von dem Ansatz des Betriebsvermögens in dieser Schlussbilanz des übertragenden Rechtsträgers.

b) Ansatz in der steuerlichen Schlussbilanz

210 Der übertragende Rechtsträger hat auf den steuerlichen Übertragungsstichtag eine steuerliche Schlussbilanz zu erstellen. In dieser Bilanz muss das übergehende Vermögen grundsätzlich mit dem gemeinen Wert angesetzt werden, kann aber unter bestimmten Voraussetzungen auch zu Buchwerten oder Zwischenwerten angesetzt werden.

211 Die steuerliche Schlussbilanz der übertragenden Körperschaft ist eine von der regulären steuerlichen Gewinnermittlungsbilanz unabhängige Bilanz. Nach Auffassung der Finanzverwaltung sollen im Fall des Ansatzes von Zwischenwerten oder gemeinen Werten die steuerlichen Bilanzierungsverbote des § 5 Abs. 2 EStG nicht gelten.[116] Die Pensionsrückstellungen sind auch bei der Verschmelzung von Körperschaften nur mit dem Wert nach § 6a EStG anzusetzen, so dass sich auch hier die Frage stellt, ob der darüber hinausgehende tatsächliche Wert der Pensionsrückstellungen den zu aktivierenden Geschäfts- bzw. Firmenwert mindert.

---

116 Randnr. 11.03 in Verbindung mit Randnr. 03.04 bis 03.06 UmwStE; vgl. hierzu auch die entsprechenden Ausführungen zur steuerlichen Schlussbilanz in den Fällen der Verschmelzung von Kapital- auf Personengesellschaften in Teil 7 Rdn. 50 ff.

Die übertragende Körperschaft hat das übergehende Vermögen in ihrer steuerlichen Schlussbilanz grundsätzlich gem. § 11 Abs. 1 UmwStG mit dem gemeinen Wert anzusetzen.

Auf Antrag können die übergehenden Wirtschaftsgüter gem. § 11 Abs. 2 UmwStG jedoch einheitlich mit dem Buchwert oder einem höheren Wert angesetzt werden, soweit
(1) sichergestellt ist, dass sie später bei der übernehmenden Körperschaft der Besteuerung mit Körperschaftsteuer unterliegen und
(2) das Recht Deutschlands hinsichtlich der Besteuerung der übertragenen Wirtschaftsgüter bei der übernehmenden Körperschaft nicht beschränkt oder ausgeschlossen wird und
(3) eine Gegenleistung nicht gewährt wird oder in Gesellschaftsrechten besteht.

aa) Steuerpflicht der übernehmenden Körperschaft

Für die **erste Voraussetzung** nach § 11 Abs. 2 Nr. 1 UmwStG gilt: War die übertragende Körperschaft vor der Verschmelzung steuerpflichtig, so kann auf die Besteuerung der in dem Betriebsvermögen ruhenden stillen Reserven nur dann verzichtet werden, wenn die spätere steuerliche Erfassung sichergestellt ist. Dies ist gewährleistet, wenn auch die übernehmende Körperschaft körperschaftsteuerpflichtig ist.

Nicht sichergestellt ist die Besteuerung hingegen, wenn die übernehmende Körperschaft grundsätzlich nicht körperschaftsteuerpflichtig oder aber von der Körperschaftsteuer befreit ist.[117] In einem solchen Fall hat der übertragende Rechtsträger in seiner steuerlichen Schlussbilanz sämtliche Wirtschaftsgüter – einschließlich nicht entgeltlich erworbener oder selbst geschaffener immaterieller Wirtschaftsgüter (insbesondere eines originären Geschäfts- oder Firmenwertes) – mit den gemeinen Werten anzusetzen. Es kommt zu einer **Aufdeckung aller stillen Reserven** des übertragenden Rechtsträgers. Der hierbei entstehende Gewinn unterliegt bei der übertragenden Körperschaft der Körperschaftsteuer und der Gewerbesteuer.

Darüber hinaus hat die Finanzverwaltung in Randnr. 11.08 UmwStE einen weiteren Fall dargestellt, in dem nach ihrer Meinung eine Besteuerung mit Körperschaftsteuer nicht sichergestellt sein soll, nämlich bei einer Verschmelzung der Körperschaft auf eine Organgesellschaft. Infolge der Zurechnung des Einkommens an den Organträger soll eine Besteuerung mit Körperschaftsteuer bei der übernehmenden Körperschaft nur insoweit sichergestellt sein, wie das zugerechnete Einkommen beim Organträger der Besteuerung mit Körperschaftsteuer unterliegt. Soweit das zugerechnete Einkommen bei dem Organträger bzw. seinen Gesellschaftern jedoch der Einkommensteuer unterliegt, soll ein steuerneutraler Buchwertansatz lediglich aus Billigkeitsgründen möglich sein. Eine weitere Voraussetzung für diese Billigkeitsmaßnahme ist, dass sich alle an der Verschmelzung Beteiligten übereinstimmend schriftlich damit einverstanden erklären, dass auf die aus der Verschmelzung resultierenden Mehrabführungen § 14 Abs. 3 Satz 1 KStG anzuwenden ist. Diese Regelung im UmwStE wird in der steuerlichen Literatur zu Recht massiv kritisiert. Denn nach zutreffender Auffassung kann es nur darauf ankommen, ob die stillen Reserven bei der übernehmenden Körperschaft grundsätzlich der Körperschaftsteuer unterliegen.[118] Die auch schon im UmwStG a. F. enthaltene Voraussetzung der Körperschaftsteuerpflicht der Übernehmerin wurde in der Vergangenheit rein abstrakt verstanden. Es reichte daher aus, wenn die Übernehmerin nicht subjektiv körperschaftsteuerbefreit war. Diese bisherige Rechtsauffassung hat die Finanzverwaltung ohne ersichtlichen Grund und insbesondere ohne Änderung des Gesetzeswortlauts mit der Regelung im UmwStE erheblich verschärft. Ebenfalls zu Recht kritisiert wird auch die Billigkeitsregelung, die voraussetzt, dass sich die Beteiligten mit einer Anwendung des § 14 Abs. 3 Satz 1 KStG auf mögliche organschaftliche Mehrabführungen einverstanden erklären. § 14 Abs. 3 Satz 1 KStG hat zur Folge, dass die Mehrabführungen als sog. vororganschaftliche Mehrab-

---

117 Vgl. hierzu Randnr. 11.07 UmwStE.
118 Vgl. beispielsweise Rödder in Rödder/Herlinghaus/van Lishaut, UmwStG, § 11 Rn. 106 ff. und Schmitt in: Schmitt/Hörtnagl/Stratz, UmwG/UmwStG, § 11 UmwStG Rn. 104.

führungen behandelt werden. Diese werden wie Gewinnausschüttungen behandelt und führen somit bei natürlichen Personen zu einer Besteuerung im Teileinkünfteverfahren. Die Anwendbarkeit des § 14 Abs. 3 Satz 1 KStG auf Mehrabführungen, die durch eine Umwandlung einer Gesellschaft auf eine Organgesellschaft aufgelöst werden, ist allerdings fraglich. Außerdem ist fraglich, welche Rechtsnatur die für den Billigkeitsantrag erforderliche Zustimmungserklärung der Beteiligten hat und ob es sich dabei nicht um einen unzulässigen »Steuervertrag« handelt.[119]

217 Für den Bereich der **Gewerbesteuer** existiert keine gesonderte steuerliche Entstrickungsvorschrift. Von den beiden im Gesetz genannten Voraussetzungen ist das Kriterium »Sicherstellung der Besteuerung« vielmehr nur für den Bereich der Körperschaftsteuer formuliert. Sind beide Voraussetzungen erfüllt, kann das Bewertungswahlrecht nach der herrschenden Meinung frei ausgeübt werden und entfaltet dann auch für den Bereich der Gewerbesteuer Gültigkeit. Die Buchwertfortführung kann daher auch dann gewählt werden, wenn die übertragende Körperschaft gewerbesteuerpflichtig und die übernehmende Körperschaft gewerbesteuerfrei ist, die stillen Reserven in der Zukunft also nicht mehr der Gewerbesteuer unterliegen.[120]

bb) Sicherstellung des deutschen Besteuerungsrechts

218 Zweite Voraussetzung für die Möglichkeit einer Buchwertfortführung bzw. eines Zwischenwertansatzes ist gem. § 11 Abs. 2 Nr. 2 UmwStG, dass das Recht Deutschlands hinsichtlich der Besteuerung der übertragenen Wirtschaftsgüter bei der übernehmenden Körperschaft nicht beschränkt oder ausgeschlossen wird.

219 Diese Voraussetzung ist bei rein nationalen Verschmelzungsvorgängen immer erfüllt und ist daher nur zu beachten bei grenzüberschreitenden Vorgängen (s. hierzu ausführlich Teil 7 Rdn. 311 ff.).

cc) Gegenleistung

220 Für die **dritte Voraussetzung** gem. § 11 Abs. 2 Nr. 3 UmwStG gilt: In Verschmelzungsfällen wird immer dann **keine Gegenleistung** gewährt, wenn eine Tochtergesellschaft auf ihre alleinige Muttergesellschaft verschmolzen wird. In diesem Fall geht die Beteiligung, welche die Muttergesellschaft an der Tochtergesellschaft gehalten hat, im Zuge der Verschmelzung unter und an ihre Stelle tritt das Betriebsvermögen der übertragenden Tochtergesellschaft. Diese Voraussetzung des Bewertungswahlrechts ist daher bei einer solchen Aufwärtsverschmelzung immer erfüllt.[121] Nach den Vereinfachungsregelungen der §§ 54 Abs. 1 Satz 3, 68 Abs. 1 Satz 3 UmwG besteht außerdem die Möglichkeit, auf die Gewährung von Anteilen an der übernehmenden Körperschaft auch in anderen Fällen zu verzichten. Diese Möglichkeit wird insbesondere bei der Verschmelzung von Schwestergesellschaften, die zu jeweils 100 % von einer gemeinsamen Muttergesellschaft gehalten werden, genutzt.

221 Eine **Gegenleistung** ist hingegen grundsätzlich zu gewähren, wenn neben der übernehmenden Kapitalgesellschaft auch noch andere Gesellschafter an der übertragenden Kapitalgesellschaft beteiligt sind oder wenn die übernehmende Kapitalgesellschaft selbst gar nicht an der übertragenden beteiligt ist. In einem solchen Fall ist die übernehmende Gesellschaft gem. § 20 Abs. 1 Nr. 3 UmwG grundsätzlich verpflichtet, den an der Verschmelzung teilnehmenden Gesellschaftern der übertragenden Kapitalgesellschaft Gesellschaftsrechte zu gewähren. Diese Gesellschaftsrechte können in Form vorhandener eigener Anteile oder aber in Form neu geschaffener Anteile aus einer Kapitalerhöhung gewährt werden. Hierin muss sich die Gewährung einer Gegenleistung aber nicht erschöpfen. Das UmwG ermöglicht vielmehr zusätzlich die Leistung sog. »barer Zuzahlun-

---

119 Vgl. z. B. Hageböke/Stangl, GmbHR 2011, 744 ff.; Blumenberg/Lechner, DB Beilage 1 zu Heft 2/2012, 57 [69]; a. A. Dötsch, GmbHR 2012, 175 [178].
120 So auch Randnr. 18.01 UmwStE.
121 Vgl. Randnr. 11.10 in Verbindung mit Randnr. 03.21 UmwStE.

gen« bis zu einer Höhe von 10 % des Gesamtnennbetrags der gewährten Anteile. Außerdem sind Gesellschafter, die an der Verschmelzung nicht teilnehmen möchten, in bar abzufinden (§ 29 UmwG).

Soweit **ausschließlich** Gesellschaftsrechte als Gegenleistung gewährt werden, sind die Voraussetzungen des § 11 Abs. 2 UmwStG erfüllt und die übertragende Körperschaft kann das Bewertungswahlrecht ausüben. In der Regel werden in Verschmelzungsfällen **neue** Anteile gewährt, die durch eine Kapitalerhöhung geschaffen werden. Es ist aber steuerrechtlich unschädlich, wenn bei der Verschmelzung von Körperschaften – entsprechend der zivilrechtlichen Möglichkeiten – keine neuen, sondern bereits vorhandene eigene Anteile der übernehmenden Körperschaft gewährt werden, denn § 11 UmwStG setzt **keine Gewährung neuer Anteile** voraus (im Gegensatz zu § 20 UmwStG, der bei Einbringungen in Kapitalgesellschaften, zu denen auch die Verschmelzung einer Personengesellschaft auf eine Kapitalgesellschaft gehört, ausdrücklich die Gewährung **neuer** Anteile durch die übernehmende Kapitalgesellschaft fordert).

222

Macht der übernehmende Rechtsträger jedoch von der durch das UmwG eröffneten Möglichkeit Gebrauch, den Gesellschaftern der übertragenden Körperschaft neben Gesellschaftsrechten auch noch eine **bare Zuzahlung oder andere Gegenleistungen** zu gewähren, so hat dies zur Konsequenz, dass die übertragende Körperschaft das Bewertungswahlrecht des § 11 Abs. 2 UmwStG nicht mehr uneingeschränkt ausüben darf, denn die unter c) genannte Voraussetzung für dieses Wahlrecht ist dann nicht mehr erfüllt.[122] Insbesondere hat die Überträgerin dann nicht mehr die Möglichkeit, den Buchwertansatz zu wählen. Dasselbe gilt, wenn die übernehmende Körperschaft den Gesellschaftern der Überträgerin zusätzlich zu Gesellschaftsrechten Darlehensforderungen oder Anteile an anderen, an der Umwandlung nicht beteiligten Körperschaften, gewährt.

223

In diesen Fällen liegt ein **teilentgeltlicher Erwerb** vor und es kommt zu einer **quotalen Aufdeckung der stillen Reserven**. Zu diesem Zweck muss zunächst ermittelt werden, in welchem Verhältnis die schädliche Gegenleistung (bare Zuzahlung, etc.) zur unschädlichen Gegenleistung (Gewährung von Gesellschaftsrechten) steht, bezogen auf den Gesamtwert des übergehenden Vermögens. Soweit dem übergehenden Vermögen als Gegenleistung die Gewährung von Gesellschaftsrechten gegenübersteht, besteht das Bewertungswahlrecht des § 11 Abs. 2 UmwStG und die Überträgerin hat das Recht, die Wirtschaftsgüter in ihrer Schlussbilanz mit dem Buchwert anzusetzen. Soweit dem übergehenden Vermögen jedoch eine andere (schädliche) Gegenleistung gegenübersteht, sind die Wirtschaftsgüter in der steuerlichen Schlussbilanz gem. § 11 Abs. 2 UmwStG mit dem gemeinen Wert (§ 9 Abs. 2 BewG) dieser Gegenleistung anzusetzen. Die Finanzverwaltung geht davon aus, dass bei einer solchen quotalen Aufdeckung der stillen Reserven anteilig sämtliche stillen Reserven und stillen Lasten in allen Wirtschaftsgütern aufzudecken sind.[123] Damit sind stets auch bislang nicht aktivierte (immaterielle) Wirtschaftsgüter und ein bislang nicht aktivierte originärer Geschäfts- oder Firmenwert anteilig aufzudecken. Durch die quotale Aufdeckung stiller Reserven kommt es bei der übertragenden Körperschaft zur Entstehung eines steuerpflichtigen Übertragungsgewinns.

224

▶ Beispiel:

Die AB-GmbH soll auf die CD-GmbH verschmolzen werden. Die Schlussbilanz der AB-GmbH weist die folgenden steuerlichen Buchwerte aus:

225

---

122 Vgl. Randnr. 11.10 in Verbindung mit Randnr. 03.22 f. UmwStE.
123 Vgl. Randnr. 11.10 in Verbindung mit Randnr. 03.23.

	Schlussbilanz der AB-GmbH		
	TEUR		TEUR
Anlagevermögen	500	Stammkapital	300
Umlaufvermögen	400	Gewinnvortrag	100
		Verbindlichkeiten	500
	900		900

Folgende stille Reserven sind vorhanden:

	TEUR
Anlagevermögen	300
Umlaufvermögen	100
Firmenwert	200
	600

Die übernehmende CD-GmbH erhöht ihr Stammkapital nominal um 400.000. Zusätzlich zu diesen neu geschaffenen Anteilen gewährt sie den Gesellschaftern der AB-GmbH eine bare Zuzahlung von insgesamt 30.000.

Der Gesamtwert des übergehenden Vermögens beträgt 1.000.000 (bilanzielles Eigenkapital von 300.000 + 100.000 zuzüglich stille Reserven von 600). Die bare Zuzahlung (30.000) als schädliche Gegenleistung beträgt hiervon 3 %. Dem übergehenden Vermögen steht also zu 97 % eine unschädliche Gegenleistung gegenüber. In diesem Umfang kann das Bewertungswahlrecht ausgeübt werden, sodass auch der Buchwertansatz gewählt werden kann.

I. H. v. 3 % liegt ein entgeltlicher Vorgang vor. Sämtliche vorhandenen stillen Reserven sind daher quotal i. H. v. 3 % aufzudecken. Es ergibt sich ein Übertragungsgewinn, der sich wie folgt ermittelt:

	TEUR
bare Zuzahlung	30
hierauf entfallender Anteil der Netto-Buchwerte (3 % von 400.000)	− 12
aufzudeckende stille Reserven	18

Es ergibt sich unter Berücksichtigung der baren Zuzahlung folgende Schlussbilanz für die AB-GmbH:

	Schlussbilanz der AB-GmbH		
	TEUR		TEUR
Anlagevermögen	509	Stammkapital	300
Umlaufvermögen	403	Gewinnvortrag	100
Firmenwert	6	Übertragungsgewinn vor Steuern	18
		Verbindlichkeiten	500
	918		918

226 Keine schädliche Gegenleistung ist gem. Randnr. 11.10 in Verbindung mit Randnr. 03.22 UmwStE gegeben, wenn gem. §§ 29, 125 oder 207 UmwG eine Barabfindung an ausscheidende Gesellschafter gezahlt wird. Nachdem die Finanzverwaltung noch in Randnr. 11.05 UmwStE 1998 die Gegenauffassung vertreten und solche Barabfindungen als schädliche Gegenleistungen eingestuft hatte, folgt die Finanzverwaltung nunmehr der systematisch zutreffenden Auffassung. Denn das Umwandlungsgesetz geht davon aus, dass die an einer Verschmelzung teilnehmenden Gesellschafter des übertragenden Rechtsträgers identisch Gesellschafter des übernehmenden Rechtsträger werden, d. h. ein Ausscheiden von Gesellschaftern im Rahmen des Verschmelzungsvorganges selbst gibt es nicht. Gesellschafter, die an der Verschmelzung nicht teilnehmen möchten, scheiden daher nicht im Zeitpunkt der Verschmelzung aus, sondern davor oder danach.

Für einen gegen Barabfindung ausscheidenden Gesellschafter stellt die Barabfindung somit eine Gegenleistung für eine Anteilsübertragung dar, die nach allgemeinen steuerlichen Grundsätzen zu beurteilen ist. Die übernehmende Körperschaft erwirbt hierbei Anteile an der Überträgerin und der ausscheidende Gesellschafter erzielt einen Veräußerungsgewinn, der nur dann der Besteuerung unterliegt, wenn die Anteile steuerlich verhaftet waren.

Leistet die **übertragende Körperschaft** vor der Verschmelzung irgendwelche Zahlungen an ihre Gesellschafter, so hat dies auf die Verschmelzung selbst keine Auswirkungen. Es handelt sich hier im Fall der baren Zuzahlung um normale Gewinnausschüttungen, bzw. im Fall der Abfindung eines ausscheidenden Gesellschafters um den Erwerb eigener Anteile. Diese Geldleistungen werden also von der Regelung des § 11 Abs. 2 UmwStG nicht erfasst. 227

Des Weiteren ist es auch möglich, dass die Gesellschafter des übernehmenden Rechtsträgers an die des übertragenden Rechtsträgers Zahlungen leisten. Auch in diesen Fällen ist eine schädliche Gegenleistung nicht gegeben. Es liegen vielmehr Veräußerungsvorgänge vor, die nach allgemeinen steuerlichen Grundsätzen zu behandeln sind. 228

dd) Besteuerung des Übertragungsgewinns/Kriterien für die Wahlrechtsausübung

Sind die in § 11 Abs. 2 Nr. 1 bis 3 UmwStG genannten Voraussetzungen erfüllt, hat der übertragende Rechtsträger somit die Möglichkeit, das Betriebsvermögen in seiner steuerlichen Schlussbilanz entweder mit Buchwerten, mit Zwischenwerten oder mit gemeinen Werten anzusetzen. 229

Für die Verschmelzung von Körperschaften gelten die zur Verschmelzung von Körperschaften auf Personengesellschaften gemachten Ausführungen zum Charakter der steuerlichen Schlussbilanz entsprechend (vgl. Teil 7 Rdn. 41). Darüber hinaus gilt ebenfalls entsprechend, dass die Finanzverwaltung für diese steuerliche Schlussbilanz die Bilanzierungsverbote des § 5 Abs. 2 EStG nicht anwenden und somit im gleichen Verhältnis wie die stillen Reserven auch die stillen Lasten aufdecken will (vgl. hierzu Teil 7 Rdn. 50). 230

Wählt die übertragende Gesellschaft einen Ansatz zu Buchwerten, so entsteht kein Übertragungsgewinn und die Verschmelzung ist insoweit **steuerneutral**. Wird das Betriebsvermögen hingegen mit einem höheren Wert, max. jedoch mit dem gemeinen Wert angesetzt, so kommt es durch die Aufdeckung der stillen Reserven zu einem **Übertragungsgewinn**. 231

Dieser ermittelt sich nach folgendem **Schema**: 232

      Schlussbilanzwerte der übergehenden Wirtschaftsgüter (Buchwert, Zwischenwert, gemeine Werte)
–   Buchwert der übergehenden Wirtschaftsgüter
=   Buchgewinn
–   Verschmelzungskosten
=   steuerpflichtiger Übertragungsgewinn

In Randnr. 11.03 UmwStE wird gesondert betont, dass bei einem Ansatz zu Zwischenwerten oder gemeinen Werten ein etwaiger Geschäfts- oder Firmenwert auch dann (anteilig) anzusetzen ist, wenn der Betrieb der übertragenden Körperschaft nicht fortgesetzt wird. Diese Regelung soll wohl ganz gezielt auf die Fälle gerichtet sein, in denen eine Verschmelzung zum Zweck der stillen Liquidation des übertragenden Rechtsträgers durchgeführt wird. Fraglich ist, jedoch, ob es tatsächlich korrekt ist, in einem solchen Fall noch den Ansatz eines Firmenwerts zu fordern.[124] 233

Bezüglich der Verschmelzungskosten sind nur diejenigen Kosten bei der Ermittlung des Übertragungsgewinns zu berücksichtigen, die dem übernehmenden Rechtsträger zuzuordnen sind. In 234

---

124 Kritisch hierzu Schaflitzl/Götz, DB 2012, Beilage 1 zu Heft 2, 25 [26] mit Hinweis auf BFH-Urteil v. 26.07.1989 – I R 49/85, BFH/NV 1990, 442.

diesem Zusammenhang sind nach Auffassung der Finanzverwaltung[125] aufgrund der Rückwirkungsfiktion solche Umwandlungskosten, die zwar grundsätzlich dem übertragenden Rechtsträger zuzurechnen sind, aber nach dem steuerlichen Übertragungsstichtag angefallen sind, dem übernehmenden Rechtsträger zuzuordnen. Eine steuermindernde Berücksichtigung beim übertragenden Rechtsträger ist insoweit daher nicht möglich. Bzgl. weiterer Ausführungen zu den Verschmelzungskosten vgl. eingehend Teil 7 Rdn. 257.

235 Der Übertragungsgewinn unterliegt ungemildert der Körperschaftsteuer und der Gewerbesteuer (§ 19 Abs. 1 UmwStG).

236 Eine **Aufstockung der Buchwerte** bietet sich insbesondere dann an, wenn die übertragende Körperschaft am steuerlichen Übertragungsstichtag noch über steuerliche Verlustvorträge verfügt, die nicht auf die Übernehmerin übergehen. Soweit der durch die Aufstockung entstehende Übertragungsgewinn mit den Verlustvorträgen verrechnet werden kann, entsteht keine Steuerbelastung. Soweit die Buchwertaufstockung abnutzbare Wirtschaftsgüter betrifft, wird hierdurch für die Zukunft neues Abschreibungsvolumen generiert. Wegen der Mindestbesteuerung wird es jedoch bei Übertragungsgewinnen von mehr als € 1 Mio. regelmäßig zu einer Besteuerung kommen. Ob die Mindestbesteuerung zulässig ist, wenn die Verlustnutzung bei der Verlust-Körperschaft nachfolgend nicht mehr möglich ist (z. B. weil die Verlust-Körperschaft auf eine andere Körperschaft verschmolzen wurde und dabei der Verlust nicht übergeht), wird wohl zukünftig vom BVerfG geklärt werden.[126]

237 Soweit die Voraussetzungen vorliegen, kann das **Bewertungswahlrecht** für das gesamte übertragene Vermögen nur einheitlich ausgeübt werden, eine Beschränkung auf einzelne Wirtschaftsgüter ist unzulässig.[127] Dies soll nach Ansicht der Finanzverwaltung wohl auch für die Wirtschaftsgüter der übertragenden Körperschaft gelten, die sich am steuerlichen Übertragungsstichtag in einer ausländischen Betriebsstätte befinden. Ein hierdurch entstehender Übertragungsgewinn unterliegt jedoch nicht der inländischen Besteuerung, wenn es sich um eine sog. Freistellungsbetriebsstätte handelt.

238 Handelt es sich bei der übertragenden Körperschaft um eine Organgesellschaft, so ist besonders zu beachten, dass ein etwaiger Übertragungsgewinn nach Auffassung der Finanzverwaltung[128] von der Organgesellschaft selbst zu versteuern und nicht an den Organträger abzuführen sein soll. Diese Rechtsauffassung der Finanzverwaltung ist nicht neu, stößt aber in der Literatur nach wie vor auf Kritik.[129]

239 Die Ausübung des Bewertungswahlrechts in der steuerlichen Schlussbilanz hat nicht nur Konsequenzen für die Besteuerung des übertragenden Rechtsträgers, sondern auch auf die Bilanzansätze des übernehmenden Rechtsträger, der diese nach § 4 Abs. 1 UmwStG zu übernehmen hat.

---

125 Vgl. Randnr. 12.05 in Verbindung mit Randnr. 04.34 UmwStE.
126 Vgl. BFH-Beschluss v. 26.02.2014 – I R 59/12, BStBl. II 2014, 106 zur Verfassungswidrigkeit der Mindestbesteuerung bei nachfolgendem Verlustuntergang.
127 So auch Randnr. 11.11 in Verbindung mit Randnr. 03.25 UmwStE; Dötsch/Pung/Möhlenbrock, Die Körperschaftsteuer, § 11 UmwStG, Tz. 39.
128 Randnr. Org. 27 UmwStE.
129 Vgl. zu dieser Diskussion Blumenberg/Lechner, DB 2012, Beilage 1, 57 [65]; Dötsch, GmbHR 2012, 175 [178]; eingehend Käshammer/Schümmer, Ubg 2011, 244 ff.

C. Verschmelzung von Körperschaften auf Körperschaften Teil 7 Kapitel 1

▶ Beispiel:

Mutter-GmbH 240

	TEUR		TEUR
Beteiligung Tochter GmbH	1.000	Eigenkapital	800
sonstige Aktiva	1.100	Verbindlichkeiten	1.300
	2.100		2.100

Tochter-GmbH

	TEUR		TEUR
Aktiva	500	Eigenkapital	300
		Verbindlichkeiten	200
	500		500

In den Aktiva sind stille Reserven i. H. v. 700.000 € enthalten. Die Beteiligung an der Tochtergesellschaft wurde kurz vor der Verschmelzung zum gemeinen Wert von 1.000.000 € erworben.

▶ Beispiel: Verschmelzung Tochter-GmbH auf Mutter-GmbH

Alternative 1: Buchwertfortführung 241

Bilanz nach Verschmelzung Mutter-GmbH

	TEUR	TEUR		TEUR	TEUR
sonstige Aktiva bisher	1.100		Eigenkapital	800	
von Tochter-GmbH	500	1.600	Verschmelzungsverlust	– 700	100
			Verbindlichkeiten		1.500
		1.600			1.600

Alternative 2: Zwischenwerte

Bilanz nach Verschmelzung Mutter-GmbH

	TEUR	TEUR		TEUR	TEUR
sonstige Aktiva bisher	1.100		Eigenkapital	800	
von Tochter-GmbH	600	1.700	Verschmelzungsverlust	– 600	200
			Verbindlichkeiten		1.500
		1.700			1.700

Alternative 3: Ansatz gemeiner Werte

Bilanz nach Verschmelzung Mutter-GmbH

	TEUR	TEUR		TEUR	TEUR
sonstige Aktiva bisher	1.100		Eigenkapital	800	
von Tochter-GmbH	1.200	2.300			800
			Verbindlichkeiten		1.500
		2.300			2.300

Steuerliche Folgen:

Alternative 1:
- kein steuerpflichtiger Gewinn bei Tochter-GmbH durch Verschmelzung
- Verschmelzungsverlust bei Mutter-GmbH von 700.000 € steuerlich irrelevant

Alternative 2:
- körperschaft- und gewerbesteuerpflichtiger Gewinn von 100.000 € bei Tochter-GmbH
- Verschmelzungsverlust bei Mutter-GmbH von 600.000 € steuerlich irrelevant
- höheres Abschreibungsvolumen bei Mutter-GmbH, wenn stille Reserven bei Tochter-GmbH in abschreibbaren Wirtschaftsgütern

Alternative 3:
- körperschaft- und gewerbesteuerpflichtiger Gewinn von 700.000 € bei Tochter-GmbH
- ein Verschmelzungsgewinn/-verlust entsteht bei der Mutter-GmbH nicht, da der gemeine Wert des übergehenden Betriebsvermögens dem Buchwert der Beteiligung entspricht
- höheres Abschreibungsvolumen bei Mutter-GmbH, wenn stille Reserven bei Tochter-GmbH in abschreibbaren Wirtschaftsgütern

242 Wenn handelsrechtlich ein Verschmelzungsverlust vermieden werden soll (beispielsweise um die daraus resultierende Minderung des handelsrechtlichen Eigenkapitals zu vermeiden), können für handelsrechtliche Zwecke anlässlich der Verschmelzung die Zeitwerte, für steuerliche Zwecke aber gleichwohl die Buchwerte angesetzt werden. Eine Wertverknüpfung oder Maßgeblichkeit zwischen der Handels- und Steuerbilanz besteht insoweit nicht.

c) Bilanzierung des Vermögensübergangs bei der übernehmenden Körperschaft

243 Bezüglich des Wertansatzes in der Steuerbilanz der Übernehmerin verweist § 12 Abs. 1 Satz 1 UmwStG auf § 4 Abs. 1 UmwStG. D. h., dass die übernehmende Körperschaft die auf sie übergegangenen Wirtschaftsgüter mit dem in der steuerlichen Schlussbilanz der übertragenden Körperschaft enthaltenen Wert zu übernehmen hat (Buchwertverknüpfung). Durch diese Regelung schlägt die Ausübung des Bewertungswahlrechts in der Schlussbilanz der übertragenden Körperschaft auf die Bilanzierung der übernehmenden Körperschaft durch.

244 In den Fällen der Verschmelzung zur Aufnahme auf eine bereits bestehende übernehmende Körperschaft ist die Vermögensübernahme für diese ein laufender Geschäftsvorfall. Grundsätzlich ist daher keine gesonderte Übernahmebilanz zu erstellen. Aufgrund der Rückwirkung nach § 2 UmwStG ist für die Zwecke der Besteuerung davon auszugehen, dass das Vermögen bereits am steuerlichen Übertragungsstichtag übernommen wird. Das bedeutet, dass die Übernehmerin in ihrer Steuerbilanz das übergegangene Vermögen auch bereits am steuerlichen Übertragungsstichtag auszuweisen hat, wenn dieser Tag mit dem Schluss ihres eigenen Geschäftsjahres zusammenfällt. Demgegenüber geht das Vermögen handelsrechtlich erst später über, und zwar mit dem Übergang des wirtschaftlichen Eigentums (vgl. hierzu eingehend Teil 7 Rdn. 640 ff.).

▶ **Beispiel:**

245 Im März 2015 beschließen die Gesellschafter der A-GmbH und der B-GmbH, die beiden Kapitalgesellschaften mit Wirkung zum 01.01.2015 zu verschmelzen. Bei beiden Gesellschaften stimmt das Geschäftsjahr mit dem Kalenderjahr überein.

Lösung:

Der Verschmelzung wird die Bilanz zum 31.12.2014 zugrunde gelegt. Dieses Datum markiert nach § 2 Abs. 1 UmwStG gleichzeitig den steuerlichen Übertragungsstichtag. Der übernehmende Rechtsträger hat daher in seiner Steuerbilanz zum 31.12.2014 das übergehende Vermögen bereits auszuweisen. In der Handelsbilanz wird das übergegangene Vermögen hingegen erstmals in der Bilanz zum 31.12.2015 ausgewiesen, denn der Übergang des wirtschaftlichen Eigentums ist erst im Jahr 2015.

C. Verschmelzung von Körperschaften auf Körperschaften

Erwirbt die übernehmende Körperschaft im Rückwirkungszeitraum Anteile an der übertragenden Körperschaft oder findet sie einen Anteilseigner ab, so ist ihr Übernahmegewinn so zu ermitteln, als hätte sie die Anteile bereits am steuerlichen Übertragungsstichtag angeschafft (§ 12 Abs. 2 Satz 3 in Verbindung mit § 5 Abs. 1 UmwStG). 246

Nach § 12 Abs. 3 Satz 1 UmwStG tritt die übernehmende Körperschaft in die Rechtsstellung der übertragenden Körperschaft ein, insbesondere bezüglich der Bewertung der übernommenen Wirtschaftsgüter, der **Absetzung für Abnutzung** und den Gewinn mindernden Rücklagen. Bezüglich weiterer Details der Konsequenzen dieser steuerlichen Rechtsnachfolge verweist § 12 Abs. 3 Satz 2 UmwStG auf § 4 Abs. 2, 3 UmwStG (vgl. hierzu Teil 7 Rdn. 143 ff.). 247

Im Fall des **Vermögensübergangs von einer steuerfreien auf eine steuerpflichtige Körperschaft** war bis Ende 2006 in § 12 Abs. 1 Satz 2 UmwStG geregelt, dass die übergegangenen Wirtschaftsgüter mit dem Teilwert anzusetzen sind. Diese Regelung war lediglich deklaratorisch und daher hat der Gesetzgeber bei der Änderung des UmwStG darauf verzichtet. Hierdurch hat sich aber an der Rechtslage nichts geändert. Allerdings ist nunmehr auf gemeine Werte und nicht auf die Teilwerte abzustellen. Auf den Wertansatz in der Schlussbilanz der übertragenden Körperschaft kommt es nicht an. Die Steuerfreiheit der untergehenden Körperschaft bleibt gewahrt, der übernehmenden Körperschaft steht das den gemeinen Werten entsprechende Abschreibungsvolumen zur Verrechnung mit dem steuerpflichtigen Einkommen zur Verfügung. 248

Durch die Verschmelzung erlöschen gegenseitige Forderungen und Verbindlichkeiten, sodass bei unterschiedlichem Ansatz **Konfusionsgewinne** entstehen, die entsprechend der Regelung des § 6 Abs. 1 bis 5 UmwStG einer den steuerlichen Gewinn mindernden Rücklage zugeführt werden können, die in den folgenden drei Wirtschaftsjahren gewinnerhöhend aufzulösen ist. Zur Steuerpflicht dieses Konfusionsgewinns trotz steuerlicher Unwirksamkeit der vorangegangenen Forderungsabschreibung sowie zur Sperrfrist des § 6 Abs. 3 UmwStG vgl. Teil 7 Rdn. 149 ff. 249

Kommt es zu entsprechenden **Konfusionsverlusten** (z. B. durch vorherige Abzinsung der Verbindlichkeit), sind diese sofort steuerlich wirksam. Insofern werden zu hohe Gewinnrealisierungen der Vergangenheit korrigiert. 250

aa) Ermittlung eines Übernahmegewinns/-verlustes

Gem. § 12 Abs. 2 UmwStG bleibt bei der übernehmenden Körperschaft ein Gewinn oder ein Verlust in Höhe des Unterschieds zwischen dem Buchwert der Anteile an der übertragenden Körperschaft und dem Wert, mit dem die übergegangenen Wirtschaftsgüter zu übernehmen sind, abzüglich der Kosten für den Vermögensübergang, außer Ansatz. Allerdings ist § 8b KStG anzuwenden, soweit sich ein Übernahmegewinn ergibt, der anteilig der Beteiligung der übernehmenden Körperschaft an der übertragenden Körperschaft entspricht. 251

Die Formulierung des § 12 Abs. 2 UmwStG deutet eigentlich darauf hin, dass sich ein Übernahmeergebnis überhaupt nur dann und insoweit ergeben kann, wie der übernehmende Rechtsträger vor der Verschmelzung selbst am übertragenden Rechtsträger beteiligt ist. Demgegenüber dürfte sich z. B. bei der Verschmelzung von Schwestergesellschaften bei der Übernehmerin kein Übernahmeergebnis im Sinne des § 12 Abs. 2 UmwStG ergeben.[130] Zu dieser Frage vertritt die Finanzverwaltung allerdings eine abweichende Auffassung. Gemäß Randnr. 12.05 UmwStE soll ein Übernahmeergebnis in allen Fällen der Auf-, Ab- und Seitwärtsverschmelzung zu ermitteln sein, und zwar ungeachtet der Beteiligung der übernehmenden an der übertragenden Körperschaft. Der BFH hat diese Auffassung zwischenzeitlich bestätigt.[131] Dies hat u. a. Bedeutung für die steuerliche Behandlung von Verschmelzungskosten (vgl. unten). Allerdings soll § 8b KStG nur insoweit Anwendung finden, wie bei einer Aufwärtsverschmelzung die Übernehmerin an der 252

---

130 Vgl. Fuhrmann, NZG 2013, 857; Holle/Weiss, DStR 2018, 167.
131 Vgl. BFH-Urteil vom 09.01.2013 – I R 24/12, DStR 2013, 582.

Überträgerin beteiligt ist.[132] Darüber hinaus geht aus dem Beispiel in Randnr. 12.06 UmwStE hervor, dass die Finanzverwaltung sich bei der Ermittlung des Übernahmeergebnisses nicht an dem bilanziell ergebenden Übernahmeergebnis orientiert, sondern eine reine Differenzrechnung anstellt zwischen dem Buchwert der untergehenden Anteile und dem Buchwert des übergehenden Vermögens. Dies ist jedoch in den Fällen, in denen außer dem übernehmenden Rechtsträger noch weitere Gesellschafter am übertragenden Rechtsträger beteiligt sind, nicht sachgerecht, wie das folgende Beispiel zeigt.

▶ **Beispiel:**

253   Die M-GmbH ist zu 10 % an der T-GmbH beteiligt. Im März 2015 wird eine Verschmelzung der T-GmbH auf die M-GmbH zum 01.01.2015 beschlossen. Die 10 %ige Beteiligung an der T-GmbH steht bei der M-GmbH mit einem Beteiligungsbuchwert von 100.000 € zu Buche. Die M-GmbH nimmt im Zuge der Verschmelzung eine Kapitalerhöhung von 100.000 € vor. Der Buchwert des steuerlichen Reinvermögens der T-GmbH beträgt 2.000.000 €.

Lösung:

Bilanziell stellt eine Verschmelzung auf einen zu weniger als 100 % beteiligten Rechtsträger einen sog. Mischfall zwischen einer Aufwärts- und einer Seitwärtsverschmelzung dar. Die M-GmbH hat den übrigen Gesellschaftern der T-GmbH im Zuge der Verschmelzung Anteile zu gewähren. Insoweit ist daher eine Kapitalerhöhung bei der M-GmbH durchzuführen. Soweit das anteilig auf die übrigen Gesellschafter entfallende übergehende Buchvermögen den Betrag der Nominalkapitalerhöhung übersteigt, erfolgt eine Dotierung der Kapitalrücklagen nach § 272 Abs. 2 Nr. 1 HGB. Ein Gewinn entsteht insoweit nicht.

Kapitalerhöhung	100.000
Buchwert des übergehenden Reinvermögens	1.900.000
übersteigender Betrag = Kapitalrücklage	1.800.000
Lediglich in dem Umfang, in dem die Übernehmerin an der Überträgerin beteiligt ist, wird die Verschmelzung erfolgswirksam abgebildet.	
Anteiliger Buchwert des übergehenden Reinvermögens (10 % von 2.000)	200.000
abzüglich Buchwert der untergehenden Beteiligung	100.000
Übernahmegewinn	100.000
Hierauf berechnete nicht abzugsfähige Betriebsausgabe von 5 %	5.000

Bei richtiger Auslegung dürfte nur der Übernahmegewinn von 100 der Besteuerung nach § 8b KStG unterliegen. Damit würde »nur« eine fiktive nicht abzugsfähige Betriebsausgabe nach § 8b Abs. 3 KStG i. H. v. 5.000 € dem Gewinn der Übernehmerin hinzugerechnet werden.

Demgegenüber ermittelt die Finanzverwaltung das Übernahmeergebnis wie folgt:

Buchwert des übergehenden Reinvermögens	2.000.000
abzüglich Buchwert der untergehenden Beteiligung	100.000
Übernahmegewinn	1.900.000
Davon entfallen auf den übernehmenden Rechtsträger 10 %	190.000
Hierauf berechnete nicht abzugsfähige Betriebsausgabe von 5 %	8.000

Es ist erkennbar, dass die Berechnungsweise der Finanzverwaltung sich zuungunsten des Steuerpflichtigen auswirkt.

254   Bei der Ermittlung des Übernahmeergebnisses sind die Anteile an der übertragenden Körperschaft bei der Übernehmerin zum steuerlichen Übertragungsstichtag mit dem Buchwert, erhöht um Abschreibungen, die in früheren Jahren steuerwirksam vorgenommen worden sind, sowie um Abzüge nach § 6b EStG und ähnliche Abzüge, höchstens mit dem gemeinen Wert anzusetzen

---

132 Randnr. 12.06 UmwStE.

(§ 12 Abs. 1 Satz 2 in Verbindung mit § 4 Abs. 1 Satz 2 UmwStG). Vgl. bzgl. eines etwaigen Beteiligungskorrekturgewinns auch Teil 7 Rdn. 79 ff.). Der Beteiligungskorrekturgewinn unterliegt der laufenden Besteuerung. Eine Verrechnung des Hinzurechnungsbetrages mit einem nach § 12 Abs. 2 Satz 1 UmwStG außer Ansatz gelassenen Übernahmeverlust ist nicht zulässig, Randnr. 12.03 in Verbindung mit Randnr. 04.08 UmwStE.

Soweit sich ein Übernahmegewinn ergibt, bleibt dieser nach § 12 Abs. 2 Satz 2 UmwStG in Verbindung mit § 8b Abs. 2 KStG außer Ansatz. Allerdings ist nach § 8b Abs. 3 KStG bei der Übernehmerin i. H. v. 5 % des Übernahmegewinns eine fiktive nicht abzugsfähige Betriebsausgabe dem Gewinn hinzuzurechnen. 255

Ergibt sich ein Übernahmeverlust, bleibt dieser vollständig außer Ansatz. 256

bb) Verschmelzungskosten

Die anlässlich einer Verschmelzung anfallenden Kosten können nach der Rechtsprechung des BFH[133] nicht zwischen der übertragenden und der übernehmenden Körperschaft frei zugeordnet werden. Die Zuordnung dieser Kosten auf die an der Verschmelzung beteiligten Gesellschaften hat vielmehr nach dem objektiven Veranlassungsprinzip zu erfolgen. Als Verschmelzungskosten sind daher von der übertragenden Körperschaft alle Aufwendungen zu tragen, die mit ihrer Rechtsform in Zusammenhang stehen. Dies sind u. a. die Kosten des Verschmelzungsbeschlusses, der Anmeldung und Eintragung des Beschlusses in das Handelsregister, Löschungskosten, Kosten für Beratungen, die sich auf den Verschmelzungsbeschluss und die Verschmelzungsbilanz beziehen sowie die Kosten der Hauptversammlung, auf der dem Verschmelzungsvertrag zugestimmt wird. Diese Kosten stellen für den übertragenden Rechtsträger laufenden Aufwand dar (zur Ansicht der Finanzverwaltung zu den Kosten des übertragenden Rechtsträgers im Rückwirkungszeitraum siehe aber unten Teil 7 Rdn. 259). 257

§ 12 Abs. 2 Satz 1 UmwStG enthält eine gesetzliche Regelung zur steuerlichen Behandlung der Verschmelzungskosten. Nach dieser Regelung sind die Kosten des Vermögensübergangs bei der Ermittlung des Übernahmeergebnisses als Abzugsposten zu berücksichtigen. Diese Regelung klärt eine in der Vergangenheit streitige Rechtsfrage zur steuerlichen Abzugsfähigkeit dieser Kosten zu Ungunsten der Steuerpflichtigen. Denn durch die Einbeziehung in das außer Ansatz bleibende Übernahmeergebnis sind die Kosten des Vermögensübergangs steuerlich nicht abzugsfähig. In der Vergangenheit war die wohl herrschende Meinung mit Blick auf das Urteil des BFH v. 22.04.1998[134] davon ausgegangen, dass derartige Kosten als laufender Aufwand steuerlich abzugsfähig sind. 258

Die Kosten des Vermögensübergangs umfassen nach Verwaltungsauffassung (nur) die nicht objektbezogenen Kosten des übernehmenden Rechtsträgers sowie die nach dem steuerlichen Übertragungsstichtag angefallenen nicht objektbezogenen Kosten des übertragenen Rechtsträgers.[135] Die nicht objektbezogenen Kosten fallen im Ergebnis dem Abzugsverbot des § 12 Abs. 2 Satz 1 UmwStG anheim. Die objektbezogenen Kosten sind hingegen nach Auffassung der Finanzverwaltung zu aktivieren. Die Finanzverwaltung qualifiziert also die Verschmelzung als Anschaffungsvorgang, der zu einer Aktivierung von zusätzlichen Anschaffungskosten führen kann. Dies steht in Einklang mit der Grundsatzentscheidung der Finanzverwaltung, alle Umwandlungen als Veräußerungs- bzw. Anschaffungsvorgänge zu qualifizieren.[136] Wegen der Anordnung, dass die übernehmende Gesellschaft in die steuerlichen »Fußstapfen« der übertragenden Gesellschaft tritt (vgl. 259

---

133 Urteil v. 22.04.1998 – I R 83/96, BStBl. II 1998, 698.
134 I R 83/96, BStBl. II 1998, 698.
135 Vgl. Randnr. 12.06 in Verbindung mit Randnr. 04.36 UmwStE; a.A. zu Kosten des übertragenden Rechtsträgers nach dem steuerlichen Übertragungsstichtag Schmitt in: Schmitt/Hörtnagl/Stratz, UmwG/UmwStG, § 12 UmwStG Rn. 36 m.w.N.
136 Vgl. Randnr. 00.02 UmwStE.

§§ 12 Abs. 3, 4 Abs. 2 UmwStG) könnte man insoweit jedoch auch zu einem anderen Ergebnis kommen.[137]

260 Details zu der Frage, welche Aufwendungen im Einzelnen zu den »Kosten für den Vermögensübergang« i.S.d. § 12 Abs. 2 Satz 1 UmwStG gehören, sind weitgehend ungeklärt. Auch der UmwStE liefert insoweit, von der Unterscheidung zwischen objektbezogenen und nicht objektbezogenen Kosten abgesehen, keine Klarheit. Wegen der Einordnung der Umwandlung als Veräußerungsvorgang wird zum Teil auf die Rechtsprechung des BFH zu Veräußerungskosten zurückgegriffen.[138] Danach muss auslösendes Moment für die Kosten der Umwandlungsvorgang sein. Der Umfang der einzubeziehenden Kosten ist dennoch umstritten. Zum Teil wird für eine enge Auslegung plädiert, wonach nur die unmittelbaren Kosten der Durchführung der Verschmelzung erfasst wären.[139] Verwaltungsnahe Vertreter in der Literatur gehen hingegen deutlich weitergehend davon aus, dass Aufwendungen aus der Phase der Vorbereitung, der Durchführung, aber auch der Phase nach der Verschmelzung zu erfassen sein sollen.[140] Bis zu einer Klärung durch die Finanzgerichte ist daher damit zu rechnen, dass die Finanzverwaltung von einem weiten Verschmelzungskostenbegriff ausgehen wird.

261 Soweit aufgrund einer Verschmelzung Grunderwerbsteuer anfällt, weil unmittelbar Grundstücke übergehen, handelt es sich nach Verwaltungsauffassung um objektbezogene Kosten, also um zu aktivierende zusätzliche Anschaffungskosten. Anders soll dies nach Auffassung der Finanzverwaltung hinsichtlich der gemäß § 1 Abs. 3 GrEStG anfallenden Grunderwerbsteuer auf verschmelzungsbedingte Anteilsvereinigungen sein. Insoweit folgt die Finanzverwaltung der Auffassung des BFH, wonach diese Grunderwerbsteuer keine Anschaffungskosten der erworbenen Anteile darstellt.[141] Daraus wurde der Schluss gezogen, dass es sich aufgrund des Kausalzusammenhangs zwischen der Umwandlung und der Entstehung der Grunderwerbsteuer nach § 1 Abs. 3 GrEStG um Kosten für den Vermögensübergang handele.[142] Das FG Sachsen hat hingegen nunmehr entschieden, dass eine Versagung des Betriebsausgabenabzugs nach § 12 Abs. 2 Satz 1 UmwStG hinsichtlich der Grunderwerbsteuer nach § 1 Abs. 3 GrEStG nicht in Betracht komme.[143] Das FG beruft sich insoweit auf die vorgenannte Rechtsprechung des BFH. Bei den Grunderwerbsteuertatbeständen des § 1 Abs. 3 GrEStG handele es sich um eine Fiktion, die im Ertragsteuerrecht keine Entsprechung finde, so dass die Grunderwerbsteuer nicht dem Anteilserwerb zugeordnet werden könne. Vermögensübergang i.S.d. § 12 Abs. 2 Satz 1 UmwStG sei in den Fällen der umwandlungsbedingten Verwirklichung des § 1 Abs. 3 GrEStG aber gerade der Anteilserwerb. Da es sich nach der zuvor dargestellten BFH-Rechtsprechung bei der Grunderwerbsteuer nach § 1 Abs. 3 GrEStG ertragsteuerlich gerade nicht um Kosten dieses Anteilserwerbes handele, könne es sich genau so wenig um Kosten »für« den Vermögensübergang i.S.d. § 12 Abs. 2 Satz 1 UmwStG handeln.

cc) Steuerliche Behandlung barer Zuzahlungen bei der übernehmenden Körperschaft

262 Soweit die Übernehmerin neben der Gewährung von Gesellschaftsrechten auch bare Zuzahlungen leistet, sind die Buchwerte des übergehenden Vermögens bereits in der Schlussbilanz der Überträgerin aufzustocken (vgl. hierzu Teil 7 Rdn. 223 ff.). Da die Übernehmerin an diese Werte gebunden ist, kommt sie daher zukünftig in den Genuss der erhöhten Abschreibungen. Aus Sicht der

---

137 Vgl. Rödder, in Rödder/Herlinghaus/van Lishaut, UmwStG, § 12 Rn. 77.
138 Ronneberger, NWB 2017, 954 [956]; Stimpel, GmbHR 2012, 200.
139 Holle/Weiss, DStR 2018, 167 [171 f.].
140 Stimpel, GmbHR 2012, 199.
141 BFH-Urteil v. 20.04.2011 – I R 2/10, BStBl. II 2011, 761.
142 Dötsch/Stimpel in: Dötsch/Pung/Möhlenbrock, Die Körperschaftsteuer, § 12 UmwStG, Rn. 57; Wisniewski in: Haritz/Menner, UmwStG, § 12 Rn. 33.
143 FG Sachsen Urteil v. 23.01.2017 – 6 K 1187/16, DStRE 2017, 596, rkr.

C. Verschmelzung von Körperschaften auf Körperschaften

übernehmenden Körperschaft führt die bare Zuzahlung somit zu zusätzlichen Anschaffungskosten für das übergehende Vermögen.

d) Untergang des Verlustvortrages des übertragenden Rechtsträgers

Durch das SEStEG ist die Möglichkeit, Verlustvorträge des übertragenden Rechtsträgers im Wege einer Verschmelzung auf eine andere Kapitalgesellschaft zu übertragen, abgeschafft worden. 263

Für alle Verschmelzungen von Kapitalgesellschaften, die nach dem 12.12.2006 zur Eintragung in das Handelsregister angemeldet wurden, gilt somit, dass nicht genutzte Verluste des übertragenden Rechtsträgers bei der Verschmelzung untergehen. Damit ist die Rechtslage derjenigen angepasst, die bei Verschmelzungen von Kapital- auf Personengesellschaften schon seit Jahren galt. Es ist daher im Vorfeld einer Verschmelzung zu klären, ob und wie dieser Verlust der Übertragerin vor der Verschmelzung noch ganz oder teilweise genutzt werden kann (vgl. daher auch Teil 7 Rdn. 67). Allerdings setzen die Regelungen zur Mindestbesteuerung der Vorteilhaftigkeit etwaiger Verlustnutzungsstrategien enge Grenzen. Es bleibt zu hoffen, dass das BVerfG die Verfassungsmäßigkeit der Mindestbesteuerung nach § 10d EStG bei einem endgültigen Ausschluss der Möglichkeit zur zukünftigen Verlustnutzung kritisch überprüft und hier für eine Korrektur sorgt.[144] Zu erwägen ist hier insbesondere eine Vermögensübertragung zu Zwischenwerten oder ein Vorabverkauf einzelner Wirtschaftsgüter zu Zeitwerten an die Übernehmerin. 264

e) Nutzbarkeit steuerlicher Verluste des übernehmenden Rechtsträgers

Bei einer Verschmelzung mit Gewährung von Anteilen an der übernehmenden Körperschaft kommt es zu einer Kapitalerhöhung, welche die Voraussetzungen des § 8c Abs. 1 KStG erfüllen und somit zum Untergang der steuerlichen Verluste bei der übernehmenden Körperschaft führen kann. 265

Gem. § 8c KStG kommt es zu einem anteiligen bzw. vollständigen Untergang des steuerlichen Verlustvortrags sowie laufender steuerlicher Verluste (und anderer »verlustähnlicher« Positionen, wie z. B. Zinsvorträgen), wenn durch die Verschmelzung auf die Verlustgesellschaft oder andere Anteilserwerbe innerhalb von 5 Jahren mehr als 25 % bzw. 50 % der Anteile oder der Stimmrechte an der Verlustgesellschaft unmittelbar oder mittelbar erworben werden. Die Anteile von mehr als 25 % bzw. mehr als 50 % müssen durch Mitglieder desselben Erwerberkreises erworben werden. Den Erwerberkreis bildet der Erwerber gemeinsam mit ihm nahestehenden Personen und Personen, die mit ihm oder den nahestehenden Personen gleichgerichtete Interessen haben.[145] Die Tatsache, dass der schädliche »Übergang von Anteilen« nicht durch eine Übertragung bestehender Anteile, sondern durch die Schaffung neuer Anteile mittels Kapitalerhöhung erfolgt, ist nach § 8c Abs. 1 Satz 4 KStG irrelevant.[146] Maßgeblich ist nur, dass sich durch den Umwandlungsvorgang die Beteiligungsverhältnisse entsprechend verschieben. § 8c Abs. 1 Satz 1 KStG wurde vom BVerfG für teilweise verfassungswidrig erklärt und der Gesetzgeber deshalb bis zum 31.12.2018 zu einer rückwirkenden Neuregelung aufgefordert.[147] Zudem ist aufgrund einer Vorlage des FG Hamburg beim BVerfG ebenfalls die Frage der Verfassungsmäßigkeit des § 8c Abs. 1 Satz 2 KStG, also des vollständigen Verlustuntergangs bei Erwerb von mehr als 50 % der Anteile oder Stimmrechte, anhängig.[148] Die weitere Entwicklung bleibt daher abzuwarten. 266

---

144 Vgl. BFH-Beschl. v. 26.02.2014 – I R 59/12, BStBl. II 2014, 1016 und das Verfahren unter dem Az. 2 BvL 19/14 beim BVerfG.
145 BMF-Schreiben v. 28.11.2017, BStBl. I 2017, 1645 Tz. 3.
146 Vgl. BMF aaO., Tz. 9.
147 BVerfG-Beschluss v. 29.03.2017 – 2 BvL 6/11, BGBl. I 2017, 1289; zu möglichen gesetzlichen Neuregelungen vgl. Rödder/Schumacher, Ubg. 2018, 5.
148 BVerfG, Az. 2 BvL 19/17.

267 Nicht abschließend geklärt sind dabei die Begriffe der nahe stehenden Person und der »Gruppe von Erwerbern mit gleichgerichteten Interessen«. Die Finanzverwaltung legt diese Begriffe sehr weit aus. Zur Begründung des »Nahestehens« soll jede rechtliche oder tatsächliche Beziehung zu einer anderen Person ausreichen, die bereits vor oder unabhängig von dem Übertragungsvorgang besteht.[149] Zur Gruppe von Erwerbern mit gleichgerichteten Interessen hat der BFH entschieden, dass eine solche nur dann vorliegt, wenn mehrere Erwerber bei dem (auch mittelbaren) Erwerb von Anteilen an der Verlustgesellschaft zusammenwirken und sie auf der Grundlage einer im Erwerbszeitpunkt bestehenden Absprache im Anschluss an den Erwerb einen beherrschenden Einfluss in dieser Gesellschaft ausüben können, wobei die bloße Möglichkeit des Beherrschens nicht genügen soll.[150]

268 Zu den schädlichen Übertragungen zählt nicht nur der unmittelbare Erwerb der Beteiligung bzw. der Stimmrechte, sondern auch der mittelbare Übergang.

269 Erleichterungen können in diesem Zusammenhang allerdings die mit Wirkung zum VZ 2010 eingeführte Konzernklausel sowie die »stille Reserven-Klausel« bringen. Nach dem mit Wirkung zum VZ 2016 eingeführten § 8d KStG kann zudem unter den dort genannten Voraussetzungen die Nichtanwendung des § 8c KStG beantragt werden.

270 Nach der Konzernklausel des § 8c Abs. 1 Satz 5 KStG in der Fassung des Steueränderungsgesetzes 2015 liegt ein schädlicher Erwerb von Beteiligungen oder Stimmrechten nicht vor, wenn (**i**) an dem übertragenden Rechtsträger der Erwerber zu 100 % mittelbar oder unmittelbar beteiligt ist und der Erwerber eine natürliche oder juristische Person oder eine Personenhandelsgesellschaft ist, (**ii**) an dem übernehmenden Rechtsträger der Veräußerer zu 100 % mittelbar oder unmittelbar beteiligt ist und der Veräußerer eine natürliche oder juristische Person oder eine Personenhandelsgesellschaft ist oder (**iii**) an dem übertragenden und an dem übernehmenden Rechtsträger dieselbe natürliche oder juristische Person oder dieselbe Personenhandelsgesellschaft zu jeweils 100 % mittelbar oder unmittelbar beteiligt ist. »Übertragender Rechtsträger« bzw. »Veräußerer« im Sinne der Konzernklausel ist der Rechtsträger, der die Anteile an der Verlustgesellschaft vor der Anteilsübertragung unmittelbar oder mittelbar hält. »Übernehmender Rechtsträger« bzw. »Erwerber« ist, wer die Anteile nach der Anteilsübertragung unmittelbar oder mittelbar hält.[151] Soweit bei der Verschmelzung von 100 %igen Schwestergesellschaften überhaupt Anteile gewährt werden, würde diese Anteilsgewährung nicht zu einem schädlichen Erwerb im Sinne des § 8c KStG führen. Auch eine Auf-/Abspaltung oder eine Ausgliederung im Konzern ist in bestimmten Fällen aufgrund der Konzernklausel ohne schädlichen Erwerb im Sinne des § 8c KStG möglich. Aufgrund der rückwirkend ab dem VZ 2010 geltenden Neuregelung der Konzernklausel sind nunmehr auch Erwerbsvorgänge unter Beteiligung der Konzernobergesellschaft bzw. einer natürlichen Person als »Konzernspitze« einbezogen. Die nach der Konzernklausel erforderliche 100 %ige Beteiligung muss im Zeitpunkt des schädlichen Anteilserwerbes gegeben sein. Da die Finanzverwaltung die Auffassung vertritt, dass der schädliche Anteilserwerb bei Umwandlungen nicht am steuerlichen Übertragungsstichtag, sondern erst bei Übergang des wirtschaftlichen Eigentums[152] und somit frühestens mit der Beschlussfassung über die Umwandlung bzw. spätestens dem Wirksamwerden der Umwandlung erfolgt, wäre eine 100 %ige Beteiligung am steuerlichen Übertragungsstichtag für die Anwendung der Konzernklausel gar nicht erforderlich. Soweit der nach § 8c KStG potentiell schädliche Anteilserwerb bei den Gesellschaftern der übernehmenden Körperschaft erfolgt (Beispiel: Aufgrund der Verschmelzung erwirbt ein neuer Gesellschafter durch die Verschmelzungs-Kapitalerhöhung mehr als 25 % bzw. mehr als 50 % an der übernehmenden Körperschaft, die über steuerliche Verluste verfügt), wird dies auch dadurch bestätigt, dass die Rückwirkung nach

---

149 Vgl. BMF aaO., Tz. 26.
150 BFH-Urteil v. 22.11.2016 – I R 30/15, BStBl. II 2017, 921.
151 Vgl. BMF aaO.; Tz. 41.
152 Vgl. BMF aaO., Tz. 15.

§ 2 UmwStG zwar für die übertragende und die übernehmende Körperschaft, aber nicht für die Anteilseigner der übertragenden und der übernehmenden Körperschaft gilt. Soweit der nach § 8c KStG potentiell schädliche Anteilserwerb jedoch bei der übernehmenden Körperschaft selbst erfolgt (Beispiel: Aufgrund der Verschmelzung gehen von der übertragenden Körperschaft gehaltene Anteile an einer Verlust-Körperschaft auf die übernehmende Körperschaft über), könnte man durchaus zu dem Ergebnis kommen, dass § 2 UmwStG in diesem Fall auch für Zwecke des § 8c KStG Anwendung findet und somit auch die 100 %ige Beteiligung schon am steuerlichen Übertragungsstichtag bestanden haben muss. Die Finanzverwaltung bleibt aber auch insoweit dabei, dass eine Rückbeziehung nicht erfolgen könne.[153]

Eine weitere Erleichterung bietet seit dem VZ 2010 die sog. »Stille Reserven-Klausel« des § 8c Abs. 1 Satz 6 KStG. Nach dieser Regelung können ansonsten nach § 8c KStG untergehende steuerliche Verluste trotz schädlichen Anteils- bzw. Stimmrechtsübergangs weiterhin genutzt werden, soweit diese die anteiligen bzw. gesamten zum Zeitpunkt des schädlichen Beteiligungserwerbs bei der Verlust-Körperschaft vorhandenen und im Inland steuerpflichtigen stillen Reserven nicht übersteigen. Bei der Ermittlung dieser stillen Reserven ist allerdings gem. § 8c Abs. 1 Satz 9 KStG nur das Betriebsvermögen zu berücksichtigen, dass bei der Verlust-Körperschaft ohne steuerliche Rückwirkung vorhanden ist. Ist eine Verlust-Körperschaft übernehmende Körperschaft einer Verschmelzung mit steuerlicher Rückwirkung auf den 31.12.2014 und erfolgt der schädliche Anteilserwerb mit Wirksamwerden der Umwandlung beispielsweise am 01.08.2015, wird das Betriebsvermögen des übertragenden Rechtsträgers, das der übernehmenden Körperschaft eigentlich schon seit Ablauf des 31.12.2014 steuerlich zuzurechnen ist, für die Anwendung der Stille Reserven-Klausel nicht berücksichtigt. Es ist insoweit nur das Betriebsvermögen der übernehmenden Körperschaft mit den darin ggf. enthaltenen stillen Reserven zu berücksichtigen. 271

Nach § 8d KStG kann für schädliche Erwerbe i.S.d. § 8c KStG nach dem 31.12.2015 die Nichtanwendung des § 8c KStG beantragt werden, wenn die Körperschaft innerhalb eines bestimmten Zeitraums ausschließlich denselben Geschäftsbetrieb (vgl. § 8d Abs. 1 Satz 3 und 4 KStG) unterhalten hat, diesen nach dem Anteilseignerwechsel weiterhin aufrecht erhält und kein einstellungsgleiches Ereignis i.S.d. § 8d Abs. 2 KStG vorliegt. Ein solches einstellungsgleiches Ereignis liegt vor, wenn der Geschäftsbetrieb ruhend gestellt wird, der Geschäftsbetrieb einer andersartigen Zweckbestimmung zugeführt wird, die Körperschaft einen zusätzlichen Geschäftsbetrieb aufnimmt, die Körperschaft sich an einer Mitunternehmerschaft beteiligt, die Körperschaft die Stellung eines Organträgers einnimmt oder auf die Körperschaft Wirtschaftsgüter übertragen werden, die sie zu einem geringeren als dem gemeinen Wert ansetzt. Letzteres ist bei Vorgängen nach dem UmwStG der Fall, wenn ein Antrag auf Buchwertfortführung oder Ansatz eines Zwischenwertes gestellt wird. Angesichts der umfangreichen Voraussetzungen ist zu erwarten, dass die Norm nur in seltenen Fällen Anwendung finden wird. Zahlreiche unbestimmte Rechtsbegriffe führen zudem zu Unklarheiten. Eine Äußerung der Finanzverwaltung zu § 8d KStG steht noch aus. 272

§ 8c KStG ist allerdings in Umwandlungsfällen nicht nur einschlägig für den übernehmenden Rechtsträger und seine Tochtergesellschaften. Es kann auch eine Anwendbarkeit für die Tochtergesellschaften des übertragenden Rechtsträgers geben. Gehört also eine mehr als 25 %ige bzw. mehr als 50 %ige Beteiligung an einer weiteren Gesellschaft zu dem übergehenden Vermögen oder werden die genannten Grenzen zusammen mit weiteren Anteilsübertragungen an diesen Gesellschaften innerhalb eines 5-Jahres-Zeitraums überschritten, ist der Untergang von Verlustvorträgen bei diesen Gesellschaften oder weiteren mittelbaren Beteiligungen ebenfalls nach den oben dargestellten Grundsätzen zu überprüfen. Auch insoweit gilt, dass die Beteiligungen zum übergehenden Vermögen gehören, für das die Rückwirkungsfiktion des § 2 UmwStG grundsätzlich anzuwenden ist. 273

---

153 Vgl. Lang in: Ernst & Young, KStG, § 8c Rn. 53.4.

f) Zusammenfassendes Beispiel zu den Konsequenzen bei übertragender Körperschaft und übernehmender Körperschaft

274 ▶ Die T-GmbH soll auf ihre 100 %ige Muttergesellschaft, die M-GmbH, verschmolzen werden (sog. Aufwärtsverschmelzung).

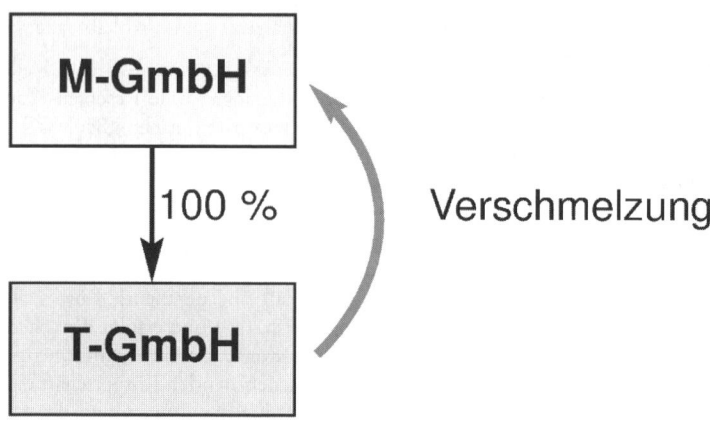

Variante a)

Die historischen AK der Beteiligung an der T-GmbH entsprechen dem Buchwert der Beteiligung in der Bilanz der M-GmbH und betrugen 1 Mio. €.

Das Eigenkapital der T-GmbH beträgt inklusive thesaurierter Gewinne 4 Mio. €. Ein Verlustvortrag besteht nicht.

Lösung:
– **Steuerliche Behandlung der übertragenden T-GmbH**
Die T-GmbH hat das übergehende Vermögen in ihrer steuerlichen Schlussbilanz grundsätzlich gem. § 11 Abs. 1 UmwStG mit dem gemeinen Wert anzusetzen.

Auf Antrag können die übergehenden Wirtschaftsgüter gem. § 11 Abs. 2 UmwStG jedoch einheitlich mit dem Buchwert angesetzt werden, soweit
a) sichergestellt ist, dass sie später bei der übernehmenden Körperschaft der Besteuerung mit Körperschaftsteuer unterliegen und
b) das Recht Deutschlands hinsichtlich der Besteuerung der übertragenen Wirtschaftsgüter bei der übernehmenden Körperschaft nicht beschränkt oder ausgeschlossen wird und
c) eine Gegenleistung nicht gewährt wird oder in Gesellschaftsrechten besteht.

In dem hier vorliegenden Fall wird das Besteuerungsrecht des deutschen Fiskus durch die Verschmelzung nicht beschränkt, da das Betriebsvermögen in einem inländischen Betriebsvermögen verbleibt und somit weiterhin der Besteuerung mit Körperschaftsteuer unterliegt. Die unter b) genannte Voraussetzung ist aufgrund der Erfassung grenzüberschreitender Sachverhalte in das Gesetz aufgenommen worden und ist bei Inlandsverschmelzungen ohnehin erfüllt. Der Antrag auf Buchwertfortführung kann somit gestellt werden.

– **Steuerliche Behandlung der übernehmenden M-GmbH**
Bei der Übernehmerin ergibt sich i. H. d. Differenz zwischen dem Buchwert der untergehenden Beteiligung (1 Mio. €) und dem Buchwert des übergehenden Vermögens (4 Mio. €) ein Übernahmegewinn i. H. v. 3 Mio. €. Grundsätzlich bleibt dieser Gewinn steuerlich außer Ansatz. Allerdings ist nach § 12 Abs. 2 UmwStG in dem Umfang, in dem der Gewinn dem

Anteil der übernehmenden Körperschaft an der übertragenden Körperschaft entspricht, § 8b KStG anzuwenden, mit der Folge, dass 5 % dieses Betrages als fiktive nicht abzugsfähige Betriebsausgabe außerbilanziell dem steuerlichen Ergebnis hinzuzurechnen und der Besteuerung zu unterwerfen ist.

In dem hier vorliegenden Fall war die Übernehmerin vor der Verschmelzung zu 100 % an der Überträgerin beteiligt. Der gesamte Übernahmegewinn entfällt somit auf diese Beteiligung, sodass 150.000 € (5 % von 3 Mio. €) außerbilanziell dem steuerlichen Ergebnis der M-GmbH hinzuzurechnen sind.

Hätte die M-GmbH hingegen an der T-GmbH nur eine Beteiligung von 50 % gehalten, so wäre die 5 %ige Hinzurechnung nur auf den Übernahmegewinn berechnet worden, der sich als Unterschiedsbetrag zwischen dem Buchwert der untergehenden Beteiligung und 50 % des Buchwerts des übergehenden Betriebsvermögens ergibt.

Die Entstehung eines Übernahmegewinns ist somit abhängig von der Beteiligungsstruktur vor der Verschmelzung und auch von der Verschmelzungsrichtung. Wäre die T-GmbH in dem obigen Beispiel nicht auf die M-GmbH, sondern z. B. auf eine Schwestergesellschaft verschmolzen worden, hätte sich kein Übernahmegewinn ergeben, von dem 5 % als fiktive nicht abzugsfähige Betriebsausgabe der Besteuerung unterliegen, denn die Schwestergesellschaft war vor der Verschmelzung nicht an der T-GmbH beteiligt.

Variante b)

Die ursprünglichen Anschaffungskosten der Beteiligung an der T-GmbH betrugen 10 Mio. €. Im Jahr 1998 hatte die M-GmbH die Beteiligung an der T-GmbH aufgrund der schlechten Ertragslage dieser Gesellschaft jedoch (damals noch steuerwirksam) auf den 5 Mio. € entsprechenden DM-Betrag abgeschrieben. Der Wert der T-GmbH ist auch zum Verschmelzungsstichtag noch auf diesen Betrag gemindert. Eine Wertaufholung hat nicht stattgefunden. Die T-GmbH verfügt über ein Stammkapital von 4 Mio. € und einen handelsrechtlichen sowie steuerlichen Verlustvortrag von 2 Mio. €, d. h. das handelsrechtliche und steuerliche Eigenkapital beläuft sich auf 2 Mio. €. Die stillen Reserven im Betriebsvermögen der T-GmbH belaufen sich dementsprechend auf 3 Mio. €.

Lösung:
– Steuerliche Behandlung bei der übertragenden T-GmbH

Auch in dieser Variante ist eine Buchwertübertragung möglich. Ein Aufstockungsgewinn bei der T-GmbH kann daher vermieden werden.

Der steuerliche Verlustvortrag der übertragenden T-GmbH geht nicht auf die übernehmende M-GmbH über, sondern geht im Zuge der Verschmelzung unter und kann nicht mehr genutzt werden (§ 12 Abs. 3 UmwStG).

In dem hier vorliegenden Fall hat die T-GmbH zwar grundsätzlich die Möglichkeit, ihren Verlustvortrag kurz vor der Verschmelzung noch zumindest anteilig zu nutzen, indem sie das Bilanzierungswahlrecht des § 11 UmwStG dahingehend ausübt, das übergehende Betriebsvermögen nicht mit den Buchwerten, sondern mit den gemeinen Werten anzusetzen. Allerdings führt dies nicht zu einem steuerneutralen step-up, weil hier die Regelung der sog. Mindestbesteuerung zu berücksichtigen ist, wonach Gewinne mit steuerlichen Verlustvorträgen nur bis zu einer Höhe von 1.000.000 € vollständig verrechnet werden können. Übersteigende Gewinne können nur zu 60 % mit Verlustvorträgen verrechnet werden, der Differenzbetrag ist zu versteuern. Diese Regelung führt dazu, dass eine Aufdeckung der stillen Reserven bei dem übertragenden Rechtsträger einen steuerpflichtigen Gewinn auslöst, der körperschaftsteuer- und gewerbesteuerpflichtig ist. Daher könnte der Ansatz eines Zwischenwertes steuerlich optimal sein. So kann wenigstens ein Teil des Verlustvortrags durch Aufstockung genutzt werden, ohne dass es zu einer Steuerbelastung kommt. Dabei ist anzugeben, in welcher Höhe

oder zu welchem Prozentsatz stille Reserven realisiert werden sollen. Die Angabe, dass stille Reserven »in Höhe des Verlustvortrages« realisiert werden sollen, ist jedoch nicht zulässig.
– **Steuerliche Behandlung bei der übernehmenden M-GmbH**
Bei dieser Verschmelzung erleidet die übernehmende M-GmbH in Höhe der Differenz zwischen dem Buchwert der Anteile (5 Mio. €) und dem Netto-Buchwert des übergehenden Vermögens (2 Mio. €) einen Verschmelzungsverlust i. H. v. 3 Mio. €. Dieser Verlust bleibt steuerlich außer Ansatz (§ 12 Abs. 2 UmwStG).

Gem. § 12 Abs. 1 Satz 2 in Verbindung mit § 4 Abs. 1 Satz 2 und 3 UmwStG sind die Anteile an der übertragenden Körperschaft in der steuerlichen Schlussbilanz des übernehmenden Rechtsträgers mit dem Buchwert, erhöht um Abschreibungen, die in früheren Jahren steuerwirksam vorgenommen worden sind, sowie um Abzüge nach § 6b EStG und ähnliche Abzüge, höchstens jedoch mit dem gemeinen Wert anzusetzen. In dem hier vorliegenden Fall war in der Vergangenheit zwar eine steuerwirksame Teilwertabschreibung auf die Anteile an der Übertragerin vorgenommen worden. Allerdings ist zwischenzeitlich keine Wertaufholung eingetreten. Die Anteile sind somit immer noch wertgemindert und der Buchwert entspricht dem gemeinen Wert. Eine Zuschreibung findet somit nicht statt.

Variante c)

Bei dieser Variante ändern sich die Angaben über die beteiligten Rechtsträger nicht. Lediglich die Verschmelzungsrichtung wird geändert, denn nunmehr soll die M-GmbH auf die T-GmbH verschmolzen werden (sog. Abwärtsverschmelzung).

Lösung:

Die Abwärtsverschmelzung wird vom UmwStG als möglich angesehen, denn § 11 Abs. 2 Satz 2 UmwStG enthält hierfür eine Sonderregelung, die sich auf die Bewertung der Anteile bezieht, die der übertragende an dem übernehmenden Rechtsträger hält. Soweit die übrigen Voraussetzungen erfüllt sind, kann somit auch im Rahmen einer Abwärtsverschmelzung das Betriebsvermögen zu Buchwerten übergehen.

3. Besteuerung der Anteilseigner der übertragenden Körperschaft

275 Der vom Gesetz als Standardfall vorgesehene Aufwärtsverschmelzung ist nicht geeignet, die steuerlichen Konsequenzen zu beschreiben, die das UmwStG für die Anteilseigner der übertragenden Körperschaft vorsieht, denn in einem solchen Fall ist die übernehmende Körperschaft vor der Umstrukturierung zugleich auch alleinige Gesellschafterin der übertragenden Körperschaft.

276 Daher sollen die steuerlichen Konsequenzen für die Anteilseigner anhand des folgenden Beispiels veranschaulicht werden.

▶ Beispiel: Besteuerung der Gesellschafter

277 Die A-GmbH soll auf die B-GmbH verschmolzen werden. Gesellschafter der A-GmbH sind die natürliche Person A sowie die X-AG je zur Hälfte. Beide erhalten im Zuge der Verschmelzung Gesellschaftsrechte an der übernehmenden B-GmbH.

C. Verschmelzung von Körperschaften auf Körperschaften

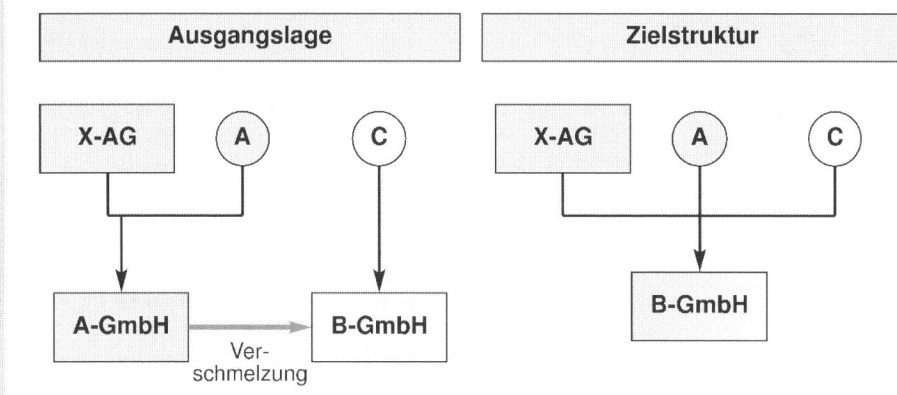

a) Gesellschafter erhalten ausschließlich Gesellschaftsrechte an der übernehmenden Gesellschaft

Die steuerlichen Konsequenzen der Verschmelzung für die Gesellschafter der übertragenden Körperschaft, die durch die Verschmelzung Gesellschafter der übernehmenden Körperschaft werden, sind in § 13 UmwStG geregelt. 278

§ 13 Abs. 1 UmwStG regelt als Grundfall, dass die Anteile an der übertragenden Körperschaft als zum gemeinen Wert veräußert und die an ihre Stelle tretenden Anteile an der übernehmenden Körperschaft als mit diesem Wert angeschafft gelten. Nach diesem Grundsatz kommt es also auf der Ebene der Anteilseigner zu einer Aufdeckung und Versteuerung der in den Anteilen an der Überträgerin ruhenden stillen Reserven. 279

Allerdings sieht § 13 Abs. 2 UmwStG von diesem Grundsatz abweichend unter bestimmten Voraussetzungen die Möglichkeit vor, die Anteile an der Übernehmerin auf Antrag mit dem Buchwert der Anteile an der Überträgerin anzusetzen, wenn die folgenden Voraussetzungen erfüllt sind: 280
1. Das Recht Deutschlands hinsichtlich der Besteuerung des Gewinns aus der Veräußerung der Anteile an der übernehmenden Körperschaft darf nicht ausgeschlossen oder beschränkt werden (§ 13 Abs. 2 Nr. 1 UmwStG).
   Diese Vorschrift dient ausschließlich der Sicherung des deutschen Besteuerungsrechts an den Anteilen der Überträgerin und soll sicherstellen, dass dem deutschen Fiskus durch die Verschmelzung kein Besteuerungssubstrat verloren geht. Diese Voraussetzung ist bei einer reinen Inlandsverschmelzung, bei der neben dem übertragenden und übernehmenden Rechtsträger auch die Gesellschafter im Inland ansässig sind, stets erfüllt, weil die Gesellschafter immer mit ihren Anteilen an inländischen Kapitalgesellschaften denselben steuerlichen Vorschriften unterliegen. Zur steuerlichen Behandlung beschränkt steuerpflichtiger Gesellschafter vgl. Teil 7 Rdn. 295 ff. Zur Behandlung unbeschränkt steuerpflichtiger Gesellschafter bei einer ausländischen oder grenzüberschreitenden Verschmelzung vgl. Teil 7 Rdn. 325).
2. § 13 Abs. 2 Nr. 2 UmwStG regelt bestimmte Fälle der grenzüberschreitenden Verschmelzung, bei denen es trotz einer Einschränkung oder eines Ausschlusses des deutschen Besteuerungsrechts zunächst im Zeitpunkt der Verschmelzung auf der Ebene der Gesellschafter nicht zu einer Versteuerung der in den Anteilen ruhenden stillen Reserven kommt. Diese Vorschrift ist daher bei reinen Inlandsverschmelzungen mit inländischen Gesellschaftern nicht einschlägig.

Es kann somit festgehalten werden, dass bei reinen Inlandsverschmelzungen unter Beteiligung inländischer Gesellschafter die Voraussetzungen des § 13 Abs. 2 UmwStG regelmäßig erfüllt sind und die betroffenen Anteilseigner der übertragenden Körperschaft den Antrag stellen können, dass die Verschmelzung hinsichtlich ihrer Anteile an der übertragenden und an der übernehmenden Körperschaft steuerneutral zu Buchwerten durchgeführt wird. 281

282 Eine Buchwertfortführung ist daher möglich, aber nicht zwingend. Die Gesellschafter haben vielmehr die Möglichkeit, den Antrag nicht zu stellen und den Anteilstausch zu gemeinen Werten der Besteuerung zu unterwerfen. Der hierbei entstehende Veräußerungsgewinn unterliegt bei den Gesellschaftern den normalen Vorschriften zur Besteuerung von Veräußerungsgewinnen. Bei einem Gesellschafter in der Rechtsform einer Kapitalgesellschaft käme somit § 8b KStG zur Anwendung und der Veräußerungsgewinn wäre steuerfrei (§ 8b Abs. 2 KStG), allerdings unter Hinzurechnung einer fiktiven nicht abzugsfähigen Betriebsausgabe i. H. v. 5 % des Gewinns (§ 8b Abs. 3 KStG). Bei natürlichen Personen hingegen käme das Teileinkünfteverfahren nach § 3 Nr. 40 Satz 1 Buchst. c) EStG zur Anwendung. Es ist daher nahe liegend, dass natürliche Personen regelmäßig die Buchwertfortführung wählen werden. Kapitalgesellschaften hingegen könnten einen solchen Vorgang dazu nutzen, die Buchwerte der Beteiligungen – zur Vorbereitung auf eine mögliche Abschaffung der Steuerfreiheit auf Veräußerungsgewinne in der Zukunft – aufzustocken und müssten dafür die Versteuerung der fiktiven nicht abzugsfähigen Betriebsausgabe in Kauf nehmen.

283 § 13 UmwStG ist unabhängig davon anzuwenden, ob die Verschmelzung bei der übertragenden Gesellschaft zu einer Aufdeckung von stillen Reserven führt oder nicht. Es ist also diesbezüglich ohne Bedeutung, ob die Voraussetzungen für eine steuerneutrale Buchwertfortführung nach § 11 Abs. 1 UmwStG überhaupt erfüllt sind bzw. wie das Bewertungswahlrecht bei Vorliegen der Voraussetzungen ausgeübt wurde.

284 Durch die Anschaffungsfiktion des § 13 UmwStG kann eine Verschmelzung ggf. auch dazu genutzt werden, die Rückgängigmachung einer in der Vergangenheit steuerwirksam vorgenommenen Teilwertabschreibung zu verhindern.

▶ **Beispiel:**

285 Die Muttergesellschaft M-AG hält Beteiligungen an der T1-GmbH und an der T2-GmbH. Auf die Beteiligung an der T1-GmbH wurde in der Vergangenheit steuerwirksam eine Teilwertabschreibung i. H. v. 100.000 vorgenommen, wodurch der Buchwert dieser Beteiligung von 900.000 auf 800.000 gesunken ist. Mittlerweile erzielt die T1-GmbH aber wieder Gewinne, sodass der Grund für die Teilwertabschreibung entfallen wird und eine Zuschreibung vorgenommen werden müsste.

Aufgrund des sog. Wertaufholungsgebotes wäre die M-AG nunmehr gezwungen, auf die Beteiligung an der T1-GmbH eine Zuschreibung vorzunehmen i. H. v. 100.000. Die M-AG stellt sich daher nun die Frage, ob sie dieser Zuschreibungspflicht dadurch entgehen kann, dass sie die T1-GmbH vor Ablauf des Wirtschaftsjahres auf die T2-GmbH verschmilzt.

Lösung:

§ 13 UmwStG unterscheidet in dieser Frage danach, ob der Anteilstausch zu Buchwerten oder zu gemeinen Werten erfolgt.

Wird der Anteilstausch nach § 13 Abs. 1 UmwStG zu gemeinen Werten durchgeführt, so ist der Vorgang als echtes Anschaffungsgeschäft zu werten. Die Anteile an der T1-GmbH gehen im Zuge der Verschmelzung unter und an ihre Stelle treten neue Anteile an der T2-GmbH. Nach § 13 Abs. 1 UmwStG gelten die Anteile an der T1-GmbH als zum gemeinen Wert veräußert und die neuen Anteile an der T2-GmbH als zu diesem Preis angeschafft. Beläuft sich der gemeine Wert der Anteile an der T1-GmbH noch auf 800.000, wäre dieser Wert als fiktiver Veräußerungspreis und als Anschaffungskosten für die neuen Anteile an der übernehmenden Körperschaft T2-GmbH anzusetzen. Die Anschaffungskosten der Anteile an der Übernehmerin betragen dann 800.000. Da die Anschaffungskosten immer die Bewertungsobergrenze darstellen, kommt eine Zuschreibung dieser neuen Anteile nicht mehr in Betracht. Eine Regelung wie in § 13 Abs. 2 Satz 2 UmwStG, dass die neuen Anteile »in die Rechtsstellung« der bisherigen Anteile eintreten, gibt es beim Ansatz des gemeinen Wertes nicht. Die Gefahr einer zukünftigen Wertaufholung wäre dann gebannt. Diese Vorgehensweise führt jedoch dann nicht zum gewünschten Ergebnis, wenn der gemeine Wert der Anteile an der T1-GmbH bereits wieder auf 900.000 angestiegen ist. Dann führt der Ansatz dieses gemeinen Wertes als Veräußerungspreis selbstverständlich dazu, dass die in der Vergangenheit vorgenommene steuerwirksame Teilwertabschreibung steuerwirksam wieder aufgeholt werden muss.

Erfolgt der Anteilstausch hingegen auf Antrag nach § 13 Abs. 2 UmwStG zu Buchwerten, so treten die Anteile an der Übernehmerin steuerlich in die Rechtsstellung der Anteile an der übertragenden Körperschaft (§ 13 Abs. 2 Satz 2 UmwStG). Das hat zur Folge, dass etwaige frühere Teilwertabschreibungen auf die Altanteile ggf. bei den Neuanteilen wieder steuerwirksam aufzuholen sind.[154]

Für die Fälle einer Wertaufholung nach vorangegangener steuerwirksamer Teilwertabschreibung bedeutet dies also, dass die Verschmelzung vorgenommen werden muss, bevor die Werterholung eintritt. In diesem Fall kann der Anteilstausch zu gemeinen Werten vollzogen werden, denn der gemeine Wert stimmt mit dem (geminderten) Buchwert der Anteile überein. Hierdurch kann der (geminderte) Buchwert in Anschaffungskosten umgewandelt werden. Ist aber erst einmal eine Werterholung eingetreten, dann kann dieses Ziel durch die Ausübung des Wahlrechts zur Fortführung der Buchwerte nicht mehr erreicht werden. Vielmehr sind dann die Anteile an der Übernehmerin entsprechend steuerwirksam zuzuschreiben.

286 Gehören die Anteile an der übertragenden Körperschaft **nicht zu einem Betriebsvermögen** und sind die Voraussetzungen des § 17 oder des § 23 EStG erfüllt, treten an die Stelle des Buchwerts die Anschaffungskosten (§ 13 Abs. 2 Satz 3 UmwStG). Auch in diesem Fall ist hierdurch die Gewinnneutralität des Tauschvorgangs sichergestellt.

287 Hatte ein Gesellschafter an der übertragenden Gesellschaft eine Beteiligung im Sinne des § 17 EStG (mindestens 1 %), so gelten die im Zuge der Verschmelzung gewährten Anteile an der übernehmenden Gesellschaft bei einer Buchwertfortführung auf Antrag ebenso als Anteile im Sinne des § 17 EStG, auch wenn sie die Voraussetzungen des § 17 EStG nicht erfüllen (wenn also die Beteiligung z. B. nur weniger als 1 % umfasst).[155] Demgegenüber sind die neuen Anteile in einem solchen Fall keine Anteile im Sinne des § 17 EStG, wenn der Anteilstausch zu gemeinen Werten stattfindet, denn in diesem Fall erfolgt kein »Eintritt in die Rechtsstellung«.

288 Für Gesellschafter, deren Beteiligung weniger als 1 % beträgt, gilt hingegen § 20 Abs. 4a EStG. Danach erfolgt der Anteilstausch zwingend zu Buchwerten, wenn das Besteuerungsrecht Deutschlands nicht ausgeschlossen oder beschränkt wird. Ein Wahlrecht zum Ansatz von gemeinen Werten besteht für diese Gesellschafter nicht. Wird zusätzlich zur Gewährung von Anteilen am übernehmenden Rechtsträger noch eine bare Gegenleistung gezahlt, führt diese nach dem Gesetzeswortlaut nicht zu einem anteiligen Veräußerungsgewinn, sondern zu laufenden Kapitalerträgen.

289 Auch für den Fall, dass der Anteilseigner im Fall der Verschmelzung einbringungsgeborene Anteile im Sinne des § 21 UmwStG a. F. bzw. die sperrfristbehafteten Anteile des § 22 UmwStG an der übertragenden Körperschaft besitzt, treten die erworbenen Anteile bei einer Buchwertfortführung an die Stelle der hingegebenen Anteile. Die durch die Verschmelzung gewährten Anteile gelten weiterhin als Anteile im Sinne des § 21 UmwStG a. F.[156] bzw. als sperrfristbehaftete Anteile nach neuem Recht.[157]

---

154 Gesetzesbegründung SEStEG zu § 13 Abs. 2 UmwStG, BT-Drucks. 16/2710 v. 25.09.2006.
155 Randnr. 13.11 UmwStE.
156 Vgl. Randnr. 13.11 UmwStE.
157 Letzteres gilt nach Ansicht der Finanzverwaltung nur, wenn dem Billigkeitsantrag nach Randnr. 22.23 Beispiel 2 UmwStE stattgegeben wird.

b) Gesellschafter erhalten zusätzlich oder ausschließlich andere Gegenleistungen

290 Scheidet ein Gesellschafter gegen **Barabfindung** aus der übertragenden Körperschaft aus, liegt bei ihm eine Anteilsveräußerung vor, die nach den allgemeinen Grundsätzen der Besteuerung unterliegt.

291 Gewährt die übernehmende Körperschaft den Gesellschaftern der übertragenden Körperschaft **neben Gesellschaftsrechten** noch eine **bare Zuzahlung**, ist § 13 UmwStG insoweit nicht anwendbar. Es liegt vielmehr ein Veräußerungserlös für einen Teilanteil vor, der den üblichen Regelungen zur Versteuerung von Beteiligungsveräußerungsgewinnen unterliegt.[158]

c) Gesellschafter erhalten überhaupt keine Gegenleistung

292 Nach § 54 Abs. 1 Satz 3 UmwG besteht seit 2007 die Möglichkeit, bei Verschmelzungen auf die Gewährung von Anteilen am übernehmenden Rechtsträger zu verzichten. Der Gesetzgeber betrachtet diese Regelung als Vereinfachung insbesondere für den Fall der Verschmelzung von beteiligungsidentischen Gesellschaften, da in diesen Fällen ansonsten regelmäßig an die Gesellschafter der übertragenden Gesellschaft Anteile in demselben Verhältnis ausgegeben werden, in dem sie bereits sowohl an der Übertragerin als auch an der Übernehmerin beteiligt waren. Allerdings ist § 54 Abs. 1 Satz 3 UmwG nicht auf diese Fälle beschränkt. Vielmehr eröffnet die Regelung in allen Verschmelzungsfällen die Möglichkeit, bei entsprechender Einverständniserklärung aller Beteiligten auf die Gewährung von Anteilen zu verzichten.

293 Das Umwandlungssteuergesetz erwähnt in § 11 Abs. 2 Satz 1 Nr. 3 UmwStG die Verschmelzung ohne Anteilsgewährung explizit und lässt diese (neben der Verschmelzung mit ausschließlicher Anteilsgewährung) auf Ebene der übertragenden Körperschaft als steuerneutral zu. Für die Gesellschafterebene sieht § 13 UmwStG keine explizite Regelung vor. Ohne Anteilsgewährung durch die übernehmende Körperschaft findet beim Gesellschafter der übertragenden Körperschaft jedenfalls kein Tausch seiner Anteile in Anteile an der übernehmenden Körperschaft statt. Gleichwohl sind beide Absätze des § 13 UmwStG jedenfalls bei Gesellschafteridentität zwischen der übertragenden und der übernehmenden Körperschaft auch auf die Verschmelzung ohne Anteilsgewährung anzuwenden, da andererseits von der Norm auch nicht explizit eine Anteilsgewährung verlangt wird. Die Anteile an der übertragenden Körperschaft gelten entweder nach § 13 Abs. 1 UmwStG als zum gemeinen Wert veräußert und der Buchwert der bereits vorhandenen Anteile an der übernehmenden Körperschaft erhöht sich um diesen Betrag oder der Buchwert der bereits vorhandenen Anteile an der übernehmenden Körperschaft erhöht sich nach § 13 Abs. 2 UmwStG um den Buchwert der untergehenden Anteile an der übertragenden Körperschaft.[159]

294 Bestehen hingegen keine identischen Beteiligungen an der übertragenden und der übernehmenden Körperschaft, wird aber gleichwohl auf die Gewährung wertkongruenter Anteile an der übertragenden Körperschaft verzichtet, kommt es zu Wertverschiebungen zwischen den Gesellschaftern. Insoweit ist § 13 UmwStG dann nicht anwendbar und gelten die allgemeinen steuerlichen Regelungen.[160] Diese Konstellation ist insbesondere in mehrstufigen Konzernen denkbar, wo beispielsweise die Konzernobergesellschaft M an den Tochtergesellschaften T1 und T2 und diese wiederum an den Enkelgesellschaften E1 und E2 beteiligt sind. Wird E1 nun ohne Anteilsgewährung auf E2 verschmolzen, ist dies aus Sicht der M wirtschaftlich kein Problem, da sich ihre Beteiligung an der T2 entsprechend im Wert erhöht. Die T1 ist jedoch um den Wert ihrer Anteile an der E1 entreichert. Diese Entreicherung ist aus Sicht der T1 eine verdeckte Gewinnausschüt-

---

158 Randnr. 13.02 UmwStE.
159 So auch Randnr. 13.09 UmwStE.
160 Vgl. Randnr. 13.09 in Verbindung mit Randnr. 13.03 UmwStE unter Verweis auf BFH-Urteil v. 09.11.2010 – IX R 24/09, BStBl. II 2011, 799; Neumann in Rödder/Herlinghaus/van Lishaut, UmwStG, § 13 Rn. 9e und 9f.

tung an die M, da ein ordentlicher und gewissenhafter Geschäftsleiter der T1 einer Verschmelzung der E1 auf die E2 ohne wertkongruente Anteilsgewährung nicht zugestimmt hätte. Andererseits leistet die M eine verdeckte Einlage in die T2, die um Wert der E1-Anteile bereichert wird. Darüber hinaus sind mögliche schenkungsteuerliche Konsequenzen zu prüfen, wobei u. a. § 7 Abs. 8 ErbStG zu berücksichtigen ist.[161]

II. Inlandsverschmelzung von zwei inländischen Kapitalgesellschaften mit Auslandsberührung

1. Behandlung beschränkt steuerpflichtiger Gesellschafter

Sind an der übertragenden Körperschaft beschränkt steuerpflichtige Gesellschafter beteiligt, so hat dies zunächst einmal auf die steuerlichen Konsequenzen bei der Übertragerin und bei der Übernehmerin grundsätzlich keine Auswirkungen. 295

Ein Sonderproblem ergibt sich jedoch bei einer Abwärtsverschmelzung hinsichtlich der von der Muttergesellschaft gehaltenen Anteile an der Tochtergesellschaft, sofern an der Muttergesellschaft auch ausländische Anteilseigner beteiligt sind. Bei einer Abwärtsverschmelzung erwerben die bisherigen Gesellschafter der Muttergesellschaft die Anteile an der Tochtergesellschaft, die sich im Vermögen der Muttergesellschaft befinden.[162] Diese Anteile gehen also entgegen § 20 Abs. 1 Nr. 1 UmwG nicht auf den übernehmenden Rechtsträger (die Tochtergesellschaft) über. Dabei soll der Anteilserwerb durch die Gesellschafter der Muttergesellschaft nach der Rechtsprechung des BFH unmittelbar und ohne Durchgangserwerb seitens der Tochtergesellschaft erfolgen.[163] 296

Umstritten ist, wie die Anteile am übernehmenden Rechtsträger (der Tochtergesellschaft) in der Schlussbilanz des übertragenden Rechtsträgers (der Muttergesellschaft) anzusetzen sind. § 11 Abs. 2 Satz 2 UmwStG schreibt insoweit vor, dass die Anteile an der übernehmenden Körperschaft mindestens mit dem Buchwert, erhöht um Abschreibungen sowie um Abzüge nach § 6b EStG und ähnliche Abzüge, die in früheren Jahren steuerwirksam vorgenommen worden sind und höchstens mit dem gemeinen Wert anzusetzen sind. Ein Ansatz mit einem Wert unterhalb des gemeinen Wertes soll dabei nach der Auffassung der Finanzverwaltung nur in Betracht kommen, wenn die übrigen Voraussetzungen des § 11 Abs. 2 Satz 1 Nr. 2 und 3 UmwStG vorliegen. Dabei soll nicht auf die übernehmende Körperschaft, sondern auf den die Anteile an der Tochtergesellschaft übernehmenden Anteilseigner der Muttergesellschaft abzustellen sein.[164] Dies würde bedeuten, dass bei ausländischen Gesellschaftern der Muttergesellschaft das deutsche Besteuerungsrecht hinsichtlich eines Gewinns aus der Veräußerung dieser Anteile ausgeschlossen oder beschränkt wird und somit es zu einer Aufdeckung der stillen Reserven käme, weil die Muttergesellschaft diese Anteile in ihrer steuerlichen Schlussbilanz zwingend mit dem gemeinen Wert ansetzen müsste. 297

Die wohl herrschende Meinung in der Literatur lehnt eine Aufdeckung der stillen Reserven in den Anteilen an der Tochtergesellschaft ab.[165] Dieser Auffassung haben sich nun auch zwei Finanzgerichte angeschlossen. Das FG Düsseldorf hat entschieden, dass es sich bei § 11 Abs. 2 Satz 2 UmwStG um eine spezielle und abschließende Bewertungsregel für die Anteile der übertragenden Körperschaft an der übernehmenden Körperschaft in der steuerlichen Schlussbilanz handele. Mit dem Begriff »übergehende Wirtschaftsgüter« in § 11 Abs. 1 und Abs. 2 Satz 1 UmwStG seien nur solche Wirtschaftsgüter gemeint, die auf den übernehmenden Rechtsträger überge- 298

---

161 Vgl. hierzu auch Viskorf, ZEV 2014, 633; Schaden/Ropohl, BB-Special 1/2011, 11; Heurung/Engel/Schröder, GmbHR 2011, 617.
162 BFH-Urteil v. 28.10.2009 – I R 4/09, BStBl. II 2011, 315.
163 BFH-Urteil v. 28.10.2009 – I R 4/09, BStBl. II 2011, 315.
164 Randnr. 11.19 UmwStE.
165 Vgl. Rödder in: Rödder/Herlinghaus/van Lishaut, UmwStG, § 11, Rn. 69a; Gsödl/Wuttke, DStR 2016, 2026 [2033].

hen.¹⁶⁶ Auch das FG Rheinland-Pfalz sieht in § 11 Abs. 2 Satz 2 UmwStG eine eigenständige Regelung für den Wertansatz der Anteile an der Tochtergesellschaft. § 11 Abs. 2 Satz 2 UmwStG wäre gegenstandslos, wenn der Ansatz des Buchwertes vom Vorliegen der Voraussetzungen des § 11 Abs. 2 Satz 1 Nr. 1 und 2 UmwStG abhängen würde, da diese hinsichtlich der Anteile an der übernehmenden Körperschaft nicht erfüllt sein könnten. Denn »übernehmende Körperschaft« im Sinne von § 11 Abs. 2 Satz 1 UmwStG könne bei einer Abwärtsverschmelzung nicht der Anteilseigner der übertragenden Körperschaft sein.¹⁶⁷

299 Gegen beide FG-Urteile ist Revision beim BFH eingelegt worden. Angesichts dieser Revisionsverfahren¹⁶⁸ ist in diesen Konstellationen weiterhin Vorsicht geboten. Zu beachten ist, dass von diesem Problem sowohl inländische Abwärtsverschmelzungen betroffen sein können, als auch Hinausverschmelzungen einer inländischen Muttergesellschaft auf eine ausländische Tochtergesellschaft, solange an der Muttergesellschaft jeweils (auch) ausländische Anteilseigner beteiligt sind.

300 Auf der Ebene des beschränkt steuerpflichtigen Gesellschafters ist zu prüfen, ob die Voraussetzungen des § 13 Abs. 2 UmwStG erfüllt sind, um auf Antrag die Buchwerte bzw. Anschaffungskosten der Anteile an der übertragenden Körperschaft für die neuen Anteile an der übernehmenden Körperschaft fortzuführen und dadurch eine Aufdeckung stiller Reserven auf Gesellschafterebene zu vermeiden.

301 Bei einer Verschmelzung von zwei inländischen Kapitalgesellschaften dürften sich jedoch keine Besonderheiten ergeben. Unabhängig davon, ob der betreffende Gesellschafter innerhalb oder außerhalb der EU, in einem DBA-Staat oder einem Nicht-DBA-Staat ansässig ist, ändert sich durch die Verschmelzung das Besteuerungsrecht Deutschlands nicht. Es sind nach wie vor dieselben innerstaatlichen Regelungen und dasselbe DBA anwendbar. Hatte Deutschland vor der Verschmelzung ein Besteuerungsrecht an den Anteilen der Überträgerin, so wird an den neuen Anteilen an der Übernehmerin dasselbe Besteuerungsrecht bestehen.

302 Eine Besonderheit kann sich ergeben, wenn die dem ausländischen Gesellschafter zuzurechnenden Anteile am übertragenden Rechtsträger steuerverhaftet sind nach § 21 UmwStG a. F. bzw. nach § 22 UmwStG, denn die Verschmelzung ist hinsichtlich seiner Anteile als Veräußerungsgeschäft zu würdigen. Es kann dann – ebenso wie bei inländischen Gesellschaftern – ein Realisierungstatbestand vorliegen. Vgl. hierzu Teil 7 Rdn. 289.

2. Verschmelzung von zwei inländischen Kapitalgesellschaften mit Auslandsvermögen

303 Verfügt im Fall einer Verschmelzung von zwei inländischen Kapitalgesellschaften die übertragende Gesellschaft über eine ausländische Betriebsstätte, so gelten diesbezüglich keine Besonderheiten. Die Verschmelzung kann steuerneutral vorgenommen werden.

304 Der Grund hierfür liegt darin, dass sich das Besteuerungsrecht Deutschlands an der ausländischen Betriebsstätte in einem solchen Fall nicht ändert. Regelmäßig ist in den DBA zwischen EU-Staaten dem Betriebsstättenstaat das Besteuerungsrecht für die Betriebsstätte zugewiesen und im Sitzstaat des Stammhauses die Freistellungsmethode anzuwenden. Das bedeutet, dass der deutsche Fiskus bezüglich einer solchen Betriebsstätte weder vor noch nach der Verschmelzung ein Besteuerungsrecht hat und ihm dieses daher durch die Verschmelzung auch nicht entzogen werden kann.

305 Dasselbe gilt im Ergebnis für die wenigen Fälle, in denen ein DBA dem Land des Stammhauses bezüglich der Betriebsstättengewinne auch ein Besteuerungsrecht einräumt und die Beseitigung der Doppelbesteuerung durch die Anrechnung der im Ausland erhobenen Steuer regelt. Auch in diesem Fall geht dem deutschen Fiskus kein Besteuerungssubstrat verloren, weil die ausländische

---

166 FG Düsseldorf Urteil v. 22.04.2016 – 6 K 1947/14 K, G, EFG 2016, 951.
167 FG Rheinland-Pfalz Urteil v. 12.04.2016 – 1 K 1001/14, EFG 2016, 1392.
168 Az. I R 31/16 und I R 35/16.

III. Verschmelzung von zwei ausländischen Kapitalgesellschaften mit Inlandsvermögen

Zunächst einmal stellt sich die Frage, ob das deutsche Umwandlungssteuerrecht auf diesen Vorgang anwendbar ist. Dies ist abhängig davon, ob der nach ausländischem Recht stattfindende Vorgang einer Verschmelzung nach deutschem Recht vergleichbar ist (§ 1 Abs. 1 Nr. 1 UmStG; vgl. hierzu Teil 7 Rdn. 18 ff.) und ob es sich bei den beteiligten Gesellschaften aus unserer Sicht um Kapitalgesellschaften handelt, die in der EU/EWR gegründet wurden und in diesem Gebiet auch ihren Sitz und den Ort ihrer Geschäftsleitung haben (§ 1 Abs. 2 Nr. 1 UmStG). Sind diese Voraussetzungen gegeben, sind die §§ 11 bis 13 UmStG anwendbar, soweit das deutsche Besteuerungsrecht betroffen ist.

306

Verfügt die übertragende Kapitalgesellschaft im Fall einer Verschmelzung zweier im EU-Ausland ansässiger Gesellschaften über eine inländische Betriebsstätte, so wird diese Betriebsstätte durch die Verschmelzung zu einer solchen des übernehmenden Rechtsträgers. Gleichwohl darf Deutschland diesen Übertragungsvorgang nicht zum Anlass nehmen, die in der deutschen Betriebsstätte vorhandenen stillen Reserven zu versteuern, denn das deutsche Besteuerungsrecht an diesen stillen Reserven wird durch die Verschmelzung regelmäßig nicht tangiert. Es kann somit – bezogen auf die deutsche Betriebsstätte – das Bilanzierungswahlrecht des § 11 Abs. 2 UmStG ausgeübt werden, wonach die Wirtschaftsgüter in der steuerlichen Schlussbilanz (der Betriebsstätte) des übertragenden Rechtsträgers mit den Buchwerten angesetzt werden können. Etwas anderes gilt, wenn sich verschmelzungsbedingt die Zuordnung von Wirtschaftsgütern zwischen Betriebsstätten ändert (z. B. ein bisher der inländischen Betriebsstätte zuzuordnendes Wirtschaftsgut wird aus rechtlichen Gründen aufgrund der Verschmelzung der ausländischen Betriebsstätte zugeordnet). Soweit das deutsche Besteuerungsrecht dadurch ausgeschlossen wird, ist der Buchwertansatz nicht möglich.

307

Bei der Verschmelzung von zwei ausländischen Körperschaften ist als Besonderheit zu berücksichtigen, dass unter bestimmten Voraussetzungen auch Verschmelzungen von Drittstaaten-Kapitalgesellschaften aus deutscher Sicht steuerneutral durchgeführt werden können. Dies ist dann von Bedeutung, wenn die zu verschmelzenden Drittstaaten-Kapitalgesellschaften im Inland beschränkt steuerpflichtig sind (sei es aufgrund einer Betriebsstätte oder aufgrund einer sonstigen Aktivität) oder wenn der Gesellschafter der Drittstaaten-Kapitalgesellschaften im Inland ansässig ist. Die entsprechenden Regelungen befinden sich jedoch nicht im Umwandlungssteuergesetz, sondern in § 12 Abs. 2 KStG. Begünstigt sind grundsätzlich nur Verschmelzungen von zwei Drittstaaten-Kapitalgesellschaften, die in demselben ausländischen Staat ansässig sind. Die ausländische Verschmelzung muss außerdem mit einer Verschmelzung im Sinne des § 2 UmwG vergleichbar sein. Eine weitere Voraussetzung ist, dass der übernehmende und der übertragende Rechtsträger nicht die Voraussetzungen des § 1 Abs. 2 Satz 1 und 2 UmStG erfüllen dürfen, d. h. nicht im Inland oder in der EU/EWR ansässig sein dürfen. Für das Betriebsvermögen der übertragenden Körperschaft, welches im Inland steuerpflichtig ist, regelt § 12 Abs. 2 Satz 1 KStG die Voraussetzungen für den Buchwertansatz. Für den Gesellschafter der ausländischen übertragenden Körperschaft, der im Inland ansässig ist, regelt § 12 Abs. 2 Satz 2 KStG die Voraussetzungen für den Buchwertansatz.

308

Die Wirtschaftsgüter der übertragenden Körperschaft, welche bei der Drittstaaten-Verschmelzung auf die übernehmende Körperschaft übergehen, können grundsätzlich unter denselben Voraussetzungen wie bei einer inländischen oder einer EU-Verschmelzung zu Buchwerten angesetzt werden. Der Buchwertansatz ist möglich, soweit
– sichergestellt ist, dass die stillen Reserven auch bei der übernehmenden Körperschaft der Besteuerung mit Körperschaftsteuer unterliegen,

309

- das Recht der Bundesrepublik Deutschland zur Besteuerung der übergehenden Wirtschaftsgüter bei der übernehmenden Körperschaft nicht beschränkt wird, und
- eine Gegenleistung nicht gewährt wird oder ausschließlich in Gesellschaftsrechten besteht.

310 Für den im Inland ansässigen Gesellschafter einer Drittstaaten-Kapitalgesellschaft, die auf eine andere Kapitalgesellschaft in demselben Drittstaat verschmolzen wird, sieht § 12 Abs. 2 Satz 2 KStG vor, dass bei ihm § 13 UmwStG entsprechend gilt. Das bedeutet, dass der inländische Gesellschafter im Grundsatz den gemeinen Wert für die Anteile an der übertragenden Körperschaft anzusetzen hat (vgl. § 13 Abs. 1 UmwStG), aber auf Antrag den Buchwert der Anteile an der übertragenden Körperschaft beim Buchwert der (neuen) Anteile an der übernehmenden Körperschaft fortführen kann. Voraussetzung dafür ist, dass das Steuerungsrecht Deutschlands an den neuen Anteilen an der übernehmenden Körperschaft nicht ausgeschlossen oder beschränkt wird (vgl. § 13 Abs. 2 Satz 1 Nr. 1 UmwStG). Der frühere Streit zwischen der herrschenden Meinung in der Literatur und der Finanzverwaltung hinsichtlich der Anforderungen an die Steuerpflicht der übertragenden Körperschaft für die Anwendung von § 12 Abs. 2 Satz 2 KStG i.V.m. § 13 UmwStG hat sich durch die Änderung von Randnr. 13.04 des UmwStE durch die Finanzverwaltung[169] erledigt. Es kommt also entgegen der früheren Ansicht der Finanzverwaltung für die Frage, ob der Anteilseigner im Rahmen einer Drittstaaten-Verschmelzung die Buchwerte fortführen kann, nicht darauf an, ob die übertragende Körperschaft in Deutschland beschränkt steuerpflichtig ist. Nach Auffassung der Finanzverwaltung ist für eine Anwendung von § 13 UmwStG auf den inländischen Gesellschafter gem. § 12 Abs. 2 Satz 2 KStG Voraussetzung, dass das Vermögen einer nicht unbeschränkt steuerpflichtigen Drittstaaten-Kapitalgesellschaft als Ganzes durch einen Verschmelzungsvorgang i.S.d. § 12 Abs. 2 Satz 1 KStG nach ausländischem Recht auf eine andere Körperschaft übertragen wird. Insofern wird teilweise kritisiert, dass der UmwStE weiterhin Bezug nimmt auf einen Vorgang i.S.d. § 12 Abs. 2 Satz 1 KStG.[170] Die Formulierung »nicht unbeschränkt steuerpflichtige Körperschaft« spricht jedoch für die Einbeziehung sowohl beschränkt, als auch im Inland gar nicht steuerpflichtiger Drittstaaten-Kapitalgesellschaften.[171] Nicht abschließend geklärt ist jedoch, ob für eine Anwendung des § 12 Abs. 2 Satz 2 KStG (wie in Satz 1) erforderlich ist, dass die beteiligten Drittstaaten-Gesellschaften im selben Staat ansässig sein müssen. Die wohl überwiegende Meinung in der Literatur lehnt dies ab.[172]

IV. Hinausverschmelzung einer inländischen Körperschaft auf eine ausländische Körperschaft

311 Bei einer Hinausverschmelzung einer deutschen auf eine ausländische Kapitalgesellschaft hört die Überträgerin auf zu existieren und wird aufgelöst ohne Abwicklung. Ihr Vermögen geht auf die ausländische Übernehmerin über.

312 Auch auf eine Hinausverschmelzung einer inländischen Körperschaft auf eine ausländische sind die §§ 11 bis 13 UmwStG anwendbar, wenn der Umwandlungsvorgang mit einer Verschmelzung nach deutschem UmwG vergleichbar ist und der ausländische übernehmende Rechtsträger eine Kapitalgesellschaft ist, die in der EU/EWR gegründet wurde und den Sitz sowie den Ort der Geschäftsleitung in diesem Gebiet hat (§ 1 UmwStG). Es ergeben sich dann die folgenden steuerlichen Konsequenzen:

---

169 BStBl. I 2016, 1252.
170 Schönfeld/Bergmann, IStR 2017, 68, 69.
171 Benecke/Staats in Dötsch/Pung/Möhlenbrock, Die Körperschaftsteuer, § 12 KStG Rn. 413.
172 Vgl. Böhmer/Mundhenke, ISR 2017, 113 [114]; Krauß/Köstler, BB 2017, 924 [926 f.]; Benecke/Staats in Dötsch/Pung/Möhlenbrock, Die Körperschaftsteuer, § 12 KStG Rn. 412; a.A. Frotscher in Frotscher/Drüen, KStG, § 12 Rn. 148a.

C. Verschmelzung von Körperschaften auf Körperschaften

1. Steuerliche Konsequenzen bei der inländischen übertragenden Körperschaft

Die Überträgerin hat grundsätzlich nach § 11 Abs. 1 UmwStG das übergehende Vermögen mit gemeinen Werten anzusetzen. Ein Antrag auf Fortführung der Buchwerte oder Ansatz von Zwischenwerten kann nach § 11 Abs. 2 UmwStG nur insoweit gestellt werden, wie
– das übergehende Betriebsvermögen bei der Übernehmerin weiterhin der Besteuerung mit Körperschaftsteuer unterliegt,
– das Besteuerungsrecht Deutschlands hinsichtlich der Besteuerung des Gewinns aus der Veräußerung der übertragenen Wirtschaftsgüter bei der übernehmenden Körperschaft nicht ausgeschlossen oder beschränkt wird und
– eine Gegenleistung nicht gewährt wird oder in Gesellschaftsrechten besteht.

313

Die dritte Voraussetzung ist in der Regel gestaltbar und dürfte daher regelmäßig erfüllt sein. Die erste Voraussetzung ist in der Regel bei Körperschaften als aufnehmendem Rechtsträger ebenfalls erfüllt. Bei der zweiten Voraussetzung kommt es hingegen darauf an, ob das Betriebsvermögen der übertragenden Körperschaft weiterhin in Deutschland steuerverstrickt bleibt. Dies wird regelmäßig nur dann der Fall sein, wenn das Betriebsvermögen einer deutschen Betriebsstätte der ausländischen übernehmenden Körperschaft zuzuordnen ist. Wechselt das Betriebsvermögen der übertragenden Körperschaft hingegen in eine ausländische Betriebsstätte der ausländischen übernehmenden Körperschaft, findet regelmäßig eine Entstrickung statt und es ist insoweit der gemeine Wert anzusetzen. Dies beruht darauf, dass mit der Entstrickung das deutsche Besteuerungsrecht endet und daher im letzten Moment die im Betriebsvermögen enthaltenen stillen Reserven zu versteuern sind.

314

Die Finanzverwaltung prüft die Voraussetzungen des § 11 Abs. 2 UmwStG zum steuerlichen Übertragungsstichtag.[173] Zu diesem Zeitpunkt hat sich die Verschmelzung jedoch häufig noch nicht in tatsächlichen Änderungen der betrieblichen Organisation ausgewirkt, die übertragende Körperschaft war eine »normale« deutsche Kapitalgesellschaft mit Geschäftsführung und allen weiteren notwendigen Funktionen. Zum steuerlichen Übertragungsstichtag kann es daher allenfalls aus Rechtsgründen zu einem Ausschluss des deutschen Besteuerungsrechts kommen, nicht jedoch aus tatsächlichen Gründen. Nur dieser Ausschluss des deutschen Besteuerungsrechts bereits zum steuerlichen Übertragungsstichtag ist für § 11 Abs. 2 UmwStG maßgeblich. Eine nach Wirksamwerden der Verschmelzung erfolgende tatsächliche Verlagerung von Betriebsteilen ins Ausland wird hingegen nach den »normalen« Entstrickungsregeln der §§ 12 Abs. 1 KStG, 4 Abs. 1 und 4g EStG besteuert. Auch der Wegfall der inländischen Geschäftsleitung der übertragenden Körperschaft erfolgt erst mit dem tatsächlichen Wirksamwerden der Verschmelzung. Wirtschaftsgüter, die der Geschäftsleitungs-Betriebsstätte zuzuordnen sind (z. B. bestimmte Beteiligungen an Tochtergesellschaften), dürften daher ebenfalls erst mit dem tatsächlichen Wegfall der inländischen Geschäftsleitung und nicht bereits rückwirkend zum steuerlichen Übertragungsstichtag entstrickt werden.

315

Die Frage, ob die Entstrickung nach den Regelungen des UmwStG oder nach den allgemeinen Regelungen besteuert wird, ist nicht nur akademischer Natur. Im Gegensatz zu den allgemeinen Entstrickungsregeln enthält das UmwStG keine explizite Stundungsregelung. Vor dem Hintergrund der Entscheidung des EuGH in der Rechtssache National Grid Indus[174] ist fraglich, ob die anlässlich der Hinausverschmelzung anfallende Steuer tatsächlich sofort in vollem Umfang erhoben werden darf. Vielmehr ist davon auszugehen, dass auf Antrag eine Stundung zu erfolgen hat.[175]

316

---

173 Vgl. Randnr. 11.09 in Verbindung mit Randnr. 03.18 ff. UmwStE.
174 EuGH v. 29.11.2011, Rs. C-371/10, HFR 2012, 226.
175 Vgl. zu Stundungsmöglichkeiten Rödder in Rödder/Herlinghaus/van Lishaut, UmwStG, § 11 Rn. 130 ff.

Eine Einschränkung des deutschen Besteuerungsrechts liegt nach Verwaltungsauffassung auch dann vor, wenn das Besteuerungsrecht zwar grundsätzlich erhalten bleibt, aber nach der Verschmelzung ausländische Steuern anzurechnen sind.[176]

▶ Beispiel: Hinausverschmelzung einer inländischen auf eine ausländische Kapitalgesellschaft

317 Die deutsche A-GmbH, deren Anteile vollumfänglich von der ebenfalls in Deutschland ansässigen B-GmbH gehalten werden, soll auf die französische B-S. A. verschmolzen werden.

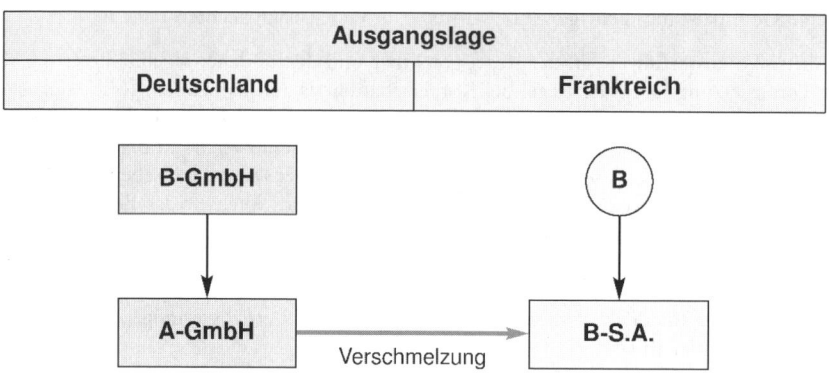

Variante a)

Das Betriebsvermögen der A-GmbH verbleibt in Deutschland und bildet künftig eine Betriebsstätte der AB-S. A.

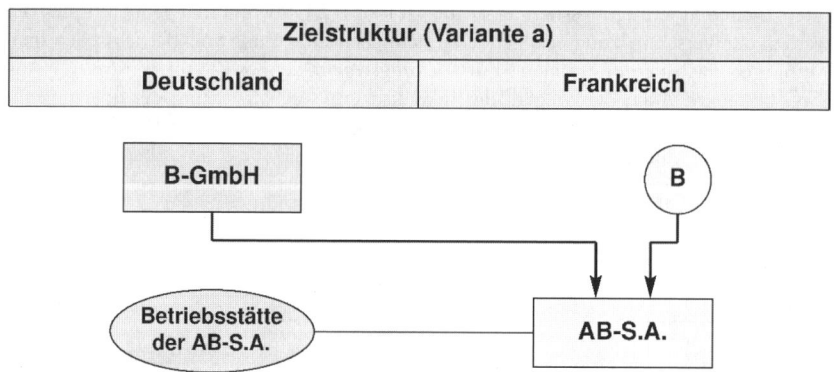

Lösung:

Ob nach der Verschmelzung das in Deutschland belegene Vermögen eine Betriebsstätte bildet, ist nach den Kriterien des jeweils einschlägigen DBA auszulegen und nicht nach der nationalen Vorschrift des § 12 AO, denn der Betriebsstättenbegriff nach DBA ist häufig enger als die Definition des § 12 AO. So bildet z. B. ein Warenlager bereits eine Betriebsstätte nach § 12

---

176 Randnr. 11.09 in Verbindung mit Randnr. 03.19 UmwStE.

AO, während Art. 5 Abs. 4a OECD-MA darin noch keine Betriebsstätte sieht. Für die Frage, ob das deutsche Besteuerungsrecht weiterhin besteht, sind jedoch die DBA maßgeblich, so dass es auch auf die dortigen Kriterien ankommen muss.

Unterstellt, die in Deutschland ausgeübte Tätigkeit der Überträgerin erfüllt nach der Verschmelzung nach dem einschlägigen DBA die Voraussetzungen für die Anerkennung als deutsche Betriebsstätte, dann ist diese grenzüberschreitende Verschmelzung grundsätzlich zu Buchwerten oder wahlweise zu Zwischenwerten möglich, denn nach den Regelungen des DBA Deutschland/Frankreich hat Deutschland das Recht zur Besteuerung der Gewinne der in Deutschland belegenen Betriebsstätte. Das Besteuerungsrecht Deutschlands an dem Veräußerungsgewinn des übergehenden Vermögens wird somit nicht beschränkt oder ausgeschlossen und das Vermögen unterliegt auch künftig weiterhin der deutschen Körperschaftsteuer. Dies gilt allerdings nur für das Betriebsvermögen, welches tatsächlich der Betriebsstätte zuzuordnen ist. Soweit einzelne Wirtschaftsgüter der übertragenden Körperschaft zukünftig dem Stammhaus der AB-S. A. in Frankreich zuzuordnen sein sollten, ist insoweit der Ansatz des gemeinen Werts erforderlich, weil insoweit das deutsche Besteuerungsrecht ausgeschlossen wird. Es kommt zur Entstrickung. 318

Voraussetzung für eine derartige steuerneutrale Verschmelzung ist jedoch, dass das Betriebsvermögen der A-GmbH überhaupt geeignet ist, eine Betriebsstätte zu bilden. Dies dürfte immer dann kein Problem sein, wenn die übertragende Gesellschaft in Deutschland eine aktive Tätigkeit ausgeübt hat. Sofern sie aber z. B. nur eine funktionslose Holdinggesellschaft war, kann ihr Vermögen nach der Verschmelzung in Deutschland keine Betriebsstätte bilden. Die Beteiligungen sind vielmehr nach allgemeinen Grundsätzen der Einkunftsabgrenzung dem Stammhaus zuzuordnen. Anders kann dies bei einer sogenannten »geschäftsleitenden Holding« sein, die in erheblichem Umfang mit eigenen personellen und sachlichen Mitteln in die Verwaltung und Geschäftsleitung ihrer Tochtergesellschaften involviert ist und Dienstleistungen an diese erbringt. In solchen Fällen kann weiterhin eine Betriebsstätte anzunehmen sein. Die Finanzverwaltung wird solche Fälle, in denen es auf den Fortbestand des inländischen Besteuerungsrechts ankommt, aber regelmäßig besonders intensiv und kritisch prüfen. 319

Liegt eine inländische Betriebsstätte vor, kann es im Zuge der innerbetrieblichen Umsetzung der Verschmelzung durch betriebswirtschaftliche Umorganisationen allerdings gleichwohl nach allgemeinen Betriebsstättengrundsätzen zu Entstrickungen durch Überführung von Wirtschaftsgütern in das ausländische Stammhaus kommen. Derartige spätere Entstrickungsvorgänge sind dann aber nicht mehr unmittelbare Folge des Umwandlungsvorgangs und werden daher nach den allgemeinen Entstrickungsregeln besteuert (vgl. hierzu auch Teil 7 Rdn. 39). 320

▶ Variante b)

Das Betriebsvermögen der A-GmbH wird nicht nur rechtlich, sondern auch physisch auf die B-S. A. übertragen und künftig in Frankreich als Betriebsvermögen weiterhin genutzt. 321

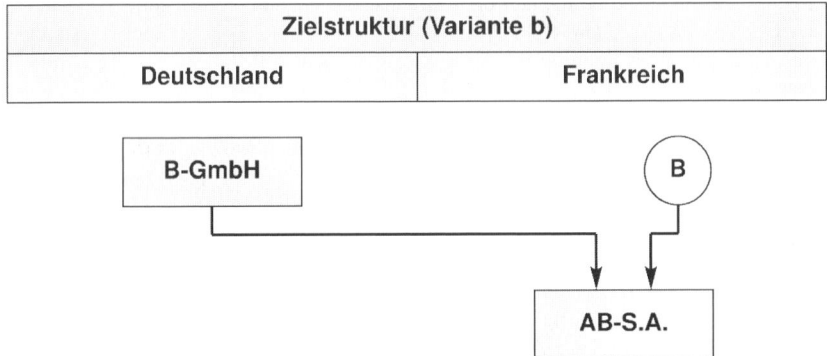

> **Lösung:**
> Die Besonderheit dieser Variante besteht darin, dass das Betriebsvermögen der A-GmbH tatsächlich aus Deutschland wegverlagert wird und dem deutschen Staat dadurch nicht mehr als Besteuerungssubstrat zur Verfügung steht. Eine solche Verlagerung wird jedoch faktisch nicht aus Rechtsgründen im Rahmen der Verschmelzung, sondern vielmehr nach Wirksamwerden der Verschmelzung erfolgen. Der Betriebsvermögenstransfer stellt für den deutschen Fiskus die letzte Möglichkeit dar, die in Deutschland gebildeten stillen Reserven zu besteuern. In diesen Fällen kommt es zu einer Aufdeckung sämtlicher stillen Reserven und die Wirtschaftsgüter sind in der steuerlichen Schlussbilanz mit ihren gemeinen Werten anzusetzen. Diese Besteuerung ist grundsätzlich auch EU-rechtskonform, denn die EU-Fusionsrichtlinie räumt dem Wegzugsstaat in einem solchen Fall das Recht ein, die zu diesem Zeitpunkt vorhandenen stillen Reserven zu versteuern.

2. Steuerliche Konsequenzen bei der ausländischen Übernehmerin

322 Mit der Überführung der Wirtschaftsgüter in das ausländische Betriebsvermögen und der Versteuerung der stillen Reserven endet das Besteuerungsrecht Deutschlands.

323 Verbleibt jedoch in Deutschland eine Betriebsstätte der übernehmenden ausländischen Körperschaft, gilt insoweit § 12 UmwStG. Für die Zwecke der künftigen inländischen steuerlichen Betriebsstätten-Gewinnermittlung sind die übernommenen Wirtschaftsgüter mit dem in der steuerlichen Schlussbilanz der übertragenden Körperschaft enthaltenen Wert im Sinne des § 11 UmwStG zu übernehmen. Auch für die Berechnung der Abschreibungen nach der Verschmelzung gelten bezogen auf das inländische Betriebsstättenvermögen dieselben Grundsätze, die auch bei rein inländischen Verschmelzungen Anwendung finden (§ 12 Abs. 1 UmwStG; vgl. hierzu auch Teil 7 Rdn. 247 und Rdn. 145 ff.).

324 Darüber hinaus dürfte die Regelung des § 12 Abs. 2 UmwStG betreffend die steuerliche Behandlung eines etwaigen Übernahmeergebnisses in den meisten Fällen auf einen ausländischen Rechtsträger keine Anwendung finden. Zwar kann bei der ausländischen Übernehmerin ein Übernahmeergebnis entstehen, wenn diese vor der Verschmelzung an der Überträgerin beteiligt war. Da die Anteile an der Überträgerin im Zuge der Verschmelzung untergehen, ist ein etwaiger Übernahmegewinn für die Übernehmerin jedoch eine Art Veräußerungsgewinn. Für den Gewinn aus der Veräußerung von Anteilen an einer deutschen Kapitalgesellschaft hat Deutschland jedoch nach den in den meisten DBA enthaltenen Regelungen kein Besteuerungsrecht. Dieses steht vielmehr regelmäßig dem Sitzstaat des Gesellschafters zu. Aus diesem Grund kann Deutschland auch den sich bei einem ausländischen übernehmenden Rechtsträger ergebenden Übernahmegewinn regelmäßig nicht besteuern, obwohl dieser in Deutschland mit der im Zuge der Verschmelzung entstehenden Betriebsstätte beschränkt steuerpflichtig ist. Soweit hingegen nach einzelnen DBA das Besteuerungsrecht nicht ausschließlich dem Sitzstaat des Gesellschafters, sondern auch dem Sitzstaat der Gesellschaft (und damit Deutschland als Quellenstaat) zusteht, kommt es aufgrund der Anwendbarkeit des § 8b Abs. 2 und Abs. 3 KStG gleichwohl zu einer weitgehenden Steuerbefreiung.

3. Steuerliche Konsequenzen für die Gesellschafter der übertragenden Körperschaft

325 Bei den Gesellschaftern der Überträgerin findet anlässlich der Verschmelzung ein Anteilstausch statt. Sie verlieren ihre Anteile an der Überträgerin und erhalten im Gegenzug Anteile an der Übernehmerin.

326 Auch bei der Hinausverschmelzung gilt, dass dieser Tauschvorgang grundsätzlich zu gemeinen Werten und damit unter Aufdeckung der stillen Reserven vorzunehmen ist, dass aber ein Antrag auf Ansatz von Buchwerten oder Zwischenwerten gestellt werden kann, wenn durch die Hinausverschmelzung das Besteuerungsrecht Deutschlands nicht ausgeschlossen oder beschränkt wird.

Da in den meisten DBA das ausschließliche Besteuerungsrecht an dem Gewinn aus der Veräußerung der Anteile an einer Kapitalgesellschaft dem Wohnsitzstaat des Gesellschafters zugewiesen wird, dürfte die Voraussetzung der Buchwertfortführung auf Gesellschafterebene bei Hinausverschmelzungen regelmäßig erfüllt sein.

In dem in Teil 7 Rdn. 317 dargestellten Beispiel findet der Anteilstausch bei der im Inland ansässigen B-GmbH statt. Vor der Verschmelzung hatte die B-GmbH Anteile an der A-GmbH und Deutschland hatte bezüglich dieser Anteile ein Besteuerungsrecht. Nach der Verschmelzung hat die B-GmbH Anteile an der AB-S. A. Auch bezüglich dieser Anteile hat Deutschland nach dem DBA Deutschland/Frankreich das alleinige Besteuerungsrecht. Die stillen Reserven brauchen somit nicht aufgedeckt zu werden. 327

Allerdings gibt es auch DBA, die einen derartigen Gewinn aus Anteilsveräußerung nicht dem Wohnsitzstaat, sondern (auch) dem Staat des Sitzes der Gesellschaft zuweisen. In der EU handelt es sich z. B. um die DBA mit der Slowakei und mit Zypern. Wird also eine deutsche GmbH auf eine ausländische Gesellschaft verschmolzen und ist ein Gesellschafter der übertragenden GmbH in der Slowakei ansässig, so hat Deutschland vor der Verschmelzung ein Besteuerungsrecht an den Gewinnen aus der Veräußerung dieser Beteiligung und dieses Besteuerungsrecht geht durch die Hinausverschmelzung verloren oder wird zumindest eingeschränkt. Der Anteilstausch wäre hiernach nicht zu Buchwerten möglich. Allerdings kann ein Antrag nach § 13 Abs. 2 Nr. 2 UmwStG auf Anwendung des Art. 8 der Fusionsrichtlinie gestellt werden, wenn es sich bei dem Sitzstaat der Übernehmerin um einen EU-Staat handelt. Lediglich dann, wenn es sich um einen EWR-Staat handelt, kann dieser Antrag mangels Anwendbarkeit der Fusionsrichtlinie nicht gestellt werden. Kommt es zu einer Anwendung des Art. 8 Fusionsrichtlinie, hat Deutschland weiterhin ein uneingeschränktes Besteuerungsrecht im Fall einer späteren Veräußerung der erhaltenen Anteile, ungeachtet eines etwaig ebenfalls gegebenen Besteuerungsrechts des Sitzstaates der Übernehmerin. 328

Die Anwendung des § 13 UmwStG ist unabhängig von der Frage, ob die Verschmelzung auf der Ebene der Gesellschaften ebenfalls steuerneutral war, oder ob es hier zwingend oder durch Ausübung des Bewertungswahlrechts zu einer Aufdeckung stiller Reserven kam. 329

V. Hereinverschmelzung

Im Rahmen der Hereinverschmelzung ergeben sich für die übertragende ausländische Gesellschaft keine Besonderheiten im Vergleich zu einer reinen Inlands- bzw. Auslands- oder Hinausverschmelzung. Vielmehr kommen die Regelungen des § 11 UmwStG auch für den »hereinverschmelzenden« Rechtsträger zur Anwendung. Dies gilt allerdings nur insoweit, wie der übertragende Rechtsträger schon vor der Verschmelzung über inländisches und damit steuerverstricktes Betriebsvermögen verfügte. Unter den Voraussetzungen des § 11 Abs. 2 UmwStG kann ein Übertragungsgewinn im Hinblick auf das im Inland steuerverstrickte Vermögen vermieden werden. Die Voraussetzungen des § 11 Abs. 2 UmwStG sollten grundsätzlich auch erfüllt sein, da Deutschland auch nach der Verschmelzung ein uneingeschränktes Besteuerungsrecht an dem inländischen Betriebsvermögen der dann inländischen Körperschaft behält. 330

Voraussetzung für die Ausübung des Bewertungswahlrechts des § 11 Abs. 1 UmwStG ist jedoch, dass der ausländische übertragende Rechtsträger auf den steuerlichen Übertragungsstichtag eine steuerliche Schlussbilanz erstellt, denn in dieser Schlussbilanz schlägt sich die Ausübung des Bilanzierungswahlrechts nieder. Fraglich ist, was in dieser steuerlichen Schlussbilanz zu erfassen ist. Grundsätzlich wäre ausreichend, in dieser »steuerlichen Schlussbilanz« nur das in Deutschland auch steuerlich verhaftete Vermögen auszuweisen. Aus Randnr. 03.01 UmwStE ist jedoch zu entnehmen, dass der übertragende Rechtsträger wohl für sein gesamtes Vermögen eine steuerliche Schlussbilanz nach den Regelungen des deutschen Steuerrechts zu erstellen hat, denn auf das Vorhandensein inländischen Betriebsvermögens soll es für die Erforderlichkeit der Erstellung einer steuerlichen Schlussbilanz gar nicht ankommen. Diese Anforderung geht über das Ziel hinaus. 331

Der übertragende Rechtsträger muss vor der Verschmelzung für Zwecke der inländischen Besteuerung für die deutsche Betriebsstätte bereits eine eigenständige Gewinnermittlung gemacht haben. Es müsste daher auch ausreichend sein, für dieses inländische Vermögen eine steuerliche Schlussbilanz zu erstellen.

332 Die übertragende ausländische Gesellschaft unterliegt bei der Verschmelzung ohnehin nur dem deutschen Steuerrecht, wenn sie bereits vor der grenzüberschreitenden Umstrukturierung über eine inländische Betriebsstätte oder sonstiges im Inland steuerpflichtige Vermögen verfügt. Im Hinblick auf dieses bereits vor der Verschmelzung im Inland steuerverstrickte Vermögen der übertragenden Gesellschaft (z. B. inländische Betriebsstätte) kann bei Vorliegen der entsprechenden Voraussetzungen auf Antrag der übertragenden ausländischen Gesellschaft der Buchwert bei der übernehmenden inländischen Gesellschaft angesetzt werden.

333 Fraglich ist, mit welchen Werten Wirtschaftsgüter anzusetzen sind, für die anlässlich einer Hereinverschmelzung erstmals das deutsche Besteuerungsrecht begründet wird. Diese Frage betrifft zwar nicht solches Betriebsvermögen, das in einer ausländischen Betriebsstätte der inländischen Körperschaft verbleibt, deren Gewinne nach dem einschlägigen DBA freizustellen sind. Es betrifft aber solches Betriebsvermögen, das anlässlich der Verschmelzung aus Rechtsgründen in die deutsche Besteuerungshoheit wechselt. Eine erstmalige Begründung des deutschen Besteuerungsrechts aus Rechtsgründen unmittelbar bei der Verschmelzung ist gegeben, wenn das übergehende Vermögen in einem ausländischen Staat belegen ist, mit dem Deutschland kein DBA oder ein DBA mit Anrechnungsmethode für Betriebsstättengewinne abgeschlossen hat.

334 Es besteht hier ein Spannungsverhältnis zwischen den allgemeinen Verstrickungsregeln in §§ 4 Abs. 1 Satz 8, 6 Abs. 1 Nr. 5a EStG und der Wertverknüpfung nach § 12 Abs. 1 UmwStG.[177] Dabei wird die Auffassung vertreten, dass die allgemeinen Verstrickungsregelungen der Regelung in § 12 Abs. 1 UmwStG vorgehen[178] und gemeine Werte anzusetzen sind. Anderseits wird auch argumentiert, dass die Regelungen des UmwStG insoweit abschließend seien,[179] wobei dies auch als nicht sachgerecht erkannt wird.[180]

335 Misslich ist die Situation, wenn beim übertragenden Rechtsträger sowohl inländisches steuerverstricktes als auch ausländisches nicht steuerverstricktes Betriebsvermögen vorhanden sind. Da die Finanzverwaltung grundsätzlich einen einheitlichen Wertansatz für das übergehende Vermögen des übertragenden Rechtsträgers verlangt,[181] ist der übertragende Rechtsträger hier im Grunde »zwischen Baum und Borke«, d. h. er kann entweder einheitlich den gemeinen Wert ansetzen und die stillen Reserven im inländischen Betriebsvermögen realisieren oder einheitlich den Buchwert ansetzen und damit in Kauf nehmen, dass im Inland bisher nicht steuerpflichtige stille Reserven hier steuerverstrickt werden. Hier kann es wieder von Vorteil sein, wenn die Verstrickung nicht unmittelbar aufgrund der Verschmelzung aus Rechtsgründen, sondern erst nachfolgend durch tatsächliche Maßnahmen erfolgt. In diesem Fall gelten dann nämlich unzweifelhaft die allgemeinen Verstrickungsregeln.[182] Auch bei einer originär verschmelzungsbedingten Verstrickung sollte die Finanzverwaltung jedoch eine Verstrickung zum gemeinen Wert anerkennen, um die nicht gerechtfertigte Verlagerung von Steuersubstrat nach Deutschland zu vermeiden.

---

177 Vgl., auch zum Folgenden Böhmer/Wegener Ubg 2015, 69 [71 ff.].
178 Vgl. Rödder/Schumacher, DStR 2006, 1525, 1528; Hagemann/Jakob/Ropohl/Viebrock, NWB-Sonderheft 1/2007, 32.
179 Vgl. van Lishaut in Rödder/Herlinghaus/van Lishaut, UmwStG, § 4 Rn. 30.
180 Vgl. Dötsch in Dötsch/Pung/Möhlenbrock, Die Körperschaftsteuer, § 11 UmwStG Rn. 39.
181 Vgl. Randnr. 03.28 UmwStE.
182 Vgl. im Detail Rödder in Rödder/Herlinghaus/van Lishaut, UmwStG, § 11 Rn. 159.

VI. Steuerliche Rückwirkung

Zivilrechtlich besteht die übertragende Körperschaft bis zur Eintragung der Verschmelzung im Handelsregister fort. Gem. § 5 Abs. 1 Nr. 6 UmwG gelten jedoch die Handlungen der Übertragerin ab dem Umwandlungsstichtag als für die übernehmende Körperschaft vorgenommen. Die Steuerpflicht der Übertragerin endet am steuerlichen Übertragungsstichtag. Sämtliche Geschäftsvorfälle der übertragenden Körperschaft, die nach dem steuerlichen Übertragungsstichtag vorgenommen wurden, werden daher der übernehmenden Körperschaft zugerechnet. Dies gilt auch dann, wenn diese am steuerlichen Übertragungsstichtag zivilrechtlich noch gar nicht bestand.[183] Im Übrigen kann hier auf die Ausführungen in Teil 7 Rdn. 173 ff. über die Rückwirkung in den Fällen der Vermögensübertragung von Körperschaften auf Personengesellschaften/Einzelunternehmen verwiesen werden. Bei der Vermögensübertragung zwischen Körperschaften ergeben sich lediglich folgende **Besonderheiten:** 336

Die durch den übertragenden Rechtsträger im Rückwirkungszeitraum gezahlten Aufsichtsratsvergütungen werden zwar faktisch weiterhin von diesem geleistet, aber nach § 2 Abs. 1 UmwStG rückwirkend dem übernehmenden Rechtsträger als Betriebsausgaben zugerechnet. Sie unterliegen auch beim übernehmenden Rechtsträger dem teilweisen Abzugsverbot des § 10 Nr. 4 KStG.[184] Eine eventuell bestehende Verpflichtung zum Steuerabzug geht auf den übernehmenden Rechtsträger über. 337

Gewinnausschüttungen, die erst nach dem steuerlichen Übertragungsstichtag beschlossen wurden, bleiben steuerlich – trotz der Rückwirkungsfiktion – Ausschüttungen des übertragenden Rechtsträgers und sind in seiner steuerlichen Schlussbilanz durch Bildung eines passiven Ausgleichspostens zu berücksichtigen.[185] Für Zwecke der Anwendung des § 27 KStG gelten diese Ausschüttungen spätestens im Zeitpunkt der zivilrechtlichen Wirksamkeit der Umwandlung als abgeflossen, sind aber bereits in der gesonderten Feststellung des steuerlichen Einlagekontos zum steuerlichen Übertragungsstichtag als Abgang zu berücksichtigen.[186] Eine unterschiedliche Behandlung je nachdem, ob die betreffenden Gesellschafter im Rückwirkungszeitraum ausscheiden oder nicht, wird nicht mehr vorgenommen. 338

D. Spaltung von Körperschaften

Der fünfte Teil des UmwStG, Aufspaltung, Abspaltung und Vermögensübertragung (Teilübertragung) besteht nur aus zwei Paragrafen. § 15 UmwStG regelt die Aufspaltung und Abspaltung auf andere Körperschaften, § 16 UmwStG die Aufspaltung oder Abspaltung auf eine Personengesellschaft. Beide Vorschriften gelten gem. § 18 Abs. 1, § 19 Abs. 1 UmwStG auch für die Gewerbesteuer. 339

Diese erfreuliche Kürze liegt daran, dass der Gesetzgeber an die Regeln über die Verschmelzung von Kapitalgesellschaften anknüpft und weithin auf diese verweisen konnte. 340

Hintergrund dieser Anknüpfung ist die Tatsache, dass es sich bei der Verschmelzung und der Auf- oder Abspaltung um ihrem Wesen nach ähnliche Vorgänge handelt. Sowohl bei der Verschmelzung als auch bei der Auf- oder Abspaltung geht Vermögen von einem übertragenden Rechtsträger auf einen oder bei der Auf- oder Abspaltung auch mehrere übernehmende Rechtsträger über, d. h. der übertragende Rechtsträger erleidet einen **Vermögensabgang**, der oder die übernehmenden Rechtsträger erfährt einen **Vermögenszugang**. Während bei der Verschmelzung und der Aufspaltung jeweils das gesamte Vermögen des übertragenden Rechtsträgers betroffen ist und der übertragende Rechtsträger erlischt, wird bei der Abspaltung regelmäßig nur ein Teil 341

---

183 Vgl. Randnr. 02.08 UmwStE.
184 Randnr. 02.37 UmwStE.
185 Vgl. Randnr. 02.34 in Verbindung mit Randnr. 02.31 UmwStE.
186 Randnr. 02.32 UmwStE.

oder mehrere Teile des Vermögens des übertragenden Rechtsträgers bewegt, der übertragende Rechtsträger bleibt jedoch bestehen. Die Auf- oder Abspaltung ist daher im Grunde eine **Teil-Verschmelzung** des übertragenden Rechtsträgers auf einen oder mehrere übernehmende Rechtsträger. Vor diesem Hintergrund macht es Sinn, die steuerlichen Regelungen für solche Teil-Verschmelzungen eng an die steuerlichen Regelungen über die Verschmelzung anzulehnen.

342 **Steuerrechtlich** wird unter »Spaltung« nur die Aufspaltung, die Abspaltung oder die Teilübertragung von Vermögen verstanden. Die Ausgliederung ist handelsrechtlich zwar auch eine Form der Spaltung, wird steuerrechtlich aber als Einbringungsvorgang (§ 20 bzw. § 24 UmwStG) behandelt.

343 Das **UmwG** hat die Möglichkeit zur Spaltung von Kapitalgesellschaften im Wege der Sonderrechtsnachfolge allgemein eröffnet. Im Ergebnis eröffnen die Regelungen im UmwG der Kapitalgesellschaft ein Wahlrecht, bestimmte Wirtschaftsgüter durch Veräußerung per Einzelrechtsnachfolge oder durch Ab- oder Aufspaltung per partieller Gesamtrechtsnachfolge zu übertragen.

344 Das **UmwStG** lässt Auf- oder Abspaltungen zwar prinzipiell in demselben Umfang zu wie das UmwG. Wegen des steuerrechtlichen Grundsatzes, dass stille Reserven bei einem Übertragungsvorgang grundsätzlich bei demjenigen Rechtsträger zu realisieren sind, bei dem sie entstanden sind, ist eine steuerneutrale Auf- oder Abspaltung jedoch nur unter bestimmten zusätzlichen Voraussetzungen möglich. Eine Grundvoraussetzung ist dabei, dass im Rahmen einer Auf- oder Abspaltung sowohl ein umwandlungssteuerrechtlicher Teilbetrieb auf den übernehmenden Rechtsträger übertragen werden muss als auch mindestens ein solcher Teilbetrieb bei dem übertragenden Rechtsträger zurückbleiben muss. Neben »echten« Teilbetrieben werden unter bestimmten Voraussetzungen auch sogenannte fiktive Teilbetriebe – Mitunternehmeranteile und 100 %ige Beteiligungen an Kapitalgesellschaften – als Teilbetriebe anerkannt. Einzelne Wirtschaftsgüter können hingegen durch eine Auf- oder Abspaltung nur gewinnrealisierend, jedoch nicht steuerneutral übertragen werden.

345 Nach § 1 UmwStG sind die Regelungen über die Spaltungen in §§ 15 f. UmwStG nicht nur auf die Spaltungen anwendbar, bei denen sowohl der übertragende als auch der bzw. die übernehmenden Rechtsträger inländische Kapitalgesellschaften sind. Vielmehr fallen auch Spaltungsvorgänge unter diese Regelungen, bei denen in anderen EU-Staaten ansässige Kapitalgesellschaften gespalten werden bzw. EU-Kapitalgesellschaften als übernehmende Rechtsträger beteiligt sind (vgl. § 1 Abs. 2 Nr. 1 UmwStG). Soweit der Vorgang ausländischem Recht unterliegt, ist allerdings zu prüfen, ob die anwendbaren Spaltungsvorschriften den deutschen Spaltungsvorschriften vergleichbar sind (§ 1 Abs. 1 Nr. 1 UmwStG). Allerdings gibt es derzeit in Deutschland keine gesellschaftsrechtlichen Regelungen zur grenzüberschreitenden Spaltung. Eventuell sind solche Vorgänge aber möglich unter Berufung auf die europäischen Grundfreiheiten. Außerdem können deutsche Besteuerungsinteressen auch bei rein ausländischen Spaltungsvorgängen betroffen sein, bei denen also sowohl der übertragende als auch der übernehmende Rechtsträger in einem anderen EU-Staat ansässig sind, wenn der übertragende Rechtsträger über in Deutschland belegenes Vermögen (Grundvermögen oder Betriebsstätte) verfügt oder aber Gesellschafter des übertragenden Rechtsträgers in Deutschland ansässig sind. Die §§ 11 bis 13 UmwStG sind dann – wie bei der Verschmelzung – insoweit anwendbar, wie deutsche Besteuerungsinteressen berührt sind. Demgegenüber sind die §§ 11 bis 13 UmwStG nicht anwendbar bei Spaltungen unter Beteiligung von Drittstaatengesellschaften. Eine Anwendbarkeit von § 13 UmwStG auf Drittstaaten-Spaltungen ergibt sich, anders als bei Drittstaaten-Verschmelzungen (vgl. Teil 7 Rdn. 310), auch nicht über § 12 Abs. 2 KStG, weil dieser ausdrücklich eine Verschmelzung i.S.d. § 2 UmwG verlangt. Für Spaltungen fehlt es an einer entsprechenden Vorschrift.[187] Die inländischen steuerlichen Folgen eines solchen Vorgangs richten sich daher nach den allgemeinen ertragsteuerlichen Grundsät-

---

187 Frotscher in: Frotscher/Drüen, KStG, § 12 Rn. 133a.

zen.[188] Es kommt regelmäßig zu einer Aufdeckung der stillen Reserven in den Anteilen an der übertragenden Körperschaft.[189]

Für die Spaltung gilt ebenfalls die Rückwirkung des § 2 UmwStG. Bei der Auf- oder Abspaltung besteht insoweit die Besonderheit, dass durch die Trennung des bisher einheitlichen Betriebsvermögens eines Rechtsträgers Leistungs- und Vertragsbeziehungen neu entstehen können. Der übernehmende Rechtsträger kann beispielsweise für den übertragenen Teilbetrieb weiterhin bestimmte Leistungen beim übertragenden Rechtsträger »einkaufen«. Die Finanzverwaltung sieht in Randnr. 02.13 UmwStE vor, dass in diesen Fällen im Rückwirkungszeitraum keine Liefer- und Leistungsbeziehungen fingiert werden, d. h. es wird bis zum Wirksamwerden der Spaltung nicht nach Marktpreisen abgerechnet, sondern es werden allenfalls entstandene Kosten dem abzuspaltenden Betriebsteil belastet. Da die Rückwirkungsfiktion des § 2 UmwStG umfassend ist, erscheint diese Sichtweise nicht zwingend, d. h. es kommt auch in Betracht, bereits mit Wirkung ab dem steuerlichen Übertragungsstichtag zunächst nur interne Liefer- und Leistungsbeziehungen zu definieren, die dann bei Wirksamwerden der Spaltung zu echten externen Liefer- und Leistungsbeziehungen erstarken. Eine abweichende Preisgestaltung im Rückwirkungszeitraum und danach erscheint dabei mit Blick auf die Rückwirkungsfiktion nicht konsequent. 346

I. Aufspaltung, Abspaltung und Teilübertragung auf andere Körperschaften

1. Spaltungsvoraussetzungen

Eine steuerneutrale Spaltung ist möglich, wenn folgende **Voraussetzungen kumulativ** erfüllt sind: 347
– Das übergehende Betriebsvermögen muss auch nach der Spaltung weiterhin der deutschen Körperschaftsteuer unterliegen (§ 15 Abs. 1 Satz 1 in Verbindung mit § 11 Abs. 2 Nr. 1 UmwStG, vgl. Teil 7 Rdn. 214 ff.).
– Das Besteuerungsrecht Deutschlands an dem übergehenden Vermögen darf nicht ausgeschlossen oder beschränkt werden (§ 15 Abs. 1 Satz 1 in Verbindung mit § 11 Abs. 2 Nr. 2 UmwStG, vgl. Teil 7 Rdn. 218 f.).
– Für die Vermögensübertragung wird entweder keine Gegenleistung gewährt oder die Gegenleistung besteht ausschließlich in Gesellschaftsrechten (§ 15 Abs. 1 Satz 1 in Verbindung mit § 11 Abs. 2 Nr. 3 UmwStG, vgl. Teil 7 Rdn. 220 ff.).
– Das übergehende Vermögen muss die Voraussetzungen für einen Teilbetrieb erfüllen (§ 15 Abs. 1 Satz 2 UmwStG, vgl. Teil 7 Rdn. 350 ff.).
– Das im Fall der Abspaltung bei der übertragenden Körperschaft verbleibende Vermögen muss ebenfalls einen Teilbetrieb bilden (§ 15 Abs. 1 UmwStG).
– Mitunternehmeranteile und 100 %ige Beteiligungen an Kapitalgesellschaften gelten zwar als »fiktive Teilbetriebe«, dürfen aber nicht innerhalb eines Zeitraums von 3 Jahren vor der Spaltung durch Übertragung von Wirtschaftsgütern, die keinen Teilbetrieb darstellen, erworben oder aufgestockt worden sein (Missbrauchsklausel des § 15 Abs. 2 Satz 1 UmwStG, vgl. Teil 7 Rdn. 392 ff.).
– Durch die Spaltung darf nicht die Veräußerung an außenstehende Personen vollzogen oder die Voraussetzung für eine Veräußerung geschaffen werden (Missbrauchsklausel des § 15 Abs. 2 Satz 2 und 3 UmwStG, vgl. Teil 7 Rdn. 395 ff.).

Sind alle genannten Voraussetzungen erfüllt, hat die übertragende Kapitalgesellschaft nach § 15 Abs. 1 in Verbindung mit § 11 Abs. 1 UmwStG das **Wahlrecht**, das übergehende Betriebsvermögen entweder mit Buchwerten, mit Zwischenwerten oder mit gemeinen Werten anzusetzen. Der übernehmende Rechtsträger ist dann gem. § 15 Abs. 1 in Verbindung mit § 12 Abs. 1 UmwStG 348

---
188 Vgl. Holle/Keilhoff, IStR 2017, 245 [247]; Weiss, IWB 2016, 904 [906]; Benecke, GmbHR 2012, 113.
189 Näher zu den einzelnen Ansichten hierzu Dötsch/Werner in: Dötsch/Pung/Möhlenbrock, Die Körperschaftsteuer, § 15 UmwStG Rn. 62.

an diese Bilanzwerte gebunden. Übt die übertragende Körperschaft ihr Bewertungswahlrecht zugunsten des Buchwertansatzes aus, so ist der Spaltungsvorgang steuerneutral, denn es entsteht kein Übertragungsgewinn. Werden hingegen Zwischenwerte oder gemeine Werte angesetzt, so entsteht ein Übertragungsgewinn, der bei der übertragenden Körperschaft der Körperschaftsteuer und auch der Gewerbesteuer unterliegt.

349 Von den aufgeführten Voraussetzungen entsprechen die ersten drei denen im Fall der Verschmelzung von Körperschaften auf andere Körperschaften. Es wird daher insoweit nur auf die Ausführungen in den angeführten Textziffern verwiesen. Die übrigen Voraussetzungen sind hingegen spezielle Zusatzvoraussetzungen, die nur für die Fälle der Spaltung gelten. Auf sie soll daher im Folgenden näher eingegangen werden.

a) Begriff des Teilbetriebs

350 Der Begriff des Teilbetriebs ist im deutschen Steuerrecht gesetzlich nicht definiert. Die Rechtsprechung und das Schrifttum haben jedoch zu § 16 EStG eine Begriffsbestimmung entwickelt, die bis zur Einführung des SEStEG auch für das Umwandlungssteuerrecht galt.[190] Mit der Einführung des SEStEG und der Öffnung des deutschen Umwandlungssteuerrechts für grenzüberschreitende Vorgänge nach Maßgabe der EU-Fusionsrichtlinie ist nach Auffassung der Finanzverwaltung nunmehr sowohl für rein nationale als auch für grenzüberschreitende Umwandlungen nicht mehr der deutsche, sondern der europäische Teilbetriebsbegriff anzuwenden.[191] Diese Ausdehnung des europarechtlichen Teilbetriebsbegriffs auf rein nationale Umwandlungen wird von der Literatur allerdings für nicht zwingend gehalten.[192] Stattdessen sollte für Inlandsfälle der nationale Teilbetriebsbegriff weiter gelten, aber richtlinienkonform ausgelegt werden, d. h. Abweichungen vom Teilbetriebsbegriff der EU-Fusionsrichtlinie zu Ungunsten des Steuerpflichtigen wären nicht zulässig.[193]

351 Nach der Fusionsrichtlinie ist ein Teilbetrieb »die Gesamtheit der in einem Unternehmensteil einer Gesellschaft vorhandenen aktiven und passiven Wirtschaftsgüter, die in organisatorischer Hinsicht einen selbstständigen Betrieb, d. h. eine aus eigenen Mitteln funktionsfähige Einheit, darstellen«, vgl. Art. 2 Buchst. j) RL 2009/133/EG.

352 Demgegenüber ist ein Teilbetrieb nach der in langjähriger Rechtsprechung des BFH verwendeten Definition »… ein mit einer gewissen Selbstständigkeit ausgestatteter Teil des Gesamtbetriebs, der für sich lebensfähig ist.«.[194]

353 Während der deutsche Teilbetriebsbegriff über einen langen Zeitraum durch eine Vielzahl von Urteilen entwickelt worden ist, gibt es für den europarechtlichen Teilbetriebsbegriff bisher kaum Interpretationshilfen.

354 In der Literatur wird vertreten, dass der europarechtliche Teilbetriebsbegriff zumindest in Bezug auf die Anforderung der »organisatorischen Selbständigkeit« und die »Unterscheidbarkeit« vom Rest des Unternehmens weniger restriktiv sei als der nationale.[195] Darüber hinaus soll es für die Übertragung eines Teilbetriebs nach der Fusionsrichtlinie ausreichend sein, wenn die zum Teilbetrieb gehörenden Wirtschaftsgüter lediglich zur Nutzung überlassen und nicht zu Eigentum übertragen werden.[196] Diese Auffassung wird jedoch in der Literatur nicht geteilt[197] und auch der

---

190 Vgl. Randnr. 15.02 UmwStE 1998.
191 Vgl. Randnr. 15.02 UmwStE.
192 Vgl. z. B. Neumann, GmbHR 2012, 141 [143]; Rogall, NGZ 2011, 811; Schumacher/Neitz-Hackstein, Ubg 2011, 409 [415].
193 Vgl. Schumacher in: Rödder/Herlinghaus/van Lishaut, UmwStG, § 15 Rn. 125 f.
194 Vgl. BFH-Urteil v. 24.04.1969 – IV R 202/68, BStBl. II 1969, 397.
195 Vgl. z. B. Menner in: Haritz/Menner, UmwStG, § 20 Rn. 93.
196 Vgl. z. B. Blumers, DB 2001, 722, 725.
197 Vgl. Schumacher in: Rödder/Herlinghaus/van Lishaut, UmwStG, § 15 Rn. 145.

D. Spaltung von Körperschaften

BFH hat dies – wenn auch in einem obiter dictum – bereits abgelehnt.[198] Die beiden Teilbetriebsbegriffe scheinen sich vor diesem Hintergrund dem Grunde nach gar nicht wesentlich zu unterscheiden.[199] Ob und wenn ja, welche Unterschiede zwischen den beiden Teilbetriebsbegriffen bestehen, ist aus heutiger Sicht nicht verlässlich zu beantworten und wird sich allenfalls durch die künftige Rechtsprechung des BFH und des EuGH klären.

Maßgebliche Unterschiede bestehen allerdings nach Auffassung der Finanzverwaltung bei der Bestimmung des Umfangs des Teilbetriebs. Während es nach dem nationalen Teilbetriebsbegriff ausreichend ist, wenn die wesentlichen Betriebsgrundlagen des Teilbetriebs übertragen werden, interpretiert die Finanzverwaltung den Umfang der zum Teilbetrieb nach europäischer Definition gehörenden Wirtschaftsgüter wesentlich weiter. Aus dem Wortlaut der Teilbetriebsdefinition der Fusionsrichtlinie wird gefolgert, dass zum Teilbetrieb nicht nur die wesentlichen Betriebsgrundlagen, sondern zusätzlich sämtliche nach wirtschaftlichen Zusammenhängen zuordenbaren Wirtschaftsgüter gehören. Die Interpretation der Finanzverwaltung führt zu einer erheblichen Verschärfung des Teilbetriebsbegriffs in der Praxis. Die Verschärfung ergibt sich daraus, dass – würde man dies wörtlich nehmen – die Wirtschaftsgüter eines Unternehmens bis hinab zum Bleistift dahingehend überprüft werden müssten, ob sie zu einem abzuspaltenden Teilbetrieb gehören. Bei einem Verstoß würde die Teilbetriebseigenschaft im schlimmsten Falle abgelehnt und die Spaltung wäre steuerpflichtig. Die Literatur wendet sich gegen diese Interpretation, die so aus dem Wortlaut der Fusionsrichtlinie nicht herauslesbar ist, und verlangt auch beim Teilbetriebsbegriff der EU-Fusionsrichtlinie, dass nur die wesentlichen Betriebsgrundlagen zuzuordnen sind.[200]

355

Bezüglich der Beurteilung des Vorliegens eines Teilbetriebs sowie der Zuordnung der Wirtschaftsgüter zu einzelnen Teilbetrieben ist nach Auffassung der Finanzverwaltung auf den Zeitpunkt des steuerlichen Übertragungsstichtags abzustellen.[201] Bis einschließlich 2011 stellte die Finanzverwaltung hingegen auf den Zeitpunkt des Spaltungsbeschlusses ab.[202] Aufgrund der zeitlichen Vorverlagerung müssen eventuell notwendige Organisations- oder Separierungsmaßnahmen nunmehr bereits am steuerlichen Übertragungsstichtag abgeschlossen sein. Die Finanzverwaltung qualifiziert auch den »Teilbetrieb im Aufbau« nicht mehr als Teilbetrieb im Sinne des § 15 UmwStG.[203] Verändert sich die wirtschaftliche Zugehörigkeit eines Wirtschaftsguts zu einem Teilbetrieb nach dem steuerlichen Übertragungsstichtag, so kann nach Randnr. 15.09 UmwStE auf die Zuordnung zum steuerlichen Übertragungsstichtag abgestellt werden. Das bedeutet, dass der neue Nutzungszusammenhang dieses Wirtschaftsguts unberücksichtigt bleibt. Da diese Regelung eine Vereinfachungsregelung ist, besteht hier ein Wahlrecht. Das Wirtschaftsgut kann also auch gemäß dem geänderten Nutzungszusammenhang zugeordnet werden. Darüber hinaus kann eine erforderliche Realteilung von zu den wesentlichen Betriebsgrundlagen gehörigen Grundstücken noch bis zum Spaltungsbeschluss vollzogen werden.[204]

356

Neben »echten« Teilbetrieben definiert § 15 UmwStG auch noch sog. **fiktive Teilbetriebe**. Hierbei handelt es sich um Mitunternehmeranteile sowie um 100 %ige Beteiligungen an Kapitalgesellschaften. Zu einem fiktiven Teilbetrieb in Form eines Mitunternehmeranteils gehört nicht nur der Mitunternehmeranteil selbst, sondern auch das dieser Beteiligung zugeordnete Sonderbetriebsvermögen.[205] Mit der Einbeziehung der fiktiven Teilbetriebe geht der Teilbetriebsbegriff des § 15 UmwStG über den in Art. 2 Buchst. j) der Fusionsrichtlinie hinaus. Die von Finanzverwaltung

357

---

198 BFH-Urteil v. 07.04.2010 – I R 96/08, BStBl. II 2011, 467.
199 Vgl. hierzu auch Bilitewski, in: Lange, Personengesellschaften im Steuerrecht, 607, Rn. 2896 ff.
200 Vgl. Schumacher in Rödder/Herlinghaus/van Lishaut, UmwStG, § 15 Rn. 150 ff.; Förster, GmbHR 2012, 237 [241]; Schmitt, DStR 2011, 1108 [1109].
201 Vgl. Randnr. 15.03 UmwStE.
202 Vgl. Randnr. 15.10 UmwStE 1998.
203 Befürwortend Neumann, GmbHR 2012, 141 [143 f.]; kritisch Rogall, NZG 2011, 810 [811].
204 Randnr. 15.08 UmwStE.
205 Randnr. 15.04 UmwStE; BFH-Urteil v. 13.01.1994 – IV R 117/92, BStBl. II 1994, 454.

aus dem europarechtlichen Teilbetriebsbegriff abgeleitete Notwendigkeit, dass nicht nur die wesentlichen Betriebsgrundlagen, sondern alle wirtschaftlich zuordenbaren Wirtschaftsgüter dem betreffenden Teilbetrieb auch zugeordnet werden müssen, kann daher für Mitunternehmeranteile und die Bestimmung des Umfangs des diesen zuzuordnenden Sonderbetriebsvermögens nicht gelten. Hier muss es daher immer noch ausreichend sein, wenn die im Sonderbetriebsvermögen befindlichen wesentlichen Betriebsgrundlagen mit dem Mitunternehmeranteil übertragen werden bzw. zurückbleiben.[206] Bei der Zuordnung von Wirtschaftsgütern des Sonderbetriebsvermögens stellt sich häufig die Frage nach der Behandlung von Forderungen auf Auszahlung von Gewinnanteilen, die in der Vergangenheit nicht abgerufen wurden und in der Gesamthandsbilanz als Verbindlichkeiten ausgewiesen sind. Wenn die Finanzmittel deswegen nicht ausbezahlt worden sind, weil die Personengesellschaft die Gelder zur Finanzierung ihres laufenden Geschäftsbetriebs benötigt, könnten diese Forderungen des Sonderbetriebsvermögens als wesentliche Betriebsgrundlagen anzusehen sein.

358 In Bezug auf die Qualifikation von 100 %igen Beteiligungen an Kapitalgesellschaften als fiktive Teilbetriebe ist jedoch zu beachten, dass hier eine Ausnahme gelten soll, wenn die 100 %ige Beteiligung an einer Kapitalgesellschaft als wesentliche Betriebsgrundlage notwendiger Bestandteil eines echten Teilbetriebes ist. In diesem Fall verneint die Finanzverwaltung in Randnr. 15.06 UmwStE das Vorliegen eines eigenständigen fiktiven Teilbetriebes. Ob dies nach der neuen Rechtslage auch gilt, wenn eine 100 %ige Beteiligung zwar keine wesentliche Betriebsgrundlage eines anderen Teilbetriebs ist, einem solchen aber gleichwohl wirtschaftlich zuzuordnen ist, wird in der Literatur zumindest diskutiert.[207] M. E. ist davon jedoch nicht auszugehen, denn Randnr. 15.06 UmwStE benennt eindeutig nur die Qualifikation als wesentliche Betriebsgrundlage als Ausnahmefall.

359 Demgegenüber wird bei einem Mitunternehmeranteil nicht geprüft, ob dieser eine wesentliche Betriebsgrundlage eines echten Teilbetriebs sein kann.

360 Darüber hinaus ist bei diesen fiktiven Teilbetrieben besonders zu beachten, dass eine steuerneutrale Spaltung nicht möglich ist, wenn der Mitunternehmeranteil oder die 100 %ige Beteiligung an einer Kapitalgesellschaft innerhalb der letzten 3 Jahre vor dem steuerlichen Übertragungsstichtag durch die Übertragung von Wirtschaftsgütern, die keinen Teilbetrieb darstellen, erworben oder aufgestockt worden sind (vgl. hierzu eingehend Teil 7 Rdn. 392 ff.).

361 Aufgrund der Änderungen des Teilbetriebsbegriffes sieht Randnr. S. 05 UmwStE bei Spaltungen, für die der Spaltungsbeschluss bis zum 31.12.2011 gefasst worden ist, als Übergangsregelung vor, dass es ausreichend ist, wenn ein Teilbetrieb nach dem BMF-Schreiben v. 16.08.2000[208] bzw. dem UmwStE 1998 vorlag.

b) Zuordnung von Wirtschaftsgütern zu den einzelnen Teilbetrieben

362 Eine der wesentlichsten Maßnahmen im Vorfeld einer Spaltung ist die Einteilung des Betriebes in mehrere Teilbetriebe sowie die Zuordnung sog. neutraler Wirtschaftsgüter zu den einzelnen Teilbetrieben. Nach Ansicht der Finanzverwaltung dürfen nur Teilbetriebe übertragen werden und es dürfen auch nur Teilbetriebe bei der übertragenden Körperschaft zurückbleiben.[209] Das bedeutet nach der Interpretation der Finanzverwaltung, dass die Existenz von weder einem übergehenden noch einem verbleibenden Teilbetrieb zuordenbaren Wirtschaftsgütern ein Spaltungshindernis darstellt, da eben nicht **nur** ein Teilbetrieb zurückbleibt. In der Literatur wird die Regelung in

---

206 Heurung/Engel/Schröder, GmbHR 2012, 273 [275].
207 Vgl. Heurung/Engel/Schröder, GmbHR 2012, 273 [274].
208 BStBl. I 2000, 1253.
209 Sog. »doppeltes Teilbetriebserfordernis« bzw. »Ausschließlichkeitserfordernis«, vgl. Randnr. 15.01 UmwStE.

§ 15 Abs. 1 UmwStG jedoch teilweise so interpretiert, dass **zumindest** ein Teilbetrieb zurückbleiben muss und darüber hinaus nicht zuordenbare Wirtschaftsgüter zurückbleiben können.[210]

Zur Definition des Umfangs eines Teilbetriebs sind zunächst seine wesentlichen Betriebsgrundlagen zu definieren. Werden einzelne wesentliche Betriebsgrundlagen, wie z. B. Produktionsanlagen, von mehreren Teilbetrieben genutzt, so stellt dies ein **Spaltungshindernis** dar, denn eine Zuordnung zu dem einen Teilbetrieb führt gleichzeitig dazu, dass dem anderen Teilbetrieb eine wesentliche Betriebsgrundlage fehlt. Eine Trennung der beiden Teilbetriebe in einem solchen Fall ist somit nicht möglich.[211]

363

Dient ein **Grundstück** mehreren Teilbetrieben als wesentliche Betriebsgrundlage, so muss dieses Grundstück nach Ansicht der Finanzverwaltung zum Zwecke der Zuordnung grundsätzlich real geteilt werden. Lediglich dann, wenn eine reale Teilung des Grundstücks nicht zumutbar ist, erkennt die Finanzverwaltung aus Billigkeitsgründen eine lediglich ideelle Teilung in der Form von Bruchteilseigentum an.[212]

364

Wirtschaftsgüter, die keine wesentliche Betriebsgrundlage darstellen, sind nach Auffassung der Finanzverwaltung nach wirtschaftlichen Kriterien den Teilbetrieben zuzuordnen. Dabei handelt es sich im Grundsatz um eine Zuordnung nach funktionalen Kriterien, d. h. entsprechend der bisherigen Verwendung oder Genese der Wirtschaftsgüter.

365

Zu den Wirtschaftsgütern eines Teilbetriebs gehören nach der Definition der Fusionsrichtlinie nicht nur Aktiva, sondern auch Passiva. Es ist daher davon auszugehen, dass auch Verbindlichkeiten nicht frei zuordenbar, sondern dem Teilbetrieb zuzuordnen sind, zu dessen Finanzierung sie eingegangen worden sind oder aus dessen betrieblicher Tätigkeit sie entstanden sind.[213] Diese Bedeutung der »Finanzierungsseite« des Teilbetriebs wird aus dem einzigen bisher zum Teilbetriebsbegriff ergangenen EuGH-Urteil[214] abgeleitet, in dem der EuGH betont, dass Verbindlichkeiten dem Teilbetrieb zuzuordnen sind, dem auch die mit der Eingehung dieser Verbindlichkeit aufgenommenen Finanzmittel zugeordnet werden. Hieraus kann man schließen, dass Verbindlichkeiten zur Anschaffung von Wirtschaftsgütern ebenfalls dem Teilbetrieb zugeordnet werden müssen, dem die betreffenden Wirtschaftsgüter zuzuordnen sind. Die Herstellung eines Wertausgleichs zwischen mehreren Teilbetrieben durch freie Zuordnung der vorhandenen Verbindlichkeiten ist daher nur insoweit zulässig, wie die betreffenden Verbindlichkeiten keinem noch vorhandenen Aktivvermögen zugeordnet werden können.

366

Bei der Zuordnung von Wirtschaftsgütern dürfen neben den bilanzierten aktiven und passiven Wirtschaftsgütern die originären immateriellen Wirtschaftsgüter (z. B. Warenzeichen, Marken, Namen, etc.) des zu spaltenden Unternehmens nicht vergessen werden. Diese können nach der Rechtsprechung des BFH[215] sogar wesentliche Betriebsgrundlage sein, und zwar unabhängig von der Frage, ob diese Rechte durch Eintragung geschützt sind oder nicht.

367

Das Erfordernis der »Zuordenbarkeit nach wirtschaftlichen Zusammenhängen« bringt weitere Unklarheiten in die Definition des Teilbetriebsbegriffs und macht seine Handhabung für die Praxis schwieriger, denn die Kriterien, nach denen diese Zuordnung vorgenommen werden sollen,

368

---

210 Vgl. z. B. Förster, GmbHR 2012, 237 [241 f.]; Schumacher/Neitz-Hackstein, Ubg 2011, 409 [415]; Neumann, GmbHR 2012, 141 [142].
211 Ausführlich zu Grundstücken als möglichem Hindernis für Umstrukturierungen: Pyszka, DStR 2016, 2017 und 2074.
212 Randnr 15.08 UmwStE.
213 Vgl. Schumacher in: Rödder/Herlinghaus/van Lishaut, UmwStG, § 15 Rn. 154; Förster GmbHR 2012, 237 [241]; Heurung/Engel/Schröder, GmbHR 2012, 273 [274].
214 Andersen og Jensen ApS, Urteil v. 15.01.2002 – C-43/00, EuGHE I S. 379.
215 Urteil v. 16.12.2009 – I R 97/08, BStBl. II 2010, 808.

sind vollkommen unklar.[216] Offensichtlich sind sämtliche aktiven und passiven Wirtschaftsgüter nunmehr in eine der drei Kategorien »wesentliche Betriebsgrundlage«, »wirtschaftlich zuordenbar« und »nicht zuordenbar« einzuteilen. Ein Wirtschaftsgut, das zwar keine wesentliche Betriebsgrundlage ist, aber gleichwohl mehreren Teilbetrieben wirtschaftlich zuordenbar ist, muss wohl dem Teilbetrieb zugeordnet werden, zu dem die engste wirtschaftliche Verbindung besteht.[217]

369 Unklar ist auch die Rechtsfolge, die sich ergibt, wenn ein nach wirtschaftlichen Kriterien zuordenbares Wirtschaftsgut gar nicht oder falsch zugeordnet wurde. Es steht zu befürchten, dass dann die Spaltung bezüglich des gesamten übergehenden Vermögens nicht steuerneutral ist. Allerdings wird in der Literatur dafür plädiert, dass in einem solchen Fall lediglich die stillen Reserven des nicht oder falsch zugeordneten Wirtschaftsguts aufzudecken sind.[218]

370 Neutrales Vermögen, das weder wesentliche Betriebsgrundlage noch nach wirtschaftlichen Kriterien einem Teilbetrieb zuordenbar ist, kann nach Randnr. 15.09 UmwStE jedem (also sowohl dem übergehenden als auch dem zurückbleibenden) Teilbetrieb zugeordnet werden. Dies gilt aber grundsätzlich nur für **originäre Teilbetriebe**.

371 Bei **fiktiven Teilbetrieben** ist die Zuordnung von einzelnen Wirtschaftsgütern hingegen problematisch. Die Finanzverwaltung will es nach Randnr. 15.11 UmwStE zulassen, einer 100 %igen Beteiligung oder einem Mitunternehmeranteil die Wirtschaftsgüter einschließlich Schulden zuzuordnen, die in unmittelbarem wirtschaftlichem Zusammenhang mit der Beteiligung oder dem Mitunternehmeranteil stehen. Diese Aussage ist im Fall eines Mitunternehmeranteils wohl ohne erhebliche praktische Bedeutung. Denn Wirtschaftsgüter, die in unmittelbarem wirtschaftlichem Zusammenhang mit dem Mitunternehmeranteil stehen, sind regelmäßig auch Sonderbetriebsvermögen im Zusammenhang mit dem Mitunternehmeranteil und daher ohnehin mit diesem verbunden. Anders ist dies jedoch bei einer Beteiligung an einer **Kapitalgesellschaft**. Hier ist eine Zuordnung von Wirtschaftsgütern nach Verwaltungsauffassung nur in sehr eingeschränktem Umfang zulässig. Der UmwStE nennt hier in Randnr. 15.11 die Wirtschaftsgüter, die für die Verwaltung der Beteiligung erforderlich sind, wie z. B. Ertragniskonten oder Einrichtung. Diese restriktiven Regelungen führen im Ergebnis dazu, dass die Spaltung von Holdinggesellschaften in der Praxis häufig nicht möglich sein wird, denn in den meisten Fällen ist doch zumindest in geringem Umfang neutrales Vermögen vorhanden, das nicht den abzuspaltenden oder verbleibenden fiktiven Teilbetrieben zugeordnet werden kann.

372 Bezüglich sämtlicher Wirtschaftsgüter gilt allerdings gemäß Randnr. 15.07 UmwStE, dass nicht unbedingt die Übertragung des zivilrechtlichen Eigentums erforderlich ist. Vielmehr ist die Übertragung des wirtschaftlichen Eigentums ausreichend. Diese Auffassung der Finanzverwaltung eröffnet für ansonsten nicht »transportable« Wirtschaftsgüter Gestaltungsmöglichkeiten, die dann doch eine steuerneutrale Spaltung zulassen können. Zu beachten ist aber, dass die Finanzgerichte insoweit anderer Auffassung sein könnten. Jedenfalls hat das FG Berlin-Brandenburg in einem Urteil zu § 15 Abs. 1 UmwStG 1995 die Übertragung des wirtschaftlichen Eigentums als nicht ausreichend angesehen und die Übertragung des zivilrechtlichen Eigentums für erforderlich gehalten.[219] Der BFH hat die Frage bisher offengelassen und lediglich entschieden, dass jedenfalls die bloße Nutzungsüberlassung nicht ausreicht.[220]

373 Es stellt sich die Frage nach **Gestaltungsmöglichkeiten**, wenn spaltungshindernde Wirtschaftsgüter erkannt werden. Zum einen besteht natürlich die Möglichkeit, neutrales Vermögen vor der

---

216 Vgl. hierzu auch Drüen/Hruschka/Kaeser/Sistermann, DStR Beihefter zu Heft 2/2012, 1 [12]; Förster, GmbHR 2012, 237 [241]; Heurung/Engel/Schröder, GmbHR 2012, 273 f.
217 Vgl. Heurung/Engel/Schröder, GmbHR 2012, 273 [274].
218 So z. B. Rogall, NZG 2011, 810 [811].
219 FG Berlin-Brandenburg Urteil v. 01.07.2014 – 6 K 6085/12, EFG 2014, 1928, rkr.; krit. Braatz/Brühl, Ubg 2015, 122.
220 BFH-Urteil v. 07.04.2010 – I R 96/08, BStBl. II 2011, 467.

Spaltung zu veräußern.²²¹ Die Veräußerung müsste dann also vor dem steuerlichen Übertragungsstichtag erfolgen. Eine weitere Gestaltungsmöglichkeit besteht in dem Zukauf eines originären Teilbetriebes, dem dann ansonsten nicht zuordenbares neutrales Vermögen zugeordnet werden kann.²²² Ist neutrales Vermögen in Form einer Beteiligung an einer Kapitalgesellschaft vorhanden, die zwar weniger als 100 %, jedoch mehr als 50 % beträgt, so könnte diese Beteiligung zunächst steuerneutral nach § 21 UmwStG in eine bereits bestehende oder auch neu zu gründende Kapitalgesellschaft eingebracht werden. Hierdurch wird diese Beteiligung, die für sich gesehen keinen fiktiven Teilbetrieb bildet, in einen fiktiven Teilbetrieb umgewandelt. Zwischen dieser Einbringung und der darauf folgenden Spaltung müssen dann aber mindestens 3 Jahre liegen, denn durch die Einbringung der Beteiligung wurde die Beteiligung an der übernehmenden Kapitalgesellschaft erworben oder aufgestockt (vgl. § 15 Abs. 3 Satz 1 UmwStG). Eine weitere Gestaltungsmöglichkeit kann sein, wesentliche Betriebsgrundlagen, die nicht mit übertragen werden sollen, vorher zu »separieren« und nach § 6 Abs. 5 EStG zu Buchwerten in eine andere Personengesellschaft zu überführen. Die Finanzverwaltung beurteilt dies gern als Gestaltungsmissbrauch.²²³ Der BFH hat im Urteil v. 25.11.2009²²⁴ jedoch klargestellt, dass er in dieser Vorgehensweise keinen Gestaltungsmissbrauch sieht, wenn die Übertragung auf Dauer erfolgt und deshalb andere wirtschaftliche Folgen auslöst als die Einbeziehung des betreffenden Wirtschaftsguts in den Einbringungsvorgang. Es ist jedoch davon auszugehen, dass die Finanzverwaltung diese Rechtsprechung des BFH nicht anerkennt und weiterhin in derartigen Fällen die Gesamtplanrechtsprechung anwendet.²²⁵

Außerdem stellt sich die Frage, ob zum Transfer eventuell übersehener funktional wesentlicher Betriebsgrundlagen oder nach wirtschaftlichen Kriterien zuordenbarer Wirtschaftsgüter entsprechende »Auffangklauseln« in den Spaltungsvertrag aufgenommen werden. Diese könnten beispielsweise regeln, dass neben den explizit genannten übergehenden Wirtschaftsgütern auch alle nicht genannten funktional wesentlichen Betriebsgrundlagen und nach wirtschaftlichen Kriterien zuordenbaren Wirtschaftsgüter übergehen sollen und dass die Parteien sich so stellen werden, als seien diese bereits am steuerlichen Übertragungsstichtag übergegangen.²²⁶ Ob die Finanzverwaltung solche Klauseln schlussendlich akzeptieren wird, ist offen und kann möglicherweise durch eine verbindliche Auskunft geklärt werden. In keinem Fall entbindet eine solche Klausel jedoch den Steuerpflichtigen davon, den Teilbetrieb und die zugehörigen Wirtschaftsgüter sorgfältig zu definieren. 374

2. Konsequenzen bei Vorliegen der Spaltungsvoraussetzungen

a) Bei der übertragenden Körperschaft

Die übertragende Körperschaft hat der Spaltung gem. § 17 Abs. 2 Satz 2 in Verbindung mit § 125 UmwG eine handelsrechtliche Schlussbilanz zugrunde zu legen. In dieser Schlussbilanz sind die Wirtschaftsgüter zwingend mit ihren Buchwerten anzusetzen. 375

Der Stichtag der handelsrechtlichen Schlussbilanz ist gem. § 2 UmwStG gleichzeitig der steuerliche Übertragungsstichtag. Auf diesen Stichtag hat die übertragende Körperschaft auch eine steuerliche Schlussbilanz aufzustellen. Mit welchen Werten die einzelnen Wirtschaftsgüter in dieser steuerlichen Schlussbilanz anzusetzen sind, richtet sich nach den Regelungen der §§ 11, 15 UmwStG. Sind die dort genannten Voraussetzungen erfüllt, besteht im Ergebnis ein **Bewertungswahlrecht**. 376

---

221 Beachte aber Heurung/Engel/Schröder, GmbHR 2012, 273 [276], wonach eine Veräußerung nach dem steuerlichen Übertragungsstichtag schädlich sein soll.
222 Vgl. Wassermeyer, DStR 1993, 592; Herzig/Momen, DB 1994, 2157, 2160.
223 Vgl. z. B. Randnr. 20.07 UmwStE.
224 I R 72/08, BStBl. II 2010, 471, Tz. 23.
225 Vgl. auch Vfg. SH FinMin v. 22.12.2010 – VI 308-S 1978c-006.
226 Vgl. Rothenfußer/Schell, GmbHR 2014, 1083.

377 § 15 Abs. 1 UmwStG verweist auf die Regelungen der §§ 11 bis 13, sodass zusätzlich zu den bereits erörterten Voraussetzungen des § 15 auch die des § 11 Abs. 1 UmwStG erfüllt sein müssen. Das bedeutet, dass die in dem übergegangenen Vermögen enthaltenen stillen Reserven später bei der übernehmenden Körperschaft der Körperschaftsteuer unterliegen müssen. Außerdem darf eine eventuelle Gegenleistung für die Vermögensübertragung nur in Gesellschaftsrechten bestehen (vgl. hierzu eingehend Teil 7 Rdn. 220 ff.). Sind all diese Voraussetzungen erfüllt, so steht der abspaltenden Körperschaft das Bewertungswahlrecht zu, das übergehende Vermögen in der steuerlichen Schlussbilanz mit den Buchwerten, Zwischenwerten oder max. den gemeinen Werten anzusetzen. Wird der Buchwertansatz gewählt, entsteht bei der übertragenden Körperschaft **kein Übertragungsgewinn**. Nur bei Ansatz höherer Werte, maximal des gemeinen Wertes, entsteht ein körperschaftsteuer- und gewerbesteuerpflichtiger Übertragungsgewinn, weshalb dies i. d. R. nicht sinnvoll ist.

378 Der **Ansatz höherer Werte** führt zwar bei der übernehmenden Körperschaft zu einem höheren Abschreibungsvolumen, das zur Verrechnung mit den laufenden Ergebnissen zur Verfügung steht, der Abschreibungszeitraum wird sich jedoch i. d. R. über mehr als ein Jahr erstrecken, sodass hier erhebliche Zinsnachteile entstehen können. Der zum Barwert angesetzte Vorteil dieser zusätzlichen Abschreibungen wird jedoch in keinem Verhältnis zur sofort anfallenden Steuer auf den Übertragungsgewinn stehen. Eine Ausnahme besteht nur dann, wenn die übertragende Körperschaft Verlustvorträge hat, die – unter Berücksichtigung der Mindestbesteuerung – ganz oder teilweise genutzt werden können.

379 Das Bewertungswahlrecht des § 11 Abs. 1 UmwStG bezieht sich nur auf das im Zuge der Spaltung auf eine andere Körperschaft übergehende Vermögen. Das Bewertungswahlrecht kann hingegen nicht für das bei der übertragenden Kapitalgesellschaft verbleibende Vermögen ausgeübt werden. Hier bleibt es bei den bisherigen Buchwerten.

380 Werden **mehrere echte oder fiktive Teilbetriebe** auf eine oder mehrere verschiedene übernehmende Körperschaften auf- bzw. abgespalten, kann das Wahlrecht für jede Spaltungseinheit gesondert ausgeübt werden.[227]

b) Bei der übernehmenden Körperschaft

381 Bei der übernehmenden Körperschaft ergeben sich durch den Verweis des § 15 auf § 12 UmwStG dieselben bilanziellen und steuerlichen Konsequenzen wie bei der übernehmenden Körperschaft in Verschmelzungsfällen. Es kann daher insgesamt auf die Ausführungen in den Teil 7 Rdn. 243 ff. verwiesen werden.

382 Zusammengefasst bedeutet dies, dass die Übernehmerin bezüglich der Wertansätze des übergehenden Vermögens an die Wertansätze der Überträgerin gebunden ist. Ein bei der übernehmenden Körperschaft sich ergebender Übernahmegewinn (die Abspaltung aus einer Tochter- auf die Muttergesellschaft ist möglich) unterliegt nach § 15 in Verbindung mit § 12 Abs. 2 Satz 2 UmwStG der Besteuerung nach § 8b Abs. 2 und 3 KStG, ein Übernahmeverlust bleibt bei der Besteuerung außer Ansatz. Durch die Verweisung in § 15 Abs. 1 UmwStG auf die §§ 11 bis 13 UmwStG gilt auch § 12 Abs. 3 UmwStG bezüglich der Absetzung für Abnutzung, sowie der sonstigen steuerlichen Rechtspositionen. Nach § 15 Abs. 3 UmwStG gehen steuerliche Verluste der übertragenden Körperschaft bei einer Abspaltung anteilig entsprechend dem Wertverhältnis des übergehenden und des zurückbleibenden Vermögens unter. Bei der Aufspaltung fallen steuerliche Verluste der übertragenden Körperschaft dementsprechend vollständig weg.

---

227 Vgl. Schumacher in: Rödder/Herlinghaus/van Lishaut, UmwStG, § 15 Rn. 178 m. w. N.

c) Bei den Gesellschaftern der übertragenden Körperschaft

Die Anteile an der übertragenden Körperschaft gelten gem. § 15 Abs. 1 in Verbindung mit § 13 Abs. 1 UmwStG bei den Anteilseignern anteilig als zum gemeinen Wert veräußert und die an ihre Stelle tretenden Anteile als zum gleichen Wert angeschafft.

383

Sofern allerdings das doppelte Teilbetriebserfordernis erfüllt ist, das Besteuerungsrecht Deutschlands hinsichtlich der Besteuerung des Gewinns aus der Veräußerung der Anteile an der Übernehmerin nicht ausgeschlossen oder beschränkt wird oder die Voraussetzungen des Art. 8 der Fusionsrichtlinie vorliegen, kann auf Antrag nach § 15 Abs. 1 in Verbindung mit § 13 Abs. 2 UmwStG der Buchwert bzw. die Anschaffungskosten der alten Anteile als deren Veräußerungspreis und als Anschaffungskosten der neuen Anteile angesetzt werden. Die Frage, ob das doppelte Teilbetriebserfordernis erfüllt wird, hat somit nicht nur Auswirkungen auf die Besteuerung der übertragenden Körperschaft, sondern auch auf deren Anteilseigner. Eine abweichende Ausübung des Bewertungswahlrechts (die übertragende Gesellschaft setzt die Buchwerte an, die Gesellschafter realisieren) ist dabei zulässig.

384

Soweit es sich um eine wesentliche Beteiligung im Sinne des § 17 EStG an der übertragenden Körperschaft gehandelt hat, gelten auch die neu ausgegebenen Anteile an der übernehmenden Körperschaft als solche im Sinne des § 17 EStG. Beträgt die Beteiligung an der übernehmenden Körperschaft allerdings weniger als 1 %, so gilt diese Beteiligung gleichwohl als eine solche des § 17 EStG (vgl. Teil 7 Rdn. 287).

385

War der Gesellschafter an der Überträgerin nicht wesentlich beteiligt, so gilt für ihn immer § 20 Abs. 4a EStG, und zwar unabhängig davon, ob er an der Übernehmerin eine Beteiligung im Sinne des § 17 EStG erhält oder nicht. Der Anteilstausch ist demnach immer steuerneutral, wenn das deutsche Besteuerungsrecht uneingeschränkt bestehen bleibt (vgl. Teil 7 Rdn. 288)

386

Handelte es sich bei den untergehenden Anteilen an der Überträgerin um einbringungsgeborene Anteile alten Rechts, so sind auch die neuen Anteile an der Übernehmerin einbringungsgeboren (vgl. Teil 7 Rdn. 289).

387

Bei einer Auf- oder Abspaltung sind die Anschaffungskosten bzw. die Buchwerte der Anteile an der übertragenden Körperschaft nach Randnr. 15.43 UmwStE unter Zugrundelegung des Umtauschverhältnisses laut Spaltungsplan/-vertrag auf die Beteiligungen an der übertragenden und der übernehmenden Körperschaft aufzuteilen. Ist eine Aufteilung nach dem Verhältnis im Spaltungsplan/-vertrag nicht möglich, soll die Aufteilung nach dem Verhältnis der gemeinen Werte der übergehenden Vermögensteile zu dem vor der Spaltung vorhandenen Vermögen vorgenommen werden.

388

Im Fall der Abspaltung eines Teilbetriebes auf die Muttergesellschaft ist der bisherige Buchwert der Beteiligung an der Tochtergesellschaft ebenfalls im Verhältnis des gemeinen Wertes des übergegangenen Vermögens zum gesamten Vermögen der Tochtergesellschaft aufzuteilen.[228]

389

3. Konsequenzen bei Nichtvorliegen der Spaltungsvoraussetzungen nach § 15 Abs. 1 UmwStG

Liegen die Voraussetzungen des § 15 Abs. 1 UmwStG nicht vor, ist also insbesondere die Teilbetriebsvoraussetzung nicht erfüllt, kommt es in Bezug auf das übergehende Vermögen zur Aufdeckung der stillen Reserven sowohl bei der übertragenden Körperschaft als auch bei den Anteilseignern.[229] Konkret regelt § 15 Abs. 1 Satz 2 UmwStG für diesen Fall, dass § 11 Abs. 2 UmwStG, der das Wahlrecht zum Ansatz von Buchwerten oder Zwischenwerten auf Antrag regelt, nicht anwendbar ist. Bei der übertragenden Körperschaft sind die zu übertragenden Wirtschaftsgüter –

390

---

228 Dötsch/Pung in: Dötsch/Pung/Möhlenbrock, Die Körperschaftsteuer, § 15 UmwStG Rn. 396.
229 Vgl. Randnr. 15.12 UmwStE.

sowohl die bilanzierten als auch die nicht bilanzierten originären immateriellen Wirtschaftsgüter sowie der Geschäfts- und Firmenwert, nicht jedoch die Pensionsrückstellungen – mit dem gemeinen Wert anzusetzen (§ 15 Abs. 1 Satz 1 in Verbindung mit § 11 Abs. 1 UmwStG). Bei den Pensionsrückstellungen gilt als Höchstbetrag der Wert nach § 6a EStG. Die übernehmende Körperschaft ist an diese Wertansätze gebunden (§ 15 Abs. 1 Satz 1 in Verbindung mit § 12 Abs. 1 Satz 1 UmwStG). Bei den Anteilseignern ist die Anwendung des § 13 Abs. 2 UmwStG ausgeschlossen, d. h. es findet ein gewinnrealisierender Tausch statt, bei dem die Anteile an der übertragenden Körperschaft ganz oder anteilig als zum gemeinen Wert veräußert und die gewährten Anteile an der Übernehmerin als zum gemeinen Wert angeschafft gelten (§ 15 Abs. 1 Satz 1 in Verbindung mit § 13 Abs. 1 UmwStG). Für das im Fall der Abspaltung bei der übertragenden Körperschaft verbleibende Vermögen ergeben sich jedoch keine steuerlichen Konsequenzen.

391 Trotz Nichtvorliegens der Teilbetriebseigenschaft gilt gleichwohl die Möglichkeit der steuerlichen Rückwirkung nach § 2 Abs. 1 UmwStG. Die Auf- oder Abspaltung wird auch bei Nichtvorliegen der Teilbetriebsvoraussetzungen nicht in eine verdeckte Gewinnausschüttung an die Gesellschafter der übertragenden Körperschaft mit anschließender Wieder-Einlage des ausgeschütteten Vermögens in die übernehmende Körperschaft umgedeutet.

4. Missbrauchsklausel nach § 15 Abs. 2 UmwStG

a) Erwerb oder Aufstockung von Beteiligungen durch die Einbringung von Einzelwirtschaftsgütern

392 Nach § 15 Abs. 2 Satz 1 UmwStG ist § 11 Abs. 2 UmwStG nicht anwendbar und kann daher die Auf- oder Abspaltung bei der übertragenden Körperschaft nicht steuerneutral stattfinden, wenn ein fiktiver Teilbetrieb innerhalb der letzten 3 Jahre vor der Spaltung durch die Einbringung von Wirtschaftsgütern, die keinen Teilbetrieb bilden, erworben oder aufgestockt worden ist. Diese Regelung bezieht sich sowohl auf einen übertragenden als auch auf einen verbleibenden fiktiven Teilbetrieb.

393 Durch diese Missbrauchsklausel wird vermieden, dass das für einzelne Wirtschaftsgüter bestehende steuergesetzliche Abspaltungs- oder Zurückbehaltungsverbot dadurch umgangen wird, dass diese Wirtschaftsgüter kurz vor der Spaltung in eine Mitunternehmerschaft oder in eine 100 %ige Beteiligung an einer Kapitalgesellschaft eingebracht werden.

394 Der **Erwerb** bzw. die Aufstockung eines Mitunternehmeranteils oder einer 100 %igen Beteiligung an einer Kapitalgesellschaft innerhalb dieser 3-Jahres-Frist ist nach dem Wortlaut der Vorschrift nur dann schädlich, wenn der Erwerb **durch die Einbringung von Einzelwirtschaftsgütern** erfolgt. Darüber hinaus stellt Randnr. 15.16 UmwStE klar, dass der Vorgang nur dann schädlich ist, wenn in den übertragenen Einzelwirtschaftsgütern stille Reserven ruhten, die anlässlich der Übertragung nicht oder nicht in vollem Umfang aufgedeckt worden sind. Diese Abgrenzung macht deutlich, dass sowohl der entgeltliche oder unentgeltliche Erwerb einer Beteiligung innerhalb dieser Frist[230] als auch die **verdeckte Einlage** von Einzelwirtschaftsgütern in eine Kapitalgesellschaft, die nicht zu Buchwerten möglich ist, unschädlich sind.

b) Anteilsveräußerungen im Anschluss an eine Spaltung

395 Die Buchwertfortführung ist bei der Aufspaltung, Abspaltung oder Teilübertragung auch dann nicht möglich, wenn durch die Spaltung die **Veräußerung** an außen stehende Personen vollzogen wird oder die Voraussetzungen für eine Veräußerung geschaffen werden (§ 15 Abs. 2 Sätze 2 und 3 UmwStG). Die stillen Reserven in allen anlässlich der Spaltung übertragenen Wirtschaftsgütern müssen dann (rückwirkend) versteuert werden. Analog § 11 Abs. 1 Satz 1 UmwStG sind die Wirtschaftsgüter in diesem Fall mit ihrem gemeinen Wert anzusetzen.

---

230 Randnr. 15.20 UmwStE.

Die Vorbereitung einer Veräußerung durch die Spaltung ist nach der unwiderlegbaren Vermutung in § 15 Abs. 2 Satz 4 UmwStG gegeben, wenn innerhalb von **5 Jahren** nach dem steuerlichen Übertragungsstichtag insgesamt Anteile an einer an der Spaltung beteiligten Körperschaft veräußert werden, die **mehr als 20 % der vor Wirksamwerden der Spaltung an der Körperschaft bestehenden Anteile** ausmachen. Mit dieser 20 %-Regelung wird den Anforderungen der Praxis Rechnung getragen, indem vermieden wird, dass z. B. bei Publikumsgesellschaften oder beim Vorhandensein mehrerer Gesellschafterstämme die Veräußerung einzelner Anteile innerhalb von 5 Jahren nach der Spaltung zum rückwirkenden Verlust der Steuerneutralität führt. Nachdem § 15 UmwStG seit der »Europäisierung des Umwandlungssteuerrechts« im Lichte der Grundfreiheiten und des europäischen Sekundärrechts auszulegen ist, stellt sich die Frage, ob eine solche unwiderlegliche Vermutung europarechtskonform ist. Denn der EuGH verlangt in seiner Rechtsprechung regelmäßig für Missbrauchsvermeidungsvorschriften, dass diese eine Einzelfallprüfung vorsehen und ansonsten unverhältnismäßig sind.[231] Eine unwiderlegliche Missbrauchsvermutung wäre demnach europarechtswidrig.[232]

396

Nach dem Gesetz bezieht sich die 20 %-Grenze auf die **vor Wirksamwerden der Spaltung** an der übertragenden Körperschaft bestehenden Anteile. Die Quote ergibt sich aus dem Verhältnis der übergehenden Vermögensteile zu dem bei der übertragenden Gesellschaft vor der Spaltung vorhandenen Vermögen, wie es i. d. R. im Umtauschverhältnis der Anteile im Spaltungs- und Übernahmevertrag oder im Spaltungsplan zum Ausdruck kommt. Auf die absolute Höhe des Nennkapitals der an der Spaltung beteiligten alten und neuen Gesellschafter sowie auf die Wertentwicklung der Beteiligungen kann es nicht ankommen.[233]

397

Zu beachten ist, dass sich die Wertgrenze von 20 % auf jede an der Spaltung beteiligte Körperschaft bezieht. Demnach kann im Fall der Abspaltung sowohl durch eine Veräußerung der Anteile an der Überträgerin als auch durch eine Veräußerung der Anteile an der Übernehmerin die Wertgrenze des § 15 Abs. 2 Satz 4 UmwStG verletzt werden.[234] Allerdings muss es sich grundsätzlich um eine unmittelbare Übertragung handeln. Eine nur mittelbare Übertragung dieser Anteile ist hingegen unschädlich.

398

Die Finanzverwaltung ging in der Vergangenheit davon aus, dass die Regelung in § 15 Abs. 2 Satz 3 UmwStG keinen eigenen Anwendungsbereich hat und nur die Grundlage für die unwiderlegliche Vermutung in § 15 Abs. 2 Satz 4 UmwStG, nämlich die 20 Prozent-Grenze, schafft. Dies bedeutete, dass die Steuerneutralität einer Spaltung nur dann wegfiel, wenn innerhalb des fünfjährigen Beobachtungszeitraums Anteile im Wert von mehr als 20 Prozent der vor Wirksamwerden der Spaltung an der übertragenden Körperschaft bestehenden Anteile veräußert wurden. Diese Rechtsauffassung, die für den Steuerpflichtigen eine verlässliche Beurteilungsgrundlage geschaffen hatte, wurde in 2014 aufgegeben. Nach nunmehr wohl bundeseinheitlich abgestimmter Auffassung[235] hat die Regelung in § 15 Abs. 2 Satz 3 UmwStG einen eigenen Anwendungsbereich. Damit kann es auch bei Veräußerungen, die nicht die 20 Prozent-Grenze überschreiten, zum Wegfall der Steuerneutralität der Spaltung kommen. Dies soll nach Auffassung der Finanzverwaltung der Fall sein, wenn aus anderen Gründen der Schluss gezogen werden kann, dass mit der Spaltung die Voraussetzungen für eine Veräußerung der Anteile geschaffen werden sollten. Hierfür soll eine (streitanfällige) Einzelfallprüfung notwendig sein. Anhaltspunkte für eine Spaltung zur Vorbereitung der Veräußerung sollen sich nach Auffassung der Finanzverwaltung bspw. aus einem Antrag auf Erteilung einer verbindlichen Auskunft oder aus sonstigen Unterlagen wie bspw. Ver-

399

---

231 Vgl. z. B. EuGH-Urteil v. 10.11.2011 – Rs. C-126/10 – Foggia, Slg. I 2011, 10926 Rn. 37.
232 Vgl. auch Schumacher in Rödder/Herlinghaus/van Lishaut, UmwStG, § 15 Rn. 209.
233 Randnr. 15.29 UmwStE.
234 BFH-Urteil v. 03.08.2005 – I R 62/04, BFH/NV 2006, 691.
235 Vgl. FinMin Brandenburg v. 16.07.2014 – Az. 35-S 1978b-2014#001, DStR 2014, 2180; FinBeh Hamburg v. 13.04.2015 – Az. S 1978c-2012/002–53, DStR 2015, 1871.

trägen ergeben.²³⁶ Die Abkehr der Finanzverwaltung von ihrer langjährig geübten Praxis, Veräußerungen nur bei Überschreiten der Wertgrenze von 20 Prozent als schädlich anzusehen, wird voraussichtlich in der Zukunft zu zahlreichen Diskussionen mit der Finanzverwaltung Anlass geben und erfordert insbesondere im Vorfeld einer Spaltung eine sorgfältige Dokumentation der bestehenden Absichten. Der Steuerpflichtige sieht sich hier jedoch der Schwierigkeit gegenüber, das Nicht-Vorliegen einer Veräußerungsabsicht zu dokumentieren, was schlichtweg unmöglich erscheint.

400 Die Missbrauchsvorschrift des § 15 Abs. 2 Satz 4 UmwStG greift nur, wenn durch die Spaltung die Veräußerung an **außen stehende** Personen vollzogen oder vorbereitet wird. Da das Gesetz von außen stehenden Personen spricht, muss eine Veräußerung von Anteilen innerhalb des bisherigen Gesellschafterkreises unschädlich sein. Die Finanzverwaltung lässt darüber hinaus Umstrukturierungen innerhalb verbundener Unternehmen im Sinne des § 271 Abs. 2 HGB als unschädlich zu. In beiden Fällen gilt, dass nachfolgend keine unmittelbare oder mittelbare Veräußerung an außenstehende Personen erfolgen darf.²³⁷

401 Als schädliche Veräußerung ist grundsätzlich auch eine Anteilsübertragung im Rahmen einer (steuerneutralen) Umwandlung anzusehen.²³⁸

402 Es ist somit zu beachten, dass für die Spaltgesellschafter hinsichtlich dieser **Veräußerungssperre** nach der Spaltung noch 5 Jahre eine »**Schicksalsgemeinschaft**« besteht, denn jeder Einzelne Spaltgesellschafter kann zulasten aller Beteiligten die Steuerfreiheit der Spaltung nachträglich zerstören. Daher sind im Spaltungs- und Übernahmevertrag die Rechtsfolgen einer derartigen Handlung zu regeln. I. d. R. werden diejenigen Gesellschafter sämtliche Steuern zu tragen haben, die die Besteuerung verursacht haben.

403 Fraglich ist, welche Konsequenzen sich ergeben, wenn mehrere Teilbetriebe auf verschiedene übernehmende Körperschaften abgespalten werden und innerhalb von 5 Jahren nach der Spaltung die Anteile **an einer** dieser übernehmenden Körperschaften veräußert werden und diese Anteile mehr als 20 % der gesamten Anteile der übertragenden Körperschaft **vor der Spaltung** ausmachen. Eindeutig zu beantworten ist dies, wenn die Teilbetriebe in mehreren separaten Spaltungsvorgängen übertragen wurden, denn dann kann nur der jeweilige Spaltungsvorgang betroffen sein. Wurden die Teilbetriebe jedoch in einem einheitlichen Spaltungsvorgang übertragen, ist es mit Blick auf den Wortlaut des § 15 Abs. 2 Satz 2 bis 4 UmwStG, wo schlicht die Unanwendbarkeit des § 11 Abs. 2 UmwStG geregelt ist, durchaus vertretbar, dass dann für alle übertragenen Teilbetriebe die Steuerneutralität wegfällt.²³⁹ Dies spricht dafür, eine Spaltung mit mehreren Teilbetrieben in separaten Spaltungsvorgängen durchzuführen, wenn nicht vollständig ausgeschlossen werden kann, dass die Nachspaltungs-Veräußerungssperre für eine der übernehmenden Gesellschaften verletzt wird. Dabei ist allerdings zu berücksichtigen, dass sich mit jedem Spaltungsvorgang der Wert der übertragenden Körperschaft vermindert, so dass für die weiteren Spaltungen nur noch von einer geringeren Bemessungsgrundlage für die 20 %-Grenze ausgegangen werden kann. Dies kann wiederum dazu führen, dass die Nachspaltungs-Veräußerungssperre eher verletzt wird als wenn nur ein einheitlicher Spaltungsvorgang durchgeführt worden wäre.

c) Steuerliche Konsequenzen der Missbrauchsklauseln

404 Liegen die in § 15 Abs. 2 UmwStG genannten Voraussetzungen für eine steuerneutrale Spaltung nicht vor (weil ein fiktiver Teilbetrieb innerhalb der letzten 3 Jahre durch Einlage von Einzelwirtschaftsgütern erworben oder aufgestockt wurde oder weil innerhalb von 5 Jahren nach der Spal-

---

236 Vgl. FinMin Brandenburg vom 16.07.2014 – Az. 35-S 1978b-2014#001, DStR 2014, 2180.
237 Vgl. Randnr. 15.25 UmwStE.
238 Randnr. 15.24 UmwStE.
239 Vgl. Dötsch/Pung in: Dötsch/Pung/Möhlenbrock, Die Körperschaftsteuer, § 15 UmwStG Rn. 324.

tung zu viele Anteile an einer der beteiligten Körperschaften veräußert werden), so führt dies zur Nichtanwendung des § 11 Abs. 2 UmwStG. Das bedeutet, dass die übertragende Körperschaft in Bezug auf das übergehende Vermögen nicht die Möglichkeit der Buchwertfortführung oder zum Ansatz von Zwischenwerten hat, sondern zwingend gemeine Werte ansetzen muss, was zur Aufdeckung der stillen Reserven führt.

Weitere Konsequenzen ergeben sich jedoch nach überwiegender Literaturmeinung nicht.[240] Das bedeutet insbesondere, dass das in Abspaltungsfällen bei der Übertragerin verbleibende Betriebsvermögen weiterhin mit den Buchwerten anzusetzen ist. Außerdem ergeben sich keine nachteiligen Auswirkungen für die Anteilseigner der übertragenden Körperschaft. Bei ihnen ist der Erwerb der Anteile an der Übernehmerin vielmehr steuerneutral möglich, wenn die Voraussetzungen des § 13 Abs. 2 UmwStG erfüllt sind. 405

d) Trennung von Gesellschafterstämmen

Bei der **Trennung von Gesellschafterstämmen** setzt die Anwendung der **Steuerneutralität** zusätzlich voraus, dass die Beteiligungen an der übertragenden Körperschaft mindestens **5 Jahre** vor dem steuerlichen Übertragungsstichtag bestanden haben, § 15 Abs. 2 Satz 5 UmwStG. Zu beachten ist aber, dass Zeiten, in denen eine aus einer Umwandlung hervorgegangene Kapitalgesellschaft als Personengesellschaft mit den gleichen Gesellschafterstämmen bestanden hat, auf die Vorbesitzzeit im Sinne des § 15 Abs. 2 Satz 5 UmwStG angerechnet werden.[241] 406

e) Verlustabzug, Zinsvortrag und EBITDA-Vortrag

Ein **verbleibender Verlustabzug** im Sinne des § 10d Abs. 3 Satz 2 EStG geht wie bei der Verschmelzung von Körperschaften auf Körperschaften nach neuer Rechtslage anlässlich einer Aufspaltung unter. In den Fällen der Abspaltung mindert sich ein verbleibender Verlustvortrag der übertragenden Körperschaft in dem Verhältnis, in dem bei Zugrundelegung des gemeinen Wertes das Vermögen auf eine andere Körperschaft übergeht. Dieser Teil des Verlustvortrages geht somit unter und kann weder von der Übernehmerin noch von der Überträgerin nach der Spaltung noch genutzt werden. Der bei der Überträgerin verbleibende Verlustvortrag kann demgegenüber nach den allgemeinen Regeln weiterhin genutzt werden. 407

Dasselbe gilt für einen bei der übertragenden Körperschaft festgestellten Zinsvortrag bzw. EBITDA-Vortrag im Rahmen der Zinsschranke des § 4h EStG. 408

II. Aufspaltung oder Abspaltung auf eine Personengesellschaft

Der Vermögensübergang durch Aufspaltung oder Abspaltung von einer Körperschaft auf eine Personengesellschaft ist in § 16 UmwStG geregelt. Die Vorschrift bezieht sich auf Körperschaften als übertragende und auf Personengesellschaften als übernehmende Rechtsträger, sodass neben den Personenhandelsgesellschaften auch Personengesellschaften in der Rechtsform der GbR betroffen sind. Nicht in § 16 UmwStG geregelt ist die Ausgliederung i. S. v. §§ 152 bis 173 UmwG, sondern nur die Aufspaltung oder Abspaltung. 409

Geht das Vermögen einer Körperschaft durch Aufspaltung oder Abspaltung auf eine Personengesellschaft über, gelten die §§ 3 bis 8 und 10 UmwStG entsprechend (s. die Ausführungen unter Teil 7 Rdn. 29 ff.). Auch insoweit ist also das Grundkonzept, die Spaltung als Teil-Verschmelzung zu behandeln, umgesetzt worden. 410

Die in § 15 UmwStG genannten Voraussetzungen (s. Erläuterungen unter Teil 7 Rdn. 347) sind auch im Fall der Aufspaltung oder Abspaltung auf eine Personengesellschaft zu beachten. 411

---
240 Vgl. Dötsch/Pung in: Dötsch/Pung/Möhlenbrock, Die Körperschaftsteuer, § 15 UmwStG Rn. 325.
241 Vgl. Randnr. 15.40 UmwStE.

412 Auch bei der Aufspaltung oder Abspaltung auf eine Personengesellschaft gilt die **steuerliche Rückwirkung**, sodass ab dem Spaltungsstichtag die Einkünfte für die Ertragsbesteuerung nach den Grundsätzen der Besteuerung einer Personengesellschaft zu ermitteln sind. Damit sind z. B. Vergütungen für den Gesellschafter-Geschäftsführer der übertragenden Kapitalgesellschaft nicht mehr als Betriebsausgaben abzugsfähig, § 15 Abs. 1 Nr. 2 Satz 1 EStG. Die Vergütungen stellen vielmehr Vorweggewinn dar.

413 Bezüglich der Behandlung von Gewinnausschüttungen, die erst nach dem steuerlichen Übertragungsstichtag vorgenommen werden vgl. Teil 7 Rdn. 184.

III. Gewerbesteuer

414 Nach §§ 18 Abs. 1 und 19 Abs. 1 UmwStG gelten die Grundsätze der §§ 3 bis 9, 14, 16 und 17 sowie 11 bis 13, 15 und 17 UmwStG auch für die Ermittlung des Gewerbeertrages.

415 Ein Übernahmegewinn oder Übernahmeverlust ist bei der Ermittlung des Gewerbeertrags der Übernehmerin nicht zu erfassen (§ 18 Abs. 2 UmwStG).

416 Vortragsfähige Fehlbeträge der übertragenden Körperschaft können nicht vom maßgebenden Gewerbeertrag der übernehmenden Körperschaft abgezogen werden (vgl. hierzu Teil 7 Rdn. 138 ff.). Auch bei der Aufspaltung oder Abspaltung auf eine Personengesellschaft geht ein vortragsfähiger Fehlbetrag im Sinne des § 10a GewStG nicht über.

417 Bei einer Spaltung von einer Kapitalgesellschaft auf eine Personengesellschaft ist insbesondere die Missbrauchsregelung des § 18 Abs. 3 UmwStG zu beachten (vgl. hierzu eingehend Teil 7 Rdn. 137 ff.).

E. Einbringungsvorgänge

I. Einbringung von Betrieben, Teilbetrieben oder Mitunternehmeranteilen in Kapitalgesellschaften

1. Allgemeines

418 Eine Einbringung in eine Kapitalgesellschaft oder Genossenschaft im Sinne der §§ 20 ff. UmwStG liegt vor, wenn bestimmte betriebliche Einheiten, nämlich Betriebe, Teilbetriebe oder Mitunternehmeranteile, auf eine Kapitalgesellschaft übertragen werden und aufnehmende Gesellschaft dafür im Gegenzug neue Anteile an den Einbringenden gewährt.

419 Der Begriff der **Einbringung** ist gesetzlich nicht explizit definiert; er umfasst nach h. M. sowohl den Übergang des zivilrechtlichen Eigentums als auch die bloße Verschaffung wirtschaftlichen Eigentums an übertragenen Wirtschaftsgütern des Betriebsvermögens.[242]

420 Die Einbringung von Unternehmensteilen (Betrieben, Teilbetrieben oder Mitunternehmeranteilen) in eine andere Gesellschaft gegen Gewährung von Gesellschaftsrechten ist mit Abstand die häufigste Form der Umstrukturierung im Konzern. Die Regelungen des UmwStG ermöglichen es bei Vorliegen bestimmter Voraussetzungen, betriebliche Einheiten steuerneutral z. B. auf eine Tochterkapitalgesellschaft zu übertragen und damit rechtlich zu separieren. Außerdem ist die Einbringung regelmäßig ein geeignetes Instrument zur Gründung von Joint Ventures.

421 Die Regelungen in §§ 20 ff. UmwStG gelten nach § 1 Abs. 3 UmwStG insbesondere für
 – Sacheinlagen durch Übertragung von Betriebsvermögen im Wege der Einzelrechtsnachfolge (»Einbringungsvertrag«),
 – Sacheinlagen durch Ausgliederung von Betriebsvermögen mit partieller Gesamtrechtsnachfolge,

---

242 Vgl. Herlinghaus in: Rödder/Herlinghaus/van Lishaut, UmwStG, § 20 Rn. 127.

– Verschmelzungen von Personen- auf Kapitalgesellschaften mit Gesamtrechtsnachfolge, und
– Auf- oder Abspaltungen von Personen- auf Kapitalgesellschaften mit partieller Gesamtrechtsnachfolge.

Einbringungen in Kapitalgesellschaften waren bereits vor der grundlegenden Reform des UmwStG in 2006 und der damit verwirklichten »Europäisierung des Umwandlungssteuerrechts« nicht auf rein inländische Vorgänge beschränkt. Bereits unter dem UmwStG a. F. war z. B. die Einbringung eines Betriebes oder eines Teilbetriebes in eine EU-Kapitalgesellschaft gegen Gewährung von Gesellschaftsrechten steuerneutral möglich, wenn das übertragene Vermögen anschließend zu einer deutschen Betriebsstätte gehörte und das deutsche Besteuerungsrecht somit gewahrt blieb. 422

Gleichwohl wurden die Regelungen über die Einbringungen in Kapitalgesellschaften in 2006 einer grundlegenden Änderung unterzogen. Dabei wurden auch erhebliche konzeptionelle Änderungen für die nach der Einbringung zu beachtenden Sperrfristen vorgenommen. Außerdem wurde der Anteilstausch, d. h. die Einbringung von Anteilen an Kapitalgesellschaften in andere Kapitalgesellschaften gegen Gewährung neuer Anteile, in § 21 UmwStG eigenständig geregelt. 423

2. Persönlicher Anwendungsbereich

Nach § 1 Abs. 3 und Abs. 4 UmwStG können folgende Personen Einbringende im Sinne des § 20 UmwStG sein: 424
– eine Kapitalgesellschaft, die nach den Vorschriften eines Mitgliedsstaats der EU bzw. des EWR gegründet wurde und deren Sitz und Ort der Geschäftsleitung sich innerhalb des Hoheitsgebiets eines dieser Staaten befindet, sog. doppeltes Ansässigkeitserfordernis (§ 1 Abs. 4 Nr. 2a) aa) in Verbindung mit § 1 Abs. 2 Satz 1 Nr. 1 UmwStG),
– eine natürliche Person, deren Wohnsitz oder gewöhnlicher Aufenthalt sich innerhalb des Hoheitsgebiets eines der Staaten der EU/EWR befindet und die nicht aufgrund eines DBA mit einem dritten Staat als außerhalb des Hoheitsgebiets dieser Staaten ansässig angesehen wird (§ 1 Abs. 4 Nr. 2a) bb) in Verbindung mit § 1 Abs. 2 Satz 1 Nr. 2 UmwStG),
– eine Personengesellschaft, wenn und soweit ihre Gesellschafter eine der beiden vorgenannten Voraussetzungen erfüllen.[243]

Übernehmender Rechtsträger muss eine Kapitalgesellschaft oder Genossenschaft sein, die auch das doppelte Ansässigkeitserfordernis nach § 1 Abs. 2 Satz 1 Nr. 1 UmwStG (Recht der Gründung, Sitz und Ort der Geschäftsleitung innerhalb der EU/des EWR) erfüllt. 425

Für das einzubringende Vermögen enthält das UmwStG keine Ansässigkeitserfordernisse, d. h. der einzubringende Betrieb oder Teilbetrieb kann sowohl im Inland, im EU-/EWR-Ausland als auch im Drittland belegen sein. 426

3. Gegenstand der Einbringung

Nach § 20 Abs. 1 Satz 1 UmwStG ist die Einbringung von Betrieben, Teilbetrieben und Mitunternehmeranteilen Gegenstand der Regelung. Demgegenüber fällt der sog. Anteilstausch, d. h. die Einbringung von Anteilen an Kapitalgesellschaften in andere Kapitalgesellschaften gegen Gewährung neuer Anteile, unter § 21 UmwStG (vgl. hierzu Teil 7 Rdn. 545 ff.). 427

Anders als bei der Verschmelzung oder Spaltung, die per se unter die Regelungen des UmwStG fallen und bei denen bestimmte Voraussetzungen nur für den Buchwertansatz zu beachten sind, gelten die Regelungen in § 20 ff. UmwStG nur dann, wenn ein Betrieb, Teilbetrieb oder Mitunternehmeranteil in eine Kapitalgesellschaft gegen Gewährung neuer Anteile eingebracht wird. Die Einbringung anderer Gegenstände oder die Einbringung ohne Gewährung neuer Anteile ist von den Regelungen nicht umfasst. Das bedeutet unter anderem, dass bei der Einbringung von Einzel- 428

---
243 Randnr. 01.53 UmwStE.

wirtschaftsgütern keine steuerliche Rückwirkung nach § 20 Abs. 5 und 6 UmwStG erreichbar ist und auch die Regelungen über sonstige Gegenleistungen in § 20 Abs. 2 Satz 2 Nr. 4 und Satz 4 UmwStG keine Anwendung finden. Auch die Regelungen in § 23 UmwStG finden keine Anwendung, wenn keine von § 20 UmwStG erfasste Sachgesamtheit bzw. kein Mitunternehmeranteil übertragen wird.

429 Bei jedem Einbringungsvorgang muss sehr genau untersucht werden, ob tatsächlich ein Betrieb, Teilbetrieb oder Mitunternehmeranteil im Sinne dieser Vorschrift gegeben ist. »Betrieb« ist dabei jede organisatorische Zusammenfassung von personellen, sachlichen oder sonstigen Mitteln, die eine selbständige Einheit bilden, auf die Erreichung eines wirtschaftlichen Zwecks gerichtet sind und der Erzielung von gewerblichen Gewinnen im Sinne des § 2 Abs. 2 Nr. 1 EStG dienen. Neben den originären gewerblichen Betrieben fallen unter § 20 UmwStG auch der vermögensverwaltende Betrieb einer Kapitalgesellschaft sowie der freiberufliche Betrieb, der land- und forstwirtschaftliche Betrieb, der Betrieb gewerblicher Art bei Körperschaften des öffentlichen Rechts sowie wirtschaftliche Geschäftsbetriebe von Körperschaften.[244]

430 Bezüglich des Begriffs und des Umfangs des Teilbetriebs gilt im gesamten UmwStG eine einheitliche Definition. Damit gilt auch in Einbringungsfällen künftig der europarechtliche Teilbetriebsbegriff und die von der Finanzverwaltung vorgenommene Interpretation dieses Begriffs. Es kann daher auf die Darstellung in Teil 7 Rdn. 350 ff. verwiesen werden.

431 Bei der Einbringung von Betrieben, Teilbetrieben und Mitunternehmeranteilen ist besonders darauf zu achten, dass die Einbringung sämtliche zu dieser Einheit gehörenden wesentlichen Betriebsgrundlagen und auch die wirtschaftlich dieser Einheit zuordenbaren Wirtschaftsgüter umfassen muss. Bei der Einbringung von **Mitunternehmeranteilen** gehören hierzu auch die wesentlichen Betriebsgrundlagen, die sich im Sonderbetriebsvermögen des einbringenden Mitunternehmers befinden.[245] Sonstige dem Sonderbetriebsvermögen zugehörige Wirtschaftsgüter dürften hingegen nicht zwingend umfasst sein (vgl. hierzu auch Teil 7 Rdn. 357). Bringen nicht die Mitunternehmer ihre Mitunternehmeranteile, sondern die Mitunternehmerschaft selbst ihren Betrieb ein, kann dies als Ausgliederung nach dem UmwG erfolgen. Dabei ist besonders zu beachten, dass bei einer solchen Ausgliederung das Sonderbetriebsvermögen der Mitunternehmer nicht im Wege der Ausgliederung mit übertragen werden kann, da es nicht im zivilrechtlichen Eigentum der ausgliedernden Mitunternehmerschaft steht. Das Sonderbetriebsvermögen muss vielmehr zeitgleich durch Einzelrechtsübertragung in die übernehmende Gesellschaft eingebracht werden. Wird diese gesonderte Übertragung unterlassen, fällt die Einbringung des Betriebes für die Mitunternehmerschaft und somit im Ergebnis für sämtliche Mitunternehmer nicht unter § 20 UmwStG, d. h. es ist nicht nur der Mitunternehmer betroffen, dem das Sonderbetriebsvermögen zuzurechnen war.[246] Anders ist dies bei der Einbringung von Mitunternehmeranteilen durch die Mitunternehmer selbst. Bringt hier ein Mitunternehmer in seinem Sonderbetriebsvermögen befindliche wesentliche Betriebsgrundlagen nicht mit ein, führt dies nur bei ihm zum Ausschluss der §§ 20 ff. UmwStG, nicht jedoch bei anderen einbringenden Mitunternehmern.

432 Bei der Einbringung von Teil-Mitunternehmeranteilen ist – als Folge des BFH-Urteils v. 24.08.2000[247] – davon auszugehen, dass im Sonderbetriebsvermögen befindliche wesentliche Betriebsgrundlagen zumindest **anteilig** mit übertragen werden müssen, um das Bewertungswahlrecht des § 20 UmwStG in Anspruch nehmen zu können.[248] Dies entspricht auch der Auffassung der Finanzverwaltung.[249] Dies kann bei im Sonderbetriebsvermögen gehaltenen Grundstücken

---

244 Vgl. Herlinghaus in: Rödder/Herlinghaus/van Lishaut, UmwStG, § 20 Rn. 28.
245 Randnr. 20.06 UmwStE.
246 Vgl. Kaeser, DStR Beihefter zu Heft 2/2012, 13 [14].
247 IV R 51/98, BStBl. II 2005, 173.
248 Zur überquotalen Einbringung von Sonderbetriebsvermögen vgl. Schmidtmann, Ubg 2016, 656.
249 Vgl. Randnr. 15.04 UmwStE.

bedeuten, dass das Grundstück real geteilt werden muss. Unter Verweis auf Randnr. 15.08 UmwStE kommt evtl. auch die Begründung einer Bruchteilsgemeinschaft mit der aufnehmenden Kapitalgesellschaft in Betracht.

Gehört eine Beteiligung an einer Kapitalgesellschaft als wesentliche Betriebsgrundlage zu einem Betrieb/Teilbetrieb, muss diese zusammen mit dem Betrieb/Teilbetrieb übertragen werden. Darüber hinaus sollen Beteiligungen auch dann mit übertragen werden müssen, wenn sie bei einer Teilbetriebseinbringung zu den nach wirtschaftlichen Zusammenhängen diesem Teilbetrieb zuzuordnenden Wirtschaftsgütern gehören.[250] 433

Wird eine Beteiligung mit eingebracht, die gem. § 21 UmwStG a. F. einbringungsgeboren ist, dann gelten die erhaltenen Anteile ebenfalls als einbringungsgeboren im Sinne des § 21 UmwStG a. F. (§ 20 Abs. 3 Satz 4 UmwStG). Die neuen Anteile treten insoweit in die aufgrund der früheren Einbringung laufende Siebenjahresfrist ein, es beginnt also keine neue Frist zu laufen.[251] Dieser Vorrang des alten Rechts gilt allerdings nur so lange, wie die Siebenjahresfrist des § 8b Abs. 4 KStG a. F. bzw. des § 3 Nr. 40 Satz 3 und 4 EStG a. F. noch läuft. Nach Ablauf dieser Frist findet auch in Bezug auf diese erhaltenen Anteile der neue § 22 UmwStG in vollem Umfang Anwendung.[252] 434

Handelt es sich jedoch bei der als wesentliche Betriebsgrundlage eigentlich mit einzubringenden Beteiligung um eine Beteiligung an der übernehmenden Kapitalgesellschaft, so gewährt die Finanzverwaltung die Möglichkeit, diese Anteile steuerunschädlich zurückzubehalten.[253] Erforderlich ist hierzu jedoch ein unwiderruflicher Antrag des Einbringenden und eine Einverständniserklärung, dass diese Anteile künftig in vollem Umfang als Anteile zu behandeln sind, die durch eine Sacheinlage erworben wurden (erhaltene Anteile). Im Fall einer Veräußerung dieser Anteile innerhalb der 7-jährigen Sperrfrist ergeben sich somit die Rechtsfolgen des § 22 Abs. 1 UmwStG. 435

4. Definition des Einbringenden

Gemäß Randnr. 20.02 UmwStE ist Einbringender, wem die Gegenleistung – also insbesondere die im Gegenzug für die Einbringung gewährten neuen Anteile an der aufnehmenden Kapitalgesellschaft – zusteht. Bei natürlichen Personen und bei Kapitalgesellschaften als Einbringende ist diese Aussage nicht überraschend. Bei einer Personengesellschaft als Einbringende ging die Finanzverwaltung in der Vergangenheit davon aus, dass immer nur die Mitunternehmer selbst Einbringende im Sinne des § 20 UmwStG sein können. Nunmehr unterscheidet die Finanzverwaltung auch bei Personengesellschaften danach, wer Empfänger der Gegenleistung ist. Gliedert also eine Personengesellschaft einen Betrieb oder Teilbetrieb aus und erhält sie selbst als Gegenleistung für diese Vermögensübertragung neue Anteile an der aufnehmenden Kapitalgesellschaft, dann ist die Personengesellschaft auch der Einbringende im Sinne des § 20 UmwStG.[254] Geht die Personengesellschaft durch die Umwandlung allerdings unter – z. B. bei einer Aufspaltung oder bei einem Formwechsel – so erhalten die Mitunternehmer die Gegenleistung und daher sind sie auch als die Einbringenden anzusehen. Dasselbe gilt, wenn einzelne oder alle Mitunternehmer ihre Mitunternehmeranteile in eine Kapitalgesellschaft einbringen. 436

5. Gewährung neuer Anteile und sonstige Gegenleistung

Voraussetzung für die Anwendung der Regelungen in §§ 20 ff. UmwStG ist, dass der Einbringende für die Sacheinlage **neue Anteile** an der übernehmenden Kapitalgesellschaft erhält. Dabei 437

---

250 Vgl. Randnr. 20.06 UmwStE.
251 Vgl. Randnr. 20.39 UmwStE.
252 Vgl. Randnr. 20.40 UmwStE.
253 Randnr. 20.09 UmwStE.
254 Zu den Auswirkungen im Rahmen des § 22 UmwStG siehe Teil 7 Rdn. 485; ausführlich zur Personengesellschaft als Einbringende i.S.d. § 20 UmwStG vgl. Schmitt/Keuthen, DStR 2015, 860.

ist es notwendig, dass mindestens ein neuer Anteil mit einem Stammkapitalbetrag von € 1 ausgegeben wird. Es ist unschädlich, wenn darüber hinaus durch die Sacheinlage in beliebigem Umfang die Kapitalrücklage nach § 272 Abs. 2 Nr. 1 HGB dotiert wird. Außerdem ist es für eine Sacheinlage nach § 20 UmwStG auch zulässig, eine Barkapitalerhöhung mit einem sogenannten »Sachagio« durchzuführen. Dabei wird beispielsweise das Stammkapital einer bestehenden GmbH um € 1 erhöht, wobei die Stammkapitalerhöhung als Bareinlage zu leisten ist. Über die Stammkapitalerhöhung hinaus wird vereinbart, dass als Sachagio ein Betrieb, Teilbetrieb oder Mitunternehmeranteil einzubringen ist, dessen (Buch-) Wert vollständig der Kapitalrücklage nach § 272 Abs. 2 Nr. 1 HGB zugeführt wird. Obwohl hier die Anteilsgewährung streng genommen nicht für die Einbringung des Betriebes, Teilbetriebes oder Mitunternehmeranteils erfolgt, hat der BFH dies als Anwendungsfall des § 20 UmwStG angesehen.[255] Eine solche Vorgehensweise hat den Vorteil, dass die Werthaltigkeit des einzubringenden Betriebes, Teilbetriebes oder Mitunternehmeranteils nicht durch ein Wertgutachten nachgewiesen werden muss, da lediglich die (unzweifelhafte) Werthaltigkeit der Barkapitalerhöhung nachzuweisen ist.

438 Werden keine neuen Anteile gewährt, sind die §§ 20 ff. UmwStG nicht anwendbar. Keine Anteilsgewährung liegt beispielsweise vor, wenn
– die Sacheinlage lediglich den Rücklagen zugeführt wird,
– ausschließlich eine dem gemeinen Wert der Sacheinlage entsprechende oder auch niedrigere Gegenleistung, die nicht in Gesellschaftsrechten besteht (z. B. eine Forderung gegen die aufnehmende Gesellschaft), gewährt wird, oder
– eine Bareinlage geleistet und diese zum Kauf des Betriebes, Teilbetriebes oder Mitunternehmeranteils verwendet wird.

439 Auch das sog. **einfache Anwachsungsmodell** (z. B. Ausscheiden des einzigen Kommanditisten aus einer GmbH & Co. KG und Anwachsung des Gesellschaftsvermögens bei der verbleibenden Komplementär-GmbH) ist kein Fall des § 20 UmwStG, denn die Kommanditisten erhalten hier keine neuen Anteile an der Komplementär-GmbH.[256] Demgegenüber ist das sog. **erweiterte Anwachsungsmodell**, bei dem alle Kommanditisten ihre Kommanditanteile gegen Gewährung von Gesellschaftsrechten in die Komplementär-GmbH einbringen, wodurch anschließend automatisch die Anwachsung des Gesellschaftsvermögens der KG bei der GmbH erfolgt, als Anwendungsfall des § 20 UmwStG anzusehen.

440 Im Anwendungsbereich des § 20 UmwStG ist es auch zulässig, dass zusätzlich zu den neuen Anteilen eine sogenannte »**sonstige Gegenleistung**« an den Einbringenden gewährt wird. Die sonstige Gegenleistung kann beispielsweise in Bargeld, einer Gutschrift auf einem Bankkonto des Einbringenden oder der Einräumung einer Forderung gegen die aufnehmende Kapitalgesellschaft bestehen. Die sonstige Gegenleistung ist auf den gemeinen Wert des einzubringenden Vermögens abzüglich der Stammkapitalerhöhung begrenzt.

441 Soll die Einbringung ertragsteuerneutral erfolgen, mithin also der Buchwert des eingebrachten Vermögens angesetzt werden, war jedoch bereits vor dem 01.01.2015 der Buchwert des eingebrachten Vermögens die Obergrenze für die sonstige Gegenleistung. Überstieg der Wert der sonstigen Gegenleistung den Buchwert des eingebrachten Vermögens, so war dieses nach § 20 Abs. 2 Satz 4 UmwStG mindestens mit dem höheren Wert der sonstigen Gegenleistung anzusetzen.

442 Für Einbringungen, bei denen der Umwandlungsbeschluss nach dem 31.12.2014 erfolgt ist bzw. der Einbringungsvertrag nach diesem Tag geschlossen wurde, hat der Gesetzgeber die Möglichkeit der Buchwertfortführung bei Gewährung sonstiger Gegenleistungen durch das Steueränderungsgesetz 2015 weiter eingeschränkt. Danach ist eine Buchwertfortführung in diesen Fällen gem. § 20 Abs. 2 Satz 2 Nr. 4 UmwStG nur noch möglich, wenn und soweit die sonstige Gegenleistung

---

255 Vgl. BFH-Urteil v. 07.04.2010 – I R 55/09, BStBl. II 2010, 1094.
256 So auch Randnr. E 20.10 UmwStE.

(i) nicht mehr als 25 % des Buchwerts des eingebrachten Betriebsvermögens oder (ii) nicht mehr als 500.000 €, höchstens jedoch den Buchwert des eingebrachten Betriebsvermögens, beträgt. Bis zu einem Buchwert des eingebrachten Vermögens von 500.000 € kann somit weiterhin der gesamte Buchwert (nach Abzug der Stammkapitalerhöhung) als sonstige Gegenleistung ausgekehrt werden, ab diesem Betrag gilt die Obergrenze von 25 %. Werden diese Grenzen überschritten, kommt es zu einer teilweisen Aufdeckung stiller Reserven. Zudem gilt weiterhin § 20 Abs. 2 Satz 4 UmwStG als eine Mindestwertregelung, wonach auch nach Anwendung von § 20 Abs. 2 Satz 2 Nr. 4 UmwStG, der gemeine Wert der sonstigen Gegenleistung die Untergrenze für den Ansatz des eingebrachten Betriebsvermögens darstellt. Beim Einbringenden werden die Anschaffungskosten der gewährten Anteile jeweils um den gemeinen Wert der sonstigen Gegenleistung gemindert (§ 20 Abs. 3 Satz 3 UmwStG).

▸ **Beispiel: Einbringung mit sonstiger Gegenleistung**

Die Kapitalgesellschaft M-GmbH möchte einen Teilbetrieb in ihre Tochtergesellschaft T-GmbH steuerneutral nach § 20 UmwStG einbringen. Der Teilbetrieb umfasst Aktiva mit einem steuerlichen Buchwert von 5 Mio. € und Passiva mit einem steuerlichen Buchwert von 3 Mio. €. Die Kapitalerhöhung bei der T-GmbH soll 500.000 € betragen. Der gemeine Wert des einzubringenden Teilbetriebes beläuft sich auf 10 Mio. €.

Lösung:

Bei einem Ansatz des eingebrachten Vermögens mit dem gemeinen Wert könnte die M-GmbH von der T-GmbH eine sonstige Gegenleistung in Höhe von bis zu 9,5 Mio. € (gemeiner Wert 10 Mio. €./. Kapitalerhöhung 500.000 € = sonstige Gegenleistung 9,5 Mio. €) erhalten.

Soll die Einbringung jedoch ertragsteuerneutral erfolgen, durfte die sonstige Gegenleistung bereits bei Einbringungen vor dem 01.01.2015 maximal 1,5 Mio. € (Buchwert der Aktiva 5 Mio. €./. Buchwert der Passiva 3 Mio. €./. Kapitalerhöhung 500.000 € = maximale sonstige Gegenleistung 1,5 Mio. €) betragen. Bei einer diesen Betrag übersteigenden sonstigen Gegenleistung hätte die T-GmbH das eingebrachte Vermögen mit einem höheren Wert ansetzen müssen, um sowohl die Stammkapitalerhöhung als auch die sonstige Gegenleistung bilanziell abbilden zu können. Dann wäre die Einbringung nicht mehr ertragsteuerneutral möglich, weil ein den Buchwert übersteigender (Zwischen-)Wert angesetzt werden müsste.

Für Einbringungen nach dem 31.12.2014 sind die zusätzlichen Einschränkungen des § 20 Abs. 2 Satz 2 Nr. 4 UmwStG zu berücksichtigen. Danach darf die sonstige Gegenleistung höchstens 500.000 € (25 % von 2 Mio. € bzw. absolute Grenze von 500.000 €) betragen. Überschreitet die sonstige Gegenleistung diesen Betrag, kommt es insoweit zu einer anteiligen Aufdeckung stiller Reserven.

▸ **Beispiel: Berechnung der Beschränkung bei schädlicher sonstiger Gegenleistung**[257]

Die Kapitalgesellschaft M-GmbH möchte in ihre Tochtergesellschaft T-GmbH einen Teilbetrieb nach § 20 UmwStG einbringen. Das Betriebsvermögen des Teilbetriebes hat einen Buchwert von 2 Mio. € und einen gemeinen Wert von 5 Mio. €. Die M-GmbH erhält neue Anteile, die einem gemeinen Wert von 4 Mio. € entsprechen sowie eine Barzahlung von 1 Mio. €. Es wird ein Antrag auf Fortführung der Buchwerte gestellt; die übrigen Voraussetzungen für einen Buchwertansatz in § 20 Abs. 2 Satz 2 Nr. 1 bis 3 und Abs. 2 Satz 3 UmwStG liegen vor.

Lösung:

1. Schritt:

Zunächst ist der Betrag zu ermitteln, um den die sonstige Gegenleistung die Grenze nach § 20 Abs. 2 Satz 2 Nr. 4 UmwStG überschreitet. Die Grenze des § 20 Abs. 2 Satz 2 Nr. 4 UmwStG

---

[257] Vgl. BT-Drucks. 18/4902 S. 49 f.

beträgt hier 500.000 € (= 25 % x 2 Mio. € bzw. die absolute Grenze von 500.000 €). Die sonstige Gegenleistung übersteigt diesen Betrag um 500.000 € (= 1 Mio. €./. 500.000 €).

2. Schritt:

Diese die Grenze übersteigende »schädliche« Gegenleistung ist dann ins Verhältnis zum Gesamtwert des eingebrachten Betriebsvermögens zu setzen. Die »schädliche« Gegenleistung macht hier 10 % des Gesamtwertes des eingebrachten Betriebsvermögens aus (500.000 €/ 5 Mio. €). Für den übrigen Teil des eingebrachten Betriebsvermögens (also 90 %) kommt eine Buchwertfortführung in Betracht.

3. Schritt:

Auf dieser Grundlage ist der Wertansatz des eingebrachten Betriebsvermögens auf Ebene der T-GmbH zu ermitteln. Dieser ergibt sich aus dem fortgeführten Buchwert (90 % von 2 Mio. € = 1,8 Mio. €) zzgl. des »schädlichen« Betrages der sonstigen Gegenleistung von hier 500.000 € (vgl. Schritt 1). Danach ergibt sich ein Wert von 2,3 Mio. € (= 1,8 Mio.€ + 500.000 €).

An dieser Stelle ist nun § 20 Abs. 2 Satz 4 UmwStG zu berücksichtigen, der einen Mindestwertansatz vorschreibt. Danach ist mindestens der gemeine Wert der sonstigen Gegenleistung anzusetzen, sofern dieser den Wert nach § 20 Abs. 2 Satz 2 UmwStG übersteigt, was hier jedoch nicht der Fall ist, denn der gemeine Wert der sonstigen Gegenleistung beträgt hier lediglich 1 Mio. €. Die T-GmbH hat daher das eingebrachte Betriebsvermögen mit 2,3 Mio. € anzusetzen.

4. Schritt:

Dementsprechend ergibt sich bei der M-GmbH ein Einbringungsgewinn von 300.000 €, ermittelt aus dem Veräußerungspreis i.S.d. § 20 Abs. 3 Satz 1 UmwStG (2,3 Mio. €) abzgl. des Buchwertes des eingebrachten Betriebsvermögens (2 Mio. €).

5. Schritt:

Für die M-GmbH ergeben sich Anschaffungskosten der aufgrund der Einbringung erhaltenen Gesellschaftsanteile von 1,3 Mio.€. Dieser Wert ergibt sich aus den bei der T-GmbH für das eingebrachte Betriebsvermögen anzusetzenden 2,3 Mio. € (§ 20 Abs. 3 Satz 1 UmwStG) abzgl. des gemeinen Wertes der sonstigen Gegenleistung von 1 Mio. € (§ 20 Abs. 3 Satz 3 UmwStG).

445 [nicht belegt]

446 Hilfreich ist die Möglichkeit der Gewährung sonstiger Gegenleistungen insbesondere bei der Gründung von **Joint Ventures**, bei denen ein Partner Betriebsvermögen und der andere Barmittel überträgt. Um eine paritätische Beteiligungshöhe zu erreichen, kann dabei dem Partner, der das (ggf. höher zu bewertende) Betriebsvermögen einbringt zum Ausgleich eine Darlehensforderung ggü. der gemeinsamen Tochtergesellschaft eingeräumt werden.

6. Bewertung des übergehenden Betriebsvermögens und der Gegenleistung beim übernehmenden Rechtsträger

a) Ausübung des Bewertungswahlrechts

447 Während bei der Verschmelzung von Kapitalgesellschaften auf Personengesellschaften oder Kapitalgesellschaften sowie bei der Spaltung von Kapitalgesellschaften die übertragende Gesellschaft ein eventuell bestehendes Wertansatzwahlrecht ausübt, ist dieses Wertansatzwahlrecht bei Einbringungen von Betrieben, Teilbetrieben oder Mitunternehmeranteilen in Kapitalgesellschaften nach § 20 Abs. 2 Satz 1 und 2 UmwStG der aufnehmenden Kapitalgesellschaft zugewiesen. Der Wert, mit denen die aufnehmende Kapitalgesellschaft das eingebrachte Vermögen ansetzt, gilt für den Einbringenden als Veräußerungspreis des Vermögens und als Anschaffungskosten der neuen

E. Einbringungsvorgänge

Anteile an der aufnehmenden Kapitalgesellschaft. Diese Wertverknüpfung kann es erforderlich machen, dass zwischen dem Einbringenden und der aufnehmenden Gesellschaft Vereinbarungen getroffen werden, mit welchem Wert das einzubringende Vermögen anzusetzen ist und welche Rechtsfolgen sich bei einem Verstoß gegen den vereinbarten Wertansatz ergeben.

Die Regelungen zur Bewertung des übergehenden Vermögens und damit zu der Frage, ob die Vermögensübertragung ertragsteuerneutral ist oder nicht, folgen auch bei den Einbringungen in Kapitalgesellschaften der Grundkonzeption des UmwStG, wonach grundsätzlich der Ansatz des gemeinen Wertes erfolgt, aber auf Antrag und soweit das deutsche Besteuerungsrecht gewahrt bleibt der Buchwert bzw. Zwischenwerte angesetzt werden können. 448

Beim Ansatz des gemeinen Wertes für das eingebrachte Vermögen sollen wiederum Pensionsrückstellungen nicht mit dem gemeinen Wert, sondern mit dem sich nach § 6a EStG ergebenden Teilwert angesetzt werden (§ 20 Abs. 1 Satz 1 Halbs. 2 UmwStG). Nach Auffassung der Finanzverwaltung sollen für das übergehende Vermögen im Einbringungszeitpunkt die Ansatzverbote des § 5 EStG nicht gelten. Vielmehr soll der übernehmende Rechtsträger im Zeitpunkt des Vermögensübergangs zunächst auch die normalerweise nicht bilanzierungsfähigen Passiva, also beispielsweise Drohverlustrückstellungen, ausweisen. In der nächsten steuerlichen Jahresbilanz sollen diese normalerweise nicht bilanzierungsfähigen Passiva dann aber wieder gewinnerhöhend auszubuchen sein.[258] Die Finanzverwaltung wendet in Einbringungsfällen für den übernehmenden Rechtsträger also dieselben Grundsätze an, wie sie in anderen Umwandlungsfällen für den übertragenden Rechtsträger gelten sollen. Bezüglich der Auswirkungen und der Kritik zu dieser Rechtsauffassung vgl. eingehend Teil 7 Rdn. 50. 449

Allerdings kann die übernehmende Kapitalgesellschaft auf Antrag das Vermögen mit den bisherigen Buchwerten oder mit Zwischenwerten übernehmen, wenn die folgenden Voraussetzungen erfüllt sind: 450

(1) Das übernommene Vermögen muss später bei der übernehmenden Körperschaft der Besteuerung mit Körperschaftsteuer unterliegen.
Für die Erfüllung dieses Kriteriums gelten die Ausführungen unter Teil 7 Rdn. 214 ff. entsprechend. Insbesondere die dortigen Aussagen für den Fall, dass es sich bei dem übernehmenden Rechtsträger um eine Organgesellschaft handelt, sind nach Ansicht der Finanzverwaltung auch in Einbringungsfällen zu beachten.[259]
(2) Das übernommene Betriebsvermögen darf keinen negativen Buchwert ausweisen. Die Buchwerte der übergehenden Passiva dürfen daher die Buchwerte der übergehenden Aktiva nicht übersteigen. Ist dies gleichwohl der Fall, sind die Buchwerte der Aktiva so weit aufzustocken, bis die Buchwerte der Passiva zuzüglich der Stammkapitalerhöhung erreicht sind. Der daraus resultierende Aufstockungsgewinn unterliegt beim Einbringenden der laufenden Besteuerung.
(3) Das Besteuerungsrecht Deutschlands darf nicht ausgeschlossen oder beschränkt werden. Hatte Deutschland also vor der Einbringung an dem übergehenden Betriebsvermögen das Recht, die künftigen Veräußerungsgewinne zu besteuern und geht dieses Recht durch die Einbringung verloren bzw. kann nur noch unter der Voraussetzung der Anrechnung ausländischer Steuer ausgeübt werden, so ist der Vermögensübergang insoweit nicht zu Buchwerten möglich, sondern die übergehenden stillen Reserven sind durch den Ansatz der gemeinen Werte aufzudecken und der Versteuerung zu unterwerfen.
(4) Die Buchwertfortführung ist nur möglich, wenn und soweit die sonstige Gegenleistung (i) nicht mehr als 25 % des Buchwerts des eingebrachten Betriebsvermögens oder (ii) nicht mehr als 500.000 €, höchstens jedoch den Buchwert des eingebrachten Betriebsvermögens, beträgt (vgl. ausführlich Teil 7 Rdn. 440 ff.).

---

258 Vgl. Randnr. 20.20 UmwStE.
259 Vgl. Randnr. 20.19 UmwStE.

451 Der Grundsatz der Maßgeblichkeit der Handels- für die Steuerbilanz gilt in Umwandlungsfällen nicht. Das steuerliche Bewertungswahlrecht kann daher – bei Vorliegen der genannten Voraussetzungen – völlig unabhängig von den handelsbilanziellen Wertansätzen ausgeübt werden.[260]

452 Der **Buchwert** ist der Wert, mit dem der Einbringende das eingebrachte Betriebsvermögen im Zeitpunkt der Sacheinlage nach den steuerrechtlichen Vorschriften über die Gewinnermittlung anzusetzen hat.[261]

453 Weist der eingebrachte Betrieb, Teilbetrieb oder Mitunternehmeranteil ein **negatives Kapital** auf, so muss die aufnehmende Kapitalgesellschaft das eingebrachte Betriebsvermögen mindestens so ansetzen, dass sich Aktiva und Passiva decken, das negative Kapitalkonto also ausgeglichen wird (§ 20 Abs. 2 Satz 2 Nr. 2 UmwStG). Dies gilt nach Ansicht der Finanzverwaltung[262] auch dann, wenn das Betriebsvermögen erst durch Entnahmen im Rückwirkungszeitraum negativ wird. Eine Buchwertfortführung ist daher in einem solchen Fall nicht möglich, es kommt zwingend zu einer Buchwertaufstockung und damit zur Realisierung stiller Reserven.[263] Diese Auffassung hat das FG Hessen in einer Entscheidung zur alten, insoweit aber unveränderten Rechtslage nach dem UmwStG 1995 bestätigt.[264] Der BFH hat jedoch in seinem Urteil vom 07.03.2018[265] entschieden, dass in diesem Fall zwar negative Anschaffungskosten des Einbringenden für die erhaltenen Anteile entstehen können, aber kein Grund für den Ansatz eines Zwischenwertes besteht. Die Einbringung ist also in diesem Fall grundsätzlich zu Buchwerten möglich und die negativen Anschaffungskosten wirken sich erst bei Veräußerung der erhaltenen Anteile aus. Umstritten ist des Weiteren, ob für Zwecke des § 20 Abs. 2 Satz 2 Nr. 2 UmwStG auf den jeweiligen Sacheinlagegegenstand (Betrieb, Teilbetrieb oder Mitunternehmeranteil) abzustellen ist oder ob mehrere einheitlich eingebrachte Sacheinlagegegenstände saldierend betrachtet werden können. Eine zwangsweise Buchwertaufstockung wäre dann nicht vorzunehmen, wenn das negative Betriebsvermögen eines Sacheinlagegegenstandes durch die gleichzeitige Einbringung eines weiteren Sacheinlagegegenstandes mit positivem Betriebsvermögen ausgeglichen werden kann. Das FG Sachsen hatte sich in einem Verfahren zur alten Rechtslage nach dem UmwStG 1995 der zuletzt genannten Auffassung angeschlossen.[266] Das FG Berlin-Brandenburg vertritt hingegen die Auffassung, dass es darauf ankomme, ob der einzelne Sacheinlagegegenstand einen negativen Buchwert aufweist.[267] Gegen das Urteil wurde Revision beim BFH eingelegt.[268] Es bleibt abzuwarten, ob der BFH in dieser Frage Klarheit schafft. Müssen stille Reserven aufgedeckt werden, dürfen jedoch die gemeinen Werte der einzelnen Wirtschaftsgüter nicht überschritten werden. Der durch die Buchwertaufstockung entstehende Einbringungsgewinn unterliegt bei dem einbringenden Rechtsträger der laufenden Besteuerung. Soweit jedoch bei dem einbringenden Rechtsträger ein laufender steuerlicher Verlust oder Verlustvortrag vorhanden ist, kann dieser (der Verlustvortrag jedoch nur im Rahmen der Mindestbesteuerung) mit einem etwaigen Einbringungsgewinn verrechnet werden. Dies gilt jedoch nur vorbehaltlich der Regelung in § 2 Abs. 4 UmwStG, d. h. wenn dem Einbringenden die Verlustnutzung auch ohne die rückwirkende Entstehung des Einbringungsgewinnes noch möglich gewesen wäre. Damit wird die Verrechnung des Einbringungsgewinnes insbeson-

---

[260] Vgl. Randnr. 20.20 UmwStE.
[261] Vgl. Randnr. 01.57 UmwStE.
[262] Randnr. 20.19 UmwStE.
[263] Vgl. Patt in: Dötsch/Pung/Möhlenbrock, Die Körperschaftsteuer, § 20 UmwStG Rn. 218a; a.A. Herlinghaus in: Rödder/Herlinghaus/van Lishaut, UmwStG, § 20 Rn. 239c.
[264] Hessisches FG Urteil v. 01.12.2015 – 4 K 1355/13, EFG 2016, 687.
[265] Az. I R 12 16.
[266] FG Sachsen Urteil v. 28.07.2010 – 2 K 322/10, EFG 2011, 2027; in der Revision wurde die Klage durch den BFH als unzulässig abgewiesen, BFH-Urteil v. 08.06.2011 – I R 79/10, BStBl. II 2012, 421.
[267] FG Berlin-Brandenburg v. 10.02.2016 – 11 K 12073/15, EFG 2016, 955.
[268] Az. I R 19/16.

E. Einbringungsvorgänge

dere ausgeschlossen, wenn im Rückwirkungszeitraum beim Einbringenden ein Verlustuntergang nach § 8c KStG stattgefunden hat.

454 Ein laufender steuerlicher Verlust oder Verlustvortrag geht bei der Einbringung **nicht** auf die aufnehmende Kapitalgesellschaft über,[269] sondern verbleibt bei dem Einbringenden. Ein einkommensteuerlicher oder körperschaftsteuerlicher Verlustvortrag kann dann von dem Einbringenden weiterhin genutzt werden. Der gewerbesteuerliche Verlustvortrag einer Personengesellschaft geht jedoch unter, soweit er auf das eingebrachte Betriebsvermögen entfällt, da bei dem Einbringenden insoweit die Unternehmensidentität im Sinne des § 10a GewStG nicht länger gegeben ist. Es könnte daher in diesen Fällen überlegt werden, ob es nicht sogar sinnvoll ist, die einzubringenden Wirtschaftsgüter bei der aufnehmenden Kapitalgesellschaft mit einem über dem Buchwert liegenden Wert anzusetzen und den entstehenden Einbringungsgewinn mit dem vorhandenen Verlustvortrag zu verrechnen. Auf diese Weise würde auch der gewerbesteuerliche Verlustvortrag noch genutzt und in zukünftiges Abschreibungsvolumen – allerdings bei der aufnehmenden Kapitalgesellschaft – transferiert.

455 Ist der Buchwert des übergehenden steuerlichen Reinvermögens geringer als der Betrag der Nennkapitalerhöhung bei der aufnehmenden Gesellschaft (z. B. weil zur zutreffenden Abbildung der Beteiligungsverhältnisse unter Gesellschaftern der aufnehmenden Gesellschaft, die sich als fremde Dritte gegenüberstehen, eine Nennkapitalerhöhung erforderlich ist, die den steuerlichen Buchwert des eingebrachten Vermögens übersteigt) steht dies gleichwohl einer Buchwertfortführung nicht im Wege. Ggf. ist zum Bilanzausgleich ein aktiver Ausgleichsposten zu bilden.[270]

456 Wird dem Einbringenden neben den neuen Anteilen an der aufnehmenden Kapitalgesellschaft auch noch eine **sonstige Gegenleistung** in Form anderer Wirtschaftsgüter (z. B. Darlehensforderung gegen die aufnehmende Kapitalgesellschaft, Bargeld, Grundstück) gewährt, steht dies dem Buchwertansatz unter den in Teil 7 Rdn. 440 ff. genannten Voraussetzungen nicht entgegen. Die als Gegenleistung für die Einbringung gewährten neuen Anteile an der aufnehmenden Kapitalgesellschaft sind beim Einbringenden mit dem steuerlichen Buchwert des eingebrachten Vermögens abzüglich des gemeinen Wertes der sonstigen Gegenleistung anzusetzen. Übersteigt die sonstige Gegenleistung die für eine Buchwertfortführung zulässigen Grenzen, ist ein Zwischenwert bzw. maximal der gemeine Wert für das eingebrachte Vermögen anzusetzen. Es ergibt sich aufgrund des erhöhten Wertansatzes ein Einbringungsgewinn, der vom Einbringenden zu versteuern ist.

457 Eine Pensionszusage gegenüber einem Mitunternehmer, die als Teil des einzubringenden Vermögens von einer Personengesellschaft in die aufnehmende Kapitalgesellschaft eingebracht wird, ist zwischenzeitlich ein normaler Passivposten, der – ebenso wie andere Verbindlichkeiten – auf den übernehmenden Rechtsträger übergeht und keine sonstige Gegenleistung darstellt.[271] Lediglich dann, wenn die Mitunternehmer die im BMF-Schreiben vom 29.01.2008[272] eingeräumte Möglichkeit genutzt haben, eine alte Pensionszusage weiterhin als Gewinnverteilungsabrede zu behandeln, dann gelten die Regelungen in Randnr. 20.41 ff. UmwStE 1998 insoweit fort und die Übernahme der Pensionsverpflichtung ist als sonstige Gegenleistung zu werten.[273]

458 Besonders zu beachten sind weitere Konsequenzen für die Mitunternehmer, wenn eine Personengesellschaft, die in eine Kapitalgesellschaft umgewandelt wird, zugunsten eines oder mehrerer Mitunternehmer Pensionszusagen ausgesprochen hatte. Hier bestehen für Altfälle mehrere Möglichkeiten der Berücksichtigung im Sonderbetriebsvermögen, die in dem genannten BMF-Schreiben v. 29.01.2008 dargestellt sind. Hat nur der begünstigte Mitunternehmer eine entsprechende

---

269 Vgl. auch Randnr. 23.02 UmwStE.
270 Vgl. Randnr. 20.20 UmwStE.
271 Vgl. Randnr. 20.29 UmwStE.
272 BStBl. I 2008, 317.
273 Vgl. Randnr. 20.29 UmwStE.

Forderung ausgewiesen, wird diese anlässlich der Einbringung entnommen und der Entnahmegewinn ist zu versteuern. Allerdings gewährt die Finanzverwaltung in Randnr. 20.28 UmwStE die Möglichkeit, einen Antrag zu stellen, dass diese Forderung sog. »Rest-Betriebsvermögen« des ehemaligen Mitunternehmers bleibt. Künftige Erträge aus den Pensionszusagen sind dann als Sonderbetriebseinnahmen nach § 15 EStG zu versteuern. Wurde die Pensionsanwartschaft teilweise vor und teilweise nach der Umwandlung der Personengesellschaft in eine Kapitalgesellschaft erdient, dann sind die künftigen Pensionszahlungen jeweils entsprechend aufzuteilen.[274] Hatten hingegen alle Mitunternehmer anteilige Forderungen in ihrem Sonderbetriebsvermögen ausgewiesen, erleiden die nicht begünstigten Mitunternehmer durch die Ausbuchung der Forderung einen laufenden Verlust, während der begünstigte Mitunternehmer in seinem Restbetriebsvermögen eine über 15 Jahre ratierlich aufzulösende Rückstellung bilden kann.[275]

459 Bei Ansatz mit **Zwischenwerten** sind die Buchwerte der bilanzierten Wirtschaftsgüter grundsätzlich gleichmäßig aufzustocken, und zwar inklusive der originären immateriellen Wirtschaftsgüter und eines etwaigen Geschäfts- oder Firmenwerts.[276] Ein Wertansatz über dem Buchwert kommt nicht in Betracht, wenn der Gesamtwert des eingebrachten Betriebsvermögens dessen Buchwert nicht übersteigt. Abzustellen ist dabei nicht auf die Summe der gemeinen Werte der Einzelwirtschaftsgüter, sondern auf den Gesamtwert des eingebrachten Betriebsvermögens, so dass auch in den Fällen, in denen die Summe der gemeinen Werte der Einzelwirtschaftsgüter deren Buchwert übersteigt, der Gesamtwert des eingebrachten Betriebsvermögens aber aufgrund eines negativen Geschäftswertes unter den Buchwert gemindert ist, eine Aufstockung nicht möglich ist.[277]

460 Ist eine Einbringung zu **gemeinen Werten** beabsichtigt, dann sollte diese Absicht in den Erläuterungen der Bilanz der aufnehmenden Kapitalgesellschaft deutlich zum Ausdruck gebracht werden. Fehlt ein deutlicher Hinweis auf den Ansatz des gemeinen Wertes und stellt sich z. B. im Rahmen einer späteren Betriebsprüfung heraus, dass der Wertansatz – wenn auch nur geringfügig – zu niedrig gewählt wurde, dann besteht die Gefahr, dass die Finanzverwaltung den Ansatz bei der aufnehmenden Kapitalgesellschaft in einen Zwischenwertansatz umdeutet mit der Folge, dass die im Gegenzug der Einbringung ausgegebenen Anteile sperrfristbehaftet im Sinne des § 22 UmwStG sind.

b) Maßgebliche Bilanzen

461 Gemäß Randnr. 20.21 UmwStE ist das übergehende Vermögen bei der übernehmenden Gesellschaft erstmals zum steuerlichen Übertragungsstichtag anzusetzen. Den Antrag auf einen den gemeinen Wert des Einbringungsgegenstands unterschreitenden Wertansatz darf die aufnehmende Gesellschaft nur bis zur erstmaligen Abgabe ihrer steuerlichen Schlussbilanz beim Finanzamt stellen (§ 20 Abs. 2 Satz 3 UmwStG). Mit der »steuerlichen Schlussbilanz« ist die erste auf den Einbringungsstichtag folgende Steuerbilanz zum Ende des Wirtschaftsjahres der übernehmenden Gesellschaft gemeint, in der der Einbringungsgegenstand erstmals anzusetzen ist.[278]

462 Die Finanzverwaltung unterstellt mit dieser Regelung, dass der übernehmende Rechtsträger zum steuerlichen Übertragungsstichtag eine Schlussbilanz zu erstellen hat. Dies ist auch der Fall, wenn beide Rechtsträger ein identisches Wirtschaftsjahr haben und der steuerliche Übertragungsstichtag mit dem Schluss des regulären Geschäftsjahrs übereinstimmt.

---

274 Vgl. Randnr. 20.32 UmwStE.
275 Vgl. hierzu eingehend Benz/Rosenberg, DB 2012, Beilage 1, 38 [43 f.].
276 Abschaffung der sog. Stufentheorie, Randnr. 20.18 in Verbindung mit Randnr. 03.25 UmwStE; vgl. hierzu auch Teil 7 Rdn. 46.
277 BFH-Urteil v. 28.04.2016 – I R 33/14, BStBl. II 2016, 913.
278 BFH-Urteil v. 15.06.2016 – I R 69/15, BStBl. II 2017, 75.

▶ **Beispiel:**

Die A-GmbH gliedert mit Wirkung zum 01.01.2015 einen Teilbetrieb auf die B-GmbH aus. Sowohl der übertragende als auch der übernehmende Rechtsträger haben ein dem Kalenderjahr entsprechendes Wirtschaftsjahr.

Lösung

Die A-GmbH erstellt gem. § 17 UmwG zum 31.12.2014 eine handelsrechtliche Schlussbilanz sowie eine steuerliche Schlussbilanz. Der steuerliche Übertragungsstichtag ist der 31.12.2014 (§ 20 Abs. 6 UmwStG). Die Übernehmerin (B-GmbH) erstellt ebenfalls zum 31.12.2014 ihre reguläre Handels- und Steuerbilanz. Aufgrund der steuerlichen Rückwirkung hat die B-GmbH das übergegangene Vermögen in dieser Steuerbilanz zum 31.12.2014 bereits auszuweisen und dementsprechend ist mit der Abgabe der Steuererklärung 2014 von der B-GmbH der Antrag auf Ansatz der Buchwerte bzw. Ansatz von Zwischenwerten zu stellen.

Gleichwohl ist es nicht zwingend, dass die Übernehmerin auf den steuerlichen Übertragungsstichtag eine Steuerbilanz erstellt.

▶ **Beispiel:**

Die A-GmbH bringt einen Teilbetrieb im Wege der Einzelrechtsnachfolge (keine Ausgliederung) in die B-GmbH ein. Beide Rechtsträger haben wieder ein mit dem Kalenderjahr übereinstimmendes Wirtschaftsjahr. Die Einbringung wird im Oktober 2015 beschlossen. Als steuerlicher Übertragungsstichtag wird der 30.06.2015 festgelegt.

Lösung:

Die Einbringung stellt für beide Rechtsträger handelsrechtlich einen laufenden Geschäftsvorfall dar. Die B-GmbH hat keine Verpflichtung zur Erstellung einer Steuerbilanz auf den 30.06.2015, aus der sich die Wahlrechtsausübung ergibt. Zwar ist das übergehende Vermögen bei der Übernehmerin mit Wirkung zum steuerlichen Übertragungsstichtag steuerlich einzubuchen, bilanziell wird dieses Vermögen jedoch erst in der nächsten steuerlichen Jahresbilanz ausgewiesen. Die steuerliche Schlussbilanz, mit deren Einreichung der Antrag (spätestens) zu stellen ist, ist also die Steuerbilanz zum 31.12.2015.

c) Beispiele

▶ **Beispiel: Einbringung eines Betriebs in eine inländische Kapitalgesellschaft**

Die B-GmbH bringt ihren Teilbetrieb 2 in die A-GmbH gegen Gewährung von Gesellschaftsrechten ein. Zusätzlich zu den Gesellschaftsrechten wird eine sonstige Gegenleistung in Form einer Kapitalforderung i. H. v. 375 € gewährt.

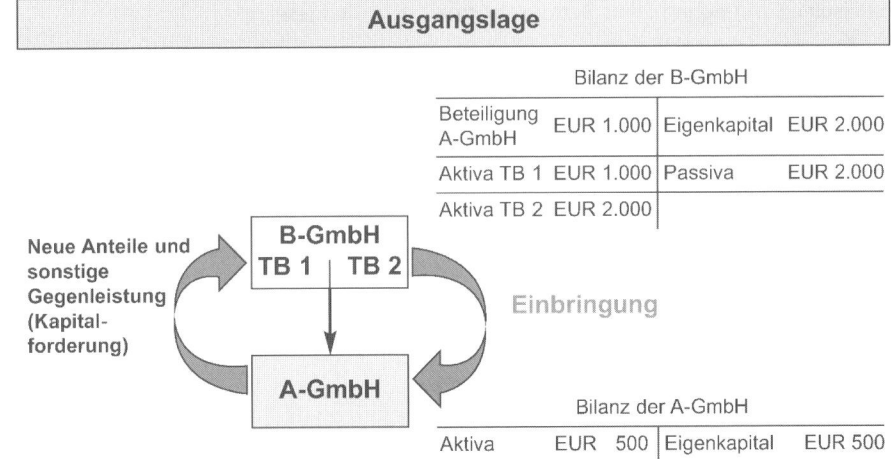

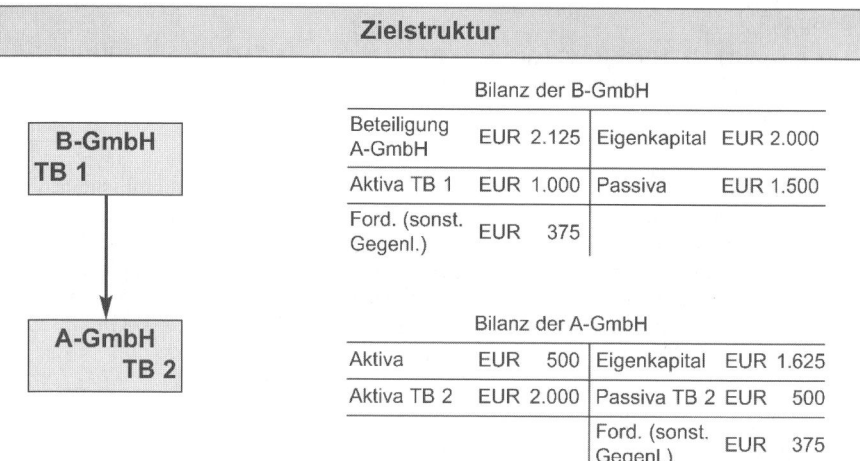

Lösung:

Die A-GmbH hat grundsätzlich die übergehenden Wirtschaftsgüter mit ihren gemeinen Werten anzusetzen. Da der Teilbetrieb 2 bei der A-GmbH weiterhin der Körperschaftsteuer unterliegt, das übergehende Buchvermögen ein positives Kapital ausweist und das Besteuerungsrecht Deutschlands an den stillen Reserven nicht eingeschränkt wird, muss das übergehende Vermögen nicht zwingend mit gemeinen Werten angesetzt werden, sondern die A-GmbH hat auf Antrag ein Bewertungswahlrecht, die übergehenden Wirtschaftsgüter mit Buchwerten, Zwischenwerten oder gemeinen Werten anzusetzen. Eine Aufdeckung stiller Reserven kann somit vermieden werden. Die sonstige Gegenleistung in Höhe von 375 € steht dem Buchwertansatz grundsätzlich nicht im Wege. Sie beträgt nicht mehr als 25 % des Buchwertes des eingebrachten Betriebsvermögens (1.500 € x 25 % = 375 €) und liegt ohnehin unter der absoluten Grenze von 500.000 €. Sie übersteigt auch nicht den Netto-Buchwert des eingebrachten Vermögens von 1.500 €, so dass sich auch daraus keine Pflicht zum Ansatz eines höheren Wertes als des Buchwertes ergibt. Die neuen Anteile an der A-GmbH sind bei der B-GmbH mit dem Netto-Buchwert des eingebrachten Vermögens abzüglich der sonstigen Gegenleistung, also mit 1.125 €, anzusetzen.

▶ **Beispiel: Einbringung eines Betriebs in eine EU-Kapitalgesellschaft**

In Abwandlung zum vorherigen Beispiel ist die Übernehmerin nicht in Deutschland ansässig, sondern es handelt sich um eine französische S. A.

E. Einbringungsvorgänge Teil 7 Kapitel 1

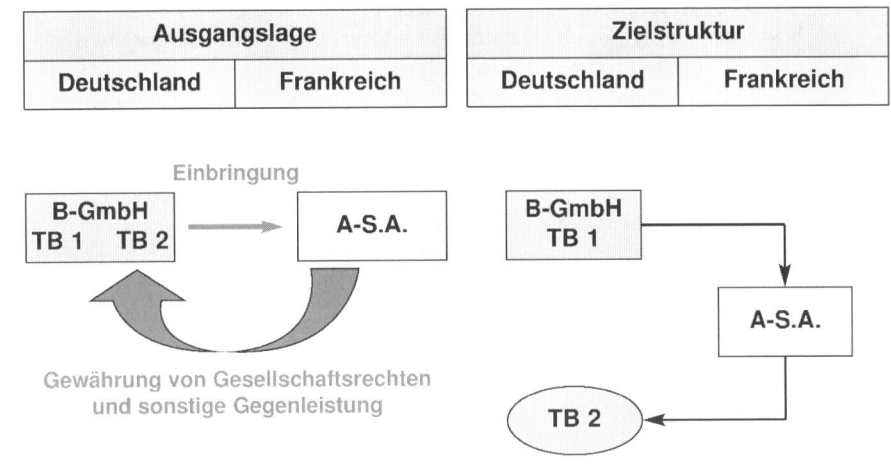

Lösung:

Verbleibt das gesamte übertragene Betriebsvermögen im Inland und bildet nach der Einbringung eine deutsche Betriebsstätte der übernehmenden A-S. A., so besteht auch in diesem Fall das Bewertungswahlrecht und die Übertragung kann zu Buchwerten vorgenommen werden, denn Deutschland hat nach den Regelungen des DBA Deutschland/Frankreich das Besteuerungsrecht bezüglich der Gewinne aus der Veräußerung der Vermögensgegenstände der Betriebsstätte. Das Besteuerungsrecht Deutschlands an diesem Vermögen wird also weder ausgeschlossen noch beschränkt.

Soweit allerdings einzelne Wirtschaftsgüter auf das Stammhaus der A-S. A. übergehen und damit nach Frankreich überführt werden sollten, ist insoweit eine Buchwertfortführung nicht möglich. Dies gilt auch, wenn es sich bei den übergehenden Wirtschaftsgütern um immaterielle Wirtschaftsgüter (wie z. B. Patente, etc.) handelt.

Nicht unbedingt erforderlich ist, dass das übergehende Betriebsvermögen vor der Einbringung im Inland belegen ist. Es ist auch möglich, eine ausländische Betriebsstätte in eine EU-Kapitalgesellschaft einzubringen. In diesen Fällen ist aber besonders genau zu prüfen, ob das Besteuerungsrecht Deutschlands ausgeschlossen oder beschränkt wird. Regelmäßig hat Deutschland an einer ausländischen Betriebsstätte kein Besteuerungsrecht, sodass ein solches auch nicht ausgeschlossen oder beschränkt werden kann. Dementsprechend sind solche Einbringungsvorgänge aus rein nationaler Sicht grundsätzlich steuerneutral möglich. Es gibt aber auch einige DBA, die Deutschland bezüglich einer ausländischen Betriebsstätte ein Besteuerungsrecht mit Anrechnungsverpflichtung gewähren. Wird eine solche Anrechnungs-Betriebsstätte in eine andere deutsche Kapitalgesellschaft eingebracht, ändert sich an dem deutschen Besteuerungsrecht nichts. Erfolgt die Einbringung aber in eine in einem anderen EU-Land ansässige Kapitalgesellschaft, so wird Deutschland sein Besteuerungsrecht an dieser Betriebsstätte verlieren und der Einbringungsvorgang kann nicht steuerneutral vollzogen werden. 468

7. Besteuerung des Einbringenden

a) Anschaffungskosten der neuen Anteile und Besteuerung des Einbringungsgewinns

Der **Ansatz der Sacheinlage** ist nicht nur für die Besteuerung der aufnehmenden Kapitalgesellschaft, sondern auch für den Einbringenden von zentraler Bedeutung. Vom Ansatz der Sacheinlage bei der aufnehmenden Kapitalgesellschaft hängt einerseits der vom Einbringenden anlässlich der Einbringung erzielte Veräußerungspreis, andererseits der Anschaffungswert der erworbenen 469

Anteile ab. Diese Bedeutung des Ansatzes der Sacheinlage ergibt sich aus § 20 Abs. 3 Satz 1 UmwStG. Soweit neben den Gesellschaftsanteilen andere Wirtschaftsgüter gewährt werden, ist deren gemeiner Wert bei der Bemessung der Anschaffungskosten der Gesellschaftsanteile von dem Wert abzuziehen, mit dem die Kapitalgesellschaft das eingebrachte Betriebsvermögen angesetzt hat (§ 20 Abs. 3 Satz 3 UmwStG).

470 Die Auswirkungen der Einbringung auf die Besteuerung des Anteilseigners ergeben sich aus § 20 Abs. 4 UmwStG. Erfolgt die Sacheinlage zum Buchwert, dann ist die Einlage für den Einbringenden steuerneutral. Ein steuerpflichtiger Einbringungsgewinn entsteht jedoch dann, wenn die Wirtschaftsgüter von der übernehmenden Kapitalgesellschaft mit Zwischenwerten oder gemeinen Werten angesetzt werden. Der **Einbringungsgewinn** ermittelt sich in diesen Fällen durch Gegenüberstellung des von der übernehmenden Kapitalgesellschaft gewählten Wertansatzes und dem Buchwert der Sacheinlage.

471 Ist der Einbringende eine natürliche Person, setzt die aufnehmende Kapitalgesellschaft das eingebrachte Vermögen mit dem gemeinen Wert an und handelt es sich nicht um die Einbringung von Teil-Mitunternehmeranteilen, wird nach § 20 Abs. 4 Satz 1 UmwStG der Freibetrag des § 16 Abs. 4 EStG gewährt. Außerdem wird in diesen Fällen nach § 20 Abs. 4 Satz 2 UmwStG auf einen bei der Sacheinlage entstehenden Veräußerungsgewinn der **ermäßigte Steuersatz** des § 34 Abs. 1 EStG bzw. – soweit die übrigen Voraussetzungen erfüllt sind – nach § 34 Abs. 3 EStG der reduzierte Steuersatz in Höhe von 56 % des durchschnittlichen Steuersatzes gewährt. Befinden sich in dem übergehenden Betriebsvermögen Beteiligungen an Kapitalgesellschaften, findet insoweit § 3 Nr. 40 Anwendung. Auf diesen Teil des Einbringungsgewinns ist dann aber der reduzierte Steuersatz nicht anwendbar. Handelt es sich bei den Anteilen um sog. einbringungsgeborene Anteile alten Rechts, war § 21 UmwStG a. F. weiter anwendbar (§ 27 Abs. 3 Nr. 3 UmwStG). Innerhalb der Siebenjahresfrist des § 8b Abs. 4 KStG a. F. bzw. § 3 Nr. 40 Satz 3 und 4 EStG a. F. unterlag der Einbringungsgewinn dann insoweit der vollen Versteuerung.[279]

b) Behandlung von Einbringungskosten

472 Bei der Ermittlung des Einbringungsergebnisses sind auch die Einbringungskosten zu berücksichtigen. Dazu gehören alle Aufwendungen, die bei objektiver Betrachtung durch die Einbringung veranlasst sind und vom Einbringenden zu tragen sind. Können Kosten nicht eindeutig dem Einbringenden oder der aufnehmenden Gesellschaft zugeordnet werden, muss eine Aufteilung durch Schätzung oder vertragliche Absprachen erfolgen.[280] Ist eine Zuordnung hingegen möglich, so ist eine willkürliche Zuordnung der Kosten zwischen dem Einbringenden und der aufnehmenden Gesellschaft nicht zulässig. Typische Einbringungskosten des Einbringenden sind diejenigen Aufwendungen, die bei der Vorbereitung der Einbringung entstehen. Dazu gehören bspw. Aufwendungen für die Rechts- und Steuerberatung des Einbringenden sowie die Kosten für die Gestaltung des Einbringungsvertrages und der eventuell notwendigen Beschlüsse. Diese Kosten mindern das Einbringungsergebnis. Bei einer Einbringung zum Buchwert entsteht daher für den Einbringenden regelmäßig ein Einbringungsverlust. Dessen Berücksichtigung richtet sich nach den allgemeinen Vorschriften des Steuerrechts. Eine § 12 Abs. 2 UmwStG entsprechende Regelung, wonach die Verschmelzungskosten das steuerlich nicht berücksichtigungsfähige Übernahmeergebnis mindern, enthält § 20 UmwStG nicht. Bei der aufnehmenden Kapitalgesellschaft sind im Zusammenhang mit der Einbringung stehende Aufwendungen grundsätzlich laufende Betriebsausgaben. Dabei handelt es sich bspw. um die Kosten für die Erstellung des Antrages auf Buchwertfortführung. Etwas anderes gilt für Aufwendungen, die im Zusammenhang mit dem Erwerb bestimmter Wirtschaftsgüter stehen. So ist bspw. die Grunderwerbsteuer, die aufgrund der

---

279 Vgl. auch Randnr. 20.38 UmwStE.
280 Ronneberger, NWB 2017, 2533 [2536]; Patt in: Dötsch/Pung/Möhlenbrock, Die Körperschaftsteuer, § 20 UmwStG Rn. 233.

Einbringung eines Grundstückes in die aufnehmende Kapitalgesellschaft entsteht, als zusätzliche Anschaffungskosten dieses Grundstückes zu aktivieren. Dies gilt nicht für die nach § 1 Abs. 3 GrEStG entstehende Grunderwerbsteuer, bei dieser handelt es sich um sofort abziehbare Betriebsausgaben (vgl. Teil 7 Rdn. 261).

c) Rückwirkende Besteuerung des Einbringungsgewinns I

Die Anschaffungskosten der als Gegenleistung für die Einbringung erhaltenen Anteile entsprechen dem Wert, mit dem das übergehende Vermögen bei der Übernehmerin angesetzt wird (steuerliche **Wertverknüpfung**), jedoch abzüglich des gemeinen Wertes etwaiger sonstiger Gegenleistungen. Würden keine weiteren Regelungen bestehen, könnte der Einbringende eine betriebliche Einheit (also einen Betrieb, Teilbetrieb oder Mitunternehmeranteil) steuerneutral in eine Kapitalgesellschaft einbringen und die daraus resultierenden Anteile sofort verkaufen. Das hätte zur Folge, dass ein voll steuerpflichtiger Gewinn aus der Veräußerung der betrieblichen Einheit in einen nach dem Teileinkünfteverfahren nur zu 60 % (Einbringender ist eine natürliche Person) oder einen nach § 8b Abs. 2 und 3 KStG nur zu 5 % (Einbringender ist eine Kapitalgesellschaft) steuerpflichtigen Gewinn umgewandelt werden könnte. Eine solche Transformation von voll steuerpflichtigen Gewinnen in nur teilweise steuerpflichtige Gewinne ist vom Gesetzgeber nicht gewünscht. 473

Um solche Gestaltungen zu verhindern, hat der Gesetzgeber in § 22 UmwStG die Regelungen über **sperrfristbehaftete Anteile** vorgesehen. Die als Gegenleistung für die Einbringung von Betriebsvermögen unter dem gemeinen Wert (d. h. zu Buchwerten oder Zwischenwerten) gewährten neuen Anteile sind nach § 22 Abs. 1 UmwStG während sieben Jahren nach dem steuerlichen Übertragungsstichtag sperrfristbehaftet. Im Gegensatz dazu sind »einbringungsgeborene Anteile« die nach dem bis Ende 2006 geltenden UmwStG a. F. aus einer solchen Einbringung entstandenen Anteile, für die das alte Recht weiter gilt. 474

Werden sperrfristbehaftete Anteile im Sinne des § 22 Abs. 1 UmwStG innerhalb der Siebenjahresfrist veräußert, wird die Einbringung rückwirkend steuerpflichtig, d. h. es ist anlässlich der Einbringung nicht mehr der Buch- oder Zwischenwert, sondern der gemeine Wert für das eingebrachte Vermögen anzusetzen. Die Veräußerung ist insoweit ein rückwirkendes Ereignis im Sinne des § 175 Abs. 1 Satz 1 Nr. 2 AO (vgl. § 22 Abs. 1 Satz 2 UmwStG). Die im Einbringungszeitpunkt vorhandenen stillen Reserven werden damit rückwirkend besteuert. 475

Der sogenannte »**Einbringungsgewinn I**« ist die Differenz zwischen dem gemeinen Wert und dem steuerlichen Buchwert des eingebrachten Vermögens im Einbringungszeitpunkt (abzüglich Einbringungskosten). Der Einbringungsgewinn I reduziert sich für jedes volle Jahr, das seit dem steuerlichen Übertragungsstichtag vergangen ist, gemäß §§ 22 Abs. 1 Satz 3 UmwStG um $^1/_7$. Je länger also der Zeitraum zwischen der steuerbegünstigten Einbringung und der schädlichen Anteilsveräußerung ist, desto geringer ist der zu versteuernde Einbringungsgewinn I. 476

Der versteuerte Einbringungsgewinn I erhöht die Anschaffungskosten der veräußerten Anteile an der aufnehmenden Kapitalgesellschaft. Der nach Berücksichtigung der zusätzlichen Anschaffungskosten noch verbleibende Veräußerungsgewinn wird dann nach den allgemeinen Regeln versteuert. Werden die erhaltenen Anteile von einer natürlichen Person gehalten, dann fallen diese Anteile – unabhängig von der Beteiligungsquote – immer unter § 17 EStG (vgl. § 17 Abs. 6 EStG). Diese Qualifikation der Anteile gilt unabhängig von der Sperrfrist des § 22 UmwStG dauerhaft.[281] 477

Im Ergebnis werden somit die im Einbringungszeitpunkt vorhandenen stillen Reserven rückwirkend auf den Einbringungszeitpunkt voll versteuert (vermindert pro vollem seither vergangenen 478

---

[281] Vgl. Randnr. 22.06 UmwStE.

Jahr um $^1/_7$), wohingegen die seither entstandenen stillen Reserven dem Teileinkünfteverfahren bzw. dem § 8b Abs. 2 und 3 KStG unterliegen.

479 Für die Ermittlung des Einbringungsgewinnes I ist zunächst der gemeine Wert des übergegangenen Vermögens zum Zeitpunkt der Einbringung zu ermitteln. Der Steuerpflichtige ist hier also aufgerufen, zum Zeitpunkt der schädlichen Anteilsveräußerung den gemeinen Wert zu ermitteln, den das übergegangene Betriebsvermögen zum Zeitpunkt der Einbringung hatte. Da die Einbringung ggf. schon mehrere Jahre zurückliegt, dürfte dies in der Praxis eine nur sehr schwer zu erfüllende Anforderung sein. Es ist daher ratsam, bereits zum Zeitpunkt der Einbringung detaillierte Aufzeichnungen über den gemeinen Wert des übergehenden Vermögens aufzustellen. Dabei dürften weniger die Substanzwerte der übergehenden Wirtschaftsgüter, als vielmehr der Unternehmenswert der übertragenen Sachgesamtheit bzw. Mitunternehmerschaft von Bedeutung sein.

480 Es liegt auf der Hand, dass diese Bewertung zu Konfliktpotenzial mit dem zuständigen Finanzamt führen kann. Die Finanzverwaltung wird versuchen, etwaige stille Reserven, die im Zeitpunkt der Veräußerung realisiert werden, so zu behandeln, als ob diese bereits im Zeitpunkt der Einbringung vorhanden waren. Der Einbringende wird im Gegenzug argumentieren, dass Wertsteigerungen erst nach der Einbringung entstanden sind. Zu berücksichtigen ist dabei, dass die Finanzverwaltung ihre Berechnungen erst im Rahmen einer Jahre später stattfindenden Betriebsprüfung vornehmen wird und damit bereits Kenntnisse über die tatsächlich eingetretene Wertentwicklung des Unternehmens hat.

481 Aus dem Einbringungsgewinn I auszuscheiden sind allerdings die **stillen Reserven**, die auf zusammen mit dem Betrieb, Teilbetrieb oder Mitunternehmeranteil eingebrachte Anteile an Kapitalgesellschaften entfallen, wenn das Besteuerungsrecht Deutschlands an dem Gewinn aus der Veräußerung der erhaltenen Anteile nicht ausgeschlossen oder beschränkt wird (§ 22 Abs. 1 Satz 5 UmwStG). Die stillen Reserven in mit eingebrachten Anteilen an Kapitalgesellschaften unterfallen stattdessen der Regelung des § 22 Abs. 2 UmwStG. Dort kommt es nicht darauf an, ob die als Gegenleistung für die Einbringung gewährten Anteile an der aufnehmenden Gesellschaft veräußert wurden, sondern ob die mit eingebrachten Anteile veräußert wurden. Hat Deutschland hingegen an der Besteuerung der erhaltenen Anteile nur ein eingeschränktes bzw. gar kein Besteuerungsrecht, gehören die in den mit eingebrachten Anteilen ruhenden stillen Reserven doch zum Einbringungsgewinn I.[282]

482 Der steuerpflichtige Einbringungsgewinn I unterliegt der **ESt/Körperschaftsteuer** sowie ggf. der **Gewerbesteuer** nach § 7 Satz 2 GewStG. § 16 Abs. 4 und § 34 EStG sind jedoch nicht anzuwenden.

▶ Beispiel: Einbringung eines Teilbetriebs in eine inländische Kapitalgesellschaft

483 Die M-GmbH gliedert zum steuerlichen Übertragungsstichtag 31. Dezember 01 einen Teilbetrieb (TB) zur Neugründung nach § 123 Abs. 3 UmwG auf die T-GmbH aus. Der Wert des übertragenen Betriebsvermögens beträgt:

Buchwert	12 Mio. €.
gemeiner Wert	19 Mio. €.

Steuerlich lag eine Einbringung nach § 20 Abs. 1 UmwStG vor, die auf Antrag zu Buchwerten erfolgt ist. Daher wurde bei der T-GmbH als übernehmendem Rechtsträger das übernommene Vermögen im Saldo mit 12 Mio. € angesetzt. Die M-GmbH weist entsprechende Anschaffungskosten für den Geschäftsanteil an der T-GmbH i. H. v. 12 Mio. € aus. Der im Rahmen der Einbringung an die M-GmbH gewährte Anteil ist als erhaltener Anteil im Sinne des § 22 Abs. 1 UmwStG zu qualifizieren.

---

282 Vgl. hierzu Randnr. 22.11 UmwStE mit erläuterndem Beispiel.

E. Einbringungsvorgänge

Variante a)

Die M-GmbH veräußert die sperrfristbehafteten Anteile im Jahr 07 für einen Kaufpreis von 20 Mio. €.

Lösung:

Aufgrund der schädlichen Anteilsveräußerung innerhalb der Siebenjahresfrist besteht zunächst die Notwendigkeit, die Höhe der im Zeitpunkt der Einbringung übergegangenen stillen Reserven (sog. Einbringungsgewinn I) zu ermitteln. Dieser Gewinn beträgt 7 Mio. € und ergibt sich aus der Differenz zwischen dem gemeinen Wert des übergegangenen Vermögens zum Zeitpunkt der Einbringung (hier 19 Mio. €) und dem Wert, mit dem die Wirtschaftsgüter bei der übernehmenden T-GmbH angesetzt worden sind, in dem hier vorliegenden Fall also dem Buchwert i. H. v. 12 Mio. €.

Dieser Einbringungsgewinn I mindert sich nun um $1/7$ für jedes seit der Einbringung abgelaufene volle Jahr, in dem hier vorliegenden Fall also um $5/7$.

fiktiver Einbringungsgewinn	7 Mio. €.
Minderungsbetrag $5/7$	– 5 Mio. €.
steuerpflichtiger Einbringungsgewinn I	2 Mio. €.

Der so ermittelte Einbringungsgewinn I unterliegt bei der M-GmbH der vollen Besteuerung mit Körperschaft- und Gewerbesteuer. Die schädliche Anteilsveräußerung stellt nach § 22 Abs. 2 Satz 2 UmwStG in Bezug auf die Steuerfestsetzung beim Einbringenden im Einbringungsjahr ein rückwirkendes Ereignis im Sinne des § 175 Abs. 1 Satz 1 Nr. 2 AO dar.

In einem zweiten Schritt ist der verbleibende Veräußerungsgewinn zu ermitteln. Hierbei wird unterstellt, die Ausgliederung wäre damals nicht zum Buchwert erfolgt, sondern zu einem Zwischenwert unter Aufdeckung stiller Reserven i. H. d. nunmehr nachträglich zu versteuernden Einbringungsgewinns I. Die Anschaffungskosten der aus dem Einbringungsvorgang hervorgegangenen Anteile sind somit um 2 Mio. € zu erhöhen.

Anschaffungskosten aus 01	12 Mio. €.
Einbringungsgewinn aus 07	+ 2 Mio. €.
korrigierte Anschaffungskosten	14 Mio. €.

Daraus ergibt sich wiederum für die Ermittlung des verbleibenden Veräußerungsgewinns folgende Berechnung:

Veräußerungspreis in 07	20 Mio. €.
abzüglich der korrigierten Anschaffungskosten	– 14 Mio. €.
Veräußerungsgewinn	6 Mio. €.

Der Veräußerungsgewinn wird nach § 8b Abs. 2 KStG besteuert. Er ist also in dem hier vorliegenden Fall steuerfrei, nur i. H. v. 5 % wird nach § 8b Abs. 3 KStG eine fiktive nichtabziehbare Betriebsausgabe angesetzt. Handelte es sich bei dem Veräußerer um eine natürliche Person, unterläge der Veräußerungsgewinn der Teileinkünftebesteuerung.

Die Fiktion, die Einbringung sei nachträglich zu Zwischenwerten erfolgt, hat auch Auswirkungen auf die Wertansätze der übergegangenen Wirtschaftsgüter, denn auch diese werden bei der Übernehmerin rückwirkend um den Betrag aufgestockt, der als Einbringungsgewinn I anlässlich der schädlichen Veräußerung innerhalb der Siebenjahresfrist zu versteuern ist, in dem hier vorliegenden Beispiel also um 2 Mio. €.

Variante b)

Die A-GmbH veräußert den Anteil an der B-GmbH innerhalb des Jahres 07 für einen Kaufpreis von 10 Mio. €.

Lösung:

In diesem Fall ergibt sich insgesamt ein Veräußerungsverlust. Der eingebrachte Betrieb hat also offensichtlich seit dem Zeitpunkt seiner Einbringung erheblich an Wert verloren.

Trotzdem ist im Fall einer schädlichen Veräußerung innerhalb der Siebenjahresfrist ebenso wie in der Variante a) ein Anteil von $^2/_7$ der demnach übergegangenen stillen Reserven nachzuversteuern.

Für die Berechnung des durch die Veräußerung entstehenden Veräußerungsverlustes ist wieder von einer damaligen Zwischenwerteinbringung und damit von um den nun nachzuversteuernden Einbringungsgewinn korrigierten Anschaffungskosten von 14 Mio. € auszugehen.

Veräußerungspreis in 07	10 Mio. €.
abzüglich der korrigierten Anschaffungskosten	– 14 Mio. €.
Veräußerungsverlust	– 4 Mio. €.

Der Veräußerungsverlust kann nach § 8b Abs. 3 Satz 3 KStG nicht steuerlich geltend gemacht werden. Insbesondere ist eine Verrechnung mit dem zuvor errechneten Einbringungsgewinn I nicht möglich. Eine natürliche Person als Veräußerer hätte den so ermittelten Veräußerungsverlust zu 60 % mit anderen Einkünften verrechnen können.

Trotz einer Veräußerung unter dem Buchwert kommt es somit zu einer Nachversteuerung eines anteiligen Einbringungsgewinns.

484 Wird nur ein Teil der sperrfristbehafteten Anteile veräußert, so erfolgt nur eine anteilige rückwirkende Einbringungsbesteuerung.[283]

485 Grundsätzlich führt nur eine schädliche Anteilsübertragung »durch den Einbringenden« zu einer rückwirkenden Besteuerung des Einbringungsgewinns I. Handelt es sich bei dem Einbringenden jedoch um eine Personengesellschaft, so ist aufgrund des Transparenzprinzips nicht nur die schädliche Veräußerung der Anteile durch die Personengesellschaft selbst relevant, sondern auch die Veräußerung der Mitunternehmeranteile durch die Mitunternehmer.[284] Dies ergibt sich zwar nicht unbedingt aus dem Wortlaut des Gesetzes, der nur von einer Veräußerung durch den »Einbringenden« spricht, erscheint aber jedenfalls systematisch korrekt. Im Ergebnis kommt es in beiden Fällen zu einer Erfassung des Einbringungsgewinns I für Zwecke der Einkommen-/Körperschaftsteuer auf Ebene der Mitunternehmer. Darüber hinaus kann auf der Ebene der Personengesellschaft eine Gewerbesteuerbelastung gem. § 7 Satz 2 GewStG entstehen.

d) Ersatzrealisationstatbestände

486 Zu einer rückwirkenden Besteuerung des Einbringungsgewinns I kommt es nicht nur im Fall einer Veräußerung der erhaltenen Anteile innerhalb der Siebenjahresfrist, sondern auch dann, wenn innerhalb der Sperrfrist einer der in § 22 Abs. 1 Satz 6 UmwStG abschließend aufgezählten Ersatzrealisationstatbestände einschlägig ist.

aa) Unentgeltliche Übertragung der erhaltenen Anteile auf eine Kapitalgesellschaft oder eine Genossenschaft

487 Nach § 22 Abs. 1 Satz 6 Nr. 1 UmwStG liegt ein Sperrfristverstoß vor, wenn der Einbringende die erhaltenen Anteile innerhalb der Sperrfrist unmittelbar oder mittelbar unentgeltlich auf eine Kapitalgesellschaft oder eine Genossenschaft überträgt.

---

283 Vgl. Randnr. 22.04 UmwStE.
284 Vgl. Randnr. 22.02 UmwStE; vgl. hierzu auch Bilitewski, in: Haritz/Menner, UmwStG, § 22 Rn. 75.

E. Einbringungsvorgänge

Eine unentgeltliche Übertragung von Anteilen findet statt in den Fällen der verdeckten Einlage oder der verdeckten Gewinnausschüttung, der Realteilung oder in den Fällen der §§ 6 Abs. 3 oder Abs. 5 EStG.[285] **488**

Auch die mittelbare unentgeltliche Übertragung ist schädlich. Da aber auch diese Übertragungsvorgänge nur schädlich sind, wenn sie »durch den Einbringenden« erfolgen, kann es sich hier z. B. um mittelbare Übertragungen nach Durchführung einer Kettenübertragung handeln.[286] Eine mittelbare Übertragung der sperrfristbehafteten Anteile durch eine in der Gesellschafterkette weiter oben angesiedelte Person, die aber selbst nicht Einbringender war, fällt nicht unter diesen Tatbestand. **489**

Ein weiterer Fall der mittelbaren Übertragung auf eine Kapitalgesellschaft dürfte gegeben sein, wenn nach § 6 Abs. 3 bzw. Abs. 5 EStG eine Übertragung sperrfristbehafteter Anteile auf eine Personengesellschaft erfolgt, bei deren weiteren Mitunternehmern es sich u. a. um Kapitalgesellschaften handelt. **490**

Zu betonen ist allerdings, dass eine unentgeltliche Übertragung nur dann schädlich ist, wenn sie auf eine Kapitalgesellschaft oder Genossenschaft erfolgt. Ist hingegen Empfänger der unentgeltlichen Übertragung z. B. eine natürliche Person (z. B. bei einer verdeckten Gewinnausschüttung an eine natürliche Person), so ist dies kein schädlicher Vorgang, sondern eine unentgeltliche Rechtsnachfolge nach § 22 Abs. 6 UmwStG (vgl. insoweit Teil 7 Rdn. 516). **491**

bb) Entgeltliche Übertragung

Nach § 22 Abs. 1 Satz 6 Nr. 2 UmwStG wird eine rückwirkende Besteuerung des Einbringungsgewinns I ausgelöst, wenn der Einbringende die erhaltenen Anteile entgeltlich überträgt, es sei denn er weist nach, dass die Übertragung durch einen Vorgang im Sinne des § 20 Abs. 1 oder § 21 Abs. 1 UmwStG oder aufgrund vergleichbarer ausländischer Vorgänge zu Buchwerten erfolgte und keine sonstige Gegenleistung gewährt wurde, welche die Grenzen des § 20 Abs. 2 Satz 2 Nr. 4 und Satz 4 oder § 21 Abs. 1 Satz 2 Nr. 2 und Satz 4 UmwStG überstieg. **492**

Von diesem Ersatzrealisationstatbestand sollen alle Übertragungsvorgänge erfasst werden, die keine »normale« Veräußerung darstellen, aber gleichwohl entgeltlich sind. Das sind insbesondere die sog. **tauschähnlichen Vorgänge**, die auf gesellschaftsrechtlicher Grundlage gegen Gewährung von Gesellschaftsrechten und ggf. andere Gegenleistung erfolgen. Solche Vorgänge sind insbesondere gegeben im Fall der Verschmelzung, Auf- oder Abspaltung sowie Einbringung in eine Kapitalgesellschaft nach § 20 oder § 21 UmwStG oder im Fall der Einbringung in eine Personengesellschaft nach § 6 Abs. 5 EStG oder nach § 24 UmwStG. In all diesen Fällen gibt der Einbringende die erhaltenen Anteile hin und erhält hierfür im Gegenzug neue Gesellschaftsrechte an der Übernehmerin. **493**

Von diesen schädlichen Tauschvorgängen nimmt der Gesetzgeber allerdings ausdrücklich die Einbringungsfälle nach § 20 UmwStG oder nach § 21 UmwStG bzw. vergleichbare Vorgänge nach ausländischem Recht aus, wenn diese zu Buchwerten erfolgen. Diese stellen also keinen Ersatzrealisationstatbestand dar und können daher vorgenommen werden, ohne die Steuerneutralität der ursprünglichen Einbringung rückwirkend zu gefährden. Etwas anderes gilt aber, wenn in diesen Fällen auch sonstige Gegenleistungen im Sinne des § 20 Abs. 2 Satz 2 Nr. 4 und Satz 4 und § 21 Abs. 1 Satz 2 Nr. 2 und Satz 4 UmwStG erbracht werden und diese sonstigen Gegenleistungen die dort genannten Grenzen überschreiten. Dann ist eine Buchwertfortführung nicht möglich und es kommt zum Ansatz von Zwischenwerten oder gar des gemeinen Wertes (vgl. Teil 7 Rdn. 440 ff. und Rdn. 554 f.). Damit ist die Voraussetzung des § 22 Abs. 1 Satz 6 Nr. 2 UmwStG nicht erfüllt und es kommt in vollem Umfang zur rückwirkenden Besteuerung des Einbringungs- **494**

---

285 Randnr. 22.20 UmwStE.
286 Vgl. hier Bilitewski, in: Haritz/Menner, UmwStG, § 22 Rn. 158 f.

gewinns I. Die Regelung in § 22 Abs. 1 Satz 6 Nr. 2 UmwStG entfaltet insoweit einen »Fallbeilcharakter«, d. h. wenn die Weiter-Einbringung nicht zu Buchwerten erfolgt, ist der Einbringungsgewinn I nicht nur anteilig, sondern vollständig zu versteuern.

495 Fraglich ist, ob es ausreicht, wenn der Einbringende die erhaltenen Anteile zu Buchwerten ansetzt oder ob auch erforderlich ist, dass die Übernehmerin die Buchwerte fortführt. Bei reinen Inlandseinbringungen, bei denen sowohl der Einbringende als auch die Übernehmerin im Inland ansässig sind, stellt sich diese Frage aufgrund der Wertverknüpfung zwischen der aufnehmenden Gesellschaft und dem Einbringenden nicht. Bei grenzüberschreitenden Anteilstauschvorgängen nach § 21 UmwStG in eine EU/EWR-Kapitalgesellschaft hat der Gesetzgeber jedoch die Wertverknüpfung aufgegeben. In diesen Fällen kann der Einbringende auf Antrag die Buchwerte fortführen, wenn das Besteuerungsrecht Deutschlands bezüglich der erhaltenen Anteile nicht eingeschränkt oder ausgeschlossen wird. Demgegenüber ist es für eine steuerneutrale Behandlung des Einbringungsvorgangs irrelevant, wie die im EU-Ausland ansässige Übernehmerin das übergehende Vermögen bilanziert. Der Ersatzrealisationstatbestand des § 22 Abs. 1 Satz 6 Nr. 2 UmwStG stellt allerdings wesentlich darauf ab, ob der Übertragungsakt der erhaltenen Anteile bei dem Einbringenden zu einer Gewinnrealisierung führt und damit im wirtschaftlichen Ergebnis einer Veräußerung gleichzustellen ist. Aus diesem Grund ist für die Vermeidung einer rückwirkenden Besteuerung des Einbringungsgewinns I ausschließlich auf die Buchwertfortführung bei dem Einbringenden und nicht auf den Wertansatz der übertragenen Anteile bei der Übernehmerin abzustellen. Solange der Einbringende die erhaltenen Anteile mit dem Buchwert der hingegebenen Anteile ansetzt, dürfte daher der Ersatzrealisationstatbestand des § 22 Abs. 1 Satz 6 Nr. 2 UmwStG nicht erfüllt sein.[287]

496 Nicht explizit als unschädlich erwähnt § 22 Abs. 1 Satz 6 Nr. 2 UmwStG andere Umwandlungsvorgänge wie beispielsweise Verschmelzungen. Im Zusammenspiel mit der Grundaussage der Finanzverwaltung, dass alle Umwandlungen Veräußerungs- bzw. Anschaffungsvorgänge sind,[288] wird daraus geschlossen, dass grundsätzlich alle anderen Umwandlungsvorgänge Sperrfristverstöße sind. Die Einstufung sämtlicher Umwandlungsvorgänge als Sperrfristverstöße im Sinne des § 22 Abs. 1 UmwStG, soweit es durch die Umwandlung zu einer Übertragung sperrfristbehafteter Anteile kommt, wird in der Literatur kritisch diskutiert. Einerseits wird argumentiert, dass das UmwStG für Umwandlungsvorgänge mit Buchwertfortführung regelmäßig eine steuerliche Rechtsnachfolge (Fußstapfentheorie) anordnet, was die Annahme eines Anschaffungsvorgangs ausschließt.[289] Andere Autoren plädieren zumindest für eine einschränkende Auslegung des Tatbestands der entgeltlichen Vorgänge dergestalt, dass Buchwertumwandlungen hiervon nicht erfasst werden.[290]

497 Bedauerlicherweise hat der BFH jedoch in seinem Urteil vom 24.01.2018[291] entschieden, dass die Aufwärtsverschmelzung einer Körperschaft, an der sperrfristbehaftete Anteile bestehen, einen Sperrfristverstoß darstellt. Die formalistische Sichtweise des BFH in diesem Urteil lässt den Sinn und Zweck der Regelung in § 22 UmwStG leider vollständig außer Betracht.

498 Auch die Finanzverwaltung hat erkannt, dass die Einstufung sämtlicher Folgeumwandlungen als schädliche Ereignisse zu unakzeptablen Ergebnissen führt. Aus diesem Grund wurde in Randnr. 22.23 UmwStE eine Billigkeitsregelung geschaffen, nach der auf Antrag Folgeumwandlungen als unschädlich für die vorherige Einbringung anzusehen sind, wenn folgende Voraussetzungen kumulativ erfüllt sind:

---

287 Vgl. Randnr. 22.22 UmwStE; a. A. Pung, GmbHR 2012, 158 [162].
288 Vgl. Randnr. 00.03 UmwStE.
289 Bogenschütz, Ubg 2011, 393 [394].
290 Vgl. z. B. Heß/Schnitger, Reform des Umwandlungssteuerrechts, 2007, Rn. 1661 sowie Rn. 1664.
291 Az. I R 48/15.

- es darf keine steuerliche Statusverbesserung eintreten (d. h. die Besteuerung eines Einbringungsgewinns I bzw. II darf nicht verhindert werden),
- es dürfen sich keine stillen Reserven von den sperrfristbehafteten Anteilen auf Anteile eines Dritten verlagern,
- das deutsche Besteuerungsrecht darf nicht ausgeschlossen oder eingeschränkt werden,
- die Antragsteller erklären sich damit einverstanden, dass auf alle unmittelbaren oder mittelbaren Anteile an einer an der Umwandlung beteiligten Gesellschaft § 22 Abs. 1 und 2 UmwStG entsprechend anzuwenden ist, wobei Anteile am Einbringenden regelmäßig nicht einzubeziehen sind.

Grundsätzlich ist natürlich zu befürworten, dass die Finanzverwaltung durch Schaffung dieser Billigkeitsregelung versucht, die durch die Einstufung von Folgeumwandlungen als Sperrfristverstöße entstehende Situation zu Gunsten der Steuerpflichtigen zu entschärfen. Allerdings werden mit dieser Regelung viele neue Fragen aufgeworfen, die die Anwendung des UmwStG nicht gerade erleichtern. Es ergibt sich daraus eine Vielzahl neuer und überaus komplexer Rechtsfragen, die von der Frage nach der generellen Zulässigkeit solcher Billigkeitsregelungen über die konkrete Ausgestaltung bis hin zu den Rechtsfolgen und formalen Fragen bei der Erteilung verbindlicher Auskünfte reichen.[292]

499

Die Finanzverwaltung hat im Umwandlungssteuererlass durch die Skizzierung verschiedener Beispiele versucht, den Inhalt der Billigkeitsregelung zu erläutern. Diese Beispiele führen zu folgenden Ergebnissen:
- Beispiel 1: Eine Seitwärtsverschmelzung einer einbringenden Kapitalgesellschaft auf eine andere Kapitalgesellschaft zu Buchwerten ist unschädlich, eine Seitwärtsverschmelzung der einbringenden Kapitalgesellschaft auf eine Personengesellschaft ist demgegenüber schädlich.
- Beispiel 2: Wird die Übernehmerin seitwärts auf eine andere Kapitalgesellschaft verschmolzen und erfolgt der Anteilstausch auf Ebene des Gesellschafters zu Buchwerten, ist dies i. d. R. unschädlich. Demgegenüber soll eine solche Seitwärtsverschmelzung auf eine Personengesellschaft wiederum schädlich sein.
- Beispiel 3: Wird die Übernehmerin wieder auf die den Einbringenden verschmolzen (sog. Rückumwandlung) soll dies ein schädlicher Vorgang sein.[293]

500

Obwohl die Beispiele deutlich machen, dass eine Folgeumwandlung auf eine Personengesellschaft grundsätzlich als schädlich anzusehen ist, gilt dies nur für entgeltliche Übertragungen. Wird die Übertragung von sperrfristbehafteten Anteilen hingegen unentgeltlich gestaltet, dann ist dies ein unschädlicher Vorgang.[294] Die Grundaussage, dass Folgeumwandlungen auf Personengesellschaften schädlich sein sollen, beruht darauf, dass im Gesetz nur Folgeumwandlungen auf Kapitalgesellschaften als unschädlich angesehen werden und daher nach Verwaltungsauffassung auch im Billigkeitswege keine Erstreckung auf Personengesellschaften möglich sein soll. Nach dieser Auffassung der Finanzverwaltung ist auch die Weiter-Einbringung sperrfristbehafteter Anteile in eine Personengesellschaft gegen Gewährung neuer Anteile zu Buchwerten ein Sperrfristverstoß.

501

cc) Auflösung oder Kapitalherabsetzung bei der Übernehmerin

Nach § 22 Abs. 1 Satz 6 Nr. 3 UmwStG kommt es zu einer rückwirkenden Besteuerung des Einbringungsgewinns I, wenn die Kapitalgesellschaft, an der die erhaltenen Anteile bestehen – also die Übernehmerin des übertragenen Betriebs, Teilbetriebs, Mitunternehmeranteils – aufgelöst und abgewickelt wird oder das Kapital dieser Gesellschaft herabgesetzt und an die Anteilseigner

502

---

292 Vgl. umfassend Stangl in: Rödder/Herlinghaus/van Lishaut, UmwStG, § 22 Rn. 48 ff.
293 Vgl. hierzu kritisch Benz/Rosenberg, DB Beilage 1 zu Heft 2/2012, 38 [49].
294 Ebenso Pung, GmbHR 2012, 158 [163]); bezüglich der Frage, welche Vorgänge als unentgeltlich anzusehen sind, vgl. BMF-Schreiben v. 11.07.2011, BStBl. I 2011, 713; Tz. II.b).

zurückgezahlt wird oder Beträge aus dem steuerlichen Einlagekonto im Sinne des § 27 KStG ausgeschüttet oder zurückgezahlt werden.

503 Die Regelung zur Einbeziehung der Verwendung des steuerlichen Einlagekontos in diesen Ersatzrealisationstatbestand ist sehr weitgehend und wird in der Literatur kritisiert.[295] Vor diesem Hintergrund ist zu begrüßen, dass die Finanzverwaltung im Umwandlungssteuererlass eine Interpretation dieses Tatbestands vornimmt, die den Wortlaut in zweierlei Hinsicht einschränkt. Gemäß Randnr. 22.24 UmwStE kommt es nur insoweit zu einer rückwirkenden Einbringungsgewinnbesteuerung,
– als der tatsächlich aus dem steuerlichen Einlagekonto i. S. v. § 27 KStG ausgekehrte Betrag den Buchwert bzw. die Anschaffungskosten der sperrfristbehafteten Anteile im Zeitpunkt der Einlagenrückgewähr übersteigt.
– Der übersteigende Betrag gilt dabei unter Anwendung der Siebtelregelung als Einbringungsgewinn, wenn dieser den tatsächlichen Einbringungsgewinn (§ 22 Abs. 1 Satz 3 und Abs. 2 Satz 3 UmwStG) nicht übersteigt.

504 Zu beachten ist, dass ein Sperrfristverstoß nach Nr. 3 nicht nur durch eine gezielte Einlagenrückgewähr ausgelöst werden kann, sondern auch durch die Verwendung des Einlagekontos für Mehrabführungen im Sinne des § 14 Abs. 3 oder 4 KStG. In den Fällen organschaftlicher Mehrabführungen ist dabei der Buchwert der sperrfristbehafteten Anteile im Zeitpunkt der Mehrabführung um aktive und passive Ausgleichsposten i. S. v. § 14 Abs. 4 KStG zu korrigieren.[296]

505 Mit dieser Regelung ist daher sichergestellt, dass Verwendungen des steuerlichen Einlagekontos so lange unschädlich sind, wie sie als Einlagenrückgewähr mit den steuerlichen Anschaffungskosten/dem steuerlichen Buchwert der Anteile verrechnet werden können. Erst wenn die Ausschüttungen aus dem steuerlichen Einlagekonto diesen Betrag übersteigen, entsteht ein Einbringungsgewinn I i. H. d. übersteigenden Betrags. Kommt es also in verschiedenen Jahren zu einer sukzessiven Ausschüttung des steuerlichen Einlagekontos, so kann es hierdurch sein, dass ab dem Zeitpunkt, in dem der Buchwert/die Anschaffungskosten der Anteile erstmals überschritten sind, regelmäßig zu einer anteiligen Entstehung eines rückwirkend zu besteuernden Einbringungsgewinns I kommt. Allerdings darf die Summe des so zu versteuernden Einbringungsgewinnes I den Betrag der tatsächlich zum Einbringungszeitpunkt vorhandenen stillen Reserven nicht übersteigen.

506 Trotz der für den Steuerpflichtigen günstigen Interpretation durch die Finanzverwaltung bleibt an der Regelung zu bemängeln, dass sie nicht auf den anlässlich einer Einbringung nach § 20 UmwStG gebildeten Betrag des steuerlichen Einlagekontos begrenzt ist, sondern auch die Verwendung solcher Beträge mit einbezieht und als schädlich erklärt, die bereits vor der Einbringung nach § 20 UmwStG bestanden haben.[297]

507 Hält der Anteilseigner neben den sperrfristbehafteten Anteilen auch nicht sperrfristbehaftete Anteile, so sind die Rückzahlungen aus dem steuerlichen Einlagekonto aufzuteilen. Pung[298] plädiert hier für eine Aufteilung nach dem Verhältnis der Nennwerte, weil sich nach der Nominalbeteiligung i. d. R. auch die Gewinnberechtigung richtet.

dd) Ketteneinbringung

508 Nach § 22 Abs. 6 Satz 6 Nr. 4 UmwStG ist es schädlich, wenn der Einbringende die erhaltenen Anteile zum Buchwert in eine Kapitalgesellschaft oder Genossenschaft eingebracht hat und diese übernehmende Gesellschaft die erhaltenen Anteile anschließend unmittelbar oder mittelbar veräu-

---

295 Z. B. Schönherr/Lemaitre, GmbHR 2007, 459 [466]; Förster/Wendland, BB 2007, 631 [637].
296 Randnr. 22.24 UmwStE.
297 Vgl. Förster/Wendland, BB 2007, 631 [637]; a. A. Pung, GmbHR 2012, 158 [163].
298 GmbHR 2012, 158 [163].

ßert oder sie ihrerseits wiederum in eine andere Gesellschaft einbringt, es sei denn, der Gesellschafter weist nach, dass diese Einbringung wiederum zu Buchwerten erfolgte (sog. Ketteneinbringung). Das setzt insbesondere auch voraus, dass im Rahmen dieser weiteren Einbringung keine sonstigen Gegenleistungen gewährt werden, welche die Grenzen von § 20 Abs. 2 Satz 2 Nr. 4 und § 21 Abs. 1 Satz 2 Nr. 2 UmwStG übersteigen.

▶ **Beispiel:**

A bringt seinen Betrieb (Buchwert 500, gemeiner Wert 1.000) im VZ 01 zu Buchwerten gegen Gewährung von Gesellschaftsrechten nach § 20 Abs. 1 UmwStG in die A-GmbH ein. Im VZ 02 bringt A die erhaltenen Anteile zu Buchwerten gegen Gewährung von Gesellschaftsrechten in die C-GmbH ein. Der gemeine Wert beträgt zu diesem Zeitpunkt 1.100. Die C-GmbH veräußert dann ihrerseits die übernommenen Anteile an der A-GmbH im VZ 03 zum Preis von 1.200.

Lösung:

Die Einbringung der erhaltenen Anteile an der A-GmbH in die C-GmbH zu Buchwerten löst keine rückwirkende Besteuerung des Einbringungsgewinns I bei A aus. Die darauf folgende Veräußerung der Anteile an der A-GmbH durch die C-GmbH ist allerdings ein schädlicher Vorgang und erfüllt die Voraussetzungen des § 22 Abs. 1 Satz 6 Nr. 4 UmwStG. Es kommt zu einer rückwirkenden Besteuerung der ursprünglichen Betriebseinbringung bei A. Der Einbringungsgewinn I beträgt 500. Zwischen dem Einbringungsstichtag und dem Tag der schädlichen Veräußerung sind 2 volle Zeitjahre abgelaufen. Daher ist ein Betrag i. H. v. 5/7 × 500 = 357 nachträglich zu versteuern.

ee) Ketteneinbringung mit anschließender schädlicher Verfügung über die erhaltenen Anteile

§ 22 Abs. 1 Satz 6 Nr. 5 UmwStG definiert als weiteren Ersatzrealisationstatbestand, wenn der Einbringende die erhaltenen Anteile wiederum zu Buchwerten in eine andere Kapitalgesellschaft oder Genossenschaft einbringt und dann anschließend die aus diesem Anteilstausch hervorgegangenen erhaltenen Anteile unmittelbar oder mittelbar veräußert oder durch einen Vorgang im Sinne der Nr. 1 oder 2 des § 22 Abs. 1 Satz 6 unmittelbar oder mittelbar überträgt, es sei denn, er weist nach, dass die Einbringung zu Buchwerten erfolgte. Das setzt u.a. wiederum voraus, dass etwaige sonstige Gegenleistungen die Grenzen von § 20 Abs. 2 Satz 2 Nr. 4 und § 21 Abs. 1 Satz 2 Nr. 2 UmwStG nicht übersteigen.

Findet im Rahmen der Ketteneinbringung auch eine grenzüberschreitende Einbringung statt, so ist es für das Kriterium der Buchwertfortführung ausreichend, wenn der Einbringende die erhaltenen Anteile mit dem Buchwert des hingegebenen Vermögens ansetzt. Auf den Ansatz eingebrachten Vermögens bei der ausländischen Übernehmerin kommt es hingegen nicht an.

▶ **Beispiel:**

A bringt sein Einzelunternehmen zu Buchwerten gegen Gewährung von Gesellschaftsrechten nach § 20 Abs. 1 UmwStG in die A-GmbH ein. Anschließend bringt er die erhaltenen Anteile an der A-GmbH in die C-GmbH ein. Noch innerhalb der ersten 7 Jahre nach der ersten Einbringung entschließt er sich, die Anteile an der C-GmbH zu veräußern.

Lösung:

Während die Betriebseinbringung nach § 20 Abs. 1 UmwStG und die anschließende Einbringung der erhaltenen Anteile nach § 21 Abs. 1 UmwStG zu Buchwerten zunächst steuerneutral möglich waren, erfüllt die Veräußerung der Anteile an der C-GmbH die Voraussetzungen des § 22 Abs. 1 Satz 6 Nr. 5 UmwStG und führt damit zu einer rückwirkenden Versteuerung des Einbringungsgewinns I.

ff) Wegfall der Ansässigkeitsvoraussetzung

513　Nach § 22 Abs. 1 Satz 6 Nr. 6 UmwStG ist ein Ersatzrealisationstatbestand gegeben, wenn entweder der Einbringende oder die übernehmende Gesellschaft die Voraussetzungen des § 1 Abs. 4 UmwStG nicht mehr erfüllt.

514　Handelt es sich bei dem Einbringenden ebenso wie bei der Übernehmerin um eine **Kapitalgesellschaft**, sind die Voraussetzungen des § 1 Abs. 4 UmwStG dann erfüllt, wenn die Gesellschaft ihren Sitz und den Ort ihrer Geschäftsleitung innerhalb der EU bzw. des EWR hat (doppelte Ansässigkeit). Damit ist die Sitzverlegung oder die Verlegung des Ortes der Geschäftsleitung einer Kapitalgesellschaft vom Inland in einen anderen EU/EWR-Staat unschädlich.

515　Handelt es sich bei dem Einbringenden um eine **natürliche Person**, so ist nach § 1 Abs. 4 in Verbindung mit § 1 Abs. 2 Nr. 2 UmwStG Voraussetzung, dass sie ihren Wohnsitz oder gewöhnlichen Aufenthaltsort innerhalb des Hoheitsgebiets eines EU/EWR-Staats hat.

e) Unentgeltliche Rechtsnachfolge (§ 22 Abs. 6 UmwStG)

516　Gem. § 22 Abs. 6 UmwStG sind unentgeltliche Übertragungen auf natürliche Personen bzw. auf Personengesellschaften, soweit die übrigen Mitunternehmer ebenfalls natürliche Personen sind, unschädlich. Der Begünstigte tritt vielmehr in die Rechtsstellung des Überträgers ein. Die übergehenden Anteile bleiben sperrfristbehaftet und die 7-jährige Sperrfrist läuft unverändert weiter. Fortan gilt der Begünstigte als »Einbringender« im Sinne des § 22 Abs. 2 UmwStG. Er ist also als neuer Inhaber der sperrfristbehafteten Anteile die Person, die durch entsprechende Verfügungen ein schädliches Ereignis auslösen kann. Tritt allerdings tatsächlich ein schädliches Ereignis ein, dann trifft die rückwirkende Besteuerung nicht den unentgeltlichen Rechtsnachfolger, sondern den Einbringenden selbst.[299] Dies ist der Tatsache geschuldet, dass die Entstehung eines Einbringungsgewinns I ein rückwirkendes Ereignis ist, das auf den ursprünglichen Einbringungszeitpunkt zurückwirkt. Vor diesem Hintergrund ist es angebracht, mit dem unentgeltlichen Rechtsnachfolger eine Regelung zu treffen, wer die rückwirkend entstehende Steuerlast zu tragen hat, wenn der unentgeltliche Rechtsnachfolger einen Sperrfristverstoß auslöst.

f) Mitverstrickung (§ 22 Abs. 7 UmwStG)

517　Bei Gründung einer Gesellschaft oder bei späteren Kapitalerhöhungen durch die Gesellschafter kann es zu einer Verlagerung stiller Reserven zwischen den jeweiligen Gesellschaftern kommen, wenn durch den neue Anteile übernehmenden Gesellschafter ein zu geringes Agio eingezahlt wird. Handelt es sich bei den bereits bestehenden Anteilen an dieser Gesellschaft ganz oder z. T. um sperrfristbehaftete Anteile, so verlagern sich stille Reserven von diesen auf die neuen Anteile. Dieser Tatbestand führt nach § 22 Abs. 7 UmwStG zu einer **Mitverstrickung** der neuen Anteile. Als Folge dieser Mitverstrickung kann der Inhaber dieser mitverstrickten Anteile durch eine schädliche Verfügung gleichfalls eine rückwirkende Besteuerung des Einbringungsgewinns I oder II auslösen. Auch in diesem Fall trifft die schädliche Rechtsfolge durch die Rückwirkung ausschließlich den ursprünglich Einbringenden und nicht den Inhaber der mitverstrickten Anteile.

g) Nachweis der Zuordnung der sperrfristbehafteten Anteile

518　Nach Durchführung einer steuerbegünstigten Einbringung nach § 20 UmwStG hat der Einbringende innerhalb der Sperrfrist von 7 Jahren – berechnet ab dem Einbringungszeitpunkt (steuerlicher Übertragungsstichtag) – jährlich spätestens bis zum 31. Mai nachzuweisen, dass die Anteile noch von ihm gehalten werden. Darüber hinaus verlangt die Finanzverwaltung in Randnr. 22.30 UmwStE eine Bestätigung der übernehmenden Gesellschaft über die Gesellschafterstellung des Einbringenden.

---

299 Vgl. Randnr. 22.41 UmwStE mit Beispiel.

Wird dieser Nachweis nicht erbracht, gelten die jeweiligen Anteile als veräußert und der entspre- 519
chende Einbringungsgewinn I ist von Amts wegen nach § 22 Abs. 1 UmwStG zu besteuern.

8. Auswirkungen bei der übernehmenden Kapitalgesellschaft

a) Ermittlung der Abschreibungen und Behandlung von Konfusionsgewinnen

§ 23 UmwStG betrifft die Auswirkungen des Vermögensübergangs bei der übernehmenden Kapi- 520
talgesellschaft.

Für die Fälle der **Buchwertfortführung** wird auf § 4 Abs. 2 Satz 3 und § 12 Abs. 3 UmwStG 521
verwiesen, wonach die Besitzzeit der Überträgerin angerechnet wird, wenn es für die Besteuerung
auf die Dauer der Zugehörigkeit eines Wirtschaftsguts zum Betriebsvermögen ankommt. Die
übernehmende Körperschaft tritt bezüglich der Bewertung der übernommenen Wirtschaftsgüter,
der Absetzungen für Abnutzung und der den steuerlichen Gewinn mindernden Rücklagen in die
Rechtsstellung der Überträgerin ein.

Setzt die Kapitalgesellschaft das eingebrachte Betriebsvermögen mit einem **über dem Buchwert,** 522
aber unter dem gemeinen Wert liegenden Wert an, gilt zwar gem. § 23 Abs. 3 UmwStG auch
die Regelung über den Eintritt in die Rechtsstellung der Überträgerin gem. § 12 Abs. 3 UmwStG,
allerdings mit der Maßgabe, dass sich die ursprünglichen Anschaffungskosten als Bemessungsgrundlage für die lineare Abschreibung beweglicher Wirtschaftsgüter nach § 7 Abs. 1 EStG bzw.
für die Abschreibung von Gebäuden um den Aufstockungsbetrag erhöhen (§ 23 Abs. 3 Nr. 1
UmwStG). In den Fällen der degressiven Abschreibung nach § 7 Abs. 2 EStG gilt der von der
übernehmenden Kapitalgesellschaft angesetzte Zwischenwert als Bemessungsgrundlage für die
Abschreibung (§ 23 Abs. 3 Nr. 2 UmwStG).

Setzt die Kapitalgesellschaft das eingebrachte Betriebsvermögen mit **gemeinen Werten** an, handelt 523
es sich für den Fall der Einbringung des Betriebsvermögens im Wege der Einzelrechtsnachfolge
um eine Anschaffung, § 23 Abs. 4 UmwStG. Bei Einbringungen des Betriebsvermögens im Wege
der Gesamtrechtsnachfolge nach den Vorschriften des UmwG gilt § 23 Abs. 3 UmwStG entsprechend.

Die Vorschriften über die Gewinnerhöhung durch Vereinigung von Forderungen und Verbind- 524
lichkeiten (Konfusion) sowie die gewerbesteuerlichen Vorschriften für übergegangene Renten und
dauernde Lasten in § 6 Abs. 1 und 3 UmwStG sind nach § 23 Abs. 6 UmwStG entsprechend
anzuwenden. Insoweit kann hier auf Teil 7 Rdn. 149 ff. verwiesen werden.

Ein bei dem einbringenden Rechtsträger vorhandener einkommensteuerlicher, körperschaftsteuer- 525
licher oder gewerbesteuerlicher Verlustvortrag geht **nicht** mit auf die übernehmende Kapitalgesellschaft über. Bei dem übernehmenden Rechtsträger ist darüber hinaus § 8c KStG zu beachten,
sodass es auch auf dieser Ebene ggf. zu einem Wegfall von Verlustvorträgen kommen kann (vgl.
hierzu eingehend Teil 7 Rdn. 265 ff.).

b) Behandlung von Kapitalerhöhungskosten

Die Einbringung von Betriebsvermögen in eine Kapitalgesellschaft nach § 20 UmwStG stellt nach 526
Ansicht der Finanzverwaltung einen veräußerungs- bzw. tauschähnlichen Vorgang dar. Hieraus
wird gefolgert, dass die Einbringungsnebenkosten – soweit sie einzelnen Wirtschaftsgütern direkt
zuordenbar sind (wie z. B. die Grunderwerbsteuer) – auf der Ebene der übernehmenden Gesellschaft als Anschaffungsnebenkosten zu aktivieren sind.[300] Nicht aktivierungspflichtig sind hingegen vorgelagerte Aufwendungen der Entscheidungsfindung sowie einzelnen Wirtschaftsgütern
nicht direkt zuordenbare Aufwendungen. Die von der aufnehmenden Gesellschaft zu tragenden
Beratungskosten sowie etwaige Kosten einer Unternehmensbewertung sind daher als laufender

---

300 Vgl. Randnr. 22.01 UmwStE.

Aufwand zu behandeln und auch steuerlich abzugsfähig. Dasselbe gilt nach dem Urteil des BFH v. 19.01.2000[301] auch für die von der aufnehmenden Gesellschaft getragenen Kapitalerhöhungskosten (wie z. B. Notariatskosten etc.). Einer besonderen Satzungsregelung für die Übernahme dieser Aufwendungen bedarf es nicht.

c) Buchwertaufstockung bei rückwirkender Besteuerung des Einbringungsgewinns

527 Kommt es zu einer schädlichen Anteilsveräußerung innerhalb der Siebenjahresfrist oder zu einer Verwirklichung eines der Ersatzrealisationstatbestände des § 22 Abs. 1 Satz 6 Nr. 1 bis 6 UmwStG und damit zu einer rückwirkenden Besteuerung des Einbringungsvorgangs nach § 22 Abs. 1 UmwStG, so kann sich hieraus eine entsprechende Aufstockung der übergegangenen Wirtschaftsgüter bei der übernehmenden Kapitalgesellschaft ergeben, was in der Folgezeit bei abnutzbaren Wirtschaftsgütern zu höheren Abschreibungen führt.

528 Für die Buchwertaufstockung gelten die folgenden Voraussetzungen (§ 23 Abs. 2 UmwStG):
– Es muss zu einer rückwirkenden Besteuerung des Einbringungsgewinnes kommen.
– Für die Buchwertaufstockung muss ein entsprechender Antrag gestellt werden.
– Der Einbringende muss die auf den Einbringungsgewinn entfallende Steuer entrichtet haben und dies durch Vorlage einer Bescheinigung des zuständigen Finanzamtes nachweisen (vgl. hierzu § 22 Abs. 5 UmwStG).

529 Allerdings ist diese Aufstockung nicht rückwirkend zum Einbringungszeitpunkt vorzunehmen, sondern erst zum Zeitpunkt der schädlichen Anteilsveräußerung. Die Aufstockung ist wirtschaftsgutbezogen. Voraussetzung für die Buchwertaufstockung ist daher, dass sich die betreffenden Wirtschaftsgüter im Zeitpunkt der Anteilsveräußerung noch im Betriebsvermögen der Übernehmerin befinden. Soweit das eingebrachte Betriebsvermögen in der Zwischenzeit zum gemeinen Wert veräußert wurde, stellt der darauf entfallende Aufstockungsbetrag im Zeitpunkt der Anteilsveräußerung sofort abziehbaren Aufwand dar. Soweit das eingebrachte Betriebsvermögen jedoch zum Buchwert weiter übertragen wurde, soll der Aufstockungsbetrag »ins Leere« laufen und nicht berücksichtigt werden.

530 Erfolgt also die rückwirkende Besteuerung des Einbringungsvorgangs innerhalb des ersten Jahres nach der Einbringung und werden damit sämtliche übergegangenen stillen Reserven ungemildert der Besteuerung unterworfen, führt die Buchwertaufstockung bei der Übernehmerin dazu, dass diese im Ergebnis so gestellt ist, als wäre die Einbringung zu gemeinen Werten durchgeführt worden.

531 Ist zwischen der Einbringung und der schädlichen Anteilsveräußerung schon mehr als ein Jahr vergangen, so wird die Übernehmerin im Ergebnis so gestellt, als habe die Einbringung zu Zwischenwerten stattgefunden.

9. Grenzüberschreitende Einbringungsvorgänge

532 Bringt ein inländischer übertragender Rechtsträger einen Betrieb, Teilbetrieb oder Mitunternehmeranteil in eine ausländische Kapitalgesellschaft ein, so fällt dieser Vorgang gem. § 1 Abs. 4 UmwStG unter § 20 UmwStG, wenn die übernehmende Kapitalgesellschaft Sitz und Ort der Geschäftsleitung in einem EU/EWR-Staat hat und nach dem Recht eines dieser Staaten gegründet wurde (doppelte Ansässigkeit nach § 1 Abs. 2 Nr. 1 UmwStG). Grundsätzlich sind die übergehenden Wirtschaftsgüter zu gemeinen Werten anzusetzen. Ein Buchwertansatz oder ein Ansatz von Zwischenwerten ist jedoch auf Antrag möglich, wenn die in Teil 7 Rdn. 450 aufgeführten Voraussetzungen erfüllt sind. Insbesondere muss das Betriebsvermögen weiterhin der Körperschaftsteuer unterliegen und das Besteuerungsrecht Deutschlands an dem übergehenden Vermögen darf nicht ausgeschlossen oder beschränkt werden. Diese Voraussetzung wird regelmäßig dann erfüllt, wenn

---

301 I R 24/99, BStBl. II 2000, 546.

das übergehende Vermögen nach der Einbringung eine inländische **Betriebsstätte** der Übernehmerin bildet, für die Deutschland nach dem einschlägigen DBA ein Besteuerungsrecht hat. Gehen jedoch einzelne Wirtschaftsgüter im Zuge der Einbringung auf das ausländische Stammhaus über und sind nicht der deutschen Betriebsstätte zuzuordnen, kommt es insoweit zu einem Ansatz des gemeinen Wertes und zu einer Aufdeckung stiller Reserven.

Kommt es innerhalb der nächsten 7 Jahre nach dem Einbringungsvorgang zu einer schädlichen Anteilsveräußerung, so ergeben sich in den Fällen der grenzüberschreitenden Einbringung dieselben Konsequenzen wie bei vergleichbaren inländischen Vorgängen. Insbesondere kommt es zu einer rückwirkenden Besteuerung des Einbringungsvorgangs nach § 22 Abs. 1 UmwStG, wobei sich der jeweils nachzuversteuernde Einbringungsgewinn für jedes seit der Einbringung bis zum Zeitpunkt der schädlichen Anteilsveräußerung bereits abgelaufene Zeitjahr um jeweils $1/7$ verringert. 533

Einen Sonderfall bildet die Einbringung einer im Ausland belegenen Betriebsstätte in eine ausländische Kapitalgesellschaft, wenn es sich hierbei um eine sog. »**Anrechnungsbetriebsstätte**« handelt. Eine »Anrechnungsbetriebsstätte« ist gegeben, wenn Deutschland mit dem Betriebsstättenstaat entweder kein DBA abgeschlossen hat, oder ein existierendes DBA Deutschland als Stammhausstaat ein Besteuerungsrecht unter Anrechnung der ausländischen Steuern zugesteht. Darüber hinaus sehen viele Länder die Freistellungsmethode mit Aktivitätsvorbehalt vor. Die Freistellungsmethode kann dann nur für Betriebsstätten mit aktiven Einkünften in Anspruch genommen werden, während für Betriebsstätten mit passiven Einkünften die Anrechnungsmethode gilt. 534

Kommt es also anlässlich einer grenzüberschreitenden Einbringung zur Übertragung einer solchen Anrechnungsbetriebsstätte und verliert Deutschland insoweit durch die Einbringung sein Besteuerungsrecht, werden die stillen Reserven der Anrechnungsbetriebsstätte der Besteuerung unterworfen. Allerdings rechnet Deutschland auf die sich hieraus ergebende Steuer eine fiktive ausländische Steuer an, die nach den Rechtsvorschriften des Betriebsstättenstaates erhoben worden wäre, wenn die übertragenen Wirtschaftsgüter zum gemeinen Wert veräußert worden wären (vgl. § 20 Abs. 7 in Verbindung mit § 3 Abs. 3 UmwStG). 535

10. Rückwirkung

Das bei der Einbringung auf die aufnehmende Gesellschaft zu übertragende Vermögen geht grundsätzlich zu dem im Einbringungsvertrag bestimmten Zeitpunkt bzw. bei einer Einbringung durch eine Umwandlung im Sinne des UmwG mit Eintragung der Umwandlung im Handelsregister über. Für steuerliche Zwecke würde es ohne weitere Regelungen darauf ankommen, wann das wirtschaftliche Eigentum am zu übertragenden Vermögen übergeht. Dies wird – soweit der Einbringungsvertrag keine abweichenden Regelungen enthält – häufig mit Abschluss des Einbringungsvertrages bzw. mit Eintritt der darin ggf. vorgesehenen Bedingungen der Fall sein. 536

Nach § 20 Abs. 5 und Abs. 6 UmwStG ist es jedoch auf Antrag der aufnehmenden Gesellschaft auch möglich, den Vermögensübergang für ertragsteuerliche Zwecke bis zu acht Monate rückwirkend zu gestalten. Die in § 2 UmwStG vorgesehene Rückwirkung für andere Umwandlungen ist somit auch im Bereich der Einbringungen nach § 20 UmwStG möglich. Der ggf. bis zu acht Monate zurückliegende Zeitpunkt ist dann der **steuerliche Übertragungsstichtag** der Einbringung nach § 20 UmwStG. 537

Erfolgt die Einbringung durch eine Umwandlung nach dem UmwG (z. B. durch eine Ausgliederung oder eine Verschmelzung einer Personengesellschaft auf eine Kapitalgesellschaft), kann die Rückbeziehung auf einen Zeitpunkt, der nicht mehr als acht Monate vor der Anmeldung der Umwandlung zum Handelsregister liegt, erfolgen. 538

Erfolgt die Einbringung durch Einzelrechtsnachfolge aufgrund eines Einbringungsvertrages, kann die Rückbeziehung auf einen Zeitpunkt, der nicht mehr als acht Monate vor Abschluss des Ein- 539 bringungsvertrages und dem Übergang des wirtschaftlichen Eigentums liegt, erfolgen (§ 20 Abs. 6 Satz 3 UmwStG, vgl. Randnr. 20.14 UmwStE). Wird beispielsweise eine Einbringung am 31.08. beurkundet, ist somit grundsätzlich eine Rückwirkung auf den 31.12. des Vorjahres möglich. Falls aber der Einbringungsvertrag eine Bedingung enthält, die erst am 15.09. eintritt und bis dahin den Übergang des wirtschaftlichen Eigentums verhindert, kann die Rückwirkung nicht auf den 31.12. des Vorjahres, sondern nur auf den 15.01. erfolgen.

540 Die Finanzverwaltung verlangt, dass sich die Wahl des Einbringungszeitpunktes durch die übernehmende Gesellschaft eindeutig aus der Bilanz oder der Steuererklärung ergibt.[302] Der Antrag auf Zugrundelegung eines abweichenden Übertragungsstichtages wäre also entsprechend spätestens im Zeitpunkt der Einreichung der Steuerbilanz bzw. der Steuererklärung der übernehmenden Gesellschaft zu stellen. Das FG Berlin-Brandenburg ist hingegen der Auffassung, dass der Antrag auf Zugrundelegung eines abweichenden Übertragungsstichtages bis zur Beendigung der letzten Tatsacheninstanz, in der über die Besteuerung des Vermögensübergangs der übernehmenden Kapitalgesellschaft entschieden wird, gestellt bzw. geändert werden kann.[303] Anders als bei dem Bewertungswahlrecht nach § 20 Abs. 2 Satz 3 UmwStG (vgl. Teil 7 Rdn. 447 ff.) sehe das Gesetz hinsichtlich der Rückbeziehungsmöglichkeit eine Frist nicht ausdrücklich vor. Gegen das Urteil hat die Finanzverwaltung Revision beim BFH eingelegt.[304] Es ist daher ratsam vor der Abgabe der Steuerbilanz bzw. Steuererklärung der übernehmenden Gesellschaft abschließend Einigkeit zwischen den Vertragsparteien hinsichtlich des steuerlichen Übertragungsstichtages herzustellen und dann ggf. den entsprechenden Antrag zu stellen.

541 Die steuerliche Rückwirkung hat zur Folge, dass für die Zwecke der Besteuerung davon auszugehen ist, die Einbringung sei bereits zum Ablauf des steuerlichen Übertragungsstichtages erfolgt. Die im Rückwirkungszeitraum angefallenen Geschäftsvorfälle sind somit bereits dem übernehmenden Rechtsträger zuzurechnen. Es kommt jedoch nicht zu einer Rückbeziehung von Verträgen, die tatsächlich erst später abgeschlossen worden sind, auf den steuerlichen Übertragungsstichtag. Die Zuordnungsregelung betrifft also nur tatsächlich angefallene Geschäftsvorfälle. Darüber hinaus gilt die Rückwirkung nicht für Entnahmen und Einlagen, die nach dem steuerlichen Übertragungsstichtag erfolgt sind (§ 20 Abs. 5 Satz 2 UmwStG). Für Entnahmen und Einlagen sind daher weiterhin die Rechtsfolgen anzuwenden, die sich auch ohne die Rückwirkung ergeben hätten. Dadurch soll vermieden werden, dass Entnahmen im Rückwirkungszeitraum in verdeckte Gewinnausschüttungen umqualifiziert werden müssen, nur weil der steuerliche Einbringungsstichtag aufgrund der Rückwirkungsfiktion vor dem Zeitpunkt der tatsächlichen Einbringung liegt.

542 Die Ausnahme in § 20 Abs. 5 Satz 2 UmwStG für Entnahmen kann dazu führen, dass es zu einem zwingenden Ansatz mindestens eines Zwischenwertes und damit zur (teilweisen) Realisierung stiller Reserven kommt. Das ist dann der Fall, wenn die Entnahmen im Rückwirkungszeitraum das aus den Buchwerten ermittelte Eigenkapital am steuerlichen Übertragungsstichtag überschreiten. Das Eigenkapital wird dadurch negativ, so dass die aufnehmende Kapitalgesellschaft das eingebrachte Betriebsvermögen mindestens so anzusetzen hat, dass sich Aktiva und Passiva decken, das negative Kapitalkonto also ausgeglichen wird (§ 20 Abs. 2 Satz 2 Nr. 2 UmwStG; vgl. Teil 7 Rdn. 453). Es ist daher streng darauf zu achten, dass im Rückwirkungszeitraum keine das Eigenkapital überschreitenden Entnahmen getätigt werden. Ist es nicht möglich, auf Entnahmen vollständig zu verzichten, sollte die Möglichkeit einer Darlehensgewährung statt einer Entnahme in Betracht gezogen werden (was jedoch bei Einbringung durch einen Einzelunternehmer nicht möglich ist). Sind im Rückwirkungszeitraum bereits Entnahmen getätigt worden, die das Eigenkapital im Zeitpunkt des steuerlichen Übertragungsstichtages übersteigen, ist der Rückwirkungszeit-

---

302 Randnr. 20.14 UmwStE.
303 FG Berlin-Brandenburg Urteil v. 13.12.2016 – 6 K 6243/14, EFG 2017, 441.
304 Az. I R 1/17.

raum aber noch nicht beendet, so können diese Entnahmen noch durch Einlagen ausgeglichen werden. Für die Einlagen gilt die Rückwirkungsfiktion ebenfalls nicht.[305]

Die steuerliche Rückwirkung gilt auch für die Berechnung der siebenjährigen Sperrfrist in § 22 UmwStG. Im Fall der Einbringung des Betriebes einer Personengesellschaft in eine Kapitalgesellschaft gilt die Rückwirkungsfiktion jedoch nicht für im Rückwirkungszeitraum aus der Personengesellschaft ausscheidende Mitunternehmer.[306] 543

Für die steuerliche Rückwirkung nach § 20 Abs. 5 und Abs. 6 UmwStG gelten die Regelungen in § 2 Abs. 3 und Abs. 4 UmwStG entsprechend. Das bedeutet, dass es auch bei Einbringungen nach § 20 UmwStG durch die Rückwirkung nicht zu »weißen« Einkünften kommen darf und dass die Verrechnung von Übertragungsgewinnen mit Verlusten bzw. die Nutzung von Verlusten im Rückwirkungszeitraum eingeschränkt wird (vgl. näher Teil 7 Rdn. 185 ff.) 544

II. Anteilstausch

1. Einbringung im Wege des Anteilstausches nach § 21 UmwStG

§ 21 UmwStG regelt die steuerlichen Folgen der Einbringung von Anteilen an einer Kapitalgesellschaft in eine andere Kapitalgesellschaft gegen Gewährung neuer Anteile (Anteilstausch). Die Regelung gilt unabhängig davon, welche Beteiligungsquote die einzubringenden Anteile vermitteln. Ein steuerneutraler Anteilstausch ist jedoch nur dann möglich, wenn die aufnehmende Gesellschaft nach dem Anteilstausch unmittelbar die Mehrheit der Stimmrechte an der eingebrachten Gesellschaft hält. 545

Einbringender im Sinne des § 21 UmwStG kann sowohl eine Kapitalgesellschaft als auch eine natürliche Person sein. Bei Personengesellschaften gelten die Gesellschafter als Einbringende. Unerheblich ist, wo der Einbringende seinen Sitz bzw. Wohnsitz hat. Im Gegensatz zur Einbringung nach § 20 UmwStG ist somit für einen Anteilstausch nicht erforderlich, dass der Einbringende steuerlich innerhalb der EU bzw. des EWR ansässig ist. 546

Auch bezüglich der Kapitalgesellschaft, deren Anteile übertragen werden, gibt es keine besonderen Ansässigkeitserfordernisse. Diese Gesellschaft kann somit auch in einem Drittstaat außerhalb der EU/EWR ansässig sein. 547

Die übernehmende Kapitalgesellschaft muss jedoch Sitz und Ort der Geschäftsleitung in der EU/EWR haben (§ 1 Abs. 4 Satz 1 Nr. 1 UmwStG). 548

Der Anteilstausch nach § 21 UmwStG ist nicht rückwirkend möglich, da eine § 20 Abs. 5 und Abs. 6 UmwStG vergleichbare Regelung fehlt und diese Regelungen auch nicht entsprechend anwendbar sind. 549

▶ Beispiel: Einbringung eines Anteils in eine inländische Kapitalgesellschaft

Die X-Holding und die Y-Holding wollen ein Joint Venture gründen, indem die X-Holding die Anteile an ihrer Tochtergesellschaft gegen Gewährung von Gesellschaftsrechten in die Y-Tochter GmbH einbringt. 550

---

305 Vgl. zum Ganzen Fuhrmann, KÖSDI 2017, 20582.
306 Vgl. Randnr. 20.16 UmwStE.

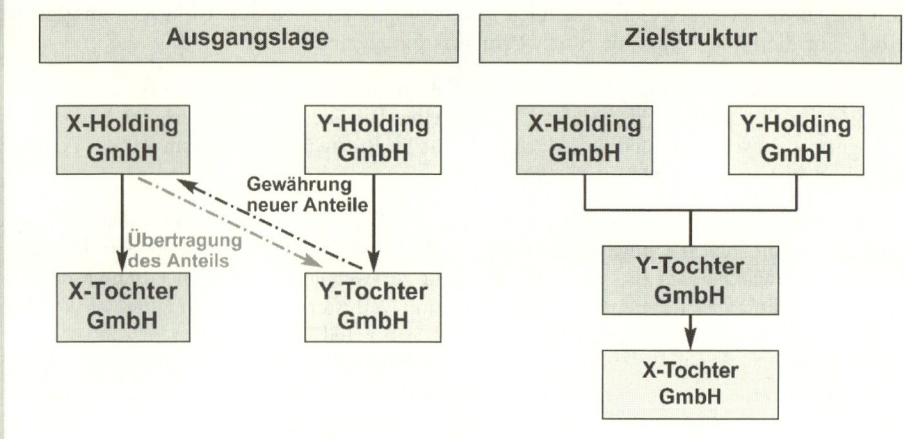

a) Bewertung der übergehenden Anteile bei der Übernehmerin

551 Bezüglich der steuerlichen Behandlung des Einbringungsvorgangs unterscheidet das Gesetz zwischen
– einem »qualifizierten« Anteilstausch, bei dem die übernehmende Kapitalgesellschaft (erwerbende Gesellschaft; hier: Y-Tochter) nach der Einbringung – ggf. zusammen mit bereits vorher im Anteilsbesitz der Übernehmerin befindlichen Anteilen – unmittelbar die Mehrheit der Stimmrechte an der erworbenen Gesellschaft (X-Tochter) hält und
– einem »einfachen« Anteilstausch, bei dem diese Voraussetzung nicht erfüllt ist (§ 21 Abs. 1 UmwStG).

552 Ist ein »einfacher« Anteilstausch gegeben, hat dieser zwingend zu gemeinen Werten zu erfolgen. Die Möglichkeit einer Buchwertfortführung besteht nicht. Der einfache Anteilstausch ist daher wie eine Veräußerung der eingebrachten Anteile zu behandeln.

553 Handelt es sich jedoch um einen »qualifizierten« Anteilstausch, besteht auf Antrag der aufnehmenden Kapitalgesellschaft die Möglichkeit, anstelle des gemeinen Werts der übergehenden Beteiligung die Buchwerte fortzuführen oder Zwischenwerte anzusetzen. Der Antrag kann nur bis zur erstmaligen Abgabe der steuerlichen Schlussbilanz der aufnehmenden Kapitalgesellschaft beim Finanzamt gestellt werden, wobei mit der »steuerlichen Schlussbilanz« die nächste auf den Einbringungszeitpunkt folgende steuerliche Jahresschlussbilanz der übernehmenden Gesellschaft gemeint ist, in der der Einbringungsgegenstand erstmals anzusetzen ist (vgl. Teil 7 Rdn. 447). Das Gesetz stellt zwar die zusätzliche Anforderung, dass Deutschland durch den Einbringungsvorgang kein Besteuerungssubstrat entzogen werden darf, diese Voraussetzung ist aber immer erfüllt, wenn die übernehmende Kapitalgesellschaft im Inland ansässig ist. Auf diese Voraussetzung wird daher bei der Beschreibung des grenzüberschreitenden Anteilstauschs näher eingegangen (vgl. Teil 7 Rdn. 569 ff.).

554 Ebenso wie bei der Einbringung nach § 20 UmwStG ist es auch im Fall des Anteilstauschs möglich, dass die erwerbende Gesellschaft dem Einbringenden zusätzlich zu neuen Anteilen auch noch eine sonstige Gegenleistung gewährt. Auch hier gilt für Anteilstausche vor dem 01.01.2015, bei denen der Wert der sonstigen Gegenleistung den steuerlichen Buchwert der eingebrachten Anteile übersteigt, dass die übernehmende Gesellschaft die eingebrachten Anteile mindestens mit dem gemeinen Wert der sonstigen Gegenleistung anzusetzen hat, so dass es insoweit zu einer teilweisen oder sogar vollständigen Realisierung der stillen Reserven in den eingebrachten Anteilen kam.

555 Auch beim Anteilstausch wurden die Möglichkeiten der Gewährung sonstiger Gegenleistungen für Vorgänge nach dem 31.12.2014 wie bei der Einbringung nach § 20 UmwStG verschärft (vgl.

E. Einbringungsvorgänge

Teil 7 Rdn. 443). Ein Buchwertansatz ist somit nur noch möglich, wenn und soweit der gemeine Wert der sonstigen Gegenleistung nicht mehr beträgt als (i) 25 % des Buchwerts der eingebrachten Anteile oder (ii) 500.000 €, höchstens jedoch den Buchwert der eingebrachten Anteile. Übersteigt die sonstige Gegenleistung diese Grenze, kommt es zu einer teilweisen Aufdeckung der stillen Reserven und damit einer Gewinnrealisierung (vgl. vgl. Teil 7 Rdn. 443 ff.).

b) Bewertung der erhaltenen Anteile bei dem Einbringenden

Der Wert, mit dem die übernehmende Gesellschaft die eingebrachten Anteile ansetzt, gilt beim Einbringenden grundsätzlich als Veräußerungspreis und zugleich als Anschaffungskosten des neu gewährten Anteils (steuerliche Wertverknüpfung), vgl. § 21 Abs. 2 Satz 1 UmwStG. Daher kann beim Einbringenden aufgrund der Übertragung kein Gewinn entstehen, wenn die übernehmende Gesellschaft die eingebrachten Anteile mit dem Buchwert des Einbringenden ansetzt. Die neu gewährten Anteile erhalten den Buchwert der eingebrachten Anteile. 556

Werden bei einem Anteilstausch einbringungsgeborene Anteile alten Rechts übertragen, so sind die erhaltenen Anteile gem. §§ 21 Abs. 2 Satz 6, 20 Abs. 3 Satz 4 UmwStG ebenfalls als einbringungsgeboren im Sinne des § 21 UmwStG a. F. § 8b Abs. 4 KStG a. F. zu qualifizieren. 557

c) Veräußerung der erhaltenen Anteile durch den Einbringenden

Auch bei einem Anteilstausch zu Buch- oder Zwischenwerten kann es zur Entstehung einer siebenjährigen Sperrfrist kommen. Insoweit gilt jedoch nicht die Regelung des § 22 Abs. 1 UmwStG, sondern eine eigene Regelung in § 22 Abs. 2 UmwStG. Die für den Anteilstausch nach § 21 UmwStG geltende Sperrfristregelung in § 22 Abs. 2 UmwStG kann auch dann gelten, wenn bei einer Einbringung nach § 20 UmwStG Anteile an Kapitalgesellschaften mit eingebracht werden. Die Sperrfrist nach § 22 Abs. 2 UmwStG weist gegenüber der Sperrfrist nach § 22 Abs. 1 UmwStG einige Unterschiede auf. 558

Die Sperrfrist nach § 22 Abs. 2 UmwStG soll verhindern, dass natürliche Personen von ihnen gehaltene Anteile an Kapitalgesellschaften zunächst steuerneutral in eine von ihnen gehaltene Kapitalgesellschaft einbringen und die eingebrachten Anteile dann aus der aufnehmenden Kapitalgesellschaft heraus unter Anwendung der Steuerbefreiung des § 8b KStG veräußert werden. Eine solche Verschiebung von zu realisierenden stillen Reserven aus dem Teileinkünfteverfahren in den Anwendungsbereich des § 8b KStG soll innerhalb der ersten sieben Jahre nicht ohne Besteuerung bei der einbringenden natürlichen Person möglich sein. 559

Dies bedeutet aber auch, dass **keine Sperrfrist** nach § 22 Abs. 2 UmwStG entsteht, wenn der Einbringende eine Kapitalgesellschaft ist, bei der die einzubringenden Anteile bereits nach § 8b Abs. 2 und Abs. 3 KStG weitgehend steuerfrei veräußert werden hätten können. Andererseits entsteht auch bei der Einbringung von Anteilen durch Kapitalgesellschaften eine Sperrfrist, wenn die eingebrachten Anteile nach § 8b Abs. 7 oder Abs. 8 KStG nicht weitgehend steuerfrei veräußert werden hätten können. 560

Die Sperrfrist nach § 22 Abs. 2 UmwStG lastet im Gegensatz zur Sperrfrist nach § 22 Abs. 1 UmwStG daher nicht auf den als Gegenleistung für den Anteilstausch gewährten Anteilen, sondern auf den beim Anteilstausch in die aufnehmende Kapitalgesellschaft eingebrachten Anteilen. Die als Gegenleistung für den Anteilstausch gewährten Anteile kann der Einbringende grundsätzlich nach denselben Regeln wie die eingebrachten Anteile veräußern (d. h. bei natürlichen Personen gilt jeweils das Teileinkünfteverfahren), so dass für diese Anteile keine Sperrfrist erforderlich ist. Veräußert die aufnehmende Kapitalgesellschaft die eingebrachten Anteile innerhalb von sieben Jahren nach dem Übergang des wirtschaftlichen Eigentums an diesen Anteilen, wird der Anteilstausch rückwirkend für den Einbringenden steuerpflichtig. Es entsteht ein **Einbringungsgewinn II**. Dies ist insofern besonders hervorzuheben, als der Einbringende auf die spätere Veräußerung des Anteils ggf. keinen Einfluss mehr hat. Trotzdem kann es bei ihm zu einer nachträglichen 561

Besteuerung kommen. Diese Tatsache ist daher bereits bei der Ausgestaltung des Vertrages über den Anteilstausch entsprechend zu berücksichtigen.

562 Auch bei der Sperrfrist nach § 22 Abs. 2 UmwStG reduziert sich der Einbringungsgewinn II für jedes volle Jahr, das seit dem steuerlichen Wirksamwerden des Anteilstauschs mit Übergang des wirtschaftlichen Eigentums an den Anteilen vergangen ist, um $1/7$.

563 Der Einbringungsgewinn II entsteht nicht, soweit der Einbringende die als Gegenleistung für die Einbringung erhaltenen Anteile bereits veräußert hat (vgl. § 22 Abs. 2 Satz 5 UmwStG). In diesem Fall sind die stillen Reserven in den eingebrachten Anteilen beim Einbringenden mit versteuert worden und es besteht selbst im Falle einer nachfolgenden Veräußerung der eingebrachten Anteile durch die aufnehmende Gesellschaft keine Notwendigkeit, den Anteilstausch rückwirkend zu besteuern. Wenn sich der Wert der eingebrachten Anteile seit dem Anteilstausch reduziert hat, kann es daher sinnvoll sein, die Anteile an der aufnehmenden Gesellschaft an Stelle der Anteile an der eingebrachten Gesellschaft zu veräußern.

▶ Beispiel: Anteilstausch mit einer natürlichen Person als Einbringendem

564 A bringt die Anteile an seiner Tochtergesellschaft A-GmbH in die Y-Tochter GmbH gegen Gewährung von Gesellschaftsrechten ein. Der gemeine Wert der A-GmbH zu diesem Zeitpunkt betrug 8 Mio. €, der Buchwert 1 Mio. €. Nach 5 Jahren veräußert Y-Tochter GmbH die Anteile an der A-GmbH zu einem Preis von 8 Mio. €.

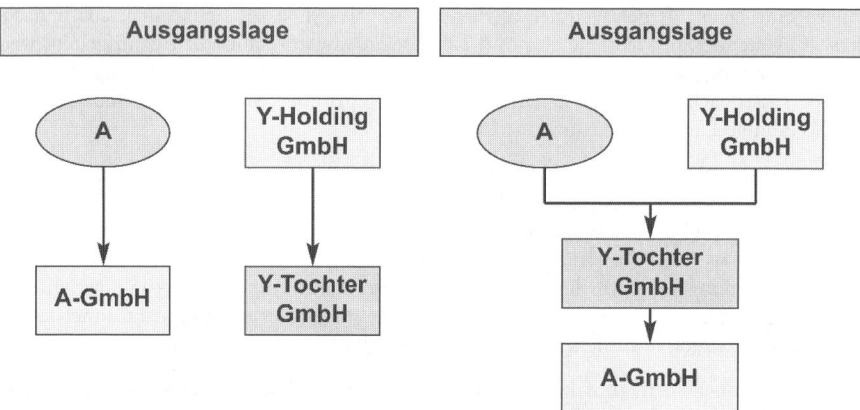

Die Einbringung kann zu Buchwerten erfolgen, denn die erwerbende Y-Tochter GmbH erhält die Mehrheit der Stimmrechte an A-GmbH. Es handelt sich also um einen qualifizierten Anteilstausch. Außerdem wird das Besteuerungsrecht Deutschlands an den erworbenen und auch den neu geschaffenen Anteilen weder beschränkt noch ausgeschlossen.

Allerdings findet eine schädliche Anteilsveräußerung der im Zuge der Einbringung gewährten neuen Anteile durch die Y-Tochter GmbH innerhalb der Siebenjahresfrist statt. Aus diesem Grund erfolgt eine anteilige nachträgliche Versteuerung der zum Zeitpunkt des Anteilstauschs in den Anteilen an der A-GmbH ruhenden und auf die Y-Tochter GmbH übergegangenen stillen Reserven (sog. Einbringungsgewinn II) bei A.

Der nachzuversteuernde Einbringungsgewinn II ermittelt sich wie folgt:

gemeiner Wert der von A eingebrachten Anteile an der A-GmbH im Zeitpunkt der Einbringung	8 Mio. €.
abzüglich des Wertes, mit dem A die an der Y-Tochter GmbH erhaltenen Anteile angesetzt hat	– 1 Mio. €.

E. Einbringungsvorgänge   Teil 7 Kapitel 1

Höhe der stillen Reserven zum Zeitpunkt der Einbringung	7 Mio. €.
Minderung für 5 Zeitjahre ($^5/_7$):	– 5 Mio. €.
Einbringungsgewinn II	2 Mio. €.

A hat somit nachträglich einen Einbringungsgewinn II i. H. v. 2 Mio. € unter Anwendung des Teileinkünfteverfahrens zu versteuern. In gleicher Höhe entstehen nachträgliche Anschaffungskosten auf die von A gehaltenen Anteile an der Y-Tochter GmbH. Ein künftiger Gewinn aus der Veräußerung dieser Anteile wird also um den Betrag von 2 Mio. € geringer ausfallen.

Hätte nicht die Y-Tochter GmbH die Anteile an der A-GmbH, sondern der A seine Anteile an der Y-Tochter GmbH veräußert, würde § 22 Abs. 2 UmwStG nicht zu Anwendung kommen. In diesem Fall liegt bereits originär eine Veräußerung von Anteilen an einer Kapitalgesellschaft vor, die dem Teileinkünfteverfahren unterliegt. Da die Y-Tochter GmbH die Anteile an der A-GmbH noch nicht veräußert hat, sind die darin verhafteten stillen Reserven noch bei der Y-Tochter GmbH vorhanden und werden bei der Übertragung der Anteile an der Y-Tochter GmbH mit vergütet. Sie unterliegen daher bereits einer Besteuerung. Für diesen Fall bedurfte es daher keiner Missbrauchsregelung. Nach § 22 Abs. 2 Satz 5 UmwStG löst eine nachfolgende Veräußerung der Anteile an der A-GmbH dann auch keinen Einbringungsgewinn II mehr aus.

Neben der Veräußerung der eingebrachten Anteile durch die aufnehmende Kapitalgesellschaft löst auch die Verwirklichung der sog. »Ersatzrealisationstatbestände« den Sperrfristverstoß und somit die Besteuerung des Einbringungsgewinnes II aus. Ersatzrealisationstatbestände sind – wie schon bei der Sperrfrist nach § 22 Abs. 1 UmwStG – insbesondere die verdeckte Einlage in eine Kapitalgesellschaft, die Weiter-Einbringung gegen Gewährung neuer Anteile es sei denn, diese erfolgt zu Buchwerten, die Auflösung oder Kapitalherabsetzung oder Einlagenrückgewähr bei der eingebrachten Gesellschaft oder wiederum bestimmte Fälle der Ketten-Einbringungen, es sei denn diese erfolgen zu Buchwerten. Die Ersatzrealisationstatbestände sind näher bei der Sperrfrist nach § 22 Abs. 1 UmwStG in Teil 7 Rdn. 486 ff. erläutert. Dabei ist insbesondere zu berücksichtigen, dass die Sperrfrist nach § 22 Abs. 2 UmwStG und somit auch die Ersatzrealisationstatbestände sich nicht auf die erhaltenen Anteile an der aufnehmenden Gesellschaft, sondern auf die eingebrachten Anteile beziehen. Daher ist eine Einlagenrückgewähr der aufnehmenden Kapitalgesellschaft grundsätzlich nicht geeignet, einen Einbringungsgewinn II für die eingebrachten Anteile auszulösen, sondern die Einlagenrückgewähr müsste auf Ebene der eingebrachten Kapitalgesellschaft erfolgen, um einen Einbringungsgewinn II auslösen zu können.

Soweit zu einem eingebrachten Betrieb oder Teilbetrieb Anteile an Kapitalgesellschaften gehören, findet nicht die Sperrfrist nach § 22 Abs. 1 UmwStG, sondern die Sperrfrist nach § 22 Abs. 2 UmwStG Anwendung. Das bedeutet, dass bei einer Einbringung eines Betriebes oder Teilbetriebes, die nach § 20 UmwStG zu Buchwerten oder Zwischenwerten erfolgt, sowohl eine Sperrfrist nach § 22 Abs. 1 UmwStG auf den als Gegenleistung für die Einbringung erhaltenen Anteilen an der aufnehmenden Kapitalgesellschaft lastet, als auch eine Sperrfrist nach § 22 Abs. 2 UmwStG auf den als Teil des Betriebes oder Teilbetriebes in die aufnehmende Kapitalgesellschaft eingebrachten Anteilen an einer anderen Kapitalgesellschaft lastet. Diese doppelte Sperrfrist ist bei Einbringungen von Betrieben oder Teilbetrieben unbedingt zu beachten, um nicht zu einer rückwirkenden (teilweisen) Steuerpflicht der Einbringung zu kommen.

Auch bei der Einbringung eines Mitunternehmeranteils, bei dem im Gesamthandsvermögen der Mitunternehmerschaft oder im Sonderbetriebsvermögen des einbringenden Mitunternehmers Anteile an Kapitalgesellschaften vorhanden sind, entsteht grundsätzlich sowohl eine Sperrfrist nach § 22 Abs. 1 UmwStG auf den als Gegenleistung für die Einbringung erhaltenen Anteilen als auch eine Sperrfrist nach § 22 Abs. 2 UmwStG auf den zum Gesamthandsvermögen oder zum Sonderbetriebsvermögen gehörenden Anteilen an Kapitalgesellschaften. Dies bedeutet, dass innerhalb der 7-jährigen Sperrfrist sowohl die Veräußerung der zum Gesamthandsvermögen gehörenden Kapitalgesellschaftsanteile durch die Personengesellschaft als auch die Veräußerung der zum Sonderbetriebsvermögen gehörenden Anteile durch die aufnehmende Kapitalgesellschaft einen Sperrfristverstoß nach § 22 Abs. 2 UmwStG auslösen. Als Besonderheit ist zu beachten, dass nach § 22 Abs. 2 Satz 1 UmwStG die unmittelbare und die mittelbare Veräußerung der sperrfristbehafteten Anteile einen Sperrfristverstoß auslöst. Damit löst auch die Veräußerung des Mitunternehmeranteils durch die aufnehmende Kapitalgesellschaft den Sperrfristverstoß nach § 22 Abs. 2 UmwStG hinsichtlich der zum Gesamthandsvermögen gehörenden Kapitalgesellschaftsanteile aus. Dies erscheint sachgerecht, da ansonsten doch die stillen Reserven in den sperrfristbehafteten Anteilen durch die aufnehmende Kapitalgesellschaft realisiert werden könnten.

568 Als Besonderheit bei Mitunternehmerschaften ist schließlich noch zu berücksichtigen, dass die Aufnahme eines neuen Gesellschafters in eine bestehende Mitunternehmerschaft bzw. die quotenverändernde Kapitalerhöhung bei einer Mitunternehmerschaft fiktive Vorgänge nach § 24 UmwStG sind. Dabei wird angenommen, dass die bisherigen Mitunternehmer ihre Mitunternehmeranteile in eine neue Mitunternehmerschaft, an der auch der neu beitretende bzw. der seinen Anteil erhöhende Mitunternehmer beteiligt sind, ggf. steuerneutral nach § 24 UmwStG eingebracht haben.[307] Gehören zum Gesamthandsvermögen der Mitunternehmerschaft sperrfristbehaftete Anteile an Kapitalgesellschaften, so wäre nach Auffassung der Finanzverwaltung die Weiter-Einbringung dieser Anteile in eine andere Mitunternehmerschaft ein Sperrfristverstoß, da das UmwStG im Rahmen der Definition der Ersatzrealisierungstatbestände ausschließlich die Weiter-Einbringung in eine Kapitalgesellschaft zu Buchwerten als unschädlich ansieht (vgl. Teil 7 Rdn. 501). Die Finanzverwaltung sieht auch fiktive Vorgänge nach § 24 UmwStG, die bei der Aufnahme eines neuen Mitunternehmers bzw. bei der quotenveränderten Kapitalerhöhung bei einer Mitunternehmerschaft stattfinden, als schädliche Weiter-Einbringungen der sperrfristbehafteten Anteile in eine neue Mitunternehmerschaft an und würde daher einen Sperrfristverstoß nach § 22 Abs. 2 UmwStG annehmen. Sollte sich die Finanzverwaltung mit dieser Auffassung auch vor den Finanzgerichten bzw. dem BFH durchsetzen, dann würde jede Einbringung von Mitunternehmeranteilen in Kapitalgesellschaften, soweit zum Betriebsvermögen der Mitunternehmerschaft Anteile an anderen Kapitalgesellschaften gehören und bei diesen durch die Einbringung eine Sperrfrist nach § 22 Abs. 2 UmwStG entsteht, für 7 Jahre nach der Einbringung die Aufnahme neuer Mitunternehmer bzw. quotenverändernde Kapitalerhöhungen bei der Mitunternehmerschaft ausschließen.

2. Anteilstausch mit im EU-Ausland ansässiger übernehmender Kapitalgesellschaft

569 Neben inländischen Kapitalgesellschaften können beim Anteilstausch auch ausländische Kapitalgesellschaften aufnehmende Rechtsträger sein, soweit diese ihren Sitz und ihre Geschäftsleitung in einem EU-/EWR-Staat haben (vgl. § 1 Abs. 4 Satz 1 Nr. 1 in Verbindung mit Abs. 2 Satz 1 Nr. 1 UmwStG). Auch insoweit ist zunächst wiederum die Gewährung neuer Anteile an der aufnehmenden Gesellschaft erforderlich, um den Anwendungsbereich des § 21 UmwStG zu eröffnen.

570 Während aber bei der Einbringung von Betrieben, Teilbetrieben oder Mitunternehmeranteilen in ausländische Kapitalgesellschaften häufig noch ein deutsches Besteuerungsrecht am eingebrachten Betriebsvermögen fortbestehen wird, scheiden die eingebrachten Anteile regelmäßig mit dem Anteilstausch aus der deutschen Besteuerungshoheit aus. Dies beruht darauf, dass die meisten Doppelbesteuerungsabkommen das Besteuerungsrecht für Anteile an Kapitalgesellschaften regelmäßig dem Ansässigkeitsstaat des Anteilseigners, hier also nach dem Anteilstausch dem ausländischen Staat, zuweisen.

---

307 Vgl. BFH-Urteil v. 25.04.2006 – VIII R 52/04, BStBl. II 2006, 847; Randnr. 01.47 UmwStE.

E. Einbringungsvorgänge   Teil 7 Kapitel 1

▶ Beispiel:

571

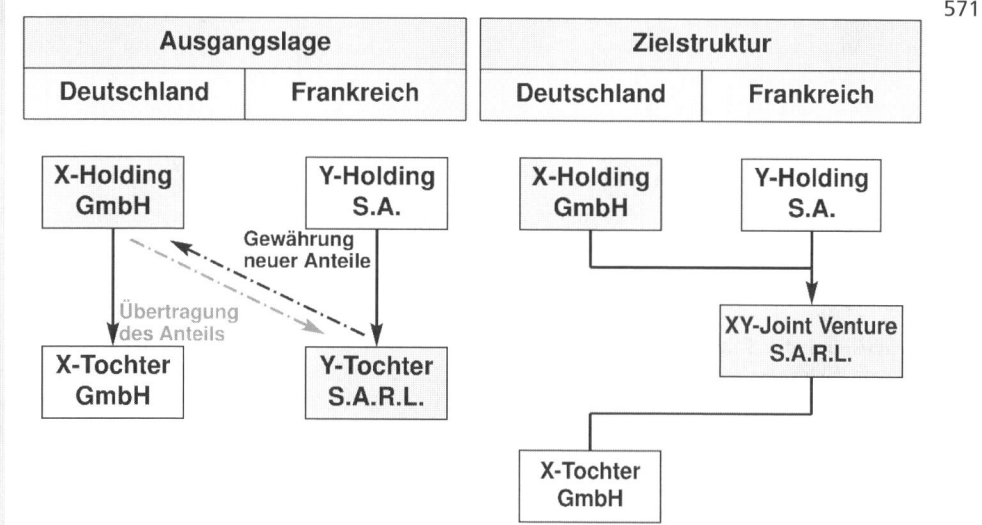

Grundsätzlich fordert das Gesetz, dass für den Einbringenden der gemeine Wert der eingebrachten Anteile als Veräußerungspreis und als Anschaffungskosten der erhaltenen Anteile gilt, wenn für die eingebrachten Anteile nach der Einbringung das Recht Deutschlands hinsichtlich der Besteuerung des Gewinns aus der Veräußerung dieser Anteile ausgeschlossen oder beschränkt ist (§ 21 Abs. 2 Satz 2 UmwStG).   572

Das wäre in dem hier gezeigten Beispiel der Fall, denn für die eingebrachten Anteile an der X-Tochter hätte Deutschland nach der Einbringung kein Besteuerungsrecht, weil das DBA Deutschland/Frankreich dem Sitzstaat Frankreich der Anteilseignerin XY-Joint Venture S. A. R. L. das Recht zuweist, den Gewinn aus der Veräußerung dieser Anteile zu versteuern. Hiernach müsste also die X-Holding die Anteile an der X-Tochter zum gemeinen Wert übertragen und die darin ruhenden stillen Reserven aufdecken.   573

Nach § 21 Abs. 2 Satz 3 UmwStG kann jedoch auf Antrag der Buchwert oder ein Zwischenwert als Veräußerungspreis der eingebrachten Anteile und als Anschaffungskosten der erhaltenen Anteile angesetzt werden können, wenn   574
– das Besteuerungsrecht Deutschlands hinsichtlich der Veräußerung der erhaltenen Anteile an der aufnehmenden Kapitalgesellschaft nicht ausgeschlossen oder beschränkt ist oder
– das Besteuerungsrecht hinsichtlich der Veräußerung der erhaltenen Anteile an der aufnehmenden Kapitalgesellschaft zwar ausgeschlossen oder beschränkt ist, aber der Gewinn aus dem Anteilstausch aufgrund der Regelungen der Fusionsrichtlinie nicht besteuert werden darf; in diesen Fällen unterliegt der Gewinn aus der späteren Veräußerung der Anteile ungeachtet entgegenstehender DBA-Regelungen der Besteuerung in Deutschland (treaty override).

Eine Beschränkung des Besteuerungsrechts an den erhaltenen Anteilen an der Y-Tochter S. A. R. L. ist in dem obigen Beispiel nicht gegeben, denn bezüglich dieser Anteile hat Deutschland das uneingeschränkte Besteuerungsrecht.   575

Hätte es sich bei der aufnehmenden Gesellschaft jedoch nicht um eine französische, sondern z. B. um eine tschechische Gesellschaft gehandelt, so wäre eine Beschränkung des deutschen Besteuerungsrechts auch hinsichtlich dieser Anteile eingetreten, denn nach dem DBA Deutschland/Tschechien hat Tschechien ein Quellensteuerrecht und Deutschland hat diese Quellensteuer bei der inländischen Besteuerung anzurechnen. Gleichwohl kann diese Übertragung zunächst zu   576

Buchwerten vorgenommen werden, denn Art. 8 Abs. 1 der Fusionsrichtlinie verbietet in einem solchen Fall innerhalb der EU eine Besteuerung des Anteilstauschs. Allerdings wird die spätere Veräußerung der Anteile an der tschechischen Gesellschaft in Deutschland versteuert, und zwar ohne Anrechnung der tschechischen Quellensteuer. Es kommt dann insoweit zu einer echten Doppelbesteuerung.

III. Einbringung in eine Personengesellschaft

1. Allgemeines

577 § 24 UmwStG regelt die Einbringung von Betriebsvermögen in eine Personengesellschaft, die als Mitunternehmerschaft zu qualifizieren ist. Auch insoweit ist Voraussetzung für die Anwendung des § 24 UmwStG, dass die Einbringung gegen Gewährung von Anteilen an der Mitunternehmerschaft erfolgt.

578 **Gegenstand der Einbringung** nach § 24 UmwStG kann ein Betrieb, ein Teilbetrieb oder ein Mitunternehmeranteil sein. Die entsprechenden Begriffe haben bei der Einbringung nach § 24 UmwStG grundsätzlich dieselbe Bedeutung wie bei der Einbringung nach § 20 UmwStG, so dass insoweit auf Teil 7 Rdn. 427 ff. verwiesen wird. Bei der Einbringung von Mitunternehmeranteilen ist zu prüfen, ob auch das Sonderbetriebsvermögen mit eingebracht werden muss. Außerdem ist bei der Einbringung in Mitunternehmerschaften auch zu prüfen, ob durch die Einbringung möglicherweise Sonderbetriebsvermögen neu entsteht.

579 Die Einbringung von Anteilen an einer Kapitalgesellschaft wird hingegen in § 24 UmwStG nicht explizit erwähnt. Nach Ansicht der Finanzverwaltung ist als Teilbetrieb im Sinne des § 24 Abs. 1 UmwStG jedoch auch eine **100 %ige Beteiligung** an einer Kapitalgesellschaft anzusehen.[308] Zu beachten ist jedoch, dass der BFH diese Auffassung nicht teilt.[309] Steuerpflichtige, die sich auf diese Verwaltungsauffassung stützen wollen, sollten sich die Anwendung des § 24 UmwStG auf den Einbringungsvorgang daher durch eine verbindliche Auskunft im Sinne des § 89 AO absichern lassen. Wenn der Einbringungsvorgang ansonsten dennoch aus ganz anderen Gründen Gegenstand eines Urteils wird, ist nicht auszuschließen, dass das Finanzgericht oder der BFH am Ende das Klagebegehren mit dem Argument abweisen wird, dass ohnehin kein Anwendungsfall des § 24 UmwStG vorliege. Bei Einbringungen von 100 %igen Beteiligungen an Kapitalgesellschaften ist allerdings § 24 Abs. 5 UmwStG zu beachten (vgl. insoweit Teil 7 Rdn. 603).

580 Voraussetzung für die Anwendung der Vorschriften des § 24 UmwStG ist, dass der Einbringende **Mitunternehmer** der Gesellschaft wird.

581 Unter § 24 UmwStG fällt auch die Aufnahme eines Gesellschafters in ein Einzelunternehmen. Es entsteht dann eine Personengesellschaft und der bisherige Einzelunternehmer bringt in diese seinen Betrieb ein.[310] Dasselbe gilt für die Aufnahme eines weiteren Gesellschafters in eine bereits bestehende Personengesellschaft. Es wird hier unterstellt, dass die bisherigen Mitunternehmer den Betrieb ihrer bisherigen Personengesellschaft in die mit dem neuen Gesellschafter entstehende Personengesellschaft einbringen. Dies gilt jedoch nur, soweit der Neugesellschafter als Gegenleistung für seine Aufnahme in die Gesellschaft Geld oder andere Wirtschaftsgüter einlegt. Tritt der neue Gesellschafter jedoch gegen (Zu-)Zahlung eines Entgelts an die Altgesellschafter in eine Personengesellschaft ein, so erfolgt die (fingierte) Einbringung durch die Altgesellschafter insoweit auf fremde Rechnung, d.h. auf Rechnung des Neugesellschafters, und nur im Übrigen auf eigene Rechnung. Soweit die Einbringung auf fremde Rechnung erfolgt, ist § 24 UmwStG nicht anwendbar.[311] Schließlich fällt unter § 24 UmwStG auch die nicht quotenwahrende Kapitalerhö-

---

308 Randnr. 24.02 UmwStE.
309 Vgl. BFH-Urteil v. 17.07.2008 – I R 77/06, BStBl. II 2009, 464.
310 Vgl. Randnr. 01.47 UmwStE.
311 Vgl. BFH-Urteil v. 17.09.2014 – IV R 33/11, BStBl. II 2015, 717.

hung durch einen bereits beteiligten Mitunternehmer.³¹² Auch insoweit handelt es sich um eine fiktive Einbringung aller bereits beteiligten Mitunternehmer in eine neue Mitunternehmerschaft mit geänderten Beteiligungsquoten. Die quotenwahrende Kapitalerhöhung und die Auswechslung des nicht am Vermögen beteiligten Komplementärs fallen hingegen nicht unter § 24 UmwStG.³¹³

§ 24 UmwStG umfasst nicht die Fälle der **Realteilung**. Hier ist § 16 Abs. 3 EStG vorrangig, und zwar auch dann, wenn ausschließlich Teilbetriebe, Mitunternehmeranteile oder 100 %ige Beteiligungen an Kapitalgesellschaften übertragen werden. Als Realteilung nach § 16 Abs. 3 EStG gelten allerdings nur Aufspaltungen, bei denen die übertragende Personengesellschaft untergeht und ihr Gesamthandsvermögen jeweils in das Betriebsvermögen der Mitunternehmer übergeht.³¹⁴ Es muss sich nach Ansicht der Finanzverwaltung allerdings um einen Übergang in das Betriebsvermögen jedes einzelnen Mitunternehmers handeln. Ein Übergang in das Vermögen einer weiteren Personengesellschaft, an der ausschließlich Mitunternehmer beteiligt sind, die auch an der aufspaltenden Personengesellschaft beteiligt sind, soll kein Vorgang der steuerbegünstigten Realteilung sein.³¹⁵ Diese Fälle der Auf- bzw. Abspaltung auf eine andere Personengesellschaft fällt stattdessen unter § 24 UmwStG, wenn es sich bei dem übergehenden Vermögen jeweils um begünstigtes Vermögen handelt.

582

Für die Anwendung des § 24 UmwStG ist es unerheblich, ob der jeweilige Übertragungsakt im Wege der Gesamtrechtsnachfolge nach dem UmwG, oder im Wege der Einzelrechtsnachfolge durchgeführt wird.³¹⁶ Auch die Verschmelzung einer Personengesellschaft auf eine andere Personengesellschaft fällt unter § 24 UmwStG.³¹⁷

583

Die atypisch stille Beteiligung an einem Gewerbetrieb ist ebenfalls eine Mitunternehmerschaft. Beteiligt sich ein atypisch stiller Gesellschafter an einem bestehenden Gewerbebetrieb, fällt auch dieser Vorgang nach der Rechtsprechung des BFH unter § 24 UmwStG.³¹⁸ Der bisherige Inhaber des Gewerbebetriebes bringt seinen Betrieb in die neue Mitunternehmerschaft in Form der atypisch stillen Gesellschaft ein und dieser Vorgang fällt unter § 24 UmwStG. Die Finanzverwaltung hat dieses Urteil mittlerweile auch im Bundessteuerblatt veröffentlicht.³¹⁹

584

Im Zuge der Einbringung in eine Personengesellschaft ist nicht erforderlich, dass das zu übertragende Vermögen in das Gesamthandsvermögen der übernehmenden Personengesellschaft übergeht. Vielmehr ist eine Zuführung zum Sonderbetriebsvermögen dieser Personengesellschaft ausreichend.³²⁰ Allerdings kann auch nicht das gesamte Vermögen lediglich in das Sonderbetriebsvermögen übertragen werden, denn unabdingbare Voraussetzung einer steuerneutralen Einbringung ist die Gewährung von Gesellschaftsrechten (vgl. Teil 7 Rdn. 587), was nur dann möglich ist, wenn auch ein Zugang zum Gesamthandsvermögen erfolgt, der dann zur Gewährung von Gesellschaftsrechten führt.

585

Ist Einbringender eine Personengesellschaft und gehören funktional wesentliche Betriebsgrundlagen nicht zum Gesamthandsvermögen der einbringenden Personengesellschaft, sondern zum Sonderbetriebsvermögen eines Mitunternehmers, so stellt sich die Frage, wie die Übertragung auf die übernehmende Personengesellschaft zu erfolgen hat. Da es ausreichend ist, wenn das Betriebsvermögen auch bei der Übernehmerin wiederum nur Sonderbetriebsvermögen wird, könnte man auf die Idee kommen, dass der Mitunternehmer der Obergesellschaft das Nutzungsverhältnis zu der

586

---

312 Vgl. Randnr. 01.47 UmwStE.
313 Ausführlich Diers/Diers, DB 2017, 1053 [1056 f.].
314 Vgl. BMF-Schreiben v. 20.12.2016, BStBl. I 2017, 36, Tz. I.
315 Vgl. zu dieser Abgrenzung auch Bilitewski, in: Lange, Personengesellschaften im Steuerrecht, 554 ff.
316 Vgl. Randnr. 01.47 UmwStE.
317 Vgl. Randnr. 01.47 UmwStE.
318 Vgl. BFH-Urteil vom 24.04.2014 – IV R 34/10, BFHE 245, 253.
319 BStBl. II 2017, 233.
320 Vgl. Randnr. 24.05 UmwStE.

einbringenden Personengesellschaft einfach löst und ein neues Nutzungsverhältnis zu der übernehmenden Personengesellschaft begründet, denn bei doppelstöckigen Personengesellschaften können ja auch die mittelbaren Mitunternehmer Sonderbetriebsvermögen bei der das Wirtschaftsgut nutzenden Unter-Personengesellschaft unterhalten. Allerdings ist hier zu beachten, dass Randnr. 24.05 UmwStE fordert, dass das Wirtschaftsgut Sonderbetriebsvermögen »des Einbringenden« bei der übernehmenden Personengesellschaft wird. Bei einer Einbringung durch eine Personengesellschaft, bei der die einbringende Personengesellschaft selbst fortbesteht, gilt aber die Personengesellschaft als Einbringende und nicht deren Mitunternehmer. Bei einer Nutzungsüberlassung wäre das Wirtschaftsgut damit streng genommen nicht Sonderbetriebsvermögen des Einbringenden, sondern nur eines mittelbaren Mitunternehmers. Um hier sicher zu gehen, könnte der Mitunternehmer das Wirtschaftsgut zunächst auf die einbringende Personengesellschaft übertragen, die es dann der übernehmenden Personengesellschaft zur Nutzung überlässt. Ist das nicht gewünscht, sollte zunächst eine verbindliche Auskunft eingeholt werden, ob die Nutzungsüberlassung durch den mittelbaren Mitunternehmer als ausreichend angesehen wird, um die Voraussetzungen des § 24 UmwStG zu erfüllen.

587 Wichtig ist, dass dem Einbringenden Gesellschaftsrechte gewährt werden. Dies ist dann gegeben, wenn der Einbringende eine Mitunternehmerstellung erwirbt oder eine solche erweitert. Eine solche **Gewährung von Gesellschaftsrechten** ist immer dann gegeben, wenn eine Erhöhung des die Beteiligung widerspiegelnden Kapitalkontos erfolgt. Es muss jedoch nicht die gesamte Einlage derartigen Kapitalkonten zugewiesen werden. Vielmehr ist z. B. die teilweise Verbuchung auf einem gesamthänderisch gebundenen Rücklagenkonto unschädlich. Entscheidend ist aber, dass (auch) das nach dem Gesellschaftsvertrag für die Gesellschaftsrechte maßgebliche Kapitalkonto als Gegenleistung für die Einbringung erhöht wird. Welches Kapitalkonto dafür maßgeblich ist, ist anhand der konkreten Regelungen im jeweiligen Gesellschaftsvertrag zu ermitteln. Der BFH hat insoweit – entgegen der bisherigen Auffassung der Finanzverwaltung – entschieden, dass eine Einbringung gegen eine Gutschrift allein auf dem Kapitalkonto II der Personengesellschaft keine Einbringung gegen Gewährung von Gesellschaftsrechten darstellt, wenn sich nach den Regelungen des Gesellschaftsvertrages die maßgeblichen Gesellschaftsrechte allein nach dem Kapitalkonto I richten.[321] Es handelt sich dann um einen insgesamt unentgeltlichen Vorgang in Form einer Einlage. Die Finanzverwaltung hat sich dieser Auffassung nunmehr angeschlossen.[322] Zur Abgrenzung zwischen den verschiedenen Kapitalkonten sowie den Darlehenskonten verweist Randnr. 24.07 UmwStE auf das BMF-Schreiben v. 30.05.1997, BStBl. I, 713.

588 Wird bei der Einbringung in eine Personengesellschaft neben Gesellschaftsrechten auch eine **sonstige Gegenleistung** an den Einbringenden gewährt (z. B. ein Darlehen), war nach der Auffassung der Finanzverwaltung im UmwStE der Einbringungsvorgang in einen zu Buchwerten möglichen Vorgang nach § 24 UmwStG und in einen zu gemeinen Werten durchzuführenden Veräußerungsvorgang aufzuteilen.[323] Die Aufteilung sollte im Verhältnis des Wertes der sonstigen Gegenleistung bzw. des Wertes der Gesellschaftsrechte zum gesamten Wert des eingebrachten Betriebsvermögens erfolgen.

589 Der BFH hat hingegen entschieden, dass auch im Bereich der Einbringungen nach § 24 UmwStG eine sonstige Gegenleistung bis zur Höhe des steuerlichen Buchwertes des eingebrachten Vermögens unschädlich für die Buchwertfortführung ist.,[324] Auch wenn dies im Wortlaut des § 24 UmwStG nicht explizit angelegt ist, stellt der BFH hier die Einbringung in Personengesellschaften mit der Einbringung in Kapitalgesellschaften und dem Anteilstausch gleich. Die Finanzverwaltung

---

321 BFH-Urteil v. 29.07.2015 – IV R 15/14, BStBl. II 2016, 593.
322 BMF v. 26.07.2016, BStBl. I 2016, 684; insoweit ist Randnr. 24.07 UmwStE überholt.
323 Vgl. Randnr. 24.07 UmwStE.
324 Vgl. BFH-Urteil vom 18.09.2013 – X R 42/10, DStR 2013, 2380.

hat dieses Urteil mittlerweile im BStBl. veröffentlicht[325] verweist jedoch in einer Fußnote für Einbringungen nach § 24 UmwStG, bei denen in den Fällen der Gesamtrechtsnachfolge der Umwandlungsbeschluss nach dem 31. Dezember 2014 erfolgt ist oder in den Fällen der Einzelrechtsnachfolge der Einbringungsvertrag nach dem 31. Dezember 2014 geschlossen wurde, auf die gesetzliche Neuregelung in § 24 Abs. 2 UmwStG durch das Steueränderungsgesetz 2015. Denn als Reaktion auf die vorgenannte Entscheidung des BFH hat der Gesetzgeber, wie in den Fällen der §§ 20 und 21 UmwStG (vgl. Teil 7 Rdn. 440 ff. und Rdn. 554 f.) die Möglichkeit der Gewährung sonstiger Gegenleistungen neben der Gewährung von Gesellschaftsrechten weiter eingeschränkt. Nach § 24 Abs. 2 Satz 2 UmwStG ist die Bewertung des eingebrachten Betriebsvermögens mit dem Buchwert (oder einem Zwischenwert) nur noch zulässig, wenn und soweit der gemeine Wert sonstiger, neben den neuen Gesellschaftsanteilen gewährter Gegenleistungen, nicht mehr beträgt als (i) 25 % des Buchwertes des eingebrachten Betriebsvermögens oder (ii) 500.000 €, höchstens jedoch den Buchwert des eingebrachten Betriebsvermögens. Wird diese Grenze überschritten, so kommt es zu einer teilweisen Aufdeckung stiller Reserven (vgl. die Beispiele in Teil 7 Rdn. 445 f.). Auch § 24 UmwStG enthält in Abs. 2 Satz 4 nunmehr eine Mindestwertregelung, wonach das eingebrachte Betriebsvermögen mindestens mit dem gemeinen Wert der sonstigen Gegenleistung anzusetzen ist, wenn dieser höher ist als der Wert, der sich nach Anwendung des § 24 Abs. 2 Satz 2 UmwStG ergibt.

Derzeit ist auch insoweit geplant, durch eine gesetzliche Regelung die Gewährung sonstiger Gegenleistungen bei Einbringungen nach § 24 UmwStG auf (i) nicht mehr als 25 % des Netto-Buchwerts des eingebrachten Vermögens oder (ii) 500.000 €, höchstens jedoch den Netto-Buchwert des eingebrachten Vermögens zu begrenzen.[326]

2. Bewertung des eingebrachten Betriebsvermögens

Die aufnehmende Personengesellschaft hat das eingebrachte Betriebsvermögen grundsätzlich mit dem gemeinen Wert anzusetzen. Auf Antrag können jedoch die Buchwerte oder Zwischenwerte angesetzt werden, soweit das Recht Deutschlands hinsichtlich der Besteuerung des eingebrachten Betriebsvermögens nicht ausgeschlossen oder beschränkt wird. Werden neben den neuen Gesellschaftsanteilen auch sonstige Gegenleistungen gewährt, so sind die zusätzlichen Beschränkungen hinsichtlich des Ansatzwahlrechtes nach § 24 Abs. 2 Satz 2 Nr. 2 und Satz 4 UmwStG zu berücksichtigen (vgl. Teil 7 Rdn. 590). Bei Einbringung einer 100 %igen Beteiligung an einer Kapitalgesellschaft, die sich im Privatvermögen befindet, treten an die Stelle des Buchwertes die Anschaffungskosten.

Bezüglich der Wahrung des deutschen Besteuerungsrechts vgl. Teil 7 Rdn. 39.

Der Wertansatz ergibt sich aus dem Ansatz in der Gesamthandsbilanz einschließlich positiver und negativer Ergänzungsbilanzen für die Mitunternehmer. D. h. auch dann, wenn die Mitunternehmerschaft in ihrer Gesamthandsbilanz das übernommene Vermögen mit gemeinen Werten ansetzt, kann durch negative Ergänzungsbilanzen der Buchwertansatz erreicht werden.[327]

Sowohl bei einem Ansatz von Zwischenwerten als auch von gemeinen Werten sind die Aufstockungen gleichmäßig für alle bilanzierten und nicht bilanzierten Wirtschaftsgüter vorzunehmen. Darüber hinaus sollen bei der Übernehmerin zum Zeitpunkt der Einbuchung des übergehenden Vermögens die Bilanzierungsverbote des § 5 EStG nicht gelten, sodass es – in dem Verhältnis der Aufdeckung stiller Reserven – auch zu einer Aufdeckung der übergehenden stillen Lasten kommt. In diesem Zusammenhang erstmals bilanzierte Passivposten sollen dann aber in der ersten regulären Jahresbilanz gewinnerhöhend wieder aufzulösen sein.[328] Es gelten insoweit dieselben Grund-

---

325 BStBl. II 2016, 639.
326 Vgl. den Entwurf eines Steueränderungsgesetzes 2015, BT-Drucks. 18/6094.
327 Vgl. ausführlich Schmitt/Keuthen, DStR 2013, 1565.
328 Vgl. Randnr. 24.03 in Verbindung mit Randnr. 20.20 UmwStE.

sätze und auch die gegen diese Rechtsauffassung vorzubringenden Einwände wie bei Einbringungen in Kapitalgesellschaften (vgl. Teil 7 Rdn. 449).

595 Die **Mindestansatzvorschriften** des § 20 Abs. 2 Satz 2 Nr. 2 UmwStG (vgl. Teil 7 Rdn. 450), also die Fälle, in denen die Passivposten (ohne Eigenkapital) die Aktivposten des eingebrachten Betriebsvermögens übersteigen, gelten bei der Einbringung in eine Personengesellschaft nicht. Es ist somit auch dann der Buchwertansatz möglich, wenn das eingebrachte Betriebsvermögen zu Buchwerten negativ ist.[329]

3. Besteuerung des Einbringenden

596 Der von der aufnehmenden Personengesellschaft gewählte Wert gilt für den Einbringenden als **Veräußerungspreis** (§ 24 Abs. 3 Satz 1 UmwStG).

597 Die **Steuervergünstigungen** der §§ 16 Abs. 4 und 34 Abs. 1 EStG werden nur bei Ansatz des eingebrachten Betriebsvermögens mit seinem gemeinen Wert gewährt. Weitere Voraussetzung ist, dass es sich bei dem Einbringungsvorgang nicht um die Übertragung eines Teil-Mitunternehmeranteils handelt, § 24 Abs. 3 Satz 2 UmwStG. Die Steuersatzvergünstigung des § 34 EStG wird jedoch nur insoweit gewährt, als in dem Einbringungsgewinn nicht nach § 3 Nr. 40 EStG teilweise steuerbefreite Einkünfte enthalten sind.

598 Durch die in § 24 Abs. 3 Satz 3 UmwStG eingefügte Verweisung auf § 16 Abs. 2 Satz 3 EStG werden die steuerlichen Vergünstigungen darüber hinaus dahingehend eingeschränkt, dass bei einer Einbringung zum gemeinen Wert der Einbringungsgewinn insoweit als laufender Gewinn und damit nicht steuerbegünstigter Gewinn anzusehen ist, wie auf der Seite des Erwerbers und des Veräußerers dieselben Personen Unternehmer oder Mitunternehmer sind.[330]

599 Die Problematik wird an folgendem **Beispiel** deutlich:[331]

An einer OHG sind zwei Gesellschafter zu je 50 % beteiligt. Das Betriebsvermögen der OHG wird auf eine andere OHG übertragen, an der die beiden bisherigen Gesellschafter und ein weiterer Gesellschafter zu jeweils einem Drittel beteiligt sind. Jeder der bisherigen Gesellschafter behält demnach zwei Drittel seiner Beteiligung. Er veräußert mithin – wirtschaftlich betrachtet – zu zwei Dritteln = 66,66 % »an sich selbst«. Dementsprechend ergäbe sich im Beispielsfall aus § 16 Abs. 2 Satz 3 EStG für den Fall einer Veräußerung des Betriebsvermögens, dass 66,66 % des Gewinns nicht begünstigt sind. Im Sinne von § 16 Abs. 2 Satz 3 EStG stehen nämlich die beiden bisherigen Gesellschafter zu zwei Dritteln = 66,66 % zugleich »auf der Seite des Veräußerers und auf der Seite des Erwerbers«. Durch die Regelung in § 24 Abs. 3 UmwStG sollte klargestellt werden, dass sich dieses Ergebnis auch für den Fall der Einbringung zu gemeinen Werten und die Qualifizierung des (anteiligen) Einbringungsgewinns nach § 24 Abs. 3 Satz 3 UmwStG als laufender, nicht tarifbegünstigter Gewinn ergibt. Dieser Gewinn unterliegt im Übrigen auch der Gewerbesteuer.[332]

600 Damit besteht nicht die Möglichkeit, durch die Gestaltung eines »Eigengeschäfts« die stillen Reserven zum ermäßigten Steuersatz zu besteuern und auf der anderen Seite im Betrieb der Personengesellschaft Abschreibungsvolumen zu erhalten.

601 Da der Gesetzgeber nur die Veräußerung an sich selbst von den Begünstigungen der §§ 16 und 34 EStG ausnehmen wollte, wäre es sinnvoll gewesen, wenn der Einbringende hinsichtlich des an sich selbst veräußerten Anteils den Buchwert fortführen könnte und nur bezüglich des an Dritte veräußerten Anteils den Einbringungsgewinn steuerbegünstigt realisieren könnte. Möglich

---

329 Vgl. Randnr. 24.04 UmwStE.
330 Vgl. hierzu auch Randnr. 24.16 UmwStE.
331 Entnommen aus Wochinger/Dötsch, Beilage Nr. 14/94 zu DB 1994, 34 f.
332 Vgl. auch Randnr. 24.17 UmwStE.

würde dies, wenn der Einbringungsgewinn im Rahmen einer Ergänzungsbilanz insoweit kompensiert werden könnte, als er den Einbringenden selbst betrifft. Dem steht aber entgegen, dass die Einbringung ein einheitlicher Vorgang ist, für den das Wahlrecht der Buchwertfortführung oder -aufstockung nur einheitlich ausgeübt werden kann. Diese Einheitlichkeit führt somit zu einer faktischen Beschränkung, da entweder nur die Buchwerte fortgeführt werden können oder beim Ansatz gemeiner Werte ein laufender Gewinn bezüglich des an sich selbst veräußerten Anteils entsteht.[333]

Setzt die aufnehmende Personengesellschaft das eingebrachte Betriebsvermögen mit dem gemeinen Wert an und kommt es zur Neutralisierung des Einbringungsgewinns durch eine negative Ergänzungsbilanz für den Einbringenden, hat dieser eine ggf. gewährte **Ausgleichszahlung** als laufenden Gewinn zu versteuern.[334] 602

Kommt es anlässlich der Einbringung zu einer Übertragung von Anteilen an einer Körperschaft unter dem gemeinen Wert, kann es zu einer Steuerverhaftung der eingebrachten Anteile nach § 24 Abs. 5 in Verbindung mit § 22 Abs. 2 UmwStG kommen.[335] Dies ist der Fall, wenn es sich bei dem Einbringenden nicht um eine nach § 8b Abs. 2 KStG begünstigte Person handelt, die also die unmittelbare Veräußerung der Anteile nicht steuerfrei hätte vornehmen können. Kommt es dann innerhalb der nächsten 7 Jahre zu einer schädlichen Veräußerung dieser Anteile oder zur Verwirklichung eines der Ersatzrealisationstatbestände des § 22 Abs. 1 Satz 6 Nrn. 1 bis 5 UmwStG, erfolgt insoweit die rückwirkende Besteuerung eines Einbringungsgewinns II durch analoge Anwendung des § 22 Abs. 2 UmwStG, wie der Gewinn aus der Veräußerung der eingebrachten Anteile auf einen von § 8b Abs. 2 KStG begünstigten Mitunternehmer entfällt. Durch diese Regelung soll vermieden werden, dass eine Einbringung in eine Personengesellschaft genutzt wird, um die Besteuerung des Gewinns aus der Veräußerung von Kapitalgesellschaftsanteilen von natürlichen Personen auf Kapitalgesellschaften zu verlagern. 603

Umstritten ist, ob eine Veräußerung im Sinne von § 24 Abs. 5 UmwStG nur dann vorliegt, wenn die Personengesellschaft selbst die in sie durch eine nicht nach § 8b Abs. 2 KStG begünstigte Person eingebrachten Anteile veräußert. Zum Teil wird vertreten, dass eine einen Sperrfristverstoß auslösende Veräußerung nach § 24 Abs. 5 UmwStG auch dann vorliegen soll, wenn innerhalb dieser Frist eine als Mitunternehmerin an der Personengesellschaft beteiligte Körperschaft ihren Mitunternehmeranteil ganz oder teilweise veräußert. Veräußerungsgegenstand seien insoweit die durch den Mitunternehmeranteil vermittelten ideellen Anteile an den einzelnen Wirtschaftsgütern des Gesellschaftsvermögens und damit auch der ideellen Anteile an den eingebrachten sperrfristbehafteten Anteilen.[336] Nach der Gegenauffassung, die sich vor allem auf den Wortlaut stützt, sollen hingegen nur Veräußerungen der sperrfristbehafteten Anteile bzw. die Verwirklichung eines der Ersatzrealisationstatbestände des § 22 Abs. 1 Satz 6 Nrn. 1 bis 5 UmwStG durch die Personengesellschaft selbst erfasst sein.[337] 604

4. Auswirkungen bei der übernehmenden Personengesellschaft

§ 24 Abs. 4 UmwStG verweist bezüglich der Berechnung der Absetzungen für Abnutzung und der Sonderabschreibungen nach der Einbringung, der Inanspruchnahme einer Bewertungsfreiheit oder eines Bewertungsabschlags, der den Gewinn mindernden Rücklagen auf § 23 UmwStG, sodass auf die Ausführungen unter Teil 7 Rdn. 520 ff. verwiesen werden kann. 605

---

333 Breidenbach, DB 1995, 296.
334 Vgl. Wochinger/Dötsch, Beilage Nr. 14/94 zu DB 1994, 35.
335 Zur Kritik an der Norm vgl. Müller-Etienne/Doster, DStR 2013, 1924.
336 Vgl. Patt in: Dötsch/Pung/Möhlenbrock, Die Körperschaftsteuer, § 24 UmwStG Rn. 231; ders. EStB 2016, 373 [374 f.].
337 Schmitt in: Schmitt/Hörtnagl/Stratz, UmwG/UmwStG, § 24 Rn. 279; Fuhrmann in: Widmann/Mayer, Umwandlungsrecht, § 24 UmwStG Rn. 1527.

606 Die Übertragung eines **gewerbesteuerlichen Verlustvortrages** ist bei der Einbringung eines Betriebs, Teilbetriebs oder Mitunternehmeranteils allerdings abweichend geregelt. Die bisherigen Mitunternehmer werden nämlich Mitunternehmer der übernehmenden Personengesellschaft.

607 Voraussetzungen für die Möglichkeit der Übertragung des gewerbesteuerlichen Verlustabzugs sind Unternehmensidentität und Unternehmeridentität.[338]

608 Die **Unternehmensidentität** ist bei der Einbringung gegeben, wenn die Identität des bisherigen Betriebs innerhalb der Gesamttätigkeit des aufnehmenden Betriebs gewahrt bleibt. Davon kann ausgegangen werden, wenn die bisherigen unternehmerischen Aktivitäten mit zumindest im Wesentlichen unveränderten sachlichen und personellen Mitteln im Rahmen des aufnehmenden Betriebs fortgeführt werden.[339] Entgegen ihrer früheren Auffassung geht die Finanzverwaltung nunmehr davon aus, dass eine Übertragung des Gewerbeverlustes bei einer Einbringung eines Betriebes durch eine Kapitalgesellschaft in eine Personengesellschaft ausgeschlossen ist. Weil die Gewerbesteuerpflicht der Kapitalgesellschaft kraft Rechtsform bestehen bleibe, sei der Gewerbeverlust bei dieser vorzutragen.[340] Das FG Baden-Württemberg hat die fortbestehende Gewerbesteuerpflicht der Kapitalgesellschaft hingegen für unbeachtlich gehalten und entschieden, dass auch bei der Einbringung eines Betriebes durch eine Kapitalgesellschaft in eine Personengesellschaft der Übergang des Gewerbeverlustes möglich ist. Es komme auch hier auf die allgemeinen Voraussetzungen und damit auf die Unternehmens- und Unternehmeridentität an.[341] Die Finanzverwaltung hat gegen das Urteil Revision beim BFH eingelegt.[342] Entsprechende Verfahren sollten bis zu einer abschließenden Entscheidung offengehalten werden.

609 Die **Unternehmeridentität** richtet sich nach der Identität der an der Gesellschaft beteiligten Mitunternehmer. Sie ist in vollem Umfang gewahrt, wenn an der übernehmenden Personengesellschaft und am eingebrachten Betrieb, Teilbetrieb oder Mitunternehmeranteil dieselben Personen als Mitunternehmer beteiligt sind. Waren nicht dieselben Personen beteiligt, liegt ein partieller Unternehmerwechsel vor. Die einbringenden Mitunternehmer können den vor der Einbringung erwirtschafteten und auf sie entfallenden Fehlbetrag dann zwar in vollem Umfang, jedoch nur insoweit verrechnen, als der Gewerbeertrag sie selbst entsprechend der Gewinnverteilung betrifft.[343]

5. Rückwirkung

610 § 24 Abs. 4 UmwStG verweist für die steuerliche Rückwirkung auf § 20 Abs. 5 und Abs. 6 UmwStG, so dass auch die Einbringung in eine Personengesellschaft steuerlich rückwirkend erfolgen kann. Abweichend von der Situation bei der Einbringung in Kapitalgesellschaften nach § 20 UmwStG gilt dies jedoch im Bereich des § 24 UmwStG nur dann, wenn die Einbringung durch Gesamtrechtsnachfolge – also beispielsweise im Wege der Ausgliederung auf eine Personengesellschaft – erfolgt. Eine Einbringung im Wege der Einzelrechtsnachfolge in eine Personengesellschaft ist hingegen nicht mit Rückwirkung möglich.[344] Soweit im Rahmen einer Einbringung durch Gesamtrechtsnachfolge auch noch eine Einzelrechtsnachfolge zur Einbringung von Sonderbetriebsvermögen notwendig ist, nehmen allerdings auch die per Einzelrechtsnachfolge übertragenen Wirtschaftsgüter an der Rückwirkung teil.

---

338 Großer Senat des BFH, Beschl. v. 03.05.1993, GrS 3/92, BStBl. II 1993, 616.
339 BFH-Urteil v. 27.01.1994 – IV R 137/91, BStBl. II 1994, 477; v. 14.09.1993 – VIII R 84/90, BStBl. II 1994, 764; Bordewin, DStR 1995, 317.
340 FinMin NRW v. 27.01.2012, DStR 2012, 908.
341 FG Baden-Württemberg Urteil v. 30.01.2017 – 10 K 3703/14, EFG 2017, 1604.
342 Az.: III R 35/17.
343 Bordewin, DStR 1995, 317 f.
344 Vgl. Randnr. 24.06 UmwStE.

IV. Formwechsel einer Personengesellschaft in eine Kapitalgesellschaft

Im UmwG besteht die Möglichkeit zur Umwandlung einer Personenhandelsgesellschaft in eine Kapitalgesellschaft durch Formwechsel, § 190 UmwG. Dabei bleibt die **Identität des Rechtsträgers** erhalten, **steuerlich** liegt jedoch ein Wechsel des Besteuerungssystems (sogenannter »kreuzender Formwechsel«) und somit ertragsteuerlich ein **Rechtsträgerwechsel** vor. Die übertragende Personengesellschaft hat daher nach § 25 Satz 2 UmwStG eine **Steuerbilanz** auf den **steuerlichen Übertragungsstichtag** aufzustellen. 611

Nach § 25 Satz 1 UmwStG gelten die §§ 20 bis 23 UmwStG entsprechend. Das bedeutet, dass auch beim Formwechsel unter den in § 20 UmwStG genannten Voraussetzungen ein Wahlrecht besteht, die Wirtschaftsgüter mit Buchwerten, Zwischenwerten oder gemeinen Werten anzusetzen. 612

Besonderes Augenmerk ist bei einem Formwechsel einer Personen- in eine Kapitalgesellschaft auf das Sonderbetriebsvermögen der Personengesellschaft zu legen. Während das Gesamthandsvermögen durch den Formwechsel ohne zivilrechtliche Übertragung automatisch Betriebsvermögen der Kapitalgesellschaft wird, muss zur Anwendbarkeit des § 20 UmwStG auch das notwendige Sonderbetriebsvermögen auf die Kapitalgesellschaft übergehen. Hierzu bedarf es gesonderter zivilrechtlicher Übertragungsakte durch den Einbringenden, auf die die zivilrechtlichen Erfordernisse einer Sacheinlage anzuwenden sind. 613

F. Grunderwerbsteuer

Intention des Umwandlungs(steuer)rechts war und ist es, die Umstrukturierung von Unternehmen zu erleichtern und steuerliche Hemmnisse abzubauen. Als ein solches Hemmnis ist die Grunderwerbsteuerbelastung bei **Grundbesitz des umzuwandelnden Unternehmens** anzusehen. Der Steuerfachausschuss des Instituts der Wirtschaftsprüfer hat deshalb bereits in seinem Schreiben v. 11.04.1994 zum Entwurf eines Gesetzes zur Änderung des Umwandlungssteuerrechts[345] konsequent gefordert, eine Grunderwerbsteuerbefreiung der Umwandlung, Verschmelzung und Einbringung einzuführen.[346] Seither hat es zahlreiche Bemühungen gegeben, eine solche umfassende grunderwerbsteuerliche Regelung zu erreichen. Abgesehen von einzelnen Regelungen in §§ 5 und 6 GrEStG sowie Regelung in § 6a GrEStG (vgl. nachfolgend Rdn. 620 f.) gibt es jedoch keine umfassende Grunderwerbsteuerbefreiung für vom UmwStG begünstigte Umwandlungen. 614

Daher muss bei jeder Umstrukturierung insbesondere geprüft werden, ob durch die Umstrukturierung 615
- unmittelbar Grundbesitz übergeht (§ 1 Abs. 1 Nr. 1 oder Nr. 3 GrEStG),
- unmittelbar oder mittelbar innerhalb von fünf Jahren mindestens 95 % der Anteile am Vermögen von grundbesitzenden Personengesellschaften auf neue Gesellschafter übergehen (§ 1 Abs. 2a GrEStG),
- unmittelbar oder mittelbar mindestens 95 % der Anteile an grundbesitzenden Gesellschaften vereinigt werden (§ 1 Abs. 3 ggf. in Verbindung mit Abs. 4 GrEStG),
- unmittelbar oder mittelbar mindestens 95 % der Anteile an grundbesitzenden Gesellschaften wirtschaftlich vereinigt werden (§ 1 Abs. 3a GrEStG), oder
- in der Vergangenheit in Anspruch genommene Steuerbefreiungen nach § 5 Abs. 3 GrEStG, § 6 Abs. 3 S. 2 GrEStG, § 6 Abs. 4 GrEStG oder § 6a GrEStG wegfallen.

Der Formwechsel löst grundsätzlich keine Grunderwerbsteuer aus, da der umwandelnde Rechtsträger vor und nach dem Formwechsel identisch ist.[347] Der Formwechsel einer Personengesell- 616

---
345 BR-Drucks. 132/94 v. 19.02.1994.
346 WPg 1994, 285 [286].
347 Vgl. Ministerium für Finanzen und Energie des Landes Schleswig-Holstein, 29.03.2000, VI 316- S 4520–006, FMNR028550000, Tz. I, zitiert nach juris.

schaft in eine Kapitalgesellschaft kann jedoch bei vorhergehenden Übertragungen von Grundbesitz innerhalb der Fünfjahresfrist zum Wegfall der Steuerbegünstigungen nach §§ 5 und 6 GrEStG führen. Ein Sonderproblem ist beim Formwechsel einer Personengesellschaft in eine Kapitalgesellschaft zu berücksichtigen, wenn sich im Sonderbetriebsvermögen der Gesellschafter der Personengesellschaft Grundstücke befinden, die beim Formwechsel per Einzelrechtsnachfolge in die Kapitalgesellschaft eingebracht werden (müssen). Dies stellt aufgrund des Rechtsträgerwechsels einen steuerbaren Vorgang i.S.v. § 1 Abs. 1 Nr. 1 GrEStG dar. Die Finanzverwaltung geht davon aus, dass in diesen Fällen die (ohnehin möglicherweise europarechtswidrige) Konzernklausel des § 6a GrEStG nicht anwendbar ist.[348]

617 Da bei übertragenden Umwandlungen und Einbringungsvorgängen mit **inländischem Grundbesitz** ungeachtet dessen häufig Grunderwerbsteuer anfällt, stellt sich die Frage der **Bemessungsgrundlage**. Nach § 8 Abs. 2 Nr. 2 GrEStG a.F. wurde die Steuer in allen Fällen der übertragenden Umwandlung oder der Einbringung nach dem Bedarfswert gem. § 138 Abs. 2 oder 3 BewG bemessen. Diese Bemessungsgrundlage hat das BVerfG mit Beschluss vom 23.06.2015[349] für verfassungswidrig erklärt und eine Anknüpfung an den gemeinen Wert verlangt. In Reaktion auf diesen Beschluss hat der Gesetzgeber durch das Steueränderungsgesetz 2015 die Bemessungsgrundlage für Umwandlungs- und Einbringungsfälle rückwirkend für alle Erwerbsvorgänge nach dem 31.12.2008 geändert. Die Bemessungsgrundlage ist für diese Fälle nunmehr nach § 151 Abs. 1 Satz 1 Nr. 1 i.V.m. § 157 Abs. 1 bis 3 BewG zu ermitteln. Damit gelten die Bewertungsregeln, die auch für die Ermittlung der Bemessungsgrundlage bei der Erbschaftsteuer gelten. Diese Änderung führt zu deutlich höheren Grundstückswerten, so dass die Grunderwerbsteuer in Zukunft ein größeres Umwandlungshemmnis darstellen könnte, sofern nicht die Regelungen der §§ 5, 6 und 6a GrEStG greifen.

618 Bei der Verschmelzung von Personengesellschaften wird die Grunderwerbsteuer nach § 6 Abs. 3 in Verbindung mit § 6 Abs. 1 GrEStG anteilig nicht erhoben, sodass bei jeweiliger Beteiligungsidentität keine Grunderwerbsteuer anfällt.

619 Bei Einbringungen in Personengesellschaften – nicht in Kapitalgesellschaften – wird die Grunderwerbsteuer anteilig insoweit nicht erhoben, als der Einbringende selbst an der übernehmenden Personengesellschaft beteiligt ist (§ 5 Abs. 2 GrEStG).

620 Eine teilweise Lösung für das Problem, dass ertragsteuerneutrale Umwandlungen gleichwohl Grunderwerbsteuer auslösen können, ist zwischenzeitlich durch die Einführung des § 6a GrEStG gefunden worden. Die Regelung befreit bestimmte Umstrukturierungen im Konzern von der Grunderwerbsteuer. Von § 6a GrEStG begünstigt sein können grunderwerbsteuerbare Vorgänge nach
– § 1 Abs. 1 Nr. 3 Satz 1 GrEStG (Grundstückserwerb kraft Gesetzes insbesondere bei Umwandlungen nach dem UmwG),
– § 1 Abs. 2 GrEStG (Erwerb der Verwertungsbefugnis an Grundbesitz),
– § 1 Abs. 2a GrEStG (Anteilseignerwechsel bei grundbesitzenden Mitunternehmerschaften),
– § 1 Abs. 3 GrEStG (Anteilsvereinigung bei grundbesitzenden Gesellschaften) oder
– § 1 Abs. 3a GrEStG (wirtschaftliche Anteilsvereinigung bei grundbesitzenden Gesellschaften).

Der grunderwerbsteuerbare Vorgang muss darüber hinaus durch eine Umwandlung im Sinne des § 1 Abs. 1 Nr. 1 bis 3 UmwG, durch eine Einbringung oder einen anderen Vorgang auf gesellschaftsrechtlicher Grundlage bewirkt worden sein. Entsprechendes gilt für vergleichbare EU-/EWR-Vorgänge (§ 6a Satz 2 GrEStG). Nicht begünstigt, weil nicht in § 6a GrEStG genannt,

---

348 Gleichlautende Ländererlasse v. 09.10.2013, BStBl. I 2013, 1375; krit. Hütig/Graessner, DB 2015, 2415.
349 Az. 1 BvL 14/11.

ist die nach § 1 Abs. 1 Nr. 1 GrEStG steuerbare Grundstücksübertragung bei Einbringungen in Kapital- oder Personengesellschaften.

Voraussetzung für die Begünstigung ist nach § 6a Satz 3 GrEStG, da an dem Vorgang lediglich ein herrschendes Unternehmen und ein oder mehrere von diesem herrschenden Unternehmen abhängige Gesellschaften oder mehrere von einem herrschenden Unternehmen abhängige Gesellschaften beteiligt sind. Weitere Voraussetzung ist, dass das herrschende Unternehmen innerhalb von 5 Jahren vor und 5 Jahren nach der Umwandlung unmittelbar oder mittelbar zu mindestens 95 % ununterbrochen beteiligt ist. Mit diesen Voraussetzungen sind zumindest einige Vorgänge von der Grunderwerbsteuer befreit. Die Regelungen und ihre Auslegung durch die Finanzverwaltung[350] sind äußerst komplex, erfordern sorgfältige Prüfung und Strukturierung und die Anwendbarkeit des § 6a GrEStG sollte möglichst durch eine verbindliche Auskunft abgesichert werden. Zu beachten ist zudem, dass der BFH dem EuGH zur Vorabentscheidung die Frage vorgelegt hat, ob es sich bei § 6a GrEStG um eine verbotene Beihilfe i.S.d. Art. 107 AEUV handelt.[351] Dabei ist der BFH zwar der Auffassung, dass es sich nicht um eine solche Beihilfe handelt, hält dies jedoch für möglich. Die Entscheidung des EuGH bleibt abzuwarten. Sollte dieser zu der Ansicht gelangen, dass es sich um eine verbotene Beihilfe handelt, so droht auch bei bereits bestandskräftiger Veranlagung eine Rückforderung dieser Beihilfen, also die Nachzahlung der Grunderwerbsteuer.

---

350 Vgl. koordinierte Ländererlasse vom 09.10.2013, BStBl. I 2013, 1375 und vom 19.06.2012, BStBl. I 2012, 662.
351 BFH-Beschluss v. 30.05.2017 – II R 62/14, BStBl. II 2017, 916; Az. EuGH: C-374/17.

Kapitel 2: Bilanzrecht

Übersicht

	Rdn.
A. Allgemeines	622
I. Einleitung	622
II. Erforderliche Bilanzen	625
III. Relevante Stichtage im Handels- und Steuerrecht	631
1. Relevante Stichtage im Handelsrecht	631
2. Relevante Stichtage im Steuerrecht	660
3. Beispiele für das Verhältnis der Stichtage im Handels- und Steuerrecht	662
B. Bilanzierungs- und Bewertungsvorschriften	665
I. Handelsrechtliche Schlussbilanz des übertragenden Rechtsträgers nach § 17 UmwG	665
1. Pflicht zur Erstellung einer Schlussbilanz	665
2. Für die Schlussbilanz geltende Bilanzierungs- und Bewertungsvorschriften	677
a) Bilanzierung dem Grunde nach	678
b) Bilanzierung der Höhe nach	694
3. Bilanzierung in Fällen der Hinausverschmelzung	700
II. Handelsbilanz des übernehmenden Rechtsträgers nach § 24 UmwG	702
1. Bewertungswahlrecht des § 24 UmwG	702
2. Definition der Gegenleistung	711
a) Gewährung von Anteilen am übernehmenden Rechtsträger	713
aa) Pflicht zur Gewährung von Anteilen am übernehmenden Rechtsträger	715
bb) Mögliche Varianten der Anteilsgewährung	722
cc) Umfang der Anteilsgewährungspflicht	723
dd) Ausstehende Einlagen beim übertragenden Rechtsträger	727
b) Gewährung barer Zuzahlungen	728
c) Untergang der Anteile am übertragenden Rechtsträger	736
3. Anschaffungswertprinzip	737
a) Bilanzierung dem Grunde nach	737
b) Ermittlung der Anschaffungskosten	746
c) Vermögensübertragung mit Kapitalerhöhung	749
aa) Schaffung neuer Anteile durch Kapitalerhöhung	749
bb) Bewertung des übergehenden Vermögens	753
(1) Bewertung mit dem Buchwert der Gegenleistung	757
(2) Bewertung mit dem höheren Zeitwert des übergehenden Vermögens	763
(3) Sonderproblem: Übertragung negativen Vermögens	765
d) Vermögensübertragung ohne Kapitalerhöhung	769
aa) Übernehmender Rechtsträger hält Anteile am übertragenden Rechtsträger (up-stream merger)	771
(1) Grundsätzliches	771
(2) Ermittlung der Anschaffungskosten und Behandlung von Differenzbeträgen	774
bb) Übernehmender Rechtsträger hält eigene Anteile	785
(1) Grundsätzliches	785
(2) Ermittlung der Anschaffungskosten und Behandlung von Differenzbeträgen	789
cc) Übertragender Rechtsträger hält Anteile am übernehmenden Rechtsträger (down-stream-merger)	796
(1) Grundsätzliches	796
(2) Ermittlung der Anschaffungskosten und Behandlung von Differenzbeträgen	806
dd) Anteilsgewährung durch fremde Dritte	809
(1) Grundsätzliches	809
(2) Ermittlung der Anschaffungskosten	810
ee) Verzicht auf Anteilsgewährung	811
ff) Sonderproblem: Übertragung negativen Vermögens	813
e) Verteilung der Anschaffungskosten	814
4. Buchwertfortführung	819
a) Bilanzierung dem Grunde nach	819
b) Bilanzierung der Höhe nach	826

		Rdn.
	c) Vermögensübertragung mit Kapitalerhöhung	831
	d) Vermögensübertragung ohne Kapitalerhöhung	839
5.	Teilweise Ausübung des Wahlrechts	844
6.	Zuständigkeit für die Wahlrechtsausübung	847
7.	Mischfälle	848
8.	Konfusionsgewinn	853
9.	Bilanzielle Behandlung von Umwandlungskosten	856
10.	Hereinverschmelzung	864
III. Besondere Bilanzierungsprobleme in Spaltungsfällen		867
1.	Allgemeines	867
2.	Bilanzierung beim übertragenden Rechtsträger	871
	a) Aufstellung einer Schlussbilanz	871
	b) Kapitalerhaltung in den Fällen der Abspaltung	874
	c) Bilanzierung des übertragenden Rechtsträgers im Fall der Ausgliederung	884
3.	Bilanzierung beim übernehmenden Rechtsträger	888
	a) Bilanzierungswahlrecht	888
	b) Vermögensübernahme mit Kapitalerhöhung	889
	c) Vermögensübernahme ohne Kapitalerhöhung	893
	d) Verteilung der Anschaffungskosten	896
4.	Bilanzielle Abbildung der gesamtschuldnerischen Haftung	897
IV. Besonderheiten in den Fällen des Formwechsels		902
1.	Allgemeines	902
2.	Bilanzielle Besonderheiten nach dem Formwechsel	904
	a) Buchwertfortführung	904
	b) Formwechsel einer Kapitalgesellschaft in eine Personengesellschaft	907
	c) Formwechsel einer Personengesellschaft in eine Kapitalgesellschaft	911
	d) Formwechsel einer Kapitalgesellschaft in eine andere Kapitalgesellschaft	919
V. Bilanzierung in der Handelsbilanz der Gesellschafter		921
C. Fallbeispiele		**926**
I. Verschmelzung von Kapitalgesellschaften auf Personengesellschaften		926
1.	Verschmelzung mit Kapitalerhöhung	926
2.	Verschmelzung ohne Kapitalerhöhung	938
II. Verschmelzung von Kapitalgesellschaften auf Kapitalgesellschaften		944
1.	Verschmelzung mit Kapitalerhöhung	945
2.	Verschmelzung ohne Kapitalerhöhung	958
3.	Mischfälle	964
4.	Abspaltung von einer Kapitalgesellschaft auf eine andere Kapitalgesellschaft	971

A. Allgemeines

I. Einleitung

Mit der Einführung des UmwG zum 01.01.1995 haben sich im Bereich der handelsrechtlichen Bilanzierung in Umwandlungsfällen ggü. dem bis dahin geltenden Recht erhebliche Veränderungen ergeben. Während nach dem bis Ende 1994 geltenden Recht die Buchwertfortführung in nahezu allen Umwandlungsfällen der einzig mögliche Bilanzansatz war, hat das UmwG 1995 neben der weiterhin zulässigen Buchwertfortführung die Möglichkeit geschaffen, bei dem übernehmenden Rechtsträger das übergehende Vermögen nach der Anschaffungswertmethode zu bilanzieren. Durch diese Gesetzesänderung haben sich erhebliche handelsbilanzielle Gestaltungsspielräume eröffnet.

622

Weitere Veränderungen, die sich auch auf die Bilanzierung auswirken, wurden im Jahr 2007[352] durch die Vereinfachungsregelungen der §§ 54 Abs. 1 Satz 3, 68 Abs. 1 Satz 3 UmwG geschaffen,

623

---

352 Zweites Gesetz zur Änderung des UmwG v. 19.04.2007, BGBl. I 2007, S. 532.

wonach in Fällen der übertragenden Umwandlung die Anteilsinhaber des bzw. der übertragenden Rechtsträger auf die Gewährung von Anteilen verzichten können (vgl. hierzu Teil 7 Rdn. 715).

624 Zeitgleich wurde auch die Möglichkeit zur Durchführung einer grenzüberschreitenden Verschmelzung in das UmwG eingefügt (vgl. §§ 122a ff. UmwG). Bzgl. der Bilanzierung der beteiligten Rechtsträger sind diese Vorgänge insb. bei Hereinverschmelzungen interessant, bei denen ein ausländischer Rechtsträger auf eine inländische Kapitalgesellschaft verschmolzen wird (vgl. hierzu eingehend Teil 7 Rdn. 864 ff.).

II. Erforderliche Bilanzen

625 Die wesentlichen gesetzlichen Regelungen, die die Bilanzierung betreffen, sind im 2. Buch des UmwG geregelt, das die Verschmelzung betrifft. Es handelt sich hier um die §§ 17, 24 UmwG, die – unabhängig von der Rechtsform der an der Verschmelzung beteiligten Rechtsträger – die Bilanzierung beim übertragenden und beim übernehmenden Rechtsträger regeln. Die Regelungen zur Spaltung und Vermögensübertragung ordnen eine analoge Anwendung dieser Vorschriften an, sodass die §§ 17, 24 UmwG grds. für alle Arten der **übertragenden** Umwandlung gelten.

626 Der übertragende Rechtsträger hat nach § 17 Abs. 2 Satz 1 UmwG eine Schlussbilanz aufzustellen, die der Registeranmeldung der Verschmelzung beizufügen ist. Der **Stichtag dieser Schlussbilanz** darf nicht mehr als 8 Monate vor dem Tag der Handelsregisteranmeldung liegen.

627 Ist an der Umwandlung eine AG beteiligt und wurden die Schlussbilanzen der beteiligten Rechtsträger auf einen Zeitpunkt aufgestellt, der zum Zeitpunkt der Aufstellung des Verschmelzungsvertrages oder der Aufstellung des Entwurfs länger als 6 Monate zurückliegt, ist grundsätzlich gem. § 63 Abs. 1 Nr. 3 UmwG die Aufstellung einer Zwischenbilanz erforderlich. Allerdings kann in den folgenden Fällen auf eine solche Zwischenbilanz verzichtet werden:
– wenn alle Anteilsinhaber aller beteiligten Rechtsträger auf die Aufstellung verzichten (§ 63 Abs. 2 Satz 5 i. V. m. § 8 Abs. 3 Satz 1 erste Alt. UmwG),
– wenn die Gesellschaft seit dem letzten Jahresabschluss einen Halbjahresfinanzbericht veröffentlicht hat (§ 63 Abs. 2 Satz 6 UmwG).

628 Erfolgt die Vermögensübertragung auf einen bereits bestehenden Rechtsträger, braucht dieser auf den Verschmelzungsstichtag keine Übernahmebilanz aufzustellen. Der Verschmelzungsvorgang ist als laufender Geschäftsvorfall während des Geschäftsjahres zu erfassen. Das Bewertungswahlrecht des § 24 UmwG wird vom übernehmenden Rechtsträger im Zeitpunkt der Einbuchung des übergehenden Vermögens ausgeübt und ist für den externen Bilanzleser erst in der ersten auf die Verschmelzung folgenden Jahresbilanz erkennbar.

629 Erfolgt die Verschmelzung hingegen zur Neugründung, hat der neu entstehende Rechtsträger eine **Eröffnungsbilanz** zu erstellen. Zur Frage, in welchen Fällen das übergehende Vermögen in dieser Eröffnungsbilanz bereits auszuweisen ist vgl. eingehend Teil 7 Rdn. 659 (Beispiel).

630 Es ist regelmäßig erforderlich, bis zur Eintragung der Verschmelzung eine eigene Buchführung des untergehenden Rechtsträgers aufrechtzuerhalten. Hierzu besteht eine gesetzliche Verpflichtung, die im Fall der Eintragung der Verschmelzung vor dem nächsten Bilanzstichtag sozusagen rückwirkend ihre Bedeutung verliert.[353] Kommt die Verschmelzung **nicht** zustande, ist andernfalls die Trennung einer bereits zusammengefassten Buchhaltung nur sehr aufwendig wieder herzustellen. Außerdem gibt es für die Aufrechterhaltung der Buchführung auch noch eine steuerliche Notwendigkeit, denn der übertragende Rechtsträger bleibt bis zur Eintragung der Verschmelzung selbstständig umsatzsteuerpflichtig.

---

353 So auch Kallmeyer/Zimmermann, Umwandlungsgesetz, § 17 Rn. 21; Deubert/Henkel in Winkeljohann/Förschle/Deubert, Sonderbilanzen, H 61; IDW RS HFA 42, Rn. 22; a. A. Semler/Stengel/Moszka, UmwG, § 24 Rn. 15, wonach die Rechnungslegungspflicht bereits mit Übergang des wirtschaftlichen Eigentums am Vermögen und an den Schulden enden soll.

III. Relevante Stichtage im Handels- und Steuerrecht

1. Relevante Stichtage im Handelsrecht

Handelsrechtlich gibt es 4 Stichtage bzw. Zeitpunkte, die den Werdegang einer übertragenden Umwandlung (Verschmelzung, Spaltung, Vermögensübertragung, nicht jedoch Formwechsel) kennzeichnen. Es handelt sich hierbei um: **631**
– den Schlussbilanzstichtag,
– den Umwandlungsstichtag,
– den Zeitpunkt des Übergangs des wirtschaftlichen Eigentums,
– den Zeitpunkt des Übergangs des zivilrechtlichen Eigentums.

Nach § 17 Abs. 2 UmwG ist der Handelsregisteranmeldung am Sitz des übertragenden Rechtsträgers eine **Schlussbilanz** dieses Rechtsträgers beizufügen. Diese Schlussbilanz ist auf einen höchstens 8 Monate vor der Anmeldung liegenden Stichtag aufzustellen. Als Schlussbilanz kann die letzte ordentliche Jahresbilanz verwendet werden, wenn diese nicht älter als 8 Monate ist. Liegt jedoch der Stichtag der letzten ordentlichen Jahresbilanz länger zurück als 8 Monate vor der Anmeldung zum Handelsregister (wobei jede kleine Fristüberschreitung ausreicht), so muss eine besondere Schlussbilanz auf einen innerhalb der 8-Monats-Frist liegenden **Schlussbilanzstichtag** aufgestellt werden. In diesem Fall entsteht handelsrechtlich jedoch kein Rumpfgeschäftsjahr auf den abweichenden Stichtag der Schlussbilanz (vgl. auch Teil 7 Rdn. 666 m. w. N.). Wird die Umwandlung allerdings eingetragen, obwohl die 8-Monate-Frist bei Einreichung der Unterlagen zum Handelsregister überschritten war, so ist die Umwandlung trotz Fristüberschreitung wirksam, § 20 Abs. 2 UmwG.[354] Zu erwähnen ist, dass nicht zwingend erforderlich ist, dass die Schlussbilanz zusammen mit der Handelsregisteranmeldung eingereicht werden muss. Vielmehr können auch nach der eigentlichen Anmeldung der beschlossenen Umwandlung noch Unterlagen beim Handelsregister nachgereicht werden, wozu auch die Schlussbilanz gehört.[355] Der Stichtag der Schlussbilanz darf dann aber nicht mehr als 8 Monate vor der bereits erfolgten Anmeldung beim Register des übertragenden Rechtsträgers liegen. Eine Überschreitung der Frist bei der Anmeldung zum Handelsregister des übernehmenden Rechtsträgers ist demgegenüber unschädlich.[356] **632**

Im Verschmelzungsvertrag ist gem. § 5 Abs. 1 Nr. 6 UmwG der sog. Umwandlungsstichtag (**Verschmelzungsstichtag**) festzulegen. Von diesem Tag an gelten die Handlungen des übertragenden Rechtsträgers als für Rechnung des übernehmenden Rechtsträgers vorgenommen. Das bedeutet, dass der übertragende Rechtsträger ab diesem Umwandlungsstichtag nur noch wie ein Treuhänder für den übernehmenden Rechtsträger tätig wird.[357] **633**

Das zeitliche Verhältnis zwischen dem Schlussbilanzstichtag und dem Umwandlungsstichtag ist in der Literatur streitig. Nach der einen Meinung ist der Schlussbilanzstichtag mit dem Umwandlungsstichtag identisch.[358] Andere Autoren vertreten die Auffassung, dass es keine zwingende zeitliche Verbindung zwischen diesen beiden Stichtagen gibt, der Umwandlungsstichtag vielmehr von dem Schlussbilanzstichtag um Tage oder Wochen abweichen kann.[359] Die wohl herrschende Ansicht geht hingegen davon aus, dass der Schlussbilanzstichtag immer unmittelbar vor dem **634**

---

354 Widmann/Mayer/Widmann, Umwandlungsrecht, § 24 UmwG, Rn. 78 m. w. N.
355 Lutter/Decher, UmwG, § 17 Rn. 13 f.
356 Widmann/Mayer/Widmann, Umwandlungsrecht, § 24 UmwG, Rn. 73.
357 Müller-Gattermann, WPg 1996, 871.
358 So z. B. Pohl, Handelsbilanzen bei der Verschmelzung von Kapitalgesellschaften, S. 21; Sagasser/Luke in Sagasser/Bula/Brünger, Umwandlungen, § 9 Rn. 139.
359 Vgl. z. B. Widmann/Mayer/Mayer, Umwandlungsrecht, § 5 Rn. 160; Kallmeyer/Zimmermann, Umwandlungsgesetz, § 17 Rn. 14 f. für den Fall, dass **nicht** die Buchwerte fortgeführt werden; ebenso Sauter, in FS für Widmann, S. 108 sowie Semler/Stengel/Moszka, UmwG, § 24 Rn. 12 und Nießen/Schubert, NWB 2014, 1748 mit Darstellung eines in der Praxis umgesetzten Falles einschließlich buchhalterischer Umsetzung.

Umwandlungsstichtag liegt.³⁶⁰ Diese letztgenannte Auffassung ist auf jeden Fall die praktischste und damit auch die in der Praxis regelmäßig vorkommende Konstellation.³⁶¹ Damit ist die Schlussbilanz die unmittelbar nach dem letzten auf eigene Rechnung stattfindenden Geschäftsvorfall des übertragenden Rechtsträgers aufgestellte Bilanz.

▶ **Beispiel:**
635
- Umwandlungsstichtag 01.01.2018 (0.00 Uhr)
- Schlussbilanzstichtag 31.12.2017 (24.00 Uhr)

636 Diese Sicht entspricht auch der Auffassung der Finanzverwaltung. Hiernach folgt der handelsrechtliche Umwandlungsstichtag zwingend direkt dem steuerlichen Übertragungsstichtag und dieser wiederum ist gem. § 2 UmwStG immer identisch mit dem handelsrechtlichen Schlussbilanzstichtag.³⁶²

637 Die Schlussbilanz dient damit sowohl der Abgrenzung des Ergebnisses, das der übertragende Rechtsträger für eigene Rechnung bzw. für Rechnung des übernehmenden Rechtsträgers erwirtschaftet,³⁶³ als auch als Grundlage für die Einbuchung der übertragenen Vermögensgegenstände und Schulden bei der Übernehmerin. Außerdem dient diese Bilanz den Gläubigern als Entscheidungsgrundlage, ob sie gem. § 22 UmwG Sicherheit verlangen sollten.³⁶⁴

638 Zu beachten ist allerdings, dass die Schlussbilanz nach § 17 UmwG eine eigenständige Bilanz ist, die mit dem regulären Jahresabschluss nicht identisch ist, und zwar auch dann nicht, wenn sie auf denselben Stichtag erstellt wird (s. hierzu eingehend Teil 7 Rdn. 667).

639 Besonders zu betonen ist außerdem, dass der Umwandlungsstichtag **nicht** den Zeitpunkt des rechtlichen oder wirtschaftlichen Vermögensübergangs fixiert, sondern nur den Zeitpunkt des Wirksamwerdens einer schuldrechtlichen Vereinbarung zwischen den an der Umwandlung teilnehmenden Rechtsträgern, sich untereinander so zu stellen, als sei das Vermögen am Umwandlungsstichtag bereits übergegangen.

640 Das **zivilrechtliche Eigentum** an den zu übertragenden Gegenständen geht erst mit der Eintragung der Umwandlung in das Handelsregister des übernehmenden Rechtsträgers auf diesen über. Spätestens ab diesem Zeitpunkt ist das Vermögen daher bei dem übernehmenden und nicht mehr bei dem übertragenden Rechtsträger zu bilanzieren. Soweit jedoch der Übergang des **wirtschaftlichen Eigentums** zeitlich vor dem Übergang des zivilrechtlichen Eigentums liegt, ist dieser frühere Zeitpunkt für die handelsrechtliche Bilanzierung maßgeblich.

▶ **Hinweis:**
641
In der Praxis wird dies insbesondere dann wichtig, wenn nach dem Übergang des wirtschaftlichen Eigentums aber vor der Eintragung der Umwandlung in das Handelsregister ein regulärer Bilanzstichtag liegt.

642 Nach dem IDW³⁶⁵ kann von einem **Übergang des wirtschaftlichen Eigentums** unter folgenden, **kumulativ zu erfüllenden Voraussetzungen** ausgegangen werden:
(1) Bis zum Abschlussstichtag muss der Verschmelzungsvertrag formwirksam abgeschlossen sein; außerdem müssen ggf. die Verschmelzungsbeschlüsse sowie die Zustimmungserklärungen der

---

360 Vgl. IDW RS HFA 42, Rn. 11; Stratz in Schmitt/Hörtnagl/Stratz, UmwG, § 5 Rn. 75; Deubert/Henckel in Winkeljohann/Förschle/Deubert, Sonderbilanzen, H 53 und H 97; Kallmeyer/Zimmermann, UmwG, § 17 Rn. 15 nur für den Fall der Buchwertfortführung.
361 So auch Gassner in FS für Widmann, 344 f.
362 Vgl. BMF-Schreiben v. 11.11.2011, BStBl. 2011, S. 1314, Rn. 02.02.
363 IDW, RS HFA 42, Rn. 10.
364 Lutter/Decher, UmwG, § 17 Rn. 7.
365 RS HFA 42, Rn. 29.

A. Allgemeines

Anteilsinhaber nach den Bestimmungen des UmwG (z. B. §§ 13, 50 UmwG) formwirksam erfolgt sein.

Steht die Erfüllung einer dieser Voraussetzungen am Abschlussstichtag noch aus, liegt – unabhängig vom festgelegten Verschmelzungsstichtag – das wirtschaftliche Eigentum am Abschlussstichtag weiter beim übertragenden Rechtsträger. Die Beschlussfassung im neuen Geschäftsjahr ist ein wertbegründendes Ereignis, dem keine wertaufhellende Bedeutung über die Verhältnisse zum Abschlussstichtag beizumessen ist.

(2) Der vereinbarte Verschmelzungsstichtag muss vor dem Abschlussstichtag liegen oder mit diesem zusammenfallen.

(3) Die Verschmelzung muss bis zur Beendigung der Aufstellung des Jahresabschlusses bereits eingetragen sein oder es muss mit an Sicherheit grenzender Wahrscheinlichkeit davon ausgegangen werden können, dass die Eintragung erfolgen wird. Insbesondere dürfen bei Bilanzaufstellung keine Gründe bekannt sein, die einer Eintragung der Verschmelzung entgegenstehen könnten. Der erforderliche Sicherheitsgrad der zu erwartenden Eintragung wird bei der Verschmelzung von im alleinigen Anteilsbesitz stehenden Tochtergesellschaften auf die Muttergesellschaft regelmäßig erfüllt sein.

(4) Es muss faktisch oder durch eine entsprechende Regelung im Umwandlungsvertrag sichergestellt sein, dass der übertragende Rechtsträger nur noch im Rahmen eines ordnungsgemäßen Geschäftsgangs oder mit Einwilligung des übernehmenden Rechtsträgers über die Vermögensgegenstände verfügen kann.

Der Übergang des wirtschaftlichen Eigentums hat zur Folge, dass die Vermögensgegenstände und Schulden des übertragenden Rechtsträgers beim übernehmenden Rechtsträger zu bilanzieren sind, und dass Aufwendungen und Erträge aus den dem übernehmenden Rechtsträger zurechenbaren Handlungen unmittelbar in der Gewinn- und Verlustrechnung des übernehmenden Rechtsträgers zu erfassen sind. 643

Die Erfolgswirkungen, die noch vor dem Übergang des wirtschaftlichen Eigentums liegen, sind grds. als originäre Aufwendungen und Erträge in der Gewinn- und Verlustrechnung des übertragenden Rechtsträgers zu erfassen.[366] 644

Rein **schuldrechtlich** (im Innenverhältnis) sind diese Aufwendungen und Erträge des übertragenden Rechtsträgers jedoch bereits ab dem **Verschmelzungsstichtag** nach § 5 Abs. 1 Nr. 6 UmwG dem übernehmenden Rechtsträger zuzurechnen. Diesem Umstand ist grds. bilanziell Rechnung zu tragen, wobei gesetzlich keine spezielle Handhabung vorgeschrieben ist. Es bestehen die im Folgenden dargestellten Möglichkeiten. 645

Liegt zwischen dem Umwandlungsstichtag und dem Zeitpunkt des Übergangs des wirtschaftlichen Eigentums für den übertragenden Rechtsträger ein regulärer Bilanzstichtag und hat der übertragende Rechtsträger in diesem Zeitraum einen Gewinn erwirtschaftet, so ist nach (geänderter) Auffassung des IDW[367] die Bildung einer Rückstellung in Höhe dieses Gewinns aufgrund der schuldrechtlichen Berechtigung des übernehmenden Rechtsträgers nicht zulässig, wenn der Verschmelzungsbeschluss erst nach dem Bilanzstichtag gefasst wurde, da es sich bei diesem Beschluss um ein wertbegründendes Ereignis handelt.[368] Allerdings ist im Anhang zu erläutern, dass der ausgewiesene Gewinn nicht für Ausschüttungen zur Verfügung steht, da er für Rechnung des übernehmenden Rechtsträgers erwirtschaftet wurde.[369] Der übertragende Rechtsträger hat aufgrund der wirtschaftlichen Zugehörigkeit auch den auf diesen Gewinn entfallenden **Steuerauf-** 646

---

366 Rödder, DStR 1997, 1354.
367 RS HFA 42, Rn. 31.
368 Gl.A. Kallmeyer/Zimmermann, Umwandlungsgesetz, § 17 Rn. 24; Bula/Thees in Sagasser/Bula/Brünger, Umwandlungen, § 10 Rn. 78 ff.
369 Demgegenüber eine Rückstellungsbildung befürwortend: Lutter/Priester, UmwG, § 24 Rn. 28; Schmidt/Hörtnagl/Stratz/Hörtnagl, UmwG/UmwStG, § 17 Rn. 80.

wand zu verbuchen, wodurch sich das »für fremde Rechnung erwirtschaftete Ergebnis« entsprechend mindert. Hieran ändert auch die Tatsache nichts, dass aufgrund der steuerlichen Rückwirkung bzgl. dieses nach dem Verschmelzungsstichtag erwirtschafteten Gewinns der übernehmende Rechtsträger und nicht der übertragende Rechtsträger der Steuerschuldner ist. Gleichermaßen darf in der auf den Umwandlungsstichtag aufzustellenden handelsrechtlichen Schlussbilanz noch keine Steuerrückstellung gebildet werden für etwaige durch die Verschmelzung selbst entstehende steuerpflichtige Gewinne, die aufgrund der steuerlichen Rückwirkung in dem Wirtschaftsjahr entstehen, welches mit dem Schlussbilanzstichtag endet. Ein solcher Steueraufwand belastet daher handelsbilanziell erst den übernehmenden Rechtsträger.[370]

647 Erstellt der übernehmende Rechtsträger in dem Interimszeitraum zwischen dem Umwandlungsstichtag und dem Zeitpunkt des Übergangs des wirtschaftlichen Eigentums noch einen regulären Jahresabschluss, darf dieser ebenfalls für einen vom übertragenden Rechtsträger in diesem Zeitraum erwirtschafteten Gewinn keinen korrespondierenden Ertrag verbuchen. Mit dem Übergang des wirtschaftlichen Eigentums – spätestens jedoch bei Erstellung des ersten regulären Jahresabschlusses nach Übergang des wirtschaftlichen Eigentums – kann der übernehmende Rechtsträger dann aber die vom übertragenden Rechtsträger seit dem Umwandlungsstichtag erwirtschafteten Aufwendungen und Erträge aggregiert in seine Buchhaltung übernehmen.[371]

648 Ergibt sich bei dem übertragenden Rechtsträger in dem besagten Zeitraum insgesamt ein Verlust, darf dieser mangels Realisation (§ 252 Abs. 1 Nr. 4 HGB) zu diesem Zeitpunkt keine entsprechende Forderung ggü. dem übernehmenden Rechtsträger ausweisen, weil das wirtschaftliche Eigentum noch nicht übergegangen ist. Ebenso darf der übernehmende Rechtsträger nach geänderter Auffassung des IDW[372] in einer in diesem Interimszeitraum zu erstellenden regulären Bilanz für die Verpflichtung zur Übernahme dieses Verlustes noch keine entsprechende Rückstellung bilden, da die erst nach dem Bilanzstichtag stattfindende Beschlussfassung der Verschmelzung auch diesbezüglich ein wertbegründendes Ereignis darstellt.[373]

649 Soweit zwischen dem Umwandlungsstichtag und dem Übergang des wirtschaftlichen Eigentums **kein Bilanzstichtag** liegt, ist nach Ansicht des IDW[374] für den übernehmenden Rechtsträger – abweichend von den oben dargestellten Grundsätzen – eine **wichtige Vereinfachungsregelung** anwendbar. Der übernehmende Rechtsträger kann die übergehenden Vermögensgegenstände und Schulden nach den Verhältnissen am Verschmelzungsstichtag einbuchen und sämtliche mit diesem Vermögen zusammenhängenden Aufwendungen und Erträge seit dem Verschmelzungsstichtag wie eigene Geschäftsvorfälle abbilden.

650 Im Ergebnis gehen die zwischen dem Umwandlungsstichtag und dem Übergang des wirtschaftlichen Eigentums bei dem übertragenden Rechtsträger noch anfallenden Aufwendungen und Erträge, die schuldrechtlich bereits dem übernehmenden Rechtsträger zuzurechnen sind, immer in die Gewinn- und Verlustrechnung des übernehmenden Rechtsträgers ein, sei es unmittelbar oder über die Bildung entsprechender Ausgleichsposten.

651 Handelt es sich bei dem übertragenden Rechtsträger um eine Organgesellschaft und wird der Ergebnisabführungsvertrag (EAV) nicht angesichts der bevorstehenden Verschmelzung zum Schluss des vorangehenden Wirtschaftsjahres gekündigt oder aufgehoben, so bleibt er bis zur

---

370 IDW, RS HFA 42, Rn. 20; Bilitewski/Roß/Weiser, WPg 2014, 13 (17); Deubert/Henckel in Winkeljohann/Förschle/Deubert, Sonderbilanzen, H 109; a.A. Widmann/Mayer/Widmann, Umwandlungsrecht, § 24 Rn. 93 sowie Schmidt/Hörtnagl/Stratz/Hörtnagl, UmwG/UmwStG, § 17 Rn. 29.
371 Bspw. unter der Bezeichnung »Vom übertragenden Rechtsträger für fremde Rechnung erwirtschaftetes Ergebnis«, vgl. IDW, RS HFA 42, Rn. 33; Semler/Stengel/Moszka, UmwG, § 24, Rn. 16.
372 RS HFA 42, Rn. 31.
373 Gl.A. Bula/Thees in Sagasser/Bula/Brünger, Umwandlungen, § 10 Rn. 85; demgegenüber eine Rückstellungsbildung befürwortend Schmidt/Hörtnagl/Stratz/Hörtnagl, UmwG/UmwStG, § 17 Rn. 82.
374 RS HFA 42, Rn. 31.

A. Allgemeines

Eintragung der Verschmelzung in das Handelsregister bestehen und geht dann zusammen mit dem übertragenden Rechtsträger unter. Grds. muss der EAV bei unterjähriger Beendigung zum Stichtag der Beendigung noch einmal abgerechnet werden. In der Phase ab dem Verschmelzungsstichtag, in der der übertragende Rechtsträger nur noch für Rechnung des übernehmenden Rechtsträgers tätig wird und dem übernehmenden Rechtsträger die erwirtschafteten Ergebnisse zustehen, kann bei dem übertragenden Rechtsträger jedoch kein Ergebnis mehr entstehen, welches bei Beendigung des EAV abzuführen bzw. auszugleichen wäre. Der Verschmelzungsvertrag geht daher insoweit »dem EAV vor«.[375] Wird hingegen nach Ablauf eines Wirtschaftsjahres eine Verschmelzung beschlossen und als Verschmelzungsstichtag wird ein Tag bestimmt, der **vor** dem Schluss des letzten Wirtschaftsjahres liegt (Bsp: Wirtschaftsjahr ist das Kalenderjahr; im März 2018 wird eine Verschmelzung beschlossen mit Verschmelzungsstichtag 01.12.2017), dann kann der Verschmelzungsvertrag nach Auffassung von Gelhausen/Heinz[376] nicht mehr in den bereits rechtswirksam entstandenen Anspruch aus dem EAV eingreifen. Das zwischen dem Verschmelzungsstichtag und dem Schluss des regulären Wirtschaftsjahres erwirtschaftete Ergebnis steht dann noch dem Organträger und nicht dem übernehmenden Rechtsträger zu.

Der übertragende Rechtsträger hat grundsätzlich bis zur Eintragung der Verschmelzung im Handelsregister seiner Rechnungslegungspflicht nachzukommen. Die **Pflicht zur Jahresabschlusserstellung entfällt** für den übertragenden Rechtsträger allerdings, wenn ein Abschlussstichtag zwar vor der Eintragung liegt, der Jahresabschluss bis zur Eintragung aber noch nicht aufgestellt ist, denn mit dem Erlöschen des übertragenden Rechtsträgers erlischt auch dessen Bilanzierungspflicht.[377] Etwas differenzierter sehen dies Deubert/Henckel,[378] die nur dann von einem rückwirkenden Wegfall der Bilanzierungspflicht ausgehen, wenn die Verschmelzung noch vor dem Ende des **Aufstellungszeitraums** des Jahresabschlusses wirksam wird.[379] Wird also die Verschmelzung erst zu einem Zeitpunkt eingetragen, zu dem der Aufstellungszeitraum bereits abgelaufen war, müsste nach dieser Auffassung für den übertragenden Rechtsträger noch ein Jahresabschluss erstellt werden. Theoretisch ist dieser Auffassung zuzustimmen. Wird aber im konkreten Einzelfall der Jahresabschluss nicht innerhalb des Aufstellungszeitraums aufgestellt, so kann diese Pflicht nach Eintragung der Verschmelzung auch nicht mehr erzwungen werden, denn auf den übernehmenden Rechtsträger geht diese Pflicht nicht über. Damit können die Organe des übertragenden Rechtsträgers de facto die Erstellung eines solchen Jahresabschlusses vermeiden, indem sie diesen über den Ablauf des Aufstellungszeitraums hinaus bis zur Eintragung der Verschmelzung verzögern. In der Praxis entfällt damit in den Fällen der Verschmelzung und der Aufspaltung i. d. R. eine Bilanzierung des übertragenden Rechtsträgers nach dem Umwandlungsstichtag. Eine Ausnahme gilt jedoch, wenn die Verschmelzung – z. B. wegen Anfechtung des Verschmelzungsbeschlusses – noch nicht eingetragen werden kann.[380] In diesen Fällen wird aber i. d. R. auch das wirtschaftliche Eigentum an den Vermögensgegenständen noch nicht übergegangen sein, denn es kann in einem solchen Fall wohl nicht mit an Sicherheit grenzender Wahrscheinlichkeit davon ausgegangen werden, dass die Eintragung erfolgen wird (vgl. Teil 7 Rdn. 642, Voraussetzung 3). In diesen Fällen der **schwebenden Verschmelzung** ist das Vermögen daher weiterhin bei dem übertragenden Rechtsträger auszuweisen. Dasselbe gilt – mangels Übergangs des wirtschaftlichen Eigentums – für die hier noch anfallenden Aufwendungen und Erträge (vgl. Teil 7 Rdn. 644 ff.).

Sollte es unter Berücksichtigung dieser Kriterien notwendig sein, für den übertragenden Rechtsträger vor der Eintragung der Umwandlung in das Handelsregister noch eine Bilanz zu erstellen, obwohl das wirtschaftliche Eigentum bereits übergegangen ist, so gilt für die Bilanzierung Folgen-

---

375 Vgl. eingehend Gelhausen/Heinz, NZG 2005, 775 ff.
376 NZG 2005, 775, 779.
377 IDW RS HFA 42, Rn. 23; a. A. Widmann/Mayer/Widmann, Umwandlungsrecht, § 24, Rn. 13.
378 Winkeljohann/Förschle/Deubert, Sonderbilanzen, H 65.
379 So wohl auch Kolb/Weimert, StuB 2013, 445 (448).
380 IDW, RS HFA 42, Rn. 22.

des: Da das wirtschaftliche Eigentum der Vermögensgegenstände und Schulden bereits auf die Übernehmerin übergegangen ist, kommt eine Bilanzierung der Vermögensgegenstände und Schulden beim übertragenden Rechtsträger nicht mehr in Betracht.[381] Bezüglich des Schuldenausweises ist zu betonen, dass sich die Auffassung des IDW insoweit geändert hat. Während in dem vorherigen Standard HFA 2/97 Zweifelsfragen der Rechnungslegung bei Verschmelzung, Tz. 21 noch die Auffassung vertreten wurde, dass auf eine Bilanzierung der Verbindlichkeiten beim übertragenden Rechtsträger nur dann verzichtet werden kann, wenn der übernehmende Rechtsträger vor dem Abschlussstichtag der Überträgerin für diese Verbindlichkeiten eine gesamtschuldnerische Mithaftung – z. B. durch eine entsprechende Bestimmung im Verschmelzungsvertrag – übernommen hat, ist diese Auffassung nunmehr zu Recht aufgegeben worden, da der Abschluss des Verschmelzungsvertrages genau diese gesamtschuldnerische Mithaftung auslöst und sich daher eine weitere gleichlautende Verpflichtung des übernehmenden Rechtsträgers erübrigt.[382] Im Ergebnis weist der übertragende Rechtsträger dann also nur noch sein Eigenkapital aus. Ein erforderlicher Bilanzausgleich ist durch Bildung eines aktiven Ausgleichspostens herzustellen.[383]

654 Der Tatsache, dass rein schuldrechtlich bzgl. des übergehenden Vermögens auf den Umwandlungsstichtag und damit auf den in der Schlussbilanz abgebildeten Stand der Vermögensgegenstände und Schulden des übertragenden Rechtsträgers abgestellt wird, tatsächlich aber das Vermögen übergeht, dass zum Zeitpunkt des Übergangs des wirtschaftlichen Eigentums bzw. spätestens zum Zeitpunkt der Eintragung der Umwandlung in das Handelsregister tatsächlich vorhanden ist, ist auch bei der Gestaltung der Umwandlungsverträge Rechnung zu tragen. Bei der Verschmelzung ist hier keine besondere Obacht vonnöten, da ohnehin alles Vermögen des übertragenden Rechtsträgers übergeht. In Spaltungsfällen – bei denen es auf eine genaue Bezeichnung des übergehenden Vermögens ankommt – ist jedoch zu beachten, dass viele Vermögensgegenstände in dem Interimszeitraum aus dem Betriebsvermögen ausscheiden und andere hinzukommen. Dieser Tatsache ist durch eine Surrogationsklausel Rechnung zu tragen, die besagt: »Soweit einzelne Vermögensgegenstände nach dem Spaltungsstichtag veräußert wurden, tritt an dessen Stelle das Surrogat«.[384]

655 Häufig ergeben sich bei der Einbuchung der Vermögensgegenstände und Schulden Fragen bzgl. der praktischen Umsetzung. In der Literatur wird häufig die Auffassung vertreten, dass – zumindest in Fällen der Buchwertfortführung – die Werte aus der Schlussbilanz des übertragenden Rechtsträgers eins zu eins beim übernehmenden Rechtsträger einzubuchen sind. Die Schlussbilanz soll die Grundlage für die bilanzielle Überleitung der infolge der Verschmelzung übergehenden Vermögensgegenstände und Schulden sein, um so eine vollständige Erfassung des übergehenden Vermögens sicherzustellen.[385] Dies soll dadurch erreicht werden, dass zunächst das in der Schlussbilanz des übertragenden Rechtsträgers ausgewiesene übergehende Vermögen beim übernehmenden Rechtsträger eingebucht wird, und zwar quasi als erster Geschäftsvorfall des auf den Schlussbilanzstichtag folgenden Umwandlungsstichtags.[386] Anschließend sollen die einzelnen Buchungen für sämtliche seit dem Umwandlungsstichtag für Rechnung des übernehmenden Rechtsträgers angefallenen Geschäftsvorfälle auf den Bestandskonten des übertragenden Rechtsträgers zum Stichtag der Schlussbilanz auf die entsprechenden Bestandskonten beim übernehmenden Rechtsträger übertragen werden.[387] Wirtschaftlich gesehen ist dies auch richtig, denn die Schlussbilanz dient in erster Linie der Abgrenzung des Ergebnisses, welches der übertragende Rechtsträger für eigene Rechnung bzw. ab dem Schlussbilanzstichtag für Rechnung des übernehmenden Rechtsträ-

---

381 IDW, RS HFA 42, Rn. 30.
382 Vgl. auch Deubert/Henckel in Winkeljohann/Förschle/Deubert, Sonderbilanzen, H 62.
383 Kallmeyer/Zimmermann, Umwandlungsgesetz, § 17 Rn. 23.
384 Vgl. Klingberg in Winkeljohann/Förschle/Deubert, Sonderbilanzen, I 68.
385 Naraschewski, Stichtage und Bilanzen bei der Verschmelzung, S. 14.
386 Beck'scher Bilanz-Kommentar, § 268, Rn. 39.
387 Vgl. Naraschewski, Stichtage und Bilanzen bei der Verschmelzung, S. 16 und S. 19.

A. Allgemeines Teil 7 Kapitel 2

gers erwirtschaftet. Aus der praktischen Sicht eines Buchhalters ist eine reine »Übernahme« dieser Buchwerte hingegen nur in den Fällen möglich, in denen die in Teil 7 Rdn. 649 beschriebene Vereinfachungsregelung in Anspruch genommen werden soll. Ist dies hingegen nicht der Fall, dann ist die Schlussbilanz nur bzgl. der Bewertung der zum Zeitpunkt des Übergangs des wirtschaftlichen Eigentums noch vorhandenen Vermögensgegenstände und Schulden maßgeblich, nicht jedoch hinsichtlich des Mengengerüsts des übergehenden Vermögens. Ansonsten kann es ggf. zu einer Doppel- bzw. Nichterfassung von Geschäftsvorfällen kommen, die im Interimszeitraum zwischen dem Umwandlungsstichtag und dem Stichtag des Übergangs des wirtschaftlichen Eigentums erfolgt sind. Dies soll hier anhand der nachfolgenden Beispiele erläutert werden:

▶ Beispiel:

Im Mai des Jahres 2012 wird die Verschmelzung der A-GmbH auf die B-GmbH beschlossen. Umwandlungsstichtag soll der 01.01.2012 sein. Es sollen die Buchwerte fortgeführt werden. 656

In der Praxis wird in einem solchen Fall regelmäßig von der in Teil 7 Rdn. 649 beschriebenen Vereinfachungsregelung Gebrauch gemacht. Das bedeutet, dass sämtliche Vermögensgegenstände und Schulden, die sich aus der Schlussbilanz des übertragenden Rechtsträgers ergeben, mit diesen Buchwerten zum Zeitpunkt des Übergangs des wirtschaftlichen Eigentums (dieser Zeitpunkt entspricht i. d. R. dem Tag der Beschlussfassung) in die Buchhaltung des übernehmenden Rechtsträgers eingebucht werden. Außerdem wird die gesamte Buchhaltung mit jedem einzelnen im Rückwirkungszeitraum gebuchten Geschäftsvorfall in die Buchhaltung des übernehmenden Rechtsträgers übernommen. Hierdurch werden lückenlos alle in der Zwischenzeit erfolgten Veränderungen des Mengengerüsts (Abgänge und Zugänge) sowie die sich daraus ergebenden Erfolgsauswirkungen in die Buchhaltung des übernehmenden Rechtsträgers übernommen und es gibt auch keine Doppelerfassungen oder Nichterfassungen.

Insb. in Spaltungsfällen bietet sich demgegenüber häufig die Nutzung der beschriebenen Vereinfachungsregelung nicht an, wenn die zu trennenden Sachgesamtheiten vorher in einem gemeinsamen Buchungskreis geführt wurden. 657

▶ Beispiel:

Am 01.08. des Jahres 2012 wird die Abspaltung eines Teilbetriebs von der A-GmbH auf die B-GmbH beschlossen. Spaltungsstichtag soll der 01.01.2012 sein. Die übernehmende B-GmbH soll die Buchwerte fortführen. Die Teilbetriebe sind bis zum Zeitpunkt des Spaltungsbeschlusses in einem gemeinsamen Buchungskreis geführt worden. 658

Der übernehmende Rechtsträger entscheidet sich aus Praktikabilitätsgründen dafür, nicht sämtliche im Interimszeitraum durchgeführten Geschäftsvorfälle, die wirtschaftlich dem übergehenden Vermögen zuzuordnen sind, bei dem übernehmenden Rechtsträger nachzubuchen. Vielmehr soll das Ergebnis sämtlicher Geschäftsvorfälle lediglich als Saldo als »für den übernehmenden Rechtsträger erwirtschaftetes Ergebnis« gebucht werden.

Werden in einem solchen Fall gleichwohl sämtliche Vermögensgegenstände und Schulden des übertragenden Rechtsträgers mit den dort ausgewiesenen Buchwerten in die Bilanz des übernehmenden Rechtsträgers eingebucht, kommt es zu Doppel- bzw. Nichterfassungen, denn mit dem im Interimszeitraum für Rechnung des übernehmenden Rechtsträgers erwirtschafteten Ergebnis haben zwischenzeitlich umfangreiche Veränderungen in den Beständen stattgefunden, die in der Schlussbilanz des übertragenden Rechtsträgers naturgemäß nicht abgebildet sind. Dies betrifft insb. den Bestand des Umlaufvermögens sowie die Debitoren und Kreditoren, aber natürlich auch die Geldkonten und viele andere Aktiva und Passiva. Wirtschaftsgüter, die am Umwandlungsstichtag vorhanden waren, zum Zeitpunkt des Übergangs des wirtschaftlichen Eigentums aber nicht mehr da sind, gehen natürlich gegenständlich auch nicht mehr auf den übernehmenden Rechtsträger über.

Stattdessen ist nur noch das zum Zeitpunkt des Übergangs des wirtschaftlichen Eigentums vorhandene Vermögen, also die auf diesen Zeitpunkt aktualisierten Bestandskonten, beim übernehmenden Rechtsträger einzubuchen.[388] Die finanziellen Ergebnisse von im Interimszeitraum abgewickelten Forderungen und Verbindlichkeiten können dem übernehmenden Rechtsträger in einem Saldo übertragen werden. Bei konzerninternen Spaltungsfällen ist es i. d. R. unproblematisch möglich, die Bestände zu diesem Stichtag überzuleiten. Bei Übertragung zwischen fremden Dritten stellt sich dann das praktische Problem, wie das an diesem Stichtag maßgebliche Mengengerüst an den übernehmenden Rechtsträger übermittelt wird, da eine Bilanz zu diesem Stichtag meist nicht erstellt wird. In der Literatur wird für derartige Fälle als Lösungsansatz diskutiert, das Mengengerüst aus der Schlussbilanz zu übernehmen und alle Zugänge im Interimszeitraum, die zum Zeitpunkt des Übergangs des wirtschaftlichen Eigentums noch vorhanden sind, gesondert nachzubuchen. Damit hätte man aber noch nicht die Abgänge des Interimszeitraums erfasst. Diese würden sich dann quasi zum Ablauf des Wirtschaftsjahres als Inventurdifferenz ergeben.

Erfolgt eine Verschmelzung zur Neugründung, so liegt der Verschmelzungsstichtag regelmäßig vor der zivilrechtlichen Entstehung des übernehmenden Rechtsträgers. Es stellt sich die Frage, auf welchen Stichtag dieser seine Eröffnungsbilanz zu erstellen hat.

▶ Beispiel:

659 Die A-GmbH wird im Jahr 2012 auf die B-GmbH verschmolzen. Umwandlungsstichtag ist der 01.01.2012. Die übernehmende B-GmbH wird durch die Verschmelzung gegründet (Verschmelzung zur Neugründung).

In der Literatur wird für einen solchen Fall die Auffassung vertreten, dass die Eröffnungsbilanz des übernehmenden Rechtsträgers auf den Stichtag der Schlussbilanz der Überträgerin zu erstellen ist, um eine lückenlose Bilanzierung zu gewährleisten.[389] Dies ergebe sich aus § 24 UmwG, denn der vom Gesetzgeber gewollte Zusammenhang zwischen den beiden Bilanzen – insb. im Fall der Buchwertfortführung – lasse sich nur dadurch erreichen, dass Schlussbilanz und Eröffnungsbilanz aneinander anknüpfen. Diese Vorgehensweise wird in den meisten Verschmelzungsfällen auch praktiziert und ist auch nicht zu beanstanden, wenn von der in Teil 7 Rdn. 649 dargelegten Vereinfachungsregelung Gebrauch gemacht wird, die nach dem Verschmelzungsstichtag anfallenden Geschäftsvorfälle bereits bei dem übernehmenden Rechtsträger als eigene Geschäftsvorfälle zu erfassen. Liegen die Voraussetzungen für die Vereinfachungsregelung allerdings nicht vor, so ist zu beachten, dass eine Eröffnungsbilanz gem. § 242 Abs. 1 HGB grds. erst auf den Zeitpunkt des Beginns des Handelsgewerbes zu erstellen ist und dass auch in einer solchen Eröffnungsbilanz das übergehende Vermögen nur dann ausgewiesen werden kann, wenn das wirtschaftliche Eigentum bereits übergegangen ist.[390] Im Fall einer Verschmelzung zur Neugründung bedeutet dies i. d. R., dass der übernehmende Rechtsträger am Tag der notariellen Beurkundung des Verschmelzungsvertrages sowie des Gesellschaftsvertrages des neu entstehenden übernehmenden Rechtsträgers als sog. Vor-Gesellschaft entsteht und dass an diesem Tag – bei Vorliegen der übrigen Voraussetzungen – das wirtschaftliche Eigentum an den Vermögensgegenständen übergeht. Das übergehende Vermögen ist dann in dieser Eröffnungsbilanz bereits auszuweisen.[391]

---

388 So wohl auch Naraschewski, Stichtage und Bilanzen bei der Verschmelzung, S. 17.
389 Vgl. Naraschewski, Stichtage und Bilanzen bei der Verschmelzung, S. 16; Widmann/Mayer/Widmann, Umwandlungsrecht, § 24, Rn. 225; Gasser in FS für Widmann, 343, 349; ähnlich Priester in Lutter, UmwG, § 24 Rn. 22, der den Verschmelzungsstichtag als den für die Erstellung der Eröffnungsbilanz maßgeblichen Stichtag ansieht.
390 Vgl. IDW, RS HFA 42, Rn. 40.
391 Deubert/Hoffmann in Winkeljohann/Förschle/Deubert, Sonderbilanzen, K 13.

A. Allgemeines

2. Relevante Stichtage im Steuerrecht

Zusätzlich zu den handelsrechtlichen Stichtagen definiert das Steuerrecht den sog. **steuerlichen Übertragungsstichtag**. Es handelt sich hierbei um den Stichtag der dem Vermögensübergang zugrunde liegenden Bilanz (§ 2 Abs. 1 UmwStG). Einkommen und Vermögen der beteiligten Rechtsträger sind für Zwecke der Ertragsbesteuerung des übertragenden und des übernehmenden Rechtsträgers so zu ermitteln, als ob das Vermögen mit Ablauf des Stichtages der Bilanz, die dem Vermögensübergang zugrunde liegt, auf die Übernehmerin übergegangen wäre (sog. steuerliche Rückwirkung). Der steuerliche Übertragungsstichtag liegt somit immer einen Tag vor dem handelsrechtlichen Umwandlungsstichtag.[392]

660

Für die Steuerbilanzen der beteiligten Rechtsträger bedeutet diese Regelung, dass auf den Tag vor dem Umwandlungsstichtag nicht nur die steuerliche Übertragungsbilanz des übertragenden Rechtsträgers, sondern auch die steuerliche Übernahmebilanz des übernehmenden Rechtsträgers aufzustellen ist. Sowohl ein etwaiger Übertragungsgewinn als auch ein etwaiger Übernahmegewinn entstehen steuerlich in demselben Wirtschaftsjahr.[393]

661

3. Beispiele für das Verhältnis der Stichtage im Handels- und Steuerrecht

▶ Beispiel 1: Verschmelzung der A-GmbH auf die B-GmbH

Regulärer Abschlussstichtag der A-GmbH	31.12.2017
Verschmelzungsvertrag und erforderliche Beschlüsse	September 2017
Verschmelzungsstichtag	01.01.2018
Eintragung im Handelsregister	Februar 2018

662

Handelsrecht:
- Die Schlussbilanz der A-GmbH gem. § 17 UmwG ist auf den 31.12.2017 aufzustellen.
- Die Buchführungspflicht der A-GmbH besteht fort bis zur Eintragung der Verschmelzung in das Handelsregister. Eigene Aufwendungen und Erträge entstehen jedoch im Wirtschaftsjahr 2018 nicht mehr, weil das wirtschaftliche Eigentum schon übergegangen ist.
- Der Übergang des wirtschaftlichen Eigentums erfolgt zum 01.01.2018. Zu diesem Zeitpunkt erfolgt daher auch die Einbuchung des übergehenden Vermögens bei der B-GmbH. Ab diesem Zeitpunkt sind alle anfallenden Aufwendungen und Erträge unmittelbar bei der B-GmbH zu erfassen.
- Der Übergang des zivilrechtlichen Eigentums im Februar 2018 hat keine bilanziellen Konsequenzen mehr.

Steuerrecht:
- Auch steuerlich ist die Schlussbilanz der A-GmbH zum 31.12.2017 aufzustellen.
- Des Weiteren ist zum 31.12.2017 auch die steuerliche Übernahmebilanz der B-GmbH aufzustellen, in der das übergehende Vermögen bereits auszuweisen ist.

Folge: Steuerlich wird das Vermögen des übertragenden Rechtsträgers zum 31.12.2017 sowohl beim übertragenden Rechtsträger als auch beim übernehmenden Rechtsträger ausgewiesen. In der Steuerbilanz des übernehmenden Rechtsträgers wird die Verschmelzung also ein Jahr früher gezeigt als in der Handelsbilanz.

---

[392] BMF-Schreiben v. 11.11.2011, BStBl. 2011, S. 1314, Rn. 02.02.
[393] Müller-Gattermann, WPg 1996, 871.

▶ **Beispiel 2: Verschmelzung der A-GmbH auf die B-GmbH**

663

Regulärer Abschlussstichtag der A-GmbH	31.12.2017
Verschmelzungsvertrag und erforderliche Beschlüsse	01.04.2018
Verschmelzungsstichtag	01.01.2018
Eintragung im Handelsregister	01.08.2018

Handelsrecht:
- Die Schlussbilanz der A-GmbH wird zum 31.12.2017 erstellt. Für die Zeit vom 01.01.2018 bis 31.03.2018 erfolgt eine normale Rechnungslegung beim übertragenden Rechtsträger in der Aufwendungen und Erträge als eigene zu erfassen, jedoch als für Rechnung der Übernehmerin getätigt kenntlich zu machen sind.
- Der Übergang des wirtschaftlichen Eigentums auf den übernehmenden Rechtsträger erfolgt am 01.04.2018. Aufwendungen und Erträge entstehen daher ab diesem Zeitpunkt originär bei der B-GmbH. Zusätzlich bucht der übernehmende Rechtsträger das vom 01.01.2018 bis 31.03.2018 vom übertragenden Rechtsträger erwirtschaftete Ergebnis ein, wobei er die Wahl hat, dieses als Saldo einzubuchen oder vereinfachend einfach sämtliche vom übertragenden Rechtsträger getätigten Buchungen zu übernehmen. In der Praxis erfolgt dann bei dem übertragenden Rechtsträger nach dem Übergang des wirtschaftlichen Eigentums keine Rechnungslegung mehr, auch wenn die Buchführungspflicht der übertragenden A-GmbH grds. bis zur Eintragung in das Handelsregister fortbesteht.
- Der Übergang des zivilrechtlichen Eigentums erfolgt am 01.08.2018 mit der Eintragung im Handelsregister

Steuerrecht:

wie Beispiel 1

▶ **Beispiel 3: Verschmelzung der A-GmbH auf die B-GmbH**

664

Die übertragende A-GmbH hat ein abweichendes Wirtschaftsjahr vom 01.11. bis zum 31.10.

Die übernehmende B-GmbH hat ein mit dem Kalenderjahr übereinstimmendes Wirtschaftsjahr vom 01.01. bis zum 31.12.

Verschmelzungsvertrag und -beschlüsse:	01.03.2018
Verschmelzungsstichtag	01.11.2017
Eintragung im Handelsregister	Mai 2018

Handelsrecht:
- Der Übergang des wirtschaftlichen Eigentums erfolgt in diesem Beispiel am 01.03.2018.
- Für die Zeit vom 01.11.2017 bis zum 01.03.2018 fallen die Aufwendungen und Erträge originär weiterhin bei dem übertragenden Rechtsträger, jedoch für Rechnung des übernehmenden Rechtsträgers an. Da die Beschlussfassung der Verschmelzung am 01.03.2018 jedoch ein wertbegründendes Ereignis darstellt, kann die bevorstehende Verschmelzung in der Bilanz der übernehmenden B-GmbH zum 31.12.2017 noch nicht berücksichtigt werden. Insbesondere ist nach geänderter Auffassung des IDW (vgl. Teil 7, Rdn. 646) für einen vom übertragenden Rechtsträger erwirtschafteten Verlust noch keine Rückstellung zu bilden. Eine Anwendung der Vereinfachungsregelung, die bei dem übertragenden Rechtsträger nach dem Umwandlungsstichtag angefallenen Aufwendungen und Erträge direkt beim übernehmenden Rechtsträger zu zeigen, kommt nicht in Betracht, denn zwischen dem Umwandlungsstichtag und dem Übergang des wirtschaftlichen Eigentums liegt ein Bilanzstichtag (vgl. Teil 7 Rdn. 649).

Steuerrecht:

wie Beispiel 1, nur dass der steuerliche Übertragungsstichtag der 31.10.2017 ist.

B. Bilanzierungs- und Bewertungsvorschriften

I. Handelsrechtliche Schlussbilanz des übertragenden Rechtsträgers nach § 17 UmwG

1. Pflicht zur Erstellung einer Schlussbilanz

In den Fällen einer übertragenden Umwandlung (Verschmelzung, Spaltung, Vermögensübertragung) ist der **Handelsregisteranmeldung** eine Schlussbilanz des übertragenden Rechtsträgers beizufügen, die auf einen höchstens 8 Monate vor der Anmeldung liegenden Stichtag aufgestellt worden ist (§ 17 Abs. 2 Satz 1 UmwG). Seit dem 01.01.2007 hat die Anmeldung elektronisch zu erfolgen (§ 12 Abs. 2 Satz 1 HGB). Die Pflicht zur Erstellung einer Schlussbilanz tritt nicht nur dann ein, wenn der übertragende Rechtsträger erlischt (Verschmelzung, Aufspaltung, Vollübertragung), sondern auch dann, wenn er weiterexistiert (Abspaltung, Teilübertragung). Ggf. ist hier jedoch die **Erstellung einer Teilbilanz** ausreichend (vgl. hierzu Teil 7 Rdn. 871). 665

Wird die Schlussbilanz auf einen Stichtag erstellt, der von dem regulären Bilanzstichtag des übertragenden Rechtsträgers abweicht, so entsteht zum Stichtag der Schlussbilanz handelsrechtlich kein **Rumpfgeschäftsjahr**.[394] Auf Basis dieser Bilanz können daher keine Gewinnausschüttungen beschlossen werden. Handelt es sich bei dem übertragenden Rechtsträger um eine Organgesellschaft, so kommt auf Basis einer vom Schlussbilanzstichtag abweichenden Schlussbilanz auch keine Gewinnabführung in Betracht.[395] 666

Wird die Umwandlung innerhalb der ersten 8 Monate nach Abschluss eines Geschäftsjahres zur Eintragung in das Handelsregister angemeldet, so kann der übertragende Rechtsträger die Jahresbilanz des letzten Geschäftsjahres als Schlussbilanz i. S. d. § 17 UmwG verwenden.[396] Zu beachten ist jedoch, dass die Schlussbilanz nach § 17 UmwG – obwohl sie gemäß dem Wortlaut dieser Vorschrift nach den für die Jahresbilanz geltenden Regelungen aufzustellen ist – keine »Jahresbilanz« darstellt. Bedeutsam wird diese Frage, wenn die Umwandlung erst nach Erstellung des regulären Jahresabschlusses beschlossen wird und der übertragende Rechtsträger gern in seiner Schlussbilanz nach § 17 UmwG von den in der entsprechenden Jahresbilanz angesetzten Buchwerten abweichende Wertansätze wählen möchte, was in Ausnahmefällen möglich ist (vgl. hierzu Teil 7 Rdn. 695). Eine solche abweichende Bilanzierung erfolgt dann zum gleichen Stichtag in der gesonderten Schlussbilanz nach § 17 UmwG und nicht in der Jahresbilanz. Es muss also nicht eine bereits aufgestellte und ggf. schon veröffentlichte Bilanz geändert werden, sondern es wird auf denselben Stichtag eine weitere Bilanz, nämlich die Schlussbilanz i. S. d. § 17 UmwG, aufgestellt, die der Umwandlung zugrunde gelegt und mit den übrigen Unterlagen zur Eintragung der Umwandlung in das Handelsregister eingereicht wird.[397] Es gibt dann auf denselben Bilanzstichtag zwei verschiedene Handelsbilanzen, nämlich eine »Jahresbilanz« und eine Schlussbilanz nach § 17 UmwG. Die Existenz von zwei Handelsbilanzen auf denselben Stichtag wirkt zunächst merkwürdig, aber die Schlussbilanz nach § 17 UmwG ist eben keine »Jahresbilanz« und dient nicht der Gewinnermittlung eines abgelaufenen Wirtschaftsjahres. Auch die Tatsache, dass in einem solchen Fall die sich aus einer möglichen Umbewertung der Vermögensgegenstände und Schulden ergebenden Ertragsauswirkungen trotz Buchwertfortführung weder in der Erfolgsrechnung des übertragenden noch in der des übernehmenden Rechtsträgers auftauchen, spricht nicht gegen diese Rechtsauffassung. Denn dieses Phänomen tritt auch dann ein, wenn der Schlussbilanzstichtag vom regulären Jahresabschlussstichtag abweicht und in der Schlussbilanz eine Umbewertung 667

---

[394] Lutter/Priester, UmwG, § 24 Rn. 13; Widmann/Mayer/Widmann, Umwandlungsrecht, § 24 UmwG, Rn. 48; Kallmeyer/Zimmermann, Umwandlungsgesetz, § 17 Rn. 18; Sauter in FS für Widmann, S. 106; Bilitewski/Roß/Weiser, WPg 2014, 13 (16); a. A. Naraschewski, Stichtage und Bilanzen bei der Verschmelzung, S. 82.
[395] Gelhausen/Heinz, NZG 2005, 775, 779.
[396] IDW, RS HFA 42, Rn. 8.
[397] Zur Zulässigkeit einer Berichtigung der bereits aufgestellten Jahresbilanz vgl. Deubert/Henckel in Winkeljohann/Förschle/Deubert, Sonderbilanzen, H 119.

der Vermögensgegenstände vorgenommen wird. Sollte es zu demselben Stichtag sowohl einen regulären Jahresabschluss als auch eine Schlussbilanz i. S. d. § 17 UmwG geben, deren Bilanzwerte voneinander abweichen, so ist dies allerdings im Testat der Schlussbilanz klarzustellen.[398]

668 Das Gesetz verlangt lediglich die Vorlage einer Schlussbilanz. Nicht erforderlich ist hingegen die Vorlage einer **Gewinn- und Verlustrechnung**.[399] Auch die Einreichung eines Anhangs[400] ist nach herrschender Meinung nicht erforderlich. Wird auf die Einreichung eines Anhangs verzichtet, sind allerdings sämtliche **Wahlpflichtangaben**, die ansonsten wahlweise in der Bilanz oder im Anhang zu machen sind, in der Bilanz selbst auszuweisen oder in einer Anlage zur Bilanz zum Handelsregister einzureichen.[401]

669 Kann der übertragende Rechtsträger aufgrund einer Einbeziehung in einen Konzernabschluss bzgl. seines handelsrechtlichen Jahresabschlusses von den Vereinfachungsregelungen des § 264 Abs. 3, 4, § 264b HGB Gebrauch machen und auf die Prüfung des Einzelabschlusses verzichten, so ist streitig, ob diese Vereinfachungsregelungen bei identischem Bilanzstichtag auch für die Schlussbilanz i. S. d. § 17 UmwG gelten.[402] Eine vorherige Abstimmung mit dem Registerrichter ist daher empfehlenswert.[403] Entscheidet sich der übertragende Rechtsträger hingegen, in der Schlussbilanz i. S. d. § 17 UmwG von den Ansätzen in der regulären Jahresbilanz abweichende Bewertungen vorzunehmen, ist eine Prüfungspflicht wohl zu bejahen.[404] Weicht der Bilanzstichtag der umwandlungsrechtlichen Schlussbilanz vom regulären Bilanzstichtag ab, so ist eine Prüfungspflicht des Einzelabschlusses ebenfalls zu bejahen.[405]

670 Die Schlussbilanz braucht nicht bekannt gemacht zu werden. Ist der übertragende Rechtsträger prüfungspflichtig, so ist auch die Schlussbilanz nach § 17 UmwG zu prüfen und der Bestätigungsvermerk zur Schlussbilanz ist mit einzureichen.[406] Bei einer Umwandlung mit einem vom regulären Abschlussstichtag abweichenden Umwandlungsstichtag stellt dieser Stichtag für die Beurteilung der Prüfungspflicht nach § 267 Abs. 4 S. 1 HGB einen eigenen Abschlussstichtag dar.[407] Wird als Schlussbilanz der reguläre Jahresabschluss verwendet, aber gleichwohl nur die Bilanz (ohne GuV und Anhang) eingereicht, dann ist der zum Jahresabschluss erteilte Bestätigungsvermerk um eine mit aktuellem Datum versehene Bescheinigung darüber zu ergänzen, dass die Schlussbilanz mit dem Inhalt des geprüften Jahresabschlusses übereinstimmt.[408] Bzgl. der Formulierung eines solchen Bestätigungsvermerks vgl. IDW, PH 9.490.1, Rn. 8. Wird auf den regulären Bilanzstichtag eine umwandlungsrechtliche Schlussbilanz mit abweichender Inanspruchnahme von Ansatz- und Bewertungswahlrechten aufgestellt, ist diese gesondert zu prüfen.[409] Ob die Schlussbilanz einer im Ausland ansässigen Kapitalgesellschaft im Fall einer Hereinverschmelzung prüfungspflichtig ist, richtet sich allein nach den einschlägigen Vorschriften des betreffenden Sitzstaats dieser Gesellschaft.[410]

---

398 Kallmeyer/Zimmermann, Umwandlungsgesetz, § 17 Rn. 35.
399 IDW, RS HFA 42, Rn. 7; Widmann/Mayer/Widmann, Umwandlungsrecht, § 24 UmwG, Rn. 35; Deubert/Henckel in Winkeljohann/Förschle/Deubert, Sonderbilanzen, H 83.
400 Kallmeyer/Zimmermann, Umwandlungsgesetz, § 17 Rn. 20; Lutter/Decher, § 17 Rn. 8) bzw. eines Lageberichts (Widmann/Mayer/Widmann, Umwandlungsrecht, § 24, Rn. 104.
401 IDW, RS HFA 42, Rn. 7; Kallmeyer/Zimmermann, Umwandlungsgesetz, § 17 Rn. 20.
402 Befürwortend z.B. Scheunemann, DB 2006, 797 sowie Hörtnagl in Schmitt/Hörtnagl/Stratz, UmwG, § 17 Rn. 20; ablehnend Deubert/Henckel in Winkeljohann/Förschle/Deubert, Sonderbilanzen, H 137.
403 So auch IDW PH 9/490/1 Tz. 14.
404 So auch Deubert/Henckel in Winkeljohann/Förschle/Deubert, Sonderbilanzen, H 137.
405 IDW PH 9/490/1 Tz. 14; Deubert/Henckel in Winkeljohann/Förschle/Deubert, Sonderbilanzen, H 85.
406 IDW, RS HFA 42, Rn. 7; Lutter/Decher, § 17 Rn. 9; zweifelnd Scheunemann, DB 2006, 797, 798.
407 Vgl. IDW, PH 9.490.1, Tz. 2 sowie eingehend Roß, DB 2014, 1822 ff.
408 Deubert/Henckel in Winkeljohann/Förschle/Deubert, Sonderbilanzen, H 136.
409 IDW, PH 9.490.1, Rn. 9.
410 IDW, PH 9.490.1, Rn. 15.

B. Bilanzierungs- und Bewertungsvorschriften

671 Fehlt der Bestätigungsvermerk, ist der Registerrichter an einer Eintragung gehindert.[411] Strittig ist, ob dies auch gilt, wenn ein Versagungsvermerk erteilt wurde.[412] Die Einschränkung eines Bestätigungsvermerks ist dagegen für die Anerkennung der Schlussbilanz in jedem Fall unschädlich. Wird allerdings die Verschmelzung trotz fehlenden Bestätigungsvermerks eingetragen, wird die Verschmelzung dadurch nicht nichtig.

672 Unklar ist, ob die Schlussbilanz auch festgestellt werden muss. Bejaht wird dies beispielsweise von Widmann,[413] Hörtnagl[414] sowie Priester,[415] verneint wird es von Müller,[416] Deubert/Henckel,[417] Zimmermann[418] sowie vom IDW.[419] Decher[420] weist darauf hin, dass in der Praxis viele Registerrichter eine festgestellte Bilanz fordern. Bejaht man die **Notwendigkeit einer Feststellung**, so bedeutet dies bei Personenhandelsgesellschaften und GmbH, dass eine Feststellung durch die Gesellschafterversammlung erfolgen muss.[421] Bei einer AG gilt die Schlussbilanz als festgestellt, wenn der Aufsichtsrat die Schlussbilanz billigt (§ 172 Satz 1 AktG). Eine Offenlegung ist hingegen unstrittig nicht erforderlich.[422]

673 Der Schlussbilanz ist ebenfalls ein **Inventar** (Anlagenspiegel) beizufügen. Gleichwohl ist die Durchführung einer Inventur bei Erstellung einer Schlussbilanz zu einem abweichenden Stichtag nicht erforderlich, wenn gesichert ist, dass der Bestand der Vermögensgegenstände nach Art, Menge und Wert auch ohne körperliche Bestandsaufnahme auf den Stichtag der Schlussbilanz festgestellt werden kann.[423]

674 Die Schlussbilanz ist beim **Registergericht** des **übertragenden Rechtsträgers** einzureichen. Beim Registergericht des übernehmenden Rechtsträgers ist die Schlussbilanz nach der gesetzlichen Regelung nicht einzureichen. Das bedeutet aber nicht, dass dieses Registergericht die Vorlage nicht verlangen kann, wenn z. B. der übernehmende Rechtsträger eine Kapitalgesellschaft ist und geprüft werden muss, ob der Wert des übergehenden Vermögens den Nennwert der gewährten Gesellschaftsrechte erreicht.[424]

675 Besonders komplex sind sog. **Kettenumwandlungen**, bei denen zu demselben Umwandlungsstichtag mehrere Umwandlungen hintereinander stattfinden, wobei der übernehmende Rechtsträger der ersten Umwandlung an der gleich darauffolgenden Umwandlung als übertragender Rechtsträger teilnimmt.

▶ Beispiel:

676 Mit Wirkung zum 01.01.2018 wird die A-GmbH auf die B-GmbH und anschließend die B-GmbH auf die C-GmbH verschmolzen.

Bei derartigen Kettenumwandlungen sind also sowohl die A-GmbH als auch die B-GmbH – bezogen auf die jeweilige Umwandlung – übertragende Rechtsträger und haben daher gem. § 17

---

411 Deubert/Henckel in Winkeljohann/Förschle/Deubert, Sonderbilanzen, H 139.
412 Zustimmend Widmann/Mayer/Widmann, Umwandlungsrecht, § 24 Rn. 145; Lutter/Decher, UmwG, § 17 Rn. 9; a. A. Hörtnagl in Schmitt/Hörtnagl/Stratz, § 17 UmwG, Rn. 23.
413 Widmann/Mayer, Umwandlungsrecht, § 24 UmwG, Rn. 51.
414 Schmitt/Hörtnagl/Stratz, UmwG § 17 Rn. 18.
415 Lutter, UmwG § 24 Rn. 12.
416 WPg 1996, 857, 861.
417 Winkeljohann/Förschle/Deubert, Sonderbilanzen, H 125.
418 Kallmeyer, Umwandlungsgesetz, § 17 Rn. 19.
419 RS HFA 42, Rn. 13.
420 Lutter, UmwG, § 17 Rn. 10.
421 Für die Personengesellschaft vgl. BGH, NJW 1996, 1678, für die GmbH vgl. § 46 Nr. 1 GmbHG.
422 IDW, RS HFA 42, Rn. 13.
423 IDW RS HFA 42, Rn. 14; Kallmeyer/Zimmermann, Umwandlungsgesetz, § 17 Rn. 18; Gassner in FS für Widmann, 343, 345 f.
424 Widmann/Mayer/Widmann, Umwandlungsrecht, § 24 UmwG, Rn. 155.

UmwG zum 31.12.2017 – also auf denselben Stichtag – eine Schlussbilanz zu erstellen.[425] Fraglich ist hierbei insb. bzgl. der von der B-GmbH aufzustellenden Schlussbilanz, ob diese das Vermögen der A-GmbH, welches zunächst auf die B-GmbH übergeht, mit ausweisen muss. Dies ist jedoch nicht der Fall. Die B-GmbH darf das Vermögen der A-GmbH erst dann ausweisen, wenn das wirtschaftliche Eigentum dieses Vermögens auf sie übergegangen ist. In dem oben genannten Beispiel wäre diese Voraussetzung jedoch zum Schlussbilanzstichtag 31.12.2017[426] noch nicht erfüllt. Das bedeutet allerdings, dass die Schlussbilanz der B-GmbH nicht das gesamte Vermögen ausweist, welches im Zuge der zweiten Verschmelzung auf die C-GmbH übergeht. Die insgesamt auf die C-GmbH übergehenden Vermögensgegenstände und Schulden ergeben sich daher in Summe aus den Schlussbilanzen beider übertragender Rechtsträger.[427] In der Praxis wird in derartigen Fällen für den »mittleren« Rechtsträger (hier: B-GmbH) sehr häufig eine sog. **3-Spalten-Bilanz** aufgestellt und zum Handelsregister mit eingereicht. In dieser 3-Spalten-Bilanz wird das Vermögen der A-GmbH und das Vermögen der B-GmbH in einer »dritten Spalte« zu einer Einheit zusammengefügt, sodass für alle Beteiligten erkennbar ist, welches Vermögen denn nun schlussendlich auf die C-GmbH übergeht. Diese 3-Spalten-Bilanz ist aber keine offizielle Schlussbilanz und bedarf daher keiner Prüfung und keiner weiter gehenden Wahlpflichtangaben.

2. Für die Schlussbilanz geltende Bilanzierungs- und Bewertungsvorschriften

677 Nach § 17 Abs. 2 Satz 2 UmwG gelten für die Erstellung der Schlussbilanz die Vorschriften über die Jahresbilanz und deren Prüfung entsprechend. Das bedeutet, dass die Schlussbilanz wie eine Jahresbilanz unter Fortführung der Buchwerte aufzustellen ist. Es gelten die allgemeinen Bilanzierungs- und Bewertungsvorschriften der §§ 242 ff. HGB. Hieraus ergibt sich, dass die Schlussbilanz **keine Vermögensbilanz** darstellt, in der die Vermögensgegenstände mit Zeitwerten anzusetzen wären.

a) Bilanzierung dem Grunde nach

678 Für die Frage, welche Vermögensgegenstände in der Schlussbilanz zwingend angesetzt werden müssen, welche Vermögensgegenstände wahlweise angesetzt werden dürfen und für welche Vermögensgegenstände ein Ansatzverbot besteht, gelten die **allgemeinen Ansatzvorschriften** der §§ 246 bis 251 HGB und die speziellen Ansatzvorschriften für Kapitalgesellschaften gem. §§ 270 bis 274 HGB.

679 Der **übertragende Rechtsträger ist jedoch** bei der **Ausübung von Bilanzierungswahlrechten** nicht völlig frei. Es gibt zwar kein Stetigkeitsgebot bei der Ausübung von Ansatzwahlrechten, es ist aber das sog. **Willkürverbot** zu beachten.[428] Danach dürfen Ansatzwahlrechte für mehrere art- und funktionsgleiche Bewertungsobjekte nicht nach unterschiedlichen Methoden ausgeübt werden, denn die Ausübung des Wahlrechts ist eine unternehmerische Entscheidung, die auf nachprüfbaren Gesichtspunkten beruhen muss. Hat der übertragende Rechtsträger z. B. von dem Bilanzierungswahlrecht zur Aktivierung selbst geschaffener immaterieller Wirtschaftsgüter oder der Aktivierung latenter Steuern bisher keinen Gebrauch gemacht, wird er dies daher willkürfrei erstmalig in der Schlussbilanz nach § 17 UmwG nur dann tun können, wenn er darauf verweisen kann, dass er sich hiermit bereits den Bilanzierungsmethoden des übernehmenden Rechtsträgers anpasst.[429]

680 Führt der übernehmende Rechtsträger nach der Vermögensübertragung gem. § 24 UmwG die Buchwerte des übertragenden Rechtsträgers fort, so hat der übertragende Rechtsträger bei der

---

425 Vgl. IDW, RS HFA 42, Rn. 12.
426 Vgl. IDW, RS HFA 42, Rn. 29.
427 Vgl. IDW, RS HFA 42, Rn. 21; Lutter/Priester, UmwG, § 24 Rn. 13.
428 Winkeljohann/Büssow in Beck'scher Bilanz-Kommentar, § 252, Rn. 68.
429 Vgl. Kallmeyer/Zimmermann, Umwandlungsgesetz, § 17 Rn. 33.

Ausübung von Bilanzierungswahlrechten in seiner Schlussbilanz nicht nur die Auswirkungen auf sein eigenes Jahresergebnis, sondern auch die Auswirkungen auf die künftigen Jahresergebnisse des übernehmenden Rechtsträgers zu beachten. So führt z. B. die Aktivierung eines originären immateriellen Wirtschaftsguts in der Schlussbilanz des übertragenden Rechtsträgers zu einem Ertrag und damit zu einem höheren Jahresüberschuss. Gleichzeitig kann das höhere Aktivvermögen in der Übernahmebilanz des übernehmenden Rechtsträgers bei ertragswirksam abzubildenden Verschmelzungen (z. B. up-stream merger) zu einem höheren Übernahmegewinn bzw. zu einem geringeren Übernahmeverlust führen (das jeweilige Übernahmeergebnis ergibt sich im Fall der Buchwertfortführung aus der Differenz zwischen dem Buchwert des übergehenden Reinvermögens und dem Wert der Gegenleistung, vgl. ausführlich Teil 7 Rdn. 774). Anschließend belastet die aufwandswirksame Auflösung des Aktivpostens dann die künftigen Jahresergebnisse des übernehmenden Rechtsträgers.[430] Diese Auswirkungen der Wahlrechtsausübung des übertragenden Rechtsträgers auf die Bilanz und die Gewinn- und Verlustrechnung des übernehmenden Rechtsträgers sind insb. bei der **Jahresabschlussanalyse** zu beachten. In vielen Fällen dürfte es sich anbieten, die Wahlrechtsausübung bereits mit dem übernehmenden Rechtsträger abzustimmen. Entscheidet sich der übernehmende Rechtsträger hingegen, das übergehende Vermögen nicht mit den Schlussbilanzwerten des übertragenden Rechtsträgers, sondern mit den tatsächlichen Anschaffungskosten neu zu bewerten, so hat die Ausübung von Bilanzierungswahlrechten in der Schlussbilanz des übertragenden Rechtsträgers keine Auswirkung auf die Bilanzierung beim übernehmenden Rechtsträger. Eine Abweichung von bisherigen Bilanzierungs- oder Bewertungsmethoden kommt dann für den übertragenden Rechtsträger nicht in Betracht, da das Argument, sich bereits an die Methoden des Übernehmers anzupassen, nicht zieht.

681 Bei der Erstellung der Schlussbilanz können Veränderungen, die erst durch die bevorstehende Umwandlung eintreten, noch nicht abgebildet werden. So sind z. B. ausstehende Einlagen auch dann zu aktivieren bzw. vom Posten »Gezeichnetes Kapital« offen abzusetzen (§ 272 Abs. 1 Satz 3 HGB), wenn sie sich gegen den übernehmenden Rechtsträger richten. Ihr Wegfall durch Konfusion ist erst in der Übernahmebilanz zu verbuchen. Auch sonstige Forderungen und Verbindlichkeiten zwischen den an der Umwandlung beteiligten Rechtsträgern sind in der handelsrechtlichen Schlussbilanz weiterhin auszuweisen und erst in der Übernahmebilanz auszubuchen.[431] **Eigene Anteile des übertragenden Rechtsträgers** sind in der Schlussbilanz grds. noch bilanziell zu berücksichtigen und vom gezeichneten Kapital abzusetzen.[432]

682 Hält der übertragende Rechtsträger Anteile am übernehmenden Rechtsträger, so sind auch diese in der Schlussbilanz unverändert auszuweisen.[433] Handelt es sich bei dem übernehmenden Rechtsträger um eine Personengesellschaft, so gehen die Anteile erst im Zuge des Vermögensübergangs unter. Ist der übernehmende Rechtsträger eine Kapitalgesellschaft und gehen diese Anteile ganz oder teilweise mit auf den übernehmenden Rechtsträger über, so sind sie erst in dem der Umwandlung folgenden regulären Jahresabschluss als eigene Anteile gem. § 272 Abs. 1a HGB vom Eigenkapital abzusetzen.

683 Soweit vor der Aufstellung der Schlussbilanz noch **Gewinnausschüttungen** beschlossen werden, dürfen diese nach § 268 Abs. 1 HGB berücksichtigt werden.[434] Es gelten insoweit die allgemeinen Regelungen der Aufstellung der Bilanz unter Berücksichtigung der vollständigen oder teilweisen Verwendung des Jahresergebnisses. Erfolgt der Gewinnverwendungsbeschluss hingegen erst nach

---

430 Vgl. Oelmann, S. 71 ff.
431 Deubert/Henckel in Winkeljohann/Förschle/Deubert, Sonderbilanzen, H 94; Bilitewski/Roß/Weiser WPg 2014, 13 (17).
432 Widmann/Mayer/Widmann, Umwandlungsrecht, § 24 UmwG, Rn. 108; Deubert/Henckel in Winkeljohann/Förschle/Deubert, Sonderbilanzen, H 108.
433 Deubert/Henckel in Winkeljohann/Förschle/Deubert, Sonderbilanzen, H 108.
434 Deubert/Henckel, in Winkeljohann/Förschle/Deubert, Sonderbilanzen, H 112.

der Aufstellung der Schlussbilanz, so ist eine Berücksichtigung nicht mehr möglich.[435] In diesem Fall weist die Schlussbilanz noch Vermögen aus, das nicht auf den übernehmenden Rechtsträger übergehen wird. Vielmehr ist die Vermögensminderung erst bei dem übernehmenden Rechtsträger erfolgsneutral durch Einbuchung einer Verbindlichkeit zu berücksichtigen (s. hierzu auch Rdn. 744).

684 Erfolgen nach dem Verschmelzungsstichtag noch **Einlagen in den übertragenden Rechtsträger**, kann dies in dessen Schlussbilanz nicht mehr erfasst werden, sondern wird erstmals beim übernehmenden Rechtsträger berücksichtigt.[436]

685 Handelt es sich bei dem übertragenden Rechtsträger um eine **abhängige Gesellschaft im Rahmen einer Organschaft** und wird die handelsrechtliche Schlussbilanz auf einen vom Schluss des Wirtschaftsjahres abweichenden Stichtag erstellt, so kann zu diesem Stichtag eine Abrechnung des EAV nicht stattfinden, denn die handelsrechtliche Schlussbilanz i. S. d. § 17 UmwG ist keine reguläre Schlussbilanz und beendet kein Wirtschaftsjahr. Gleichwohl sind die Ansprüche und Verpflichtungen aus einem EAV auch im Verlauf des Wirtschaftsjahres bereits latent vorhanden und in der Schlussbilanz ist kenntlich zu machen, dass das bis zum Schlussbilanzstichtag erwirtschaftete Ergebnis nicht der abhängigen, sondern der herrschenden Gesellschaft zusteht. Ein in diesem Zeitraum erwirtschafteter Gewinn ist daher als Verbindlichkeit oder Rückstellung zu passivieren und für einen etwaig erwirtschafteten Verlust ist ein Anspruch auf Verlustausgleich zu aktivieren.[437] Deubert/Henckel[438] weisen darauf hin, dass nach Maßgabe des § 268 Abs. 5 Satz 3 HGB in einem solchen Fall in einer Fußnote zur Verschmelzungsbilanz darauf hingewiesen werden sollte, dass die rechtliche Verpflichtung zur Gewinnabführung erst nach dem Stichtag dieser Bilanz entsteht.

686 Handelt es sich bei dem übertragenden Rechtsträger um das **herrschende Unternehmen einer Organschaft**, entspricht der Stichtag der Schlussbilanz nicht dem Schluss des Wirtschaftsjahres der Organgesellschaft und ist erkennbar, dass die Organgesellschaft einen Verlust erwirtschaftet hat, so hat der Organträger auch unterjährig nach dem Vorsichtsprinzip eine Rückstellung für diese Verlustausgleichsverpflichtung einzustellen. Hat die Organgesellschaft in diesem Zeitraum hingegen einen Gewinn erwirtschaftet, kann ein anteiliger Anspruch auf Gewinnabführung nach den allgemeinen Grundsätzen unter Beachtung des Realisationsprinzips eigentlich nicht erfasst werden. Gelhausen/Heinz[439] plädieren jedoch unter Hinweis auf die Zwecksetzung der Schlussbilanz nach § 17 UmwG, die insb. der Ergebnisabgrenzung dient und keine reguläre Gewinnermittlungsbilanz darstellt, für die Möglichkeit, einen vorsichtig geschätzten Ertrag aktivieren zu können.

687 Beim übertragenden Rechtsträger bisher ausgewiesene **aktive latente Steuern** auf Verlustvorträge sind in der handelsrechtlichen Schlussbilanz nicht mehr auszuweisen, wenn die Verlustvorträge durch den Umwandlungsakt untergehen. Dies ergibt sich aus § 274 Abs. 1 Satz 4 HGB, der einen Ausweis aktiver latenter Steuern auf Verlustvorträge nur in der Höhe zulässt, in der innerhalb der nächsten 5 Jahre eine Verlustverrechnung zu erwarten ist. Eine Verlustverrechnung ist in einem solchen Fall aber weder beim übertragenden noch beim übernehmenden Rechtsträger noch möglich.

688 Handelt es sich bei dem übernehmenden Rechtsträger um eine Personengesellschaft, so kann eine übertragende Kapitalgesellschaft – wenn die Schlussbilanz in Kenntnis der bevorstehenden

---

435 Vgl. auch IDW, RS HFA 42, Rn. 18.
436 IDW, RS HFA 42, Rn. 19.
437 Vgl. eingehend Gelhausen/Heinz, NZG 2005, 797, 780.
438 Winkeljohann/Förschle/Deubert, Sonderbilanzen, H 78.
439 NZG 2005, 797, 780 f.

Umwandlung aufgestellt wird – latente Steuern für die Körperschaftsteuer nicht mehr ausweisen, da sich diese bei der Personengesellschaft künftig nicht mehr ausgleichen können.[440]

Werden sowohl handels- als auch steuerlich anlässlich der Umwandlung die bisherigen Buchwerte fortgeführt, so bleiben bisher bestehende Differenzen zwischen Handels- und Steuerbilanz erhalten und der Umwandlungsakt führt als solcher zu keiner Steuerbelastung. In einem solchen Fall sind keine weiteren Steuerrückstellungen zu bilden und die bisher ausgewiesenen latenten Steuern (mit Ausnahme solcher auf steuerliche Verlustvorträge, vgl. Teil 7 Rdn. 687) sind unverändert auszuweisen. 689

Kommt es anlässlich der Umwandlung zu einer **Aufstockung der Buchwerte** in der **steuerlichen** Schlussbilanz und damit zu einer rückwirkenden Entstehung eines entsprechenden Steueraufwands, so stellt sich die Frage, ob der hieraus entstehende **Steueraufwand** auch in der handelsrechtlichen Schlussbilanz zurückzustellen ist. Für die handelsrechtliche Schlussbilanz gilt das Realisationsprinzip mit seinen allgemeinen Grundsätzen zur Berücksichtigung von nach dem Bilanzstichtag eingetretenen Ereignissen. Hiernach können grds. nur wertaufhellende, nicht jedoch wertbegründende nachträgliche Ereignisse berücksichtigt werden. Die Fassung des Umwandlungsbeschlusses nach dem Bilanzstichtag ist ein wertbegründendes Ereignis. Daher kann die kurz bevorstehende Umwandlung bei der Erstellung der Schlussbilanz grds. nicht berücksichtigt werden, was auch den hier unter Teil 7 Rdn. 681 bis 684 dargestellten Grundsätzen entspricht.[441] Hieraus ergibt sich für die Berücksichtigung des Steueraufwands folgendes: 690

- Wird die Umwandlung vor dem Bilanzstichtag beschlossen, muss ein etwaiger anlässlich der Umwandlung entstehender Steueraufwand durch Bildung entsprechender Steuerrückstellungen berücksichtigt werden. Ebenso sind latente Steuern zu bilden, wenn die Bewertungswahlrechte in handelsrechtlicher und steuerlicher Schlussbilanz unterschiedlich ausgeübt werden und diese Differenzen durch Buchwertfortführung vom übernehmenden Rechtsträger übernommen werden sollen und sich dort in der Zukunft wieder ausgleichen.
- Wird die Umwandlung erst zu einem Zeitpunkt beschlossen, an dem der Jahresabschluss des vorangegangenen Wirtschaftsjahres bereits erstellt ist und soll die Bilanz dieses Jahresabschlusses als Schlussbilanz i. S. d. § 17 UmwG gelten, so wird diese Bilanz durch die rückwirkende Entstehung einer Steuerlast nicht nachträglich falsch und ist nicht zu berichtigen, denn das Ereignis der Umwandlung ist erst nach Aufstellung der Bilanz eingetreten. Eine Steuerrückstellung für die aus der Umwandlung resultierende Steuerbelastung ist in dieser Bilanz nicht möglich.
- Streitig ist in der Literatur allerdings der Fall, dass die Umwandlung zeitlich erst nach dem Schlussbilanzstichtag, jedoch vor dem Tag der Aufstellung der Bilanz beschlossen wird. Nach Auffassung des IDW[442] kann eine Steuerrückstellung gleichwohl nicht gebildet werden, da der Umwandlungsbeschluss ein wertbegründendes Ereignis darstellt.[443]

Der Umstand, dass ein etwaiger durch die Verschmelzung beim übertragenden Rechtsträger rückwirkend ausgelöster Steueraufwand in den meisten Fällen in der handelsrechtlichen Schlussbilanz noch nicht zu berücksichtigen ist, löst auch das sich regelmäßig stellende Problem, welches sich ergibt, wenn die **handelsrechtliche Schlussbilanz früher als die steuerliche Schlussbilanz** erstellt wird und die beabsichtigte Art der Ausübung des steuerlichen Bewertungswahlrechts in der steuerlichen Schlussbilanz im Verschmelzungsvertrag nicht ausdrücklich im Vorhinein geregelt 691

---

440 Widmann/Mayer/Widmann, Umwandlungsrecht, § 24, Rn. 117.
441 Vgl. auch Bilitewski/Roß/Weiser, WPg 2014, 13 (17).
442 RS HFA 42, Rn. 20.
443 Gl.A. Bilitewski/Roß/Weiser WPg 2014, 13 (17); Deubert/Henckel in Winkeljohann/Förschle/Deubert, Sonderbilanzen H 109; a. A. Widmann/Mayer/Widmann, UmwG § 24, Rn. 93; Hörtnagl in Schmitt/Hörtnagl/Stratz, UmwG § 17 Rn. 29; Kallmeyer/Zimmermann, Umwandlungsgesetz, § 17 Rn. 41.

wurde. Das Steuerrecht geht von dem Grundsatz aus, dass in der steuerlichen Schlussbilanz gemeine Werte anzusetzen und damit sämtliche stillen Reserven und stillen Lasten aufzudecken sind (§§ 3 Abs. 1, 11 Abs. 1, 20 Abs. 2, 24 Abs. 2 UmwStG). Nur bei Vorliegen bestimmter Voraussetzungen – zu denen auch eine Antragstellung des übertragenden Rechtsträgers gehört – können Buchwerte oder Zwischenwerte angesetzt werden. Der Antrag wird regelmäßig erst mit Einreichung der Steuererklärungen und damit zeitlich zumeist nach Eintragung der Umwandlung in das Handelsregister beim zuständigen Finanzamt gestellt. Zum Zeitpunkt der Aufstellung der handelsrechtlichen Schlussbilanz liegt dieser Antrag daher regelmäßig noch nicht vor. Vor diesem Hintergrund stellt sich die Frage, ob der übertragende Rechtsträger die Berechnung etwaiger Steuerrückstellungen sowie der latenten Steuern unter Berücksichtigung der Tatsache vornehmen darf, dass er beabsichtigt, einen solchen Antrag zu stellen. In der Literatur wird diese Frage – soweit ersichtlich – diskutiert, aber nicht beantwortet.[444] Aus meiner Sicht hat der übertragende Rechtsträger – sollte die Berücksichtigung der umwandlungsbedingten Steuern in der Schlussbilanz erforderlich sein – die Möglichkeit, seine künftige steuerliche Wahlrechtsausübung bereits zu antizipieren. Es macht wenig Sinn, handelsrechtlich eine Steuerrückstellung zu berücksichtigen, die sich bei Aufdeckung sämtlicher stiller Reserven ergäbe, nur weil der Antrag auf Buchwertansatz beim Finanzamt noch nicht gestellt wurde, es aber allen Beteiligten klar ist, dass dieser Antrag gestellt werden wird. Zudem führte dieses Vorgehen zu einer Beeinträchtigung der Darstellung der Ertragslage des übernehmenden Rechtsträgers, welcher – Buchwertfortführung vorausgesetzt – diese Steuerrückstellung dann ertragswirksam wieder auflösen müsste. Allerdings sollte der übertragende Rechtsträger in einem solchen Fall kenntlich machen, dass die Steuerrückstellung unter der Annahme ermittelt wurde, dass ein solcher Antrag auf Buchwertfortführung gestellt werden wird.

692 Auch bzgl. der Bildung **latenter Steuern** in der handelsrechtlichen Schlussbilanz stellt sich regelmäßig das Problem, dass die steuerliche Schlussbilanz i. d. R. wesentlich später erstellt wird und damit etwaige steuerliche Bilanzierungs- und Bewertungswahlrechte noch nicht ausgeübt sind. Hier ist auf die oben zu den Rückstellungen getroffenen Erwägungen zu verweisen. M. E. kann der übertragende Rechtsträger hier bereits bei Erstellung der Schlussbilanz antizipieren, wie er seine steuerlichen Wahlrechte ausüben wird und die latenten Steuern auf dieser Grundlage berechnen. Demgegenüber ist die Ausübung handelsrechtlicher Bilanzierungswahlrechte des übernehmenden Rechtsträgers nach § 24 UmwG bei der Bildung latenter Steuern in der Schlussbilanz des übertragenden Rechtsträgers grds. nicht zu berücksichtigen.

693 Die zu den Steuerrückstellungen getätigten Erwägungen zur Berücksichtigungsfähigkeit bzw. -pflicht ergeben sich gleichermaßen für etwaige Rückstellungen für Verschmelzungskosten.

b) Bilanzierung der Höhe nach

694 Die einzelnen Vermögensgegenstände sind grds. mit ihren fortgeführten **Buchwerten** anzusetzen.

695 Bei der Erstellung der handelsrechtlichen Schlussbilanz ist der **Grundsatz der Bewertungsstetigkeit** zu beachten. Das bedeutet, dass die auf den vorhergehenden Jahresabschluss angewandten Bewertungsmethoden auch bei der Aufstellung der Schlussbilanz beibehalten werden müssen.[445] Ziel dieser Regelung ist, die Vergleichbarkeit aufeinanderfolgender Jahresabschlüsse sicherzustellen und Einflüsse auf die Ertragslage durch eine Änderung der Bewertungsmethoden zu vermindern.[446] Vom Grundsatz der Bewertungsstetigkeit darf allerdings in begründeten Ausnahmefällen abgewichen werden (§ 252 Abs. 2 HGB, ggf. i. V. m. § 246 Abs. 3 Satz 2 HGB). Eine unmittelbar bevorstehende Verschmelzung, Spaltung oder Vermögensübertragung stellt nach der herrschenden

---

444 Vgl. z. B. Kallmeyer/Zimmermann, Umwandlungsgesetz, § 17 Rn. 41, der eine entsprechende Regelung im Umwandlungsvertrag anrät.
445 Kallmeyer/Zimmermann, Umwandlungsgesetz, § 17 Rn. 33.
446 Claussen/Korth, DB 1988, 922.

Meinung einen solchen Ausnahmefall dar, wenn nach § 24 UmwG eine Buchwertverknüpfung vorgesehen ist und der übertragende Rechtsträger bereits in seiner Schlussbilanz eine Anpassung an die Bewertungsmethoden des übernehmenden Rechtsträgers vornehmen will.[447] Aufwendungen und Erträge, die durch eine abweichende Bewertung entstehen, fließen in das laufende Ergebnis des übertragenden Rechtsträgers ein.

Auswirkungen auf die steuerliche Schlussbilanz des übertragenden Rechtsträgers ergeben sich bei der Ausübung dieser Bewertungswahlrechte nicht, denn für die steuerliche Schlussbilanz gilt in Umwandlungsfällen keine Maßgeblichkeit des Handels- – für die Steuerbilanz. 696

Für eine **Abweichung vom Grundsatz der Bewertungsstetigkeit** besteht hingegen keine Veranlassung, wenn der übernehmende Rechtsträger das übergehende Vermögen nach § 24 UmwG mit den tatsächlichen Anschaffungskosten bilanziert. In diesem Fall haben die in der Schlussbilanz des übertragenden Rechtsträgers angesetzten Buchwerte keine Auswirkung auf die Bilanzierung des übernehmenden Rechtsträgers. Eine Anpassung an dessen Bewertungsgrundsätze wäre daher sinnlos und kann als Anlass für die Abweichung vom Grundsatz der Bewertungsstetigkeit nicht herangezogen werden. 697

Trotz der grundsätzlichen Verpflichtung zur Fortführung der Buchwerte ist auch in der handelsrechtlichen Schlussbilanz das sog. Zuschreibungsgebot nach § 253 Abs. 5 S. 1 HGB zu beachten.[448] Nach dieser Regelung müssen in der Handelsbilanz Vermögensgegenstände, die in der Vergangenheit wegen Wertminderung auf einen niedrigeren Wert abgeschrieben worden sind, in einem späteren Wirtschaftsjahr wieder zugeschrieben werden, wenn der Grund für die Wertminderung zwischenzeitlich entfallen ist. **Bewertungsobergrenze** sind dabei die – fortgeführten – Anschaffungs- oder Herstellungskosten. Eine darüber hinausgehende Aufdeckung stiller Reserven kann in der Schlussbilanz des übertragenden Rechtsträgers jedoch grds. nicht erfolgen.[449] 698

Die Bewertung in der Schlussbilanz des übertragenden Rechtsträgers erfolgt grds. nach dem **Going-Concern-Prinzip** (§ 252 Abs. 1 Nr. 2 HGB). Die Vermögensübernahme durch den übernehmenden Rechtsträger steht dem nicht entgegen.[450] Eine **Abweichung** vom Going-Concern-Prinzip ist nur dann geboten, wenn die Fortführung des Unternehmens oder eines Unternehmensteils in Frage steht. Eine bevorstehende Verschmelzung, Spaltung oder Vermögensübertragung ist hierzu allein noch kein Anlass. Aus den Verhandlungen kann sich aber ergeben, dass das Unternehmen oder ein Unternehmensteil von dem übernehmenden Rechtsträger nicht fortgeführt wird. Das ist vor allem dann der Fall, wenn die Unternehmensumwandlung als eine vereinfachte Form der Liquidation eingesetzt wird. Sind für eine Stilllegung bzw. den Verkauf eines Unternehmens oder eines Unternehmensteils objektive Anhaltspunkte vorhanden, so ist von § 252 Abs. 1 Nr. 2 HGB abzuweichen.[451] Die Vermögensgegenstände wären dann mit dem Einzel- oder Gesamtveräußerungswert (evtl. Schrottwert) zu bilanzieren. 699

3. Bilanzierung in Fällen der Hinausverschmelzung

Wird eine im Inland ansässige Kapitalgesellschaft auf eine im EU-Ausland ansässige Kapitalgesellschaft verschmolzen, so gelten für die Schlussbilanz nach § 122k Abs. 1 S. 2 i. V. m. § 17 Abs. 2 UmwG keine Besonderheiten. Insb. ist eine Anpassung an ggf. abweichende ausländische Rech- 700

---

447 Vgl. IDW, RS HFA 42, Rn. 17; Bilitewski/Roß/Weiser, WPg 2014, 13 (16); Widmann/Mayer/Widmann, Umwandlungsrecht, § 24 UmwG, Rn. 97 m. w. N.; Kallmeyer/Zimmermann, Umwandlungsgesetz, § 17 Rn. 33; Semler/Stengel/Moszka, UmwG, § 24 Rn. 9.
448 IDW, RS HFA 42, Rn. 15.
449 Bula/Thees in Sagasser/Bula/Brünger, Umwandlungen, § 5 Rn. 6; Widmann/Mayer/Widmann, Umwandlungsrecht, § 24 UmwG, Rn. 98 m. w. N.
450 Widmann/Mayer/Widmann, Umwandlungsrecht, § 24 UmwG, Rn. 96 m. w. N.
451 Pohl, Handelsbilanzen bei der Verschmelzung von Kapitalgesellschaften, S. 27.

nungslegungsvorschriften in der Schlussbilanz nicht möglich, soweit dies zu Wertansätzen führt, die mit den handelsrechtlichen Vorschriften unvereinbar sind.[452]

701 Sollte es anlässlich der Hinausverschmelzung zu einer steuerlichen Entstrickung von inländischem Betriebsvermögen kommen, so ist sehr genau zu prüfen, ob in der Schlussbilanz bereits entsprechende Steuerrückstellungen berücksichtigt werden können. In den meisten Fällen dürfte dies nicht der Fall sein, denn eine Hinausverschmelzung an sich führt regelmäßig zu keiner Entstrickung.[453] Eine Entstrickung geschieht vielmehr anschließend faktisch im Rahmen der tatsächlichen betriebswirtschaftlichen Umsetzung der Hinausverschmelzung und daher regelmäßig frühestens im Jahr der Beschlussfassung und Umsetzung der Verschmelzung und ist damit nicht auf den steuerlichen Übertragungsstichtag zurückzubeziehen.

II. Handelsbilanz des übernehmenden Rechtsträgers nach § 24 UmwG

1. Bewertungswahlrecht des § 24 UmwG

702 Regelungen über die bilanzielle Behandlung von Umwandlungsvorgängen in der Handelsbilanz des übernehmenden Rechtsträgers finden sich ausschließlich in § 24 UmwG. Diese Vorschrift befindet sich im zweiten Abschnitt des zweiten Buches des UmwG, welches die Verschmelzung zur Aufnahme regelt. Aufgrund der im UmwG vorhandenen Verweisungen findet § 24 UmwG jedoch auch auf die Verschmelzung zur Neugründung (§ 36 Abs. 1 UmwG), auf alle Formen der Spaltung (§ 125 UmwG) und z. T. auch auf die Vermögensübertragung Anwendung. Auf den Formwechsel findet § 24 UmwG keine Anwendung, denn an dieser Form der indentitätswahrenden Umwandlung ist nur ein einziger Rechtsträger beteiligt, und es findet keine Vermögensübertragung statt.

703 Neben der Geltung für alle übertragenden Umwandlungen ist § 24 UmwG außerdem **rechtsformneutral**, gilt also sowohl für natürliche Personen und Personengesellschaften als auch für Kapitalgesellschaften als übernehmende Rechtsträger. Bei der Kommentierung des § 24 UmwG braucht daher im Folgenden nach unterschiedlichen Rechtsformen grds. nicht getrennt zu werden. Soweit rechtsformspezifische Regelungen zu beachten sind, wird dies besonders genannt.

704 Gegenstand der Regelung in § 24 UmwG ist, mit welchen Werten der übernehmende Rechtsträger das übergehende Vermögen in seiner Bilanz anzusetzen hat.

705 Aus der Formulierung des § 24 UmwG leitet die herrschende Meinung ab, dass es sich bei allen übertragenden Umwandlungen aus der Sicht des übernehmenden Rechtsträgers um einen Anschaffungsvorgang (Sacheinlage oder Tauschvorgang) handelt.[454] Daher ist das übergehende Vermögen bei dem übernehmenden Rechtsträger auch grds. mit den Anschaffungskosten anzusetzen, die diesem in der Vergangenheit durch den Erwerb der Anteile an dem übertragenden Rechtsträger entstanden sind oder im Zeitpunkt der Umwandlung durch die Gewährung von Anteilen oder Mitgliedschaften an die Gesellschafter des übertragenden Rechtsträgers entstehen.[455] Daneben räumt § 24 UmwG das **Wahlrecht** ein, dass als Anschaffungskosten auch die Buchwerte des übertragenden Rechtsträgers angesetzt werden können. Damit bestehen für die Bilanzierung beim übernehmenden Rechtsträger zwei Möglichkeiten, die Anschaffungskosten für das übergehende Vermögen zu bestimmen:
– die Übernahme der Buchwerte als fiktive Anschaffungskosten,
– die Bilanzierung mit tatsächlichen Anschaffungskosten.

706 Der übernehmende Rechtsträger hat sein Wahlrecht zwischen diesen beiden Methoden einheitlich für das gesamte übergehende Vermögen eines Rechtsträgers auszuüben. Finden mehrere Ver-

---

452 IDW, RS HFA 42, Rn. 84.
453 So auch BMF-Schreiben vom 11.11.2011, Rn. 03.20.
454 Semler/Stengel/Moszka, UmwG, § 24, Rn. 2; IDW, RS HFA 42, Rn. 3.
455 BT-Drs. 12/6699, S. 93 zu § 24 UmwG.

schmelzungen gleichzeitig statt, kann der Übernehmer allerdings sein Bilanzierungswahlrecht für jedes übergehende Vermögen selbstständig ausüben.[456]

Das **Anschaffungswertprinzip** zeichnet sich dadurch aus, dass es grds. eine erfolgsneutrale Erfassung des Anschaffungsvorganges gewährleistet. Die Bilanzierung des übergehenden Vermögens mit dem Wert der von dem übernehmenden Rechtsträger aufgewendeten Gegenleistungen verhindert grds. die Entstehung positiver oder negativer Ergebnisauswirkungen. 707

Aus dem Wortlaut des § 24 UmwG könnte der Eindruck entstehen, dass der Gesetzgeber die Bilanzierung mit den Anschaffungskosten als die bessere Lösung ansieht und die Buchwertfortführung nur ersatzweise zulassen will. Aus dieser Formulierung kann aber keine Einschränkung des Wahlrechts abgeleitet werden. Die Möglichkeit zur Fortführung der Buchwerte steht als echtes Bilanzierungs- und Bewertungswahlrecht gleichwertig neben der Möglichkeit zur Bilanzierung mit den Anschaffungskosten.[457] 708

Für den übernehmenden Rechtsträger stellt die Vermögensübernahme im Zuge einer Umwandlung einen **laufenden Geschäftsvorfall** dar. Eine besondere Bilanz ist daher beim übernehmenden Rechtsträger zumindest dann nicht zu erstellen, wenn es sich um eine Verschmelzung oder Spaltung zur Aufnahme handelt, der übernehmende Rechtsträger also bereits vor der Vermögensübernahme existent war. Anders ist dies bei einer Verschmelzung oder Spaltung zur Neugründung. In diesen Fällen hat der übernehmende Rechtsträger auf den Beginn seines Handelsgewerbes nach § 242 Abs. 1 HGB eine Eröffnungsbilanz zu erstellen (vgl. hierzu auch Teil 7 Rdn. 659). 709

▶ Hinweis:

Soweit im Folgenden die bilanziellen Konsequenzen einer »handelsrechtlichen Übernahmebilanz« besprochen werden, ist hiermit in den Fällen der Verschmelzung oder Spaltung zur Aufnahme lediglich eine hypothetische Bilanz gemeint. In der Praxis zeigen sich in diesen Fällen die entsprechenden bilanziellen Konsequenzen erst in der nächsten Jahresbilanz des übernehmenden Rechtsträgers. 710

2. Definition der Gegenleistung

Geht man mit der herrschenden Meinung davon aus, dass der Vermögensübergang im Rahmen einer Umwandlung ein Anschaffungsgeschäft darstellt, dann muss der übernehmende Rechtsträger eine Gegenleistung für den Vermögensübergang erbringen. In den Fällen der Verschmelzung, Aufspaltung und Abspaltung wird diese Gegenleistung direkt den Gesellschaftern des übertragenden Rechtsträgers gewährt (§§ 2, 123 Abs. 1 und 2 UmwG). Lediglich im Fall der Ausgliederung erhält der übertragende Rechtsträger selbst die Gegenleistung (§ 123 Abs. 3 UmwG). 711

Als Gegenleistung für das übergehende Vermögen kommen 712
– die Gewährung von Anteilen am übernehmenden Rechtsträger,
– die Gewährung barer Zuzahlungen, sowie
– die »Hingabe« (bzw. der Untergang) bestehender Anteile am übertragenden Rechtsträger

in Betracht. Zu beachten ist jedoch, dass der Gesetzgeber im Jahr 2007 mit dem Zweiten Gesetz zur Änderung des UmwG[458] durch eine entsprechende Ergänzung der §§ 54 Abs. 1 Satz 3, 68 Abs. 1 Satz 3 UmwG auch die Möglichkeit geschaffen hat, auf die Gewährung einer Gegenleistung in Form Anteilen gänzlich zu verzichten.

Im Einzelnen gilt Folgendes:

---

456 IDW, RS HFA 42, Rn. 35.
457 Küting/Weber, Handbuch der Rechnungslegung, § 255 HGB, Rn. 87.
458 V. 19.04.2007, BGBl. I 2007, S. 532.

a) Gewährung von Anteilen am übernehmenden Rechtsträger

713 Im Fall einer Verschmelzung oder Spaltung erleiden die Anteilsinhaber des übertragenden Rechtsträgers durch die Vermögensübertragung eine Vermögenseinbuße. So gehen bei einer Verschmelzung oder einer Aufspaltung die Anteile am übertragenden Rechtsträger unter, weil dieser nicht mehr besteht. Bei der Abspaltung verlieren die Anteile am übertragenden Rechtsträger entweder an Wert oder ein Teil von ihnen geht infolge einer Kapitalherabsetzung unter. Als Gegenleistung für diese Vermögensminderung werden die Anteilseigner des übertragenden Rechtsträgers dadurch entschädigt, dass sie Anteile am übernehmenden Rechtsträger erhalten.

714 Wird eine Kapitalerhöhung vorgenommen oder erfolgt der Umwandlungsvorgang zur Neugründung, dann entspricht der Umwandlungsvorgang aus der Sicht des übernehmenden Rechtsträgers einer Sachgründung/Sachkapitalerhöhung.

aa) Pflicht zur Gewährung von Anteilen am übernehmenden Rechtsträger

715 In den Fällen der Verschmelzung und Spaltung besteht grds. eine **Anteilsgewährungspflicht**. Dies geht aus § 20 Abs. 1 Nr. 3 UmwG hervor, wonach die Anteilsinhaber des übertragenden Rechtsträgers zu Anteilsinhabern des übernehmenden Rechtsträgers werden. Nur in bestimmten Fällen gibt es nach §§ 54 Abs. 1 Satz 2, 68 Abs. Satz 2 UmwG ein Kapitalerhöhungsverbot bzw. nach §§ 54 Abs. 1 Satz 2, 68 Abs. 2 Satz 2 UmwG ein Wahlrecht, auf eine Gewährung von Anteilen zu verzichten. Die Leistung barer Zuzahlungen ist lediglich in bestimmtem Umfang erlaubt. Nach der gesetzlichen Regelung ist es aber nicht zulässig, den Gesellschaftern des übertragenden Rechtsträgers als Gegenleistung für die Vermögensübertragung anstelle von Gesellschaftsrechten am übernehmenden Rechtsträger andere Gegenleistungen, wie z. B. Anteile an anderen Unternehmen oder Entschädigungen in Geld oder durch Sachleistungen zu gewähren.

716 Mit der Änderung des UmwG durch das Zweite Gesetz zur Änderung des UmwG vom 19.04.2007 wurde darüber hinaus die Möglichkeit geschaffen, dass der übernehmende Rechtsträger von der Gewährung von Geschäftsanteilen absehen kann, wenn alle Anteilsinhaber eines übertragenden Rechtsträgers darauf verzichten und die Verzichtserklärungen notariell beurkundet werden (§ 54 Abs. 1 UmwG). Diese Regelung soll eine Vereinfachungsregelung für die Fälle der Verschmelzung beteiligungsidentischer Gesellschaften sein und trägt der bisher in der Literatur vorgetragenen Kritik Rechnung, die eine Anteilsgewährungspflicht in diesen Fällen als überflüssig ansah.

717 Damit dürfte nun auch die Diskussion obsolet sein, ob verlangt werden kann, dass die Übernehmerin mindestens eine Kapitalerhöhung i. H. d. Stamm- bzw. Grundkapitals der Übertragerin vornehmen muss. Entsprechende **Einwände der Registergerichte** konnten bisher ggf. auf die Gesetzesbegründung zur Anteilsgewährungspflicht[459] gestützt werden. Hier führte der Gesetzgeber aus, dass bei einer Verschmelzung **ganz ohne Kapitalerhöhung** die Verschmelzung einer GmbH mit einem verhältnismäßig hohen Stammkapital auf eine GmbH mit einem verhältnismäßig niedrigen Stammkapital dazu führen würde, dass das Rückzahlungsverbot des § 30 Abs. 1 GmbHG nach der Verschmelzung nur für das niedrige Stammkapital der übernehmenden GmbH gelte, während die Summe des alten hohen Stammkapitals der übertragenden GmbH nicht mehr unter § 30 Abs. 1 GmbHG fiele, also für eine Auszahlung an die Gesellschafter zur Verfügung stünde und damit den Gläubigern als Haftungsmasse entzogen würde. Dieses Problem besteht natürlich gleichermaßen, wenn das Stamm- oder Grundkapital einer übernehmenden Kapitalgesellschaft nur i. H. d. satzungsmäßigen oder gesetzlichen Mindestbetrages und nicht i. H. d. Stammkapitals des übertragenden Rechtsträgers erhöht wird. Rodewald[460] leitete aus der Gesetzesbegründung sogar her, dass bei einer Verschmelzung von Schwestergesellschaften bei der aufneh-

---

459 Regierungsbegründung zu § 54 UmwG, BR-Drucks. 75/94, S. 101.
460 GmbHR 1997, 19.

menden Gesellschaft eine Kapitalerhöhung i. H. d. Stammkapitals der übertragenden Gesellschaft zwingend sei, während bei allen anderen Verschmelzungsvorgängen der Betrag der Kapitalerhöhung frei ermittelt werden könne. Die herrschende Meinung ging allerdings auch unter der vor 2007 geltenden Rechtslage davon aus, dass es für die Kapitalerhöhung **keinen Mindestbetrag** gibt. Nunmehr ist durch die Einführung der Möglichkeit eines kompletten Verzichts auf eine Kapitalerhöhung auch klar, dass es anlässlich einer Verschmelzung zu einer vollständigen »Vernichtung« des Grund- bzw. Stammkapitals der Übertragerin kommen kann.

Anteilsgewährung bedeutet, dass die Gesellschafter des übertragenden Rechtsträgers Gesellschafter des übernehmenden Rechtsträgers werden. Bei Kapitalgesellschaften als übernehmendem Rechtsträger kann eine Gesellschafterstellung nur durch Gewährung einer **Kapitalbeteiligung** erfolgen. Dies ist bei Personengesellschaften anders. Hier ist die Einräumung einer Gesellschafterstellung auch ohne Kapitalbeteiligung möglich.[461]   718

Auf eine Gewährung von Anteilen konnte bis zur Einführung der Möglichkeit eines Verzichts auf die Gewährung von Anteilen selbst dann nicht verzichtet werden, wenn das übergehende Vermögen negativ war (vgl. eingehend Teil 7 Rdn. 741 ff.). Damit waren viele Umwandlungen in solchen Fällen nach der alten Rechtslage gar nicht durchführbar. Seit der entsprechenden Änderung des UmwG im Jahr 2007 kann in derartigen Fällen durch eine Verzichtserklärung eine Kapitalerhöhung entbehrlich gemacht werden, wodurch für überschuldete Rechtsträger eine Möglichkeit geschaffen wurde, bei Vorliegen der übrigen Voraussetzungen an einer Umwandlung als übertragender Rechtsträger teilzunehmen.   719

Der übernehmende Rechtsträger braucht bzw. darf dann keine Anteile gewähren, wenn er selbst vor der Umwandlung sämtliche Anteile am übertragenden Rechtsträger hält. Diese Konstellation kann nur dann gegeben sein, wenn der übertragende Rechtsträger eine **Kapitalgesellschaft** ist. Handelt es sich hingegen um eine **Personengesellschaft**, ist diese Situation nicht denkbar, denn eine Personengesellschaft mit nur einem Gesellschafter kann es nicht geben. Ist z. B. eine Mutter-Kapitalgesellschaft an einer Tochter-Personengesellschaft mit 100 % und ein weiterer Gesellschafter mit 0 % beteiligt, so hält diese Mutter-Kapitalgesellschaft trotzdem nicht »alle Anteile« i. S. d. § 20 Abs. 1 Nr. 3 UmwG an der Tochter-Personengesellschaft. Im Fall der Verschmelzung der Tochtergesellschaft auf die Muttergesellschaft müsste diese daher grundsätzlich dem mit 0 % beteiligten anderen Gesellschafter als Gegenleistung grds. zumindest einen Anteil gewähren, der ggf. im Wege der Kapitalerhöhung zu schaffen ist. Allerdings kann nunmehr auch in diesen Fällen durch entsprechenden Verzicht eine Anteilsgewährung an den Komplementär unterbleiben, so dass dieser im Zuge der Verschmelzung einfach ausscheiden kann.   720

In allen anderen Fällen, in denen die Anteilseigner der beteiligten Rechtsträger verschiedene Personen sind oder sie zumindest in unterschiedlichen Verhältnissen Beteiligte sind, wird es jedoch regelmäßig dabei bleiben, dass es zu einer entsprechenden Anteilsgewährung an die Gesellschafter der Übertragerin kommt. Ist der übernehmende Rechtsträger eine Personengesellschaft und war der Gesellschafter des übertragenden Rechtsträgers vor der Umwandlung bereits Gesellschafter der übernehmenden Personengesellschaft, so ist allerdings wegen des **Verbots der Mehrfachbeteiligung** an einer Personengesellschaft die Gewährung eines weiteren Anteils nicht möglich.[462] In diesen Fällen erfolgt die **Gewährung von Gesellschaftsanteilen** durch eine Erhöhung der Festkapitalkonten, der laufenden Kapitalkonten oder durch eine Buchung auf Rücklagenkonten. Eine Erhöhung der im Handelsregister eingetragenen Haftsumme der einzelnen Kommanditisten ist nicht erforderlich.   721

---

461 Widmann/Mayer/Mayer, Umwandlungsrecht, § 5 UmwG, Rn. 24.3.
462 Widmann/Mayer/Mayer, Umwandlungsrecht, § 5 UmwG, Rn. 24.2.

bb) Mögliche Varianten der Anteilsgewährung

722 Ist der übernehmende Rechtsträger eine **Kapitalgesellschaft**, so können die zu gewährenden **Anteile aus vier verschiedenen Quellen kommen**:
- I. d. R. werden die zu gewährenden Anteile durch eine Kapitalerhöhung beim übernehmenden Rechtsträger neu geschaffen (= Vermögensübertragung mit Kapitalerhöhung).
- Soweit der übernehmende Rechtsträger eigene Anteile hält, können auch diese gewährt werden (Vermögensübertragung ohne Kapitalerhöhung, § 54 Abs. 1 Satz 2 Nr. 1 UmwG).
- Verfügt der übertragende Rechtsträger über Anteile an einem übernehmenden Rechtsträger in der Rechtsform einer Kapitalgesellschaft (sog. down-stream merger), so gehen diese Anteile entweder im Zuge der Umwandlung als eigene Anteile auf die übernehmende Kapitalgesellschaft über oder sie gehen im Wege des Direkterwerbs als Gegenleistung auf die Gesellschafter des übertragenden Rechtsträgers über. Eine Schaffung neuer Anteile im Wege der Kapitalerhöhung braucht daher insoweit nicht vorgenommen zu werden (§ 54 Abs. 1 Satz 2 Nr. 2 UmwG). Soweit die Anteile des übertragenden Rechtsträgers am übernehmenden Rechtsträger noch nicht voll einbezahlt sind, unterliegt der übernehmende Rechtsträger sogar einem Kapitalerhöhungsverbot (§ 54 Abs. 1 Satz 1 Nr. 3 UmwG, Vermögensübertragung ohne Kapitalerhöhung).

    Ist der übernehmende Rechtsträger hingegen eine Personengesellschaft, so gehen Anteile, die der übertragende Rechtsträger an der übernehmenden Personengesellschaft gehalten hat, im Zuge des Vermögensübergangs unter, denn eine Personengesellschaft kann keine eigenen Anteile halten. Rein formal kann diese Personengesellschaftsbeteiligung wohl auch nicht im Wege des Direkterwerbs unmittelbar auf die Gesellschafter des übertragenden Rechtsträgers übergehen. Vielmehr ist diesen Gesellschaftern eine neue Kapitalbeteiligung einzuräumen. Buchhalterisch wird in der Praxis aber gleichwohl das bisher dem übertragenden Rechtsträger zustehende Kapitalkonto bei der übernehmenden Personengesellschaft auf die Gesellschafter des übertragenden Rechtsträgers umgebucht (vgl. auch Fall 2, Teil 7 Rdn. 932).
- Auch die bisherigen Anteilsinhaber des übernehmenden Rechtsträgers können den Gesellschaftern des übertragenden Rechtsträgers Anteile am übernehmenden Rechtsträger gewähren. Diese Anteilsgewährung kann auf jeden Fall auf dem Wege erfolgen, dass die Gesellschafter der übernehmenden Gesellschaft jeweils einen Teilanteil an die übernehmende Gesellschaft abtreten, die dann diese Anteile den Gesellschaftern des übertragenden Rechtsträgers gewährt. Fraglich ist allerdings, ob die Anteilsinhaber des übernehmenden Rechtsträgers die zu gewährenden Anteile auch durch schlichte Abtretungserklärung direkt auf die Anteilsinhaber des übertragenden Rechtsträgers übertragen können.[463] Es handelt sich hier aber in jedem Fall um eine Vermögensübertragung ohne Kapitalerhöhung.

cc) Umfang der Anteilsgewährungspflicht

723 Wie viele Anteile den Gesellschaftern des übertragenden Rechtsträgers zu gewähren sind, ist im Gesetz nicht geregelt. Sofern an den an der Umwandlung beteiligten Rechtsträgern fremde Dritte beteiligt sind, ergibt sich das Ausmaß der zu gewährenden Anteile regelmäßig aus dem **Umtauschverhältnis**. Im Ergebnis sollten die den Gesellschaftern des übertragenden Rechtsträgers zu gewährenden Anteile den Wert erreichen, der den untergehenden Anteilen an dem übertragenden Rechtsträger vor der Umwandlung beizulegen war. Hierdurch wird gleichzeitig sichergestellt, dass sich auch der Wert der bereits vor der Umwandlung bestehenden Anteile an dem übernehmenden Rechtsträger durch die Vermögensübernahme weder positiv noch negativ verändert.

724 Das **Umtauschverhältnis** gibt das Verhältnis an, zu dem die Gesellschafter des übertragenden Rechtsträgers ihre Anteile gegen Anteile an dem übernehmenden Rechtsträger eintauschen kön-

---

[463] Bejahend Widmann/Mayer/Mayer, Umwandlungsrecht, § 5 UmwG, Rn. 56.5; Lutter/Winter/Vetter, UmwG, § 54 Rn. 61 f.

nen. Es wird im Regelfall nach dem Verhältnis der Ertragswerte oder der Börsenkurse der beteiligten Unternehmen bestimmt.

Das Gesetz enthält allerdings keine Regelungen über das Ausmaß der Kapitalerhöhung. Soweit die **Kapitalaufbringungsgrundsätze** nicht verletzt werden, kann der Kapitalerhöhungsbetrag von den beteiligten Rechtsträgern nach freiem **Ermessen** festgesetzt werden.[464] 725

Es stellt sich allerdings auch die Frage, wie der Gläubigerschutz gewährleistet werden kann, wenn es anlässlich einer Verschmelzung zu einer Vernichtung von Haftkapital kommt. Wenn es z. B. möglich ist, eine GmbH 1 mit einem Stammkapital von 1.000.000,– € auf ihre Schwestergesellschaft GmbH 2 zu verschmelzen, ohne dass die Übernehmerin eine Kapitalerhöhung vornimmt und neue Anteile gewährt, dann ist der Gesamtbetrag des handelsrechtlichen Eigenkapitals der Überträgerin bei der Übernehmerin in die Kapitalrücklage einzustellen. Fraglich ist, ob diese Kapitalrücklage unmittelbar nach der Verschmelzung an die Gesellschafter der übernehmenden Gesellschaft ausgekehrt werden kann. In der Literatur wird dies zum Teil kritisch gesehen und es wird nach Wegen gesucht, den Gläubigern in diesem Punkt zusätzlich zu der Gläubigerschutzbestimmung des § 22 UmwG weiteren Schutz zu bieten. Diskutiert wird hier insb., ob es nicht sachgerecht wäre, auf die Auskehrung dieser Kapitalrücklagen die Vorschriften des AktG bzw. GmbHG analog anzuwenden, die für die Auskehrung von Rücklagen gelten, die durch eine Kapitalherabsetzung geschaffen worden sind (vgl. Naraschewski, GmbHR 1998, 360). 726

dd) Ausstehende Einlagen beim übertragenden Rechtsträger

Sofern die Gesellschafter einer übertragenden Kapitalgesellschaft ihre Anteile nicht voll einbezahlt haben, besteht diese Verpflichtung fort und bezieht sich nach dem Anteilstausch auf die erhaltenen Anteile am übernehmenden Rechtsträger, wenn es sich bei diesem auch um eine Kapitalgesellschaft handelt. Das Umtauschverhältnis ändert sich hierdurch nicht.[465] Anders ist dies jedoch, wenn es sich bei dem übernehmenden Rechtsträger um eine Personengesellschaft handelt (z. B. bei der Verschmelzung einer GmbH auf eine OHG). In einem solchen Fall wird in die Ermittlung des Umtauschverhältnisses nur das tatsächlich eingezahlte Stamm-/Grundkapital der übertragenden Kapitalgesellschaft einbezogen und die Einlageverpflichtung erlischt in dem Zeitpunkt, in dem die übertragende Kapitalgesellschaft aufhört zu existieren (bei Verschmelzung, Aufspaltung). 727

b) Gewährung barer Zuzahlungen

Zusätzlich zu der Gewährung von (alten oder neuen) Anteilen kann der übernehmende Rechtsträger an die Anteilseigner des übertragenden Rechtsträgers auch noch bare Zuzahlungen leisten. Hauptanwendungsfall der baren Zuzahlungen ist die Gewährung eines sog. **Spitzenausgleichs**. 728

▶ Beispiel:
Die Berechnung des Umtauschverhältnisses ergibt ein Wertverhältnis für die Anteile von Übernehmerin und Überträgerin von 1:3,1. Dies kann dann auf 1:3 festgesetzt werden. Der Nachteil für die Anteilsinhaber der Überträgerin wird dadurch ausgeglichen, dass sie vom übernehmenden Rechtsträger bare Zuzahlungen erhalten (sog. Spitzenausgleich). 729

Die Notwendigkeit eines Spitzenausgleichs ist allerdings nicht Voraussetzung für die Gewährung barer Zuzahlungen. 730

Unter »baren Zuzahlungen« ist ausschließlich die **Hingabe von Geld** zu verstehen. Andere Vermögensgegenstände kommen für einen Barausgleich nicht in Betracht. 731

---

[464] Widmann/Mayer/Mayer, Umwandlungsrecht, § 5 UmwG, Rn. 46 ff.; Kowalski, GmbHR 1996, 158, 161.
[465] Lutter/Drygala, UmwG, § 5 Rn. 22; Centrale-Gutachtendienst der GmbHR, GmbHR 1997, 693.

732 Personengesellschaften als übernehmende Rechtsträger können bare Zuzahlungen in unbegrenzter Höhe leisten. Für Kapitalgesellschaften als übernehmende Rechtsträger ist die Möglichkeit der Gewährung barer Zuzahlungen jedoch begrenzt auf ein Zehntel des Gesamtnennbetrages der gewährten Anteile (§ 54 Abs. 4, § 68 Abs. 3 UmwG). Hierbei ist es unerheblich, ob es sich bei den gewährten Anteilen um bereits bestehende Anteile oder um – im Wege der Kapitalerhöhung geschaffene – neue Anteile handelt.[466]

733 Zur **Berechnung des max. zulässigen Betrages** der baren Zuzahlung ist ausschließlich auf den Nennbetrag der insgesamt gewährten Anteile abzustellen. Ein ggf. im Kapitalerhöhungsbeschluss festgelegtes **Agio** ist hier nicht berücksichtigungsfähig.

734 Wird die gesetzliche Begrenzung der baren Zuzahlungen nicht eingehalten, so liegt keine Verschmelzung i. S. d. UmwG vor. Sollte die Verschmelzung allerdings trotz dieses Verstoßes in das Handelsregister eingetragen werden, dann treten die Verschmelzungswirkungen gleichwohl ein (§ 20 Abs. 2 UmwG).

735 Bei der Gewährung barer Zuzahlungen ist darauf zu achten, dass es aufgrund der Barleistung nicht zu einer **versteckten Unterpariemission** kommt. Dies ist der Fall,
– wenn der innere Wert der Anteile des übernehmenden Rechtsträgers unter ihrem Nennwert liegt und die Differenz durch Barleistung ausgeglichen wird,
– wenn neben pari ausgegebenen Anteilen (= Anteile, deren Nennwert dem Zeitwert des übergehenden Vermögens entspricht) Zuzahlungen erbracht werden oder
– wenn die Zuzahlungen höher sind als der über pari liegende Wert des übergehenden Vermögens.[467] Aus diesem Grund muss das auf die kapitalerhöhende Gesellschaft übergehende Vermögen über den Nenn- oder Ausgabebetrag der neuen Anteile hinaus auch die Summe der zugesagten baren Zuzahlungen abdecken.[468]

c) Untergang der Anteile am übertragenden Rechtsträger

736 War der übernehmende Rechtsträger vor der Vermögensübertragung bereits am übertragenden Rechtsträger beteiligt, besteht insoweit keine Pflicht zur Gewährung von Anteilen am übernehmenden Rechtsträger (§ 20 Abs. 1 Nr. 3 UmwG). Dasselbe gilt, wenn ein Dritter im eigenen Namen, jedoch für Rechnung des übernehmenden Rechtsträgers Anteile am übertragenden Rechtsträger hält. Die Gegenleistung besteht in dem Verzicht/Untergang auf die untergehenden Anteile am übertragenden Rechtsträger. Handelt es sich bei dem übernehmenden Rechtsträger um eine Kapitalgesellschaft, besteht insoweit sogar ein Kapitalerhöhungsverbot (§§ 54 Abs. 1 Nr. 1, 68 Abs. 1 Satz 1 Nr. 1 und Nr. 2 UmwG).

3. Anschaffungswertprinzip

a) Bilanzierung dem Grunde nach

737 Hat sich der übernehmende Rechtsträger für eine Bilanzierung des übergehenden Vermögens mit den Anschaffungskosten entschieden, so ist zunächst zu prüfen, welche **Vermögensgegenstände** überhaupt zu bilanzieren sind. Es gelten hier die allgemeinen Grundsätze des § 246 Abs. 1 HGB, wonach alle Vermögensgegenstände, Schulden und Rechnungsabgrenzungsposten mit Vermögens- und Verbindlichkeitscharakter zu erfassen sind.[469] Das gilt unabhängig davon, ob die Vermögensgegenstände in der Bilanz des übertragenden Rechtsträgers angesetzt waren oder nicht. Daher sind alle immateriellen Einzelwirtschaftsgüter des übertragenden Rechtsträgers beim übernehmenden

---

466 Pohl, Handelsbilanzen bei der Verschmelzung von Kapitalgesellschaften, S. 9 f.
467 Simon in: KK-UmwG, § 68 Rn. 68; Oelmann, Handels- und steuerrechtliche Bilanzierungsprobleme bei Verschmelzungen, S. 32 f.
468 Ihrig, GmbHR 1995, 622, 641.
469 Vgl. auch IDW, RS HFA 42, Rn. 36.

Rechtsträger zu aktivieren. § 248 Abs. 2 HGB findet keine Anwendung, da aus Sicht des übernehmenden Rechtsträgers alle Vermögensgegenstände entgeltlich erworben werden.[470] Dasselbe gilt für den Ansatz eines originären Firmenwertes des übertragenden Rechtsträgers beim übernehmenden Rechtsträger, denn für diesen ist der Firmenwert nicht mehr originär, sondern derivativ.[471] Hatte der übertragende Rechtsträger seinerseits aus einer anderen Transaktion bereits einen derivativen Firmenwert aktiviert, so vereinigt sich dieser mit dem originären Firmenwert des übertragenden Rechtsträgers zu einem einheitlichen – vom übernehmenden Rechtsträger zu aktivierenden – derivativen Geschäftswert. Eine separate Bilanzierung und Bewertung dieser beiden Firmenwerte beim übernehmenden Rechtsträger ist nicht möglich.[472]

Aktive RAP des übertragenden Rechtsträgers sind – obwohl es sich nicht um Vermögensgegenstände handelt – nach herrschender Meinung beim übernehmenden Rechtsträger ebenfalls zu aktivieren.[473]

738

Hat der **übertragende Rechtsträger** vor der Umwandlung **eigene Anteile** gehalten, so gehen diese nicht als eigene Anteile auf den übernehmenden Rechtsträger über, sondern gehen im Zuge des Vermögensübergangs unter.[474] Obwohl diese Anteile in der Schlussbilanz des übertragenden Rechtsträgers noch zu bilanzieren sind, werden sie nicht Bestandteil des auf den übernehmenden Rechtsträger übergehenden Vermögens. Aus diesem Grund ist ggf. zu überlegen, ob der übertragende Rechtsträger eigene Anteile nicht kurz vor einer Verschmelzung veräußern sollte, wobei als Erwerber grds. auch der übernehmende Rechtsträger in Betracht kommt.

739

Gehen infolge der Verschmelzung **Pensionsverpflichtungen** aus vor dem 01.01.1987 gegebenen Altzusagen über, so kann der übernehmende Rechtsträger nicht (unter Hinweis auf Art. 28 Abs. 1 EGHGB) auf eine Passivierung verzichten, da aus seiner Sicht die Übernahme der Pensionsverpflichtung eine Gegenleistung für die Übernahme der Vermögensgegenstände des übertragenden Rechtsträgers darstellt.[475] Bezüglich nach der Verschmelzung erfolgender weiterer Aufstockungen derartiger Pensionsrückstellungen vertreten Deubert/Hoffmann[476] die Auffassung, dass der übernehmende Rechtsträger für weitere Zuführungen zu auf derartigen »Altzusagen« beruhenden Pensionsrückstellungen das Passivierungswahlrecht des Art. 28 Abs. 1 EGHGB wieder in Anspruch nehmen könne, weil er insoweit die Rechtsnachfolge des übertragenden Rechtsträgers antrete.

740

Gegenseitige Forderungen und **Verbindlichkeiten** sind beim übernehmenden Rechtsträger ebenfalls nicht mehr auszuweisen. Sie erlöschen durch Konfusion.[477]

741

Vom übertragenden Rechtsträger bilanzierte **latente Steuern** sind vom übernehmenden Rechtsträger nicht zu übernehmen, da es sich nicht um Vermögensgegenstände handelt.[478] Der latente

742

---

470 IDW, RS HFA 42, Rn. 36; Naumann in FS für Ludewig, 696; Kallmeyer/Lanfermann, Umwandlungsgesetz, § 24 Rn. 6; Lutter/Priester, UmwG § 24 Rn. 35; Deubert/Hoffmann in Winkeljohann/Förschle/Deubert, Sonderbilanzen, K 22.
471 Lutter/Priester, UmwG, § 24 Rn. 35; Widmann/Mayer/Widmann, Umwandlungsrecht, § 24 UmwG, Rn. 299.
472 Deubert/Hoffmann in Winkeljohann/Förschle/Deubert, Sonderbilanzen, K 20; IDW, RS HFA 42, Rn. 36; Kallmeyer/Lanfermann, Umwandlungsgesetz, § 24 Rn. 6.
473 Vgl. IDW, RS HFA 42, Fn. 3; Semler/Stengel/Moszka, UmwG, § 24 Rn. 25; Deubert/Hoffmann, in Winkeljohann/Förschle/Deubert, Sonderbilanzen, K 27.
474 IDW, RS HFA 42, Rn. 38; Deubert/Hoffmann in Winkeljohann/Förschle/Deubert, Sonderbilanzen, K 75.
475 So auch Widmann/Mayer/Widmann, UmwG, § 24, Rn. 391; Naumann, in: FS für Rainer Ludewig, S. 683, 697; IDW, RS HFA 42, Rn. 37 mit Verweis auf IDW, RS HFA 30, Rn. 97.
476 Winkeljohann/Förschle/Deubert, Sonderbilanzen, K 28.
477 IDW, RS HFA 42, Rn. 38.
478 Vgl. auch IDW, RS HFA 42, Rn. 39; Schmitt/Hörtnagl/Stratz/Hörtnagl, UmwG/UmwStG § 24 UmwG Rn. 25; a.A. wohl Deubert/Hoffmann in Winkeljohann/Förschle/Deubert, Sonderbilanzen, K 36.

Steuervor-/nachteil geht im Firmenwert auf. Der übernehmende Rechtsträger hat die latenten Steuern nach § 274 HGB neu zu bilden. In Bezug auf das im Wege der Verschmelzung übernommene Vermögen führt das gerade im Fall der handelsrechtlichen Bilanzierung zu Anschaffungskosten regelmäßig zu einem Ausweis passiver latenter Steuern, wenn das steuerliche Bewertungswahlrecht zugunsten einer Fortführung der (geringeren) Buchwerte ausgeübt wird. Weist der übernehmende Rechtsträger bzgl. des übergegangenen Vermögens auch einen Firmenwert aus, kann allerdings gem. IDW, RS HFA 42, Rn. 59 bei der Ermittlung latenter Steuern im Rahmen einer Gesamtdifferenzenbetrachtung eine temporäre Differenz zwischen dem handelsrechtlichen und dem steuerlichen Wertansatz des Geschäfts- oder Firmenwerts unberücksichtigt bleiben. Ist der Verschmelzungsvorgang erfolgsneutral (side-stream-merger oder down-stream-merger), so erfolgt die Bildung aktiver oder passiver latenter Steuern in Bezug auf die übernommenen Vermögensgegenstände und Schulden erfolgsneutral zugunsten bzw. zulasten des Geschäfts- oder Firmenwerts bzw. des Eigenkapitals.[479] Erfolgt die Verschmelzung hingegen erfolgswirksam (das ist i. d. R. beim up-stream-merger der Fall), sind auch die latenten Steuern insoweit erfolgswirksam zu bilden.

743 Existierten bei dem übertragenden Rechtsträger ausschüttungsgesperrte bzw. abführungsgesperrte Beträge nach § 268 Abs. 8 HGB, so verliert diese Ausschüttungssperre mit dem Vermögensübergang ihre Berechtigung und ist nicht länger fortzuführen. Der übernehmende Rechtsträger tätigt einen Anschaffungsvorgang, der bei ihm regelmäßig erfolgsneutral bleibt. Es gibt hier somit keine Gewinne, die einer Ausschüttungssperre unterliegen könnten. Ein übergehender Geschäfts- oder Firmenwert ist bei dem übernehmenden Rechtsträger nach der Anschaffungswertmethode ohnehin zu aktivieren, und zwar unabhängig davon, ob dieser auch beim übertragenden Rechtsträger bereits aktiviert war. Auch der Ausweis aktiver latenter Steuern – sofern sich dieser aus der Vermögensübernahme ergibt – erfolgt regelmäßig erfolgsneutral, so dass auch hier kein Gewinn entsteht, der Gegenstand einer Ausschüttungssperre sein könnte. Selbst im Fall eines up-stream-mergers, der bei dem übernehmenden Rechtsträger zur Entstehung eines Übernahmegewinns führt, kommt die Übernahme oder eine Neubildung einer Ausschüttungssperre m. E. nicht in Betracht. Der in diesen Fällen ggf. entstehende Gewinn wird nicht verursacht durch die Aktivierung des übergehenden Vermögens, sondern durch die »Hingabe« der Anteile am übertragenden Rechtsträger und ein solcher Gewinn fällt nicht in den Anwendungsbereich des § 268 Abs. 8 HGB.

744 Wird die letzte Jahresbilanz des übertragenden Rechtsträgers als Schlussbilanz i. S. d. § 17 UmwG verwendet und ist eine vom übertragenden Rechtsträger vor Eintragung der Verschmelzung noch beschlossene **Gewinnausschüttung** in dieser Bilanz nicht durch eine entsprechende Rückstellung berücksichtigt, weil die Beschlussfassung nach Bilanzaufstellung erfolgte, so muss für den zur Gewinnausschüttung beschlossenen Betrag anlässlich der Vermögensübernahme bei dem übernehmenden Rechtsträger eine Verbindlichkeit eingebucht werden. So bleibt die Auszahlung des Gewinns beim Übernehmer erfolgsneutral.[480]

745 Haben die Anteilseigner des übertragenden Rechtsträgers diesem nach dem Schlussbilanzstichtag noch weiteres Eigenkapital zugeführt, z. B. durch Einlagen oder Kapitalerhöhungen, so sind diese unmittelbar beim übernehmenden Rechtsträger zu erfassen, da sie in der »Für-Rechnung-Phase« bereits diesem Rechtsträger zuzurechnen sind. Eine Abbildung in der Schlussbilanz des übernehmenden Rechtsträgers kommt hingegen nicht in Betracht.[481]

---

479 Vgl. IDW, RS HFA 42, Rn. 39.
480 Vgl. Deubert/Hoffmann in Winkeljohann/Förschle/Deubert, Sonderbilanzen, K 31; Lutter/Priester, UmwG, § 24 Rn. 35; IDW, RS HFA 42, Rn. 17; Kallmeyer/Lanfermann, Umwandlungsgesetz, § 24 Rn. 15.
481 IDW, RS HFA 42, Rn. 19.

b) Ermittlung der Anschaffungskosten

§ 24 UmwG statuiert eine Bilanzierung nach dem sog. **Anschaffungswertprinzip**. In der Literatur besteht jedoch Uneinigkeit darüber, was genau unter einer »Bilanzierung nach dem Anschaffungswertprinzip« zu verstehen ist. Der Begriff der Anschaffungskosten ist in § 253 HGB definiert. Die Bilanzierung nach dem Anschaffungswertprinzip bedeutet daher, dass das übergehende Vermögen mit dem Wert der Gegenleistung der übernehmenden Gesellschaft anzusetzen ist. Welche Gegenleistungen theoretisch in Betracht kommen, wurde bereits in Teil 7 Rdn. 722 ff. eingehend dargelegt. 746

Steht die **Art der Gegenleistung** fest, so ergibt sich hieraus jedoch noch nicht unmittelbar die Höhe der maßgeblichen Anschaffungskosten, denn in der Literatur ist umstritten, welche Wertansätze durch das Anschaffungswertprinzip gedeckt sind. Einig ist man sich nur darüber, dass ein Ansatz über dem Zeitwert des übergehenden Vermögens nicht in Betracht kommt. Maßgebend ist hier der Zeitwert zum Zeitpunkt des Übergangs des wirtschaftlichen Eigentums.[482] Unklar ist aber, ob ein Ansatz zum Zeitwert zwingend ist oder ob vielleicht ein anderer – niedrigerer – Ansatz zwingend ist, wie z. B. die Höhe des Nennbetrages oder des Ausgabebetrages der gewährten Gesellschaftsrechte, oder ob nicht auch ein Wahlrecht für einen beliebigen Zwischenwert besteht. 747

Die einzelnen Auffassungen sind unter anderem abhängig von der Art der gewährten Gegenleistung. Die wohl herrschende Meinung versucht, unter Berücksichtigung der jeweils gewährten Gegenleistung einen vergleichbaren Vorgang in anderen Anschaffungsfällen zu finden und hieraus eine Bewertung abzuleiten. So stellt die Vermögensübertragung gegen Gewährung neuer Anteile grds. eine Sacheinlage dar, während die Vermögensübertragung gegen Gewährung eigener Anteile oder mit Verzicht auf die Anteile am übertragenden Rechtsträger einen tauschähnlichen Vorgang bildet. Soweit man aber dieser – bereits nicht unumstrittenen – Vorgehensweise folgt, ergibt sich hieraus immer noch keine eindeutige Antwort auf die Frage, welcher Wert in dem jeweiligen Fall anzusetzen ist, denn sowohl die Bewertung einer Sacheinlage als auch die Bewertung in den Fällen des Tausches ist in der Literatur seit Jahren umstritten. Im Folgenden werden daher die für die einzelnen Umwandlungsvorgänge möglichen Wertansätze dargestellt und diskutiert. 748

c) Vermögensübertragung mit Kapitalerhöhung

aa) Schaffung neuer Anteile durch Kapitalerhöhung

Gem. § 20 Abs. 1 Nr. 3 UmwG erhalten die Gesellschafter der übertragenden Gesellschaft als Gegenleistung für die Übertragung des Vermögens Anteile am übernehmenden Rechtsträger. Soweit die zu gewährenden Anteile nicht schon existieren (z. B. in der Form eigener Anteile beim übernehmenden Rechtsträger) müssen sie im Wege einer Kapitalerhöhung neu geschaffen werden. Die Anschaffungskosten der übergehenden Aktiva setzen sich dann zusammen aus diesen zu gewährenden Anteilen, den auf den übernehmenden Rechtsträger übergehenden Verbindlichkeiten sowie etwaigen Anschaffungsnebenkosten. 749

Handelt es sich bei dem übernehmenden Rechtsträger um eine **Personengesellschaft**, so haben die zu gewährenden Anteile keinen Nennbetrag. Die Gegenbuchung erfolgt auf einem Festkapitalkonto, einem variablen Kapitalkonto oder einem Rücklagenkonto (vgl. Fall 1, Rdn. 926 ff.). Die Anschaffungskosten für das übergehende Vermögen ergeben sich damit aus den vereinbarten Kapitalkonten, die den neu eintretenden Gesellschaftern eingeräumt werden sollen.[483] Soll der Zeitwert des übergehenden Vermögens angesetzt werden und übersteigt dieser die vereinbarten Gutschriften auf sämtlichen Kapitalkonten, kann der übersteigende Betrag entweder als 750

---

[482] Zur Erfassung von Wertveränderungen zwischen dem Umwandlungsstichtag und dem Übergang des wirtschaftlichen Eigentums Deubert/Hoffmann in Winkeljohann/Förschle/Deubert, Sonderbilanzen, K 46 f.
[483] Deubert/Hoffmann in Winkeljohann/Förschle/Deubert, Sonderbilanzen, K 45.

Verbindlichkeit des übernehmenden Rechtsträgers oder als Verschmelzungsgewinn ausgewiesen werden. Ein Verschmelzungsgewinn ist bei Personenhandelsgesellschaften, die nicht dem § 272 Abs. 2 Nr. 1 HGB unterliegen, nach den jeweils geltenden Gewinnverteilungsregeln ausschüttbar.[484]

751 Ist der übernehmende Rechtsträger eine **Kapitalgesellschaft** (GmbH oder AG), so können neue Anteile nur durch eine förmliche Kapitalerhöhung mit Ausgabe neuer Anteile geschaffen werden.

752 Das Ausmaß der durchzuführenden Kapitalerhöhung ist im Gesetz nicht geregelt (vgl. Teil 7 Rdn. 723 ff.). Der Mindestbetrag ist festgelegt durch den gesetzlich oder satzungsmäßig definierten Mindest-Nennbetrag der Anteile. Eine **Obergrenze** ergibt sich bei Kapitalgesellschaften als übernehmendem Rechtsträger, denn aufgrund des Verbotes der Unter-pari-Emission darf der Nennbetrag der Kapitalerhöhung den Zeitwert des übergehenden Vermögens nicht überschreiten. Sollte dies doch einmal der Fall sein, z. B. weil der Zeitwert zu hoch ermittelt wurde, besteht i. H. d. Differenzbetrages eine Einlageforderung des übernehmenden Rechtsträgers ggü. den Gesellschaftern des übertragenden Rechtsträgers.

bb) Bewertung des übergehenden Vermögens

753 Die herrschende Meinung geht davon aus, dass für die Bewertung in Verschmelzungs- und Spaltungsfällen auf die **Grundsätze der Bewertung von Sacheinlagen gegen Kapitalerhöhung** zurückgegriffen werden kann.[485] Zwar werden die Anteile am übernehmenden Rechtsträger nicht – wie in sonstigen Fällen der Sacheinlage – direkt dem übertragenden Rechtsträger, sondern dessen Gesellschaftern gewährt. Die Gleichstellung dieser beiden Sachverhalte wird jedoch dadurch gerechtfertigt, dass die Vermögensübertragung für Rechnung der Anteilsinhaber des übertragenden Rechtsträgers geschieht, die dafür Anteile an dem übernehmenden Rechtsträger erhalten.[486]

754 Allerdings besteht in der Literatur keine Einigkeit über die Bewertung von Sacheinlagen gegen Kapitalerhöhung. Nach einer Meinung ergeben sich die Anschaffungskosten aus dem Buchwert der Gegenleistung (Ausgabebetrag der neuen Anteile), also der Festkapitalerhöhung zzgl. eines bezifferten oder unbezifferten Agios.[487] Nach anderer Auffassung besteht ein Wahlrecht zwischen einem Ansatz in Höhe des Ausgabebetrags der Anteile und dem Zeitwert des übergehenden Vermögens.[488]

755 Demgegenüber lehnen andere Autoren die Existenz eines Wahlrechts in Umwandlungsfällen ab und plädieren stattdessen entweder für den zwingenden Ansatz der Vermögensgegenstände mit ihren Zeitwerten,[489] oder für den zwingenden Ansatz i. H. d. Ausgabebetrages der neuen Anteile.[490] Begründet wird der zwingende Ansatz mit dem Zeitwert damit, dass es im Fall der Sacheinlage gegen Gewährung neuer Gesellschaftsrechte keine echte Gegenleistung des übernehmenden Rechtsträgers und damit auch keine Anschaffungskosten gäbe. Der Zeitwert sei daher der einzige zuverlässige Wertmaßstab. Moszka[491] plädiert für eine Bewertung der zu gewährenden

---

484 Lutter/Priester, UmwG, § 24 Rn. 49; Kallrneyer/Müller, § 24UmwG, Rn. 26.
485 So IDW, RS HFA 42, Rn. 41; Deubert/Hoffmann in Winkeljohann/Förschle/Deubert, Sonderbilanzen, K 41; Widmann/Mayer/Widmann, Umwandlungsrecht, § 24 UmwG, Rn. 363; Müller, WPg 1996, 857, 863.
486 So z. B. Naumann, in: FS für Rainer Ludewig, S. 683, 690.
487 Vgl. IDW, RS HFA 42, Rn. 41.
488 Vgl. Lutter/Priester, § 24 Rn. 45; Schubert/Gadek in: Beck'scher Bilanz-Kommentar, § 255 Rn. 146; Gassner in FS für Widmann, S. 350.
489 So z.B. Dutzi/Leuveld/Rausch, BB 2015, 2219 (2220) m.w.N.
490 Vgl. Schulze-Osterloh, ZGR 1993, 429 f.; Fischer, DB 1995, 485, 486; Widmann/Mayer/Widmann, Umwandlungsrecht, § 24 UmwG, Rn. 289.
491 Semler/Stengel/Moszka, UmwG, § 24 Rn. 35 f.

Anteile im Wege einer Unternehmensbewertung des nach der Verschmelzung entstehenden Gesamtunternehmens des übernehmenden Rechtsträgers, ersatzweise für einen Ansatz des Zeitwerts des übergehenden Vermögens, wobei dieses dann nicht alleinstehend zu bewerten sei, sondern wiederum als Anteil am Ertragswert des übernehmenden Rechtsträgers.

Folgt man der herrschenden Meinung und nimmt ein Wahlrecht zwischen dem Buchwert der Gegenleistung und dem Zeitwert des übergehenden Vermögens bzw. eine Möglichkeit zur Bildung eines unbezifferten Agios an, so ergeben sich hieraus folgende **Bewertungsansätze**:

(1) Bewertung mit dem Buchwert der Gegenleistung

Besteht die Gegenleistung lediglich in einer Festkapitalerhöhung, repräsentiert der Nennbetrag der neu geschaffenen Anteile die Anschaffungskosten des übergehenden Vermögens. Der Nennbetrag der Kapitalerhöhung darf jedoch nicht höher sein, als der Zeitwert des übergehenden Vermögens. Dies folgt aus den Vorschriften zur Kapitalaufbringung (§§ 55 ff. GmbHG, §§ 182 ff. AktG).

Enthält der Kapitalerhöhungsbeschluss gleichzeitig eine konkret bezifferte Erhöhung der Rücklagen (bei Kapitalgesellschaften Festsetzung eines Agios, bei Personengesellschaften Dotierung der gesamthänderisch gebundenen Rücklagen), so setzen sich die Anschaffungskosten zusammen aus der Festkapitalerhöhung zuzüglich der Rücklagenerhöhung.[492] Das übergehende Vermögen muss in diesem Fall – einen entsprechenden Zeitwert vorausgesetzt – mindestens in Höhe dieses Ausgabebetrages angesetzt werden. Werden allerdings zusätzlich bare Zuzahlungen nach § 5 Abs. 1 Nr. 3 UmwG gezahlt, so erhöhen auch diese die Anschaffungskosten.[493] Soweit die so ermittelten Anschaffungskosten unter dem Zeitwert des übergehenden Vermögens liegen, kommt es bei dieser Bewertungsmethode zu einer Übertragung von stillen Reserven auf den übernehmenden Rechtsträger.

Wird im Kapitalerhöhungsbeschluss hingegen bestimmt, dass eine Differenz zwischen dem Zeitwert der übernommenen Vermögensgegenstände und Schulden und dem Nennbetrag/geringsten Ausgabebetrag der neuen Anteile (unbeziffertes Agio) in die Kapitalrücklage nach § 272 Abs. 2 Nr. 1 HGB einzustellen ist, so ergibt sich hieraus zwingend ein Ansatz zum Zeitwert und es kommt nicht zu einem Übergang stiller Reserven. Der Ausgabebetrag der neuen Anteile setzt sich in diesem Fall zusammen aus dem Nennbetrag/geringsten Ausgabebetrag der Anteile und dem diesen Betrag übersteigenden Teil des Zeitwerts.

Zur Ausübung des Bewertungswahlrechts, falls im Kapitalerhöhungsbeschluss weder eine Aussage zum Wertansatz des übergehenden Vermögens noch zur Bildung eines Agios eine Aussage getroffen worden ist vgl. Teil 7, Rdn. 847.

▶ Hinweis:

Bei der Wahl eines solchen Bilanzansatzes sind die Konsequenzen für die kommenden Wirtschaftsjahre zu beachten. So führt eine Unterbewertung von Sacheinlagen zu niedrigeren Abschreibungen in den kommenden Jahren. Die Folge ist, dass ein höheres Ergebnis ausgewiesen wird, als tatsächlich erwirtschaftet wurde. Dies führt im Fall einer entsprechenden Gewinnverwendung zur Ausschüttung von Scheingewinnen.[494] Aus der Sicht der Anteilseigner – insb. der Minderheitsgesellschafter – kann eine solche Situation erstrebenswert sein, aus Sicht der Unternehmensleitung ggf. nicht. Hier kann es also einen Interessengegensatz und damit Konfliktpotenzial in der Gesellschafterversammlung/Hauptversammlung des übernehmenden Rechtsträgers geben.

---

492 IDW, RS HFA 42, Rn. 43; Deubert/Hoffmann in Winkeljohann/Förschle/Deubert, Sonderbilanzen, K 44; Naumann in FS für Rainer Ludewig, S. 690.
493 IDW, RS HFA 42, Rn. 43.
494 Hügel, Verschmelzung und Einbringung, S. 225.

762 Die **Bewertung mit dem Buchwert der Gegenleistung** ist grds. erfolgsneutral. Im Einzelnen sind folgende **Fallgestaltungen** denkbar:
– Übersteigt der Ausgabebetrag der neuen Anteile (Nennbetrag der Festkapitalerhöhung zuzüglich der festgelegten Erhöhung der Rücklagen) den Buchwert des übergehenden Vermögens, so werden diese Buchwerte bis zur Höhe der Gegenleistung, max. jedoch bis zum Zeitwert des übergehenden Vermögens (einschließlich originärer immaterieller Wirtschaftsgüter und eines Geschäfts- oder Firmenwertes) aufgestockt. Zur Verteilung der Anschaffungskosten auf die einzelnen Vermögensgegenstände vgl. Teil 7 Rdn. 814.
– Liegt der Ausgabebetrag der gewährten Anteile über dem Zeitwert des übergehenden Vermögens, so entsteht i. H. d. Differenzbetrages nicht ein Verschmelzungsverlust, sondern eine Einlageforderung.[495] Die Gesellschafter unterliegen insoweit der sog. Differenzhaftung nach § 36a Abs. 2 AktG.[496]
– Entspricht der Ausgabebetrag der neuen Anteile dem buchmäßigen Reinvermögen des übertragenden Rechtsträgers, so kommt es in der Summe nicht zu einer Erhöhung dieses buchmäßigen Reinvermögens. Trotzdem gleicht dieser Fall nicht der Buchwertfortführung, denn bei der Anschaffungswertmethode erfolgt eine Aufteilung der Anschaffungskosten auf die einzelnen Vermögensgegenstände des übergehenden Vermögens völlig unabhängig von den Buchwerten in der Schlussbilanz des übertragenden Rechtsträgers. Maßgebend für die Verteilung der Anschaffungskosten ist vielmehr das Verhältnis der Zeitwerte der übergehenden Vermögensgegenstände, wobei auch die beim übernehmenden Rechtsträger nicht bilanzierten originären immateriellen Wirtschaftsgüter zu berücksichtigen sind (s. im Einzelnen zur Aufteilung der Anschaffungskosten Teil 7 Rdn. 814).
– Unterschreitet der Ausgabebetrag der neuen Anteile den Buchwert des übergehenden Vermögens, so ist streitig, ob eine Bilanzierung zu Anschaffungskosten erfolgen darf oder ob nicht die Buchwerte des übertragenden Rechtsträgers für die Bewertung beim übernehmenden Rechtsträger die Untergrenze darstellen.

Nach der wohl herrschenden Meinung ist eine Buchwertabstockung möglich (vgl. hierzu Fall 2, Teil 7 Rdn. 935). Auch das IDW[497] macht bei der Einräumung des Bewertungswahlrechts für diese Sachverhaltskonstellation keine Einschränkungen. So hat das IDW in seiner Stellungnahme zum RefE eines Gesetzes zur Bereinigung des Umwandlungsrechts v. 23.09.1992[498] ausgeführt, dass ein Unterschreiten der Buchwerte aus der Schlussbilanz (nur) dann gestattet sein sollte, wenn die Gegenleistung den Buchwert des übergehenden Vermögens abzüglich der übernommenen Schulden in der Schlussbilanz des untergehenden Rechtsträgers unterschreitet. Priester[499] stellt grundsätzlich klar, dass der Buchwertansatz beim übertragenden Rechtsträger für die Bewertung beim übernehmenden Rechtsträger keine Untergrenze darstellt, sondern es zu einer Buchwertabstockung kommen kann. Gleichzeitig plädiert er jedoch dafür, eine derartige Abstockung durch Ausübung des Bewertungswahlrechts zugunsten der Buchwertfortführung zu vermeiden, da der Gesetzgeber doch den Buchwert regelmäßig als nicht zu unterschreitende Bewertungsuntergrenze ansieht, solange dieser unter dem Zeitwert liegt.[500] Die Möglichkeit einer Buchwertabstockung wird ebenso eingeräumt von Widmann/Mayer/Widmann[501] sowie von Pohl.[502]

---

495 Widmann/Mayer/Widmann, Umwandlungsrecht, § 24 UmwG, Rn. 378.
496 Hügel, Verschmelzung und Einbringung, S. 224.
497 RS HFA 42, Rn. 42.
498 WPg 1992, 615, Rn. 4b.
499 Lutter, UmwG, § 24 Rn. 51.
500 Lutter/Priester, UmwG, § 24 Rn. 85.
501 Umwandlungsrecht, § 24 UmwG, Rn. 383.
502 Handelsbilanzen bei der Verschmelzung von Kapitalgesellschaften, S. 67.

Andere Autoren sehen eine Buchwertabstockung jedoch als nicht möglich oder zumindest als bedenklich an. Nach Bacmeister[503] ist das Bewertungswahlrecht des § 24 UmwG im Wege der teleologischen Reduktion dahingehend einzuschränken, dass nur entweder die Buchwerte des übertragenden Rechtsträgers fortzuführen sind oder das übergehende Vermögen mit den **höheren** Anschaffungskosten anzusetzen ist. Eine Wahl darunterliegender Anschaffungskosten würde es erlauben, durch die Verschmelzung neue Reserven zu legen, was der 4. und 7. handelsrechtlichen EG-Richtlinie widerspräche. Folgt man dieser Ansicht, so entstünde im Zuge der Umwandlung ein (positiver) Differenzbetrag i. H. d. Differenz zwischen dem Ausgabebetrag der neuen Anteile und dem Buchwert des übergehenden Vermögens.

Zu der Entstehung eines derartigen (positiven) Differenzbetrages kann es aber auch dann kommen, wenn man eine Buchwertabstockung grds. für möglich hält. Dies kann dann der Fall sein, wenn der Ausgabebetrag der neuen Anteile durch eine Abstockung der nicht monetären Vermögensgegenstände nicht erreicht werden kann, weil monetäre Vermögenswerte vorhanden sind, deren Abstockung auf keinen Fall zulässig sein kann.

Entsteht ein derartiger (positiver) Differenzbetrag, so stellt sich die Frage, wie dieser bilanziell zu behandeln ist. In Betracht kommt entweder die Dotierung der Kapitalrücklage oder die Passivierung eines negativen Unterschiedsbetrags. Diese Entscheidung ist danach zu treffen, ob die Anschaffungskosten (= Ausgabebetrag der neuen Anteile) dem Zeitwert des übergehenden Vermögens entsprechen oder diesen unterschreiten (Existenz stiller Reserven) – in diesem Fall sollte der Differenzbetrag in die Kapitalrücklage nach § 272 Abs. 2 Nr. 1 HGB bzw. bei Personengesellschaften in die gesamthänderisch gebundene Rücklage eingestellt werden – oder ob die Anschaffungskosten über dem Zeitwert des übergehenden Vermögens liegen (Existenz stiller Lasten) – in diesem Fall kommt die Bildung eines negativen Unterschiedsbetrags (sog. negativer Geschäfts- oder Firmenwert) in Betracht.[504] Letzteres ist allerdings nur dann denkbar, wenn der Gesamt-Zeitwert des Unternehmens durch die Existenz stiller Lasten geringer ist als die Summe der nicht abstockbaren monetären Vermögengegenstände.

Aus meiner Sicht bestehen gegen eine Bilanzierung des übergehenden Vermögens mit dem niedrigeren Nennbetrag bzw. Ausgabebetrag der neuen Anteile zumindest dann keine Bedenken, wenn der Ermittlung des für die Kapitalerhöhung maßgeblichen Umtauschverhältnisses eine nach anerkannten Methoden erfolgte Unternehmensbewertung der beiden beteiligten Rechtsträger zugrunde liegt. Des Weiteren muss feststehen, dass es tatsächlich dem Willen aller Beteiligten entspricht, das Vermögen insgesamt mit einem unter dem Wert der Schlussbilanz liegenden Wert anzusetzen, denn hier kommt es zur Bildung zusätzlicher stiller Reserven. Der Wille der Beteiligten ist zumindest immer dann deutlich, wenn in dem Kapitalerhöhungsbeschluss nicht nur die Nennkapitalerhöhung, sondern auch ein Agio in einer bestimmten Höhe beschlossen wurde und der Gesamtausgabebetrag der Anteile trotzdem noch unter dem Buchwert des übergehenden Vermögens liegt. Wurde hingegen im Kapitalerhöhungsbeschluss lediglich eine Festkapitalerhöhung beschlossen, so ist zunächst durch Auslegung zu ermitteln, ob die Anschaffungskosten durch den Nominalbetrag bestimmt sind, oder ob ein Agio i. H. d. Differenz zwischen dem Betrag der Festkapitalerhöhung und dem Buchwert des übergehenden Vermögens in die Kapitalrücklage einzustellen ist[505] (vgl. hierzu auch die Ausführungen in Teil 7, Rdn. 847).

Bedenken gegen eine Buchwertabstockung könnten sich hingegen in den Fällen der **Vermögensübertragung zwischen verbundenen Unternehmen** ergeben. Das Ausmaß der Kapitalerhöhung wird hier häufig nicht wie zwischen fremden Dritten unter Zugrundelegung der Unternehmenswerte der beiden Gesellschaften ausgehandelt. Da es keine gesetzliche Vorschrift über das Ausmaß

---

503 DStR 1996, 123.
504 Vgl. Förschle/Hoffmann in Budde/Förschle/Winkeljohann, Sonderbilanzen, K 49; Bula/Pernegger in Sagasser/Bula/Brünger, Umwandlungen § 10 Anm 199 ff.
505 Vgl. IDW, RS HFA 42, Rn. 43.

der Kapitalerhöhung gibt, ist es in einem solchen Fall ausreichend, wenn jedem Gesellschafter als Gegenleistung für die Vermögensübertragung lediglich ein Zwerganteil i. H. d. satzungsmäßigen oder gesetzlichen Mindestbetrages gewährt wird (vgl. hierzu Teil 7 Rdn. 725). Würde man es in einem solchen Fall zulassen, das übergehende Vermögen mit dem Buchwert der Gegenleistung zu bilanzieren, so würde dies zu einer fast vollständigen Abstockung der Buchwerte des übertragenden Rechtsträgers und damit zu einer willkürlichen Bildung stiller Reserven führen, was nach der 4. und 7. handelsrechtlichen EG-Richtlinie zumindest für Kapitalgesellschaften nicht erlaubt ist. In all den Fällen, in denen ein – aus der Sicht des übertragenden Rechtsträgers – zu geringes Umtauschverhältnis nicht durch entsprechende Wertermittlungen belegt werden kann, sollte daher davon ausgegangen werden, dass die Buchwerte des übergehenden Vermögens nicht unterschritten werden dürfen.

Ihre Stütze findet diese Rechtsauffassung auch in der Auffassung des IDW zur Bilanzierung in den Fällen, in denen gem. §§ 54 Abs. 1 Satz 3, 68 Abs. 1 Satz 3 UmwG vollständig auf eine Anteilsgewährung verzichtet wird. In einem solchen Fall kommt es nicht in Betracht, das übergehende Vermögen »auf Null abzustocken«, sondern es ist – mangels Gegenleistung – im Rahmen der Anschaffungskostenmethode eine Bilanzierung i. H. d. vorsichtig ermittelten Zeitwerte vorzunehmen.[506] Die Ausübung des Bilanzierungswahlrechts zugunsten der Buchwertfortführung (vgl. Rdn. 819 ff.) bleibt ist in einem solchen Fall natürlich ebenfalls möglich und wohl auch die Regel.

Ist letztlich nach den vorstehenden Überlegungen eine Buchwertabstockung zulässig, hat diese nach einem sachgerechten Verfahren zu erfolgen. Deubner/Lewe[507] plädieren in diesem Zusammenhang für die Möglichkeit, risikobehaftete Vermögensgegenstände wie z.B. immaterielle Vermögensgegenstände oder Sachanlagen, vorrangig abzustocken.[508] Das angewandte Verfahren ist im Anhang anzugeben.[509]

(2) Bewertung mit dem höheren Zeitwert des übergehenden Vermögens

763 Wird das übergehende Vermögen mit seinem – vorsichtig ermittelten – Zeitwert angesetzt, erfolgt hierdurch eine Aufdeckung aller vorhandenen stillen Reserven, einschließlich des Geschäfts- oder Firmenwertes.[510] Übersteigt dieser Zeitwert in der Summe den Nennbetrag der Festkapitalerhöhung zuzüglich einer vorher festgelegten Erhöhung der Rücklagen und einer evtl. geleisteten Zuzahlung, so ist der Mehrbetrag bei einer Kapitalgesellschaft nach § 272 Abs. 2 Nr. 1 HGB in die Kapitalrücklage (vgl. Fall 4, Teil 7 Rdn. 948 und Fall 5, Teil 7 Rdn. 954)[511] und bei Personengesellschaften in die gesamthänderisch gebundene Rücklage einzustellen bzw. beteiligungsproportional den Kapitalanteilen aller Gesellschafter gutzuschreiben[512] (vgl. auch Fall 1, Teil 7 Rdn. 928 und Fall 2, Teil 7 Rdn. 934).

764 Fraglich ist, welches der **Bewertungsstichtag** ist, zu dem der Zeitwert des übergehenden Vermögens zu ermitteln ist. Nach Ansicht des IDW[513] ist dies der Verschmelzungsstichtag gem. § 5 Abs. 1 Nr. 6 UmwG. Demgegenüber vertreten Deubert/Hoffmann[514] die Auffassung, dass der Zeitwert des übergehenden Vermögens auf den Zeitpunkt des Übergangs des wirtschaftlichen Eigentums festzustellen ist und nicht bereits auf den Umwandlungsstichtag. Waren die Vermögensgegenstände bereits in der Schlussbilanz des übertragenden Rechtsträgers mit ihren Zeitwerten

---

506 Vgl. IDW, RS HFA 42, Rn. 47.
507 DB 2015, 2347 (2349).
508 Ebenso Deubert/Hoffmann in Winkeljohann/Förschle/Deubert, Sonderbilanzen, K 49.
509 IDW RS HFA 42, Rn. 56.
510 Widmann/Mayer/Widmann, Umwandlungsrecht, § 24 UmwG, Rn. 290 und 299.
511 IDW, RS HFA 42, Rn. 43; Widmann/Mayer/Widmann, Umwandlungsrecht, § 24 UmwG, Rn. 376.
512 IDW, RS HFA 42, Rn. 69.
513 RS HFA 42, Rn. 42 und Rn. 46.
514 Winkeljohann/Förschle/Deubert, Sonderbilanzen, K 46.

ausgewiesen, weil sie gerade erst angeschafft worden sind oder auf ihren Zeitwert abgeschrieben wurden, so ist nach dieser Ansicht zu prüfen, ob dieser Zeitwert zum Zeitpunkt des Übergangs des wirtschaftlichen Eigentums noch vorhanden ist. Ist in der Zwischenzeit eine Wertminderung eingetreten, dann bildet der niedrigere Zeitwert zum Zeitpunkt des Übergangs des wirtschaftlichen Eigentums die Bewertungsobergrenze. Da eine Wertminderung nach dem Umwandlungsstichtag aber ohnehin immer bereits für Rechnung des übernehmenden Rechtsträgers zu verbuchen ist, führen beide Ansätze im Ergebnis zu dem richtigen Bilanzausweis beim übernehmenden Rechtsträger. Die Ermittlung des Zeitwerts zum Umwandlungsstichtag entspricht der Vorgehensweise in der Praxis, denn bezogen auf den Umwandlungsstichtag erfolgt ggf. auch die Bewertung der beteiligten Rechtsträger zur Ermittlung des Umtauschverhältnisses. Der hierfür ermittelte Unternehmenswert kann dann auf die einzelnen Wirtschaftsgüter des übertragenden Rechtsträgers zur Ermittlung der Zeitwerte verteilt werden. Demgegenüber wird auf den Stichtag des Übergangs des wirtschaftlichen Eigentums weder eine Bilanz erstellt noch eine (zweite) Bewertung durchgeführt. Es gibt also regelmäßig keine Erkenntnis über abweichende Zeitwerte zu diesem Stichtag.

(3) Sonderproblem: Übertragung negativen Vermögens

Fraglich ist die Bewertung in den Fällen, in denen das im Zuge der Umwandlung zu übertragende Vermögen negativ ist. Dies ist z. B. dann der Fall, wenn bei einer Verschmelzung der übertragende Rechtsträger bilanziell überschuldet ist. Die Übertragung negativen Vermögens kann aber auch in allen Fällen der Spaltung vorkommen. **765**

Ist der übertragende Rechtsträger eine Kapitalgesellschaft, ist die Teilnahme an einer Verschmelzung nur dann möglich, wenn noch keine **Insolvenzantragspflicht** besteht (§ 64 Abs. 1 GmbHG). Insolvenzantragspflicht ist gegeben, wenn Zahlungsunfähigkeit, drohende Zahlungsunfähigkeit oder Überschuldung besteht. Eine Insolvenzantragspflicht ist allerdings im Fall einer Überschuldung dann zu verneinen, wenn die **aufnehmende** Gesellschaft über entsprechende Reserven verfügt und durch den Vermögensübergang die rechnerische Überschuldung der übertragenden Gesellschaft beseitigt wird, denn in diesem Fall ist von einer **positiven Fortbestehensprognose** auszugehen. Eine solche Gesellschaft kann daher prinzipiell als übertragender Rechtsträger an einer Verschmelzung teilnehmen.[515] **766**

Nach der bis 2007 geltenden Rechtslage war in diesen Fällen allerdings eine Verschmelzung – trotz der **positiven Fortbestehensprognose** – nicht möglich, wenn der übernehmende Rechtsträger eine Kapitalgesellschaft war, die aufgrund der Pflicht zur Anteilsgewährung an die Gesellschafter des übertragenden Rechtsträgers eine Kapitalerhöhung vorzunehmen hatte. Der Grund hierfür lag darin, dass bzgl. der vorzunehmenden Kapitalerhöhung bei der übernehmenden Kapitalgesellschaft die allgemein bei einer Kapitalerhöhung gegen Sacheinlage geltenden Kapitalaufbringungsvorschriften zu beachten waren. Da eine Überbewertung des Vermögens der übertragenden Gesellschaft bzw. eine **unter-pari-Emission** verboten ist, musste selbst bei einer Kapitalerhöhung i. H. d. gesetzlich vorgesehenen Mindestbetrages von 1,– € die übertragende Gesellschaft doch zumindest über so viele stille Reserven verfügen, dass der Zeitwert des übergehenden Vermögens 1,– € erreichte. War das Vermögen der übertragenden Gesellschaft jedoch nicht nur buchmäßig, sondern auch unter Einbeziehung der stillen Reserven negativ, so waren die für die Durchführung der Kapitalerhöhung benötigten Werte nicht vorhanden. Aus diesem Grund konnte nach damaliger Rechtslage eine solche Umwandlung nicht durchgeführt werden. Das im Zuge der Umwandlung übergehende Vermögen des übertragenden Rechtsträgers musste vielmehr vor der Umwandlung durch Einlagen so weit aufgestockt werden, dass der Zeitwert den Nennbetrag der bei dem übernehmenden Rechtsträger vorzunehmenden Kapitalerhöhung erreichte. Durch die mittlerweile ein- **767**

---

[515] Widmann/Mayer/Widmann, Umwandlungsrecht, § 24 UmwG, Rn. 161; Kallmeyer/Zimmermann, Umwandlungsgesetz, § 17 Rn. 44; Deubert/Henckel in Winkeljohann/Förschle/Deubert, Sonderbilanzen, H 17.

geführte Möglichkeit eines Verzichts auf eine Anteilsgewährung (§ 54 Abs. 1 UmwG) ist es nunmehr jedoch möglich, eine materiell überschuldete Gesellschaft auf eine Kapitalgesellschaft zu verschmelzen.

768 Damit ist auch die bisher kontrovers diskutierte Frage obsolet, ob es bei zeitgleicher Verschmelzung mehrerer Unternehmen auf eine übernehmende Kapitalgesellschaft schädlich ist, wenn einer der übertragenden Rechtsträger zwar materiell überschuldet ist, das gesamte Vermögen aller übertragenden Rechtsträger hingegen **positiv** ist. Die herrschende Meinung ging schon bisher davon aus, dass einer Verschmelzung in einer solchen Situation nichts im Wege steht.[516]

d) Vermögensübertragung ohne Kapitalerhöhung

769 Die Durchführung einer Kapitalerhöhung erübrigt sich für den übernehmenden Rechtsträger, wenn entweder keine Anteilsgewährungspflicht besteht oder aber die zur Erfüllung der Anteilsgewährungspflicht benötigten Anteile bereits existieren, oder von den Gesellschaftern des übertragenden Rechtsträgers auf eine Anteilsgewährung verzichtet wird.

770 Im Einzelnen kommen hierbei **fünf verschiedene Sachverhaltskonstellationen** in Betracht:

aa) Übernehmender Rechtsträger hält Anteile am übertragenden Rechtsträger (up-stream merger)

(1) Grundsätzliches

771 Ist der übernehmende Rechtsträger an dem übertragenden Rechtsträger beteiligt, so besteht die Gegenleistung für die Vermögensübertragung in dem Verlust dieser Anteile.[517] Eine Gewährung von Anteilen durch den übernehmenden Rechtsträger erübrigt sich, denn soweit dieser die Anteile am übertragenden Rechtsträger selbst gehalten hat, gibt es keine dritte Person, die aufgrund des Vermögensübergangs eine Vermögenseinbuße erleidet und daher als Gegenleistung für die Vermögensübertragung Anteile am übernehmenden Rechtsträger erhalten müsste. Besonders deutlich wird dies, wenn der übernehmende Rechtsträger alle Anteile des übertragenden Rechtsträgers hält. In diesem Fall findet überhaupt keine Kapitalerhöhung statt, denn der übernehmende Rechtsträger könnte nur sich selbst Anteile gewähren. Aus diesem Grund besteht gem. § 54 Abs. 1 Satz 1 Nr. 1, § 68 Abs. 1 Satz 1 Nr. 1 UmwG sogar ein **Kapitalerhöhungsverbot**, wenn der übernehmende Rechtsträger eine Kapitalgesellschaft ist, denn eine Kapitalerhöhung zur Zeichnung eigener Anteile ist nicht zulässig. Hält der übernehmende Rechtsträger nicht alle Anteile an dem übertragenden Rechtsträger, so bezieht sich das Kapitalerhöhungsverbot nur auf die bestehende Beteiligung.

772 Aus demselben Grund ist eine Kapitalerhöhung auch insoweit verboten, wie der übertragende Rechtsträger eigene Anteile hält (§ 54 Abs. 1 Satz 1 Nr. 2, § 68 Abs. 1 Satz 1 Nr. 2 UmwG). Auch in diesem Fall gibt es keinen anderen Gesellschafter, dem Anteile zu gewähren wären (vgl. § 20 Abs. 1 Nr. 3 UmwG). Die übernehmende Kapitalgesellschaft müsste im Wege der Kapitalerhöhung geschaffene neue Anteile vielmehr sich selbst, als Rechtsnachfolgerin des übertragenden Rechtsträgers, gewähren.

773 Für **Personengesellschaften** als übernehmende Rechtsträger gibt es kein Kapitalerhöhungsverbot. Sie können somit zusätzlich zu dem Untergang der Anteile an dem übertragenden Rechtsträger auch noch eine Kapitalerhöhung vornehmen.

---

516 Vgl. Widmann/Mayer/Mayer, Umwandlungsrecht, 3. Aufl., § 5 UmwG, Rn. 56.2 ff.; Heckschen, in: FS für Widmann, S. 38; a. A. OLG Frankfurt am Main, ZIP 1998, 1191 zur Rechtslage vor 2007, das davon ausgeht, es müsse i. R. d. Kapitalerhöhung für jede der untergehenden Beteiligungen zumindest eine Stammeinlage bei dem aufnehmenden Rechtsträger geschaffen werden.
517 Vgl. IDW, RS HFA 42, Rn. 45.

(2) Ermittlung der Anschaffungskosten und Behandlung von Differenzbeträgen

Soweit der übernehmende Rechtsträger am übertragenden Rechtsträger beteiligt ist, gehen diese Anteile im Zeitpunkt der Umwandlung ganz (bei Verschmelzung, Aufspaltung) oder anteilig (bei Abspaltung, Ausgliederung) unter. Ein echter Tausch ist in diesem Vorgang nicht zu sehen, da es aus Sicht des übernehmenden Rechtsträgers an einer Gegenleistung mangelt. Die Anteile an dem übertragenden Rechtsträger werden nicht auf einen anderen Rechtsträger übertragen, sondern gehen einfach unter.[518] Gleichwohl würdigt die h.M. eine Aufwärtsverschmelzung aus der Sicht des übernehmenden Rechtsträgers als einen tauschähnlichen Vorgang, weil ein Vermögensgegenstand zum Erwerb anderer Vermögensgegenstände hingegeben wird.[519] Aus diesem Grund sollen auch die allgemein für Tauschfälle anerkannten Bilanzierungsgrundsätze Anwendung finden[520] (zu anderen Ansichten vgl. Teil 7 Rdn. 780 ff.). 774

Bei Tauschvorgängen wird grds. ein dreifaches Bewertungswahlrecht zur Bestimmung der Anschaffungskosten des eingetauschten Vermögensgegenstandes anerkannt.[521] 775

– **erfolgsneutral mit dem Buchwert der Gegenleistung:**

Die »eingetauschten« Wirtschaftsgüter können mit dem Buchwert des hingegebenen Gegenstandes, also mit dem Buchwert der untergehenden Anteile am übertragenden Rechtsträger, angesetzt werden. Hieraus können sich folgende bilanzielle Konsequenzen ergeben: 776
– Liegt der Buchwert der untergehenden Beteiligung über dem Buchwert des übergehenden Vermögens, so erfolgt beim übernehmenden Rechtsträger eine entsprechende Aufstockung der Schlussbilanzwerte des übertragenden Rechtsträgers (vgl. Fall 3, Teil 7 Rdn. 941). Da es sich aus der Sicht des übernehmenden Rechtsträgers um einen Anschaffungsvorgang handelt, sind neben den Vermögensgegenständen aus der Schlussbilanz des übertragenden Rechtsträgers auch die nicht bilanzierten immateriellen Vermögensgegenstände einschließlich eines Geschäfts- oder Firmenwertes zu erfassen. Soweit jedoch der Zeitwert des übergehenden Vermögens unter dem Buchwert der Anteile liegt, ist das übergehende Vermögen von dem übernehmenden Rechtsträger nicht höher als mit dem Zeitwert anzusetzen.[522] In diesem Fall kommt es somit zu einem Übernahmeverlust, der gewinnwirksam als außerordentlicher Aufwand zu erfassen ist. Begründet ist dieser Verlust durch eine Überbewertung der Beteiligung beim übernehmenden Rechtsträger.
– Ist der Buchwert der untergehenden Beteiligung genauso groß wie der Buchwert des übergehenden Vermögens, so ergibt sich aufgrund der Erfassung bisher nicht bilanzierter immaterieller Vermögensgegenstände trotzdem ein anderer Bilanzansatz als bei der Wahl der Buchwertfortführung. Lediglich das buchmäßige Reinvermögen bleibt im Ergebnis unverändert (vgl. hierzu auch Teil 7 Rdn. 762, 3. Spiegelstrich).
– Liegt der Buchwert der Beteiligung unter dem Buchwert des übergehenden Vermögens, so kommt es im Ergebnis zu einer Abstockung der Buchwerte des übertragenden Rechtsträ-

---

518 Vgl. FG Hamburg 2 K 12/13 v. 21.05.2015, DStR 2015, 2377 (n.rkr.).
519 Hense, in: IDW Umwandlungssymposium 1992, S. 171, 185; Schulze-Osterloh, ZGR 1993, 435; Müller, WPg 1996, 857, 863; Deubert/Hoffmann in Winkeljohann/Förschle/Deubert, Sonderbilanzen, K 53.
520 IDW, RS HFA 42, Rn. 45.
521 IDW, RS HFA 42, Rn. 46; Deubert/Hoffmann in Winkeljohann/Förschle/Deubert, Sonderbilanzen, K 54.
522 Widmann/Mayer/Widmann, Umwandlungsrecht, § 24 UmwG, Rn. 383.

gers.⁵²³ Zu einer solchen Sachverhaltskonstellation kann es z. B. kommen, wenn der übertragende Rechtsträger nach dem Erwerb der Anteile durch den übernehmenden Rechtsträger Gewinne erzielt und thesauriert hat, die die beim Erwerb der Anteile mitbezahlten stillen Reserven übersteigen.

– **gewinnrealisierend mit dem vorsichtig geschätzten Zeitwert der Gegenleistung:**

777 Bei dieser Bewertungsmethode wird der Tausch in ein Verkaufs- und ein Ankaufsgeschäft zerlegt. Die »angekauften« Vermögensgegenstände werden mit dem höheren Zeitwert der Gegenleistung, also der Anteile am übertragenden Rechtsträger, angesetzt. Hierbei ist jedoch zu beachten, dass der Zeitwert des übergehenden Vermögens (inkl. Geschäfts- oder Firmenwert) zum Umwandlungsstichtag nicht überschritten werden darf. (Zum maßgeblichen Stichtag vgl. eingehend Teil 7 Rdn. 764).

778 Soweit dieser Zeitwert der Beteiligung über dem Buchwert des übergehenden Vermögens liegt, führt dieser Wertansatz zu einer Aufstockung der Buchwerte (vgl. Fall 3, Teil 7 Rdn. 942). Bei dem übernehmenden Rechtsträger ergibt sich dann i. H. d. Differenz zwischen dem Buchwert der Beteiligung und seinem vorsichtig geschätzten Zeitwert ein Gewinn, der als außerordentlicher Ertrag in der Gewinn- und Verlustrechnung auszuweisen ist.⁵²⁴ Eine erfolgsneutrale Einstellung dieses Betrages in die Kapitalrücklage kommt nicht in Betracht.

– **erfolgsneutral mit einem Zwischenwert:**

779 Soweit der Umwandlungsvorgang eine Steuerbelastung auslöst, gibt es noch die Möglichkeit, das übergehende Vermögen mit einem erfolgsneutralen Zwischenwert anzusetzen. Dieser erfolgsneutrale Zwischenwert ergibt sich aus dem Buchwert der hingegebenen Anteile zuzüglich der Ertragsteuerbelastung. Ein anderer beliebig gewählter Zwischenwert ist nicht zulässig.⁵²⁵

– **Wahlrechtseinschränkungen**

780 Nach Ansicht einiger Autoren ist die Anwendung der Tauschgrundsätze grds. abzulehnen, weil in dem Untergang der Anteile an dem übertragenden Rechtsträger keine »Gegenleistung« liege, die der übernehmende Rechtsträger willentlich aufwende. Damit gibt es nach dieser Ansicht auch kein Bewertungswahlrecht. Das übergehende Vermögen ist hiernach vielmehr immer erfolgsneutral mit dem Buchwert der Gegenleistung anzusetzen, denn nur diese Bewertung führt zu einer erfolgsneutralen Bewertung und entspricht daher dem Anschaffungswertprinzip.⁵²⁶

781 Andere Autoren erkennen grds. die Anwendung der Tauschgrundsätze an, halten die Möglichkeit eines gewinnrealisierenden Ansatzes jedoch dann für bedenklich, wenn der übernehmende Rechtsträger mehr als 75 % oder sogar 100 % der Anteile am übertragenden Rechtsträger hält. Bedenken gegen eine Buchwertaufstockung erheben Schulze-Osterloh,⁵²⁷ Naumann⁵²⁸ und Korn⁵²⁹ mit der

---

523 Strittig: Zum Meinungsstand bzgl. der Frage, ob eine Bilanzierung nach der Anschaffungswertmethode zulässig ist, wenn dies zu einer Abstockung der Buchwerte des übertragenden Rechtsträgers führt vgl. Teil 7 Rdn. 762 sowie Mujkanovic, BB 1995, 1735, 1738; vgl. auch Fall 6, Teil 7 Rdn. 961.
524 IDW, RS HFA 42, Rn. 46; Hense, in: IDW Umwandlungssymposium 1992, S. 171, 186; Widmann/Mayer/Widmann, Umwandlungsrecht, § 24 UmwG, Rn. 380; Lutter/Priester, UmwG, § 24 Rn. 57 f.; vgl. auch Fall 6, Teil 7 Rdn. 962.
525 Deubert/Hoffmann in Winkeljohann/Förschle/Deubert, Sonderbilanzen, K 54.
526 So z. B. Pohl, Handelsbilanzen bei der Verschmelzung von Kapitalgesellschaften, S. 72 f.; Bachmeister, DStR 1996, 121, 122.
527 ZGR 1993, 438 f.
528 FS für Rainer Ludewig, S. 693.
529 KÖSDI 1995, 10344, 10347.

Begründung, dass es in einem solchen Fall nicht zu einem Aushandeln des Übernahmewertes zwischen fremden Dritten komme, sodass es gänzlich an dem für Anschaffungsgeschäfte charakterisierenden Markttest fehle. Aufgrund der Beteiligungsverhältnisse könne der übernehmende Rechtsträger den Vermögensübergang allein beschließen. Es bestehe daher die Gefahr, dass der übernehmende Rechtsträger die Umwandlung ausschließlich zum Zweck der Ergebnisverbesserung vornimmt. Aus diesem Grund sollte es nach dieser Auffassung nicht möglich sein, in entsprechenden Fällen einen Bilanzansatz zu wählen, der bei dem übernehmenden Rechtsträger zu einem Gewinnausweis führt.

Moszka,[530] der ebenfalls einen tauschähnlichen Vorgang verneint und ein Bewertungswahlrecht ablehnt, vertritt demgegenüber die Auffassung, dass nur eine Bewertung in Höhe des Zeitwerts der untergehenden Anteile in Betracht kommt. Damit käme es immer zu einer Aufdeckung sämtlicher stiller Reserven, was den Bedenken der anderen zitierten Autoren konträr entgegensteht. 782

Aus der Darstellung des IDW[531] ist hingegen keine Einschränkung des Wahlrechts ersichtlich. Auch Widmann[532] hat nichts gegen eine Aufstockung bis zum Zeitwert der Gegenleistung. Allerdings ist die Ermittlung des Zeitwertes vorsichtig vorzunehmen, insb. wenn es zu einem Ausweis eines Geschäfts- oder Firmenwerts kommt.[533] 783

Die Art der Ausübung des Bewertungswahlrechts ist bei Kapitalgesellschaften und bei Kapital- und Co-Gesellschaften im Anhang als Bewertungsmethode angabepflichtig.[534] 784

bb) Übernehmender Rechtsträger hält eigene Anteile

(1) Grundsätzliches

Sofern es sich bei der aufnehmenden Gesellschaft um eine Kapitalgesellschaft handelt, die eigene Anteile hält, können diese Anteile als Gegenleistung für das übergehende Vermögen hingegeben werden. Die **Durchführung einer Kapitalerhöhung** kann dann insoweit unterbleiben (§ 54 Abs. 1 Satz 2 Nr. 1, § 68 Abs. 1 Satz 2 Nr. 1 UmwG), ist jedoch nicht verboten. Die übernehmende Kapitalgesellschaft hat somit die Wahl, die eigenen Anteile als Gegenleistung zu verwenden oder aber neue Anteile im Wege der Kapitalerhöhung zu schaffen. Beides ist auch **kumulativ** möglich, sofern die so ausgestaltete Gegenleistung nicht den Zeitwert des übergehenden Vermögens übersteigt. 785

Führt der übernehmende Rechtsträger zusätzlich zu der Gewährung eigener Anteile noch eine Kapitalerhöhung durch, so ist bzgl. der Kapitalaufbringung zu beachten, dass die Gewährung der eigenen Anteile eine gegenläufige Gesellschaftsleistung darstellt. Sie führt bei einer übernehmenden Kapitalgesellschaft zu einem Vermögensabfluss, der bei der Kapitaldeckungskontrolle von dem übergehenden Vermögen abgezogen werden muss, denn per saldo ist der Vermögenszuwachs um den Wert dieser Anteile gemindert. Hieran hat sich auch durch den mit Einführung des BilMoG geänderten bilanziellen Ausweis eigener Anteile nichts geändert, denn die Kapitalaufbringungskontrolle einer beabsichtigten Kapitalerhöhung durch das Registergericht richtet sich nach tatsächlichen Wertveränderungen und nicht nach dem bilanziellen Ausweis. Die erforderliche Kapitaldeckung ist damit nur dann erbracht, wenn das übergehende Vermögen den Kapitalerhöhungsbetrag um den Wert der hingegebenen eigenen Anteile übersteigt.[535] 786

---

530 Semler/Stengel, UmwG, § 24 Rn. 45.
531 RS HFA 42, Rn. 46.
532 Widmann/Mayer, Umwandlungsrecht, § 24 UmwG, Rn. 371.
533 So auch Gassner in FS für Widmann, S. 351 sowie im Ergebnis Lutter/Priester, UmwG, § 24, Rn. 56 f.
534 Deubert/Hoffmann in Winkeljohann/Förschle/Deubert, Sonderbilanzen, K 54.
535 Ihrig, GmbHR 1995, 622, 641 f.

787 Ist der übernehmende Rechtsträger eine **Personengesellschaft**, ist diese Form der Gegenleistung nicht denkbar, weil eine Personengesellschaft keine eigenen Anteile halten kann.

788 Zusätzlich zur Gewährung eigener Anteile können auch noch **bare Zuzahlungen** geleistet werden.

(2) Ermittlung der Anschaffungskosten und Behandlung von Differenzbeträgen

789 Nach der herrschenden Meinung liegt auch bei der Vermögensübertragung gegen Hingabe eigener Anteile ein tauschähnlicher Umsatz vor.[536] Es besteht daher auch hier die Möglichkeit, das übergehende Vermögen
   – mit dem Buchwert der Gegenleistung,
   – mit dem – vorsichtig geschätzten – Zeitwert der Gegenleistung, oder
   – mit einem erfolgsneutralen Zwischenwert anzusetzen.

790 Hierbei ist zu beachten, dass der Zeitwert des übergehenden Vermögens immer die Bewertungsobergrenze darstellt, die nicht überschritten werden darf.

791 Das hier beschriebene Bewertungswahlrecht besteht auch weiterhin, obwohl wegen des mit dem BilMoG eingeführten Aktivierungsverbots für eigene Anteile ein »Buchwert« eigentlich gar nicht mehr besteht. An die Stelle des Buchwerts treten daher nun die Anschaffungskosten der eigenen Anteile, mit denen diese gem. § 272 Abs. 1a HGB vom Eigenkapital bzw. den frei verfügbaren Rücklagen der Gesellschaft abgesetzt worden sind.

792 Das gesonderte Bewertungswahlrecht, das übergehende Vermögen mit einem »erfolgsneutralen Zwischenwert« anzusetzen, dürfte im Ergebnis ins Leere laufen, da diese Vorgehensweise lediglich die zusätzliche Berücksichtigung etwaig entstehender Ertragsteuerbelastungen ermöglicht. Da jedoch die Hingabe eigener Anteile ertragsteuerlich keinen Veräußerungsvorgang darstellt, sondern als Kapitalerhöhung einzuordnen ist,[537] kann sich eine Ertragsteuerlast aus diesem Vorgang nicht ergeben. Damit entsprechen die beiden dann noch verbleibenden Bewertungsalternativen denen, die auch bei einer Kapitalerhöhung und Ausgabe neuer Anteile bestanden hätten (vgl. hierzu Rdn. 749 ff.). Dies entspricht auch der Auffassung des Hauptfachausschusses des IDW.[538]

793 Wird der Ansatz mit dem Buchwert der Gegenleistung, also mit dem »Buchwert« bzw. den historischen Anschaffungskosten der zu gewährenden eigenen Anteile gewählt, so kann es zu einer Aufstockung oder auch zu einer Abstockung der Buchwerte des übergehenden Vermögens bis zum Buchwert der eigenen Anteile kommen.[539] Diese Bewertungsmethode ist daher erfolgsneutral.

794 Bei der Einbuchung des übernommenen Vermögens ist § 272 Abs. 1b HGB zu beachten. Der Vorgang ist somit handelsrechtlich wie eine Kapitalerhöhung zu verbuchen.[540] Es erfolgt zunächst eine Verbuchung im Nominalkapital gegen den wegfallenden Sonderausweis für die eigenen Anteile. Kam es anlässlich des Erwerbs der eigenen Anteile zu einer Kürzung von frei verfügbaren Rücklagen, sind diese nun ebenfalls entsprechend wieder aufzufüllen.

795 Wird das übergehende Vermögen, welches auf die eigenen Anteile als Gegenleistung entfällt, mit einem höheren Wert angesetzt, so entsteht bzgl. der Hingabe der eigenen Anteile wirtschaftlich ein Veräußerungsgewinn, der gem. § 272 Abs. 1b HGB in die Kapitalrücklage nach § 272 Abs. 2 Nr. 1 HGB einzustellen ist. Ein erfolgswirksamer Ausweis kommt daher – entgegen der früher geltenden Rechtslage – nicht mehr in Betracht.

---

536 Kallmeyer/Lanfermann, Umwandlungsgesetz, § 24 Rn. 31 ff; Schmitt/Hörtnagl/Stratz/Hörtnagl UmwG § 24 Rn. 36; Lutter/Priester, Umwandlungsgesetz, § 24 Rn. 53 f.; a. A. Semler/Stengel/Moszka, UmwG, § 24 Rn. 39 f.
537 Vgl. BMF-Schreiben v. 26.11.2013, DStR 2013, 2700.
538 Vgl. RS HFA 42, Rn. 53.
539 Widmann/Mayer/Widmann, Umwandlungsrecht, § 24 UmwG, Rn. 385.
540 IDW, RS HFA 42, Rn. 53; Kallmeyer/Lanfermann, Umwandlungsgesetz, § 24 Rn. 31 ff; Schmitt/Hörtnagl/Stratz/Hörtnagl UmwG § 24 Rn. 36.

cc) Übertragender Rechtsträger hält Anteile am übernehmenden Rechtsträger (down-stream-merger)

(1) Grundsätzliches

796 Bei Verschmelzungen oder Spaltungen kommt es nicht selten vor, dass der übertragende Rechtsträger vor der Umwandlung an dem übernehmenden Rechtsträger beteiligt ist (vgl. Fall 2, Teil 7 Rdn. 932). Liegt sogar eine **100 %ige Beteiligung** vor, handelt es sich um eine Vermögensübertragung von der Muttergesellschaft auf die Tochtergesellschaft (im Verschmelzungsfall sog. down-stream merger; vgl. Fall 6, Teil 7 Rdn. 958). Ob die Anteile am übernehmenden Rechtsträger bei einer solchen Verschmelzung Bestandteil des auf diesen übergehenden Vermögens sind, hängt davon ab, ob sie vom übernehmenden Rechtsträger als eigene Anteile übernommen oder den Gesellschaftern des übertragenden Rechtsträgers gewährt werden.

797 Grds. hat eine übernehmende Kapitalgesellschaft die Möglichkeit, diese eigenen Anteile als Gegenleistung zu verwenden, indem sie sie den Gesellschaftern des übertragenden Rechtsträgers gewährt. Auf die Durchführung einer **Kapitalerhöhung** kann in einem solchen Fall verzichtet werden (§ 54 Abs. 1 Satz 2 Nr. 2; § 68 Abs. 1 Satz 1 Nr. 2 UmwG). Soweit die Anteile voll einbezahlt sind, besteht jedoch keine Pflicht, diese Anteile den übrigen Gesellschaftern des übertragenden Rechtsträgers zu gewähren. Eine übernehmende Kapitalgesellschaft kann die Anteile vielmehr auch als eigene Anteile übernehmen und den übrigen Gesellschaftern des übertragenden Rechtsträgers neue Anteile gewähren, die sie durch eine Kapitalerhöhung schafft. Unter Beachtung der Kapitalaufbringungsgrundsätze darf die Kapitalerhöhung jedoch nur i. H. d. Nettovermögens des übertragenden Rechtsträgers abzüglich des Wertes der übernommenen eigenen Anteile vorgenommen werden.

798 Anders ist die Rechtslage, wenn die **Anteile** des übertragenden Rechtsträgers an der übernehmenden Kapitalgesellschaft **nicht voll eingezahlt** sind. In diesem Fall besteht gem. § 54 Abs. 1 Satz 1 Nr. 3, § 68 Abs. 1 Satz 1 Nr. 3 UmwG ein **Kapitalerhöhungsverbot**, sodass der übernehmende Rechtsträger keine andere Möglichkeit hat, als seine eigenen – bisher vom übertragenden Rechtsträger gehaltenen – Anteile als Gegenleistung zu verwenden. Soll trotzdem eine Kapitalerhöhung durchgeführt werden, müssen die ausstehenden Einlagen vor der Umwandlung noch eingezahlt werden oder der übertragende Rechtsträger muss seine Anteile am übernehmenden Rechtsträger vorher veräußern.[541]

799 Plant der übernehmende Rechtsträger, die vom übertragenden Rechtsträger gehaltenen Anteile als Gegenleistung zu verwenden, so stellt sich die Frage, auf welchem Wege diese **Anteile zu den Gesellschaftern des übertragenden Rechtsträgers gelangen**. Die absolut herrschende Meinung geht hier davon aus, dass diese Anteile direkt kraft Gesetzes (§ 20 Abs. 1 Nr. 3 UmwG) auf die Gesellschafter des übertragenden Rechtsträgers übergehen, beim übernehmenden Rechtsträger also kein Durchgangserwerb stattfindet.[542] Das Vermögen des übertragenden Rechtsträgers geht also ohne die Anteile am übernehmenden Rechtsträger auf diesen über, wobei die h. M. keinen Unterschied macht, ob es sich um eine 100 %ige Beteiligung oder einen geringeren Anteil am übernehmenden Rechtsträger handelt.[543]

800 Gehen die Anteile also direkt vom übertragenden Rechtsträger auf dessen Gesellschafter über, so leistet der übernehmende Rechtsträger insoweit gar keine Gegenleistung für das übergehende Vermögen. Ist das übergehende Reinvermögen positiv (bewertet zu Zeitwerten), stellt dieser Vor-

---

541 Fischer, DB 1995, 485, 490.
542 Vgl. z. B. Müller, WPg 1996, 857, 865; Fischer, DB 1995, 485, 490; IDW, RS HFA 42, Rn. 47; Wassermeyer, JbFfStR 1996/97, 381.
543 Widmann/Mayer/Mayer, § 5, Rn. 38.

gang daher eine unentgeltliche Gesellschafterleistung dar.[544] Ist es negativ, ist eine Sachentnahme gegeben.[545]

801 Soweit die Anteile des übertragenden Rechtsträgers am übernehmenden Rechtsträger vor der Verschmelzung nicht voll eingezahlt waren, geht auch diese Einlageverpflichtung auf die Gesellschafter des übertragenden Rechtsträgers über.

▶ Hinweis:

802 Dies führt jedoch dazu, dass nicht voll eingezahlte Geschäftsanteile an der übernehmenden Kapitalgesellschaft in der Praxis nur dann zum Anteilstausch verwendet werden können, wenn die Anteilsinhaber des übertragenden Rechtsträgers ihre Anteile ebenfalls nicht voll eingezahlt hatten. Andernfalls werden viele Anteilseigner selbst dann nicht bereit sein, ihre voll eingezahlten Anteile am übertragenden Rechtsträger einzutauschen gegen nicht voll eingezahlte Anteile am übernehmenden Rechtsträger, wenn der nicht eingezahlte Betrag bei der Ermittlung des Umtauschverhältnisses berücksichtigt worden ist.

803 Ist der **übernehmende Rechtsträger** eine **Personengesellschaft**, so kann die vom übertragenden Rechtsträger an ihr gehaltene Beteiligung nicht auf die übernehmende Personengesellschaft übergehen, weil diese keine eigenen Anteile halten kann. Die Beteiligung geht daher im Zuge des Vermögensübergangs unter. Das Kapitalkonto, das bisher bei der Personengesellschaft auf den übertragenden Rechtsträger entfiel, ist aufzulösen. Es wird regelmäßig auf die Einlage der Gesellschafter des übertragenden Rechtsträgers bei der übernehmenden Personengesellschaft umgebucht.[546]

804 Soll eine Muttergesellschaft auf ihre eigene Tochter-Kapitalgesellschaft verschmolzen werden, bestehen aus gesellschaftsrechtlicher Sicht hiergegen Bedenken, wenn eine solche Verschmelzung zu einer unzulässigen Einlagenrückgewähr an die Gesellschafter der Muttergesellschaft führt.[547] Dies kann z. B. der Fall sein, wenn die Muttergesellschaft ausschließlich zum fremdfinanzierten Erwerb oder zur fremdfinanzierten Durchführung einer Kapitalerhöhung bei der Tochtergesellschaft gegründet wurde. In derartigen Fällen einer Übertragung negativen Reinvermögens (bewertet zu Zeitwerten) ist die Verschmelzung nur dann als gesellschaftsrechtlich unbedenklich anzusehen, wenn der übernehmende Rechtsträger die Rechtsform einer GmbH hat und ein entstehender Verschmelzungsverlust mit ungebundenen Eigenkapitalteilen verrechnet werden kann.[548] Handelt es sich bei der Übernehmerin um eine AG, dann stellt eine solche Verschmelzung eine unzulässige Einlagenrückgewähr dar und ist daher nach § 57 Abs. 1 AktG regelmäßig unzulässig.[549]

805 Nach Ansicht von Widmann/Mayer/Widmann[550] ist die Gefahr einer Einlagenrückgewähr auch bei der Entstehung eines Verschmelzungsverlustes hingegen nicht gegeben, weil die Muttergesellschaft untergeht und die Gesellschafter der Muttergesellschaft nicht mehr erhalten, als sie vorher hatten.[551] Die Anteile an der Tochtergesellschaft entsprechen vielmehr dem Wert der Anteile an der Muttergesellschaft. Die Fremdfinanzierung mindert den Wert der Anteile vor und nach der Verschmelzung, weil sie auf die Tochtergesellschaft als Verbindlichkeiten übergeht. Diese Auffassung lehnt also das Vorliegen einer Einlagenrückgewähr ab, weil bei den Gesellschaftern des übertragenden Rechtsträgers tatsächlich keine Vermögensmehrung eintritt. Sie vernachlässigt jedoch die Tatsache, dass das Eigenkapital des übernehmenden Rechtsträgers dem Schutz der

---

544 IDW, RS HFA 42, Rn. 47.
545 IDW, RS HFA 42, Rn. 49.
546 Widmann/Mayer/Widmann, Umwandlungsrecht, § 24 UmwG, Rn. 351, sowie Fall 2, Teil 7 Rdn. 932.
547 IDW, RS HFA 42, Rn. 49.
548 IDW, RS HFA 42, Rn. 49.
549 Deubert/Hoffmann in Winkeljohann/Förschle/Deubert, Sonderbilanzen, K 68.
550 Umwandlungsrecht, § 24 UmwG, Rn. 388, Fn. 177.
551 Ebenso Ennekin/Heckchen, DB 2006, 1099, 1100.

§§ 30 GmbHG/§ 57 AktG unterliegt und dieser Schutz durch eine solche Verschmelzung ggf. verletzt wird. Den Bedenken des IDW ist daher zuzustimmen. Ein solcher down-stream-merger ist daher nur dann möglich, wenn der entstehende **Umwandlungsverlust die ungebundenen Eigenkapitalteile des übernehmenden Rechtsträgers nicht übersteigt**. Wird ein down-stream-merger, der bei der übernehmenden Kapitalgesellschaft zu einer bilanziellen Überschuldung führt, gleichwohl im Handelsregister eingetragen, treten insoweit die Rechtsfolgen des § 31 GmbHG ein.

(2) Ermittlung der Anschaffungskosten und Behandlung von Differenzbeträgen

Aus den obigen Ausführungen folgt, dass die Anteile des übertragenden Rechtsträgers an dem übernehmenden Rechtsträger, die den Gesellschaftern des übertragenden Rechtsträgers als Gegenleistung für die Vermögensübertragung gewährt werden, unmittelbar auf diese übergehen, also ohne Durchgangserwerb beim übernehmenden Rechtsträger. Bei dieser Fallgestaltung wendet der übernehmende Rechtsträger für das noch auf ihn übergehende Restvermögen des übertragenden Rechtsträgers neben der Übernahme der Verbindlichkeiten des übertragenden Rechtsträgers somit keine weitere Gegenleistung auf. 806

Das IDW hat seine Auffassung zur bilanziellen Darstellung dieses Sachverhalts geändert. Während im Standard HFA 2/1997[552] noch die Auffassung vertreten wurde, dass gleichwohl ein Tauschvorgang fingiert werden könne, geht das IDW[553] von einer unentgeltlichen Gesellschafterleistung aus, die mit dem vorsichtig geschätzten Zeitwert zu bewerten ist. Bei einem Übergang positiven Reinvermögens ist der positive Differenzbetrag unmittelbar in die Kapitalrücklage nach § 272 Abs. 2 Nr. 4 HGB einzustellen.[554] Ein anhand vorsichtig geschätzter Zeitwerte ermitteltes negatives Reinvermögen ist als Sachentnahme unmittelbar, d. h. ohne Berührung der Gewinn- und Verlustrechnung, mit dem Eigenkapital zu verrechnen.[555] 807

Die Auffassung des IDW sowohl bzgl. der Bewertung als auch bzgl. der Erfassung etwaiger Differenzbeträge ist in der Literatur jedoch strittig. So argumentieren manche Autoren, dass ein Ansatz zum (vorsichtig geschätzten) Zeitwert nicht zwingend sei, sondern der übernehmende Rechtsträger auch das Wahlrecht habe, die ankommenden Vermögensgegenstände mit dem Wert der gleichfalls übernommenen Schulden anzusetzen.[556] Bzgl. der Art und Weise der Erfassung etwaiger Differenzbeträge wird die vom IDW favorisierte erfolgsneutrale Erfassung ebenfalls nicht von allen befürwortet. So plädieren z. B. Lutter/Priester[557] sowie Kallmeyer/Lanfermann[558] für eine erfolgswirksame Erfassung als Verschmelzungsgewinn/-verlust. 808

dd) Anteilsgewährung durch fremde Dritte

(1) Grundsätzliches

Den Gesellschaftern des übertragenden Rechtsträgers müssen die Anteile nicht vom übernehmenden Rechtsträger selbst gewährt werden. Es ist auch möglich, dass sie Anteile am übernehmenden Rechtsträger von den Alt-Gesellschaftern des übernehmenden Rechtsträgers erhalten. Strittig ist allerdings auch hier, auf welchem Wege diese Anteilsübertragung stattzufinden hat (vgl. hierzu Teil 7 Rdn. 722). 809

---

552 WPg 1997, 235, 239, Rn. 32212.
553 RS HFA 42, Rn. 47.
554 IDW, RS HFA 42, Rn. 48; Deubert/Hoffmann in Winkeljohann/Förschle/Deubert, Sonderbilanzen, K 67.
555 IDW, RS HFA 42, Rn. 49.
556 So z. B. Lutter/Priester, UmwG, § 24 Rn. 61; Deuert/Hoffmann in Winkeljohann/Förschle/Deubert, Sonderbilanzen, K 67.
557 UmwG, § 24 Rn. 61.
558 Umwandlungsgesetz, § 24 Rn. 39.

(2) Ermittlung der Anschaffungskosten

810 Geht man davon aus, dass die direkte Übertragung der Anteile von Dritten (also von Gesellschaftern des übernehmenden Rechtsträgers) an die Gesellschafter des übertragenden Rechtsträgers möglich ist, so stellt sich die Frage, wie in diesem Fall die Anschaffungskosten des übergehenden Vermögens zu ermitteln sind, denn mangels Gewährung von Anteilen durch den übernehmenden Rechtsträger wendet dieser für das auf ihn übergehende Vermögen nichts auf. Die Situation ist daher mit dem down-stream-merger vergleichbar. Dementsprechend ist aus der Sicht des übernehmenden Rechtsträgers auch hier – folgt man der Auffassung des IDW zum down-stream-merger – kein fiktiver Tausch, sondern ein unentgeltlicher Erwerb gegeben.[559] Die Bilanzierung und Bewertung erfolgt daher nach den in Teil 7 Rdn. 806 bis 808 dargelegten Grundsätzen.

ee) Verzicht auf Anteilsgewährung

811 Von einer Gewährung von Geschäftsanteilen bzw. Aktien darf gem. §§ 54 Abs. 1 Satz 3, 68 Abs. 1 Satz 3 UmwG abgesehen werden, wenn alle Anteilsinhaber eines übertragenden Rechtsträgers auf die Anteilsgewährung in notariell beurkundeter Form verzichten. Nach der Intention des Gesetzgebers sollte diese Verzichtsmöglichkeit die Verschmelzung von Schwestergesellschaften ermöglichen. Allerdings wurde die Regelung nicht auf diesen konkreten Fall beschränkt, sondern ist generell und rechtsformunabhängig in allen Verschmelzungsfällen anwendbar.

812 Der übernehmende Rechtsträger erhält in diesen Fällen somit Vermögen, ohne hierfür eine Gegenleistung aufbringen zu müssen. Aus seiner Sicht ist daher seine Situation mit der eines übernehmenden Rechtsträgers im Rahmen eines down-stream-mergers vergleichbar.[560] Für die Bilanzierung und die Bewertung beim übernehmenden Rechtsträger gelten daher die in den Teil 7 Rdn. 806 bis 808 erläuterten Grundsätze entsprechend.

Kommt es in Konzernsituationen bei Verschmelzungen von verbundenen Unternehmen, die keine unmittelbaren Schwestergesellschaften desselben Anteilseigners sind, zu einem Verzicht auf eine Anteilsgewährung, so kommt es bei dem Gesellschafter des übertragenden Rechtsträgers zu einer Vermögensminderung, weil er die Anteile am übertragenden Rechtsträger verliert und keine Gegenleistung in Form neuer Anteile am übernehmenden Rechtsträger erhält. Aus seiner Sicht kommt diese Situation einer Abspaltung der Beteiligung am übertragenden Rechtsträger gleich, weshalb für die bilanzielle Abbildung dieser Vermögensminderung auf die Regelungen zur Abspaltung verwiesen werden kann.[561]

ff) Sonderproblem: Übertragung negativen Vermögens

813 Im Gegensatz zu den Fällen der Vermögensübertragung mit Kapitalerhöhung sind bei der Vermögensübertragung ohne Kapitalerhöhung die Grundsätze der Kapitalaufbringung unbeachtlich. Aus diesem Grund kann z. B. eine überschuldete Gesellschaft auf ihre 100 %ige Muttergesellschaft verschmolzen werden. Das gilt nicht nur, wenn der übertragende Rechtsträger rein bilanziell überschuldet ist, sondern auch dann, wenn nach den Verkehrswerten eine Überschuldung vorliegt. Allerdings ist auch in diesem Fall zu prüfen, ob eine Umwandlung nicht dadurch verhindert wird, dass für den übertragenden Rechtsträger bereits eine Insolvenzantragspflicht besteht (vgl. Teil 7 Rdn. 765 ff.).

e) Verteilung der Anschaffungskosten

814 Der Gesamtbetrag der ermittelten Anschaffungskosten ist aufgrund des **Einzelbewertungsgrundsatzes** (§ 252 Abs. 1 Nr. 3 HGB) auf die einzelnen Vermögensgegenstände aufzuteilen. Dabei

---

559 So bereits Fenske, BB 1997, 1247, 1249.
560 IDW, RS HFA 42, Rn. 50.
561 So auch IDW, RS HFA 42, Rn. 51; zur Bilanzierung beim übertragenden Rechtsträger in Abspaltungsfällen vgl. Teil 7, Rdn. 871 ff.

dürfen die Zeitwerte der aktivierten Vermögensgegenstände nicht überschritten und der passivierten Schulden nicht unterschritten werden. Für die Aufteilung der Anschaffungskosten ist ein »**sachgerechtes Verteilungsverfahren**« anzuwenden, welches im Anhang zu erläutern ist.[562] I. d. R. erfolgt die Aufteilung gleichmäßig nach dem Verhältnis der Zeitwerte.

Die Anschaffungskosten sind unter Zugrundelegung des gewählten **Verteilungsschlüssels** auf alle übergegangenen Vermögensgegenstände zu verteilen. Zu den aktivierungspflichtigen Vermögensgegenständen gehören nicht nur die in der Schlussbilanz des übertragenden Rechtsträgers ausgewiesenen, sondern auch die nicht bilanzierten originären immateriellen Vermögensgegenstände. Da es sich bei einer Vermögensübernahme im Wege der Verschmelzung/Spaltung um einen Anschaffungsvorgang handelt, sind alle übergehenden Vermögensgegenstände aus der Sicht des übernehmenden Rechtsträgers entgeltlich erworben, unabhängig davon, ob sie beim übertragenden Rechtsträger bilanziert waren oder nicht. Das Aktivierungsverbot des § 248 Abs. 2 HGB findet somit keine Anwendung, diese Vermögensgegenstände sind vielmehr nach § 246 Abs. 1 HGB aktivierungspflichtig. Vermögensgegenstände, die beim übertragenden Rechtsträger zu einer Bewertungseinheit zusammengefasst waren, sind ebenfalls in das Verteilungsverfahren einzubeziehen. Der übernehmende Rechtsträger kann dann nach der Vermögensübernahme – bei Vorliegen der übrigen Voraussetzungen – neue Bewertungseinheiten bilden.[563] Rückstellungen sind mit dem nach vernünftiger kaufmännischer Beurteilung notwendigen Erfüllungsbetrag (§ 253 Abs. 1 Satz 2 und 3, Abs. 2 HGB) anzusetzen. Soweit i. R. d. Umwandlung bisher nicht bilanzierte Vermögensgegenstände auf den übernehmenden Rechtsträger übergehen, ergibt sich aufgrund der Aktivierungspflicht dieser Vermögensgegenstände beim übernehmenden Rechtsträger vom Ergebnis her selbst dann keine Buchwertfortführung, wenn die Anschaffungskosten genauso hoch sind wie das Reinvermögen der übertragenden Gesellschaft. In dem Umfang, in dem bisher nicht bilanzierte Vermögensgegenstände nunmehr erfasst werden, kommt es dann vielmehr zu einer Abstockung der Buchwerte der bisher bereits bilanzierten Vermögensgegenstände (vgl. Fall 5, Teil 7 Rdn. 955). 815

Sind die Anschaffungskosten insgesamt niedriger als die Summe der Zeitwerte aller übergehenden Vermögensgegenstände, so erfolgt die Verteilung des Differenzbetrages auf die einzelnen Vermögensgegenstände i. d. R. im Verhältnis ihrer Zeitwerte. Es sind somit quotal entsprechende Abschläge vorzunehmen. Hierbei ist jedoch zu beachten, dass **Nominalwerte** (Kasse, Bank) immer mit ihrem Nennwert anzusetzen sind. Ein Abschlag kommt hier nicht in Betracht. Neben einer rein quotalen Ermittlung der vorzunehmenden Abschläge ist es auch möglich, bei langlebigen Vermögensgegenständen, deren Wertentwicklung nur schwierig abschätzbar ist, einen höheren **Abschlag** vorzunehmen.[564] Des Weiteren kann ein sich ergebender Minderbetrag auch i. R. d. Bewertung von Schulden ausgeglichen werden. Dies ist z. B. der Fall, wenn der übertragende Rechtsträger gem. Art. 28 Abs. 1 EGHGB Pensionsrückstellungen gar nicht oder nur z. T. passiviert hat. Den übernehmenden Rechtsträger trifft diesbezüglich hingegen eine **Passivierungspflicht** (vgl. Teil 7 Rdn. 740). 816

Sind die Anschaffungskosten insgesamt höher als die Summe der Zeitwerte der einzelnen übergehenden Vermögensgegenstände und Schulden, so stellt der Differenzbetrag den Geschäfts- oder Firmenwert dar, der gem. § 246 Abs. 1 S. 4 HGB zu aktivieren ist.[565] 817

▶ Beispiel:

Die A-GmbH wird auf die B-GmbH verschmolzen. Die B-GmbH nimmt zu diesem Zweck eine Kapitalerhöhung mit einem Nominalbetrag von 1.000 TEUR vor. Außerdem wird eine 818

---

562 IDW, RS HFA 42, Rn. 56.
563 IDW, RS HFA 42, Rn. 57.
564 Küting/Weber, Handbuch der Rechnungslegung, § 255 HGB, Rn. 24.
565 IDW, RS HFA 42, Rn. 58.

Kapitalrücklage von 200 dotiert. Die A-GmbH verfügt vor der Verschmelzung über ein buchmäßiges Reinvermögen von 900, das sich wie folgt verteilt:

Anlagevermögen	800.000 €	(stille Reserven 500.000 €)
Kasse/Bank	+ 300.000 €	
Aktivvermögen	1.100.000 €	
Verbindlichkeiten	− 200.000 €	
buchmäßiges Reinvermögen	900.000 €	

Bei einer Bilanzierung mit dem Buchwert der Gegenleistung werden die Anschaffungskosten für das übergehende Vermögen definiert durch den Ausgabebetrag der Anteile i. H. v. 1.200.000 €. Die zu bilanzierenden Werte ermitteln sich wie folgt:

Die Verbindlichkeiten sind aufgrund des Imparitätsprinzips mit ihrem Nennwert anzusetzen. Die Nominalwerte (Kasse/Bank) sind ebenfalls mit ihren Nennwerten anzusetzen. Für das Anlagevermögen ergibt sich daraufhin folgende Ermittlung der Anschaffungskosten:

Ausgabebetrag der Anteile	1.200.000 €
Übernahme von Verbindlichkeiten	+ 200.000 €
Anschaffungskosten für das gesamte Anlagevermögen	1.400.000 €
hierauf entfallen auf die Nominalwerte Kasse/Bank	− 300.000 €
verbleiben für das übrige Anlagevermögen	1.100.000 €

Die Buchwerte des übrigen Anlagevermögens sind somit von bisher 800.000 € auf 1.100.000 € aufzustocken. Diese Aufstockung erfolgt i. d. R. quotal nach dem Verhältnis der Zeitwerte der einzelnen Anlagegegenstände.

4. Buchwertfortführung

a) Bilanzierung dem Grunde nach

819 Nach § 24 UmwG können als Anschaffungskosten auch die Buchwerte aus der Schlussbilanz angesetzt werden. Mit dieser Möglichkeit der Buchwertfortführung wurde das bis zum Jahr 1995 in Verschmelzungsfällen geltende Recht in das neue Umwandlungsrecht übernommen, und ist nun auch in Spaltungsfällen anwendbar.

820 Die **Buchwertverknüpfung** bezieht sich grds. auf alle in der Schlussbilanz des übertragenden Rechtsträgers enthaltenen Bilanzansätze. Unstrittig ist dies in Bezug auf die **aktiven und passiven Vermögensgegenstände** des übertragenden Rechtsträgers, die bei diesem nach den Vorschriften des Handelsrechts zwingend zu bilanzieren waren. Daneben hat der übernehmende Rechtsträger aber auch die vom übertragenden Rechtsträger in Anspruch genommenen Bilanzierungshilfen fortzuführen, und zwar auch dann, wenn der übernehmende Rechtsträger die Bilanzierungshilfe selbst nicht hätte bilden dürfen, wie dies z. B. bei der Verschmelzung einer Kapitalgesellschaft auf eine Personengesellschaft, der Fall sein kann.[566]

821 Strittig ist hingegen die **Behandlung von Pensionsverpflichtungen**, die vor dem 01.01.1987 entstanden und vom übertragenden Rechtsträger nach Art. 28 Abs. 1 EGHGB nicht bilanziert worden sind. Nach der mittlerweile wohl herrschenden Meinung[567] tritt der übernehmende Rechtsträger in das Wahlrecht des übertragenden Rechtsträgers ein und ist daher ebenfalls nicht

---

566 Vgl. Widmann/Mayer/Widmann, Umwandlungsrecht, § 24 UmwG, Rn. 320.
567 IDW, RS HFA 42, Rn. 60; Naumann, in: FS für Rainer Ludewig, S. 683, 706.

gezwungen, diese Pensionsverpflichtungen in seiner Übernahmebilanz auszuweisen.[568] Eine Bindung des übernehmenden Rechtsträgers ist auch in Bezug auf das durch den übertragenden Rechtsträger ausgeübte Bilanzierungswahlrecht nach Art. 67 Abs. 1 Satz 2 EGHGB gegeben, auf eine vorübergehende Auflösung von Pensionsrückstellungen zu verzichten.

Die Bindung des übernehmenden Rechtsträgers an die Wertansätze in der Schlussbilanz des übertragenden Rechtsträgers hat aber auch zur Konsequenz, dass der übernehmende Rechtsträger keine Möglichkeit hat, vom übertragenden Rechtsträger selbst erstellte immaterielle Vermögensgegenstände des Anlagevermögens zu aktivieren.[569] Auch die **Aktivierung** eines **Geschäfts- oder Firmenwertes** kommt nicht in Betracht. Der übernehmende Rechtsträger tritt hier also in das für den übertragenden Rechtsträger geltende **Aktivierungsverbot** des § 248 Abs. 2 HGB ein. 822

Bei dem übertragenden Rechtsträger ausgewiesene latente Steuern sind allerdings auch bei der Buchwertfortführung vom übernehmenden Rechtsträger nicht ungeprüft zu übernehmen, sondern neu zu bewerten. Eine Übernahme kommt nur insoweit in Betracht, wie die beim übertragenden Rechtsträger bereits vorhandenen Differenzen zwischen Handels- und Steuerbilanz aufgrund der Buchwertfortführung bei dem übernehmenden Rechtsträger weiterhin bestehen.[570] Die Buchwertfortführung kann nicht so weit gehen, dass der übernehmende Rechtsträger Bilanzposten übernimmt, die keine Wirtschaftsgüter sind und bei ihm jeglicher Grundlage entbehren, um sie dann sofort nach der Übernahme gewinnwirksam auszubuchen. Hat z. B. der übertragende Rechtsträger in seiner Schlussbilanz noch in nennenswerter Höhe aktive latente Steuern auf Verlustvorträge ausgewiesen und gehen diese Verlustvorträge anlässlich der Verschmelzung unter, so wäre es nicht sachgerecht, wenn der übernehmende Rechtsträger die aktiven latenten Steuern bei sich noch einbucht, um sie dann unmittelbar danach zulasten des eigenen Gewinns aufzulösen. Dies führt nur zu einer verfälschten Darstellung der Ertragslage des übernehmenden Rechtsträgers. 823

Im Fall der Umwandlung einer Kapitalgesellschaft auf eine Personengesellschaft oder eine natürliche Person sind in der Übernahmebilanz auch die beim übertragenden Rechtsträger gebildeten latenten Steuern für die Körperschaftsteuer nicht zu übernehmen, da diese ebenfalls im folgenden Jahresabschluss bereits wieder aufzulösen wären. 824

Haben die Gesellschafter des übertragenden Rechtsträgers nach Aufstellung der Schlussbilanz noch eine Gewinnausschüttung beschlossen, so hat der übernehmende Rechtsträger insoweit eine Verbindlichkeit einzustellen.[571] 825

b) Bilanzierung der Höhe nach

Wird das Wahlrecht des § 24 UmwG zugunsten der Buchwertfortführung ausgeübt, so gelten die in der Schlussbilanz des übertragenden Rechtsträgers angesetzten Werte für den übernehmenden Rechtsträger als Anschaffungskosten i. S. d. § 253 Abs. 1 HGB. Bei der Aufstellung seiner Schlussbilanz hatte der übertragende Rechtsträger wiederum gem. § 17 Abs. 2 Satz 2 UmwG die Vorschriften über die Jahresbilanz zu beachten. Soweit der übertragende Rechtsträger Bewertungswahlrechte ausgeübt hat, ist der übernehmende Rechtsträger an diese Wertansätze gebunden.[572] 826

---

568 A. A. Widmann/Mayer/Widmann (Umwandlungsrecht, § 24 UmwG, Rn. 358), wonach dem übernehmenden Rechtsträger das Wahlrecht des Art. 28 Abs. 1 EGHGB nicht zustehe und er daher auch im Fall der Buchwertfortführung die Verpflichtung habe, diese Pensionsrückstellung zu Lasten seines Gewinns zu passivieren.
569 IDW, RS HFA 42, Rn. 65.
570 IDW, RS HFA 42, Rn. 61; Lutter/Priester, UmwG, § 24 Rn. 65; Deubert/Hoffmann in Winkeljohann/Förschle/Deubert, Sonderbilanzen, K 80; Kallmeyer/Lanfermann Umwandlungsgesetz, § 24 Rn. 15.
571 Vgl. auch Teil 7 Rdn. 744 sowie Deubert/Hoffmann in Winkeljohann/Förschle/Deubert, Sonderbilanzen, K 79.
572 IDW, RS HFA 42, Rn. 60.

Das gilt auch dann, wenn dem übernehmenden Rechtsträger rechtsformabhängig die Vornahme entsprechender Wahlrechte gar nicht zugestanden hätte.

827 Aus der Formulierung des § 24 UmwG, dass die Buchwerte aus der Schlussbilanz des übertragenden Rechtsträgers für den übernehmenden Rechtsträger als **Anschaffungskosten** gelten, ist zu entnehmen, dass der Gesetzgeber auch in den Fällen der **Buchwertfortführung** davon ausgeht, dass der Vermögensübergang im Rahmen eines Anschaffungsgeschäftes erfolgt. Aus bilanzrechtlicher Sicht folgt daraus, dass der übernehmende Rechtsträger über die Buchwertfortführung hinaus **nicht** in vollem Umfange in die Rechtsstellung des übertragenden Rechtsträgers eintritt.[573] Der übernehmende Rechtsträger unterliegt daher hinsichtlich der Ansatz- und Bewertungsmethoden des übertragenden Rechtsträgers für künftige Jahresabschlüsse nicht dem Stetigkeitsgrundsatz nach §§ 246 Abs. 3 Satz 1, 252 Abs. 1 Nr. 6 HGB.[574] Des weiteren hat die **Anschaffungskostenfiktion** zur Folge, dass die Buchwerte des übergehenden Vermögens für den übernehmenden Rechtsträger nicht – wie für den übertragenden Rechtsträger – als fortgeführte Anschaffungskosten übernommen werden. Die Buchwerte gelten für den übernehmenden Rechtsträger vielmehr als reguläre Anschaffungskosten i. S. d. § 253 Abs. 1 HGB und stellen als solche die absolute Bewertungsobergrenze dar, die durch künftige Zuschreibungen nicht überschritten werden kann. Eine **Wertaufholung** beim übernehmenden Rechtsträger ist daher selbst dann nicht möglich, wenn der übertragende Rechtsträger außerplanmäßige Abschreibungen vorgenommen hatte.[575] Diese Buchwerte sind daher auch als Zugangswerte im Anlagenspiegel des übernehmenden Rechtsträgers auszuweisen. Nach Auffassung des IDW dürfen die ursprünglichen Anschaffungskosten und die kumulierten Abschreibungen des übertragenden Rechtsträgers allerdings zu statistischen Zwecken in einer Sonderspalte des Anlagengitters des übernehmenden Rechtsträgers weiterhin ausgewiesen werden. Die Darstellung ist im Anhang zu erläutern.[576]

828 Vom übertragenden Rechtsträger gebildete Bewertungseinheiten nach § 254 HGB sind vom übernehmenden Rechtsträger fortzuführen.[577]

829 Eine weitere Konsequenz der Anschaffungskostenfiktion ist, dass der übernehmende Rechtsträger nicht die Abschreibungen des übertragenden Rechtsträgers fortführen muss. Er kann vielmehr eine andere **Abschreibungsmethode** wählen. Die Nutzungsdauern der Wirtschaftsgüter sind neu festzulegen.[578]

830 Fraglich ist, ob das Wahlrecht zur Buchwertfortführung auch dann uneingeschränkt gilt, wenn der Zeitwert des übergehenden Vermögens unter dem Buchwert liegt. Deubert/Hoffmann[579] sehen dies zumindest dann als zweifelhaft an, wenn die Überbewertung auch nicht durch Vermögenssteigerungen im Interimszeitraum gedeckt werden kann. Zwar wird grds. anerkannt, dass das Gesetz keine Einschränkung der Buchwertfortführung für diesen Fall vorsieht, aber gleichwohl wird für eine Abstockung nicht monetärer Aktiva, bzw. (falls dies nicht ausreicht) für die Passivierung einer »Schuld« plädiert.[580] M. E. ist diese Vorgehensweise nicht konsequent. Soweit die einzelnen Vermögensgegenstände nicht überbewertet sind (was bereits in der Schlussbilanz des übertragenden Rechtsträgers zu korrigieren wäre), kann der Grund für eine Überbewertung der Sachgesamtheit nur in der Existenz stiller Lasten liegen (z. B. nicht passivierte Pensionsrückstel-

---

573 Vgl. Widmann/Mayer/Widmann, Umwandlungsrecht, § 24 UmwG, Rn. 357; Deubert/Hoffmann in Winkeljohann/Förschle/Deubert, Sonderbilanzen, K 86.
574 IDW, RS HFA 42, Rn. 60.
575 Vgl. Widmann/Mayer/Widmann, Umwandlungsrecht, § 24 UmwG, Rn. 316 und Rn. 358; IDW, RS HFA 42, Rn. 64; Semler/Stengel/Moszka, UmwG, § 24 Rn. 56.
576 IDW, RS HFA 42, Rn. 64.
577 IDW, RS HFA 42, Rn. 66.
578 Deubert/Hoffmann in Winkeljohann/Förschle/Deubert, Sonderbilanzen, K 86.
579 Winkeljohann/Förschle/Deubert, Sonderbilanzen, K 89.
580 Gl.A. Priester in Lutter, UmwG, § 24, Rn. 72.

lungen). Wenn Bedenken gegen eine Übernahme der Buchwerte trotz eines geringeren Zeitwerts der Sachgesamtheit bestehen, dann sollte man die Buchwertfortführungsmöglichkeit für diesen Fall verneinen und für den zwingenden Übergang zur Anschaffungswertmethode plädieren, denn hier kommt es weitgehend zu einem Ausweis der betreffenden stillen Lasten. Aber in einem ersten Schritt die Buchwertfortführung zu ermöglichen und die damit verbundene Nichtberücksichtigung stiller Lasten zunächst hinzunehmen, um dann in einem zweiten Schritt die Buchwerte durch eine Abstockung der nicht monetären Aktiva zu »modifizieren«, kann nicht die richtige Vorgehensweise sein. Dieser Ansicht ist daher m. E. nicht zuzustimmen. Die Buchwertfortführung ist vielmehr auch in diesen Fällen uneingeschränkt möglich, sofern der Zeitwert des übergehenden Vermögens den Nennbetrag einer ggf. vorzunehmenden Kapitalerhöhung noch deckt.

c) Vermögensübertragung mit Kapitalerhöhung

I. d. R. werden die den Gesellschaftern des übertragenden Rechtsträgers zu gewährenden Anteile am übernehmenden Rechtsträger durch eine Kapitalerhöhung geschaffen. Die Gegenleistung für das übergehende Vermögen setzt sich in diesem Fall zusammen aus dem Betrag der Nennkapitalerhöhung zuzüglich eines festgelegten Aufgeldes, insgesamt also dem Ausgabebetrag der neuen Anteile (vgl. eingehend Teil 7, Rdn. 713 ff.). Soweit bare Zuzahlungen geleistet werden, gehören auch diese zur Gegenleistung. Das Ausmaß der Kapitalerhöhung steht in keinem Zusammenhang mit dem Buchwert des übergehenden Vermögens, sondern es errechnet sich aus dem Verhältnis des Ertragswertes des übergehenden Vermögens zu dem Ertragswert des Vermögens des übernehmenden Rechtsträgers vor der Umwandlung. Aus diesem Grund stimmen der Nennbetrag der Kapitalerhöhung und der Buchwert des übergehenden Vermögens betragsmäßig regelmäßig nicht überein, sondern es ergeben sich positive oder negative Differenzen. 831

Ein **positiver Differenzbetrag** entsteht, wenn der Buchwert des übergehenden Reinvermögens größer ist als der Buchwert der Gegenleistung (Festkapitalerhöhung zuzüglich Aufgeld und ggf. barer Zuzahlungen). Dieser positive Differenzbetrag wird häufig als Verschmelzungs- bzw. Übernahmegewinn bezeichnet. Die Entstehung des positiven Differenzbetrages macht aus Sicht der Übernehmerin deutlich, dass der wahre Wert der von ihr gewährten neuen Anteile über deren Ausgabebetrag liegt.[581] 832

Ist die Übernehmerin eine Kapitalgesellschaft, so ist dieser Differenzbetrag gem. § 272 Abs. 2 Nr. 1 HGB in die **Kapitalrücklage** einzustellen.[582] Ist die Übernehmerin eine Personengesellschaft, so sollte die Behandlung des übersteigenden Betrages durch Gesellschaftsvertrag geregelt werden.[583] In der Praxis erfolgt i. d. R. eine Einstellung in die **gesamthänderisch gebundenen Rücklagen gem. § 264 c Abs. 2 Satz 1 II HGB** (vgl. Fall 2, Teil 7 Rdn. 937). Möglich ist aber auch eine beteiligungsproportionale Zuschreibung zu den Kapitalanteilen aller Anteilsinhaber. 833

Ein **negativer Differenzbetrag** entsteht, wenn der Ausgabebetrag der Anteile (Nennbetrag zuzüglich Aufgeld) den Buchwert des übergehenden Reinvermögens übersteigt. Häufig wird dieser Betrag als Verschmelzungs- oder Übernahmeverlust bezeichnet (vgl. Fall 1, Teil 7 Rdn. 931). Der Sache nach beruht der Differenzbetrag auf den stillen Reserven, die in den Buchwerten des übergehenden Vermögens ruhen. Diese stillen Reserven werden wegen der Buchwertverknüpfung nicht aufgedeckt, sondern in der Übernahmebilanz fortgeführt. 834

Soweit es sich bei dem aufnehmenden Rechtsträger um eine Kapitalgesellschaft handelt, die i. R. d. Verschmelzung eine Kapitalerhöhung durchführt, ist jedoch streitig, ob es überhaupt zulässig ist, die Buchwertfortführung zu wählen, wenn dadurch ein Übernahmeverlust entsteht, bzw. ob nicht in diesen Fällen die Bilanzierung mit den tatsächlichen Anschaffungskosten zwingend ist. Es werden hier verschiedene Ansichten vertreten. 835

---

581 Pohl, Handelsbilanzen bei der Verschmelzung von Kapitalgesellschaften, S. 102.
582 IDW, RS HFA 42, Rn. 68.
583 So auch IDW, RS HFA 42, Rn. 69.

836 Nach einer Ansicht darf das Bewertungswahlrecht des § 24 UmwG nicht zugunsten der Buchwertfortführung ausgeübt werden, wenn hierdurch ein Übernahmeverlust entsteht.[584] Dies führte nämlich dazu, dass jedenfalls bilanziell das Kapital erst aus zukünftigen Gewinnen aufgebracht würde und widerspräche damit dem Grundsatz der Kapitalaufbringung. Daher soll eine Buchwertverknüpfung nur dann zulässig sein, wenn der Buchwertsaldo den Kapitalausgabebetrag mindestens erreicht. Die Buchwerte des übergehenden Vermögens sind hiernach bis zum Nennbetrag der ausgegebenen Anteile aufzustocken.

837 Nach der wohl herrschenden Meinung besteht jedoch das **Wahlrecht zur Buchwertfortführung** uneingeschränkt auch dann, wenn der Buchwert des übergehenden Reinvermögens unter dem Nennbetrag der Kapitalerhöhung liegt;[585] im Ergebnis so wohl auch Lutter/Priester, UmwG, § 24 Rn. 69, 86, der aber aufgrund der durch den Verschmelzungsverlust eintretenden Schmälerung des Ausschüttungsvolumens für die Wahl der Buchwertfortführung einen besonderen Rechtfertigungsbedarf ggü. den Gesellschaftern sieht. Soweit allerdings durch diesen Verlust die Darstellung der zutreffenden Vermögens-, Finanz- und Ertragslage beeinträchtigt wird, sind gem. § 264 Abs. 2 Satz 2 HGB zusätzliche Anhangsangaben zu machen.[586] Der Übernahmeverlust ist aufwandswirksam in der Gewinn- und Verlustrechnung unter den außerordentlichen Aufwendungen zu erfassen. Eine Kompensierung durch Ansatz eines Geschäftswertes kommt nicht in Betracht.[587]

838 Soweit es sich bei dem aufnehmenden Rechtsträger nicht um eine Kapitalgesellschaft, sondern um eine Personengesellschaft handelt, ist die Möglichkeit der Buchwertfortführung auch bei Entstehung eines Übernahmeverlustes unbestritten, denn bei einer Personengesellschaft sind keine besonderen Kapitalaufbringungsgrundsätze zu beachten.

d) Vermögensübertragung ohne Kapitalerhöhung

839 Eine Vermögensübertragung ohne Kapitalerhöhung erfolgt, wenn und soweit der übernehmende Rechtsträger am übertragenden Rechtsträger beteiligt ist, bzw. wenn der übernehmende Rechtsträger eigene Anteile hält, die er den Gesellschaftern des übertragenden Rechtsträgers als Gegenleistung gewährt, wenn die »Altgesellschafter« des übernehmenden Rechtsträgers Anteile an die Gesellschafter des übertragenden Rechtsträgers abtreten oder wenn nach § 54 Abs. 1 UmwG auf eine Kapitalerhöhung durch alle Gesellschafter verzichtet wird.

840 Beim sog. up-stream-merger entsteht ein Differenzbetrag (Verschmelzungsgewinn bzw. -verlust), wenn der Buchwert des übergehenden Reinvermögens den Buchwert der vom übernehmenden Rechtsträger gewährten Gegenleistung übersteigt (vgl. Fall 6, Teil 7 Rdn. 963) bzw. unterschreitet. Als Gegenleistung gelten hier die untergehenden Anteile am übertragenden Rechtsträger. Aus Sicht der Übernehmerin beruht ein Übernahmegewinn darauf, dass im Buchwert der Gegenleistung stille Reserven enthalten sind, die durch den Buchwert des übernommenen Vermögens teilweise aufgedeckt werden.[588] Der positive oder negative Differenzbetrag ist erfolgswirksam in der GuV zu erfassen.[589] Vgl. auch Fall 3, Teil 7 Rdn. 943.

841 Wird ein side-stream-merger durchgeführt und gewährt der übernehmende Rechtsträger als Gegenleistung eigene Anteile, so entsteht eine (positiver oder negativer) Differenzbetrag i. H. d. Differenz zwischen den vom Eigenkapital bzw. den freien Rücklagen nach § 272 Abs. 1a HGB

---

584 So z. B. Müller, WPg 1996, 857, 864; Pohl, Handelsbilanzen bei der Verschmelzung von Kapitalgesellschaften, S. 128 f.; Fischer, DB 1995, 485, 487; Müller in FS für Clemm, S. 254.
585 Vgl. Widmann/Mayer/Widmann, Umwandlungsrecht, § 24 UmwG, Rn. 332; IDW, RS 42, Rn. 70; Deubert/Hoffman in Winkeljohann/Förschle/Deubert, Sonderbilanzen, K 91; Semler/Stengel/Moszka, UmwG, § 24 Rn. 60.
586 Vgl. Widmann/Mayer/Widmann, Umwandlungsrecht, § 24 UmwG, Rn. 333.
587 Widmann/Mayer/Widmann, Umwandlungsrecht, § 24 UmwG, Rn. 331; IDW, RS HFA 42, Rn. 70.
588 Pohl, Handelsbilanzen bei der Verschmelzung von Kapitalgesellschaften, S. 104.
589 IDW, RS HFA 42, Rn. 72.

gekürzten Anschaffungskosten der eigenen Anteile und dem Buchwert des übergehenden Reinvermögens. Die bilanzielle Abbildung dieses Veräußerungsvorgangs eigener Anteile erfolgt nach § 272 Abs. 1b HGB. Es ist daher zunächst der offen vom gezeichneten Kapital abgesetzte Betrag sowie ein ggf. mit frei verfügbaren Rücklagen verrechneter Betrag rückgängig zu machen. Ein diesen Betrag übersteigender positiver Differenzbetrag ist in die Kapitalrücklage gem. § 272 Abs. 2 Nr. 1 HGB einzustellen. Der Vorgang ist somit bilanziell erfolgsneutral.[590]

Bei einem **down-stream-merger** erscheint es sachgerecht, einen positiven Differenzbetrag unmittelbar in die Kapitalrücklage nach § 272 Abs. 2 Nr. 4 HGB einzustellen. Ein negativer Differenzbetrag ist unmittelbar mit frei verfügbaren Eigenkapitalteilen zu verrechnen.[591] 842

Verzichten sämtliche Anteilseigner auf die Gewährung von Anteilen, so ist ein entstehender Differenzbetrag analog der Vorgehensweise beim down-stream-merger zu behandeln.[592] 843

5. Teilweise Ausübung des Wahlrechts

Fraglich ist, ob die beiden **Bewertungsmethoden** des § 24 UmwG durch eine teilweise Ausübung des Wahlrechts **verbunden** werden dürfen, um so den Ansatz eines Zwischenwertes zu erreichen. Dies könnte entweder dadurch erreicht werden, dass bestimmte Vermögensgegenstände mit den tatsächlichen Anschaffungskosten und andere mit dem Buchwert aus der Schlussbilanz des übertragenden Rechtsträgers bewertet werden, oder dadurch, dass sich der Wert eines einzelnen Vermögensgegenstandes teilweise aus den tatsächlichen Anschaffungskosten und teilweise aus dem Buchwert der Schlussbilanz zusammensetzt. 844

Beide Vorgehensweisen sind jedoch abzulehnen. Probleme würden hier bereits bei der Bilanzierung dem Grunde nach auftreten. So sind z. B. originäre immaterielle Wirtschaftsgüter des übertragenden Rechtsträgers von dem übernehmenden Rechtsträger zwingend zu aktivieren, wenn er die Anschaffungswertmethode wählt und auf keinen Fall zu aktivieren, wenn er die Buchwertfortführung wählt. Würden beide Bilanzierungsmethoden gemischt auf die Bilanzierung eines einzigen Vermögensgegenstandes angewendet, so wäre die Ansatzfrage nicht lösbar. Könnte man das Wahlrecht für jeden einzelnen Vermögensgegenstandes neu ausüben, dann hätte der übernehmende Rechtsträger z. B. bei jedem einzelnen übergehenden originären immateriellen Wirtschaftsgut die Wahl, ob er es nach der Anschaffungswertmethode ansetzt oder ob er es nach der Methode der Buchwertfortführung gar nicht aktiviert. Das Bilanzbild könnte durch derartige Bilanzierungsmöglichkeiten erheblich verzerrt werden. Die **Mischung der beiden Bewertungsmethoden** ist daher **unzulässig**.[593] Sie widerspräche dem Willkürverbot und dem Grundsatz der Methodenbestimmtheit.[594] 845

Der **Ansatz eines Zwischenwertes** lässt sich auch nicht damit rechtfertigen, dass die Bewertung mit den tatsächlichen Anschaffungskosten und die Bewertung mit dem Buchwert lediglich die Bewertungsober- und -untergrenze darstellen und dazwischen jeder Bilanzansatz möglich sei. Der Gesetzgeber hat keinen Bewertungsspielraum vorgesehen, sondern zwei Bewertungsmethoden. Hierbei beruht die Buchwertfortführung auf dem Gedanken der Bilanzkontinuität und die Anschaffungskostenbilanzierung auf dem Gedanken der Erfolgsneutralität des Anschaffungsvorgangs.[595] Der Ansatz von Zwischenwerten widerspräche jedoch der Zielsetzung beider Methoden. 846

---

590 IDW, RS HFA 42, Rn. 73; Semler/Stengel/Moszka, UmwG, § 24 Rn. 62; Lutter/Priester, UmwG, § 24 Rn. 71.
591 Vgl. IDW, RS HFA 42, Rn. 74.
592 IDW, RS HFA 42, Rn. 75.
593 So auch Pohl, Handelsbilanzen bei der Verschmelzung von Kapitalgesellschaften, S. 124; Widmann/Mayer/Widmann, Umwandlungsrecht, § 24 UmwG, Rn. 311.
594 Naumann, in: FS für Rainer Ludewig, S. 683, 710.
595 Pohl, Handelsbilanzen bei der Verschmelzung von Kapitalgesellschaften, S. 126.

6. Zuständigkeit für die Wahlrechtsausübung

847 Grds. kann der übernehmende Rechtsträger nach der h. M. zwischen einem Ansatz des übergehenden Vermögens mit dem Buchwert der Gegenleistung oder dem Zeitwert frei wählen. Das Wahlrecht wird hierbei letztlich konkludent ausgeübt durch Einbuchung bestimmter Wertansätze beim übernehmenden Rechtsträger. Da jedoch die Ausübung des Wahlrechts aufgrund unterschiedlich hoher Abschreibungen zumindest in den ersten Jahren nach der Vermögensübernahme erhebliche Auswirkungen auf die Ertragssituation des übernehmenden Rechtsträgers haben kann, stellt sich die Frage, welche Instanz des übernehmenden Rechtsträgers letztlich über den konkreten Wertansatz zu entscheiden hat. Bei einer GmbH wird dies die Gesellschafterversammlung sein. Bei einer AG wird der konkrete Wertansatz wohl in den meisten Fällen vom Vorstand entschieden. Es stellt sich allerdings gerade bei einer AG die Frage, ob der Vorstand vollständige Entscheidungsfreiheit hat oder nicht. Soweit die Hauptversammlung der AG lediglich dem ermittelten Umtauschverhältnis zugestimmt hat, aus dem sich eine bestimmte Kapitalerhöhung ergibt, ohne eine Aussage zur Bildung eines Agios zu treffen, hat der Vorstand wohl die Entscheidungsfreiheit darüber, ob die Vermögensgegenstände mit diesem Nennwert oder mit einem höheren Wert angesetzt werden, mit der Folge, dass im letzteren Fall der übersteigende Betrag in die Kapitalrücklage einzustellen ist. Anders ist es hingegen, wenn die Hauptversammlung zusammen mit der Kapitalerhöhung auch ein Agio in bestimmter Höhe beschlossen hat bzw. ganz ausdrücklich kein Agio dotiert hat. In einem solchen Fall kann davon ausgegangen werden, dass die Gesellschafterversammlung mit diesem Beschluss auch den konkreten Wertansatz für das übergehende Vermögen bestimmt hat. Es ist sehr fraglich, ob der Vorstand in einem solchen Fall das übergehende Vermögen doch noch mit einem höheren Wert ansetzen kann mit der Folge, dass die Dotierung der Kapitalrücklage letztlich höher ausfällt, als von der Hauptversammlung beschlossen wurde und mit der weiteren Folge, dass die aus dem höheren Bilanzansatz folgenden höheren Abschreibungen in den nächsten Jahren das Ausschüttungspotenzial vermindern. Bedenken gegen ein solches Vorgehen äußert auch Naumann,[596] der für eine zusätzliche Einstellung in die Kapitalrücklage eine ausdrückliche Ermächtigung durch die Hauptversammlung verlangt; Deubert/Hoffmann[597] wollen durch Auslegung des Kapitalerhöhungsbeschlusses ermitteln, ob die Hauptversammlung mit dem Kapitalerhöhungsbeschluss auch gleichzeitig eine Bestimmung der Anschaffungskosten vorgesehen hat oder nicht. Das IDW[598] plädiert ebenfalls für eine Auslegung des Kapitalerhöhungsbeschlusses, wobei der Bilanzierungsspielraum des übernehmenden Rechtsträgers dahingehend eingeschränkt ist, dass entweder auf die Bildung einer Kapitalrücklage ganz verzichtet wird und sich die Anschaffungskosten des übergehenden Reinvermögens damit aus dem Nennbetrag der Kapitalerhöhung ergeben oder aber eine Kapitalrücklage in Höhe des Unterschiedsbetrags zwischen dem Zeitwert des übergehenden Vermögens und dem Nennbetrag der Kapitalerhöhung gebildet wird, so dass es zu einem Zeitwertansatz des übergehenden Vermögens kommt. Die Zuführung eines geringeren Betrags zur Kapitalrücklage mit dem Ziel, einen Bilanzansatz des übergehenden Vermögens mit einem Zwischenwert zwischen dem Betrag der Nennkapitalerhöhung und dem Zeitwert zu erreichen, kommt damit nicht in Betracht. Dies kann also nur dann erreicht werden, wenn der Kapitalerhöhungsbeschluss betragsmäßig ein Agio bestimmt.

7. Mischfälle

848 Ein sog. Mischfall liegt vor, wenn bei einer Umwandlung anteilig sowohl eine **Sacheinlage gegen Kapitalerhöhung** als auch ein **tauschähnlicher Umsatz** vorliegt. Ein solcher Fall ist immer dann gegeben, wenn der übernehmende Rechtsträger zwar bereits über einen Teil der Gegenleistung verfügt, dies jedoch allein noch nicht ausreicht. Der noch fehlende Teil der Gegenleistung muss daher in neuen Anteilen bestehen, die durch eine Kapitalerhöhung geschaffen werden müssen.

---

596 FS für Rainer Ludewig, S. 683, 691.
597 Winkeljohann/Förschle/Deubert, Sonderbilanzen, K 44.
598 RS HFA 42, Rn. 43.

Es sind hier folgende **Konstellationen** denkbar: 849
- Der übernehmende Rechtsträger ist an dem übertragenden Rechtsträger beteiligt, hält aber nicht 100 % der Anteile, sondern es sind noch weitere Personen an dem übertragenden Rechtsträger beteiligt.

In diesem Fall besteht die Gegenleistung aus der Sicht des übernehmenden Rechtsträgers zunächst in der Hingabe der Anteile an dem übertragenden Rechtsträger. Insoweit liegt ein tauschähnlicher Umsatz vor. Zum anderen müssen den übrigen Gesellschaftern des übertragenden Rechtsträgers Anteile am übernehmenden Rechtsträger gewährt werden. Diese werden durch eine Kapitalerhöhung geschaffen. Insoweit stellt die Vermögensübertragung daher eine Sacheinlage gegen Kapitalerhöhung dar.
- Der übertragende Rechtsträger hält Anteile am übernehmenden Rechtsträger, die als Gegenleistung verwendet werden sollen (tauschähnlicher Umsatz). Der andere Teil der Gegenleistung wird wiederum durch Gewährung neuer Anteile erbracht (Sacheinlage).

In diesen sog. Mischfällen liegt eine Kombination einer Verschmelzung mit und ohne Kapitalerhöhung vor und jeder dieser Teilvorgänge ist nach den hierfür jeweils geltenden Grundsätzen abzubilden.[599] In diesem Zusammenhang stellen sich mehrere Fragen. Zunächst ist zu prüfen, ob eine Umwandlung mit einer derart kombinierten Gegenleistung dazu führt, dass in Bezug auf jede Gegenleistung das Wahlrecht des § 24 UmwG getrennt ausgeübt werden kann, also z. B. insoweit, wie eine Sacheinlage gegen Kapitalerhöhung vorliegt, eine Bilanzierung mit den Anschaffungskosten und soweit ein tauschähnlicher Umsatz vorliegt, eine Buchwertfortführung gewählt werden kann. Dies ist abzulehnen. Auch wenn zwei unterschiedliche Gegenleistungen vorliegen, handelt es sich bei einer Vermögensübertragung im Rahmen einer Unternehmensumwandlung trotzdem um einen einheitlichen Vorgang. Der übernehmende Rechtsträger muss daher das Wahlrecht des § 24 UmwG für das gesamte übergehende Vermögen einheitlich ausüben.[600] 850

Soweit sich der übernehmende Rechtsträger jedoch zugunsten der **Bilanzierung mit den tatsächlichen Anschaffungskosten** entschieden hat, können die – entsprechend der jeweiligen Gegenleistung – zur Verfügung stehenden Ansatzwahlrechte unabhängig voneinander ausgeübt werden. Soweit also eine Sacheinlage gegen Kapitalerhöhung vorliegt, hat der übernehmende Rechtsträger die Möglichkeit, das auf diese Gegenleistung entfallende Vermögen mit dem Ausgabebetrag der neuen Anteile oder mit seinem Zeitwert anzusetzen. Soweit jedoch ein tauschähnlicher Umsatz vorliegt, kann das Vermögen mit dem Buchwert der Gegenleistung, mit dem Zeitwert der Gegenleistung oder mit einem erfolgsneutralen Zwischenwert angesetzt werden.[601] Es besteht also z. B. keine Verpflichtung, das im Wege der Sacheinlage übergehende Vermögen mit dem Zeitwert anzusetzen, nur weil das im Wege des tauschähnlichen Umsatzes übergehende Vermögen mit dem Zeitwert angesetzt wird. Wird hingegen die Buchwertfortführung gewählt, ist bezüglich der Behandlung der sich ergebenden Differenzbeträge ebenfalls »tranchenweise« vorzugehen. Bezüglich des Vermögens, welches anteilig auf die bestehende Beteiligung entfällt, liegt ein Tauschvorgang vor mit entsprechender erfolgswirksamer Erfassung der Differenzbeträge, während das auf den Minderheitsgesellschafter anteilig entfallende Vermögen auf die erforderliche Kapitalerhöhung entfällt und ein positiver Differenzbetrag in die Kapitalrücklage nach § 272 Abs. 2 Nr. 1 HGB einzustellen ist.[602] 851

---

599 IDW, RS HFA 42, Rn. 55.
600 Deubert/Hoffmann in Winkeljohann/Förschle/Deubert, Sonderbilanzen, K 65; Naumann, in: FS für Rainer Ludewig, S. 683, 709 und wohl auch Pohl, Handelsbilanzen bei der Verschmelzung von Kapitalgesellschaften, S. 124 ff.; a. A. Widmann/Mayer/Widmann, Umwandlungsrecht, § 24 UmwG, Rn. 339; zur teilweisen Ausübung des Wahlrechts vgl. auch Teil 7 Rdn. 844.
601 Ebenso Deubert/Hoffmann in Winkeljohann/Förschle/Deubert, Sonderbilanzen, K 66 mit ausführlichem Beispiel; vgl. auch Fall 7, Teil 7 Rdn. 966.
602 Vgl. hierzu auch Fall 7, Rdn. 964 sowie Deubert/Lewe/Roland, BB 2017, 554.

852 Kein Mischfall i. d. S. liegt dagegen vor, wenn z. B. als Gegenleistung sowohl die Beteiligung am übertragenden Rechtsträger als auch eigene Anteile des übernehmenden Rechtsträgers hingegeben werden. Beide Gegenleistungen erfolgen im Rahmen eines tauschähnlichen Umsatzes. Positive oder negative Differenzbeträge sind daher immer gleich zu behandeln. Für eine Aufteilung besteht kein Bedarf.

8. Konfusionsgewinn

853 Bestehen zwischen dem übertragenden und dem übernehmenden Rechtsträger Forderungen und Verbindlichkeiten, so kommt es anlässlich des Vermögensübergangs im Betriebsvermögen des übernehmenden Rechtsträgers insoweit zu einer Konfusion. Hierbei kann für den übernehmenden Rechtsträger ein Differenzbetrag entstehen, wenn Forderung und Verbindlichkeit unterschiedlich bewertet waren. Dies kann insb. dann der Fall sein, wenn die Forderung in der Vergangenheit wertberichtigt wurde, während die Verbindlichkeit weiterhin mit ihrem Nennbetrag zu Buche stand. In diesem Fall entsteht ein sog. Konfusionsgewinn, der je nach Wahl der Bewertungsmethode unterschiedlich zu bilanzieren ist.

854 Wählt der übernehmende Rechtsträger die Anschaffungskostenmethode, so ist der Differenzbetrag als Anschaffungsnebenkosten zu behandeln und entsprechend zu aktivieren.[603] Bei einem downstream merger plädiert das IDW – mangels Aufwendung einer Gegenleistung – für eine Einstellung des Differenzbetrages in die Kapitalrücklage nach § 272 Abs. 2 Nr. 4 HGB. Entsprechendes gilt bei einem side-stream merger.

855 Demgegenüber ist der Konfusionsgewinn bei Wahl der Buchwertfortführung als außerordentlicher Ertrag erfolgswirksam in der **Gewinn- und Verlustrechnung** zu erfassen.[604]

9. Bilanzielle Behandlung von Umwandlungskosten

856 Bei den an einer Unternehmensumwandlung beteiligten Rechtsträgern fallen häufig in erheblichem Umfang Umwandlungskosten an. Hierzu gehören z. B. Notargebühren, Beratungskosten, Prüfungskosten, Gerichtsgebühren, Grunderwerbsteuer, etc.

857 Umwandlungskosten des übertragenden Rechtsträgers sind bei diesem als **Aufwand** zu behandeln und in der Schlussbilanz als **Rückstellungen oder Verbindlichkeiten** auszuweisen, wenn sie bereits vor dem Bilanzstichtag entstanden sind. Bei einer Entstehung nach dem Umwandlungsstichtag, aber vor dem Zeitpunkt des Übergangs des wirtschaftlichen Eigentums sind die Umwandlungskosten grds. noch als Aufwand bei dem übertragenden Rechtsträger zu erfassen, allerdings belasten sie bereits als »für Rechnung des übernehmenden Rechtsträgers« getätigte Aufwendungen dessen Ergebnis (vgl. Teil 7 Rdn. 633 ff.).

858 Bzgl. der **bei dem übernehmenden Rechtsträger anfallenden Umwandlungskosten** ist zunächst danach zu trennen, ob es sich um reine Vorbereitungskosten bzw. Kosten der Entscheidungsfindung (z. B. Beratungskosten) oder um Anschaffungsnebenkosten i. S. d. § 255 Abs. 2 HGB handelt, die nach der Entscheidung zur Durchführung der Verschmelzung entstehen.

859 Die **reinen Vorbereitungskosten** sind generell als laufender Aufwand zu behandeln. Eine Aktivierung kommt nicht in Betracht.

860 Die Anschaffungsnebenkosten sind wiederum zu unterteilen in solche, die keinem bzw. anteilig allen übergehenden Vermögensgegenständen zuzuordnen sind (wie z. B. Gerichtskosten, Prüfungskosten) und solchen, die unmittelbar einem bestimmten Vermögensgegenstand zugeordnet werden können (wie z. B. die Grunderwerbsteuer). Die auf alle Vermögensgegenstände entfallen-

---

603 Lutter/Priester, UmwG, § 24 Rn. 48.
604 Lutter/Priester, UmwG, § 24 Rn. 73; vgl. auch Fall 4, Teil 7 Rdn. 951; Deubert/Hoffmann in Winkeljohann/Förschle/Deubert, Sonderbilanzen, K 74.

den Anschaffungsnebenkosten sind als laufender Aufwand zu behandeln.[605] Bzgl. der Anschaffungsnebenkosten, die einzelnen Vermögensgegenständen zugeordnet werden können, ist danach zu unterscheiden, ob der übernehmende Rechtsträger die übergehenden Vermögensgegenstände mit den Buchwerten des übertragenden Rechtsträgers oder mit den auf sie entfallenden Anschaffungskosten bilanziert.

Im Fall der **Buchwertübernahme nach § 24 UmwG** kommt eine Aktivierung dieser Kosten nach der herrschenden Meinung nicht in Betracht. Vielmehr sind diese aufwandswirksam zu erfassen.[606]

Setzt der übernehmende Rechtsträger hingegen die Vermögensgegenstände mit ihren **Anschaffungskosten** an, so sind die den einzelnen Vermögensgegenständen zuordenbaren Anschaffungskosten als solche zu aktivieren.[607] Die übrigen Kosten stellen laufenden Aufwand dar. Dies gilt insb. für Kosten der Beurkundung der Gesellschafterbeschlüsse etc., die in Fällen der Verschmelzung mit Kapitalerhöhung ggf. auch als Nebenkosten der Kapitalbeschaffung einzustufen sind.[608]

Zur steuerlichen Behandlung der Umwandlungskosten s. Teil 7 Rdn. 234.

10. Hereinverschmelzung

Gem. § 122l Abs. 1 Satz 3 UmwG ist § 17 UmwG auf die ausländische übertragende Gesellschaft nicht anwendbar. Ob und ggf. nach welchen Regelungen der ausländische übertragende Rechtsträger eine Schlussbilanz zu erstellen hat, ergibt sich somit aus dem ausländischen nationalen Recht.

Allerdings findet § 24 UmwG Anwendung auf die Bilanzierung bei dem inländischen übernehmenden Rechtsträger. Bzgl. der Ermittlung der Gegenleistung und damit der Anschaffungskosten gelten die zu den nationalen Verschmelzungsvorgängen gemachten Ausführungen entsprechend.

Fraglich ist allerdings, ob das in § 24 UmwG eröffnete Wahlrecht, als Anschaffungskosten auch die Buchwerte aus der (ausländischen) Schlussbilanz des übertragenden Rechtsträgers zu übernehmen, ausgeübt werden kann. Die herrschende Meinung bejaht diese Möglichkeit.[609] Dafür spricht, dass an einer grenzüberschreitenden Hereinverschmelzung nur EU-Kapitalgesellschaften teilnehmen können, deren Sitzstaaten alle die 4. gesellschaftsrechtliche Richtlinie umgesetzt haben müssten. Die für die Schlussbilanz geltenden Bilanzierungsvorschriften müssten sich also einigermaßen gleichen. Ob dies in der Praxis tatsächlich so ist, ist allerdings fraglich, für die Ausübung des Bewertungswahlrechts jedoch auch nicht relevant. Wird die Buchwertfortführung gewählt, so sind die übernommenen Buchwerte fortzuführen.[610] Eine Anpassung der einzelnen übernommenen Buchwerte in der ersten regulären Bilanz des übernehmenden Rechtsträgers hat nur dann und insoweit zu erfolgen, als die Buchwerte der Aktiva deren Zeitwerte am Stichtag der Schlussbilanz überschreiten bzw. die Buchwerte der Schulden zu diesem Stichtag niedriger sind als deren Zeit-

---

605 Orth, GmbHR 1998, 511, 513 mit Hinweis auf Widmann/Mayer/Widmann, Umwandlungsrecht, § 24 UmwG, Rn. 406; a. A. Müller in Kallmeyer, 5. Aufl., § 24 Anm 12, wonach auch diese Kosten Anschaffungsnebenkosten sind.
606 IDW, RS HFA 42, Rn. 62; Lutter/Priester, UmwG, § 24 Rn. 41; Naumann, in: FS für Rainer Ludewig, S. 683, 704; Deubert/Hoffmann in Winkeljohann/Förschle/Deubert, Sonderbilanzen, K 86.
607 Naumann, in: FS für Rainer Ludewig, S. 683, 704, Fn. 48; Widmann/Mayer/Widmann, Umwandlungsrecht, § 24 UmwG, Rn. 406.
608 Vgl. Deubert/Hoffmann in Winkeljohann/Förschle/Deubert, Sonderbilanzen, K 43.
609 Kallmeyer/Lanfermann, Umwandlungsgesetz, § 24 Rn. 62; Bilitewski/Roß/Weiser, WPg 2014, 73 (83); Deubert/Hoffmann in Winkeljohann/Förschle/Deubert, Sonderbilanzen, K 70; ebenso IDW, RS HFA 42, Rn. 87 unter der Voraussetzung, dass der übertragende Rechtsträger nach seinem nationalen Recht oder nach den Regelungen im Verschmelzungsplan eine Schlussbilanz zu erstellen hat.
610 Gl.A. Pöllath/Fischer, IStR 2015, 778 (780) für den vergleichbaren Fall eines Zuzugs einer ausländischen Gesellschaft durch grenzüberschreitenden Formwechsel.

werte.[611] Eine Anpassungspflicht besteht nach Ansicht des IDW ebenfalls, wenn die Schlussbilanz Posten enthält, die nach den deutschen handelsrechtlichen Vorschriften nicht angesetzt werden dürfen. Die genannten ggf. erforderlichen Anpassungen sind nach Auffassung des IDW[612] auch nicht erst in der nächsten regulären Bilanz des übernehmenden Rechtsträgers, sondern bereits bei Einbuchung der Vermögensgegenstände und Schulden vorzunehmen. Damit ist sichergestellt, dass diese Abweichungen von der gewählten Buchwertfortführung zumindest dann erfolgsneutral umgesetzt werden, wenn die Verschmelzung selbst erfolgsneutral vonstatten geht bzw. direkt in einen sich ggf. ergebenden Verschmelzungsgewinn/-verlust eingeht. Eine Beeinträchtigung der Aussagekraft des Jahresabschlusses über die Ertragslage des übernehmenden Rechtsträgers wird damit weitgehend vermieden.

III. Besondere Bilanzierungsprobleme in Spaltungsfällen

1. Allgemeines

867 Die Spaltung bildet spiegelbildlich das Gegenstück zur Verschmelzung. Die enge Verknüpfung dieser Umwandlungsarten wird durch § 125 UmwG deutlich, der für den Bereich der Spaltung die Regelungen über die Verschmelzung für entsprechend anwendbar erklärt.

868 Das Gesetz unterscheidet drei verschiedene Arten der Spaltung: die Aufspaltung, die Abspaltung und die Ausgliederung. Bei der **Aufspaltung** geht der übertragende Rechtsträger ohne Liquidation unter und das Vermögen geht auf mindestens zwei andere Rechtsträger über. Bei der **Abspaltung** und der **Ausgliederung** bleibt der übertragende Rechtsträger hingegen weiterhin bestehen. Die übernehmenden Rechtsträger müssen den Gesellschaftern des übertragenden Rechtsträgers bzw. bei der Ausgliederung dem übertragenden Rechtsträger selbst, als Gegenleistung für die Vermögensübertragung Gesellschaftsrechte gewähren (§ 123 Abs. 1 und Abs. 2 UmwG). Hierbei kann es sich entweder um bereits existierende Gesellschaftsrechte oder um im Wege der Kapitalerhöhung neu geschaffene Anteile handeln (vgl. Teil 7 Rdn. 713 ff.).

869 Die Frage der **Anteilsgewährungspflicht** (vgl. hierzu Teil 7 Rdn. 715) wurde bereits nach der alten Rechtslage in Spaltungsfällen kontrovers diskutiert. Das Gesetz sieht in Spaltungsfällen ausdrücklich die Möglichkeit einer »nicht verhältniswahrenden Spaltung« vor. Strittig war nun, ob es im Rahmen einer solchen »nicht verhältniswahrenden Spaltung« auch möglich ist, einem oder mehreren Gesellschaftern des übertragenden Rechtsträgers am übernehmenden Rechtsträger »Null« Anteile zu gewähren.[613] Nach der seit April 2007 geltenden Rechtslage dürfte diese Streitfrage inhaltslos sein, denn durch den Verweis des § 125 UmwG gilt § 54 Abs. 1 UmwG in Fällen der Auf- und Abspaltung entsprechend, sodass offiziell bei entsprechendem Einverständnis der Gesellschafter auf eine Anteilsgewährung durch die Übernehmerin verzichtet werden kann.

870 Bilanziell gelten in Spaltungsfällen ggü. der Verschmelzung nur wenige Besonderheiten. Hierbei handelt es sich überwiegend um Bilanzierungsprobleme des übertragenden Rechtsträgers nach der Spaltung. Im Gegensatz zur Verschmelzung ist der übertragende Rechtsträger zumindest bei der Abspaltung und der Ausgliederung nach der Vermögensübertragung noch existent. Hier muss daher sehr genau untersucht werden, wie sich die Vermögensübertragung auf seine Bilanzierung auswirkt. Darüber hinaus ergibt sich noch ein Bilanzierungsproblem aufgrund der in allen Spaltungsfällen geltenden gesamtschuldnerischen Haftung für die vor der Spaltung begründeten Verbindlichkeiten des übertragenden Rechtsträgers.

---

611 IDW, RS HFA 42, Rn. 90; Kallmeyer/Lanfermann Umwandlungsgesetz, § 24 Rn. 63.
612 RS HFA 42, Rn. 91.
613 Befürwortend LG Konstanz, Beschl. v. 13.02.1998, DB 1998, 1177 m. w. N.

2. Bilanzierung beim übertragenden Rechtsträger

a) Aufstellung einer Schlussbilanz

Der übertragende Rechtsträger hat nach § 125 i. V. m. § 17 Abs. 2 UmwG beim Handelsregister eine Schlussbilanz einzureichen. Für diese Schlussbilanz gelten die Vorschriften über die Jahresbilanz entsprechend. Zu näheren Einzelheiten vgl. Teil 7 Rdn. 665 ff. Stellt der übertragende Rechtsträger zum Schlussbilanzstichtag eine Schlussbilanz für sein gesamtes Unternehmen auf, so kann nicht gefordert werden, dass für den im Zuge der Spaltung übergehenden Vermögensteil zusätzlich eine gesonderte **Teilbilanz** erstellt wird.[614] In den Fällen der Abspaltung und Ausgliederung ist es nach Ansicht des IDW[615] jedoch auch ausreichend, wenn anstelle einer Gesamtbilanz geprüfte Teilbilanzen für das zu übertragende Vermögen und das verbleibende Vermögen beim Handelsregister eingereicht werden. Ist das zu übertragende Vermögen im Verhältnis zum Gesamtvermögen des übertragenden Rechtsträgers unwesentlich, soll es in Fällen der Abspaltung nach dieser Ansicht sogar ausreichen, wenn nur eine geprüfte Teilbilanz für das zu übertragende Vermögen eingereicht wird.[616] Bei Ausgliederungen soll regelmäßig die Einreichung einer geprüften Teilbilanz für das zu übertragende Vermögen ausreichen, da das Vermögen des übertragenden Rechtsträgers durch die Ausgliederung nicht gemindert wird. Die Frage, ob die Einreichung von Teilbilanzen ausreichend ist, wird in der Literatur jedoch sehr kontrovers diskutiert und in der Praxis eher restriktiv gehandhabt. Nach Ansicht von Müller[617] ist in allen Spaltungsfällen als Schlussbilanz die Erstellung einer Gesamtbilanz erforderlich. Die Erstellung von zusätzlichen Teilbilanzen sei zwar möglich und wünschenswert, könne aber eine Gesamtbilanz nicht ersetzen. Sauter[618] weist darauf hin, dass in der Praxis der Meinung des IDW, statt Gesamt-Schlussbilanzen lediglich Teil-Schlussbilanzen der Anmeldung beizufügen, regelmäßig aufgrund des entgegenstehenden Gesetzeswortlauts nicht gefolgt wird. Er empfiehlt daher, auf die Einreichung einer Gesamt-Schlussbilanz nur nach Vorabsprache mit dem Handelsregister zu verzichten.

871

Die **Aufstellung einer »Spaltungsbilanz«** des übertragenden Rechtsträgers unmittelbar nach erfolgter Spaltung, die ausschließlich das beim übertragenden Rechtsträger verbliebene Vermögen ausweist, ist nach herrschender Meinung nicht erforderlich. Der übertragende Rechtsträger berücksichtigt daher den Vermögensabgang aufgrund der Abspaltung bzw. Ausgliederung erstmals in dem auf die Handelsregistereintragung folgenden Jahresabschluss.[619]

872

▶ Hinweis:

In der Praxis ist die Erstellung einer 3-Spalten-Bilanz für den übertragenden Rechtsträger zu empfehlen, welche das Vermögen vor der Spaltung, das zu übertragende Vermögen und das nach der Spaltung noch verbleibende Vermögen ausweist, denn insb. in den Fällen der Abspaltung von Kapitalgesellschaften stellt sich für den übertragenden Rechtsträger die Frage, ob das verbleibende Vermögen wertmäßig das Grund- bzw. Stammkapital der Gesellschaft deckt.

873

b) Kapitalerhaltung in den Fällen der Abspaltung

Ist der übertragende Rechtsträger eine Personengesellschaft, so sind keine besonderen Bilanzierungsregeln zu beachten. Der buchmäßige Vermögensabgang ist erfolgsneutral über die Kapitalkonten der beteiligten Gesellschafter abzubilden. Handelt es sich bei dem übertragenden Rechtsträger jedoch um eine Kapitalgesellschaft, so sind bei einer Spaltung die Grundsätze der

874

---

614 IDW, RS HFA 43, Rn. 7.
615 RS HFA 43, Rn. 8.
616 IDW RS HFA 43, Rn. 8; Semler/Stengel/Schwanna, UmwG, § 17 Rn. 23; Kallmeyer/Sickinger, § 125 Rn. 23.
617 WPg 1996, 857, 865.
618 FS für Siegfried Widmann, S. 111 f.
619 Küting/Hayn/Hütten, BB 1997, 565, 567.

Kapitalerhaltung zu beachten. Relevant ist dieser Aspekt jedoch ausschließlich für die Fälle der Abspaltung, denn bei der Aufspaltung geht der übertragende Rechtsträger unter, sodass sich eine Kapitalerhaltung erübrigt. Bei der Ausgliederung ist aufgrund der Tatsache, dass lediglich ein Tausch stattfindet, die Kapitalerhaltung i. d. R. nicht gefährdet (zur Ausnahme vgl. Teil 7 Rdn. 886 f.).

875 Wie viel Gewicht der Gesetzgeber der Einhaltung der **Gläubigerschutzvorschriften** bei dem übertragenden Rechtsträger beigemessen hat, ist § 140 UmwG zu entnehmen. Nach dieser Vorschrift haben die Organe des übertragenden Rechtsträgers zu erklären, dass bei diesem nach der Abspaltung die Voraussetzungen für die Gründung dieser Gesellschaft vorliegen. Diese Erklärung beinhaltet insb. die Versicherung, dass die Kapitalaufbringungsvorschriften nach der Abspaltung weiterhin erfüllt sind. Die Erklärung nach § 140 UmwG ist strafbewehrt.

876 Bei einer Abspaltung von positivem Reinvermögen gibt der übertragende Rechtsträger Vermögen hin, ohne dass er dafür selbst eine Gegenleistung erhält. Die Gegenleistung erhalten vielmehr die Gesellschafter des übertragenden Rechtsträgers in Form von Anteilen am übernehmenden Rechtsträger. Rechtlich gesehen ist diese Anteilsgewährung als Einlagenrückgewähr an die Gesellschafter des übertragenden Rechtsträgers anzusehen.[620] Es handelt sich somit um einen gesellschaftsrechtlichen Vorgang und nicht um einen laufenden Geschäftsvorfall des abspaltenden Rechtsträgers. Daher dürfen sich hieraus keine das Jahresergebnis beeinflussenden Aufwendungen oder Erträge ergeben.[621] Der **Bilanzausgleich** aufgrund des Abgangs positiven oder negativen Buchvermögens ist daher erfolgsneutral im Eigenkapital abzubilden. Der Ausweis eines Abspaltungsgewinns oder Abspaltungsverlustes kommt nicht in Betracht.

877 Ist das **übergehende Buchvermögen positiv**, muss der übertragende Rechtsträger zum Bilanzausgleich sein **Eigenkapital verringern**.[622] Soweit genügend frei verfügbare Eigenkapitalteile vorhanden sind, ist der Betrag der Vermögensminderung zunächst mit diesen zu verrechnen.[623] Bei Aktiengesellschaften ist eine bestimmte Reihenfolge der Rücklagenauflösung zu beachten. Als erstes sind die jederzeit verfügbaren Rücklagen aufzulösen. Erst wenn diese nicht ausreichen, sind die Kapitalrücklagen nach § 272 Abs. 2 Nr. 1–3 HGB und die gesetzliche Rücklage nach § 150 AktG aufzulösen, letztere allerdings nur, soweit die gesetzliche Rücklage und die Kapitalrücklagen nach § 272 Abs. 2 Nr. 1–3 HGB zusammen den Betrag von 10 % des nach der Spaltung verbleibenden Grundkapitals übersteigen.[624] Bei einer GmbH ist grds. keine bestimmte Reihenfolge bei der Auflösung von Rücklagen einzuhalten. Allerdings kann auch hier gem. § 58a Abs. 2 GmbHG von einer Auflösung der Kapital- und Gewinnrücklagen i. H. v. 10 % des nach der Spaltung verbleibenden Stammkapitals abgesehen werden. Von der Auflösung ausgenommen sind lediglich die Rücklage für Anteile an einem herrschenden oder mehrheitlich beteiligten Unternehmen gem. § 272 Abs. 4 HGB sowie Rücklagenteile, die nach § 268 Abs. 8 HGB für Ausschüttungen gesperrt sind, soweit die mit der Rücklage in wirtschaftlichem Zusammenhang stehenden Vermögensgegenstände beim übertragenden Rechtsträger verbleiben.[625]

878 Reicht die Auflösung der Kapitalrücklagen nicht aus, um den Abgang des positiven Buchvermögens bilanziell auszugleichen, so ist eine Kapitalherabsetzung vorzunehmen. Nach §§ 139, 145 UmwG kann eine vereinfachte Kapitalherabsetzung durchgeführt werden, wenn sie für die Durchführung der Spaltung erforderlich ist. Bei einer **vereinfachten Kapitalherabsetzung** entfällt – im

---

620 Schöne, Die Spaltung unter Beteiligung von GmbH, S. 66, mit Hinweis auf Priester, in: FS für Schippel, S. 487, 488.
621 IDW, RS HFA 43, Rn. 11; Deubert/Lewe, BB 2015, 2347 (2348).
622 Schöne, Die Spaltung unter Beteiligung von GmbH, S. 66 und Mayer, DB 1995, 865.
623 IDW, RS HFA 43, Rn. 12, 14.
624 Vgl. IDW, RS HFA 43, Rn. 14; a.A. Oser, StuB 2014, 631, wonach die Rücklage nach § 150 AktG zunächst vollständig aufzulösen ist.
625 IDW, RS HFA 43, Rn. 14.

Gegensatz zur ordentlichen Kapitalherabsetzung – die Pflicht zur Sicherheitsleistung bzw. Befriedigung der Gläubiger (§ 58 Abs. 1 Nr. 2 GmbHG), der dreimalige Gläubigeraufruf (§ 58 Abs. 1 Nr. 1 GmbHG) und das sog. Sperrjahr nach § 58 Abs. 1 Nr. 3 GmbHG.

Nach der herrschenden Meinung ist eine **vereinfachte Kapitalherabsetzung** dann und auch nur insoweit zur Durchführung einer Spaltung »erforderlich«, als die Auflösung aller sonstigen – nicht für Ausschüttungen gesperrten – Kapitalrücklagen (nach herrschender Meinung ohne Auflösung der gesetzlichen Rücklage bei der AG und der 10 %igen Rücklage bei der GmbH nach § 58a Abs. 2 GmbHG) für die vorzunehmende Eigenkapitalminderung nicht ausreicht, sodass durch die Abspaltung des positiven Buchvermögens eine **Unterbilanz** entstünde.[626] Allerdings sind bei der Bemessung des erforderlichen Kapitalherabsetzungsbetrages nicht nur die in der Schlussbilanz ausgewiesenen Eigenkapitalbestände zu berücksichtigen. Vielmehr sind zusätzlich alle Eigenkapitalmaßnahmen zu berücksichtigen, die in der Zeit nach dem Spaltungsstichtag bis zur Beschlussfassung über die Spaltung beschlossen oder ohne Beschluss vorgenommen wurden.[627] Und weiterhin können darüber hinaus die Gewinne berücksichtigt werden, die in der Zeit zwischen dem Stichtag der Schlussbilanz und der Anmeldung zum Handelsregister aus dem verbleibenden Vermögen erzielt worden und durch eine Zwischenbilanz nachgewiesen sind.[628]

879

Eine Unterbilanz wäre dann gegeben, wenn das nach der Spaltung verbleibende bilanzielle Reinvermögen (keine Einbeziehung stiller Reserven) geringer ist als das im Handelsregister eingetragene Stammkapital. Da die Vermögensübertragung gegen Gewährung von Gesellschaftsrechten an die Gesellschafter des übertragenden Rechtsträgers rechtlich eine Einlagenrückgewähr darstellt, verstieße die Entstehung einer Unterbilanz bei einer GmbH gegen § 30 GmbHG, wonach das zur Erhaltung des Stammkapitals erforderliche Vermögen der Gesellschaft nicht an die Gesellschafter ausgezahlt werden darf.[629] Die Folge eines solchen Verstoßes regelt § 31 GmbHG, wonach die Gesellschafter ggü. der Gesellschaft eine Erstattungspflicht haben. Um dies zu verhindern bleibt nur die Möglichkeit der Kapitalzuführung oder der Kapitalherabsetzung.

880

Soweit eine Kapitalherabsetzung zur Durchführung einer Abspaltung erforderlich ist, darf die Abspaltung erst dann im **Handelsregister** eingetragen werden, wenn zuvor die Durchführung der Kapitalherabsetzung im Handelsregister eingetragen worden ist (§ 139 Satz 2 UmwG). Durch diese Regelung soll sichergestellt werden, dass die Tatsache der Kapitalherabsetzung nicht erst nach der tatsächlichen Vermögensminderung durch die Spaltung, sondern vorher offengelegt wird.[630]

881

Aktiengesellschaften haben bei der Abspaltung positiven Buchvermögens die eingetretene Vermögensminderung in Ergänzung der Gewinn- und Verlustrechnung nach dem Posten »Jahresüberschuss/Jahresfehlbetrag« gesondert als »Vermögensminderung durch Abspaltung« auszuweisen (§ 158 Abs. 1 Satz 1 AktG i. V. m. § 240 AktG).[631] Des Weiteren ist an dieser Stelle die Auflösung von Kapitalteilen gesondert auszuweisen. Nach Ansicht des IDW[632] ist es sachgerecht, auch bei einer GmbH als übertragendem Rechtsträger eine diesen aktienrechtlichen Vorschriften entsprechende Ergänzung der Gewinn- und Verlustrechnung vorzunehmen.

882

Ist bei einer Abspaltung der **Buchwertsaldo des übergehenden Vermögens negativ**, tritt beim übertragenden Rechtsträger eine Vermögensmehrung ein. Diese ist im weitesten Sinne als andere

883

---

626 Müller, WPg 1996, 857, 866; Schöne, Die Spaltung unter Beteiligung von GmbH, S. 68, Fn. 213; Bula/Thees in Sagasser/Bula/Brünger, Umwandlungen, § 19, Rn. 56; Widmann/Mayer, Umwandlungsrecht, § 139 UmwG, Rn. 34.
627 IDW, RS HFA 43, Rn. 15.
628 IDW, RS HFA 43, Rn. 16.
629 Vgl. hierzu auch Schöne, Die Spaltung unter Beteiligung von GmbH, S. 66; Mayer, DB 1995, 861, 865.
630 Regierungsbegründung zu § 139 UmwG, BR-Drs. 75/94, S. 125.
631 IDW, RS HFA 43, Rn. 17.
632 RS HFA 43, Rn. 18.

Zuzahlung der Gesellschafter des übertragenden Rechtsträgers in dessen Gesellschaftsvermögen anzusehen, die gem. § 272 Abs. 2 Nr. 4 HGB in die Kapitalrücklage einzustellen ist.[633]

c) Bilanzierung des übertragenden Rechtsträgers im Fall der Ausgliederung

884 Anders als bei der Abspaltung werden bei einer Ausgliederung die Anteile des übernehmenden Rechtsträgers nicht den Gesellschaftern des übertragenden Rechtsträgers, sondern jenem selbst gewährt. Auf eine solche Anteilsgewährung kann auch nicht verzichtet werden, denn nach § 125 UmwG ist § 54 UmwG in Ausgliederungsfällen nicht anwendbar. Die als Gegenleistung erhaltenen Anteile sind nach den für **Tauschgrundsätze** entwickelten Regeln zu bewerten. Das bedeutet, dass die Anteile mit dem Buchwert oder dem Zeitwert des übergegangenen Vermögens angesetzt werden können. Der bei einem Zeitwertansatz entstehende Gewinn ist ertragswirksam in der Gewinn- und Verlustrechnung des übertragenden Rechtsträgers zu erfassen.[634] Bula/Thees[635] halten hingegen die Möglichkeit eines gewinnrealisierenden Ansatzes der Anteile mit dem Verkehrswert der hingegebenen Wirtschaftsgüter für fraglich, weil eine Ausgliederung keine Umsetzung am Markt darstelle.

885 Ist bei einer Ausgliederung der Buchwert des übergehenden Vermögens negativ, so sind die als Gegenleistung erhaltenen Anteile jedoch mindestens mit einem Merkposten anzusetzen. Auch der hierbei entstehende Ertrag ist in der **Gewinn- und Verlustrechnung** zu erfassen.[636]

886 Probleme mit den **Kapitalerhaltungsgrundsätzen** gibt es in Ausgliederungsfällen im Regelfall nicht, weil der übertragende Rechtsträger als Gegenleistung für die Vermögensübertragung die Anteile am übernehmenden Rechtsträger erhält.

▶ Hinweis:

887 Selbst dann, wenn die im Zuge der Ausgliederung gewährten Anteile an dem übernehmenden Rechtsträger nicht voll werthaltig sind, weil der übernehmende Rechtsträger bislang überschuldet war, kommt eine Kapitalherabsetzung beim übertragenden Rechtsträger nicht in Betracht.[637] Vielmehr sind die erhaltenen Anteile dann im nächsten Jahresabschluss des übertragenden Rechtsträgers erfolgswirksam abzuschreiben.

3. Bilanzierung beim übernehmenden Rechtsträger

a) Bilanzierungswahlrecht

888 Der übernehmende Rechtsträger hat nach § 125 i. V. m. § 24 UmwG das Wahlrecht, das übergehende Vermögen entweder mit den Buchwerten aus der Schlussbilanz des übertragenden Rechtsträgers oder mit den Anschaffungskosten anzusetzen. Zur Beantwortung der Frage, was genau unter diesen Begriffen zu verstehen ist und wie sie sich ermitteln lassen, kann auf die Ausführungen zur Verschmelzung (Teil 7 Rdn. 702 ff.) verwiesen werden, denn es ergeben sich hier speziell für die Spaltung keine Besonderheiten. Die Bilanzierung beim übernehmenden Rechtsträger ist auch völlig unabhängig davon, ob eine Aufspaltung, eine Abspaltung oder eine Ausgliederung gegeben ist (vgl. auch Fall 8, Teil 7 Rdn. 971).

---

633 Bula/Thees in Sagasser/Bula/Brünger, Umwandlungen, § 19, Rn. 60; IDW, RS HFA 43, Rn. 19; Deubert/Lewe, BB 2015, 2347 (2348) sehen auch die Möglichkeit einer erfolgswirksamen Erfassung als Ertragszuschuss, sofern sich aus dem Gesamtzusammenhang ergibt, dass die Abspaltung eine Maßnahme zur Sanierung des Tochterunternehmens darstellt.
634 IDW, RS HFA 43, Rn. 21; Küting/Hayn/Hütten, BB 1997, 565, 567.
635 Sagasser/Bula/Brünger, Umwandlungen, § 19, Rn. 63.
636 IDW, RS HFA 43, Rn. 21; Küting/Hayn/Hütten, BB 1997, 565, 568; a. A. Bula/Thees in Sagasser/Bula/Brünger, Umwandlungen, § 19, Rn. 66, die den in diesem Fall entstehenden Unterschiedsbetrag auch in die Kapitalrücklage einstellen wollen.
637 IDW, RS HFA 43, Rn. 22.

b) Vermögensübernahme mit Kapitalerhöhung

Übernehmende Rechtsträger haben in Spaltungsfällen auch im Fall der Kapitalerhöhung im Vergleich zur Verschmelzung keine bilanziellen Besonderheiten zu beachten. Es kann daher hier bzgl. sämtlicher Bilanzierungsprobleme auf die Ausführungen zur Verschmelzung (Teil 7 Rdn. 749 ff.) verwiesen werden.

889

Insb. bei **Kapitalgesellschaften** als übernehmendem Rechtsträger ist – ebenso wie bei der Verschmelzung – zu beachten, dass im Fall der Schaffung neuer Anteile bei einer Spaltung zur Neugründung die allgemeinen Gründungsvorschriften und bei einer Spaltung zur Aufnahme die jeweiligen Kapitalaufbringungsvorschriften zu erfüllen sind. Hieraus ergibt sich, dass in den Fällen der Neugründung oder Kapitalerhöhung der Verkehrswert des übergehenden Vermögens (Buchwerte zuzüglich stiller Reserven) positiv sein muss. Selbst wenn die übernehmende Kapitalgesellschaft nur eine minimale Kapitalerhöhung zur Schaffung eines einzigen Anteils durchführen will, ist dies nur möglich, wenn der Verkehrswert des übergehenden Vermögens mindestens den Nennbetrag dieser Kapitalerhöhung erreicht.

890

Strittig ist in der Literatur die Frage, ob das im Zuge der Spaltung bei der übernehmenden Kapitalgesellschaft zu schaffende neue gezeichnete Kapital betragsmäßig mindestens so groß sein muss wie die »Vernichtung« von gezeichnetem Kapital beim übertragenden Rechtsträger (durch Kapitalherabsetzung bei der Abspaltung oder durch Auflösung des übertragenden Rechtsträgers bei der Aufspaltung).[638] Analog zu der entsprechenden Diskussion in Verschmelzungsfällen (vgl. Teil 7 Rdn. 715 ff., 723) war dies jedoch schon bisher abzulehnen und ist durch die Abschaffung der Anteilsgewährungspflicht in § 54 UmwG wohl vollständig obsolet geworden. Das UmwG enthält keine Regelung für einen solchen gesellschaftsübergreifenden Kapitalerhaltungsgrundsatz.[639] Vielmehr hat der Gesetzgeber durch die Gläubigerschutzvorschriften der §§ 125 i. V. m. 22 und 133 UmwG die Interessen der Altgläubiger ausreichend berücksichtigt.[640] Für den Fall der Abspaltung mit vereinfachter Kapitalherabsetzung wird dem Gläubigerschutz darüber hinaus durch die Anwendung der in den §§ 58a ff. GmbHG, §§ 229 bis 236 AktG geregelten Gläubigerschutzvorschriften genüge getan.[641]

891

Problematisch könnte hingegen der **Gläubigerschutz** in den Fällen der Aufspaltung sein, denn hier findet keine vereinfachte Kapitalherabsetzung statt und daher fehlen den §§ 58a ff. GmbHG entsprechende – zusätzlich zu den Gläubigerschutzvorschriften des UmwG – anwendbare Regelungen. Nach Ansicht von Schöne[642] stellt auch das im UmwG geregelte Recht auf Sicherheitsleistung für diesen Fall keinen ausreichenden Gläubigerschutz dar, denn Sicherheitsleistung kann erst nach Bekanntmachung der Eintragung der Spaltung verlangt werden. Bis dahin könnten die nunmehr nicht mehr als Stammkapital gebundenen Finanzmittel aber schon ausgeschüttet worden sein.[643] Als Lösung dieses Gläubigerschutzproblems schlägt Schöne die analoge Anwendung des § 30 Abs. 1 GmbHG (bzw. des § 225 Abs. 2 AktG) für die in § 22 Abs. 1 Satz 1 UmwG genannte Zeitdauer von 6 Monaten vor. Das würde bedeuten, dass der Betrag, um den die Summe des gezeichneten Kapitals aller an der Spaltung beteiligten Rechtsträger geringer ist als die Summe der Stammkapitalien der beteiligten Rechtsträger vor der Spaltung, innerhalb eines Zeitraums von 6 Monaten nach Eintragung der Spaltung in das Handelsregister nicht an die Gesellschafter

892

---

638 So z. B. Naraschewski, GmbHR 1995, 697, 701.
639 Vgl. auch Müller, WPg 1996, 857, 866.
640 Rodewald, GmbHR 1997, 19, 21.
641 Regierungsbegründung zu § 139 UmwG, BR-Drucks. 75/94, S. 125; vgl. hierzu auch Fall 8, Teil 7 Rdn. 971.
642 Die Spaltung unter Beteiligung von GmbH, S. 72.
643 Vgl. Schöne, Die Spaltung unter Beteiligung von GmbH, S. 72.

ausgeschüttet werden darf. Geschieht dies trotzdem, soll dies die Rechtsfolge des § 31 GmbHG auslösen.[644]

c) Vermögensübernahme ohne Kapitalerhöhung

893 Ein Sonderfall, bei dem der übernehmende Rechtsträger keine Pflicht zur Anteilsgewährung hat, ist die Abspaltung von Vermögen einer Tochtergesellschaft auf ihre eigene Muttergesellschaft. Es gilt hier sogar ein **Kapitalerhöhungsverbot** (§ 125 i. V. m. § 68 Abs. 1 Nr. 1 UmwG), denn die Muttergesellschaft könnte als Gegenleistung für die Vermögensübernahme nur sich selbst Anteile gewähren. Als »Gegenleistung« für die Vermögensübernahme muss die Muttergesellschaft vielmehr eine Wertminderung ihrer Beteiligung an der Tochtergesellschaft hinnehmen, sofern das übergehende Reinvermögen einen positiven Zeitwert hat. Führt die Tochtergesellschaft anlässlich der Spaltung eine Kapitalherabsetzung durch, wird hierdurch ein Teil der von der Muttergesellschaft gehaltenen Beteiligung vernichtet. Führt die Tochtergesellschaft keine Kapitalherabsetzung durch, so bleibt die Beteiligung der Muttergesellschaft nominal zwar bestehen, es verringert sich jedoch ihr innerer Wert. Diese Wertminderung könnte in der Bilanz der Muttergesellschaft nach den allgemeinen Bilanzierungsregeln nur durch die Vornahme einer Teilwertabschreibung abgebildet werden. In Fällen der Spaltung ist es jedoch sachgerecht, in jedem Fall einen mengenmäßigen Abgang an den Anteilen, die an dem übertragenden Rechtsträger bestehen, anzunehmen, und zwar unabhängig davon, ob bei der Abspaltung eine Kapitalherabsetzung vorgenommen wird oder nicht.[645] Es kommt somit zu einer Minderung des Buchwertes der Anteile in dem Verhältnis der Verkehrswerte des abgespaltenen Vermögens zum ursprünglichen Vermögen.[646]

894 Hat das auf die Muttergesellschaft im Zuge der up-stream-Abspaltung übergehende Vermögen hingegen einen negativen Zeitwert, erhöht sich der innere Wert der Beteiligung am Tochterunternehmen. Faktisch stellt diese Vermögensübernahme daher eine Einlage dar, die zu einer entsprechenden Erhöhung der Anschaffungskosten der Beteiligung des übernehmenden am übertragenden Rechtsträger führt.[647] In Höhe des abgehenden negativen Buchwerts kommt es bei dem übernehmenden Rechtsträger zu einer Einstellung in die Kapitalrücklage.

895 Die Ermittlung der Anschaffungskosten des übergehenden Vermögens sowie die Behandlung positiver oder negativer Differenzbeträge beim übernehmenden Rechtsträger erfolgt analog der für den up-stream-merger geltenden Grundsätze (vgl. Teil 7 Rdn. 771 ff sowie Rdn. 840 ff.

d) Verteilung der Anschaffungskosten

896 Die nach den oben dargestellten Grundsätzen ermittelten Anschaffungskosten sind nach den allgemeinen Grundsätzen (vgl. hierzu Teil 7 Rdn. 814) auf die einzelnen übergehenden Vermögensgegenstände und Schulden zu verteilen. Übersteigen jedoch die insgesamt aufgewendeten Anschaffungskosten den Zeitwert des übergehenden Reinvermögens, ist zu prüfen, ob insoweit ein Geschäfts- oder Firmenwert angesetzt werden kann, denn dies setzt nach § 246 Abs. 1 Satz 4 HGB den Übergang eines »Unternehmens« voraus, was bei einer Spaltung – die auch die Übertragung einzelner Vermögensgegenstände ermöglicht – nicht zwingend der Fall sein muss. Deubner/Lewe[648] weisen jedoch zu Recht darauf hin, dass handelsrechtlich diesbezüglich keine allzu strengen Maßstäbe anzustellen sind. Insbesondere sind die im Steuerrecht an den sog. »Teilbetriebsbegriff« gestellten Anforderungen im Handelsrecht unbeachtlich. In einem solchen Fall wäre der positive Differenzbetrag als aufwandswirksamer Spaltungsverlust zu behandeln.

---

644 A. A. Rodewald, GmbHR 1997, 19, 21, der die analoge Anwendung der § 30 GmbHG, § 225 Abs. 2 AktG ablehnt, weil im Bereich des § 22 UmwG eine entsprechende Regelungslücke fehle.
645 IDW, RS HFA 43 Rn. 33.
646 Deubert/Lewe, BB 2015, 2347 (2348).
647 Deubert/Lewe, DB 2015, 2347 (2349).
648 DB 2015, 2347 (2348 f.).

4. Bilanzielle Abbildung der gesamtschuldnerischen Haftung

Das UmwG enthält keine Vorschriften darüber, wie im Fall einer Spaltung das Vermögen auf die beteiligten Rechtsträger zu verteilen ist. Hierüber können die Organe der an der Spaltung Beteiligten vielmehr frei entscheiden. So kann es z. B. sein, dass überwiegend Aktivvermögen abgespalten wird und bei dem übertragenden Rechtsträger alle Verbindlichkeiten verbleiben. Es kann aber auch genau andersherum so sein, dass verhältnismäßig viele Verbindlichkeiten abgespalten werden, während ein Großteil des Aktivvermögens zurückbehalten wird. Bei einer derart weitgehenden **Entscheidungsfreiheit über die Zuordnung der Aktiva und Passiva** im Rahmen einer Spaltung stellt sich natürlich die Frage nach dem **Gläubigerschutz**. Der Gesetzgeber hat sich dazu entschieden, den Gläubigerschutz durch eine gesamtschuldnerische Haftung aller an der Spaltung beteiligten Rechtsträger zu gewährleisten (§ 133 Abs. 1 UmwG).

897

Von der **gesamtschuldnerischen Haftung** erfasst werden alle Verbindlichkeiten des übertragenden Rechtsträgers, die vor dem Wirksamwerden der Spaltung begründet worden sind. Nicht erfasst werden hingegen Verbindlichkeiten des übernehmenden Rechtsträgers sowie Verbindlichkeiten des übertragenden Rechtsträgers, die nach dem Wirksamwerden der Spaltung begründet werden. Unter dem Wirksamwerden der Spaltung ist der Zeitpunkt der Eintragung in das Handelsregister des übertragenden Rechtsträgers zu verstehen.[649] Die gesamtschuldnerische Haftung gilt damit auch für solche Verbindlichkeiten, die nach dem Spaltungsbeschluss, aber vor der Eintragung der Spaltung in das Handelsregister des übertragenden Rechtsträgers begründet worden sind. Eine Verbindlichkeit ist begründet, wenn die Rechtsgrundlage des Anspruchs entstanden ist. Unmaßgeblich ist hingegen der Zeitpunkt der Fälligkeit des Anspruchs. Gesamtschuldnerische Haftung bedeutet, dass sich der Gläubiger zum Zeitpunkt der Fälligkeit des Anspruchs an jeden Gesamtschuldner wenden kann. Der Gläubiger ist nicht verpflichtet, sich zuerst an den Gesamtschuldner zu wenden, dem die Verbindlichkeit im Zuge der Spaltung zugeordnet worden ist.

898

Unproblematisch ist für jeden Rechtsträger die Bilanzierung der Verbindlichkeiten, die ihm im Zuge der Spaltung zugeordnet wurden. Sie sind in jedem Fall ganz normal als Verbindlichkeiten auszuweisen, denn selbst wenn im Außenverhältnis ein anderer Gesamtschuldner von einem Gläubiger in Anspruch genommen wird, ist der Rechtsträger, dem die Verbindlichkeit zugeordnet worden ist, im Innenverhältnis zur Leistung verpflichtet. Nicht ganz so unstreitig ist hingegen die Bilanzierung der Mithaftung für die nicht übernommenen Verbindlichkeiten.

899

Nach herrschender Ansicht kommt eine Passivierung des Haftungsverhältnisses als Rückstellung oder Verbindlichkeit nicht in Betracht.[650] Erst wenn sich das **Risiko der Inanspruchnahme** konkretisiert, dann ist – bei Quantifizierbarkeit – die Verpflichtung als Rückstellung oder Verbindlichkeit zu passivieren.[651] Zur gleichen Zeit ist dann aber auch eine Forderung ggü. dem Rechtsträger zu aktivieren, dem die betreffende Verbindlichkeit i. R. d. Spaltung zugeordnet wurde, denn im Innenverhältnis besteht hier im Fall der Inanspruchnahme ein Ausgleichsanspruch. Der Aktivposten unterliegt bzgl. seiner Bewertung dem Vorsichtsprinzip und muss sich daher nicht unbedingt mit der passivierten Rückstellung bzw. Verbindlichkeit decken.[652]

900

Sofern eine Inanspruchnahme für fremde Verbindlichkeiten nicht konkret absehbar ist, ist die Haftung für fremde Verbindlichkeiten bei Gesellschaften, die zur Erstellung eines Anhangs verpflichtet sind, nach § 285 Nr. 3a HGB angabepflichtig, wenn dies für die Beurteilung der Finanzlage von Bedeutung ist. Eine Pflicht zur Angabe unter der Bilanz nach § 251 HGB besteht nach

901

---

649 Schöne, Die Spaltung unter Beteiligung von GmbH, S. 77.
650 Bula/Thees in Sagasser/Bula/Brünger, Umwandlungen, § 19, Rn. 104; Küting/Hayn/Hütten, BB 1997, 565, 568.
651 Bula/Thees in Sagasser/Bula/Brünger, Umwandlungen, § 19, Rn. 105; Oser, StuB 2014, 631.
652 Schulze-Osterloh, ZGR 1993, 438, 450.

(geänderter) Auffassung des IDW nicht, da es sich hier um ein gesetzliches Haftungsverhältnis handelt, während § 251 HGB lediglich schuldrechtliche Haftungsverhältnisse erfasst.[653]

IV. Besonderheiten in den Fällen des Formwechsels

1. Allgemeines

902   Der Formwechsel ist im UmwG im 5. Buch in den §§ 190 bis 304 UmwG geregelt. Nach diesen handelsrechtlichen Vorschriften findet anlässlich eines Formwechsels keine Vermögensübertragung von einem auf einen anderen Rechtsträger statt. Der formwechselnde Rechtsträger behält vielmehr seine rechtliche Identität und wechselt nur seine Rechtsform (§ 202 Abs. 1 Nr. 1 UmwG). Mangels Vermögensübertragung ist es auch nicht erforderlich, **Übertragungs- oder Übernahmebilanzen** zu erstellen. Der Formwechsel ist vielmehr ein laufender Geschäftsvorfall, dem keine besondere Bilanz zugrunde zu legen ist.

903   Das bis zum Jahr 2007 noch geregelte Erfordernis, dem Umwandlungsbericht eine Vermögensaufstellung beizufügen, in der die Wirtschaftsgüter zu Zeitwerten auszuweisen waren, wurde durch das 2. UmwÄndG vom 19.04.2007[654] abgeschafft.

2. Bilanzielle Besonderheiten nach dem Formwechsel

a) Buchwertfortführung

904   Durch den Formwechsel wird die Identität des Rechtsträgers nicht berührt. Aus dieser Tatsache ergibt sich, dass unter Berücksichtigung der allgemeinen Bilanzierungsregeln die Buchwerte durch den formwechselnden Rechtsträger fortzuführen sind.[655] Da kein Anschaffungsgeschäft vorliegt, hat der formwechselnde Rechtsträger keine Möglichkeit, die Buchwerte um etwa vorhandene stille Reserven aufzustocken. Er ist vielmehr an die (fortgeführten) Anschaffungskosten/Herstellungskosten gebunden. Auch die bisher gewählten Abschreibungsmethoden sind weiter fortzuführen.

905   Die Buchwertfortführung im Fall des Formwechsels unterscheidet sich von der Buchwertfortführung in Verschmelzungs- und Spaltungsfällen nach § 24 UmwG. Zwar werden in beiden Fällen genau die vor der Umwandlung in der Bilanz ausgewiesenen Buchwerte übernommen. In den Verschmelzungs- und Spaltungsfällen werden diese Buchwerte jedoch als Anschaffungskosten fingiert, während dieselben Buchwerte beim Formwechsel weiterhin nur als **fortgeführte Buchwerte** gelten. In den Verschmelzungs- und Spaltungsfällen hat die Anschaffungskostenfiktion zur Folge, dass die übernommenen Buchwerte für die Zukunft die Bewertungsobergrenze darstellen, die durch Zuschreibungen nicht mehr überschritten werden können. Außerdem ist die betriebsgewöhnliche Nutzungsdauer der Vermögensgegenstände neu zu schätzen und es kann nach der Vermögensübertragung eine neue Abschreibungsmethode gewählt werden. Dies alles ist beim Formwechsel anders. Insb. stellen die fortzuführenden Buchwerte nach dem Formwechsel nicht die Bewertungsobergrenze dar. Der formwechselnde Rechtsträger hat daher z. B. auch die **Verpflichtung, vor dem Formwechsel** vorgenommene außerplanmäßige Abschreibungen **nach dem Formwechsel** durch Zuschreibungen wieder rückgängig zu machen, wenn eine entsprechende Wertaufholung eintritt. Trotzdem besteht aber keine **Pflicht**, in der Vergangenheit vorgenommene außerplanmäßige Abschreibungen **anlässlich** des Formwechsels rückgängig zu machen, und zwar selbst dann nicht, wenn sie nach den für die neue Rechtsform geltenden Bilanzierungs- und Bewertungsregelungen gar nicht hätten vorgenommen werden dürfen, wie dies z. B. bei einem Formwechsel einer Personengesellschaft in eine Kapitalgesellschaft der Fall sein kann. Ein solcher **Zwang zur Zuschreibung** würde dem Grundsatz der Buchwertfortführung entgegenstehen.[656]

---

653 IDW, RS HFA 43, Rn. 30.
654 BGBl. I 542.
655 IDW, RS HFA 41 Rn. 5; Widmann/Mayer/Widmann, Umwandlungsrecht, § 24 UmwG Rn. 483, im Ergebnis wohl auch Korn, KÖSDI 8/95, 10344, 10350.
656 IDW, RS HFA 41, Rn. 5; Widmann/Mayer/Widmann, Umwandlungsrecht, § 24 UmwG Rn. 487.

▶ Hinweis:

Trotz der zwingenden Buchwertfortführung können anlässlich eines Formwechsels auch bilanzielle Probleme entstehen, denn der Rechtsträger nimmt durch den Formwechsel eine andere Rechtsform an und für diese Rechtsform gelten ggf. andere Bilanzierungsregeln. Der Rechtsträger muss seine Bilanzierung somit nach dem Formwechsel ggf. an die Bilanzierungsregeln der nunmehr angenommenen neuen Rechtsform anpassen.

b) Formwechsel einer Kapitalgesellschaft in eine Personengesellschaft

Bei einem Formwechsel einer Kapitalgesellschaft in eine Personengesellschaft gibt es nur wenige Besonderheiten. Entsteht durch den Formwechsel eine KG, ist nach § 234 UmwG in dem Umwandlungsbeschluss festzulegen, welche Gesellschafter Kommanditisten werden und wie hoch ihre Kommanditeinlage ist. Die Höhe der Kommanditeinlage kann hierbei unabhängig von dem bisher auf diese Gesellschafter entfallenden Anteil am gezeichneten Kapital festgelegt werden.[657]

Bilanziell stellt sich bei einem solchen Formwechsel lediglich die Frage, wie bestimmte Bilanzpositionen in der Bilanz der bisherigen Kapitalgesellschaft, die es bei einer Personengesellschaft unter normalen Umständen gar nicht geben könnte, nach dem Formwechsel zu behandeln sind. Es handelt sich hierbei insb. um die Körperschaftsteuerrückstellungen, bilanzierte latente Steuern sowie eigene Anteile der Kapitalgesellschaft. Aufgrund des Zwanges zur Buchwertfortführung sind von der Kapitalgesellschaft gebildete **Körperschaftsteuerrückstellungen** fortzuführen, solange die Steuerschuld noch besteht.[658]

Bilanzierte latente Steuern können von der Personengesellschaft insoweit fortgeführt werden, als die Steuerlatenz weiterhin besteht.[659] Das kann bei einer Personengesellschaft jedoch nur in Bezug auf die Gewerbesteuer der Fall sein, denn Körperschaftsteuer kann bei ihr nicht mehr entstehen und eine etwaige Einkommensteuerbelastung trifft nicht die Personengesellschaft, sondern deren Gesellschafter. Soweit die latenten Steuern also die Körperschaftsteuer betreffen, sind sie erfolgswirksam aufzulösen.

Eigene Anteile gehen im Zuge des Formwechsels unter, denn eine Personengesellschaft kann keine eigenen Anteile halten. Auswirkungen auf die Höhe des Eigenkapitals hat dies jedoch seit der Geltung des BilMoG nicht mehr, da die eigenen Anteile bereits bei der Kapitalgesellschaft vor dem Formwechsel vom Eigenkapital offen abgesetzt waren.

c) Formwechsel einer Personengesellschaft in eine Kapitalgesellschaft

Entsteht durch einen Formwechsel eine Kapitalgesellschaft, so sind gem. § 197 UmwG die für diese neue Rechtsform geltenden Gründungsvorschriften zu beachten. Es ist ein **Sachgründungsbericht** zu erstellen, in dem über den üblichen Inhalt hinaus auch der bisherige Geschäftsverlauf und die Lage der formwechselnden Gesellschaft darzulegen ist (§ 220 Abs. 2 UmwG). Des Weiteren sind die **Grundsätze der Kapitalaufbringung** zu beachten. Zu diesem Zweck ist der Nachweis zu erbringen, dass der Nennbetrag des ausgewiesenen Grund- oder Stammkapitals durch das Vermögen des formwechselnden Rechtsträgers gedeckt ist (§ 220 UmwG).

Strittig ist in der Literatur, ob die Regelung des § 220 UmwG dahingehend zu verstehen ist, dass der Nennbetrag des ausgewiesenen Grund- oder Stammkapitals durch das **Buchvermögen** des formwechselnden Rechtsträgers gedeckt sein muss, oder ob es ausreicht, dass die **Zeitwerte** des Vermögens das ausgewiesene Grund- oder Stammkapital decken. Nach den allgemeinen Grundsätzen der Kapitalaufbringung ist in den Fällen der Kapitalerhöhung gegen Sacheinlage zu fordern,

---

657 IDW, RS HFA 41 Rn. 14.
658 IDW, RS HFA 41 Rn. 34; Widmann/Mayer/Widmann, Umwandlungsrecht, § 24 Rn. 489.
659 IDW, RS HFA 41 Rn. 32; Widmann/Mayer/Widmann, Umwandlungsrecht, § 24 Rn. 491.

dass die **Zeitwerte** den Nennbetrag der Kapitalerhöhung erreichen. Die herrschende Meinung geht daher zu Recht davon aus, dass auch in den Fällen des Formwechsels die vorhandenen stillen Reserven bei der Prüfung der Kapitalaufbringung mit einzubeziehen sind. Bei dieser Kapitalaufbringungsprüfung sind nicht nur die bilanzierten Vermögensgegenstände mit den Zeitwerten anzusetzen, sondern es sind alle vorhandenen Vermögenswerte und Rechte mit einzubeziehen.[660]

913 A. A. ist hier Joost,[661] der den § 220 Abs. 1 UmwG dahingehend interpretiert, dass die **Buchwerte** des vorhandenen Vermögens den Nennbetrag des gezeichneten Kapitals erreichen müssen. Folgt man dieser Ansicht, so könnte z. B. eine Personengesellschaft mit einem buchmäßigen Reinvermögen von 15.000,- € und stillen Reserven von 100.000,- € nicht im Wege des Formwechsels in eine GmbH umgewandelt werden, obwohl mit demselben Vermögen eine Neugründung einer GmbH jederzeit möglich wäre. In einem solchen Fall müsste also entweder vor dem Formwechsel eine Einlage getätigt werden, oder es müsste ein anderer Weg für diese Umwandlung gewählt werden. So könnte z. B. die GmbH erst gegründet und dann eine Verschmelzung zur Aufnahme durchgeführt werden, denn im Zuge der Verschmelzung könnten die vorhandenen stillen Reserven nach § 24 UmwG aufgedeckt und damit die Entstehung einer Unterbilanz vermieden werden. Dieses umständliche Vorgehen zur Erreichung desselben Zieles kann aber nicht Sinn und Zweck der Regelung sein.

914 Ein Formwechsel ist daher auch dann möglich, wenn **das Reinvermögen zu Buchwerten geringer** ist als das für die entstehende Kapitalgesellschaft festgesetzte nominale gezeichnete Kapital oder wenn das Reinvermögen zu Buchwerten sogar negativ ist. Voraussetzung ist lediglich, dass mindestens stille Reserven i. H. d. Differenzbetrages zwischen dem nominalen gezeichneten Kapital und dem buchmäßigen Reinvermögen vorhanden sind. Nach der wohl herrschenden Meinung ist in diesen Fällen der Ausweis eines Sonderpostens nach § 265 Abs. 5 Satz 2 HGB als zulässig anzusehen.[662]

915 Durch die bei einem Formwechsel zwingende Buchwertfortführung entsteht somit immer dann eine **Unterbilanz**, wenn das gezeichnete Kapital der entstehenden Kapitalgesellschaft das buchmäßige Reinvermögen übersteigt.

916 Der formwechselnde Rechtsträger muss in diesen Fällen den **Beweis** antreten, dass die Werte der vorhandenen Vermögensgegenstände einschließlich aller stillen Reserven den Nennbetrag des gezeichneten Kapitals erreichen. Dieser Beweis kann durch eine **Unternehmensbewertung** nach IDW S1 i. d. F. 2008 und die Ausstellung einer Werthaltigkeitsbescheinigung erbracht werden.[663] Von dem formwechselnden Rechtsträger zu tragende Umwandlungskosten sind bei der Werthaltigkeitsprüfung nach § 220 Abs. 1 UmwG entsprechend den bei der Gründung geltenden Regeln nicht mit einzubeziehen.[664]

917 Bei dem Formwechsel einer Personengesellschaft in eine Kapitalgesellschaft ergibt sich aus der zwingenden Buchwertfortführung als logische Konsequenz, dass das bilanzielle Eigenkapital der Personengesellschaft als Differenz zwischen den Buchwerten der aktiven und passiven Vermögensgegenstände insgesamt zu Eigenkapital der Kapitalgesellschaft wird. In Abhängigkeit von der Höhe des gezeichneten Kapitals ergeben sich jedoch bei der entstehenden Kapitalgesellschaft mehrere Varianten, dieses Eigenkapital zu bilanzieren:
– Unproblematisch ist der in der Praxis selten vorkommende Fall, dass das gezeichnete Kapital nach dem Formwechsel genau dem Eigenkapital der Personengesellschaft vor dem Formwechsel entspricht.

---

660 IDW, RS HFA 41 Rn. 9; Widmann/Mayer/Vossius, Umwandlungsrecht, § 220 UmwG Rn. 12 ff.; S. Timmermanns, DB 1999, 948 ff.; Limmer, in: FS für Siegfried Widmann, S. 60 m. w. N.
661 Lutter, Kölner Umwandlungsrechtstage 1995, S. 257 f.
662 Breuninger, in: FS für Siegfried Widmann, S. 211.
663 IDW, RS HFA 41 Rn. 16, 19.
664 IDW, RS HFA 41, Rn. 18.

- Ist das gezeichnete Kapital geringer als das Eigenkapital der Personengesellschaft, so ist der übersteigende Betrag den Kapital- und Gewinnrücklagen gem. § 272 Abs. 2 und 3 HGB zuzuordnen. Wurde keine besondere Regelung getroffen, ist der gesamte übersteigende Betrag der Kapitalrücklage nach § 272 Abs. 2 Nr. 4 HGB zuzuweisen. Eine Zuweisung zur Kapitalrücklage nach § 272 Abs. 2 Nr. 1 HGB ist jedoch bei entsprechender Regelung im Formwechselbeschluss ebenfalls zulässig.[665] Die Zuordnung zu den Gewinnrücklagen kommt für nachweislich thesaurierte Gewinne in Betracht, die auf bestimmten Gesellschafterkonten geführt oder der gesamthänderisch gebundenen Rücklage der Personengesellschaft zugeführt worden sind.[666]
- Es kann aber auch sein, dass das gezeichnete Kapital das buchmäßige Reinvermögen übersteigt. In einem solchen Fall ist nachzuweisen, dass ausreichende stille Reserven vorhanden sind, um wertmäßig das gezeichnete Kapital zu belegen (zur gesellschaftsrechtlichen Zulässigkeit vgl. Teil 7 Rdn. 912 ff.). Fraglich ist, wie die sich in einem solchen Fall ergebende negative Differenz zwischen höherem gezeichnetem Kapital und niedrigerem buchmäßigen Reinvermögen bilanziell zu behandeln ist. Das IDW[667] schlägt hierzu vor, den Differenzbetrag, soweit er auf einen Verlust der Personengesellschaft zurückzuführen ist, als Verlustvortrag, andernfalls in einem gesonderten Abzugsposten innerhalb des bilanziellen Eigenkapitals, z. B. als »Fehlbetrag zum gesetzlichen Mindest- Grund- bzw. Stammkapital« auszuweisen.[668] Dieser Abzugsbetrag soll in der Folgezeit wie ein Verlustvortrag getilgt werden. Eine Gläubigergefährdung ist nach Ansicht des IDW durch die Bildung des Sonderpostens bzw. Verlustvortrags nicht zu erkennen, wenn das festgesetzte Grund- bzw. Stammkapital zum Umwandlungszeitpunkt unter Berücksichtigung der vorhandenen stillen Reserven wertmäßig belegt ist (§ 220 Abs. 1 UmwG) und der passivierte Abzugsbetrag wie ein Verlustvortrag durch künftige Gewinne getilgt wird. Für den Ausweis als Verlustvortrag plädiert auch Vossius.[669]

Grds. stellt sich bei dem Formwechsel einer Personen- in eine Kapitalgesellschaft die Frage, ob es im Rahmen eines solchen Vorgangs möglich ist, dem Unternehmen Haftkapital zu entziehen. Ist das **Haftkapital** der Personengesellschaft vor dem Formwechsel höher als das Stamm- oder Grundkapital der entstehenden Kapitalgesellschaft, so ist – wie oben dargelegt – der übersteigende Betrag bei der Kapitalgesellschaft in die Rücklagen einzustellen. Das könnte bedeuten, dass dieser Betrag nach dem Formwechsel an die Gesellschafter ausgekehrt werden könnte, ohne dass es hier zu einer persönlichen Haftung käme, was jedoch bei einer Entnahme des Geldes aus der Personengesellschaft vor dem Formwechsel der Fall gewesen wäre. In der Literatur wird daher – wie in den entsprechenden Verschmelzungsvorgängen – die Frage diskutiert, ob für die Auskehrung der auf diesem Wege entstandenen Rücklagen die Vorschriften über die Ausschüttung von infolge einer Kapitalherabsetzung freigewordenem Eigenkapital analog anzuwenden sind (vgl. hierzu auch Teil 7 Rdn. 726 ff.).

d) Formwechsel einer Kapitalgesellschaft in eine andere Kapitalgesellschaft

Bei einem Formwechsel von einer Kapitalgesellschaft in eine andere Kapitalgesellschaft, also z.B. von einer GmbH in eine AG oder umgekehrt, ergeben sich in den meisten Fällen keine wesentlichen Veränderungen. Bei dem Formwechsel einer AG in eine GmbH wird das bisherige Grundkapital der AG zum Stammkapital der GmbH. Bei einem Formwechsel einer GmbH in eine AG gilt dasselbe umgekehrt (vgl. § 247 Abs. 1 UmwG). Auch vor dem Formwechsel ausgewiesene Kapital- und Gewinnrücklagen werden nach dem Formwechsel in der anderen Rechtsform fortge-

---

665 IDW, RS HFA 41, Rn. 8.
666 IDW, RS HFA 41 Rn, 8; nach Ansicht von Widmann/Mayer/Widmann, Umwandlungsrecht, § 24 UmwG Rn. 486 soll demgegenüber immer eine Einstellung in die Kapitalrücklage erfolgen.
667 RS HFA 41, Rn. 9.
668 Vgl. auch Bula/Thees in Sagasser/Bula/Brünger, Umwandlungen, § 27 Rn. 23.
669 Widmann/Mayer, Umwandlungsrecht, § 220 UmwG, Rn. 27.

führt.⁶⁷⁰ Zu beachten ist jedoch, dass eine AG nach § 7 AktG mindestens ein Grundkapital von 50.000,– € aufweisen muss. Wird also eine GmbH mit einem Stammkapital von bisher 25.000,– € in eine AG formgewechselt, dann muss **vor dem Formwechsel** zunächst eine Kapitalerhöhung durchgeführt werden.⁶⁷¹ Für Veränderungen des gezeichneten Kapitals anlässlich eines Formwechsels gelten die Regelungen des GmbHG und des AktG für eine ordentliche Kapitalherauf- oder auch -herabsetzung.

920 Auch bei einem Formwechsel von einer GmbH in eine AG oder eine KGaA ist nachzuweisen, dass das gezeichnete Kapital nach dem Formwechsel das nach Abzug der Schulden verbleibende Vermögen der formwechselnden Gesellschaft nicht übersteigt (§ 245 Abs. 1 i. V. m. § 220 UmwG). Wie bereits dargelegt (vgl. Teil 7 Rdn. 912) ist das Vermögen bei diesem Werthaltigkeitsnachweis mit den Zeitwerten anzusetzen. Verfügt die Kapitalgesellschaft vor dem Formwechsel über einen Bilanzverlust, so hindert dieser den Formwechsel nicht, sofern mindestens i. H. d. Bilanzverlustes stille Reserven vorhanden sind. Der **Bilanzverlust** wird nach dem Formwechsel fortgeführt.

V. Bilanzierung in der Handelsbilanz der Gesellschafter

921 Eine Verschmelzung geht beim Gesellschafter i. d. R. einher mit einem Verlust der Anteile am übertragenden Rechtsträger und einem Erhalt von Anteilen am übernehmenden Rechtsträger. Es handelt sich um einen Tauschvorgang.⁶⁷² Dasselbe gilt im Fall der Aufspaltung.⁶⁷³

922 Gemäß den allgemeinen Grundsätzen zur Bilanzierung von Tauschvorgängen hat der Gesellschafter ein Wahlrecht, die Anteile an der Übernehmerin entweder mit dem Buchwert oder dem Zeitwert der untergehenden Anteile an der Überträgerin oder einem erfolgsneutralen Zwischenwert zu bilanzieren. Werden die Anteile an der Übernehmerin mit dem über dem Buchwert liegenden Zeitwert der Anteile an der Überträgerin angesetzt, ergibt sich bei dem Gesellschafter hierdurch ein Gewinn i. H. d. in den Anteilen an der Überträgerin ruhenden stillen Reserven.

923 Haben die Anteilseigner des übertragenden Rechtsträgers rechtswirksam auf eine Anteilsgewährung verzichtet, weil sie bereits Anteile am übernehmenden Rechtsträger innehaben, liegt zwar tatsächlich kein Tauschvorgang vor, wirtschaftlich ist die Situation jedoch mit einem Tausch vergleichbar, da der innere Wert der bisherigen Anteile am übernehmenden Rechtsträger durch die Verschmelzung steigt. Aus diesem Grund erscheint es angemessen, den Vorgang auch bilanziell vergleichbar abzubilden und somit auch hier die sog. Tauschgrundsätze zur Anwendung zu bringen.⁶⁷⁴

924 In Fällen der Abspaltung bleibt der übertragende Rechtsträger bestehen. Wird aufgrund des Vermögensabgangs eine vereinfachte Kapitalherabsetzung vorgenommen, mindert sich die Beteiligung am übertragenden Rechtsträger nominal. Wird keine Kapitalherabsetzung vorgenommen, mindert sich gleichwohl der innere Wert der Beteiligung im Verhältnis des Verkehrswerts des übergehenden Vermögens zum Verkehrswert des übertragenden Rechtsträgers vor der Abspaltung. In beiden Fällen ist es nach Ansicht des IDW⁶⁷⁵ sachgerecht, buchhalterisch einen mengenmäßigen Abgang der Beteiligung am übertragenden Rechtsträger zu erfassen. Es ist daher eine Minderung des Buchwerts der Anteile in dem genannten Verhältnis zu erfassen. Bzgl. der Ermittlung der Anschaffungskosten der Anteile am übernehmenden Rechtsträger ist insoweit dann auch in

---

670 IDW, RS HFA 41, Rn. 10.
671 IDW, RS HFA 41 Rn. 11.
672 Bula/Thees in Sagasser/Bula/Brünger, Umwandlungen, § 10 Rn. 300; IDW, RS HFA 42, Rn. 77.
673 IDW, RS HFA 43 Rn. 32.
674 So auch IDW, RS HFA 42, Rn. 78.
675 RS HFA 43 Rn. 33.

diesen Fällen von einem tauschähnlichen Vorgang auszugehen, der – anteilig – genauso zu erfassen ist wie in den Fällen der Verschmelzung bzw. Aufspaltung.[676]

Beim Formwechsel bleiben die Gesellschafter unverändert an der formwechselnden Gesellschaft beteiligt. Es erfolgt kein Anteilsteilstausch. Die Buchwerte der Beteiligung sind daher fortzuführen.[677]

C. Fallbeispiele

I. Verschmelzung von Kapitalgesellschaften auf Personengesellschaften

1. Verschmelzung mit Kapitalerhöhung

Fall 1:
– Die übertragende Kapitalgesellschaft hält eigene Anteile, die zum Nominalwert erworben wurden
– Der Betrag der Kapitalerhöhung ist größer als der Buchwert des übergehenden Vermögens.

Sachverhalt:

A ist Alleingesellschafter der A-GmbH. A hat mit den Gesellschaftern der BC-OHG vereinbart, die beiden Unternehmen dergestalt zu vereinigen, dass die A-GmbH auf die BC-OHG verschmolzen wird.

Vor der Verschmelzung haben die Bilanzen der beteiligten Rechtsträger folgendes Aussehen:

Bilanz der BC-OHG

	Buchwert	stille Reserven				
Aktiva	350.000 €	160.000 €	Festkapital	B	150.000 €	
				C	150.000 €	300.000 €
			Verbindlichkeiten			50.000 €
	350.000 €					350.000 €

Bilanz der A-GmbH

	Buchwert	stille Reserven			
Aktiva	130.000 €	100.000 €	Stammkapital	100.000 €	
			Eigene Anteile	– 40.000 €	60.000 €
			Stammkapital		30.000 €
			Gewinnrücklage Rücklage für eigene Anteile		40.000 €
	130.000 €				130.000 €

Bei der übertragenden A-GmbH besteht die Besonderheit, dass sie eigene Anteile hält, deren Anschaffungskosten von 40.000 € dem Nominalbetrag dieser Anteile entsprechen. Die eigenen Anteile wurden gem. § 272 Abs. 1a HGB offen vom gezeichneten Kapital abgesetzt.

a) Verschmelzung zu Anschaffungskosten

Nach § 24 UmwG ist die Verschmelzung aus Sicht des übernehmenden Rechtsträgers ein **Anschaffungsgeschäft**. Das übergehende Vermögen ist daher grds. mit den Anschaffungskosten anzusetzen, die dem übernehmenden Rechtsträger durch die Gewährung von Anteilen oder Mitgliedschaften entstehen.

---

676 IDW, RS HFA 43 Rn. 34.
677 IDW, RS HFA 41, Rn. 35.

Laut Sachverhalt ist die übernehmende Personengesellschaft vor der Verschmelzung nicht an der übertragenden Kapitalgesellschaft beteiligt. Die Gegenleistung für die Vermögensübertragung besteht somit in der Gewährung von Gesellschaftsrechten durch die übernehmende Personengesellschaft an den Gesellschafter der übertragenden A-GmbH. Bilanziell erfolgt die Gewährung neuer Anteile an einer Personengesellschaft dadurch, dass dem Gesellschafter des übertragenden Rechtsträgers bei der Personengesellschaft ein entsprechendes Festkapitalkonto eingeräumt wird (vgl. Teil 7 Rdn. 721 und Rdn. 750). Der **Umfang** der zu diesem Zweck vorzunehmenden Kapitalerhöhung ergibt sich aus dem Verhältnis der Unternehmenswerte der beiden an der Verschmelzung beteiligten Gesellschaften.

Grds. sind die Unternehmenswerte in der Praxis durch eine Unternehmensbewertung nach einem anerkannten Bewertungsverfahren zu ermitteln. In den folgenden Beispielen wird vorausgesetzt, dass eine solche Unternehmensbewertung erfolgt ist, woraus sich die jeweils angegebenen stillen Reserven ergeben haben.

Unternehmenswert BC-OHG		Unternehmenswert A-GmbH	
Aktiva	350.000 €	Aktiva	130.000 €
stille Reserven	160.000 €	stille Reserven	100.000 €
Verbindlichkeiten	– 50.000 €		
Unternehmenswert	460.000 €	Unternehmenswert	230.000 €

Unternehmenswert der BC-OHG:	460.000 €	66,67 %
Unternehmenswert A-GmbH	230.000 €	33,33 %
Unternehmenswert der ABC-OHG nach der Verschmelzung	690.000 €	100 %

Der Gesellschafter A muss durch die Kapitalerhöhung eine Beteiligung i. H. v. 33,33 % an der aufnehmenden Personengesellschaft bekommen. Die bisherigen Anteile der Gesellschafter B und C von nominal 300.000 € werden daher nach der Verschmelzung nicht mehr 100 %, sondern nur noch 66,67 % der Anteile repräsentieren. Aus diesem Verhältnis ergibt sich folgendes Gesamtkapital nach der Verschmelzung:

$$\frac{300.000\ € \times 100}{66,67} = 450.000\ €$$

Das Eigenkapital der ABC-OHG nach der Verschmelzung muss 450.000 € betragen, wovon wie bisher jeweils 150.000 € auf B und C und die Kapitalerhöhung von 150.000 € auf den neuen Gesellschafter A entfallen. Nur wenn dem neuen Gesellschafter A bei der OHG nach der Verschmelzung ein Festkapitalkonto in dieser Höhe eingeräumt wird, entspricht seine Beteiligung am gesamten Gesellschaftsvermögen der OHG wertmäßig seiner Einlage, die er durch die Verschmelzung erbracht hat.

Die von der übertragenden Kapitalgesellschaft gehaltenen eigenen Anteile haben das gleiche Schicksal wie alle anderen Anteile an der übertragenden Gesellschaft. Sie gehen im Zuge des Vermögensübergangs unter, weil die übertragende Kapitalgesellschaft im Zeitpunkt der Verschmelzung aufhört zu existieren. Die eigenen Anteile sind daher auch gar nicht als übergegangenes Vermögen zu betrachten. Die Tatsache, dass der Erwerb der eigenen Anteile das Reinvermögen der übertragenden Kapitalgesellschaft gemindert hat, wird durch den durch das BilMoG eingeführten Ausweis – der offenen Absetzung vom gezeichneten Kapital – gut deutlich.

Für die Ermittlung der Anschaffungskosten ist auf die Grundsätze der Bewertung von Sacheinlagen gegen Kapitalerhöhung zurückzugreifen (vgl. Teil 7 Rdn. 753 ff.). Hiernach ergibt sich ein Bewertungswahlrecht, das übergehende Vermögen entweder mit dem Buchwert der Gegenleistung oder mit dem Zeitwert anzusetzen.

aa) Bewertung mit dem Buchwert der Gegenleistung

Bei einer Bewertung mit dem Buchwert der Gegenleistung ergeben sich die Anschaffungskosten für das übergehende Vermögen aus dem Nennbetrag der Kapitalerhöhung.

Die **Festkapitalerhöhung** stellt grds. den Mindestbetrag der Anschaffungskosten dar. Jede vorher festgelegte Einstellung in die gesamthänderisch gebundene Rücklage bzw. Erhöhung der Kapitalkonten führt zu einer Erhöhung dieser Anschaffungskosten und damit zu einer Aufstockung der Buchwerte des übergehenden Vermögens. Die Zeitwerte des übergehenden Vermögens dürfen jedoch nicht überschritten werden.

Im hier vorliegenden Fall wurde keine Einstellung in die gesamthänderisch gebundene Rücklage bzw. keine über die Festkapitalerhöhung hinausgehende Erhöhung der Kapitalkonten beschlossen. Die Anschaffungskosten betragen daher 150.000 €. Da der Buchwert des übergehenden Reinvermögens 130.000 € beträgt, kommt es zu einer Aufstockung der in den übergehenden Aktiva ruhenden stillen Reserven i. H. v. 20.000 €.

Es ergibt sich folgende **Übernahmebilanz bei der ABC-OHG**:

Bilanz der ABC-OHG nach der Verschmelzung						
eigene Aktiva		350.000 €	Festkapital	A	150.000 €	
übernommene Aktiva				B	150.000 €	
Buchwert	130.000 €			C	150.000 €	450.000 €
Aufstockung	20.000 €	150.000 €	Verbindlichkeiten			50.000 €
		500.000 €				500.000 €

bb) Bewertung mit dem Zeitwert des übergehenden Vermögens

Wird das übergehende Vermögen mit seinem Zeitwert angesetzt, so kann der die Festkapitalerhöhung übersteigende Betrag in die gesamthänderisch gebundene Rücklage eingestellt oder beteiligungsproportional den Kapitalkonten sämtlicher Gesellschafter zugeschrieben werden.

Es ergibt sich folgende Übernahmebilanz für die ABC-OHG:

Bilanz der ABC-OHG nach der Verschmelzung						
eigene Aktiva		350.000 €	Festkapital	A	150.000 €	
übernommene Aktiva				B	150.000 €	
Buchwert	130.000 €			C	150.000 €	
Aufstockung	100.000 €	230.000 €	gesamthänd. Rückl.		80.000 €	
			Eigenkapital insges.			530.000 €
			Verbindlichkeiten			50.000 €
		580.000 €				580.000 €

b) Verschmelzung zu Buchwerten

Die Höhe des dem A einzuräumenden Festkapitalkontos ermittelt sich auch bei einer Buchwertfortführung nach dem Verhältnis der Unternehmenswerte der beiden beteiligten Unternehmen, denn das Verhältnis der Festkapitalkonten zueinander soll die Beteiligungsverhältnisse am Vermögen der ABC-OHG nach der Verschmelzung korrekt wiederspiegeln.

Das im Zuge der Verschmelzung übergehende Vermögen wird nun bei der übernehmenden Personengesellschaft mit den Buchwerten aus der Schlussbilanz der übertragenden A-GmbH übernommen. Da die nach dem Verhältnis der Unternehmenswerte vorzunehmende Festkapitalerhöhung jedoch höher ist als der Buchwert des übergehenden Vermögens, entsteht ein negativer Differenzbetrag (Verschmelzungsverlust). Dieser Verlust ist in der Gewinn- und Verlustrechnung aufwandswirksam zu erfassen und unter den außerordentlichen Aufwendungen auszuweisen (vgl. Teil 7 Rdn. 837).

Die eigenen Anteile der übertragenden A-GmbH sind hier genauso zu behandeln wie bei der Bilanzierung mit den Anschaffungskosten. Sie gehen im Zuge der Verschmelzung unter.

Bilanz der ABC-OHG nach Verschmelzung

Eigene Aktiva	350.000 €	Festkapital	A	150.000 €	
			B	150.000 €	
			C	150.000 €	450.000 €
übernommene Aktiva	130.000 €	Verschmelzungsverlust			(20.000) €
		Verbindlichkeiten			50.000 €
	480.000 €				480.000 €

932 Fall 2:
– Die übertragende Kapitalgesellschaft hält Anteile an der übernehmenden Personengesellschaft.
– Der Betrag der Kapitalerhöhung ist geringer als der Buchwert des übergehenden Vermögens.

933 Sachverhalt:

Wie im 1. Fall soll auch hier die A-GmbH auf die BC-OHG verschmolzen werden. Die A-GmbH ist hier jedoch vor der Verschmelzung bereits mit 25 % an der aufnehmenden BC-OHG beteiligt.

Vor der Verschmelzung haben die Bilanzen der beteiligten Rechtsträger folgendes Aussehen:

Bilanz der BC-OHG

	Buchwert	stille Reserven				
Aktiva	350.000 €	160.000 €	Festkapital	B	120.000 €	
				C	120.000 €	
				A-GmbH	80.000 €	320.000 €
			Verbindlichkeiten			30.000 €
	350.000 €					350.000 €

Bilanz der A-GmbH

	Buchwert	st. Res.		
Aktiva	100.000 €	10.000 €	Stammkapital	100.000 €
Beteiligung an BC-OHG	80.000 €	40.000 €	Gewinnrücklage	80.000 €
	180.000 €			180.000 €

934 a) Verschmelzung zu Anschaffungskosten

Im Zuge der Verschmelzung müssen dem Gesellschafter der übertragenden A-GmbH Gesellschaftsrechte an der aufnehmenden Personengesellschaft gewährt werden (§ 20 Abs. 1 Nr. 3 UmwG). Die bisherige Beteiligung der A-GmbH an der BC-OHG geht unmittelbar auf den Gesellschafter der A-GmbH über. Das Kapitalkonto wird insoweit umgebucht. Darüber hinaus sind zur Erreichung wertkongruenter Beteiligungsverhältnisse weitere Gesellschaftsrechte zu gewähren. Es kommt also insgesamt zu einer Kapitalerhöhung bei der BC-OHG.

Das **Ausmaß der Kapitalerhöhung** ist nach dem Verhältnis der Unternehmenswerte zu ermitteln. Hierbei ist jedoch zu berücksichtigen, dass ein Teil des Unternehmenswertes der BC-OHG vor der Verschmelzung der A-GmbH und damit bereits mittelbar dem Gesellschafter A zustand. Zur Ermittlung der zukünftigen Beteiligungsquoten wird dem A daher – über den Unternehmenswert der A-GmbH – bereits sein mittelbarer Anteil an der BC-OHG zugerechnet. Den Gesellschaftern B und C ist der Unternehmenswert der BC-OHG dagegen nur anteilig nach Maßgabe ihrer Beteiligung zuzurechnen.

C. Fallbeispiele

Unternehmenswert BC-OHG		Unternehmenswert A-GmbH		
Aktiva	350.000 €	Aktiva		180.000 €
stille Reserven	160.000 €	stille Reserven		50.000 €
Verbindlichkeiten	– 30.000 €			
Unternehmenswert	480.000 €	Unternehmenswert		230.000 €
Unternehmenswert BC-OHG	480.000 €	davon entfallen auf B und C	360.000 €	61,02 %
Unternehmenswert A-GmbH			230.000 €	38,98 %
Gesamtwert des Unternehmens nach der Verschmelzung			590.000 €	100 %

Die Beteiligungen der Gesellschafter B und C von nominal 240.000 € sollen nach der Verschmelzung somit zusammen einer Beteiligungsquote von 61,02 % entsprechen. Hieraus lässt sich das nach der Verschmelzung benötigte Eigenkapital wie folgt ermitteln:

$$\frac{240.000 \text{ €} \times 100}{61,02} = 393.000 \text{ €}$$

Das **Gesamtkapital** nach der Verschmelzung wird somit 393.000 € betragen. Hiervon entfallen wie bisher 240.000 € auf die Gesellschafter B und C. Der verbleibende Betrag von 153.000 € entfällt auf den Gesellschafter A. Dies stellt die Gegenleistung für das gesamte Vermögen der A-GmbH, also einschließlich der darin enthaltenen Beteiligung an der BC-OHG dar. Auf die vor der Verschmelzung bestandene Beteiligung der A-GmbH an der BC-OHG entfallen davon 80.000 €. Der überschießende Betrag von 73.000 € entfällt somit auf das übergehende Restvermögen der A-GmbH.

Nach den Grundsätzen der Bewertung von Sacheinlagen gegen Kapitalerhöhung besteht ein Bewertungswahlrecht, das übergehende Restvermögen mit dem Buchwert der Gegenleistung oder mit dem vorsichtig geschätzten Zeitwert anzusetzen.

aa) Bewertung mit dem Nominalwert der Festkapitalerhöhung

935

Sofern keine weiteren Eigenkapitalkonten der übernehmenden ABC OHG dotiert werden, ergeben sich die **Anschaffungskosten** in dem hier vorliegenden Fall aus dem Betrag des nach der Verschmelzung auf den A entfallenden Kapitalkontos von 153.000 €. Wie bereits erläutert, entfällt hiervon auf das übergehende Restvermögen nur noch 73.000 €. Es ergibt sich hier also die Besonderheit, dass die **Anschaffungskosten niedriger sind als der Buchwert des übergehenden Restvermögens** von 100.000 €. Die Lösung dieses Falles ist in der Literatur streitig (eingehend hierzu vgl. Teil 7 Rdn. 762). Einige Autoren sind der Ansicht, dass die Buchwerte aus der Schlussbilanz des übertragenden Rechtsträgers nicht unterschritten werden dürfen. Nach der anderen – auch hier vertretenen – Ansicht ist die Bilanzierung beim aufnehmenden Rechtsträger im Fall einer Bilanzierung mit den Anschaffungskosten jedoch unabhängig von den Wertansätzen in der Schlussbilanz des übertragenden Rechtsträgers.

Bilanz der ABC-OHG nach der Verschmelzung					
eigene Aktiva		350.000 €	Festkapital	A	153.000 €	
übernommene Aktiva				B	120.000 €	
Buchwert	100.000 €			C	120.000 €	393.000 €
Abstockungsbetrag	27.000 €	73.000 €	Verbindlichkeiten			30.000 €
		423.000 €				423.000 €

bb) Bewertung mit dem Zeitwert des übergehenden Vermögens

936

Der Zeitwert des übergehenden Restvermögens beträgt 110.000 €. Das dem Gesellschafter A einzuräumende Festkapitalkonto beträgt auch bei einer Bilanzierung des Vermögens mit seinem Zeitwert 153.000 €, denn der Umfang der Festkapitalerhöhung ist abhängig von dem Verhältnis der Unternehmenswerte der beiden Gesellschaften. Die Wahl der Bewertungsmethode hat hierauf keinen Einfluss.

Das übergehende Vermögen wird also mit 110.000 € bilanziert, während die auf dieses Restvermögen entfallende Kapitalerhöhung – wie oben erläutert – nur 73.000 € beträgt. Es entsteht hier ein **positiver Unterschiedsbetrag** i. H. v. 37.000 €, der von der übernehmenden Personengesellschaft in die gesamthänderisch gebundene Rücklage eingestellt werden oder beteiligungsproportional den Kapitalkonten aller Gesellschafter zugeschrieben werden kann.

Bilanz der ABC-OHG nach der Verschmelzung

eigene Aktiva		350.000 €	Festkapital A	153.000 €	
übernommene Aktiva	100.000 €		B	120.000 €	
Aufstockungsbetrag	10.000 €		C	120.000 €	
		110.000 €	Rücklage	37.000 €	430.000 €
			Verbindlichkeiten		30.000 €
		460.000 €			**460.000 €**

937 b) Verschmelzung zu Buchwerten

Auch bei einer Verschmelzung mit Buchwertfortführung wird die vorzunehmende Kapitalerhöhung ebenfalls nach dem **Verhältnis der Unternehmenswerte** berechnet und das Festkapitalkonto des A beträgt daher auch in diesem Fall 153.000 €. Hiervon entfallen auf das auf die BC-OHG übergehende Restvermögen 73.000 €. Die Buchwerte des übergehenden Restvermögens betragen 100.000 €. Der die Kapitalerhöhung übersteigende Betrag der Buchwerte i. H. v. 27.000 € ist auch in diesem Fall in die gesamthänderisch gebundene Rücklage einzustellen. Die Übernahmebilanz der ABC-OHG hat somit nach der Verschmelzung folgendes Aussehen:

Bilanz der ABC-OHG nach der Verschmelzung

eigene Aktiva	350.000 €	Festkapital A	153.000 €	
übernommene Aktiva	100.000 €	B	120.000 €	
		C	120.000 €	
		Rücklage	27.000 €	420.000 €
		Verbindlichkeiten		30.000 €
	450.000 €			**450.000 €**

2. Verschmelzung ohne Kapitalerhöhung

938 Fall 3:
- Die übernehmende Personengesellschaft hält alle Anteile an der übertragenden Kapitalgesellschaft (up-stream-merger).
- Der Buchwert der untergehenden Beteiligung ist größer als der Buchwert des übergehenden Vermögens.

939 Sachverhalt:

Die XY-OHG hält als Muttergesellschaft 100 % der Anteile an der Z-GmbH. Die Z-GmbH wird nun auf die XY-OHG verschmolzen.

Die XY-OHG ist eine reine Holdinggesellschaft. Sie hat die Beteiligung an der Z-GmbH einige Zeit vor der Verschmelzung zu einem Kaufpreis von 300.000 € erworben. Mit diesem Kaufpreis wurden das derzeit vorhandene buchmäßige Reinvermögen sowie stille Reserven vergütet.

Die Z-GmbH stellt eine Schlussbilanz auf nach den Regelungen über die Jahresbilanz (§ 17 UmwG). Bilanzielle Besonderheiten aufgrund der bevorstehenden Verschmelzung, wie z. B. Anpassungen an die Bewertungsmethoden des übernehmenden Rechtsträgers, sind in dem hier vorliegenden Fall nicht zu beachten.

C. Fallbeispiele

Die **Bilanzen** der beiden beteiligten Rechtsträger haben **vor der Verschmelzung** folgendes Aussehen:

Bilanz der XY-OHG vor der Verschmelzung				
Beteiligung Z-GmbH	300.000 €	Festkapital X	150.000 €	
		Festkapital Y	150.000 €	300.000 €
	300.000 €			**300.000 €**

Schlussbilanz der Z-GmbH				
	Buchwerte	stille Reserven		
AV	160.000 €	140.000 €	Stammkapital	100.000 €
UV	60.000 €		Rücklagen	80.000 €
			Verbindlichkeiten	40.000 €
	220.000 €			**220.000 €**

a) Verschmelzung zu Anschaffungskosten

Die XY-OHG hält 100 % der Anteile an der Z-GmbH. Bilanziell findet bei der XY-OHG im Zuge der Verschmelzung ein Aktivtausch statt. Die Anteile an der übertragenden Z-GmbH gehen unter und an ihre Stelle tritt das übergehende Betriebsvermögen der Z-GmbH.

Da die XY-OHG alle Anteile an der Z-GmbH hält, gibt es keine weiteren Anteilseigner der übertragenden Kapitalgesellschaft, denen als Gegenleistung für die Vermögensübertragung im Zuge der Verschmelzung Gesellschaftsrechte oder andere Vermögensvorteile zu gewähren wären (§ 20 Abs. 1 Nr. 3 UmwG). Als »Gegenleistung« ergibt sich hier also nur der Verzicht auf die untergehende Beteiligung. Für die Bilanzierung des übergehenden Vermögens finden die **Tauschgrundsätze** Anwendung (vgl. Teil 7 Rdn. 775 ff.). Hiernach hat die übernehmende XY-OHG das Wahlrecht, das übergehende Vermögen mit dem Buchwert der Gegenleistung oder mit dem Zeitwert des übergehenden Vermögens zu bilanzieren.

aa) Bewertung mit dem Buchwert der Gegenleistung

Der Buchwert der untergehenden Anteile stellt aus Sicht der XY-OHG somit die Anschaffungskosten für das übergehende Vermögen der Z-GmbH dar. Soweit die Anschaffungskosten die Buchwerte des übergehenden Vermögens überschreiten, erfolgt eine Aufstockung dieser Buchwerte bis zu den **Anschaffungskosten**.

Die Anschaffungskosten betragen insgesamt 300.000 €. Außerdem wurden Verbindlichkeiten i. H. v. 40.000 € übernommen. Die Buchwerte des übergehenden Aktivvermögens sind daher auf 340.000 € aufzustocken. Diese Aufstockung stellt lediglich eine Aufdeckung vorhandener stiller Reserven dar. Höchstwert ist für jedes Wirtschaftsgut der Teilwert. Dieser Wert darf nicht überschritten werden. Reichen die vorhandenen stillen Reserven einschließlich der Aktivierung eines Geschäfts- oder Firmenwertes für die Aufstockung bis zu den Anschaffungskosten nicht aus, dann war die Beteiligung bei der XY-OHG vor der Verschmelzung überbewertet. Sie hätte zunächst abgeschrieben werden müssen. Der übersteigende Betrag wäre daher als laufender Aufwand zu behandeln.

Nach der Verschmelzung **hat die** Übernahmebilanz **der XY-OHG folgendes Aussehen:**

Bilanz der XY-OHG nach der Verschmelzung				
AV der Z-GmbH	160.000 €		Festkapital X	150.000 €
Aufstockungsbetrag	120.000 €	280.000 €	Festkapital Y	150.000 €
UV der Z-GmbH		60.000 €		300.000 €
			Verbindlichkeiten	40.000 €
		340.000 €		**340.000 €**

942 **bb) Bewertung mit dem Zeitwert der Gegenleistung**

Der Zeitwert des übergehenden Reinvermögens beträgt 320.000 €. Es gehen Verbindlichkeiten i. H. v. 40.000 € über. Der Zeitwert des übergehenden Aktivvermögens beträgt somit 360.000 €. In der Schlussbilanz des übertragenden Rechtsträgers stand dieses Aktivvermögen jedoch nur mit einem Wert von 220.000 € zu Buche. Bei der Bewertung mit dem Zeitwert kommt es also zu einer Aufstockung der Buchwerte des Aktivvermögens um 140.000 €.

Der **Zeitwert des übergehenden Reinvermögens** i. H. v. 320.000 € liegt außerdem um 20.000 € über dem Buchwert der untergehenden Beteiligung. Durch den Vermögensübergang im Zuge der Verschmelzung kommt es in dieser Höhe zu einem positiven Differenzbetrag. Es handelt sich um einen Verschmelzungsgewinn, der als außerordentlicher Ertrag bei der übernehmenden XY-OHG zu erfassen ist (vgl. Teil 7 Rdn. 778).

Die **Übernahmebilanz** der XY-OHG hat dann **nach der Verschmelzung** folgendes Aussehen:

Bilanz der XY-OHG nach der Verschmelzung				
AV	160.000 €		Festkapital X	150.000 €
Aufstockungsbetrag	140.000 €	300.000 €	Festkapital Y	150.000 €
UV		60.000 €		300.000 €
			Verschmelzungsgewinn	20.000 €
			Verbindlichkeiten	40.000 €
		360.000 €		360.000 €

943 **b) Verschmelzung zu Buchwerten**

Durch die Verschmelzung entfällt bei der XY-OHG die untergehende Beteiligung an der B-GmbH i. H. v. 300.000 €. An ihre Stelle treten die Buchwerte des übergehenden Vermögens i. H. v. 220.000 €. Es ergibt sich bei der übernehmenden XY-OHG ein negativer Differenzbetrag (**Verschmelzungsverlust**) i. H. v. 80.000 €, der erfolgswirksam in der **Gewinn- und Verlustrechnung** auszuweisen ist.

Bilanz der XY-OHG nach der Verschmelzung			
AV der Z-GmbH	160.000 €	Festkapital X	150.000 €
UV der Z-GmbH	60.000 €	Festkapital Y	150.000 € 300.000 €
		Verschmelzungsverlust	– 80.000 €
	220.000 €		220.000 €

Wirtschaftlich gesehen entsteht der Verschmelzungsverlust dadurch, dass die XY-OHG beim Erwerb der GmbH-Beteiligung im Kaufpreis der Anteile die stillen Reserven der Z-GmbH mitvergütet hat, die durch die Methode der Buchwertfortführung nicht aufgedeckt, sondern auf die XY-OHG übertragen werden.

II. Verschmelzung von Kapitalgesellschaften auf Kapitalgesellschaften

944 Auch bei der Verschmelzung von Kapitalgesellschaften gelten für die Bilanzierung der beteiligten Rechtsträger die §§ 17, 24 UmwG. Die übertragende Gesellschaft hat nach § 17 Abs. 2 UmwG eine Schlussbilanz nach den Vorschriften über die Jahresbilanz zu erstellen. Die übernehmende Gesellschaft hat die übernommenen Vermögensgegenstände in ihrer Jahresbilanz auszuweisen, wobei sie ein Bewertungswahlrecht hat, das übernommene Vermögen mit seinen Buchwerten aus der Schlussbilanz der übertragenden Gesellschaft oder mit den Anschaffungskosten anzusetzen. Zusätzlich zu diesen – bereits bei der Verschmelzung auf Personengesellschaften dargestellten Vorschriften – sind bei einer Verschmelzung auf eine Kapitalgesellschaft die Grundprinzipien des Gläubigerschutzes und der Kapitalaufbringung zu beachten.

1. Verschmelzung mit Kapitalerhöhung

Gem. § 20 Abs. 1 Nr. 3 UmwG werden die Anteilsinhaber des übertragenden Rechtsträgers durch die Verschmelzung zu Anteilsinhabern des übernehmenden Rechtsträgers. Mit Ausnahme der ausdrücklich gesetzlich geregelten Fälle besteht eine Pflicht zur Anteilsgewährung. Die hierfür benötigten Anteile werden in den meisten Fällen durch eine Kapitalerhöhung neu geschaffen. Es handelt sich um eine **Kapitalerhöhung gegen Sacheinlage**.

Fall 4:
– Buchwert der Gegenleistung ist größer als der Buchwert des übergehenden Vermögens.
– Entstehung eines Konfusionsgewinns.

Sachverhalt:

A und B halten jeweils 100 % der Anteile an der jeweilig selbst gegründeten A-GmbH bzw. B-GmbH. A und B haben beschlossen, die A-GmbH auf die B-GmbH zu verschmelzen.

Die Bilanzen der beteiligten Rechtsträger haben vor der Verschmelzung folgendes Aussehen:

Schlussbilanz der A-GmbH vor der Verschmelzung

	Buchwerte	stille Reserven		
AV	1.500.000 €	1.700.000 €	Stammkap.	300.000 €
UV	1.000.000 €		Kapitalrücklage	400.000 €
			Eigenkapital	700.000 €
			Verbindlichkeiten	1.300.000 €
			Verbl. ggü. B-GmbH	500.000 €
	2.500.000 €			2.500.000 €

Bilanz der B-GmbH vor der Verschmelzung

	Buchwerte	stille Reserven		
AV	2.000.000 €	1.000.000 €	Stammkap.	1.000.000 €
UV	600.000 €		Kapitalrücklage	500.000 €
Ford. ggü. A-GmbH	400.000 €		Eigenkapital	1.500.000 €
Geschäftswert		500.000 €	Verbindlichkeiten	1.500.000 €
	3.000.000 €	1.500.000 €		3.000.000 €

a) Verschmelzung zu Anschaffungskosten

Als Gegenleistung für die Vermögensübertragung sind dem Gesellschafter der A-GmbH Geschäftsanteile an der B-GmbH zu gewähren. Hierzu ist zunächst zu ermitteln, welche Beteiligung der A an der B-GmbH erhalten muss, damit diese der von ihm geleisteten Einlage entspricht. Zu diesem Zweck sind die Unternehmenswerte der beiden beteiligten Gesellschaften zueinander ins Verhältnis zu setzen.

Unternehmenswert A-GmbH		Unternehmenswert B-GmbH	
Eigenkapital	700.000 €	Eigenkapital	1.500.000 €
stille Reserven	1.700.000 €	stille Reserven	1.500.000 €
Unternehmenswert	2.400.000 €	Unternehmenswert	3.000.000 €

Unternehmenswert A-GmbH	2.400.000 €		44,44 %
Unternehmenswert B-GmbH	3.000.000 €		55,56 %
	5.400.000 €		100 %

Damit A am Gesellschaftsvermögen der AB-GmbH nach der Verschmelzung entsprechend seiner Einlage beteiligt ist, muss er also eine Beteiligung am Gesamtkapital von 44,44 % erhalten. B hält vor und nach der Verschmelzung eine Beteiligung von nominal 1.000.000 €. Diese Beteiligung soll nach der Verschmelzung einer Beteiligung von 55,56 % entsprechen. Das angestrebte Beteiligungsverhältnis wird hergestellt, wenn eine **Stammkapitalerhöhung** i. H. v. 800.000 € auf 1.800.000 € durchgeführt wird.

Berechnung: $$\frac{1.000.000\ € \times 100}{55,56} = 1.800.000\ €$$

Die aufnehmende B-GmbH hat gem. § 24 UmwG das Wahlrecht, das übergehende Vermögen mit dem Buchwert der Gegenleistung oder mit dem Zeitwert des übergehenden Vermögens anzusetzen.

949 aa) Bewertung mit dem Buchwert der Gegenleistung

Da ein Agio nicht beschlossen wurde, stellt die Stammkapitalerhöhung i. H. v. 800.000 € den Buchwert der Gegenleistung bzw. den Ausgabebetrag der neuen Anteile dar.

Dieser Betrag bildet die Anschaffungskosten für das übergehende Vermögen, modifiziert um den durch die Konfusion von Forderung und Verbindlichkeit entstehenden Konfusionsgewinn.

Dieser Gewinn entsteht dadurch, dass vor der Verschmelzung zwischen den beiden beteiligten Rechtsträgern ein Schuldverhältnis bestanden hat. Die B-GmbH hatte in der Vergangenheit ihre Forderung ggü. der A-GmbH um 100.000 € auf 400.000 € abgeschrieben. Aufgrund der Bewertung nach dem Vorsichtsprinzip steht die Verbindlichkeit bei der A-GmbH demgegenüber noch mit 500.000 € in der Bilanz. Im Zuge der Verschmelzung tritt nun eine Konfusion der Forderung und der Verbindlichkeit ein. Aufgrund der unterschiedlichen Bewertung entsteht der Konfusionsgewinn, der als Anschaffungsnebenkosten erfolgsneutral in die Kapitalrücklage nach § 272 Abs. 2 Nr. 4 HGB einzustellen ist.

Die Anschaffungskosten für das übrige übergehende Vermögen liegen damit bei 800.000 € und damit um 100.000 € über dem Buchwert des übergehenden Vermögens. Es kommt daher zu einer anteiligen Aufdeckung der in dem übergehenden Vermögen vorhandenen stillen Reserven.

Bei einem Ansatz des übergehenden Vermögens mit dem Buchwert der Gegenleistung hat die Bilanz der AB-GmbH nach der Verschmelzung folgendes Aussehen:

Übernahmebilanz der AB-GmbH				
AV der A-GmbH	1.500.000 €		Stammkapital	1.800.000 €
Aufstockung	100.000 €	1.600.000 €	Kapitalrücklage	600.000 €
AV der B-GmbH		2.000.000 €		
UV der A-GmbH		1.000.000 €	Eigenkapital	2.300.000 €
UV der B-GmbH		600.000 €	Verbindlichkeiten A	1.300.000 €
			Verbindlichkeiten B	1.500.000 €
		5.200.000 €		5.200.000 €

950 bb) Bewertung mit dem Zeitwert des übergehenden Vermögens

Wird das **Ansatzwahlrecht** dahingehend ausgeübt, das übergehende Vermögen mit seinem Zeitwert anzusetzen, werden zusätzlich stille Reserven i. H. v. 1.600.000 € aufgedeckt. Dieser Betrag ist nach § 272 Abs. 1 Nr. 2 HGB in die **Kapitalrücklage** einzustellen.

C. Fallbeispiele

Übernahmebilanz der AB-GmbH

AV der A-GmbH	1.500.000 €		Stammkapital	1.800.000 €
Aufstockung	1.700.000 €	3.200.000 €	Kapitalrücklage	2.200.000 €
AV der B-GmbH		2.000.000 €		
UV der A-GmbH		1.000.000 €	Eigenkapital	4.000.000 €
UV der B-GmbH		600.000 €	Verbindlichkeiten A	1.300.000 €
			Verbindlichkeiten B	1.500.000 €
		6.800.000 €		6.800.000 €

b) Verschmelzung zu Buchwerten 951

Auch bei einer Verschmelzung zu Buchwerten müssen dem Gesellschafter A als Gegenleistung für die Vermögensübertragung Anteile gewährt werden, die ihm eine Beteiligung am Gesellschaftsvermögen verschaffen, welche dem von ihm eingebrachten Vermögen wertmäßig entspricht. Der Betrag der durchzuführenden Kapitalerhöhung beträgt daher auch hier 800.000 €. Die Buchwerte des übergehenden Vermögens betragen hingegen nur 700.000 €. Bei einer **Fortführung der Buchwerte** entsteht somit in der Bilanz der aufnehmenden B-GmbH ein negativer Differenzbetrag (Verschmelzungsverlust). Es ist in der Literatur stark umstritten, ob in einem solchen Fall, in dem die Buchwerte unter dem Nennbetrag der Kapitalerhöhung liegen, überhaupt eine Buchwertfortführung möglich ist (vgl. hierzu Teil 7 Rdn. 834 ff.). Nach der hier vertretenen Ansicht ist die Ausübung des Wahlrechts zur Buchwertfortführung jedoch auch in einem solchen Fall uneingeschränkt möglich. Der entstehende Verschmelzungsverlust ist als außerordentlicher Aufwand in der Gewinn- und Verlustrechnung zu erfassen.

Der Konfusionsgewinn ist bei Fortführung der Buchwerte erfolgswirksam über die Gewinn- und Verlustrechnung zu buchen.

Übernahmebilanz der AB-GmbH

AV der A-GmbH	1.500.000 €	Stammkapital	1.800.000 €
AV der B-GmbH	2.000.000 €	Kapitalrücklage	500.000 €
UV der A-GmbH	1.000.000 €	Konfusionsgewinn	100.000 €
UV der B-GmbH	600.000 €	Verschmelzungsverlust	(− 100.000 €)
			2.300.000 €
		Verbindlichkeiten A	1.300.000 €
		Verbindlichkeiten B	1.500.000 €
	5.100.000 €		5.100.000 €

Fall 5: 952
– Der Buchwert der Gegenleistung entspricht dem Buchwert des übergehenden Vermögens.
– Als Gegenleistung wird auch eine bare Zuzahlung geleistet.
– Der übertragende Rechtsträger verfügt über originäre immaterielle Wirtschaftsgüter.

Sachverhalt: 953

A und B sind jeweils Alleingesellschafter eines Handwerksbetriebes in der Rechtsform einer GmbH. Zum Zweck der Nutzung von Synergieeffekten haben A und B beschlossen, die beiden Unternehmen zusammenzufassen, indem die A-GmbH auf die B-GmbH verschmolzen wird. Der Unternehmenswert der B-GmbH ist nach vorläufigen Schätzungen ca. dreimal so groß wie der Unternehmenswert der A-GmbH. Aus diesem Grund erhebt B i. R. d. Verhandlungen über den Verschmelzungsvertrag den Anspruch, dass er an der gemeinsamen Gesellschaft nach der Verschmelzung mit mindestens 75 % beteiligt sein möchte. A hingegen soll max. 25 % erhalten. Soweit das Verhältnis der Unternehmenswerte eine Beteiligung des A von weniger als 25 % ergibt, wird dieses Verhältnis dann auch als Umtauschverhältnis zugrunde gelegt. Sollte sich hiernach jedoch eine Beteiligung des A von mehr als 25 % ergeben, so soll A genau 25 % erhalten und die sich hierdurch ergebende vermögensmäßige Benachteiligung durch eine bare Zuzahlung ausgeglichen werden.

Die Bilanzen der beteiligten Rechtsträger haben vor der Verschmelzung folgendes Aussehen:

Schlussbilanz der A-GmbH vor der Verschmelzung

	Buchwert	stille Reserven			
Aktiva	136.000 €	19.000 €	Stammkapital	80.000 €	
eigenes Patent	–	50.000 €	Gewinnvortrag	26.000 €	
					106.000 €
			Verbindlichkeiten		30.000 €
	136.000 €				136.000 €

Bilanz der B-GmbH

	Buchwert	stille Reserven		
Aktiva	300.000 €	200.000 €	Stammkapital	300.000 €
Kasse/Bank	50.000 €		Verbindlichkeiten	50.000 €
	350.000 €			350.000 €

Ermittlung des Kapitalerhöhungsbetrages und der zu zahlenden baren Zuzahlung:

Das Ausmaß der Kapitalerhöhung ermittelt sich wie folgt:

	Eigenkapital	stille Reserven	Unternehmenswert	
A-GmbH	106.000 €	69.000 €	175.000 €	25,93 %
B-GmbH	300.000 €	200.000 €	500.000 €	74,07 %
			675.000 €	100 %

Gemessen an dem Wert ihrer Beteiligungen vor der Verschmelzung müssten die Gesellschafter A und B an der übernehmenden Gesellschaft nach der Verschmelzung in dem Verhältnis 25,93 % zu 74,07 % beteiligt sein. Im Verschmelzungsvertrag ist jedoch vereinbart worden, dass der Gesellschafter A max. eine Beteiligung von 25 % erhalten soll. Der übersteigende Einlagewert soll durch eine bare Zuzahlung an A ausgeglichen werden.

Bei einem angestrebten Beteiligungsverhältnis von 25 %/75 % muss also die Beteiligung des B von nominal 300.000 € nach der Verschmelzung eine Beteiligung von 75 % repräsentieren. Hieraus ergibt sich folgendes Stammkapital nach der Verschmelzung

$$\frac{300.000 \, € \times 100}{75} = 400.000 \, €$$

Es ist somit eine Kapitalerhöhung von 100.000 € vorzunehmen.

A hätte grds. eine Beteiligung von 25,93 % erhalten müssen. Er bekommt aber nur 25 %. A und B einigen sich darauf, für den Differenzbetrag eine bare Zuzahlung von 6.000 € zu leisten.

954 **a) Verschmelzung zu Anschaffungskosten**

Bei einer Bilanzierung des übergehenden Vermögens zu Anschaffungskosten finden die Bilanzierungsregeln für die Fälle der Sacheinlage Anwendung. Es besteht daher die Möglichkeit, das Vermögen mit dem Buchwert der Gegenleistung oder mit dem Zeitwert des übergehenden Vermögens zu bewerten.

955 **aa) Bewertung mit dem Buchwert der Gegenleistung**

Entscheidet sich die B-GmbH für eine Bewertung mit dem Buchwert der Gegenleistung, so ergibt sich Folgendes: Der Buchwert der Gegenleistung setzt sich zusammen aus dem Nennbetrag der Stammkapitalerhöhung i. H. v. 100.000 € sowie der baren Zuzahlung von 6.000 €, und beträgt damit insgesamt 106.000 €. Dies entspricht genau dem **Buchwert des übergehenden Reinvermögens**. Trotzdem kommt es im Zusammenhang mit der Anschaffungswertmethode im Ergebnis nicht zu einer Buchwertfortführung, denn im Fall der Anschaffung gilt für den übernehmenden Rechtsträger das Aktivierungsverbot des § 248 Abs. 2 HGB nicht, da alle Vermögensgegenstände

C. Fallbeispiele

entgeltlich erworben wurden. Die übernehmende B-GmbH hat daher auch die bei der A-GmbH nicht bilanzierten Patente zu aktivieren. Die Anschaffungskosten i. H. v. 106.000 € sind daher auf alle übergehenden Vermögensgegenstände nach dem Verhältnis ihrer Zeitwerte zu verteilen. Dies führt im Ergebnis zu einer Abstockung der Buchwerte der bislang bereits bilanzierten nicht monetären Vermögensgegenstände genau in dem Umfang, in dem bisher nicht bilanzierte immaterielle Wirtschaftsgüter erstmals angesetzt werden (vgl. auch Teil 7 Rdn. 762).

Zeitwerte Aktiva:	155.000 €		75,61 %
Zeitwert Patent:	50.000 €		24,39 %
	205.000 €		100 %

Anschaffungskosten:	106.000 €
zzgl. übergehende Verbindlichkeiten	30.000 €
	136.000 € × 75,61 % = 103.000 € Ansatz Aktiva
	136.000 € × 24,39 % = 33.000 € Ansatz Patent

Es ergibt sich folgende **Übernahmebilanz**:

Übernahmebilanz der AB-GmbH nach der Verschmelzung				
Aktiva B-GmbH		300.000 €	Stammkapital	400.000 €
Aktiva A-GmbH				
Buchwerte	136.000 €			
Abstockung	33.000 €	103.000 €	Verbindlichkeiten	80.000 €
Patent		33.000 €		
Kasse/Bank		44.000 €		
		480.000 €		480.000 €

bb) Bewertung mit dem Zeitwert des übergehenden Vermögens 956

Bei einem Ansatz zum Zeitwert des übergehenden Vermögens sind alle vorhandenen stillen Reserven des übergehenden Vermögens aufzudecken. Der den Buchwert der Gegenleistung i. H. v. 106 übersteigende Betrag ist in die **Kapitalrücklage** nach § 272 Abs. 2 Nr. 1 HGB einzustellen (vgl. Teil 7 Rdn. 763).

Übernahmebilanz der AB-GmbH nach der Verschmelzung				
Aktiva B-GmbH		300.000 €	Stammkapital	400.000 €
Aktiva A-GmbH			Kapitalrücklage	69.000 €
Buchwerte	136.000 €			
Aufstockung	19.000 €	155.000 €	Verbindlichkeiten	80.000 €
Patent		50.000 €		
Kasse/Bank		44.000 €		
		549.000 €		549.000 €

b) Verschmelzung zu Buchwerten 957

Bei einer Verschmelzung zu Buchwerten hat die übernehmende B-GmbH nicht die Möglichkeit, die originären immateriellen Wirtschaftsgüter der A-GmbH in ihrer Bilanz auszuweisen. Sie ist vielmehr in jeglicher Hinsicht an die Buchwerte des übertragenden Rechtsträgers gebunden. Da in dem hier vorliegenden Fall der Buchwert der Gegenleistung genauso groß ist wie der Buchwert des übergehenden Vermögens, ergibt sich durch die Verschmelzung bei der aufnehmenden B-GmbH weder ein positiver noch ein negativer Differenzbetrag. Die Übernahmebilanz stellt sich dann wie folgt dar.

	Übernahmebilanz der AB-GmbH nach der Verschmelzung		
Aktiva B-GmbH	300.000 €	Stammkapital	400.000 €
Aktiva A-GmbH	136.000 €		
Kasse/Bank	44.000 €	Verbindlichkeiten	80.000 €
	480.000 €		**480.000 €**

2. Verschmelzung ohne Kapitalerhöhung

958 Fall 6:
– Die übernehmende Kapitalgesellschaft hält alle Anteile an der übertragenden Kapitalgesellschaft (up-stream-merger).
– Der Buchwert der Beteiligung ist kleiner als der Buchwert des übergehenden Vermögens.

959 Sachverhalt:

Die M-GmbH hält 100 % der Anteile an der T-GmbH. Die T-GmbH soll auf die M-GmbH verschmolzen werden.

Schlussbilanz der T-GmbH				
	Buchwert	stille Reserven		
Anlagevermögen	700.000 €	300.000 €	Stammkapital	700.000 €
Umlaufvermögen	400.000 €		Rücklagen	200.000 €
				900.000 €
			Verbindlichkeiten	200.000 €
	1.100.000 €			**1.100.000 €**

Bilanz der M-GmbH vor der Verschmelzung			
Anlagevermögen	1.000.000 €	Stammkapital	800.000 €
Beteiligung T-GmbH	600.000 €	Rücklagen	200.000 €
			1.000.000 €
Umlaufvermögen	200.000 €	Verbindlichkeiten	800.000 €
	1.800.000 €		**1.800.000 €**

960 a) Verschmelzung zu Anschaffungskosten

Die Verschmelzung der T-GmbH auf die M-GmbH führt bei der aufnehmenden Muttergesellschaft zum Wegfall der Beteiligung an der Tochtergesellschaft und zum Übergang des Vermögens der Tochtergesellschaft auf die Muttergesellschaft. Gem. § 54 Abs. 1 Satz 1 Nr. 1 UmwG besteht für die aufnehmende Muttergesellschaft als GmbH ein **Kapitalerhöhungsverbot**. Dasselbe würde gem. § 68 Abs. 1 Satz 2 Nr. 1 UmwG auch für eine aufnehmende AG gelten. Die Gegenleistung für den Vermögensübergang besteht aus Sicht der aufnehmenden Muttergesellschaft somit nur in dem Untergang der Anteile an der Tochtergesellschaft.

Es handelt sich um einen tauschähnlichen Vorgang. Die M-GmbH hat daher das Wahlrecht, das übergehende Vermögen entweder mit dem Buchwert der Gegenleistung (600) oder mit dem Zeitwert (1.000) anzusetzen (vgl. Teil 7 Rdn. 775 ff.).

961 aa) Bewertung mit dem Buchwert der Gegenleistung

Bei dem hier vorliegenden Fall besteht jedoch die Besonderheit, dass das übergehende Vermögen einen Buchwert hat, der über dem Buchwert der untergehenden Beteiligung liegt. Eine – erfolgsneutrale – Bewertung mit dem niedrigeren Buchwert der Gegenleistung führt daher dazu, dass die Buchwerte des übergehenden Vermögens abzustocken sind (diese Handhabung ist jedoch strittig, vgl. hierzu Teil 7 Rdn. 776).

Die Bilanzierung erfolgt – vollkommen unabhängig von den Buchwerten in der Schlussbilanz des übertragenden Rechtsträgers – wie bei einem normalen Unternehmenskauf. Die Anschaffungskosten betragen 600.000 €. Zusätzlich werden Verbindlichkeiten i. H. v. 200.000 € übernommen. Der Gesamtbetrag von 800.000 € ist nach dem Verhältnis der Zeitwerte auf das Anlagevermögen und das Umlaufvermögen aufzuteilen.

Zeitwert Anlagevermögen	1.000.000 €	71,43 %
Zeitwert Umlaufvermögen	400.000 €	28,57 %
Gesamtwert	1.400.000 €	100 %

Verteilt man die Anschaffungskosten von 800.000 € in diesem Verhältnis, ergeben sich folgende Werte:

Anlagevermögen	(800.000 € × 71,43 %)	571.000 €
Umlaufvermögen	(800.000 € × 28,57 %)	229.000 €
		800.000 €

Danach ergibt sich folgende Übernahmebilanz bei der M-GmbH:

Übernahmebilanz der M-GmbH

AV M-GmbH		1.000.000 €	Stammkapital	800.000 €	
AV T-GmbH	700.000 €		Rücklagen	200.000 €	
Abstockung	– 129.000 €				1.000.000 €
		571.000 €			
UV M-GmbH		200.000 €	Verbindlichkeiten M-GmbH		800.000 €
UV T-GmbH	400.000 €		Verbindlichkeiten T-GmbH		200.000 €
Abstockung	– 171.000 €				
		229.000 €			
		2.000.000 €			**2.000.000 €**

bb) Bewertung mit dem Zeitwert der Gegenleistung

962

Die Gegenleistung besteht in dem hier vorliegenden Fall einer 100 %igen Beteiligung der übernehmenden Muttergesellschaft an der übertragenden Tochtergesellschaft ausschließlich in dem Untergang der Anteile an der Tochtergesellschaft. Der **Zeitwert dieser Beteiligung** ist wiederum zwingend identisch mit dem Zeitwert des gesamten übergehenden Vermögen. Aus diesem Grund kommt es bei einer Bewertung mit dem Zeitwert der Gegenleistung zu einer Aufdeckung aller bei der Tochtergesellschaft vorhandenen stillen Reserven. In dem Umfang, in dem der Zeitwert der Beteiligung die Buchwerte des übergehenden Vermögens übersteigt, werden daher die Buchwerte des übergehenden Vermögens aufgestockt.

Bei der übernehmenden Muttergesellschaft entsteht i. H. d. Differenz zwischen dem Zeitwert und dem Buchwert der untergehenden Beteiligung ein Verschmelzungsgewinn, der als außerordentlicher Ertrag in der **Gewinn- und Verlustrechnung** auszuweisen ist.

Insgesamt ergibt sich hieraus folgende Übernahmebilanz:

Übernahmebilanz der M-GmbH

AV M-GmbH		1.000.000 €	Stammkapital	800.000 €	
AV T-GmbH	700.000 €		Rücklagen	200.000 €	
Aufstockung	300.000 €		Verschmel-zungsgewinn	600.000 €	
		1.000.000 €			1.600.000 €
UV M-GmbH		200.000 €	Verbindlichkeiten M-GmbH		800.000 €
UV T-GmbH		400.000 €	Verbindlichkeiten T-GmbH		200.000 €
		2.600.000 €			**2.600.000 €**

963 **b) Buchwertfortführung**

Im Fall einer Buchwertfortführung ergibt sich bei der übernehmenden Muttergesellschaft ein Verschmelzungsgewinn i. H. d. Differenz zwischen dem Buchwert der Beteiligung an der M GmbH und dem Buchwert des übergehenden Vermögens. Dieser **Verschmelzungsgewinn** ist als außerordentlicher Ertrag in der Gewinn- und Verlustrechnung auszuweisen.

Übernahmebilanz der M-GmbH

AV M-GmbH	1.000.000 €	Stammkapital	800.000 €
AV T-GmbH	700.000 €	Rücklagen	200.000 €
		Verschmelzungsgewinn	300.000 €
UV M-GmbH	200.000 €		1.300.000 €
UV T-GmbH	400.000 €	Verbindlichkeiten M-GmbH	800.000 €
		Verbindlichkeiten T-GmbH	200.000 €
	2.300.000 €		**2.300.000 €**

3. Mischfälle

964 **Fall 7:**
- Die übernehmende Kapitalgesellschaft ist zu weniger als 100 % an der übertragenden Kapitalgesellschaft beteiligt.
- Es erfolgt eine Kapitalerhöhung.
- Leistung einer baren Zuzahlung.

965 **Sachverhalt:**

Die M-GmbH hält 75 % der Anteile an der T-GmbH mit einem Nominalwert von 750.000 €. Die Anschaffungskosten der Beteiligung betrugen 1.000.000 €. In dem Beteiligungswert sind somit stille Reserven i. H. v. 250.000 € gebunden. Die verbleibenden 25 % der Anteile an der T-GmbH werden von dem Dritten D gehalten. Es wurde beschlossen, die T-GmbH auf die M-GmbH zu verschmelzen.

Schlussbilanz der T-GmbH vor der Verschmelzung

	Buchwert	stille Reserven		
AV	700.000 €	500.000 €	Stammkapital	1.000.000 €
Kasse/Bank	300.000 €			
	1.000.000 €			**1.000.000 €**

Bilanz der M-GmbH vor der Verschmelzung

	Buchwert	stille Reserven		
AV	3.000.000 €	1.375.000 €	Stammkapital	5.000.000 €
Beteiligung T-GmbH	1.000.000 €	125.000 €		
UV	1.000.000 €		Verbindlichkeiten	1.000.000 €
Kasse	1.000.000 €			
	6.000.000 €	**1.500.000 €**		**6.000.000 €**

966 **a) Verschmelzung zu Anschaffungskosten**

Die M-GmbH ist an der T-GmbH vor der Verschmelzung zu 75 % beteiligt. Dem übergehenden Vermögen steht also zu 75 % als Gegenleistung der Verzicht auf diese untergehende Beteiligung gegenüber. Insoweit liegt ein tauschähnlicher Umsatz vor und die M-GmbH hat das Wahlrecht, das übergehende Vermögen mit dem Buchwert der Gegenleistung (= Buchwert der untergehenden Anteile) oder mit dem höheren Zeitwert der Gegenleistung anzusetzen.

I. H. v. 25 % war vor der Verschmelzung der Gesellschafter D an der T-GmbH beteiligt. Dieser Gesellschafter muss gem. § 20 Abs. 1 Nr. 3 UmwG als Gegenleistung für die Vermögensübertragung eine Beteiligung an der M-GmbH erhalten. Da die M-GmbH nicht über eigene Anteile verfügt, müssen die zu gewährenden Anteile durch eine Kapitalerhöhung neu geschaffen werden. Dem übergehenden Vermögen steht also zu 25 % eine Kapitalerhöhung gegenüber. Insoweit sind bzgl. der Bewertung die Grundsätze der Kapitalerhöhung gegen Sacheinlage zu beachten. Die M-GmbH hat die Möglichkeit, das übergehende Vermögen entweder mit dem Buchwert der Gegenleistung (= Ausgabebetrag der neuen Anteile) oder mit dem höheren Zeitwert anzusetzen. Die vorzunehmende Kapitalerhöhung ermittelt sich wie folgt:

Die M-GmbH hat nach der Verschmelzung einen Unternehmenswert i. H. v. 9.000.000 €.

Unternehmenswert der M-GmbH vor der Verschmelzung (Buchwert 6.000.000 €, stille Reserven 1.500.000 €)	7.500.000 €
Unternehmenswert der T-GmbH (Buchwert 1.000.000 €, stille Reserven 500.000 €)	1.500.000 €
	9.000.000 €

Der Gesellschafter D war an der T-GmbH zu 25 % beteiligt. Gemessen am Unternehmenswert der T-GmbH i. H. v. 1.500.000 € hatte diese Beteiligung somit einen Wert von 375.000 €. Dem Gesellschafter D muss also an der aufnehmenden M-GmbH eine Beteiligung gewährt werden, die einen Wert von 375.000 € hat. Dies entspricht einer Beteiligung von 4,16 %.

Der Gesellschafter A, der bisher mit nominal 5.000.000 € eine 100 %ige Beteiligung an der M-GmbH gehalten hat, wird somit nach der Verschmelzung an der M-GmbH nur noch mit (100 %–4,16 %) 95,84 % beteiligt sein.

Es ergibt sich daher folgende **Stammkapitalerhöhung** bei der M-GmbH:

$$\frac{5.000.000\ € \times 100}{95,84} = 5.217.000\ €$$

Grds. müsste somit das Stammkapital um 217.000 € erhöht werden. Da es sich hierbei um einen krummen Betrag handelt, wird im Gesellschaftsvertrag vereinbart, dass die Kapitalerhöhung 200.000 € betragen wird und dass i. H. v. 17.000 € eine bare Zuzahlung an den Gesellschafter D geleistet wird.

aa) Bewertung des übergehenden Vermögens mit dem Buchwert der jeweiligen Gegenleistung

Entscheidet sich die M-GmbH dafür, das übergehende Vermögen mit dem Buchwert der Gegenleistung zu bewerten, so ergibt sich folgendes: Soweit die Gegenleistung in der Hingabe der Beteiligung an der T-GmbH besteht, liegt ein **tauschähnlicher Umsatz** vor.

Untergehende Beteiligung an der T-GmbH	1.000.000 €
hierauf entfallender Buchwert des übergehenden Vermögens (= 75 %)	750.000 €
Differenzbetrag	250.000 €

Die **Anschaffungskosten** sind um 250.000 € höher als der Buchwert des übergehenden Vermögens. Die Buchwerte sich daher um diesen Betrag aufzustocken (vgl. Teil 7 Rdn. 762).

Soweit die Gegenleistung in der Kapitalerhöhung zuzüglich barer Zuzahlung besteht, liegt eine **Kapitalerhöhung gegen Sacheinlage** vor. Der Buchwert der Gegenleistung ergibt sich aus dem Ausgabebetrag der neuen Anteile, der hier – mangels Dotierung eines Agios – dem Nominalbetrag der Kapitalerhöhung entspricht, zuzüglich der baren Zuzahlung.

Kapitalerhöhung zuzüglich barer Zuzahlung	217.000 €
Buchwert des übergehenden Vermögens (25 %)	250.000 €
Differenzbetrag	– 33.000 €

Es entsteht ein negativer Differenzbetrag i. H. v. 33.000 €. Nach der hier vertretenen Auffassung ist eine Bilanzierung mit dem Buchwert der Gegenleistung auch in diesem Fall möglich. Es kommt insoweit zu einer Buchwertabstockung (vgl. Teil 7 Rdn. 762). Der Aufstockungsbetrag von 250.000 € vermindert sich somit um 33.000 €, sodass es insgesamt zu einer Aufdeckung von stillen Reserven i. H. v. 217.000 € kommt.

Der **Aufstockungsbetrag** entfällt vollständig auf das Anlagevermögen der T-GmbH, weil das Umlaufvermögen ausschließlich aus monetären Mitteln besteht, die immer mit ihrem Nennwert zu bewerten sind.

Übernahmebilanz der M-GmbH nach der Verschmelzung

AV M-GmbH		3.000.000 €	Stammkapital	5.200.000 €
AV T-GmbH	700.000 €			
Aufstockung	217.000 €	917.000 €		
UV M-GmbH		1.000.000 €	Verbindlichkeiten M-GmbH	1.000.000 €
Kasse M-GmbH		983.000 €		
UV T-GmbH		300.000 €		
		6.200.000 €		6.200.000 €

968 **bb) Bewertung des übergehenden Vermögens mit dem Zeitwert der Gegenleistung**

Soweit die Gegenleistung in der Hingabe der Beteiligung an der T-GmbH besteht, liegt ein tauschähnlicher Umsatz vor. Die M-GmbH hat die Möglichkeit, das übergehende Vermögen mit dem Zeitwert der Gegenleistung anzusetzen. Die Gegenleistung besteht in einer 75 %igen Beteiligung an der T-GmbH, der Nominalkapitalerhöhung von 200.000 € sowie der baren Zuzahlung i. H. v. 17.000 €. Es ist allerdings eine größtmögliche Aufdeckung stiller Reserven beabsichtigt, so dass beschlossen wurde, im Zusammenhang mit der Kapitalerhöhung ein unbeziffertes Agio in Höhe der Differenz zwischen dem anteiligen Zeitwert des übergehenden Vermögens und dem Betrag der Nominalkapitalerhöhung zuzüglich Barzuzahlung zu dotieren.

Die T-GmbH hat einen Unternehmenswert i. H. v. 1.500.000 €. Die Beteiligung der M-GmbH an der T-GmbH hat damit einen Zeitwert von 1.125.000 €.

Zeitwert der Beteiligung an der T-GmbH	1.125.000 €
hierauf entfallender Buchwert des übergehenden Vermögens (75 %)	750.000 €
Differenzbetrag	375.000 €

In Bezug auf den tauschähnlichen Vorgang sind die **Anschaffungskosten** um 375.000 € höher als der Buchwert des übergehenden Vermögens, sodass es insoweit zu einer Buchwertaufstockung kommt.

Bei der aufnehmenden M-GmbH entsteht durch den tauschähnlichen Vorgang außerdem ein positiver Differenzbetrag i. H. d. Differenz zwischen dem Buchwert und dem Zeitwert der untergehenden Beteiligung, also i. H. v. 125.000 €. es handelt sich hier um einen Verschmelzungsgewinn, der als außerordentlicher Ertrag in der Gewinn- und Verlustrechnung auszuweisen ist.

Soweit die Gegenleistung in der Kapitalerhöhung zuzüglich barer Zuzahlungen besteht, liegt eine **Kapitalerhöhung gegen Sacheinlage** vor. Die übernehmende M-GmbH hat insoweit die Möglichkeit, dass übergehende Vermögen mit dem Zeitwert anzusetzen.

Zeitwert des übergehenden Vermögens (25 % von 1.500.000 €)	375.000 €
Nominalkapitalerhöhung zuzüglich Barzuzahlung	250.000 €
Differenzbetrag	125.000 €

Der Zeitwert dieses Teiles des übergehenden Vermögens liegt um 125.000 € über dem anteiligen Buchwert. In dieser Höhe erfolgt eine Buchwertaufstockung. Insgesamt kommt es somit zu einer Buchwertaufstockung i. H. v. 500.000 €. Damit ist das Ziel, alle stillen Reserven der T-GmbH aufzudecken, erreicht.

In der Bilanz der M-GmbH ergibt sich i. R. d. Kapitalerhöhung gegen Sacheinlage durch die Übernahme des Vermögens mit dessen Zeitwert ein positiver Differenzbetrag, soweit der Zeitwert des übergehenden Vermögens die vorgenommene Kapitalerhöhung zuzüglich barer Zuzahlung übersteigt.

Kapitalerhöhung zzgl. barer Zuzahlung	217.000 €
Zeitwert des übergehenden Vermögens (25 % von 1.500.000 €)	375.000 €
Differenzbetrag	158.000 €

Der Differenzbetrag i. H. v. 158.000 € ist als Aufgeld gem. § 272 Abs. 2 Nr. 1 HGB in die **Kapitalrücklage** einzustellen.

Es ergibt sich damit folgende Übernahmebilanz der M-GmbH:

Übernahmebilanz der M-GmbH nach der Verschmelzung				
AV M-GmbH		3.000.000 €	Stammkapital	5.200.000 €
AV T-GmbH	700.000 €		Kapitalrücklage	158.000 €
Aufstockung	500.000 €	1.200.000 €	Verschmelzungsgewinn	125.000 €
UV M-GmbH		1.000.000 €		5.483.000 €
Kasse M-GmbH		983.000 €	Verbindlichkeiten M-GmbH	1.000.000 €
UV T-GmbH		300.000 €		
		6.483.000 €		6.483.000 €

cc) Angestrebt ist ein Mittelwert zwischen den Varianten aa) und bb)

Der übernehmende Rechtsträger hat mehrere Möglichkeiten, einen Mittelwert zu erreichen. Die Verschmelzung der T-GmbH besteht anteilig aus einer Sacheinlage gegen Kapitalerhöhung und einem tauschähnlichen Umsatz. Für beide Vorgänge bestehen jeweils verschiedene Möglichkeiten, die Anschaffungskosten zu bestimmen. Diese **Wahlrechte** können nach der hier vertretenen Ansicht unabhängig voneinander ausgeübt werden. Wichtig ist nur, dass es sich jeweils um Werte handelt, die nach dem für den jeweiligen Vorgang geltenden Grundsätzen als Anschaffungskosten anerkannt sind. Nicht möglich ist es hingegen, bei demselben Umwandlungsvorgang z. B. in Bezug auf die Sacheinlage die Buchwertfortführung zu wählen und in Bezug auf den tauschähnlichen Umsatz einen Ansatz mit den Anschaffungskosten oder umgekehrt. Die Verschmelzung an sich ist ein einheitlicher Vorgang, bei dem sich der übernehmende Rechtsträger einheitlich für das gesamte übergehende Vermögen entscheiden muss, ob er die Buchwertfortführung oder die Bilanzierung zu Anschaffungskosten wählt. Soweit er sich jedoch für eine Bilanzierung zu Anschaffungskosten entschieden hat, bestehen immer noch in erheblichem Umfang Möglichkeiten, Bilanzpolitik zu betreiben.

Zum einen kann – soweit eine Kapitalerhöhung gegen Sacheinlage vorliegt – über eine unterschiedlich hohe Dotierung der Kapitalrücklage ein beliebiger Ansatz erreicht werden zwischen dem Nennbetrag der Kapitalerhöhung und dem Zeitwert des übergehenden Vermögens. Eine Aufdeckung der in dem übergehenden Vermögen ruhenden stillen Reserven auf diesem Wege ist immer erfolgsneutral.

In Bezug auf den **tauschähnlichen Umsatz** (Vermögensübergang gegen Hingabe der Beteiligung an der T-GmbH) kann der übernehmende Rechtsträger nur zwischen zwei verschiedenen Wertansätzen wählen, nämlich entweder dem erfolgsneutralen Ansatz mit dem Buchwert der Gegenleistung oder dem Ansatz mit dem Zeitwert der Gegenleistung, wobei ein Ansatz über dem Buchwert der Gegenleistung bei der aufnehmenden Gesellschaft zu einem entsprechenden Gewinn führt.

Wie der Ansatz nun im Einzelnen erfolgen wird, hängt von der Interessenlage der aufnehmenden Gesellschaft ab. So kann es z. B. sein, dass die stillen Reserven aufgedeckt werden sollen, soweit dies erfolgsneutral möglich ist, um in der Zukunft höhere Abschreibungen zu generieren. Die Entstehung eines Verschmelzungsgewinns ist jedoch nicht gewünscht. In diesem Fall kann das übergehende Vermögen, soweit es auf die Sacheinlage gegen Kapitalerhöhung entfällt, mit dem Zeitwert i. H. v. 375.000 € angesetzt werden. Der Buchwert von 250.000 € ist daher um 125.000 € aufzustocken. Der die Kapitalerhöhung (200.000 €) zzgl. barer Zuzahlung (17.000 €) übersteigende Betrag i. H. v. 158.000 € ist in die Kapitalrücklage einzustellen.

In Bezug auf den tauschähnlichen Umsatz wird hingegen ein erfolgsneutraler Ansatz mit dem Buchwert der untergehenden Beteiligung i. H. v. 1.000.000 € gewählt. Da der auf diese Gegenleistung entfallende Buchwert des übergehenden Vermögens 750.000 € beträgt, kommt es zu einer erfolgsneutralen Buchwertaufstockung i. H. v. 250.000 €.

Insgesamt kommt es somit zu einer Buchwertaufstockung von 375.000 €.

Die Übernahmebilanz der M-GmbH hat dann folgendes Aussehen:

Übernahmebilanz der M-GmbH nach der Verschmelzung				
AV M-GmbH		3.000.000 €	Stammkapital	5.200.000 €	
AV T-GmbH	700.000 €		Kapitalrücklage	158.000 €	
Aufstockung	375.000 €	1.075.000 €			5.358.000 €
UV M-GmbH		1.000.000 €			
Kasse M-GmbH		983.000 €	Verbindlichkeiten M-GmbH		1.000.000 €
UV T-GmbH		300.000 €			
		6.358.000 €			6.358.000 €

Die bilanzpolitischen Ziele der übernehmenden Gesellschaft hätten aber auch anders aussehen können. Wenn es z. B. das Ziel ist, immer einen möglichst hohen Gewinn auszuweisen, dann wird der Ausweis eines möglichst hohen Verschmelzungsgewinns angestrebt. In Bezug auf den tauschähnlichen Umsatz wird das übergehende Vermögen daher mit dem Zeitwert i. H. v. 1.125.000 € angesetzt. Die Buchwerte des übergehenden Vermögens werden um 375.000 € aufgestockt und es entsteht ein Verschmelzungsgewinn von 125.000 €.

In Bezug auf die **Sacheinlage gegen Kapitalerhöhung** wird hingegen nur ein Ansatz mit dem Buchwert der Gegenleistung i. H. v. 217.000 € angestrebt. Ein höherer Ansatz wäre im Zeitpunkt der Verschmelzung erfolgsneutral, würde aber die zukünftigen Ergebnisse aufgrund der höheren Abschreibungen belasten. Verglichen mit dem Buchwert des übergehenden Vermögens von 250.000 € kommt es zu einer Buchwertabstockung i. H. v. 33.000 €.

Insgesamt ergibt sich somit nur noch eine Buchwertaufstockung i. H. v. 342.000 €.

Es ergibt sich dann folgende Übernahmebilanz der M-GmbH:

Übernahmebilanz der M-GmbH nach der Verschmelzung				
AV M-GmbH		3.000.000 €	Stammkapital	5.200.000 €	
AV T-GmbH	700.000 €		Verschmel-	125.000 €	
Aufstockung	342.000 €	1.042.000 €	zungsgewinn		5.325.000 €
UV M-GmbH		1.000.000 €			
Kasse M-GmbH		983.000 €	Verbindlichkeiten M-GmbH		1.000.000 €
UV T-GmbH		300.000 €			
		6.325.000 €			6.325.000 €

970 **b) Buchwertfortführung**

Auch bei der Verschmelzung zu Buchwerten steht dem übergehenden Vermögen zu 75 % die bisherige Beteiligung an der T-GmbH sowie zu 25 % eine Gewährung neuer Anteile an den

C. Fallbeispiele

Gesellschafter D i. H. v. nominal 200.000 € sowie eine bare Zuzahlung i. H. v. 17.000 € gegenüber.

Stellt man die jeweilige Gegenleistung dem entsprechenden anteiligen Buchwert des übergehenden Vermögens gegenüber., so ergeben sich zunächst die gleichen positiven (+ 250.000 €) und negativen (– 33.000 €) Differenzbeträge wie bei der Bilanzierung mit dem Buchwert der Gegenleistung. Da bei einer Buchwertfortführung eine anteilige Aufdeckung der stillen Reserven jedoch nicht in Betracht kommt, ist der Differenzbetrag von 250.000 € (untergehende Beteiligung 1.000.000 € abzüglich Buchwert des übergehenden Vermögens 750.000 €) als **Verschmelzungsverlust** zu behandeln. Da der Differenzbetrag von 33.000 € (Kapitalerhöhung 200.000 € zzgl. bare Zuzahlung 17.000 € abzüglich Buchwert des übergehenden Vermögens 250.000 €) einen Verschmelzungsgewinn darstellt, ergibt sich insgesamt ein Verschmelzungsverlust von 217.000 €. Dieser ist als außerordentlicher Aufwand in der Gewinn- und Verlustrechnung zu verbuchen.

Übernahmebilanz der M-GmbH nach der Verschmelzung

AV M-GmbH	3.000.000 €	Stammkapital	5.200.000 €
AV T-GmbH	700.000 €	Verschm.verlust	(– 217.000 €)
UV M-GmbH	1.000.000 €		4.983.000 €
Kasse M-GmbH	983.000 €	Verbindlichkeiten M-GmbH	1.000.000 €
UV T-GmbH	300.000 €		
	5.983.000 €		5.983.000 €

4. Abspaltung von einer Kapitalgesellschaft auf eine andere Kapitalgesellschaft

Fall 8:
– Die übertragende Kapitalgesellschaft führt eine vereinfachte Kapitalherabsetzung durch.
– Bei der übernehmenden Kapitalgesellschaft erfolgt eine Kapitalerhöhung.
– Der Buchwert der gesamten Gegenleistung ist geringer als der Buchwert des übergehenden Vermögens.

Sachverhalt:

A ist Alleingesellschafter der A-GmbH. Sein Sohn S ist Alleingesellschafter der S-GmbH. A möchte sich an dem Unternehmen des S beteiligen. Seine Gesellschaftereinlage soll darin bestehen, dass er ein im Betriebsvermögen der A-GmbH befindliches unbebautes Grundstück (Buchwert 400.000 €, Verkehrswert 600.000 €) einschließlich der dazugehörigen Verbindlichkeiten (100.000 €) auf die S-GmbH gegen Gewährung von Gesellschaftsrechten abspaltet. Die bei der S-GmbH durchzuführende Kapitalerhöhung soll 10.000 € betragen.

Schlussbilanz der A-GmbH vor der Abspaltung

	Buchwert	stille Reserven			
Anlagevermögen	800.000 €	400.000 €	Stammkapital	450.000 €	
			Kapitalrücklage	50.000 €	500.000 €
			Verbindlichkeiten		300.000 €
	800.000 €				800.000 €

Bilanz der S-GmbH vor der Abspaltung

	Buchwert	stille Reserven		
AV	60.000 €	0.000 €	Stammkapital	50.000 €
			Verbindlichkeiten	10.000 €
	60.000 €			60.000 €

973 **a) Bilanzielle Behandlung beim übertragenden Rechtsträger**

Die A-GmbH überträgt zu Buchwerten folgendes Vermögen:

	€
Grundstück	400.000
Verbindlichkeiten	100.000
übergehendes Reinvermögen zu Buchwerten	300.000

Dieser Vermögensabgang zu Buchwerten von 300.000 € ist erfolgsneutral durch eine entsprechende Verringerung des Eigenkapitals auszugleichen. Zu diesem Zweck sind zunächst die vorhandenen Kapitalrücklagen i. H. v. 50.000 € aufzulösen. Da dieser Betrag jedoch nicht ausreicht, den Vermögensabgang von 300.000 € abzudecken, ist gem. § 139 UmwG eine vereinfachte Kapitalherabsetzung i. H. v. 250.000 € durchzuführen.

Bei der Aufstellung der nächsten regulären Bilanz des übertragenden Rechtsträgers ist außerdem die Regelung des § 133 Abs. 1 UmwG zu beachten, wonach alle an der Spaltung beteiligten Rechtsträger für die bis zum Zeitpunkt der Eintragung der Spaltung in das Handelsregister des übertragenden Rechtsträgers entstandenen Verbindlichkeiten gesamtschuldnerisch haften. Die A-GmbH hat somit in der Zukunft nicht nur für die bei ihr verbleibenden Verbindlichkeiten i. H. v. 200.000 € einzustehen, sondern ggf. auch für die auf die S-GmbH übergegangene Grundschuld i. H. v. 100.000 €. Soweit jedoch für die A-GmbH keine konkreten Anhaltspunkte dafür bestehen, dass sie für diese auf die S-GmbH übergegangene Verbindlichkeit in Anspruch genommen werden könnte, ist die Mithaftung für diese Verbindlichkeit lediglich gem. § 251 HGB unter der Bilanz als Haftungsverbindlichkeit auszuweisen.

Unter Außerachtlassung aller übrigen Geschäftsvorfälle innerhalb des Wirtschaftsjahres nach der Abspaltung hat die nächste reguläre Schlussbilanz des übertragenden Rechtsträgers somit folgendes Aussehen:

	Schlussbilanz der A-GmbH nach der Abspaltung			
	Buchwert	stille Reserven		
AV	400.000 €	200.000 €	Stammkapital	200.000 €
			Verbindlichkeiten	200.000 €
	400.000 €			**400.000 €**
			Haftungsverbindlichkeiten	100.000 €

974 **b) Bilanzielle Behandlung beim übernehmenden Rechtsträger**

Beim übernehmenden Rechtsträger gibt es ggü. den Fällen der Verschmelzung kaum Besonderheiten. Die S-GmbH führt eine Kapitalerhöhung von 10.000 € durch. Es handelt sich um eine Kapitalerhöhung gegen Sacheinlage. Als Sacheinlage geht ein buchmäßiges Reinvermögen von 300.000 €, das einen Verkehrswert von 500.000 € aufweist, über. Die Regelungen der **Kapitalaufbringung** sind damit unzweifelhaft erfüllt.

975 **aa) Bilanzierung zu Anschaffungskosten**

(1) Bewertung des übergehenden Vermögens mit dem Buchwert der Gegenleistung

In dem hier vorliegenden Fall besteht der Buchwert der Gegenleistung lediglich aus einer Nennkapitalerhöhung i. H. v. 10.000 €, während der Buchwert des übergehenden Vermögens mit 300.000 € wesentlich höher liegt. Es ist in der Literatur absolut strittig, ob sich der übernehmende Rechtsträger in einem solchen Fall überhaupt dazu entscheiden kann, das übergehende Vermögen mit dem Buchwert der Gegenleistung anzusetzen, denn dies führt zu einer entsprechenden Buchwertabstockung (zum Meinungsstand vgl. Teil 7 Rdn. 762 sowie Fall 2). Zusammen mit der wohl herrschenden Meinung wird hier davon ausgegangen, dass diese Möglichkeit der Bilanzierung mit dem Buchwert der Gegenleistung auch in einem solchen Fall uneingeschränkt besteht.

Das gesamte übergehende Reinvermögen ist somit insgesamt mit einem Wert von 10.000 € anzusetzen. Zu den Anschaffungskosten des Grundstücks gehört aus der Sicht der S-GmbH zum einen die Hingabe von Anteilen i. H. v. 10.000 € und zum anderen die Übernahme der Verbindlichkeiten i. H. v. 100.000 €. Die Anschaffungskosten des Grundstücks betragen somit insgesamt 110.000 €. Da dieses Grundstück bei der übertragenden A-GmbH vor der Spaltung mit 400.000 € zu Buche stand, ergibt sich hierdurch somit eine Buchwertabstockung i. H. v. 290.000 €. Die Verbindlichkeiten sind mit ihrem Nennbetrag i. H. v. 100.000 € anzusetzen.

Übernahmebilanz der S-GmbH nach der Abspaltung				
AV S-GmbH		60.000 €	Stammkapital	60.000 €
AV T-GmbH	400.000 €			
Abstockung	290.000 €	110.000 €		
			Verbindlichkeiten M-GmbH	110.000 €
		170.000 €		**170.000 €**
			Haftungsverbindlichkeiten	300.000 €

(2) Bewertung des übergehenden Vermögens mit dem Zeitwert

Im Rahmen der Bilanzierung zu Anschaffungskosten hat die übernehmende S-GmbH auch die Möglichkeit, das übergehende Vermögen mit seinem Zeitwert anzusetzen. Soweit dieser Zeitwert den Nennbetrag der Kapitalerhöhung übersteigt, ist der Differenzbetrag in die Kapitalrücklage nach § 272 Abs. 2 Nr. 1 HGB einzustellen.

Übernahmebilanz der S-GmbH nach der Abspaltung				
AV S-GmbH		60.000 €	Stammkapital	60.000 €
AV T-GmbH	400.000 €		Kapitalrücklage	490.000 €
Aufstockung	200.000 €	600.000 €		
			Verbindlichkeiten M-GmbH	110.000 €
		660.000 €		**660.000 €**
			Haftungsverbindlichkeiten	300.000 €

bb) Bilanzierung zu Buchwerten

Das Bewertungswahlrecht des § 24 UmwG ist für den übernehmenden Rechtsträger auch in Spaltungsfällen anwendbar. Dementsprechend hat die übernehmende S-GmbH auch die Möglichkeit, das übergehende Vermögen mit den Buchwerten aus der Schlussbilanz der übertragenden A-GmbH zu übernehmen. Soweit die Buchwerte des übergehenden Vermögens die Nennkapitalerhöhung übersteigen, ist der Differenzbetrag in die **Kapitalrücklage** nach § 272 Abs. 2 Nr. 1 HGB einzustellen.

Es ergibt sich im Fall der Buchwertfortführung folgende Übernahmebilanz:

Übernahmebilanz der S-GmbH nach der Abspaltung			
AV S-GmbH	60.000 €	Stammkapital	60.000 €
AV T-GmbH	400.000 €	Kapitalrücklage	290.000 €
		Verbindlichkeiten M-GmbH	110.000 €
	460.000 €		**460.000 €**
		Haftungsverbindlichkeiten	300.000 €

Teil 8 Kostenrechtliche Behandlung von Umwandlungsvorgängen nach dem UmwG

Kapitel 1 Verschmelzung

Übersicht	Rdn.
A. Verschmelzung durch Aufnahme	1
B. Verschmelzung durch Neugründung	7
C. Bilanz	10
D. Höchstwert, Mehrheit von Verschmelzungen, Mindestwert	14
I. Höchstwert	14
II. Mindestwert	15
III. Mehrheit von Verschmelzungen	16
E. Gebühr	20
F. Zustimmungsbeschluss (Verschmelzungsbeschluss)	21
G. Verzichtserklärungen, Zustimmungserklärungen	29
H. Nebentätigkeiten	38
I. Grundsätze	38
II. Gebührenfreie Nebentätigkeiten	39
III. Gebührenpflichtige Vollzugs- und Betreuungstätigkeiten, Beratungs- und Entwurfstätigkeiten	41
I. Registeranmeldungen	44
I. Übertragender Rechtsträger	45
II. Aufnehmender (bestehender) Rechtsträger	46
III. Aufnehmender (neu gegründeter) Rechtsträger	48
J. Höchstwert	49
K. Bescheinigte Gesellschafterliste gem. § 40 Abs. 2 GmbHG	51
L. Fall: Verschmelzung durch Aufnahme mit Zustimmungsbeschlüssen	52
M. Checkliste für die Bewertung der Registeranmeldungen	53
N. Besonderheiten bei grenzüberschreitenden Verschmelzungen	54

A. Verschmelzung durch Aufnahme

Die Verschmelzung durch Aufnahme ist ein **Austauschvertrag nach § 97 Abs. 3 GNotKG**, sofern den Anteilsinhabern des übertragenden Rechtsträgers als Gegenleistung Gesellschafts- oder Mitgliedsrechte oder Aktien am Vermögen des aufnehmenden Rechtsträgers gewährt werden.[1]

Der Geschäftswert richtet sich nach dem **Aktivvermögen der Verschmelzungsbilanz** gem. § 38 GNotKG ohne Abzug der Schulden. Die Bilanzansätze für Grundbesitz und Gesellschafterbeteiligungen sind jedoch durch Abzug des Buchwerts und Zurechnung des Verkehrswerts bzw. des nach § 54 S. 2 GNotKG maßgeblichen Werts zu korrigieren. Werden zwischen Bilanzstichtag und Beurkundungstag (§ 96 GNotKG) Veränderungen konkret nachgewiesen, sind diese werterhöhend (z.B. Zuerwerbe oder zwischenzeitliche Kapitalerhöhungen) oder wertmindernd (z.B. Veräußerung von Vermögenswerten oder bereits vollzogene Ausschüttungen an Gesellschafter) zu berücksichtigen.[2] S.i. Ü. Teil 8 Rdn. 10 ff. Ist jedoch die Gegenleistung höher, ist diese als Geschäftswert maßgebend (Ausnahmefall).

Bei **Verschmelzungen ohne Gegenleistungen** ist der Geschäftswert nach § 97 Abs. 1 GNotKG zu bestimmen.[3] Maßgebend ist dann ausschließlich das Aktivvermögen des übertragenden Rechtsträgers nach der Verschmelzungsbilanz, gem. § 38 GNotKG ohne Schuldenabzug (zur Bilanz s.

---
[1] Tiedtke, in: Korintenberg, § 107 Rn. 41; Schmidt/Sikora/Tiedtke, Praxis des Handelsregister- und Kostenrechts, Rn. 3311 ff.; BayObLG, DNotZ 1975, 676 = Rpfleger 1975, 268; BayObLG, DNotZ 1993, 273 = JurBüro 1993, 44 = MittBayNot 1992, 417.
[2] Tiedtke, in: Korintenberg, § 107 Rn. 41a; Diehn, in: Notarkosten, Rn. 115.
[3] BayObLG, MittBayNot 1997, 252 = GmbHR 1997, 506 = ZNotP 1997, 38; BayObLG, MittBayNot 1999, 398 = GmbHR 1999, 720 = ZNotP 1999, 414; OLG Karlsruhe, Rpfleger 2001, 321 = ZNotP 2002, 121.

Teil 8 Rdn. 2 und 10 ff.). Das Aktivvermögen ist auch dann als Geschäftswert anzunehmen, wenn zwischen den verschmelzenden Rechtsträgern ein Treuhandverhältnis besteht, das die Beteiligung des übertragenden Rechtsträgers an einer Gesellschaft im Auftrag und für Rechnung des übernehmenden Rechtsträgers zum Gegenstand hat.[4] Gleiches gilt für eine Verschmelzung durch Übertragung eines Gesellschaftsvermögens auf den Alleingesellschafter.[5]

4 Werden mehrere Rechtsträger auf einen bestehenden oder neu gegründeten Rechtsträger verschmolzen, werden die Aktivvermögen der übertragenden Rechtsträger zusammengerechnet. Die Gesamtsumme bildet den Geschäftswert. Zur Frage, ob ggf. der Höchstwert gem. § 107 Abs. 1 GNotKG von 10 Mio. € mehrfach anzusetzen ist, s. Teil 8 Rdn. 16 ff.

5 Eine vertragliche Verschmelzung liegt auch vor, wenn der Alleingesellschafter einer Kapitalgesellschaft deren Vermögen übernimmt.[6]

6 Die **Anpassung/Änderung des Gesellschaftsvertrages/der Satzung** des aufnehmenden Rechtsträgers ist derselbe Beurkundungsgegenstand mit der Verschmelzung, es sei denn, die Änderung erfolgt durch Beschluss (z. B. bei Verschmelzung durch Aufnahme einer bestehenden GmbH). In diesem Fall liegen zwischen Verschmelzungsvertrag und Beschluss über die Satzungsänderung verschiedene Beurkundungsgegenstände vor (§ 86 Abs. 2, § 110 Nr. 1 GNotKG). Die beiden Geschäftswerte sind jedoch gem. § 35 Abs. 1 GNotKG zu addieren, daraus ist eine einheitliche 2,0-Gebühr nach KV-Nr. 21100 GNotKG zu erheben. Wird der Satzungsänderungsbeschluss in einer Niederschrift mit dem Zustimmungsbeschluss beurkundet, liegen verschiedene Beurkundungsgegenstände vor. Der Zustimmungsbeschluss hat einen bestimmten Geldwert, Geschäftswert ist also der Wert des übergehenden Aktivvermögens ohne Schuldenabzug (§ 108 Abs. 2 GNotKG). Dagegen hat der Beschluss über die Satzungsänderung keinen bestimmten Geldwert, der Geschäftswert ist daher nach § 108 Abs. 1 i. V. m. § 105 Abs. 4 Nr. 1 GNotKG zu bestimmen. Die Werte sind zusammenzurechnen (§ 35 Abs. 1 GNotKG).

B. Verschmelzung durch Neugründung

7 Auch die Verschmelzung durch Neugründung ist **Austauschvertrag nach § 97 Abs. 3 GNotKG**.[7]

8 Der Wert der den Anteilsinhabern des übertragenden Rechtsträgers an dem neu gegründeten Rechtsträger gewährten Anteile ist dem **Aktivwert des Vermögens des übertragenden Rechtsträgers gegenüberzustellen**, wobei Verbindlichkeiten nach § 38 GNotKG nicht abgezogen werden dürfen. Zu Bilanzkorrekturen s. Teil 8 Rdn. 2 und 10 ff. Der höhere Wert ist als Geschäftswert maßgebend.[8] Bei Verschmelzung mehrerer Rechtsträger ist das Aktivvermögen eines jeden übertragenden Rechtsträgers maßgebend; der Gesamtwert der übertragenen Vermögen bildet den Geschäftswert. Zur Frage, ob ggf. der Höchstwert gem. § 107 Abs. 1 GNotKG von 10 Mio. € mehrfach anzusetzen ist, s. Teil 8 Rdn. 16 ff.

9 Die Festlegung der Satzung des neu errichteten Rechtsträgers ist gem. § 109 Abs. 1 GNotKG **derselbe Beurkundungsgegenstand** mit dem Verschmelzungsvertrag und daher nicht zusätzlich zu bewerten.[9]

---

4 OLG Karlsruhe, Rpfleger 2001, 321 = ZNotP 2002, 121.
5 Tiedtke, in: Korintenberg, § 107, Rn. 43.
6 § 3 Abs. 2 Nr. 2 UmwG; vgl. Tiedtke, in: Korintenberg, § 107 Rn. 43; Schmidt/Sikora/Tiedtke, Praxis des Handelsregister- und Kostenrechts, Rn. 3313; PfälzOLG Zweibrücken, MittRhNotK 2000, 80 = ZNotP 1999, 415 für den vergleichbaren Fall der Ausgliederung aus dem Vermögen eines Einzelkaufmanns auf einen bestehenden Rechtsträger.
7 Tiedtke in: Korintenberg, § 107 Rn. 41; Schmidt/Sikora/Tiedtke, Praxis des Handelsregister- und Kostenrechts, Rn. 3317.
8 BayObLG, DNotZ 1975, 676 = Rpfleger 1975, 268.
9 BayObLG, DNotZ 1975, 676 = Rpfleger 1975, 268.

C. Bilanz

Der kostenrechtliche Wert des Vermögens des übertragenden Rechtsträgers ist nach der **Verschmelzungsbilanz** zu ermitteln. Dabei ist grds. von der Aktivsumme der Bilanz, gem. § 38 GNotKG ohne Abzug der Schulden, auszugehen.[10] Das Schuldenabzugsverbot verstößt nicht gegen Verfassungsrecht.[11] Allerdings ist die Bilanz dahin zu überprüfen, ob das GNotKG für bestimmte Bilanzposten eine andere Bewertung vorsieht als nach dem in der Bilanz ausgewiesenen Buchwert. Das gilt auch für das Anlagevermögen (Grundstücke, Gebäude, grundstücksgleiche Rechte, Schiffe, Schiffsbauwerke). Finanzanlagen sind mit ihrem nach § 54 GNotKG oder § 97 Abs. 1 i.V.m. § 38 Abs. 1 GNotKG maßgeblichen Wert zu berücksichtigen.[12] Anstelle des Buchwerts ist der nach den allgemeinen Vorschriften des GNotKG maßgebliche Wert einzusetzen (s. Teil 8 Rdn. 11). Unterlässt der Notar eine diesbezügliche Prüfung, kann dies als Verstoß gegen § 125 GNotKG angesehen werden.[13] Hierbei muss es in aller Regel genügen, wenn die in Rechtsprechung und Literatur normierten Anforderungen erfüllt werden. Weiter gehende Bilanzprüfungen sind nach der hier vertretenen Auffassung nicht erforderlich. 10

Die **folgenden Bilanzposten** sind vom Notar auf jeden Fall auf ihre Korrekturbedürftigkeit zu überprüfen: 11

- **Grundstücke und Gebäude** sind gem. § 46 GNotKG mit dem Verkehrswert (Marktwert) anzusetzen. Der Notar hat somit zu überprüfen, ob für die Grundstücke und/oder die Gebäude ein über dem Buchwert liegender Verkehrswert in Betracht kommt. Ein etwaiger Mehrwert ist hinzuzurechnen. Mindestens ist jedoch der Buchwert maßgeblich, selbst dann, wenn die Beteiligten einen unter dem Buchwert liegenden Verkehrswert geltend machen sollten.
- **Grundstücksgleiche Rechte** sind mit dem nach § 49 Abs. 2 GNotKG, der auf die Vorschriften für die Bewertung von Grundstücken verweist, zu bewerten. Für Erbbaurechte beträgt der Wert gem. § 49 Abs. 2 GNotK 80 % der Summe der Werte für das Grundstück einschl. darauf errichteter Gebäude.
- **Schiffe und Schiffsbauwerke** sind nach ihrem Verkehrswert nach § 46 GNotKG zu bewerten.
- **Finanzanlagen** (z. B. Beteiligungen an anderen Unternehmen) sind nach den allgemeinen Vorschriften zu bewerten (s. Teil 8 Rdn. 58). Für Geschäftsanteile an einer GmbH und für Kommanditanteile regelt § 54 GNotKG eine konkrete Wertbestimmung. Maßgeblich ist der auf den Gesellschaftsanteil oder Kommanditanteil entfallende Anteil am Eigenkapital nach § 266 Abs. 3 HGB. Soweit zum Vermögen der Gesellschaft Grundstücke, grundstücksgleiche Rechte, Schiffe, Schiffsbauwerke und auch Finanzanlagen gehören, sind deren Buchwerte bei der Berechnung des Eigenkapitals mit dem Verkehrswert (z. B. Grundstücke) oder dem nach § 54 GNotKG maßgeblichen Wert (z. B. bilanzierte Finanzanlagen) zu ersetzen. Soweit aber die im Anlagevermögen enthaltenen Beteiligungen Gesellschaften betreffen, die überwiegend vermögensverwaltend tätig sind, wie z. B. Immobilienverwaltungs-, Objekt-, Holding-, Besitz- oder Beteiligungsgesellschaften, ist die auf den Anteil entfallende Quote am Aktivvermögen der Gesellschaft (gem. § 38 GNotKG ohne Schuldenabzug) maßgeblich.[14]
- Der Posten »**angefangene, noch nicht abgerechnete Arbeiten**« auf der Aktivseite ist i. H. d. passivierten »erhaltenen Anzahlungen« zu saldieren, wenn diese Positionen einer Wertberichtigung gleichkommen.[15] Dies ist regelmäßig der Fall bei Unternehmen, die ihre Tätigkeit über-

---

[10] BayObLG, MittBayNot 1997, 252.
[11] BayObLG, MittBayNot 1997, 252 = GmbHR 1997, 506 = ZNotP 1997, 38.
[12] Streifzug, Rn. 1770.
[13] Lappe/Schulz, NotBZ 1997, 54 ff.; Tiedtke, MittBayNot 1997, 211.
[14] Tiedtke, in: Korintenberg, § 54 Rn. 9; Bormann, in: Bormann/Diehn/Sommerfeldt, § 107 Rn. 24; Leiß, in: Fackelmann/Heinemann, § 54 Rn. 32 ff.
[15] LG Zweibrücken, MittBayNot 1979, 39; MittBayNot 1982, 84; Streifzug Rn. 1179, 1692.

wiegend auf fremdem Grund und Boden durchführen wie z. B. Bauunternehmen, Zimmereiunternehmen, Heizungsbauunternehmen usw.[16]
- Der Aktivposten »**nicht durch Eigenkapital gedeckter Fehlbetrag**« ist ebenfalls in Abzug zu bringen. Es handelt sich hierbei um ein Minuskapital (§ 268 Abs. 3 HGB), also um eine Kapitalunterdeckung.[17] Gleiches gilt auch für negative Gesellschafterkonten (zumeist bei KG), die überwiegend auf Verlusten der Gesellschaft beruhen.[18]
- Durch eine Verschmelzung findet stets ein Vermögensübergang statt (§§ 2 ff. UmwG). Daher ist **treuhänderisch gehaltenes Vermögen**, das bilanziert ist, vom Aktivwert des Vermögens auf der Grundlage der Bilanz nicht in Abzug zu bringen.[19]
- Stichtag für die **Vermögensbewertung ist der Beurkundungstag** (§ 96 GNotKG). Das am Beurkundungstag vorhandene Vermögen bildet den Unternehmenswert ab.[20] Hat der Notar keine Kenntnisse über Vermögensverschiebungen zwischen Bilanzstichtag (31.12. des Vorjahres) bis zum Beurkundungstag, kann er ohne weiteres vom Aktivvermögen lt. letzter Bilanz ausgehen. Liegt eine konkrete Verschmelzungsbilanz vor, auf welche sich der Verschmelzungsvorgang bezieht, ist diese ohne wenn und aber als Bewertungsgrundlage maßgebend, wobei Schulden gem. § 38 GNotKG nicht abgezogen werden. Bei sicherer Kenntnis über **Wertveränderungen zwischen Bilanzerrichtung und Beurkundung** des Verschmelzungsvorgangs, muss der Notar diese durch Hinzurechnung (z.B. Kapitalerhöhung) oder durch Abzug (z.B. Veräußerung von Gesellschaftsvermögen oder bereits vollzogene Gewinnausschüttungen) berücksichtigen.[21]

12 Nicht abzuziehen sind **Rechnungsabgrenzungen**. In der Handelsbilanz ist nur der berichtigte, abgeschriebene Wert enthalten,[22] darüber hinausgehende Wertberichtigungen sind nicht mehr in der Bilanz ausgewiesen.

13 Bei einer **Mutter-Tochter-Verschmelzung** ergibt sich bei der Festsetzung des Geschäftswertes auch keine Reduzierung daraus, dass durch die Verschmelzung Forderungen, welche der übertragende Rechtsträger gegen den aufnehmenden Rechtsträger hat, in Wegfall geraten.[23]

D. Höchstwert, Mehrheit von Verschmelzungen, Mindestwert

I. Höchstwert

14 Gem. § 107 Abs. 2 GNotKG beträgt der Höchstwert für den Verschmelzungsvertrag **10 Mio. €**. Dieser Höchstwert ist auf andere Vorgänge, die ähnliche Umwandlungseffekte bewirken wie Maßnahmen nach dem UmwG, auch nicht analog anwendbar.[24] Das Gericht argumentiert mit Recht, dass aufgrund der Bezugnahme auf das UmwG die Vorschrift des § 107 Abs. 2 GNotKG nur die Übertragung von Vermögen »als Ganzes« umfasst. Demgemäß kann die Privilegierung nicht für solche Übertragungen gewährt werden, die lediglich einzelne Vermögensgegenstände betreffen, also gerade nicht die Übertragung von Vermögen »als Ganzes«. Fraglich ist damit die Anwendung des § 107 Abs. 2 GNotKG für die »**Bestandteilsübertragungen**« nach § 14 VAG.

---

16 OLG Hamm, Rpfleger 1965, 374; LG Zweibrücken, MittBayNot 1979, 39; Prüfungsabteilung der Notarkasse München, MittBayNot 1982, 54; Streifzug Rn. 1179, 1692.
17 Tiedtke, in: Korintenberg, § 54 Rn. 6; Diehn, in: Bormann/Diehn/Sommerfeldt, § 54 Rn. 22; Leiß, in: Fackelmann/Heinemann, § 54 Rn. 38; Prüfungsabteilung der Notarkasse München, MittBayNot 1982, 54; Streifzug, Rn. 1178.
18 Streifzug, Rn. 1178.
19 LG Weiden, Beschl. v. 17.11.2015, 14 T 252/15; Tiedtke, in: Korintenberg, § 107 Rn. 41.
20 OLG Düsseldorf, MittBayNot 1998, 464 m.w.N.; Streifzug, Rn. 1766.
21 Streifzug, Rn. 1266 ff., 1767; Diehn, Notarkosten, Rn. 1154.
22 Lappe, NotBZ 1997, 59; Streifzug, Rn. 1694.
23 OLG Düsseldorf, MittBayNot 1998, 464 = BB 1998, 2495 = ZNotP 1998, 471 = NJW-RR 1999, 399; Diehn, Notarkosten, Rn. 1166.
24 BayObLG, MittBayNot 1999, 95 = JurBüro 1999, 100.

Einerseits spricht das Verbot der Analogieanwendung von § 107 Abs. 2 GNotKG gegen die Ausdehnung auf Vorgänge nach § 14 VAG, andererseits bewirkt auch eine Übertragung nach § 14 VAG eine Vermögensübertragung als Ganzes bzw. eine teilweise Gesamtrechtsnachfolge, wie das z. B. für eine Übertragung des Versicherungsbestandes eines VVaG nach § 14 VAG zutrifft.

In der **Literatur** wird für Übertragungsvorgänge nach § 14 VAG die Auffassung vertreten, dass es sich gerade nicht um eine Einzelübertragung handelt.[25] Daraus folgt die Literatur, dass sich sowohl mit der Vermögensübertragung nach § 14 VAG wie auch mit einer Vermögensübertragung nach §§ 174 ff. UmwG wirtschaftlich dieselben Ergebnisse erreichen lassen. Rechtlich hängt das Ergebnis lediglich davon ab, welche Bezeichnung die Rechtsträger für den Vorgang wählen, ob also im Ergebnis eine Teilbestandteilsübertragung als »Spaltung« i. S. d. §§ 123 ff. UmwG oder eine Bestandteilsübertragung i. S. d. §§ 14, 44 VAG vorliegt.[26]

Ein **Versicherungsbestand** oder ein Teil davon i. S. v. § 14 VAG stellt immer einen Vermögenswert dar und erfüllt damit den Tatbestand der Vermögensübertragung nach §§ 174 ff. UmwG, vorausgesetzt, dass eine Gegenleistung i. S. d. Vorschriften gewährt wird. Da Kostenrecht Folgerecht ist, muss nach hier vertretener Auffassung der zivilrechtlichen Gleichbehandlung auch eine kostenrechtliche Gleichbehandlung erfolgen. Auch für die kostenrechtliche Einordnung kann es daher keinen Unterschied machen, ob die beteiligten Rechtsträger den Weg der Bestandteilsübertragung nach § 14 VAG oder die Vermögensübertragung nach §§ 174 ff. UmwG wählen. Damit findet nach hier vertretener Auffassung auch bei einer Bestandteilsübertragung nach § 14 VAG die Höchstwertvorschrift des § 107 Abs. 2 GNotKG Anwendung.

II. Mindestwert

Der Mindestwert für Verträge (z.B. Verschmelzungsvertrag) und Pläne nach dem UmwG beträgt gem. § 107 Abs. 1 S. 1 GNotKG 30.000,00 €. 15

III. Mehrheit von Verschmelzungen

Werden **mehrere Rechtsträger** auf einen Rechtsträger verschmolzen, liegen stets verschiedene Beurkundungsgegenstände vor. Dieser Grundsatz wird durch § 86 GNotKG geprägt. In § 86 Abs. 1 GNotKG ist der Beurkundungsgegenstand als das Rechtsverhältnis definiert, auf das sich die Erklärungen beziehen, bei Tatsachenbeurkundungen die beurkundete Tatsache oder der beurkundete Vorgang. § 86 Abs. 2 GNotKG bestimmt darüber hinaus, dass mehrere Rechtsverhältnisse, Tatsachen oder Vorgänge verschiedene Beurkundungsgegenstände sind, soweit § 109 GNotKG nichts anderes bestimmt. Als Rechtsverhältnis in diesem Sinne ist somit der einzelne Verschmelzungsvorgang zu sehen. Die Beurkundungsgegenstände dieses Rechtsverhältnisses sind jedoch als ein Gegenstand anzusehen, soweit sie die Voraussetzungen des § 109 GNotKG erfüllen (wie z.B. die Verschmelzung und die hierzu abgegebenen Verzichtserklärungen der Anteilsinhaber). Beide Beurkundungsgegenstände stehen in einem untrennbaren Abhängigkeitsverhältnis. 16

Gegenstandsverschieden sind auch **Kettenverschmelzungen**.[27] Für jede Verschmelzung innerhalb der Kette bestimmt sich der Geschäftswert nach dem jeweiligen Aktivvermögen des übertragenden Rechtsträgers, nach der Bilanz ohne Schuldenabzug (§ 38 GNotKG). Ab dem zweiten Rechtsträger innerhalb der Kette ist das zuvor erworbene Vermögen noch nicht in der konkreten Verschmelzungsbilanz enthalten. Dies hat auf den Wert der folgenden Verschmelzungen keine Auswirkungen. Das durch die vorherige Verschmelzung erworbene Vermögen wird bei der darauf folgenden Verschmelzung nicht hinzugerechnet (Vermeidung eines mehrfachen Vermögensansat- 17

---

25 Z. B. Lutter/Hübner, UmwG, Anh. 1 zu § 189 Rn. 8.
26 Lutter/Hübner, UmwG, Anh. 1 zu § 189 Rn. 6 ff., 14 für die Teilvermögensübertragung nach §§ 174 ff. UmwG.
27 Vgl. OLG Düsseldorf, MittBayNot 1998, 464 = BB 1998, 2495 = ZNotP 1998, 471.

zes vorausgegangener Verschmelzungen). Gem. § 96 GNotKG gilt der Grundsatz: Wert im Zeitpunkt der Beurkundung. Eine vorausgegangene Verschmelzung innerhalb der in einer Urkunde niedergelegten Verkettung wird erst mit Vollzug im Register wirksam. Damit geht auch das Vermögen einer vorausgegangenen Verschmelzung erst mit Vollzug der Verschmelzung über. Dies rechtfertigt jeweils den Wertansatz nur mit dem »derzeitigen« Aktivvermögen der Gesellschaft, ohne Berücksichtigung des erworbenen Vermögens aus einer vorausgegangenen Verschmelzung.

▶ Beispiel:

18 GmbH A wird mit GmbH B verschmolzen, danach GmbH B mit GmbH C.

Ergebnis:

Es liegen **zwei Verschmelzungsvorgänge** vor. Für jede Verschmelzung ist Geschäftswert das Aktivvermögen des übertragenden Rechtsträgers, max. 10 Mio. €. Bei der Verschmelzung von B auf C wird das von B durch den ersten Verschmelzungsvorgang erworbene Vermögen nicht berücksichtigt (s. Teil 8 Rdn. 17). Die Werte werden danach addiert (§ 35 Abs. 1 GNotKG). Hinzugerechnet werden auch die Werte der Beschlüsse, soweit diese in der Niederschrift über die Kettenverschmelzungen mitbeurkundet werden.

19 Der **Geschäftswert für den Verschmelzungsvertrag jeder einzelnen Verschmelzung** ist auf 10 Mio. € begrenzt. Der Höchstwert kommt somit bei Zusammenbeurkundung mehrerer Verschmelzungen mehrfach zum Ansatz. Gem. § 35 Abs. 1 GNotKG sind die Werte jedoch zu addieren; aus dem Gesamtwert ist eine 2,0-Gebühr zu erheben. Zu beachten ist jedoch § 93 Abs. 2 GNotKG (keine Wertaddition bei Gestaltungsmissbrauch). Danach ist bei Zusammenbeurkundung mehrerer Verschmelzungen zu prüfen, ob ein Sachzusammenhang oder eine Rechtsverknüpfung vorliegt oder nicht. Zur Vermeidung einer missbräuchlichen Zusammenfassung mehrerer sachlich und rechtlich nicht zusammengehöriger Rechtsverhältnisse ist darauf zu achten, dass Erklärungen, die nicht denselben Beurkundungsgegenstand betreffen, in der Regel nur dann zusammen beurkundet werden sollten, wenn hierfür ein sachlicher Grund besteht (§ 93 Abs. 2 GNotKG). Es soll vermieden werden, dass nicht zusammengehörige Rechtsgeschäfte allein wegen der Erlangung eines Gebührenvorteils durch die Degressionswirkung sachwidrig zusammengefasst werden. Bei Zusammenbeurkundung mehrerer Beurkundungsgegenstände ohne sachlichen Grund, gilt das Beurkundungsverfahren hinsichtlich jedes dieser Beurkundungsgegenstände als besonderes Verfahren, weil hier ein Gestaltungsmissbrauch vorliegt.[28] Ein Gestaltungsmissbrauch führt trotz Errichtung einer einheitlichen Niederschrift dazu, dass der Höchstwert gem. § 107 Abs. 2 GNotKG für jeden Beurkundungsgegenstand ggf. gesondert anzusetzen ist, die Verfahrensgebühren und die Gebühren für Vollzug und Betreuung für jeden dieser Gegenstände gesondert zu berechnen sind und die Begünstigung durch die Gebührendegression entfällt, da keine Addition der Werte möglich ist.[29]

E. Gebühr

20 Für den Verschmelzungsvertrag fällt eine **2,0-Gebühr** gem. KV-Nr. 21100 GNotKG an, weil immer ein Vertrag vorliegt (sowohl für die Verschmelzung zur Aufnahme, als auch für die Verschmelzung zur Neugründung).

F. Zustimmungsbeschluss (Verschmelzungsbeschluss)

21 Der Zustimmungsbeschluss bei dem übertragenden und dem aufnehmenden Rechtsträger ist jeweils ein **Beschluss mit bestimmtem Geldwert**. Nach § 108 Abs. 3 GNotKG bestimmt sich

---

28 Diehn, in: Korintenberg, § 93 Rn. 23; Streifzug, Rn. 1771 ff.; Diehn, Notarkosten, Rn. 1159 ff.
29 Diehn, in: Korintenberg, § 35 Rn. 20, Bormann, in: Bormann/Diehn/Sommerfeldt, § 93 Rn. 12; Streifzug, Rn. 1774 ff.

F. Zustimmungsbeschluss (Verschmelzungsbeschluss)

der Geschäftswert für Beschlüsse nach dem Umwandlungsgesetz nach dem Wert des Vermögens des übertragenden oder formwechselnden Rechtsträgers. Verbindlichkeiten werden gem. § 38 GNotKG nicht abgezogen, maßgeblich ist somit das Bruttovermögen (zur Bewertung des Aktivvermögens s. Teil 8 Rdn. 10 ff.). Bei Mitbeurkundung eines überflüssigen Beschlusses der übertragenden Gesellschaft, z. B. bei Verschmelzung einer 100 %igen Tochtergesellschaft auf die Muttergesellschaft (§ 62 Abs. 4 UmwG) liegt unrichtige Sachbehandlung gem. § 21 GNotKG vor.

Wird beim aufnehmenden Rechtsträger eine Erhöhung des Kapitals beschlossen, ist der Wert dieser Kapitalerhöhung mit dem Nennbetrag der Erhöhung zuzurechnen.[30] Einer Übernahmeerklärung bedarf es nicht (z. B. § 55 Abs. 1 UmwG für die GmbH). Eine vorsorglich mitbeurkundete Übernahmeerklärung darf wegen unrichtiger Sachbehandlung gem. § 21 GNotKG nicht bewertet werden.[31]

▶ Hinweis:

Für die Beurkundung des Beschlusses ist eine 2,0-Gebühr gem. KV-Nr. 21100 GNotKG zu erheben. Die 2,0-Gebühr ist auch dann zu erheben, wenn der Beschluss durch den Alleingesellschafter gefasst wird. Auch z. B. bei einer Einpersonen-GmbH liegt keine einseitige Willenserklärung vor, sondern ein organschaftlicher Beschluss, der KV-Nr. 21100 GNotKG unterfällt (s. hierzu Teil 2, Hauptabschnitt 1 Abschnitt 1 – Überschrift – KV GNotKG).

Werden **die Zustimmungsbeschlüsse** (übertragender/aufnehmender Rechtsträger) zu einem Verschmelzungsvertrag in einer Urkunde zusammengefasst, liegt derselbe Beurkundungsgegenstand gem. § 109 Abs. 2 Nr. 4g) GNotKG vor. Bei Aufnahme der Zustimmungsbeschlüsse in getrennten Urkunden liegt eine unrichtige Sachbehandlung nach § 21 GNotKG vor, wenn keine sachlichen Gründe oder ein ausdrückliches Verlangen der Beteiligten vorliegen.[32]

Bei Zusammenbeurkundung mehrerer Zustimmungsbeschlüsse zu gegenstandsverschiedenen Verschmelzungen **in einer Urkunde**, sind die Werte gem. § 35 Abs. 1 GNotKG zusammenzurechnen, wenn kein Gestaltungsmissbrauch vorliegt (s. Teil 8 Rdn. 19). Zu erheben ist eine einheitliche Gebühr nach KV- Nr. 21100 GNotKG. Werden die Beschlüsse mit den Verschmelzungsvorgängen in einer Niederschrift beurkundet, sind alle Werte zu addieren. Gem. § 108 Abs. 5 GNotKG beträgt der Wert höchstens 5 Mio. €, auch wenn mehrere Beschlüsse mit verschiedenen Gegenständen in einer Niederschrift zusammengefasst werden. Gesonderte Gebühren können trotz Zusammenfassung in einer Niederschrift dann entstehen, wenn ein Fall des § 93 Abs. 2 GNotKG vorliegen sollte (s. hierzu die Ausführungen zum Verschmelzungsvertrag unter Teil 8 Rdn. 17). Liegen kein Sachzusammenhang und auch keine Rechtsverknüpfung vor, sind die Gebühren für die gegenstandsverschiedenen Beschlüsse so zu berechnen, als wären gesonderte Urkunden errichtet worden.[33]

Bei der **Verschmelzung auf den Alleingesellschafter** ist ebenfalls gem. §§ 13 und 17 UmwG die Zustimmung aller Anteilsinhaber der an der Verschmelzung beteiligten Rechtsträger durch Beschluss erforderlich. Damit ist ein Gesellschafterbeschluss bei der übertragenden Kapitalgesellschaft durch deren Alleingesellschafter in jedem Fall erforderlich, für den eine 2,0-Gebühr nach KV-Nr. 21100 GNotKG aus dem nach § 108 Abs. 3 GNotKG maßgeblichen Wert zu erheben ist.

---

30 Tiedtke, in: Korintenberg, § 108 Rn. 90; Tiedtke, MittBayNot 1997, 209; Schmidt/Sikora/Tiedtke, Praxis des Handelsregister- und Kostenrechts, Rn. 3326; Streifzug, Rn. 1780.
31 OLG Hamm, MittBayNot 2002, 210 = FGPrax 2002, 86.
32 Tiedtke, in: Korintenberg, § 21 Rn. 84; Schmidt/Sikora/Tiedtke, Praxis des Handelsregister- und Kostenrechts, Rn. 3329; BayObLG, MittBayNot 1990, 1 ff.
33 BGH, Beschl. v. 26.09.2017, II ZB 27/16, ZNotP 2018, 37 m. Anm. Fackelmann = NotBZ 2018, 99 m. Anm. Otto.

27 Ein Zustimmungsbeschluss des übernehmenden Alleingesellschafters ist nicht erforderlich[34] und hätte ohnehin wegen Gegenstandsgleichheit (§ 109 Abs. 2 Nr. 4g) GNotKG) bei Zusammenbeurkundung mit dem Beschluss der übertragenden Gesellschaft kostenrechtlich keine Auswirkungen.

28 Werden die Verschmelzungsbeschlüsse mit dem Verschmelzungsvertrag in einer Urkunde zusammengefasst, liegt zwar bei den Beschlüssen untereinander derselbe Beurkundungsgegenstand vor (§ 109 Abs. 2 Nr. 4g) GNotKG), im Verhältnis zum Verschmelzungsvertrag handelt es sich jedoch um verschiedene Beurkundungsgegenstände (§ 110 Nr. 1 GNotKG). Die Werte des Verschmelzungsvertrages und der Zustimmungsbeschlüsse sind gem. § 35 Abs. 1 GNotKG zu addieren und eine einheitliche 2,0-Gebühr nach KV-Nr. 21100 GNotKG zu erheben.

G. Verzichtserklärungen, Zustimmungserklärungen

29 **Notariell zu beurkunden** sind die Verzichtserklärungen auf den Verschmelzungsbericht nach § 8 Abs. 3 UmwG und den Prüfungsbericht nach § 9 Abs. 3 i. V. m. § 12 Abs. 3 UmwG. Gleiches gilt für die Zustimmungserfordernisse in besonderen Fällen.

▶ Beispiele:

30 §§ 13, 50, 51 UmwG.

Werden diese Verzichts- und/oder Zustimmungserklärungen im Verschmelzungsvertrag mitbeurkundet, liegen Beurkundungsgegenstände mit demselben Gegenstand i. S. v. § 109 Abs. 1 GNotKG vor, da diese in einem Abhängigkeitsverhältnis zur Verschmelzung stehen. Sie dienen der Durchführung der Verschmelzung.[35]

31 Der Verschmelzungsvertrag wird durch die Vertretungsorgane der an der Verschmelzung beteiligten Rechtsträger beurkundet. Liegt eine **Personenidentität** zwischen organschaftlichem Vertreter und dem Anteilsinhaber vor, ist es ohne Weiteres möglich, die Verzichts- und/oder Zustimmungserklärungen mit dem Verschmelzungsvertrag zusammen zu beurkunden, weil dies der kostengünstigste Weg ist. Beurkundet der Notar bspw. bei Verschmelzung zweier GmbH ohne sachlichen Grund die Verzichtserklärungen der Anteilsinhaber nach §§ 8 Abs. 3, 9 Abs. 3 und 16 Abs. 2 UmwG nicht in gemeinsamer Urkunde mit dem Verschmelzungsvertrag, sondern zusammen mit den Zustimmungsbeschlüssen, so liegt, wenn die Beteiligten dies nicht ausdrücklich verlangen, darin eine unrichtige Sachbehandlung i. S. v. § 21 GNotKG.[36] Ein sachlicher Grund für die getrennte Beurkundung besteht nicht bereits dann, wenn keine Personenidentität zwischen dem organschaftlichen Vertreter der Gesellschaft und den Anteilsinhabern vorliegt. Jeder Einzelfall muss individuell entschieden werden. Haben die Beteiligten eine besondere Rechtskunde und bereiten den Verschmelzungsvorgang selbst vor, liegt kein Fall des § 21 GNotKG vor, wenn die Verzichtserklärungen in der Beschlussurkunde enthalten sind.[37]

32 Erfolgt aus sachlichen Gründen eine **Mitbeurkundung** bei den in getrennter Urkunde aufgenommenen Zustimmungsbeschlüssen, findet § 109 GNotKG keine Anwendung, weil § 110 Nr. 1 GNotKG bei Zusammenbeurkundung von Beschlüssen und Willenserklärungen ausdrücklich Gegenstandsverschiedenheit anordnet. Die Verzichts- und/oder Zustimmungserklärungen sind dann gesondert zu bewerten.[38] Nach Inkrafttreten des Dritten Gesetzes zur Änderung des UmwG dürfen gem. § 62 Abs. 5 UmwG bei der Verschmelzung einer mindestens 90-%igen Tochtergesellschaft auf ihre Muttergesellschaft ein Verschmelzungsbericht (§ 8 UmwG), eine Verschmelzungsprüfung (§§ 9 bis 12 UmwG) und die Bereitstellung von Unterlagen für die Aktionäre nicht

---

34 LG Dresden Beschl. v. 14.11.1996, 45 T 60/96, JurionRS 1996, 23167; ebenso Widmann/Mayer/Mayer, Umwandlungsrecht, § 2 UmwG Rn. 14; Begründung zum UmwG, BT-Drs. 75/94.
35 Diehn, in: Korintenberg, § 109 Rn. 224; Tiedtke, in: Korintenberg § 107 Rn. 45.
36 PfälzOLG Zweibrücken, ZNotP 2002, 450 m. zust. Anm. Tiedtke.
37 LG Düsseldorf, JurBüro 2004, 98 = RNotZ 2004, 276.
38 Streifzug, Rn. 1784; Tiedtke, MittBayNot 1997, 207, 212.

mehr verlangt werden. Voraussetzung ist, dass die außenstehenden Aktionäre der Tochtergesellschaft ihre Aktien von der Muttergesellschaft aufkaufen lassen können (Art. 28 Abs. 1 Buchst. a) der Richtlinie 78/855/EWG).

Zu erheben ist neben der 2,0-Gebühr nach KV-Nr. 21100 GNotKG für den Beschluss und eine 1,0-Gebühr nach KV-Nr. 21200 GNotKG für die Verzichtserklärungen, bei mehreren Verzichts- und/oder Zustimmungserklärungen aus dem zusammengerechneten Wert (§ 35 Abs. 1 GNotKG). Danach muss allerdings der Gebührenvergleich nach § 94 Abs. 1 GNotKG vorgenommen werden: Der Berechnung gesonderter Gebühren ist die Berechnung der höchsten Gebühr (2,0-Gebühr) aus dem Gesamtwert gegenüberzustellen. Das für die Beteiligten günstigere Ergebnis ist maßgeblich. 33

Zu beachten ist die Wertvorschrift für Zustimmungserklärungen. Für sie gilt nach § 98 Abs. 1 GNotKG der halbe Wert des Geschäfts, zu dem die Zustimmung erteilt wird, hier der halbe Wert des Verschmelzungsvertrages oder, wenn nur einer von mehreren Gesellschaftern die Zustimmungserklärung erteilt, die Hälfte des Anteils am Vertrag, der seiner Beteiligungsquote entspricht. Der Höchstwert einer Zustimmungserklärung beträgt zudem gem. 98 Abs. 4 GNotKG 1 Mio. €. 34

§ 98 Abs. 1 GNotKG gilt allerdings nicht für den Zustimmungs*beschluss*. Dessen Wert bestimmt sich nach § 108 Abs. 2 GNotKG nach dem Wert des Vermögens des übertragenden Rechtsträgers. Es findet keine Halbierung des Wertes statt. Der Höchstwert für Beschlüsse beträgt gem. § 108 Abs. 5 GNotKG 5 Mio. € und gilt auch für Zustimmungsbeschlüsse zu Verschmelzungen. 35

Werden **nur Verzichtserklärungen beurkundet**, ist der Geschäftswert nach § 36 Abs. 1 GNotKG nach billigem Ermessen zu bestimmen.[39] Etwa 10 % des Anteils des Anteilsinhabers an dem übertragenden Rechtsträger dürften in diesen Fällen auch unter der Geltung des GNotKG angemessen sein. 36

Werden Verzichte und/oder Zustimmungen **in einer Urkunde** erklärt, betreffen sie denselben Beurkundungsgegenstand, sowohl untereinander als auch im Verhältnis zum Verschmelzungsvertrag (§ 109 Abs. 1 GNotKG). 37

H. Nebentätigkeiten

I. Grundsätze

§ 93 Abs. 1 GNotKG bestimmt, dass Gebühren für eine Verfahren, sowie Vollzugs- und Betreuungsgebühren in demselben Verfahren jeweils nur einmal erhoben werden. Das Gebot der einmaligen Erhebung der Gebühren für den Vollzug und die Betreuung gilt auch im Zusammenhang mit der Fertigung eines Entwurfs. Gesondert entstehen jedoch (Ausnahme vom Grundsatz der einmaligen Gebührenerhebung des § 93 Abs. 1 GNotKG) ggfls. neben einer bereits anderweitig entstandenen Vollzugsgebühr eine Vollzugsgebühr für die Erstellung eines XML-Datensatzes zur Einreichung von Anträgen an das Grundbuchamt oder Registergericht (KV-Nr. 22114 bzw. 22125) und für die Übernahme von Treuhandtätigkeiten zur Beachtung einer Auflage Dritter (KV-Nr. 22201 GNotKG). Ergänzend regelt § 94 Abs. 1 GNotKG einen Gebührenvergleich für die Gebühr des Beurkundungsverfahrens oder die Fertigung eines Entwurfs, wenn bei Zusammenbeurkundung verschiedener Beurkundungsgegenstände unterschiedliche Gebührensätze in Betracht kommen (hier Berechnung von Einzelgebühren [die Werte mehrerer Erklärungen, die demselben Gebührensatz unterliegen, werden jedoch zusammengerechnet], max. jedoch die Berechnung der höchsten in Betracht kommenden Gebühr aus den zusammengerechneten Werten). Nach § 94 Abs. 2 GNotKG ist, wenn die Beurkundungsgegenstände denselben Gegenstand betreffen, die höchste in Betracht kommende Gebühr aus dem Wert des Hauptgegenstandes zu 38

---

[39] Tiedtke, MittBayNot 1997, 211; Schmidt/Sikora/Tiedtke, Praxis des Handelsregister- und Kostenrechts, Rn. 3335.

berechnen, jedoch in der Summe nicht mehr, als bei getrennter Beurkundung der einzelnen Beurkundungsgegenstände entstanden wären. Neben der Gebühr für das Beurkundungsverfahren oder der Fertigung eines isolierten Entwurfs können jedoch Vollzugsgebühren entstehen. Voraussetzung ist, dass dem Notar ein besonderer Auftrag zur Durchführung der Vollzugstätigkeit erteilt worden ist[40] und einer der Tatbestände gem. Vorbem. 2.2.1.1 Abs. 1 Nr. 1–11 KV GNotKG erfüllt ist.[41] Abs. 2 und 3 der Vorbem. ergänzen die Tatbestände dahingehend, dass Zustimmungsbeschlüsse Zustimmungserklärungen gleichstehen (Abs. 2) und für Vollzugstätigkeiten unter Beteiligung eines ausländischen Gerichts oder einer ausländischen Behörde die Vollzugsgebühr nach Unterabschnitt 2. zu bestimmen sind. Komplettiert wird das Gebührensystem durch die Betreuungsgebühren, die sowohl neben der Gebühr für das Beurkundungsverfahren oder die Fertigung eines Entwurfs sowie Vollzugsgebühren zusätzlich entstehen können. Es muss jedoch zumindest einer der Gebührentatbestände der Anm. 1. bis 7. der KV-Nr. 22200 GNotKG erfüllt sein. Auch zur Durchführung von Betreuungstätigkeiten muss der Notar beauftragt worden sein, ausgenommen im Fall der Nr. 6 der Anm. zu KV-Nr. 22200 GNotKG.[42]

II. Gebührenfreie Nebentätigkeiten

39 Mit der Gebühr für das Beurkundungsverfahren sind gem. Vorbem. 2.1 KV GNotKG neben der Beurkundung selbst und der Beschaffung aller zur Beurkundung erforderlichen Informationen auch abgegolten. Gebührenfreie Nebentätigkeiten sind damit solche Tätigkeiten, die das Hauptgeschäft fördern, ohne selbst als eigenständiges Geschäft in Erscheinung zu treten. Ausdrücklich regelt Vorbem. 2.1 Abs. 2 in vier **Unterziffern**, dass der Notar neben der Gebühr für das Beurkundungsverfahren keine zusätzliche Gebühr erhält **für die folgenden Nebengeschäfte**:

Vorbem. 2.1 Abs. 2 Nr. 1 GNotKG	Für die Übermittlung von Anträgen an das Grundbuchamt (z. B. wegen Berichtigung des Grundbuchs) oder an das Registergericht, wenn der Antrag mit einer anderen gebührenpflichtigen Tätigkeit im Zusammenhang steht. Dies ist z. B. für die Übermittlung der Registeranmeldung an das Registergericht der Fall, wenn der Notar die Registeranmeldung für die Eintragung der Verschmelzung beurkundet oder entworfen hat.
Vorbem. 2.1 Abs. 2 Nr. 2 GNotKG	Für die Stellung von Anträgen im Namen der Beteiligten beim Grundbuchamt (z. B. zum Vollzug eines Grundbuchberichtigungsantrages) oder beim Registergericht aufgrund gesetzlicher Ermächtigung. Gebührenfrei ist somit die Vorlage des Verschmelzungsvertrages mit der Anmeldung an das Registergericht samt sonstiger Unterlagen (z. B. Bilanz).
Vorbem. 2.1 Abs. 2 Nr. 3 GNotKG	Für die Erledigung von Beanstandungen, einschließlich des Beschwerdeverfahrens, soweit die zugrunde liegende Urkunde (hier Verschmelzung einschl. Registeranmeldung) vom Notar aufgenommen, entworfen oder geprüft wurden. Eingeschlossen in den Bereich der gebührenfreien Tätigkeiten ist somit auch der damit verbundene Schriftverkehr.
Vorbem. 2.1 Abs. 2 Nr. 4 GNotKG	Bei Änderung eines Gesellschaftsvertrags oder einer Satzung die Erteilung einer für die Anmeldung zum Handelsregister erforderlichen Bescheinigung des neuen vollständigen Wortlauts des Gesellschaftsvertrags oder der Satzung.

40 Zu den **gebührenfreien Nebengeschäften** gehören auch Grundbucheinsichten, wenn der Notar einen Grundbuchberichtigungsantrag mitbeurkundet. Die Grundbucheinsicht gehört zur gebührenfreien Informationsbeschaffung zum Verschmelzungsvertrag.[43] Die gleichen Grundsätze gelten

---

40 Vorbem. 2.2 Abs. 1 KV GNotKG.
41 Für die Erstellung von XML-Datensätzen ist jedoch keine Beauftragung erforderlich, vgl. Vorbem. 2.2 Abs. 1, Hs. 2 KV GNotKG.
42 Wirksamkeitsbescheinigung nach § 40 Abs. 2 GmbHG, s. Vorbem. 2.2 Abs. 1, Hs. 2 KV GNotKG.
43 Vorbem. 2.1 Abs. 1 GNotKG.

auch für eine zur Vorbereitung eines Verschmelzungsvertrages notwendige Registereinsicht. Auch diese ist somit gebührenfrei. Erteilt der Notar jedoch Vertretungsbescheinigungen, fällt hierfür die Gebühr nach KV-Nr. 25200 GNotKG an. Die dem Notar vom Gericht in Rechnung gestellten Gebühren für die Einsichtnahme in das elektronische Grundbuch oder in das elektronische Registerblatt (hierbei handelt es sich um nach dem JVKostG für den Abruf von Daten im automatisierten Abrufverfahren zu zahlende Beträge) sind Auslagen gem. KV-Nr. 32011 GNotKG und sind an den Kostenschuldner weiterzugeben. Die Abrufgebühren unterliegen der Umsatzsteuer (vgl. KV-Nr. 32014 GNotKG).

III. Gebührenpflichtige Vollzugs- und Betreuungstätigkeiten, Beratungs- und Entwurfstätigkeiten

Nebentätigkeiten, die **über den Kreis der vorgenannten gebührenfreien Tätigkeiten hinausgehen**, sind gebührenpflichtig, wenn sie entweder als Vollzugstätigkeit einen der in Vorbem. 2.2.1.1 KV GNotKG geregelten Gebührentatbestand erfüllen oder die vom Notar durchzuführende Tätigkeit als Betreuungstätigkeit einzustufen ist und ein Gebührentatbestand der Anm. 1–7 zu KV-Nr. 22200 KV vorliegt. **Gebührenpflichtige Nebentätigkeiten** sind bspw.: 41

– **Mitwirkung bei der Vorbereitung einer Hauptversammlung** für den Beschluss über die Zustimmung der AG zum Verschmelzungsvertrag. Für sie bestimmt KV-Nr. 24203 GNotKG einen eigenständigen Gebührentatbestand. Für diese Tätigkeiten entsteht eine Beratungsgebühr, wenn der Notar die Gesellschaft über die im Rahmen eines Beurkundungsverfahrens bestehenden Amtspflichten berät. Bei Beschlüssen hat der Notar die von der Hauptversammlung gefassten Beschlüsse wiederzugeben. Das entspricht seiner Amtspflicht bei Beschlussfassungen. Darüber hinausgehende Mitwirkungen sind gebührenpflichtig und lösen aus der Summe der gefassten Beschlüsse (§ 120 GNotKG, Höchstwert 5 Mio. €) eine 0,5–2,0-Gebühr aus. Der Notar bestimmt den Gebührensatz gem. § 92 Abs. 1 GNotKG im Einzelfall nach billigem Ermessen unter Berücksichtigung des Umfangs der von ihm erbrachten Leistungen.
– **Entwerfen von Anträgen einzelner Aktionäre.** Geschäftswert auch hier nach § 36 Abs. 1 GNotKG zu schätzen. Ausgangswert ist der für den Antrag in Betracht kommende Wert, Teilwert ca. 5–30 %; Gebühr: 1,0 gem. KV-Nr. 24101 GNotKG, wenn der Antrag vom Notar auftragsgemäß vollständig entworfen wird, sonst Festlegung des Gebührensatzes zwischen 0,3 und 1,0 gem. KV-Nr. 24101 GNotKG unter Beachtung der Vorgaben in § 92 Abs. 1 GNotKG.
– **Fertigung des Teilnehmerverzeichnisses.** Ausgangswert ist der für den Beschluss in Betracht kommende Wert, Teilwert ca. 5–30 %; Gebühr: 1,0 gem. KV-Nr. 24101 GNotKG, wenn der Antrag vom Notar auftragsgemäß vollständig entworfen wird, sonst Festlegung des Gebührensatzes zwischen 0,3 und 1,0 gem. KV-Nr. 24101 GNotKG unter Beachtung der Vorgaben in § 92 Abs. 1 GNotKG.
– **Überprüfung der Ermittlung des Abstimmungsergebnisses und der dabei verwendeten Geräte und Hilfsmittel**, insb. bei Großveranstaltungen. Diese Tätigkeit gehört zu den Beratungstätigkeiten gem. KV-Nr. 24203 GNotKG. Zur Bewertung s. erster Spiegelstrich (Mitwirkung bei der Vorbereitung der Hauptversammlung).
– **Beratung des Versammlungsleiters.** Auch hier liegt keine gebührenfreie das Hauptgeschäft fördernde oder vorbereitende Nebentätigkeit vor. Auch diese Tätigkeit gehört zu den Beratungstätigkeiten gem. KV-Nr. 24203 GNotKG. Zur Bewertung s. erster Spiegelstrich (Mitwirkung bei der Vorbereitung der Hauptversammlung).
– **Der Entwurf der Gesellschafterliste** ist nunmehr unter der Geltung des GNotKG als Vollzugstätigkeit eingestuft, vgl. Vorbem. 2.2.1.1 Abs. 1 Nr. 3 GNotKG. Es handelt sich bei einem Verschmelzungsvorgang um eine Vollzugstätigkeit zum Verschmelzungsvertrag und nicht zum

Zustimmungsbeschluss, auch nicht zur Registeranmeldung.[44] Aus dem Wert des Verschmelzungsvertrags (§ 112 GNotKG) fällt eine 0,5-Vollzugsgebühr nach KV-Nr. 22110 GNotKG an, max. jedoch 250,00 €; werden mehrere Listen erstellt, max. 250,00 € für jede Liste. Werden Verschmelzungsvertrag und Zustimmungsbeschluss in einer Niederschrift zusammengefasst (bei Zusammenbeurkundung der Beschlüsse des übertragenden Rechtsträgers und des übernehmenden Rechtsträgers liegt im Verhältnis der Beschlüsse derselbe Beurkundungsgegenstand vor (§ 109 Abs. 2 Nr. 4 lit. g GNotKG), ist die Vollzugsgebühr aus dem Gesamtwert (§ 35 Abs. 1 GNotKG) zu erheben. Zur kostenrechtlichen Behandlung einer Wirksamkeitsbescheinigung nach § 40 Abs. 2 GmbHG s. Teil 8 Rdn. 51.

— **Entwurf von Zeichnungsscheinen.** Ein Zeichnungsschein bedarf keiner Form, weder der notariellen Beurkundung, noch der öffentlichen Beglaubigung. Dennoch wird in kostenrechtlicher Hinsicht der Zeichnungsschein mit einer Übernahmeerklärung bei Kapitalerhöhung einer GmbH verglichen. Der Geschäftswert bestimmt sich nach § 97 Abs. 1 GNotKG nach dem Wert der gezeichneten Aktien (Nennbetrag, oder wenn höher, der Ausgabebetrag). Zu erheben ist eine 1,0-Gebühr nach KV-Nr. 24101 GNotKG, wenn der Entwurf vollständig gefertigt wird, was dem Regelfall entsprechen dürfte (sonst Gebührensatz innerhalb des vorgegebenen Ermessensrahmens unter Beachtung von § 92 Abs. 1 GNotKG). Der Zeichnungsschein wird zwar als Vertragsangebot des Zeichners angesehen – die Annahme erfolgt durch Bestätigung der Zeichnung.[45] Ein Angebot eines Teils zu einem nicht formbedürftigen Vorgang ist jedoch kostenrechtlich als einseitige Erklärung nach KV-Nr. 21200 GNotKG (Beurkundung) oder KV-Nr. 24101 GNotKG (Entwurf) zu bewerten.

— **Einholung von Stellungnahmen bei der IHK**: Diese Tätigkeit unterfällt der Vorbem. 2.2.1.1 Abs. 1 Nr. 1 GNotKG, wenn der Notar keine über die Anfrage hinausgehenden Aktivitäten im Auftrag der Beteiligten übernimmt. In diesem Falle beträgt die Vollzugsgebühr max. 50,00 € (KV-Nr. 22112 GNotKG). Die Tätigkeit löst allerdings nach Vorbem. 2.2.1.1 Abs. 1 Nr. 11 KV GNotKG unbegrenzte eine 0,5-Vollzugsgebühr aus, wenn der Notar im Auftrag der Beteiligten zur Abklärung von Alternativen bei Ablehnung durch die IHK tätig wird.[46]

— **Beratung in steuerrechtlicher Hinsicht.**[47] Auch wenn in aller Regel Verschmelzungen unter Beteiligung von Steuerberatern und Rechtsabteilungen der von der Verschmelzung betroffenen Rechtsträger erfolgen, werden Notare nicht selten beauftragt, den Verschmelzungsvorgang auch in steuerlicher Hinsicht zu prüfen oder zumindest Hinweise auf etwaige steuernachteilige Gestaltungen zu geben. Obwohl für den Notar keine Pflicht zur steuerlichen Prüfung und Beratung besteht, hat die Praxis gerade im Hinblick auf Umwandlungsvorgänge gezeigt, dass eine steuerliche Begleitung auch vom Notar erwartet und gewünscht wird. Erfolgt demzufolge im Auftrag der Beteiligten eine begleitende Beratung in steuerrechtlicher Hinsicht, handelt es sich um eine gebührenpflichtige Tätigkeit, die weder mit der Gebühr für den Verschmelzungsvertrag noch mit der Gebühr für den Verschmelzungsbeschluss oder der Anmeldung abgegolten ist. Es fällt hierfür – ggf. neben weiteren Gebühren – eine zusätzliche Gebühr nach KV-Nr. 24200 GNotKG an. Die Gebühr ist eine Rahmengebühr von 0,3 bis 1,0. Gem. § 92 Abs. 1 GNotKG bestimmt der Notar den Gebührensatz innerhalb des Gebührenrahmens unter Berücksichtigung des Umfangs der von ihm erbrachten Beratungsleistung. Für Beratungsleistungen sieht das Gesetz keine besondere Geschäftswertvorschrift vor. Der Wert ist daher nach § 36 Abs. 1 GNotKG nach billigem Ermessen zu bestimmen. Der Teilwert richtet sich nach dem Wert des Beratungsgegenstands. Der Umfang der erbrachten Beratungsleistung

---

44 Vgl. für den Fall der Gründung einer GmbH, Tiedtke, in: Korintenberg, KV-Nr. 22113 Rn. 5; Harder, in: Leipziger GNotKG, Nr. 22110–22114 KV, Rn. 21; Macht, in: Heinemann/Fackelmann, KV-Nr. 22110–22114 KV, Rn. 22.
45 KK-AktG/Lutter, § 185 Rn. 2.
46 Tiedtke, in: Korintenberg, Vorbem. 2.2.1.1 Rn. 49; Streifzug Rn. 3415; zur Einordnung s. auch BT-Drs. 17/11471 [neu], S. 221.
47 Fackelmann, in: Korintenberg, KV-Nr. 24200–24202 Rn. 31.

ist jedenfalls bei der Wertbestimmung nicht einzubeziehen, weil er bereits bei der Bestimmung des Gebührensatzes berücksichtigt ist. Andernfalls läge eine doppelte Berücksichtigung dieses Kriteriums vor.[48] Bei umfangreichen Beratungen kann auch der volle Wert des zugrundeliegenden Rechtsgeschäfts sachgerecht sein.

– **Beratungen im Zusammenhang mit Beschlüssen.** Hierfür sieht KV-Nr. 24203 GNotKG einen eigenen Gebührentatbestand vor. Eine Beratung bei der Vorbereitung oder Durchführung einer Hauptversammlung oder Gesellschafterversammlung löst eine 0,5 bis 2,0-Gebühr aus. Die Gebühr entsteht allerdings nur, soweit der Notar die Gesellschaft über die im Rahmen eines Beurkundungsverfahrens bestehenden Amtspflichten hinaus berät. Die beiden Tatbestandsmerkmale »vor« der Haupt- oder Gesellschafterversammlung und »bei« der Durchführung verdeutlichen eine zeitliche und inhaltliche Verbindung zwischen Beratung und Versammlung. Vorbereitende Beratungstätigkeiten sind z. B.[49] Beratung zu Tagesordnung und Leitfaden des Versammlungsleiters, Einladung der Versammlung, Besprechung zu einzelnen Beschlussvorlagen mit dem Registergericht, Beratung zur Fassung von Beschlussvorlagen, Beratung bei der Generalprobe usw. Beispiele für Beratungstätigkeiten im Zusammenhang mit der Durchführung einer Versammlung sind Überwachung der Ein- und Austrittskontrolle, Erstellen und Führung eines Teilnehmerverzeichnisses, Überwachung der Stimmauszählung einschl. Ermittlung des Abstimmungsergebnisses, Überprüfung der Vollständigkeit und des Inhalts von Beschlussvorlagen und anderen Unterlagen, die während der Versammlung ausliegen.

– Der **Gebührensatz** ist gem. § 92 Abs. 1 GNotKG vom Notar nach billigem Ermessen innerhalb des vorgegebenen Gebührensatzrahmens zu bestimmen.

– **Entwürfe**, die der Notar im Auftrag zu fertigen hat, lösen ggfls. neben der Beratungsgebühr Entwurfsgebühren nach KV-Nr. 24100 ff. GNotKG aus, da die Beratungsgebühr nur die Beratungstätigkeit abgilt.[50]

– **Entwurf des Verschmelzungsberichts.** Der Entwurf eines Verschmelzungsberichtes fällt weder unter die Vollzugs- noch unter die Betreuungstätigkeiten. Es liegt vielmehr eine Entwurfstätigkeit gem. Hauptabschnitt 4 KV GNotKG vor. Zu erheben ist eine 1,0-Gebühr gem. KV-Nr. 24101 GNotKG (bei vollständigem Entwurf, s. § 92 Abs. 2 GNotKG) aus einem nach § 36 Abs. 1 GNotKG zu schätzenden Teilwert (ca. 20 bis 30 % des Wertes des Verschmelzungsvertrages).

– **Entwurf des Prüfungsberichts.** Hier gelten die Grundsätze für den Entwurf des Verschmelzungsberichts sinngemäß.

– **Auftragsgemäße Überwachung der Vorlage des Antrags auf Grundbuchberichtigung** (Vorlage erst, wenn die Verschmelzung wirksam geworden ist), nicht jedoch die bloße Übermittlung des Antrages an das Grundbuchamt. Vollzugsüberwachungen sind, wenn sie nicht im Anwendungsbereich des § 53 BeurkG durchzuführen sind, gebührenpflichtige Betreuungstätigkeiten nach Anm. 3 zu KV-Nr. 22200 GNotKG. Zu erheben ist eine 0,5-Gebühr aus dem Wert des Verschmelzungsvertrags (§ 113 Abs. 1 GNotKG). Es liegt eine einheitliche Tätigkeit vor, auch wenn der Grundbesitz in mehreren Grundbuchbezirken liegt. Insgesamt fällt nur eine Betreuungsgebühr an (§ 93 Abs. 1 GNotKG).

– Durch das Gesetz zur Neuordnung der Aufbewahrung von Notariatsunterlagen und Errichtung des Elektronischen Urkundenarchivs bei der Bundesnotarkammer sowie zur Änderung weiterer Gesetze[51] wurden die **notariellen Prüfungspflichten und die Einreichungszuständigkeiten im Grundbuch- und Registerverkehr** fortentwickelt. Für die Prüfung der Eintragungsfähigkeit und der Einreichung bei Gericht für die Fälle des § 378 Abs. 3 FamFG (Anmeldungen in Registersachen mit Ausnahme der Genossenschafts- und Partnerschaftsregis-

---

48 Fackelmann, in: Korintenberg, KV-Nr. 24200–24202 Rn. 62.
49 Fackelmann, in: Korintenberg, KV-Nr. 24203 Rn. 11.
50 Fackelmann, in: Korintenberg, KV-Nr. 24203 Rn. 13.
51 BGBl. I, 2017 S. 1396, am 9.6.2017 in Kraft getreten.

tersachen) sowie für die Fälle des § 13 GBO erhält der Notar gem. KV-Nr. 22124 GNotKG eine Festgebühr von 20,00 €, wenn kein Beurkundungs- oder Entwurfsverfahren vorliegt. Liegt ein derartiges Verfahren vor, sind Prüfung und Einreichung mit der Beurkundungs- oder Entwurfsgebühr abgegolten. Hat der Notar aber lediglich eine Unterschrift oder ein Handzeichen beglaubigt (also kein Beurkundungs- oder Entwurfsverfahren), ist die Einreichung bei Gericht gebührenpflichtig nach KV-Nr. 22124 GNotKG (Festgebühr 20,00 €). Die vorausgehende Prüfung der Eintragungsfähigkeit löst keine weiteren Gebühren aus.[52] Prüft der Notar lediglich die Eintragungsfähigkeit ohne die Unterlagen auch bei Gericht einzureichen, entsteht für die Prüfung gem. KV-Nr. 22124 Abs. 2 GNotKG eine Gebühr von 20,00 € (Festgebühr). Die Gebühr entsteht jedoch nicht neben einer Gebühr für das Beurkundungsverfahren, einer Entwurfsgebühr oder einer Gebühr für die Beglaubigung einer Unterschrift oder eines Handzeichens[53] und auch nicht neben anderen Vollzugsgebühren nach KV-Nr. 22120 bis 22123 GNotKG (vgl. Anm. 1 bei KV-Nr. 22124 GNotKG). Die komplizierte neue Regelung kann auf einen einfachen Nenner gebracht werden: Die **Prüfung der Eintragungsfähigkeit ist nur dann kostenpflichtig**, wenn der Notar eine Prüfung der Eintragungsfähigkeit ohne Zusammenhang mit einem Beurkundungs- oder Entwurfsverfahren oder mit einer Beglaubigung einer Unterschrift oder eines Handzeichens vornimmt und er auch nicht beauftragt wird, die Unterlagen bei Gericht einzureichen (seltener Fall).

- **Einholung von Genehmigungserklärungen** (Vollmachtsbestätigungen) nicht erschienener Beteiligter. Diese Tätigkeit ist Vollzugstätigkeit gem. Vorbem. 2.2.1.1 Abs. 1 Nr. 5 KV GNotKG. Bei dieser Gebühr bleibt es auch dann, wenn der Notar einen von ihm gefertigten Entwurf erstellt und diesen an den Genehmigenden mitübersendet. Entwürfe im Rahmen des Vollzugs lösen neben der Vollzugsgebühr keine Entwurfsgebühr aus (Vorbem. 2.2 Abs. 2 KV GNotKG i. V. m. Vorbem. 2.4.1 Abs. 1 S. 2 KV GNotKG). Beglaubigt der Beurkundungsnotar auf dem von ihm im Rahmen des Vollzugs gefertigten Entwurf die Unterschrift des Genehmigenden, fällt neben der Vollzugsgebühr die 0,2-Beglaubigungsgebühr gemäß KV-Nr. 25100 KV GNotKG an. Die Gebühr beträgt 0,2 aus dem nach § 98 Abs. 1 GNotKG zu bestimmenden Wert, max. 70 €. Da es sich nicht um eine Entwurfstätigkeit nach Hauptabschnitt 4 des KV handelt und auch nicht auf Vollzugsentwürfe anwendbar ist (Vorbem. 2.4.1 abs. 1 S. 2 KV GNotKG), gilt auch nicht die Gebührenfreiheit für die demnächst erfolgende erste Unterschriftsbeglaubigung.[54]
- **Die Belehrung des Geschäftsführers** nach § 51 Abs. 2 BZRG ist gebührenfrei, wenn der Notar die Registeranmeldung entworfen hat. Die Belehrung ist notwendiger Erklärungsinhalt und das Teil der Registeranmeldung. Erfolgt jedoch durch den Notar lediglich die Beglaubigung der Unterschrift oder des Handzeichens, wird die Belehrung von der Gebühr nach KV-Nr. 25100 GNotKG nicht erfasst. In diesem Fall kommt neben der Beglaubigungsgebühr eine Beratungsgebühr nach KV-Nr. 24202 (0,3-Gebühr) in Betracht.[55]
- **Fertigung des Antrags auf Bestellung eines Nachgründungsprüfers** (§ 67 UmwG i. V. m. § 52 Abs. 4 AktG). Der Geschäftswert bestimmt sich nach § 36 Abs. 1 GNotKG. Angemessen sind ca. 10 % des Wertes für den Verschmelzungsvertrag. Zu erheben ist eine 1,0-Gebühr nach KV-Nr. 24101 GNotKG.
- **Entwurf des Nachgründungsberichts** (§ 67 UmwG i. V. m. § 52 Abs. 3 AktG). Die Bewertung kann nach den Grundsätzen der Bewertung eines Sachgründungsberichts erfolgen.[56] Geschäftswert gem. § 36 Abs. 1 GNotKG 20 bis 30 % des Wertes für den Verschmelzungsver-

---

52 Anm. 3 zu KV-Nr. 22124 GNotKG: Die Gebühr entsteht nur einmal.
53 Anm. 2 bei KV-Nr. 22124 GNotKG.
54 LG Bielefeld, ZNotP 2015, 38 m. zustimmender Anm. Tiedtke, bestätigt durch OLG Hamm, ZNotP 2015, 277 m. Anm. Tiedtke und Fackelmann; Sikora, in: Korintenberg, KV-Nr. 25100 Rn. 10; Streifzug, Rn. 3405.
55 Diehn, in: Korintenberg, KV-Nr. 24202 Rn. 3; Streifzug Rn. 1244.
56 Streifzug, Rn. 1599.

trag. Zu erheben ist gem. KV-Nr. 24101 GNotKG eine 1,0-Gebühr (bei vollständigem Entwurf, s. § 92 Abs. 2 GNotKG).
– **Treuhänderische Verwahrung von Aktien** nach § 71 Abs. 1 UmwG. § 71 Abs. 2 UmwG verweist auf § 26 Abs. 4 UmwG. Danach hat der Notar als Treuhänder Anspruch auf Ersatz angemessener barer Auslagen und auf Vergütung für seine Tätigkeit. Nach welchem Maßstab sich die Vergütung des Treuhänders richtet, wird bei den Kommentierungen zum UmwG nicht ausdrücklich beantwortet. Nach Lutter[57] und Demharter[58] ist die Vergütung eines RA als Treuhänder auf der Grundlage des RVG zu berechnen – so auch OLG Düsseldorf noch zur BRAGO.[59] Die Entscheidung des OLG Düsseldorf erging zu einem Fall, in dem ein RA als gemeinsamer Vertreter gem. § 306 AktG eine vergleichbare Tätigkeit ausgeübt hatte. In diesem Zusammenhang war es für das OLG Düsseldorf unerheblich, ob es sich um anwaltliche oder sonstige Tätigkeiten i. S. d. § 1 Abs. 2 RVG handelt. In jedem Fall müsse sich die Ermittlung der angemessenen Vergütung am RVG orientieren. In ähnlicher Weise hat sich das BayObLG[60] zu § 306 AktG geäußert. Auch wenn es sich bei einer derartigen Tätigkeit nicht um eine Berufstätigkeit i. S. d. § 1 Abs. 1 RVG handele, könne die angemessene Vergütung des Anwalts unter Anwendung der Grundsätze der RVG-Sätze ermittelt werden. Überträgt man diese Aussagen der beiden vorgenannten Entscheidungen auf die treuhänderische Tätigkeit eines Notars gem. § 71 UmwG, so ist für die Ermittlung der angemessenen Vergütung das GNotKG heranzuziehen. Die Treuhandtätigkeit des Notars ist eine gewöhnliche Verwahrungstätigkeit nach § 23 BNotO. Aus kostenrechtlicher Sicht ist diese Tätigkeit mit der Inverwahrungnahme von Wertpapieren gem. KV-Nr. 25301 GNotKG gleichzusetzen. Der Grund liegt darin, dass durch die Zwischenschaltung des Treuhänders gem. § 71 UmwG sichergestellt werden soll, dass die Gesellschafter der übertragenden Gesellschaft mit Vollzug der Verschmelzung Inhaber der neuen Aktien werden. Insoweit kommt es entscheidend auf die Mitwirkung des Notars für die Übertragung der Rechte an den Aktien an.[61] Die Festsetzung der Vergütung des Treuhänders erfolgt gem. § 71 Abs. 2 i. V. m. § 26 Abs. 4 Satz 2 UmwG durch das Gericht. Zuständig ist das Gericht, an welches die Anzeige über die Bestellung des Treuhänders gem. § 71 Abs. 1 Satz 2 UmwG ergangen ist. Für die Berechnung der Hinterlegungsgebühr ist der Wert der auszuhändigenden Aktien (Kurswert, nicht Nominalwert) maßgebend. Werden Aktien an verschiedene Aktionäre ausgehändigt, sind die Verwahrungsgebühren gesondert zu berechnen.
– **Zusammenstellung (nicht nur Prüfung) der aktuellen Satzung einer GmbH.** Nach § 54 GmbHG und § 181 AktG ist der Anmeldung über eine Satzungsänderung eine Bescheinigung über den neuen vollständigen Wortlaut der Satzung beizufügen. Das GNotKG sieht für diese Tätigkeit keine Gebühr vor, sodass es sich um eine gebührenfreie Tätigkeit handelt. Eine Dokumentenpauschale nach KV-Nr. 32000 GNotKG ist jedoch zu erheben.
– **Gründungsprüfung**: Durch § 33 Abs. 3 AktG[62] wurde die Gründungsprüfung neu gestaltet. Danach erlaubt das AktG in einem bestimmten Umfang die Prüfung des Hergangs der Gründung einer AG durch den Notar anstelle eines gerichtlich bestellten Gründungsprüfers. Über die Prüfung ist gem. § 34 Abs. 2 AktG schriftlich zu berichten. Der Bericht hat alle Umstände zu beinhalten, die Gegenstand der Prüfung waren.

Der gerichtlich bestellte Gründungsprüfer hat gem. § 35 Abs. 3 AktG Anspruch auf eine Vergütung für seine Tätigkeit und auf Ersatz angemessener Auslagen. Die Höhe der Vergütung wird durch das Gericht festgesetzt. Im Antrag besteht die Möglichkeit, die Vergütung und

42

---

57 Lutter/Lutter, UmwG, § 26 Rn. 17.
58 UmwG, § 26 Rn. 8.
59 BB 1984, 2188.
60 DB 1979, 2172.
61 Vgl. Kommentierung bei Lutter/Grunewald, UmwG, § 71 Rn. 2.
62 Gesetz zur weiteren Reform des Aktien- und Bilanzrechts, zu Transparenz und Publizität sog. TransPuG.

Auslagen zu beziffern. Die Festlegung liegt aber im pflichtgemäßen Ermessen des Gerichts.[63] Anhaltspunkte können die Gebührenordnungen, die für den Berufsstand der Wirtschaftsprüfer und der vereidigten Buchprüfer erlassen wurden, sein. An den dort geregelten Sätzen soll sich das Gericht orientieren. Dies gilt auch dann, wenn der Prüfer keinem dieser Berufsstände angehört.[64]

Übernimmt der Notar die Gründungsprüfung, erhält er gem. KV-Nr. 25206 GNotKG eine 1,0-Gebühr, mindestens jedoch 1.000,00 €. Der Geschäftswert einer Gründungsprüfung gem. § 33 Abs. 3 AktG ist die Summe aller Einlagen. Der Geschäftswert beträgt höchstens 10 Mio. € (§ 123 GNotKG).

▶ **Checkliste zur Bewertung von Verschmelzungen**

43
- ❏ Liegt ein Austauschvertrag vor? Wenn ja, ist der Wert der höheren Leistung maßgebend. Dies ist im Regelfall das Vermögen des übertragenden Rechtsträgers.
- ❏ Liegt die Verschmelzungsbilanz vor?
- ❏ Bilanz dahin gehend überprüfen, ob Abzugs- oder Zurechnungsposten enthalten sind. Es gilt als Stichtag der Beurkundungstag. Vermögensverschiebungen zwischen Bilanzerstellung und Beurkundungstag sind zu berücksichtigen (s. Teil 8 Rdn. 11).
- ❏ Bereinigte Aktiva der Bilanz ist Geschäftswert, es sei denn, die als Gegenleistung gewährten Anteile haben einen höheren Wert (Ausnahme).
- ❏ **Wichtig**: Schulden dürfen nach § 38 GNotKG nicht abgezogen werden.
- ❏ **Beachten**: Höchstwert 10 Mio. € (§ 107 Abs. 1 GNotKG).
- ❏ Bei Verschmelzung mehrerer Rechtsträger auf einen Rechtsträger liegen gem. § 86 Abs. 2 GNotKG stets verschiedene Gegenstände vor. Der Höchstwert jeder Verschmelzung beträgt 10 Mio. €. Nach Wertbestimmung für die einzelne Verschmelzung sind die Werte gem. § 35 Abs. 1 GNotKG zu addieren, danach ist der allgemeine Höchstwert von 60 Mio. € (§ 35 Abs. 2 GNotKG) zu beachten. Der Höchstwert jeder Verschmelzung beträgt 10 Mio. €. Nach Wertbestimmung für die einzelne Verschmelzung sind die Werte gem. § 35 Abs. 1 GNotKG zu addieren, danach ist der allgemeine Höchstwert von 60 Mio. € (§ 35 Abs. 2 GNotKG) zu beachten. Zusätzlich ist zu prüfen, ob die Voraussetzungen des § 93 Abs. 2 GNotKG vorliegen (unsachgemäße Zusammenfassung in einer Urkunde).
- ❏ Gebühr ist immer eine 2,0-Gebühr gem. KV-Nr. 21100 GNotKG, da immer Vertrag, auch bei Verschmelzung auf den alleinigen Gesellschafter.

I. Registeranmeldungen

44 Die Verschmelzung ist sowohl beim übertragenden als auch beim aufnehmenden Rechtsträger anzumelden. Wird der **aufnehmende Rechtsträger neu gegründet**, ist dieser erstmals zur Eintragung anzumelden. Im Einzelnen gilt Folgendes:

I. Übertragender Rechtsträger

45 Beim übertragenden Rechtsträger liegt eine **Anmeldung ohne bestimmten Geldwert** vor, der Geschäftswert bestimmt sich daher gem. § 105 Abs. 4 Nr. 1 bis Nr. 4 GNotKG, je nachdem, um welchen Rechtsträger es sich handelt (z. B. bei einer GmbH 1 % des eingetragenen Stammkapitals, mindestens 30.000,00 € und höchstens 1 Mio. €).

II. Aufnehmender (bestehender) Rechtsträger

46 Beim (bestehenden) aufnehmenden Rechtsträger liegt **ebenfalls eine Anmeldung ohne bestimmten Geldwert** vor; Geschäftswert also ebenfalls nach § 105 Abs. 4 Nr. 1 bis Nr. 4 GNotKG (bspw.

---

63 Hüffer, AktG, § 35 Rn. 6; GK-AktG/Röhricht, § 35 Rn. 15.
64 Hüffer, AktG, § 35 Rn. 6 für den Wirtschaftsprüfer als Gründungsprüfer.

bei einer GmbH 1 % des eingetragenen Stammkapitals, mindestens 30.000,00 € und höchstens 1 Mio. €).[65]

Wird bei einer Kapitalgesellschaft **gleichzeitig eine Kapitalerhöhung** angemeldet, liegt eine gegenstandsverschiedene Anmeldung vor. Der Nennbetrag der Erhöhung (Unterschiedsbetrag) ist dem nach § 105 Abs. 4 Nr. 1 GNotKG ermittelten Wert zuzurechnen. Der Höchstwert beträgt aber auch in diesem Fall gem. § 106 GNotKG insgesamt 1 Mio. €. 47

III. Aufnehmender (neu gegründeter) Rechtsträger

Geschäftswert ist beim neu gegründeten Rechtsträger, wenn es sich handelt um: 48

eine **GmbH** oder **AG**, **KGaA**	Anmeldung mit bestimmtem Geldwert, gem. § 105 Abs. 1 Nr. 1 GNotKG das einzutragende Stammkapital oder das einzutragende Grundkapital, bei AG oder KGaA ggf. unter Hinzurechnung eines genehmigten Kapitals;
eine **OHG**	Erstanmeldung ohne bestimmten Geldwert, nach § 105 Abs. 3 Nr. 2 GNotKG bei zwei Gesellschaftern 45.000,00 €, bei mehr als zwei Gesellschaftern 45.000,00 € zuzüglich 15.000,00 € für jeden weiteren Gesellschafter;
eine **KG**	Erstanmeldung mit bestimmtem Geldwert, nach § 105 Abs. 1 Nr. 5 GNotKG Summe der Kommanditeinlagen zuzüglich 30.000,00 € für den ersten und 15.000,00 € für jeden weiteren persönlich haftenden Gesellschafter;
einen **e. V.**	Schätzwert gem. § 36 Abs. 2 GNotKG. Handelt es sich um kleinere Vereine (Idealvereine), kann vom Auffangwert (5.000,00 €) ausgegangen werden, bei wirtschaftlich orientierten Vereinen (z. B. Postsparverein) und bei Vereinen mit überdurchschnittlichem Vermögen, ist ein Abweichen nach oben u. U. bis zum Höchstwert von 1 Mio. € (§ 106 GNotKG) € angebracht.[66]

J. Höchstwert

Der **Höchstwert für Registeranmeldungen** beträgt 1 Mio. €, auch dann, wenn mehrere Anmeldungen enthalten sind, z. B. Anmeldung der Verschmelzung und einer Kapitalerhöhung (§ 106 GNotKG). 49

Zu erheben ist bei Beurkundung eine 0,5-Gebühr gem. KV-Nr. 21201 GNotKG, bei Entwurffertigung gem. KV-Nr. 24102 GNotKG, wenn der Entwurf, wie im Regelfall, vollständig erstellt wird (§ 92 Abs. 2 GNotKG). Bei Erstellung von Teilentwürfen hat der Notar den Gebührensatz innerhalb des vorgegebenen Ermessensrahmens (0,3 bis 0,5) nach billigem Ermessen zu bestimmen. Die erste Unterschriftsbeglaubigung von einer oder mehrerer Unterschriften oder Handzeichen in einem Vermerk unter dem vom Notar gefertigten Entwurf ist gebührenfrei,[67] wenn die Beglaubigung demnächst erfolgt, für weitere Beglaubigungen werden die Gebühren nach KV-Nr. 25100 GNotKG gesondert erhoben. 50

K. Bescheinigte Gesellschafterliste gem. § 40 Abs. 2 GmbHG

§ 40 GmbHG regelt die Mitwirkungspflicht des Notars bei der Erstellung der Gesellschafterliste. Ist bei einem Verschmelzungsvorgang eine GmbH aufnehmender Rechtsträger, liegt eine Mitwirkung des Notars an einer Veränderung des Gesellschafterkreises vor, da sowohl der Verschmelzungsvertrag wie auch der Gesellschafterbeschluss beurkundungspflichtig sind (§§ 6, 13 Abs. 3 Satz 1 UmwG). Hierdurch ist § 40 Abs. 2 GmbHG anwendbar, was den Notar verpflichtet, die Gesellschafterliste anstelle des Geschäftsführers zu unterschreiben. 51

---

65 Tiedtke, in: Korintenberg, § 105 Rn. 104; Tiedtke, MittBayNot 1997, 21, noch zur KostO.
66 Tiedtke, MittBayNot 1997, 21; Schmidt/Sikora/Tiedtke, Praxis des Handelsregister- und Kostenrechts, Rn. 3337; Tiedtke, in: Korintenberg, § 105 Rn. 108.
67 Vorbem. 2.4.1 Abs. 2 KV GNotKG.

Der Notar hat zudem, soweit er an Veränderungen im Umfang des Gesellschafterbestandes oder bei Veränderungen im Umfang der Beteiligungen mitgewirkt hat, die **Wirksamkeit der Veränderung zu prüfen**. Dies bezieht sich insb. auf die Feststellungen, ob Bedingungen oder Befristungen, von denen die Wirksamkeit abhängt, eingetreten sind. Dem Notar steht kein Auskunftsrecht gegen die Beteiligten zu. Er wird demgemäß die Beteiligten darauf hinweisen, dass eine veränderte Gesellschafterliste dann einzureichen ist, wenn ihm der Eintritt der Bedingungen mitgeteilt wurde oder sonstige für die Beurteilung der Wirksamkeit erforderliche Unterlagen vorgelegt oder ihm anderweitig bekannt werden.[68] Kostenrechtlich gilt folgendes:

a) Gesellschafterliste

Hat der Notar an Veränderungen nach § 40 Abs. 2 S. 1 GmbHG mitgewirkt, hat er unverzüglich nach deren Wirksamwerden ohne Rücksicht auf etwaige später eintretende Unwirksamkeitsgründe die Liste anstelle der Geschäftsführer zu unterzeichnen, dem Registergericht einzureichen, eine Abschrift der Gesellschaft zu übermitteln und mit der Bescheinigung nach § 40 Abs. 2 S. 2 GmbHG zu versehen. Für den Entwurf der Liste durch den Notar entsteht keine Entwurfsgebühr nach Hauptabschnitt 4 KV GNotKG, da es sich hierbei um eine Vollzugstätigkeit handelt.[69] Da die Listenerstellung im Regelfall durch den Notar erfolgt, der die Veränderung beurkundet hat, kommt eine Vollzugsgebühr nach KV-Nr. 22110 ff. GNotKG in Betracht.

Der Geschäftswert für diese Vollzugstätigkeit ist nach § 112 GNotKG mit dem Wert des Beurkundungsverfahrens gem. § 35 Abs. 1 i. V. m. § 86 Abs. 2 GNotKG zu bestimmen. Der Gebührensatz beträgt für die Tätigkeit 0,5 (KV-Nr. 22110 GNotKG) im Zusammenhang mit der Beurkundung von Beschlüssen oder Geschäftsanteilsabtretungen. Eine 0,3-Vollzugsgebühr nach KV-Nr. 22111 GNotKG kommt nur in Betracht, wenn die zugrundeliegende Beurkundung eine geringere Gebühr als 2,0 auslöst, wie bspw. die Errichtung einer Ein-Personen-GmbH, Beurkundung eines Spaltungsplans oder einer Abspaltung zur Neugründung, für die jeweils eine 1,0-Gebühr nach KV-Nr. 21200 GNotKG anfällt. Enthält die Niederschrift gleichzeitig auch Beschlussfassungen hierzu, ist wieder die 0,5-Vollzugsgebühr nach KV-Nr. 22110 GNotKG einschlägig.

Die Gebühr ist auf 250 € je Gesellschafterliste begrenzt, die der Notar auftragsgemäß fertigt (KV-Nr. 22113 GNotKG). Fertigt der Notar z. B. bei einer Kapitalerhöhung sowohl die Liste der Übernehmer (§ 57 Abs. 3 Nr. 2 GmbHG) als auch die neue Liste der Gesellschafter (§§ 8 Abs. 1 Nr. 3, 40 GmbHG), kommt der Ansatz der Höchstgebühren zweimal in Betracht, wenn die Summe dieser Höchstgebühren geringer ist als die 0,5-Vollzugsgebühr nach KV-Nr. 22110 GNotKG (oder die 0,3-Gebühr nach KV-Nr. 22111 GNotKG, soweit einschlägig) aus dem Wert des Beurkundungsverfahrens.

Wird eine Vollzugsgebühr bereits durch andere Tätigkeiten als die Erstellung der Gesellschafterlisten nach der Vorbem. 2.2.1.1 Abs. 1 S. 2 KV GNotKG ausgelöst, kann insgesamt nur eine Vollzugsgebühr erhoben werden (§ 93 Abs. 1 GNotKG).

b) Geschäftswert

Der Geschäftswert für die Vollzugstätigkeit (Gesellschafterliste) bestimmt sich gem. § 112 GNotKG nach dem vollen Wert des zugrunde liegenden Beurkundungsverfahrens, also z. B. nach dem Wert der Verschmelzung einschl. mitbeurkundeter Beschlüsse.

c) Wirksamkeitsvoraussetzungen und Notarbescheinigung[70]

Gem. der Anm. 6 zu KV-Nr. 22200 GNotKG erhält der Notar eine Betreuungsgebühr für die Erteilung einer Bescheinigung über Veränderungen hinsichtlich der Personen der Gesellschafter

---

68 Vgl. Mayer, DNotZ 2008, 403, 409.
69 Vorbem. 2.2.1.1 Abs. 1 S. 2 Nr. 3 KV GNotKG.
70 Vgl. Streifzug, Rn. 1144 ff.

oder des Umfangs ihrer Beteiligung (§ 40 Abs. 2 GmbHG), wenn Umstände **außerhalb der Urkunde** zu prüfen sind. Klargestellt ist damit, dass nicht jede Wirksamkeitsbescheinigung des Notars nach § 40 Abs. 2 GmbHG kostenpflichtig ist. Ist beispielsweise eine Geschäftsanteilsabtretung sofort wirksam (z. B. unentgeltliche Übertragung, Kaufpreis ist bereits bezahlt usw.), muss der Notar ebenfalls eine Gesellschafterliste erstellen und diese mit seiner Bescheinigung nach § 40 Abs. 2 GmbHG versehen. Er muss die aktuelle Liste unter Berücksichtigung der Veränderungen, an denen er mitgewirkt hat, bescheinigen. Die neue Liste führt somit die alte Liste unter Einarbeitung der aktuellen Veränderungen fort. Obwohl auch hier eine Bescheinigung zu erteilen ist, liegt noch keine kostenpflichtige Tätigkeit nach der Anm. 6 zu KV-Nr. 22200 Nr. 6 GNotKG vor.

Die Gebühr für die Wirksamkeitsbescheinigung wird damit erst ausgelöst, wenn der Notar in tatsächlicher Hinsicht Voraussetzungen zu prüfen hat, die außerhalb der Urkunde liegen und von deren Eintritt die Wirksamkeit der Beurkundung über die Veränderung i. S. v. § 40 Abs. 2 GmbHG abhängt. Hier nennt der Gesetzgeber[71] die Prüfung von Kaufpreiszahlungen oder das Vorliegen kartellrechtlicher Genehmigungen, die Befreiung aus Bürgschaften, der Eintritt aufschiebender Bedingungen, wie z. B. bei einem »Closing«. Beim Closing muss aber unterschieden werden, ob der Notar tatsächlich Prüfungstätigkeiten durchzuführen hat.[72] Nur bei tatsächlichen Prüfungstätigkeiten ist der Gebührentatbestand erfüllt. Die Gebühr fällt daher nicht an, wenn der Notar keine außerhalb der Urkunde liegenden Wirksamkeitsvoraussetzungen zu prüfen hat oder die Urkunde bedingungslos wirksam ist (z. B. unentgeltliche Übertragung eines Geschäftsanteils).

d) Geschäftswert

Der Geschäftswert für eine Wirksamkeitsbescheinigung als Betreuungstätigkeit gem. KV-Nr. 22200 Anm. 6 GNotKG bestimmt sich nach § 113 Abs. 1 GNotKG nach dem Wert des Beurkundungsverfahrens, also beispielsweise nach dem Wert der Verschmelzung einschl. mitbeurkundeter Beschlüsse.[73]

L. Fall: Verschmelzung durch Aufnahme mit Zustimmungsbeschlüssen

Sachverhalt:

Die A-GmbH (Stammkapital 50.000,00 €, Gesellschafter G und H jeweils mit einem Geschäftsanteil von 25.000,00 €) überträgt ihr Vermögen als Ganzes unter Auflösung der Gesellschaft ohne Abwicklung im Wege der Verschmelzung durch Aufnahme gem. § 2 Nr. 1, § 20 Nr. 1 und § 55 Abs. 1 UmwG auf die B-GmbH (übernehmende Gesellschaft Stammkapital 1 Mio. €). Das Aktivvermögen der übertragenden Gesellschaft beträgt laut Bilanz 12.150.000,00 €.

Als Gegenleistung gewährt die aufnehmende Gesellschaft den Gesellschaftern der übertragenden Gesellschaft Geschäftsanteile im Gesamtnennbetrag von insgesamt 500.000,00 €.

Die Gesellschafter der B-GmbH fassen folgende Beschlüsse:
– Dem Verschmelzungsvertrag wird zugestimmt.
– Das Stammkapital wird um 500.000,00 € erhöht.

Die Gesellschafter der A-GmbH fassen folgenden Beschluss:
– Dem Verschmelzungsvertrag wird zugestimmt.

Die Gesellschafter der beiden an der Verschmelzung beteiligten Gesellschaften geben die Verzichtserklärungen gem. §§ 8 Abs. 4, 9 Abs. 3 i. V. m. § 12 UmwG ab.

Alle Erklärungen und Beschlüsse sind in **einer** Urkunde enthalten.

---

71 BT-Drs. 17/11471 (neu), S. 225.
72 S. Streifzug, Rn. 1147.
73 Diehn/Sikora/Tiedtke Rn. 560 ff.; Ländernotarkasse, Leipziger Kostenspiegel, Teil 22, Rn. 15.

Sodann fertigt der Notar gesondert die Entwürfe der Registeranmeldungen (vollständig) für beide Gesellschaften. Die Unterschriften der Geschäftsführer werden darunter beglaubigt.

Bewertung:
- **Verschmelzungsvertrag**

Geschäftswert gem. § 97 Abs. 3 GNotKG, hier höherwertigeres Aktivvermögen der übertragenden Gesellschaft, gem. § 38 GNotKG ohne Schuldenabzug, jedoch gem. § 107 Abs. 1 GNotKG

Höchstwert = 10.000.000,00 €,

- **Beschlüsse, Zustimmungsbeschlüsse beider Gesellschaften derselbe Beurkundungsgegenstand gem. § 109 Abs. 2 Nr. 4g) GNotKG**

Geschäftswert, § 108 Abs. 3 GNotKG = Wert des Vermögens des übertragenden Rechtsträgers, gem. § 38 GNotKG ohne Schuldenabzug + 500.000,00 € für den Beschluss über die Kapitalerhöhung,

hier jedoch Höchstwert gem. § 108 Abs. 4 GNotKG	5.000.000,00 €
Gesamtwert gem. § 35 Abs. 1 GNotKG =	15.000.000,00 €,
Gebühr: 2,0-Gebühr gem. KV-Nr. 21100 GNotKG =	28.770,00 €.
Vollzugsgebühr für die Erstellung der Gesellschafterliste, 0,5-Gebühr nach KV-Nr. 22110 und 22113 GNotKG (Höchstgebühr)	250,00 €.

- **Verzichtserklärungen**

Diese sind gegenstandsgleich mit dem Verschmelzungsvertrag gem. § 109 Abs. 1 GNotKG, da sie der Durchführung der Verschmelzung dienen, daher keine zusätzliche Bewertung.

- **Registeranmeldung, Anmeldung der Verschmelzung bei der übertragenden A-GmbH, Anmeldung ohne bestimmten Geldwert**

Geschäftswert, § 105 Abs. 4 Nr. 1 GNotKG = 1 % des eingetragenen Stammkapitals = 500, 00 €,

aber Mindestwert	30.000,00 €,
Gebühr: 0,5-Gebühr gem. KV-Nr. 24102 GNotKG, Höchstsatz, da vollständiger Entwurf durch den Notar (§ 92 Abs. 2 GNotKG) =	62,50 €.
0,3-Gebühr gem. KV-Nr. 22114, Vollzug, XML-Datensatz, Geschäftswert gem. § 112 GNotKG wie für die Registeranmeldung	37,50 €.

- **Registeranmeldung bei der B-GmbH (aufnehmende Gesellschaft)**
  - **Anmeldung der Verschmelzung,**

Anmeldung ohne bestimmten Geldwert, Geschäftswert, § 105 Abs. 4 Nr. 1 GNotKG = 1 % des Stammkapitals = 10.000,00 €, aber Mindestwert = 30.000,00 €,

  - **Anmeldung der Kapitalerhöhung,**

Geschäftswert, § 105 Abs. 1 Nr. 3 GNotKG = Nennbetrag der Erhöhung =	500.000,00 €,
Gesamtwert, § 35 Abs. 1 GNotKG	530.000,00 €,
Gebühr: 0,5-Gebühr gem. KV-Nr. 24102 GNotKG, Höchstsatz, da vollständiger Entwurf durch den Notar (§ 92 Abs. 2 GNotKG) =	507,50 €.
0,3-Gebühr gem. KV-Nr. 22114, Vollzug, XML-Datensatz, Geschäftswert gem. § 112 GNotKG wie für die Registeranmeldung, jedoch Höchstgebühr =	250,00 €.

Hinzu kommen jeweils etwaige Nebengebühren, Dokumentenpauschalen, sonstige Auslagen und USt.

Getrennte Verzichtserklärungen:

Unterstellt, der Gesellschafter G der übertragenden A-GmbH würde seine Verzichtserklärung zu einem späteren Zeitpunkt in einer gesonderten Urkunde abgeben, käme folgende Bewertung für die Verzichtserklärung in Betracht:

Geschäftswert, § 36 Abs. 1 GNotKG, Ausgangswert = Wert der Beteiligung des G am Vermögen der übertragenden Gesellschaft = Aktivsumme von 12.150.000,00 €,

Höchstwert gem. § 107 Abs. 1 GNotKG = 10.000.000,00 € (Höchstwert Verschmelzungsvertrag), hiervon 50 %, (Beteiligung) = 5.000.000,00 €, hieraus Teilwert ca. 10 % = 500.000,00 €.

Gebühr: 1,0-Gebühr gem. KV-Nr. 21200 GNotKG = 935,00 €, zuzüglich Auslagen und USt.

– **Bescheinigung nach § 40 Abs. 2 GmbHG:**
Die Wirksamkeitsbescheinigung löst hier keine Gebühr aus, da der Notar lediglich den Vorvollzug seiner eigenen Urkunde zu überwachen hat (s. i. Ü. Rdn. 47).

M. Checkliste für die Bewertung der Registeranmeldungen

Zu den Kosten für den elektronischen Rechtsverkehr s. Teil 8 Rdn. 118 ff.

53

▶
- ❏ **Übertragender Rechtsträger:**
  – Es liegt **immer** eine Anmeldung **ohne bestimmten Geldwert** vor. Es ist lediglich zu prüfen, unter welche Unterziffer des § 105 Abs. 4 GNotKG der Rechtsträger einzuordnen ist; bei Kapitalgesellschaft Nr. 1 = 1 % des eingetragenen Stamm- oder Grundkapitals, mindestens 30.000,00 €, höchstens 1 Mio. €; VVaG Nr. 2, Geschäftswert immer 60.000,00 €; Personenhandelsgesellschaft Nr. 3, Geschäftswert immer 30.000,00 €, bei KG auch dann, wenn durch die Übertragung des Vermögens die Gesellschaft erlischt; Einzelkaufmann, Genossenschaft oder juristische Person (§ 33 HGB) Nr. 4, Geschäftswert immer 30.000,00 €.
- ❏ **Aufnehmender Rechtsträger:**
  – Prüfen, ob nur Verschmelzung angemeldet wird, oder zusätzlich auch eine Kapitalerhöhung, oder noch weitere Anmeldungen (z. B. Geschäftsführer),
  – Geschäftswert für die Anmeldung der Verschmelzung ermitteln: handelt es sich um einen bestehenden Rechtsträger, Geschäftswert in gleicher Weise wie beim übertragenden Rechtsträger, handelt es sich um einen neu gegründeten Rechtsträger, Geschäftswert nach § 105 Abs. 1 oder nach Abs. 3 GNotKG; bei GmbH das einzutragende Stammkapital, bei AG oder KGaA das einzutragende Grundkapital unter Hinzurechnung eines genehmigten Kapitals; bei Versicherungsverein a. G. der mit anzumeldende Gründungsstock, mindestens jedoch 30.000,00 €;[74] in die Kapitalspalte des Handelsregisters Abt. B wird der Gründungsstock eingetragen (§ 32 Abs. 1 Satz 1 VAG); bei KG die Summe der Kommanditeinlagen unter Hinzurechnung von 30.000,00 € für den ersten und 15.000,00 € für jeden weiteren persönlich haftenden Gesellschafter; bei Einzelkaufmann 30.000,00 €; bei offener Handelsgesellschaft mit zwei Gesellschaftern 45.000,00 €, bei mehr als zwei Gesellschaftern für den dritten und jeden weiteren Gesellschafter 15.000,00 € zurechnen; bei einer Genossenschaft 60.000,00 €; bei juristischer Person (§ 33 HGB) 60.000,00 € – solche können sein: rechtsfähige Vereine (§§ 21 ff. BGB), die ein Vollhandelsgewerbe betreiben, sowie wirtschaftliche Vereine (§ 22 BGB) und Idealvereine mit kaufmännischem Betrieb, privatrechtliche Stiftungen (§§ 80 ff. BGB), öffentlich-rechtliche Körperschaften, Stiftungen und Anstalten.[75]

---

74 Tiedtke, MittBayNot 1997, 14; Tiedtke, in: Korintenberg, GNotKG, § 105 Rn. 64.
75 Vgl. § 89 BGB; Tiedtke, MittBayNot 1997, 14, 18.

- Prüfen, ob gebührenpflichtige Vollzugs-, Betreuungstätigkeiten oder Entwurffertigungen vorzunehmen sind, wie z. B.
- Entwurf der Gesellschafterliste (Vollzugstätigkeit, s. Rdn. 47),
- Entwurf des Sachgründungsberichts (Entwurfstätigkeit), 1,0-Gebühr nach KV-Nr. 24101 GNotKG (bei vollständigem Entwurf, bei Teilentwurf Gebührensatz innerhalb des vorgegebenen Rahmens nach billigem Ermessen), Geschäftswert nach § 36 Abs. 1 GNotKG 20–30 % des Werts der Sacheinlage,[76]
- Einholung einer Stellungnahme der IHK. Hierbei handelt es sich um eine Vollzugstätigkeit nach Vorbem. 2.2.1.1 Abs. 1 S. 2 Nr. 1 KV GNotKG (Erklärung nach öffentlich-rechtlichen Vorschriften). Die Vollzugsgebühr beträgt max. 50,00 €. Die Vollzugsgebühr entsteht jedoch nicht neben anderen Vollzugsgebühren gesondert (Stichwort: mehrere Vollzugstätigkeiten = eine Vollzugsgebühr). Siehe Teil 8 Rdn. 41.
- Einholung von Genehmigungen oder Vollmachtsbestätigungen vertretener Beteiligter. Hier liegt eine Vollzugstätigkeit vor.[77] Es entsteht eine 0,5-Gebühr nach KV-Nr. 22110 GNotKG aus dem vollen Wert des Beurkundungsverfahrens (§ 112 GNotKG). Mehrere Vollzugstätigkeiten lösen nur eine Vollzugsgebühr aus.
- Überwachung von Anweisungen an den Notar, z. B. die Registeranmeldung nur unter bestimmten Voraussetzungen, die der Notar zu prüfen hat, an das Registergericht einzureichen. Es handelt sich um eine Betreuungstätigkeit nach KV-Nr. 22200 GNotKG. Zu erheben ist eine 0,5-Gebühr nach KV-Nr. 22200 GNotKG aus dem vollen Wert des Beurkundungsverfahrens.
- Gründungsprüfung bei AG (zur Bewertung s. Teil 8 Rdn. 38).

N. Besonderheiten bei grenzüberschreitenden Verschmelzungen

54 Durch das am 20.04.2007 in Kraft getretene Zweite Gesetz zur Änderung des UmwG[78] wurden grenzüberschreitende Verschmelzungen zugelassen und zwar nur für Kapitalgesellschaften. Diese erfordert, dass mindestens eine der beteiligten Gesellschaften einem anderen Mitgliedstaat der EU oder eines anderen Vertragsstaates des Abkommens über den Europäischen Wirtschaftsraum unterliegt. Wesentlicher Unterschied zur herkömmlichen Verschmelzung ist gem. § 122c UmwG, dass das Vertretungsorgan einer beteiligten Gesellschaft zusammen mit den Vertretungsorganen der übrigen beteiligten Gesellschaften einen Verschmelzungsplan aufstellt. Dieser muss den in § 122c Abs. 2 UmwG geregelten Inhalt haben und bedarf der notariellen Urkunde (§ 122c Abs. 4 UmwG). Über diesen Regelungsumfang hinaus ergeben sich keine Besonderheiten. Auch bei einer grenzüberschreitenden Verschmelzung handelt es sich gem. § 122b Abs. 1 UmwG um eine Verschmelzung zur Aufnahme oder zur Neugründung. Es gelten die allgemeinen Grundsätze. Es handelt sich immer um einen Vertrag und nicht um einen einseitigen Rechtsakt.[79] Der Verschmelzungsvertrag, der zugleich auch den Verschmelzungsplan beinhaltet, ist ein Vertrag, der eine 2,0-Gebühr nach KV-Nr. 21100 GNotKG auslöst. Darüber hinaus gelten die allgemeinen kostenrechtlichen Grundsätze für Verschmelzungen, es liegen keine Besonderheiten vor.

---

76 Streifzug Rn. 1226.
77 Vgl. Vorbem. 2.2.1.1 Abs. 1 S. 2 Nr. 5 KV GNotKG.
78 BGBl. I 2007, S. 542.
79 Forsthoff, DStR 2006, 614; Vetter, AG 2006, 617.

Kapitel 2 Spaltung

Übersicht

		Rdn.
A.	Aufspaltung/Abspaltung zur Aufnahme	55
B.	Aufspaltung/Abspaltung zur Neugründung	59
C.	Höchstwert	62
D.	Mehrheit von Rechtsträgern	63
I.	Aufspaltung	64
II.	Abspaltung	66
III.	Kettenspaltungen	67
E.	Gebühr	68
F.	Zustimmungsbeschluss (Spaltungsbeschluss)	70
G.	Verzichtserklärungen, Zustimmungserklärungen	74
H.	Registeranmeldungen	75
I.	Bescheinigte Gesellschafterliste gem. § 40 Abs. 2 GmbHG	76
J.	Fall: Spaltungsplan	77

A. Aufspaltung/Abspaltung zur Aufnahme

Der Geschäftswert ist in gleicher Weise zu bestimmen wie bei der Verschmelzung durch Aufnahme (s. Teil 8 Rdn. 1-6). Die Aufspaltung oder Abspaltung zur Aufnahme erfolgt **durch Vertrag** (§ 126 UmwG). 55

Wie bei der Verschmelzung durch Aufnahme handelt es sich auch hier um einen **Austauschvertrag gem. § 97 Abs. 3 GNotKG**, wenn den Anteilsinhabern des übertragenden Rechtsträgers Anteilsrechte am aufnehmenden Rechtsträger gewährt werden.[80] Bei Spaltungen ohne Gegenleistungen ist § 97 Abs. 1 GNotKG einschlägig. Maßgebend ist der Aktivwert des aufgespaltenen Vermögens bzw. des abgespaltenen Vermögensteils gem. § 38 GNotKG ohne Abzug von Verbindlichkeiten. Grundlage ist die für den Spaltungs- und Übernahmevertrag zugrunde liegende Bilanz (s. hierzu die Besonderheiten gem. Teil 8 Rdn. 11). Ist der Wert der den Anteilsinhabern des übertragenden Rechtsträgers gewährten Anteilsrechte höher, ist dieser als Geschäftswert maßgebend. 56

Ein Vertrag liegt auch dann vor, wenn ein Einzelkaufmann ein von ihm betriebenes Einzelunternehmen auf einen bestehenden Rechtsträger, z. B. GmbH, deren alleiniger Gesellschafter er ist, durch Ausgliederung überträgt. Auch in diesem Fall bedarf es eines Ausgliederungs- und Aufnahmevertrages.[81] 57

Bei Abspaltung von Gesellschaftsbeteiligungen (z. B. Geschäftsanteil an GmbH oder Kommanditbeteiligung) ist deren nach den Bestimmungen des GNotKG in Betracht kommender Wert maßgebend. Es muss in die Wertermittlung eingetreten werden, da die Beteiligungen in der Spaltungsbilanz nur mit Buchwerten enthalten sind. Im Einzelnen kommt **folgende Wertermittlung** in Betracht: 58

Geschäftsanteile an GmbH – operative Gesellschaft	Der Geschäftswert bestimmt sich, wenn keine genügenden Anhaltspunkte für einen höheren Wert vorliegen, nach § 54 GNotKG, nach dem Eigenkapital i. S. von § 266 Abs. 3 HGB, das auf den jeweiligen Anteil oder die Beteiligung entfällt. Grundstücke, Gebäude, grundstücksgleiche Rechte, Schiffe oder Schiffsbauwerke sind dabei nach den allgemeinen Bewertungsvorschriften zu berück-

---

80 BayObLG, MittBayNot 1997, 54.
81 OLG Zweibrücken, MittBayNot 1999, 402 = JurBüro 1999, 488 = FGPrax 1999, 191 = ZNotP 1999, 415.

sichtigen (Verkehrswert). Gleiches gilt auch für Beteiligungen an anderen Gesellschaften, die in der Spaltungsbilanz lediglich mit dem Buchwert enthalten sind.[82] Als Wertmaßstab ist das Eigenkapital i. S. von § 266 Abs. 3 HGB, das auf den jeweiligen Anteil oder die Beteiligung entfällt, festgelegt. Dies gilt auch für einen Anteil an einer gemeinnützigen GmbH.[83] Einzusetzen sind demnach in die Bewertung:
– das gezeichnete Kapital,
– die Kapitalrücklage,
– Gewinnrücklagen, nämlich
– die gesetzliche Rücklage
– die Rücklage für eigene Anteile an einem herrschenden oder mehrheitlich beteiligten Unternehmen,
– satzungsmäßige Rücklagen,
– andere Gewinnrücklagen,
– Gewinnvortrag/Verlustvortrag und
– Jahresüberschuss/Jahresfehlbetrag.

Berechnungsschema:

Bilanzielles Eigenkapital =…,.. €

zuzüglich Verkehrswert des Grundstücks mit Gebäuden +…,.. €

abzüglich Buchwert Grundstück und Gebäude./…,.. €

Endsumme (bilanzielles Reinvermögen/Eigenkapital)…,.. €

Ist ein Gesellschafter z. B. mit 50 % beteiligt, beträgt der Wert der Beteiligung damit 50 % der Endsumme.

Geschäftsanteile an GmbH – überwiegend vermögensverwaltende Gesellschaft

Hier ist die Quote am Vermögen der Gesellschaft, die auf den Geschäftsanteil entfällt, maßgeblich. Die Verbindlichkeiten werden jedoch nicht abgezogen (§ 38 GNotKG). Der Wert bestimmt sich nicht nach dem Wert des Anteils am Eigenkapital, sondern nach dem auf den Anteil entfallenden, nach den sonst geltenden Wertvorschriften zu ermittelnden Wert des Gesellschaftsvermögens, da sonst eine Ungleichbehandlung gegenüber den Rechtsgeschäften entstünde, mit denen z. B. Grundbesitz übertragen wird. § 54 Satz 3 GNotKG lautet: »sofern die betreffenden Gesellschaften überwiegend vermögensverwaltend tätig sind, insbesondere als Immobilienverwaltungs-, Objekt-, Holding-, Besitz- oder sonstige Beteiligungsgesellschaft, ist der auf den jeweiligen Anteil oder die Beteiligung entfallende Wert des Vermögens der Gesellschaft maßgeblich; die Sätze 1 und 2 sind nicht anzuwenden«. Bei derartigen vermögensverwaltend tätigen Gesellschaften findet damit kein Schuldenabzug statt. Ist Grundbesitz in der jeweiligen Bilanz enthalten, sind deren Buchwerte durch die Verkehrswerte zu ersetzen. Gleiches gilt für die Bewertung von in der Bilanz enthaltenen Finanzanlagen. Vermögensverschiebungen zwischen Bilanzstichtag und Beurkundungstag (Bewertungsstichtag) sind zu berücksichtigen, s. hierzu Teil 8 Rdn. 11).

Berechnungsschema nach der Bilanz:

Aktiva…., … €

Abzüglich Buchwert Grundstück und Gebäude./…., … €

---

82 Streifzug, Rn. 1257.
83 LG Leipzig, NotBZ 2018, 158; Streifzug, Rn. 1264.

	Zwischensumme…., … €
	Zuzüglich Verkehrswert des Grundstücks mit Gebäuden+… , … €
	Zwischensumme…., … €
	Abzüglich nicht durch Eigenkapital gedeckter Fehlbetrag./…., … €
	Endsumme (korrigierte Aktiva)…., … €
	Hiervon ist die der Beteiligung entsprechende Quote als Geschäftswert maßgebend.
Kommanditanteile	Für die Bewertung von Kommanditanteilen gelten die Bewertungsgrundsätze wie für die Bewertung von Geschäftsanteilen an einer GmbH. Auch hier ist zu unterscheiden, ob es sich um eine operative Gesellschaft handelt oder um eine überwiegend vermögensverwaltende Gesellschaft. Es ergeben sich keine Besonderheiten.
Gesellschaftsanteil eines persönlich haftenden Gesellschafters	Für die Bewertung eines Anteils eines persönlich haftenden Gesellschafters an einer Personenhandelsgesellschaft (KG, OHG) ist die Quote der Beteiligung am Aktivvermögen maßgebend. Schulden werden gem. § 38 GNotKG nicht abgezogen.[84] Im Übrigen gelten die gleichen Bewertungsgrundlagen wie für Geschäftsanteile an einer überwiegend vermögensverwaltenden GmbH oder KG.

B. Aufspaltung/Abspaltung zur Neugründung

Bei der Spaltung zur Neugründung tritt der **Spaltungsplan** an die Stelle des Spaltungs- und Übernahmevertrages (§ 136 UmwG). Es handelt sich um eine **einseitige Erklärung**, für die eine 1,0-Gebühr nach KV-Nr. 21200 GNotKG anfällt (anders beim Spaltungs- und Übernahmevertrag, dort 2,0-Gebühr nach KV-Nr. 21100 GNotKG). 59

Geschäftswert ist der Wert des auf den oder die neu gegründeten Rechtsträger übergehenden Aktivvermögens; bei Abspaltung mehrerer Rechtsträger ist die Gesamtsumme der übergehenden Aktivvermögen maßgebend. 60

Die im Spaltungsplan enthaltene Satzung des neu gegründeten Rechtsträgers betrifft gem. § 109 Abs. 1 GNotKG denselben Beurkundungsgegenstand mit dem Spaltungsplan.[85] Eine zusätzliche Bewertung kommt daher nicht in Betracht. 61

C. Höchstwert

Gem. § 107 Abs. 1 GNotKG beträgt der **Höchstwert** eines Spaltungsplans und eines Spaltungsvertrages 10 Mio. €. 62

D. Mehrheit von Rechtsträgern

Zu prüfen ist, ob der **Höchstwert mehrfach anzusetzen** ist oder ob es beim einmaligen Höchstwert verbleibt. Zur Klärung der Frage, ob eine Spaltung als rechtliche Einheit anzusehen ist (nur einmal 10 Mio. €) oder es sich um mehrere gegenstandsverschiedene Spaltungen (Höchstwert ggf. mehrfach) handelt, ist wie folgt zu unterscheiden: 63

---

84 Streifzug, Rn. 1686 ff.
85 BayObLG, MittBayNot 1997, 54; Tiedtke, MittBayNot 1997, 209; ders., ZNotP 2001, 226; Schmidt/Sikora/Tiedtke, Praxis des Handelsregister- und Kostenrechts, Rn. 3347; Streifzug, Rn. 1818.

I. Aufspaltung

64 Bei der Aufspaltung handelt es sich um den **gesetzlichen Normaltypus**. Die Eintragung der Aufspaltung in das Register bewirkt gem. § 131 Abs. 1 Nr. 2 UmwG das Erlöschen des übertragenden Rechtsträgers. Daraus folgt, dass es sich bei einer Aufspaltung und damit Erlöschen des übertragenden Rechtsträgers immer um einen **einheitlichen Rechtsvorgang** handelt, unabhängig davon, ob die Aufspaltung zur Aufnahme oder Neugründung auf (mindestens) zwei oder mehr bestehende oder neu gegründete Rechtsträger erfolgt. In diesem Fall ist der Geschäftswert insgesamt auf 10 Mio. € (§ 107 Abs. 1 GNotKG) begrenzt.[86]

65 Wird jedoch die Spaltung mehrerer Rechtsträger in einer Niederschrift zusammengefasst, liegen verschiedene Beurkundungsgegenstände vor. Zudem ist – wie bei einer Mehrheit von Verschmelzungen – zu prüfen, ob ggfls. eine unsachgemäße Zusammenfassung in einer Niederschrift vorliegt, was gem. § 93 Abs. 2 GNotKG trotz Zusammenbeurkundung zu Einzelgebühren führen kann (vgl. zur Verschmelzung Teil 8 Rdn. 19).

II. Abspaltung

66 Werden **mehrere Vermögensteile** des übertragenden Rechtsträgers auf mehrere bestehende oder neu gegründete Rechtsträger abgespalten, liegen stets mehrere Abspaltungen vor, die verschiedene Beurkundungsgegenstände betreffen. Der Höchstwert von 10 Mio. € gilt für jede Abspaltung gesondert. Danach sind die Werte zu addieren und der allgemeine Höchstwert von 60 Mio. € zu beachten.

III. Kettenspaltungen

67 Kettenspaltungen, z. B. Abspaltung von A auf B, danach Abspaltung von B auf C sind immer gegenstandsverschieden (§ 86 Abs. 2 GNotKG).[87] Die Einzelwerte, diese für jeden Spaltungsvorgang nach § 107 Abs. 1 GNotKG auf 10 Mio. € begrenzt, sind zu addieren (§ 35 Abs. 1 GNotKG).

E. Gebühr

68 Bei einer **Spaltung zur Aufnahme**, also auf einen bereits bestehenden Rechtsträger, liegt ein Vertrag vor, für den eine 2,0-Gebühr nach KV-Nr. 21100 GNotKG zu erheben ist. Auch bei der Spaltung in Form der **Ausgliederung** eines von einem **Einzelkaufmann betriebenen Unternehmens** auf eine **bestehende GmbH**, deren Alleingesellschafter dieser Einzelkaufmann ist, bedarf es eines Spaltungs- und Übernahmevertrages, der eine 2,0-Gebühr nach KV-Nr. 21100 GNotKG auslöst.[88]

69 Für den **Spaltungsplan** bei Spaltung zur Neugründung fällt eine 1,0-Gebühr nach KV-Nr. 21200 GNotKG an; es handelt sich um eine einseitige Erklärung. Eine einseitige Erklärung liegt auch dann vor, wenn mit dem Spaltungsplan z. B. eine GmbH mit mehreren Personen gegründet wird.

F. Zustimmungsbeschluss (Spaltungsbeschluss)

70 Als Geschäftswert ist nach § 108 Abs. 3 GNotKG das **Aktivvermögen des übertragenden Rechtsträgers** maßgebend. Die Gründung des neuen Rechtsträgers ist Teil des Spaltungsbeschlusses und löst keine zusätzlichen Gebühren aus.[89]

---

86 Schmidt/Sikora/Tiedtke, Praxis des Handelsregister- und Kostenrechts, Rn. 3349.
87 OLG Düsseldorf, MittBayNot 1998, 464 = BB 1998, 2495 = ZNotP 1998, 471 für den vergleichbaren Fall der Kettenverschmelzung.
88 PfälzOLG Zweibrücken, MittBayNot 1999, 402 = JurBüro 1999, 488 = ZNotP 1999, 415 = FGPrax 1999, 191.
89 Tiedtke, MittBayNot 1997, 209 u. ZNotP 2001, 226 ff.

Wird bei dem aufnehmenden Rechtsträger das Kapital erhöht, ist der Nennbetrag der Erhöhung zuzurechnen (§ 108 Abs. 1, § 35 Abs. 1 GNotKG). Ist zur Durchführung der Abspaltung eine Herabsetzung des Stammkapitals einer übertragenden GmbH (§ 139 UmwG) oder des Grundkapitals einer übertragenden AG oder KGaA (§ 145 UmwG) beschlossen, ist auch dieser Beschluss gegenstandsverschieden zum Zustimmungsbeschluss. Geschäftswert ist der Nennbetrag der Kapitalherabsetzung. Die Werte für den Zustimmungsbeschluss und den Beschluss über die Kapitalherabsetzung sind gem. § 35 Abs. 1 GNotKG zusammenzurechnen. 71

Werden **mehrere Zustimmungsbeschlüsse** zu einer Auf- oder Abspaltung in einer Urkunde zusammengefasst, liegt für die Beschlüsse Gegenstandsgleichheit nach § 109 Abs. 2 Nr. 4g) GNotKG vor, weil sie denselben Beschlussgegenstand betreffen. 72

Bei Zusammenbeurkundung mehrerer Zustimmungsbeschlüsse zu gegenstandsverschiedenen Abspaltungen **in einer Urkunde**, muss gem. § 35 Abs. 1 GNotK die Beschlussgebühr aus dem zusammengerechneten Gesamtwert erhoben werden. Die Gebühr des KV-Nr. 21100 GNotKG bezieht sich nach allgemeinem Verständnis auf die Beschlussniederschrift als Ganzes. Der Höchstwert von 5 Mio. € § 108 Abs. 5 GNotKG bildet somit für die gesamte Niederschrift die Obergrenze. Die Aufnahme der Zustimmungsbeschlüsse zu gegenstandsverschiedenen Abspaltungen in getrennten Niederschriften ist allerdings auch keine unrichtige Sachbehandlung nach § 21 GNotKG.[90] Bei einer Zusammenbeurkundung der Zustimmungsschlüsse zu gegenstandsverschiedenen Abspaltungen in einer Niederschrift muss zumindest ein innerer Zusammenhang gegeben sein. Bei Zusammenbeurkundung ohne rechtlichen oder sachlichen Grund kann § 93 Abs. 2 GNotKG einschlägig sein. Danach gilt das Beurkundungsverfahren hinsichtlich jedes Beurkundungsgegenstandes als besonderes Verfahren, wenn kein sachlicher Grund für die Zusammenbeurkundung vorliegt und auch keine Rechtsverknüpfung in der Urkunde erfolgt. Sämtliche Gebühren sind dann so zu berechnen, als wäre für jeden einzelnen Spaltungsvorgang eine eigene Niederschrift errichtet worden.[91] 73

G. Verzichtserklärungen, Zustimmungserklärungen

Die Verzichts- und Zustimmungserklärungen sind in gleicher Weise zu bewerten wie bei der Verschmelzung. S. hierzu Ausführungen Teil 8 Rdn. 29-37. 74

H. Registeranmeldungen

Die Registeranmeldungen sind in gleicher Weise zu bewerten wie bei der Verschmelzung (Teil 8 Rdn. 44 ff.). 75

Wird bei einer Abspaltung beim bestehen bleibenden Rechtsträger **gleichzeitig eine Kapitalherabsetzung** angemeldet, liegen gegenstandsverschiedene Anmeldungen vor. Dem Wert für die Anmeldung der Spaltung ist der Nennbetrag der Kapitalherabsetzung gem. § 35 Abs. 1 GNotKG zuzurechnen.

I. Bescheinigte Gesellschafterliste gem. § 40 Abs. 2 GmbHG

Soweit der Notar im Auftrag der Beteiligten eine Gesellschafterliste entwirft und diese mit der nach § 40 Abs. 2 GmbHG erforderlichen Wirksamkeitsbescheinigung versieht, gelten die kostenrechtlichen Grundsätze zur Verschmelzung entsprechend, s. Teil 8 Rdn. 51. 76

---

90 So auch Lappe, NotBZ 2000, 332 noch zur KostO.
91 BGH, Beschl. v. 26.09.2017; II ZB 27/16, ZNotP 2018, 37 m. Anm. Fackelmann = NotBZ 2018, 99 m. Anm. Otto.

J. Fall: Spaltungsplan

Sachverhalt:

a) Beurkundet wird der Spaltungsplan, wonach aus dem Vermögen der A-GmbH (Stammkapital 100.000,00 €) ein Vermögensteil abgespalten wird. Die Abspaltung erfolgt auf eine im Spaltungsplan errichtete B-GmbH mit Stammkapital 50.000,00 €. Die Satzung der neuen GmbH wird festgelegt. Die beiden Gesellschafter der A-GmbH übernehmen je 25.000 Ein-Euro Geschäftsanteile an der neu errichteten B-GmbH. In dem Spaltungsplan verzichten die Gesellschafter gem. § 127 Satz 2 i. V. m. § 8 Abs. 3 UmwG auf Vorlage des Spaltungsberichts und ferner auf Vorlage des Prüfungsberichts gem. § 125 i. V. m. § 9 Abs. 3 UmwG.

Das Aktivvermögen des abgespaltenen Vermögens beträgt laut Bilanz 12.950.710,00 €.

b) Die Gesellschafter der A-GmbH halten eine Gesellschafterversammlung ab und beschließen:
– Das Stammkapital der A-GmbH wird um 50.000,00 € herabgesetzt. Das Stammkapital beträgt künftig 50.000,00 €.
– Dem Spaltungsplan wird zugestimmt.

c) Die Gesellschafter der B-GmbH bestellen durch Beschluss den ersten Geschäftsführer.

d) Die Registeranmeldungen werden vom Notar entworfen.

Bewertung:
– **Spaltungsplan, Verzichtserklärungen**

Geschäftswert, § 97 Abs. 1 GNotKG, Aktivwert des abgespaltenen Vermögens, gem. § 38 GNotKG ohne Schuldenabzug, aber im vorliegenden Fall
Höchstwert nach § 107 Abs. 1 GNotKG = 10.000.000,00 €
Gebühr: 1,0-Gebühr gem. KV-Nr. 21200 GNotKG 11.385,00 €

Die Verzichtserklärungen sind gegenstandsgleich mit dem Spaltungsplan gem. § 109 Abs. 1 GNotKG und daher nicht gesondert zu bewerten, da eine Durchführungserklärung vorliegt.

Gleiches gilt für die Satzung der neu errichteten B-GmbH, da diese Inhalt des Spaltungsplans ist.

Hinweis:

Würde die Abspaltung auf eine bereits bestehende GmbH erfolgen, wäre die Bewertung in gleicher Weise vorzunehmen, jedoch mit dem Unterschied, dass anstelle der 1,0-Gebühr nach KV-Nr. 21200 GNotKG für den Spaltungsplan eine 2,0-Gebühr nach KV-Nr. 21100 GNotKG für den Spaltungsvertrag anzusetzen wäre.

– **Zustimmungsbeschluss (Spaltungsbeschluss) mit Kapitalherabsetzung**
Geschäftswert, § 108 Abs. 3 GNotKG
• Kapitalherabsetzung, Beschluss mit bestimmtem Geldwert,
Geschäftswert entsprechend Nennbetrag der Herabsetzung = 50.000,00 €
• Zustimmungsbeschluss zum Spaltungsplan, bestimmter Geldwert,
Geschäftswert entsprechend Wert des übergehenden Aktivvermögens ohne
Schuldenabzug gem. § 38 GNotKG = 12.950.710,00 €
• Beschluss über die Bestellung des Geschäftsführers der B-GmbH, Geschäftswert gem. § 108 Abs. 1 i. V. m. § 105 Abs. 4 Nr. 1 GNotKG (unbestimmter Geldwert) = 1 % des Stammkapitals, hier Mindestwert 30.000,00 €
Gesamtwert gem. § 35 Abs. 1 GNotKG = 13.030.710,00 €
aber Geschäftswert für die Beschlüsse gem. § 108 Abs. 5 GNotKG =
Höchstwert 5.000.000,00 €
Gebühr: 2,0-Gebühr gem. KV-Nr. 21100 GNotKG = 16.270,00 €.

Hinweis:

Gem. § 94 Abs. 1 GNotKG muss der getrennten Berechnung der Verfahrensgebühren folgende Berechnung gegenübergestellt werden: Gesamtwert 15 Mio. €, daraus die höchste angewandte Gebühr von 2,0 = 28.770,00 €. Diese Gebühr ist im Ergebnis höher als die Berechnung gesonderter Gebühren, sodass die getrennte Berechnung der Gebühren für den Spaltungsplan und die Beschlüsse maßgeblich ist.

Vollzugsgebühr für die Erstellung der Gesellschafterliste, 0,5-Gebühr nach KV-Nr. 22110 und 22113 GNotKG (Höchstgebühr) = 250,00 €
Die Wirksamkeitsbescheinigung löst hier keine Gebühr aus, da der Notar lediglich den Vorvollzug seiner eigenen Urkunde zu überwachen hat (s. i. Ü. Teil 8 Rdn. 47).

– **Registeranmeldung – A-GmbH**
- Anmeldung der Abspaltung bei der A-GmbH,

unbestimmter Geldwert, Geschäftswert gem. § 105 Abs. 4 Nr. 1 GNotKG = 1 % des Stammkapitals = 1.000,00 €, aber Mindestwert = 30.000,00 €

- Anmeldung der Kapitalherabsetzung,

bestimmter Geldwert, gem. § 105 Abs. 1 Nr. 3 GNotKG, Betrag der Herabsetzung = 50.000,00 €
Gesamtwert, gem. § 35 Abs. 1, § 119 Abs. 1 GNotKG = 80.000,00 €
Gebühr: 0,5-Gebühr gem. KV-Nr. 24102 GNotKG (höchster Gebührensatz innerhalb des vorgegebenen Rahmens, wenn – wie regelmäßig – der Entwurf vom Notar vollständig erstellt wird) = 109,50 €
0,3-Gebühr gem. KV-Nr. 22114, Vollzug, XML-Datensatz, Geschäftswert gem. § 112 GNotKG wie für die Registeranmeldung = 65,70 €

– **Registeranmeldung – B-GmbH**

Anmeldung der neuen B-GmbH, bestimmter Geldwert, gem. § 105 Abs. 1 Nr. 1 GNotKG, Nennbetrag das einzutragende Stammkapital = 50.000,00 €
Gebühr: 0,5-Gebühr gem. KV-Nr. 24102 GNotKG (höchster Gebührensatz innerhalb des vorgegebenen Rahmens, wenn – wie regelmäßig – der Entwurf vom Notar vollständig erstellt wird) = 82,50 €
0,3-Gebühr gem. KV-Nr. 22114, Vollzug, XML-Datensatz, Geschäftswert gem. § 112 GNotKG wie für die Registeranmeldung = 49,50 €

Kapitel 3 Ausgliederung

Übersicht   Rdn.
- A. Allgemeines 78
- B. Registeranmeldungen 83
- C. Nebentätigkeiten (Spaltungen, Ausgliederungen) 84
  - I. Grundsätze 84
  - II. Gebührenfreie Nebentätigkeiten 85
  - III. Gebührenpflichtige Nebentätigkeiten 86
- D. Checkliste für die Bewertung einer Spaltung oder Ausgliederung 87

A. Allgemeines

78 Die Ausgliederung ist eine Unterform der Spaltung. Für die Ausgliederung gelten somit die **kostenrechtlichen Grundsätze zur Spaltung** in gleicher Weise,[92] s. Teil 8 Rdn. 55 ff. Eine Ausgliederung zur Neugründung löst somit als einseitige Erklärung ebenso eine 1,0-Gebühr nach KV-Nr. 21200 GNotKG-Gebühr aus, wie eine Spaltung zur Neugründung und eine 2,0-Gebühr nach KV-Nr. 21100 GNotKG bei einer Ausgliederung zur Aufnahme, da in diesem Fall ein Vertrag vorliegt. Die Ausgliederung aus dem Vermögen eines Einzelkaufmannes auf eine bestehende GmbH ist auch dann ein Vertrag (2,0-Gebühr nach KV-Nr. 21100 GNotKG), wenn der Einzelkaufmann alleiniger Gesellschafter der GmbH ist.[93]

79 Bei der Ausgliederung eines Vermögensteils aus dem Vermögen eines Einzelkaufmanns auf eine neu gegründete Kapitalgesellschaft liegt eine **einseitige Erklärung nach KV-Nr. 21200 GNotKG** (1,0-Gebühr) vor. Ein Zustimmungsbeschluss ist in diesem Fall nicht notwendig, weder durch den Einzelkaufmann, noch durch die Gesellschafterversammlung der neu gegründeten GmbH.[94] Für einen vorsorglich mitbeurkundeten Beschluss dürfen gem. § 21 GNotKG (unrichtige Sachbehandlung) keine Gebühren erhoben werden.

80 Bei der **Ausgliederung von Regie- und Eigenbetrieben der öffentlichen Hand** (§§ 168 ff. UmwG) stellt sich die Frage der Ermäßigung gem. § 91 GNotKG, da es sich bei den Gebietskörperschaften um Bund, Land, Gemeinde, Landkreise und Bezirke handelt, also die nach § 91 Abs. 1 Nr. 1 und Nr. 2 GNotKG privilegierten Kostenschuldner.

81 Die Gebühren sind zu ermäßigen, wenn es sich bei dem ausgegliederten Regie- oder Eigenbetrieb nicht um ein wirtschaftliches Unternehmen handelt. **Zu ermäßigen** ist daher z. B. die Ausgliederung
- eines Alten-, Altenwohn- und Pflegeheimes,
- eines Kindergartens,
- eines Wertstoffhofes,[95]
- einer Tierkörperbeseitigungsanlage.[96]

82 Dagegen sind die Gebühren **nicht zu ermäßigen** z. B. bei Ausgliederung
- eines Verkehrsbetriebes,
- eines Parkhauses,[97]
- eines Betriebes der Stadtwerke (Strom-, Wasserversorgung),

---

92 BayObLG, MittBayNot 1997, 253; Tiedtke, in: Korintenberg, § 107 Rn. 57.
93 PfälzOLG Zweibrücken, MittBayNot 1999, 402 = JurBüro 1999, 488 = ZNotP 1999, 415.
94 Widmann/Mayer/Mayer, Umwandlungsrecht, § 152 UmwG Rn. 94.
95 Schwarz, in: Korintenberg, § 91 Rn. 26.
96 BayObLG, MittBayNot 1996, 129.
97 BFH, NVwZ 1994, 414.

- eines Krankenhauses. Die Einordnung von Krankenhäusern hat sich geändert. Diese werden nach kaufmännischen und wirtschaftlichen Gesichtspunkten mit dem Anspruch auf Gewinnerzielung betrieben, auch wenn sie kommunal oder karitativ getragen werden,[98]
- eines Betriebes der Abwasserentsorgung,[99]
- eines Schlachthofes,
- einer Müllverbrennungs- und Müllverwertungsanlage,
- eines Bäderbetriebes.

B. Registeranmeldungen

Die Registeranmeldungen sind in gleicher Weise zu bewerten wie bei der Verschmelzung (Teil 8 Rdn. 44 ff.) und der Spaltung.

83

Wird bei einer Ausgliederung beim bestehen bleibenden Rechtsträger **gleichzeitig eine Kapitalherabsetzung** angemeldet, liegen gegenstandsverschiedene Anmeldungen vor. Dem Wert für die Anmeldung der Ausgliederung ist der Nennbetrag der Kapitalherabsetzung gem. § 35 Abs. 1 i. V. m. § 119 Abs. 1 GNotKG zuzurechnen.

C. Nebentätigkeiten (Spaltungen, Ausgliederungen)

I. Grundsätze

Es gelten die gleichen Grundsätze wie für die Verschmelzung (vgl. dazu Teil 8 Rdn. 38).

84

II. Gebührenfreie Nebentätigkeiten

Es gelten die gleichen Grundsätze wie für die Verschmelzung (vgl. dazu Teil 8 Rdn. 39 und Teil 8 Rdn. 40).

85

III. Gebührenpflichtige Nebentätigkeiten

Es gelten die gleichen Grundsätze wie für die Verschmelzung (vgl. dazu Teil 8 Rdn. 41 und Teil 8 Rdn. 42).

86

D. Checkliste für die Bewertung einer Spaltung oder Ausgliederung

▶
- ❏ Liegt ein Austauschvertrag vor? Wenn ja, ist der Wert der höheren Leistung maßgebend (§ 97 Abs. 3 GNotKG). Dies ist im Regelfall das Vermögen des übertragenden Rechtsträgers.
- ❏ Liegt kein Austauschvertrag vor, ist immer der Wert des ab- oder aufgespaltenen oder ausgegliederten Vermögens maßgebend.
- ❏ Liegt die Spaltungs-/Ausgliederungsbilanz vor?
- ❏ Bilanz dahin gehend überprüfen, ob Abzugs- oder Zurechnungsposten enthalten sind. Auch Vermögensverschiebungen zwischen Bilanzstichtag und Beurkundungstag sind zu berücksichtigen, s. hierzu Teil 8 Rdn. 11.
- ❏ Bereinigte Aktiva der Bilanz ist Geschäftswert, es sei denn, die als Gegenleistung gewährten Anteile haben einen höheren Wert (Ausnahme).
- ❏ **Wichtig**: Schulden dürfen nach § 38 GNotKG nicht abgezogen werden.
- ❏ **Beachten**: Höchstwert 10 Mio. € (§ 107 Abs. 1 GNotKG).

87

---

[98] OLG Düsseldorf, ZNotP 2004, 32; Schwarz, in: Korintenberg, § 91 Rn. 16.
[99] OLG Naumburg, ZNotP 2008, 423 m. Anm. Tiedtke = NotBZ 2007, 220 m. Anm. Wudy = JurBüro 2008, 155 = RNotZ 2007, 425; dass., NotBZ 2009, 235 = notar 2009, 171.

- Bei Abspaltung mehrerer Vermögensteile prüfen, ob gegenstandsverschiedene Abspaltungen gegeben sind oder ein gegenstandsgleicher Abspaltungsvorgang vorliegt (Teil 8 Rdn. 63, 67).
- Gebühr 2,0 gem. KV-Nr. 21100 GNotKG, wenn ein Vertrag vorliegt. Dies ist der Fall, wenn die Ausgliederung auf einen bestehenden Rechtsträger erfolgt, auch für die Ausgliederung aus dem Vermögen eines Einzelkaufmanns.[100]
- Gebühr 1,0-Gebühr gem. KV-Nr. 21200 GNotKG, wenn die Ausgliederung auf einen neu gegründeten Rechtsträger erfolgt, da dann an die Stelle des Vertrages der Spaltungs- oder Ausgliederungsplan tritt.
- Prüfen, ob gebührenpflichtige Nebentätigkeiten zu erledigen sind, wenn ja, Bewertung nach den Grundsätzen gem. Teil 8 Rdn. 41, 42 ff.

---

[100] PfälzOLG Zweibrücken, MittBayNot 1999, 402 = JurBüro 1999, 488 = ZNotP 1999, 415.

Kapitel 4 Vermögensübertragung

Anwendung finden 88
- bei Vollübertragung die **Verschmelzungsvorschriften** (§ 176 UmwG),
- bei Teilübertragung die **Spaltungsvorschriften** (§ 177 UmwG).

Die kostenrechtlichen Ausführungen zur Verschmelzung (s. Teil 8 Rdn. 1 ff.) und Spaltung (s. Teil 8 Rdn. 55 ff.) gelten daher sinngemäß.

Kapitel 5 Formwechsel

Übersicht
		Rdn.
A.	Umwandlungsbeschluss	89
B.	Verzichtserklärungen, Zustimmungserklärungen	91
C.	Ermäßigung bei Umwandlung nach §§ 301 ff. UmwG	96
D.	Vorvertragliche Verpflichtungen zu Umwandlungsmaßnahmen	98
E.	Grenzüberschreitende Sitzverlegung gem. Art. 8 SE-VO	99
F.	Beschluss und gebührenpflichtige Betreuungstätigkeiten, Beratungstätigkeiten	100
G.	Checkliste für die Bewertung von Umwandlungsbeschlüssen	107
H.	Registeranmeldungen	108
I.	Fall: Bewertung von Formwechselbeschluss, Verzichtserklärungen	117

A. Umwandlungsbeschluss

89 – Gem. § 108 Abs. 3 GNotKG liegt bei allen Formwechselbeschlüssen ein **Beschluss mit bestimmtem Geldwert** vor, der Geschäftswert richtet sich zwingend nach dem Wert des **Aktivvermögens des formwechselnden Rechtsträgers**, gem. § 38 GNotKG ohne Abzug der Verbindlichkeiten. Grundlage für die Wertbestimmung ist die Umwandlungsbilanz, die auf den Stichtag des Formwechsels erstellt wurde. Abzuziehen sind allerdings solche Positionen, die das Vermögen des formwechselnden Rechtsträgers unmittelbar mindern, z. B. Verlustvorträge auf der Aktivseite; solche, die keinen Vermögensposten darstellen (nicht durch Eigenkapital gedeckter Fehlbetrag); bilanzierte Grundstücke, Gebäude, grundstücksgleiche Rechte, Schiffe, Schiffsbauwerke müssen mit dem Verkehrswert berücksichtigt werden, die Differenz zwischen Buchwert und Verkehrswert ist also hinzuzurechnen;[101] Gleiches gilt für Finanzanlagen und Wertpapiere. Zur Bilanz s. i. Ü. Teil 8 Rdn. 10, 14.
– Stichtag für die **Vermögensbewertung ist der Beurkundungstag** (§ 96 GNotKG). Das am Beurkundungstag vorhandene Vermögen bildet den Unternehmenswert ab.[102]
– Hat der Notar keine Kenntnisse über Vermögensverschiebungen zwischen Bilanzstichtag (31.12. des Vorjahres) bis zum Beurkundungstag, kann er ohne weiteres vom Aktivvermögen lt. letzter Bilanz ausgehen. Liegt eine konkrete Umwandlungsbilanz vor, auf welche sich der Formwechselbeschluss bezieht, ist diese ohne wenn und aber als Bewertungsgrundlage maßgebend, wobei Schulden gem. § 38 GNotKG nicht abgezogen werden. Bei sicherer Kenntnis über **Wertveränderungen zwischen Bilanzerrichtung und Beurkundung** des Formwechselbeschlusses, muss der Notar diese durch Hinzurechnung (z.B. Kapitalerhöhung) oder durch Abzug (z.B. Veräußerung von Gesellschaftsvermögen oder bereits vollzogene Gewinnausschüttungen) berücksichtigen.[103]
– Das Aktivvermögen ist auch bei Umwandlung eines **rechtsfähigen Vereins** und einer **eingetragenen Genossenschaft** als Geschäftswert maßgebend.
– Wird im Formwechselbeschluss ein Geschäftsführer bestellt, liegt ein verschiedener Gegenstand gem. § 86 Abs. 2 GNotKG vor. Gleiches gilt bei Bestellung des Vorstandes oder des Aufsichtsrates. Der Geschäftswert hierfür richtet sich nach § 108 Abs. 2 i.V.m. § 105 Abs. 4 Nr. 1 GNotKG.

90 Für Beschlüsse ist immer eine 2,0-Gebühr nach KV-Nr. 21100 GNotKG zu erheben und zwar auch dann, wenn das beschlussfassende Organ nur aus einer Person besteht.

---

101 Vgl. hierzu z. B. Lappe/Schulz, NotBZ 1997, 54 ff., 59; Tiedtke, MittBayNot 1997, 209, 211.
102 OLG Düsseldorf, MittBayNot 1998, 464 m.w.N.; Streifzug, Rn. 1766.
103 Streifzug, Rn. 1266 ff., 1767; Diehn, Notarkosten, Rn. 1154.

B. Verzichtserklärungen, Zustimmungserklärungen

I. R. d. **Formwechselbeschlusses** werden im Regelfall Verzichtserklärungen auf Klageerhebung nach § 195 UmwG, auf Vorlage des Umwandlungsberichts gem. § 192 Abs. 3 UmwG, auf Vorlage eines Abfindungsangebots nach § 207 UmwG und u. U. Zustimmungserklärungen nach §§ 193 Abs. 1, 233, 241 und 303 UmwG, mitbeurkundet. Diese Verzichts- oder Zustimmungserklärungen sind neben dem Formwechselbeschluss zusätzlich zu bewerten und zwar ohne Rücksicht darauf, ob diese Erklärungen in der gleichen Urkunde mit dem Formwechselbeschluss beurkundet oder in getrennten Erklärungen abgegeben werden. Dies folgt aus dem in § 110 Nr. 1 GNotKG geregelten Grundsatz, dass Beschlüsse (hier der Formwechselbeschluss) und Erklärungen (hier Verzichtserklärungen) immer verschiedene Beurkundungsgegenstände betreffen. 91

Bei **Zusammenbeurkundung** von Beschlüssen und rechtsgeschäftlichen Erklärungen liegen gem. § 110 Nr. 1 GNotKG stets verschiedene Beurkundungsgegenstände vor. 92

Für die **Verzichtserklärungen** ist eine 1,0-Gebühr gem. KV-Nr. 21200 GNotKG zu erheben. Werden Verzichtserklärungen mehrerer Anteilsinhaber in einer Urkunde beurkundet, sind die Werte der Verzichtserklärungen gem. § 35 Abs. 1 GNotKG zusammenzurechnen. 93

Werden Beteiligte vorbehaltlich **Genehmigung oder durch mündlich erteilte Vollmacht** vertreten, entsteht gem. Vorbem. 2.2.1.1 Abs. 1 Nr. 5 KV GNotKG eine Vollzugsgebühr gem. KV-Nr. 22110 GNotKG aus dem Wert des Beurkundungsverfahrens (§ 112 GNotKG), wenn der Notar die Genehmigungserklärung oder die Vollmachtsbestätigung im Auftrag der Beteiligten einholt. Fertigt der Notar hierüber einen Entwurf, wird neben der Vollzugsgebühr keine Entwurfsgebühr erhoben.[104] Beglaubigt der Beurkundungsnotar auf dem Vollzugsentwurf eine oder mehrere Unterschriften oder Handzeichen, entstehen hierfür jedoch die Gebühren nach KV-Nr. 25100 GNotKG.[105] Der Geschäftswert für die Unterschriftsbeglaubigung ist nach § 98 GNotKG zu bestimmen. 94

Der Geschäftswert für die Verzichtserklärungen auf Klageerhebung, auf Vorlage des Umwandlungsberichts und/oder eines Abfindungsangebots ist ein geringer Teilwert nach § 36 Abs. 1 GNotKG anzunehmen, wobei Beziehungswert der Anteil des Verzichtenden am Vermögen des formwechselnden Rechtsträgers ist. Im Regelfall ist ein Teilwert von 10–20 % des Anteils des verzichtenden Anteilsinhabers angemessen. 95

C. Ermäßigung bei Umwandlung nach §§ 301 ff. UmwG

Bei der **formwechselnden Umwandlung** einer nach dem Haushaltsplan des Bundes oder eines Landes für Rechnung des Bundes oder eines Landes verwalteten Körperschaft oder Anstalt, welche unter § 91 Abs. 1 GNotKG fallen, stellt sich das Problem der Ermäßigung der Gebühren. Hierzu ist wie folgt zu verfahren: 96

Beim **Formwechsel** einer nach dem Haushaltsplan des Bundes oder eines Landes für Rechnung des Bundes oder Landes verwalteten Körperschaft oder Anstalt ist die öffentliche Hand Kostenschuldner. Es handelt sich um die nach § 91 Abs. 1 Nr. 1 und Nr. 2 GNotKG privilegierten Kostenschuldner. Die Gebühren sind daher zu ermäßigen, wenn es sich bei der formwechselnden Körperschaft oder Anstalt nicht um ein wirtschaftliches Unternehmen handelt.[106] S. hierzu auch Teil 8 Rdn. 81 f. Zu Abgrenzungsfragen s. Teil 8 Rdn. 80 ff. 97

---

104 Vorbem. 2.2 Abs. 2 KV GNotKG, 2.4.1 Abs. 1 S. 2 KV GNotKG.
105 LG Bielefeld, ZNotP 2015, 38 mit zust. Anm. Tiedtke = NotBZ 2015, 276, bestätigt durch OLG Hamm, ZNotP 2015, 277 m zust. Anm. Tiedtke und Fackelmann; Korintenberg/Tiedtke, KV Vorbem. 2.2 Rn. 12.
106 S. hierzu Tiedtke, MittBayNot 1997, 209, 214 und ZNotP 2001, 226 ff., 260 ff.

D. Vorvertragliche Verpflichtungen zu Umwandlungsmaßnahmen

98 Verpflichten sich bspw. die Gesellschafter einer GmbH in einem Vorvertrag, die GmbH in eine KG formwechselnd umzuwandeln, liegt eine **gesellschaftsrechtliche Vereinbarung zur Erreichung eines gemeinsamen Zwecks** vor. Diese Vereinbarung erfüllt die Voraussetzungen des § 705 BGB (GbR). Damit hat die Bewertung nach den kostenrechtlichen Grundsätzen für gesellschaftsrechtliche Vorgänge zu erfolgen. Für die vorvertragliche Verpflichtung zur Umwandlung ist daher als Geschäftswert wie für einen Gesellschaftsvertrag zu bestimmen, hier also nach dem Aktivvermögen des formwechselnden Rechtsträgers, gem. § 38 GNotKG ohne Abzug der Schulden.[107] Die gegenseitigen Verpflichtungen zur Umwandlung dienen der Erfüllung eines gemeinsamen Zwecks, vergleichbar wie bei der GbR, wodurch auch die Anwendung des § 107 Abs. 1 GNotKG (Höchstwert für Gesellschaftsverträge 10 Mio. €) für zutreffend erachtet wird.[108]

Gegenstandsgleich mit der Umwandlungsverpflichtung sind **alle Rahmenvereinbarungen**, die mit dem beabsichtigten Formwechsel zusammenhängen. Darüber hinausgehende Vereinbarungen betreffen einen verschiedenen Gegenstand gem. § 86 Abs. 2 GNotKG, wie z. B. Vereinbarungen über Entnahmen, Verpflichtungen zum Ausgleich von negativen Kapitalkonten, Verpflichtung zur Gewährung von Darlehen.

Für diese Zusatzvereinbarungen gilt v. a. auch die Höchstwertvorschrift gem. § 107 Abs. 1 GNotKG nicht.

Die vorgenannten Bewertungsgrundsätze gelten gleichermaßen für vorvertragliche Verpflichtungen zur Verschmelzung, Spaltung/Ausgliederung.

E. Grenzüberschreitende Sitzverlegung gem. Art. 8 SE-VO

99 Art. 8 SE-VO[109] sieht für die SE die **Möglichkeit einer identitätswahrenden Sitzverlegung** in einen anderen Mitgliedstaat vor. Die SE unterliegt dabei in weitem Umfang den nationalen aktienrechtlichen Vorschriften des jeweiligen Sitzstaates, sodass die Sitzverlegung regelmäßig den Charakter eines Rechtsformwechsels hat. Es liegt ein Formwechselbeschluss vor.[110] Der **Geschäftswert** ist nach dem Aktivvermögen des betroffenen Rechtsträgers gem. § 108 Abs. 3 GNotKG zu bestimmen, gem. § 38 GNotKG ohne Abzug der Verbindlichkeiten. Es gelten die **kostenrechtlichen Ausführungen zum Formwechsel** entsprechend (s. Teil 8 Rdn. 89 ff.). Bei Mitbeurkundung der Verpflichtungs- und Verzichtserklärungen der Aktionäre (Zustimmung zur Verlegung, Verzicht auf Widerspruch gegen den Verlegungsbeschluss, Verzicht auf die Unterbreitung eines Barabfindungsangebotes gem. Art. 8 Abs. 5 SE-VO i. V. m. § 12 Abs. 1 SEAG) gelten die kostenrechtlichen Ausführungen zu den vergleichbaren Verzichtserklärungen beim Formwechselbeschluss entsprechend (s. Teil 8 Rdn. 91). Es liegen zwischen Beschlussfassungen einerseits und Erklärungen andererseits verschiedene Beurkundungsgegenstände vor.

F. Beschluss und gebührenpflichtige Betreuungstätigkeiten, Beratungstätigkeiten

100 Teil des Umwandlungsbeschlusses ist auch das **Statut des neuen Rechtsträgers** in dem nach dem UmwG erforderlichen Umfang. Dieses Statut (Satzung) ist aber Teil des Formwechselbeschlusses und löst keine zusätzliche Gebühr aus (Ausnahmen jedoch bei KG, OHG, GbR, Partnerschaftsgesellschaft, s. nachfolgend Teil 8 Rdn. 106).

---

107 Vgl. Tiedtke, in: Korintenberg, § 107 Rn. 73.
108 Vgl. Tiedtke, in: Korintenberg, § 107 Rn. 73.
109 Rechtsgrundlage ist die aufgrund Art. 308 EG erlassene Verordnung (EG) Nr. 2157/2001 des Rates v. 08.10.2001, ABl. EG Nr. L 294 v. 10.11.2001.
110 S. zum Ganzen Wicke, MittBayNot 2006, 196, 204 mit Hinweis auf die Rspr. und Lit., BayObLG, GmbHR 2004, 490; EuGH, GmbHR 2004, 504; Wälzholz, RNotZ 2004, 410.

Bei einem Formwechsel einer Personengesellschaft in eine Kapitalgesellschaft oder in eine Genossenschaft müssen auch der Gesellschaftsvertrag bzw. die Satzung mitbeurkundet werden. Dieser ist dann Teil des Beschlusses. Beim Formwechsel einer Kapitalgesellschaft in eine Personengesellschaft muss gem. § 234 Nr. 3 UmwG der Gesellschaftsvertrag der Personengesellschaft enthalten sein. Die Mitbeurkundung im Formwechselbeschluss ist damit ebenfalls gegenstandsgleich mit dem Beschluss und löst keine zusätzlichen Kosten aus.[111]

▶ Hinweis:

Häufig wird es in der Praxis so sein, dass der Notar – gleich um welche Umwandlung es sich handelt – den Beteiligten bei der Formulierung sachliche Hinweise gibt, bei der Formulierung der Satzung mitwirkt und die vorgelegte Fassung überprüft.

Diese Tätigkeit geht über die mit Beschlussbeurkundungen entstehende Gebühr nach KV-Nr. 21100 GNotKG abgegoltenen Tätigkeiten hinaus. Inhalt und Umfang der Amtstätigkeit des Notars, soweit er bei der Beurkundung über Willenserklärungen tätig wird, ergeben sich aus den §§ 8 ff. BeurkG. Nach § 17 BeurkG hat der Notar Belehrungs- und Prüfungspflichten; die Erfüllung dieser Pflichten ist mit der Beurkundungsgebühr abgegolten, es kann also auch keine zusätzliche Gebühr hierfür angesetzt werden.

Dies gilt aber nicht bei der Beurkundung von Beschlüssen, da die §§ 36 ff. BeurkG keine den §§ 8 ff. BeurkG vergleichbaren Tätigkeitsvorschriften des Notars enthalten.[112]

Für die über die Beschlussbeurkundung hinausgehenden Tätigkeiten entsteht gem. KV-Nr. 24203 GNotKG eine Beratungsgebühr. Der Auftrag an den Notar, eine Niederschrift der Haupt- oder Gesellschafterversammlung bzw. der dort gefassten Beschlüsse zu fertigen, verpflichtet ihn nicht, die Gesellschaft auch hinsichtlich der zu fassenden Beschlüsse zu beraten.[113] Soll der Notar beispielsweise Einzelheiten hinsichtlich Voraussetzungen und Rechtsfolgen einzelner Beschlüsse prüfen, Fragen der Einberufung der Hauptversammlung (z. B. Überprüfung der Einladung), bzgl. Vertretungsbefugnissen, Beschlüssen in vergangenen Hauptversammlungen und deren Auswirkungen etc. klären, sich mit dem Registerrichter besprechen, Anträge entwerfen, den Versammlungsleiter beraten, ein Teilnehmerverzeichnis fertigen oder die Ermittlung des Abstimmungsergebnisses prüfen, ist dies eine mit einer separaten Gebühr versehene Tätigkeit außerhalb des Beurkundungsverfahrens.[114] KV-Nr. 24203 GNotKG unterwirft diese Fälle einer besonderen Beratungsgebühr, die isoliert oder zusätzlich zur Gebühr für ein Beurkundungsverfahren anfallen kann.[115]

Die für die Beratung entstehende Gebühr KV-Nr. 24203 GNotKG ist eine Rahmengebühr (0,5 bis 2,0). Der individuelle Gebührensatz bestimmt sich nach § 92 Abs. 1 GNotKG unter Berücksichtigung des Umfangs der erbrachten Leistung nach billigem Ermessen.

Anders als für die Gebühren zur allgemeinen Beratung sieht das GNotKG in § 120 GNotKG eine spezielle Geschäftswertvorschrift zu KV-Nr. 24203 GNotKG vor: Gemäß § 120 S. 1 GNotKG bestimmt sich der Geschäftswert nach der Summe der Geschäftswerte für die Beurkundung der in der Haupt- oder Gesellschafterversammlung zu fassenden Beschlüsse, wobei nach S. 2 der Höchstgeschäftswert 5 Mio. € beträgt.

Zur **Zusammenstellung typischer Nebentätigkeiten** s. Teil 8 Rdn. 42.

---

111 S. hierzu auch Bormann, in: Bormann/Diehn/Sommerfeldt, § 109 Rn. 68; Diehn, Notarkostenberechnungen, Rn. 1541; Tiedtke, in: Korintenberg, § 108 Rn. 99.
112 Eylmann/Vaasen/Limmer, BNotO, BeurkG, § 36 Rn. 13; Winkler, BeurkG, § 37 Rn. 11; Armbrüster/Preuß/Renner/Preuß, BeurkG, DONot, § 36 Rn. 14.
113 Priester, DNotZ 2001, 661, 669; Faßbender, RNotZ 2009, 425, 431.
114 Vgl BT-Drs. 17/11471 (neu) S. 232.
115 BT-Drs. 17/11471 (neu) S. 233.

G. Checkliste für die Bewertung von Umwandlungsbeschlüssen

▶

107
- ❏ Bilanz beschaffen und hinsichtlich etwaiger Abzugs- oder Zurechnungsposten prüfen und ggf. berichtigen (s. Teil 8 Rdn. 11).
- ❏ **Beachten**: Geschäftswert ist nach dem Aktivvermögen laut Bilanz (ggf. berichtigt) zu bestimmen. Der Höchstwert für Beschlüsse beträgt jedoch gem. § 108 Abs. 3 GNotKG 5 Mio. €. Vermögensverschiebungen zwischen Bilanzstichtag und Beurkundungstag sind bei sicherer Kenntnis zu berücksichtigen (s. Teil 8 Rdn. 89). Jeder Beschluss löst eine 2,0-Gebühr aus, auch wenn der formwechselnde Rechtsträger nur aus einer Person besteht (Ein-Personen-GmbH oder Ein-Personen-AG).
- ❏ Prüfen, ob weitere werterhöhende Beschlüsse neben dem Formwechselbeschluss zu berechnen sind (z. B. Bestellung und/oder Abberufung von Verwaltungsorganen – Geschäftsführer, Vorstand, Aufsichtsrat, Prokuren). Die Werte der mehreren Beschlüsse sind gem. § 35 Abs. 1 GNotKG zu addieren, zu berechnen ist nur **eine** Beschlussgebühr;
- ❏ Prüfen, ob rechtsgeschäftliche Erklärungen enthalten sind, wie z. B.
- – Verzichtserklärungen (z. B. Anfechtungsverzicht, Verzicht auf Vorlage eines Formwechselberichts); diese lösen eine zusätzliche 1,0-Gebühr nach KV-Nr. 21200 GNotKG aus. Im Verhältnis zur Beschlussgebühr (2,0) und zu einseitigen Erklärungen (1,0) muss allerdings die Vergleichsberechnung nach § 94 Abs. 1 GNotKG vorgenommen werden (getrennte Berechnung der Gebühren, jedoch, wenn für den Kostenschuldner günstiger, 2,0-Gebühr aus dem Gesamtwert; Zustimmungserklärungen (z. B. §§ 13, 50, 51 UmwG); diese sind nach den Grundsätzen gem. Teil 8 Rn. 25 zu bewerten.
- – Grundbuchberichtigungsanträge; neben der Beschlussgebühr und ggf. neben einer Gebühr nach KV-Nr. 21200 GNotKG, ist eine 0,5-Gebühr gem. KV-Nr. 21201 GNotKG zu erheben; Geschäftswert nach § 36 Abs. 1 GNotKG, Teilwert ca. 20–30 % aus dem Verkehrswert nach § 46 GNotKG (jedoch Vergleich der Gebührenberechnungen nach § 94 Abs. 1 GNotKG);
- ❏ Prüfen, ob gebührenpflichtige Beratungstätigkeiten abzurechnen sind (s. Teil 8 Rdn. 42).

H. Registeranmeldungen

108 Nach § 198 Abs. 1 UmwG ist die neue Rechtsform des Rechtsträgers zur **Eintragung in das Register** anzumelden, in dem der formwechselnde Rechtsträger eingetragen ist. Bei Formwechsel z. B. von einer Kapitalgesellschaft in eine Personenhandelsgesellschaft ist somit die neue Personenhandelsgesellschaft anzumelden. Es handelt sich um das gleiche Register, hier Handelsregister (die unterschiedlichen Abteilungen A bzw. B haben hierauf keine Auswirkungen).

109 **Geschäftswert** für die nach § 198 Abs. 1 UmwG vorzunehmende Anmeldung ist somit der für die erstmalige Anmeldung oder Eintragung maßgebliche Wert des neuen Rechtsträgers nach § 105 Abs. 1 oder Abs. 3 GNotKG.

Geschäftswert damit z. B. bei

GmbH	das einzutragende Stammkapital, ggf. unter Hinzurechnung eines genehmigten Kapitals, mindestens 30.000,00 €, höchstens 1 Mio. €;
AG oder **KGaA**	das einzutragende Grundkapital ggf. unter Hinzurechnung eines genehmigten Kapitals, höchstens 1 Mio. €;
KG	Summe der Kommanditeinlagen unter Hinzurechnung eines Betrages von 30.000,00 € für den ersten und 15.000,00 € für jeden weiteren persönlich haftenden Gesellschafter, höchstens 1 Mio. €;
OHG	bei zwei Gesellschaftern 45.000,00 €; hat die neue OHG mehr als zwei Gesellschafter, erhöht sich der Wert für den dritten und jeden weiteren Gesellschafter um jeweils 15.000,00 €, höchstens 1 Mio. €;
Genossenschaft	60.000,00 €.

H. Registeranmeldungen

§ 198 Abs. 2 Satz 1 UmwG regelt weiter, dass der Rechtsträger neuer Rechtsformen bei dem **zuständigen Gericht** zur Eintragung in das für die neue Rechtsform maßgebende Register anzumelden ist, wenn der formwechselnde Rechtsträger bisher nicht in ein Register eingetragen war. 110

Für die Anmeldung des neuen Rechtsträgers gelten dann die Ausführungen zu Teil 8 Rdn. 48 in gleicher Weise. 111

Gem. § 198 Abs. 2 Satz 2 UmwG gelten die Ausführungen zu Teil 8 Rdn. 108 sinngemäß, wenn sich durch den Formwechsel die **Art des Registers ändert** (z. B. Umwandlung einer Genossenschaft in eine AG) oder durch eine mit dem Formwechsel verbundene Sitzverlegung die Zuständigkeit eines anderen Registergerichts begründet wird. In diesen Fällen muss die Umwandlung auch zur Eintragung in das Register angemeldet werden, in dem der formwechselnde Rechtsträger eingetragen ist. 112

Für die Anmeldung der Eintragung des durch den Formwechsel gegründeten neuen Rechtsträgers gelten ebenfalls die Ausführungen zu Teil 8 Rdn. 109. 113

Die hier aber erforderliche **zusätzliche Anmeldung des Formwechsels** beim bereits eingetragenen formwechselnden Rechtsträger ist stets eine Anmeldung ohne bestimmten Geldwert. Der Geschäftswert ist zu bestimmen nach § 105 Abs. 4 GNotKG. Danach beträgt der Geschäftswert, wenn es sich z. B. handelt um 114

eine **GmbH**	1 % des eingetragenen Stammkapitals, mindestens 30.000,00 €, höchstens 1 Mio. €,
eine **AG** oder eine **KGaA**	1 % des eingetragenen Grundkapitals, mindestens 30.000,00 €, höchstens 1 Mio. €,
eine **KG**	30.000,00 €,
eine **OHG**	30.000,00 €,
eine **Genossenschaft**	30.000,00 €.

Handelt es sich bei dem formwechselnden Rechtsträger um einen **rechtsfähigen Verein**, ist der Wert nicht nach § 105 GNotKG zu bestimmen, sondern nach § 36 Abs. 2 GNotKG: 115

In aller Regel handelt es sich bei Idealvereinen um nichtvermögensrechtliche Angelegenheiten. In diesen Fällen ist der Geschäftswert nach § 36 Abs. 2 GNotKG unter Berücksichtigung aller Umstände des Einzelfalles, insbesondere des Umfangs und der Bedeutung der Angelegenheit sowie der Vermögenslage des Vereins nach billigem Ermessen zu bestimmen. Für alle durchschnittlichen Fälle (einschließlich der Erstanmeldung des Vereins) ist als Geschäftswert der Auffangwert des § 36 Abs. 3 GNotKG mit 5.000,00 € anzunehmen. Diese Grundsätze sind auch auf Beschlüsse anwendbar, sofern deren Gegenstand keinen bestimmten Geldwert betrifft. In Ausnahmefällen z. B. bei wirtschaftlich orientierten Vereinen, kann der Geschäftswert für die Anmeldung höher angenommen werden, jedoch nicht höher als 1 Mio. € (Höchstwert nach § 36 Abs. 2 GNotKG bzw. nach § 106 GNotKG für Registeranmeldungen überhaupt). Ist die Vermögenslage überdurchschnittlich oder hat der Zweck des Vereins eine besondere Bedeutung (z. B. Betrieb eines Wohnstifts, wenn auch gemeinnützig und nicht unbedingt kostendeckend), kann vom Auffangwert des § 36 Abs. 3 GNotKG (5.000,00 €) angemessen nach oben abgewichen werden. Werden mehrere Veränderungen zur Eintragung angemeldet, liegen Anmeldungen mit verschiedenem Gegenstand vor,[116] wobei bei Idealvereinen mit wenig oder gar keinem Vermögen und nur einer geringen Anzahl von Mitgliedern für die einzelne Anmeldung auch vom Auffangwert nach unten abgewichen werden kann (z. B. Wertansatz 1.000,00 € –5.000,00 € pro Veränderung).

Der **Höchstwert für alle Registeranmeldungen** beträgt nach § 106 GNotKG 1 Mio. €. 116

---

[116] OLG Hamm JurBüro 2009, 435.

I. Fall: Bewertung von Formwechselbeschluss, Verzichtserklärungen

117 **Sachverhalt:**

Die XY-GmbH mit Stammkapital 100.000,00 € wird formwechselnd umgewandelt in die XY-OHG. Die Gesellschafter der YX-GmbH, nämlich A, B und C, sind an der XY-OHG künftig zu gleichen Teilen, also zu je 1/3, beteiligt.

Als Teil des Formwechselbeschlusses wird der vollständige Gesellschaftsvertrag der OHG mitbeurkundet. Der Notar gibt den Beteiligten bei der Errichtung des Gesellschaftsvertrages sachdienliche Hinweise und prüft die vorgenommenen Formulierungen.

Die Gesellschafter A, B und C verzichten auf Vorlage des Umwandlungsberichts nach § 192 Abs. 2 UmwG, auf Klageerhebung nach § 195 UmwG und ein Abfindungsangebot nach § 207 UmwG und die Zustimmungen nach §§ 193 Abs. 2, 233, 241 und 303 UmwG.

Der Gesellschafter A war bei der Beurkundung nicht anwesend und wurde aufgrund mündlich erteilter Vollmacht durch den Gesellschafter B vertreten. Der Notar wird beauftragt, die Vollmachtsbestätigung von B einzuholen und übersendet B mit dem Anforderungsschreiben einen Entwurf der Vollmachtsbestätigung. Nach einer Woche erscheint B beim Beurkundungsnotar und lässt seine Unterschrift auf dem ihm übersandten Entwurf der Vollmachtsbestätigung beglaubigen.

Das Aktivvermögen des formwechselnden Rechtsträgers beträgt laut Umwandlungsbilanz nach Berücksichtigung der Abzugsposten (vgl. Teil 8 Rdn. 10) 3.150.300,00 €. Grundstücke, Gebäude, grundstücksgleiche Rechte, Schiffe, Schiffsbauwerke, Finanzanlagen und Wertpapiere sind nicht im Anlagevermögen enthalten. Wertverschiebungen durch Gewinnausschüttungen, Veräußerung oder Erwerb von Vermögensteilen sind nicht festzustellen.

Bewertung:

a) Beschluss

Geschäftswert, § 108 Abs. 3 GNotKG = Aktiva des formwechselnden Rechtsträgers laut Bilanz, gem. § 38 GNotKG ohne Abzug der Verbindlichkeiten	3.150.300,00 €
Gebühr: 2,0 gem. KV-Nr. 21100 GNotKG =	10.510,00 €

b) Verzichtserklärungen

– Gesellschafter A, Wert seiner Beteiligung = 1/3 am Vermögen der GmbH = 1.050.100,00 €, hiervon gem. § 36 Abs. 1 GNotKG ca. 10 % =	105.010,00 €,
– Gesellschafter B, Wert seiner Beteiligung = 1/3 am Vermögen der GmbH = 1.050.100,00 €, hiervon gem. § 36 Abs. 1 GNotKG ca. 10 % =	105.010,00 €
– Gesellschafter C, Wert seiner Beteiligung = 1/3 am Vermögen der GmbH = 1.050.100,00 €, hiervon gem. § 36 Abs. 1 GNotKG ca. 10 % =	105.010,00 €
Gesamtwert gem. § 35 Abs. 1 GNotKG =	315.030,00 €
Gebühr: 1,0-Gebühr gem. KV-Nr. 21200 GNotKG =	635,00 €
Gem. § 94 Abs. 1 GNotKG ist eine Vergleichsberechnung vorzunehmen, nämlich der getrennten Berechnung der Gebühren für Beschluss und Verzichtserklärungen ist die 2,0-Gebühr nach KV-Nr. 21100 GNotKG aus dem Gesamtwert gegenüberzustellen. Die getrennte Berechnung ist im vorliegenden Fall günstiger und daher vorzunehmen.	
Vollzug, Einholung der Vollmachtsbestätigung, Vorbem. 2.2.1.1 Abs. 1 Nr. 5 KV GNotKG, 0,5-Gebühr gem. KV-Nr. 22110 GNotKG aus Wert des Beurkundungsverfahrens gem. § 112 GNotKG (Gesamtwert aller Beurkundungsgegenstände), hier 3.465.330,00 €	2.867,50 €
Beratungsgebühr nach KV-Nr. 24203 GNotKG für Beratungen zur Erstellung des Gesellschaftsvertrages, Gebührensatz entsprechend Umfang der Tätigkeit (Rahmen von 0,5 bis 2,0), hier angenommen mit 1,0 aus dem Wert der gefassten Beschlüsse (§ 120 GNotKG), hier Geschäftswert Wert des Formwechselbeschlusses 3.150.300,00 €	5.255,00 €

Beglaubigung der Unterschrift von B auf dem Vollzugsentwurf, Geschäftswert
§§ 121, 98 Abs. 1, 2 GNotKG, Verfahrenswert 3.465.330,00 €, hiervon Anteil der
Mitberechtigung = 1/3 = 1.155.110,00 €, davon die Hälfte = 577.555,00 €, hieraus
0,2-Gebühr nach KV-Nr. 25100 GNotKG 70,00 €

Die nach § 233 Abs. 1 UmwG erforderliche Zustimmung aller Gesellschafter ist für die Gesellschafter, die bei der Beschlussfassung anwesend oder durch Vollmacht vertreten sind, konkludent im Beschluss enthalten. Eine zusätzlich zu beurkundende Zustimmung dürfte entbehrlich sein.

c) Registeranmeldung

Anzumelden ist gem. § 198 Abs. 1 UmwG nur die neue Rechtsform des Rechtsträgers. Die neue Rechtsform ist durch das Vertretungsorgan, hier Geschäftsführer, des formwechselnden Rechtsträgers anzumelden (§ 235 Abs. 2 UmwG). Der Notar hat den Entwurf vollständig erstellt.

Geschäftswert gem. § 105 Abs. 3 Nr. 2 GNotKG, für zwei Gesellschafter

45.000,00 € + 15.000,00 € für den weiteren Gesellschafter =	60.000,00 €
Gebühr: 0,5-Gebühr gem. KV-Nr. 24102 GNotKG =	96,00 €
Vollzug, XML-Datei, 0,3-Gebühr gem. KV-Nr. 22114 GNotKG aus dem Wert der Anmeldung (§ 112 GNotKG)	57,60 €.

Kapitel 6 Kosten der elektronischen Registeranmeldung

Übersicht
		Rdn.
A.	**Fertigen elektronisch beglaubigter Abschriften (§ 39a BeurkG)**	119
I.	Einscannen und Dokumentenpauschale	119
	1. Dateipauschale	119
	2. Übermittlung mehrerer Dateien	120
	3. Vergleich der Dateipauschale mit den eingescannten Seiten	121
II.	Beglaubigungsgebühr für die elektronische Beglaubigung?	122
B.	**Erzeugen von XML-Strukturdaten**	123

118 **Anmeldungen zur Eintragung in das Handelsregister** sind elektronisch in öffentlich beglaubigter Form vorzunehmen. Wie die Tätigkeiten des Notars im elektronischen Rechtsverkehr nach dem GNotKG abzurechnen sind, wird nachfolgend dargelegt.

A. Fertigen elektronisch beglaubigter Abschriften (§ 39a BeurkG)

I. Einscannen und Dokumentenpauschale

1. Dateipauschale

119 Zunächst regelt KV-Nr. 32002 GNotKG, dass für die Überlassung von elektronisch gespeicherten Dateien oder deren Bereitstellung zum Abruf anstelle der in den KV-Nr. 32000 und 32001 GNotKG genannten Dokumente ohne Rücksicht auf die Größe der Vorlage je Datei 1,50 € zu erheben ist. Diese Dateipauschale hat insbesondere für die elektronische Übermittlung von Dokumenten (z. B. Registeranmeldung, sonstige Eintragungsunterlagen) als Anhang der XML-Datei Bedeutung.

2. Übermittlung mehrerer Dateien

120 Werden der XML-Datei mehrere Dateien angehängt, liegt ein und derselbe Arbeitsgang vor. Die Summe der Dateipauschale beträgt dann höchstens 5,00 €.

3. Vergleich der Dateipauschale mit den eingescannten Seiten

121 Die Anm. zu KV-Nr. 32002 GNotKG regelt eine Vergleichsberechnung wie folgt: Werden zum Zweck der Überlassung von elektronisch gespeicherten Dateien die Dokumente zuvor auf Antrag (in dem Antrag auf elektronische Übermittlung ist dieser Antrag enthalten) von der Papierform in die elektronische Form übertragen (durch einscannen), beträgt die Dokumentenpauschale nicht weniger, als die Dokumentenpauschale im Fall der KV-Nr. 32000 GNotKG für eine schwarz-weiß-Kopie betragen würde. Hängt der Notar somit einer XML-Datei vier Dateianhänge an, beträgt die Pauschale pro Datei 1,50 €, insgesamt ergeben sich dann 6,00 €. Hier greift aber die Obergrenze von 5,00 €, da ein einheitlicher Arbeitsgang vorliegt. Hat der Notar aber vorher für diese vier Dateianhänge insgesamt 20 Seiten eingescannt, wird die Pauschale von max. 5,00 € durch die Dokumentenpauschale nach KV-Nr. 32000 GNotKG ersetzt und beträgt pro S. 0,50 € × 20 Seiten = 10,00 €.[117]

II. Beglaubigungsgebühr für die elektronische Beglaubigung?

122 Gem. KV-Nr. 25102 GNotKG beträgt die Gebühr für die Beglaubigung eines Dokumentes, auch eines elektronischen Dokumentes pro S. 1,00 €, mindestens jedoch 10,00 €. Neben der Gebühr wird keine Dokumentenpauschale erhoben (Anm. 1. zu KV-Nr. 25102 GNotKG). Die Gebühr wird jedoch nicht erhoben, für die Erteilung beglaubigter Kopien oder Ausdrucke der vom Notar

---

117 S. zum Ganzen: Streifzug Rn. 523 ff.; Diehn, Notarkosten, Rn. 216 ff.

aufgenommenen oder entworfenen oder in Urschrift in seiner dauernden Verwahrung befindlichen Urkunden (zuletzt geändert durch das am 4.7.2015 teilweise und am 17.8.2015 teilweise in Kraft getretene Gesetz zum Internationalen Erbrecht und zur Änderung von Vorschriften zum Erbschein sowie zur Änderung sonstiger Vorschriften, Art. 13, BGBl. I, 2015, S. 1042). Beglaubigte Ablichtungen von eigenen Urkunden oder von eigenen Entwürfen lösen daher die Gebühr nach KV-Nr. 25102 GNotKG nicht aus. Die Anm. 3 zu KV-Nr. 25102 GNotKG bestimmt, dass einer Kopie im Sinne des Abs. 2 ein in elektronischer Form übertragenes Schriftstück gleich.

B. Erzeugen von XML-Strukturdaten

Anmeldungen sind i. d. R. mit den **vom Notar zu erzeugenden Datensätzen** (XML-Strukturdaten, i. d. R. mittels der Software XNotar) einzureichen (vgl. zur Pflicht, XML-Strukturdaten einzureichen, etwa die Internetbekanntmachung der Bayerischen Justiz unter www.justiz.bayern.de/buergerservice/rechtsverkehr/register/v. 19.03.2007, die auf Grundlage von § 3 ERVV erfolgt ist). Das GNotKG ordnet die XML-Strukturdatei als Vollzugstätigkeit ein. Hat der Notar z. B. die Registeranmeldung beurkundet oder entworfen, entsteht eine 0,3-Vollzugsgebühr nach KV-Nr. 22114 GNotKG aus dem vollen Wert der Anmeldung. Hat der Notar die Registeranmeldung weder beurkundet, noch entworfen, beträgt die Vollzugsgebühr hierfür 0,6 (KV-Nr. 22125 GNotKG). In beiden Fällen beträgt die Höchstgebühr 250,00 €. Für Vollzugstätigkeiten ist gem. Vorbem. 2.2 Abs. 1 KV GNotKG ein besonderer Auftrag der Beteiligten erforderlich. Dies gilt jedoch nicht für die Gebühren nach KV-Nr. 22114 und 22125 GNotKG. Zudem legt die jeweilige Anm. zu KV-Nr. 22114 und 22125 GNotKG jeweils fest, dass die Vollzugsgebühr für die XML-Datei neben anderen Vollzugsgebühr zusätzlich anfällt. Dies bedeutet eine Durchbrechung des in § 93 Abs. 1 GNotKG verankerten Grundsatzes der einmaligen Gebührenerhebung.

Kapitel 7 Registerabrufgebühren

Übersicht Rdn.
A. Zugang zu den Eintragungen des Registerblatts 125
B. Zugang zu den Dokumenten des Registerordners 126

124 Jeder Abruf aus dem elektronischen Register kostet 4,50 €. Daneben wird keine Jahresgrundgebühr erhoben.[118]

Die Kosten sind je nach Zugangsmöglichkeit zu den Registerdokumenten wie folgt strukturiert:[119]

A. Zugang zu den Eintragungen des Registerblatts

125

Art der Übermittlung	Qualität	Gebühren	Grundlage
Elektronischer Abruf	Einfach oder signiert	4,50 €	Nr. 400 GV JVKostG
Registerausdruck in Papierform	a) Einfach (nur bei Verzicht auf Beglaubigung)	a) 10,00 €	a) KV-Nr. 25210 GNotKG
	b) Beglaubigt (= Standard)	b) 15,00 €	b) KV-Nr. 25211 GNotKG
Registerauszug als elektronische Datei übermittelt	a) Einfach (= Standard)	a) 5,00 €	a) KV-Nr. 25212 GNotKG
	b) Signiert	b) 10,00 €	b) KV-Nr. 25213 GNotKG
Einsicht vor Ort bei Registergericht	Nur Bildschirmanzeige	Kostenlos	

B. Zugang zu den Dokumenten des Registerordners

126

Art der Übermittlung	Qualität	Gebühren	Grundlage
Elektronischer Abruf	Einfach oder signiert	4,50 € je Dokument	Nr. 401 GV JVKostG
Schriftlicher Dokumentenausdruck	a) Einfach (nur bei Verzicht auf Beglaubigung)	a) Dokumentenpauschale (für die ersten 50 Seiten 0,50 € je Seite, für jede weitere Seite 0,15 €	a) §§ 4 JVKostG,
	b) Beglaubigt (= Standard)	b) Dokumentenpauschale wie a) zuzüglich evtl. Beglaubigungsgebühr	b) §§ 4 JVKostG, evtl. Nr. 102 GV JVKostG
Elektronische Übermittlung von Dokumenten, die bisher nur in Papierform vorliegen	Signiert	2,00 € je Seite, mindestens jedoch 25,00 € für die Dokumente eines Registerblattes	Nr. 5007 GV HRegGebV
Einsicht vor Ort bei Registergericht	Nur Bildschirmanzeige	Kostenlos	

---

118 S. hierzu Apfelbaum, DNotZ 2007, 166.
119 Nedden-Boeger, FGPrax 2007, 1 ff.

Kapitel 8 Grundbuchberichtigungsanträge

Grundbuchberichtigungen sind im gesellschaftsrechten Bereich insbesondere durch **Firmenänderungen** veranlasst. Nach einer Entscheidung des BayObLG v. 25.06.1998[120] ist zwar grds. nach dem äußeren Erscheinungsbild der Eintragung zu entscheiden, ob ein neuer Eigentümer oder nur eine andere Bezeichnung des Eigentümers (ohne Identitätswechsel) eingetragen wird, jedoch ist im Einzelfall zu prüfen, ob tatsächlich ein neuer Eigentümer einzutragen ist oder ob lediglich eine Namensberichtigung vorliegt. Gem. KV-Nr. 14110 GNotKG beträgt die Gebühr für die Eintragung eines Eigentümers 1,0.

127

Die Gebühr nach KV-Nr. 14110 GNotKG entsteht jedoch nicht, wenn der Rechtsträger in einer anderen Rechtsform derselbe bleibt, mithin beim Formwechsel nach § 190 UmwG. Die Identität des Eigentümers ändert sich nicht, nur seine Firma. Die Firmenänderung sei im öffentlichen Interesse an der Richtigkeit des Grundbuchs.[121] Das GNotKG enthält für derartige Berichtigungen keinen Gebührentatbestand, sodass keine Gebühr entsteht.[122]

128

Beurkundet der Notar einen Grundbuchberichtigungsantrag in einem Verschmelzungs- oder Spaltungsvertrag oder Spaltungsplan mit, liegt derselbe Gegenstand nach § 109 Abs. 1 vor. Der Berichtigungsantrag löst dann keine weiteren Gebühren aus.

129

Wird der Antrag auf Grundbuchberichtigung jedoch in der Niederschrift über einen Formwechselbeschluss mitbeurkundet, liegen zwischen Beschluss und Berichtigungsantrag verschiedene Beurkundungsgegenstände vor (§ 110 Nr. 1 GNotKG). Für den Antrag auf Grundbuchberichtigung entsteht in diesem Falle neben der 2,0-Gebühr für den Beschluss eine 0,5-Gebühr nach KV-Nr. 21201 GNotKG. Der Geschäftswert ist nach § 36 Abs. 1 GNotKG zu bestimmen. Nach einer Entscheidung des BayObLG[123] ist für die formwechselnde Umwandlung einer KG in eine GbR ein Teilwert von ca. 10 % des Grundstückswertes angemessen und vertretbar.[124]

130

---

120 JurBüro 1998, 602 = BB 1998, 2232 – Grundbuchgebühren noch nach § 60 Abs. 1 KostO – neuer Eigentümer, daher volle Gebühr – oder § 67 Abs. 1 KostO – kein Identitätswechsel, daher 1/4-Gebühr.
121 BT-Drs. 17/11471 (neu), 210.
122 Hey'l, in: Korintenberg, KV-Nr. 14110 Rn. 4 GNotKG.
123 MittBayNot 1995, 325.
124 So auch bereits BayObLG, MittBayNot 1994, 248 = BayObLGZ 1993, 314 ff.; Streifzug, Rn. 383, 384, 1863: 10–30 %.

Kapitel 9 Berichtigung des Handelsregisters

131 Gehört zum Vermögen des übertragenden oder formwechselnden Rechtsträgers eine **Beteiligung an einer Personenhandelsgesellschaft** (OHG, KG) **oder an einer Partnerschaftsgesellschaft**, muss das betreffende Register berichtigt werden. Die Bewertung der entsprechenden Registeranmeldung hat nach den Grundsätzen des § 105 Abs. 1 Nr. 6 GNotKG (KG), § 105 Abs. 4 Nr. 3 GNotKG (OHG, PartSchG) zu erfolgen. Soweit eine Rechtsnachfolge eingetreten ist (z. B. bei Verschmelzung, Auf- oder Abspaltung, Ausgliederung), liegt eine Anmeldung ohne bestimmten Geldwert vor. Bei einem Formwechsel bleibt die Identität des Form wechselnden Rechtsträgers gewahrt. Die Anmeldung betrifft somit nicht eine Rechtsnachfolge, sondern nur eine Namensberichtigung, die nach § 105 Abs. 5 GNotKG (Anmeldung ohne wirtschaftliche Bedeutung) vorzunehmen ist; Geschäftswert ist also immer 5.000,00 €. Im Einzelnen gilt Folgendes:

132 Zum **Vermögen eines übertragenden Rechtsträgers** gehört:

eine **Kommanditbeteiligung**	Geschäftswert für die Anmeldung zum Handelsregister nach § 105 Abs. 1 Nr. 6 GNotKG nach dem Nennbetrag der Kommanditeinlage (Ausscheiden des übertragenden Rechtsträgers und Eintritt des aufnehmenden Rechtsträgers an dessen Stelle betrifft einen einheitlichen Vorgang);
eine **Beteiligung an einer offenen Handelsgesellschaft**	Geschäftswert für die Anmeldung zum Handelsregister nach § 105 Abs. 4 Nr. 3 GNotKG 30.000,00 €;
eine **Beteiligung an einer Partnerschaftsgesellschaft**	Geschäftswert für die Anmeldung zum Partnerschaftsregister nach § 105 GNotKG 4 Nr. 3 GNotKG 30.000,00 €.

133 Dagegen ist der Antrag auf Berichtigung des Handelsregisters oder Partnerschaftsregisters aufgrund eines Formwechsels, in allen Fällen Anmeldung **ohne wirtschaftliche Bedeutung**. Die Identität des Inhabers der Beteiligung bleibt gewahrt. Es erfolgt somit nur eine Namensberichtigung (Geschäftswert 5.000,00 € gem. § 105 Abs. 6 GNotKG).

Kapitel 10 Umschreibung von Vollstreckungsklauseln

Übersicht	Rdn.
A. Allgemein	134
B. **Formwechsel**	137

A. Allgemein

Für die **Umschreibung einer Vollstreckungsklausel** ist nach KV-Nr. 23803 GNotKG eine 0,5-Gebühr zu erheben, wenn der Eintritt einer Tatsache oder einer Rechtsnachfolge zu prüfen ist (§§ 726 bis 729 ZPO). Für das Verfahren über die Erteilung einer **weiteren Ausfertigung** entsteht gem. KV-Nr. 23804 GNotKG eine Festgebühr von 20,00 €. In allen anderen Fällen ist die Erteilung gebührenfrei. Sind bei der Erteilung einer vollstreckbaren Ausfertigung mehrere Tatsachen bzw. Rechtsnachfolgen zu prüfen, ist nur einmal die Gebühr nach KV-Nr. 23803 GNotKG zu erheben.[125]

Wird nach einer Verschmelzung die Vollstreckungsklausel vom übertragenden Rechtsträger auf den aufnehmenden oder neu gegründeten Rechtsträger umgeschrieben, ist ebenfalls eine Rechtsnachfolge **nach § 727 ZPO** festzustellen. Für diese Umschreibung fällt somit eine 0,5-Gebühr nach KV-Nr. 23803 GNotKG an.[126] Der Geschäftswert bestimmt sich nach § 118 GNotKG nach dem vollen Nennbetrag des Grundpfandrechts, wenn die Klausel über den vollen Betrag umgeschrieben wird.

▶ Hinweis:

Die gleichen Grundsätze sind anzuwenden für die Umschreibung einer Vollstreckungsklausel im Zuge von Spaltungen oder Ausgliederungen auf den aufnehmenden oder neu gegründeten Rechtsträger.

B. Formwechsel

Wird bei fortbestehender Identität des Schuldners oder Gläubigers nur dessen geänderter Name eingesetzt, handelt es sich nicht um eine Tatsachenfeststellung oder Rechtsnachfolge; die Berichtigung der Vollstreckungsklausel ist gebührenfrei zu erteilen.[127] Eine gebührenfreie Namensberichtigung und keine Rechtsnachfolge liegt auch vor bei formwechselnder Umwandlung des Gläubigers oder Schuldners. Es findet kein Identitätswechsel statt, der formwechselnde Rechtsträger besteht in der in dem Umwandlungsbeschluss bestimmten Rechtsform gem. § 202 Abs. 1 Nr. 1 UmwG weiter.

---

125 Hey'l, in: Korintenberg, KV-Nr. 23803 Rn. 15; KG, DNotZ 1980, 771 = Rpfleger 1980, 123 = Jur-Büro 1980, 426.
126 Hey'l, in: Korintenberg, KV-Nr. 23803 Rn. 13; Prüfungsabteilung der Notarkasse München, MittBayNot 1970, 98.
127 BayObLG, DNotZ 1979, 55 = MittBayNot 1978, 238; 1987, 276; KG, DNotZ 1979, 436; Pfeiffer, in: Bormann/Diehn/Sommerfeld, KV-Nr. 23803 Rn. 3; Hey'l, in: Korintenberg, KV-Nr. 23803 Rn. 15; Streifzug, Rn. 3377; a. A. OLG Düsseldorf, DNotZ 1990, 678.

Kapitel 11 Gebühren für die Eintragung in das Handelsregister

138 Die Eintragungsgebühren richten sich nach der Verordnung über die Gebühren in Handels-, Partnerschafts- und Genossenschaftsregistersachen – Handelsregistergebührenverordnung (HRegGebV) v. 30.09.2004.[128] Danach sind für die Eintragungen in das Handels-, Partnerschafts- und Genossenschaftsregister aufwandsbezogene Gebühren geregelt.

139 Bspw. fallen für die Eintragung aufgrund einer Umwandlung nach dem UmwG an:
– Eintragungen in das **Handelsregister Abteilung A** und das **Partnerschaftsregister**:
   a) eines Einzelkaufmanns 150,00 € (Gebührenverzeichnis – HRegGebV Nr. 1103),
   b) einer Gesellschaft mit bis zu 3 einzutragenden Gesellschaftern oder einer Partnerschaft mit bis zu 3 einzutragenden Partnern 180,00 € (Gebührenverzeichnis – HRegGebV Nr. 1104),
   c) einer Gesellschaft mit mehr als 3 einzutragenden Gesellschaftern oder einer Partnerschaft mit mehr als 3 einzutragenden Partnern: 180,00 € zuzüglich 70,00 € für jeden weiteren einzutragenden Gesellschafter oder Partner (Gebührenverzeichnis – HRegGebV Nr. 1105),
   d) in das Register des übertragenden oder formwechselnden Rechtsträgers 180,00 € (Gebührenverzeichnis – HRegGebV Nr. 1400),
   e) in das Register des übernehmenden Rechtsträgers 180,00 €, wobei für Eintragungen über den Eintritt der Wirksamkeit keine besonderen Gebühren erhoben werden (Gebührenverzeichnis – HRegGebV Nr. 1401),
– Eintragungen in das **Handelsregister Abteilung B**:
   a) einer GmbH 260,00 € (Gebührenverzeichnis – HRegGebV Nr. 2104),
   b) einer AG oder einer KG auf Aktien 660,00 € (Gebührenverzeichnis – HRegGebV Nr. 2105),
   c) eines Versicherungsvereins auf Gegenseitigkeit 460,00 € (Gebührenverzeichnis – HRegGebV Nr. 2106),
   d) in das Register des übertragenden oder formwechselnden Rechtsträgers 240,00 €, (Gebührenverzeichnis – HRegGebV Nr. 2402),
   e) in das Register des übernehmenden Rechtsträgers 240,00 €, wobei für Eintragungen über den Eintritt der Wirksamkeit keine besonderen Gebühren erhoben werden (Gebührenverzeichnis – HRegGebV Nr. 2403),
   f) der Eingliederung oder des Endes der Eingliederung einer AG 210,00 € (Gebührenverzeichnis – HRegGebV Nr. 2404),
   g) des Übertragungsbeschlusses im Fall des Ausschlusses von Minderheitsaktionären (§ 327e AktG) 210,00 € (Gebührenverzeichnis – HRegGebV Nr. 2405),
– Eintragungen in das **Genossenschaftsregister**:
   a) in das Register des übertragenden oder formwechselnden Rechtsträgers 300,00 € (Gebührenverzeichnis – HRegGebV Nr. 3400),
   b) in das Register des übernehmenden Rechtsträgers 300,00 €, wobei für Eintragungen über den Eintritt der Wirksamkeit keine besonderen Gebühren erhoben werden (Gebührenverzeichnis – HRegGebV Nr. 3401).

---

128 BGBl. I, S. 2562, zuletzt geändert durch Art. 2 des Gesetzes v. 17.7.2017, BGBl. I, S. 2434.

Stichwortverzeichnis

Die Zahlen in Fettdruck verweisen auf die Teile, die Zahlen in Normaldruck verweisen auf die Randnummern.

Abfindungsrechte
– Formwechsel **4** 242 ff.
– Spaltung **3** 335
– Verschmelzung **2** 586 ff.
Abruf aus dem elektronischen Register 8 124 ff.
– Gebühren
    – Zugang zu den Dokumenten des Registerordners, Gebühren **8** 126
    – Zugang zu den Eintragungen des Registerblatts **8** 125
Abspaltung 1 95, 100; **7** 339 ff., 409 ff.
– Gründung von Zweigniederlassungen **5** 26
– Mehrheit von Rechtsträgern **8** 65 f.
– Personengesellschaft **7** 409 ff.
– Spaltung von GmbH **3** 507
– Streitstand **5** 23
– Teilbetriebserfordernis **7** 350 ff.
– Wirkungen der Spaltung **3** 379 f.
Abwachsungsmodell, Formwechsel 4 53
AG
– Euroumstellung **5** 157 ff.
    – allgemeine Fragen **5** 157 ff.
    – Allgemeines **5** 162 ff.
    – Beispiel **5** 171 f.
    – Besonderheiten **5** 170
    – Nennbetragsaktien **5** 167 ff.
    – Stückaktien **5** 168 f.
– Kapitalerhöhung **3** 197
– Spaltung **3** 541 ff.
– Verschmelzung **2** 1048 ff.
Altana Milupa-Entscheidung 1 162
Anerkennung Gründungstheorie
– BGH **6** 54
    – EU-Mitgliedstaaten **6** 55, 57
    – genuine link **6** 58
Anerkennung Sitztheorie
– BGH **6** 59
Anrechnungsbetriebsstätte 7 534
Anschaffungskosten
– Verteilung **7** 896
Anschaffungswertprinzip 7 707, 737 ff.
– Anteilsgewährung durch fremde Dritte **7** 809 ff.
    – Ermittlung der Anschaffungskosten **7** 810 ff.
– Art der Gegenleistung **7** 747
– Behandlung von Differenzbeträgen **7** 774 ff., 789 ff., 806 ff.
– Bewertung
    – des übergehenden Vermögens **7** 753 ff.
    – mit dem Ausgabebetrag **7** 747
    – mit dem Buchwert der Gegenleistung **7** 757 ff.
    – mit dem höheren Zeitwert **7** 763 f.
– Bewertungswahlrecht **7** 702 ff.

– Bilanzierung dem Grunde nach **7** 737 ff.
– Buchwert der Gegenleistung **7** 762
– Ermittlung der Anschaffungskosten **7** 746 ff., 774 ff., 789 ff., 806 ff., 810
– Festkapitalerhöhung **7** 757
– gleichzeitige Erhöhung der Rücklagen **7** 758
– Schaffung neuer Anteile durch Kapitalerhöhung **7** 749 ff.
– Sonderproblem **7** 765 ff.
– übernehmender Rechtsträger erhält Anteil am übertragenden Rechtsträger **7** 771 ff.
– übernehmender Rechtsträger erhält eigene Anteile **7** 785 ff.
– übertragender Rechtsträger erhält Anteil am übernehmenden Rechtsträger **7** 796 ff.
– Übertragung negativen Vermögens **7** 765 ff., 813
– Vermögensübertragung mit Kapitalerhöhung **7** 749 ff.
– Vermögensübertragung ohne Kapitalerhöhung **7** 769 ff.
– verschiedene Sachverhaltskonstellationen **7** 770 ff.
– Verteilung der Anschaffungskosten **7** 814 ff.
Anstalten des öffentlichen Rechts, Formwechselfähige Rechtsträger 4 54
Anteilgewährungspflicht 2 12 f.
Anteilserwerb, Wirkungen der Spaltung 3 401
Anteilsgewährung 2 100 ff.
Anteilsgewährungspflicht 1 172
– Schwesterngesellschaft **1** 172
Anteilstausch 7 545 ff.
– Bewertung der erhaltenen Anteile **7** 556 f.
– Bewertung der übergehenden Anteile **7** 551 ff.
– einfacher **7** 552
– im EU-Ausland ansässige übernehmende Kapitalgesellschaft **7** 569 ff.
– qualifizierter **7** 553
– Veräußerung der erworbenen Anteile **7** 558 ff.
Anwachsungsmodell 4 3, 53
Arbeitnehmervertretung, Beteiligung/Information 1 226 ff.
ARUG 1 62, 64
– Feststellung der Beschlussfassung **2** 1084
– Veröffentlichung des Umwandlungsbeschlusses **2** 1080; **3** 557; **6** 146
Asset deal, Unternehmenskauf 7 156
Auffanggesellschaft, Umwandlung 5 41
Aufspaltung 1 95, 100; **7** 339 ff., 409 ff.
– Mehrheit von Rechtsträgern **8** 64
– Personengesellschaft **7** 409 ff.
– Wirkungen der Spaltung **3** 398

Stichwortverzeichnis

Ausgliederung 1 95, 100; **3** 268 f.
- Aktivtausch **3** 268
- Allgemeines
  - einseitige Erklärung nach § 36 Abs. 1 KostO **8** 79
  - kostenrechtliche Grundsätze **8** 78
  - Regie- und Eigenbetrieben der öffentlichen Hand **8** 80
- Besonderheiten **3** 336 ff.
  - Ausgliederungsbericht **3** 340 ff.
  - Ausgliederungsbeschlüsse **3** 346
  - Einzelübertragung **3** 337
  - Inhalt des Ausgliederungsbericht **3** 341
  - keine Abfindungsansprüche **3** 349
  - keine Ausgliederungsprüfung **3** 344
  - Vorbereitung der Hauptversammlung **3** 345
  - Vorbereitung des Gesellschafterversammlungen **3** 345
  - wirtschaftliches Ergebnis **3** 337
  - zur Aufnahme **3** 350 ff.
  - zur Aufnahme, Kapitalerhöhung bei dem übernehmenden Rechtsträger **3** 350 ff.
  - Zustimmung von Vorzugs- und Sonderrechtsinhabern **3** 348
- Durchführung der Kapitalherabsetzung **3** 281 ff.
- Firmenfortführung nach allgemeinen Grundsätzen **5** 24 f.
- Gründung von Zweigniederlassungen **5** 26
- Kapitalerhaltung **3** 268 ff.
- Kapitalherabsetzung **3** 268 ff.
- kostenrechtliche Bewertung **8** 78 ff.
- Maßstab für die Prüfung der Kapitaldeckung **3** 275 ff.
- Nebentätigkeiten **8** 83 ff.
  - Checkliste für die Bewertung **8** 86
  - gebührenfreie **8** 84
  - gebührenpflichtige **8** 85
  - Grundsätze der Bewertung **8** 83
- Notwendigkeit der Kapitalherabsetzung **3** 279
  - Eintragung in Register **3** 279
  - Rücklagen **3** 280
  - wirtschaftlicher Erfolg **3** 279
- Spaltung von GmbH **3** 507
- vereinfachte Kapitalherabsetzung **3** 282
- vereinfachte Solidätsprüfung bei AG **3** 271 ff.
- Versicherungspflicht **3** 270
  - bei GmbH **3** 270
- Wirkungen der Spaltung **3** 399 f.
- zur Neugründung **3** 354, 425 ff.
  - auf eine Personenhandelsgesellschaft **3** 425
  - Entstehung einer Vorgesellschaft **2** 250 ff.

Ausgliederung von öffentlichen Unternehmen 3 703 ff.
- Anmeldung der Ausgliederung **3** 725
- Ausgliederungsbericht **3** 728
- Ausgliederungsbeschluss **3** 729 ff.
- Ausgliederungsfähige Rechtsträger **3** 707 ff.
- Einführung **3** 703 ff.
- Gegenstand der Ausgliederung **3** 710 ff.
  - bewegliches Vermögen **3** 713
  - Gestaltungsfreiheit **3** 711 f.
- Möglichkeiten **3** 706
- Muster **3** 734 f.
- Sachgründungsbericht **3** 724
- Verhältnis zum öffentlichen Recht **3** 707 ff.
- zuständiges Organ für Ausgliederungsplan **3** 716 ff.
  - Form **3** 718
  - Inhalte **3** 719 ff.
  - Vertretungsorgan **3** 717

Ausgliederung von öffentlichen Unternehmen aus Gemeinden 3 703 ff.
- vertretungsberechtigte Organe **3** 704 f.

Ausgliederung von öffentlichen Unternehmen aus Landkreisen 3 703 ff.
- vertretungsberechtigte Organe **3** 704

Ausgliederung von öffentlichen Unternehmen aus sonstigen Gebietskörperschaften 3 703 ff.
- vertretungsberechtigte Organe **3** 704

Ausgliederung zur Neugründung, Besonderheiten 3 231 ff.

Austritts- und Abfindungsrechte
- Formwechsel **4** 242 ff.
- Spaltung **3** 335
- Verschmelzung **2** 586 ff.

Barabfindung, Formwechsel 4 180
Bare Zuzahlungen 2 335 f.
- Spaltung **3** 221

Beibehaltung Sitztheorie
- BGH **6** 56

Berichtigung des Handelsregisters
- Beteiligung an Partnerschaftsgesellschaft, Bewertung **8** 131
- Beteiligung an Personenhandelsgesellschaft, Bewertung **8** 131
- kostenrechtliche Behandlung **8** 131 ff.
- Vermögen eines übertragenden Rechtsträgers **8** 132

Beteiligungskorrekturgewinn 7 79 ff.
Betriebsübergang 1 201 ff.
- »Siemens/BenQ« **1** 215
- Anstellungsverhältnisse der Organträger **1** 208
- Arbeitnehmervertretungen, Beteiligung/Information **1** 226 ff.
- Aufhebungsverträge **1** 220
- betriebsmittelgeprägte Betriebe **1** 204
  - Betriebsvereinbarung **1** 209
- Firmentarifvertrag **1** 211
- Kündigungen **1** 218, 228
- Querschnittsbereiche **1** 222
- Springer **1** 221
- Tarifvertrag **1** 209 f.
- Wahrung der Identität des Betriebsteils **1** 205, 211
- Widerspruchsrecht **1** 217

Betriebsübernahmegesellschaft, Umwandlung
5 41, 45
Betriebswirtschaftliche Organisationslehre
1 141 ff.
Bewertungsmethoden, Wahlrecht 7 844 ff.
– Ansatz eines Zwischenwertes **7** 846
– Mischung **7** 845
– teilweise Ausübung **7** 844 ff.
Bewertungswahlrecht, § 24 UmwG 7 702 ff.
Bilanzierungs- und Bewertungsvorschriften
7 665 ff.
Bilanzierungswahlrecht 7 56 ff., 679 f., 692, 888
Bilanzrecht
– Allgemeines **7** 620 ff.
– erforderliche Bilanzen **7** 625 ff.
Börsengang, Formwechsel 4 7 ff.
Brexit 6 47
– Austrittsabkommen **6** 48
– Folgen **6** 48
– – UmwG **6** 49
– Viertes Gesetz zur Änderung des UmwG **6** 49
Buchwert 7 452 ff.
– Aufstockung **7** 54, 236
Buchwertfortführung 7 44 ff.
– Antragstellung **7** 60 ff.
– Bilanzierung dem Grunde nach **7** 819 ff.
– Bilanzierung der Höhe nach **7** 826 ff.
– Vermögensübertragung mit Kapitalerhöhung **7** 831 ff.
– Vermögensübertragung ohne Kapitalerhöhung **7** 839 ff.
Company Law Package 6 12
– Rechtsgrundlage **6** 14
– Regelungstechnik **6** 13
– Verfahren **6** 14
Delisting, Formwechsel 4 52, 225
Dingliche Surrogation, Formwechsel 4 351
Drittes Gesetz zur Änderung des UmwG 1 63 ff.;
2 1096 ff.
EBITDA-Vortrag 7 408
Einbringung 7 418 ff.
– Ansatz der Sacheinlage **7** 469
– Anschaffungskosten der neuen Anteile **7** 469
– Anteilstausch **7** 545 ff.
– Auswirkungen auf die Besteuerung **7** 470
– Auswirkungen bei der übernehmenden Gesellschaft **7** 520 ff.
– Behandlung von Kapitalerhöhungskosten **7** 526 ff.
– Behandlung von Konfusionsgewinnen **7** 520 ff.
– Besteuerung des Anteilseigners **7** 469 ff.
– Betrieb **7** 418 ff.
– Bewertung des eingebrachten Betriebsvermögens **7** 591 ff.
– – Bilanzierungsverbot **7** 594
– – Mindestansatzvorschriften **7** 595
– – Wahrung des deutschen Besteuerungsrechts **7** 592

– Bewertung des übergehenden Betriebsvermögens **7** 447 ff.
– – Buchwertfortführung **7** 453
– – deutsches Besteuerungsrecht **7** 448
– – gemeine Werte **7** 460
– – Grundsatz der Maßgeblichkeit **7** 56 ff., 451, 696
– – Zwischenwerte **7** 459
– doppelte Buchwertverknüpfung **7** 473
– Einbringungsgewinn I **7** 473 ff.
– Einbringungsgewinn II **7** 561 ff.
– Einbringungskosten **7** 472
– einfaches Anwachsungsmodell **7** 439
– ermäßigter Steuersatz **7** 471
– Ermittlung der Abschreibungen **7** 520 ff.
– Ersatzrealisationstatbestände **7** 486 ff.
– Gegenstand **7** 427 ff.
– – Mitunternehmeranteile **7** 431 f.
– – Teilbetriebsbegriff **7** 430
– – verbindliche Auskunft beim Finanzamt **7** 432
– Gewährung neuer Anteile **7** 437 ff.
– – einfaches Anwachsungsmodell **7** 439
– – erweitertes Anwachsungsmodell **7** 439
– – Joint Ventures **7** 446
– grenzüberschreitende Einbringungsvorgänge **7** 532 ff.
– – Anrechnungsbetriebsstätte **7** 534
– in eine Personengesellschaft **7** 577 ff.
– – Ausgleichszahlung **7** 602
– – Auswirkungen bei der übernehmenden Personengesellschaft **7** 605 ff.
– – Besteuerung des Einbringenden **7** 596 ff.
– – Steuervergünstigung **7** 597 ff.
– – Steuerverhaftung **7** 603
– Kapitalherabsetzung bei der Übernehmerin **7** 502 f.
– Ketteneinbringung **7** 508
– – mit anschließender schädlicher Verfügung **7** 510
– Mitunternehmeranteil **7** 418 ff.
– Nachweis der Zuordnung der fristbehafteten Anteile **7** 518 f.
– rückwirkende Besteuerung **7** 473 ff.
– Rückwirkung **7** 536 ff.
– – Einzelrechtsnachfolge **7** 539
– – steuerliche **7** 541
– – zivilrechtliche **7** 536
– schädliche Anteilsveräußerung **7** 527 ff.
– sonstige Gegenleistung **7** 437 ff.
– sperrfristbehaftete Anteile **7** 474
– Teilbetrieb **7** 418 ff.
– unentgeltliche Übertragung der erhaltenen Anteile **7** 487 ff.
– Wegfall der Ansässigkeitsvoraussetzung **7** 513 ff.
Einbringungsgewinn I 7 473 ff.
Einbringungsgewinn II 7 561 ff.
Einbringungsvorgänge 7 418 ff.
– persönlicher Anwendungsbereich **7** 422 ff.

Stichwortverzeichnis

Eingetragene Genossenschaften, Formwechselfähige Rechtsträger 4 54
Einlagefiktion 7 88 ff.
Einzelkaufmann 3 651 ff.
– Ausgliederung
  – Allgemeines 3 654
  – aufnehmender Rechtsträger 3 661
  – Ausgliederungsbericht 3 675
  – Ausgliederungsbeschluss 3 677 ff.
  – Ausgliederungsplan 3 662 ff.
  – Ausgliederungsprüfung 3 676
  – Ausgliederungsvertrag 3 662 ff.
  – Checklisten 3 651
– Ausgliederung aus dem Vermögen 3 651 ff.
– Ausgliederung zur Aufnahme, Kapitalerhöhungsverbote 3 674
– Ausgliederung zur Neugründung
  – Geschäftsverlauf 3 691
  – Gesellschaftsvertrag als Teil des Ausgliederungsplans 3 683 ff.
  – Gründungsbericht 3 689 ff.
  – Gründungsprüfung 3 689 ff.
  – Gründungsprüfung bei Gründung einer AG 3 692 f.
  – Kapitalaufbringung bei der neugegründeten Gesellschaft 3 686 f.
  – Organbestellung 3 688
  – Sachgründungsbericht 3 689 ff.
  – Satzung als Teil des Ausgliederungsplans 3 683 ff.

Einzelkaufmann -v eines Unternehmens 3 659
– Ein-Mann Gesellschaft 3 680
– erleichterte Kapitalerhöhung 3 667 ff.
– Gesellschafterversammlung 3 679
– Handelsregisteranmeldung 3 694 ff.
– Hauptversammlung 3 679
– Kapitalerhöhung beim übernehmenden Rechtsträgers 3 666 ff.
– Muster 3 699 ff.
– Überblick 3 654 f.
– überschuldete Unternehmen 3 660
– Vorbereitung der Gesellschafterversammlung 3 678
– Vorbereitung der Hauptversammlung 3 678
– Zulässigkeit 3 657 f.
– Zulässigkeitsvoraussetzungen 3 656 ff.
– zur Aufnahme 3 653, 666 ff.
– zur Neugründung 3 652, 680

Elektronische Registeranmeldung
– Berechnung der Dokumentenpauschale 8 119
– Dokumentenpauschale 8 119
– Einscannen als »Ablichtung« 8 119
– Einscannen und Dokumentenpauschale 8 119
– elektronische Übermittlung 8 123
– Erzeugen der elektronisch beglaubigten Abschrift 8 122
– Erzeugen von XML-Strukturdaten 8 123

– Fertigen elektronisch beglaubigter Abschriften 8 122
Erforderliche Bilanzen
– AG 7 627
– bereits bestehender rechtsträger 7 628
– Eröffnungsbilanz 7 629
– Stichtag der Schlussbilanz 7 626
Ermittlung des Übernahmeergebnisses 7 98 ff.
Ersatzrealisationstatbestände 7 486 ff.
ESUG 5 38
EuGH Rechtsprechung
– Gründungstheorie 6 22
– Limited-Boom 6 22
– Wettbewerb der Gesellschaftsrechtsordnungen 6 22
Euro-Einführungsgesetz 1 29
Europäische Aktiengesellschaft (SE) 6 339 ff.
Euroumstellung 5 129 ff.
– AG
  – Allgemeines 5 157 ff., 162 ff.
  – Beispiel 5 171 f.
  – Besonderheiten 5 170
  – Nennbetragsaktien 5 167
  – Stückaktien 5 168 f.
– allgemeine Fragen der Euroanpassung 5 129 ff.
– Einzelfragen 5 131 ff.
– Formwechsel, Besonderheiten 5 173 f.
– Genossenschaften, Besonderheiten 5 178 ff.
– Personengesellschaften, Besonderheiten 5 175 ff.
– Umwandlung unter Beteiligung einer GmbH 5 129 ff.

EWIV 6 355 f.
– formwechselfähiger Rechtsträger 4 58
– verschmelzungsfähiger Rechtsträger 2 43
EWIV-VO 6 355 f.
Firmenrecht
– Sonderfragen 5 1 ff.
– Überblick 5 1 ff.
Folgen der Rechtsprechung des EuGH für die nationale Rechtsprechung 6 53
Formwechsel 1 102
– Ablauf des Anteilserwerbs 4 253
  – anderweitige Veräußerung 4 257
  – Angebot auf Abfindung im Umwandlungsbeschluss 4 249 ff.
  – Ausnahmen vom Abfindungsangebot 4 258
  – Ausschluss von Klagen 4 256
  – Ausschlussfrist für die Annahme des Angebots 4 252
  – Barabfindung 4 242 f.
  – Inhalt des Anspruchs auf Barabfindung 4 255
  – Minderheit 4 242
  – Pflicht zur Aufnahme eines Abfindungsangebots 4 244 ff.
  – Preisgaberecht 4 242
  – Prüfung der Barabfindung 4 255
  – Verzicht auf das Abfindungsangebot 4 260
– Abwachsungsmodell 4 53

Stichwortverzeichnis

– allgemeines Gesellschaftsrecht **4** 13
– alternative Gestaltungsmöglichkeiten **4** 53
– Anteilsübertragung **4** 21
– Anwachsungsmodel **4** 3, 53
– Anwendung der Gründungsvorschriften **4** 267
  – Formwechsel in eine AG **4** 270 f.
  – Formwechsel in eine eingetragene Genossenschaft **4** 272
  – Formwechsel in eine GmbH **4** 268 f.
  – Identitätsthese **4** 267
– Arten **4** 1 ff.
– Aufrechterhaltung des haftungsmäßig gebundenen Kapitals **4** 32
– Aufsichtsrat **4** 290 ff.
– Ausgestaltung der Satzung **4** 193 ff.
– Ausgestaltung des Gesellschaftsvertrages **4** 193 ff.
– Ausscheiden der Komplementäre **4** 15
– Austritts- und Abfindungsrechte **4** 242 ff.
  – Abfindungsangebot ohne Anteilserwerb **4** 254
– Auswirkungen **4** 37 ff.
  – auf die Organstellung **4** 286 f.
– Barabfindung
  – Abfindungsangebot **4** 180
  – Anspruch eines widersprechenden Gesellschafters **4** 181
  – Entfallen des Abfindungsangebotes **4** 182
  – Inhalt **4** 183
  – Sondervorschriften **4** 184
  – Verzicht auf das Abfindungsangebot **4** 185
  – Voraussetzungen **4** 180 ff.
– bei ausstehenden Einlagen **4** 35
– Beitritt **4** 16
– Berichtspflicht, Einschränkung **4** 82
– Beschluss **8** 100 ff.
– Beschlussmehrheiten **4** 110, 230
  – 3/4-Mehrheit als Mindestmehrheit **4** 121
  – bei Genossenschaften **4** 119
  – bei Kapitalgesellschaften **4** 113
  – bei Partnerschaften **4** 112
  – bei Personengesellschaften **4** 111
  – bei Vereinen **4** 120
  – Satzungsregelungen **4** 121 ff.
  – zusätzliche satzungsmäßige Anforderungen **4** 122 f.
– Beseitigung der sogenannten Umwandlungssperre **4** 43 f.
– besondere Angaben in der Satzung **4** 204 ff.
– Bestellung der ersten Organe **4** 286 ff.
– Bestellung der neuen Organe **4** 288 f.
– Bewertung des Vermögens **4** 26
– bilanzielle Besonderheiten **7** 904 ff.
– Buchwerte **4** 26
– Buchwertfortführung **7** 904
– Checkliste **4** 62
– Delisting **4** 52, 225
– Doppelcharakter der formwechselnden Gesellschaft **4** 24

– Durchführung der Gesellschafterversammlung **4** 102 ff.
– Durchführung der Hauptversammlung **4** 102 ff.
– EDV-Unternehmen **4** 49
– Einführung **4** 1 ff.
– Ein-Mann-Kapitalgesellschaften **4** 23
– Einsatz in der Praxis **4** 45 ff.
  – Überblick **4** 45
– Einschränkung des Identitätsgrundsatzes **4** 26
– Einzelfälle **4** 367 ff.
– Entwicklung **4** 1 ff.
– Ermäßigung bei Umwandlung nach §§ 301 ff. UmwG **8** 96 f.
– errichtende Umwandlung **4** 6
– Erstellung einer Vermögensaufstellung **7** 903
– erster Aufsichtsrat
  – Abberufung und Neuwahl eines Aufsichtsratsmitglieds **4** 293 ff.
  – Bildung und Zusammensetzung **4** 290
– Euroumstellung, Besonderheiten **5** 173 f.
– fakultative Satzungsänderungen **4** 196 f.
– Feststellung der Satzung des neuen Rechtsträgers **4** 188 ff.
– Feststellung des Gesellschaftsvertrages des neuen Rechtsträgers **4** 188 ff.
– Formwechselbeschluss
  – Fall zur Bewertung **8** 117
  – Stellvertretung **4** 125 ff.
– formwechselfähige Rechtsträger **4** 54 ff.
– formwechselnde Umwandlung **4** 5, 9
– Formwechselprüfung **4** 91 ff.
  – Barabfindung **4** 92
  – Gründungsprüfung **4** 93
– Formwechselstichtag **4** 187
– gebührenpflichtige Nebentätigkeiten **8** 100 ff.
– Genossenschaft in eine AG, Handelsregisteranmeldung **4** 754
– Genossenschaft in eine GmbH, Handelsregisteranmeldung **4** 753
– Genossenschaft in eine Kapitalgesellschaft **4** 742
  – Gründungsbericht **4** 746
  – Gründungshaftung **4** 750
  – Gründungsprüfung **4** 746
  – Kapitalaufbringung **4** 743 f.
  – Prüfung durch das Registergericht **4** 749
  – Sachgründungsbericht **4** 745
– Genossenschaften **4** 686 ff.
  – Ablauf der Generalversammlung **4** 706
  – Angaben der Beteiligung der Gesellschaft **4** 724 f.
  – Angebot auf Barabfindung **4** 738
  – Anlagen der Anmeldung **4** 756
  – Anzahl der Aktien **4** 734 ff.
  – Anzahl der Anteile **4** 734 ff.
  – Auslegungs- und Erläuterungspflicht **4** 705
  – auszulegende Unterlagen **4** 704
  – Beschlussfähigkeit der Generalversammlung **4** 711

Stichwortverzeichnis

- Beschlussmehrheiten 4 711 ff.
- Bestellung der ersten Organe 4 741
- Beteiligungsquote des einzelnen Genossen 4 732 f.
- Checkliste 4 686
- Durchführung der Generalversammlung 4 705 ff.
- Einberufung der Generalversammlung 4 695
- Einführung 4 687
- erhöhte Mehrheit 4 713
- Festsetzung von Stammkapital 4 727 ff.
- Feststellung der Satzung 4 740
- Feststellung des Gesellschaftsvertrages 4 740
- Firma des neuen Rechtsträgers 4 723
- Geschäftsguthaben 4 730
- Gründungsvorschriften 4 742 ff.
- Gutachten des Prüfungsverbandes 4 695 ff.
- Handelsregisteranmeldung 4 751 f.
- Höhe des Stammkapitals 4 729
- in eine Kapitalgesellschaft 4 689 f.
- Inhalt des Gutachtens des Prüfungsverbandes 4 697
- Inhalt des Umwandlungsbeschlusses 4 717 ff.
- Kapitalschutz 4 742 ff.
- Landwirtschaftliche Produktionsgenossenschaft 4 691 f.
- Mitteilung des Abfindungsangebots 4 703
- Muster 4 758 ff.
- Nennbetrag der Anteile 4 719
- neue Rechtsform 4 722
- notarielle Beurkundung 4 716
- obligatorische Begutachtung 4 696
- Personenkreis der Anteilsinhaber 4 718
- Sonder- und Vorzugsrechte 4 737
- Stückelung der Aktien 4 734
- Stückelung der Anteile 4 734 ff.
- Tagesordnung 4 701
- tatsächliche finanzielle Beteiligung 4 731
- Umwandlungsbericht 4 693 f.
- Versicherungen 4 755
- Vorbereitung der Generalversammlung 4 699 ff.
- Wirkung 4 757
- Zahl, Art und Umfang der Beteiligung 4 726
- Gesamthandsgemeinschaften 4 9
- Gesamtrechtsnachfolge 4 6
- Gesellschafter- bzw. Hauptversammlung
  - Beschlussmehrheiten 4 110
  - Durchführung der Versammlung der Anteileigner 4 103 ff.
  - Informationsrecht 4 103
  - Stellvertretung 4 125
  - Stimmberechtigung 4 124
  - Zuständigkeit 4 102
- Gesellschafterversammlung 4 94 ff.
  - Durchführung 4 102
  - Vorbereitung 4 94 ff.
- Gesetzessystematik 4 42
- gesetzlich vorgesehene Voraussetzungen 4 19
- going-private 4 52
- grds. keine Formwechselprüfung 4 91
- Grundlagen 4 1 ff.
- Gründungsvorschriften 4 262 ff.
  - Besonderheiten bei der AG 4 275 ff.
- Handelsrechtsreformgesetz 4 2
- Handelsregisteranmeldung 4 303 ff.
  - allgemeine Anlagen 4 330
  - Änderung der Art des Registers 4 308 ff.
  - Änderung des Registers 4 312
  - anmeldepflichtige Personen 4 324 ff.
  - beizufügende Unterlagen 4 327
  - Einlagenversicherung 4 319 ff.
  - Gründungsunterlagen 4 332
  - Inhalte 4 313
  - keine Äderung der Art des Registers 4 305 f.
  - keine Änderung des Sitzes 4 305 f.
  - konstitutive 4 303
  - Negativerklärung 4 303
  - Negativversicherung 4 323
  - Versicherungen 4 319 ff.
  - weitere Unterlagen 4 331
  - zuständiges Gericht 4 305 ff.
- Handelsregistereintragung, fehlende Eintragung 4 307
- Hauptversammlung 4 94 ff.
  - Durchführung 4 102
  - Vorbereitung 4 94 ff.
- HRefG 5 29
- Identität des Gesellschaftsvermögens 4 25
- Identität des Personenkreises 4 10
- Identitätsprinzip 4 7 ff.
  - allgemeines Gesellschaftsrecht 4 13
  - Anteilsinhaberkreis 4 14 ff.
  - Identität des Gesellschafters 4 14 ff.
  - praktische Auswirkungen 4 12
- Identitätsthese 4 14
- identitätswahrende Wechsel 4 2 ff.
- identitätswahrender 4 7 ff.
- in eine Genossenschaft 5 33
- Information des Betriebsrats 4 302
- Inhalt der Anmeldung 4 313 ff.
  - weitere Tatsachen 4 316 ff.
- Inhalt des Umwandlungsbeschlusses 4 128 ff.
  - Angabe der Beteiligung der bisherigen Anteilsinhaber 4 137 ff.
  - Angebot auf Barabfindung 4 180 ff.
  - Anzahl der Anteile 4 169
  - Art der Anteile 4 148 ff.
  - Ausgleich von Spitzenbeträgen 4 175
  - Festsetzung der Geschäftsanteile 4 176 f.
  - Festsetzung von Einlageleistungen 4 150 ff.
  - Festsetzung von Grundkapital 4 150 ff.
  - Festsetzung von Stammkapital 4 150 ff.
  - Firma des neuen Rechtsträgers 4 135
  - Folgen für Arbeitnehmer 4 186 ff.
  - Formwechselstichtag 4 187

Stichwortverzeichnis

– Grundsatz der Personenidentität **4** 138
– Höhe der festzusetzenden Hafteinlage **4** 156
– Inkrafttreten des MoMiG **4** 173
– Kapitalgesellschaft in eine Kapitalgesellschaft **4** 164
– Kapitalgesellschaft in eine Personengesellschaft **4** 165 f.
– Mindestinhalt **4** 130
– Mitgliedschaften **4** 147 ff.
– Mitgliedschaftsrechte an der neuen Rechtsform **4** 143 ff.
– Name des neuen Rechtsträgers **4** 135
– neue Rechtsform **4** 134
– nichtverhältniswahrender **4** 167 f.
– Personengesellschaft in eine Kapitalgesellschaft **4** 159 ff.
– Sonder- und Vorzugsrechte **4** 178 f.
– Spruchstellenverfahren **4** 168
– Umfang der Anteile an der neuen Gesellschaft **4** 150 ff.
– unbekannte Aktionäre **4** 141 f., 176 f.
– Verteilung des Vermögens zur Festlegung des Umfangs der neuen Anteile **4** 156 ff.
– Zahl der Anteile an der neuen Gesellschaft **4** 150 ff.
– Zahl, Art und Umfang der Anteile **4** 143 ff.
– Zweites Gesetz zur Änderung des UmwG **4** 177
– Internetunternehmen **4** 49
– juristische Person **4** 9
– Kapital der Zielgesellschaft **4** 198
– Kapitalabfluss **4** 28
– Kapitalaufbringung **4** 26 ff.
– kapitale Haltung im Vorfeld **4** 28 ff.
– Kapitalfestsetzung **4** 26 ff.
– Kapitalfestsetzung der neuen Gesellschaft **4** 198 ff.
– Kapitalgesellschaft in die Personengesellschaft **4** 46
– Kapitalgesellschaft in eine andere Kapitalgesellschaft **7** 919 f.
– Kapitalgesellschaft in eine eingetragene Genossenschaft **4** 642 ff.
 – anmeldepflichtige Personen **4** 666
 – Anmeldung der Satzung **4** 667
 – Anmeldung der Vorstandsmitglieder **4** 668
 – beizufügende Unterlagen **4** 669
 – Beschluss einer KGaA **4** 646
 – Beschlussmehrheiten **4** 642 ff.
 – Besonderheiten **4** 642 ff.
 – Bestellung der ersten Organe **4** 663
 – Einstimmigkeit **4** 642 ff.
 – Feststellung der Satzung des neuen Rechtsträgers **4** 660 ff.
 – Handelsregisteranmeldung **4** 665
 – Inhalt des Umwandlungsbeschlusses **4** 649
 – Mehrheitsbeschluss **4** 644
 – neue Rechtsform **4** 650

– Regelung bzgl. Der Geschäftsanteile **4** 656 ff.
– Umfang des Geschäftsguthabens **4** 652 ff.
– Zahl, Art und Umfang der Geschäftsanteile **4** 651
– Zustimmungspflichten **4** 647 ff.
– Kapitalgesellschaft in eine Personengesellschaft **7** 192 ff., 907 ff.
– bilanzierte latente Steuern **7** 909
– eigene Anteile **7** 910
– Körperschaftsteuerrückstellungen **7** 908
– Kapitalgesellschaften **4** 473 ff.
– Abfindungsangebot **4** 484
– Abstimmung nach Aktiengattungen **4** 524
– AG **4** 486 ff.
– Angabe der Beteiligung der Gesellschafter **4** 535 ff., 586
– Angebot auf Barabfindung **4** 553, 609
– anmeldepflichtige Personen **4** 637
– Anmeldung der Geschäftsführer **4** 638
– Anmeldung der Vorstandsmitglieder **4** 638
– Anwendung der Nachgründungsvorschriften **4** 630
– Anzahl der Aktien **4** 603 f.
– Anzahl der Anteile **4** 603 f.
– Art der Mitgliedschaft **4** 540
– Auskunftsanspruch **4** 485
– ausstehende Einlagen **4** 595
– Beachtung der Nachgründungsvorschriften **4** 600
– beizufügende Unterlagen **4** 641
– Bekanntmachung der Tagesordnung **4** 494
– Beschlussmehrheiten **4** 508, 558 ff.
– besondere Festsetzungen **4** 615
– besondere Zustimmungserfordernisse bei GmbH **4** 564
– Bestellung der ersten Organe **4** 619
– Bezeichnung der Geschäftsanteile **4** 579
– Checkliste **4** 473
– Durchführung der Gesellschafter- oder Hauptversammlung **4** 506 f.
– Durchführung der Gesellschafterversammlung **4** 557
– eigene Geschäftsanteile **4** 618
– Einberufung der Gesellschafterversammlung **4** 483
– Einberufung der Hauptversammlung **4** 487
– Einberufungsfrist **4** 493
– Einzelfälle **4** 499 ff.
– Entbehrlichkeit der Unterzeichnung des Gesellschaftsvertrages **4** 578
– Entwurf des zukünftigen Gesellschaftsvertrages **4** 497
– Festsetzung von Grundkapital **4** 588
– Festsetzung von Stammkapital **4** 587
– Feststellung der neuen Satzung **4** 610 ff.
– Firma des neuen Rechtsträgers **4** 533, 584
– förmliche Feststellung des Beschlussergebnisses **4** 521

1717

Stichwortverzeichnis

- freiberufliche Tätigkeit 4 501
- Frist 4 483
- GbR 4 509 ff.
- Gebot der Reinvermögensdeckung 4 593
- Geschäftsanteile bei Umwandlung von Nennbetragsaktien 4 581
- Gesellschafter oder Hauptversammlung 4 505
- Gesellschafterversammlung bei der GmbH 4 520 f.
- GmbH 4 481 ff.
- Grundlagen 4 474 ff.
- Gründungsbericht 4 629
- Gründungsprüfung 4 629
- Gründungsvorschriften 4 625 ff.
- Hafteinlage 4 547
- Haftsumme 4 548
- Handelsrechtsreformgesetz 4 500
- Handelsregisteranmeldung 4 554 ff., 636
- Hauptversammlung bei der AG 4 522 ff.
- in eine AG 4 607, 624
- in eine GmbH 4 604 f., 623, 633
- in eine Kapitalgesellschaft anderer Rechtsform 4 557 ff.
- in eine KGaA 4 604 f., 624, 631
- Inhalt der neuen Satzung 4 614
- Inhalt des Umwandlungsbeschlusses 4 530 f., 582
- Kapitalaufbringung 4 626 ff.
- Kapitaldeckung 4 596 f.
- Kapitalgesellschaft in eine Personen- oder Partnerschaftsgesellschaft 4 499 ff.
- Kapitalschutz 4 625 ff.
- Kapitalveränderungsmaßnahmen 4 589
- Kaufmannsbegriff 4 500
- kein Kapitalschutz 4 592
- keine Einlagenversicherung 4 639 f.
- KG 4 513 ff.
- KGaA 4 486 ff., 518
- Maßgeblichkeit des Unternehmensgegenstandes 4 499 ff.
- mehrere Gattungen von Aktien 4 512
- MoMiG 4 573
- Muster 4 670 ff.
- Nachweis der Reinvermögensdeckung 4 599
- namentliche Nennung von Gesellschaftern 4 576 f.
- neue Rechtsform 4 532, 583
- nichtverhältniswahrende Umwandlung 4 601 f.
- notarielle Beurkundung der Gesellschafterversammlung 4 575 ff.
- OHG 4 509 ff.
- Partnerschaftsgesellschaft 4 509 ff.
- Sitz der Gesellschaft 4 534
- Sonder- und Vorzugsrechte 4 552
- Sonderbeschlüsse bei Aktien verschiedener Gattungen 4 561
- Sondervorschrift für die Niederschrift 4 576
- Stimmberechtigung 4 519
- Stückelung der Aktien 4 603 f.
- Umfang der Anteile 4 541 ff.
- Umwandlungsbericht 4 477 ff.
- Umwandlungsbeschluss 4 505 ff.
- Umwandlungssperre 4 476
- Unterbilanz 4 590 ff.
- Unterrichtung der Gesellschafter 4 481
- verhältniswahrende Umwandlung 4 601 f.
- Versammlungsleiter 4 520
- Vorbereitung der Gesellschafter 4 480
- Vorbereitung der Hauptversammlung 4 480
- weitere Festsetzungen in der Satzung 4 617
- wertmäßige Beteiligung 4 544
- Zahl, Art und Umfang der Aktien 4 586
- Zahl, Art und Umfang der Beteiligung 4 539
- Zustimmung bei AG 4 572
- Zustimmung bei KGaA 4 572 ff.
- Zustimmung bei Nebenleistungspflichten 4 570 f.
- Zustimmung beim Verlust von bestimmten Sonderrechten 4 529
- Zustimmung beim Verlust von Minderheitsrechten 4 528
- Zustimmung von Sonderrechtsinhabern 4 569
- Zustimmungserfordernis bei nichtverhältnismäßiger Beteiligung 4 565 ff.
- Zustimmungspflicht bei persönlicher Haftung 4 527
- Zustimmungspflichten 4 527 ff., 562
- Zwang zur Buchwertfortführung 4 598
- Zweites Gesetz zur Änderung des UmwG 4 574
- Kapitalmaßnahmen 4 199 ff.
- Kapitalschutz 4 262 ff., 273 f.
- Kapitalschutzvorschriften des Ausgangsrechtsträgers 4 30
- Komplementäre ohne Kapitalanteil 4 16
- Kontinuität der Mitgliedschaft 4 21
- Kontinuitätsgrundsatz der Mitgliedschaft 4 18
- kostenrechtliche Behandlung 8 88
- Mehrheitsaktionäre 4 261
  - freiwilliges Kaufangebot 4 261
- Minderheitenschutz 4 226 ff.
  - Effektivität des Umwandlungsrechts 4 226
  - Information der Anteilseigner 4 229
  - Institute 4 228
- Minderheitsschutzelement 4 21
- Motive für den Einsatz des UmwG 4 45
- Nachfolgezusatz 5 28
- Nachhaftung des ausscheidenden Kommanditisten 4 33
- Neubildung der Firma 5 30
- nichtverhältniswahrender 4 34
- notwendige Gesellschaftsvertragsänderungen 4 195
- notwendige Satzungsänderungen 4 195
- Notwendigkeit des Umgehungsschutzes 4 264
- öffentliche Register 4 39

Stichwortverzeichnis

- öffentlich-rechtliche Genehmigungen 4 40
- Partnerschaftsgesellschaften, Sonderbetriebsvermögen 4 368 ff.
- Personengesellschaft in eine Kapitalgesellschaft 7 611 ff., 911 ff.
  - Erstellung einer Unternehmensbewertung 7 916
  - Grundsätze der Kapitalaufbringung 7 911
  - Sachgründungsbericht 7 911
- Personenhandels- und Partnerschaftsgesellschaften 4 367 ff.
  - allgemeine Fragen 4 367 ff.
  - allgemeine Zustimmungspflichten 4 393
  - Angabe der Beteiligung der Gesellschafter 4 399
  - Angebot auf Barabfindung 4 421
  - Anlagen der Anmeldung 4 467
  - Anzahl der Aktien 4 408 ff.
  - Anzahl der Geschäftsanteile 4 408 ff.
  - Beschlussmehrheiten 4 383 ff.
  - Besonderheiten bei Genossenschaft 4 414 ff.
  - Besonderheiten bei GmbH & Co. KG 4 418 f.
  - Bestellung der ersten Organe 4 431 ff.
  - Checkliste 4 367
  - Durchführung der Gesellschafterversammlung 4 381 f.
  - Einberufung der Gesellschafterversammlung 4 376 f.
  - Einlagenversicherung 4 466
  - Einstimmigkeit 4 384 ff.
  - Festsetzung von Grundkapital 4 401 ff.
  - Festsetzung von Stammkapital 4 401 ff.
  - Feststellung der Satzung 4 422
  - Firmen eines neuen Rechtsträgers 4 398
  - Geschäftsanteile an der neuen Gesellschaft 4 400
  - Gesellschafterversammlung 4 380
  - Gründungsbericht 4 448 ff.
  - Gründungshaftung 4 457
  - Gründungsprüfung 4 448, 451 f.
  - Gründungsrecht 4 444 ff.
  - Haftart bei Genossenschaften 4 414 f.
  - Hafthöhe bei Genossenschaften 4 414 f.
  - Handelsregisteranmeldung 4 460 ff.
  - Inhalt des Umwandlungsbeschlusses 4 396 ff.
  - Inhalte Unterrichtung 4 378
  - Kapitalaufbringung 4 445 f.
  - Kapitalschutz 4 444 ff.
  - Mehrheitsbeschluss 4 387 ff.
  - Muster 4 469 ff.
  - Nachgründung 4 444, 459
  - namentliche Aufführung der zustimmenden Gesellschafter 4 391
  - Negativversicherung 4 466
  - notarielle Beurkundung der Gesellschafterversammlung 4 394 f.
  - notwendiger Inhalt der Satzung 4 422 ff.
  - Personengesellschaft in eine AG 4 408 ff.
  - Personengesellschaft in eine GmbH 4 408 ff.
  - Prüfung durch das Registergericht 4 453 ff.
  - Regelung des Geschäftsanteils 4 405 f.
  - Sachgründungsbericht 4 447
  - Sonder- und Vorzugsrechte 4 420
  - Strukturwahrung 4 425 ff.
  - Umwandlung in eine KGaA 4 392, 412 f.
  - Umwandlungsbericht 4 371 ff.
  - Umwandlungsbeschluss 4 380 ff.
  - Verteilung des Vermögens 4 405 f.
  - Vorbereitung der Gesellschafterversammlung 4 374 f.
  - weitere anmeldepflichtige Tatsachen 4 468
  - Zahl, Art und Umfang der Anteile 4 400
  - Zustimmung von Sonderrechtsinhabern 4 442
  - Zustimmungspflicht bei KGaA 4 443
  - Zustimmungspflichten 4 392 f., 442 ff.
- Prinzip der Identität 4 264
- Prokura 4 38
- Quotenverschiebender 4 34
- rechtsfähige Vereine 4 761 ff.
  - Abfindungsangebot 4 771
  - Ablauf der Mitgliederversammlung 4 775
  - Allgemeines 4 762
  - Auslegungs- und Erläuterungspflicht 4 773 f.
  - Auslegungspflicht 4 772
  - Beschlussmehrheiten 4 776
  - Bestellung der ersten Organe 4 800
  - Checkliste 4 761
  - Durchführung der Mitgliederversammlung 4 773
  - Einberufung der Mitgliederversammlung 4 767 ff.
  - Feststellung der Satzung eines Gesellschaftsvertrages 4 799
  - Gründungsvorschriften 4 801
  - Handelsregisteranmeldung 4 802 ff.
  - in eine eingetragene Genossenschaft 4 779
  - in eine Genossenschaft 4 796 ff.
  - in eine Kapitalgesellschaft 4 777 f.
  - in eine Kapitalgesellschaft, Überblick 4 782
  - Inhalt der Tagesordnung 4 769
  - Inhalt des Umwandlungsbeschlusses 4 781 ff.
  - Kapitalschutz 4 801
  - Leitung der Mitgliederversammlung 4 775
  - Muster 4 807 ff.
  - notarielle Beurkundung 4 780
  - Tagesordnung 4 768
  - Umwandlungsbericht 4 765
  - Vorbereitung der Mitgliederversammlung 4 767 ff.
- rechtsfähige Vereine in eine Kapitalgesellschaft 4 782 ff.
  - Angaben der Beteiligung der Mitglieder 4 785 f.
  - Angebot auf Barabfindung 4 795
  - Anzahl der Anteile 4 791 ff.
  - Festsetzung von Stammkapital 4 788 ff.

Stichwortverzeichnis

- neue Rechtsform **4** 783
- Sonder- und Vorzugsrechte **4** 794
- Stückelung der Aktien **4** 791 ff.
- Stückelung der Anteile **4** 791 ff.
- Zahl, Art und Umfang der Beteiligung **4** 787
- Rechtsformzusatz **5** 28
- Registeranmeldungen
  - Art des Registers **8** 112
  - Geschäftswert **8** 108 ff.
  - zusätzliche Anmeldung **8** 114
- Rückumwandlung der AG **4** 52
- Sachgründung **4** 204 ff.
  - Verweisung auf die Gründungsvorschriften **4** 205 ff.
- sachliche Beschlusskontrolle **4** 224 f.
- Satzungsinhalt **4** 211 ff.
  - Angaben über Sacheinlagen **4** 212 ff.
  - zwischen Kapitalgesellschaften **4** 211
- Schutz der Gläubiger **4** 355 ff.
  - Anwendung des Gründungsrechts **4** 358
  - Erhaltung der Haftungsmasse **4** 360
  - Fortdauer der Haftung in besonderen Fällen **4** 362 ff.
  - Grundsatz **4** 355 ff.
  - Schadensersatzhaftung der Organe **4** 359
  - Sicherheitsleistung **4** 361
- Schutz der Mitgliedschaft **4** 226
- Schutz von Inhabern besonderer Rechte **4** 226 ff.
- Sonderfragen **5** 28 ff.
- steuerliches Sonderbetriebsvermögen **4** 25
- treuhänderische Abtretung **4** 19
- Übernahmebilanz **7** 902
- übertragende Umwandlung **4** 5 f.
- Übertragungsbilanz **7** 902
- Umwandlung im technischen Sinn **4** 4
- Umwandlungsbericht **4** 63 ff.
  - Aufgaben der Umwandlungsbilanz **4** 86
  - Beifügung einer Vermögensaufstellung **4** 85 ff.
  - Buchwerte **4** 88
  - durch Vertretungsorgan **4** 68 f.
  - Einschränkung der Berichtspflicht **4** 82
  - Entwurf des Umwandlungsbeschlusses **4** 78 ff.
  - Erläuterung **4** 74
  - Erläuterung der angebotenen Barabfindung **4** 75 f.
  - Erläuterung des Formwechsels **4** 74
  - Erweiterung der Berichtspflicht **4** 81
  - Inhalt **4** 70 ff.
  - keine Vermögensaufstellung **4** 87
  - konkretes Bewertungssystem **4** 80
  - Notwendigkeit **4** 63
  - rechtliche und wirtschaftliche Verhältnisse **4** 73
  - Rechtsprechung zum Verschmelzungsbericht **4** 67
  - Regelfall einer Barabfindung **4** 76
  - Schriftlichkeit **4** 69
  - Umwandlungsbilanz **4** 85
  - Verzicht **4** 83 f.
  - Verzicht auf eine umfassende Umwandlungsprüfung **4** 75
  - Vorabaufnahme **4** 78
  - Zweites Gesetz zur Änderung des UmwG **4** 87
- Umwandlungsbeschluss **4** 64, 188
  - anwendbares Verfahren **4** 221 ff.
  - Checkliste für die Bewertung **8** 107
  - Entwurf **4** 64
  - Form **4** 218 ff.
  - Geschäftswert **8** 88
  - Inhalt **4** 128 ff.
  - notarielle Beurkundung **4** 218 ff.
  - Wertbestimmung nach dem Aktivvermögen **8** 89
  - Zweites Gesetz zur Änderung des UmwG **4** 189
- Umwandlungsrecht 1995 **4** 1 ff.
- UmwG 1995 **4** 7 ff.
- Universalsukzession **4** 4
- verbundene Unternehmen, Erweiterung der Berichtspflicht **4** 81
- Verkehrswerte **4** 26
- Vermögensbestand **4** 10
- verschmelzende Umwandlung **4** 6
- Vertragsgestaltung **4** 3
- Vertretung bei der Stimmabgabe **4** 125
- Verzichtserklärungen
  - Gebühr bei Zusammenbeurkundung **8** 92
  - Geschäftswert **8** 91, 95
- Volleinzahlung **4** 35
- Vollmacht **4** 38
- vollmachtlose Vertretung **4** 126
- vollständige Erbringung der Einlagen **4** 35
- Vorbereitung der Gesellschafterversammlung **4** 94 ff.
- Vorbereitung der Hauptversammlung **4** 94 ff.
- Vorbereitung des Börsengangs **4** 49 ff.
- vorherige Umwandlung der Gesellschaft **4** 50
- vorvertragliche Verpflichtungen zu Umwandlungsmaßnahmen **8** 98
  - Gegenstandsgleichheit **8** 98
  - Gegenstandsverschiedenheit **8** 98
- Wirkungen **4** 333 ff.
  - Auswirkungen auf Rechtverhältnisse **4** 336 ff.
  - Auswirkungen auf Register **4** 336 ff.
  - Auswirkungen auf Verträge **4** 336 ff.
  - Berichtigung in Registern **4** 338
  - dingliche Surrogation **4** 351
  - eigene Anteile des formwechselnden Rechtsträgers **4** 349 ff.
  - Erhaltung der Identität des Rechtsträgers **4** 334 f.
  - Genehmigungen und Erlaubnisse **4** 341
  - GmbH in eine AG **4** 350
  - GmbH in eine Genossenschaft **4** 349
  - GmbH in eine Personengesellschaft **4** 349
  - Heilung von Mängeln des Umwandlungsbeschlusses **4** 352 ff.

Stichwortverzeichnis

- Kontinuität der Mitgliedschaft **4** 366 ff.
- Prozesse und Titel **4** 340
- stille Gesellschaft **4** 364 f.
- Unternehmensverträge **4** 342 f.
- Verbindlichkeiten und Forderungen **4** 337
- Vollmachten und Prokura **4** 339
- weitere **4** 354
- wirtschaftliche Kontinuität **4** 10
- Wohnungsvorschriften **4** 263
- zu Sanierungszwecken **5** 97 ff.
  - Allgemeines **5** 97
  - Probleme der Kapitalaufbringung **5** 100
  - sanierende Kapitalherabsetzung **5** 108
  - Sanierungsumwandlung einer Personengesellschaft in eine Kapitalgesellschaft **5** 100
  - von Kapitalgesellschaften untereinander **5** 103 ff.
- Zustimmung von Sonderrechtsinhabern **4** 231 ff.
  - Beeinträchtigung des Vermögenswerts der Mitgliedschaft **4** 239
  - Sonderbeschlüsse bei Vorhandensein mehrerer Aktiengattungen **4** 237
  - Überblick über die Zustimmungspflichten **4** 231 f.
  - Verbesserungsschutz **4** 234 f.
  - Wegfall von Nebenpflichten **4** 238
  - Zustimmungspflicht bei Genehmigungsbedürftigkeit **4** 233
  - Zustimmungspflicht bei persönlicher Haftung **4** 240
  - Zustimmungspflicht bei Verlust von Sonderrechten **4** 236
- Zustimmungserklärungen
  - Form **4** 218 ff.
  - Gebühr bei Zusammenbeurkundung **8** 92
  - Geschäftswert **8** 91, 95
- Zwang zur Zuschreibung **7** 905
- Zweites Gesetz zur Änderung des UmwG **4** 22

Formwechselfähige Rechtsträger 4 54 ff.
- eingetragene Genossenschaften **4** 54
- EWIV **4** 58
- Kapitalgesellschaften **4** 54 f.
- Körperschaften und Anstalten des öffentlichen Rechts **4** 54
- Partnerschaftsgesellschaften **4** 54
- Personenhandelsgesellschaften **4** 54
- rechtsfähige Vereine **4** 54
- Vereine **4** 55
- Versicherungsvereine auf Gegenseitigkeit **4** 54
- zulässige Kombinationsmöglichkeiten **4** 59

Formwechselprüfung 4 91 ff.
Formwechselstichtag 4 187
Freier Beruf 1 20
Fusionsrichtlinie, Steuerrecht 7 5
Gebietskörperschaften, Sonstige, Ausgliederung 3 703 ff.
Gebot der Reinvermögensdeckung, Formwechsel 4 593

Gelantine I-Entscheidung 1 162
Gelantine II-Entscheidung 1 162
Gemeinden, Ausgliederung 3 703 ff.
Gemeiner Wert 7 48 ff.
- Buchwertaufstockung **7** 54
- Firmenwert **7** 48
- Pensionsrückstellungen **7** 50, 55
- Spiegelbildtheorie **7** 54

Gemeinsame Verlegung von Verwaltungs- und Satzungssitz 6 251
Genossenschaften
- Euroumstellung, Besonderheiten **5** 178 ff.
- Formwechsel **4** 1, 686 ff.
- Spaltung **3** 1, 621 ff.
- Verschmelzung **2** 1, 1193 ff., 1299

Genossenschaftsregister, Eintragungsgebühren 8 138 f.
Gesamtrechtsnachfolge 1 155 ff.; **4** 6
- allgemeine **1** 155 ff.
- Formwechsel **4** 6
- partielle **1** 155 ff.

Gesellschafterliste, Kosten 8 51, 76
Gläubigerschutz 1 121 f., 165 ff.
- angemessener Interessenschutz **1** 165
- Anwendung des Gründungsrechts **1** 168
- Erhaltung der Haftungsmasse **1** 183
- Grundsatz **1** 165 ff.
- Haftungs- und Vermögensstruktur der Gesellschaft **1** 165
- Kapitalerhöhung **1** 172
- Schadensersatzhaftung der Organe **1** 182
- Sicherheitsleistung **1** 185 ff.
- Umwandlungsbereinigungsgesetz **1** 167
  - Grundanliegen **1** 167
- unterschiedliche Ausgestaltung **1** 166

GmbH
- Kapitalerhöhung **3** 190
- Spaltung **3** 460 ff.
- Verschmelzung **2** 910 ff.

Going-concern-Prinzip 7 699
Going-Privat, Formwechsel 4 52
Grenzüberschreitende Sitzverlegung 6 10, 248 ff.
- Begriff des Verwaltungssitzes **6** 254
- Company Law Package **6** 275
- Drittstaaten **6** 253
- EU-Mitgliedstaaten **6** 253
- EWR-Staaten **6** 253
- gemeinsame Verlegung von Verwaltungs- und Satzungssitz **6** 251
- Herausverlegung **6** 252
- Herausverlegung des Verwaltungssitzes **6** 255 ff.
- Hineinverlegung **6** 252
- rechtsformwahrende Sitzverlegung **6** 254
- Sekundärrecht **6** 10
- Sitz der Gesellschaft **6** 249
- Verlegung des Satzungssitzes **6** 250
- Verlegung des Verwaltungssitzes **6** 250, 254 ff.
  - Herausverlegung **6** 255, 255 ff.

Stichwortverzeichnis

Grenzüberschreitende Sitzverlegung von Personengesellschaften 6 359
Grenzüberschreitende Spaltung 6 9, 310 ff.
– Abspaltung **6** 314
– aktive Spaltungsfähigkeit **6** 320
– Anmeldung **6** 331 ff., 332
– anwendbares Recht **6** 316, 318
  – Regeln über die grenzüberschreitende Verschmelzung **6** 316
  – Regeln über die innerstaatliche Spaltung **6** 318
  – Vereinigungstheorie **6** 318
– Arbeitnehmermitbestimmung **6** 334 ff.
– Arbeitnehmerschutz **6** 334 ff.
  – Herausspaltung **6** 335
  – Hineinspaltung **6** 334
– Aufspaltung **6** 314
– Company Law Package **6** 310, 313, 315, 317, 321, 324, 326, 328, 330, 333, 337
  – Abschnittstheorie **6** 317
  – Abspaltung **6** 315
  – anwendbares Recht **6** 317
  – artificial arrangement **6** 313
  – Aufspaltung **6** 315
  – Bereichsausnahme **6** 313
  – Eintragung **6** 333
  – independent expert **6** 328
  – keine Ausgliederung **6** 315
  – keine Spaltung zur Aufnahme **6** 315
  – nichtverhältniswahrende Spaltung **6** 315
  – Rechnungslegungsstichtag **6** 333
  – Rechtmäßigkeitskontrolle **6** 333
  – Rechtswirkungen **6** 333
  – Spaltuing zur Neugründung **6** 315
  – Spaltungsbericht **6** 326
  – Spaltungsbeschluss **6** 330, 337
  – spaltungsfähige Rechtsträger **6** 321
  – Spaltungsplan
    – Offenlegung **6** 324
  – Spaltungsprüfung **6** 328
  – Wirksamwerden **6** 333
– gemeinsame Spaltungsprüfung **6** 327
– Gestaltungsvarianten **6** 314
– Herausspaltung **6** 314, 331
– Hineinspaltung **6** 314, 332
– in Drittstaaten **6** 73
– nach der Rechtsprechung des EuGH **6** 312
– passive Spaltungsfähigkeit **6** 320
– Sekundärrecht **6** 9, 310
  – Company Law Package **6** 310, 313, 315, 317, 321, 324, 326, 328, 330, 333, 337
– Sevic **6** 311
– Spaltung zur Aufnahme **6** 314
– Spaltung zur Neugründung **6** 314
– Spaltungsbericht **6** 325 f.
– Spaltungsbeschluss **6** 329 f.
– spaltungsfähige Rechtsträger **6** 320
– Spaltungsplan **6** 322 ff.
  – Arbeitnehmerschutz **6** 334

– Folgen für Arbeitnehmer **6** 334
– Spaltungsprüfbericht **6** 327
– Spaltungsprüfung **6** 327 f.
– Vorgehen in der Praxis **6** 319
– Zulässigkeit in der EU **6** 312
Grenzüberschreitende Spaltung von Personengesellschaften 6 373
– auf Grundlage der Rechtsprechung des EuGH **6** 373
– kein kodifizierter Rechtsrahmen **6** 373
Grenzüberschreitende Umwandlung
– Abgrenzung zur Verschmelzung aufgrund Richtlinien **6** 230 ff.
– Entwicklung des unionalen Umwandlungsrechts **6** 3
– EuGH
  – Gründungstheorie **6** 16
  – Sitztheorie **6** 16
– EuGH Rechtsprechung **6** 16 ff.
  – Centros-Entscheidung **6** 18
  – Daily Mail-Entscheidung **6** 17
  – Einführung **6** 16 ff.
  – Entwicklung **6** 16 ff.
  – Gründungstheorie **6** 16
  – Inspire Art **6** 21
  – Sevic-Entscheidung **6** 23 ff.
  – Sitztheorie **6** 16
  – Überseering-Entscheidung **6** 20
  – Verfahren Cartesio **6** 26
– EWIV **6** 338
– grenzüberschreitende Sitzverlegung **6** 10
– grenzüberschreitende Spaltung **6** 9
– Grenzüberschreitende Verschmelzung **6** 230 ff.
– grenzüberschreitender Formwechsel **6** 10
– Gründungstheorie **6** 16
– MgVG **6** 192
– mögliche Umwandlungsfälle **6** 2
– Muster **6** 374 ff.
– Niederlassungsfreiheit
  – grenzüberschreitende Spaltung **6** 310
  – Herausverschmelzung **6** 236
– Rechtsprechung des EuGH **6** 15 ff.
  – Auswirkungen in Deutschland **6** 43 ff.
    – Brexit **6** 47
    – Limited-Boom **6** 47
    – MoMiG **6** 46
    – UmwG **6** 47
  – Cartesio **6** 26
  – Centros **6** 18
  – Daily Mail **6** 17
  – grenzüberschreitende Verschmelzung **6** 24
    – Sevic **6** 24
  – grenzüberschreitender Formwechsel **6** 26, 27, 34
  – Gründungsfreiheit **6** 42
  – Herausformwechsel **6** 26
  – Herausumwandlung **6** 26

- Hineinformwechsel **6** 27
  - VALE **6** 28
- Hineinumwandlung **6** 27
- Hineinverschmelzung **6** 24
  - Sevic **6** 24
- Inspire Art **6** 21
- MoMiG **6** 46
- Polbud **6** 34
  - Anwendunjgsbereich der Niederlassungsfreiheit **6** 37
  - Beschränkung der Niederlassungsfreiheit **6** 38
  - isolierte Satzungssitzverlegung **6** 36
  - tatsächliche Ansiedlung **6** 39
  - Umwandlungsfreiheit **6** 40
  - Vorlagefragen **6** 35
- Sevic **6** 23
  - Kritik **6** 25
  - Verschmelzungsrichtlinie **6** 25
- Überseering **6** 20
- Umwandlungsfreiheit **6** 42
- VALE **6** 27
  - Anerkennung von Dokumenten **6** 32
  - anwendbare Vorschriften **6** 31
  - Äquivalenzgrundsatz **6** 33
  - Arbeitnehmerschutz **6** 29
  - Gläubigerschutz **6** 29
  - Minderheitenschutz **6** 29
  - Schutzorschriften **6** 29
  - Verfahren **6** 30
- wirtschaftliche Tätigkeit im Zuzugsstaat **6** 34
- Zulässigkeit grenzüberschreitender Umwandlungen **6** 41
- Richtlinie 2005/56/EG **6** 8
- SCE **6** 338
- SE **6** 338, 339
- Sekundärrecht
  - Auswirkungen **6** 43 ff.
  - Company Law Package
    - Auswirkungen **6** 45
  - Überblick **6** 4
  - UmwG **6** 44
- Sevic-Entscheidung **6** 230 ff.
- Sitztheorie **6** 16
- supranationale Rechtsträger **6** 338
- Überblick **6** 1 ff.
- Umwandlungsfälle aufgrund primärrechtlicher Niederlassungsfreiheit **6** 234 ff.
- Verschmelzungsrichtlinien **6** 8
- Zulässigkeit **6** 1

Grenzüberschreitende Umwandlung von Personengesellschaften 6 358
- EuGH-Rechtsprechung **6** 358
- GmbH & Co. KG **6** 365
- grenzüberschreitende Spaltung **6** 373
- grenzüberschreitende Verschmelzung **6** 370
- Herausformwechsel **6** 368
- Hineinformwechsel **6** 369
- keine Sitzaufspaltung **6** 363, 367

- Rechtsunsicherheiten **6** 358
- Satzungssitz **6** 360, 362
- Sitz **6** 360, 361, 362
- Sitzbestimmung **6** 360
- Verlegung des Satzungssitzes **6** 366
- Verlegung des Verwaltungssitzes **6** 364
  - GmbH & Co. KG **6** 365
- Verwaltungssitz **6** 360, 361

Grenzüberschreitende Unternehmensumwandlung
- auf Grundlage bilateraler Abkommen **6** 69
- auf Grundlage der Rechtsprechung des EuGH **6** 15 ff.

Grenzüberschreitende Unternehmensumwandlungen
- nationale Gerichte **6** 60 ff., 61, 62, 63, 64, 66
  - grenzüberschreitender Herausformwechsel **6** 64, 66
  - grenzüberschreitender Hineinformwechsel **6** 61, 62, 63

Grenzüberschreitende Verschmelzung 1 52, 105
- Abfindungsangebot im Verschmelzungsplan **1** 119 f.
- anwendbares Recht **6** 238
- Anwendungsbereich **1** 105 ff.
- auf Grundlage der EuGH-Rechtsprechung **6** 231
- ausländische Gesellschaften **6** 244, 245
- Begriffsbestimmung **1** 105 ff.
- Bekanntmachung **1** 112, 128 f.
- Beteiligung einer niederländischen Gesellschaft **6** 245
- Eintragung **1** 127
- Erstellung des Verschmelzungsplans **6** 244
- Gläubigerschutz **1** 121 f.
- Handelsregisteranmeldung **6** 247
- in Drittstaaten **6** 72
- kostenrechtliche Behandlung **8** 54
- Niederlassungsfreiheit **6** 233, 235
  - Personengesellschaften **6** 235
  - Reichweite **6** 233
  - Verhätnis zu Sekundärrecht **6** 233
  - Verschmelzungsrichtlinie **6** 233
- Personengesellschaften **6** 235
- Schutz von Minderheitsgesellschaftern **1** 117 f.
- Sevic
  - Verschmelzungsfähigkeit **6** 241
- Steuerrecht **7** 311 ff., 330 ff.
- Vereinigungstheorie **6** 238, 239, 240
  - Gerichtspraxis nach Sevic **6** 239
  - widersprüchliche Regelungen **6** 240
- Verfahren **6** 237 ff., 242 ff.
  - Ablauf **6** 243, 245
    - Mehrfachvornahme einzelner Maßnahmen **6** 246
  - Handelsregisteranmeldung **6** 247
  - Sevic
    - Ablauf **6** 243, 245
    - Handelsregisteranmeldung **6** 247

1723

Stichwortverzeichnis

- Sevic-Entscheidung **6** 237 ff.
- Verschmelzungsbericht **1** 34, 113
- Verschmelzungsbescheinigung **1** 124 ff.
- Verschmelzungsfähigkeit **6** 241
- Verschmelzungsplan **1** 108 ff.
- Verschmelzungsprüfung **1** 114
- Wirksamwerden **1** 128 f.
- Zustimmung der Anteilsinhaber **1** 116

Grenzüberschreitende Verschmelzung nach den §§ 122a ff. UmwG 6 74 ff.
- Abfindungsangebot im Verschmelzungsplan **6** 129 ff.
- anwendbare Vorschriften **6** 83 ff.
- Bekanntmachung des Verschmelzungsplans **6** 137
- Definition **6** 81 f.
- Gläubigerschutz **6** 188 ff.
- Grundstruktur des Verfahrens **6** 84
- Mutter-Tochter-Verschmelzung **6** 124
- Phasen des Verfahrensablaufs **6** 85
- Regelungen in anderen Mitgleidstaaten **6** 83
- Regelungstechnik **6** 80
- side step merger **6** 96, 125, 125
  – Company Law Package **6** 97, 126
- Umsetzung in anderen Mitgleidstaaten **6** 83
- unionsrechtliche Grundlagen **6** 74 ff.
- Unterrichtung des Betriebsrates **6** 139
- Verfahren **6** 83 ff.
- Verschmelzung von Schwestergesellschaften **6** 125, 125
- Verschmelzung zur Aufnahme **6** 127 f.
- Verschmelzung zur Neugründung **6** 127 ff.
- Verschmelzungsarten **6** 82
- Verschmelzungsbericht **6** 140 ff.
  – durch Vertretungsorgane **6** 141 f.
  – Einschränkung der Berichtpflicht **6** 148
  – Erweiterung der Berichtpflicht bei verbundenen Unternehmen **6** 147
  – Inhalt **6** 143 ff.
  – kein Verzicht **6** 149
  – Konzernverschmelzung **6** 149
  – Überblick **6** 140
  – Zuleitung an Arbeitnehmer **6** 150
  – Zuleitung an Betriebsrat **6** 150
- verschmelzungsfähige Rechtsträger **6** 86 ff.
  – AG **6** 87
  – Anlagegesellschaften **6** 94
  – aufgelöste **6** 95
  – Genossenschaften **6** 93
  – GmbH **6** 87
  – GmbH & Co. KG **6** 92
  – Gründung nach dem Recht eines EU- oder EWR-Mitgliedstaats **6** 90
  – Haptverwaltung in der EU **6** 90
  – im EU-Ausland **6** 91
  – in Insolvenz **6** 95
  – in Liquidation befindliche **6** 95
  – Insolvenzplanverfahren **6** 95
  – Kapitalgesellschaften **6** 87
  – KGaA **6** 87
  – Personengesellschaften **6** 92
  – SE **6** 87
  – Sitz in der EU **6** 90
  – UG (haftungsbeschränkt) **6** 88
  – Vor-AG **6** 89
  – Vorgesellschaften **6** 89
  – Vor-GmbH **6** 89
- Verschmelzungsplan **6** 99 ff.
  – Änderung **6** 101
  – Angaben zum Verfahren der Arbeitnehmermitbestimmung **6** 119
  – Angaben zur Bewertung des Aktiv- und Passivvermögen **6** 120 f.
  – Aufhebung **6** 101
  – Einzelheiten hinsichtlich der Übertragung der Gesellschaftsanteile **6** 111
  – Festlegung des Verschmelzungsstichtages **6** 115
  – Firma und Sitz der übertragenden Gesellschaft **6** 109
  – Form **6** 105 f.
  – Höhe barer Zuzahlungen **6** 110
  – Nichtigkeit **6** 101
  – notwendiger Inhalt **6** 107 f.
  – Planaufstellung **6** 100
  – Rechtsformen **6** 109
  – Satzung der übernehmenden oder neuen Gesellschaft **6** 118
  – Sonderrechte **6** 116
  – Sprache **6** 102 ff.
  – Stichtag der Jahresabschlüsse **6** 122 f.
  – Überblick **6** 99
  – Umtausch der Geschäftsanteile **6** 110
  – voraussichtliche Auswirkungen der Verschmelzung **6** 112 f.
  – Vorteile für sonstige Beteiligte **6** 117
  – Zeitpunkt und Besonderheiten des Gewinnanspruchs **6** 114
- Verschmelzungsprüfung **6** 152 ff.
  – keine Prüfung **6** 154
  – Konzernverschmelzung **6** 154
  – Monatsfrist **6** 155
  – Notwendigkeit **6** 152 f.
  – Verschmelzungsbeschlüsse **6** 157 ff.
  – Verzicht **6** 154
- Verschmelzungsverfahren **6** 98
  – Checkliste **6** 98
- Vorabbescheinigung und Registerverfahren **6** 165 ff.
  – Anmeldung bei Hinausverschmelzung **6** 183 ff.
  – Anmeldung bei Hineinverschmelzung **6** 181
  – Anmeldung zum Handelsregister **6** 167 ff., 175 ff.
  – Eintragung im Handelsregister **6** 167 ff., 175 ff.
  – Rechtmäßigkeit Kontrollverfahren **6** 173
  – Überblick **6** 165 f.
  – Verschmelzungsbescheinigung **6** 167, 171

– Wirksamkeit **6** 187
Grenzüberschreitende Verschmelzung von Personengesellschaften 6 370
– Alternativen für die Praxis **6** 372
– auf Grundlage der Rechtsprechung des EuGH **6** 371
– kein kodifizierter Rechtsrahmen **6** 370
– Rechtsunsicherheiten **6** 372
– Referentenentwurf für ein Viertes Gesetz zur Änderung des Umwandlungsgesetzes **6** 370
Grenzüberschreitende Verschmelzung, Herausverschmelzung
– Verschmelzungsbericht **6** 229
Grenzüberschreitende Verschmelzung, Hineinverschmelzung
– Minderheitenschutz **6** 227
– Sonderrechtsinhaber **6** 227
Grenzüberschreitender Formwechsel 6 10, 248 ff., 271
– Abschnittstheorie **6** 271
– anwendbares Recht **6** 272
  – Herausformwechsel **6** 274
  – Herausformwechsel einer AG **6** 273
– aufgelöste Rechtsträger **6** 280
– Ausgangsrechtsform beim Hineinformwechsel **6** 277
– Cartesio **6** 26
– Genossenschaften **6** 278
– Grundlagen **6** 271
– Herausformwechsel
  – Rechtsprechung des EuGH **6** 26
  – Zielrechtsträger **6** 282
– Hineinformwechsel
  – Rechtsprechung des EuGH **6** 27
  – Zielrechtsträger **6** 281
– in Drittstaaten **6** 71
– Kapitalgesellschaften **6** 277
– Motive **6** 270
– nach Rechtsprechung des EuGH **6** 271
– Personengesellschaften **6** 279
– rechtsformkongruent **6** 281
– Sekundärrecht **6** 10
– Sitz der Gesellschaft **6** 249
– tatsächliche wirtschaftliche Tätigkeit im Zuzugsstaat **6** 307
  – Polbud **6** 308
– umwandlungsfähige Rechtsträger **6** 276
– VALE **6** 27
  – Anerkennung von Dokumenten **6** 32
  – anwendbare Vorschriften **6** 31
  – Äquivalenzgrundsatz **6** 33
  – Arbeitnehmerschutz **6** 29
  – Gläubigerschutz **6** 29
  – Minderheitenschutz **6** 29
  – Schutzvorschriften **6** 29
  – Verfahren **6** 30
– Vereinigungstheorie **6** 271

– Verlegungsbericht **6** 286
  – Hineinformwechsel **6** 287
– Verlegungsplan **6** 283
  – Bekanntmachung **6** 284
  – Form **6** 284
  – Hineinformwechsel **6** 285
  – Inhalt **6** 283
Grenzüberschreitende Umwandlung
– EWIV **6** 355 f.
– SCE **6** 357
Grenzüberschreitender Herausformwechsel
– nationale Gerichte **6** 64, 66
  – LG Innsbruck **6** 66
  – OLG Frankfurt **6** 64 ff.
    – Kritik **6** 65
Grenzüberschreitender Hineinformwechsel
– nationale Gerichte **6** 61, 62, 63
  – KG **6** 62
  – Moor Park II **6** 61
  – OLG Düsseldorf **6** 63
Grundbuchberichtigungsanträge
– Eigentümerberichtigung **8** 128
– Firmenänderungen **8** 127
– Grundsätze zur Unterscheidung Eigentümerwechsel/Namensberichtigung **8** 127
– Identitätswechsel **8** 127
Grunderwerbsteuer, Umwandlungsrecht 7 614 ff.
Grundsatz der Anteilsgewährung 1 174
Gründungsprüfung, Kosten 8 42
Gründungsrecht 1 168
Gründungstheorie
– BGH **6** 54
  – EU-Mitgliedstaaten **6** 55, 57
    – genuine link **6** 58
Gründungstheorie, grenzüberschreitende Umwandlung 6 16
Handelsbilanz
– Anschaffungswertprinzip **7** 707, 737
– ausstehende Einlagen beim übertragenden Rechtsträger **7** 727
– Bewertungswahlrecht **7** 702 ff.
– Definition der Gegenleistung **7** 711
– des übernehmenden Rechtsträgers **7** 702 ff.
– Gewährung barer Zuzahlungen **7** 728 ff.
– Maßgeblichkeit für die Steuerbilanz **7** 56 ff., 451, 696
– mögliche Varianten der Anteilsgewährung **7** 722
– Pflicht zur Gewährung von Anteilen **7** 715 ff.
– Umfang der Anteilsgewährungspflicht **7** 723 ff.
– Untergang der Anteile am übertragenden Rechtsträger **7** 736
– Verbot der Mehrfachbeteiligung **7** 721
– Vermögenseinbuße **7** 713
Handelsrechtliche Schlussbilanz 7 665 ff.
Handelsrechtsreformgesetz 1 25 ff.
Handelsregister, Eintragungsgebühren 8 138 f.
Handelsregisteranmeldung
– Formwechsel **4** 303 ff.

1725

Stichwortverzeichnis

– Spaltung von AG **3** 598 ff.
– Spaltung von Partnerschaftsgesellschaften **3** 459
Hereinverschmelzung 7 330 ff.
Hinausverschmelzung 7 311 ff.
Identitätsprinzip, Formwechsel 4 7 ff.
Identitätsthese, Formwechsel 4 14
Identitätswahrende Wechsel 4 2 ff.
Interessenausgleich 1 224
Kalte Kapitalherabsetzung 1 175
Kapitalerhaltungsgrundsätze, Spaltung von GmbH 3 475
Kapitalerhöhung 2 145
– Spaltung **3** 369 ff.
   – von AG **3** 543
   – von GmbH **3** 474
   – zur Aufnahme **3** 567 ff.
Kapitalerhöhungsverbote
– Spaltung **3** 210 ff.
– Verschmelzung von GmbH **2** 920 f.
Kapitalerhöhungswahlrecht
– Spaltung **3** 210 ff.
– Verschmelzung von GmbH **2** 922 f.
Kapitalertragssteuer 7 112 ff., 168 ff.
Kapitalgesellschafen
– Formwechsel **4** 473 ff.
– formwechselfähige Rechtsträger **4** 54
– Verschmelzung **2** 1365 ff.
Kapitalgesellschaften 4 574
Kapitalherabsetzung
– kalte **1** 175
– Spaltung, von AG **3** 573 ff.
– Summengrundsatz **1** 175
Kapitalschutz 1 168
Kapitalschutzvorschriften, Formwechsel 4 30
Ketteneinbringung 7 489, 508 ff.
Kettenspaltung, Mehrheit von Rechtsträgern 8 67
Kettenumwandlung 2 21 ff.; **7** 675
Kettenverschmelzung 2 489
Konfusion 7 149
Konfusionsgewinn 7 149 ff., 249, 520 ff., 853
Konfusionsverlust 7 150, 250
Konzernspaltung 3 303
Körperschaften des öffentlichen Rechts, Formwechselfähige Rechtsträger 4 54
Kostenrechtliche Behandlung
– Berichtigung des Handelsregisters **8** 131 ff.
– Formwechsel **8** 88
– Grundbuchberichtigungsanträge **8** 127 ff.
– Spaltung **8** 55 ff.
– Umschreibung von Vollstreckungsklauseln **8** 134 ff.
– Vermögensübertragung **8** 97
Kostenrechtliche Bewertung, Ausgliederung 8 78 ff.
Landkreise, Ausgliederung 3 703 ff.

Limited-Boom
– Brexit **6** 47
   – Austrittsabkommen **6** 48
      – Viertes Gesetz zur Änderung des UmwG **6** 49
   – Folgen **6** 48
   – UmwG **6** 49
Magna Media Verlag-AG Gruppe-Entscheidung 1 162
Mehrheitsaktionäre, Formwechsel 4 261
MgVG 6 192 ff.
– Allgemeines **6** 192
– besonderes Verhandlungsgremium **6** 212 ff.
   – persönliche Voraussetzungen **6** 214
– grenzüberschreitende Umwandlung **6** 192 ff.
– Grundlagen **6** 192 ff.
– Information **6** 209 ff.
– Mitbestimmung aufgrund Entscheidung der Verwaltung **6** 205 f.
– Mitbestimmung der Arbeitnehmer **6** 195
– Mitbestimmung kraft Gesetzes **6** 223 ff.
   – Auffangregelung **6** 223 ff.
– Sitzstaatsrecht **6** 202
– Systematik **6** 200 f.
– Verhandlungsbeteiligte **6** 208
– Verhandlungsergebnis **6** 220 ff.
– Verhandlungsgremium, Informationen **6** 207 ff.
– Verhandlungsverfahren **6** 217 ff.
   – Abbruch **6** 218
   – Ziel **6** 217
– Voraussetzungen **6** 195
– Verhandlung **6** 203 f.
– Vorgaben der Richtlinie **6** 193 ff.
– Vorher-Nachher-Prinzip **6** 199
Minderheitenschutz
– Abfindung **1** 193 ff.
– Ausscheiden **1** 193 ff.
– Beschlussmehrheiten **1** 191
– Formwechsel **4** 21
– Grundsatz **1** 188
– Information der Anteilseigner **1** 189 f.
– Spruchverfahren **1** 196 f.
– Verbesserung des Umtauschverhältnisses **1** 196 f.
– Zustimmung einzelner Gesellschafter **1** 192
Minderheitsgesellschafter 1 117 f.
Mischfälle 7 848 ff.
– Bilanzierung mit den tatsächlichen Anschaffungskosten **7** 851
– Konstellationen **7** 849
Mitteilungspflichten nach § 21 WPHG 5 183 f.
Modow-Meter-Entscheidung 1 162
MoMiG
– bescheinigte Gesellschafterliste **8** 51
– Formwechsel **4** 173
   – Kapitalgesellschaften **4** 573
– Spaltung **3** 283
Moor Park II 6 61 ff.

Stichwortverzeichnis

Mutter-Tochter-Verschmelzung, Geschäftswert 8 14
Nebentätigkeiten 8 38 ff.
– gebührenfreie 8 39 f.
– gebührenpflichtige 8 41 ff.
Niederlassungsfreiheit 6 234 ff.
Öffentliche Register, Formwechsel 4 39
Partnerschaftsgesellschaften 2 891 ff.
– formwechselfähige Rechtsträger 4 54
– Spaltung 3 450 ff.
– Verschmelzung 2 891 ff.
Pensionsrückstellungen 7 55, 211, 365, 390, 449, 456
– Anschaffungskosten 7 816
– Anschaffungswertprinzip 7 740
– Buchwertfortführung 7 821, 830
– gemeiner Wert 7 50
Personengesellschaften
– Grenzüberschreitende Umwandlung 6 358 ff.
Personengesellschaften, Euroumstellung, Besonderheiten 5 175 ff.
Personenhandelsgesellschaften
– Formwechselfähige Rechtsträger 4 54
– Spaltung 3 429 ff.
– Verschmelzung, Zulässigkeit 2 750 ff.
Prokura, Formwechsel 4 38
Quellensteuer 7 113, 168, 170, 574
Rechtsfähige Vereine, Formwechsel 4 761
Rechtsprechung des EuGH
– nationale Gerichte 6 60
 – grenzüberschreitende Umwandlungen 6 60
  – vor VALE 6 60
– unionsrechtskonforme Auslegung 6 53
– unionsrechtskonforme Rechtsfortbildung 6 53
Referentenentwurf des »Gesetzes zum Internationalen Privatrecht der Gesellschaften, Vereine und juristischen Personen« 6 50
Relevante Stichtage
– Handels- und Steuerrecht 7 631 ff.
– Handelsrecht 7 631 ff.
– handelsrechtliche Rechnungslegungspflicht 7 652
– Pflicht zur Jahresabschlusserstellung 7 652
– Realisationsprinzip 7 646
– Schlussbilanz 7 632
– Schlussbilanzstichtag 7 632
– schwebende Verschmelzung 7 652
– steuerlicher Übertragungsstichtag 7 660
– Steuerrecht 7 660 f.
– Übergang des wirtschaftlichen Eigentums 7 642 ff.
– Umwandlungsstichtag 7 173, 633 ff.
– Verschmelzungsstichtag 7 633
– wirtschaftliches Eigentum 7 640
– zivilrechtliches Eigentum 7 640
Richtlinie 2005/56/EG 6 8
– Umwandlungsrecht 1 34 ff.
Richtlinie über bestimmte Aspekte des Gesellschaftsrechts 6 11

Sachkapitalerhöhung 1 152
Sanierungsgesellschaft, Umwandlung 5 41 ff.
Sanierungsspaltung 5 84
– Aufspaltung bei Vorliegen einer Unterbilanz 5 91
– Besonderheiten bei der Ausgliederung 5 90
– Besonderheiten bei der Ausgliederung aus dem Vermögen eines Einzelkaufmanns 5 94
– Kapitalerhaltung bei der abspaltenden Gesellschaft 5 86
– Wirkungen der Spaltung 5 95 f.
Sanierungsumwandlung
– Bedeutung des Insolvenzplans 5 114 ff.
– bedingte Bestätigung des Insolvenzplans 5 118
– Besonderheiten 5 109 ff.
– nach Eröffnung des Insolvenzverfahrens 5 109
– Umwandlung als Teil des Insolvenzplans 5 114 ff.
– Zulässigkeit der Umwandlung nach Eröffnung des Insolvenzverfahrens 5 110
Satzungssitz 6 249
SCE 6 357
SCE, verschmelzungsfähiger Rechtsträger 2 45
SCE-VO 6 357
Schlussbilanz
– Abweichung vom Grundsatz der Bewertungstätigkeit 7 697
– Änderung der Bewertungsmethode 7 695
– Ausübung der Bewertungswahlrechte 7 696
– Auswirkungen der Wahlrechtsausübung 7 680
– Bestätigungsvermerk 7 670 f.
– Bewertungsobergrenze 7 694
– Bilanzierung dem Grunde nach 7 678
– Bilanzierung der Höhe nach 7 694 ff.
– Bilanzierungs- und Bewertungsvorschriften 7 677 ff.
– Drei-Spalten-Bilanz 7 675
– Einreichung beim Registergericht 7 674
– Erstellung einer Teilbilanz 7 665
– Gewinn- und Verlustrechnung 7 668
– going-concern-Prinzip 7 699
– Grundsatz der Bewertungsstetigkeit 7 695
– Jahresabschlussanalyse 7 680
– keine Vermögensbilanz 7 677
– Kettenumwandlung 7 675
– Lagebericht 7 668
– Notwendigkeit einer Feststellung 7 672
– Pflicht zur Erstellung 7 665 ff.
– Rumpfgeschäftsjahr 7 666
– Wahlpflichtangaben 7 668
– Willkürverbot 7 679
– zwingende Beifügung eines Inventars 7 673
Schlussbilanzstichtag 7 631 ff.
SE
– Art. 66 SE-VO 6 342
 – 2-Jahres-Frist 6 346
 – abschließende Regelung 6 343 ff.
 – Ausnahmevorschrift 6 345

1727

Stichwortverzeichnis

- Beteiligung an Umwandlungsvorgängen nach dem UmwG **6** 347, 348, 349
- bestehende SE
  - Spaltung **6** 347, 348
  - Umwandlung in AG **6** 349
  - Verschmelzung **6** 347
- Beteiligung an Umwandlungsvorgängen nach dem UmwG **6** 347, 348, 349
- Beteiligung einer bestehenden SE an Umwandlungsvorgängen **6** 342
- grenzüberschreitende Sitzverlegung **6** 350 ff.
  - Änderung des subsidiär anwendbaren Rechts **6** 353
  - Arbeitnehmermitbestimmung **6** 354
  - Eintragung **6** 353
  - keine Sitzaufspaltung **6** 350
  - Rechtmäßigkeitskontrolle **6** 353
  - Überprüfung **6** 353
  - Verlegung des Satzungssitzes **6** 350
  - Verlegung des Verwaltungssitzes **6** 350
  - Verlegungsbericht **6** 352
  - Verlegungsbeschluss **6** 352
  - Verlegungsplan **6** 351
    - Inhalt **6** 351
- grenzüberschreitende Verschmelzung zur Gründung einer SE **6** 341
  - Verfahren **6** 341
- Gründungsformen **6** 340
- identitätswahrende Sitzverlegung, Kosten **8** 99
- Umwandlung **6** 339 ff.
- verschmelzungsfähiger Rechtsträger **2** 44
- **Sekundärrecht**
- Company Law Package **6** 12
  - Rechtsgrundlage **6** 14
  - Regelungstechnik **6** 13
  - Verfahren **6** 14
- Fusionsrichtlinie **6** 5
- Fusionssteuer-Richtlinie **6** 6
- Richtlinie über bestimmte Aspekte des Gesellschaftsrechts **6** 11
- SE-Verordnung **6** 7
  - SEAG **6** 7
  - SEBG **6** 7
  - SEEG **6** 7
- **Share deal, Unternehmenskauf 7** 156
- **Sicherheitsleistung 1** 122, 185 ff.; **4** 361; **5** 79
- **Siemens/BenQ-Entscheidung 1** 215
- **Sitz der Gesellschaft 6** 249
- **Sitztheorie**
  - BGH **6** 56
    - Drittstaaten
    - Trabrennbahn **6** 59
- **Sitztheorie, grenzüberschreitende Umwandlung 6** 16
- **Sonderfragen 5** 1
  - Firmenrecht **5** 1 ff.
  - Formwechsel **5** 28 ff.
  - Kapitalmarktrecht **5** 182 ff.

- Spaltung **5** 19 ff.
- Umwandlungsrecht **5** 182 ff.
- Verschmelzung **5** 3 ff.
- **Spaltung 1** 95, 100
- Abfindungsrechte **3** 335
- Abspaltung **5** 23; **7** 339
  - Eintragung im Handelsregister **7** 881
  - Wertermittlung **8** 58
- Abspaltung zur Neugründung
  - einseitige Erklärung **8** 59
  - Gebühren **8** 59 ff.
  - Geschäftswert **8** 60
- Abwägung **3** 19 ff.
- Anteile Dritter **3** 219
- Anteilsgewährung
  - bare Zuzahlung **3** 160 f.
  - Zweites Gesetz zur Änderung des UmwG **3** 134 ff.
- Anteilsgewährungspflicht **3** 134 ff.
  - Auf- und Abspaltung bei Schwestergesellschaften **3** 150
  - Auf- und Abspaltung Mutter- auf Tochtergesellschaft **3** 146
  - Auf- und Abspaltung Tochter- auf Muttergesellschaft **3** 143
  - Ausgliederung **3** 151 ff.
  - Ausnahmen **3** 142
  - Befreiung **3** 136 f.
  - Erfüllung **3** 157 ff.
  - Höhe der zu gewährenden Anteile **3** 156
  - übertragender Rechtsträger hält eigene Anteile **3** 145
- Aufspaltung **7** 347
  - Austauschvertrag gem. § 39 Abs. 2 KostO **8** 56
  - einseitige Erklärung **8** 59
  - Gebühren **8** 59 ff.
  - Geschäftswert **8** 60
- Aufstellung einer Schlussbilanz **7** 871 ff.
- Aufstellung einer Spaltungsbilanz **7** 872
- Aufteilung der Anteile **3** 167
- Ausgliederung **3** 14 f., 268
  - Besonderheiten **3** 14 f.
- Ausgliederung auf eine GmbH & Co. KG **3** 422 ff.
- Ausgliederung zur Neugründung auf eine Personenhandelsgesellschaft **3** 425 ff.
- Austrittsrechte **3** 335
- bare Zuzahlungen **3** 186, 221
- Bedeutung **3** 1 ff.
  - ökonomische Fragen **3** 1 ff.
  - Rechtstechnik **3** 7
  - steuerrechtliche Fragen **3** 8 ff.
- Beibehaltung der Firma **5** 20
- Berechnungsumtauschverhältnis **3** 207
- Beschlussanfechtung **3** 394 ff.
- besondere Problembereiche **3** 25 ff.
- Besonderheiten **3** 231 ff.
- bei der Ausgliederung **3** 230, 336 ff.

Stichwortverzeichnis

- bei der Kapitalerhöhung **3** 230
- Beteiligung Dritter **3** 248 ff.
- Beteiligung von Schwestergesellschaften **3** 220
- Betriebsaufspaltung **3** 18
- Bilanzierung beim übernehmenden Rechtsträger **7** 888 ff.
- Bilanzierungswahlrecht **7** 888
- Checkliste **3** 37
- Darlehensverbindlichkeiten **3** 209
- Durchführung der Kapitalherabsetzungen **3** 281 ff.
- Einführung **3** 1 ff.
- Einreichung von Teilbilanzen **7** 871
- Einsatz des neuen Spaltungsrechts **5** 81 ff.
  – zu Sanierungszwecken **5** 81
- Eintragung trotz Beschlussanfechtung **3** 394 ff.
- Einzelfälle **3** 429 ff.
- Entstehung einer Vorgesellschaft **2** 250 ff.
- erleichterte Kapitalerhöhung **3** 189 ff.
- erweiterter Anwendungsbereich des UmwStG **7** 345
- Festlegung des Kapitalerhöhungsbetrag **3** 206 ff.
- Firmenfortführung bei Aufspaltung **5** 21 f.
- Folgen für die Arbeitnehmer **3** 171
- Gesellschaftsvertrag **3** 234 ff.
- Gewerbesteuer **7** 414 ff.
- Gläubigerschutz **3** 29 ff., 418 ff.
  – gesamtschuldnerische Haftung **3** 29 f.
- Grundkonzeption **3** 22 f.
- Grundlagen **3** 1 ff.
- Handelsregisteranmeldungen **8** 75
- Herabsetzungsbeschluss **3** 283
- Höchstwert **8** 62
- Inhalt der Satzung **3** 236
  – Festsetzung der Sacheinlage **3** 239
  – Sacheinlagenfestsetzung **3** 241
- Kapitalaufbringung **3** 253 ff.
- Kapitalerhaltung bei der abspaltenden Gesellschaft **5** 86 ff.
- Kapitalerhöhung bei der AG **3** 197
  – Anmeldung **3** 202
  – Inhalt der Anmeldung **3** 203
  – nicht anwendbare Vorschriften **3** 197
  – vereinfachte **3** 197
  – Verfahren **3** 199 ff.
- Kapitalerhöhung bei der GmbH **3** 190 ff.
  – Anmeldung **3** 194
  – Schlussbilanz **3** 196
  – Übernahmeerklärung **3** 190
- Kapitalerhöhungsverbot **3** 210 ff.
  – Übernehmer besitzt Anteile an der übertragenden Gesellschaft **3** 211
  – übertragende Gesellschaft hält eigene Anteile **3** 215
  – übertragende Gesellschaft hält nicht voll einbezahlte Anteile an der Ubernehmerin **3** 217
- Kapitalerhöhungswahlrecht **3** 210, 218
- Kapitalrücklage **3** 209

- kostenrechtliche Behandlung **8** 55 ff.
- Mehrheit von Rechtsträgern **8** 63
- Minderheitenschutz **3** 31, 332 ff.
  – Überblick über die einzelnen besonderen Zustimmungspflichten **3** 333
- Mischformeln **3** 183 f.
- möglicher Vertragsinhalt **3** 172
  – Abfindungsangebote **3** 172
  – Bedingungen **3** 173
  – Firmenänderung **3** 174
  – Kündigungen **3** 173
  – Notwendigkeit weiterer Vertragsbestandteile **3** 175
- MoMiG **3** 283
- nachträgliche Änderung des Abspaltungsvertrages **3** 409 f.
- Neufirmierung **5** 20
- nichtverhältniswahrende **3** 31, 167
  – unter Veränderung der Anteile am übertragenden Rechtsträger **3** 167
- offene Reserven **3** 281
- Parteiautonomie **3** 26 ff.
- Partnerschaftsgesellschaften **3** 450 ff.
- Prüfung der Kapitalaufbringung durch das Registergericht **3** 226 ff.
- Registerverfahren **3** 355 ff.
  – Anlagen **3** 377 ff.
  – Anmeldung der Kapitalerhöhung **3** 369 ff.
  – Anmeldung der Spaltung **3** 373 ff.
  – Anmeldung zum Handelsregister **3** 362 ff.
  – Anmeldung zum Register des übertragenden Rechtsträgers **3** 380 f.
  – Besonderheiten der Spaltungsbilanz **3** 392 f.
  – Einzelheiten der Anmeldung **3** 369 ff.
  – Kapitalerhöhung **3** 358, 369 ff.
  – Prüfung des Registergerichts **3** 360 f.
  – Sonderregelungen des jeweiligen Gründungsrechts **3** 390
  – Tag der Eintragung **3** 357
  – Überblick **3** 355 f.
- Rücklagen **3** 284
- Sanierung, Kapitalerhaltung **5** 83 ff.
- Sanierungsspaltung, Probleme der Kapitalaufbringung **5** 84 ff.
- Sanierungszwecke, Kapitalerhaltung bei Ausgliederung **5** 83 ff.
- Satzung als Inhalt des Spaltungsplan **3** 234
- Schutz von Inhabern besonderer Rechte **3** 332 ff.
- Sonderrechte **3** 166
- Sondervorteile **3** 166
  – auf eine GmbH & Co. KG **3** 422 ff.
  – zur Aufnahme, Austauschvertrag gem. § 39 Abs. 2 KostO **8** 56
- Spaltungsbericht **3** 631 ff.
  – Einschränkung der Berichtspflicht **3** 302
  – Erläuterung des Maßstabs für die Aufteilung der Anteile **3** 293
  – Erweiterung der Berichtspflicht **3** 297

1729

Stichwortverzeichnis

- Inhalt **3** 292 ff.
- Konzernspaltung **3** 303
- Plausibilitätskontrolle **3** 295
- Rechtliche Verhältnisse **3** 294
- Umtauschverhältnis **3** 295
- verbundene Unternehmen **3** 297
- Vertretungsorgane **3** 291
- Verzicht **3** 303
- wirtschaftliche Verhältnisse **3** 294
- Spaltungsbeschlüsse **3** 314 ff.
  - Beschlussmehrheiten **3** 324
  - Informationsrecht **3** 320 ff.
  - notarielle Beurkundung des Gesellschafterversammlung **3** 331
  - Versammlung der Anteilinhaber **3** 318 f.
  - Wirkung **3** 316
  - Zuständigkeit **3** 314 f.
  - Zustimmung bei nichtverhältniswahrender Spaltung **3** 327 ff.
  - Zustimmung von Vorzugs und Sonderrechtsinhabern **3** 326
- spaltungsfähige Rechtsträger **3** 32 ff.
  - eingetragene Genossenschaften **3** 32
  - eingetragene vereine **3** 32
  - Einzelkaufleute **3** 34
  - genossenschaftliche Prüfungsverbände **3** 32
  - Kapitalgesellschaften **3** 32
  - Partnerschaftsgesellschaften **3** 32
  - Personenhandelsgesellschaft **3** 32
  - Regie/Eigenbetriebe **3** 35
  - Stiftungen **3** 34
  - Versicherungsvereine auf Gegenseitigkeit **3** 32
  - Vorgesellschaft **3** 36
  - wirtschaftliche Vereine **3** 33
- Spaltungsplan **3** 176 ff., 234 ff.
  - Abspaltung **3** 176 ff.
  - Aufspaltung zur Neugründung **3** 176 ff.
  - Ausgliederung **3** 182
  - Fall **8** 77
  - Gründungsvorschriften **3** 177
  - Inhalt **3** 181
  - Mindestzahl der Gründer **3** 178
  - notarielle Beurkundung **3** 180
- Spaltungsprüfung **3** 304 ff.
  - formalisiertes Verfahren der Unterrichtung der Gesellschafter **3** 310
  - Genossenschaft **3** 311
  - Konzernspaltung **3** 306
  - Vorbereitung der Gesellschafter-/Hauptversammlung **3** 307 ff.
- Spaltungsstichtag **3** 165
- Spaltungsvertrag **3** 38 ff.
  - Abschluss **3** 39
  - Abspaltung **3** 38 ff.
  - All-Klausel **3** 67
  - Angaben zu den Vertragsparteien **3** 49
  - Anteilsgewährung **3** 131
  - Arbeitsverhältnisse **3** 118 f.
- Aufspaltung zur Aufnahme **3** 38 ff.
- Aufteilung der Vermögensgegenstände **3** 50 ff.
- Aufteilungsfreiheit **3** 53
- Ausgliederung **3** 182
- Auslandsbeurkundung **3** 40
- Bestimmtheitsgrundsatz **3** 57 ff., 95
- Beteiligungen **3** 112 f.
- Beurkundungstechnik **3** 73 ff.
- bewegliche Sachen **3** 99 f.
- Bezeichnung der Vermögensgegenstände **3** 50 ff.
- Dauerschuldverhältnisse **3** 107 ff.
- Dienstbarkeit **3** 97
- einheitliche Übertragungsbeschränkungen **3** 112
- Erbbaurecht **3** 94
- fehlerhaft zugeordnete Gegenstände **3** 128 ff.
- Forderungen **3** 101 ff.
- Formulierungsbeispiele einer Beurkundung **3** 77
- genaue Bezeichnung **3** 57 ff.
- Genauigkeit der Angaben **3** 65
- gewerbliche Schutzrechte **3** 120
- Grundbuchberichtigung **3** 92
- Grundpfandrechte **3** 95
- Grundstücke **3** 86 ff.
- grundstücksgleiche Rechte **3** 86 ff.
- hinreichende Bestimmbarkeit **3** 66
- höchstpersönliche Rechtspositionen **3** 126
- Immaterialgüterrechte **3** 120
- Inhalt **3** 43
- Katasterfortschreibung **3** 91
- Kombination von Spaltung und Verschmelzung **3** 43 ff.
- Kombination von Spaltungsvorgängen **3** 44 ff.
- materiellrechtliche Bestimmtheit **3** 57 ff.
- Mitgliedschaftsrechte **3** 112 f.
- Nebenrechte **3** 111
- Neuregelung durch das Zweite Gesetz zu Änderung des UmwG **3** 81 ff.
- Nießbrauch **3** 97
- notarielle Beurkundung **3** 40
- öffentlich-rechtliche Genehmigungen **3** 93
- öffentlich-rechtliche Rechtspositionen **3** 127
- Pensionsverpflichtungen **3** 121 f.
- Prokuren **3** 124
- Rechte an Grundstücken **3** 86 ff., 95 ff.
- sachenrechtlicher Bestimmtheitsgrundsatz **3** 58
- Schranken der Gestaltungsfreiheit **3** 54 ff.
- Sicherheiten **3** 111
- sonstige Gegenstände **3** 124 ff.
- sonstige Rechte **3** 124 ff.
- Streichung des § 132 UmwG **3** 78 ff.
- Systematik **3** 42
- Totalausgliederung **3** 62
- Übertragung von Teilbetrieben **3** 63
- Umlaufvermögen **3** 100
- Umtauschverhältnis **3** 131 ff.

Stichwortverzeichnis

- Unternehmensverträge **3** 114 ff.
- Verbindlichkeiten **3** 70, 105 f.
- vergessene Gegenstände **3** 128 ff.
- Vertragsverhältnisse **3** 107 ff.
- Vollmachten **3** 125
- Vorkaufsrecht **3** 97
- Warenbestände **3** 99
- wichtigste Rechtsposition **3** 85
- Wohnungseigentum **3** 94
- Zustimmung Dritter **3** 64
- Zweites Gesetz zur Änderung des UmwG **3** 78
- Spaltungsvoraussetzungen **7** 347 ff.
  - Begriff des Teilbetriebs **7** 350 ff.
  - Konsequenzen bei Nichtvorliegen **7** 390 ff.
  - Konsequenzen bei Vorliegen **7** 375 ff.
  - Missbrauchsklausel **7** 392 ff.
  - Umgehungsmöglichkeiten **7** 392 ff.
- steuerliche Konsequenzen der Missbrauchsklausel **7** 404 f.
- Steuerrecht **7** 342
  - Treuhandlösung **3** 10
  - Vertragsstrafenvereinbarung **3** 10
  - Vinkulierungslösung **3** 10
  - Zuweisung der Steuerverbindlichkeit **3** 10
- steuerrechtliche Behaltensfrist **3** 162 f.
- Teilbetrieb
  - Begriff **7** 350 ff.
  - Beteiligung an einer Kapitalgesellschaft **7** 371
  - echter **7** 365
  - fiktiver **7** 373
  - Gestaltungsmöglichkeiten **7** 373
  - Grundstück **7** 364
  - Spaltungshindernis **7** 363
  - Zuordnung von Wirtschaftsgütern **7** 362 ff.
- Teilübertragung auf andere Körperschaften **7** 347
- Trennung von Gesellschafterstämmen **3** 167; **7** 406
- Überbewertung **3** 206
- Überblick **5** 19
- UmwG **3** 22 ff.
- Unterbewertung **3** 208
- Unternehmensverträge **3** 407 f.
- unter-pari-Emission **3** 206
- verhältniswahrende **3** 167
- Verlustabzug **7** 407
- Vermögensabgang **7** 341
- Vermögensübernahme mit Kapitalerhöhung **7** 889
- Vermögensübernahme ohne Kapitalerhöhung **7** 893
- verschiedene Arten **3** 23
  - Abspaltung **3** 23
  - Aufspaltung **3** 23
  - Ausgliederung **3** 23
- Verteilung der Anschaffungskosten **7** 896
- Vertragsfreiheit **3** 27
  - Gläubigerschutz **3** 27
- Verzicht auf Anteilsgewährung **3** 222 ff.
- Verzichtserklärungen, Bewertungf **8** 74
- Wirkungen **3** 397 ff.
  - Berichtigungen im Grundbuch **3** 402 ff.
  - Berichtigungen in Registern **3** 402
  - Gläubigerschutz **3** 418 ff.
  - Prozessrechtsverhältnisse **3** 402 ff.
  - Titelumschreibungen **3** 402 ff.
  - Vermögensübertragung **3** 398 ff.
  - Zeitpunkt **3** 397
- wirtschaftliche **3** 13
  - Stufengründung **3** 13
- Zeitpunkt der Gewinnberechtigung **3** 164
- zur Aufnahme, Gebühr **8** 68 f.
- zur Neugründung
  - Anmeldung der neuen Gesellschafter **3** 267
  - Bardeckungspflicht **3** 257
  - Beteiligung Dritter **3** 248 ff.
  - Beteiligung von AG **3** 265
  - Beteiligung von GmbH **3** 262 ff.
  - Differenzhaftung **3** 256
  - Entstehung der Fondsgesellschaft **3** 260, 411 ff.
  - Gesellschaftsvertrag **3** 234 ff.
  - Gründungsbericht **3** 262 ff.
  - Gründungsprüfung **3** 262 ff.
  - Inhalt der Satzung **3** 236
  - Kapitalaufbringung **3** 253 ff.
  - Mindestkapitalaufbringung **3** 255
  - Organbestellung **3** 258
  - Sachgründung **3** 253 ff.
  - Sachgründungsbericht **3** 262 ff.
  - Satzung als Inhalt des Spaltungsplans **3** 234
  - Spaltungsplan **3** 234 ff.
  - Zustimmungsbeschlüsse **3** 261
- Zustimmungsbeschluss **8** 70 ff.
  - Gebühr bei mehreren **8** 72
  - Gebühr bei Zusammenbeurkundung **8** 73
  - Geschäftswert **8** 70
- Zustimmungserklärungen, Bewertung **8** 74

Spaltung von AG 3 541 ff.
- Ablauf des Spaltungsverfahrens **3** 541
- Bekanntmachung des Spaltungsplans **3** 547
- Bekanntmachung des Spaltungsvertrages **3** 547
- Bestellung eines Treuhänders **3** 572
- Checkliste **3** 541
- durch Neugründung **3** 544
- Handelsregisteranmeldung **3** 598 ff.
- Kapitalerhöhung **3** 543
- Kapitalherabsetzung **3** 573 ff.
  - 3/4-Mehrheit **3** 579
  - Allgemeines **3** 573 ff.
  - Anmeldung der Durchführung **3** 593
  - Anmeldung des Herabsetzungsbeschlusses zum Handelsregister **3** 588 ff.
  - Antrag auf Genehmigung der Kraftloserklärung **3** 592
  - Art **3** 581
  - Begriff des Erforderlichen **3** 576
  - Beschluss der Hauptversammlung **3** 580

Stichwortverzeichnis

- Betrag des Grundkapitals **3** 582
- Durchführung **3** 577 ff.
- Erlöschen der übertragenden Gesellschaften **3** 573
- Inhalt des Beschlusses **3** 584
- Mitteilung an das Gericht **3** 593
- Satzungsanpassung **3** 593
- vereinfachte Form **3** 574
- verschiedene Formen **3** 578
- keine Spaltung während der Nachgründungsfristen **3** 564 ff.
- Muster **3** 603 ff.
- Spaltungsbericht **3** 545
- Spaltungsplan **3** 542 ff.
- Spaltungsprüfung **3** 546
- Spaltungsvertrag **3** 542
- Umtausch von Aktien **3** 572
- Vorbereitung des Hauptversammlung **3** 548
- zur Aufnahme **3** 567 ff.
  - Allgemeines **3** 567
  - Kapitalerhöhung **3** 567 ff.
  - kein Bezugsrecht **3** 571
  - Sacheinlagenprüfung **3** 568 ff.
- zur Neugründung **3** 594 ff.
  - Anmeldung des Verschmelzungsrecht **3** 594
  - Gründungsbericht **3** 595
  - Gründungsprüfung **3** 595 f.
- Zustimmung von Sonderrechtsinhabern **3** 563
- Zustimmungsbeschluss **3** 558
  - Allgemeines **3** 558
  - besondere Unterrichtungspflichten über Vermögensveränderungen **3** 559

Spaltung von Genossenschaften 3 621 ff.
- Ablauf des Spaltungsverfahren **3** 621
- besonderes Ausschlagungsrecht **3** 632
- Checkliste **3** 621
- Durchführung des Generalversammlung **3** 631
- Gutachten des Prüfungsverbandes **3** 629
- Holdinggesellschaften **3** 624
- Muster **3** 634 ff.
- Neuregelung der Kapitalverhältnisse **3** 627
- Spaltung zur Neugründung **3** 633
- Spaltungsbericht **3** 628
- Spaltungsplan **3** 622 ff.
- Spaltungsvertrag **3** 622 ff.
  - Ermessen der Parteien **3** 623
- Vorbereitung der Generalversammlung **3** 630
- zur Aufnahme, Neuregelungen der Kapitalverhältnisse **3** 627

Spaltung von GmbH 3 460
- Ablauf des Spaltungsverfahren **3** 460
- Checkliste **3** 460
- Durchführung der Kapitalherabsetzung bei der GmbH **3** 478 ff.
- Einberufung der Gesellschafterversammlung **3** 469
- Grundsätze der Kapitalbindung **3** 475

- Handelsregisteranmeldung **3** 504 ff.
  - Abspaltung **3** 507
  - Ausgliederung **3** 507
  - Besonderheiten **3** 504 ff.
  - Kapitalerhöhung **3** 495
  - Kapitalherabsetzung **3** 505
  - Sachgründungsbericht **3** 508
  - Stammeinlagen noch nicht in voller Höhe geleistet **3** 506
  - Versicherung nach § 8 Abs. 2 GmbHG **3** 509
- Kapitalerhaltungsgrundsätze **3** 475
- Kapitalerhöhung **3** 474
- Kapitalherabsetzung bei der übertragenden GmbH **3** 475
  - Anmeldung der Kapitalherabsetzung **3** 494 ff.
  - Eintragung der Kapitalherabsetzung **3** 494 ff.
  - Kapitalherabsetzungsbeschluss **3** 485 ff.
  - Versicherung der Vertretungsorgane **3** 476
- Muster **3** 511 ff.
- Spaltungsbericht **3** 467
- Spaltungsplan **3** 466
- Spaltungsprüfung **3** 468
- Spaltungsvertrag **3** 466
- Vorbereitung der Gesellschafterversammlung **3** 469 ff.
  - Auskunftsanspruch **3** 471
  - Auslegungspflichten **3** 470
- zur Neugründung **3** 498 ff.
  - Gründungsvorschriften **3** 499
  - notwendiger Inhalt der Satzung **3** 501
- Zustimmung von Sonderrechtsinhabern **3** 473
- Zustimmungsbeschluss **3** 472

Spaltung von Partnerschaftsgesellschaften 3 450 ff.
- Ablauf des Spaltungsverfahren **3** 450
- Checkliste **3** 450
- Handelsregisteranmeldungen **3** 459
- Spaltungsbericht **3** 452
- Spaltungsbeschluss **3** 454 ff.
  - Beschlussmehrheiten **3** 456
  - Durchführung der Gesellschafterversammlung **3** 455
  - Gesellschafterversammlung **3** 454
  - Zustimmungspflichten **3** 457
- Spaltungsplan **3** 453
- Spaltungsprüfung **3** 458
- Spaltungsvertrag **3** 451
- Vorbereitung der Gesellschafterversammlung **3** 453

Spaltung von Personenhandelsgesellschaften 3 429 ff.
- Ablauf des Spaltungsverfahren **3** 429
- Checkliste **3** 429
- Handelsregisteranmeldungen **3** 440 ff.
  - Besonderheiten **3** 440
  - geänderte Firmierung **3** 443
  - Negativerklärungen **3** 442
- Muster **3** 444 ff.

Stichwortverzeichnis

– Spaltungsbericht **3** 432
– Spaltungsbeschluss **3** 435 ff.
 – Beschlussmehrheiten **3** 437
 – Durchführung der Gesellschafterversammlung **3** 436
 – Gesellschafterversammlung **3** 435
 – Zustimmungspflichten **3** 438
– Spaltungsplan **3** 430
– Spaltungsprüfung **3** 439
– Spaltungsvertrag **3** 430
– Vorbereitung der Gesellschafterversammlung
 – Geschäftsführungsbefugnis **3** 433 f.
 – gesetzliche Frist **3** 434
Spaltung von Vereinen 3 639 ff.
– Ablauf des Spaltungsverfahren **3** 639
– Allgemeines **3** 640 ff.
– Checkliste **3** 639
– Inhalt des Spaltungsplans **3** 642
– Inhalt des Spaltungsvertrages **3** 642
– Muster **3** 648 ff.
– sonstige Voraussetzungen **3** 643
– Verfahren **3** 645
– zulässige Spaltungskombinationen **3** 641
– Zweckänderungen **4** 6
SPE 6 338
Spiegelbildtheorie, gemeiner Wert 7 54
Spruchverfahren 1 196 f.; **2** 629 ff.
Stellvertretung, Formwechsel 4 125 ff.
Steuerliche Rückwirkung 7 173 ff.
Steuerliche Schlussbilanz 7 41 ff.
– Ansatz von Zwischenwerten **7** 44 ff.
– Ansatz zum gemeinem Wert **7** 48 ff.
– Aufhebung der Maßgeblichkeit der Handelsbilanz **7** 56 ff.
– Fortführung der Buchwerte **7** 44 ff.
– Verschmelzung, zwei inländische Kapitalgesellschaften ohne Auslandsberührungen **7** 202 ff.
Steuerrecht
– Anteilstausch **7** 545 ff.
– Einbringung/Ausgliederung **7** 418 ff.
– Grundlagen **7** 1 ff.
– SEStEG **7** 5
– Spaltung **3** 8 ff.; **7** 339 ff.
– Umwandlungsrecht **7** 1 ff.
– Verschmelzung **7** 29 ff., 196 ff.
Stückaktiengesetz 1 23 f.
SUP 6 338
Teileinkünfteverfahren 7 106
Treuhänderische Abtretung 4 19
Übernahmerecht 5 182
Übertragungsbilanz 7 146, 184, 207, 661
Übertragungsgewinn, Besteuerung 7 229 ff.
Umschreibung von Vollstreckungsklauseln
– Formwechsel **8** 134 f.
– Gebühr **8** 134 f.
– kostenrechtliche Behandlung **8** 134 ff.
Umwandlung 1 148 ff.
– allgemeine Fragen der Euroanpassung **5** 129

– Arbeitnehmervertretungen **1** 226 ff.
– Auffanggesellschaft **5** 41, 46 f.
– aufgelöste Gesellschaften **5** 125 f.
– aufgelöste Rechtsträger außerhalb des Insolvenzverfahrens, Überblick **5** 123 f.
– Bedeutung der gesellschaftsrechtlichen Umstrukturierung **5** 41 ff.
– Betriebsübernahmegesellschaft **5** 41, 45
– betriebswirtschaftliche Bedeutung **1** 141 ff.
– Einzelfragen bei der Euroumstellung **5** 131
– Euroumstellung **5** 129 ff., 136 ff.
 – Anpassung des Stammkapitals auf grade Euro Beträge **5** 134
 – Beispiel **5** 155 f.
 – Glättung **5** 149
 – Problematik des Kapitalnachweises **5** 145
 – rein rechnerische Umstellung **5** 131
 – Schwestergesellschaft **5** 151
 – Spaltung zur Aufnahme **5** 139 ff.
 – Umwandlung, zur Neugründung **5** 138
– Förderung der Unternehmenssanierung **5** 36
– frühere Rechtslage **1** 148 ff.
– Insolvenz **5** 35 ff.
– kein Vorrang der InsO **5** 40
– kostenrechtliche Behandlung **8** 1 ff.
– Reorganisation **5** 35 ff.
– Sanierung **5** 35
 – im Vorfeld **5** 37
– Sanierungsgesellschaft **5** 41 f.
– Sanierungsverschmelzung einer aufgelösten überschuldeten Gesellschaft **5** 127
– Sonderfragen **5** 1 ff.
– steuerliche Rückwirkung **7** 173 ff.
 – laufende Geschäftsvorfälle **7** 180
 – Lieferungs- und Leistungsbeziehungen **7** 181
 – Rückwirkungsfiktion **7** 174
 – Steuerpflicht der Übertragerin **7** 179
 – Umwandlungsstichtag **7** 173, 633 ff.
– trotz Überschuldung **5** 40
– Überblick **5** 1 ff.
– Überblick über die Sanierung durch Fortführungsgesellschaften **5** 41 ff.
– von aufgelösten Rechtsträgern **5** 123
 – außerhalb des Insolvenzverfahrens **5** 123
– wirtschaftlicher Hintergrund **1** 141 ff.
Umwandlungsbereinigungsgesetz, Schutzprobleme, Kapitalschutzvorschriften 1 168
Umwandlungsbericht, Formwechsel 4 63
Umwandlungsbeschluss, Formwechsel 4 128 ff.
Umwandlungskosten
– Anschaffungskosten **7** 862
– Anschaffungsnebenkosten **7** 860
– Aufwand **7** 857
– beim übernehmenden Rechtsträger **7** 858
– bilanzielle Behandlung **7** 856 ff.
– Buchwertübernahme **7** 861
– reine Vorbereitungskosten **7** 859
– Rückstellungen **7** 857

1733

Stichwortverzeichnis

- Verbindlichkeiten **7** 857
Umwandlungsmöglichkeiten 1 132 ff.
- Formwechsel **1** 138
- Spaltung **1** 136
- Tabelle **1** 136
- Übersicht **1** 135
- Vermögensübertragung **1** 137
- Verschmelzungen **1** 135
Umwandlungsrecht
- aktive Unternehmensführung **1** 141
- allgemeine Gesamtrechtsnachfolge **1** 155 ff.
- angemessener Interessenschutz **1** 165
- Anteilsgewährungspflicht **1** 172
- Anwachsungsmodell **1** 150
- Anwendung des Gründungsrechts **1** 168
- arbeitsrechtliche Folgen der Umwandlung
  - Betriebsverfassungsrecht **1** 241 ff.
  - Mitbestimmungsrecht **1** 252 ff.
  - Übergangsmandat des Betriebsrats **1** 242
- Bekanntmachung **1** 45
- Betriebsverfassungsrecht
  - Fortbestand der Rechte der Betriebsräte **1** 249 f.
  - Gesamtbetriebsrat **1** 246
  - Sprecherausschuss **1** 248
  - Wirtschaftsausschuss **1** 247
- betriebswirtschaftliche Organisationslehre **1** 141 ff.
- Bilanzrecht **7** 620 ff.
- Bindeglied **1** 146
- bürokratische Hemmnisse **1** 144
- DiskE **1** 8
- Dogmatik **1** 148 ff.
  - formwechselnde Umwandlung **1** 148
  - gesetzliche Umwandlung **1** 148
  - übertragende Umwandlung **1** 148
- Dritte gesellschaftsrechtliche Richtlinie **1** 6
- Einführung der Spaltung **1** 156
- einheitlicher Ansatz **1** 154
- Entstehungsgeschichte **1** 1 ff.
- Entwicklung seit 1995 **1** 18 ff.
- Entwurf eines Ersten Gesetzes zur Änderung des UmwG **1** 19
- Entwurf eines Gesetzes zur Bereinigung des Umwandlungsrechts **1** 10
- errichtende Umwandlung **1** 152
- Erstes Gesetz zur Änderung des UmwG **1** 18 ff.
- Euro-Einführungsgesetz **1** 29 f.
- Folgeänderungen **1** 22 ff.
- formwechselnde Umwandlung **1** 151
- Freiberuflichkeit **1** 20
- freier Beruf **1** 20
- frühere Rechtslage **1** 148 ff.
  - Dreiteilung der Umwandlungsarten **1** 148
  - frühere Zweiteilung **1** 153
- Funktion **1** 147
- Fusionswelle **1** 143
- gemeinschaftsrechtliche Grundlagen **1** 6 ff.
- Gesamtrechtsnachfolge **1** 139, 152
- Geschäftsbereichsorganisation **1** 143
- Gesellschaftsform **1** 146
- Gesetz zur Reform des Betriebsverfassungsgesetztes **1** 32
- Gestaltungsaufgabe **1** 142
- Gläubigerschutz **1** 165 ff.
  - Schadensersatzhaftung der Organe **1** 182
- Grunderwerbssteuer **7** 614
- Grundfragen **1** 139 ff.
- Grundtypenvermischung **1** 146
- Haftungs- und Vermögensstruktur der Gesellschaft **1** 165
- Haftungsbeschränkung **1** 20
- Handelsrechtsreformgesetz **1** 25 ff., 149
- identitätswahrender Formwechsel **1** 153
- identitätswahrender Wechsel **1** 149
- Ketten Umwandlung **2** 21 ff.
  - Abstimmung der Stichtage **2** 35
  - andere Strukturänderungsmaßnamen **2** 23
- Kosten der elektronischen Registeranmeldung **8** 118 ff.
- Liberalisierung der Vorschriften über die Firmenbildung **1** 25 f.
- Liquidation **1** 147
  - der Altgesellschaft **1** 152
- Mehrheitsumwandlung **1** 19
- Minderheitenschutz, Übertragung des negativen Vermögens **1** 179
- Minderheitsgesellschafter **1** 41
- Minderheitsschutzvorschriften **1** 19
- Mitbestimmung **1** 15 f.
  - der Arbeitnehmer **1** 35
- Mitbestimmungsrecht **1** 252 ff.
  - Anzahl der Arbeitnehmer **1** 252
  - eigene Fortgeltungsregelungen **1** 255
  - fünfjährige Fortgeltung **1** 254
  - Konzernzurechnungsbestimmung **1** 255
  - Tendenzbindung **1** 254
  - Verhältnisse nach der Umwandlung **1** 253
- moderne Organisationsform **1** 143
- Neugründung **1** 147
- Neuordnung der im Unternehmensverbund vorhandenen Ressourcen **1** 145
- opt-out-Lösung **1** 40
- partielle Gesamtrechtsnachfolge **1** 155 ff.
- Partnerschaftsgesellschaft **1** 18
- Partnerschaftsgesellschaftsgesetz **1** 19
- Rechtsformänderungsrecht **1** 147
- Referentenentwurf **1** 9
- Reform **1** 1 ff.
- Richtlinie 2005/56/EG **1** 34 ff.
  - Bekanntmachung **1** 45
  - genossenschaftlicher Prüfungsverbände **1** 56
  - gerichtliches Verfahren zur Überprüfung **1** 51
  - Gesellschafterversammlung **1** 40
  - grenzüberschreitende Verschmelzung **1** 52
  - Offenlegung der Verschmelzung **1** 53

Stichwortverzeichnis

- Prüfung durch unabhängige Sachverständige **1** 47
- Publizitätsvorschriften **1** 40
- Rechtmäßigkeitskontrolle **1** 49
- Sitzstaat **1** 50
- spezielle Regelungen **1** 42
- Umtausch der Gesellschaftsanteile **1** 55
- unbekannte Aktionäre **1** 56
- Verfahrenserleichterungen **1** 54
- Verschmelzung von Kapitalgesellschaften **1** 37 f.
- Verschmelzungsbericht **1** 46
- Verschmelzungsplan **1** 43 ff.
- Richtlinien **1** 34 ff.
- Sachkapitalerhöhung **1** 152
- Schutzprobleme **1** 164 ff.
  - Kapitalerhöhung **1** 172
  - Minderheitenschutz **1** 188 ff.
  - Vorschriften über die Sachgründung **1** 169
- Sechste Richtlinie **1** 6 f.
- Selbstständigkeit der Geschäftsbereiche **1** 145
- Sonderfragen **5** 182 ff.
- Spaltungsrecht der neuen Bundesländer **1** 155
- Steuerrecht **7** 1 ff.
- Stückaktiengesetz **1** 23 f.
- übertragende Umwandlung **1** 151
- Umwandlungsarten, Kombination **2** 21 ff.
- Umwandlungsbereinigungsgesetz **1** 153
- Umwandlungsschub **1** 140
- vereinfachte Form der Sachgründung **1** 152
- Verlauf des Gesetzgebungsverfahrens **1** 8 ff.
- verschmelzende Spaltung **2** 29
- verschmelzende Umwandlung **1** 152
- Verschmelzung, Vorgesellschaft **2** 29
- Verschmelzungsbericht **1** 46
- Verschmelzungsplan **1** 43
  - drei zusätzliche Angaben **1** 43
- Verschmelzungsvertrag **2** 31
- Wegfall der errichtenden Umwandlung **1** 155
- weitere Änderungen in der 15. und 16. Legislaturperiode **1** 57 ff.
- wesentlicher Bestandteil eines Verschmelzungsvertrages **1** 172
- wichtiges Gestaltungselement **1** 145
- wichtigste Aufgabe **1** 155
- wirtschaftliche Anforderungen **1** 144 f.
- Zweite Richtlinie **1** 6
- Zweites Gesetz zur Änderung des UmwG **1** 34 ff.

Umwandlungssperre, Formwechsel 4 43 f.
Umwandlungsstichtag 7 173, 633 ff.
UmwG
- Ablauf des Umwandlungsverfahren **1** 103
- Allgemeines **1** 257
  - Schwerpunktmotivation **1** 257
- Altana Milupa-Entscheidung **1** 162
- Arbeitnehmervertretungen **1** 226 ff.
  - Betriebsänderung **1** 229
  - personelle Einzelmaßnahme **1** 227
- arbeitsrechtliche Aspekte **1** 198 ff.
  - Beteiligung der Arbeitnehmervertretungen **1** 226 ff.
  - Betriebsübergang **1** 201 f.
  - Folgen der Umwandlung **1** 232 ff.
  - Information der Arbeitnehmervertretungen **1** 226
  - Rechtsfolgen des Betriebsübergangs **1** 207 ff.
  - Übergang der Arbeitsverhältnisse **1** 200
- arbeitsrechtliche Folgen der Umwandlung
  - Betriebsverfassungsrecht **1** 241
  - gemeinsamer Betrieb **1** 237 ff.
  - keine kündigungsrechtliche Verschlechterung der Stellung des Arbeitnehmers **1** 234 ff.
  - kündigungsrechtliche Stellung **1** 233 ff.
- Aufbau **1** 95 ff.
- Ausgliederung durch Einzelrechtsnachfolge **1** 161
- Baukastentechnik **1** 98
- Betriebsübergang **1** 201 f.
  - Betriebsführervertrag **1** 204
  - Gesamtbeurteilung **1** 203
  - Gewichtung der einzelnen Merkmale **1** 204
  - Interessenausgleich **1** 224
  - Know-How **1** 204
  - maßgeblicher Zeitpunkt **1** 206
  - Querschnittsbereiche **1** 221 ff.
  - Rechtsfolgen **1** 207 ff.
  - reine Funktionsnachfolge **1** 204
  - Springer **1** 221 ff.
  - Übergang eines Betriebsteils **1** 205
  - Unterrichtungspflicht **1** 213 ff.
  - Widerspruchsrecht **1** 217
  - wirtschaftliche Einheit **1** 202
  - Zulässigkeit von Kündigungen **1** 218 ff.
- Betriebsverfassungsrecht
  - Gesamtbetriebsrat **1** 246
  - Übergangsmandat des Betriebsrats **1** 242 ff.
- Drittes Gesetz zur Änderung **1** 63 ff.; **2** 1096 ff.
- Einleitung **1** 1 ff.
- Einsatz in der Praxis **1** 257 ff.
- Einzelfälle **1** 258 ff.
  - betriebswirtschaftlich motivierte Umwandlung **1** 258
  - betriebswirtschaftliche Organisation der Konzernstruktur **1** 259
  - Börsengang **1** 261
  - Einsatz zu Sanierungszwecken **1** 265
  - gesellschaftsrechtlich motivierte Strukturierung **1** 260
  - Holdingkonzept **1** 259
  - Lösung von Gesellschafterkonflikten **1** 264
  - steuerorientierte Umstrukturierungen **1** 262
- einzelne Umwandlungsmöglichkeiten **1** 98
- Entstehungsgeschichte **1** 1 ff.
- Erstes Buch **1** 95 ff.
- Folgeänderungen **1** 22 ff.
- Folgen der Umwandlung **1** 232 ff.
- Formwechsel **1** 102

1735

Stichwortverzeichnis

– Gelantine I-Entscheidung **1** 162
– Gelantine II-Entscheidung **1** 162
– gemeinschaftsrechtliche Grundlagen **1** 6 ff.
– gesellschaftsrechtlicher Typenzwang **1** 96
– Gläubigerschutz **1** 121 f.
  – Sicherheitsleistung **1** 122
  – strafbewehrte Versicherung **1** 122
– grenzüberschreitende Kapitalgesellschaften **1** 104 ff.
– grenzüberschreitende Verschmelzung **1** 105
– Magna Media Verlag-AG Gruppe-Entscheidung **1** 162
– Minderheitsgesellschafter **1** 117 f.
  – Abfindungsangebot **1** 119 f.
  – ausländische Gesellschaft **1** 118
  – Spruchverfahren **1** 118
  – Verbesserung des Umtauschverhältnisses **1** 117
– Modow-Meter-Entscheidung **1** 162
– mögliche Umwandlungsobjekte **1** 98
  – Rechtsträger mit Sitz im Inland **1** 97
– numerus clausus der Umwandlungsarten **1** 160
– Rechtsfolgen des Betriebsübergangs **1** 207 ff.
  – befristeter Verschlechterungsschutz **1** 210
  – Betriebsvereinbarungen **1** 209, 211
  – Firmentarifvertrag **1** 211
  – Gleichbehandlungsgrundsatz **1** 209
  – Organträger **1** 208
  – ruhendes Arbeitsverhältnis **1** 208
  – Tarifverträge **1** 209
  – Transformation **1** 209
  – Übergang der Arbeitsverhältnisse **1** 207
– Reform **1** 1 ff.
  – Anlass **1** 1 ff.
  – Ziele **1** 1 ff.
– Schutz von Minderheitsgesellschaftern **1** 117 f.
– Spaltung **1** 95, 100
  – Abspaltung **1** 95
  – Aufspaltung **1** 95
  – Ausgliederung **1** 95
  – Überblick **1** 95 ff.
– Übergang der Arbeitsverhältnisse, Aufhebungsverträge **1** 220
– Umstrukturierungen **1** 159
  – analoge Anwendung **1** 159
  – außerhalb des UmwG **1** 159 ff.
– Umwandlungsmöglichkeiten **1** 132 ff.
– Unternehmenssanierungen **1** 265
– Vermögensübertragung **1** 95, 101
  – Teilübertragung **1** 101
  – Vollübertragung **1** 101
– verschiedene Umwandlungsarten **1** 95 ff.
– Verschmelzung **1** 95, 99
– Verschmelzungsbericht **1** 113
– Verschmelzungsbescheinigung **1** 124 ff.
  – Nachricht über die Eintragung in das Register **1** 125
  – wesentliche Verfahrenserleichterung **1** 126

– Verschmelzungsplan **1** 108 ff.
  – Anforderungen an den Inhalt **1** 109
  – Angaben über das Umtauschverhältnis der Anteile **1** 110
  – Bekanntmachung **1** 112
  – gemeinsamer **1** 108
  – notarielle Beurkundung **1** 111
  – Zustimmung der Anteilsinhaber **1** 116
– Verschmelzungsprüfung **1** 114
  – Bestellung eines gemeinsamen Verschmelzungsprüfers **1** 115
– weitere Regelungen **1** 130 f.
– Zweites Gesetz zur Änderung **1** 34 ff.
UmwStG
– Annexgesetz zum UmwG **7** 7
– Ansässigkeitserfordernis **7** 11 ff.
– Anwendbarkeit des UmwG **7** 18 ff.
– Anwendbarkeit vergleichbarer ausländischer Regelungen **7** 18 ff.
– Anwendungsbereich **7** 7 ff.
– Aufbau **7** 7 ff.
– doppelte Ansässigkeit **7** 11
– hybride Gesellschaften **7** 17
– Rechtsformen **7** 11 ff.
– schematische Darstellung **7** 23
– steuerrechtliche Konsequenzen **7** 10
– transparente Gesellschaften **7** 17
– Typenvergleich **7** 16
– zeitliche Anwendbarkeit der Neufassung **7** 24 ff.
Unbekannte Aktionäre, Formwechsel 4 141, 176 ff.
Universalsukzession 4 4
Unterbilanz, Formwechsel 4 590 ff.
Unternehmensbewertung 2 440
Unternehmenskauf
– asset deal **7** 156
– Betrieb einer Kapitalgesellschaft **7** 157
– Gestaltungsüberlegungen **7** 156 ff.
– share deal **7** 156
– Teileinkünfteverfahren **7** 156
Unternehmensumwandlungen in EWR-Staaten 6 67 f.
– grenzüberschreitende Sitzverlegung **6** 68
– grenzüberschreitende Spaltung **6** 68
– grenzüberschreitende Verschmelzung **6** 68
– grenzüberschreitender Formwechsel **6** 68
– Gründungstheorie **6** 68
– Niederlassungsfreiheit **6** 68
Unternehmensumwandlungen mit Unternehmen aus Drittstaaten 6 69 ff.
– grenzüberschreitende Spaltung **6** 73
– grenzüberschreitende Verschmelzung **6** 72
– grenzüberschreitender Formwechsel **6** 71
– Sitzverlegung **6** 70, 71
– Verlegung des Verwaltungssitzes **6** 70
Unternehmergesellschaft
– Kapitalerhöhungswahlrechte **2** 922
– Spaltung **3** 460 ff.

Stichwortverzeichnis

- Verschmelzung **2** 910 ff.
- verschmelzungsfähiger Rechtsträger **2** 42
- Zielrechtsträger **2** 912

Up-stream-merger, Verschmelzung 2 111, 311 ff.; **7** 275

Verbundene Unternehmen, Formwechsel, Erweiterung der Berichtspflicht 4 81

Vereine
- Formwechselfähige Rechtsträger **4** 55
- Spaltung **3** 639 ff.
- Verschmelzung **2** 1305 ff.

Verlegung des Satzungssitzes 6 271
- Abschnittstheorie **6** 271
- anwendbares Recht **6** 272
  - Herausformwechsel **6** 274
  - Herausformwechsel einer AG **6** 273
- aufgelöste Rechtsträger **6** 280
- Ausgangsrechtsform beim Hineinformwechsel **6** 277
- Genossenschaften **6** 278
- Grundlagen **6** 271
- Herausformwechsel
  - Verlegungsbericht
    - Hineinformwechsel **6** 287
  - Verlegungsplan **6** 283
    - Bekanntmachung **6** 284
    - Form **6** 284
    - Hineinformwechsel **6** 285
    - Inhalt **6** 283
  - Zielrechtsträger **6** 282
- Hineinformwechsel
  - Zielrechtsträger **6** 281
- Kapitalgesellschaften **6** 277
- Motive **6** 270
- nach Rechtsprechung des EuGH **6** 271
- Personengesellschaften **6** 279
- rechtsformkongruent **6** 281
- tatsächliche wirtschaftliche Tätigkeit im Zuzugsstaat **6** 307
  - Polbud **6** 308
- umwandlungsfähige Rechtsträger **6** 276
- Vereinigungstheorie **6** 271
- Verlegungsbericht **6** 286

Verlegung des Verwaltungssitzes
- Beschränkungsmöglichkeiten durch Mitgliedstaaten **6** 257
- Eintragung der Geschäftsanschrift **6** 263
- generelle Zulässigkeit in EU-Mitgliedstaaten **6** 262
- generelle Zulässigkeit in EWR-Mitgliedstaaten **6** 262
- Gestaltungsmöglichkeiten **6** 265
- Gründungstheorie **6** 261
- Herausverlegung
  - Eintragung der Geschäftsanschrift **6** 263
  - generelle Zulässigkeit in EU-Mitgliedstaaten **6** 262

- generelle Zulässigkeit in EWR-Mitgliedstaaten **6** 262
- Gestaltungsmöglichkeiten **6** 265
- Zulässigkeit nach dem Recht des Zuzugsstaates **6** 261
- Hineinverlegung **6** 266
- Drittstaaten **6** 269
- Eintragung einer Zweigniederlassung **6** 269
- Rechtsprechung des BGH **6** 268
- Rechtsprechung des EuGH **6** 267
- Kollisionsrecht **6** 261
- Lage der Geschäftsräume **6** 263
- Missbrauchskontrolle **6** 264
- Rechtslage nach dem MoMiG **6** 258
- Rechtslage vor dem MoMiG **6** 257
- Sitztheorie **6** 261
- Unabhängigkeit von Satzungssitz **6** 258
- Verwaltungssitz im Ausland **6** 259
- Verwaltungssitz im Ausland und Satzungssitz im Inland **6** 259
- Wettbewerb der Rechtsordnungen **6** 260
- Zulässigkeit nach dem Recht des Zuzugsstaates **6** 261
- Zulässigkeit nach deutschem Recht **6** 256 ff.

Verlustnutzung, Verschmelzung 7 263
Vermögensübertragung 1 95, 101
- Besteuerung der übernehmenden Personengesellschaften **7** 77 ff.
- Beteiligungskorrekturgewinn **7** 79 ff.
  - Festlegung einer Bewertungsobergrenze **7** 85
  - Reinvestitionsrücklage **7** 81
- Einlagefiktion **7** 88 ff.
  - Aktivtausch **7** 88
  - fingierter steuerneutraler Anteilstausch **7** 94
- Ermittlung des Übernahmeergebnisses **7** 98 ff.
- Ermittlung des verbleibenden Übernahmeergebnisses **7** 116 ff.
  - einheitliche und gesonderte Gewinnfeststellung **7** 118
- fiktive Dividende **7** 78 f.
- Gewerbesteuer **7** 137 ff.
- Gewinnerhöhung durch Vereinigung von Forderungen/Verbindlichkeiten **7** 149 ff.
- Kapital auf Personengesellschaft
  - grenzüberschreitende Sachverhalte **7** 160
  - hybride Gesellschaften **7** 161
  - mit Auslandsberührung **7** 160 ff.
- Kapitalertragsteuer **7** 112 ff.
  - Quellensteuer **7** 113
  - Rückwirkungsfiktion **7** 114
- Konfusionsgewinn **7** 149 f.
- Konfusionsverlust **7** 149 f.
- Körperschaftssteuerguthaben **7** 121 f.
- kostenrechtliche Behandlung **8** 87
- offene Gewinnrücklagen **7** 77
- steuerliche Behandlung eines Übernahmegewinns **7** 133 f.
  - Beispiele **7** 135 f.

1737

Stichwortverzeichnis

- steuerliche Behandlung eines Übernahmeverlustes **7** 123 ff.
- steuerliche Rückwirkung **7** 173 ff.
- steuerliche Wertverknüpfung **7** 145 ff.
  - Abschreibungsmethoden **7** 147
  - AfA **7** 146
- Verschmelzung
  - fiktive Dividende **7** 168 ff.
  - Übernahmeergebnis **7** 167 ff.
  - Vollausschüttungsfiktion **7** 98 ff.

Verschmelzung 1 95, 99; **8** 44 ff.
- Abfindungsanspruch **2** 590 ff.
  - Voraussetzungen **2** 590
- Abfindungsrechte **2** 586 ff.
  - Abfindungsangebot ohne Anteilserwerb **2** 617 f.
  - Ablauf des Anteilserwerbs **2** 611 f.
  - anderweitige Veräußerung **2** 623 ff.
  - Anteilsübertragung **2** 613
  - Ausschluss von Klagen **2** 623
  - Ausschlussfrist **2** 609 f.
  - Inhalt **2** 607
  - Inhalt des Anspruchs auf Barabfindung **2** 619 ff.
  - Kapitalschutz der AG **2** 614
  - Prüfung der Barabfindung **2** 619 ff.
  - Rechtsfolgen **2** 603
  - Verzicht **2** 605
  - Widerspruch **2** 601
- allgemeines Verschlechterungsverbot **2** 598 ff.
- Anfechtungsrechte **2** 602
- Anteilgewährungspflicht **2** 12 f.
  - Beteiligung mehrerer übertragender Rechtsträger **2** 329
  - down-stream-merger **2** 331
  - Einzelfragen **2** 329 ff.
- Austrittsrechte **2** 586 ff.
- Auswirkungspflichten **2** 450 ff.
- Barabfindung **7** 290
- bare Zuzahlungen **2** 335; **7** 2
- Begriff **2** 3 ff.
- bei inländischen Kapitalgesellschaften ohne Auslandsberührung **7** 202 ff.
- Beibehaltung der bisherigen Firma **5** 5
- Beifügung eines Nachfolgezusatzes **5** 15
- bereits aufgelöste Rechtsträger **2** 48 f.
- Besteuerung der Anteileigner **7** 275 ff.
  - up-stream-merger **7** 275
- Checkliste **2** 51
- Delisting **2** 590 ff.
- durch Aufnahme **2** 4; **8** 1 ff.
  - Aktivvermögen der Verschmelzungsbilanz **8** 2
  - Austauschvertrag nach § 39 Abs. 2 KostO **8** 1
  - kostenrechtliche Behandlung **8** 1 ff.
  - ohne Gegenleistungen **8** 3
- durch Aufnahme mit Zustimmungsbeschlüssen, Fall **8** 51
- durch Neubildung **2** 4

- durch Neugründung **2** 947 ff.
  - Anlagen **2** 743, 747
  - anmeldeberechtigte Personen **2** 741, 744
  - Anmeldung **2** 741 ff.
  - Anmeldung des neugegründeten Rechtsträgers **2** 744 ff.
  - Austauschvertrag nach § 39 Abs. 2 KostO **8** 7 ff.
  - Inhalt der Anmeldung **2** 742, 746
  - kostenrechtliche Behandlung **8** 7
- Einführung **2** 1 ff.
- Einzelfälle **2** 748 ff.
- Einzelfragen **2** 6 ff.; **5** 5 ff.
  - Anteilgewährungspflicht **2** 12 f.
  - Gesamtrechtsnachfolge **2** 6 ff.
  - liquidationslose Vollbeendigung **2** 10
- Entstehung einer Vorgesellschaft **2** 250 ff.
- Erhöhungsbeschluss, Satzungsänderung **2** 272
- Fiktion des § 13 UmwStG **7** 284
- Firmenfortführung **5** 11
- Firmenneubildung **5** 6
- Gebühr **8** 21
- Gesamtrechtsnachfolge
  - Ausnahmen **2** 8
  - Genehmigungserfordernisse **2** 6
  - notwendige Registereintragung **2** 7
- Gesellschafterversammlung, allgemeine Vorschriften **2** 459 f.
- GmbH **2** 910 ff.
  - Abfindungsangebot **2** 939 ff.
  - Abschlusskompetenz beim Verschmelzungsvertrag **2** 914
  - Angaben im Verschmelzungsvertrag **2** 924 ff.
  - Anteile der übertragenden Gesellschaft **2** 930 ff.
  - Anteile Dritter **2** 933 ff.
  - Anteilsgewährung durch Kapitalerhöhung **2** 918
  - aufschiebende Bedingung **2** 945
  - bare Zuzahlungen **2** 937
  - Berechnung der Kapitalerhöhung **2** 924
  - Beschlusskompetenz **2** 950
  - Checkliste **2** 910
  - durch Neugründung **2** 947 ff.
  - Durchführung der Anteilsgewährung **2** 916 ff.
  - Form **2** 950
  - Form des Verschmelzungsvertrages **2** 914
  - Gleichbehandlung **2** 938
  - Herkunft der zu gewährenden Anteile **2** 917
  - Inhalt des Verschmelzungsvertrages **2** 915 ff.
  - Kapitalerhöhung **2** 918 f.
  - Kapitalerhöhungsverbot **2** 920 f.
  - Kapitalerhöhungswahlrecht **2** 922 f.
  - möglicher Vertragsinhalt **2** 945
  - Mutter-Tochter-Verschmelzung **2** 943 f.
  - nicht voll eingezahlte Geschäftsanteile **2** 946
  - notwendiger Vertragsinhalt des Verschmelzungsvertrages **2** 915

Stichwortverzeichnis

- Teilungserleichterungen **2** 930
- treuhänderische Haltung von Anteilen durch einen Dritten **2** 931
- Verschmelzungsvertrag bei Aufnahme **2** 914 ff.
- Verwendung eigener Anteile **2** 930 ff.
- Verzicht auf Anteilsgewährung **2** 929
- grenzüberschreitende **1** 105 ff.
- Grundlage **2** 1 ff.
- Grundsatz **2** 1
- Hauptversammlung, allgemeine Vorschriften **2** 459 f.
- Höchstwert **8** 16, 49 f.
  - Geschäftswert jeder einzelnen Verschmelzung **8** 20
  - Kettenverschmelzungen **8** 19
  - mehrere Rechtsträger **8** 17
  - rechtliche Unabhängigkeit **8** 17
  - Versicherungsbestand **8** 16
- Identitätsgrundsatz **2** 14 ff.
  - Anteilsübertragung **2** 19
  - Austritt im Umwandlungszeitpunkt **2** 16
  - Dritte **2** 15
  - Eintritt im Umwandlungszeitpunkt **2** 16
  - Kontinuität der Mitgliedschaft **2** 14
  - Zweites Gesetz zur Änderung des UmwG **2** 20
- Informationspflichten **2** 450 ff.
- inländische Kapitalgesellschaft mit ausländischer Betriebsstätte auf eine inländische Personengesellschaft **7** 169 ff.
  - Ermittlung des Übernahmegewinns **7** 164
  - mittelbare Steuerverhaftung **7** 164
- Insolvenz **5** 48 ff.
- Kapitalerhöhung
  - Bardeckung **2** 305
  - Festlegung des Kapitalerhöhungsbetrages **2** 290 f.
  - Prüfung durch das Registergericht **2** 298 ff.
  - Prüfungsbefugnis der Registerrichter **2** 298
  - Sachgründungsbericht **2** 302
  - Verbot der Überbewertung **2** 290
  - Voraussetzungen der Prüfung durch das Registergericht **2** 298 ff.
  - Zulässigkeit einer Unterbewertung **2** 294
- Kapitalerhöhung bei der AG **2** 275 ff.
  - Anmeldung der Kapitalerhöhung **2** 285
  - bedingte **2** 288
  - Einberufung der Hauptversammlung **2** 281
  - einzureichende Unterlagen **2** 286
  - gegen Sacheinlagen **2** 280
  - Kapitalerhöhungsbeschluss **2** 282
  - kein Bezugsrecht der Altaktionäre **2** 284
  - stimmberechtigte Aktiengattungen **2** 283
  - Verbot der unter-pari-Emission **2** 280
  - vereinfachte **2** 279
- Kapitalerhöhung bei der GmbH **2** 270 ff.
  - Anmeldung **2** 271, 275
  - Aufstockung **2** 274
  - Bekanntmachung der Eintragung **2** 271
  - Eintragung der Kapitalerhöhung **2** 271
  - Liste der Übernehmer **2** 276
  - satzungsändernder Eröffnungsbeschluss **2** 271
- Kapitalerhöhungsverbote **2** 307
  - Anteilsgewährungspflicht **2** 275
  - Kapitalerhöhungswahlrecht **2** 310
  - up-stream-merger **2** 311 ff.
- Kapitalerhöhungswahlrecht
  - Anteilsgewährungspflicht **2** 321
  - Anteilstausch **2** 323
  - keine Gegenleistung für die Gesellschafter **7** 292 ff.
- Kettenverschmelzung **2** 25
  - Verknüpfung aufeinanderfolgender gesellschaftsrechtlicher Akte **2** 27
- Konzernverschmelzung **2** 47
- Körperschaften auf Körperschaften **7** 196 ff.
  - Beteiligung ausländischer Kapitalgesellschaften **7** 200
- kostenrechtliche Behandlung **8** 1 ff.
- liquidationslose Vollbeendigung **2** 10 f.
  - Mindestvermögen **2** 10
- Minderheitenschutz **2** 545 ff.
  - Beschlussmehrheiten **2** 555 f.
  - Information der Anteilseigner **2** 552 ff.
  - Schutz der Mitgliedschaft **2** 545 ff.
  - Verlust von Herrschafts-/Sonderrechten **2** 562 ff.
  - Zustimmung von Sonderrechtsinhabern **2** 557 f.
- Mischverschmelzung **2** 590 ff.
- Nebentätigkeiten **8** 38 ff.
  - Checkliste zur Bewertung **8** 43
  - gebührenfreie **8** 39 f.
  - Gebührengrundsätze **8** 38
  - gebührenpflichtige **8** 41 f.
- Nutzung des Verlustvortrages **7** 265 ff.
- Offenlegungspflicht des Vorstandes **2** 455
- Partnerschaftsgesellschaften **2** 891 ff.
  - Abschlusskompetenz für den Verschmelzungsvertrag **2** 893
  - Checkliste **2** 891
  - Form des Verschmelzungsvertrages **2** 893
  - Handelsregisteranmeldung **2** 906
  - Inhalt des Verschmelzungsvertrages **2** 894
  - Mehrheitsentscheidung **2** 904
  - Muster **2** 907 ff.
  - notwendiger Inhalt des Verschmelzungsvertrages **2** 894
  - Verschmelzungsbericht **2** 900 f.
  - Verschmelzungsbeschluss **2** 903
  - Verschmelzungsprüfung **2** 905
  - Verschmelzungsvertrag **2** 892 ff.
  - Verschmelzungsvertrag bei Verschmelzung durch Neugründung **2** 899
  - Vorbereitung der Gesellschafterversammlung **2** 902
  - Zulässigkeit der Verschmelzung **2** 892

Stichwortverzeichnis

- Zustimmung aller anwesenden Partner **2** 903
- Personenhandelsgesellschaften **2** 748 ff.
  - Abfindungsangebot **2** 800 ff.
  - Abschlusskompetenz **2** 754
  - allgemeine Zustimmungspflicht **2** 855
  - Änderung der Firma **2** 823
  - angemessene Barabfindung **2** 812
  - Anteilsgewährung **2** 759 ff.
  - Ausgestaltung der Kommanditistenstellung **2** 797 ff.
  - Ausgestaltung des Abfindungsangebots **2** 808 ff.
  - Ausschlussfrist **2** 814
  - Ausweisung zusätzlicher Kapitalanteile **2** 766
  - Bedingungen **2** 820 ff.
  - Berechnung des Umtauschverhältnisses **2** 790
  - Bestimmung des Gesellschaftsvertrages **2** 846
  - Checkliste **2** 748
  - Durchführung der Anteilsgewährung **2** 763 ff.
  - Durchführung der Gesellschafterversammlung **2** 838 f.
  - Einberufung der Gesellschafterversammlung **2** 832
  - Einstimmigkeit des Verschmelzungsbeschlusses **2** 842 f.
  - erstmalige Übernahme der persönlichen Haftung **2** 856
  - Form **2** 754
  - Formbedürftigkeit **2** 814
  - Gesellschafterbeschluss **2** 840 ff.
  - Gesellschafterversammlung **2** 836 f.
  - Gestaltung der Anteilsgewährung **2** 786
  - Haftsumme **2** 772 ff.
  - Handelsregisteranmeldung **2** 862 ff.
  - Informationsdefizite **2** 860
  - Inhalt des Verschmelzungsvertrages **2** 755 ff.
  - Kapitalkunden **2** 784 ff.
  - KG **2** 828
  - Kontrollrecht **2** 831
  - Kündigungsrechte **2** 820 ff.
  - Mehrheitsbeschluss **2** 845 ff.
  - Mehrheitsklausel **2** 850
  - möglicher Vertragsinhalt **2** 820 ff.
  - Muster **2** 866 ff.
  - Neufestlegung der Kapitalanteile **2** 768 ff.
  - notarielle Beglaubigung des Verschmelzungsbeschlusses **2** 840 f.
  - notarielle Beurkundung der Gesellschafterversammlung **2** 858
  - notwendiger Vertragsinhalt **2** 755 ff.
  - Publikumspersonengesellschaft **2** 846
  - Stellung des Anteilsinhabers **2** 777 ff.
  - Unterrichtspflicht **2** 830, 834 f.
  - Verbuchung auf Privatkunden **2** 790
  - Vereinbarung aufschiebender Bedingungen **2** 821
  - Verschmelzung **2** 748 ff.
  - Verschmelzung von GmbH und Co KG **2** 793 ff.
  - Verschmelzungsbericht **2** 826 ff.
  - Verschmelzungsbericht nach allgemeinen Vorschriften **2** 829
  - Verschmelzungsbeschluss **2** 836 ff.
  - Verschmelzungsprüfung **2** 859 ff.
  - Verschmelzungsvertrag **2** 750 ff., 824
  - Voraussetzungen der Abfindung **2** 801 ff.
  - Vorbereitung der Gesellschafterversammlung **2** 830 ff.
  - weitere Rechtsfolgen **2** 815 ff.
  - weitere Zustimmungspflicht bei Mischverschmelzung **2** 857
  - weitgehende Gestaltungsfreiheit **2** 784 ff.
  - Widerspruchsrecht **2** 853 f.
  - Zulässigkeit der Verschmelzung **2** 750 ff.
  - Zustimmungspflichten **2** 855 ff.
- Probleme der Kapitalaufbringung bei der Sanierungsfusion **5** 51 f.
- Prüfungsbericht, Schriftlichkeit **2** 434
- Rechtsfolgen der Anteilsübertragung **2** 613
- Registeranmeldungen **8** 44 ff.
  - Checkliste zur Bewertung **8** 53
  - Geschäftswert bei aufnehmendem Rechtsträger **8** 46 f., 48
  - Geschäftswert bei übertragendem Rechtsträger **8** 45
- Registerverfahren **2** 633 ff.
  - Anlagen **2** 673
  - anmeldeberechtigte Personen **2** 644 ff.
  - Anmeldung der beteiligten Rechtsträger **2** 640
  - Anmeldungen **2** 640 ff.
  - Anteilserwerb **2** 719 ff.
  - ausländisches Vermögen **2** 715
  - Ausschluss einer Klage **2** 653
  - Begriff der Schlussbilanz **2** 676 ff.
  - Beschluss des Prozessgerichts **2** 666 ff.
  - Besonderheiten bei der Genossenschaft **2** 649
  - Besonderheiten bei der Verschmelzung durch Neugründung **2** 738
  - Bilanz bei noch nicht existierendem Rechtsträger **2** 687 f.
  - Bilanz Vorlage beim Register des aufnehmenden Rechtsträgers **2** 690 ff.
  - Bilanzstichtag **2** 682
  - dingliche Rechte **2** 697 ff.
  - dingliche Surrogation **2** 723 f.
  - direkter Anteilserwerb **2** 719
  - einzelne Rechtsverhältnisse **2** 697 ff.
  - einzutragende angaben **2** 650 ff.
  - Erlöschen der übertragenen Rechtsträger **2** 715 ff.
  - Form und Frist der Anmeldungen **2** 641 f.
  - Frist **2** 684
  - Genehmigungen **2** 711
  - Gesamtrechtsnachfolge **2** 694
  - Gläubigerschutz **2** 726 ff.

Stichwortverzeichnis

- Grundstücke **2** 697 ff.
- Heilung sonstiger Mängel **2** 733 f.
- Heilung von Formmängeln **2** 733 f.
- Inhalt der Anmeldung **2** 650 ff.
- Nachreichung von Unterlagen **2** 684
- Negativerklärung der Vertretungsorgane **2** 655
- öffentlich rechtlicher Befugnisse **2** 711
- Prozesse **2** 712 f.
- Prüfung der Bilanz **2** 685
- rechtskräftige Titel **2** 712 f.
- Rechtsverhältnisse der Aufsichtsratsmitglieder **2** 707
- Rechtsverhältnisse der Geschäftsführer **2** 707
- Rechtsverhältnisse der Vorstandsmitglieder **2** 707
- Schlussbilanz des übertragenen Rechtsträgers **2** 675
- sonstige Erklärungen **2** 672
- sonstige Rechtsverhältnisse **2** 714
- Stellung des Registergerichts **2** 636 ff.
- stille Beteiligung **2** 703 ff.
- Tarifverträge **2** 710
- Überblick **2** 633 ff.
- Unternehmensvertreter **2** 703 ff.
- Verhältnis zum Verschmelzungsstichtag **2** 682
- Verwalterstellungen **2** 708
- Verzichtserklärung der Anteilsinhaber **2** 664
- Vinkulierung **2** 700 ff.
- Vollmachten **2** 708
- Wirkungen der Verschmelzung **2** 693 ff.
- Sanierung
  - Aspekte des Minderheitenschutzes **5** 57
  - Beseitigung der Überschuldung **5** 66
  - Besserungsvereinbarungen **5** 73
  - dauerhafte Werthaltigkeit **5** 70
  - Kapitalerhaltungsgrundsätze **5** 71
  - Kapitalerhöhung gegen eine Sacheinlage **5** 69
  - Konzernverschmelzung **5** 60
  - Lösungsmöglichkeiten **5** 53
  - Mehrung des Vermögens **5** 71
  - Minderheitenschutz **5** 75
  - ohne Kapitalerhöhung **5** 57 ff.
  - Rangrücktrittsvereinbarungen **5** 67
  - Sanierungsfusion **5** 59
  - Verbot der baren Zuzahlung **5** 74
  - Verschmelzung der »gesunden« Gesellschaft auf die insolvente Gesellschaft **5** 54
  - Verzicht **5** 57 ff.
- Sanierungsfusion
  - auf den Alleingesellschafter **5** 80
  - Gesamtrechtsnachfolge **5** 78
  - Sicherheitsleistung **5** 79
  - Wirkungen **5** 77
- Sanierungsfusion zur Aufnahme **5** 48
  - Anteilsgewährung und Kapitalerhöhung **5** 48 ff.
- Schutz von Inhabern besonderer Rechte **2** 545
- Schwesterngesellschaft **2** 325 ff.
- Sicherung des deutschen Besteuerungsrecht **7** 280
- Sonderformen **5** 48 ff.
- Sonderfragen **5** 3 ff.
- Spruchverfahren **2** 629 ff.
  - Antrag auf gerichtliche Entscheidungen **2** 632
  - Sinn **2** 631 f.
- statutarische Verfügungsbeschränkung **2** 594 ff.
- steuerliche Konsequenzen für die Gesellschafter **7** 278 ff.
- steuerliche Rückwirkung **7** 336
  - Gewinnausschüttungen **7** 338
- Steuerrecht **7** 29 ff.
- Stichtag **2** 35 ff., 38
- Strukturmerkmale **2** 3
- Täuschungsverbot **5** 16
- Überblick **5** 3 ff.
- überschuldete Gesellschaften **2** 334
- Untergang des Verlustvortrages **7** 263
  - SEStEG **7** 263
- Unternehmensbewertung **2** 409 ff., 440
  - betriebsneutrales Vermögen **2** 445
  - Ertragswertmethode **2** 440
  - Liquidationswertmethode **2** 440
  - Mittelwertmethode **2** 440
  - Substanzwertmethode **2** 440
- Verlustnutzung **7** 263 ff.
- Verschmelzungsbericht **2** 380 ff.
- Verschmelzungsbeschlüsse **2** 461 ff.
- verschmelzungsfähige Rechtsformen **2** 42
- verschmelzungsfähige Rechtsträger **2** 42 ff.
  - eingetragene Vereine **2** 42
  - Europäische Aktiengesellschaft (SE) **2** 44
  - Europäische Genossenschaft (SCE) **2** 45
  - EWIV **2** 43
  - Genossenschaften **2** 42
  - genossenschaftliche Prüfungsverbände **2** 42
  - Kapitalgesellschaft **2** 42
  - natürliche Personen **2** 46
  - Partnerschaftsgesellschaft **2** 42
  - Personenhandelsgesellschaften **2** 42
  - Unternehmergesellschaft **2** 42
  - Versicherungsvereine auf Gegenseitigkeit **2** 42
  - wirtschaftliche Vereine **2** 46
- Verschmelzungsprüfung **2** 409 ff.
- Verschmelzungsvertrag **2** 31, 52 ff.
  - aufschiebende Bedingungen **2** 34
  - Zeitpunkt des Vertragsschlusses **2** 31 ff.
- Verzicht auf Kapitalerhöhung **5** 51
- Verzichtserklärungen
  - Gebühr bei Mitbeurkundung **8** 32
  - Gebühr bei Personenidentität **8** 31
  - Gegenstandsgleichheit **8** 29 ff.
- von Körperschaften auf natürliche Personen **7** 29 ff.
- von Körperschaften auf Personengesellschaften **7** 29 ff.

Stichwortverzeichnis

- Vorbereitung der Gesellschafterversammlung **2** 449 ff.
- Vorbereitung der Hauptversammlung **2** 449 ff.
- Vorgesellschaft **2** 50
  - Umgründung **2** 255
  - Wesenselemente **2** 3 ff.
- Widerrufsrecht **2** 590 ff.
  - Voraussetzungen **2** 590 ff.
- wirtschaftliche **2** 40
  - Möglichkeiten **2** 41
- zur Aufnahme **2** 246 ff.
  - Allgemeines **2** 246 ff.
  - Anteilsgewährungspflicht **2** 256 ff.
  - Begriffsbestimmungen **2** 248
  - Differenzhaftung **2** 261
  - erleichterte Kapitalerhöhung **2** 263 ff.
  - Kapitalerhöhung bei der GmbH **2** 270 ff.
  - Kapitalerhöhung beim übernehmenden Rechtsträger **2** 256
- zur Neugründung **2** 246 ff., 338 ff.
  - Allgemeines **2** 246
  - Anzahl der Aufsichtsratsmitglieder **2** 365
  - bare Zuzahlungen **2** 348
  - Begriffsbestimmungen **2** 248
  - Bestellung des ersten Aufsichtsrates **2** 364
  - Beteiligung Dritter **2** 357
  - Festsetzung der Sacheinlage **2** 354
  - Gesellschaftsvertrag **2** 342 ff.
  - Handelsregisteranmeldung **2** 379
  - Inhalt der Satzung **2** 346 ff.
  - Inhalt des Verschmelzungsvertrages **2** 342 ff.
  - Kapitalaufbringung **2** 359 ff.
  - neu begründete Sondervorteile **2** 352
  - notarielle Beurkundung **2** 365
  - notweniger Satzungsinhalt **2** 350
  - Organbestellung **2** 362 ff., 368 f.
  - Sachgründungsbericht **2** 370 ff.
  - Sachgründungsbericht der AG **2** 374 ff.
  - Sachgründungsbericht der GmbH **2** 370 ff.
  - Satzungspublizität **2** 353
  - Stammkapital der neuen Gesellschaft **2** 349
  - Überblick **2** 338 f.
  - unter-pari-Emission **2** 347
  - Verschmelzungsvertrag **2** 342 ff.
  - Zeitpunkt der Entstehung der neuen Gesellschaft **2** 340
  - Zustimmungsbeschlüsse zu Gesellschaftsvertrag **2** 368 f.
- Zustimmung von Sonderrechtsinhabern
  - Beeinträchtigung des Vermögenswerts der Mitgliedschaft **2** 580 f.
  - Individualzustimmung **2** 579
  - Sonderbeschlüsse **2** 578
  - sonstige Fälle **2** 567
  - Verlust von Herrschafts-/Sonderrechten **2** 562 ff., 574 ff.
  - Verwässerungsschutz **2** 568 ff.
  - Zustimmung bei Anteilsvinkulierung **2** 563 ff.
- Zustimmungspflicht bei Genehmigungsbedürftigkeit **2** 562
- Zustimmungspflichten bei Haftungsverschärfungen **2** 582 ff.
- Zustimmungsbeschluss **8** 22 ff.
  - Gebühr bei Zusammenbeurkundung **8** 26
  - Geschäftswert **8** 22 ff.
  - Geschäftswert bei mehreren **8** 25
- Zustimmungserklärungen
  - Gebühr bei Mitbeurkundung **8** 32
  - Gebühr bei Personenidentität **8** 31
  - Gegenstandsgleichheit **8** 29 ff.
- Zustimmungspflichten bei Haftungsverschärfungen **2** 582 ff.
  - nicht voll eingezahlter Anteil **2** 582
  - persönliche Haftung **2** 585

Verschmelzung von AG 2 1048 ff.
- Bestellung eine Treuhänders **2** 1157 ff.
- Checkliste **2** 1048
- durch Aufnahme
  - Abfindungsangebot **2** 1055
  - Abschlusskompetenz **2** 1050
  - Aktien gleicher Gattung **2** 1052
  - bare Zuzahlungen **2** 1051
  - Form des Verschmelzungsvertrages **2** 1050
  - Gegenstand des Vertrages **2** 1050
  - Kapitalerhöhung **2** 1053
  - notwendiger Vertragsinhalt **2** 1050 ff.
  - Treuhänder **2** 1054
  - Umtauschverhältnis der Aktien **2** 1051
  - Verschmelzungsvertrag **2** 1049
  - Vorschriften über die Nachgründung **2** 1056
- Einberufung der Hauptversammlung **2** 1069 ff.
  - Bekanntmachung der Tagesordnung **2** 1077
  - Einberufungsfrist **2** 1076
  - eingeschriebener Brief **2** 1075
  - elektronischer Bundesanzeiger **2** 1069
  - Geschäftsblätter **2** 1069
  - Vorstand **2** 1069
- Handelsregisteranmeldung **2** 1175 ff.
- Muster **2** 1178 ff.
- Nachgründung **2** 1122 ff.
  - anwendbare Vorschriften **2** 1122 ff.
  - Zwei-Jahres-Frist **2** 1123
- Treuhandabrede **2** 1157
- Treuhänder **2** 1157 ff.
  - Doppelstellung **2** 1157
  - mehrere Rechtsträger **2** 1160
- Umtausch von Aktien **2** 1157 ff.
- Verschmelzungsbericht **2** 1057
- Verschmelzungsprüfer **2** 1060
  - Anzahl **2** 1062
  - Verfahren zur Bestellung **2** 1061
- Verschmelzungsprüfung **2** 1059
- Verschmelzungsprüfer **2** 1060
- Verschmelzungsvertrag **2** 1049
  - Bekanntmachung **2** 1064 ff.

Stichwortverzeichnis

– Vorbereitung der Hauptversammlung **2** 1069 ff.
  – Auslegungspflicht **2** 1079 f.
– zur Aufnahme
  – Änderung des Aufsichtsrates **2** 1150
  – bedingte Kapitalerhöhung **2** 1148
  – beizufügende Unterlagen bei Anmeldung der Kapitalerhöhung **2** 1145 ff.
  – Durchführung der Kapitalerhöhung **2** 1133 ff.
  – Form des Kapitalerhöhungsbeschlusses **2** 1138
  – genehmigtes Kapital **2** 1149
  – Kapitalerhöhung **2** 1127 ff.
  – Kapitalerhöhungsbeschluss **2** 1136
  – Kapitalerhöhungsverbot **2** 1151
  – kapitalerhöhungswahlrechte **2** 1155
  – nicht voll eingezahlte Stammeinlagen **2** 1129
  – Sachgründungsprüfung **2** 1134
  – Satzungsänderung **2** 1144
  – vereinfachtes Verfahren zur Erhöhung des Stammkapitals **2** 1132
  – Verzicht auf Anteilsgewährung **2** 1156
– zur Neugründung **2** 1162 ff.
  – Allgemeines **2** 1162 f.
  – Gründungsbericht **2** 1170
  – Gründungsprüfung **2** 1170
  – Inhalt der Satzung **2** 1166 ff.
  – Organbestellung **2** 1171 f.
  – Satzung als Inhalt des Verschmelzungsvertrages **2** 1165
  – Satzung der neu zu gründenden AG **2** 1165 ff.
  – Verschmelzungsvertrag **2** 1165 ff.
  – zweijährige Sperrfrist **2** 1164
– Zustimmung von Sonderrechtsinhabern **2** 1119 ff.
– Zustimmungsbeschluss **2** 1081 ff.
  – 3/4-Mehrheit **2** 1089
  – abweichende Satzungsbestimmungen **2** 1090 f.
  – Art der Abstimmung **2** 1084
  – Auskunftsansprüche **2** 1088
  – Auslegung von Unterlagen **2** 1086
  – Beschlussmehrheiten **2** 1089 ff.
  – besondere Informationspflichten bei der Konzernverschmelzung **2** 1102
  – Durchführung der Hauptversammlung **2** 1082 ff.
  – Erläuterungspflicht **2** 1087
  – Gesellschafterversammlung **2** 1081
  – Handelsregister **2** 1083
  – Informationsrechte **2** 1082, 1086 ff.
  – Inhalt der Niederschrift **2** 1083
  – Konzernverschmelzung **2** 1096
  – notarielle Beurkundung **2** 1082
  – Sonderbeschlüsse bei Aktien verschiedener Gattung **2** 1093 ff.
  – Stimmberechtigung **2** 1092
  – Stimmenthaltungen **2** 1084
  – unbekannte Aktionäre **2** 1117 f.
  – Verzeichnis der Teilnehmer **2** 1085
  – Verzicht bei 90 %iger Tochter **2** 1096 ff.

– vinkulierte Namensaktien **2** 1120
– Vorstand **2** 1083
– zweistufige Konzernverschmelzung **2** 1098

Verschmelzung von Genossenschaften 2 1193 ff.
– Anteilsgewährungspflicht **2** 1194
  – Ausnahmen **2** 1195
  – Verzicht **2** 1197
  – Zweites Gesetz zur Änderung des UmwG **2** 1197
– besonderes Ausschlagungsrecht **2** 1288 ff.
– Checkliste **2** 1193
– durch Neugründung **2** 1291 ff.
  – Inhalt der Satzung **2** 1293 f.
  – Organbestellung **2** 1295 f.
  – Satzung als Inhalt des Verschmelzungsvertrages **2** 1292
  – Satzung der neuen Genossenschaft **2** 1292 ff.
  – Verschmelzungsvertrag **2** 1292 ff.
– Durchführung der Generalversammlung **2** 1260 ff.
– Einberufung der Generalversammlung **2** 1252 ff.
  – Benachrichtigung **2** 1252
  – Mindestfrist **2** 1253
  – Schlussbilanz **2** 1256
  – Tagesordnung **2** 1254
– Generalversammlung
  – Ablauf **2** 1262 ff.
  – Abstimmungsergebnis **2** 1276
  – Auslegungs-/Erläuterungspflicht **2** 1260 f.
  – Beschlussmehrheiten **2** 1270 ff.
  – Eingangskontrollen **2** 1268
  – Mehrheitsstimmrecht **2** 1273
  – notarielle Beurkundung **2** 1277 ff.
– Gutachten des Prüfungsverbandes **2** 1242 ff.
  – Anspruch **2** 1249
  – Einberufung der Generalversammlung **2** 1242
  – Ergebnis des Gutachtens **2** 1246
  – Inhalt **2** 1247 f.
  – obligatorische Begutachtung **2** 1245
  – Prüfungsgutachten **2** 1244
  – Schutzbereich der Norm **2** 1242
– Handelsregisteranmeldung **2** 1297 ff.
  – allgemeine Vorschriften **2** 1297
  – Neuregelung des GenG **2** 1299
  – Prüfungsgutachten **2** 1298
– Muster **2** 1300 ff.
– Sonderrechtsinhaber **2** 1286 f.
– Verschmelzungsbericht **2** 1238
  – Barabfindung **2** 1239
  – Inhalt **2** 1240
  – Umtauschverhältnis **2** 1239
  – Vorstände **2** 1239
– Verschmelzungsbeschluss **2** 1250 f.
– Verschmelzungsverfahren **2** 1193
– Verschmelzungsvertrag **2** 1218 ff.
  – Abschlusskompetenz **2** 1220
  – Angaben über die Mitgliedschaft **2** 1222
  – Angaben zum Anteilstausch **2** 1224

1743

Stichwortverzeichnis

- Anpassung der Satzung **2** 1232
- Form **2** 1219
- Inhalt **2** 1221 ff.
- konkretes Geschäftsguthaben **2** 1228
- möglicher Vertragsinhalt **2** 1232 ff.
- notwendiger Vertragsinhalt **2** 1221 ff.
- Schlussbilanz **2** 1235 f.
- sonstige Vereinbarungen **2** 1233 f.
- Stichtag der Schlussbilanz **2** 1231
- Übernahme mehrerer Geschäftsanteile **2** 1226
- Verschmelzungsstichtag **2** 1235 f.
- Vorbereitung der Generalversammlung **2** 1252 ff.
  - auszulegende Unterlagen **2** 1257 ff.
- zur Aufnahme **2** 1198 ff.
  - feste Umtauschrelation **2** 1209
  - Feststellung des Umtauschverhältnisses **2** 1207 ff.
  - Genossenschaften mit beschränkter Nachschusspflicht **2** 1199
  - Geschäftsanteil **2** 1201
  - Geschäftsguthaben **2** 1210
  - Gestaltungsfreiheit **2** 1203
  - Hauptproblem **2** 1212
  - Höchstzahl der zu erwerbenden Anteile **2** 1203 ff.
  - Neuregelungen von Hafthöhe **2** 1198 f.
  - notwendige Satzungsänderungen **2** 1205
  - Pflichtbeteiligung **2** 1203
  - Regelung von Haftart **2** 1198 f.
  - Satzungsanpassungen **2** 1215 ff.

Verschmelzung von GmbH
- Anmeldung der Verschmelzung **2** 1016 ff.
- durch Neugründung **2** 947
  - 3/4-Mehrheit **2** 1000
  - Abfindungszahlungen **2** 960
  - Anlagen **2** 999
  - Anteilsgewährung **2** 954 ff.
  - Anwesenheitsfeststellung **2** 994
  - Auskunftsanspruch **2** 989 f.
  - Auskunftsrecht **2** 984
  - Auslegungspflichten **2** 988
  - bare Zuzahlung **2** 960
  - Beschlussmehrheiten **2** 1000
  - besondere Zustimmungserfordernisse **2** 1004 ff.
  - beteiligte Rechtsträger **2** 952
  - Bezeichnung des Notars **2** 995
  - Durchführung der Gesellschafterversammlung **2** 992 ff.
  - Einberufung der Gesellschafterversammlung **2** 981 ff.
  - Einberufungskompetenz **2** 981
  - Einladung der Gesellschafter **2** 982
  - Einsichtsrecht **2** 984
  - förmliche Feststellung des Beschlussergebnisses **2** 997
  - Gegenstand der Beschlussfassung **2** 987
  - Gesellschafterversammlung **2** 991
  - Gleichbehandlungsgrundsatz **2** 962
  - Informationsrechte **2** 992 ff.
  - Inhalt des Verschmelzungsvertrages **2** 951 ff.
  - möglicher Vertragsinhalt **2** 970 f.
  - MoMiG **2** 964
  - nicht eingezahlte Anteile bei der übertragenden GmbH **2** 1007 ff.
  - notarielle Beurkundung **2** 994
  - notwendiger Vertragsinhalt **2** 951
  - Organbestellung **2** 972
  - Quorum **2** 1003
  - Satzung der neuen GmbH **2** 966 ff.
  - Sonderrechtsinhaber **2** 1004 f.
  - Stammkapital **2** 955 ff.
  - Stimmberechtigung **2** 998
  - Tagesordnung **2** 983
  - Übernahmeerklärung **2** 965
  - Übersendung eines Verschmelzungsprüfungsrecht **2** 985
  - Umtauschverhältnis **2** 954 ff.
  - Verfahren zur Bestellung der Verschmelzungsprüfer **2** 979
  - Vermögensübertragung **2** 953
  - Versammlungsleiter **2** 994
  - Verschmelzungsbericht **2** 973 f.
  - Verschmelzungsprüfung **2** 976
  - vinkulierte Anteile **2** 1006
  - Vorbereitung der Gesellschafterversammlung **2** 981 ff.
  - Zustimmungsbeschluss zur Verschmelzung **2** 991 ff.
  - Zweites Gesetz zur Änderung des UmwG **2** 1008, 977
- Erklärung über Gesellschafterzustimmung bei nicht voll eingezahlten Anteilen **2** 1019 ff.
- Handelsregisteranmeldung **2** 1015 ff.
  - Anlagen **2** 1017
  - Anmeldung der Kapitalerhöhung **2** 1027
  - Anmeldung der Satzungsänderung **2** 1029
  - beizufügende Unterlagen **2** 1030
  - Gesellschafterliste **2** 1026
  - Notwendigkeit einer Gesellschafterzustimmung **2** 1020
  - Pflicht zur Vorlage der Zustimmungsbeschlüsse **2** 1021
  - Sacherhöhungsbericht **2** 1028
  - Vertretung **2** 1018
  - Zweites Gesetz zur Änderung des UmwG **2** 1023
- Muster **2** 1034 ff.
- zur Aufnahme
  - Durchführung der Kapitalerhöhung **2** 1012 ff.
  - Kapitalerhöhungsbeschluss **2** 1010 ff.
  - Notwendigkeit der Kapitalerhöhung **2** 1010 f.
  - Zulässigkeit der Kapitalerhöhung **2** 1010 f.
- zur Neugründung **2** 1031 ff.
  - Handelsregisteranmeldung **2** 1031 ff.
  - zusätzliche Anlagen **2** 1033

Stichwortverzeichnis

Verschmelzung von Kapitalgesellschaften
 2 1365 ff.
– Allgemeines **2** 1366 f.
– auf Kapitalgesellschaften, Fallbeispiele **7** 944 ff.
– auf Personengesellschaften, Fallbeispiele **7** 926 ff.
– Barvermögen des Alleingesellschafters **2** 1365
– Checkliste **2** 1365
– Muster **2** 1381 ff.
– übernehmender Rechtsträger **2** 1368 ff.
  – Handelsregistereintragungen **2** 1369
– übertragender Rechtsträger **2** 1368 ff.
– Verschmelzungsverfahren **2** 1365
  – Handelsregisteranmeldung **2** 1379
  – sonstiger Ablauf **2** 1376 ff.
  – Verschmelzungsbericht **2** 1377
  – Zustimmungsbeschluss **2** 1378
– Verschmelzungsvertrag **2** 1373 ff.
  – Besonderheit **2** 1373 ff.
  – notwendiger Inhalt **2** 1374 f.
Verschmelzung von Vereinen 2 1305 ff.
– Abschlusskompetenz **2** 1312
– Barabfindungsgebot **2** 1318
– Benennung der Mitglieder **2** 1321
– besondere Zustimmungserfordernisse **2** 1345
– Checkliste **2** 1305
– durch Aufnahme **2** 1306
– durch Neugründung **2** 1306
– Einberufung der Mitgliederversammlung **2** 1326
  – Tagesordnung **2** 1327
  – Vorstand **2** 1326
  – Vorstandsbeschluss **2** 1326
– eingetragener Verein **2** 1308
– Form des Verschmelzungsvertrages **2** 1312
– gemeinnützige Vereine **2** 1322
– Inhalt des Verschmelzungsvertrages **2** 1313 ff.
– Mischverschmelzung **2** 1308
  – von Idealvereinen **2** 1317
– Mitgliederversammlung **2** 1333 ff.
  – Ablauf **2** 1340 ff.
  – Anwesenheitsliste **2** 1339
  – Auslegungspflichten **2** 1344
  – Beschlussfähigkeit **2** 1343
  – Beschlussmehrheiten **2** 1341 ff.
  – Durchführung **2** 1335 ff.
  – Muster **2** 1357 ff.
– rechtsfähiger Verein **2** 1307
– Registeranmeldung **2** 1351 ff.
  – Anlagen **2** 1351
  – Einreichung einer Schlussbilanz **2** 1352
– Verschmelzungsbericht **2** 1323
– verschmelzungsfähige Vereine **2** 1306 ff.
– Verschmelzungsprüfung **2** 1324
  – angemessene Frist **2** 1324
  – Bestellung des Verschmelzungsprüfers **2** 1324
  – eingetragener Verein **2** 1324
  – Idealverein **2** 1324
  – wirtschaftlicher Verein **2** 1324

– Zweites Gesetz zur Änderung des UmwG
 2 1324
– Verschmelzungsverfahren **2** 1305
– Verschmelzungsvertrag **2** 1312
– Vinkulierung **2** 1320
– Vorbereitung der Mitgliederversammlung
 2 1326 ff.
  – Auslegungspflicht **2** 1328 ff.
  – nichtbilanzierungspflichtige Vereine **2** 1331
– wirtschaftliche Vereine **2** 1311
– zur Neugründung **2** 1346 ff.
  – Bestellung des ersten Vorstandes **2** 1349
  – eingetragener verein **2** 1346
  – Satzung **2** 1348
– Zustimmungsbeschluss **2** 1333
  – Delegiertenversammlung **2** 1334
  – Inhalt der Niederschrift **2** 1336 ff.
  – Mitgliederversammlung **2** 1333 f.
  – notarielle Beurkundung **2** 1335
Verschmelzungsbericht 1 113; **2** 380 ff.
– ausführlicher schriftlicher Bericht **2** 380
– Berichtspflicht, Einschränkung **2** 402 f.
– durch Vertretungsorgane **2** 385
– Erweiterung der Berichtspflicht **2** 397
  – verbundene Unternehmen **2** 397
– Inhalt
  – besondere Schwierigkeiten bei der Bewertung
 2 393
  – Plausibilitätskontrolle **2** 388
  – rechtliche Verhältnisse **2** 387
  – Stichhaltigkeitsprüfung **2** 388
  – wirtschaftliche Hintergründe **2** 390
  – wirtschaftliche Verhältnisse **2** 387
  – Zeitpunkt der Beschlussfassung **2** 389
– Konzernverschmelzung **2** 404 ff.
– Verschmelzungsprüfer **2** 381
– Verschmelzungsrichtliniengesetz **2** 382
– Verzicht **2** 404 ff.
  – bedingungsfeindliches Gestaltungsrecht **2** 406
  – notarielle Beurkundung **2** 404
  – Personengesellschaften **2** 408
  – sämtliche Anteilsinhaber **2** 405
– Zweck **2** 386
Verschmelzungsbescheinigung 1 124 ff.
Verschmelzungsbeschlüsse 2 461 ff.
– Beschlussanfechtung **2** 514 ff.
  – Anfechtungsmöglichkeiten **2** 514 ff.
  – Eintragung **2** 522
  – Gebühren **2** 539 f.
  – Klageverfahren **2** 544
  – Kosten **2** 539 f.
  – Schadensersatzanspruch **2** 541
  – Verfahrensregeln der Eintragung **2** 537
  – Voraussetzungen der Eintragungen **2** 522 ff.
– Beschlussmehrheiten **2** 479 ff.
  – AG **2** 483 f.
  – Genossenschaft **2** 485
  – GmbH **2** 482

1745

Stichwortverzeichnis

- Partnerschaftsgesellschaft **2** 481
- Personengesellschaft **2** 480
- Verein **2** 485
- besondere Zustimmungserfordernisse **2** 496 ff.
  - allgemeiner Zustimmungstatbestand **2** 501
  - GmbH **2** 500
  - individuelle Zustimmungserklärung **2** 498
  - Personengesellschaften **2** 499
- Durchführung der Versammlung der Anteilseigner **2** 470 ff.
- Informationsrecht **2** 470 ff.
- notarielle Beurkundung der Gesellschaftsversammlung **2** 502 ff.
  - Niederschrift des Notars **2** 505
  - Schutzzweck **2** 502 f.
- sachliche Beschlusskontrolle **2** 509 ff.
  - materielle **2** 509 ff.
  - sachliche Rechtfertigung **2** 509 ff.
- Satzungsregelung zur Beschlussmehrheit **2** 486 ff.
  - 3/4-Mehrheit als Mindestmehrheit **2** 486
  - zusätzliche satzungsmäßige Anforderungen **2** 487
- Stimmberechtigung **2** 488 ff.
  - Beteiligung Dritter **2** 494
  - Kettenverschmelzung **2** 489
  - Vertretung bei Stimmabgabe **2** 492
- Versammlung der Anteilsinhaber **2** 466
- Wirkung **2** 464 f.
- Zuständigkeiten **2** 461 ff.

Verschmelzungsbilanz
- kostenrechtlicher Wert **8** 10 ff.
- Rechnungsabgrenzungen **8** 13
- Überprüfung von Bilanzposten **8** 11
  - angefangene und noch nicht abgerechnete Arbeiten **8** 11
  - Finanzanlagen **8** 11
  - Grundstücke und Gebäude **8** 11
  - nicht durch Eigenkapital gedeckter Fehlbetrag **8** 11

Verschmelzungsplan 1 108 ff.
- Anforderungen an der Inhalt **1** 109
- Angaben über das Umtauschverhältnis der Anteile **1** 110
- Bekanntmachung **1** 112
- gemeinsamer **1** 108
- notarielle Beurkundung **1** 111
- Zustimmung der Anteilsinhaber **1** 116

Verschmelzungsprüfung 1 114 f.
- Auswahl der Verschmelzungsprüfer **2** 424 f.
- Bestellung der Verschmelzungsprüfer **2** 422 ff.
- eigenständige Prüfung **2** 414
- Einschaltung des Verschmelzungsprüfers **2** 419
- Erforderlichkeit **2** 411
- Frist **2** 412
- keine Prüfung bei Konzernverschmelzung **2** 420
- keine Prüfung bei Verzicht **2** 420
- Mischverschmelzung **2** 413
- Notwendigkeit **2** 409 ff.
- Pflichten der Verschmelzungsprüfer **2** 427 f.
- Präventivschutz **2** 417
- Prüfung des Abfindungsangebotes **2** 414
- Prüfungsbericht **2** 434 ff.
  - Ausgestaltung **2** 435
  - IDW **2** 435 f.
- Prüfungsgegenstand **2** 429 ff.
  - Angemessenheit des Umtauschverhältnisses **2** 432
  - Überprüfung des Umtauschverhältnisses der Geschäftsanteile **2** 429
- Rechte der Verschmelzungsprüfer **2** 427 f.
- Sacheinlageprüfungen **2** 416
- Unternehmensbewertung **2** 440
- Verantwortlichkeit der Verschmelzungsprüfer **2** 427

Verschmelzungsrichtlinie 1 34 ff.; **6** 8
- Entwicklung **6** 76
- Steuerrecht **7** 4
- Umsetzung in anderen Mitgliedstaaten **6** 83
- Umsetzung in deutsches Recht **6** 75
- Zweites Gesetz zur Änderung des UmwG **6** 77

Verschmelzungsvertrag 2 52 ff.
- Abänderungen **2** 78
- allgemeine Vorschriften des Vertragsrechts **2** 54
- Allgemeines **2** 52 ff.
- Alternative **2** 79 ff.
- Anteile Dritter **2** 324
- Anteilsgewährung **2** 100 ff.
  - Angaben über die Mitgliedschaft **2** 161 f.
  - Art der Anteile **2** 144
  - Ausgabe von Stammaktien **2** 144
  - Ausnahmen von der Anteilsgewährungspflicht **2** 110
  - bare Zuzahlungen **2** 160
  - Bedingungsfeindlichkeit **2** 135
  - Besonderheiten des Gewinnanspruchs **2** 168 ff.
  - Bezeichnung der Kapitalerhöhung **2** 145
  - Einzelheiten über die Übertragung **2** 163
  - Euroumstellung **2** 153
  - Festlegung des Verschmelzungsstichtags **2** 172 ff.
  - Grundsatz **2** 100 ff.
  - Grundsatz der Einheitlichkeit der Beteiligung **2** 109
  - Höhe zu gewährenden Anteile **2** 137 ff.
  - mehrere Geschäftsanteile **2** 149
  - mehrere übertragende Geschäftsträger **2** 150 ff.
  - Milderung der Kapitalerhöhungsverpflichtung **2** 139 f.
  - Nennbeträge **2** 149
  - nicht voll eingezahlte Geschäftsanteile **2** 102
  - Personenidentität **2** 143
  - Stellvertretung **2** 135
  - Tauschverhältnis bei Publikumsgesellschaften **2** 155
  - Teilbarkeit **2** 149
  - Übertragung negativen Vermögens **2** 108

Stichwortverzeichnis

– Umtauschverhältnis **2** 137, 154 ff.
– unterschiedliche Aktiengattungen **2** 144
– Verschmelzung von Schwestergesellschaften **2** 105
– Verschmelzungsbericht **2** 154
– Verzicht **2** 132 ff.
– wertentsprechende **2** 137
– Zeitpunkt des Gewinnanspruchs **2** 168 ff.
– Zweites Gesetz zur Änderung des UmwG **2** 107
– Anteilsgewährungspflicht **2** 110 ff.
  – Ausnahmen **2** 110
  – down-stream-merger **2** 116 ff.
  – eigene Anteile des übertragenden Rechtsträgers **2** 114
  – Erfüllung **2** 141 f.
  – up-stream-merger **2** 111
  – Verschmelzung bei Schwestergesellschaften **2** 125
  – Verschmelzung von Enkelgesellschaft auf Muttergesellschaft **2** 129 ff.
  – Verzicht **2** 110
– Aufhebung **2** 78
– Aufnahme besonderer Vorteile **2** 191 f.
– Bedingungen **2** 74 ff.
  – Acht-Monats-Frist **2** 75
  – auflösende **2** 76
  – besonderes Kündigungsrecht **2** 74
  – Kettenumwandlung **2** 75
– berichtspflichtige **2** 385
– Beteiligung Minderjähriger **2** 88
  – Änderungen der Satzung **2** 95
  – Bestellung eines mitbestimmenden Gesellschafters **2** 94
  – Ergänzungspfleger **2** 93 ff.
  – Insichgeschäft **2** 93
  – vormundschaftsgerichtliche Genehmigung bei der Kapitalerhöhung **2** 88
  – vormundschaftsgerichtliche Genehmigung für den Verschmelzungsbeschluss **2** 90 ff.
– Betriebsrat **2** 208 ff.
  – Fehlen eines Betriebsrats **2** 213 ff.
  – fehlende Angaben **2** 218 ff.
  – Folgen der falschen Angaben **2** 218 ff.
  – Folgen der fehlenden Angaben **2** 218 ff.
  – Folgen der unvollständigen Angaben **2** 218 ff.
  – Heilungsmöglichkeiten der fehlenden Angaben **2** 222
  – Zuleitungserfordernis **2** 213
– Beurkundungen in einer Urkunde mit dem Zustimmungsbeschluss **2** 68
– dingliche Wirkungen **2** 53
– Erleichterungen **2** 227
– Folgen der Verschmelzung für Arbeitnehmer **2** 193 ff.
  – allgemeine Informations- und Mitwirkungsrechte **2** 201
  – Allgemeines **2** 193 ff.
  – frühzeitige Information **2** 195
  – Rechtsfolgen fehlender/unvollständiger Angaben **2** 202
  – Übersicht der notwendigen Angaben **2** 206
  – Umfang der Angaben **2** 196 f.
  – unmittelbare Folgen **2** 198 ff.
  – Unterrichtungspflichten **2** 194
– Folgen der Verschmelzung für Arbeitnehmervertretungen **2** 193 ff.
  – Übersicht **2** 207
– Form **2** 61 ff.
  – Gesellschafterversammlung **2** 68
  – nicht beurkundete Nebenabreden **2** 67
  – Nichtigkeitsgewähr **2** 62
  – notarielle Beurkundung **2** 61
– Inhalt **2** 386 ff.
– Kapitalerhöhung
  – Bezeichnung **2** 145 ff.
  – eigene Anteile **2** 145
  – Kapitalerhöhungsverbote **2** 307 f.
  – Kapitalerhöhungswahlrechte **2** 320 ff.
  – Personenhandelsgesellschaften **2** 148
– Kapitalerhöhung bei der GmbH, neue Stammeinlage **2** 273
– Kapitalerhöhungsverbote
  – Überragende Gesellschaft hält eigene Anteile **2** 315
  – übertragende Gesellschaft hält nicht voll einbezahlte Anteile **2** 292 f.
– Kündigungsrechte **2** 77
– mehrseitige **2** 79
  – Beteiligung mehrerer übertragender Rechtsträger **2** 80
  – Mehrfachverschmelzung **2** 81
  – Mischverschmelzung **2** 81
– Mischverschmelzungen **2** 232 ff.
  – Barabfindung **2** 238
  – Einräumung der Kommanditistenstellung **2** 235
  – GmbH-Gesellschaftsvertrag **2** 236
  – Rechtsstellung in der aufnehmenden Gesellschaft **2** 234 ff.
  – Sonderrecht der Geschäftsführung **2** 236
  – Verschmelzung auf eine GmbH & Co KG **2** 239 f.
– möglicher weiterer Vertragsinhalt **2** 241 ff.
  – Abfindungsangebote **2** 241
  – Änderungen der Firma **2** 245
  – Bedingungen **2** 242
  – Kündigungsrecht **2** 242 f.
– notwendiger Vertragsinhalt **2** 96 ff.
  – Angaben zu den Vertragsparteien **2** 97
  – Anteilsgewährung **2** 100 ff.
  – Vermögensübertragung **2** 98 f.
– Personenhandelsgesellschaften **2** 228
– rechtliche Charakterisierung **2** 52 ff.
– Rechtswirkungen **2** 52
– Rücktrittsrechte **2** 77

Stichwortverzeichnis

- schuldrechtliche Wirkungen **2** 53
- Sonderrechte **2** 189
  - gesellschaftsrechtlicher Gleichbehandlungsgrundsatz **2** 189
- Systematik **2** 56
- Unterrichtung des Betriebsrats **2** 208
  - Frist **2** 208
- Verschmelzung durch Neugründung **2** 229 ff.
- Verschmelzungsstichtag **2** 172 ff.
  - Allgemeines **2** 172 ff.
  - beweglicher **2** 187
  - Fiktion **2** 173
  - Formulierungsvorschlag zu einem variablen Verschmelzungsstichtag **2** 187
  - obligatorische Regelung **2** 199
  - Rechnungslegung **2** 172 ff.
  - Rechnungslegungspflicht **2** 172
  - Schlussbilanz **2** 178 f.
  - Verhältnis der Stichtage **2** 178 ff.
  - zukünftiger **2** 183 f.
  - zukünftiger Stichtag bei Genossenschaften **2** 185
- Vertragsabschluss **2** 57 ff.
  - beteiligte Rechtsträger **2** 69
  - Insichgeschäft **2** 72
  - Prokuristen **2** 70
  - rechtsgeschäftlich Bevollmächtigte **2** 71
  - vertretungsberechtigte Zahl der Vertretungsorgane **2** 69
  - Vertretungsorgane **2** 69
- Verzicht auf Kapitalerhöhung **2** 325 ff.
- weitere Angaben **2** 225 f.
  - Abfindungsangebot **2** 225
  - Besonderheiten bei den einzelnen Rechtsformen **2** 226
- wesentlicher Bestandteil **1** 172
- Zustimmungsbeschluss **2** 57 ff.
  - Bedeutung **2** 57
  - Vertragsabschluss vor Zustimmungsbeschluss **2** 60
  - zeitliche Reihenfolge **2** 58
  - Zustimmungsbeschluss vor Vertragsabschluss **2** 59
- zweiseitige Regelung **2** 79

Versicherungsvereine auf Gegenseitigkeit 4 54
Verwaltungssitz 6 249
Verzichtserklärungen, Gegenstandsgleichheit 8 29 ff.
Vollausschüttungsfiktion
– fiktive Dividende **7** 98 ff., 102 ff.
Volleinzahlung, Formwechsel 4 35
Vollmacht, Formwechsel 4 38
Vollmachtlose Vertretung, Formwechsel 4 126
Vollstreckungsklausel, Umschreibung, kostenrechtliche Behandlung 8 134 ff.
Wahlrechtsausübung 7 229 ff.
– Agio **7** 847
– Zuständigkeit **7** 847
Wahrung des deutschen Besteuerungsrechts 7 39
Wirkungen der Spaltung 3 397 ff.
– Aufspaltung **3** 398
Zustimmungsbeschluss 2 57 ff.
Zustimmungserklärungen, Gegenstandsgleichheit 8 29 ff.
Zweigniederlassungen, Spaltung 5 26
Zweites Gesetz zur Änderung des UmwG 1 175
– Formwechsel **4** 22, 87 ff.